张仲景研究集成

增订版

（中　卷）

钱超尘　温长路　主编

中医古籍出版社

目　　录

（中　卷）

第三篇　已公开发表的研究张仲景及其著作的文章

（三）对《伤寒杂病论》理法方药的研究……（1377）

对于《伤寒论》八个姜附方剂的讨论……陆闻鸿（1377）

《伤寒论》中消化器证候……陈方之（1380）

关于“承气汤”的初步研讨……张德超（1384）

《伤寒论》泻下法的规律之体会……萧　熙（1387）

从《伤寒论》体会中医的治疗规律……庞祝如（1392）

辨证治疗的证候“八纲”例解……庞祝如（1396）

《伤寒论》的治疗“八法”分析……庞祝如（1399）

对张仲景用附子的研究……张志民　徐柏英（1402）

《伤寒论》中的针灸治疗……李　杢（1407）

试讨论张仲景辨证论治中的几个重要法则……张志民（1411）

《伤寒论》和《金匮要略》方中应用甘草的分析……肖　琪（1414）

张仲景在药剂学上的贡献……胡长鸿（1420）

我对《伤寒论》“脾约”的看法……臧载阳（1422）

从经方泻心汤谈到《伤寒论》的辨证基础与实践……俞天农（1424）

张仲景用甘遂的研究……张志民　徐柏英（1430）

试论《伤寒论》下法的基本运用规律……李继祖（1433）

论大建中汤……大煴敬节（1438）

从血吸虫病的治疗研究谈到仲景“六经”的运用和发展……杨志一（1440）

谈谈热入血室……俞长荣（1442）

对《伤寒论》汗法及有关问题的探讨……秦家泰（1444）

对于仲景使用大枣的研究……岳美中（1447）

《伤寒论》中有关急性传染性肝炎及其转归的初步体会……温碧泉（1449）

从仲景方谈中药的煮法服法……王孟圆（1452）

试论小柴胡汤方证……陈子厚（1453）

我对张仲景用药法度的一些体会……樊天徒（1457）

论风伤卫、寒伤营和风寒两伤营卫……万友生（1461）

关于《伤寒论》中汗法与攻逐法的理蕴探讨……袁岂雍（1464）

《伤寒论》六经热型和小柴胡汤适应证的探讨……陈养和（1467）

有关《伤寒论》烦躁证的分析……刘渡舟（1470）

白虎汤在临床上的运用法则之研讨……沙星垣（1476）

仲景《伤寒论》的辨证论治……黄展鹏（1478）

对张仲景用桂枝的认识……戴渭麟（1481）

同源也可以异流……崔秀山（1484）

仲景刺灸法研讨 …………………………………………… 盛燮荪　陆文彬等（1486）
《伤寒论》运用附子的辨证 ………………………………………………… 冯修洁（1491）
对《伤寒论》论脉的几点体会………………………………………………… 陈亦人（1492）
仲景方中应用石膏、附子及其配伍的探讨 ………………………………… 岳美中（1493）
《伤寒论》中有关汗法应用的探讨 ………………………………………… 陈雨苍等（1495）
略谈《伤寒论》的厥证………………………………………………………… 陆奎文（1498）
试论《伤寒论》中的若干辩证法思想………………………………………… 金寿山（1501）
谈中医对于伤寒的认识及其一般治疗方法 ……………………… 李恒玖　方药中（1503）
《伤寒论》四逆汤类方的探讨 ……………………………………………… 徐湘亭（1507）
《伤寒杂病论》中的外治法 ……………………………………… 余瀛鳌　杨润平（1510）
略谈《伤寒论》中之针灸……………………………………………………… 承　扬（1513）
《伤寒论》中的护病学 ……………………………………………………… 钱可久（1516）
仲景运用杏仁初探 …………………………………………………………… 张浩良（1520）
仲景用药法则的初步探讨……………………………………………………… 杨永良（1521）
对《伤寒论》与《金匮要略》应用桂枝的探讨……………………………… 沈凤阁（1525）
《伤寒论》中的附子配伍应用探讨 ………………………………………… 时振声（1529）
略论麻黄升麻汤 ………………………………………………… 张浩良　江静波（1531）
略论《伤寒论》水气病的辨证治疗…………………………………………… 沈凤阁（1533）
张仲景舌诊运用规律的初步探讨 …………………………………………… 褚玄仁（1536）
六经下利初探 ………………………………………………………………… 杨志一（1538）
从三个承气汤看仲景的下法技巧 …………………………… 魏德煜　张启良等（1541）
学习《伤寒论·太阳病篇》的体会…………………………………………… 矛　心（1542）
从伤寒的临床观察研究探讨卫气营血和脉、舌的演变 …………………… 邢锡波（1544）
谈《伤寒论》阳明病之“汗”………………………………………………… 张　燎（1549）
从“厥”与“休克”谈到《伤寒论》的三阴分证 ……………… 魏睦森　陈蓉蓉（1551）
略谈《伤寒论》中之烦躁……………………………………………………… 李培生（1553）
谈《伤寒论》中的攻补兼施治法……………………………………………… 王永谦（1554）
对《伤寒论》中相反相成配伍的认识………………………………………… 毛德西（1558）
《伤寒论》发热的辨证分析 ………………………………………………… 时振声（1560）
《伤寒论》方在杂病中的应用 ……………………………………………… 金寿山（1564）
试论《伤寒论》中和法的运用………………………………………………… 陈瑞春（1566）
试论《伤寒论》的下利证……………………………………………………… 朱承汉（1567）
略论太阳病中风表虚和伤寒表实 …………………………………………… 万友生（1568）
浅谈《伤寒论》中下利的辨证论治…………………………………………… 邱明义（1571）
《伤寒论》六经是辨证施治与辨病施治相结合的 ………………………… 徐荣斋（1574）
张仲景治痞八法 ……………………………………………………………… 王贵淼（1577）
张仲景用粥的法义初探 …………………………………………………… 吴良德等（1578）
对《伤寒论》中有关温法运用的认识………………………………………… 阳　立（1580）
试论《伤寒论》六经的气机升降……………………………………………… 张燮均（1581）
关于伤寒六经和温病三焦卫气营血辨证论治体系的统一问题 …………… 万友生（1582）
《伤寒论》方究竟能治那些疾病 …………………………………………… 张志民（1588）
张仲景对煎药法的掌握和运用 ……………………………………………… 王有奎（1588）
谈谈《伤寒论》的辨证方法…………………………………………………… 李克绍（1590）
《伤寒论》发热面面观 ……………………………………………………… 刘方柏（1592）

张仲景运用虫类药的经验探讨 ………………………………………………… 吕志连（1595）
《伤寒论》脾胃治法的临床运用 ………………………………………………… 陈瑞春（1596）
略论伤寒六经的经络意义 ………………………………………………… 彭建中（1599）
《伤寒论》的寒热与阴阳 ………………………………………………… 中村谦介（1600）
《伤寒论》“心肾相关”思想探讨 ………………………………………………… 谈运良（1602）
《伤寒论》之寒的实质探讨 ………………………………………………… 雍履平（1604）
略谈仲景运用甘草的经验 ………………………………………………… 周宜强（1605）
《伤寒论》治喘诸方的运用 ………………………………………………… 聂惠民（1606）
附子在《伤寒杂病论》诸方配伍中的作用探讨 ………………………………… 潘澄濂（1609）
鉴古观今论厥阴 ………………………………………………… 万兰清（1610）
《伤寒论》病后调理探微 ………………………………………… 张书芬　沈桂香（1613）
读张仲景书 ………………………………………………… 何　任（1614）
三阴三阳浅论 ………………………………………………… 喻嘉兴（1619）
《伤寒论》方证辨证探析 ………………………………………………… 顾武军（1620）
张仲景“方证相对”辨证思想的内涵及价值探析 ……………………………… 叶纪平（1622）
试论仲景对《内经》扶正与祛邪法则的发挥 ………………………………… 吴　洁（1624）
试谈《伤寒论》辨证论治中的辨型与辨势 ………………………………… 双安安（1626）
试论《伤寒论》的辨治体系 ………………………………………………… 王春才（1627）
从易理和临床认识《伤寒论》厥阴病 ………………………………………… 陈克正（1629）
《伤寒论》太阳病篇脾胃学说浅识 ………………………………………… 王兴华（1631）
《伤寒论》脉学述要 ………………………………………………… 郁保生（1633）
浅谈少阴兼表证用方之异同 ………………………………………………… 郭炳新（1635）
《伤寒论》偶发性症状初探 ………………………………………………… 温武兵（1636）
试析《伤寒论》中“血汗同源” ………………………………………………… 何路军（1639）
浅谈“芩连”与“泻心” ………………………………………………… 魏飞跃（1639）
仲景药物炮制中火制法考疑 ………………………………………… 旷惠桃　潘远根（1640）
试论《伤寒论》之阴阳观 ………………………………………………… 刘文安（1642）
《伤寒论》的方证体系初探 ………………………………………… 刘季清　冯世纶（1644）
谈《伤寒论》舍证从脉诊法 ………………………………………… 巴哈尔·哈德尔（1647）
《伤寒论》药对组方初探 ………………………………………………… 刘家骅（1648）
浅论《伤寒论》中的望诊 ………………………………………………… 张玉英（1649）
太阴腹满腹痛证辨析 ………………………………………………… 裴永清（1651）
浅谈《伤寒论》中补益药的运用 ………………………………………………… 洪利明（1653）
真武汤证探骊与实践 ………………………………………………… 毛德西（1654）
《伤寒论》小便不利证治及预后 ………………………………………………… 沈若星（1657）
《伤寒论》42 方不用甘草辨析 ………………………………………………… 吴忠文（1659）
《伤寒杂病论》服药后反应浅析 ………………………………………………… 高明明（1660）
谈《伤寒论》祛邪必宜畅气机的治疗原则 ………………………………… 徐　苓（1662）
“开阖枢”与“关阖枢”在《伤寒论》中的运用 ……………………… 王希哲　李宝丽（1663）
浅谈张仲景关于“气”的论述 ………………………………………………… 詹文国（1664）
谈“麻黄汤禁例” ………………………………………………… 裴永清（1665）
张仲景对康复医学的贡献 ………………………………………… 曹贵珠　戴长林（1666）
张仲景运用动物药探讨 ………………………………………… 张凤瑞　常丽影（1668）
《伤寒论》烦躁证探析 ………………………………………………… 王传航（1670）

《伤寒论》太阳病里证论 …………………………………………………………… 张喜奎（1672）
《伤寒论》论误用火汗清下四法致死证探讨 …………………………………… 王恒照（1674）
析《伤寒论》"扶阳气" ……………………………………………………………… 汪　毅（1676）
从张仲景组方法度谈四气五味配伍法 ………………………………………… 梅　明（1677）
《伤寒论》《金匮要略》方药统计及相关研究………………………… 吴翠珍　陶汉华（1679）
《伤寒论》方药用水浅述 …………………………………………………………… 吴协兵（1682）
对《伤寒论》桂枝加厚朴杏仁汤的探析 ……………………………………… 贾太谊（1683）
《伤寒论》五脏寒热对方初探 ………………………………………… 谢有良　梁华龙（1684）
《伤寒论》表证治法浅探 ……………………………………………… 董国富　陈树森（1686）
张仲景"四神汤"初探 ……………………………………………………………… 谢盘根（1687）
妇人"热入血室"新解 ……………………………………………………………… 马德孚（1689）
初探《伤寒杂病论》在肛肠病的应用 ………………………………………… 徐元庚（1690）
试论张仲景论治杂病重在治脾 ………………………………………… 杜建忠　董秋梅（1692）
试论太阳杂病 ……………………………………………………………… 王明杰　黄淑芬（1693）
从六经气化观点探讨外邪致病的作用方式 …………………………… 晓东　鱼风英（1695）
《伤寒论》辨疑法探微 ………………………………………………… 田发益　李顺瑜（1696）
《伤寒论》辨证论治中药试法的作用 ………………………………… 曾庆明　雷　跃（1697）
浅析张仲景之利尿法 ………………………………………………………………… 蒋泽彪（1698）
《伤寒论》日数临床意义辨析 ……………………………………………………… 王　付（1702）
《伤寒论》衄家禁汗探要 …………………………………………………………… 潘正萌（1703）
试论伤寒六经病的自愈机理 ………………………………………………………… 谭德福（1703）
张仲景"合方"论 ……………………………………………………… 贾春华　战志华（1705）
《伤寒论》寒热对偶方证辨析 ……………………………………………………… 董正华（1707）
试析《伤寒论》下法在急腹症中的应用……………………………… 李仲平　李　杰（1709）
《伤寒论》茯苓作用刍议 …………………………………………………………… 杨　旻（1711）
仲景应用甘草初探 …………………………………………………………………… 胡永信（1712）
《伤寒论》养阴保津学术思想特色探述 ……………………………………… 田维君（1714）
论张仲景对粳米的临床运用 ………………………………………………………… 孙福成（1716）
仲景反治探析 ………………………………………………………………………… 张尚武（1717）
浅议仲景辛开苦降法 …………………………………………………… 温长路　温武兵（1719）
从《伤寒论》谈六经辨证与外感病护理 ……………………………………… 李瑞敏（1720）
《伤寒论》活血化瘀法初探 ………………………………………………………… 杨运高（1722）
《伤寒论》乌梅丸方证辨识 ………………………………………………………… 曲　夷（1723）
从《伤寒论》看经方的组方特点与思维方法 ………………………… 赵映前　胡爱萍（1726）
伤寒病与六经辨证 ……………………………………………………… 姜元安　张清苓（1727）
试析《伤寒论》发热症 ……………………………………………………………… 魏玉琦（1730）
仲景治厥十法探析 …………………………………………………………………… 胡亚丽（1733）
《伤寒论》中的药物煎服法 ………………………………………………………… 杜锦辉（1734）
论《伤寒论》之促脉 …………………………………………………… 于春光　贾维钢（1735）
《伤寒论》应用附子的规律和特点 …………………………………… 王秋荣　王宝钧（1736）
从《伤寒论》谈张仲景治水十法 …………………………………………………… 殷立敢（1739）
小议《伤寒论》治呕法 ……………………………………………………………… 肖慧中（1740）
从抗利尿激素分泌异常增多看太阳病蓄水证 ………………………………… 何军锋（1741）
热入血室证治管见 …………………………………………………………………… 江克明（1742）

六气与《伤寒论》六经关系初探 …… 解培勋 梅贤良（1744）
芍药甘草汤的临床应用 …… 孙玉齐（1745）
浅析《伤寒论》体现的医学研究方法 …… 冷 伟（1746）
《伤寒论》护胃扶正法探讨 …… 黄爱珍（1748）
《伤寒论》第223条猪苓汤证探析 …… 陈 明（1750）
浅析《伤寒论》中期门穴的运用 …… 谢富明（1752）
《伤寒论》“误下”与辨疑似证 …… 王 付（1754）
六经营卫论 …… 徐培平 符林春（1755）
聚类分析在六经辨证中的应用 …… 吴雄志（1757）
《伤寒论》柴胡桂枝干姜汤方证辨要 …… 畅洪昇（1758）
《伤寒论》辨治肺病咳喘法则的应用及其影响 …… 张玉英（1761）
《伤寒论》方剂今用应遵循的原则 …… 张运克（1762）
略论《伤寒论》证候的确立原则 …… 张五州 杨英豪（1763）
《伤寒杂病论》表里先后缓急治法探要 …… 李家庚（1765）
《伤寒论》方药性味与配伍简析 …… 马守宽 马力文（1767）
试论“六病时位”是《伤寒论》的证治程序 …… 臧东来（1768）
《伤寒论》利水法探析 …… 张玉英（1770）
《伤寒论》苓桂术甘汤证探析 …… 杨 硕（1773）
《伤寒杂病论》的辨证方法研究 …… 李秋贵 李文瑞（1773）
《伤寒论》论治方法运用举隅 …… 常振森（1778）
仲景对脉学的贡献 …… 王东生 李聚生（1780）
仲景利用白术双向调节水液代谢初探 …… 许乃山 冯广清（1782）
仲景方在慢性肾炎中的应用 …… 李俊彪 周 莺（1783）
近二十年对仲景健脾法（方药）的文献研究概况 …… 叶 进 沈庆法（1786）
《伤寒论》服药法探讨 …… 叶韩镯（1788）
《伤寒论》方化学成分研究述评 …… 朱章志（1789）
半夏泻心汤配伍规律初探 …… 温武兵（1792）
浅谈仲景方剂在临床实践中的地位 …… 王弘振（1794）
《伤寒论》重脾胃学术思想的探讨 …… 王春生（1796）
从《伤寒论》谈对五苓散的再认识 …… 叶柳忠（1798）
张仲景药对配伍应用浅探 …… 杨新年 刘景超（1799）
论张仲景对有毒中药临床应用的贡献 …… 邓家刚（1801）
论张仲景辨阳明腑实八法 …… 叶琼花（1803）
《伤寒论》六经辨证全息思想 …… 齐凤军（1804）
“证”是病机与证候的统一体 …… 徐木林 王秋琴（1805）
浅析《伤寒论》中之“和” …… 何新慧 朱娇玉（1808）
量级价值概念在《伤寒论》中的应用 …… 韦卫萍（1810）
试论经方中的对立统一观 …… 周新华 张天喜（1811）
经方命名规律初探 …… 郭恒林（1812）
《伤寒论》病、方、药、证辨析 …… 徐兴国（1814）
古今中药处方用药探析 …… 王冬梅 郑清连（1815）
从麻黄与石膏的运用看《伤寒论》的动态辨证 …… 王小荣 赵永山（1816）
关于《伤寒论》中头痛证治的辨析 …… 张 弢（1817）
桂枝汤宜久煎 …… 王晓飞 魏新建（1819）

浅谈《伤寒杂病论》中几种药材的炮制 …… 刘秀英（1820）
试论张仲景对“和”之学说的贡献 …… 赵文远（1822）
论《伤寒论》之“和法” …… 聂惠民（1824）
试论乌梅丸证与慢性萎缩性胃炎 …… 张喜奎（1827）
浅谈“如法将息” …… 张国胜 余勇刚（1830）
浅析《伤寒论》五泻心汤的鉴别应用 …… 余永林 胡锡元（1832）
《伤寒论》阳明中寒证辨治 …… 宋玉梅（1832）
张仲景慎药防弊学术思想探微 …… 杨宏宝 张炳填（1833）
仲景在诊断上的科学预见 …… 张润平 路振平（1835）
苓桂术甘汤配伍机制研究 …… 宋宗华 戴舒佳（1836）
《伤寒论》“小便异常”辨析及临床实践 …… 陈 明（1838）
辨病势是仲景辨证论治的活法 …… 钱 静（1843）
浅探《伤寒论》中平调阴阳的辩证法思想 …… 李秉涛 张居运（1844）
心下痞在《伤寒论》中的辨证与治疗 …… 高欣铎（1846）
浅谈《伤寒杂病论》论悸十证 …… 祝均辉（1847）
张仲景肾病学术思想探讨 …… 邹如政（1849）
柴胡汤类方证及和法若干问题的探讨 …… 马贻超 姜建国（1851）
《伤寒杂病论》中麻黄石膏用量比与其作用关系探讨 …… 张保伟（1854）
《伤寒论》中吴茱萸洗制法的研究 …… 王树玲 娄俊晖（1855）
《伤寒论》脾胃病证治研究的思路与方法 …… 温桂荣（1856）

《金匮要略》杂病浅说 …… 秦伯未（1859）
我对《金匮·百合狐惑阴阳毒篇》的见解 …… 岳美中（1862）
略谈《金匮》的胸痹证治 …… 臧载阳（1864）
黄疸病的证治 …… 何 任（1867）
对《金匮》“痰饮”病篇的初步探讨 …… 陈治平（1868）
对《金匮》治疗产后腹痛的体会 …… 刘浩江（1872）
从《金匮要略》探讨痰饮病的辨证论治 …… 钱元龙（1873）
论“腰以下肿当利小便，腰以上肿当发汗” …… 俞长荣（1877）
《金匮要略》脉学的探讨 …… 李 飞（1879）
试从《金匮要略》探讨“同病异治”和“异病同治”的规律 …… 张济民（1882）
再论阳旦证 …… 华廷芳（1884）
论金匮肾气丸的类方 …… 汤辅康（1886）
再商榷阳旦证 …… 吉怀荣（1889）
论《金匮要略》胸痹病的特点及临床意义 …… 诸葛连祥（1890）
浅谈《金匮要略》虚劳病的治法 …… 阎艳丽（1894）
试论《金匮》虚劳篇对后世的影响 …… 陈家英（1897）
《金匮要略》脾胃说初探 …… 王子谟（1898）
《金匮》下法举隅 …… 金芷君（1900）
肺中冷与消渴的鉴别诊断 …… 金芷君（1902）
《金匮要略》急证临床研究发展概述 …… 王 茹（1902）
《金匮》所论胸痹与脾胃关系浅析 …… 宋建平 陶士忠（1906）
《金匮》水气病初探 …… 何 懋（1907）
《金匮要略》苦辛合法组方用药治疗杂证探讨 …… 孙晋营 李文芝（1909）

论《金匮要略》"同病异治"及其临床意义 …… 李桂贤 (1911)
《金匮》动态分析法探析 …… 徐 敏 (1913)
治气、治血、治水 …… 周 衡 (1914)
《金匮要略》肝虚寒证探讨 …… 傅志红 (1916)
《金匮要略》叙症方法雏议 …… 周尔文 (1922)
试论张仲景治马坠及一切筋骨损伤方的学术价值 …… 杨义靖 (1924)
《金匮要略》厚朴七物汤方证析 …… 张 良 (1925)
《金匮》监制乌附毒性的配伍规律 …… 张毓汉 魏大章 (1926)
《金匮》妇人篇对桂枝的应用 …… 李 平 贾文和 (1927)
谈《金匮》五脏水的临床意义 …… 林永发 刘丽琼 (1927)
试析《金匮要略》中的体质分类 …… 刁利红 (1928)
《金匮要略》方剂学术思想刍议 …… 胡陵静 刘 熔 (1930)
《金匮要略》脉诊释义 …… 朱 虹 刘 煜 (1931)
金匮肾气丸中桂枝考证 …… 刘诗发 (1932)
仲景方芍药调控作用初探 …… 侯中杰 (1935)
《金匮》治瘀法则浅析 …… 成 诚 张成新 (1936)
《金匮要略》汤液溶媒的选择运用探析 …… 柴可夫 (1938)
《金匮要略》治疗妇人血病方药浅析 …… 许小凤 (1939)
《金匮要略》药物剂量的使用探讨 …… 徐成贺 赵体浩 (1941)
从《金匮要略》"知肝传脾"论仲景脏病相传观 …… 曾盛和 (1943)
论《金匮要略》精神疾病的证治 …… 吴颢昕 (1945)
《金匮要略》重脾胃学术思想研究 …… 江淑安 (1948)
张仲景治疗杂病组方用药特点探讨 …… 黄江涛 (1949)
浅谈《金匮要略》中的补脾法 …… 王立颖 (1951)
《金匮》狐惑病证治源流探讨 …… 曲丽芳 张再良 (1953)
《金匮要略》方剂双向调节作用述要 …… 张工彧 (1955)
《金匮》酸焦苦甘调肝虚病法探讨 …… 张成新 赵晓琴 (1956)
桂枝加龙骨牡蛎汤临床应用体会 …… 郑玉玲 (1957)
浅谈《金匮要略》方的对立统一规律 …… 李红平 (1958)
《金匮》消法初探 …… 胡亚丽 (1960)
《金匮要略》痰饮证治浅析 …… 赵剑峰 刘玉超 (1962)
《金匮要略》湿证辨治研讨 …… 王恒照 刘旺国 (1963)
《金匮要略》虚劳病方探讨 …… 田雪飞 (1966)
《金匮要略》皂荚丸在肺系病中的应用 …… 傅志红 (1968)
金匮肾气丸药理研究进展 …… 张家玮 张家林 (1971)
论《金匮要略》后三篇急救法 …… 张建荣 (1972)
《金匮要略》中药物外治法的探讨 …… 陈卫平 (1975)
"血不利则为水"的机制及临床意义 …… 张苏颖 (1976)
《金匮要略》二阴相关论 …… 陈国权 (1979)
从《金匮要略》腠理探三焦系统形质功能 …… 曲丽芳 (1982)
论《金匮要略》妊娠养胎与优生 …… 张建荣 房华祥 (1985)
论以《伤寒论》解读《金匮要略》 …… 王维武 (1987)
《金匮要略》腹满痛治法浅析 …… 陈学习 (1988)
浅述肾气丸的衍化 …… 管华全 (1989)

论《金匮要略》的治则与治法 …… 戴锦成 (1991)
论以辨病为前提之《金匮要略》病证结合模式 …… 蒋　明 (1993)
《金匮要略》治湿探微 …… 蔡英剑　邱明友 (1996)
(四) 对仲景学说的临床应用和实验研究 …… (1999)
对《伤寒论》小柴胡方证的体会与运用 …… 张柏龄 (1999)
小青龙汤证管见 …… 馆野健 (2001)
斑疹伤寒重用石膏银花治疗的经验 …… 李健颐 (2002)
伤寒临证心传 …… 张镜人 (2004)
应用湿温理论治疗小儿肠伤寒症的规律探讨 …… 南京中医学院附属医院 (2007)
关于《金匮》"矾石丸"治疗妇科白带病的实验介绍 …… 陈世五 (2010)
六经辨证论治的点滴体验 …… 周典谟 (2011)
金匮肾气丸加减运用的体会 …… 汤辅康 (2013)
清营汤的临床运用 …… 沈敏南 (2014)
应用下瘀血汤辨证加减的体会 …… 丁光迪 (2015)
《金匮要略》论外湿的临床意义 …… 诸葛连祥 (2018)
略谈小柴胡汤、桂枝汤方证及其在临床上的运用 …… 张　磊 (2021)
张仲景活血化瘀的辨证施治及其方剂的活用举例 …… 姜春华 (2024)
对《伤寒论》五泻心汤的认识及临床运用 …… 杨培君 (2027)
《伤寒论》治肝法的运用 …… 陈瑞春 (2030)
小半夏加茯苓汤之临床应用 …… 宋树林　厉永龄 (2032)
经方救治急性心肌梗塞验案三则 …… 高松寿 (2033)
仲景方治疗急腹痛 …… 郭来荣 (2033)
《金匮》方治验举隅 …… 姚真敏　赵治友 (2035)
用仲景方戒毒初探 …… 段从伟 (2037)
仲景下法治疗急腹症举隅 …… 金　诚 (2038)
少阴病验案摭拾 …… 王红华 (2040)
《伤寒杂病论》汤方抗过敏药理研究 …… 洒玉萍 (2041)
金匮肾气丸加味治验顽疾重症三则 …… 余大强 (2042)
当归芍药散在妇产科临床的应用 …… 张筱萍 (2043)
芪归桂枝汤治疗产后身痛 130 例 …… 范济平 (2044)
金匮肾气丸加味治疗气阴两虚Ⅱ型糖尿病 …… 黄河清　黄　骏 (2045)
《金匮》建中汤加味配合化疗治疗白血病 31 例 …… 熊树松 (2046)
金匮肾气丸引火归源应用举隅 …… 王建红 (2047)
当归四逆汤临床体会点滴 …… 侯学武　侯明德 (2048)
仲景方在伤科内伤病证中的运用举隅 …… 胡立敏　汪栋材 (2049)
非治疗咳喘病经方在咳喘病中的运用 …… 滕美林 (2051)
枳实薤白桂枝汤合人参汤治疗慢性支气管炎 30 例临床观察 …… 奚肇庆　曹世宏等 (2053)
"外气"与金匮肾气丸对"阳虚"小鼠血浆中分子物质含量的影响 …… 骆永珍　袁必文等 (2054)
运用仲景方治疗病窦综合征的研究进展 …… 黄河清　石世德 (2056)
仲景方治疗老年不寐举要 …… 金美亚 (2057)
"少阳为枢"及其临床运用 …… 袁成业 (2058)
金匮肾气丸为主改善老年人 SOD、LPO 等衰老指标的观察 …… 刘浙伟 (2060)
少阳病证与针灸辨治 …… 欧阳八四 (2061)

仲景方在耳鼻喉科的运用举隅 …… 干　千（2063）
麻黄连轺赤小豆汤方义新识 …… 张光灿　高松寿（2064）
娄多峰教授应用仲景对药治疗风湿病的经验 …… 冯喜如　秦克枫（2065）
董建华院士运用仲景方治疗脾胃病的经验 …… 王长洪（2067）
刘渡舟运用猪苓汤的经验 …… 陈　明（2068）
运用仲景“和法”治疗心脑血管疾病 …… 郑　薇（2070）
柴胡加龙骨牡蛎汤加减治疗广泛性焦虑症 72 例 …… 孙松涛（2071）
甘麦大枣汤治疗更年期综合征 60 例 …… 于晓妹（2073）
小柴胡汤临床应用新进展 …… 景　浩（2074）
《伤寒论》小柴胡汤临证应用举隅 …… 刘瑞娟（2077）
吴茱萸汤治厥阴头痛试析 …… 郑　宏　郑启友等（2077）
金匮肾气丸治疗前列腺肥大初探 …… 赵新乡（2078）
白虎汤加减治疗小儿乳蛾 96 例 …… 吕　英（2079）
大承气汤灌肠在腹部手术后的临床应用 …… 金正贤（2080）
桂枝汤衍变方应用探析 …… 宫胜贤（2081）
《金匮》麻子仁丸临床新用体会 …… 吴　中　张玉占等（2082）
运用仲景方治疗慢性疲劳综合征 …… 何赛萍（2083）
小承气汤加味治疗小儿阳明腑实型哮喘病 43 例 …… 孔庆明（2085）
仲景方药与肿瘤临床 …… 王庆才（2086）
加味葶苈大枣泻肺汤治疗渗出性胸膜炎 28 例 …… 李建华　李智琴等（2088）
仲景吴茱萸汤临床治验 …… 孙伯青（2089）
应用仲景方治疗痹证体会 …… 蒋　熙　朱琬华（2090）
金匮肾气丸临床应用经验介绍 …… 汪世亮（2091）
炙甘草汤的临床应用 …… 杨运池　高　晔（2091）
治肝纵横说临床发微 …… 乔洪华（2092）
乌梅丸临床运用体会 …… 王庆英（2094）
越婢加术汤在免疫系统的应用 …… 于华芸（2095）
《金匮》方治疗男性不育症 …… 戴锦成　刘瑞芬（2097）
肾气丸于妇科临床新用 …… 黄　九（2099）
《金匮》狼牙汤加味方治疗湿热带下病的临床观察 …… 周劲松（2100）
半夏泻心汤及其拆方对慢性胃溃疡大鼠胃粘膜细胞增殖活性的影响 …… 李宁航　王庆国等（2102）
仲景三方对大鼠肝纤维化不同时期血清Ⅲ型前胶原、透明质酸及层粘蛋白作用的观察
…… 任小巧　卢跃卿等（2104）
刘渡舟教授用柴胡桂枝汤治疗顽疾选萃 …… 张保伟（2106）
白头翁汤临床运用 …… 刘治安（2108）
炙甘草汤的药效分析 …… 李文红　莫宁春等（2109）
应用《伤寒论》诸方治疗胃痞证的体会 …… 王盛邦（2110）
金匮肾气丸对“恐伤肾”大鼠丘脑、海马 c－fos 基因表达的影响 …… 袁世宏（2112）
当归四逆汤临床新用 …… 骆常义（2114）
金匮肾气丸对金匮肾气丸证患者 T 淋巴细胞亚群的影响 …… 张家玮（2116）
仲景方治疗房室传导阻滞 35 例 …… 张文才（2117）
仲景方剂用药及组配规律的研究进展 …… 武肇玲（2118）
仲景方在急难重病中的运用举隅 …… 杨永生　窦友义等（2121）
金匮肾气丸治疗膀胱炎 218 例临床观察 …… 李英新　杨安婷（2122）

中医经络学说辨治狐惑病108例临床研究 …… 严可斌（2123）
仲景三黄汤考源及验案二则 …… 毛绍芳 刘世恩（2124）
乌梅丸临床研究近况 …… 邹世昌（2125）
当归四逆汤治疗重症顽疾举隅 …… 赵明芬（2127）
《伤寒论》方药应用三则 …… 温荣达（2129）
六经辨证诊治痰证5例 …… 娄绍昆（2130）
大陷胸汤免疫作用观察 …… 王孝先 张 红等（2132）
干地黄在金匮肾气丸中抗衰老实验研究 …… 管家齐 刘军莲等（2133）
《金匮要略》栝蒌薤白汤类方研究概况 …… 张 瑞（2135）
芍药甘草汤治疗不自主动作心得 …… 于仁义（2137）
运用仲景方治呕举隅 …… 董 莉（2138）
金匮肾气丸对金匮肾气丸证患者性激素水平的影响 …… 张家玮（2139）
金匮肾气丸对糖尿病大鼠多元醇代谢的影响 …… 梁晓春 郝伟欣等（2141）
干姜人参半夏汤加味的临床运用 …… 周步君（2143）
《金匮要略》治咳喘四法在儿科临床中的应用 …… 邓丽莎（2144）
日本对葛根汤的研究与临床应用 …… 闫冬梅（2145）
和解法外科运用举隅 …… 洪晓瑜 谢懿颖（2146）
当归四逆汤加大黄治疗手术后肠粘连78例 …… 周桂容（2148）
栀子豉汤加减方治疗痤疮12例 …… 冯瑞雪 张再康（2148）
白虎汤临床应用及禁忌证探析 …… 金文君（2149）
金匮肾气丸新用 …… 程远 程科（2152）
竹叶石膏汤在儿科的运用 …… 钟仁华（2153）
理中汤合金匮肾气丸治疗复发性口腔溃疡 …… 胡兆明（2154）
经方治疗排尿性昏厥验案举隅 …… 南晋生（2154）
循经辨治举隅 …… 刘太明（2155）
《金匮要略》侯氏黑散临床偶拾 …… 赵文远（2156）
大承气汤临床应用举隅 …… 刘维庆 沙 涛（2157）
试论《金匮要略》“湿”与痹证 …… 卢思俭（2158）
《金匮要略》“特区”病证初探 …… 陈国权（2160）
桂枝加龙骨牡蛎治疗抑郁的体会 …… 张志亭（2161）
·2012年–2014年· …… （2163）
（一）张仲景学术思想文献与理论研究 …… （2163）
宋以前《伤寒论》流传概况 …… 张维亮 李金田等（2163）
日藏江户抄本《伤寒正宗》述略 …… 尹笑丹 徐江雁（2166）
《伤寒论》“六经”之名实 …… 姜元安 张清苓（2168）
《伤寒论》条文中“下之后”之我见 …… 吕文汉（2171）
《伤寒论》学术义界辨析（一） …… 宋 兴（2173）
《伤寒论》学术义界辨析（二） …… 宋 兴（2176）
《伤寒论》学术义界辨析（三） …… 宋 兴（2181）
《伤寒杂病论》不同传本考略 …… 刘世恩 毛绍芳（2184）
《伤寒杂病论》中浆水考辨 …… 姚文轩 刘桂荣（2188）
《神农本草经》与宋本《伤寒论》术类药差异分析 …… 杨金萍 王振国等（2190）
《辅行诀》引用仲景方剂考 …… 钱超尘（2191）
《伤寒论》辨证论治中量化性语言运用规律探微 …… 刘玉良（2196）

《伤寒杂病论》药量折算的“神农秤”“大小秤”之说考 …………………… 郭明章 杨 红（2198）
北平图书馆《仲景全书》运美历史回顾 …………………… 钱超尘（2200）
敦煌遗书《辅行诀脏腑用药法要》外感天行与张仲景伤寒探讨 …………………… 张永文 鞠 娟等（2202）
桂林古本《伤寒杂病论》的学术价值探讨 …………………… 吴雪梅 田新刚（2205）
桂林古本《伤寒杂病论》学术特点初探 …………………… 吴雪梅 田新刚（2207）
论张仲景《伤寒论》中的“猪肤” …………………… 彭 馨（2208）
《伤寒论》及《金匮要略》用量策略的文本挖掘研究 …………………… 姬航宇 傅延龄等（2211）
《伤寒杂病论》序不为仲景所撰 …………………… 吴忠文 吴学珍等（2214）
试探“须臾”在《伤寒论》中的含义 …………………… 张 丽 谷 松（2217）
宋代经学学风对宋金元时期伤寒学术研究的影响 …………………… 谷建军（2219）
张卿子《仲景全书》版本流变简考 …………………… 胡正刚（2222）
论张仲景“客气”之意 …………………… 李宇铭（2225）
《伤寒论》与《金匮要略》中非标准度量衡计量单位的考察 …………………… 何丽清（2227）
北宋校正医书局校定《伤寒论》情况简考 …………………… 钱超尘（2229）
仲景方“厚朴一尺”剂量考 …………………… 郭明章（2231）
（二）张仲景学术思想理法方药理论研究 …………………… （2234）
从“五脏元真通畅”探讨张仲景证治思想精髓 …………………… 苏 琛 杨 晗等（2234）
从病机角度探讨《伤寒论》的六种治法 …………………… 张运红 黄文彪（2236）
从当归生姜羊肉汤看《金匮要略》对中医食疗的贡献 …………………… 张立君 王兰书等（2238）
从概念隐喻角度探讨《金匮要略》黄汗病病因病机 …………………… 林佑益 贾春华（2240）
从麻桂剂看仲景“杂病”内涵 …………………… 毕国伟 卢政男（2242）
从明代医家临床用药剂量谈经方剂量变化趋势 …………………… 宋 佳 傅延龄（2245）
从三泻心汤谈仲景重视调理脾胃气机的思想 …………………… 王捷虹 沈舒文等（2248）
从现代中药药理研究分析张仲景应用细辛的合理性 …………………… 曹魏敏 胡 雨等（2249）
从小建中汤探究甘温除热法 …………………… 张 钺（2250）
从阴阳大法初探太阴欲解时 …………………… 沈丽莲（2252）
从张仲景“辨病脉证并治”看中医脉学在睡眠研究中的作用与地位
…………………… 陈燕萍 闪增郁（2254）
从中药药理及临床探讨张仲景应用厚朴的合理性分析 …………………… 黎潭辉 罗淑芳（2256）
读伤寒，重医理——浅析“寒”字 …………………… 田瑞曼（2258）
对《中国药典》所载仲景方若干制剂内容商榷 …………………… 邵家德（2259）
对小柴胡汤方证的认识 …………………… 汪正於（2263）
甘温除热机理之浅析 …………………… 葛喜贵（2268）
古代名医运用桂枝汤概况 …………………… 余 翔（2269）
桂枝汤“调和营卫”机理初探 …………………… 李长乐（2271）
桂枝汤和营调卫法之探析 …………………… 张 敏 纪立金（2273）
桂枝汤及其类方在中医妇科中的应用 …………………… 傅慧群（2275）
桂枝汤适应症解析 …………………… 张红霞 毛兴兵（2278）
桂枝汤属和法之依据 …………………… 陈锦伦（2280）
桂枝汤药物规律性组合及其类方系统结合病机理论探讨“证”内涵（一）
…………………… 郭文娟（2282）
桂枝在《伤寒论》中运用刍议 …………………… 高连印 张秋云等（2287）
和解少阳内寓“治未病”大法 …………………… 赵 宇 尹新鑫等（2289）
基于《伤寒论》的 IBS 辨证规律探析 …………………… 李东明 陶汉华（2290）

基于周仲瑛教授“瘀热”学说探析张仲景瘀热病理思想 …… 吴 洁（2292）
剂型对经方量效关系的影响 …… 余秋平 刘 阳（2294）
加强《金匮要略》教学，强化经典临床功底 …… 张晓军 刘兰林（2297）
结合制方医家学术思想，探讨“火郁发之”在方剂学教学中的应用 …… 赵 黎（2299）
经方本原剂量问题研究的意义 …… 傅延龄 宋 佳等（2301）
经方常用药物在韩国韩医中用量分析 …… 张 林 安相佑（2303）
经方大黄煎煮与用量 …… 王 付（2308）
经方的理论特点 …… 李宇铭（2309）
经方方证对应的六大误区 …… 鲍艳举 花宝金（2312）
经方合方辨治身疼痛 …… 苗小玲 王 付（2318）
经方用量探索与实践 …… 王 付（2320）
经方中胶饴应用辨析 …… 马新童 狄 红等（2322）
桔梗汤的研究进展 …… 单进军 徐建亚等（2324）
柯雪帆教授《伤寒论》学术思想辑要 …… 周毅萍 何新慧（2327）
栝楼瞿麦丸治疗糖尿病理论探讨 …… 俞思羽（2331）
李翰卿研究《伤寒论》学术特点初探 …… 赵怀舟（2332）
立足《伤寒论》探析扶阳派医案中姜附剂之服药反应 …… 徐姗姗 郑丰杰（2335）
临床用药剂量差异的文化心理探讨 …… 宋 佳 傅延龄（2337）
陆渊雷对《伤寒论》的继承与创新 …… 徐立思（2339）
论《金匮要略》对内伤杂病辨证方法的贡献 …… 曲丽芳（2341）
论《金匮要略》养阴护津思想的体现 …… 桑红灵（2343）
论《伤寒论》58条“阴阳自和”之意 …… 李宇铭（2345）
论《伤寒论》第29条与第30条方证原意 …… 李宇铭（2346）
论《伤寒论》“脾约”之意（上） …… 李宇铭（2349）
论《伤寒论》“脾约”之意（下） …… 李宇铭（2351）
论张仲景的针刺法属治未病 …… 李宇铭（2353）
论张仲景之“因势施治” …… 赵 泉 李晋宝（2355）
略论《伤寒杂病论》的救急理法 …… 赵 文 赵苑岑（2356）
略述《伤寒杂病论》角药应用 …… 李剑颖 吴大真（2358）
麻杏石甘汤药理研究 …… 黄贵华 王庆高等（2361）
浅论唐容川治吐血四法对仲景方的发挥 …… 陈烨文（2364）
浅论运用阴阳对应性思维研读《伤寒论》 …… 刘玉良（2365）
浅论仲景伤寒杂病合论的必须性 …… 邓森涛 温 博（2368）
浅述葛根在《伤寒论》中的应用 …… 徐 艳 刘学芬（2370）
浅谈《金匮要略》对“治未病”的贡献 …… 张利元（2371）
浅谈《金匮要略》方治疗发热性疾病的思路与体会 …… 陈 宏 尹 钢等（2371）
浅谈《伤寒论》中的“扶阳法” …… 方统念（2373）
浅谈《伤寒论》中毒性药物的方药剂型 …… 张小勇 李 祯等（2375）
浅谈《伤寒论》中毒性药物的炮制 …… 张小勇 陶晓华等（2377）
浅谈《伤寒论》中清热法 …… 沈正龙 郑学刚（2379）
浅谈《伤寒论》中治疗咳喘的方法 …… 沈正龙 郑学刚（2382）
浅谈经方治疗心悸 …… 董 明 马秀波（2384）
浅谈俞根初对《伤寒论》伤寒阳明证治的发挥 …… 张宏瑛（2386）
浅谈张仲景组方用药的动态平衡 …… 王 玄（2388）

浅谈仲景《金匮》方中桂枝的妙用 …… 陈美萍（2390）
浅谈仲景的护理思想 …… 王婷婷（2391）
浅析《金匮要略》杂病治疗中汗法的运用 …… 王庆苗　王庆胜（2393）
浅析《金匮要略》中下利的证治 …… 张瑞卿（2395）
《金匮要略》痹证探析 …… 吴晋英（2397）
《金匮要略》脾系病证治法探析 …… 李云海（2398）
《金匮要略》医案研读与教学探讨基础医学院中医临床基础教研室 …… 严余明（2400）
《金匮要略》中肺系疾病的辨证论治特点 …… 陶汉华（2402）
浅析寒热错杂证 …… 曹惠彬（2403）
浅析《伤寒论》之微脉 …… 陈　鑫　滕　晶（2407）
浅析《伤寒论》中扶阳气思想 …… 罗试计（2408）
浅析《伤寒论》中温法的运用 …… 管胥伯（2410）
浅析《太平惠民和剂局方》对《伤寒论》方的剂量处理 …… 丁　毅　傅延龄（2411）
浅析新安医家程杏轩经方运用特色 …… 万四妹　张玉才等（2414）
浅析张仲景治疗阴虚证思路 …… 亓永祯　王明三（2416）
浅析仲景积聚、癥瘕证治特色及其对后世的影响 …… 陈　宏　尹　钢等（2417）
浅议脾约与麻子仁丸 …… 李亚楠（2419）
浅议《伤寒论》汗法使用之禁忌 …… 李朝喧（2421）
伤寒营卫之营与温病营血之营辨析 …… 岳　妍　孟晓辉等（2422）
试论麻黄汤和桂枝汤乃为壮人和虚人外感而设 …… 耿　良　花宝金（2423）
谈"桂枝汤"的平衡思维 …… 龚　坚（2424）
谈《伤寒杂病论》之方药特点 …… 郭文娟（2426）
外国学生看《伤寒论》及对教学的启示 …… 李赛美（2428）
王庆国谈经方运用的五项原则 …… 闫军堂　刘晓倩等（2430）
《吴鞠通医案》对《伤寒论》的继承与发展 …… 童　浩　董兴鲁等（2433）
五年制本科《伤寒学》课程分专业教学的构想 …… 徐姗姗　鲁法庭等（2435）
现代"辨证论治"与张仲景"辨病脉证并治"的思辨模式 …… 闪增郁　陈燕萍（2437）
小柴胡片中柴胡和党参的薄层鉴别 …… 薛吉利　丁　红等（2440）
小柴胡汤治疗肝病的现代药理研究 …… 任小宁（2442）
小议小陷胸汤"按之则痛" …… 李登岭　水启盛（2443）
小议仲景方中"石膏如鸡子大" …… 李登岭（2444）
学伤寒，用甘草 …… 肖辉煌　郑立升（2446）
学用大青龙汤方证应重视的若干问题 …… 王　付（2448）
学用麻黄汤的探索与实践 …… 王　付（2450）
也说阳明病白虎汤、白虎加人参汤证 …… 李登岭　赵红霞（2452）
叶氏卫气营血理论与对仲景学说的继承和发展 …… 孙晓光　赵　艳（2454）
叶天士《临证指南医案》应用建中汤方证辨析 …… 韩顺平　杨幼新等（2457）
叶天士《临证指南医案》应用仲景泻心汤方证辨析 …… 韩顺平　王富雄（2458）
叶天士对张仲景脾胃学说的继承和发展 …… 孙晓光（2461）
叶天士运用小建中汤规律 …… 孙晓光　赵　艳等（2464）
从妇科病论治谈吴鞠通对仲景学术的继承与发展 …… 董兴鲁　童　浩等（2466）
营气在外感病治疗中的作用 …… 郭建辉（2467）
张仲景"结"病机溯源 …… 杨莎莎　王庆国（2468）
张仲景《伤寒论》中的医学人文精神 …… 刘丽军（2470）

张仲景的法与方 …… 邓校征 (2471)
张仲景对大黄的配伍运用及煎服炮制 …… 刘斌江 徐月英 (2472)
张仲景对霍乱的辨治 …… 陈宁勇 (2474)
张仲景风水病辨治思想浅析 …… 冷治文 (2476)
张仲景寒热并用之法解析 …… 贾海燕 (2477)
张仲景量效用药经验探析 …… 李兴军 黎忠民 (2479)
张仲景临证护理浅识 …… 陶智玲 (2481)
张仲景论"平人" …… 姜 侠 闫方杰 (2482)
张仲景论治不寐探略 …… 陈少玫 韦启志 (2483)
张仲景"痰饮学说"对妇产科学的指导意义 …… 何江华 温惠霞等 (2485)
张仲景文化及其价值 …… 包飞建 张胜忠 (2488)
张仲景用药心法 …… 黄海芹 (2489)
张仲景治疗痹证思想初探 …… 张晓军 (2491)
张仲景治疗表里同病的5种方法 …… 张永宜 (2493)
张仲景"治未病"思想浅析 …… 吴 鸿 高水波 (2495)
张仲景"治未病"学术思想探微 …… 刘 奇 陈靖雯 (2497)
知母百合药对的化学成分分析 …… 谢晓燕 (2498)
中医《伤寒论》教学中方证教学的应用 …… 何大群 (2499)
仲景辨证论治体系探析 …… 何新慧 (2501)
仲景方药量重于今方的原因探析 …… 郭晓东 (2504)
仲景方治疗"不寐"探析 …… 缑燕华 皮 敏 (2505)
仲景活血化瘀法所治病证分析 …… 杨文喆 (2507)
仲景灵活用方遣药规律之探析 …… 李朝喧 (2511)
仲景所用溶媒探析 …… 范铁兵 杨志旭 (2512)
仲景温法探析 …… 杨 涛 刘丽宁等 (2515)
仲景下法在《仙授理伤续断秘方》中的发挥 …… 孙 奇 童培建等 (2517)
仲景用药组方之规律原则探讨 …… 郭文娟 (2518)
仲景治痞(心下痞)证方评述 …… 李 飞 (2519)
《金匮要略》活血化瘀法论治特色 …… 杨文喆 (2523)
《伤寒论》注释"阳明为阖"的学术浅探 …… 刘 军 孙果香 (2525)
《伤寒论》水气辨析 …… 高凤芹 徐月英 (2526)
《金匮要略》治疗黄疸 …… 许文君 (2528)
《金匮要略》胸痹篇第6条引发的思考 …… 马 杰 (2529)
"脾虚外感"论治 …… 杨 双 权隆芳 (2531)
《金匮要略》妇人妊娠病方"药对"配伍规律理论研究 …… 武建设 连建伟 (2532)
《金匮要略》腹满寒疝辨微 …… 郭晓东 (2536)
《金匮要略》寒热同治法探讨 …… 刘艳萍 何开明等 (2537)
《金匮要略》历节病"过食酸咸,筋缓骨痿"辨析 …… 唐 瑛 赖 宇等 (2539)
《金匮要略》呕吐辨证细节谈 …… 郭晓东 (2541)
《金匮要略》网络课程的构建 …… 王忠山 吴 洁等 (2542)
《金匮要略》虚劳治法析要 …… 李兴军 (2545)
《金匮要略》孕育优生学探析 …… 牛 锐 (2546)
《金匮要略》中胸痹、心痛内涵新释 …… 唐 瑛 汪 剑 (2547)
《内经》五味理论在《金匮要略》历节病中的运用 …… 唐 瑛 万 鹏等 (2549)

《伤寒论》“保阴液”思想探析…………………………………………………… 轩丽勇　谢忠礼（2552）
《伤寒论》“导法”探析…………………………………………………………… 马新童　狄　红（2553）
《伤寒论》辨证思想之解析 ……………………………………………………………… 何赛萍（2555）
《伤寒论》表郁轻证三方研究（上） …………………………………………………… 李宇铭（2557）
《伤寒论》表郁轻证三方研究（下） …………………………………………………… 李宇铭（2560）
《伤寒论》喘证辨证研究 ………………………………………………………………… 宫成军（2562）
《伤寒论》喘证探究 ……………………………………………………………………… 宫成军（2565）
《伤寒论》第28条证治探微………………………………………………………………… 刘玉良（2566）
《伤寒论》第29条“初见证”研究……………………………………………………… 李宇铭（2569）
《伤寒论》对防治猪冬季外感热病的指导意义 ……………………………… 李双锋　魏　鸿（2570）
《伤寒论》反成用药经验析要 …………………………………………………… 唐忠涛　黎忠民（2573）
《仲景伤寒补亡论》的疫病发病理论探讨 …………………………………………… 黄玉燕（2575）
“病痰饮者，当以温药和之”的认识与运用 ……………………………………… 陈　凡　宣丽华（2576）
从《伤寒论》中的“蛔”看中医的象思维…………………………………………… 马新童　狄　红（2579）
从“卫出下焦”探讨《伤寒论》对附子的运用…………………………………… 徐姗姗　叶俏波等（2581）
“肝胆郁热，脾胃虚寒”病机理论发微 …………………………………………… 徐经世　郑勇飞（2584）
TBL在《伤寒论》本科教育中的优势 …………………………………………… 何新慧　周毅萍等（2588）
白虎汤临证应用综述 ……………………………………………………………… 张学林　王素平等（2589）
半夏泻心汤证病机初探 …………………………………………………………… 王小溪　王丽等（2592）
辨析《伤寒论》六经病呕吐的证治……………………………………………… 王松耀　王松雅（2594）
从《金匮要略》反思《伤寒论》伤寒之含义…………………………………………… 蒋　明（2596）
从《金匮要略方论》肾气丸的运用论异病同治 ………………………………… 刘中勇　张腾云（2599）
从“热证忌灸”到“热证贵灸” ………………………………………………… 杨孝芳　吴　丽（2602）
从《伤寒论》六经理论看糖尿病的辨证施护……………………………………… 陈泳如　樊毓运（2604）
从《伤寒论》太阳病篇浅探张仲景伤寒杂病合论思想 ………………………………… 邓森涛（2606）
从《伤寒论》咽痛方谈咽痛之寒温异治 ……………………………………………… 王　玲（2608）
从《汤液经法》初探《伤寒伦》三阴三阳辨证论治体系构架…………………………… 梁　栓（2610）
《伤寒杂病论》中药物的服用方法的探析 ……………………………………………… 钱荣军（2611）
《伤寒杂病论》中活血化瘀方药的选药及用量策略 ………………………… 余秋平　刘　阳（2612）
《伤寒论》厚朴生姜半夏甘草人参汤解析 ……………………………………………… 张天星（2617）
《伤寒论》疾病自愈机制与临床征兆 …………………………………………… 徐立思　孔祥亮等（2618）
《伤寒杂病论》中半夏应用探析 ………………………………………………… 杨清高　刘绍能（2621）
《伤寒杂病论》中“角药”应用分析 ………………………………………………… 李剑颖（2622）
《伤寒杂病论》于IBS证治研究之价值 ………………………………………… 李东明　陶汉华（2624）
《伤寒杂病论》腹诊与腹证探讨 ……………………………………………………… 王　凌（2626）
《伤寒杂病论》方药中特殊煎药方法 …………………………………………… 朱桂花　张友林（2630）
《伤寒论》仲景用药加减探微 …………………………………………………… 李荣群　黄少华（2632）
《伤寒论》中毒性药物的服法 …………………………………………………… 张小勇　赵　慧等（2635）
《伤寒论》中“阴”“阳”含义探讨 …………………………………………… 李德辉　刘玉斌等（2637）
《伤寒论》中“序贯给药”方法及意义 ………………………………………… 黄贵华　罗媛媛（2640）
《伤寒论》治疗禁忌思想与辨证论治关系刍议 ……………………………… 陈宁勇　范欣生等（2642）
《伤寒论》之针灸心扉浅谈 …………………………………………………………… 孟　帅（2645）
《伤寒论》阳虚阳郁证辨治规律探析 ………………………………………………… 郑丰杰（2647）
《伤寒论》阳明病病机传变规律探讨（上） ………………………………………… 李凯平（2648）

《伤寒论》阳明病病机传变规律探讨（下） …… 李凯平（2650）
《伤寒论》血分病证辨治探析 …… 徐立思 孔祥亮等（2653）
《伤寒论》蓄血证辨治探析 …… 何新慧（2656）
《伤寒论》下法禁忌探析 …… 陈宁勇 李 芸等（2658）
《伤寒论》“时”与“机”浅探 …… 张 瑞（2660）
《伤寒论》三阴病篇对肿瘤治疗的启发 …… 潘宗奇 邓 宏（2661）
《伤寒论》痞证研究概况 …… 符标芳 黄家诏等（2663）
《伤寒论》脾约证浅论 …… 聂 云 尚莉丽（2665）
《伤寒论》脉诊思路分析 …… 尹绍峰（2667）
《伤寒论》六经发热特点浅释 …… 许 华 张雪丽（2669）
《伤寒论》临证护理刍议 …… 张秀芬 马 斌（2672）
《伤寒论》临床辨治思路探略 …… 李赛美（2673）
《伤寒论》课堂教学要素分析 …… 徐姗姗 高 原（2676）
《伤寒论》厥证浅析 …… 张天星（2678）
《伤寒论》《金匮要略》药物煎煮法中“沸”字探析 …… 徐 静 张 慧等（2681）
《伤寒论》教学灵魂在“活”字 …… 李赛美（2682）
《伤寒论》煎服法启示 …… 俞 洁（2684）
经方本原剂量问题源流 …… 傅延龄 宋 佳等（2686）
经方柴胡药对探索与实践 …… 王 付（2689）
经方合方辨治身沉重 …… 苗小玲 王 付（2691）
经方原方剂量应用临床体会 …… 李宇铭（2692）
经方中“角药”的配伍应用特点 …… 闫军堂 刘晓倩等（2696）
论张仲景对方药的计量只能用东汉官制 …… 傅延龄 宋 佳等（2700）
浅述《伤寒论》以病机为核心的辨证观 …… 徐姗姗 郑丰杰（2704）
浅谈《伤寒论》三阴三阳 …… 范铁兵 杨志旭（2706）
我国经方常用药物在日本汉方医学中的用量探析 …… 冯 青 柳 井等（2707）
张仲景论治不寐探析 …… 张永宜（2711）
《伤寒论》喘证辨治探微 …… 宫成军（2713）
《伤寒论》定量辨证中量化性语言文字特色探析 …… 刘玉良（2715）
“项背强几几”如是说 …… 李登岭 冯洪生（2718）
《伤寒论》中桂枝汤应用范围 …… 余 翔（2719）

第三篇 已公开发表的研究张仲景及其著作的文章

（三）对《伤寒杂病论》理法方药的研究

对于《伤寒论》八个姜附方剂的讨论

陆闻鸿

《伤寒论》方剂中姜附合用者共九方，除乌梅丸用炮附子外，其余皆用生附子。本文将对干姜与生附子合并使用的八个方剂加以讨论。

八个姜附方剂的名称、药品及其分量的多寡同异，见表一。

八个姜附方剂适应证候的异同及记载各该方证条文的数字，见表二。

八个姜附方剂出于伤寒论的篇目条次，见表三。

表一

药名／分量／方名	干姜	生附子	炙甘草	人参	茯苓	葱白	人尿	猪胆汁
四逆汤	一两半	一枚	二两					
通脉四逆汤	三两	大者一枚	二两					
四逆加人参汤	一两半	一枚	二两	一两				
茯苓四逆汤	一两半	一枚	二两	一两	四两			
干姜、附子汤	一两	一枚						
白通汤	壹两	一枚				四茎		
白通加猪胆汁汤	一两	一枚				四茎	五合	一合
通脉四逆加猪胆汁汤	三两	大者一枚	二两					半合

乃脉四逆汤，其实四逆汤方后亦云："强人可大附子枚，干姜三两"，故通脉四逆汤就是加重剂量的四逆汤，比较两方的脉证，也无多大差别，大抵通脉四逆汤比四逆汤所适应的虚脱证候更为严重。

四逆汤加人参一两，即成四逆加人参汤，二方皆出于"辨霍乱病脉证并治"篇中，故皆有脱水的病历及现状，后者证候之末有"利止，亡血也"的说明，亡血即是脱水，至于脱水程度，后者似较前者更进一层，人参可能是针对脱水的严重情况而加。

四逆加人参汤再加茯苓四两即成茯苓四逆汤，其适应证候为伤寒汗下后烦躁。方机的意见："应有四肢厥逆"[8]似是。大概其人平素瘦弱，体液缺乏，经汗下后虽未继续大汗出大下利，然已形成脱水及营养不够，影响大脑皮质的正常活动而产生烦躁，故加茯苓增进营养治其烦躁；据洒并和太郎氏的实验："人参对大脑有镇静作用"[4]，故对解除烦躁当有些帮助。同一实验："人参少量能兴奋延髓血管运动及呼吸中枢，大量反引起麻痹"[4]又据苏联浦·阿·库兹民斯克氏（1951）报告："若植物性神经失调，表现全身衰弱、冷淡、进行性体重减少、皮肤苍白干燥、瞳孔缩小、体温和血压下降，应用少量人参，可致好转，大量服用，反会引起恶化"[4]。伤寒此二方人参皆为一两，现在折合不过三钱，偶见个别医生于救脱方中动辄用参一两，多致不救，这是值得批判的。

四逆汤去甘草减干姜至一两，即成干姜附子汤其适应证候亦为烦躁，亦为汗下所致，但无四肢厥逆，是其循环衰竭当不若四逆之甚，故不用甘草而干姜亦减量；营养情况似较茯苓四逆为佳，体液丧失亦不若茯苓四逆之甚，故不用茯苓人参；大抵此人平素机体功能衰弱，误汗误下则益形衰弱，故以兴奋为急。

四逆汤去甘草减干姜至一两加葱白四茎，即成白通汤，主治少阴病下利、脉细弱。以无肢厥，是其循环情况似较四逆汤证为佳，下利为其主要证侯，故以治下利之葱白易强心之甘草。中国药学大辞典认为葱白之药理作用是："入胃后能刺激胃黏膜，使胃液分泌增加，至肠能刺激肠黏膜，令其吸收作用强大，同时又能减少肠液之分泌使大便燥结"[9]以奏止利之效。

白通汤加猪胆汁一合人尿五合，即成白通加猪胆汁汤，两者适应证侯同异之点为：前者之脉微细今且无脉，利仍不止，并增干呕与烦二症。过去医家认为是"阴盛格拒"所致，本甚者从之的治疗法则来解释用猪胆汁人尿的理由。所谓"阴盛格拒"可能就是虚性兴奋，而所谓"甚者从之"可能是兼用镇静，即是一面用兴奋一面用镇静的药物来进行错综复杂的治疗。国药提要谓熊胆及野猪胆有治手足痉挛的功效。通脉四逆加猪胆汁汤方后云：无猪胆以羊胆代之。可见兽畜之胆其作用相近，故猪胆可能有镇静作用。国药提要又谓猪胆能使脉搏充实[10]。对于无脉当可发生良好作用。

通脉四逆汤加猪胆汁半合，即成通脉四逆加猪胆汁汤，后者与前者适应证侯不同之点为四肢拘急不解，而四肢拘急即为转筋之先兆，若根据猪胆与熊胆野猪胆等作用相近的意见，则本方猪胆汁当有缓解拘急之功能。

关于以上各药的性能，仅就其所在方剂发生的作用而言，并非其全部效用。

由此可见：1. 以四逆汤为主的八个姜附方剂其性质效用皆相近似，能治疗急性血管机能不全或心脏及血管机能不全所引起的虚脱证侯。其中的四逆汤经动物实验，证明确有上述作用。2. 八方中的生附子及其中二方的人参用量皆轻，与科学实验结果，完全符合。3. 远在东汉末年（公元196～220）时的医家张仲景对于热性病的虚脱证侯就有这样正确而有系统的认识和处理，其所应用的八个姜附方剂迄今仍有很高的临床疗效，这说明了祖国的医学遗产是宝贵的，丰富的，有待我们发掘整理，进一步发扬提高，为祖国劳动人民、为社会主义建设服务。

参考文献

[1] 山田宗俊．伤寒论集成．
[2] 卡博特亚当．物理诊断学．
[3] 克里其特曼．内科学．
[4] 朱颜．中药的药理与应用．
[5] 刘交泰等．本章品药精要．
[6] 章太炎．古方權量考．
[7] 张子鹤．中国医学科学讨论．
[8] 东洞吉益．万机．
[9] 陈存仁．中国药学大辞典．
[10] 于达望．国药提要．

[《中医杂志》1955，(11)：25]

《伤寒论》中消化器证候

陈方之

《伤寒论》是最古的方书，也是最难读的方书。读这个方书的人，从来有两种毛病。

第一种，北宋以后医家，常喜将其逐条文字钩搭灵素。所以读《伤寒论》，往往多读注书，反觉模糊。举例而言，太阳篇开端的用桂枝麻黄发汗，有汗者用桂枝，无汗者用麻黄，本来容易懂得的，但自三纲鼎立之说舆，什么风伤卫，桂枝主和卫；寒伤营，麻黄主保营，添了风寒营卫，令人无所捉摸。又如柴胡证，照伤寒论原文，正邪分争，结于胁下，所以胸胁满痛，不欲饮食，邪高痛下，又使其呕，也是可以懂的。但注家说是柴胡证自表传里，乃半表半里的病候，何处是表里各半呢？又使人坠入五里雾中。

第二种，现代医学读《伤寒论》，欢喜新冠旧蒂，将其条文，拿现代病名去套合，那一处是指肠窒扶斯，这一处是指流行性感冒，而有些人士且主张伤寒论即是传染病论。其实，在第三世纪，还没有细菌学及病理解剖学，试问当时的学者，用什么做据点，来分别传染病与非传染病呢？所以这样的说法，是与辩证唯物史观点有距离的。

我如今老老实实就书论书，就证论证，将书中所述的证候，来向诸同志请教。无庸讳言，《伤寒论》是对证疗法的医书，古人本来是看证候医病的，我们也不必猜想其病名。

《伤寒论》中的病候，可大分类为发热证候、疼痛证候、呼吸器证候，消化器证候、泌尿器证候、神经性证候等。其中以消化器证候为最多，在397条条文中占半数以上。

消化器证候，可分为五种如下：

（一）发黄——汗大阳篇第99、113、128、等三条。阳明篇第9、21、22、28、51、55、78、79、80等九条。大阴篇第6条。共计十三条。

（二）呕吐——计太阳篇第3、4、12、29、33、40、73、97、98、99、105、123、124、126、149、152、155、161、175、176等二十条。阳明篇第7、16、19、26、46、51、62等七条。少阴篇第4条。太阴篇第1条。厥阴篇第1、13、14、33、50、51、52、53、54、55等十条。少阴篇第2、12、16、20、29、36、37、39、44等九条，共计四十八条。

（三）便秘——计太阳篇第55、140、177等三条。阳明篇第1、2、3、9、13、16、25、30、31、34、35、37、39、42、46、52、56、57、58、60、61、64、66、69、71、76等二十六条。及少阴篇第42条。共计三十条。

（四）下利——计太阳篇第32、34、92、106、107、112、155、160、161、162、166、168、175等十二条。阴阳篇第45、75等二条。太阴篇第1、5、6、8等四条。少阴篇第2、4、7、8、12、15、16、17、20、26、27、28、29、30、34、35、36、37、38、39、41、45等廿二条。厥阴篇第6、7、9、19、20、23、27、28、31、32、34、35、36、37、38、39、40、41、42、43、44、45、46、47、48、49等廿六条。共计六十七条。

（五）自胸满至结胸（即上腹部证候）——计太阳篇第22、28、36、37、65、66、80、97、98、99、100、106、109、110、111、113、126、131、134、135、137、138、139、140、141、142、143、145、150、151、152、153、154、155、156、157、158、159、160、161、163、164、166、167、168、169、170、174等四十八条。阳明篇第49、50、51等三条。少阴篇第2、4二条。太阴篇第1条。少阴篇条42条。厥阴篇第14条。共计五十六条。

以上总共计214条。

发　黄

发黄即是黄疸，为肝胆已受损害的表现：乃通常传染病所不多见，而是肝胆病所常有。其条文中之太阳第99条，说到面目及身黄者，兼有胁下满痛，饮水呕，食发哕等候，更以肝胆病篇近似。

其他阳明篇九条，太阴篇一条，虽其条文的语句，所指均不甚明了，但51条之说，‘时时哕加哕者不治’，哕即呃逆，也是肝胆病所常见。

所以发黄13条，条指肝胆病为多数。

发黄13条中，附有治法者只五条：（一）太阳99条用小柴胡汤。（二）太阳128条用抵当汤。（三）阳明55、78条用茵陈蒿汤。（四）阳明80条用麻黄连翘赤小豆汤。这四种汤药，其药效多于臆断。

呕　吐

说到呕吐的条文，虽比黄疸为多，但多与其他消化器证候有关系。

兹择其附方治法者，摘抄其大略如下：太阳12鼻鸣干呕，用桂枝汤。29烦躁吐逆者，用甘草干姜汤。33不下利但呕者，用葛根半夏汤。40干呕发热而咳者，用小青龙汤（内有半夏）。73水入则吐者为水逆，用五苓散。97、98、105心烦喜呕，用柴胡汤（内有半夏）。126心下温，欲吐而胸中痛者，用调胃承气汤。149微呕心支结，用柴胡桂枝汤（内有半夏）。152呕而发热者，用柴胡汤；但呕而心下有痞，用半夏泻心汤。155下利呕逆，干呕短气者，用十枣汤。161心下痞硬而满，干呕心烦者，用甘草泻心汤（内有半夏）。175下利兼呕者，用黄芩半夏姜汤。176呕吐（不下利），用黄连汤（内有半夏）。阳明62食穀欲呕者，用吴茱萸汤（金匮载止呕）。少阴4呕不能食，用小柴胡汤。

痉挛加甚，状如结胸，待其弛缓以后，则服泻药可解。

如果要合乎肠穿孔后腹膜炎的话，我以为只有‘藏结’二字或者可以充数。因为太阳第132、133、171条，均说藏结不可攻，或藏结难治，或藏结必死等肯定语，且没有用泻药以治之。

太阳篇提及自胸满至结胸的，有48条之多；其他阳明三条，少阳二条，太阴、少阴、厥阴各一条。我细细查阅，竟有23条是被庸医误用泻药引起的。其条文多注明下之后如何如何，可见得当时所流行的汗吐下三法，委实贻误病人不浅。

对于胸满胸胁满痛以至心下痞结胸的治法，虽不如治下利的复杂，但也没有像治大便难的简单。今以其条文多寡为序，而为归纳如下：

（1）柴胡汤15条。（2）泻心汤6条。（3）桂枝、麻黄、厚朴、人参等含有之汤6条，（4）大陷胸汤十枣汤6条。（5）其他杂汤3条。

以上五种汤药，用于36种证候，述在36条条文中。为之归纳，以柴胡汤泻心汤为最多，占半数以上。其中药味，均有半夏芩连，以及甘草干姜大枣等，半夏止吐，芩连止泻，上已说过。柴胡的用法，考诸《金匮》，也是用于腹胀满为主的（所以柴胡证，乃是以胸胁满痛，胸烦喜呕为主证）。总起来说，这二汤，都是以调和胃肠为其主要的功用。

此外有六条用泻药，其利弊已如上述。

结　论

（一）我从这许多消化器证候的条文，觉得《伤寒论》的作风，是观察病候，细腻周到；运用汤药，灵活微妙。所以后世评为经方之祖，其声誉经久不衰。

（二）我从这许多消化器证候的条文，觉得其说候论治，都是涉及多方面，不可能限于传染病。所以伤寒论即是传染病论的见解，尚须作多方的考虑。

（三）吾人初读伤寒论，以少读后世注家为佳，尤以西医研究中医者，读伤寒论原文，反而易于懂得，不必多参考注释之书。

［《中华医学杂志》1955，（11）：1066］

关于“承气汤”的初步研讨

张德超

中药是祖国劳动人民从疾病斗争的实践经验中所产生的，是保卫人民健康战胜疾病的有效武器，再经过劳动人民不断地精密研究，将这些有效药物进一步的组成了方剂，相传发源于伊尹（汤液经），推演于仲景（金匮、伤寒），故称仲景为“众方之祖”，其组成之原则，君、臣、佐、使，颇有深意，中医几千年来，其方剂宝藏之多，难计其数，在临床运用，真可谓：“取之无尽，用之不竭”。为了响应党和政府的明确指示，“发扬祖国医学遗产”，因此将祖国有效方剂之一——“承气汤”，提出来作为抛砖引玉的谈一下，并希望同道们多加指教

一、使用承气汤的目的

1. 通便作用　增加大肠之蠕动，溶解粪便，以排除肠内容物，用于各种便秘者。

2. 排毒作用　用于各种热病中，肠中燥屎所产生之有害物质之毒素，为消化器之吸收，带入血行，影响于神经系而产生神经中毒症状（如头痛，头晕甚则谵语等），即所谓自家中毒者。

3. 诱导作用

（1）诱导的降血作用：刺激大肠，使之充血，可消退他部充血症状，故用于脑充血、颜面充血，鼻衄、充血性齿龈炎等症；

（2）诱导的消炎作用：又因其诱导作用，用于身体他部发炎。

4. 用于胃肠消化不良，食物发酵腐败，刺激肠壁而发之肠炎下利，用以排除肠内发酵之腐物，以及痢疾滞下等。

5. 疏通血行作用　用于局所之凝血，如瘀血、蓄血及月经困难等。

6. 排除异物作用　用于胎盘残留等。叶橘泉先生将桃仁承气用于胎盘残留，颇有卓见。

作用未明的，用于冲心型脚气颇效。

二、承气汤的适应症

1. 大承气汤适应症　伤寒论云：阳明病，脉迟，虽汗出，不恶寒者，其身必重，短气腹满而喘，有潮热者，此外欲解，可攻里也，手足濈然汗出，汗出者，此大便已鞕也，“大承气汤”主之。

又云：伤寒，若吐若下后，不解，不大便五六日以上，至十余日，日晡所发潮热，不恶寒，独语如见鬼状，若剧者，发则不识人，循衣摸床，惕而不安，微喘直视，脉弦者生，涩者死，微者但发潮热，谵语者“大承气汤”主之。

又云：阳明病，谵语有潮热，反不能食者，胃中必有燥屎五六枚，若能食者，但鞕耳，宜“大承气汤”下之。

又云：汗出谵语者，以有燥屎在胃中，此为风也，须下之，过经乃可下之；下之若早，语言必乱，以表虚里实故也，下之愈，宜“大承气汤”。

又云：二阳并病，太阳证罢，但发潮热，手足濈濈汗出，大便难而谵语者，下之则愈，宜“大承气汤”。

又云：阳明病下之，心中懊侬而烦，胃中有燥屎者可攻，宜“大承气汤”。

又云：大下后，六七日不大便，烦不解，腹满痛者，此有燥屎也，所以然者，本有宿食故也，宜“大承气汤”。

又云：病人小便不利，大便乍鞕乍易，时有微热，喘冒不能卧者，有燥屎也，宜“大承气汤”。

又云：伤寒六七日，目中不了了，睛不和，无表里证，大便鞕，身微热者，此为实也，急下之，宜“大承气汤”。

又云：阳明病，发热汗多者，急下之，宜“大承气汤”。

又云：发汗不解，腹满痛者，急下之，宜“大承气汤”；腹满不减，减不足言，当下之，宜“大承气汤”。

又云：阳明少阳合病，必下利，脉滑而数者，有宿食也，当下之，宜“大承气汤”。

又云：少阴病得之二三日，口燥咽干者，急下之，宜“大承气汤”。

又云：少阴病自利清水，色纯青，心下必痛，口干燥者，可下之，宜“大承气汤”。

又云：少阴病，六七日，腹胀不大便者，急下之，宜“大承气汤”。

按：本方以病者具有消化系之大便结实，腹部膨满胀痛，热型有但热不寒之自汗潮热，神经有烦躁、谵语等症，脉搏沉实有力，舌苔老黄而干甚则黑有芒刺等，为其适应目的。在临床之运用，若诸般急性热病之经过中，有上述之症状者；肥胖人之高血压症之便秘者；痢疾腹痛下利频繁之属实者；消化不良之胃肠炎者，冲心型脚气及精神癫狂病之大便秘结者。

2. 小承气汤适应症　伤寒论云：阳明病，若汗多，微发热恶寒者，外未解也，其热不潮，未可与“承气汤”；若腹大满不通者，可与“小承气汤”微和胃气，勿令至大泄。

又云：阳明病，潮热，大便微鞕者，可与“小承气汤”，不鞕者，不可攻之。

又云：阳明病，其人多汗，以津液外出，胃中燥，大便必鞕，鞕则谵语，“小承气汤”主之。

又云：阳明病，脉滑而疾者，“小承气汤”主之。

又云：太阳病，若吐、若下、若发汗后，微烦，小便数，大便因鞕者，与“小承气汤”，和之愈。

又云：得病二三日，脉弱，无太阳柴胡证，烦躁心下鞕，至四五日，虽能食，以“小承气汤”。

又云：下利谵语者，有燥屎也，宜“小承气汤”。

按：本方以腹满、大便鞕而不通、谵语、潮热，脉滑而疾者为适应目的。临床之运用为大承气汤症之较轻者。且本方为攻下之试探剂，如伤寒阳明篇云：“若不大便六七日，恐有燥屎，欲知之法，少与“小承气汤”，汤入腹中，转矢气者，乃可攻之；若不转矢气者，此但初头鞕，后必溏，不可攻之，攻之必胀满，不能食也。”若对大承气汤有疑似证者，先以此作试采用之。

3. 调胃承气汤适应症　伤寒论云：若胃气不和，谵语者，少与“调胃承气汤”。

又云：发汗后，恶寒者，虚故也；不恶寒，但热者，实也，当和胃气，与“调胃承气汤”。

又云：太阳病未解，脉阴阳俱停，下之必先振栗，汗出而解。但阳脉微者，汗出而解；但阴脉微者，下之而解；若欲下之，宜“调胃承气汤”。

又云：伤寒十三日，过经不解，时谵语者，以有热也，当以汤下之；若小便利者，大便当鞕，而反下利，脉调和者，知医以丸药下之，非其治也；若自下利者，脉当微厥，今反和者，此为内实也，“调胃承气汤”主之。

又云：太阳病过经十余日，心中温温欲吐，而胸中痛，大便反溏，腹微满，郁郁微烦，先此时，自极吐下者，与“调胃承气汤”。

又云：阳明病，不吐不下，心烦者，可与“调胃承气汤”。

又云：太阳病三日，发汗不解，蒸蒸发热者，属胃也，“调胃承气汤”主之。

又云：伤寒吐后，腹胀满者，与“调胃承气汤”。

按：本方以腹中实而不满、有燥屎、不大便、而心烦、潮热、谵语等为目的。适用于各种急性热病之高热、自汗、烦躁、谵语、口干、口臭、面赤目赤、脉洪数等之阳性症状而有燥屎不大便者、及咽喉肿痛、齿痛、高血压等。

4. 桃仁承气汤适应症　伤寒论云：太阳病不解，热结膀胱，其人如狂，血自下，下者愈；其外不解者，尚未可攻，当先解其外，外解已，但少腹急结者，乃可攻之，宜“桃仁承气汤”。

以然者，本有宿食故也。宜大承气汤。”“病人小便不利，大便乍难乍易，时有微热，喘冒，不能卧者，有燥屎也，宜大承气汤。”“须小便利，屎定硬，乃可攻之，宜大承气汤。”“伤寒六七日，目中不了了，睛不和，无表里证，大便难，身微热者，此为实也。急下之，宜大承气汤。”“发汗不解，腹满痛者，急下之，宜大承气汤。”“腹满不减，减不足言当下之，宜大承气汤。”“阳明病脉迟，虽汗出，不恶寒者，其身必重，短气腹满而喘，有潮热者，此外欲解，可攻里也。手足濈然汗出者，此大便已鞕也：大承气汤主之。”阳明病，谵语有潮热，反不能食者，胃中必有燥屎五六枚也（若能食者，但鞕耳）。宜大承气汤下之。”

根据上列的经文，可以知道大承气汤主要的脉证是“实大”，腹证是因有“内实”的积粪而满痛，其余兼见的各症，都必然围绕着这两个主证而出现。所以《医宗金鉴》说：“满者，腹胁满急䐜胀，故用厚朴，以消气壅；痞者，心下痞塞硬坚，故用枳实，以破气结；燥者，肠中燥屎干结，故用芒硝，润燥软坚；实者，腹痛大便不通，故用大黄，攻积泻热。然必审四证之轻重，四药之多少适其宜，始可与也”。大承气汤厚朴较小承气汤重三倍，枳实重五分之二，则腹胁满急䐜胀，均倍甚于小承气汤证的积秽和气壅的病情。

二、小承气汤

伤寒于大承气汤条曾说：“有潮热者，此外欲解，可攻里也。”又说：“潮热者，实也。”于小承气汤则说：“其热不潮，未可与承气汤。若腹大满不通者，可与小承气汤；微和胃气，勿令大泄下。”“阳明病，其人多汗，以津液外出，胃中燥，大便必鞕；鞕则谵语、小承气汤主之。若一服，谵语止者，更莫复服。”“太阳病，若吐，若下，若发汗后，微烦，小便数，大便因鞕者，与小承气汤和之，愈。”“得病二三日，脉弱，无太阳柴胡证；烦躁，心下鞕。至四五日，虽能食，以小承气汤，少少与微和之，合小安。至六日，与（小）承气汤一升（若不大便六七日，小便少者，虽不受食；但初头鞕，后必溏，未定成鞕，攻之必溏）。须小便利，屎定鞕，乃可攻之，宜大承气汤。”

极据上列的经文，可以知道小承气汤证的大便鞕，乃是“若能食者，但鞕耳”，和大承气汤证的“不能食”，或“不受食”而有“屎定硬”的那种宿积“燥屎”不同，故小承气汤不用芒硝以润燥软坚。因此它表现在腹证上的满急䐜胀，也不如大承气汤证的壅实；即使是“腹大满不通”，亦无大承气汤证的拒痛之甚。而在脐腹上下左右的坚急硬满也要比较轻微。但是这种略轻于大承气汤的腹证的痞塞坚满，绝不是少阳病的胸胁苦满，所以它不是柴胡证；也不是大柴胡证的心下鞕。因为它的腹证没有达到大示气汤证的强度，所以厚朴只用大承气汤的四分之一，枳实只用五分之三。其表现在脉证上的，不似大承气汤的实大；所以小承气汤的另一主证是“脉弱”于大承气汤证。

金匮腹满篇有厚朴三物汤，痰饮篇有厚朴大黄汤，药味俱同小承气，而分量颇异①。今以表式此列金匮厚朴类方于小承气汤方之下：

方名＼药名	大黄	厚朴	枳实	厚朴七物汤，即桂枝汤去芍药加厚朴三物汤，而大黄减少四分之一量，治桂枝去芍药汤证而兼有腹满者。
小承气汤	4两	2两	3枚	阳明病，谵语，发潮热，脉滑而疾者，小承气汤主之。
厚朴三物汤	/	8两	5枚	（腹满痛）（胸胁逆满）痛而闭者，厚朴三物汤主之。
厚朴大黄汤	6两	1尺	5枚	支饮胸满者，厚朴大黄汤主之。
厚朴七物汤	3两	半斤	5枚	病腹满，发热十日，脉浮而数，饮食如故，厚朴七物主之。

甲、小承气汤的主证在这里还要明确一下：

（一）脉证——“阳明病，谵语，发潮热，脉滑而疾者，小承气汤主之（因与承气汤一升，腹中转失气者，更服一升；若不转失气者，勿更与之）。明日不大便，脉反微满者，里虚也；为难治。更与承气汤”！

（二）腹证——“若不大便六七日，恐有燥屎欲知之法，少与小承气汤；汤入腹中，转失气者，此有燥屎，可攻之，若不转矢气者，此但初头鞕后必溏，不可攻之。攻之，必胀满，不能食也”。误用大承气汤的攻下，致变成重度的胀满（虚性的）。则在未攻之前，先行试服小承气汤的腹型，必然不是很严重的胀满。

乙、如果没有像大承气汤证的硬结宿滞的燥屎，而有如大承气汤证同等程度的腹证，就是金匮要略治腹满痛而闭者之厚朴三物汤（大承气汤去芒硝）的腹证。

丙、小承气汤方的大黄用量，仅及治支饮胸满的厚朴大黄汤的三分之二。而厚朴大黄汤的枳实，较之小承气为4：3；较之大承气及厚朴三物为4：5,按：厚朴主治因食毒或兼水毒之胸腹胀满而结实，枳实主治因食毒或兼水毒之心下及胸胁苦满（柴胡证）之强度的直腹筋的结实，而或兼胀满。照玉函关于麻子仁丸“厚朴一尺作一觔”的说法，则厚朴大黄汤的腹满急膜胀，当倍于大承气汤的腹证。

厚朴大黄汤，厚朴三物汤与小承气汤药味，因分量相差而主治各异：

（一）腹证奇览说：“枳实治胸胁间（心下，肋骨弓下）之痰饮结实，厚朴开痞满”，“厚朴大黄汤：以厚朴为君，枳实为臣，大黄为佐；故主治胸满，非主疏涤也。小承气汤：大黄为主，枳实为臣，厚朴佐之；故主利大便鞕，或不通也；其腹证亦仅腹微满、心下鞕耳”。

（二）厚朴三物汤以厚朴为君药，枳实为臣药，大黄佐之。小承气汤以大黄为君药，厚朴、枳实为臣药。所以吉益东洞氏以厚朴三物汤为治小承气汤证而腹满剧者②。

三、调胃承气汤

《伤寒论》说：“（误攻其表）得之便厥，咽中干，烦躁吐逆者，作甘草干姜汤与之：以复其阳。若厥愈足温者，更作芍药甘草汤与之；其脚即伸。若胃气不和，谵语者，少与调胃承气汤”，“发汗后，恶寒者，虚故也，不恶寒，但热者，实也，当和胃气；与调胃承气汤”。“阳明病，不吐，不下，心烦者，可与调胃承气汤”。“太阳病，三日，发汗，不解，蒸蒸发热者，属胃也，调胃承气汤主之”。“伤寒吐后，腹胀满者，与调胃承气汤”。

根据上列的经文，调胃承气的证型乃是一种实证，例如“发汗后，不恶寒，但热者，实也”。这种实证，便是“不吐不下”而“心烦”的阳明病；而这种“心烦”，也就是由于“发汗不解”的“蒸蒸发热”而然，但调胃承气的发热不是表证的邪热，也不是阴虚的内热，乃是一种属于“虽无结粪”而仍是“糟粕秘结”的内实所导致的热证，然其内实的程度，不似大承气证的腹痛腹满而上迫，以致有脐上胀满坚急之情，又不似小承气证的“腹大满不通”；它没有脐腹上下左右的坚急鞕满，仅是存在着因有硬粪而排便不畅的局部的“腹胀满”。所以这种燥实的情况，不是势若燎原的腑气之实。有时就是在“作甘草干姜汤与之，以复其阳”而“厥愈足温”之后，出现因有硬粪而大便不畅的“若胃气不和，谵语者，（亦可以）少与调胃承气汤”。今将三承气汤的脉证腹证比较于下：

（一）腹证——所以在腹证上说：大承气汤证的腹满，是以脐部中心及于上下左右而坚满，胀痛而急乃至“喘冒”；小承气汤的这种腹证则次之。调胃承气汤则无腹满，故不用朴实。其局部的“腹胀满”只是于脐中心的腹底，及上下左右触诊有局部的凝结而觉抵抗，且有压痛的腹证。

《温疫论》云：“三承气汤功用仿佛，热邪传里，但上焦痞满者，宜小承气汤。中有坚结者，加芒硝软坚而润燥。病久失下，虽无结粪，然多粘腻结臭恶物，得芒硝则大黄有荡涤之能。设无痞满，惟存宿结，而有瘀热者，调肠承气宜之。三承气功效俱在大黄，余皆治标之品也”。陆渊雷师云：“吴氏论三承气之异，精核可法；盖调胃承气结实而腹不满，小承气腹满而不结实，大承气结实且满；此腹诊之大较也”。

（二）脉证——在脉证上说：小承气汤证，“脉弱”，于大承气汤的脉证的“实大”，而调胃承气汤又脉弱于小承气汤的脉证。但三承气汤的脉证都是实脉。

调剂上，三承气汤也有不同，因而也关系到它的治效。柯韵伯说：“诸病皆因于气，秽物之不去，由气之不顺也，故攻积之剂，必用气分之药，故以承气名汤。煎法，更有妙义：大承气用水一斗，煮朴枳，取五升去滓，内大黄；再煮取二升，内芒硝；何哉？盖生者，气锐而先行，热者，气锐而和缓。仲景欲使芒硝先化燥屎，大黄继通地道，而后枳朴除其痞满；若小承气，以三味同煎，不分次第。同一大黄，而煎法不同，此可见仲景微和之意也”。

金鉴引程知云：“调胃承气，大黄用酒浸；大承气，大黄用酒洗；皆为芒硝之性寒，而以酒制之。若小承气，不用芒硝，则亦不事酒浸洗矣”。

四、麻子仁丸

方中大黄，厚朴，枳实，都重于承气汤的剂量，但因为作丸剂，所以是小剂量的进服。徐彬伤寒原方发明说：“即小承气，加芍药二仁也”。方有执伤寒条辨说：“麻子，杏仁，能润干燥之坚；枳实，厚朴，能导固结之滞；芍药歙液以辅润；大黄推陈以致新，脾虽为约，此之疏矣”。成无已说：“趺阳者，脾胃之脉，诊浮为阳，知胃气强；涩为阴，知脾为约；约者，俭约之约，又约束之约……致小便数，大便难，与脾约丸，通肠润燥”。程应旄伤寒后条辨说：“脾约者，脾阴外渗，无液以滋……所以胃火盛而肠枯，大便坚而粪粒小也”。汪号伤寒辨注说：“趺阳者，胃脉也，在足趺上五寸骨间，去陷骨三寸，即足阳明经，冲阳二穴，按之其脉应手而起，按成注，以胃强脾弱，为脾约作解；推其意，以胃中之邪热盛为阳强，故见脉浮；脾家之津液少为阴弱，故见脉涩”。丹波元简氏按：“喻氏讥成氏脾弱之说云：“脾弱，即当补矣，何为麻仁丸中，反用大黄，枳实，厚朴乎？汪氏则暗为成注解纷，大是”。麻仁丸与承气证的比较如下：

（一）脉证——小承气汤加二仁，芍药为丸剂，应该像抵当汤和抵当丸及大陷胸汤和大陷胸丸一样，以名为小承气丸（即麻子仁丸）较称。其疗效所主之脉证，为由于胃气强实所反映出的趺阳脉的浮而鼓指（实）；所谓浮而涩：此种涩脉，不全是少血之涩，临床上涩脉有三种：虚涩、枯涩、滞涩。《潘楫论》第二种涩脉说：“胃无余液，以致肠中枯燥，而大便秘结，脉安得不涩”？这种涩，不是血少无力的脉波，而是由于“结肠”“内实”，脉象上表现迟重之状。

（二）腹证——因为“大便硬”，“小便数”而肠中液少，排便困难，同时没有急性的热性病的证候，只是因着便通不畅，肠内气体充斥，以致有小承气汤的“腹大满不通”的腹证出现，所以仿用小承气汤方为丸剂，加麻仁杏仁之润，以图缓效。因其效能较缓，故对于由腹胀而致胸膈间的逆满，藉杏仁以降气；又因腹直肌有凝结充实的感觉，而呈挛急之情，故加芍药以解其挛结而和其满痛。

麻仁丸（小承气丸）与小承气汤的区别，腹证脉证都相似，只是有缓急之势的分歧。麻仁丸的胸膈逆满，有杏仁的下降，而大承气汤的胸腹逆满而喘冒，不用杏仁，则由于有芒硝而作汤剂，能迅速荡涤肠胃的宿结之故。

（三）承气汤通指调胃承气及大小承气汤。今按汤丸合称之例，麻仁丸应改名为小承气丸。共为四承气。又加桃仁承气汤，本亦属于五承气；但其主治范围在于瘀血方面，以与四承气分论为是。又大陷胸丸；肘后方名承气丸；然其主效在排除胸腹间之水饮，与承气方义不同，亦当分论。

下瘀剂的应用之比观

桃仁承气汤与抵当汤，抵当丸的分别是：

药名	水蛭	虻虫	桃仁	大黄	芒硝	桂枝	甘草	下瘀剂类方共三方，用药共七味。三方中用桂枝、甘草，芒硝者一，用水蛭，虻虫者各二，用桃仁，大黄者各三。
	熬	足去熬翅	去尖皮	酒洗		去皮	炙	
桃核承气汤			50 个	4 两	2 两	2 两	2 两	太阳病不解，热结膀胱，其人如狂，血自下，下者愈。其外不解者，尚未可攻。当先解其外；外解已，但少腹急结者，乃可攻之。
抵当汤	30 个	30 个	20 个	3 两				太阳病六七日、表证仍在，脉微而沉，反不结胸，其人发狂者，以热在下焦，少腹当硬满，小便自利者，下血乃愈。所以然者，以太阳随经，瘀热在里故也。
抵当丸	20 个	20 个	25 个	/				伤寒有热而腹满，应小便不利，今反利者，为有血也，当下之，不可余药。

（1）《伤寒论》于桃仁承气汤证说：“太阳病不解，热结膀胱，其人如狂，血自下，下者愈，其外不解者，尚未可攻；当先解其外，外解已，但少腹急结者，乃可攻之，宜桃核承气汤”。桃仁承气汤的腹证，是“热结膀胱”而“少腹急结”，《医方考》说：“伤寒外证已解，小腹急，大便黑，小便利”。“桃仁，润物也，能润肠而滑血；大黄，行药也，能推陈而致新；芒硝，硷物也，能软坚而润燥；甘草，平剂也，能调胃而和中；桂枝，辛物也，能利血而行滞”。《诸证辨疑》记一妇病由“血被冷水所凝，瘀血归于大肠，热气所以坠下”，“诊脉：两尺脉紧而涩”。《医史》撰宁生传，滑寿治一妇“多服煖子宫药，积久火甚”，“面赤脉躁疾，神悦悦如痴”。《证治准绳》撄宁生卮言：谓“善医者每治失血畜妄，必先以快药下之。或问失血复下，虚何以当？则曰血既妄行，迷失故道，不去蓄利瘀，则以妄为常”。故《张氏医通》说：“虚人虽有瘀血，其脉亦芤，必有一部带弦，宜兼补以去其血，桃核承气加人参五钱，分三服，缓攻之”。以上都是关于桃仁承气汤的方论及其腹证脉证。“脉紧而涩”“躁疾”“必有一部带弦”，都是弦急而滞涩之象，这种脉象是与小腹急结的情况相呼应的。

（2）抵当汤：“太阳病，六七日，表证仍在，脉微而沉，反不结胸，其人发狂者，以热在下焦，少腹当硬满，小便自利者，下血乃愈。所以然者，以太阳随经，瘀热在里故也。抵当汤主之”。“太阳病，身黄，脉沉结，少腹硬。小便不利者，为无血也。小便自利，其人如狂者，血证谛也，抵当汤主之”。“阳明病，其人喜妄者，必有蓄血，所以然者，本有久瘀血，故令喜妄。屎虽鞕，大便反易，其色必黑者，宜抵当汤下之”。抵当汤的腹证是少腹硬而满，脉证是沉结。

（3）“伤寒有热，少腹满，应小便不利；今反利者，为有血也，当下之，不可余药，宜抵当丸”。成无己说：“其热不畜津液，而畜血不行，小便自利者，乃为畜血，当与桃仁承气汤，抵当汤下之。然此无身黄屎黑，又无喜妄发狂，是未至于甚，故不可予快峻之药也。可与抵当丸，小可下之也”，抵当丸适应于有瘀血之热性病之退行期而症轻者，或慢性病有瘀血凝结，少腹满或有块者。其脉证与抵当汤同。

下瘀剂三方之腹证——吉益东洞氏说：“热结膀胱，又称少腹急结”，此急结据汤本求真氏之经验：“常不在膀胱部位，而在下行结肠部位。以指尖沿下行结肠之横径，向腹底擦过而强按压之，触知坚结物，病人诉急痛，是即少腹急结之正证也。急结之大小广狭长短，种种无定，时或上迫于左季胁上，及心下部；致上半身之疾。又或下降于左肠骨窝及膀胱部，致下半身之疾”。同时亦出现“腹部大动脉之搏动，偏倚于左侧腹部”，所谓脐左旁的动气。

抵当汤的腹证为少腹鞕满，或少腹鞕。抵当丸则以用于慢性病的腹有凝结硬块者，为更适当。

峻下法对于疾病所体现的环节

方名＼药名	杏仁	葶苈	大黄	芒硝	甘遂	大戟	芫花	桔梗	巴豆	贝母	
	去皮共熬黑	熬	去皮						去皮熬黑研如脂		峻下法类方共四方，用药共十味。四方中用杏仁、葶苈者一、用大戟、芫花者一，用桔梗、巴豆、贝母者一，用甘遂者二，用大黄，芒硝者各二。
大陷胸汤			6两	1升	1钱匕						阳气内陷，心下因硬，则为结胸，大陷胸汤主之。
大陷胸丸	半升	半升	半斤	半升							病发于阳而反下之，热入因作结胸，所以成结胸者，以下之太早故也。结胸者项亦强，如柔痉状，下之则和宜大陷胸丸主之。
十枣汤					等分	等分	等分				太阳中风，下利呕逆，表解者，乃可攻之，其人漐漐汗出，发作有时头痛，心下痞鞕满，引胁下痛，干呕短气，汗出不恶寒者此表解里未和也，十枣汤主之。
白散								3分	1分	3分	寒实结胸，无热证者，白散亦可服。

小陷胸汤与陷胸类方峻泻作用不同，故不列入陷胸类方之内。

大陷胸汤丸的分别是：

（1）大陷胸汤：“伤寒六七日，结胸热实，脉沉而紧，心下痛，按之石鞕者，大陷胸汤主之”。“伤寒十余日，热结在里，复往来寒热者，与大柴胡汤。但结胸，无大热者，此为水结在胸胁也。但头微汗出者，大陷胸汤主之”。“太阳病，重发汗，而复下之，不大便，五六日。舌上燥而渴，日晡所，少有潮热，心胸发大烦，从心下至少腹，鞕满，而痛不可近者，大陷胸汤主之”。“伤寒五六日，呕而发热者，柴胡证具……复与柴胡汤。……若心下满而硬痛者，此为结胸也，大陷胸汤主之”。大陷胸汤的腹证是水结在胸胁，从心下至少腹鞕满而痛不可近。心下痛，按之石鞕。其脉证是沉而紧③。

（2）大陷胸丸：《千金方》秘涩门：本方不用甘遂，蜜丸如梧子大，服七丸，名练中丸；主宿食不谓，大便难。释应旌说：“夫从胸上结鞕，而势连甚于下者，大陷胸汤，不容移易矣。若从胸上结硬，而势连甚于上者，缓急之形既殊，则汤丸之制稍异。结胸而至项亦强，如柔痉状，如邪液布满胸中，升而上阻，更不容一毫正液，和养其筋脉矣。胸邪至此，紧逼较甚……改大陷胸汤，为大陷胸丸，峻治而行以缓”。山田正珍氏云：“凡结胸有热者，宜用大陷胸汤以下之；其无热者，宜用大陷胸丸以下之。论云：‘过经谵语者，以有热也，当以汤下之；而医以丸药下者，非其治也’。可见丸方本为无热者而设”。汤丸之分，只在于缓急的异治，不全繫于有热与否的外证的有无。故以程说之胸腹的证候为切贴。又丸方的心下鞕，按之而不甚痛，亦病势较汤剂为缓之故。

（3）十枣汤的腹证是心下痞，鞕满，引胁下痛。和久田氏说：“若以指头稍触心下及胁下之边，即惊恐而痛，或咳则引连胁腹，或动身举手，则胸乳痛，即顺吸时亦无不如是。因水饮留于胸间心下，而不下之所致也，故名悬饮”。《金匮要略》说：

一、病悬饮者，十枣汤主之。

二、咳家，其脉弦，为有水，十枣汤主之。

三、夫有支饮家，咳，烦，胸中痛者（不卒死，至一百日，或一岁）。十枣汤主之。

《外台秘要》深师朱雀汤，疗胁下支满，辄引胁下痛。即本方。《圣济总录》三圣散，治久病饮癖停疾，及胁满支饮，辄引胸下痛。即本方。则气管支炎或肋间神经痛，尤其是渗出性肋膜炎的心下痞鞕而满及牵引胁下痛，而有可下的病机，为十枣汤的腹证。弦，或沉弦④，为十枣汤的脉证。

（4）白散：《伤寒类方》说：“结胸，皆系热陷之证；此云寒实，乃水气寒冷所结之痰饮也”。《外台秘要》：“仲景桔梗白散，治咳而胸满，振寒脉数，咽干不渴，时出浊唾腥臭，久久吐脓，如米粥者，为肺痈”。丹波元简氏谓：“此因膈间素有寒涎，邪气内陷，和化为实，或有膈痛及心下硬等症，其势连及于下，而阳犹能维持者，故峻利之”。结胸呈寒性症状，而阳气未衰，邪气实者，称为寒实。其脉证为弦小⑤而紧⑥。

附注：

①陆渊雷：伤寒今释 P.310，人民卫生出版社版。

②汤本求真：皇汉医学卷三，P.38. 中华书局版。

③潘楫：医灯续焰卷三紧脉病第十二：“沉以候里，沉而紧，寒在里也”。按：金匮要略痰饮咳嗽病脉证并治第十二：“脉沉者。有留饮”。“膈间支饮，其人喘满，心下痞坚，面色黧黑，其脉沉紧”。

④李时珍：濒湖脉学卷一：“沉弦悬饮内痛”，“单弦饮澼，双弦寒痛”。按：金匮痰饮篇：“凡食少饮多，水停心下，甚者则悸，微者短气：脉双弦者寒也，皆大下后喜虚，脉偏弦者饮也”。王叔和脉经卷四：“沉而弦者，悬饮，内痛”，（平杂病脉第三）。

⑤王叔和：脉经卷四：“弦小者，寒澼”。“脉与肌肉相得，久持之至者，可下之”。“弦小紧者，可下之”。

⑥孙思邈：备急千金要方：“寸口脉强而紧，弦即卫气不行；卫气不行，即恶寒水流走肠间”（卷二十八平脉，三关主对法第六）按弦小而紧，则脉力强，为寒实之徵，故可攻下。

[《中医杂志》1956，（3）127]

从《伤寒论》体会中医的治疗规律

庞祝如

辨证治疗和伤寒论

中医治病是有其独特的规律的，这一规律就是一般所谓“辨证治疗”或“随症疗法”，是一种调节机能的治疗法。它的特点有三：1. 非特殊性的，即几乎所有疾病都可适用；2. 注意于病人的生理机转的促进，而不直接注意于病原和病状的消灭；3. 整体性的，即照顾到病人整体的生理机转，根据全身证候而采取相适应的综合疗法。它的内容原理是根据机体抗病的生理机转的反射性现象，给与相应的扶助和调节，使机体的生理机能，战胜病因的侵害，而恢复其正常状态。根据机体对疾病的反应情况，中医把证候分为阴、阳、表、里、虚、实、寒、热八大类型。由于这些类型的互相错综复杂的配合，即呈现临床上千变万化的现象。中医根据八大证类来辨识证候，就可依此而运用相适应的汗、吐、下、和、温、清、补、消等方法来进行治疗。所以学习中医，非掌握这一治疗规律不可。

中医典籍中，最能体现这一治疗规律的，要算张仲景的《伤寒论》。他根据历代先人积累的经验，总结出这一规律，用文字固定下来，使后人可永久运用。同时，更叙述出许多具体的变化例子，指示相应的辨证治疗方法，并纠正可能发生的错误，使我们能进一步认识这一规律的具体运用。所以伤寒论公认为一本最切实用的中医经典著作。我们如能认真切实的学习，便可领会这一治疗规律。

“伤寒”和“六经”辨证

一般中医虽已承认《伤寒论》的实用价值，知道它是临床治疗的规范，也有人证是中医内科通论，但历来还是有许多人对它误解和歪曲，因而大大降低了《伤寒论》的真实价值，甚至使这一很有实用价值的典籍将有被废弃的危险。例如直到现在，有许多中医在学习时根本不重视这本书，有的认为学了也是不能应用的，竟可以不必学。这是多么可惜的事！因此，有首先加以批判以澄清认识的必要。一般的误解，大概可归纳为下列两种：

首先，是对于“伤寒”的误解。以为“伤寒”是某种独特的病名，因而以为这书所提示的治疗规律就只能适用于这种独特的病。先是有人把“伤寒”和“温热”划分开来，认为这书的治疗规律不能治疗“温热”，要另辟蹊径。接着又有人以为只有北方人才能患“伤寒”，才能用这些方法；在南方就因为气候温和，不会有“正伤寒”，就不合用。也有人以为北方人体质刚劲，才能适用；南方人体质柔弱，就不相宜（就是直到现在，也还多有抱这样见解的中医）。后来西医学传入我国，因为有人把肠窒扶斯误译为“伤寒”，就跟着误解这书是治疗肠窒扶斯的方法。此外，又有人以为“伤寒”很像流行性感冒，便认定本书是指此而说。甚至有人在追求探寻“伤寒”的病原体，说它既非肠窒扶斯，也不像流行性感冒，而是一种完全独特的病。这就更加脱离实际了。其实，伤寒论所提示的治疗规律是非特殊性的，即不是专指某一疾病的。它不过引用了某些具体证候为例，来说明这些规律的应用方法，使我们能明确认识它的用法。所以它所说的证候，既像这些病，又像那些病，不但有外感热证，也有内伤杂病，是包括多种疾病的。至于通过这些具体证例来体现的治疗规律，则更可适用于一般疾病。因此，我们决不能妄断它专指某一独特的病，而应认识它是一般可用的治疗规律。而且中医的辨证治疗本来重在证候，而不重病名。换句话说，即使不弄清病名，只要照着证候治疗，便能治好疾病，所以病名在辨证治疗中并不是项重要的。如果专在病名方面去摸索，那无异是钻牛角尖，对于祖国医学不但无补反而有损的，事实上，不管你是温热家也好，南方中医也好，辛凉派也好，有哪一个中医的治疗用药能越出这一治疗规律呢？只是用而不自知罢了。虽然也有人以为温热家的方剂一部分已属于“特效疗法”，但严格说来，也是脱不了这一规律的体系的。

其次，是对于“六经”的歪曲，把“三阳三阴”的证候，歪曲为内经“六经”的经脉。因此，后来有些注家，甚至要牵强附会地结合到“十二经”去。因为说是“传经”，便以为“六经”是整个病的进行过程，是六个必经的阶段。但事实上也并没有一定不易的程序；不但是有的传，有的不传，就是“传变”时也不一定是照着“六经”次序的。而且既说太阳是表，阳明是里，少阳是半表半里，那么照顺传阶段来说，也该由太阳传少阳，再由少阳传阳明才对。因为半表半里既在表里之间，由表入里势必先须经过半表半里。但照顺传次第却是由太阳传阳明，然后再传少阳的。可见“六经”既非经脉，也不是阶段。其实是由阴、阳、表、里、虚、实、寒、热八大证类互相配合而成的六种综合证候（或称证候群）的类型，是从具体的病象中提示出来，作为辨证治疗的范例的。所谓三阳经，是表示阳性的三种综合证候，有机能亢进的现象。病在表的称“太阳”，病在里的称“阳明”，病在半表半里的称“少阳”。三阴经是表示阴性的三种综合证候，有机能衰退的现象。病在表的称“少阴”，病在里的称“太阴”，病在半表半里的称“厥阴”。这六种综合证候的类型，又各有正型、兼型或变型。但这六种证候却是各自独立的类型，而不是病变的进行过程或先后传变的阶段。兹列表如夹：（表1）

表1　六经综合证候分类表

六　经	阳性综合证候（机能亢进）	太阳病	表	皮肤黏膜异常反应	六种证候类型
		阳明病	里	胃肠机能异常反应	
		少阳病	半表半里	躯壳阶层异常反应	
	阴性综合证候（机能衰退）	少阴病	表	循环系统机能病变	
		太阴病	里	消化系统机能病变	
		厥阴病	半表半里	神经系统机能病变	

我之所以先要大胆地提出上述两点批判，是因为这些误解是我们明确认识伤寒论的严重障碍。只有纠正了那些歪曲误解，才能澄清对《伤寒论》的认识，从而切实领会和进一步掌握中医的治疗规律。现在，把我个人在上述两点认识的基础上，学习伤寒论所得到的一些不成熟的初步体会，概略地分述于次：

太阳型治疗规律分析

太阳型是病情表现在表部而属于阳性现象的一种综合证候类型。主要证候是：脉浮、头痛，项强、发热、恶寒等。其病理机转是由于病因侵袭体表而激起机体生理机能的抗病现象，所以特别表现在皮肤和黏膜的异常反应。照证类分析：脉浮、发热、头痛属“阳”，脉浮、头痛、项强、发热恶寒属“表”，脉缓有汗属“虚”，脉紧无汗属“实”，发热属“热”，所以是“阳、表、热、或虚或实”的综合证候。因其重点在表，故治疗方法主要是发汗。分正型、兼型和变型三类。正型是主证；兼型是兼证，除本型主证以外，还兼有别型证候的；变型是变证，即由本型转变为别型证候的。

正型又分表虚表实两种，脉缓有汗是表虚，治法用桂枝汤解肌（微汗）；脉紧无汗是表实，治法有麻黄汤发汗。其作用在畅盛皮肤和黏膜的血液循环，集中抗病机能于体表，将疾病驱于体外。

兼型主要有三：一、兼里实热，无汗烦躁，用大青龙汤解表清里。二、兼里实寒，无汗停饮，用小青龙汤解表散里；有汗停饮，水逆消渴，用五苓散外疏内利。三，兼里虚寒，心中悸烦及脉结代心动悸，用小建中汤及炙甘草汤补中；发热头痛脉沉身疼下利清谷，用四逆汤温里。

变型主要有五：一、蓄血，少腹急结甚至发狂是里实热，用桃仁承气汤及抵当汤丸攻里逐血。二、结胸，1. 心下硬痛，甚至直达少腹手不可近或项强是里实热，用大小陷胸汤丸攻里，破结泄热；2. 水结胸，无热证现象是里实寒，用三物白散攻里。三、痞鞕，1. 心下痞鞕不痛是里虚热，用各种泻心汤攻里；2. 气上冲咽喉不得息是里实寒，用瓜蒂散涌吐；3. 噫气不除是里虚寒，用旋覆代赭石汤镇逆。四、虚烦不眠，心中懊侬窒痛是里虚热，用栀子豉汤清解。五、风湿、骨节烦疼是表虚寒，用桂子附子汤温散。

忌发汗的有下列诸例：1. 咽喉干燥，2. 淋家，3. 疮家，4. 衄家，5. 亡血家，6. 汗家，7. 病人胃寒的，8. 脉尺中迟的，9. 下之身重心悸的等。

表2　太阳型证候治疗分析表

类型	证候					治法	方剂
	阳	表	虚	实	热		
正型表虚	脉浮发热头痛	脉浮发热恶寒头痛项强有汗	脉缓有汗		发热	解肌	桂枝汤
正型表实	脉浮发热头痛	脉浮发热恶寒头痛项强无汗		脉紧无汗	发热	发汗	麻黄汤

阳明型治疗规律分析

阳明型是病情表现在里部而属于阳性现象的一种综合证候类型。主要证候是：脉沉实滑疾、舌苔黄黑、潮热、汗出、不恶寒反恶热、口渴、腹满痛、便秘，谵语等。是由于机体生理机能对病因作剧烈抵抗的结果，引起了胃肠机能的异常反应。照证类分析：脉实滑疾、潮热恶热、口渴、舌苔、便秘属“阳”，脉沉、腹满痛、便秘、谵语属“里”，脉实滑疾、舌苔、便秘、腹满痛属“实”，潮热、不恶寒反恶热、口渴、便秘、脉疾、谵语属“热”，所以是“阳、里、实、热”的综合证候。阳热当清，里实宜攻，故治法主要是“攻下”和“清里”。也分正型、兼型和变型三类；

正型根据其大便秘结的程度，分别用各种轻重不同的下法：最重的用大承气汤攻下，较轻的用小承气汤缓下，更轻的用调胃承气汤和下，最轻的用麻仁丸及蜜煎猪胆汁润导。其作用在增加大量水分，排除肠内壅积的废物，以畅通胃肠系统及其他内脏间的血液循环。

兼型主要有三：一、兼表实热，脉浮滑，表里皆热，用白虎汤解表清里；心中懊侬，饥不能食，但头汗出，用栀子豉汤清解。二、兼表虚寒，无大热，背微寒，用白虎人参汤固表清里。三、兼表实塞，无汗，小便不利，心中懊侬，身发黄，用麻黄连轺赤小豆汤解表清里。

变型主要有四：一、中寒，不能食或下利清谷或食谷欲呕或哕是里虚寒，用四逆、温中、吴茱萸汤等温中。二、口渴，欲饮水，小便不利是里实寒用猪苓汤利水。三、发黄，小便不利，腹微满，或身热是里实热，重用茵陈蒿汤攻里，轻用栀子蘖皮汤清里。四、蓄血，其人喜忘，内有瘀血，大便色黑是里实热，用抵当汤攻里逐血。

总攻下的有下列诸例：1. 呕多者，2. 心下鞕满者，3. 面合赤色，4. 脉浮紧者。

表3　阳明型证候治疗分析表

类型	证候				治法	方剂
	阳	里	实	热		
阳明正型	脉实滑疾潮热恶热口渴舌苔便秘	脉沉腹满痛便秘谵语	脉实滑疾舌苔便秘腹满痛	潮热不恶寒反恶热口渴便秘脉疾谵语	攻下	三承气汤

少阳型治疗规律分析

少阳型是病情表现在半表半里而属于阳性现象的一种综合证候类型。主要证候是：脉弦细、苔白、寒热往来、胸胁苦满、口苦咽干、目眩耳聋、心烦喜呕等。是由于机体生理机能对病因的抵抗力不强，只能加以适应，表现出躯壳阶层的异常反应。外既不在体表，内又不在肠胃，所以也有人称之为“不表不里”。照证类分析：发热，口苦咽干、目眩耳聋、心烦喜呕属“阳”，寒热往来，胸胁苦满、心烦喜呕属“半表半里”，脉弦、心烦喜呕、胸胁苦满属“实”，脉弦，口苦咽干，目眩耳聋属“热”，所以是“阳，半表半里、实，热”的综合证候。因重点在半表半里，既不能专用解表，也不能专用攻里，故治疗方法主要用“和解”。可分正型和兼型二类。

正型即上述主证，治法用小柴胡汤和解。其作用在疏通胸胁部，缓解苦满，抑止呕吐，并促进消化机能。

兼型主要有二：一、兼表实热，发热微寒，支节烦痛，微呕，心下支结，用柴胡桂枝汤解表清里。二，兼里实热，心中痞鞕，呕吐、大便不利，或潮热微利，用大柴胡汤攻下，或柴胡加芒硝汤和下。

表4　少阴型证候治疗分析表

类型	证候				治法	方剂
	阳	半表半里	实	热		
少阴正型	发热口苦咽干目眩耳聋心烦喜怒	寒热往来胸胁苦满心烦喜呕	脉弦胸胁苦满心烦喜呕	脉弦口舌咽干目眩耳聋	和解	小柴胡汤

少阴型治疗规律分析

少阴型是病情表现在表部而属于阴性现象的一种综合证候类型。主要证候是：脉微细，困倦嗜寐，恶寒，手足厥冷，身体疼痛，或咽痛吐利等。是由于机体受病因侵袭，抗病力量渐弱，引起循环系统机能不足，有循环衰竭心力不继的倾向。照证类分析：脉微细、困倦嗜寐、恶寒、手足厥冷属“阴”，恶寒、身体疼痛、手足厥冷属“表”，脉微细、困倦嗜寐、恶寒、手足厥冷属“虚”，困倦嗜寐、恶寒、手足厥冷或吐利属“寒”，所以是“阴、表、虚、寒”的综合证候。因其重点在表寒，故治疗方法主要用“温散”。也可分正型、兼型和变型三类。

正型即上述主证，治法按其轻重分用麻黄附子甘草汤及麻黄附子细辛汤二方温散。其作用在振奋心脏，扩张血管，促进血液循环，加强新陈代谢机能。

兼型如兼里虚寒者：背恶寒，手足冷，身体痛，骨节痛，脉沉，用附子汤温散表里。

变型主要有八：一、厥逆，1. 里寒外热，手足厥，脉欲绝，反不恶寒，或脉沉，胸上有寒饮干呕者，是里虚寒，用四逆汤及通脉四逆汤温中散寒；2. 寒逆、烦躁、吐利、手足厥冷是里虚寒，用吴茱萸汤温中降逆；3. 热厥，是半表半里实热，用四逆散和解。二、下利，厥逆无脉、干呕而烦是里虚寒，用白通汤及白通加猪胆汁汤温中散寒。三、水气、腹痛、小便不利、自下利、肢重疼痛是里虚寒，用真武汤温中消水。四、滑脱、腹痛、小便不利、下利不止、便脓血者是里虚热，用桃花汤固涩止利，五、胃实、口燥咽干、心下痛、腹胀、不大便、或自利清水是里实热，用大承气汤攻下。六、饮热、咳而呕渴、心烦不得眠是里实热，用猪苓汤清热消水。七、心烦不得卧，是里虚热，用黄连阿胶汤清热滋阴。八、咽痛，咽中痛或伤疮，不能言，或下利、胸满心烦是里虚热，用猪肤、苦酒，甘草桔梗等汤解热润燥。

表5　少阴型证候治疗分析表

类型	证候				治法	方剂
	阴	表	虚	寒		
少阴正型	脉微细困倦嗜寐恶寒手足厥冷	恶寒发热体痛骨痛手足厥冷	脉微细困倦嗜寐恶寒手足厥冷	恶寒手足厥冷困倦嗜寐	温散	麻黄附子甘草/细辛汤

太阴型治疗规律分析

太阴型是病情表现在里部而属于阴性现象的一种综合证候类型。主要证候是：脉沉迟、不食、腹满痛、自利呕吐等。是由于机体消化系统受病因直接侵袭或间接影响而引起的生理机能的反应现象。照证类分析：脉沉迟、不食、腹痛、自利属“阴”，脉沉、自利、呕吐、腹痛属“里”，脉迟、不食、自利、呕吐属“虚”，脉迟，腹痛，自利、呕吐属“寒”，所以是“阴、里、虚、寒”的综合证候。重点既在里寒，故治疗方法主要是“温中”，可分正型和兼型两类。

正型即上述主证，治法用理中、四逆等汤温中。其作用在镇摄胃肠的异常蠕动，补充水分。

兼型主要有二：一、兼表实热，脉浮，腹满时痛，用桂枝加芍药汤解表和里。二、兼表实热里实寒，腹满实痛，用桂枝加大黄汤解表攻里。

表6　太阴型证候治疗分析表

类型	证候				治法	方剂
	阴	里	虚	寒		
太阴正型	脉沉迟不食腹满自利	脉沉腹痛自利呕吐	脉迟不食自利呕吐	脉迟腹痛自利呕吐	温中	理中汤，四逆汤

厥阴型治疗规律分析

厥阴型是病情表现在半表半里而属于阴性现象的一种综合证候类型。主要证候是：脉微细、消渴、气上撞心、心中疼热、饥不欲食、食即吐蛔、时厥时热、下之利不止。是由于机体生理机能抗病不敌，引起神经系统包括中枢神经和自律神经的病变现象。照证类分析：脉微细、时厥逆属“阴”，时厥时热、气上撞心、心中疼热、食即吐、下之利不止属“半表半里”，脉微细、气上撞心、时厥逆、下之利不止属“虚”，脉微细、饥不欲食、食即吐、时厥逆、下之利不止属“寒”，消渴、气上撞心、心中疼热、时发热属“热”，所以是“阴、半表半里、虚、寒热相兼”的综合证候。重点既在半表半里，且又寒热相汇，故治疗方法主要是“和解”。也分正型、兼型和变型三类。正型即上述主证，治法用乌梅丸温散清解。

兼型主要有四：一、里实寒、停水、厥而心下悸，用茯苓甘草汤温寒消水。二，兼里虚寒，手足厥逆、脉细欲绝、用当归四逆汤或更加吴茱萸生姜温散。三，兼里实热，1. 脉滑而厥，用白虎汤清解；2. 热利下重、欲饮水，用白头翁汤清泄，四、兼表虚热里虚寒，下利清谷，外热里寒，汗出而厥，用四逆汤及通脉四逆汤温里固表。

变型主要有二：一，停饮、手足厥冷、脉乍紧、心下满烦、饥不能食是里实寒，用瓜蒂散涌吐。二，干呕、吐涎沫、头痛是里虚寒，用吴茱萸汤温中降逆。

表7　厥阴型证候治疗分析表

类型	证候					治法	方剂
	阳	半表半里	实	热			
厥阴正型	脉微细时厥逆	时厥时热气上撞心心中疼热食即吐下之利	脉微细气上撞心时厥逆下之利不止	脉微细时厥逆食即吐下之利不止	消渴气上撞心心中疼热	和解	乌梅丸

总　结

上述六种综合证候的类型，就是伤寒论通过具体证例分六经而提示的中医治疗规律。可见它们既非经脉，也不是阶段，更不是专论某种独特的疾病的进行过程；而是一种非特殊性的、几乎是一切疾病都可适用的一般辨证治疗的规律。

［《中医杂志》1956，(4)：179］

辨证治疗的证候“八纲”例解

庞祝如

中医治病的基本法则，全在根据机体反射性病理反应现象，以理解机体生理机能的活动趋势，从而运用相适应的手段，调节或支持这种机能，使能恢复内部的平衡，或利用和鼓励它间接排除各种病因。这种反射陆病理反应现象，中医称为“证候”。并从复杂错综多种多样的证候中，根据表现的部位、体力情况及平衡性等的不同，把证候类型归纳为阴、阳、表、里、虚、实、寒、热等“八纲”，以作为辨识掌握的标准，然后即可运用相适应的方法去治疗。八纲既为辨证根据，因此认识它的意义是很必要的，否则就根本无从措手。在中医文献中对辨证说明得最具体而明确的，要算张仲景的《伤寒论》。现在就根据论中有关的条文为例，加以初步的探究，以期对八纲得一概括的理解。

一、阴证

《伤寒论》中三阴证，其所示证候如下：

无热恶寒者，发于阴也。

太阴之为病，腹满而吐，食不下，自利益甚，时腹自痛，若下之，必胸下结鞕。

自利不渴者，属太阴。

太阴为病，脉弱，其人续自便利。

少阴之为病，脉微细，但欲寐也。

少阴病，身体痛，手足寒，骨节痛，脉沉

者……。

少阴病，吐利，手足逆冷，烦躁欲死者……。

厥阴之为病，消渴，气上撞心，心中疼热，饥而不欲食，食则吐蛔，下之利不止。

从上举诸例，可知阴证的主要证候是：无热恶寒、甚或四肢逆冷、脉沉微细弱、腹满痛、吐利、食不下、不渴、但欲寐、身体骨节疼痛等。这是因为机体机能的抑制和衰减，以致反应表现为消极性。由于物质代谢减退，使温热生成力不足，致体温降低。心力衰弱则循环不足，血压下降。消化机能衰微，即所谓胃肠虚寒，以致食欲不振，肠的分泌和吸收功能失调，水分增多，大便常呈水样。由于中枢神经衰微，故困倦嗜寐。这些都表示着机体机能抑制与衰退的总现象，故其反应特性是消极的，微弱的。

二、阳证

《伤寒论》三阳经诸条，都属阳证。其所示证候如下：

病有发热恶寒者，发于阳也。

太阳之为病，脉浮，头项强痛而恶寒。

太阳病，发热汗出恶风，脉缓者名为中风。

太阳病，或已发热，或未发热，必恶寒体痛呕逆，脉阴阳俱紧者，名为伤寒。

太阳病，发热而渴不恶寒者为温病。

阳明之为病，胃家实是也。

阳明病外证，身热汗自出，不恶寒反恶热。

阳明病，其人多汗，以津液外出，胃中燥，大便必鞕，鞕则谵语。

少阳之为病，口苦咽干目眩也。

伤寒脉弦细，头痛发热者属少阳。

三阳合病，腹满身重，难以转侧，口不仁，面垢，谵语，遗尿。

综上所引，可见阳证的证候代表着：发热恶寒或但热不恶寒，有汗或无汗，脉浮紧或浮缓，头项强痛，体痛，口渴，大便秘结，腹满身重，面垢，谵语等各种机体机能亢进的病理反应现象。因为机体机能兴奋和亢进，故反应表现为积极性。由于物质代谢亢进，温热的生成过程加强，致体温升高。血液循环调节机能亢进，则心跳加强，血压升高，动脉血液充盈。消化机能亢进，肠的吸收加强，水分减少，使粪便闭结。这些都表示着机体机能兴奋和亢进的总现象，故其反应特性是积极的，旺盛的。

以上阴阳两纲是根据机体对外界动因作用的反应的基本特性来分类的两个相对类型，乃是八纲的基础。因为其他六纲都是在这两纲的基础上再来分辨的。所以辨证必先辨别阴证阳证，然后再认清其他六纲。

三、表证

《伤寒论》所述表证，可以下列诸条为例：

脉浮者，病在表，可发汗。

头痛发热，微盗汗出而反恶寒者，表未解也。

伤寒表不解，心下有水气，干呕发热而咳……。

太阳病，脉浮紧，无汗发热，身疼痛，八九日不解，表证仍在，此当发其汗。

阳明病，脉迟，汗出多，微恶寒者，表未解也，可发汗。

归纳上述证候，可知所谓表证是：发热恶寒，有汗或无汗，脉浮，头疼身痛，喘咳，干呕，小便清等。这些证象都是表现在体表外面的。多由受外界气候骤变或病原微生物的刺激所引起。这些外来刺激侵犯机体后，通过神经系统，反射性地引起全身性反应。机体抗病力量即所谓正气集中于体表，以与邪气相斗争，目的在驱之外出。这时，物质代谢亢进，温热生成作用加强而放散作用减退；心力加强，呼吸也反射性地加速，故呈上述诸证候。因其病理反应表现在体表的皮肤，皮下组织，周围神经和血管及上呼吸道黏膜的异常，所以叫作表证。常见于外感病初期。可分表实（无汗）表虚（有汗）两类。适应的治法是表实发汗，表虚解肌。其治疗重点在协助机体集中抗病力于体表，促进排汗使体温减低，并向外排除病因的刺激。

四、里证

《伤寒论》所述里证，可以下列诸条为例：

伤寒四五日，脉沉而喘满，沉为在里。

伤寒若吐下后，七八日不解，热结在里……。

伤寒瘀热在里，身必发黄。

不更衣内实大便难者，此名阳明也。

伤寒医下之，续得下利清谷不止，身疼痛者，急当救里。

表虚里实，久则谵语。

下利腹胀满，身疼痛者，先温其里……。

伤寒发汗已，身目为黄，所以然者，以寒湿在里，不解故也。

少阴病，脉细沉数，病为在里，不可发汗。

就以上所举，可见里证包括着两种证候：一种是脉大喘满便秘谵语等里实证候；一种是脉沉细腹胀满下利尿少等里虚证候。都是在胸腹腔中各脏器所表现的病理反应。多由饮食失节或气候影响及病原微生物因素所致的病变发展而形成。里实证多因发热过久，由代谢亢进所产生的毒性物质，影响神经中枢，从而使消化机能受到严重影响而呈显著障碍，吸收亢进而分泌减退，致成口渴便秘等证。里虚证则多由于各种病因刺激直接或间接的作用于消化系统，因而引起机体生理机能的抗病反应。这时，消化系统的吸收和分泌机能失调，水分增多，致成腹泻。一方面下利脱水既多，便牵连到循环系统障碍。因病变多在机体内部的消化系统，所以叫作里证。常见于各种急性传染病的极期和恢复期，慢性传染病和非传染病，外感病后期和其他内伤杂病。其适应的治法，里实用下法，消法或清法；里虚用温法和补法。这时治疗重点在于清除肠中积滞，镇静高热，消解炎症；或则镇摄胃肠异常蠕动，补充体液，调整吸收机能。

以上表里两纲是按机体病理反应现象所在的部位来分类的。此外，在表里之间的，尚有所谓"半表半里"证，适用和法，如柴胡汤证；所谓"不表不里"证，适用吐法，如瓜蒂散证。

五、虚证

《伤寒论》所谓虚证的证候，有下列诸例：

脉微而恶寒者，此阴阳俱虚。

尺中脉微，此里虚。

下之后，复发汗，必振寒脉微细，所以然者，以内外俱虚故也。

发汗病不解，反恶寒者，虚故也。

……此必两耳无所闻也，……以重发汗虚故如此。

阳盛则欲衄，阴虚小便难，阴阳俱虚竭，身体则枯燥。

……以胃中虚冷，故吐也。

阳明病，不能食，攻其热必哕，所以然者，胃中虚冷故也。以其人本虚，攻其热必哕。

阳明病，法多汗，反无汗，其身如虫行皮中状者，此以久虚故也。

明日又不大便，脉反微涩者，里虚也。

从上诸例所示，可见虚证是指：汗出恶寒，脉微细涩、身体枯燥、吐哕、耳聋、小便难等病理反应而言。其征象为机体反应力的衰弱或衰竭，乃由于机体本质上的缺损或虚弱，或因反应过度、过久，致体力不支，渐呈无力。故心力不足，血压下降，体温减退，体液缺乏，神经衰弱而呈上述一系列证候。常见于身体瘦弱，营养不良，久病及大吐、大泻、大汗、大出血以后。适应的治法为补法，即强壮法。其治疗重点在增进营养、补充体液和其他物质的缺乏，提高体温，振奋心力，以恢复生理机能的原有反应力。

六、实证

《伤寒论》所谓实证的证候，有下列诸例：

不恶寒但恶热者，实也。

潮热者，实也。

若自下利者，脉当微厥；今反和者，此为内实也。

脉浮，热甚……，此为实。

阳明之为病，胃家实是也。

不更衣内实大便难者，此名阳明也。

实则谵语。

伤寒六七日，目中不了了，睛不和，无表里证，大便难，身微热者，此为实也。

由上举各例，可知所谓实证的证候，就是不恶寒但恶热、或潮热、脉浮、大便难、谵语、睛不和等病理反应现象。其特征是机体对病因刺激的外现性应答性活动呈持续强盛情况。这时，机体调节全身生理机能的各个中枢反应力旺盛，故病变现象亢进。如体温、血压都升高，心跳加频，消化系统吸收亢进，中枢神经也呈兴奋现象。多见于体形肥硕，营养佳良的患者。适应治法是下法和清法。其治疗重点在于利尿通便，排除肠内废物；促进汗腺排汗，使体温减退；抑制其他机能的亢进。

以上虚实两纲是按照机体生理机能反应力的强弱情况而分类的。

七、寒证

《伤寒论》对寒证的叙述，有下列诸例：

伤寒心下有水气，咳而微喘，发热不渴，服汤已渴者，此寒去欲解也。

病人有寒，复发汗，胃中冷，必吐蚘。

病如桂枝证，头不痛，项不强，寸脉微浮，胸中痞鞕，气上冲咽喉不得息者，此为胸有寒也。

脉浮而迟，表热里寒，下利清谷。

自利不渴者属太阴，以其藏有寒故也。

脉迟为寒。

大病差后，喜唾，久不了了，胸上有寒。

少阴病下利清谷，里寒外热，手足厥逆，脉微欲绝，身反不恶寒，其人面少赤。

以上所说，把脉迟或微细欲绝，下利清谷，手足厥逆、胸中痞、气上冲、不渴、喜唾等都包括在寒证之内。可见寒证的征象是机体机能的衰退和消极的反映。这时，生理机能的各部作用都呈减退，由于代谢过程减退，使体温下降；血循环调节作用减退，血流迟缓，血压下降；心跳和呼吸变慢，血液和组织缺氧；消化机能减退，使食物通过肠管过速，来不及消化和吸收，即从原状排出。故呈上述诸证。适应的治法是温法，即兴奋法。其治疗重点在于振奋心力，促进血液循环；加强物质代谢，调整体温；并兴奋衰退的机能，恢复原来活力。

八、热证

《伤寒论》对热证的叙述，有下列诸例：

伤寒十三日，过经谵语者，以有热也，当以汤下之。

伤寒有热，少腹满，应小便不利。

太阳病，脉浮而动数，浮则为风，数则为热……。

阳明病，下血谵语者，此为热入血室。

阳明病，发热汗出者，此为热越，不能发黄也。但头汗出，身无汗，剂颈而还，小便不利，渴饮水浆者，此为瘀热在里，身必发黄。

少阴病八九日，一身手足尽热者，以热在膀胱，必便血也。

伤寒脉滑而厥者，里有热也。

下利脉数而渴者，今自愈。设不差，必圊脓血，以有热故也。

下利欲饮水者，以有热故也。

综上所示证候，可见脉数或滑、发热汗出、渴欲饮水、谵语、发黄、小便不利或下血等病理反应现象都是热证。其征象为机体生理机能的过度亢奋，恰与寒证相反。由于生理机能各部作用的亢进，故有体温升高，排汗增进，心跳加速，血压升高等现象。适应的治法是清法和消法。其治疗重点在于镇静高热，消解炎症，降低血压，抑制亢进的机能，使之协调而平衡。

以上寒热两纲，是根据机体生理机能的盛衰消长来分类的。

上面是把“八纲”证候分别单独地作了解释。但事实上，仅仅出现各个孤立的证候是很少的，往往伴有其他一些证候，错综地互相配合起来，这就形成了所谓综合证候或证候群。如在阴阳两纲的基础上，以表里分，有表虚、表实、里虚、里实…等；以虚实分，则有虚寒、实寒、虚热、实热…等。又有表里相兼的，则如表热里寒、表虚里实、表里俱热、表里俱虚…等。这就必须运用复合的治法，如寒热并用、虚实兼顾、表里双解之类。或则根据其具体情况，按缓急标本分别先后重点治之。此外，还须注意证候的假象，如阴极似阳、阳极似阴、大实似虚、大虚似实，真寒假热、异热假寒等，尤宜综合各方面的情况作精密细致的辨察，才不致误认而出偏差。

[《浙江中医杂志》1957，(1)：15]

《伤寒论》的治疗“八法”分析

庞祝如

《伤寒论》是中医文献中最具体而实用的辨证治疗的临床规模。它所运用的治疗方法，有人分为汗、吐、下、和四法；也有人认为有汗、吐、下、和、温五法；其实它是包含有中医所用的全部治法——汗、吐、下、和、清、温、补、消八法的。根据机体的具体反应情况，用这些方法来调节机体的自然抗病力量，使其恢复正常的生理机转，这就是历来中医所遵循的辨证论治的处理手段。现在把伤寒论中有关上述治法的条文，加以初步分析，以见其所用方法的一般情况。同时，并可由此对于这“八法”的含义、用法和作用，得一比较明确的认识，从而能正确地掌握运用。但以作者学识肤浅，难免挂漏错误，尚希先进同道，予以补充指正。

一、汗法

即发汗法，又称解表法。《伤寒论》中用汗法的，可以下列诸条为例：

脉浮者，病在表，可发汗。

脉浮紧者，法当身疼痛，宜以汗解之。

脉浮而数者，可发汗。

病常自汗出者，以卫气不共荣气和谐故尔，复发其汗，荣卫和则愈。

阳明病，脉迟，汗出多，微恶寒者，表未解也，可发汗。

阳明病，脉浮，无汗而喘者，发汗则愈。

综上诸例，可知汗法适用于病理反应表现在机体体表的表证。其主要治疗作用在于调整温热中枢的机能，纠正温热生成和放散的混乱，故必须设法扩张皮肤血管，畅盛皮肤和黏膜的血液循环，使机体抗病机能集中于体表，促进汗腺的排泄以加强温热的放散，使体温降低，帮助机体生理机能的抗病力，将疾病驱于体外，使机能恢复正常。即《内经》所谓“其有邪者，清形以为汗。其在皮者，汗而发之”及“开鬼门”的道理。

汗法一般多用有辛辣味的药剂，因辛辣味有发散的作用。但热证宜用辛凉药，寒证则宜用辛温药。表实则宜大汗，表虚仅宜轻汗解肌。而下列诸证是不适宜用汗法的：1. 病不在表，2. 脉微弱，3. 亡津液。

二、吐法

即催吐法，又称涌吐法。伤寒论中用吐法的的，有下列诸条：

病如桂枝证，头不痛，项不强，寸脉微浮，胸中痞鞕，气上冲咽喉不得息者，此为胸有寒也，当吐之。

病人手足厥冷，脉乍紧者，邪结在胸中，心下满而烦，饥不能食者，病在胸中，当须吐之。

从上举数条，可见凡是病理反应表现在胸脘部位而向上冲逆时，应用吐法。这时，病象既不在皮肤和黏膜的体表，不能用汗法；又不在肠胃脏器的内部，不适用下法；故只好用吐法。其主要治疗作用在把胸中瘀积的病理产物如痰液、淤血或积水等用催吐法令其向上涌泄，使呼吸道消化道中的壅塞消除，便能畅通无阻。即《内经》所谓“其高者因而越之”的法子。

一般催吐法，多用有酸苦味的药剂，用酸苦味的药物有涌泄的作用。不宜用吐法的证候有：1. 心力里竭及一般衰弱者，2. 有表证的病。

《伤寒论》中属于吐法的方剂有瓜蒂散。

三、下法

即通便法或导泻法，又称攻下法：《伤寒论》中用下法的，可以下列诸条为代表：

二阳并病，太阳证罢，但发潮热，手足漐漐汗出，大便难而谵语者，下之则愈。

伤寒六七日，目中不了了，睛不和，无表里证，大便难，身微热者，此为实也，急下之。

阳明病，发热汗多者，急下之。

发热不解，腹满痛者，急下之。

脉滑而数者，有宿食也，当下之。

伤寒有热，少腹满，应小便不利，今反利者，为有血也，当下之。

从上述各条，可知凡是病理反应表现在机体内部胃肠脏器间而反应力呈现旺盛的里实证，适宜于下法。其主要的治疗作用在加强消化机能，清除肠中壅滞的积累，排除毒素及其他瘀血等物质，以畅通消化系统及其他内脏间的血液循环；清解内热，治散充血，以缓解其炎症；促进唾液和其他消化液的分泌机能，解除口渴。即《内经》所谓“坚者削之，……留者攻之，……因其重而减之，……其下者引而竭之，……其实者散而泻之。”

一般下法，多用苦咸味的药剂，因苦味有下降、咸味有软坚的作用。又有苦寒苦温之分。但应视内实的程度，分别用峻下、缓下、和下、润导诸法。而对于不属里实证，或病在胃而有上逆趋势的，或属里虚而为消化机能衰退的及一切衰弱的证候，都是禁忌用下法的。

《伤寒论》中属于下法的方剂有：大承气汤，小承气汤，调胃承气汤，麻仁丸，桃核承气汤，抵当汤，抵当丸，大陷胸汤，小陷胸汤，大陷胸丸，大黄黄连泻心汤，附子泻心汤，蜜煎导，猪胆汁等。

四、和法

即调和法，又称和解法。《伤寒论》中虽无指明用和法的，但下列诸条，一般认为用的就是和法：

阳明病，胁下鞕满，不大便而呕，舌上白苔者，可与小柴胡汤，上焦得通，津液得下，胃气因和。

伤寒五六日，头汗出，微恶寒，手足冷，心下满，口不欲食，大便鞕，脉细者，此为阳微结，必有表，复有里也，……此为半在里，半在外也，……可与小柴胡汤。

伤寒五六日中风，往来寒热，胸胁苦满，嘿嘿不欲饮食，心烦喜呕……小柴胡汤主之。

就以上所说，可知凡是病理反应表现在胸胁部的躯壳阶层之间，而又寒热杂见的所谓半表半里证，适应用和法。其主要的治疗作用在疏通胸胁部，缓解苦满，抑止呕吐，和解寒热，使其上下通达，郁结开发。即《内经》所谓“结者散之，……逸者行之，……上之下之，……开之发之。

和法一般多寒温杂用，且常兼别法。

《伤寒论》中属于和法的方剂有：小柴胡汤，四逆散，栀子厚朴汤，栀子干姜汤，柴胡桂枝汤，半夏泻心汤，生姜泻心汤，甘草泻心汤，黄芩加半夏生姜汤，黄连汤，甘草汤，桔梗汤，乌梅丸，干姜黄芩黄连人参汤等。

五、清法

即抑制法，又称凉解法，泄热法，清润法等。《伤寒论》中虽不明说用清法，但下列诸条，显然是清法之例：

伤寒若吐若下后，七八日不解，热结在里，表里俱热，时时恶风，大渴，舌上燥而烦，欲饮水数升者，白虎加人参汤主之。

三阳合病，腹满身重，难以转侧，口不仁，面垢，谵语遗尿，……若自汗出者，白虎汤主之。

伤寒脉滑而厥者，里有热，白虎汤主之。

下利欲饮水者，以有热故也，白头翁汤主之。

由上举各例，可知凡是病理反应表现着机体生理机能的兴奋或亢进现象的热证，适应于用清法。其主要的治疗作用在于抑制亢进的机能；镇静温热中枢，抑制代谢亢进，使体温减退，血压降低，清除毒素作用，治解炎症；一方面增加大量水分，促进唾液分泌，以增加体液，解除口渴。即《内经》所谓“热者寒之，……燥者濡之，”的道理。

一般消法，多用寒凉性的药剂。又可分为苦寒清热，甘寒润燥、咸寒滋阴等法。但如属寒证，那就不适宜了。

《伤寒论》中属于清法的方剂有：白虎汤，白虎加人参汤，芍药甘草汤，麻杏甘石汤，栀子豉汤，黄芩汤，栀子柏皮汤，黄连阿胶汤，猪肤汤，白头翁汤，枳实栀子汤，竹叶石膏汤等。

六、温法

即兴奋法或强心法，又称温中、散寒、回阳、救逆等法。《伤寒论》中有下列诸例：

自利不渴者属太阴，以其藏有寒故也，当温之。

少阴病，脉沉者，急温之。

若膈上有寒饮干呕者……当温之。

下利腹胀满，身体疼痛者，先温其里，乃攻其表。

大病差后，喜唾，久不了了，胸上有寒，当以丸药温之。

综合上述各例，可知温法适用于病理反应表现着机体生理机能的抑制和衰退现象的寒证。其主要的治疗作用在于兴奋衰弱的机能：刺激细胞生命力，加强心脏血管系统的功能，振奋心脏，升高血压，扩张血管，加强血液循环，使血流加速；促进物质代谢过程，增高温热生成作用，使体温调节保持正常。一方面镇静胃肠的异常蠕动，调整黏膜分泌，加强消化机能，以根治腹泻。即《内经》所谓“寒者热之，……劳者温之，……因其里而彰之……形不足者温之以气”的道理。

一般温法，多用温热性的药剂。又可分为甘温扶中、辛温回阳等法。但如属热证，那就不适宜了。

《伤寒论》中属于温法的方剂有：四逆汤，白通汤，通脉四逆汤，理中丸，吴茱萸汤，桂枝附子汤，甘草附子汤，甘草干姜汤，干姜附子汤等。

七、补法

即补益法或强壮法，并包括收濇、重镇等法。《伤寒论》中用补法的，可以下列诸条为例：

伤寒脉结代，心动悸，炙甘草汤主之。

发汗过多，其人叉手自冒心，心下悸欲得按者，桂枝甘草汤主之。

发汗病不解，反恶寒者，虚故也，芍药甘草附子汤主之。

伤寒二三日，心中悸而烦者，小建中汤主之。

根据上例所示，可知凡是病理反应表现为机体质的虚弱或缺损，因而反应力减退衰微的虚证，便使用补法。其主要的治疗作用在于增进营养，补充体力和其他物质的缺乏，以加强体力，恢复生理机能的正常反应；调整心脏血管系统机能，加强心肌收缩力，升高血压，促进循环；加强温热中枢机能，制止汗腺排汗亢进，保持体温；或镇静胃肠蠕动，抑制呕逆，固濇滑泄。即《内经》所谓“散者收之，损者益之，……精不足者补之以味，……气虚宜掣引之。”

一般补法，多用有甜味的药物。根据阴虚和阳虚的不同，分别用甘温或甘凉的方剂。但如属实证，就要犯“实实”的错误，那便不适宜了。

《伤寒论》中属于补法的方剂有：炙甘草汤，小建中汤，附子汤，茯苓四逆汤，芍药甘草附子汤，桂枝甘草汤，桂枝人参汤，四逆加人参汤等。

八、消法

主要是利尿法和消导法，又称分消法。《伤寒论》中虽不明说用消法，但下列诸条，显然可为消法之例：

若脉浮，发热，渴欲饮水，小便不利者，猪苓汤主之。

中风发热，六七日不解而烦，有表里证，渴欲饮水，水入则吐者，名曰水逆，五苓散主之。

伤寒厥而心下悸，宜先治水，当服茯苓甘草汤。

大病差后，从腰以下有水气者，牡蛎泽泻散主之。

归纳上述诸条，可知凡是病理反应表现为持续强盛，而体内或有过多的水分或其他毒素积聚等实证时，便适用消法。其主要的治疗作用在于加强肾脏排泄机能，促进排尿，消除积聚的腹水及其他的毒素，增进组织的吸收力，恢复唾腺分泌机能，解除口渴。即《内经》所谓“客者除之，……中满者泻之于内，……其实者散而泻之”及“洁净府”的道理。

一般消法，多用甘淡味的药剂。可分消水、消痰、消食、破积等法。但对津液干枯及异常虚弱的患者，便要犯“虚虚”之戒，而应该慎用了。

《伤寒论》中属于消法的方剂有：五苓散，猪苓汤，苓桂术甘汤，茯苓甘草汤，文蛤散，三物白散，十枣汤，茵陈蒿汤，牡蛎泽泻散，麻黄连轺赤小豆汤等。

［《浙江中医杂志》1957，（3）：102］

对张仲景用附子的研究

张志民　徐柏英
（校订　陈乾明）

附子为中医常用药物中极重要之药物。能助汗利尿，治心脏、肾脏病慢性水肿及水样状湿痰等；虚人发热，不能用发表药，但病非解表不能愈者，用附子（或党参）配伍之，即能解决问题。能镇痛，适用于一般虚性寒痛（慢性病）如脐腹冷痛、风湿寒痛（慢性关节炎）等奏效更好。有兴奋刺激作用，轻量用之，能治一般阳虚证（机能衰弱），重量用之，能扶正回阳（强心回苏，救治虚脱）挽生命于垂危之际。能善用之者，无论寒、热、温、清、表、里、补、泻之剂，皆可引用之。如此重要之药物，迄今为止，尚未为现代医药学家加以精制而广泛采用，此中原因，就编者浅见所及，主要有二：一为现代医药学家从附子乌头中提炼所得之成分毒性猛烈，在动物身上作药理实验时，有中毒及死亡等现象，无临床实用价值，又未能结合中医用附子之传统经验继续作深入研究。二为若干中医同道畏附子之瞑眩现象及其药性之辛温，而怕用、避用、少用、不用，以致对附子之特性及运用方法少研究，多隔阂。故附子之研究工作实为迫切需要，急应将中医运用附子之传统经验，作广泛交流及分析总结，提供现代医药学家作深入研究之参考。

中医方书中用附子较早且最灵活者当推张仲景之《伤寒论》及《金匮要略》两书。本篇以张仲景用附子之方法为中心，以历代本草记载作补充，以现代学说作参证，对中医用附子之传统经验，作一扼要说分析与归纳，目的在抛砖引玉。

一、方剂计数

《伤寒论》中用附子之方有二十方三十七条，《金匮》中有十一方十六条（乌头赤石脂丸内）乌头附子并用，存疑不计。附方有四方四条，加减用附子者《伤寒论》计四方四条，《金匮》有二方二条。《金匮》内之四逆汤、通脉四逆汤、乌梅丸、桂枝附子汤、去桂加白术汤、甘草附子汤等，药数及症状皆与伤寒论同，故不复列入。

《金匮》中用乌头者有五方六条，附《外台》乌头汤一方一条。

《金匮》中用天雄为主方者只一方一条。

二、剂量考证

1. 炮附子之剂量　仲景用炮附子之剂量，汤剂中以枚计者大黄附子汤，桂枝附子汤，桂枝附子去桂加白术汤，桂枝芍药知母扬等方为最重，皆用炮附子三枚。中等量为一枚半至二枚，如附子汤，近效术附汤，甘草附子汤等方。常用量为一枚，如桂枝加附子汤，真武汤，附子粳米汤等方。以“两”计者，黄土汤为最重，用炮附子三两。

丸方中以“两”计者，以乌梅丸最重，用炮附子六两，中等量亦二两至三两，如九痛丸。以枚计者，常用量为一枚，如八味肾气九，栝蒌瞿麦丸。

散方中以枚计者，薏苡附子散为最重，用大附子十枚炮，轻量如头风摩散，用大者炮一枚。以分计者，最轻量为二分，如薏苡附子败酱散。

根据上述分析并参考章太炎及李士材之古今权量考证而折合今量，炮附子普通用量可用一钱至三钱，近年广州红十字会医院同道用黄土汤合柏叶汤治一原发性血小板减少性紫瘢证，炮附子及蕲艾各用至二两，全身出血症状方始停止（1957 二期广东中医）。此说明过重症，用量当加重。首须辨证准确，如用之无不良反应，亦未见显著效果，可逐渐加重，见到治效为止。所谓“不去倍之，不去十之”是也。反之，如见有不合理想之反应时，当在辨证是否正确及配伍是否得宜上审研之。问题不仅在用量上也。

2. 生附子之剂量　轻重均以枚之大小计之，如干姜附子汤，茯苓四逆汤，四逆汤，四逆加人参汤，白通汤，白通加猪胆汁汤，皆用一枚，为量之轻者。如通脉四逆汤，通脉四逆汤加猪胆汁汤各用生大附子一枚，则用量较重。仲景方中，凡附子量加重则干姜亦加重。

仲景用生大附子一枚，据李时珍云：“一两者极难得”，则大者约一两。又曰：“土人云但得半两以上者，皆良”，则生附子一枚约五钱，陆渊雷云（伤寒今释卷一第 99 页）：“今生附子皆用盐渍，饱含水分，一枚约重今秤八钱至一两，大者乃至二两许”，此指饱含水分之重量。四逆亡阳之证，可用生附子一钱至三钱。

乌头之剂量：汤剂常用量为五枚，如乌头汤。重用量如大乌头煎，用大者五枚熬。丸方重用量如赤丸，用乌头二两炮，轻量如乌头赤石脂丸用乌头一分炮（占全方五药总量七分之一）。按乌头之体积大于附子，性亦较附子为烈，仲景用炮附子至三枚止，用生附子亦不过重大者一枚，何以对药性较烈体积较大之乌头反可用至大者五枚（千金乌头汤用一两）？此点须细阅仲景在方后煮法服法说明，极其重要。如乌头汤，仲景说明，川乌五枚，㕮咀。以蜜二升，煎取一升，即出乌头。另将其他四药㕮咀，以水三升，煮取一升，去滓，再和乌头煎出之蜜一升，再煎之。非用乌头五枚直接煎汤饮服，乃用乌头煎蜜，和诸药汁再煎者。如此，其毒性已被蜜中和，如用乌头五枚直接煎汤饮服者，预后必极恶劣。大乌头煎之煮法，说明更为详尽，“大者五枚，熬去皮不㕮咀，以水三升，煎取一升，去滓，内蜜二升，煎令水气尽，取二升，强人服七合，弱人服五合，不差，明日更服，不可日再服”。其煮法特点为：①熬，②不㕮咀（即不切碎之义），③先水煮去宰，再加蜜煮。我们以为此种煮法与用量有密切关系，否则易产生不良反应。

天雄之剂量：天雄散用天雄三两炮，无他方可衡量比较。

三、适应症

仲景用附子之适应症可归纳为炮用及生用两部分。

（甲）炮附子之适应症：

1. 身体骨节疼痛“身体痛，骨节痛。四肢沉重疼痛。身体疼烦，不能自转侧。骨节疼痛，掣痛不得屈伸，近之则痛剧，或身微肿，脚气上人。诸肢节疼痛，脚肿如脱”。

2. 颈项或四肢拘急：“颈项强。四肢微急难以屈伸。内拘急。虚劳腰痛，少腹拘急。少腹不仁”。

3. 恶风恶寒：“背恶寒。微恶寒。先有寒。恶风。恶风不欲去衣”。

4. 胸胁下及腹或满或痛：“胎胀，少腹如扇。腹满。腹中痛。腹中寒气，雷鸣切痛。九种心痛，流注心胸痛。胁下偏痛。胸痹缓急。自下利”。

5. 肾寒停饮，小便多或不利：“小便不利，有水气。妇人转胞，不得溺，烦热不得卧，而反倚息。短气微饮。冷冲上气。男子消渴，小便反多，以饮一斗，小便一斗”。

6. 漏汗：“发汗遂漏不止”。

7. 头眩、身瞤：“头风，重眩、苦极。头眩，身瞤动、振振欲僻地”。

8. 少阴脉：“脉沉弦，紧弦。脉浮虚而濇。脉沉迟”。

9. 其他：“下血。落马坠车血疾。肠痈。噎”。

（乙）生附子之适应症：

1. 戴阳（下虚上盛）：“下利，脉沉迟、面少赤，微热、面戴阳”。

2. 里寒外热：“下利清谷，里寒外热，厥逆脉微欲绝，不恶寒，面色赤”。“表热里寒，下利清谷”。“大汗出，下利清谷，内寒外热，脉微欲绝”。“下利清谷，里寒外热，汗出而厥”。

3. 大汗出：“大汗出，热不去。汗出而厥”。“大汗大下利而厥冷”。

4. 下利清谷：“续得下利，清谷不止。”“下利清谷，脉浮而迟。” “下利腹胀满。大下利。利不止”。

5. 身体疼痛拘急：“内拘急，四肢疼。四肢拘急。四肢拘急不解”。

6. 厥逆：“厥冷。见厥脉弱。手足厥逆、脉微欲绝”。

7. 少阴脉：“脉沉，脉弱。脉沉微。脉微欲绝。脉微。无脉。脉浮而迟”。

乌头之适应症：①历节不可屈伸疼痛：“脚气疼痛，不可屈伸。身疼痛，手足不仁。拘挛不得转侧”。②寒疝，腹中绞痛，发作有时，使人阴缩：“腹痛，边脐痛，若发则白津出。腹中痛”。③心痛彻背，背痛彻心。④寒气厥逆：“厥冷。手足厥逆。手足厥冷，恶寒不欲食”。⑤脉沉弦而紧。

天雄之适应症：①失精梦交：少腹弦急，阴头寒，目眩发落，清谷亡血”。②脉极虚芤迟，或诸芤动微紧。

《药征》分析附子、乌头、天雄之适应症曰，“主逐水也。故能治恶寒，身体四肢及骨节疼痛，或沉重，或不仁，或厥冷，而旁治腹痛，失精、下利”不分“炮用”“生用”，较为简混。

四、效用

从上述的适应症中，可以看出仲景用附子的效用，主要为强心及医治全身机能衰竭之虚脱证，戒心脏及身体某一部分见衰弱症状者；祛风湿镇痛；治慢性下利；助汗利尿等。作急救虚脱用者，宜生附子；作强心及局部衰弱症状用者，宜炮附子轻剂；作镇痛用者宜炮附子重剂。兹分述如下：

1. 救治虚脱　如四逆汤、茯苓四逆汤、四逆加人参汤、白通汤、白通加猪胆汁汤、通脉四逆汤、通脉四逆加猪胆汁汤、干姜附子汤等各方证，皆见大汗、大吐、大下、手足厥冷、躁烦、脉微欲绝等症状。此等症状在中医古书读之“亡阳”，在现代学说谓之“虚脱”，乃心脏衰竭及肠胃机能衰竭之全身衰竭症状。以上八方，均以生附子为君，轻者一枚，重者用大者一枚。

2. 治心脏或身体某一部分见衰弱症状者　如桂枝加附子汤证为“发汗遂漏不止，恶风，四肢微急，难以屈伸”；附子汤证为“口中和，背恶寒”；芍药甘草附子汤证为“发汗病不解，反恶寒者，虚故也”；真武汤证为“……腹痛……自下利”。此等症状乃或由心脏衰弱体温降低而恶寒，或由肠胃机能衰弱而下利……等等，中医古书谓之“阳虚”。以上治“阳虚”各方，仲景多用炮附子一枚。

3. 祛风湿镇痛　如大黄附子汤治“胁下偏痛”；桂枝附子汤治“风湿、身体疼烦，不能自转侧”；桂枝芍药知母汤治“诸肢节疼痛，脚肿如脱”；九痛丸治“九种心痛，连年积冷……”；甘草附子汤治“风湿相搏，骨节疼烦，掣痛……”等。此种疼痛，或由风湿所致，或由寒湿所致，上述各方皆重用炮附子为主，或二枚或三枚。

4. 助汗利尿　如金匮肾气丸治“虚劳腰痛、少腹拘急、小便不利者”；崔氏八味丸治“脚气上入，少腹不仁”之腹胀、心肾虚弱之水肿。附子能强心，故能助汗利尿，故亦能治脚气及肿胀。

五、配伍

仲景用附子之效用主要在于强心，振奋神经、镇痛、助汗利尿等。因之其配伍药变服从上述目的而应用。如病者邪已去，元气亦虚，则须与干姜人参等温补剂配伍。如病邪未去，正气已衰，则当审其去病之道应用何法，或与汗剂相伍，或与下剂相伍，或与利水剂相伍。兹分述如下：

1. 生附子与温热药干姜相伍　仲景用生附子共八方。其共有症状为心脏衰竭（少阴病），或兼严重之肠胃虚寒症状（太阴病），或兼痰饮，或兼严重之失水失血症状（亡阴），虽各有不同之兼症，然八方中用生附子者均配伍干姜。均不外加强附子强心固脱之力。《本草纲目》引赵嗣真之言曰：“生附配干姜，补中有发”。

仲景用药特点之一，为非用药物直接消除疾病中某一个或数个症状，乃用药物刺激人体某种生理机能之产生或加强，使其能抑制某一个或数个症状最后使之消除，而达到助正祛病之目的。例如：见大汗出，热不去，内拘急，四肢疼，又下利厥逆而恶寒者等四逆汤证时，仲景不用麻黄根及节，或类似近世惯用之止汗药如糯稻根浮小麦等以止汗，亦不用诃黎勒罂粟壳等药以止利，乃用附子干姜借振奋循环系统之机能，间接的使大汗厥逆，下利等症状减轻或消除，达到扶正袪病之目的。此二种用药方法，后者间接的调节机能治法，较之前者直接的对症疗法，更有扶正祛病之长处。此亦为仲景用附子之主要原则。

2. 附子与扶正补益相伍　中医释人体内机能衰弱者为“阳虚”，倘病人体气衰竭两症兼有者，当以温阳回阳药与补益扶正药并用。仲景遇此等证侯，即用附子与人参相伍。如四逆加人参汤证“恶寒脉微而复利，利止亡血也，……”，恶寒而利是亡阳，亡血是亡阴，方内有姜附回阳以治恶寒而利，有人参甘草，以扶正安中，其病可愈。其余如附子汤、茯苓四逆汤用生附子与人参相伍：乌梅丸、九痛丸、竹叶汤等方用炮附子与人参相伍，其义均同。

3. 生附子与猪胆汁或人尿等寒药相伍　白通加猪胆汁汤及通脉四逆加猪胆汁汤治“少阴病下利脉微”及“吐已下断，……脉微欲绝者”，均用生附子与猪胆汁或人尿相伍。时珍曰：“凡用乌头附子药，并宜冷服者，热因寒用也。盖阴寒在下（按：即下部血液及体温不足），虚阳上浮（按：即心脏衰弱，气血奔集于上部，呈虚性兴奋之象），治之以寒，则阴气益甚而病增，治之以热，则拒格而不纳热药。冷饮下咽之后，冷体既消，热性便发，而病气遂愈。不违其情，而大益，此反治之妙也”。按姜附辛热，人尿咸寒，滋阴降火甚速(《本草纲目》引震亨言)，胆汁苦寒，清心脏，凉肝脾(《本草纲目》时珍言)，所以仲景用猪胆汁或人尿与附子干姜相伍之意义，即李时珍所谓“凡用乌附药并宜冷服者”之义。此种解说，诚不能令人满意。但中医本此等理论作临床实践之指导，而治病多效。

4. 附子与解表发散药相伍　病在表，当发汗而解。如兼见少阴证者，须兼用附子，使发汗与强心之力共施，此乃仲景用药重要法则之一。代表此种治法之方剂如麻黄附子细辛汤，治“少阴病脉沉反发热者”，仲景以此方教后人对心脏衰弱兼须发汗者之用药方法。此外如桂甘姜枣麻附辛汤，用附子助麻桂发汗逐水气；越婢加术汤加附子治“里水，一身面目黄肿，小便自利”而兼见恶风者，均取其强心之作用。竹叶汤用附子以顾“产后中风”，助竹叶葛根防风，以奏解表之功，是攻补兼施之另一变法。白通汤、白通加猪胆汁汤及通脉四逆温，加葱白或葱为姜附之使药，以达强心通脉之目的。

《伤寒论》所用解表之药主要为麻黄、桂枝、葛根、柴胡，次之为葱白、升麻。仲景在虚证发汗之剂中用麻桂葱白与附子相伍者为多，而不见用柴胡、升麻等与附子相伍。葛根则在竹叶汤中一用之。

仲景用桂枝与附子相伍之方有八方，其适应症中同见风湿相搏、骨节疼烦掣痛者，为桂枝附子汤；桂枝附子去桂加白术汤，甘草附子汤及桂枝芍药知母汤等四方。其余四方：桂甘姜枣麻附辛汤上节已言之；桂枝加附子汤及桂枝去芍加附子汤，乃桂枝汤证见阳虚伍以附子之法；肾气丸中用桂枝茯苓伍附子者，主要是起强壮作用。

5. 附子与下剂大黄等药相伍　仲景用附子与下剂相伍有两种主要意义：一种用在虚证实证并见者，在下剂中加附子以顾其虚；一种为寒结宜用温药下之。前者如附子泻心汤之用药法，方内附子与大黄、黄芩、黄连并用以治心下痞（实）而复恶寒汗出（虚）者。后者如大黄附子汤治胁下偏痛，寒气凝结，如不用附子而只用大黄下之，其病不去。千金九痛丸中炮附子与巴豆并用，其义相同。

附子泻心汤中之附子，须“别煮取汁”，大黄、黄芩、黄连三药用沸汤渍之，两汁相和，饮服。此种煮法之用意除“热因寒用”，即热药冷服的解说有相似之处外，尚有另一种意义，即取其“寒温异气，生热异性，药虽同行，功则各奏”之义。很可能“心下痞”乃是胃炎，故用芩、连、大黄；“恶寒汗出”乃心脏衰弱，故用附子。两汁分别煮者，恐是防两种药效因同类而有所变化乎？

6. 附子与茯苓等利水药相伍　如茯苓四逆汤（生附子），附子汤，真武汤，栝蒌瞿麦丸，八味肾气丸（以上均用炮附子）等方，均与茯苓等利水药相伍以逐虚寒之水饮者。

附子之主要配伍法则约如上述，其余随症加减者，不予细述。

仲景用附子之方法，不仅应在生用炮用及配伍上加以研究，即在剂量及煎法上亦应加以重视。否则，粗施滥投，确将动即得咎。我们认为：附子不主治呕吐，故仲景在真武汤方后指出：“……若呕者去附子加生姜……”。其呕吐而用附子之方并非附子之效，如《伤寒论》第322条“……干呕……”同书第375条“呕而脉弱……”等证用四逆汤，其力在干姜；《金匮》第132条之“……呕吐”用附子粳米汤，其力在半夏；桂枝芍药知母汤之“……温温欲吐”，其力在知母。故附子不主治呕吐。

乌头之效用及其配伍：仲景用乌头之效用，大概与炮附子重用者相似。主治风寒湿痹，内外风痛。但乌头温阳散寒镇痛之力猛，故其适应症较炮附子之适应症为重。其与他药配伍之作用为：历节不可屈伸，疼痛而见表证之重者，配麻黄，如乌头汤；见表证轻者，配桂枝，如乌头桂枝汤；若寒疝里急，辄以单味乌头治之，如金匮大乌头煎。

用乌头亦有生熬二法，凡用生乌头必配白蜜，其目的，或为减轻其副作用，使其作用能发挥而反应能减少。熬乌头可不与白蜜配伍，熬乌头犹炮附子之可减低其毒性，但大乌头煎方中云“乌头熬去皮”，亦配白蜜，除能制其毒性外，知有缓和剧痛之效。乌头桂枝汤亦用白蜜，方后注云：“其知者如醉状，得吐者为中病”。“如醉状”乃是因乌头的作用而起的瞑眩现象，单用生乌头内服，仲景无此例。外台乌头汤即乌头桂枝汤，用生乌头而不配蜜，殊属不妥，当从乌头桂枝汤及乌头汤法，用蜜为妥。

天雄之效用及其配伍：

仲景用天雄者，惟天雄散一方，未言所主何病，三附子桂枝龙骨牡蛎汤后。《外台》载范汪疗“男子虚失精”用三物天雄散，文仲亦同。《本经》言天雄“……强筋骨，轻勇健行”。《别录》言“……虽志，令人武勇，力作不卷”。李时珍在《本草纲目》附方中，亦指出“男子失精用天雄散”。根据以上各说，可知天雄补肾气当较附子为优。作者以为凡肾气衰惫之症，如《金匮》第82条“男子面色薄者……卒喘悸……”。第83条“……短气里急，小便不利，面色白，……”。第84条“……手足烦……阴寒精自出，酸削不能行”。第85条“……精气清冷”。皆宜天雄散治之。

六、禁忌

关于附子、乌头、天雄之禁忌，《伤寒》《金匮》两书无明文论述。从上述用附子、乌头、天雄之适应症观之，多数为虚、里、衰弱之症，故凡不见此等病症者，非必须用之。反之，凡仅见阳证、热证（急性炎症，急性热病，机能亢进之症状），均切忌施用。

徐之才谓：附子畏蜈蚣、防风、黑豆、甘草、人参、黄耆。按此六药，蜈蚣、黑豆两药何以为附子所畏，其理待究。至人参、黄耆、甘草、防风，仲景均在一方中与附子或乌头同用，作者亦均曾在一方中同用之，无他故，故徐说是否可靠，大可怀疑。徐子才又谓：乌头反半夏、栝蒌、贝母、白芨、白蔹等五药，此五药与乌头同服，后果如何。值得作动物实验（金匮赤丸方中乌头与半夏并用）。

七、中毒与解救

附子及乌头之中毒，可分误用及用量过重以致中毒两方面言之。

误用附子、乌头又可分辨证错误及配伍失宜两方面言之。

1. 论辨证错误，误用附子、乌头所产生之损害。附子之适应症，主要为：虚脱、心脏衰弱、慢性神经痛、慢性风湿关节痛、慢性下利，肠疝痛及阴性之疮疡等，故凡非属此等病症，不可用附子。反之，病症属阳性、热性者，误用附子，其后果必极恶劣。尤其逢阳极似阴或大实有羸症者，如不详细辨审，极易混误。

例如“饮食入口则吐、心中温温欲吐，复不能吐、手足寒、脉弦迟”属胸中实之瓜蒂散证，误作“膈上有寒饮”之四逆汤证治；或如“伤寒、脉滑而厥、里有热”“中暑昏厥”“厥深热亦深”之白虎汤证，误作四肢冷之四逆汤证治；或如“伤寒、无大热、口燥渴、心烦、背微恶寒”之白虎加人参汤证，误作“少阴病、口中和、背恶寒”之附子汤证治；或如“目中不了了，睛不和、无表里证、大便难、身微热、此为实，急下之”的大承气汤证，误作阴虚之便秘及阳虚之头晕目眩证治；或如“少阴病、自利清水、色纯青、心下痛、口干燥”之大承气汤证，误作“腹痛、小便不利、四肢沉重疼痛、自下利”之真武汤证治；或如“下利欲饮水，以有热故也”：“脉数而渴、下利便脓血”之白头翁汤证，误作“自利而饮者属少阴”“少阴病、下利便脓血”之桃花汤证或黄土汤证治；上述各证均颇相类似，极易误治。如误投附子，自必险象环生，后果堪虞。

2. 配伍不当　如有正气衰惫，附子必须与补益复健药相伍；有阴盛格阳于外，单用附子不受，须用人尿猪胆汁反佐以取之；有表寒里虚，附子须与解表药并用；有虚实夹杂，附子须与下剂或清剂并用；类如此种病症，可以用附子，但必须与适宜之配伍药同用，否则，亦可能产生种种不良后果。

3. 理论上言之，凡辨证准确，配伍得宜，因用量过重而产生不良反应者，是为附子中毒之结果。中川成章氏说：“用之其病须臾而增剧，发头痛，眩晕、或身体不仁，或发热、上逆、呕吐等证者，则为中毒也，当速止附子”。又“久服附子；有患眼病者，宜远止附子。不然，则致后有失明者”。

解救附子、乌头中毒之方法：仲景书仅谓“知犯何逆，随证治之”，历代文献亦少明文论述。现代医药学家从附子、乌头中所提得之乌头硷，用0.2毫克口服，即产生全身刺麻、呕吐、泄泻、休克等症状，用6毫克则致人死亡，在动物中乌头硷毒时，阿托品有解毒作用。中医用附子、乌头，一般仅用少于10克之生药煎服，所以内服之成分及含量当与现代医药家精制所得之成分及含量有所不同，故中医文献所称附子、乌头中毒的症象与现代医药学家所言附子、乌头中毒之现象不尽相同。

就同道中经验交流及各文献中参考所得，解救附子、乌头中毒之方法及所用之药物，多数为清凉解毒、利尿，解热、解烦闷懊侬之药剂，如犀角、黄连、绿豆、黑豆、人尿、甘草等。此等药物所能解救之附子、乌头中毒之症状，大多数乃指误用附子、乌头所产生之热性反应症状而言，如目赤，面红，鼻衄，唇齿舌干裂出血，烦躁、谵狂，便秘、尿赤热痛等等。

八、古今用法比较

以上乃论仲景用附子、乌头、天雄之用法。兹试与后世医家及近代医药学家之附子用法，作一比较研究。

本草纲目所载历代医家论附子之治效可归纳如下：

1. 救亡阳。如李时珍曰　“痰厥气厥、暴泻脱阳”，此与仲景用四逆汤等方治“下利清谷、厥逆脉微欲绝”之用法同。仲景立四逆汤等方，内皆用生附子，治大汗、大吐、大下等亡阳各证，并反复举例，论述极详。《本草纲目》中指出附子能救亡阳者仅时珍一人，此说明后世医家对生附子之主要治效尚欠足够之认识。

2. 治阳虚　如《别录》曰：“下痢赤白”；张元素曰：“补下焦之阳虚”；李时珍曰：“小儿慢惊”；此与仲景桂枝加附子汤、真武汤等用附子法同。

3. 治风湿痹，逐寒镇痛　如《本经》曰：“风寒咳逆邪气，寒湿踒躄，拘挛膝痛，不能行步”；《别录》曰：“腰脊风寒、脚气冷弱、心腹冷痛”；张元素曰：“温暖脾胃，除脾湿肾寒”；李杲曰：“除脏腑沉寒，湿淫腹痛，胃寒蛔动”；李时珍曰：“治阴毒寒疝，中寒中风，风湿麻痹，肿满，脚气，头风，肾厥头痛”；以上用法，与仲景大黄附子汤治“胁下偏痛”，桂枝附子汤治“风湿、身体疼烦，不能自转侧”，桂枝芍药知母汤治“诸肢节疼痛，脚肿如脱”，九痛丸治“九种心痛、连年积冷”等用附子法同。

4. 治癥坚积聚，疮疽　如《本经》曰：“破癥坚积聚血瘕，金疮”；李时珍曰：“痈疽不敛，久漏冷疮”；此与仲景薏苡附子败酱散治肠痈，黄土汤治远血等用附子法同。

5. 温补益阳　如《剧录》曰：“温中强阴，坚肌骨”；王好古曰：“督脉为病，脊强而厥”；此与仲景肾气丸治“虚劳腰痛”用附子法同。

以上各点，说明后世医家对附子之主要用法与仲景之用法同。以下为后世医家之发明，仲景书所未载者。

6. 其他　如李时珍曰：台葱涕塞耳聋；《肘后方》用生附子为末，葱涕和，灌耳中，治听耳脓血：《本草拾遗》用附子蜜炙，含喉中，治喉痹肿塞；《普济方》用附子灰及枯矾末，搽风虫牙痛；张文仲《备急方》用附子赤皮末，着眼睑中，治眼暴赤肿等。

《本草纲目》中附子、乌头等之炮制法颇复杂，有研究之价值。

后世用乌头、天雄之用法，大致与仲景之用法同（略）。

现代医药学家，分析附子、乌头、天雄的结果，知其主成分有三类：乌头碱（Aconitine）$C_{34}H_{47}O_{11}N$及淀粉、脂肪、树脂杂质等。所含乌头碱之总量不等，因植物品种之不同而差异，大概在2% ~5%之间。能溶于水及酒精。第一种乌头碱毒性最烈，其结晶体3 ~4/1000克能致人于死。其药理类似一般麻醉剂，少量为兴奋，大量则麻痹。第二种名乌头次碱，毒性较低。第三种名乌头原碱，为乌头碱加水分解后之最终产物，味苦无毒性。现在医药学家以乌头碱之物理性质不稳定，但为剧毒药，未作药用研究，故谈不上研究治效问题。有论述之者，无非用现代医学术语对中医传统治效加以解释而已。

九、结语

附子为中医常用药物中极重要之药物，有显著的药效。张仲景之《伤寒》《金匮》两书对用附子之适应症、用法、规律、配伍、用量及煮法、服法等有灵活运用之举例及明细之说明，历代医家除证实仲景之用法及治效外，复有所补充与发明。希望现代医药学家能结合此等事实，再作深入之研究。

参考文献

[1] 陆渊雷. 伤寒论今释.
[2] 陆渊雷. 金匮要略今释.
[3] 东洞吉益. 药征第33页（皇汉医学丛书）.
[4] 中川成章. 证治摘要第155页（皇汉医学丛书）.
[5] 李时珍. 水草纲目。
[6] 黄元御. 长沙药解卷4.
[7] 郑树. 木经疏证第10卷.
[8] 张璐. 水经逢原卷1第26页.
[9] 郭若定. 汉药新觉上集第103页.
[10] 刘德仪等. 药用植物学及生药学第550页.
[11] 王筠默. 中药药理学第203页.
[12] 朱颜. 中药的药理与应用第81 ~82页.
[13] 广东中医，1957年第2期第10 ~11页.

[《上海中医药杂志》1957，(6)：32]

《伤寒论》中的针灸治疗

李　枀

针灸治疗的原则

张仲景是我国东汉末年一位杰出的医学家，他的不朽著作《伤寒论》，不仅在药物治疗上给后人留下许多光辉的典范，就是在针灸治疗上也有着许多卓越的见解和宝贵的贡献。现在把本论里有关针灸治疗的记载提出于下：

（一）关于针治的

篇名	原　文
太阳（上）	太阳病头痛至七日以上自愈者以行其经尽故也若欲作再经者针足阳明使经不传则愈 太阳病初服桂枝汤反烦不解者先刺风池风府却与桂枝汤则愈
太阳（中）	伤寒腹满谵语寸口脉浮而紧此肝乘脾也名曰纵刺期门 伤寒发热啬啬恶寒大渴欲饮水其腹必满自汗出小便利其病欲解此肝乘肺也名曰横刺期门
太阳（下）	太阳与少阳并病头项强痛或眩冒时如结胸心下痞鞕者当刺大椎第一间肺俞肝俞慎不可发汗发汗则谵语脉弦五六日谵语不止当刺期门 妇人中风发热恶寒经水适来得之七八日热除而脉迟身凉胸胁下满如结胸状谵语者此为热入血室也当刺期门随其实而取之 太阳少阳并病心下鞕头项强而眩者当刺大椎肺俞肝俞慎勿下之
阳明	阳明病下血谵语者此为热入血室但头汗出者刺期门 阳明中风脉弦浮大而短气腹部满胁下及心痛久按之气不通鼻干不得汗嗜卧一身及面目悉黄小便难有潮热时时哕耳前后肿刺之少差
少阴	少阴病下利便脓血者可刺
平脉	少阴脉不至肾气微少精血奔气促迫上人胸膈宗气反聚血结心下阳气退下热归阴股与阳相动令不仁此为尸厥当刺期门巨阙

（二）关于灸治的

篇名	原　文
太阳（中）	烧针令其汗针处被寒核起而赤者必发奔豚气从少腹上冲心者灸其核上各壮与桂枝加桂汤
少阴	少阴病吐利手足不逆冷身反发热者不死脉不至者灸少阴七壮 少阴病得之一二日口中和其背恶寒者当灸之 少阴病下利脉微涩呕而汗出必数更衣反少者当温其上灸之。
厥阴	伤寒六七日脉微手足厥冷烦躁灸厥阴 伤寒脉促手足厥逆者可灸之 下利手足厥冷无脉者灸之

（三）《伤寒论》不仅从正面清楚地说明哪些证候应当针治，哪些证候应当灸治，而且还从反面肯定地指出误用灸治所导致的病变：

篇名	原　文
太阳（中）	脉浮热甚反灸之此为实实以虚治因火而动必咽燥唾血 微数之脉慎不可灸因火为邪则为烦逆追虚逐实血散脉中 脉浮宜以汗解用火灸之邪无从出因火而盛病从腰以下必重而痹
辨不可发汗	伤寒头痛翕翕发热形象中风常微汗出自呕者……灸则发咳唾

为便于掌握生理、病理机转和辨证论治的法则，我国医学，很久以来就辩证地把多种多样的疾病概括为“阳”和“阴”两个互相对待的类型，从而进一步分析为太阳、阳明、少阴、太阴、少阴、厥阴等六个证候群。从上引的那些记载中，我们不难得出这样一个显明的结论——阳型之病宜针，阴型之病宜灸，换句话说，就是：机体抗病机能正当或尚属亢进的应该针治，转入或已经衰退的应该灸治。这个结论，由我看来，实在是针灸医师们在临床上所必须拳拳服膺的原则。

但是，太阳，少阴为什么竟分别有用“灸”和用“针”的地方呢？

如所周知，“辨证论治”是《伤寒论》在药物，治疗方面的一个十分重要的原则，也应当知道，这个原则同样适用于针灸治疗。针灸医师们在临床上固然应该遵守“三阳宜针，三阴宜灸”的原则，但在遇到某种特殊的病情发生，却也应该因证而施，不应执着。比如医者用烧针使太阳病患者发汗，针处不小心受到寒气的刺激，核起而赤，导致了奔豚的病变，这时“阳气不舒，阴气反胜”，就应该“灸其核以散寒邪，服桂枝以补心气”，不要因为患者的病本属阳型，不敢施灸。明白了这一点，就不至因为《伤寒论》于畅谈阳病忌灸的同时，又郑重地告诉大家“太阳病……烧针令其汗，针处被寒，核起而赤者，必发奔豚，气从少腹上冲心者，灸其核上各一壮”而感到困惑了。同样，阴型的病虽然是灸的适应证，但是下利，便脓血的少阴病患者和脉不至、身不仁的尸厥患者，却以针治为宜。上引“下利，便脓血者可刺”和“少阴，脉不止……身不仁，此为尸厥，当刺期门、巨阙”的经文，正是说明了这一点。不但这样，阴病尚有因医师错误地用“火”而生变的，比如“少阴病，颏而下利，谵语者，被火气劫故也”，更不能不引起我们的警惕。这句话，初看起来，好像是仅仅指出少阴病被“火’有发生“谵语”的可能，其实也就是教导大家，即使在临床上遇到是阴型的病，也需要全面地细审症状病情，然后选用适当的疗法，不可一律予以灸治；否则，是难免要造成严重的医疗事故。

综上所述，我们知道，《伤寒论》在针灸治疗方面指示给我们的有两个原则：一、三阳宜针，三阴宜灸；二、辨证治疗。而这两个原则又必须紧密地联系起来，加以灵活的掌握和运用。

“火”的作用的认识

《伤寒论》里边所说的“火”，明代名医李士材氏认为是“熏”“熨”和“艾灸”，他说：“用火法：以火烧地，布桃叶，柏叶亦可，设席置病人于上……；或醋炒香附，热熨胸背……；或置火于床下；或艾灸。”清代名医陈修园氏以为是“烧针”和“灸”，这个主张见于他所著的《伤寒论浅注》中。由此可知，本论里边所说的“火”，实是包容着“灸”在内的。“火”之外，还有“温针”和“烧针”。据近人李元吉的研究，“温针”和“烧针”就是《内经》里边的“燔针”和“焠针”。明吴鹤皋说：“燔针者，内针之后，以火燔之使煖耳，不必赤也；焠针者，用火先赤其针而后刺，不但煖也。”那么，温针和烧针，无一不是和火有关的了。“灸”的记载已见上引，现在再录出有关“温针”“烧针”的条文于下：

（一）火

1. 风温为病，脉阴阳俱浮，自汗出，身重，多眠睡，息必鼾，语言难出，……若被火者，微发黄色，剧则如惊痫，时瘈疭（太阳上）。

2. 太阳中风，以火劫发汗，邪风被火热，血气流溢，失其常度，两阳相熏灼，其身发黄，阳盛则致衄，口干咽燥，或不大便，久则谵语，甚则至吼，手足躁扰，捻衣摸床……（太阳中）。

3. 伤寒脉浮，医以火迫劫之，亡阳，必惊狂，起卧不安……（太阳中）。

4. 形作伤寒，其脉不弦紧而弱，弱者必渴，被火者必谵语（太阳中）。

5. 少阴病，欬而下利，谵语者，被火气劫故也，小便必难（少阴）。

（二）温针

1. 太阳病三日，已发汗，……若温针，仍不解者，此为坏病（太阳上）。

2. 太阳伤寒者，加温针必惊也（太阳中）。

3. 本太阳病，不解，转入少阳者，胁下鞕满，干呕，不能食，往来寒热……温针，谵语，柴胡证罢，此为坏病（少阳）。

4. 大阳中暍者，发热恶寒，身重而疼痛，其脉弦细芤迟，小便已，洒洒然毛耸，手足逆冷，小有劳，身即热，口开，前板齿燥，……加温针则发热甚（湿痉暍）。

5. 伤寒发热，头痛，微汗出……加温针则衄（辨可与不可）。

（三）烧针

1. 伤寒脉浮，自汗出，小便数，心烦，微恶寒，脚挛急，反与桂枝汤以攻其表，此误也……复加烧针者，四逆汤主之（太阳上）。

2. 火逆下之，因烧针烦躁者，桂枝甘草龙骨牡蛎汤主之（太阳中）。

3. 太阳病，医发汗，遂发热恶寒，因复下之，心下痞，表里俱虚，阴阳气并竭，无阳则阴独，复加烧针，因胸烦，面色青黄，肤瞤者，难治（太阳下）。

4. 阳明病，脉浮而紧，咽燥口苦，腹满而喘，发热汗出，不恶寒反恶热，身重……若加烧针者，必怵惕烦躁不得眠（阳明）。

5. 荣气微者，加烧针则血留不行，更发热而躁烦也（辨脉法）。

应当说明，伤寒论全书的关键在于“存津养液”，上引条文里边所描绘的“瘈疭”“惊狂”“烦躁”“谵语”“捻衣摸床”等脑神经症状，显然是机体津液被火气劫伤的结果，这些危险症状的出现，十分严重地威胁着病人生命的存在。这能说不是医师们误治的过失吗？

“灸”“温针”和“烧针”，本来是我国广大群众累积了若干年代的经验创造出来的宝贵的用火治病的法子，但由于医者没有细审病情，盲目地滥施误用，以致病人的疾苦不但没有很好地得到解除或减轻，相反地却发生了许多不良的后果。张仲景先生在他多年的临床实践上，亲眼看到这许多事实，精心研究这许多事实，因而天才地作出“火气虽微，内攻有力”的结论来，这对于我国医学上传统的用火治病的法子——火气疗法，不能说不是一个湛深的认识和卓越的见解。“火气疗法”，用之得当，固然能够挽救沉疴，但用之不当，也是会“焦骨伤筋”，使血行发生障碍的。载舟覆舟，针灸医师们一定要在这等地方吸取深刻的教训。史载华元化先生读了《伤寒论》后说道：“此真活人书也。”这句话，不但表达出华先生个人内心的喜悦，其实也是本书的一个十分精当的评价。

经、穴简考

《伤寒论》关于经、穴的叙述，或详或简，有三种不同的情：一、指明孔穴；二、指出经络的名称；三、仅说“灸之”“刺之”或“可刺”。分述于后：

（一）《伤寒论》明白指出的孔穴并不多，只有风池、风府、期门、大椎、肺俞、肝俞、巨阙等七个穴位。第一间是否穴位，在疑似之间。就中期门凡五见，大椎、肺俞、肝俞凡两见，风池、风府、第一间、巨阙各一见。这些已经明指的孔穴，一般没有什么争论，只有第一间因不见于后来的医家典籍，曾产生一些不同的说法；一、孔穴的位置，如汪琥：“当刺大椎第一间者，诏当刺大椎一穴，在第一椎之间，为背部中行之穴。”二、孔穴的名称，如林澜：“第一间疑即商阳，在手食指内侧。”其中以第一说最占优势，为历来注家所宗。

现在把上述孔穴列表说明如下：

孔穴	位置	主治症	疗法	配穴
风池	颈需后发际陷中	太阳病初服桂枝汤反烦不解	刺	配风府
风府	项后发际上一寸大筋内宛宛中	太阳病初服桂枝汤反烦不解	刺	配风池
期门	乳直下第二肋端近腹处	1. 肝乘脾 2. 肝乘肺 3. 太阳与少阳并病而误汗 4. 热入血室 5. 少阴尸厥	刺	治尸厥配巨阙余病单独使用
大椎	第一椎上陷中	太阳少阳并病头项强痛眩冒心下痞鞕	刺	配肺俞肝俞
肺俞	第三椎下两旁相去各一寸五分	太阳少阳并病头项强痛眩冒心下痞鞕	刺	配大椎肝俞
肝俞	第九椎下两旁相去各一寸五分	太阳少阳并病头项强痛眩冒心下痞鞕	刺	配大椎肺俞
巨阙	脐上六寸	少阴脉不至气促迫上人胸膈身不仁	刺	配期门

此外还有一个“关元”，厥阴篇：“病者手足厥冷，言我不结胸，小腹满，按之痛者，此冷结在膀胱关元也。”又辨不可下篇：“不知胃气冷，紧寒在关元。”因著者仅用以说明病变的部位，遂从略。至于灸治奔豚，前医既按穴下针，治时又仅在针处着艾，那么，虽然没有说出孔穴的名称，实际则已经明白地把穴位指出了。

（二）没有指明孔穴而只说出经络名称的凡三见，就是足阳明、少阴和厥阴。由于每一个经络都包容着一系列的孔穴，后世医家在临床上和理论上又各有其不同的经验和体会，因而说法也就较难一致：

证候	经络	疗法	孔穴	主张者
太阳病头痛至七日以上未解	足阳明	针	足三里	庞安时
			冲阳	张璐
少阴吐利手足不逆冷身发热脉不至	（足）少阴	灸	太谿	常器之
			太谿、伏留	柯琴
伤寒六七日脉微手足厥冷烦躁	（足）厥阴	灸	太冲	常器之
			关元、气海	武林陈氏
			行间、章门	张志聪
			关元、百会	张志聪

（三）只指出“刺”或“灸”而不及轻、穴的：

病型	证候	疗法	经、穴	主张者
阳明	脉弦浮大短气腹满胁下及心痛鼻干不得汗嗜卧一身及面目悉黄小便难潮热时时哕耳前后肿	刺	足阳明	柯琴
少阴	下利便脓血	刺	少阴之井荥俞经合	钱潢
			幽门、交信	常器之
			期门	柯琴
	口中和背恶寒	灸	鬲俞、关元、背俞第三行	常器之
			少阴之井荥俞经合	钱潢
			太谿	王注
	下利脉微涩呕而汗出数更衣反少	灸	百会	方有执
			少阴之脉穴或更加胃之三脘	伤寒溯源集
			厥阴俞	脉经
			太冲	常器之
			太谿	郭雍
厥阴	脉促手足厥逆	灸	少阴、丹田、气海	柯琴
	下利手足厥冷	灸	关元、气海	常器之

治验的回顾

（一）太阳中风

陆瘦燕《针灸正宗》：李卓然先生，卒病项背强急，不能转侧，求治于余，脉之缓弱，乃邪风束于太阳，失于表汗所致。与刺“风池”“风府”“大杼”“风门”，施以赤风摇头手法……病人自觉顿失重负，舒畅异常，凡二诊即差。

（二）热入血室

许叔微《本事方》：一妇人患热入血室证，医者不识，用补血调气之药，迁延数日，遂成血结胸。或劝用前药，予曰：小柴胡用已迟，不可引也，无已，则有一焉，刺期门斯可矣；但余不能针，请善针者治之。如言而愈。

陆瘦燕《金针实验录》：徐姓妇，病热七日，经水适来，来即而止，谵言妄语，如见鬼状，少腹急结，按脉滞濇，此热入血室也。刺“期门”“章门”，二诊即差。

（三）少阴下利

舒氏《女科要诀》：一妇人腹中急痛，恶寒厥逆，呕而下利，脉见微濇，予以四逆汤投之，无效。其夫告曰：“昨夜依然作泄无度，然多空坐，醡胀异常，尤可奇者，前阴醡出一物，大如柚子，想是尿脬；老妇尚可生乎？”余即商之仲远，仲远踌躇曰：“是证不可温其下以逼迫其阴，当用灸法温其上以升其阳，而病自愈。”余然其言而依其法，用生姜一片贴头顶百会上，灸艾火三壮，其脬即收；仍服四逆汤加耆、术，一剂即愈。

《伤寒论》正是汉代以前的许多宝贵经验和张仲景个人多年的临床经验相结合的产物；虽然这样，但我们还需要以更多的实践来证实，而前贤的医案也是十分有用的材料。本论在药物治疗方面还有较多的治例可考，但在针灸治疗方面可就很难看到足够的文献记录了。

结语

针灸和汤药是祖国医学在治疗上的两大支柱，古代的医师们往往是既工针灸又精汤药的，有时，为达到缩短病程提高疗效的目的，还把针灸和汤药结合起来进行治疗，上引的“先刺风池、风府，却与桂枝汤则愈”“灸其核上各一壮，与桂枝加桂汤”，就是这一情况的具体表现。为使病者的痛苦得以早日解除，适当地运用针灸和汤药相配合的治疗方法，在今天，是仍然有其一定的意义的。

上面说过，《伤寒论》中针灸治疗的原则之一是“三阳宜针，三阴宜灸”。近人如承澹盦、赵趟尔康等曾根据太阴病、少阴病和厥阴病所呈现出来的不同证候，把前者各分为热化和寒化两个类型，把后者分为纯阳和纯阴两个类型，因而决定证之属于热化和纯阳的用针治，属于寒化和纯阴的用灸治。这是一个发展，值得我们重视。

本文只是个人学习后的一点体会，遗漏訾谬，自知难免，希望先进同道不客指正！

［《上海中医药杂志》1957，(8)：34］

试讨论张仲景辨证论治中的几个重要法则

张志民

沈德建同志说："现在这个阶段的工作（按：指中医研究工作），不论在进行过程中或在总结上，目标不应该着重在药物的疗效方面，而应该首先着重在规律的证实和整理。因为这些规律在祖国医学上，是生理、病理、诊断、治疗、修养各方面的纲领，是对任何疾病'辨证论治'的理论指导，而不是某病服用某一样特效药，某病针刺某一个穴位的实用主义和单纯技术的观点。[1]"我认为这是一个在目前研究中医工作中的很正确意见。

仲圣《伤寒》《金匮》两书，是祖国医学中的经典著作。我现在把它在辨证论治中的一般程序，和几个重要法则加以整理介绍。这不仅符合沈同志所提出的原则，而且在普遍学习经典著作的今天，也是适合客观要求的。

一、先解表，后攻里

仲景治病第一要点，当先辨表证是否已罢，如未罢，一般应先治表病，后治理病。如《伤寒论》：

太阳病，外证未解，脉浮弱者，当以汗解……。(第42条)[2]。

……外证未解，不可下也，下之为逆。……(第44条)。

……其外不解者，尚未可攻，当先解外，外解已，但少腹急结者，乃可攻之，宜桃核承气汤。(第106条)

……下利呕逆，表解者，乃可攻之。……汗出不恶寒者，此表解里未和也，十枣汤主之。(152条)

……心下痞，恶寒者，表未解也，不可攻痞，当先解表。表解乃可攻痞。……(第164条)

……其表不解，不可与白虎汤，渴欲饮水，无表证者，白虎加人参汤主之。(第170条)

阳明中风，……发热恶寒，脉浮而紧，若下之则腹满小便难也。(第189条)

阳明病……有潮热者，此外欲解，可攻里也，……大承气汤主之。若汗多，微发热恶寒者，外未解也，……未可与承气汤。……(第208条)

阳明病，脉迟，汗出多，微恶寒者，表未解也，可发汗。……(第234条)

以上各条，仲景从多方面举例论述，不论是泻膀胱结热（桃核承气汤证），逐胸腔积水（十枣汤证），攻心下痞满（大黄黄连泻心汤证），清阳明经热（白虎加人参汤证），下阳明腑实（大承气汤证）等；凡是表证未罢的，都应先解表，俟表证已罢，方可再攻里病。否则，都是"逆"治，对病者不利。这是仲景辨证论治中最重要的一条规律！

二、表病里虚者，表里同治

有表证兼里虚者，应一面解表，一面兼顾里虚，否则，会有轻则阳虚，重则亡阳的危险。如《伤寒论》：

太阳病，……利下不止，心下痞鞕，表里不解者，桂枝人参汤主之(第163条)

太阳病，发汗遂漏不止，其人恶风小便难，四肢微急，难以屈伸者，桂枝加附子汤主之(第20条)

少阴病，始得之，反发热，脉沉者，麻黄细辛附子汤主之。(第301条)

又如《金匮要略》：产后中风，发热，面正赤，喘而头痛，竹叶汤主之。(第373条)[3]

以上举例说明表病里虚者，可用人参汤（即理中丸方）加桂枝、或桂枝汤加附子、或麻黄与附子并用等表里兼顾的方法。用桂枝或麻黄旨在解表，加人参或附子旨在兼顾里虚。

这种表里同治的方法，适用于里虚不太甚不过急者为宜。

三、急先救里，后治其表

如果碰到里虚太甚，有亡阳危险的病证，那么，即使有表证存在，不适用"先解表后救里"，也不适用"解表救里并施"。因为亡阴在即，不可再用表药以分散救里的药力，应用单刀直入的方法，拯救将脱的阳气，俟病者正气回复，再谋解表之道。如《伤寒论》：

……续得下利，清谷不止，身疼痛者，急当救里，……宜四逆汤。……(第91条)

下利腹胀满，身体疼痛者，先温其里，乃攻其表。……(第372条)

病发热头痛，脉反沉，若不差，身体疼痛，当救其里，四逆汤方。（第92条）

四、血气不足者，先扶阳，后发汗

《伤寒论》一书详叙汗法，也详述不可发汗的禁忌症。如“咽喉干燥者”“淋家”“疮家”用汗法不能愈病的时候怎么办呢？除表里同治法外，宋代名医朱肱和许叔微有这样的经验。朱肱说：“热多寒少而尺脉迟者，荣气不足血少故也。先以小建中汤加黄耆最良。尺脉尚迟，再作一剂。”[4]许叔微说：“乡人邱忠臣，……病伤寒，余为诊视，其发热，头痛、烦渴、脉虽浮数无力，自尺以下不至。余曰：虽麻黄证，而尺迟弱。……余予建中汤，加当归、黄耆，令饮之。翌日病者不耐，其家晓夜督发汗药，其言至不逊，余以乡人隐忍之。但以建中调理而已。及六、七日，尺脉方应，遂投以麻黄汤，啜第二服，狂言烦躁且闷，须臾稍定，已中汗矣。五日愈。”[5]从这些记载中，可以理解到尺中脉微的人，按例是不可发汗的。如必须用汗剂时，可先给小建中汤加黄耆、当归，俟尺脉有力时，再与汗剂除其外感，其病可愈。

上述二人的经验也是从仲景书中体会出来的。如《伤寒论》第49条：“……身重心悸者，不可发汗，当自汗出乃解。所以然者，尺中脉微，此里虚，须表里实，津液自和，便自汗出愈。”这句“津液自和，便自汗出愈”，并不作为病者不须服药而自愈的解说。所以要用小建中汤加黄耆、当归，就是为了要使患者能达到津液调和的目的。因为尺中脉微是津液不调和的反映，小建中汤加黄耆、当归能使津液调和，从而使尺中脉微好转到不微，于是再用麻黄汤，病者汗出而愈。这就是这一条文的真正含义。

五、久病见表证，先治其表，后治其本

久病患者，如新染外感，当先治其外感，后治其本病。因久病患者，身体当然虚弱，但如顾虑其虚弱而不敢治其外感，则外感难除，且将陷入更衰弱的境地。所以久病新染外感的，应立即用表药除其外感（亦可在表剂中略加顾虚之剂，如前述桂枝人参汤、竹叶汤等）。例如，肺痨患者新染风寒咳嗽，当急予解表剂，反可防其肺痨的加深。如果迟疑不决，日子稍久，外感的寒热未除，肺迸的潮热又起，那时，用药会更感棘手。又如水肿或臌胀患者，偶染感冒，水肿和臌胀都会加剧。应急治其外感，外感治愈后，其水肿和臌胀也肯定会消喊。金匮脏腑经络先后病脉证篇：“夫病痼疾，加以卒病，当先治其卒病，后乃治其痼疾也。”说明了这个治疗法则。

六、从识症，到辨证施治

症和证是有着不同的意义的。什么叫症呢？人体有病所表现出来自觉或他觉的一种现象，叫作症；也叫作症状或症候。例如：病者或呕或吐或泻等，这个呕或吐就是症。单凭一个呕症，不能说明病者患的是什么病。因为呕只能说明胃部有病变，但不能说明胃部患什么病变。例如：胃炎、胃溃疡、胃癌等胃病，其他脏器疾患和热病的影响都能有呕症出现。

什么叫证呢？证是张仲景在《伤寒论》和《金匮要略》两书中所专用的术语，他把病者在同一个时候所呈现的一切症状（症侯群）作为一个整体来决定诊断和治法，这种症侯群叫作证。仲景根据多年临床实践，把一定型而应该用某种治法的症侯群名之为××方证。例如：应该用汗法的麻黄汤证；应该用吐法的瓜蒂散证；应该用下法的大承气汤证；应该用和法的小柴胡汤证等等。

当我们识别病者全身所呈现的症状（包括面色、味觉、脉象、舌苔、大小便的情况等等）和仲景所说的麻黄汤证相符的时候，我们就可以用麻黄汤去治疗。所以，按照仲景辨证施治的方法来诊治疾病，当一个病人的病症被辨明为××方证的时候，他的治法也同时确定了。这种用方名证，把诊断和治法相结合的方法，是仲景医学独特的诊治法则，为我国后世任何医学著作的圭臬，是祖国医学精髓所在。

要能正确的辨证施治，必须从识症不误着手。例如，“胸满”“心下痞”和“结胸”等三种症状，是容易混淆而必须加以仔细识别的。如《伤寒论》等第149条，仲景分述这些症状的识别和治法说：“……若心下满而鞕痛者，此为结胸也，大陷胸汤主之。但满而不痛者，此为痞，柴胡不中与之，宜半夏泻心汤。”如果把应该用小柴胡汤的“胸胁苦满”症，识做应用大陷胸汤的“结胸”症，后果是不堪设想的；如果当作半夏泻心汤证的“痞”症来治，治效也是不高的；所以能把症认识清楚，方能把证辨得正确。

按照仲景学说，同是呕吐兼下利证，就有阴、阳、寒、热、表、里、虚、实的分别。仲景在《伤寒论》中说：“大阳与阳明合病者，必自下利，葛根汤主之。”（第32条）“……但呕者，葛根加半夏汤主之。”（第33条）这是属表的阳证；“太阳与少阳合病，自下利者，与黄芩汤；若呕者，黄芩加半

夏生姜汤主之。”（第172条），这是属半表半里的阳证；“……寒格更逆吐下，若食入口即吐，干姜黄芩黄连人参汤主之。”（第359条），这是寒热夹杂的里证；“……其人下利日数十行，谷不化，腹中雷鸣，心下痞鞕而满，干呕心烦不得安，……此非结热，但以胃中虚……甘草泻心汤主之。”（第158条），这是属里的虚证；“太阳中风，下利呕逆，……漐漐汗出，发作有时，头痛，心下痞鞕满，引胁下痛，干呕短气……十枣汤主之。”（第152条），这是属里的实证；“伤寒发热，汗出不解，心中痞鞕，呕吐而下利者，大柴胡主之。”（第165条），这是半表半里的实证；“少阴病，吐利，手足逆冷，烦躁欲死者，吴茱萸汤主之。”（第309条），这是属里的虚寒证；“既吐且利，小便复利，而大汗出，下利清谷，内寒外热，脉微欲绝者，四逆汤主之。”（第389条），这是属里的大虚大寒证；“少阴病，吐利躁烦，四逆者，死。”（第296条,），这是属里虚里寒的亡阳死证。以上各证都有呕吐和下利的各种不同症象，用药有同处有不同处。主要要看呕吐和下利以外的其他兼症的同与不同来辨证施治。这点在伤寒论中有详细的论述和严密的辨证。这里引述这些条文，目的在约略介绍仲景辨证施治的轮廓和藉以说明仲景治病，以从识症到辨证施治为其特有的诊治法则。这个“证”既不同于“症”，也不同于现代医学的“病”。仲景这种辨证施治的诊治法则和后世若干中医著作专以阴阳五行等理论来论述诊断和治法的，有基本上的不同；和有些中医不是从全身症状辨认病属哪一方证，而是从单一的症状作头痛救头的对症疗法，有原则性的分别；和现代医学藉助于理化学和病理解剖学来决定诊断和治法的，也迥然各异。仲景着重于辨证，不着重于病名。能否把这个诊治法则作为中医学的特征和研究重心，对发扬祖国医学将起决定性的作用。日本有名的现代医学家兼汉方医学研究者大塚敬节先生对我国近几年的中医研究工作提出批评说：“第一研究的主体都以西洋医学的病名为中心，在我们看起来，构成中医学的特长的证，在这里完全被忽视了。为什么对这个病人，这个证要投与这个处方，并没有得到说明。不管有效、无效，都没有从中医学的立场加以追求。”“中医学的特质在这里完全被忽视。忽视中医学的物质而研究中医学，这等于绞杀中医学。”⑥，我认为这个批评是正中要害，是正确的。

七、凭主症辨证施治

症有主症和兼症。例如上节所引的半夏泻心汤证和甘草泻心汤证中都会有呕吐、心下痞鞕、腹中雷鸣、下利等四症状。其中心下痞鞕为主症，呕吐、腹中雷鸣、下利等症状为兼症。主症为经常呈现的症，兼症可见可不见。如果没有心下痞鞕的主症而仅有呕吐、下利等兼症，就不是泻心汤证，应该联系到其他方证，如葛根加半夏汤证或黄芩加半夏生姜汤证甚至如四逆汤证等方证。

以主症为依归而辨证施治，附带的有下列各项诊治程序和法则。

1. 但见一证便是，不必悉具　仲景告诉我们：“伤寒中风，有柴胡证，但见一证便是，不必悉具。”（伤寒论第101条），按“往来寒热”，“胸胁苦满”，“嘿嘿不欲饮食”“心烦喜呕”等症状都是小柴胡汤证中的主症，这些主症，但见一症，便可与小柴胡汤，不必悉具。否则，如必须俟这些主症齐备后，方与小柴胡汤，势必影响治疗时机，所以在学医时，就要了解各方证中哪些是主症，哪些是兼症，在临床的时候，才能辨认清楚。

2. 不管迟早，有是证用是药　仲景的诊治法则主要是辨证论治。不论在识病初起或病已久，只要能明确辨认属何方证，便可投何方。如《伤寒论》：“太阳病，十日以去，脉浮细而嗜卧者，外已解也，设胸满胁痛者，与小柴胡汤，脉但浮者与麻黄汤。（第37条）“……凡柴胡汤病证而下之，若柴胡证不罢者，复与柴胡汤必蒸蒸而振，却复发热汗出而解。”（第101条）；这说明：不论病已在十日后，或在用过下剂后，如见到“胸满胁痛”的小柴胡汤证或有病尚在表应用麻黄汤的主症，都可用小柴胡汤或麻黄汤，使病从汗而解。

3. 症情复杂的，视症之轻重缓急，按次施治　《伤寒论》第29条：“伤寒脉浮，自汗出，小便数、心烦、微恶寒、脚挛急。”分析这一病症，“伤寒脉浮”是表病未解，“自汗出、小便数、恶寒”是阳气不足，“心烦、脚挛急”是阴气不足，后人多数注解说这样的病症，用桂枝加附子汤较为适宜。仲景继续说：“反与桂枝，欲攻其表，此误也。”意思说当时的医者，用桂枝汤以攻其表，误治了。误治的结果是：“得之便厥，咽中干，烦躁吐逆。”“厥”是四肢厥冷，是阳气更不足，“咽中干，烦躁吐逆”是阴分更受伤，这时病者的症状应该是包括误服桂枝汤前后的各种症状的总和，那就是，既有“伤寒脉浮、自汗出、小便数、心烦、微恶寒、脚挛急”等症状，又加上了“厥、咽中干、烦躁吐逆”等症状。病况是更复杂更严重了。仲景救治这个病症的方法和程序是这样的：“作甘草干姜汤与之，以复其阳；若厥愈足温者，更作芍药甘草汤与之，其脚即伸；若胃气不和，谵语者，少与调胃承气汤。……”归纳起来是：一、先复其阳；二、再救其阴；三、由于叠用回阳救阴剂后转成胃燥，所以最后可少用调胃承气汤以和胃气。因此我们以体会到，当复杂的症状并见或先后呈现时，应视症状的轻重缓急，按次施治。不可在一方中各法并施，要求一次治好。

4. 凭主症定治法原则。如因兼症与治法有矛盾时，不应改变治法原则，以适当配伍药缓减其矛盾

《金匮要略》第181条说：“病痰饮者，当以温药和之。仲景在这里告诉我们，治痰饮病应以用温药为原则。又从第200条“咳逆倚息不得卧，小青龙汤主之”起，到第205条“若面热如醉，此为胃热上冲熏其面，加大黄以利之”止，共六条，除小青龙汤一方外，又出苓桂五甘汤、苓甘五味姜辛汤、苓甘五味姜辛夏汤、苓甘五味姜辛夏仁汤、苓甘五味姜辛夏仁黄汤等五方。这六条条文详述治痰饮病服小青龙汤后随着各种兼症的进退而加减用药的方法。连小青龙汤在内的六张方剂中，除苓桂五，甘汤一方外，其余五方都有干姜、细辛二味热性药。这六条条文中有三条叙述患者呈现热性的兼症，如第201条：“青龙汤下已，……其面翕热如醉状……时腹冒者……”。第203条：欬满即止，而更复渴，冲气复发者，以干姜细辛为热药也。……”，第205条：“若面热如醉，此为胃热上冲熏其面，加大黄以利之。”据此，仲景告诉我们，热药对热性兼症要有抵触的，所以在见到上述“面翕热如醉状”，“渴、冲气复发”，“胃热上冲熏其面”等热性兼症时，可以暂时停用干姜、细辛（如苓桂五甘汤），或者仍用干姜、细辛，但方内应酌加适当的配伍药如大黄等（如苓甘五味姜辛夏仁黄汤）。加大黄是针对“胃热上冲近其面”而用的。但当这些热性兼症已消退而痰饮尚未根治的，仲景仍用干姜、细辛等热药继续治理痰饮。因为痰饮属寒“用温药和之”是原则。这六条条文和六张方剂的整个治疗过程，示范地告知我们：治病要凭主症定治法原则。如因兼症与治法有矛盾时，不应改变治法原则，以适当配伍药缓减其矛盾的道理。

此外可用来引证上述道理的，如《金匮》第109条：“肺胀，欬而上气，烦躁而喘，脉浮者，心下有水，小青龙加石膏汤主之。”按肺胀，欬而上气、脉浮、心下有水等症状，应用小青龙汤，“烦躁而喘”是热证，应用凉药，不适用热药。小青龙汤方内的干姜、细辛是热药，对“烦躁而喘”有矛盾。所以仲景在用小青龙汤治疗心下有水寒饮的同时，加石膏以针对这热性兼症。这样，寒饮和热性兼症的矛盾就都解决了。

作者实验：对痰饮宿疾患者或感受风寒过深的新咳病人，用小青龙汤的效验胜过用其他方剂。此等患者即使见舌质红，或大便秘结，或渴或痰中见红等热性兼症，用小青龙汤加石膏，服药后，治效良好。舌质红、痰中见红、渴等热性兼症，不但不见加剧，反见减轻或消失。类如这种治验的例子很多。这证实了仲景的法则是正确的。

伤寒论中作与此相同指示的条文和方剂也不少，例如凡病发热、头痛、无汗恶寒、脉浮等症状的，应用麻黄汤发汗，这是原则。以这些症状为主症，如见“烦躁而喘”等热性兼症的，可用由麻黄汤演化为加石膏的大青龙汤或麻杏石甘汤；如见形疲、欲眠、脉微细等寒性兼症的，可用由麻黄汤演化为加附子的麻黄附子细辛汤或麻黄附子甘草汤；这些方剂的演变，正说明了可以随着各种热性兼症或寒性兼症的产生而加用石膏或附子，但应用麻黄发汗的原则却始终不变。

结　语

以上所整理的，是仲景治病法则中较为一般的和重要的几点。这些治病法则，经过古今医家的实验和补充，证实其理论是正确的，其治效是优越的。

对现代医学来说，上述仲景治病法则中所介绍的各节，以第一节的“先解表最后攻里”和第六节的“从识症到辨证施治”这两节最为特出。就我浅学所知，象这两节的特征，在现代医学中恐是找不出的。所以值得提出来作重点的研究。

以上所论和对仲景原文的体会，有错误处，希望大家指正。

参考文献

[1] 沈德建．中医研究工作者应该掌握的科学和科学方法，中医杂志 1957 年 4 月号．

[2] 伤寒论．重庆市中医学会编注本．

[3] 陆洲雷．金匮要略今释，1953 订正 6 版．

[4] 朱肱．类证活人书第 47 页，1956 商条版．

[5] 许叔微．伤寒九十论第 2～3 页，1956 商务版．

[6] 中医杂志．1957 年 4 月号第 192 页．

［《浙江中医杂志》1957，(9)：30］

《伤寒论》和《金匮要略》方中应用甘草的分析

肖　琪

一、前言

方剂是中医治疗中的一大特点，方剂一方面须

与各种药物的知识结合，一方面又与辨证相关连，因此以方剂为出发点，一方面可以贯穿条文，使条文间互相联系起来，另一方面又可使药物性质的体会更全面，药物的应用更灵活而便于记忆。方剂并非药物简单的综合，而在药物配伍中是有着颇为精致细密的组织的，至于古方中搭配的精妙则更为突出。《伤寒论》和《金匮要略》可说是集汉以前古方的大成，此篇的目的在于通过甘草在《伤寒论》《金匮》方中作用的分析，更好的体会古方的应用。而且一般被认为佐使药的甘草在《伤寒》《金匮》方中占有颇大比重，甚至甘草单味成方，好多个方子以甘草命名，这都是值得研究的。尤其可贵的是这过近代医学对甘草的研究结果，许多与仲景时对甘草的理解不谋而合，使我们体会到长时期经验积累的祖国医学对现代医学可能发生的启示作用。也有《伤寒》《金匮》方中提出的某些效能，现代医学还未曾作进一步的判定，这些都值得做为今后研究方向提出。

二、《伤寒论》和《金匮要略》含甘草方的综合分析

本文的重点是甘草在这些方中的作用。首先先从统计上看含甘草方在《伤寒》《金匮》方中所占的比重，然后依次就（一）单味甘草方，（二）二味药甘草方，（三）各类方（如桂枝汤系），（四）甘草用最大的方进行分析，最后再按近代医学、人体各系统进行分析讨论，并与现代医学的有关成就比较。

1.《伤寒》《金匮》方重用甘草的证据

表1　《伤寒》《金匮》中含甘草方的统计

书名＼方数	总方数	含甘草方数	方名中有甘草的方药	含甘草方数总方数%	方名中有甘草的方数总方数%	方各中有甘草的方数含甘草方数%
伤寒论	113	70	16	61	14	23
金匮要略	264（连同附方）	96	23	36	9	24
共计	377＊1	166＊2	39＊3	44	10	23

＊1. 包括《伤寒》《金匮》相同的方。

＊2. 包括《伤寒》《金匮》相同的方。除去相同者共17方。

＊3. 包括《伤寒》《金匮》相同的方。除去相同者共32方。

从表1可以看出(一)《伤寒》《金匮》中含书草方几乎占《伤寒》《金匮》总方的半数(二)含甘草方中又有约四分之一的方名中有甘草，而分析方剂的命名，虽然有以主药、作用、症状，应用场合等命名的不同，但是在《伤寒》《金匮》方中仍以主药命名的居最多数。可见在《伤寒》《金匮》方中，非但含甘草方多，而且甘草多数在方中占重要地位。(三)《伤寒》《金匮》方中有甘草单味成方的如《伤寒论》的甘草汤，《金匮要略》的千金甘草汤。(四)有些方子也被称为甘草汤的如甘麦大枣汤《袖珍方》即名为甘草汤，甘姜苓术汤《外台》引《古今录验》名甘草汤。从这四点也可以看出《伤寒》《金匮》方中对甘草是颇为重视的。《名医别录》:“此草最为众药之主，经方少有不用者，犹众香中有沉香也。”甘草又名国老，《别录》:“国老即帝师之称，虽非君而为君所宗，是以能安和草石而解诸毒也。正足以说明这种情况。

2. 单味甘草方　《伤寒论》甘草汤治少阴咽痛，《金匮要略》千金甘草汤治肺痿涎唾多。后世对一味甘草的应用积累了丰富的经验，兹汇集各重要文献记载有关本汤主证及其作用，列表如下：

表2　一味甘草主证及作用表

主　　证	文　献　出　处	甘草的作用
咽痛	《伤寒论》	袪炎、止痛、袪痰
肺痿涎唾多	《金匮要略》千金甘草方	袪痰、消炎。
小儿嘬口噤	《金匮玉函经》	袪痰、解毒。
小儿热嗽	《圣惠方》甘草加豨胆汁蜜丸、食后薄荷汤下、名凉膈丸。	袪痰、消炎。
呕逆不入腹	《千金方》	缓急。
大便秘	《直指方》《全幼心鉴》	通便

（续表）

赤白痢	《外台秘要》崔宣州《衍所传方》	对痢疾的消炎作用。
痈、疽、疮肿、疖等	《直指方》，《外台秘要》，《千金方》《外科精要方》，《温热经纬》引《兵部手集》。	消炎、止痛。
丹石烟火药发、汤火灼疮	《锦囊秘录》称国老膏《李楼奇方》	消炎、止痛。
初生解毒，解药毒、虻毒、虫蛇诸毒。	《王璆选方》《得效方》《直指方》。	解毒。
舌卒肿起，满口塞喉，气息不通，倾刻杀人。	《圣济总录》	抗过敏作用
小儿遗溺	《得效方》	镇定（缓和神经急迫）。
小儿尿血	姚合众《至宝方》	利尿
大人小儿羸瘦	《金匮玉函经》《外台秘要》	补脾胃。

3. 二味药甘草方　共八个方，如芍药甘草汤，甘草的缓急（解除血管痉挛，改善血循环，止挛性疼痛），甘草干姜汤，甘草改善循环治厥冷，桂枝甘草汤、叶橘泉[1]：“桂枝甘草二味浓煎顿服似有急救强心意味”桔梗汤，甘草消炎、化痰，甘草麻黄汤，甘草利尿去水肿，六黄甘草汤，甘草的缓急，甘草荠苨汤、甘草的解毒，在紫参汤中的润下、缓急、止痛。

4. 甘草在各类方中的作用　分析甘草在各类复方中的作用，由于药味多是比较困难的，因此尽量采取比较的方法，从条文中或方剂书中找出其他药味六致相同，有甘草与无甘草方作用的区别，至于一般认为的作用，譬如甘草在桂枝汤系诸方中是调和营卫，但是所有桂枝汤系诸方都有甘草，而且用量轻，一二两而已，这种可用方剂书中找到，便不再重复，从略。下面举几个用此较方法的例子以为说明。

（1）栀子豉汤与栀子甘草豉汤：——《伤寒论》[2]76条：“发汗吐下后虚烦不得眠，若剧者、必反复颠倒，心中懊侬，栀子豉汤主之。若少气者、栀子甘草豉汤主之。”栀子甘毒豉汤比栀子豉汤仅多甘草二两，症状上增加“少气”，可以看出甘草治少气的效用。《伤寒附翼》[3]：“加甘草以益气。”这个益气的作用从条文及方剂配伍上看，体会为和中缓急比强心作用更适合些。

（2）甘草泻心汤与半夏泻心汤：——甘草泻心汤是在半夏泻心汤中甘草增一两，在证的方面增加“心烦不安，客气上逆。”只甘草一两的增加，方名及主治都有所改变，可见仲景对于药效方面的观察非常细致，更可说明那些认为甘草可有可无粗率态度的不正确。而从这一两的增加上，也可看出甘草降逆、缓急的作用。

（3）麻黄附子细辛汤与麻黄附子甘草汤：——比较列表于下：

表3

方名 组成及作用	麻黄附子细辛汤	麻黄附子甘草汤
组成	麻黄、附子、细辛。	麻黄、附子、甘草。
发表力	《伤寒论》301条：“反发热”有细辛、发表力较强。	《伤寒论》302条：“微发汗。”有甘草。发表力较逊。
止痛	力强特别对头痛。[4]	力较弱。
去水	作用较强。	《金匮》“水之为病……脉沉者，宜麻黄附子汤（即本方）。”作用较强

从上表可以看出甘草的发表力、止痛力较细辛为弱，而利尿去水作用却较细辛为强。

（4）五苓散、茯苓泽泻汤、茯苓甘草汤：

比较列表于下：

表4

方名 组成及作用	茯苓泽泻汤	五苓散	茯苓甘草汤
组成	茯苓、泽泻、白术、桂枝、甘草、生姜。	茯苓、泽泻、白术、桂枝、猪苓	茯苓、桂枝、甘草、生姜。
证	《金匮》“胃反吐而渴，欲饮水者。”	《伤寒论》72条：“烦渴者。”73条：“伤寒汗出而渴者。”	《伤寒论》73条：“不渴者，茯苓甘草汤主之。”
利水作用	中（比五苓散少猪苓）	强。	弱。
口渴	轻（可用甘草、生姜）	重、烦渴、不用甘草、生姜）	无。
和胃止吐	强（甘草、生姜长于和胃止吐。）	弱（白术补脾生津）	中。

查诸近代文献，用甘草治疗溃疡病人，往往发现口渴喜饮。吴德诚氏[5]引德国 Schulze 氏治例每天用甘草 20～25 克，以及吴氏本人治疗数例（每日 20 克甘草）都有口渴现象发生。在用甘草根的精制品时便不发生口渴，认为系对空肠黏膜的刺激作用。《金匮》柴胡去半夏加栝蒌汤“治疟病发渴者。”因口渴去半夏，加栝蒌生津，甘草仍用三两，可见甘草的致渴比半夏还是差得多。从五苓散、茯苓甘草汤的例子可以看出古人记录的朴实。我们唯有更好的钻研才能有所体会。

（5）调胃承气汤：——与大小承气汤的比较许多书中谈到，兹不多赘。只谈一点，从方剂组成上看出调胃承气汤异于大小承气的地方在有甘草，而从《伤寒论》调胃承气汤条文中——第 29 条“胃气不和。”70 条：“当和胃气。”248 条：“属胃也。”甘草的和中调胃作用从这里也得到证明。

5. 甘草用量重的方　甘草用五两的有《金匮》橘皮竹茹汤治呃逆证，和《金匮》《千金》内补当归建中汤，甘草的作用是降逆，缓急、止痛。甘草用四两的有甘草干姜汤、芍药甘草汤、甘草泻心汤，前面已讨论过；此外尚有《金匮》的千金生姜甘草汤治肺痿，至于《伤寒论》桂枝人参汤治协热利、心下痞鞕，甘草仍是理中调胃的作用。《金匮》“妇人乳中虚、烦乱、呕逆、安中益气、竹皮六圆主之。”竹皮六圆中甘草用量最重，可以看出甘草在安中益气方面的重要作用。薯蓣甘草 28 分，用量仅次于薯蓣。甘草补中益气。《金匮》：“病金疮，王不留行散主之。”王不留行十分、甘草用十八分。魏荔彤[6]：“倍用甘草以益胃解毒。”甘草的消炎解毒作用在这里可以看出。《金匮》升麻鳖甲汤治阳毒，阳毒似为今之猩红热[7]，升麻与甘草皆为二两，药量最重。近代药理研究[8]已知升麻有消炎解毒作用，甘草在此方中认为起消炎解毒作用是比较合理的。

6. 按人体各系统分析讨论甘草的作用，并与现代医学有关成就比较

（1）循环系统：——甘草常与其他强心改善循环药同用，如附子、人参、脉黄、桂枝等起相辅相成作用。在《伤寒》《金匮》方中甘草影响循环比较突出的为对“四逆”和“脉结代”的作用。

①四逆：——甘草对四肢厥逆的功用是很突出的。治热厥的四逆散，治寒厥的四逆汤，都以甘草为君药。当归四逆汤，通脉四逆汤都是四逆汤的发展，见证都有“厥”。甘草干姜汤主治阳虚厥冷，茯苓甘草汤主治水气发厥。这些都说明甘草改善周围循环、治厥逆的作用。

②脉结代：——炙甘草汤主治脉绪代。《卫生宝鉴》[9]：“许伯威五旬有四，患病，脉动而中止，有时自还，乃结脉也。亦心动悸、呃噫不绝，用此方效。”《难经》、十八难：“结者，脉来去时一止、无常数，名曰结也。”张景岳[10]曰：脉来忽止，止而复起，总谓之结。”王叔和[11]曰：代脉、来数中止，不能自还，因而复动。”张景岳[10]曰：“代、更代之义，谓于平脉之中而忽见软弱，或乍数乍疏，或断而复起，均名为代。”结脉似为期外收缩，代脉可能包括心传导阻滞在内。在慢性心房纤维性收缩和期外收缩情形，都可考虑试用甘草治疗。甘草治疗心律不整的作用机转，推测可能与血钾减少有关。1950 J. A. Molhuysen[12]报告甘草有类似去氧皮质酮的作用，能增加钠、氯和水在体内的滞留，增加身体钾的排泄。因为钠、氯的滞留也可引起或加重水肿，所以在心力衰竭和有水肿的病人应当禁用。文献报导[13]有用 A. C. T. H. 治疗心传导阻滞成功的。藤正氏等[8]用甘草酸钠监进行离体蛙心灌流试验，发现与肾上腺素强心作用类似。

（2）消化系统

①“缓急”作用：——从前面提到的芍药甘草汤、栀子甘草豉汤、千金内补当归建中汤等已可看出甘草的缓急作用。吉益东洞[14]说：“仲景用甘草也，其急迫剧者、则用甘草亦多，不剧者、则用甘草亦少，由是观之，甘草之治急迫也明矣。”中医称的肝胃气痛实包含慢性溃疡病（如胃、十二指肠溃疡）的疼痛在内。“藏气法时论”[15]：“肝苦急，急食甘以缓之。”因而用甘草一类治疗。近代对甘草治疗溃疡病国内外都有不少报导[15,16,17]，疗效是肯定的，但是治疗的机转，Rewers 及 Molhyusen，仓田氏等[18]以为与注射去氧皮质酮相似，但是否有解除肠胃道痉挛的作用，尚有待进一步肯定。

②甘草对肠胃道出血的作用：——《金匮》：下血、先便后血、此远血也，黄土汤主之。”程林[19]引《内经》曰：“结阴者、便血一升，再结二升，三结三升。”又曰：“渗而即下则色鲜，渗而留结则色暗。”《金鉴》[24]：“先便后血、此远血也，谓血在胃也，即古之所谓结阴，今之所谓便血也。先血后便、此近血也，谓血在肠也，即古之所谓肠澼为痔下血，今之所谓藏毒、肠风下血也。”从这些叙述可以看出古人对肠胃道出血的体会非常深刻，非但知道从血在便前还是便后确定出血部位的高低远近，而且知道血渗出后在阳中久留颜色变暗。近代医学过去一向以颜色黑还是红判断流血部位高低，晚近才为实验证明，颜色的黑与红并不能确切表示出血部位高低，主要的决定于流血的量、

肠蠕动的情况、和血在肠中停留时间。王肯堂[20]：“按邪热燥结，色未尝不黑。但瘀血则溏，而黑黏如漆；燥结则鞕，而黑晦如煤。”这种分辨燥屎与血的叙述是多么中肯，已经明确指出溏、黑、发亮如漆且黏的是血，黑而硬，光泽晦暗的是燥结的粪便。我感觉从这种材料做教材远比用舶来品的煤焦油样大便来得容易理解，同时加强了我们民族的自尊心。从以上的记载可以看到三四百年以前我们对消化道出血有些方面的知识已经赶上现代医学水平。谁说祖国医学没有内容，只因没学的缘故罢了。问题在于如何用新的观点，新的方法提取他的精华，扬弃糟粕，这是我们新中国医务工作者的光荣职责。近代研究证明甘草的粘滑缓和性质可以保护胃黏膜，甘草是否对止血也有作用，还不够明确，我们应当本着方虽是旧、宏之惟新的精神来对待古方的研究。

③润下作用：——对于甘草的润下作用，古已知之，《本草纲目》引《直指方》和《全幼心鉴》的，见前表2。对甘草的作用；《大明本草》说：[21]“生用泻火热，熟用散表寒。”王好古[21]说：凡不满而用炙甘草为之补，若中满而用生草为之泻。近人曾广方[8]研究也证实了甘草可以防止肠内水分吸收，因而缓下，但是生甘草与炙甘草在润下作用方面究竟有何差别，还有待进一步肯定。

④对下利（包括痢疾）的作用：——含甘草的葛根汤、葛根芩连汤、黄芩加半夏生姜汤都主治下利。《伤寒类方》[22]在葛根芩连汤下有：“芩、连、甘草为治痢之主药。”《金匮》白头翁加甘草阿胶汤治“产后下利虚极。”阿胶止血、益血，甘草强心扶阳而外，似乎对下利也可起辅助治疗作用。《本草纲目》引崔宜州《衍所传方》《外台秘要》见前表2皆用甘草一味治赤白痢下。甘草对肠炎或痢疾的作用还有待研究。

（3）呼吸系统

①咽喉：——《伤寒论》甘草汤、桔梗汤治少阴咽痛。其中甘草都系生用，后世有用蜜炙的。《金匮》甘草泻心汤用治狐惑。尤在泾[23]认为狐惑由于湿热生虫，《金鉴》认为狐惑是上疳、下疳等疮的古名。古之云虫，可包含着如今的感染。甘草泻心汤中黄连、黄芩的消炎作用药已肯定，甘草近代研究[8]认为也有消炎作用，这样和芩、连并用作用当更强。此外甘草粘滑缓和的性质可防御咽喉受刺激因而止痛；促进咽喉、气管的分泌，因而痰容易咯出。

②祛痰喘，治肺痿、肺痈：——《金匮》千金甘草汤甘草一味治轻症肺痿。甘草干姜汤、《金匮》千金生姜甘草泻治较甘草汤重一等的肺痿。麦门冬汤增加麦冬、半夏等，在治肺痿上的功效便更前进一步。甘草与桔梗和用为桔梗汤治轻症肺痈，更加姜、枣为排脓汤治较重的肺痈。后世《圣惠方》凉膈丸治小儿热嗽见前表2此外麻黄汤系中的麻黄汤、大小青龙汤、麻杏石甘汤等方中，甘草都有祛痰定喘的作用。

（4）神经系统：——《金匮》甘麦大枣汤（《神珍方》名甘草汤）治妇人脏躁，喜悲伤欲哭，象如神灵所作，数欠伸，很像癔病。酸枣汤甘草和镇定安眠的酸枣仁、茯苓同用。桂枝去芍药加蜀漆龙骨牡蛎救逆汤，桂枝甘草龙骨牡蛎汤，《金匮》桂枝龙骨牡蛎汤，甘草与重镇的龙、牡同用。《金匮》风引汤治热瘫痫，防已地黄汤治如狂，独语不休皆有甘草。《心典》[23]桂枝龙骨牡蛎汤下引：“徐氏曰加龙骨牡蛎者，以失精梦交为神情间病，非此不足以收敛其浮越也。”此汤证好像神经官能症，而古人知为神情间病，所以用重镇的龙牡。……《大明本草》[21]：“甘草安魂定魄。”叶橘泉[1]桂枝甘草汤下方意解说有：“伍以甘草以缓和神经急迫及心悸亢进。”甘草对神经系统的作用是值得进一步深入研究的。

（5）治炎解毒作用：——中医解毒的意义比较广泛，至少包括现代的消炎与解毒两种作用，今分别叙述于下：——

①消炎作用：——甘草在王不留行散，升麻鳖甲汤、甘草泻心汤中消炎解毒作用前面已经提到。后代屡用甘草治疗疮肿痈疡如《本草纲目》引《外科精要方》的国老膏，引《保命集》用甘草治口疮，引《幼幼新书》的治婴儿眼疾慢脾风等都是口服。《千金方》更外用甘草涂洗治阴头疮，代指肿痛，《纲目》引《古今录验》甘草煎汤洗治阴下湿痒。近来杨康令[25]报告用大黄甘草粉剂治疗臁疮疗效很好。近代药理研究[18]证明甘草和肾上腺皮质素一样都有毛细血管致密和消炎的作用，但是关于甘草治炎作用的了解，还很不够，极待深入研究。

②解毒作用：——《金匮》甘草煮汁解牛肉中毒，也可解水莨菪中毒，甘草荠苨汁通除诸毒。《本经》及《别录》皆说明甘草具解毒作用。《千金方》载甘草解乌头、巴豆毒及其他甘草解毒方极多。《肘后方》载岭南俚人尝用甘草解毒，且随身常带甘草数寸备急。关于甘草解毒作用中外最近不少文献报道。藤正氏等（1950）⑧用甘草酸钠监进行离体蛙心灌流试验，发现与水合氟醛、毒扁豆

素、醋醯胆素、毛果芸香硷等药起强烈心脏颉颃作用，对组织氨及可卡因也有较弱对抗作用。久保木宪人[26]在雄性鼷鼠身上进行试验，证明甘草素对硝酸士的年有解毒作用。阎应举等（1956）[27]用家兔或小白鼠试验甘草对五种不同药物的解毒作用，结果证明对可卡因解毒作用比较显著，对水合氨醛作用次之，对巴比妥钠、吗啡则无明显作用。与久保氏所得结果不同，无论对小白鼠进行士的宁灌胃，或皮下注射都不曾发现甘草有何解毒效果。此外近代研究[18]证明甘草对破伤风毒素确实有解毒作用，和松节油或和肾上腺皮质素合用时作用更强。关于甘草的解毒机转，陈修园[28]说："能解毒者、如毒物入土则毒化也。土为万物之母，大健则轻身延年也。"意思说脾为后天之本，甘草味甘主脾，因而解毒。久保氏[26]认为甘草素水解后形成甘草次酸和葡萄糖醛酸，后者能与身体内毒物结合成为无毒物质。L. Velluz 氏[18]认为甘草素能和破伤风毒素相结合，使其毒性消失。文献记载[19,29]甘草的解毒必须当身体的肾上腺皮质相当健全时才可实现，由此推断甘草和向肾上腺皮质激素（A. C. T. H.）或肾上腺皮质素并不相同，可能是构成皮质素的一种原料。文献[18]也已指出肾上腺皮质机能亢进，或皮质素形成增多情形，则对于疾病和毒物的抵抗力也增强；因此不难理解为何甘草可以治疗多种炎性疾患和多种中毒。

（6）对过敏性疾患的作用：——痹论[15]："风寒湿三气杂至，合而为痹也。其风气胜者为行痹。"《内经知要》李念莪注行痹的表现为历节疼痛。《金匮》乌头汤治历节疼痛。《伤寒论》174、175 条桂枝附子汤，去桂加白术汤，甘草附子汤治风湿。桂枝附子汤和甘草附子汤中桂枝都是四两，固然治风湿，但去桂加白术汤中无桂枝有附子甘草等也同样治疗。甘草附子汤从方名中可以看出重点在甘草和附子。乌头汤的重点在甘草、乌头。风湿病与痹论的。《行痹》，《金匮》中"历节"，《伤寒》中的"风湿"最为相近，近代研究[18]认为风湿病为过敏性疾病，甘草对之有疗效。前表 2 引《圣济总录》舌头突然肿起，可以满口，可以塞喉，到气息不通地步，这样迅速严重，除过敏疾病而外很难解释。甘草对过敏性疾病的作用，与消炎作用类似，不难用形成肾上腺皮质素的作用来解释。顽固性风湿性关节炎在一般治疗无效时，往往求助于 A. C. T. H. 或皮质素，如用甘草替代成功，在经济上、在药物供应上都是极有优越处的，这是急切需要研究的问题。

（7）利尿作用：——甘草在许多利水的方剂中出现，如甘草麻黄汤和越婢加术汤去里水（有调皮水者），越婢汤的治水气咳喘，茯苓泽泻汤治因停水而呕，津不上承而渴，茯苓甘草汤治伤寒水气乘心，文蛤汤治水邪郁表，小青龙汤治心下有水气。近代研究[18,30]也证明甘草有利尿作用，这种作用认为是通过皮质素影响电解质代谢，由盐类郁积引起盐性利尿。

（8）甘草对阿狄森氏病的作用：——阿狄森氏病经甘草治疗后表现为食欲增加，体力增加，皮肤及黏膜色素沉着减退，血压增高等。血液化学方面的表现是血浆钠、氯增加，钾减少[11,31]。现知甘草对电解代谢和血压的影响好像脱氧皮质酮，对减轻色素的作用像皮质酮[31]。也有认为甘草的作用与醛固酮最相似的[11]。现还没得出结论。过去中医应用甘草治疗似阿狄森氏病的记载尚没见到。《金匮》的"黑疸"陆渊雷认为是阿狄森氏病[32]阿狄森氏病的黑是在黏膜、生殖器、乳头、皮肤皱摺处如腋窝等处明显，并不特别表现在额上，而且此病大便发黑者也不常见，而《金匮》条文中明言大便必黑。在治法方面，无论用滑石矾石散，还是硝石矾石散，都和阿狄森氏病的治疗不容易联系起来，因此我认为《金匮》的"黑疸"，不是阿狄森氏病。

三、结语

1. 通过这个分析的尝试感觉到以药物为中心来分析古方，可结合药、方、证，对于学习古代医学不失为一个良好的方法。

2. 从《伤寒》《金匮》方中含甘草者约占半数，方名中有书甘草者约占四分之一，而且更有甘草单味成方，许多方被称为甘草汤，都可说明对甘草的重用。

3. 通过本文分析可看出《伤寒》《金匮》甘草的应用基本上符合于现代医学对甘草性能的研究结果，这一事实，不难看出我国古代医书记载的正确与朴实，也不难看出我国古代医学对于现代医学可能起的启发作用。

4. 甘草用途广泛，一如时髦的 A. C. T. H. 和皮质素，但在价值上便宜得多，来源上方便得多，毒效很少[23]，我国品种优良[14]。在对溃疡病、炎症、中毒病，神经官能症、风湿病和其他过敏性疾病等的疗效研究有着广阔的发展前途。

参考文献

[1] 古方临床之运用. 叶橘泉.
[2] 伤寒论. 重庆中医学会编注. 新编宋赵开美本.
[3] 伤寒附翼. 柯韵伯.
[4] 医贯. 赵献可.
[5] 甘草在临床上应用的文献介绍. 吴德诚. 中华医学杂志, 1955年10月986页.
[6] 金匮本义. 魏荔彤.
[7] 烂喉丹砂辑要. 金鉴保.
[8] 中药的药理与应用. 朱颜.
[9] 卫生宝鉴. 罗天益.
[10] 景岳全书. 张景岳.
[11] 脉经. 五叔和.
[12] 甘草对阿狄森氏病疗效的观察. 广安坤等. 中华医学杂志, 1956年7月号.
[13] Corticotropin therapy of Morgagni - Adamostokes syndrome in petients with complete heart block 中华医学杂志外文版, 1957年3月181至188页.
[14] 药微及药微续编. 古益东洞.
[15] 内经素问.
[16] 中医治疗消化性溃疡的介绍. 魏龙醖. 中华医学杂志, 1954年8月号613页.
[17] 消化性溃疡的中药治例. 中华杂志, 1955年第4号.
[18] 甘草、向肾上腺皮质素、松节油对破伤风毒素的解毒作用. 传佐夏等. 中华医学杂志, 1958年8月号.
[19] 金匮玉函要略辑义. 丹波元简.
[20] 伤寒准绳. 王肯堂.
[21] 本草纲目. 李时珍.
[22] 伤寒类方. 徐洄溪.
[23] 金匮心典. 尤怡.
[24] 医宗金鉴.
[25] 大黄甘草粉治疗臁疮. 杨康龄. 上海中医药杂志, 1956年11月号.
[26] 甘草抽出. glyeyrrhizin解毒作用及其抽出方法. 张广盈译. 中华医学杂志, 1955年10月号915页.
[27] 甘草解毒作用的初步试验. 阎应举等. 中华医学杂志, 1956年8月号.
[28] 本草经读论. 陈修园.
[29] 甘草的似去气皮质酮作用. 周耀南. 中华医学杂志, 1956年8月号.
[30] 中汉新编. 丘晨波.
[31] 甘草对阿狄林氏病的疗效. 刘士豪等. 中华医学杂志, 1956年7月号.
[32] 金匮要略今释. 陆渊雷.
[33] 甘草之急性中毒. 寅译. 中华医学杂志, 1955年10月号941页.

[《新中医药》1957, 8 (10): 7]

张仲景在药剂学上的贡献

胡长鸿　沈阳药学院

我国后汉时代杰出的医药学家张仲景，从他的著作《伤寒论》和《金匮要略》中，不仅在辨证立方上，自古奉为医圣，即在用药剂形和各类药剂的制备上都系统地总结了前人的经验，在药剂学上看来，亦有着卓越的贡献。自古以来，在我国药剂工作上起着极大的典范作用。

从《伤寒论》和《金匮要略》所载诸方中，所采用的药剂种类是极多的。在《伤寒论》中已有了汤剂（桂枝汤等）、散剂（文蛤散等）、丸剂（理中丸等）、肛门栓剂（蜜煎导方）、灌肠剂（猪胆汁方）等。在《金匮要略》中，更载有酒剂（红蓝花酒等）、饮剂（芦根汁饮方等）、煎膏剂（大乌头煎头等）、醋剂（耆芍桂酒汤等）、洗剂（狼牙汤等）、溶剂（矾石汤等）、薰烟剂（雄黄薰方）、薰洗剂（苦参汤）、滴耳剂（捣薤汁灌耳方）、滴鼻剂（救卒死方）、吹鼻散剂（皂荚鼻方）、外用散剂（头同摩散方等）、舌下散轻（桂屑着舌下方）、软膏轻（小儿疳虫蚀齿方）、阴道栓剂（蛇床子散温阴中坐药方）等等。这些用药剂型，考之现有我国古代医药文献，特别是在较有系统的总结我国古代对各种药剂制备上的成就的，当亦以张氏为最早。

在中药各种药剂的制备中，生药的选择洗剔与炮炙等加工处理，为自古迄今中药制药上不可分割的重要操作。张仲景在他立方用药中对此也很重视，他对和合汤药时修治草石虫兽诸药曾说过："凡草木有根茎枝叶，皮毛花实，诸石有软鞕消走，诸虫有毛羽甲角，头尾骨足之属，有须烧炼炮炙，生熟有定……又或须皮去肉，去皮须肉，或须根去茎，又须花须实，依方拣采，治削务令洁净。"（见金匮玉函经证治总例）。所以在他的著作中，所有药品虽不多，但非常重视生药的处理。在处方调制以前一般多将生药㕮咀或剉如麻豆大，有的另加注明用切（生姜、知母）、劈（大枣、百合）、破（附子、枳实）、碎（滑石、代赭石）、研（雄黄）、捣（栝楼实），并有用洗（半夏、吴茱萸）、浸（赤小豆）以及去皮（猪苓、桂枝）、去心（天门冬、牡丹皮）、去毛（石苇）、去芦（黄耆）、去节（麻黄）、去皮尖（杏仁、巴豆）、去汚（蜀椒）、去足（䗪虫）、去翅足（虻虫）、去腥（蜀漆）、去硷（海藻）、去黄（鸡子）等各种不同要求的处理，许多且须经烧炼炮炙等特殊炮制操作。例如：

炮：附子、天雄、乌头、干姜。

炙：厚朴、鳖甲、枳实、阿胶、狼牙、甘草、蜂蜜。

烧：云母、矾石、太乙余粮、王不留行、乱发、乌扇、枳实、蒴藋叶、桑根皮、猪骨。

炼：锺乳。

熬：葶苈、巴豆、杏仁、瓜蒌、商陆、芫花、桃仁、乌头、鼠妇、蜣螂、蜘蛛、水蛭、牡蛎、䗪虫、虻虫。

蒸：大黄。

煮：赤小豆。

制：皂荚（酥制），大黄（酒制），厚朴（姜制）、乌头（蜜制）。

从这里可见中药修治炮炙诸法，在他著作中多已具备。这种中药所独具的炮制方法，最早见于医药文献而记被较为详尽者亦推张氏。后世奉为炮炙始祖的雷敩氏，只是在张氏原有记载基础上，更进一步的加以扩展和总结而已。

在他著作中，对各种药剂的制备，可谓详细的总结了我国后汉以前在制药学上的成就。例如在丸剂制备中，不仅反映出当时已早有了炼蜜为丸（理中丸、麻仁丸、薯蓣丸、肾气丸等），作为最通常的制法，同时亦采用枣肉和丸（竹皮大丸），姜汁泛丸（干姜人参半夏丸），以及用鳖甲煎取胶汁制炼为丸（鳖甲煎丸）等制备方法，奠定了后世对各种中药丸剂制备的基础。在散剂的制备上，不但分有内服、外用、吹鼻、舌下吸收等不同的用途，更可贵的是在制备操作中有："异捣下筛为散，更入臼中治之。"（牡蛎泽泻散等），或"各别捣筛，为散已，合治之。"（瓜蒂散，半夏散等），都说明了配制复方散剂须分别捣研过筛，成为粉末后，再在臼中充分混和，保证了散剂的吸收和其剂量的准确性。从现代药剂学观点视之，仍不失为复方散剂最优良的制备方法。尤其值得一提的，是张氏著作中对各种栓剂的记述，如作为阴道栓剂的蛇床子散方："蛇床子仁，右一味，末之，以白粉少许，和合相得，如枣大，绵里内之。"作为温阴中坐药。不仅在医疗上已明确的应用了栓剂剂形，同时亦具体的指出了它的制法，而栓剂之称作"坐药"，溯其来源，实出诸张氏之《金匮要略》。尤其像《伤寒论》中作为肛门栓剂的蜜煎导方："蜜七合一味，内铜器中，微火煎之，稍凝似饴状，搅之勿令焦著，欲可丸，拼手捻作挺，令头锐，大如指，长二寸许。"在制备上叙述得更为出色，实为目前药典中以搓担法制备栓剂的创始。特别是张氏指出："当热时急作：冷则鞕，以内谷道中。"如不是从他实验观察所得的经验，曷克臻此。从这里已可知张氏不仅在医疗用药上总结了前人创造的各种剂型，同时在制药操作上亦有着莫大的贡献。

当然，在他的著作中，所有方剂自以汤剂占绝大多数（在《伤寒论》中汤剂更多，约占90%）。所谓汤剂，一般当为现代的煎剂和浸剂。其中大都是煎剂（桂枝汤、麻黄汤、大青龙汤等等）。但说有："以麻沸汤二升渍之，须臾绞出滓，分温再服。"的浸剂（大黄黄连泻心汤，附子泻心汤）。在汤剂制备中所用溶媒除有泉水（百合知母汤、滑石代赭石）、潦水（麻黄连翘赤小豆汤）、甘澜水（茯苓桂枝甘草大枣汤），清浆水（枳实栀子豉汤）等药用水的选择外，许多汤剂还应用了白酒（炙甘草汤，芎归胶艾汤，桂枝加芍约汤等）或醋（苦酒汤、黄者芍药桂枝苦酒汤）等有机溶剂。从现代药剂学观点看来，不但可以列为酒剂和醋剂，更重要的是当时已根据医疗实践经验，选用了不少生药浸出溶媒，在药剂学上有着进一步的成就。

至于各种汤剂的制备操作中，许多是去滓再煎浓缩后服用的（小柴胡汤、生姜泻心汤、茵陈蒿汤等），亦有去滓入蜜作为矫味剂的（甘遂半夏汤、乌头汤等），这种再煎浓缩和入蜜矫味的制备方法，实为后世创用流浸膏剂和糖浆剂的嚆矢。特别是像其中大乌头煎方："乌头以水三升，煮取一升，去滓，内蜜二升，煎令水气尽。"的制备方法，更可视为现代浸膏剂的创始。此外，汤剂中含有可溶性矿物药如芒硝都是采用去滓后加入溶化（大陷胸汤，大承气汤等），含有胶饴（饴餹）或阿胶的也都采用去滓后烊化（小建中汤、炙甘草汤，猪苓汤等），这些操作，都是非常合理的。其中含有阿胶或粳米（白虎汤、竹叶石膏汤、桃花汤等）的，更有助汤剂中不溶性药物微粒的混悬作用，有使分服剂量准确和作用缓和等优点。同时且有利用处方中卵黄作为混悬剂的，如小建中汤有："……去滓，内胶烊尽，小冷，内鸡子黄，搅令相得"……日三服。"的配制方法，使混和更为均匀，分服剂量更为准确。在汤剂中亦有和药冲服的制备方法，如大陷胸汤的制法有："……煮一二沸，内甘遂末。"有类现代服时摇匀的振荡合剂。这些制备操作，在今日看来，也多是符合科学操作原理的。

最后，值得提出的是张氏根据一些药物的性质，从经验上采用了不同的煎煮方法，不但有用微火煎煮的“桂枝汤”，亦采用了许多先煎后入的方法。一般有麻黄者多先煎，有桂枝得多后入，如“麻黄汤”之先煎麻黄，“桂枝越婢汤”之后入桂枝，都有着一定意义。又如处方中有大黄的，随着医疗上要求的不同，煎煮方法也各异，例如为了“得快利”（畅泻）之“大陷胸汤”。采用先煎大黄，后入群药。为了“遂胃热”或“下瘀热”之“柴胡加龙骨牡蛎汤”和“茵陈蒿汤”等，则采用先煎群药后入大黄的制法。此外，采用主药先煎的更多，如“葛根黄芩黄连汤”之先煎葛根，“栀子豉汤”之先煎栀子”，“苦参汤”之先煎苦参等等，以及像“麻杏石甘汤”“大青龙汤”“麻黄汤”等含有杏仁的，都采用后入杏仁，这些不同的煎煮操作方法，都可能有它一定的道理，有待我们加以研究探讨。作者曾与董乃泽同志就“麻杏石甘汤”的制法加以实验，参照《伤寒论》所载先煎麻黄后入群药（包括杏仁在内）的方法，与各药混合一起煎煮作对比，以 $AgNO_3$ 滴定法测定，计算苦杏仁甙（Amygdalin）在汤剂中的煎出量。结果未经炮制的杏仁（据《金匮玉函经》方药炮制中谓杏仁作汤不熬，如采各药混合煎煮，苦杏仁甙大部水解挥耗，而采用《伤寒论》的制法，杏仁酵素被破坏，苦杏仁甙可全部煎出保留在汤剂中。据近代文献（Osol Farrar：U. S. D. 1950）所载，苦杏仁甙服后可经食物中酵素作用缓缓水解发挥其应有作用。这一实例，充分证明了张氏的制备方法是从实践经验总结之可贵。在他著作中遗留给我们许多宝贵的制药经验。值得我们进一步通过实验和医疗实践来加以发掘，使张氏所总结的各种药剂备上的成就，得以发扬光大。

从以上简短的叙述中，足见张仲景在药剂学上有着不可磨灭的卓越贡献。因此，他不仅是我国古代名医，同时也是我国最早的药剂学家，更其恰当的说，他是我国古代杰出的医药学家。

［《中药通报》1958，4（1）：3］

我对《伤寒论》“脾约”的看法

臧载阳　江苏省中医学校

《伤寒论》的阳明病，以“胃家实”为举纲。所谓胃家实，实质上是说明邪热的亢盛，并且也包括了经证、腑证而言。但恶热，不恶热，渴而汗出，这是阳明病的主证，如果未至燥，实，痞、满，而脉象浮滑或洪大的，邪尚在经，在经则用白虎之属清之；如果已见燥、实、痞、满，脉象滑数或沉迟有力，甚至狂躁谵妄的，这是邪已入腑，入腑便应当用承气之类下之。根据症状不同，辨别在经，在腑，而用清法，下法，这是治疗阳明病的主要原则。

但是，阳明病的下证，虽由于胃家实，而其原因不一，所以治法也有不同。《伤寒论》上说。“病有太阳阳明，有正阳阳明，有少阳阳明……”（179），便是说明在胃家实中，促使阳明可下之证，实际上有三种情况。所谓太阳阳明，是由太阳病转属阳明，而现大便燥结的症状，也称之为“脾约”。正阳阳明，是病人阳气素盛，或有宿食，邪入而热结不行，大便闭结，呈燥、实、痞、满等症状，这是胃家实的证据。少阳阳明，是少阳病治不如法，误发其汗，复利小便，亡其津液，以致胃中燥热，大便艰难。由此可知阳明病下证，既有自致燥实的证据，又可由太阳、少阳转化而成。临床上，当然应有不同的处理，但其中脾约一条，在《伤寒论》上虽证治具备，而各家论述病机，多有不同。兹就个人主观的见解，提出来请同志们指正。

一、何谓脾约

脾约的名称，很难索解。就其字义而言，有的说是“脾气之被约束；”有人认为“脾弱而不能为胃行其津液”，唐容川则称脾是“膏油”，认为“胃热灼枯其膏，膏油枯缩而为脾约。”这种说法，则又是一种新奇独特的见解。但脾约究竟是什么意义呢？试根据《伤寒论》原文，讨论如下：

《伤寒论》上说：“趺阳脉浮而涩：浮则胃气强，涩则小便数。浮涩相搏，大便则鞕，其脾为约，麻子仁丸主之”（247）。虽廖廖数言，但包括了脾约的成因，证候及其治法，惟历来医家，对于这一条的病理，大多把它解释为胃强脾弱，如方有执说：“趺阳，胃脉也……浮为阳盛，故主胃强；涩为阴虚，故小便数。约，约束也。胃为脾之合，脾主为胃行其津液，胃强则脾弱，脾弱则不能为胃行其津液以四布，使其得以偏渗于膀胱为小便……。”各家论点，大多与此相同。依我的看法，认为并不如此。《伤寒论》所谓“浮则胃气强”的浮脉，必然是浮而有力的，“涩则小便数”的涩字，却未必是指的阴虚。因为由于胃气强，胃热盛，故津液耗损而成阳明燥结的证候。其所以小便数者，也是由于胃热的缘故。试看阳明病中，凡有下之证，小便多利，并且更以小便的利和不利，用以推测阳明病可下与不可下的机转。如《伤寒论》说：

“……须小便利，屎定鞕，乃可攻之。(251) 因为小便利，则体内的水分更少，于是促使肠胃津液不足而形成燥结，以致大便干鞕艰难，甚则闭而不通。这说明了小便利，不独脾约如是。所以脉涩不能说它为阴虚或脾弱。所谓涩是滞涩之象，浮涩相搏，正是浮而有力，滞而不利的状况。譬如见大承气证的迟脉，就不能当它是寒证。何况一脉之中，岂有虚实二脉相搏兼见的道理？所以脾约二字，实际上是胃中（包括肠胃）津液亏耗，脾乏津液输化，因此，脾之所以不得为胃行其津液，主要是由于胃强所致，而并不是脾之虚弱。也就是脾因受胃津亏乏的条件限制，而不能发挥其输化津液的功能而已！

有人说：“胃燥则反吸脾津以自奉，伤及脾阴，故脾弱矣。脾弱而反受胃家之约制，因名为脾约。”照这种说法，似乎指脾约就是脾弱，而以麻子仁丸，就是为治疗脾弱而设。但我们试从脾约的证治来看，则决不如此。如果说胃燥能吸取脾津而致脾弱，那么大承气证的大实、大燥，必然会吸尽脾津而不遗余地了。但《伤寒论》中，未尝言及。因此，这种说法，也是值得商榷的。

兹根据仲景原文，结合临床所得，认为脾约一证是由于病人胃津本是不足，太阳的表证虽已渐罢，而阳明的燥实已经形成，邪热虽衰，已见津伤里结的征象正因邪热已衰，所以但见大便鞕，小便数，而并无他苦，症状并不如承气证的严重，故用麻子仁丸润下缓攻的方法，而不同于承气证的治法。

二、方论

上面已说过，脾约一证，不宜称为脾弱，兹再从杏仁丸方中，重申前义。

麻仁丸方：麻仁二升　芍药半斤　枳实半斤炙六黄一斤去皮　厚朴一尺去皮　杏仁一升去皮尖熬别作脂。右六味，蜜和为丸，如梧洞子大，欲服十丸，三服，渐加，以知为度。

从麻仁丸处方中，可以看出它的药物组成，就是承气汤加麻仁、杏仁、芍药三味，但大黄厚朴枳实的用量，则数倍于小承气汤。可知麻仁丸所主治的证候是实证而非虚证。因为脾约的大便鞕，虽属津伤液少；但知病人的肠中，必有燥结，正因里有燥结的缘故，又发生胀满的情况。虽《伤寒论》上没有明白指出，但从方的大黄、厚朴、枳实的作用来看，便可理解脾约证应该胀满的症状的。惟脾约的证候，不若承气证那样急迫，既没有潮热谵语、烦躁等症状，那么就不必急于荡涤以免药过病所，反伤津液，所以只用麻仁丸，以麻仁君，润肠中之燥，杏仁就润而又能降气，芍药和阴而可破结，用蜜和丸，取其滋润缓下的作用，使肠中滋润，缓缓攻下，则大便通而津液恢复，脾于是得以行使其输化津液的正常功能。如果说脾约是胃强，脾弱，则麻仁丸岂是为扩脾、抑胃而设？而脾弱的病人，亦岂能再用大黄、枳实、厚朴等攻下？再从方后的服法来看，说是饮服十丸，日三服，渐加，以知为度。”可知虽说是润下，也不可以孟浪使用，后世医家多用于老人、虚人的大便燥结，这是因为老人、虚人，正气不足，虽有燥结，不任大下，所以取麻仁丸润下缓攻的方法，使不至骤伤正气，以免产生不良的后果。所以丹溪说：“此方惟热甚而禀实者可用，热虽甚而虚者，愈至燥涸之苦矣。”正有鉴于一般医者认缓攻为治虚的方剂，因而这样的谆谆告戒。凡此，都说明了麻仁丸并非非用于脾弱，而脾约实不能称之为脾弱。喻嘉言对脾约的看法，曾经有这样几句话，他说：“脾土过燥，致令伤胃中之津液，日渐干枯，所以大便为难，设脾气弱，即当泄，岂有反难之理乎?”……在阳明例中，凡宜攻下者，惟恐邪未入胃，大便弗鞕，又恐初鞕后溏，不可妄攻。……皆是虑夫脾气之弱，故尔踌躇也。”喻氏也认为脾弱的说法不甚妥当。但把胃津的亏耗，责之于脾土之燥，虽有些矫枉过正，但所论颇足发人深思。

三、辨证

脾约当用润下，在麻仁丸方中，已约略谈及。但在阳明病下证之中，亦须辨证使用。因为同一燥结，有轻重缓急之分。所以承气汤有调胃承气，大、小承气之别；除了麻仁丸润下之外，又有蜜煎导、土瓜根、猪胆汁等导法。

关于麻仁丸和三承气汤的使用：凡承气证必具有潮热、汗出，腹满，烦躁，大便鞕等症，严重的可有痞鞕满痛，谵语发狂。如果大实，大满、燥结不通的，大承气汤主之；痞实而满的，小承气汤主之；燥实而微满的，胃承气汤主之，然而三证之外，又有既燥实，又微满，没有其他各种症状的，仲景又出麻仁丸一方主之，如是所调润下缓攻的方法。从以上的症状看，说明汤证，是邪势方张，症状急迫，利在速战。麻仁丸证，邪势已衰，病已轻减，但见燥结微满，别无他苦，所以取缓攻。因此脾约证治，实与承气证类同，只是病热重不同，所以治法有缓急的分别。

此外，蜜煎导等方法，是用白蜜煎熬作锭，纳入肛中，或用土瓜根汁、大猪胆汁，灌于直肠中，使燥屎润滑而出，这正是相当于今日灌肠的方法，在《伤寒论》上说：“阳明病，自汗出，若发汗，小便自利者，此为津液内竭，虽鞕不可攻之，当须自欲大便，宜蜜煎导而通之，若土瓜根及大猪胆汁，皆可为导。（23）说明本证较脾胸较轻，仅是病后津液亏竭，肠中枯燥，因而大便干结，如果妄用攻下，则正气受伤，必使重伤其津液而益增其效，所以应当“消息之”。如《伤寒论》所说：“……当问其小便日几行、若本小便日三四行，今日再行，故知大便不久出，今为小便数少，以津液当还入胃中，故知不久必大便也。”（203）测小便的多少，可察知津还便通的时间，或者观察到病人自己有大便感觉的时候，便知燥屎已下达直肠，就可用蜜煎导等导法，因势而利导之。

从上面的证治来看，可以看出麻仁丸与承气汤的方法有相同之点，但同中有异，和蜜煎导的用意有相似之处，但用途不同，如果承气证具备，而但用麻仁丸，则缓不济事，贻误病机；若脾约证而用承气汤，则反伤其津液而燥结更甚；如果津液内竭，虽有燥屎，也不能妄攻，承气固然不可，就是麻仁丸，亦应考虑使用。

兹将三承气汤，麻仁丸，蜜煎导法等处方证治，列表比较于后，以示异同：（表另附）

附表

下法	方剂	方组								主治				脉象	证状						
三承气证	大承气	大黄	厚朴	枳实	芒硝					大实	大满	痞鞕	燥	迟而滑或实大	潮热	汗多	腹满痛	便秘	烦躁	谵语	发狂
	小承气	大黄	厚朴	枳实						实	满	痞		滑疾	潮热	汗多	腹满心下鞕	大便鞕小便数	微烦	谵语	
	调胃承气	大黄			芒硝	甘草				实	微满		燥	滑数	蒸蒸发热	自汗	胀满	便秘	微烦	谵语	
润导法	麻仁丸	大黄	厚朴	枳实			麻仁	杏仁	芍药	实	微满	微痞	燥	趺阳脉浮而涩			微胀满	大便鞕小便数			
	蜜煎导	白蜜（土瓜根，猪胆汁）											燥					小便难小便利			

通过脾约证治与其他各证比观，可知阳明下法，辨别症状的轻重缓急，是重要的环节。麻仁丸是治疗阳明燥结的轻证，但缓攻润下，决不就等于治虚的方法。如果不用丸剂，而作汤服，则其攻下的力量，必然比小承气为猛烈，从而可知脾约证就不能称之为“胃强脾弱”。从这里，我们也可以看到仲景的用药处方，不但配伍较严，用法也有规矩。对我们今日临床上，确具有很大的指导和启发作用。

［《江苏中医》1958，（1）：11］

从经方泻心汤谈到《伤寒论》的辨证基础与实践

俞天农

本文所要研究阐述的范围，是《伤寒论》中应用范围此较广泛的五张泻心汤方（大黄黄连泻心汤、附子泻心汤、生姜泻心汤、甘草泻心汤和半夏泻心汤）并附述同型类方，以论证服国医学有它一定的科学性的创造性。

去年笔者在中医业余进修班中重温《伤寒论》，重习到这五张经方的时候，结合个人历年临床实践，在认识上自觉有较前更深入一步的体会。同时，自读了健康报539期及547期先后发表李聪甫先生《用什么方法进行中医研究工作》、魏稼先生《可以肯定中医是科学的》两篇有关中医学术研讨的论著，这对笔者写述本文是起了一定的鼓动作用。但因避免辞费，不泛引历代各家注疏；在发挥独立思考为主的基础上，仅取用有宋成无己氏《注解伤寒论》编次白文为蓝本（自“辨太阳病脉症并治法”起，成无己的注解本内容虽有重复和矛盾的地方；但在六经体系和医疗方法论，大体上还能保持它一定的完整性和充分表达出辨证的和发展的一面，是比较淳朴的），并参近人王邈达先生著《汉方简义》和唐正有先生译《中国诊疗要鉴》二书以为他山之助。并敬以此文提供正在学习祖国医学的同学、同志们的参考。内容不够全面的地方，有望国内中医界先进给予指正。

五张泻心汤方药物配伍对照表（附类方）

方名＼配伍药物	大黄	黄连	黄芩	附子	生姜	甘草	人参	干姜	半夏	大枣	桂枝	芍药	旋覆花	代赭石
大黄黄连泻心汤	/	/												
（类）三黄泻心汤	/	/	/											
附子泻心汤	/	/	/	/										
生姜泻心汤		/	/		/	/	/	/	/	/				
甘草泻心汤		/	/			/		/	/	/				
半夏泻心汤		/	/			/	/	/	/	/				
（类）黄连汤		/				/	/	/	/	/	/			
（类）黄芩汤			/			/				/		/		
（类）黄芩加姜夏汤			/		/	/			/	/		/		
（类）旋覆代赭汤					/	/	/		/	/			/	/

五张泻心汤方适应症

原发证	太阳伤寒	太阳伤寒	太阳伤寒	太阳伤寒或中风	少阴（柴胡汤证）
素因			胃中不和		
大论治法	发汗解表	发汗解表	和胃解表	发汗解表	和解
误治经过	大下后（复发汗）	误下	发汗（不顾胃气）	误下后，复下（屡经误下）	误下
呈现症状	心下痞	心下痞	心下痞	心下痞	心下满
临床鉴别	按之濡（软）	（按之濡）恶寒汗出	（按之硬）干噫食臭胁下有水气，腹中雷鸣下利	（按之硬而满）下利，日数十行，谷不化，腹中雷鸣，干呕，心烦不得安，复下之，痞益甚	按之不痛（须与心下满而痛的结胸证加以区别）
参考脉象	关上浮	（微细）	从证	从证	从证
主治方剂	大黄黄连泻心汤	附子泻心汤	生姜泻心汤	甘草泻心汤	半夏泻心汤

一、论大黄黄连泻心汤

根据《伤寒论》所立的五张泻心汤方，原为治疗六经系统中太阳或少阳证由于误治后而形成病变所制的救逆方治。例如治疗“发热、汗出、恶风、脉缓者，名为中风（大论第2条‘中风’是指较轻的外感证，和后世所称脑溢血的中风不同）；或已发热，或未发热，必恶寒、体痛、呕逆、脉阴阳俱紧者，名曰伤寒（第3条‘伤寒’，是指较重的外感证，和西医病名肠热病的伤寒不同）”等属于太阳系统范围的外感证的时候，我们必须严格遵守大论规定的：凡“太阳病，外证未解，不可下也，下之为逆（44条）”的基本原则，当首先分辨其证，适当选用桂枝汤或麻黄汤这一类的发汗解表剂，才符合治疗常规。即以桂枝汤的适应证而言，在允许发汗的同时，也还必须照顾到患者的体质，例如桂枝汤的方解内有说明，在服药过程中，若一服汗出病差，停后服，不必尽剂（桂枝汤原方以一剂分作三服）”的标准。祖国医学衡量患者体质投剂这一点，完全符合现代医学的治疗原则。就是“采取一方面消减病因，另一方面不损害组织完整性的方法，来恢复机体及其组织系统的生理状态”（苏联米·亚·斯尼可夫著内科学基础，1955年京人民第一版5页）这一个要求的。并由此可见应汗的适应证，并且要考虑如此周密，假使临床不辨表里和不分主次的施治，是必然会造成医疗上的错误的。基上所述，则大黄黄连泻心汤按照大论主治的适应证，就因为医者临床诊断草率，在治疗方面违反了太阳表证应先发汗解表的原则，开始即误投峻下剂予以大下，不但外感证得不到解决，反而进一步转化为心下痞满的症状；足见太阳表证应先发汗的这个临床医疗定律，是通过长期实践得出的结论，实具有不可动摇的正确性和科学性。

就方名“泻心”二字的涵义来加以分析，我们可以理解大黄黄连泻心汤是五张泻心汤中的主方。除半夏泻心汤是给少阳柴胡汤证误下成痞而立的救逆方治；其他附子泻心、生姜泻心、和甘草泻心等汤，均攻痞兼治旁证。总的来说，后四张方治都是大黄黄连泻心汤的变格，这一点是学习《伤寒论》者首先应具的概念。只有“知常达变”，才可以掌握它的方法而不被方法所束缚，才可以高度发挥和推广《伤寒论》方剂的治疗作用。

根据大论“伤寒，大下后，复发汗，心下痞，恶寒者，表未解也”（171 条），当是太阳伤寒（原发证）患者初误于大下以后，而太阳系证候群仍呈现胶着状态时；医者可能为了挽救前一治疗阶段的错失，却不深入检查表证稽留的原因，仅单纯着眼于表证未解这一点，重新采用发汗作为解决的手段；结果，正因为医者在医疗上连续违犯了原则性的错误，不但不能达到理想的要求，相反更加重了病者的痛苦。作为一个中医成员的人，如果不深入钻研伤寒论，不充分理解和掌握八纲（阴阳、表里、寒热、虚实）辨证论治的原则；光靠学会了一点“头痛医头，脚痛医脚”的本领，那是非常危险的。

由于患者经误下后，不仅表证毫无减退，反又增加了心下痞满，这时转医治疗，而后医亦必以太阳见证明显，或占相当比重，不详细分析病理的机转过程，不作坏病处理，则必定仍着重发汗解表，这也会造成“复发汗”的结果。以后者来说，治法上虽未可厚非，而问题同样在于忽略患者误于前阶段的大下，所以临床采集病历重视患者的发病和治疗经过，确是帮助诊断，提高疗效和避免错误的重要关键。同时，笔者认为大论所列的“大下后”和“复发汗”句，应该把它看作是一前一后的两个疗程。这样在学习《伤寒论》时，才不会发生错觉。再在这里需要特别指出的是学习伤寒论者切不可死执经文，一定限于“为下后”必须经“复发汗”的痞证，才适应大黄黄连泻心汤的主治；象这种机械观点的发展，必然会形成《伤寒论》的几条主义者，而执一不通。为了说明问题，请对照大论“胀浮而以（太阳伤寒脉型），而复（反）下之，紧反入里，则作痞（158 条）”一条，便足以证明本泻所适应的痞证，实已早成于前一疗程中的误下，经过“复发汗”使津液再伤，愈益加重患者疾病的负担。对照之下，我们就不至错误地把痞证看作是“复发汗”后期的病变；在临床鉴别诊断时，也就不会纠缠不清。

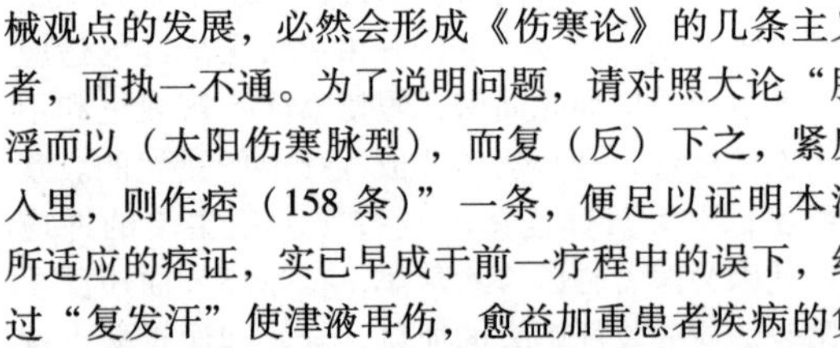

从大黄黄连泻心汤证有关的第 171 条和 161 条，两条经文，予以综合图解如下：

观上图解，虽大论方法井然，语意完备，但站在学术的观点上，似有不容不寻究的地方。例如“心下痞”而又见“恶寒”症状者，大论指为表尚未解，仍当先行解表，然以 171 条首所冠的“伤寒”二字来看，可知痞证前期的原发证，当属于麻黄汤证无疑。由于医者违反临床的医疗原则造成颠倒误治的情况下，大论却仍以桂枝汤为误治后期的解表方治，笔者认为难以信从的理由有下列二点：（一）本汤证的形成，因医者不辨“表里”，当解表而失表，相反竟误于“大下”；继因痞成而表证仍未消除，再误于“复发汗”；最后因仍见“恶寒”症状的持续，拟使用桂枝汤是值得慎重考虑的。因麻黄、桂杖二汤在解表的药理机制上虽有缓急之别，但要求和目的却是一致的。所以用桂枝汤来解决大黄黄连泻心汤证范围内稽留的表证（应该和原发性的表证加以区别），而丝毫不顾病已入里，这是不能不令人置疑的。（二）再参大论有“下后，不可更行桂枝汤（169 条）”和“发汗后，不可更行桂枝汤（63 条）”的二条禁律，可见桂枝汤不论在误下后或误汗后的情况下，均为忌用的方剂。所以不适宜用桂枝汤直接疏解由于误下后或误汗后尚未消除的表证，事理至为明显，而大论在“大下后、复发汗”已经发展为坏病后的表证时，却仍主张用桂枝汤，这一点也是值得怀疑的。但从汤名上所冠的“宜”字来看，虽已保留斟酌的余地。可是今天学习伤寒论时，必须具有统一的认识和明确的见解，才能够具体分析问题和解决问题。综上论列，据笔者主观意见，认为治疗这一类的坏病，应该仍从泻心汤方范围内觅取解决的途径，并酌加桂枝、白芍，攻痞解表，使一举而两当；倘见证特别偏重恶寒时，不妨活用桂枝加大黄汤，佐以黄连、黄芩，藉以达到表解痞行的要求，这样处理，似乎比较接近理想。

又从经文的对比中，我们可以把“痞”证看作是一种轻型的“结胸”证。因“结胸”也是由于误下所导致的高级型症状。痞证的程度既轻于结胸，所以不用大陷胸汤（甘遂、大黄、芒硝）的峻利，而用大黄黄连泻心汤行痞，是一种比较缓和的治疗方法。所谓“轻病不任重剂”根据临床精确的鉴别诊断，针对疾病轻重不同的程度，完全站在主动的地位而予以辨证论治”。这是《伤寒论》中一个辩证的和最基本的医疗原则，不但是祖国传统医学中最高级和最进步的医学方法论，即以今天来说也是世界临床医学的进步的理想。

本汤包括后世加黄芩的三黄泻心汤（对照附子泻心渴方的配伍，有人认为大黄黄连泻心汤中脱漏黄芩一味，是颇有见地的），不仅只狭义地治疗太阳伤寒误下成痞的坏证，近代临床已广泛用于治疗炎性的胃肠病和一般突发的充血性疾病：如脑充血、脑溢血、喀血、吐血、衄血以及子宫出血和痔出血等；此外用于因血热而引起的皮肤病、眼病、咽峡充血及属于亢奋性的精神病、癫痫和妇女经血不调的上冲、火伤等，在中医外科电敷剂中的常用大黄、黄连作为消炎止痛的主药。笔者对上述内科范围内的疾病，常临床对证化裁使用，疗效极为显著。

二、论附子泻心汤

本汤的药物配伍，就是以三黄（大黄、黄连、黄芩）加附子。同治太阳伤寒因误下而成的痞证。但附子泻心汤却适宜虚脱型的痞证患者。如“心下痞，按之濡、关上（脉）浮者”，是一种单纯的胃功能障碍疾患（根据各泻心汤证的对比而言），又因脉象亢进，当属于大黄黄连泻心汤的适应证。关于附子泻心汤，依照大论是适应“心下痞，而复恶寒，汗出者（162条）”，因此，既不能和表证已解后可直接攻痞的大黄黄连泻心汤证相提并论，就是和心下痞、恶寒者，因表证稽留，大论主张仍用桂枝汤解表的症状（参前章所述），也不能混作一谈。附子泻心汤证的临床鉴别，除“恶寒”的现象外，特别需要注意的是在此同时有“汗出”的见证。如果患者心下痞，恶寒，汗出不已等症状时，可推知脉搏必微弱，这一点证之大论：“下之后，复发汗，必振寒，脉微细，以内外俱虚故也（60条）；再参日本汉医学家补充本汤证“精神疲倦，手指微冷”等现象，是临床心得之言，可借作参考。以上所述的这些症状，主要由于患者体质素弱，再经医疗方法上的一误再误，导致病邪深入，影响心藏而形成了虚脱的先兆证象，但处于此种情况下，心下痞满不得不攻；同时，心力衰竭又不得不救，因此，专任附子为强心的主药，并以此监制三黄，是大黄黄连泻心汤证进一步虚实两顾和攻守兼施的机变法则，这也是替后世医者在临床医疗上开辟了一条广阔的途径。学者必须细心全面体会《伤寒论》中的一方一法，并从事逻辑性的生理归纳，这在今后发扬祖国医学的道路上，是可以起很大的帮助作用。

再说附子泻心汤证，根据笔者临床经验，认为既有可见的显明症状，当尽可能探索作为治疗上依据的脉象（除应舍脉从症状的例子外）。一般对大黄黄连泻心汤的适应证，如脉见浮数，弦数，而不见恶寒或恶寒汗出的体征，则可迳用三黄攻痞。反之，若见沉微无力或徽细的脉象时，自应详参症状在三黄中适当加附子或官桂等一类的强心兴奋剂予以急救。但此类症状临床所见不多，《伤寒论》中列附子泻心汤一法，是用以示范并说明祖国医学在处方组织方面，不仅对疾病完全处于主动地位，用药法度上具有极大的机动性和伸缩性。祖国医学的方剂学的基础，是通过长期和疾病斗争的历史，以及临床亿万次实践中体验出来的；《伤寒论》也是一部最早的，有理论指导和最完整的方剂学。

三黄（大黄、黄连、黄芩）的共性是寒凉，而附子的性能大温大热，虽寒温两极站在完全对立的地位，但在一定的客观情况和条件下，可以建成就一战线（药物的高级有机组合）来战胜疾病。由于医疗上的需要，并可以在一张处方内包容动、植、矿等不同质的药物和同时运用成药（如丸、散等），这一点在现代医学的处方学上还没有这样宽广的幅度。再说到上述这种“相反相成”的转化作用，是完全符合辩证规律的；我国历代医家在方剂中运用“反佐反使”的方法治愈疾病的例子是不胜枚举的。虽然，在祖国药物学一类著作中会有一部专门讲炮制技术的书籍——“雷公药性赋”里，比较有系统地搜辑了一批相反、相畏、相忌、相恶的药物。这在启发后人对药物上作深入一步的研究，是有它进步的一面的。但因客观的限制，大都是属于感性的判断（和今天化学上的所谓禁忌有很大的差别），只能作为一种参考。昔人早有“勿执一药以论方”的格言，如果现在有人把它用来作为衡量中药处方的标准，那不过是一个知药而不知医，仅仅懂得一点皮毛的药侩罢了。

前章所述大黄黄连泻心汤已被广泛用于治疗炎性胃肠疾病等效果良好，如欲以本汤治疗上述疾病而属于虚性的患者，那是不够恰当的。因为附子的主要作用是患者心力突然呈现衰竭时的兴奋急救药物，而不是治疗一般虚性病的常用药品。所以我们对治疗一般虚弱型的胃肠病的患者，是应该随证选用生姜泻心、甘草泻心和半夏泻心汤这一类的方剂，特别对一般充血性的疾患，切不可妄用附子；否则，服后将促使循环愈益亢进，发展的后果是不可想象的，这一点也是值得医者临床百倍警惕的。

三、合论生姜泻心汤与甘草泻心汤

太阳伤寒证患者，遵照大论的规定，首先给予发汗解表，在医疗法则上原无谬误的地方。可是患者平素已具有胃功能衰弱的因素，因而胃中有积潴过剩的水分。此类患者，可从详究主诉中摸清底细，医者能在立方解表的时候重视这一环节，方剂中预加健胃利水的药物，或可避免演变为生姜泻心汤证的这一番周折。但医者却不细心深入探索病情，仅停留在表证的观念上，单纯投以发汗剂急求近功。因此，不独不能于解表同时排除胃中过剩的水分，反因辛温药发散的影响，促使本来衰弱的胃功能愈加削弱。由于“外燥内湿”，水分集中，加重胃部负担，而产生调节障碍，致形成虽经“汗出、解之后”，因原先“胃中不和”，发展为“心下痞硬、干噫食臭、胁下有水气、腹中雷鸣、下利(164 条)”的生姜泻心汤的适应证，所以本汤制方的重点，专用生姜佐半夏疏导水气；再辅以人参、干姜、甘草、大枣等强健脾胃；且主证“心下痞硬”已成，黄芩、黄连又为攻痞所不可缺少的重要药品。经方大都以主药或主要组成部分为方名，这种淳朴的科学的治学观点，不但使后学者在研究方面，同时在临床掌握运用方面都感到极大的便利，有人说祖国医学不科学这一点，那实在是毫无根据的谏言。

生姜泻心汤今天已推广用于治疗平素胃肠机能衰弱的胃肠炎患者，以及发酵性下痢、过酸症和胃扩张等疾病，笔者常临床对证以本方加减取效。

其次论述甘草泻心汤：本汤按大论是为太阳系伤寒、中风两提纲证因彼误下而成：“下利、日数十行、谷不化、腹中雷鸣、心下痞硬而满、干呕、心烦不得安”。“医见心下痞、谓病不尽、复下之(屡经误下)”，以致“其痞益甚（165 条)”等病变而设。大论并在原条下加以解释：“此非结热，但以胃中虚（因误下致虚)，客气上逆，故使（痞而）硬”。观察本条所具的症状不仅每日下利数十行，甚至完谷不化（排泄尚未消化的食物)，这已具体说明胃部容受加工的功能，因过受寒凉泻下剂的破坏，大大地削弱了蒸发消化的力量。对照生姜泻心汤的主治范围，那是医者忽视“胃中不和（指患者原先胃功能衰竭)”这一个素因，机械地搬用一般“表证汗解”的公式进行治疗所造成的后果。因此，和本汤并治太阳两纲证由于屡经误下而成痞的症状，必须加以严格的区别；同时在两条经文中所举述的“口中不和”和“胃中虚”这两者间的涵义有基本的不同，达也是学者不可轻易忽略的地方。如再以两汤的药物配伍作对比，本汤无生姜、人参二味（生姜泻心汤多此二味)，推敲大论立方的意图：不外（一）因本汤所适应的患者，其胃功能本来正常，由于屡经误下，迫使胃中蕴藏的热能量大大减弱，因此用干姜回阳（补充热力)，而不用疏导水气的生姜；（二）并非如生姜泻心汤证的起源于发汗耗伤津液，特重用甘草建中，而毋需人参的滋补。由此可见，经方组织谨严，仅一二味药物的出入，其治疗作用和目的便发生根本的变化，这是进一步说明祖国医学在对疾病的战斗中是完全处于主动而不是被动的一个具体例子。本汤近世活用于治疗虚性胃肠炎、产后下痢、神经衰弱及失眠等疾病，笔者根据临床实践的证明，确有它一定的效果，是值得推荐的；倘患者腹部具有不属于虚性的“中满”体征时，对人参、甘草、大枣等药品均应斟酌使用，这一点临床必须加以详细鉴别诊断。

再论生姜泻心汤和甘草泻心汤证条的前期证，虽同属太阳系表证范围，但伤寒论中已明白启示后人在临床鉴别诊断之际，不仅要详细分析临床所见(包括望、闻、切）和详究患者主诉，以及审察其有无兼具的素因。除此以外，更要进一步分析病理的一般性和特殊性，原发证、并发证还是转化证，这样才能（一）分清主次（掌握重点)，（二）权衡缓急（掌握时间)；经过以上的过程后，第三步是决定在医疗上所采取何者先治，何者后治或内外兼治的解决步骤，例如：当汗者汗之，当下者下之，当和者和之（余类推)。在初步确定对患者使用某种疗法时，也还要根据具体情况，选择直接、间接或变通的方式来进行治疗，才可以避免发生意外，这一切，医者于临床时都务须加以深思熟虑。广义方之，上述各点临床注意事项，不但可运用于治疗伤寒论六经体系中任何一系的疾病；也适用于治疗温热病，时疫（流行性传染病）和一切内外杂病。无论以医师的责任感或道义感来说，绝不容许粗心大意，甚至抱着冒险尝试的态度去对待患者，那种所谓“相对斯须，便处汤药”的草率作风，仲景早在《伤寒论》的序文中给予无情的揭发和批判，特别是那些标榜医学，而实质上把一个人的机体疾患当作机器的毛病来处理的机械观点，它们会在进步的科学洪流的淘洗中遭受扬弃。因为我们必须了解临床的基本要求，不是医治疾病的本身，而是医治人，这是一个不可动摇的真理。

四、半夏泻心汤

根据大论 156 条所载：半夏泻心汤是属于“半表半里”的少阳系证的救逆方治。按照少阳本证的通治是用柴胡汤和解表里，但医者一见“呕而发热”，既不详辨太阳伤寒有“发热”“呕逆”以及转化阳明系时亦有“发热无汗，呕不能食”等证候和恪守“伤寒呕多、虽有阳明证，不可攻之”的申诫。即使以少阳系证处理，亦由于忽略了它的“半表”性，单纯投以下剂，以致引起不良的后果。同时又因为少阳的病理机制已入“半里”，虽经下后还不至于犯大错误，只要在下后“呕而发热”的柴胡汤证尚未消失，或占重要比重时，仍可给予柴胡汤和解；倘因前面所用的下剂过重，或患者胃功能欠健全因下后再经损伤，则根据所下程度的不同可向下述两个方面发展：重则成为“心下满而硬痛”的结胸证——大陷胸汤证；轻则成为心下“满而不痛”的痞证——半夏泻心汤证。上述二证都由于下之过早而形成的。因此，把半夏泻心汤证的前期病理机转，归纳在误下这一点是可以肯定的。本汤主以半夏合黄芩、黄连消痞清热；佐以人参、干姜、大枣、甘草等健全胃功能，也是一种虚实兼顾的治法。本汤组成成分和小柴胡汤对比是一脉相贯的，就是从小柴胡汤的方中除去透解的柴胡（因“半夏”的病机由误下而转化为纯里），加上清里的黄连；又调辛散的生姜为温中的干姜。以和解半表半里的小柴胡汤的机制，一变而为偏重治里的半夏泻心汤方。由此可见，《伤寒论》中方剂的变化，所谓“寒热互济，刚柔并用”，其辨证论治的立方精意，是完全根据祖国医学“八纲治则”的基本精神的；同时也是符合辩证规律的。如果割裂中医理论，而仅仅追求一方一药的疗效，认为这就是继承祖国医学，那是根本错误的。

根据笔者经验，若以本汤治疗消化系统的疾病；如心下痞塞，恶心呕吐，食欲不振及胃炎肠炎等疾病，是具有一定的疗效的。和本汤同类型的方剂；计有黄连汤、黄芩汤、黄芩加半夏生姜汤、旋覆代赭汤等。

1. 黄连汤（180条所立方治）　即以本汤中的黄芩调为桂枝，余味同。根据大论系主治“伤寒胸中有热，胃中有邪气，腹中痛，欲呕吐”等证。若用以治疗腹痛——感冒或热病的胃炎，或因伤食而起的胃炎和过酸症等，均有很好的效果，日本汉医学家指称这种腹痛证有压痛可资临床鉴别。虽半夏泻心汤亦可治疗腹痛和腹部压痛，但黄连汤较适宜于所患时间长久的慢性腹痛证（强烈的腹痛证亦能缓解，必须辨证论治，不能机械搬用）。此外，他们又补充黄连汤证的舌诊，认为有黄色湿润的显明苔象可凭，而指半夏泻心汤证一般无苔（笔者临床体会，对应用半夏泻心汤时，常根据白滑苔或白而浮黄；又如满口粘腻、涎津泛溢等苔象，均相适应）。“苔诊”是祖国医学四诊中的“望诊”之一，对临床鉴别的帮助很大，也是学者所当研究的一项重要知识。

大论关于黄连汤证治的条文内容，当系指太阳伤寒原发证，在病理机制上既尚未转少阳或阳明，并且也还未通过发汗或误下等治疗过程。根据腹痛和上逆而为呕吐等症状，从而可知患者平日胃肠功能素衰，以致一染感证，就使病邪有向内纵深发展的机会。如以少阳、阳明论治，条件上还有不同的距离，这种病型可以说是太阳系原发证范围内的一个特殊例子。在医疗上“攻寒则碍热，攻热则碍寒”，在处理方面是比较困难的。仲圣用黄连汤两解寒热，是一种居间斡旋的方法。医圣张仲景善于运用辩证的观点对机体疾病正反两面的观察，能在同中求异，分析特点，掌握重点，早已具体实践这种医学上的唯物辩证观，在一千七百多年前祖国医学的道路上竟出现了如此惊人的天才的创造，这不能不说是世界医学史上的一个奇迹。“张仲景”，是祖国“实践医学”的奠基人，“辩证医学”的创造者；这个光荣的崇高的名号，将永远标志着祖国医学事业的前进。

虽然，从实践中创制的《伤寒论》的六经辨证体系，是偏重“综合证（症）候一证（症）候群的作用”。这些机能的障碍和病变，固然不能在显微镜下把它们放大检出，但我们不能否定这些证候是在一定的物质基础上所发生的现象；同时，在伟大的巴甫洛夫氏的科学成就中所启发的机体在病理变化的发生上，神经系统的障碍，具有主导的意义这一点，是今天学习祖国医学者所必须服从的。我们从历史上看晚近三十年来，首先是日本汉医学家，继之而起的我中医界的学者们在论著方面根据微尔和（啸）细胞病理学的观点，试图将《伤寒论》的六经体制牵强划分和引导到生理病变的机械的定型分类上去，求其适应于“科学”。如把太阳系定为神经系统（根据旧学说狭义的、割裂的划分，和巴甫洛夫氏的神经病理学说不同）；阳明系定为消化系统等，而实质上这些分类是不能令人满意的，因为机体一旦发生病变时所呈现的症状，常常关连到生理各部门，仅仅是程度轻重的差别，而不是有无的问题。即以《伤寒论》“辨太阳病脉证并治法”全篇所列共156条，所牵涉的病理面很广，如果狭义地机械地来解释太阳系病理，是无法求得妥帖的，其他五经的体系，可以说是同样的情况。总之，《伤寒论》对机体的正常和病变的统一整体观点，已经在巴甫洛夫氏学说的照耀下更加具体化起来。关于医疗上“辨证论治”的原理原则，得到马列主义学说的分析，也更显示出它的科学性。由于以上的有利条件，今天我们有必要这用这些工具来深化和提高祖国医学的理论体系和铺平通向现代科学的道路。这方面有所成就的话，不但扩大了科学的范畴，并且也可以丰富科学的论证，所以我们医学界的好学之士，为了祖国医学更好的发展，无论在集体或自学的基础上，必须忠诚遵循马列主义，巴甫涪夫氏学说和毛主席的思想体系，并认真进行更深更透的钻研，因为它们是捍卫祖国理论医学、实践医学和战胜论敌唯一的精锐武器。

2. 黄芩汤（169条所立方治）　是治太、少两阳并发证非经误下而“自下利”者。既称两阳合病，那么我们应该在轻重缓急中探寻两系合病的线索。大论立黄芩汤（计黄芩、芍药、甘草、大枣等四味）是因为病邪入里侵及胃肠组织而下利，所以用黄芩，芍药清火安胃；辅以甘草、大枣缓急健脾，达到炎消利止的目的。近世以本汤治疗杆菌痢疾，阿米巴痢等均有卓效。根据虽者经验，必须重用黄芩、芍药。并应该兼参旁证，予以适当加味，则效果更佳，如大论在本条后所举兼见呕吐一例，加半夏、生姜（即黄芩加半夏生姜汤证治）而止呕吐。从本汤进一步说明经方加减之法，是学习《伤寒论》者必须注意的关键。“病有正变，方须剪裁”；执成方以治活病，这种机械观点是违背祖国医学“辨证论治”这一个最高原则的，古代医学家早有申诫。“理论是指导行动的指南”，如果背着继承发扬祖国医学的招牌，而实质上偏重方、药，轻视理论，那不是余云岫的谬论复活，是什么？

3. 旋覆代赭石汤（168条所立方治）　综合以上各章论述，伤寒论“辨证论治”的基本原则，就是首先根据八纲详辨疾病的性能，作出当汗者汗之、当吐者吐之、当下者下之等医疗措施。但病有常变、脉有正负；在运用上项原则时，不仅重视临床所见的现在症状，即对患者的体质情况、已往病史以及病理机转和发展方向，都应该有一个比较全面的认识，而后才决定先攻后补、先补后攻或攻补兼施的步骤，是对患者的生理与病理统筹兼顾的整体性疗法，这在《伤寒论》的实践医学部分已具体体现了这一点。

按大论，本汤主治“伤寒发汗、著吐，若下、解后，心下痞硬，噫气不除者，旋覆代赭石汤主之”。观上文虽“心下痞硬”类似泻心汤证，但有“噫气不除”这一特征，则和泻心汤的症状已有基本上的差别。因此，旋覆代赭汤证治，也可以说是泻心汤证的另一种变化方法。再从本汤的药物配伍方面来研究，内中人参、生姜、半夏、大枣、甘草等五味，系脱胎于生姜泻心、甘草泻心和半夏泻心等三张方剂的组织，其不同的地方是旋覆花和代赭石代替了黄芩、黄连。芩、连偏于苦寒，对于胃功能被阻抑而又发生冲气上逆的症状时，已经不相适应。古人经验：旋覆花性温，能主治结气（本汤用旋覆花，如“寒实结胸”之用半夏，同属于温通之法）。味咸以软痞硬；再佐以重镇之代赭石以降辑冲气。本汤是太阳伤寒原发证由于或发汗，或涌吐、或下泻，因运用方法未尽适当而形成后遗证的通治方。《汉方简义》在本汤证条下注称本证的起因由于“上焦之气虚于汗，中焦之气虚于吐，下焦之气处于下”这一节，不论从本条大论的整体或以本汤的用药法度上来看，均属于胃功能的病变，直接就是指胃功能衰弱的患者在感染疾病时，接受以上所述的三种疗法（汗、吐、下）当中的一种，解除表证后所呈现的生理病理机转（汗、下两法对生理病理的影响已详叙上列各汤证中。至于涌吐一法，虽然是在168条证治中没有指出当时使用的临床依据，我们可以从173条“瓜蒂散”证治中去寻求解释。不过就旋覆代赭汤证而言，则当时运用涌吐法，显然是不够恰当的）。导致的方法固然不同，但以后期形成的总的胃功能证，用“三焦”分界来解释是有距离的。考“内经”所指：“上焦如雾、中焦如沤、下焦如渎”的三焦是指上中下三种不同的机能；又如十二经脉中专指器质的三焦，可以说与本汤证均无直接的关联。

本汤近代临床用于治疗胃扩张、鼓肠、对胃肠气体蓄积、呕吐等疾病，以及属于消化系统的神经官能症，疗效是非常显著的。

总的来说，祖国医学特别是《伤寒论》所包容的理论医学和实践医学，是通过临床亿万人实践的总结，也是学习祖国医学的人们阶梯。

[《浙江中医杂志》1958，(3)：29]

张仲景用甘遂的研究

张志民　徐柏英

甘遂（Euphorbia Sieboldana Morr. et. decne.）为大戟科、大戟属，多年生有毒草本。种类与大戟相近，茎较短，叶长椭圆形，全边，花下的叶较为阔大，总苞的腺如钩月状而尖，果实无疣状突起。产陕西、山西及华中诸省。根茎供药用。为峻下逐水药。现就张仲景用甘遂的方法予以分析，介绍于下：

方剂计数：《伤寒论》计三方七条，《金匮》计二方（十枣汤用药与伤寒论同，）三条。详见下表：

张仲景用甘遂的5方表解

方名	药品												原方甘遂的入药法	原文条次	原文中用甘遂的适应症
	甘遂	半夏	芍药	甘草	大黄	阿胶	芫花	大戟	大枣	芒硝	杏仁	牡蛎			
甘遂半夏汤	+	+	+	+									不研末，入水煮汁加蜜和服	金匮184条	留饮 脉伏 其人欲自利 利反快 心下续坚满
大黄甘遂汤	+				+	+							不研末，不加蜜，煮汁饮服	金匮388条	妇人少满 如敦状 小便微难而不渴
十枣汤	+						+	+	+				研末，入枣汤饮服	伤寒论154条	自利 其人漐漐汗出 发作时 头痛 心下痞鞕满引胁下痛
														金匮197条	咳家 其脉弦 为有水
														金匮187条	悬饮内痛 脉沉而弦
														金匮198条	支饮 咳烦 胸中痛
大陷胸汤	+				+					+			研末，入药汁中，饮服	伤寒论137条	膈内拒痛 短气躁烦 心中懊憹 心下鞕
														伤寒论138条	结胸热实 脉沉而紧 心下痛 按之石鞕
														伤寒论139条	无大热 水结在胸胁 头微汗出
														伤寒论140条	不大便 从心下至少腹鞕满而痛不可近
														伤寒论152条	结胸 心下满而鞕痛
大陷胸丸	+				+					+	+	+	研末，加水及蜜同煮汁，吞丸	伤寒论134条	结胸 项亦强 如柔痓状

剂量考证：最轻的为半钱七之三分之一，最重为二两。甘遂半夏汤以枚计，为“大者三枚”，笔者就原药材秤之，大者每枚约4～5分，三枚约合计一钱五分。大陷胸汤及丸用量均为“末一钱匕”，前者“后入”，欲其力猛，后者“则捣甘遂末一钱匕、白蜜二合、水二升、煮取一升”，与其余四药同煎，其力缓，故名曰丸。按章太炎氏考证(《猝病新论》第38篇)，一钱匕约合今量二分五厘许。十枣汤用大戟甘遂芫花三药等分，“强人服一钱匕”，“羸者服半钱匕”，甘遂占二分五厘的三分之一，或六分之一，用量可谓极轻，还要用大枣十枚煎汤服以和缓之，并叮嘱谓“病不除者，明日更服加半钱匕”，意谓不可在一日内服两次。最后又谓“得快下利后”须“糜粥自养”云云。于此可见仲景用峻药的态度何等小心谨慎。大黄甘遂汤用二两，为仲景用甘遂的最重者，合今制可用二钱。上海名医刘民叔治水臌用甘遂二钱续随子四钱，极为常事（见鲁楼医案）。曹疑甫先生（已故经方大家）用大陷胸汤治胸隔有湿痰，肠胃有结热之证，常用甘遂一钱半与大黄芒硝同煎（不分先后），治效甚佳，惟服后有呕吐痰涎腹痛等现象（经方实验录一集中卷第99页）。曹先生谓：“此药须煨透，服后始不致作呕，否则吐泻并作，颇足惊人，曾经屡次试验而知(《经方实验录》第一集下卷第63页）。”笔者从读仲景书及实验的体会，治病在胸腔者，用甘遂宜轻量取效（十枣汤法）。治病在下焦者，用甘遂可较重（大黄甘遂汤法）。治湿性胸膜炎等病，用甘遂三分研末入枣汤略煎即服，或用枣汤吞服（不入枣汤煎），已有显著的治效。治臌胀水肿及水血俱结在血室等病，用1～2钱入水煎服，病顽固者，虽泻不多，有时甚至不见泻下者亦有之。入水煎服者或可日服两汁（一剂煮二次谓之二汁）。若研末吞服者，不论泻的轻、重，切不可日服二次，因粉末在体内有连续缓泻的含蓄力；若因见数小时内所泻不多而续服之，药性并发时，将有措手不及的危险。仲景叮嘱“若病不除者，明日更服”，有至理也。

适应症：归纳仲景各方用甘遂的适应症为：

1. 咳烦胸中痛（支饮）。心下痞鞕满，引胁下痛（悬饮）。

2. 隔内拒痛，……心中懊憹。心下鞕、心下痛、按之石鞕，从心下至少腹鞕满而痛不可近（水结在胸胁，结胸热实）。

3. 自利、利反快，心下续坚满、下利（留饮）。

4. 项亦强，如柔痓状。头痛。

5. 其人漐漐汗出，发作有时。但头微汗出。

6. 妇人少腹满，如敦状，小便微难而不渴（水与血俱结在血室）。

7. 脉伏。脉弦。沉而弦。沉而紧。

效用及其配伍：甘遂为峻下利水剂，其力较芫花、大戟为猛，同有镇痛的功效。

仲景用甘遂的配伍，有种种不同。十枣汤为利水峻剂，合甘遂芫花大戟三下水药并用，其证水势偏急，在上为呕逆；在下为下利，故聚三药以发挥其共同的泻水作用。因虑其药力太峻，故先煮大枣十枚取汁和服，以缓和之，方名十枣，而不以甘遂为名，欲人重视用十枣的意义。甘遂半夏汤治自利，利反快，心下续坚满，配以甘草，取其反激作用，颇有深意。《千金方》载甘遂半夏汤的煮药法为：甘遂半夏同煮，芍药甘草同煮，复以蜜和二药汁再煮。《本草纲目》引刘河间保命集云："凡水肿服药未全消者，以甘遂末涂腹绕脐令满，内服甘草水，其肿便去"。王缪《百一选方》云："脚气上攻，结成肿核，及一切肿毒，用甘遂末水调传肿处，即浓煎甘草汁服，其肿即散。"徐之才谓"甘遂反甘草"。综上所述甘遂与甘草并用各法，皆取甘遂反甘草的反激作用。此种用法，经历代医家实验，且各有发挥，确有治效。至其原理何在，迄今为止，尚无科学的理论解说，值得研究。大陷胸汤用甘遂大黄芒硝三味，逐水之外，并治内实。尤在泾云："大承气专主肠中燥粪，大陷胸并主心下水食。粪在肠必藉推逐，故须枳朴，水食在胃，必兼破饮，故用甘遂"。大陷胸丸，则于水食兼顾之外，并配杏仁葶苈等祛痰剂以利肺气，亦加蜜同煮，其力较大陷胸汤为缓。大黄甘遂汤证的病理为"水与血俱结在血宝"，其主证为：产后少腹硬满如敦（音对）状，小便微难而不渴，方中大黄甘遂二药，长于泻水，欲其能泻血结，须再加能入血分的引药。按仲景行血逐瘀之方，常用大黄与行血之剂相伍，用意在引大黄药力入血分而起行血逐瘀作用。如桃仁承气汤、大黄牡丹皮汤两方，均用桃仁与大黄为伍。下瘀血汤、大黄䗪虫丸、抵当汤及丸等方，除用大黄外，或用蜜虫桃仁为伍，或用虻虫、水蛭、桃仁等药为伍。独大黄甘遂汤方，不用桃仁、虻虫、水蛭等药为伍，而用有补血止血调经作用的阿胶为伍，其义据笔者体会认为：一、阿胶为理血热，与大黄甘遂相伍，能引泻力入血分而起逐瘀行血作用二、妇人产后病，其体多虚，用阿胶能监制大黄甘遂的峻悍。《金匮》"产后下利虚极"，用白头翁加甘草阿胶汤，其中亦用阿胶，可资参证。

综上所述，仲景用甘遂为利水峻剂，能逐饮、泻水，消心下至少腹鞕满，止痛。其主要配伍方法为：与利水峻剂（如大戟、芫花等）相伍，使泻水作用益为猛烈，如十枣汤；与下剂（如大黄、芒硝）相伍，能泻水食并积，如大陷胸汤；与祛痰剂（如葶苈、杏仁）相伍，能泻水兼能逐痰；与血分药（如阿胶）相伍，能泻水血并结；与甘草并用，有相激相反的作用；与大枣汤、蜜等并服，能缓和其峻悍的药性。

入药法：甘遂为仲景所用下水剂中最峻烈的药物，不但谨慎用量，且入药方法亦有重要指示，兹就笔者体会所得，分析如下：

1. 研末服与不研末而煮汁饮服的分别：仲景用甘遂五方中，内中注明研末用的计三方（大枣汤、大陷胸汤及丸），未注明研末用，迳用甘遂入水煮汁饮服的计二方（大黄甘遂汤、甘遂半夏汤）。注明研末用三方所治的病为十枣汤证的悬饮、支饮、咳家，大陷胸汤及丸证的结胸。上述三方症状多数为呕、咳、心下痞鞕滞、胸中痛、胁下痛、头痛项强等。笔者以为此等症状主要多病在上焦或中焦，仲景治此等病时，都用甘遂研末吞服或俟药汤成时入药末饮服，其意义大概为用药末则吸收较慢，其刺激力可较为缓和，药在体内停留的时间可较久，其所吸收而排去的水饮可较多，故治水饮病在上中焦者，用甘遂宜小量研末吞服。反之，治在下焦的病（如甘遂半夏汤证的留饮欲去、欲自利、利反快，大黄甘遂汤证的妇人少腹满，如敦状，水血俱结在血室），欲其药力锐而直趋下焦，泻水力猛，则不研末而迳用甘遂入水煮汁饮服。

2. 加蜜同煮或用大枣煮汤代蜜，能缓和峻烈药性对脏器的损伤：仲景用甘遂五方中，两方用蜜和药汁同煮，一方用大枣煮汁代蜜。用蜜和药汁同煮的如：

甘遂半夏汤的煮药法为："以水二升、煮取半升、去滓、以蜜半升和药汁，煎取八合，顿服之。"大陷胸丸的煮药法为先将大黄、葶苈子、芒硝、杏仁四药合研如脂，制成丸药一枚，别捣甘遂末一钱匕，白蜜二合，水二升，煮取一升，用此汁吞服丸药。综此两方煮药法的特点为用水煮甘遂取药汁后，再加蜜煮浓，然后饮服。用大枣煮汤代蜜的为十枣汤，其煮法为：将大戟、甘遂、芫花三药各别捣为散，另用水煮大枣十枚，取汁，吞服药末。综此三方的煮药法，不论用蜜或用大枣汤代蜜，其用意均在于蜜及大枣汤能缓和甘遂等药的峻烈性，使药力能发挥而脏器不受损伤。

不加蜜同煮及不用大枣煮汤代蜜的大黄甘遂汤及大陷胸汤二方。前者为水血俱结在血室，后者为结胸，都为凶顽疾病，用药须峻烈，故二方不加缓和剂之义大概在此。

3. 服药时间及服后情况：服甘遂制剂的时间，可以十枣汤方后"温服之、平旦（指清晨未进食前）服"的指示为准则。笔者会用十枣汤治一湿性肋膜炎病人，方用甘遂、芫花、大戟各三分研末，黑枣十枚煮汁吞服，第一天在未食夜饭前服，即觉喉中辛辣，似食胡椒。旋觉口干、心中烦，若发热肤。不久，音哑不能作声，即欲大便，下臭水甚多。一夜畅泻3～4次，次晨，音不哑，各症减轻颇多。第二天在夜饭后一小时服药、药后，胃中难过，如搅翻状，欲吐，仍有心烦、觉热、音哑等感觉，惟较昨日为轻。夜下臭水甚多。次晨呕出饭食及痰水少许，音不哑。至此所患湿性肋膜炎症状已除，改服调理药二剂而痊愈。从这一患者服十枣汤的经过，可知空腹服十枣汤则不呕，饭后服则呕。夜间服，反复起床更衣，病者及家属均感不便。故服甘遂制剂宜在清晨空腹温服（热服则辛辣感必益甚，冷服则不妥）。又笔者曾用大陷胸汤及丸等治大腹水肿，据患者告知，并无上述服十枣汤后辛辣、发热、音哑等感觉。又曾试用胶囊盛装甘遂末，枣汤吞服，患者服后泻水颇畅而无呕吐、腹痛、喉头辛热感等反应，治效颇佳。

综上所述，仲景对甘遂的入药法及服法都有深刻的意义。惜自来读仲景书者，多数只熟记其方剂及药味，而对甘遂入药法，多忽略未加注意，因此药后往往遇吐泻交作或头晕、冷汗、厥逆等反应，倘能在临床实用时，遵照仲景法运用则其疗效可显著而副作用亦得减免。

禁忌：甘遂为下水峻剂，适用于阳水实热之证。如阴水虚寒证自属禁用。凡遇有适用甘遂的病症，须及时在正气未虚时即用之。只要辨证正确，即应遵法用之，切不可因其药性峻悍而迟疑不用，及至正气已虚，再欲用时，悔之已晚。病有应用甘遂的，但同时亦有禁用甘遂的。伤寒论中结胸病篇，仲景提示后人有结胸死证及不可攻下各条，笔者认为亦系用甘遂的禁忌证，兹摘录于下，以资警惕。

“问谓藏结，答曰：如结胸状、饮食如故，时时下利，寸脉浮、关脉小细沉紧，名曰藏结，舌上白苔滑者难治（131条）。”

“结胸证、其脉浮大者，不可下，下之则死（135条）。”

“结胸证悉具，烦躁者亦死（136条）。”

“藏结无阳证，不往来寒热，其人反静、舌上苔滑者，不可攻也（132条）。”

“病胁下素有痞，连在脐旁、痛引少腹、入阴筋者，此名藏结，死（169条）。”

此外，《伤寒论》《金匮要略》中不可下诸条，都可作为用甘遂的诫鉴，例如：“脉阳微”“脉虚细”“四肢厥者”“恶寒、表证在者”“阳明病，呕多者”“此为津液内竭，虽鞕不可攻之”等等。

尾语：仲景用甘遂泻水逐饮法，古今一致。《别录》谓：“散膀胱留热”，时珍云：泻肾经及隧道水湿”，现代学说谓甘遂根有利尿功效，仲景对此似未作充分说明。笔者经验，凡取甘遂利尿，用量宜轻，约一、二分为度，并须配伍其他利尿药，则效颇显著，如《本草纲目》附方“小便转脬”治法是。

后世医家用各种药物配伍甘遂的用法，较仲景有更多的发挥。

仲景用十枣汤治悬饮、支饮、咳家等水饮为患诸病，后世医家师其法，有十枣丸、神祐丸（刘河间）、控涎丹（三因方）、小胃丹（证治准绳）、中膈丸（圣济总录）等方的演进，主要皆取仲景用甘遂研未吞服、枣汤和服的方法。”

摘元方取甘遂的镇痛作用，治“麻木疼痛”，永类方用甘遂治“耳卒聋闭”，皆为外治疗法，值得研究。

汉方与汉药谓甘遂能治“胸痛咳嗽喘鸣”，乃承十枣汤证推义而来，然其证的原因在肋膜积水，水去证治，甘遂的疗效，在于治水，不能作为治咳专药。

张山雷云：“甘遂所主疝瘕，盖以湿热壅结而言，而寒气凝滞之症，非其所宜。”《别录》又申之以“热气肿满”一句，则此之能泄水肿，皆以湿热证言，若脾肾虚寒而致水道不利诸症，误用此药，突为鸩毒，从可知矣。李时珍云：“不可过服，中病即止”。

十枣汤方后注曰：“得快下利后，糜粥自养”，又白散（桔梗、贝母、巴豆）方后注曰：“不利进热粥一杯，利过不止，进冷粥一杯”，后世治臌胀水肿用峻泻剂后，欲病者养神，令服薄粥，欲病者止泻，令服凉粥，即自仲景此二方义得之。

［《浙江中医药》1958，(3)：35］

试论《伤寒论》下法的基本运用规律

李继祖

下法就是运用各种具有泻下性能的药物，帮助患者排除体内壅滞的一种方法；发挥它的推陈致新作用，从而使全身症状消失，疾病得以痊愈。虽然它的药理作用，及其在治疗过程中对人体发生的病理生理机转还很少或不能为现代科学所论证，但对临床运用的方法、原则和规律，祖国医学中却有着深刻的体会，并远在二千年前的《内经》中，就有着关于这方面的记载：如“中满者，泻之于内。”“其下者，引而竭之。”“坚者削之，留之攻之”

“通因通用，……必伏其所主，而先其所因，可使破积……溃坚……可使必已。”仅从上引条文，就可知古代医家，对下法的使用，已有着充分的认识：不但指出了适应范围，必须是在体内有所蓄积留著的症情，和处于中下病位的内实证，且有中满坚结的形症，才能泻之；并指出对于某些热结旁流的病例，并不为其已在通泄的外象所眩，而仍“先其所因”，以探求致泻的原因着手治疗，果敢地采取通下方法，一以决之，以去其结垢，达到“伏其所主”的根治目的，积破坚溃其病必已。这对下证的诊治，是多么明察和彻底；遗憾的是《内经》对下法的方治，还没有具体的记载。直至汉末张仲景的《伤寒论》病论里，才详细地具立了方剂，运用的方法上，他基于《内经》的原则下，作了明确的阐述和补充，为后世树立了规模大法，值得我们进一步的钻研，下面就按其种类，适应范围（包括辨证和方剂），禁忌等问题，分述讨论之，并求正于海内同道。

下法的种类

《伤寒论》的下法，种类很多。按其主要方剂，可分力“寒”“热”“急”“缓”四大类，及“滋阴润下”“温通启闭”“咸寒软坚”等不同类别。此外还依据病位的差异及体质的虚实，又分为“解表兼攻下”“和解兼攻下”“攻补兼施，等变法。虽然名目繁多，其实总不过是针对各种病因，及体内所引起的不同病情表现，而采取相适应的处治方法，如因于瘀血蓄结的抵当汤（丸）症，对症重势急者用汤，轻缓者用丸。然则使有害于机体的废物得以排除，都是各种泻法的一致目的。况轻重之间，原无截然界限，寒热当中，也常相互为用，是故对下法的使用，重在掌握运用范围，辨别症情，治以适应方剂，而不必强为分类，否则每易导致“因药论证”的歧路上去的！

下法运用的范围

（一）下燥矢：这是仲景下法的主要适应范围，论中对此也有着详细的讨论，首先180条指出“阳明之为病，胃家实”，是其病理阶段，所谓“胃家实。主要是内有燥矢；由“邪热入胃，与糟粕相结而成”的里实症。此时病人呈现“不大便五六日，绕脐痛，烦躁发作有时，此有燥矢”等的燥实症状，或“脉沉而喘满，沉为在里，而反发其汗，津液越出，大便为难……久则谵语”等综合征象，总属于“里实”的范围，按照六经划其病理的阶程，是属于阳明阶段，当此机体继太阳（或经少阳）之后，益复动员了全部抗病力量，与邪气相争，病变和机体抗力两俱极盛，而呈现诸亢奋症状，所谓“三阳之阳，莫盛于阳明”，实是热性病的峰极时期，不过，这并非自愈机转的出现，因“肠明实热，地道不通”，燥矢内结，非攻不除，就须凭藉药物的力量，因热而利导，排除其结粪，尤其在病势严重的局面下，当机立断，给予攻下，更成为当前的急务了，俾使机体抗力得有悬崖勒马的机会，而渐趋恢复，反之，若不急予扫荡，则正气疲惫乃至殆尽，形成坏病而难以挽救！

随着下证的轻重缓急，我们在临床上就必须选择恰当方剂。诸承气汤是下燥矢的唯一类方，试观仲景氏的调胃承气汤，大小承气汤，以及从此演变的脾约麻仁丸等剂，厘析轻重，秩序并然。同时还告诉我们，要使治疗正确，必先详细辨证，对于一些疑似的病例更为重要，必要时还得以药试探，“恐有燥矢，欲知之法，少与小承汤，汤入腹中，转矢气者，此有燥矢也，乃可攻之，若不转矢气者，不可攻之。”这种以细致审慎的态度，决定方剂的取舍是值得我们学习，同时在临床上效法的。

调胃承气汤证：论曰“太阳病三日，发汗不解，蒸蒸发热者属胃也，调胃承气汤主之。”“发汗后，不恶寒，但热者实也，当和胃气。”“伤寒吐后，腹胀满；”“不吐不下，心烦；”“胃气不和，谵语者；”均“可与调胃承气汤”。

以上虽是五条原文的节录，但彼此之间，都是相互引发的，例如“发汗后，不恶寒，但热者，实也”的实证，就是“不吐不下”而“心烦”的概括，这种心烦每因发汗不解、蒸蒸发热所使然；须要说明的，它既非吐后的虚烦，也不同于阴虚的烦躁，发热也非表证或阴虚所引起，总由胃气不和，糟粕秘结的内实所致。不过仅在内实的程度上，既不似大承气汤的腹痛胀满坚急之甚，也不似小承气汤的腹大满不通，而是因硬粪存在所致的局部腹胀满，由于这种燥实，热非燎原之急，所以不需大、小承气的急破峻攻，只须调和胃气咸寒缓下，就足胜任了。

大承气汤证：“阳明病，谵语有潮热，反不能食者，胃中必有燥矢五六枚也，宜大承气汤下之。”“太阴证罢，但发潮热，手足漐漐汗出，大便难而谵语；”“日晡所发热者，属阳明也，脉实者宜下之；”“脉迟，心身重，短气腹满而喘。”“小便不利，大便乍难乍易，时有微热，喘冒不得卧；”“心中懊憹而烦。”“伤寒若吐若下后不解，十余日，独语如见鬼状，若剧者，发则不识人，循衣摸床，惕而不安；”“阳明病，发热汗多者；”“发汗不解，腹满痛者；”“伤寒六七日，目中不了了，睛不和，无表里证，大便难，身微热”等证，都“宜急下之，大承气汤主之”。

论中关于大承气汤的条文较多，症状亦为复杂，从上引证中加以分析，不难看出是以胃中必有燥矢五六枚（枚数当活看）为其主要症结所在，所以外形的腹证和脉象（沉迟或实大），也就或了本方的主证，而治疗的锋芒所指，即是针对着腹证的“痞、满、燥、实”，正如《金鉴》所云：“满者，腹胁满急䐜胀，故用厚朴，以消气壅；痞者，心下痞塞硬坚，故用枳实；实者，腹痛大便不通，故用大黄，攻积泻热。然必审四证之轻重，四药之多少，适其宜始可与也。而临床运用也必四证俱备，才取本方的“宽中去满”“下气除痞”“润燥泻实”并用，否则绝不能无增损出入而猛浪投剂。如厚朴三物汤证的腹痛而闭《金匮》，其在腹满、痞、实的程度均同于大承气汤，惟因不发热，大便虽秘，并未从热化燥，而系内实气滞，所以去芒硝的咸寒软坚，仿小承气之意，加大朴、实、黄的剂量，重在宽中下气，泻实除满，两方的差异，虽在一味芒硝的有无，但其方义则大有不同；若较之小承气汤证，则后者除无燥症或燥症极轻而去芒硝，主要的区别，还在于症状的轻重，从两方药量可资说明于此，大承气汤的厚朴，较小承气汤重四倍，枳实为1.4倍，则腹胁满急䐜胀的程度，均倍甚于小承气汤证（其区别详下），从此亦可征见仲景用方的森严。

上面主张注意主症的出现，及正确治疗它的重要性，但这并不是说：可以忽视兼症了；相反的对干兼症的辨别，更有利于本方的运用，例如阳明三急下证，所出现的“汗多”“汗不解”以及“目中不了了，睛不和”等兼症，却为“阴液将涸”的征兆，因此仲景特别诫示我们“急下”以存津液，也是值得我们注意的。

小承气汤证：“若吐、若下、若发汗后，微烦，小便数，大便因鞕者，与小承气汤。”“发潮热，脉滑而疾者；”“得病二三日，脉弱，无太阳柴胡证；烦躁，心下鞕至四五日，虽能食，以小承气汤，少少与微和之，令小安，至六日与小承气汤一升（若不大便六七日，小便少者，虽不能食，但初头鞕，后必溏，未定成鞕，攻之必溏），须小便利，屎定鞕，乃可攻之，宜大承气汤。”

根据上述条文加以分析，可知小承气汤的大便鞕，乃是”若能食者，但鞕耳，”缓于大承气汤证的不能食或不受食而有屎定鞕的宿积燥矢情况；腹证的满急䐜胀，也不如大承气的壅实，虽腹大满不通，亦不及大承气壅塞的程度，脐部上下左右的坚急硬满程度，也比较轻微，乃由于本方证的化燥轻浅，或部分还未化燥，所以只须“微和之”，而切忌大承气的峻攻，以免遭致“攻之必溏”。对于化燥与否的辨别方法，除依据前述的腹诊外，仲景还指出从小便的“利或少”来判别大便燥与不燥的辨证要点，若小便少，不但毋需峻攻，即“虽不予微和之”尚且无妨，必待小便利，津液不得还入胃中，而屎定鞕，才能攻之以大承气汤。临床事实证明，这一纯朴的辨证方法，的确可作为诊断用药的指南针。再就本方脉“滑而疾”而言，也较之大承气汤的实大、沉迟大有差别，前者是腑气未实，燥化轻浅之证，而后者则是由燥矢深结，腑气壅实所致。

大家知道，本方偕《金匮》厚朴大黄汤及前述厚朴三物汤品味俱同，但因剂量变更，而其效用也就大有出入，除厚朴三物汤前面已经讲过不再叙述，这里就小承气汤和厚朴大黄汤二方谈谈，陈元犀说：“小承气汤是气药枳朴为臣，此方（厚朴大黄汤）是气药为君，以气行水亦行，意深矣。三物汤，小承气汤，与此汤药品俱同，其分量主治不同。”《腹症奇览》也说：“厚朴大黄汤，主治胸满（痰气阻滞），非主疏涤也；小承气汤主利大便鞕，或不通耳。”此即两方主治的具体不同，至如腹证的鞕满，小承气汤较厚朴大黄汤为轻微，更不及厚朴三物汤的“腹满剧者”。药味皆同的一方，仅不过剂量稍变，即有如此差异，因此临床用药一定要锱铢必较。

吴又可说：“三承气汤功用彷佛；热邪传里，但上焦痞满者，宜小承气汤，中有坚结者加芒硝，软坚而润燥，病久失下，虽无燥粪，然多粘腻，结臭恶物，得芒硝则大黄有荡涤之能，设无痞满，惟有宿垢，而有余热者，调胃承气汤宜之。”这一来自实践精僻之论，确可作三承气运用的总括，约略言之调胃承气汤以燥实为主，小承气汤以痞满为主，大承气汤则四者俱甚，而总以大黄治实为主，所以前人云承气汤，以大黄为主，余皆治标象也。

必须指出，《伤寒论》的运用承气汤，原则上以邪热传里，燥矢内结，用以排除宿粪为目的。故有“下利”症状者，一般不可应用，但在某些的病情，如热结旁流，或温邪内发、疫疠深入。则下法的应用，又不必为结粪的戒律所拘，仲景原文所谓的“下利谵语者，宜小承气汤。”“下利可下之，宜大承气汤。”即系指此而言，吴又可氏对宿垢下利，仍用泻法，也是本此源流，他说："承气本为逐邪，而非专为结粪设也，如必俟其粪结，血液为热所搏，变证迭起，况有溏粪失下，但蒸作极臭，如败酱藕泥，但得秽恶一去，邪毒从此而消，证脉从此而退，岂徒孜孜粪结而后行哉，"他所谓的逐邪，当然不是寒邪，而为瘟（温）邪，为了防其燎原而须急逐之。这一"通因通用"的变法，也是我们临床者所必须充分认识的。

麻子仁丸证："趺阳脉浮而涩，浮则胃气强，涩则小便数，浮涩相搏，大便则鞕，其肿为约，麻子仁丸主之。"仲景对于本方的运用根据，重在脉象，趺阳脉在足跗正中，古称属胃，胃热灼液，以致肠中枯燥，而大便秘结，腑气壅塞，则脉气不利，故现迟重不利、着指有力的浮涩脉象，和血亏气虚的细涩无力迥然不同，我们必须分辨。

原文中虽无腹诊记载，但从其方药组合即系小承气汤加芍药、麻仁、杏仁来推测，其证当有腹满闷不通的感觉，较之小承气汤证要轻，且因排便困难，致使气机不利，腹部常作逆满，但远非大承气汤的满而至"喘冒"，又不似调胃承气汤的燥实坚鞕，这是它和诸承气汤的鉴别所在。

总之本丸属于润下缓剂，与诸承气汤，同系下胃家燥实的矢，方亦由小承气演变而成，所以有名为"小承气丸"，并同三承气汤及桃仁承气汤，总称为"五承气"者。

（二）下瘀血：在热性病的阶程上，太阳表邪有不入肠胃结成燥矢，而入于里与血搏结在下焦，形成蓄血症，论中所谓"太阳随经""经邪入腑"，即系这种病理过程，治疗也就须按症而采用各种下剂，以排除其瘀蓄。

桃核承气汤证："太阳病不解，热结膀胱，其人如狂，血自下，下者愈，其外不解者，尚未可攻，当先解其外，外解已，但少腹急结者，乃可攻之，宜桃核承气汤。"本方体征腹症是热结膀胱引起的"少腹急结"，还未至"鞕满"。外症是"如狂"，此外，属于抵当汤证的特征，如小便自利，大便黑，也为本方证所有，总因其病在血分，无碍三焦气化之故。至其脉象，论中虽属缺如，但也可从后世推敲，《诸证辨疑》记"一妇病由瘀血……热气堕下，诊脉两尺脉迟而涩。"滑寿治一瘀血症"面赤脉躁疾，神恍恍如痴，虚人虽有筋血，其脉亦芤，必有一部带弦，宜兼补以去其血，桃仁承气汤加人参缓攻之"，从上所引脉紧而涩、躁疾、必有一部带弦等记载，结合临床体验，基本上是一致的。

本方的方义组织，根据《医方考》说："桃仁润物也，能润肠而滑血，大黄行药也，能推陈而致新，芒硝咸物也，能软坚而润燥，甘草平剂也，能调胃而和中，桂枝辛物也，能利血而行滞。"以调胃承气汤为基础，加祛瘀行滞之品，导血从大便而去，在临床上服后，排出大量黑粪，是历历可证的事实。

抵当汤证："太阳病，表证仍在，脉微而沉，反不结胸，其人发狂者，以热在下焦，少腹当鞕满，小便自利者，下血乃愈；所以然者，以太阳随经，瘀热在里故也。""太阳病身黄，脉沉结，少腹鞕，小便不利者，为无血也，小便自利，其人如狂者，血证谛也。""阳明证，其人喜忘者，必有瘀血，所以然者，本有久瘀血，故令喜忘，屎虽鞕，大便反易，其色必黑。""病人无表证，发热七八日，虽脉浮数，可下之，假令已下，脉数不解，合热则消谷善饥，至六七日不大便者，有瘀血，宜抵当汤下之。"

根据上文加以分析，抵当汤证较之桃仁承气汤证，又深重一层，具体表现在腹证的"鞕满"重于"急结"，脉的沉结亦甚于弦涩，情志"发狂"亦远非"如狂"不定可比，其病变已转急于里，故虽表证仍在（在亦极轻），但治疗步骤，即当急于下逐，此与桃核承气汤证的应"先表后里"不同；再则本方证的瘀血为久瘀，与桃核承气汤证的轻浅新瘀有异，其辨之之法，除根据脉证外，仲景还提示要询问过去有否"喜忘"，从而推测有无宿瘀，这一独特性，确可值得研究，王清任氏在《医林改错》中，也认为瘀血可影响脑力记忆，他说："狂（忘）系气血凝滞，脑气与脏腑气不接，如同作梦一样（治用癫狂梦醒汤逐瘀极效）。"证之临床也无不如是，尤以急性外感症，热与血结者为显著。正因本方证特殊病理的决定，故治疗在于搜血逐瘀，从方组意义上看，本方取昆虫中的水蛭，巧于饮血，飞虫中的虻，猛于吮血，更加桃仁推陈致新，大黄苦寒荡涤余热，与桃仁承气汤的芒硝润下，桂枝温化，甘草和缓，而无水蛭、虻虫的搜逐，是要在临床中善于掌握，分别应用的。

至于本方证的轻型，如成无已云："无身黄屎黑，又无喜忘发狂，是未至于甚……可与抵当丸，小可下之也。"改汤为丸，缓缓攻之，多适应在瘀热病的退行期，症势轻浅，或慢性病有瘀血凝结，少腹满有块的，其脉象也多沉而细涩。

综观以上三方证，均力下焦血分蓄结，无碍膀胱气化，故小便都是"自利"，并以此区别湿热为患的疾病。三方的腹证，桃仁承气汤是少腹急结，根据汤本求真氏的经验，这种“急结”多偏在左侧少腹下行结肠部位，诊察的方法，以指尖沿下行结肠的横径，向腹底擦揉，或强行按压，即可触知坚结物，同时病人也诉急痛。若不速予蠲除，常迫向于上而至左季肋、心下部位，形成上半身的疾痛；又或下降于左肠骨窝或膀胱等处，遭致下半身的证候。抵当汤的腹证为“少腹鞕满”，抵当丸则多见证在慢性病，腹部有凝结硬块之证。掌握及此，对三方的运用就不难举发皆当了。

（三）泻水饮痰涎：也是下法重要的适应范围之一。凡人体因受外来因素的侵扰，或内在生理机转的薄弱，致使水饮痰涎潴留，形成结胸、悬饮内痛等症。必须根据不同病情，选用适当方剂除却痰饮若坐失机宜，不予速除，因循下去将给人体带来极其不利的影响。

十枣汤证：“太阳中风，下利呕逆，其人漐漐汗出，发作有时，头痛，心下痞鞕满，引胁下痛，干呕短气，汗出不恶寒者，此表解里未和也，十枣汤主之。”结合《金匮》痰饮篇的“饮后水流在胁下，欬吐引痛，谓之悬饮。”“脉沉而强者，悬饮内痛。”“病悬饮者，十枣汤主之。”等条文进行分析，可知它的适用范围，主要是悬饮胸膈，其证以脉沉弦、干呕短气、心下痞鞕满、欬引胁下痛为特征，若以指试触心下及胁下之边，即惊恐而痛，或欬则引连腹，或动身举手，则胸乳痛，即呼吸也感如针刺，总由水饮充斥上下的缘故，所以用芫花、大戟、甘遂的峻剧疏利，以大枣的甘缓兼保元气，邪正并顾，故能收到预期的效果。同时本方不仅治饮在胸膈，且能逐利诸饮停在射干的休实病症。至加虚证，不妨改汤为丸，少量缓攻，谨慎从事。

大陷胸汤证：“伤寒六七日，结胸热实，脉沉而紧，心下痛，按之石鞕者，大陷胸泻主之。”“但微头汗出者”不大便五六日，舌上燥而渴，日晡所少有潮热，心胸发大烦，从心下至少腹鞕满而痛不可近者，大陷胸汤主之。”它的腹证，主要是心下痛，按之石鞕，脉沉而紧，病系表邪深入与痰涎壅结，故方取调胃承气汤去甘草加甘遂，以收逐水通结软坚的功效。

大陷胸丸证：“结胸者，项亦强，如柔痉状，下之则和，宜大陷胸丸。”其腹证较之抵当汤证为轻，且偏于上，不如汤证的势急在下，其在病理上的特点，是邪液布满胸中，肺气阻塞不利，故除大陷胸汤原方外，又加葶苈、杏仁开泄肺气，泻痰利水，气肃则水涎得行，而不若大陷胸汤的专意行水。

总上所论，下法的运用范围很广，为了叙述便利，分为上述下矢、下血、下水三类，但并不等于已尽泻下之义（例如其他还有中毒，或伤于食物等），此仅不过举其荦荦大者罢了，从而窥其大概，掌握其规律，而主要的即在基于里证实症的病情下，审其结积者是何物，用以夺去内在的壅结，使其他诸症，亦因之而已。

下法的禁忌

下法的禁忌，仲景的论述很多，有关的条文，也俯拾皆是。但若以“表里虚实”四纲归纳，则不外“表实（邪）未解”和“里虚”绝对禁下而已。

（一）表证未解：所谓表证，是里证的对峙，示人以疾病的症状反应，都在体表的外部，为了适应这一要求，体内一切生理抗病势力，都趋向于外，以期克制表邪。今既表证未解，也就是还在持续着以上的病理趋势，其在病变阶程上，尚属初期，纵即渐向中期，但邪正相持之热，还未太盛，也就是说抗病力还不够充足，当此时期，应用汗法以帮助体内抗力充分发挥，因此寒凉抑制的下法，便成为绝对禁忌了。《伤寒论》：“太阳病，外证未解，不可下也，下之为逆。”“太阳病，下之后，其气上冲。“太阳病，桂枝证，医反下之，利遂不止。”“病发于阳而反下之，热入因作结胸，病发于阴而反下之，因作痞也，所以成结胸者，以下之太早故也；”“伤寒呕多，虽有阳明证，不可攻之。”“阳明病，面合赤色，不可攻之，必发热，色黄，小便不利也。”

仅从上文分析，可见凡太阳病外证未解，而强行下之则为逆，里气先虚后，使原来向上向外的抗病势力，反被抑遏入内；在案体壮盛的人，对于这种人为的挫折，犹可予以一定的抵制，若在体质素弱者，误用之则犯“虚虚”之戒，引邪内陷，并随着内在病因的不同，而成“下利”“痞”“结胸”等证，不一而足，总由医误之故！此外不仅太阳表寒禁下，即使已经呈现阳明热象，只要未化燥，或尚留连在经表，而兼呕多，面合赤色之征，都不得妄用攻下，否则有犯早下之戒，而形成腹满小便难等坏证。

（二）里虚寒证：里虚寒是和亢奋的里实相对峙的，是机体功能的衰减现象，若妄用攻下，反致戕正气，形成变症，如“阳明病，不能食，攻其热必哕，所以然者，胃中虚治故也，以其人本虚，攻其热必哕。”程锺龄亦谓：“病人阳气素微者，不可下，下之则呕，平素胃弱，不能食，或能食而无燥矢者、不可下。”可资佐证，因为胃肠的虚实，直按关系到能否承受下剂的攻荡，所以古人对此特别重视，此外如脐腹动悸者戒下，脉微弱或浮大无力等，都象征着整体机能的虚弱，而绝对禁下。

小 结

下法属于八法之一，是中医常用的治疗方法，尤在某些严重病势下，用之得当有立竿见影，收起死回生之功，所以必须注意它的运用。

以上正面叙述了下法应用的基本原则，是在体内有着燥矢、水、血等病理废物，且呈诸里实症状才得运用，以及运用它的具体规律和禁例，然则也有与常律相背的，试观“本太阳病，医反下之，腹满大实痛者，桂枝加大黄汤主之。”用桂枝解外，大黄攻里的“表里双解”法，以及“伤寒十余日，热结在里，复往来寒热者，犹兼少阳表证也”之用大柴胡汤等，在泻下之中，兼解少阳表邪，又为“和解兼攻下”法，其在病位、治法方面，均有别于一般下法。再则仲景虽无如黄龙汤攻补兼施的典型方剂，然麻仁丸、抵当丸的润下缓攻，甚至如十枣汤之用大枣养正保元，也未尝不是邪正并顾，而适宜于体虚病实之例。总之攻里泻下，仅是泻下的总则，至其实际运用，仍要根据患者具体症情趋势，作出相应的处治，再如三物白散的治疗寒实结胸，就是运用热下来解决病体属实、病性属寒之间的矛盾。其他尚有法外之法，所谓不求下而自下，如后世半硫丸的“温汤咎闭”，而使老人阳虚寒凝的秘症得通，其例甚多，一言以蔽之，无非是利用药物的特性，帮助机体调节其病理机转，一变而为生理常态，既曰“调节”，所以也就无一成不变之法，总在“致新”的唯一要求下，求诸不同的推陈之法。

［《浙江中医杂志》1958，（4）：15］

论大建中汤

大煴敬节　日本

（君坦译自《日本汉方之临床》卷3号）

寒疝及太阴病、脾虚寒病

大建中汤出于《金匮要略》腹满寒疝宿食病编，是治疗寒疝不可缺的重要药方。

寒疝是怎样的病呢？自觉证有腹痛，其腹痛是发作性的，痛的部位虽上下左右移动，然多属绕脐之周围作痛；由于瓦斯充满，有时膨胀，有时急行缩小。又腹中有雷鸣，或呕吐，或便秘，或下利。虽腹满，腹部一般是软弱的；按压其疼痛部位，疼痛并不增加。腹中有寒冷感，手足冷，自诉恶寒。脉象弦紧，或带紧。

治疗以温法为原则。

大建中汤的中字，与小建中汤的中字，同是指脾胃。汉方所说：“脾位置居中，以助胃之机能。”与现代医学的脾脏是不相当的。也有人说，汉方的脾，就是今日的胰脏。或即如此，也未可知。

建中者，意味是建立已受损伤的脾胃机能。大建中汤是治“中焦虚里”的方剂，照《金匮要略》的分类法，属于塞疝的治剂；而照《伤寒论》的分类法，则属于太阴病的治剂。

《伤寒论》太阴病的症状，与寒疝近似：也有腹部的膨满、呕吐、下利、腹痛等。若下之，则腹部逆而膨满。因此，太阴病的腹满，非实证，而为虚证。又原则上，太阴病虽下利，而不口渴。此盖里有寒，太阴病的治疗，原则上与寒疝同，均用温法。又太阴病的下利，乃由脾虚而起；实其脾则利自止。在《伤寒论》，对此有云：“伤寒，脉浮而缓，手足自温者，系在太阴，太阴当身发黄；若小便自利者，不能发黄，至七八日，虽暴烦下利日十余行，必自止。以脾家实，腐秽当去故也。”若从经络思想来看，足太阴为脾经，依《千金要方》的说法：若邪在脾胃，阳气衰，阴气盛，则中寒、肠鸣、腹痛，若脾气弱，则下利。在脾虚寒条，右手关上脉重按之虚者，为足太阴经之病，有下利、腹满、宽上逆、呕吐、发黄疸、心烦、不得安卧、肠鸣等症。通览以上各说，《金匮要略》的寒疝、《伤寒论》的太阴病、《千金方》的脾虚寒病，实为同一病，由于分类法的异趣，所以产生了不同的名称。

大建中汤的适应症

腹证　大建中汤，虽依其特异的腹证，诊断比较的容易，但也不一定经常不变地出现《金匮要略》所指示的那种定型的腹证。肠的蠕动不安，是大建中汤证所屡屡见到的；但蠕动若能直透腹壁而望见的话，又有禁忌用大建中汤的情况。在桂枝加芍药汤、小建中汤、人参汤、旋覆花代赭石汤、半夏厚朴汤、真武汤、当归四逆汤等，也有蠕动不安的见证。因此，蠕动不安一事，不能决其为大建中汤证。反之，在皮下脂肪多的肥人，常不能望见其蠕动；又肠管充满瓦斯时，病人只自诉腹部的紧张感，而不能触知其蠕动。十四年前，我患肾脏结石发作疝痛时，龙野一雄先生诊断为大建中汤证：其时腹部紧满，是用大柴胡汤也颇相宜的腹证。但服了大建中汤后，只一刻儿，腹部轻快，疼痛如拭去，便出结石二枚。肾脏结石的疝痛发作，颇可视为大建中汤之对证。其时，腹筋紧张，多不能望见肠的蠕动。

大建中汤的腹证，软弱无力，脐部如拳，其拳犹如埋在腹壁内，又好像是从背脊撑出一只手一样的；然如上述，在腹筋极紧张时，则不显现；这两种情形，都是大建中汤的腹证。

其次，很紧要的，是腹部有“寒”。这个寒，也有患者自觉的主诉，但比较的稀见；也有医师在诊腹时，感觉其寒冷，这也不一定是必发的症状。究之，腹或足部受冷，则疼痛增剧；温其腹部，则疼痛缓解。

腹痛　如《金匮要略》所指示，在定型的见证，有腹痛。这腹痛，有消有长；疼痛的部位；有移动的倾向。疼痛的部位施压，并不增痛。若是胃肠周围炎，而呈现大建中汤证，则患部必有压痛。然而在大建中汤证中，也有完全不见腹痛的异例。在我开业执行汉方医业的第二、三年顷，有一年约30的妇人来诊。其人肥满而血色不充，长年间神气抑郁，自诉耳鸣。据称方法用尽，总治不好，故来求治。当时她的脉象怎样，已经记不起了，只记得腹证是膨满而软弱无力，老是冷，但不腹痛。我即处以大建中汤，而奏奇效，迅即全快，她一家从此都信仰汉方了。此后，这个患者，无论患了什么病，一用大建中汤便见效。难波抱节氏的《类聚方集成》中，在运用部分引用《伤寒序论》说：

“太阳病，重复发汗，阳虚耳聋，又手自冒者，慎勿误用小柴胡，宜大建中汤。”

呕吐、便秘、下利、腹痛剧烈则引起呕吐；不伴腹痛而呕吐的，是很罕见的。

在大建中汤说，伴有下利者少，毋宁说通便不畅的还多些。大便不管是软的也好，总是不容易解出。又有些像兔粪的。虽经常便秘，但用大黄剂反引起腹痛和里急后重，多数是禁用下剂的。举例如下：

“曾治番町旗下士某之妻，年二十四五，平素有心下冲逆剧痛之宿疾，一日照旧发作，冲逆甚，呕吐不能纳药，处方用千金坚中汤加吴茱萸。而呕逆愈甚，剧痛不能吸气。大便结鞕，腹里拘急甚。因考虑此病究宜辛温乎，宜苦寒乎？踌躇间，有老针医在侧谓：恕我一看，此病何不一用大建中汤？我甚感此针医之言，即于药笼中取药调剂，以药汁渐时，剧痛顿止，而得伟效。”（《温知医谈》——冈田昌春）

此文所举之大建中汤证，不可忽略。

手足厥冷　大建中汤证的患者，一般见冷症，特别是腹痛发作等场合，厥冷为甚。

老医口诀云：“厥冷而致腹痛乎？抑腹痛而致厥冷乎？又以虫积为首之各种积证，治其急痛之厥冷，用大建中汤有神妙之功，尚无人知也！”

脉　有迟弱者，亦有弦紧者，浮大者，殊无一定。但重取则无力。

舌　无苔而濡湿，但有时见薄白苔。

体温　体温如何无关必要。但体温上升者，若认为有里寒，用之亦佳。盲肠周围炎及德氏窝脓疡，也有呈大建中汤证的，其时体温多上升。我曾有一病例经验，盲肠周围炎，体温在38度以上，用大建中汤，脓疡自向肠内消破，由肛门排出多量臭脓，而获全治。星野俊良氏也曾报告一例德氏窝脓疡用大建中汤，脓疡亦自向肠内溃破而获全治之病例。

依以上的适应证，大建中汤可活用于肠蠕动不安症、肠疝痛、肠捻转、肠管狭窄、蛔虫、肾脏结石、蚓突炎、腹膜炎、胃肠无力症、胃下垂症、胰脏炎等。

大建中汤方及其用量

大建中汤由蜀椒、干姜、人参三味组成，煎成后和入胶饴。《金匮要略》载：

大建中汤方　蜀椒二合去汗　干姜四两　人参二两

右三味，以水四升，煮取二升，去滓，纳胶饴一升　微火煎取一升半，分温再服。如一炊顷，可饮粥二升，后更服。当一日食糜，温覆之。

以上说明了大建中汤的煎法及服用法上的注意点。

蜀椒即山椒实的壳，其中的种子为椒目。大建中汤是不用椒目的。“去汗”者，炙去其汗之意，即依炙法使其油沥出，如出汗也。蜀椒之去汗与否，其药效迥异，此处不熬述。服大建中汤后，继进温粥，以被温覆，是颇合理的处理，但今日一般未照办。

关于大建中汤的用量，《汉方杂志》曾讨论过；《类聚方广义》的分量，是照《金匮》原文，是过重的。蜀椒干姜用量过多，曾引起种种副作用。

我的经验，对于蜀椒二克、干姜五克、人参三克，而见好转的患者，改用蜀椒四克、干姜八克，忽引起了皮肤炎。又有某患者引起全身浮肿；某患者引起干咳频发而苦不眠；某患者引起膀胱障碍，尿频而排尿作痛。然此等症状，一经减少蜀椒干姜量，均告消失。我与木村、矢数两先生共同协定的《汉方处方大成》，以蜀椒二克、干姜五克、人参三克、胶饴二十克，为一日量；但近年来我常减量使用，即蜀椒一克半、干姜克三、人参二克、胶饴二十克。

在《内科方林》一书中，对大建中汤分量有云："今日用法，每剂约二两，椒、姜等分，参半其量是也。胶饴约入二钱。"如此说来，即其用量，蜀椒、干姜各约三克，人参约一克半。（此段中之两与钱，为日本衡量，与我国不同——译者注）

［《广东中医》1958，(6)：7］

从血吸虫病的治疗研究谈到仲景“六经”的运用和发展

杨志一

几年来，中医药治疗血吸虫病曾发挥了一定的作用。我们在临床摸索中，比较深刻的体会到该病是一种复杂而顽固的慢性疾病，专在方药上打圈子，是不能够解决问题的。通过实践，在现场交换意见和临床观察的过程中，大家认为：六经分类，是一个切实可行的有效方法。为血吸虫病提供了研究线索，在临床上能起着指导作用，并能改进治疗方法，提高疗效。前人曾经告诉我们："凡病不外六经，精于伤寒法，乃可通治杂病"①。血吸虫病属于中医杂病的范畴，我们接受前人的经验，因而把仲景“六经”运用在血吸虫病的治疗研究上②，实质上便是发展仲景学说。关于六经分类总结，还有待于精密的统计和分析。在未作出系统总结以前，仅就个人在临床观察的一些体会，提供研究和讨论。

一、交叉出现的类型及其重点

仲景“六经”所以能够包括外感内伤，所以能够反映各种病情，正因为它是表里相传，相互联系的一个有机体，而不是孤立的对待某一经或某一症候群。如血吸虫病表现在“六经”的类型情况，正复如此。它的表现形式有三：①三阳相互交叉，②三阴相互交叉，③三阴与三阳相互交叉。兹列表分析如下：

表一　六经交叉出的类型

<table>
<tr><td rowspan="10">六经</td><td rowspan="4">三阳</td><td rowspan="2">向表症</td><td colspan="2">少阳兼太阳——寒热微呕，支节烦疼。</td></tr>
<tr><td colspan="2">少阳兼阳明——往来寒热，心下痞硬。</td></tr>
<tr><td rowspan="2">向里证</td><td colspan="2">少阳兼太阳——腹满泄泻，舌白不渴。</td></tr>
<tr><td colspan="2">少阳兼厥阴——热利下脓血。</td></tr>
<tr><td rowspan="6">三阴</td><td rowspan="2">向表症</td><td colspan="2">厥阴兼少阳——脘胁痞胀，往来寒热。</td></tr>
<tr><td colspan="2">厥阴兼阳明——脘胁痞胀，潮热便秘。</td></tr>
<tr><td rowspan="4">向里症</td><td rowspan="2">厥阴兼太阴</td><td>肝乘脾——腹胀青筋。</td></tr>
<tr><td>肝乘肺——喘满肿胀。</td></tr>
<tr><td rowspan="2">厥阴兼少阴</td><td>肝肾合病——肿胀、小便不利。</td></tr>
<tr><td>阴阳枯竭——身黄枯燥、腹满呃逆，神昏譫语。</td></tr>
</table>

从上表所列，我们可以看出，六经相至交叉所形成的复杂关系，它不是单独一经出现，而是生克相传，某经必挟某经。它不是阴阳分割二者不相往来，而是表里出入，阴阳转移，为病理机转顺逆的关键所在。它不是各经齐见，漫无所归，而是表里相传，各有标本主次。在三阳则以少阳证为主，在三阴则以厥阴证为主。因此，我们必须掌握全面，抓住重点，然后施诸临床，才能运用自如，不致有顾此失彼之处。再就现有晚期血吸虫病临床观察，根据初步分类统计，其中以厥兼太阴类约在三分之二以上，这一重点类型，在《伤寒论》叫作“肝乘脾””，在《金匮》书中叫作“肝病传脾”。中医的理论是“生尅相传”“肝木侮土”，与晚期血吸虫病的发展过程，似无不合。

表二　肿胀虚（寒）实（热）症状鉴别

<table>
<tr><td rowspan="3">肿</td><td rowspan="3">虚症</td><td>色：面色苍白，神气不振，唇舌淡白而润。</td></tr>
<tr><td>脉：弦细濇弱，或迟或数。</td></tr>
<tr><td>症：腹满时减，膨满时减，膨胀而松软，脐部突出，大便溏泄，小便清白，下肢浮肿。</td></tr>
<tr><td rowspan="3">胀</td><td rowspan="3">实症</td><td>色：面色苍黄，神气一般，唇红，舌黄白干燥。</td></tr>
<tr><td>脉：弦数有力。</td></tr>
<tr><td>症：腹满不减，膨胀而急迫，多脐平，大便秘结，或便泄而里急不畅，小便黄赤。</td></tr>
</table>

说明：①上表所列，主要是鉴别虚实，一般症状不列。②水肿与膨胀，原是两种疾病，但往往二症并见，其表现于色、脉、症的虚实情况，亦大致相同，故合列一表。③虚证多寒，实证多热，对痞块偏湿或偏热的辨证，此表亦可合并参考。

二、治疗方法的改进

我们抓住上述重点：①从《伤寒论》“肝乘脾”与“肝乘肺”，结合《金匮》“肝病传脾”虚实论治的法则，为晚期腹水患者提出了虚实分治的办法，以免误犯实实虚虚之戒。②根据《金匮》妇人杂病“水与血结”的论点，由“水证分治”进而提出了“水血兼治”的办法，为晚期高度腹水膨胀而急，青筋暴露，用逐水剂而水不得下者。拟制柔肝丸，以缓解其急迫症状。本着急则治标，缓则治本的方针，对部分腹水消而复发的患者，提出了“标本兼顾”的办法，以巩固其疗效。④从《内经》“诸腹胀大，皆属于热”，“诸湿肿满，皆属于脾”，结合六经六气，厥阴风木，内寄相火，太阴湿土，非温不化等学说，因而提出了肝脾分治的办法，为晚期痞块患者作进一步处理。其具体方法，见表三。

从下表所列，我们又可以看出，对肿胀虚实论治和痞块肝脾分治的具体情况。在临床应用过程中，对最高疗效已取得了一定的促进作用，特别是“虚实论心”与“水血兼治”的办法，为晚期高度腹水患者作进一步处理，疗效尤为显著。腹水消除以后，并无反复现象发生，这是值得我们重视和推广的。

表三　肿胀虚实论治与痞块肝脾分治

<table>
<tr><td rowspan="15">厥阴兼太阴</td><td rowspan="10">肿胀</td><td rowspan="6">肝乘脾</td><td rowspan="3">偏虚症</td><td rowspan="2">阳虚</td><td>温阳利水－禹余粮丸</td></tr>
<tr><td>温补兼攻－温补遂水丸（即附子理中汤合甘遂末）</td></tr>
<tr><td>阴虚</td><td>清肺利水－外台亭力丸（阴竭者难治）</td></tr>
<tr><td rowspan="3">偏实症</td><td colspan="2">湿浊：行气消水－王氏厚朴散</td></tr>
<tr><td colspan="2">湿热：泄木和中－小温中丸</td></tr>
<tr><td colspan="2">水血俱结：水血兼治－柔肝丸合甘遂末</td></tr>
<tr><td rowspan="4">肝乘肺</td><td rowspan="2">偏虚症</td><td colspan="2">先补－黄芪建中汤</td></tr>
<tr><td colspan="2">后枚－王氏厚朴散</td></tr>
<tr><td rowspan="2">偏实症</td><td colspan="2">先攻－三因控涎丹</td></tr>
<tr><td colspan="2">后补－防己黄芪汤加减</td></tr>
<tr><td rowspan="5">痞块</td><td rowspan="2">肝积－瘀热－养肝消瘀</td><td colspan="3">血结：养肝消瘀－柔肝丸</td></tr>
<tr><td colspan="3">干知：消瘀通络－大黄䗪虫丸</td></tr>
<tr><td rowspan="3">脾积－瘀浊－温脾化瘀</td><td colspan="3">内服：茴香消痞丸</td></tr>
<tr><td rowspan="2">外治</td><td colspan="2">实验消痞膏</td></tr>
<tr><td colspan="2">化脓灸（即瘢痕灸）</td></tr>
</table>

三、病案举例

患者：林某、男、27 岁、农民、江西丰城人。于 1958 年 4 月 4 日入院，主诉为上腹部痞块已 10 余年。大腹膨胀，四肢消瘦乏力凡四月余。

缘患者于 10 岁时，即患疟疾，腹部发生痞块，经常便血，痞块日渐增大。于 53 年大便检查发现血吸虫卵，曾进行锑剂治疗。三、、四年来，食欲如常，痞块无变化。自 57 年起，身体渐消瘦无力，同年九月间曾一度发热咯血，至今年一月腹部膨胀，劳动力完全丧失，曾入南昌专区血防站治疗，服外台亭力丸 20 天，症状减轻而自动出院；一月后又因腹水反复增长而再度入院。

诊察：面色苍黄，肌肉消瘦，肌肤不甲错，大腹膨胀，腹壁光亮绷急，青筋赤络满布，左胁胀痛，食后胀甚，五心烦热不得眠，下肢微肿，大便溏黄不畅，小便短赤，口干，唇黯红，舌白质红而燥，脉弦濇带数，（腹圆：平脐 93 公分，膊上 106 公分，体重 49 公斤，大便沉孵阳性。）

病因：肝经瘀热兼停水

病所：厥阴兼太阴（肝乘脾）

立法：养肝消瘀兼行水（水血兼治）

处方：柔肝丸合甘遂末

服法：柔肝丸，每服二钱，日三次。间服甘遂末，每次三分，空心服，日一次。

附柔肝丸方：当归五钱　赤芍三钱　丹参五钱　桃仁三钱　炒水蛭二钱　五灵脂三钱　醋炒莪术二钱　炒甲珠二钱　酥鳖甲五钱　川玉金三钱　桂枝一钱五分　大黄一钱五分，共 12 味，研细末，炼蜜为小丸（孕妇忌服）。剂量：按病情需要，增加配制。

治疗经过：患者再度入院时，照服外台亭力丸，水不得下，腹胀反增剧，经诊察后，认为水血俱结，法宜兼治，但肌肤甲错未现，干血之证未成，途改用柔肝丸，药后一同，小便渐长，间服甘遂末，即大便得畅泻。服药 40 天，腹壁松软，急胀感大减，青筋赤络转淡，左肋下痞块可触及，下肢浮肿完全消失，精神食欲均显有进步。腹围：平脐 84.5 公分，脐上 94.5 公分，体重 44 公斤，尚在继续治疗观察中。

四、小结

《伤寒》与《金匮》，是仲景学术思想的混合体。同是渊源于内、难经的。我们运用六经辨证方法，必须密切联系《金匮》，二者不可偏废。这样，才能更好的把各种疾病系统分类，并能够充分体现中医理、法、方、药的特点。过去，陆渊雷在《金匮今释》自序中说：“方术则中土，理法则远西”，因而造成了“西医诊断，中药治疗”的偏向，使中医学术发展上受到了一定的影响，从今天来看，这种偏向，必须从基本上把它扭转过来。

“肝乘脾”与“肝乘肺”见于《伤寒论》太阳篇；脾”是继承内难经五行生尅学说发展而来的。

正如苏联专家B·T·华格拉立克教授所说："中医阴阳五行的理论，是作为脏器相关和治疗措施相关学说基础的基本思想"又说："在中医概念中，认为脏器不仅是形态学上的一个单位，而且是一个机能单位，这种认识，肯定是进步的[3]"这些有力的启示，今从血吸虫病临床运用"肝病传脾"的现实意义来看，更可以证明他的正确性。因此，我们对陆渊雷《伤寒论今释》"肝乘脾"条下所附"纵横云者，依五行为说，仲景不言五行，不言五脏——此二条非仲景之言"等说，认为是不符合实际的。

参考文献

[1] 医学举要. 清·徐玉台辑.

[2] 试论血吸虫病的六经分类. 杨志一. 江西中医药 1958年5月号.

[3] 对中医学研究和科学论证方面的见解中华医学杂志. 1956年第10号.

[《江西中医药》1958，(8)：6]

谈谈热入血室

俞长荣

"热入血室"最早见于医籍记载的，要推伤寒论和金匮要略。伤寒论说："妇人中风，发热恶寒，得之七八日，经水适来，热除而脉迟身凉，（金匮作"热除脉迟身凉和"）胸胁下满，（金匮无"下"字）如结胸状；谵语者，此为热入血室也，当刺期门，随其实而写之。"（"经水适来"原在"发热恶寒"下，文义不顺，依山田氏意改。"写"赵本作"取"。）又说："妇人伤寒发热，经水适来，昼日明了，暮则谵语，如见鬼状者，此为热入血室。（金匮有"治之"二字）无犯胃气及上二焦，必自愈。"又说："妇人中风七八日，续得寒热（"得"金匮作"来"。）发作有时，经水适断者，此为热入血室；其血必结，故使结疟状，发作有时，小柴胡汤主之。"又说："阳明病，下血谵语者，此为热入血室；但头汗出者，（金匮无"者"）当刺期门，（伤寒论无"当"，依金匮玉函千金翼补）随其实而泻之，濈然汗出则愈。"（"则"金匮作"者"）由以上四条文看来，二书关于热入血室的证候及治疗的记载，大体是相同的。益信伤寒、金匮原为一书，后人才把它分开，因相互传抄，所以个别文字有些出入。

热入血室是什么病？

热入血室相当于现代医学什么病名？很难解答。要弄清这个问题，首先需要明确"血室"究竟是什么，然后再来讨论热入血室是什么病。

"血室"是什么？古人有三种不同说法：

1. 主张血室是冲任脉的　例如：成无己说："人身之血室者，荣血停止之所，经脉留会之处，即冲脉是也。"吴又可说："血室者一名血海，即冲任脉也，为诸经之总任。"方有执、喻嘉言、钱潢、林澜等都赞同此说。

2. 主张血室为肝的　例如：柯韵伯说："血室者肝也，肝为藏血之藏，故称血室。"

3. 主张血室是子宫的　例如：陈自明妇人良方说："巢氏病源并产宝并谓之胞门、子户，张仲景谓之血室。"卫生室鉴说："血室者，素问所谓女子胞，即产肠也。"张仲景岳类经附翼说："子户者即子宫也，俗名子肠，医家以冲任之脉盛于此，则月事以时下，故名曰血室。"程式医彀说："子宫即血室也。"

主张血室为冲任脉的理由是依据素问"女子二七而天癸至，任脉通，太冲脉盛，月事以时下"的说法。但这里必须指出，仲景著书立说是主张凭脉辨证，不言经络。他虽然沿用素问六经，但彼此观点并不相同，更与灵枢的手足五经不相牵涉，何况冲任脉又是属于手足六经以外的奇经八脉之一。因此仲景决不会把血室说为冲任脉的。不过我们也要承认：伤寒、金匮条文，并不是条条字字都是仲景本意，它们的内容有三个部分，其中绝大部分是仲景总结前人经验，再结合自己临床实践写作出来的，有一部分仅是前人的旧作，未必通过仲景临床实践，但他也收载入书；还有一部分即是后人搀入或注文误入正文的。"热入血室"四条，笔者认为"小柴胡汤"这一条是仲景本意，其余三条都是因袭前人旧作。"血室"名称是早在仲景以前就有，也可能是医经派的术语，他们认为"月事以时下，是由于"任脉通，冲脉盛"在古人的想象中，实包含有月经周期来潮的生理过程意义，把血室指为冲任脉，有它一定的根源。

柯韵伯说血室为肝，也有他一定的理由。因为古人所称的"肝"除体会为藏血器官以外，还包括一部分神经官能在内。古人以肝属木，欲其畅达；认为月经不调，系"肝木抑郁"所致。许叔微说："妇人平居之日，水常养于木，水本相生，则荣养血室。"我们如果不否认历史看事物的话，古人这些说法还有其一定的参考价值。

至于主张血室是子宫的，似乎较前二者所说为具体。他们认为子宫是藏经血的所在，如果经血充满到一定程度，便能及时而下，所以子宫即血室。

按月经是子宫黏膜表层组织崩溃而发生定期性的流血现象，而月经来潮却又和卵巢的泡囊成熟、排卵、产生黄体而至黄体退萎等一系列的变化所关联；这些变化又都要受脑垂体前叶和卵巢内分泌的影响，是一种颇复杂的生理变化现象。古人因条件限制，生理认识比较笼统，这是应该原谅的。我认为以上三种说法，都有他们的理由，都值得参考。依文字来说，血室即子宫是对的，但这里不能把它单纯看作为一个实质器官，而应该理解为"营月经生理作用的机体机能，（包括古人所想象的冲任脉、肝等）。

"血室"既然体会为营月经生理作用的机体机能，那么"热入血室"就容易理解了，它就是月经来潮前后，由于机体其特殊生理作用而感染热性病所发生的各种症侯的代名词。这种病不仅古代医学文献有记载，即我们在临床上确也很常遇见，究竟相当于现代医学什么病？还不能解答。通俗伤寒论把它定为"临经伤寒"可以参考。不过我认为，只要领会其中意义，热入血室就称"热入血室"亦未尝不可。

历代医家对热入血室的不同看法

唐宋以后，医家对本病的看法颇不一致，有的认为热入血室是男女所共有的病，如成无己、方有执、张隐庵、喻嘉言等，有的认为热入血室为女子所独有的病，如陈自明、汪琥等。有的认为小柴胡汤是治热入血室的主方，如许叔微、徐大椿等；有的即加反对，如叶天士、王孟英等，有的并认为小柴胡汤之用于热入血室怀疑为"寒入血室"，如樊星环。

笔者认为热入血室为男女所共有的说法是有值得商榷之处。他们以为：冲脉为男女所共有，睹照之血朝会于冲，男子运行生精，女子则上为乳汁，下为月水；又因为冲脉起于肾下，出于气冲，并足阳明经，阳明内热，邪气方得而入，所以把"阳明病下血谵语，此为热入血室"这一条解为兼指男女而言。因为冲脉"并足阳明经"这条热入血室又属"阳明病"，恰好凑合起来，这样说法未免附会强解。"经"是经络线路，"病"是症候群。仲景所说的六经和灵枢手足六经意义根本不同，碰巧强合实难令人满意，此其一。伤寒论太阳篇热入血室三条，都有明称"妇人伤寒、中风""经水适来、适断"可风热入血室明系指妇人症候。阳明病热入血室这一条，因为没有冠上"妇人""经水"等字，有些注家便钻这空子，见仁见智断为男女所共有之证，而喻嘉言以一代名医竟然于"尚论篇"直指为男子病，可谓"智者之失"了。其实仲景于条文文字各有其相互详略之处，有某些条文必须互相参证，才能领悟出所以然的道理来。考阳明病谵语各条，均系里热内实证，都是以承气汤类为主，独本条（按阳明热入血室条）则系热性病适发生在月经来潮前后而成。因有高热，所以冠上"阳明病"；因行经，故称"下血"；因谵语，特标出"热入血室"四字；其用意在与阳明"内实"的谵语有别。太阳篇三条既明言热入血室是妇人经水适来、适断而起，这条自不必反复重提；这条主旨不在重述热入血室的症候，而是要人识得热入血室与阳明内实的谵语有所鉴别，因此文字也较省略。这是古人"略主举客"的文法，读者须详细思考，此其二。读古人书，不可盲目崇奉教条，必须将理论验诸事实。历代以来有关热入血室的治验记载均指为女子病，未尝见到有治疗男子热入血室的病例。金匮热入血室四条均载在"妇人杂病篇"是有见地的，此其三。因此我认为热入血室是妇人月经前后感染热性病所发生的症侯群。

热入血室的症状与鉴别诊断

热入血室的症状，依伤寒、金匮两书记载，大约可归纳为如下三种：

1. 恶寒发热，发作有时如疟状或高热。

2. 胸胁下满如结胸状。

3. 谵语，视觉错乱（如见鬼状）

鉴别诊断：

1. 疟疾　热入血室症状有时和疟疾很相类似，但热入血室热退后其他症状仍不减，或热竟不退，不象疟疾热退后病者便不觉有别的痛苦，且查询是否发病于行经前后，可作鉴别。

2. 结胸　热入血室是胸胁下满，结胸是心下鞕满而有疼痛。

3. 阳明里实　同有高热谵语，但阳明里实是因燥屎结于肠间所致，宜参以腹诊，属承气汤类证；热入血室则无燥屎结于肠间，而是因为热邪陷入血室所致，必在妇人行经前后，属柴胡汤类证。

治　法

1. 伤寒学说的治法

（1）小柴胡汤：伤寒论热入血室适用小柴胡汤而有明文记载的仅一条，其他三条是仲景因袭前人旧作，不敢妄下主方。其实热入血室症状和少阳病颇接近，应用小柴胡汤的机会较多，所以其他各条，前贤如陈自明、朱肱、汪琥等亦主用小柴胡汤。我认为仲景虽不妄下主方，但他教人辨证治疗，所谓"有柴胡证但见一证便是，不必悉具"，观热入血室表现诸症状，则小柴胡汤仍不失为本病主方。

（2）刺期门：以胸胁满为主。（笔者按：阳明下血条，虽不言胸胁满，但观“随其实而泻之”六字便明。该条标出“但头汗出者”示人以虽然头部有汗而身上无汗，仍可用刺法促其发汗。）

（3）无犯胃气及上二焦：“无犯胃气”是说不可用下法，各家意见大都相同。但无犯“上二焦”意见就有分歧，徐大椿解为莫用汗下法，汪琥就解为汗吐下法皆不可用，均说得合理。至于该条有“必自愈”三字，成无己解为“不须治而愈”，程林解为“待其经行血去，邪热随血出而解”陈修园以“无方之治深于治”皆不可信。

2. 温病学说的治法　王孟英说：“温邪热入血室有三证，如经水适来，因热邪陷入而搏结不行者，宜破血结；经水适断而邪乃乘血舍空虚而袭之者，宜养营而清热，其邪热传营，逼血妄行，致经未当期而至者，宜清热而安营。”叶天士认为热入血室有伤寒和温病的不同，他说：“仲景立小柴胡汤，提出所陷热邪，以参枣扶胃气，冲脉隶属阳明也，此唯虚者为合法；若热邪陷入与血相结者，当从陶氏（按指陶节庵）小柴胡汤去参枣加鲜生地、桃仁、查肉、丹皮或犀角等凉血散血，使血不与热相搏而后能和解。”樊星环在他的《热入血室广论》内说：“热入血室治法有不同，后人一遇此证不同症状如何，概用小柴胡汤治之，以为本之仲景，而不知杀人于不觉也。”又说：“小柴胡一法，究属可疑，以意度之，殆治‘塞入血室’之方乎？’樊氏于前一段主张小柴胡汤须视症谨慎应用是对的，但后一段竟说小柴胡汤是“寒入血室之方”我就不太同意。

笔者在 18 年前，曾治某校一女工，因外感适月经来潮，寒热交作，心烦胸满，小腹疼痛，合目即谵语，历七八日，服药数剂均未稍瘥，后邀我诊视，断为热入血室证，拟小柴胡汤柴胡用到四钱。病者其夫曾看过一些医书，疑柴胡用量过多，发散厉害，惧不敢服。我那时年青血气方刚，跃跃欲试，认为“寒热往来，心烦胸满，非柴胡不解”力主大胆服用，并指出陈修园云“柴胡少用则四钱，多则八钱”相慰勉，结果仅服一剂，诸症悉愈。又 1946～17 年前后，在赤锡多治愈两少女热入血室证，均系高热谵语，小腹疼痛，并皆以小柴胡汤去夏合地骨皮饮取效。因信小柴胡汤确可用于热入血室，但热入血室不能专恃小柴胡汤。

结　语

1. 热入血室在临床上通常可以遇见，究竟相当于现代医学什么病名？还难确定。本病为女子所独有。它是月经来潮前后，机体营其特殊生理作用感染热性病而出现的各种症候的代名词。

2. 热入血室主要症侯为　恶寒发热或高热、胸胁下满或腹痛、神经错觉或谵语；这些症候不一定全部出现或单纯出现，有时仅出现一部分，有时还并发其他症候。临床上首先要注意患者是否发病于月经前后，并须与疟疾、结胸、阳明内实作鉴别。

［《江西中医药》1958，（9）：41］

对《伤寒论》汗法及有关问题的探讨

秦家泰　南京中医学院

一、汗法的意义

汗法即是运用各种发汗药物或其他物理刺激，如火熨、火熏、火灸、温针等，使病者得适当汗出而这到治疗目的之一种方法。本文所述，仅是关于伤寒论中药物发汗方面的探讨。

素问生气通天论：“体若燔炭，汗出而散”。阴阳应象大论：“其有邪者，渍形以为汗，其在皮者，汗而发之”。玉机真藏论：“今风寒之客于人也，使人毫毛毕直，皮肤闭而为热，当此之时，可汗而发也”。此数节经文，对汗法的应用，作了明确的指示。“其在皮者”，即指病邪在表；“毫毛毕直，皮肤闭而为热”；体若燔炭”即证见恶寒发热，是故汗法为开发皮毛，治疗外邪袭于肌表的一种方法。

二、汗法之运用

内经对于汗法的运用，只有原则性的指示，至后汉张仲景著伤寒杂病论拟证立法，依法处方，于汗法之运用，始臻具体，论中首先叙述邪袭肌表的特征为“脉浮、头项强痛而恶寒”，继则分“表虚”，“表实”两大证类，而施以不同的解表方剂，如“太阳病、发热、汗出、恶风、脉缓者，名为中风”，此即太阳表虚证，其中以“汗出”“脉缓”为主症；又如“太阳病，或已发热，或未发热，必恶寒、体痛、呕逆、脉阴阳俱紧者，名为伤寒”，此即太阳表实证，其中以“无汗”“脉紧”为主症。文中虽不明言无汗，但以恶寒，脉阴阳俱紧等证而推之，则实为无汗可知。太阳病表虚有汗者宜用桂枝汤解肌发汗；表实无汗者宜用麻黄汤开表发汗。总之，汗法的目的在于解散肌表之邪，但由于症状的表现不同，所以在使用发汗的方剂亦就有所区别。兹将汗法之应用，分述如下：

（一）正治法：所谓正治法，即针对上述表证之正常治法，其症状表现并不错综复杂，如太阳中风之头痛、项强、发热、汗出、恶风寒、鼻鸣、干呕、脉浮而缓等一系列症状，均系邪侵于外而营卫不和所致。人体感受风邪后，正气起而卫外，则发热，卫阳浮盛于外，则营阴不能内守而汗出，所谓“阳浮者热自发，阴弱者汗自出”，头为三阳之总会，项为太阳之会，太阳受邪所以头痛项强。汗出腠理疏，故恶风寒；阳热壅甚，故鼻塞而息鸣，热气上逆而干呕。总之，上述诸证为卫气偏强，营卫失调所致，故以桂枝汤主之，桂枝有温通卫阳解肌诸作用。芍药有敛阴之功；生姜佐桂枝拟解表；甘草大枣，佐芍药和里，更妙在啜热稀粥以助汗出，但以遍身微汗为宜。柯韶伯云：“桂枝乃滋阴和阳，调和营卫，解肌发汗之总方也”。盖微汗出则邪可借汗而解，营卫和而卫不偏胜，则发热、头痛、项强、汗出、恶风诸证亦随之而愈，此为太阳表虚证解肌发汗之正治方法。”

服桂枝汤后若不啜热粥，则不能达到解肌发汗的作用，仅具温阳和阴，调协营卫之功，作者每以此方加黄芪而不啜粥，治阳虚自汗或盗汗；加黄芪当归以治久病瘥后气血两虚，或虚弱病者，常见用补中益气等方效不显著，而用此方却能收效。是以桂枝加桂汤，桂枝加芍药汤，桂枝新加汤，桂枝去芍药加龙骨牡蛎汤，小建中汤，当归四逆汤等，均并用于解肌发汗之目的，故其方后皆无“须啜热稀粥”“复取微似汗”“将息如前法”（桂枝汤法）等字样。“桂枝加桂汤”，方后指明“所以加桂枝者，以能泄奔豚气也，可知其意不在解肌发汗，而在温肾阳，肾气纳则冲逆降而奔豚亦愈。桂枝加芍药汤为治太阳病，误下而致腹满时痛，因其不具脉浮，头项强痛，恶寒等症故属太阴；其所以用桂枝汤，亦意不在取汗，而在温通阳气，以发越内陷之邪，加芍药以和营止痛。桂枝加生姜芍药人参汤证，虽有身疼痛，但其脉沉迟，故亦非表证之身疼，乃过汗营气俱伤，肌肉失养所致，其所以主以桂枝汤，亦不在发汗，而在温通阳气；加生姜、芍药、人参振奋胃阳而益阴气，以弥补过汗所耗之阴，表阳通，营气以畅，肌肉得养，则身疼脉沉自愈，若重发其汗，岂不使营气愈虚！故本方并非用于解肌发汗，其至明显。他如桂枝去芍药加龙牡汤、小建中汤、当归四逆汤各方，亦不离于调和阴阳之作用，因为属于汗剂范围，不一一详解。太阳中风证兼项背强几几主以桂枝加葛根汤，意在解肌发汗而升其津液，惟桂枝加葛根汤方后云“不须啜粥”、只云“复取微似汗”，似乎不啜粥亦能达到发汗作用，但作者每用此方，若不啜粥，则其效不显，或不效；若啜之，则效如桴鼓，故服用此方后亦当啜粥为是。

“太阳病头痛发热，身疼腰痛，骨节疼痛，恶风无汗而喘，麻黄汤主之”。此即太阳病表实之证治，因寒邪外来，腠理闭密，阳气郁而不伸，故恶风寒而一身疼痛。热不得越而上逆，故头痛无汗而喘，其主要原因乃寒袭表闭，故主治以麻黄汤。麻黄辛温开表，宣通皮毛，得桂枝之温运血行，则其力尤峻，杏仁能宣肺下气以平喘，配以麻黄则其效尤宏，甘草协和诸药以安内攘外，合之则为开表逐邪之剂，毛窍得通，则外寒可去，恶寒身疼可已，邪热外散，则头痛项强喘息自平，此为太阳表实证之正治法。

麻黄汤以麻黄为主，但必佐以桂枝，其效方显，柯韵伯云：“麻黄汤不可无桂枝，桂枝汤不可用麻黄”，此为治表虚证与表实证用药配伍之关键，因表虚自汗，所以无须麻黄之开发，过汗则反致伤阴，或亡阳之变。表实无汗，因为麻黄所任，若无桂枝之通阳，则其达表迟迟，虽汗不彻。故表实证用麻黄汤不可无桂枝；而表虚证误用麻黄发表，则祸不旋踵。

（二）应变法：所谓应变法，即随证应变之治法。因人之禀赋有强弱，受邪有轻重，平素有宿疾或无宿疾等内外因素之不同，故发病也千端万绪。同属表虚证，而有阴虚或阳虚的，或内有宿食积滞的，或因误治生变等不同，所以治表方药亦当随机应变。若表虚证而兼见项背强几几，此乃经纶不利，项背肌肉失养，当于桂枝汤中加葛根，以升津液而解肌挛，若兼阳虚液减而见心烦、微恶寒，脚挛急，漏汗不止等证，则当加入温经回阳之附子，卫阳外固，则漏汗自止，液不外泄，恶寒拘挛等证亦可随之而愈；若太阳病误下，胸阳被损，阴气弥漫以致表不解而脉促胸满者，用当去其酸敛之芍药；如兼卫阳虚而微恶寒者，则又须加用附子；若素有痰饮宿疾，复病中风而兼喘咳，或太阳病误下而表不解，正气上逆而微喘，均可于桂枝汤中加厚朴杏子，以化痰平喘而去表邪，此即表虚证之随证施治方法。然仲景只示人以大法，临床上随机运用当不仅于此，作者每治太阳中风之并咳者，于桂枝汤中加桔梗前胡之类；兼内有寒饮者，加半夏，干姜，细辛，五味子；兼宿食者，加神曲麦芽；并饮停心下，其人呕吐、胸痞、心下悸，则合小半夏加茯苓汤；兼胃寒而呕吐甚者合吴茱萸汤，兼瘀滞者加赤芍、红花、桃仁；兼热郁于里渴而烦者加石膏……等。其中变化一言以蔽之，宜乎其人而已。

表实证虽以麻黄汤为主，亦当因人随证而有所增减，若其表实证而兼内热烦躁者，则当治以大青龙汤，本方组成即麻黄汤倍麻黄加石膏、姜、枣。盖不汗出而烦躁为里热甚，非石膏之辛凉不治，而石膏之辛凉有碍麻黄之开发，故倍麻黄加生姜以胜之，倍甘草加大枣以和之。人每以此方麻黄用量最重，而认为发汗之力最峻，实不知与石膏为伍，有相须为用之意。若表实而并里有寒饮水气，证见于呕喘咳者，则当以小青龙汤发表逐饮，方中麻桂以去表寒，半夏、干姜、细辛、五味子、逐水饮而止咳逆。而又惟恐辛散太过，故用芍药而倍加甘草以缓和之。若表实证之并项背强几几者，则治以葛根汤，以利经纶，而散表寒。小青龙汤与葛根汤，乃麻、桂二方之复方，虽属于表实证，然与麻黄汤、大青龙汤二方证相较，则自有轻重之别，所以小青龙汤证与葛根汤证之身疼腰痛，骨节疼痛等症，多不显著。医者务于此等相同之处，辨析其不同之点，于临床运用时方可丝丝入扣，此乃表实证之随证施治方法。

表虚与表实证，在症状上固有明显的区别，而临床上亦每有介乎二者之间者，故仲景有桂麻各半汤，桂二麻一汤，桂二越婢一汤等之设。试观桂二麻一汤之条文，虽仅言“发热、恶寒、热多寒少，寒热如疟”，但不难理解，恶寒发热之后，必有汗出，不然其热将无已时，虽不知疟疾之大汗淋漓，亦必有微汗，其热乃随之而渐次减除，以其汗出不畅，故发热之时间较长，此即所谓“热多寒少”也。柯韵伯说：“读仲景书，不仅看其有字之处，亦当看其无字之处，需看其表画，亦须见其底板”。以其有太阳病之脉浮，头项强痛，而无口苦、咽干、目眩、故虽寒热如疟，不得称为“少阳病”，因其有时恶寒无汗，而有时又发热汗出，故以麻桂二方合而治之。若表郁较甚，面有热色，面身痒者，可用桂麻各半汤；如其恶寒较轻而汗出显著者，则宜桂二麻一汤；若内热较甚，证见微烦口渴者，宜桂枝二越婢一汤。不得以条文中有“以其不得小汗出”“汗出必解”等字样而认为此等证候无汗出之症状。参看48条：“二阳并病，太阳初得病时，发其汗，汗先出不彻，因转属阳明，续自微汗出，不恶寒，若太阳病证不罢者，……如此可小发汗；设面色缘缘正赤者，阳气郁拂在表，当解之……”。则此等证亦当有微汗不彻，自是昭然若揭。此等证候，每用于太阳伤寒经久失治时多见之，若能潜心体会，自可得其真谛，此三方者即仲景之所谓小发汗也。

少阴病兼见发热表证者，亦可发汗，301条：“少阴病始得之，反发热，脉沉者，麻黄细辛附子汤主之”。302条：“少阴病，二、三日，麻黄附子甘草汤，微发汗，以二、三日无里证，故微发汗也”。此证发热而头不痛，项不强，故不得称太阳病。脉沉而且欲寐，故属少阴，虽不言无汗，而亦意在言外，盖少阴病本不得有汗，若有汗出，则为亡阳虚脱之证。今其表有寒邪，所以发热而无汗，而其里虚寒，故脉反沉，此时若但发其表，则邪去而阳亦亡，若只温里而不发表，则外邪不去，故以麻黄与附子同用。麻黄细辛附子汤与麻黄附子甘草汤，皆属微汗法。柯韵伯谓麻黄细辛附子汤为峻汗剂，有如太阳伤寒之设麻黄汤，麻黄附子甘草汤为微汗剂，有如太阳中风之设桂枝汤；其实并不如是。作者每以麻黄细辛附子汤治两感证之表郁重者，除发热无汗，但欲寐，脉沉等证之外，其人一身微呈青黄色，唇舌青紫，苔白而润，手足微寒，用汤后并不见大汗，反微汗而寒霍然。此二方所不同者，惟细辛、甘草。细辛并非发汗之品，乃散寒逐饮之药，麻黄、附子、甘草汤证，为表寒之郁滞甚轻，故不取细辛之温散。有谓麻黄附子甘草汤证其病已二、三日，病热已轻，故从缓治，此说亦非病之轻重，岂能以日数为定！二方运用之关键，在“无里证”三字中求之。所谓无里证即指少阴之下利或下利清谷等而言，非指里热证之烦躁口渴。此为两感证之随证施治法，亦即仲景之所谓“微发汗”也。

（三）权宜法：所谓权宜法，即以它经症状为主，而兼太阳表证之一、二症状，根据先表后里之治则，权宜汗解之方法。如阳明病兼见脉浮，或阳明病兼见喘而胸满，而其里证不急者，为病邪犹有向外向上之势，故与麻黄汤顺势透发，以减其势，然后视其当前症状而治之。如阳明篇232条：“脉但浮无余证者，与麻黄汤”。太阳篇36条：“太阳与阳明合病，喘而胸满，不可下，宜麻黄汤”。然其必为表实无汗脉浮有力，方为合法。若阳明病而兼表虚有汗者，又当以桂枝汤解表为宜。所以234条：“阳明病脉迟，汗出多，而微恶寒者，表未解也，可发汗，宜桂枝汤”。240条“脉浮虚者，宜发汗……发汗宜桂枝汤”凡此均为阳明病而兼表证者从权施治之法。若太阴病而兼有表证者，也可从权发汗。如276条：“太阳病脉浮者，可发汗，宜桂枝汤”。太阳病为里虚寒证，即兼表证，不得为表实。是以其脉虽浮必弱，即使无汗，亦不可用麻黄汤，所以太阳病无麻黄汤法，此乃太阳病里虚寒不甚而兼表证之从权施治之法，若里虚寒较甚虽兼表证不解，亦当先治其里后治其表，它如少阴病或厥阴病下利清谷而兼身体疼痛之表证者，皆当先温其里，后攻其表。温里宜四逆汤，攻表宜桂枝汤。霍乱吐利止而身痛不休者，宜桂枝汤以小和之，所谓小和即和解其表，非取汗也，以吐利后阴阳俱虚，故方后不云“啜热粥”，也不云“复取微汗”，此又为法外之法，总之仲景之于汗法，既精且备，苟能细加玩索，自可珠矶在握。

三、汗法之宜忌

运用汗法，亦有其一定的法度，服药后宜温复取微汗出为佳，不可令如水淋漓。温复之法，下体宜厚，以阳热必趋于上，阴亦随之，故上部易得汗出；气血盈于上，必缺于下，故下部置厚衣以助之，以求周身漐漐微似汗出为宜。若一服得汗，即止后服，不必尽剂，既不可过汗，亦不可不彻。过汗则伤阴，或表仍不解，或转阳明少阳，甚或亡阳伤阴，轻则如62条所说：“发汗后，身疼痛，脉沉迟”等证；甚则阴虚阳亢，为咽干烂赤，或为吐衄、亡阳之后果；轻则表不解而漏汗不止；重则如38条大青龙汤方后所说：“汗多亡阳，遂虚，恶风，烦躁不得眠”等证，若汗出不彻，必留邪为患，致生它变，185条云：“本太阳病，初得病时，发其汗，汗先出不彻，因转属阳明”。48条：“二阳并病，太阳初得病时，发其汗，汗先出不彻，因转属阳明……”，皆因汗不透彻所致。总之，汗法以表证为宜，但亦必须注意汗之得当，若汗不对证，则变证百出，是故汗法当知所禁忌。凡“里实”“里虚”者，皆所禁用，所谓“里实”，即不恶寒反恶热，烦渴，腹满，便秘，脉沉实等。以其里实，必燥热伤津，发其汗，则阴液更伤。218条：“脉沉而喘满，沉为在里，而反发其汗，津液越出，大便为难，久则谵语”。又221条：“阳明病脉浮而紧，咽燥口苦，腹满而喘，发热，汗出，不恶寒，反恶热，身重，发汗则躁，心愦愦，反谵语……”。又335条：“……厥深者，热亦深，……厥应下之，而反汗者，必口伤烂赤”。均是里实证而误用发汗之弊。所谓“里虚”赅“阴虚”“阳虚”二者而言。阴虚者，一为素体之虚，如50条：“……尺中脉迟，不可发汗……以荣气不足，血少故也。”83条：“咽喉干燥者，不可发汗”。一为患病使然，如“淋家”“疮家”“衄家”“亡血家”“汗家”等，此等病者，脉多细数或虚数，虽病外感亦不可汗，以阴虚之人，复发其汗，重伤津液，则犯虚虚之戒。阳虚患者，证见脉沉，恶寒，肢厥、下利……等里虚寒证，误汗则虚阳外脱，而祸不旋踵，故仲景于少阴厥阴等篇，谆谆告诫，如285条：“少阴病，脉沉细数，病为在里，不可发汗”。286条：“少阴病脉微，不可发汗，亡阳故也”。364条：“下利清谷，不可攻表，汗出必胀满”。虽不言太阴，而意实赅之。”

总之，汗法之设，其目的在驱除表邪，以脉浮，头项强痛，发热、恶寒或恶风，有汗或无汗为其适应脉证，其应用范围虽广，而主要在解太阳之邪。但受邪有轻重，体质有强弱，虽同为风寒所袭，其证则有表虚表实之别，因而在治疗上有开表发汗和解肌发汗之异；而表实、表虚各有其兼证，所以在治疗时又宜随证加减；六经皆有汗法，但均有权宜之法，必于急时行之，得微汗即止。惟少阴两感发热而脉反沉，则当温经发汗，不可单行汗法；而太阴病之下利甚而表未解者，可与桂枝人参汤，此又法中之变法。要之，各随其证而与以的对之方，均宜复取微汗，过汗则伤津、亡阳，不彻则邪留不去，里实误汗则犯实实之禁，里虚误汗则犯虚虚之戒，虚其虚，实其实，皆违禁例。

[《南京中医学院学报》1959；(1)：26]

对于仲景使用大枣的研究

岳美中

大枣一药，在仲景方剂中应用的范围是很严格的，不象现在的人使用大枣，随手在方尾上漫书几枚几枚，有如“随从员”一般。揣测今人的意思，以为大枣是常食的果品，虽饱食无妨，用于方药中，自然是无足轻重的，所以“随手拈来，俯拾即是”。不知大枣虽为果品，而在方剂的配伍组合下，就不同于食物，例如，甘麦大枣汤之治脏躁（现代谓之癔病）小麦大枣都是食品，即甘草一味，也是甘平无毒可饵之物，分之即是日常食饵之品，合之即可治疗神经性之脏躁病，这原因何在呢？是因药物一经组成方剂，内中即发生君、臣、佐的组合性，即所谓相互联系相互制约的作用。但这却不是说药物混合后，就理想的起了什么化学作用，应当理解各个药物，都是它的特殊性的确定性，每一种药物在一定时间内，又都保持着原样在肠胃中流动变化，可是在同时间内又应当看出它的相对特殊性后面的普遍联系，和相对稳定性后面的变化。看不出混合药物——复合剂的内在矛盾和它的矛盾统一，那就落于机械唯物论的窠臼，而是孤独的本草上的单味药物，不是有组织性方剂的药物，就很难谈到在临床上的配合应用了。

中医在临床上一向是采用复合剂，理解到复合剂不同于单味药的道理，才能知道大枣在方剂中的重要性。现在依据仲景的《伤寒》《金匮》，归纳大枣在方剂中的应用及其用量与配伍，恐多不是之处，还望大家予以批评和指正：

一、应用

1. 凡外感病表虚的多用大枣　同样是外感风寒的疾患，在表实的人即无汗，在表虚的人即自汗，自汗即伤津；即属表病，就应当服解表的药，表虚自汗伤津，又再服解表的药，是犯“虚虚”之戒，组方时应当加以顾虑的。那么，在这种情势下，就需要挑选一种补偏救弊的药物，则大枣一味，恰是胜任之药品。《神农本草经》谓；大枣主“少津液，胃中不足”，近人吴凝轩君说：“凡表虚自汗，胃气自和者，即发表剂中均用大枣，以摄持胃中津液”。观仲景的桂枝汤等一系列的方剂中均用大枣，我们从他这具体性的表示上，找到了在外感性疾病使用大枣的规律性。

2. 凡逐水峻剂多用大枣　邹澍《本经疏证》说：“十枣汤用药过峻，恐不特泻去其饮，将尽人之津液尽泻之，故以枣约束营气而存津液也”。柯琴说：“参术所不能君，甘草又与之相反，故选十枣以君之，一以顾其脾胃，一以缓其峻毒”。吴凝轩总结邹氏和柯氏的意思说：“凡逐水之剂，求其不扰肠胃，均有大枣摄持胃中津液”。他又加以发挥说：“夫水饮之为患，蓄在肠胃中为易治，匿在一隅者为难治。如悬饮之水在肋膜之内药力难达之处，若非十枣峻剂，即难奏效。然用此剂时，悬饮固除，而胃中之津液亦连带受损，正如用兵剿匪，匪虽被歼，而地方之元气受伤。故十枣汤之用大枣，正欲摄持胃中津液，敦不致随逐水峻剂以俱去也。尝见十枣汤者，减用大枣五枚，服后二时许，即觉胃中枯燥，声哑干呕，岂非明证乎”？这说明医师用药之际，应当在临床上服药的过程中，深刻地观察事物和现象的本质，揭露出主要的、固定的联系，从而发现它的规律，研究那些决定某一过程的有规律的联系，是科学知识有成效的实践活动的先决条件。晚清周岩《本草思辨》也说：“十枣汤芫花甘遂大戟皆毒药，而并用之以遂饮，且不下水止，饮随下去，则脾伤而液亏矣。药之足以补脾润液而御毒者，无过大枣。若云培土以制水，则峻逐之际，何借于制。夫三物走驶而大枣迟重，相反而适相济，盖与和营卫之用生姜，泻肺满之用葶苈，又初无二致也”。这些人对于仲景应用大枣到遂水峻剂的看法，是正确的，是合乎逻辑的，是合于本草经言大枣的功能的，是认识仲景用大枣的本旨的。

仲景在用峻药下痰饮水饮的方药中伍以大枣，不仅是十枣汤，如皂荚丸之治欬逆上气，时时吐浊，但坐不得卧。皂荚是涤痰的峻药，以皂荚蜜丸如梧子大一丸，不过半钱重，而以枣膏和汤下之。尤怡谓“皂荚味辛入肺，除痰之力最猛，饮以枣膏，安其正也”。又葶苈大枣泻肺汤，治支饮不得息。葶苈是逐水饮的峻药，捣丸如鸡子大一枚，而以十二枚大枣煮水送之。尤怡谓“葶苈入肺，通闭泄满，用大枣者，不使伤正也”。所谓“安其正”“不使伤正”，用来解说大枣的功能，虽属妥当，究嫌抽象，不若邹氏谓“约束营气而存津液”，柯氏谓“一以顾其脾胃”，吴凝轩氏谓“摄持胃中津液”之较为具体。

1956年中医研究院韩刚同志治肝硬变的实证，用小柴胡减去甘草，若肝肿大甚而体气壮者不减甘草亦可，加大枣30枚，去核，煎汤送服子龙丸五粒。服后无痛苦，只溏便一二次。连服几剂，可以消除肝肿，通瘀去胀，功效颇显。这是能师仲景用大枣于峻剂的里面，且善加以变通，而具创造性的革新者。

3. 凡和剂多用大枣　仲景的小柴胡汤、大柴胡汤、柴胡加芒硝汤等和少阳之剂，都用大枣，半夏泻心汤、甘草泻心汤、生姜泻心汤、旋覆代赭石汤等和胃之剂，（仲景煮药通例，凡和剂均去滓再煎，所以谓此四方都是和胃之剂）也都用大枣。和剂用大枣，也是仲景在方剂中标出来的一种规律。

4. 凡挛引强急多用大枣　日本吉益东洞药征：“大枣、主治挛引强急也”。考证：十枣汤证曰（引胁下痛），葶苈大枣汤证曰（咳逆上气），苓桂甘枣汤证曰（欲作奔豚），甘麦大枣汤证曰（藏躁喜悲伤），小柴胡汤证曰（颈项强），小建中汤证曰（急痛），大青龙汤证曰（身疼痛），黄连汤证曰（腹中痛），葛根汤证曰（项背强），桂枝加黄耆汤证曰（身疼痛），吴茱萸汤证曰（烦躁）。历试此诸方，皆其所举诸证而有挛引强急之状者，用大枣则治矣，不则无效也”。东洞用归纳的方法，从仲景的方剂中概括出使用大枣于“挛引强急”的规律性，这样用归纳法得出来的结论。是信而有证，可以遵守的。

此外，脉结代心动悸之炙甘草汤证，是心液缺少；手足厥寒；脉细欲绝之当归四逆汤证，是血液不足；火逆上气，咽喉不利之麦门冬汤证，是胃中的津液不够。或则大枣之用量独多，或者独任大枣而不伍以生姜。在炙甘草汤中，大枣是佐当归补血，在天门冬汤中，大枣是帮助麦门冬增津液。邹澍对大枣补血滋液曾有一段说："津液之为物，周彻上下，偏敷内外，实与营气通速。是故崩漏吐衄，或至盈盆成桶而未止，人之血不若是之多也，其所以然者，曳则津液皆为血耳。人之汗出，或至表被透湿，接连时日而未止，人之津液不若是之多也，其所以然者，则曳血皆为津液耳。大枣配姜而论，则治血者也；离姜而论，则治津液者也，何也？夫血主心，津液汇于腹，枣固主心腹不正之气者也。欲其外行，恐其太泄越，则以枣辅发散之物，使循经由轨潜行暗达，无一往无前之决裂。欲其内守，恐其太凝滞，则以枣辅补益之品，使展布洒陈不遗不滥，无壅淤泛滥之积弊，此枣之所以为枣，与他缓中补虚之药不同者也"。邹氏这种说大枣有补血生津液的作用，实有待于我们在临床上实验与体会。

二、用量

考仲景伤寒金匮用大枣常例，多为12枚，如桂枝汤、小柴胡汤、大青龙汤、葛根汤、吴茱萸汤等。但古人一剂药多作三次服，令人一剂药只作一次服，那么，今剂应当是古剂量的三分之一。大枣12枚，今当折作四枚，炙甘草汤30枚，今当折作十枚，越婢汤、生姜甘草汤均用15枚，今当为五枚，余类推。——十枣汤十枚，葶苈大枣汤12枚，仲景皆为一次量，不在此例。

以仲景用大枣上看，可以明了一个问题，就是使用药物虽极寻常，象大枣也要严格掌握用量。看他在炙甘草汤用大枣配生地黄麦门冬以生血，即用30枚，在甘麦大枣汤配甘草小麦以舒缓强急，即用十枚；在十枣汤葶苈大枣用以摄持胃液，则用量多；在桂枝汤柴胡汤用以调和营卫，则用量少。处处必经心，一枚不苟用，我们继承和发展祖国的医药遗产，在经典著作中，应当特别注意人所不注意容易忽略的地方。近人恽铁樵说："古人不传之秘，都在用量上"，这话启示我们不少。

我们学习和研究古人的方剂，需要了解到它是相互联系相互制约的，不要一味一味的孤立起来去观察，更不更静止的死板的去观察，而是要从病体现象与方剂功能的客观存在上去观察，才能得到它的规律性，可以运用古方而收到相当的效果。不然的话，只是粗枝大叶漫不经心的去使用，一旦收不到预期的效果，反说古方不合于今世，在古人是不能负这份责任的。那么，注意方剂组合的用量，也确乎是使用古方剂时，应当抓住的一个重要环节。

三、配伍

这里只取仲景比较单纯有大枣的方剂，一、容易显示大枣治疗的效能，二、容易见到方剂组织的形式。

大枣生姜，成无己曰："邪在营卫者，辛甘以解之，故用姜枣以和营卫，生发脾胃升腾之气"。邹澍曰："伤寒金匮要略两书，用枣者58方，其不与姜同用者，11方而已。大率枣与姜联，为和营卫之主剂，姜以主卫，枣以主营，故47方中，其受桂枝汤节制者24，受小柴胡汤节制者六，所以然者，桂枝小柴胡俱调和营卫之剂也"。

大枣茯苓　《伤寒正义》茯苓桂枝甘草大枣条云："病人有水气，故以茯苓大枣治水气也"。成无己曰："张仲景治奔豚，用大枣滋脾土以平胃气也"。

大枣葶苈　《金匮要略》肺痿肺痈咳嗽上气病脉证治篇：肺痈喘不得卧，葶苈大枣泻肺汤主之。邹澍"本经疏证"解此方云："水饮壅淤，势宜峻逐，得此则抑药性之太过，固元气之遗余"。

［《辽宁医学杂志》1959；2（2）：41］

《伤寒论》中有关急性传染性肝炎及其转归的初步体会

温碧泉　山西省中医学校

就太阳柴胡证这条原文："伤寒中风五六日，往来寒热胸胁苦满，默默不欲饮食，心烦喜呕；或胸中烦而不呕；或渴；或腹中痛；或胁下痞鞕；或心下悸，小便不利；或不渴身有微热；或咳者，小柴胡汤主之"来看，胸胁苦满或胁下痞鞕为其主证。其他则成为病情之反应，或为病情发展之不同，而呈现的各种症状。论中对这胸胁苦满或胁下痞鞕，作了着重的启发：如"血弱气尽腠理开，邪气因入（这是说明病变之所由亲）与正气相搏，结于胁下（这是介绍发病部位）正邪分争，往来寒热，休作有时，默默不欲饮食（这是指出病情的外发表现，休作有时，是与太阳病之恶寒发热鉴别，默默不欲饮食，则是形容患者精神倦怠，懒于语言，并对饮食感觉淡漠，这个病态的显示，正是由于胁下发病所导致）脏腑相连，其痛必下，邪高痛下，故使呕也（一云：脏腑相连，其病必下，胁膈中痛，这四字最传神。）小柴胡汤主之。"这是论中对太阳柴胡证的明确解说，也是探讨本证的关键所在。我们知道脏腑相连有二：一为肝胆相连，一为脾胃相连，这究竟何所指，论中接着在下条指出："得病六七日，脉迟浮弱（心动过缓）恶风寒，手足温，医二三下之，不能食（消化机能受其影响）而胁下满痛（肝脏发生炎变）面目及身黄（胆管被累）颈项强（肝病反射）小便难者（尿中含有胆汁，水代谢发生障碍）与柴胡汤后必下重。……"把这三条联系起来观察，从五六日的胸胁苦满或胁下痞鞭，到了六七日，发展为胁下满痛病情的表示已很明显，而面目及身黄这一新的症状出现，明显地启示着发病部位当是右胁而右胁则是肝胆区域。胆属腑，肝为脏，（脏结即指肝脏郁结可知）此所谓脏腑相连。肝病则胁下满痛，胆病则面目身黄，颈项强则又为肝病的反射区，这不就标志着肝胆热病吗？肝胆热病的病情表现及其以后的种种转变（发黄"黄疸"，蓄血"血栓形成，血流壅滞"，结胸"肝性腹水"，脏结"慢性肝硬化。）颇多与"急性传染性肝炎"相似之处，今据实用内科学急性传染性肝炎对证如下：

"典型的传染性肝炎，经过潜伏期之后，有前驱期或黄疸前期症状出现。起病缓急不定，一般有发热，达38～39℃或稍高。（相当于往来寒热，或身有微热。）伴以食欲减退倦怠（相当于默默不欲饮食）头痛寒意（相当于恶风寒）恶心呕吐（相当于心烦喜呕）上腹部不适（相当于胸胁苦满，或胁下痞鞭满）或微痛（相当于腹中痛）及便闭或腹泻等症（相当于大柴胡汤证）此时上腹部有压痛（相当于小结胸病）肝脾或已可触及（相当于胁下痞鞭满）偶有淋巴腺肿（相当于耳前后肿）等等。也有重病例高热昏迷等，黄疸出现较早（阳明篇中有三承气治谵语潮热不大便，又有茵陈蒿汤，栀子檗皮汤，麻黄连翘赤小豆汤等治发黄）或黄疸未出现前而死亡"所以阳明篇中有死证。从这些引例来看，太阳柴胡证，及其以后的转变，与急性传染性肝炎，两者基本上是相同的。

"急性传染性肝炎，临床上以胃肠系症状及黄疸为主。"以胃肠系症状为主的阶段，有很多地方和大小柴胡汤证颇多近似之处。腹泻则与生姜泻心汤，半夏泻心汤，甘草泻心汤等三方颇多关联；小柴胡汤去一味柴胡，易以黄连即构成泻心汤；若将芩连易以旋复花代赭石则病偏于胃症状。由于体质不同，反应不同，致病因素的损害程度不等，于是病型轻重表现不同，条中柴胡汤有七或见证，可能就是这个阶段的早期症状的启示。论中云："本太阳病不解，转入少阳者，胁下鞭满，干呕不能食，往来寒热，尚未吐下，脉沉紧者与小柴胡汤。这是一条很好的说明启发。

以黄疸为主的阶段，这时"上腹部疼痛不适"更为显著。论中："伤寒五六日，呕而发热者，柴胡汤证具，而以他药下之，柴胡证仍在者，复与柴胡汤，必蒸蒸而振，却发热汗出而解；若心下满而鞭痛者（这就是上腹部疼痛不适更为显著）大陷胸汤主之；（在急性期内，尚未发生黄疸之前，亦能有水肿及腹水现象，原因难于了解。"结合金匮水气篇探讨，有助于理解，尤其本篇有黄汗的启示，更耐人寻味。）但满而不痛者，柴胡不中与之，宜半夏泻心汤。"（此所谓胃肠系症状）通过这条对比，这是论中在黄疸出现前进行的种种措施，也就是用调整机能的疗法，防止病情的发展措施。上腹部不适，论中举泻心汤类主治，轻型则有栀子豉汤加减主治，汤中栀子能消除血中胆色素，又能消炎，都是说明在防止黄疸出现。如果疼痛，论中又有黄连汤的主治，论中并同时提出大陷胸汤证的疼痛与此鉴别（大陷胸证下文介绍）黄疸出现时，柴胡汤还可对证使用。金匮黄疸云："诸黄腹痛而呕者，宜柴胡汤："黄疸出现后，论中提示："伤寒身热发黄者，栀子蘖皮汤主之。"又说："伤寒瘀热在里，身必发黄，麻黄连翘赤小豆汤主之。"

五六日开始发作（回顾太阳柴胡证）六七日即出现早期黄疸（回顾上文面目及身黄）且迅速加深，论中启示："伤寒七八日身黄如橘子色，（黄疸加深期）小便不利，少腹微满者茵陈蒿汤主之。"正好说明这种情况，亦符合急性传染性肝炎的发展规律。但造成黄疸症状的原因很多，因此联系金匮黄疸篇在一起探讨，就有了必要，这不仅可以窥视黄疸全貌，而先师伤寒杂病论合在一起，亦可得到理解。

"黄疸出现时，上腹部疼痛不适更为显著，出现后常伴有腹满症状。"所以论中有"阳明病无汗，小便不利，心中懊侬者（上腹部不适显著）身必发黄。"（黄疸出现）又有："阳明病，面合赤色，不可攻之，小便不利也。"（尿中含有胆汁）这是与阳明承气证的鉴别，也是论中列在阳明篇中讨论的启发。这些地方，颇可供我们体会。

实用内科学黄疸临床现象："黄疸最先发现于黏膜，以巩膜为最著，再见于皮肤。在反流性黄疸尿液之染有胆汁，常较巩膜为先。"这与论中："阳病汗，小便不利（是短赤，不是不通）心中懊侬者，身必发黄。"伤寒脉浮而缓（心动过缓）手足自温者，是为系在太阴，太阴者，身当发黄，若小便自利者（尿液不合胆汁）不能发黄，后七八日大便鞭者，为阳明病也"等条亦颇相似。尤其是从小便利不利预征是否黄疸病，想见古人经验之丰富而又确实。”心动过缓，见于早期反流性黄疸，血液中有胆盐的潴留”论中脉浮而缓身当发黄的预诊，与此亦相近似。

“急性传染性肝炎，如经久不能完全恢复，则继以肝硬化现象。”“肝硬化为产生腹水原因之一：腹水的形成，由于门静脉梗阻，有时更有门静脉血栓形成，引起门静脉梗阻，血流壅滞，及其血压增高。”这与论中：“太阳病六七日，表证仍在，脉微而沉，反不结胸（没有发生腹水）其人发狂者，以热在下焦，少腹坚而满（可能是血流壅滞所造成）小便自利者（以区别于尿潴留）下血乃愈，抵当汤主之”。“太阳病身黄，（非门静脉性肝硬化之特征）脉沉结，少腹鞕（血流壅滞）小便自利（非膀胱病），其人如狂者，血证谛也，抵当温主之”等条所称蓄血证，很可能由于血栓开始形成逐渐向着腹水发展，（结胸）透过此条；更可联系发黄，蓄血，结胸这三者之同的关系。观夫抵当汤中以水蛭为主药，水蛭能破瘀血，有溶解凝血的作用，配伍虻虫桃仁更足强化其效能。（论中文字排列置于太阳柴胡证之后，结胸证之前，有深义存属。）所以论中以此破坏致病因子，预防腹水的出现，此所谓上工治未病也。轻则用桃仁承气汤，以桂枝桃仁化瘀通络，重则用抵当汤丸，破除瘀血（或即破坏其血栓形成）若失此不治，或治疗不当，于是腹水发生，论中结胸病，根据其临床显示，可能是指这门静脉肝硬化性腹水。这点可从肝炎发展的规律及其转化方向，结合论中有关这些病证的启示，得到体会，论中之将结胸病，殿于抵当汤证之后，太阳下篇之首，其中是有启发之意义存在的。

关于腹水（结胸）“太阳病脉浮而动数，头痛发热，微盗汗出，而反恶寒者，表未解也（黄疸与腹水的前期症状）医反下之，动数变迟（心动过缓）膈内拒痛（肝脏发生炎变）短气躁烦，心中懊憹（上腹部不适，精神不安）阳气内陷，心下因鞕，则为结胸（腹水）大陷胸汤主之；若不结胸，但头汗出，余处无汗，齐颈而还，小便不利，身必发黄也”（这就说明肝炎的发展转化，有两种可能：一为腹水，一为黄疸，本条启示黄疸与腹水之互相关系甚明，因而也可体会到太阳柴胡证，与发黄、蓄血、结胸、脏结之同的关系）这一条辨别门静脉性肝硬化腹水，和非门静脉性肝硬化黄疸甚明。古人在一千七百年以前，就有这样的伟大发现，和准确的经验，于此可证辨证论治方法之性，乃伤寒论之理论与实践结合的精确性，实在使人惊服其研究之深刻，经验之丰富。论中别条引述结胸症状有：“心下痛，按之石鞕，”（肝硬化）“从心下至少腹鞕满而痛不可近者（腹水形成）大陷胸汤主之”等条文。从上述这些条文结合起来认识，不能不使人发现：太阳柴胡证，发黄、蓄血、结胸、脏结等证一系列的发展变化都围绕者急性传染性肝炎这一病变为其转归，脏结证或者就是慢性肝硬化（肝主脏）从而使人联想到先师宗族死于伤寒之多，恐怕急性传染性肝炎，即是其中最主要的一个疾病。

实用内科学急性传染性肝炎症状有：“或曰治疗不当……进入慢性期。易有无力，消化不良及运动后有肝部不适，及肝脏增大现象。轻久则转为肝硬化，或于此慢性期内再有急性发作而死。”这与论中“如结胸状，（形容肝脏增大，肚腹胀满现象）饮食如故（进入慢性期，食欲恢复）时时下利（消化机能还不正常）……名曰脏结。”（似指肝硬化）“脏结无阳证，不往来寒热，其人反静……。”（慢性肝硬化，所以没有急性发作期的表证现象）病胁下素有痞，连在脐旁（指明慢性肝硬化）痛引少腹，入阴筋者（再度急性发作）此名脏结死。”（即实用内科学之此慢性期内再有急性发作而死）从这些条文来看，脏结和肝硬化颇多相似之处，殊堪启发后学领悟。

实用内科学急性传染性肝炎：“在病程经过中……即使在急性期内尚未发生黄疸之前，亦能有水肿及腹水现象，原因难于了解。”这或者与论中五苓散证（或者是纳之代谢失常，根据其症状，姑且这样体会，但不一定正确）猪苓汤证，桂枝去桂加茯苓白术汤证（其症状为心下满微痛，小便不利等证，可能是由炎性渗出液所形成，似结胸病之轻型）苓桂术甘汤证等条文有关。因而应当结合金匮水气篇探讨，水气篇中有黄汗之介绍，这也提供了探讨急性传染性肝炎的许多线索。从伤寒论，金匮这方面有关的条文中，作一个全面的统一的探讨，就可使我们可能进一步了解伤寒论内容，更好地更灵活地运用其辨证论治之方法，分析各种病证，掌握各种病证。而后加以整理提高，使丰富的祖国医学遗产，辨证的辨证论治方法，纳入世界医学内容，充实世界医学的理论体系，使能成为更完整的新中国医学。

“强烈之泻剂应该少用。”承气汤条文，论中谆谆诰诫，这点也说明着实践的真实性与肝炎的相关性。

“过早的劳动，不论在病程中，或恢复期均应严禁。”论中恰巧又以劳复发展。

实用内科学急性传染性肝炎诊断：“在黄疸前期应与其他胃肠系传染，如沙门氏菌感染及上呼吸道感染相区别。”这或者与论中首出麻桂二方及其多方加减与小青龙汤等条文，作为鉴别诊断的提示，这些有关方面，都提供了探讨的线索。

为了选一步探讨，再摘录些实用内科学中沙门氏菌属感染的症状：“通常分为肠热症，败血病，及急性胃肠炎三型：

“肠热症型——腹泻较常见，”论中有关下利条文，特别是热利条文，皆堪供体会。

“败血型——高热持续一至三周之久，极似伤寒……过程中脉搏一般较速，且少有高度谵妄呕吐及腹腹，出血及穿孔，尤为少见。（可考虑白虎承气等证）局限性并发症则比伤寒多：肺部损害，特别是支气管炎，约见于三分之二的病例。”论中小青龙汤证条，和麻杏石甘汤证之汗后，下后，不可更行桂枝汤云云。颇足参考。“大叶性肺炎，胸膜渗液（或系十枣汤证？或葶苈大枣汤肺汤证？）积脓及心包渗出液等也可见到”。（如少阴病，下利脓血者，桃花汤主之。呕家有痈脓，脓尽自愈。及唾脓血之麻黄升麻汤证，均足玩味对比。）其他尚有脓性脑膜炎，心内膜炎，肾盂肾炎，（五苓散与猪苓汤条文，均可供参考。）身体各处浮肿等病例的报告……。”

“急性胃肠炎型——任何沙门氏菌种皆可产生此症状。起病急，先有头痛，寒战，发热，腹痛，继有恶心呕吐及腹胀，排脓血样大便，极似菌痢。”这与论中“太阳与阳明合病者，必自下利，葛根汤主之”。太阳与阳明合病，不下利但呕者，葛根加半夏汤主之。“热利下重者，白头翁汤主之”等条文互相参考，亦可能是论中提供临床的鉴别诊断。

以上所举各条的说明，旨在互相印证，说明问题；并不是说、伤寒论就是急性传染性肝炎论；而是说伤寒论的中心内容，可能是围绕着这一个疾病而论述的，其他的条文，大概是从各方面提供的鉴别诊断；并提出各种不同和互相发明的治疗方法，以启示辨证论治法则之灵活运用。

让我重复一句，学习伤寒论中的辨证论治方法可以灵活地运用于各种疾病。但每一种疾病，都有其实质客观存在，应师仿论中随其证而治之的精神，而活泼地针对现实情况，处方投药。换句话说：自太阳柴胡证及蓄血，发黄，结胸等各证，在某种程度上，颇与急性传染性肝炎及其转化相似？或者伤寒论中包括有传染性肝炎在内。

由于个人水平，不足详细分析，今将初步探讨，提出这点主观看法，当然不一定正确，用以抛砖引玉的愿望，就正于老前辈及先进同道，谨祈指教！今后当分别作专文讨论。

［《山西医学杂志》1959；（2）：7］

从仲景方谈中药的煮法服法

王孟圆

祖国医学遗产，丰富多端，论药性则有寒温升降之分，论剂型则有丸散膏剂之别，而汉张仲景著伤寒金匮，在祖国医学上尤放出灿烂光华，为后世法。惟方剂之煮法、服法、后人读其书者，往往轻率地滑了过去，不予重视。不揣简陋，试将仲景各种煮法、服法作一初步综述。

考仲景煮法有平火、微火、水煮、甘澜水煮，东流水煮、泉水煮……等，兹分述如下：

平火　此是普通一般方剂所用煮药之火，比煮桂枝汤之用微火、小建中汤去滓内饴时所用的微火为大。

微火　如桂枝汤，微火煮取三升；小建中汤，去滓内饴更上微火消解等。

水煮　一般汤剂，均以水煮为多。而又有潦水煮、逆流水煮、泉水煮、地浆水煮之不同。

潦水煮　如麻黄连轺赤小豆汤，以潦水一斗，先煮麻黄再沸，去上沫，内诸药。按李时珍曰；潦水，即降注之雨水。

甘澜水煮　如茯苓桂枝甘草大枣汤以甘澜水煎服。按甘澜水乃用长流水二斗，置大盆中，以杓扬之万遍，有沸珠相逐，取以煎药，可以不助水邪而益脾胃。

东流水煎　泽漆汤中用泽漆三斤，以东流水五斗，煮取一斗五升。

泉水煮　如滑石代赭石汤，以水洗百合，渍一宿，当沫出，去其水，更以泉水二升，煎取一升，去滓，别以泉水二升煎滑石代赭，取一升后，和合重煎，取一升五合。

浆水煮　如半夏干姜散，杵为散，取方寸匕，浆水一升半，煎取七合。按浆水即地浆水，掘黄土地为坎，深三尺，以新汲水沃之，搅浑澄清即得。

空煮　如枳实栀子豉汤，以清水七升，空煮取四升，内枳实，煮取二升。下豉更煮五六沸。

麻沸汤煮　如大黄黄连泻心汤，以麻沸汤二升渍之，须臾统去滓，分温再服。按麻沸汤即百沸汤，可以行经络，助阳气。

去滓再煎　如小柴胡汤，以水一斗二升，煮取六升，去滓再煎，取三升。

酒煮　如红蓝花酒，以酒一大升，煎减半。

水酒煮　如炙甘草汤，以清酒七升、水八升，先煮八味，取三升，去滓，内阿胶烊消尽。

水蜜煮　如乌头汤，以蜜二升，内乌头，煎取一升，即出乌头。麻芍芪草，以水三升，煮取一升，去滓，内蜜煎中更煎之。

苦酒煮　如苦酒汤，用鸡子去黄，内半夏、苦酒，以鸡子谷置刀环中，安火上令三沸。

膏煎　如猪膏发煎，以乱发和猪膏中煎，发消药成。

此外，如侧柏叶汤以水五升、白马通一升合煮；蜀漆汤以蜀漆煮汤煎药；生姜半夏汤以生姜汁和水同煮等等；均是煮药的各种不同方法。

先煮　凡用麻黄的方剂，均先煮麻黄，去上沫，然后入诸药。用葛根者也是同样的先煮葛根。

后内　"内"即"纳"字。如厚朴三物汤之后内大黄，茯苓泽泻汤之后内泽泻等。大抵阿胶、饴糖、鸡子黄、芒硝等药，均须后内，俟他药熬成后再用微火煎化。

又有后内之后再后内的，如大承气汤以水一斗，先煮厚朴枳实，取五升，内大黄，煮取二升，去滓，再内芒硝。

分煎，别煎　如滑石代赭汤，百合与滑石代赭分两处煎后，再和合在一起煎。

古时煎药，用水若干，煮取若干，亦相差悬殊。如一物瓜蒂散用水量仅一升，为量少；泽漆汤以水五斗煮蜀漆，用水量最多；大抵因病因方之不同而参差不等。顿服的用水量少，分数次服的用水量多。煎成量亦如此，自煎取二分之一起至五分之一弱不等（小半夏汤、小半夏加茯苓汤）。

此外，有以小麦、粳米煮熟作为煮成标准的，如白虎汤、附子粳米汤、厚朴麻黄汤等便是。

在这里，我们可以看出仲景煮药法是一次煮成的，不若近时的煮药每次仅用水二三盏，不管药物的气味厚薄，一律分为头煎、二煎，每煎约一杯左右，一次服用。这对治疗上是有问题的，似值得提出研究。

仲景方中，不少有用丸散的，大部分不经煮熬就服用了。有的须经煎熬再行服用。如五苓散、半夏散、硝矾散、桔梗白散、猪苓散、薏苡附子败酱散、四逆散、肾气丸、乌梅丸……等，都不经煎熬饮服。其须经煮熬后服用者，如抵当丸须水煮后服用，半夏干姜散以浆水煎服等。

服法则有温服、小冷服、顿服、平旦服、食前服之别。服药次数有日服、日再服、日三服、温服一升、分温再服、分温三服等等。

按分温再服、分温三服与日再服、日三服是有区别的。日再服、日三服的因病情的关系在服药的过程中不至有很大的改变，不若分温服大有停服或继续再服的可能。且分温服不一定在一天内需要服完，日二服、日三服是在一天内要服完的（当归建中汤分温三服，特别注明一日服尽，可见不注明者不一定在一天内服完）。

凡温服一升、分温再服的，必须注意患者服药后情况。如大承气汤得下余勿服；小承气汤初服汤当更衣，不尔者尽饮之，若更衣者勿服之；百合滑石汤微利者止服；大陷胸汤得快利止后服；桃花汤若一服愈停后服等等。

至于继续服用或加重剂量的，有乌头桂枝汤初服二合，不知即服三合，又不知复加至五合，其知者如醉状；栝蒌瞿麦丸每服三丸，不知增至七丸；乌头赤石脂丸先食服一丸，不知稍加服；十枣汤，若下少病不除者，明日再服。

在仲景方中服药后须食粥助药力的，有桂枝汤、大建中汤、栝蒌桂枝汤、桂枝加黄芪汤。

丸散的服法，如肾气丸、大黄䗪虫丸、土瓜根散、当归芍药散均以酒服；赤豆当归散以浆水服；五苓散、牡蛎泽泻散以饮服；枳实芍药散则以麦粥下；硝矾散以大麦汁服等等。

按仲景法，患者体质之强弱对服药量应有一定的出入。如小青龙加石膏汤，强人服一升，羸者减之；十枣汤，强人服一钱匕，羸人半钱；大乌头煎，强人服七合，弱人五合等。

近时服药，大都很机械的仅服头煎、二煎两次。较多次的服药方法和服药中病即止的方法已为一般医者所忽视，对治疗上难免不发生影响。为了发掘祖国医学遗产，在这一方面值得提出，作进一步的讨论和研究。

[《上海中医药杂志》1959；(2)：9]

试论小柴胡汤方证

陈子厚

小柴胡汤："为少阴枢机之剂，和解表里之总方也"。(《伤寒论翼》)"凡邪气不全在表，未全入里者，皆可用之"(《伤寒约编》)，实少阳病唯一的主方也。少阴病又称小柴胡汤证。《伤寒论》一百一十三方，方名与经病得以互称者，只此一方而已。这就见得它的重要性了。

本方有解热消炎作用，有利尿解凝作用，有健胃利胆作用，有止呕止泻作用，有祛痰镇咳作用，有镇静镇痉作用，有治子宫疾病的作用，有制止疟原虫发育的作用，以其系抗疟药推知有治阿米巴痢的作用，有治黑水病的作用，由于方中有黄芩素故有降低血压的作用，总而言之，本方不特有调整体力、矫正反应的作用，且有病原疗法的功效，应用范围极广，为临床上不可或缺的要方。

根据《伤寒论》所示，本方的适应证，约举如次：

《伤寒论》少阳篇首揭中风伤寒邪传少阳的总纲："少阳之为病，口苦、咽干、目眩也"。金鉴说："凡篇中称少阳中风伤寒者，皆具此证之谓"。然则具有此证者，不问为中风、为伤寒，及其他诸病，皆可准少阳病治之，实亦少阳病诊断法之大纲也。(《皇汉医学》）但伤寒今释以为"柴胡汤为少阳正证，诸者无异词。论中用柴胡诸条，一不及口苦咽干目眩等证，验之事实，柴胡证固有兼此等证者"。那么此等证也就是小柴胡汤的适应证，是无异义的了。

少阳篇 270 条："伤寒，脉弦者，头痛发热者，属少阳"。头痛发热为三阳病公有的症状，但太阳病，脉必浮，阳明病，脉大或实，今脉弦细，故非太阳病、阳明病，而系属少阳病。然则弦细的脉，为少阳本脉，亦即小柴胡汤的适应证了。

太阳中篇 100 条："伤寒五六日，中风，往来寒热，胸胁苦满，默默不欲饮食，心烦喜呕，或胸中烦而不呕，或渴，或腹中痛，或胁下痞硬，或心下悸，小便不利，或不渴，身有微热，或咳者，小柴胡汤主之"。本条指出少阳病的正证，亦即小柴胡汤的主证，或自以下诸证，为所兼的客证，不论客证之有无，皆以小柴胡汤为主治。

少阳篇 271 条："本太阳病不解，转入少阳者，胁下硬满，干呕不能食，往来寒热，尚未吐下，脉沉紧者，与小柴胡汤"。本条论由太阳转入少阳，表现胁下硬满，干呕不能食，往来寒热，脉沉紧等证者，可与小柴胡汤治之。（脉经：浮紧为弦。金匮脉诀：紧比弦粗，劲左右弹。然则紧脉，乃弦脉之劲者）

太阳中篇 101 条："血弱气尽，腠理升，邪气因入，与正气相搏，结于胁下，正邪分争，往来寒热，休作有时，默默不欲饮食，藏府相连，其痛必下，邪高痛下，故使呕也，小柴胡汤主之"。本条论少阳本经自病的证治。

从上引各条，可以看出，凡所谓少阳病者，不论由太阳转入，或少阳本经自病，其表现往来寒，胸胁苦满，心烦喜呕，默默不欲饮食，口苦咽干目眩，脉弦细，或兼有一二客证者，皆以小柴胡汤为主治。

同篇 106 条："伤寒、中风，有柴胡证，但见一证便是，不必悉具"。前辈医家如刘楝氏以为"凡柴胡汤正证中，往来寒热一证，胸胁苦满一证，默默不欲饮食一证，心烦喜呕一证之四证中，但见一证，即当服柴胡汤，不必诸证悉具"。出田正珍氏以为刘氏此解，至为正确，深表同意。并谓"征之论中，用柴胡诸证，有但认胸胁满痛而施者，有但认胸胁满不去而施者，有但认胁下硬满，不大便而施者，可以见其说之正矣。成无己钱潢诸人，皆以其所兼之客证言之，胸中烦而不呕为一证，渴为一证，腹中痛为一证，胁下痞硬为一证，心下悸，小便不利为一证，不渴身有微热为一证，欬为一证，非也。程应族氏于少阳篇，口苦咽干目眩中求焉，亦非也。此等证候，诸经通有焉，岂足但就一证，以定少阳柴胡部位乎?"此说虽是，然亦未允。考论中未有但就一证以定病位者。虽有时在某种情况下以脉浮、呕、等证，代表太阳、少阳、阳明证，然究属例外，不可一概而论。如果将各证孤立起来，则往来寒热、胸满胁痛、心烦、喜呕默默不欲欲食、口苦、咽干、目眩等证，非少阳病亦有之，不足为诊断少阳病的依据。笔者以为本条大意是说，不论伤寒或中风，若现柴胡汤主证之一，如往来寒热、胸胁苦满、默默不欲饮食、心烦喜呕、口苦咽干目眩等证，而无太阳、阳明及三阴等证者，则其病必在少阳，故可据之处以小柴胡汤，不必诸证悉具也。论中柴胡汤证诸条，莫不具此精神，兹举例引证如次：

太阳上篇 39 条："太阳病，十日已去，脉浮细而嗜卧者，外已解也；设胸满胁痛者，与小柴胡汤；脉但浮者，与麻黄汤"。太阳病经过十日以上，表现胸湍胁痛等证，则无其他表里证者，则已转入少阳，当处以小柴胡汤；若脉浮者，则病仍在表，又无其他里证者，则可发汗，宜处以麻黄汤，不可拘泥一日太阳，二日阳明的传经日数，而致误治。论曰：脉浮者，病在表，可发汗，宜麻黄汤，是也。

本条系论小柴胡汤证和麻黄汤证的鉴别法，然麻黄汤证殊不备。山田正珍氏因此疑有缺文，但是并非必要。盖本条承 37 条而言，故省去麻黄汤的主证。此中章法，伤寒论中是常见的，本条即其一例也。

厥阴篇 384 条："呕而发热者，小柴胡汤主之"。呕而发热，无其他太阳阳明证者，则其病必在少阳，故主以小柴胡汤。又，揭本方证于厥阴篇者，示病势已由厥阴转出少阳，应与厥阴病相鉴别，依少阳病而施治也。

阴阳易差后劳复篇 399 条："伤寒，差已后，更发热者，小柴胡汤主之；脉浮者，以汗解之；脉沉者，以下解之”。伤寒，差已后，更复发热，脉浮者，是有所重感也，病为半表，当发汗以解之；脉沉者，饮食失节也，病为在里，当和胃气，以下解之；今发热而脉不浮不沉，而见弦细之脉，又无其他表里证者，则其病必在少阳，当以小柴胡汤和解之也。

以上各条，虽只举小柴胡汤的一二主证，但都在少阳病的基础上，而无其他表里证的情况下，运用本方，并非但见一证，而漫投之也。为了达到正确的诊治，本论曾举柴胡汤疑似证以为诫！如——

太阳中篇103条：“得病六七日，脉迟浮弱，恶风寒，手足温，医二三下之，不能食，而胁下满痛，面目及身黄，颈项强，小便难者，与柴胡汤后必下重，本渴饮水而呕者，柴胡不中与也，食谷者哕”。脉迟浮弱，恶风寒，手足温，为太阳太阴合病桂枝汤的适应证，医者不审，反再三误下之，下后，表邪内陷，未作协热利，亦未变成结胸，但胁下满痛，又能食，颈项强，津不上达而口渴，饮水则水停心下而作呕，液不下降而小便难，面目及身发黄者，是已转属少阳，成为少阳太阴合病。此非小柴胡汤的适应证，若凭胁下满痛，颈项强、呕、渴等证，而误与之，则必下重，而食谷亦哕矣。即其例证。

太阳中篇102条：“服柴胡汤已，渴者，属阳明也，以法治之”。凡柴胡汤病证，服柴胡汤后，柴胡汤证罢，而续见汤证者，此非小柴胡汤的兼证，而系已转属阳明之征。若脉浮发热，渴而小便不利，则当处以猪苓汤；若渴而大汗出，脉洪大，则当处以白虎汤，随证而施治可也。这也是辨别柴胡汤证的一个例子。

太阳中篇105条：“伤寒，阳脉涩，阴脉弦，法当腹中急痛者，先与小建中汤；不差者，小柴胡汤主之”。前辈医家如成无已山田正珍氏等，以为脉涩弦，而腹中急痛者，当作里有虚寒治之，如金匮所说，虚劳里急，腹中痛，主小建中汤，以补其虚，以散其寒，可以为证。若服之腹痛自若者，乃少阳中兼证已，故与小柴胡汤则愈。又发秘说：“伤寒无呕而腹中急痛者，宜先与小建中汤以缓其急；伤寒有呕而腹痛微者，宜小柴胡汤。故曰，呕家不可用建中汤，是也。先字有试意，权用之义也”。上说殊有未当，未敢苟同。盖伤寒论治法，有先表后里者，有急当救里，急当救表者，有表里两解者，等等，此治法之先后缓急也，非姑试之，权用之之义也。本条虽未举太阳少阳之一证，然从方测证，则小建中汤即桂枝加芍药汤的加味方，可知其必有表证者在；又，“伤寒二三日，心中悸而烦者，小建中汤主之”。此条论太阳表虚心中悸而烦者，以小建中汤为主治。据此，则小建中汤之主治，为太阳表虚心中悸烦、腹中急痛、脉涩弦者。我们知道，弦为少阳本脉，心下悸、烦，亦小柴胡汤的兼证，那么本条系论太阳少阳合病，心中悸而烦、腹中急痛、脉涩弦，表里俱虚的证治，并示小建中汤证和小柴胡汤证的鉴别法了。太阳少阳合病，表里俱，脉涩弦，腹中急痛，心下悸而烦者，应与腹满时痛的桂枝加芍药汤证，大实痛的桂枝加大黄汤证相鉴别，而处予桂枝加芍药汤再加胶饴的小建中汤辛散表邪，温养中气以治之。服后，表证解，腹痛止，而弦脉不除，仍心下悸烦者，是少阳之邪未已也，当主以小柴胡汤以和解之。此治法之先后，非故试之，权用之之义，不可不辨者也。

太阳下篇157条：“伤寒五六日，呕而发热者，柴胡汤证具，而以他药下之，柴胡证仍在者、复与柴胡汤，此虽已下之，不为逆，必蒸蒸而振，却发热汗出而解；若心下满而硬痛者，此为结胸也，大陷胸汤主之；但满而不痛者，此为痞，柴胡不中与之，宜半夏泻心汤”。惟伤寒病，经过五六日，呕而发热，无其他表里证者，是已转入少阳，柴胡汤证已具，反以他药下之，下后柴胡证仍在，又无其他逆证者，仍当处以柴胡汤，则瞑眩而病解，以下示小柴胡汤证与大陷胸汤证、半夏泻心汤证的鉴别法，并指出少阳不可误下，以作警告。皇汉医学说：“柴胡剂主胸胁苦满，而不主心下；结胸证者，心下部必膨满而硬，有自、他觉的疼痛；痞证者，虽心下部膨满，而有自发痛，然不坚硬，且无压痛，是三证之区别也”。

太阳中篇109条：“太阳病，经过十余日，反二三下之，后四五日柴胡证仍在者，先与小柴胡汤；呕不止，心下急，郁郁微烦者，为未解也，与大柴胡汤，下之则愈”。本条论大、小柴胡汤证的鉴别法，一则心烦喜呕，默默不欲饮食，病在少阳；一则呕不止，心下急，郁郁微烦，病毒已由少阳移行于阳明，是二者之别也。又本条但举方名，未举柴胡汤主治之一证，惟从“呕不止，柴胡证仍在”上着眼，则未与小柴胡汤前，柴胡汤证已经存在了，是亦本论省略主证的一个例子。伤寒，呕多，虽有阳明证，而未成实者，则不可攻之；今里实有燥屎，致呕不止、心下急、郁郁微烦，而少阳证又未罢，故用大柴胡汤两解之也。

太阳中篇110条：“伤寒十三日不解，胸胁满而呕，日晡所发潮热，已，而微利，此本柴胡证，下之而不得利，今反利者，知医以丸药下之，非其治也。潮热者，实也。先宜小柴胡汤以解外，后以柴胡加芒硝汤主之”。本条论小柴胡汤证、柴胡加芒硝汤证的鉴别法。伤寒十三日不解，转入少阳移行于阳明，胸胁苦满而呕，日没时发潮热，大便微利者，是为小柴胡汤的适应证，里虽实而未可剧下，医误下之，反而下利而病不除，小柴胡汤证仍在者，仍当与小柴胡汤；服后，外仍不解，发潮热而下利止者，胃气不和也，里虽实而未可峻下，当以柴胡加芒硝汤解少阳之外，和阳明之里。

前条与本条同样论太阳病过程不解误下后的证治。二者都先与小柴胡汤，以少阳证仍在故也。服后，一则呕不止，心下急，郁郁微烦，是少阳证未解，而里已实，病毒强感扩延至于心下部的征象，故以里实为重点，而处予大柴胡汤，即小柴胡汤去人参甘草增量生姜，加枳实白芍大黄，以两解之，一则下利止而日晡所发潮热，少阳证又未罢，是里虽已实，但病毒比较的浅弱，仍当枢转而解，故以少阳变为重点，而处以小柴胡加芒硝汤以应之。由此可见，小柴胡汤之主治为少阳证（偏于外）；大柴胡汤之主治为少阳阳明合病。而以里证为重点（偏于里）；柴胡加芒硝汤之主治为少阳阳明合病，而以少阳证为主目的，里证为副目的（介乎里与外二者之间）。此三者之别也。

太阳下篇156条：“伤寒五六日，头汗出，微恶寒，手足冷，心下满，口不欲食，大便硬，脉细者，此为阳微结，必有表，复有里也。脉沉亦在里也。汗出为阳微。假令纯阴结，不得复有外证，悉入在里。此为半在里半在外也。脉虽沉紧，不得为少阳病，所以然者，阴不得有汗，今头汗出，故知非少阴也，可与小柴胡汤。设不了了者，得屎而解”。金鉴谓脉细当是脉沉细，沉紧之紧字，当是细字，此说有理。按本条系论少阳病阳微结与少阴病纯阴结的鉴别法，“阴不得有汗，今头汗出，故知非少阴也”，是以汗出一证为二者的鉴别点矣。考附子泻心汤证亦有恶寒汗出的少阴证，又“病人脉阴阳俱紧，及汗出者，亡阳也，此属少阴”，是少阴病在某种情况下亦有恶寒汗出证。今但凭头汗出而断为非少阴病，是不够充分的，必须结合其他脉证，才可肯定为非少阴病。故曰“假令纯阴结不得复有外证”，可知必有外证者存在。外证者何？“发热”“恶寒”是也。盖发热恶寒与无热恶寒为鉴别阳性病和阴性病的主要关键故也。假如系纯阴结应该是无热恶寒不汗出，而不应有寒热往来的外证出。这是二者的鉴别法，那么本条当作：

伤寒病经过五六日，头汗出，发热已，微恶寒，手足冷，心下满，不思饮食，大便硬，脉沉细的，叫微“阳微结”，病一半在表，一半在里，——脉沉为在里之候，汗出为阳气微之征，假如系“纯阴结”是不应有发热恶寒的外证，而所表现的应该都是里证，可知本病系一半在里，一半在外，纵使脉象沉紧（当是沉细），也不可误认为少阴病，因为阴病的基本情况是不会有汗的。今头汗出，寒热往来，故可肯定为非少阴病——可与小柴胡汤以和解之。服后，里仍不和者，再通其大便，则病可解。

以上各条，指出小柴胡汤证和麻黄汤证，大陷胸汤证，半夏泻心汤证，大柴胡汤证，柴胡加芒硝汤证，小建中汤证，及阳微结纯阴结等证的鉴别法，对于临床实践是有一定的指导意义的。

太阳下篇152条：“妇人中风七八日，续得寒热，发作有时，经水适断者，此为热入血室，其也必结，故使如疟状，发作有时。小柴胡汤主之”。本条论妇人中风，转入少阳，寒热往来，发作如疟，兼经血结而下行，而无胸胁下满如结胸状，及谵语等证者，则不当刺期门，（参阅151条），而以小柴胡汤为主治，主证治则兼证亦随之而治也。

阳明篇236条：“阳明病，发潮热，大便溏，小便自可，胸胁满不去者，小柴胡汤主之”。阳明病，潮热，大便微硬，小便数者，为承气汤证；若又见胸胁苦满等少阳证，则当处以大柴胡汤；今阳明病，发潮热，大便溏，小便自可，是里虽实而未可攻，且胸胁满又未去，是病邪犹在少阳，仍当枢转而解，故主与小柴胡汤。此与伤寒十三日不解，胸胁满而呕，日哺所发潮热，大便微利者，病位虽有不同，然其表现的病证则几乎一致，故可施以同样的治法也。

同篇237条：“阳明病，胁下硬满，不大便而呕，舌上白苔者，可与小柴胡汤，上焦得通，津液得下，胃气因和，身濈然汗出而解也”。阳明病，腹满，不大便，舌苔黄者，可与小承气汤；今阳明病，胁下硬满而呕，舌上苔白，虽不大便，然腹不满，热不潮，苔未黄，未可攻之，可与小柴胡汤调和三焦之气，上焦得通，津液得下，胃气因和，身濈然汗出，而病解矣。

同篇238条：“阳明中风，脉弦浮大而短气，腹胀满，胁下及心痛，久按之气不通，鼻干，不得汗，嗜卧，一身及面目悉黄，小便难，有潮热，时时哕，耳前后肿，刺之少差，外不解，病过十日，脉缓浮者，与小柴胡汤；脉但浮，无余证者，与麻黄汤。若不尿，腹满加哕者，不治”。本条论三阳合病的证治。脉缓浮的浮字，诚如金鉴说当系弦字，始与上文文义相属。三阳合病，经过十日以上，已无急当救表的表证，又无急当下之的里证，则必以“胁下及心痛，耳前后肿，脉弦等少阳证为主目的，其他各证为副目的，以小柴胡汤解外和里；若病过十日，脉但浮，发热，不得汗，无其他少阳阳明等证者，是病邪仍有向表向外之势，仍当处以麻黄汤，汗而解之。末段谓具有上面各证，而不得尿，腹加满，哕加甚者，正气衰邪气盛也，是为不治之证。

太阳中篇104条：“伤寒四五月，身热恶风，颈项强，胁下满，手足温而渴者，小柴胡汤主之”。本条论太阳伤寒，经过四五日，转入少阳，成为太阳少阳并病的证治。山田正珍氏以为“此条证系自太阳葛根汤证转来，故仍身热恶风而颈项强；胁下满，手足温而汤为少阳所兼之证，柴胡汤本条中所谓或胁下痞硬，或身有微热，或汤是也。……以其转入少阳部位，故用柴胡汤治之。其仍有表证而不用柴胡桂枝汤者，以少阳证较重，而太阳证不盛也”。据此，可知本条暗示葛根汤证，柴胡桂枝汤证，小柴胡汤证的鉴别法。葛根汤证为太阳病项背强几几无汗表证属实者；柴胡桂枝汤证为少阳太阳合病发热微恶寒、支节烦痛、微呕、心下支结，表里俱虚者；本方证为太阳少阳并病，身热恶风，颈项强、胁下满、手足温而渴之属虚候者，此三者之别也。

以上各条论具有各经证的合并病，当审察病势的趋向，以作出适当的治法，病机仍可枢转而解者，则以小柴胡汤为主治。

总括的说，小柴胡汤为少阳病唯一的主方。所谓少阳病者，即往来寒热、胸胁苦满、默默不欲饮食、心烦喜呕、口苦咽干目眩、脉弦细等综合病征的称谓。是病邪在半表半里属阳性的热性的而带虚候者的表征。因非表病，故不可汗，非里病，故不可下，非在上，故不可吐，治法以和解为主，小柴胡汤即其主方。柯氏说：“小柴胡汤为半表设，而其证皆属于里。盖表证已去其半，则病机偏于向里矣。取柴胡之轻清，微苦微寒者，以解表邪。以人参之微甘微温者，预补其正气，使里气和而外邪勿得入也。其口苦咽干目眩目赤头汗心烦舌苔等证，皆虚火进行于半里，故用黄芩之苦寒以清之，即用甘枣之甘以缓之，亦以提防三阴之受邪也。引用半夏之辛散，一以佐柴芩以逐邪，一以行甘枣之泥滞，可以止呕者，即可以泄满矣”，阐明了小柴胡汤解表和里的意义，亦即少阳病基本的治法也。

论中柴胡汤证诸条，不论伤寒、中风，或由太阳转入，或少阳本经自病，具有上述综合病征——即少阳病型者，固以本方为主治，然亦有但见一证，即据之处以本方，不必诸证悉具者。盖已无其他表里证，则其病必在半表半里；故可处以本方，不等于但凭一证，不问其他情况，而漫投之也。具有少阳病的兼证，而无其他各经证者，亦以本方为主治，治其主证，则兼证亦随之而治，如热入血室条，即其一例。合并病之具少阳证和他经证者，则当审察病势的趋向，以决定治法。或先与某方，后与本方，如小建中汤条；或先与本方，后与他方，如大柴胡汤条；或先与本方，后与本方的加味方，如柴胡加芒硝汤条，皆可为征。若病邪仍可枢转而解者，则以本方为主治，如阳明少阳合病，发潮热，大便溏，小便自可，胸胁满不去，或胁下硬满，不大便而呕，舌上白苔者，皆是。至若类似证的鉴别，为临床诊治的要事。必须辨证明确，而后可收正确治疗的结果，上举麻黄汤证，半夏泻心汤证，阳微结纯阴结等条，即其类证鉴别的一斑。由此可见，伤寒论的辨证论治是从机体完整统一的基础上，考察疾病发展过程中的动态，那些是原发证，那些是续发证，那些是主证，那些是客证，和类似证的鉴别，合并证相互间的关系，以及病势的演变，病情的轻重，等等，从而作出适应的治疗方法，以收早期治愈之效。这种又精致又谨严的精神，一直贯穿着全部伤寒论中，小柴胡汤方证不过是其中显著的一例而已。

以上是我个人对小柴胡汤方证不成熟的意见，希同道们指正。

[《广东中医》1959；(3) 96]

我对张仲景用药法度的一些体会

樊天徒

仲景处方，但用用药很精简，其配伍也都有一定的法度。笔者根据读书的体会，结合临床的范证，把仲景的用药法度写出来就正于先进。

仲景治头痛，发热，汗出，恶风的太阳病，都要用到桂枝汤。桂枝汤的主要药物是桂枝和芍药。桂枝、芍药所主治的患者，虽然出汗的很少，但总是比较容易出汗的。正因其容易出汗，脉搏必不紧张，肌肤必不粟起，所以发热也不会太高。

因为桂枝汤里有芍药，能解表而又能固表，所以只适用于脉缓、汗出的表虚药；而不适用于脉紧、无汗、热不得越的表实证。仲景说：“桂枝本为解肌，若其人脉浮紧，发热、汗不出者，不可与之。常须识此，勿令误也。”就是指此而言。

假使单用桂枝而不配以芍药，也可以起解肌的作用。不过，这是比较轻微的表证；虽然有点怕冷，但脉搏并不紧张；虽然没有显著的出汗，但肌肤并不显于燥、发痒；虽然有点发热，但热度也很轻微。这种表征，或者是由于已经发过汗，只是汗出不彻而已；或者是本来所感就很轻微，又经过时日，已在欲解之候。对于这样的证候，既不需要配麻黄以发汗，也不需要配芍药以和营，一味桂枝便足以了之。五苓散和桂枝人参汤里的桂枝所起的解表作用，就是这样的。

桂枝与芍药、甘草同用，不但能调和营卫以解肌；同时也能温经通脉以止痛。桂枝汤之所以能和营卫，并能治“头痛”和“身疼痛”；桂枝加芍药汤之所以能治“腹满、时痛”，也就靠这几味药的作用。又桂枝茯苓丸、当归四逆汤和黄芪桂枝五物汤之所以能止痛，其道理也就在此。

但胃气弱易动者，宜减芍药（可参考280条）。胸满者宜去芍药（可参看21条）。方书所谓“减芍药，以避中寒”，殆即本诸此。

芍药、甘草同用，能除血痹，缓挛急，对腹挛痛及腿脚挛痛尤为有效。寒痛可加附子或吴萸，如芍药甘草附子汤及当归四逆加吴萸生姜汤。热痛可加黄芩，如黄芩汤。虚痛可加胶饴，如小建中汤。实痛可加大黄，如桂枝加大黄汤。

仲景用黄芩汤以治太、少合病的自下利，用四逆散以治泄利下重，这两首方剂里，都用到芍药。但仲景在真武汤方后却说：“若下利者，去芍药，加干姜三两。”究竟下利是否适用芍药呢？《伤寒论》280条：“太阳为病，脉弱，其久续自下利，设当行大黄、芍药者，宜减之。以其人胃气弱，易动故也。”根据这一条的说法，笔者认为不宜芍药的下利，是指脾虚藏塞的泄泻而言。而四逆散和黄芩汤所治的下利，却是指肠澼滞下的下利而言。仲景书中对于泄泻和滞下都叫作“下利”，对妇人前阴出血也叫作“下利”，命名不够谨严，诚无庸讳言。但四逆散证说到“泄利下重”，温经汤方后说到“崩中”及“月水过多”，这样也可使我们得以体会其所指而不致混淆不清。

仲景常用桂枝、甘草以平冲气，制悸动。冲气和悸动的起因，大多数是由于发汗动摇而来，可以说是一种病因的两种表现。因此，可以联系在一起讲。但是关于平冲气，仲景书中有明文可稽。《伤寒论》15条说：“太阳病，下之后，其气上冲者，可与桂枝汤，方用前法。若不上冲者，不得与之。”金匮防已黄芪汤方后亦论：“气上冲者，加桂枝三分”，这是比较显著易见的。至于说桂枝和甘草同用，可以制悸动，那或要从仲景方中多举些例子来证明了。关于治“发汗过多，其人叉手自冒心，心下悸，欲得按者”的桂枝甘草汤，治“心下逆满，气上冲胸，起则头眩，脉沉紧，发汗则动经，身为振振摇者”的苓桂术甘汤；主治“发汗后，其人脐下悸者，欲作奔豚”的苓桂甘枣汤；主治“气从少腹上冲心者”的桂枝加桂汤；主治“厥而心下悸”的茯苓甘草汤以及主治“伤寒脉结代，心动悸”的炙甘草汤，都少不了桂枝、甘草两味，并且还用得相当重的剂量，就不难看出这两味药配合使用时，对动悸是有专长了。有些方剂如桂甘龙牡汤，桂枝去芍加蜀漆龙骨壮蛎救逆汤等的主治证候中，虽未把冲逆、悸动列入，但也可以隅反。

仲景在利尿剂里，也常用到桂枝。如苓桂术甘汤，苓桂甘枣汤，五苓散之类，都用到桂枝。这里采用桂枝的意义，固然取其平冲气，制悸动；但还有一种意义，那就是加强利尿的作用。我们的经验证朋，四苓的功用就不如五苓，这可能是由于桂枝有利于水液的气化所致。

仲景用桂枝（或用桂心亦可）治奔豚。奔豚的真象迄今未明，殆亦冲逆一类的症候。

仲景治“少阴病，咽中痛”，用半夏散。半夏里的桂枝，究竟何所取义呢？《本经》说桂枝主“结气、喉痹”；《内经》阴阳别论说：“一阴一阳结，谓之喉痹”。这样，仲景用桂枝治喉痹，也就不难理解了。

麻黄有发汗、定喘、发泄郁热的作用。假使目的在发汗解表，那就必须配以桂枝。正因麻黄、桂枝同用的方剂，具有显著的发汗作用，所以对象也就要有所选择。无论麻黄汤也好，大青龙汤也好，患者必定要具有恶寒、发热，头痛、身痛，脉紧、无汗的症候，尤其是脉紧、无汗最为主要。所谓脉紧，就是无论浮取、沉取，脉搏都是紧张而有力。所谓无汗，就是肌肤粟起，摸在手上有干燥感，绝对没有潮润气。正因为无汗而热不得泄，其人必喘而发高热。正因为汗不得出，其人必呈水分饱和的症象。假使体温不过高，或者阴虚液少，那就不适合麻桂同用的方剂了。总之，麻桂同用的方剂，是为伤寒表实设，绝对不得用于表虚证。麻黄是辛温发表剂，只宜于伤寒而不宜于温热病。但如果再配以清热药，那就又当别论了。假使目的在定喘，可配以杏仁。例如麻黄汤，大青龙汤，麻杏甘石温和麻黄连翘赤小豆汤都是这样。假使目的在解表泄热，那就得配以石膏或连翘之类。这两种配伍，可从大青龙汤、麻杏甘石汤、文蛤汤、麻黄连翘赤小豆汤、麻黄升麻汤这几首方剂里，得到例证。

麻黄虽有发汗作用，假使单独使用而不配以桂枝，其发汗作用使不过大，其禁忌更可放宽，不一定限于脉紧、无汗症。麻黄与石膏配伍的方剂，既可适用于无汗的病例，也可适用于高热、汗出，汗出而热不甚衰的病例。麻杏甘石汤和越婢汤都用于“汗出勿喘，无大热者”，便是有力的证明。麻、石同用，如不配以桂枝，对无汗、脉紧而形寒甚者，反不适用。麻黄与附子同同，是为恶寒、发热而脉沉微者设。因为恶寒、发热是表证，自当微发其汗，所以要用到麻黄。但脉沉微是阳气不足，所以要加附子以扶阳。麻黄连翘赤小豆汤中的麻黄有三种作用：一是发泄郁热，二是定喘，三是利小便。麻黄、甘草同用，既可以发汗，也可以利小便。总的说来，开鬼门，洁净腑，以达到除水消肿而已。《金匮》治水气用甘草麻黄汤、越婢温和麻黄附子甘草汤，就是这个道理。

葛根能解阳明病的表热，并能治项背强。后世医家说葛根是阳明行经药，殆本诸仲景用葛根汤治太阳阳明合病而来。尽管《别录》说葛根“疗伤寒中风头痛，解肌，发表，出汗”，但事实上葛根只是解热药，虽然有点发汗作用，但力量很有限，如单独使用于太阳伤寒证，殊不易达到解表的目的；它在葱、豉或麻、桂配合之下，对太阳病而兼口干、项强者，可以起点辅助作用。假使为了解表而独任之，便难以奏功。

柴胡对胸胁苦满有疏理作用。若胸胁痞坚而抢痛，便宜配合芍、草、枳实之类。少阳病多见胸胁苦满症，所以治少阳病常要用到柴胡。柴胡是解热药，与黄芩配伍，适用于往来寒热，口苦，脉弦数的症候。

柴胡除具有解热作用外，还具有疏里实和泄热结的作用。《本经》和《别录》里关于柴胡功用的记载，如：“主心腹肠胃中结气，饮食积聚寒热，推陈致新”；“痰热结实”及“大肠停聚水胀”等等，简直把柴胡的功用和主治说得和大黄差不多了。事实上，如用重剂量的柴胡，往往能引起轻度的水泻，其解热作用也就更加显著。由于我们习惯上都把柴胡的剂量用得很小，药铺里所售的柴胡又都是茎、叶多于根，当然，看不出它的泻下作用了。仲景用大柴胡汤以下内实，但原方里并没有大黄或芒硝，以致学者疑其方当有大黄。其实，如果用到大剂量的柴胡根，在枳实、芍药的配伍下，纵然不用大黄，同样也可以达到下内实的目的。

黄芩、黄连都是苦寒泻热药。但我们传统的用法，是有点分别的。大概泻肺和大肠的结热，多用黄芩；泻心和小肠的火邪，多用黄连。这也是根据仲景的用法而来。仲景治“心下痞，按之濡”，是以黄连为主；治肠中热结下利，则以黄芩为主。假使胃肠都有热结，就要芩、连同用。肠胃病中往往出现上热下寒证。上热，则胸中烦而欲呕；下寒，则腹中痛而下利。这时便宜黄连与干姜同用。这些用药规律，可参考诸泻心汤、干姜黄芩黄连人参汤以及黄连汤的主治。细细推勘更得。

腹痛、下利，可与黄芩汤，但脉迟者是下寒，便不适用。假使同时见舌红，胸中烦热、呕吐症者，是上热而下寒，这样，可以黄连与干姜同用；但不宜单用黄芩。《伤寒论》所谓：“脉迟为寒，今与黄芩，复除其热，腹中应冷”，就是指此而言。

仲景用栀子，是取其泄热、除烦。栀子豉汤、栀子干姜汤、栀子厚朴汤证中，都有“心烦”或“烦热”字样，可证。

豆豉有和胃、解毒作用；与栀子配合，便长于治疗胸中烦热、懊侬不得眠的症侯。

栀子有除黄作用。所以主治黄疸的栀子柏皮汤和茵陈蒿汤，都要用到栀子。

栀子与豆豉同用，并不是催吐剂。观于栀子生姜豉汤之能治呕，便可知矣。但仲景用栀子的方后，大多数都有“得吐者止后服”六字，事实上也间有因服栀豉汤而得吐者，究竟是怎样一回事？大凡适用栀子豉汤的证候，本有心中懊侬，泛泛欲吐症。这时服任何苦药，都很易引起呕吐，不一定限于栀豉汤。心中原热、懊侬是胃热，得快吐也可以泻热，其症当愈。可见呕吐虽不是用栀豉汤者所预期，但呕吐也能达到治疗的目的，所以不须再服。

生石膏这味药，《别录》说它能“除邪气头痛、身热，三焦大热，——止消渴、烦逆。”仲景用石膏，所治不外肺、胃太热。假使单见烦热而喘者，是热在肺，仲景便专用石膏治之而不一定配以知母。假使高热，汗出，既烦且喘，那就是热在阳明，仲景便用知母或竹叶配石膏治之。仲景用石膏的剂量，一股用如鸡子大者，约当今秤二两许，分三服，每服约为七、八钱左右。但石膏不易溶解，用水须较多。否则，剂量虽大而溶解得很少。又石膏入煎剂供内服，一定要生用，熟石膏不宜内服，张锡纯氏曾有专文论之，登载《衷中参西录》中，可参阅。

知母能清热、除烦，淡竹叶亦然。但淡竹叶性味比较和缓一些。竹叶石膏汤中的竹叶，殆和白虎汤中的知母有类似的作用。

大黄不但有泻下作用，还有泻热、解毒作用，适用于里实证或里热证。大黄黄连泻心汤里虽有大黄，但所治只是里热，并不一定是里实。大黄甘草汤和调胃承气汤也是这样。

芒硝润燥软坚，适用于内热燥结的证候。大黄与芒硝同用，其泻下作用可加强。芒硝不但能用以稀释燥屎，并可用以治心下痞坚及痰水，热结，术防己加芒硝汤及小柴胡加芒硝汤里用芒硝的取义即在此。硝石作用虽与芒硝相滥，但仲景则多用以除黄疸，化结石，如硝石矾石散及大黄硝石汤都是。

厚朴能治痰、下气，主治胸腹胀满，但挥发水分的力量很大。假使其人口干、舌燥，舌红、少苔，便不宜单独使用。凡用厚朴，其人必是气有余而有胀满症，其苔必厚腻而潮润，其舌质必不鲜红，否则就要慎用。假使非用不可，那就要配以适当的药物，例如大承气里有硝、黄，栀子厚朴汤里有栀子，厚朴的副作用也就可以减少了。

枳实能疏气结，主治胸胁痞坚。枳实、厚朴同用，可治宿食停滞，胸腹痞满。假使只要疏理胸腹的痞满而不一定要泻下，那可用栀子配枳、朴，如需驱除宿食停滞，那就得配以大黄。小承气和栀子厚朴汤的区分，就是前者有泻下作用而后者只有除烦、消胀作用而已。

大承气是硝、黄和枳、朴同用，其泻下作用当然比小承气强得多，但也要看枳、朴的用量怎样。假使枳、朴的用量不大，其作用也就相应地减弱。

硝黄配以桂枝、桃仁，便有化瘀消肿和引血下行的作用。用大量固然可以引起大便下血，在妇女则起通经作用，但一般并不一定引起出血。

水蛭、蝱虫都有强力的破血、化瘀作用，适用于瘀血癥瘕，与大黄同用，便能引起下血。这两味药的破血作用很强，尤其是水蛭能抗血凝，所以要慎用。

甘遂这味药刺激性很大，无论配以硝、黄与否，都能起泻痰、下水作用。其痰水是从大便出而不是从小便出。患者服药后，脘腹很难过，有脘中曹杂及腹中疼痛感。一、二小时以后，便可发生水泻。仲景多用以驱除胸腹积水。

甘遂和大戟都具有峻烈的泻水作用。假使入煎剂，对于壮实的病例，每剂可各用一钱许，尚不致过剂。一般仅导致水泻五、六次至八、九次而已。使使用药末和汤送服，每次只用三~五分，便能引起剧泻，过多反能伤人。

巴豆有剧毒，其油尤为猛烈，做成散剂或丸剂内服，须研碎，压去油，这叫作巴豆霜。巴豆霜每次用三厘（最多勿过五厘），便足以导致吐泻。假使用不压碎的整粒巴豆人煎剂，虽用至几钱，也不致中毒，这是由于巴豆的有效成分，容易为高热所破坏的原故。我们为了易于控制剂量起见，最好还是用巴豆霜人丸散中吞服，较为稳妥；古人用巴豆，绝大多数都是制成丸散用之（走马汤是用煎制），其道理亦在此。

热性病纵然具有需要攻下的里实证，也只宜硝、黄而不宜巴豆。《伤寒论》中一再说到“知医与丸药下之，非其治也”，就是指的巴豆剂而言。

干姜温中，主寒冷腹痛。配甘草用，可以振奋脾阳，适用于脾阳不运，手指清冷，腹痛、肠鸣、下利等症。

《本经》说干姜主“胸满，咳逆上气”，是指肺寒喘嗽而言。仲景用甘草、干姜治“眩而多涎唾”，说是：“此为肺中冷”所致。又小青龙用干姜配细辛、五味治喘咳，也是这个道理。

《本经》说干姜“温中出汗，治风湿痹”。仲景用甘草、干姜、茯苓、白术治“腰以下冷痛，腰重如带五千线”的肾着病，就是取其逐风湿痹的作用。

附子是温经回阳药，并有镇痛作用。仲景用附子，大概有四种用法：一、对脉沉或微恶寒的阳虚证，一般是在对症方中加炮附一枚，取其扶阳而已，如附子泻心，桂枝加附，芍草加附汤都是；二、对上吐下泻、汗出、厥逆、脉搏沉微、濒于亡阳阶段的病例，便用生附子，其剂量也只是一枚，但必配干姜以加强其温经回阳的作用。如四逆诸汤都是；三、对风寒湿的骨节疼痛，恶寒而脉沉者，仲景多用大量炮附子配以白术之类，如附子汤，白术附子汤，甘草附子汤，桂芍知母汤之类；四、对腹中寒痛或风寒头痛，脉沉或紧弦者，仲景亦用炮附配细辛用之，如麻黄附子细辛汤及大黄附子汤。

干姜与生附同用，能治烦躁（是指阴证、寒证的烦躁）。其人必脉沉、厥逆，肢体躁扰不宁，这是至危极险的症候，有随时亡阳虚脱的可能。

用人参这味药不但有补气作用，并有补血液、津液的作用。仲景用人参的目的，不外三种：一种是在汗、吐、下之后，因亡血、亡津液而脉沉迟或脉不出（见通顺四逆汤方后），或舌上干燥而烦，欲饮水数升者，用之以生津、复脉，如新加汤，四逆加人参汤，白虎加人参汤都属这一类。一种是用以治虚羸少气，如竹叶石膏汤。一种是用以治心下痞鞕，如桂枝人参汤、甘草、半夏、生姜泻心汤等。

仲景用茯苓，是取其利水气，治眩悸。假使方中除茯苓之外，还有白术，那就一定有小便不利症。假使再加猪苓、泽泻，那就一定在小便不利之外，还有烦躁症，这是小便积蓄的结果。

仲景用半夏，必配以生姜或干姜，生姜本是呕家要药，且可以制半夏毒，这样，一方面加强了半夏止呕的作用，一方面又可以减少半夏的副作用，这是最有意义的配伍。

生姜能发散水气，并有健胃作用。大枣能补少气、少津液，并有和里作用。这两味同用，有调和营卫、安内攘外的作用，适用于营卫不和或邪正分争的证侯，所以桂枝汤和小柴胡汤诸方多用之。

十枣汤及葶苈大枣泻肺汤里都用大枣，皂荚丸里也用到枣膏，其意义很值得研究。黄元御说，十枣汤中用大枣是“保其脾精”。“保其脾精”这四字，最为允当。因为患者服过刺激性较大的逐水祛痰药以后，往往会使胃肠中津液被劫而出现口干、舌燥的症状。假使在逐水剂中加入补少气、少津液的大枣，便可使痰水去而津液不致受伤，这也是经方配合的妙用。

又仲景治疗由于汗多、呕吐、下利，或多涎唾，以致津液不足的症候，亦多用大枣。如炙甘草汤、黄连汤、黄芩汤、吴茱萸汤、甘草、半夏、生姜三泻心汤等方都用到大枣，就是取其补少气、少津液。至于苓桂甘枣汤里的大枣，可能是取其主“身中不足、大惊”（本经），因为古人认为奔豚是从惊恐得之。

《别录》说大枣“疗心下悬”，殆指其能缓和牵引性疼痛而言。仲景方如附子粳米汤、当归四逆汤、诸建中汤、黄连汤、黄芩汤诸方中的大枣，都具有补虚及缓和挛痛的意义。正因其能补虚，那就要防它腻膈，所以胸胁满者忌用。

仲景用苡仁的意义有二：一是取其排脓以治内痈，如苇茎汤及薏苡附子败酱散都是。一是取其利小湿以治拘挛疼痛，如麻杏苡甘汤及薏苡附子散都是。

仲景用龙骨牡蛎有三种意义：一是取其收敛，如桂枝加龙骨牡蛎汤能治亡血、失精及汗出是。一是取其镇静，如桂甘龙牡汤，桂枝去芍加蜀漆龙骨牡蛎救逆汤，柴胡加龙骨牡蛎汤以及风引汤等。至于单用牡蛎而不配以龙骨的方剂，如牡蛎泽泻散，那就取其软坚了。小柴胡汤方后说：“若胁下痞鞕，去大枣，加牡蛎四两”，以及《金匮》疟疾的附方如牡蛎汤、柴胡姜桂汤的牡蛎，殆同一用意，都是针对胁下痞鞕而采用的。

仲景治喘满，有时用杏仁，治欬却偏不用杏仁。仲景治欬多用细辛、五味配干姜或生姜。真武汤方后说：”若欬者，加五味子半升，细辛一两，干姜一两。”仲景治欬，有时也用到紫苑、冬花。如射干麻黄汤是。

仲景治陈寒痼冷的疼痛，常用乌头、炮附、桂心、吴萸、蜀椒、细辛、干姜等药。大抵用乌头，炮附、干姜、桂心是取其温经镇痛，用蜀椒、吴萸则兼取下气作用。

仲景用大黄牡丹汤治“肠痈：少腹肿痞，按之即痛如淋”；用桂枝茯苓丸治癥病，殆取丹皮、桃仁的祛瘀、消肿作用。

仲景用桔梗汤治少阴咽痛，并在通脉四逆汤方后说：“咽痛者，去芍药，加桔梗一两”。《别录》说桔梗：疗“咽喉痛”，殆即此意。至于排脓散，排脓汤，三物白散以及桔梗汤诸方用桔梗的意义，则不外排脓、祛痰而已。

仲景用防己的意义有二：一是取其利水祛湿，如防己黄芪汤，防己茯苓汤；己椒苈黄丸及术防己汤都是；一是取其镇惊治痫，如防己地黄汤是。

仲景用甘草的意义有六：一是配桂枝以通利血脉，平冲制悸，如桂枝甘草汤是。一是配芍药以舒挛、缓急，如芍药甘草汤是。一是逗留药力，使其他药物的作用不致发挥得过峻，如调胃承气汤是。一是治短气，如栀子甘草豉汤是。一是解毒，如治食牛肉中毒方及误食水莨菪中毒方都是。一是保护黏膜，缓和刺激，如甘草汤，桔梗汤都是。

仲景在黄土汤、芎归胶艾汤和炙甘草汤里，都用到地黄，并都配以阿胶，其意义不仅取其补血、滋阴，且取其止血、止痛。又古法用地黄多以酒煎。炙甘草汤和芎归胶艾汤都是用水加清酒煎煮，所谓“地黄得酒良”，殆具有深意在焉。

通脉四逆汤中用葱白，殆取其通阳复脉。通脉四逆及白通温中加猪胆汁，殆取其治胸中痞塞，干呕，呃逆，烦躁诸症。白通汤中用人尿，殆取其治面赤、虚烦。

仲景用粳米有二义：一是取其和胃、止烦渴，如白虎汤、竹叶石膏汤都是。一是取其能治肠鸣、腹痛、下利，如附子粳米汤、桃花汤都是。

仲景用升麻是取其治阳毒发斑。

仲景治虚劳里急、腹中痛的大、小建中汤，都用胶饴，殆取其缓中、补虚的作用。

仲景方用药很精简，现在将其中比较重要的加以阐发，虽然不够全面，但对初学来说，或者能有一些帮助。假使有错误的地方，欢迎先进同志予以指正。

[《江苏中医》1959；(9)：41]

论风伤卫、寒伤营和风寒两伤营卫

万友生

凡是学习过张仲景伤寒论的，对“风伤卫、寒伤营、风寒两伤营卫”这个问题，大概没有人会感到陌生。但因这是一个为历来注家所聚讼纷纭的问题，又不禁令人有迷惑难解有感觉。因此，现在提出这个问题来加以讨论，还是有必要的。

追究这个问题产生的根源，我认为似应从伤寒论辨脉法第十二条谈起，这条条文是："寸口脉浮而紧，浮则为风，紧则为寒，风则伤卫，寒则伤营，营卫俱病，骨节烦痛，当发其汗"。脉经指出："风伤阳，寒伤阴，卫为阳，荣为阴，风为阳，寒为阴，各从其类而伤也。"因此，成无己乃有风并于卫为荣弱卫强，寒并于荣为荣强卫弱、风寒两伤荣卫为荣卫俱实之注，从而初露了桂枝汤治中风、麻黄汤治伤寒、大青龙汤治中风寒见寒脉或伤寒见风脉的端倪。方有执据此而明确地标立三大纲于所著伤寒论条辨太阳篇中，他说："太阳一经，风寒所始，营卫两道，各自中伤，风则中卫，故以卫中风而病者为上篇。""寒则伤营，故以营伤于寒而病者为中篇。"中风者单只卫中于风而病也，伤寒者单只荣伤于寒而病也，若风寒俱有而中伤，则营卫皆受而俱病，故以营卫俱中伤风寒而病者为下篇。"从此，桂枝汤治风伤卫，麻黄汤治寒伤营，大青龙汤治风寒两伤荣卫之说，逐渐在多数注家心目中，形成了鼎足而三的局面。但到后来，有些注家提出了异议，如张隐菴说："成无己注解本论，谓风则伤卫，寒则伤营，凡遇风寒，俱执是解，……须知风寒皆为外邪，先客皮毛，后入肌腠，留而不去则入于经，留而不去则入于府，非必风伤卫而寒伤营也。成氏倡之，诸家和之，固执不解，是举一而发百也，不亦诬乎？"柯韵伯也说："按许叔微云，桂枝治中风，麻黄治伤寒，大青龙汤治中风见寒脉、伤寒见风脉，三者鼎立，此方氏三大纲所由来，而大青龙之证治自此不明于世矣。不知仲景治表，只在麻桂二法，麻黄治表实，桂枝治表虚，方治在虚实上分，不在风寒上分也。盖风寒二证，俱有虚实，俱有深浅，俱有营卫，大法又在虚实上分浅深，并不在风寒上分营卫也。……盖中风伤寒各有浅深，或因人之强弱而异，地之高下而异，时之乖和而异。……大青龙汤为风寒在表而兼热中而设，不是为有表无里而设，……如既立麻黄汤治寒，桂枝汤治风，而中风见寒伤寒见风者，向不用桂枝麻黄各半汤而更有大青龙汤为主治耶？……妄谓大青龙为风寒两伤营卫而设，不知其为两解表里而设，请问石膏之设，为治风欤？治寒欤？营分药欤？卫分药欤？只为热伤中气，用之治内热耳。"以上就是这个问题的发生和发展的大致情况。

我认为伤寒论辨脉法第二十条所说的并没有错，后世某些注家所持的割裂营卫或混淆风寒的见解则是不够的，今分述如下：

风 伤 卫

风为阳邪，卫属阳气，风邪侵犯统摄营卫而主表的太阳经，物从其类，故有风伤卫之说。但这并不等于说风只伤卫而绝不伤营，事实上风邪在表，必卫强荣弱而营卫俱病。成无己"风并于卫，卫实而营虚"之注，实和伤寒论太阳中风桂枝汤证条中所谓"营弱卫强"之义相吻合。

伤寒论说"太阳病，发热，汗出，恶风，脉缓者，名为中风"，"太阳中风，阳浮而阴弱，阳浮者热自发，阴弱者汗自出，啬啬恶寒，淅淅恶风，翕翕发热，鼻鸣干呕者，桂枝汤主之"，"太阳病，发热汗出者，此为荣弱卫强，故使汗出，欲救邪风者，宜桂枝汤"。据此，可以看出，太阳中风的病因是以风邪为主，病理是卫强荣弱，主证是发热汗出恶风脉浮缓，主方是桂枝汤。这里所谓卫强，是因卫阳得风阳而强，是一种异常的、病理的卫强，它不仅不意味着卫外正气力量的增强，相反的由于风邪疏泄，而使卫阳不能外固（若属正常的、生理的卫强，是正气卫外有力，风邪就不能伤人致病）；所谓荣弱，是因风邪在表，卫阳难以外固，荣阴不能内守而弱。因此，太阳中风，风邪鼓卫阳外浮则必发热，风邪逼荣阴外泄则必汗出，汗出毛孔开张不耐风袭则恶风，风性涣散则脉缓，从脉缓并可看出，太阳所中之风是病阴风而非阳风，若属阳风则其脉应浮数而不应浮缓，桂枝汤虽然具有滋阴和阳调和荣卫以祛风邪的作用，但从全方的综合作用来看，基本上仍属辛温法，故能主治本证。

因此，太阳中风桂枝汤证既属荣卫俱病的卫强荣弱所致，则方有执认为"中风者，单只卫中于风而病"，自属片面的见解。

寒 伤 营

寒为阴邪，营属阴气，寒邪侵犯统摄荣卫而主表的太阳经，物从其类，故有寒伤营之说。但这并不等于说寒只伤营而绝不伤卫，事实上寒邪在表必营强卫弱而营卫俱病。成无己从辨脉法所谓"寸口脉浮而紧，……风则伤卫，寒则伤营，营卫俱病"和太阳中风桂枝汤证条所谓"营弱卫强"等体会出太阳伤寒是"寒并于荣，荣实而卫虚"，它和太阳中风相反，即太阳中风既是"荣弱卫强"，则太阳伤寒自属"荣强卫弱"，这也是符合伤寒论的精神的。

伤寒论说："太阳病，或已发热，或未发热，必恶寒，体痛，呕逆，脉阴阳俱紧者，名曰伤寒"，"太阳病，头痛发热，身疼腰痛，骨节疼痛，恶风无汗而喘者，麻黄汤主之”，成无己注：“寒并于营者，为荣强卫弱”。这里，可以看出，太阳伤寒的病因是以寒邪为主，病理是营强卫弱，主证是发热恶寒无汗脉浮紧，主方是麻黄汤。这里所谓“荣强”，是因荣阴得寒阴而强，是一种异常的、病理的荣强；所谓“卫弱”，是因寒邪在表，卫阳为寒邪所凝敛而不能伸张宣发。因此，太阳伤寒，寒邪抑遏卫阳则恶寒，寒邪闭塞毛孔则无汗，寒邪收引筋脉则脉紧，寒邪在表而正气向外抗邪则发热脉浮。也正因为是这样，才适宜用麻黄汤主治。因为麻黄汤是一个发汗散寒的纯阳的方剂，其辛温发散作用甚为猛烈，非寒邪外束、阴盛于表者，不得妄投的缘故。

因此，太阳伤寒麻黄汤证，既属营卫俱病的荣强卫弱所致，则方有执认为“伤寒者，单只荣伤于寒而病”，自然也属片面的见解。

风寒两伤营卫

风寒两伤营卫之说，倡自成无己，他在伤寒论大青龙汤证条注解中说到：“风并于卫者为荣弱卫强（按即指桂枝汤证而言），寒并于荣者为荣强卫弱（按即指麻黄汤证而言），今风寒两伤，则荣卫俱实，故不汗出而烦躁也，与大青龙汤发汗，以除荣卫风寒。”这或者可以说是方有执创立太阳病三大纲的所由来。

伤寒论说：“太阳中风脉浮紧，发热恶寒身疼痛，不汗出而烦躁者，大青龙汤主之”，“伤寒脉浮缓，身不疼但重，乍有轻时，无少阴证者，大青龙汤发之”。成无己这两条所谓“中风脉浮紧”和“伤寒脉浮缓”体会出其所以中风见寒脉和伤寒见风脉，是因风寒两伤，荣卫俱实所致，这是不够正确的，也是自相矛盾的。因为大青龙汤证是属表寒里热所致。如王文禄说：“大青龙治风寒外壅而闭热于经者，故加石膏于发汗药中。”柯韵伯则更为明确地说：“大青龙汤为风寒在表而兼热中而设，不是为有表无里而设”。既然大青龙是属表里同病的表寒里热证，而其方又属表里双解的汗兼清法，是成无己把大青龙看作是风寒两伤荣卫的表证和汗法，自属错误。何况成无己在大青龙汤证前面，已经明确地指出，太阳中风桂枝汤证是因风并于卫而荣弱卫强，太阳伤寒麻黄汤证是因寒并于荣而荣强卫弱所致，则太阳风寒表证，实属营卫俱病无疑。由此可见，成无己在麻黄汤证和桂枝汤证后面，复提出大青龙汤证是属风寒两伤，荣卫俱病，以与麻黄汤证和桂枝汤证鼎立，显然是自相矛盾的。有人认为成无己所注中风属卫实荣虚，伤寒属荣实卫虚，风寒两伤属荣卫俱实，前后并无矛盾。殊不知大青龙汤证如果仅就其发热恶寒无汗脉浮紧等表寒证来说，实即伤寒荣实卫虚的麻黄汤证，故大青龙汤即以麻黄汤为基础。成无己认为大青龙汤证的不汗出而烦躁是属荣卫俱实致致，似乎是以不汗出属荣实，烦躁属卫实。但如果纯属卫实于表的太阳证，必无内生烦躁之理。其实，大青龙汤的烦躁，只能认为是属里热，而不能认为是属卫实，这是非常明显的。由此可见，柯韵伯对这个问题的见解基本上是正确的。但他所谓“风寒本是一气，汤剂可以互投”，“中风”重者全似伤寒，伤寒轻者全似中风，这种混淆风寒的思想则是不够正确的。因为风与寒虽可相兼为病，但究属两种性质不同的外邪，决不能混淆称为一气。中风和伤寒更是两种脉证不同的病症，麻黄汤与桂枝汤尤不可以互相乱投。虽然何氏所见是指大青龙证条“伤寒脉浮缓”和“中风脉浮紧”的风寒变局而言，但这只能说明风寒外邪可以相互兼挟为病及其中伤人体有久暂差异的问题，即其中风为病风挟寒邪外伤人体的初期，脉多浮紧而身疼，其伤寒为病寒挟风邪外伤人体的后期，即中风脉必浮缓，但也有脉浮紧，的伤寒脉必浮紧、但也有浮缓的，不可拘执。如果把这种错综复杂的变化情况，简单地作出“风寒本是一气，汤剂可以互投”等结论，显然是不够细致的。我认为正确的见解应该是一方面既要承认六淫各有其独立的特性，风和寒是不容混淆的；另方面也要承认六淫是可以互相兼挟为病，风和寒并不是绝对孤立的。

因此，大青龙汤所主治的既属表虚里热证，从表寒方面来看，它和麻黄汤证基本相同，从里热方面来看，它和麻桂二证殊难并列，则方有执把大青龙汤证和麻黄汤证、桂枝汤证鼎立起来，三分太阳篇的“天下”，显然不够恰当的。

综合以上所述，不难看出，哪些见解是正确的，哪些是错误的。错误的见解有两种，一种是割裂营卫，即把太阳所统摄的在表的相互依存密切联系的营和卫割裂开来，孤立起来，认为桂枝汤证是单只卫中于风，麻黄汤证是单只荣伤于寒，大青龙汤证则是风寒两伤荣卫；另一种是混淆风寒，认为“风寒本是一气”，既是自然界两种性质不同的风寒二气看作是一气，其伤人也，中风也可以现寒证，伤寒也可以现风证，因之并认为“汤剂可以互投”。正确的见解则与此相反。认为荣和卫是不容割裂，而风和寒是不容混淆的。因为荣卫在表，一阴一阳，相互维系，密切协作，以防御外邪的入侵，如果不幸被外邪侵入，则阴邪侵入体表的必致荣强卫弱，阳邪侵入体表的心致卫强荣弱，而使荣卫俱病，必无外邪侵入体表，或只卫疾而荣不病，或只荣病而卫不病者。至于风和寒虽可互相兼挟为病，但风主疏泄而寒主凝敛的特性则绝不相同，决不能因为他们可以互相兼挟为病，中风也现寒证，伤寒也现风证，而把它们混淆起来，因为在一般情况下，中风是必现风证，而伤寒是必现寒证的。因此，我的认识是：

（1）风伤卫：桂枝汤证是因风邪犯表，致使卫强荣弱而荣卫俱病所致。基于此，不难看出，方有执所谓“中风进，单只卫中于风而病”，和柯韵伯所谓“伤寒轻者全似中风”等见解，是不够正确的。而成无已所作“风并于卫，卫实而荣虚”之注，并没有错。且风为阳邪，从其物性来讲固然是与卫阳同气的，若以其毒害来讲反而是易伤营阴的。所以“风伤卫”的提法，只能从前说来领会，若从后说来看，那就是适得其反了。

（2）寒伤营：麻黄汤证是因寒邪犯表，致使营强卫弱，而营卫俱病所致。基于上，不难看出，方有执所谓“伤寒者，单只营伤于寒而病”，和柯韵伯所谓“中风重者则全似伤寒”等见解，是不够正确的。而成无已所作“寒并于营，营实而卫虚”之注，并没有错。且寒为阴邪，从其物性来讲固然是与营阴同气的，若从其毒害来讲反而是易伤卫阳的。所以“寒伤营”的提法，也只能从前说来领会，若从后说来看，也就适得其反了。

（3）风寒两伤营卫：大青龙汤证是因风寒在表，营卫俱病，面且闭热于里所致。基于此，不难看出，成无已和方有执等只强调它的风寒在表营卫俱病方面，而忽视它的闭热于里方面，并且把大青龙汤证的风寒两伤营卫俱病，和桂枝汤证的风伤卫，麻黄汤证的寒伤营，并列起来，形成鼎足而三的局面，显然的不能成立的。而柯韵伯所提出的“大青龙汤的风寒在表而兼热中而设，不是为有表无里而设”等见解，力辟某些注家认为大青龙汤只是为风寒两伤营卫而设之非，则是很正确的。

风伤卫，寒伤营，风寒两伤营卫之说，虽然首倡于成无已，确立于方有执，但根源则似在于伤寒论辨脉法第二十条。其实，本条丝毫没有割裂营卫的意思，因为本条所说的“风则伤卫，寒则伤营，营卫俱发其汗”紧密联系着的，而且必须特别注意“营卫俱病”一语，如果这样来看不会明确的认识到：①本条证现脉浮紧身疼痛而治当发汗，是属太阳表实麻黄汤证；②本条因风寒外束太阳，而证现脉浮紧身疼痛，是属营卫俱病。这就说明了如果把本条“风则伤卫，寒则伤营，营卫俱病”三句话割裂开来看，甚至据此而创立“风伤卫，寒伤营，风寒两伤卫”三大纲之说，是完全违背本来经文的精神的。

以上个人见解，是否正确，希望先进同志批评指正。

［《江西中医药》1959；（11）：45］

关于《伤寒论》中汗法与攻逐法的理蕴探讨

袁豈雍

我们知道，祖国医学对外因所起的病变，多着力于鼓邪外达，排除人体机能障碍；最忌关闭逐贼，或引邪深入，使邪无出路。这种攘外安内，调停阴阳趋于平衡的治疗方式，目的在使邪气却，正气复，病归痊愈，正是祖国医学的长处与重点规矩。仲景伤寒论，或是在致力于逐邪扶正，以排解机体内外一切障碍为能事的一种典型医籍。主要表现在汗法与攻逐法几方面，这些具体鼓邪外达的阐明，可以说它是大论中的主流。兹分述于下。

汗法的精神实质与变化不拘

我们知道汗法是伤寒论中开宗明义的第一件事，除掉始终不当汗即须禁汗者外，凡是当汗的，或是不能不汗的，都应设法取汗，或者时刻注意汗之进退。无论为伤寒为温病，无论为病程中的前一阶段与后一阶段，汗出与不汗出、汗大与汗微的这一项问题，实实在在是最关出入的重要一环。因为出汗可见放减体温，松解邪势，所谓：“体若燔炭，汗出而散，”病即霍然。假使汗腺之开阖不得其道，那么直接所影响者，是亢进的温邪，无从发泄；间接所影响者，势必枝节丛生，不堪设想。因此欲调解病躯汗不得出的障碍，就要着重研究取汗之道。取汗之道，不一而足，首先要突破太阳关，又要突破麻黄关，勿囿于汗法只在于此，必须全面掌握，灵活运用，方可与言汗法。

所谓突破这两关，就是说除却太阳范畴，也不是绝对不可能运用汗法。除却用麻黄汤一类直接发汗外，也不是把对没有间接取汗之道。如阳明少阳，以及三阴，都有一种得汗而解的病理机制。在那种具有得汗而解的情势下，我们心目中就应当注意及此，不得谓病非太阳就不宜汗，或误认既欲取汗，就只是用麻黄一系，那就真是胶柱鼓瑟了。（所谓间接取汗，例如有种病情之下，必通过攻下，而后始得汗解，是下注亦汗法也。有种病情之下，必通过清凉而后始得汗解，是清法亦汗法也。有种病情之下，必通过峻补而后始得汗解，是补法亦汗法也。换言之，在运用这些下法、清法、补法的同时，也须密切注意到汗之进退。）

阳明少阳以及三阴，似乎总不宜汗吧！我认为这不是见道之言。不错，少阳少阴等，均有不可汗之明文。不过这种不可汗，是指用麻桂系一类的汗法。我所提出的汗不是指用麻桂系一类。同时经论在不可汗的明文下，也不等于说诸里证阶段，就始终不要得汗而解。试观少阳篇第二六五条："……属少阳，少阳不可发汗，发汗则谵语……，"这个场合不宜汗。而第一〇一条："……凡柴胡汤证而下之，若柴胡证不罢者，复与柴胡汤，必蒸蒸而振，却发热汗出而解。"这个场合却可得汗而解，又是假柴胡汤以解外的一种汗法。阳明篇第一九二条："阳明病，初欲食，小便反不利，大便自调，其人骨节疼，翕翕如有热状，奄然发狂，濈然汗出而解者，此水不胜谷气，与汗共并。"这说明阳明病，肌热久不退，毕竟胃气尚旺，忽从战汗而解。第二三〇条:"阳明病，胁下鞭满，不大便而呕，舌上白苔者，可与小柴胡汤，上焦得通，津液得下，胃气因和，身濈然汗出而解。"这说明小柴胡虽非发汗剂，但作汗之机，必使上焦直通，津液得胃气之输布，始达于遍身而为汗，是亦取汗之道。第一九九条："阳明病，无汗，小便不利，心中懊侬者，身必发黄。"二三六条："阳阴病，发热汗出者！此为热越，不能发黄也。但头汗出，身无汗，齐颈而还，小便不利，渴引水浆者，此为瘀热在里，身必发黄，茵陈蒿汤主之。"观此二条，显示邪无出路，必致郁生它变，并又反复说明若发热汗出，则为热越，可不致发黄即汗出不彻，尚不可靠，足见汗之多寡有后，所关亦至巨。第二六二条："伤寒瘀热在里，身必发黄，麻黄连轺赤小豆汤主之。"此条究为湿热偏盛之阳明病，尚有直接用麻黄透汗之可能，不过配伍须要大大变易。第二一六条："阳明病，下血谵语者，此为热入血室，但头汗出者，刺期门，随其实而泻之，濈然汗出则愈。"此条有谵语热实现象，也必须通过泻其实而后始得汗解，顽以病因是热入血室，不可使用取汗套方，却改用针刺，这说明了里气得通，最后得解汗而愈。不治汗而汗治，足见取汗之道，不可拘于一格。太阴篇第二七六条："太阴病，脉浮者，可发汗，宜桂枝汤。"第三七二条："下利腹胀满，身体疼痛，先温其里，乃攻其表，温里宜四逆汤，攻表宜桂枝汤。"这两条说明太阴病虽是部分的里寒证，若兼一毫表分症状，仍可采用汗法，又不妨在这个下利腹胀满、身体疼痛的情势下，把治表的解肌法，放在治里的助阳法后期，亦无不可。少阴篇第二八五条："少阴病，脉细沉数，病为在里，不可发汗。"第二九四条、"少阴病，但厥无汗，而强发之，必动其血，未知从何道出，或从口鼻，或从目出者，是名下厥上竭为难治。"此二条说明少阴病在某种场合之下，不可以强发其汗。第三〇一条："少阴病，始得之，反发热脉沉者，麻黄细辛附子汤主之。"第三〇二条，"少阴病，得之二三日，麻黄附子甘草汤微发汗，以二三日无里证，故微发汗也。"此二条说明里虚而寒的少阴病，倘兼有太阳之表热，尚可以微发其汗，不过因照顾到温经助阳，是亦取汗之变法也。要知少阴病，虽不当汗，而在该种情况之下，又不可不汗。厥阴篇第三五七条："伤寒六七日，大下后，寸脉沉而迟，手足厥逆，下部脉不至，咽喉不利，唾脓血，泄利不止，为难治，麻黄升麻汤主之。"据陈逊斋医案，有治愈本方证一例，完全照本方措施，所以此方是否出于仲景，可姑置不论，而它的适当证还是值得研究的。喻嘉言说："……仲师特于阴中提出其阳，得汗解而错杂之邪尽解矣。"总之本方证显示着厥阴寒热交错的现象，尚宜在养阴清热生津之中，配以桂枝汤加麻黄升麻以解表，俾热毒得清化而愈，亦是补天手眼。第三六一条："下利脉数，有微热汗出，令自藤。设复紧，为未解，"此条脉数为有热，但得阴阳和而微汗出，邪热有外解之机，虽下利，可自愈。否则脉紧无汗，尚不能自解。第三六六条"下利脉沉而迟，其人面少苏，身有微热，下利清谷者，必郁冒汗出而解，病人必微厥，所以然者，其面戴阳，下虚故也。"此条系戴阳证，用通脉四逆辈，当然不可以表散，更促孤阳浮越，但说明了阴证中，也具至郁冒汗出而解的病机。医者心目中，往往忽略了这里正胜后的解汗。以上所引诸条文，可以反映了汗法的精神实质，又是设法取汗、变化不拘的鲜明例子。

攻逐法用于诸里实证治的重要性与必要性

我们知道，凡人感受六淫之邪有时同，而所生病则各异，这是由于各人的禀气有盛衰，宿恙有差等，因之得病后，有从寒化、从热化、从虚化、从实化的不同。内经谓："邪气盛则实，精气夺则虚。"是外因决定于内因为第一义。所以伤寒论在说太阳病开场宜如何治表的同时，就密切注意到因外感所引起的诸多宿患，以及邪热与内在因素相结合的许多问题，应当怎样逐步治疗。如蓄水蓄血结胸等，都备入太阳范畴，可见说仲景有鉴于此，特别要提前讨论，足见这类从感证发展而来的机体障碍，必须早为控制，此该类病证所关重要理由之一。

此外，记得恽铁樵氏曾这样说过："如麻杏石甘汤治好了白喉，不能说有杀菌效果，但能开腠泄毒，扭动病机，病菌自然崩溃，正气渐渐来复，故病可愈。"又据汤本求真氏经验之谈："现将大黄䗪虫丸、抵当汤丸等方，扩大其应用范围，治所谓癞病、癌肿、肺结核、梅毒及血行器血液病等，其所见有相当疗效者，或非方药有杀菌之力也。但能验毁各类病原菌寄生繁殖之培养基，或消除足以障碍生理功能之血栓血塞，故病可愈。"以上二氏所言，是否完全正确，尚待进一步研究，但他们各有悟道之处，不可抹煞。总见疾病之内在因素，不可忽略，而排解此搏结因素，尤须着眼。昔张子和氏治病善用攻破煞法，（当然只限于实证范围之下）如急下所以为着存阴，逐邪所以为着扶正，脏腑癥结既去，活泼生机始复。要知："若药不眩瞑，则厥疾不瘳。"这也可以充分说明了克伐诸方的必要性。此笔者所以重视该类病证而有取于攻逐诸方理由二。

上面说过，由外邪引起，激动内在因素与之搏结，固然是因人而异，临床诊察，则惟以患者当前客观情势为张本，又必从整体出发，加以厘定分析，孰轻孰重，孰缓孰急，然后作出处治。兹将各类里实证，举论如下。

一、停饮蓄水

有聚上焦的，如小青龙汤证，是表实而宿饮被邪鼓激以犯肺者。有壅中焦的，如五苓散证，是表有邪而热更入里，与水相得，或为下滞，或为上逆，但里重而表轻，故治专利水，旁发其汗。有属表分的，如牡蠣泽泻散证，是水气外溢，其病在下，故治从内。有经误治后重伤胃阳的，如苓桂术甘汤证，论其饮停部分，亦属中焦为重。有表解里未和，水结心下的，如十枣汤证，本系阳明之类变，其病连两胁下，水与邪其势并急，并此快峻之剂不为功者。凡此下驱上散的方证，约略把它们提一提，是因为停饮蓄水，究属有形之邪，表里之间的关系，也很为密切，倘得表从汗解，里从溲泄，分消其势，亦足以解除机体障碍。虽不定尽属于实，但同此类型。

二、结胸痞症

二证皆是胸膈间的病变，在条文中指出，系误下邪陷所致，只是由于各人体质不同，故同一误下邪陷，而转归亦即各异，其与水饮互结的为结胸，没有水饮相结的，则为痞证。今舍痞满单言结胸：或问："结胸不由于误下的，倘堪主以大陷胸，若已误下在前，怎能再用硝黄甘遂呢?"这里就要破除迷信，所谓已下，不等于就是已用硝黄之类的下剂。细味一三七条："太阳病，重发汗而复下之、不大便五六日、舌土燥而温，日晡所小有潮热，从心下至少腹鞕满而痛不可近者，大陷胸汤主之。"若是已用了那种下剂，为什么还又不大便呢？即使已用了该剂，总之便尚未通；即使大便已通，但与阴寒下利，也有不同。况条文中，并未言及下利，是其肠胃仍未虚弱可知；况大小陷胸汤丸所荡涤者，是胸膈间痰饮为主，究与承气汤直走胃肠通便秘不同。所以说虽已下在前，尚可缓用与承气不同之攻逐剂。再根据实事求是的精神，如条文所言诸证象，亦已显示邪热结实，攻下如陷胸，复何疑焉？

三、蓄血瘀血

太阳篇第一〇六条："太阳病不解，热结膀胱，其人如狂，血自下，下者愈。其外不解者，尚未可攻，当先解其外，外解已，但少腹急结者，乃可攻之，宜桃核承气汤。"又第一二四条："太阳病，六七日，表证仍在，脉微而沉，反不结胸，其人发狂者，以热在下焦，少腹当鞕滞，小便自利者，下血乃愈。所以然者，以太阳随经，瘀热在里故也，抵当汤主之。"又第一二六条："伤寒有热，少腹满，应小便不利，今反利者，为有血也，当下之，不可余药，宜抵当丸。"按其人如狂发狂的蓄血证，以其人本有久瘀血，仲景先师已明白指出，但初步太阳病未解，虽以热结下焦，癥在少腹，但须参考全身症状，不能专攻一门，所以说，其外不解者，尚未可攻，当俟外解已，乃可攻之。若迳不先解外证，即便下瘀，固系粗工；倘已脱开表证，又畏辄下瘀，亦非能手。又太阳随经，瘀热在里，表证仍在，里结已甚，其人发黄，少腹硬滞，是里重于表，情机危急，便须突破常规，合表攻里，当迎头痛击，抵当汤主之。抵当云者，显示一如沙场抵敌之义。仲师又恐庸工在此，迟疑不决，故不惜再三启示，若无瘀血，则应小便不利，今反利者，可知一定有瘀血，当下之，不要害怕不敢尽其量。故曰："不可余药，宜抵当汤。"

四、承气腑实证

阳明腑实证，大家都知道，应用承气下之。但不属阳明范围的，也有采用余地，或变通之处。如少阳病，兼里气壅实者，用大柴胡汤、柴胡加芒硝汤，表里两解。“设不了了者，得屎而解。”总是少阳有可愈通下之意。太阴病亦有：“大实痛，即用桂枝加大黄汤”之例。不过太阴病，合乎用大黄芍药者，“宜减之。”少阴病有三个急下存阴的证治，均缓大承气汤攻下，实则是少阴阴液既耗，又兼阳明燥实内结未解，故仍拟下法。厥阴病亦有：“下利谵语者，有燥屎也，宜小承气汤。”之明文，此是厥阴热化证，下利属热结旁流之故。总之下法，直隶于阳明者，是为正治，寄托于它经者，是为变法，可见其贯串各经，所关亦至巨。

结　语

综上所云，汗法一段，已经阐述了对病体表汗的看法，以及全面掌握的取汗之道，所谓突破太阳关，亦以概括到突破麻黄关。可见仲景先师，为了刻刻鼓邪外达，故不惜千方百计处处注重着这个汗字，运用着这个汗法。因此六经之中，都谈到汗法的情机，对我们启示很大。所以说它是伤寒学科的主流之一。攻逐法一段，指出了疾病的形成，以不侵及里，没有宿恙的轻些，反之渐陷入里，兼有宿恙的很重，所谓宿恙，即包括瘀血痰水诸积滞，属于攻逐对象的。仲景先师因为此等内在因素，在伤寒演变过程中，是最关吃紧处，所以大论首篇，就把它揭露。并反复阐明运用攻逐法的关键所在，以及三阴范围，也有兼用承气下法的可能。这类里实证治的重要性，对我们启示很大，所以说它是伤寒科学的主流之二。总之汗法与攻逐法，都是为了排除体内障碍，活泼生理机能，正是祖国医学的精义独到处。当然，除此以外，还有掘不尽的无数宝藏，在此百家争鸣的党政光辉照耀下，我们更不妨以不断革命的精神，再加以一一探讨，促使日新月异，发扬壮大。

[《广东中医》1960，(1) 7]

《伤寒论》六经热型和小柴胡汤适应证的探讨

陈养和　湖南省中医研究所

在党的社会主义建设总路线的光辉照耀和鼓舞下，本人不揣简陋，想整编王氏医案（孟英），第一编就是“清热法”，编写到第三类案“清热和解法”看到他运用小柴胡汤的加减，因而想到这个问题，颇感兴趣。现在让我不拘形式，将它分述如下：

一、我对伤寒论六经热型的看法

中医治病，历来讲热型；西医治病也讲热型。不过中医讲的热型，往往发热与恶寒并提，作为临床辨证论治的法宝；而西医讲的热型，则但重视体温之高低，并不讲究和审问恶寒之有无，这是中西医学两大体系的根本分歧点。西医的热型，如所谓稽留热、回归热……等，名称颇多；中医的热型，如所谓发热恶寒、但热不寒、但寒不热、寒热往来、寒热如疟、日晡潮热……等，名称比较简朴。照西医的热型名称在临床辨证上，往往局限于某一、二种病例，意义比较狭隘；祖国医学则不然。远在一千余年前的伤寒论，张仲景早就指出六经各具不同的热型，作为各种病例的辨证施治标准，如发热恶寒的，为太阳病热型，但发热不恶寒的，为阳明病热型（兼恶寒、为“表未解”）；寒热往来的，为少阳病热型；手足自温，不发热也不恶寒的，为太阴病热型；但恶寒不发热的，为少阴热型（若发热、称“反发热”）；厥热交替的，为厥阴热型。此外，三阳经还各有一个不同的间歇热型；太阳有热多寒少如疟状，日再发和一日二、三度发出热型；阳阴有日晡潮热的热型；少阳有寒热如疟、发作有时的热型（这指一日一发，或间日一发，三日一发，与太阳日再发、一日二、三度发者，不得混为一谈）。不宁惟是，六经热型、我们还可以看出阴阳相对峙，太阳与太阴是一对，发热恶寒对峙不发热不恶寒；阳阴与少阴是一对，但发热对峙但恶寒；少阳与厥阴是一对，寒热往来对峙厥热交替。所以尽管简朴，但它在临床辨证上，应用范围非常广泛，几乎包括所有一切传染病和部分杂证。伤寒如此，温病也如此，细菌引起的热型如此，病毒引起的热型也如此；低温如此，高烧也如此；昔日如此，今日也如此；理论如此，历代实践证明更是如此。这难道还算不够科学吗？兴言及此，今天党的重视中医、号召和组织西医学习中医，难道还不是空前盛举、英明伟大的措施吗!？

二、小柴胡汤适应那些热型的探讨

上述六经热型，持续性的六种，间歇性出三种，共九种，小柴胡汤究竟适应那几种呢？这是值得探讨和研究的。有人说：往来寒热是少阳病热型，又是小柴胡汤主证之一，毫无疑问，小柴胡汤能适应往来寒热；又有人说：寒热如疟也是少阳病热型，小柴胡汤正是少阳病的主方，也无疑问，小柴胡汤又能适应寒热如疟。不错！这两种热型，小柴胡汤均能适应，但必须知道，寒热如疟是一般性的适应，而寒热往来则有其特殊性的关系。为什么要这样说呢？因为往来寒热一症，在伤寒论中，的确仅属于少阳经，其他各经是没有这个证候的，也只有柴胡汤有往来寒热证，任何方剂是没有这个证候的。考伤寒论往来寒热的条文，凡四见，一则说：“伤寒五六日，中风、往来寒热，胸胁苦满、默默不欲饮食，心烦喜呕……与小柴胡汤主之”，本条是叙述小柴胡汤主证及加减法；一则说“血弱气尽，腠理开，邪气因入与正气相搏，结于胁下，正邪分争，往来寒热……小柴胡汤主之”，本条除叙证外，并作了病理的说明；一则说：“本太阳病不解，转入少阳者，胁下鞕满，干呕不能食，往来寒热，尚未吐下，脉沉紧者，与小柴胡汤”，本条也是叙述主证，并补充了小柴胡汤的主脉；另一则说：“伤寒十余日，热结在里，复往来寒热者，与大柴胡汤……”，本条意思是说热结在里，不应该又有往来寒热证候出现，其所以复往来寒热者，是因半表半里的病邪残余，尚未完全肃清，传里一部分，残留一部分，故改用大柴胡汤。大柴胡汤就是小柴胡汤去人参、甘草之补中，加大黄、枳，芍之攻里，表里双解，往来寒热仍是小柴胡汤的主要热型，不必再要其他柴胡主证，正如仲景所说：“有柴胡证，但见一证便是，不须悉具”，是很有道理的。余临证廿余年来，曾治往来寒热患者仅三例，投以小柴胡汤，效如桴鼓。通过实践，更体会到往来寒热是一种特殊热型，小柴胡汤便是治往来寒热一个特效方剂，但必须详询病人的寒热往来持续情况，不得误将发作有时的寒热如疟，和其他各种热型一样，用小柴胡汤时，必须兼有柴胡主证，这点，容在后面加以说明。

除上述两种热型外，小柴胡汤还适应那些热型呢？我反复摸索和探讨伤寒论之后，认为并肯定还可以适应发热恶寒，但热不寒，但寒不热，日晡潮热以及无寒无热等热型，但必须指出：小柴胡汤用于往来寒热这一特殊热型。不再要第二个柴胡主证，已如上述；主用于其他各种各样的热型，就必须兼有其他的柴胡主证。个人体会，柴胡主证有三：1. 往来寒热，2. 胸胁苦满（或硬痛）、3. 喜呕（或干呕不能食）。仲景说：“有柴胡证，但见一证便是，不必悉具”，就是指这三个症状而言。换句话说，上述各种热型，兼有胸胁满痛或呕吐柴胡主证之一的，小柴胡汤皆得适应。为了证明这点，本人特将仲景用小柴胡汤适应各种热型的辨证法则，逐条介绍出来，作为用小柴胡汤一个辨证指南，也可以说是小柴胡汤一种常规定律；伤寒论太阳篇说：“伤寒四五日，身热恶风（寒），颈项强，胁下满，手足温而渴者，小柴胡汤主之”，这一条是仲景用小柴胡汤治发热恶寒而兼有柴胡主证之胁下满的；厥阴篇说：“呕而发热者，小柴胡汤主之”，这一条是仲景用小柴胡汤治发热恶寒而兼有柴胡主证之呕的；又太阳篇说：“伤寒五六日，头汗出，微恶寒，手足冷，心下满（按：心下即胁肋部分）；口不欲食，大便硬……可与小柴胡汤”，这一条是仲景用小柴胡汤治但寒不热而兼有柴胡主证之心下满的；阳明篇说：“阳明病，发潮热，大便溏，小便自可，胸胁满不去者，小柴胡汤主之”，这一条是仲景用小柴胡汤治潮热而兼有柴胡主证之胸胁满的；又太阳篇诵：“太阳病，十日已去，脉浮细而嗜卧者，外已解也，设胸满胁痛者，与小柴胡汤”，这一条是仲景用小柴胡汤治无热无寒而但现柴胡主证之胸满胁痛的；又太阳篇说：“妇人中风七八日，续得寒热，发作有时，经水适断者，此为热入血室，其血必结，故使如疟状，发作有时，小柴胡汤主之”，这一条是仲景用小柴胡汤治寒热如疟，原文虽未提出柴胡主证，但本条与上条同是妇人中风，同是热入血室，上条提到胸胁下满，如结胸状，本条不提，就是互文见义，伤寒论有许多条文须要上下连贯读，最突出的，如大青龙汤、五苓散之类，这里也可算一例。用小柴胡汤适应各种热型，只有根据仲景辨证法则，才能把柄在握，投无不中。

三、小柴胡汤的加减运用

伤寒、中风病所引起的各种热型，根仲景辨证法，用小胡汤是没有多大出入的；若温热暑湿等病所导致的各种热型，根据仲景辨证法，用小柴胡汤时，还是要灵活加减，不能生搬硬套。关于这个问题，我想介绍王孟英先生加减运用小柴胡汤的宝贵经验。在理论上既可以帮助说明问题；在实践中也可以推广小柴胡汤之灵活运用。现在我就将编好的清热和解法五个病例，录之如次，并附小结的一部分，以资参考。

例一、感证邪入少阳柴胡证悉具疟案

（患者）姚小蘅大令簉室（续编卷二第五页反面四行）

（症状）患疟，呕吐胁痛，畏寒不渴，苔色微白。

（时令）秋季

（处方）小柴胡汤

（后果）三饮而瘳

说明：这是风寒性疟疾，故王氏用小柴胡汤原方。寒热、呕吐、胁痛，柴胡证悉具；苔白正是柴胡证的特征；王氏辨证细致入微，恐人滥用小柴胡汤，更提出畏寒不渴一证，这是王氏医案的特点。因为苔黄口渴，便属于暑热性疟型，虽柴胡证悉具，柴胡汤原方就值得考虑。”常须识此，勿令误也。

例二、风暑挟痰滞玥　邪入少阳间疟案

（患者），山妻（王氏自称）（归砚录卷四第三页反面十一行）

（症状）怀孕四月患间疟，腹痛便溏，汗多、呕闷，脉滑而弦。乃痰气内滞，风暑外侵。

（时令）秋季

（处方）柴胡　黄芩　半夏　黄连　苏叶　石菖蒲　枳壳　桔梗

（后果）三剂而瘳

说明：这是风暑挟痰滞的疟疾，而用柴胡汤加减法的。呕、柴胡主证：弦、柴胡主脉。风暑不比风寒，故用小柴胡汤必去参、甘、姜、枣之温补；加黄连、苏叶凉肝和胃，正呕兼治腹痛；菖蒲、枳、桔，疏滞涤痰，宽胸即以舒闷。且石菖蒲、苏叶，王氏常用为顺气安胎药，用于此症，更为贴切。

例三、产后营虚，邪客少阳间疟案

（患者）朱生南明经之媳（三编卷三第二页反面大行）

（症状），产后月余，患间疟，脉虚数而弦，头疼腹痛，苦色甚薄，乳少善呕，乃营虚而邪客少阳也（按：系暑邪）。今郎断乳，庶免蓐劳。

（时令）夏季

（处方）柴胡　黄芩　半夏　竹茹　杷叶　桑叶　川楝　延胡

说明：这是外暑内热的疟疾，而用柴胡汤加减法的。柴胡主证主脉与上例同，但体质各别，上例是孕期，故脉兼滑，此例系产后，故脉兼虚。疟发于夏，脉又弦数，“弦故者多热”，故亦去参、甘、姜、枣之温补，加竹茹、杷叶佐半夏以止呕吐，川楝、延胡清肝热以止腹痛，用桑叶者，既可治温热性之疟疾，又可息肝风而止头痛，脉虚乳少，营分虽虚，但初步处理，法宜清解，去邪就是安正。

（复诊）略

例四、湿温邪入少阳但热不寒案

（患者）徐然石之媳（归砚录卷四第十页反面十行）

（症状）患感，身热头重，脘闷频呕，不食耳聋，医投清解药一剂，病不少减，而月事非期而至。

（时令）夏六月

（处方）小柴胡汤加减

说明：这是湿温症所导致的发热，而用柴胡汤加减法的。频呕不食，柴胡主证，他如头重、脘闷、耳聋、浊邪害清之证。内经说：“因于湿，首如裹”。叶香岩也说：“湿与温合，蒸郁而蒙蔽于上，清窍为之壅塞，浊邪害清也”。方用小柴胡汤加减，参看上述两例，毫无疑问，参、甘、姜、枣必在删去之列，他如省头草、石菖蒲、枳壳、桔梗、通草、滑石等芳淡开上之品，定有选用。

（复诊）略

例五、暑温阳明少阳合病间疟案

（患者）许氏妇（显编卷五第二页反面七行）

（症状）间日疟，寒少热多，不饥大渴，善呕无汗，脉滑而弦。

（时令）夏季

（处方）白虎汤加花粉　柴胡

（后果）愈。

说明：这是暑热性的疟疾，用柴胡汤加减而更与白虎同用的。热多大渴、脉滑、阳明白虎的脉证；善呕不饥，脉弦，少阳柴胡的脉证。病属暑热，故君以白虎加花粉，以清阳明之大热而止渴；佐柴胡理少阳之疟邪而止呕。运用古方的灵活性，我感到无以复加。

笔者按：王氏医案初编、续编、三编、归砚录四集，经本人初步统计共七百有零案，其中以柴胡汤加减作为清热和解法用的，只此五例，例虽不多，足够说明问题。在辨证方面，五例之中，就有四例患疟，无一例不有呕吐，余如胁痛、耳聋、脉弦、苔白等，已将少阳半表半里的柴胡证和盘托出；在用药方面，遵守先圣成法，灵活运用小柴胡汤加减。第一例、风寒性疟疾，提出寒多不渴，用小柴胡汤原方不增损一味；二、三、四三例。暑邪挟痰的疟疾或湿温症的发热，就提出脘闷一症，小柴胡汤去方中参、甘、姜、枣，只留用柴胡、黄芩、半夏三味；第五例、暑热性疟疾，提出热多大渴一症，小柴胡汤不但参甘姜枣不用，而且不用黄芩、半夏，只留用柴胡一味。他这种用古方而不泥古方的灵活性，给我们临床医生以莫大启发，值得我们认真学习的。

结　语

一、六经热型，是六种不同体温的变化表现，包括高温、低温和常温，每经各具一型，而且阴阳矛盾对立，这种安排、对待的看法，是本人十年前读伤寒论的肤浅体会，提出来作为研究伤寒论同道们的参考，并请指正！

二、寒热往来，是少阳病热型，又是柴胡汤三大症状之一。实践证明，小柴胡汤有特效，和其他各种热型应用小柴胡汤必须兼有其他柴胡证者不同，同道在辨证时、详询病情而试用之，当知吾言之不谬。

三、通过小柴胡汤适应热型的探讨，我们知道：九种热型中柴胡汤能适应七种，从而知道柴胡汤之用，问题不在热型，而在有没有柴胡证?！有柴胡证，但见一证便是，不必悉具。掌握柴胡证而用柴胡汤，虽不中必不远；没有柴胡证而用柴胡汤，便是无的放矢。

四、通过王氏运用小柴胡汤的经验介绍，我们知道，风寒病各种热型，用小柴胡汤是没有多大出入的；温热暑湿病各种热型，就有加减的必要。暑热病不挟湿不兼痰的，不但参甘姜枣不能用，就是黄芩之苦，半夏之燥，也要考虑。临床运用古方，皆当作如是观，王氏之善于运用小柴胡汤，不过是一个很好的例子而已。

［《江西中医药》1960，(1)：45］

有关《伤寒论》烦躁证的分析

刘渡舟　北京中医学院

引　言

在伤寒论六经辨治的范畴中，涉及烦躁症状的，占有相当比例。有的作为主要症状出现，有的作为附带症状出现，它关系到阴、阳、表、里、寒、热、虚、实、生、死等诊断，对于辨证论治，起到重要作用。因此，将伤寒论烦躁症状的重点部分，进行综合，归纳，分析，以便于临证治疗工作，或科学研究的参考，这是很必要的。

一、烦躁证的概念

烦躁、反映了两种不同的症状，烦、心内烦乱，精神不安，兼有发热的症状；躁，是肢体躁动，卧起不宁，扰乱不静的病象。严格地来分，烦，反映了阳邪的活动，躁，反映了阴邪的增长，故阳证多烦，阴证多躁。但烦躁亦往往共同出现，在病情上并不矛盾，其原因是热病的阳盛阴亏，以致心身不安，烦躁并见，为火动所致，三阳经的烦躁，大多如此。如果病情严重，正气衰弱，阳不胜阴，气血虚寒，则烦躁又是水火相射，阴阳交争的表现。所以阴证喜烦忌躁，有“不烦而躁者死”的亡阳症状。临证时见到的循衣摸床，撮空理机，都属躁的反映也都属于危候。

《伤寒明理论》说：“伤寒烦躁，何以明之？烦为热扰而烦，躁为愤躁之躁，合而言之，烦躁为热也，析而分之，烦也，躁也，有阴阳之别焉。烦，阳也，躁，阴也，烦为热之轻者，躁为热之甚。经有，“烦疼”“烦满”“烦渴”“虚烦”皆以为热也。有不烦而躁者，为怫怫然，便作躁闷、此为阴盛格阳也……所谓烦躁者，谓先烦渐至躁也，所谓躁者，有先发躁而迤逦复烦者也。”

伤寒辨证说，“烦者，心不安而热扰；心胸愠怒、如有所触，外在现象为热尚轻，躁者，身不安而愦乱，手足掉动，若无所措，内外不宁……。

由上可见，烦躁的病变，有相同的一面，也有相异的一面，来反映它们不同病理的特点。

二、烦躁的形成

明理续论说，“伤寒烦躁，则有阴、阳、虚、实之别。心热则烦，阳实则虚，肾热则躁，阴实阳虚，烦则热之轻，躁则热之甚也。”

伤寒辨证说：“凡阴极发躁，欲坐井中，或投泥水中卧者，其脉沉微，足冷，但饮水不得入口，此阴盛格阳，气欲脱而争，譬如灯将灭而暴明矣……。”

烦躁的形成，虽头绪纷乱，总的来说，不外阴阳两大类型。阳证的烦躁，为热邪实而正不里，正与邪争，处于亢奋阶段的病变。素问至真要大论说：“诸躁狂越，皆属于火”历观三阳经热证，皆有不同程度烦躁证出现，故总属阳证范围以内。

阳证的烦躁，多见于热病末期，或经误治之后，正气虚弱，邪气深入，阴盛阳衰，则产生烦躁、病情较重、故属于阴证范围以内。

伤寒论的烦躁证，概括了阴阳两类，作了精致的分析，并指出了治疗方法，其中阴阳进退，邪正机转，对于预后诊断意义颇大。

三、烦躁证的分类

（一）太阳病烦躁

1. 太阳表实的烦躁　28节说，“太阳中风，脉浮而紧，不汗出而烦躁者，大青龙汤主之。”

风寒之邪客表，不汗出而烦躁，乃荣卫闭郁，阳气不得宣疏，郁极生热，则发为烦躁。

伤寒辨证说，“凡表邪不得汗出而烦躁者，须汗之，凡热盛脉浮数，不得汗出而烦躁者，宜速汗之。”。

烦躁，往往反映里热，今表热烦躁，为阳气郁不得发所致。大青龙汤为峻汗法，解表实以疏远阳气的佛郁，汗出则烦躁自解，所谓治病必求其本者是。其方虽有石膏，本为助津致汗，清热解肌而设，如解为清解里热，属两解之法，则同原文的精神有所悖逆，且本证虽烦躁，并无烦渴，其不兼阳明里热更灼然可见。

吴缓说："大青龙，仲景治伤寒，发热恶寒，烦躁者，则用之。夫伤寒邪气在表，不得汗出，其人烦躁不安，身心无如之奈何？如脉浮紧，或浮数者，急用此汤发汗则愈，乃仲景之妙法。若亢热已极，一两而凉，若不晓此理，见其躁热，投以寒凉之药，其害岂胜言哉？"

2. 太阳病停水的发烦　第74节说："中风发热，六七日不解而烦、有表里证，渴欲饮水"水入则吐者，名曰水逆，五苓散主之。"

太阳中风，表证不解，里之停水已成，故外有发热恶风，内有小便不利，烦，渴，水入则吐的症状。表里皆病，则太阳气化不行，五苓散，有温行阳气，解肌利水的作用，故能治之。

阳明病的烦渴，为胃燥津干，治以清热生津为主，太阳病的烦渴，为表邪未解，膀胱停水，水停津聚，故以通阳利水为主。

医宗金鉴说："……经曰：膀胱者，津液之府，气化则能出矣。今邪热重灼，燥其现有之津，饮水不化，绝其未生之液，津液告溃，求水自救，所以水入即治渴不止也。"

3. 结胸的烦躁　第134节："太阳病脉浮而动数，浮则为风，数则为热，动则为痛，数则为虚，头痛高热，微盗汗出，而反恶寒者，表未解也。医反下之，动数变迟，膈内拒痛，胃中空虚，客气动膈，短气躁烦，心中懊侬，阳气内陷，心下因鞕，则为结胸，大陷胸汤主之。"

太阳表邪未解，而反下之，表邪乘下内陷，结于胸膈。热与水结，阳气受阻，则有短气躁烦，心中懊侬，心下因鞕的症状。

张隐庵魏，"下之则邪逆于内，故膈内拒痛；而胃中空虚，客邪乘虚动膈，故短气躁烦，盖膈之上心肺也；膈之下肝肾也，呼出心与肺，吸入肝与肾，邪结于中则呼吸不利，故气短，上下水火不交，故躁烦也。邪留于中，故心中懊侬，阳气内陷，故心下因鞕则为结胸。"

按结胸证忌见烦躁，烦躁每成死证。因邪热顽结，正气散乱，正不胜邪，攻补无能为力。然结胸烦躁死证，其症状必严重，烦躁必转甚，经有"结胸证悉具，烦躁者亦死。"其义可见。若以结胸的一般烦躁，同死证混为一谈，则失仲景原义，而贻误病情。

4. 火逆的烦躁　第110节："太阳病，二日反躁，凡熨其背而大汗出，火热入胃，胃中水竭，躁烦必发谵语……。"

太阳表邪，二日反躁，邪将传里，阳盛之象。医用烧瓦熨背，迫汗大出，则胃中津竭，招引火邪内入，则胃中燥热更甚，发生躁烦，谵语。

成无已说，"太阳病二日，则邪在表，不当发躁，而反躁者，热气行于里也：反熨其背而发汗，大汗出，则胃中干燥，火热入胃，胃中燥热，躁烦而谵语……。"

第118节："火逆下之，因烧针烦躁者，桂枝甘草龙骨牡蛎汤主之。"

按火逆下之，当系火逆汗之误简。从火逆诸条，皆以火逆迫汗为误，且汗，下两字极易错简，征其文义，则火逆汗之，较火逆下之又为通顺。应予改正。

火逆迫汗，因于烧针者，则能亡心阳，心阳浮动，精神不安，则产生烦躁。桂枝甘草龙骨牡蛎汤，扶心之阳，饮心之神，阳复神安，烦躁自愈。

火逆烦躁，不外伤阴伤阳两类。兹选以上两节，余可类推。

5. 汗吐下虚烦　第76节；"发汗吐下后，虚烦不得眠，若剧者，必反复颠倒，心中懊侬，栀子豉汤主之。"

虚烦证，多为误治所致，正气乍虚，燥热蕴郁隔上则出现虚烦的症状。轻则不得眠，剧则反复颠倒，心中懊侬，烦郁特甚。

成无已谓："虚烦之状，心中温温然欲吐。愦愦无奈，欲呕不呕，扰扰乱乱，是名烦也。"

伤寒直格说："懊侬者，烦心热燥，同乱不宁也。甚者，似中巴豆，草乌头之类毒药之状也。"

6. 里虚发烦　102节说："伤寒二三日，心中悸而烦者，小建中汤主之。"

伤寒未经汗下，即见心悸而烦，其中气不足，荣卫皆虚，灼然可见。此时虽有可汗表证，亦不能发散，因里已虚，发汗益虚其虚，则夺其生化之源，为智者所不取。用小建中汤温补中州，调和荣卫，以养正为主，祛邪为次，方不发生治疗错误。

《医宗金鉴》说："伤寒二三日，未经汗下，即心悸而烦，必其人中气素虚。虽有表证亦不可汗之，益心悸阳已虚，心烦阴已弱，故以小建中汤，先建其中，兼调营卫也。"

7. 传经的烦躁　第4节："伤寒一日，太阳受之，脉若静者为不传，颇欲吐，若躁烦，脉数急者，为传也。”

风寒初犯于表、太阳开始受邪，其脉若静，指太阳表脉未生变化，则为不传经。若脉搏数急，主脉已不静；颇欲吐，若躁烦，主症状不静，皆主传经之珍，于是可于少阳，阳明二经中求其病情。

第269节：“伤寒六七日热大热，其人躁烦者，此为阳去入阴也。”

伤寒六七日，热大热，言表下已去；其人躁烦者，里热已成，此为阳去入阴，即表邪入里之义，为传经之侯。

成无已曰：“表为阳，里为阴，邪在表则外有热。六七日，邪气入里之时，外无大热，内有躁烦者，表邪传里也。故曰阳去入阴。”

二、阳明病烦躁

1. 阳明热证　26节说：“服桂枝汤，太汗出后，大烦渴不解，脉洪大者，白虎加人参汤主之。”

168节说：“伤寒若吐若下后，七八日不解，热结在里，表里俱热，时时恶风，大渴，舌上干燥而烦，欲饮水数升者，白虎加人参汤主之。”

以上的烦渴，都属阳明热证，因汗，吐，下后。胃中津液干燥，热邪不解，充斥表里，散漫不实，故有烦热大渴之证。

成无已说：“邪热结而为实者，则热大渴，邪热散漫则渴，今虽热结在里，表里俱热，未为结实，邪气散漫，熏蒸焦膈，故大渴，舌上干燥而烦……。”

按大青龙治太阳表热无汗的烦躁，其证不渴，为热在于表，故以开发皮腠，疏通阳郁为主；白虎加人参汤治阳明里热，表里俱热，其证大热烦渴欲饮为热势散漫，故以清热生津而为急务。表里界机并然不紊，其中汗法与清法两种不同的治疗，临证时，不可不加详辨。

2. 阳明实证

(1) 大便鞕发烦：203节说：“阳明病，本自汗出，医更重发汗，病已瘥，尚微烦不了了者，此必大便鞕也……。”

250节说：“太阳病，若吐，若下，若发汗后，微烦，小便数，大便因鞕者，与小承气汤和之愈。”

阳明结热未深，尚未达到满实程度，因热结不重，故其烦亦微。然此证于汗下之后，其烦同栀子豉证颇相似，所不同者，为微烦而不懊侬，且必小便数，大便因鞕，故与小承气温，微和胃热，缓缓下，其病自愈。

程郊倩说：“吐利下后而见烦症，征之于大便鞕，因非虚烦者比。然烦既微而不便数，当由胃家失润，燥气客之使然，胃虽实，非大实也。如以小承气汤，取其滋液以润肠胃，和也，非攻也。”

(2) 阳明胃燥发烦：第207节：“阳明病，不吐，不下，心烦者，可与调胃承气汤。”

阳明病，未经吐下，胃有燥热，续发心烦，可与调胃承气汤，咸寒润燥，苦寒泄热，甘寒缓中，达成谓胃去烦的作用。

此节亦有认为胃家燥热，蕴郁不舒，上不能得吐，下不能得泻，唯心烦愦愦，扰乱不安，故以调胃承气汤治之。”

汪琥说：“不吐不下者，热邪上不得越，下不得泄，郁胃之中，其气上熏于膈则心烦……。”

上述两种说法，虽有不同，但治疗原则，并不悖逆，故可互相发明，以丰富其内容。

(3) 阳明有燥屎发烦：阳明篇239节：“病人不大便五六日，绕脐痛，烦躁，发作有时者，此有燥屎，故使不大便也。”

241节：“大下后，六七日不大便，烦不解，腹满痛者，此有燥屎也。所以然者，本有宿食故也，宜大承气汤。”

阳明燥屎成实，蕴结不下，则秽热攻冲，发为烦躁。烦躁反映里热；绕脐痛，腹满痛反映里实，实热既审，大便不下，势必结成燥屎，故可以大承气汤攻下。

舒驰远认为；“此证虽经大下，而宿燥隐匿未去，是以大便复闭，热邪复集，则烦不解，而腹为满为痛也。所言有宿食者，即胃家实之互词，乃正阳阳明之根因也，若其人本有宿食，下后隐匿不去者，固有此证……。”

4. 阳明病胃不和发烦　第251节“得病二三日，脉弱，无太阳柴胡证，烦躁，心下鞕，至四五日，虽能食，以小承气汤少少与微和之，令小安……。”

胃家有热，烦躁而心下鞕，虽无太阳，少阳表证，似乎可攻，但其人脉弱，主里实未甚。正气尚弱，虽胃能纳食，亦不得浪投大承气汤。只有先用小承气汤，少少与服，以和胃热，令其烦躁小安，然后酌情施治，以去邪而不伤正为宗旨。

柯韵伯说：“得病二三日，尚在三阳之界。其脉弱，恐为无阳之征；无太阳桂枝证。无少阳柴胡证，则病不在表；而烦躁心下鞕，是阳邪入阴，病在阳明之里矣。辨阳明之虚实，在能食不能食，若病至四五日尚能食，则胃中热寒，而便鞕可知，少少与小承气汤，微和其胃。令烦躁少安，不竟除之者，以其人脉弱，恐大便之易动故也。

5. 阳明湿热发烦　第199节：“阳明病，无汗，小便不利，心中懊侬者，身必发黄。”

阳明病，外不得汗则热不得越，小便复不利，则湿不得泻，热从湿化，湿热蕴于胃中，出现心中懊侬，烦躁无可名状的病况。这是将发黄疸的前驱症状，除懊侬外，其人小便必涩短溺色如柏汁样便为确诊。尤在巡泾：“邪入阳明，寒已变热，发汗则热不外越，小便不利则热不下泄，蕴蓄不解，集于心下而聚于脾间，必恶热为懊侬不安，脾以湿应，与热相合，势必蒸郁为黄矣。”

三、少阳病烦躁

第264节“少阳中风，两耳无所闻，目赤，胸中满而，烦者，不可吐下，吐下则悸而惊。”

少阳主火，为半表半里，介于太阳阳明之间，躯壳之里，脏府之外，胸胁迤带。邪正相搏，结于胁下则少阳被郁，枢机不利，火气蕴郁，发生胸胁苦满，心中发烦的症状。

少阳之脉，起于目锐眦，其支者，从耳后入耳中，以下胸中，少阳受邪，则经有热，故耳聋，目赤，胸中满而烦。病在表里夹界，只宜和解，汗下皆在所禁。

四、太阴病烦躁

第278节：“伤寒脉浮而缓，手足自温者，系在太阴。太阴当发身黄，若小便自利者，不能发黄；至七八日，虽暴烦，下利日十余行，必自止，以脾家实，腐秽当去故也。”

伤寒脉浮而缓，太阳中风症状。其四肢复温，乃邪系属太阴脾家。脾之脉缓，浮缓手足自温，脾阳不虚之象。脾主湿，邪从其化，若小便不利，湿热去路则湿热相蒸身必发黄。若小便利，其湿不结，亦不能发黄。然亦有湿热虽蕴，因其脾阳振奋，至七八日，正气恢复时期，暴发烦热，下利十余行，必自止，其病亦愈。故湿热腐秽，借脾气推动，排于体外，故为欲愈之诊。由此可见，邪在阳经，有烦热作汗得解者；邪在阴经，则有暴烦下利作解者，烦为正与邪争之兆，属于正气驱邪外出的反映。

钱潢说：“缓，为脾之本脉也，手足温者，脾主四肢也，以手足而言自温，则知不发热矣，邪在太阴，所以手足自温，不至为少阴，厥阴之四肢厥冷，故曰系在太阴。然太阴湿土之邪郁蒸，当发身黄，若小便自利者，其湿热之气，已从下泄，故不能发黄也。如此而至七八日，虽发暴烦，乃阳气流动，肠胃通行之征也，下利虽一日十余行，必下尽而自止，脾家之正气实，故肠胃中有形之秽腐去，则脾家先形之湿热亦去故也。”

五、少阴病烦躁

1. 阴虚有热　第303节：“少阴病，得之二三日以上，心中烦，不得卧，黄连阿胶汤主之。”

少阴精血两虚，心肾之阴不足，心火独旺，则阳有余而不与阴交，是以心中烦，而不得卧。黄连阿胶汤，写心火，补肾阴，火降则水自升，水升而火自降，达成阴平阳秘之旨。

喻嘉言说：“心烦不得卧，而无躁证，则与真阳发动迥别。盖真阳发动，必先阴气四布为呕，为下利，为四逆，乃至烦而且躁，误汗不止耳。今但言心烦不卧，而无呕利四逆等证，是其烦为阳烦，乃真阴为邪热煎熬、如日中纵云，顷刻消散，安能霾蔽青天也哉？故以解热生阴为主治，故可有济……。”

310节：“少阴病，下利咽痛，胸满心烦，猪肤汤主之。”

少阴下利伤阴，虚热上炎，则有咽痛，胸满、心烦的虚阳扰动症状。每见下利后，阴伤于下，阳浮于上的有唇干、口烂、烦、呕、头眩等症，皆可从此节体会其精神。

柯韵伯说：“少阴脉循喉咙挟舌本，其支者出于心注胸中，凡肾精不足，肾火不藏，必循经上走于阴分也。咽痛、胸满，心烦者，因阴并于下而阳并于上，水不上承于心，火不下交于臂，此未济之象，猪肤为水畜，而津液在肤，取其肤以治上焦虚浮之火，和白蜜米粉之甘，泻心润肺而和脾，滋化源，培母气，水升火降，上热下行，虚阳得归其部，不治利而利自止矣。”

2. 阳虚有寒　282节：“少阴病，欲吐不吐，心烦，但欲寐，五六日自利而渴者，属少阴也。虚故引水自救，若小便色白者，少阴病形悉具，小便白者，以下焦虚有寒，不能制水，故令色白也。”

下焦虚寒，阳浮于上，证见心烦，欲吐不吐，温温愦愦，为无根虚阳，扰动不安之象；但欲寐，自利而渴，少阴本寒已显露无遗，唯口渴一证，犹恐疑惑不决，故特指出虚故引水自救及小便色白，方属下焦阳虚有寒，而不能蒸化津液，同“下利欲饮水者知有热也。”迥然不侔。其辨析之精，论证之审，应当很好的体会。

林澜说：“欲吐不吐，心烦，阳虚格载于上，但欲寐，自利，小便白，里之真寒已深。要知此渴，与口燥舌干之渴不同，若兼腹满便闭谵语诸证，自当作阳邪传里治之，既里虚自利小便白，其为虚寒明甚，特曰下焦者，足见阴既盛于下，阳必格于上，岂可以烦渴而误攻其热哉?”

第61节：“下之后，复发汗，尽日烦躁不得眠，夜而安静，不呕不渴，无表证。脉沉微，身无大热者，干姜附子汤主之。”

先下后汗，治疗颠倒，徒虚其表里，而有阴虚寒盛之证。尽日烦躁不得眠，阳虚得阳助能与阴争，阴阳交争，则发生烦躁；夜而安静，阳不得助，不能与阴争，则不发生烦躁而反安静。其证不呕，少阳无热；不渴，阳明无热，身无太热，太阳无热，邪热不涉三阳，唯烦躁而脉沉微，知为少阴虚寒，水火相射，亦暗伏危机在内，干姜附子汤，即四通汤去甘草之缓恋，迅用干姜附子直从阴中回阳。恐少缓则不及。

柯韵伯说：“此太阳坏病转属少阴者也。凡太阳病阳盛则入阳明，阳虚则入少阴。”

强璐玉说：“日多躁扰，夜间安静，则阴不病而阳病可知矣。无表证而脉微，则太阳之邪已尽矣。以下后复发汗，扰其虚阳，故用附子干姜以温补其阳。”

第309节：“少阴病；吐利，手足逆冷，烦躁欲死者，吴茱萸汤主之。”

少阴寒胜于内，上吐下利，中气大虚，不温于四末，则手足逆冷。心肾阴阳，交会于中，今土气虚寒，阴邪肆虐，心阳被迫则烦，肾阴凌火则躁，心肾不能相济，水火不相协调，则烦躁而欲死。

钱潢说：“吐利，阴证之本证也。或但吐，或但利者犹可。若寒邪伤胃，上逆而吐，下攻而利，乃至手足厥冷。盖四肢皆禀气于胃，而为诸阳之本，阴邪纵肆，胃阳衰败而不守，阴阳不相顺接而厥逆。阳受阴迫而烦，阴胜于阳而躁，且烦躁甚而至于欲死，故用吴茱萸之辛苦温热，以泄其厥气之逆，而温中散寒。盖茱萸气辛味辣，性热而臭臊。气味皆厚，为厥阴之毒药，然温中解寒，又为三阴并用之药，更以甘和补气之人参，以补吐利虚损之胃气，又宣之以辛散止呕之生姜，和之以甘缓益脾之大枣，为阴经急救之方也。”

柯韵伯说：“少阴病，吐利，烦躁，四逆者，死。四肢厥冷，兼臂胫而言，此云手足，是指指掌而言，四肢之阳犹在……。”

程知魏：“躁烦，与烦躁亦有别，躁者阴躁，烦者阳烦，躁烦者，言自躁而烦，是阴邪已逼也，烦躁者，言自烦而躁，是从内争也，其中具有轻重深浅之分，学者宜详审之。”

3. 阴阳皆虚　69节：“发汗，若下之，病仍不解，烦躁者，茯苓四逆汤主之。”

发汗伤阳，若下则伤阴，阴阳俱虚，则发生烦躁。烦者，阳不得阴，躁者，除不得阳。阴阳不交，水火未济，此烦躁所由来。茯苓四逆汤，草、姜、附以扶阳；参、苓以济阴，阴阳交会于中州，所以辛热与甘温并用，其义甚微。

成无已魏，“四逆得以补阴，加茯苓人参以益阴。”

柯韵伯说：“先汗后下，于法为顺，而表仍不解，是妄下亡阴，阴阳俱虚，而烦躁也。故制茯苓四逆，固阴以收阳……。”

按此证除烦躁外，似有发热症状，从“病不解”之文，自可体会。徐彬就”“此证惑人，在病仍不解四字。”其言甚是。

4. 阴盛格阳　第315节：“少阴病，下利脉微者，与白通汤，利不止，厥逆无脉。干呕烦者，白通加猪胆汁汤主之，服汤脉暴出者死，微续者生。”

少阴病，下利脉微，主阳虚有寒，与白通汤，破除通阳，治为得法。然服汤后，利仍不止，且加厥逆，无脉，阳气大虚之侯；干呕，心烦格阳上浮之征，知为阴寒太盛，药力不被采纳，形成格拒现象。故于前方加猪胆汁，人尿，育阴之药，仿从治之法，引白通汤突破阴霾，招纳浮越之阳，而温其寒气，则病可望愈。

徐灵胎说：“无脉厥逆，呕而且烦，则上下俱不通，阴阳相格；故加猪胆人屎，引阳药达于至阴而通之。内经云：反佐以取之。是也。服温脉暴出者，乃药力所迫，药力尽则气仍经，微续，乃心气之复，故可生也。”

5. 阴虚停水　第319节：“少阴病，下利六七日，烦而呕渴，心烦不得眠者，猪苓汤主之。”

少阴为水火之脏，阴阳所由生，其病有阴虚化热，阳虚化寒的不同。少阴阴虚，兼存停水，阴虚则有热，水停则津凝，水饮上逆则作喉呕，津液不化则作烦渴；渗于肠则作泻，蓄于下则小便不利。津聚火浮，心肾不交，则心烦不得眠。猪苓汤能育阴，利水清热，故可治之。

《医宗金鉴》说，“今少阴病六七日，下利粘秽，欬而呕渴，中不得眠，是少阴热饮为病也。饮热相搏，上攻则欬，中攻则呕，下攻则利，热耗津液“故渴；热扰于心；故烦不得眠，宜猪苓汤利水滋燥，饮热之证，皆可愈矣。”

6. 少阴生死

（1）少阴生证：第287节：“少阴病，脉紧，至七八日，自下利，脉暴微，手足反温，脉紧反去者，为欲解也，虽烦下利必自愈。”

少阴病脉紧，主寒邪在里，搏结不开。至七八日，正气恢复时期，始发生自下利，犹不能预知其顺逆，如其脉由紧而暴微，其证手足不寒而反温，即知下利为寒邪排除之象，手足温为阳气恢复之征，阳既恢复，便与邪争，虽有烦热，其下利已必自愈。其中阳回阴转之机，灼然可见。

钱潢说："脉紧见于太阳，则恶热恶寒，而为寒邪在表，见于少阴，则无热恶寒，而为寒邪在里，至七八日，则阴阳相持已久，而始下利，则阳气耐久，足以自守矣。虽至下利而以绞索之紧，忽变而为轻细软弱之微，脉微则恐又为上文不可发汗之亡阳脉矣，为之如何？不知少阴病，其脉自微，方可谓之无阳，若以寒邪极盛之紧脉，忽见暴微，则紧消化而为宽缓矣，乃寒邪弛解之兆也。曰手足反温。则知脉紧下利之时，手足已寒，若寒邪不解，则手足不当温，脉紧不当去。因脉本不微而忽见、暴微，故手足得温，脉紧得去，是以谓之反也。反温，反去，寒气已弛，故为欲解也。虽其人心烦，然烦属阳，而为煖气已回，故阴寒之利，必自愈也。"

228节，"少阴病，恶寒而踡，时自烦，欲去衣被者可治。"

少阴病，恶寒而身踡，为寒甚阳虚的恶候，如再见下利厥逆，死证者有之。若发现时有烦热而欲去衣被的，仍为可治之证，因阳气有恢复机转，能与阴争，生息之根犹在，急温即愈。

（2）少阴死证：296节说："少阴病，吐利躁烦，四逆者死。"

里寒太盛，则吐利。烦躁主阴寒迫阳，阴阳扰乱之状，其病为甚。复加四逆，主脾肾阳气已败，不能恢复，故为死证。

喻嘉言就"上吐下利，因至烦躁，即阴阳扰乱，而竭绝可虞。更加四肢逆冷，是中州之土先败，上下交征，中气立断，故主死也。使早用温中之法，宁至此乎！"。

298节说："少阴病，四逆恶寒而身踡，脉不至，不烦而燥者死。"

少阴病，恶寒而身踡，四肢厥逆，乃阳气大虚，寒邪太甚，阴重阳微，极险之证。又加脉不至，生机已竭；不烦而躁，有阴无阳，不死何待？

黄元御说："四逆恶寒而身踡，阴盛极矣，脉又不至则阳气已绝，如是则不烦而躁者亦死。盖阳升则烦，阳脱则逆。阳中之阳已亡，是以不烦，阴中之阳欲脱是以躁也。素问云：阴气者静则神藏，躁则消亡，盖神发于阳而根藏于阴，精者神之宅也，水冷精寒，阳根欲脱，神魂失藏是以反静而为躁也。"

300节脱："少阴病，脉微细沉，但欲卧，汗出，不烦。自欲吐，至五六日自利，复烦躁，不得卧寐者，死。"

少阴病，脉微细沉，阳气虚而里有寒；但欲卧，阴寒不主动；自欲吐，阴寒上逆；汗出，阳虚不能固表；不烦，阴寒虽盛尚不逼阳，此时当用急温法治之。如延迟至五六日，寒邪更逆，阳气更虚时，故出现自利，复加烦躁不得卧寐者，亟言烦躁特甚，乃少阴真阳扰乱，顷刻将散，阴气逼迫太甚，不容其潜藏于内之象，于此神机外脱，故为死证。

程郊倩说："少阴病，脉必沉而微细，论中首揭此。盖已示人以可温之脉矣；少阴病但欲卧，论中又已示人以可温之证矣；汗出，在阳极不可温，在少阴宜急温，论中又已示人以亡阳之故矣，况每有不烦自欲吐，除邪上逆之证乎？则真武四逆，诚啻三年之艾矣，乃不知预绸缪，延缓至五六日，前欲吐，今且利矣，前不烦，今烦且躁矣，前欲卧，今不得卧矣，阳虚扰乱，阴盛转加，焉有不死者乎！"

6. 厥阴病烦躁

（1）厥阴蛔厥：第338节："厥寒脉微而厥，至七八日肤冷，其人躁无暂安时者，此为藏厥，非蛔厥也。蛔厥者，其人当吐蛔，今病者静，而复时烦者，此为藏厥，蛔上入其膈，故烦，须使复心，得食而呕，又烦者，蛔闻食臭出，其人当自吐蛔。蛔厥者，乌梅丸主之，又主久利。"

本节用宾主文法，以阐述蛔厥的证治。脏厥，为厥阴阳虚阴盛重证，故脉来极微，四肢厥逆，通身皮肤发冷，躁动无暂安时，故每每构成亡阳死证。蛔厥，亦属厥阴病，其病理为寒热错杂，并有蛔虫骚扰所致。蛔厥，厥而吐蛔，在病情不发作时，亦很安静，同脏厥的躁无暂安时是显然不同。纵然有时发烦，是因为肠胃虚寒，蛔不得安居，而蠕动上行的结果，蛔不扰动，则其烦须臾停止，然得食则又发作，此为蛔闻食臭出，形成新的烦，每每刺激胃肠发生呕吐，则蛔亦随之吐出。

《医宗金鉴》说："伤寒脉微而厥，厥阴脉证也。至七八日不回，手足厥冷，为更通身肤冷，躁热暂安之时者，此为厥阴阳虚阴盛之脏厥，非阴阳错杂之蛔厥也。若蛔厥者，其人当吐蛔，寒病者静，而复时烦，不似脏厥之躁无暂安时，知蛔上膈上也。故其烦须臾复心也，得食而吐，又烦者，是蛔闻食臭而出，故又烦也。得食了蛔动而哑，蛔因呕吐而出，故曰其人当自吐厥也……。"

（2）厥阴亡阳：第343节："伤寒六七日，脉微，手足厥冷，烦躁，炙厥阴，厥不还者，死。"

脉微，手足厥冷，阳虚寒盛；烦躁，除邪逼阳，此时危急万分，治以急救法，恐拖延时间，不能等待。灸厥阴积极回阳；厥还者，阳气仍续其人治；不还者，阳气已亡其人死。

汪琥说："烦躁者，阳虚而争，乃脏中之真阳欲脱，而神气为之浮越，故作烦躁。"

补亡论，常器之说："可灸太冲二穴。"

（3）邪结在胸：第355节："病人手足厥冷，脉乍紧者，邪结在胸中，心下满而烦，饥而不能食者，病在胸中，当须吐之，宜瓜蒂散。"

手足厥冷，原因不一，不可不辨。如脉乍紧，心下满而烦，且饥不能食，乃寒实痰饮，结在胸中，阳气被郁，不达四肢所致，用瓜蒂散涌越而安。

医宗金鉴说："寒饮实邪，壅塞胸中，则胸中阳气为邪所遏，不能外达四肢，是以手足厥冷，胸滞而烦，饥不能食也，当吐之，宜瓜蒂散……。

小　结

烦躁、在临证中是经常达到的一种症状。它能反映不同的病理变化，对临证的意义很大。

伤寒论的烦躁证，涉及到整个的六经范畴，作为辨证治主要部分。

以上所就的：表证烦躁，里证烦躁，热证烦躁，寒证烦躁，正虚烦躁，邪实烦，阴证烦躁，阳证烦躁，并且还包括了停水，停饮，误治，传变，生死等，内容很是丰富。

祖国医学以辨证论治为主，从烦躁的分析和不同的理论根据来看，可以体会到辨证论治的实质精神，如能融汇贯通，印证到思想认识当中，自然达到治病求本，法圆机活的目的。

[《北京中医学院学报》1960，（2）：86]

白虎汤在临床上的运用法则之研讨

沙星垣

白虎汤首见于张仲景《伤寒论》，为治阳明病主要方剂之一。所谓阳明病系伤寒（广义的）三阳证中常见的病。在一般轻证或未经误治的伤寒病过程中是不会见到阳明证候的；反之，如果临床上出现本证时也即表示病证已发展至较为严重的阶段了。在治疗上，对阳明经证，若能正确地及时使用白虎汤剂，是能收到良好的效果。如所周知，近年来已有不少报导有关白虎汤剂对治疗流行性乙型脑炎、大叶性肺炎等病有满意的疗效。并有人进一步研究其药理机制，但尚未获得有力的证明。也曾有人认为白虎汤既对某几种急性传染病有效，即依现代医学所作出的诊断来使用于临床，其结果往往不如预期的那么理想。因此，临床上如何运用白虎汤剂，是值得讨论的一个问题。

如所周知，同样的一个"证"，它有虚实、表里、寒热的不同，诊断时既要对局部的症状有详细的分析，更重要的必须对整体的情况进行综合联系。从错综复杂的关系中探求其病因与病机，然后才能运用切合于病症的方药。即以流行性乙型脑炎为例，只要在发病过程中出现阳明经证的时候，就可以运用白虎汤剂，证候自可得到缓解而痊愈。但在临床实践中，症状的变迁并非一致，其机理亦不尽相同，故运用本方也必须随症加减，往往由于药味加减的相殊，其疗效亦因而各异。如何能正确的掌握其运用的规律来作为临床时的指导，当为进行研究中医的首要，亦即为本文所研讨之目的。

（一）

在讨论白虎汤剂之前，必先明确仲景所称之阳明证并非专指为某一种"病"，或局限于某种热性病，而系指着一系列"症"的综合现象。它反映着机体在疾病过程中某种一定的机理。

伤寒论中指出"阳明之为病，胃家实也"，说明胃家实是形成阳明证的原因。柯韵伯云："阳明是传化之府，当更实更虚，若但实不虚，但是阳明证的病根。"促成胃实的原因不一，所以柯氏又说："有实于未病之前的，有实于得病之后的，有风寒外束热不得越而实的，有妄汗吐下，重亡津液而实的，有从本经热盛而实的，有从他经转属而实的。"归纳以上种种因素不外：热不得越、体质因素、津液不足。总之不论其病邪为由表入里或里有伏热或其他因素，只要当其有形成里热而出现"身热、汗自出、不恶寒、反恶热"等阳盛现象时即为阳明经证的临床征象。

阳明证的病机为表邪入里，所以没有恶寒的表证，因其已入里，故但见身热而反恶热，不恶寒仅为衬托反恶热这一症状。但同时也说明在病情之前一阶段可能有恶寒症状的存在，伤寒论原文有云："病得之一日，不发热而恶寒者，何也？若曰，虽得之一日，恶寒将自罢，即自汗出而恶热也。"其实可以不论其起病时有无恶寒，只要临床上见到恶热时，即有病邪入里之兆，当邪已入里而成里热，则必蒸烁津液，故汗自出一症历来各家多认为由于"胃中实热，津液受到迫，所以汗自出"。口渴的机理亦同，但是必须注意的是疾病在发展至阳明证的阶段中，所有阳明证的症状不一定会全部出现，有时仅有少数的症状可资依据。总之，只要认明是表邪入里或里有伏热而具有津液受到热的蒸迫的现象，便可诊断的阳明经证。

上述之机理，更可从人参白虎汤来体现与得到证实，伤寒论中或云“口燥渴”，或云“大烦渴”，或云“渴欲饮水数升”，谓系“得之汗吐下，内热未除，胃液重涸”之故。阳明证本来已属里热而津液受到热的蒸迫，若再治疗失当，则津液自必更为耗损，同时里热仍在，此时在治疗上白虎汤自不能胜任，而里热之邪尚属在“气”，透邪外达犹须赖气阴之充沛，故必以人参之益气生津，白虎汤始能发挥其作用。举例如下：

病例　某，男性，30 岁，工人，于 1958 年 3 月 5 日入院治疗，患者于三日前恶寒发热，诊时恶寒已罢，但仍无汗，咳痰白稠，口渴不多饮，舌苔白，脉滑数，即投大剂麻杏甘膏汤，仍无汗泄。翌日舌苔转黄，口渴引饮，脉转细数，乃转予人参白虎汤，即得遍体汗出而于 12 小时内热退身凉而愈。

按本证西医检查体温 39℃，急性病容，微见紫绀，叩诊左肺下部音浊，听诊有多数湿性啰音，白血球计数 15250，中性细胞 82%，胸部透视左肺下部大片浸润阴影，诊断：大叶性肺炎。

从上述的病例可以体会到在阳明经证中津液与机体的关系极为重要，如作进一步的探讨，阳明经证即使未经误治，若由于患者体素阴虚，或系老年或小儿，或得病于过度劳役之后，其机理当亦属相同，在临床上遇到此类患者极多，更举例以为佐证。

患者范姓，女性，年 52 岁，体质素弱而又操劳过度，于十日前先起恶寒发热，头痛鼻塞流涕，咳嗽不畅，服中药数服而解。乃于诊前一日突然寒战，继即壮热达 40.8℃，有汗热不少解，咳嗽增剧，痰呈锈色，咳引胁痛，舌黄口渴，脉象沉细带数，即以人参白虎汤大剂连投，两日后热解而愈。

按此证系虚体感温，故迳投人参白虎汤而热退。西医检查听诊左肺后下部有湿性啰音，心尖部有收缩期吹风样杂音，白血球计数 18600，中性细胞 96%，胸部透视左肺中部有片状阴影，诊断：大叶性肺炎。

治疗湿热病在清里中必须时时顾及津液。仲景虽未明言，但在阳明证之机理以及白虎汤剂之组成药物中已见端倪，故陆九芝氏认为仲景所论之阳明证，即属温病，而后世治温各家创立之方剂如景岳之玉女煎石膏与地黄同用，后经王孟英氏更名白虎地黄汤，以为治气血两燔之正法。喻嘉言制清燥救肺汤以治燥气，尤其是清代温病学家如叶天士、吴鞠通等常以辛凉解肌、甘寒清热等法以治温热大证，均可谓从白虎汤剂之发展而来，继承了仲景的学说而更使治疗法则逐步完善。

（二）

进一步探讨阳明经病的机制，也可从白虎汤方剂组成的药物来反映。石膏本非大寒之品，而为治疗温热病之要药。自从温病条辨提出“若其人脉浮弦而细者，不可与也；脉沉者不可与也；不渴者不可与也；汗不出者不可与也”四禁以后，便限制了石膏使用的范围，因此也有人误认石膏系大寒之性而不敢应用于温热病。近人张锡纯氏辨之最详，如云：“石膏之性本经原云微寒，既曰微寒，则非大寒可知，虽系石性，实为和平之品，其所以能治温热病之效百倍于他药者，以其味微辛，阴中含阳，而善于发汗也。且其质甚重，虽一两石膏亦仅一大撮，其凉力不过与知母数钱相等，而其清火之力则不同，以其凉而能散。”又对白虎汤方剂解释云：“石膏辛凉，质重气轻，不但长于清热，且善排挤内蕴之热而自毛孔达出。知母取其凉润滋阴之性，既可佐石膏以退热，又可防阳明热久耗损质阴。甘草取其甘缓之性，能逗留石膏之寒凉不致下趋。粳米取其汁浆浓郁，能调石膏之性，使之与胃相宜。”

石膏之性能既非大寒，且具有透邪外达之力。在仲景方中如：大青龙汤、桂枝二越婢一汤、麻杏甘膏汤等方，均为表邪未彻而里已热者设。此外，如桂枝白虎汤之治温疟，证治准绳亦有柴胡石膏汤以治时行瘟疫之有表证者，以及张锡纯氏所制清解汤、凉解汤等以治温病初得、壮热背微恶寒无汗等。由此可见，即使表证未罢，如果兼有内热证象，石膏并非禁忌，当视其外感何邪，分别配伍辛温或辛凉之品，即有表里两解之效。

病例，某男性，年 30 岁，工人，于 1958 年冬季患外感，发热 3 天，恶寒未已，头痛无汗，咳嗽，痰白，咳则左胁掣痛，舌苔薄白，口微渴，脉数，病属冬温，寒邪外束未解，乃以麻黄、桂枝、石膏、杏仁、紫苑、半夏、甘草、生姜、大枣为剂，药后得汗而恶寒除，热虽降而不净，但咳嗽转剧，乃去桂枝加葶苈泻肺汤投之而愈。

按西医检查患者两肺均有多量湿性啰音，白血球计数 19500，中性细胞 85%，胸部透视两肺中下有散在片状阴影，诊断为肺炎。

在不同的病症中而具有相类之病机，亦有以两解法而迅获良效者。今春小儿麻疹流行，由于痧毒过盛，天气严寒，每多寒邪外束，痧出不透，或甫透即现隐缩，以致肺气壅闭，痰鸣喘促者，每以麻杏甘膏汤投之得以挽回。

某孩男性，3岁，发热5天，出疹两天未齐即隐，高热达40℃，咳嗽，气促，鼻煽，痰鸣，神烦不安，舌苔白边微红，脉数，检查白血球24000，中性细胞84%，听诊右肺啰音，透视诊为肺炎，当以麻黄、浮萍以透表，石膏、连翘以清热，杏仁、牛蒡、蝉衣以宣肺气，一剂即麻疹复透，再剂痧透齐足而热退气平，继以清肺化痰调理而愈。

白虎汤剂与解表药加减配伍以治里热而并有表证者，不但在伤寒论中有此先例，从临床中更得到了证实。不但如此，即如内科杂病中，运用石膏以治各种疾病者，亦属屡见，如：外台秘要之治骨蒸劳热，普济方以治鼻衄心烦，肘后方之治小便卒数，令人瘦等，几乎是不胜枚举，下列病例三则，一为高血压症，一为糖尿病，一为付鼻窦炎，可以证明以上所述的情况。

某妇，48岁，患原发性高血压症2期已两载，血压常在190/110毫米汞柱左右，临床症状为：头昏自感热往上冲，面赤自汗淋漓，虽严冬不减，口渴频饮，小便检查无异常，心脏向左扩大，舌苔淡黄，脉滑数，病者体质肥胖，诊为肝肾之阴不足，阳明气火有余，方用生石膏、沙参、知母、花粉、黄芩、龙胆草、生地、玄参、白芍、牡蛎、天麻、菊花等出入，连投四十余剂，诸症渐除，血压亦降至128/78毫米汞柱。

某男性，18岁，学生，半年多来多食多饮多尿，缘患者于八个月前觉尿多，白天有十余次，夜间亦有四、五次，并感口渴异常，日饮达五大热水瓶，且能食善饥而形体日渐消瘦，体重由130市斤减至109市斤，皮肤发痒，汗出极多，舌苔薄，脉细数，西医检查血糖429毫克%，尿糖＋＋＋＋，尿酮强阳性，诊断为糖尿病并伴有轻度酮体中毒。入院后以石膏、知母、天花粉、生地、玄参、麦冬、萸肉、山药、黄连、大黄等出入为治，并在不严格控制饮食情况下进行治疗观察，共服药三十余剂，烦渴大减，小便次数亦减，血糖退至174毫克%，(出院时为250毫克%)，症状渐见好转，后因经济困难而出院休养。

某男性，32岁，工人，于二年前鼻流浊涕，觉头痛，经西医诊断为付鼻窦炎，穿刺两次仍无效，服药亦少见进步。患者前额及目眶部疼痛，鼻流秽涕不已，鼻塞难辨香臭，切脉弦大而数，诊为阳明风热上乘清窍，乃以石膏、薄荷、白芷、菊花、桑叶、川芎、连翘、银花、茅根、甘草为方，服五剂头痛即减，浊涕亦少，继于原方中去薄荷、白芷，加丝瓜络、大贝母，服二十剂而愈。

上述不同的“病”，均运用白虎汤剂随症加减而获显著疗效，其证兼见表邪者则用大青龙汤、麻杏甘膏汤，方书中石膏与解表药配伍使用的尚有桂枝白虎汤、柴胡石膏汤等等。若气阴不足者，自仲景立人参白虎汤后，后世之清燥救肺汤、玉女煎等方当亦由此衍化而来。此外如苍术白虎汤之治湿热俱重；温病条辨中之宣白承气汤，以白虎承气两方之主药用治痰壅实热；温病热毒重者，陶华用三黄石膏汤，取苦寒与辛凉合剂以治里热之极甚者；若温毒疹斑，气血热盛者，余师愚有清瘟败毒饮，吴鞠通立化斑汤，均以石膏与犀角为主，一以清热一以凉血。总之石膏配伍之方剂，以阳明里热因素为本，所兼不同，则配合亦随之而异。历代方剂，难于细举。每一方剂之运用原则，全在于从辨证精神出发，此可于上述病例中见其梗概。

同时也说明石膏使用的范围，在临床是相当广阔的。它不仅适用于一般热性病，即在各种杂病中其应用也是非常广泛的。若能临症明于辨证，便能信手拈来，恰到好处。

[《中医杂志》1960，(3)：64]

仲景《伤寒论》的辨证论治

黄展鹏

仲景伤寒论原名《伤寒杂病论》，自经晋代王叔和整理和宋朝林亿等校正后，才把它分为《（伤寒论》与《金匮要略》两书，《伤寒论》是一本多种外感热病的专书，根据文献考证，该书约成于公元3世纪初叶，全书虽然只有药味八十二味，药方一百一十三方（除禹余粮丸缺如实为一百一十二方），但由于仲景医圣在内经的理论启发下，并总结前人的诊治经验，所谓“勤求古训，博采众方’，创立了八纲（阴阳、表里、寒热、虚实）并沿用了内经的六经（太阳、阳明、少阳，太阴、少阴、厥阴）来区别外感热病过程中的发病阶段，和病变部位，抗病趋势，病情轻重深浅，病理属性等，作为立法施治的准则。全书由始至终都贯彻了科学的瓣证论治精神，处处从疾病的客观整体出发，跳出了单凭医者的主观想象，或零敲碎打的形而上学圈子，因而历代医家无不奉为圭臬。下面谈谈该书有关辨证论治的主要精神，为了叙述的方便，分辨证与论治两部分讲：

一、辨证方面

六经分证：疾病的发生必然会出现症状，也可见说症状的产生是正邪相争的结果，也是邪正相争互相作用的具体反映，但由于致病的因子不同，发病时间有异，或者虽则相同，而人的体质天赋有别，因而抗病的反应则自然有所不同，因此，在发病过程中，证候常常是错综复杂，千变万化的。如何去掌握它呢？六经分证，就是把疾病的演变过程所表现的复杂证候，归纳为六个证候群，亦即发病的六个阶段，如热性病初期表现为：恶寒发热，头痛，脉浮，项背强痛等，则为太阳病。若病邪在这个阶段不为正气所衰，进一步发展表现为寒热往来，胸胁苦满，默默不饮食，口苦咽干，目舷，心烦喜呕，耳聋，脉弦等，则为少阳病。若病邪在这个阶段，不但不为正气所衰，相反更深入扩展出现为但热不恶寒，烦渴引饮，不大便，腹满实痛，潮热谵语，舌苔黄厚，甚至呈焦黑色，脉沉实或洪大滑实等，则为阳明病。

三阳经病，从其性质说，均属热证、实证，因而也属于阳证。

在抗病过程中肠胃机能出现衰退时，表现为腹满而吐，食不下，自利益甚，时腹自痛等，则为太阴病。若出现脉微细，但欲寐，下利，四肢逆冷，背寒身体痛等，则为少阴病。若出现消渴，气上撞心，心中疼热，饥而不饮食，食则吐蛔，手足皮肤厥冷等寒热错综症状，则为厥阴病。

三阴经病，从其性质说，均属寒证、虚证，因而也就属于阴证。

六经辨证：上述是六经分证，但证候是很少一成不变象刻板样出现的，有开始即出现某经证候，经过一定的时间转变而出现他经证候，如开始太阳，后来转至少阳或阳明，这便叫作传经——循经传，亦有不顺六经次序传变，而迳转某经者，如开始太阳未经少阳或阳明而迳转三阴，这便叫作越经传。甚或不经三阳经，疾病一开始便出现三阴经证的便叫“直中。”此外还有两经证候同时出现者，叫作合病。一经证候未罢，而他经证候又相继出现者，叫并病。因误治而使病情转变复杂恶化者叫坏证。通过这样的分别，医者在临床上便不致于面对着错综复杂的病情而茫然不知所措。但是虽然有了六经的分证和指出传经、越经、直中、合病、并病、坏证等正常和异常的转变关系，仲景医圣仍恐学者泥于六经分证，因而在治疗上会发生错误，因此在每经中又指出更明确的辨证方法，从其性质上，大别之不外是“同中求异”和“异中求同”两个方面：

同中求异：如太阳病发热无汗恶寒，脉浮紧为伤寒，（是狭义的伤寒）发热汗出，恶风，脉缓为中风，发热而渴不恶寒者为温病等。同是太阳病以有汗无汗和恶风恶寒，脉之浮紧与浮缓来区别伤寒与中风，以恶寒与不恶寒、渴与不渴来区别伤寒与温病。阳明病虽属热证、实证、里证，可用攻下，但亦有胃中虚寒不可攻下者，如第194条（宋本原文以下同）：“阳明病，不能食，攻其热必哕，所以然者，胃中虚冷故也，以其人体虚，故攻其热必哕’。230条：“阳明病，胁下鞕满，不大便而呕，舌上白苔者，可以小柴胡汤……。’这两条前者虽然病属阳明，但由于其体虚胃中虚冷故不任攻下，后者则说明即使具有阳明病不大便而胁下鞕满，但若有呕吐舌苔白等仍为少阳病居多，仍应以小柴胡汤，而不主以承气汤。少阳病柴胡证146条：“伤寒六七日，发热微恶寒，支节烦痛，微呕，心下支结，外证未去者”，则主以柴胡桂枝汤。103条：“……呕不止，心下急，郁郁微烦者……”则用大柴胡汤。这两条前者根据微恶寒，支节烦痛，知为太阳表证未罢，但微呕，心下支结的少阳证也已具备，故用柴胡桂枝汤采取两阳双解法。后者根据“心下急郁郁微烦”知不但少阳证已具，且里证亦备，故用大柴胡汤表里双解。前者为少阳兼太阳，后者为少阳兼阳明。太阴病原是属于虚寒里证，但也有应用解表法者，276条：“太阴病脉浮者，可发汗，宜桂枝汤”。少阴病虽是属于阴证，但亦有寒化热化的变局。304条：“少阴病，得之一二日，口中和，其背恶寒者当灸之，附子汤主之。”这是属于寒化。303条：“少阴病，得之二三日以上，心中烦不得卧，黄连阿胶汤主之”这是属于热化。厥阴病常是寒热错综，热厥胜复，交替出现。341条：“伤寒发热四日，厥反三日，复热四日，厥少热多者其病当愈……”。342条，“伤寒，厥四日热反三日，复厥五日，其病为进，寒多热少阳气退，故为进也。”从这两条经文便可以看出，是教导人们如何去辨别厥阴病病情发展的进退趋势，以厥热的时间长短为依据，前者热多厥少，为病渐向愈，后者厥多热少，为病渐进。

以上所举都是属于六经辨证中的“同中求异”办法。

异中求同：太阳篇45条，“太阳病，先发汗不解，而复下之，脉浮者不愈，浮为在外，而反下之，故令不愈，今脉浮，故在外，当须解外则愈，宜桂枝汤”。这条正如徐灵胎所说：“脉浮而下，此为误下，下后仍浮则邪不因误下而陷入，仍在太阳，不得因已汗下而不复用桂枝也。”太阳表证，虽经发汗而病仍不解，这可能病重药轻，或时间关系，须如法再服，但医者以为发汗不解，邪已入里而误投泻下，但根据脉仍浮知邪仍在表，故仍宜以桂枝汤解表。又如阳明病胃家实，固应主以承气汤攻下，但少阴病亦有必须急下而应用大承气汤者。320 条：“少阴病，得之二三日，口燥咽干者，急下之，宜大承气汤”。321 条：“少阴病，自利清水色纯青，心下必痞，口干燥者，可下之，宜大承气汤”。322 条：“少阴病六七日腹胀不大便者急下之，宜大承气汤。”这三条汤本求真说：“本条以下三证，以俱有少阴之外观，故师以少阴病三字冠之，然实非少阴而为阳明病，何则？若真为少阴病，口中必和，但今则不然，反口燥咽干也”。这都是启发人们在辨证过程中不但要从同中求异，还要从异中求同，虽有少阴病的外象，而又具有口燥咽干，腹胀不大便等阳明等证，仍须以承气法治之，这便是异中求同的办法。

以上是伤寒论六经辨证中“同中求异”和“异中求同”辨证上的两个主要关键，此外还有更具体更明确地对阴阳、表里、寒热、虚实等八纲的辨证指示：

辨阴阳：太阳篇第七条说：“病有发热恶寒者，发于阳也，无热恶寒者，发于阴也。……”此条可以说是伤寒论中阴阳的提纲，同是恶寒，但以有热的为发于阳经，无热的为发于阴经，亦即在内经所说的：“阴阳者万物之纲纪，变化之父母”的精神指导下，凡属于消极的、沉静的、隐伏的、有寒性倾向的，都属于阴，凡属于积极的、亢奋的、活动的、有热性倾向的，都属于阳。因此，伤寒论中的阳，除指寒热外，有指表里而言的，如“伤寒三日，三阳为尽，三阴当受邪”；有指脏腑而言的，如：“伤寒六七日无大热，其人躁烦者，此阳去入阴也；”也有指虚实和昼夜而言的，如：“病发于阳，而反下之，热入，因作结胸；病发于阴，而反下之，因作痞”。这是指虚实而言。“发于阳者七日愈，发于阴者六日愈”；这是指昼夜而言。

辨表里：208 条：“阳明病脉迟，虽汗出，不恶寒者，其身必重，短气腹满而喘，有潮热者，此外欲解，可攻里也；手足濈然汗出者，此大便已鞕也，大承气汤主之。若多汗，微发热微恶寒者，外未解也，其热不潮。未可与承气汤。……”从本条可以看出，出汗不恶寒，是表邪已解，身重短气腹滞而喘，脉迟潮热，手足濈然汗出等，是阳明府已实，可以大承气汤攻下，但若汗多，微发热微恶寒，则为表邪未解已明，故虽里有实邪仍未可攻下。

辨寒热：340 条：“病者手足厥冷，言我不结胸，少腹满，按之痛者，此冷结在膀胱关元也”。本条虽然少腹滞，按之痛，但手足厥冷，则知非热结，（当然在临床上仍要参考其他脉证则更为具体些），从“言我不结胸”又知道病位不在胸部，而是在膀胱，但与热结膀胱的少腹急结则有寒热之别了。11 条：“病人身大热，反欲得衣者，热在皮肤，寒在骨髓也，身大寒，反不欲近衣者，寒在皮肤，热在骨髓也”本身所谓皮肤即指外表而言，骨髓者即指内在而言，假使病人外表虽然身大热，但反欲得衣，这是内寒外热，亦即真寒假热；身大寒而反不欲近衣，这是内热外寒，亦即真热假寒的象征，在临床上辨别寒热的真假，这条很重要。

辨虚实：68 条“发汗病不解，反恶寒者，虚故也，芍药甘草附子汤主之”。70 条：“发汗后，恶寒者，虚故也，不恶寒但热者，实也，当和胃气，与调胃承气汤。”这两条以外感热病经过发汗后的反应为例，汗后恶寒者为虚，不恶寒但热者为实，这都是辨证上的关键所在，不能忽视。

二、论治方面

正确的治疗措施，必须建立在正确的辨证基础上，没有精确的辨证，很难想象有正确的治疗，疾病也就难于治愈，全部伤寒论中治病方法虽多（三百九十七法）但总的来说不外“扶正”与“驱邪”两个方面：

1. 扶正　所谓扶正，即包括“扶阳”与“补阴”（扶阳包括益气，补阴包括养血）因为人的生活现象虽然很复杂，但总的说来，不外“物质”与“能力”两个方面，在整个正邪斗争过程中，必然不可避免地会消耗一定的物质（阴液），物质消耗至一定程度后，能力（阳气）也自然随之被削减，所以中医治病对“扶正”这方面很重视，如内经云：“邪之所凑，其气必虚”，又说：“正气内存，邪不可干”，这便充分说明中医治病对扶助正气驱除病邪具有何等重要作用，因此，在伤寒论中对三阴经病的虚寒证，无不以扶正为主。如少阴病恶寒，四肢厥冷，脉微细等，即以扶阳救脱为急务，如四逆汤、白通汤、真武汤等，便是一个例子。仲景还教导人们对阳虚的病人，即使有表证未除，仍应以助阳解表，如少阴病兼见太阳表证以麻黄附子细辛汤，及麻黄附子甘草汤等，温经解表，以防过汗亡阳，就是这个道理。62 条，“发汗后身疼痛，脉沉迟者，桂枝加芍药生姜各一两，人参三两新加汤主之。”20 条：“太阳病发汗遂漏不止，其人恶风，小便难，四肢微急，难以屈伸者，桂枝加附子汤主之。”这两条前者是为过汗致令阴阳两虚而设，后者是过汗致令阳气虚弱，有进一步发展至亡阳的趋势，因而以附子维护阳气，以防虚脱，这是扶阳方面。对于补阴问题，少阴病热化伤阴时的黄连阿胶汤养阴清热，及猪肤汤、桔梗汤等，都是直接补充阴液，扶助正气，战胜病邪的办法。

2. 驱邪　驱邪是把病邪直接排除体外，以消除病毒对机体的刺激，驱邪的主要途径，有汗、吐、下三个方面，但还必须明确疾病的标本，分别先后缓急，而采取相应措施。如372条：“下利腹胀满，身体疼痛，先温其里，乃攻其表，温里宜四逆汤，攻表宜桂枝汤。”124条：“太阳病，六七日，表证仍在，脉微而沉，反不结胸，其人发狂者，以热在下焦，少腹当鞕满，小便自利者下血乃愈……抵当汤主之”。这两条前者是说明由于下利腹胀满的虚寒里证比救急重，虽有四肢疼痛的太阳表证，但比较缓，因此便根据先急后缓的原则，先行救里，后攻其表，而后者则由于里记已急，故不待解表，而先行攻里，如果表里证状急缓相等，则采取表里双解法亦即标本兼顾，如大柴胡汤证、桂枝加大黄汤证等均是。总之，要皆认清标本，区别先后缓急，然后采取相应措施，随机应变，灵活运用。如素问对这个问题说得很清楚：“病有标本，刺有逆从……标本相移，故曰有其在标而求之于标，有其在本而求之于本，故治有取标而得者，有取本而得者……。”从这里便可以充分说明在明确标本后，根据疾病的具体情况，标本缓急而采取相应措施的重要意义。关于什么是标，什么是本？这要按疾病的具体情况而言，如果对发病的先后来说，原发的是本，继发的是标，如开始出现太阳经病，太阳未罢继而又出现阳明，那太阳病便是本，而阳明病便是标。如果对疾病的因果来说，病原是本，证候是标，如由于外感寒邪，而出现恶寒发热，头痛，这样寒邪便是本，恶寒发热、头痛便是标，其他可见类推。

必须指出，上述扶正与驱邪不是孤立的割裂的，而是统一的，互相联系相辅相成的，如阳明篇的白虎加人参汤证就是一个生动的例子，在清热的同时，结合益气生津。上述温经解表的麻黄附子细辛汤和养阴清热的黄连阿胶汤等都是这个道理，既扶正，又驱邪，此即扶正驱邪标本兼顾相结合的好办法。

通过上述介绍，我们可以看出伤寒论六经是辨证论治的总纲，而它在具体运用上，贯串了阴阳、表里、寒热、虚实、八纲的精神，因此在学习伤寒论时，必须前后对此互相参阅，才能领会仲景医圣在辨证上的深入认真，和论治方面的严肃性，及辨证论治这个法则对后世中医临床指导上的伟大作用。

结语

本文对仲景伤寒论中有关辨证论治问题作了探讨，该书由始至终都贯彻了辨证论治的精神，不独教导人们在认识疾病时，必须注意证候的相同点，与不同点，还教导人们要从异中求同，同中还要求异，认真鉴别疾病，才能避免或少犯医疗上的错误，给后人诊治疾病建立了一套完整的辨证论治体系，从而也奠定了中医学术上朴素的唯物辨证基础，这是该书的主要成就。

[《广东中医》1960，(3)：108]

对张仲景用桂枝的认识

戴渭麟　浙江省西医离职学习中医班学员

桂枝系樟科植物，为常绿乔木，药用桂树的干枝，产于广东、广西、云南等地。神农本草经称为牡桂，载有味辛温，主上气咳逆、结气喉痹、利关节、补中益气等作用，并列为上品。

中医方书用桂枝较早和较为广泛的要算是张仲景的《伤寒论》、和《金匮要略》了，经统计张仲景在伤寒论113方中用桂枝就有43方，占38%，仅仅次于甘草的使用；金匮要略262方中用桂枝有50方占19%（附方不计算在内），后世医家称桂枝汤为群方之冠，足见张仲景对桂枝的重视程度。

适应症

1. 外感风邪、发热头痛——“太阳中风，汗自出，恶风发热，鼻鸣干呕”（伤寒论12、13条），或“产后中风，发热，面正赤，喘而头痛”等（金匮产后病脉篇）。

2. 肩臂肢节疼痛——“身体疼烦，不能自转侧，骨节烦疼，掣痛不得屈伸，近之则痛剧”（伤寒论174、175条）。

3. 精神不安——“叉手冒心、“心下悸饮得按。惊狂，卧起不安，胸满，烦惊，谵语”（伤寒论64、112、110条）。

4. 逆气上冲——“脐下悸，欲作奔豚，脐上筑动。心中痞，诸逆心悬痛。胸满，胁下逆抢心。心下逆满，气上冲胸，必发奔豚，气从少腹上冲心。气从少腹上冲胸咽”（伤寒论65、386、117条及金匮胸痹心痛短气病篇）。

5. 水饮——“起则头眩，身为振振摇者。小便不利，渴而不呕，小便难，时复冒者。四肢肿，水气在皮肤中，四肢聂聂动者。心下坚大如盘，边如旋杯，水饮所作。烦渴，渴饮饮水，水入则吐。渴而躁烦，小便不利，脐下有悸，吐涎而癫眩”（伤寒证67条及金匮消渴小便不利淋篇和水肿病篇）。

6. 瘀血在里、少腹里急——“热结膀胱，其人如狂，少腹急结。妊娠六月胎动，癥瘕害，血不止。病下利数十日不止，暮即发热，少腹里急腹满。带下经水不利，少腹满痛，经一月再见”（伤寒证106条及金匮妇人妊娠病篇及妇人杂病篇）。

7. 虚劳——“腹中急痛，虚劳里急，悸衄，腹中痛，梦失精，四肢酸疼，手足烦热，咽干口燥。少腹弦急，阴头寒，目眩，发落，男子失精，女子梦交”（金匮血痺虚劳病篇）。

主要功用及配伍

祖国医学方剂中各类组成的药物，都存在着相互制约和相互依存的作用。仲景用桂枝也遵循着这一规律，根据不同的证候，配合各种不同的药物进行治疗；同时还注意用量及服药方法：如“桂枝加桂汤，其药物组成与“桂枝汤”一样，但桂枝用量有所增加，除了取桂枝的解表功用外，还取其下气降逆作用。又如服桂枝汤后应服热稀粥一碗必助其汗等。这些都是辨证论治的临床经验。

现将主要功用及配伍分述如下：

1. 发汗解肌　这是桂枝的最主要功用，如桂枝汤证“太阳中风，阳浮阴弱，热自发，汗自出而恶寒、恶风、鼻鸣、干呕”。其病理机制为卫强营弱，营卫不和。因卫受风邪而伤不能护于营，营气虚弱，津液不固，故有汗，发热而恶风。桂枝是本方君药，具有发汗解肌，调和营气，疏散苑阳，通达表邪的作用；并配合芍药入营以敛阴，与桂枝起制约作用，使营卫调和，肌腠之邪从汗出而解。仲景说：“太阳中风，阴弱者汗自出，卫实营虚，故发热汗出。”又说：“太阳病发热汗出者，此为营弱卫强，阴阳必凑之，故皆用桂枝发其汗，此乃调其营气，则卫气自和，风邪无所容，遂自汗而解，非桂枝能开腠理发出其汗也；汗多者用桂枝，以之调和营卫，则邪从汗出，而汗自出，非桂枝能闭汗孔也。”这是说明桂枝解散表邪作用的机转。李时珍说：“麻黄遍彻皮毛，专于发汗，而寒所散；桂枝透达营卫，故能解肌而风邪去。”也说明了桂枝的解表与麻黄不同。故桂枝主治太阳中风表虚证；对于太阳伤寒、脉紧无汗的麻黄汤证，桂枝仅能助麻黄发汗。另外桂枝也可作为许多其他解表方剂的佐使药，如竹叶汤、候氏黑散等都有桂枝。总之，凡涉及营气不和、自汗出的情况，是桂枝最主要的应证。

2. 温助心阳　心为君主之官，在临床上心虚则可出现怔忡、惊悸、失眠、健忘、心憺憺动等证象。如伤寒论64条：“发汗过多，其人又手冒心，心下悸欲得按者，桂枝甘草汤主之。”112条：“伤寒脉浮，医以火迫劫之，亡阳必惊狂，卧起不安者，桂枝去芍药加蜀漆牡蛎龙骨救逆汤主之。”又如107条：“伤寒八九日，下可胸满烦惊，小便不利，谵语，一身尽重，不可转侧者，柴胡加龙骨牡蛎汤主之。”上述条文均说明了心阳不足或过汗伤营所致的症侯，桂枝有和营通阳作用，配合龙骨、牡蛎等重镇安静的药物，使心阳得复，神气自宁，烦躁也就消除。

3. 化气利水　如五苓散、茯苓甘草汤、苓桂甘枣汤、苓桂术甘汤、防己茯苓汤等都是治疗由于各种不同原因而引起的水气为患。或为气化不利，或为脾阳不健，其症状有小便不利、口渴、四肢肿，甚或水气上逆而脐下悸等。桂枝虽无直接利尿作用，但能于阴中宣阳，对于水为寒结不化而小便不利者，配合茯苓、泽泻、白术等药，能帮助水分排出以达到化气利尿的目的。

4. 下气降逆　伤寒论117条：“烧针后……必发奔豚，气从小腹上冲心者，灸其核上各一壮，桂枝加桂汤，更加桂二两。”又如15条：“太阳病下之后，其气上冲者，可与桂枝汤。”金匮亦有……手足厥逆，气从少腹上冲胸咽……与茯苓桂枝五味甘草汤治其气冲……。”都说明桂枝有下气降逆作用。其他如治“心中痞诸逆心悬痛”的桂枝生姜枳实汤；治“心中痞，留气结在胸、胁下逆抢心”的枳实薤白桂枝汤等方中的桂枝，也作用于降逆。而其作用机转，强隐庵解释说：“桂枝启水之生阳交于肺，则上气平而咳逆除。”个人认为上述诸冲逆，可能是由于上焦阳虚，下焦阴盛，心阳虚而肾气上逆，故用桂枝和营血，摄肾气，使胃气收纳则逆气自平。

5. 逐寒湿，止疼痛　仲景在风湿痹痛用桂枝的，有桂枝附子汤治“风胜于湿，身体疼烦不能自转倒”；甘草附子汤治“寒湿较重，骨节疼烦，制痛不得屈伸”；桂枝芍药知母汤治“诸肢节疼痛，身体魁羸，脚肿如脱”。三方的共同特点，均重用桂枝，并与附子合用。附子温经散寒，桂枝辛散表温，风湿去，则痛自除。

6. 补中和里　桂枝不仅用于表能发汗能解肌，

而且用在里有补中和里的作用。如治疗阴阳俱虚、气血两亏而以阳虚为主的虚劳症，仲景常用桂枝与干姜、甘草、饴糖、人参等温补药合用。小建中汤的桂枝，辅助芍药及饴糖，成为辛甘养阳、调和肝胃治疗虚劳腹痛的要方。炙甘草汤中的桂枝和人参合用，有补气通阳的作用。黄连汤中的桂枝与干姜合用，功能温胃散寒，止腹痛。但必须认识到桂枝一味药并无直接补中虚的功能："对下焦肾阳虚，也没有温补作用。邹澍说："至补中一节，尤属义精妙而功广博。盖凡中气之虚，有自馁而成者，有为他藏克制而成者，参术芪草所主，非桂枝可施；惟土为木困，因气弱而血滞，因血滞而气愈弱者，必通血而气始调，气既能调而血渐能旺，此其所由，又非直一补气可概也。"可以看出桂枝补中和里的机制了。

7. 行瘀通经　桂枝能协同其他药物疏通血行障碍，故在攻瘀方剂中常作为佐使药。如治月经不调，经闭不通，随丹皮、桃仁等同用；治经期腹痛，须与当归、芍药等并用，仲景在攻瘀方中用桂枝者，有桃核承气汤，其中桂枝有通经络、宣导瘀血邪热；同时引大黄入血脉，发挥其攻下逐瘀的作用。又在温经汤中桂枝合吴茱萸温经止痛；土瓜根散中，桂枝通行瘀血作为使药。但仲景在对瘀血因热或瘀血之涉于虚者如抵当汤证下瘀血汤证、大黄䗪虫丸证中并未应用桂枝，是否因桂枝为辛温发散，并能发汗，有引起血液妄行及劫伤津液，尚不敢肯定。

综合上述，根据六经辨证，个人认为仲景用桂枝最多的是三阳证里时太阳病，其次是三阴证里的厥阴病，而其他各经，若至有太阳表证者，也常用到此药；加按八纲分析，桂枝是适用于表虚寒及部分里虚的症状，归纳如下：

1. 太阳经证　太阳病经证有伤寒、中风、风温三种，桂枝在治疗太阳中风表虚证是作为主要药物，如桂枝汤。若是太阳中风而又出现某些兼证时，也就在桂枝汤的基础上随证加减，加治太阳中风而兼气逆作喘用桂枝加厚朴杏子汤；治表虚汗出而兼项背强几几的桂枝加葛根汤；治表虚汗出而兼里热的桂二越婢一汤等等。

如果用在治疗太阳伤寒表实证时，桂枝作为辅助作用，如麻黄汤、大青龙汤、小青龙汤等。

2. 太阳府证　在治疗蓄水证的五苓散中，桂枝一方面解散表邪，治疗发热、恶风的表证；另一方面则有温阳化气的作用。在治疗蓄血证的桃仁承气汤中，桂枝并非用于解表，而是作为引经药，并有通经祛瘀的作用。

3. 太阳病风湿痹证　如桂枝附子汤，甘草附子汤，桂枝有辛散表湿的作用。

4. 太阳病误用火攻或过汗后损及心阳或心阳受扰，如炙甘草汤、桂枝甘草汤等，桂枝有入心助阳及通气和营的作用。

5. 厥阴病　本病用桂枝是取其辛温之性而达散寒止痛、温中健胃目的，如小建中汤、乌梅丸、当归四逆汤、麻黄升麻汤等。

6. 其他　如太阳阳明合病的葛根汤、葛根半夏汤；少阳病兼有表证的柴胡桂枝汤，太阴兼表证的桂枝加芍药汤、桂枝加大黄汤等，桂枝都是解散表邪的作用。

禁忌症

桂枝的禁忌可引伤寒论关于桂枝汤的禁忌作为代表。论中16条："……若其人脉浮紧，发热汗不出者，不可与之也，常须识此，勿令误也。"17条："若酒客病，不可与桂枝汤，得之则呕，以酒客不喜甘故也。"19条："凡服桂枝汤吐者，其后必吐脓血。"说明对于脉紧无汗的表证，桂枝不能用作主药；对内有湿热或平素嗜酒，急性炎症或化脓性疾患均不宜使用。

又桂枝味辛性温，对于阳气素盛，里有化热或阴虚火旺证及血证（如吐血、衄血、咯血）等，正如伤寒里所说："桂枝下咽、阳盛则毙"，临床应用时值得注意。

古今医家对桂枝论述比较

桂枝始载于本草经，张仲景对其作用有了很大的发明，后世各医家也都在此基础上，根据临床实践，对桂枝的作用，有了更全面的论述，兹摘录数家以资说明.

1. 桂枝治心痛、胁痛、胁风，温筋、通脉、止烦、出汗（名医别录）。

2. 桂枝用之之道有六，曰和营，曰通阳，曰利水，曰下气，曰行瘀，曰补中（本经疏证）。

3. 桂枝系肉桂枝梢，其体轻，其味辛，其色赤，有升无降，故能入肺而利气，入膀胱化气利水；且能横行于臂，调和营卫，治痛风、胁风，止烦出汗，驱风散邪，为解肌第一要药（本草求真）。

4. 桂枝芳香馥郁，轻扬升散，味辛气温，祛营卫之寒，主太阳中风而头痛，立中州之阳气，疗脾胃虚馁而腹疼。枝干横行，故直通经络，上达肩臂，温辛胜水，开肾家之痹着，若是阳微溲短，斯为通溺之良材（本草正义）。

从以上本草书论述桂枝的作用看，多未越出仲景应用桂枝的范围，可以看出仲景的医材渊博，实有独创之处，也证明了祖国医学早在汉代就有了极其丰富的临床实践的基础。

结语

桂枝为祖国医学常用药物之一，张仲景对此药应用更为广泛灵活，本文以张仲景用桂枝为中心而说明桂枝的作用及其适应证，由于水平限制，又缺乏临床实践，故在看法上和认识上必有错误之处，敬请中医前辈批评指正。

本文经高立夫、许勉齐二老师修改，特此致谢。

本文所引条文均参考宋赵开美复刻本《伤寒论》及尤在泾著《金匮要略心典》。

［《浙江中医杂志》1960；(5)：226］

同源也可以异流

崔秀山　天津市民族医院

一、经方的定义及由来

《汉书·艺文志》载，医经七家：《黄帝内经》十八卷，《外经》三十七卷，《扁鹊内经》九卷，《外经》十二卷，《白氏内经》三十八卷，《外经》三十六卷，《旁篇》七卷；上医经七家，二百一十六卷。

经方十一家：五脏六腑十二病方四〇卷，五脏六腑疝十六病方四〇卷，五脏六腑痺十二病方四〇卷，风寒热十六病方二十六卷，秦始黄帝扁鹊俞拊方二十三卷，五脏伤中十一病方三十一卷，客疾五脏癫狂方十七卷，全创瘛疭方三〇卷，妇人婴儿方十九卷，汤液经方三十二卷，神农黄帝食禁七卷，右经方十一家二百七十四卷。方技三十六家、八百六十八卷。另外还有“房中”和“神仙”。有人认为：必须通晓以上所说经方十一家的学说，并应用于临床，方配称为“经方派”。余曰：不然，此经方十一家之方书早已散佚无存，若此苛求，未免近于吹毛求疵。且汉书所载之经方，乃汉前方剂学之统称。经字应作“经常宗法”解，医经即医学理论之宗法，经方即方剂之宗法。故艺文志曰：“经方者本草石之寒温，量疾病之浅深，假药味之滋，因气盛之宜，辨五苦六辛、致水火之齐，以通闭解结，反之于平。”即说明按本草之性味配伍为方剂，以补偏救弊，使之归于平，而达到愈疾目的。由此可见，汉书所谓之经方，实即当时方剂学之统称，非经书之经方。今日所谓之“经方”乃圣人之言著之于书，方得称之曰经。“经”这一名词，出现应在战国以后，儒书经封建专制政府法定曰“经”，大约是在汉武帝罢黜百家之后，独尊孔孟，凡以孔子为代表的儒家编著书籍，称之曰经。也就是封建专制政府用这种“正统观念”统治人民的思想，以达到巩固统治者地位的作用。随着中国封建社会的发展和统治阶级的需要，“经”的领域也逐渐扩张。如汉之五经（诗、书、易、礼记、周礼、春秋)、七经（诗、书、礼、乐、易、春秋、论语)，唐代的九经（易经、春秋、左传、礼记、周礼、孝经、论语、孟子、诗经)，宋代的十三经（诗、书、易、礼记、春秋、公平、谷梁、左传、论语、孝经、孟子、周礼、尔雅)。以上经书不仅是封建专制政府和统制阶级进行文化教育思想统治的工具，也是封建专制政府培养提拔统治人才的主要准绳。医学界在这种“正统观念”思想影响下，也推张仲景为医中之圣。因为孔子是集前儒之大成，称之为大成至圣。张仲景是集前医之大成，医林列传称之为“经方大师”，后人尊为医中之圣。故其所著之书曰“经”。查史书所载：仲景所著之书很多：有黄素要方二十五卷，辨伤寒十卷，伤寒身验方十卷，（注：现存之辨伤寒为徐方伯著，伤寒身验方为王珉著，均非仲景之书。）评病要方一卷，治妇人方二卷，五脏论一卷，口齿论一卷，脉经一卷，五脏营卫论一卷，黄经一卷，伤寒卒病论十卷，伤寒卒病论续六卷，金匮玉函八卷。可惜除金匮伤寒外，均已散佚。即伤寒金匮亦非本来面目，如喻嘉言曰：“后汉张仲景著卒病伤寒十六卷，当世兆民赖以生全，传之后世，如日月之光华，旦而复旦，万古常明也可。斯民不幸，至晋代不过两朝相隔，其卒病论六卷已不可复睹。即伤寒论十卷，想亦劫火之余，赖有三百九十七法，一百一十三方之名目可以校正，太医令王叔和附心己意，编集成书。”据此虽非仲景原著，叔和距仲景为时不远，仍不失仲景之法，观其立法之明、立论之严、用方之准，可以推为经方。故近世凡严遵伤寒金匮之法度运用于临床者，可以谓之曰“经方家”或“伤寒家'，“经方派”或“伤寒学派”。

二、医学流派的源流与沿革

四库全书提要医家类：“儒之门户分于宋，医之门户分于金元”。然溯本求源，医之流派亦孕于宋。盖唐以前，伤寒论法是一脉相传的。如千金翼方云：“伤寒热病自古有之，名贤睿哲多所防御，至于仲景，特有神功”。所以伤寒论法的治疗规律，在医学史上很长的一段时间，没有人提出不同意见。唐代以后，南方城市兴起，内外交通日繁，热病类型亦随之扩张。有些医家感到株守伤寒论法已不敷用。所以宋朱肱就提出了：使用古方必须灵活，因人因地，因病而异的见解。例如他在“伤寒类证活人书”自序里说。“偶有病家，曾留意方书：稍别阴阳，知其热病则召某人，以某人善治阳病。知其冷病，则召某人，以某人善治阴病。往往随手全活”。从这廖廖几句话里，可以推测出宋代已有古方今方寒派热派的苗头出现了。在医理方面，也从内经的基础上出现了支派。如刘温舒撰素问入式运气输奥三卷，大倡五运六气之学说，沈括冠宗奭等继其后。及刘河间出，此说更为盛行，刘河间撰素问玄机启病式，阐明六气都从火化之经，法虽遵经，方主寒凉。又撰宣明论方三卷与局方主异。所谓局方，是宋代统治者设立的垄断药局，专门掌管生熟药的经营。元丰年间（1078），太医局统令全国医生献方，至 1085 年把各地所献药方，试验有效后，依法制药，名曰“局方”。自此以后，累次增多，共得方 788 道，谅祐年间（1252），定名曰“太平惠民局和剂局方”。如安宫牛黄丸、局方至宝丹，都是局方著名方剂。为后来温病学说的发展开辟了道路。宣明论方完全遵经方之法，和剂局方完全用时医之方。以陈师文、陈承裴、宗元等为代表人物，自此宣明论方行于大江以北，和剂局方行于大江以南，俨然成为对峙之势，初步露出了经方与时方的苗头。同时还存在着四大学派，即金元四大家：刘河间的寒凉派，张子和的攻下派，李东垣的补土派，朱丹溪的养阴派。尚无伤寒、温病的门户之分。温病脱离伤寒是在元末明初，王安道才开始说：“温病不得混称伤寒”，始将温病与伤寒区分开来。故后人称之曰：“始能脱却伤寒、辨证温病”。渐至清代出现了温病四大家。（叶天士、吴鞠通、薛生白、王孟英）。从此也就产生了革新派与信古派的学术竞争。革新派以温病四大家为代表，也就是温病学派。信古派以喻嘉言、柯韵伯、张隐菴、高士栻、徐灵胎、陈修园、黄坤载为代表。也就是伤寒学派。从此以后，伤寒学派的传人就是经方派，温病学派的传人就是时方派。

三、时方派是否也用经方

有人提出时方派在临床上是不是也用白虎承气，这就牵涉到是否“全能一专”的问题。若片面的以派别门户来论，经方派由于主张麻桂，凡热性病都看作伤寒。时方派习用辛凉，凡热性病都看作温病。突出的是时方派不敢用麻黄桂枝，经方派不敢用至宝牛黄。这是由于先入为主，师承不同，形成派别之后，横生门户之见，问题复杂，引起一些无原则的争论和指摘。例如陆九芝对温病学说坚决反对，他主张不必另立温病一门，治温病的方法完全包括在伤寒论中，阳明证可以概括温病，这是不符合临床实际的。他更说：“废伤寒则六经不传，废六经则百病失传”。这样看法像似遵古，而实际是走向泥古的道路。较有新的见解的，当推俞根初、何廉臣二氏，从他们所著的通俗伤寒论中体会到，虽然著作精神根据伤寒书的题名亦曰“伤寒”，但治疗多采用治温病的方剂。把伤寒六经证侯，六经用药大为扩充，打通了伤寒与温病的界限。如第八章之风温伤寒，春温伤寒、暑温伤寒、秋燥伤寒，冬温伤寒……熔伤寒温病于一位，可谓独具只眼。但他们还是讲求六经的，即如叶天士讲求营卫气血；吴鞠通以三焦立论；似乎跳出伤寒六经圈子，然又何尝不用经方：圣而时者也，以临床客观实际辨证的随方化裁而已。

有人指摘吴鞠通温病条辨首用桂枝汤，是为了引用仲景撑架门面。故自己又提出了：“本论起于银翘散”。是把桂枝汤置于肚皮以外。余曰不然，在吴氏温病条辨中，桂枝汤之运用不止一次，不但开首引用桂枝汤、上焦篇用，中焦篇也用，下焦篇也用，补秋燥胜气论也还用。例如：上焦第四条：“太阳风温、温热、温疫、冬温、初起恶寒者，桂枝汤主之”。第五条：“太阳温病、恶风寒、服桂枝汤已，恶寒解，余病不解者，银翘散主之。”中焦五十一条：“吐利汗出，发热恶寒，四肢拘急，手足厥冷，四逆汤主之。吐利止，而身痛不休者，宜桂枝汤小和之”。下焦三十三条：“温病解后，脉迟身凉如水，冷汗自出者，桂枝汤主之”。补秋燥胜气论第三条：“伤燥如伤寒太阳证，有汗，不咳，不呕、不痛者，桂枝汤小和之”。由此可见：吴氏之善用桂枝，遵古而不泥古，在上焦者首重恶风寒之句，为寒温之界线。有是症则用是药，毫无寒温门户之见。见寒则用辛温，见温则主辛凉，真是如鉴照物，丝毫不爽，用药之当，丝丝入扣。吴氏之用桂枝，不但解肌汗解，从这个基础上一变而为“小和之”之和剂。以桂枝之分量与药等分，而小其制，服法不用啜粥，不取汗解，而取和解，以治中阳复而表阳不和之身痛，化裁得当，妙极妙极。而叶霖对吴氏之首揭桂枝则评之曰：“不斥仲景之非，乃大斥仲景之非，售奸欺世，莫此为极”。真是以小人之心度君子，叶氏如此妄评，吾当为吴氏叫屈。吴氏不仅汗法采用了伤寒论，即吐法、下法、和法、亦莫不是从伤寒论的基础上向前又发展了一步。如吐法：上焦十三条有“心中懊侬症、则主以伤寒治心中懊侬的栀子豉汤。十四条“心中痞塞欲呕、无中焦证”，则用瓜蒂散。并云虚者加参芦。近世用参芦以取取吐、比较汉时的药物是前进发展的，下法：中焦第一条用大承气汤，第四条用小承气汤，第五条用调胃承气汤。不但伤寒的三承气吴氏均运用无遗，并且在这个基础化裁发展创造出：宣白承气汤、护胃承气汤、导赤承气汤、牛黄承气汤、增液承气汤。以至于新加黄龙汤等，全是由伤寒三承气发展出来的，所以说温病是伤寒的发展毫无疑义。

有人认为温病学家，怕见柴葛，又说叶天土终身不敢用柴胡，乃是道听途说，毫无根据。如温病条辨中焦篇第八十四条：“少阳疟，如伤寒证者，小柴胡汤主之。渴甚者，去半夏加瓜蒌根。脉弦迟者，小柴胡加干姜汤主之。”如此运用之灵活，通权达变，左右逢源，吴氏可谓善用柴胡者矣。其他如青龙、白虎、理中、四逆、陷胸、泻心等汤、无所不用，用无不当，例如：“寒多不欲饮水者，理中汤主之。”“吐利汗出手足厥冷，四逆汤主之”。“秋温内伏、冬寒外加、青龙汤主之。”“按之胸下痛、用小陷胸汤”。“心下痞、用泻心汤。”更进一步，白虎汤发展为化斑汤；炙甘草汤发展为复脉汤。这些具有代表性的方剂，都可以说明伤寒是温病的基础，温病是伤寒的发展。世上一切事物都是不停的前进，根据这个规律，能说温病学家或时方派不能运用经方吗？

四、医学流派现在还有存在的必要吗？

自1840——1949年中国医学流派同时存在着两种类型：第一类型是纯学术的，就是以上所说的学术流派的沿革；第二类型产生的时间并不太长，是在鸦片战争之后帝国主义侵略者打开了中国的大门，与腐败的清政府签订了一系列的不平等条约，使中国沦为半封建半殖民地的社会，随着资本主义势力的侵入，三大敌人的压迫，反动政府对人民的残酷剥削，中国人民在帝国主义和反动统治者重重压迫之下，工农业破产，发生了畸形的此欺彼诈的商业竞争，医术商品化的市医，为了招来主顾，便立起商标式的统派招牌，自封为××派，只此一家，并无分号，彼此倾轧、互相攻讦，为了业务竞争，已离了学术范畴。自1949年伟大的中华人民共和国诞生，结束了三大敌人的统治，开辟了历史的新纪元，又开展了社会主义社会建设。医务工作者组织起来了，资本主义道路根本铲除，所以商标式的市医流派也自然而然的基本不存在了。

纯学术的医学流派，在现阶段是不是还有存在的必要呢？我的不成熟的主观见解认为，不但应当存在，还应当继续发扬，如经方派、时方派、伤寒学派，温病学派，或者更有千金派、外台派、刘派（刘河间），张派（张子和），朱派（朱丹溪），李派（李东垣），叶派（叶天士），陈派（陈修园），以至于武进派，绍兴派，广西派……因为各家学说，各有所长，祖国医学真是浩如烟海，医学书籍可称汗牛充栋。无论任何专家，也不能凭一人有限之脑力，掌握全面之精华。俗语说：“武艺高的十八般兵刃件件精通，还是惯使刀的刀法熟，惯用枪的枪法精”。流派的发展，正是各投其所好，各演其所知，各尽其所能，各阐其所长，向全能一专、精益求精的方向迈进，不仅知其当然，更发挥其所以然。采取分组研究，（就是各个流派，各自就其所长的深钻），合组讨论，（就是百花齐放、百家争鸣）。取其精华、去其糟粕，相辅相成，融汇贯通。不但各流派的学术汇合，将来我国中西医的学术也要汇合，达到新医学派，为劳动人民健康服务，对世界医学作出贡献。

[《天津医药》1961；(10)：381]

仲景刺灸法研讨

盛燮荪　陆文彬　郑正光

仲景《伤寒论》、《金匮要略》二书，是总结了汉以前的治疗经验，创立辨证论治法则的两部医学经典著作，且被推祟为经方鼻祖。但二书中对针灸等外治法的记载，同样是十分宝贵的文献。书中有关论述针刺者计18条，论火灸等法者有25条，在内容上既有可刺可灸或禁刺禁灸的记载，也有误刺误灸造成坏证变证，应用救逆法治疗经验，因此这些记载在很大程度上，对于指导后世针灸临床工作是有极为重要的实际意义的。笔者有鉴于此，本着温习经典著作，提高业务水平的学习精神，就该二书中有关针灸的记载，作一初步归纳和研讨，意在抛砖引玉，希同道们给予教正。

针刺适应证（可刺之证）

一、仲景在《伤寒论》、《金匮要略》二书中（以下简称二书）记载单独运用针刺者凡6条，兹引述如下：

1. 太阳病，头痛至七日以上自愈者，以行其经尽故也。若欲作再经者，针足阳明，使经不传则愈。（《伤寒论》第8条）

2. 太阳与少阳并病，头项强痛，或眩冒，时如

结胸，心下痞鞕者，当刺大椎第一间、肺俞、肝俞，慎不可发汗。（《伤寒论》第142条）

3. 太阳少阳并病，心下鞕，颈项强而眩者，当刺大椎、肺俞、肝俞，慎勿下之。（《伤寒论》第171条）

4. 少阴病，下痢便脓血者，可刺。（《伤寒论》第308条）

5. 问曰：血痹病从何得之，师曰："夫尊荣人，骨弱，肌肤盛，重因疲劳汗出，卧不时动摇，加被寒风遂得之。但以脉自微涩，在寸口关上小紧，宜针引阳气，令脉和紧去则愈。（《金匮》血痹虚劳篇）

6. 妇人伤胎，怀身腹满，不得小便，从腰以下重，如有水气状，怀身七月，太阴当养不养，此乃心气实，当刺泄劳宫及关元，小便微利则愈。（《金匮》妇人妊娠篇）

综合上述，论可刺证有五：其一，为太阳病遇经未解，有欲传阳明之势，故以针刺阳明经，以泄其经热，热去而病除。仲景虽未明确指出应刺何穴，但根据历代注解，多为"三里穴"，三里是足阳明的合穴，主治胃肠疾患，亦为全身强壮要穴之一，根据近世临床经验，足三里不仅能作用于消化、呼吸、生殖等系统的疾患，而且对季节性传染病如流感、麻疹等，具有发汗清热等治疗作用，如配合谷、大椎、曲池等穴，还能达到预防目的。以此推断针足阳明虽曰预防再传，恐亦有兼治表证的作用。其二，为治太阳少阳并病。此因太阳表证未罢（仍有头项强痛），少阳之邪已盛（有心下痞鞕），既不宜发汗，又不能吐下，故用针刺大椎清热解外，以治头项强痛之表。而肺俞、肝俞均为太阳经穴，肺俞能解热泄邪，肝俞兼疗肝胆诸疾，以治心下痞鞕。其三，为治少阴下利脓血。仲景治少阴下痢便脓血，设有桃花汤，其曰可刺者，乃补汤药之不及，原文未注明刺何穴，金鉴引藏器云："刺足少阴之幽门、交信"，幽门在巨阙穴旁五分，交信在内踝上二寸，均为少阴经穴，文献配载二穴可治下痢赤白、下痢脓血等症。但吾人大可不必拘泥于此。根据近世报导以及笔者临床经验，针灸治痢疾，用天枢、气海、足三里、三阴交、曲池、合谷等穴获效颇著。大多下痢身热者，以针刺为主，热退以后，或体虚热微者，以灸为主，并应辨证取穴，不可拘泥。其四，为治血痹。血痹证，如强汗之则重损其阳，既不能达驱邪之目的，反使湿浊不化；若下之、利之，又恐引邪深入，故仲景特指出针引阳气之法，使经路通调，气血和匀，则脉和而愈，可选取督脉、足太阳经及局部穴部，根据不同证候灵活择用。其五，为治妇人重身心气实。本证实系后世所指子肿、子满等症，有小便不利、腹满、腰以下重的主症。仲景指出刺劳宫、关元二穴，行泻法以泄心气实。考劳宫为手厥阴荥穴，有泄热、除烦、降逆、止呕等作用；关元为手太阳募穴，有通淋利尿的功能。心包为心的外卫，为臣使之官；小肠系心之府，为传导之官，故泻此二穴能疗心气实之证。综合上述讨论，仲景论可刺者；归纳列表如下：

适应证候群	取　穴	主要作用
太阳病、发热、头痛、项强有演变阳明证者	针足阳明经（三里穴）	解表泄热防止演变
太阳与少阳并病，头痛项强，头昏目眩，少腹胀满	针大椎、大椎第一间、肺俞、肝俞	解表泄热
太阴病，下痢、便脓血	针足少阴经幽门、交信或天枢、足三里穴	调理脾胃
血痹病身体顽麻不仁，脉搏微而滞涩而寸口关上小紧	选督脉、足太阳经及局部穴位	通调经络和匀气血
妊娠腹水，腹部胀满，不得小便，腰以下重	针劳宫、关元穴	泄热利尿

二、刺期门：仲景论刺期门者计五条，故专题讨论。期门乃肝之募穴，其对本经之治疗作用特强，故肝阳偏旺而引起的某些证状，均适用。兹将有关记载录于下：

1. 伤寒腹满谵语，寸口脉浮而紧，此肝乘脾也，名曰纵，刺期门。（《伤寒论》第108条）

2. 伤寒发热，啬啬恶寒，大渴欲饮水，其腹必满，自汗出，小便利，其病欲解，此肝乘肺也，名曰横，刺期门。（《伤寒论》第109条）

3. ……发汗则谵语，脉弦，五日谵语不止，当刺期门。（《伤寒论》142条）

4. 妇人中风，发热恶寒，经水适来，得之七八日，热除而脉迟身凉，胸胁下满，如结胸状，谵语者，此为热入血室也，当刺期门，随其实而取之。（《伤寒论》143条）

5. 阳明病下血谵语者，此为热入血室。但头汗出者，刺期门，随其实而写之，濈然汗出而愈。（《伤寒论》216条）

按上述经文，刺期门穴适应于神昏谵语、胸腹胀满、高热恶寒、口渴多饮、脉搏浮紧或弦，或兼有自汗、下血等证候。针灸大成说："期门者，肝之募，足厥阴、太阴、阴维之会。"所谓募，为本经气血积聚之所在，厥阴经多血少气，循少腹系血海。太阴者，至阴也，阴维乃维系一身之阴。而热入血室之证，又总不越肝经为病，仲景文中指出的纵、横二证，仅说明病的传变有顺、逆两种趋向，顺传（肝传脾）为纵；逆传（肝乘肺）为横，但都是肝经病变延及他经，因此仲景根据期门穴能调和肝经气血，清泄肝经之热而用于热入血室之证。并且特别强调采用泻法，即经旨随其实而泻（取）之的方法。

三、针药相配。某些病例，若适当采用针刺配合药物治疗能加强治疗效果，二书记载有三。

1. 太阳病，初服桂枝汤，反烦不解者，先刺风池、风府，却与桂枝汤则愈。(《伤寒论》第24条)

2. 阳明中风，脉弦浮大而短气，腹部满，胁下及心痛，久按之则气不通，鼻干不得汗，嗜卧，一身及目悉黄，小便难，有潮热，时时哕，耳前后肿，刺之小差。外不解，病过十日，脉缓浮者与小柴胡汤。(《伤寒论》第231条)

3. 师曰：疟脉自弦，……弦紧者可发汗针灸也。(《金匮》疟病篇)

上述经文，仲景强调针药相配的特殊疗效。其一，太阳病初服桂枝汤反烦不解，此因外邪炽盛；正邪相搏，虽得桂枝汤而邪未能外达所致，因此仲景提出先刺风池、风府，一则助其阳气，扶正驱邪，同时疏散风邪以减其猖獗之势，再投桂枝汤而表解里和。其二，为阳明中风、腹满胀痛、黄疸、溺赤欠利、耳前后肿、脉弦浮大，此为风热为患。弦为厥阴肝脉，腹胀胁痛为肝气失于条达。厥阴、少阳互为表里，耳前为阳明别络所过，耳后为少阳本经所行，耳前后肿，为阳明实热，并见少阳风热。仲景提出刺法外，复以小柴胡汤和解表里，文中虽未明言刺何经何穴，我们认为其证颇似近代所称的流行性腮腺炎一类疾病，临床选用阳明经的颊车、合谷、地仓等穴以泄热驱风，再配合药物效果甚佳。其三，为疟疾脉现弦紧者，仲景提出针刺配合发汗之剂。笔者根据各家报导结合个人心得，治疟穴位不外督脉及厥阴、少阳之穴，以大椎、陶道、间使等穴为主。刺大椎、陶道既能得其小汗，复能扶助阳气，使阳气盛则邪趋外达，再配合麻桂各半汤之类微汗之，则疟必自除。兹归纳列表如下：

适应证候群	取穴	方药	作用
太阳病，发热、头痛项强、汗出恶风，服桂枝汤反烦闷不安	风池、风府	桂枝汤	解肌、泄热、镇痛
阳明中风，腹满胀痛、短气、潮热、嗜睡、黄疸、小便欠利，干哕，耳前后肿，脉搏弦浮大	足阳明经颊车、地仓等穴	小柴胡汤 茵陈蒿汤	泄热驱风
疟疾、寒热往来，脉搏弦紧	督脉经大椎、陶道等穴	麻桂各半汤	发汗解表扶阳和里

针刺不当而引起的变证（刺误）

针刺疗法，只要病例适当，施术仔细，取效迅速，方法简便。如果病例不当，施术草率，亦能导致意外。仲景有刺误的经文如下：

一、烧针令其汗，针处被寒，核起而赤者，必发奔豚。气上冲心者，灸其核上各一壮，与桂枝加桂汤，更加桂二两也。(伤寒论第117条)

二、师曰：病趺蹶，其人但能前，不能却，刺腨入二寸，此太阳经伤也。(金匮趺蹶……蛔虫病篇)

上述经文指出针刺不当引起的变证，并提出补救办法。其一，以烧针方法欲发汗，然因施术不当，针处感染引起局部红肿；也可能因古时针粗，加之行针不慎，引起皮下出血而局部红肿。致于发奔豚，气上冲心者，历代注解多云其人素禀阳虚，数度发汗，阴寒更盛，以致肾水上凌。笔者认为针刺感染或皮下出血仅是诱发原因，必因其人宿有心力衰竭及神经系统疾患，因烧针的强烈刺激出现气逆上冲之自觉症状，故仲景示救逆法"灸核上各一壮，桂枝加桂汤更加桂二两"，增强心力促进血液循环，即温散寒邪、镇逆降冲的治法。其二，为趺蹶病的证治，各家注释不一，有谓趺蹶系针趺腨入二寸所致，有谓太阳经伤，致病趺蹶，当再刺腨入二寸以治之。笔者体会，此证颇类腓肠肌痉挛，刺腨入二寸，施术不慎，可以导致本病；但其他原因，亦可引起本证，而治疗别仍可采用针刺救治。历代注解对针刺部位亦有争执，大多指刺腨二寸为承筋穴，这就牵涉到承筋是否可针，以及腨上二寸，究系承筋抑或是承山的问题上去了。以目前的针刺条件和一般经验来说，承筋是可以刺的，即使由于施术不当而引起反应，仍可在承筋、承山以及委中等局部穴位针刺治疗，这不仅是这个病是如此，对其他部分由于针刺不当所产生反应，同样可以采用这一办法治疗。二条归纳列表如下：

病因	变症	救逆法	作用
烧针令其汗	核起而赤、奔豚气上冲心	灸核上各一壮,服桂枝加桂汤	温散寒邪降冲镇逆
太阳经伤	病跌蹶,但能前,不能却	刺承山穴	宣通络隧调和气血

灸疗的适应证（可灸之证）

灸疗作用在于回阳救逆、升举下陷的阳气。具有姜、附作用。关于可灸的条文如下：

一、少阴病，吐利，手足不逆冷，反发热者不死，脉不至者，灸少阴七壮。（《伤寒论》第292条）

二、少阴病得之一二日，口中和，其背恶寒者，当灸之，附子汤主之。（《伤寒论》第304条）

三、少阴病，下利脉微涩，呕而汗出，必数更衣，反少者，当温其上，灸之。（《伤寒论》第325条）

四、病者手足厥冷，言我不结胸，小腹满，按之痛者，此冷结在膀胱关元也。（《伤寒论》第340条）

五、伤寒脉促，手足厥逆者，可灸之。（《伤寒论》第349条）

六、救卒死而张口反折者方：灸手足两爪后十四壮，饮以五毒诸膏散。（《金匮要略》杂病方）

七、救卒死而四肢不收，失便者方：……灸心下一寸，脐上三寸，脐下四寸，各灸一百壮差。（《金匮要略》杂病方）

八、伤寒六七日，脉微，手足厥冷，烦躁，灸厥阴，厥不还者死。（《伤寒论》第343条）

九、下利手足厥冷，无脉者，灸之不温，若脉不还，反微喘者死，少阴负趺阳者为顺也。（《伤寒论》第362条）

按上述经文，灸疗非但对阳虚厥逆的证候能奏显著的效果，而且对危重证候的预后，亦具有极其重要的意义。诚如伤寒论第343、362条，对下痢、手足厥逆、脉搏微细或无脉的病例，已不能赖缓慢的药物来治疗，急当采用灸疗以救垂危，若灸后脉复，身凉转温，预后良好，否则死候居多。

仲景论灸疗适应证有七条，其一，少阴病吐利，四肢温，反发热而脉不至者，缘其阳气未绝，为阴邪郁抑，故手足虽不逆冷而脉不至。灸引阳气以温通经络，必脉复而吐利俱平。其二，少阴病阴盛阳微，表里不和，背为足太阳经循行之处，然根于少阴，阳气式微，阴寒乘结，故背恶寒，当灸鬲俞、鬲关、关元等穴以温里助阳，配附子汤以温经散寒，和中固本，使其阳盛则阴散。其三，少阴病，呕痢下重，汗出，脉涩滞症候，系由血少阴弱，阳虚气坠所致。治宜升阳益胃，养阴固内，可灸百会（为手、足三阳、督脉的聚会所在），使下陷的阳气上升；增灸少阴及胃之三脘，使胃气和而阴得内守。其四，手足厥冷、小腹滞痛的水寒凝结之冷结膀胱证，此因寒邪通盛，阴邪凝聚阴位所致，故曰灸关元。关元为手太阳募穴，足三阴、任脉之会，灸之能温藏散寒。其五，阴盛格阳所出现的脉促肢冷证，主要是阳气内阻，以致虚阳上浮，故脉促而肢反冷，治当温通经络，回阳散寒，可灸太冲、气海、关元及十二经井、荥、俞、经、合等穴。其六，卒死口张、背反折，为恶气中于太阳经，以致阳气窒而不通，十爪甲为十二经之井穴，具有强刺激的回阳救逆作用，灸之则其力更著。其七，卒死四肢弛缓，二便失禁，皆由阳衰无以行四末，气虚不能司二便所致，灸上、中脘以复中、上二焦之阳气，灸关元以温回下焦元阳，使其由复厥回，则四肢自持而二便随意。各条归纳列表如下：

适应证候群	取　穴	作用	配合
少阴病,呕吐下利,发热,手足不厥冷,脉不至	少阴太谿	温经通阳	
少阴病,口中和,背部恶寒	鬲俞、关元、鬲关	温里助阳	附子汤
少阴病,呕吐下利,里急后重,出汗,脉搏微弱而滞涩	温灸百会穴或灸足少阴经及胃三脘	升阳益胃	
手足厥冷,小腹胀满压痛,水寒结于膀胱	灸关元	温藏散寒	
手足厥冷,脉促、四肢厥冷	灸太冲、气海、关元	温经通阳	
卒死:张口,反折	灸手足爪甲后缘	接阳气回卒死	
卒死:四肢不收,二便失禁	灸上脘、中脘、关元	急救回阳	

各种火法的禁忌和导致的变证

在临床上采用各种火法包括灸、熏、熨、温针、烧针等，具有发汗、散寒、温经回阳的作用，但对某些证候是不适宜的。且会引起各种变证，兹引述张仲景有关论述如下：

一、太阳病三日，已发汗，若吐、若下、若温针，仍不解者，此为坏病，桂枝不中与也，观其脉证，知犯何逆，随证治之。（伤寒论第16条）

二、若已吐下发汗温针，谵语，柴胡汤证罢，此为坏病，知犯何逆，以法治之。（伤寒论第267条）

三、太阳病，二日反躁，凡熨其背，而大汗出，火热入胃，胃中水竭，躁烦必发谵语，十余日振慄自下利者，此为欲解也，故其汗从腰以下不得汗，欲小便不得，反呕，欲失溲，足下恶风，大便鞕，小便当数，而反不数，及不多，大便已，头卓然而痛，其人足心必热，谷气下流故也。（伤寒论第110条）

四、太阳病中风，以火劫发汗，邪风被火热，……其身发黄，阳盛则欲衄，阴虚小便难，阴阳俱虚竭，身体则枯燥，但头汗出，剂颈而还，腹满微喘，口干咽烂，或不大便，久则谵语，甚则至哕，手足躁扰，捻衣摸床，小便利者，其人可治。（伤寒论第111条）

五、伤寒脉浮，医以火迫劫之，亡阳必惊狂，卧起不安者，桂枝去芍药加蜀漆牡蛎龙骨救逆汤主之。（伤寒论第112条）

六、形作伤寒，其脉不弦紧而弱，弱者必渴，被火必谵语，弱者发热脉浮，解之当汗出愈。（伤寒论第113条）

七、太阳病以火熏之，不得汗，其人必躁，到经不解，必清血，名为火邪。（伤寒论第114条）

八、脉浮热甚，而反灸之，此为实。实以虚治，因火而动，必咽燥吐血。（伤寒论第115条）

九、微数之脉，慎不可灸，因火为邪，则为烦逆，追虚逐实，血散脉中，火气虽微，内攻有力，焦骨伤筋，血难复也。脉浮，宜以汗解，用火灸之，邪无从出，因火而盛，病从腰以下；必重而痹，名火逆也。欲自解者，必当先烦，烦乃有汗而解，何以知之，脉浮，故知汗出解。（伤寒论第116条）

十、火逆下之，因烧针烦躁者，桂枝甘草龙骨牡蛎汤主之。（伤寒论第118条）

十一、太阳伤寒者，加温针必惊也。（伤寒论第119条）

十二、太阳病，医发汗，遂发热恶寒，因复下之，心下痞。表里俱虚，阴阳气并竭，无阳则阴独。复加烧针，因胸烦，面色青黄，肤瞤者，难治；今色微黄，手足温者易愈。（伤寒论第153条）

十三、阳明病，脉浮而紧，咽燥口苦，腹满而喘，发热汗出，不恶寒而反恶热，身重。……若加温针，必怵惕烦躁不得眠。（伤寒论第221条）

十四、少阴病，咳而下利，谵语者，被火气劫故也，小便必难，以强责少阴汗也。（伤寒论第284条）

十五、太阳中暍，发热恶寒，身重而疼痛，其脉弦细芤迟，小便已，洒洒然毛耸，手足逆冷，小有劳，身即热，口前开板齿燥，……加温针则发热甚。（金匮痉湿暍病篇）

综观上述经文，可以体会火法的禁忌和火法引起的变证如下：

一、火法的禁忌

1. 各种热病属阳证者　如温病、中暍、伤寒的太阳病、阳明病，翫属正气未衰，邪势鸱张的脉浮实，身热、谵语、腹满等。如大论第124、146、169等条所叙述的证候。

2. 表证　具有发热、恶寒、脉浮、头痛等证，如大论第1、12、13……等条所叙述各证。

3. 虚证　表里俱虚，阴液枯少，血少营虚，脉搏微数，潮热等证，如大论第116、286……等条所叙述各证。

4. 燥证　凡咽燥口干、皮肤干燥，津液缺乏等现症者，如大论第283、310……等条所叙述各证。

二、火法引起的变证　由于误用了各种火法，引起下列的各种变证，造成严重后果。

1. 因火法劫夺津液致变　出现盛热，口燥、咽烂、胸腹烦满、微喘、大便闭结、小便难、形骸枯槁、脉微细等脉证，其补救办法，当主以增液存津，急泄实热，可以桃仁承气汤、增液汤等。

2. 内犯神明，邪蒙清窍致变　显现烦躁不安，怵惕肉瞤，狂躁惊乱，谵语神昏，捻衣摸床等证，法当泄热祛邪，强心救逆，方选黄连解毒汤、桂枝甘草龙骨牡蛎汤……等。

3. 火热伤络，迫血妄行　症现衄血、吐血、便血等，法当泄热凉心，使血循经络，方选犀角地黄汤之类。

4. 湿热壅滞而致湿痹腰以下重，顽麻不仁，法当渗湿祛风，清热疏络，方选独活寄生汤之类。

5. 火邪伤阴，气血违和　体虚烦闷，脉微，胁痛腹胀，咽喉不适，头目昏眩等，法当调复气血，养阴泄热，并随证施治灵活加减选药。火法的禁忌和变证，归纳如下表：

证 候 群	发病机转	补救办法
1. 发热更甚，口燥咽烂，胸烦腹满，微喘，大便闭结。 2. 身体干燥，形骸枯槁，小便难	劫津亡液	桃核承气汤增液汤等
3. 汗多亡阳，烦躁坐卧不安，不得安眠，怵惕心神不安，肤瞤，甚则狂躁惊乱 4. 久则谵语，神志昏迷，手足躁扰，捻衣摸床	内犯神明	桂枝去芍药加蜀漆牡蛎龙骨救逆汤，桂枝甘草龙骨牡蛎汤，黄连解毒汤等。
5. 衄血、吐血、便血	迫血妄行	犀角地黄汤
6. 湿痹腰以下重，顽麻不仁	湿滞肌肤	独活寄生汤
7. 坏病：虚弱、烦闷、脉微、腹胀胁痛，咽喉不适，头目昏眩等	阴虚气血违和	随症施治

结语

本文根据仲景原文有关针灸条文作一初步归纳，对可刺可灸之证及误刺误灸证提出一些浅见，作一初步讨论，在温习经典整理笔记的基础上深感伤寒金匮二书所载刺灸资料在后世针灸之临床配合运用及治疗上有其实际意义，对部分历来存疑条文，笔者根据主观意见，提出不全面看法，偏面及错误处敬希同道指正。

［《浙江医学》1961；（10）：462］

《伤寒论》运用附子的辨证

冯修洁　哈尔滨医科大学

附子是一种味辛性热有大毒的药物，它可以治疗由阴寒所引起的各种疾患，具有温经散寒、回阳救逆、拨乱反正、起死回生的功效。正象虞博所说的“附子秉雄壮之质，有斩关夺将之气，能引补气药行十二经，以追复散失之元阳；引补血药入血分，以滋养不足之真阴；引发散药开腠理，以驱逐在表之风寒；引温暖药达下焦，以祛除在里的冷湿”。又吴绶也认为“附子乃阴证要药”。其治疗作用的广泛，于此可见一斑。可是它的药性猛悍，有大毒，如果运用不当，或药不对证，就很容易造成不良后果。尤其是真热假寒，阳极似阴之证，误用之祸不旋踵。故近人恽铁樵氏曾说：“附子为最有用亦最难用的药物，要能洞彻病理，辨证真确，才能取其疗效而祛其弊害。”为了学习，现根据《伤寒论》运用附子的辨证方法，加以分析和归纳，以供同道在临床治疗上的参考。

查《伤寒论》运用附子方剂的条文，在太阳篇中，除复加烧针一条因原文有疑义不列入外，共计十二条、十一方（桂枝加附子汤、茯苓四逆汤、甘草附子汤），阳明篇一条、一方（四逆汤），太阴篇一条（四逆辈），少阴篇十条、八方（麻黄附子细辛汤、麻黄附子甘草汤、附子汤、白通汤、白通加猪胆汤、真武汤、通脉四逆汤、四逆汤），厥阴篇五条、二方（通脉四逆汤、四逆汤），霍乱篇四条、三方（四逆加人参汤、四逆汤、通脉四逆汤）。以上共三十三条，除去复出方剂不计外，共十八方。

在此三十三条中，包括太阳篇风湿三条，和汗吐下不当七条，其它二条，阳明篇下利一条，太阴篇自利一条，少阴篇发热二条，下利四条，膈上寒饮一条，其它三条，厥阴篇汗出下利三条，下利腹胀满一条，呕一条，霍乱篇亡血一条，吐利汗出三条，吐下后汗出而厥一条。其中生附子与干姜同用者计十七条，炮附子与其它药物同用者，计十六条。为了明确生附与炮附的治疗作用，便于临床掌握和辨证，这里再把它的主证主脉，分别进行整理和归纳如下：

一、生附类方的主证主脉

1. 属于下利范围者　无论下利、自利或下利清谷，见脉微恶寒、口不渴者；或面赤，咽痛，身反不恶寒、手足厥逆、利止脉不出者；或见表热里寒，而脉浮迟者。

2. 属于汗利兼见范围者　大汗兼下利，四肢痛，厥冷恶寒；或汗下后烦躁不渴，脉沉微者。

3. 属于汗吐利兼见范围者　吐利汗出，发热恶寒，四肢拘急，手足厥逆，脉微欲绝者。

4. 属于呕者　呕而脉弱，小便复利，身有微热，见厥者；或干呕，膈上有寒饮者。

二、炮附类方的主证主脉

1. 发汗病不解、反恶寒、或头眩，身瞤动者。

2. 汗出不止、恶风、小便难、四肢微急、或汗出恶寒，而心下痞者。

3. 风湿身疼烦，脉浮虚而涩者，或骨节疼烦掣痛，不可屈伸，近之则痛剧，汗出短气，恶风不欲去衣，或身微肿者。

4. 少阴病，发热、口中和、背恶寒；或身体痛、手足痛、骨节痛、脉沉者。

生附、炮附与不同药物配伍后的治疗作用：根据伤寒论所有的附子类方来进行分析，不难理解，仲景之用附子，生用和炮用，是有严格区分的。其与干姜配者皆生，生者力猛，其证皆急，其适应证为里虚骤脱、回阳救逆，其方如四逆、白通、通脉，及干姜附子汤等皆是。其间药味的加减出入，虽极有限，而所主治的证候却有轻重缓急之不同。如以四逆汤为主体，减去一味甘草（干姜附子汤），独任辛热壮烈之姜附，大有固阳以配阴的作用。若加人参（四逆加人参汤）或再加茯苓（茯苓四逆汤），又具有固阴以收阳的意义。至于病势进展，而出现脉微欲绝、汗出而厥，则比之下利清谷，阳气虚脱为尤甚矣，故不得不倍加干姜（通脉四逆汤），以加强温中之药力，而挽救垂绝之阳气。如果更进而转变为吐下已断，仍见汗厥脉微等证，则又必需再加入猪胆汁一味，以顾其阴，此则病情为尤急矣。又如以甘草易葱白（白通汤），虽同主下利脉微，却又在固脱的基上，而兼为通阳之治；从药物的作用来推测病情的趋向，就不难理解它是属于寒邪纵肆、阳气郁闭，所以不用甘草之守，而用葱白之通，而以白通名其方也。若病更恶化而演变为厥逆无脉，干呕而烦，显然较白通证更重一等矣，故又加猪胆汁、人尿（通脉四逆加猪胆汁汤），以润燥降逆，回阳通阳并行，存津存阴兼顾。这些都是以生附与干姜为主体，而权衡病势轻重，审度病情的缓急，或加或减，以回其阳而固其脱，拨乱反正之良策也。

至于不与干姜配伍，而与其它药物配伍的附子，一般皆经过炮制，炮则性缓，其症亦较轻，适用于温经散寒、风湿水气、阳虚阴盛等证。如桂、附配合之治疗或汗或下后的阳虚（桂枝加附子汤），与芍甘配合之治疗阳虚挛急（芍药甘草附子汤），与苓术姜芍配合之治疗阳虚水停（真武汤），与三黄配合之治疗邪热有余、正阳不足（附子泻心汤），与术桂配合之治疗风湿痹痛（桂枝附子汤、去桂加术汤），与甘草配合之治风湿肿（甘草附子汤），与麻辛配合之主发表温经（麻黄附子细辛汤），与麻甘配合之主温经微发汗（麻附甘草汤），与参苓术芍配合之主阳虚外寒（附子汤）等，皆是以炮附与其它药物配伍成方者。其间加减进退，虽仅几味出入，而或表里兼顾，或补散并行，或主风湿水气，或主上热下寒，虽同是炮附类方，而主治之不同如此。由此我们更进一步认识了附子的运用，不仅要善于掌握它的证和脉，更重要的还在善于掌握它的配伍，以及生用与炮用的各方面。有人认为药物经过炮制后，便失去其原有的性能，削弱其治疗的作用，据仲景运用生炮附子治疗不同疾病的经验，证明上述说法，是没有依据的。故药物炮制，是每一个中医工作者，所不可忽视的。

本文所讨论的范围，是以伤寒论所列附子各条的原文及其注释为依据的，关于附子的治疗作用，当不只此，其散见于本草和历代各家医籍者，范围颇广，但伤寒论的附子证候是后世医家运用附子的典范，这是毫无疑义的。本人限于医学和认识水平，对伤寒论的学习和理解，是很不够的，谬误之处，希望不吝指正。

[《中医杂志》1962；(1)：37]

对《伤寒论》论脉的几点体会

陈亦人　南京中医学院

切脉是中医诊病过程中重要环节之一。自王叔和著述《脉经》以来，历代医家在临床实践中又积累了丰富经验。可是汉代以后的脉学，虽皆导源于《黄帝内经》和张仲景的《伤寒论》《金匮要略》，但在精神实质上却有许多不同，其最显明的不同处，就是对于脉象主病说得太凿，于是求深反晦，正是后世脉学在发展道路上的一个缺点。

任何疾病的表现，乃邪正相争的反应，在整个病程中，脉象也是随着邪正的消长而变化；所以根据脉象的变化，一般可以测知病势的进退及预后。但决不能以脉象为唯一依据，必须与其他诸证相参合，才有意义。作者认为《伤寒论》中论脉的主要特点是“脉证合参”，不拘泥于脉象主病之说。现就个人学习中的机会，提出几点初步看法如下：

一、脉证合参、全面分析

《伤寒论》论脉处处以“脉证合参”为原则，如太阳病提纲中，既提出恶寒、头项强痛等必具症状，同时又举出了脉浮；少阴病提纲中，既指出心肾阳虚所反应的病情——但欲寐等症，同时又指出脉微细，这样，对太阳病和少阴病就有了全面认识。虽然论中也有某些条文是详于脉而略于证，但其意亦非重脉轻证，目的是在于从共同性质的证候基础上指出其不同脉象，作为辨证的要点，体现了脉证合参、全面分析的精神。如原文：“脉浮者，病在表，可发汗，宜麻黄汤。”（《伤寒论》51条）：“……今脉浮，故在外，当须解外则愈，宜桂枝汤。”（《伤寒论》45条）。脉浮是外邪入侵、正气抗邪于表的反应，所以见到脉浮就可测知为病在表、在外。再从其他诸条合参，不难看出：如属表实证而脉浮者用麻黄汤，属表虚证而脉浮者则用桂枝汤。可是表证见脉浮仅是一般规律，也不是唯一的绝对规律。如大黄黄连泻心汤证，由于邪热内陷，结于胃脘，而有“其脉关上浮”之证（《伤寒论》154条）。阳明经证，当邪热充斥于内而亢盛于外的时候，脉象亦浮。如《伤寒论》阳明病篇第201、223、235等条，均见脉浮之证，所以必须“脉证合参”，始能得出正确的结论。

二、从脏象以探测病机及预后

“伤寒一日，太阳受之，脉若静者，为不传。颇欲吐，若躁烦，脉数急者，为传也。”（《伤寒论》第4条）、“……脉微缓者，为欲愈也。脉微而恶寒者，此阴阳俱虚，不可更发汗、更下、更吐也。”（《伤寒论》23条）、“太阳病，桂枝证，医反下之，利遂不止，脉促者，表未解也。（《伤寒论》34条）“少阴病，脉沉者，急温之。”（《伤寒论》323条）等等。以上所引诸条，说明了不仅可据以探测病情的传变及预后，而且可确定治疗的方向，如能正确掌握“脉证合参”的原则，就能充份发挥切脉在诊断上的巨大意义。

三、一证多脉与一脉多证

一证之中，可以见多种脉象；一脉也可以主多种证。诊断的要点是要审别病机有无变化，其关键在于脉的性质有无改变，如脉的性质未变，则治法亦不变；如脉的性质已变，那么治法就必须随之而变化。以一证见多种脉为例说，如太阳表面证，无论是脉浮、或浮缓、或浮弱（阳浮阴弱）、或浮虚、或浮数，因其性质不变，那可以用桂枝汤治疗；假使不是浮脉而是沉脉，则系病机已变，桂枝汤就应严禁使用。又如阳明病为里热实证，见到脉象洪大者，当用清法；脉沉实者；当用下法。里证虽同，而脉的性质有异，表明病势有热盛于外与实结于内的两种不同情况，因此处理方法也就随之而异。即使同是阳明府实证，但由于燥结的程度不同，治法亦必须随之而异，如脉象滑疾，表示燥实未甚，只须用和下方法（小承气汤）；如脉象迟实，表示燥结已甚，就必须用峻下方法（大承气汤）。再以一脉主多证来说，有许多证候的脉象相同而病机迥异。如数脉一般是主热；但当误吐后致胃阳虚者，脉象亦数；前者属实，数而有力，后者属虚，数而无力。又如迟脉一般主寒，可是尺中脉迟，却为营虚血少；如果脉迟而有力，又主邪气阻结，所以热入血室或邪陷结深之证，其脉可见迟象，大承气汤证之脉亦有见迟者。又如少阳病为邪在半表半里的中间阶段，其脉象既不同于太阳的浮，也不同于阳明的大，而是形如弓弦。但对阳明危候的预测，又有“脉弦者生，涩者死。”的论断，所以弦脉又是阴气未竭的证据，盖热证阴未竭绝，尚有治疗余地，故断为可生。此外，如脉涩无力者为血少；有力者为血结、为表郁等等，皆是根据邪正虚实，结合具体证候所作出的结论。

上述数点，仅是个人滴点体会，并不能代表《伤寒论》脉学的整个内容。笔者认为《伤寒论》的论脉，既具有高度的原则性，又具有极大的灵活性。

［《上海中医药杂志》1962；（7）：10］

仲景方中应用石膏、附子及其配伍的探讨

岳美中

方剂的组织，不应看做是彼此孤立、彼此不相依赖的各个药味毫无规律性的偶然堆积，而是应把它看做是一个有联系性的统一整体，其中各个药味都是相互依赖、相互制约、有机地紧密联系着的。

可是要从一些错综复杂的方剂组成中去深入掌握其组织规律，最好从古人的卓有成效的多种典型范例的方剂里面去进行细致分析。

方剂固有“七方”的体例，“十剂”的范围，而它的中心组成环节，究竟是什么呢？我初步认为应当是它的药味“配伍”的原则。

配伍是两味药以上的相辅相成、相反相抑的一种组织方法。作者拟从张仲景的几个方剂探讨药物配伍问题，如果我们能从中探索到古人用药配伍的规律性，则在疏方用药时，权衡在手，进退从心，临床疗效，将会有所提高。不过作者学识谫陋，难免有见到树木见不到森林之失，希望得到批评和指正。

麻黄石膏相伍：麻黄为发汗药。但在复合方剂中，可因配伍而转移其作用。观仲景麻黄汤治无汗而喘，而麻杏甘石汤，则治有汗而喘可证。或谓柯琴注《伤寒论》，以为麻杏甘石汤条文，当是“无汗而喘，大热者”，非用麻黄以治有汗，这可取前人之说以论列之。邹澍曾云：“说者谓麻黄得石膏则发汗不猛，此言虽不经见，然以麻杏甘膏汤之‘汗出而喘’，越婢汤之‘续自汗出’证之，则不可谓无据矣。”邹氏此论甚是。因麻杏甘石汤条文，尚可改“汗出”为“无汗”，若改越婢汤之“续自汗出”为“续无汗出”，则不成文理了。又周岩曰：“仲圣方石膏、麻黄并用，认定麻黄散寒发汗，石膏泄热止汗，相为制还相为用。大青龙汤咸以为发汗之猛剂矣，窃谓发汗之猛，当推麻黄汤，不当推

大青龙。麻黄汤中，桂枝、杏仁皆堪为麻黄发汗效力，而无石膏以制麻黄。大青龙汤受石膏之制，六两犹之三两，杏仁又少30枚，用于脉浮紧、身疼痛，则曰伤寒；用于中风，则曰脉浮缓、身不疼但重。中风自救伤寒为轻，身不疼但重，自非但取解表。越婢汤之麻黄亦制于石膏者，而故制之、而故多之，则越婢之证使然也。‘风水恶风，一身悉肿，脉浮不渴’，种种皆麻黄证，惟里热之‘续自汗出’，则不能无石膏，故用麻黄至六两，石膏因有麻黄，故虽无大热，而用之半斤，其不以石膏倍麻黄者，化阳尤要于退阳也。且石膏多则不能发汗，又有可证者，麻杏甘石汤之石膏倍麻黄是也，麻黄四两，虽不及大青龙之六两，而较麻黄汤之三两，尚多一两，即杏仁少于麻黄20枚，而麻黄一两，则非杏仁20枚可比，此汤何不用于无汗之证，而反用于汗出应止之证？则以石膏制麻黄，更甚于越婢耳。石膏止阳明热炽之汗，亦止肺经热壅之喘，既有麻黄，原可不加杏仁，因麻黄受制力微，故辅杏仁解表间余邪，无大汗而用石膏至半斤，其又与越婢正同。”又莫文泉曰：“麻杏甘石汤以外无热，故用麻黄汤而去桂枝；以内无烦渴，故用白虎汤而去知母，各有精义。又此方视越婢主治大同，但此喘则加杏仁，彼不喘自无杏仁，经方用药之例，其严如此。”

上面诸家所说，对经方配伍问题，均分析入微，抉出制方的精蕴，使我们①可以明了麻、石相伍，是取其相互制约作用，所以麻黄不妨用于有汗之证；②从中更说明了麻黄与桂枝、杏仁相伍，则蕴有相互促进作用，能辅助麻黄发汗；③附带说明了药味之配伍问题，不仅在药味的搭配上，而药量多寡的关系，也很重要。如麻杏甘石汤之麻黄、石膏用量，是四两与半斤之比；越婢汤、大青龙汤，麻、石用量是六两与半斤之比。内中精义，正如周氏所云，《伤寒》《金匮》中类此者正多，果能就周说一隅反之。于疏方用量上，不患不权衡在手。

另外，在麻、石相伍里面，似乎还含有另一意义。石膏固为监制辛温发散性之麻黄而设，从作用上来就，是相反的，但石膏性辛寒，寒与温虽相敌对，而辛与辛却又一致，则是石膏对麻黄一面起到制约作用，一面又起到协同作用，所以才能止表汗而兼通肺中壅滞。假如将石膏易以苦寒之黄芩，恐怕在监制之外，其苦降性反而削弱了麻黄的辛通止喘作用。仲景之方，义蕴无穷，能知心研讨，自会有很多发现。

半夏、石膏相伍：麻黄、石膏相配伍治太阴肺，若半夏、石膏相配伍，则兼治阳明胃。莫文泉《经方例释》越婢加半夏汤条云：“此方加半夏者，与小青龙汤加石膏同法，彼方治咳上气喘、烦躁、脉浮，与此主治相似，俱为胃热犯肺之疾。小青龙汤方中有半夏而无石膏，越婢汤方中有石膏而无半夏，观二方加法，则胃热犯肺者之治，当半夏、石膏并用也。竹叶石膏汤证，虚烦气逆，半夏、石膏并用，徐大椿就此方与小青龙加石膏汤，为治喘之主方。泉谓肺受风寒而喘者，麻黄、杏仁并用，治在肺；肺受胃热而喘者，半夏、石膏并用，治在胃，又皆卫分之治法也。厚朴麻黄汤，麻、杏、半、石合用，是肺既受风寒复受胃热者之治法。”我们能如此了解古方剂中药味的配伍规律，于临症疏方时，才会心中有数，加减合度。

石膏、知母相伍：石膏合知母。别名白虎，专主胃热证。柯琴论白虎汤证曰：“虽内外大热未实，终非苦寒之味所宜也。石膏辛寒，辛能解肌热，寒能胜冒火，寒能沉内，辛能走外，此味两擅内外之能，故以为君；知母苦润，苦以泻火，润以滋燥，故以为臣。白虎为西方之神，取以名汤者，秋金得令，而炎暑自解。”陆渊雷曰：“白虎汤之主药为石膏、知母。知母解热生津，治阳明病阳盛津伤，最为适当。”今人用白虎有独以石膏入剂而不合知母者，则所治不专主阳明，而失掉命名白虎的意义了。另外，石膏、知母相配伍治阳明胃热，与麻黄石膏相配伍治太阴肺喘，在石膏用量上，是有所不同的。白虎汤方中石膏之量，从不少于一斤，而麻杏甘石、越婢等汤中石膏之量，从不超过半斤，这是配伍中最重要的关键，不容忽视的。

以上举例概述了仲景用石膏和其它药味配伍的方例，以下再谈一谈仲景用附子和其它药味配伍的方例。

附子和其它药味相伍：仲景用附子回阳救逆，则必用生者与干姜作伍，不多杂以它药，如干姜附子汤、四逆汤、茯苓四逆汤、通脉四逆汤、白通汤等是。挟纯阳之性，奋至大之威，回阳于垂绝，起危于顷刻，非此等大剂专阃之材，是不能胜任的。

仲景用附子走皮表、祛寒湿则取炮附子；须姜作伍时，则取生者，从不用干者，且多与术作配，如桂枝附子去桂加术汤、白术附子汤、甘草附子汤、桂枝芍药知母汤等是。寒为阴邪，湿亦为阴邪，阳虚则寒凝涩滞，用术、附、生姜温阳以祛湿，化阳以开结，则阳得伸而湿以去，阳得布而表以解。又仲景之附子汤与真武汤有谓是四逆汤辈，顾是术、附相伍剂，并非姜、附相伍剂，看方中附子均用炮者，可证，且真武汤中之姜亦用生者，与术、附、生姜相伍之例正合。观其主治身疼痛、骨节痛、背恶寒（附子汤），小便不利、四肢沉重疼痛、心下悸、头眩、身瞤动（真武汤），多是水邪侵袭之证。水湿重则阳被困，用术、附伸阳祛湿，亦有同乎白术附子汤、甘草附子汤之处，并不是回阳救逆之四逆辈。邹澍《本经疏证》却谓附子汤中附子系生者，则殊不合姜附、术附相伍之通例，主治亦将有所乖异。查赵开美刻本的附子汤，附子系炮者，颇合。又章次公《药物学》，调服大量生附子后，每有晕冒如醉之现象，此即瞑眩作用，不足虑，仲景亦曾告人注意及此。如桂枝附子去桂加术汤条曰："一服全身痹，半日许再服之，三服都尽，其人如冒状，勿怪。"章谓桂枝附子去桂加术汤内之附子系生用，其人如冒状，系因服大量三枚生附子之故，非是。考仲景在汤剂中用生附子，其极量不超过大附子一枚（通脉四逆汤），若服三枚生附子，恐不仅其人如冒状，且桂枝附子去桂加术汤是治风湿病之正方，附子与术和生姜相配，有其通例，何容用生附子自乱其例，于此辩证之，以供参考。

有人问："生附伍干姜以回阳救逆，生附祛外寒，干姜暖内寒，取其一走一守之通力合作，则诚非它药之力所能及。但考仲景书中干姜、附子相伍，曾不是绝对用生附子，如乌梅丸、乌头赤石脂丸、九痛丸、理中丸加附子方中，虽都是姜、附相伍，而附子却都是取乎炮者，则于证恐有所未合？"我认为这种疑问的提出，殊有讨论之必要。附子在《本经》列入大热大毒之品，在古代有以生乌附粉作毒人药用者。可是其毒性虽剧，经过相当时间煎煮后，则可杀减。四逆汤辈均系煎剂，用生附子取其力宏效捷，而水煮又可制伏其毒，能建回阳之功，却免中毒之弊。若丸剂用生附子与干姜相伍，附子不事煎煮，则毒性未经杀减，殊多危害性，故取用炮者。且丸者缓也，缓以奏功，固无取乎生附慓悍捷疾之性，虽属姜附剂，又自有不同于四逆辈者，因其主治亦有其差别之点。于此看出附子在各剂型中，或生用、或炮用，都具有一种规律性。

或又有人问之曰："附子与干姜相伍，在汤剂正方中，从无用炮附子者，如四逆汤辈是；但在小青龙与真武汤方后的加减法中，则有加入炮附子者，又当如何解释？"余曰："考小青龙汤加炮附子系治噎；真武汤加干姜系治咳。噎与咳系杂病，复方治杂病，不同于单纯大方治急性病，则似亦未破四逆辈用生附子与干姜相配伍之体例。"

仲景为方剂之祖，他所著《伤寒》、《金匮》中的各个方剂，在多方面都有其极为严格的规律性，尤其在配伍和用量上，更具有既原则又灵活的优越性。这里不过略举了些例子，且未必道破奥密，望同道们共同努力，对于祖国医学的宝贵遗产，深入地、缜密地加以研究，使不断地有所阐发，则必大有利于祖国医学的继承和发展。

[《中医杂志》1962；(12)：18]

《伤寒论》中有关汗法应用的探讨

陈雨苍　林传沧　周石卿　陈秀瑜
福建中医学院

汗法是中医治疗八法之一，主要是开泄腠理逐邪外出的一种治法。其作用是驱逐侵袭体表的外邪，适用于外感病的初期，或水肿病、疮疡病初起以及麻疹不能透发等阶段。《伤寒论》里把外感病归纳为六经辨证，其治疗法则，备尽汗、吐、下、和、解、温、清、消、补等八法，尤其是对"汗法"的论述最详，因此汗法是《伤寒论》中治法的主流。

汗法的应用

汗法主要适用于一切外感病邪在表的病症，着重于祛邪外出，目的在使邪气却、正气复，病归痊愈。但是，由于患者体质的不同，或因本有宿疾，以致内因和外因互相结合而使病情复杂化，治疗时就不能把汗法的发表剂应付一切的外感病，而必须采取变通法则。《伤寒论》里对于汗法的应用极其谨严，有可汗的，有不可汗的，而可汗与不可汗之中，又必须适应具体病情来进行处理。因此，论中立下了规矩准绳，明确了具体应用的方法，归纳起来，大致可分为汗法的正法，汗法的变法，以及汗法的禁忌等几个方面。兹分别探索如下。

一、汗法的正法

汗法的正法，就是直接发汗法。是以解散体表的病邪达到汗出病解的一种方法。因为外邪侵犯人体，大都始于皮毛，然后由表入里，当邪在肌表还未入里之际，应以直接发汗法使邪从外解。正如《素问》所说："善治者治皮毛，及其在皮者汗而发之"的意义。本法是适用于外感病的初期，但以人们的体质不同，受邪不同，所以出现的症状也因之而异。

1. 峻汗法　峻汗法是一种强烈的发汗法，应用于伤寒无汗的表证。用峻汗法即所以开腠理，驱寒邪，是太阳伤寒主治的法则。如论中第35条："太阳病，头痛，发热，身疼，腰痛，骨节疼痛，恶风无汗而喘者，麻黄汤主之。”第51条：“脉浮者，病在表，可发汗，宜麻黄汤。”这些都是寒邪束于外，太阳经气不能畅通流行，因此卫阳外阴，营阴内郁，发生了上列的表实症状，在治疗上就必须用辛温峻汗法的麻黄汤来处理。由于本方是开腠理的峻汗剂，是适应于伤寒无汗的表实证，对于表虚，津液不足的患者，则不适用，所以论中列述禁汗的条文，也要慎重注意。

2. 解肌法　解肌法具有调和营卫，疏解肌腠风邪的作用，就是应用发汗的轻剂，针对着太阳中风有汗出的表虚证，或伤寒汗后邪未全解等病情进行处理的。这些证侯，由于风邪外袭，卫强营弱的缘故，虽有汗出而发热、头痛等症不能解除，在治疗上，就必须调和营卫，解散风邪，使邪从微汗而解。如论中第12条：“太阳中风，阳浮而阴弱，阳浮者，热自发，脉弱者，汗自出，啬啬恶寒，淅淅恶风，翕翕发热，鼻鸣干呕者，桂枝汤主之。”第13条：“太阳病，头痛，发热，汗出，恶风，桂枝汤主之。”第53条：“病常自汗出者，此为营气和，营气和者，外不谐，以卫气不共营气谐和故尔，以营行脉中，卫行脉外，复发其汗，营卫和则愈，宜桂枝汤。”第42条：“太阳病外证未解，脉浮弱者，当以汗解，宜桂枝汤。”这些条文，说明太阳中风汗出的表虚证，以及伤寒发挥而应用桂枝汤的具体病情。其病机是营卫失调，因此用桂枝汤以解表和中，使卫气营血并行而不悖，刚柔相济而调和，起了安内攘外的作用，病归痊愈。

解肌法虽说是解表，但与峻汗法的作用大不相同。其用药大半是辛甘温散，发汗中兼有敛汗的作用，用于脉浮缓的自汗表虚病人效果显著。若用于发热无汗，脉浮紧的表实证与平素嗜酒，胃中有湿热的中风患者，都会壅遏邪气，导致变证。如论中第16条：“…”桂枝本为解肌，若其人脉浮紧，发热汗不出者，不可与之，常须识此，勿令误也。”第17条：“若酒客病，不可与桂枝汤，得汤则呕，以酒客不喜甘故也。”这显示了不但应用汗法，要注意到汗的进退问题，而解肌法中也有随证运用的必要，以免用之不当，发生偾事。

3. 小汗法　小汗法是一种轻度的汗法。也可以说是发汗与调和营卫两相并举的一种疗法，应用于较轻的表证，或经大汗后邪仍不解，邪势已减的病情。如论中第23条：“太阳病，得之八九日，如疟状，发热恶寒，热多寒少，其人不呕，圊便欲自可，一日二三度发……面色反有热色者，未欲解也，以其不能得小汗出，身必痒，宜桂枝麻黄各半汤。”根据上述的条文，我们可以体会到凡是表证迁延日久，邪势虽减，而邪郁于表尚未解除；与大汗之后，玄府复闭，邪气不能尽撤等病情，是属于表郁与营卫不和参半的情况，在治疗上，既不宜单用峻汗法，又不是解肌法所能胜任，因此采取了这两个复方，调营卫，解表邪，小发其汗，实为最理想的治法。可见《伤寒论》里，使用汗法的谨严，是值得我们注意的。

二、汗法的变法

汗法的变法，是对于太阳病未解又兼有其它证候而病情比较复杂时应用之。因为这些的证候，在治疗上，不但包括太阳经证未解而又挟其它证候的兼证，而且也包括了辛凉解表以及各经的复杂病情，随证治疗的。因此必须从汗法的正法的基础上加以变化而推广汗法的使用。兹简述如下：

1. 清里发汗法　清里发汗法，是表里双解的方法，应用于外有表寒里有郁热的太阳病，其目的是清其内热，又解表邪，使表里寒热俱清。如论中第38条：“太阳中风，脉浮紧，发热恶寒，身疼痛，不汗出而烦躁者，大青龙汤主之。……”本条所应用清里发汗法的大青龙汤，只适应于表实无汗，里热烦躁者，其疗效良好，但毕竟是峻汗法的变法，在采用之前，脉证一定要仔细审辨，否则会使患者有大汗亡阳的危险变证。

此外，还有表郁不甚，或汗出不畅，而致形成表寒里热的较轻证候，因此在本法的范围内，又有微汗清里的应用。如论中第27条：“太阳，发热恶寒，热多寒少，宜桂枝二越婢一汤。”由此可见在同一清里发汗法中，又必须根据病情的轻重，灵活地加以化裁，才能收到预期的效果。

2. 温经发汗法　温经发汗法，是太阳、少阴两感证的治法。由于患者阳气素虚，抗力不足，初病时发现太阳病的发热，而又兼见少阴的证状，因此必须两经兼治。如论中第301条：“少阴病，始得之，反发热，脉沉者，麻黄附子细辛汤主之。”第302条：“少阴病，得之二三日，麻黄附子甘草汤微发汗，以二三日无里证，故微发汗也。”上述两条的证候，都是太阳与少阴同病，既不同于太阳，也不同于少阴，但又不离乎太阳表实无汗，虽有少阴里虚的证候，但未至下利清谷，四肢厥逆的程度，因而宜温经发汗表里同治。

3. 和解散表法　和解散表法，是适应于邪入少阳而太阳证未罢的治法。如论中第166条：“伤寒六七日，发热微恶寒，支节烦疼，微呕，心下支结，外证未去者，柴胡桂枝汤主之。”本证既有太阳证，又有少阳证，而证势均不太重，所以采用和解散表的柴胡桂枝汤，两经同治。

4. 化饮发汗法 化饮发汗法，是解表逐水镇咳的治法，也是表里双解法，所以论中第40条："伤寒表不解，心下有水气，干呕，发热而咳，或渴，或利，或噎，或小便不利，少腹满，或喘者，小青龙汤主之。"这是本法的适应证候，其应用小青龙汤，主要是表邪未解，而心下中脘部有水气停积，随气升降，上逆下窜发生了上述的一系列症状，即有许多或然的兼证，用化饮发汗法，诸证都可解除。具体来说，凡属外有寒邪，内有水饮的证候，就是本法的适用目标。

5. 利水解表法 利水解表法是调理气化，通利水道兼解表邪的治法，其适应症，主要是太阳表证未解，邪入于府而成膀胱蓄水的证候。如论中第71条："太阳病，发汗后，大汗出，胃中干，烦躁不得眠，欲得饮水者，少少与饮之，令胃气和则愈。若脉浮，小便不利，微热消渴者，五苓散主之。"又72条："发汗已，脉浮数，烦渴者，五苓散主之。"这里用五苓散目的为了利尿祛湿兼解表邪，使膀胱气化得行，表邪得解。

6. 辛凉宣肺法：辛凉宣肺法，是疏泄肺邪，清化肺热的治法。如论中第63条："发汗后，不可更行桂枝汤，汗出而喘无大热者，可与麻黄杏仁甘草石膏汤。"这种症候，主要是发汗后表邪热化，迫肺作喘，所以用辛凉宣肺的麻黄杏仁甘草石膏汤，清肺热以平喘，即本法的具体应用。

7. 升津发汗法 升津发汗法是宣通太阳经脉的邪气从汗而解的一种治法，这种治法主要是针对着风寒袭表，而经气不舒的病情而设。如论中第14条："太阳病，项背强几几，反汗出恶风者，桂枝加葛根汤主之。"第31条："太阳病，项背强几几，无汗恶风，葛根汤主之。"上面两条的证候，很明显地反映出太阳病邪不得解，津不上润，筋脉失养，发生了项背强急牵引的证状，所不同的只是有汗、无汗之差，也就是表实表虚的关系。筋脉失养虽同，而表虚宜解肌，表实宜发汗，所以在同一的疗法中，用药就有所损益，可见论中随证施治的精神，是要灵活掌握的。

8. 解表和里法 解表和里法，是解表邪兼和里气的一种疗法，应用于外有表证而里气不和的病情。如论中第229条："本太阳病，医反下之，因尔腹满时痛者，属太阴也，桂枝加芍药汤主之。……"这是太阳病误下，邪陷于里，而表证又未罢。采用桂枝汤原方加重芍药的剂量，以领邪外出兼和里气，即是解表法的变法。

9. 解表利湿法 解表利湿法，是治疗表实发黄的方法，适应于汗不得出而热瘀于里成为阳明发黄的证候。如论中第262条："伤寒瘀热在里，身必发黄，麻黄连翘赤小豆汤主之。"本条是因外受寒邪，内蕴湿热，而发生阳明发黄的病证，是表里郁蒸的情况，与单纯表证的性质基本不同，所以虽用汗剂，仍以清利湿热为主。

从上述的发汗法（正法与变法），可知论中对于发汗的处理方法，虽然着重于太阳表证，但不是立法而来应病的，而是根据具体病情具体应用，丝毫不能假借或模糊的。如论中第6条："太阳病，发热而渴，不恶寒者，为温病。若发汗已，身灼热者名为风温，风温为病，脉阴阳俱浮，自汗出，身重，多眠睡，鼻息必鼾，语言难出。……"这充分说明了温病初期，虽然亦属于太阳病的范围，然而病属热化，就不得应用那些辛温发汗的方法来处理，所以汗法具体的应用中，就有了分别。

此外，更有患者体质的关系；或因病情复杂，病势的偏向不单纯在于太阳表证；以及病邪已经传里等证候，对于直接发汗的方法就不相适应。因此就必须注意到关于不可发汗的一般病情。

三、汗法的禁忌

上面已经说过，病情有可汗的一面，也有不可汗的一面，主要是因患者的体质不同，病情变化多端，因此《伤寒论》里有关这些方面提出禁汗的规律很多。兹分别探索如下：

1. 素体亏损者不可发汗 素体亏损的患者，多半由于已往疾病所造成。其中有阳虚的，有阴虚的，也有遗留慢性疾患的，这些情况的病人感受外邪时，就要注意到禁汗的方面。如证中第83条："咽喉干燥者，不可发汗。"第84条："淋家，不可发汗，汗出必便血。"第86条："衄家，不可发汗，汗出必额上陷，脉急紧，直视不能眴，不得眠。"第88条："汗家，重发汗，必恍惚心乱，小便已阴疼。……"第89条："病人有寒，复发汗，胃中冷，必吐蛔。"以上几条的禁例，很明确地指阳虚、阴虚，以及病人有宿疾等原因，虽有太阳表证，不能应用一般的发汗剂来散寒排邪。《伤寒论》里对于这些方面除着重考虑亡阳的变证外，也注意到保存津液，因此在病变过程中严密地追索患者已往的病史和体质，对照目前的证候，预测未来的变化，使疾病不会向坏的方向发展。这样看来，论中对于发汗的疗法是非常细致的。

2. 营气不足者不可发汗 营气不足的患者，有的是素体的关系，有的是因误治所造成，这些情况的病人，即有太阳表证，是不可应用一般发汗法来进行处理。如论中第50条："脉浮紧者，法当身疼痛，宜以汗解之；假令尺中迟者，不可发汗，何以知然，以荣气不足，血少故也。"第49条："脉浮数者，法当汗出而愈，若下之，身重心悸者，不可发汗，当自汗出乃解。……"上述条文，前者是素体营亏血少，发现脉证不符，后者是误下里虚，引起心悸，此时纵有表证，汗法已不能使用，证用则犯了虚虚之诫，这些地方，在临床上是必须慎重加以注意的。

3. 合病、并病偏里的不可发汗　合病、并病在外感病的病变过程中，病情比较复杂，病邪已非单纯在表，有的偏里的证候，就应该根据病势所趋，因势利导，就不可单纯用汗法来处理。如证中第142条："太阳与少阳并病，头项强痛，或眩冒，时如结胸，心下痞硬者……慎不可发汗，发汗则谵语脉弦。……"第219条："三阳合病，腹满身重，难以转侧，口不仁，面垢，谵语遗尿，发汗则谵语。……"上述的病情，前者是偏于半表里，后者是偏于阳明之里，根据病情的趋势，应就其偏重的趋势进行处理，因而不可发汗，若发其汗，津液耗伤，势必形成里热亢盛的变化。

4. 阳明病不可发汗　病在阳明，邪已传里，化热，化燥，最易伤津，发汗势必更伤津液，因而不可发汗。如论中第221条："阳明病，脉浮而紧，咽燥口苦，腹满而喘，发热汗出，不恶寒，反恶热，身重，若发汗则躁，心愦愦反谵语。……"第218条："伤寒四五日，脉沉而喘满，沉为在里，而反发其汗，津液越出，大便为难，表虚里实，久则谵语。"这两条很明显的说明阳明病不可发汗，指出误汗再伤津液，则邪热更炽，必然促成腑实证，而发生烦躁不安、心乱谵语等严重变证。

5. 少阳病不可发汗　少阳病，邪不在表而在于半表里之间，治疗法则，以和解为主。若误用汗法，也会发生其它变证。如论中第265条："伤寒脉弦细，头痛发热者，属少阳，少阳不可发汗，发汗则谵语。……"这很明确地指出少阳病不可发汗的禁例。

6. 少阴病不可发汗　少阴病属于全身性机能衰减的病情，尤其是关系于心肾机能变化的问题最大，所以论中对于本经的证候，不可发汗，已有许多明文告诫。如285条："少阴病，脉微，不可发汗，亡阳故也。……"第294条："少阴病，但厥无汗，而强发之，必动其血，未知从何道出，或从口鼻，或从目出者，是名下厥上竭，为难治。"第284条："少阴病，效而下利谵语者，被火气劫故也，小便必难，以强责少阴汗也。"这些条文，很具体地阐明了少阴病误汗，有上列种种的变证，这就是所谓汗为心液，误汗心液更伤，势必促使心力衰竭的缘故。

7. 厥阴病不可发汗　厥阴病是外感病病变过程中最后的一个阶段，有出生入死的关系，其性质一般是阴阳不相顺接。在这种险恶的病情下，更不能使用汗法。如论中第335条："伤寒一二日至四五日，厥者必发热，前热者后必厥，厥深者，热亦深，厥微者，热亦微，厥应下之，而反发汗者，必口伤烂赤。"第364条："下利清谷，不可攻表，汗出必胀满。"上述条文，前者是阐述热厥的病理与病势轻重的推断以及误汗变证：后者是肠胃虚寒，误汗后的变证。可见阴经的证候，不但少阴不可发汗，而厥阴证汗变证，枝节丛生，其恶化的情况，也是不堪设想的。

从上述不可发汗的条文看来，禁汗之例，不单纯范围于阴经，而阳经的病情已经传里的，以及素体亏损的患者，都要注意到不可发汗。

《伤寒论》里的汗法，是张仲景采取古代经方家的经验和他自己临床实践的总结，进一步补充和发展，创造了许多实用有效的方法，从而丰富了治疗外感病的内容。

本法的运用，不是呆板的，而是按具体病情灵活掌握的。其规律实具有它的普遍性，又有它的特殊性，因此有正法、变法以及禁忌等几个方面。但是本法的具体应用，散见于原书各篇，初学者研究和使用，往往感觉许多困难。我们为了这些的缘故，所以作出上列的探讨，分别举例说明其常变以及宜忌，明确论中所采取的各种不同方剂，是因证制宜，随证施治，对临床应用上，确有其现实的意义。

[《福建中医药》1963；(1)：32]

略谈《伤寒论》的厥证

陆奎文　大丰县新丰人民医院

《伤寒论》中有关讨论"厥逆"的范畴，包括"厥冷"、"厥寒"等，或者冠以"手足"二字等好多不同的名称，也就是说，"厥证"是多种厥逆证的总称。

凡是在伤寒发病过程中，邪正相争到了危急阶段，阴阳失去了平衡，严重时产生手足厥冷的证侯，临床上就称为厥证。医学大师张仲景氏是在《内经》基础上，总结了前人的经验，结合自己的临床实践，创立了外感厥证的治疗法则，后人又在《内经》和《伤寒论》的基础上，进一步扩大了厥证的范围，只要诸证见到手足发冷，一概称为厥证。如由于气的名气厥，由于血的名血厥，由于痰的名痰厥，由于食的名食厥……等等。

厥证的名称，最早见于《内经素问》。《内经》里论厥的范围很广，如寒厥、热厥、薄厥、煎厥、六经厥等。尽管在病因和症状上各不相同，但是从发病机制来说，都离不开阴阳偏盛偏衰的结果，这一点与《伤寒论》是一致的。同时还要认识到《伤寒论》所讨论的寒厥和热厥与《内经》名称虽同，但是病因、证候、治法是不一样的，这一点我们首先要明确。在病因方面，伤寒厥证是由于外感所引起，《内经》所论则由于内伤酒色所引起；在症状上伤寒不同寒厥、热厥皆有手足寒冷的出现，而《内经》厥证却不然，寒厥是手足寒，热厥是手足热。因此治疗方法也就随之而异。《伤寒论》所论述的寒厥、热厥与《内经》虽不一样，但是仍旧离不开《内经》的理论基础。所以不能把它对立起来看，要认识到《伤寒论》中厥证的理论是导源于《内经》，在《内经》学说基础上有了进一步的发展，扩大了应用的范围，把它灵活运用到外感范畴中来，补充了《内经》仅偏于内因的不足。这一划时代的前进，丰富了祖国医学的内容。

发生厥证的原因

厥证发生的机理，在《伤寒论》中已概括性地指出是由于阴阳气不相顺接。但是引起阴阳气不相顺接的原因约有如下几个方面：

1. 由于素体阳虚，复感寒邪，则寒邪独盛，而阳气衰微不能行于四肢，因而发厥。

2. 因汗、吐、下的误治，重伤阳气而致厥。

3. 热郁于里，阳气不能向外透达，反致四肢逆冷而发厥。

4. 胃气盛寒，蛔虫扰动于中，因而发厥。

5. 水停心下，阳气被水邪壅遏于里，不得通达于四肢，从而致厥。

6. 痰涎实邪，壅遏胸膈，胸中阳气被遏，不能宣化，因而致厥。

伤寒致厥的原因虽然很多，但是归纳起来，不外两个方面：一个是由于阴阳失去调节所导致的病变，这是属于主流；另一个是由于水饮痰实壅遏于内所引起的，则属于支流。

证候和治疗

由于引起发生厥证的原因很多，所以在证候的表现上也就不一，归纳起来，可以分为七个类型。

一、寒厥　起病时便见到四肢厥冷，身不热，恶寒，或者汗大出，小便清白，下利清谷，口不渴饮，或喜热饮而不多，舌苔润滑，脉象微细欲绝，或沉迟而伏等证候。这些证候的出现，都是由于阳衰阴盛所引起，体现了一派寒象，所以叫它是寒厥证。因各人的体质有强弱的不同，感邪有轻有重，以及有没有兼病宿疾，所以虽然同是寒厥证，而有几个不同的类型：

1. 单纯型的寒厥　有上面一系列的证候出现，少见其它的兼证。

（1）脾肾阳虚，恶寒踡卧，下利清谷，手足厥冷，或呕吐腹痛，口不渴，脉沉细无力者，用四逆汤回阳救急，温运脾肾。

（2）阴盛于内，格阳于外，手足厥逆，下利清谷，身反不恶寒，面色亦，脉微细欲绝者，用通脉四逆汤，通达内外之阳气。

（3）阴竭于内，阳亡于外，吐已，下断，汗出而厥，四肢拘急不解，脉细欲绝者，用通脉四逆加猪胆汁汤益阴回阳。

（4）阴盛于下，格阳于上，下利厥逆，面色赤，脉微细的，用白通汤宣通上下之阳气。

（5）虚阳被阴寒格拒，浮越于上，下利不止，面赤，厥逆无脉，干呕而烦，可用白通加人尿猪胆汁汤，反佐苦寒，从阴引阳。

（6）脉促手足厥冷，用灸法通阳，可灸关元、气海、足三里等穴。

以上诸方，其共同点，都有回阳救逆的作用，但在运用方面是有区别的。如单纯的阳气衰微而发厥，外无假热现象，可用四逆汤温中救逆；如果出现里真寒外假热格阳的现象，若投以四逆汤，则症重药轻，恐不能胜任，非单刀直人的通脉四逆汤不能建功。如果是津液大伤，出现汗出、四肢拘急、水入则吐的，则又当用通脉四逆加猪胆汁汤，反佐以苦寒药物，使同气相求，从阴引阳，也就是《内经》所谓："甚者从之"的意义。如果出现戴阳症，虽肢冷脉细，但其面必赤，则又应用白通汤通达阳气。若前症再见到干呕而烦阴寒格拒的现象，又当于前方加人人尿的咸寒和猪胆汁的苦寒以降逆。如果出现脉促手足厥冷的危急现象，可用灸法以急救回阳。从这里可以看出古人对垂危的病人，是千方百计的想尽办法来挽救的。

2. 血虚寒滞　在证侯上虽也有"手足厥寒，脉细欲绝"的出现，但无里寒下利的现象。这是由于血虚受寒，阳气里微，不能温布四末、荣养经脉，而引起发厥。用当归四逆汤养血散寒，温经通络。兼有呕吐的加吴茱萸、生姜温中降逆。

3. 内有久寒　除证见“四肢厥冷，脉细欲绝”之外，还会出现干呕、吐涎沫、头痛的证候，由于阴盛阳郁，浊气上逆，厥逆吐利的，用吴茱萸汤，降逆安胃，温中化浊。

4. 冷结膀胱关元　手足厥冷，无结胸证候，小腹满，按之痛，小便清白。这是由于阴寒的冷邪内结，肾阳不能振奋所致。当用灸法通阳，亦可用汤药，如桂枝加附子汤。

二、热厥　同寒厥恰恰相反，在证候上有“里真热外假寒”的一派假象。发生热厥主要是由于阳亢于内，气机被阻，阳不能外达所致。厥冷的程度越重，热邪也就伏得越深，厥冷的程度越轻，邪热也就伏得越浅。所以《伤寒论》有“热深者厥亦深，热微者厥亦微”的论断。

1. 热微厥微　有四肢厥冷的表现，但厥冷程度比较轻微，或许有咳、悸、小便不利、腹中痛、泄利下重的或然证出现。其由于肝胃不和、阳郁于里的，用四逆散，透达郁阳。

2. 热深厥深：由于热与燥实的结与不结，而有两种不同的见证：

（1）四肢厥冷，伴有脉滑舌干、烦渴引饮等证，而无腹满便闭的见证。乃邪热郁闭于里，阳气不得畅达所致，宜用白虎汤。

（2）除四肢厥冷外，同时出现脉实有力，舌苔焦黄，小便赤涩，腹部硬满疼痛等一系列的肠胃燥实证。乃邪热郁闭，燥结于里所致，用承气汤，推陈致新。

三、蛔厥　主要证候是：脉微而厥，腹冷，静而复时烦，须臾复止，得食而呕。特征是常自吐蛔。这是由于中阳素虚，胃中不和，又被蛔虫扰动的原故。宜用乌梅丸。

四、脏厥　伤寒，脉微而厥，至七八日肤冷，躁无暂安时者，这是纯阴无阳的藏厥证，不可误认为蛔厥证。可用四逆、通脉、灸法等急救阳气。

五、水饮致厥　主要证候是厥而心下悸。系水结心下，阳气郁而不得宣化所致。用茯苓甘草汤，温阳利水。

六、痰实致厥　手足厥冷，心下满而烦，饥不欲食，脉乍紧。这是由于痰涎实邪，填滞胸膈，胸中阳气郁遏不得宣化而发生的。用瓜蒂散，宣吐实邪。

七、寒热错杂致厥　大下后，寸脉沉而迟，手足厥冷，下部脉不至，喉咽不利，唾脓血，泄利不止者。这是表邪内陷，阳郁于里，阴阳上下不能协调，以致寒热错杂，阴阳混淆，而引起四肢厥冷，用麻黄升麻汤，清上温下，益阴达阳。

综上所述，伤寒厥证的类型，虽有七个不同的证候群，但它主要的，只包括寒厥、热厥、寒热错杂致厥、蛔厥，以及藏厥等五个类型。从病理机制来证，主要的不外寒热两个方面。在见证上，都以厥逆为主。至于痰实水饮而致厥的，只能就是一种特化证型。因它的病理机制是由于痰涎实邪、水饮壅遏于内，阳气不得宣化所致。这是它们之间的不同点，我们只要掌握这个关键，在辨证上，亦不难明确。

在治疗原则上，寒厥以扶阳抑阴为主；热厥宜清、宜下；热郁于半表半里的，又当透达郁阳；寒热错杂致厥的，从阴上阳；蛔厥以驱蛔安胃为主；藏厥当以回阳救急；水饮致厥者，温化通阳；痰实致厥者，可用吐法。

有关厥证的禁忌方面

病至发厥阶段，不问它是怎样形成的，病势都是比较严重的，在临床上必须小心谨慎，尽一切方法来治疗，千万不要粗心大意轻率地去医治，尤其是要注意厥证的禁忌。伤寒论中论述厥证的禁忌方面，主要的要注意两点：属于虚寒的厥证不可以攻下；属于实热的厥证不可以攻表。为了能够进一步的认识，把它作如下的讨论：

1. 厥证不可攻下的原因　厥证有虚寒与实热的不同。所谓“诸四逆者，不可下之”，这当然是指虚寒证而说，即使见到不大便，也不可就径用攻下法，因为虚寒证的厥逆，当以回阳为第一要务，如妄用攻下法，阳气更加虚弱，非但不能达到厥回肢温的目的，且必导致中阳不振。所以仲景谆谆告戒：“诸四逆厥者，不可下之”，这是寒厥禁用下法的戒律，临症不可疏忽，否则就会造成医疗上的事故。又如“伤寒，五六日，不结胸，腹濡，脉虚复厥者，不可下”。这说明邪气已衰，气血虚弱的表现，即使多日不大便，也不可妄用攻下。否则必然会导致中阳败绝，甚至于死亡的后果。

2. 厥证不可攻表的原因　寒厥证虽然禁用下法，但热厥之由于阳明府实的，则又非用下法不可。如《伤寒论》中所说：“厥应下之”，就是指燥实证而言。由于厥深热深，阳郁于里，虽见发热有似表证，但不可妄用攻表发汗之剂，助燥伤津，以致里热益甚，反而引起口伤烂赤，使病势转剧，造成不良的后果。

预　后

《伤寒论》中对厥证的预后，论之甚详，这里不作一一的讨论，现将有关条文的精神，归纳如下：

一、厥热胜复方面

1. 凡厥证见热或热多厥少，或热厥相争，表示病情好转，有向愈的趋势。

2. 凡厥多热少，或厥去热不还，证明病仍进行，没有好转的趋势。

3. 但厥无热，为阳气衰竭，病势危急。

4. 如热久不退，向上则为喉痹，下行则便脓血。便脓血者，其喉不痹。

二、愈不愈辨

1. 脉微浮，热少，厥微，能食者，其病将愈。

2. 若厥而呕，胸胁烦满者，其后必便脓血。

三、死证

1. 汗出不止者，死；

2. 吐利烦躁者，死；

3. 下利，厥不止者，死；

4. 下利，无脉，反微喘者，死；

5. 脉微，脉不至，躁不得卧者，死；

6. 脉绝，不还者，死。

总之，《伤寒论》所谈的厥的预后，在临床上有重大的意义，掌握了它不仅可以推测病势的转归，决定病人的生死和存亡；而且也可以得知人体阴阳的消长和正邪的进退。说明如果能够正气战胜邪气，阴阳得到平衡，则病势好转向愈；反之，则为恶化，预后多属不良，甚而至于死亡。

[《中医杂志》1963；(1)：24]

试论《伤寒论》中的若干辩证法思想

金寿山

《伤寒论》一书，历代评价很高。注解此书者，自金成无已以下，不下数百家。这些注解，一方面阐发了《伤寒论》，一方面又丰富和发展了《伤寒论》。在热性病方面，发展为温病学说，在内伤杂病方面，亦为后世各家学说的渊源。

仲景在本书中总结了古代人民和疾病作斗争的丰富经验和理论知识，在继承《内经》的基础上发展了一大步，把疾病的各种证治加以概括，以阴阳为纲，六经为目，确定了祖国医学辨证论治的原则。正如清柯韵伯所说："六经分司诸病之提纲，非专为伤寒一证立法。"徐灵胎也说："医者之学问，全在明伤寒之理，则万病皆通。"这个"理"究竟是什么呢？个人体会，主要就是指其中所包含着的若干辩证法思想，尽管是朴素的、自发的，然而内容是丰富的、具体的，它体现于"六经"辨证、"八法"论治之中而统率着"方"和"药"，构成了祖国医学特有的一套理、法、方、药完整体系。尽管治病的方、药在后世已大有发展，不为《伤寒论》所局限，但是他所论的理、法却可以普遍应用，在一定历史时期内，起着指导临床实践的作用。本文，结合个人学习自然辩证法的体会，试图从邪与正、标与本、常与变、阴与阳几个范畴初步探讨它的若干辩证法思想。为了说明问题起见，除《伤寒论》原文之外，并引用《内经》以及后世各家学说，作为补充论证。

邪与正

何谓"邪"？一般指风、寒、暑、湿、燥、火六淫之邪以及时气、疫气、疠气等外邪而言。引申言之，凡一切致病因子及其所产生的破坏力，都可称为"邪气"；何谓"正"？"正"系相对于"邪"而言，"正气"为人身的真气，生命活动的基础，凡防御与抵抗疾病与本身康复的机能皆属之。邪与正的关系，是相当复杂的，其中一部分牵涉到哲学上的内因与外因的关系问题。

祖国医学认为疾病发生的原因有两方面：一方面由于正虚，是内因，是决定性的因素；另一方面由于邪气，是外因，是致病的条件。早在《内轻》就有"邪之所凑，其气必虚"的看法，《伤寒论》基本上继承了这个看法，其辨证论治首先着眼于正气。如原文第7条说："病有发热恶寒者，发于阳也；无热恶寒者，发于阴也……"同一伤寒病，发于阳者表现为发热恶寒，发于阴者表现为无热恶寒，这是由于正气有较强、较弱之不同所致。钱潢谓之"外邪之感，受本难知，发则可辨，因发知受。"又如太阳病发汗后的变证有身疼痛、脉沉迟（营血素亏）者；有腹胀满（脾阳素弱）者；有心悸、头眩、身瞤动、振振欲擗地（肾阳素虚）者……主要也是由于正气反应不同所致。《医宗金鉴》说："六气之邪，感人虽同，人受之而生病各异者，何也？盖以人之形有厚薄，气有盛衰，脏有寒热，所受之邪，每从其人之脏气而化，故生病各异也。"所以《伤寒论》的辨证，首先是分六经，而辨其伤于寒抑是中于风，则是次要的。其立法论治的要旨，一是扶阳气，二是存津液。观其立方，桂枝、四逆、理中、复脉等方，在论中占着重要地位；观其用药，桂枝与甘草、芍药与甘草、人参与甘草、干姜与附子，常用以相伍，作为扶阳或益阴之用。而对于咽喉干燥者、淋家、疮家、衄家、亡血家、汗家，皆在禁汗之例。因为这些病人，或为阴虚、或为阳虚、或为气血俱虚，皆属正气不足，发汗足以重伤正气，引起变证。可见《伤寒论》是处处重视正气的。

但是，《伤寒论》之重视正气，并不等于对外来的邪气置之不顾；并不意味着治病的方法，就是一概扶正补虚。须知“邪之所凑，其气必虚”的“虚”，是相对的虚，是从发病学的角度上来看问题的，并不等于发病后所表现的证候一定是“虚证”。恰恰相反，既病之后，成为邪正相搏的局面，在很多情况下，是表现为“实证”的，《伤寒论》就以祛邪为主。这种情况，前人有称之为“虚处受邪，其病则实”。所谓“邪之所凑，其气必虚”的说法，必须与这两句话连起来看，方才全面。

尽管医生立方遣药的主导思想是扶助正气战胜邪气，使其“正胜邪却”，但手段却是多种多样的，而祛邪正是相对于扶正的一大法，只要去邪而不伤正，那么邪去则正自安。在表寒里热之证，可以投大青汤发汗而不嫌其峻，因为大青龙汤证见无汗、高热、烦躁，汗不出则热不除，热不除津液将更伤，权衡其利害轻重，虽服药后可能大汗，损伤一些津液，但只要病解，津液自能恢复；在阳明大热大实之证，《伤寒论》认为，发展下去就会热盛伤阴，土燥水竭，导致死亡，须及时用大承气汤急下邪热以存阴津。这些例子说明《伤寒论》认为在一定条件下，当邪气对于疾病的发展起着决定性的作用时，就应以祛邪为主。《伤寒论》八法中的汗、吐、下、清等法，基本上都是祛邪之法；《伤寒论》所用的药物，如麻黄、瓜蒂、芒硝、大黄、石膏、知母、黄芩、黄连……等，都是祛邪之药。这些祛邪的方法和药物，不但用于三阳病，在一定的条件下，即便是三阴病，也仍然有应用的机会。例如厥阴病篇：“伤寒六、七日，大下后，寸脉沉而迟、手足厥逆、下部脉不至、咽喉不利、唾脓血、泄利不止者为难治，麻黄升麻汤主之”。方后云：“汗出愈”。厥阴病寒热错杂；存在着阴尽阳复之机，在一定条件之下，如本证上热闭塞，兼虚其中，可以合发表、清上、温中于一方治之。在临症时确有此种方证，如张路玉医案：

“陆中行室，年二十余。腊月中旬患咳嗽，挨过半月，病热稍减。新正五月，复咳倍前、自汗体倦、咽喉干痛。至元夕，忽微恶寒发热，明日转为腹痛自利、手足逆冷、咽痛异常。又三日则咳唾脓血。张诊其脉，轻取微数，寻之则仍不数，寸口似动而软，尺都略重则无。审其脉证，寒热难分，颇似仲景厥阴例中麻黄升麻汤证。盖始本冬温，所伤原不为重，故咳，至半月渐减，乃勉力支持岁事，过于劳役，伤其脾肺之气，故咳复甚于前。至望夜忽憎寒发热，来日遂自利厥逆者，当是病中体疏，复感寒邪之故。热邪既伤于内，寒邪复加于外，寒闭热邪不得外散，势必内奔而为自利，致邪传少阴厥阴，而为咽喉不利唾脓血也。虽伤寒大下后与伤热后自利不同，而寒热错杂则一。遂与麻黄升麻汤一剂，肢体微汗，手足温暖，自利即止。明日诊之，脉亦自和。嗣后与异功、生脉合服，数剂而安。”

又如少阴病，始得之，反发热脉沉者，用麻黄附子细辛汤。按少阴病禁发汗，今麻黄、细辛合用，其发汗力量自较单用麻黄者为强，用于少阴病似属不可理解。不知本病初起即现少阴证，固属正气衰弱，但发热无汗，其势又须从表解，所以本方既用麻黄、知辛以祛邪发汗，又用附子扶阳助正，防其大汗之虚脱。用峻药目的正是为了患者正气之虚弱，必须一战而成功。假如不认识这一点，只知扶正而不敢祛邪，或祛邪而用药不够，就很难收到满意的效果。如吴鞠通治一水肿病人，前医曾用麻黄附子甘草汤无效，吴仍用之而奏效。关键在于前医恐麻黄发阳，仅用八分，附子用一钱以监麻黄，又恐麻黄、附子药性皆慓悍，用一钱二分甘草以监制麻黄、附子。吴则反是，重用麻黄，附子用量则少于麻黄，甘草用量又少于附子，使麻黄、附子充分发挥作用。这些例子可以说明，以祛邪为主的方法，只要与具体病情合拍，即使在三阴病证，也是可以恰如其分地来使用的。

综上所述，《伤寒论》对于邪正关系的看法，认为正虚是发病的根据，邪凑是发病的条件，而疾病发展的过程则是邪正相搏的结果。治病既要重视正气，又不能无视邪气。《伤寒论》中许多治法与处方，既是扶正，又是祛邪，扶正与祛邪，很难截然分开。如桂枝汤既为调和营卫（扶正）之主方，亦为解肌疏风（祛邪）之要药；小柴胡汤既有柴胡、黄芩之清热，复有人参、甘草之益气，合用于一方起着扶正达邪之作用。但须指出，所谓祛邪与扶正不能截然分开，不是说不要有重点，大致祛邪的方法以发表攻里为先；扶正的方法以滋阴扶阳为主。邪气盛，正气未衰时，以祛邪为主，邪去正乃安；正气虚，虽见邪盛，一般以扶正为主，正足邪自去。但也须看具体病情，具体分析，不能执一而无权。总的目的，是为了去病，为了解决邪、正之间的矛盾。病去则体虽虚，多有生存之希望；病留则体虽壮实，亦有死亡之可能。用之得当，大黄、芒硝就是存阴之药，有利于正气；用之不当，人参、甘草恰恰为留邪之药，无益于正气。《伤寒论》第58条说：“凡病，若发汗、若吐、若下、若亡血、亡津液，阴阳自和者，必自愈。”因此，在正确辨证的情况下，并在一定限度以内使用汗、吐、下的方法，在表面上虽似丧失了津液，损伤了正气，实际上是不逆病机，达到了祛邪的目的，解决了正邪相搏的矛盾，恰恰没有损害正气。《伤寒论》就是这样辨证地看问题的。

标与本

《伤寒论》辨证论治的基本精神是"治病必求于本"。"本"是什么？《内经》说："阴阳者，天地之道也，万物之纲纪，变化之父母，生杀之本始，神明之府也，故治病必求于本。"所谓"本"，指的就是阴阳。《内经》又说："善诊者，察色按脉，先别阴阳。"说明掌握疾病内在的矛盾——阴阳，是辨证的首要任务。从辨证的角度上来看，所谓阴阳，就是病位之表里、病状之寒热、病情之虚实，这是《伤寒论》全部立法的依据。

相对于本者为标。病因为本，病状为标；内在为本，外表为标；标发现于表，本多隐伏于里。总之，标本的关系，就是现象与本质的关系。标本一致，表现为真寒、真热的病状者易辨；标本不一致，表现为假寒、假热的病状者难识。《伤寒论》第11条说："病人身大热，反欲得衣者，热在皮肤，寒在骨髓也；身大寒，反不欲近衣者，寒在皮肤，热在骨髓也。"程应旄释之曰："病人身大热，反欲得近衣者，沉阴内锢而阳外浮，此曰表热里寒；身大寒反不欲近衣者，阳邪内郁而阴外凝，此曰表寒里热。寒热之在皮肤者，属标属假；寒热之在骨髓者，属本属真。本真不可得而见，而标假易惑，故直从欲不欲断之，情则无假也。不言表里，言皮肤、骨髓者，极其浅深，分言之也。"这是说，在标本不一致的情况下，必须把本质探求清楚，勿为假象所迷惑。在后世医家，对于辨别标本的真假，是极为注意的，如：

（1）王海藏治侯辅之病，脉极沉细，内寒外热，肩背胸胁斑出十数点，语言狂乱。肌表虽热，以手按执须臾冷透如冰。断为外假热而内真寒，与姜、附等药二十余两，乃大汗而愈。

（2）李士材治一人，精神困倦、腰膝异痛不可忍，众医皆以为肾主腰膝而用桂、附。绵延两月，病者愈觉四肢痿软、腰膝寒冷，愈以为寒，恣服热药。李诊之，脉伏于下，极重按之，振指有力。因思阳证似阴，乃火热过极，反兼胜已之化，小便当赤，必畏沸渴，询之果然。乃以黄柏三钱，龙胆草二钱，芩、连、栀子各一钱五分，加生姜七片为向导，乘热顿饮，移时便觉腰间畅快。三剂而痛若失。

上引二案，在辨证方法上，如辨脉、辨热、辨小便、辨渴、注重病人的体征等，较之《伤寒论》更为细致深入，但其思想，还是在《伤寒论》的指导之下。

标与本的关系，既然是事物的现象与本质的关系，它必然有内在联系。尽管有时二者不相一致，出现假象，但是任何现象脱离不了本质，这一个假象，仍然是从本质上产生。《伤寒论》对于这些真寒假热或真热假寒之证的处理，就是认识到标出于本，标一定与本有联系，因而认识疾病的性质更为深入。举真寒假热证为例："少阴病，下利脉微者，与白通汤；利不止，厥逆无脉，干呕烦者，白通加猪胆汁汤主之。服汤脉暴出者死，微续者生。"（《伤寒论》第315条）本条以葱白、干姜、附子治其下利不止，厥逆无脉之真寒；以人尿、猪胆汁治其干呕而烦之假热，即一般认为寒凉反佐热药之法。值得注意的是为什么不用黄芩、黄连等大苦大寒之药而用人尿、猪胆汁咸苦相伍来作反佐呢？根据阴阳理论来分析，本证假热之所以出现，一方面由于阴邪内盛，真阳为阴邪所逼而上浮；另一方面又由于阴邪内盛，以致或吐、或利、或吐利交作，亡失津液，其阴亦已不足，阴不恋阳，形成"脱"证。其所以用人尿、猪胆汁，不仅仅寓有反佐的意义。

[《中医杂志》1963；(3)：1]

谈中医对于伤寒的认识及其一般治疗方法

李恒玖　方药中

现代医学中所称的伤寒是一种由伤寒杆菌感染所致的，其临床症状特点，主要为稽留性发热，身痛身重，脉缓，蔷薇疹和脾脏肿大，根据这些临床症状特点，多数学者均认为本病可以列属于中医一般所说的"伤寒"范畴，尤其是与"伤寒"中的"湿温"病相类似。中医书中所说的"伤寒"含义很广，可以说是一切急性热病的总称，急性热病之发生在夏月，在症状上表现有"湿"的症状，如身疼身重，脉濡脉缓者，即属"湿温"。由于湿温的临床特点如此，因此中医一般所说的湿温，可能包括的疾病也很多，但湿温绝对不等于现代医学中的所说的伤寒，而现代医学中所称的伤寒病则可以包括在中医所称的湿温病之中，在诊断和治疗上，对于本病完全可以按照湿温来进行处理。由于中医治疗伤寒病主要是按照"湿温病"处理，因此我们在这里也就以“湿温病”的一般认识及处理方法分为下列各项加以简单介绍，以供参考。

一、病因

关于本病的病因，根据中医文献中的有关论述，可以归纳为主因、素因、诱因三方面：

1. 主因　本病发生的主因，主要是由于外感暑湿邪所致。喻嘉言医门法律谓：“伤寒湿温，其人常于湿，因而中暍，湿热相搏，则发湿温……湿温即与湿交合之温病”。王孟英温热经纬谓：“既受湿，又感暑，即是湿温”。所谓暑湿，中医列属六淫中，认为是一种夏秋间的邪气。换言之，亦即指夏天间自然界中某些外来的致病因素，人体如果感受了这种邪气，即可发生本病。这种邪气如果感而即发，中医就叫新感；如果感受病邪以后，并不立即发病，有机会才发作出来，这就叫做伏邪。

2. 素因　本病发生的素因，主要责之于脾虚湿盛。温热经纬薛生白湿热篇谓：“太阴内伤，湿饮停伤，客邪再至，内外相引，故病湿热，此皆先有内伤，再感客邪，并非腑及脏之谓，若湿热之证，不挟内伤，中气实者，其病必微”。王孟英注：“脾主为胃行津液者也，脾伤而不健运，则湿饮停聚，故曰脾虚在内湿也，雄按此言内湿素盛者，暑邪入之，易于留著而成湿温病也……内湿不盛者，暑邪无所依傍，虽患湿温，治之易愈……”。所谓“脾”，中医在临床上一般是指人体的消化器官和人体的消化作用；“湿”一般是指人体在病因作用下所产生的某些废物，因此所谓脾虚湿盛，换言之，亦即指人体消化器官或消化作用有病，或胃肠生理调节代偿功能衰弱，胃肠中病理产物积滞之意，素体脾虚湿盛，胃肠生理调节代偿功能衰弱的人，中医认为常易在夏月中受暑邪的分割而发生本病。对于本病的素因，中医是高度重视的，认为一般总是在先具素因的条件下才发生本病，如所谓：“太阳内伤，湿饮停聚，客邪再至，内外相引，故病湿热，此皆先有内伤，再感客邪……”，如果不具素因，一般不会发生本病，即使由于外邪很重发病，病势很轻，也容易恢复，如所谓：“若湿热之证，不挟内伤，中气实者，其病必微。”“内湿不盛者，暑邪无所依傍，虽患湿温，治之易愈……”，这些都明显说明了素因在本病发病学上的重要意义。

3. 诱因　本病发生的诱因，主要是由于生活起居饮食……等各方面的失调。温热经纬薛生白湿热篇谓：“或有先因于湿，再因饥劳而病者”。雷少逸时病论谓：“伤湿之病，原有表里之分，盖伤乎表者，因于居湿涉水，雨露沾衣……，伤于里者，因于喜饮茶酒，多食瓜果……”。所谓饥劳，即指饥饱失时及劳倦损伤，居湿涉水，即指居住或工作环境潮湿，这些都说明了生活起居饮食等各方面的失调，可以促成本病发生。

二、流行

关于本病的流行，根据中医文献记载，大致可以分为下列两方面：

1. 季节　本病的流行与季节有关。雷少逸时病论谓：“湿热者，夏末秋初，感受为多，他时为少”；吴鞠通温病条辨谓：“湿温者，长夏初秋，湿中生热，即暑病之偏于湿者也”，说明了本病的流行，主要在每年夏秋之间。

2. 传染　本病的流行与传染有关。本病如由传染而至于流行，即属瘟疫。张景岳全书谓：“瘟疫本即伤寒，无非外邪之病，但染时气而病无论少长率相似者，是即瘟疫之谓”。吴鞠通温病条辨谓：“温疫者，厉气流行，多兼秽浊，家家如是，若役使然也。”周扬俊谓：“一人受之谓之温，一方受之谓之疫”，说明了本病可以由于相互传染而至流行。至于传染途径，薛生白湿热病篇谓：“湿热之邪，由口鼻入者，十之八九”，王孟英注：“暑湿薰蒸之气，必由口鼻而入”，说明了本病的病邪，主要是由口鼻传入体内。

按照现代医学对于本病的认识，归纳起来，大致有如下几点：一、本病是由伤寒杆菌所引起的急性传染病；二、本病的传染途径主要是由于饮食传染，其流行主要在每年夏秋季；三、细菌进入人体后，可以迅速发生疾病，也可以潜伏体内不发生疾病而成为伤寒带菌者。这些认识与中医对于本病的认识，从概念上来说，可谓基本相似。

三、一般症状及合并症

（一）一般症状　关于本病的一般症状，温病分为上、中、下三焦，而在临床表现上各有不同，兹分别加以简单介绍：

1. 上焦湿温　所谓上焦湿温，亦即指本病之早期，或本病之较轻者。吴鞠通温病条辨谓：“头痛恶寒，身重疼痛，舌白不渴，脉弦细而濡，面色淡黄，胸闷不饥，午后身热，状若阴虚，病难速已，名曰湿温”。薛生白湿热篇：“始恶寒，后但热不寒，汗出胸痞舌白，口渴不引饮”。据此可见上焦湿温在临床症状上主要的特点是：发热恶寒，汗出，头疼、身重，胸闷、不思饮食；在体征上的主要特点是：面色淡黄无神，舌白、脉弦细而无力。

2. 中焦湿温　所谓中焦湿温，亦即指本病之中期，或本病在胃肠症状较明显突出而全身情况亦较重者。吴鞠通温病条辨谓："湿郁三焦，脘闷便溏身重，舌白，脉象模糊"。"阳明湿温，气壅为哕""湿热上焦未清，里虚内陷，神识如蒙，舌滑脉缓"，"热蒸头胀，身痛呕逆，小便不通，神识昏迷，舌白，渴不多饮"。据此可见中焦湿温在临床症状上的特点主要是：发热头胀，身疼，胃脘胀闷，呕吐或呕逆，甚者可有神识昏迷；在体征上的主要特点是：舌白滑，脉缓。

3. 下焦湿温　所谓下焦湿温，亦即指本病之后期，或本病在症状表现衰弱情况较明显突出者。吴鞠通温病条辨谓："湿温久羁，三焦弥漫，神昏窍阻，少腹硬满，大便不下"；又谓："湿久伤阳，痿弱不振"；又谓："浊湿久留，下注于肛，气闭肛门坠痛，胃不喜食，舌苔腐白"。薛生白湿热病篇谓："湿热证身冷脉细，汗泄胸痞，口渴，舌白。"据此可见下焦湿温在临床症状上的特点主要是：神昏、痿弱、便闭，或身冷，胸痞；在体征上的主要特点是：舌苔腐白，脉细脉微，少腹硬满。

（二）合并症　关于本病一般常见的合并症，大致有下列几种：

1. 斑、疹、白痦　叶香岩外感温热篇谓："然而春夏之间，泾病俱发疹为甚……"，"再有一种白痦，小粒如水晶色者，此湿热伤肺……"；薛生白湿热病篇谓："湿热证壮热烦渴，舌焦红或缩，斑疹胸痞……"；吴鞠通温病条辨谓："若其人热甚，血燥不能蒸汗，温邪郁于肌表血分，故必发斑疹……"；又谓："温病中发疹者，十之七八……"，说明本病在发病过程中皮肤上可以发生斑疹或白痦。

2. 痉厥　薛生白湿热病篇谓："湿热证……谵语昏不知人，两手搐搦……"，又谓："湿热证发痉撮空，神昏笑妄……"，说明本病在发病过程中可以合并发生痉厥症状。

3. 大便出血　薛生白湿热病篇谓："湿热证十余日后，左关弦数，腹时痛，时青血，肛门热痛，血液内燥，热邪传入厥阴之证"；吴鞠通温病条辨谓："温病脉，法当数，今反不数而濡小者，热撤里虚也，里虚下利稀水，或便脓血……"，说明本在疾病过程中，尤其是在下焦湿温阶段可以发生大便出血。

四、诊断

关于本病的诊断，中医主要根据患者的病史、症状及体征，兹分别简介如下：

（一）病史　本病病史方面，临床上应该注意询问下列各点：

1. 患者发病经过如何？生活环境中有无类似本病患者，因为中医认为本病系属温疫范畴，可以由于相互传染发生。

2. 患者既往身体健康情况如何？有无慢性疾病，尤其是有无慢性肠胃疾病，由于本病发生的素因多由患者"脾虚湿盛"而起。

3. 患者发病之前有无生活饮食起居等失调的情况，尤其是有无饮食生冷及居住湿地等情况，以"居湿涉水"，"多食瓜果"，常可引起本病的发生。

4. 患者病程时间必须注意询问，因为本病病程较一般温热疾病均长。吴鞠通温病条辨谓："病难速已，名曰湿温"，在夏秋季节如果患者发热历时已久，缠绵不愈，临床上应首先考虑本病。

（二）症状及体征　关于本病之症状体征，已详前节论述，但在临床上一般应该注意下列各点：

1. 望诊　本病患者面色多呈淡黄呆滞无神，体困嗜卧，懒于动作，舌苔方面早期薄白或薄滑，中期舌质发红，舌苔厚腻，晚期舌质发红，舌苔厚腻而干，或舌苔腐白，在病程中患者皮肤上可以发生红疹；后期中可有白痦，白痦是一种如针头大小的小粒水泡，多见于颈项、胸背部，头面及四肢一般少见，消退时脱皮在疾病过程中，一般以神清体和面色淡黄白痦饱满光润，颗粒分明为吉，以面色赤红，惊烦不安，神昏搐搦，撮空理线，白痦一见即隐，或干涸无浆、色如枯骨为凶。

2. 闻诊　本病患者一般来说懒于言语早期或兼轻微咳嗽不畅，如见面赤气粗者，阳明热盛，示病重，如见言语失伦，笑妄不休，为邪人心包，示病险。

3. 问诊　本病患者的问诊，一方面应着重询问病史，一方面应着重询问患者目前自觉症状，病史询问要点，已详上节，此不重复；患者目前自觉症状方面，临床上又必须详细询问下列几点：

（1）问寒热：本病初起可有恶寒发热，但随即热不寒，发热一般以上午较，下午较重。

（2）问汗：本病初起可有无汗或有汗，但在中期后期一般均皆有汗，但汗出热不退，在本病的中期或后期有时可以忽然脉象沉伏，四肢厥冷，或爪甲青紫，接着战汗。战汗是一种正邪分争比较紧张的情况，有的病人可以战汗以后转好，这是正气战胜了邪气的表现，也有在战汗以后，即行死亡者，这是正气不能战胜邪的表现，战汗是人体正邪分争的一个紧要关键，临床上对于战汗的病人必须特别加倍小心注意。

（3）问头身：本病患者一般均有头疼、头晕，身重，身痛，胸腹闷满，在后期可以有少腹部胀满疼痛，甚者可有少腹硬满，如见少腹硬满疼痛拒按，示病重、病险。

(4) 问饮食：本病患者一般均不思饮食。在发热过程中口虽干而不欲饮水，渴不欲饮是为本病特点之一。

(5) 固二便：本病患者小便短少，大便早期无特殊，中期后可有便结或溏泻，一般以大便干结为顺，溏泻为逆；腹泻而有大便下血者为险。

4. 切诊　本病患者的切诊包括两方面：一方面切脉，一方面切腹部。本病患者的脉象以缓、濡为特点，如见弦滑、数、疾、示病重，在战汗之后如脉见沉细，缓慢无力者，示正已胜邪，为疾病好转的象征；如见脉大，数急者，示正不胜邪为将死的前兆。腹部切诊方面，一般以腹部平软为顺，如腹部胀满，少腹坚硬疼痛拒按，一般以腹部平软为顺，如腹部胀满，少腹坚硬疼痛拒按，则示病重病险，如少腹坚满疼痛拒按，且有腹泻便血，脉大数急者，则多属死证。

五、治疗

关于本病的治疗，中医温病书籍中有专门的文献记载，吴鞠通温病条辨谓："先宜芳香通神利窍……继用淡渗分消浊湿……"又谓："汗之则神昏耳聋，甚则目瞑不欲言，下之则洞泄，润之则病深不解……"；喻嘉言医门法律谓："伤寒湿温，其人常伤于湿、因而中暍，湿热相搏、则发湿温……治在足太阴不可发汗，汗出必不能言，耳聋，不知痛所在，身青面色变，名曰重暍，如此死者医杀之也"。于此可见，本病的治疗一般应以芳香通神利窍，淡渗分消浊湿为先，而以禁汗、禁下、禁润为宜。所谓"芳香"，是指药物的性味而言，具有芳香性味的药物，一般都具有旺盛人体生理调节代偿功能的作用，因此，所谓："先宜芳香通神利窍"等语，质言之，亦即指先宜以具有旺盛人体生理调节代偿功能的药物来作治疗的意思；所谓"淡"是指药物的气味平淡，无刺激。"渗"，是指药物的利尿作用。"浊"与"湿"。中医书中又称为"阴邪"，换句话说也就是指人体在病因作用及病理生理变化下的所产生的某些废物，因此所谓"淡渗分消浊湿"等语，总言之，亦即指应用具有利尿作用的药物来排出人体在病因作用及病理变化下所产生的废物的意思，芳香化浊"、"淡渗利尿"这八个字是治疗本病总的原则。

本病的临床具体治疗方面，根据中医文献中相关论述，临床上大致可以分为一般治疗和合并病治疗等两方面，兹分别加以简要介绍：

（一）一般治疗　本病的一般治疗，中医临床上是依据患者发病时间的长短，以及临床症状上的各种征候，上、中、下三焦的不同而在治疗上各有其特点：

1. 上焦湿温　所谓上焦湿温，前已述及。一般治疗在总的芳香化浊、淡渗利湿的原则之下，以轻宣透解为特点，如三仁汤加荆芥、薄荷、淡豆豉之类为常用方剂；如果咳嗽症状较著者，可在本方基础之上加桑叶、桔梗、牛蒡子……等药物；如果呕吐、呃逆症状较著者，可在本方基础之上加藿香、广皮、郁金等药物，或兼用藿香正气散、宣痹汤等方剂。

2. 中焦湿温　所谓中焦湿温以宣利湿热为特点，一般以一加减正气散、二加减正气散、三加减正气散、四加减正气散、五加减正气散为常用方剂。

3. 下焦湿温　所谓下焦湿温，补阴益气为特点，一般以双补汤、人参乌梅汤、加减理阴煎为常用方剂。

（二）合并症治疗　本病如有合并症，首先治疗其合并症，合并症不同，治疗方法也不同：

1. 合并症斑疹、白瘖　在本病发病过程中，如患者皮肤上发生斑疹者，此为邪入血分的征兆，治疗上一般以清血解毒为主要的治疗方法。斑疹初起，若隐若现，数目不多者，可于清血解毒方剂中的加辛凉发表剂，一般常用方剂有加减银翘散、清营汤加紫背浮萍……等方；斑疹已完全透露，颜色鲜红者，一般以清血解毒剂，常用方剂的化斑汤、清营汤……等方；在本病发生过程中，如果患者皮肤上发生白瘖者，此系疾病转好的征兆。对于白瘖，一般情况下可以不必治疗，若所出之白瘖，干涸无浆，颜色灰白者，可在治疗本病的基础上再加养阴益气之剂合并治疗，常用方剂一般有益胃汤、护阳和阴汤等方。

2. 合并神昏痉厥　在本病发病经过中，如患者在临床表现上有神昏、谵语，痉厥四肢搐搦者，为邪入心包的征兆。这些症状如发生在上焦或中焦阶段，一般以清营开窍为主要治疗方法，常用方剂有清宫汤、紫雪丹、至宝丹、安宫牛黄丸等方；这些症状如发生在下焦阶段，一般以补阴潜阳为主要治疗方法，常用方剂有大定风珠、小定风珠等方。

3. 合并大便下血　在本病发病经过中，如患者在临床上发生大便下血，"邪入阴络，血分受伤，"大便下血如果发生在上焦、中焦阶段，一般认为是湿热迫血下行，治疗上常以利湿清热，凉血解毒为主要治疗方法，常用方剂有加味白头翁汤、加减芩芍汤、犀角地黄汤等方，大便下血如果发生在下焦阶段，一般认为是气散血脱，治疗上以补气止血固脱为主要治疗方法，常用方剂有桃花汤、桃花粥、真人养脏汤、黄士汤等方。

六、预防

关于本病的预防方面，中医文献中无专门记载，但根据中医对于本病的病因，流行等认识，则对于本病的预防，一般亦不外下列两方面：

1. 避免外感暑湿邪气　本病的发生，主要由于外感暑湿邪气；因此对于本病的预防，也首先着重在避免外感暑湿邪气，避免暑湿邪气的方法，主要在于注意生活饮食起居，如居住地应清凉通风，避免潮湿，饮食方面注意清洁，不喝生水，少吃或不吃生冷饮食。

2. 避免接触类似病人　本病可以相互传染流行而成瘟疫，因此要避免接触类似病人，以免相互染易发生本病。

3. 注意平日身体的健康　本病外因虽然由于暑湿邪气或瘟疫流行传染所致，但易感暑湿邪气的原因，中医仍然认为系素体正气不足，尤其是脾胃虚弱所致，因此必须注意平日身体健康，尤其是要注意脾胃的健康。

［《江苏中医》1963；（12）：41］

《伤寒论》四逆汤类方的探讨

徐湘亭

《伤寒论》关于三阴病的虚寒证，大抵以四逆汤一类方剂主治，但四逆汤方剂中，存在缺文与遗漏的药味，这不仅是学术研究的问题，而且是有关治疗价值的重要问题。查徐灵胎《伤寒类方》，在四逆汤类中，共列十一个方剂，如四逆汤、四逆加人参汤、通脉四逆汤、通脉四逆加猪胆汁汤、干姜附子汤、白通汤、白通加猪胆汁汤、茯苓四逆汤、四逆散、当归四逆汤、当归四逆加吴茱萸生姜汤，这十一个方剂中，只有二方用人参，即四逆加人参汤、茯苓四逆汤。柯韵伯《来苏集》于四逆汤证，除将四逆汤、四逆加人参汤、通脉汤、通脉四逆加猪胆汁汤、当归四逆汤、当归四逆加吴茱萸生姜汤、茯苓四逆汤、干姜附子汤八个方剂列入外，（麻黄升麻汤虽附于四逆汤中，但柯氏认为非仲景方，故剔除之）另列白通汤证，将白通汤、白通加猪胆汁汤二方附入之。再有四逆散证，将四逆散一方列入之。柯氏以四逆汤类方，分为三证，与徐氏观点稍有差异。余谓四逆汤类方中十一个方剂，皆从四逆汤一个基本方而产生的，必须认识了四逆汤的真面貌，然后以下的十个方剂，才可贯通。过去我读《伤寒论》对少阴证用四逆汤一类的方剂，存在怀疑，因为其方药往往与病证不合，后来看到柯韵伯的《来苏集》，更使我信疑参半，自长沙刻本《伤寒杂病论义疏》十六卷出，而世间遂有古本（即刘氏所传张公秘本，以下简称义疏本），通行本（即宋刊林亿校本）的不同，于是四逆汤类方，有线索可寻，兹将有关问题提出讨论之。

一、四逆汤应否有人参

按照现在通行本四逆汤中，只有甘草（二两炙），干姜（一两半），附子（一枚生用、去皮破八片）三味药，而《义疏本》于太阳篇中所举四逆汤多人参（二两）一味，刘仲迈曰：“四逆汤通行本缺人参，观于茯苓四逆汤，但云加茯苓，不云加参，知本方固当有人参，非人参合姜附，亦不足救阴阳之两亡也。”此说盖本于柯韵伯，柯氏《来苏集》于四逆汤证首条“脉浮而迟，表热里寒，下利清谷者，四逆汤主之”注云：“仲景凡治虚证，以里为重。协热下利，脉微弱者，便用人参。汗后身疼，脉沉迟者，便加人参。此脉迟而利清谷，且不烦中咳，中气大虚，元气已脱，若但温不补，何以救逆乎。观茯苓四逆之烦躁，且有人参，其冠以茯苓，则本方有参可知矣。夫人参通血脉者也，通脉四逆，岂得无参，是必因本方之脱落而仍之耳。”此二家皆认为四逆汤本方应有人参，为后世编书者所脱落。徐灵胎虽未直指四逆汤中缺少人参，但从其《伤寒类方》中，亦可知其同意有人参，如云：“四逆理中，皆温热之剂，而四逆一类，总不离干姜，以通阳也，治宜下焦。理中一类，总不离白术，以守中也，治宜中焦。余药皆相同，而功用无别。”玩余药皆相同一语，知理中有人参，则四逆亦当有人参矣。柯氏与徐氏，皆崇奉仲景者，共治伤寒，颇有见地，决不信口雌黄。但自《千金方》以后，各本注释伤寒者，皆谓四逆汤三味，未见提及人参者。按四逆汤治太阴少阴、厥阴之虚寒证，大都由汗下呕吐之后，阳气大虚，四肢厥逆，脉微欲绝，而为回阳救急之治，既然汗出亡阳，下多亡阴，阴阳兼伤，单用甘草姜附以温阳，不加人参，何以补液生津，挽救其垂绝之元气乎。再考喻嘉言《医门法律》，于《阴病论》中曰：“用附子干姜以胜阴复阳者，取飞骑突入重围，搴旗树帜，使既散之阳，望帜争趋，顷之复合耳。不知此义者，加增药味、和合成汤，反牵制其雄入之势，必至迂缓无功。”这说明干姜附子汤独用姜附者，取其温阳势力之雄厚，有不同于四逆汤矣。喻氏又云：“其次，前药中即须加入人参甘草，调元转饷，收功帷幄，不尔，附姜之猛，直将犯上无等矣。”从这里又说明了姜附又必须与参草同用，才能调和元气，那么喻氏对于四逆汤的看法，亦承认汤中应加人参矣。或曰：如子之说，四逆汤中既有人参，但《伤寒论》中为什么又设四逆加人参汤呢？这一点柯韵伯解释很明白，如该条下注云：“利虽止而恶寒未罢，仍宜四逆，以其脉微为无血，当倍加人参以通之，此与桂枝加桂汤义同。夫利止而恶寒脉微者，尚加人参，岂有下利清谷，厥逆恶寒，脉微欲绝，反不用乎。”综合以上论点，则知四逆汤是不可能缺少人参的，所以《义疏本》的四逆汤，与通行本不同，是值得我们注意的。由于这一关系，故《义疏本》于通脉四逆汤方中亦有人参，而通行本则缺，按通脉四逆汤证，属于少阴病，下利清谷，里寒外热，手足厥逆，脉微欲绝，身反不恶寒，其人面色赤，这是阴盛而格阳于外，比四逆汤，多面赤戴阳一证，故加葱九茎，以温通阳气。又厥阴篇作“下利清谷，里寒外热，汗出而厥者，通脉四逆汤主之”其证与前条同，而多汗出一证，可知通脉四逆汤是包括四逆证的。柯氏虽未见古本《伤寒论》（义疏本），但从证测药，而肯定通脉四逆汤亦缺少人参，因通脉四逆汤即从四逆汤加味，而干姜稍重于四逆汤，故人参亦不当缺。因此从茯苓四逆汤、通脉四逆汤与四逆汤对比，可以证明四逆汤是当有人参的。我们还可举一些实例证明之，徐灵胎《洄溪医案》载：毛履和之子介堂，暑病热极，大汗不止，脉微肢冷，面赤气短，医者仍作热证治，余曰：此即刻亡阳矣，急进参附以回其阳。一剂而汗止，身温得寐，更易以方，不十日而起。”同时治东山许心一之孙伦五，症状同上，亦以参附治疗而复。从此可知暑病至大汗亡阳，脉微肢冷，出现四逆汤证时，就该用四逆汤法来治疗，用附子必须配合人参，才能止汗复阳，如果单用独参汤，虽亦能挽救虚脱，但回阳之力，总不如参附同用为妙也。暑病而汗出阳衰，尚须用参附，何况伤寒脉沉微而肢厥者，其心阳衰弱已极，岂可不用人参乎。再按薛立斋治王以道内真寒而外假热之证，脉微细如丝，以人参一两，加熟附三钱水煎顿服而安，可见欲挽虚脱，更当加重人参剂量矣。从以上实例，即可证明四逆汤当有人参也。

二、当归四逆汤应否加参附干姜

《伤寒论》厥阴篇：“手足厥寒，脉细欲绝者，当归四逆汤主之。”其方是当归、桂枝、芍药、细辛各三两，甘草炙、通草各二两，大枣25枚擘，一法12枚。柯韵伯于此条注云：“此条证为在里，当是四逆本方加当归，如茯苓四逆之例，若反用桂枝汤攻表，误矣，既名四逆汤，岂得无姜附。又于当归四逆加吴茱萸生姜汤条下注云：“此本是四逆与吴茱萸相合而为偶方也。吴萸配附子，生姜佐干姜，久寒始去。”据此，则柯氏认当归四逆汤方药有误，因其证与四逆汤类似，是一个系统，不过加当归以助补血而已。再从内有久寒加吴茱萸生姜观之，更可见本方必有姜附。（虽未说人参，但已包括四逆汤中）今考《医宗金鉴》所说与此相反。“伤寒初起，见手足厥冷，脉细欲绝者，皆不得遂认为虚寒，而用姜附也。此方取桂枝汤，君以当归者，厥阴主肝，为血室也。佐细辛味极辛，能达三阴，外温经而内温藏，通草性极通，能利关节，内通窍而外通荣，倍加大枣，即建中加饴用甘之法，减去生姜，恐辛过甚而迅散也。肝之志苦急，肝之神欲散，甘辛并举，则志遂而神悦，未有厥阴神志遂悦，而脉细不出，手足不温者也。不须参苓之补，不用姜附之峻者，厥阴厥逆，与太阴少阴不同治也。”我们从两者对立的意见观之，则涉及到当归四逆汤中应否加参附干姜的问题，首先我们要明了当归四逆汤至手足厥寒、脉细欲绝之境，是否可说为伤寒初起之证，如心脏不衰弱，决不至手足厥寒，脉细欲绝，至脉细欲绝，而用桂枝汤以和营解表，虽有当归细辛配合之，能否即可回复厥冷，这是值得怀疑的。况且本条原文，在“伤寒六七日，脉微、手足厥冷，烦躁，灸厥阴，厥不还者死”条下，可知其手足厥寒，已非伤寒初起，必历相当时日，故柯氏以为当归四逆汤证，是厥阴伤寒之重证，而非如《金鉴》所谓“厥阴藏厥之轻证”也。更不是徐灵胎所谓“此四逆乃太阳传经之邪，而表证犹未罢，因阳气已虚，故用桂枝汤加当归和血，细辛温散，以和表里之阳也。”再从汤方名称来看，既云当归四逆汤，必具四逆之证，而为厥少同病之候矣。故仲景以本方列入厥阴篇，不入太阳篇桂枝汤的范畴，而以当归四逆名汤。按徐氏用意，因当归四逆汤中，夹有桂枝汤方，故有是说耳。如徐氏之说为然，则《伤寒类方》中，应将当归四逆汤列入桂枝汤类中，不应列入四逆汤类矣，此徐氏之不能自圆其说，显然可见。而王晋三《古方选注》列当归四逆汤于和剂之中，他认为“当归四逆汤散厥阴表寒”，在其方解中云：“当归四逆不用姜附者，阴血虚微，恐重劫其阴也，且四逆虽寒，而不至于冷，亦惟有调和厥阴，温经复营而已。”其归类与徐氏柯氏不同，而以当归四逆汤为调和肝经之要药。今考《刘氏义疏本》卷六，于太阳篇中有一条云：“若脉微弱，此无阳也，不可发汗，宜当归四逆汤”（通行本阙）。其方药除原有当归四逆汤七味外，多人参四两、附子一枚，并无干姜。卷十一厥阴篇亦同，（当归四逆加吴茱萸生姜方中，亦有人参附子二药。）刘氏注云：“本条因发热与恶寒并见，故用当归四逆法，益气生津，养荣通脉，散寒无发阳之虞，温肾免伤阴之弊，（通行本缺人参附子二味，不能救精气之竭，温肾气之时，即失方名四逆之意）其在厥阴篇主治脉细欲绝者，以脉细为阴气之衰，欲绝为阳气之脱，虽真气内微，而客寒未解，是以补虚之中，仍佐祛邪之品。”王晋三以本方不用姜附，与《金鉴》意同，而刘仲迈以为本方参附为必用之药，否则有失四逆之意，盖厥阴病中之用当归四逆汤，包括二种含意，一方面补虚，一方面祛邪。其说与柯氏、王氏、《金鉴》皆不同。究竟当归四逆汤中，应否有参附干姜呢？从我主观判断，如属外伤性之手足寒冷，血液有凝滞之患，用通行方之当归四逆汤以治之，即所谓太阳表邪，得桂枝当归芍药细辛温通血脉，未始不可。如果厥阴四逆，而至脉微欲绝的严重阶段，不用人参附子，大补气血，必难取效，因本方既有桂枝、细辛，干姜一味，似可不用，柯氏之说，不为无见，而《义疏》之方，可供临症参考。

三、四逆散的考证

《伤寒论》少阴篇有四逆散一方，原文云：“少阴病，四逆，其人或咳、或悸、或小便不利，或腹中痛，或泄利下重者，四逆散主之。”其四逆散方，为甘草炙、枳实破水渍炙干、柴胡、芍药四味，右四味各十分，捣筛，白饮和服方寸匕，日三服。”并附加减法：“咳者加五味子、干姜各五分，并主下利，悸者加桂枝五分，小便不利者加茯苓五分，腹中痛者加附子一枚炮令拆，泄利下重者，先以水五升，煮薤白三升，煮取三升去滓，以散三方寸匕内汤中，煮取一升半，分温再服。”本条所列证状，四肢厥逆是一个主证，其他都属于或然证，柯韵伯认为有缺失，如云：“条中无主证，而皆是或然证，四逆下必有缺文，今以泄利下重四字，移至四逆下，则本方乃有纲目。或咳、或利、或小便不利，同小青龙证。厥而心悸，同茯苓甘草证。或咳、或利、或腹中痛、或小便不利，又同真武证。种种是水气为患，不发汗利水者，泄利下重故也。泄利下重，又不用白头翁汤者，四逆故也。”他这样解释，似乎言之成理，然仍犹豫未决。故他又在用药分量加减药味方面，提出不同意见。如云：“然服方寸匕，恐不济事，少阳心下悸者加茯苓，此加桂枝；少阳腹中痛者加芍药，此加附子，其法虽有阴阳之别，恐非泄利下重宜加也。薤白性滑，能泄下焦阳明气滞，然辛温太甚，荤气逼人，顿服三升，而入散三匕，只闻薤气，而不知药味矣。且加味俱用五分，而附子一枚，薤白三升，何多寡不同若是，不能不致疑于叔和编集之误耳。”我认为柯氏所提意见，值得考虑，但还说得不彻底，因本条既冠少阴病四逆五字，而所用皆属肝经之药，少阴病之四逆，不同于厥阴之热深厥深，而以苦泄酸甘之药治之，以肾脏虚弱之证，适得其反，而且其附加之药，如桂枝、附子、薤白，类多辛温之剂，与原方四物，又格格不入，分量轻重，尤属失度，当然这种方剂，与所列证状是不相符合的。后世各家，大多不知此方之谬误，反认为四逆散与四逆汤，是两种主治不同的方剂，如《金鉴》方解云：“方名四逆散，与四逆汤均治手足逆冷，但四逆汤治阴邪寒厥，此则治阳邪热厥。热厥者，三阳传厥阴合病也。……此则少阳厥阴，故君柴胡以疏肝之阳，臣芍药以泻肝之阴，佐甘草以缓肝之气，使枳实以破肝之逆，三物得柴胡，能外走少阳之阳，内走厥阴之阴，则肝胆疏泄之性遂，而厥可通也。”王晋三亦认为四逆散是为热深厥深而设，如云：“厥应下之，故虽少阴逆而属阳邪陷入者亦可下，但不用寒下耳。热邪伤阴，以芍药甘草和其阴；热邪结阴，以枳实泄真阴；阳邪伤阴，阴不接阳，以柴胡和其枢纽之阳。此四味而为下法者，从苦胜辛，辛胜酸，酸胜甘，乃可以胜肾邪，故得称下。”以上二说，皆以为四逆散是疏散肝邪之方。的确，四逆散的四味药，可以治肝热之病，但不可能治少阴病，因少阴属肾，肾为寒水之藏，其病四逆者多偏于阴寒，故不宜芍药枳实之苦泄。如果是肝热而厥，何以不入厥阴篇，而入少阴篇呢？无怪柯韵伯对此方有怀疑也。近世患肝炎病者甚多，一般医者，或以小柴胡汤，或以逍遥散，而治之有效有不效，不知古人对于肝炎之症，不称肝炎，而称肝热病，《素问·刺热论》曰：“肝热病者，小便先黄，腹痛、多卧、身热，热争则狂言及惊，胁满痛，手足躁，不得安卧。”肝与胆藏府表里相合，肝有病者，往往引起胆经症状，所谓“口苦、咽干、目眩也，甚者可至呕吐胁痛，《伤寒论》少阳病，即胆经疾病，此方柴胡、芍药、枳实、甘草，实为大柴胡汤之变法，而非少阴病之下法也。即有四肢逆冷，亦不如少阴肢厥之甚，故不当窜入少阴篇，而应为少阳病之主方。今考《义疏本》在卷十少阳篇云：“少阳病，气上逆，令胁下痛，痛甚则呕逆，此为胆不降也，柴胡芍药枳实甘草汤主之。”（通行本缺）又在卷十二少阴篇云：“少阴病，四逆，其人或咳、或悸，或小便不利，或腹中痛，或泄利下重者，四逆散主之。”条文与通行本同，而方药则异，本书所载四逆散，即甘草、附子、干姜、人参四味，完全与四逆汤同，而不是现在《伤寒论》所称之四逆散。刘仲迈曰：“通行本四逆散，即今少阳篇柴胡芍药枳甘草汤是也。原有加减法，亦附方后，按加减诸法。与少阳病情不合，当属四逆散后为妥。盖流传失真，方讹而方后加减实不误也。今仍移本方之后，并附记以存真相。”并云：“此示少阴纯属水寒之证，少阴病至于四逆，则胃肾之阳俱亡，法当呕吐下利，因三焦尽属寒证，水隔在上，得汤不受而吐，故改汤为散，脉当沉滑而微，四逆散，即四逆汤四味为散，白水和煎数沸，并渣服之。”我从这一启发后，于是对于柯韵伯之疑问，即能恍然大悟，知柴胡芍药枳实甘草汤，原为少阳病胁痛呕逆而设，并非治少阴病，而少阴病之四逆汤，当为四逆汤改成散剂，此犹少阴病咽中篇，半夏散及汤主之，同一意也。盖古时剂型，或用汤、或用散，视具体条件而决定之，灵活掌握，在于医者，原不必疑也。因为《伤寒论》传本的错乱，而后世医家，穿凿附会，不从证与方的本质看问题，反以为少阴病之四逆，类于厥阴病之热厥，盖少阴病之四逆，脉多沉而微细，纯属虚寒，故仲景有“诸四逆厥者，不可下之，虚家亦然”之训，岂可再用苦泄乎。因此，我们对于通行本经文方药之讹误，从《义疏本》得到纠正，并希望以后编辑《伤寒论》注释者，重视这个问题。

四、结论

本文从各方面考证，说明四逆汤中应该有人参，四逆汤类方中十一个方剂，皆从四逆汤主方而演变的。四逆加人参汤，是加重人参的剂量。通脉四逆汤，加葱白以通脉气。通脉四逆加猪胆汁汤，加猪胆汁为反佐。干姜附子汤，即四逆汤去甘草人参，为四逆汤变法。白通汤以干姜附子加葱白。白通加猪胆汁汤，再从白通汤加猪胆汁、人尿。茯苓四逆汤，即四逆汤加茯苓。四逆散，为四逆汤变成散剂。当归四逆汤，即四逆汤与桂枝汤复方，去干姜、生姜而加当归、细辛、通草，亦为四逆汤变法。当归四逆加吴茱萸生姜汤，又为当归四逆汤的加味。由此看来，十一个方剂，或加或减，基本不离四逆汤的范畴，而所治病证，皆属阴寒虚证，这就是《伤寒论》的整个系统。我们如不了解四逆汤中当有人参，不但不能发挥温阳救逆的功用，而且对于以下的十个方剂，必将扦格不通，发生种种怀疑。特别关于四逆散一方，如认为即是柴胡芍药枳实甘草汤，则已越出四逆汤的范畴，而应归入少阳证中矣。固然，我们对于先贤理论，当加尊重，但对方药与论证失当者，亦须取长补短，辨证其所以然之故，而后伤寒方剂，才不致混淆。今根据《伤寒杂病论义疏》本，对以上方剂，提出浅薄意见，希望同志们进一步商讨，俾《伤寒论》一书，能有规矩可循，但因本人学识谫陋，未当之处，尚希指正。

［《江苏中医》1963；（12）：5］

《伤寒杂病论》中的外治法

余瀛鳌　杨润平

张仲景的《伤寒杂病论》（包括《伤寒论》和《金匮要略》），是系统论述外感热病和多种染病的临床古典名著，其中所谈到的具体治疗方药多以内服为主，后世尊称这些方剂为“经方”，对后世治疗学的发展起了重要的推动作用。在他的著作中，对外治法的研究，亦在《内经》的基础上有了不少的进展，今复习全书，整理综述如下。

一、针刺法

1. 截止传经　“太阳病，头痛至七日以上自愈者，以行其经尽故也，若欲作再经者，针足阳明，使经不传自愈”（1）。

按：这里所说的“再经”，乃指太阳经行尽而有再传阳明经的趋势，故预刺足阳明经穴以截止传变。

2. 治疗伤寒“肝乘脾”及“肝乘肺”　“伤寒腹满谵语，寸口脉浮而紧，此肝乘脾也，名曰纵，刺期门”[2]。又说：“伤寒发热，啬啬恶寒，大渴欲饮水，其腹必满，自汗出，小便利，其病欲解，此肝乘肺也，名曰横，刺期门”[2]。

按："纵"乃指病理的五行相克，"横"则指其反侮。"肝乘脾"、"肝乘肺"都是伤寒病程中的变证，所以皆刺期门者，因期门系肝经募穴，刺之可以泻肝经纵横之势，使之不能达到乘侮的目的。

3. 治疗热入血室　"妇人中风，发热恶寒，经水适来，得之七八日，热除而脉迟身凉，胸胁下滞，如结胸状，谵语者，此为热入血室也。当刺期门，随其实而取之"[3,4]。又谓："阳明病，下血谵语者，此为热入血室，但头汗出，当刺期门，随其实而泻之，濈然汗出者愈"[4]。

按：前条周扬俊谓："未经误下而忽如结胸，知热邪乘经虚而传入冲脉，故当刺期门以泻其实"；后条为阳明病之变证，章虚谷谓可从"肝募以泄其热"。于此可悟肝与血室攸关。

4. 治太阳少阳并病　"太阳与少阳并病，头项强痛，或眩冒，时如结胸，心下痞鞕者，当刺大椎第一间（即大椎穴）、肺俞、肝俞，慎不可发汗，发汗则谵语、脉弦，五六日，谵语不止，当刺期门"[3]。

按：太阳少阳并病之所以刺大椎、肺俞、肝俞者，据成无己注释认为："刺大椎第一间及肺俞可以泻太阳之邪，刺肝俞则能泻少阳之邪，而谵语不止为少阳邪热较甚，故刺期门以泻肝胆之气。从对症的角度分析，针刺大椎可减轻头项强痛和眩冒，针刺肺俞、肝俞能缓解心下痞鞕，刺期门能制谵语。同时应该指出，太少并病的病位究竟偏于半里半表，故不可发汗，发汗则亡津，损动胃气；且亦不能妄下，否则邪热内陷，恐成结胸，不可不知。

5. 治妇人伤胎尿闭　"妇人伤胎，怀身腹满，不得小便，从腰以下重，如有水气状；怀身七月，太阴当养不养，此心气实，当刺泻劳宫及关元，小便微利则愈"[5]。

按：尤在泾云："心君火也，为肺所畏，而妊娠七月，肺当养胎，心气实则肺不敢降而胎失所养，所谓太阴当养不养也。夫肺主气化者也，肺不养胎则胞中之气化阻而水乃不行矣，腹满、便难、身重，由是故也。是不可治其肺，当刺劳宫以泻心气，刺关元以行水气"。程云来云："劳宫在手心，厥阴心主穴也，泻之则火不乘金矣；关元穴主脐下，为小肠之募，泻之则小肠通利矣"，但又指出妄刺关元有落胎之虞，是则医者不可不据"有故无陨"之义反复审慎以行之。

6. 血痹针引阳气　"问曰：血痹从何得之？师曰：夫尊荣人，骨弱肌肤盛，重因疲劳汗出，卧不时动摇，加被微风遂得之。但以脉自微涩在寸口，关上小紧，宜针引阳气，令脉和紧去则愈"[6]。

按：本节所云针引阳气，即以针刺法加强患者的卫外功能，亦即周禹载所说："针以泄之，引阳外出，则邪去而正自伸"之意。

7. 趺蹶刺腨法　"师曰：病趺蹶，其人但能前，不能却，刺腨入二寸，此太阳经伤也"[7]。

按：刺腨，一谓刺承筋穴。沈明宗曰："腨即小腿肚，本属阳明，乃太阳经络所过之处，与阳明经气会合于飞扬、承筋间，故刺之使太阳、阳明气血和而无滞，则前后如常矣"。

8. 辅助治疗　"太阳病，初服桂枝汤，反烦不解者，先刺风池、风府，却与桂枝汤则愈"[1]。

按：本条的针刺风池、风府主要是起辅助作用的。柯韵伯谓："风邪本自项入，必刺风池、风府者，疏通来路以出其邪"，但它不能替代桂枝汤。目前对于流行性感冒症状类似太阳病者，亦可针刺风池、风府、大椎、合谷、少商（刺出血）等以达到缓解症情和退烧的目的。

二、灸法

1. 少阴病灸法　"少阴病，下利，脉微涩，呕而汗出，必数更衣，反少者，当温其上，灸之"[8]。

按："温其上"系指以温热治其胃。"灸之"有说灸百会，有说灸太谿，也有认为从中脘至水分任取一穴即可。据目前临床类似见症的治疗经验，多灸神阙一穴，尤以隔盐灸则壮阳作用更著，对阴寒腹痛，不论属脾属肾，均可灸之，如加灸足三里则能提高疗效。

2. 厥阴病灸法　"伤寒六七日，脉微，手足厥冷，烦躁，灸厥阴，厥不还者，死"[9]。又说："伤寒脉促，手足厥逆者，可灸之。[9]"

按：前条灸厥阴系指肝经太冲或行间、章门等穴。后条"脉促"亦用灸法，似不可解，但据钱天来的理解，这里的脉促，"非结促之促，乃短促之促"，故可除外阳盛热厥；尤在泾认为乃阳郁不通所致，故用灸法以通其阳，常器之曰："当灸太冲穴"，太冲为厥阴经之"俞穴"，近人承淡安指出，"厥阴经"非"厥阴病"，是则单灸太冲恐未必奏效，如灸肝经的井、荥、经、俞诸穴，可以达到通阳回厥的效验。

3. 奔豚灸法　"发汗后，烧针令其汗，针处被寒，核起而赤者，必发奔豚，气从少腹上至心，灸其核上各一壮，与桂枝加桂汤主之"[10]。

按：这里的灸法系辅治法，灸其核上各一壮，功能助阳祛寒，先灸后药，功力倍增。

4. 卒死灸法　①救卒死而张口反折者方："灸手足两爪后，十四壮了，饮以五毒诸膏散，（有巴豆者）"[11]。②救卒死而四肢不收失便者方："焉屎一升，水三斗，煮取二斗以洗之，又取牛洞（稀粪也）一升，温酒灌口中，灸心下一寸（即上脘穴）、脐上三寸（即中脘穴）、脐下四寸（可能是关元穴）各一百壮瘥"[11]。

按："卒死"实际上就是突然发生的重度昏厥。张口反折以灸法与药物合治，灸爪甲者，因爪甲乃三阴三阳之终始，灸之则阳回气通而甦；四肢不收、失便者，须灸法、服药法合洗法综合运用，所灸上脘、中脘、关元等穴，能复三焦之阳而回其垂绝之气，从仲景全书中可以看出三阳证有刺法而无灸法，三阴证及其它虚寒证，始可采用灸法，这是千古不易的治疗法则。

三、用药摩顶法

头风摩散[12]，方用"大附子一枚（炮）、盐等分。右二味为散，沐了（即洗头后的意思）以方寸匕，已摩疢上（即另以此药摩顶），令药力行"。

按：陈修园认为头风摩散系治偏头风者，因附子辛热，盐则感寒，合用能散经络之邪。

四、鼻内用药法

1. 内鼻法　"湿家病，身疼发热，面黄而喘，头痛鼻塞而烦，其脉大，自能饮食，腹中和，无病，病在头中寒湿，故鼻塞，内药鼻中则愈"[12]。

按：内鼻同纳鼻，经文并未明言所用何药，尤在泾认为系"瓜蒂散之属"，此方可以宣泄上焦寒湿、通利肺气。

2. 灌鼻法、吹鼻法　"救卒死方，以薤捣汁灌鼻中"[11]。又方以"雄鸡冠割取血，管吹内鼻中……"。

按：前条以薤汁灌鼻，薤为五辛之一，有通窍取嚏作用，后条以雄鸡冠血吹鼻（原文尚配合"鸡肝及血涂面'）亦取其阳气充溢，功能通气开噤。

五、舌下含药法

"尸蹶，脉动而无气，气团不通，故静而死也。治方：菖蒲屑内两鼻孔中，吹之，令人以桂屑着舌下"[11]。

按：这是最早舌下给药法的记载，桂屑即肉桂末，着舌下能开心窍；菖蒲末吹鼻，取其能开肺气，合用其效更速。

六、灌耳法

救卒死而目闭者方："牵牛临面，捣薤汁灌耳中，吹皂荚末鼻中，立效"[11]。

按：薤汁灌耳能辟邪安魂，配合皂荚末吹鼻有取嚏开窍作用，"牵牛临面"乃以牛之呼吸引动人之呼吸，不过后世处理"卒死"的有效方法颇多，似可不必仿效此种治法。

七、润导法

"阳明病，自汗出，若发汗，小便自利者，此为津液内竭，虽鞕不可攻之；当须自欲大便，宜蜜煎导而通之，若土瓜根及大猪胆汁皆可为导。

蜜煎方：白蜜一合，内铜器内微火煎，当须凝如饴状，搅之勿令焦著，欲可丸，并手捻作挺，令头锐，大如指，长二寸许，当热时急作，冷则鞕，以内谷道中，以手急抱，欲大便时，乃去之"[14]。

又："大猪胆一枚，泻汁，和少许法醋，以灌谷道内，如一直顷，当大便出宿食恶物，甚效"[14]。

按：这是最早的润导灌肠法，土瓜根（即王瓜根）方已佚，《肘后备急方》谓以王瓜根捣汁，用筒吹入肛门内即能通便。在这三张润导方中，蜜煎导法运用较多，后世有以食蜜中加入麝香、细辛、皂角末，取效尤捷。

八、坐药法

蛇床子散方：温阴中坐药。

"蛇床子仁。右一味，末之，以白粉少许，和令相得，如枣大，绵里内之，自然温"[4]。

按：沈明宗曰："此治阴掣痛、少腹恶寒之方也……但寒从阴户所受，不从表出，当温其受邪之处则病得愈，故以蛇床子一味，大热温助其阳，纳入阴中，俾子宫得暖，邪去病自愈矣"。综合古代医家对蛇床子的运用经验，除用作"温阴中坐药"外，对于妇女阴疮、阴肿、阴萎均有殊功，今人有以煎汤熏洗或用作坐药治疗阴道滴虫症，亦具良效。

九、洗法、浴法

"少阴脉滑而数者，阴中即生疮，阴中蚀疮烂者，狼牙汤洗之。

狼牙汤方：狼牙三两。右一味，以水四升，煮取半升，以绵缠筋如茧，浸汤沥阴中，日四遍"[4]。

治马坠及一切筋骨损方。

"大黄一两（《肘后备急方》作三两）切，（汤成下），绯帛如手大（烧灰），乱鬓如鸡子大（烧灰用），久用炊布单一尺（烧灰），败蒲（即蒲席也）一握三寸，桃仁四十九枚去皮尖熬，甘草如中指节炙锉。右七味，以童子小便，量多少煎汤成，内酒一大盏，次下大黄去滓，分温三服；先挫败蒲席半领，煎汤浴，本被盖复，斯须通利数行，痛楚立瘥……"[11]。

十、浸足法

1. 治脚气冲心　矾石汤："矾石二两。右一味，以浆水一斗五升，煎三五沸，浸脚良"[12]。

2. 救卒死而壮热者　"矾石半斤，以水一斗半，煮消以渍脚，令没踝"[11]。

按：白矾味酸涩、性燥，赵以德认为可去湿消肿、收敛逆气，故均能治之，而前条又属于外治法中的"上病下治"法。

十一、烙法

"小儿疳虫蚀齿方：雄黄、葶苈。右二味，末之，取腊月猪脂溶，以槐枝绵里头四五枚，点药烙之。[14]。

按：某些注家怀疑此方并非仲景原方，但缺乏充分论据，从治疗作用分析，有通气行血、消肿杀虫的效能。

十二、温熨法

"凡中暍死，不可使得冷，得冷便死。疗之方：屈草带绕暍人脐，使三两人溺其中，令温。亦可用热泥和屈草，亦可扣瓦椀底，及车缸，以着暍人脐，令溺须得流去，此为道路穷卒无汤，当令溺其中，欲使多人汤，取令温若汤便可与之，不可泥及车缸，恐此物冷，暍既在夏月，得热泥土、暖车缸，亦可用也"[11]。

按：此为中暑昏厥外治温熨法，温熨脐下能通阳开窍，学者可师其意而不必泥其法。

十三、人工呼吸法

"救自缢死……心下若微温者……徐徐抱解，不得截绳，上下安被卧之，一人以脚踏其两肩，手少挽其发，常弦弦勿纵之，一人以手按揉胸上，数动之；一人摩捋臂胫屈伸之，若已僵，但渐渐强屈之，并按其腹，如此一炊顷，气从口出，呼吸眼开，而犹引按莫置，亦勿苦劳之；须臾，可少与桂汤及粥清，含与之，令濡喉，渐渐能咽，吸稍止。若向令两人以管吹其两耳朵好，此法最善，无不活者"[11]。

按：我们不难体会这种救自缢的方法就是人工呼吸法，不过按原文所述，约须2～3人参加抢救，在1700多年前能有这样合乎现代病理生理要求的治法，是难能可贵的。

此外，还有救溺死方："取灶中灰两石余以埋人，从头至足，水出七孔即活的记载"[11]。这也是一种外治物理疗法；不过学者可师其意，不必尽效其法。

综前所述，在东汉时代的外治法形式和内容已相当丰富，为后世医家研究外治法提供了不少资料，足证张仲景"勤求古训、博采众方"之不诬。我们认为其中有不少外治法很可能是仲圣从民间搜集来的，这种勤奋的治学态度和精神，永远值得我们学习和推崇。

《伤寒杂病论》引文出处

①《伤寒论》辨太阳病脉证并治上，②《伤寒论》辨太阳病脉证并治中，③《伤寒论》辨太阳病脉证并治下，④《金匮要略》妇人杂病脉证并治第二十二，⑤《金匮要略》妇人妊娠病脉证并治第二十，⑥《金匮要略》血痹虚劳病脉证并治第六，⑦《金匮要略》趺蹶手指臂肿转筋阴狐疝蛔虫病脉证并治第十九，⑧《伤寒论》辨少阴病脉证并治，⑨《伤寒论》辨厥阴病脉证并治，⑩《金匮要略》奔豚气病脉证治第八，⑪《金匮要略》杂疗方第二十三，⑫《金匮要略》中风历节病脉证并治第五，⑬《金匮要略》痉湿暍病脉证第二，⑭《伤寒论》辨阳明病脉证并治。

[《江西医药》1961，1（2）．101]

略谈《伤寒论》中之针灸

承　扬

汉代张仲景所著的《伤寒论》，是一部理论与实践相结合的中医典籍。他不仅使用药物治疗，而且论及针灸，虽然全书有关针灸的原文只有31条，但其使用范围却相当广阔，并有一定的规律。兹将笔者对《伤寒论》有关针灸方面的点滴体会，略谈如下，祈诸同道指正。

一、病在三阳者宜针

《伤寒论》辨证论治的纲领主要在于分别阴阳。相对地说，其病在三阳者，多为外邪初中，正气未衰的实证或热证；病在三阴者，多为病程较久，正气已虚的虚证或寒证。若以针、灸两者相对而论，见针偏于泻而灸偏于补。《伤寒论》中以针灸主治或辅治的原文凡15条，其中用针者九条，用灸者六条。而用针法的九条中，即有八条用于三阳经证，占使用针法总数的87.5%，爰引原文加以分析：

"142条：妇人中风，发热恶寒，经水适来，得之七八日，热除而脉迟身凉，胸胁下满，如结胸状，谵语者，此为热入血室也，当刺期门，随其实而取之。"

"216条：阳明病，下血谵语者，此为热入血室。但头汗出者，刺期门，随其实而泻之，濈然汗出则愈。"

前一条，是因妇女患伤寒，适当经期，以致热入血室，而成"血结胸证"，虽然形似太阳误下所引起的水热结胸，但仅胸胁下满，而不石硬，且脉迟、身凉、谵语，与水热结胸自不相同。在这种情况下，既已热入血室，必须随其实而取之。期门穴，在乳下二肋间，为肝的募穴，肝藏血，故刺期门可泻血室之热、疏理肝气，血室之热既泄，则谵语可止；胁肋为肝的外府，肝舒气畅则胁病可除。本病既属实，也属热，故用针法泻之。

后一条也是热入血室，所不同的，则不是胁痛而为下血，下血是血为热迫而妄行，故亦刺期门，热除则血安，本病也属实热。

《伤寒论》运用刺法治病在于阴经病者仅一条：

"308条：少阴病，下利病脓血者，可刺。"

此条仲景仅云可刺，可刺之"可"，是具有一定的涵意的。因为三阴经中，亦有实热之证，本条言外之意，如该病显有实热证候的话，同样可以用针法治疗。(郭雍认为本条"可灸"，意谓如见虚寒证候的话，也可用灸。）这里，可以看出，阴经仅有一条刺法，尚谓之"可刺"，仲景对阳证用针的体现，是显而易见的。

二、病在三阴者宜灸

再看《伤寒论》运用灸法的情况，六条灸法中，即有五条用于三阴经证，占使用灸法总数的83.3%。如：

"292条：少阴病，吐利，手足不逆冷，反发热者不死。脉不致者，灸少阴七壮。

"343条：伤寒六、七日，脉微，手足厥冷，烦躁，灸厥阴，厥不还者死。

"362条：下利，手足厥冷，无脉者，灸之；不温，若脉不还，反微喘者死。少阴负趺阳者为顺也。"

292条，虽然手足不逆冷，且有发热之征，但吐利而脉不至，是因吐泻之余，其气暴虚，营气不能接续，则病仍属虚寒，此时灸少阴，以温阳而通经，则脉可复而病可愈。至于灸少阴，有人认为应灸太谿穴，《甲乙经》谓太谿在"足内踝后，跟骨上，动脉陷者中"，该穴适与内踝尖相平，为足少阴经"所过为俞"，肾之"原"穴，灸之可以扶助阳气。承淡安先生认为，本病如能更配气海，则疗效更佳。

343条，是脏厥重症，虽未明言呕吐、下利、汗出等症状，然从其脉微、手足厥冷、烦躁等征候来看，已显现出阳消阴长，阳不胜阴的局势，病情已臻危急，此时虽用吴萸、附子、四逆等汤，亦虑其缓不济事，迅速使用灸法，尚可冀其阳复。灸厥阴，有人认为当灸太冲，考太冲穴，在足大趾本节后一寸半，歧骨之间，为足厥阴经"所注为俞"，肝之"原"穴，针之可以疏泄肝胆，灸之可治疗足寒。

362条，下利、厥冷、无脉，是真阳衰竭，病已极危，只有用大艾炷重灸，如灸后阳仍不回而脉不至，气又上脱而反喘，则必死无疑。本条原文未指灸何处，常器之云："当灸气海、关元二穴。"考关元在脐下三寸，气海在脐下一寸半，均为人体元气结聚之所。本病也可隔盐火灸神阙。此三穴素为针灸医家倚为回阳固脱要穴，习用而有效，292、363条，均宜用之。

以上三条，都是阳气虚弱，而且其程度一条甚于一条，皆用灸法治疗，特别象362条，仲景不用白通加猪胆汁汤之类的方剂，而依靠灸法，可见灸治的功效是相当大的。

灸法用于三阳经病者一条：

"117条：烧针令其汗，针处被寒，核上起赤者，必发奔豚，气从少腹上冲心者，灸其核上各一壮，与桂枝加桂汤，更加桂二两也。"

本条虽属阳经，但其所见之证，乃阳气不舒，阴气反胜，发为奔豚，气从少腹上冲心胸，这时已非一般仅见外感阳证者所可此拟，所以灸其核上，以散寒而通阳。但本病除了奔豚之外，尚有外邪据于太阳，并非纯阴之证，还须服用桂枝加桂汤，以解外邪而平冲逆。本条特别标明只灸核上一壮，显见不可多灸重灸，以防引起火逆证，仲景用方立法，可谓谨严。

三、根据标本缓急施治

《伤寒论》中治病，一般是治本，在标病迫急的情况下，则治其标，或标本兼治。在运用针灸治疗的条文中，也同样贯串着这一原则。例如：

“108 条：伤寒腹满谵语，寸口脉浮而紧，此肝乘脾也，名曰纵，刺期门。

“109 条：伤寒发热，啬啬恶寒，大渴欲饮水，其腹必满，自汗出，小便利，其病欲解，此肝乘肺也，名曰横，刺期门。”

108 条的腹满谵语，近似阳明腑实证，但未见腑实证所应有的沉迟实大之脉和潮热等证；脉象浮紧，近似太阳伤寒之脉，但未见头痛、项强、发热、恶寒之证；虽有腹满，但又谵语脉紧，也非太阴虚寒证。然而腹满谵语，实为脾胃之病，脉象浮紧，实为肝脉，脾胃病而见肝脉，是肝木侮土的征象，是本在肝而标在脾。仲景刺肝之募穴期门以泻之，使其病本已除，则肝不乘脾，而脾胃自安。

109 条，发热恶寒，腹满，很象太阳、阳明之病，但既没有太阳头项强痛之表，也没有胃家实之里。盖肺主皮毛，毛窍闭塞则恶寒发热；肺司治节，治节不行则水失通调而腹满，木强则土弱，因而清津不能上布于肺，金虽能克木，但木胜也可反侮肺金，病因还是肝强，所以仲景也泻期门以治之。

再从 117 条来看，运用灸法治疗奔豚，是具有治标的意义在内。因该条仍然有桂枝汤证在（先病为本），但已引发奔豚（后病为标），此时若不用灸，唯恐邪陷少阴，所以灸与汤药并用，标本兼顾（当然桂枝加桂汤也可治疗奔豚）。

四、针灸用于主治、辅治和预防等多方面

从《伤寒论》中，还可以看出，运用针灸治疗的范围是相当广阔的。它不仅是见于六经的证治中，更重要的是它应用于主治、辅治和预防等各个方面。以上所举述的诸条，除 117 条具有辅治性质外，其它率多属于主治范围。这里不妨再提出两条原文来讨论：

“24 条：太阳病，初服桂枝汤，反烦不解者，先刺风池、风府，却与桂枝汤则愈。

“8 条：头痛至七日以上愈者，以行其经尽故也，欲作再经者，针足阳明，使经不传则愈。”

前一条言太阳中风，服用桂枝汤以后；不仅原病未除，反而增添烦躁症状，但尚未见邪气内传的征象，与内烦不同，总因表邪太盛，邪正剧烈抗争，欲达不能之故，也是药后瞑眩的表现，当然还是桂枝汤证。然而，仅仅再服桂枝汤，仍旧不能使病解除，因此，先刺风池、风府。该二穴一属督脉，一属少阳；诸阳主表，且能治头项强痛，所以刺之以疏泄在经之风邪，以杀其势，作辅助性治疗，再用桂枝汤主治之，则可获全功。

后一条所言针足阳明，古今医家，认为当针足阳明经足三里穴，穴在外膝眼下三寸，胻骨外一寸处，是足阳明经所入为合，善治足太阴、阳明诸疾，主诸虚百损，《千金方》载灸之以防瘴厉诸毒，故刺之可扶助阳明经气，泄外感邪热。这样当邪气尚未进入阳明，预作防范，使正气旺、邪气减，则邪不再经，病可自愈。

以上两例，虽仅寥寥数语，但已勾出针灸用于辅治、预防方面的轮廓，足见针灸运用的范围是相当广阔的。

五、火逆伤阴

《伤寒论》中记载火逆证达 16 条之多，其中载于三阳经者有 15 条，占火逆证的总数 91% 强。仲景认为：“火气虽微，内攻有力，焦骨伤筋，血难复也，”其用灸法慎重如此。火逆证包括因烧针、温针、灸、烧瓦熨等引起之变证，其病变之机理也颇复杂，但以伤阴者为最多，因灸乃火热，用以治疗热病，势必火毒伤阴，变证迭起。在伤阴证中，又可分为伤津、伤血二者。

“114 条：太阳病，以火薰之，不得汗，其人必躁，到经不解，必清血，名为火邪。”

“115 条：脉浮，热甚，而反灸之，此为实，实以虚治，因火而动，必咽燥吐血。”

此二条均为火毒伤血。前者是逼血下行，阴络受伤，而为便血；后者是逼血上越，阳络受伤，而为吐血。因血为阴物，热则妄行，失其常度，当治之以清解血中热毒，热除则血安，而血证可愈。

火逆伤津者，更较伤血为多：

“110 条：太阳病，二日，反躁，凡熨其背，而大汗出，大热入胃，胃中水竭，躁烦，必谵语……

“284 条：少阴病，咳而下利，谵语者，被火气劫故也，小便必难，以强责少阴汗也。”

从 110 条来看，因熨背之后，火邪迫汗，则津液亡失，火邪入胃，则胃中水竭；水竭则小便不得，津伤则大便秘结。284 条，少阴病，咳而下利，有因寒因热之分。如属寒证，服真武汤；如属热证，服猪苓汤类。本条虽未言明属寒属热，然虚寒证是不容易引起火逆证的，故本条当属热证，而医

者反以火气劫汗，以致热伤液而小便难，热扰神明而谵语。

一般说火逆伤阴，证情尚轻，但如失治，迁延日久，也有证势危急的，如：

“111条：太阳病，中风，以火劫其汗，邪风被火热，血气流溢，失其常度，两阳相薰灼，其身发黄。阳盛则欲衄，阴虚小便难，阴阳俱虚竭，身体则枯燥，但头汗出，剂颈而还，腹满微喘，口干咽烂，或不大便，久则谵语，甚者至哕，手足躁扰，捻衣摸床，小便利者，其人可治。”

本条是血为热迫，故上逆欲衄；液竭于下，故小便难；热传少阴，故口焦咽烂；热壅于下，故不大便；热积愈久，受毒愈深，如此内（阴）外（阳）俱虚，伤及神明而谵语，甚至喘哕躁扰，捻衣摸床，病情已很危急，倘若此时小便尚利的话，是津液尚未完全枯竭，还可治愈，如果小便不利，显然受毒已深，津液已竭，固非一般伤津之情况，则预后堪忧。

综观火逆伤津之证，轻则自可津回，重则急当救液，要皆以津气来复与否而决定病情的转归。

六、火逆亡阳

火逆除伤阴之外，也可亡阳。本来灸法具有回阳救逆之功，何以反致亡阳呢？这是因为表邪据于阳经，本应以宣散为治，医者使用灸法，迫使汗出，若遇素体卫阳不固的人，更易漏汗淋漓不止，阳气随汗外脱，因而亡阳。

“29条：伤寒脉浮，自汗出，小便数，心烦，微恶寒，脚挛急……若重发汗，复加烧针者，四逆汤主之。”

“112条：伤寒脉浮，医以火迫劫之，亡阳，必惊狂，卧起不安者，桂枝去芍药加蜀漆牡蛎龙骨救逆汤主之。”

“火逆，下之，因烧针烦躁者，桂枝甘草龙骨牡蛎汤主之。”

29条“复加烧针者”下，虽未明指火逆症状，从其“四逆汤主之”一语，便可知其迫汗亡阳之机理。由于阳气外亡，则神气浮越，神气浮越则惊狂、烦躁、不安之症接踵而来，112、118条的病机即此。这时应该迅速挽救元阳，所以仲景投以牡蛎、龙骨之类，要皆以止其漏汗，为救逆回阳先决之机，使其阳随汗止而来复。

从亡阳、伤阴的预后来说，津伤而阳不亡，其津尚可再生，倘是亡阳而津未伤，别其津亦难以后继。所以一般是伤津较轻，亡阳为重。

七、几点体会

如上所述，可以看出这样几个问题。

第一：仲景不仅是精于汤药，而且善于运用针灸，特别是明确示人以“阳证宜针、阴证宜灸”的规律，同时对火逆证的因、理、证、治作了精辟的论述。当然，阳证宜针、阴证宜灸的规律，我们不能理解为绝对的，应该相对地看待，所以《伤寒论》中，也有三阴用针、三阳用灸、三阴火逆者。从这方面又可看出，仲景对证处方，是何等精细、何等周到。

第二：从针灸能够运用于六经，运用于主治、辅治和预防等方面来看，它的运用范围是相当广阔的。同时，也可以见得，在汉代针灸是为医界所普遍运用，而且与药物治疗又是相辅相成的。

第三：从343、362等条文来看，三阴经的阳气欲绝已达危境，在后人认为医方之圣的张仲景，尚且不用药物救治，而依赖于灸法，可见灸法确有救死回生的能力，无怪乎历代针灸医家，治疗中风脱症时，特灸气海、关元数百壮，而能挽救垂危的病人了。

第四：现在使用灸法极为普遍，一般尚不至于漏汗亡阳、火毒伤阴的程度。这说明古代使用灸法，火力较强，很可能象今天的瘢痕灸那样，灸至伤及皮肤的程度，否则是不会引起若干火逆证，也不会为仲景所谆谆告诫的，对我们今天研究古代灸法来说，提供了宝贵的资料。

第五：我们知道，大匠示人以规矩，因此，学习仲景书，要从很多的具体记载中探求规律，得其要领；理解它的机理，对我们今天的继承和发扬祖国医学来说，是有所收益的，诚如仲景所说：“若能寻余所集，思过半矣！”

［《江苏中医》1964；（6）：5］

《伤寒论》中的护病学

钱可久

《伤寒论》是祖国医学的一部伟大著作，在医学的发展上起了承先启后的作用，它不仅在辨证论治方面有卓越的贡献，在方剂方面也有很大的发挥。历代医家经过刻苦钻研，对其辨证论治的探讨、方药的分析、药物的研究、用药的法则等均有较丰富的讨论和阐发，在临床上发挥了日益巨大的作用。除了对上述方面有进一步讨论和钻研的必要外，在煎煮药物和护理方法方面，也是不容忽视的。

仲景对疾病的辨证、用药方面极为谨严，对护病方面，无论在药物的煎煮、服用，服药后的护理和饮食等，都很重视，这是他在长期的临床经验中观察得出来的宝贵体会。作者粗浅地综观了《伤寒论》中全部方剂，将有关护病方面的问题提出讨论，冀能引起重视。但体会不深，对其实际意义尚未能加以阐发，有待于同道补充和指正。

一、药物的煎煮

药物的煎煮是一个很重要的问题。处理恰当能使药效提高；马虎从事便会影响疗效。《伤寒论》在下列几个方面应该引起我们注意。

1. 煎药的用水量　仲景对每一方剂的煎药用水量均有规定，在综观全部方剂（见《伤寒论讲义》，除五苓散、抵当丸、大陷胸丸、白散方、瓜蒂散、麻子仁丸、蜜煎导、土瓜根方、猪胆汁方、理中丸（汤）、牡蛎泽泻散、四逆散、半发散（汤）、苦酒汤、乌梅丸等丸散方外，有注明用水量的共96方。作一统计分析，可以看到用水量最少的如十枣汤，仅用1.5升，考虑其一方面由于仅用来煎十个枣子，而另方面为用来冲服药末之用，服用次数及量均少，故需水量就少。其中用水量最多的是茵陈蒿汤，虽药仅三味，而用水达12升之多。其他1~3味药的方剂共29方，其中17方所用的水量是3~4升；4~6味药的方剂共40方，其中有18方所用的水量是6~7升；7~9味药的方剂共25方，其中有10方所用的水量是10升；12味和14味药的各一方用水亦达8升以上。

从上述数字可以看出用水量是与药物的多少成正比，而另一方面则取决于在煎药过程中，某些药物须先煎的则用水量就多，如茵陈蒿汤，由于茵陈须先煎故用水12升。仲景对用水量多寡的决定，使在煎药过程中，不致因用水量太少而影响药物的溶解，也不因为用水量过多而影响服用的困难和药味浓度的减低，了解了这一点，使我们在护病过程中得到不少益处。

2. 药物煎煮时间和存水量　仲景对药物煎煮时间也有很明确的规定。当时虽然没有计时工具，但他很巧妙地运用下列三种方法作为临床依据标准：（1）指出需要留存水量的数字；（2）用物质的变化作为指标（如白虎汤方以“煮米熟汤成”作为适宜的时间）；（3）以水沸的次数作标准（如半夏散及汤方“若不能散服者以水一升煎七沸，内散两方寸匕更煮三沸）。采用了这些方法，可以使煎药的时间恰到好处。

存水量在统计全部方剂中，除上述“煎药的用水量”一项中所排除的方剂外，更剔除了桃花汤、大黄黄连泻心汤、附子泻心汤、当归四逆加吴茱生姜汤、白虎汤、白虎加参汤等，其余统计89方，最少的存水量是十枣汤，仅存0.8升，最多的存水量是6升，留存2升的占19方（21.2%），留存3升的占40方（44.9%）。仲景对存水量的多少是与病人服用的需要考虑在一起的。其所以留存量2~3升的占60%以上，是由于病人大多采取日二服、三服的，而每次服用量又以1升为度；而少数的方剂，需要多次分服的，其留存量亦较大，如黄连汤采取“昼三夜二”的服法，因此留存量达6升之多。其他留存量少的亦与服用量有关，如十枣汤，不赘。

在煎煮过程中，原来用水量较多，煎煮以后存水量相应的也会较多，但为了病人服用方便，采用浓煎方法。如小柴胡汤“以水一斗二升，煮取六升，去渣，再煮取三升”，其他如半夏泻心、生姜泻心、甘草泻心、旋覆代赭等汤的煎煮法也是这样。初时我认为以上各方的浓煎是为了便于有呕逆的患者服食，惟黄连汤、干姜芩连人参汤等均治呕逆之方，并无“去渣再煎”的嘱咐。而“去渣再煎”之理遍查各注，俱无满意的解释，然其中必有深意，望同道注意研究。

3. 煎药用水的选择　药物的煎煮用水，仲景很重视。有较多的方剂均注明了需选用特种的溶剂，约分列如下：

（1）甘澜水：在茯苓、桂枝、甘草、大枣汤中，注明“上四味以甘澜水一斗”，并且说明了作甘澜水法：“取水二斗置大盆内，以杓扬之，水上有珠子五、六千颗相逐取用之”，冉氏[1]认为这样的做法“就是使水不断的与空气接触，使其中所含的不纯物借空气氧化除去，一方面使水尽可能的饱含氧气，至水上有珠子五六千颗相逐为止，这些饱含氧气的水来供特种煎剂的需要”。我们认为这样的看法也是正确的，但是试观在这方剂中的茯苓、桂枝、甘草、大枣四味药，在其他方剂亦常用到，均未指出需用甘澜水，而本方中甘澜水的应用是否尚有其他临床意义，仍待研究，可能是仲景在观察到用甘阑水的优点才作出如此规定的。

（2）酒水各半：在煎炙甘草汤和当归四逆加吴茱萸生姜汤方均用清酒，可以想到，在应用了清酒以后使一些难溶于水的物质如树脂色素、生物碱等均能溶在酒中，这样就使药物的疗效提高。另方面，清酒的应用对疾病言，亦作为一种药物，因为在煎炙甘草汤和当归四逆加吴茱萸生姜汤二方均为针对病情有虚寒之象，故清酒亦被用来温运血脉以祛寒，更使汤方相得益彰。

（3）苦酒：在苦酒汤选用了苦酒为溶剂，苦酒是含有醋酸的，对药物的溶解度也能提高，以增强药效。苦酒本身也有治肿敛疮的作用。

（4）潦水：在麻黄连轺赤小豆汤方中选用“以潦水一斗”，冉氏[1]认为潦水即是雨水，常水是含有少量矿物质的，在化学上称为硬水，直接用来作为溶剂是不适宜的，因此在药剂学上通常大都采用蒸馏水，在汉时还未能利用蒸馏水来制备纯洁的溶剂，在实践的经验中仲景已经体会到这种要求，所以就采用了天然的蒸馏水“潦水”来作为溶液了”（潦水即洼中之雨水，易聚易干，旧注谓取其性，利于去湿，二说未知孰是）。

（5）清浆水：枳实栀子豉汤“以清浆水七升”作为溶剂，清·吴仪洛氏关于它的制法和作用亦作了解释：“清浆水一名酸浆水，炊粟熟，投冷水中浸五、六日，味酸生花，色类浆故名，若浸到败者害人，其性凉善走，能调水宣气，通关开胃，解烦渴，化滞物”。清浆水选用的意义是很明显了。

在当时的历史条件下，可能一般的用水仅为河水、泉水，而仲景由于体会到特种溶解的优良作用，才作出了如此的选择，而这些经验的流传给我们一定的启发，并且应该进一步研究和发扬，同样在护病过程中也应该予以重视。

4. 药物煎煮的先后次序　药物的先煎、后入与其疗效有密切关系，仲景特别指出先煎的药物约有如下几种：

（1）麻黄：麻黄汤中注有：“上四味，以水九升，先煮麻黄，减二升，去上沫”。据近代研究[1]“麻黄中所含的植物蛋白有引起人体发生心烦呕吐的副作用，在煎熬时所溶出的蛋白类即凝析至泡沫状浮于液面，将其除去，即可减少副作用”。麻黄先煎，其义大抵如此。

（2）蜀漆：桂枝去芍药加蜀漆牡蛎龙骨救逆汤注：“上七味，以水一斗二升先煮蜀漆，减二升”，张氏[2]认为“生用则呕吐性较大，炒用则呕吐性较小，先煮与炒用同义。”

其他还有很多药物如葛根芩连汤的葛根、栀豉汤的栀子、茵陈蒿汤的茵陈等均需先煎，不拟细述。

对下列药物则需要后煎。

（1）大黄：柴胡加龙骨牡蛎汤中提出：“右十二味，以水八升煮取四升，内大黄切如碁子，更煮一两沸”。冉氏[1]认为“大黄含大黄甙类及大黄鞣质，但大黄甙较大黄鞣质容易溶解”，所以后煎“可以使大黄鞣质减少溶出量”。又据《药材学》[3]中称：“大黄蒽甙为泻下性成份，大黄鞣甙类为收敛性成份”。因此采用后煎更能适应临床要求了。

（2）芒硝：大承气汤中芒硝的后人，一方面本身是一种盐类，容易溶解，不需久煎，另一方面也考虑到芒硝溶解后会影响其他药物的溶解。

（3）阿胶、鸡子黄：这种药物粘度很大，在煎剂中最先溶解，也能影响其他药物的溶解，故仲景采用了烊化调入的方法是恰当的。

关于药物的煎煮先后次序，从科学上来论证其原因尚不多见，而仅限于经验方面。如附子，古人应用很多，一般均采取先煎1～2小时的方法，亦有畏其毒性不敢妄用。据日人矢数四郎[4]认为：“附子经煮沸30～50分钟即可完全消除其对心脏的毒性作用，不再出现心律不齐和搏动停止，而能持久地加强收缩，增高心脏的搏动幅度”。顾氏[4]：“初步证明国产附子具有强心作用，在经过煎煮泡制之后毒性大减，而强心作用却很少削弱，出现了较为宽广的安全范围，因而附子经过煎煮泡制之后，在临床上就有了被利用的可能，同时也说明祖国医药在炮制附子时重视反复煎煮操作的经验”。因此科学的分析与经验的结合更使我们在日常的护病过程中将这一环节重视起来。

5. 煎煮药物的火力　煎煮药物的火力虽然在方药中所提不多，但是凡提到的均注明用微火，如桂枝汤：“以水七升，微火煮取三升”，大承气汤：“内芒硝，更上微火一两沸”等，因为武火可能使剂液很快煎干而影响了药物的溶解，采用微火久煎才易使药力透解出来。

二、服药的护理

1. 服药的温度——冷服与热服

《素问》说：“治热以寒，温而行之，治寒以热，凉而行之，治温以清，冷而行之，治清以温，热而行之”。这说明古人对服药方法的重视。仲景《伤寒论》中所载汤剂，大多温服，但因治疗上的需要不同，也有宜冷服者，如313条，少阴病，咽中痛用半夏汤方有：“……内散两方寸匕，更煮三沸，下火令小冷，少少咽之。”这是在特殊情况下而用冷服的方法。至如热证反现厥逆的真热假寒证，须用寒药热服的方法，寒证反现烦躁的真寒假热证，须用热药冷服的方法，这是后人在《伤寒论》的服药方法中演变出来的“反治”法。

2. 服药量　服药量是与药性的峻缓、疾病的轻重有关，我们在综观全书除去抵当丸、调胃承气汤、桃花汤、四逆散、猪肤汤、半夏散及汤、苦酒汤、乌梅丸、大陷胸丸、文蛤散方及汤、白散方、瓜蒂散、理中丸（汤）、牡蛎泽泻散、麻子仁丸、蜜煎导、土瓜根方、猪胆汁方等，由于其记载不祥或服法特殊外，其他92方中，服用量最少为5合的有芍药甘草附子汤等6个方，服用量最多的是1升2合如黄连汤，最常用的服用量为1升有60个方，其他服用量6合的占8个方，7合的占14个方，8合的占3个方。仲景所以采用各个不同的量，当然是与药物的药性和疾病的轻重性质有关。

3. 服药的次数　在服药的次数方面有下面几种用法。

（1）日分三服：一服汗出病差，停后服，如桂枝汤、麻黄汤等是。

（2）顿服：如干姜附子汤。

（3）日再服：如桂枝二麻黄一汤。

（4）日三服：如厚朴生姜半夏甘草人参汤。

（5）日再夜一服：如桂枝人参汤。

（6）分温三服半日服尽：如麻黄连轺赤小豆汤。

（7）昼三夜二：如黄连汤。

（8）温分六服：如猪肤汤。

（9）少少温服之：如调胃承气汤。

（10）少少咽之：如半夏汤、苦酒汤。

显然仲景这些规定是完全将药物的效力与病情紧密结合起来，才作出这些灵活方法，反观目前我们用药情况，往往没注意到上述问题，而当病情有所变化时就较难适应新的情况，这是应引起注意的。

三、服药后的护理

1. 助药力法　病人在服药后为使药物作用易于发挥，仲景在这方面提出了较多的方法，如服用桂枝汤后“须啜热稀粥一升余，以助药力，温复令一时许，遍身漐漐微似有汗者益佳，不可令如水流离”。我们可以理解，服用解表发汗药是希望能出一些汗，如果对病人的护理不加注意，服药后听任吹风，不注意保暖，使发汗的机会减少，或者过份的保暖，致大汗淋漓，这样均对治疗不利。其他方剂如五苓散采取“以白饮和服方寸匕，日三服多饮暖水，汗出愈，如法将息”；在白散方指出“不利进热粥一杯”，也体现了这一精神。

2. 服药后的疗效观察和预后　病人在服药后对于疗效的观察可以验证药物的是否对症、是否恰当和药效的出现时间等，仲景由于有丰富的临床经验，因此能够较肯定地指出了服药后应该出现的疗效。如桂枝汤中指出“遍身漐漐微似有汗者益佳”；桂枝去桂加茯苓白术汤有“温服一升，小便利则愈”的记载，服用桃核承气汤则：“当微利”，抵当丸则有“时时当下血”，大陷胸丸有“一宿乃下”，文蛤散有“汗出即愈”，白散方有“病在隔上必吐、在隔下必利’等，在护理工作中能够了解这些问题，对病人的进一步治疗是有帮助的，因此在这方面的观察和记录也是护理工作中的一个重要方面。

3. 斟酌再服药与否　对于病人服药后，是否达到疗效，有没有必要再服药，这是护理给药的一个重要问题，尤其是门诊的病者家属，由于对药物的性能和作用不了解，往往给病者过多的服用药物，由此产生了不良后果。仲景在这方面特别指出，以引起后人的重视，如桂枝汤中指出“若一服汗出病差，停后服，不必尽剂，若不汗，更服依前法，又不汗，后服小促其间，半日许令三服尽”。其他如在大陷胸丸中指出“取下为效”，服瓜蒂散应“得快吐乃止”，小承气汤“初服汤当更衣，不尔者尽饮之，若更衣者，勿服之”，大承气汤“得下，余勿服”，这都是体现了这一精神。

4. 药物反应的观察和处理　在服药后虽然已经中病，但偶然出现有药力过量的现象，就应设法处理，以免病人产生不良后果，如大青龙汤中即有“汗出多者，温粉扑之”，白散方“利过不止，进冷粥一杯”的处理方法，因此细致的护理是医疗过程中不可分割的一环。

在服药过程中有时也会产生一些副作用，护理过程中应该仔细观察，尽量使其反应减少，并对病人进行解释，使药物发挥作用。仲景在桂枝去桂加白术汤中即有如此说明：“分温三服，初一服，其人身如痹，半日许复服之，三服都尽，其人如冒状，勿怪”，在柴胡桂枝干姜汤亦说有“初服微烦，复服，汗出便愈”，因此对于这些药物反应，能够事先予以了解，仔细观察，并且作出相应的处理，使治疗顺利进行。

四、饮食的护理

在疾病的治疗过程中，对于病人饮食方面的宜忌也是很重要的，由于饮食不慎而导致病情转为复杂的例子，在临床上也屡见不鲜，因此在给予病人的饮食时不仅要维持其一定的营养，对于量、病人的消化情况和某些食物的禁忌，都应该注意。仲景对这方面也提出了精辟的见解。在十枣汤中提出“得快利后，糜粥自养”，是深恐病人在泻下后有伤元气，而应用糜粥的清淡饮食不宜过食羶荤，完全体现了治病与护病的整体观点。另外在饮食的宜忌方面，桂枝汤中指出服药后“禁生冷、粘滑、肉面、五辛、酒酪、臭恶等物”，乌梅丸方亦有类似的记载。而这些禁忌在治疗任何疾病的过程中也应认为是适宜的，后世对这方面也很重视，但也在某些方面有偏激之处，往往由于过份的禁忌，导致营养缺乏，反而影响疾病的恢复。有人[5]认为“食物的性味与药物一样，亦有寒热温凉之性，辛、甘、酸、苦、咸之味”，因此“食物的性质与疾病的类型不相适宜，如肺痨病大多属于阴虚体质，须禁忌辛辣动火伤阴伤络的食物，食之可能引起咳血。……食物的性质与药物的性质有矛盾，如服参类补剂药物要忌萝卜，这是因为萝卜与参相畏，可使药物失效”。这些观点，是合理的，应该作进一步的研究。

五、结语

本文就《伤寒论》中有关护理方面的问题粗浅地归纳为四大类，说明《伤寒论》除教给了我们完整的辨证论治的方法外，护理方面也提出了很多宝贵的经验。仲景“一切为了病人”的精神，实在值得继承和发扬。

参考文献

[1] 论伤寒论的药剂技术．冉小蜂．中医杂志，1960.10，525页．

[2] 张仲景用蜀漆（附常山）之研．张志民．徐柏英．福建中医杂志，1957.4，34页．

[3] 药材学．南京药学院药材学教研组编著．

[4] 附子“回阳救逆”作用的初步药理学探讨．顾科民．上海中医药杂志，1962.6，10页．

[5] 中医护病学．南京中医学院附属医院编著．1959年版，饮食宜忌章．

［《广东医学·祖国医学版》1964；（6）：24］

仲景运用杏仁初探

张浩良

杏仁一药，为临床所习用，但往往只注意它的降气治咳功用，而忽略了其它的效能。从《伤寒论》和《金匮》二书中有关运用杏仁的记述，可以看出张仲景通过不同的配伍，把杏仁广泛运用于多种疾病。这里把它综合分析，作一初步探讨，以为进一步研究时的参考。不妥之处，尚希同道们指正。

一、解表宣肺

风寒外束，肺失肃降，证见恶寒发热，头痛脉浮，咳喘气逆者，仲景往往以杏仁、麻黄并用，开腠理而宣肺气，以奏发表平喘的功效，如麻黄汤、大青龙汤、厚朴麻黄汤、桂枝麻黄各半汤、桂二麻一汤、文蛤汤等，均是麻、杏并用，均用于外感风寒者。许宏论麻黄汤云：“麻黄味苦辛，专主发汗，故用之为君；桂枝味辛热，以辛热之气佐之散寒邪，用之为臣；杏仁能散气解表，用之为佐；甘草能安中，用之为使。经曰：‘寒淫于内，治以甘热，佐以辛苦’是也。”（见《金镜内台方议》）《金鉴》亦说：“麻黄汤者，君以麻黄也，麻黄性温，味辛而苦，共用在迅升，……杏仁之苦温，佐麻黄逐邪而降逆……”于此可见，杏仁与麻黄相配，可以解表散邪，降逆平喘。但是，在具体运用时，每因运用目的不同而增减其药量并异其配伍。兹举数例以说明之。麻黄汤证与大青龙汤证，都有恶寒发热、脉浮无汗、身体疼痛等证，但前者因寒郁肺气，升降不得自如，故除恶寒发热头痛等表证外，且有喘证；大青龙汤证是寒邪外束，而里已化热，故除恶寒无汗脉浮等表证外，且见烦躁，所以仲景于前证主用麻黄汤，重用杏仁（七十个），取苦降肺气而定喘；于后证则主大青龙汤，用轻量的杏仁（四十个），盖因无喘证，故不必重用苦泄，仅略取其小量以佐麻、桂宣表即可。但里已化热而烦躁，是以必配石膏之寒以清之。由此可知，杏仁与麻黄相配，主治表寒证时，可因其用量不同而异其效。若风寒湿邪，侵于肌表，为身体烦疼，骨节酸痛，恶寒发热者，则往往以杏仁、麻黄、苡仁、白术之类相配伍，如麻杏苡甘汤、麻黄加术汤是其例。尤在泾在论述麻杏苡甘汤时曾云：“以麻黄散寒，薏苡除湿，杏仁利气助通泄之用，甘草补中，予胜湿之权也。”（见《金匮要略心典》）若里有郁热，上壅于肺，咳逆上气，甚或喘急鼻煽者，则以杏仁、麻黄、石膏并用，且重用石膏，取其辛凉疏泄，苦降平喘，如麻杏甘膏汤是其例。若伤寒瘀热在里，身体发黄者，则以杏仁、麻黄、梓、轺、赤豆并用，即解表宣邪与清利湿热之品相配，如麻黄连轺赤小豆汤；若外感风邪，表虚有汗，胸满喘咳者，则用杏仁与桂、芍、厚朴相配，如桂枝加厚朴杏子汤，因表虚有汗，故不取杏仁配麻黄，而用杏仁配桂、芍，使发中有敛，散邪而不伤表，苦降以平喘逆，方证全合。总之，从《本经》主治“咳逆上气”、“喉痹”等藉，可知杏仁确具解表宣肺的功用，而经仲景临床再实践，更广泛应用于风寒表证、风湿表证以及肺热咳喘、湿热发黄等证，其运用之精，立方之当，确是曲尽周详，圆机活泼，其关键则在于严密配伍，紧合病机，这是我们应该认真学习和深入钻研之处。

二、润肠通便

肠燥津枯，府气不通，传导失宜，大便闭结者，仲景以杏仁配麻仁、芍药等品，以润肠通便，方如麻子仁丸。《伤寒明理论》论述此方时云：“润可去枯，脾胃干燥，必以甘润之物为之主，是以麻仁为君，杏仁为臣……”可见此处用杏仁是取其润导之功。后世五仁丸（《世医得效方》）主治“津液枯竭，大便秘涩，传导艰难”，亦用杏仁为主组方，实即师仲景之意而来。又《金匮要略》载走马汤（腹满寒疝宿食篇作《外台》方，但《肘后》冠以张仲景），“治中恶，心痛腹胀，大便不通”，用杏仁与巴豆相配，“取巴豆极热大毒，峻猛之剂，急攻其邪，佐杏仁以利肺与大肠之气，使邪从后阴一扫尽除，则病得愈”。（《金匮要略方论集注》引沈明宗）

三、润干血、行血脉

本经谓杏仁主“产乳金疮”，可见此物有润血行血之功，故仲景往往运用于有关血分的病变，如《金匮要略·妇人杂病篇》云：“妇人经水闭不利，脏坚癖不止，中有干血，下白物，矾石丸主之。”矾石丸即杏仁、矾石二味组成，共用药意义为：“矾石却水除热，合杏仁破结、润干血也”（见《金匮要略心典》）；又如大黄䗪虫丸，是祛瘀生新的著名方剂，方中亦配杏仁。据张石顽称：“夫五劳七伤，多缘劳动不节，气血凝滞，郁积生热，致伤其阴，世俗所称干血劳是也。所以仲景乘其元气未离，先用大黄、䗪虫、水蛭、蝱虫、蛴螬等蠕动啖血之物，佐以干漆、生地、桃、杏仁行去其血，略兼甘草、芍药以缓中补虚，黄芩以开通热郁，酒服以行药势，待干血行尽，然后纯行缓中补虚收功。”（见《张氏医通》）于此可见，杏仁与蠕动啖血之品相配，可起行血祛瘀之功。

四、利气机、化水湿

前人称：“气为水之母，气行则水行”，仲景迨为这一理论的奠基者。仲景治疗水饮湿肿之证，往往配伍杏仁，使气化则湿亦化，如茯苓杏仁甘草汤，治水气停于胸中，胸部气塞短气者，故主苓、杏以利水；又如苓甘五味加姜辛夏杏汤，因“其人形肿”故“加杏仁主之”（《金匮要略·痰饮咳嗽病篇》），徐忠可说：“形肿谓身肿也，肺气已衰，不能遍布，则滞而肿，故以杏仁利之，气不滞则肿自消也。”（见《金匮要略论注》）若水湿较重，邪盛证实者，则用杏仁与攻逐之品并用，如大陷胸丸即是杏仁和葶苈、甘遂、硝、黄并用者，以治邪热内陷，水结在胸之结胸证。柯韵伯在阐述此方应用杏仁时云：“用杏仁之苦温，以开胸中之气，气降则水下矣。”（见《伤寒附翼》）是亦取其利气行水者。

五、消食化积

《金匮要略·禽兽鱼虫禁忌篇》记有用杏仁治疗肉食不消致病者二条，其一为：“治食犬肉不消，心下坚，或腹胀口干，大渴，心急发热，妄语如狂，或洞下方：杏仁一升，合皮熟研用，以沸汤三升，和取汁，分温三服，利下肉片大验。”这是治食犬肉不消而致腹胀等证者，其治疗方法，即是一味杏仁，杏仁之所以能治疗，在于“犬肉畏杏仁，故能治犬肉不消”。（《金匮要略方论集注》引程云来）其二为：“治食马肉中毒欲死方：香豉二两，杏仁三两。右二味，蒸一食顷，熟，杵之服，日再服。”程云来称此方以“香豉解毒，杏仁利气，则毒可除。”（同上）后世《杨氏家藏方》治一切食停气满膨胀，亦以杏仁为主组方（杏仁三百粒，巴豆二十粒，同炒色变，去豆不用，研杏为末，橘皮汤调下）。张元素在总结杏仁作用时归纳为三种功效，其中之一，即是消食，他说：“杏仁气薄味厚，浊而沉坠，降也，阴也，入手太阴经，其用有三：润肺也，消食积也，散滞气也。”（引自《本草纲目·果部》）于此可见，前辈医家对杏仁能消食化积这一点，是有其一致认识的，也是一脉相承的。

[《中医杂志》1964；（7）：40]

仲景用药法则的初步探讨

杨永良　湖北中医学院

《伤寒论》《金匮要略》二书是后汉张仲景所

著。其理法方药完整体系，对临床有着指导作用。它是后世医家辨证论治的典范，是临床诊治的准绳。本文仅以二书中有关内容，对用药法则作一初步探讨。

“用药”是理法方药中的重要一环。用药的重要意义并不亚于辨证。正如周岸所说：“人知辨证之难甚于辨药，熟知方之不效，由于不识证者半，由于不识药者亦半。证识矣而药不当，非特不效，抑且贻害。”笔者通过临床实习，体会到“用药”在治疗过程中确有如此的重要作用。

仲景用药是以《内经》、《难经》、《本草经》为根据的。《伤寒论》原序中说：“撰用《素问九卷》《八十一难》、《阴阳大论》、《胎胪药录》、并平脉辨证，为《伤寒杂病论》，合十六卷。”《胎胪药录》现已无从考查，他虽未提到《本草经》，但从用药之义，确与《本草经》所载相一致。后世医家均有如此看法，如《神农本草经读》后叙中说：汉季张长沙《伤寒论》《金匮要略》多采中古遗方，用药之义，悉遵本经。”因此，要了解仲景用药精义，就必须熟习《内经》、《难经》、《本草经》，只有这样才能更好地掌握仲景用药的法则。

《伤寒论》、《金匮要略》二书中最基本的精神为辨证施治。这种精神贯穿在全书的各个方面，其用药法则也不例外。“用药”表现在立法处方与药物加减两方面。现就药物的加减来看，仲景的用药是怎样建立在辨证基础上的？仲景用药的加减是复杂的，一般可归纳成方外加减与方内加减两种。前者如桂枝加葛根汤、桂枝加大黄汤；后者如小青龙汤证内有五个或然证，即有加减五方等。

首先讨论方内加减的辨证施治的精神。腹中痛是临床常见症状之一，《伤寒论》中有小柴胡汤证的“若腹中痛者去黄芩加芍药三两”；理中丸证的“腹中痛者加加人参，足前四两半”；四逆散证的“腹中痛者加附子一枚”。按小柴胡汤证腹中痛为木邪克土，故用芍药以泄邪；理中丸证腹中痛是脾胃机能不振，故加人参以使脾胃功能恢复正常；四逆散证之腹中痛由于内寒较甚，故加附子以温里寒。以上因其产生之病机不同，就用不同之药而进行加减，这说明了用药的原则是建立在辨证基础上的。

方外加减也是一样，不过方名改变而已。例如，栀子豉汤证“发汗吐下后，虚烦不得眠。若剧者，必反复颠倒，心中懊侬，栀子豉汤主之；若少气者，栀子甘草豉汤主之；若呕者，栀子生姜豉汤主之。”栀子豉汤与栀子甘草豉汤仅差一味甘草，证状仅多“少气”一症，可见甘草为少气而设。少气用甘草而不用人参，可知此少气并非元气不足，实乃懊侬之甚，故用甘草清其心火。栀子生姜豉汤用生姜来止呕，呕用生姜而不用半夏，因其呕为气逆而成，故用生姜散止逆呕，若用半夏似嫌辛燥，恐增加其懊侬不安。

以上可知，方内加减或方外加减均是建立在辨证的基础上，而用药也达到丝丝入扣的地步。

仲景除辨别药物的性能以对证治病外，还就配伍、剂量、炮制、煎药、职法及饮食等因素，来达到影响药物性能的效果，适合于各种不同病机的需要。现分述如下：

一、配伍

方剂的配伍是影响药物性能发挥的重要因素。我们既要肯定每个药物各自的性能，又要承认药物之间的相互影响的可能。正如徐灵胎云：“方之与药，似合而实离也……故方既成，能使药各全其性，方能使药各失其性，操纵之法，有大权焉，此方之妙也。”此操纵之法，即是指药物之配伍。现就麻黄汤及麻杏石甘汤来看配伍的关系。

麻黄汤是由麻黄、杏仁、桂枝、甘草四味组成，其主治“太阳病头痛、发热、身疼痛、腰痛、骨节疼痛、恶风、无汗而喘”之证，方中也麻黄为君，用于发汗开肌腠，宣肺气；用桂枝为臣，除解肌透达营卫之外，更能助麻黄的发汗能力，以增强其发汗的作用。仲景方中，凡用麻桂者，一般均为峻汗剂，用于表实无汗之证，如麻黄汤、大青龙汤等。

麻杏石甘汤是由麻黄、杏仁、石膏、甘草四味组成。其用于太阳病汗或下之后“汗出而喘，无大热者”之证，方中以麻黄疏肺散肺为君，以石膏清泄肺热为臣，由于石膏有制约麻黄发汗之能力，故可用于有汗之证。仲景凡用麻黄石膏相伍者，发汗之力甚微，多用于有汗之证。例如越婢汤之“续自汗出”，及“腠理开，汗大泄”之越婢加术汤等证。正如周岩所述：“仲景方石膏麻黄并用，认定麻黄散寒发汗，石膏泄热止汗，相为制还相为用。”

另外，麻黄石膏配伍还有另一意义，石膏因为监制辛温发散之麻黄而设，其作用是相反的。但辛寒之石膏与辛温之麻黄，寒与温虽相对立，而辛与辛却一致，则是石膏对麻黄一面起到制约作用，一面又起到协同作用。因而使其有止汗兼宣肺凉解之功。若不用石膏，易以苦寒之黄芩、黄连，恐怕在监制之外，其苦寒下降，反而削弱麻黄辛通止喘之作用。

麻黄汤与麻杏石甘汤均以麻黄为君，二者仅有一味之差（桂枝、石膏），所表现作用就有区别，麻黄配桂枝则发汗之力猛，麻黄配石膏则发汗之力微。再从单味药性来看，麻黄辛温微苦，有发汗、利水、平喘之功，但在麻黄汤中主要起发汗之作用，而在麻杏石甘汤中则有疏肺平喘之效。徐灵胎说："一药有一药之性能，药之功用不止一端，在此方则取此长，在彼方则取彼长，从而可知药物在方剂中，配伍关系不同，所发挥之作用就有差别。"

从上可知处方不是药物简单的堆积，而相互之间是有一定的影响，我们在处方用药时，就必须考虑到这种影响关系，以便更好地提高疗效。方剂中的药味不在乎多少，在乎用之得当与否，唐代名医许胤宗曾用一个有趣的比喻来批评那种惯多用药的医生，他说："不能别脉，莫识病源，以情臆度，多安药味，譬之于猎，未知兔所，多发人马，空地遮回。冀有一人获之，术亦疏矣。假令一药偶然当病，他药相制，气势不行，所以难瘥，谅由于此。"从而我们立方遣药，必须抓住证候的重点，尤其当患者之症状表现错综复杂时，更当详细辨证，分清主次，针对原因，解除病痛，不应该以广络原野，冀获一二，去处理疾病，而应学习仲景的用药精神。

二、剂量

用药之剂量，又是影响药物发挥作用的重要因素。由于用量不同，在方剂中所表现的作用就有差异，归纳仲景的用量变化可分三种：由体质之强弱而分轻重；君药的分量改变及君臣佐使之间的变化，现举例分述如下。

由体质强弱而分轻重用药者，如四逆汤一般用量为附子一枚，干姜两半，甘草二两，但强人可用大附子一枚，干姜三两，这种量的改变，并没有影响其主治作用，类似的还有三物白散、十枣汤、乌头煎等。

君药之分量改变，实际上为药物之间比例发生了变化，虽然药味相同，其主治作用迥然有异。如桂枝汤与桂枝加桂汤，这两者均以桂枝为君，配以芍药、大枣、生姜、甘草。但桂枝汤治"太阳病，头痛发热，汗出恶风"等太阳中风证。而桂枝加桂汤是治疗外寒引起之奔豚气上冲心之证。此两者所区别的是桂枝一味重量差异，其主治亦异。但对君臣佐使的配伍仍未改变，主药皆为桂枝。这因为桂枝性能应用较广，《本经疏证》桂枝条下曰："盖其用之道有六：曰和营；曰通阳；曰利水；曰下气；曰行瘀；曰补中。"桂枝虽有这样多的功能，但在各个方剂中仅表现于其中一个方面或几个方面。上述二方半，桂枝汤主要表现了调和营卫之功，桂枝加桂汤表现了平降冲气之效也。

再述君臣佐使的变化，使药物在方剂中地位改变，其作用也发生改变。如小承气汤、厚朴三物汤、厚朴大黄汤。

小承气汤用大黄四两、厚朴二两、枳实三枚。主治"阳明病，其人多汗，以津液外出，胃中燥，大便必鞕，鞕则谵语。"厚朴三物汤用厚朴八两，大黄四两，枳实五枚。主治"痛而闭者"。厚朴大黄汤用厚朴一尺，大黄六两，枳实四枚，主治"支饮胸满者（胸当腹字解）。"

小承气汤意在荡实，故以大黄为君。而厚朴三物汤意在行气，故以厚朴为君。其厚朴用量独重，适用于内实气滞之证，故厚朴三物汤之腹满亦较小承气汤为甚。厚朴大黄汤以厚朴为君，枳实为臣，大黄为佐，故主治腹满而不荡涤。

以上三方药味相同，由于用量轻重之别，使君臣佐使的关系发生了改变，而主治就有差异。如：大黄在三方中，都有荡涤肠胃的作用，但因在各方剂中地位不同，其作用亦发生改变。在小承气汤中为君药，其作用为荡实。在厚朴三物汤中为臣，其作用表现内实气滞证。在厚朴大黄汤为佐，主治腹满而不主疏涤。由此可见，药物本身的作用没有改变，但其方剂中处的地位不同，对机体的影响也就有了变化。上述说明中药用量的轻重之殊，对方剂的作用有很大关系，在临床用药中，绝不容忽视这一重要关键。正如吴考槃说："今人用小柴胡汤而不效，大都因为丁该方之君臣佐使，仲景用柴胡八两，而黄芩只用三两，现在用小柴胡汤柴胡只一二钱，而黄芩之量却三四钱，这是君佐倒施，无怪乎用之不效，这并不是小柴胡汤无效，是不了解小柴胡汤制方之义的关系。"从而说明药物的用量，君臣佐使的关系，在临床中的重要意义。

三、炮制

炮制是历代医家都极为重视的一个问题。《内经》、《神农本草经》均有记载，仲景方中需要炮制者，均一一加以注明。如：麻黄去沫，杏仁去皮，甘草之炙，附子用炮等。炮制与临床甚为密切，制与不制能使药性发生很大改变，对疗效之影响亦颇大。仲景利用炮制来改变药性，达到增强药物的作用目的。如伤寒方中有生姜、干姜、炮姜姜汁等多种。切片生用为生姜，味辛微温，多取其辛散作用，其性走而不守；老姜晒干则为干姜，性味辛温而温多散少；干姜炮焦为炮姜，味辛苦热，其性守而不走；生姜捣汁为姜汁，用时多冲入药中，不加煎煮，取其辛散之力。现就《金匮要略》中姜之制法不同，所组成的小半夏汤，生姜半夏汤，半夏干姜散三方加以阐述：

小半夏汤之治“诸呕吐，谷不得下者，”方由生姜半斤，半夏一升所组成；生姜半夏汤之治”病人似喘不喘；似呕不呕，似哕不哕，彻心中溃溃然无奈者”，方由姜汁一升，半夏半斤所组成；半夏干姜散之治“干呕，吐逆，吐涎沫”，方由干姜、半夏各等分所组成。

上述三方，虽均为姜与半夏所组成，但由于姜之制法不同，其作用就有降、散、温的区别。从而说明炮制在临床用药中的重要意义。

方　名	药物组成	主　治	作　用
小半夏汤	生姜半斤，半夏一升	中焦停饮	降逆止呕
生姜半夏汤	生姜汁一升，半夏半斤	饮积胸中	散寒逐饮
半夏干姜散	干姜半夏各等分	胃中虚寒	温中和胃

另外，有些炮制看来很简单，常被人们所忽视，但往往因此而影响疗效。以大枣为例，大枣具有补脾土，缓和诸药之毒的功能。仲景用枣必擘，所谓“擘”就是剥成小块，擘与不擘相差很大，临床实验证明，擘之大枣煮取味浓而枣肉则淡，不擘之大枣则 枣色浓而汤味差，一般煎剂均去滓，故不擘大枣汤药内的所含药效则差，不能达到预计的目的。十枣汤是以大枣为君，不按法炮制则补正之力不足，能损害正气。从而就产生副作用。因此，我们临床工作者，对此必须加以足够的重视。

四、煎药法

煎药方法在仲景方中也占有重要地位，它也能影响药物的疗效，现就先煎后煎，煎药与泡汁等不同分述如下：

先煎后煎对药物效能之影响：如大小承气汤中之大黄，就有先后煎之别，其作用也表现不一样。柯琴云：“二方煎法不同，更有妙义，大承气用水一斗，先煮枳朴，煮取五升，内大黄，煮取二升，内硝者，以药之为性，生者锐而先行，熟者气纯而和缓。仲景欲使芒硝化燥屎，大黄疏通地道，而后枳朴除其痞满，缓于制剂者，正以急于攻下也。若小承气则三物同煎，不分次第，而服只四合，此求地道之通，故不用芒硝之峻，且远于大黄之锐矣，故称为微和之剂。”大小承气的功效不同，除相差芒硝一味以外，对于煎法，大黄的先下后下起着较大作用。即利用生者气锐而先行，熟者气钝而和缓之义，来达到临床治疗的目的。

有些药物之先下后下，是根据药物之性质而决定的。例如，凡用麻黄，必先煮而去上沫，因麻黄沫能致人发烦。有些药物不需要煮煎者，如阿胶鸡子黄汤之阿胶鸡子黄，白通加猪胆汁汤中胆汁人尿，都不需要煎也。

《伤寒论》中有些方剂不取其煮而泡药取汁，这是为使用药物的气味，适合特殊的病机的需要而设立的。

大黄黄连泻心汤是以“麻沸汤二升渍之，须臾绞去滓，分温再服”，很多注家认为本方有黄芩一味，《千金翼》注：“此方必有黄芩”，确实本方可能脱掉黄芩一味。但是有人认为此方与《金匮要略》之泻心汤同。然从两方对比中，可以看出并不尽同，其区别即在煎煮法中，大黄黄连泻心汤是取麻沸汤渍之，此不取煎而取泡，欲其轻扬清淡以涤上焦之邪，与其主治“心下痞，按之濡，其脉关上浮者”相吻合的。因热在上焦，而取其泡药汁，正如《医宗金鉴》所说：“观其以滚沸如麻之汤渍大黄黄连，须臾去滓，仅得其无形之下”。而《金匮要略》之泻心汤，是“三物同煎，煮取一升，顿服之”，而其主治为“心气不足，吐血、衄血”之证，这因热盛之吐血衄血，用泻心汤直折其热，使火降则血亦自止，故三物同煎。以上二方药物虽同，而煎煮之法则异，故主治就有区别。因此，在临床使用方药上，必须继承古人的煎煮方法，若辨证用药正确，而不能如法煎煮药物，则很难收到满意的效验，甚至徒劳无益。

五、服药法

服药法在历代都很重视，但有时易被人们所忽视。服药是整个治疗过程中的一环，它对治疗起着一定的作用，如《中国医药汇编》云：“凡方剂虽煎之合法，而服之不得其法，亦不能全其效……又宜讲究乎服法也。”仲景对此也非常重视，每个方剂项下，都记载着各种不同的服法、数量及其后果变化护理等。

服法虽然不改变药味性质，但如服之不合法，药味之功能不能发挥，有时还会产生严重的后果。例如，小承气汤“右三味，以水四升，煮取一升二合，去滓，分温二服，初服当更衣，不尔者，尽服之，若更衣者，勿服之。”这说明服少者，达不到泻下作用，则病邪不去；服多者，泻下太过则损伤正气，因此，服之偏多偏少，都会造成病症进一步发展和恶化的。

仲景服药一般可归纳为服用次数、剂量、服用方法等内容。

服用次数是根据病情所决定的。有一剂二次或三次服，有以日来计算服的次数，都是根据临床症状而决定是否继续服用的，这些大多数属于峻剂，不可多服，在使用时，要严格加以控制。如大小承气汤“初服汤，当更衣，不尔者，尽饮之，若更衣者，勿服之。”栀子豉汤的“得吐后止后服”；瓜蒂散的“不吐者，少少加，得快吐乃止。”有的服用有明确时间规定，如十枣汤必须“平旦服”，麻黄连轺赤小豆汤在“半日服尽”等，我们都必须掌握这种服药方法。

服药之数量，一般均有规定在五合至一升之内，按现代剂量计算，约在 40 ~ 80 毫升之间，比现代为少，可能是药物精简的关系。有些方剂有其特殊的规定，如调胃承气汤的“少少温服之”，苦酒汤的“少少含咽之”等，我们都要加以注意。

服药方剂，仲景一般用温服之法，但也有用冷服的。如生姜半夏汤“右二味，以水二升，煮半夏取二升，内生姜汁，煮取一升半，小冷，分四服，日三，夜一服，止停后服。”这是为寒饮内停，对热药可能起抗拒作用，反易引起呕吐，故用“小冷”的服法。

据以上所述，说明仲景的服药方法包括次数和剂量，都是根据病情加以决定的。因此，我们必须根据病情，分别选用各种不同的服药方法，从而达到治愈疾病的目的。

六、饮食

饮食因素也可以影响药物之效能，服药期间，对饮食都有一定的要求，归纳起来，饮食对药效的影响有二种，一为资助药力；一为服药期间的禁忌。

首先，饮食能提高药物的疗效，如桂枝汤中“……啜热粥一升余以助药力”，其吃粥的用意，正如柯琴云：“而精义尤在啜稀热粥，盖谷气内充，则外邪不复入，余邪不复留，方之妙用又如此，故用之发汗，不至于亡阳；用之止汗，不至于贻患。今医凡遇发热，不论虚实，便禁谷食，是何知仲景之心法，而有七方之精义者哉。”从上可知啜粥的目的，是益中气而发汗，更使已入之邪，不能久留。仲景并在有关条文中也提出，如“不须啜粥，余如桂枝法”之葛根汤，还有五苓散的“以白饮和服，多饮暖水，汗出愈，”三物白散之“不利进热粥一杯，利过进冷粥一杯”，硝石矾石散之“大麦粥汁和服方寸匕，日三服。”这一些服药的饮食方法，在治疗上也有一定价值，不可忽也。其次，饮食不如法，也能影响药物的疗效，必须加以禁忌，如服桂枝汤就要“禁生冷、粘滑肉面、五辛、酒酪、臭恶等物”，其中禁粘滑之物，除避免其留恋邪气外，还恐其粘滞之性影响桂枝汤的发汗作用。

以上讨论中说明了药物本身之性能是决定本身之性质。如四气五味，升降浮沉，归经……等，这是客观的，不为我们主观意识而转变。但是上述的因素，如配伍、剂量、炮制、煎药、服药、饮食，可影响药物的作用，仲景在这方面为我们提供了丰富的资料，可以从中探讨出一些规律，指导于临床，将会收到满意的效果，我们必须很好地掌握这种规律，利用这种规律来为临床服务。

[《江苏中医》1965；(1)：1]

对《伤寒论》与《金匮要略》应用桂枝的探讨

沈凤阁

《伤寒论》112 方，使用桂枝的有 43 方，占总数的 38% 以上；《金匮要略》262 方，使用桂枝的有 57 方，占总数的 21% 强，两书共 374 方而应用桂枝的却有 100 个方剂，平均占总数的 27% 弱，可见桂枝的适应范围是相当广泛的。

100 个有桂枝的方中，《伤寒论》与《金匮要略》方名相同药味相同的，有桂枝汤、葛根汤等 16 个方剂。其中除了桂枝附子汤、某某附子汤、桂枝加桂汤、苓桂甘枣汤、乌梅丸等方药主治完全相同外，其余均是方药虽同而主治病候则并不相同。由此可知，桂枝方并不是一方仅治一证，而是一方能治多病；桂枝的作用并不是单一的，而是多方面的，与其它药物相配合以后，它的作用就更为扩大。

一、桂枝的功用

桂枝气味辛甘而温，从它的主治作用，归纳起来，主要有这样几个方面：

1. 解表和营　桂枝方所主的病候，有属风邪为患的，如太阳中风的桂枝汤证以及猝倒中风的古今录验续命汤证等；有属寒邪为患的，如太阳伤寒的麻黄汤证，大、小青龙汤证等；有属湿邪为患的，如麻黄加术汤证等。从而可知，若属六淫中之暑邪、火邪、燥邪等为患，便非桂枝所宜，因桂枝辛温刚燥，若误用于暑邪、火邪、燥邪为患之病，必致更加助热助燥。一般来说，桂枝所治之风邪，是属风从寒化的寒冷之风，而不是风从热化的温暖之风；其所治湿邪，主要是湿从寒化的寒湿疾患，而且以肌表经络的寒湿之邪为主。由于桂枝具有解表和营的作用，所以能治疗上述诸证。

2. 通阳散寒　桂枝第二个作用是通阳散寒，因寒邪挟风挟湿痹阻于经络骨节，则为风湿或历节痛；寒邪客于少阴则炎咽喉疼痛，此种咽喉痛，大多不红不肿；寒客于下焦，可致腹中疼痛，桂枝能温阳散寒，寒去则痛亦自愈。所以仲景立桂枝附子汤、甘草附子汤、桂枝芍药知母汤，以温通经络，而治骨节酸痛疼重；半夏散及汤以温散少阴客寒而治疗咽痛，黄连汤、黄芩汤、乌梅丸寒热并用而治腹痛。当归四逆汤以治血虚寒郁之手足厥逆，他如蜘蛛散之用桂枝以治厥阴狐疝，亦为温通寒湿而已。若属阳气大虚，阴寒内盛，而有亡阳之机，则又非桂枝之辛散所宜。

3. 温化水气　桂枝既有通阳散寒之功，因此水气之病，由寒湿积滞者，必赖桂枝之辛通，如防己茯苓汤之治皮水，茵陈五苓散之治黄疸，于利湿药中，借桂枝以温化水气，使水湿之邪从小便而去。至如肺胀、支饮等病，亦从停饮为痰，故用泽漆汤以治肺胀，木防己汤以治膈间支饮，以及柴胡桂枝干姜汤以治邪在少阳而兼胸胁有水，茯苓泽泻汤、茯苓甘草汤、苓桂术甘汤、桂姜草枣麻附细辛汤，均为治疗水在中焦的病候；五苓散治消渴小便不利，为下焦蓄水而设，舍桂枝则无功。是知桂枝所治之水气病变，大多属于水寒为患，如水湿与热相合而欲应用桂枝，则必须与清热之药相伍。如后世之桂苓甘露饮以治湿热病证，即是实例。

4. 补益里虚　桂枝不仅是风寒水气的要药，而且是补益里虚的方剂组成部分，证属心虚、脾虚或肾虚之候，随所必用，如桂枝甘草汤、四逆散证兼心悸而加桂枝、桂枝甘草龙骨牡蛎汤、桂枝去芍药加蜀漆龙骨牡蛎救逆汤、柴胡加龙骨牡蛎汤、炙甘草汤、竹皮大丸等所治均属心阳虚衰之病候。凡心阳虚者多有心悸动，脉象则或促、或结、或代，神不守舍，则多有烦乱惊狂之证。桂枝能温通心阳，合龙牡之收敛，即能调整神经，补益心肾矣。至如桂枝加芍药汤、小建中汤、黄芪建中汤、当归建中汤等，皆为治疗中虚不足为主之候。肾气丸、天雄散等，桂附同用，皆属治疗下焦肾虚之候。是知桂枝所治之虚证，主要是阳虚疾患，但与养阴药配合，则又能阳生阴长，而收到阴阳并补之效。若纯属阴虚疾患，则非桂枝所宜。

5. 平降冲逆　凡上升之气多自肝而出，或由下焦冲脉之气上逆所致，桂枝有平降冲逆作用，故能治疗冲气上逆为患。如栝蒌薤白桂枝汤，桂枝生姜枳实汤之用桂枝，除温运胸中阳气以外，主要是平降肝气上逆。至如苓桂五味甘草汤、苓桂甘枣汤、桂枝加桂汤、理中丸治寒霍乱脐上筑者加用桂枝，防己黄芪汤治风湿证气上冲者加桂枝，均是治疗下焦冲气上逆为患。

6. 通瘀活血　凡瘀血内阻，多有有形之征可据，如鳖甲煎丸之治疟母，是血瘀肝络，其症结于胁部；桃核承气汤之治蓄血、桂枝茯苓丸之治癥病、土瓜根散之治经闭经乱、温经汤之治崩漏，均为瘀阻下焦，所以均有少腹部结急满痛之证，瘀血证除当用攻瘀逐血药物外，尤赖阳气之开通始得运行，桂枝辛散走窜而入营血，故瘀血内阻之证，每借此以通瘀活血。

二、桂枝的配伍运用

中药组合成方，均有其一定的组织配伍意义。就《伤寒论》、《金匮要略》100个桂枝方剂来说，也有其一定的配伍运用规律。了解这些方剂中桂枝的配伍运用，对于进一步认识桂枝的作用，与正确地运用于临床实践，均有其现实意义的，兹摘要论述如下：

1. 桂枝配芍药　桂枝与芍药配伍，为调和营卫。桂枝味辛性温，能温通卫阳，芍药味酸性寒，能敛阴和营，两药相合，故能调和营卫，但必须两药的用量相等，才能发挥这样的作用，桂枝汤中桂枝、芍药各用三两，《金鉴》说："桂枝君芍药是于发汗中寓敛汗之旨，芍药臣桂枝是于和营中有调卫之功"，就是针对这一情况而说的。而小建中汤则芍药加倍，则与桂枝汤有所不同，变发汗解肌而为滋养营血。桂枝茯苓丸中的桂枝芍药等分，以治癥瘕胎漏，那是取其通瘀活血之效。所以桂枝配芍药既有和营之功，又有通瘀之效。有人说，桂枝与芍药同用，可以止汗，故有汗才可用桂枝汤，从临床考验，桂枝辛甘，芍药酸寒，互有监制作用，但桂枝汤毕竟是解肌发汗剂，如果桂枝芍药二味同用，欲以止汗，必须芍药分量，大于桂枝，乃得收效。

2. 桂枝配麻黄　桂枝、麻黄均为辛温解表药，麻黄开表发汗，桂枝解肌发汗，两药相合可增强其发汗作用。所以因外感寒邪，致恶寒肌粟、发热、头痛、无法、身疼之表实证，非麻桂辛温发汗，则不克外散表寒。发汗的主要作用在于麻黄，所以欲其发汗峻猛，又必须增加麻黄用量，观麻黄汤之桂枝二两麻黄三两，而大青龙汤是桂枝二两麻黄六两，可知其概。但近世医生用麻黄者，往往少于桂枝，此非仲景之意也。至于桂麻各半汤、桂枝二麻黄一汤，为治伤寒中风之似疟症状，又为和解营卫之剂，二方用量，皆桂枝大于麻黄，因欲令其小汗出，而不敢大汗，故减轻麻黄剂量。

3. 桂枝配生姜　桂枝与生姜相合，有两种作用。一是协同辛散外邪，如桂枝汤、大青龙汤之生姜，均是取其辛散之力以协助桂枝外解表邪，欲其发挥这一作用，桂枝、生姜大多用量相等；一是温散胃中寒饮，如茯苓甘草汤之治水停于胃的厥而心下悸，当归四逆加吴茱萸生姜汤之治血虚寒郁而厥兼内有久寒，都是取桂枝协助生姜以温散胃中水饮，因此生姜用量必须大于桂枝，如茯苓甘草汤，桂枝二两而生姜则用三两，当归四逆加吴茱萸生姜汤是桂枝三两而生姜则用半斤之多。

4. 桂枝配干姜　桂枝与干姜相伍，也有两种作用，一是温化上焦水饮，如小青龙汤、柴胡桂枝干姜汤中的桂枝干姜，均是取这一效用；一是温散下寒，如黄连汤、乌梅丸中之桂枝、干姜同用，那是温散下焦寒湿，现在的使用方法，欲其温化上焦寒饮，大多是干姜与桂枝同用，欲其温散下寒，大多是干姜与肉桂同用。

5. 桂枝配甘草　桂枝配合甘草，在一般用量差距不大的情况下、都是取甘草之甘以缓调桂枝之性，如桂枝汤、麻黄汤中之甘草，均是这一意义。在心阳虚而心悸怔忡，欲桂枝甘草以复心阳时，桂枝用量必须较大于甘草，如桂枝甘草汤治心下悸欲得按，就是用桂枝四两，而甘草则用二两，茯苓甘草汤治厥而心下悸，桂枝用二两，而甘草则用一两。两方桂枝甘草虽用量不一，而桂枝之量倍于甘草，则是一致的，所以取其急复心阳。但在心阳既寒而心血亦虚的情况下，虽亦宜桂枝甘草的温养心阳，然不能以桂枝为主，必须以甘草为主，才不致心阳过亢而心血更耗，炙甘草汤治心虚而气血俱衰，用桂枝三两，而甘草则用四两，就是欲其缓养心气。

6. 桂枝配人参　桂枝与人参同用，其作用不外两个方面：一是补虚解表，一是补益气虚。如桂枝人参汤之治“太阳病，外证未除而数下之，遂协热而利，利下不止，心下痞鞕，表里不解”之证，就是以桂枝解表，以人参合干姜、白术、甘草等温补里虚。至如桂枝新加汤与炙甘草汤的桂枝人参同用，均是欲其补益气虚而非取其解表。《金鉴》说：“桂枝得人参，大气周流，气血足而百骸理，人参得桂枝，通行内外，补营阴而益卫阳”。就是指桂枝协助人参而更好地发挥其补益作用。桂枝人参同用，所以有不同的治疗作用，除了桂枝人参的用量有区别外，用于补虚解表，桂枝用量须大于人参，如桂枝人参汤桂枝用四两，而人参则用三两；用于补益气虚、则大多桂枝人参用量相等，如桂枝新加汤桂枝人参均用三两，但这不是主要的方面。两药相伍，所以具有不同的效用，主要在于药剂的煎法方面，桂枝人参汤是先煎参、术、姜、草，以水九升，煮取五升，而后更入桂枝，煮取三升。柯韵伯说：“先煮四味，后纳桂枝，和中之力饶，而解肌之气锐，是于两解中，寓权宜法也”。王晋三说：“先煮四味，后纳桂枝，非但人参不佐桂枝实表，并不与桂枝相忤”。而桂枝新加汤和炙甘草汤之桂枝，均与其他药物一起共煎，且煎煮时间较久，前者是以水一斗二升而煮取三升，后者是以清酒七升水八升而煮取三升，浓煎久煮，所以桂枝不辛散走表而佐人参补益元气。

7. 桂枝配黄芪　桂枝与黄芪相合，主要是取其补虚的作用，但有两种情况：一是补里虚，如黄芪建中汤之桂枝黄芪同用，主要是补里虚不足，以资阳生阴长。一是补卫虚，如黄芪桂枝五物汤之治血痹，外证身体不仁；防己茯苓汤治皮水为病，水气在皮肤中，四肢聂聂动；黄芪芍药桂枝苦酒汤之治黄汗，身体肿，发热汗出而渴，汗色正黄如柏汁，都是取其补益卫虚的作用。大凡桂枝在方剂组成不居首要地位，而是多与治里药相伍的，则桂枝黄芪同用。多呈补益里虚之效。如桂枝黄芪相伍，而桂枝又属于方剂中主药之一的，则多为补益卫气之虚。

8. 桂枝配附子　桂枝与附子相合，由于组方药物的不同、用量的不同，因而有三种不同的作用。一是解表温阳，如桂枝加附子汤治太阳表证，汗漏不止，恶风、小便难、四肢微急等，就是这一作用；一是温经散寒，如桂枝附子汤、甘草附子汤治风湿痹阻、身体骨节疼痛，就是借桂枝附子相合以驱肌表筋骨之寒湿痹阻；乌头桂枝汤治寒疝腹中痛，逆冷、手足不仁，亦是借乌头以温阳而治寒气疝痛。一是温补肾阳，如肾气丸之治脚气上入少腹不仁，虚劳腰痛、少腹拘急，小便不利，男子消渴，妇人转胞等，皆是取其温补肾阳之效。以现在的使用观点来看，欲其解表温阳、温经散寒，皆是取桂枝与附子合用，若用于温补肾阳，则当以肉桂与附子相合为妙。

9. 桂枝与白术　桂枝与白术相伍，其主要作用在于化湿，如麻黄加术汤之治湿家身烦疼，甘草附子汤之治风湿相搏、骨节疼烦，掣痛不得屈伸，苓桂术甘汤治脾虚不运、水湿内停之证，五苓散之治膀胱气化不行之证。可见不论表湿里湿，凡是属于寒湿性质而未化热的，均可取桂枝白术温化湿邪。现代临床运用，欲祛风胜湿，大多取桂枝与苍术相伍，欲温阳健脾化湿，则大多以桂枝与白术相伍。

10. 桂枝配茯苓　桂枝与茯苓相合，主要是治水气内停之证。”如木防己去石膏加茯苓芒硝汤之治水饮停蓄上焦胸胁，苓桂术甘汤之治水停中焦，五苓散之治水停下焦，均是赖桂枝茯苓以化气利水，其中尤以运用于水停中焦之机会较多，如茯苓甘草汤，茯苓泽泻汤，均是主治水饮停于中焦之疾患。至于桂枝茯苓丸之桂枝茯苓同用，是欲其祛瘀而从水道去之，不可与此同日而语。

11. 桂枝配龙骨牡蛎　心为君主之官，神明所出。凡心阳虚而神不守舍者，必致出现神志反常证状，据此，必须复其心阳而安其心神，才可获愈。如桂枝甘草龙骨牡蛎汤之治火逆烦惊，桂枝去芍药加蜀漆龙骨牡蛎救逆汤之治火逆亡阳惊狂，柴胡加龙骨牡蛎汤之治少阳坏病烦惊，桂枝龙骨牡蛎汤之治心肾不交之梦交失精，皆是取桂枝以复心阳，借龙牡以安心神。临床可根据心阳虚之程度而加减其药用量。如桂枝甘草龙骨牡蛎汤证仅是心阳虚而心神被扰，故用桂枝一两，龙骨牡蛎各二两，以复心阳，安心神，而桂枝去芍药加蜀漆龙骨牡蛎救逆汤证是心阳外亡而神不守舍，呈惊狂卧起不安之状，故用桂枝三两，龙骨四两，牡蛎五两，以急复心阳，重安心神，于此等疾患，欲桂枝以复心阳，大多与甘草配合应用，取辛甘养阳，且有甘缓冲和之气，而无辛燥刚暴之弊。尤在泾说：“桂枝甘草以复心阳之气，龙骨牡蛎以安烦乱之神”，亦说明了桂枝与龙骨牡蛎养心阳以安心神，少不了甘草一味。

12. 桂枝配地黄　桂枝为辛温助阳之药，地黄为甘寒养阴之品，故桂枝与地黄相合，大多用于阴阳两虚之证，如炙甘草汤、肾气丸、薯蓣丸等桂枝地黄并用，均是为此而设。如阴虚较甚，须用大剂滋阴，而又恐过于阴柔滋腻者，亦可少佐辛温阳药以化阴凝，如防己地黄汤之治血虚风动，用生地黄二斤浓煎取汁，以桂枝三钱酒浸一宿绞取其汁，就是取义于阳生阴长，而不是阴阳并补。

13. 桂枝配当归　当归为养血之品，桂枝辛温走窜而能入于营分，所以桂枝与当归相合，主治血虚寒滞之患，如当归建中汤之治产后虚羸不足，腹中刺痛，当归四逆汤之治血虚寒郁而厥，就是赖当归桂枝以养血散寒。

14. 桂枝配合防己　桂枝配合防己，主要是温行水气，如木防己汤之治膈间支饮，防己茯苓汤之治皮水为病，四肢肿，水气在皮肤中，四肢聂聂动者，就是有赖于桂枝防己以行水气。尤在泾说：“防己桂枝，一苦一辛，并能行水气而散结气”。可知桂枝与防己相合，主要是治水气郁滞为患。

15. 桂枝配桃仁　桂枝与桃仁相合，一般都是取其通瘀活血，如桃核承气汤之治太阳蓄血证，桂枝茯苓丸之治癥瘕胎漏，均是取桂枝以助桃仁通瘀活血而不是在于解表，因瘀血内阻，概属阴凝有形之物，非借辛温走窜，则不易通其阴凝闭阻，桃仁桂枝均入血分，所以两药相伍，其通瘀活血之功，奏效更为迅速。

16. 桂枝配黄连　桂枝辛温助热，黄连苦寒清热，两药相合，不是取其相互制约，而是取其寒热相并，以治寒热错杂之证，其中尤以用于上热下寒者为多。如黄连汤之治胸中有热、胃中有邪气、腹中痛、欲呕吐；乌梅丸之治厥阴病消渴，气上撞心，心中疼热，饥不欲食，食即吐蛔，均是取黄连以清上热，桂枝以散下寒，现代临床，欲温散下寒，大多用肉桂而不用桂枝。

17. 桂枝配石膏　桂枝与石膏同用，不外乎两种作用，一是解表清里，如大青龙汤，小青龙加石膏汤之用桂枝石膏，均是这一意义。一是清透里热，如白虎加桂枝汤取桂枝石膏以清经络之热（亦有认为是清表解里的），木防己汤之桂枝石膏同用，主要是清透上焦邪热，张锡纯认为桂枝石膏同用能清肺定喘。两药相伍，欲其解表清里的，桂枝用量须大，若欲清透里热，则石膏用量必须较大于桂枝。如白虎加桂枝汤，桂枝用三两而石膏则用一斤，木防己汤桂枝用三两而石膏则用鸡子大 12 枚，而小青龙加石膏汤是桂枝三两石膏二两，大青龙汤是桂枝三两石膏如鸡子大，就是明显例证。

18. 桂枝配大黄　桂枝与大黄相合，约有三种作用。一为解表攻下，如厚朴七物汤之治腹满，发热十日，脉浮而数，饮食如故。就是取桂枝以解表，大黄以攻下；一为温下太阴寒实，如桂枝加大黄汤之治太阴病大实痛；一是攻瘀泄热，如桃核承气汤之治蓄血证。同是桂枝与大黄相伍，所以有此三种不同的作用，主要取决于桂枝大黄用量的孰多孰少与其它药物的配合。厚朴七物汤桂枝二两、大黄三两，但另有生姜五两，所以该方既能解表又能攻下宿食；桂枝加大黄汤是桂枝三两，大黄二两，照理应是解表为主，攻下为辅，但该方组成意义，是于桂枝加芍药汤复加大黄二两，故为温下太阴之剂。至于桃核承气汤桂枝大黄同用，能通瘀泄热，主要是与桃仁血分药相伍，且大黄用量倍于桂枝，故桂枝不在解表，大黄不在攻下府实，而共佐桃仁以通瘀泄热。

上述各种配伍应用方法，不过一些大概情况。

最后，我们对于桂枝的应用，还须防止发生偏差，因为桂枝一药，毕竟是辛温的，所以温热病到了化燥阶段，就有禁用的必要。王叔和在《伤寒例》中说："桂枝下咽，阳盛则毙"，张锡纯也说："上焦有热及恒患血证者忌用"；这就说明了桂枝的应用应该是辨证的，如不能掌握伤寒各方的辨证规律，而浪投桂枝，是不适宜的。

[《江苏中医》1965；(1)：5]

《伤寒论》中的附子配伍应用探讨

时振声　中国中医研究院内科研究所

附子药性猛悍，大辛大热，有温肾祛寒、回阳救逆之功效，向为历代医家所重视。虞搏云："附子秉雄壮之质，有斩关夺将之气。"吴仪洛称："其性浮多沉少，其用定而不守，通行十二经，无所不至，能引补气药以复散失之元阳，引补血药以滋不足之真阴，引发散药开腠理以逐在表之风寒，引温暖药达下焦以祛在里之寒湿。"王节斋云："气虚用四君，血虚用四物，虚甚者俱宜加熟附，盖四君、四物皆和平宽缓之剂，须得附子健悍之性行之，方能成功。"汪讱庵云："附子味甘气热，峻补元阳，阳微欲绝者……，非此不为功。"皆可证明附子之功效是比较明确肯定的。为了探讨附子在中医临床上的应用，今就《伤寒论》中有关附子各方，分析其配合应用及证治方法概述如下。

一、附子配干姜

仲景以附子配干姜取其回阳救逆者，均用生附子，取其温阳、止痛则用炮附。陈修园云："附子味辛性温，火性迅发，无所不利，故为回阳救逆第一品药。"《伤寒论》中有附子方剂20则，用生附子者凡8方，余12方均用炮附。回阳救逆者如四逆汤、四逆加人参汤、茯苓四逆汤、白通汤、白通加猪胆汁汤、通脉四逆汤、通脉四逆加猪胆汁汤及干姜附子汤均用生附。主要是用于阴寒内盛，阳气衰微，津液亏竭而见四肢厥逆，呕吐下利，汗出畏寒，脉象沉微等症。如伤寒论388条："吐利汗出，发热恶寒，四肢拘急，手足厥冷者，四逆汤主之。"389条："既吐且利，小便复利而大汗出，下利清谷，内寒外热，脉微欲绝者，四逆汤主之。"即将应用附子作为回阳救逆之主症指出。

四逆汤方以附子之热，干姜之辛，甘草之甘，三药伍用，以奏温肾逐寒，回阳救逆之功。符合《内经》所谓："寒淫于内，治以甘热"、"寒淫所胜，平以辛热"之旨。仲景于霍乱吐利后，利止，但仍恶寒脉微者，用四逆汤加人参以生津益血，扶正固脱。徐彬云："今利虽止而恶寒脉微如故，则知其非阳回而利止也，乃津液内竭而利止也，故曰亡血。"指出了利止的病机在于津液内竭，故用四逆加人参汤治之。伤寒论69条："发汗若下之，病仍不解，烦躁者，茯苓四逆汤主之。"根据汤方组成来看，似在四逆加人参汤的基础上又有烦躁之症状出现，因汗下后阴阳俱虚，故用四逆扶阳加人参生津救液，再加入茯苓定悸去惊、生津除烦。

白通汤为四逆汤去甘草减干姜量加葱白而成，用于阴寒内盛下利，属阴盛于下，格阳于上者。《医宗金鉴》云："少阴病已属阳为阴困，更加下利，恐阴降极，阳下脱也。故君以葱白，大通其阳而上升，佐以姜附急胜其阴而缓降，则未脱之阳可复矣。"去甘草是因葱白之辛烈，以引姜附直达下焦而通阳气，不欲以甘缓之故。白通加猪胆汁汤用于服白通汤后，利不止，厥逆无脉，干呕烦者。许宏云："乃寒气太甚，内为格拒，故加猪胆汁、人尿，以和其阴。《内经》曰：逆而从之，则格拒解也。"故白通加猪胆汁汤为辛热回阳、反佐苦寒之剂，以从阴引阳，宣通上下阳气。

通脉四逆汤用于里寒外热，为阴盛于内，格阳于外，而致下利清谷，手足厥逆，脉微欲绝，身反不恶寒，面色红赤者。病势较四逆汤证为重，故加重姜、附用量。亦有认为本方原有葱白，如钱潢云："以四逆汤而倍加干姜，其助阳之力或较胜，然既增通脉二字，当自不同，恐是已加葱白以通阳气，有白通之义故名。"通脉四逆加猪胆汁汤则为亡阳于外，脱液于内，势极危急，如《伤寒论》390条："吐已下断，汗出而厥，四肢拘急不解，脉微欲绝者，通脉四逆加猪胆汁汤主之。"方以四逆倍干姜救欲绝之阳，又因阴阳两虚，虑阴气拒药而不入，故加猪胆汁苦寒反佐，从阴引阳，通达内外阳气。亦有认为加猪胆汁为助中焦之津液者，如张锡驹云："阴阳气血俱虚，水谷津液俱竭，无有可吐而自已，无有可下而自断，故汗出而厥，四肢拘急之亡阴证与脉微欲绝之亡阳证，仍然不解，更宜通脉四逆加猪胆汁启下焦之生阳而助中焦之津液。"

干姜附子汤则为四逆去甘草减干姜量，亦用于汗下后之阳虚烦躁。如《伤寒论》61条："下之后，复发汗，昼日烦躁不得眠，夜而安静，不呕不渴，无表证，脉沉微，身无大热者，干姜附子汤主之。”但其烦躁与茯苓四逆汤证又有不同。柯琴云：“茯苓四逆固阴以收阳，干姜附子固阳以配阴，二方皆从四逆加减，而有救阳救阴之异，茯苓四逆比四逆更缓，固里宜缓也；姜附者阳中之阳也，用生附而去甘草，则势力更猛，此四逆为峻，回阳为急也。”因此阳虚则干姜附子汤较茯苓四逆汤为重，津液内竭则恐茯苓四逆汤为重，因有四逆加人参、茯苓之故。

附子配干姜不用生者，于《伤寒论》中仅见于乌梅丸，恐生附可借煎煮使毒性减少，入丸散之剂则不宜生用。观《金匮》中乌头赤石脂丸、九痛丸、紫石寒石散等方中，干姜均配炮附可以明证。

二、附子配白术

仲景附子配白术者，用于风寒湿痹、恶寒身痛，取附子走表伸阳，配合白术而祛寒湿。邹澍云：“伤寒八、九日，风湿相搏，身体疼烦，不能自转侧，不呕不渴，脉浮虚而涩者，桂枝附子汤主之，曰若其人大便鞕，小便自利者，白术附子汤主之，曰若其人汗出短气，小便不利，恶风不欲去衣，或身微肿者，甘草附子汤主之，是三者阴湿盛而困阳，用附子以伸阳，用表药以布阳，不缘亡阳其实与亡阳为近，即本经所谓主风寒咳逆邪气、寒湿踒躄、拘挛膝痛，不能步行者也。”《医宗金鉴》云：“加白术以身重……用以佐附子通湿气于肌也。”仲景虽言风湿相搏，实属风寒湿三气合而为痹之证，不然虽有挟湿，汗之则愈，此则有寒湿凝滞，故白术附子汤及甘草附子汤以附子、白术伸阳祛湿，则肌表之风寒湿三气自去。观《金匮》痉湿暍篇亦有此三方，中风历节篇之桂枝芍药知母汤亦为术附并用可知。

真武汤及附子汤亦均为术附并用，真武汤为水湿侵袭，湿重阳困，以白术茯苓之甘淡培土行水，附子生姜之辛散复阳祛邪，均不离寒湿二字。附子汤系真武汤倍术附去生姜加人参，目的偏于温补，以壮元阳，亦可祛肌表之寒湿，如《伤寒论》305条：“少阴病、身体痛，手足寒，骨节痛，脉沉者，附子汤主之”者即是。

三、附子配桂枝

附子与桂枝配用，亦可用于肌表风寒湿痹、骨节疼痛之症，以附子温经助阳，合桂枝等散肌表之风寒湿气，如桂枝附子汤、甘草附子汤即是。桂枝附子汤方药虽同于桂枝去芍药加附子汤，但桂枝量多一两，炮附多二枚，除有辛温散寒温阳之作用外，重点还在祛风胜湿止痛，甘草附子汤则纯为祛风散寒除湿之剂，用于风湿搏于肌表之证。

附子与桂枝汤配合则用于太阳病汗下之后，表阳不足之证。如22条：“太阳病发汗，遂漏不止，恶风，小便难，四肢微急，难以屈伸者，桂枝加附子汤主之。”23条：“太阳病下之后，脉促胸满者，桂枝去芍药汤主之；若微恶寒者，桂枝去芍药加附子汤主之。”恶风及微恶寒，皆属汗、下之后，表阳大虚，除仍用桂枝汤和在表之营卫，又加炮附以壮在表之元阳，为固表回阳、温经散寒之剂。

至于乌梅丸中之附子、桂枝合用，因其中尚有黄柏、黄连等药，为寒热互用之剂，温药的应用恐在于蛔厥腹痛。

四、附子配麻黄

仲景用麻黄附子甘草汤及麻黄附子细辛汤有温经发汗之功。李瓒文云：“发阴家汗，必用附子，恐亡阳也。”钱潢云：“麻黄发太阳之汗，以解其在表之寒邪；附子温少阴之里，以补其命门之真阳；又以细辛之气温味辛，专走少阴者以助辛温发散，三者合用补散兼施，虽发汗无损于阳气矣，故为温经散寒之神剂。”因此附子配合麻黄用于寒邪在表而又有元阳不足者。麻黄附子甘草汤较麻黄附子细辛汤发表之力为缓，故仲景用以微发其汗，麻黄与附子合用为后世治疗阳虚外感之助阳解表法创立先例。

五、附子配芍药

仲景在《伤寒论》中有关附子配合芍药者，有芍药甘草附子汤、桂枝加附子汤、真武汤、附子汤等方。68条：“发汗病不解，反恶寒者，虚故也，芍药甘草附子汤主之。”指出汗后阳虚及恶寒者，用附子温经散寒，加芍药则恐其四肢拘急，因汗后阴液脱失，必致手足拘挛紧急，观22条：“太阳病发汗，遂漏不止，其人恶风，小便难，四肢微急，难以屈伸者，桂枝加附子汤主之。”亦可说明拘急发生之病机。仲景每以芍药甘草汤法治疗四肢拘急，如30条：“……胫尚微拘急，重与芍药甘草汤，尔乃胫伸……”芍药甘草附子汤及桂枝加附子汤中，皆含有芍药甘草汤法之意，由此可看出附子配芍药者，既有温经壮阳，又能敛阴缓急，相互配合，用于阴阳俱虚者甚佳。

仲景真武汤及附子汤中亦皆有芍药，查二方均以辛温或甘温之阳药为主，配芍药以敛阴气，收刚柔相济之效，且可引阳药入阴散寒。张路玉云：“……不但真阳不足，真阴亦已素亏，若不用芍药固护其阴，岂能胜附子之雄烈乎。”因此附子与芍药合用，主要尚有处方配伍之妙用。

六、附子配人参

附子配合人参者，有四逆加人参汤、附子汤、乌梅丸等方。四逆加人参汤用以回阳救逆、生津益血，故取生附。附子汤用于少阴病，口中和、背恶寒，或身痛骨节痛、手足寒、脉沉，无四肢厥逆，故用炮附温肾祛寒，由于附子汤证乃属阳虚阴盛而生内寒，故汪认庵云：“用参附助阳而胜肾寒”。至于乌梅丸中用人参，则属寒热夹杂、虚实并见。仲景参附并用，为后世参附汤的创立奠定基础。

七、附子配三黄

《伤寒论》155条：“心下痞而复恶寒、汗出者，附子泻心汤主之。”恶寒汗出并见，此处是指表阳不足，心下痞，又为邪热内陷。因此治疗上应寒热并用。吴鹤皋云：“心下痞，故用三黄以泻痞；恶寒汗出，故用附子以回阳；非三黄不能去痞热，无附子恐三黄益损其阳，寒热并用斯为有制之兵矣。”喻嘉言云：“此邪热既甚，翼阳复虚之证，故于三黄汤内加附子汁，共成倾痞之功。《金匮》有大黄附子汤亦同此意。”尤在泾云：“此证邪热有余，正阳不足，设治邪而遗正，则恶寒益甚；或补阳而遗热，则痞满愈增；此方寒热补泻并设互治，诚不得已之苦心……方以麻沸汤渍寒药，别煮附子取汁合药与服，则寒热异其气，生熟异其性，药虽同行而功各奏，乃先圣之妙用也。”本方以附子温阳，泻心汤泄痞，构成扶阳泄痞之剂。

八、附子配生姜

附子与生姜合用，在《伤寒论》中于桂枝附子汤、桂枝附子去桂加白术汤、桂枝加附子汤、桂枝去芍药加附子汤及真武汤等方中可见。生姜辛温散寒、走表祛湿。桂枝附子汤及去桂加白术汤以生姜佐术附伸阳除湿，发表散寒，故能用于风湿相搏之证，同时又有姜枣辛甘并可行营卫通津液以和表。桂枝加附子汤及桂枝去芍药加附子汤本属桂枝汤类方，加附子以温经散寒，其生姜助桂枝辛散解表，合附子则构成扶阳解表之剂。真武汤之用生姜则佐术附温经逐水。由此可见，生姜与附子合用则作佐使之用，与干姜相比则大不相同。

［《江西医药杂志》1965；5（2）：629］

略论麻黄升麻汤

张浩良　江静波

《伤寒论·厥阴篇》有一段经文说：“伤寒六、七日，大下后，寸脉沉而迟。手足厥逆，下部脉不至，喉咽不利，唾脓血，——泄利不止者，为难治（老友潘北辰先生说，这一句当是后人的注文，——麻黄升麻汤主之”。原文的意思，大体是说：伤寒证，病已六、七日，表证尚未清解，医者竟用下法大下之，以致出现手足厥逆，寸脉沉迟，尺脉不易触到，咽喉疼痛，吞咽不利，并有唾脓血的症状，（如果下后“泄利不止者，为难治”），可用麻黄升麻汤以主治之。麻黄升麻汤内，有：麻黄、升麻、当归、知母、黄芩、葳蕤、芍药、天门冬、桂枝、茯苓、甘草、石膏、白术、干姜十四味药物。有人认为，这张处方的组成和《伤寒论》的一般方剂不同，因而怀疑它不是张仲景的方子，例如柯韵伯在《伤寒来苏集》里就说：“其方味数多而分两轻，重汗散而畏温补，乃后世粗工之伎，必非仲景方也”。本方药味确是较多，但不能认为药物多就不是仲景方，例如：柴胡加龙牡汤、风引汤、温经汤、鳖甲煎丸等方，皆是仲景之方，药物也都在十味以上，因而以药味多寡来衡量是否为仲景方，是不能立足的；至于分两轻，在仲景方里，也不是偶见的，如：桂麻各半汤，桂二麻一汤等方，都是仲景用轻药量取效的著名方剂，所以以药量轻来否定它是仲景方，也不能说服人；再说，这张处方，在唐代的《千金要方》和《外台秘要》里，都曾引用，《外台秘要》还引《小品方》注云：“此张仲景《伤寒论》方”。可见它确是仲景之方，即使退一步讲，也至少是唐以前的古方。它既是一张古方，为什么有人对它怀疑呢？这主要是由于本方药味复杂，不易掌握它的配伍关键和使用地方，因而引起一些人的怀疑，这原是不足为怪的，不过，也还有一些人从方剂的药物组合上，提出方义的解释，来探讨本方的功用和适应证，如喻嘉言认为这一个方证是“阳入于阴”，故用本方从阴中提出其阳，使阳不搏阴，则诸证自解。这个说法，比较抽象，不易理解。《医宗金鉴》认为本方能：解表、和里、清上、温下，所以它的适应证为，“阴阳错杂，表里混淆，上热下寒之证”，这一说法，概念虽然较喻氏所说略微清楚了一些，可是仍嫌不太具体；并且令人感到它仅是随药解释，未能抓住关键。根据我们的体会，认为本方是滋阴解表剂，它的适应证应是“表实阴虚证”。所以说它是滋阴解表剂，是从下列几个方面体会出来的：

首先，从方剂的演变上来看：俞根初《通俗伤寒论》载有俞氏经验方“加减葳蕤汤”一方，据俞氏自称为：“滋阴发汗浊”。所谓“加减葳蕤汤”，乃是根据《千金要方》之葳蕤汤加减而得者。千金葳蕤汤乃引自《小品方》者，“治冬温及春月中风，伤寒，则发热，头眩痛，喉咽干，舌强，胸内疼，心胸痞满，腰背强，亦治风温”等证候。方药组成为：葳蕤、麻黄、甘草、石膏、白薇、独活、杏仁、芎䓖、青木香九味。从药味组成上看，很显然的可以看出它和麻黄升麻汤的关系很为密切，所以张璐玉称它“乃麻黄升麻汤之变方”。麻黄升麻汤一变而为千金葳蕤汤，再变而为加减葳蕤汤，当然在药物的配伍上，已有了较大的出入，但是葳蕤等滋阴药与解表药配伍，则始终不变，因此可以认为它们在滋阴解表这一方面，是有着一脉相承的关系的。

再从原方的组成意义上来看：古人虽然没有谈到“滋阴解表法”这样一个名词，可是已经有人看到本方有滋阴解表的作用，如王晋三曰：“方中升散、寒润、收缓、渗泄诸法俱备，推其所重，在阴中升阳，故以麻黄升麻名汤。膏、芩、知母，苦辛清降上焦之津；芍药、天冬，酸苦收引下焦之液；苓、草甘淡以生胃中津液，归、术、葳蕤缓脾以致津液。独是十味之药，虽有调和之功；不能提出阴分热邪，故以麻黄、升麻、桂枝、干姜开入阴分，与寒药从化其热，庶在上之燥气陈，在下之阴气坚，而厥阴错杂之邪可解”。可见王氏已看到本方既能滋阴，又能解表。

再把方证联系起来看：本方以麻黄、升麻二药为主，麻黄的剂量为二两半，用量冠于方中诸药之首，麻黄本为发汗解表之剂；升麻一药，《本草经》调其能治“时气毒疠，头痛，寒热”，因此，也是“伤寒’一类病证的解表剂。本方以此二药名方，可见是以解表为主，但是本病主证，乃是伤寒失表误下之候，既经攻下之后，是否尚可表散？考之仲景大法，每于表邪未解，误下之后，表证仍在者，仍得使用表剂。此证乃大下后，阴津不足，阳气被郁，表邪犹未解清之候。阴津不足，故脉弱不充，而见沉迟，甚至下部尺脉不至；阳气被郁，故手足厥冷不温。章虚谷云：“阳气陷而寸脉沉迟，手足厥逆……以麻黄升麻升阳开肺”，这样可以达到解表散邪的目的；再配以石膏、黄芩，以清郁结之热。因其阴津不足，故用葳蕤、天冬、当归、知母、芍药以滋润养血，复其耗失之阴津，然滋阴腻膈之品，恐碍胃气，故又以姜、术、茯苓、炙草以补脾健胃。在配伍上可称面面俱到。因为本方证表邪未解，固宜发汗解表，但因误下伤阴，阴津已耗、不能作汗达邪，此方以滋阴药与解表药配合使用，滋其阴液以充汗源；升发阳气，鼓汗外出以解表邪。这样，则可使表邪解而正气不伤。发汗而不再伤阴，滋阴而不致留邪。可以说它面面俱到，苟非断轮老手，必不能如此组织严密，泛应曲当，实在是一张较好的处方。不过由于本方用药较多，配伍关键不易掌握，它的适应证亦不太清楚，因而过去使用此力于临床者，较为少见。

辛亥革命以后，福建陈逊斋中医师曾在南京开业，他喜用《伤寒论》方，曾有使用本方治验一例，兹将该案择录如下，以供参考。

陈氏治验案云：“李梦如子，曾二次患喉痰，一次患溏泻，治之愈，今复患寒热病，历十余日不退，邀余诊，切脉未竟，已下利二次，头疼，腹痛，骨节痛，喉头尽白而腐，吐脓样痰夹血，六脉浮中两按皆无，重按亦微缓，不能辨其至数，口渴需水，小便少，两足少阴脉似有似无。……连拟：排脓汤、黄连阿胶汤、苦酒汤，皆不惬意；复拟干姜黄连黄芩人参汤，终觉未妥……复讯李父：‘病人曾出汗几次？’曰：‘始终无汗’。‘曾服下剂否？’曰：“曾服泻盐三次，而至水泻频作，脉忽变阴。’余曰：“得之矣。”此麻黄升麻汤证也，病人脉弱，素有喉痰，是下虚上热体质，新患太阳伤寒而误下之，表邪不退，外热内陷，触动喉痰旧疾，故候间白腐，脓血交并，……复因大下而成水泻，……本方组织，有桂枝汤加麻黄，所以解表发汗；有苓、术、干姜，化水利小便，所以止利；用当归助其行血通脉；用黄芩、知母、石膏以消炎清热，兼生津液；用升麻解咽喉之毒；用玉竹以祛脓血；用天冬以清利痰脓……后果愈。”

小结

1. 麻黄升麻汤虽然药味多、药量轻，与仲景一般方剂组合似有不同，但唐代《千金》、《外台》皆曾引用，而且《小品方》中明明注为“仲景《伤寒论》方”，可见确是仲景之方；即使退一步说，至少也是唐以前的古力。

2. 麻黄升麻汤由于药味复杂，配伍关键难于掌握，因而对这一张方剂的方义，在理解上带来了不少的困难，前人虽然做了一些解释，尚还不能令人满意，因此有必要对它作进一步的探讨。

3. 我们从《通俗伤寒论》所载“加减葳蕤汤”的方源演变上和麻黄升麻汤的组成意义上，体会到本方当是“滋阴解表法”，它的适应证应为“表实阴虚证”。

4. 根据上述线索，对本方药物的组合，作了一些分析，觉得本方组织颇为严密，扶正祛邪面面俱到，实在是一张值得介绍的好方剂。

5. 过去，由于本方的适应证不太清楚，因而很少看到有关临床实践的报道，这里仅附陈逊斋治验一例，以供参考。

[《广西中医杂志》1965；(3)：11]

略论《伤寒论》水气病的辨证治疗

沈凤阁

从实践体会，探求《伤寒论》中关于水气病辨证施治的内容，在临床上是具有指导意义的。现将其病机、证状、辨证治疗等理法方药的运用，略作论述，候正。

水气病的病机、证状

根据《内经》的理论，人体所摄入的水液，是受脾、胃、肺、三焦、膀胱、肾等脏器的气化功能所支配的。如摄入的水液过多，影响了这些脏腑机能；或者这些脏腑的机能减退，不能正常地运化水液，均可使水液停汤而致水气为患，其中尤以后者的原因居多。胃主受纳，为水谷之海，脾主运化，为湿土之脏，如由纳运失常而致停水为患的，多见呕吐、下利、心下满闷或悸动等证。若水气阻遏中阳，则可致手足轻度厥冷。水气外溢肌肤，则可出现身重、浮肿等证。肺为水之上源，能通调布化，如肺失通调而停水为患，则可致气喘、咳嗽、胸闷、短气等证。三焦乃水道之通路；膀胱则气化而后为溺；肾为水脏，功能化气行水，三者机能有一衰减，皆可使水气停阻而致小便不利。

水气病的辨证治疗

《伤寒论》中水气病的证治，可归纳为：表寒里饮，治宜解表化饮；水结胸胁，治宜逐水；水阻中焦，治宜温运；下焦阳气不化，治宜化气行水；水热郁阻，治宜清热利水。

一、表寒里饮（小青龙汤证，桂枝加苓术汤证，文蛤汤证，桂枝加桂汤证）

1. 小青龙汤证　主要是表寒不解，心下有水气。此在素有水饮而加受外寒者，最易引发。痰饮患者，在冬春寒冷季节，尤为多见。其证状表现为发热、恶寒、头痛、无汗、气喘、咳嗽等。临床所见，多咳唾大量清稀痰沫，咳甚则身半以上微有汗出，不咳时则全无汗出，脉象多弦紧、弦滑或浮紧，舌苔常呈白滑。一般很少口渴，但在水气较甚，阻遏津液上升之时，亦可有口渴感觉，唯舌面并不干燥，而且多喜热饮，饮亦不多。《伤寒论》小青龙汤证两条原文，其所以有“或渴”与“不渴”之记载，即是因于水饮停阻的程度有所轻重而已，然就其本质而论，并无区别，所以治疗均主小青龙汤。

2. 桂枝加茯苓白术汤证　本证是头项强痛、翕翕发热、无汗、心下满微痛、小便不利，而用桂枝去桂加茯苓白术汤。历来注家对本证看成是表未解而兼中焦有水气，这是一致的。但在具体用药的看法上，是有论争的。有的认为胸满者忌用芍药，所以“去桂”当是“去芍”；有的认为“无汗不得用桂枝”，所以去桂，旨在专治里水，水去则表邪自解。本人认为这两种看法，都值得商榷。胸满忌用芍药者，是因胸中阳虚，而芍药酸寒有伐生阳之气。今心下满微痛，不仅在部位上不同于胸满，而且病机亦非胸中阳虚，而系汗下后水气内停表亦未解所致，因此以心下满微痛作为去芍的论证是不能成立的。至于“无汗不得用桂枝”，实际是指桂枝汤，不是指桂枝一味，既认为本证兼有表邪，则仅治里水而不用桂枝表邪何能自解。从临床实际来证，此等证候自宜桂枝汤加苓术汤为宜，不去桂枝，既有利于解表化气行水，不去芍药亦无碍乎心下满痛，庶解表和营、健脾利水并行不悖，实为至当不易之治。

3. 文蛤汤证　是寒邪在表而水热内郁的病变。证见其热不得去、弥更益烦、肉上粟起、意欲饮水、反不渴。寒邪在表，理当辛温汗解，反以冷水潠灌，则表邪尤不得外泄，是以形寒而肉上粟起；表不解，热反内郁，则心烦无耐，而有口干之感；但毕竟因于水气内阻，所以反不渴饮，此在里阳素盛被雨湿所淋，或不惯于冷水洗浴因而发病的，亦属数见不鲜。临床多见外则形寒洒淅，内觉烦热懊侬，略有咳嗽、口干、小便短少、舌苔白滑、脉浮而数等。《伤寒论》原文对本证治疗是文蛤一味为散。按文蛤只有止渴、清热利小便的作用，而无解表功能，用于本证，焉能切合病情。柯韵伯认为应将《金匮》文蛤汤方药用治本证，颇具见地。

4. 桂枝加桂汤证　是太阳表证有汗不解，兼下焦寒水之气上逆发为奔豚的病变。此种病人多主诉少腹部有一般寒凉之气自下向上，直冲心胸，治用桂枝加桂汤借桂枝汤以解表，加桂以温散下焦寒水而平其气冲。丹波元简认为“奔豚一证，多因寒水上冲，故治法不出降逆散寒”。临床使用桂枝加桂汤治疗此种奔豚，多用肉桂而不用桂枝，以肉桂长于温散下寒，而且能化气行水。

综上所述，可知凡表证而兼里有水饮的治疗原则，都宜解表而兼治里水。由于水气所居的部位不一，因此其证状表现和治疗方法也就各有区别。如水在上焦，影响肺气宣降而为喘咳多痰的，宜干姜、五味、细辛等温肺化饮；水在中焦，脾不健运而心下满闷、小便不利的，宜白术、茯苓以健脾利水；水在下焦，偏于阴寒之气上逆的，宜用肉桂以散寒降逆。

二、水结胸胁（十枣汤证，大陷胸汤、丸证，柴胡桂枝干姜汤证等）

1. 十枣汤证　为水气僻积于胸胁，其主证是一侧或两侧胸胁满硬疼痛，且伴有呼吸短促。《伤寒论》关于本证的描述，尚有下利、呕逆、漐漐汗出、头痛发作有时等，这些都是受水气影响而偶有的见证。因其水气僻积，非一般渗利之药所能驱除，故用大戟、芫花、甘遂等毒药峻逐水气，用大枣以保护胃气并缓解毒性。若不加用大枣，每致引起头眩、泛恶等严重副作用，甚或有损正气而终使病情恶化。

2. 大陷胸汤（丸）证　即大结胸证，是水与邪热互结胸胁，所以其证见心下满硬疼痛、短气、烦躁，心中懊侬、口燥渴饮、头汗等。如病偏于上，牵及于颈项，可出现项强如柔痓之状；如病偏于下颇似阳明腑实，可出现不大便、日晡小有潮热、从心下至少腹硬满而痛不可近。病偏于上的，治用大陷胸丸；病偏于下的，治宜大陷胸汤。其目的，无非借甘遂、硝、黄等攻逐，使水气与邪热从大便而下。有谓大结胸证病情急者，宜用汤剂急攻，病情缓者，宜用丸剂缓治，实则并不尽然。凡大结胸证具者，宜用大陷胸汤，如更兼喘咳痰沫等肺家疾患，则宜用大陷胸丸。此从大陷胸汤、丸方均具硝、黄、甘遂，而大陷胸丸尚多葶苈、杏仁、白蜜等药物组成来看，亦可推知其于峻逐水欲之外，兼能泻肺止咳化痰。《伤寒论方解》谓“大陷胸汤、丸二方的作用，同是泻水，但大陷胸丸所主的证候，多与呼吸器疾患有关联”，确是道中窍要。

3. 柴胡桂枝干姜汤证　本证为胸胁满微结、小便不利、渴而不呕、但头汗出、往来寒热、心烦等。唐容川谓“水饮内动，逆于胸胁，故胸胁满微结、小便不利；水结则津不上升，故渴”。柴胡桂枝干姜汤中的柴胡、黄芩，和解少阳邪热；栝蒌根、牡蛎软坚开结以化胸胁痰热水气；桂枝、干姜、甘草宣化胃中停饮，故能治疗少阳邪热而兼胸胁胃中均有微量水气的病变。

上述三证，就水气的停量而论，十枣汤证和结胸证水气较多，所以均有胸胁滞硬疼痛而短气。柴桂干姜汤证水气量少，故仅是胸胁满微结而不疼痛，且亦不短气。就性质而论，十枣汤证仅是水气僻积而未与邪热相搏，故迳用十枣汤以峻逐水气；陷胸证、柴桂干姜汤证，均是水与邪热相搏，所以均有口渴、心烦、头汗等水热郁阻症状。不过前者是阳明邪热而水气搏结较甚，故主陷胸汤（丸）逐水且以泄阳明之热。后者是少阳邪热而水气较少，且胃中停有寒饮，所以主用柴桂干姜汤和解少阳软坚开结，且以宣化胃中停饮。

三、水阻中焦（生姜泻心汤证，茯苓甘草汤证，苓桂术甘汤证，苓桂甘枣汤证）

1. 生姜泻心汤证　本证是属胃热气滞而致心下痞硬，兼有水气内停胃气不和而上逆，故干噫食臭。《伤寒论》原文谓胁下有水气，实际即是水停于胃，而不是水停胸胁；脾家虚寒，则腹中雷鸣下利，故治用生姜泻心汤。

2. 茯苓甘草汤证　是胃阳衰减而致水停于胃。主证为厥而心下悸、口不渴，临床所见，常伴有脘次逆满凉冷之感、泛吐清水、小便短少等证。治用茯苓甘草汤，借桂、甘、生姜以温阳散水，茯苓以利水气。

3. 苓桂术甘汤证　是脾虚不运而致水停中焦，见证为心下逆满、气上冲胸、头眩、脉沉紧等。此种气冲，是水气上逆时由中焦上冲胸脘，与奔豚证之气从少腹上冲心胸是不同的。头眩亦由水气上逆阻格清阳所致，故多时眩时止，且常伴见泛吐清涎，此与风阳上冒之头眩多兼胀痛、肾虚头眩之多兼色萎耳鸣者，亦有所不同，故用苓桂术甘汤以健脾运而温化水饮。

4. 苓桂甘枣汤证　是脾不制水、胃水上逆所致。主证为脐下悸、欲作奔豚。治用苓桂甘枣汤，主要是渗利水气且以培土制水。本证与桂枝加桂汤证的区别：在病机方面，彼则偏于寒邪，此则偏于水气；在证状方面，彼则冲气自少腹直冲心胸，且多有寒冷之感，小便较少变化，此则冲气仅在脐部以下，很少上逆心胸，且亦无凉冷感觉，小便大多短少。故在治疗方法上，彼则主用肉桂散寒降逆，而此则主用茯苓、大枣以利水培土。

除生姜泻心汤系用芩、连清热泄痞，生姜、半夏散水和胃，参、枣、甘草以补脾虚，是治胃热气滞而兼水气外，一般水气属阴邪为患，非阳和舒布则不得宣化。故生姜泻心汤后三证，均属水阻中焦，皆用桂枝、甘草、茯苓以温阳化水。茯苓甘草汤证，是病偏于胃，以厥而心下悸为主证，故主用生姜以温散水气；苓桂术甘汤证，是病偏于脾，以心下逆满为主证，故主用白术以健脾运；苓桂甘枣汤证，以脐下悸动为主证，故重用茯苓以渗利水气，且用大枣以补脾制水。

四、下焦阳气不化（真武汤证，五苓散证）

1. 真武汤证　论中关于此证的叙证为“心下悸、头眩、身瞤动、振振欲擗地”，或“腹痛、小便不利、四肢沉重疼痛、自下利”。由于水气所居的部位不同，因而其见证亦有区别。如水停下焦，可致小便不利；水走大肠，可致大便不利；水停于胃，可致心下悸、呕吐等证；水气上逆则头眩；水气外溢于经脉肌肉，则身瞤动、振振欲擗地，或身体四肢沉重。临床上以两足寒冷、小便短少或清长、大便稀溏、腹中急痛、身体或仅下肢浮肿等尤为多见，见证虽不一致，但究其根源，总由肾阳不振而致停水为患，所以借附子以温肾阳，芍药以和利血脉，生姜、白术、茯苓等以行水气，合之以共奏温经复阳散水利湿之功。

2. 五苓散证　本证病变重心在膀胱，主证为小便不利、少腹里急、口渴等。膀胱为州都之官，气化不行，则水气停蓄而为小便不利、少腹里急；气化失职，则津不上承而感口渴。由于口渴多饮，而又小便不利，则摄入之水，每多停蓄于胃而为心下痞满，甚则水气满溢而饮水即吐。故借桂枝通阳化气，二苓、术、泽等健脾行水。章虚谷谓“若无表证，宜用肉桂，则其化气行水之功更胜”，此言确系从临床实践而得。

真武汤证与五苓散证，虽均属下焦阳气不化，但前者病在肾阳不振而脾运不健，以下利、腹痛、肢冷等症为主，故主用附子以温肾阳、术、苓以健脾利水；后者病在膀胱不能气化而水不下泄，以小便不利、少腹里急等症为主，故宜用桂以化气、苓、泽以利水，两者是有表里轻重之别。

五、水热郁阻　如猪苓汤证，牡蛎泽泻散证等。

1. 猪苓汤证　本证为阴虚有热而三焦水道不利的病候。脉浮、发热、心烦不眠，是阴虚有热之象，由于病邪不甚，故身热亦轻，临床上亦有不见身热的。小便不利，是因水道不利之故。下利，乃因水气渗于肠道；咳而呕渴，为水气影响肺胃所致。猪苓汤是养阴利水泄热之剂，赵羽皇说：“方中阿胶质膏，养阴而滋燥，滑石性滑，去热而利水，佐以二苓之渗泻，既疏浊热而不留其壅瘀，亦润真阴而不苦其枯燥”，因此本方用于小便欠利、且见溺管涩痛，或溺中挟有脓血、口渴、心烦、舌红苔腻、脉数等肾阴不足兼湿热内阻之证，亦颇有效。

2. 牡蛎泽泻散证　《伤寒论》谓“大病瘥后，从腰以下有水气者，牡蛎泽泻散主之”。这是指病后湿热壅阻而致身半以下浮肿，故用牡蛎泽泻散之清热逐水。钱天来说：“此因大病之后，下焦之气化失常，湿热壅滞膀胱不泻，水性下流，故但腰以下水气壅积，膝胫足跗皆肿重也”。这已指出了本方证的病机与主要见证，若确因湿热壅阻而正气未虚，即使是全身浮肿，本方亦可施用。

关于使用治水方药的几个问题

一、治疗方法　治疗水气病的方法，不外发汗、渗利、温运、逐水等。《内经》所说的“开鬼门、洁净府”，就是指的发汗与渗利。凡水气在皮肤肺气不宣而肌肤浮肿的，治以发汗，使水气由汗外泄则病已，所以小青龙汤不仅能治疗水在心下之喘咳痰沫，且亦能治水溢肌肤之身体疼重、浮肿等，《金匮》谓“病溢饮者，当发其汗，大青龙汤主之，小青龙汤亦主之”，即是属于这一治疗作用。凡水气在内而停蓄不行的，必用渗利，使水从小便而去。茯苓甘草汤、苓桂术甘汤、苓桂甘枣汤、真武汤、五苓散、猪苓汤等证，皆为水停中下焦者的病候。《金匮》谓“腰以下肿当利小便，腰以上肿当发汗”，实为治疗因水气浮肿而运用发汗、渗利法之两大准则。水为阴邪，性近寒凉，凡水气病而不兼热者，类多宜用温药以资运散。《金匮》谓“病痰饮者，当以温药和之”痰饮宜温，则水气之当温者，自可不言而喻。张景岳说“治水者必先治气，若气不化，则水必不利”，亦明确地指出了治水宜温运气机的重要性。小青龙汤之干姜、细辛，真武汤之附子、生姜、五苓散之桂枝等等，无一不是取其温运气机。逐水法是适用于严重的水气病变，用攻利之药，使水液迅从小便而去，从这一方面来看，逐水法亦可看作是剧烈之渗利。但逐水药之驱除水气，亦能使其从大便而下，此又是逐水法之不同于渗利者。所以逐水法，是邪盛正未虚而水气为患严重之际，确是一不可或缺的方法。当然，不当用而用之，亦是于病不利的。治水方法，分别之虽有上述四种，但在临床上亦多视证情需要而结合运用，或先后交替使用。

二、药物配伍与用药规律　治水药物，也和其它治疗方药一样，通过一定的配伍，更能发挥其治疗效用。如水气在肺，见喘咳痰多而稀，宜用干姜、五味、细辛。干姜、五味，能开阖肺之气机而喘咳可除，细辛能温散水气以外宣皮毛，内外宣泄，气机通畅，则肺之治节行而水气自化。凡三焦决渎不利而致水气内停、小便不利的，宜多用渗利之品，如猪苓汤之用大队渗利药，便是为此而设。凡水气在中焦脾胃者，宜用桂枝、生姜、干姜、白术等温阳宣化，其中水停于胃而水气上逆的多用生姜，如生姜泻心汤之干噫食臭、胁下有水气，茯苓甘草汤因水气凌心之心下悸，均赖生姜以主之。脾不健运的，则用白术，加苓桂术甘汤。如脾既不运而又水停于胃的，则并生姜、白术而同用之，如真武汤。推之五苓散治蓄水证而兼水入则吐者，亦当加用生姜为是。至于柴桂干姜汤之治水停于胃，因其不呕，故易生姜而为干姜，以助桂枝温散。若下焦阳气不化而停水的，则必用附桂以助阳而兼用利水之品，如真武汤之用附子、茯苓，五苓散之桂与二苓、泽泻同用，便是为此目的。

三、关于逐水药的用法　大戟、芫花、甘遂等，多为有毒性的逐水峻药，其中尤以甘遂为甚。此等药物，非邪正俱盛者，断不宜用。淮南子谓"大戟去水，葶苈愈胀，用之不节，乃反成病"，可见该类药物，若使用不当，反会引起不良后果。临床时须经过炮制使用，若生用则毒性较甚。如大戟、芫花多宜醋炒以减低其对肠胃的过度刺激，抑制呕吐等副作用，甘遂宜用豆腐制或麦麸煨，以减低其毒性。临床上运用逐水药物，如研成细末或做成丸剂服用，效果较好。如大陷胸汤丸，先煮大黄、芒硝，然后纳甘遂末以温服。十枣汤先煮大枣，然后纳芫花、大戟、甘遂末以温服，都是基于这一目的。

[《浙江中医杂志》1965；8（4）：3]

张仲景舌诊运用规律的初步探讨

褚玄仁　常熟县中医院

舌诊肇始于《内经》，张仲景通过临床应用，丰富了舌诊的内容。然历来研究仲景学术者，除金代成无己外，对此均甚忽略。因此，笔者特对仲景舌诊试作一肤浅的探讨，供同志们参考并请指正。

一、仲景舌诊的内容

在现存的仲景著作《伤寒论》和《金匮要略》二书中有关舌诊的记述共有三十条。除重复者以外，实得二十四条。其中《伤寒》有十七条，"太阳病"篇、"阳明病"篇为最多；《金匮》有七条，分布于"百合狐惑阴阳毒"等篇。

仲景舌诊可以归纳为舌质、舌苔、舌觉三类，与《内经》是一致的，但是它的内容却丰富多了，如在舌苔方面，《内经》苔仅有二种，仲景已增至五种；《内经》论舌苔的条文只有二条，仲景则有九条。而且"舌苔"一词，亦为仲景所首创。后人把"舌苔"（舌胎）二字，发展为舌上浮垢的统称，遂成为一个专用名词。

仲景舌诊运用的范围很为广泛，《伤寒论》六经中就有四经论及舌诊，在内伤杂病方面，四十多种病种中也有七种疾病运用过舌诊来辨证。而且其中有一定的规律可寻。如论舌苔的有九条，其中有七条分布在太阳、阳明、湿病、腹满、黄疸等病篇；舌质十二条，其中有七条见于厥阴、厥证、除中、中风、肝中寒、痰饮、瘀血等病篇。可见仲景运用舌诊在诊察三阳病及六腑疾病中，重点在于察舌苔的变化；而在三阴病及五脏病变中，则特别注意观察舌质的形态。我们知道，仲景对外感六淫诸病，辨证的纲领在判别阴阳，而对内伤杂病的辨证核心则在分辨脏腑。病在三阳、六腑者，多属外邪所中，其病在表，正气未衰，故实证热证居多，此时中元未漓，邪盛正实，邪正相争，每易搏聚而成苔；病在三阴、五脏者，每缘内因为病，其病在里，本实已拨，故虚证寒证为多，易致舌质的变化，甚且常舌光少苔。所以仲景以舌与苔并重，而在具体运用时，根据疾病的性质有所偏重，是有其重要意义的。

同一疾病，可以见数种不同的舌（包括舌质、舌苔、舌觉。下同），而同一的舌，又可在多种不同的疾病中出现。仲景很重视这一点，例如：阳明病，热盛阳明则舌干，胃腑热实则苔黄，因热之在经在腑而有不同。就是同为经证，栀豉汤证的热尚未化燥伤阴，故常兼白苔；而白虎人参汤证则是热盛伤津，所以必舌上干燥。这是因为病候的类型和病邪的微甚有别而异其舌者。

又如舌干就主五种不同疾病：一为少阴热证，二为热实结胸，三为阳明经证，四为肝中寒证（郁寒化热），五为水气阻于肠间所致。前四者，病虽互异，其"舌干"之原理则一，无非津液耗竭而已。第五种为水气阻于肠间而致的"舌干"，则是一种反常现象。其病理机制乃因水阻肠间，脾阳被抑，失其输布精微之职，津气不能上呈所致。与因津亏液涸而出现的舌干病证，不可等同对待。

再如白苔主寒主表，在《伤寒论》中有三种不同证候均见白苔，一是阳虚发汗坏证，阳虚则阴胜也；二是阳明少阳合病，为病邪偏重在半表半里；三是阳明经病之栀豉汤证，为表邪初传入里，胃邪未实，故苔仍白。然里热已甚，故有咽干口苦之证。苔色虽同，舌觉则异，不可不辨。

还有口苦一症，有主少阳病者，有主阳明中风病和百合病者，盖口苦为少阳风火之气上炎，故主少阳病；但阳明热蒸，热逼胆气上逆亦致口苦；百合病为伤寒大病以后，因遗热不去，散漫未统于经而反映于舌，也出现口苦之证。

此外，仲景察舌，有时单察一种，有时又把舌质、舌苔或舌觉综合起来加以考虑。如"腹满"的"舌黄"为可下之胃家实证，而"黄家"的"舌萎黄"，则属脾虚而湿热郁蒸之象。这是似同而实异。临证必须详细地辨析它们的异同，才能作出恰当的处理。

二、仲景舌诊的运用

舌诊虽然重要，但仲景并不是孤立对待的，他在辨证时很注意四诊合参。兹从以下四个方面探讨仲景是怎样把舌诊运用于临床的。

1. 审察病因　《金匮要略·惊悸吐衄下血胸满瘀血篇》云："病人胸满，唇痿舌青，口燥，但欲嗽水不欲咽，无寒热，脉微大来迟，腹不满，其人言我满，为有瘀血。"本条首先提出"唇痿舌青"，说明他是以这一见证为主来诊断瘀血的病因的。因唇舌为血华之处，血脉瘀滞，浅表静脉郁血故舌青。后人有谓舌见紫斑为瘀血，不知青为紫之渐，譬如局部郁血，初则每现青色，郁久则成紫瘀。故仲景以舌青为瘀血，乃是见微知著的诊断。

2. 阐述病机　《金匮要略·中风历节篇》第2条云："……邪在于络，肌肤不仁；邪在于经，即重不胜；邪入于腑，即不识人；邪入于脏，舌即难言，口吐涎。"贼风入脏，则脏气厥而不能至舌本，致"舌即难言"。所谓"舌即难言"，即舌体转动不灵，不能言语之意，系中风重症的表现。其较轻者，则多表现为舌体歪斜、言语不清。

《金匮要略·痉湿暍篇》云："湿家，其人但头汗出，背强，欲得被复向火，若下之早则哕，或胸满，小便不利，舌上如胎者，以丹田有热，胸中有寒，渴欲得饮，而不能饮，口燥烦也。"湿家误下，阳气反陷于下（丹田有热），寒湿仍聚于上（胸中有寒），而致舌上见白滑润泽的苔。这是湿盛的表现，所以渴欲饮水而不能饮。

《伤寒论·少阳篇》（263条）云："少阳之为病，口苦，咽干，目眩也。"少阳为胆腑，胆病则口苦。

3. 确定治疗原则　《伤寒论·阳明篇》（230条）云："阳明病，胁下鞕满，不大便而呕，舌上白胎者，可与小柴胡汤。上焦得通，津液得下，胃气因和，身濈然汗出而解。"本病因有不大便，故列于"阳明篇"，实际当是少阳、阳明合病。不大便为阳明见症，胁下鞕满则属少阳。呕虽为少阳兼症之一，但阳明病亦有兼呕症的，如《伤寒论》185条和243条所论即是其例。根据这些见症，照理应阳明、少阳同治，似可选用大柴胡汤等方。可是仲景并未用同治方法，而单用小柴胡汤从少阳施治。这是因为邪偏于半表半里，其辨证关键是舌苔白。如果舌苔黄糙乏液，则燥屎内结，里证为多，那么小柴胡就不能解决问题了。由此可见，诊治疾病在症状夹杂、病情疑似之同，必须注意重点，掌握病邪癥结所在和诊断的关键，才能收到良好效果。

仲景凭"舌"论治，主要有三种规律：

第一种：如《伤寒论·阳明篇》云："阳明病……咽燥口苦……舌上苔者，栀子豉汤主之。"（221条）接着他又指出："若渴欲饮水，口干舌燥者，白虎加人参汤主之。"（222条）同为阳明经证，因舌、苔有异，所以立法用药也就不同。咽燥口苦而兼白苔，为热邪留扰胸膈之证，当以栀豉汤清热；而口干舌燥则是热盛阳明津液受伤的表现，所以需用白虎人参汤以清热生津。

第二种，如《金匮要略·腹满寒疝宿食篇》云："病者腹满……舌黄未下者，下之黄自去。"临床上，如见腹鞕满胃家实之主证，不论是杂病或伤寒，若见舌上苔黄者，均可运用下法治疗。盖其病虽异，病机则同，故治法亦相一致。

第三种：如《伤寒论·太阳篇》（137条）云："太阳病，重发汗而复下之，不大便五六日，舌上燥而渴，日晡所小有潮热，从心下至少腹鞕满而痛不可近者，大陷胸汤主之。"同篇第168条云："伤寒若吐若下后，七八日不解，热结在里，表里俱热，时时恶风，大渴，舌上干燥而烦，欲饮水数升者，白虎加人参汤主之。"又《金匮·痰饮咳嗽篇》云："腹满，口舌干燥，此肠间有水气，己椒苈黄丸主之。"三者其"舌"虽同，治法互异，但其基本精神则均属"治病求本"。盖白虎加人参汤证，系热盛津伤，故大渴引饮，自当以清热生津为急务；已椒苈黄丸证则系气不化津，非津液之耗竭，而实为水气之过盛，故无渴饮见证，舍温下逐水不为功。两者之“舌”，一真一假，鉴别之点，就在渴与不渴。至于大陷胸汤一证，则介乎二者之间，既有胃津已伤、热邪内舍的一面，故亦有口渴见症；但又有停饮内结的一面，故渴饮不甚，与欲得水数升、舌干不渴均有不同。用涤热逐饮之法，可谓恰对病机。

凭舌论治，仲景十分审慎。如指出舌黄需在未下的情况下才可议下，就是明显的例子。此外仲景也常提出某病见某“舌”不宜用某法治疗的告诫，并且还告诉我们用药不当可以导致舌的变化。这是仲景凭舌论治的另一个方面，例如《伤寒·太阳篇》（130条）云：“脏结无阳证，不往来寒热……舌上胎滑者，不可攻也。”厥阴篇（第335条）云：“伤寒一二日至四五日，厥者必发热，前热者后必厥，厥深者热亦深，厥微者热亦微。厥应下之，而反发汗者，必口伤烂赤。”脏结为阳气衰微不振，治疗上救阳尚恐不及，若误投攻下，必蹈寒气入胃，阴盛以亡之复辙，故仲景特别提出不可攻下之禁。厥证有寒厥与热厥之分，寒厥不可下，热厥而有腑实证者则应下。前热后厥，是为热厥之明证，反发其汗则伤津化燥，里热益甚，因致口舌糜烂色赤。这是指误药而致的舌色变化，值得我们临床上注意的。

4. 判断预后：依据“舌”以判断预后的吉凶，及疾病的转归变化，也是仲景舌诊的另一特色。如《伤寒·太阳篇》（129条）云：“脏结，白胎滑者，难治。”这是仲景凭舌以判断预后之例。又如《伤寒·辨脉法篇》云：“脉阴阳俱紧者，口中气出，唇口干燥，踡卧足冷，鼻中涕出，舌上胎滑，勿妄治也。到七日以来，其人微发热，手足温者，此为欲解。或到八日以上，反大发热者，此为难治。设使恶寒者，必欲呕也；腹内痛者，必欲痢也。”脉阴阳俱紧为表里客寒，证见口中气出、唇口干燥，则是阳盛见证；鼻中涕出、踡卧足冷则是阴盛见证。正邪相争，搏聚而见滑苔，滑苔为阳被阴抑之象，故综合病机属阴邪偏胜，正阳不足，所以不可妄施攻伐（“勿妄治也”，当指不要滥用汗、下之剂）。到七日以来，其人微发热则是阴邪渐消，阳气来复之兆，病退之机也。到八日以上，反大热者，则为阴极变热，病邪深入，邪盛正衰的表现，所以说难治。恶寒是上焦寒气胜，故预测其必欲作呕；腹痛是阴凝于下焦，脏寒不能运化，水谷势必偏渗大肠，故预测其一定要出现下利证候。本条则是根据“舌”脉证候以判断预后和疾病转归变化的范例。这说明了临床察“舌”，不仅能推测病势的转归，决定病人的生死存亡，而且也可以测知邪正消长和证候的变化情况，做到“见病知源”，“视别死生”。

三、小结

综上所述，我们可以看出，仲景舌诊：第一，他是继承了《内经》舌诊的理论而又根据自己的临床实践而予以发展，因此，不论在内容上、理论上都有了进一步的充实和提高；第二，他具体运用舌诊作为辨证施治的工具之一，运用它来审病因、辨病机、定治则、判预后等等，为后世温病学家的辨舌打下了良好的基础；第三，仲景论舌，绝不胶柱鼓瑟，有一病多“舌”、一“舌”多病等的不同，临床上有须舍证从“舌”，舍“舌”从证，“舌”证同参之别，具体地告诉我们切不可执舌、苔以应万变，而必须参合脉证，细心辨析，去伪存真，才能洞悉病情，确当处理。

［《中医杂志》1965；（5）：27］

六经下利初探

杨志一

痢疾古称肠辟、滞下，多从内伤饮食，外感时邪而来，其证以腹痛、里急后重，下利赤白为特征，为夏秋时令多发病之一。其病象疟疾一样，疟疾不只关乎少阳，而且不脱离六经，内经“六经疟”的论证，早为临床所证明。下利发于手足阳明，实际上也不脱离六经，伤寒六经下利，显见于三阳三阴之中，其中表里寒热虚实的证治和方剂，历代医家已经不断地运用和发展。因为六经乃三阳三阴的总称，是包举脏腑经络的一个总体，而仲景伤寒论又为体现六经病机的经验结晶。尽管在病证上伤寒论中的六经下利是泄痢并举，不尽属肠辟、滞下，这一类的痢疾，此为同中之异；然二者在病机上，如表里虚实的传变及其寒热的属性等在六经中的反映，又为异中之同。所以六经为辨证施治的基础，贵能反映整个病机，对时令病的泄泻与痢疾，较诸内伤杂病，更为适应。本篇从临床出发，以六经为纲，以各家验案为目，意在从六经病机上来认识泻、痢的表里寒热虚实的传变规律，从分经论治上来运用温清补泻以及解表和里、和气调血诸法，以收执简御繁之效。但这种以六经为中心的分类方法，对泻、痢来说还属于初步摸索，经验很不成熟，挂漏尤所难免，尚希同志们加以批抨指正。

六经分类

仲景伤寒论中，有关下利的条文甚多，有一经发病者，有两经合病者，牵涉到整个六经。鉴于下利证治的复杂性，治不得法，变证百出。我们认为从六经反映下利的整个病机和治疗规律是一个关键性的问题，现就伤寒六经下利分类列表如下：

六经下利简表

经别	类型	主要症状	立法	选方
太阳	太阳阳明合病 太阳误下寒利	发热无汗恶寒，脉浮、头项强痛，大便泄泻太阳病，外证未除而数下之，以致利下不止，心下痞鞕	升清解肌 温里解表	葛根汤 桂枝人参汤
阳明	阳明经证下利 阳明府证下利	身热下利，汗出而喘，脉促表不解 下利谵语，腹满而拒按，舌苔燥黄，脉来滑数	解肌清热 清泻热结	葛根芩连汤 小承气汤
少阳	少阳阳明合病 传经热利	发热、汗出不解，心下痞鞕，呕吐而下利 头痛胸满，口苦咽干，身热，脉或大或强而数，苔黄	和解表里清泻里热 清解里热	大柴胡汤 黄芩汤
表里传变，治分先后		伤寒误下致下利清谷，身体疼痛者，急当救里；后身疼痛，清便自调，急当救表	先温里，后救表	四逆汤、桂枝汤
太阴	本经寒利	自利不渴，腹满时痛，呕吐，食不下，脉迟缓，苔白	温里扶阳	理中汤
少阴	本经寒利 本经便脓血 传经寒利 传经热利	脉细微，但欲寐、下利清谷，里寒外热，甚则汗出而厥，面赤戴阳 脉微肢冷，溺清怯寒，下利便血、脱滑不固 吐利并作，手足逆冷，烦躁欲死，食谷欲呕，脉沉弦 四逆，泄利下重，或咳或悸，或小便不利，或腹中痛	回阳救逆 温脏固涩 直温厥阴兼治阳明 疏泄里热	四逆汤 通脉四逆汤 桃花汤 吴茱萸汤 四逆散
厥阴	热利 久利	热利下重，渴欲饮水，必圊脓血 蛔厥久利，寒热错杂，虚实并见	解郁清热 扶正祛邪平调寒热	白头翁汤 乌梅丸

从上表可看出，三阳下利，多与阳明有关，如，从太阳转阳明之协热下利，则取葛根芩连汤之解肌清热；如少阳兼阳明呕吐，心下痞鞕之热利，则取大柴胡汤以和解表里，清泻里热；如为本经有燥矢之热结旁流，直取承气汤类以通因通用，直下热结。此外，如见口苦咽干、脉弦胸满之少阳下利，又当用黄芩汤以清解少阳半里之邪，但脉迟者忌用，免伤胃气，造成除中之变。又如太阳表未解，传人阳明而下利，治当用葛根汤以升清解肌；太阳误下，而成太阳太阴合病下利，又当用桂枝人参汤温里解表。又后世治外感时邪之下利证，喜用人参败毒散，实取方中人参一味鼓舞胃气，协济表药以奏功。

三阴在里，故均有下利之证。如太阴本经寒利，治用理中汤等温补脾阳，但如为太阳病久利赤白，见腹痛厥冷者，可选用千金温脾汤，温脾阳以下积。病在少阴，虚寒在里，下利厥逆者，用四逆汤温里扶阳；如见阴盛格阳，虚阳欲脱之证，又当用通脉四逆以回阳救逆；如为吐利厥逆，烦躁欲死，食后欲呕，此与木土不和有关，非少阴本证，故用吴茱萸汤直温厥阴，兼治阳明；更有热郁在里而泄利下重者，为阳郁于下，证虽见四逆，实为脾气不和，清气不能通于四末所致，故用四逆散，取枳芍疏泄里热，加薤白温滑通阳。病在厥阴，热则以白头翁汤疏泄肝气，清解里热；如体虚阴亏者，又当遵金匮法，加阿胶甘草以补虚扶正；寒热错杂，虚实并见之久利，则以乌梅丸扶正祛邪，平调寒热。总之，从虚实传变来看，不脱离实则阳明，虚则太阴的传变规律，例如下利谵语属阳明，自利不渴属太阴等是。从寒热转化来看，不外乎从病体而分与从药误而变两个方面，例如太阳病误下，有转阳明之下利，用葛根芩莲汤，又有转太阴之下利，用桂枝人参汤等是。从木土关系来看，也不外木克阴土与木克阳土两个方面，例如黄芩加半夏生姜汤为胆逆犯胃、木克阳土之证；四逆散为肝脾不和，木克阴土之证等是。因此，三阳下利以护胃气为主，三阴下利以扶脾阳为主，在厥阴则以疏木为先。

医案举例

1. 太阳阳明下利　朱发根，男，十二岁，发热恶寒，头项强痛，汗不出，大便泄泻，舌白，此太阳阳明合病，拟葛根汤。

葛根三钱，麻黄一钱，桂枝钱半，白芍钱半，炙草一钱，生姜二钱，红枣五枚。

服二剂，病即告愈。(《农村医疗》)

2. 阳明经利　凡三阳证，邪未入里归腑，尚在散漫之时，误下之则热不解而下利，神虚妄言见

矣。拟苦清以通腑气，仍用葛根解肌开表，斯成表里两解之法耳。葛根、黄芩、黄连、甘草。（叶天士《临证指南医案》）

3. 阳明府利　一人病伤寒下利，神昏多困，谵语不得眠，或者见下利，便以谵语为阴虚证。许曰：此亦小承气汤证。众骇曰：下利而服小承气汤，仲景之法乎？许曰：仲景之法也。仲景曰："下利而谵语者，有燥矢也，属小承气汤。"与服得解。（许叔微《伤寒九十论》）。

4. 太阴寒痢　陈孩，病痢发热呕恶，医以藿香正气散，二日绝粒不进，所下血多白少，诸医见血为热，又称胃火之呕，进左金二陈之属，腹胀胸高，指尖时冷，余视其血，先下者凝成黑片，后下者点滴晦淡，知为脾胃虚冷，致阳气浮越而发热，阴气不守而下奔，中焦困乏而不纳，与甘草干姜汤，一剂呕正，再剂胃胀已消，以早米汤亦受，更方与理中汤，发热下痢顿止，盖脾胃得权，阳气乃行，使气血各守其多矣。《谢映庐医案》

5. 大阴下痢　李象才，男，三十四岁，腹痛里急，下痢赤白，每日三四次，小便清利，怯寒肢冷，脉象细弱，舌苔薄白，此太阴寒痢，仿东垣法，以理中汤加枳实温中导滞。西党三钱，白术三钱，炮姜三钱，炙草钱半，枳实二钱。三剂后，腹痛下痢已止，大便正常，欲食较好，但手足未温，脉仍沉细，再以附桂理中汤三剂调治而愈。（《农村医疗》）

6. 少阴寒利　例一：脉沉微，下利呕逆，身痛，四肢厥冷，少阴中寒，应四逆救其里。生泡附子、干姜、炙甘草。

例二：脉微，下利厥逆，烦躁面赤戴阳，显然少阴证，格阳于上也，用白通去猪胆汁，以猪胆汁亦伤其阳也。泡生附子、干姜、葱白，煎好冲入人尿一杯。（叶天士《临证指南医案》）

7. 少阴虚利　昔与章次公诊……，病下利，脉结代，次公疏炙甘草汤去麻仁方与之，当时有见者曰：此古方也，安能疗今病？次公忿与之争，仅服一剂，即利止脉和。盖起病曰四十余日，庸工延误，遂至于此，此次设无次公之明眼，则病者所受痛苦，不知伊于胡底也。（曹颖甫《经方实验录》）

8. 厥阴热痢　朱右，高年七十有八，而体气壮实，热利下重，两脉大，苔黄，夜不安寐，宜白头翁汤为主方。白头翁三钱，秦皮三钱，川连五分，黄柏三钱，生川军三钱，枳实一钱，桃仁三钱，芒硝二钱。一剂得快利，能安寐，其病若失，竟复健康如中年人（曹颖甫《经方实验录》）

9. 肠胃热痢　邓木旺，男，三十岁，下痢红白，日四五次，腹痛里急后重，上则嗳气不爽，舌红苔薄，脉象细数，拟排脓散加味。枳实二钱，赤芍三钱，桔梗三钱，陈皮钱半，木香一钱，黄连八分，甘草钱半。三剂后，腹痛下痢即止，大便正常，但觉头昏胸闷嗳气，四肢乏力，舌净脉缓，再以补中益气汤调理。（《农村医疗》）

10. 噤口痢　周氏子，年十九岁，于 1916 年 8 月间患赤白痢，日夜百余次，得汤则呕，呃逆频频，不能饮食，腹痛后重，脉滑不受按，苔中腻边花，缘湿热内阻，胃失通降，迁延十余日，已达正虚邪盛险境，姑仿丹溪参莲饮及程钟龄开噤散意。处方：北沙参五钱，川连八分，甜石莲四钱，冬瓜仁四钱，丹参二钱，石菖蒲八分，茯苓三钱，桔红钱半，旋覆花二线，竹茹二钱，果然一剂痢减其半，呃逆遂止，服二剂后已能纳谷，呕止病愈。（季少山《江苏中医 · 痢疾治验》1964. 9. ）

11. 疟痢并发　病已两月有余，脾胃虚弱，疟邪内陷变痢，面浮腹胀里急，肛门欲坠，气虚伏邪未清，拟和解法。柴胡一钱，黄芩二钱，丹皮二钱，白芍二钱，当归二钱，人参一钱，谷芽二钱，查肉一钱。（陈修园《南稚堂医案》）

12. 产后下痢　胎前下痢；产后不止，势难挽回者，用伏龙肝汤丸随症加减，随手获效。伏龙肝汤丸：炮黑山查一两，熬枯砂糖二两，二味一半为丸，一半为末，用伏龙肝一两，煎汤代水，煎末二钱，送前丸二钱，日三夜二服，一昼夜全尽，气虚加人参三钱。（《痢疾轮》）引张石顽验方）

综上所述，再从证与方两个方面来看。（1）证候方面：六经下利，各有特点，在三阳当分表里，更要分经府，例如，太阳阳明下利，其表在太阳，其里在阳明，必用葛根汤之双解表里，方合病机。又阳明下利，既有葛根芩连汤之经证，又有小承气汤之府证，更有大柴胡汤之府证等是。在三阴当分寒热，更要分经脏，例如太阴寒利，当用理中汤温之，倘由太阳误下而来之寒利，则非桂枝人参汤解表温里不为功。又如少阴既有本经寒利如四逆汤证，复有传经热利如四逆散证。厥阴既有热利如白头翁汤证，亦有寒热错杂如乌梅丸证。因此，认为在三阳邪实阶段各有表里，三阴正虚阶段各有寒热。关键问题在于分经论治，近世对肠炎，痢疾分急性和慢性两种，却不能套用急性属阳、慢性属阴等说法，贻误病人。（2）方药方面：经方宜活用，如借用排脓散之治肠胃热利，炙甘草汤之治少阴虚利，以及后世运用黄连阿胶汤之治少阴热利等是。尤其是所举疟痢并发一例，陈氏运用和解法，深合病机。因为疟邪内陷与痢邪合并，法从少阳和解，伸少阳升发之气，肠胃转安，疟邪解而痢亦止，充分体现了仲景“方中有法，法中有方”的特点。再者，后世补充治痢之方，亦复不少，例如近人运用丹溪参莲饮及程钟龄开噤散以治噤口痢；张石顽伏龙肝汤之治产后痢；喻嘉言创立逆流挽舟法，先后使用人参败毒散，补中益气汤等，均可起重证于垂危，补经方之不足，其中喻氏所谓斡旋法，是否适用于临床，值得商讨。此外，前人有疟变为痢，痢变为疟的说法，这是指疟痢互相传变在六经中的反映、即少阳之邪陷入阳明，则疟变为痢而病重，阳明之邪还出少阳，则痢变为疟而病轻。但疟自疟，痢自痢，二者病症不同，病位也不同，不能混为一谈。尤在泾指出：暑湿外侵经络则为疟，内动阳脏则为痢，即可说明这一点。

结语

1. 本文以六经为纲，各家验案为目，论述了六经下利的病机和治疗方法。

2. 指出泄泻与痢疾都包涵于六经下利之中，二者治法也都以六经辨证为依归。

3. 指出经方活用的同时，对后世补充治痢之方，也值得重视和运用。

4. 对疟与痢的病理机转和治法，相应地加以讨论。

[《江西医药》1965；5（9）：1009]

从三个承气汤看仲景的下法技巧

魏德煜　张启良　叶锦先

我们通过《伤寒论》的学习，从论中对三个承气汤的运用，管窥到仲景的下法技巧。兹将浅陋体会略述于下，不妥之处，敬请同道指正。

一、审证求因，治病求本

下法是应用在“胃家实”的情况下。《伤寒论》应用三承气汤治疗胃家实有三种目的：

（一）攻荡积滞：阳明发病特点为邪气最盛，阳气最旺。当邪热与胃肠有形之物搏结，便会产生实、燥、痞、满等实积气滞现象。此时，在治疗上务必先去其有形积滞。积滞去，热自解；邪热去，正自安。三个承气汤（特别是大承气汤）的应用，正是起着攻荡积滞的作用。

（二）急下存阴：为了防止病邪郁结在里，化热灼耗津液及产生其他中毒症状，仲景应用急下之法，取“釜底抽薪”之意，使病邪祛，津液存。在临床上凡遇到阳明腑热甚即将影响或已影响津液亏损者，如症见目不了了、睛不和、发汗不解以及“大实有羸候”的少阴假象等，都应立即采取急下存阴措施。

（三）因势利导：三承气汤是泻剂，但仲景却用于阳明腑实证的“热结旁流”——下利。“热结旁流”与大便秘结从现象来看是完全不相同的，但从本质来说，均是阳明腑实证，均系邪热内结引起胃肠机能紊乱所致。承气汤之用于“热结旁流”，是仲景根据《内经》“通因通用”的理论而运用于临床实际。在具体应用上，对于宿食积热而成的“热结旁流”，常用大小承气汤；对于经下后里热未清，仍“热结旁流”的，用调胃承气汤。

二、峻下轻下，用必有据

三个承气汤，由于药物组成不同，泻下程度也不一样。三方同用大黄，可知大黄是下剂要药（考《伤寒论》应用大黄十四方，其应用目的不外泄热或通积滞。如用于泄热，大黄只须少量渍绞取汁，如泻心汤；用于去积滞，则宜较大量煮服，这是仲景用药特点之一）。大黄得枳朴，则能去积滞泄痞而除满；得芒硝，则软坚而除燥实。大承气枳、朴、芒硝并用，所以为峻下剂；小承气有枳、朴，而无芒硝，所以为轻下剂；调胃承气有芒硝无枳朴，而加甘草和中，所以为和下剂。三个承气汤都是主治阳明腑实证的方剂，但临床运用是要经严格选择的。我们认为，阳明腑实证基本上可归纳为燥结型及实结型。调胃承气汤适用干燥结型，大、小承气汤适用于实结型。

燥结型的临床特点是大便燥实，心烦而无心下痞或腹满。其病因多由于热灼津伤或因汗吐下后，津液耗损太过所致。《伤寒论》设调胃承气汤计九条，其中绝大多数条文有汗吐下的记载。由于汗吐下，津液耗损（亦有因热灼津伤的）致成燥结，此时只可与调胃承气汤“和胃气”。我们体会，仲景之用调胃承气与用大小承气，其意在“气”字着眼：大小承气用枳朴行气；调胃承气用甘草和胃气。

实结型依病情不同又分为轻重两型：轻型实结型的临床特点是有实热而结但不甚，胸腹痞满较轻度，治宜小承气汤；重型实结型的临床特点是实热燥结甚，心下痞，腹满而痛剧，治宜大承气汤。

大小承气汤的采用，除根据痞、满、痛的轻重程度作为辨别外，还可以参考出汗及食欲情况。如腹大满，若手足濈然汗出者用大承气汤，手足未濈然汗出者用小承气汤。在燥实大便秘结的情况下，如不能食，说明胃气窒塞，宜用大承气急下之；如能食，胃气尚通，只须小承气汤微和之。此外，小承气还可以作为大承气的试探剂。

三、可攻与否，辨宜详审

仲景对下法适应证选择是很严密的。凡病邪未结于胃，以及阳虚寒厥或病势有向上向表趋势者，均是禁下对象。但是，如果该攻不攻，反而留邪贻害，劫灼津液。所以，仲景应用下法辨证十分仔细。我们根据论中精神，初步归纳了可攻不可攻“十辨”：

1. 辨汗量　手足濈然汗出可攻，汗多（自汗）不可攻；

2. 辨小便　小便通利（屎定鞕）可攻，小便不利不可攻；

3. 辨寒热　潮热可攻，其热不潮或恶寒者不可攻；

4. 辨矢气　用小承气试探，腹中转矢气者可攻，不转矢气者，不可攻；

5. 辨饮食　潮热谵语反不能食者可攻，能食者不可攻；

6. 辨语声　谵语可攻，郑声不可攻；

7. 辨表情　六七日不大便，烦不解，腹满痛而喘可攻，不更衣十日无所苦不可攻；

8. 辨病位　在里可攻，在上在表不可攻；

9. 辨脉象　滑疾、滑数、浮数、实可攻，微涩、浮虚、浮弱不可攻；

10. 辨舌苔　舌苔老黄、黄厚可攻；薄白、白滑不可攻。（舌苔系作者补）

仲景在运用三承气汤中表现的下法技巧，给我们不少启发。我们注意到《伤寒论》阳明腑证除了实、燥、痞、满外，还有涉及许许多多其他系统的症状。这些症状很相似现代医学的一些内科疾病。如发热、循衣摸床、谵语的症状，相似现代医学脑膜炎、脑炎；腹痛、呕吐、溏泄等症相当于胃肠炎、痢疾；烦躁发狂、如见鬼状，相似精神病……。这些疾患采用下法有一个原则，即有“胃家实”的表现——由一切致病因子引起胃肠机能障碍而产生发热、腹胀、便秘等症状。

应用三承气汤应掌握到现阶段具有“胃家实”的特征。值已经具有三承气汤证候时，还需要注意到三个事项：①体——病人的体质；②时——施治的适时；③适——用药的适度。这体、时、适是很重要的：若病人体质虚弱，再用攻下便犯“虚虚”之戒；不抓住“胃家实”的特征，该下不下，则留邪成害；既用攻下而用量过大，则正气受伤。所以，要求我们临床医师必须细心辨证，正确施治，更好地解除病者的疾痛。

［《福建中医药》1966；（1）：36］

学习《伤寒论·太阳病篇》的体会

矛　心

《伤寒论》是一部按六经辨证论治、理法方药俱备的临床医典。由于文字古奥，初学者颇难理解。虽经历代医家的注释与阐发，但对其中许多问题的看法，往往各抒己见，不能统一的亦不少。通过《伤寒论·太阳病篇》的温课，笔者有如下一些不成熟的体会。

一、前后对照、全面理解

《伤寒论》的系统性很强，文义每多互见。全篇的各个章节既声其独立性，又有其连贯性。在学习时，除领会条文的正面意义外，还须从条文的反面、侧面和前后有关各条互相对照，才能对书本的精神实质有更进一步的认识。如太阳病，中风与伤寒的主证主脉，必须综合原文第一、二、三、十二、十三、三十五、五十一、五十二等条所述去认识，始为完备。又如麻黄汤证不云无汗，乃桂枝汤证属于表虚；以言有汗，而伤寒是表实，故必为无汗也。风寒之邪，常相兼为病，营卫并居一体，原不可截然划分。伤寒脉本浮紧，有时原文中又作浮缓；中风脉本浮缓，有时又作浮紧，这些都须结合临床症侯进行综合分析，才能作为治疗的根据。如不能这样去理解，就不易全面领会与贯通。

二、同病异治、异病同治

《伤寒论》辨证施治的具体运用，在病同而证候异者则异治，病异而证侯同者则同治，一病可用多方，一方可治多病。如三十一条：“太阳病，项背强几几，无汗恶风”，与三十二条太阳与阳明合病下利者，两病完全不同，但其病理机制都是表邪郁闭，故均以葛根汤主之。七十八条心中懊侬，虚烦不得眠；七十九条烦热胸中窒；八十条身热心中结痛，三者各不相同，但其病机均属余热留扰胸膈，故均以栀子豉汤清热除烦，此为异病同治之例。三十四条与一百六十八条同为太阳病下后致利，但属实热者用葛根芩连汤，属虚寒者用桂枝加人参汤。六十一条与六十九条同为汗、下之后变生烦躁，但昼甚夜静者为单独阳虚欲脱，故治以干姜附子汤；而昼夜均等者，是阴阳两虚，故治以茯苓四逆汤。三十二条太阳阳明合病，一百七十七条太阳、少阳合病，二者同见下利，但病势重在太阳者用葛根汤，病势重在少阳者，用黄芩汤，此为同病异治之例。证有异同，治有异同，必能于同中求异，异中求同，乃能尽其运用之妙。

三、抓住关键、辨析疑似

《伤寒论》文句精练，对一般症状的叙述，往往由此及彼，很少繁复。学习时，必须抓住关键，作为辨证的依据。如第三十九条大青龙汤证之“脉浮缓，身不疼，但重，乍有轻时”，此中关键就在于“乍有轻时”四字上面，否则就与少阴气血虚弱之身重毫无区别了。第五十条身疼痛，脉浮紧者，本应发汗，假如尺中脉迟，则是血少之候，不可汗之，其关键就在于脉之“浮紧”与“尺中迟”上。二十三条同是太阳病经日不解，出现寒热如疟的现象，如果脉微缓者，是病势好转将愈之兆；若脉微而恶寒者，是阴阳俱虚，已趋恶化之候；若身热、面赤、身痒者，是表邪仍在而有汗解之机，此三者病源虽同，但体质强弱各异，故有三种不同的转归。第一百二十九条、一百三十条关于蓄水、蓄血的鉴别，主要在于小便的利与不利。同时从小便的利与不利，可以辨别蓄水的部位，如一百三十一条饮水多，小便利而心下悸者，是水蓄于上（心下）；若小便少，少腹满而急，是水蓄于下（膀胱）。一百二十八条蓄血证，发狂，少腹鞕满者，病属深而重，应以破瘀逐血之猛剂、抵当汤（丸）治之；一百零八条仅少腹急结、如狂者，其证较轻而浅，就只用除热行瘀之缓剂、桃核承气汤治之。又如一百五十四条，柴胡证下之，邪热传里，心下满而鞕痛者为结胸，治以大陷胸汤；但满而不痛者为痞，治以半夏泻心汤。说明辨证论治的关键，往往只是毫厘之差。

四、从方测证、从证推方

《伤寒论》中言证不言方，言方不言证的例子确实不少，这就要我们于无字处读之。如五十一条云：“脉浮者，病在表，可发汗，宜麻黄汤”，实则“病在表”即包括了伤寒表实的证候在内，否则是不可但见“脉浮”，就用麻黄汤发汗的。又如二十七条“太阳病，发热恶寒，热多寒少”之桂枝二越婢一汤证，应该还有心中微烦及口渴等里热现象，此从本方用石膏，可以测知。从证推方方面，如六十条“下之后，复发汗，必振寒，脉微细”之阴阳内外俱虚证，虽未言方，但就证用药，非以参附四逆辈救治不可。他如麻黄汤诸禁证，根据各个不同的素质与症状，治疗时必须顾本与祛邪同时并用，方可收到良好效果。从这一点，也可体会到仲师举证略方、举方略证的目的，无非是示后学者以举一反三之例，使通过独立思考，知常达变，可以运用无穷。

五、谨守法度、坚持原则

《伤寒论》一百十三方（实有一百十二方），其中关于药物的配伍，分量的轻重，剂型的选择，以及服用的方法等等，无不丝丝入扣，法度谨严。如桂枝加附子汤，较桂枝汤仅加附子一味，但其功用从通阳开表转为固阳实表，必阳虚（阴亦不足）者方可用之。苓桂甘枣汤与苓桂术甘汤，二方只枣、术一味之差，但前方用于脐下悸、欲作奔豚者，是复阳培土以制水；而后方用于心下逆满，气上冲胸者，是健脾利水以降冲。再如麻黄配桂枝，性属辛温，发散表寒之力甚强；麻黄配石膏，则属辛凉，清解里热之力较著。桂枝合芍药为调和营卫；而桂枝合甘草为复生心阳。由此可知，药物之配伍增减，关系最为重要。至于方内各味药物用量的轻重，与其治疗作用亦有密切关系，如半夏、生姜、甘草三泻心汤的药物组成相同（只甘草泻心汤中无人参），但半夏泻心汤重用半夏为君；生姜泻心汤重用生姜为君；甘草泻心汤重用甘草为君，其所主治之证，即各随君药之不同而有异。四逆汤中干姜用一两半，如用至三两，即为通脉四逆汤，其功效遂不止于回阳，且能通脉。再言剂型，抵当丸用药，与抵当汤完全相同，惟剂量较轻，但汤有荡涤之义，丸有缓缓留中之不同，就变峻药为缓治。在服法上，如服桂枝汤后啜热稀粥以助药力，取微似有汗，若不啜热粥而于原方中重用芍药，则变解表之法为补内之用。大黄黄连泻心汤，从药物理解，大黄本为泻下之品，但本方大黄量轻，并只用开水泡服，这就是只取其味薄气薄，以泄上焦虚热，与黄连同用，成为清热泻痞之良剂。其他如原文中强调先煎、后入、顿服、分服、止后服、更服等，都与疗法密切相关，不可等闲视之。

六、照顾整体、平衡阴阳

《伤寒论》的辨证论治，是从整体观念出发，以调整阴阳的平衡为准则，根据人体的阴阳偏盛偏衰，损其有余，补其不足。如白虎汤、承气汤证，是脾胃阳盛之证，故用白虎、承气以抑阳；真武汤、四逆汤证是心肾阳虚之证，故用真武、四逆以扶阳，阴阳互为消长，阳盛则阴虚，阴盛则阳虚，抑阳即可护阴，扶阳即可抑阴，五十八条云：“阴阳自和者，病必自愈”，即是此意。十枣汤之重用肥红枣为君；附子泻心汤系大黄黄连泻心汤中加附子一两，皆为泻中有补。一百五十条强调“无犯胃气及上二焦”以及淋家、疮家、衄家、亡血家、汗家等禁用发汗，这都是照顾整体、固本扶正的体现。伤寒最畏亡阳，故二十一条“发汗，遂漏不止，其人恶风，小便难，四肢微急，难以屈伸者”，当属阴阳两伤之病。然其汗漏不止，由于卫阳不固所致，故于桂枝汤加附子以固阳。陈修园谓：“固阳即所以止汗，止汗即所以救阴”，盖即“治病必求于本”的意义。

七、掌握病理、知常达变

六经传变，是疾病过程中正常与不正常的发展和变化，是由素体的强弱、病邪的轻重、治疗的当否三方面所决定的。有人单究于治疗的一面，如谓“太阳失于表”，“误用汗、吐、下等法所致”的说法，是不完全正确的。而仲景文中之所以每每提出误治的因素，乃是常中求变也。盖病证单纯者易治，复杂者难治，一剂一方而愈者，无需多述；而一方一法难愈者，学者往往难于理解。故仲师一一指出，但这并不等于六经传变均由误治而成。伤寒的传变规律，不是机械的。如二十三条云：“太阳病，得之八九日”，这自然就不可说成太阳只有“一日受之”。若言太阳必传阳明，则八十四条之太阳病，发汗后，有用真武汤主治之证，就非病证在阳，而是已经陷入少阴了。据不完全统计，太阳篇中内传少阴的就有三十多条，其他传少阳、太阴的条文亦复不少。第四条、第五条更明显的提出：“脉若静者”，“阳明、少阳证不见者”，“为不传”；“颇欲呕，若躁烦，脉数急者，为传也”。因此说，传经不可以日数拘，亦不可以顺序拘，必定以证候为依据。

八、探讨语法、发现问题

《伤寒论》文义深奥，其语法亦有探讨之必要。如四十一条“小青龙主之”一句，必在“发热不渴”之下；二十七条“宜桂枝二越婢一汤”句，必在“热多寒少”句下，此为倒装句法，否则都难于理解。第六十三条、一百六十二条把不可更行桂枝汤”句放在条首；一百二十条最后提出“何以知之，脉浮故知汗出解”二语，这都是为了郑重其事，故加强语气，以引起读者注意。第二十八条头项强痛等证之前加一“仍”字，便知汗、下之先，即有这些症状。二十三条“不可更发汗。更下、更吐”，从“更”字上体会，知本病曾经用过汗吐下法治疗。《伤寒论》虽是一部从实践中总结出来的简要、纯朴、系统分明的著作，但传世既久，数经翻刻，错误脱衍，在所难免。因此论中还存在许多问题，如桂枝加葛根汤中有麻黄，与葛根汤毫无所别，值得怀疑；二十八条桂枝去桂加茯苓白术汤，去桂固然有一定理由，但云去芍，其理更明。一百四十六条“寒实结胸，无热证者，与三物小陷胸汤，白散亦可服”，其“小陷胸汤”、“亦可服”七字，恐系衍文。同时还有些条文在证治的叙述上，有欠完整之处。上面仅略举几条，有待于今后继续探讨。

太阳居身之表，为诸经之藩篱，一切外邪内侵，非此莫由，在临床上极为重要。论中太阳篇所述内容最为丰富，几乎占了整部《伤寒论》的篇幅之半。因此，我们对太阳病必须有一个明确的认识，这样对全面深入了解《伤寒论》的精神实质，对学好以下各篇，及临床实践的应用，都将提供有利条件。但由于本人学习肤浅，认识不深，以上体会不过千虑之一得，其中定有不少错误，望老师批评指正。

［《浙江中医杂志》1966；9（4）：38］

从伤寒的临床观察研究探讨卫气营血和脉、舌的演变

邢锡波

伤寒是由伤寒杆菌引起的急性传染病。伤寒最显著的病理改变是肠道内淋巴组织增生和坏死。临床特点有持续性体温升高，相对缓脉、脾肿大、玫瑰疹及白细胞减少。本病不同于祖国医学《伤寒论》中的伤寒，张仲景所称的伤寒，其广义的解释包括一切外感热性病及一部分传染病，也包括目前所称的伤寒，狭义的解释约相当于冬季的感冒。清代叶天士、吴鞠通（1667～1746）对本病作了进一步阐述，制订卫气营血的辨证方法，统辖各种传染病的演变规律，和治疗法则，有利于早期用药阻止疾病发展，变被动为主动，能攻能防，机动灵活。今据几年来临床治疗31例伤寒的资料，研讨急性传染病等在卫气营血和脉、舌变化，供临床讨论。

一、诊断依据

本病组31例伤寒病中，伤寒杆菌培养阳性者23例，其中发病10日以内者16例，15日以内者6例，20日以内者1例。培养阴性者8例，其中发病10日以内者3例，15日以上者5例。

伤寒血清凝集试验：31 例中有 27 例，（O）及（H）抗原的凝集效价在 1∶160 以上，仅 4 例为 1∶80，此 4 例伤寒杆菌培养均阳性。

二、症状观察

卫气营血是温病的辨证纲领，是治疗各种传染病的大法。叶天士说：“卫之后方言气，营之后方言血”。另一方面也可由深出浅，由营转气，通过本组临床观察，其症状、脉象、舌质、舌苔的变化，与温病学说卫气营血是一致的，证明叶天士的创见是指导治疗执简御繁的一个好方法。31 例治疗时表证尚在，发热恶寒者 21 例，是邪尚在卫，其余 10 例，已由卫分传入气分和营分。通过询问知患者初期，都有恶寒发热症状。本组首先侵袭卫分，其后传入气分者 12 例，深陷营分者 15 例，陷入血分者 4 例，其传变的快慢，与体质强弱，病势深浅，治疗是否得宜，有密切关系。治疗时，如能辨证精确，治疗及时，用药适当，不但可以减轻病邪，亦可阻止病情发展，并能透邪外出，由营转气，由里达表，迅速转愈。（表一）

表一　31 例伤寒的症状与卫气营血之关系观察表

邪在部位	症　状										
邪在卫分	发热恶寒	脘闷纳呆	身酸肢痛	食欲不振	身重	有汗	无汗	咳嗽	心烦	头眩	
例数	31	3	15	28	8	15	16	3	5	18	
邪在气分之表	发热不恶寒	发热有时恶寒	心烦	口渴引饮	头眩痛	自汗	无汗	神识不清	身重体痛	身倦神疲	胁满痛
例数	23	2	13	18	10	19	6	6	8	25	3
邪在气分之里	身热不退	身发潮热	手足濈然汗出	腹满痛	大便燥结	神昏谵语					
例数	5	1	5	4	4	3					
邪陷营分	身热不退	心烦不宁	耳聋	头眩	昼轻夜重	神识昏迷	抽搐	渴不欲饮	身发红斑	大便下血	
例数	15	8	7	6	8	6	3	15	3	1	
邪陷血分	身热不退	躁烦不宁	大便下血	气短神疲	发斑	神昏谵语	抽搐	自汗盗汗			
例数	4	2	3	4	2	2	1	4			

31 例初起均有恶寒体痛发热、头疼、目眩，心烦、不思食之表证，脉现浮濡、浮大、浮数，以邪在卫分，故舌多淡，如内有郁热，舌质亦能淡红、或红。迨邪入气分，则发壮热不恶寒，心烦口渴引饮，本组邪在气分身发壮热，不恶寒者 23 例，有时恶寒者仅 2 例，31 例均心烦口渴引饮。邪入气分之里者，主要症状为身热不退或潮热、腹满痛、大便燥结、神昏谵语、舌质红、苔黄燥、或黄褐而燥、甚或舌起芒刺，系因热邪伤津、郁浊不降所致。脉沉实、或沉弦有力。邪深陷营，则身热心烦、神识不清、抽搐、或发斑、昼轻夜重，或大便下血。舌质红绛少津、或红绛光亮，无苔、或黄燥。脉弦数有力，或弦细数、沉弦数。入血分，则身热不退、烦躁不宁、神昏谵妄。或便血发斑、舌红绛光滑、无苔、或黄糙、灰糙，脉虚数，细数，为阴津枯竭、热邪未解所致：

三、脉象、舌质、舌苔

舌质舌苔和脉象的演变规律，对临床辨证很重要。张石顽说：“凡舌苔白滑，为邪在表，苔现白腻，为湿邪郁滞，舌苔渐黄为热邪渐盛，黄而滑为热尚未盛，黄而干燥为热盛入府，苔现黄腻为湿热壅滞”。若邪热不解、损伤津液，则逐渐出现黄燥、黄褐、灰黑裂纹、芒刺等变化。一般邪在卫则苔白，邪入里则苔黄，津伤则燥、津存则滑、湿盛则腻。迨至邪深入营，或舌苔剥脱或黄褐灰黑之苔尚有残留，而舌质由淡而红而绛。邪在卫则淡，入气则红，深陷营血，则现红绛。从实践中体会到，掌握舌质舌苔的演变规律，对辨证立法颇有帮助。如再结合脉象将更准确。脉象的演变，据脉经，邪在卫则脉浮；挟热则浮数、浮大；挟寒则浮紧，挟湿则浮濡。迨邪入气分，脉多浮大滑数。温热病脉象的特点为病在卫分、气分，右手之脉多大于左手，或右脉较左脉有力；病深陷营血，则右脉较沉，而左脉偏盛，或现细数、沉弦数等。如气分之邪未罢而又犯及营分，则脉左右双盛。（表二）

表二　31 例伤寒的脉象舌质舌苔与卫气营血的关系

	舌质	例数	舌苔	例数	脉急	例数
邪在卫分	舌质淡	18	薄白	16	浮大	8
	舌质淡红	3	白腻	3	浮数	10
			微黄	2	浮濡	3

续 表

邪在气分	邪在气分之表	舌质淡	5	黄腻	3	洪大	11
		淡红	15	黄燥	14	滑数	9
		舌质红	5	白糙少津	4	弦数	3
				黄褐	2	细数	2
				灰褐	2		
	邪在气分之里	舌质淡红	4	黄燥	3	沉实	4
		舌质红	2	黄褐而燥	2	沉弦有力	2
				黄燥起芒刺	1		
邪陷营分		红绛少津	9	无苔	9	细数弦虚偏沉	8
		红绛光亮	3	黄褐而干	4	沉弦而数	3
		红绛滑润	2	灰黑裂纹	2	沉弦数	4
		淡红	1				
邪陷血分		红绛	3	无苔	2	虚数	2
		光滑而淡	1	黄糙	1		
				灰糙	1	细数	2

四、治则与方剂

治疗应结合祖国医学辨证观点，根据卫气营血的传变规律，运用四诊八纲与临床表现，审慎周密，运用八法，方能收效。既要分清阶段，更要了解病邪在卫，在气，或卫气两伤，气营双犯，或气血营三者并发。属实证、虚证，还是实中夹虚。是气虚、血虚、或气血皆虚，而温热不解。都必须分析清楚，方能立法适当，治疗兼顾。（表三）

表三　伤寒的治剂与方剂

邪侵部位		治疗原则	立法重点	方剂	药　　物
病在卫分	风邪偏盛	疏风、宣表解毒，清热	疏风透表	加减银翘散	银花、连翘、薄荷、芥穗、豆豉、板蓝根、银柴胡、旱莲草、鲜茅根
	湿热偏盛	宣表化湿解毒清热	化湿宣透	加减藿香正气汤和三仁汤	藿香、佩兰、苍术、生苡仁、六一散、厚朴、苓皮、通草、陈皮、蔻仁
	热邪偏盛	宣表、清热解毒	清热宣表	加减麻杏石甘汤或银翘散白虎汤合剂	银花、连翘、薄荷、生石膏、知母、葛根、豆豉、旱莲草、甘草、藓茅根
病在气分	邪在气分之里	清宣燥热解毒透邪	清宣毒热	加味白虎汤	生石膏、肥知母、银花、连翘、花粉、甘草、金线重楼、藓茅根
	邪在气分之表	清泄郁热解毒荡邪	扫荡积热	凉膈散加减	生川军、元明粉、连翘、生山栀、银花、枳壳、黄芩、甘草
邪在气分兼及少阳	邪在气分之表兼少阳症状	清宣燥热和解少阳	清燥热和少阳	加减白虎汤和小柴胡汤	银柴胡、生石膏、知母、银花、连翘、黄芩、青蒿、郁金、半夏、枳壳、甘草
病陷营分	邪初入营	清宣透热解毒	清营宣透	清营汤和白虎汤加减	犀角、生地、元参、银花、连翘、黄连、丹皮、丹参、生石膏、知母、旱莲草、紫草、金线重楼
	邪深入营	清宣达邪益阴宣窍	清营达邪	加减清营汤	发斑加化斑汤。
	邪深入营气血两伤	清营达邪补气养阴	根据邪正虚实情况制定清补主次	清营汤加减	原皮参、犀角、生地、元参、竹叶、银花、连翘、丹皮、旱莲草、茯苓、黄连、寸冬、甘草、龟板、紫草、玳瑁
病陷血分	热毒壅盛	凉血解毒清热	清热凉血	犀角地黄汤和清营汤加减	犀角、生地、元参、龟板、银花、连翘、丹参、丹皮、黄连、栀子、知母、玳瑁、金线重楼
	气虚温热不解	补气清热宣邪	根据虚实情况拟定清补轻重	保元汤和清营汤加减	生黄芪、原皮参、生地、元参、犀角、银花、连翘、旱莲草、丹皮、茯苓、黄连、寸冬、甘草
	阴虚温热不解	养阴清热宣邪	虚重热轻以补为主热重虚轻以清为主	清营汤和黄连阿胶汤加减	龟板、生地、元参、玉竹、犀角、阿胶、丹皮、丹参、黄连、杭芍、银花、连翘、甘草
	气血俱虚湿热不解	补气血清热养阴宣邪	揆度具体情况拟定清补方法	生脉散和清营汤加减	原皮参、寸冬、五味子、生地、元参、杭芍、犀角、丹皮、黄连、银花、连翘、甘草

五、关于对发热、昏迷、出血的治疗

除上述一般治疗法则外，由于病邪深陷，常可造成病情急剧恶化。结合祖国医学的辨证观点，促使本病发展恶化的主要原因是：发热、昏迷、出血，故除一般治疗措施外，还须针对此三者的主要症状进行治疗，以期改善恶化，挽救生命。

发热为本病主要症状之一，可以促进病情发展，破坏机体平衡，所有一切症状，均视发热之消长而加减其轻重。故减轻或消除发热为战胜本病的关键。热退之快慢，视病邪轻重，侵袭深浅而异。病邪轻浅，在卫分气分则热退较快，如深陷营血则热退较缓；如伴昏迷则更延长时日。（表四）

表4　31例伤寒经中药治疗后退热日期

邪在部位	病例总数	退热日期（日）					
			2～4	5～7	8～10	11～15	未退热
邪在气分	31	病例数	12	4			
邪陷营分	15		4		6	1	
邪陷血分	4				2	1	1例死亡
备　考	本病在卫分时间短暂未及治疗即传入气分						

31例中由邪在气分转入营分15例，陷入血分4例。其退热日程，在气分者一般2～4日即可，在营分则需8～10日，陷入血分者约10～13日，病邪愈浅，治疗愈早，则退热愈速。迨入营分，则使日程延长，并常危及生命。故争取早期治疗，实为获取良效的关键。

本组用中药治疗2～4日退热者16例，5～7日4例，8～10日8例，11～15日2例，热不退死亡者1例。病邪在气分退热较易，陷入营分、血分则较难。热退后可根据病人具体情况及脉证变化加以调理，一般在3～5日内症状即可完全消失，细菌亦转阴。由于治疗中大量使用清热解毒之品，治愈后很少复发。

治疗本病取得满意疗效的关键在于认证准确，治疗及时，用药精当。病在卫分，以辛凉透表解毒清热为治疗大法。如兼湿邪壅滞，宜先疏利化湿，俟湿热分解，再侧重解毒清热。邪入气分，应在清热之中略含宣透之意，因气分之邪每随汗排出。清热解毒的方剂，如银翘散、白虎汤加减。热势猖獗神识昏瞀时，须放胆选用知母石膏，知母可用至8钱至1两，石膏可用至1～2两，或酌加羚羊粉1～2钱，玳瑁2～3钱，以及其他解毒之品。如热势不衰，每日可服2～3剂，或以热退为止。如毒邪壅盛，热势不退者，可酌加玉枢丹3钱。迨邪入气分之里。宜用清热荡实之法，大黄可以放胆任用，大黄不但可荡涤积热，尤擅长肃清血内之毒邪。根据近代研究资料，大黄对伤寒杆菌、痢疾杆菌等多种固紫阴性菌有明显体外抑菌作用。通过大黄的峻泄解毒作用，可减轻毒热壅滞，使机体抗病能力转向有利。邪入营分初期，要清营透热，宣邪转气，迨深入营血，宜清营凉血，清化毒热。如有昏迷现象，应佐以轻灵通窍豁痰之品。在清营解毒剂中，以犀角玳瑁疗效较好。犀角用量5分到1钱，冲服，玳瑁一般用1～3钱。再适当选用其它解毒之品，自能退热醒神，热毒清化。

据表五所列13例昏迷病例，可以看出病在气分脉多洪大滑数，右脉多大于左脉，以右脉主气分，邪在气分故右脉偏盛，气分之邪偏重于表，故其脉多兼浮，如浮象骤见沉敛，而热势不衰反增烦躁，是病邪由表转里，有内陷趋势，热邪内犯往往诱起烦躁谵语昏迷。临床体会，当病情演变时，脉象之变化常出现于症状之前。当脉变而症未出现时，如能早期防治，每可阻止病势发展，为祖国医学见微知著，防患未然，掌握脉症，采取主动的措施。

肠出血多发生于热邪深陷血分，或气血两燔之际。出血前脉多数疾，出血后顿现无力；如出血过多，亦可出现微细欲绝，或浮大而芤之脉。临床体会，凡热入血分，而身热不退脉数疾时，除用凉血解毒退热之剂外，应随时注意防止出血，庶可减少或阻止出血的发生。

肠出血的治疗，应根据脉证具体情况制定具体措施。总的原则是清热养阴止血为主，同时要贯穿升提的精神。这4种法则应紧密地联系起来。医经上说："血热则妄行"、"血热则流溢"，都说明血热是出血的根源，故治疗出血每多着重在清热。清热是治病之本，止血是治病之标，必须标本兼治，才能收效迅速。热盛则伤阴，而出血更促使阴血消耗，故清热止血之同时，还须佐以养阴之剂。凡出血的病人由于肠中出血，每引起机体气血下陷，佐以升提气机的药物是治疗下部出血的关键。应用升提气机的药物时，如脉微气虚，可重用黄芪，取其补气之中兼能升提阳气；如气不虚，可用升麻、柴胡之类以升提阳气；如阴气大虚，提气虞其阳泛，可佐以固摄之法。再能适应脉证，揆度整体，或以清热为主，以养阴清热为辅，或以止血为主，以养阴清热为辅，或补气止血养阴清热同用，自可达到目的。（表六）

表五　昏迷前后脉象变化和治疗

例数	邪在部位	表里区别	昏迷前脉象之变化	例数	左右脉之差别	治疗	治疗方剂	服药次数	效果
神智昏迷共13例	邪在气分	邪在气分之表	由洪大变为滑数偏沉	3	右脉大于左脉	清宣毒热开窍醒神	加味白虎汤加羚羊粉一钱，至宝丹一、二钱	2~5	清醒
			洪大变为沉实	1	右脉大于左脉				
			滑数变为沉弦数	2	左右脉相称				
		邪分在之气里	滑数变为沉实	3	左右脉相称	清荡积热开窍醒神	加减凉膈散紫雪散三钱	2~3	清醒
	邪陷营分		弦数变为细数	3	左脉大于右脉	清营宣透通窍醒神	清营汤和白虎汤加减安宫牛黄丸	3~6	二例清醒 一例无效
			弦数变为细数沉伏	1	左脉大于右脉	清营达邪豁痰开窍	清营汤加犀角八分安宫牛黄丸一付	5	清醒

表六　肠出血3例脉象的变化和治疗效果

出血前脉象	脉搏	例数	出血后脉象	治疗原则	方药	服药次数	效果
弦数不扬	95~110/分	2	细数无力	补气养阴止血清热	生黄芪八钱　生地八钱　元参五钱　贡阿胶二钱　龟板八钱　鲜茅根两　丹皮四钱　原皮参钱　生地榆二钱　茜草二钱　没石子二钱　三七面钱	三剂	血止
沉数有力	98/分	1	虚数而芤	凉血清热养阴止血	暹逻角八分　生地一两　丹皮五钱　贡阿胶二钱　川连二钱　生地榆二钱　三七四钱　侧柏炭二钱　棕炭二钱　元参五钱　柴胡二钱　仙鹤草五钱	二剂	血止

讨论

一、病名

伤寒属于现代医学之病名，根据临床体会，可包括于祖国医学温病范畴。目前认识尚不一致。

温病包括多种热性病和传染病。其特征为《伤寒论》中所说的“发热而渴不恶寒者为温病”，即发热不恶寒，或发热重有时有轻度恶寒，发热时间持续较长，一般药物不能急遽退热者，均可统称为温病。温病由于发病的季节不同而性质不同，临床表现不同，具体可分为冬温、春温、风温、湿温、暑温、温毒等。这种分法的优点是综合了温病的发生发展和演变的共同规律。伤寒纳入温病之范围，已为公认，有人称之为湿温，仍待商榷。湿温的特征是身热不恶寒，身重体痛，脘闷纳呆，舌苔滑腻，脉多濡数或弦细。伤寒则表现湿的特征不多。也有人认为现代医学称伤寒相对缓脉为其特征，缓脉为湿象，故名为湿温。但相对缓脉，系指与体温之比例而言，并非绝对数字减低。以致低于正常，与中医所称之缓不同。如因现代医学称其脉缓，而遽称之谓为湿温，也不够妥当。因中医之病名，有的贯穿着病因在内，治疗时应始终照顾到病因。湿温既以湿为病因，治疗时应分化湿热为主，实则各家治疗伤寒选用方剂，皆着重在清热解毒，很少采用清化渗利，故知其与湿邪关系不大。

二、退热是本病治疗的关键

发热反映机体发挥抵御功能，在邪正斗争过程中，由于邪气盛，可促使病情发展恶化。发热之高低代表着病邪之盛衰，病势之轻重；如发热不退，不但可促病势发展，破坏机体平衡，且本病所有症状都依热势而消长。发热为病邪侵入机体之反应，欲退其热，必先祛其邪，故治疗本病以清热解毒为主。而清热之中，又必须认清邪在何经，如在卫分宜清宣，在气分宜清解，在营分宜清化，在血分宜清滋。选药亦须与病邪所在的部位相结合，方能收到预期的效果。解毒药在退热中更占重要地位，必须审慎选用。由于发热对机体的危害性大，且顽固不易清除，故用药宜准狠相济，争取时间，大量频服，1 日可服 3 ~4 次，以热退为止。

三、根据脉象做到既病防变

疾病的恢复和发展，脉象往往出现在症状变化之前，这种变化可能代表恶化，亦可能代表好转。在脉象表现恶化，而症状尚未传变时，掌握病机，及时用药，可以阻止疾病传变和发展，扭转危机，挽救患者。临诊应随时细心注意脉象变化，掌握传变规律，早期诊断，有效治疗。

四、邪陷血分应随时防止出血

邪热陷入血分或气血两燔，常至出血。肠出血为伤寒的严重合并症，失血后由于血虚阳亢，每可促使病势恶化，故于治疗除用清化透邪之品外，应随时防止出血。

[《天津医药》1976；(3)：118]

谈《伤寒论》阳明病之“汗”

张　燎　四川省合川县人民医院

《伤寒论》在《内经》的基础上发展了外感热病的论治，把错综复杂的不同证候群用“六经”归纳起来，以“六经”为纲，按病证的特点，病位及相互传变的关系，将外感热病的发病过程分为太阳病、阳明病、少阳病、太阴病、少阴病、厥阴病等六种类型，以它作为外感热病辨证论治的一种重要方法。阳明病属于三阳证之一，为外感热病过程中，阳气亢盛，邪热内炽的里热实证，出现身热、汗自出、不恶寒反恶热、烦渴、脉大等证候。由于邪热入里，化热化燥，阳明病可分为经证、府证、发黄、蓄血等类型。阳明经证为内热炽盛、邪热尚未与肠中糟粕互结，仅是无形实热之证，可见壮热、烦渴、汗多、脉洪大等证；阳明府证是经证的进一步发展，不但邪热炽盛伤津，而且邪热与肠中糟粕互结，形成热实互结的有形实热之证，可见蒸蒸发热或日晡潮热，濈然汗出，脘腹胀满而拒按，烦躁谵语，便秘或泻利热实，舌苔黄燥厚腻，脉滑数等证；阳明发黄是因邪热不得外泄，湿与热结，郁而发黄，可见头汗出而身无汗、小便不利、发热身黄；阳明蓄血证为邪热未结于府，侵及血分，使邪热追血妄行而见善忘，大便硬而色黑，或下后脉数不解，善饥能食。以上这些阳明里热实证，都易耗伤津液，在不同程度上都有汗出的反映。因此，在阳明病中讨论“汗”的问题，有它一定临床意义。

一、“汗”在阳明病中的意义

热病以保津为主，阳明病多属表邪传里，化热化燥的里热实证，临床上常见于急性热病的极期阶段，最易耗伤津液。“汗为心之液”，汗与津液密切相关，阳明病里热薰蒸常汗多，故阳明病之“汗”是津液耗伤与否的重要因素之一。在其病变过程中，随着不同的证型和相互间的传变，汗出可表现以下几种类型：

1. 阳明病汗出与太阳病汗出的分别　阳明病有汗出，太阳病亦有汗出。从病机上看，太阳中风证的汗出为营卫不和，腠理疏松所致；阳明病汗出为里热炽盛，热迫津液外泄造成。从症状上看，太阳中风证有汗出恶风，脉浮缓，汗出之势缓而数量少；阳明病则汗出恶热，脉洪大或浮滑，汗出之势疾而数量多。

2. 阳明经证汗出　阳明经证为病邪传里化热，邪热尚未与肠中糟粕互结，仅无形的热邪弥漫全身，出现身大热、大汗出、烦渴、脉洪大等“四大”症状。在这个证型中，包括了栀子豉汤证、白虎汤证、白虎加人参汤证和猪苓汤证，现就这四个汤证来讨论阳明经证的汗出。栀子豉汤是汗吐下后，清解上焦余热的主方，适用于病在胸膈，邪郁不解，心中懊憹而烦，饥不能食，但头汗出，舌苔微黄之证，其“但头汗出”为阳明府实未成而攻下过早，使邪热留于胸膈，上蒸头部所致；白虎汤证的大汗出为津被热迫的自汗出，若再误用攻下，亦可造成阴下亡、阳上越的头汗肢冷变证，这与栀子豉汤证的头汗出有所不同，白虎加人参汤证为热甚伤津，气阴两伤，适用于汗多、烦渴、小便自利之证，猪苓汤证为阴虚内热，气化不行，除身热烦渴与白虎汤证相似、心烦不得眠与栀子豉汤证相似，渴欲饮水与白虎加人参汤证相似外，主要鉴别在于小便不利、汗少或无汗。从上看来，阳明经证汗出是与发热、心烦、渴饮相随，故阳明经证汗出可谓烦热汗出。

3. 阳明府证汗出　阳明府证较经证更深一层。为邪热传里与肠中糟粕相搏而致燥屎内结，出现蒸蒸发热、自汗、心烦、便秘之象。其自汗出为热迫津液外泄。宜用调胃承气汤和胃泻热。小承气汤证亦有汗出，不过较大承气汤证为轻。大承气汤证乃承气汤证中之重证，痞满燥实俱备，热蒸于表，出现手足濈然汗出，其汗出之势较以上二证为重。故宜急下存阴。阳明府证汗出，必伴有潮热谵语见证，有时还会出现潮热盗汗，如 201 条“阳明病，脉浮而紧者，必潮热，发作有时，但浮者，必盗汗出。”这里的盗汗并非阴虚之证，乃阳热亢盛所致。总的说来，阳明府证汗出为府汗出、潮热汗出，与阳明经证烦热汗出有所不同。

4. 阳明发黄与阳明蓄血汗出　发黄有阳黄、阴黄二类，阳黄证为脾胃湿热薰蒸，身热汗不得外泄，郁而发黄，阴黄证为寒湿伤脾，湿浊之邪浸渍肌表而发黄。阳明发黄多为里热不得外泄，湿热郁蒸于内而见无汗、小便不利，其无汗亦是造成发黄原因之一。此证的无汗与太阳无汗不同，彼证为寒邪束表，腠理闭寒，属太阳表实之证。只有当阳明病误用辛温，使热邪炽甚的情况下，会出现额上微汗出证状。若阳明病邪热甚而侵及血分，则为蓄血证。阳明蓄血与阳明府实虽同有谵语、头汗出，但阳明蓄血有大便下血一证与此区别。一般说来，阳明蓄血与发黄皆无汗出之证，只有当邪热侵扰血分，郁热不得外泄而上蒸，造成“但头汗出”。

二、阳明病“汗出”的不同表现

阳明病证型不同，汗出亦各异。汗出是阳明病的主证之一，现从它的汗出数量、部位、形式等方面，作进一步的探讨。

1. 汗出的数量　阳明病在汗出数量上与太阳中风证有所不同。太阳中风汗出不多，而阳明汗出有“阳明病，法多汗”之说。阳明府证汗出较经证为甚，特别是大承气汤证的汗出更甚，故253条有“阳明病，发热、汗多者，急下之。宜大承气汤”。阳明病除了大汗出外，也有出现微汗的情况，如188条“伤寒转系阳明者，其人濈然微汗出也”与200条“阳明病，被火，额上微汗出，而小便不利者，必发黄”。这说明他经病邪初传阳明，病邪不甚的情况下，有濈然的微汗出。同时阳明病误用火法，邪热上炎，也会发生额上微汗出。

2. 汗出的部位　阳明主肌肉、主四肢，故可呈现手足濈然汗出（亦称手足濈然汗出）。由于里热熏蒸，津液外泄，使其手足不断出汗。阳明病中。以府实证见手足濈然汗出为多。故208条有“……手足濈然汗出者，此大便已硬也，大承气汤主之，……。”这说明手足濈然汗出为判断肠中燥屎已成外证之一。大小承气汤证皆有手足濈然汗出，大承气之濈然汗出，伴有日晡潮热。属燥屎硬结：小承气之濈然汗出，伴有腹大满不通而无潮热，属燥屎初结而不甚。除阳明燥实多见手足濈然汗出外，太阳阳明并病亦有之，如220条“二阳并病，太阳证罢，但发潮热，手足濈然汗出，大便难而谵语者，下之则愈，宜大承气汤。”此太阳表证已解，实为阳明府实之证。196条“阳明病，若中寒者，不能食，小便不利，手足濈然汗出，此欲作固瘕，必大便初硬后溏……。”胃阳不足，复感寒邪的阳明中寒证，也有手足濈然汗出的外候。此为中虚寒盛，水湿之邪不能从小便下泄而外溢四肢，与阳明府实里热蒸达四肢有所不同。水湿之邪郁于阳明表分也会出现手足濈然汗出证象，如197条“阳明病，初欲食，小便反不利，大便自调，其人骨节疼，翕翕如有热状，奄然发狂，濈然汗出而解者，此水不胜谷气，与汗共并，脉紧则愈。”对于阳明病的头部汗出，有头汗出与额上汗出两种情况。头汗出一证，柴胡桂姜汤证、山柴胡汤证（阳微结），阳明热入血室，栀子豉汤证、茵陈蒿汤证皆有之，都是由于里热郁蒸，不得外达而上蒸于头所致。阳明病头汗出，发病各有不同，一是阳明病泻下过早，热留胸膈。使胃热上蒸而头汗出，以栀子豉汤轻泄上焦之热；一是湿热熏蒸于里，不能外泄的发黄证头汗出，此证汗出伴有身无汗，齐颈而还，小便不利等见证。可用茵陈蒿汤苦寒通泄湿热；一是炽甚邪热，干扰血分，使肝热及心而心不主液，则但头有汗而不能偏身，可刺肝之募穴期门，泻其血热。阳明病额上汗出，也有两种情况，一是白虎汤证未用清泄之法，而误下伤阴。使阴从下亡，阳无所附而上越，出现额上汗出、手足逆冷之证，一是阳明病误用火法（如温针、灸等），使邪热愈炽。津液上蒸而现额上微汗出。

3. 汗出的形式　阳明病汗出从条文上看来，大致有自汗出、濈然汗出、絷絷汗出、汗出濈濈然、盗汗等，归纳起来不过自汗与盗汗两种。濈然汗出、絷絷汗出、汗出濈濈然属于热迫津液外泄的自汗出范围。至于盗汗，前201条已指出阳明病盗汗出的关键在于脉但浮，这说明了阳明经热炽盛、阴液如热所迫，使阴不内守而盗汗。它与营血虚而盗汗的虚证应分开。本证属实，故脉浮，虚证盗汗则脉虚弱细数。当然还要脉证合参，不可只凭脉象判断。

4. 无汗　阳明为津液之府，里热熏蒸迫津外越而多汗。但阳明亦有无汗的，大致有表证未解、阻虚、郁热于里等无汗的情况。235条“阳明病，脉浮、无汗而喘者，发汗则愈，宜麻黄汤。”指出了阳明病兼有太阳表实而无汗，当以发汗平喘为治。阳虚无汗之证，有津伤正虚与中寒阳虚挟饮之别，201条“阳明病，法多汗、反无汗，其身如虫行皮中状者，此以久虚故也。”为阳明病胃阳虚而津液不足之候；197条“阳明病，反无汗而小便利；二三日呕而咳，……。”为胃家虚寒，阳虚阴盛，阴邪上逆而致。196 条无汗为“久虚故也。197 条无汗有呕咳、厥冷见证。阳明发黄证郁热于里，热不得外泄，即有无汗，如 199 条“阳明病，无汗、小便不利、心中懊侬者，身必发黄。”也有只头汗出，而“身无汗，剂颈而还”的，236 条的茵陈蒿汤证即如此。

三、阳明病“汗出”与治法的关系

汗为津之液，热病而伤津耗液，治法当以保津为主。阳明为多气多血之府，热邪犯及阳明，迫津外越，故阳明常有汗出外候。若不汗而汗或因他因，则易造成汗出变证。

热病以保津为主。若发汗太过，损伤阴液，使体内阴阳失去协调，燥热益甚，肠中缺乏津液滋润，出现大便硬结现象，故 345 条“……汗出多者，为太过。……太过者，为阳绝于里，亡津液，大便因硬也。”213 条亦有“阳明病，其人多汗，以津液外出，胃中燥，大便必硬，硬则谵语，小承气汤主之；……。”这说明发热汗多是造成阳明府实原因之一。同时过汗也可使病邪由太阳转属阳明，如 181 条”问曰：何缘得阳明病？答曰：太阳病，若发汗、若下、若利小便，此亡津液，胃中燥，因转属阳明……。”以上说明阳明汗出过多，既伤津化燥又使府实益甚。同时也有汗多伤阳，而致漏汗不止的阳虚，甚至出现亡阳厥脱的危候。

阳明变证除发汗过多之外，若太阳病发汗而汗出不彻，可转属为阳明病。因发汗不彻，使表邪不得外解而内传化热化燥，185 条“本太阳初得病时，发其汗，汗先出不彻，因转属阳明也。……”同时对于“阳明病发热汗出者，此为热越，不能发黄也。但头汗出，身无汗，剂颈而还，小便不利，……。”中的“但头汗出，身无汗，剂颈而还”，我们可认为是属于汗出不彻，它与小便不利一证，共同导致了阳明的发黄证。

汗为心之液，阳明病发汗与利小便皆可亡其津液，病在太阳发汗过多，已伤津化燥转入阳明。若再发其汗，则津液更伤，同时阳气随汗外泄，易造成虚脱之证，故 211 条有“发汗多，若重发汗者，亡其阳。”汗虽为阴液，而汗出必须依赖阳气的蒸腾。若汗出太多（过汗、重发汗），即伤其阳。阴阳互根，阳亡则液竭，可致心神浮越而谵语。此时可由脉之阴阳离合来判断病之轻重，即 211 条所谓“……。谵语脉短者死，脉自和者不死。”此处的谵语与阳明府实的邪热上扰的谵语不同，彼证伴有潮热之证。“阳明病，本自汗出”，若果“医更重发汗”，就会出现以上变证。

从以上阳明病过汗与汗出不彻看来，说明里热实证的阳明病虽以汗出为主证之一，但在治疗时亦应以汗为本，不可妄汗伤津。因此，对于阳明有热无积的经证，所现的烦热汗出见证，当以清泄之法，使里热得清，汗出自止。有热有积的府实证濈然汗出，只要用苦寒通下之法，使肠中燥屎得通，邪热下泄，其外越之津液则渐缓，汗出不久即止。

四、小结

1. 阳明病属里热实证，多汗为其特点之一，乃里热熏蒸迫津外越所致。临证应分辨阳明病不同证型的汗出，即经证、府证、发黄、蓄血之汗出，并要与太阳中风的自汗出区别开来。

2. 阳明病汗出有不同的情况，即在数量上有大汗出、微汗；在部位上有濈然汗出、但头汗出与额汗出，在形式上有手足濈然汗出、盗汗。同时也有表证未解，阳虚、湿热郁里的无汗。

3. 阳明病以津液为本，不可妄行发汗与利小便而伤津耗液，否则变证多端。

[《新中医》1978；（2）：23]

从“厥”与“休克”谈到《伤寒论》的三阴分证

魏睦森　陈蓉蓉　浙江省中医院

近年来，现代医学对休克发生原理渐由单纯的血压观点，提高到以生命重要器官微循环血流灌注不良为中心的理性认识。与此同时，对于休克的诊断治疗亦发生了相应变革。这对我们探讨祖国医学文献中有关“厥”的诊断治疗，和研究《伤寒论》中三阴分证的论述，都有很大帮助。

《伤寒论》是论述外感热病的专书，书中不仅有热证、实证时的具体诊治方法，而且能用“物极必反”的朴素辩证法思想为指导，观察和论述了外感热病由阳证变阴证，由热证变寒证，由实证变虚证的特殊规律。张仲景从外感热病发生、发展、恶化、死亡的经过，采用《素问·热论》六经的名称，确立了辨证论治体系。并在三阴分证中，对类似休克的病症作了较详细的论述。

中医虽无“休克”一词，但《内经》在论述各种厥证时，对类似休克的症状已有零星的描述。厥和蹶同义，有突然颠倒暂停之意，从字义上来看它具有音绎名词休克（Shock）原意“突然一击”的含义。《伤寒论·厥阴病篇》说：“凡厥者，阴阳气不相顺接，便为厥。厥者，手足逆冷者是也。”

所谓“阴阳气不相顺接”，即血气痞塞之意。证之今日，与末稍微循环瘀滞痞塞，有效循环血容量不足密切相关。

《伤寒论》中“寒厥”，“热厥”，“脏厥”均为外感热病后期病情恶化由实转虚，由阳转阴所出现的变证。如论中说：“伤寒脉微而厥，至七八日肤冷，其人躁无暂安时，此为脏厥。”“伤寒六七日不利，便发热而利，其人汗出不止者，死，有阴无阳故也。” “伤寒发热，下利至甚，厥不止者死。”“前热者后必厥，厥深者热亦深，厥微者热亦微。”又说：“伤寒六七日大下后，寸脉沉而迟，手足厥逆，下部脉不至喉咽不利，唾脓血，泄利不止者，为难治。”其它条文还补充了厥证可能出现的其它临床表现，如：消渴，饥而不欲食，小便难，喘满，头眩时时自冒，但欲寐，昏不识人，便血，衄血等等症状。综观以上条文，可以看出仲景是以四肢及皮肤温度，脉搏变化，意识表情，消化功能紊乱，尿量多少，口渴程度，出汗情况，及有无动血现象等作为判断“厥证”有、无，轻、重的标准。

休克的微循环学说认为：微循环的变异往往先于血压的降低，而微循环血液灌注量的减少的程度，各脏器亦并不完全一致，其中腹部内脏因血液灌注量重新分配，影响最大，近年来许多临床医师均指出感染性疾病突然发生原因不明的腹泻，或体温剧增或骤降，患者烦躁不安，往往是中毒性休克即将发生的先兆（青岛医学院《内科危重症的抢救》第51页）在《伤寒论》中以无热恶寒吐利，无大热而躁烦为阳去入阴的指标。这段论述和休克的最新研究不谋而合，是值得我们进一步研究的。

休克的微循环学说认为：肢端温度，皮肤色泽能够反映外周循环阻力大小。肢端温度降低与躯体温差加大是外周血管收缩，血容量减少的表现；肢端温度降低的范围扩大表示休克向严重方向发展。脉搏的次数、强度的改变能反映心搏血量的情况和脉压差的变化，它的改变往往出现在血压改变之前，在休克的早期诊断方面比血压测定更有意义。同时在没有携带血压计时亦可以用切脉的方法来约略估计血压和脉压降低的程度。一般休克早期代偿阶段脉搏多表现为细数，休克晚期脉搏则变为微细而迟，或似有似无，模糊不清。休克的微循环学说认为：意识表情，全身情况的改变能反映神经中枢的血液灌注量的变化，全身无力或烦躁不安，呼吸急促及主诉口渴是血容量不足，高级神经中枢由于缺血引起缺氧威胁的反应。前额及四肢汗出不止，并伴有局部温度降低，肤色苍白是交感神经极度兴奋趋向衰竭的表现。小便难，尿少或无尿是肾等内脏器官血液灌注量不足的表现。在我国古代虽然没有测定血压的工具，但是通过以上几个主要症候的分析，我们可以看出《伤寒论》三阴篇中所论述的“脏厥”“寒厥”“热厥”是和现代医学的“冷休克”和“暖休克”病症颇相吻合的。

对于《伤寒论》的三阴分证，太阴、少阴二篇多数注家看法大都相近，但对厥阴病却分歧悬殊。有的认为厥阴病是肠胃病兼风化；有的认为是回归热；有的认为是一般的上热下寒，寒热胜复，寒热错杂证，有的则根本否认厥阴病的存在。（参陆渊雷《伤寒论今释》卷八）因此要搞清三阴分证的精神实质，就必须对《伤寒论·厥阴病篇》进行分析整理。

《伤寒论·厥阴病篇》以“厥阴之为病，消渴，气上撞心，心中疼热，饥而不欲食，食则吐蛔，下之利不止”为提纲。消渴，是饮不解渴，引水自救的表现；气上撞心，心中疼热即呼吸急促，心悸怔忡，自觉灼热疼痛，饥而不欲食，食则吐蛔，下之利不止。是病人久不进食处于饥饿状态，但是却没有食欲。如果稍有进食就可以产生呕吐，甚至吐出蛔虫，如果误用下法，必导致下利不止。“厥”为厥阴病篇的主证。论中曰：“阴阳气不相顺接，便为厥”。可以看出厥阴病是阴液耗竭，心阳衰微，胃气消亡，阴阳不相顺接的危重病证；而不是一般的上热下寒或寒热错杂之证。其中严重口渴，呼吸急促，心动过速，烦躁不安，肠胃道功能丧失，肢端温度下降都是休克的一些临床表现。通过反复学习《伤寒论·厥阴病篇》，我们认为本篇是以“脏厥”，“热厥”作为讨论中心的，其中“脏厥”，肢端温度下降的范围大，病情重是休克重症。热厥证常常有发痈脓，便血，唾脓血和高热等原发病症。又具有“先厥后发热”，“前热者后必厥，厥深者热亦深，厥微者热亦微”的特征。篇中以厥冷的程度和持续的时间作为判断“热厥”病情轻重，预后佳劣的标准。如果先厥后发热，不再出现厥证为病轻；若又出现厥证为病重。如果先热后厥，厥证持续不解为病危重，若厥证短期消失，仍表现为热证则病较轻。限于历史条件，仲景刻板地运用阴阳平衡的观点，文中存在着错误的日数对等观念，这在整部《伤寒论》中曾出现过多次，我们应该从证候实际出发，不能拘于个别文句。

“厥”虽是厥阴病的主证，但它可以发生在厥阴病本证中，也可以发生在其它杂病，如蛔厥，痰食厥，饮厥，阳厥等病症之中，尤其是蛔厥证有得食而呕，吐蛔的情况，与厥阴病提纲证有类似之处，所以仲景特地在论述“脏厥”时提出“此为脏厥，非蛔厥也”，以利于鉴别。蛔厥本身是一种杂病，在《金匮》中另有专篇，而且338条“蛔厥者……一乌梅丸主之”的下半段条文可见于《金匮·趺蹶手指臂肿转筋阴狐疝蛔虫病脉证治篇》第七、第八两条之中。《伤寒》《金匮》本为一书，必无重复之理，《伤寒论》338条论述中心是“脏厥”，提出“蛔厥”仅仅是作为鉴别，因此如果把治疗蛔厥证的主方乌梅丸作为厥阴病篇的主方，我们认为是不妥当的。

本篇360条至381条（除369、380条外）的内容和《金匮·呕吐哕下利病脉证篇》重复，从内容上来看属于内伤杂病范围，虽然这些病症在演变恶化后，可以产生类似休克的厥证，但这些条文本身并非《厥阴病篇》的正文。

厥阴病是外感热病的危重阶段，在本篇中有不少条文专论厥阴病的预后。篇中对脏厥证没有提出具体治疗方法；对“热厥”证治疗，只提出“厥应下之”。阎纯玺氏认为“厥阴病为防御及治愈的活动力几乎丧失时，所发生之复合证候，由少阳或阳明之误治而来，或由少阴病再增恶而生”。我们认为从三阴分证来看，太阴病是阴证之初，病位较浅，病情较轻，只要及时地正确地治疗就能防止病情恶化病邪深入。少阴病厥阴病的本证“寒厥”“热厥”“脏厥”均与休克有关。其中寒厥证或由心阴素虚，寒邪直中或由太阴病恶化所致，阴寒独盛，阳气衰微，治宜温阳扶正、强心救脱。可选用参附汤，四逆汤等方剂回阳救逆。厥阴病热厥证，是比少阴虚热证更严重的病症，大都由少阳病，阳明病，热毒炽盛，阴液耗竭或误治后病情恶化所致；既有严重的感染症状，又有休克症状，病情危重而复杂，治宜救阴扶元为主，解毒凉血为辅。可选用生脉散，神犀丹，或六神丸加红参及温病血分证治方，以补《伤寒论·厥阴病篇》之不足。我们还认为：厥阴病脏厥证是由寒厥证更趋恶化或因阴损及阳，阴竭阳脱，从热厥证转化而来病情危笃，预后不良。

由于“寒厥”“热厥”“脏厥”三者虽然有相似之处，但是它们在病理机制，传变规律、证候类型治疗法则，选用方药和预后方面都又有所各异，因此仲景在《伤寒论》三阴分证中对它们三者加以鉴别区分，把强心救脱，通阳利水，活血祛瘀，清热解毒，祛除发病因子作为治疗厥证的主要措施，并时刻注意扶正固元，保护阳气、急救存阴的治疗原则是富有科学价值的。它为后世关于热病亡阴、亡阳，亡阴导致亡阳的诊治，温病卫、气、营、血和上中下三焦辨证纲领的创立作出了重要的启示和贡献，是值得我们进一步继承、学习、发掘和提高的宝贵资料。

[《浙江中医学院学报》1978；(3)：21]

略谈《伤寒论》中之烦躁

李培生　湖北中医学院
（整理　李家庚）

烦躁两者，从证候分析之，烦为心胸烦热郁闷，甚则懊侬不眠，但神识清楚，为病人自觉证；躁则扬手掷足、躁扰不宁，神识多昏沉，为他觉证。

就烦躁临床所反映的病势轻重而言，则烦为轻，而躁则重。

从六经病的角度来分析，烦是由于病邪侵入人体，本身阳气亢奋，与病邪相争的表现。如阳证所谓“欲自解者，必当先烦，烦乃有汗而解”（“宋本”（下同）116条）；在阴证如太阴病脾家实，“虽暴烦下利，日十余行，必自止”（278条），及“少阴病，恶寒而踡，时自烦，欲去衣被者可治”（299条），皆是其例。也有阳亢热盛，燔灼于心胸间之烦者。如发汗吐下后之栀子豉证，以心烦为主，剧者反复颠倒，卧起不安，懊侬不眠，但无神昏躁扰之象（76条）；又加黄连阿胶汤证亦以心烦不得眠为主（303条）。但前者属气分，无形邪热郁于胸膈，其舌苔薄黄，脉象数；后者属少阴阴虚阳亢，水亏火炎，故舌质绛，脉细数，以此为别。躁为邪势太盛，病将深入于里的表现。在阳证，则里热偏重，引起神志不安，所谓“若躁烦，脉数急者，为传也”（4条），“伤寒六、七日，无大热，其人躁烦者，此为阳去入阴故也”（269条）；在阴证，更有阴气竭绝，阳气将亡，神气浮越的危重病候，所谓“躁不得卧者，死”（344条），及“伤寒，脉微而厥，至七、八日肤冷，其人躁无暂安时者，此为脏厥”（338条）是也。

在上述病候中，烦躁两者虽可单独出现，但在疾病的发展过程里，每多并见。烦极可见躁，躁中亦有烦。烦躁与躁烦相比较，一般以烦躁较轻，躁烦较重。如“少阴病，吐利，手足逆冷，烦躁欲死者，吴茱萸汤主之”（309条），是下焦阴寒气逆，阳气受困，阴阳交争剧烈之象，但还不到垂危阶段，故可用温中降逆之法；若“少阴病、吐利、躁烦，四逆者，死”（296条），则是阴寒邪盛，吐利交作，阴液竭绝，阳气浮越，故直断为死证。

烦躁与躁烦，病情反映复杂，不可一概而论，必须综合全部脉证细心审辨。例如同为热实结胸：一则“太阳病，……医反下之，动数变迟，膈内拒痛，……短气躁烦，心中懊憹，阳气内陷，心下因硬，则为结胸，大陷胸汤主之”（134 条）；一则“结胸证悉具，烦躁者亦死”（133 条）。前者为水热结实，邪气虽盛，正气反应亦强，虽见躁烦，但仍处在邪正相持阶段，故可用泻热逐水破结之法；后者“结胸证悉具”，统观结胸前后条文，则上自胸膈，下到少腹，病位比较广泛，水热结实，病情较剧，更加烦躁，直是正不胜邪，故较上条也更为危重。

烦躁每多见于三阳表热实证，亦可见于三阴里虚寒证，换言之，六经病证皆可出现烦躁，例如：

太阳伤寒，表闭太甚，阳气郁遏，产生内热，所谓“不汗出而烦躁”，用麻黄汤倍麻黄加姜枣以开腠理，加石膏以清里热，即大青龙证者是也（38 条）；又有太阳表病误用火法，以至形成表证未解，里热加盛，如“太阳病二日，反躁，反熨其背而大汗出，大热入胃，胃中水竭，躁烦，必发谵语；十余日，振栗，自下利者，此为欲解也”（110 条）。至于“火逆下之，因烧针烦躁者，桂枝甘草龙骨牡蛎汤主之”（118 条），是误用火法，又复攻下，使心阳受损，心神不安，则为烦躁。故用桂甘龙牡汤取桂枝甘草之甘辛以益心阳，取龙骨牡蛎镇涩以敛浮越之阳。是太阳变证，表病已罢的治法。

阳明腑实热盛，燥屎已成，浊气不降，悍热上冲于脑（宗张志聪说），每易出现神识失常，烦躁不安。如“病人不大便五、六日，绕脐痛，烦躁。发作有时者，此有燥屎，故使不大便也”（239 条），但阳明气分热证，主证多有“四大”（身大热，大汗出，大烦渴，脉洪大），即白虎汤证。若经误治失治，则邪热弥漫，热势更高，胃络上通于心，影响神明，极易出现烦躁。如“阳明病，……若发汗则躁，心愦愦，反谵语；若加温针，必怵惕烦躁不得眠”（221 条）是也。

少阳五主证（往来寒热，胸胁苦满，默默不欲饮食，心烦，喜呕），心烦居其一，如果胆火太亢，或夹胃实，皆可上扰心神，出现烦躁，不只所云“烦惊”“谵语”而已（参阅 107 条）。

太阴烦躁，似无确据。但“……得之便厥，咽中干，烦躁、吐逆者，作甘草干姜汤与之，以复其阳”（29 条），是因伤寒兼有里虚，误用发表药，致使中寒气逆，而现浮越之象。方用甘草干姜汤，为理中之半，且甘倍于辛，用意在急复中焦脾胃之阳，可以认为是与太阴有关之烦躁。

少阴主心肾两脏，阳气虚衰，阴寒邪盛，或阳为阴格，心神浮越，极易出现烦躁之危证。如“少阴病，脉微细沉，但欲卧，汗出不烦，自欲吐，至五、六日，自利，复烦躁不得卧寐者，死”（300 条）：又如干姜附子汤证以“昼日烦躁不得眠，夜而安静，不呕，不渴，无表证，脉沉微，身无大热”（61 条）为主要脉证。是由表病既下复汗，导致表里俱虚。不呕不是少阳，不渴不在阳明，无表证亦非太阳大青龙证之烦躁。其昼日烦躁不得眠，结合脉沉微，身无大热来分析，已呈阳衰阴盛，阳为阴格之象。夜而安静，与但欲寐同，并非真正安静。因病起迅急，病势严重。故用干姜附子汤顿服以急救其阳。此与上述烦躁。因病程较久，已到阳亡阴竭的危重阶段，又略有不同。再如“发汗若下之，病仍不解，烦躁者，茯苓四逆汤主之”（69 条），是因发汗过后，外损阳气，下则内伤阴液，从而导致阴阳俱虚，水火不济，产生烦躁。茯苓四逆汤中参、苓、姜、附并用，为回阳救逆、宁心安神、益气固脱之急救要方，较四逆汤应用尤广。此二条虽见于太阳篇，亦可谓与少阴有关之烦躁。

病入厥阴，往往在最后阶段。厥阴为阴之尽；阴尽则阳生。故厥阴虚寒，厥逆下利，每多呈现阴阳交争、厥热胜复的情况。在邪正相持的激烈斗争过程中，亦容易出现烦躁。如“伤寒六、七日，脉微，手足厥冷，烦躁，灸厥阴，厥不还者，死”（343 条）。盖正胜阳复则主病退，邪胜而阳不复则主病危，是即与厥阴有关之烦躁。

烦躁属阳热实证，人所易知，而属里虚寒证之烦躁，最易为人所忽略。回忆往年在乡村行医时，一吴姓男子初夏患感，病久出现烦躁不安之状，医仍与清下之药，勿效。邀诊，视其热势不高，但有时呈现浮越状。精神疲惫，语声低微，大便带溏，小便清白，脉虚舌胖，知为《内经》“阴盛于内，阳扰于外”之危证，亦即《伤寒论》中之格阳证，急与大剂参、附、姜、芍、龙、牡、五味子之属，以回阳救逆，益阴潜阳，阴阳双补，叠进二十余剂，侥幸告愈。是知《伤寒论》中所述之烦躁，确有精义可寻；值得研究，而历代注家多言之不详。今因答学员所问，故特濡笔而系统记之，以供参考。

［《新医药学杂志》1978；（6）：9］

谈《伤寒论》中的攻补兼施治法

王永谦　辽宁中医学院

自从《伤寒论》问世以来，引起历代医学家的重视和研究，并从中归纳出阴阳、表里、寒热、虚实八纲和汗、吐、下、和、温、清、消、补八法。《伤寒论》灵活运用八纲和八法辨证施治，攻补兼施占其辨证立法的重要位置，在一百一十二方中，约占三分之一。对这一立法理论有深入探讨的必要。

一、正邪交争是攻补兼施治法的理论核心

所谓攻补兼施是指在辨证立法时祛邪与扶正同时并举。正邪交争是张仲景攻补兼施的辨证立法理论核心，特别是人体的正气。他指出："夫人禀五常，因风气而生长，风气虽能生万物，亦能害万物，如水能浮舟，亦能覆舟，若五脏元真通畅，人即安和。"（《金匮要略》）他辨证地指出了风气的两重性和人体正气的重要性。外感疾病的发病是正邪的对立斗争，而六淫之邪只是发病的客观条件。张仲景指出："血弱气尽，腠理开，邪气因入，与正气相搏。"（宋本《伤寒论》原文第97条，简称97，下同）这说明，邪气侵入是因人的气血虚，表阳不固而腠理开，如正气充沛，则邪气无从侵入。所以正气虚才是发病的根本原因。

所谓正气虚，是指人体的阴阳、气血亏耗和脏腑功能不足，从而表现出机体抗病能力的减弱。《伤寒论》指出的正气虚有三种情况，一是平素气虚，如"病人有寒，复发汗，胃中冷，必吐蛔"（89），二是由于误治伤正致虚，如"下之后，复发汗，必振寒，脉微细，所以然者，以内外俱虚故也"（60），三是由于外感疾病发展，邪气伤正而致虚，如"伤寒，厥四日，热反三日，复厥五日，其病为进，寒多热少，阳气退，故为进也"（342）。

正邪的对立统一是错综复杂的。邪有风、寒、暑、湿、燥、火之不同，人体有正气强弱、年龄老少、性别男女之异，所以疾病在其发展进程中会有各种变化，但归根到底是正邪斗争而引起阴阳消长，诸如脏腑失调、表里不和、寒热交错、虚实并见等等；或正虚邪进，或正邪相峙，或邪退正衰，或正虚邪恋，或邪退正复，甚者导致阴阳离决。

攻补兼施的立法理论根据是正邪斗争，从正、邪两个方面对疾病做具体分析，体现了朴素唯物的两点论。关于祖国医学的两点论，明代张景岳曾明确指出："阴阳者，一分为二也"（《类经·阴阳应象》）。伟大领袖和导师毛主席总结我国历史上哲学的斗争，指出："一点论是从古以来就有的，两点论也是从古以来就有的。这就是形而上学跟辩证法。中国古人讲，'一阴一阳之谓道'，不能只有阴没有阳，或者只有阳没有阴。这是古代的两点论。形而上学是一点论。"张仲景立攻补兼施之法，正是以两点论为其指导思想，正邪兼顾，双管齐下，以收扶正祛邪的事半功倍之效。

二、攻补兼施在《伤寒论》中的具体运用

《伤寒论》中具体运用攻补兼施。大致可分和胃缓中、寒热并举和滋阴清热三个方面。

1. 和胃缓中是攻补兼施的重要环节。《伤寒论》在运用汗、下、清、和、消法时，在其多数方剂中同时伍用甘草、大枣或生姜、人参和胃补中，扶佐正气，以达到祛邪而不伤正或扶正以助祛邪的治疗目的，这样的立法在《伤寒论》中有七十个方剂。其中有一些是属于攻补兼施的，如解表清热的大青龙汤（38），解表清里的桂枝加大黄汤（279），清热温中的黄连汤（173），清热止利的黄芩汤（172）等等。以小柴胡为例，少阳证寒热往来，胸胁苦满，不欲食，口苦、咽干、目眩，邪结半表半里。方以柴胡解少阳所郁之邪，配黄芩清热；以生姜、半夏和胃降逆；以人参、甘草、大枣益气和中，协助柴胡、黄芩，扶正以祛邪（96）。

祖国医学认为，脾胃为后天之本，特别是胃，为水谷精微生化的重要器官。古代医学家认为，人受气于水谷以养神，水谷尽而神去，故云"安谷则昌，绝谷则亡"。水去则营散，谷消则卫亡，营散卫亡，神无所依。这就是张仲景重视脾胃的根本道理。他在《伤寒论》中有十余处提到胃气。他以病人能食不能食辨外感疾病发展不发展，如"伤寒三日，三阳为尽，三阴当受邪，其人反能食而不呕，此为三阴不受邪也"（270）；以胃气之有无，辨疾病的轻重和预后，如"凡厥利者，当不能食。今反能食者，恐为除中。食以素饼，不发热者，知胃气尚在，必愈"（332）。人体的正气的物质基础是水谷精微，所以正气与脾胃有直接利害关系。金元时代的医学家李东垣，在他的《脾胃论》里指出："盖谓脾不受胃之禀命，致五脏所主九窍不能上通天气，皆闭塞不利也，故以五脏言之。此三者，只是胃虚所致耳。然亦何止于此，胃虚则五脏、六腑、十二经、十五络、四肢皆不得营运之气，而百病生焉。"而且胃也是口服药物必经之路，如果胃气虚衰，拒不纳药，则会直接影响疗效。如"发汗后，水药不得入口为逆"（76），这是误治的逆证。治热性病所用的清热药物是苦寒之品，也容易损伤胃气。所以张仲景以和胃缓中做为攻补兼施的重要手段是很有道理的。

和胃缓中在《伤寒论》攻补兼施中的应用，大致有以下三个方面。一是胃气不虚，但在攻邪的同

时和胃，使正气充沛，更有利于祛邪，如大青龙汤是由麻黄汤加石膏而成，其中甘草、大枣和中，共奏解表清里之功。二是邪陷入里，损伤胃气，在清热祛邪同时，和胃扶正，如甘草泻心汤所治的痞证就有这个意思（158）。三是用苦寒药时，佐以甘草，调和胃气，使之既祛邪又不伤正。如调胃承气汤（29）。柯韵伯指出："不用气药而亦名承气者，调胃即所以承气也。……今气之不承，由胃家之热实，必用硝、黄以濡胃家之糟粕，而气得以下；用甘草以生胃家之津液，而气得以上。推陈之中，便寓致新之义；一攻一补，调胃之法备矣"（《伤寒附翼》卷下）。亦即以攻补兼施或攻中寓补的方法以调和胃气，对读者是颇有启发的。

2. 寒热并举是《伤寒论》攻补兼施的重要立法。所谓寒热并举是指寒性、热性药同时伍用，如栀子与干姜、大黄与人参、附子与黄连等同一处方。寒与热是阐述疾病的性质，是正邪斗争所反映出来的证侯。外感疾病一发病就有寒热之分，如"病有发热恶寒者，发于阳也；无热恶寒者，发于阴也"（7）。张仲景遵循外感疾病有寒热错杂的变化病情，而立寒热并举之法。明代张景岳认为《伤寒论》立此方是"必不得已"而用，但他也承认此立法之精。他说："如伤寒论之小柴胡汤，以人参柴胡并用，陶氏之黄龙汤以大黄人参并用，此正精专妙处，非若今医之混用也。"（《景岳全书·论治篇》）

《伤寒论》的寒热并举，一是用于上热下寒之证，如下利伴有呕吐，是阴寒格阳，拒食不纳，方用干姜黄芩黄连人参汤。因上有胃热，用芩、连泄热；下有肠寒，用参、姜补中温下，以平格逆、止吐，使体内阴阳升降复常（359）。又如麻黄升麻汤、栀子干姜汤、黄连汤（357、80、173）等等都是为上热下寒之证而设。二是用于寒热错杂，如治蛔厥的乌梅丸（338）和治胸满烦惊、小便不利、谵语身重的柴胡加龙骨牡蛎汤证（107）。三是用于内热外寒证，如痞证而伴恶寒之附子泻心汤证（155）。此外还用于引经，如真寒假热的下利不止，厥逆无脉，干呕而烦，在用白通汤扶阳散寒时加猪胆汁以引阳入阴，使阴阳之气相接续（315）。

寒热并举突破了寒证单用温热或热证单用寒凉的治疗法则，素为历代医家所重视。

3. 《伤寒论》滋阴清热法是祖国医学治疗热性病的先驱。热邪极易伤阴，这在古代就被我国医学家所发现和重视。《伤寒论》在这方面从辨证到立法都有过精辟的论述，对祖国医学治疗热性病做出了重大贡献。

邪热伤阴，热势和阴液的损耗成为正比，热势愈盛，则阴液亏损益甚。张仲景用汗出多少、口渴程度、尿量多少来衡量阴液损耗程度。如"伤寒，若吐若下后，七、八日不解，热结在里，表里俱热，时时恶风，大渴，舌上干燥而烦，欲饮水数升"（168），"大下之后，复发汗，小便不利者，亡津液故也"（59）。这在医学还不十分发展的古代，充分说明祖国医学家观察热性病的丰富知识和经验，特别是以舌上干燥做为衡量病人阴液缺少的指征，是我国诊断阴液亏少的简易的方法。

张仲景治热性病创立了不少行之有效的方剂，白虎汤就是其中的典型。白虎汤的立法原则是以邪正双方兼顾的观点。病在高热阶段，特别是高热初期，他抓住高热这个矛盾的主要方面，以清热祛邪为主，但同时滋阴以增存津液。白虎汤以石膏清热除烦，以知母滋阴润燥，粳米、甘草和胃调中（176）。该法是以攻为主，攻补兼施。因为热性病在高热阶段，邪热尚未结于胃肠，正邪之间的矛盾主要方面以邪气盛为主，但为防止阴伤过甚而重用知母滋阴清热，祛邪而不伤阴。当高热时热盛伤正，正邪相峙，或因平素体虚，矛盾的主要方面正在转化，所以张仲景在白虎汤中加人参以益气生津，扶正祛邪（26）。当高热已渐退，疾病向好的方面转化，处于正虚邪恋，余热未清之际，矛盾的主要方面已经转为正虚，所以其立法则以补为主，补中有攻，在方剂中仍以白虎加人参汤为基础，加入竹叶、麦冬、半夏，重在滋阴益气，清热养阴（397）。这足以说明张仲景在治疗热性病的辨证立法中，以疾病是变化着的观点运用攻补兼施的匠心。

三、攻补兼施是张仲景承前启后的学术观点

攻补兼施的辨证立法并不首创于张仲景。近年出土的武威汉代医简已有攻补兼施的方药记载。如治久泄肠澼有黄连、黄芩、石脂、龙骨、人参、姜、桂处方。武威汉代医简，据考古研究，要早于《伤寒杂病论》。攻补兼施作为治疗原则和手段。早在《内经》已有所记述。如《素问·标本病传论》说的"谨察间甚，以意调之；间者并行，甚者独行"就是标本兼顾的治疗原则。《素问·脏气法时论》说："毒药攻邪，五谷为养，五果为助，五畜为益，五菜为充，气味合而服之，以补精益气"，这是药疗配合食疗，以达到攻补兼施的目的。又如，《素问·至真要大论》提出"热淫于内，治以咸寒，佐以甘苦"的立法原则，但无代表性方例。

而张仲景则以实例完成了立法处方、遣药配伍的原则。可见，张仲景是在继承古代医学基础上有所发展。

《伤寒论》攻补兼施的立法理论的贡献，最主要的是以两点论具体分析疾病中的矛盾，立法中的攻与补、寒与热，无不根据正邪的交争情况，或以攻为主，或以补为主，或攻补并重，立法处方主次分明，药味精炼，药效显著，诸如白虎汤、柴胡汤、承气汤等等，颇为医学家所喜用。尽管他的观点是朴素唯物的，尚有不完善之处，但对我国医学的发展所做出的贡献是重大的。尤其对后世温病学的发展影响更深。他的攻补兼施的辨证立法在温病学说中得到进一步的发展和运用，特别是滋阴清热这个大法在温病学中得到广泛应用。比如白虎汤类、黄芩汤、黄连阿胶汤等等便是；亦有由《伤寒论》攻补兼施方演变化裁而来的黄龙汤、增液承气汤、化斑汤、清瘟败毒饮等。不过温病学的理论体系较《伤寒论》更臻完善。比如攻补兼施中的滋阴清热，温病学所应用的方剂和药味要比《伤寒论》更加广泛。

攻补兼施是张仲景朴素唯物的两点论的具体应用。张仲景紧紧抓住疾病中的正邪双方及其相互消长，具体地辨别疾病中的矛盾而立攻补兼施之法，以达到扶正祛邪的治疗目的。本文试图对《论寒论》攻补兼施的立法，从理论上加以初步探讨，由于水平所限，难免有不当之处，希同志们批评指正。

血液为邪热所搏，变证迭起，是犹养虎遗害也。况多有溏粪失下，但蒸作极臭，如败酱，如藕泥，至死不结者，倘酌用前方，秽恶一下，邪热自此而消，脉证自此而退，岂徒孜孜粪结而后行哉。”在吴氏运用下法的基础上，他补充了方剂，说明了应用指征，强调要“见之真而守之定”，才会收到满意效果。

对于吴氏的学说，本书并不是无批判地兼收并蓄，他从几次瘟疫流行的实践中，经过细致的观察，认为温病有表证，有里证，也有半表半里证，从而指出吴氏“泥于邪在募原半表半里，而创为表证九传之说，前后不答，自相矛盾”的片面性。在治法上，他提出表证要用辛凉清热的处方，如神解、清化、升降、芳香等方，使“里热一清，表气自透”；半表半里证则用内外攻发的增损大柴胡汤或增损三黄石膏汤，至于里证，凉膈、承气咸寒攻伐及调之养之等与伤寒大略相同。这对瘟疫的辨证施治也丰富了不少的内容。

四、对热性病治疗的推广

本书十分重视刘河间治疗热性病的经验，他说刘氏是第一个“能辨温病与伤寒之异治者”，但也指出刘氏对“病源之所异处，亦未道出汁浆”的不足之处。有鉴于此，他根据仲景“清邪中于上焦，浊邪中于下焦”之旨，联系临床，认为“杂气”有清有浊，分别通过口或鼻不同途径侵入人体的上、中、下三焦……所以在治则上当从三焦分治；“急以逐秽为第一义，上焦如雾，升而逐之，兼以解毒；中焦如沤，疏而逐之，兼以解毒，下焦如渎，决而逐之，兼以解毒。”在制方上，先分邪之清浊，进而“推广河间，用双解、三黄之意”创立了“轻则清之”的八方：神解散，清化汤，芳香饮，大、小清凉散，大、小复苏饮，增损三黄石膏汤，“重则泻之”的六方：增损大柴胡汤，增损双解散，加味凉膈散，加味六一顺气汤，增损普济消毒饮，解毒承气汤；“而升降故，其总方也。”共十五方。

十五方中，共用药五十味，均以僵蚕、蝉蜕为主药，其次如黄芩、黄连、黄柏、栀子、连翘等。“轻则清之”的八方，基本上是上述药物加上银花、石膏、知母、木通、桔梗等清气泄热之品而成；“重则泻之”的六方，则另配入大黄，芒硝，枳实、厚朴攻里解毒药较多。《蒲辅周医疗经验》在治疗夏季时病中都曾选择这些方剂。为了进一步探讨其理法方药的结构及其临床意义，下面试选具有代表意义的三方作一浅析：

1. 升降散　温病亦杂气中之一也，表里三焦大热，病之初起，此方主之。

白僵蚕（酒炒）二钱，全蝉蜕（去土）一钱，广姜黄（去皮）三分，川大黄（生）四钱。为细末研匀，服法从略。

此为总方，方中僵蚕味咸辛而性平，功能疏风泄热，解毒镇痉，祛风痰，开喉闭；蝉蜕其性微凉，擅解外感风热，有镇痉、托瘾疹之功，为治热病初起之要药，二者合用，相得益彰。姜黄行气散邪；大黄苦寒，能推陈致新，安和五脏，有清热解毒，泻下健胃之功。四药相伍，疏风泄热，清肠解毒之力益强。使用时必须掌握在病势进展期。正能敌邪之时，若正气已虚，则不宜用。此方服后，常一泻而脉静身凉，证状缓解。

2. 神解散　温病初觉，憎寒体重，壮热头痛，四肢无力，遍身酸痛，口苦咽干，胸腹满闷者，此方主之。

白僵蚕（酒炒）一钱，蝉衣五个，神曲三钱，银花、生地各二钱，木通、车前子（炒研）、黄芩

(酒炒)、黄连、黄柏(盐水炒)、桔梗各一钱。水煎去渣，入冷黄酒半小杯，蜜三匙，和匀冷服。

温病初起的上述证状，是由于里热郁结浮越于外的表现，故云“虽有表证，实无表邪”，当疏风清气，苦寒泄热，兼利三焦，方能奏效，断非银翘散之类所能为力者。方中仍以僵蚕、蝉蜕为主药，佐三黄苦寒直清里热，银花解毒，桔梗宜上，神曲化滞和胃，木通、车前子导热下行，生地兼顾阴液，综观全方，总为气分实热而设。

3. 解毒承气汤：温病三焦大热，痞满燥实，谵语狂乱不识人，热结旁流，循衣摸床，卷囊缩，……厥逆，脉沉伏者，此方主之。白僵蚕(酒炒)三钱，全蝉蜕十个，黄逐、黄芩、黄柏、栀子各一钱，枳实(麸炒)二钱五分，厚朴(姜汁炒)、大黄(酒洗)各五钱，芒硝(另入)三钱。

此证为邪热盛极，正气已伤的危重阶段，类似于现代医学的感染性休克，非急用通里逐秽，泻火解毒之峻剂，便不能扭转局势。此方乃升降散去姜黄合大承气汤、黄连解毒汤而成。方中黄连解毒汤等品杀菌力较强，有一定的抗感染作用，且大承气汤能改善胃肠道的循环障碍，降低毛细血管的通透性，促进肠管蠕动，以利于排出细菌毒素等有害物质，从而纠正休克状态。惟应用本方时，必须抢在正气尚未甚亏之先，下之则里通而表自和，若当下不下，则黑愈结，表愈闭，热极精伤，势必造成内闭外脱之险证。

此外，本书的内容还并不局限于杂气瘟疫。在治疗其它杂病方面，颇有适合农村简、便、廉的经验处方，散见于书中。

由于历史条件的局限，本书也难免瑕瑜互见，夹杂一些封建性的糟粕，如言“杂气无穷，茫然不可察”；神解散的命名等。对于这些，当然不能用今天有微观条件的现代医学来苛求于它。然而，本书仍不失为一部对瘟疫独具创见的著作，值得研读参考。

[《新医药学杂志》1978；(8)：28]

对《伤寒论》中相反相成配伍的认识

毛德西　河南省开封地区人民医院

《伤寒论》(以下简称“本书”)在继承《内经·至真要大论》七方的基础上，“博采众方”，结合临床实践，选用中药91味，组成方剂112首。其立法有的放矢，恰合病情；方药简而不杂，结构严密，后人称为方剂之祖，为祖国医学方剂学的发展做出了重要贡献。

本书的方剂配伍，大致可分为两大类：一类是相辅相成的配伍，组成这类配伍的药物，其性味、功能、趋向基本相同，有互相协同的作用，如麻黄配桂枝、大黄配枳实等；一类是相反相成的配伍，组成这类配伍的药物，其性味、功能、趋向完全相反，以互相制约，达到治疗疾病的目的。兹就本书中相反相成的配伍，结合临床实践，谈谈自己的认识。

相反相成配伍的概念

毛主席说：“我们中国人常说：‘相反相成。’就是说相反的东西有同一性。这句话是辩证法的，是违反形而上学的”(《矛盾论》)。药物相反相成的配伍，就是利用药物之间性味、功能、趋向的对立，在一定的条件下组合在一个方剂内，使它们互相制约、相反相成，达到扶正祛邪，治疗疾病的目的。

中药性能包括四气、五味、升降浮沉、补泻等。四气中温热和寒凉是两种不同的性能；五味之中，辛味能散能行与酸味能收能涩是相互对立的，甘味能补能和与苦味能燥能泻是相互对立的；药物的升浮与沉降是趋向的相互对立；补虚和泻实是两种绝然不同的功能。张仲景在本书中，恰当地运用药物性能及趋向的对立统一，在同一个方剂内，或寒热相济，或散收并用，或升降合剂，或补泻兼施，配伍精当，相行不悖，恰当地发挥药物治病的作用。

相反相成配伍的分类及应用

一、寒热相济

用温热药治疗寒性病，用寒凉药治疗热性病，这是治疗寒热病的常法。但是，若寒与热这两个相互对立的病邪同时作用于机体的时候，那就需要用寒药与热药并进的方法，来消除寒热错杂的病情。这类药物的配伍就叫“寒热相济”。

1. 上热下寒证　如栀子干姜汤，栀子苦寒以清泄郁火，干姜辛温以温中除寒。两者寒热异性组成方剂，是治疗上热下寒、症见身热心烦兼有肠鸣下利的方子。

2. 外寒内热证　如麻黄配石膏，麻黄辛温散表寒，石膏辛寒清里热。麻黄得石膏则散表寒而不助里热；石膏得麻黄则清里热而不遏表寒。两者寒热相济，对外寒内热症见恶寒、发热、无汗而烦躁者，有解表清里的功效。大青龙汤就是此类配伍的代表方剂。近人用以治疗流感，有外解风寒郁闭、内清里热烦躁的作用。其它如麻黄配连翘、桂枝配大黄等，均为治外寒内热证的配伍。

3. 寒热互结证　如干姜配黄连，干姜辛热，黄连苦寒。干姜开结散寒，黄连泄热除痞。辛热与苦寒相配，有辛开苦降之用。本书中的黄连汤、生姜泻心汤、半夏泻心汤、甘草泻心汤、干姜黄芩黄连人参汤等，就是这类配伍的代表方剂。其它如柴胡、黄芩配干姜、桂枝，附子配大黄，黄连配半夏，黄芩配半夏，石膏配半夏等均为治寒热互结证之配伍。

二、散收平调

《内经》云：“以辛散之，……以酸收之。”凡风邪在表或痰浊内结当用散法，精气涣散当用收法。散用辛味，收用酸味。辛酸合化，一散一收，散其邪气，收其正气。凡邪气郁而不散以致正气涣散不收者，当用辛味与酸味配伍的方剂，达到散邪而不伤正，敛精而不固邪的目的。这类配伍就叫“散收平调”。如桂枝配白芍，桂枝辛温，可发散风寒，温通血脉；白芍酸寒，可敛营和血止痛。两药合用，散收相伍，通止平调。桂枝得白芍虽辛散而无亡阴之害，白芍得桂枝虽敛营而无遏邪之弊。二味配伍用于表证，可调和营卫，解肌发表；用于杂证，可温经和营，通络止痛。我们常用桂枝汤治疗表虚感冒，用小建中汤治疗溃疡病，就是取桂枝白芍的散收平调，调和营卫气血的作用。又如白芍配柴胡，白芍酸敛养血，柴胡疏肝解郁，前者敛阴止痛，后者通络止痛。一是血分药，一是气分药。一敛一疏，是调和肝脾的主要配伍。如果单用白芍而舍柴胡，何能枢转气机；单用柴胡而舍白芍，何能益阴和营。加上枳实、甘草名四逆散，是治疗肝脾气血不和的基本方剂。凡肝脾失调所致的肋间神经痛、胃痛、肝痛、月经不调等，均可用本方加味治疗。后世的逍遥散及柴胡疏肝散就是从此方衍化而成。其它如五味子配干姜，桂枝配龙骨、牡蛎，赤石脂配干姜，均为散收平调的配伍。

三、升降合剂

“升”是上升，“降”是下行。升者升其清阳，降者降其浊阴。《内经》上说：“清阳出上窍，浊阴出下窍。”升清降浊是脏腑的正常生理功能。反之，脏腑升降功能失调，便会出现清阳下陷、浊阴上泛、上下移位、阴阳乖乱的局面。在治疗上就应当利用药物升降之性，来纠正脏腑的升降失调。如果升降混淆，清浊不分，清气下陷与浊阴上泛同时存在，便应把升浮药与沉降药配伍在一个方剂内，使升者当升，降者当降，这种配伍方法就叫“升降合剂”。如栀子配豆豉，栀子味苦引热下行，豆豉轻浮上行解郁。两药一降一升，对于郁热留扰胸隔所致的虚烦不眠等症，最为合拍。近人有用治急性胆囊炎、、急性黄疸型肝炎、急性胃炎、食道炎等，出现胸中郁闷、心烦不安以及阴虚阳热上扰失眠者，有良好的清热利胆、除烦安神的作用。其它如代赭石、旋覆花配人参，吴茱萸配人参等，均为升降合剂的配伍。

四、补泻兼施

“实则泻之，虚则补之。”这是治疗单纯实证与虚证的法则。然或虚实相杂，邪气沉伏，用补法则邪气益固，用泻法则正气随脱，此时便当用补泻兼施法，使正复而邪去。补泻兼施法常用的有下列几种：

1. 攻补兼施　如甘遂、大戟、芫花配大枣的十枣汤，遂、戟、芫为攻药，大枣为补药。攻药是针对水邪充斥内外而设。三味并用，借以速荡水积。但水气结巢正气必虚，毒药攻邪必伤胃气。故张仲景用大枣之甘温，一则顾其脾胃，一则缓其峻毒。以攻为主，攻中寓补。近人有用十枣汤治疗渗出性胸膜炎、肝硬变腹水等，对消减胸、腹水有一定效果。

2. 补消兼施　如人参配厚朴，人参补气益阳固本，厚朴下气散结消胀。一补一消，补消相济，是治疗中虚气馁、脘腹胀满的常用药物。中焦气虚腹胀，若无人参则中虚不复，无厚朴则满胀不除。本书中的厚朴生姜半夏人参汤就是此类配伍的代表方剂。

3. 补通兼施　如当归、白芍配通草、细辛，当归、白芍补血和营，通草、细辛通利经脉，补通合用，补则营血得养，通则寒散脉利。适应于血虚寒郁、经脉不利的寒凝杂证。本书中的当归四逆汤和当归四逆加吴茱萸生姜汤，就是以此类药物为主的方剂。《医宗金鉴》在论述当归四逆汤时说：“此方取桂枝汤，君以当归者，厥阴主肝为血室也，佐细辛味极辛，能达三阴，外温经而内温脏，通草性极通，能利关节，内通窍而外通营，……”实为中肯之谈。

4. 补清兼施　如人参配石膏，人参甘温补虚，石膏辛寒清热，补清结合，寒温并用。以治热盛于里、气津两伤，症见壮热、烦渴、汗多，脉大无力者。如本书中的白虎加人参汤，就是这类配伍的代表方剂。

对相反相成配伍的认识

恩格斯说："人们远在知道什么是辩证法以前，就已经辩证地思考了，……"（《反杜林论》140页，人民出版社）。本书中的方剂配伍就是古代朴素辩证法——阴阳学说在治疗方面的集中反映。后世医家在本书的启发下，使这类方剂有了进一步发展和提高。如寒热相济的左金丸、二妙散；收散结合的五味子汤；攻补兼施的黄龙汤、温脾汤等，以及近年来治疗更年期综合症和高血压的二仙汤等，都是相反相成配伍的方剂。

正如自然界其它事物一样，相反相成的配伍有一定的内在规律，而决不是杂乱无章的凑合。笔者认为在发掘、整理、提高以至创新这类方剂的过程中，要注意以下三个问题：

一、相反相成配伍的条件

毛主席说："两个相反的东西中间有同一性，所以二者能够共处于一个统一体中，又能够互相转化，这是说的条件性，即是说在一定条件之下，矛盾的东西能够统一起来，又能够互相转化；无此一定条件，就不能成为矛盾，不能共居，也不能转化"（《矛盾论》）。所谓一定条件，在方剂配伍中，主要是取决于疾病的属性。疾病属性的相互对立，确定了药物组合的相反相成。如果我们不去研究病情的内在矛盾，同时也不熟悉药物的性能，不加思索地拈来两种不同性能的药物去治疗上述各类疾病，那岂不是无的放矢吗！张仲景为什么用麻黄石膏配伍治疗"热喘无汗"证，而不用麻黄大黄去治疗？这是因为"热喘无汗"在经不在腑，大黄虽能清热但不能清肌透表。为什么用附子配大黄治疗寒疝，而不用麻黄去配伍大黄呢？这是因为病在下不在上、在里不在表。附、麻虽同为辛温药，但麻偏走表而附偏走里，麻偏走上而附偏走下，况温通散寒之力麻黄亦不及附子。抓住邪正消长的变化及病邪之间的相互对立，乃是相反相成配伍的关键。

二、相反相成配伍的依据

我们在治疗疾病时，不能把疾病所表现出来的各种现象，任意选择两个不同属性的症状当作配伍组方的依据。我们所说的相反相成的配伍通常是指在一个方子内起主要作用的药物，即解决主要矛盾的药物，也即古人所说的"君"药和"臣"药。例如桂枝汤是一个散收合剂，散性的桂枝与收性的白芍是解决营卫不和的主要药物，生姜虽能发散但不及桂枝的宣卫通阳之力，故不能将生姜与白芍看成是散收合剂。

三、相反相成配伍的变化

相反相成的配伍不是一成不变的。对于一个疾病的全过程来说，它是随着病情的发展而不断变化不断更新的。例如本书146条柴胡桂枝汤证："发热微恶寒，支节烦疼"，是太阳表证未解，故仍用桂枝汤发散太阳；又有"微呕，心下支结"，此为邪入少阳之症，故加柴胡汤和解少阳。柴胡桂枝汤既有散收合剂的桂枝、白芍，又有寒热并用的柴、芩、半夏，另外方中人参与半夏同用，有升清降浊调和中气的作用。这样本方就变成了太阳少阳合剂。正如清代柯琴所说："表证虽不去而已轻，里证虽已见而未甚。故取桂枝之半，以散太阳未尽之邪；取柴胡之半，以解少阳微结之证。……外证虽在，而病机已见于里，故方以柴胡冠桂枝之上，为双解两阳之轻剂也"（《医宗金鉴》总849页，人民卫生出版社）。本书中的有些方剂，本身就是多组配伍的相反相成方剂。例如乌梅丸，既有乌梅之酸敛，又有细辛、川椒之辛散；既有黄连、黄柏的苦寒清热，又有桂、附、干姜的温热祛寒，另外还有人参、当归的补气养血，散收合剂、寒热并用、清补兼施，是治疗寒热错杂、正虚虫积、气散络阻的名方。随症加减，既可用于虫积腹痛，又可用于寒热夹杂的久痢等。

总之，本书的方药配伍，既有相互协同，相互促进的常法，又有相互制约，相反相成的变法。其方药配伍是在朴素的辩证法思想指导下认识疾病的产物，限于历史条件，其认识有一定的局限性，今天，需要以辩证唯物主义和历史唯物主义为指导，运用现代科学方法，认真学习继承，加以整理提高。

[《新医药学杂志》1978；(12)：45]

《伤寒论》发热的辨证分析

时振声　中国中医研究院西苑医院

《伤寒论》是中医治疗急性热病，从辨证到理法方药比较完备的、最早的一部经典著作。而"发热"一证在《伤寒论》一书中占有重要位置。明确指出有发热的条文计115条，其它如冠以太阳病、阳明病、少阳病，或冠以伤寒、中风等未明确标明发热而实际上是有发热的条文，尚有160多条，二者合计有关发热的条文约占70%。本文拟将《伤寒论》有关“发热”的条文，试作以下分类，以供研究参考。

一、发热恶寒

《伤寒论》7条：“病有发热恶寒者，发于阳也；无热恶寒者，发于阴也。”一般认为病一开始有发热恶寒者，是病在阳经（特别是太阳），一开始无热恶寒者，是病在阴经（特别是少阴）。既然发热恶寒是发于阳经，因此在三阳经的辨证主要是以发热为主。

表虚证：2、12、13、95、134等条，指出了太阳中风的卧床表现发热，恶风或恶寒，汗出。故腠理不固，风寒外袭，营卫失调所致。风寒袭表，卫外失职则恶风寒；卫气浮盛于外，与邪相争则发热；卫失固外，营不内守则汗出。故治疗宜用桂枝汤调和营卫，解肌发汗。表虚兼证：如兼项背强几几，则宜桂枝加葛根汤（14条）；如兼喘，则用桂枝加厚朴杏子汤（19、43条）；如兼胸满，则用桂枝去芍药汤（22条）；如兼停水，则宜桂枝去桂加茯苓白术汤（28条）；亦可兼见心下痞（244条）。

表实证：3、35、46、47等条，指出了太阳伤寒的临床表现为发热、恶寒、无汗等症，因风寒袭表，卫阳被束，营阴郁滞所致。卫阳被束，不能温分肉而恶寒；卫阳与邪相争则发热；风寒束表，腠理闭塞，故无汗，治疗宜用麻黄汤解表散寒。表实兼证：兼项背强几几，宜用葛根汤（31冬）；兼内热则用大青龙汤（38条）或轻者用桂枝二越婢一汤（27条）；兼水饮则用小青龙汤（40、41条）；兼阳虚则用麻黄附了细辛汤（301条）。

在临床上，病情是复杂多变的，故有传经、合病、并病的出现。我认为传经的转属与合病、并病有时是不易区分的，特别是并病，二经症状先后并发，即某经转属某经所致，因此，在转属、合病、并病过程中，由于还没有转变为他经所特有的热型，所以仍带有太阳病发热恶寒的特点，如99条小柴胡汤证的身热恶风，109条肝乘肺之发热恶寒等均是。又32、33条之太阳与阳明合病，条文中虽未标明发热恶寒，但病机为表邪不解，内迫阳明而下利或呕，且葛根汤又主发热无汗恶风，项背强几几，32、33条以葛根加半夏汤治疗，故知亦当有发热恶寒的表现。

以上可以看出，发热恶寒同时出现者，绝大多数是属于表证，是太阳病所特有的热型。

阳明病表里俱热，有时也可出现时时恶风（168条）、背微恶寒（169条）。由于阳明病表里俱热，阳热亢盛，耗伤津气，或热甚汗出过多，肌腠松弛，故有时是可见时时恶风，或背微恶寒，这在程度上与性质上都和太阳病发热恶寒是不同的。

二、不寒但热

表证的发热恶寒，可以传变为不寒但热，不寒但热一般多见于阳明病，亦有一开始即表现身热汗出恶热者，称为阳明本经自病。

阳明经热：182条：“身热汗自出，不恶寒反恶热。”指出了阳明经证的特点。170、176、227条各还指出有渴、口干鼻燥的表现。阳明病但热不寒可以由太阳病传来（如185、244条），亦可由少阳病传来（265条），因邪入阳明，燥热亢盛于内，充斥于外，故见身大热不恶寒而反恶热，大汗出，口大渴，烦躁，脉洪大或滑数，宜白虎汤，甚则用白虎加人参汤清热生津。221、222、223条指出阳明经证不可发汗、不可温针、不可攻下。如下后热在上焦，扰动胸膈，心中懊侬，宜栀子豉汤清热除烦；热在中焦，渴欲饮水，为热甚伤津，宜白虎加人参汤清热生津；热在下焦，则渴欲饮水而小便不利，宜猪苓汤滋燥利水。指出了阳明经热误治后的变证及其治法。

阳明腑热：70、248、253各条，俱指出阳明腑热的特点，也是不恶寒但恶热，汗出，或蒸蒸发热。所谓蒸蒸发热是指里热蒸腾于外，如蒸笼中热气般，一般用调胃承气汤以和胃气。亦有用大承气汤者（253条）。

热扰胸膈：78、79、80、221、228各条是太阳病或阳明病下后，邪热陷于胸膈或余热留于胸膈，而致身热不去，心中结痛或懊侬，起卧不安，是无形邪热所致，宜栀子豉汤清宣郁热。如下后损伤脾胃阳气，又有身热不去，俱宜栀子干姜汤以清上温下。

郁热在里：236、261、262条，阳明病身热，仅头汗出，身无汗，剂颈而还，小便不利，皆为郁热在里，身必发黄。本证为阳明热盛，与湿邪相合，湿热交蒸于内，影响肝胆疏泄功能，胆液不循常道而泛溢，乃身目俱黄；湿热熏蒸于上，故见头汗出，剂颈而还；湿热熏蒸于上，故见脘痞呕恶，不思饮食；如兼里实则有腹满便秘，湿热郁蒸三焦；气化失职，故小便短少。在治疗上，如尚有表邪，可用麻黄连翘赤小豆汤使湿热从表而散；阳黄而里无实积者，可用栀子柏皮汤以清热利湿，阳黄而有里实者，可用茵陈蒿汤以清热利湿。

温病发热：6条："太阳病，发热而渴，不恶寒者，为温病。"指出温病发热的特点也是不寒但热。

上述皆属阳明病范畴，阳明主燥，邪热入里，燥热充斥表里，故阳明经热表现为大热、大烦、大渴、大汗、脉洪大；阳明腑热则尤为里热炽盛，燥热之邪与肠中积滞结合而成燥屎，使热从内出外，称之为蒸蒸发热。

379条有："呕而发热者，小柴胡汤主之。"本条为厥阴转出少阳，阴证转阳，故以小柴胡汤和解少阳枢机。因条文简略，仅提发热二字，姑列于不寒但热项下，但其病机与阳明病的不寒但热有别。

三、潮热

《伤寒论》201、208、209、212、214、215、220、240等条，指出潮热见于邪热内结，故曰胃中有燥屎五六枚、大便难、不大便五六日、手足濈然汗出等症，燥热上扰心神，故见神昏谵语、独语如见鬼状，甚则循衣摸床，惕而不安，因腑气不通，肺气上逆，散腹满而喘；脉象滑疾。

阳明里实热证之由来，可自太阳传来（220条），亦可由少阳传来（104条），一般有潮热即表示有邪热内结，腑实已成。如208条："有潮热者，此外欲解，可攻里也。""其热不潮，未可与承气汤。"后世医家也强调这一看法，如尤在泾云："阳明病，有潮热者为胃实；热不潮，为胃未实。"钱潢云："潮热，则已成可下之证"。唐容川云："仲景所言潮热，皆是大肠内实结"。因此，潮热可用大承气汤下之。但为了慎重起见，测知大便硬与不硬，可以用小承气汤来试探，以转矢气作为判断用药的指征（209、214条），或直接用小承气汤来治疗（214条）。

当然，潮热是诊断腑实的根据之一，但仍宜结合其他证候综合分析。如104条为少阳传入阳明，与阳明并病，因尚有柴胡证，故先用小柴胡汤以解外，其兼阳明里实者，则可以柴胡加芒硝汤治之。229条为阳明病邪转少阳，原为阳明病有潮热，以大便溏，小便自可，胸胁满，邪已入少阳之经，故以小柴胡汤和解少阳邪气。231条则为三阳合病，独取少阳以和解枢机。137条不大便五六日，日晡潮热，少腹硬满与阳明颇同，但小有潮热则不似阳明之热盛，从心上至少腹于不可近，则阳明又不似此大痛，本条为太阳阳明并病，但太阳尚有水饮与之互结而成热实结胸之大结胸证，故以大陷胸汤泻热通腑，逐水破结。

四、往来寒热

《伤寒论》96、97、266诸条指出了少阳病的热型是往来寒热，太阳之邪不解传入少阳，或血弱气尽，腠理开，邪气因入，即因气血不足，腠理不固，邪气相乘，发自少阳。因少阳主半表半里，邪犯少阳，枢机不利，正邪分争，邪郁则恶寒，正胜则发热，故往来寒热，此为少阳病的特殊热型。往来寒热指寒热来去分明，如疟疾即是往来寒热，但疟疾发作定时，一日或隔日或隔二日一发，而少阳病去来寒热则可一日一、二发，二、三发不等。有认为半表半里是从其病变性质言，并不是从部位言，往来寒热的热型即是说明病变具有半在表和半在里的性质。少阳病有邪气实但正亦虚，有表寒但也有里热，故治疗上既不能发表，又不能攻下，只能以小柴胡汤和解表里。即使有偏表、偏里者，亦是在和解少阳的基础上加减治疗，如147条为太阳病传至少阳病，里有水饮停滞，故以柴胡桂枝干姜汤和解少阳兼温化水饮；103条为少阳兼有阳明里实，故以大柴胡汤和解少阳兼通阳明。

144条妇人中风，热入血室，寒热发作有时，如疟状，亦为往来寒热，故可用小柴胡汤和解少阳。23条太阳病八九日，发热恶寒如疟状，一日二、三度发，似柴胡证，但其人不呕则非柴胡证，清便欲自可，则非阳明病，仍在太阳表解，因热多寒少，故用桂枝麻黄各半汤小汗之。25条亦形似疟，一日再发，亦为太阳表邪郁滞不解，症情较23条为轻，故用桂枝二麻黄一汤小汗之。所谓如疟、似疟，亦类似往来寒热，少阳是由阳入阴之枢，故少阳见证多正虚邪实、寒热夹杂。往来寒热为正邪分争所致，因此，治疗少阳以和解为主，寒热并用，攻补兼施。太阳篇23、25条如疟、似疟，因病程较长，且是在八、九日以后或是服桂枝汤表去大半以后的情况，亦现正虚之象，但邪亦不盛，如果邪盛则传少阳。240条亦有如疟状的描述，是指日晡所发热而言，非往来寒热也。

五、微热

《伤寒论》71、242、252、360、361、366、377条均有微热之记载，71条为太阳表证未解，外邪循经入腑，膀胱气化失职，水道失调的蓄血证。因外邪入腑，故表证不著，仅现微热。242、252两条大承气汤证，为邪热深伏于内，耗伤津液，真阴亏损，故目中不了了，睛不和；邪热上逆而喘冒不宁，故不得卧。因是燥屎内结，故其微热亦必是日晡所微热。360、361条为热厥下利的恢复过程，高热已退，仅现微热，故为自愈。366、367条则属阴寒内格阳于上或格阳于外，为真寒假热的微热。虽然同是微热，但病机不同，治疗各异。

六、无大热

《伤寒论》61、63、162、169、269各条皆有无大热之记载，61条是误治后表里俱虚，因阳气不足而昼日烦躁，身无大热，属虚阳外扰之象，故以干姜附子汤复其阳。269条："伤寒六、七日，无大热，其人躁烦者，此为阳去入阴故也。"一般均以阳为表，阴为里，指表邪传于里，是阳明实热证，因大承气汤证亦可表有微热。这牵涉到少阳病的病位问题，少阳是在太阳与阳明之间，还是在阳明与太阴之间？根据《内经·素问》中至真要大论、天元纪大论的精神，三阴三阳是以阴阳气之多少来分的，因此，少阳为由阳入阴之枢比较恰当，故269条所述无大热、躁烦，还是指阴盛于内，虚阳外浮而言。63、162、169三条的无大热，均是指表热不著，63、162条为邪热郁于肺，汗出而喘，故用麻杏石甘汤清肺定喘；169条为阳明里热炽盛，气阴两伤，故用白虎加人参汤清热生津。总之，无大热亦是因病机不同，虽然同是无大热，但治疗各异。

七、内寒外热

内寒外热有两种情况：一是内真寒而外假热，即《伤寒论》所谓："病人身大热，反欲得衣者，热在皮肤，寒在骨髓也……"，一是内外俱病或表里同病，表有热而里有寒。

真寒假热：317、332、366、370、377、389诸条，均有外证身热，但内则有下利清谷或吐利兼见（317、377、389条），或小便复利（377、389条），或其面戴阳（366、317条），或脉微欲绝（317、389条），或有肢厥（366、317、370、377条）均是真寒假热，阴盛于内，格阳于外，或阴盛于下，格阳于上，甚则有真阳外脱之虞，故主四逆辈。332条为热厥，但在邪正相争过程中，如阳气不支，阴寒加重，故曰发热六日，厥反九日，指热厥正在向寒厥转化，此时病人有厥又利，如病人突然能食，食后暴热，则为胃阳外浮，真阳欲脱，故曰"暴热来出而复去"，而病人死亡。此暴热亦为真寒假热之象。

表热里寒：82、92、163、225、388各条为表热里寒。82条为太阳病发汗，汗出不解，其人仍热，示表证未除，但因出汗过多，阳气大虚，水饮停蓄而上逆，为太阳病转属少阴，虽有表热，但里虚寒较急，故当先救其里，以真武汤温阳利水。92条及225条都是既有表证发热，又有里证脉沉，下利清谷，当先救里，宜四逆汤温阳祛寒。霍乱篇388条也是有表证发热恶寒，但里证吐利肢厥为急，仍是用四逆汤回阳救逆为先。至于163条协热利，虽有里虚寒证，但不甚严重，故可用桂枝人参汤表里兼顾。又176条所谓表有热、里有寒，根据脉浮滑来看，当是表里俱热而非里有寒，可能属于文字上之讹误，故用白虎汤以清之。

八、热厥

《伤寒论》厥阴篇中，凡有厥、热、利并见者多为热厥。335、339条指出了热厥的临床表现、治疗原则及预后。由于热厥是热邪深伏于内，阳气被阻，不能充实四肢所致。根据热邪伏郁的浅深，四肢厥冷的程度也有轻重不等，即热深厥亦深，热微者厥亦微。"厥应下之"说明治疗热厥的原则，如发汗势必劫伤津液，助长热邪，邪热上干则可发生口伤烂赤等证；如果热势渐减，热少厥微，加之小便色白，热邪将除，故病将愈。

热厥因治疗不及时，可以向寒厥转化，如332、342、344、345、346、348、353各条，如何辨别热厥向寒厥转化：（1）寒多热少，厥逆加重，阳气衰退（342、345条）。（2）汗出不上，阳气外脱（346条），（3）躁不得卧，真阳欲脱（344条）。已转至寒厥，即须按寒厥治疗，不可再用下法，故宜四逆辈（353条），如果在正邪相争过程中，阳气旺盛，热多厥少，则仍属热厥的范围（332、341条）。

以上分析了《伤寒论》中有关发热的一些条文，试探讨其治疗规律，作为临床的参考。由于《伤寒论》六经辨证所归类的发热是共性的东西，因此它的治疗方法是适合各种急性热病的。各种急性热病其发热的特点相同者，即可用同一的治疗方法去治。如各种急性热病的初期，凡是表现恶寒发热者，都可按照太阳病的治疗方法去治，各种急性热病的极期，表现为稽留热的不寒但热，都可按照阳明病的治疗方法去治，表现为弛张热的往来寒热，都可按照少阳病的治疗方法去治。急性热病的恢复期可以有微热、潮热、无大热等表现，可各按其治疗方法去治。至于感染性休克的热厥，各种疾病临终前的呼吸、循环衰竭所表现的真寒假热，中医治疗法结合西医抢救措施，有助于延长病人生命，甚至降低病死率，是值得我们进一步研究的。

[《湖南医药杂志》1979；(3)：47]

《伤寒论》方在杂病中的应用

金寿山　上海中医学院

《伤寒论》讲辨证论治。辨证论治应该落实到“治”，如果治疗效果不好，辨一番，论一番，只是一种空谈。《伤寒论》方就是行之有效，是张仲景博采众方得来的。张仲景有三句话，叫做“勤求古训，博采众方，并平脉辨证”。“勤求古训”是继承前人的经验，学好理论，这就要读书。明朝金正希转述当时医生程敬通说过一句话是：“读书而不能医者有之矣。未有不读书而能医者也”。可见读书的重要性。当然，不读书，做个医生，开开方子，或许可以，但决不能成为一个医学家。“博采众方”是吸收别人的经验。“平脉辨证”则是自己的实践，并且通过实践把来自前人和别人的间接经验化作自己的直接经验。张仲景是这样学好中医，著成《伤寒论》的，现在要学好中医，还是这三句话。

尽人以为，《伤寒论》是论述外感热病的专书。我以为，这只是一个方面，如果只是论述外感热病，那么，只要把《伤寒论》论述六经形证的部分抽出来，如《中医学基础》当中六经辨证这一章节已足，就无需再读《伤寒论》。然而多年来的中医教学经验证明，《伤寒论》还是应该独立开课，所以然的道理，《伤寒论》的法和方，不仅应用于热病，更广泛应用于杂病，不读《伤寒论》全书，对热病，知其常而不能尽其变；对杂病，更不知道可以用伤寒法、伤寒方。实际上《伤寒论》中所谓误治后许多变证，可以由误治所致，但又不尽属于误治，如“发汗后，不可更行桂枝汤；汗出而喘，无大热者，可与麻黄杏仁甘草石膏汤”的麻杏甘石汤证，尤在泾就认为“缘肺气外闭之时肺中已有蕴热。”所以《伤寒论》于麻杏甘石汤证又出一条：“下后，不可更行桂枝汤；若汗出而喘，无大热者。可与麻黄杏仁甘草石膏汤。”可见只要肺有蕴热，无论汗后下后，都可以出现麻杏甘石汤证，不尽属于误治。又如太阳病出现五苓散证、桃仁承气汤证，从理论上说，固属随经入府，然非内有蓄水、蓄血，又何至于入府。五苓散用于蓄水，桃仁承气汤用于蓄血，蓄水、蓄血皆杂病也。太阳病篇误治条文甚多，无非以之释明病机，若竟认为都属误治，哪来这么多的误治？所谓误治后的许多变证，我以为一大部分本来就属于杂病。

现在，首先谈谈桂枝汤在杂病中的应用。

桂枝汤是《伤寒论》第一方，它有发汗作用，而实际它不是发汗之剂，是和剂。和什么？调和营卫是也。正因为调和营卫，所以服桂枝汤后通过发汗而能退热或止汗，不仅热病可用，在杂病中也可用，对于不明原因之长期低热，用桂枝汤退热有良好效果。“病人藏无他病，时发热自汗出而不愈者，此卫气不和也，先其时发汗则愈，宜桂枝汤。”我看，这里指的就是杂病。所谓甘温除热之方，首推桂枝（汤）。其次，损其心者调其营卫，为治五损中之一法。因此，以桂枝汤为基础，加减用药，可用于治虚劳，如小建中汤、黄芪建中汤即是桂枝汤的加味。当然，桂枝汤加味或加减应用于虚劳，应有寒象。如叶天士善用黄芪建中汤治虚劳，它有一定标准：1. 久病消瘦乏力。2. 胃纳不佳，时寒时热，喘促短气，容易汗出。3. 脉虚无力，不数。4. 有操劳过度史。反之，阴虚内热者就不可用，只可用复脉汤（炙甘草汤）。

炙甘草汤实际是桂枝汤的变法，以治心律失常，有卓效，故一名复脉汤。但改善心律，不过是一种现象，有现象必有本质，它的本质方面的作用，是补心气、通心阳、滋心阴、养心血，从而恢复心主血脉的功能。炙甘草汤为什么既用参、姜、桂、草等阳药，还有酒；又用胶、麦，麻、地、枣等阴药？尤在泾引徐氏的解释较好，他说：“脉结是营气不行，悸则血亏而心无所养，营滞血亏而更出汗，岂不立槁乎？故虽行动如常，断云不出百日，知其阴亡而阳绝也。人参、桂枝、甘草、生姜，行身之阳，胶、麦、麻、地，行身之阴；盖欲使阳得复行阴中，而脉自复也。后人只喜用胶、地等而畏姜、桂，岂知阴凝燥气，非阳不能化耶？”

“阴凝燥气非阳不能化”一语，可谓炙甘草汤中用阳药之解释。但使用本方，须注意用量，炙甘草汤原方中炙甘草用四两，主药当然如此，最突出的是生地黄用到一斤，大枣用到三十枚，这在仲景方中用量如此之重，是绝无仅有的。可知本方平补阴阳，而以滋阴为主，方中阴药方面要用得重，阳药方面要用得轻。只用阴药不用阳药固然不对；在一般情况下，把位置颠倒过来，也是错误的（即阳药用得重，阴药用得轻）。

小建中汤与炙甘草汤是治虚劳病的两个重要方剂，都是从桂枝汤的基础上变化出来的，后世叶天士最为赏用，称为“理阳气当推建中，厥阴液须投复脉。”

桂枝汤当然有禁忌，所谓“桂枝下咽，阳盛即毙”，就是说用于阳盛者是不适宜的。

桂枝汤方加减甚多，已故老中医程门雪先生说，最重要的有四个加减法，即寒加附子，热加黄芩，虚加人参，实加大黄是也，虽然只加用了一味药，已经属于变法。桂枝汤不温阳，加附子就温阳；桂枝汤不清热，加黄芩就清热，就不忌用于阳盛；桂枝汤不补虚，加人参就补虚；桂枝汤不攻实，加大黄就表里双解。那么，桂枝汤加其他药，比如桂枝加葛根汤、桂枝加厚朴杏子汤是不是因项强而加葛根，因喘而加厚朴杏子，属于随证加药呢？从表面上看固然如此，而实则还有深意。项强者，清阳不升，经络不通也，桂、芍、葛相配，诚为升阳通络之要药。故于太阳与阳明合病，不下利但呕者，不忌葛根，而加用半夏之和降以制其升散太过，后世李东垣善用葛根，实已滥觞于仲景。桂枝汤本身有制冲作用，但其制冲属于制下焦之冲，喘家之冲气，不能说与下焦无关，但其病在上，还有上焦之冲气，故不用桂枝加桂，而加厚朴杏子，如是，则桂制下焦之冲，厚朴制中焦之冲，杏子制上焦之冲，上中下三焦俱治，喘斯平矣。

桂枝汤是桂枝甘草汤与芍药甘草汤相合而成之复方。桂枝甘草汤意在通阳，若须专力于通阳则取桂枝汤的一半加味，桂枝甘草汤、苓桂甘枣汤、苓桂术甘汤、苓桂姜甘汤（即茯苓甘草汤）以及五苓散，都属通阳之方。一般来说，通阳之方都有利水作用。叶天士说："通阳不在温而在利小便"，斯言得之。

如意在于和阴，则取芍药甘草汤。小建中汤重用芍药，新加汤重用芍药，真武汤中有芍药，附子汤中有芍药，皆有和阴之意。（大柴胡汤中用芍药，黄芩汤中用芍药，麻仁丸用芍药，桂枝加芍药汤中用芍药，那是芍药另一个作用：疏通里急，缓解疼痛）。须专力于通阳，则不用芍药以免牵制，故胸满脉促当去芍药，须阴阳相济，则当加入芍药。桂枝去桂加茯苓白术汤，去桂还是去芍，争议颇多，我以为既不去桂，也不去芍，芍药能利小便，见于《本草经》，故桂枝去桂加苓术汤中用芍药，真武汤中能利水也用芍药。芍药之用有三：一、和阴，二、缓急，三、利水。

其次，谈谈麻黄汤，大、小青龙汤，麻杏甘石汤、麻黄细辛附子汤、麻黄附子甘草汤等以麻黄为主的方剂在杂病中的应用。

这一类方剂主要用于饮证，麻黄乃肺经之专药，其饮在于肺，寒用麻黄汤、小青龙汤，小青龙与麻黄汤是缓急两等治法；热用麻杏甘石汤；寒而挟热者用大青龙汤，大青龙麻桂用量特重，不是因为寒重，而是因为热郁；热郁较轻者可用小青龙加石膏汤；与少阴证同见者，可用麻附细辛汤、麻附甘草汤，二方亦是缓急两等治法。这类方证虽有虚实、寒热、缓急之不同，但有一共同点，即是饮证。大小青龙之命名，不是发汗，而是行水之意。如是一般感冒咳嗽，又何必用此等方。

《伤寒论》大、小柴胡以及泻心汤诸方，也可用于消化系统杂病（包括肝、胆、肠胃），现在只谈谈三泻心汤：半夏泻心汤证。经文明言属柴胡汤之变证，生姜泻心汤证，明言胃中不和；甘草泻心汤证，明言胃中虚。三泻心汤所主治，皆属胆病及胃，气机不畅，寒热错杂之证。《伤寒论》于生姜泻心汤证明言："汗出解之后"，可见其痞不一定是误下而成。临床所见，胃病中有这一种类型，用三泻心有一定效果。胃中不和，中焦阻塞，津液不通，还可以酿成湿热，上冲下注。上冲则为呕，为声嗄，为口舌糜烂，下注则为下利，为阴疮。故三泻心不独可治胃家本病，也可用于上下交病，独治其中。张仲景于狐惑病，用甘草泻心汤，即是辛以开痞，苦以泄热，甘以和中之意，确有效果。曾治二例狐惑病人，用泻火解毒药只能暂时减轻症状，不久又增剧，后用甘草泻心汤都得到痊愈，且近期未见复发。

要之，柴胡汤这类方剂，在热病中固为常用，在杂病中亦属多用，而三泻心汤更多用于杂病。

阳明病中白虎汤、白虎加人参汤证，固属热病，然此二方亦可用于治消渴。阳明病以府证为主，《伤寒论》于用下法，慎之又慎，但在阳明三急下条，少阴二急下条，证情也极平常，（除252条外），何以要急下？殊难索解。我意急下诸条，都是杂病，可能即指急腹症。在热病，病机尚在表者，可下之机尚未成熟，不可妄下，若在急腹症，则原属里证，实证，不通其里，不能去其病。体实者宜乘其正气未虚而攻之，此阳阴病之急下也；体虚者，也必须背城借一，此少阴病之急下也。前人说："夺实之下可缓，存阴之下不可缓"，我现在为之下一转语，夺实之下亦有不可缓者，急腹症是也。吴又可论下法，认为邪为本，热为标，结粪又其标也，是值得注意的。当然，在这些情况下用"下法"，不一定用大承气汤，用黄龙汤、增液承气汤等为对证，此则又不应局限于用《伤寒论》方。

仲景用附了方，都为温阳而设，日的在回阳救逆。具体来说，治四肢厥逆，用附子必配以甘草，甘草为治四肢厥逆之首选药，凡以四逆名方者，不论寒、热、虚、实，方中都用甘草，如四逆汤、四逆散、当归四逆散汤等等。虽不以四逆名方，而见四肢厥逆证者，方中多数有甘草。四逆汤方以甘草居首列，决非偶然。可见甘草一药是强心复脉之要药，目的在于增加回阳救逆作用者，不是加重附子之用量，而在配以干姜；目的在于温阳利水者，配以苓术；目的在于温阳的基础上补气血者，则配以人参，附子汤、四逆加人参汤即此意也。炮附子重用则意在镇痛而不在回阳，治风湿病三方就重用附子。至于用炮用生，《伤寒论》原意，炮则性缓，生则性急，我看，现在用炮好了。有附子诸方，在热病、杂病都有应用的机会。

《伤寒论》原名《伤寒杂病论》，其方原可以通用于伤寒与杂病。所谓误治后的变证，我的看法，有的根本不是误治所致，而本来就是杂病。《伤寒论》方，如桂枝汤一类方可用于调营卫，麻黄汤一类方可用于治饮，柴胡汤一类方可用于治肝胆疾患，泻心汤，承气汤、理中丸、吴茱萸汤一类方可用于治消化道疾患，用附子甘草诸方可用以治心脏疾病以及风湿病，还有治消渴、水气、蓄血、痢疾、黄疸、蛔虫病方，等等，都是应用于杂病。以上还只是举例，并不完全讲到。至于把《伤寒论》方灵活应用，如刘老（赤选）把栀豉汤用于精神病（癫证），也有人把桂枝甘草汤用于低血压症，这样的例子更是举不胜举。怎样把《伤寒论》方应用于杂病，怎样辨证用方，非读《伤寒论》原书不可，所以不能认为《伤寒论》仅仅是论述热病的专著，更不能抽出六经辨证一个内容来代替学习《伤寒论》。

［《新中医》1979；(4)：4］

试论《伤寒论》中和法的运用

陈瑞春　江西中医学院

和法即和解、调和的意思。它与汗吐下法专事攻邪不同，而是通过和解与调和的方法，使表里寒热虚实的复杂证候，脏腑气血的偏盛得到调整。从而达到祛除病邪的目的。《伤寒论》中的和法，主要是和调少阳，适用于外感热病，其主方是柴胡汤类方，以及黄芩汤、泻心汤等，前者病偏半表，后者病偏半里。后世医家，对于和法的应用有了新的发展，如吴又可的达原饮，吴鞠通的蒿芩清胆汤等温病学家所创的和解剂，可以说是柴胡汤法的演变和发展，所以把和法推而广之，凡是表里虚实的复杂证候，脏腑阴阳气血的偏盛偏衰，使其归于平衡，皆不能舍和法而取效。因而和法的广泛含义则包括了寒热并用，补泻合方，表里双解，苦辛合化，上下分消，调和气血，调和肝脾等，都可以说是和法。戴北山说：寒热并用谓之和，补泻合剂谓之和，表里双解谓之和，平其亢厉谓之和。现就《伤寒论》中有关应用和法条文分类举例简述如下：

一、和法的正治法

1. 和解少阳证　适用于病在少阳半表半里寒热夹杂证，“……往来寒热、胸胁苦满，嘿嘿不欲饮食，心烦喜呕……小柴胡汤主之。”由于邪正相争在半表半里，所以出现“柴胡四证”，其病不在太阳，亦不在阳明，故以柴胡剂和解，本方寒热并用，攻补兼施，有和解少阳，疏利三焦，调达升降，宣通内外，运行气血的功效，是和解的首选方。凡阳气郁伏，热入血室、少阳兼有里虚，少阳兼涉阳明，以及厥阴还出少阴之证，皆可随证加减运用。

2. 调和寒热法　适用于寒热并存，脾胃同病之证。“胸中有热，胃中有邪气，腹中痛，欲呕吐，黄连汤主之”。病属寒热并存，脾胃升降失常，故用黄连汤调和寒热。此外，干姜黄芩黄连人参汤亦为调和寒热的方剂，治疗吐下后，脾胃阳虚，格拒不纳之证。

二、和解的权变法

1. 和解兼汗法　适用于太阳兼少阳证。“伤寒六七日，发热，微恶寒，支节烦疼，微呕，心下支结，外证未解者，柴胡桂枝汤主之”。本方即小柴胡汤与桂枝汤各取一半配合成方，用桂枝汤解外邪，治发热、微恶寒、支节烦痛的太阳表证；用小柴胡汤和少阳呕而心下支结的半表半里证，共奏和解发散的功效。

2. 和解兼下法　适用于少阳兼里实证。“太阳病，过经十余日，反二三下之，后四五日，柴胡证仍在者，先与小柴胡汤；呕不止，心下急郁郁微烦者，为未解也，与大柴胡汤下之则愈”。本证虽过经十余日，但少阳证仍在，故用柴胡剂和解少阳，而“心下急郁郁微烦”是里热之证，所以在小柴胡汤去参、草，加枳实、大黄、芍药，以清里热。笔者用本方加郁金、川楝、茵陈等疏利药，治急性胆囊炎有效。

3. 和解兼温法　适用于外有少阳见症，内有水饮微结之证“伤寒五六日，已发汗而复下之，胸胁满，微结，小便不利，渴而不呕，但头汗出，往来寒热，心烦者，此为未解也，柴胡桂枝干姜汤主之”。本方是小柴胡汤的变局，方中用柴胡、黄芩和解少阳，栝蒌、牡蛎逐饮开结，桂枝、干姜同用，能温化水饮，故方后注：“初服微烦，后服，汗出便愈”。这就是说，服药之后，表里阳气得通，汗出饮化而愈。

4. 和解兼清法　适用于少阳兼见里热而里热未成不实之证。“太阳与少阳合病，自下利者，与黄芩汤；若呕者，黄芩加半夏、生姜汤主之”。此为在表之寒邪入里化热，但里热不实，故以黄芩撤热，芍药敛阴，甘、枣和中，里热清则表邪自和。如呕者加半夏、生姜，以和胃降逆止呕。此方后世发展成芍药汤，为治痢要方，有一定的实用价值。

5. 和解宣郁法　适用于阳郁四逆证。“少阴病，四逆，其人或咳、或悸、或小便不利、或腹中痛、或泄利下重者，四逆散主之”。阳郁肢冷，用四逆散和解表里，流畅阳气，使阳气透达而不内郁，则厥自愈。对肝脾失调，气滞不舒，而脘腹疼痛或泄痢下重者，均可加减主治。后世的逍遥散、柴胡疏肝散即此法加减而成。临床用于肝脾不和，肝胃不和者，收效良好。

6. 调和脾胃法　适用于湿热中阻脾胃不和，气机壅滞之证。“……但满而不痛者，此为痞，柴胡不中与之，宜半夏泻心肠”。痞满为寒热互结、气机壅滞而成，病位在于中焦脾胃，故用芩、连苦寒、姜、夏辛温，寒热并用，以消其满；配参、草、枣，补泻兼施，调和脾胃，开结消痞。临床上常用于胃肠道疾患而出现腹满、气滞、肠鸣、腹泻等症者，可与半夏泻心汤类方中择优选用。

和法的适应证很广，凡表里同病、脾胃同病、寒热并存、虚实夹杂等均可取和法为治。程钟龄说“不当和而和，如病邪在表，未入少阳，误用柴胡，谓之引贼入门……”。可见病在表的，或不当和者，和法在所当禁。否则，如用之过泛，亦可贻误病机。

[《浙江中医药》1979；(4)．125]

试论《伤寒论》的下利证

朱承汉　湖州中医院

(整理　翁美玲)

《伤寒论》所论述的下利，大致包括现代腹泻与痢疾两种病证。如370条之“下利清谷”属腹泻。371条的“热利下重”，则颇类痢疾。然其病因、证候错综复杂，病机各不相同，《伤寒论》中辨析甚微，对指导临床有一定意义。

详审病机

(一) 邪盛干表，影响于里的下利，治法重在解表。下利虽属里证，但当邪盛于表，表实无汗，病邪不能外泄而入里，下注大肠而为下利，治疗重在解表，如32条：“太阳与阳明合病，必自下利，葛根汤主之”。葛根汤即桂枝汤加麻黄以发散太阳表邪，加葛根清解阳明里热。现在临床治疗胃肠型流感等疾病，呈腹泻兼有表证者，可宗此义。

(二) 表邪未解，协热下利，应辨明里气虚实，分别施治。太阳表证，理应发汗解表或和营解肌，误用泻下，邪热入里，而致下利，可出现两种情况，其一，如34条：“太阳病桂枝证，医反下之，利遂不止。脉促者，表未解也”。此是误下引邪入里，里气不虚，表邪未解，而以里热为主的下利证，治以葛根黄芩黄连汤。用芩连苦寒以清里热，配葛根之升散，提邪外达。现在常用此法治疗肠道感染伴有恶寒发热表证者。其二，如163条：“太阳病外证未除，而数下之，遂协热而利，利下不止，心下痞鞕，表里不解者”。此是误下，邪入里，里已虚，邪从寒化，表邪未解，而以里虚寒为主的下利证，故治以桂枝人参汤，用人参、白术、干姜、甘草（即理中汤方药组成）温中补虚，配伍桂枝解表。本方主治里寒挟表热而腹泻不止，与葛根芩连汤主治表里俱热者，虚实不同。后世称这两种下利均为“协热下利”，但应有所区别。

(三) 邪踞半表半里，热迫大肠而下利，治宜和解表里，清热导滞。病邪传入少阳，踞于半表半里，热迫大肠而下利，172条：“太阳与少阳合病，自下利者，与黄芩汤”。按黄芩汤由黄芩、芍药、甘草、大枣四味药物组成，具有甘苦相合，清热存阴的作用，后世用作治热痢的主方。如兼有阳明里实，“大便微利”，治以和解少阳，疏腑导滞，如104条，先用小柴胡汤以解外，后以柴胡加芒硝汤清里。近年来，通过中西医结合临床实践，以柴胡加芒硝汤加减治疗胆道感染、胆石症、急性胰腺炎等急腹症，均取得一定的疗效。

(四) 邪传入里，里热炽盛而下利，治以清热导滞，或急下存阴。病邪传入于里，燥屎结于大肠，粪水从肛门流出，大便泄利后重，量少不爽，后世称为“热结旁流”，兼有谵语等里热炽盛症状，治宜清热导滞，如374条：“下利谵语者，有燥屎也，宜小承气汤”。或下利青黑色污水，兼有心下痛，口干燥等阳明燥实证，治当急下存阴，如321条之用大承气汤。此即所谓“通因通用”。但若病邪仍然踞留于半表半里，有“胸胁满不去”等少阳证，还是要用和解少阳，使邪外达，未可就攻其里，如229条：“阳明病，发潮热，大便溏，小便自可，胸胁满不去者，与小柴胡汤”。

(五) 里热所致的下利证，还可有二种不同的情况，各有主治方药。

1. 热邪入里，气机郁结，腑气失于疏泄，致四肢不温，腹痛，大便泄利不爽，治宜解郁清热，如318条之四逆散证。现用此方治胃神经功能失调所致的腹痛泄泻。

2. 里急后重，治宜清热解毒，如371条的白头翁汤证，现用治湿热或热毒型细菌性痢疾，效果颇为显著。

（六）脏寒下利，治当温运，但病情有轻重，方药有异同。《伤寒论》对虚寒下利治以温运为主，根据临床证候分别属于太阴与少阴。加由于寒湿内阻损及脾阳，或寒邪直中太阴致水谷不能正常运化，出现如273条："腹满而痛"，"自利益甚"等症状，其治法可参见159条，用理中汤。若腹泻完谷不化，兼有四肢厥冷，脉象微弱等心肾阳虚证，当回阳救逆，温中止泻，当投四逆汤，如354条："大汗，若大下利而厥冷者，四逆汤主之"。若仅属肾阳虚弱，大肠虚寒，致大便滑脱失禁，治当温肾固涩，用赤石脂禹余粮汤（参见159条）。若下利腹痛，便脓血，属于虚寒型血痢，治宜温脾固涩，以桃花汤为主治方剂（参见306条）。这些方剂至今仍经常使用，而且卓有疗效。

（七）寒热错杂所致的下利证，治宜寒热互用。《伤寒论》中的下利除区分表里、虚实、寒热外，对寒热错杂的下利采用苦寒与辛热相组合的方剂，如158条："伤寒中风，医反下之，其人下利日数十行，谷不化，腹中雷鸣，心下痞鞕而满，干呕，心烦不得安……，甘草泻心汤主之"。有里虚脏寒的见症，又有胃腑有热的表现，故既用半夏、干姜之辛热，缓中降逆，益阳散寒；又取黄芩、黄连之苦寒，泄热除烦。又如359条："伤寒，本自寒下，医复吐下之，寒格更逆吐下，若食入口即吐，干姜黄芩黄连人参汤主之"。所谓"寒格"，指下寒与上热相格逆，食物入口即吐的证侯。因其肠寒在下，所以用参、姜补中温下，胃热在上，所以用芩、连清热。现在临床上用此类方剂治慢性胃炎等消化道疾患所致的胃脘部不适、呕泛、腹泻均有一定效果。

（八）水饮内停下渗大肠而下利，采用化气行水等治法。《伤寒论》中对水饮内停于脏腑组织间下渗大肠而为下利之证，亦须辨明虚实寒热，分别施治。如"胁下有水气，腹中雷鸣下利"，脾胃之气已虚，则用生姜泻心汤（参见157条）健脾化水，温寒泄热。若水气与热相结，灼伤阴分，肾与膀胱不能正常分利水液，致小便不利，大便泄泻，用猪苓汤养阴清热利水（参见223、224、319条），后世采用分利法治疗腹泻，可能导源于此。若肾阳虚弱，不能制水，而致"四肢沉重、疼痛，自下利者"，用真武汤（参见316条）。

（九）虫积下利，治以酸辛苦，寒温并用。338条："……蛔厥者，乌梅丸主之，又主久利方"。酸能伏蛔，苦能安蛔，乌梅丸寒温并用，对治疗蛔虫引起的四肢厥冷，及慢性腹泻，尤其对由虫积所引起的下利，确有一定疗效。

慎察要领

（一）察口渴，辨寒热。如277条："自利不渴者属太阴，以其脏有寒故也，宜服四逆辈"。与373条："下利欲饮水者，以有热故也，白头翁汤主之"。明确指出口渴是否是辨别寒热的关键。

（二）别主次，分缓急。下利属里证，与表证合并存在时需区分主次，然后采用先表后里，或先里后表，或表里同治等法。如372条："下利腹胀满，身体疼痛者，先温其里，后攻其表，温里宜四逆汤，解表宜桂枝汤"。此里有寒，表有邪，里证急于表症，故先用四逆汤温里。

（三）明虚实，测预后。下利证，正气未虚，预后多良。正气已衰，预后多恶。正气虚实，常与下利的止与不止有关。如205条："阳明病，心下鞕满者，不可攻之，攻之利遂不止者死，利止者愈"。再如210条，正气已脱，出现下利不止，亦多不治。至于三阴证下利，其预后良否？在于里阳虚弱的轻重程度为关键。在少阴、厥阴、霍乱等篇中提出下利的不治证有十多条，均为临床阳气虚脱的危重证候。如295条："少阴病，恶寒，身踡而利，手足逆冷者不治"。此为内外寒极，独阴无阳，故不治。296条："少阴病，吐利，躁烦四逆者，死"。此为寒甚阳气欲绝。344条："伤寒发热，下利厥逆，躁不得卧者，死"。这是阴盛之极，格阳于外，里真寒而外假热，亦属死证，当然这些所谓"不治"、"死"证，是囿于当时的医学水平和治疗手段。应从发展眼光来看待。

［《浙江中医药》1979；（4）：120］

略论太阳病中风表虚和伤寒表实

万友生　江西中医学院

《伤寒论》说："太阳病，发热汗出，恶风脉缓者，名为中风。""太阳中风，阳浮而阴弱，阳浮者，热自发，阴弱者，汗自出，啬啬恶寒，淅淅恶风，翕翕发热，鼻鸣干呕者，桂枝汤主之。"这就是太阳病中风表虚证治的主文。又说："太阳病，或已发热，或未发热，必恶寒，体痛呕逆，脉阴阳俱紧者，名为伤寒。”“太阳病，头痛发热，身疼腰痛，骨节疼痛，恶风无汗而喘者，麻黄汤主之。”这就是太阳病伤寒表实证治的主文。由于我们对太阳病风寒、荣卫、虚实的认识至今尚未完全一致，因而仍有讨论的必要。

外界邪气作用于人体正气而发生疾病，疾病就是邪正相争以致阴阳失调的结果。一般来说，邪和正都各自有其阴阳之分，阳邪既从阳又伤阴，阴邪既从阴又伤阳。就太阳病“中风”与“伤寒”而言，邪气是风和寒，正气是荣和卫。风虽属阳邪，但常兼挟它邪而致病，如挟寒则为风寒，其性乃从寒属阴，通过人体内因正气起作用而发生表寒病证；如挟热则为风热，其性乃从热属阳，通过人体内因正气起作用而发生表热病证。太阳病“伤寒”固属寒邪的阴邪为病，“中风”，亦属风挟寒邪的阴邪为病，都属阴邪犯表，故均见表寒证，而治宜桂枝汤或麻黄汤的辛温解表法。太阳所统摄的荣卫正气，本来是维护体表，防御外邪的。故在外邪侵犯太阳时，首当其冲的就是荣卫正气，荣卫为外邪所干扰，外邪既损害荣卫，荣卫又抗拒外邪，于是邪正相争，以致阴阳失调而发病。因此，太阳病的阴阳失调，即荣卫失调。从太阳病篇“病常自汗出者，此为荣气和，荣气和者外不谐，以卫气不共荣气谐和故尔，以荣行脉中，卫行脉外，复发其汗，荣卫和则愈，宜桂枝汤”来看，可见其荣卫阴阳失调的主要方面在于卫阳。但决不能因此竟认为风只伤卫而不伤荣，因为如上所述“中风”是风挟寒邪为病的缘故。“伤寒”“中风”的区分，不在风或寒的病名上，而在证候虚实上。即：太阳病发热恶风寒无汗脉浮紧的，名为“伤寒”，属表寒实证，治宜麻黄汤峻汗以专力攻邪；太阳病发热恶风寒汗出脉浮缓虚弱的，名为“中风”，治宜桂枝汤缓汗以攻中带补。必须明确的是，疾病的性质是由邪正双方相互作用的具体情况来决定的。在一般情况下，起决定作用的是内因正气，并非外因邪气（尽管在特殊情况下外因邪气也起决定作用）。决定太阳病表寒虚实的关键在于卫阳正气的强弱，即其人卫阳正气较强的，则见表寒实证；而卫阳正气较弱的，则见表寒虚证。也正因此，表寒实证由于卫阳正气抗拒风寒邪气的力量较强，体表肌腠比较致密，故在临床上呈现无汗脉浮紧张有力的特点；表寒虚证由于卫阳正气抗拒风寒邪气的力量较弱，体表肌腠比较疏松，故在临床上呈现汗出脉浮弛缓无力的特点。而这也就是表寒实证可以用麻黄汤专力攻邪，表寒虚证必须用桂枝汤攻中带补的理由所在。有人片面地着眼于风寒邪气，认为风性疏泄涣散，故太阳“中风”必恶风汗出脉缓；寒性凝敛收引，故太阳“伤寒”必恶寒无汗脉紧。这种偏重外因邪气的观点，是与在内、难两经理论基础上发展起来的《伤寒论》注重内因正气的思想不相符合的。当然，这并不是说外因邪气不重要，而是说外因邪气对内因正气来说只处于从属地位。也就是说，内因正气的作用是主要的，而外因邪气的作用则是次要的。必须承认，外因邪气是疾病发生的必要条件，当疾病发生表里寒热虚实等证时，外因邪气的特性必然会反映在这些病证上，而通过辨证，即可求得其因（即所谓“辨证求因”）。举例来说，由于风邪的特性是动摇的，故伤风头痛必有昏晕感，如其风挟寒邪的，必同时伴有紧束感，如其风挟热邪（热性膨胀）的，必同时伴有胀大感。由于寒邪的特性是凝敛的，故伤寒头痛必有紧束感，如其寒挟湿邪（湿性重浊）的，必同时伴有沉重感，如其寒邪并未挟有风邪的，则其头痛只有紧束感，而无昏晕感。这就是外因邪气作用于人体所造成的不同病象。但仅从辨证求得病因，还不能确定病性，必须全面综合邪正双方相互作用尤其是正气方面的具体情况，才能得出正确的辨证结论，如表寒实证，表寒虚证，等等。

在太阳病“中风”“伤寒”的表虚、表实问题上，对表实问题的认识虽趋于一致，对表虚问题的看法则尚有分歧。如有人既说：“中风与伤寒的鉴别，在自汗或无汗，脉浮缓或浮紧，亦即表虚、表实之不同特征。不过这里的表虚、表实，是以中风、伤寒相对而言，表实虽确系实证，但表虚却不能认为就是虚证。”又说：“太阳主表，统一身之荣卫，荣卫调和，则卫外功能固密，可以抵御外邪的侵袭。一旦外邪侵入人体，荣卫首当其冲，邪正交争，荣卫失其调和，这就是产生太阳病经证的主要病机。太阳中风之自汗出、脉浮缓，和太阳伤寒之无汗、脉浮紧，都与荣卫功能失调有关。前者病机属于荣阴不足，卫失固外开合之权；后者病机属于卫阳被遏，荣血因而郁滞不通。”从其前后所说的“表虚却不能认为就是虚证”和太阳中风“病机属于荣阴不足，卫失固外开合之权”来看，显然是自相矛盾的。虚实二字的含义，在《内经》中虽有种种不同，在《伤寒论》中也有不一致处，但从八纲辨证的角度来看，则毫无疑问是指疾病的性质而言，这是必须首先加以肯定的。本来太阳病篇只有“中风”“伤寒”之名，并无表虚、表实之称，后世引申其义，才提出表虚、表实作为太阳病辨证纲领。如柯韵伯说：“仲景治表，只在麻桂二法，麻黄治表实，桂枝治表虚，方治在虚实上分，不在风寒上分也。……盖中风、伤寒各有浅深，或因人之强弱而异，地之高下而异，时之乖和而异”。可见太阳病之所以有表虚、表实之分，是因人体正气有强弱不同。又从柯韵伯所谓桂枝汤能“滋阴和阳，调和荣卫，解肌发汗”来看，可见桂枝汤是汗法中的补剂，故能主治太阳病表虚证。它和主治太阳病表实证的麻黄汤的汗法中的攻剂是大不相同的。由此不难看出，上述“表实虽确系实证，但表虚却不能认为就是虚证”的说明是欲明反晦的。即其所谓中风表虚的“病机属于荣阴不足，卫失固外开合之权”的说明也是既明又晦的。既明，是因它已承认表虚是虚证；又晦，是因表虚主要是卫阳虚，而非荣阴虚。桂枝汤方主要是用桂枝协同炙甘草、生姜、大枣辛甘化阳，扶助卫阳以祛风寒。其所以少佐白芍协同炙甘草、大枣酸甘化阴，则是为了收敛荣阴，护之免受其害，并非直接滋补荣阴。虽然柯韵伯曾指出桂枝汤能“滋阴和阳”，但“滋阴”之说是欠妥的。因为外感风寒病证，即使是虚证，也禁用滋阴法，以免滞邪的缘故。又从《伤寒论》太阳病全篇来看。太阳中风并非都是表虚证，太阳伤寒也不一定都是表实证，决不可执一而论。如果执一而论，那就将难以解释“太阳中风，脉浮紧，发热恶寒，身疼痛”和“伤寒脉浮缓，身不疼”等条文了。因此，执定太阳中风为表虚和伤寒为表实的看法，也是不够全面的。不如柯韵伯所提出的“风寒二证，俱有虚实，俱有浅深，俱有荣卫，大法又在虚实上分浅深，并不在风寒上分荣卫也”的见解，比较符合实际。

这里试从许叔微《伤寒九十论》中略举桂枝汤证治验几例来分析一下它们究竟算不算是真正的太阳病表虚证：

例一：“乡人吴德甫得伤寒，身热，自汗，恶风、鼻出涕，关以上浮，关以下弱。余曰：此桂枝证也。……使公服之，一啜而微汗解。”

例二：“一人患发热恶寒自汗，脉浮而微弱。余以三服桂枝汤投之，遂愈。”

例三：“里间张太医家一妇病伤寒，发热恶风自汗，脉浮而弱。余曰：当服桂枝（汤）。彼云家有自合者，余令三啜之，而病不除。余询其药中用肉桂耳。余曰肉桂与桂枝不同。余自治以桂枝汤，一啜而解。”

以上三例治验，都具有典型的太阳病表虚的主要脉症，故都用桂枝汤获得良效。尤其从所述脉象来看，一则曰“关以上浮，关以下弱”，二则曰“脉浮而微弱”，三则曰“脉浮而弱”，都提到了脉浮弱。并结合到许氏所谓“伤寒治法先要明表里虚实，……仲景麻黄汤类，为表实而设也；桂枝汤类，为表虚而设也；里实则承气之类；里虚则四逆、理中之类是也”来看，毫无疑问，上述桂枝汤所主治的太阳病发热恶风寒自汗而脉浮弱的表虚确系表证中的虚证。至于太阳病表虚证的缓脉，我认为只能从脉形弛缓无力去理解，并应与太阳病表实证的脉形紧张有力的紧脉相对照。必须指出，太阳病表证发热的脉息，应该是比较快，而不应该是比较慢的。所以太阳病篇明文提到：“脉浮而数者，可发汗，宜麻黄汤。”“伤寒发汗已解，半日许复烦，脉浮数者，可更发汗，宜桂枝汤。”因此，太阳病篇“名为中风”的“发热汗出恶风”的“脉缓”，从其“脉缓”与“发热”同时并见来看，显然不能从脉息缓慢去理解。个人临床体会，太阳病表寒虚证发热恶风寒的脉象大都是浮数弛缓无力（弱）的。如我弟妇程凤兰，产后感冒风寒，头痛发热恶风寒无汗，呕吐嗳腐不思食，脉浮数弛缓无力（弱）。投以桂枝汤二剂而愈。即其例证之一。

又我从事《伤寒论》教学工作较久，故在临床上喜用其方，在课堂上常赞其效。但不少学生通过教学基地的见习或实习后说，《伤寒论》方很少人用，尤其是麻黄汤，在临床上得不到验证。因而对仲景方的价值产生了怀疑。我曾为此而反复说明其价值是不容怀疑的。使我高兴的是，有些学生在实践中已受到了锻炼，提高了认识，坚定了信心。如有位毕业生，分配在江西丰矿尚庄卫生所工作，1972年春夏之时，该矿区发生流行性感冒，其中就有不少是属于表寒实证而采用麻黄汤主治的。她说：“患者多为青年矿工，平素身体壮实，多起病急骤，恶寒发热，有的但寒不热，或寒热俱甚，寒战高热达40℃以上，头痛身疼有紧束感，鼻塞喷嚏流涕，无汗（多数患者在就诊中医前，有口服或注射解热镇痛药而不发汗，或汗出不透，寒热不退的治疗史），不渴或渴，舌苔白或薄黄，脉浮紧或数，并伴有咳嗽、呕恶等症状。开始，我们用一般感冒的桑菊、银翘解毒片等这一类中成药治疗，有的治愈，有的服后恶寒更甚，病情加重。细审其证，有效的属表热，无效的属表寒。改投荆防败毒散加减，疗效仍不满意。再思此类患者症状与《伤寒论》中表寒实证颇相类似，虽为“流感”，仍大胆采用麻黄汤，其中：麻黄9克，桂枝9克，杏仁9克，甘草6克。一般服上方二、三剂即可汗出热退而愈。其中有一例，因服一剂后汗出，寒热减轻大半，而怕发汗太过，将麻黄减为4.5克，服后病复加重如前，因再将麻黄加至9克，服二剂，得透汗而愈，给我们留下了深刻印象。从治疗实践中，我们体会到，流行性感冒虽多见表热证，但也有表寒证，而且还有表寒实的麻黄汤证。”（摘自江西中医学院《新医药资料》）1975 年 4 期《流行性感冒中的麻黄汤证治验报告》一文）

[《新中医》1979；(5)：17]

浅谈《伤寒论》中下利的辨证论治

邱明义　湖北中医学院

《伤寒论》所论下利之证，内容丰富，其辨证论治之精当，方药组织之谨严，颇有独到之处，充分体现了祖国医学辨证论治的精神，直到今天，仍不失其巨大的临床实用价值。本文现就《伤寒论》中有关下利的主要内容进行讨论。

关于下利的类型与辨证

《伤寒论》所论下利，大多属于泄泻，但也有属于“痢”者，如“热利下重者，白头翁汤主之”（宋本 371 条，简称 371，下同），又如“少阴病，下利便脓血者，桃花汤主之”（306），其利即是指痢而言。但纵观《伤寒论》全书：所论“痢”者甚少，故本文不作重点讨论。

下利一症，从寒热虚实来分，既有属于实证热证者，如“下利，欲饮水者，以有热故也……”（373），“下利，谵语者，有燥屎也，宜小承气汤”（374），前条是讨论热利，后者则论实证下利。又有属于虚证、寒证者，如“自利不渴者，属太阴，以其脏有寒故也……”（277），“少阴病……五、六日，自利而渴者，属少阴也。虚故引水自救……”（282），是论虚证、寒证之下利。还有属于寒热错杂者，如生姜泻心汤证、甘草泻心汤证之下利，均属此范围。

从六经分，下利之证多属三阴虚寒证，即所谓“三阴皆有下利证”（《伤寒论翼·合病启微》）。但三阳下利亦不少见，特别是阳明热利更属屡见不鲜，故六经皆可出现下利，分别讨论如下：

1. 太阳下利　太阳主一身之表，风寒之邪外束肌表，不得外解，则往往内迫阳明，影响大肠传导功能而致下利。如“太阳与阳明合病者，必自下利，葛根汤主之”（32），此虽云太阳与阳明合病下利，但病势偏重于表，乃太阳邪盛，内迫阳明作利，其病变重心在太阳，故当属太阳下利。

2. 阳明下利　阳明属胃、大肠，外邪内入阳明，邪热内壅大肠，逼液下趋，多致下利，故阳明多见下利之症。根据邪气性质，又可分为两种：一为热壅大肠下利，如葛根芩连汤证之“利遂不止”（34），即属大肠热炽、逼液下趋之热利证。其虽可兼表证，但病变重心在阳明之里，故属阳明下利。二为阳明燥屎内阻，热结旁流下利，如调胃承气汤证可出现“反下利”（105）、小承气汤证可出现“下利谵语”（374）、大承气汤证可出现“自利清水”（321）等，均属此类。

3. 少阳下利　少阳属胆，胆热炽盛，干犯胃肠，逼液下趋亦能致利。如黄芩汤证之“自下利”（172），原文虽云太少合病，但实际上是胆热内炽，移热肠胃作利，即柯韵伯所云：“太阳少阳合病，是热邪陷入少阳之里，胆火肆逆，移热于脾，故自下利”。此外，少阳兼阳明燥屎内阻，热结旁流也可致利，如柴胡加芒硝汤证之“已而微利”（104），大柴胡汤证之“下利”（165），即属少阳兼里实下利证。

4. 太阴下利　太阴属脾，脾主运化，若脾家虚寒，健运失职，清气下陷则多发为下利，故太阴提纲证中有“自利益甚”之症，所谓“自利益甚”，说明太阴下利之症尤为突出，故下利为太阴之主症。另桂枝人参汤证之“协热而利，利下不止”（163），也属太阴虚寒之利，因其协表热证未解，故称协热而利。

5. 少阴下利　少阴属肾，为人体阳气之根本，脾肾阳微，不能杀谷，阴不自守，多致下利，故下利也是少阴最突出的主症之一。如四逆汤证多有“下利”（354、353 等），或“下利清谷”（255、389）；白通汤证以“下利”为主症（314、315）；通脉四逆汤证以“下利清谷”为主症（317、370），此皆属少阴虚寒下利证。

此外，少阴热化证也可致下利，病入少阴，邪从热化，阴虚火旺，逼液下趋，导致下利。如“少阴病，下利，咽痛，胸满，心烦，猪肤汤主之”（310），即属此类。

6. 厥阴下利　厥阴属肝，多肝胃疾患，故下利一症亦较常见。但厥阴本身寒热俱备，其证较为复杂，下利之症也较复杂，大致可分为三类：

（1）上热下寒下利证：因下寒而肠胃失温则多致下利，如乌梅丸所“主久利”（338），厥阴病提纲证中“下之利不止”（326），干姜黄芩黄连人参汤证之“更逆吐下”（359）等皆属此类。

（2）厥热胜复下利：其利乃阳微阴盛之标志，故每厥利并见。如“伤寒，先厥后发热而利者，必自止；见厥复利”（331）。

（3）气郁下利：厥阴属肝，肝郁气滞，疏泄失常，肝气横逆克伐脾土，则致下利。如“少阴病，四逆，其人或咳、或悸、或小便不利、或腹中痛、或泄利下重者，四逆散主之”（318）。本条所以列入少阴篇，是为与少阴四逆汤证进行鉴别。然从其主症及方药分析，其与少阴关系不大，而与厥阴肝之关系密切，故今列入厥阴。又本证“泄利下重”为或然之症，但从临床实践及四逆散功用看，当从柯韵伯之说，列为主症（柯氏云：“今以泄利下重四字，移至四逆下，则本方乃有纲目”）。

总之，六经皆可致下利，非为一经所专主，且症情复杂多变。然六经又各有其主证，其下利又各有特点，只要掌握主证，抓住特点，临床也不难鉴别。

从总的方面来说，三阳下利多属阳热之利，其所下热臭、灼肛，并具发热、口渴、尿赤、苔黄、脉数等症；三阴下利多属阴寒之利，其所下清冷或鹜溏，或下利清谷，多具无热恶寒、口不渴、小便清长，或四肢厥冷、苔白、脉沉而迟等症。

具体来说，太阳下利以发热恶寒、头项强痛、脉浮或促之表证为主而兼下利之症，其下利一般为单纯水泄，而内热之象不显。

阳明下利为典型热利，以下利急迫、热臭、灼肛为主症，伴发热、汗出、心烦、口渴、苔黄；脉数等内热之证。至于热结旁流之下利，则既有潮热、谵语、腹满硬痛拒按等，燥屎内阻之见证，又有下利，其下利为“自利清水，色纯青”（321），或“下利纯臭水，全然无粪，日三、四度，或十数度”（吴又可《温疫论》）。

少阳下利，亦属热利，其证虽也有下利热臭、灼肛、口渴、苔黄等症，然其与阳明热利区别在于腹痛较甚，并兼口苦、咽干、目眩、脉弦等证，此乃少阳下利之显著特点。

太阴下利为自利不渴，手足自温，其下利多鹜溏，水粪杂下，并具呕而腹满、食不下、时腹自痛、脉缓弱等太阴虚寒之证。

少阴下利，以虚寒证为多，其证以“下利清谷”为特点，伴但欲寐、四肢厥冷、恶寒踡卧、小便清白、口不渴或渴、脉沉微、苔白滑，等症。若阴盛格阳于上，则可在上证基础上，出现面赤如妆之阳浮于上的假热象；若阴盛格阳于外，则除见上证外，尚有身反不恶寒而有微热、脉微欲绝之阳浮于外的假热象。至于少阴虚热下利，所见较少，多见于热病后期，即吴鞠通所云：“温病热入少阴，逼液下走，自利咽痛，亦复不少。”其证以下利、咽痛、胸满心烦、舌红少苔、脉细数为特点。

厥阴下利，因其类型不同而见证亦异。现分述如下：

上热下寒下利证：其证既有上热证，如心烦、呕吐等，并多伴胸中烦热、胃脘嘈杂、呕吐等症，又有下寒之下利证。因其上热而呕，故其呕吐多急迫，且食入即吐；因其下寒而利，故其下利清冷。

厥热胜复下利证，以四肢厥冷与发热交替出现并伴下利为特点，其下利多与厥并见，并有其它阳衰阴盛之证，如小便清白、苔白滑、脉沉微等症。

气郁下利证：以腹痛、泄利下重为特点，并伴有胸胁苦满、脉弦细等症。另本证往往出现手足厥冷之症，乃气郁阳气不宣所致，其厥冷程度必然不甚，与少阴下利之手足厥冷显然有别。

关于下利的治法和方药

《伤寒论》不仅对下利的证候分辨明晰，而且在治法方面也颇有创见。具体体现在法随证出，立法周全，既有原则性，又有灵活性，方随法立，用药精炼，配伍严密，且十分灵活；同时在煎法上还有某些独特之处。下面根据论中涉及的治疗法则，以法带方，归纳讨论如下：

1. 疏散升提法　为治疗太阳下利之主法，适用于下利初起而伴表证者。葛根汤是其代表方，方以葛根、麻黄、桂枝、生姜等以发汗解表，疏散外邪，少佐芍药、大枣、甘草以和里，且葛根性升浮，能升阳止利，合用则成疏散升提之剂。明・喻嘉言用人参败毒散治痢疾初起，创逆流挽舟之法，是在此基础上的进一步发展。

2. 清里解表法　为治疗太阳阳明合病而病变重心在阳明之下利的主法，临床上多适用于肠热下利而微兼表邪者。方用葛根黄芩黄连汤，药用黄连、黄芩为主以清里热，配葛根以解表散邪、升阳止利，合用则成解表清里之代表剂，为临床常用之方。

3. 苦寒清热法　为治疗少阳下利之主法，临床上适用于表证已无，邪热入里，内热炽盛之下利证。方用黄芩汤，药以黄芩为主，苦寒以清里热，配芍药泄热和阴，佐大枣、甘草调中，合用则成苦寒清热之代表方，后世医家在此方基础上加减变化，统治肠热泄泻、痢疾，故此方实为治热利之祖方。

4. 攻下法　为阳明燥屎内阻、热结旁流下利之主法。大承气汤即其代表方，方用大黄荡实攻下，芒硝软坚破坚，枳实、厚朴行气破滞，合用则成荡热去实攻下之剂，使燥屎去，腑气通，虽不止利而利自止。它如调胃承气汤，小承气汤、大柴胡汤、柴胡加芒硝汤之治下利亦属此法。

5. 分利小便法　适用于湿邪较甚、清浊不分之下利证，如159条所云："此利在下焦……复利不止者，当利其小便"，即属湿甚于里，下焦清浊不分之下利，用分利小便法，使湿去利止。后世医家将此法作为治泻主法，所谓"治泻不利小便，非其治也"，并具体拟四苓散作治湿盛泄泻之代表方，其源实出于此。

以上数法，多用于实证热证之下利。

6. 温中燥湿法　为治太阴虚寒下利证之主法。方用理中汤，药用干姜为主以温中散寒，配白术以健脾燥湿，人参、甘草补中，合用则成温中散寒燥湿之剂。若太阴虚寒下利兼有表证者，则须表里兼顾，在此法基础上兼散表邪，方用桂枝人参汤，即理中汤原方加桂枝以散表邪，在煎法上，桂枝后下轻煎，取其辛香走窜以散外邪。

7. 温肾回阳法　为治少阴虚寒下利之主法。方如四逆汤，药用附子为主以温肾回阳，配干姜以温中守阳，佐甘草以温中补虚，合用则成温肾回阳之方。若少阴虚寒下利而见阴盛格阳于外者，则宜在此法基础上倍用附子、干姜用量以通达内外，即通脉四逆汤；若阴盛格阳于上者，又须在此法基础上兼以通达上下、交通阴阳，方用白通汤，即四逆汤去甘草加葱白而成。

另外，此又是治疗厥热胜复下利的主治，正如曹颖甫所云："日见厥复利……所当急温者也"（《伤寒发微》）。

以上两法，适用于虚证寒证之下利。

8. 滋阴清热法　为治疗少阴虚热下利之主法，临床上多用于热病后期、热入下焦所致的下利证。方如猪肤汤，药用猪肤为主，滋阴润燥以清虚热，白蜜润燥，米粉和中止利，合用则成滋阴清热之剂。此为治少阴下利的另一法，喻嘉言称为"又立猪肤一法，以润少阴之燥"，并云"阳微用附子温经，阴竭用猪肤润燥"。温经与润燥，迥然有别，不容混淆。

9. 清上温下法　为治疗厥阴上热下寒下利之主法。方如干姜黄芩黄连人参汤，药用芩、连以清上热，干姜以温下寒，人参补脾益气，合用则成清上温下剂，使下寒除，上热清，则利自止。

10. 辛开苦降法　适用于寒热错杂，中焦升降失常所致痞、利症，方如半夏泻心汤、生姜泻心汤、甘草泻心汤等，诸方皆用干姜、半夏之辛开以散寒，芩、连之苦降以泄热，人参、大枣、炙草之扶脾和中，合成辛开苦降，调和寒热之剂。在煎法上，皆取"去滓再煎"，欲使药物寒热之性融合为一体，共奏调和寒热之功。

以上两法，适用于寒热错杂之下利证。

11. 疏肝解郁法　为治疗厥阴气郁下利的主法，方用四逆散，药用柴胡为主疏肝解郁，枳实破气解郁，白芍养血和肝，甘草调和诸药，合成疏肝解郁之剂。临床常用此方加减治肝郁气滞、肝木克土所致的下利证。

12. 酸收法　适用于久泻不止的下利证，如乌梅丸之治久利，既取其清上温下，又取其酸收。方中重用酸涩之乌梅，且用醋渍，更助其酸收之力，并用大队温脏药，故为治疗久利之常用方。

13. 固涩法　适用久利下焦不固、滑脱不禁证。方用赤石脂禹余粮汤，药用赤石脂、禹余粮，取其质重性涩，重可去怯，涩可固脱，以收固涩止利之效。

上两法，是治疗久利的常用法则。

以上十三法，是《伤寒论》中治利的主要大法，这些法则至今仍有效地指导着临床实践，为历代医家所习用。

关于下利的预后

《伤寒论》对下利的预后论述亦不少，这些论述集中体现了既病防变的精神，有不少可取之处。

一般说来，三阳下利多邪实正不衰，其病位较浅，病情较轻，故预后较好，三阴下利多正衰邪盛，病情较重，其中尤以少阴、厥阴下利最为严重，故其原文中多危证及死证。正因为如此，所以及时判断其顺逆预后，设法御变，对于抢救危重病人，使危者转危为安，顺者速愈，显然有重要的意义。论中正是从临床实际出发，重点讨论了三阴虚寒下利的预后，这些病证，以阳气的存亡定安危，故其预后的判断，总以阳气的消长为依据。在证候上主要从以下几个方面进行推断：

1. 从全身症状看：若"恶寒身踡"（295）、"汗出不止"（346）、"下利至甚"（345）者为逆；若恶寒减轻，或见"微热而渴"（360）、下利渐止者为顺（288）。

2. 从手足上看：若"手足厥冷"甚或"厥不止者"为逆（295、345）；若"手足温者"为顺（288）。

3. 从神志上看：若神志蒙冒昏晕（297）、"烦躁不得卧寐"（300）或"躁不得卧者"（344）为逆；若但烦不躁者为顺（278）。

4. 从脉象上看：若"脉绝"（368）或"无脉"者（362）为逆；若脉象调匀和缓或脉微转数者为顺（361、365）。

以上是判断阳衰下利顺逆之大要，临证时须从整体观出发，脉证合参，全面审查，方合原论精神，切不可执其一端。总而言之，上述顺象均表明阳气渐复，阴寒邪去，其病情好转，预后较好；若见逆象，则示阴寒盛极，阳气欲亡，其病为进，预后较差，原文谓之“死”，但并不意味着是不治之证，而是预示病情危重，只要积极抢救，仍有可能转危为安。

值得指出的是，《伤寒论》的作者在没有科学检查仪器的情况下，能够凭脉辨证，较准确地判断下利的顺逆，既符合实际，又抓住了关键，的确可作“别生死、决可治”的重要依据。

以上仅就《伤寒论》中下利的类型、证候、治法；方药及预后等方面进行了初步探讨，仅供青年医生学习时参考。

[《新医药学杂志》1979；(5)：48]

《伤寒论》六经是辨证施治与辨病施治相结合的

徐荣斋　浙江中医学院

自从柯韵伯在《伤寒论翼》“六经正义篇”提出，“仲景六经，是分六区地面，所该者广，虽以脉为经络，而不专在经络上立说，凡风寒湿热、内伤外感，自表及里，有寒有热，或虚或实，无乎不包。”并以地理兵法为比喻，说明六经分辖人体表里上下的部位及受邪后所发现的病证和治法，尤在泾在《医学读书记》里把它肯定说：“柯氏援地理兵法，喻病邪之浅深方药之大小，可为深切著明。”后此。俞根初先生《通俗伤寒论》中，参照柯氏六经分区说法提出六经形层之说：“太阳经主皮毛，阳明经主肌肉，少阳经主腠理，太阴经主肢末，少阴经主血脉，厥阴经主筋膜。”这个六经形层说，当然渊源于《内经》，柯氏发其凡，俞氏畅其义，而周学海、恽铁樵及日人喜多村辈各有引述。于是六经的分界，除阴阳，表里、脏腑、经络之外，更有一组形层实质可以推寻。柯氏的六经地面，俞氏的六经形层，可以说都与《伤寒论》六经辨证相阐发。所谓六经辨证，是后人注疏《伤寒论》的评语，注疏者强调辨证的一面，忽略辨病的一面；其实伤寒的六经，是辨证和辨病相结合的。我们所熟悉的《伤寒论》中提纲挈领的八个篇章：“辨太阳病脉证并治”……和“辨霍乱病脉证并治”、“辨阴阳易病脉证并治”等篇；都可以充分地看出《伤寒论》作者和细次者，是辨证施治与辨病施治并重的。再从《伤寒论》全部内容来看，更是辨证施治与辨病施治相结合的。这一整套辨证施治与辨病施治的理论和方法，确是中医学术上的辉煌成就。

既然体会出《伤寒论》六经是辨证施治与辨病施治相结合，进而探索辨病施治之比较显明的得30条，其叙述都是以经统病，按病析证随证出方，颇足玩味。另有不出方治，免证候以定病的，得21条，审病情以辨证的，得27条（注），这78条，都突出辨病程式以昭示给我们，其辨证的各条则不计入。辨病施治的条文，最集中于“辨少阴病脉证并治“篇，得11条，把病因、病证、病程、脉象与治法，简明扼要地叙述；这些条文，当然是辨病施治之皎皎者。至于审病情以辨证，散见于各篇的尚多，程郊倩在《伤寒后条辨》曾提出：“仲景六经条中，不但从脉证上认病，还要人兼审及病情；太阳曰“恶寒”，阳明曰“恶热”。少阳曰“喜呕”，太阴曰“食不下”，少阴曰“但欲寐”，厥阴曰“不欲食”。凡此皆病情也。”程氏所谓“审及病情”，实际就是辨病，这是对我的再次启发。

二十五年前（1955年）。我整理俞根初先生《通俗伤寒论》时，反复研读第七、八、九、十等章节，它把六经病证，分标、本证、中见证和兼证，进行阐述，对伤寒、温热两大病的各个病证，明白晓畅地揭出，这无疑是在《伤寒论》“辨××病脉证并治”的发展，颇具新义。

四十年代初期，隆昌、周禹锡在《伤寒论研究纲要》中对六经证治曾有正病、兼病、化病、坏病等提出，内容按照俞根初氏所说而有所演化，重点围绕《伤寒论》六经的辨证施治与辨病施治。条分缕析，惜乎所引述六经条文有的不够妥贴，没有象俞氏的推勘精切。我常思略予综述，企图探索《伤寒论》六经辨证施治与辨病施治相结合的概貌，岁月易迈，迄未落笔，殊觉耿耿于怀。

为了研究需要，特将《伤寒论》六经病脉证并治大旨。参考俞、周二氏之意，以经统病，按病析证，随证出方，为今后进一步研究作提纲，并借以说明《伤寒论》六经是辨证施治与辨病施治相结合的。下面摭拾《伤寒论》六经大意作印证。

一、太阳病

太阳是寒水主气，故见证常以寒、水、湿为多。病于寒，故治宜温散；病于水，故治宜利水，这也是辨病施治的实际。太阳病在别证候、审病情的原则下，又分出中风、伤寒、温病、风湿，湿痹五种病；这五种病，当然仍以辨证辨病来决定，也就是，“凭证候以定病”的一个开端。现在从太阳病的正病、兼病、化病和坏病中的某些病和证，突出辨病施治与辨证施治相结合的要义。（下面凡标（一）、（二）、（三）……者，均为辨病的病；标1、2、3……者，均为辨证的证，标①、②、③……者，则系通过辨病与辨证后的施治）。

（一）正病："脉浮，头项强痛而恶寒。"1. 表中之表——①初起邪未解，发热头痛，汗出恶风者，宜桂枝汤，②风寒逗留肌表，寒热为疟，日再发者，宜桂枝二麻黄一汤。2. 表中之里——①风寒外束，头痛发热，身痛腰痛，骨节疼痛，恶风，无汗而喘，脉浮紧者，宜麻黄汤；②邪郁日久，发热恶寒，热多寒少，如疟状，身必痒，麻黄桂枝合半汤（"合"，诸本作"各"，据柯）本改。）

（二）兼病：本病未已，复兼他邪，二邪兼发。有兼痰饮，兼湿邪，兼瘀血之辨。1. 液痰饮——①痰饮在肺，桂枝加厚朴杏仁汤降肺气以化痰，②水饮犯心，茯苓甘草汤助心脾而化水饮；③水在心下，小青龙汤利治节而散水饮：④痰在胸膈，瓜蒂散宣吐；⑤痰在膜原，十枣汤攻逐。2. 兼湿邪——①寒湿在表，麻黄加术汤散寒化湿；②水湿互阻，五苓散温阳而逐水气；③瘀热在里、湿热蕴蒸，麻黄连翘赤小豆汤解表而化湿热。3. 兼瘀血——①瘀血将结，桃仁承气汤急下之；②瘀血已结，抵当汤大下之；③瘀血留着抵当丸缓攻之。

（三）化病：随着患者体质之寒热虚实，邪从少阴，阳明转化。1. 体质素热者，邪从阳化，传为阳明热证；①将从阳化者，大青龙汤表里两解；②已从阳化者，白虚加参汤清肺胃之热。2. 体质素寒者，邪从阴化，传为少阴寒证；①将从阴化者，必察其脉与小便，不可汗下；②已从阴化者。四逆汤温其里。3. 体质素虚者，邪从虚化——①心肾虚热，黄连阿胶汤滋阴以凉心肾；②阴虚阳扰，炙甘草汤以滋阴和阳。4. 体质素实者，邪从实化——①将实者：虽汗出谵语，必得外证解后，乃可下之；②已实者，宜大承气汤急下以保津液。

（四）坏病：邪伤太阳，治不得法，以致变坏。有气喘、呕吐、痞满、结胸、烦躁、谵狂、心悸，奔豚、胀满、厥冷、振摇、身痛，挛急、泻利、小便不利等病和证：各察其病证的变坏而治。

二、阳明病

阳明病是邪入胃而热实。邪入人体，日久多从热化。其主证有潮热，多汗、谵语、大便硬、不恶寒、但恶热各证；其病型有：

（一）正病："阳明之为病，胃家实也""脉大、身热、汗自出，不恶寒、反恶热"此阳明之正病。分有热无积与有热有积两大证。1. 有热无积——①肺胃热炽者，白虎汤清气分之热；②热炽津伤者，白虎加参汤清热生津。2. 有热有积——①热多积少者，调胃承气汤缓泄积热；②热少积多者，大承气汤急下大肠之积热；③热少积少者，小承气汤通腑气以撤积热；④热积津伤者，大承气汤急下保津。

（二）兼病：阳明病有兼太阳、少阳，太阴、少阴、厥阴之分，其病因与病证错综复杂，除两经兼病外，还有兼夹他邪致病，病中有病，《通俗伤寒论》举得不少例子。由于阳明为五脏六腑之海，万物所归，各脏腑之所需，无不仰给于胃（足阳明）；而各脏腑废料之排泄亦无不输于肠（手阳明）。所以阳明的兼病兼证特多。1. 兼太阳——当太阳初病传阳明，而太阳尚未尽解，则为兼太阳，治与太阳正病同法。2. 兼少阳——①热郁气结，邪正互争，宜小柴胡汤通调三焦，和解表里；②热结在里；往来寒热，心下痞硬，宜大柴胡汤以降气泄热。3. 兼太阴——阳明之热积与太阴之寒湿同病，热被湿遏，不得发越。①湿热互结，小便不利，渴欲饮水，身黄如橘子色，腹微满者，茵陈蒿汤以利水去瘀热；②热重湿轻，身热发黄者，栀子柏皮汤清泄表里热。4. 兼少阴——①少阴内实，目不了了，睛不和，无表里证，大便难，身微热者，宜大承气汤降其浊；②少阴阳虚，脉浮迟，表热里寒，下利清谷，宜四逆汤温之。5. 兼厥阴——①胃气失和，寒浊中阻，食谷欲呕者，宜吴茱萸汤；②阳明热盛，侵入血室，下血谵语者，刺期门。

（三）坏病：有误汗致坏、误下致坏、误火致坏之别（这里述前二型）。1. 误汗致坏——①汗后津虚口渴，白虎加参汤；②汗后津虚便硬，蜜煎导法。2. 误下致坏——①热在胸膈，宜栀子豉汤；②积在肠胃，心中懊恼而烦，腹大满不通，宜小承气汤。

三、少阳病

少阳病为邪在半表半里，呈现出特有的热和实的病情，它以寒热往来，胁痛，耳聋为半表证；口苦、咽干、目眩为半里证；其病仍有正病、坏病之辨。

（一）正病：少阳居半表半里之间，乃二阳、三阴病邪出入之道路，本经自病主要为上述两型，他经之兼病、兼证较多。本经正病又多兼夹痰饮，火郁、气郁三个病种。1. 痰饮停留——①饮在胸胁，宜小柴胡汤；②饮在心下，小柴胡去黄芩加茯苓；③饮在肺下，小柴胡去参、枣、生姜，加干姜、五味子；④饮在腠里，小柴胡去参加桂枝取微汗。2. 火郁——①寒热往来，胸胁苦满，心烦喜呕……为虚火内郁，宜小柴胡汤，②寒热往来，郁郁微烦，心不痞硬；呕不止，为热结在里，宜大柴胡汤。③火郁胸膈，胸中烦而不呕，宜小柴胡去半夏、人参、加括蒌实；④气虚津少而渴，宜小柴胡去半夏加人参、括蒌根。3. 气郁——①胁下痞硬，宜小柴胡汤去大枣之甘壅，加牡蛎之软坚；②腹中痛，宜小柴胡汤去黄芩之苦寒，加芍药之酸泄。

（二）兼病：有兼太阳、兼阳明、兼血室之分。1. 兼太阳——①重在太阳者，柴胡桂枝汤；②重在少阳者，小柴胡汤。2. 兼阳明——①重在阳明者，大柴胡汤；②重在少阳者，小柴胡汤。3. 兼血室——刺期门。重在少阳者。小柴胡汤。

（三）坏病：少阳病误用汗、吐、下、针（火针），变端蜂起，当视其所变何经、何证？以坏病之法治之。

四、太阴病

太阴病是中焦虚寒，故有腹满而吐，食不下之证，甚则腹痛，自利；见证都是里气不实，湿盛外溢之象。

（一）正病：腹满而吐，食不下，自利不渴，时腹自痛；下之结硬，自利益甚。病入太阴，极大多数是虚寒。1. 虚多寒少证——①脾胃虚寒者，宜理中汤丸。②脾虚气弱加参；③脾虚津少加白术；④脾虚停饮加茯苓。2. 寒多虚少证——①寒邪挟肾气上冲，脐上筑动，理中汤丸去术加桂；②寒邪入胃，吐多，去术加生姜；③寒邪侵脾，腹满，去术加附子；④阴寒内甚，加干姜。

（二）兼病：太阴兼太阳病者，表证重、里证轻、脉浮，宜桂枝汤；里重表轻，下利腹胀满，身体疼痛者，先温里，宜四逆汤，后攻表，宜桂枝汤。

五、少阴病

少阴病要辨寒热。一般少阴之直中多为寒，少阴之传经多为热；寒伤阳气，热耗阴液，病变由此而生。

（一）正病：“脉微细，但欲寐。”“心烦、自利而渴。”须审辨其寒热的病机。1. 少阴寒证——①肾阳衰微者，宜四逆汤温之；②阴寒内盛者，宜白通汤或白通加猪胆汁汤通阳以反佐之；③虚阳外越者，宜通脉四逆汤以挽救之。2. 少阴热证——①心阴虚弱者，宜黄连阿胶汤；②虚热上浮或结者，辨证分别用甘草汤、桔梗汤、猪肤汤、苦酒汤或半夏散及汤之类；③虚热内郁者，宜四逆散。

（二）兼病：有兼太阳、兼阳明之辨。1. 兼太阳证——①表邪轻者，宜麻黄附子甘草汤；②表邪重者，宜麻黄附子细辛汤；③虚寒者，宜附子汤；④有水气者，宜真武汤。2. 兼阳明证——①实热者，宜大承气汤；②虚寒者，宜吴茱萸汤；③火郁下焦，伏而不伸，桃花汤苦温以发之；④热阻中焦而水停，猪苓汤滋阴利水。

六、厥阴病

厥阴病的病机，是邪在半表里而虚寒，寒中有热。其病象主要为厥、利。厥则于藏厥、蛔厥、寒厥、热厥之外，又有冷结寒痰之厥；利则于热利、寒利之外，又有厥热下利。病情和证状都比较复杂，现仍从正病、兼病辨起。

（一）正病：“消渴，气上撞心，心中疼热，饥不欲食，食则吐蛔，下之利不止。”有热证、寒证、寒热错杂之别。1. 热证——①热在气分，湿热下利，宜白头翁汤；②热在血分，必发痈脓、或圊脓血。2. 寒证——①阴寒上乘、干呕、吐涎沫，头痛，宜吴茱萸汤；②内外两伤于寒，少腹满痛，手足厥冷，宜当归四逆加吴茱萸生姜汤。3. 寒热错杂证——①上热下寒之重者，宜乌梅丸；②上热下寒之轻者，宜黄连汤。

（二）兼病：厥阴兼病，有兼阳明、兼少阳、兼少阴之辨。1. 兼阳明——①里热轻证，渴欲饮水，少少与之愈；②里热重证，脉滑而厥，宜白虎汤；③热利下重，白头翁汤清宣之；④邪结胸中，手足厥冷，心下满而烦，饥不能食者，宜瓜蒂散吐之。2. 兼少阳——呕而发热，宜小柴胡汤。3. 兼少阴——①阳气虚脱证，宜四逆汤；②阴盛格阳证，宜通脉四逆汤；③阳气不达，四逆，泄利下重者，宜四逆散。

此外，还有合病、并病；太阳病有二阳并病，有三阳合病，有桂麻合半汤证，有桂二麻一汤证；阳明篇有太阳阳明之脾约病，有少阳阳明之亡津液、大便难病；少阳篇有柴胡桂枝汤证，有柴胡加芒硝汤证。三阴篇中，太阴多虚寒，而有脾家腐秽当去证，有桂枝加大黄汤证，有桂枝加芍药汤证；少阴多阳气不足，而有心烦不得卧之黄连阿胶汤证，有下利便脓血之桃花汤证，还有三急下证；厥阴寒热错杂，病证更繁复，有呕发热之小柴胡汤证，有热利之白头翁证，有虚热并见之乌梅丸证，干姜黄连黄芩人参汤证。这些错综多复的病和证，既体现出辨证施治，也体现出辨病施治；有的据病以论证，有的从证以定病。机园法活，相得益彰，原书中俱有义理可寻，这里不过多引证，避免铺张篇幅。

本文由于尚系感性认识，未曾仔细深入的研究，希望省内外学者绳其谬误，补其疏漏，使认识进入理性阶段。

注：辨病施治的条文为：第12、14、31、35、36、38、40、65、106、131、138、143、144、145、236、237、241、266、307、308、309、310、314、315、316、317、318、319、321、335等条；凭证候以定病的有：第1、2、3、6、128、129、160、167、185、190、191、195、219、263、273、278、281、282、326、382、382等条；审病情以辨证的有：第48、53、54、56、68、70、74、108、109、110、210、269、270、294、332、333、335、338、339、340、341、342、343、344、345、346、347等条。

［《浙江中医学院学报》1979；(6)：5］

张仲景治痞八法

王贵淼

痞，以胸膈痞满为主证，可单独出现，亦可合并他证，必须审因论治。学习《伤寒论》关于痞证的论述，深感辨证精当，处方灵活，现归纳为八法，分述于下。

（一）清热除痞（151、154条）：脉浮而紧，而复下之，紧反入里，则心下痞，其脉关上浮者，大黄黄连泻心汤（大黄，黄连、黄芩）。以麻沸汤二升渍之，须臾，绞去滓，分温再服。

大黄黄连泻心汤，原方无黄芩，《千金翼方》注：“此方必有黄芩”，当从此说。一因芩、连合用，治痞功效更著，二因诸泻心汤都是芩、连合用。本方独用苦寒，直折壮火，以清泄内聚之热。

考论中206条有“心下鞕满，不可攻之”的告诫，且131条更明言痞与结胸均因误下而得；治痞应当禁下，似无疑义；本方复用大黄，乃因芩，连专于清热，而无破结之效；大黄既能清热，又能破结；用大黄之意不在攻下，而是取其清泄邪热；这和麻杏石甘汤之用麻黄，非取其发汗，而是配石膏以宣肺定喘一样，故用麻沸汤（沸开水，以其汤沸时，泛沫沸泡如麻而名之）渍服，取其气而不取其味，免致药过病所。

（二）扶阳散痞（155条）：心下痞，后恶，寒汗出者，附子泻心汤（大黄、黄连、黄芩、附子）。上三味，以麻沸汤二升渍之，须臾，绞去滓，内附子汁，分温再服。

此为卫阳不足，邪热有余之上热下寒证。设治邪而遗正，则恶寒益甚；若补阳而遗热，则痞满更甚，故本寒热互用，邪正兼顾之法。将三黄用开水泡，附子另煮取汁，则泻痞之力缓，扶阳之功胜。尤在泾注日：“寒热异其气，生熟异其性，药虽同行，其功各奏”，本方的煎服法实含此意。

（三）清上温下（149、157、158条）：胃中不和，心下痞鞕，腹中雷鸣下利，半夏泻心汤、生姜泻心汤、甘草泻心汤（黄连、黄芩、干姜、人参、半夏、甘草、大枣、生姜），去滓再煎。

本条特点是痞利并见，其病机均为胃气虚、热邪滞的上热下寒证，三方均以苦味制火的芩、连为基础，结合健胃、止呕、止泻的参、夏、姜、草、枣等，随证增减。叶天士谓：“中焦痞阻，冷饮不适，热邪宜清，胃阳亦须扶护”。但三方同中有异：半夏泻心汤是治痞而兼呕，故主以半夏；生姜泻心汤治胃虚食滞痞满而挟水气，故主以生姜；甘草泻心汤治误下胃气重虚之痞证，故有甘草。盖痞由寒热之邪互结，治亦使药性合而为一；以利和胃。甘草泻心汤，原方无人参，应从《千金》、《外台》之说，有人参。其理由是：1. 半夏泻心汤、生姜泻心汤均有人参；2. 复下之后，胃气大伤，用以补虚；3 人参为消虚痞之要药，日人古益东洞有“人参主治心下痞鞕”之说，实指虚痞而言；4. 缓客气上逆而除烦。

（四）补虚降逆（161条）：伤寒发汗，若吐若下，解后痞鞕，噫气不除者，旋覆代赭石汤（旋覆花、代赭石、人参、甘草、半夏、生姜、大枣）。

“诸花皆升，旋覆独降”。此以旋覆花下气消痰，代赭石重镇安胃降逆，党参、甘草、大枣补虚和胃，生姜、半夏和胃化痰散痞，为益胃补虚，兼辛开散痞之复方；补中有泻，降中有升。楼全善认为本方是生姜泻心汤的变法。凡中焦气化不力，升降失调，脾运无权之眩晕、癔症、头疼、呕恶、梅核气、痰喘、胃痛，“胃不和”引起之“卧不安”等症，均可随证加减。

（五）和表泄痞（165条）：伤寒发热，汗出不解，心中痞鞕，呕吐而下利者，大柴胡汤（柴胡、黄芩、半夏、白芍、枳实、大黄）。

本条仅言发热，未见恶寒，知其“心中痞鞕”，乃胃热气滞所致，其下利属协热利可知，故既用柴胡升清达邪于外，又用黄芩、大黄、枳实等消痞于中，更用姜、枣扶正和中。虽用大黄，但伍以枳、芍、芩、半，其作用仍在于除痞，不在于攻邪。

（六）温里和表（163条）：太阳病，外证未除，而数下之，逐协热而利，利下不止，心下痞鞕，表里不解者，桂枝人参汤（桂枝、人参、干姜、白术、甘草）。

此痞为误下邪陷，病从寒化。桂枝人参汤即理中汤加桂枝，用理中汤以理脾胃；桂枝以和表达邪。或曰，治痞之五泻心汤，均以芩、连为基本药，为何本条概不选用？程应旄曰：“此痞无客气上逆，动膈之阳邪，辄防阳欲入阴，故不但泻心中芩、连不可用，并桂枝中芍药不可用也”。《金匮·胸痹篇》称：“胸痹，心中痞气，气结在胸，胸满，胁下逆抢心，枳实薤白桂枝汤主之，人参汤亦主之”。本条实与人参汤同义。

（七）因势利导（166条）：病如桂枝证，头不痛，项不强，寸脉微浮，胸中痞鞕，气上冲咽喉不得息者，此为胸有寒也，瓜蒂散（瓜蒂、赤小豆）。

本条为邪阻胸膈致痞，在膈上而不在心下，喉间并有冲气，知邪有从上而解的趋势，故选用“因其势而越之”的催吐法，以逐胸间实邪。《儒门事亲》谓：“凡在上者皆可吐”，凡痰涎、宿食、毒物等有形之邪，停留在咽喉、胸膈、胃脘的，使用吐法，确有斩关夺将之效；但当“中病即止；不必尽剂”。吐法近年已少用，应根据需要而采用之。

（八）化气利水（156条）：下后，心下痞，与泻心汤；痞不解，其人渴而躁烦，小便不利者，五苓散（桂枝、茯苓、泽泻、白术、猪苓）。

本条辨证关键在于小便不利。渴而躁烦，饮水过多，小便又不利，致水无去路，故可断为蓄水致痞。因痞证乃热结心下，与膀胱气化失调导致小便不利者回殊，病因既明，治必求本，用化气利水法。

体会：脾主运化而升清，胃主受纳而通降。《内经》：“清气在下则生飧，浊气在上则生䐜胀”。清浊不分，则中焦痞塞，当升其不升，降其不降。治痞诸法，虽然用药各异，但调其升降则无二致；诸泻心汤之辛开苦降，为治升降失司之主方。《伤寒论》重视脾胃升降的论点已数见不鲜。如用葛根汤治太阳与阳明合病之下利；用葛根加半夏汤治太阳与阳明合病，不下利但呕者等。后世师承这一法则的，如东垣之倡升举脾阳，天士之“微辛以宣通，微苦以清降”，喻嘉言之“逆流挽舟”法等，均系从仲景心法发挥而来。痞既为脾胃升降失常所致，治痞之主方名为泻心，实为泻胃；因恐后人和承气汤之泻“胃家实”混淆不清故名。其实，承气汤是泻大肠之热，与泻心汤方旨，是有极大差异的。

［《浙江中医药》1979；（8）：294］

张仲景用粥的法义初探

吴良德　傅汝霖

张仲景的用粥法，分别见于《伤寒论》与《金匮要略》。今试作探讨于后。

谷粥的作用，一为培养汗源，二为和中培土。《伤寒论》首列桂枝汤方，方后附注须啜热粥。历代注家对此极为重视。清柯琴谓：“此为仲景群方之魁，乃滋阴和阳，调和营卫、解肌发汗之总方也。”并谓：“用此方之精义尤在啜热稀粥以助药力，盖谷气内充，外邪勿复人，热粥以继药之后，则余邪勿复留，复方之妙用又如此，故用之发汗，自不至于亡阳，用之止汗自不至于贻患，今人凡遇发热，不论虚实，悉忌谷味，刊桂枝汤方者，俱削此法，是岂知仲景之心法乎。”《金匮·呕吐哕下利病脉证治》篇用桂枝汤，仍须啜热稀粥助药力，其义相同。柯琴并在阳明脉证下，解释除中云：“脉迟为无阳，不能作汗，必服桂枝汤啜热稀粥，令汗生于谷耳。”《伤寒论讲义》释：服桂枝汤后，啜热稀粥是培养汗源。《金匮·痉湿暍病脉证并治》用栝蒌桂枝汤虽是“变表法为和法”的方剂，目的在取微汗，故啜热稀粥以助胃气，阴阳得以调和，自然正气充足，使邪从微汗而解。《金匮·水气病脉证并治》篇用。桂枝加黄芪汤治黄汗。陈灵石谓：“黄汗本于郁热，得汗不能透彻，则郁热不能外达，桂枝虽调和营卫，啜粥可否作汗，然恐其力量不及，故又加黄芪以助之，黄芪善走皮肤，故前方（芪芍桂酒汤）得苦酒之酸而能收，此方得姜桂之辛而能发。前方发汗，是治黄汗之正病法，此方令微汗，是治黄汗之变证也。”观诸方之用桂枝汤无论是用原方或加减治伤寒杂病，都在服汤后啜热稀粥，值得玩味的是均取“微汗”。体现了仲景一法多用的治疗法则。理中丸改作汤用的第九加减法中谓：“服汤后，如食顷，饮热粥一升许，微自温，勿发揭衣被。”理中汤原是辛甘温胃药，何以还须饮热粥？盖取理中温运脾阳，饮热粥以助药力，养中焦之胃气，为治虚寒阳微的正法。《金匮》附子粳米汤由附子、粳米、半夏、大枣、炙草配伍，煮米熟汤成，去滓，温服。王旭高谓：“此益胃通阳温肾之剂，夏、甘、粳米、大枣皆脾胃药也，加入附子一味，通彻上下，上可散寒止呕，下可温经定痛，真神方也。”本方虽未用粥，而取粥米之汁汤，其目的亦为益胃气而设。尤在泾谓：“下焦浊阴之气，不特肆于阴部而且逆于阳位，中虚而隄防撤矣，故以附子补阳驱阴，半夏降逆止呕，而尤赖粳米、甘枣，培令土厚而使敛阴也。”谷粥与粳米汤在此二方中之用非培养汗源，乃是和中培土。除上述温中益胃法以外，养胃阴也同样重要。如《伤寒论》第396条“伤寒解后，虚羸少气，气逆欲呕，竹叶石膏汤主之”。本方之用粳米，与白虎汤、白虎加人参汤其义则一。仲景于用方之法是煮米熟汤成，实乃清稀之薄粥。故合诸药同煮是助胃气益胃阴之法，诚如柯氏所谓：“粳米稼穑作甘，气味温和，禀容平之德，为后天养命之资，得此为佐，阴寒之物，则无伤损脾胃之虑也。煮汤入胃，输脾归肺，水精四布，大烦大渴可除矣。白虎、西方金神、用以汤名者，秋金得令；而暑清阳解、此四时之序也，更加人参，以补中益气而生津，协和粳米甘草之补，承制石膏、知母之寒，泻火而火不伤，乃操万全之术者。”近世张锡纯用山药代粳米，亦甚恰当。竹叶石膏汤用粳米，除柯氏已作解释外，另为伤寒解后余热未除，虚羸少气，气逆欲呕，知胃气不和，故用竹叶石膏除烦清热，人参、甘草益气生津，麦冬、粳米滋养胃液，半夏降逆，是除邪又兼扶正之方。但以补养胃气为主，张锡纯《医学衷中参西录》载石膏粳米汤谓：“外感初得，即中有蕴热，阳明胃腑，不至燥实，何至遂用石膏二两？答曰：此方妙在石膏同粳米煎汤，乘热饮之，俾石膏寒凉之性，随热汤发散之力，化为汗液尽达于外也。……此方粳米多至二两半，汤成之后，必然汁浆甚稠。饮至胃中，又善留蓄热力，以为作汗之助也。是以人之所发汗者，饮热茶不如啜热粥也。”竹叶石膏、白虎、白虎加人参三方，其目的不在于取汗，故用粳米同煎，助胃气益胃阴，恰与桂枝汤之服汤后啜热粥取汗适成对比。

饮粥又有用冷、用热和糜粥的区别，仲景在所撰方论中，还丰富了新的内容。提出如何运用冷粥、糜粥以及热粥的范围。在十枣汤下，说“得快下利后，糜粥自养。”按十枣汤虽有大枣健脾和中，但毕竟是逐水峻剂、难免伤胃，故借糜粥以补养胃气，待谷气内充后方可顿食。用糜粥比用四君之类，尤为简便中窾。再如三物白散服法中谓：“不利进热粥一杯；利过不止，进冷粥一杯。”其理何在？柯琴说：“此利非欲其吐，本欲其利，亦不欲其过利。故不利进热粥一怀。利过不止，进冷粥一杯。此又复方之妙理也。仲景每用粥为反佐者，以草木之性各有偏长，惟稼穑作甘为中和之味，人之精神气血。皆赖之以生，故桂枝汤以热粥发汗，理中以热粥温中，此以热粥导利，复以冷粥止利，神哉！东垣云，淡粥为阴中之阳，所以利小便，则利水之剂，未始不可用也。今人服大黄后用冷粥止利，即此遗意耳”。此节言之已明，故不赘。《金匮》呕吐哕下利病脉证治篇载：“下利气者，当利其小便。”接着又载：“气利，诃黎勒散主之”。诃黎勒散，即诃子一味煨研为散，粥饮和顿服，赵以德谓：“诃黎勒有通有涩，通以下涎液、消宿食、破结气，涩以固肠脱，佐以粥饮引肠胃，更补虚也”。按本方主治气利，治法是“当利小便”，而方中又无利小便之物，妙处仍在粥上。东垣说：“淡粥为阴中之阳，所以利小便……。”此又仲景用粥之妙义。前人疑诃子散非仲景方，似无根据，对照前面“服十枣汤利过不止进冷粥一杯”，可知冷粥治利已足明证。麦粥用于《金匮》硝石矾散，用大麦粥服。大麦入脾胃二经，甘咸凉，《长沙药解》载大麦粥于硝矾散中用之治女黑疸，以其利水而泻湿也；白术散用之治妊娠作渴，以其润肺而生津也。大麦粥利水泄湿，生津滋燥，化谷消胀，下气宽胸，消中有补者也。《本草经疏》载大麦功与小麦相似，而其更平凉滑腻，故人以之佐粳米同食，歉岁则全食之。而益气补中，实五脏，厚肠胃之功，不亚于粳米也。《金匮》厚朴麻黄汤用小麦煮水煮诸药之义。李义谓：“小麦入心经能益火气，以火能生土助脾。而兴成决土之功。”妊娠养胎，白术散主之。该方用小麦汁是养心肝以止燥，除心烦。与甘麦大枣汤用麦之方义相同。但白术散证中的心烦非主证。而甘麦大枣汤是以小麦为君，合《内经》“心主舌，其谷麦”之旨。尤在泾谓：“小麦为肝之谷，而养心气，甘草大枣，甘润生津，所以滋脏气而止其燥也。”用麦粥仅硝矾散一例，其余诸方则用麦汁大同小异，故兼论及之。

体会：伤寒注释本，于桂枝汤方下的啜粥意义，一般都略而不谈，至于有关用粥的，法度更随文敷衍，或许有人认为用桂枝汤不啜粥，用白虎汤不用粳米，也能取效。这实系不懂经义之故。毋足为怪。张锡纯引陈古愚说：“桂枝辛温，阳也。芍药苦平，阴也。桂枝又得生姜之辛，同气相求，可恃之调周身之阳气。芍药而得大枣，甘草之甘苦化合，可恃之以滋周身之阴液。既取大补阴阳之品，养其汗源，为胜邪之本，又啜粥以助之，取水谷之津以为汗，汗后毫不受伤，所谓立身于不败之地，以图万全也。”张氏认为”此解甚超妙，而于啜粥之精义，犹欠发挥。如谓取水谷之津，以为汗，而人无伤损，他发汗药何以皆不啜粥？盖桂枝汤所主之证，乃外感兼虚之证，所虚者何，胸中大气是也。《内经》曰：谷始于胃，其精微者，先出于胃之两焦，以溉五脏，而大气搏而不行者，积于胸中，命曰气海，由斯观之，大气虽本于先天，实赖后天水谷之气培养而成。桂枝汤证既因大气虚损，致胃气漫散，邪得越卫而侵营，故于服药之后，即啜热粥，能补助胸中大气以胜邪，兼能宣通姜桂以逐邪，此诚战则必胜之良方也。乃后世医者忽不加察，虽用其方，多不啜粥，致令服后无效，病转深陷，故王清任医林改错深诋桂枝汤无用，非无用也，不啜粥故也……”。《伤寒论》从第一方桂枝汤的啜粥用法就明告我们，有病必须照顾胃气，所以啜热稀粥，助药力意即在此。浙江魏长春先生曾说：“天下无神奇之法，只有平淡之法，平淡之极乃为神奇，否则炫异标新，用违其度，欲求近效，反速危亡，不和不缓故也。”仲景用粥之法亦无非于平淡之中见神奇耳！管子曰：“淡为五味之本”。《慎柔五书：虚损秘诀》谓：“甘淡之味，淡养胃气，微甘养脾阴”论粥之性味，此说颇合。东垣说：“伤寒杀谷。伤风不杀谷。”古人所说“得谷者昌，失谷者亡。”都是指胃气虚实而言。同时《金匮》曾告诫说：“食白米粥，勿食生苍耳，成走疰。食甜粥已，食盐即吐。”并在麻黄汤，桂枝加葛根汤等汤方下注明“不须啜粥”明示伤寒药后用粥，未可一概而论。而《伤寒论》各条是从服桂枝汤啜粥开始，到最后第397条谓：“病人脉已解，而日暮微烦，以病新差，人强以谷，脾胃气尚弱，不能消谷，故令微烦，损谷则愈。”王宇泰注：“凡新差后，只宜先进白稀粥汤，次进浓者，又次进糜粥，亦须少少与之，常令不足，不可尽意过食之也。其诸般肉食等物，皆不可食。”“损谷”即控制食量之意，病新差，胃气尚弱，须调节饥饱，啜粥代饭以善其后。

［《浙江中医药》1979；(9)：340］

对《伤寒论》中有关温法运用的认识

阳　立

《伤寒论》全书按六经分列证候和主方。麻、桂主汗，柴、芍主和，知、膏、芩、连主清，桃、䗪、虻、蛭主消，瓜蒂主吐，硝、黄主下，姜、附主温，参、归、术、草主补。通称的常用治疗八法，均散见于原文各条。其中尤以温法的应用范围和所占比例更大，从表证到里证，从本证到兼证、变证，其属三阴虚寒或误汗亡阳之证，温中散寒与回阳救逆，几成为治疗正法。清吴鞠通尝谓：“《伤寒》一书，始终以救阳气为主”，这在继承《伤寒论》学说方面，是有其深刻体会的。

温法是治寒证的一项基本原则，但不能笼统使用，而应作具体辨析，按证分型施治。

一、温阳解表

病在太阳，因误汗而致漏不止，属阳虚表邪未解；或太阳、少阴合病，脉沉，反发热，无汗，恶寒。前者用桂枝加附子汤，旨在扶阳解表，后者以麻黄附子细辛汤，既温其里，复解其表。两者病机有别，但法度相类，阳气得固，表证自罢。

二、温阳蠲饮

水饮停蓄，肺、脾、肾三脏受病，水为阴邪，从阳则化，从阴则聚，当以温药和之。若素有内饮，又兼外感伤寒，以小青龙汤温肺逐水；脾阳失运，水气上逆，苓桂术甘汤温脾化饮；肾阳虚乏，饮邪泛滥，真武汤温肾制水。三者均为治痰饮之正法。

三、温经通痹

风寒湿痹，经隧壅滞不利，风胜者，以桂枝附子汤驱风定痛；湿重者，上方去桂加白术以培土胜湿；若寒凝骨节烦疼，汗出，短气，小便不利，宜小其制缓图，用甘草为君，伍附子调气散寒。如血虚不能濡养经络，四肢厥冷，脉细欲绝，用当归四逆汤温中寓补，若内有久寒，宜本方加吴萸、生姜以温痼伏之邪。通其痹而痛自缓解。

四、温中降浊

胃虚肝逆，浊阴不降，食谷欲呕，病在上焦为患，吴茱萸汤辛燥降逆而益胃气，脾阳虚弱，寒多吐利者，“其脏有寒”，以理中丸“理中焦”而温脾；若肾脏命火衰微，下元失其固摄，而见下利脓血，辨其有舌淡，口不渴，脉迟等虚寒证候，以桃花汤温固下焦，阳虚甚可酌加附子，急则治标。

五、回阳救逆

仲景治虚，多注重里证，凡阴盛阳衰，四肢厥逆，恶寒踡卧，或下利清谷，大汗亡阳，脉沉微者，是真阳竭厥生死反掌之候，必须大辛大热的四逆汤方能使阴霾消散，爝火重光。倘阴盛格阳于外，病情较四逆证尤重，则于方中倍干姜以温中通脉；或阴盛格阳于上，上方去甘草，加葱白以通阳散寒。至于因误汗、误下，阳损及阴，互不交接，故昼夜烦躁，须参、附回阳，参、苓益气生津。若心阳不足，惊悸，起卧不安，可从桂枝甘草汤、桂枝去芍加蜀漆龙骨牡蛎汤化裁。又如原文有“恶寒脉微而复利，利止，亡血也，四逆加人参汤主之”的记载，亡血即亡津的互词，元气将脱，救逆势非人参不可。

六、温脏安蛔

“胃中虚冷，必吐蛔”，《伤寒论》有蛔厥证，蛔得苦则安，闻酸则静，得辛热则止，乌梅丸是寒热相须之方，以辛热先温其脏，酸，苦以安蛔，应用于蛔虫病颇为中肯。

七、温阳通里

阳虚里实，心下痞而复恶寒者，是附子泻心汤证。痞由邪热结聚胸中，但兼阳虚，是虚实寒热错杂，单纯清热除痞则阳气愈虚，补阳遗热则痞满不化，“本方冶温清补泻于一炉，以附子回阳，三黄泻心消痞，立法周详精当，方简而组织严密。

还可列举若干。温法与其他治法一样，可分正治法与变治法，寒在三阴经者，适用正治法，余均属变治范围，但毋须机械划分，见是证即用是药，此为仲景独到心法。

通过学习，归纳，对于应用温法的依据，有如下几点认识：

1. 寒为阴邪，最易伤人阳气，着于肌表，则腠理闭塞而恶寒；中于脏腑，则生里寒而厥逆；客于关节、经脉，则痹痛不仁；伤于脾胃，则呕叶下利，寒与温为对立面，诸寒证得温则减，所以立法有温表、温下、温通、温补等，均可于上述各型中仔细玩味，参考运用。

2.《素问·生气通天论》：“阳气者，若天与日，失其所则折寿而不彰。”凡气血环流、津液化生、脏腑活动、经络传导，无不受阳气的温煦涵育，故论中多次强调顾护阳气，认为发汗不可太过，及遍身漐漐微似有汗者益佳，不可令如水淋漓，恐致汗漏亡阳，若寒盛阳衰，于温法中须扶阳以祛寒，而使正胜邪却。

3. 伤寒三阴经证多属里、虚，寒证，仲景言“藏有寒”，系指太阴经证的病因，“当温之”乃其治法；少阴经内连心肾，真阳虚竭，生机将殆，故云“急温之”；厥阴主证，未现厥热胜复，寒热交错，阳气衰则厥深寒胜，故当温清并投而重在温肝。总之，脏腑有寒，皆属里证，凡“诸病水液，澄彻清冷，皆属于寒”者，都宜用辛燥刚烈之剂即“寒者热之”之意。

[《浙江中医药》1979；(11)：414]

试论《伤寒论》六经的气机升降

张燮均

气机升降是人体脏腑生理功能和生命活动的基本形式之一。升降失调则病变发生，故《内经》云：“升降息则气立孤危”，“出入废则神机化灭”。前人有“死生之机，升降而已”的说法。历代医家对此颇为重视，并用以指导临床实践。《伤寒论》运用《内经》阴阳、脏象学说，创立了六经证治，不仅包含了八纲、脏腑辨证，也贯穿着脏腑气机升降的理论。

一、脾胃升降

叶天士云：“纳食主胃，运化主脾，脾宜升则健，胃宜降则和。太阴湿土得阳始运，阳明燥土得阴自降”。伤寒病邪传里，影响脾胃升降，可出现以下三种情况：1. 邪从热化，腑气壅滞，胃不通降而出现绕脐腹痛，腹满不大便，脉沉实的阳明腑实证，上扰心神，可出现神昏谵语，治用承气汤，通腑结，下垢浊，承降其胃气。故叶天士云：“仲景急下存阴，其治在胃”。吴鞠通继承和发展了仲景承气法，配以增液、导赤、泻浊等，扩大了临床应用；2. 脾阳素虚，邪陷太阴，升运无权，变为寒湿，出现自利不渴，腹胀满，时腹自痛等，方用理中汤温中焦寒湿，则脾气自然升健。李东垣之补中益气汤、升阳益胃汤，均由仲景的理中法、建中法发展衍化而成。叶天士说：“东垣大升阳气，其治在脾”。3. 在太阳证治中，有脾湿胃热的泻心汤证，用辛开苦降、清热化湿法，热清则胃降；湿化则脾升而痞满自消。还有胃气虚弱，饮伏气逆的心下痞鞕，噫气不除的旋覆代赭汤证，用益胃降逆的旋覆代赭汤和降胃气。

二、肝胆升降

肝属风木，其性善升，胆寄相火，最宜通降。吴东旸在《医学求是》中提出：“肝不升则克脾土，胆不降则克胃土，何也?”而“肝木赖脾土之升，胆木赖胃土之降”。肝有疏泄之功，脾之升赖肝木、之升。胆寄相火，有蒸化水谷之能，胃之降赖胆木之通降。肝升胆降则木性疏泄，才能运脾和胃。叶天士《临证指南》有关医案中也提出了肝和脾升，胆和胃降这一病机。《伤寒论》中有关肝胆升降，可从下面几方面去探讨：1. 少阳病小柴胡汤证，口苦咽干，心烦喜呕，或胁下痞鞕，腹中痛者，胆不降也，致胆热上逆；胸胁苦满，默默不欲食者，肝不舒则侮脾，是由于肝胆气机升降失调，枢机不利，小柴胡汤功能和降胆胃，转利枢机而使胆降肝升。后世治疗挟湿温病，邪犯少阳的蒿芩清胆汤，也是仿仲景和降胆胃，转利枢机法则组方。小柴胡汤证是寒邪化热而入少阳；蒿芩清胆汤证是暑热挟湿而犯少阳。虽然病因不同，方药亦异，但其病机同属胆失和降，枢机不利；用大柴胡汤加减，治疗急腹症，辨证得当很有疗效。是因大柴胡汤功能通降胆胃，下其郁热；2. 少阴病四逆散证，系肝郁热闭，脾气不升，而致四肢厥冷，腹痛，泄利下重。今之逍遥散，由四逆散蜕化而来。3. 厥阴病，消渴，气上撞心，心中疼热，饥不欲食，吐蛔下利，肢厥，时烦时静，由肝肾阳气寒凝于下（二脏气机皆宜升），胆、胃积热于上（二腑气机皆宜降）的上热下寒证。用辛、椒、姜、附、桂温补肝肾，通阳散寒，遂其上升外达之性。用连、柏苦寒清泻胆、胃二腑之实火，重用乌梅安蛔，又防肝阳升发太过。佐人参益气扶正，并使胃气不受苦寒损伤，俾肝升胆降之气自复。

三、肺气肃降

肺主气，宜肃降，与肾共司大气之吐纳，肝升肺降，可推动气血运行。若肺失肃降，可出现以下病证：1. 太阳伤寒，表寒外束，里有水饮，寒水射肺，失其肃降，故无汗而喘，小青龙汤可散寒化饮，肃降肺气，则水道通调，咳喘自平；2. 太阳伤寒，邪从热化，邪热迫肺，肺失肃降，麻杏石甘汤清肺肃气，至今仍然是治疗肺炎喘咳常用方剂。3. 太阴脾约证，实质上是肺津不能滋降，大肠津枯而便秘干结，麻子仁丸之麻仁、杏仁、白蜜滋润肺津，下降肺气，肺津随肺气肃降濡布，能润肠通便。

四、心肾升降

《慎斋遗书》说：“心肾相交全凭升降，而心气之降由肾气之升，肾气之升又因心气之降”。在《伤寒论》中，心肾升降主要表现在：1. 伤寒少阴证，出现腹痛，小便不利，四肢沉重疼痛，自下利，头眩，心下悸，身瞤动，振振欲擗地等为肾阳式微，寒水上逆，侮土凌心，用真武汤温肾阳散寒，温降水邪。2. 少阴热化不能上济心火，心中烦热不得卧，乃黄连阿胶汤证。滋水济火，交通心肾，坎离既济，心烦不眠自解。3. 此外，阳气衰微的四逆汤证，阴阳格拒，孤阳外越的通脉四逆汤证（戴阳证），阴寒内盛，格阳于上的白通汤证等，其治法皆属于“调升降，运枢机，通格拒”，治以回阳救逆，则心肾阳气来复，气机升降调和，阴阳恢复平衡。

总之，《伤寒论》继承了《内经》，把脏腑气机升降的理论运用于临床辨证论治，对后世有较大影响。叶天士继承和发展了气机升降学说，师仲景法而不泥古，例如，他继承了仲景急下存阴法，而创造性地运用甘凉濡润的降胃法，就是最好的例证；吴鞠通既采用了仲景承气法，又结合了叶天士的降胃法，制订了增液、牛黄诸承气汤方，“以承胃腑本来下降之气”，均值得很好探讨。

[《浙江中医药》1979；(12)：451]

关于伤寒六经和温病三焦卫气营血辨证论治体系的统一问题

万友生　江西中医学院

伤寒六经辨证论治和温病三焦、卫气营血辨证论治，都是落实在脏腑经络基础上而有其不可分割的内在联系的。例如：伤寒六经中的太阳经脉内属于膀胱，故太阳病既有头项背腰强痛等太阳经气不舒之症，又有小腹胀满小便不利等膀胱气化不行之症；阳明经脉内属于胃与大肠，故阳明病既有头额眉心连目眶胀热赤痛等阳明经热炽盛之症，又有大渴引饮不止腹胀满痛拒按不大便等胃肠腑热结实之症；少阳经脉内属于胆，故少阳病有头角掣痛耳聋目眩胁胀满痛等少阳经腑之气不舒之症；太阴经脉内属于脾，故太阴病有吐利不渴食不下腹满时痛等脾脏虚寒之症；少阴经脉内属于肾，故少阴病有脉沉微细踡卧欲寐小便清白等心肾虚寒之症；厥阴经脉内属于肝，故厥阴病有巅顶头痛或少腹痛引入阴筋等肝寒收引之症等。温病三焦中的上焦内主肺与心（心包络），故多见肺气不利的咳喘与心神不清的昏谵等症；中焦内主胃与脾，故多见脘腹胀满疼痛呕吐下利或大便秘结等症；下焦内主肾与肝，故多见耳聋手足心热咽干齿黑与痉厥瘈疭等症；卫气营血中的肺主气属卫，故多见肺卫分的发热恶寒咳嗽喉痛或肺气分的但热不寒咳喘鼻扇等症；心主血属营，故多见神昏谵语舌蹇语涩斑疹吐衄便血等症。但应承认的是，伤寒六经和温病三焦、卫气营血辨证论治又各自有其自己的特点。尤其是温病卫气营血在表里热证的理、法、方、药上大大地弥补了《伤寒论》的缺陷，是具有其独创性的。必须指出，叶天士所谓“温邪上受，首先犯肺，逆传心包，肺主气属卫，心主血属营，辨营卫气血虽与伤寒同，若论治法则与伤寒大异也。”其所谓“大异”固是，其所谓“同”，在实际上仍是“大异”。因为他所说的“卫之后方言气，营之后方言血，在卫汗之可也，到气才可清气，入营犹可透热转气，……入血……直须凉血散血”，是对温病发生和发展的一般规律的理论概括。这和《伤寒论》所说的营卫气血是同少而异多的。首先从其条文字面上看，它既没有“卫之后方言气”的气分的明文，更谈不到“营之后方言血”的营、血分的分界。其次从其条文实质上看，虽然桂枝汤所主治的太阳病表寒证和白虎汤所主治的阳明病里热证，相当于叶氏所谓“在卫汗之可也，到气才可清气”，但尚未能提出“入营犹可透热转气，……入血……直须凉血散血”的方治。因此，必须既在异中求同，又在同中求异。

但在讨论伤寒六经和温病三焦、卫气营血的证治异同时必须首先明确两个前提：

一个是寒温外因邪气和内因正气的关系问题。在一般情况下，寒温外因邪气必须通过内因正气起作用才能致病，而内因正气在疾病发生和发展过程中，始终是占主导地位，起决定作用的。就其外因来说，主要是外六淫和疫疠。所谓外六淫，即天地间的风、暑（火）、湿、燥、寒；所谓疫疠，即天地间的“毒气”（或称“异气”、“戾气”、杂气”）。从《素问》“天元纪大论”所谓“天有五行御五位，以生寒暑燥湿风”和“刺法论”所谓“五疫之至，皆相染易，无问大小，病状相似”的木火土金水五疫（疠）“毒气”来看，可见外六淫的风、暑（火）、湿、燥、寒，和木火土金水五疫（疠）“毒气”，是既有区别，又有联系的。也正因此，前人在论述外六淫和或疫疠为病时，常常是互文见义的。如从吴又可《温疫论》的理、法，方、药主要属于湿热的辨证论治和余师愚《疫病论》的理、法、方、药主要属于暑燥的辨证论治来看，可见他们所说的疫疠病是包括六淫在内而言的。又吴鞠通《温病条辨》提出的九种温病中就包括了温疫在内，张仲景在《伤寒论》“自序”中指出“余宗族素多，向余二百，建安纪元以来，犹未十稔，其死亡者三分有二，伤寒十居其七”，如果不是疫疠为病，其死亡率是不可能这样高的，故王叔和在“伤寒例”中说到“一岁之中，长幼之病多相似者，此则时行之气也”，“天气暴寒者，皆为时行寒疫也”，可见他们所说的外六淫病都是包括疫疠在内而言的。今天看来，外六淫是指气候变化的致病条件，疫疠是指病原生物的致病原因，虽然不容混淆，但又密切相关。就其内因来说，主要是内六淫和体质。所谓内六淫，即人体内脏阴阳失调所产生的风、热（火）、湿、燥、寒。如《素问》“阴阳应象大论”和“天元纪大论”所谓“人有五藏化五气”，应该是指肝木化生内风，心火化生内热，脾土化生内湿，肺金化生内燥，肾水化生内寒的内五气（淫）而言（如“至真要大论”所谓“诸风掉眩，皆属于肝”，“诸寒收引，皆属于肾”，“诸湿肿满，皆属于脾”等）。所谓体质，即人体素禀。如《灵枢》所谓阴阳态和木火土金水形等。在这些阴阳五行的形态中，除“阴阳和平”之人无任何异常反应外，其阴态、阳态、木形、火形、土形、金形、水形之人都有一定的异常反应。如阳盛或阴虚的风热（火）、燥象（即一般所谓阳脏、热体主人）和阴盛阳虚的寒、湿象（即一般所谓阴脏、寒体之人）等。因此异常体质的内在因素，也未尝不可纳入内六淫的范畴。虽然内六淫多形成于后天，体质多形成于先天（可在后天条件下改变），但由于二者常常互相影响而密切相关，因而它们是既可分而又难分的（尤其当它们尚未达到发病程度时是这样）。一般来说，人体内因正气阴阳和平的则健康，即使有不超过人体正气抗力限度的外因邪气入侵，也不一定发病。如其内因正气阴阳失调的则易发病，即使尚未发病，也常见处于疾病准备状态中。这种疾病准备状态，即体内阴阳虽已失调但尚未达到发病程度的一种疾病隐伏状态（显然包含着伏邪在内），其中就包含着内六淫体质因素。即：体内阳盛或阴虚的则生热；体内阴盛或阳虚的则生寒；若此一脏腑阳盛或阴虚生热，而彼一脏腑阴盛或阳虚生寒，则形成阴阳寒热错杂。具有上述内六淫体质的人，对外界阴阳属性不同的刺激的反应异常是屡见不鲜的。这些内因正气阴阳失调的内六淫体质因素，往往或多或少地存在于貌似平静的正常人体中，而成为疾病发生和发展的重要条件或原因。这就是人体感受外因邪气相同，而有些人不发病（体内阴阳和平）；有些人虽然发病，但其临床表现并不都一样，有的病情单纯，或从寒化（体内阴盛或阳虚）而现或实或虚的寒证；或从热化（体内阳盛或阴虚）而现或实或虚的热证；有的则病情复杂，这方面从寒化而另方面从热化以致出现或实或虚的寒热错杂证的主要理由所在。可见上述内六淫体质因素在疾病发生和发展过程中是占有重要地位的。

另一个是伏邪问题。伏邪有内外因之分，内因伏邪，即指内六淫体质因素而言，已如上述。外因伏邪，则是指外邪潜伏人体内者而言。如刘吉人《伏邪新书》说：“感六淫而即发病者，轻者谓之伤，重者谓之中。感六淫而不即发病，过后方发者，总谓之日伏邪。已发而治不得法，病情隐伏，亦谓之曰伏邪，有初感治不得法，正气内伤，邪气内陷，暂时假愈，后仍复发者，亦谓之曰伏邪，有已发治愈，而未能尽除病根，遗邪内伏，后又复发，亦谓之伏邪。夫伏邪有伏燥，有伏寒，有伏风，有伏湿，有伏暑，有伏热。”今天看来，由脏腑阴阳失调所产生的内六淫体质因素虽可潜伏体内而成为伏邪，但属于自然界气候变化的外六淫则不可能侵入体内而成为伏邪。就寒温伏邪来说，只有属于病原生物的疫疠之邪才有可能潜伏体内而成为伏邪。但是这种属于病原生物的疫疠之邪之所以能够发病，一般必须具备内因正气阴阳失调和外因六淫气候影响的内外条件。至其发病之所以在辨证上有六经、三焦，卫气营血的种种不同，则是由于伏邪性质的差异和程度的轻重以及部位的浅深有别，并因外因六淫气候影响与内因正气阴阳失调情况不一所致。

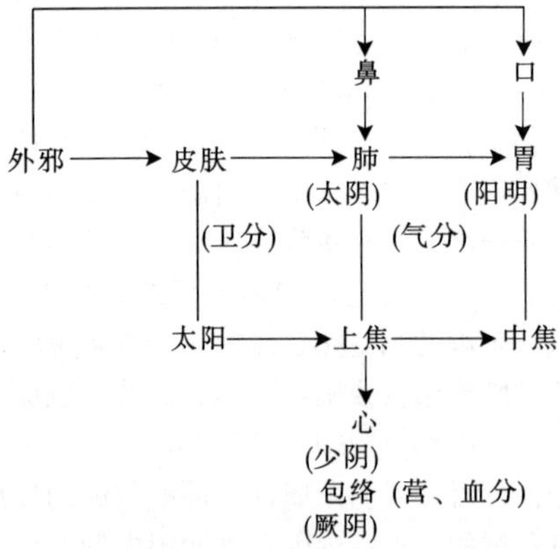

从上所述可知，伤寒和温病都属外感六淫和疫疠所致的疾病，都是外因邪气作用于内因正气，引起邪正相争，导致阴阳失调的结果。但伤寒则着重于寒（疫），邪为病，多见阴盛或阳虚的寒证而治法宜温；温病则着重于温（疫）邪为病，多见阳盛或阴虚的热证而治法宜清。其寒温外因邪气和阴阳内因正气的关系应从两方面看，即：从邪方面看，寒（疫）为阴邪，易伤人体阳气，温（疫）为阳邪，易伤人体阴液，由于外邪的特性不同，损伤人体正气的结果也就不同，从正方面看，体质阳盛或阴虚的，感受外邪发病，易从热化而现或实或虚的热证，体质阴盛或阳虚的，感受外邪发病，易从寒化而现或实或虚的寒证。

只有明确了上述两个前提，才能更好地分析伤寒六经和温病三焦、卫气营血辨证论治的异同，使之冶于一炉，溶为一体。下面试就寒温统一问题提出一些初步的设想：

一、寒温表证并治

寒温疫邪入侵人体的主要途径与趋向及其表证病机的内在联系大致是：

由于太阳主皮肤，统卫气，主表，太阴肺开窍于鼻，外合皮毛，主气属卫，亦主表，它们中间的相互关系非常密切，所以伤寒邪从毛窍入侵太阳、卫分，也必及于上焦手太阴肺；温病邪从口鼻入侵上焦手太阴肺，也必及于卫分、太阳。可见寒温纵横看法是完全应该统一起来而不容分割的。因为无论寒温外邪或从毛窍或从口鼻而入，都是趋向于密切相关的太阳、卫分和上焦手太阴肺，都会出现发热恶寒脉浮而咳嗽或喘等症，都宜治以汗法。只是由于外邪的性质相反，一属寒邪犯表，治宜辛温解表，一属温邪犯表，治宜辛凉解表而已。而且它们向前发展，大都趋向于中焦阳明胃，即由太阳伤寒化热或上焦太阴温病热变而传入中焦成为阳明病；或趋向于上焦少阴心和厥阴心包络，即太阳伤寒因“表里传”而成为少阴的寒化证或太阴温病因“逆传”而成为“邪入心包”（心）的热化证。当然，具体地说，它们是同中有异，异中有同的。如：

从太阳伤寒表证看：

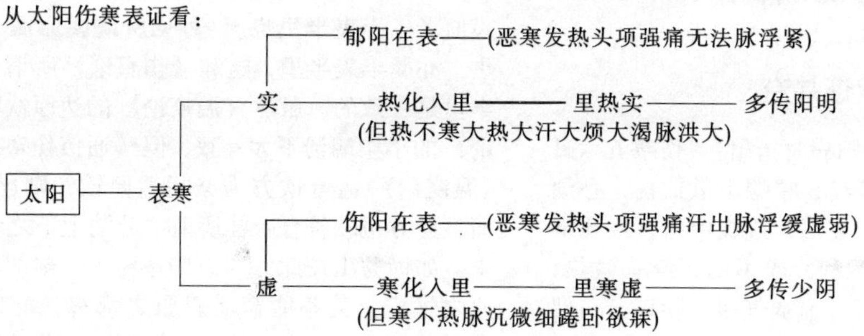

从太阴温病表证看：

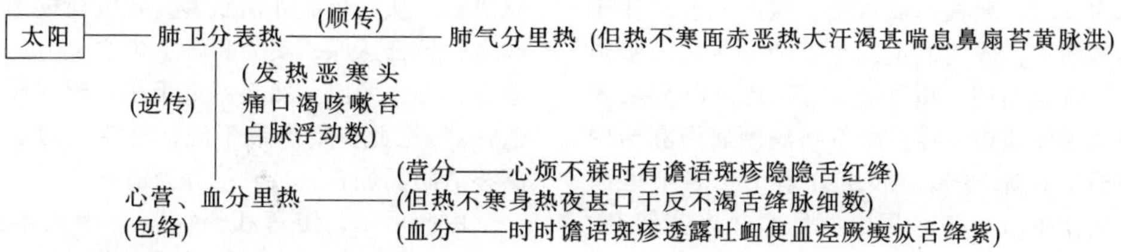

由此可见，外邪侵入人体，无论是太阳伤寒或太阴温病，初起都见表证，都宜治以汗法。但因寒温外邪作用于人体的病理反应不一，病位虽相同，病性却相反。太阳伤寒初起，即见表寒的恶寒发热头项背腰强痛无汗或汗出（不多不透，时出时收）咳嗽口不渴舌苔白润脉浮紧或浮缓虚弱等症，宜用麻黄汤或桂枝汤的辛温解表法；太阴温病初起，即见表热的发热恶寒头痛自汗口渴咳喘舌苔薄白微黄脉浮动数等症，宜用桑菊饮或银翘散的辛凉解表法。虽然太阳伤寒和太阴温病都有卫失开合的发热恶寒脉浮和肺失宣降的咳嗽气喘等症，但因太阳经脉从头下项挟脊抵腰而行身之背，故太阳伤寒往往头项背腰强痛显著，而这在太阴温病中则往往是不明显的。又因寒邪凝敛收引太阳经脉及其所统摄的卫气，故必恶寒甚而头身疼痛亦甚，而这在太阴温病中则往往是很轻微的。又因温为阳邪，即使是初期怫郁于肺卫分之表，其咳喘也常伴有明显的咽喉灼热干燥疼痛等感觉，而这在太阳伤寒咳喘中是不可能有的。又因温为阳邪，易伤津液，故太阴温病初起即见口渴；这同寒为阴邪，不伤津液，故太阳伤寒初起必不口渴者相比也是大不相同的。至于太阳伤寒和太阴温病的脉浮而或紧或缓或动数，《温病条辨》辨之甚明，如它指出，“太阴之为病，脉不缓不紧而动数”。并自为之注解说：“不缓，则非太阳中风矣。不紧，则非太阳伤寒矣。动数者，风火相扇之象，经谓之躁。”可见太阴温病的脉浮数具有躁动的特点。这同太阳伤寒脉浮紧或浮缓虚弱（即使也可出现浮数之脉，但必不躁动）者相比也是同中有异的。以上是就伤寒和温病表证的发生在辨证论治上的异同而言。这里还应见到的是，《伤寒论》在太阳篇中虽然明文提到“太阳病，发热而渴，不恶寒者，为温病”，但并未出方治。即在其它条文中也未见有适合卫分表热证的辛凉解表方（麻杏甘石汤只适宜于肺卫气分证，而不大适宜于肺卫分证），这固然是一个缺陷，但它根据人的体质有强弱不同，而在太阳病表寒证中分辨虚实进行论治，则是非常必要的。《温病条辨》在上焦篇中虽然对太阴肺卫分表热证创立了银翘散等辛凉解表方，足以弥补《伤寒论》太阳温病有证无方的缺陷；但它对卫分表热证不分虚实，只有表热实证，而无表热虚证，也是美中不足的。因为外感病的表证，由于人的体质强弱不同而有虚实之辨，并不局限于太阳伤寒，太阴温病也不例外。也正因此，后世医家对温病表热虚证治法不断加以补充，如《通俗伤寒论》滋阴发汗法的加减葳蕤汤和养血发汗法的七味葱白汤等，这又弥补了《温病条辨》的不足。再就其寒温表证的发展来说，虽然大不相同，但也异中有同。所谓大不相同是：太阳伤寒表证向前发展，实则热化入里而多见阳明病里热实证，治宜白虎汤清热救津或承气汤急下存阴，虚则寒化入里而多见少阴病里寒虚证，治宜四逆汤以急温之。太阴温病表证向前发展而由表入里，则较少见有寒化里证，而大都呈现热化里证，既有热变到气的白虎汤证，又有热灼营阴的清营汤证，还有热甚动血的犀角地黄汤证和热闭心神的安宫牛黄丸、紫雪丹、至宝丹证以及热动肝风的羚角钩藤汤证，这又大大地弥补了《伤寒论》在里热证治方面的缺陷。所谓异中有同的是：无论太阳伤寒热化入里或太阴温病热化入里，都可出现白虎汤和承气汤所主治的中焦阳明气分的里热实证。

二、寒温半表半里证并治

《伤寒论》在谈到少阳病时指出：“伤寒五六日中风，往来寒热，胸胁苦满，嘿嘿不欲饮食，心烦喜呕，或胸中烦而不呕，或渴，或腹中痛，或胁下痞硬，或心下悸，小便不利，或不渴，身有微热，或咳者，小柴胡汤主之。”“血弱气尽，腠理开，邪气因入，与正气相搏，结于胁下，正邪分争，往来寒热，休作有时，嘿嘿不欲饮食，藏府相连，其痛必下，邪高痛下，故使呕也，小柴胡汤主之。服柴胡汤已，渴者属阳明，以法治之。”其中以往来寒热、胁下痞满硬痛为主症，胁下痞满硬痛为邪结少阳经腑所致，往来寒热为邪正分争于半表半里而成。由于病在少阳半表半里，而且寒热虚实错杂，故论治只有和解一法。从小柴胡汤方药来看，其中以柴胡为和解少阳半表半里之邪的主药，并辅以半夏、生姜、黄芩调其寒热和人参、甘草、大枣补中益气，故能主治少阳病在半表半里的寒热虚实错杂之证。本方如减去柴胡、半夏、生姜、人参，加入白芍，即为黄芩汤，能清和少阳里热，适宜于少阳里热炽盛之证。少阳病在半表半里，只宜和解，本禁汗下，但如少阳病兼太阳表寒或阳明里热的，又可用柴胡桂枝汤的和解兼汗法或大柴胡汤的和解兼下法。

《温热论》在谈到少阳病时指出：“再论气病有不传血分而邪留三焦，亦如伤寒中少阳病也。彼则和解表里之半，此则分消上下之势，随证变法，如近时杏、朴、苓等类，或如温胆汤之走泄。”一般认为，温病湿热邪滞气分，既不外解，也不内传，往往留于三焦。三焦属少阳，主气机升降出入，并司通行水道。邪留三焦，气机阻滞，水道不利，以致温邪挟痰湿内停，故多见寒热起伏，胸满腹胀，溲短苔腻等症。本证与《伤寒论》的少阳病虽有类似之处，但其病机实不相同，彼为邪在半表半里，枢机不利，故治宜和解；此虽亦属少阳病，但病机属邪阻上、中、下三焦气机，所以治宜分消走泄之法。这里有必要结合吴又可所谓邪伏膜原的证治来理解，吴氏《温疫论》所论温疫属湿热之疫，它以邪伏膜原为其主要病机，多见往来寒热或寒战热炽，头身重痛，胸胁痞闷，腹胀，呕恶，口腻不渴，舌苔白厚粗如积粉，脉象濡数等症，治宜达原饮（草果、槟榔、厚朴、黄芩、知母、白芍、甘草）以疏利之。其疫邪伏于膜原之证，即湿遏热伏之象，故宜开达膜原之法以宣化湿浊为主且兼清其伏热。吴氏在温疫九传中指出：“邪气伏于膜原，膜原者，半表半里也。”可见所谓膜原属于少阳三焦，亦属半表半里，这和《伤寒论》所谓少阳半表半里是一致的。虽然《温疫论》的达原饮和《伤寒论》的小柴胡汤不大一致，但《通俗伤寒论》化裁《温疫论》达原饮方为柴胡达原饮，则比较接近。而且此方也较符合叶桂所谓“分消上下之势”的要求。如柯秀山按此方“以柴芩为主，柴胡能疏达膜原之气机，黄芩能苦泄膜原之郁火，配以桔梗开上，朴果疏中，青槟达下，以开达三焦气机，使膜原伏邪，从三焦而外达肌腠，并以荷梗透之；甘草和之，虽云达原，实为和解主焦之良方，较之吴氏原方，奏功尤捷。然必湿重于热，阻滞膜原，始为适宜。”据此，则热重于湿，阻滞三焦者，就当以蒿芩清胆汤加杏、朴、苓等为适宜了。

由此可见，伤寒和温病都有半表半里的少阳病，但它们的辨证论治则是互有异同的。

三、寒温里证并治

伤寒和温病的里证，既有由表传里而继发的，也有不经过表而自发于里的。这是因为伤寒有传经和直中之分，温病有新感和伏邪之别的缘故。

从伤寒主要里证看：

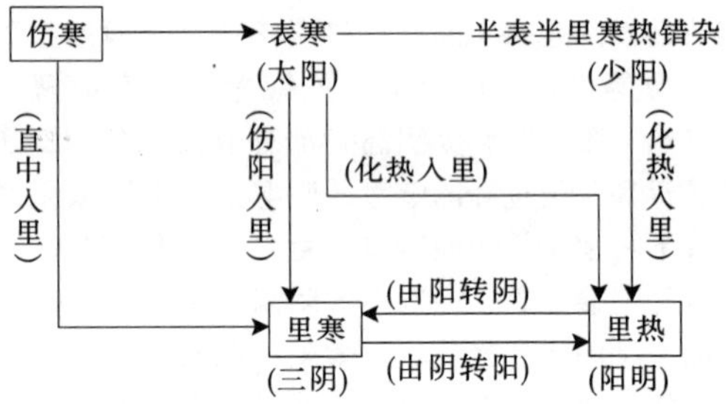

伤寒里证有寒热之分：

里寒以三阴虚寒证为主，如吐利不渴食不下腹满时痛的太阴里寒虚证，脉沉微细踡卧欲参汤寐小便清白的少阴里寒虚证，颠顶头痛或少腹痛引入阴筋的厥阴里寒虚证等。这些里寒虚证，既有由表传里而继发的，如太阳病而“数下之”，以致“利下不止，心下痞硬”的桂技人参汤（即理中汤加桂枝）证和“伤寒医下之，续得下利清谷不止”的四逆汤证以及“太阳病发汗，汗出不解，其人仍发热，心下悸，头眩身瞤动，振振欲擗地”的真武汤证等。也有不经过表而自发于里的，如太阴病“自利不渴”的四逆辈证，“少阴病，脉沉者，急温之”的四逆汤证和下利清谷，手足厥逆，脉微欲绝的通脉四逆汤证以及背恶寒，手足寒，脉沉微的附子汤证，厥阴病“手足厥寒，脉细欲绝”而“内有久寒”的当归四逆加吴茱萸生姜汤证和头痛干呕吐涎沫的吴茱萸汤证以及“蛔厥”的乌梅丸证等。此外，还有由阳转阴而成的，如阳明病“攻之必溏”，“攻之必胀满不能食”，“攻之利遂不止”等。

里热以阳明实热证为主，如阳明病大热大汗大烦大渴脉洪大的白虎汤证和潮热谵语腹胀满痛不大便脉滑实的承气汤证等。这些里热实证，既有由表传里而继发的，如太阳病，“大出后，大烦渴不解，脉洪大”的白虎加人参汤证“发汗后，……不恶寒但热者，实也、当和胃气”的调胃承气汤证以及少阳病“服柴胡汤已，渴者属阳明”病等。也有不经过表而自发于里的，如“正阳阳明”的“胃家实”所致的三急下证等。此外，还有由阴转阳而成的，如太阴病“至七八日大便硬者，为阳明病”和“少阴病，六七日，腹胀不大便”的大承气汤证等。

从温病主要里证看：

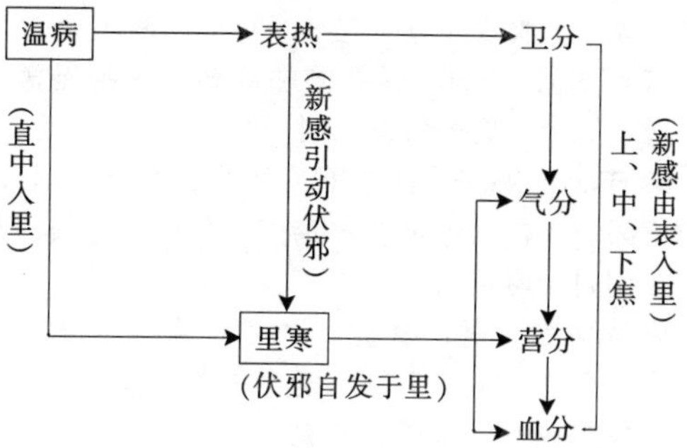

温病里热证有上，中，下焦的气、营、血分之别，并因其挟湿与否而有温热和湿热之辨，这里仅就温热里证举例说明，气分温热以大热大汗舌苔黄燥脉象洪大为主症，如其热壅于肺的，必有喘息鼻扇，如其热炽于胃的，必有面赤渴甚，都宜用白虎汤大清其肺或胃的气热以救津；如其热结于肠的，必有腹胀满痛不大便，并多见脉体反小而实，宜用大承气汤急下其肠中气热以存阴。营、血分温热一般以身热夜甚口干反不渴舌绛脉细数为主症，热在营分而见心烦不寐，时有谵语，斑疹隐隐、舌红绛的，宜用清营汤以清营透热转气；热入血分而见吐衄便血、斑疹透露、舌绛紫的，宜用犀角地黄汤以凉血散血；或热闭心神而见神昏谵语甚至舌蹇语涩的，宜用牛黄丸、紫雪丹、至宝丹以清官开窍，或热动肝风而见痉厥瘈疭的，宜用羚角勾藤汤以凉肝息风。这些气、营、血分热证，或因新感由表入里而继发于卫分表热证之后，或因新感引动伏邪而与卫分表热证同时出现，或因伏邪自发于里而起病即见。

由此可见，伤寒和温病在里证治法方面相同处是，伤寒主要以六经中的阳明、太阴、少阴、厥阴属里，温病亦以上、中，下焦的气、营、血分的阳明、太阴、少阴、厥阴属里，尤其在伤寒热化入里和温病热变入里都可出现白虎、承气证这方面是完全一致的。其不同处是，伤寒在里寒证治法方面虽比较详备，但在里热证治法方面则缺陷颇多，尤其是在清营、凉血、开窍、息风等方面。温病在里热证治法方面，不仅在清营、凉血、开窍、息风等方面大大弥补了伤寒的缺陷，即使就其与伤寒相同的白虎、承气证来说，也比伤寒更为详明。如对白虎汤和白虎加人参汤证怎样鉴别在《伤寒论》中是不太清楚的，但在《温病条辨》中则很明确。即：脉浮洪（浮大而充实有力）的，宜用白虎汤；脉浮芤（浮大而空虚无力）的，宜用白虎加人参汤。因为前者邪热虽盛，但元气未伤，故其脉洪大有力，而只需用白虎汤以清热生津，不必加人参以益气，后者邪热既盛元气又虚，故其脉芤大无力，必须在用白虎汤清热生津的同时加入人参以益气（甚至脉呈散大的，则其元气有虚脱之势，必须倍人参以大补元气，或用生脉散敛补津气以固脱）。又如《温病条辨》在《伤寒论》阳明病承气汤法的基础上，补充了增液汤、增液承气汤、宣白承气汤、牛黄承气汤、导赤承气汤、护胃承气汤、新加黄龙汤等法，从而使下法更臻完善。又因伤寒容易伤阳，治法重在救阳。故《伤寒论》中直接救阳之法甚多，如在里寒证中，用理中汤温补太阴之阳以祛寒和四逆汤温补少阴之阳以祛寒以及吴茱萸汤温补厥阴之阳以祛寒等。但伤寒化热入里，也能伤阴，而《伤寒论》中只有间接救阴之治，很少直接救阴之法，显然有其不足之处。温病容易伤阴，治法重在救阴。故《温病条辨》中直接救阴之法甚多，如用生脉散、沙参麦冬汤等以救上焦之阴，益胃汤、增液汤等以救中焦之阴，加减复脉汤、大小定风珠等以救下焦之阴等。但温热发泄太过，不仅能耗气，也能亡阳，而《温病条辨》虽有益气之治，很少扶阳之法，也显然有其不足之处。

综观上述伤寒六经和温病三焦、卫气营血辨证论治体系，分开来各有缺陷，合起来便成完璧。因此，二者是必须而且可以统一起来的。

［《江西中医药》1980；（4）：7］

《伤寒论》方究竟能治那些疾病

张志民　广州中医学院

《伤寒论》方究竟能治那些疾病，自古以来争论难决。其因素比较复杂，但主要有二：一，限于当时的社会制度，缺少从众多的临床实验病例以进行总结的条件，二，门户之见和人们的思想方法不够正确。

笔者从近代各医刊和名老中医医案，集中选录了近600个《伤寒论》方医案，经过分类归纳，这些《伤寒论》方医案所治愈的疾病大致可分为下列五大类：

（一）受寒得病。约40个医案，共用23个《伤寒论》方。所治病症例如：感冒（用桂枝汤）；阳虚感冒（用桂枝加附子汤）；夜行受寒（用麻黄汤）；房事后受寒，格阳，恶寒踡卧，烦渴鼻衄（用桂枝加附子汤加味）；经期受寒腹痛，行经则四肢麻木抽搐（用当归四逆汤）；妇人汗后冒风，阴缩（用当归四逆加吴茱萸生姜汤）；以及湿疮内攻而致水肿，受寒诱发宿疾等数十种病症。

通过阅读这40例受寒得病用23个《伤寒论》方施治的医案，体会到一般疾病多由受寒而发。其临床表现多种多样。例如房事后受寒，格阳，恶寒欲寐，烦渴鼻衄；妇人行经期受寒腹痛，行经则四肢麻木抽搐等等。这些病都适用《伤寒论》六病分证法进行诊治，其疗效都很显著。40案中，有不少病例都是先用其他方施治，经久不效，后改用《伤寒论》方，迅速获愈。

仲景从临床实践中，总结出六个很重要，很宝贵的治疗程序：一，先解表后治里；二，表病里虚者表里同治；三，里虚甚者，急先救里，后治其表；四，气血不足者，先扶阳，后发汗；五，久病见外感，先治外感，后治旧加减化裁：

麻黄9克　杏仁9克　薏仁15克　生甘草6克　防己9克　土茯苓12克　鱼腥草9克　葫芦壳9克五剂，每日一剂。

78年6月3日四诊：浮肿已不明显，自觉症状除一身稍感疼重外，余无不适。小便化验除红血球减少外，其余无明显进步。自觉小便无热感，色黄，苔白、舌正，脉寸浮，嘱原方再进五剂。

以后患者曾来诊三次，因病情逐渐好转，脉两寸仍浮，所以一直坚持用上方治疗，直至7月7日，共服14剂，诸症消失而停药。小便化验：旦白（±），白血球3～5，红血球○—3，上皮细胞1～4，血压140/80mmHg。

按：《金匮》云："咳而上气，此为肺胀。其人喘，目如脱状，脉浮大者，越婢加半夏汤主之。"说明越婢加半夏汤是治肺胀的方剂。今患者系风水重证，病初属外寒内饮，兼有里热，故用越婢加半夏汤化裁，浮肿迅速消退，里热证消失，一般情况明显好转，从这里可以看出，只要病因病机同属外寒里饮兼有里热，虽病表现有肺胀或风水的不同，但治疗方法是相同的，亦即异病可以同治。

案例：吴××、女、54岁，67年3月21日初诊。

素有哮喘，受寒即发，近因天气变化，自觉形寒怕冷，鼻流清涕，咳嗽痰稀，颜面浮肿，喉中水鸡声，口不渴无汗，小便化验：蛋白（+），红血球○—3，颗粒管型○—2，苔白舌淡，脉浮。证属外寒内饮，拟小青龙汤加减：

麻黄9克　细辛3克　干姜4.5克　五味子4.5克　法夏4.5克　白芍9克　桂枝4.5克　甘草4.5克　大腹皮9克　三剂，每日一剂。

67年3月24日二诊：咳喘好转，浮肿畏寒减轻，脉舌同上，原方再进三剂。

67年3月28日三诊：畏寒消失，浮肿不明显，咳喘继减，入夜喉中仍有水鸡声，苔白，舌淡，脉浮。改用射干麻黄汤：

麻黄9克　射干9克　法夏9克　细辛3克　五味子4.5克　生姜3片　紫苑9克　款冬花9克　大枣5枚（剥）　大腹皮9克

上方连服十二剂，喘咳除，无寒热，脉浮见平，小便化验除蛋白痕迹外，余无改变。

按：痰饮与水气同源异流，它们之间联系密切。《金匮》云："上气喘而躁者，属肺胀，欲作风水，发汗则愈。"指出了肺胀可发展为风水。本患者素有哮喘宿疾；此次发病不但有咳喘现象，而且还有颜面浮肿，是肺胀兼有风水之候，脉证合参，属外寒内饮，故先用解表化饮的小青龙汤加减，咳喘减而浮肿消，次用射干麻黄汤加减，诸症消失，化验检查也，基本正常。足见《金匮》有关肺胀转为风水之论信而可征，符合临床实际。

[《江西中医药》1980；(4)：70]

张仲景对煎药法的掌握和运用

王有奎　山西省太原市中医研究所

中医在治疗疾病的过程中，把煎药的方法作为提高疗效的重要环节之一，而加以重视。汉张仲景所著《伤寒论》与《金匮要略》两书（以下简称“两书”）在前人的基础上总结了多种煎药方法，以更好地发挥药物的作用。现分述如下，以供参考。

一、煎药方法

“两书”中所采取的煎药方法大体有以下几种：

1. 水煎服　以水煎中药，煮沸，使煎液为原水量的三分之一左右，去渣后温服。这是一般最常用的煎药方法。

在这里还有两种值得注意的情况。一是以微火煎药，如桂枝汤、桂枝加厚朴杏子汤等方即是全药以微火煎煮。一是以多量水加入药中进行久煎。如炙甘草汤“以清酒七升，水八升，先煎八味，取三升，去渣，内胶烊消尽，温服一升，日三服。前者因主药桂枝辛香，微火煎药而保存其辛香发散的作用，后者是因炙甘草汤为滋补的方剂，非久煎不能将药力煎出，只有通过久煎才能发挥其调补心脉的作用。这就提示我们对辛香解表的药物应微火少煎，对滋养补益的药物应久煎取效。不能对任何药都用一般的煎药方法。

2. 去渣再煎　这也是“两书”中常用的一种煎药方法。如柴胡汤类的大柴胡汤，小柴胡汤，柴胡桂枝汤，泻心汤类的半夏、生姜、甘草三泻心汤，百合汤类的百合地黄汤，滑石代赭汤，百合知母汤，百合鸡子黄汤以及旋覆代赭汤等都是采用这种煎法的。这是以水煎方中诸药，去渣后再进行煎煮的一种方法，也有将方中的药物分别煎煮，去渣后将药液混合再煎。如百合汤类就是采用这种煎法的。

从两书中应用去渣再煎的方剂来看，可以归为以下几个特点，一、为应用这种煎法的多是和剂。柴胡汤类是和解少阳，和解表里，泻心汤类是和胃，调和寒热；百合汤类是调和阴阳；旋覆代赭汤也是和胃之剂。二、为应用这种煎法的方剂都具有扶正祛邪，攻补兼施的作用。柴胡汤类是以人参与柴芩同用；泻心汤类是以人参与芩、连、干姜这种辛开苦降的药同用；百合汤类是以百合与滑石、知母等同用；旋覆代赭石汤是以人参与旋覆花、代赭石同用。都是以扶正与清热、散邪、泻痞药物同用。另外，去渣再煎可使药物煎的时间长，药液浓缩，药力和缓持久，起到调和的作用。如黄连汤、干姜黄芩黄连人参汤等治上热下寒的方剂。虽然和生姜、半夏、甘草三泻心汤一样，都是以芩连与干姜同用，但前者采取了一般水煎服的方法，干姜之热与芩连之寒温下清上，互不影响，以主治上热下寒之证。后者采取了去渣再煎的方法，干姜之热与芩连之寒相互削弱，而突出了辛（干姜）开，苦（芩、连）降、泻痞和胃的作用。药物虽同而产生的作用不同全在煎药法上的差别。

3. 分煎（渍）合服　这种方法是将方中的药物分别煎（成渍）成汤液，再将其汤液混合在一起温服。这种方法是在病人同时患有两种不同病理的证候，须在个方剂产生两种不同功能时应用。可使方中两类药所产生的两种功能同时起作用而互不影响。如附子泻心汤证，病人既患有实热痞症，表现为“心下痞”，又卫阳虚而“恶寒汗出”所以采取将芩、连、大黄“以麻沸汤二升渍之须臾，绞去渣，内附子汁，分温再服。”其他如治寒疝兼有表证的乌头桂枝汤等也是这种制法。

4. 渍药绞汁　这种方法是以麻沸汤或酒将药浸泡一定的时间，绞取其汁服用。因未经煎煮它的清热散结的作用就强，适用于邪热郁结的证候。如大黄黄连泻心汤，即以麻沸汤渍大黄，黄连后绞去渣，分温再服。

5. 煎煮丸药　这种方法是以水煮丸药，连渣服用。这样可使猛烈的药物产生缓和而持久的作用。如大陷胸丸，抵当丸等都是采取了这种煎法的。尤在泾在论大陷胸丸时说，“按汤者荡也。荡涤邪秽欲使其净尽也。丸者，缓也。和理脏腑，不欲其速下也。大陷胸丸以荡涤之体为和缓之用，盖以其邪结在胸而至如柔痉状，则非峻药不能逐之，而又不可以急剂一下而尽。故变证为丸，煮而并渣服之，乃峻药缓用之法，峻则能任破坚荡实之任，缓则能尽除上迄下之邪也。”

二、药物的先煎后下

1. 先煎药。在“两书”中先煎药可归纳为以下几种情况：

（1）对必需久煎才能将药力煎出的药物或方中主药，药量独重的药物都需先煎。如酸枣仁汤中的主药酸枣仁，重用至二升，方中其它药为一、二两；苓桂甘枣汤中的茯苓，重用至半斤，其它药最多者为四两，所以这两方中的酸枣仁，茯苓均先煎。

（2）药物通过先煎多煮可使其作用缓和持久。如茵陈蒿汤中的茵陈，先煎可使茵陈清湿热，除黄疸的作用留恋不去，使湿热黄疸尽去不遗。甘草粉蜜汤中的甘草先煎增加了缓急的作用。

（3）通过先煎以消除药物的副作用。如麻黄汤中的麻黄先煎去沫，可消除麻黄服后使人心烦的副作用。

2. 后入药。在“两书”中后入药可归纳为以下几种情况：

（1）有的药药力容易煎出或溶解，多煮反会影响疗效。如芒硝、戎盐，不但药力容易煎出，而且后入少煎还可以保存其咸性以发挥咸寒软坚与下达通便的作用。所以两书中凡用到芒硝，戎盐的方剂，多采取后入的方法。又如一些具有轻清宣扬作用的药物，煎久也会影响药物的这种作用，所以必须后入，如栀子豉汤中的豆豉就是后入的。其它如阿胶、胶饴，在“两书”的方中都是微火使其溶于汤中即可，煎久反而会贴在锅底，影响疗效。通脉四逆加猪胆汁汤及白通加猪胆汁汤中的猪胆汁，人尿是待方中其他药煎好后混入汤液中，以保存其清热的作用。

（2）后入少煎可使某些药物的作用增强，加快。如大承气汤中的大黄都是后入，增强了大黄攻泻燥屎的作用，而且使之很快发挥药力以达到急下存阴的目的。又如桃花汤中的赤石脂后入即可很快产生固涩的作用以治疗滑泻无度。某方某药用那种煎法是根据病情需要和药物、方剂的作用而决定，不是固定不变的。如大承气汤是急下存阴的方剂，所以大黄后入。调胃承气汤是以泻实热为主，故大黄与方中其它药同时煎煮。

三、煎药的溶媒

“两书”中的处方汤剂，并不是都是用水作溶媒的，根据具体情况的需要，还采用了以下几种溶媒。

1. 酒　用酒煎药或渍泡药物，可起到活气血，通经络的作用，以主治气滞血瘀的患者，借酒疏通畅达的功能，引诸药行于周身的经络血脉，以消除体内的瘀滞。如“两书”中的下瘀血汤，红兰花酒方均是以酒煎药顿服；胶艾汤是以水五升，清酒三升合煮服三升。防己地黄汤是以酒浸泡防己、防风、桂枝、甘草一宿，绞取其汁，与地黄汁混合后服用。

2. 苦酒　即是醋，味酸有收敛和去瘀的作用，而且可引导诸药入厥阴肝经。如主治黄汗的黄芪芍药桂枝苦酒汤即是以“苦酒一升，水七升，相合煮取三升”，是取苦酒收敛止汗的作用；乌梅丸是以苦酒渍乌梅一宿去核是取其将药力引入厥阴肝经的作用。

3. 蜜　蜜能润燥，可解燥热之毒，并能缓其药性，使药力和缓持久。如乌头汤，乌头桂枝汤，乌头煎，大半夏汤等方均是以蜜煎药。但煎法还不尽相同。如乌头汤是以川乌五枚，㕮咀，以蜜二升，煎取一升即出乌头，其余四味则㕮咀，以水三升，煮取一升，去渣，内蜜煎中，更煎之。乌头煎的煎法是乌头大者五枚，以水三升，煮取一升，去渣，内蜜二升，煎令水气尽，取二升。大半夏汤则是“右三味（半夏、人参、白蜜）以水斗二升，和蜜扬之，二百四十遍，点药取二升半。”对于用蜜煎药的意义如魏念庭论大半夏汤时所说：“白蜜和中润燥，服法久煮白蜜，去其寒而用其润，俾粘腻之性流连于胃底，不速下行，而半夏人参之力，可以徐徐斡旋于中，其意固微矣战”。又如赵以德论乌头汤时所说：“……蜜煎以缓其性，使之留连筋骨以利其屈伸，且蜜之润，又可益血养筋，并制乌头燥热之毒性”。

4. 浆水　即洗米的水。其作用如尤在泾所说：“甘酸调汁引气，止呕吐”。程云来说浆水可“调理脏腑”。所以半夏干姜散是以浆水煎药顿服。蜀漆散，赤小豆当归散均是以浆水送服。（另外，矾石汤是以矾石用浆水煎煮，取药液浸脚。）

5. 泉水、井花水（井花水是在清晨先汲的井泉水）　主要是取其清凉洁净的意思。如《金匮要略》中“除热癫痫”的风引汤即是以井花水煮药的。而百合地黄汤、百合知母汤、滑石代赭汤等即是以泉水煎药的。

从以上所述可见，古人在煎药方法方面给我们创造了很多种方法，为我们临床提高疗效和研究中药的制剂提供了宝贵的经验，值得我们学习和发扬。

［《新中医》1980；（4）：52］

谈谈《伤寒论》的辨证方法

李克绍

“辨证”是学习《伤寒论》的主要目的，但怎样辨证，还有一些方法问题很值得研究，根据个人体会，可以归纳为以下诸法。

一、依据症候群

病理现象，必反应在脉象和一系列的症状上，这就构成了某一方证的症候群。依据不同的症侯群来确定其六经之所属，并选方用药，这是最基本的辨证方法。

譬如：发热，汗出，恶风，脉浮弱，这是邪气在表，病属太阳，是桂枝汤证；大热，大汗，大渴，脉洪大，这是热在里，蒸于体表，表里俱热，病属阳明，是白虎加人参汤证；往来寒热，胸胁苦满，嘿嘿不欲饮食，心烦喜呕，这是热在半表半里，病属少阳，是小柴胡汤证。此皆属症侯群，也称其为某某汤证。然而象这样的症侯群，每是一目了然，实际无需去辨，而真正需要辨的，是在不成其为症侯群时才有意义。《伤寒论》正是在这方面提示了许多方法，而这些方法，皆是通过现象看本质。

二、排除可能出现该症状的其他疾病

此法亦称筛选法，论中颇不少见。如54条仅是“时发热自汗出”，根本构不成桂枝汤的症候群，却根据什么说：“宜桂枝汤”呢，关键是“脏无他病”。即患者饮食二便正常，不呕，不渴，排除了内脏疾患，因而这样的发热汗出，则属表不和而宜桂枝汤无疑了。又如61条的“昼日烦躁不得眠”，是由于不呕不渴无表证”，排除了三阳病，才决定用干姜附子汤的。

排除其他疾病，只是排除可引起该症状或与之相似、因而易造成诊断困难的另一些病证，也即排除“疑是”，因此也就没有必要把不值得怀疑的症状也一溉列出。

三、掌握主脉、主证

脱离了症候群，并不等于说提出了主脉主证。在症侯群中，最能说明问题，最能反映疾病本质的，就是主脉主证。只要掌握了主脉主证，即使是在构不成症候的情况下，辨证同样有方向，用药同样有目的。如42条“太阳病，外证未解，脉浮弱者，当以汗解，宜桂枝汤。”这里只提“外证未解”，并不强调有汗，其所以宜桂枝汤；就是抓住了“脉浮弱”这个主脉。再如白虎加人参汤证，169条是“无大热”，168条还兼“时时恶风”，之所以用白虎加人参汤，就是因为抓住了阳明热炽津伤所出现的“口燥汤”、“大渴……欲饮水数升”这样的主证。主证有了，就不要求身大热、大汗出、脉洪大诸证悉具。论中对小柴胡汤的应用提到“但见一证便是，不必悉具”，所谓“一证”，当是小柴胡汤的主证，“不必悉具”，就是不需要小柴胡汤的症候群。323条“少阴病，脉沉者，急温之，宜四逆汤。”也没有描述四逆汤的症候群，其所以要用四逆汤，就是因为已经出现了少阴病的主脉——沉；其“急温”之意，则在于趁四逆汤的症候群出现之前早作预防。由此可见，掌握主脉主证，对辨证用方之重要。

四、辨脉辨证要对比鉴别、细致入微

《伤寒论》中有些脉和证，从字面上看好象一样，但若结合临床分析，却是同中有异。如太阳中风证，39条的大青龙汤证、278条的伤寒系在太阴，都是浮缓脉，至于脉神脉势，则必各有特点。太阳中风证的浮缓脉，是阳浮而阴弱，缓与紧相对，其脉按之不紧而松弛宽缓；大青龙汤，证之浮缓脉，是外邪郁滞肤表，荣卫滞涩不利，其脉迟涩艰缓有力；伤寒系在太阴之浮缓脉，是脾不健运，外邪挟有里湿，其脉于浮中兼有往来纡缓之象。只有这样对比鉴别、细致分析，才能找出同中之异，做到脉与证合，药与病对。

辨证也是这样，如烦躁一证，在大青龙、大陷胸、大承气等汤证中见之，都属实证，其烦躁必声壮气粗，坐卧不安。在干姜附子、人参四逆汤证中见之，则属虚寒，其烦躁多是声低息微、躁扰不宁。309条的吴茱萸汤证“烦躁欲死”，不仅提示烦躁是本条的主证，而且也表示患者极难忍受，属于虚中有实。至于阴阳离决的烦躁，则多见重病面容，且只有烦躁的表情，而无呼叫的能力，其重者甚至是垂死前的表现，如296条即是。如此虚实寒热诸证皆可见烦躁，除有其他脉证可资鉴别外，其烦躁的表现也各有不同。症状同中有异，不仅为辨证分析指示了方向，也为选方用药捉供了依据。如以口渴为例：舌赤苔少，随饮随消者，是肝阴不足，木火炽盛，当用乌梅，乌梅丸为代表方；舌上白苔，口中发粘，是津少液结，当以花粉为主，小柴胡汤证兼见之渴就是这样；少阴病自利而渴，是肾阳大虚，不能蒸腾津液，必舌淡、脉微、喜热饮，饮亦不多，自当使用附子；五苓散证之渴，是水饮停蓄，脾不输津，必舌体胖大，饮不解渴，故治以白术、茯苓为主药；柴胡桂枝干姜汤证之渴，则是痰浊已结，故干姜与牡蛎同用，以化痰行津。脉证同中有异，这是临床的普遍现象，应通过多方面的仔细观察与分析，找出其同中之异，才能做到有的放矢。否则只知见痛止痛，见痒止痒，不加分析，就永远学不好中医。

五、从治疗经过找问题

详问病史，包括治疗经过，也是临床必须注意的问题，而且有时起着决定诊断的作用。如桂枝加大黄汤证，除腹部是弥漫性疼痛拒按，可与燥屎在肠道之腹皮可以揉捏提按以资鉴别外，还有一个重要的鉴别点是：本证在泻下之前，并无腹痛，只是在“医反下之”后，才出现了腹痛，则自然排除了阳明病，故“属太阳”无疑。其他如104条的日晡潮热，反见下利，“知医以丸药下之”；105条的阳明有热、谵语，而反下利；“知医以丸药下之”；

284 条的少阴病反见谵语，“被火气劫故也” 等等，症状出现了矛盾，这除了从治疗经过找原因外，其病理便无法解释。因此，论中诸如“发汗后”、“若吐若下后”、“下之后复发汗”、“已发汗而复下之”等等，都不应看作是可有可无的赘辞，而应当作探讨病理，分析症状的依据。可见详问治疗经过，对于辨证来说，也是至关重要的。

六、发病时间的特异性

人体阴阳的盛衰、出入，与时间有密切的关系，因此在疾病中也必有反映。《灵枢·顺气一日分为四时篇》就提到“旦慧、昼安、夕加、夜甚”等。论中“胃虚不胜谷气”而见“日暮微烦”，“外欲解可攻里”时所见日晡潮热，也反映了发病与时间的关系。尤其值得提出的是，61 条的“昼日烦躁不得眠，夜而安静”和 145 条的“昼日明了，暮则诂语如见鬼状”，这些明显的昼夜之分，证明了卫气昼行于阳，夜行于阴的科学性，也对辨别疾病属气属血起着关键性作用。61 条下后复汗而见“身无大热”，是言尚有低热，以示微邪尚在。“脉沉微”则示里阳已虚。昼日已虚之阳，得天阳之助，出与邪争而不能胜，故烦躁不得眠，至夜卫行于阴，不与邪争，故夜而安静。145 条热入血室的暮则诂语，是血室中血分有热。血属阴，血室属里，夜间卫气行于阴，扰于血分而诂语，昼日卫气行于阳，血室之热稍减，神志也就清爽了。又如 30 条、332 条根据夜半是阳气萌动之时的特点，推测疾病当“夜半阳气还”或“期之旦日夜半愈”，都说明时间对诊断的重要意义。

七、以药试病

有目的的以药试病，是诊断方法之一，不应与庸医乱用药混为一谈。论中除在诊断是否属“除中”证时有“食以素饼”之法外，以方药试病也是有的。如 209 条在缓下还是峻攻之间，尚需斟酌时，“少与小承气汤”以试探，即属此法。既往不适当的治疗，有时也能起到帮助诊断的作用，也可看作是以药试病。如 28 条“服桂枝汤”后仍翕翕发热，就排除了表证；“下之”后仍心下满微痛，就排除了胃家实满证，结合小便不利，就容易作出水饮结于心下的诊断。故对论中提到的治疗经过，亦当注意研索。

八、参考佐证

确立诊断，除主证外有时还应参考其他佐证。如在数日不大便时，欲知大便硬与不硬，有时还当观察小便情况。即小便数者，大便当硬；小便不利者，必大便初硬后溏；小便次数渐减，大便必不久自出。在不大便兼潮热的情况下，见“手足濈然而汗出者，此大便已硬也。”这些都是有力的正面佐证。反面的如“今头汗出，故知非少阴生”，“太阳病，身黄，脉沉结，少腹硬，小便不利者，为无血也”，同样有确立诊断的作用。

结束语与补充说明

上述辨证诸法，临床应据情灵活运用，其中最简单省力的是辨症侯群；但即使是症侯群，其中也有主次之分，不分主次，就成了教条。如 16 条脉浮紧、发热、汗不出，若作为症侯群来说，这是麻黄汤证，但若作为桂枝汤的禁忌来说，“脉浮紧”则是主要的，即只有在脉浮紧的情况下，其发热无汗才是桂枝汤的禁忌证，而不是在任何情况下的发热无汗都禁用桂枝汤。又如 170 条，“伤寒脉浮，发热无汗，其表不解者，不可与白虎汤。”有人据此认为用白虎汤必须具备四大，其实本条的关键在于“脉浮”，只有在脉浮而尚未洪大时，其发热无汗才属于表未解而不可与白虎汤。如脉不浮而沉滑，邪热结聚于里，既可能无大热，甚至还可见手足厥冷，350 条“伤寒脉滑而厥者，里有热，白虎汤主之”就是如此。

由此可见，从症候群中跳出来，去掌握关键性的脉证，这正是《伤寒论》的辨证精神。但应当看到，以症侯群来分型，开作为唯一的辨证方法的唯症侯群思想，至今仍占领着中医各科的部分阵地，严重地束缚着学者独立思考的能力，使他们离开症侯群就无法辨证，这是值得注意的。

[《北京中医学院学报》1983；(4)：10]

《伤寒论》发热面面观

刘方柏

发热一症，在《伤寒论》中有 116 条（尚不包括省文），约占条文的三分之一，分布在除少阴病篇以外的各篇中，可谓伤寒之一大主症。有必要从不同的侧面对它进行深入探讨，充分揭示其理论和临床意义，从而推动仲景学说研究工作。

一、发热的提法

《伤寒论》的发热，包括病人自觉发热或医者扪之有异常热感。仲景描记这一症状采用的提法达 53 种。表发热时间的有：日晡所发潮热，时有微热、时发热，身热不去，潮热，续得寒热，更发热等；表发热程度的有：发热、热甚、小有潮热，有潮热、面色有热色，身微热、身火热、有热、身灼热、微热等；表发热状态的有：烦热、蒸蒸发热、灼热、往来寒热、翕翕发热、恶热、其热续在、热势不罢、形似疟等；表发热部位的有：足下热，其外有热；表里俱热，一身手足尽热、里寒外热、表寒里热等；表鉴别意义或特殊情况的发热有：反发热、反恶热、却复发热等；表发热与病机关系的有：必发热、热深者厥亦深、热微者厥亦微、暴热来出等；与寒（厥）对举的有：发热恶寒、先厥后发热、厥少热多、先热后厥、不恶寒反恶热等。以上仅择要举之。从这些丰富的内容和生动的描述中，可以看到用体温表所反映不出的多种热型和低热、中热、高热、超高热的不同热势，同时还可使我们获得规律性的认识。

研究这些不同的提法，可以从乍看相同的发热中，区别它们所代表的不同病机。如“往来寒热”问“形似疟”，前者寒热无休作之常，为太阳表邪未尽；后者休作有时，为少阳常见之征。“热势不罢”同“热续在”，前者言热势未减，系阳复太过；后者为热势减而尚未全体，乃阳气来复。又如“翕翕发热”和“蒸蒸发热”，前者热势轻，病在表；后者热势重，病在里。可见从发热的提法上，反映了仲景对它的高度重视和科学构思。

二、发热与六经

《伤寒论》六经，除太阴经未明确提到发热外，其余五经均有发热。而太阳一经对发热的提法达26种，涉及54个条文。其中“发热”一词出现28次。“发热者”，热势一般之谓也。“发热恶寒”一词出现5次，“无大热”出现5次，还多次使用了“微热”、“有热”等提法。可见太阳病的发热一般不算太甚，而以“恶寒发热”为代表。“恶寒发热”者，寒时亦热，热时亦寒之谓也。它反映了寒束肌表，卫阳闭郁，营阴郁滞的病机，也反映了“太阳之上，寒气治之”的病理特点。当然，太阳篇也有“灼热”、“热甚”、“表里俱热”等热势甚的提法，而那是同鉴别、救逆、并病等条文同时出现的，本质上已不属太阳病。

阳明篇对发热有18种提法，涉及31条。若将对潮热的各种描绘性提法加在一起，占10条，可见潮热是阳明病的多见热型。“潮热”者，似潮水之定时而至。阳明证于申酉，此时正气与邪气相争，故发潮热，反映了胃肠燥热实的病机。它同“蒸蒸发热”（热气蒸腾，从内达外），“恶热”（发热而怕热）一起，构成了阳明病以热自内发，热势甚为特点的热型，反映了“阳明之上，燥气治之”的病理特点。《金鉴》云：“阳明病有外症内症。潮热、自汗、不大便，内症也；身热自汗出，不恶寒反恶热，外症也。”内症说明里热与燥屎相结，腑气不通；外症说明燥热亢盛于内，充斥于外。无论哪种情况，热型都是第一诊断依据。

少阳病发热条文有三，除“无大热”系鉴别条文外，“往来寒热”为其代表热型。“往来寒热”，指寒已同热作，热已而寒起，定时或不定时发作的情况，反映着邪气虽不太盛，正气却也不强，邪气既不能遽入于里，正气也不能祛邪出表，正邪交争于半表半里的病现状态。

少阴发热共出四条，只三种提法：（1）“一身手足尽热”（293条，注一），为寒邪化热，脏邪转腑；（2）“反发热"，“反”者，异乎寻常也，强调它的特殊意义，包括292条（阳气来复），301条（太少两感）；（3）“里寒外热”，为阴盛格阳。可见少阴发热，或为假象，或为兼证，或为病理属性的改变。三种提法，代表着四种病机，反映着病情好转或危殆的不同情况。

厥阴对发热的提法有13种，涉及19条。病至厥阴，正气衰竭，气血紊乱，阴阳失调，寒热错杂，故基本（也是独有）热型为寒热胜复，表现为厥冷与发热交替出现。盖阴寒胜则厥，然阴极生阳，当阳气来复，正气胜邪，阳气外张，则必发热；如正气内怯，阳气衰退，又复转厥。它反映了正邪交争，阴阳消长，因极而变的特点。篇中又以“热势不罢”（332），“热不除"（341）反映阳复太过，以“热续在”说明阳气来复。有一点值得提出，“发热”一词，篇中凡出现八次，其中四条与下利，厥逆并提，为阴盛阳脱之死候，与太阳等经“发热"之含义是不相同的。

此外，在霍乱和阴阳易差后篇中，其出发热五条，计四种提法。其中394条“更发热”是病后余热不除的一个热型。

由于伤寒一经不仅主一病，一病不独主一经，例如同是太阳，有伤寒、中风、温病、蓄水、蓄血及各种变症之异；同一头痛，有在太阳、阳明、少阳和厥阴之殊，故每经各有多种热型，同一热型又可见于多经。同时，疾病除普遍规律外，还存在着特殊情况，并受正气盛衰、邪势强弱。治疗当否和有无并发症等诸多因素的影响，再加上禀赋与个体差异，这就使临床的发热表现得各式各样。仲景为了具体地反映这些复杂情况，使用了数十种提法；为了教人得其要领，各经又总以一定形式示人以发热的特点，使有规可循，有法可依。虽然如此，发热的范围还不止于这些，它存在于大量的省文条文中。各经特有的热型，有的又以变异提法出现，如少阳篇265条只提“发热”，然脉证合参后，显系往来寒热，这些都是应当注意的。

三、发热与八纲

深入探究仲景之书，可发现发热乃形成八纲之重要条件。如“病有发热恶寒者，发于阳也，无热恶寒者，发于阴也……”这里将有无发热，作为辨外感病阴阳两大类之总纲。又以“病人身大热，反欲得近衣者，热在皮肤，寒在骨髓也，身大寒反不欲近衣者，寒在皮肤，热在骨髓也”作为辨寒热真假之依据。这里仅用了病人的外在情况——“身大热”、“身大寒”，联系其对衣（热）的喜恶，即可对八纲中寒热两纲作出判定。同时用“恶寒发热、“翕翕发热”以表病之在表；用“蒸蒸发热”，“恶热”以表病之在里；用“潮热”、“表里俱热”以表邪气之实，用“反发热”、“里寒外热”以表正气之虚，从而为八纲的形成提供了依据。并以整体恒动观，不断地用发热的纵横联系，具体地反映着疾病的阴阳表里寒热虚实情况。如从麻黄汤的“发热恶寒”，到麻杏石甘汤的“无大热”（“大”，即大表之大，非大小之大，故“无大热”者，谓无表证也，注二）到白虎汤“表里俱热”的变化过程，可勾出一副从表到里，由寒变热的关系图；从“潮热”之用承气，到“反发热”之用灸少阴，到“里寒外热”之用通脉四逆，到“发热而厥，七日下利，为难治”的变化过程，可勾出一副由实变虚，由热变寒的关系图，同时还可从厥阴之“呕而发热”的脏邪还腑，“下利有微热而渴”的阳气来复，及“少阴病八九日，一身手足尽热”的寒邪化热等，看到疾病在表面背后的真正属性。可见尽管病有在各经的不同，主症也不止一个，然仅根据不同的热型，就可反映出表里寒热虚实的不同变化，相反，同一热型，在不同情况下，又往往反映着不同的八纲属性，如，“往来寒热”，有半表半里之小柴胡证，有偏里之大柴胡证等。可见发热灵敏地反映着阴阳量的差别和阴阳失调的情况，而这种失调，正是形成各种证候的根本原因。故可以说离开了对发热的深入分析，八纲辨证是难以确立的。发热是形成八纲的基本条件，同时也是八纲中最直观，最易掌握的概念。

四、发热与诊治

《伤寒论》中的发热，不仅同其他伴见症一起，可对多种疾病作出诊断，同时也是鉴别诊断的主要依据。如“少阴病，始得之，反发热，脉沉者，麻黄细辛附子汤主之。”这里仅因出现“反发热”一症，即改变了疾病性质。又如“发汗后恶寒者，虚故也；不恶寒但热者，实也……”这里“不恶寒但热”被作为判断病转阳明否的唯一依据。

发热在病机和诊断上的地位，决定了它在治疗上的意义。发热同其他伴见症一起，作为遣方用药根据者，计67条，其治法包括了正治、反治、针灸等多种。它的重要意义若被忽视，就会导致误治。如“脉浮热甚，而反灸之，此为实，实以虚治，因火而动，必咽燥吐血””仲景将“热甚”作为病性属实的典型症状，可见它在辨证论治中的重要意义。

发热又是判断自愈，证候转化、变逆或死亡的一个重要依据。全书用发热同伴见症结合，以判断预后者，共21条。

此外，《伤寒论》提及服白散后出现“身热”，是对药物造成发热现象的最早记载。

五、发热的利弊

如果我们将太阳病的“发热恶寒”，阳明病的“潮热”，少阳病的“往来寒热”联系起来看，则可看出，它们都是正气抗邪的一种表现，故《素问·热论》云：“热虽甚不死。”

如果我们把“少阴病，吐利，手足不逆冷，反发热者，不死”和厥阴病的“伤寒发热四日，厥反三日，复热四日，厥少热多，其病自愈”联系起来看，可以知道病入三阴见到发热，原因之一是阳气存在或阳复胜阴，乃疾病向愈的希望。相反，若少阴病“恶寒身蜷利，手足逆冷者，不治”，“少阴病，四逆恶寒而身蜷，脉不至，不烦而躁者，死”。可见厥而无热，就是正气消亡。也许有人要问：厥阴病的344，345条，均明言“伤寒发热……死”，难道此等发热亦表示正气存在吗？答曰：此两条属虚阳外越，阳气将绝，同前面所举少阴两条纯阴无阳本质相同，故均曰“死”。然必将其最后一分阳气耗尽，方会毙命，观临终者体温急剧下降可知，故即使如此地步的发热，亦代表着正气抗邪的最后努力。综观之，寒乃邪气干正，热乃正气抗邪；寒之轻重，表现着邪之微盛，而热之有否，代表着正之存亡。

伤寒发热条文如此之多，发热涉及而如此之广，而直接用白虎等清热剂者，寥寥数条而已，这除了说明伤寒的感邪性质和仲景之重视病因治疗外，也在一定程度上说明了仲景并非认为发热对人体一概都是不利的。故其治疗着眼点，总是令阴阳自和，而将发热情况作为实施这个治疗总则的重要依据。

拙意并非认为发热是有益的，只不过将这一重要主症具有的积极意义——抗邪力盛，阳气来复和正气作抗邪的最后努力的一面加以强调，从而帮助认识仲景的疾病观而已。不言而喻，热势过高，发热过久，不仅可伤津耗液，甚至会引动肝风，逼乱神明；也可壮火食气，使阳气在发热过程中受到损伤，从而导致气阴两伤，乃至阴竭阳脱，阴阳离决之严重后果。故《伤寒论》在治疗上，除病在阳明用白虎外，病在太阳之表和厥阴之里，亦均用白虎。对服桂枝汤反烦（实即热）不解者，还采用了先刺风池、风府，以泄风退热。可见必要时对发热还是采取了果断措施的。同时对发热可能造成伤津耗液的问题，在治疗时亦充分予以注意，如桂枝只取微汗，承气得下即止，以及白虎之用粳米等。总之，既不是一见发热就退热，亦不是对发热不加处置，这一治疗原则，反映了仲景对发热的认识。

结　语

本文通过不同侧面，探讨了仲景对发热的深刻认识。从而认为发热是六经证候规律的反映，八纲形成的重要条件，辨证论治的重要依据和正气抗邪的表现形式。

注：

1. 条文编号按重庆中医学会辑宋本《伤寒论》2. 中西惟忠《伤寒之研究·热五道》

［《河南中医》1986；（11）：1］

张仲景运用虫类药的经验探讨

吕志连

我国第一部药物学专著《神农本草经》中记载的365种药物中，动物药有67种，占总数的18.4%；而虫类药28种，占动物药的41.8%。可见虫类药在当时已作为重要的中药材运用于临床。今就东汉张仲景的《伤寒论》、《金匮要略》中有关运用虫类药的经验，作一初步探讨。

适用范围

虫类药物在《本经》中，多数集中于"下品"类，其功用为"破积聚愈疾"。然《伤寒论》以论热性病为主，在113方中，仅抵当汤和抵当丸二方用到了水蛭、虻虫二味；而《金匮要略》以论杂病为主，在262方中，有鳖甲煎丸、大黄䗪虫丸、蜘蛛散，下瘀血汤、土瓜根散和抵当汤六方，用到了水蛭，虻虫、䗪虫、蜂窠、蜣螂、鼠妇、蛴螬、蜘蛛八味。虽则仲景选用虫类药不多，然基本已赅括这些虫类药的各种不同功效和在临床运用的适应范围以准绳于后世。

一、蓄血证

《伤寒论》论及蓄血症以抵当汤治之的条文有："太阳病，六七日，表证仍在，脉微而沉，反不结胸，其人发狂者，以热在下焦，少腹当鞕满，小便自利者，下血乃愈。所以然者，以太阳随经，瘀热在里故也"（第124条，根据赵开美氏的复刻水）、"太阳病，身黄，脉沉结，少腹鞕，小便不利者，为无血也；小便自利，其人如狂者，血证谛也"（126条）、"阳明证，其人喜忘者，必有蓄血。所以然者，本有久瘀血，故令喜忘，屎虽鞕，大便反易，其色必黑者"（237条）三条。其辨证要点，系少腹鞕满、小便自利、如狂发狂、其人喜忘、屎鞕而易解，其色必黑。究其机理，不管是太阳蓄血和阳明蓄血，不外乎邪热与血相结，遵"治病必求于本"，当以行瘀逐血为法，然已非桃仁承气汤所能胜任。仲景制抵当汤，除桃仁、大黄外，更有水蛭、虻虫，盖非此不能以直入血络，行瘀破结，正如后人王晋三曰："蓄血者，死阴之属，真气运行而不入者也，故草木不能独治其邪，必以灵活嗜血之虫为之向导，飞者走阳络，潜者走阴络，引领桃仁攻血，大黄下热，破无情之血结，诚为至当不易之方，毋惧乎药之险也"。王氏言简意赅，字字中的，明仲圣立方之意而畅其未尽之语。

水蛭据《本经》记载："味咸平，主逐恶血瘀血月闭，破血瘕积聚"，虻虫为"味苦微寒，主逐瘀血，破下血积坚痞癥瘕"，仲景每每兼而用之，相得益彰。《金匮》中亦提出抵当汤治因瘀血或癥瘕引起的"妇人经水不利下"，其逐瘀通经，实赖水蛭，虻虫之力。

抵当丸，细观其方药，虽与抵当汤相同，但水蛭，虻虫的用量为抵当汤的三分之二，并改汤为丸，"丸者缓也"，俾药物吸收缓慢，故其下血破瘀的作用，也较抵当汤和缓，为治蓄血证"少腹满"而未至于"鞕"者。

二、疟母

系痰挟血食而结之癥瘕，治宜破血散结，仲景以鳖甲煎丸主之。全方二十三味，虫类药占四味，其中䗪虫、鼠妇破血消瘦、蜂窠、蜣螂理气通利，共助鳖甲攻坚，作丸代煎，徐除癥瘕。

方中䗪虫“味咸寒，主心腹寒热洗洗，血积癥瘕，破坚下血闭”，鼠妇“主气癃不得小便，妇人月闭，血瘕痫痉寒热，利水道”，二虫破血瘀，消癥瘕，善通血脉，其性猛烈；蜂窠与蜣螂虫配伍运用，具有祛风、杀虫、破癥结的作用。本方组织严密精当，历代医家屡用不爽，至今仍为治疗肝脾肿大的有效方剂。

三、虚劳

形成虚劳的原因复杂，症状繁多，仲景列出了八个方剂，其中大黄䗪虫丸是针对因瘀血凝滞而设，凡“内有干血，肌肤甲错，两目黯黑”，应以“缓中补虚”者。本方以攻瘀为主，瘀去则新生，《难经・十四难》指出：“损其肝者缓其中”，言肝藏血，从血治，这是缓中；瘀血去，然后新血生，这是补虚，即“邪去正复”之义。全方一派祛瘀之药，而水蛭、虻虫、䗪虫、蛴螬四虫相配，尤增其攻逐的力量，其消瘀的作用，是任何草木药所不能比及的。其中蛴螬“主恶血血瘀痹气，破折血在胁下坚满痛”，正如苏颂曰：“大黄䗪虫丸方中用之，取其去胁下坚满也”，惟瘀去新血生，肌肤甲错、两目黯黑则自然而愈。

四、狐疝

疝气多系下焦寒气凝结所致，因其变化多端，故称“狐疝”，仲景以蜘蛛为主，泄肠间结气，酌配桂枝芳香入肝。“蜘蛛”一药，《本经》未载；仲师大胆试于临床，发明其用。至今民间仍有以此火煨内服，治疗疝气的经验，实源于一千八百年之前。

五、干血

系指瘀血日久而言。下瘀血汤证和土瓜根散证均以干血内着机体为患，其症表现为少腹满痛，妇人带下和一月再见者。仲景认为治干血、开血闭，以䗪虫为首选，鳖甲煎丸、大黄䗪虫丸、下瘀血汤、土瓜根散内均有䗪虫，实为干血而设。服后“新血下如豚肝者”，即是凝积的瘀血。

综上，仲景对虫类药的运用已积有丰富的临床实践经验，较之《本经》有更大的发挥。简言之，水蛭、虻虫主祛瘀破血症，每每兼用之；蛴螬、鼠妇善消癥瘕，专去胁下坚满，蜣螂、蜂窠杀虫祛风而化症结；䗪虫主攻干血，蜘蛛擅治疝气。临床根据不同指征，分别运用。

用量变化与剂型服法：

仲景立方，非但选药精当，而用量、剂型、服法亦尤其斟酌。认为药量之轻重，剂型之不同和服法之差异，足以影响疗效，同时，随时注意病者体质，“无使过之，伤其正也”。以抵当汤和抵当丸为例，二方药物相同，而前者用于“小腹鞕满”，有“发狂”、“如狂”、“喜忘”等症状，较丸证仅“少腹满”则病深而症急，所以，抵当汤取水蛭、虻虫各三十枚，抵当丸用各二十枚，量少三分之一。同时，抵当汤煎汤分服，俾药速达病所，见效快，抵当丸“捣分四丸，以水一升，煮一丸，取七合服之”，其吸收缓而取效慢。这是根据不同的症状而采用不同的药量和剂型。其他如鳖甲煎丸证、大黄䗪虫丸证，因干血内着，症积牢固，若一意孟浪急涤，非但不能取效，反骤伤正气而癥瘕不除。故仲景制丸，以“日三服”，冀逐日攻克，缓图其效。蜘蛛散证和土瓜根散证，因“腹痛”急病，位在下焦，系血瘀为患，故“为散”分服，散达于下，除脏腑血结，通经行脉，可以俄顷见效，既不同于汤剂之荡涤，亦有异于丸剂之缓慢，此仲景制方之苦心见矣。

在服法上，仲景注明鳖甲煎丸应从“空心服”下，使药直达病所。另外，对病急重，急需荡下瘀血者，如抵当汤、抵当丸、下瘀血汤，强调“不下更服”、“顿服之”对症情缓，非一时所能获效者，如鳖甲煎丸、大黄䗪虫丸、蜘蛛散、土瓜根散，指出“日再服”、“日三服”，久用自然取效；其他如大黄䗪虫丸、下瘀血汤的“酒和服”、“酒服”和蜘蛛散的“饮和服”，或借酒之活血，以加速疗效，或减少散药对胃的刺激，含有一定深意。总之，仲景对虫类药物的临床运用，足以启迪后学。

[《浙江中医学院学报》1986；(2)：19]

《伤寒论》脾胃治法的临床运用

陈瑞春　江西中医学院

《伤寒论》六经辨证，有关脾胃的治法，遍及全书。尤其是通过临床验证，更可以洞悉论中的调理脾胃大法，是其重要组成部份。本文试以法名目，就临床运用脾胃治法，整理于后，以就正于同道。

一、健胃和营

营卫之气出中焦，之所以能熏肤充身泽毛，必赖脾胃之气以滋生，故脾胃实为营卫之根本。论中有伤寒医下之，续得下利清谷不止，身疼痛者；下利腹胀满，身疼痛者；吐利止而身痛不休者，当清息和解其外，宜桂枝汤小和之。以上所述，既有下利脾胃失和的内因，又有身体疼痛不休的营卫不和之外候。所以，用桂枝汤内以调和脾胃，振奋中焦，外以调和营卫，使身体疼痛自止。证之临床，外有表邪不解，挟表下利（相当于胃肠型感冒，以及长夏季节的胃肠炎），用桂枝汤加味常取显效。如病者李某，男性，32岁。于当年盛夏，恣食生冷，临晨顿觉腹痛形寒怕冷，继之肠鸣泄泻，大便稀溏，全身困倦疼胀，四肢清冷，肌肤凉润，脉缓而软，舌淡苔白而润。处以桂枝10克、白芍10克、炙甘草6克、川木香10克、神曲10克、生姜3片、大枣3枚，水煎温服，并嘱药后啜热粥一小碗。一剂后身暖如日浴，泄止大半，再剂其病如失，次日照常上班。由上可见，桂枝汤虽为调和营卫而设，实际是健运脾胃的良方。其中桂枝、生姜、甘草相伍，辛甘温以健胃；芍药、甘草、大枣相合，酸甘滋养以和脾。全方刚柔相挤，使之阴阳表里，并行而不悖。应当指出，一般胃肠炎腹痛泄泻，属阴寒里湿兼表，习惯于用藿香正气散。若与桂枝汤比，前者长于祛脾胃之湿浊，如肌肤凉润，四肢清冷微汗者，尚嫌其辛而疏敞太过，后者优于健胃和脾，是攻中有补之方，且调和营卫见长，故兼表下利的身痛肤凉，腹痛泄泻，服之均可取效。

二、健中补虚

一般地说，脾胃中州之虚，容易招致肝木横克。论中有“伤寒阳脉涩，阴脉弦，法当腹中急痛，先与小建中汤”的先例。这里的“腹中急痛”是主证，为阴寒在里土虚木旺之征。临床上腹中急痛的部位，包含了胃脘和大腹疼痛，而儿以胃脘痛为多见，临证中所见的胃，十二指肠溃疡病的疼痛，常见阵发性的刺痛，或胃脘及腹中有挛急痛感，这就是“肝木之急，脾土之虚”的病机。故用小建中汤建中以补虚。本方以桂枝汤倍芍药加饴糖，君药饴糖，以甘味为主，配桂枝、甘草，变桂枝汤的辛温而散而为甘温守中，佐芍药的苦酸，泻肝以缓急。全方以甘味为甚，寓有“脾欲缓，急食甘以缓之”的意思。所以，功在“治中焦，生营卫，行津液，”故名建中。曾治一工人，男，43岁，因胆囊炎三次手术，身体极其虚弱，人形消瘦，胃脘疼痛挛急，精神疲乏，面色苍白，呈慢性病容，食纳少，脉弦细而虚。钡餐证实：十二指肠球部溃疡。处方：小建中汤加味：桂枝10克，白芍10克，生黄芪15克，当归10克，法半夏10克，广木香6克，炙甘草6克，生姜3片，大枣3枚，胶饴30克（冲服）。疼痛发作时，吞服金冷子散（川楝10克，延胡10克，研细末分两次冲服），经上述治疗，共服30余剂，体重增加4公斤，面色红润，精神好转，食量倍增，临床痊愈。

三、调和脾胃

脾胃同处中州，脾主湿，胃主燥，燥湿共济是其常，病则湿热并存。论中对脾胃同病的痞满，言之甚详。联系实践看，痞是痞塞不开，满是满闷不舒，是为自觉之症。其病性多属湿热并存，气机阻滞。病位在中焦，包括脾胃肝胆肠等脏器，病涉整个消化系统。凡胃十二指肠溃疡、胃炎、肝炎、胆囊炎，慢性肠炎等疾患，皆可用调和脾胃法，从痞满证论治。其临床特征是：胃脘或大腹痞满，腹胀气滞，肠鸣泻泄，舌苔黄白而腻、脉弦软。因为本证是脾胃同病，湿热并存，所以舌苔黄白而腻，是一重要临床指征。例如夏某教师，男，47岁，患慢性肠炎多年，饮食稍有不慎，则腹痛肠鸣，大便稀溏，口苦粘糊，舌苔黄白而腻，脉缓弦而软。用半夏泻心肠加味：法半夏10克，川黄连10克，干姜10克，炙甘草6克，西党参15克，枯条芩10克，神曲10克，广木香10克。服三剂后，大便成形，每日一次，继服20余剂，基本痊愈。后用参苓白术散全方，研细末每日早空腹冲服15克。已追访三年，未复发病。又如唐某，女，50岁，经确诊为慢性胆囊炎。自觉症：胆囊区及右肩胛、胁间放射性疼痛，腹胀气滞，大便稀软，嗜油荤则大便溏泻、口苦舌黄腻，脉弦缓。拟用黄连汤加味：川黄连10克，干姜10克，法半夏10克，西党参15克，炙甘草6克，桂枝6克，郁金10克，瓜蒌壳20克。服五剂后，大便成形，疼痛已失，惟口苦舌腻仍前，继进上方七剂，诸症痊愈。

此外，调和肝胆脾胃寒热的乌梅丸，治疗慢性肠炎，表现为虚寒偏甚，久利久泄，本方优于泻心汤和黄连汤。临床上所见的多发性口腔溃疡，症属脾虚胃热，用清胃泻火药同效，甚至用生地、玄参之品，反增腹胀、胸痞等，用甘草泻心汤颇具卓效。例如肖某，女性，47岁，经年口腔溃烂，食纳差，大便溏，舌淡红苔滑润，脉缓软。用甘草泻心汤三剂，病愈大半，继守原方五剂，竟获痊愈，随访两年，前症未复发。

四、和胃降逆

脾胃之虚，多停湿生痰。中论有“伤寒发汗，若吐若下，解后，心下痞鞕，噫气不除”的旋覆代赭汤证，指的是大邪已解，胃气虚弱，浊气不降，而出现心下痞鞕，噫气不除，故以旋覆代赭汤补虚降逆。临床不经汗吐下，而素体胃气空虚，痰浊中阻，既有呃逆、吐酸（或痰涎）、嘈杂、又有脘痞腹胀，纳呆便溏，用本方补胃培土，降逆涤饮，亦可获效。患者张某，男，54岁，素体脾胃虚弱，因恣食生冷不洁之物，突然呕吐清水，继之吐涎沫夹水，呃逆有声，胸胃痞塞，大便软，脉缓弦软，舌根浊腻，舌质淡而润。处方：西党参20克，法半夏10克，广木香10克，生姜5片，代赭石20克，炙甘草6克，大枣5枚。水煎温服，一剂呕吐、呃逆皆止，继服两剂诸症悉愈。继以归芪六君子汤调理善后。

论中有脾虚气滞，用厚朴生姜半夏甘草人参汤的例证。凡脾虚气滞者，无论是否发汗，用之可以取效，亦可合并旋覆代赭汤同用。曾治一手术后腹胀满，呃逆嗳气频作，食之胀甚，纳少大便不畅，以上两方合用，共服40余剂告愈。现已十多年旧病未发，胃纳良好，形体健实。

五、健脾温阳

在正常生理状态，脾之所以不湿，是赖脾阳之运化。若脾阳不健运，势必停水，水液停留则贻祸无穷。水邪泛滥，上逆可致头目眩晕，停中可心下逆满，气上冲胸；趋下则水走肠间；溢于肌肤则肿；蓄于膀胱，则少腹满，小便不利。总之，水邪变幻不居，为害甚众。论中水气病范围极广，病变繁杂，治水气的苓桂剂类方，以健脾温阳利水为主旨，加减化裁十分灵活。如原文所谓“若吐若下后，心下逆满，气上冲胸，起则头眩，脉沉紧”的茯苓桂枝白术甘草汤证，即是例证。就苓桂术甘汤而言，虽说是中焦停饮的代表方，其实中焦得以运转，三焦皆可通治，是临床上治水的要方。如患者黄某，女性，年45岁，确诊为风湿性心脏病。症见咳嗽气喘痰多，发则心悸、头眩、四肢清冷，食少便溏，小便短少，脉细沉弦，舌苔淡滑润，以苓桂术甘汤为基础，或加芪附，或加姜细味，或合二陈汤，或合生脉散，如此调治，历时十二年，迭进苓桂术甘汤一百四十余剂，至今健在，尚能操持家务。再如李某，男，50岁，经确诊为慢性肠炎，腹泻反复发作近两年，用汤药丸散虽可缓解，终未能效。症见腹痛隐隐、泻泄日三、四次，甚则七、八次，便下稀水，或软溏便，有时夹食物残渣，食纳少。询及其泄泻之前，肠鸣特甚，终日腹中雷鸣，如水走肠间，头眩心悸，脉沉弦，舌苔白滑。综观病史和现在症，实属痰饮为患，泄泻是标，痰饮是本，故遵“温药和之”的治则，投以茯苓20克、白术15克、桂枝10克、炙甘草10克、广木香10克、神曲10克。服五剂病有转机，肠鸣腹泻均减，继之陆续服三十余剂，始痊愈。并辅以参苓白术散研末，每日早空服15克。一共计500克，服完为止。迄今三载，未复发病。

六、温脾理中

《伤寒论》的太阴病，腹满而吐，食不下，自利益甚，时腹自痛等症，其病机即《内经》，“诸湿肿满，皆属于脾”的意思。治宜温中培土以胜湿，理中汤为主方。但应提出，理中汤与平胃散，同属中焦寒湿内盛之剂，二者同中有异。前者属虚，后者属实，其辨证要点是，前者舌苔多白嫩而润，后者舌苔多白而厚腻。所以理中汤长于补虚，平胃散长于燥湿。应当明辨。曾治一女性年辅二十，因腹痛泄泻，诊为急性肠炎。症见腹痛绵绵，泄泻稀水，日四、五次，食少纳呆，舌苔淡白，脉细而缓，用西党参15克、干姜10克、白术12克、炙甘草6克、广木香10克，两剂即痊愈。后半月又复发，腹痛泄泻，用前方四剂而已，近1年多未再发病。

七、和胃温肝

脾胃之虚，导致肝寒，盰寒犯胃，互为因果。论中有“食谷欲呕者，属阳明”和“干呕，吐涎沫”之说。曹颖甫说，“所以呕吐涎沫者，起于脾胃虚寒，脾虚则生湿，胃虚则为泛也。”临床上肝胃虚寒多同时并见，故论中有和胃温肝之法，并出吴茱萸汤一方，为肝胃虚寒之良方。例如余某，女，46岁，胃脘疼痛多年，每发作吐清涎，胃中空虚，不欲食，且伴头晕眩，脉沉弦，舌白滑润。用吴茱萸10克、西党参15克、炙甘草5克、红枣5枚、生姜5片。服一剂痛止，又两剂其病如失，继以六君子汤巩固疗效。

这里应当指出，临床上用吴茱萸必须慎重，因其辛温特甚，用量不宜过大，且不宜久服。同样，用六君子汤之类温胃药，应视病情需要，如过量亦可造成胃酸缺乏之弊。

八、润脾泻胃

《伤寒论》中的“脾约证”，即是脾之津液不足，胃中效有燥热。其病机是胃强脾弱，故用麻子仁丸润脾泻胃本方用麻杏芍蜜以滋润脾津，以小承气汤泻胃中实热，是阳明的缓下法。若老年或久病津亏血燥，气虚不降，内无邪热的便秘，业非本方所宜。用后世增液汤，稍佐行气药即可达到通便的目的。

此外，论中尚有通腑泄胃的承气三方，清胃补虚的白虎加人参汤、竹叶石膏汤等，亦属于治理脾胃之法。但多用于急性热病，其治疗的重点侧重于胃，这里就略而不谈。

总之，《伤寒论》中的脾胃治法，概括为健胃和营，建中补虚，调和脾胃，和胃降逆，健脾温阳、温脾理中、和胃温肝、润脾泻胃等八法，都为临床所常用。由此可知，《伤寒论》对于治理脾胃，既全面广泛，又具体细致，为后世脾胃学说奠定了良好的基础。

[《江西中医药》1986；(5)：3]

略论伤寒六经的经络意义

彭建中　北京中医学院

伤寒六经是对伤寒学说中三阴三阳的简称。关于伤寒六经的意义，历来争议未决，其焦点集中在六经是经络，抑或非经络上。笔者认为伤寒六经的主要意义之一就是经络。今就这一问题略述管见，以求教正。

从仲景所论原文看六经之经

有人根据《伤寒论》中未尝明言“某某经病”，从而认为其太阳、阳明、少阳、太阴、少阴、厥阴均非指经络。其实，此乃古汉语省文笔法，《内经》已有先例。《素问·热论》云：“伤寒一日，巨阳受之，……二日，阳明受之……”[1]皆指经络受病，此不言经而经已赅其中矣。仲景承“热论”而为《伤寒》，论中三阴三阳皆属经络之意，若但从字面求义，则不能无失矣。

伤寒六经是对伤寒三阴三阳的概括，言简而义赅，不失其原义，故历代沿用至今。虽然伤寒原文中并无六经一语，但论中言经之处甚多，除热入血室的三条（143、144、145，赵本号，下同）中的“经”字宜作“经水”解外，其余均指经络。如8条：“太阳病头痛至七日以上自愈者，以行其经尽故也。若欲作再经者，针足阳明，使经不传则愈”。[2]本条再三言“经”，俱是经络之意。尤其是“针足阳明”一语，更是说明了本条之“经”皆指经络而言。太阳病者，其经络受病也，循经而传，当传阳明，故预先针之，使其经气通畅，则能拒邪，不使内传。可见伤寒邪气内传，必假经络为径。经络为邪传之通道甚明。

再考《伤寒论》言“经”的条文中有多用“过经”一语，此殊有深意。103、104条俱有“太阳病过经十余日”[2]之语，105条云：“伤寒十三日，过经，谵语者，以有热也，当以汤下之。”[2] 217条云：“须下者，过经乃可下之。”[2]以上四条俱言“过经”，考其证治的共同特点是外无表证而里结成实，由此可知，所谓“过经”，指邪由太阳之表内传入里。邪必全离太阳之表，方可谓之“过经”。若太阳表邪尚存，便不可谓之“过经”，必当先解其表而慎用下法。可见，“过经”一语表述了伤寒外邪去表入里这一关键环节，对临床辨证论治具有一定的指导意义。

《伤寒论》仲景原序云：“经络府俞，阴阳会通，玄冥幽微，变化难极。”[3]阐发经络微义甚明。观论中治太阳经腧受邪服桂枝汤反烦不解者，有先刺风池、风府之法；于“肝乘脾”、“肝乘肺”及妇人热入血室，俱刺期门为治，若太阳少阳并病者，侧刺大椎第一间及肝俞、肺俞，此皆据经络为治。又考《金匮要略》云：“经络受邪入脏腑”，[4]可见外邪先中经络之表，继而传入脏腑之里。《伤寒》、《金匮》原本一书，辨伤寒杂病皆本经络，六经经络之义于此可见。

从仲景原文寻找内证，是正确理解六经意义的重要方法。隋唐方书中多引仲景之语，其有论及经络者。唐《外台秘要·卷十一》记载：“张仲景云：足太阳者，是膀胱之经也，膀胱者，是肾之腑也”。[5]此论明言经络，足资旁证，以此参悟，六经之义愈明矣。

经络在伤寒发病、传变和辨证中的意义

仲景有云：“经络受邪入脏腑”，[4]是知伤寒之始，多由风寒之邪侵入经络，继由经络传人脏腑。人之十二经络即三阴三阳，其循行各有分部，功能又有异同，是故受邪有早晚，证候互不一。伤寒必始于太阳者，以太阳主表，总统一身阳气，具有卫外抗邪之功能。风寒外袭，太阳首当其冲。仲景云：“太阳之为病，脉浮、头项强痛而恶寒”。[2]脉浮为邪气在表，正气抗邪之征；恶寒乃风寒邪盛，阳气被遏；头项强痛系邪中经脉，经气失畅。太阳病提纲三证，无一不与经络受邪相关。经络在伤寒发病中的意义于此显然矣。

再从太阳病传变言，若太阳经邪不解，即可随经入腑。太阳之腑即膀胱，主藏津液。邪入膀胱，与水相结则成蓄水；若下焦素有瘀血，则邪与血结而成蓄血。其所以成蓄血者，“以太阳随经瘀热在里故也”，[2]此仲景明训，可见蓄水蓄血皆由太阳经邪传来，故二证多继发于太阳经表证，既可伴见表

证，又可单独为病，临床所见确实如此。兼见表证者为太阳经邪尚未尽传入腑，无表证者为邪尽入里。太阳之邪循经传变之状，大略如此也。

上举太阳病为例，其余各经与之略有异同。阳明病有经腑二证，由经传腑者临床甚多。惟少阳胆腑为中清之腑，邪无所结，故以经证为主。三阴为里，多经脏同病。太阴之腹满，惟少阴之胸满咽痛，厥阴之巅顶痛等，均表现出其经络受病的特点。由于经络循行及其脏腑功能均有不同，其受病之后就会表现出不同的证候。这就是伤寒六经分证的生理病理基础。其经络受病所表现出来的特异性证状，往往成为临床辨证的依据。例如辨头痛证，后项痛属太阳，前额痛属阳明，头角痛属少阳，巅顶痛属厥阴，根据痛在何部以定病在何经，如此便为进一步诊断指示了方向。经络在临床辨证中的重要意义是显而易见的。

伤寒传变，邪假经络为径，非特由经传腑如此，即由经传经亦然。邪气或循经传，或隔经传，或直中，情况复杂。此何故？盖人之经络脏腑，或盛或虚，盛者邪气难入，虚者邪气易侵，大抵邪传或直中三阴者，多由正虚而邪入；在三阳之腑，多有形之邪在其中，传经之邪每与之相结成实。凡举阳明腑实，大小结胸，蓄水蓄血，莫不如此也。故伤寒之始每由太阳，及其传变则变化多端：内有虚处，邪即乘虚直入，内有实邪，则易内应为患也。

伤寒传变虽然复杂，然亦有规律可循。实则太阳，虚则少阴；实则阳明，虚则太阴；实则少阳，虚则厥阴，总曰实则三阳，虚则三阴。反映了表里经脏的虚实转化规律，其转化的根据就在于经络互相络属。太阳之脉络肾，故太阳表证过汗，则可转为肢厥脉微神疲的少阴虚寒证，阳明之脉络脾，故阳明实热过用苦寒攻下，则可转变下利腹胀满之太阴虚寒证。故其用药当慎。

伤寒六经和《素问·热论》六经一脉相承

仲景自叙其《伤寒杂病论》云："乃勤求古训，博采众方，撰用《素问》、《九卷》、《八十一难》、《阴阳大论》、《胎胪药录》并平脉辨证，为《伤寒杂病论》合十六卷"。[3]《素问·热论》是论述伤寒热病的专篇，考其内容，与仲景《伤寒论》一书有明显的内在联系。

以伤寒的发病和传变言，"热论"认为伤寒发于太阳，即"伤寒一日，巨阳受之"。此与临床相符，故仲景宗之曰："伤寒一日，太阳受之"。[2]对传变的认识，"热论"认为邪气日传一经，即所谓"二日阳明受之"，"三日少阳受之"等等。此与临床出入较大，盖伤寒二三日，阳明少阳可能受之而非必然受之也。故仲景正之曰："伤寒二三日，阳明少阳证不见者为不传也"。[2]这就概括了或传或不传两种情况。伤寒传变与否，全凭脉证以定，"伤寒一日，太阳受之，脉若静者为不传；颇欲吐，若躁烦，脉数急者为传也"。[2]本阳受病之日，便寓传变之机，惟以脉证定夺。仲景对《热论》的继承与发展，于此可见一斑。

以六经证候论，《热论》所述，三阳为经络受病，太阳为头项痛、腰脊强；阳明为身热、目痛、鼻干不得卧；少阳为胸胁痛，耳聋。三阴为经脏同病，太阴腹满嗌干；少阴口舌干燥而渴，厥阴烦满而囊缩。这些六经证候，在《伤寒论》中多可找到，由此可知《伤寒论》和《素问·热论》之间的承受关系。

再以治法言，《热论》提出："未满三日者，可汗而已；其满三日者，可下而已"。[1]未满三日者为三阳经络受病，邪在表，故用汗法；满三日则邪已入里，用下法，示人以先表后里之大法。在《伤寒论》中，汗下两法运用最为广泛，邪在表得解之以汗法，入里成实解之以下法，严格遵守先表后里的原则。44条并指出："太阳病，外证未解，不可下也"。106条云："其外不解者，尚未可攻，当先解其外。外解已……乃可攻之"。这足以说明仲景对《热论》汗下先后原则的继承与发展。

由上可知，仲景承《素问·热论》而为《伤寒论》。由于《热论》之说是以经络为基础的，所以，伤寒六经的经络意义也就显而易见了。

参考文献

[1] 王冰次注．黄帝内经素问，人民卫生出版社，1982年影印本，66－67页．
[2] 张机．伤寒论，上海：科技出版社．1983．
[3] 成无己．注解伤寒论，人民卫生出版社．1982年影印本；4页．
[4] 张机．金匮要略方论，人民卫生出版社．1982年影印本．
[5] 王焘．外台秘要，人民卫生出版社．1982年影印本．318页．

[《陕西中医》1985；6（6）：245]

《伤寒论》的寒热与阴阳

中村谦介　日本

《伤寒论》中寒热比阴阳更为常见，对二者之间的关系，解释不一，《伤寒论》中阴阳与寒热有着不同的含义，本文把各个条文中的阴阳寒热之意义加以分类，并对阴阳与寒热的关系作了归纳整理。

《伤寒论》中，除去句首的太阳病、少阴病等，寒热二字比阴阳更为醒目。前人把阴阳置于汉方诊断中最重要的位置，作出的定义虽略有差别，但大体上是一致的。寒热虽比阴阳更为常见，却未受到应有的重视，定义也不明确，所作的解释也不一致。

《汉方概论》有这样的论述，阳证是体力占优势，病邪占劣势的时期，机体积极地与病邪斗争，伴有热象，在体温超过抑制病毒所需要的调定点时，自觉发热并有汗出。与此相反，阴证是体力处于劣势，病邪占优势，与病邪的斗争是消极的，属于寒性。由于不能达到抑制病毒所要的体温水平，因而有微热，但不外散，体表血管处于收缩状态，手足寒冷，颜面苍白。

所谓“热”，是指疾病发展过程中自觉或他觉地表现出热的症状。反之则为“寒”。发热并非疾病之所忌，相反，以发热作为抑制病毒的必要手段的理论，阐明阴证阳证及寒与热是有说服力的。此时，阴阳与寒热几乎是同义语。

《汉方诊疗医典》记载：“寒”是由于新陈代谢低下而出现寒冷的状态。但古籍中所说的“寒”，有寒邪即外邪的意思。伤寒的寒”即属于此。所谓“寒”，有各种含义。陈指新陈代谢低下或病邪之外，还意味着寒冷、水和恶寒。“热”也是除新陈代谢亢进的含义外，还意味着火和体温升高。

另外，汉方医学的古典著作里，阴阳的概念在不同时期和不同的情况下有所不同。大略分类如下：

（1）内脏、腹部、五脏、下半身、肉体为阴，体表皮肤、背部、六腑，上半身、精神为阳。

（2）水与寒为阴，火和热为阳。

（3）新陈代谢衰退及脉沉迟为阴，新陈代谢亢进，脉浮数为阳。

根据《汉方诊疗医典》所言，阴阳是出于《易经》的概念。阳本来是指从春至夏，气候渐暖的时期；阴是指从秋至冬，寒气渐增的时期。据此，凡表现出这种事物的两重性的即是阴阳。上述分类是限于机体与疾病的阴阳的划分。可见阴阳具有非常广泛的含义，此书中的阴阳正是以这种含义加以分类的。但书中并未言及《伤寒论》阴阳的含义。对于寒热虽然也指出其多样性，但对《伤寒论》中的寒热则很不明确。西医用“新陈代谢”一词来说明，如从这个角度考虑，二者的性质相同，只是阴阳比寒热的含义更为广泛。

如上所述，阴阳与寒热之关系，在各种成书中的叙述有很大的差别。在此就《伤寒论》，谈谈其中寒热与阴阳的意义，并探讨二者的异同。

联系前后文，分析《伤寒论》中有关寒热阴阳的含义，并加以分类，并将阴阳与寒热的关系加以比较。

整理结果，《伤寒论》中的“寒”有5种含义：

（1）寒的症状；（2）寒证，即由新陈代谢低下所引起的症候群；（3）寒邪；（4）一般外邪；（5）水毒。

“热”有三种含义：

（1）热的症状；（2）热证，即由新陈代谢亢进所导致的症候群；(3）热邪。

《伤寒论》中，不管是寒还是热，以（1）和（2）的应用较广。至于（3），寒仅可举出一条，热可举出若干条。“寒”以水毒的含义应用的有三条，这里不是指外邪，而是指内因，但在指引起新陈代谢低下之邪的意义上，有与寒邪相通之处，可补充其不足。虽然一般认为《伤寒论》未论及病因，但必须注意到在寒邪和热邪含义上的寒热。

关于阴阳有以下内容：

（1）阴病、阳病；（2）阴气、阳气；（3）脉的轻按、重按，机体的表里。

（2）的应用是把构成机体功能的能量作为“气”。这里混合了包罗万象的，具有两重性的《易经》的阴阳。（3）是在《易经》的广义阴阳基础上的解释。在《伤寒论》中混入了不少《易经》的阴阳概念。（1）的概念是明确的，在整个《伤寒论》中是一致的。（2）与（3）的含义是《易经》的扩大解释，不过是《伤寒论》的一部分。也就是说阴病，阳病才是《伤寒论》阴阳的特征。

可以认为，《伤寒论》中的阴阳并不是《易经》所说的广义的阴阳，而是单纯地用于阴病阳病。即使是用阴病阳病难以说明的部分，也仅仅是（2）和（3）的含义，并非象《易经》阴阳那样漫无边际，变化自如。

然而我认为现在我们所见到的《伤寒论》的条文里，与其读做阴病阳病不如理解为阴气阳气。阴气阳气是《易经》的概念，或是在《伤寒论》成书时期或是在成书之后，虽不太明确，但流传下来的《伤寒论》是混入了《易经》的疾病观。

根据上述结论，再探讨《伤寒论》阴阳与寒热的关系。阴阳作为阴病阳病是单一的含义。若加上寒热，内容就复杂多了，这二者的关系并不那么简单。寒热在指寒与热的程度时，寒可见于太阳病、少阳病，而热可见于真寒假热的少阴病、厥阴病。不能说寒热是阴阳的一部分，作为病态分类的阴阳与作为症状的寒热所站的角度不同。

寒热指寒证、热证时，由于原来阴阳是以症候群为基础的病态分类，这二者方可以互相加以比较。寒证药方是四逆汤、理中汤；热证药方是桂枝二越婢一汤、大陷胸汤、白虎加人参汤、白头翁汤。强调了前者寒冷，后者热，也就是在这种情况下二者的关系是把非常寒冷的证候作为“寒”，属于阴，把热的证候作为“热”，属于阳。

阴阳的六个病位，反映了从发病到死亡的疾病发展过程，这是使人们对《伤寒论》感兴趣的重要因素，必须强调寒热不包含这样的内容。而寒热作为寒邪与热邪时，阴病阳病是根据症侯群所作的病态分类，而不是病因，所以不能直接论述这二者的关系。

〔汉方の临床 1986；33（5）：6－13（日文）陈光新摘译 乐兆升校〕

［《国外医学·中医分册》1987；9（2）：13］

《伤寒论》“心肾相关”思想探讨

谈运良 湖北中医学院
（指导 李培生 梅国强）

宋、明以后，许多医家注意到心肾间密不可分的联系，明确地提出了“心肾相交”的概念，但对心肾在病证、治疗上的联系，尚乏专论，仔细研读《伤寒论》就会发现，这些理论在仲景著作中已经充分地体现了出来，仲景不仅心肾合论，统称少阴，而且从病证治疗中体现出心肾二者的密切联系，形成了“心肾相关”的思想。“心肾相关”是指心肾在生理、病理、病证、治疗上的相互联系和影响。《伤寒论》是一部辨证论治的专书；其于生理论述较少，“心肾相关”思想也主要体现在相关病证及其治疗上。

“心肾相关”的生理、病理

从整体而言，心属上焦主火，肾属下焦主水；若分而言之，则心肾二脏各含阴阳，各有水火。水火升降其间、阴阳相互为用是其相关的生理形式，主要有：①水火相济，即心火下降而暖肾水，肾水上升而济心火；②阳气相温，心肾阳气实则系一身之元阳，二者相温相助；③精血相滋，心主化赤，肾主藏精，心阴肾阴能相互滋助，相互转化；④精神互用，肾藏精，心藏神，积精可以全神，全神可以益精。这些生理功能的完成，除了心肾阴阳本身作为动力之外，必假其经脉以为联络，而三焦为水火气机运行之道路，故论心肾功能，亦不可忽视之。无论何种原因，凡引起心肾阴阳功能失调者，皆属病态，主要有以下几个方面：①水不济火，表现为肾水不能上济，而心火亢于上，且常致二者阴液俱伤；②火不暖水，表现为心阳不能下暖肾水而水寒上逆，或心肾阳气俱虚而水泛寒凝；③上下隔拒，表现为中焦阻滞而阻隔心肾阴阳交通等等。这些方面又常下同时出现，互相影响。

《伤寒论》“心肾相关”病证

《伤寒论》虽无脏腑相关之专论，而“脏腑相连”（第97条），“五脏六脏相乘”（《平脉篇》）之机理则见于辨证论治之中；如前所述，心肾阴阳平衡失调是其主要病理。

1. 心肾阳虚，火不暖水 ①心阳不足，阴邪上逆。心主火属阳，能镇摄肾中水寒之气而不使冲逆。若心阳不足，则水寒之气必上僭阳位，而为诸阴寒冲逆证侯。论云：“发汗后，其人脐下悸者，欲作奔豚，茯苓桂枝甘草大枣汤主之（第65条），汗为心液，心阳素虚，发汗更虚其阳，欲作奔豚者，是肾水无制，而欲逆于上。其治温通心阳，化气行水，心肾同治，则阳得通，水得化。再如117条，桂枝加桂汤证，误用烧针发汗，心阳虚而肾中寒气上逆，寒者，水之气，并因已冲逆至心胸，故于桂枝汤重用桂枝，辛甘合化，助心阳，降冲逆，以复心肾功能。

②心肾阳衰，水寒不化，前言心阳之虚，肾水尚能上逆，如再合肾阳衰微，则肾水无从蒸化，无所制约，以致水气泛滥。论云：“发汗后不解，其人仍发热，心下悸头眩，身瞤动，振振欲擗地者，真武汤主之（第82条），还有316条之真武汤证，即为心肾阳气俱衰，水气泛滥之证。治宜温补心肾之阳，化气行水。方中附子既温心阳，又可壮肾阳，即如喻昌所云：“所谓益火之源者，主君相二火而言”。它如附子汤证亦属此类。

③心肾阳微，阴寒内盛。心肾阳气为一身之真阳，心肾阳气衰微，则阳不振，寒水之气无阳以温而从阴化寒，故为一派寒凝之象，出现脉微欲绝，但欲寐或躁烦，四肢厥冷，下利清谷，或真寒假热之面赤等证，仲景以四逆类方回阳救逆，温壮心肾而祛寒邪。

2. 心肾阳虚，水不济火 心肾阴液不足，不能承济心火，可使心火亢而为害。论云：“少阴病，得之二三日以上，心中烦，不得卧者，黄连阿胶汤主之”（第303条），此证肾阴亏虚于下，不能上济心火，心火亢炎为病，以黄连阿胶汤育肾阴，清心火，交通心肾。如上言，此证一般认为是肾阴不足，心火上亢，而心火亢则导致心阴亦亏，本方中的鸡子黄能“补心”，养心血”，可谓明证。何况本病证的存在更常虚及心阴，可见本证确为心肾两亏，水不济火之病证，仅以肾阴虚、心火亢为主而已。

3. 阴阳两虚，火浮水寒　阴虚不济火则火浮，阳虚不暖水则水寒，心肾阴阳两虚，则火浮不敛，水寒不藏。仲景云：夫失精家，少腹弦急，阴头寒，目眩发落，……脉得诸芤动微紧，男子失精，女子梦交，桂枝加龙骨牡蛎汤主之”，本证阳失去阴的涵养，浮而不敛；阴失去阳的固摄，走而不守，而形成心肾相关为病之病证，以桂枝加龙骨牡蛎汤调和营卫，潜镇摄纳（详见下节）使阳摄阴守，心肾得济。

仲景用一个阴阳两虚的方证是炙甘草汤证，仅有“脉结代，心动悸，”（第177条），后世多释为心阴阳两虚，而不知本证多可及肾。从其病变的发展每可致肾虚，再则方中地黄阿胶为补肾之要药，再看后世吴鞠通从本方化裁的几个加减复脉汤，都用治焦邪少虚多之证，亦可为之佐证，故炙甘汤可见心肾阴阳两虚，心肾相关之病证，以心虚为主而已。

4. 虚实挟杂，水火逆乱　上述病证也可因虚致实，但以虚损为主，表现为虚实挟杂的症侯。心肾水火既各有位，又必须相互交济，所言交者，交水火之正气，若为邪气所乘亦为病。仲景云“心痛彻背，背痛彻心，乌头赤石脂丸主之”，本证心胸阳气衰微，下焦阴寒上逆，阴寒凝结于胸中，阴乘阳位，阻碍心脉，即成心痛之病。方药中云“张仲景对胸痹心痛的认识，可分为肾水寒和心阳虚两个方面”，盖指本证而言。仲景以乌头赤石脂丸，温通阳气，祛寒逐阴，此法此方至今仍在冠心病的临床上广泛运用。

虚实挟杂还可见肾阳虚，心中有实火之证，此证仲景没有直接论述，但观《伤寒论》附子泻心汤，治无形之邪热在心胃而兼阳虚，《金匮》以泻心汤治有形之实在心。后人体会其思想，发展附子泻心汤的运用范围，用以治疗肾阳虚于下，心火亢于上之心肾相关病证，取得良好疗效。后世于本型病证也常用交泰丸治疗。略加分析可知，其法其方都是从附子泻心汤得到启发的。

5. 中焦虚实，阴阳不调　①中焦阻滞、水火不通、心肾水火升降，需要三焦通路，脾胃升降枢轴的协助，如果中焦阻滞也可形成心火不能下交，肾水不能上行之上热下寒证。正如张聿青云：“不知水火之不济，非水火之不欲济也，有阻我相交之过路者，中枢是也。”此证常在上热下寒表现中兼有中满腹痛的中焦证侯。论中黄连汤治“胃中有邪气”使“阴不得升而独治于下”，“阳不降而独治于上”之阴阳不交病证，此证实可进一步阻碍阴阳，形成中焦阻滞，心肾不得交济之相关病证。取黄连汤调中焦，交通上下阴阳之作用，每可获效。

②中气不足，上下交损。中焦既需心肾的温煦滋助，心肾亦需脾胃以充养，如中气不足，气血阴阳无以化生，则心肾阴阳亦因之而交损。仲景云：“虚劳里急、悸衄腹中痛，梦失精、四肢疼酸，手足烦热，口燥咽干，小建中汤主之”。本证五脏阴阳不足，实则以中气虚损兼心肾两虚为主。如丹波元简云本证“下元不周而心神不宁。”仲景以小建中汤建立中气（详见下节），使中气得和，气血得生，心肾得充，则下元固而心神宁。

心肾相关的治疗原则

1. 心肾同治，本标兼顾　“心肾相关”病证虽然时有偏重，但毕竟为心肾同病，心肾同为人体的重要器官，内含真阴真阳，而且水火贯通，相互既济，故心肾同治可以相辅相成，如周慎斋云：“欲补心者先实肾，使肾得升；欲补肾者先宁心，使心得降……交心肾法也”。如苓桂甘枣汤温心阳泻肾水，真武、四逆温补心肾阳气，黄连阿胶清心火滋肾水等等都是从心肾二者着手，协调用药的。所谓本标兼顾，指阳虚之时，要顾及阴寒之标，阴虚之证，要兼顾火热之化。盖心肾阴阳，生理则成相互既济，病理则为水火偏盛偏衰，是以“心肾相关”病证，固以虚证为多，但常常由虚致实，或虚实挟杂。固本虽属重要，然标实不去，则其本难图，故宜权衡本标轻重，参合用药，方能制胜。故仲景滋阴之方常配泻火之药，温阳之方常是祛寒之剂，如黄连阿胶之芩连即为泻火而设，而四逆类汤之温阳与祛寒难于截然分开。心肾同治，本标兼顾常常是共同体现的，因为“心肾相关”病证其虚在心肾，其实亦系于心肾。少阴本热标阴，本热不足，标阴寒盛者，主以姜附之类，治本既是治标；本热太过，而标阴反热者，多配芩连，治标以协和其本。

2. 建立中气，以充心肾　仲景立小建中汤治脾胃不足，心肾阴阳两虚为主之五脏虚损证，创建立中气以补益心肾之法。此法对后世彰响很大，如叶天士云、“神伤精败，心肾不交，上下交损，当其中”，黄元御云，“中焦者，和济水火之机”。仲景此法实承《内经》而有所发展。《灵枢·终始》所谓“阴阳俱不足，补阳则阴竭，泻阴则阳脱，如是者可以甘药，不可饮以至剂”，以“至剂”补益心肾，常有碍中气，而心肾阴阳亦有赖后天充养，因而建立中气，使气血得生，则心肾阴阳亦得补，如是心肾得济，中气不虚，升降有序，心肾可得交通。诚如叶天士所云：“立建中汤，急建中气，俾饮食增而津血证，以致充血生津，而里其真元之不足，但用稼穑作甘之味，而酸苦咸在所不用者，盖舍此别无良法。”可见仲景立此法，临床运用亦有定规：一则兼有中气之虚，二则补阳则碍阴，补阴则碍阳，并非后人补心肾不如补脾胃之极端。

3. 运转中枢，交媾阴阳　气机升降，脾胃为中枢，脾之升，胃之降亦有助肾水之升、心火之降，即如唐容川云“唯脾主中州，交合水火”（13），如果升降失司，中焦阻滞，亦可阻碍心肾水火不得交通而为病。《素问·生气通天论》云“味过于甘，心气喘满色黑，肾气不衡”。喻昌注此：“肾气为土掩而不上交于心，心气亦不得下交于肾”可见关键在“土掩”，所以其治宜调治中焦为主，使脾胃升降而助水火交通。黄连汤治“心肾相关”病证，就取运转中枢，沟通上下，交媾阴阳之功。

4. 调和营卫，潜阳摄阴　营卫循经脉运行，日夜周流不息，心肾阴阳亦需假经脉为通路而交通，不仅营卫运行需要心肾之作用，而且营卫循行经脉之中也起到了交合水火的作用。盖心主血属营，卫气之出阳入阴都必由少阴经脉，故营卫运行正常，则经隧通利，能起到交通心肾，传递水火之媒介作用。赵晴初谓调营卫“以调训阴阳，使升降合节”，认为营卫为“生身之大关键”，调心肾“遵《内经》守经隧，加意于营卫可也。”况“心者营卫之本”，卫者蒸发于肾，调营卫，还可滋助心肾，故《难经·十四难》云“损其心者，调其营卫。”可见调和营卫法，具有通调经隧和补益心肾两方面的作用。故仲景以桂枝加龙牡汤调和营卫，潜阳摄阴治阴阳两虚之“心阳内浮”，肾关不固病证，桂枝汤为和营卫之圣剂，加龙牡潜心之浮阳，镇肾之精关，又能助和营卫，理阴阳之功。如此营卫和调，阴阳得济，阳潜阴摄，心肾交泰。临证于梦交遗精，“昼不精、夜不寐”等“心肾相关”病证，常用调和营卫，潜阳摄阴法治疗。他如桂枝加桂汤、炙甘草汤、小建中汤也兼有调和营卫之作用。

心肾之间有着复杂的生理病理联系，因而其相关病证也有许多形式，治疗手段也就要求多种多样，方可随机应变。如上所述，仲景不仅较为全面地论述了各个方面失调引起的“心肾相关”为病的多种病证（有的虽不是直接论述，但包括了其思想），而且创立了丰富多采的治疗原则和方药。这些内容共同构成了《伤寒论》“心肾相关”思想的主体。事实上，后世各家散在论述的“心肾不交”病证，仲景基本上都有论述，而且其治疗也大都沿用仲景的原则和方药。因此仲景“心肾不相关”思想不仅为“心肾相交”概念的提出和运用奠定了基础，而且今日仍是我们辨证施治所遵循的规范。

[《湖北中医杂志》1987；（4）：2]

《伤寒论》之寒的实质探讨

雍履平　安徽省天长县铜城医院

《伤寒论》以伤寒命名，似无异议，然其《伤寒论》之寒的实质，一直存在着模糊概念，故后世医家形成了寒温异派纷争：有认为本书专为寒证而设，有认为本书为论治外感热病的专著。孰是孰非，就此，本文予以探讨。不当之处，望名家赐正。

《伤寒论》以伤寒命名　其概念模糊

从仲景发挥了《内》《难》广义伤寒之说，著成了《伤寒杂病论》（后晋王熙整理伤寒部份为《伤寒论》）之滥觞，后世诸贤均相沿其说，认为伤寒论其因是寒，其果为热，于是，宗袭其方，治疗热病，往往大相径庭。尽管如此，并不以为方不对证，而责之用者不得其方。殊不知倒果为因，以热为寒，命名偏颇，以致制方南辕北辙。试从以下几点证之。

其一，发病特点：本书原序云：“余宗族虽多，向余二百，建安纪年以来，犹未十稔，其死亡者三分有二，伤寒十居其七”，由此可见，伤寒发病的特点有四：1. 发病率高，具有流行性，2. 死亡率高具有破不性；3. 老少咸染，而无年令之异；4. 常年发病，而无季节之分。依据上述四点，很难是说现代何种的寒性病患。

其二，方证难符：本书一百一十三方（除禹粮丸），其中属于辛温之剂五十一法，占 45%，苦寒之方三十八首，寒温并用二十三方，辛温之剂显然多于寒凉，而全书药物八十八味，其中温热药二十九味，占 32%，寒凉药有十三味，占 48，平味药十六味，占 18%。温热药虽然少于寒凉药，但温热药使用的重复次数恰远远超过寒凉药，如全书总药次为五百四十药次，温热药就用三百三十三次，占

61.9%，寒凉为一百六十一次，平性药为四十六次。此说明方药之性是相符的。但方与证的实质就不相符了。由于热证初期，往往呈现寒象，而这些寒象又每每是热证一过性的反应，如原文一百八十四条："问曰：恶寒可故自罢？答曰：阳明居中土也，万物所归，无所复传，始虽恶寒，二日自止，此为阳明也。"此正与凡热病始皆恶寒相吻合。仲景未察，误以寒象为实质，这也可能是辛温之剂多于寒凉之剂、温热药次多于寒凉药次原因之所在。同时寒象见于证初时，亦与体质有关。本书成书之时，正是社会动乱之时，黎民贫病交加，体质无疑低下，证多寒象，自当无足为怪。所以本书的证，从现象上看，寒象多于热象。如全书三百九十八条，其中寒证约有一百八十条（表寒四十五条，里寒一百三十五条）；热证一百五十七条（表热三条，里热一百五十四条），寒热、错杂六十二条。寒与热相比，寒证明显多于热证。

其三，误治可察：纵观《伤寒论》全篇，误治条文达八十八条，占总条文21.3%，其表证误治有五：误下三十一条；过汗二十五条；误吐六条；误以火劫八条；误以冷水噀一条。里证误治亦有五：误汗七条，误下三条；误吐一条；误以火劫一条，误清一条。在误治条文中，以辛温发汗或火劫而致变证的就有四十一条，占误治条文将近一半，如原文六十四条曰："发汗过多，其人叉手自冒心，心下悸欲得按者，桂枝甘草汤主之。"这是表证过汗的案例，还有表证误以火劫的病例，如一百一五条曰："脉浮热甚，而反灸之，此为实，实以虚治，因火而动，必咽燥吐血。"里证误用辛温或火劫的病例亦非少见，如第二百一十八条曰："伤寒四五日，脉沉而喘满，沉为在里，而反发其浮，津液越出，大便和难，表虚里实，久则谵语。"又如第二百条云："阳明病，被火，额上微汗出，而小便不利者，必发黄。"从上述误治条文来看，虽非仲景所治，但亦可认定，治不得法，无怪乎"伤横夭之莫救"！

尊重医疗实践，实事求是论"寒"

从现实临床实践来看，寒证或热证必具备一定的寒证或热证的症状和体征，就寒证来说，若单凭一些恶寒等症状是不足为据的。例如温热病，即相似现代医学称谓的"乙脑"、"流脑"、伤寒、副伤寒、大叶型肺炎、病毒性肝炎、细菌性痢疾和恶性疟疾等一些流行性疾病和传染性疾病之类的病证，开始亦均有恶寒现象，其中如大叶型肺炎、恶性疟疾等有时初期还呈现寒战，然而这种寒战往往是短暂的，寒战过后，很快即进入发热期。如果袭用《伤寒论》第十二条"啬啬恶寒、淅淅恶风、翕翕发热"用桂枝汤和第三十五条太阳病，头痛、发热、身疼、恶风而喘者用麻黄汤辛温发表，势必津伤邪留，病未去而诸症益重。愚幼承师传，多读陈念祖书，笃信仲景，及致临床，始以伤寒方以治时行病，总是难获预期效果。如五十年代初治一风温病人，因囿于恶寒、发热、汗出，运用了桂枝汤解肌，结果汗出热不解，迅即化燥，口干苔燥，旋转以甘寒养阴，而使病情峰回路转；又治一春温患者，泥于恶寒、发热、无汗，采用了麻黄汤发表，终致汗出而热势鸱张，继则神昏谵语，不得不改用清宫汤化裁，使病情转危为安。所以金元时期名家刘完素说："余自制双解，通圣辛凉之著剂，不遵仲景法桂枝、麻黄发表之药，非余自衒"（《素问病机气宜保命集》）。张元素也说："运气不齐，古今异轨，古方新病不相能也。"（《金史·张元素传》）这话是不无道理的。

实事求是地说，《伤寒论》以伤寒命名，确是有失偏颇，与其命名《伤寒论》，不若易名《外感论》，从寒从热应从临床实践出发。后世有些医家，有遵其法不用其方，有择其方不用其药，原因就在于此，此论虽属持平，但却可避免《伤寒论》寒字模糊含义，以使从临床实践探求病性，对提高实际效果，庶几有所裨益。

［《中医药学报》1988；(5)：7］

略谈仲景运用甘草的经验

周宜强　河南中医学院

甘草是中医传统常用药物之一。历代医家无不重视甘草的临床运用。但善用甘草者首推仲景，《伤寒论》载方113首，其中使用甘草者71首。《金匮要略》正文所载166方中就有118方中用甘草。仲景不但善用甘草，而且把甘草巧妙配伍，灵活加减，使甘草之使用达到了炉火纯青的境地。余仅从临床的角度，从以下六个方面加以略谈，望同道斧正。

一、补中气，健脾胃

甘草味甘，性平和。《神农本草经》指出"甘草主五脏六腑寒热邪气，坚筋骨，长肌肉，倍气力"。甘草大健中气，脾气充沛，可生气血，化津液，五脏六腑得以安和，筋骨肌肉得以充滋；如大建中气的小建中汤，治虚劳里急、诸不足的黄芪建中汤，大建中气、祛散寒邪的大建中汤，皆以甘草调肝脾、补中气。中气强健，正气充足，气血化源旺盛，扶正以祛邪，虚劳诸证自却。

二、酸甘化阴，平燥以缓急

《金匮要略》云："妇人脏躁，喜悲伤欲哭，象如神灵所作，数欠伸，甘麦大枣汤主之。"方中甘草配大枣、小麦，生津血，润心肺，平燥以缓急，治妇人脏躁尚屡收奇效。再如芍药甘草汤，取芍药配甘草酸甘化阴、缓急止痛，为治疗筋脉挛急之祖方。就连治疗痰饮的代表方苓桂术甘汤也用甘草，此方用甘草旨在和中护液，仲景用此药配苓、桂、术来治疗痰饮，是取温而不燥，利不伤阴；补中护液，养中有化，兼和诸药，此乃仲景用药之妙也。

三、温心阳，益心气，消结除代

《伤寒论》182条："伤寒脉结代，心动悸，炙甘草汤主之。"本方治疗气血受损，心失所养，血行不畅，心动悸而脉结代。方中重用炙甘草甘温益气中为主药。重点在于补心气、通心阳，心阳通，心气复，再配合补气血，助阴阳的药物，使血脉充盈，心悸止，脉结代自去，故又称作"复脉汤"。

四、调诸药之性，解百药之毒

甘草和诸药及解毒作用的历代医家所公认。仲景方用甘草189方中，取其调和诸药、缓解药性者占89%，并且根据药物性能，配伍有所不同，在使用大温大热、大苦大寒药物时，配用甘草的机率最高，如四逆、调胃承气、柴胡加芒硝汤即是。现临床使芩、莲、姜、桂、附、木通、胆草之类药时，多与甘草配伍，就是这个道理。寒热并用、表里同治、攻补兼施的处方亦常配甘草。如大青龙汤、葛根芩连汤、厚朴七物汤等，由于病情复杂，为了使不同性质的药物取得协调，往往配伍甘草。另外需缓补、缓泻者，可用甘草之缓来达到目的，如调胃承气汤、甘草干姜汤、大黄䗪虫丸用甘草，其精神皆取缓补之意。

五、灵活配伍，量分大、中、小

仲景善用甘草，还十分注重甘草的配伍，并选用不同的剂量，从而起到不同的效果。仲景用甘草的最大量是4两，最小量是6铢（14铢等于1两）。为君使用，剂量精当。用于发汗的甘草多为小剂量（6铢~1两2铢），如麻黄升麻汤、桂枝二越婢一汤等方剂。用于调营卫、缓和药性时，多为中等剂量（2两），如桂枝汤、白虎汤、大青龙汤、葛根芩连汤、四逆汤、苓桂术甘汤等。用于健脾益胃、通阳复脉、缓急止痛则多为大剂量（3~4两），如桂枝加附子汤、小青龙汤、小柴胡汤、芍药附子汤、理中汤、芍药甘草汤，甘草泻心汤、炙甘草汤。由此可见，甘草一药在复方中，除剂量大小可影响方剂疗效外，若配伍剂量不同，还可使整个方剂的功效改变。

六、善用而不能滥用，注意配伍禁忌

在《伤寒论》中，甘草的用量是很严格的，大剂量有复阳益气作用，中小剂量多为佐使，可用来缓和药性。用甘草调和药性也有一定尺度，大苦大寒、大温大热、病情复杂，欲使不同药物起调和作用时方可用之。

关于甘草的禁忌，仲景虽未明言，但从《伤论》中十枣汤、大小陷胸汤，大陷胸丸等方剂不用甘草来看，对于湿盛中满内有水饮者当忌用甘草。

[《陕西中医》1988；(8)：468]

《伤寒论》治喘诸方的运用

聂惠民　北京中医学院

《伤寒论》以阐述辨证论治法则为著名，其理、法、方、药的运用独具特色，有力的指导着临床实践。今就《伤寒论》治喘诸方的运用特点，作以初步探讨，以便于临床实用。

一、喘证的病机

《伤寒论》中所述之喘，病位有表里之别，病性有寒热之分，病证有虚实之异，而发病的机理主要在肺和肾，因肺为气之主，司呼吸，外合皮毛，为五脏华盖；肾为气之根，主摄纳，与肺同司气之出纳，所以喘证的发生，既可缘于肺，又可因于肾，或由它脏病变累及于肺而致，喘在六经病证中，既可见于外感，亦可见于杂病，从现代看包括了急慢性气管炎，喘息性气管炎、过敏性哮喘等，故应用其方辨证论治喘，每收良效。

二、喘证的辨证特点

喘证的辨证方法，首先要抓住呼吸困难、喘息等主症，结合其它兼证辨别其病性，施以相应的治疗方法。喘证按病理性质分为虚实两类。

1. 表邪之喘　由风寒束表，内犯于肺而致，辨证关键在于表证兼喘，有两种类型：一为"无汗而喘"，此属表实证兼喘：二为微汗而喘，此属表虚兼喘。二者总以发热恶寒，无汗或微汗出，脉浮紧或浮缓为辨证特点。

2. 水饮之喘　由于水饮内停，肺气上逆而致喘。辨证要点在于水饮为患。水邪致喘有三种：其一，寒饮射肺：寒饮停聚心下为主要病机，喘咳干呕的其主症，并在望诊上，面部有不同程度的水邪特征，如（1）有水色，即而呈青黑色，或下眼睑及眼周围呈青暗色：（2）有水斑，即面见类似色素沉着样斑点：（3）有水气，即面见虚浮，眼睑浮肿，下睑如卧蚕状；（4）有水滑苔。其二，水寒凝结：水邪与阴寒之邪相结，逆阻肺气，证风寒实结胸而兼咳喘：以无热证为特征；其三，水热胶结：水邪与热邪相结，逆阻肺气，以热实结胸兼喘为辨证依据。

3. 热实之喘：由热邪壅肺或肠腑燥结而致喘。其辨证特点，一则在热，一则在实。若热邪壅肺致喘，则见"汗出而喘"，即喘汗并见，同时伴有口渴，身热或外无大热，苔黄脉数等一派热象，若燥热结实致喘，则见"腹满而喘"，"喘冒不得卧"，以腑实证兼喘为辨证特征。

4. 阳脱之喘　由阳衰阴盛，真阳欲脱，肺肾两竭致喘，证属少阴病危重之候，表现为"息高"之象，此乃呼吸浅表，急促带喘，是肾气绝于下，肺气脱于上的危候。

三、喘证的治则及用药特点

治喘当首分虚实，实则祛邪利气为主，虚则扶正摄纳为宜。《伤寒论》治喘之法，依其不同病机，大致有：外邪则散之，火热则清之，痰壅则豁之，水饮则蠲之，气郁则开之，燥邪则攻之，气虚则补之，阳脱则纳之等等。此外，仲景治喘又采取了治表、治里、或表里同治；祛邪扶正、攻补兼施：清热、或寒热并用等法，可见其治喘原则，不但继承了《内经》之旨，而且又创立了灵活多变的法则。

《伤寒论》治喘用药精简，配伍恰当，各具特色。如治喘多以细辛、干姜与五味子合用，取其细辛、五味，一散一收，干姜、五味，开合并用，散寒温肺，化饮固元，是其一。治喘常取麻黄、杏仁与石膏相配，杏仁、麻黄，一降一宣，石膏、麻黄、一清一开，清热宣肺，降气平喘，是其二。治喘善用麻黄，在外取其开表而平喘，在内取其宣肺而下逆，配伍不同，作用各异，但又常常不与细辛同用，以防辛散太过，是其三。治喘可取寒温并用，如麻黄配石膏，温寒并施，小青龙汤加石膏，温药兼寒，切中病机而收良效，是其四。可见仲景治喘，选方用药，灵活配伍，又皆在辨证前提之下，这些法则对后世医学有深远的影响。

四、治喘诸方辨证运用

1. 麻黄汤：运用于外感风寒致喘；证见发热恶寒，无汗而喘，头痛身痛，脉浮紧苔薄白，因风寒束表，内犯于肺，而致表实作喘。其辨证要点是"无汗而喘，脉见浮紧"。治以麻黄汤辛温解表，宣肺平喘，本方是治疗风寒袭肺而致咳喘的祖方，后世由本方化裁而成的三拗汤（《和剂局方》），华盖散（《和剂局方》）苏沈九宝汤（《寿世保元》）等，皆为治喘之良方，近代常用此类方剂治疗风寒袭肺型急慢性气管炎、哮喘等病。

2. 桂枝加厚朴杏仁汤　本方亦适用于外感风寒致喘，因表证误下，肺气上逆，或素有喘疾，又感风寒，而致表虚作喘。证见发热恶寒，头身疼痛，鼻塞流涕，微汗出而兼喘脉见浮缓，舌苔薄白。本证与麻黄汤证相较，一为汗出而喘，一为无汗而喘，然而总的病机又皆是风寒外袭，肺寒气逆而致，所以本证的辨证关键在于风寒表虚兼见咳喘。治以桂枝加厚朴杏仁汤，解肌散邪，降逆平喘。小青龙汤、麻杏石甘汤是医家常用治喘之方，唯桂枝加厚朴杏仁汤用之较少，多被忽视，更有误将麻杏石甘汤用于风寒束肺者，亦不少见。笔者体会，寒饮射肺者，用小青龙汤；邪热迫肺者用麻杏石甘汤；风寒迫肺者用桂枝加厚朴杏仁汤，况且本方治风寒迫肺之咳喘，效果甚佳，当予以重视，余用本方化裁治疗咳喘病，每用每效。

3. 小青龙汤　适于外寒内饮之喘，证见咳喘干呕，发热恶寒，或渴，或利，或噎，或小便不利，少腹满，脉沉弦，苔水滑。本证因外有风寒表邪不解，内有水寒之邪射肺、内外合邪、相互搏击，壅肺而致。其辨证要点是"伤寒表不解，心下有水气"。即在外寒邪束表，在内水饮停留，内外夹袭，喘咳为重，甚者喘息不得卧。并具有水饮为患的各种特征，如水样痰液，水滑舌苔，面有水色，水斑等有水气表现。本方可外解表寒，内化水饮，而使喘咳平息。此方虽为表里双解之剂，但功效重在温散寒饮，所以，凡属水寒射肺之喘皆可服用，不必拘泥外寒的有无。因此，后世化饮平喘之法皆缘于此，从而扩大了本方的应用范围。如《金匮》用本方治溢饮，心下有水气，咳嗽喘急者；治支饮咳逆倚息不得卧者，若兼有郁热烦躁而喘者，以大青龙汤加石膏。解表蠲饮，兼清内热，近代本方多用于慢性气管炎、哮喘证急性发作，而属外寒内饮者。笔者体会临床应用小青龙汤时，应注意如下几点：

（1）细辛、干姜、五味子的用量比例应注意掌握，若治新喘者，宜注意温散，故干姜必重用；久喘者，宜注意收敛肺气，故五味子须重服。（2）方中麻黄配桂枝升散之峻也。若喘甚，去麻黄易杏仁，谨防与细辛协合而辛散太过，且加杏仁降逆气而平喘。故后世叶天士治喘麻黄、细辛很少同用。（3）老弱及婴幼之体，尤其是患有心肾疾病者，应慎用本方，以防伤阴动阳之弊。（4）小青龙汤不可长期连用，久服伤阴动阳则生他变，故治喘咳者当以小青龙汤救其急，苓甘之剂善其后，小青龙汤应用甚广，疗效佳良，近代多用于治疗感冒及流感、支气管炎、百日咳、哮喘等属外感内饮者。

4. 苓桂术甘汤　本方是治水气病之专剂，温阳健脾，降逆化饮，功效卓著。适用于心下逆满，气上冲胸，心悸目眩，或短气而咳，舌苔白滑，脉弦滑。近代用于治疗慢性气管炎、支气管哮喘属于脾虚水停者，并用作寒饮哮喘缓解期的调治之剂。

5. 葛根芩连汤　适用于表邪未解，里热气逆之喘。证见：身热不解，下利水止，喘而汗出，脉数，本证因表证误下，邪热迫肠壅逆于肺而致。辨证要点在于热利为重，喘而不甚。治当以葛根芩连汤止利，表里双解，使热清利止而喘息得平，若喘重者，可加桑白皮，桔梗，利肺平喘，其效更佳。

6. 麻杏石甘汤　适用于邪热壅肺而喘，证见；身热或外无大热，汗出，咳嗽喘促，口渴痰黄，苔薄白，脉数，本证因表证失治或误治，邪热内传，壅迫于肺而致。其辨证要点及注意事宜是：（1）辨证以汗出而喘为特征，并伴有口渴，脉数等热象。或见身热，或外无大热，此乃因汗出，卫阳宜泄于外而致，外邪热独郁在肺，故喘逆胸满为急。（2）本方用药特点，宜注意麻黄与石膏的比例，麻黄量小，麻黄与石膏之量为1：2，大量的石膏，一则制其辛温，使本方变为辛凉，二则功专清宣肺热。目前临床用量多掌握在1：5或1：10之间为宜。此外，甘草与麻黄之量也宜恰当，后世取二者等量，甘草多则牵制麻黄发散之力，少则恐其麻黄发散太过，药物配伍，力专在肺，取效则速。（3）本证汗出而喘，不同于葛根芩连汤证。彼为热盛在肠，故以下利为主，此为热郁在肺，故以喘息为主；彼证重治在肠，此证专清于肺。本证为治喘之主方，亦常化裁使用，如《千金方》的贝母汤，即本方加贝母、桂心、生姜、大枣而成，用于治疗上气咽喉窒塞，短气不得卧，腰背痛，胸满不得食，面色萎黄。《寿世保元》的五虎汤，即本方加细辛，治外邪在表，无汗而喘。温病学派用此作为治疗温病初起，温热袭肺的主方。近代用于治疗肺炎，麻疹合并肺炎，病毒性肺炎，急慢性气管炎，以及百日咳属热邪郁肺者，效果良好。

7. 大承气汤　适用于阳明燥结，腑实阻滞所致之喘。证见：蒸蒸发热，或日晡潮热，但热不恶寒，腹满硬痛，大便不出，喘冒不得卧，手足濈然汗出，甚则神昏谵语，循衣摸床，惕而不安，微喘直视，苔焦黄或黑，燥裂起刺，脉沉实。本证因阳明腑实，燥屎内结，壅塞不通，浊气上犯，肺气不得下降，上逆而喘，临床表现以“腹满而喘”、“喘冒不得卧”、“微喘直视”为特点，所以辨证必着眼于：（1）阳明腑实为主证，燥屎、腹满、喘息三者并见；（2）潮热，濈然汗出，口渴等燥热之象，多伴随出现。治疗遵照“在下者，引而竭之”，取攻下里实，通腑降逆之法，宜大承气汤，釜底抽薪，泄热以降肺气。此方为后世治喘启迪了思路。如近代有用于治疗重症肺炎而见阳明腑实作喘者。

8. 大陷胸丸：适用于热实结胸之喘。由于表证误治，邪热内陷，与水邪相结，停于胸膈，其邪结部位偏高，阻滞气机升降，而致气逆作喘。《伤寒论》中提出结胸，因水邪停滞，而致短气，从病机分析，水邪结重，势必致喘，临床表现为身热或潮热，汗出，胸疼痛，如结胸状，或心下至少腹硬满疼痛，不大便，心中懊憹，苔薄黄，脉沉紧等。辨证关键以水邪内停与喘息并见为特征，治宜泻热逐水破结，方用大陷胸汤或大陷胸丸。大陷胸丸尤为适宜，在大陷胸汤峻泻水邪的基础上，更用杏仁、葶苈清泄肺中邪热，以平喘息。近代用于治疗慢性气管炎、哮喘、肺气肿、胸膜炎等属于水热互结，病势偏上，形证俱实者。

9. 三物白散　适用于寒实结胸之喘。本证因水饮寒邪结聚成实，停于胸膈，阻滞气机而致。证见：胸胁心下硬满而痛，喘咳气逆，大便不通，脉见沉紧，舌淡苔白滑。治宜三物白散祛寒逐饮，涤痰破结而平喘。本证辨证要点在于“寒实结胸，无热证。”近代用本方治疗肺脓肿症。

10. 四逆汤　本方为回阳救逆之剂，用于阴盛阳衰证。《伤寒论》曰：“少阴病，六七日，息高者死。”此为病入少阴，阴盛阳衰，已达危重阶段。“息高”为呼吸浅表，且有喘促之势。人之呼吸虽在于肺，实根于肾，肺主出气而呼吸，而肾主纳气，为呼吸之根，一旦少阴病延滞日久，下焦阴寒凝固，肾中真阳告竭，阴阳已见离决之势。真阳散脱，肺肾两竭而致“息高”。治疗重在回阳救逆，宜大剂四逆汤。但终因病危，虽有四逆救阳，亦难挽一线生机。

《伤寒论》中治喘诸方充分体现了仲景辨证治喘的精华，效法于临床，其理法可准绳，其方药可循用。

[《贵阳中医学院学报》1990；(3)：4]

附子在《伤寒杂病论》诸方配伍中的作用探讨

潘澄濂　浙江中药研究院

《伤寒杂病论》以附子或乌头所组成的方剂，有四逆汤、乌头赤石脂丸等三十余方。因配伍不同，而作用随之各殊的方剂，兹择其常用者，分别探讨予下。

（一）属于回阳救逆类作用方剂有：四逆汤、四逆加人参汤、茯苓四逆汤、通脉四逆汤、通脉四逆加猪胆汁人尿汤、白通汤、白通加猪胆汁汤、干姜附子汤等，其主要作用，为回阳强心，以附子和干姜，为其组成之基础方。笔者认为服四逆汤类方剂后，胃中迅即觉到灼热感，是由于干姜刺激胃肠粘膜的关系所引起，虽非一定是附子的中毒，但须加以注意。《伤寒论》散载在“少阴篇”，以及其它诸篇。论述四逆汤之适应症的条文，约有十三条（包括“霍乱篇”二条）。归纳起来，以脉微细、恶寒、肢冷、身疼重、下利、完谷不化、脚挛急、或四肢拘急等的阳气衰弱、阴霾瀰漫之里寒证，为其适应症。四逆加人参汤适应于泻泄厥脱而兼有气虚证。笔者经验，凡阳亡之证，多兼有元气耗散之象，故用四逆加人参汤的机会，较用单纯四逆汤为多。且认为对气阴两虚之证，更为合拍，疗效也有所提高。通脉四逆汤系四逆汤，倍干姜，借以增强其对胃肠粘膜感受器之刺激，反射性地兴奋中枢神经，达其强心，改善循环之目的，故名通脉，有其一定意义。白通四逆汤系四逆汤加葱白去甘草。认为葱白有发散和通阳之功。附子与葱白同用，阎德润认为是一种较为理想的强心利尿剂，《伤寒论》用以治“少阴病，下利脉微。”是在强心的同时，利其小便以止泻。通脉四逆加猪胆汁汤，白通四逆加猪胆汁汤二方，均为治疗少阴病，下利，脉微欲绝，或厥逆无脉之症，以扶阳抑阴，与四逆汤纯以扶阳有所区别。但笔者对此二方的应用，缺乏经验。且猪胆汁性味苦寒，有利胆润肠之功，若既有下利不止，反投润肠滑利之品，于义于理不符，笔者意见，若因久利不止，胃肠粘膜损伤，以致阳损及阴，不若仿大半夏汤意，加入蜂蜜，似较妥贴。关于四逆汤、通脉四逆汤、白通四逆汤三方之应用，在《医宗金鉴》说：“中寒阳微，不能外达，主以四逆；阴盛于下，格阳于上，主以白通；阴盛于内，格阳于外，主以通脉。”语颇中肯，值得参考。

（二）属于暖中健胃类作用的方剂有：附子粳米汤，附子汤，黄土汤等。此外，加桂枝附子汤，桂枝附子去桂加术汤等，已在“桂枝”篇中论述，不再重复。附子粳米汤系由附子与夏、草、枣、粳米诸健胃药组织而成。其主要功能，为暖中健胃。可治胃肠虚弱，腹中雷鸣彻痛，大便泄泻，或胸腹逆满，呕吐，苔白腻，脉微弱等为其适应症。笔者曾用以治疗夏月贪凉饮冷，而引起的腹痛肠鸣，大便溏泄，完谷不化，口不渴、舌白滑、脉微弱，投以淡附子、干姜、茯苓、炙甘草、焦白术，煎二煮，候冷服。效如桴鼓。后世之冷香饮子（温热经纬），即仿附子粳米汤意化裁。附子汤系附子与参、术，苓之益气健胃，并注入芍药所组成，以治疗胃肠虚弱，心阳不足，兼有腹中挛急疼痛诸症。故方中用芍药而不用干姜，意为避免干姜刺激胃肠粘膜，加剧痉挛有关。由此可见附子和芍药配合，既有制痉，又能止痛。黄土汤以灶中黄土为主药，取其固涩破损之组织，配以地黄、阿胶之补血止血；辅以白术、甘草之健胃；佐入黄芩之清郁热，附子之温中阳。笔者常应用本方治疗胃及十二指肠球部溃疡出血，疗效良好，但应用时，常去附子、加炮姜、人参，认为既能益气，又可止血，疗效更能提高。

（三）属于温中泻下类作用的方剂有：有附子泻心汤、大黄附子汤等。附子泻心汤以大黄、黄连、黄芩之清热泻下，以清胃肠之蕴热，佐以附子之温阳。《伤寒论》说：“心下痞，而后恶寒汗出者止，附子泻心汤主之。”对心下痞，笔者认为因胃部炎症而现痞满感的自觉症。文中所说的“恶寒汗出”，似乎是描述阳虚之表现。由此可见，证的虚实寒热的属性，不是单纯的，也不是绝对的。所以临症选方遣药，亦应随证而增减。为此辨证论治的基本法则。大黄附子汤以大黄涤热、配以附子细辛之温中散寒，止痛消结。《金匮要略》用以治疗胁下偏痛、发热、其脉紧弦、此寒也，以温药下之，宜大黄附子汤。”按胁下偏痛，文中虽未言明痛在左胁或右胁，但从原文之症方药之功能来推测，其胁下偏痛之属性，显系是属里实兼寒证。尤在泾说：“非温不能已其寒，非下不能去其结，故曰宜以温药下之。”至于所说的“胁下偏痛、发热，”如以现代医学观点，究为胸膜炎、胆囊炎、抑或胰腺炎，尚须根据具体症状、血象、淀粉酶，B超等检查，始能诊断，近年来，有用本方治疗肾炎，肾功能衰竭尿毒症的报导，笔者认为与肾气丸联合应用，效应可能更为理想。

（四）属于宣痹止痛类作用的方剂有：薏苡附子散，薏苡附子败酱散、乌头赤石脂丸、乌头桂枝汤、大乌头煎、乌头汤、赤丸等。薏苡附子散以附子之温经通阳、薏苡之祛湿消结，舒筋解痉，相互配合，以达其强心止痛之效应，故《金匮要略》用以治“胸痹缓急”之心绞痛。薏苡附子败酱散治暴热火疮，排脓活血之败酱草（苦菜），以治肠痈肿痛证。近年来，中医临床上治疗急性阑尾炎，常用本方去附子，与大黄牡丹皮汤合用，疗效良好，但已穿孔者，则宜手术治疗。乌头赤石脂丸系乌附同用，取其通阳又可止痛之双重作用，辅以辛热之干姜、蜀椒、助其暖中，佐入重镇之赤石脂，加多量之蜂蜜，以监制乌附之毒性，避免过分燥烈之伤阴。《金匮要略》说：“心痛彻痛，背痛彻心，”很可能是心肌梗塞症。笔者经验，对心肌梗塞症，回阳救逆固很重要。但由冠状循环障碍，血流不通、不通则痛，故认为活血通络，也应予以顾及。于此，主张加入红花、桃仁、丹参、川芎或三七，对疗效可能有提提高。赤丸是以乌头、细辛、茯苓、半夏等组合而成，主要作用在于祛痰止痛。《金匮要略》说：治“寒气厥逆”。而《医宗金鉴》认为“此条主义之理，必有简脱，难为后世法，不释。”笔者根据赤丸所组成诸药之功能来看，对风湿性关节炎辨证，属于寒湿痹证，能缓解疼痛。大乌头煎仅一味乌头。《金匮要略》说：“寒症绕脐痛苦，发者白津出，手足厥冷，其脉沉紧者……。”并说：“乌头五枚，右以水三升，煎取二升，去滓内蜜一升，强人服七合，弱人服五合，不差，明日服，不可一日再。”说明乌头虽能止痛，确有毒性，不得过量。

（五）属于补肾利水类作用的方剂有：真武汤、肾气丸、栝蒌瞿麦丸等。真武汤又名玄武汤。它是以附子为主药、配以白术、生姜、茯苓之健胃利水，佐以乌药之敛阴和血。主要功能在于壮命门之火，温运脾肾、通调水道，以消阴霾。故可用以治疗“心下悸、头眩、身瞤动、振振欲擗地，心腹痛，小便不利，四肢疼痛，或咳，或小便利，或呕”等，由于阳气虚损、脾胃运化不良，以致所进饮食，不能化生精微，聚而成痰成饮诸症者宜之。肾气丸系山地黄、淮山、萸肉之补血填精；丹皮、伏苓、泽泄之清营渗湿；加入桂附振奋阳气，如起舟楫之作用。它的适应证，根据《金匮要略》计有三处：其一，为治虚劳腰痛，少腹拘急，小便不利的肾气虚弱证；其二，为治小便反多、饮一升，小便一斗之消渴证：其三，为治妇人病，饮食如故，烦热不能卧、而反倚息，小便不利之转胞证。由此可见，肾气丸确具有多种功能，为补肾剂之冠。近年来，国内外学者，以内分泌学、分子生物学、免疫学等角度、进行实验研究，使对本方作用的认识，有了深化、甚为可贵。栝蒌瞿麦丸，以清热利水之瞿麦，与滋润止渴之栝蒌配合，为本方主要作用之药物。辅以利尿之茯苓，补脾之山药，特别是佐入兴奋阳气之附子，以旺盛心肾机能，达其利水止渴之目的，故用以治疗其人苦渴，小便不利，有水气证。笔者认为本方除治肾炎少尿症外，对糖尿病可能亦有一定疗效。

综观上述，附子配伍干姜为回阳救逆；与参术配伍，则为暖中健胃；与大黄配伍，则为温中泻下；与细辛或白芍配伍，则为制痉止痛；与地黄、淮山、萸肉等配合，则为补肾填精；与茯苓、瞿麦配伍，则为渗湿利水。由此可见，因配伍不同的药物，使其性能亦随着发生一定的变异，值得研究。

附子、乌头、天雄，名异物同。以其化学成分来看，乌头、附子，均含有六种生物碱，其中主要成分为乌头碱。主要作为麻醉镇痛药而应用。至于经过炮制的附子，其生物碱成分已减少，能起回阳强心，兴奋神经的效应。且附子、乌头所含生物硷的毒性，与品种，采集时间、炮制、煎煮时间等不同，差别很大，故临床应用，应严格掌握用量。如过去，上海名医刘明叔、祝味菊用附子或乌头之处方，虽经炮制，均嘱病家煎药要达二小时以上，始可与服。又如儿科名医徐小圃喜用附子，必加大量龙骨、牡蛎或磁石以监制。这都是防止毒副反应方法，可资参考。

［《浙江中医学院学报》1990；14（6）：4］

鉴古观今论厥阴

万兰清　江西中医学院
（指导　万友生）

摘要　本文上溯《内经》厥阴病之源，下穷伤寒、温病厥阴病之流，综观当代对厥阴病的认识，从外感热病临床实际出发，就厥阴病的实质、主症、病机、治疗以及预后诸方面，提出一个比较明确的系统概念，有利于当今临床运用，提高疗效，促进厥阴病理论的进一步发展。

主题词　厥阴病

厥阴病研究，肇始于岐黄，形成于仲景，发展于后世伤寒、温病学家，但迄今未有一个明确而系统的概念，大多仍为面目不清的《伤寒论》厥阴病篇所局限，不利于热病临床实际之应用。为此，本文拟在总结前人所见的基础上，结合当今临床实际，提出一个较为明确而系统的概念。

1.《内经》多篇论及厥阴病，应以《素问·热论》篇为主。其言曰：“今夫热病者，皆伤寒之类也……六日厥阴受之，厥阴脉循阴器而络于肝，故烦满而囊缩……两感于寒者……三日则少阳与厥阴俱病，则耳聋囊缩而厥，水浆不入，不知人，六日死”。结合《素问·诊要经终论》篇所谓“厥阴终者……甚则舌卷卵上缩而终矣”来看，显然，《素问》伤寒厥阴病的主症有二：一为昏厥，即上述“不知人”，二为痉厥，即上述“舌卷”、“囊缩”；其病机则落实在足厥阴经脉及其所系之肝脏之上；治疗仅有针刺的汗、泄两法；预后多归于死亡。

2.《伤寒论》厥阴篇比较明确的概念有三：其一，厥阴病是外感热病的最后阶段。该篇放在六经之末，预后条文最多，立意十分明显。其二，厥阴病主症是厥。这从该篇论厥原文所占比重之大可以看出。其三，厥阴病阶段面临的是生死预后，阳返则生，阳不返则死。这可从该篇55条原文中有25条是以厥与热的胜复来判断生死预后看出。

上述三点与《内经》的精神是一致的，但还留下了诸多疑窦与不足，主要有以下五点：其一，厥阴病特征性临床表现——昏厥与痉厥不明，《素问·热论》和《诊要经终论》所明言的“不知人”“囊缩而厥”“舌卷卵上缩”等主症，通篇未见提及，仅见肢体厥冷。其二，厥阴寒厥与少阴寒厥的鉴别点不明，更未提出治法。其三，厥阴热厥与阳明热厥的鉴别点不明，治法不够完备。其四，厥热胜复（厥与热数日交替而作）症候，后世无人得见，多从预后机理去理解，不无疑窦。其五，寒热错杂诸症与呕哕下利诸症，非外感热病最后阶段的厥阴病。这部分内容几占厥阴病篇的全部方证，虽多少可与厥阴肝或少阳胆的生理、病理挂钩，但并非为抢救热病最后阶段的危急重症而设，多属杂病范围。《金匮玉函经》且另列为专篇，置诸厥阴篇外。

据上，现存的《伤寒论》厥阴病篇显然未能在《内经·素问》的基础上取得更多的进展，对外感热病最后阶段的危急重症未能提出治法，只是静观其变。唯对其生死预后作了详于《内经》的观察而已。

3.以《温热论》和《温病条辨》为代表的温病学说，对厥阴病的理、法、方、药作了内容丰富的阐明和充实。如：

（1）温病学家紧紧扣住厥阴心包和肝的生理病理，突出了厥阴病以昏、痉等闭窍、动风证为主要临床表现的特征。

（2）指出阳明热厥与厥阴热的鉴别点在于昏、痉、瘛疭的有无（厥阴有而阳明无）。并提出厥阴热厥的治法——开窍息风。同时，对由阳明，热厥向厥阴热厥发展（“阳明太实，上冲心包”）的辨证与治法，亦作了创造性的阐述（如牛黄承气法）。

（3）除阐明了上述中焦阳明热厥所致之厥阴热厥的诊断与治疗外，还发展了上焦肺卫分表邪逆传心包所致的厥阴热厥的辨证（舌蹇肢厥）与治法（牛黄丸、紫雪丹凉开）及下焦少阴热厥所致之厥阴热厥的辨证（痉厥神昏，舌短，烦躁）与治法（“先与牛黄、紫雪辈，开窍搜邪，再与复脉汤存阴，三甲潜阳”）

（4）肯定下焦厥阴热厥也是由少阴发展而来的（“手少阴证未罢”）。

当然，温病学家的理论也不是毫无瑕疵的。譬如吴鞠通说：“伤寒之厥，足厥阴病也。温热之厥，手厥阴病也。舌卷囊缩，虽同系厥阴现症，要之舌属手，囊属足也……断不可以阴阳二厥混而为一”。他对热厥的发展其功甚伟，但以手足厥阴分属阳（热）厥与阴（寒）厥，并作为鉴别点大加强调，则有失机械，且不符合临床实际。因为寒厥证由少阴进入厥阴阶段时也是既厥且昏且痉的。尽管吴氏热厥证中未提囊缩一症，但肝风痉厥瘛疭则比比皆是，他自己就没有把足厥阴证排斥在热厥之外。然而，这一寒、热分属足、手的机械之说，却出其意外地为寒温对立门户增添了一块基石。

4.厥阴病的实质是什么？其主要病症、病机是什么？临床如何治疗？

“七五”期间，我们对流行性出血热这一急性传迅病进行了临床研究，共观察治疗四百余例，其中10%以上出现痉厥神昏的厥阴病证，中医组病死率仅3.66%，西医组为10.71%（$P < 0.01$）。对厥阴病有一些感性认识，取得了大量第一手的临床资料。现仅以此为例，就上述问题提出以下看法，供同道参考。

（1）厥阴病的实质是外感热病的最后阶段，是手足厥阴经脉及其所系脏腑的病理变化。对此，古今研究看法大体一致。

（2）厥阴病的主症是神昏痉厥。吴鞠通在自注《温病条辨》下焦篇18条时指出：“痉厥神昏，舌蹇烦躁，统而言之，曰厥阴证。”临床实践也完全证实：外感热病最终阶段总是陷入昏迷状态的。病在少阴，神志尚清，陷入神昏，就进入厥阴了，而一旦进入厥阴，往往救治为难。因此，我们在出血热的临床工作中，特别强调注意“先兆厥阴证”，即观察患者的神志与体征。只要患者烦躁甚，或语言不便，舌体欠灵，或白日嗜睡、错语（如答非所问），或夜间多梦呓、谵语，或偶见无意识动作，等等，均应看作疫邪将要进入厥阴的先兆，必须及时开闭驱邪，扶正固脱，阻断其向厥阴发展。这一措施，有效地防止了病情的恶化，使许多病人避免了进入厥阴阶段。

（3）厥阴病的病机是阴盛阳竭或阳盛阴竭或阴竭阳脱。吴鞠通在自注上焦篇 17 条“邪入心包，舌蹇肢厥”时指出：“厥者，尽也，阴阳极造其偏，皆能致厥。”译成白话就是说；“厥阴是三阴之尽，阴盛阳竭固可为寒厥，阳盛阴竭亦可为热厥。”至其来路，寒厥证可由少阴寒厥发展而来；热厥证如《温病条辨》所述有三焦之分：上焦由温邪“逆传心包”所致，中焦由“阳明太实，上冲心包”而成，下焦由手少阴证“日久邪杀阴亏”所致；阴竭阳脱证则多由热厥转为寒厥而成。在出血热的临床中，上述各证均可见到，如休克期有。疫邪直中少阴的阴盛格阳证，若救治不及，一、二日即由淡漠→烦躁→恍惚→躁扰→神昏而陷入厥阴寒厥死亡；有起病二、三日即疫邪逆传心包，出现高热、昏迷、谵语、躁扰、出血、尿少的厥阴热厥证（发热与休克、少尿三期重迭），若入院太迟，厥阴证悉具，亦多归于死亡；亦有病至七八日（少尿期），邪热与瘀血、水湿内结阳明胃肠，二便不通，势成关格，延至二、三日，瘀热内闭心窍，出现谵语、躁扰、神昏的厥阴证者，若能积极地通瘀泄热逐水以解阳明之结，开厥阴之闭，扶正驱邪以宣畅三焦气机，尚有希望挽救，否则亦难免一死；还有病至十余日，尿毒症不解（少尿期或多尿前期），瘀热水内结，阴液大量耗伤，正气日见亏竭，渐至极度衰竭，体温不升，演成阴竭阳脱证而亡者。

（4）厥阴病的治疗：从目前临床水平来看，厥阴证悉具时，即使集中、西医学之长，亦难以救治，因而，加强对前述“先兆厥阴证”的预防性治疗（也可说是“截断疗法”）是救治成功的关键。要做到及时治疗“先兆厥阴证”，除对厥阴证的先兆临床表现要有细致的观察、高度的警惕性外，还要对厥阴的病机发展趋势有足够的了解。“先兆厥阴证”的治疗原则有二：辨证论治与中西医结合，具体运用如下：

先兆厥阴热厥证：除上焦热病逆传心包的先兆不甚明了，往往措手不及外，中、下二焦阳明、少阴热厥转来者，均有一个渐进过程，先兆症状完全可以把握。治疗原则是救阴津、开热闭、息阳风。首重驱邪开窍。应在使用方药中，因闭窍之邪的不同加用不同的开窍息风药。如热闭选用清开灵针（北京中医学院附属实验药厂产）或牛黄醒脑静针（上海产）加入当用液体中静滴或推注，能口服者可用“三宝”；瘀热闭选用神农 33 号针（天津危重急症研究所制）静注或犀珀至宝丹微丸（江西中医学院制）等；湿闭选用玉枢丹或苏合香丸口服。在中药增液针、养阴针（重庆中医研究所制）等大输液尚未投产之前，西药大输液亦有救阴之功，应结合使用（临床实际已普遍使用）。若有气阴两亏证，宜用参麦针（四川雅安制药厂产）加入液体中静滴，益气养阴救脱之力甚强，邪实而正虚甚者用之，有扶正固脱以利上述祛邪药发挥作用之功，而无助热恋邪之弊。

先兆厥阴寒厥证：常由少阴寒厥恶化而来。在阴盛格阳或戴阳时往往伴见神志恍惚或无意识扰动等厥阴先兆症状。治疗原则是回阳救逆，开寒闭、息阴风。首重破阴回阳。可选用参附针（四川雅安制药厂产）、参附青针（上海中医学院附属曙光医院制）加入液体中静注，或合用大剂通脉四逆汤加猪胆汁人尿葱白等。据我们的有限经验，上述方药犹有不逮，建议启用生附子制剂。如北京中医学院研制的“心脉灵”针（通脉四逆汤的新剂型），静脉给药，或可担此重任（此药惜未能获生产）。

先兆阴竭阳脱证：比之前两证，更有一个渐进过程，可行未雨绸缪之计，将上述二证治法综合辨证运用。

（5）厥阴病的预后两句话：“阳复则生，阳绝则死”，“留得一分津液，便有一分生机。”前者是对寒厥而言，后者是对热厥而言。后世把《伤寒论》厥阴病篇诸多厥热胜复原文理解为厥阳明尽阳生，阴阳进退之机。即一阳得生则厥少热多而愈，阴尽而阳不生则厥多热少、一厥不振而亡。证之临床，病至厥阴，心、脑、肝、肾、阴、阳、气、血、津、液皆病，救治为难，死多生少，不死即生。而始终不死的原因，有赖于阴阳相系一线，未致离决。

或谓阴尽阳生即指病至厥阴则一阳生，肝胆相火转旺，故于阴盛虚寒证中生出实热来，因而形成寒热错杂（或曰上热下寒）之证，这实际上是把厥阴生理的阴尽阳生混为厥阴病理。于是，阴寒极盛时自然会生出阳热来，且其热为肝胆实热（甚至会令虚寒证自然转化成实热），于是，“上热下寒”的乌梅丸证就顺理成章地成为厥阴病主证。若果如是，则厥阴病非外感热病最后阶段，而是由阴转阳之机，于是，厥阴无死证矣！无怪乎厥阴病篇所列方证均非危重证矣！

上述逻辑推理导致错误结论的根源就在于把“阴尽阳生”的生理套到厥阴病理上。试想，病理状态下（尤其是严重病理状态下），生理功能如何得以正常进行？证之临床。由少阴阴盛阳衰证发展而采的厥阴寒厥，即使用大剂回阳救逆药亦难挽回，怎能设想它会自然而然地生出肝胆相火来而转成寒热错杂证甚至实热证？更非乌梅丸所能胜任。唯阴寒极盛之证，当子夜、黎明外界阴尽阳生之时，体内阳衰已极，阴寒特盛，一阳难出以应，常在此时死亡，却是已为许多研究所证实的临床事实。同样，由上、中、下三焦热厥转来的厥阴热厥，热炽阴伤，亦无寒热错杂之可能，即使末期阴损及阳，阴竭阳脱，寒热互见，亦绝非乌梅丸所能主治。

至于《伤寒论》厥阴病篇诸多呕哕下利原文，姜春华教授认为，有的可属阳明或太阴；有的可属杂病，仍归入《金匮要略》中；而诸多辨厥的条文，原已见于他篇者（加太阳水厥的茯苓甘草汤证，阳明热厥的白虎汤证，少阴寒厥的四逆汤证等），仍可划归各篇。堪称实事求是之论。

[《中医杂志》1993；34（2）：72]

《伤寒论》病后调理探微

张书芬　沈桂香　黑龙江中医学院

《伤寒论》是中医学第一部理法方药俱备、理论与实践相结合的辨证施治专著。然而，它又是一部以中医理论为指导的辨证施护之著。辨证施治是中医治病的基本原则，那么对于疾病的疗效、康复更需辨证施护。这同样也是《伤寒论》的重要原则之一，对于指导中医护理具有十分重要意义。

一、进粥调护法

粥属于半流质食物，具有易消化、温养中气之功。然而因进热粥与冷粥的不同，又有增进与减低药物功效的作用。

1. 助药力发汗　太阳中风证是因人体感受风寒之邪而造成的卫不外固、营不内守，故用桂枝汤解肌祛风、调和营卫。方中，桂枝与芍药等量相合，桂枝解肌发表，散外感之风寒；芍药敛阴和营，益在内之营阴。二药相合。一散一收，于解表中寓敛汗养阴之意，和营中有调卫散邪之功。由于芍药性味酸收，与桂枝相伍，所以本方发汗之力轻微。为增强桂枝汤发汗之力，仲景在方后注中强调指出“服已须臾，啜热稀粥一升余，以助药力”。即服药后一会儿，喝热稀粥，目的是促进药物发汗，又借水谷之精气充养中焦以益津液，使汗出表和，祛邪而不伤正。《论》中属桂枝汤类方多遵从此法。

2. 温养中气　太阴虚寒是临床常见病证，治疗当温中祛寒、健脾益气，方用理中汤，中焦之寒得辛热而去，中焦之虚得甘温而复。仲景在方后注中云“如食顷，饮热粥一升许”，即服药后少许可喝热粥，以助药力而温养中气。又如主治悬饮证的十枣汤方，为攻逐水饮之峻剂。方中，芫花、甘遂、大戟三药峻烈，各有专攻，皆为有毒之品，易伤正气，故以大枣之甘益气护胃，并能缓和诸药之峻烈及其毒性。同时，在调护方面仲景指出“得快下利后，糜粥自养”，意在补益中气，使下不伤正。

3. 温下寒实　寒实结胸一证是由寒与痰水相结于胸胁胃脘，以胸胁或心下硬满疼痛、大便不适为主证，治宜三物白散温下寒实、涤痰破结、本方以大辛大热之巴豆为主药，攻下之力较强。服药后的护理当注意“病在膈下者必利，不利，进热粥一杯”。其目的是加强药物温热之性，促进泻下之力，而进粥则意在保胃气、存津液。

4. 减低药效　三物白散为大辛大热之温下寒实之方，攻下之力峻猛。若利过不止者，仲景又指出“进冷粥一杯”，以制约药物峻烈之性，起到方剂中佐药的作用，体现了药后调理与药物疗效、疾病转归的密切关系。

二、饮水调护法

药后、病后饮水与进粥一样，具有非常重要的作用。药后饮水，五苓散为利水渗湿、温阳化气之剂，用以治疗太阳蓄水证。在方后注中仲景强调指出，要“多饮暖水，汗出愈”。显然，饮水与疾病的痊愈密切相关。蓄水证为太阳表邪不解，随经涉腑，影响膀胱气化失司，致水气内停。本证既有水停，为什么还要多饮暖水？仲景其意在于，助药力发汗驱邪，使汗出则腠理通畅，利水则气化通行、表里气机通畅，有利于排除蓄水，故曰“汗出愈”。

三、微汗调护法

汗法是通过宣发肺气、调畅营卫，使腠理开泄，并通过人体的漐漐汗出，使在表之邪随汗而解，在《伤寒论》中大凡解表发汗之剂，仲景多提出服药后当“覆取微似汗”。例如，在桂枝汤后注“温覆令一时许，遍身漐漐微似有汗者益佳，不可令如水流漓，病必不除”，是指药后避风助汗，待到身体各部微微有汗者，此时营卫和谐，肺气通畅，腠理复固，使邪气外出，故曰“益佳”。汗为津液所化，津液的外泄要靠阳气的推动，所以汗出太过，不但损伤阴液，而且更伤阳气。故仲景谆谆告诫“不可令如水流漓”，邪不去正反伤，病必不除。原文第20条“太阳病，发汗，遂漏不止，其人恶风，小便难，四肢微急，难以屈伸者，桂枝加附子汤主之”，即是由于太阳病发汗护理不当所造成的如水流漓之证。过汗非但表证未解，反而损伤阳气，表阳虚弱，卫外不固，汗漏不止，结果造成阴液不足，就是其例。

四、病后调护法

大病初愈，津液未复，元气未充，余邪未尽，此时愈后调理尤为重要。首先当嘱病人避风节食，安适静养，以待痊愈。决不能妄劳妄作，扰动元神，而使余邪复萌，疾病复发。其中，因起居失常，因劳复发者，谓之“劳复”；因饮食不节复发者，谓之“食复”。《伤寒论》为病后调养护理及治疗提出了理论依据和治疗方法，如393条“大病差后，劳复者，枳实栀子豉汤主之”。本条指出，外感热病病愈后阴阳未平、气血未复、余热未尽，又因妄动作劳、调护不慎，导致余邪萌动、热自内发、扰于胸膈、气机壅滞之候。正如钱天来所释“大病新差……但宜安养，避风节食，清虚无欲，则元气日长，少壮之人，岂惟复旧而已哉。若不知节养，必犯所禁忌，而有劳复、女劳复、食复、饮酒复剧诸证矣。夫劳复者，如多言多虚，多怨多哀，则劳其神；梳洗沐浴，早坐早行，则劳其力，皆可令人重复发热，如死灰之复燃”，指出新差之体保持精神和体力上的安静休养，对病愈后机体状况的影响。

古人历来非常重视正气与发病、正气与康复的内在联系。认为饮食有节，起居有常，不妄作劳，恬淡虚无，精神内守，真气从之，病安从来？养生防病尚须如此，况新差之体，元气未充、脾胃功能尚弱，适当休息、饮食节制，则脾胃和，脾胃和则百体安，此调理病余、恢复正气之要法。

[《中医函授通讯》1994；(5)：6]

读张仲景书

何　任　浙江中医学院

余读仲景之《伤寒》、《金匮》五十载，体会颇多，现拾遗归集为《伤寒论》心要与《金匮要略》汇言两部分，以就正于同道。

《伤寒论》心要

一、辨证之典范

《伤寒论》是辨证论治的典范，《伤寒论》六经是辨证施治与辨病施治相结合的楷模。事实确是如此，全部《伤寒论》条文，有多数条文是教人辨证和知病的，论中的三阳病、三阴病及其合病、并病，都昭示我们要辨识病证。辨识病因病机和病位，辨识病情的传变。这些就是知病的实际。

1. 辨识病证　辨识病证的大要，在于知六经病，知合病、并病，知伤寒、中风、湿病、温病和风湿病。这一切，都是通过辨证以定病的。许叔微所摘出的“七十二证”，都是张仲景辨识病证之有名有实的，这一系列病和证，部分是继承《内经》、《难经》加以阐述的，部分是仲景根据临床经验把它总结起来的。仲景著书，虽然“撰用《素问》、《九卷》、《八十一难》”，但《伤寒论》中的六经见证，不囿于《素问·热论》。仲景辨识病证巨细毕现，小而至于辨燥屎可下的旁参证，也细致入微地从有关病情上多方推究。这类条文，在《伤寒论》中不下10条之多。

2. 辨识病因、病机和病位　“见病知源”，是知病的重要一环，这就是识病因。在《伤寒论》中，我们经常读到的有：“病常自汗出者”之因于“卫气不共荣气谐和”，“发汗后，恶寒者”之因于“虚”，“不恶寒，但热者”之因于“实”；茵陈蒿汤证、麻黄连轺赤小豆汤证之因于“瘀热在里”；甘草附子汤证之因于“风湿相搏”。“结胸”之因于“下之太早”及表未解医反下之；以及病者手足厥冷……小腹满，按之痛者”之因于“冷结在膀胱关元”。

这些审证求因的条文，在《伤寒论》中所占比例不少。条文有的明指，有的暗示，但仔细研索则各具妙谛。

关于病位的辨识，仲景知之审、析之细，六经、脏腑、气血、营卫，一以贯之，伤寒六经的病位是有一定界畔的。柯琴曾说：“仲景之六经，是分六区，地面所该者广。虽以脉为经络，而不专在经络立说。凡风寒湿热，内伤外感，自表及里，有寒有热，或虚或实，无乎不包。”（柯氏《伤寒论翼笺正、六经正义》）石芾南阐发得更明白：他说：“表里以六经分，明邪所入之门，经行之径，病之所由起由传也。上下以三焦分，以有形之痰、食、水饮、渣滓、瘀血，为邪所搏结，病之所由成也。”

（《医源·论张仲景伤寒论》）这对病位更有明确发挥。其实，《伤寒论》中早就提出了“胸中”、“心中”、“小腹”、“少腹”等病位，界畔分明，作为辨证论治的依据之一。

3. 辨识病的传变　周学海在《读医随笔·读伤寒论杂记》中有云：“伤寒传经，有此经之邪延及彼经者，有前经之邪移及后经者；合病、并病，皆邪气实至其经也。更有邪在此经而兼见彼经之证者，邪在阳经而兼见阴经之证者。”这段阐述将张仲景引而不发之意，简明扼要地给予揭示，颇足参考。据仲景所述，伤寒之传与不传，主要与正气之强弱、病邪之重轻及是否药误有关。《伤寒论》中涉及传经问题较明显的条文有：①“伤寒一日，太阳受之。脉若静者，为不传。颇欲吐，若躁烦，脉数急者，为传也。”（4条）②太阳病三日，发汗不解，蒸蒸发热者，属胃也。”（250条）③“伤寒脉弦细，头痛发热者，属少阳，少阳不可发汗，发汗则谵语。此属胃，胃和则愈，胃不和，烦而悸。（266条）④“伤寒，心下有水气，咳而微喘，发热不渴。服汤已，渴者；此寒去欲解也。”（41条）⑤“太阳病……如其不下者；不恶寒而渴者，此转属阳明也。”（246条）⑥“……服柴胡汤已，渴者，属阳明……”（99条）⑦“本太阳病，医反下之，因尔腹满时痛者，属太阴也。”（279条）不仅如是，仲景的“知病”，除了包括辨识病证，病因、病机和病的传变以外，还兼及患者的病史及其新病和久病。可见，仲景不仅博涉知病，而且对疾病体察入微。

二、脉在证治之上

《伤寒论》从篇目到条文，对脉的重视仅次于病，且其位置在证与治之上；如“辨某某病脉证并治”诸篇名，就是明显例证。在条文中，脉证并列的，几乎占全书三分之一。成无己注本卷一还列有“辨脉法”、“平脉法”各一篇，后人虽谓此二篇是王叔和增益，其实晋代去汉未远，叔和的诊法，必多仲景遗意，何况“辨脉法”、“平脉法”篇内容精神，与《伤寒论》全书所述脉证基本相符。许叔微曾撰《仲景二十六种脉法图》，书虽未见，但从其所著《伤寒百证歌》、《伤寒发微论》来看，此书可能是一部辑录《伤寒论》、《金匮要略》论脉的专书。由此可知，仲景对脉诊与脉法是有丰富的理论根据和实践体验的。

《内经》言三部九候，《伤寒论》则仅言三部，不提九候。所谓“三部”，即人迎、寸口、趺阳，较《内经》直截了当，而三部中又着重诊寸口与趺阳；诊寸口为《伤寒论》平脉辨证之关键，贯穿于全部《伤寒论》，随处可见，诊趺阳在仲景《伤寒论·序》中作为一项要求提出，论中“脾约证”也提到诊趺阳脉。许叔微《伤寒脉证总歌》中有“趺阳胃脉定死生”之句，并说“仲景言趺阳脉者凡十有一。”可见仲景诊法确是临床经验的结晶。

仲景脉法主旨，在于“辨脉法”、“平脉法”两篇，叔和的整理符合仲景之意，有功于仲景，成无已《注解伤寒论》首列此两篇，亦能传仲景诊法之真，综《伤寒论》脉诊之要，可为研究仲景脉法的主要参考资料。其中如：①“凡脉大、浮、数、动、滑，此名阳也；脉沉、涩、弱、弦、微，此名阴也。凡阴病见阳脉者，生；阳病见阴脉者，死。”②“寸口脉浮为在表，沉为在里，数为在府，迟为在藏。”③“寸口，关上，尺中三处，大小，浮沉、迟数同等，虽有寒热不解者，此脉阴阳为和平，虽剧当愈。”④“表有病者，脉当浮大……；里有病者，脉当沉细。”⑤“寸脉下不至关，为阳绝，尺脉上不至关，为阴绝。此皆不治，决死也。”这些，所谓叔和增益的“辨脉法”、“平脉法”中某些内容，为我们所常见的，与《伤寒论》六经病的平脉辨证条文基本相符，其它不缕述。

平脉以辨证贯穿于全部《伤寒论》中，直接关系辨证论治．仲景论脉，重在浮、沉、迟、数，而浮、数、动、大、滑、沉、迟、涩、弱、弦、微则以类相从。浮与数为阳脉，大、滑，动亦为阳；沉与迟为阴脉，涩、弱、弦、微亦为阴。《伤寒论》对这些脉的辨识，是在《素问》、《难经》的基础上加以临证实践总结出来的。王冰赞《素问》各篇谓“稽其言有征，验之事不忒”，我们对仲景的平脉辨证亦有同感。特别在微弱脉与洪大脉间，别阴阳病机，从结代脉审因施治，这为《伤寒论》所独到，是《素问》、《难经》中所没有的。

在平脉辨证论治方面，仲景于太阳病用桂麻者，因其脉之浮缓、浮紧，而紧与缓皆阴脉，所以治以辛温，于太阳病用姜附者，以其脉之微弱、沉微，微与弱亦阴脉，因而治以辛热，于阳明病用膏，黄（大黄）者，以其脉之浮大、浮长，长与大皆阳脉，所以治用辛凉、苦寒；于二阴病之阴证用姜附者，以其脉之沉细，于三阴病之阳证仍用膏、黄（大黄）者，以其脉之浮滑。其中病同脉异治异和病异脉同治同之分，关键在于辨证，识脉更是关键中的关键。

三、用药配伍之微妙

方之取效，一半在于辨证精确，一半在于熟悉药性，结合辨证遣方用药，无疑是治病取效的重要一环。

《伤寒论》方，配伍谨严而灵活。一味药不只在一类方中使用，在另一类方中通过配伍也可入选，甚至补药可用于泻剂，寒药可用于温剂，加减应用，尤见微妙。以六经病大方的加减为例：如治太阳中风用桂枝汤；见项背强者则用桂枝加葛根汤；喘者，则用桂枝加厚朴杏子汤；太阳病下后脉促胸满者，桂枝去芍药汤；微恶寒者，桂枝去芍药加附子汤。此外，如小柴胡汤、小青龙汤、真武汤、通脉四逆汤等方，都各有其绝妙的加减应用。然而这仅仅是药物的加减，另有桂枝麻黄各半汤、桂枝二越婢一汤等合方。然而仲景用药的精义，还不止于此，下面试将桂枝、人参、黄连在《伤寒论》、《金匮要略》中应用略作探索。

1. 桂枝　仲景于桂枝之用，可以说是“致广大而臻精微”，运用出神入化，药量亦变动不居。就其药用而言，邹润安《本经疏证》将仲景用桂枝法度约为六端：一曰和营（实际是和营卫），举桂枝汤、桂枝麻黄各半汤等43方；二曰通阳，举桂枝甘草汤、桂枝甘草龙骨牡蛎汤等8方；三曰利水，举苓桂草枣汤、五苓散等11方；四曰下气，举桂枝生姜枳实汤、桃仁承气汤等12方；五曰行瘀，举桂枝茯苓丸、鳖甲煎丸等4方；六曰补中，举小建中汤、黄连汤等5方。仲景用桂枝于补中“属义精妙，而功广博”。桂枝所治之虚，非参术芪草所补之虚，而是土为木困，因气弱而血滞，因血滞而气愈弱者之虚，这就把仲景对桂枝的妙用，发掘无遗。至于用量，从1、2、3分到1至6两，轻重之差，为它方所未见，各具至理。

2. 人参　仲景之用人参，不仅得参之性，实能扬其长而尽其用。人参功用第一在于补。仲景用之以补的，补脾如理中丸，补肺胃如竹叶石膏汤，补肝如乌梅丸、吴茱萸汤，补心复脉如炙甘草汤，各有各的取用。人参第二个功能在于和。一般都认为小柴胡汤为少阳和解之剂，实际上，柴芩专解邪，用参乃是和解而调停之。胸痹诸方不用参，而胁下逆抢心则用参；而且小柴胡汤的加减法中，遇干呕、渴、胁下痞硬均不去参。从这些可以悟得仲景对人参的用法。

然仲景用参之妙，尚不止于此。一般痞满忌参，但以参佐旋覆、姜、夏，则参可用于散虚痞；腹胀忌参，但以参佐厚朴、姜、夏，则参可用于除胀；参能实表止汗，有表证者忌之，若汗出后烦渴不解，于甘寒剂中则常用它；参能羁邪留饮，咳嗽证忌之，若肺虚而津已伤，于散邪蠲饮剂中也常用它。像这样对人参运用自如的，只有在仲景书中才能看到、学到。

3. 黄连　日人吉益东洞在《药征》中总结仲景用黄连方的主治为“心中烦悸，旁治心下痞，吐下，腹中痛。”并谓“泻心汤证之‘心气不足’应据《千金方》作‘心气不定’，不定者，烦悸之谓。”此说更能阐明黄连的主治，与仲景方义吻合，足证东洞翁善读仲景书，能识仲景用药之妙。仲景用黄连于心、胃、肝、肠等部位的病证，如黄连阿胶汤治心；5个泻心汤、黄连汤、干姜黄芩黄连人参汤治胃；乌梅丸治肝；白头翁汤、葛根黄芩黄连汤治肠。其配伍之法，或配以阿胶鸡子黄之濡，或配以大黄、芍药之泄，或配以半夏、瓜蒌实之宣，或配以干姜、附子之温，或配以人参、甘草之补，因证制宜，所以能收苦燥之益，而无苦燥之弊。

《金匮要略》汇言

前已言读《伤寒论》之心要，兹就读《金匮要略》的体会，汇言如下。

一、历代注疏精湛可诵

《伤寒论》经金·成无已第一个阐注，《金匮要略》经宋·王洙重新发现，明·赵以德第一个阐注；两书虽都系晋·王叔和整理编次，其间由合而分，由分而合，合而再分，若即若离，绵延至今。但同中有异的是：两书发现的年代不同，发现后显晦的遭遇不同，因之在学术上被重视的程度，疏注的众寡，差殊更甚。《伤寒论》传世以后，有加例的，有阐注的，补亡的，订误的，删定的，还有为之证方合论的，分论的，以证类方的，以经分证的，编注之多，比“百家注杜”更有过之。而《金匮要略》编次后即默无所闻，由晋、唐至宋、元、明，疏注者仅赵氏一家。同是张仲景著述，又同是王叔和编次，由于“伤寒”、“杂病”之分，好象孪生兄弟之肥瘠太甚了。后人疏注《金匮要略》与疏注《伤寒论》的，在数量上固不能比拟，在版行传世方面，《金匮要略》亦瞠乎其后。

新中国成立后，这两部书方同列为古典医著，均为中医学院的必修课。《金匮要略》韬光匿彩500多年，至此始得与《伤寒论》并为世重。

就《伤寒论》与《金匮要略》注家比较来看：《伤寒论》系统作注，成无已为之首创。别撰《明理论》，论证50篇，论方20篇。其实宋·许叔微已有《伤寒发微论》、《伤寒九十论》之作，阐发仲景奥义，早属不注之注；以后，朱肱的《伤寒百问》继之。金、元间，刘守真、张壁各有伤寒著述，其辨脉，辨证，辨方，皆补仲景未备；明·王肯堂的《伤寒准绳》，张卿子的《伤寒论注》，李士材的《伤寒括要》，许宏的《金镜内台方议》，陶华的《伤寒六书》中的《续明理论》等前后10家，都是发挥《伤寒论》原文或注或议之佼佼者。参照曹炳章氏《历代伤寒书目考》所提示，宋代计57家，金20家，元30家，明91家，共198家。至于《金匮要略》，仅明·赵以德之《衍义》。回顾往昔，我们真为那时《金匮要略》的默默无闻而遗憾。

我们从文献中查得，《金匮要略》在被宋·王洙发现以前，仅有唐·孙思邈，王焘把有关方论采入于《千金要方》及《外台秘要》中；《脉经》、《肘后方》、《三因方》虽各有引述，但提张仲景者多，提《金匮要略》者少。书不题名，遑论注释。再从宋·王洙时代（约为公元1063年）迄明万历戊戌（公元1598年），即徐榕校梓《金匮要略》那一年，共535年中，《金匮要略》的方论传布于当时医籍中的，有宋代的朱肱、陈无择，金、元时的刘守真、李东垣、张洁古、王海藏、朱丹溪；其中尤以丹溪对《金匮要略》方推崇备至，称之为“万世医门之规矩准绳”，“引例推类可谓无穷之应用”。（《局方发挥》）以上7家，俱为宋、金、元间医学大师。著书立说，足以振古烁今。然而仅钦敬《金匮要略》为载道之书，却都没有奋笔为之注疏。如李东垣在《内外伤辨惑论》引易水张氏说：“仲景药（方）为万世法，号群方之祖，治杂病如神，后之医者，宗《内经》法，学仲景心，可以为师矣。”说明对《金匮要略》方论景仰的心情。王海藏在《此事难知》中云：“余读医书几十载矣，所仰慕者，仲景一书为尤，然读之未易通达其趣，欲得一师指之，遍国中无能知者。”他所谓“仲景书”，后文特加以点明说：“《金匮玉函要略》、《伤寒论》，皆张仲景祖神农，法伊尹，体箕子而作也。”综合以上二家之说，可知注《金匮要略》是有所思而未尝做的。

大概是由于《金匮要略》发现较晚了些，不像《伤寒论》在晋、唐时已有王叔和、孙思邈、王焘等编次引述；它直至北宋王洙才发现于馆阁，又列为官书，民间较少流传，一般都无法看到，更谈不到整理和注释。至明代赵以德承丹溪之学（赵为朱之弟子），始为之“衍义”，但仍未有刻本，见者亦不多：清康熙间，周扬俊认为赵注“理明学博，意周虑审。本轩岐诸论，相为映照；合体用应变，互为参酌。”鉴于赵注尚未完成，周又采喻嘉言之说（周为喻之弟子），加以“补注”，融会而成《金匮玉函经二注》。此后，《金匮》注本就逐渐从仅有到较多地问于世。

赵后周前，卢之颐的《金匮要略论疏》，书未见，据记载，其对《金匮要略》研究极深。在清代，除周扬俊为赵氏《衍义》作《补注》外，尚有徐彬的《论注》，程林的《直解》，沈明宗的《编注》，魏荔彤的《本义》，尤怡的《心典》，黄元御的《悬解》，陈念祖的《浅注》，唐容川的《浅注补正》，还有清廷作为国家编审印行的《医宗金鉴·金匮论注》等。在清260余年中，《金匮要略》注本传世而为我们见到的仅此10家（知其书而未见者不计入）。其中分卷较多的为徐彬、沈明宗、黄元御3家（各22~24卷），较少的为程林、尤怡（各3卷）。就其注本的内容来说，这10家《金匮要略》注，俱系积学之士，对《金匮要略》毕生求索，其造诣各有擅长。可以说，《金匮要略》的注家虽不多，然均精湛可诵。

除了这些《金匮要略》专注以外，还有从杂证方书中因释证、释方而阐及《金匮要略》方论证治的，虽非专门注本，但对《金匮要略》的研究阐述，亦多卓而不凡。例如王晋三选注古方而释及《金匮要略》，邹润庵以疏证本草而释及《金匮要略》，更有如喻嘉言、徐大椿、张路玉等阐述杂症而释及《金匮要略》者。

近50年来，中医学者如恽铁樵、曹颖甫等付出了不少辛勤劳动，对《金匮要略》的研究探索成绩斐然。解放以后的述作则更多。传道、授业、解惑之书，遍及国内并推及海外。《金匮要略》方的临床应用方面，各地医药杂志所报，道更是十分丰富。抚古瞻今，对《金匮要略》的研究探索，发展提高，更是后来居上，越过前人。

二、四家注本各有独道

在多家《金匮要略》专注中，他们都是术业有专攻，议论赅今古，出其心得，启迪后人。但我们亦应有所抉择，不能贪多务得，细大不捐；更不能广原搏兔，网罗多而刈获少。选读注本，从“两大”、“两小”入手。“两大”即徐彬《金匮要略论注》、沈明宗《金匮要略编注》各24卷，为大部注本；“两小”，即尤怡的《金匮要略心典》、魏荔彤的《金匮要略本义》，各3卷，为小部注本。这四家注本，各有独道，各有造诣。

1. 徐彬的《论注》其体例自谓：“正义疏释备于注，或有剩义及总括诸证不可专属者备于论。”意味着注是解释原文，论是广泛阐述。他指出读

《论注》法，须先将方论药味，逐字不遗熟读贯串，竭其知识；探讨既久，然后将《论注》验其得失，不可摘段取便，不可仿佛涉略。其《论注》所阐释的从一字一句，到脉、因、证治，都作了详细地剖析。如“太阳病，关节疼痛而烦，脉沉而细者，此名中湿，亦名湿痹。湿痹之候，小便不利，大便反快，但当利其小便”条的注释。他首先点明病因，“此证湿之挟风，而湿胜以致痹者。”接着分析病机：“风走空窍，故流关节；风气滞于中，故通心而烦；风为湿所搏，失其风之休，故脉沉而细……气既为湿所痹，则气化不行而小便不利；大肠主滞，湿行反快而不艰——病风者多便秘，故以湿胜而快者为反耳。”这一解释，夹叙夹议，研探极细。后段分析治法，亦推勘入微。此类注释，徐氏《论注》中比比皆是，询不愧为喻氏高弟，深得乃师薪传，允推《金匮要略》的一个好注本。

2. 沈明宗的《编注》　其书致力于“编”与“注”两个方面。他认为，仲景书多编次失序处，以《金匮要略》来说，首篇最明显。沈氏指出：“从来著书立言，必先纲领，次及条目，而是编乃以治病回答冠于篇首，叙例大意仅次后章；且诸方论（指首篇中后八节）头绪参差不贯，使读者如入雾径，失其所之。”因此，他把《金匮要略》首篇的次章冠首，而为叙例，次以时令，问答阳病、阴病、五脏病、四诊、治法等相贯于后，为 1 卷；2～22 卷，均以病带方，23、24 两卷则存而不论。这一篇次，既合实际，且有理致。关于注的方面，亦多明白晓畅，并能发人所未发。如“寒疝腹中痛，及胁痛里急者，当归生姜羊肉汤主之”条，诸家注释，多从证属虚寒；病在肝经，治以温养着笔。而沈氏强调冲脉，一经点明，使条文的病机，治法和方药更多一番新的悟境。他指出，“此连冲脉为疝……肝木受邪、乘脾则腹中痛；本经之气不舒，故胁亦痛，连及冲脉则里急矣，治以当归补养冲任而散风寒……”。此类别出心裁的解释，开辟奇经证治之路，扩而充之，颇多启发。

3. 尤怡《心典》　其书卷帙不多，注释极简明扼要，以少胜多，堪称《金匮要略》注本中“少而精”的代表作。徐大椿称其“条理通达，指归明显。辞不必烦，而意已尽，语不必深，而旨已传。虽此书之奥妙不可穷际，而由此以进，虽入仲景之室无难也”。江阴柳宝诒称其“于仲景书尤能钻研故训，独称心得。”这些都是对他的实际评价。《医宗金鉴·金匮要略注》，多采取尤氏之说，足以概见其注疏之价值。值得称述的是，尤氏对《金匮要略》的深入理解，不仅见之于注文，还见之于临床实践。他在《静香楼医案》中，以制肝益脾法治咯血胁痛便溏及中满肿胀；以葶苈大枣泻肺汤治浮肿咳喘；以理中合黄土汤治 5 年不愈的泻痢便血。特别以肾气丸加减治内饮，治肾虚肺实的喘咳，治阳虚不能化水的水肿，治冲气咳逆，治肾虚齿痛等等，都是得心应手。把《金匮要略》方用到机圆法活的境界。

4. 魏荔彤《本义》　魏氏对仲景书研索极深，注释多透彻，说理详明。其释证、释方、释药，阐明经义，更觉精切。如释射干麻黄汤谓：“以射干为君，散胸中逆气，佐麻黄姜辛以散表邪，紫冬五味以润肺气，半夏开郁，大枣补中。一方兼解表润里，邪去而正气行，结开而津液复。”议药药方，一以贯之。释泽漆汤方证，更出以精心。他首先分析证因，指出“咳而脉沉，里热病也：必素日形寒饮冷，伤其肺脏，变热入里，耗其正津，瘀其痰血而欲成痈也”。继以释药说：“泽漆，大戟苗也，较大戟寒性虽减，而破瘀清热利水降气有同性，且性缓于大戟，故宜于上部用。佐半夏开之，黄芩泄之，白前、紫参润之，生姜、桂枝升散之，参、草补益之。可谓预治肺痈稍从急治者矣。”层层分析药性药效，使泽漆汤方证无剩义。

上述四家注本，各有特长，各臻化境。他们对《金匮要略》的探索，从不同角度上深入，从不同方法上浅出，深入为了明理，浅出为了喻人。不论明理或喻人，其促使《金匮要略》更好地古为今用，是殊途同归的。上接仲景心源，可称瓣香一贯，值得研录取用。

虽然《金匮要略》注本不及《伤寒论》十分之一，但由于它是古典医著中最早一部有论有方的杂病文献，涉及内、妇、伤、外科 44 个病种，病因病机有风、寒、湿、暍、火毒、五脏六腑、气、血、痰、食、虫、水……等多样，出方 226 个，选药 158 种。病证方药如此繁多，后世医家，特别是明清医家，无论在杂病方书或论药的著作中，都有一定的论述来阐发《金匮要略》的病证和方、药。这些论述，虽非《金匮要略》专注，而碎金片玉，却是作者全神贯注所在，也即是各种方药著作中的结晶部分。金元之李东垣、罗天益，明之王肯堂、李士材、张介宾、赵献可，在其全集中各有关于《金匮要略》病证方论的阐述，清代诸家更在所多有。

特别要提的是喻嘉言的《医门法律》。喻氏继《尚论》伤寒之后，取《金匮要略》证方要旨，精思冥悟，而成该书。论证论方，悉本《金匮要略》而有所阐发，是一部不名《金匮要略》的“金匮要略衍义”。次为徐大椿《兰台轨范》，其书对《金匮要略》方的串解和临床运用，各有要言不烦的指出；着墨不多，但都是传神之笔，其金针度人之处，不能以廖廖数语而详尽。与此同时，王晋三的《古方选注》，对《伤寒论》、《金匮要略》方的注释，都能阐幽发微。不释则已，释则洞中窥要；既释方，又释证、释药，一释而“三关”俱通。再次为邹润庵的《本经疏证》，其书原以释药为主，参证《伤寒论》、《金匮要略》、《千金要方》、《外台秘要》等方。说理精当，疏解详备，以药证方，据证论药；方与药相互印证，而经义愈明，颇可作为《金匮要略》方注读。

我认为，徐、沈、尤、魏四家之书，无妨看作清代注《金匮要略》最佳之本，并以喻、徐、王、邹书中解释《金匮要略》方证及方药部分，作为专注以外的散注，朝夕观摩，定有所得。

[《中国医药学报》1995；10（1）：50]

三阴三阳浅论

喻嘉兴　湖南中医学院

“三阴三阳”一词，首见于《素问·天元纪大论》[1]，即太阳、阳明、少阳、太阴、少阴、厥阴六者的总称。在有关的文献中[2,3]，常将其与“六经”并称或互称。其实不然，三阴三阳是我国古代哲学的概念[4]，是古代用来说明事物阴阳运动变化情况的理论，它具有多方面的涵义和深远意义。现就本人对三阴三阳的认识，粗浅论述如下，以供同道参考。

一、三阴三阳与卦爻位象

《周易》为古典五经之首，“是一部伟大的哲学巨著”[5]。它以阴爻（- -）和阳爻（—）为基础，组成八经卦和六十四别卦。《周易·系词上》：“易有太极，是生两仪，两仪生四象，四象生八卦”[6]。两仪指阴阳，以阴爻（- -）和阳爻（—）为代表；阴爻和阳爻两仪分别各生一阴一阳，便成四象，即 太阴、 少阴、 太阳、 少阳；四象之上再分别各生一阴一阳，便成八经卦，即坤☷、艮☶、坎☵、巽☴、震☳、离☲、兑☱、乾☰:”，每卦三爻。其中四象，体现了三阴三阳中的有关名称。《周易》中的三男三女说[6]，以乾为父，坤为母，震卦（☳）得乾之初爻为长男，坎卦（☵）得乾之中爻为次男，艮卦（☶）得乾之上爻为少男；巽卦（☴）得坤之初爻为长女，离卦（☲）得坤之中文为次女，兑卦（☱）得坤之上爻为少女。长、次、少三男三女说，是三阴三阳思想的影子[7]。三阴三阳源于《周易》卦象少壮老的理论[8]，坤为老阴，其下一阳生为震☳：即少阳；二阳生为兑☱，即壮阳；三阳生为乾☰，即老阳；老阳生阴，乾下一阴生为巽☴，即少阴，二阴生为艮☶：即壮阴；三阴生为坤☷即老阴。乾、兑、震分别代表太阳、阳明、少阳；坤、艮、巽分别代表太阴、少阴、厥阴。此为三阴三阳在八经卦中的体现。六十四别卦的组合，则是每卦六爻，自下而上，初、三、五位为阳，二、四、六位为阴，阴、阳各三，合而六位方成一卦，此为三阴三阳理论之发源[7]。在此基础上，便认为泰卦（䷊）六爻、自下而上依次代表太阳、阳明、少阳、厥阴、少阴、太阴[8]。并且认为六爻位所象的六个阶段，构成一个阴阳消长转化周期，如乾卦（䷀）六爻，自下而上，即是由初微→渐盛→旺盛→盛极→始衰→来复构成的典型周期反映[5]。总之，《周易》中的卦爻位象变化，是三阴三阳位象变化的体现。也反映了三阴三阳是六个不同程度阴阳之性的位象显示，并有其一定的内在联系规律，是阴阳消长理论的最早运用。

二、三阴三阳与六气标本

古代根据天干以定“运”，地支以定“气”，谓之干支运气。用它来推测时空气候变化，其源亦来于《易经》三维结构[9]。《内经》七篇大论，继而详述了运气（五运六气）内容。其中，六气与三阴三阳有内在联系。《素问·天元纪大论》：“阴阳之气，各有多少，故曰三阴三阳也”，“寒暑燥湿风火，天之阴阳也，三阴三阳上奉之”[1]，指出自然界的阴气与阳气，各有多少的不同，所以有三阴三阳的名称。寒暑燥湿风火（即六气），是天之阴阳，三阴三阳与它相应。又曰：“厥阴之上，风气主之；少阴之上，热气主之；太阴之上，湿气主气，少阳之上，相火主之；阳明之上，燥气主之；太阳之上，寒气主之，所谓本也，是谓六元”[1]。指出风热湿火燥寒，分别是三阴三阳的本气，它是天元一气化之为六，所以称为六元，即六气是三阴三阳的本元；《素问·六微旨大论》：“少阳之右，阳明治之；阳明之右，太阳治之；太阳之右，厥阴治之；厥阴之右，少阴治之；少阴之右，太阴治之；太阴之右，少阳治之，此所谓气之标”[1]，指出三阴三阳是六气之标。以上说明，三阴三阳是针对阴阳的各自多少而言的，即三阴三阳能体现阴阳的消长变化情况。六气与三阴三阳相应，构成标本关系，体现了六气也各有不同阴阳之性的特点。另外，在《内经》运气学说中，三阴三阳用来代表客气，并论定客气之间的循环顺序规律（其按厥阴→少阴→太阴→少阳→阳明→太阳依次循环）[1]。将客气加临于主气[1]（按厥阴风木初之气、少阴君火二之气、少阳相火三之气、太阴湿土四之气、阳明燥金五之气、太阳寒水终之气顺序，此也体现了三阴三阳与五运木、火、土、金、水相应）之上（称“客主加临”），用来推测复杂的气候变化。这也说明人们对自然界气候变化规律的认识，也是用三阴三阳的理论来阐述，在预测气候变化方面，有一定的意义。

三、三阴三阳与经络（脏腑）体应

人体是自然界的产物，其生命活动，无不与自然界密切相关，故《灵枢·邪客》篇曰：“人与天地相应者也”[10]。脏腑经络，是人体的主要结构，其机能活动，无不受自然界的影响。故《素问·五运行大论》：“寒暑六入，故令虚而生化”[1]，即六气的影响，能使大地生化万物，是物化的保证。人体内脏腑经络的机能活动，也是依赖于此。因此，六气内应人体脏腑经络，人体经络脏腑外应六气[5]，两者关系极为密切。现代教材记载：“天有三阴三阳六气和五行的变化，人体也有三阴三阳六经和五脏之气的运动”[11]，指出人体经络（脏腑）与六气相应，是“天人相应”的体现。以上都说明了六气与人体经络（脏腑）相应的关系，这一关系，实际上也是三阴三阳与人体经络（脏腑）相应的关系。汉代医家张仲景以此为基础；提示“六经”名称，并以之作为认识外感热病的辨证纲领，后世称之为“六经辨证”，为历代医家所遵循。他所提示的“六经”，实际上是三阴三阳分别与相应人体脏腑经络等结合的综合概念[8]，是三阴三阳分别与相应脏腑经络的病理层次（病位）和病理状态（病性、病势）等的高度概括。它体现了人体六组脏腑经络的生理病理性质及其发展变化规律[8]。可见仲景提示“六经”，其意义深远，实为医之一大创举。

总之，《易经》中的卦爻位象变化，反映了三阴三阳的消长变化情况。两者在说明阴阳消长变化方面，具有同一意义，只是用符号与文字的表述不同。三阴三阳是六气之标，六气是三阴三阳之本。这种标本关系，体现了六气与三阴三阳相应的关系，说明了六气也各有不同的阴阳之性。在运气学说中，三阴三阳用代表客气，并论定其间循环顺序规律，对于推测气候变化是一个主要方面。仲景的“六经”之名，是人体六组脏腑经络与三阴三阳相应的体现，是对人体六组脏腑经络的的生理病理性质及其发展变化规律的高度概括，在中医学中，具有深远意义。以上说明，三阴三阳在说明不同事物方面，起到了特有的不同作用。

参考文献

[1] 南京中医学院. 黄帝内经素问译释. 上海：科学技术出版社，1963；416，418，421，441，441，432，431.

[2] 辞海编辑委员会. 辞海（缩印本）. 上海：辞书出版社 1982；14，345.

[3] 中医研究院. 中医名词术语选择. 北京：人民卫生出版社，1982；80.

[4] 牛元起. 关于六经实质的探讨. 中医杂志，1980；(10)：12，10.

[5] 杨力. 周易与中医学. 北京：科学技术出版社，1990，前言，56，205，62，59.

[6] 阮元（清）校刻. 十三经注疏. 北京：中华书局出版，1983；82，94.

[7] 梁华龙，等.《易经》对三阴三阳理论形成的影响. 国医：论坛，1989；(3)：7.

[8] 林绍志.《周易·泰卦》是《伤寒论》六经辨证的“沙盘”. 国医论坛，1993；(2)：8，9.

[9] 郑军. 干支纪年和五运六气来源的重新发现. 中国医药学报，1988；(1)：35.

[10] 山东中医学院. 灵枢经语释. 济南：山东人民出版社，1963；468.

[11] 李德新. 中医基础理论. 长沙：湖南科学技术出版社，1985；5.

［《湖南中医学院学报》1995；15（1）：7］

《伤寒论》方证辨证探析

顾武军　南京中医药大学

《伤寒论》法寓于方，方有主证，论中“桂枝证”、“柴胡证”等首创以方名证，使方、证紧密结合，开方证辨证之先河，方证辨证是《伤寒论》辨证论治体系的主要组成部分，是在六经、八纲、脏腑等辨证基础上的进一步具体深化，使辨证和论治相统一。诚如岳美中所说：“《伤寒论》六经标题，首揭‘辨三阴三阳病脉证并治’，很鲜明地昭示后人，篇中更有‘随证治之’、‘依法治之’等语，在具体治疗中，则某病以某方‘主之’即为专病专证专方，某病证‘可与’或‘宜’某方，是在辨证之下而随宜治之之意。”

本文仅就《伤寒论》有关条文进行初步分析，

以冀探求其方证辨证的规律。

一、有是证用是方

仲景辨证，强调以脉证为凭，而制方治病则据证以立方，故方证辨证的关键是明确“方证”。《伤寒论》除禹余粮丸阙失外，共112方，仲景第一个历史功绩就是确定了与这些方剂相对应的证候即“方证”，使方剂的运用指针规范化。“太阳病，头痛，发热，身疼，腰痛，骨节疼痛，恶风，无汗而喘者，麻黄汤主之。”（35）这里的“头痛，发热，身疼，腰痛，骨节疼痛，恶风，无汗而喘”就是麻黄汤的方证，后世称之为“麻黄汤八证”。

在确定方证的基础一，仲景提出了有是证用是方的方证辨证原则，论中“凡柴胡汤病证而下之，若柴胡证不罢者，复与柴胡汤……。”（101）就是这个原则的具体应用。这里复与柴胡汤的前提是“柴胡证不罢”。因为误治之后，疾病会发生不同的转归，若疾病发生变化，柴胡证已罢，其治疗应以“观其脉证，知犯何逆，随证治之”为原则，决不能投以柴胡汤，今柴胡证不罢，才可投以柴胡汤，这就示人“证不变治亦不变，有是证用是方”。论中“太阳病，桂枝证，医反下之，利遂不止，脉促者，表未解也，喘而汗出者，葛根黄芩黄连汤主之。”（34）则是从另一个方面阐述了这个原则。桂枝证误下，证情发生了变化，不见桂枝证，而出现喘而汗出的协热下利证，证变治亦变，故仲景不用桂枝汤而用葛根黄芩黄连汤以清热止利。是以柯韵伯说：“仲景之方，因证而设，非固经而设，见此证便用此方，是仲景活法。”

二、但见一证便是

疾病的证候表现是纷繁复杂的，为医者必须善于从纷繁的证候中分清主次，明确病变的重点所在，而及时准确地给予治疗，始能获得满意疗效，在方证辨证中尤须掌握这一点。论中“伤寒中风，有柴胡证，但见一证便是，不必悉具。”（101）是仲景揭示的方证辨证的又一原则，即抓主证的原则。当然，抓主证是建立在综合分析的基础上的。“但见一证便是，不必悉具”，其重点在“不必悉具”，而其“一证”是指主证而言。汪苓友说：“但见一证，或谓口苦，或咽干目眩，或耳聋无闻，或胁下硬满，或呕不能食，往来寒热，便宜与柴胡汤治之，不必待其证候全具也。”《伤寒论译释》更明确指出：“本条所指出的柴胡汤证即96条之往来寒热，胸胁苦满，嘿嘿不欲饮食，心烦喜呕，以及诸或有证；但其中亦有主次的不同，所谓但见一证，是指在主证已见基础上。……如果不见主证，但见一或有证，便用柴胡汤来治疗，是不够妥当的。”论中“呕而发热者，小柴胡汤主之。”（379）就是这一原则的具体应用。这个原则决不仅限于柴胡汤证，仲景以柴胡汤证为例旨在示人抓主证的辨证原则，具有普遍的指导意义。论中“少阴病，脉沉者，急温之，宜四逆汤。”（323）“阳明病，发热汗多者，急下之，宜大承气汤。”（253）“少阴病，得之二三日，口燥咽干者，急下之，宜大承气汤。”（320）都是在全面综合分析的基础上。抓住主证，进行辨证论治的实例。

三、善于随证加减

《伤寒论》方配伍极其严谨，具有一定的规范性，但又有很大的灵活性，往往是一味药的变动，或仅是药量的增减，作用就显著不同，故仲景示人在辨证治疗中不要刻板呆法，反对执方治病，而要善于随证加减。论中小青龙汤、小柴胡汤、真武汤、通脉四逆汤、四逆散、理中汤等方后都附有加减法，条文之中也屡见不鲜，如“发汗吐下后，虚烦不得眠，若剧者，必反复颠倒，心中懊侬，栀子豉汤主之。若少气者栀子甘草豉汤主之。若呕者，栀子生姜鼓汤主之。”（78）“太阳与少阳合病，自下利者，与黄芩汤；若呕者，黄芩半夏生姜汤主之。”（172）“若内有久寒者，当归四逆加吴茱萸生姜汤主之。”（352）皆随证加减之例。再就桂枝汤而言，其加减方甚多，其类方即有21方，其中以桂枝汤原方加味的就有9方。如“喘家作，桂枝加厚朴杏子佳。”（18）“太阳病，项背强几几，反汗出恶风者，桂枝加葛根汤主之。”（14）是以后世研究《伤寒论》者提出“类方”之说，清·徐灵胎在前人基础上著成《伤寒论类方》，将论中全部方剂归纳为十二类。仲景之加减法，既有一定的规律性，也有其灵活性。如呕吐者，每加以半夏、生姜之属，但亦有随病理变化而加减者，如同是口渴，理中汤中重用白术以运脾生津，小青龙汤则去半夏加蒌根清热生津，小柴胡汤则重用人参去半夏，加蒌根以益气清热生津；又如同是腹痛，理中汤重用人参益气以行滞，四逆散则加附子通阳散郁，小柴胡汤则去黄芩加芍药制肝和脾。综上可见研究《伤寒论》方证辨证亦须研究其加减变化规律。故徐灵胎说；“能识病情，与古方合者，则全用之，有别证则据古方加减之，如不尽合，则依古方之法，将古方所用之药而去取损益之，必须无一药之不对证，自然不悖于古人之法，而所投必有神效矣。”唐容川更谓“仲景凡以某方为主者，皆有加减出入，世谓经方不可加减，皆读书未化之故，须知仲景亦常有加减之方，明明示人加减之法，要在会通其理，然后可议加减。”

四、当识一方多证

前谓“有是证用是方”、“但见一证便是，不必悉具”，要在强调“方证”，然《伤寒论》之方证，有一方一证者，而更多的则是一方多证，是以《伤寒论》方有广泛的应用范围。如五苓散证，在太阳病篇是以脉浮发热、消渴、小便不利的膀胱气化不利，水气内停的蓄水证立论，而在霍乱病篇则以脾土寒湿，胃肠紊乱，升降反作，上吐下泻而兼表证者立论，蓄水之治用五苓散化气利水，而霍乱之用五苓散者，诚《方剂学讲议》所谓：“妄食生冷，邪随食入，损伤脾胃，邪湿稽留胃肠，升清降浊之机失常，而见上吐下泻之证，用桂术以扶脾化气，苓泽以渗湿分清，白术得桂，则上升通阳之效捷，泽泻得二苓，则下降利水之力足，使脾运健，肠胃邪去，则升降复常，吐泻可愈；”又如吴茱萸汤证，论中凡三见，一为阳明病篇之“食谷欲吐者，属阳明也，吴茱萸汤主之。”（243）二为少阴病篇之“少阴病，吐利，手足逆冷，烦躁欲死者，吴茱萸汤主之。”（309）三为厥阴病篇“干呕，吐涎沫，头痛者，吴茱萸汤主之。”（378）虽皆主以吴茱萸汤，而其脉证组合都是独立的病理表现，难以一证统之。再如桂枝汤证，太阳中风之营卫不和证仅是其一，而“病人脏无他病，时发热自汗出”属于杂病者当属其二，另外，“太阴病，脉浮者，可发汗，宜桂枝汤。”（276）“吐利止而身痛不休者，当消息和解其外，宜桂枝汤小和之。”（387）以及《金匮要略》“妇人得干脉，阴脉小弱，不能食，无寒热，名妊娠，桂枝汤主之。”则为其三其四了，我曾就《伤寒论》中有关桂枝汤的条文加以分析归纳，认为“调和营卫，不论有表无表，扶正祛邪，不在有汗无汗；调和脾胃，不分内伤外感。”桂枝汤何以有诸多之适应证，其原因就是桂枝汤有多种功能作用。徐忠可曾指出：“（桂枝汤）表证得之解肌和营卫，内证得之化气调阴阳。”章虚谷更指出：“此方立法，从脾胃以达营卫，周行一身，融表里，调阴阳，和气血……而使塞者通，逆者顺，偏者平，格者和，是故无论内伤外感，皆可取法以治之。”是以后世有谓桂枝汤为解表剂，有谓为和解剂，亦有谓为补益剂。我以为诸家之说皆有理有据，若合论之则更全面。诚如柯韵伯说：“粗工妄谓桂枝汤专治中风一证，印定后人耳目。……愚常以此汤治自汗、盗汗、虚疟、虚痢，随手而愈。固知仲景方可通治百病，与后人分门证类，使无下手处者，可同年而语耶。”

五、要在具体分析

方证辨证和其他各种辨证一样，临证时还要善于变通，即所谓具体情况具体分析，这也是《伤寒论》的特点之一，岳美中说：仲景（《伤寒论》……具体情况具体分析具体解决，万古常新。”例如，在合病并病中，就要根据具体情况分析疾病的轻重缓急而决定治疗之先后，论中“伤寒，医下之，续得下利，清谷不止，身疼痛者，急当救里，后身疼痛，清便自调者，急当救表。救里宜四逆汤，救表宜桂枝汤。”（91）就是辨缓急先后的实例。再如少阳病而兼有阳明病者，其治疗有小柴胡汤、大柴胡汤、柴胡加芒硝汤之别，论中以“大便溏，小便自可”（229）“舌上白苔”（230）作为具体分析的依据，证其里实不甚或里热不甚而选用小柴胡汤先和解少阳，其里实不甚或里热不甚之阳明证，可随服小柴胡后“上焦得通，津液得下，胃气因和”而解。而大柴胡汤、柴胡加芒硝汤则是兼治之法。又如“伤寒发汗已解，半日许复烦，脉浮数者，可更发汗，宜桂枝汤。”（57）就是结合治疗经过而不用麻黄选用桂枝的具体分析之例。程郊倩说；“伤寒服麻黄汤发汗已经热退身凉而解矣，半日许复烦，脉见浮数，终是寒邪退而复集，与自汗脉浮缓之中风无涉，然汗后见此，则阳虚便防阴弱，盖烦因心烦，数属阴虚，此际宁堪再任麻黄，改前发汗之法为解肌，则虽主桂枝，不为犯伤寒之禁也。”另外，仲景还很注意结合病史、体质、嗜好等情况进行具体分析，示人分析问题要全面细致。在具体治疗选方中，亦无不具体情况具体分析，如在下法的使用上，设有缓下、和下、峻下、润下、外导诸法。在具体运用中，有些很谨慎，从不过剂，中病即止，有时还一试再试，但有的很果断，一下再下，甚至“急下”，这都要通过具体分析才能达到，决无成法可循，所有这些，皆是仲景示人临证时要机园法活，胆大心细，才能克敌制胜。

［《南京中医大学学报》1995；11（2）：20］

张仲景“方证相对”辨证思想的内涵及价值探析

叶纪平　江苏省无锡中医院

张仲景所著《伤寒论》，把《内经》的基本理论和临床实际紧密结合，开创了祖国医学辨证论治的先河。其中“方证相对”的辨证思想，尤为精髓之一。本文试就其内涵及其价值作一探析。

一、证的概念和特征

什么是证？证就是证候。仲景所言辨证就是指辨别疾病的证候，证候一旦确定，就为临床治疗铺平了道路。“证”和“症”两字历来不可通假，其意义更是迥然不同。“证”字早在《说文》中就有记载，而“症”字则是后起的俗字（见《玉篇》），乃指如“头痛”、“发热”等个别的症状，它并不能断定疾病的任何性质。证是由症状、体征所构成，但又不单纯是一群症状的总和。有学者指出，辨病必须审证，在确诊疾病的基础上，对其病机必须作出确切的判断，而表达的形式就是证。在《伤寒论》、《金匮要略》中，尽管仲景谈到“太阳病”、“阳明病”、“百合狐惑病“等，但所列之病，终究还是以疾病的表现为主证而论述的，所以仲景有时称“病”，而有时又称“证”。古代“证的概念，可以视为疾病的类概念，它有二大要素构成：一是表现为一组证候群，二是能较深刻地反映出该组证候群内在同一的病理变化。从某种意义说来，可以把证看作病的一个组成部分、一个阶段或一个类型，它是一个包含了病因、病位、病性、病势等内容的一个综合性的概念。

二、“方证相对”说的内涵

1. 独特的辨证模式 《伤寒论》中，张仲景运用阴阳学说，在对机体整体宏观规律研究的基础上，把临床上一大堆看起来杂乱无章的症情变化及体征联系起来，归纳为一个个具有特征性的汤证，由此构成了一种独特的辨证模式。如：

麻黄汤证，表现的证候群是：恶寒、发热、无汗、头痛、身痛、腰痛、骨节疼痛、喘息、舌苔薄白、两脉浮紧、内寓寒邪外袭、卫阳被遏的病机。

桂枝汤证，表现的证候群是：发热、自汗出、恶风、头痛、舌苔薄白、两脉浮缓。内寓风邪外袭，营卫不和的病机。

《伤寒论》112 方均针对了 112 个特定的证候，临床上不管遇到什么疾病，有是证用是方，便可取效，这就是张仲景的辨证思想。

2. 灵活的辨证原则 临床疾病变化十分复杂，往往一个证候所表现的症状比较多，一时难以确定。为此“方证相对”说又提出了一个灵活的辨证原则：“但见一证便是，不必悉具”，实具有深刻而又广泛的意义。

“但见一证便是”，意思是要善于抓住主证，主证是指决定全局而占主导地位的证候，惟有它能反映疾病的本质。所谓本质，就是指疾病发生、发展的基本病机。主证不是孤立地存在着，它往往寓于疾病的诸多证候群中。如麻黄汤证以无汗恶寒为主证，桂枝汤证以汗出恶风为主证，葛根汤证以项背强为主证，柴胡汤证以胸胁苦满为主证，泻心汤证以心下痞为主证……。实践告诉我们：疾病的发生、发展、变化是十分复杂的，临床表现也是不同的。任何一种疾病都是通过症状或体征显示出来的，在疾病的某一个阶段，其主要病机只有一个，而表现为该病机的主证也只有一个。这个主证，可以指主证的一个症状，如“食谷欲呕，属阳明也，吴茱萸汤主之。”（《伤寒论》245 条）也可以指主证的部分症状，如“太阳病，头痛，发热，汗出，恶风，桂枝汤主之。”（《伤寒论》13 条）临诊中，我们倘能敏锐地抓住一二个能够揭示疾病本质的主要特征，针对性地选择恰当的汤方，必然能获得满意的疗效。

“但见一证便是”，引伸其义，还告诉我们：在使用仲景方时，其所对之“证”的辨析，不必拘泥于书中所论之证候，只要是所揭示的疾病本质，与该方证的基本病机相同，使用该方同样可取得疗效，由此引导了后世的“同病异治”和“异病同治”方法的广泛应用。如《岳美中医案集》所载宋某一案便是典型例证。患者便燥数日，每饥时胃脘胀痛、吐酸，得按则痛减，得矢气则快，惟矢气不多，亦不渴。诊见面部虚浮，脉濡缓。投甘草泻心汤加茯苓，3 剂后大便稍畅，矢气较多，改投防己黄芪汤加附子，1 剂后大便甚畅，痛胀均减，面浮亦消，惟偶觉烧心，又服 2 剂。3 个月后随访，诸恙皆消。本例主要证候，无一与甘草泻心汤相符，且大便结硬与雷鸣下利更属对立，何以断然投以甘草泻心汤？实因该病证所揭示的胃气虚馁，湿满于中的本质恰合甘草泻心汤证的基本病机，故用之有效。

3. 与“方症相对”的区别 “方症相对”是一种简单的“对号入座”的治疗方法，用者往往不得要领而产生误治。如宋代《局方》仅风行二三年之久，只因书中都是方症相应的简单罗列，以致用者弗明方之旨与方之证……而徒执方以疗病”，结果导致了当时滥用温燥习以成弊，贻害病人的现象。朱丹溪曾一针见血地指出《局方》存有“刻舟求剑、按图索骥”之弊。“方证相对”则是针对疾病本质表现而施治的诊治方法。二者只一字之差，实有着本质的区别。

三、“方证相对”说的价值

张仲景倡导的“方证相对”的辨证论治思想具有一定的实践性和科学性，一直成为后世医家在临床上思考问题、研究措施、总结经验、探求新知的思维方式和理论依据，在中医史上盛行了千余年，实属科学史所罕见。

1. 科学的思维方法　有人曾提出一个十分有意义的问题：仲景创立辨证论治，不辨细菌、病毒，不问病理损伤，也不讲实验室检查，却能获得无可非议的疗效，奥妙在哪里呢？经过大量的临床实践，人们才逐渐意识到：辨证论治是一种具有整体地系统地调节作用，通过调节人体的反应状态而最终取得了疗效的非特异性治疗方法。随着现代文明的发展，这种思维方法已越来越引起现代西医学者的重视。现代医学强调微观的研究，十分强调特色性和个性的局部，这种思维方式形成了“生物医学模式”，它曾对西医的发展发挥了历史性的作用，另一方面，这种思维方法又带有形而上学的倾向性，因而使人们常常忽视全面和系统地考察事物。张仲景所立辨证论治方法正是对现代医学思维方法的一种补充，它是建立在对疾病本质认识基础上的一种科学的诊断思维方法。

2. 较高的实用价值　如果说“病”是疾病过程纵的概括，那么，“证”则是许多疾病过程横的概括。一种病可由多个横断面——“证候”组成，而且因人而异，无固定证型，但另一方面，多种“病”也可表现出相同的“证候”，方证相对”说就是以其特有规律的证型模式去解决一切新的病理现象。

以桂枝汤证为例。该方原治太阳中风、发热、汗出、恶风、脉浮缓，后世用之治头痛、背痛、坐骨神经痛、口眼㖞斜、身痒，痢疾等，这些病证虽与太阳中风证的表现不同，但它们的主要病机相同，皆为风邪侵入太阳经脉，营卫不和，经气不舒所致。又有医家从桂枝汤方义推考得出；桂枝汤不仅有解肌发汗，调和营卫的作用，尚有滋阴和阳之效，由此确认气血失调、阴阳违和也为桂枝汤证基本病机之一，运用这一规律，临床上又常用桂枝汤治疗内伤杂病，如胃脘痛、腹泻、失精、目眩等气血失调、阴阳不和所致之病证，扩大了桂枝汤的使用范围。

由此可见，“方证相对”的思维方法，其最大特点是在治疗上可灵活地处理各种疾病，并有执简驭繁的作用。具体地说，不管什么病，只要有临床症状及体征。总能归纳出一个主证，据此选择有针对性的汤方进行治疗。充分显示了“方证相对”辨证论治方法的高度灵活性和实用价值。

3. 新的理论萌芽　事物的存在与发展都不可能是完美的。“方证相对”说以其固有规律的模式去处理各种复杂多变的情况，也并非是无限的。如不少疾病的初期及恢复期，常常是“无证可辨”，与此同时，许多证候确切的客观的脉证指标、传变转归规律、轻重程度标准等，至今也还比较模糊，更没有方药的最佳选择与创新。总之，尚未形成一套“证候”的诊断、治疗、护理常规，由此给中医的发展带来了障碍，形不成更高层次的飞跃。有学者认为：辨证论治与辨病论治相结合，可以加深对疾病本质的认识，从而取得更好的临床疗效。郭子光教授在《伤寒论汤证新编》一书中指出，我们如能应用现代自然科学一切最先进的方法和手段，研究仲景所确定的证候及其治疗的联系、差异和实质，可以预言，必将导致新的理论萌芽。

［《国医论坛》1995；（1）：8］

试论仲景对《内经》扶正与祛邪法则的发挥

吴　洁　南京中医学院

我国古代经典医著《内经》集治法治则之大成，为后世治法治则的确立、运用和发展奠定了基础。汉·张仲景继承了《内经》治疗思想的衣钵，并使其得到了昌明和宏扬。特别是对扶正与祛邪法则的运用更见其功力。笔者在此欲就《素问·至真要大论》中的有关法则在《伤寒杂病论》中的具体运用作一浅析，以就正于同道。

《素问·至真要大论》中有许多关于治法治则的论述，尤以扶正与祛邪法则较为突出。其中泻实祛邪的法则有：坚者削之，客者除之，结者散之，留者攻之，强者泻之，高者抑之等。补虚扶正的法则有：燥者濡之，急者缓之，散者收之，劳者温之，损者温之，衰者举之等。总之要“谨守病机，各司其属”，以“有余折之，不足补之，佐以以利，和以所宜”为准则。即在掌握病机的基础上，根据具体情况，采用针对性的治疗方法。对有余之证要摧折其势，不足之证要补益其虚，并辅助于人体有利的一面，用适宜于病情的药食调和之，达到“各安其气，必情必静，则病气衰去，归其所宗”的目的。也就是务使五脏之气各安本分而清静安宁，则病气衰退，其余正气各归所属。以上这些法则在仲景所著的《伤寒杂病论》中均有所体现，试举例说明之。

一、祛邪法则的运用

“坚者削之”指体内有坚积之病，如症块之类，当用削伐之法。如仲景用抵当汤治疗瘀热内结见发狂、少腹硬满之蓄血重证。钱潢认为此方具“尖锐钻研之性”，可“破其坚结”。又以下瘀血汤治疗产后干血著脐下，少腹刺痛者。尤怡就此论曰：“以有瘀血在脐下，著而不去，是非攻坚积之剂，不能除矣。”

“客者除之”，指对侵犯人体的病邪，用驱除病邪之法治疗。如以麻黄汤治风寒之邪客于表，卫闭营郁者。柯韵伯言该方乃“开表逐邪发汗之峻剂也”。而邪客于里，热毒壅聚，血瘀热积之肠痈则用大黄牡丹皮汤泻热解毒，逐瘀破结。

“结者散之”，指气血郁结，或痰浊，邪气内结等用消散法。如用小陷胸汤治疗痰热互结心下，胸脘痞满，按之疼痛，脉浮滑之小结胸病。尤怡谓该方有“蠲除胸中结邪”之能。又用软坚散结，逐瘀化癥的鳖甲煎丸，治疗疟邪与痰血相搏，结于胁下之疟母。

“留者攻之”，指病邪留而不去，如留饮、蓄血、停食、便闭等，用攻逐法。仲景治饮停胸胁之悬饮证用十枣汤攻逐水饮。柯韵伯曰：“仲景利水剂种种不同，此其最峻者也，决渎而大下，水总可平”。又治妇人产后水与血俱结在血室，少腹满如敦状者，用大黄甘遂汤逐水下血。

“强者泻之”，指人体正气不虚而邪气亢盛的病证，用攻逐泻下法。如治阳明热结，积滞内停，见潮热谵语，便秘腹满者，用大承气汤泻热通腑。治水热互结之大结胸证，见心下痛，按之石硬，脉沉紧者，用大陷胸汤泻热逐水破结。

“高者抑之”，指向上冲逆的病证，用平抑降逆法。如对胃虚痰阻，心下痞硬，噫气不除者，治以旋覆代赭石汤益气化痰，和胃降逆。又治寒饮相搏之肺胀，咳而上气，喉中水鸡声者，用射干麻黄汤温肺化痰，降逆平喘。

二、扶正法则的运用

“燥者濡之”，指伤津耗液一类干燥病证，用滋润生津等濡润之法。仲景治少阴阴虚，虚火上炎所致的咽喉干痛，用甘润平补的猪肤汤治之。喻昌认为该方能“润少阴之燥”。治百合病发汗后，口干渴，心烦者，则用百合知母汤养阴补虚，清热润燥。

“急者缓之”，指拘急的一类病证，用舒缓法。如治阴虚不能濡养筋脉，筋脉拘急，症见脚挛急者，用芍药甘草汤酸甘化阴，使筋脉得养，挛急自缓。治蛔虫扰动，吐涎，心腹疼痛，时作时止者，以甘草粉蜜汤安蛔缓痛，解毒和胃。

“散者收之”，指精气耗散，不能固敛与约束的病证，用收敛法。如心阳受伤，心神烦扰致烦躁，心悸者，治用桂甘龙牡汤温心阳镇摄安神。其中取龙骨，牡蛎之涩在于收敛浮越之正气。而虚劳失精，少腹弦急，阴头寒，目眩发落者，则用桂枝龙骨牡蛎汤以调和阴阳，镇潜摄精，使精关得固。

“损者温之”“劳者温之”，指虚损怯弱或虚劳之病用温补法。仲景治太阴虚寒证，用温阳助运，调理中焦之理中丸。喻昌曰此方乃“区分阴阳，温补脾胃之善药”。柯韵伯亦言其作用为“温补以扶胃脘之阳”。又治虚劳里急、悸、衄、腹中痛、梦失精者，用小建中汤温中补虚，和里缓急。

“衰者补之”，指虚衰不足的病证用补益法。如治心阴阳两虚，气血不足致心动悸，脉结代者，用炙甘草汤滋阴养血，和阳复脉，沈明宗谓该方为“和营卫而气血津液并补”之剂。又治虚劳诸不足，阴阳精血俱虚，虚中挟邪者，用健脾填精，补虚祛邪之薯蓣丸。本方为仲景调补脾胃之代表方，后世的四君子汤、四物汤、八珍汤等皆由此方演化而来。

“下者举之”，指气虚下陷的病证，运用补气升提或益气固涩法。如少阴虚寒，气血下陷，滑脱不禁，下利便脓血者，治用温中益气、涩肠固脱之桃花汤。程应旄言其作用为“石脂塞其下源，则水可截；干姜、粳米温补中焦则土可升”。而治下血，先便后血之远血，属中焦阳虚，脾虚下陷者，则用黄土汤温阳健脾，摄血止血。

三、结语

上文略述了《素问·至真要大论》中的部分治则及其在《伤寒杂病论》中的运用。实际上，《内经》中还有许多关于扶正与祛邪法则的论述，如祛邪法则有：“开鬼门，洁净府”，“去菀陈坐”，“其高者，因而越之；其下者，引而竭之”“中满者，泻之于内”，“血实宜决之”等。扶正法则有：“因其衰而彰之”，“形不足者温之以气；精不足者，补之以味”，“气虚宜掣引之”等。这些在《伤寒杂病论》中亦不乏应用的实例。又前述《内经》中诸扶正与祛邪法则的提出只是针对单纯实证或虚证而言，然仲景之治却是根据临床具体情况灵活运用的。其用不仅限于实证或虚证，有些也用于虚实夹杂病证的治疗中。进而，从论治的整个过程看，仲景在《金匮要略》首篇中就强调了《内经》“补不足，损有余”的治疗观，且据证立法选方用药，使方与法并举，形成理、法、方、药一线贯穿的，比较完备的体系。由此，如果说《内经》确立了治法治则的规范的话，那么，《伤寒杂病论》则是其具体应用的典范，且更加完善，更切于临床实际。

[《河南中医药学刊》1995；10（2）：9]

试谈《伤寒论》辨证论治中的辨型与辨势

双安安　贵州省中医研究所附属医院

辨证论治应包括辨型与辨势。所谓“型”是指对疾病不同阶段的分类，也就是一般所说的疾病的证型；所谓“势”是指疾病证型的变化、发展及趋势，即当疾病证型确立之后，再观察这一证型的发展、变化。但是，辨型与辨势并不是孤立的，辨势建立在辨型的基础上，临床上必须首先确定患者疾病的证型，才能谈势的变化；一定证型的建立，又是辨势的结果，也就是说，证势的发展，变化，可以形成更多的证型。所以说，辨型与辨势是辨证论治中不可分割的两个方面。

《伤寒论》开辨型与辨势之先河，它把辨型与辨势有机地结合起来，创立了六经辨证。本文就其中辨型与辨势进行赏试性的讨论。

一、《伤寒论》中的辨型与辨势

《伤寒论》以分型的方法，把外感热病发展过程分为六大证型：即太阳病，阳明病，少阳病，少阴病，腹太阴病，厥阴病。每一大型又包括许多分型。就太阳病言之，凡证见发热（或未发热），恶寒，无汗、体痛呕逆，脉阴阳俱紧的为伤寒；发热、汗出、恶风、脉浮缓的为中风。阳明病又分经证、府证。少阴病有寒化证、热化证等。

当证型确定之后，就结合辨势进行分析、研究，判断疾病转归，确定治疗方法。譬如麻黄汤证（发热、恶寒、无汗、身疼痛、脉浮紧）一旦出现烦躁一症，便说明已发展成外寒兼邪气入里化热的大青龙汤证。又如服桂枝汤后出现大烦渴不解，脉洪大者，为证向阳明发展。

阳明病概括了邪热入里的里实证。阳明病也存在着证势的变化，如邪热初入阳明，尚未成结热而呈弥漫之状，充斥经络肌腠，证见身热，汗自出，不恶寒，反恶热的白虎汤证，随着证势的发展，热邪深入，内结肠胃，“必变身热为濈热，通身热蒸之汗自敛而变为手足然之汗”的承气汤证。而三承气汤证也是热势发展在程度上不同的证。

其如少阳病、少阴病、太阴病、厥阴病的辨证中亦无不包含辨型与辨势。

《伤寒论》中辨型与辨势的学术思想，渊源于《内经》。《伤寒论》继承了《内经》的思想，但又摒弃其计日传经之说，通过丰富的临床实践总结出热病更多的证型，并详细论述了各证型间证势的变化规律。

二、势的规律

太阳篇第四条首先便提出了热病初起有无势的变化，曰：“伤寒一日、太阳受之，脉若静者，为不传；频欲吐，若烦躁，脉数急者，为传也。”

势的发展一般是由表向里，如太阳证可向阳明（181条）、少阳（266条）、少阴（283条）、太阴（279条）、厥阴（342条）证发展。证势的变化亦可由里而表，如阳明证向少阳、太阳证转化。证势还有循经府转化的，如太阳表证误汗、吐、下，可向膀胱府证、结胸证转化。

此外，如越经传，并病，直中，由实转虚，由虚转实，由热转寒，由寒转热，邪退正复，脏、腑相传均为势的变化形式。总之，各种证型在一定条件下，循着一定势的发展、变化规律而或快或慢地发展、变化着。

三、势的缓急

势的变化有缓有急、这种变化的缓急主要是由临床症候的改变反映出来。但是，也不是完全由症候改变的多少来决定，有时，虽有较多的症候改变，证型并没有变。有时，仅有极少数症候改变，证型却完全改变了，所以说，这种情况只能以势的缓急来理解了。

疾病证势的发展变化一般是逐步进行的。例如太阳证向少阳，阳明转化时，必先是少阳、阳明症候的不断出现。诚然，临床常可见到症候的改变与证型不相符合，这是由于势的相对稳定中的振荡性或势的急剧发展所致之故。例如某些证型的症候发生改变，但型的性质并未改变，第九十六条曰：“伤寒五六日中风，往来寒热，胸胁苦满，嘿嘿不欲饮食，心烦喜呕，或胸中烦而不呕，或渴，或腹中痛，或胁下痞硬，或心下悸，小便不利，或不喝，身有微热，或咳者，小柴胡汤主之”论中提到的除小柴胡汤主证之外尚有许多兼证，这些兼证的出现可能是势的相对稳定中的振荡性变化所致，因为它们的出现并未改变小柴胡汤证型的性质。

有时，证势的变化是非常急速的，临床仅见极少症候的改变即引起证型本质的变化，如253条“阳明病、发热汗多者，急下之，宜大承气汤”论中虽无腹满、便闭、身热，手足濈然汗出的可攻之症，然已有发热汗多的邪热夺津之势，故不可不攻之，否则，即现燥结狂越的府实证，或津液消亡于燥结证未成之先。由此可知，凡与型相悖的症候出现，常常预示了势的急剧变化，及新的证型形成。

四、辨型与辨势的发展

《伤寒论》继承发展了《内经》的辨型与辨势结合的学术思想，使它发展到更高，更完善的地步。它起着承先启后的作用。它的光辉思想一直指导历代医家临床实践。到清代的温病学派，又进一步发展和丰富了这一学术思想，把它用到温病的研究中，并总结出温病的型、势发展变化与伤寒的差异，创立了卫气营血辨证。特别是在舌诊上，总结出温病型、势发展变化反映在舌诊上的规律，丰富了研究疾病型、势发展变化的临床依据。

五、辨型与辨势在临床上的应用

1. 辨证上的应用　辨证既包含辨型与辨势两个方面，那么只有通过辨型与辨势相结合，才能达到正确认识疾病，否定或忽略任何一面，都是错误的。

临床上，若胶柱辨型，忽略辨势，那么必然导致我们不能正确认识复杂多变的疾病。临证只重辨势，忽略辨型，将使我们思维陷入言无定见之中，疾病便成了变化莫测的了。如小柴胡汤证除少阳主症之外，或心烦，或渴，或腹中痛，或胁下痞硬，或心悸，或咳等变症，若不确立少阳主型，则见心烦而用白虎，见渴用白虎加人参，见腹中痛用小建中，见胁下痞硬用大柴胡，见心下悸用五苓，见咳用小青龙，如此，忽表忽里，忽寒忽热，终被证势振荡性变化弄得手足无措了。因此，只有采取辨型与辨势相结合，才能正确认识临床上千变万化的疾病。

2. 治疗上的应用　型与势相对反映了疾病性质稳与变的关系，那么，在治疗上也有相应的稳与变，具体说，就是守法、守方、变法、变方、加减等问题。型是疾病性质相对稳定的表现，尤其是慢性病，型比较稳定，当守法守方，但也应用灵活的加减，以期适合证型的振荡性变化。当疾病由于势的发展，改变了证型的性质，治疗上就不得不变法、变方了。尤其是急性热病、重病，势的变化更加急剧，所以，用定法、定方治疗临床千变万化的疾病是不足的。

千百年来，《伤寒论》一直能指导后代的医学发展，它的辨型与辨势密切结合的辨证方法不能不说是一重要因素。

［《贵阳中医学院学报》1995，17（2）：1］

试论《伤寒论》的辨治体系

王春才　四川苍溪县卫校

张仲景的《伤寒论》，是中医诊疗体系的奠基之作，辨治方法指导中医临床近二千年。兹就其辨治体系作一初步探讨。

一、辨病论治

从《伤寒论》中“辨太阳病脉证并治”“辨阳明病脉证并治”“辨少阳病脉证并治”“辨太阴病脉证并治”“辨少阴病脉证并治”“辨厥阴病脉证并治”等六个篇章就可以看出仲景首先强调辨病，将伤寒病区分为相对独立又相互关联的六大基本病类，即太阳病、阳明病、少阳病、太阴病、少阴病、厥阴病。在《伤寒论》398条中冠有病名者有186条，原文叙述中涉及“病”字者有205处，其纲目明确，概念清晰，揭示了六经各病的本质、证候特征、基本病理、发生演变和转归的总趋势及治方药。

因病是反映疾病的基本矛盾和证的共性，所以《伤寒论》的病名是对疾病全过程规律性的概括。从《伤寒论》的内容来看，仲景定病之法，一是以经总病，如原文第1条“太阳之为病，脉浮，头项强痛而恶寒”，此条所叙脉证即是太阳经病变；二是以脉证定病，如在少阴病篇，就是以主要脉证来确定病名的，即“少阴之为病，脉微细，但欲寐也”“少阴病，欲吐不吐，心烦，但欲寐，五六日自利而渴者，属少阴也。虚故引水自救。若小便色白者，少阴病形悉具……”（原文第181、282条）。若有脉微细、欲寐心烦，小便清白等见证就可诊断为少阴病；三是以病因定病名，如用风寒湿温热确定了中风、伤寒、湿温、温病、热病等不同病名；四是以病机定病，如原文180条：“阳明之为病，胃家实是也。”反映了胃肠实热的基本病机。仲景定病，上方法各有侧重，若能综合贯通，便能从病变部位、临床特征、病机等各方面全面掌握病情。

辨病确定后，仲景又相应地制定了有针对性的治疗大法，如太阳病宜汗、阳明病宜下、少阳病宜和、太阴病宜温、少阴病应补、厥阴病宜清。大法之下又有分法和变法，如发汗解表为太阳病之治疗大法，其中又有先麻黄后桂枝，有用桂枝后再桂枝，有衄血后再用麻黄，有连服桂枝三剂，更有有汗用麻黄，无汗用桂枝。表郁有用桂麻各半、桂二麻一等。有发汗不彻再发汗，更有小发其汗、微发其汗，反映了仲景论治太阳病曲尽其详地发汗解表。

《伤寒论》除了以病分类论治六经病外，其辨病论治的精神还体现于坏病方面。仲景所谓的坏病：一是从成因上讲，指病为医者误治所坏；二是以病变结局讲，证候复杂，变化多端，病情预后变坏，已不能再用六经病定其病名，如结胸、脏结、狂证、奔豚病等即是辨病论治的。以上说明仲景对疾病的辨识有病因病机、临床表现、诊断鉴别、合病并病坏病、治则方药、传变预后等一套较为完整的理论。

二、辨证论治

仲景深知疾病的复杂性，仅仅依靠辨病，还不能完全认识疾病过程和动态变化，他不仅创造性地确立了辨证论治，而且更将辨病辨证有机地结合起来，在病下分证，将六经各病中某个阶段的主要矛盾列其为证，以明百病的演变。仲景辨证论治的精神主要运用了八纲辨证和八法论治。在六经各个病类中，基本包括了八纲辨证的证型。例如太阳病中有表证、里证、表里同证、表轻里重、表重里轻或虚实错杂、寒热并见等证。证虽多端，归纳之总以表里确定病位、寒热区分病性、虚实判别邪正的盛衰、而阴阳两纲又是概括表里虚实寒热的总纲。三阳病多表、实、热，为阳证；三阴病多里、虚、寒，属阴证。

六病之下各有分证为目，各分证自有其具体症状和脉象作为辨证的依据。其脉证更是脏腑经络的病理反映，所以八纲辨证只有与脏腑经络辨证紧密结合才能体现它的实用价值。如太阳病虽是经病，若不解便循经内传入腑，影响膀胱的气化机能，水气内停则小便不利，少腹里急，呈太阳腑证；大肠为阳明之腑，胃肠燥热、腑气不通则见腹满疼痛拒按、便秘等腑实证。胆为少阳之腑，胆火上炎则有口苦、咽干、目眩等胆腑证候。又如太阴病脾阳不振，寒湿不化，则有腹满而吐、腹痛自利等脾胃虚寒证。少阴病心肾虚衰、阳虚水泛，亦可见于杂证等。可见，伤寒辨证是将八纲、经络、脏腑等多种辨证方法融汇包涵，以利于分别其主证、兼证、类证、变证，为辨明其病位、病性、病势，从而为决定治疗原则，优选方药而提供依据。

根据“辨证”的结果，仲景因人、因时、因地制宜以八法为纲进行论治：表证汗之，选用汗法之麻黄汤、桂枝汤；邪在上吐之，选用吐法之瓜蒂散；半表半里证与寒热错杂证和之，选投和法之小柴胡汤、半夏泻心汤；里热证清之，如清法之白虎汤；里实下之，投下法承气汤；里寒温之，如温法之四逆理中辈；虚者补之，如用补法之炙甘草汤；里结消之，则选消法之陷胸汤。依此论治，组合方药，都是基于阴阳胜复、正邪斗争的病理和调和阴和、扶正祛邪的基本原则而确定的，即“谨察阴阳所在而调之，以平为期”。

仲景论治，条分缕析，法方简明。如阳明病性质为里实热证，治当清下两法，若是兼变证，随之变法论治，如热盛津伤用白虎加人参汤、热扰胸膈者用栀子豉汤、水热互结用猪苓汤、湿热发黄用茵陈蒿汤。或夹表宜散，兼虚则补，总在“观其脉证，知犯何逆，随证治之”。

三、辨体论治

仲景通过伤寒病的临床观察，认识到六经为病，之所以有不同证候，在多种影响因素中，对病证的发生与演变起决定作用的是体质因素。体质是病证产生的基础，证候是邪气作用于体质的表现。《伤寒论》对人体素质的论述有“强人”“羸人”“本有寒分”“寒湿”“旧有微溏者”“阳气重”“阳虚”“其人本虚”“虚家”“阴虚”“酒家”“亡血家”“淋家”等不同言词，对这些复杂的体质属性，仲景高度概括为阴和阳两类来认识和论治。

原文第7条“病有发热恶寒者，发于阳也，无热恶寒者，发于阴也”是全论之纲领，历代注家虽见解不一，但这里的“阴”“阳”应主要为体质涵义：阳盛体质感邪，邪从阳化；阴盛体质感邪，邪从阴化。为了强调此论，仲景又以这两种人表证未解而误下的不同转归来说明。“病发于阳而反下之，热入因作结胸，病发于阴而反下之，因作痞也”（原文第131条），误治而形成“结胸”和“痞”的不同变证，正是体质有阴阳之别的缘故。

不同体质发病传变的趋势和结局必然是不同的。如同为阳明病伤津化热，阳盛可出现白虎、承气汤证，阴虚者可出现肢厥风动，素体胃阳不足仅成栀子豉汤证或桂枝大黄汤证，而阴阳两虚者（如原文第29条），由于其人内环境相对不稳定，误治后即有伤阴亡津之势，亦有伤阳亡阳之殆。又如同属少阴病，因体质之殊，故有寒化、热化之不同转归。

《伤寒论》体质论治，是借助药物、针灸等手段来纠正机体内的阴阳失调，增强正气以祛除邪气，而截断病势，促使病愈康复。针对不同体质，应因人制宜而论治。如太阳病之所以有麻黄汤证、桂枝汤证以及大青龙汤证等不同方证就是为体质虚实不同之太阳病而设：体质阴阳和平用麻黄汤、阳气虚者用桂枝汤、阳气重者用大青龙汤，又如阳明病，由于素体胃阳盛衰、津液盈亏有别，故阳明病的经证和腑证就有许多证候类型。若邪热内陷，阳人可成胃热炽盛的白虎汤证，阴人因其素体胃阳不振，多为热扰胸膈的栀子豉汤证。阳明病本有多汗见证，阴虚者因乏汗源却无仲景责之为“久虚故也”。还由于素质不同脏腑实内结程度的差异，论中有“不更衣”“大便难”的不同见证，因之有泻下、润下、导下之法及三承气汤。说明了辨体论治不仅丰富了段，且能提高临床诊治水平，大可示人以规矩。

四、辨症治疗

“症”是指症状和体征。辨症治疗就是以症征为治疗对象而采取针对性的治疗措施，亦《伤寒论》诊治体系的组成部分。仲景善于从临床的病证中抓住特异症征作为辨病分证的依据，治疗上也以其突出的特异症征为主要矛盾，集药力，以解决主证，各个击破。如三承气汤的减，就能体现这一经旨。

在病证的动态演变下，仲景能灵活地随加减药物，这在小柴胡汤、真武汤、理中丸、栀豉汤等方后注都有对症加减的表述，如原文理中丸方后注就指出：脐上筑动去术之壅滞、降冲逆，吐多仍去术加生姜以止呕，下利严重术助脾胜湿，心下悸乃水气凌心加茯苓甘淡和中，里虚作痛可加重人参以补中气，腹满是阳虚征故去白术壅补，如加附子辛散壅满。又如真武汤：若咳者加五味子半升，细辛、干姜各一两，便利者去茯苓，若下利者去芍药加干姜二两，去附子加生姜半斤。其药物增减，丝丝入扣，颇范。

同时，论中还不乏在对症治疗中，将原方加衍变成为新方的。如桂枝汤，本治太阳中风，仲景常达变，在此基础上随症加减衍变出众多新方加大黄汤治太阳误下转成太阴“腹满，大实痛”桂枝加附子汤主治太阳发汗后，表阳虚而汗漏；桂枝加厚朴杏子汤治喘；桂枝加桂汤治奔豚；桂芍药加蜀漆牡蛎龙骨救逆汤治亡阳惊狂等。这些明了仲景将辨证治疗作为变法贯穿于辨证论治，二者相互接轨，相互补充。

综上所述，《伤寒论》辨治方法丰富多采。它是以辨病论治为前提，辨体论治为基础，辨证论治为核心，辨症治疗以达变等多种辨治方法所一体的，是一种多途径、多层次、多功能的综合诊疗。这个体系充分体现人从整体出发，以脉症变化据，以阴阳为辨治总纲，知常达变，达到了原则性活性、整体和局部、共性和个性的高度统一，从不位、不同层次揭示了疾病的本质，体现了病、证、症的一致性和理法方药的连贯性，乃是时至今天，仍要深入学习研究并加以继承发扬的真谛所在。

［《四川中医》1995，(2)：1］

从易理和临床认识《伤寒论》厥阴病

陈克正　中国中医研究院

《易经》被古人称为“群经之冠”。易理对中医学的形成和发展曾起过重要的指导作用。张景岳在《类经附翼·医易义》中说：“天地之道，以阴阳二气而造化万物；人生之理，以阴阳二气而长养百骸。易者易也，具阴阳动静之妙；医者，意也，合阴阳消长之机。”又说：“医而明此，方知阴阳之中，复有阴阳，刚柔之中，复有刚柔，而其对待之体，消息之机，交感之妙，错综之义，昭乎已备；则凡人之性理神机、形情病治，可因之以得其纲领，而会通其变化之多矣。”《伤寒论》的六经，即是其中一个典型的辨证纲领。

六经的阴阳消长变化

老子说：“道生一，一生二，二生三，三生万物。”道生于一，就是无极生太极；一生二，就是太极生阴阳两仪；三生万物，就是太极含三为一。太极不仅包含了阴阳两个方面，还包含了划分阴阳的界线和标准。天之阴阳加上它的划界标准极点，就构成了含三为一的太极之象；地之阴阳加上它的划界标准极点，又构成另一含三为一的太极之象。六经，指太阳（又称三阳）、阳明（二阳）、少阳（一阳）、太阴（三阴）、少阴（二阴）、厥阴（一阴）。这种三二一、三二一的变化，正是根据易理将热病分为阴阳消长的六个阶段，以认识疾病从量变到质变的发展规律，形成了指导中医临床的六经辨证体系。

厥阴病是阴极生阳的阶段

历来对六经辨证中争论最大的就是《伤寒论》厥阴病。厥阴病，从易理阴阳消长来看，当属于阴极生阳的阶段。疾病从太阳（三阳）开始，病至阳明（二阳），已少一个阳的量变；病至少阳（一阳），又少一个阳的量变；病至太阴（三阴），此时阳气已衰而阴气也损；病至少阴（二阴），此时阴气又少一个量；病至厥阴（一阴），这时不仅阳气衰弱，而且阴气也弱了。因此，厥阴病是处在阴阳两虚的危重阶段。如果能得到及时有效的治疗，那么阴极生阳，可以转危为安。如果不能得到及时有效的治疗，那么阴阳两竭而分离，就立即死亡。不难看出，厥阴病是处在疾病发展的末期。

厥热胜复是厥阴病的主证

《伤寒论》厥阴篇中，对厥热胜复的论述约有7条之多，占有突出的地位。例如："伤寒发热四日，厥反三日，复热四日，厥少热多者，其病当愈"（341条）；"伤寒厥四日，热反三日，复厥五日，其病为进；寒多热少，阳气退，故为进也"（342条）。这里用厥或热的"日"多少，提示阳气来复的盛衰，以判断疾病的预后。对于这个"日"，不能作为"天"的概念去理解，而只能作为一个时间单位，如小时或分钟。古人主要用"日"为单位以说明阳气来复的盛衰变化，这是其原文的精神所在。如果作如是理解，那么厥冷与发热的交替出现，在临床上确是一个并不少见的危重阶段。例如急性传染病到了后期所出现的中毒性休克，就会出现厥热胜复的表现。开始高热，后来突然进入休克，体温下降而热仍不清，手足发冷，甚至昏厥，如果给予适当治疗，那么阳气来复，休克缓解，而又出现高热。如果处理不当，又可出现休克。这样，厥与热的交替出现，就是厥热胜复。

厥热胜复的出现，是人体邪正最后一次交争的表现。它与少阳病的寒热往来是相对的。少阳病寒热往来，是正气稍挫，正邪交争是为了不使病邪由阳入阴的一次关键性的斗争。然而，厥阴病的厥热胜复，乃是正气已极度衰弱，调动人体全身力量作最后一次生死存亡的斗争。如果正胜邪，厥热胜复就转为发热，由阴出阳，病可向愈。如果邪胜正，厥热胜复就转为厥逆亡阳亡阴，阴阳并竭而亡。

厥热胜复是厥阴病的主证。厥阴属肝，肝为罢极之本，所以才能调动人体全身力量作最后一次交争。它与少阴病的寒厥是有区别的。在症状上，少阴寒厥仅有厥而无热，而厥热胜复是有厥有热。在病理上，少阴寒厥是心肾阳衰，阳气虚衰是其主要原因；但厥热胜复，是肝肾阴阳俱不足，寒热错杂，寒多热少。病至厥阴阶段，阴阳俱虚，邪热尚未清彻，正虚邪盛，这就是厥热胜复的病理机制。

厥热胜复的治疗

正如上述，厥热胜复的出现，乃病至厥阴，人体阴阳俱虚，然而邪热又尚未清彻，形成正虚邪炽的局面。这时治疗，需要阴阳兼补、温清并施，《伤寒论》乌梅汤颇为对症。

乌梅丸原治蚘厥，所以后世医家对其方义均以安蛔作解。尤在泾说："以乌梅之酸，连、柏之苦，姜、辛、归、附、椒、桂之辛，以安蛔温脏而止其厥逆。"其实，在乌梅丸中由三类药物组成：一类为补养气阴药物，有乌梅、人参、当归；一类为温阳散寒药物，有附子、细辛、干姜、蜀椒、桂枝；一类为清热除湿药物，有黄连、黄柏。这些药物乃组成一首阴阳兼顾、寒热并进、扶正祛邪的复方，它具有温多于清、补中寓攻的特点。临床使用时，尚须加减。如果阳虚症状不甚，可适当减去温阳散寒药物，如桂枝、细辛等；阴虚症状较甚，除减去温阳散寒药外，还可加入养阴药，如麦冬、生地、阿胶、芍药等；兼有烦躁神迷者，可合用紫雪丹等；亡阳欲脱，可另予艾灸关元等穴。

吴鞠通在《温病条辨》下焦篇里，列入了连梅汤和椒梅汤，这两方都是乌梅丸的变方。由于温病是由温邪作为病因，所以减少了温阳药的比重，但其治法方义基本上还是一致的。张仲景在条文中，还指出了厥热胜复的治疗应与少阴寒厥相区别。少阴寒厥，纯属阳衰，所以用四逆汤之类回阳救逆。如果用四逆汤去治疗厥热胜复，就会阳复太过，出现"咽中痛"和"便脓血"等症。因为厥热胜复必须阴阳并顾、寒热并用，如果单纯给予温阳，肝脏体阴用阳，内寄相火，热邪又会亢盛而容易妄动，以致阳复太过。

对厥阴病的治疗，后世有一定发展。例如吴鞠通用三甲复脉汤合牛黄丸或紫雪丹同用，为少阴厥阴兼病、阴虚甚于阳虚、邪热尚盛而设，适用于痉厥神昏、舌短、烦躁者。近人也有用独参汤送服安宫牛黄丸者。又如吴鞠通用加减复脉汤、大小定风珠，一面填阴，一面护阳，为少阴厥阴兼病、阴虚甚于阳虚、邪热已微而设，适用于身热面赤、口干舌燥、神倦时迷、热深厥深、手足蠕动、心中憺憺、脉虚大者，但当加入人参。又如庄在田《福幼编》的理中地黄汤（熟地、萸肉、当归、枸杞、白术、炮姜、附子、党参、肉桂、枣仁、补骨脂、黄芪、炙甘草、生姜、大枣、核桃、灶心土）和王清任《医林改错》的可保立苏汤（黄芪、党参、白术、甘草、当归、白芍、枣仁、萸肉、枸杞、补骨脂、核桃）为阴阳两虚、邪热已微而设，适用于精神萎靡、嗜睡露睛、大便清稀、四肢欠温、时作抽搐、舌苔淡白者。这些治疗上的发展大大地充实了厥阴病的治疗方法，可以根据具体情况选用。

[《中国医药学报》1995，10（2）：26]

《伤寒论》太阳病篇脾胃学说浅识

王兴华　南京中医药大学
（指导　陈亦人）

《伤寒论》以“六经”作为疾病辨证论治的纲领，但在其具体诊疗过程中，却十分重视脾胃的生理病理作用，常以脾胃盛衰作为察病因、辨病机、别证候、定治则、制方药、审预后、推生死的重要依据，其在“辨太阳病脉证并治”篇中已有较多的体现，本文试从这方面作一初步探析。

一、外邪内侵　影响脾胃

人体疾病的发生，多与外感、内伤有关，而“阳明居中，主土也，万物所归，无所复传”（184条），无论感受何种病邪，也不管邪在何经，均有可能传入阳明胃肠，影响太阴脾土，所以仲景常以之作为疾病发生、发展、变化的依据。例如，太阳病本为外感病的初期，是人体感受外邪，正邪交争于人体浅表而出现的病证，但外邪常同时干犯脾胃，影响脾胃的受纳、运化和升清降浊功能，因而在太阳病证中也常兼见某些脾胃病的症状。如“太阳病，或已发热，或未发热，必恶寒，体痛，呕逆”（3条），这种“呕逆”，就是寒邪犯表，影响胃气和降，以致胃气上逆而发生的。再如太阳中风的“干呕”（12条）也是外邪干胃，胃气上逆的表现。又如“太阳与阳明合病，喘而胸满者”（36条），虽以表邪壅盛为主，治当先解其表，但表邪已经影响到阳明胃肠，只是尚未化燥成实而已。“太阳与阳明合病者，必自下利”（32条）就是外邪入里，内犯阳明胃肠，以致升降机能失常所形成。若“太阳与阳明合病，不下利，但呕者”（33条），也同样是外邪内干阳明，引起胃气上逆而发生。尽管“呕”“利”的表现不同，但其邪犯阳明的基本病机则一。至于太阳病变证中出现的呕吐、下利、腹胀、痞满等，也大多与脾胃升降机能失常有关。

二、辨证别病　详审脾胃

由于脾胃的盛衰直接关系着人体正气的强弱，并决定疾病的发生、发展、变化及其预后与转归，因此仲景在辨证过程中，特别注重审察脾胃，常将脾胃盛衰作为辨证别病的依据，例如：太阳病本是表证，治宜疏表以解外，但若系平素中阳不足之人感邪致病，在治疗中就需表里兼顾，虽有表证，仍当温中为主，兼解其表，否则，纯用汗法，必致中阳更伤，故云：“病人有寒，复发汗，胃中冷，必吐”（89条）。平素嗜酒之人，脾胃不健，湿热内盛，虽患中风表虚证，也当慎用桂枝汤。因辛能生热，甘易助湿，酸又敛邪，于病不合，“得之则呕，以酒客不喜甘故也”（17条）。如太阳表实证兼见下利者，是表邪下迫阳明，非麻黄汤所宜，需改用葛根汤，以发汗解表，升津止利；若不下利但呕者，是表邪内迫阳明而致胃气上逆，则需改用葛根加半夏汤，以发汗解表，降逆止呕。如太阳病误用吐法，则损伤胃气，虽见“不恶寒发热，关上脉细数”，也非真热证，审视其饮食情况，可发现患者“口不能食”，或“朝食暮吐”，是胃气损伤、中阳虚馁的确据（120条）。如表证误下，“续得下利清谷不止”，虽仍有“身疼痛”等表证存在，在治疗上也不能再施汗法。因误下戕伤中阳，里虚寒甚，“急当救里”，必待“中阳恢复，清便自调”，才可再行“救表”（91条）。“发汗吐下后，虚烦不得眠，若剧者，必反复颠倒“心中懊侬”（76条），是热扰胸膈、胃气壅滞之候，宜用栀子豉汤清宣郁热，和胃除烦，“若少气者”，是邪热伤气，中气不足，宜加甘草，以益气和中，“若呕者”，是邪热扰胃，胃气上逆，宜加生姜，以降逆止呕。“伤寒下后”“心烦腹满，卧起不安者”（79条），是病及脾胃之候，张隐庵认为“热留于胸则烦，留于腹则满，留于胃则卧起不安”（《伤寒论集注》），宜用栀子厚朴汤。太阳病服桂枝汤，宜“遍身漐漐微似有汗者佳，不可令如水流漓，病必不除。”如果“服桂枝汤，大汗出后，大烦渴不解，脉洪大者”（26条），是汗不如法，耗伤津液，胃燥化热，因而呈现出“大烦渴不解，脉洪大”的阳明里热证候，需用白虎加人参汤，以清解阳明胃热，兼补益气阴，生津止渴。如太阳病误下，利遂不止，脉促，喘而汗出，是表邪内陷阳明，肠热下利，宜用葛根加黄芩黄连汤，以解肌升阳，清肠止利。如“太阳与少阳合病，自下利者”（172条），是少阳邪热迫肠，宜用黄芩汤清解少阳，调中和脾；“若呕者”，是少阳邪热犯胃，宜加半夏、生姜，以降逆下气，和胃止呕。太阳病屡用攻下之后，表证虽然存在，而中气大伤，清阳下陷则利不止，浊阴上逆则心下痞硬，是在里之虚寒挟在表之邪热而下利，表里不解，治当温中和表，宜桂枝人参汤。“伤寒，汗出而渴者”（73条），是水蓄膀胱，脾不布津，治当温阳健脾利水，宜用五苓散，不渴者，是水停于胃，治当温阳和胃散水，宜用茯苓甘草汤。“病发于阳，而反下之，热入因作结胸”（131

条），是阳盛体壮之人，胃气不虚，内有痰水实邪，误下后，邪热内陷，与痰水相结而成结胸，病发于阴，而反下之，因作痞也”（同上），是胃气素虚之人，内无痰水实邪，误下后，胃气壅滞成痞。仲景在此处以“病发于阳”和“病发于阴”来阐述误治变证的机理，表明他非常重视胃气强弱在疾病转化中的重要作用及其在辨证别病中的重要地位。137条则更为明确地论述了大结胸证的病变机理及其典型症状，谓“太阳病，重发汗，而复下之，不大便五六日，舌上燥而渴，日晡所小有潮热，从心下至少腹硬满而痛不可近”，是水热阻结，胃肠不通，治当泻热逐水破结，宜大陷胸汤。而“小结胸病，正在心下，按之则痛”（138条），病变仅局限于胃脘部，范围较小，疼痛程度也较轻，“脉浮滑”，是痰热相结，治以清热、涤痰、开结即可，用小陷胸汤。如“心下痞，按之濡”（154条），是无形邪热壅聚心下，胃热气滞，治以泄热消痞，用大黄黄连泻心汤。若心下痞而复恶寒汗出者”（155条），是胃热气滞，卫阳不固，治宜泄热消痞，扶阳固表，用附子泻心汤。柴胡证下后，“若心下满而硬痛者，此为结胸”；“但满而不痛者，此为痞”（149条），表明患者胃气素虚，内无水饮停滞，误下后邪热内陷，壅聚心下，气机升降失常，而发生心下痞满不痛的痞证，其基本病机为中虚热结，胃气壅滞，治当甘温益气，辛热散结，苦寒清泄，补泻同施，寒热并用，苦泄辛开，调和阴阳，益胃运脾，恢复中焦升降之能，方用半夏泻心汤。“伤寒汗出解之后，胃中不和，心下痞硬，干噫食臭，胁下有水气，腹中雷鸣下利者”（157条），是胃虚热重、水食不化之候，治宜苦泻辛开，益胃缓中，方用甘草泻心汤。“伤寒发汗，若吐若下，解后。心下痞硬，噫气不除者”（161条），是表证虽解，而胃气已伤，中虚失运，津结痰凝，气机上逆，治当益气和胃，降逆消痰，方用旋覆代赭汤。“本以下之，故心下痞，与泻心汤，痞不解，其人渴而口燥烦，小便不利者”（156条），此非热邪致痞，而是水蓄气滞致痞，当改用五苓散温阳化气利水，冀蓄水除而气化利，则其痞自愈。“伤寒服汤药，下利不止，心下痞硬，服泻心汤已”（159条），原属正治，而“复以它药下之，利不止”，则属治误，“医以理中与之，利益甚”，是病重药轻，此利在下焦，关门失禁，约束无权，宜用赤石脂禹余粮汤，以涩肠固脱，“复不止者，当利其小便”，使肠中水湿从小便排出，取“利小便以实大便”之意。“伤寒胸中有热，胃中有邪气，腹中痛，欲呕吐者”（173条），是阴阳升降失常而致的上热下寒证候，“欲呕吐”为胃热气逆，腹中痛”系脾寒气滞，治宜清上温下，用黄连汤，以复其升降之机。

三、祛邪匡正　顾护脾胃

各种致病邪气侵入人体，均可影响脾胃功能，所以从某种程度上讲，祛邪即是安胃。然而，“芳草者，其气急疾于馨散：石药者，其性坚劲于下沉。故非中心和缓之人，服之则中气易于虚散也”（《黄帝内经素问集注》），仲景在《论》中曾反复多次地论述误用汗、吐、下或汗、吐、下太过所引起的各种不良后果，一再强调保胃气的重要性。因为不仅机体的营养以及疾病过程中损失的物质有赖于胃气的化生，而且病人所需的各种药物也需“中焦受气取汁”才能发挥治疗效用。所以在祛除病邪的同时，必须时时刻刻不忘顾护脾胃，谨防祛邪伤正。例如：太阳为六经之首，统摄营卫，主一身之表。外邪侵袭人体往往先伤营卫，继之影响脾胃，脾胃受累，则不能化汗以祛邪，又干扰了转输功能，因而病邪日深，变化叠起。仲景在治疗外感病的初期就非常注意顾护脾胃，以壮营卫生化之源，使源盛流自通。他将桂枝汤列于全书之首，用于治疗太阳中风表虚证，即有顾护脾胃之旨，该方外调营卫，内和脾胃，相得益彰，不论外感、内伤，只要符合营卫不和或脾胃失调，均可使用，其效颇佳。此方并无明显的直接发汗作用，而是通过外调、内和，从脾胃以达营卫，融表里，调阴阳，和气血，通经脉”，使“寒者通，逆者顺，偏者平，格者和”（《伤寒论本旨》）。药后啜粥，以助胃气、益津液、滋汗源、扶正气。温覆微汗，禁生冷、粘滑、肉面、五辛、酒酪、臭恶等物，既有防止邪恋之意，又有顾护胃气之念。其以桂枝汤为群方之冠，又详解其煎煮服用方法及注意事项，诚可谓立意深邃，用心良苦，后学者若能精思细揣，益莫大焉。再观其方，如用于治疗太阳中风表虚兼项背强几几的桂枝加葛根汤，太阳中风兼阳虚汗漏的桂枝加附子汤，汗后营虚身痛的桂枝新加汤等，虽然病症各异，但其治疗均以桂枝汤为基础，皆从调理中焦以壮化源，畅行营卫而收良效。伤寒表实证用麻黄汤，以甘草调和诸药，也是防其过汗伤正，且能奠安中焦。太阳表实兼内热烦躁用大青龙汤，外散风寒，内清郁热，方中含甘草、生姜、大枣，以补中气、和脾胃、调营卫，制麻黄辛散太过，防石膏寒凉伤中。余如葛根汤、葛根加半夏汤、麻桂各半汤、桂二麻一汤、桂二越一汤，均含甘草、生姜、大枣，其顾护脾胃之意可知。栀子豉汤有清宣郁热、和胃除烦的功效，但“病人旧微溏者，不可与服之”（81 条），缘于患者脾阳素虚，而栀子豉汤偏于苦寒，不宜使用，以免脾阳更伤。寒实结胸，当用白散以祛寒泻实，涤痰破结，但白散药性峻猛，对胃肠道有强烈的刺激作用，或吐、或利，易伤中气，用白饮和服，可缓白散之性，保护胃气，为了加强或抑制其泻下作用，亦以热粥或冷粥调节，用意都是借水谷以保胃气、存津液。仲景以十枣汤治疗悬饮证，用少量芫花、甘遂、大戟逐水，而以水“先煮大枣肥者十枚”，取汁送服，盖毒药攻邪，极易损伤脾胃正气，故以大枣之甘平，补脾胃以扶助正气，并缓和诸药的毒烈之性，使攻邪而不伤正。方中重用大枣，又命名为“十枣汤”，意在突出保胃气的重要作用，提示医者用药宜慎，不可孟浪攻伐。柯韵伯谓：“邪之所凑，其气已虚”，而毒药攻邪，脾胃必弱，使无健脾调胃之品主宰其间，邪气尽而元气亦随之尽，故选枣之大肥者为君，预培脾土之虚，且制水势之横，又相诸药之毒，既不使邪气之盛而不制，又不使元气之虚而不支，此仲景“立法之尽善也”（《伤寒来苏集·伤寒附翼·十枣汤》，再从其服用方法上，更可看出仲景用心良苦，“强人服一钱匕，羸人服半钱，温服之，平旦服。若下，病不者，明日再服，加半钱、得快下利后，糜粥自养”，总以病人体质强弱及其对药物耐受程度施药，从小量试服，逐渐增加，得效即停。即使病情没有解除，也不再连续攻逐，而改于“明日再服”，又叮嘱：“得快下利后，糜粥自养”。

四、建中助运　燮理脾胃

脾主运化，有输布精微和运化水湿的功能。脾病则运化功能失职，中阳虚馁，寒湿内生。究其成因，一是脾阳素虚，外感风寒或内伤生冷，以致脾失升运；二是治疗不当，脾阳受损，外邪内陷。仲景创制小建中汤，用于治疗“心中悸而烦者”（102 条），其意即在补虚奠土，调和阴阳。程郊倩谓：“心中悸而烦，则里气虚而阳为阴袭，建中汤补虚、和里，保中州，以资气血为主”（《伤寒论后条辨》）。成无已谓：“脾者，土也，应中央，处四脏之中，治中州，生育营卫，通行津液。一有不调，则营卫失所育，津液失所行，必以此汤温健中脏，是以建中名焉”（《伤寒明理论·卷四》）。从药物组成来看，本方是在桂枝汤的基础上倍芍药加饴糖而成，饴糖与桂枝相配，辛甘化阳，与芍药相伍，酸甘化阴，辛甘酸同壶，相辅相成，共奏温补中州、益阴和阳之功。尤在泾谓：“欲求阴阳之相者，必于中气，求中气之立者，必以建中也”（《金匮要略心典》）

若“发汗后，腹胀满者”（66 条），多为汗后体虚，脾失转输，气滞而胀，仲景以“厚朴生姜半夏甘草人参汤主之”，重用厚朴、生姜、半夏，辛开苦泄，行气除满，佐少量甘草、人参益气奠中，资助运化，消而无伤，补而无滞，并行不悖，以恢复中焦脾胃转运之机，则胀满等症自去，此又消补兼施、相反相成之法也。

若汗、吐、下后，“心中痞硬、噫气不除者”（161 条），是气机痞塞，土虚木乘。逆而不顺。仲景制旋覆代赭汤，降逆消痰，调脾和胃，兼平肝气，以安中土。

若伤寒误用吐下，损伤脾胃，中气虚衰，转输失职，则水饮停蓄中焦，变生“心下逆满，气上冲胸，起则头眩，脉沉紧”（67 条），等症。治以健脾助运，温阳化饮，方用茯苓桂枝白术甘草汤，健脾阳振奋，运化复常，则水饮自去。此与《金匮要略》中“病痰饮者，当以温药和之”的治则一脉相承，临床应用价值颇大。

五、预后传变　谨察脾胃

《论》中所论述的病邪传变，大多与中虚有关。《论》中还将胃气存亡作为判断疾病预后转归的重要依据，从多种角度观察脾胃的纳运机能，以之推测病情变化，诚可谓“有胃气则生，无胃气则死”。例如：太阳病多次误治（汗、下、烧针），病情不断发展变化，一方面是邪气未去，另一方面是表里阴阳俱虚，其预后如何，主要取决于胃气，若病人面色青黄，肌肤瞤动，表明土虚木横，肝邪乘脾，而阳虚不能温煦四末，由此推测，知其脏真大伤，胃气败绝，预后不良，病情“难治”。若病人面色微黄，手足温和，表明脾胃阳气仍能达于四肢，胃气犹存，化源未绝，尚有抗邪之力，则预后良好，病情“易愈”（153 条）。

［《南京中医药大学学报》1995，11（2）：22］

《伤寒论》脉学述要

郁保生　河南中医学院

平脉辨证，是《伤寒论》辨证论治的主要方法。全论 398 条原文，涉及脉象的达 146 条之多，记叙了浮、沉、迟、数、虚、实、微、细、小、洪大、弦、长、短、紧、缓、弱、滑、芤、涩、动、促、结、代等 24 种单一脉和 58 种相兼脉，分见于 104 个证候。《伤寒论》论脉，或用以辨别病证，指示病位；或用以说明病因，阐析病理；或据之确定治法，判断预后，颇具独特之处。兹举其大要分述如下。

一、分定六经

《伤寒论》根据人体感邪的轻重，抗病力的强弱以及病势的进退缓急等因素，将外感病演变过程中出现的错综复杂证候概括为三阳三阴六经病证，以反映外感病发生发展的病程阶段及其传变规律。六经病证各有其主证和相应的主脉。此诚如柯韵伯所说“仲景作论大法，各立病机一条，提揭一经纲领，必择本经至当之脉证而表彰之。”六经为病，除厥阴病为阴极阳生，阴阳胜复，脉无定体外，各有其相应内主病之脉。外邪侵袭太阳之表，卫气浮盛抗邪于外，故见“太阳之为病，脉浮”（1）。邪犯半表半里之少阳，枢机不利，肝胆气郁，则见“脉弦细”（266）。病邪深入阳明，邪从燥热而化，热盛于里，鼓动于外，故见阳明“脉大”（191）。病至太阴，脾阳虚损，寒湿内阻，其脉“浮而缓”（287）。少阴病以心肾虚衰为特征，“脉微细”（281）为其至当之脉。

六经主病之脉是辨别六经病证的重要指征。仲景于纷纭繁杂，千变万化的证候中，择出本经至当之脉证分定六经，以反映疾病的病位、病势、病机及传变，这无疑对外感病的辨证论治起到了提纲挈领，执简驭繁的作用。

二、指示病位

在《伤寒论》中，脉象常被用来指示病变的所在部位。《辨脉法》第18条：“寸口脉，浮为在表，沉为在里，数为在府，迟为在藏。”此以脉之浮沉迟数判定病位之在表、在里、在府、在藏。原文171条：“病如桂枝证，头不痛，项不强，寸脉微浮，胸中痞硬，气上冲咽喉不得息者，此为胸有寒也，当吐之。宜瓜蒂散。”病如桂枝证，是指病见发热、恶风、自汗等症，但头不痛，项不强，且其微浮之脉仅见于寸部，又与桂枝汤证寸关尺三部俱浮有异，则知邪不在表。寸脉主上焦胸中，寸脉微浮，可知病在胸中，痰涎壅滞。故治以瓜蒂散，因势利导，涌吐胸中痰实。又如159条：“心下痞，按之濡，其脉关上浮者，大黄黄连泻心汤主之。”关脉候中焦，此据关上脉浮，断为无形邪热壅聚心下胃脘，治以泻胃消痞之法。

三、审辨病性

籍脉象辨识病证的寒热虚实之性，论中亦不乏其例。“伤寒脉迟六七日，而反与黄芩汤彻其热，脉迟为寒……”（333）。“病人脉数，数为热……”（126），即是从脉之迟数辨病性之寒热。“尺中脉微，此里虚”（149），“假令尺中迟者，不可发汗，何以知然？以营气不足，血少故也”（50）“脉实者，宜下之”（242）等均属以脉审病之虚实之例。

四、求因论理

借脉象探求疾病之因，阐释发病之理，是《伤寒论》脉学运用的一大特点。原文142条：“小结胸病，正在心下，按之则痛，脉浮滑者，小陷胸汤主之。”浮主阳热，滑为有痰，脉浮滑可知病为痰热互结使然，故用小陷胸汤清热涤痰开结。350条：“伤寒，脉滑而厥者，里有热，白虎汤主之。”伤寒发厥有寒热之分，虚实之别。寒厥为阳虚阴盛，不达四末，脉多沉微。今手足厥逆而脉滑，滑为阳脉，主里有热，故知此乃热邪深伏于里，阳气不达四肢之热厥证。治以白虎汤辛寒清热，里热清，阳气通，则肢厥可愈。

原文12条：“太阳中风，阳浮而阴弱，阳浮者，热自发，阴弱者，汗自出……。”此以轻取见浮，沉取见弱之脉阐释太阳中风卫强营弱，发热汗出之理。102条“伤寒，阳脉涩，阴脉弦，法当腹中急痛，先与小建中汤，不差者，小柴胡汤主之。”浮取脉涩为脾虚气血生化不足，沉取脉弦主病在少阳，肝胆郁滞，合之则脾虚肝郁之理自明。249条：“趺阳脉浮而涩，浮则胃气强，涩则小便数，浮涩相搏，大便则硬，其脾为约，麻子仁丸主之。”趺阳脉可候胃气之盛衰，其脉浮为胃中有热，涩为脾阴不足，以此说明胃热津伤，脾不能转输津液之脾约证的机理。

五、确立治法

由于脉象能较深刻地反映疾病的内在本质，诚为确立和识别某些病证的重要依据，故《伤寒论》中以脉象决定治法，遣方用药的条文颇为多见。例如37条：“太阳病，十日已去，……脉但浮者，与麻黄汤。”42条：“太阳病，外证未解，脉浮弱者，当以汗解，宜桂枝汤。”从脉象的浮与浮弱分别使用辛温发汗的麻黄汤和解肌祛风的桂枝汤。242条：“病人烦热，汗出则解，又如疟状，日晡所发热者，属阳明也。脉实者，宜下之；脉浮虚者，宜发汗。下之与大承气汤，发汗宜桂枝汤。”此为发汗后，表邪未解，邪结阳明之证，凭脉之实与浮虚分辨病之轻重缓急，以决定汗下之法。323条：“少阴病，脉沉者，急温之，宜四逆汤。”此处仅以脉沉断其阳衰阴盛而急投予回阳救逆之四逆汤。

此外，《伤寒论》还常据脉而定禁忌之法。诸如，“太阳病，……脉微弱者，此无阳也，不可发汗”（27）；“少阴病，脉细沉数，病为在里，不可发汗”（285）；“脉浮紧者。法当身疼痛，宜以汗解之。假令尺中迟者，不可发汗，何以知然，以营气不足，血少故也”（50）。皆以脉为凭而定其禁用发汗之法。280条：“太阴为病，脉弱，……设当行大黄芍药者，宜减之，以其人胃气弱，易动故也。”此论太阴病脉弱，为中阳虚弱，故纵有非用大黄芍药之证，亦当减量行之。

六、判断预后

对六经病证的传变，欲愈及预后的判断，《伤寒论》亦不离乎脉。“伤寒一日，太阳受之。脉若静者，为不传。颇欲吐，若躁烦，脉数急者，为传也”（4）。此从脉候推论疾病与传之不传；脉静是平和之意，为邪在本经而未他传。脉见数急则邪机向里已著，势必传经为病。

“伤寒三日，少阳脉小者，欲已也”（271）。“太阴中风，四肢烦疼，阳微阴涩而长者，为欲愈”（274），均是从脉象判断病证欲愈。三阳病邪气亢盛而正气来虚，其脉由浮紧弦大而转小，说明病势渐衰，邪气已退。此即《素问·离合真邪论》“大则邪至，小则平”之意也。三阴病多属正虚，其脉由微弱涩而转和缓充盈，则是正气来复，邪气将退，欲愈之兆。

不仅如此，《伤寒论》还据脉断病之生死吉凶。“发汗多，若重发汗者，亡其阳，谵语，脉短者死，脉自和者不死”（216）。“伤寒，若吐若下后，不解，不大便五六日，上至十余日，日晡所发潮热，不恶寒，独语如见鬼状。若剧者，发则不识人，循衣摸床，惕而不安，微喘直视，脉弦者生，涩者死”（271）。“利不止，厥逆无脉，干呕烦者，白通加猪胆汁汤主之。服汤，脉暴出者死，微续者生”（315）。“伤寒下利，日十余行，脉反实者，死”（368）。大凡论中以脉决生死，总以津伤正虚之证，脉短者难治；脉自和者生；阳热极盛之证，脉弦为正可胜邪，预后较好，脉涩为热极津枯，预后不良；危重虚证，服药后脉微续是阳气渐复，病有生机，脉暴出是阳气骤脱，难以救治；正气虚甚之证，脉见沉迟微弱，脉证相符为顺，脉见实大有力，脉证相反为逆。

总之，《伤寒论》脉学的内容十分丰富。它不仅对各种脉象的脉理、主病作了精辟的论述，而且将脉学广泛地用于临床辨证施治各个方面，灵活多变，别具一格，集中地体现了张仲景的脉学思想和论脉特点。诚能详加探究，则于临床大有裨益。

[《湖南中医学院学报》1995，15（2）：7]

浅谈少阴兼表证用方之异同

郭炳新　河南中医学院

《伤寒论》301，条目：“少阴病，始得之，反发热，脉沉者，麻黄细辛附子汤主之”[1]。302条曰：“少阴病，得之二三日，麻黄附子甘草汤微发汗，以二三日无证，故微发汗也”[2]。以上两条原文大都认为属少阴兼表证，从仲景所用方药可见太少两感无可非议。但就少阴兼表为何一用麻黄细辛附子汤，一用麻黄附子甘草汤则应加以深究，以明仲景制方之旨，以利指导临床。《伤寒论讲义》[2]认为：一为证势稍急（麻黄细辛附子汤证），一为证势稍缓（麻黄附子甘草汤证）。就这一问题按以下几方面谈谈自己的粗浅认识，以就教于同道。

一、患病时间差异说明正虚程度

301条仲景曰：“少阴病；始得之……。”302条曰：“少阴病，得之二三日……。”从仲景所列时间可见都为患病早期，但“始得之”则为很早的早期。少阴病本为伤寒六经病变发展过程中的危重阶段，机体的抗病能力明显衰退。故有“少阴之为病，脉微细，但欲寐也”[1]的少阴寒化证提纲，从提纲可见阳气不足，阴寒内盛。两条原文皆言少阴病，方药中又皆用附子，足可说明“少阴病”三字指阳虚无疑，沉脉主里，为本证里虚寒证提供了更为确切的依据。本为少阴阳虚，又复感新邪。这就使人体正气又多了一个“敌对”力量，其正气不但要与原邪（阴寒之邪）斗争，而且还要与新邪（风寒之邪）较量。对人体正气来讲无疑于雪上加霜，其迁延时日愈久，必然使人体正气更虚，耗伤更甚。所以，“始得之”与“得之二三日”二者相较，始得之”应为正气稍强；“得之二三日”，因其病延一日，表邪又向里深入了一步，人体之正气自然也会有所衰减，这正是已虚之人复感新邪致病的一个特点。从病情来看，必然是一为较轻，一为较重，病势上则呈现出发展的趋势。原文302条虽无指出具体脉证，但大都认为应具301条脉证，如《伤寒论讲义》说：“本条应当与上条合参，也当具有反发热，脉沉”。显而易见301条所有的症状302条亦有。但《伤寒论讲义》又说：“本条言‘二三日’病势较缓；”从以上分析，可知其，说不能成立。

二、药物作用不同可知正虚程度

两条原文述证所用麻黄细辛附子汤及麻黄附子甘草汤，可见：(1) 温经（温少阴之经）。(2) 解表（解太阳之表）。说明少阴病不重而兼表证时，可表里同治，且说明外邪不除，尤对内虚不利，正如徐灵胎说："无粮之师，利于速战"。驱除外邪后，正气不被外邪所扰，其病转重情况自然较少，但发汗必然伤阳，故用附子以温里顾护。之所以能运用表里同治法则，是因为此处非 92 条所云病情，"病有发热头痛，脉反沉，若不差，身体疼痛者，当救其里。宜四逆汤[1]。"此两条不急用救里之法，而温里解表同用，也是仲景根据正气强弱，审时度势而分别选用的又一法则。由于始得之与得之二三日，正气强弱不同，故 301 条原文中仲景曰："麻黄细辛附子汤主之"，302 条曰："麻黄附子甘草汤微发汗。"始得之用麻黄之辛温，以增强在表之阳的升散动性，并与辛散之细辛配合，用之降低其阴的寒凝性，静性，达到发汗以解表的目的。但此种里阳（肾阳）虚证，如专事发表而不助阳，可能出现两个结果：一是弱势的里阳的升散性，动性不足以支持在表之阳的发散性，因而达不到发汗的目的；一是本已虚弱的里阳，可能因过度的发散汗出而更加虚弱，甚至造成亡阳的变故。故方中加入大辛大热之附子以补阳，增强在里之阳的升温性，动性，使表解而阳气存，邪去而阴阳平。三药解表温里之比为 2∶1，用量之比约 5∶1，可见麻黄细辛附子汤温经解表，以解表为主。而麻黄附子甘草汤证，因其病延一日，正气又虚了一点，虽仍可解表，但不可用麻黄细辛附子汤。否则，单味附子难护其阳，且会造成亡阳之虞。故只用麻黄解表，就是这样，仲景亦嫌发汗太过，又用炙甘草以减缓麻黄辛散之性；用附子温阳护里，仲景亦嫌不足，又用炙甘草助附子益气温阳，说明麻黄附子甘草汤证里虚较重，病势有所发展，所以温经解表，以温里为主。

三、"发汗"与"微发汗"说明正虚程度

302 条原文曰："麻黄附子甘草汤微发汗"，微乃稍微，轻微，轻度之意，说明麻黄附子甘草汤，以温里为主，发汗力弱，同时，也证明了其证不耐重剂发汗，其因就是正气更弱，恐过汗伤阳，非但无力抗邪，而且使邪气更盛，进一步深入发展，甚至不可救治，故用微汗之法。之所以还能发汗，那又是因为"以二三日无证，故微发汗也"。少阴病病机本为阴寒内盛，阳气虚衰。外邪侵袭，又延时日，应出现吐、利、躁、烦等里证，仲景曰"以二三日无证"，就表明了正气虽弱，但仍未见到吐、利、躁渴等证，所以，不须用四逆汤急救回阳，还可微发其汗，然须重在温阳护阳。言外之意，若见吐利躁渴证时，就"微发其汗"亦不可使用，应当救里为是。麻黄细辛附子汤证则不同，仲景直言主之，说明太少两感，正气较强，应快速祛邪，摆脱羁绊。否则病邪日深，不仅坐失解表的时机，并很可能进一步地损伤阳气而使病情恶化，甚至难以挽回，同时，从"麻黄附子甘草汤微发汗"，也反证了"麻黄细辛附子汤"以发汗为主，二方证情虽皆为太少两感，表里同病，也正如《伤寒论汤证新编》在两证辨证要点中说：主证有"发热，恶寒，无汗，四肢冷凉，苔白脉沉弱。"副证有："头痛，神疲倦怠，面色晦滞[3]。"可仲景对此一重在解表，一重在温里，不能说不是正虚程度有所差异，否则，何不都以麻黄细辛附子汤为治呢?!

四、结语

麻黄细辛附子汤证与麻黄附子甘草汤证，都是太少两感，表里同治法，而用药不同，足可见到仲景的辨证论治精神：(1) 两者正气虽皆不足，但后者与前者相比又虚了一点。(2) 前者病情较轻，后者病情较重。(3) 治病要抓住时机，不可坐失机宜（前后一天之差，用药侧重就有所不同）。(4) 用药要精细严格（两方仅细辛和甘草一味之异，而整个方剂重心就起了变化）。

参考文献

[1] 明·赵开美．复刻宋本《伤寒论》条文号码．

[2] 李培生，等．伤寒论讲义．第 5 版．上海：上海科学技术出版社，1985．

[3] 郭子光，等．伤寒论汤证新编．上海：上海科学技术出版社，1983．

［《河南中医药学刊》1995，10（2）：11］

《伤寒论》偶发性症状初探

温武兵　山东中医学院

（导师　张桂珍）

《伤寒论》创立了中医学辨证论治的基本原则，其理、法、方、药为后世医家治病疗疾奠定了坚实的基础，成为医林临证之圭臬。仲景更以严谨的治学态度与严密的思维方式创造了独特的辨证艺术体系，其中在《伤寒论》中对疾病偶发性症状的辨证

与治疗更是其辨证艺术的综合体现。本文仅对《伤寒论》原著中含有“乍”字的条文筛出并略作整理归纳，以期体会出仲景对偶发性症状的辨治技巧及刻意描述“乍”字的良苦用心。

乍，偶尔、有时之义，也包涵有忽然的意思。《广雅·释言》云：“乍，暂也。”正是对其出现的不确定性作出的明确表述。“乍”在《伤寒论》原著中共见四处。如“身不痛，但重，乍有轻时”（39条），“乍在腹中，乍在四肢”（48条）、“大便乍难乍易”（242条）、“脉乍紧”（355条），都是用来说明症状时有时无，呈随机性出现的特性。其目的就是为了说明这些偶发性症状的出现，是对疾病诊断、治疗有着特定意义的参考资料。

一、乍有轻时

见于论中39条：“伤寒脉浮缓，身不痛，但重，乍有轻时，无少阴证者，大青龙汤发之。”本条证治，历代争论不一。有认为是伤寒见中风脉症者；也有认为是伤寒之轻者；有认为是伤寒欲化热者，更有认为是太阳伤寒内干太阴者等等，各执己见，颇多猜疑。笔者无意对古人之论述妄加厚非，但只迷惑于真伪之莫辨。于是详查历代注解《伤寒论》专著，终于在李克绍先生编著的《伤寒论语释》中找到了最符合原文精神的解释。李氏认为：本条标明是伤寒，本应脉浮紧，身疼痛。但却脉不浮紧而浮缓，身不痛而但重，这并非表邪有所消退，而是伤寒失治；旷持时日，以致荣卫更加滞涩的缘故。脉浮缓并非表虚证的脉体松弛，而是迟缓有力，是浮紧的变脉。身重，也并非阳明病热在肌肉的沉重，更不是少阴病阴阳两虚的倦懒，而是拘束不堪、毫不灵活，是身痛的变证。即《灵枢·百病始生》篇所云；外邪由小络入于大经，“其痛之时息，大经乃代”的缘故。不过，伤寒脉由浮紧变为浮缓，身痛变为身重，这为临床诊断带来不少困难。所以，要解决这一困难，除了要掌握本证脉缓身重的特点外，条文中还提出“乍有轻时，无少阴证者”，作为明确诊断的依据。因为阳明病和少阴病的身重，都是持续性的，而本证则由于邪尚在表，根据天人相应的原理，表邪可随天阳之隆盛（如“从巳至未上”）稍微衰退而出现乍有轻时，身重偶尔有减轻的时候，由于其症状的不典型性易为医者所忽视，殊不知这一偶发性症状正是对疾病诊断的灵机所在。因为只此一点，就排除了阳明病和少阴病而足以证明病邪仍在太阳。所以仍当以发散太阳之邪为治。不过，脉既由紧变缓，身体也由痛变重，说明表邪已有顽固难拔之势。这就必须于麻黄汤中倍用麻黄大力透发。但重用麻黄，究嫌辛散太过，必须再加入石膏以相佐制，故以大青龙汤为佳。

二、乍在腹中、乍在四肢

论中48条云：“二阳并病，太阳初得病时……若发汗不彻，不足言，阳气怫郁不得越，当汗不汗，其人躁烦，不知痛处，乍在腹中，乍在四肢，按之不可得，其人短气但坐，以汗出不彻故也，更发汗则愈。何以知汗出不彻？以脉涩，故知也。”二阳并病，治当先解表后攻里，但如果太阳初得病时当汗失汗，或发汗太轻，以致外邪未尽，阳气郁聚于内，邪气扰动于中，就可造成烦躁、短气但坐等症的出现。“不知痛处，乍在腹中，乍在四肢，按之不可得”，正是这种状态的真实写照。病人可表现为烦躁不休，心绪不宁，以致到了自觉痛苦莫可名状的程度。如自觉身体似有痛处，有时忽感腹中不适，有时又忽感四肢不适，但按之不可得，说明邪非有形之实，揭示病仍在表。这种情况的出现，实际上是一种似痛非痛、似重非重的焦躁感觉，用以衬托烦躁的严重。汗出不彻，邪气不得宣泄，里气壅遏，病人郁闷特甚，故表现为“短气但坐”；此外，发汗不彻，荣卫不得畅达，故病人可出现脉涩但必涩而有力等。诸症的出现，皆因于汗出不彻，故仲景云“更发汗则愈”，指出了对因治疗的基本方法是再次发汗。原文中虽未列出具体方药，但我们认为，邪气不得宣泄，阳气郁遏于里过重，治疗则必须大力透发才能收效，而单纯用辛温的麻黄汤发汗解表，是不利于解除烦躁的。这样就必须在麻黄汤中加入石膏，倍用麻黄——即大青龙汤，以清透里热，发散郁阳，才能使表邪清除，烦躁得愈。

三、大便乍难乍易

论中242条云：“病人小便不利，大便乍难乍易，时有微热，喘冒不能卧者，有燥屎也。宜大承气汤。”大承气汤的适应症应当是不大便、小便自利，以及潮热谵语等。现病人并非不大便而是大便时难时易，不是小便自利而是小便不利，其发热也非潮热而是经常性的身发微热，此外还伴有喘促昏冒不能卧等症。乍看起来，似乎与大承气汤典型适应症不符，证候亦似乎不那么急迫，但仲景却径用大承气汤峻攻，好象是治不得法，病轻药重。因小便不利者，津液当还入胃肠之中，本不当有大便难，且即使是形成了大便硬，其程度也定然较为轻浅，并非一定要以大承气汤来攻下。所以，围绕着大承气汤使用的疑点，本证辨证的眼目就集中在“大便乍难乍易”六字上。因为阳明病大便硬者，其肠中必然干燥，故大便难为其常，根本不可能有排便“乍易”的情况发生，所以本证定非阳明病大便硬。而除大便硬外，阳明病还存在一种必须以大承气汤急攻的适应症——燥屎内结，也只有燥屎内结，才能在“大便乍难乍易”的情况下使用大承气汤。具体而言，大便硬和燥屎内结，虽然皆可表现为排便困难，也都可以大承气汤攻下热结，但因大便硬和燥屎内结形成过程与致病结果有一定差异，故临床治疗也有缓与急的不同。大便硬者，多发生在阳明病燥化以后，一般是随着阳明燥化程度的逐渐加深，肠道中粪便的水分逐渐被蒸发而一步步形成的。硬便既成，也多伴有潮热、手足濈然汗出而周身干涩无汗的情况，这是阳明燥热之邪消烁阴液，全身津液亏乏，腑实已成的缘故。而燥屎多是胃肠中的宿食与阳明内陷之热互结而成，是异常干硬的粪块，可形成于阳明病燥化之先，其全身津液亏乏现象亦非很严重。但是，燥屎一旦形成，则常留滞于肠道，顽固难下，有时即使是腹泻，燥屎亦不下行，尤其危险的是燥屎不下，极易形成梗阻，导致危症的发生。所以，只要测知燥屎形成，就必须以峻剂攻之。攻燥屎，也多是为了抢救，因此不能象下硬便那样从容不迫。凡确诊为燥屎，即使不兼潮热，也必须以大承气汤。（李克绍，等·伤寒论诠释·山东科学技术出版社，1982）结合本条来说，“大便乍难乍易”正是燥屎内结之象，这是结者自结，未结者旁流而出的缘故，乍易不等于燥屎消失，乍难才是阻结的真凭实据。至于不定时的发微热，及喘促昏冒、不能安卧等症，也都是燥屎内结，浊气攻冲所致。程应旄云：小便不利故大便乍难乍易。易者新屎得润而流利，难者燥屎不动而阻留，况时有微热喘冒不能卧，莫非燥屎之明征也。”（程应旄·伤寒论后条辨·卷七）另外，因燥屎留滞肠道，病人还可出现腹痛或绕脐痛，以及不欲饮食等症；腹部切诊也当下腹部按之有硬块；其大便乍易，也当下黄褐臭秽之便，故当以大承气汤攻下燥屎。值得说明的是，历代所谓“伤寒下不厌迟”者，其实是指阳明病大便硬而言，硬便未完全形成之前，过早攻下则易损伤胃气而致便溏腹胀等症。但因燥屎不同于一般的大便硬，故无论早晚，一经发现有燥屎内结的情况，就必须及时果断以大承气汤下之，不必囿于“伤寒下不厌迟”而丧失治疗时机。若辨证不准，或见察疏忽，一误再误，使燥屎形成后梗阻于肠道，则可能下亦不通，从而造成九死一生的危候。

四、脉乍紧

中医学历来强调脉诊的重要性，早在《内经》就认识到了“微妙在脉，不可不察”。人体脉象的形成，与脏腑气血的关系十分密切，所以脏腑气血发生病变，也可通过测脉而得知。仲景亦十分重视疾病的脉诊，举脉略症也贯穿于《伤寒论》始终，尤其是“脉乍紧”三字的记载，更体现了仲景诊察疾病一丝不苟的精神。论中355条云：“病人手足厥冷，脉乍紧者，邪结在胸中，心下满而烦，饥不能食者，病在胸中，当须吐之，宜瓜蒂散。”脉乍紧者，乍紧乍不紧，以不紧为其常，虽间或偶尔也呈现出紧象，但以出现无规律、存在时间短、转瞬即逝为其特点。故非细心体会、耐心持脉者不能获得，病人出现手足厥冷，心下满而烦，饥不能食，可见于多种疾病的病变过程中，如原文324条：“膈上有寒饮”也可出现四逆、心烦等症，其治疗原则却是“不可吐也，当温之，宜四逆汤”。那么，怎样判断本条所载不是“膈上有寒饮”，而是痰结在胸中需用瓜蒂散涌吐的痰厥证呢？原文中的“脉乍紧”可作为鉴别诊断的依据。“膈上有寒饮”者，多由脾肾阳虚不能化饮而成，其脉象当是沉微，不可能出现“乍紧”之象；而只有痰阻胸中，气机不利，脉行不畅，才可能见到脉象乍紧乍不紧。以此类推，病人手足厥冷，也是痰结胸中，阻遏阳气不能达于四肢的缘故。这种厥冷多是突然形成，与阴盛阳衰四肢逐渐厥冷者不同。更因痰结胸中，故病人自觉满闷，且因满而致烦；病在胸中，胃无宿食，故知饥，但因胸中烦满，故仍不能食。治疗当以“其高者，因而越之”之法，用瓜蒂散涌吐痰实。

综上所述，仲景对疾病偶发性症状的辨治技巧细致独特，其之所以能见微知著，与其长期临床实践中总结整理的经验和临证时细心观察的习惯是分不开的。由此提醒我们，对待疾病的诊断，不仅要把握疾病显而易见的症状表现，而且要随时捕捉那些不典型的偶发性症状，只有综合分析，细心体会，才能透过表面现象看到问题的实质，在复杂的病情中抓住疾病的本质所在，使处方用药有据、有力、有效。

[《国医论坛》1995，(3)：1]

试析《伤寒论》中“血汗同源”

何路军　河北省血液中心

“血汗同源”乃中医理论之一。《伤寒论》虽未明说，实寓其意，所论及太阳伤寒之“衄乃解”，衄家，亡血家，汗家之“不可发汗；少阴强迫发汗之“动其血”等。诸条合参，皆蕴含了血汗同源之经旨。

一、血汗同源，衄可代汗

经云“其在皮者，汗而发之”，引为治外感表证之常法，然探古人之蕴密，常中求变，非特此耳。《伤寒论》46条太阳伤寒服麻黄汤后，“剧者必衄，衄乃解”，47条“太阳病，脉浮紧，发热身无汗自衄者愈”。系指风寒之邪，束于六经之藩篱，外不得汗。营阴内郁，邪不得出，阳邪于内，奔迫于上，故常假衄血为泄邪之路；邪气外泄，郁阳畅达，表实自解，究其微赜，实属衄可代汗，因心主血，汗为心之液，血汗同源而异名。诚如徐灵胎所说，“血由肺之清道而出，与汗从皮毛而泄同，故热也解，俗语所云红汗也。”此种情况多见于阳气旺盛的青少年。

二、血汗同源，夺血无汗

吴瑭尝谓：“汗之为物，以阳气为运用，以阴精为材料；”阴精充足，尚属可汗，津亏液乏，汗之则危贻立至。《伤寒论》88条“衄家不可发汗”，89条“亡血家不可发汗”，50条“尺中迟者：不可发汗”，即警训医林之人。夫失血成“家”，言其久患失血，必然气血亏损。此时若妄用发汗，一则散热过多而耗气，二则伤津而损血，因汗为心之液，为阴血所化，势必犯虚之戒，从而出现“额上陷脉急紧，直视不能眴，不得眠”等阴血受伤，筋脉失养诸证。仲景重脉，世人皆晓，切寸口察三部，以别阴阳辨虚实。其言“尺中迟者，不可发汗”之由，“以荣气不足，血少故也”，对此方方执之注解颇为中肯，实寓血汗同源之理，曰：“尺以候阴，迟为不足，血、阴也，营主血，汗者，血之液，尺迟不可发汗者，嫌夺血也。”

三、血汗同源，以汗止衄

盖伤寒外解，或出玄府而为汗或走肺窍而为衄，惟此二途。《伤寒论》55条“伤寒脉浮紧，不发汗，因致衄者，麻黄汤主之”。此证当汗失汗。表邪壅遏，玄府闭寒，无从宣泄，势必另择它路，走于肺窍而致衄。然前证或“衄乃解”，或“自衄者愈”，本证却衄后病不解，究其原理，是因衄血太少，点滴不成流，不足以载邪外出，犹如汗出不彻，表邪不得外解一样，且阴血未亏，表邪未解，尚有发汗之机，故以麻黄汤取汗此乃殊途同源之义，不必拘于衄家禁汗之说。

四、血汗同源，汗家少血

“心者，君主之官，神明出焉”，主一身之血脉，汗为之液。《伤寒论》90条“汗家重发汗，必恍惚心乱”，为其明示。此时若重发其汗，势必要伤阴血，遂至心失所养，神不守舍。故朱丹溪谓“在内为血，在外为汗”。血者，中焦水谷精微，生化而成，和调于五脏，洒陈于六腑，行于脉中，故《灵枢·决气篇》云：“中焦受气取汁，变化而赤，是谓血”，汗者，人身之津液，阳气蒸腾，外出于腠理，行走于皮毛，即《素问·阴阳别论》阳加于阴，谓之汗”。柯琴亦为谓：“汗者，心之液，是血这变见于皮毛者也”。简知此理，其义自明。

五、血汗同源，强汗动血

少阴正证（阳虚虚寒证，即寒化证），本无汗法。脉微细，但欲寐，此指正气极度衰惫，阴阳气血俱虚，若发其汗，不是亡阳就是动血伤阴。《伤寒论》294条“少阴病，但厥无汗而强发之，必动其血，未知从何道出，或出中鼻，或从目出者，是名下厥上竭，为难治”。病人少阴，阳气衰微，不能蒸腾津液而为汗，故无汗。强发之，必竭其源泉。动津动血，使阴血从空窍而出，致微疴成膏言之变，曰难治。仲景大法甚精，须前后互参，左右回顾，方得其真谛。前言尺中迟，不可发汗，今少阴阳微，焉表发汗之理？既使太少两感，亦勿纯投解表之剂，当进麻附细辛汤或麻附甘草汤，熔发表与扶阳之品为一炉，温经发汗。如此，动血出窍之虑，若冰消雪融。

前述诸条，所论各异，然撮仲景之精要，析绎之，其旨则一，血之与汗，同出一源。正合《灵枢·营卫生会篇》：“夺血者无汗，夺汗者无血”。

［《河北中医学院学报》1995，10（3）：8］

浅谈“芩连”与“泻心”

魏飞跃　湖南中医学院

仲景用药，率皆精当；配伍组方，谨严有度。

正因如此，故而某些药物在不同方剂里的固定搭配，就更加引人关注。学习《伤寒论》，笔者发觉黄芩、黄连共存于一方的情况比较多见，这里特将《伤寒论》中含有芩、连配伍的方剂大致作一归纳，试图从中探讨其证治规律和二药之间的配伍原理。

《伤寒论》一百一十三方中，冠以“泻心汤”之名的达五个之多。历代医家大多认为：名为“泻心”，实为“泻胃”。其主治之证，基本以心下（胃脘部）痞塞不通，而按之柔软不痛为特征。虽然诸方由于致痞之因有寒热虚实之异，而君药及其他组成有所变化，但黄芩、黄连却不曾或缺。柯韵伯曾注意到这一现象，指出：“仲景泻心无定法，正气夺则为虚痞，杂用甘补辛散苦泄寒温之品以和之，邪气盛则为实痞，用大寒大热大苦大辛之味以下之。和有轻重之分，下有寒热之别。同名‘泻心’，而命剂不同如此。然五方之中，诸药味数分两，各有进退加减，独黄连定而不移……”。[1]柯氏这里之所以只谈到“黄连定而不移”，显然是拘于原文159条“大黄黄连泻心汤”只载“大黄、黄连”二味药物。但是，笔者认为：无论从以证测方的角度，还是从仲景用药特点、命名规律等诸方面考虑，其方原本当有“黄芩”，似不必置疑。宋臣林亿校正《伤寒论》时，特于该方后加按语云：“臣亿等看详大黄黄连泻心汤，诸本皆二味，又后附子泻心汤，用大黄、黄连、黄芩、附子，恐是前方中亦有黄芩，后但加附子也，故后云附子泻心汤，本云加附子也”。非但如此，唐·孙思邈《千金翼方》亦注曰：“此方本有黄芩”。由此，我们有理由认为：仲景为治痞而设的“泻心汤”，黄芩、黄连为必备之品。

然则仲景治痞，何以必用芩、连？究其原因，盖“痞”本乃无形之邪壅滞心下，气窒不通所致；而黄芩、黄连皆以其体“中空外坚”，而具升浮之性，因而可以直达心下，清泻邪热，疏解壅滞。且黄连“气味俱厚”，属“阴中之阳”，黄芩“气厚味薄”，属“阳中之阴”（张元素语），二者正能相辅相成，相须为用。成无己曾论述道：“泻心汤，攻痞也。……所以谓之泻心者，谓泻心下之邪也……”黄连味苦寒，黄芩味苦寒。《内经》曰：“苦先人心，以苦泻之。泻心者，必以苦为主。是以黄连为（君），黄芩为（臣），以降阳而升阴也。”

芩、连相伍，“降阳而升阴”，相须为用者，不独泻心汤治痞用之，仲景亦用其治疗“寒格吐利”。主方“干姜黄芩黄连人参汤”即仿“半夏泻心汤”之意，唯因火性炎上，该证上热较重，食入即吐，是以加重黄连用量，使苦寒倍于辛热；又因胃虚不堪辛散而舍“半夏”，呕家恶甘而去“草、枣”。故而“干姜黄芩黄连人参汤”虽无“泻心汤”之名，实藏“泻心汤”之意。

有趣的是：柯韵伯还将治疗少阴病“心中烦，不得卧”的“黄连阿胶汤”，亦称之为“少阴之泻心众所周知，黄连阿胶汤中的芩、连，旨在清心除烦，直折亢盛之心火，辅以滋阴养血安神之阿胶、芍药、鸡子黄，从而能使水火既济，心肾交通。诚然，黄连阿胶汤所治之“心烦”，与彼泻心汤所治之“心痞”，二“心”非一，然则柯氏将其称为“少阴之泻心汤”，其因岂不恰基于“凡泻心，必藉芩连”？

综上所述，我们似可认为：“芩连同用”与“泻心”之间，有着比较恒定的对应关系，故而亦可视为仲景用药特点及其证治规律之一。

不过，值得指出的是：《伤寒论》中也有个别“芩、连”同用，而非与“泻心”有必然对应关系的方剂，即“葛根黄芩黄连汤”。该方取“芩、连”，意在借其清肃之性以除肠中湿热，厚肠止利。正因如此，故其黄芩，后世医家认为应取“细实而中不空”的“条芩”，以借其“体重主降”之特性“专泻大肠下焦之火”。此与彼用于“泻心”之“中枯而飘”的“枯芩”，显然有所不同，无疑自当别论。

参考文献

[1] 清，柯琴. 伤寒附翼. 上海：上海科学技术出版社，1959：30.

［《湖南中医学院学报》1995，15（3）：11］

仲景药物炮制中火制法考疑

旷惠桃　潘远根

湖南中医学院附属第二医院

汉语是中华民族文明史的见证。在数千年的历史进程中，她经历了不断发展、丰富的过程，同时也产生了语言词义的衍变。同一字、词在古代和现代可能具有完全不同的含义。作为中华民族文明分支之一的医学，这种现象也随处存在。因而，在古典医籍的学习、研究与教学中，注意这一现象，对于正确理解和阐释古医籍，显然是非常重要的。笔者在仲景学说的教学和研究中，有关仲景药物炮制法中的火制法，对某些字词的疑点作了考证，辑作一篇以就教于贤哲。

仲景在《伤寒论》与《金匮要略》中炮制药物，属于火制法的有炙、炮、熬、炒、烧诸法。就现代汉语词义看，这些制法均不难理解，故尔，各家注释皆不就这些字义作注。这些制法与我们现代所理解的含义是否一致？这常成为对某些药物制法理解的歧义，特别是现代药物炮制法中没有的“熬”，成为极少引人注意的疑点。根据成书于汉代的扬雄《方言》、许慎《说文解字》及汉前一些著作的解释及用法，可以发现古今具有不一致的概念。

炮。现代炮法是指将药物放入铁锅内炒至焦黄爆裂，以起烟为度，用以减轻药物的毒性、烈性。仲景用炮法制药见于附子、乌头、天雄、干姜四味，其意亦在于减轻毒烈之性。其具体制法未载。《说文》：“炮，毛炙肉也。”《礼·内则》注曰：“炮者，以涂烧之为名也。”《礼·运》注曰：“炮，裹烧之也。”古代谓炮是一种加工肉食的方法，是将肉去毛或不去毛，再裹以他物在火中烧。据此言，用于制药，其基本方法亦应是将药物裹后在火中烧制，与现代炮法不同，而是与现代所用的煨法类似。在锅中爆炒的炮法汉以前文献未查及记载，因此，仲景所用炮法制附子、天雄、乌头等大毒药，所用法应当是与炙肉法相类。故仲景炮法与现代炮法当属不同方法。

炒。现代炒法是将药物放于锅内拌炒，由于使用目的不同，有炒黄、炒焦、炒炭的区别。炒黄、炒焦是使药物增加焦香的味道，增进健脾作用，或改善药性之偏。炒炭是使药物迅速炭化，增加收涩或止血作用。仲景制蜀椒、杏仁、吴茱萸用过炒法。炒，《集韵》：熬也。《说文》本作鬻。鬻，熬也。《广韵》《集韵》《正韵》并音吵。崔实《四民月令》作炒。《方言》：“熬、聚、煎、僰、鞏，火干也。秦晋之间或谓之聚，段玉裁注《说文》按：聚即鬻字。《方言》：“火干物也。凡以火而干五谷之类。”《六书故》“鬲中烙物也。”故炒为置物于鬲中，以火干之，相当于现代炒、焙法。制法应大致与今同。

熬。现代中药炮制不用熬法。而熬的现代通用义为煮，即加水久煮，如熬药、熬汤。仲景药物制法中，乌头、葶苈、杏仁、巴豆、芫花、鼠妇、䗪虫、水蛭、虻虫、蜣螂、牡蛎、商陆根、瓜蒂等均用过熬法，其中有瓜蒂“熬黄”，葶苈“熬令黄色”，杏仁、巴豆“熬黑”的制法。若以“加水久煮”释熬，显然与仲景制法不符，无论如何煮，瓜蒂、葶苈不可能因煮熬而黄；杏仁、巴豆因煮熬而黑。熬字古义与今义区别较大。熬，《说文》：“干煎也。”《方言》：“火干也。凡以火而干五谷之类，自山而东，齐楚以往谓之熬。”五谷之类未干不宜贮藏，熬之使干，显然是不能加水的，而谓“干煎”，更是指不加水的干法。故此处的熬，应当是烘、烤、焙等相类的方法。意为“火干”者不仅熬字，尚有煎、聚等字，《方言》：“熬、聚、煎、僰、鞏，火干也。凡有汁而干谓之煎，东齐谓之鞏。”聚即炒字。煎，《说文》释为“熬也。”僰，《方言》释为《火干也，关西陇冀以往谓之鞏”。《集韵》“赵魏谓熬日僰”。鞏《方言》“火干也。凡有计而干谓之煎，东齐谓之鞏”。由此看，熬在汉时与炒（聚）、煎义同，均为以火干有汁之物，显然是指不加水而直接使物在火的作用下干燥、乃至于焦枯的方法。仲景用熬法炮制药物，而未用煎、焙、烘等法，或可推测汉时熬与这些方法相同。也由此可以理解，唯有用这种“熬”法，方可使瓜蒂、杏仁熬黄，或使杏仁熬黑，蜘蛛熬焦。若或加水煮熬，非独不能制水蛭、虻虫、蜣螂、鼠妇，亦断难使蜘蛛“焦”，瓜蒂、杏仁“黄”。但需要说明一点的，《伤寒论》“猪肤汤”中，传统标点法是“上一味，以水一斗，煮取五升，去滓，加白蜜一升，白粉（即米粉）五合、熬香，和令相得，温分六服。”其中“熬香”二字，即应是指先将白粉“熬香”，然后与白蜜、药汁相合，不然，先将白蜜与白粉同熬，恐难致香，且“熬香”之后方言“和令相得”，亦可见是熬白粉使之香后方与他物相和。亦可佐证“熬”不是“煮”也。另一方面，熬在汉时，亦有煮的义项，如《礼·内则》谓“煎醇加于陆稻之上沃之以膏，日淳熬”，《周礼·地官舍人》“共饭米熬谷”，《后汉·边让传》“少汁则熬而不可熟”，则应当是加液体以熬煮。说明汉时熬有两义，一是干熬，二是加水煮熬。如熄字，在《说文》中注为二义：一曰畜火，二曰灭火。后来渐渐演变，熄只用于表示灭火一义了。熬字，仲景所用是干熬，而后来干熬一义则不用了，至今只用加水煮熬一个义项。只有如此诠释，方能理解仲景药物炮制中的熬法。

炙。炙的现代用法，用于炮制药物与炒没有多大区别。只是不单独在锅内加热，而是在药料中加入其他辅佐的东西。如加蜂蜜为蜜炙，加酥油为酥炙，加姜汁为姜炙等。仲景用炙法炮制的药物有甘草、厚朴、枳实、百合、鳖甲、阿胶、蜂窝、皂荚、生狼牙、芍药等，皂荚注明“用酥炙”而外，其余药物均未注明加何物辅佐。《说文》；“炙，炮肉也。”《诗·小雅·瓠叶传》，“炕火日炙。”《正义》云：“炕，举也，谓以物贯之而举于火上以炙之。”炕，古为抗。《方言》：“抗，悬也”。以此言之，则炙是指制肉的一种方法，谓以一物贯穿于肉而悬于火上烧烤。又，《瓠叶传》言炮、言燔、言炙，传曰：“毛曰炮，加火曰燔，抗火曰炙，燔、炙不必毛也，抗火不同加火之逼近也。”由此言，则炙谓制肉时不去其毛，不逼近火烧，当属烤之类。另，《说文》注“熹，炙也”，“炮，毛炙肉也，“衮，炮炙也”，“燎，炙也”等，说明“炙”如肉在火上，本义明了，且常用于诠释他字、，引申义为不逼近火以熏炙。综诸注而言，炙在汉前主要是制肉法，将肉贯之，于火上熏烤。显然，这种制法并不借助于器皿，不用锅类。若用此义，则以之制药，亦应当是将药物置于火上，或悬于火上，且不直接近火焰，慢慢熏烤。若以此而论，则仲景炙法与现代通用炙法并不相同，其所炙药物如甘草、厚朴、鳖甲等可以在火上熏烤，故可炙；而蜣螂、虻虫、芫花、鼠妇等不宜直接逼近火烤者，则不用炙，而是用象干五谷之类的火干熬法。

［《湖南中医学院学报》1995，15（3）：4］

试论《伤寒论》之阴阳观

刘文安　四川省南充市第二中医院

《伤寒论》之六经病证，是由各种致病因素的影响，导致机体阴阳失去相对平衡，从而形成阴阳的偏胜偏衰或阴不制阳、阳下制阴的病理状态。阴阳失调，既是脏腑、经络、气血、营卫等相互关系的失调，又是表里出入、上下升降等气机失常的概括。阴阳失调在《伤寒论》中千头万绪、错综复杂，其主要表现约有阴阳偏胜、阴阳偏衰、阴阳互损、阴阳格拒、阴阳亡失等方面。

一、阴阳偏胜

阴阳的偏胜，在《伤寒论》中主要指“邪气盛则实”的实证。经云：“阳胜则热，阴胜则寒”“阳胜则阴病，阴胜则阳病”，揭示阳偏胜及阴偏胜的病理特点及其必然发展之趋势。

1. 阳偏胜　阳偏胜即是阳盛。是指六经病变过程中出现阳气偏盛、机能亢奋、邪热充斥的病理状态，表现为表热实的病候。导致阳偏胜的主要原因，大都由外感风邪，或感受温热阳邪，或虽感阴寒之邪亦可从阳化热，或因气滞阳郁，或蓄水、蓄血、停痰留饮、郁而化热所致。

“阳胜则热”，阳胜是以热、动、躁为其特点，阳偏胜即出现热象，如第6条所云“太阳病，发热而渴，不恶寒者，为温病，若发汗已，身灼热者，名风温”、第182条“身热，汗自出，不恶寒，反恶热也”，均反映出“阳胜则热”的病象。尤其是邪犯阳明，阳明为多气多血之经，主燥化用事。病入阳明、化热化燥、热与燥合于胃中，以胃肠之热、燥、实为其病理特征，或土燥水竭而为阳明急下之证，或阳明邪热不解，与太阴脾湿相合、郁于中焦、热不得越、湿不得泄，可致身热、发黄、小便不利之证，或阳明热甚、深入血分，可致口燥、鼻衄之证。凡此种种，皆为“阳胜则热”之候。

“阳胜则阴病”，即阳胜则阴虚，在《伤寒论》中有二种：一为外感温热阳邪而致阳盛，出现热实之证；二为阳热亢盛内耗病体阴液，从实热证转化为虚热证，或实热兼阴亏的证候。

2. 阴偏胜　阴偏胜即是阴盛，是指六经病变过程中出现阴气偏胜、机能减退、阳气不足的病理状态，表现为阴寒盛而阳未衰的实寒证。阴偏胜多为盛受寒湿阴邪或过食生冷、寒气中阻、阳不制阴，以致阴寒内盛。

“阴胜则寒”，阴偏胜足以寒、静、湿为特点，临床表现以寒象为主。第166条“寸脉微浮，胸中痞硬，气上冲喉咽不得息者，此为胸有寒也”、第277条“自利不渴者，属太阴，以其藏有寒故也”、第323条“少阴病，脉沉者，急温之，宜四逆汤”，以及厥阴寒蹶、水厥、痰厥、冷结膀胱关元等，均从不同的层次揭示出“阴胜则寒”的病象。

“阴胜则阳病”，即阴胜则阳虚。在《伤寒论》中，阴寒内盛之证多因素体阳虚、寒邪直中、阳不制阴所致。在其病理过程中，阴偏胜常伴有不同程度的阳气不足，如少阴病寒化证中的附子汤证、真武汤证；更有心肾虚衰、机能减退，证见脉微细沉、但欲寐、无热恶寒、身踡、呕吐、下利清谷、四肢厥逆、小便清白等，呈现一派阴寒内盛、阳气大衰之证，急当因阳救逆，以力挽狂澜。

二、阴阳偏衰

阴阳偏衰指“精气夺则虚”之虚证，包括机体的精、气、血、津液等基本物质不足及相关生理功能减退，同时脏腑、经络功能也失调。当致病因素作用于机体，就会产生阴阳的失调与功能的减退而相互不能制约，以致“阳盛则阴虚”“阳虚则寒”“阴虚则阳亢”“阴虚则热”的病理现象。

1. 阳偏衰　阳偏衰即是阳虚，是指机体阳气虚损，机能减退的病理状态。形成阳偏衰，多因素禀不足、病后治疗不当或久病损阳所致。其证多表现为阳气不足、阳不制阴、阴气偏胜的虚寒病象。由于体内的阳气虚衰、阳虚不能制阴、阳气的温煦作用减弱，脏腑经络的某些功能活动随之而衰减、气血及津液的运行迟滞、寒水不化，以致阴寒内盛，形成“阳虚则寒”的病理。阳气虚在《伤寒论》中以脾肾阳虚为主，其中肾阳又为诸阳之本，故肾阳虚衰在六经病变中占有极其重要的地位。第70条“发汗后，恶寒者，虚故也”，是言素体阳虚之人太阳感寒、发汗太过，更伤阳气、内虚少阴，出现汗后转虚的变证。再如太阴脾虚寒证，无论是外感风寒、内伤生冷，或脾虚不运、寒湿内生，或阳经受病、误治转属等，只要见到腹满时痛、吐利、食不下、口不渴、脉弱，均可断为脾虚寒证。又如第282荣“少阴病，欲吐不吐，心烦，但欲寐，五六日自利而渴者，属少阴也”，甚者畏寒、四肢逆冷、下利清谷，这些均展示出“阳虚则寒”的病象。

2. 阴偏衰　阴偏衰即是阴虚，是机体的精血、津液等物质亏耗以及阴不制阳，产生阴虚阳亢的病理状态。形成阴偏衰的主要原因，多由阳邪伤阴，或邪从热化内耗阴气，或久病耗伤阴液所致，其病理特点多表现为阴液不足、阳气相对亢旺的阴虚内热之征。阴液不足当以肝肾之阴为主，其中尤以肾阴为诸阴之本，故肾阴不足在阴偏衰的病变中占有重要地位。由于阴液不足、阴不制阳，形成阴虚内热、阴虚火旺或阴虚阳亢等多种表现。如麻黄汤禁例中的“咽喉干燥”、淋家”“衄家”等阴虚热证，少阴病热化证中之阴虚火旺的黄连阿胶汤证，阳明病土燥水竭之三急下证，少阴病水竭土燥之三急下证，均可用大承气汤急下存阴，“以全未竭之水也”。

三、阴阳互损

阴阳互损，即是阴阳两虚。在阴虚的基础上相继出现阳虚，称作阴损及阳；《伤寒论》中，太阳与少阴为表里、阳明与太阴为表里、少阳与厥阴为表里，感邪受病后，脏腑相连、经脉络属，表病及里、里邪出表，阳病入阴、阴病转阳、阴阳互损，处处可见。因此，无论阴虚或阳虚，多在机体阴阳失调后产生阳损及阴、阴损及阳的病理变化。

1. 阴损及阳　即在阴虚的基础上相继出现阳虚，形成以阳虚为主的阴阳两虚的病理。第60条“下之后，复发汗，必振寒，脉微细。所以然者，以内外俱虚故也”，此为下后先亡阴、误汗又亡阳所致阴阳俱虚的变证；第68条“发汗，病不解，反恶寒者，虚故也。芍药甘草附子汤主之”，此为太阳病误治而营卫内虚、阴损及阳所致阴阳俱虚，用芍药甘草附子汤以益阴扶阳。

2. 阳损及阴　即在阳虚的基础上相继出现阴虚，形成以阴虚为主的阴阳两虚的病理。如真武汤证，为阳气不足、气化失司、津液内聚、水湿内生、水气泛溢所致，用真武汤主治，义在温肾阳、利水气。第69条“发汗，若下之，病仍不解，烦躁者，茯苓四逆汤主之”，此为太阳病误治而内虚少阴。少阴为水火之脏、阴阳之根，误汗伤阳、误下损阴，则阴阳不足、水火不济，故生烦躁，用茯苓四逆汤以回阳益阴。

四、阴阳格拒

阴阳格拒是阴阳失调中的特殊机理，包括阴盛格阳与阳盛格阴两个方面。形成此种病理状态，是阴与阳偏盛至极，迫使阴阳之间不能相互维系所致，从而产生阳证似阴（热极生寒或真热假寒）、阴证似阳（寒极生热或真寒假热）等病象。

1. 阴盛格阳　是指阴盛于内、格阳于外，或阴盛于下、格阳于上的“格阳证”与“戴阳证”。此阴阳之气不相顺接而相互格拒，是发病的主要机理。第317条“少阴病，下利清谷，里寒外热，手足厥逆，脉微欲绝，身反不恶寒，其人面色赤”，对此尤在泾说“此寒中少阴，阴盛格阳之证，下利清谷，手足厥逆，脉微欲绝者，阴盛于内也，身热不恶寒，面色赤者，格阳于外也”，文中的“里寒外热”即内真寒而外假热，用通脉四逆汤破阴回阳、通达内外，以消除阴阳格拒之势；第315条“少阴病，下利，脉微者，与白通汤。利不止，厥逆无脉，干呕，烦者，白通加猪胆汁汤主之”，此本阳气因下焦虚寒而浮越于上，出现下真寒、上假热之证，亦称“戴阳证”，用该方破阴回阳、宣通上下，以利发挥回阳救逆的职能，使机体阴阳交通而无格拒之患。

2. 阳盛格阴　是指邪热深伏于里、阳气郁闭于内、不能外达肢体而格阴于外的病理状态。如第350条“伤寒脉滑而厥者，里有热，白虎汤主之”，脉“滑”为阳脉，主邪热深伏于里，显示出“里有热”的一面；“厥”为邪热深伏、阳郁不达、格阴于外的外假寒之象。证属里真热、外假寒，用白虎汤主治，使里热得清，则阳气通达，肢厥可愈。

五、亡阳亡阴

亡阳与亡阴是指病体之阴液与阳气突然大量亡失所致生命垂危的一种衰竭的病理状态。在六经病变中，由于阴阳的互根关系，亡阴可敛亡阳，亡阳亦可致亡阴，最终可发展至“阴阳离决，精气乃绝”，以终止生命的活动。

1. 亡阳　亡阳是指机体内的阳气突然脱失。导致全身机能严重衰竭，并危及生命。亡阳，可由邪盛正衰、正不胜邪，而阳气突然脱失；或素体阳虚、正气不足，或阳虚感邪、过用汗法，使汗出过多、阳随液泄，而阳气外脱；或病入三阴、机体阳气严重耗散，而虚阳外越所致。阳气暴脱，病势险恶，常见大汗淋漓、厥逆、肢冷、踡卧、神疲、脉微欲绝等。如少阳病寒化证之第 343 条、第 344 条、第 345 条、第 346 条，具体论述了纯阴无阳、阳亡神绝、阴盛阳脱、阴阳离决的死证。病入少阴、阳虚寒盛，病情演变的总趋势当以阳气的存亡而定，阳存则生，阳亡则死；病入厥阴、正气虚衰、从阴化寒、一厥不起，常见危候，死证居多。

2. 亡阴　亡阴是指病体阴液突然大量耗竭所致全身机能严重衰竭的一种病理状态，由邪热炽盛、灼伤阴液，或由误治内耗真阴，遂致阴亡。如第 6 条的温病或风温“若被下者，小便不利，直视失溲”，列举风温误下、重伤津液、水源枯竭，故出现小便不利；津伤热炽、阴精不能上注于目、热扰神明、故为两目直视、大便失禁。少阴病三急下证，由于肠腑燥实、热灼真阴，必须急下燥实，方能挽救垂竭之真阴，迟则莫救。又如第 390 条“吐已下断，汗出而厥，四肢拘急不解，脉微欲绝者，阐明了液脱阴竭则阳气亦随之散亡，大有阴阳离决之势，正如钱天来所谓“直至水穷山尽，阳气磨灭殆尽，脉气方绝”。

（注：文中引用条文序号，以《伤寒论讲义》统编五版教材为准。）

［《中医函授通讯》1995，（4）：2］

《伤寒论》的方证体系初探

刘季清　北京中医药大学东直门医院
冯世纶　中日友好医院

刘渡舟老师在第一次中日《伤寒论》学术讨论会上讲：“使用经方的关键在于抓住主证。”并指出：“本书内容多能理论联系实际，理法方药兼备，体现了中国医学辨证论治的独特体系[1]。”这一精确论断，博得国内外学者高度评价，并重视了对经方的研究。笔者在刘老的启发下对《伤寒论》的方证体系进行了初步探讨。

一、方证概念

《伤寒论》有桂枝证（第 34 条）、柴胡证（第 104）等名称，是以方名证的范例。实际《伤寒论》共有 112（113）方都是“证以方名，方由证立，有一证必有一方，有是证必有是方，方证一体[2]”的内容，这便是《伤寒论》的主要构成。凡读过《伤寒论》的人都清楚，它的主要内容是 112 个方剂和其适应证，是论述某方剂的适应证即称某方证，如桂枝汤方证、麻黄汤方证、承气汤方证等。这种以方名证的形成，是古人长期医疗经验的总结，不但是写作方法的简赅需要，更是构成《伤寒论》的主要内容和理论体系的特点。

二、《伤寒论》的渊源是古代方证

对于张仲景撰写《伤寒论》的渊源，历来存有争议。近来随着考古学、考证学的发展，人们逐渐明了：《伤寒论》是属《神农本草经》《汤液经法》经方流派的[3]，尤其引人注目的是，《伤寒论》的主要内容源于《汤液经法》的大小、二旦、六神等方剂及方剂的适应证。如桂枝汤方证源自于大青龙汤方证，黄芩汤方证源目于小阴旦汤方证；小柴胡汤方证源自于大阴旦方证；白虎汤方证源自于小白虎汤方证；竹叶石膏汤方证源自于大白虎汤方证；黄连阿胶鸡子黄汤方证源自于小朱鸟（雀）汤方证；真武汤方证源自于小玄武汤方证……[4]。关于张仲景改变方剂名称的原因，陶弘景说得很清楚：“张机撰《伤寒论》避道家之称，故其方皆非正名也，但以某药名之，以推主为识尔[5]。由陶弘景所著的《辅行决脏腑用药法要》可清楚地看到，《汤液经法》的主要内容，是记述前人所用某个方剂的组成和其适应证，张仲景主要依据这些方证撰成了《伤寒论》。

三、六经理论的形成诞生了《伤寒论》

由《汤液经法》可看到，其主要内容是记述前人所用经验方药和适应证，尚看不到系统的理论。但丰富的方剂和适应证，是前人长期临床经验总结，孕育着经方理论的形成。张仲景通过学用《汤液经法》等方证经验和其他医书，认识到了每个方剂治愈疾病，不但与症状特点有关，而且与疾病的病性（寒、热、虚、实）、病位（表、里、半表半里）有关，即与八纲有关。这样用八纲把方归类，大体有六类不同的方证，即①用于发热、恶寒、身疼、脉浮等症的方证，如桂枝汤方证、麻黄汤方证，这些方证病位在表，病性属热实阳，称谓为太阳病，②用于发热、汗出，口渴、大便难、脉数等症的方证，如白虎汤方证、大承气汤方证等，这些方证病位在里，病性属热实阳，称谓为阳明病；③

用于寒热往来、口苦咽干、胸胁苦满、目眩等症的方证，如小柴胡汤方证、大柴胡汤方证等，这些方证病位在半表半里，病性属热实阳，称谓为少阳病；④用于恶寒、无热、脉微细，但欲寐等症的方证，这些方证病位在表，病性属寒虚阴，称谓少阴病；⑤用于自利不渴、腹满而吐、食不下等症的方证，如理中汤方证、附子理中汤方证、吴茱萸汤方证等，这些方证病位在里，病性属阴寒虚，称谓太阴病，⑥用于口渴、气上撞心、心中疼热、饥而不欲食、四肢厥冷等症的方证，如乌梅丸、干姜黄芩黄连人参汤等方证，这些方证病性在半表半里，病性属阴寒虚，称谓为厥阴病。这便是张仲景总结完成的方证和六经理论体系，此即《神农本草经》和《汤液经法》时代已积累了许多前人治疗有效验方、经方和理论，孕育着经方方证和理论的形成，张仲景是经方方证和理论的接生婆，使《伤寒论》降生于东汉。

四、方证给人以规矩

历代医家对《伤寒论》的所谓“六经实质”等理论问题认识分歧，争论不休，但都能应用《伤寒论》的方药治好不少疾病，这是为什么呢？这是因为每位医生都掌握了《伤寒论》的一些方剂和其适应证。由于中国地大物博，文化发达，在古代即存在百花齐放、百家争鸣的学术空气。中医也是如此，在春秋战国时代已存在不同的流派[3]，表现在对疾病症状的认识、病因病机的解释有所不同，对药物的性能、主治叙述不同。发展至现代，更是八仙过海各显神通。如症见心下逆满，气上冲胸，起则头眩，心悸短气等症，有的人可认为是脾阳虚弱，水饮上泛；有的人可认为是伤寒表不解，心下有水气……，但治疗有可能都用苓桂术甘汤这一方药，使疾病痊愈。这是因为，他们都熟悉《伤寒论》的苓桂术甘汤这一方药和其适应证，在掌握苓桂术甘汤方上是一致的，是《伤寒论》的方证经验给了后人以规矩。因此，陈修园在《长沙方歌括·小引》中指出：“大抵入手工夫即以伊圣之方为据，有此病，必用此方，用此方，必用此药……论中桂枝证、麻黄证、柴胡证、承气证等以方名证，明明提出大眼目。”是说学习《伤寒论》的主要功夫，是学习其各个方证。

六经和八纲，是辨证的基础，并于此基础上即可制定治疗的准则。不过若说在临床实际应用，这还是远远不够的。例如太阳病依法当发汗，但发汗的方剂很多，是否任取一种发汗方药即可用之有效呢？实际是不行的，因为中医辨证，不只是要辨六经八纲，而更重要的是还要通过它们辨方药的适应证，即辨方证。太阳病当然要发汗，但发汗必须选用适应整体情况的方法方药。具体的讲，即于太阳病的一般特征外，同时还要详审其他情况，选用全面适应的发汗药，才能取得预期的疗效。如太阳病，若头痛发热、身痛，腰痛、骨节疼痛、恶风，无汗而喘者，则宜与桂枝汤；若项背强几几、无汗恶风者，则宜葛根汤；若脉浮紧、发热、恶寒、身疼痛，不汗出而烦躁者，则宜与大青龙汤……。以上诸方均属太阳病的发汗剂，但各有其不同的适应证，若用得其反，不但无益，反而有害。因此，辨方证是六经八纲辨证的继续，是更具体、更进一步的辨证，中医治病有无疗效，其主要关键，就在于辨方证是否正确。

五、辨方证不是对号入座

以上所述已说明，用经方治疗各种疾病，要掌握方药和方剂的适应证，这是应该的。但有的人误认为学习经方《伤寒论》，只要记住一些方药和其适应证就行了，不必再学习其理论。有的甚至认为：经方不辨证，只要套用《伤寒论》条文什么方治什么病“对号入座”即可，这是错误的认识。其错误在于没有认识到，辨方证是继六经八纲辨证之后更具体、更详细的辨证，没有六经八纲理论指导为前提，就不能正确把握方证。刘渡舟老师说；“失去了客观的依据与理论上的指导，辨证论治也就成了无源之水和无本之木，这必然悖离中医之道[10]”。

中医有许多方书，记载了许多方剂和其适应证，但都比不上《伤寒论》影响广泛、深远。原因之一，是因为没有象《伤寒论》那样完整的、富有科学性的、严密的理论体系。例如桂枝汤方证，《伤寒论》不但写明了它的方药组成和适应证，而且更强调了它属于营卫不和的太阳病，必须在六经辨证理论指导下才能准确使用桂枝汤，不深入研究《伤寒论》的理论是不会运用桂枝汤的。为此张仲景列举了许多桂枝汤的类似证，症状乍看是桂枝汤证，实际不是桂枝汤证。如第 28 条：“服桂枝汤，或下之，仍头项痛，翕翕发热。”第 152 条：“其人漐漐汗出，发作有时，头痛。”第 166 条：“病如桂枝证……寸脉微浮”等，与桂枝汤证的某些症状相似，但因水、因饮、因痰、因病位、病性等不同，与营卫不和的桂枝汤证有本质的区别。要辨清属哪个方证，必须要清楚《伤寒论》有关六经、八纲及各个方证的病因病机，不但要了解每个方证的适应证，还要清楚每个方证的禁忌证、变证等。那种只知其一，不知其二的对号入座的治疗，往往贻误病情，加重病情。

那种误认为辨方证就是对号入座的看法，还在于没有理解仲景“随证治之”的原则，且不知在《伤寒论》中，只将桂枝汤方证的发展变化，就列举了28个本证和18个变证，甚至药味不变，只一味药的剂量变化，也要考虑与证相适应，方证名称也随之改变。如桂枝加桂汤证，只是把桂枝增加二两，则适用于“气从少腹上冲心”证者，其辨证之具体，细细入微可见一斑。因此，柯琴指出：“仲景之方，因证而设，非因经而设，见此证便用此方，是仲景活法。”即是说辨方证是临床更具体、更灵活的辨证论治。

六、对方证的再认识

由于《伤寒论》的方证经临床千锤百炼，不论是经方派或时方派都注重应用和研究，对其认识也就不断地深化，逐渐地认识到辨方证的科学性。如沈自尹认为：“从广义上说，以汤方辨证亦属辨证范围，故称之为方剂辨证……，以药物的系统——方，来调节病理的系统——证，寻找方剂效应值的一体化，就是方剂辨证的涵义所在，现行中医的各种辨证立法，侧重于从疾病的病因、病理、病位、病性、病状表现、病势阶段、分型等方面辨识疾病过程，旨在探求病体的症结所在。而方剂辨证所探求者，除此而外，还在于探求方药的效能所主及方证的契合关系等……，一定意义上说，它可概括整个辨证施治的内容[6]”。这里很清楚地指出了辨方证不是简单的对号入座，而是更详细更具体更全面的辨证论治。不少人认识到了辨方证的重要意义，中药治病，不在用药的多少，而在方证相适应、对应。如何天麟说；“在临证处方时，一般认为“对症”下药，疗效较好，实际亦不尽然。笔者曾治一女孩，因感寒而发热喘咳，脉浮，苔白，初投小青龙汤加杏仁两剂即热平，咳减，但喘仍作，小便甚少。二诊见原方已效，乃加茯苓利水，服后病不减而尿仍少。三诊前方去麻黄续服，喘咳止小便亦畅。岳美中治一妇女慢性肾炎，其尿频、血尿，用猪苓汤三剂而愈。20天后又发，因见脉虚加入山药一味，病情反重，复用猪苓汤又效。后病发来诊，加海金沙竟又不效，再用原方而愈。于此获得更大启发，正如《沈括良方自序》所说：“药之单用为易知，药之复用为难知。世之处方者，以一药为不足，又以众药益之。殊不知药之有相使者，相反者、有相合而性易者，可知方有常方，法无常法，在辨证论治基础上，执一法不如守一方[7]”。是说辨方证一定要准确，加减用药也要像桂枝加桂汤那样要对证，而不是对症。经方的方证在临床运用已有几千年的历史，只要认准了有是证，则就用是方，不要随便加减，多余的加味，往往造成画蛇添足，欲治反误。

我国历来重视方剂和适应证的研究，后世方如潮涌出现，皆是证明，如《千金要方》《和剂局方》《太平圣惠方》等等，其内容主要是讲方证。《伤寒论》因不但有方证经验，而且还有完整的理论体系，因此在世界上广为传播，尤其是对日本汉方医学的影响深刻。日本在明治维新时期，决策者要取消“汉方医”，当时身为西医的汤本求真先生，眼看着亲生女儿因痢疾用西药治疗无效被夺去了生命，因之悲愤感慨不已，转而发奋学习《伤寒论》，临床应用效如桴鼓，并结合临床体验，著成了应用《伤寒论》方证经验的《皇汉医学》，于是又使日本的汉医学重振旗鼓，使方证对应派成为日本的主流派。近来不少人从临床和实验室探讨了方证的对应关系。如伊藤嘉纪通过对五苓散方证的研究认为：五苓散方证的病理状态，是渗透压调节的降低，五苓散的利尿作用是通过调整调节点来恢复水液代谢正常的。给正常人和动物服用五苓散看不到利尿现象，如让人和动物出大量的汗，造成津伤表虚出现五苓散方证后，再给服五苓散，则看到明显的利尿作用。因而，认为五苓散与五苓散方证之间，存在着特异的方证对应关系[8]。藤平健在论述出血病的治疗时指出，中医的处方，是由几个生药组成发挥一独特治疗效果的方剂，这个处方可看作是一个齿轮。而出血疾病，由于各种原因而表现各种不同的症状，这些不同的症状好似不同的齿轮，两者如能紧密咬合，则可使疾病很快治愈；如两方面的齿轮咬合不紧，就像汽车中的齿轮咬合一样，齿轮不合，则汽车就不能开动，也就是说，治病方药不对证，治疗也就无效[9]。

总之，《伤寒论》是中医学讲究辨证论治而又自成体系的经典著作[3]，它的撰成渊源于古代《汤液经法》《神农本草经》等医书，至《伤寒论》已形成有完整理论的方证体系，成为祖国医学伟大宝库中的灿烂明珠，造福于医学卫生事业。随着现代临床和实验室的研究，人们将更进一步认识其方证和发展其方证。

参考文献

［1］刘渡舟. 使用经方的关键在于抓住主证. 北京中医学院学报，1981；22（4）：76.

［2］张志民. 试论《伤寒论》六病分证的特点及其意义. 浙江中医，1980；（1）：22.

[3] 北京中医学院．北京中医学院三十年论文选．北京：中医古籍出版社，1986：7.
[4] 马继兴，等．敦煌古医籍考释．南昌：江西科学技术出版社，1988，127～135.
[5] 胡希恕．基于仲景学说谈辨证论治．北京中医学院学报，1980；(4)：10.
[6] 沈自尹．从《伤寒论》与《内经》的不同学术渊源来研究证的本质．中医杂志，1984；25 (1)：70.
[7] 何天麟．《伤寒论》方加减浅说．浙江中医，1980；(4)：191.
[8] 伊藤嘉纪．五苓散证の病态生理——浸透压のヤットポイント低下．日本洋医学会，1978；28 (3)：1.
[9] 藤平健．古方の立场ガウ，日本东洋医学会志，1978；28 (4)：62.
[10] 北京中医学院．北京中医学院三十年论文选，北京：中医古籍出版社，1986．6.
[《中国中医基础医学杂志》1995，1 (4)：50]

谈《伤寒论》舍证从脉诊法

巴哈尔·哈德尔　新疆中医学院

《伤寒论》有许多精到的诊治原则和方法，其中对舍证从脉的论述尤具特色。兹就学习心得及教学中体会，条析如下。

一、禁汗从脉

第 27 条原文：“太阳病，发热恶寒，热多寒少，脉微绝，此无阳也，不可发汗，宜桂枝二越婢一汤。”本条论述发热恶寒，热多寒少症状，是太阳之邪未解，可能有头痛、无汗等证；此外以方测证有心烦、口渴等证。可见本条是外感风寒兼郁热，在发汗解表方中加清热之品治疗。但说到脉象，脉微弱是阳虚之象，如果发汗易致亡阳，故不可发汗。说：脉见微弱，此无阳也，不可发汗。”这虽是太阳证，但从脉微弱而当禁汗。第 49 条：“脉浮数，法当汗出而愈，若下之，身重，心悸者，不可发汗，当自汗出乃解。所以然者，尺中脉微，此里虚，须表里实，津液自和，便自汗而愈。”本条论述太阳病。太阳之脉或为浮缓或为浮紧，现脉浮数是太阳之变，浮数这脉须与发热恶寒、头项强痛等证并见，法当汗解；但本条误用下法，表邪不除，徒伤里气，出现身重、心悸等证，虽有表邪未解的症状，然不可发汗，是因尺中脉微主里气虚衰之故。这正是舍表证而从脉禁汗。第 50 条：“脉浮紧，法当身疼痛，宜以汗解之。假令尺中迟者，不可发汗，何以知？然，以荣气不足，血少故也。”脉浮紧，身体疼痛，主表实证。身体疼痛常以桂枝麻黄解之；然而今尺脉中迟，我们知尺以候内，迟主不足是营血不足所致；汗为心液，夺血者无汗，故不可强发其汗，以更伤营血。虽有表证的身痛，脉浮紧症状，也不单纯发汗解表。本条从脉之尺迟以禁汗。第 285 条：“少阴病，脉细沉数，病为在里，不可发汗。”第 286 条：“少阴病，脉微，不可发汗，亡阳故也……”。以上二条是少阴病，少阴病有可汗之证，但必须是当汗者可行。凡见脉数、脉微者，就不可发汗。二条均为从脉禁汗之例。

二、从脉而汗

第 237 条：“阳明病，脉浮、无汗而喘，发汗则愈，宜麻黄汤。”阳明病，当有发热、身热、烦渴等证，但指明内无脉洪滑或沉实，而专门道出“脉浮、无汗”者，可知非阳明经证或腑证之正证，只能为阳明变证，脉既浮、汗既无则当发其汗。这正是舍去阳明之证而从脉浮论治。第 242 条：“病人烦热，汗出而解，又如疟状，日哺发热者，属阳明也。……脉浮虚，宜发汗。……发汗，宜桂枝汤。”烦热，日哺发热，本属阳明病证，而阳明证当下或当滑；今虽有阳明之证，却无阳明之脉，反见浮之表脉，故不当用下，亦不可用清，惟从汗法，最为得治。第 276 条：“太阴病，脉浮者，可发汗，宜桂枝汤。”太阴病为里证，当有脾虚湿盛之候；太阴之脉本弱，以温运为主，但今脉不弱而浮，是阴转阳使邪气外达于肌表，当以汗解，故舍去太阴之证而从脉发汗论治。

三、禁下从脉

第 136 条：“结胸证，其脉浮大，不可下，下之必死。”本条为结胸证，结胸之脉以沉紧为主，攻下无后顾之忧。但本条结胸脉浮大，浮大之脉分有力、无力。若浮大无力是正气已虚，下之则心气不支，心虚脱而死。若脉浮大有力为表邪未罢，当解表，也不可下，下之则表邪内陷。故本条从浮大之脉治其表而禁下。第 156 条：“脉浮而紧，而复下之，紧反入里，则作痞，按之自濡，但气痞耳。”“脉浮而紧”是寒邪在表之脉，麻黄汤证也，今反误下使外邪陷入于里而作心下痞满之证，故此条下不从脉而致误。第 200 条：“阳明病，脉迟，食难用饱，饱则微烦头眩，必小便难，此欲作谷瘅，虽下之，腹满如故。所以然者，脉迟故也。”此条首述阳明病，阳明之为病，胃家实也，有腹满、大便秘结等证，脉应洪大或沉实，本应宜下法，但今脉迟，是胃阳虚，阳明中寒证，此证不能多进饮食；

若强食过饱则因食郁于中而引起微烦，清阳不升出现头眩等证。以温中除湿治疗，但用下法，腹满如故不减，是因脉迟，故不可下。第286条："少阴病，脉微，不可发汗，亡阳故也，阳已虚，尺脉弱涩者，复不可下之。"少阴病，脉微为阳气虚，尺脉弱涩是血少之故，血少则不可下，下之则亡阴。本条为从迟脉弱涩而禁下。

四、下之从脉

第108条："若自下利者，脉当微厥，今反和者，此为内实也，谓胃承气汤主之。""若自下利，脉当微厥"，今脉不微厥反而调和，知非虚寒性自下利证。舍自下利症状不论而以脉和不微厥用下法。第128条："太阳病六七日，表征仍在，脉微而沉，反不结胸，其人发狂者，以热在下焦，少腹当鞭满，小便自利，下血乃愈。所以然者，以太阳随经，瘀热在里故也，抵当汤主之。"本条论述太阳病到六、七天，为表邪入里期；若表病尚在，脉当见浮，今脉微而沉，虽有表证，凭脉知邪已陷于里，所以舍表证而从脉微沉而用下法。

五、温法从脉

第94条，"病发热头痛，脉反沉，若不差，身体疼痛，当救其里，宜四逆汤。"病人发热头痛是表证，表证应见浮脉，表证汗之，此其常也，而反见沉之里脉，表证见里脉，治疗应发汗兼顾里虚；如果不愈，说明里虚为甚，虽有身体疼痛之表证，当先救其里，宜温法治疗，最为恰当。所以"当救其里，宜四逆汤"。第388条："既吐且利，小便复利而大汗出，下利清谷，内寒外热，脉微欲绝，四逆汤主之。"呕吐并且下利为霍乱，治多用清。但脉象微细欲绝，提示阴血将亡，元阳大虚，故宜回阳救逆。

六、清法从脉

第350条："伤寒，脉滑而厥者，里有热，白虎汤主之。"厥有寒热之分，本条不述证候，只以"脉滑"断为"有热"，故用清法治之。

以上，简述了《伤寒论》舍证从脉之禁下从脉、下之从脉、禁汗从脉、发汗从脉、温法从脉、清法从脉这六方面的管窥之见，实属粗浅，敬请指正。

[《新疆中医药》1995，(4)：4]

《伤寒论》药对组方初探

刘家骅　温州市第二人民医院

"药对"，是专指具有阴阳对立特性而配合的两味药物，举凡寒与热、润与燥、升与降、散与收、攻与补、走与守等等对立属性配合的两味药，就是"药对"。例如黄连与肉桂，熟地与苍术、桔梗与牛膝、干姜与五味子、大黄与人参、枳实与白术等等。广义来说，"药对"是泛指由两味药组合成方的，或经常联合使用的，统称为"药对"。

《内经》说："君一臣二，制之小也，君一臣三佐五，制之中也，君一臣三佐九，制之大也。"说明三味药左右所组成的方，称为小方。至九味药则称中方，若达十三味以上便为大方了。从仲景伤寒论组方来看，在总计112方中，单味方5首，"药对"方10首，三味方21首，四味方25首，五味方17首，六味方7首，七味方16首，八味方5首，九味方3首，十味方、十二味方、十四味方则各一首。从这些数字看出五味以内的方占70%。说明仲景以小方为主，组方严谨，精雕细镂，凡增减一二，皆系千锤百炼。但从仲景所取的方名来看，甚至有长达17字（62条）。因此，欲洞察仲景组方之奥秘，必先探究仲景"药对"之微妙，仲景共有"药对"方33首，伤寒论有十首。这十"药对"方是：桂枝甘草汤（64条）、甘草干姜汤（29条）、芍药甘草汤（29条）、大黄黄连泻心汤（154条）、干姜附子汤（61条）、栀子干姜汤（80条）、瓜蒂散（166条）、桔梗汤（311条）、栀子豉汤（76条）、赤石脂禹余粮汤（159条）。如果将两味药来命名方名的视为"药对"，那么可增加14"药对"，计有桂枝麻黄、（23条）、栀子柏皮（261条）、栀子厚朴（79条）、枳实栀子（393条）、旋覆代赭（161条）、茯苓甘草（73条）、竹叶石膏（397条）、黄连阿胶（303条），甘草附子（175条），桂枝附子（174条），柴胡桂枝（146条）、桂枝人参（163条），牡蛎泽泻（395条）、麻黄升麻（357条）等。如果再将方名中所提及的两味加味药也计为"药对"，那么再可增加5"药对"：茯苓白术（28条）、厚朴杏子（18条）、龙骨牡蛎（107条）、半夏生姜（172条）、吴茱萸生姜（352条）。此外，在诸方比较之下所发现那些经常联用的两味药，也被视为"药对"，就见仁见智了。不过，如姜枣、硝黄、枳朴、柴芩、术附、参夏等等都已属约定俗成的"药对"了。

本文仅限于十“药对”方为主的探索。这十“药对”的作用可归纳为寒热润燥升降散收等治疗八法。桂枝甘草汤、甘草干姜汤为甘温扶阳法；芍药甘草汤为甘寒润阴法；大黄黄连泻心汤为苦寒清热法（亦为降法）；干姜附子汤为辛热燥阴法；栀子豉汤为宣郁透然之外散法；赤石脂禹余粮汤为涩滑固脱之内收法；桔梗汤、瓜蒂散为上升法；栀子干姜汤则为寒热兼施、辛苦降并用法。在这十“药对”中，大多是一味之差，立法悬殊。例如桂枝与甘草原组成辛甘化阳的桂枝甘草汤，主治阳虚之心下悸，而芍药与甘草却组成酸甘化阴的芍药甘草汤，用治阴虚之脚挛急。两“药对”仅是一味之变，方义便大相径庭。若将两“药”相合，并以姜枣这一药对，就成了调和营卫（阴阳）的桂枝汤了。再如干姜与甘草配合成甘温扶阳的甘草干姜汤，专治中上焦阳虚寒凝的病变。而干姜与附子配伍，则为辛热燥阴的干姜附子汤，可用治下焦阴盛水泛证候了，味之移，就使治法由温柔变为刚燥，如果将这两“药对”方相合，那么就成为驱阴回阳之四逆汤了。

仲景“药对”之严谨，还反映在剂量、剂型，取材上，或汁、或生、或干、或炙的不同上。如以姜夏二味成方的，在《金匮》中就有“小半夏汤”，“生姜半夏汤”和“半夏干姜散”三个不同的方名以示区别，指出各自的重点适应证。足见仲景辨证精细，处方精妙。但限于本文仅探讨药味组合的变化，故对剂量、型及取材上的变化都忽略不计。譬如干姜附子汤只姜附“药对”，不考虑其生用干用或炮制用，这样有利于“药对”组方问题的清晰化，也许有利于方剂的计算机化。

今以桂枝甘草汤、芍药甘草汤、甘草干姜汤、干姜附子汤四“药对”方为例说明伤寒论组方的规律。

一、桂枝甘草汤（64 条）：若加术附，为甘草汤（175 条），若加苓术，为苓桂术甘汤（67 条），加苓枣，为苓桂草枣汤（65 条）；若加苓姜，为茯苓甘草汤（73 条），若加姜枣，为桂枝去芍药汤（21 条）；若加龙牡，为桂枝甘草龙骨牡蛎汤（118 条），若加硝黄、桃仁，便为桃核承气汤（106 条）；若加半夏，为半夏散及汤（313 条），若加麻杏，为麻黄汤（35 条），若加芍甘、姜枣，便为桂枝汤（12 条）或桂枝加桂汤（117 条）或桂枝加芍药汤（279 条）。

二、芍药甘草汤（29 条）：若加柴枳，为四逆散（318 条）；若加芩枣，为黄芩汤（172 条），若加附子，为芍药甘草附子汤（68 条）；若加苓术，姜枣，便为桂枝去桂加茯苓白术汤（28 条），若加桂甘，姜枣，便为桂枝汤（同前）”

三、甘草干姜汤（29 条）：若加参术，为理中丸（或称人参汤）（159 条）；若加参术，桂甘，为桂枝人参汤163 条；若加姜附，为四逆汤（323 条）或通脉四逆汤（317 条）。

四、干姜附子汤（61 条）：若加甘草，为四逆汤（323）或通脉四逆汤（317 条）；若加葱白，为白通汤（314 条）；若加苓术芍药，便为真武汤（82 条）。

总之，伤寒“药对”方是分析复方的基础，即使是由三味药所组成的小方，也可视为“药对”方的加味。但是，如果小方的三味药具有三家鼎立的关系，则又当别论，本人称之为“鼎药”。如连椒梅是苦辛酸三法鼎立，却合法而治，不同于辛开苦降法。不过，这样严格的“鼎药”是很少的，一般都将“药对”加味又经常联用的三味药视为“鼎药”，如草姜枣、姜细味等等。这无疑有利于“药对”组方的分析。“药对”是分析复方的基础，“鼎药”是便利“药对”组方的分析。只有大量吸取前人“药对”方经验，才能对任何复方进行彻底地的拆方分析，才能使自己临症处方化裁运用自如。

[《浙江中医学院学报》1995，19（4）：2]

浅论《伤寒论》中的望诊

张玉英　陕西中医学院

《伤寒论》的诊断方法，是在《内经》基础上发展起来的。而特别重视四诊（望闻问切）合参，作为辨证论治疾病的可靠依据。兹仅就《伤寒论》诊法中的望诊作以粗浅归纳探讨，以期能对中医诊法望诊的进一步发展完善有所裨益。文中引用原文时《伤寒论》的条文号均以《伤寒论讲义》（李培生主编，85 年版）为蓝本。

一、望色

由于人体气血皆上注于面部而走空窍，所以论中着重望面部颜色及光泽以测知体内变化。如面赤：一为阳郁热盛，则见“面色反有热色”（23 条）为太阳病阳气怫郁在表，“面色缘缘正赤”（48 条）为二阳并病阳气怫在表；“面合色赤”（206 条）是阳明病无形之热郁于经。一为真寒假热，则见“其人面色赤”（317 条），“其人面少赤，……其面戴阳”（366 条）主阳衰阴盛格阳或戴阳证。又如面垢：提示胃热炽盛，见于三阳合病（219 条）。面色青黄与微黄：如 153 条论汗下烧针致正虚邪实而见“面色青黄”为难治；而“今色微黄，手足温者易愈”。望色与察手足寒温以推断阳气的盛衰和脾胃之气的存亡，足见仲景望色诊之细腻，并引用色诊为预后之征。色黄：若面、目、身俱黄，其色泽“如橘子色”（260 条）主阳明湿热，即阳黄；若色泽晦暗，伴见一系列寒湿症象者，主太阴寒湿，即阴黄，如“太阴者，身当发黄”（187 条等），“身目为黄，所以然者，以寒湿在里不解故也。”（259 条），若肤色暗黄而目珠及小便不黄，为血瘀而荣气不布之蓄血发黄（125 条），黄如烟熏，发生在火劫发汗之后者，为火毒发黄（111 条）。

二、望形态

望形态包括望形体，望姿态，通过观察病人的形体（即体型和外形）情况与其证候结合起来分析，可了解病情的大致情况，并做为测知内脏邪正盛衰的依据，望姿态（即姿势，动态及面部情态）有助于认识病变性质，位置，故《伤寒论》将望形态以知全身做为临床诊察的第一步。

1. 望形体　望全身形体异常变化，作为辨证依据，如“身体则枯燥”系阴阳气血俱虚竭（111 条），“虚羸少气”示病后气阴两伤（397 条）；“久则成痿”示阴津阳气皆虚，肢体痿废不用（160 条），“身微肿”主湿邪淫于肌肤（175 条）；身大热反欲得近衣者，示里真寒外假垫，身大寒反不欲近衣者，示外假寒里真热（11 条），“欲去衣被”示少阴病阴寒退，阳气未复（289 条）。

望局部的变化作为整体辨证依据之一，以寻求疾病的本质。如望头面：“额上微汗出”示湿热郁蒸阳明（200 条）；“额上陷脉急紧，直视不能，”为衄家误汗，阴液重伤，筋脉失养（86 条）。查五官：“目赤，两耳无所闻”示少阳邪热，胆火上扰，壅遏清窍（264 条）；耳前后肿“示少阳经邪热壅聚不通（231 条）；“咽中伤生疮”为痰热互结客于少阴经脉灼伤咽喉（312 条）；“口伤烂赤”示厥阴热厥误汗劫伤津液，火热上炎（335 条）。望局部皮肤：“针处被寒，核起而赤”示以烧针取汗，针处被寒邪凝滞不散，必发奔豚（117 条）；“肉上起粟”为表证误以灌，水寒之气客于皮肤，表邪被遏不能发越的表现（141 条）。查局部肢体：“从腰以下有水气”为水肿之征（395 条）。

2. 望姿态　望姿态以别阴阳：如“卧起不安”为伤寒下后邪热留扰于胸，气滞于腹（79 条），“喘冒不能卧”为阳明腑实之证，示大肠燥结，浊气不降，上攻于肺及清窍（242 条），“其人反静”示脏气虚衰，阴寒凝结在脏（130 条），“倦卧”示阴寒内盛，阳气虚衰，为少阴病寒化证的主证之一（288 条等），以上体现了阳主动，阴主静的原则。

详察姿态以辨病机：如“其人叉手自冒心”示心阳不足之心悸（64 条），“息高”是肾气绝于下，肺气脱于上，示病情危重（299 条）；“身为振振摇”（67 条）或“身动，振振欲擗地”（82 条）等均为阳虚不能温煦经脉；“蒸蒸而振”（101 条）或“振”（110 条）为正邪剧争战汗的表现；“四肢微急，难以屈伸”（20 条）、“两手拘急”“尚微拘急”（30 条）、“筋惕肉瞤”（38 条）等描述了不同部位不同程度的四肢转筋，筋肉跳动的表现，示阳虚液脱，筋脉失养，“瘛疭”示热极生风的表现（6 条）；“身重不能转侧”为热盛伤气（219 条），也有因误治正伤邪陷，少阳枢机不利，阳郁不宣，经气不畅者（107 条），也有因风湿者（174 条）；“骨节疼烦，掣痛不得屈伸”为风湿相搏（175 条）。

三、望神态

神，是人体生命活动总的外在表现（即精神意识活动）。神的变化反映着内脏及气血变化，对判断脏腑阴阳气血的盛衰和疾病的预后轻重具有重要意义。故《伤寒论》在诊病过程中尤重望神。主要体现在：

1. 精神状态　如“烦躁”见于阳证者，为里热偏重，提示邪势太盛（221.239 条等），见于阴证者，为阴气竭绝，阳气将亡，神气浮越的危重证候（296、338 条等）。“时烦时静”则常为蛔虫内动，示蛔厥证（338 条）。“如狂”“发狂”均为热结下焦血分，轻者如狂（106 条），重者发狂 124 条），“奄然发狂”为阳明水湿郁于表，邪正相争，正胜汗出邪解之兆（192 条）皆示实证。“惊狂”示误火致心阳虚，心气散乱之虚证（112 条）。药后出现“心烦目瞑”为药力助正驱邪，正气奋力抗邪所致（46 条）。“直视”为阳热极盛，阴精枯竭，目失所养，示病情转危（210、212 条），或为阴血亏虚，目失濡养之证（86 条）。“目中不了了，睛不和”为热邪深伏灼竭津液，目失所养，见于阳明急下证（252 条）。“但欲寐”，示阳气虚衰，神气衰惫，见于少阴病（281 条），而“但欲眠睡”为少阳邪热上扰神明（268 条）。厥阴病见“除中”示胃气败绝危候。

2. 意识状态　如风温误治见“失溲”（即大便

失禁）（6条），三阳合病见“遗尿”（219条）均为热盛神昏；“独语如见鬼状，若剧者，发则不识人；循衣摸床，惕而不安“（212条），“久则谵语”（218条）均为邪热炽盛，真阴将竭，热扰神明所致；若“昼日明了，暮则谵语，如见鬼状”，示热结血分，为热入血室（145条）。

3. 情绪状况　如“嘿嘿不欲饮食”示邪气内郁，气机不畅，并影响及胃府（96、339条等），“郁郁微烦”为气郁热遏于内的表现（103条）。

四、望排泄物

通过观察排泄物之色、质、量以及随着病程长短，邪正消长的变化，以之作为辨证分析疾病的依据。如“吐涎沫”，示胃气虚寒，浊阴之气上逆，属吴茱萸汤证（378条）；“大病差后喜唾久不了了”示脾肺虚寒，脾不摄津，肺不布津所致（396条）；如大便燥屎“病人不大便五六日……此有燥屎，故使不大便也”。（239条）等，示肠中有燥热和糟粕相结，若“自利清水，色纯青”为燥实内结，燥热迫津从旁下流之热结旁流，均为应用承气汤攻下的指征；“下利便脓血”有脾肾阳虚，寒湿内阻，大肠不固者（306条等），亦有热盛迫肠损及阴络者（258条）；如“屎虽硬，其色必黑，大便反易”示胃肠有蓄血（237条）“其人小便清者”主病在表，尚无里热（56条）“尿如皂夹汁状，色正赤”，喻小便色黄如浓茶，示里有湿热，属阳明发黄证（236条）；“小便色白”示下焦虚寒不能制水；见于少阴虚寒证（282条）。

五、望舌

舌是脏腑的外候器官，舌质反映脏腑气血的盛衰，舌苔反映邪气的浅深和胃气的有无，所以望舌是临床上诊断内脏病变，了解病情的重要依据之一。《伤寒论》中的望舌，主要观察舌体、舌苔的变化以指导辨证论治。

体内津液损伤首先反映在舌上，所以急性热病中，善于察舌之燥润以测知津液的盛衰。如“舌上干燥而烦”（168条）“口干舌燥者（222条）均示阴津不足；其“舌上燥而渴”（137条）为水热互结，津不上承及热耗津液的大结胸证之舌象属热实证，宜攻下。又“阳明病……舌上白苔者，可与小柴胡汤（230条）。示虽有阳明证但舌苔白而不黄燥，为里热不盛，津液未伤，里实尚未形成，不可清下，宜和解治之；“舌上胎者，栀子豉汤主之”（221条）其栀子豉汤主治热郁胸膈证，显然“舌上胎”为黄白薄腻苔而不燥。

总之，《伤寒论》有关望诊的内容记载比较详细，而且有一定的条理层次，始终从整体到局部，从上到下，从一般到特殊，对病人的神色形态，舌象以及分泌物、排泄物色质的异常变化，结合外感病的特点进行有目的观察，了解病情测知内脏病变，以及气血的盛衰，阴阳之消长，病势的进退缓急，并善于四诊合参以指导辨证、立法、处方、用药。《伤寒论》中的望诊，不仅用于诊断外感病，对其他杂病及临床各科疾病诊断都有一定指导值价，为中医临床诊断学奠定了基础。

但是《伤寒论》必定受时代的局限，它所论述的望诊内容虽不是完美无缺，概诊所有疾病，但它在没有任何现代理论诊疗手段及仪器的条件下，能通过望诊结合问、闻、切诊直接诊断疾病指导治疗，特别是能直接判断疾病的预后转归，这一点是难能可贵的。

其《伤寒论》中对有些疾病外在表现通过观察判断结果与现代科学的认识颇相吻合，譬如：现代医学研究“白苔”除见于轻浅病证外，还见于体内水液停留者，如某些胸水、腹水、慢性肾炎等，或体内有慢性炎症感染者，病情复杂、难治。而论中便提到脏结证见，“舌上白苔滑者，难治”。又如“黄疸”是由于血中胆红素增多沉着而致皮肤、巩膜与黏膜发黄，而尿胆原常增加，多见于肝胆疾患，治疗上除针对病因外，对症治疗以保肝利胆为主。而《伤寒论》有类似的论述“身黄如橘子色，小便不利、腹微满者，茵陈蒿汤主之”。示湿热发黄的特征为身、目、小便俱黄，治疗以茵陈蒿汤为基础方，利湿退黄为主，这一法则至今有效地指导着黄疸的辨证治疗，诸如此类不一一列举。

因此，期望在不久的将来使《伤寒论》的望诊与现代科学紧密结合起来，使中医诊断学更加完善化、具体化、现代化，提高到一个崭新的阶段。

［《陕西中医函授》1995，（5）：20］

太阴腹满腹痛证辨析

裴永清　北京中医药大学

《伤寒论》太阴病篇主要论述太阴脾病。脾主腹、主运化，所以太阴病篇的主体内容是下利和腹满腹痛症。太阴病下利，属脾阳虚衰和寒湿不得运化所致，诸家对此多无质疑。太阴病腹满腹痛症见于第273条、第279条、第280条。三条证情虽同为太阴腹满腹痛症，却是同中有异，有病在气、病在血、气血兼病之分。现将笔者不成熟的看法分述于下，以期共勉。

第273条："太阴之为病，腹满而吐，食不下，自利益甚，时腹自痛，若下之，必胸下结硬。"

此条被通释为太阴病提纲证，属脾阳虚而寒湿不得运化的太阴下利兼腹满腹痛证。后人主张用理中汤（丸）来治疗。从气血角度论之，本证病在气分。"自利益甚"四字，揭示了本证腹满；而吐、食不下、时腹自痛等症不但不因下利而有所消减，反因下利而加重。与实热性的腹满痛、食不下、呕吐等症每随下利而便通缓解、或病愈的情况恰恰相反，从而道破了本证之腹满腹痛当喜温喜按，下利之物必澄彻清冷，属虚属寒之真情。故而在治疗上仲景虽未明方药，却已是无治之中寓其治了，借言"若下之，必胸下结硬"的误治，明喻本证治当用温补之法。仲景犹恐后人不解其意，遂于第277条又强调指出："自利不渴者，属太阴也，以其藏有寒故也，当温之，宜服四逆辈。"这不仅补充了第273条证情中的下利必兼口不渴症的辨证大法（虚寒性下利口不渴；实热性下利兼口渴，第373条的"利欲饮水者、亦有热也"即是），同时补述了太阴虚寒腹满腹痛下利的治疗原则当温中补脾，使太阴病提纲证治更为完备。下利症是否兼有口渴，以辨下利之属寒属热，这在临床上用以指导腹泻（包括急、慢性肠炎，消化不良，急、慢性痢疾等病）的辨证论治，具有极为重要的实用价值。太阴虚寒下利的腹满腹痛，仲景治"宜四逆辈"，即四逆汤类方。理中汤方后加减法中"腹满者，去术，加附子一枚"，理中汤经过如此变化，便成由人参、干姜、附子、炙甘草所组成，与四逆汤加人参相类似。仲景所言"宜四逆辈"，实际上包含着诸如理中汤如此变化之类。脾阳虚日久可累及肾阳，治脾要顾肾，立足治中，防患于下、治中有防，故言"宜四逆辈"，寓治未病之举。

第279条："本太阳病，医反下之，因而腹满时痛者，属太阴也，桂枝加芍药汤主之；大实痛者，桂枝加大黄汤主之"。

本条证情属太阳病误下伤脾，致使脾家经脉气血不和之腹痛证。其经脉气血不和之轻者，出现腹满时痛，治以桂枝加芍药汤；其重者，经脉气血瘀滞，遂致"大实痛"，治以桂枝加大黄汤。无论轻重，均为病在太阴脾之经脉气血不和，非病在脾阳虚，在血分而不在气分，故证情中只现腹满、腹痛，而无吐利之症。

本证中有"大实痛"，治疗时又用大黄，遂使部分医家将本证解释为太阴病转出阳明的阳明腑实腹痛证，用大黄泄下里实。笔者认为此说欠妥，其理由如下：①本条原文开始即云"本太阳病"，意在告诫后人本证原本是一个太阳表证，并无任何可下之里实可言，不当下而下之，故称之为"医反下之"。既为表证，而无可下之里证，医生误下之后，焉能出现阳明腑实积滞的"大实痛"。②对于阳明腑实重证的大承气汤证，仲景都不用"大实痛"来描述，如果说"大实痛"是阳明腑实所致，那么用大承气汤治之犹恐不及，而本证的"大实痛"却以桂枝加大黄汤治之，方中唯有二两大黄可谓有泻下之力可言，桂枝、生姜、大枣、甘草皆温中补虚和胃调中之品，加以补血敛阴又缓急止痛除血痹的芍药，岂不误事。我们分析桂枝加大黄汤，方中唯有大黄具有通腑泄便之功，而这1味大黄在本方中是否用于泻下通便呢？观《伤寒论》和《金匮要略》中的大黄诸方，可以清楚地得知仲景用大黄通便时，一是用量较大，轻则四两，重则六两（见大承气汤、小承气汤、调胃承气汤、厚朴大黄汤、厚朴三物汤等方）；二是配伍下气消满软坚润燥的枳实、厚朴、芒硝等，方奏攻下阳明腑实之功。而桂枝加大黄汤中，大黄用量仅为二两，又不配伍枳实、厚朴、芒硝等品，反与桂枝、芍药、大枣、生姜、炙甘草相合，其意断然不在泄下，其方亦绝无解除阳明腑实的"大实痛"之能。可以肯定，本证中的"大实痛"不是阳明腑实所致，因其与理法方药不相符。仲景唯虑后人见证情中有"大实痛"三字，方药中又有大黄，极易将本证误认为是阳明腑实，特在原文中直言相告本证"属太阴也"，与阳明无涉，是太阴腹痛的"大实痛"。为此，仲景紧接其后，于280条明言"其人续自便利，设当行大黄芍药者，宜减之，以其人胃气弱，易动故也"。可见，当病人出现"大实痛"而当用桂枝加大黄汤治疗时，病人尚可伴见大便下利，这足以证明本条所说的"大实痛"是脾家经脉气血不和所致，绝非阳明腑实之痛。

或问，既然"大实痛"不是阳明腑实，而是病在太阴，那么太阴腹痛何以出现"大实痛"呢？又问，用大黄治之，其义不在泻下而何为？我们从《内经》中可以得到满意的答复。《素问・举痛论》曰："愿闻人之五藏卒痛，何气使然？岐伯对曰：经脉流行不止，环周不休，寒气入经而稽迟，泣（涩）而不行，客于脉外则血少，客于脉中则气不通，故卒然而痛……其痛或卒然而止者，或痛甚不休者，或痛甚不可按者……或痛而闭不通者……寒气客于脉外则脉寒，脉寒则缩踡、缩踡则脉绌急……故卒然而痛……寒气客于经脉之中……寒气稽留……故痛甚不可按"。本段经文详述了人之五藏疼痛以及卒痛的不同情况，其中表现为“痛甚不可按”“痛而闭不通者”“其痛或卒然而止者”。桂枝加芍药汤证的“腹满时痛”和桂枝加大黄汤证的“大实痛”，就是太阴脾家经脉气血被误下之所伤，经脉气血不畅而致腹满时痛，重则气血瘀滞不通而出现“大实痛”，即《内经》所言“痛甚不可按”和“痛而闭不通者”之意，是病在血脉瘀滞所致，不在气分，而在血分，不涉及阳明胃肠，所以“腹满时痛”也好，“大实痛”也好，均不伴呕吐和下利、或食不下、自利益甚之情。这是本条腹满腹痛的特点，也是区别于第273条太阴提纲证阳虚而寒湿不运的腹满而吐、自利益甚的辨证要点。因其病在血，其治亦自当从血分着手，故轻者见“腹满时痛”，用桂枝加芍药汤主之，取芍药破阴结，通脾络，除血痹之用；取桂枝汤作为底方，以补误下之所伤（桂枝汤用于治里，有调补脾胃之功），更寓调和营卫气血之义。《神农本草经》言芍药“主邪气腹痛，除血痹，破坚积寒热疝瘕，止痛……”可见芍药除血痹而治腹痛之功，仲景治气血不和之腹痛皆用芍药（见小柴胡汤方后加减法、《金匮要略》的当归芍药散等皆为实例）；桂枝加芍药汤中重用芍药六两即是此意。《神农本草经》言大黄“主下瘀血，血闭寒热，破癥坚积聚，留饮宿食，荡涤肠胃，推陈致新，通利水谷，调中化食，安和五脏”，是知大黄之功首在破血化瘀，次而逐饮，次而泄腑通便。瘀去饮除便通，脏腑气血安和，这是大黄的三种主要功用。今人一见大黄便以为旨在通便，大大局限了大黄之临床应用。仲景遵《本经》而用大黄，于大（小）承气汤等诸攻下通便之方中以泄热去实；于大陷胸汤中以逐饮邪；于下瘀血汤、抵当汤、桃核承气汤等方中以破血化瘀。桂枝加大黄汤证中用大黄之义即在取其活血化瘀以除“大实痛”之血行之瘀，故在配伍上不取枳实、厚朴、芒硝等下气消满软坚之品，而合纯血分药并具“除血痹”之功的芍药六两，用桂枝温通经脉并行，待脾家经脉气血畅通，“大实痛”症即解。

验案　赵某，男，26岁，黑龙江人。因患风湿性心脏病和慢性充血性心力衰竭，住某医院西医内科治疗。心衰纠正后，心功能日在恢复。忽一日下午，病人突然脐腹剧痛难忍，呻吟不已，伴见大便下鲜血少许，经会诊后诊断为“肠系膜动脉血栓形成”。认为是由于心功能改善后心肌搏动有力，将心内膜或心瓣膜上的衍生物震落，随血循环而致肠系膜动脉中形成血栓，遂产生腹部绞痛。病家希望中医治疗。查体腹剧痛拒按，不伴吐利，反见大便中有鲜血少许，脉沉涩，舌暗，遂本《内经》五藏卒痛之理，遵仲景太阴腹痛辨证论治之法，认为该证之腹痛即是《伤寒论》第279条桂枝加大黄汤的“大实痛”证。属脾家经脉气血瘀滞作痛，遂投桂枝加大黄汤治之：桂枝12g，白芍18g，干姜9g，炙甘草6g，大枣7枚，大黄2g。服2剂后便血止而腹痛大减，再进原方2剂告愈。

第280条：“太阴为病脉弱，其人续自便利，设当行大黄芍药者，宜减之，以其人胃气弱，易动故也”。

本条乃是承第279条而论。其证情仍是太阴脾家气血不和之腹满痛证，本当以桂枝加芍药汤或桂枝加大黄汤治之，但因其证情中多了脾气虚弱的“续自便利”一症，既有气血不和之情，又有脾虚寒湿失运之候、乃气血兼病的太阴腹痛证。因此在治疗时，既取桂枝加芍药汤或桂枝加大黄汤（视其腹痛之轻重而定）治之，又要顾及“其人胃气弱，易动故也”，所以仲景提出“设当行大黄芍药者，宜减之”，即减轻大黄芍药之用量，避其苦寒阴柔之性，以太阴脾气之虚弱。有人将“宜减之”理解为减去大黄芍药不用，那岂不就是桂枝汤了吗。对于太阴脾病来说，虚寒者多，所谓“虚则太阴”之义，故在治疗太阴脾病时要尽量慎用苦寒阴柔之品，这又是仲景告诫后人的大经大法。

综上所述，太阴腹痛3条证情，确属病在气分阳虚（第273条，故见吐利之情）、病在血分经脉气血不利（第279条、故无吐利之情）；既有气分阳虚又有血分经脉气血不利的气血兼病。同中有异，不可不察。

［《中国医药学报》1995，10（5）：50］

浅谈《伤寒论》中补益药的运用

洪利明　浙江富阳市中医院

《伤寒论》共113方，用药85味，其中补益药有11味，即人参、阿胶、当归、麦冬、天冬、大枣、玉竹、白术、鸡子黄、五味子、甘草。兹将这些补益药的运用、配互法度、功效分析如下。

一、人参：味甘微苦平，能回阳救阴。如四逆加人参汤，如原文384条。配姜附茯苓能回阳益阴，养心安神；配炙草、阿胶、麦冬、桂枝、生姜等能气血双补，如182条炙甘草汤；配炙草、大枣等能补脾益肾，扶正祛邪如吴茱萸汤、茯苓四逆汤、小柴胡汤；配桂枝、芍药、生姜、甘草有补虚、缓急、止痛之功，如385条；配石膏、知母、甘草、麦冬等清热养阴益气、生津，如人参白虎汤、竹叶石膏汤。

二、甘草：性平入十二经，益气和中、益人体阴阳、营血、脏腑之气。如桂枝汤、芍药甘草附子汤、苓桂术甘汤；调和诸药，减少某些药性峻烈之性，以保脾胃如调胃承气汤；清热解毒，如甘草桔梗汤；止咳平喘如35条之麻黄汤；缓急止痛，《内经》曰："肝苦急，急食甘以缓之"，如芍药甘草汤、小建中汤治中虚腹痛。

三、大枣：味甘性平，补益营血。如炙甘草汤，大枣加之30枚，以达补血安神、定悸之功，治阴阳两虚脉结代；缓和药性，如十枣汤。

四、当归：味甘辛温，养血活血，调经补血。配芍药、桂枝、细辛，大枣能温经散寒，如35条之当归四逆汤；配入乌梅丸中可安蛔，配入麻黄升麻汤中治上热下寒之下利吐脓血。

五、白术：味甘性温，健脾利湿。配甘草、人参、干姜如理中丸治脾胃虚寒；配茯苓、桂枝可健脾利湿化气行水，如67条之苓桂术甘汤。

六、阿胶：味甘，性平，补血止血，滋阴润燥。配黄连、白芍如303条，黄连阿胶汤治虚烦不得眠；配甘草、人参、生地、麻仁如182条之炙甘草汤治心悸、脉结代；配茯苓、泽泻、滑石如280条，治少阴热化证之小便不利。

七、麦冬：味甘，微苦微寒，能养阴益肾。配人参、竹叶、石膏如竹叶石膏汤治伤寒热解后虚羸少气，欲饮。

八、五味子：味酸性甘温，益气生津，补肾，敛肺止咳，安神。如42条文小青龙汤治表寒里饮。

九、天冬：味甘性微寒，养阴清热，润肺滋阴。如356条麻黄升麻汤治吐脓血下利。

十、玉竹：甘微寒，养阴润肺、益肾生津。如356条麻黄升麻汤。

十一、鸡子黄：甘温无毒，能救阴补血，清热熄风，治疮毒。鸡子黄通于心，滋离穴之水使水火济济，如303条黄连阿胶汤。

[《浙江中医学院学报》1995，19（5）：4]

真武汤证探骊与实践

毛德西　河南省中医院

真武汤是《伤寒论》著名方剂之一，历代伤寒学派将此方推之为少阴病水气证（或称少阴阳虚水泛证、少阴寒化证）的代表方剂。近年来，真武汤的适应范围逐渐扩大，特别是对心血管病的特殊疗效是其他方剂所不能相匹的。本文试从方证学角度阐明真武汤及其证候的"名"与"实"，以期加深对真武汤证的理解，使其在挽救危重病证方面起到更大作用。

一、探骊

1. 释名　《伤寒论》方剂的命名多数是以药名称谓的，如桂枝、麻黄、葛根、炙甘草、黄连、阿胶等；有以证候称谓的，如四逆、陷胸等；有以功效称谓的，如理中、小建中等；还有以神名称谓的，如青龙、白虎、真武等。真武，又名玄武，古代北方水神。玄武是指龟蛇。位在北方，故名玄；身有鳞甲，故曰武。另说，凡处于北方的或后面的事物多称玄武。水，五行之一，在卦为坎（☵）。水体本静，动而不息者，火之用也。一阳居于二阴之中，静中有动，柔中有刚。按水火分类，- -代表水，——代表火，水在外而火在内，与古代医学家对肾的认识是一致的。明代赵献可说："两肾俱属水，左为阴水，右为、阳水，命门在两肾中。"[1]又说："左边一肾属阴水，右边一肾属阳水，各开一寸五分，中间是命门所居之宫。"[1]并附图为阴水、命门、阳水。这个肾水及命门的图形与坎卦是相吻合的。水字小篆写法为𣲒，翻转过来就是坎卦（☵）。就阴阳水火而言，只有阳气在位火力充足，才能温化水气，使精气敷布于全身。反之，只有阴水封蛰，阳气才环至于越位而上浮。所以，就真武卦象立论，它是阴阳水火矛盾对立的统一体。取真武为方剂名称，主要是强调阳气立位的重要性，当然也不排除水分镇摄对固守元阳的互补性。

2. 辨证　真武汤证在《伤寒论》中有2条，一条是太阳病篇84条："太阳病发汗，汗出不解，其人仍发热，心下悸，头眩，身瞤动，振振欲擗地者，真武汤主之。"[2]另一条是少阴病篇316条："少阴病二三日不已至四五日，腹痛，小便不利，四肢沉重疼痛，自下利者，此为有水气，其人或咳，或小便利，或下利，或呕者，真武汤主之。"[2]就标本而论，太阳与少阴相表里，太阳为标，少阴为本；太阳虚即是少阴，少阴实即是太阳。由此可知，84条为少阴寒化证之标，而316条为少阴寒化证之本。理解这一点对临床正确应用真武汤相当重要。

水气证，在《伤寒论》中出现过六次。它的含义就是水液潴留于体内所呈现的病证，多由肺脾肾三脏统摄、输运、温化功能失调所致，但更多的则是肾失温化使然。考《伤寒论》中的水气证，有小青龙汤的心下水气证、五苓散的膀胱蓄水证、牡蛎泽泻散的腰以下水气证等，它们的病位比较局限、表浅，而真武汤证病位较深，涉及全身。肾为阳气之宅，外可温煦一身之表，内可温养五脏六腑。如果少阴阳气不能温化水气，水气便会成为致病因素而充斥于上中下三焦，就会见到头眩、心下悸、腹痛、小便不利、下利、四肢沉重痛，以及或咳或呕等水气泛滥之证。按照当前通用的证候模式——主次症状次等排列，真武汤证的表达形式应当为：主症：神疲欲寐，头眩，心下悸，气短，浮肿，下利，畏寒肢冷。次症：身瞤动，振振欲擗地，腹痛，呕吐，咳嗽，小便不利。舌脉：舌胖大，苔白多津，脉沉弱。凡具备主症中五项及舌脉征象者，即可明确诊断为真武汤证。据此可以列出五组诊断组合模式（具体组合模式省略）。

3. 鉴别　需要与真武汤证相鉴别的是附子汤证（见《伤寒论》304 条、305 条），即少阴病阳虚寒凝证。两证同为少阴病寒化证候，同为肾阳虚亏水气不能蒸化，水湿留闭为患之证，但附子汤证乃因阳气虚弱，寒湿郁滞于骨节经脉而致，故以身痛、恶寒、脉沉为主要症状，而无水气泛滥之浮肿、心下悸，以及各种水气旁涉的或然证。方药差别在于附子汤内有人参无生姜，意在补虚扶阳。而真武汤内有生姜而无人参，意在温散水邪。正如王邈达先生所云：“真武者，全在镇定坎水，以潜其龙也。”[3]

4. 质疑　对真武汤证历代医家有两个问题存疑，一是发热，二是亡阳。发热质疑来自《伤寒论》84 条：“太阳病发汗，汗出不解，其人仍发热……”。”隋·巢元方认为此发热为“虚热”[4]，乃饮留中脘所致。清·钱天来认为是“虚阳浮散于外”[4]。柯韵伯则认为是“坎阳外亡”[4]。总之，历代医家认为真武汤证有发热是肯定的，但又不是必然的症状。质疑在于发热的病机。目前，也有两种认识。一种认为是虚阳外越。这里所说的虚阳外越与因此而招致的风寒外闭是同时存在的。据日本汉医学家报道，用真武汤治疗 10 例阳虚急性发热病人，体温 39.9～40℃，用真武汤治疗 3 天热退，其中有 6 例曾用柴胡、葛根、白虎剂无效而改用真武汤治疗的[5]。另一种认为是血瘀发热。关于血瘀发热，最近有人统计 57 例心衰病人，出现血瘀发热率为 47.5%，其特点为自觉发热，病人常在夜间先觉胸中开始发热，继而感觉热气上冲至头目，可扩散至全身，随着心衰的纠正，发热亦可减轻或消失。[6]这种发热很可能与交感神经张力增高及肾素——血管紧张度等变化有关。据笔者临床体验，心衰病人常有温温发热之苦，有的体温在 37～38℃之间，但自觉发热而体温不高者亦不少，随着心衰症状的改善其发热亦随之消退。关于真武汤证的亡阳问题，出自清·喻嘉言，他认为“振振欲擗地五字，形容亡阳之状如绘……。”[7]关于阳气在人身中的作用，《素问·生气通天论》云：“阳气者，若天与日，失其所，则折寿而不彰。”[8]明·张景岳说的更为确切，“天之大宝，只此一丸红日；人之大宝，只此一息真阳。”[9]阳气如此重要，那么“亡阳”就意味着生命的终了。阳气在人身上的不足，大约分三个层次，一是阳虚，二是阳衰，三是阳亡。《伤寒论》中提到阳亡有 5 处，多是汗多亡阳，或误下阳亡。方有执说：“亡与无同。”[10]可见，《伤寒论》中所说的阳亡，是指阳气因误汗而散尽。真武汤证还未发展到如此严重地步。阳虚可谓，阳衰亦可谓，但阳亡不可信。当然，从疾病发展的趋势看，阳衰之甚为阳亡，不争分夺秒去扶助阳气，阳亡也是不可避免的。

二、实践

1. 方解　茯苓、芍药、生姜各三两，白术二两，附子一枚（炮）（汉代药量折合现代剂量为茯苓、芍药、生姜各 9g，白术 6g，炮附子 9g）[11]。真武汤既为阳虚水泛而设，其方药不外乎扶阳与散水，即扶坎中之阳，摄坎中之水。方中炮附子为主药，功擅温阳，温心阳、温脾阳、温肾阳。张景岳将附子列为四维药之一，是维系人身阳气必不可少的药物。辅以白术、茯苓健脾利水，导水下行；生姜温散水邪；芍药和营止痛，可使阳气归附子内，并可缓解附、姜之辛温，不使伤阴。全方具有明显的温阳利水功效。

这里重点谈附子用量问题。仲景用附子，一般用一枚，多者用三枚，一枚约合今 9g。这样的份量是否可以起到温阳救逆作用呢？从临床实践看，9g 只能算中等量，对于阳虚重证即阳衰证 9g 药力是不够的。清代王清任有一首名方叫急救回阳汤，这里所说的“回阳”，显然是针对阳衰证而言。他用附子八钱，约合今 27g。由此相比，9g 是救不了阳衰证的。所以，阳虚水泛证，附子可根据病情周旋于 30g 以内。笔者受先辈经验启发，附子用于阳虚水泛证，少则 9g，多则 30g 或 45g。这样的份量对于地处中原的患者，称得上大剂量了。

2. 应用　经临床研究证实，真武汤有改善血液循环，增加肾脏血流量，提高心肌收缩力，兴奋中枢神经，调节胃肠功能等作用。广泛应用于慢性气管炎、肺气肿、肺心病、风心病、冠心病、心力衰竭、慢性胃肠炎、肝硬化腹水、慢性肾炎、内耳性眩晕等。现将具体治疗病证及其用法简述如下。

(1) 心力衰竭：心力衰竭是各种心血管疾病发展中的病理过程，也是心血管疾病死亡时主要原因。笔者常依据赵锡武教授的经验，运用真武汤化裁改善心衰，取得良好效果。赵老的经验可简称为“真武汤三法”。①开鬼门法。对慢性心衰兼有肺部感染者，可用温阳利水法合宣肺解表法。取真武汤配麻杏石甘汤，酌加鱼腥草、黄芩、前胡、半夏等。②洁净腑法。当心衰病人出现高度浮肿、小便不利时，可佐以调理肺、脾、肾三脏气机，促使水液代谢的方药，即温阳利水法合利尿消肿法。取真武汤配五苓散、五皮饮或防己黄芪汤等。③去菀陈莝法。当心衰有明显的肝瘀血、颈静脉充盈明显、肝颈回流征阳性、舌质紫黯时，可加用祛除血中陈旧郁垢的方药，用温阳利水法合活血化瘀法。取真武汤配桃红四物汤、参苏饮，或配血府逐瘀汤，或配膈下逐瘀汤等。[12]

(2) 肺心病：治疗肺气肿、肺心病应从“虚寒”二字入手，这是许多临床医生所体验的共识。特别是肺心病，有明显的阳气虚弱、水湿停滞证候。不论是急性发作期或慢性缓解期均有应用真武汤的适应证。笔者对于急性发作期的水气凌心证，常用真武汤合麻杏石甘汤加鱼腥草、葶苈子取效。而在缓解期，则常用真武汤加黄芪、桃仁、赤芍等益气活瘀药收功。仇氏用真武汤加味（同时用丹参注射液静滴，并适当给予吸氧、抗感染药物）治疗肺心病伴右心衰竭 28 例，其显效率和总有效率明显优于西药对照组（$P<0.05$）。[13]

(3) 风心病：风湿性心瓣膜病多有明显的阳虚浮越兼血瘀证。由于阳虚浮越，血瘀水停，故见面颊绯红、心悸、浮肿、咳喘、紫绀、肝大等症状。真武汤的温阳利水功能与此病证的主要病机正相合拍，若加用活瘀纳气之品更为全面，笔者曾用真武汤加水蛭、鳖甲、三七参、桂枝、益母草、鸡内金等，治疗 3 例风心病心律失常伴见下肢浮肿病人，心律失常均有不同程度改善，1 例扩大的心脏有所回缩，浮肿均有所减轻。

(4) 慢性肾炎：对于慢性肾炎水肿型，“益火消阴”为之大法，而真武汤则是此类治法的代表方剂之一。当代名医岳美中、郭士魁、马莲湘、时振声等，对慢性肾炎脾肾阳虚水气不化证型，皆推真武汤为首选主药。余于 1992 年秋会诊一慢性肾炎水肿型高度浮肿男性病人，每日用速尿 800mg，尿量也仅有 1000ml 左右。余用真武汤合防己黄芪汤（炮附子用至 45g，先煎 2 小时），服用 3 剂，尿量增至 2500ml，浮肿明显消退，卧床不起的形体也能坐起在床上活动，坚持服用 15 剂，病情趋于稳定。

(5) 胃肠病：这里指慢性胃炎、胃下垂、肠炎、消化性溃疡、消化不良等。日本汉医学家善用真武汤治疗上述疾患。他们认为，表现为新陈代谢机能低下，水气留滞肠胃诸症者，即可用真武汤治疗。该方“诸味相协，调整体液之分布，消散胃肠停水”。[14]特别是对腹痛下利之阴寒证，疗效尤佳。

(6) 内耳性眩晕：本病是由于内耳淋巴循环障碍所致的前庭功能紊乱疾患。中医学认为，本病是由于阳气失煦，水湿停聚所形成的“眩晕”症，这与西医所说的“内耳迷路水肿”相一致。基于上述认识，当代不少医家常用真武汤化裁治疗本病。姚氏曾用真武汤加入细辛、桂枝、五味子、川芎，治疗内耳性眩晕 41 例，结果治愈 35 例，好转 6 例。提示真武汤对本症的治疗机制，可能是通过调节肾上腺皮质功能，调节醛固酮代谢水平，维持内耳的内环境恒定，调节内耳功能，从而使异常的病理变化恢复的结果。[15]

(7) 血栓闭塞性脉管炎：该病发于下肢中小动脉，由于血栓形成，引起动脉管腔内狭窄和闭塞，患肢表现为冷、痛、硬、黑、肿等。在疾病进展过程中，有相当一部分证候表现为阳虚寒凝血瘀证。真武汤对此病证有温阳抗凝之功。孙氏撷采真武汤加当归、丹参、川芎、鸡血藤活血化瘀药，治疗本病 20 例。结果：痊愈 14 例，显效 3 例，好转 3 例。服药少则 6 剂，多则 30 剂[16]。其作用原理与本方药之抗凝、抗炎等作用有关。

3. 小结　当我们回顾了真武汤证的源流并展示了它的应用范围时，便会对真武汤及其适应证候有一个比较全面的了解。

(1) 真武汤原为温阳利水剂，但它蕴含有活瘀抗凝作用。其适应范围涉及到循环、消化、泌尿、内分泌等系统，具有明显的改善循环、调整胃肠、促进代谢等功效。日本汉医学家曾提出“万病一毒论”，这里所说的“毒”，包括水郁之毒和血瘀之毒。真武汤既能疏通水道以排水郁之毒，又能温阳活瘀以解血瘀之毒。但相比之下，温阳利水之功有余，而活血化瘀之力不足。故随证加味偏重于活血化瘀之品。

(2) 水气病是中医学独有名词，其含义有二，一是《金匮要略》中的水气病，如石水、皮水、正水、里水等；二是《伤寒论》中的水气病，即不同部位的水饮不化证。这两本书所言及的水气病，与冠心病、肺心病、风心病、肾病、胃肠病等有许多类同之处。这些病一旦出现腹痛下利，小便不利，肢体浮肿、心悸头眩、苔白脉沉，就应当考虑为真武汤证。特别是心脏病，出现下肢浮肿，就应从中医水气病辨治。有资料表明，大凡冠心病发生血瘀证者十之三、四，而发生于心阳虚与水气证相兼者十之五、六。[17]因此，凡冠心病乃至其他心脏病出现水气证时，应当首先选用真武汤治疗。

参考文献

[1] 赵献可. 医贯. 人民卫生出版社，1982：6. 7.

[2] 张仲景. 伤寒论. 上海科技出版社，1983：23、75.

[3] 王邈达. 汉方简义. 上海科技出版社，1962：5.

[4] 南京中医学院. 伤寒论译释. 上海科技出版社，1980：578.

[5] 周野正宪. 日本东洋医学会志，1969；(3)：27.

[6] 杨明均，等. 中医临床成果与进展，四川科技出版社，1992：261.

[7] 南京中医学院. 伤寒论译释，上海科技出版社，1980：578.

[8] 郭霭春. 黄帝内经素问校注语译，天津科技出版社，1981：15.

[9] 张介宾. 类经附翼、人民卫生出版社，1980：443.

[10] 刘渡舟，等. 伤寒论辞典，解放军出版社，1988：41.

[11] 郭子光，等. 伤寒论汤证新编，上海科技出版社，1983：297.

[12] 赵锡武. 赵锡武医疗经验，人民卫生出版社，1980：26.

[13] 仇增勇，等. 浙江中医杂志，1992：1：4.

[14] 矢数道明. 临床应用汉方处方解说，人民卫生出版社，1983：228.

[15] 姚天源. 福建中医药，1981：5：20.

[16] 孙旗立. 四川中医，1989：3：32.

[17] 中医研究院中医研究生班. 中医专题讲座选（第二集），人民卫生出版社，1983：90.

[《河南中医》1995，15（5）：2]

《伤寒论》小便不利证治及预后

沈若星　厦门大学海外教育学院

《伤寒论》中对小便不利辨证之论述颇详，就症状而言，六经中无论表里寒热虚实诸证，皆可见到小便不利，观其内容，条文中还有“小便难”“小便必难”“欲小便不得”“小便少者”“小便数少”“小便已阴疼”等，均含有小便不利之意。《伤寒论》载有小便不利的条文，计有38条之多，约占全部条文的10%。可见小便不利一症，在《伤寒论》中居重要位置，其辨证明晰井然，于临床中颇具指导意义。

小便不利，实质是个综合证候，可以见于多种疾病，涉及面较广，时病、杂病、急性病、慢性病、内科、外科、妇科病等均可见到，小便不利是指小便排出困难，尿少、尿痛、尿黄等小便异常情况。小便不利的病机常与气化不行、湿热、津伤、气不化津有关，其成因主要由于三焦气化不能运行。《内经》曰：“三焦者，决渎之官，水道出焉，膀胱者，州都之官，津液藏焉，气化则能出矣”，膀胱为聚溺之所，溺聚膀胱，赖气化以运行，而气化之枢纽，则系于上中下三焦，涉及于肺、脾、肾三脏，而总不外乎气化之失常。《伤寒论》六经皆有小便不利，现结合各主证，将小便不利之病因、病机、辨证论治及疾病预后判断探讨于下。

一、膀胱气化不行，水饮内停

伤寒表不解，心下有水气，水饮内停，水停下焦，膀胱气化失职，则小便不利，小腹满，干呕，喘咳。治宜小青龙汤，以解表散寒，温化水饮（宋本第40条，简称40条，下同）；太阳病汗不如法，表邪不解，外邪入里，膀胱气化不行，水道失调，水蓄于内，故小便不利，微热消渴，治宜五苓散，以温阳化气，利水解表（71条），太阳病汗下不得法，表邪未解，而又水停心下，小便不利，水邪内停，为太阳膀胱气化失司，水邪郁遏太阳经中之阳气，经气不利，所以头项强痛，翕翕发热无汗，水邪凝结，里气不和。可见心下满微痛，治宜桂枝去桂加茯苓白术汤，以利水通阳（28条）；太阳病，误用火疗，阳热亢盛于上，蒸迫津液外泄，阳气虚于下，阳气与津液不能下达，故从腰以下不得汗，又欲小便而不得，时欲失溲，足下恶风，为膀胱气化无权（110条）。以上是膀胱受邪，气化障碍，而致小便不利的证治。

二、三焦气化不行，水饮内停

邪入少阳，三焦气机郁滞，影响三焦水分的通调，水停下焦，三焦气化失常，则为小便不利，心下悸，治宜小柴胡汤，和解少阳，运转枢机（96条）；伤寒误下，邪入少阳，成少阳坏病，由于误下后，正气受伤，邪陷少阳，则见胸满而烦，少阳相火上炎，心气被扰，神明不安，故惊惕谵语，少阳枢机不利，三焦决渎失职，则小便不利，阳气内郁，不得宣达于外，所以一身尽重而不可转侧，治宜柴胡加龙骨牡蛎汤，以和解少阳，通阳泻热，重镇安神（107条）；阳明、少阳邪热闭郁于经，三焦气化不行，邪热熏蒸于内，不得宣通，致胁下及心痛，小便难，一身及目悉黄，故用小柴胡汤和解，以清少阳邪热（231条）；伤寒已发汗则阳气外泄，复下之则阳气下陷，水饮内动，逆于胸胁，故胸胁满微结，水结则水道失于通调，三焦决渎功能失常，阳气不得宣化，因而小便不利，水结则津木得升故渴，此为少阳枢机不利，水道不畅，阳郁不能宣达于全身，治宜柴胡桂枝干姜汤，和解少阳，但化水饮（147 条）；风湿相搏，风湿在里，三焦气化不行，则小便不利，湿胜则水气不行，故汗出短气，身微肿，骨节疼烦，治宜甘草附子，祛风湿，温经定痛（175 条）；少阴病，气机郁滞，阳气内郁，升降失常，水气不化，三焦水道不利，则小便不利，四肢逆冷，腹中痛，治宜四逆散，疏肝和胃，透达郁阳（318 条）。以上说明三焦气化功能失调，导致小便不利的证治。

三、湿热内蕴，水不下输

太阳病不解，内传于腑，湿遏热伏，致身黄，小便不利，小腹硬，此为误治后，湿热内蕴，湿无出路，尚未形成蓄血证（125 条）；太阳病，医反下之，邪热乘虚内陷，和水饮实邪互结，未成结胸证，仅见头上汗出，齐颈而止，小便不利，这是热与湿合，郁结在里，必致发黄（134 条）；阳明病，误用火疗，火热相合，内热炽盛，不能外达而上蒸，故额上微汗出，而小便不利，则湿无出路，湿热相命，蒸郁不化，形成了发黄（200 条）；阳明病，误用攻下，使怫郁在表的热邪不能外解，因而身热反甚，兼之小便不利，湿邪留滞不能排泄，于是湿热蒸郁于肌肤之间，周身发黄，治法以宣郁透邪为主（260 条）；阳明病，但头汗出，而身无汗则热不得外达，小便不利，湿热内郁不得下泻，又渴饮水浆，使湿与热瘀不解，必蒸发为身黄，治宜茵陈蒿汤，苦寒通泻，使湿热从小便而出（236 条）；伤寒七八日，身黄如桔子色，小便不利，腹微满，为湿热阻滞，当用茵陈蒿汤，清热利湿退黄（206 条）。以上是湿热内蕴，水不下输，导致小便不利的证治。

四、津液不足，水源干涸

风温误下，因重伤津液，津液被夺，水源不足，而致小便不利，直视失溲（6 条）；太阳病，发汗太过，汗漏不止，耗伤阴津，津伤于内，故小便难，四肢微急，难以屈伸，治宜桂枝加附子汤，以扶阳解表，使阳气得复，自可化气生津（20 条）；太阳病误下、误汗后，因津液亡竭，故小便不利，治疗时，不可见小便不利而再误用渗利之法（59 条）；汗家重发汗，不独损阳，亦必伤阴，以致阴阳两虚，津亏气弱，阴津不足，阴中涩滞失润，则见小便已阴疼，恍惚心乱（88 条）；阳明中风，误用下法，则表邪内陷，而腹满微喘，损伤津液，故小便难（189 条）；阳明病，医者重发汗伤津，津液内竭，肠胃干燥，大便硬，小便数少，为津液还入胃腑（203 条）；阳明腑实证，腑热结实，肠胃壅塞，热邪内瘀，津液枯燥，故小便不利，大便燥结，治宜大承气汤以泻热去实（242 条）；阳明病，若不大便六七日，不能食，小便少，为津液还入胃肠中，因大便未成硬，不可妄用攻下之剂（251 条）；少阴病，误用火劫，强行发汗，火热伤津，津液损伤，膀胱液耗，排便不畅，小便必难，谵语（284 条）；太阳中风，误以火劫迫汗，火热上熏，灼伤阳络则欲衄，火热下劫，阴虚津液亏乏，则小便难（111 条）。以上说明津液不足，水源干涸，无以化生小便，则小便不利。

五、判断疾病预后

1. 以小便利否，判断火逆变证的预后：太阳病，中风表虚证，不以桂枝汤汗之，而以火劫发汗，气血津液受损的变证。其甚者可见谵语、哕逆、手足躁扰、捻衣摸床，此为阴竭阳亡危重之证，若小便自利，知津液未亡，化源未绝，尚有救治之望。故原文云：“小便利者，其人可治（111 条）”。反之，若见小便不利，可知津液化源已竭，则难以挽救。

2. 以小便利否，判断热厥的预后：伤寒见热少微厥，指头寒，嘿嘿不欲饮食、烦躁，是热厥轻证，若数日后见小便通利，便色清沏，为里热已除，欲得食乃胃气亦和，从而可知其病转向愈（339 条）；若虽病热厥数日，小便不通利，乃属未愈之机。

综上所述，六经病皆可出现小便不利一症，但在《伤寒论》中以三阳经和少阴经的病证多直接提到小便不利，而太阴经和厥阴经则是间接提到小便不利。仲景对小便不利症，并非见不利则治以渗利，而是从辨证论治出发，综合全身症状，抓其主症，审证求因，审因论治。如上述小柴胡汤或四逆散，两方中无一味利水药，但皆可治小便不利，它是用小柴胡汤，或四逆散和解少阳，运转气机，使气机升降条达，水气自化，则小便自利。《伤寒论》中小便不利的范围较广，由于其病机及临床表现不同，故仲景治小便不利并无一定之方、之法，而是根据具体病情辨证施治。

［《陕西中医》1995，16（5）：237］

《伤寒论》42 方不用甘草辨析

吴忠文　湖南省常德市第二中医院

《伤寒论》所载 112 方中，不用甘草者有 42 方，占 37%，颇具中医学基础理论特色，对指导临床及科研有着很高的价值和意义。笔者拟从仲景在《伤寒论》中对于识证、组方时不用甘草的病因、病机进行探究和辨析，以示同道。

一、《伤寒论》论甘草功用及副作用

从甘草的性味、功用、药理作用及二千多年的临床应用来看，是一味广为应用的良药。《伤寒论》对甘草的用法用量、方中的次序，是根据不同的病、症、证及不同的体质而异。在组方时不仅运用其补中、调和、制约、配对、解毒之功效，使其在复方调配中充分发挥特长以提高疗效，与此同时更考虑到甘草的不适应证及与某些药物相反，或与某些药物同用则影响疗效，或增加某些药物的毒副反应。无论用之与否，均堪称为典范。

《伤寒论》第 17 条云："若酒客病，不可与桂枝汤，得之则呕，以酒客不喜甘故也。"方中甘草、大枣甘缓能助其湿，不适合湿热内盛的病证和体质，所以服桂枝汤每致壅遏湿热、胃失和降而发生呕吐。单是湿热素盛的人，纵非酒客，辛温又甜腻的药物亦值得考虑使用与否，因其平日蓄有湿热之故，酒家曲药之毒积为淫湿，自壅盛于内，辛甘两不相宜。

二、《伤寒论》方不用甘草析

由于甘草之性味、功能既决定其在辨证论治中的作用，同时也决定了不适应的病、症、证，或与其相反的毒副作用。诸如证急、实证、中焦不虚、气化不利、阴邪化热、寒热错杂，甘草反甘遂、大戟、海藻、芫花等分述如后。

1. 证急不宜缓　甘草因其味甘性缓而具有调和、制悍、缓急之能，故尔证急不宜。如干姜附子汤证变化很急、阴寒极盛、阳气大虚，因此不用甘缓的甘草，以免牵制姜附不能很好发挥作用。大陷胸汤之结胸急证，虽胃中空虚，但客气劫膈、阳气内陷而成，取其迅疾，荡破胸中痰水互结，因而不用甘草之和缓。因痞满燥实之阳明腑证，需用大承气汤以荡涤急下，所以不用甘草之缓与补中之功。少阴病下利之真寒假热阴盛格阳时，因其证急，以白通汤或加猪胆汁方，恐甘草缓姜附之性，反掣急救回阳之肘，故不用。牡蛎泽泻散之水气壅积、下焦气化失常以致水气不利，若用补脾之法恐脾气转滞、水气转盛而泛滥为患，故在此利水祛邪之品中不宜用甘草。

2. 实证恐留邪　实证者在《伤寒论》中极为常见，属八纲辨证之表、里、实、热、阳证，多用汗、吐、下、清之法以菇之攻之。

（1）邪热内扰：热邪致病，或上中下充斥，弥漫内扰。《伤寒论》之栀子豉汤清热除烦；栀子生姜豉汤既清热除烦，又降逆止呕，栀子厚朴汤乃清入里及腹未成里实之热邪，栀子干姜汤既除上焦扰于胸中邪热，又暖中焦之寒气，方中寒热异性，功则合矣；枳实栀子豉汤主治大病新瘥、血气未复、邪（余热）未尽而强力作劳复发热，为泄热除烦、散表和中而设，诸证非虚所致，不用甘草以免留邪。文蛤散乃适应水寒外束而里有邪热，本为解表清热、利水除烦之治，不宜甘草之甘缓。证见邪热壅聚上中二焦，非苦寒泄之大黄黄连泻心汤不能祛之。本方以麻沸汤渍之取其清热泄痞非攻下也，不用甘草助热益痞。

（2）内热里实：热邪入里且与肠中糟粕互结形成里实不通，更加促使热势嚣张，必用泄热荡实之剂。大柴胡汤主治少阳病兼有里实，所以去甘草恐其缓中留邪。小承气汤为大便虽硬、燥结不甚的腑实证，以微和胃气使大便下泄，邪热随之而去。若实（热）邪上扰神明窜入目系，或发热汗多、热迫津外泄，或发汗不解，邪热入府使之成为大实证，或邪热直中少阴之三证大实如羸状，需急下泄热救阴（津）的大承气汤，均不宜甘草之缓，而不留邪为寇，转危为安。

（3）湿热互蒸（结）：湿邪入内、蕴久化热，或上蒸，或郁滞，导致热不得外越、湿不下泄。水湿与热邪相蒸不解、郁而不达，以茵陈蒿汤之苦胜湿、寒胜热，不用甘草之甘助热缓湿，使湿热之邪尽从小便而去。若湿热之邪滞于肠间的热利下重，白头翁汤清之导之，亦不用甘草的甘缓留邪。

（4）痰瘀为患：痰和瘀本为病理过程中的产物，但在病机变化中又可反过来为致病因子，或痰或瘀、碍气滞血，或互为交结、缠绵难愈。柴胡加龙骨牡蛎汤是以柴胡、桂枝汤去草、芩、芍以除阳热客于胸中，心恶热而神不守故惊，其实质为实为痰所患，三物白散证为寒实水结胸，不用甘温缓的甘草碍邪缓痰，若热与痰结之小结胸证，以小结胸汤清热涤痰，方中大黄苦寒荡涤、半夏辛温滑利、黄连解热，不用甘草之甘缓，免留湿痰之弊。如果是内有痰水实邪与热相结而成结胸缓证，以蜜制之大结胸丸，用蜜以图缓行，不用甘草之甘缓湿留痰水之邪。太阳随经瘀热在里、蓄于下焦血分，投以抵当汤直捣病所，方中无甘草，一因取其较峻矣，二为瘀血久，无庸甘草。然其病势比抵当汤证虽深但较缓者，不宜速去，当以抵当丸缓之，因其病在血，为瘀热互结之缓证，故不用甘草恐留邪变生它证。

3. 中焦不虚　中焦者，实指脾胃而言。甘草可养胃助脾，作用于中宫，中焦不虚无需养、资、助、健、暖、保、和、安、培、补之。下焦滑脱不固，当以赤石脂禹余粮丸收涩，此利在下焦，非中虚也，因而不用甘草。痰涎壅塞于隔、阻碍气机，痰随气逆上冲咽喉，瓜蒂散因势利导以吐之，方中不用甘草，一是病在上，二无中虚，三乃恐留痰邪作祟。麻仁丸润肠通便，因内热偏盛致胃气旺盛、脾被胃所束，故不需甘草之缓，亦因胃气旺盛不宜补中。太少两感始得之证稍急，以麻黄附子细辛汤之附子温补少阴之虚、防亡阳之变，细辛之气温辛而升、助麻黄以发汗，此证初得、中焦不虚，无需甘草之助。

4. 气化不利　《素问·灵兰秘典论》云："肾者，作强之官，伎巧出焉。三焦者，决渎之官，水道出焉。膀胱者，州都之官，津液藏焉，气化则能出矣。"五苓散治水停下焦不化、格拒上逆，方中重用苓泽，以治下焦为主兼降冲逆化气，并非中宫阴津不足，无需甘草资中且碍气化水行。真武汤治发汗太过、肾阳虚而水气内动，是标本同治之剂，并非单纯阳虚之证，如不挟水气则可直接用参草以补虚复阳。而阴虚有热、水气不利的猪苓汤证，在于育阴利水，虽口渴病不在中、上二焦，是水津既不上行亦不下降，故不用甘草保胃和中。

5. 阴邪化热　《伤寒论》之少阴病本为阴盛阳虚之衰竭证候群，但其变局则突出表现为邪从热化。黄连阿胶汤针对病邪从阳化热、阴虚阳亢、心肾不交，不用参草以助阳，乃滋阴和阳法。而猪肤汤证重在下利伤阴、邪从热化、虚火上炎，旨在润燥培土、除烦利咽，猪水畜也，其气先入肾；解少阴客热，不用甘草以助阳。苦酒汤乃因少阴水亏不能上济君火、阴火沸腾之证，取其苦酒入阴降沸、敛疮消肿、利窍通声，非甘草之能。

6. 寒热错杂　寒热之邪随素体之异，既可互相转化，亦有上下、脏腑之别，更有错杂交替。附子泻心汤证之在于上热下寒、邪热致痞、命门真阳已虚，特以三黄略浸去滓，取清轻之气去上焦之热，取附子浓汁温下焦之寒，不用甘草既无中病亦非虚痞尔。乌梅汤证乃寒热错杂之蛔厥，方中乌梅之酸、连柏之苦、姜辛桂椒之辛，得以温藏安蛔，干姜黄芩黄连人参汤证是误用吐下之后，虽中焦虚寒更甚，却格热于上，是方参姜温其寒、芩连折其热，二者均不宜甘缓之草。

7. 反甘草　"十八反"言，海藻、大戟、芫花、甘遂反甘草。十枣汤证系水饮内结、水气攻窜、充斥泛滥之实证，因其甘草与诸药相反，故选大枣之甘君之，一以顾护脾胃，一以缓其峻毒之猛。

8. 其他　外用蜜煎导方取其滑润导便，烧裈散以治阴阳易，二者均为单味方。另有吴茱萸汤是温降肝胃、补中泄浊，不用甘草之和；附子汤乃元阳虚甚，非甘草之功，桃花汤非温补之证不用甘草，以求温中固脱。

三、讨论与体会

自古以来称甘草有"和诸药而解百毒"之功。《伤寒论》方用甘草者占63%，然不能因甘草在中药处方中占大多数而忽视其毒副作用。本文只列举综上八个方面不用甘草之理，结合各地报道说：芍药甘草汤可引起浮肿，炙甘草汤引起大量出汗，甘草、人参引起黑便；尤其是贫血病每日用甘草10g以上，连续4～5日即可发生水肿；甚至长期口服大剂量的甘草提取物引起高血压、低血钾等，这与甘草含雌激素样作用有关。至于甘草与甘遂、大戟……等配伍的毒性问题，报道很不一致，但甘遂的无水乙醇提取液与甘草合用毒性极强。可是临床中应用海藻玉壶汤（丸）、瘿瘤丸、海甘散治疗甲状腺肿、瘰疬、乳癖等均获良效。因此，既要借鉴《伤寒论》的历史经验和现代研究成果，又要对甘草的不适应证及毒副作用予以进一步的探讨。

［《中医函授通讯》1995，(5)：16］

《伤寒杂病论》服药后反应浅析

高明明　安徽中医学院

《尚书》曰："若药弗瞑眩，厥疾弗瘳。"是指用药若无反应则难以收到治疗效果，表明病人前后出现各种反应，是药物有效成分作用于人体的必然结果。东汉张仲景在《伤寒杂病论》中对服药后反应进行了细致的观察，现浅析如下。

一、药后反应主要表现

1. 汗出　如桂枝汤、甘草附子汤、五苓散、白虎加桂枝汤、文蛤汤服后应微汗；柴胡桂枝干姜汤初服微烦，复服汗出；防己黄芪汤、桂枝去芍药加麻黄细辛附子汤服后当汗出如虫行皮中。

2. 下利　如大承气汤、十枣汤初服当更衣；百合地黄汤服后大便当如漆；百合滑石散、桃核承气汤、木防己汤服后当微利；蜜煎导以食蜜为丸，纳入肛门，或大猪胆一枚、泻汁灌入肛门，当大便出，甚效。

3. 小便多　服茵陈蒿汤小便当利，尿如皂角汁状色赤，一宿腹减，黄从小便去；烧裈散日 3 服，小便即下；硝石矾石散服后小便正黄，大便正黑是候；桂枝去桂加茯苓白术汤服后小便则愈；葵子茯苓散服后小便利则愈。

4. 下血　如抵当丸服后晬时下血，若不下血更服；大黄牡丹汤服后有脓下脓，无脓下血；下瘀血汤新血下如猪肝。

5. 呕吐　如栀子豉汤、栀子干姜汤、栀子甘草豉汤、栀子生姜豉汤、栀子厚朴汤得吐则已。

6. 其他反应　如服百合地黄汤后，大便如漆；服桂枝附子去桂加白术汤后，其始人当如痹，继而如冒状；服枳术汤后，其腹由硬变软；服甘草干姜苓术汤后，腰背由冷转温；服大青龙汤后，大汗不止。

二、服药后反应的机理及临床意义

服药后，患者表现的各种反应是药物作用的结果。观察与掌握药物服后哪些反应是正常的，属疗效反应，哪些反应是异常的，或是毒副反应，对及时处理病情变化和提高临床疗效有十分重要的意义。

1. 疗效反应　①汗剂药后反应：仲景指出无论是表虚桂枝汤证或表实麻黄汤证，其服药后均应微汗出。桂枝汤还须啜粥以助药力，并加盖衣被取暖以助发汗，以遍身微微似有汗者为佳。微汗出表示药后病邪随汗解，又不伤其津液，故汗剂药后反应多以微汗为顺。对表证兼证如表虚兼湿证的麻黄加术汤“温服八合，覆取微似汗”。防已黄芪汤“服后当如虫行皮中，从腰下如冰，后坐被上，又以一被绕腰以下，温令微汗，差。”《心典》曰：“服后如虫行皮中，及从腰下如冰，皆湿下行之征也。”中医认为表证当从汗解，而湿邪不宜出过汗，故麻黄加术汤用麻黄加术，麻黄得术，虽发汗而不致过汗；术得麻黄，并能行表里之湿，不仅适合于寒湿的病情，而且亦是湿病解表微微汗出的具体方法。在汗剂药后反应中，并不是所有汗剂药后反应都是微汗出。如白虎加桂枝汤、柴胡桂姜汤等方药服后反应为汗出，仲景并未加“微”，说明服用上述药物，只需汗出就可以达到疗效，当然也不宜大汗出。白虎加桂枝汤、柴胡桂姜汤其主治疟疾，仅微汗，疟邪难以泄尽，所以汗出以逐邪。仲景对水饮病治疗所出现的服药反应，如甘草麻黄汤治疗表实皮水“温服一升，重复汗出，不汗，再服”以腠理开，汗泄而水随之消。桂枝去芍药加麻辛附子汤治疗水饮，服药后“当汗出，如虫行皮中，即愈。”即服药后阳气得助，周行于身，推动阴凝之邪解散之征。以助阳、开腠理，水随汗泄，从而达到治疗目的，因此也就不一定微汗。②攻逐剂药后反应：运用攻逐剂的目的是使外邪得以驱逐，使用不同的攻逐剂，其药后反应也就不尽相同。如用攻下剂治疗大便不通，下利为药物取效的标志；而祛湿利尿治疗小便不利，正如仲景所言，硝石矾石散病随大小便去，小便正黄，大便正黑是候也；凡有瘀血内阻之证，用逐瘀之剂服之当下血，此为正常的服药反应，如抵当汤治疗妇人蓄血证，服后病人立即出现下血反应，若不下血者再服。然而病邪在上需要用吐剂，其药后反应以出现呕吐为病解，如栀子豉汤治疗心中懊憹，欲吐不吐者，为邪热乘虚客于胸中所致，以栀子豉汤顺其势以涌其热，患者服药后得吐，病自解。③其他正常药后反应：如黄芪芍桂苦酒汤治疗黄汗“温服一升，当心烦，服至六七日乃解。若心烦不止者，以苦酒阻故也。”百合地黄汤服药后大便呈黑色，为地黄本色；停药后即可消失。枳术汤治疗心下坚，大如盘，边如旋盘，服后“腹中软即当散也。”说明搏结之邪已散，水饮已罢。

2. 毒副反应　由于有些方药中含有毒性药物，加上各人素质差异，服药后会出现不适反应甚至出现异常反应。有些反应较轻，只要注意休息即可，但有些反应需要立即处理，否则会出现危候。如大青龙汤治疗伤寒兼里热证，表里双解，服药后应取微汗，若病人汗出多，且恶风、烦躁、不得眠，为亡阳之象，应用温粉粉之，其汗自止。白术散主治脾虚寒湿所致胎动不安，服后出现呕、渴者，当为阴液已伤，以醋浆水与大麦粥服之，以养阴液。由于附子、乌头有一定的毒性，所以凡含有附子、乌头的方药，服后有可能出现毒副反应。如白术附子汤“一服觉身痹，半日许再服，三服都尽，其人如冒状，勿怪，即是术附并走皮中，逐水气，未得除故耳，”这种药后反应实际是附子的毒性作用所致，一般注意用药剂量或停服就可消除。

总之，服药后反应是中医护理学的重要内容，了解药物的药后反应，对进一步观察药物的作用，以及了解病情发展有着十分重要的作用。《伤寒杂病论》中有关这方面的内容，值得进一步探讨。

[《河南中医》1995，15（5）：7]

谈《伤寒论》祛邪必宣畅气机的治疗原则

徐 苓 北京中医药大学

《伤寒论》所载祛邪方中，体现出的祛邪必宣畅气机，从而为邪求其去路的治疗原则和用药思路，颇具特色。笔者试作探讨，和同道共同研究。

宣畅肺卫之气，以祛风寒

风寒之邪侵犯肌表，由于感邪轻重的不同，体质强弱的差异，或表现为卫阳闭遏，营阴郁滞的伤寒表实证，或表现为卫强营弱，营卫失和的中风表虚证。伤寒表实证，用麻黄汤治疗。方中君用麻黄，因其辛温发散之力最强，“为卫分发散风寒之第一品。”且又与桂枝相配，更增强了发散之力，目的是要开毛窍之闭，宣卫阳之郁，辛温开表，使卫阳之气得以泄越，得以宣展，从而汗出，使寒邪尽散于外。此外，麻黄与杏仁相配，不但宣降肺气以平喘，重要的是通过宣降肺气，使肺气宣畅，有助于驱邪外出。诸药相配，治疗目的明显，辛温发汗，肺卫之气畅达，风寒之邪自能从毛窍而散。

中风表虚证，选用桂枝汤。方中以桂枝为君，解肌祛风，且与芍药相配，于祛风之中有敛阴和营之旨，于和营之中有祛风之意，一散一收，调和营卫之气。而调营卫的目的，在于营气和，卫气畅，汗出以祛风邪，为发汗之缓剂。桂枝汤虽不若麻黄汤那样纯阳发散，启闭开表，然也意在滋阴和阳，加之服药后啜热稀粥，温覆，使风邪尽散于外。

总之，邪在太阳之表，要“汗而发之”。然而，要想使外邪随汗而解，必须要宣畅肺卫之气，只有卫阳之气得以宣畅，汗才能随之外出。正如《方剂学》所讲：“发汗不是以使人汗出为目的，主要是汗出标志着腠理开，营卫和，肺气畅，血肺通，从而祛邪外出”。

畅达胸中气机，以清膈热

对于太阳病或阳明病，因不正确的治疗，形成热郁胸脯的虚烦证，仲景根据“火郁则发之”的治疗法则，用栀子豉汤清宣郁热。方中栀子苦寒，既可清热，导火下行，又可清透郁热。豆豉气味轻薄，一则载栀子上浮，二则和降胃气。二药相伍，清中有宣，宣中有清，为解郁除烦之良方。由于虚烦证，病性为热郁胸膈，病位在胸。因此，栀子豉汤的用药之旨，不仅仅是清胸中之热，更重要的是宣透，畅达胸中气机，以清膈热。胸中气机畅达了，胸中郁热既得清，又透散于外，达到解郁除烦的目的。

畅达肺气，使肺热得以清散

麻杏石甘汤是治疗肺热咳喘的首选方，《伤寒论》认为汗或下后，表邪入里化热，造成邪热壅聚于肺，而出现“汗出而喘”之证，用麻杏石甘汤清宣肺热。证属肺热之喘，却要选用辛温之品麻黄，这恰恰是仲景选方用药的奥妙之处。邪热壅聚于肺，当然要“热者寒之”以清肺热，然而要使肺热尽能清散，宣畅肺气，更是关键。因此，仲景用麻黄的重要作用应当是辛散开畅肺气，使肺气得宣，邪热有外散的出路。生石膏辛甘大寒，监制麻黄的辛温之性，且用量倍麻黄，使麻黄辛温之性而为辛凉之用。加之方中麻黄与杏仁宣降肺气以平喘，甘草调诸药以和中气，共奏清宣肺热之功。

畅达阳明气分，以清胃热

阳明为多气多血之经，邪入阳明，正邪交争剧烈，表现为一派热证、实证。若胃热盛，呈弥漫之势，未与胃肠之糟粕相结，仲景用白虎汤或白虎加人参汤辛寒清热。二方在清热保津的同时，具有畅达阳明气分而达热出表之功。方中的石膏一方面用其甘寒清热生津，另一方面用其辛散之性，畅达肺胃气分，达热出表。知母虽为苦降之品，然有“甘草为中宫舟楫……使其沉降之性皆得留连于胃，”便于无形之热的清、透。因此吴鞠通强调，白虎汤为达热出表之剂。

畅达阳明胃肠腑气，以除燥实

邪深入于胃肠之腑，胃肠津液损伤，与糟粕相结形成阳明腑实证，仲景用三承气汤润燥软坚，荡涤胃肠，以泻下燥热实邪。特别是大承气汤，泻下之力最大。方中大黄苦寒泻下，芒硝软坚润燥，又用了行气药枳实与厚朴，胃肠之气畅达，燥屎才得以下行。故后人总结，“去实热，用大黄无枳实不通。”因此，胃肠之气畅达，燥屎方可排出，胃肠燥热随之而除。

宣达胸膈气机，以排痰实

若痰实之邪停滞于胸膈，使人“胸中痞硬，气上冲咽喉不得息”。这是胸中有痰实之邪，而气机不利，同时邪有上越之势。仲景用瓜蒂散涌吐痰实之邪，使在上之邪得以“越之”。方中瓜蒂味极苦，其性升，味苦而涌，是为主药。又用豆豉煮汁，合散服，取豆豉的轻清宣泄，以宣达胸膈气机。气机畅达，痰实之邪即涌泄于外。

畅利三焦气机，以除湿热

阳明之热与湿相合，形成湿热郁蒸发黄证，根据湿热郁结的不同部位，仲景选用了茵陈蒿汤、栀子柏皮汤、麻黄连轺赤小豆汤。湿与热合，缠绵难愈，胶结不解，也最碍气机的畅达，故仲景在治黄三方中，尤其重视宣畅三焦的气机。如茵陈蒿汤、栀子柏皮汤的栀子，目的就是通利三焦，使水湿之邪从小便而出。若部位偏于表，仲景则用麻黄连翘赤小豆汤解表除湿。

以上举例，仅在说明仲景祛邪重在宣畅气机而给邪以去路，对于我们今天治病，无疑是一个重要启迪。

[《中国医药学报》1995，10（6）：49]

“开阖枢”与“关阖枢”在《伤寒论》中的运用

王希哲　李宝丽　天津医科大学总医院

早在战国时期的《黄帝内经》中，就有两处（《素问·阴阳离合论》《灵枢·根结篇》）记载着：“太阳为开，阳明为阖，少阳为枢；太阴为开，厥阴为阖，少阴为枢。”同时，《黄帝内经·素问皮部论》篇又记载着：“阳明之阳，名曰害蜚。（‘害’与‘阖’字古通用，指门扇也，一曰闭也；蜚音扇，即门扇之谓）少阳之阳，名曰枢持。（‘枢持’作‘枢杼’，据《甲乙经》把枢即枢轴，此即比作门轴也）太阳之阳，名曰关枢。（‘关枢’即门闩，门上的横插，有闩插门之意）少阴之阴，名曰枢儒。（‘枢儒’当作‘枢棂’，即旧式房屋门窗中的枢纽，此即门闩也）心主之阴，（张琦曰：‘心主’当作‘厥阴’）名曰害肩。（‘害肩’通‘阖椙’，门上置枢之处，即为放门闩的部分）太阴之阴，名曰关蛰。（‘关蛰’即为门中之橛，乃为顶门闩的木头）”从此可以看出古人以门的各个部分和所起的作用来形象的描述三阴三阳经的气血盛衰和在人体中所起的作用。既认为太阳、太阴为开；阳明、厥阴为阖；少阳、少阴为枢，又认为太阳、太阴为关（关枢、关蛰）；阳明、厥阴为阖（害蜚、害肩）；少阳、少阴为枢（枢持、枢儒）的两种说法。

至隋代杨上善撰注《黄帝内经太素》干脆直接写道：“太阳为关，阳明为阖，少阳为枢。太阴为关，厥阴为阖，少阴为枢。”并注：“夫为门者具有三义：一者门关，主禁者也，二者门阖，谓是门扉，主关闭也。三者门枢，主转动者也。三阳为外门，三阴为内门，内门亦有三者……”。

从隋唐以来，“开阖枢’与“关阖枢”一字之分歧，就延续至今，历千余年，笔墨之争，纷纭而未臻统一。

“关阖枢”以“关”谓门闩和顶门闩的木头；“阖”谓门扇和放门闩的部位；“枢”谓门轴和门闩来比喻太阳、太阴、阳明、厥阴、少阳、少阴，这三阳三阴经脉的运动形式和人体生理功能活动。

“开阖枢”同样以门的运动形式来形象描叙三阳三阴经脉的病理运动变化。正如王冰曰：“开者，所以司动静之机；阖者，所以执禁固之权；枢者，所以主转动之微，由斯殊气之用，故此三变之也。”

总之“关”谓门楗和顶门闩，其变动为“开”；“阖”谓门扇和放门闩的部位，其变动为“闭阖”；“枢”谓门轴和门闩，其变动为转枢。这样“开阖枢”也就是说明了太阳、太阴，阳明、厥阴，少阳、少阴，三阳、三阴经脉的恒动形式和人体病理变化状态。

所以说“关阖枢”与“开阖枢”均是以“门”的形式和活动方法，从两种不同的角度来形象的比喻和客观的描叙三阳三阴经脉的生理功能和病理变化。“关阖枢”论其静，论其体，“开阖枢”论其动，论其用；“关阖枢”言其生理，“开阖枢”言其病理，两者名异而实同。此种现象在《黄帝内经》中也是屡见不鲜的。

张仲景的《伤寒论》继承了《黄帝内经》三阳三阴经的学术思想，并结合自己长期的丰富的临床实践，把三阳三阴经脉学说加以演变和发展，提出了六经辨证的概念，来进一步认识脏腑经络的病理变化和临床表现，以及指导着辨证和治疗。

一、《伤寒论》三阳经的“关阖枢”与“开阖枢”

1. 太阳为“关”，其变动为“开”；生理为“关”，病理为“开”

太阳属膀胱与小肠，太阳主一身之表，与卫气并行，具有抗御病邪侵袭的功能，故称为“六经之藩篱”，而为“关”。当太阳气化功能不足，卫外失职，外邪就乘虚侵入，机体则有抗御外邪的斗争，产生头项强痛、恶寒发热、无汗或自汗、脉象浮等病变，即太阳主“开”。

2. 阳明为“阖”，其变动为闭“阖”；生理上为“阖”，病理上为闭“阖”

阳明包括胃与大肠，《黄帝内经》称胃为“仓廪之官”“水谷之海”，“大肠者，为传导之官，变化出焉。”又曰：“阳明居中，主土也，万物所归，无所复传”，故在生理谓“阖”。伤寒传入阳明，邪正俱盛，内热闭结，闭者热盛，结者腹胀痞满，拒按而痛、大便燥结而闭塞等病理变化，即阳明病理上主闭“阖”。

3. 少阳为“枢”，其变动为转“枢”；生理上似“枢”，病理上似转“枢”

少阳属胆与三焦，胆附于肝，其性主疏泄，三焦为气和津液运行的道路，故少阳生理谓“枢”。外邪侵入少阳，邪气结于胁下少阳胆经的部位，其抗邪能力不如太阳和阳明。太阳主表，阳明主里，所以少阳主半表半里。此时正不能祛邪达表，邪亦不能遽于入里，正邪斗争于表里之间，则表现为往来寒热、胸胁苦满、口苦、咽干、目眩等病症。它的病机趋势外则从太阳之开，内则从阳明之阖，介于太阳、阳明之间。另认为少阳介阴与阳之间，出则二阳，入则太阴，故此其病理变化为转“枢”。

二、《伤寒论》三阴经的“关阖枢”与“开阖枢”

1. 太阴为“关”，其变动为“开”；生理上是“关”，病理上是“开”

太阴为脾肺，一主肌肉，一主皮毛，为三阴之首。病入三阴，首犯太阴，然太阴为三阴之屏障，乃太阴生理上则为“关”。病邪侵入太阴，表现脾的运化失职，肺的功能失去宣发肃降，会出现呕吐、下利、咳喘等自内向外的病变，其病理为“开”。

2. 少阴为“枢”，其变动为转“枢”；生理为“枢”，病理为转“枢”

少阴属心肾，一主火，一主水，心火居上，肾水在下，心肾借经脉之通道，使水火上下交济，才能维护人体的阴阳平衡，而这种交济为心理上的“枢”。如若病至少阴，心肾机能受损，心肾不能交济转枢，必造成水火不济，阴阳失调，故出现转枢失当的寒化证或热化证。寒化证：脉微细、但欲寐、畏寒、身倦、手足厥冷，或下利清谷等；热化证：心烦、不寐等症。因此说少阴病理上为转“枢”。

3. 厥阴为“阖”，其变动为闭“阖”；生理似“阖”，病理似闭“阖”

厥阴为肝、心包，是伤寒六经病证的最后阶段，为三阴经之末，如《黄帝内经》所说：“两阴交尽，故曰厥阴”。“厥”有久或极的意思，故生理如“阖”。其厥阴的病变，无论是寒、或热、或气、或虫等因素，均会导致气不相顺接的厥，影响肝的气机疏泄不利，而闭塞不畅的病理，此为厥阴闭“阖”之意。

三、结语

综上可知张仲景的《伤寒论》的六经是继承了《黄帝内经》的理论，又具体地运用了《黄帝内经》中的“开阖枢”与“关阖枢”的思维方法，来进一步指导六经病证的生理活动和病理变化。为我们今日学习继承《黄帝内经》理论，为之实践的楷模。

[《河南中医》1995，15（6）：2]

浅谈张仲景关于“气”的论述

詹文国　云南省中医院

仲景以“天人相应”的整体观念为指导，把“气机”这一概念始终贯穿在他的整个学术体系中，从辨证论治到理法方药无不涉及，现将个人的体会分述如下。

一、气有阴阳盛衰

运用阴阳对立统一的观点，把正常维持人体生命活动的“气”分为“阴气”“阳气”，总称为“正气”。并指出“阴阳相得其气乃行”，“阴阳自和者必自愈”；对阴阳的盛衰又曰：“阳气重”，“阳气怫郁”，“阳气不通”，“阳气微”“阴气孤绝”。

二、气有脏腑之别

五脏六腑各有所主，心主血脉，气行则血行。肺主一身之气……如外感内伤，脏腑功能失调，“气机”则因脏腑不同而有不同的病理表现，在脾为“脾虚气滞”，危重者“脾气败”，在胃为“胃气弱”，“胃气不和”，“胃气生热”，“胃气无余”“胃气尚存”；其在心“心火气”，其在肝“肝气王”，其在肺“肺气上逆”，其在肾“肾气上冲”。

三、气有虚实不同

病因不同，病程不同，从“气机”反映出的症状虚实亦不同，大实之候有“气盛”“气实”，“气闭不通”，“热渴气胀”；虚弱之候有“令人乏力气”，“吸吸少气”，“短气而不以于息”，“无气则神虚”；衰弱危候又见“短气不得卧”，“脾气败”，“六腑气绝于外者，手足寒，上气脚缩，五脏气绝于内者利不禁，下甚者手足不仁”；“腑气绝于外，五脏绝于内”，“脱气”。

四、气有升降失司

气是维持人体生命活动的最基本物质，以出入升降为运动形式，一旦病邪作用或脏腑功能失调，气机出人升降失司，即可发生不同的病理变化，并从疾病的症状方面表现出来，如“客气动隔”，“气上冲胸”，“气上撞心”，“肺气上逆”，“气从上腹冲心”，“人气一转，其气乃散，气转膀胱”。

五、气有三部九侯

血随气行，所谓气盛者脉必盛，血气衰者脉必衰，气机的病变必然从脉象反映出来：“寸口脉沉大而滑，沉则为实，滑则为气”，“脉弦而紧，弦则卫气不行”，“趺阳脉浮而数，浮即为气”，“脉浮而洪，浮则为风，洪则为气”，“寸口脉微而数，微则无气，无气则营虚”；“脉沉小迟名脱气”“趺阳脉微而迟，微则为气”，“伤寒咳逆上气，其脉散者死，谓其形损故也”。

仲景在他整个学术体系中，从气机的阴阳盛衰，在脏在腑之别，虚实之不同，出人升降失司，脉象等等莫不一一详述，治疗方面仲景把自然界五行之气相应地和人体的五脏之气联系起来，除了从生理病理方面阐明了“气”的生克制化，还根据气的生克制化机理，按药物的气味归经，调整治疗脏腑气机太过或不及，协调阴阳相对平衡。特别是依据当时的历史情况，例举了种种失治误治导致“气机”逆乱的症治昭示后人，诸般种种不能一一而述。由于笔者学习领会不深，仅只略为归纳而已，不对之处望指正。

［《云南中医中药杂志》1995，16（6）：26］

谈“麻黄汤禁例”

裴永清　北京中医药大学

在《伤寒论》太阳病篇中，有9条原文是论述不可用发汗法治疗的病证：即49条的“尺中脉微”、第50条的“尺中迟”、第83条至89条的“咽喉干燥者”“淋家”“疮家”“衄家”“亡血家、”“汗家”“病人有寒”共9条证情。部分注家及近年有关教材，将上述9条原文中所言“不可发汗”，理解为不可用麻黄汤发汗，于是便将这9条证情统称之为“麻黄汤禁例”。笔者认为尚有余韵可求。

仲景对上述9条证情之所以言不可发汗，是因为其证情或为阴虚、或为阳虚、或属气虚、或属血虚、或内兼湿热等，故云“不可发汗”。麻黄汤是辛温发汗峻剂，对于阴、阳、气、血虚弱之人，或内兼湿热者亦当禁用。若误用之则耗伤阴阳、动乱气血，或助邪增热。但是，仔细研讨原文，便可感到原文医意恐不仅此。诸如辛温解表剂中的桂枝汤、葛根汤等皆在所禁之例，不独禁用麻黄汤。仲景在原文中只言“不可发汗”，并未专指麻黄汤而言，若执意将其定为“麻黄汤禁例”，恐与仲景原意不尽相符。倘若将其定为辛温发汗禁例，似乎较合适些。《伤寒论》五版教材在太阳病篇小结中说的好：“辛温解表法为风寒表证而设，凡病证已不属表，皆当禁用。由于发汗既可祛邪，发之太过又能伤阳耗阴，故诸里虚病证中虽兼表证，亦当慎用和禁用，仲景举例甚多，应常识勿误。”从这个角度上讲，上述9条不可发汗之证，当称为“辛温发汗禁例”或“汗法禁例”为允，而不应当局限地称为“麻黄汤禁例”。不仅如此，上述9条证情，仲景在原文中并未提及“太阳病”或“表”，而我们将其都作为兼外感表邪而论是不够确切的，现分述一二。

譬如，第83条言“咽喉干燥者，不可发汗”，医家向以为咽喉干燥乃阴津不足，虽兼外感，亦不可发汗，汗之则迫津外泄，更伤其阴。但在表病过程中，发热恶寒身痛的同时，又兼有咽喉干燥（或咽喉疼痛），如果病始属于外感风寒，现恐已有化热之势，或原本即属于外感温热之邪，均不可用辛温解表剂发汗，而当辛凉清透，宣散表邪。本条言简意赅，亦在告诫后人辨治太阳外，感表证的一个大经大法：凭据咽喉干燥或红肿疼痛否，来辨别寒温之邪或风寒已化热的一个简明之法。现代医学儿科临床治疗外感发热患儿（包括成人），首先要察明咽喉部位是否有红、肿、破遗、化脓等情。无异常者，可服用一般解热镇痛药，有异常者，多加用抗生素治疗，这与仲景所云“咽喉干燥者，不可发汗”之旨有合拍之处。如是，把本条仅理解为咽喉干燥为阴津不足而不可发汗之义，似乎狭隘了些。

第84条“淋家不可发汗，发汗必便血”，注家多以淋家阴津素亏兼下焦蓄热，故虽兼外感，亦不可发汗，更不宜麻黄汤。请注意，本条原文并未体现出本证定兼太阳表邪，仲景只言是“淋家”。倘若我们遵重原文，不把本证附加上外感，而是一个“淋家”，就会别有新义。“久淋之人，小便尿频、尿急、尿痛，甚或尿血、白浊膏淋等，在其淋病过程中，亦可因淋病本证而出现发热，身痛之苦。这种发热头身疼痛并非外感所为，乃淋病本身自有的症情（如泌尿系感染）。如果不仔细辨认，忽漏了淋病的存在，只着眼于发热身痛，最易将其误诊为外感病，自然会导致误汗之举。仲景言“淋家不可发汗”，似乎不能排除此意，淋家出现发热身痛（偶兼外感者除外），乃是淋病本证所为，当治其淋，淋病愈则诸证悉解。

第85条“疮家虽身疼痛，不可发汗”，其义被释为久患疮疡之人气血多亏虚，每易外感，此时亦不可发汗，汗之则伤正，筋失所养而痉。我们可否象理解“淋家不可发汗”一样，不把本条医意附加上外感，而是立足于“疮家”本证上求索。因仲景原文不曾言是疮家兼外感，而只言“疮家虽身疼痛”，疮家身痛，并不一定是感受外邪所致，常是疮疡本证表现的发热身痛。如久患疮疡之人，或突发疔毒恶疮的大痈大疡之人，可谓“疮家”。这类病人常因疮疡本证之害而出现发热和身痛等症。所以当“疮家”出现发热身痛时，且不可贸然断为外感表证，而妄投解表发汗之剂治之。若误用则助邪增热，反耗气血，邪不去而正反伤，这一层意义似乎亦应包括在“疮家虽身疼痛，不可发汗”之中。验之临床，久而不愈的毛囊感染、多发性疖肿、丹毒、外伤引发的感染等，举凡红肿热痛的疔毒恶疮，常可因疮疡本证而致发身痛发热头痛等诸症，切不可将其误认为是外感表证而采用发汗法治之，但治其疮疡，疮愈则热退脉静，身凉人安。如是理解“疮疡虽身疼痛，不可发汗”，则对于临床实践更多一层指导意义。

基于上述认识，笔者不揣冒昧地指出，所谓“麻黄汤禁例”诸条，其实仲景并未指定是麻黄汤的治禁，乃是泛指一切辛温解表剂而言，从这一层意义上讲，将其称为“辛温发汗禁例”似乎更准确。在所谓“麻黄汤禁例”诸条中，仲景并未言及感受表邪，我们根据什么非要将其诸条医意都局限于兼太阳表邪上来认识呢？要遵重原文，力求原意，其中某些所谓“麻黄汤禁例”，仲景旨意并不在论述什么麻汤治禁或汗法禁例，而是旨在论述“咽喉干者”“淋家”“疮家”“衄家”“亡血家”“病人有寒”等病证本身在治则上的禁忌——禁汗。

当然，在现时临床中果真遇到阴虚或阳虚、气虚或血虚之人兼受外感表邪，自当视其正虚的程度，表里轻重缓急，治以先里后表，或表里兼治。滋阴解表、助阳解表、益气解表等诸法即是其例。《伤寒论》的麻黄附子细辛汤、桂枝人参汤等方亦为凡例。

[《北京中医药大学学报》1995，18（6）：7]

张仲景对康复医学的贡献

曹贵珠　南京中医学院
戴长林　南京铁道医学院附属医院

东汉著名医家张仲景，总结汉代以前的医学经验，博取诸家之长，结合自己临床实践，编著《伤寒杂病论》一书。他首创以六经、脏腑为核心的辨证治疗学，及论治原则，既是中医临床医学的理论基础，也是中医康复学的指导思想。论中阐述的康复理论及方法，对康复医学的形成和发展，作出了重要贡献。

瘥后病篇是最早的康复医学专篇

康复医学和中医学一样，源远流长，在中医古医籍里早有记载。《素问·五常政大论篇》“其久病者，有气不从康……复其不足，与众齐同”。明确指出久病后，身体未能健康者，要运行气血，恢复其不足，待康复后能与大众一样参加各种社会活动和劳动。然而类似的内容并不多见，更未系统独立成篇，只有少数言论散见于各篇之中，其他一些古籍也只有些零星的记载，直至张仲景方首列专篇《辨阴阳易瘥后劳复病脉证并治》，讨论大病初愈后的康复医疗。全篇除阴阳易一条外，余皆为“大病瘥后”“伤寒解后”的外感热病后期，在气血未复、卫气尚虚或余邪未尽的情况下，针对不同的病情、不同的体质，采用相应的药物康复和调护康复。如余热未尽，气液耗伤而“虚羸少气，气逆欲吐”者，以竹叶石膏汤清热益气生津；因脾肺虚寒，水津不化，痰饮凝聚而“喜唾，久不了了者”，用理中丸温运脾肺，敛摄津液；因湿热壅滞、气化失常而“从腰以下有水气”见下肢浮肿，二便不利，脉沉实者，以牡蛎泽泻散利水逐邪；病后过早操劳致使疾病复发，脘腹胀满者，用枳实栀子汤清热行气，兼宿食停滞可加大黄荡涤肠胃，推陈致新。对于“伤寒瘥以后，更发热”者，应分辨证候的属性，邪在何经。余热未尽者，小柴胡汤疏利和解；其在表“脉浮者，以汗解之”；若在里“脉沉实者，以下解之”。除药物康复外，还重视调养康复。“病人脉已解，而日暮微烦者，以病新瘥，人强与谷，脾胃气尚弱，不能消谷，故令微烦，损谷则愈。”大病初瘥，勉强进食而生烦躁，需适当节制饮食，加强调理，便可自愈。本篇较为系统地论述了康复的时期，指导思想，康复原则和方法，全面而简明，是我国现存最早的康复医学专篇。

奠定了康复医学的理论基础

张仲景以整体观为指导思想，以脏腑经络气血学说的生理病理为基础，首创六经辨证、脏腑辨证和经络辨证。这些辨证方法相互联系，相互补充，有机地结合在一起，有效地指导着康复治疗。从康复对象而言，多为慢性病患者、急性热病瘥后诸证等。其病理常是多因素致病、多层次受累、多属性为患；在采取任何康复措施前，都要分析阴阳的属性、脏腑气血的寒热虚实，依据辨证而施治。如根据发热症的有无辨别阴阳，推断康复时间："发热恶寒者，发于阳；无热恶寒者，发于阴。发于阳七日愈，发于阴六日愈。"又如热病瘥后诸证，不惟虚证，更有实证。虚证中既有津伤液耗，又有中阳虚寒；实证中既有热郁胸膈，宿食停滞，又有湿热壅滞，水湿不化。差后余邪未尽或重感新邪，又有在表、在里、半表半里之异，均须在辨证的基础上进行康复治疗。在慢性病调治中，着重从脏腑的生理功能、病理变化及其相互关系去分析证候，探求病机，确立治疗原则和方法。就五脏病机而言，不外虚实二端，虚指阴阳气血精液亏损（包括功能低下）；实指脏气郁滞，升降逆乱，也可由痰瘀水食等阻滞引起。虚实既是五脏的基本病理，也是康复辨证的纲领。消渴病从证候变化上可分为上、中、下消：上、中消多为热证，肺胃热盛，津气两伤，"渴欲饮水，口干舌燥者，白虎加人参汤主之"；而下消寒热皆有，肾阴虚、肾阳虚或肾之阴阳两虚均可导致本病。"男子消渴，小便反多，以饮一斗，小便一斗"，属肾阳虚所致的下消证，肾气丸主之。久病血瘀，结成癥瘕，"五劳虚极羸瘦，内有干血，肌肤甲错"，用活血化瘀的大黄䗪虫丸；"肠间有水气"，"腹满口舌干燥"，此为饮邪四结，以己椒苈黄丸分消水饮，导邪下行。又如吐衄下血，吐血日久不止，属虚寒证，以柏叶汤；吐衄见心烦不安为热盛者，宜泻心汤苦寒清泄。远血为虚寒用黄土汤，近血属湿热宜赤小豆当归散。以上这些，充分体现出辨证论治这一基本理论始终贯穿着康复全过程。

在整体现指导下，张仲景十分强调预防性康复，指出"人能养慎"则"五脏元真通畅，人即安和"。还提出"上工治未病，见肝之病，知肝传脾，当先实脾"，即先治未病之脏腑，以防疾病传变。这种未病先防和既病防变的观点，体现了防患于未然和防微杜渐的预防思想，在康复医学领域里有积极的重要意义。

丰富的康复方法

张仲景对急性热病后期的调治与将息，以及慢性病残，诸虚百损如脏躁、百合、血痹、虚劳、胸痹、心痛、中风等需要康复的病证，不仅开药物康复的先河，而且还倡导"养慎、导引、吐纳、针灸、膏摩"等多种方法，"勿令九窍闭塞"以达康复目的。归纳起来，其康复方法有以下几种。

1. 药物康复　药物康复以"补不足，损有余"为其原则。补不足即扶助正气。正气强弱是康复与否的关键。需要康复的对象多是因正气损伤而久久不愈，用药物扶正是康复主要手段。在外感热病解后，"身疼痛，脉沉迟者"，系营气虚损而身疼不愈，用桂枝加乌药生姜各一两人参三两新加汤主之；热病后期见"脉结代，心动悸"，此为心阴心阳两虚，以炙甘草汤滋阴养血，通阳复脉；"虚劳里急，诸不足者"指阴阳俱虚，气血俱损，用黄芪建中汤温中补虚；对肾阳不足的"虚劳腰痛"，宜八味肾气丸振奋肾气；所创制的薯蓣丸治"虚劳诸不足，风气百疾"，是后世调补脾胃诸多方剂的基础。损有余为祛除邪气。凡正气壅滞，气机逆乱，痰水瘀积等致病因素统可称之为邪气，邪滞则宜"通"。立通阳散结，逐饮降逆的栝蒌薤白半夏汤，治疗痰涎壅塞胸中的胸痹病；用降气化痰，开结通滞的半夏厚朴汤治痰凝气滞的"咽中如有炙脔"证。而绝大多数需康复的病证，为虚实相兼，当补通并施。"伤寒解后，胃气不和，心下痞硬，干噫食臭"，用生姜泻心汤泻热和胃补中；血痹肌肤麻木不仁，每见于脑血管意外后遗症，以黄芪桂枝五物汤补气活血，通络除痹；妇人产后，水血并结"少腹满如敦状"者，宜大黄甘遂汤破血逐水，养血扶正。药物康复在辨证的前提下，以方药来增强正气，提高自我调节能力，祛除致病致残的邪气，使"阴阳自和""津液自和"，从而恢复健康。

2. 针灸康复　通过针刺温灸一定的穴位，激发体内气血运行，使正气充盛，经气流畅，阴阳调谐，达到康复效果。"针足阳明"经穴位，增强机体抗邪能力，"使经不传则愈"，这在外感热病中，防止病邪传变，争取早日康复有着指导价值。血痹证"宜针引阳气"，针刺可引动阳气，阳气行邪气去，血脉畅通，血痹可愈。趺蹶病行走不便，功能障碍，"刺腨入二寸"，针刺腓肠肌上的承山穴，通调经络，运行经气则恢复其行走功能。妇人外感病解后，"热除脉沉身凉"，然瘀热相结，热入血室，"当刺期门"，期门为肝之募穴，刺之泻其实邪，其证可愈。灸法适用于久病虚寒、功能低下的病证，如肾阳不足，阴血虚少，"必数更衣，反少者，当温其上，灸之"。温灸上部的穴位如百会穴，升阳止利且无耗伤阴血之弊。因阳虚寒湿内盛"身体痛，背恶寒者，当灸之"，以温阳散寒止痛；阴盛阳衰而"手足厥冷，可灸之"。张仲景的针灸法广泛应用于康复领域。

3. 饮食康复　用饮食作为康复手段，这是张仲景的又一特色。饮食对人体的滋养作用，其本身就是最重要的康复过程，如饮水以润津复液，治疗热病差后津亏证："胃中干，烦躁不得眠，欲得饮水者，少少与饮之，令胃气和则愈"；"厥阴病，渴欲饮水者，少少与之愈。"粥不仅能解饥维持生命活动，还是诸多疾病后期的调养佳品。外感病服桂枝汤后，"啜热稀粥"充养胃气以助汗源；饮停胸胁，用十枣汤峻逐水饮后，以"糜粥自养"培补脾土可制水，使病不反复；服大建中汤后"饮粥、食糜"，枳实乌药散以"麦粥下之"，硝石矾石散以"大麦粥汁和服"，还有除痰最猛的皂荚丸以枣膏调服等。在张仲景创制方剂中，许多是以果谷肉蛋为主药组成的康复用方。猪肤、米粉、白蜜组成的猪肤汤，具有养阴润肺补脾滋肾的功效，治疗阴虚咽痛久不愈者；甘草小麦大枣汤甘润补中缓急，用于肝郁液亏的脏躁证；当归生姜羊肉汤养血散寒，适于血虚寒凝的"腹中痛，胁痛里急"；以百合为主药组成的百合地黄汤、百合知母汤、百合滑石散等均可用于热病后期或情志不遂出现的神志恍惚不定，语言、行动、感觉失调等病证；以鸡子黄、阿胶等品组成的黄连阿胶汤，用于热病后阴伤失眠证。在《伤寒论》12 方中，用大枣的有 40 方、生姜有 39 方，其他还有蜜、粳米、葱白、赤小豆、酒等。张仲景融药食为一体，"以饮食消息止之"开创了饮食康复疗法。

4. 外治康复　外治疗法是物理疗法与中药治疗相结合的疗法。其特点是使药的作用，通过病人全身或局部的吸收，而使病愈康复。张仲景除应用火熏、熨等外，还首倡导熏洗法。百合病日久不愈者，用百合洗方渍水洗身，洗其外通其内，收清热养阴之效；狐惑病前后二阴溃烂，内服汤药不差者，采用熏洗法，使药力直接作用于患处。前阴被蚀而溃烂，以苦参汤洗患处；肛门被蚀，宜雄黄熏患处解毒杀虫。对于年老体虚或病久阴亏而大便干涩难下者，用蜜煎或猪胆汁方外导，既能润滑通便，又不伤脾胃之气。

5. 调护康复　即调理、调和、护理使身体康健。人生活在自然界，与自然界息息相关；"人禀五常，因风气而生长，风气虽能生万物，亦能害万物"；人应顺应自然界的季节气候变化特点进行调护。病后"形体自必瘠弱，精神自必衰耗"，尤宜讲究生活起居、饮食情志，"使五脏各有所得者愈"；起居有常，劳逸适度，适时增减衣服，饮食有节，避免"人强与谷"，合理搭配，因人制宜；如此调养，则能"必养必和，待其来复"。禁食"生冷、粘滑、肉面、五辛、酒酪、恶臭等物"，以谨慎守护正气，免伤脾胃，使五脏安和。神情活动与五脏有着密切关系，《伤寒论》中记载有关神情的条文达 20%。长期不良的精神刺激，如思、虑、忧、愁、悲、恐、惊、怒，极易致五脏气机失常，气血逆乱，阴阳失调，病难康愈。此当根据五脏的喜恶调摄情志，消除不良情绪的影响，心情开朗，豁达乐观是机体康复的最好办法，故调摄情志是康复的重要途径。

张仲景倡导的康复方法，从原则到具体，无不具备，对多种康复病证具有普遍的指导意义，为康复学方法体系的形成，无疑起了开拓性的作用。

[《中国医药学报》1995，10（6）：14]

张仲景运用动物药探讨

张凤瑞　常丽影　长春中医学院

在仲景所立方剂中，使用了相当一部分动物药。这些动物药的运用，对后世医家影响较大，显然不可忽视，现作探讨如下。

（一）

在仲景创立的 300 余首方剂中，运用了动物药的方剂 55 首，涉及有关药用动物 19 种。其中无脊椎动物 11 种，脊椎动物 7 种，其他类 1 种。共用文蛤、水蛭、虻虫、土元、蛴螬、鼠妇、蜣螂、蜘蛛、獭肝、白鱼、羊肉、鸡子黄；鸡屎白、猪胆汁、猪膏、猪肤、蜂蜜、蜂窝、阿胶、鳖甲、龙骨、牡蛎、乱发人尿等 24 味动物药。在 51 首方剂中，牡蛎（12 首）、阿胶（10 首）、龙骨（7 首），为用的较多的动物药。

（二）

仲景用药，各有法规，紧扣病机；探其精微。对动物药的运用其意大致如下：

活血化瘀

在仲景所用动物药中，近半数是活血化瘀药。白鱼、乱发、猪膏均可活血化瘀。白鱼又叫衣鱼、蠹鱼，能消瘀行血行水；乱发消痰止血，通利二便。白鱼、乱发合滑石组成滑石白鱼散，主治血淋小便不利兼血瘀者。猪膏通利血脉以活血，润燥结而通便，合乱发组成猪膏发煎，主治燥结兼血瘀之萎黄证，此为黄疸不温而燥的治法，用此方使病从便解。三味药在两方中均起到活血化瘀的作用。

水蛭、虻虫、土元、蛴螬、鼠妇、蜣螂具有较强的活血化瘀作用，为破血之品。《伤寒论》中，水蛭、虻虫与桃仁、大黄组成抵当丸、抵当汤，以其破血之功治疗太阳蓄血证之少腹硬满。太阳蓄血证为太阳病重要变证之一，因其表邪不解，循经入里化热，与瘀血互结于下焦而致。此时，血已结成死阴，失去生发活动之，并妨碍新血的生成，故功用嗜血动物药水蛭、虻虫直入血络，一飞一潜搜络破血逐瘀。《金匮要略》中的大黄䗪丸和鳖甲煎丸均为攻补兼施剂，大黄䗪虫丸主治虚劳有干血，方中既有芍、地养血补虚疗其虚劳，又有䗪虫、蛴螬、水蛭、虻虫破血逐瘀下其干血，加之峻剂丸服，以缓中补虚；鳖甲煎丸主治疟母及积块，其疟母形成是因疟邪迁延，正气渐虚，疟邪假血依痰，于胁下结成痞块，故在其他药协助下用䗪虫、鼠妇、蜣螂破血消坚，以攻为主，兼以扶正。

滋补阴血

阿胶、鸡子黄、蜂蜜、猪肤、猪胆汁、人尿、鳖甲均有不同程度的补阴、补血作用。

阿胶甘平，仲景主要取其养血滋阴，大致在两类方中出现：一类为补剂，如炙甘草汤。本方主治阴阳气血不足之心动悸、脉结代，用阿胶补血以助炙甘草复脉。另一类为攻补兼施，扶正祛邪之剂，如猪苓汤中阿胶滋阴润燥，使之利水而不伤阴。大黄甘遂汤中用阿胶养血，使之祛邪而不伤正。

鸡子黄甘平，在《伤寒论》黄连阿胶汤中主要用其甘以补心血，配清热药治少阴病热化，心肾不交之心烦不眠；在《金匮要略》百合鸡子汤中，用其滋阴润燥补胃阴，治百合病本阴不足，又误吐伤阴之胃中不知，虚烦不安证。

蜂蜜甘干润滑，在蜜煎丸中用之润燥通便，治阳明肠燥津枯大便硬者，深合《内经》“燥者濡之”之意。另外，本品在主治虚劳有干血的大黄䗪虫丸中可和药安中；在主治寒湿历节不可屈伸疼痛的乌头汤中可缓和药毒；在主治寒疝腹痛的大乌头煎中可缓急止痛。

猪肤味甘，可滋肝肾，养阴液，解虚烦，除上浮虚火。以其为主组成的猪肤汤主治少阴咽痛证。猪胆汁、人尿在白通加猪胆汁汤中，一则取其滋养阴液以益阳和阴，一则取其性寒，引大辛大热药入阴以制盛阳对辛热药的格拒不受，达开格拒之功。

鳖甲在升麻鳖甲汤中，以其滋阴合它药治阳毒。

收敛固涩、平肝潜阳、重镇安神

龙骨、牡蛎是仲景用之较多的两味动物药，两药合用功用有三：一为收敛固涩。用治多汗遗精等症。如桂枝加龙骨牡蛎汤主治阴阳失调、心肾不交引起的失精、梦交病证，取龙、牡收敛涩精，潜阳入阴，再合桂枝汤调和营卫。二为潜阳息风。风引汤主治肝阳亢盛，风邪内动之证，方中用诸石药配龙牡介类重镇以潜上亢之肝阳。三为重镇安神。伤寒太阳病误用火、下法过汗，伤及心阳，或少阳病误下而致烦惊者，每以龙、牡镇之，体现“重可镇怯”之意。

软坚散结

鳖甲、牡蛎均有散结之能。鳖甲煎丸主用鳖甲软坚化癥块。牡蛎能软坚消积而不伤正，故在柴胡桂枝干姜汤中合瓜蒌治少阳病兼水饮之胸胁满微结证，在外合柴胡桂姜汤中散少阳之结，治寒多微有热，或但寒不热的疟病。

其他功效

文蛤咸寒下行，清热利湿生津。《伤寒论》文蛤散主治寒实结胸，湿重热轻的只意欲饮水反不渴者。《金匮要略》文蛤散主治消渴病渴欲饮水不止；文蛤汤则治吐后贪饮有里热者。鸡屎白苦咸凉，清热下气，通利二便，鸡屎白散主治湿浊化热伤阴之转筋。蜘蛛苦寒，破结通利解毒，蜘蛛散主治寒凝于厥阴肝经之狐疝。獭肝甘温，养阴杀虫，獭肝汤主治冷劳。牡蛎能滋养肝肾而泄热利水，为补中有通之良药，用以燥湿，以其组成的白术散主治脾虚寒湿中阻的胎动不安。蜂窝即露蜂房，在鳖甲煎丸中取其杀虫治疟之意。羊肉温中，益气补虚，以其组成的当归生姜羊肉汤主治寒疝腹痛。

（三）

现代科技手段的介入 使中药学不断向前迈进，中药药理研究逐渐深入，为中医用药打下了基础，同时也为某些古典用药提供了科学的佐证。现代研究表明，活血化瘀药大致有三个主要药理作用，即改善血液动力学、改变血液流变学和改善微循环。仲景所用活血化瘀的动物药，也有充分的科学依据。水蛭素有抗凝血作用，可阻止凝血酶作用于纤维蛋白原，从而阻碍体内外血液凝固。还可以缓解动脉壁的痉挛，减低血液的粘稠度，使血管扩张，改善血液循环。日本松田秀秋对水蛭、䗪虫、虻虫三药进行了药理学探讨，发现病理组织学所见䗪虫、虻虫对肝出血性坏死病灶的形成有显著的抑制作用。另外，三药对纤溶系统具有活化作用，其作用不仅是预防血栓形成，而且溶解生成血栓，这表明三药对陈旧性瘀血药理作用的一个方面。藤多哲朗等人通过实验，发现示边水蛭的乙烷可溶部分及四氯化碳可溶部分对肝损害的发生有抑制作用。蜣螂毒素可使血压上升，呼吸振幅增大，频率加快，灌注于蟾蜍后肢血管，有暂时扩张作用。

阿胶含有骨胶原，水解而成明胶蛋白，明胶蛋白水解生成多种氨基酸，阿胶能改善动物体内钙的平衡，促进钙的吸收及血清中钙质存留，增加血液中红细胞及血红蛋白，预防或治疗进行性肌营养障碍，处于创伤性休克危险期的猫，注入阿胶精制溶液，能使极低血压上升。

鳖甲含有动物胶、碘质等，能抑制结缔组织增生，从而起到软化肝脾的作用。

[《中医研究》1995，8（6）：16]

《伤寒论》烦躁证探析

王传航　北京中日友好医院

一、烦与躁的区别

1. 烦与躁　病形有别：烦为心烦，症在胸内，或微或甚，不易被他人察觉，为病者自觉症状。如《伤寒论》第 29 条心烦"，第 76 条“虚烦不得眠……心中懊侬”，第 79 条“胸中满而烦”，第 303 条“心中烦，不得卧”，第 398 条“日暮而烦”等。轻者仅日暮而烦，甚者心中烦不得卧，心中懊侬。烦乱再甚，亦无体征可察。

躁为躁扰，症在手足，病形在外，一目了然，为他觉症状。如第 111 条“手足躁扰”，第 338 条“躁无暂安时”等，所论之躁多病情危笃，兼见亡阴亡阳之衰竭征象，而且手足躁扰症状在外，临证时最易被察觉。诚如《伤寒指掌》曰：躁则身体扰动，有性可见，旁人知之，烦则心中懊侬，外无见象，唯病人自知。”

2. 烦与躁　病机及病情轻重不同：《伤寒指掌》曰：“烦扰于内则病轻，躁动于外则病重。”烦症轻浅则多生，躁无阳时则多死。阳复之烦，为阳气来复。祛邪外出，正邪抗争，发为心烦，如第 287 条“少阴病，脉紧，至七八日，自下利，脉暴微，手足反温，脉紧反去者，为欲解也，虽烦，下利必自愈。”即属阳复之烦，为病轻。其他见于表、里、热、虚、实、风湿诸证之心烦，证情亦轻，如第 24 条“太阳病，初服桂枝汤，反烦不解者，先刺风池、风府，却与桂枝汤则愈。”第 338 条“今病者静而复时烦者，此为脏寒，蛔上入其膈，故烦，须臾复上，得食而呕，又烦者，蛔闻食臭出，其人常自吐蛔。”病情均不为重，其余乍看病重者，悉心调治亦能向愈。

论中所言之躁，有寒、热之分。热躁者，火盛伤阴也，虽重但有一线生机。如第 111 条“太阳病中风，以火劫发汗……久则谵语，甚者至哕，手足躁扰，捻衣摸床，小便利者，其病可治。”第 114 条“太阳病，以火薰之，不得汗，其人必躁。到经不解，必清血，名为火邪。”虽然火劫阴津，四末失润，心神失养，躁扰必重，但尚未至亡阴，故生机尚存。寒躁者，阳气虚极，阴寒独盛，阳气外越至四肢，躁扰不宁，辄至纯阴无阳、阴阳离决之死候。如第 298 条“少阴病，四逆，恶寒而身踡，脉不至，不烦而躁者，死。”第 344 条“伤寒发热，下利厥逆，躁不得卧者，死。”第 296 条“少阴病，吐，利，躁烦，四逆者，死。”均为论述阳气亡脱之死候，故躁症较重。

烦轻躁重，是言其常，论中亦有言其变者。第 315 条“利不止，厥逆无脉，干呕，烦者，白通加猪胆汁汤主之。服汤，脉暴出者死，微续者生”是论烦之变。本条为阴寒格拒，虚阳欲从上脱，扰心致烦的假热之证，服汤后有无根之阳骤然暴脱之虞，故为死证。第 221 条“若发汗则躁，心愦愦，反谵语”，是为内成燥屎所致之躁，证不重，下之可愈。论中所言烦躁之变者，条文极少，烦之重者仅第 315 条，躁之轻者亦不过一、二条矣。

3. 烦躁重在烦，躁烦重在躁　烦躁以烦为主，因烦而躁，烦乱不堪之时焦躁不安，手足躁扰，一般是阳热有余的征象；躁烦以躁为主，表现为无意识的肢体躁扰不宁，其证属阴，常见于阴盛阳气欲从外脱的危重证。如第 309 条“少阴病，吐利，手足逆冷，烦躁欲死者，吴茱萸汤主之。”第 296 条“少阴病，吐，利，躁烦，四逆者，死。”两条症状相似，然细审之，则迥然有别。第 309 条之“烦躁欲死”，为烦乱不堪，以致反复颠倒，痛苦难以忍受，虽言欲死，亦非死证，其言烦躁，重点在烦，因烦致躁。第 296 条之“躁烦”，重在于躁，是阴寒盛极、残阳不敌盛阴，欲亡之阳致手足躁扰不宁，此为阴阳离决、残灯苟延之时现反照之征，证情危重，虽未言“躁烦欲死”，亦为死证。

二、烦躁的病因病机

1. 热邪扰心　热邪扰及心神是烦躁的主要病机之一。有人认为，《伤寒论》所论烦躁“均与‘热邪’扰心有关”，所言虽有失偏颇，但反映了热邪在烦躁病机中的重要性。热邪扰心之烦躁，在论中有里热炽盛之白虎加人参汤证，邪热郁阻之小柴胡汤证，阳热内遏之柴胡桂枝干姜汤证，热扰胸膈之甘草泻心汤证及栀子豉汤证，热扰胸腹之栀子厚朴汤证，胸热下寒之栀子干姜汤证，热结胃肠之调胃承气汤证，心火亢盛兼有胃阴亏虚之黄连阿胶汤证，胃肠燥热，心神被扰之三承气汤证，痰热内结之瓜蒂散证等。

2. 阳气来复　阳复之烦，为机体调动自身调节机能，阳气来复，驱邪外出，正邪抗争而烦。人体阳气为正气，阳气本虚，阳复后不致引起阳热亢盛，故与上述之热扰心神不同。如第278条“至七八日，虽暴烦下利，日十余行，必自止，以脾家实，腐秽当去故也。”第289条“少阴病，恶寒而踡，时自烦，欲去衣被者，可治。”均属阳复之烦。

3. 表证烦躁　“如第57条伤寒发汗已解，半日许复烦，脉浮数者，可更发汗，宜桂枝汤。”此为峻汗伤荣，风邪复聚，卫阳奋起抗邪，荣弱卫强，风阳并于卫阳，闭郁人体阳气致不得宣发，即“阳气怫郁不得越”，内郁发烦。卫阳抗邪于外，发热在表，发热为症状而非病机，不致及里扰心；阳气被郁而非阳盛，非《内经》之“阳盛则热”；仲景并未用苦寒直折之药，而是用调和营卫之法，故与上述之热扰心神不同。

4. 虚寒躁烦　如第298条“少阴病，四逆，恶寒而身踡，脉不至，不烦而躁者，死。”此为阴盛于内，阳亡于外，残灯暴明，极虚之阳外扰四末之躁，第315条之“利不止，厥逆无脉，干呕，烦”，为阴寒格拒，虚阳上浮所致假热之烦。

另外，论中尚有“烦疼”“疼烦”等论述，如第146、174、175，274条，此为仲景修辞之法，谓疼痛甚，如王肯堂曰：“烦疼者，谓身体四肢疼痛烦冤，与心烦不同。”

三、烦躁的治疗

1. 祛邪解表　法若表邪太甚，阻于经络，服药不解而见心烦者，应针药并用，先刺风池、风府，以宣泄太阳邪气，再服桂枝汤则能使病愈。若伤寒服麻黄汤，发汗后复烦者，此烦为汗后所致，如果再用麻黄汤之纯阳之剂发汗，汗从何来？必用服桂枝汤、啜热稀粥法始得汗。

2. 清热除烦法　若阳明在经热盛，伤津耗气，致气阴两伤，出现心大烦、大烦渴不解者，宜用白虎加人参汤补气生津，清热除烦，胃肠燥结，燥屎不尽，腹满心烦者，宜攻下燥结，用三承气汤；邪热郁阻，心烦喜呕，或胸中烦而不呕者，宜疏利邪热，用小柴胡汤，邪热结滞，心下急，郁郁微烦者，宜用大柴胡汤清下邪热，热扰心神，胸满烦惊，谵语身重者，宜清热镇惊，用柴胡加龙骨牡蛎汤，阳热内遏，往来寒热而心烦，宜用柴胡桂枝干姜汤疏解阳郁，热扰胸膈，心下痞硬而满，心烦不得安者，宜消痞泻热，用甘草泻心汤；热扰胸膈，虚烦不得眠，或烦热胸中窒，或下利后更烦者，宜用栀子豉汤清热除烦，热扰胸腹，心烦胸满者，宜清热行气，用栀子厚朴汤；胸热下寒，医用丸药大下之，身热不去微烦者，宜用栀子干姜汤清上温下，心火亢盛，肾阴亏虚，心中烦，不得卧者，宜滋肾清心除烦，用黄连阿胶汤。

3. 降逆散寒法　若寒淫于内，浊阴上犯，致烦躁欲死，吐利四逆者，如《内经》所谓寒淫于内，治以甘热，佐以苦辛，用吴茱萸汤温中散寒降逆而治烦躁。

4. 回阳救逆法　若阴寒之气内盛，格阳于上，现假热之烦，伴干呕，下利不止，厥逆无脉者，行《内经》“逆而从之，从而逆之”“逆者正治，从者反治”之法，宜白通加猪胆汁汤回阳救逆以止烦，若虚阳不守，欲从外脱，见昼日烦躁，夜而安静者，宜用干姜附子汤急救回阳。

5. 化气行水法　若表邪不解，水道不畅，水饮停蓄，致使水津不布，上焦不能如雾而烦者，必兼见口渴、小便不利，宜用五苓散温通三焦，化气行水，表里两解。

6. 寒热杀虫法　若上焦有热，胃肠有寒，蛔虫避寒就温，上扰而烦者，宜清上温下，杀蛔除烦，用乌梅丸治之。

7. 补益清泻法　火逆下之，复加烧针，三番误治，惊恐伤阳，形成烦躁者，宜用桂枝甘草龙骨牡蛎汤。其中桂枝、甘草化阳以补心阳，龙骨、牡蛎重镇安神，以治烦躁。若少阴热化，阴虚生热，伴小便不利，咳而呕渴者，宜月猪苓汤泻火滋阴，利水除烦。

8. 涌吐痰实法　胸中痰实，郁遏阳气致烦，伴手足厥冷，心下满，不能食者，宜用瓜蒂散涌吐痰实，畅达胸阳，通利气机，则烦可止。

9. 祛风胜湿法　风湿相搏，痹着体表，或寒凝骨节，气血凝滞，经脉不通，身体疼痛烦冤者，宜温经祛风，除湿通痹，痛去则烦冤止，宜用桂枝附子汤或甘草干姜汤。

总之，仲景所论烦躁，赅者甚广，所治烦躁，整体论治，求本施方，行之有效，值得进一步研究和探讨。

（文中所引原文号码依宋本《伤寒论》，重庆：重庆人民出版社，1995）

[《国医论坛》1996；11（6）：7]

《伤寒论》太阳病里证论

张喜奎　南京中医药大学
（指导　王　左）

《伤寒论》之太阳病，早被历代医家定为表证之规绳，逢之当汗，已属定律，古今咸无疑义，并被收人各版中医院校之内、外、妇、儿，中基，诊断等等教材，以为医者学用之章程，而广泛应用。验之临床，亦非尽然，效者固多，不效甚或偾事者亦屡见不鲜，反复验证，辨证不谓不准，用药亦合乎法度，而不效者何？不禁疑窦重重，于是，重温仲景旧著，揣摸再三，略有心得，始知太阳病非尽表证，里证尤多，仲景昭昭于前，惜未全悟故尔；鉴此，本文就太阳病理证结合原文阐述于后，以冀澄清理论是非，减少误诊误治，提高临床疗效，如有不妥，尚希指正。

一、《伤寒论》太阳病里证析

1. 太阳病之概念简说。在讨论本问题之前，有必要弄清太阳病的概念，即其诊断标准。《伤寒论》第1条（宋版，下同）曰："太阳之为病，脉浮头项强痛而恶寒。"古今皆认为此条系太阳病之提纲，并补出发热一症，作为印定太阳病的标准，即凡具备发热、恶寒、脉浮，头痛者，"不问何气交之，而但兼此脉此证，便可作为太阳（病）处治"（程郊倩语）。对其性质，千口一律，以五版《伤寒论》教材为例："风寒之邪侵袭人体，体表受邪，则可出现太阳病。""诸证反映外邪侵袭，太阳经脉，人体之表受邪，致卫外不固，正邪交争于浅表，故为太阳病的主要脉证。"此论正是将太阳病定为外感六淫、病变在浅表，才致后世据此推论出太阳病等同于表证之标准而规范各科的。

诚然，这种认识无疑具有其正确的一面，对外感类疾病的防治，确可起到一定的指导作用，若确系外邪袭表之太阳病，恰当地运用汗法，每有立竿见影之效。然而，正是此种认识建立在"太阳主一身之表""六经藩篱"的基础上，从而推断太阳病必然是外邪侵袭的结论，一个较大的漏洞恰恰是它忽视了邪自里而发亦可致太阳病，非单单从外之一途，因此，就失去了它的全面指导作用，仅仅可以指导地地道道的邪在肌表一类疾病，一旦超出了这个范围，这种理论就显得捉襟见肘，难以适应了，若见太阳病汗之不效，不禁使人怀疑仲景理论之可信度，此亦即近时所谓"经方不治今病"之根源所在，其实，这完全是一种误解。

2. 太阳病里证条文拾零　人体是一个有机的整体，表里之间常常相互影响，外邪袭表，表气不和，每有在里脏气的病变。如276条："太阴病，脉浮者，可发汗，宜桂枝汤。235条"阳明病，脉浮，无汗而喘者，发汗则愈，宜麻黄汤"等等皆是，这些病证，从某种意义上来讲，确系邪在肌表的表证。同理，病邪郁积于里，亦常常影响体表太阳，从而出现太阳经气不利、营卫不和的太阳病，故尔，发热、恶寒、头痛、脉浮之太阳病，既可是普通的外邪袭表，又可是里病的反映，从临床来看，有时恰恰是一些危重疾病的前驱期或伴见症状，此时岂可以表证视之？若胶柱于"在皮者汗而发之"，则祸不旋踵矣。对此，仲景早有论述，现举数例：

（1）霍乱邪居中州，气机紊乱证：383条曰："问曰，病发热头痛，身疼恶寒，吐利者，此属何病？答曰，此名霍乱。"此证头痛、发热、恶寒、身疼等太阳病主要证候已具，当属太阳无疑，然此病非系肌表病变，确系邪阻中州，升降失序，机体气机紊乱所致，即自里而达外之反映，故其治疗，不可发汗。386条补曰："霍乱头痛、发热、身疼痛，热多欲饮水者，五苓散主之，寒多不用水者，理中丸主之。"对此，多认为系表里同病，其实不然，未见表里同病而治里表自和者，凡治里而表自解者，外无邪可言。对此，魏念庭注曰："人知霍乱不同于伤寒之病矣，抑知所以不同伤寒之理乎？伤寒者外感病，霍乱者，内伤病也。伤寒发热头痛身疼恶寒，风寒在营卫；霍乱之发热头痛身疼恶寒，必兼吐下，风寒在胃府也。"可谓独具慧眼。

（2）热壅胃肠，里气不和证：56条"伤寒不大便六七日，头痛有热者，与承气汤，其小便清者，知不在里，仍在表也，当须发汗，若头痛者，怕衄，宜桂枝汤。"本条辨证甚为明了，太阳病证具，而又有六七日不大便，对斯证属表属里实难断定，是里气不和影响于表而致太阳病？抑或是邪在表影响于里之不大便？辨证以小便是否清利为着眼点，从而决定攻里发汗，再次证实仲景关于太阳病非尽表邪之认识。类似本条之热壅胃府证，尚有26条："服桂枝汤，大汗出后，大烦渴不解，脉洪大者，白虎加人参汤主之"等。

（3）瘀热互结、下焦气化不利证。124条："太阳病，六七日，表证仍在，脉微而沉，反不结脑，其人发狂者，以热在下焦，少腹当硬满，小便自利者，下血乃愈，所以然者，以太阳随经，瘀热在里故也，抵当汤主之。"对此条"太阳病六七日，表证仍在，”仲景唯恐后人不识其机，一再强调“以热在下焦，”“以太阳随经，瘀热在里故也，”并以“抵当汤主之”，径取在里之瘀热，其用心当明矣，然后人多胶柱于“表里同病”之说，显然有悖于仲景原旨。

（4）里阳大亏，卫外失固证。69条：“发汗，若下之病仍不解，烦躁者，茯苓四逆汤主之。”82条“太阳病发汗，汗出不解，其人仍发热，心下悸，头眩，身瞤动，振振欲擗地者，真武汤主之。”此两条所示，初均系太阳病，当有提纲证之脉证表现，然此非邪在肌表之表证，故虽经发汗，病仍不解，汗出不解，方证不符之故，其后用药来看，病系真阳大衰证，否则一汗之后，不可能即有如此危重之证故尔，不管外有何证，其病机之关键显在里阳大亏，当以温阳为要。对照仲景原文，汗后变证蜂起，分析其因，固有汗不如法者，但绝大部分这种太阳病之初，即非邪在肌表，而系里证之太阳病，发汗非是对证，而纯属误治，故其“变证”多是疾病的自然转归，即使“正确”使用汗法，或不经发汗，皆可出现在里之真象，这些即是严重疾病前驱期或伴见证。是故，《伤寒论》原有《辨可发汗脉证并治》《辨不可发汗脉证并不治》及《辨发汗后脉证并治》三篇，意在标示何种系表证太阳病可发汗，何种系里证太阳病不可发汗，唯认太阳病为表证者特多，故留后篇以纠偏，用心可谓良苦。

（5）水蓄下焦，经气不利证。74条：“中风发热，六七日不解而烦，有表里证，渴欲饮水，水入则吐，名曰水逆，五苓散主之，”以及73条“伤寒，汗出而渴者”等，均系外有太阳病提纲证之表现，而病机之关键在于蓄于里，经气不利证，故治以五苓散，化气行水，水去则病自解。

（6）邪热壅肺证。63条：“发汗后，不可更行桂枝汤，汗出而喘，无大热者，可与麻杏石甘汤。”本条即曰：“发汗后，不可更行桂枝汤。”从外在表现来看，必有太阳中风的见证，否则不必强调提出，而该“太阳中风”之病机，非是表证，而系邪热壅肺，肺失宣散；故投以麻杏石甘汤直清肺热，热去则太阳病自解。联系临床，此证小儿极为常见，多类似于现代医学之肺炎，初起具备发热、恶寒、头痛、脉浮等太阳提纲证，但投桂枝汤之类解表，往往不效，后期则加重病情，应当重视。

（7）邪结心下，胆府不和证。165条：“伤寒发热，汗出不解，心中痞鞕，呕吐而下利者，大柴胡汤主之。”此条所述，乃邪结于胆府心下之证，虽经发汗，但“汗出不解”，又有心中痞鞕，呕吐下利之证，仔细审视，病机重在于里，故投以大柴胡汤和解攻下，邪去自安。联系临床多类似于现代医学之急腹证，如急性胆囊炎，急性胰腺炎等，初起每有发热，恶寒、脉浮、头痛等太阳见证，颇似表证，但汗法不效，故有“汗出不解”之论，极当迳治于里，不可因循。

（8）心阴阳两虚证：177条：“伤寒，脉结代，心动悸，炙甘草汤主之。”本条叙证简略，但冠以“伤寒”，当符合太阳病提纲证，而不投以汗剂，断然予通阳复脉，滋阴养血之炙甘草汤，足以发人深思，联系临床，多见于急性病毒性心肌炎。初起发热、恶寒、头痛、脉浮具备，颇似普通感冒，但变化迅速，病情急重，如不识真象，胶柱解表，则后果可想而知。

仲景所述之太阳里证条文，比比皆是。如135、136、137条之结胸证，148条之阳微结证，99条之小柴胡汤证、十枣汤证、痉病等等，限于篇幅，恕不一一列举，当有另篇专述。对此，多认为系表里同病使然，笔者认为，以表里同病括之，似有不当，只有表里齐治而解，或治里而表仍不解者，方可认为确有表邪，而治里表自和者。纯属里证，否则，表邪之说就难以解释。

二、太阳病里证的辨识要点

如上所述，太阳病本身有表里双重属性，如何辨别何者为表，何者为里，是辨证施治的关键所在，一般而言，太阳病里证有如下特征：

1. 多有明显的里证表现。单纯的太阳表证，每每有病在表的特征，即使有兼夹证，亦不突出，如桂枝汤的鼻鸣干呕，麻黄汤证的喘等等，而太阳病里证，提纲证表现系其在里病变的反映，故每每有严重里证的表现，且较突出，如霍乱的吐利，阳衰的肢厥，心阴阳两虚的心悸脉结代、蓄水证的少腹急、小便不利、蓄血证的发狂，热壅胃腑的不大便、烦渴，大柴胡证的剧烈腹疼、刚痉的抽搐，结胸证的心下硬痛，十枣汤证的胸痛、咳嗽、热壅肺脏的咳喘气急等等，同时，舌象亦不尽相同，伴见证候不一，这些均系辨证之着眼点。

2. 来势凶猛，变化迅速。一般而言，太阳病里证多发病急，变化迅速，虽初表现为太阳病的一般表现，旋即出现在里病机的反映，且立即明显。如心阴阳两虚证，初起发热，恶寒、头痛、脉浮，继而出现心脏的表现，如脉结代、气喘、心悸等，霍乱则在发热、恶寒等的同时，因吐泄交作，迅速出现阴虚液竭之证等等，均有助于我们的诊断。

3. 发汗不效。一般而言，太阳表证汗后多感轻松，而太阳里证因外无表邪，故用汗法往往不效，或取效甚微，或汗后热退，而旋即又作，甚或治愈烈，并出现其他相应的在里表现。此时，当仔细审视，看是否辨证准确，及时调整用药方向。《伤寒论》专列《辨发汗后脉证并治》共列21条原文，皆系汗后不效，可供参考。

4. 仪器检测多有阳性结果。随着诊疗手段的发展，疾病的确诊率在不断的提高，我们完全可以参考附属设施以帮助诊断。一般而言，大部分太阳里证皆有较为明确的在里病变部位，如急性心肌炎之血压、心电图，心脏大小，急性胆囊炎的B超图象，急性胰腺炎的淀粉酶，肺炎的X光片，胸膜炎的胸腔X线显影等等，在初期症状不典型时，可借助于仪器确诊，且查清病位，当参合临床症状辨证，往往能取得满意结果。

三、太阳病里证的治疗原则

太阳里证在辨证准确之前提下，治疗应注意以下几点：

1. 首当汗。因太阳里证病位在里，汗法适应于“在皮者”，故用之属误治，应纠正以往一见太阳病即投汗剂的错误。否则，一汗之后，轻则药不对症延误病情，重则损伤正气，伤阴耗阳，加重病情。于此，仲景专列《辨不可发汗脉证并治》，述原文32条，阐发颇为详尽，其误汗后变证繁多，致危致死者甚众，虽不尽均系太阳里证，但值得我们借鉴。

2. 辨证论治。太阳里证证情复杂，病机不一，涉及多脏腑，很难用一方一法统治，亦难以六经完全概括，故治疗当遵仲景“太阳病，已发汗，若吐，若下，若温针，仍不解者，此为坏病，桂枝不中与之，观其脉证，知犯何逆，随证治之”之旨，言是证即用是药，参考仲景有关论述，对其已述及并疗效确切者。遵而行之，对未述及者，可参考历代医家经验，尚须结合现代药理研究成果，力争辨证入微，用药精当，使病、证、法、药丝丝入扣，以提高临床疗效。亦可在辨证论治的前提，结合辨病论治，以补充单纯辨证之后，使治疗更具针对性。

综上所述，太阳病之里证仲景早已阐述，惜未引起足够的重视，以致误将太阳病与表证等同起来，使临床遇此，难以决断，汗之则不效，不汗与医理相悖，今将里证明析，以期对临床有所裨益。

［《中国中医基础医学杂志》1996；2（1）：20］

《伤寒论》论误用火汗清下四法致死证探讨

王恒照　解放军兰州高等医学专科学校

观仲景于《伤寒杂病论·自序》中之所述，可知其当日所面对之医界中，颇乏能思求医经要旨，明辨阴阳寒热，洞察表里虚实，精通脉法方术之良才，而相反多为“各承家技，始终顺旧，省疾问病，务在口给，相对斯须，便处汤药”（《自序》语）之粗工。可见此正是其于《伤寒例》中所指出之医用“发汗吐下之相反……为治乃误，使病者殒殁”之缘由。故鉴于此，仲景特于论中设立因粗工误用火汗清下四法而致死之诸条，旨在纠正时弊而垂训后学焉。迄今观之，仍不失启迪与指导意义。兹不揣固陋，将其归纳为六端以述之于下。

一、风温重火　阴涸致死

观仲景于《伤寒·太阳病篇》所述“太阳病，发热而渴，不恶寒者，为温病。若发汗已，身灼热者，名曰风温。风温为病，脉阴阳俱浮，自汗出，身重，多眠睡，鼻息必鼾，语言难出……若被火者，微发黄色，剧则如惊痫，时瘈疭；若火熏之，一逆尚引日，再逆促命期”之（6）条。即是本死证之明证矣。按若据证而察其本“风温”之成因，可见显然是从温病误汗转来。究其人原为温病之时，已有不恶寒而渴之阴伤见证，今成风温必阴伤更甚而无疑。试思此时若是仲景遇本证，料其必弃火而遵《素问·至真要大论》与《灵枢·热病篇》所述“热者寒之，温者清之”，“实其阴以补其不足”之圣训，而以损阳益阴为大法，药用竹叶、竹茹、石膏、黄芩、黄连、花粉、百合、麦冬、地黄、白芍辈化裁而为方。因此辈都是其于论中治阳盛阴伤证所习用者耳。至于大黄、芒硝之属，其苦寒之性虽可抑盛阳，但其泻下之力却对阴伤大不利，因此亦当列之入禁例。由此可见，阳盛阴伤，误火促命；临证用火，当须识此。

二、汗多复汗　亡阳致死

观仲景于《伤寒·阳明病篇》所述“发汗多，若重发汗者，亡其阳，谵语脉短者死；脉自和者，不死”之（211）条。便是本死证之例证矣。按若察此所见“谵语脉短”之机理，此实系心神、胃气随其阳亡液竭而散乱丧失，致使言失主持与脉失其资使然。故此又可以《素问·灵兰秘典论》与《素问·玉机真脏论》所述“主不明则十二官危”，“但得真脏脉不得胃气也”之语为证。然若再究此“脉短”之判定标准，要之不外乎其体状如薏苡子或麻豆焉，参诸《素问·玉机真脏论》与仲景《金匮·五脏风寒积聚病篇》所述“真心脉至，坚而搏，如循薏苡子”，“心死脏，浮之实如麻豆”然之语自知。至于其于条末所言“脉自和者，不死”句，旨在以示证。若幸得胃气尚未尽绝，当还有一线生机。总之仲景立此死证之旨在于示人，一是发汗当忌过多；二是千万不要发本已许多者之汗。临病之工，当三思焉。

三、湿家遭下　正脱致死

仲景于论中辨治湿证，必先察其正气真阳脾土损伤之微甚为前提，以扶正温阳护土为治本之大计，以外疏皮腠或下利水道为治标之法，以白术、甘草、大枣、黄芪、附子、桂枝、麻黄、杏仁、生姜、薏苡仁、防己为所遣之药，以取“微微汗出”，推出湿气而又不伤正损阳为得效秘诀，复立此下之则死之条以为之禁。

观仲景于《伤寒·辨痉湿暍病篇》所述“湿家下之，额上汗出，微喘，小便利者死；若下利不止者亦死”之（122）条。即是本死证之明证矣。考成无已于《注解伤寒论》中据证而释本死证之病机为“阳气上逆”，“阴气下流”。其实若深究其故，则都是正脱阳衰土败于内使然，仅是其所见外证有上与下之不同耳。由此可知其颇与《难经·二十四难》以及仲景于《金匮·呕吐哕下利病篇》所述“阴阳相离，则腠理泄，绝汗乃出……即气先死”，“五脏气绝于内者，利不禁”者同理，由此又可见，仲景之所以临证能视死别生，关键在于其既能把握医经要旨，又能博采众长用以指导实践予以弘扬。

四、脏寒反清　除中致死

审上证之死因于湿家误下；然本证之死因又为本当温阳抑阴而反清。可见二证致死之因虽异，但都以阳衰土败为结局。证诸《素问·至真要大论》所述“寒者热之……清者温之……则病气衰去，归其所宗，此治之大体也”之语。可知治阴盛阳虚之证，惟有用温热药以抑阴扶阳才合圣训。然今由于医不识此，反将治阳盛阴伤证之黄芩汤，以误用于此本属阴盛阳虚脏寒之证，致助盛阴而灭弱阳，使其人有阴无阳而土败中除矣。因大势至此，故仲景则谓之曰此“必死”矣。

观仲景于《伤寒·厥阴病篇》所述“伤寒脉迟，六七日，而反与黄芩汤彻其热。脉迟为寒，今与黄芩汤复除其热，腹中应冷，当不能食；今反能食，此名除中，必死”之（333）条。即为本死证之例证矣。按若将此“脉迟为寒”句，与《难经·九难》所述“迟者脏也”“迟则为寒”句合参，可知本证原系阴盛阳虚脏寒无疑。假令此时若是仲景遇本证，推其必遵经旨而方用治“以其脏有寒故也”之四逆辈，断不会用黄芩汤以招此“除中”之咎。察此“除”字当彻除讲，而“中”字则指代中焦脾胃之功能。盖遭清之后脾胃依旧在，但磨化水谷吸收精微之功能却因此而消除矣。推而言之，此亦可以《素问·平人气象论》所述“人无胃气曰逆，逆者死”之语为证。由此可见，误清之害大至于此，临证用清，贵在审证真确。

五、亡血与下　津竭致死

审脏寒反清为上证之死因；然亡血津亏虚而复下则为本证之死由。若究其于此证所以予下之故，此亦是因医者不思经旨，不辨虚实使然。观诸《素问·阴阳应象大论》与《素问·至真要大论》所述“因其衰而彰之，形不足者，温之以气；精不足者，补之以味”，“衰者补之”“不足补之”之语。可见以补治虚，圣训昭然。故仲景遵此而于论中以当归、羊肉治血虚，以人参，炙甘草治气虚，以地黄、麦冬治阴虚，以附子、干姜治阳虚。并且又于《伤寒辨不可下病篇》特设“诸虚者不可下”之条，以为治虚证之明禁。察其人于今所患本为亡血津亏正虚证，然医反悖经旨而以下法来攻之，致令津竭正衰而人亡矣。

观仲景于《伤寒·厥阴病篇》所述“伤寒五六日，不结胸，腹濡，脉虚，复厥者，不可下，此为亡血，下之死”之（347）条。便是本死证之明证矣。按察其本条立义行文之妙有四端，其一是先用“不结胸”句，以否定此非当下之实证；二是继以“腹濡，脉虚，复厥者”句，以肯定此是当补之虚证，三是以所见之脉证俱虚为据，故下“亡血”之病名；四是以“下之死”之句，以揭示因此而“不可下”之所以然。若据此脉证而推其于未下之前，若遇仲景则采用何方来施治，审其必以经旨为指归而方用四逆加人参汤以温阳生津，益血补阴而扶正矣。此可以其于《伤寒·辨霍乱病篇》所述之“恶寒脉微，而复利，利止，亡血也，四逆加人参汤主之”（385）条为证矣，察其治此亡血证，何以不用归、芎之属以直补其血？细忌此亡血与血虚于证则此急而彼缓，于病则此属伤寒而彼为杂病。若再析其因，此又以阳伤津亏为前提，而在彼又多系内伤日久所导致。故治此非温阳生津不为功，因阳复津生血自充，血充之后阴自平。由此可见，辨明虚实为医中之大关键，虚证予下命难全。

六、上实下虚　攻下致死

察纯虚无实而复下为上证之死因，然上实下虚而反攻下则无为本证之死由。究其故则为下药入胃性必趋下，致下部本已不足之正气受击而先脱，令上部之邪实乘势而复陷，独邪而无正，安得不死焉。若再究其所以误下之由，此实因粗工拘于病名，忽略下虚而又不通脉法使然。此正是仲景《自序》中所谓“不念思求经旨”且又“各承家技”之辈所为。审仲景于论中治脉证俱实之证，而方用承气、陷胸辈时，尚且以《素问·至真要大论》所述“无使过之，伤其正也”之语为鉴，而于方后加注“得下，余勿服”，“若一服利，止后服”，“得快利，止后服”之语。何况今其人本属上实下虚而反遭攻下，是以仲景指出其后果为死矣。

观仲景于《伤寒·太阳病篇》与其《阳明病篇》所述“结胸证，其脉浮大者，不可下，下之则死”，“阳明病，心下硬满者，不可攻之，攻之利遂不止者死”之（132、205）条。即是本死证之明证矣。按合观二条，可知前者不可下之由在于“脉浮大”，因此“浮”为邪实于上所致，此“大”是正虚于下且有外越之机使然，此颇与《伤寒·辨不可下病篇》所谓之“脉浮而大，浮为气实，大为血虚”者同旨。而后者所以不可下之故又在于其“硬满”仅限于“心下”，并借此以示不是通腹都硬满，而且寓有下部脏腑空虚不实之义。故此时虽是结胸证，当禁用陷胸；虽是阳明病，不得投承气。如若误用，必被仲景言中矣。总之，仲景所立本死证之要旨，在于示人临证不要被病名所拘，不要被现象所迷；而要在脉证上细探详究，要察其异同，抓住本质。

［《甘肃中医学院学报》1996；3（1）：5］

析《伤寒论》“扶阳气”

汪　毅　贵阳中医学院
（导师　袁家玑　李昌源）

《伤寒论》是一部阐述外感热病辨证论治的专书，其“扶阳气”的精义则贯穿全书，笔者深感仲景匠心独运，创前贤之未发，拓后学之法门，为此，不揣浅陋，探讨如下：

一、“扶阳气”的涵义

《伤寒论》中“扶阳气”包含预防思想和治疗思想。在阳气未虚之前，治宜顾护阳气，当阳气已伤则应用扶阳的药物扶助阳气，使疾病痊愈。所以“扶阳气”是贯穿全论的重要指导思想之一，与“存阴液”具有同等重要的意义。

二、“扶阳气”的病理依据

1. 根据体质差异　体质的强弱是发病与否的内因。《汤本求真》认为：“外因虽有作用，若不与内因结合，则不能成立，此千古不易之铁案也”。仲景反复强调体质差异是伤寒发病的内因，其中阳气不足，尤为重要，如70条：“发汗后，恶寒者，虚故也；不恶寒，但热者，实也，当和胃气，调胃承气汤”。太阳病发汗本属正治，但由于体质差异，故出现两种不同的转归，素体阳虚，汗虽表解，但阳气外泄，而致阴阳两虚证，而阳盛体质，汗后胃中津液受伤，阳明邪热燥结，故不恶寒而反恶热，以调胃承气汤微和胃气。再如同为热痞，一用大黄黄连泻心汤泄热消痞，一用附子泻心汤泄热消痞，扶阳固表，究其原因均是由于体质的差异所致，前者阳气不虚，故呈现实证，用纯寒之剂泄热消痞，而后者为表阳虚而患热痞，故泄热消痞的同时兼以扶阳。

2. 根据寒邪的性质　寒为阴邪，易伤人阳气，寒邪愈重阳伤愈甚，寒邪愈久阳气愈伤，阳气耗伤则寒更甚，进而复伤阳气。如感受寒邪，损伤脾阳，则可见到“腹满而吐，食不下，自利益甚，时腹自痛”的太阳虚寒证。损伤肾阳则可见“下利清谷”“手足厥冷”“恶寒踡卧”“脉微欲绝”的少阴寒化证。由于寒邪是阳虚的致病因素，故《内经》云：“寒气客于皮肤，阴气盛，阳气虚”。[1]所以说，“扶阳气”就在于祛除寒邪纠正已虚之阳气，使机体从病理状态下恢复到正常的生理状态。

3. 根据失治、误治的变证　在《伤寒论》中汗、吐、下为常用治法，用之不当，则耗伤阳气，变证蜂起。如汗法以遍身漐漐汗出为佳，不可如流漓，若发汗不得法，汗之太过，常使阳气随汗液而泄致阳虚证发生。如“发汗过多，其人叉手自冒心，心下悸，欲得按”（64条），“烧针令其汗，针处被寒，核起而赤者，必发奔豚，气从少腹上冲心”（121条）的心阳虚证则是例证，故用桂枝甘草汤为主温通心阳。再如误下所致的变证，太阳病本应汗解，而禁用下法，故仲景告诫说：“太阳病，外证未解，不可下，下之为逆”（44条），若误用下法常使阳气耗伤，病由太阳之表，内传于里，致阳气不足，变证复杂。如93条和168条两者均是太阳病误下后，致阳气不足兼表证，故以四逆汤、桂枝人参汤扶阳气。若误用吐法则可致“腹中饥，口不能食……不喜米粥，欲食冷食，朝食暮吐”(124条)，胃阳损伤之证。

三、“扶阳气”的意义

《内经》曰：“阳气者，若天与日，失其所则折寿而不彰”。[2]可见阳气犹如天之一轮红日，一身之大宝，具有抵御外邪侵袭机体，温煦及温运脏腑的功能。“扶阳气”的意义主要在于：

1. 扶阳生津　阴阳是相互依存，相互转化，均以对方的存在而存在。因此，在伤寒的发生发展过程中，阳虚可致阴液不足，阴液受伤，也可致阳气耗伤，所以仲景对于阳虚阴不足之证，常扶助阳气，使津液自生。如21条之桂枝加附子汤则是明证。仲景不急于生津养液，而先固阳气，其意就在于扶阳则可摄阴，阳生阴长，阳不走泄则津液自复。正如陆渊雷所云：“津伤而阳不亡者，其津自能再生，阳亡而津不伤者，其津亦无后继。是以良工治病，不患津之伤，而患阳之亡；阳明病之津液干枯，津伤而阳不亡也，撤其热则津自生。少阴病之津液干枯，阳亡而津不继也，回其阳则津自生”……桂枝加附子汤之证，伤津而兼亡阳也，仲景则回其阳而已，不养其津。学者当深长思之”[3]。

2. 扶阳祛邪　祖国医学认为疾病的过程，是正气与邪气相互斗争的过程。“正”主要指人体的抗病能力，包括阳气，所以在伤寒的发病过程中阳气不足抗病能力减弱，病情严重，故扶阳气，增加抗病能力，就能更好的祛邪，所以对一些暴寒骤中，阴寒内盛，阳气虚衰的证候，常用扶阳剂回阳散寒，阳复则邪祛。如353条“大汗，若大下利厥冷者，四逆汤主之”。故尤在泾曰：“阳虚阴胜，则生厥逆，虽无里急下利等证，亦必救阳驱阴为急”[4]。陈亮斯也曰：“凡骤中者，邪气强盛而正气初伤，急急用温，正气犹有自复……故用四逆胜寒毒于方危，回阳气于将绝”。[5]可见仲景扶阳的意义在于扶阳祛邪。

3. 防微杜渐　在伤寒的发病中，邪气侵犯人体，通常由表入里，由浅入深，逐渐深入，而阳气也随着邪气的强弱而变化，故仲景强调早期论断，早期治疗，以防止疾病发展而致亡阳。如323条曰：“少阴病，脉沉者，急温之，宜四逆汤”。通常应用四逆汤当见“下利清谷”或“四肢厥冷”或“恶寒踡卧”等少阴虚寒证方可使用，今仅见脉沉为何用四逆汤“急温之”，细细玩味则是仲景提示我们对阳虚证要及早治疗，以免延误病机，尽管上述诸证未必悉具，但脉沉是表明阳气太虚，阴寒极盛。少阴虚寒，本质已经毕露，若不急温，那么吐利厥逆，烦躁等危急证，就会接踵而至，所以仲景提出“急温之”不但可以提高疗效，而且有防止病势增剧的积极意义。

4. 平衡阴阳　人之阴阳，贵在平衡，反之则病。伤寒虽阳虚不固，治法各殊，但扶阳气旨在平衡阴阳，达到“阴阳自和者必自愈”。如阳虚厥逆烦躁证，是发汗或下后阴阳两虚，但以阳虚为主，故治宜回阳益阴，用茯苓四逆汤平衡阴阳。再如少阴寒化证，由于阳气的虚衰反映阴邪的偏盛，而扶阳气又在于抑阴，使机体阳虚阴盛的状态逐步趋向阴阳平衡，所以采用四逆汤类方根据阳衰阴盛的轻重缓急分别使用，达到阴阳平衡的目的。

参考文献

[1]《灵枢经》. 北京：人民卫生出版社，1963：66.
[2] 王冰. 《黄帝内经素问》. 北京：人民卫生出版社，1963：15.
[3] 陆渊雷. 《伤寒论今释》. 北京：人民卫生出版社，1958：22.
[4] 尤在泾. 《伤寒贯珠集》. 上海：上海科技出版社，1959：173.
[5] 南京中医学院编. 《伤寒论译释》. 上海：上海科技出版社，1980：120.

[《贵阳中医学院学报》1996；18(2)：1]

从张仲景组方法度谈四气五味配伍法

梅　明　宁夏中罗县中医院

药物的四气五味使人们最直接的了解了药物，并阐明了药物的治疗作用。四气五味这种药物的根本属性是在实践中产生并不断被认识，当它逐步发展完善而成为一种系统性的理论体系后，便被用来指导临床用药，由此便产生了四气五味配伍法。

张仲景被尊为“方中之祖”，“用药之良将”，在他的组方中无不考虑到药物的气味变化，往往在跌宕起伏中求其平衡，于山穷水尽处另寻柳岸花明，对气味的配伍变化可谓详尽矣。今就张仲景组方中的气味变化分析归纳，阐明四气五味配伍的规律性，以启临床。

一、四气配伍法

四气寒热温凉是从药物作用于机体所发生出来

的反应概括出来的，是与所治疾病的寒热性质相对而言的。疾病之寒热变化多端，有时疾在瞬间，故用药当觅其寒热行踪而平衡求全，方能丝丝入扣。

药之寒热属性本自相反。然相互配伍后既相互制约，又相互为用。如《金匮要略》中治肠痈的薏苡附子败酱散，方取附子，热证反用热药，寒热配伍，颇有用意。尤在泾注释此方说：“附子则假其辛热以行郁滞之气耳”，该方在大寒清热之中伍大热之品，究其意在火郁发之以图消壅散结。这种寒热配伍是遵循《内经》“逆而从之，从而逆之”，“逆者正治，从者反治”的治则思想而制定的，其意在反佐。所谓反佐即为了防止病与药发生格拒或为了更好的发挥君药的主治作用以消除君药对治疗不利的一些因素而采取的一种对立配伍方法。这种方法往往多见于寒热反佐，如《伤寒论》白通加猪胆汁汤等等。

病有寒热变化，此时寒彼时热，此时寒重热轻，彼时热重寒轻。治疗时应详查其变化而进行对应性治疗，即有是证而用是药。然而有些药物的治疗作用具有针对性，如《伤寒论》麻黄杏仁甘草石膏汤治里热壅肺而作喘证，故首选麻黄平喘。然麻黄本辛温之品，用之又恐药温助热，喘未平而热先生。为解决这一矛盾，仲景又伍大寒之石膏，既是热者寒之之法，又借大寒之性制约的麻黄辛温使其去性而存用，发挥平喘作用。此方中寒热相配伍，借寒来制温，其意在于监制。所谓监制实质是为了消除对治疗不利因素而采取的一种互相克制方法，通过这种方法使诸药协调起来，为证所用。

不少证候的寒热变化是错综复杂的，有上寒下热，有上热下寒，遣方用药要充分考虑。仲景于此，法极周详。如《伤寒论》黄连汤，治上热下寒腹痛欲呕吐之证，方选苦寒之黄连以清上之热，用辛热之干姜以温下之寒。如此尚担心上下寒热分据，故用桂枝甘温，交通上下阳气，调和一身寒热。此时寒热并用意在调节。所谓调节既采用寒热错杂配伍针对机休寒热不同情况进行适当得度的调和的一种方法，使用时要综合分析证候本身的寒热性质、轻重、错杂程度等因素后进行阴阳权衡调节。这种寒热调节法后人研究较多，如姜春华教授根据《内经》中“阴阳反他，治在权衡相夺”的原则，针对机体寒热、虚实等病理变化的双向性差异而采用温寒、清热、补虚、泻实，创“双向调节”法来治疗各种虚实寒热错杂的疑难病证，每获良效。

通过以上分析可以看出，利用药物寒热温凉的四气差别进行组方用药，其意有三：反佐、监制、调节。《内经》有云“诸寒之而热者取之阴，热之而寒者取之阳，所谓求其属也”，所以临证时要详细考查证候寒热属性而选用合适的恰当的四气配伍法则。

二、五味配伍法

药物五味最初的形成只是药物本身给予人的一种味觉感官刺激。五味是药物基本属性之一，它是用来阐述药物功用的一种理论框架，如《内经》云：“甘缓”“酸收”“苦燥”“苦泄”“辛润”等。张仲景将药物这一基本属性融汇贯通于临床组方配伍中，创立了很多五味配伍法。

1. 辛开苦降甘调法　如《伤寒论》五泻心汤，方用辛、苦、甘配伍，看似简单，实则深藏奥妙。辛可发散、行气，苦可降下，通泄，二味配伍通中有降，泄中有开，使气机调畅，升降如常，伍以甘味和中焦，运枢机，攻而不伤正，补而不壅滞，实为调理气机之大法。采用辛开苦降甘调法往往用于治疗病机复杂、寒热虚实兼见的病证。这种配伍法现代研究较多，应用也较广泛。有人应用本法时，根据兼邪、病位、病性的不同，将之分为苦辛分化，苦辛开结，苦辛清宣，苦辛疏泄四法广泛应用。

2. 辛甘化阳、酸甘化阴法　如《伤寒论》黄连阿胶汤，治少阴病阴虚阳亢证。方用黄连之辛苦配合阿胶鸡子黄甘温以及芍药之酸，以收酸甘化阴、辛甘化阳，泻南补北、交通心肾之功。正如成无已注解说：“阳有余以苦除之，黄芩黄连之苦以除热；阴不足以甘补之，鸡黄阿胶之甘以补血；酸、收也，涩也，芍药之酸，收阴气而泄邪热”。此种配伍法是在《内经》“辛甘发散为阳，酸苦涌泄为阴”的理论指导下针对体内出现阴阳失调的基本病理而制定的一种调和阴阳的方法。又如桂枝汤用桂枝之辛配芍药之酸，一辛散一酸收，看似相反，实则相辅相成。更合甘草之甘以收辛甘化阳，酸甘化阴之功，于解表发散中寓益阴养营，于和营敛阴时兼扶正散邪，共奏调和阴阳之效。

3. 酸甘辛苦复法　如乌梅丸，它利用蛔虫得酸则静，得苦则下，得辛则伏的特性，选用乌梅、苦酒之酸，黄连、黄柏之苦，蜀椒、干姜等辛味配伍协同而治蛔。此方酸与甘合则滋阴，酸与苦合则泄热，辛与甘合能温阳，辛与苦合能通降，所以后守其法，加减化裁，灵活应用，治疗多种内伤杂病，常获良效。另外，乌梅丸采用酸甘辛苦复法用来治蛔是完全用其五味配伍而获效，所以有人师其意而不泥其方，采用食醋、天椒、老姜、苦楝根皮四味配伍治蛔也获良效。《三国志·华佗传》中载华佗治一咽塞病，用“蒜大酢，从取三升饮之”而吐蛔一枚而愈，也是如此道理。

综上所述，方剂的四气五味配伍法实际是药物四气五味理论的具体应用。按这种法则立法组方，既能够将配方中各个药物的性能得以充分发挥，协同增强治疗作用，又可经过特殊配伍改变药物性能甚至功效使之适应治疗该证要求，同时也可以利用这种配伍将不利于治疗的因素排除出去。

四气五味配伍法并不是独立的，它常和其他配伍法则联合应用。按四气五味配伍法组方同样要考虑方剂的君臣佐使，一般说来，君药的属性决定着整个方剂与病性相反的气味属性，同时也决定着方剂的主要性能。

四气五味配伍法以药物的四气五味理论为基础。有研究表明，药物大多具有双向调节性，这种双向调节往往与性味和配伍有很大关系。这就决定了四气五味配伍法的灵活多变性，同时也要求我们要采取更科学、更准确的手段来研究并阐明药物四气五味在复方配伍变化中的规律性，进一步完善四气五味理论及四气五味配方法，以便更好的为临床服务。

[《河南中医药学刊》1996；11（2）：17]

《伤寒论》《金匮要略》方药统计及相关研究

吴翠珍　陶汉华　山东中医学院
张宗圣　泰安市郊区人民医院

汉代张仲景之《伤寒杂病论》原著佚失，我们现在所见到的《伤寒论》和《金匮要略》两书，是经晋代王叔和、宋代林亿等人校订后的内容，已非仲景原著之面貌。由于两书在成书时间上相距甚远，编辑时依据版本不同，故在内容上有不少出入。但二者原本是一部书，其中必然存在许多相关内容，现就两书药物和方剂进行统计分析，对其相关性进行研究，以供同道参考。

一、药物统计与分析

1956 年重庆人民出版社出版的新辑宋本《伤寒论》，共载药物 90 种。1956 年人民卫生出版社根据明代赵开美刻《仲景全书》影印出版的《金匮要略方论》共载药物 195 种，除去附方用药 3 种，实为 192 味。两书重复用药 76 味，故张仲景《伤寒杂病论》实际用药 206 味。《神农本草经》是我国现存最早的一部药物学专著，共载药 365 种，其著成年代约战国时期，秦汉时医家有所增益，因此《伤寒杂病论》中所应用的药物亦应在《神农本草经》中有所记载，故在此一并列表，见表 1。

根据表 1 可以看出《金匮要略》后三篇（23、24、25 篇）所载药物，《神农本草经》中大多无记载，说明张仲景后三篇所收集的属当时民间验方之类，不属医家常用药物，后世《金匮要略》注家多删减此三篇可能与此有关。现将《金匮要略》和《伤寒论》重复用药（76 种）及次数归纳如下（见表 2、表 3），以分析其相关性。

表 1　《伤寒论》《金匮要略》用药方次及《本经》所载药物统计

药名	伤寒方次	金匮方次	本经所载
甘草	70	38 +6	△
桂枝	43	56 +4	△
大枣	40	48	△
生姜	39	51 +1	
芍药	33	35	△
干姜	24	32 +2	△
附子	23	5 +1	△
人参	22	29	△
半夏	18	36	△
黄芩	16	20	△
茯苓	15	30	△
麻黄	14	23 +1	△
大黄	14	23 +3	△
黄连	12	7	△
杏仁	10	15 +3	△
白术	10	25 +1	△
栀子	8	4	△
柴胡	7	7 +1	△
石膏	7	13	△
枳实	7	16 +1	△
细辛	6	16	△
芒硝	6	4 +1	△
牡蛎	6	9	△
厚朴	6	11 +1	△
蜜	6	6 +2	△
香豉	5	3 +4	△
当归	4	15	△
葛根	4	3	△
粳米	4	5	
瓜蒌根	4	6 +1	△
泽泻	3	7	△
龙骨	3	5	△
阿胶	3	11	△
桃仁	3	7 +1	△
甘遂	3	3	△

（续表）

药名	伤寒方次	金匮方次	本经所载
知母	3	5	△
黄柏	3	4 +1	△
五味子	3	9	△
桔梗	3	7 +2	△
葱白	3	1	△
猪苓	2	3	△
通草	2		
蜀漆	2	3	△
吴茱萸	2	3 +1	△
虻虫	2	2	△
水蛭	2	2	△
赤小豆	2	2	△
麦冬	2	4	△
赤石脂	2	3 +1	△
苦酒	2	1 +2	
瓜蒌实	2	3	△
麻子仁	2	2	△
葶苈	2	4	△
猪胆汁	2		
酒	2	9 +6	
滑石	1	1	△
瓜蒂	1	2	△
蜀椒	1	6	△
胶饴	1	4	△
鸡子黄	1	2	
鸡子白	1	+1	
大戟	1	1	△
芫花	1	1	△
商陆	1		△
海藻	1		△
竹叶	1	1	△
茵陈	1	2	△
梓白皮	1		△
猪肤	1		
天冬	1		△
葳蕤	1		△
生地黄	1	3	△
禹余粮	1		△
乌梅	1	1 +1	△
连翘	1		△
白头翁	1	2	△
秦皮	1	2	△
贝母	1	2	△
旋覆花	1	1	△
代赭石	1	1	△
薤白	1	3 +2	△
人尿	1		△
铅丹	1		△
巴豆	1	3 +1	△

（续表）

药名	伤寒方次	金匮方次	本经所载
升麻	1	2	△
文蛤	1	2 +1	△
白粉	1	2	△
裈裆灰	1		△
土瓜根	1	1	△
芫花	1		△
川芎		11	△
黄芪		8	△
干地黄		8	△
百合		6	△
防己		6	△
丹皮		6	△
防风		5 +1	△
乌头		5	△
橘皮		5 +4	△
薯蓣		4	△
薏苡仁		4	△
䗪虫		4	△
矾石		4 +1	△
鳖甲		3	△
雄黄		3	△
小麦		3	
大麦		3	
苦参		3 +1	△
硝石		3	△
竹茹		2	△
山茱萸		2	△
瞿麦		2	△
瓜瓣		2	△
皂荚		2 +1	△
艾叶		2	△
乱发		2 +2	△
狼牙		2	△
紫参		2	△
射干		2	△
紫葳		1	△
蜣螂		1	△
鼠妇		1	△
蜂窝		1	△
煅灶下灰		1	
石韦		1	△
云母		1	△
菊花		1	△
寒水石		1	△
白石脂		1	△
盐		1 +2	△
紫石英		1 +1	△
独活		1（附方）	△
天雄		1	△

（续表）

药名	伤寒方次	金匮方次	本经所载
白蔹		1	△
豆黄卷		1	△
曲		1	
酸枣仁		1	△
干漆		1	△
蛴螬		1	△
獭肝		1（附方）	
款冬花		1	△
紫菀		1	△
泽漆		1	△
白前		1	
苇茎一		1（附方）	
甘李根白皮		1	
真朱		1	△
羊肉		1	
新绛		1	
椒目		1	△
蒲灰（黄）		1	△
戎盐		1	△
白鱼		1	△
猪脂		1 +1	
柏叶		1	△
马通汁		1	
灶心土		1	
诃子		1 +1	
败酱		1	△
桑白皮		1	△
王不留行		1	△
蒴藋细叶		1	△
藜芦		1	△
鸡屎白		1	
蜘蛛		1	
葵子		1	△
白薇		1	△
柏实		1	△
苏叶		1 +1	△
红花		1	△
蛇床子		1	△
槟榔		+1	
白石英		+1	△
钟乳		+1	
鬼臼		+1	
雄鸡冠血		+1	
鸡肝		+1	
大豆		+4	
马屎		+1	
牛屎		+1	
菖蒲		+1	△

（续表）

药名	伤寒方次	金匮方次	本经所载
狗屎		+2	
韭根		+1	
屈草带		+1	△
灶中灰		+1	
绯帛		+1	
炊单布		+1	
败蒲		+1	
童子便		+1	
人乳		+2	
生韭汁		+1	
地深三尺土		+1	
雄鼠屎		+1	
人垢		+1	
芦根汁		+2	
牛肚		+1	
马鞭草		+1	
姜叶汁		+1	
苏子		+1	
冬瓜汁		+1	
猪骨		+1	
人粪汁		+1	
土浆		+2	
蒜		+1	
荠苨		+2	
硬糖		+1	
黍穰		+1	
犀角		+1	△
太一禹余粮		+1	△

注：“+”号后为金匮后三篇所载药物。“△”示《本经》所载药物

表 2　《伤寒论》《金匮要略》重复用药次数相关表

用药次数	伤寒论（种）	金匮（种）
1～4	50	41
5～9	10	14
10～14	5	3
15～19	3	4
20～24	3	3
25 次以上	5	11
合计	76	76

表 3　《伤寒论》《金匮要略》用药种类交互表

伤寒论	金匮		合计
	有	无	
有	76	14	90
无	116	0	116
合计	192	14	206

以上两表经统计学处理，$P < 0.01$。说明两书

用药具有高度相关性。由表1可以看出，《伤寒论》与《金匮要略》两书中206味药物，有149味在《神农本草经》中有记载，象蜣螂、鼠妇、蛴螬、衣鱼、虻虫等，尽管现在临床罕用，有的已基本被淘汰，但在汉代当属常用药物。再是仲景治病善用桂枝、生姜、甘草、大枣、人参、附子、芍药、半夏、黄芩、茯苓、麻黄、大黄、黄连、杏仁、白术、枳实、细辛、厚朴、川芎、当归、阿胶等，均用到10方次以上。

二、方数统计与分析

《伤寒论》共载方113首（不含土瓜根和猪胆汁导方），其中所用次数最多者为小柴胡汤，共7次。其次为桂枝汤和四逆汤均为6次，五苓散、白虎汤、白虎加人参汤、吴茱萸汤、调胃承气汤、栀子豉汤均是3次，麻黄汤、小承气汤、大承气汤、大柴胡汤、瓜蒂散、抵当汤、茯苓甘草汤、真武汤、麻杏石甘汤、理中丸、附子汤、桃花汤均为2次，其余方均为1次。其中禹余粮丸有方名无药物。《金匮要略》共载方248首，前22篇载方206首（含葶苈丸），除去林亿等人校定时所加的附方23首，实际载方183首，其中用次最多者为大承气汤共11次，其次为小柴胡汤和肾气丸，均为4次。小建中汤、小半夏汤、小青龙汤、十枣汤、五苓散、桂枝汤、葶苈大枣泻肺汤均为3次，小半夏加茯苓汤、四逆汤、白虎加人参汤、当归生姜羊肉汤、防己黄芪汤、赤小豆当归散、泻心汤、苓桂术甘汤、吴茱萸汤、桂枝加黄芪汤、猪膏发煎、蒲灰散、越婢加术汤、旋覆花汤均为2次。其余为1次。其中葶苈丸、杏子汤、黄连粉、藜芦甘草汤有方名无药物。两书重复方42首，即十枣汤、小青龙汤、小承气汤、小建中汤、小柴胡汤、大青龙汤、大柴胡汤、大承气汤、五苓散、文蛤散、乌梅丸、四逆汤、瓜蒂散、半夏泻心汤、甘草泻心汤、甘草干姜汤、甘草附子汤、白头翁汤、桂枝附子去桂加白术汤（白术附子汤）、桂枝附子汤、白虎加人参汤、柴胡桂枝甘草汤、柴胡桂枝汤、附子汤、炙甘草汤、抵当汤、吴茱萸汤、苓桂术甘汤、茵陈蒿汤、苓桂甘枣汤、桔梗汤、桃花汤、通脉四逆汤、桂枝汤、桂枝加桂汤、栀子豉汤、麻子仁丸、麻黄附子甘草汤（麻黄附子汤）、猪苓汤、黄芩加半夏生姜汤、葛根汤、桂枝去芍药加蜀漆牡蛎龙骨救逆汤。除去个别用量和煎服法有些出入外，基本一致。另外《伤寒论》中理中汤与《金匮要略》人参汤，方名虽不一样，但药物组成和煎服法完全一致。

从以上统计看出，张仲景《伤寒杂病论》实际载方应是296首，其中既有以治外感病为主的伤寒病方，又有治疗各种杂病的方剂，还收罗了一些杂疗方，可谓属当时的临床全书。此书经西晋王叔和整理编次，《伤寒论》作为伤寒部分单行本流传至今已无疑义。宋代王洙从蠹简中发现的《金匮玉函要略方》，虽不是张仲景《伤寒杂病论》之原著，但林亿等人从其中所整理、校订出的杂病部分《金匮要略》为仲景内容是可信的。

现在中医院校将《伤寒论》和《金匮要略》分为两门学科，两个教研室分别讲授。但两书密切相关，在讲授时应从《伤寒杂病论》这一整体内容上去考虑和分析问题。特别有些难点、疑点，如《金匮要略》附子汤，林亿校订时加注“方未见”，给后世留下疑问。但《伤寒论》中有两条原文用到附子汤，明确记载了附子汤的药物组成，从其治疗少阴寒化证去分析，病机为阳虚寒盛，正与《金匮要略》妇人妊娠阳虚寒盛腹痛病机切合，故《金匮要略》附子汤即是《伤寒论》附子汤，这一点无庸置疑，仲景写书往往具有“前面已述者，后面略之”这一特点。

张仲景制方用药非常讲究，剂型有膏、丸、散、汤剂，汤剂药物有先煎后入之别。除一般用水外，还用到泉水、浆水、井花水、甘澜水及白酒、清酒、苦酒等。除内服药物外，还有熏、洗、敷、栓剂等外治法。这些对增强临床疗效均具有重要意义。

［《山东中医学院学报》1996；20（2）：125］

《伤寒论》方药用水浅述

吴协兵　湖南省安化县人民医院

医圣张仲景非常重视煎药用水的选择运用。他针对某种特殊疾病和不同的药物选取不同的水入药，取水性，助药力。这也是仲景治病的特点。笔者试以《伤寒论》为据，浅述于下：

1. 甘澜水　又名劳水，《本草拾遗》称流水，李时珍谓之扬泛水。按仲景作甘澜水法：“取水二斗，置水盆内，以汤扬之，水上有珠子五六千颗相逐，取用之。”时珍云：“水性本咸而体重，劳之则甘而轻。”茯苓桂枝甘草大枣汤取甘澜水煎，取其水性扬而无力，下肾气，益脾胃。柯韵伯：“甘澜水状似奔豚，而性柔软，故曰劳水，用以先煮茯苓，取其下伐肾邪，一惟趋下也。”清·吴瑭立三仁汤，针对湿性氤氲粘腻难解之特点，亦取此水入药，取其走而不守，达到宣中通下的治疗目的，正如歌诀所言：“水用甘澜扬百遍，湿温初起法堪遵。”

2. 麻沸水　亦称麻沸汤、太和汤、热汤。汪苓友云：“麻沸汤者，热汤也，汤将热时，其面沸泡如麻，以故云麻。”《本草纲目》载曰：“助阳气，行经络。”张从正曰：“凡伤寒伤风伤酒，起彻无药，便饮太和汤碗许……。”《伤寒论》大黄黄连泻心汤、附子泻心汤方中大黄、黄连以麻沸汤二升渍之，须臾，绞去滓，分温再服。取麻沸汤渍，意非在取其泻下，而在于清胃中邪热而泄痞气。诚如尤在泾释附子泻心汤时所云：“方以麻沸汤渍寒药，别煮附子取汁合和与服。则寒热异其气，生熟异其性，药虽同行，而功则各奏，乃先圣之妙用也。”

3. 潦水　即地面流动之雨水。一说为大雨后横溢流淌于田野上的水。《伤寒论》中麻黄连轺赤小豆汤证为湿热内蕴，兼感外邪，内外相合所致。仲景以潦水煎煮，是取雨水之重浊，流动之走散而助其解表散邪，清利湿热；取其味薄而不助湿气之性，以利于湿热之邪的清除，可谓用心良苦。

4. 清浆水　吴仪洛说：“一名酸浆水，炊粟米熟，投冷水中浸五六日；味酸生花；色类浆，故名。”《食疗本草》中亦说道，北人炊之中瓮中，水浸令酸，食之暖五脏六腑之气。”可见清浆水即酸浆水；其味酸走泄，是性凉散。张仲景以之为枳实栀子豉汤的煎煮溶剂，取其酸苦走泄之性，以强药物清热除烦，行气消痞之功。

5. 醋水　仲景谓之苦酒，云：“少阴病，咽中伤，生疮，不能语言，声不出者，苦酒汤主之。”《食疗本草·卷下》谓：“人口有疮，以黄蘗皮醋渍，含立即愈。”可见米醋与苦酒的作用颇相似，用米醋含于咽部目的是为了使药能持续作用于咽部。”王晋三云：“苦酒汤治少阴水亏，不能济君火，而咽生疮，声不出者。疮者，疳也，半夏之辛温，佐以鸡子之甘润，有利窍通声之功；无燥润涸液之虑，然半夏之功能全赖苦酒摄入阴分，劫涎敛疮，即阴火沸腾，亦可因苦酒而降矣。”另外乌梅丸汤中，用米醋浸乌梅一宿，去核后共煎余药，其目的是增强其酸性，使蚘（蛔）闻酸则安，达到安蛔止痛之效果。

6. 水酒　系水与清酒按一定比例相合而成。其性辛热，有通经络、行气血、散寒邪的功能。仲景用此作为炙甘草汤和当归四逆加吴茱萸生姜汤之前煮溶剂，以强行血通脉之力，合为滋阴养血，通阳复脉之剂，以其助诸药活血而散久寒。

[《新疆中医药》1996；（2）：5]

对《伤寒论》桂枝加厚朴杏仁汤的探析

贾太谊　河南省方城县中医院

《伤寒论·太阳病》桂枝汤类证变法中，桂枝加厚朴杏子汤证有两条。第18条：“喘家作，桂枝汤加厚朴杏子佳，”喘家，指素患喘息的病人。本条指出外感风寒引发宿疾喘息的治疗。原方第43条：“太阳病，下之微喘者，表未解故也，桂枝加厚朴杏子汤主之。”指太阳病误下，取表邪未解兼肺气上逆作喘的治法。本证与18条所述之证对比，病机、证候、治法、用方均无差异。二证的不同点是病因和病史。病因方面，前者系素患喘证，新感外邪引发旧疾，表里同病；后者为太阳病误下，外邪内迫于肺，而表里同病。病史方面，就喘息而论，有新旧之别。故仲景分条论之。

各家对桂枝加厚朴杏子汤的看法，虽论述繁简不一，然其观点，基本大同小异。但在18条的句读上有两种看法：一种如《伤寒论讲义》和《伤寒论文献通考》均句读为“喘家作，桂枝汤加厚朴杏子佳。”另一种如《伤寒论》教学参考丛书则句读为“喘家作桂枝汤，加厚朴、杏子佳。”笔者认为，两种句读各有其优缺点。前者“喘家作”，只能解释为“喘家发作”，不能象讲义中那样解释为证属太阳中风兼肺寒气逆的喘息，文理通而道理欠缺。按后者的句读解释，文理不通，但道理通顺。

喘家患外感（太阳中风证）是宿疾加新病，并且两者是有联系的，一般可以先治新病，后治宿疾。如《金匮要略》：“夫病痼疾，加以卒病，当先治其卒病，后乃治其痼疾也”。但本病宿疾与新病有联系，故同时采用二者兼顾的方法。正如前贤成无已所云：“与桂枝汤以散风，加厚朴杏子以降气”。43条为太阳病误下后，其病因是太阳病误下，治疗太阳病本当汗法解表，反而误用攻下之药，表证未解，也就是说桂枝汤证仍在，又见肺气上逆出现微喘之症，故治以桂枝汤辛温解表，加厚朴、杏仁之类兼以降逆定喘。

在对第18条的解释中，多数人认为，本条文字甚简，应注重阐发其具体内容。我认为，原文所以不通顺，其原因是《伤寒论》在辗转传抄过程中或秘而不传或有缺漏等，因此也就产生了对该条在标点和句读上的不同看法。如孙思邈在著《千金要方》时，尚未得到仲景《伤寒论》全帙。故发“江南诸师，秘《仲景要方》不传”之叹，观秘而不传之语，则知仲景《伤寒论》未亡也。追撰《千金翼方》时，乃得仲景《伤寒论》全帙。

当前之《伤寒论》版本，多以明·赵开美复刻本为依据。第18条见于宋本第18条。《玉函》卷二第二八页。《脉经》则无此条。因此也可以说是后人补入，或谓之为传抄或注释过程中而产生的衍文。

第43条见于宋本第43条，卷七辨可发汗、卷十辨发汗吐下后篇，《脉经》卷七第二。又见《玉函》卷二第二九页、卷五第六十页、卷六第七六页。第43条，唐本为："太阳病下之微喘者，表未解故也，宜桂枝汤"。"宜桂枝汤"，而宋本作"桂枝加厚朴杏子汤"。成本"杏子"作"杏仁"。《脉经》卷七第二作"属桂枝加厚朴杏子汤"。《要方》作"宜桂枝加厚朴杏仁汤"。《玉函》卷二第二九页作"桂枝加厚朴杏仁汤主之"。此条《玉函》卷五第六十页可发汗重出，此句作"宜麻黄汤，又云桂枝加厚朴杏子汤。"《玉函》卷六第七六页"辨发汗下后病形证治"重出此条，此句作"属桂枝汤证，一云麻黄汤证"。又考此条在《翼方》卷九《太阳病用麻黄汤法第二》中重出，作"宜麻黄汤"。总之，43条确系原文。以上不难看出，在传抄印刷过程中错讹常有发生，由此导致了后世诸家句读、解释上的众说纷纭，莫衷一是。

[《河南中医》1996；(2)：24]

《伤寒论》五脏寒热对方初探

谢有良　梁华龙　河南中医学院

众所周知，《伤寒论》是以六经辨证为纲辨治外感疾病的，但若局限于这种框架之中，就不能充分认识《伤寒论》方的广泛作用。因此研究《伤寒论》方对于五脏杂病的作用，可使经方范围扩大从而发挥更好的作用。

所谓五脏对方，是指能够治疗五脏疾病，但其作用相对的方子，它包括清热和祛寒的寒热对方，补虚和泻实的补泻对方，养阴和温阳的阴阳对方等。现仅就《伤寒论》寒热对方进行探讨，以助习《伤寒论》者和用仲景方者参考。

1. 心的寒热对方　由于心肾水火二脏同属少阴经，二者又具有密切的关系，离宫之火与坎宫之水，要在交泰和既济，所以心经病变，往往与肾密切相关。在生理情况下，心火下温肾水，肾水上滋心火，才可使肾水不寒，心火不亢，这种自稳状态一经破坏，便会出现一系列病变。因此，心阳虚有寒时，往往兼有肾寒上冲的病变，而心阴虚有热时，则又易同时伴有肾中真阴的不足。所以心阳虚而肾水无制、肾阳虚而心火独亢是心经寒热病理的两大类型。

前者的代表方有桂枝甘草汤、桂枝甘草龙骨牡蛎汤、桂枝蜀漆龙骨牡蛎救逆汤和苓桂甘枣汤、桂枝加桂汤。由于各方证心阳虚的程度不同，所出现的症状也不尽相同，桂枝甘草汤、桂甘龙牡汤和救逆汤三方局限于心阳虚，且阳虚的程度依次加重，表现为心悸→烦躁→惊狂；桂枝加桂汤证、苓桂甘枣汤证，不仅见有心阳虚，同时还兼有心火不能下温肾水而致肾中寒气或水饮上冲的病变。桂枝加桂汤以无形之寒气上冲，其气质轻而上浮，故有"气从少腹上冲心，必发奔豚"，苓桂甘枣汤为有形之水饮上泛，其质重而上冲乏力，故仅见"脐下悸，欲作奔豚"，其所以上冲，仍责之于心阳之不足。

用于心经有热、心火独亢的方子为黄连阿胶汤，该方虽以黄连、黄芩为主直折心火，但也伍以阿胶、芍药滋补肝肾之阴。徐灵胎谓：芩连以直折心火，佐芍药以收敛神明，非得气血之属交合心肾，苦寒之味安能使水升火降，阴火终不归，则少阴之热不除。"鸡子黄入通于心，滋离宫之火，黑驴皮入通于肾，益坎宫之精，与河、井水相融成胶，配合作煎，是降火归元之剂，为心虚火不降之专方。

桂枝甘草汤类方证是以心阳虚而致肾寒上冲，黄连阿胶汤证是由肾阴亏而致心火不降。虽皆与肾有关，但终以治心为主，一寒一热，为心经主要对方。其治心阳虚有寒，于温心阳中兼降肾气，治心火亢有热，于清心火中兼滋肾阴，充分体现了立足于心，不止于心，关连于肾，兼顾治肾，治因兼果，治果兼因的统一整体观念。

2. 肺的寒热对方　伤寒太阴病，只论及足太阴脾病，而未及手太阴肺，但手太阴肺的病证及用方在太阳病篇出现的不少。由于肺主皮毛，太阳主一身之表，二者的关系由卫气所连贯。邪入太阳，闭阻于表，可以碍及肺气的宣发，而肺失宣肃则又可使卫气不布，太阳藩篱作用失常，故二者病则同病，治则同治。故太阳病的一些方剂也即是手太阴肺病的方剂。

肺的寒热对方，以麻黄汤和麻杏甘石汤为主。麻黄汤用于风寒之邪闭郁肌表，腠理闭塞，汗孔不开。由于汗孔为肺的外窍，汗孔闭则肺气不得宣发，肺气不宣又使其清肃失常，从而产生喘促胸满的肺气闭郁之证。麻黄汤以辛温发散之麻黄助肺宣散，苦温之杏仁助肺肃降，又伍桂枝通阳散寒，以助麻黄发散在表之邪，表邪去则汗孔开合有度，肺气宣发恢复正常，肃降因之有节，胸满咳喘自然痊愈。麻杏甘石汤用于热邪闭阻在肺，故见外无大热，喘而汗出的病证。由于邪热闭肺，使肺气不能肃降反而上逆，故以麻黄配石膏宣散肺中郁闭之热，麻黄借石膏之寒凉，石膏借麻黄之辛散，伍而相成辛凉清热之剂，益以杏仁沉降肺气，邪热去则肺气降而咳喘自止。

麻黄汤与麻杏甘石汤两方用麻黄杏草虽同，而用桂枝用石膏则异。前者配桂枝，意在散表寒，后者伍石膏，旨在清内热，前者是表闭肺气不宣，碍及肃降而致喘嗽；后者为热阻于肺，肺气不降，碍及宣发而致咳喘。故麻黄汤重在散表邪而宣肺气，麻杏甘石汤重在清里热而降肺气，证则一寒一热，法则一散一清，方则一温一凉，虽截然有别，然治咳喘却有异曲同工之妙。

3. 脾的寒热对方　脾运化水湿，靠脾的阴阳协调平衡，脾的病变，往往由于脾阳或脾阴的不足而导致运化的失常。《素问·经脉别论》云："饮入于胃，游溢精气，上输于脾，脾气散精，上归于肺……所谓散精，即指脾的运化转输作用，一旦脾气不能散精，水湿即可停留，但因其偏于阳虚或阴虚的不同，故在治疗中，有补脾阳利水饮和益脾阴利水气的不同。

脾脏的寒热对方，寒者为苓芍术甘汤，用于脾阴虚有热而饮停，热者为苓桂术甘汤，用于脾阳虚有寒而饮停。苓芍术甘汤，原为桂枝去桂加茯苓白术汤，见于《伤寒论》28 条，证见头项强痛，翕翕发热，无汗，心下满微痛，小便不利。该证及该方，历来争论颇多，自刘渡舟教授与 1989 年南阳仲景学说国际学术研讨会上提出脾阳虚水停和苓芍术甘汤后，认识渐趋统一。本证由于脾阴不足，阴虚有热而兼水饮内停，水气阻于经脉，闭于肌表故见颈项强痛，无汗；阴虚有热故见翕翕发热；心下胃中水饮阻滞而致满微痛；小便不利则为停饮确证。治以苓芍术甘汤，以苓术利水，佐白芍益脾阴，且白芍尚有和血脉、利经脉中水气的作用，后世脾阴说者，治脾阴虚主以白芍即源于此。与此相对，苓桂术甘汤证则是脾阴虚有寒，运化无力，水湿停滞，聚而成饮所致，证见心下逆满，气上冲胸，起则头眩，脉沉紧，方中仍用苓术燥湿利水，伍以桂枝温脾通阳，脾阳健旺，自可运化水湿，而水湿去，则脾阳才可望恢复，脾阳复水湿去，其证自愈。

苓芍术甘汤和苓桂术甘汤，虽同用苓术利水去湿，但一伍白芍养脾阴而除热，兼以和血脉以利小便；一伍桂枝温脾阳而祛寒，兼以通阳化气以利水。两方一益脾阴，一温中阳，可谓脾的寒热对方。

4. 肝的寒热对方　足厥阴肝处在六经之末，为阴尽阳生之经，上接心火　成子母相应，下连肾水，为乙癸同源。故其发病，多为寒热错杂和厥热胜负之证。

肝的寒热对方颇多，其中最典型者为吴茱萸汤和白头翁汤。吴茱萸汤用于肝经有寒，浊邪上干而见干呕头痛吐涎沫，尤其头痛一症发在巅顶，为厥阴经循经所致。白头翁汤用于肝经郁热，下迫肠道，损伤血络，腐肉败血而致腹痛下坠，脓血杂下，其病变一则肝经气滞，二则湿热郁阻，故以下利、里急后重为主要表现。

肝经虚寒的吴茱萸汤和肝经湿热的白头翁汤证，不仅其寒热相对，而且其病势亦上下有别，前者为肝经虚寒，浊阴上冲，症状表现以上逆为主，后者为肝经湿热，邪气下迫，症状表现以下迫为主，一上一下，一寒一热，形成肝经不同病变。吴茱萸汤散寒温中降冲逆于上，白头翁汤清肝凉血利湿邪于下，两方针对肝经寒热二证，临床应用颇为广泛。

5. 肾的寒热对方　肾为先天之本，内寓真阴真阳，由于素体有阴虚阳盛，或阴盛阳虚的区别，故其发病有邪气从阳化热和从阴化寒的不同，因此肾的病变，可分为寒化证和热化证两大类。关于肾的寒热对方就比较复杂，即使从肾的主水功能而言，其水液代谢的失常，也分为阳虚有寒、水停不化和阴虚有热、水热互结两个方面。自古以来，人们皆认为肾主水的功能是由肾阳的直接蒸腾气化，因此对于肾阴虚水停证就难以作出通晓明白的解释。其实，肾阴肾阳作为物质基础，其平衡协调，不仅维持肾主水液代谢的功能，而且对其所有功能的正常与否，都起着决定性的作用。

真武汤和猪苓汤为治疗肾阳虚水停和肾阴虚水结的寒热对方。真武汤由附子、生姜、茯苓、白术、芍药五味药组成，主治由肾阳虚水气泛滥而致的心下悸、头眩、身瞤动、腹痛、四肢沉重疼痛、咳呕下利、小便不利等症。其水饮内停，还会引起更为复杂的病变。临床上用真武汤治疗虚寒性水肿，往往能奏佳效。猪苓汤由猪苓、茯苓、泽泻、滑石、阿胶组成，主治肾阴不足，水热互结而见咳呕下利、小便不利、心烦不眠、口渴发热等症。二方虽同属利水，然真武汤以苓术健脾利湿，生姜散水，附子温阳，妙在用芍药，搜利经络肌肉中水湿，而猪苓汤以猪苓、滑石、泽泻利水兼以清热，利水于热下，清热于水中，使水热分离，更以阿胶滋补肾阴，恢复肾的主水功能，既使已积之水去，又不使邪再复生，一举而数得，可谓仲景组方之精妙。

真武汤温阳利水，猪苓汤滋阴利水，其利水虽同，但一寒一热有别。真武汤以白术、生姜等温燥之药利水，猪苓汤以泽泻、滑石、猪苓等清泻之药利水。二者同是利水治标，但一温阳治本，一滋阴以治本。其所治证均见有水饮游溢三焦的表现，但一因阴虚有热而致心烦失眠，一因阳虚有寒而致腹痛四肢沉重。证有寒热，方分温凉。后世治疗水肿，皆从此二方衍化组方。

以上从五脏寒热病变的角度，分述了《伤寒论》五脏寒热的对方，旨在使伤寒六经方药扩大运用，明确伤寒方不唯治伤寒，尚可灵活的运用于五脏杂病，从归经到归脏，摒弃伤寒方不能用于杂病的观念，以方剂辨证候，以证候选方剂，使五脏寒热对方得到广泛应用，发挥其应的有功能。

[《国医论坛》1996；11（3）：12]

《伤寒论》表证治法浅探

董国富　河南省焦作市中医中药学校
陈树森　河南省焦作市中医医院

《伤寒论》是我国第一部有关外感疾病辨证论治的专著。其根据病因、病机、病位、病势及正邪强弱等不同，灵活运用各种解表法，有效指导外感病及其兼变证的治疗，为辨证施治树立了典范。现将其所运用的解表法予以综合归纳，分析探讨于后。

1. 辛温发汗解表法　适用于外感风寒，邪气束表者。伤寒表实证，当用麻黄汤辛温发汗，宣肺平喘；太阳中风证，则用桂枝汤小发其汗，解肌祛风，调和营卫；若伤寒日久，表郁轻证，选用桂麻各半汤，该方为桂枝汤与麻黄汤的合方，所取剂量为二方各取三分之一，以微发其汗，解表而不伤正。

2. 辛凉宣肺解表法　本法适用于太阳病汗、下后，身热不解，邪热迫肺，肺失清肃，汗出而喘者。用麻杏石甘汤以辛凉清热，宣肺定喘。

3. 升津舒经解表法　适用于太阳中风兼经气不舒证。风寒外束肌表，经气不舒，津液不能敷布，经脉失于濡养，而见项背强急，汗出恶风。应用桂枝加葛根汤以解肌祛风，升津舒经。

4. 祛风胜湿解表法　适用于风湿相搏，郁于肌表，着于经络，腠理闭塞，气血不畅，而见身痛肢酸，骨节屈伸不利之痹证。可用桂枝附子汤或甘草附子汤治疗。二方均以桂枝、附子为主药，合用有祛风胜湿，温经通阳，散寒止痛之效。

5. 和解益气解表法　适用于邪犯少阳，正邪分争于半表半里，方用小柴胡汤，以宣通内外，和畅气机，透达郁热，益气和中。

6. 散寒化饮解表法　适用于外感风寒，内有水饮之证，用小青龙汤治疗。本方系麻桂合方加减，方中麻黄、桂枝辛温解表，通阳散寒，平喘利水；姜、夏辛散寒邪，行气化饮；五味子、芍药敛肺止咳平喘，诸药共奏表里双解、散寒化饮之功。

7. 散寒清热解表法　本法适用于太阳伤寒兼里热证。风寒外束，里有郁热，证属表寒里热。治用大青龙汤表里双解，以辛温散寒，兼清里热。

8. 散寒平冲解表法　本法用于太阳病误汗后，表邪未解，损伤心阳，阳虚阴乘，寒水上犯致发奔豚者。方用桂枝加桂汤以解表散寒，温通心阳，平冲降逆，则诸症自愈。

9. 发汗止利解表法　适用于太阳阳明合病下利者，方用葛根汤表里同治，既有发汗解表之效，又兼止利之功。

10. 清热止利解表法　适用于表邪未解兼里热下利，表里俱热者，方用葛根芩连汤辛凉解表，清热止利，以表里双解。

11. 温中止利解表法　本法用于太阳病表证未除，屡用误下，致表邪未解而中阳虚寒，升降失常而见下利者。此为表里皆寒证，应用桂枝人参汤以辛温解表，温中止利。

12. 助阳固卫解表法　本法用于太阳病发汗太过，表邪未解而卫阳损伤者，应用桂枝加附子汤治疗。桂枝汤调和营卫以解表，加附子助阳温经以固卫。邪去阳回，经脉温煦，津液自复，诸症皆愈。

13. 温肾扶阳解表法　本法用于太阳少阴同病，肾阳亏虚，又感风寒，表里皆寒者，应用麻黄附子细辛汤治疗。方中麻黄解表邪；附子温肾阳；细辛佐附子可温经，助麻黄可散寒。三药合用，补散兼施，发中有补，共奏温阳解表之功。

14. 育阴和营解表法　本法用于发汗太过，损伤气营，致津伤血虚，经脉失养者，应用桂枝加芍药生姜各一两人参三两新加汤治疗。方以桂枝汤调和营卫；加重芍药用量以滋阴养血敛汗；加重生姜用量以宣通阳气；加人参益气养阴，生津养血，以补汗后之气阴双虚。

15. 和中止痛解表法　本法用于太阳病误下伤脾，邪陷太阴，气滞络瘀致腹满痛者，用桂枝加芍药汤治疗。即桂枝汤倍用芍药，有调和营卫，通阳益脾，活血和络，缓急止痛之功。

16. 降气定喘解表法　本法用于太阳病误下致肺寒气逆而喘者。用桂枝加厚朴杏子汤以解肌祛风，降逆平喘。

17. 化气行水解表法　用于太阳病表邪不解，外邪入里，水蓄于内之蓄水证，方用五苓散治疗。方中桂枝可通阳化气，祛风解表；猪苓、泽泻淡渗利水；茯苓、白术健脾利湿。诸药合用，有通里达表，化气行水之效。

18. 降逆止呕解表法　用于太阳阳明合病而致呕逆者。方选葛根加半夏汤，以发汗解表，降逆止呕。

19. 清上温下解表法　本法用于太阳病误下，邪陷阳郁，肺热脾寒，寒热错杂之证，用麻黄升麻汤治疗。方以麻黄、升麻为君，桂枝为佐以发越郁阳，散其寒邪；知母、黄芩、葳蕤、天冬、石膏、芍药、当归、甘草以清肺热，滋阴血；白术、干姜、茯苓以温中焦，理脾胃。诸药合用，清上温下，宣阳解表。

20. 建中补脾解表法　本法用于素体脾胃气虚，复感风寒者，应用小建中汤治疗。即桂枝汤倍芍药加饴糖，用桂枝汤调和营卫以解表，倍用芍药以敛汗滋阴补血，加饴糖以温养脾胃，中气立，气血充，则邪自解。

综上所述，仲景应用解表法周密详尽，立法处方，贵在辨证，病证结合，知常达变，审证求因，治病求本，对外感表证的治疗具有重要的指导意义。

［《安徽中医临床杂志》1996；8（3）：135］

张仲景“四神汤”初探

谢盘根　河南省周口地区中医院

四神者，朱鸟（亦名朱雀）、玄武（又称真武）、青龙、白虎也。自先秦以后古代文献中常有论述。《礼·曲礼上》云：“行，前朱鸟而后玄武，左青龙而右白虎”。《礼·曲礼·疏》云：“前南、后北、左东、右西。朱鸟、玄武、青龙、白虎，四方宿名也。”这是我国古代劳动人民以天空二十八星宿天象排列来厘正东西南北四维空间天文科学。而古代医家以“朱鸟代表南方丙丁火神”“玄武代表北方太阴司水之神”等取类比象地引入到人体脏腑疾病的诊断治疗方面，给我们留下了极其宝贵的“四神汤”古代经方。医圣张仲景《伤寒论》一书中就可见到白虎汤、大小青龙汤、真武汤“三神”4方。它们是：

《伤寒论》第38条“太阳中风，脉浮紧，发热恶寒，身疼痛，不汗出而烦躁者，大青龙汤主之”。此证属表寒里热，表里俱实。治当辛温解表、兼清里热，故用大青龙汤以发汗取效。古人借喻龙升雨降，一汗而表里双解，邪热顿除。第39条“伤寒脉浮缓，身不疼，但重，乍有轻时，无少阴证者，大青龙汤发之”。从大青龙汤发之句可知此证指太阳伤寒证，然病必“烦躁”，且“无少阴证”，这就除外了虚证的可能，辨为表实兼里热证，当发汗以使邪解。除以上两条大青龙汤证外，《金匮要略》还有一条：“病溢饮者，当发其汗；大青龙汤主之，小青龙汤亦主之”。此条论述溢饮病水气流行，归于四肢，当汗出而不汗出，证属经表在阳。然须辨别寒热以发其汗。属热者当辛凉发汗，用大青龙汤；属寒者当辛温发汗，用小青龙汤。张仲景用小青龙汤除本条外，还有《伤寒论》第40条论述太阳伤寒兼里停水饮证的病理、临床表现和治疗。小青龙汤证与大青龙汤证的鉴别在于，本证为表寒里饮证，临床表现以喘咳、干呕为特点；而大青龙汤证为表寒里热证，临床表现以“烦躁”为特点。表寒里饮证治当辛温解表而兼温化水饮，方用小青龙汤，盖取其翻波逐浪以归江海，不欲其兴云升天而为云雨之意也。第41条论述太阳伤寒兼停饮证的主要特点和治疗以及服药后疗效判断指征。张仲景运用小青龙汤在《金匮要略》中还有两处，其一：“咳逆，倚息不得卧，小青龙汤主之”。咳逆，古咳嗽名也，倚息，呼吸急促也。本证久病多属痰饮，新病每兼形寒，故宜以小青龙汤汗之，以散内饮外寒也。其二：“妇人吐涎沫，医反下之，心下即痞，先当治其吐涎沫，小青龙汤主之。”吐涎沫，上焦有寒饮，本应温散而医反下之，寒邪内入而成痞证。然虽痞而犹吐涎沫，是寒饮未已。当以小青龙汤治外寒内饮，俟涎沫止而后治痞（用半夏泻心汤）。

白虎汤出《伤寒论》第176条：“伤寒，脉浮滑，此表有热，里有寒，白虎汤主之。这里，“里有寒”系宋版《伤寒论》原文。白虎汤证医无不晓者，惟自本条出则讼诉盈庭，千载不休。宋臣林亿等在原文下注云：“臣亿等谨按前篇云：热结里，表里俱热者，白虎汤主之……此云脉，浮滑，表有热，里有寒，必表里字差矣。又阳明一证云：脉浮而迟，表热里寒，四逆汤主之，以此里差自明矣。”《医宗金鉴》则直改“里有寒”为“里有热，既与临床相合，且胆识独具，堪为钦佩。此条辨阳明病表里俱热的脉证与治法。表里俱热，而尚未成胃家之病，治当辛寒清热，方用白虎汤。白虎乃西方金神，取类比象名汤者，盖取金气御热，秋金得令，而暑清阳解；此四时之序也。还有第219条：三阳合病……白虎汤主之。”本条虽有三阳合病之名，而无三阳合病之实，或初为三阳合病，现已发展成阳明燥热壅滞，胃气不能下行，气滞于腹，非阳明腑实之腹满可比；胃热炽盛，消耗津液，口舌焦燥，食不知味而“口不仁”；阳明热盛，熏蒸胃肠，浊气上泛，因而“面垢”，胃热循经上扰，神明不安而“谵语”，热盛神昏，膀胱失约故“遗尿”。此时病人自汗出，表明邪虽重而津液未竭，故可投白虎汤以滑之。此外，《伤寒论》第26条、170条、168条、222条分别论述了太阳病汗多伤津，气津两损、阳明热盛津伤、伤寒吐下后热结在里而热盛津伤的证治及禁例，皆用白虎加人参汤清气泄热，益气生津。另外，《金匮要略》还有治温疟用白虎加桂枝汤，亦为白虎汤的加减应用范围。

《伤寒论》在论述过汗伤阳而导致阳虚水泛时，可选用真武汤治之。真武者，北方少阴司水之神也。以之名汤者，赖以镇水之义也。本书涉及真武汤证，凡两条。其一为第82条：“太阳病发汗，汗出不解，其人仍发热，心下悸，头眩，身瞤动，振振欲擗地者，真武汤主之。”其二为第316条，皆为少阴阳虚水泛的证治。太阳病汗出过多，过汗伤阳，水寒内生，以致为悸、为眩、身瞤动。少阴阳衰，司水无权，水邪漫散，正虚与水寒相交为病，重点在肾。故急用真武汤镇摄北方阴阳之气，炮附子辛热以壮肾阳，使水有所主，姜附同用，助阳而宣散水气；附芍同用，刚柔相济，既能温经，又能开痹，苓术同用，渗水固土。药止五味，专为少阴阳虚水泛而设。若仅见阳虚而无水气，或仅有水气而无肾阳虚，皆不属真武汤主治范围。

通览《伤寒》《金匮》，仅见四神汤中之白虎、青龙、真武三神，四神南北对应，左右相随，为何张仲景方独缺朱鸟？又青龙既分为大小青龙汤，为何白虎、真武不分大小？根据中华民族的文化传统，可以肯定地说，张仲景原书《伤寒杂病论》中有朱鸟汤，只是星转斗移，历史变迁，记载着大量古代经方的《伤寒杂病论》等书亡佚太早、大久，就连晋代王叔和在复辑本书时亦很难见其原貌了，遂给我们留下一个千古迷案。

笔者在辑校唐代名医甄权《古今录验方》时，有幸考察了一些古代医史文献资料，从《敦煌古医籍考释·辅行诀脏腑用药法要》（以下简称《辅行诀》）一书中终于找到了答案。据《辅行诀》所载：“弘景曰：外感天行，经方之治，有二旦、六（当为四）神大小等汤。昔南阳张机，依此诸方，撰为《伤寒论》一部，疗治明悉；后学咸尊奉之。”这里，陶弘景明确地告诉我们，张仲景依此诸经方，撰成《伤寒论》，运用其治疗外感天行病。所以《伤寒论》中应当包括二旦、四神大小等汤，即大小阳旦汤、大小阴旦汤、大小青龙汤、大小白虎汤、大小朱鸟汤、大小玄武汤等一十二方。它们全是属于东汉以前古佚经方的一种。张仲景不可能只收载青龙、白虎、真武而漏掉朱鸟，也不可能只收载大小青龙汤而其他几神不分大小，因为四神古佚经方原本就是分大小的。另据《伤寒论》及《金匮要略》中只记载“阳旦证”而未收载阴旦汤的千古悬案，笔者已在《古佚经方阴旦汤、阳旦汤考释》一文中作了考证，从宋臣林亿等在校注时出注“阳旦汤即桂枝汤”来看，说明直到宋代都没有人能够看到二旦、四神大小等汤的原始资料。今天我们通过《辅行诀》终于见到了古佚二旦、四神大小一十二个经方，正说明了《辅行诀》文献价值的伟大与珍贵。

《辅行诀》历代未见著录。原为卷子本，藏于敦煌千佛洞。当年伯希和盗运文物时幸被一装车道士救下，后辗转流落中国民间。此书题为“梁华阳隐居陶弘景撰”，虽经后人注释整理过，但由玄武汤皆未改为真武汤，不避宋讳，说明整理当在宋之前，比较接近原貌。

四神汤八方，皆为天行热病而设，故在《伤寒论》中皆可查到它们的踪迹。透过分析不难看出，《辅行诀》中的大青龙汤，即《伤寒论》之小青龙汤；而小青龙汤，即《伤寒论》之麻黄汤；大白虎汤，即《伤寒论》之竹叶石膏汤易人参为半夏，小白虎汤，即《伤寒论》之白虎汤，大朱鸟汤，即《伤寒论》之黄连阿胶汤加人参、干姜，小朱鸟汤，即《伤寒论》之黄连阿胶汤，大玄武汤，即《伤寒论》之真武汤与理中丸合方，小玄武汤，即《伤寒论》之真武汤。《辅行诀》四神诸方与张仲景著作相同相似，足以证明两者确实同源于《汤液经法》。陶弘景在《辅行诀》中写道：“商有圣相伊尹，撰《汤液经法》三口，为方……凡共三百六十首也。实为历代医家之规范，苍生护命之大宝也。”“汉晋以还，诸名医辈，张机、卫汜、华元化……咸师式此《汤液经法》，愍救疾苦，造福含灵。其间增减虽各擅其异，或致新效，似乱旧经，而其旨趣，仍方圆之于规矩也”。这里不难看出，张仲景、华佗等名医都是效法《汤液经法》的。虽各有增减，创新发挥，但仍没有逾越《汤液经法》之规矩。那么，为什么《伤寒论》中只显现四神汤中的三神四方呢？陶弘景在《辅行诀》中告诉我们：“青龙者，宣发之方，以麻黄为主；白虎者，收重之方，似石膏为主，朱鸟者，清滋之方，以鸡子黄为主；玄武者，温渗之方，以附子为主……升降阴阳，交互金木，既济水火，乃神明之剂也。张机撰《伤寒论》，避道家之称，故其方皆非正名也，但以某药名之，以推主为识耳。”这就是张仲景《伤寒论》四神汤方记载不全的原因所在。也就是说：张仲景四神汤八方在《伤寒论》及《金匮要略》中方方皆有，只是避道家之称，一些方剂没有用其正名，而是以某药命名罢了。

参考文献

[1] 马继兴主编. 敦煌古医籍考释. 辅行诀脏腑用药法要. 江西科学技术出版社，1988.

[2] 清·吴谦等编. 医宗金鉴. 第一分册，人民卫生出版社，1973.

[3] 成都中医学院主编. 伤寒论讲义. 上海科学技术出版社，1966.

[4] 湖北中医学院主编. 金匮要略讲义. 上海科学技术中版社，1963.

[5] 李培生主编. 教学参考丛书. 伤寒论. 人民卫生出版社，1987.

[6] 谢盘根. 古佚经方“阴旦汤、阳旦汤”考释. 河南中医，1995；2（15）：72.

[《河南中医》1996；16（3）：10]

妇人“热入血室”新解

马德孚　新疆中医学院

妇人“热入血室”之证载于《伤寒论》，复见于《金匮要略》，虽仅只四条，但此证的病机证治论述较全，历来注家注释颇多，对当今临床有指导意义。余在临证之中对此证的理解有些不同的认识，提出以求正于同道。

一、关于经水“适来”“适断”本意的商榷

1. 历来医家对“适来”“适断”的看法　经水“适来”，历代医家共同认为是正值妇人行经，血室空虚之时，感受外邪乘虚而人，邪与血相搏，伏居血室为导致本病之病因。

经水“适断”，注家多执“表邪乘血室空虚入于血室与血相搏而血结不行，经水所以断也”之看法。

2. 对“适来”“适断”的不同认识

（1）经水“适来”。笔者在临证中诊治于月经期出现类似外感之证的患者。每每作感冒治疗而效罔。询问时常否认经期感受风寒。详细追问，亦都曾有正值月信时有过外感的病史，导致以后每至经期出现恶寒，低热，呕恶，头痛，酸楚之症状。余窃思“热入血室”除因行经之时血室空虚，感受外邪，乘虚而入与血相搏即病之病因外，还有一层含意，就是有些患者有过行经外感，因正气不足导致外邪伏居于血室，而以后一到行经，血室空虚，伏邪乘虚外发作祟而变成斯证，恰如《内经》所云“冬伤于寒，春必病温”。是伏气外发为患之机理。其因为“经水适来”，血气虚乏，正不胜邪之故。这是作为诊断“热入血室”的一个重要临床指征，其特点是每至经期，不论是否感受外邪，都出现外感之证，即“发热恶寒”，“续来寒热，发作有时”之谓也，且都有月经期有过外感的病史。临床中不注意这个特点常易作为一般外感诊治而收效甚少，其因就在未甚解《伤寒杂病论》之经旨。所以“经水适来”应包含月经时感邪即发和月经时伏邪外发这二层意思。（2）“经水适断”历来医家都作“邪与血结于血室”而月经停断解。笔者在临证中尚未见因经期外感而导致经停血结之患者，余认为此“适断”应与“适来”结合起来理解，意为月经适时而来适时而断，即指妇人正值行经之时间而言，仲师此处明白告知，妇人月经潮至、感受外邪，邪乘虚人于血室变为斯证，这才不失仲师本义，如作血结而经断续，拘于一“断”字作经停理解，常易导致误诊，似有死于句下之嫌。据此斗胆提出经水“适来”“适断”是指妇人月讯来潮生理之特定时间。“热入血室”正是妇女特殊生理时的一种外感病患，它不同于一般的外感疾患，故《金匮要略》收载在妇人杂病篇，《伤寒论》也特别指出妇人经讯期间。故命名“热入血室”来与一般外感热病相区别，也是诊断此证之眼目。

虽仲师有“暮则谵语，如见鬼状”，“如结胸状”等症状的描述，不能据此就认为“适断”是血结瘀滞而停经。谵语在暮时，正是血归于肝。阳入于阴时，因邪伏血室，肝血受扰，不能归宅，阳不潜藏而躁扰谵语，不同于热结阳明或热陷心包之谵语、神昏。亦不同于太阳蓄血证之发狂、如狂。况且条文中亦有“下血谵语”之描述，更证此病之谵语不全因瘀血形成。故不能攻下逐瘀和清营凉血，只需从肝胆调治。冲脉隶肝，气血不调则肝经气血郁滞，出现胸胁满痛，但不是血结于内，仲师只言“如结胸状”，以小柴胡汤为例强调治在疏泄肝胆气机。综上所述，提出“适断”不是血结瘀阻之停

经，而为行经之时。故提出“适来”“适断”为月汛来潮之谓，有无邪入血室与血相结而停经呢？不可否定，如经停当为“热入血室”之重证。治当别论，恐不是小柴胡汤施治所能取效矣。

二、“热入血室”用小柴胡汤之机理

小柴胡汤为《伤寒论》少阳病之主方，具和解表里，清解内陷之邪，使邪从少阳枢转外出。“热入血室”运用小柴胡汤之机理在于：

1. 前言热入血室为外邪内陷于血分，正在气血之间，阴阳两界。而小柴胡汤为半表半里之剂，有从里透表，从阴出阳之功，故能从血中透邪外出，正如叶天士所云“入营犹可透热转气”，让内陷之邪外达，导泄伏郁血室之邪而解。

2. 妇人以血为本，以肝用事，血室内隶于肝，肝胆互为表里，邪内伏于脏治其所合之腑，使邪有出路，故仲师明训“诸病在脏，欲攻之，当随其所得而攻之……。”所以疏泄胆腑，使伏于血室之邪从少阳枢转，从而达到治疗之效用。

3. 叶天士在《温热论》中，论及热入血室之治法时，在小柴胡汤基础上去甘药加活血药桃仁、归尾、延胡索之品；调气药香附、枳壳、陈皮之属，独具匠心。邪陷血室，往往宜致气血瘀滞，于方中加上活血调气之品，更为抵当。余在临诊中常师叶天士之法而取效。

临证之中，遵循仲景之说，治疗“热入血室”20多例，均获良效，今录二例以为佐证。

病例1：患者朱某，女，27岁，新疆财政厅干部，1988年10月25日就诊。主诉：正值经期，恶寒，午后潮热，口苦，时干呕，头痛，纳差，乳房胀痛，经色黑有瘀块。一年来每逢月经时就出现感冒症状，常服治疗感冒之中、西药，效不显。月经净后，诸症自行好转。诊查：脉弦滑，右寸洪滑，苔薄白，舌质边缘有少许瘀斑。印象：热入血室。处方：柴胡10g，黄芩10g，法夏10g，茯苓12g，赤芍10g，郁金10g，桃仁10g，蔓荆子10g，五味子10g，生姜3片。5剂。

患者1989年因它疾前来就诊，言及月经期间感冒症状，自1988年服药后尽瘥，一年多来证未再现。问余此为何病，为什么平时不感冒，月经期就出现感冒而服用中西药皆无效，余告之此为“热入血室”，释之方知经方之妙。

病例2：王某，女，33岁，已婚生一胎，乌鲁木齐市公共汽车公司职工，1990年12月4日就诊。主诉：恶寒，低热（37.6℃）已二天，咳嗽，痰不多，口苦而干，胸胁闷胀，乳房胀痛，全身酸楚，月经来潮，色黑有块。诊查：脉浮弦（右寸洪大），苔薄稍黄，舌体胖有瘀斑，目睛亦有瘀斑。患者三年来，每逢经期就出现恶寒，低烧，咳嗽等上感症状，一直作感冒治，效不显，经净逐步好转。印象：热入血室。处方：柴胡10g，白芍10g，法夏10g，黄芩10g，川芎10g，赤芍10g，桃仁10g，丹参10g，制香附10g，枳壳10g，桑叶10g，杏仁10g，前胡10g，生姜3片。5剂。

1991年1月2日月经来潮又出现类似上述证情，按前法治疗之后，至今未再复发。

三、小结

“热入血室”一证载于《伤寒杂病论》经典著作之中，文词古奥，且“热入血室”之病名亦不通俗，学子常不能尽解其要领，通观四条小结如后：

1. 病因　妇人行经之时感受外邪即发为病或感邪内伏至月经再行之时外发为病。月信时是本病的特定环境。

2. 病机　经行之际，气损血亏，感受外邪，乘虚而入血室，冲任之脉受损。冲、任为阴血之海，肝经所主，其脉上连胸胁，下通胞室。邪陷血室，气血阻滞，循经上干胸胁，可出现胸胁胀满或乳房作胀；邪热内扰，神魂不舍，则暮则谵语；肝胆气机不调，出与阳争则热，入与阴争则寒，故出现寒热如疟。

3. 症状　轻者，月经来潮之时，恶寒，晡时潮热，口苦泛恶，头痛，身酸楚等。重者，除上述证情外可出现胸胁闷胀，乳房胀痛或硬结，经行不畅，甚者亦有经停不行。

4. 治方　小柴胡汤去甘药加活血调气之品，使内陷之邪外达，导泄伏郁血室之邪从少阳枢转外解。

[《湖南中医学院学报》1996；16（3）：8]

初探《伤寒杂病论》在肛肠病的应用

徐元庚　江苏省泰州市中医院

《伤寒杂病论》，在中医学术界千百年来一向为历代医家所推崇，笔者通过长期临床体验，试将仲景伤寒杂病论的部分内容与肛肠病有关的论述初步探讨，现简要介绍如下：

一、痔病小肠有热　便血症分远近

痔者，峙也，古有“凡人九窍中小肉突出者，皆曰痔”。这是一种痔的定义概述，但肛门部也有痔无小肉突起而以便血为主曰痔之说。《内经》云“因而饮食，筋脉横解，肠癖为痔”。为历代医家论痔的主要论据，明代《古今医鉴》说“肠癖者大便下血也”。仲景在《金匮要略》“五脏风寒积聚脉证并治第十一”“大肠有寒者，多鹜溏，有热者便肠垢；小肠有寒者，其人下重便血，有热者必痔”。这里对痔的病因病机作了精辟的论述，小肠有寒，古人说“能腐而不能化，鹜溏形大便稀薄淡如鸭类”，由于小肠寒而则水谷不化，阴血下行，故有肛门下堕大便出血症状。有热者，浊气下注肛门，肠内脂液垢腻，经络受阻而生痔核，总之人受寒或受热都能使肠道感染而引起痔疮，仲景特别指出有热者必痔。又如伤寒论114条“太阳病，以火熏之，不得汗，其人必躁，到经不解必圊血”。这里圊血即大便出血，由于火热入营，伤及阴络迫血下行。经云“阴络伤则血内溢，血内溢则后血”。也说明因火热所致阴络伤而便血。另外对诊断治疗也有论述，如《金匮要略》“惊悸吐衄下血胸满瘀血病脉证治第十六”中说：“病人自无血色，无寒热，脉沉弦有衄、浮弱、手按之绝者，下血。”又说“下血先便后血，此远血也，黄土汤主之；下血先血后便，此近血也；赤小豆当归散主之。”二方为历代医家对其辨证治疗奠定了基础，后世尊此继承与发扬，为治疗便血积累的宝贵经验都是据此理论而鉴别远血与近血的。《医宗金鉴》记载“先便后血此近血也，谓血在肠也，即古所谓肠癖为痔下血，今之所谓脏毒肠风下血也”。唐容川说“近血者，即今之脏毒痔论常脓血者也”。《景岳全书》说“血在便后者，其来远，远者或在小肠或在胃；血在便前来者，其来近，近者或在广肠或在肛门。”结合现代医学检查诊断，远血是上消化道出血，近血的辨证包括内痔、肛裂，直肠息肉、肛门直肠肿瘤等，掌握这个要点，就不难鉴别远血和近血，在辨病的基础上与辨证相结合，就可以得到正确施治。

二、阴吹示瘘通肠　狐病发于肛阴

《金匮要略》“妇人杂病脉证并治第二十二”说“胃气下泄，阴吹正喧，此谷气之实也，膏发煎导之”。古人所称的阴吹实为现代阴道直肠瘘，瘘道细小者，肛门排气时常有气体从阴道排出，古人称阴吹，瘘道粗大粪便可以阴道流出，古人称为交肠。张仲景认为阴吹为谷气实，提示瘘道通肠，这是对医学的一大贡献，较国外对阴道直肠瘘的认识早几百年。今天之手术疗法已弥补了过去药力的不足，使患者都能恢复健康。《金匮要略》“百合狐惑阴阳毒病证治第三”说“蚀于喉为惑，蚀于阴为狐……甘草泻心汤主之。”又说“蚀于下部则咽干，苦参汤洗之；蚀于肛者，雄黄熏之”。另外还说“病者脉数，无热微烦，默默但欲卧，汗出，初得之三四日，目赤如鸠眼，七八日目四眦黑，若能食者，脓已成也，赤小豆当归散主之”。上述之病相当于现代肛门溃疡、肛门湿疹、肛门搔痒症、肛窦炎之类病，篇中提及的四首方剂笔者临床应用对上述之病用之甚效。篇中提及一种狐惑病类似证，且肿痛发生于大肠近下处，热毒已燃化脓，临床上肛周疾病因湿热蕴毒引起者较为多见，所以我们对肛门直肠脓肿，用赤小豆当归散除湿排脓血，用之效果良好。

三、痔瘘饮食禁忌　做到防重于治

《金匮·禽兽鱼虫禁忌并治篇》说“白羊黑头食其脑作肠痈”又说“食狗鼠余，令人发瘘疮。”还说“凡蜂蝇虫蚁等多集食上，食之致瘘”。饮食本是摄取营养维持机体生命活动的必要条件，但如饥饱失常，饮食不洁，或偏嗜太过则易发生疾病，如食羊肉、狗肉，因其性温能壮元养身而能助火，故可发生肠痈瘘疮，蜂蝇虫蚁多集食物之上，使食物不洁，食之伤人而生瘘疮。《金匮·果实等谷禁忌并治篇》说“莼多食，动痔疾”。和“野苣不可同蚕蛹食之，作内痔”。莼是艾名，是江浙湖中产的艾椭园形有柄浮在水面，嫩者可食，性滑多食易发痔疮，野苣性苦寒能治痔，与蛹同食多生内痔，这就是告诫我们平时饮食的禁忌，以及节制辛辣厚味，注意锻炼身体，保持大便通畅，使痔疮少生，做到“正气存内，邪不可干”，古人对防重于治，《内经》云“正气存内，邪不可干”，古人对防重于治，《内经》云“圣人不治已病治未病。”这说明医生对诊治疾病有预见性，应该采用防微杜渐的处理方法，仲景根据这一理论提出“夫治未病者，见肝之病，知肝传脾，当先实脾”。这就是治病的预见性和防病的方法。

四、学习伤寒金匮　继承运用发展

仲景治疗肛肠疾病，由于擅抓病机，详辨病性，谨订病位，严密组方，所以如钥投锁，疗效卓越。故应认真学习，发扬光大。仲景在《伤寒杂病论》中记载肛肠疾病很多，除痔、瘘、便血、阴吹、狐等病症外，还记载了下痢、便秘、瘀血、小便不利等治疗方法，其病因、脉证、诊断、治疗等内容相当丰富，其精华甚多，我们应当进行探讨。现代运用清热活血方剂治疗痔疮肿痛、出血就是来源于仲景学说“小肠有热者必痔”的思想为指导，赤小豆当归散治疗肛窦炎、肛周脓肿、内痔出血等用之有效。市场出售的化痔丸、脏连丸等都是以清热凉血，活血为主的方剂。黄土汤为温阳健脾、坚阴止血的方剂，对脾气虚寒之内痔出血，慢性结肠炎之出血用之甚验，方中温阳而不伤阴，滋阴而不损阳，刚柔相济，真是用药匠心独具；还有麻杏石甘汤、小柴胡汤治疗痔疮肿痛，以及出血，术后尿潴留，日本和中国肛肠病杂志均有报道，笔者运用该方确实有效。还有黄连阿胶汤治疗阴虚火旺之内痔出血，肛门神经官能症屡用有效。笔者运用大黄牡丹皮汤治疗血栓外痔，内痔嵌顿、肛门脓肿初期、肛瘘感染期，肛裂等获效甚多，效果满意。肛肠专科医师对患者的大便调整特别重视，因便秘是肛肠病的主要病因和症状，沿用二千多年的麻子仁丸润肠通便用之确有奇效，运用该药使痔疮病人大便通畅，以达到治愈痔疮的目的。

上述简要说明伤寒杂病论在肛肠病的临床应用体会，仅是初探，我们应遵循其制方规律随机应变，仲景之方在该科的应用还须今后不断体验提高。

[《黑龙江中医药》1996；(3)：51]

试论张仲景论治杂病重在治脾

杜建忠　董秋梅　内蒙古医学院

脾胃位居中州，斡旋上下，转五味而生万物，治中央且营四末，故为五脏六腑之海、气血生化之源、后天之本。脾运健，则气血、阴阳俱荣，脾胃衰、化源乏绝，则机体各部俱衰。本于此，仲景论治杂病重视治脾，而治脾法中尤重温阳健脾。笔者就仲景这一学术思想，略呈管见。

一、仲景治脾法之范围及方药概略

仲景在《金匮要略》论及内、外、妇科杂病约60余病证，笔者初步分析，从脾胃论治者达28个病证，近占三分之一。判定这类病证的原则有二：一是凡病位明确在脾胃、大小肠，且其病机直接由脾之运化、胃之和降、大小肠之传化功能失司而为病者，皆属脾胃系病证，如腹痛、腹满、呕吐、呃逆、反胃、泄泻、痢疾、脾约、便血、宿食等；二是病位虽不在或主要不在脾胃，但其病机或与脾失健运有关，立法分别以温中散寒、健脾除湿、和胃降逆、温阳化饮、甘温补中、清胃泄热、除湿退黄等为主，且制方成分有半数以上其功效、归经、主治主要在脾胃者，如寒疝。痰饮、水气、胸痹、奔豚、头痛、黄疸、消渴、虚劳、脏躁、梅核气、肾着、湿痹、肺痿、狐惑、妊娠恶阻、脘阻腹痛、胎动不安等，虽非典型脾胃病证，但仲景以脾论治之法、方甚多。凡符合上述标准二条之一者，笔者认为皆属治脾法之范畴。

《金匮要略》正文方剂共181首（不含附方及杂疗等三篇之方剂），其中符合上述治脾法之方剂有56首，约占31%，而56首中温阳健脾之方有37首，占66%。从用药看，《金匮要略》用药共156种[1]，仅上述56方中，归经及主治为脾胃者达43种，占总用药数的27.5%，其中性味辛甘苦温一类药约占20余种，占上数二分之一。在181首方剂中选用方次最多的药物，依次是甘草、桂枝、生姜、大枣、半夏、芍药、干姜、茯苓、人参、附子……[2]。仅举此前10味药，除芍药、甘草、茯苓外多为辛甘温热之品，而苓、草虽甘平，亦调理脾胃之要药，芍药虽酸苦微寒，却兼入脾经，能土中泻木，皆不少治脾之意。另有报道《金匮要略》205方，有71方主治或兼治消化系疾病[3]。其统计虽欠准确，然亦从中证明仲景杂病论治法重治脾之论不谬。

二、仲景杂病治脾法的具体运用

1. 脾胃系病法当治脾　仲景治疗脾胃系杂病，多取温、下、清三法，而尤以温法为主。如温中散寒止痛以治腹痛腹满，用大建中汤、附子粳米汤；暖肝温胃止呕以治吐涎头痛，用吴茱萸汤；益气润燥降逆以治胃反，用大半夏汤，温胃散寒止呕以治呕哕，用半夏干姜散、橘皮汤；温阳健脾摄血以治便血，用黄土汤；温补脾肾止泻以治泄泻，用四逆汤、桃花汤等。以上皆温阳健脾证治之范例。下法用治热结、寒结、燥结、宿食停滞肠腑之证。如清热攻下、行气导滞以治腹满，下利，宿食，多用大、小承气汤；温阳散寒通腑以治寒实内结，用大黄附子汤，清胃滋脾润肠以治脾约，用麻子仁丸等。清法用于脾胃病证。如清热生津益气以治消渴，用白虎加人参汤，清热和胃降逆以治呕哕，用大黄甘草汤、橘皮竹茹汤，清热凉血止痢以治热痢，用白头翁汤，清热止痢降逆以治痢疾兼呕，用黄芩加半夏生姜汤；清热养阴止痢以治产后下痢阴伤，用白头翁加甘草阿胶汤等。其次以和法治疗呕吐腹满尚有半夏泻心汤和病兼胆胃的大、小柴胡汤，其实质亦不离治脾。

2. 非脾胃系病法从治脾　胸痹为胸阳不展、阴寒凝滞而致之病，故仲景主要以通阳宣痹、行气开结为法，急以治标，但对正虚日久、病情略缓者，则用人参汤温健中阳，以资助阳气生化，缓图胸阳渐复、阴凝疏散，胸痹可除。它如法兼健脾化饮治胸痹心痛之桂枝生姜枳实汤；橘枳姜汤、茯苓杏仁甘草汤，皆存治脾之意。

虚劳涉及气血阴阳之亏损，临床见证纷繁，《金匮要略》述证亦杂，仲景论治虽法及调补脾肾心肝，然尤重温补中焦，以健运后天、平调阴阳。《金匮要略》治虚劳以补虚治本为主者共6方，其中4方以甘温补中、平调气血阴阳为法，以小建中汤和黄芪建中汤为其代表方。它如法兼潜镇摄纳之桂枝加龙牡汤，或兼疏风散邪之薯蓣丸，亦多从脾胃入手，建中气而助化源，燮阴阳而理虚损，创治虚劳求中气之大法，开甘温除热之先河。

肺痿为肺气痿弱不用之疾，不论肺热叶焦或肺中虚冷，仲景施治皆不离中焦。治疗虚热肺痿的麦门冬汤，不但重用麦冬甘寒以润养肺胃，尤妙在治燥不避甘温苦降，配用参、夏、枣、甘、粳米温养脾胃，建立中气，俾脾气健运、散津于肺，何虑肺燥不除、气火不降？此法既有利于振复肺气以治本，又可制约大量麦冬之过于滋润而除肺痿咳吐浊唾涎沫之标。仲景用药之超凡脱俗，于此可略窥一斑。虚寒肺痿，历代医家皆谓上焦阳虚、肺中虚冷之证，然仲景明示其症“不咳”，且“必眩，多涎唾”，虽病机为“上虚不能制下”[4]，但病本仍与中阳虚衰、痰浊中阻、土不生金有关。故仲景所用甘草干姜汤药虽二味，但可兼顾肺脾，与麦门冬汤用药相异而理则一也。

仲景治胞阻、恶阻、胎动不安等妇科病，除善用调和肝脾之法外，亦多用健脾调中方法．如治脾阳素虚、寒湿阻滞之胎动不安用白术散，治脾胃虚寒、饮阻气逆之妊娠恶阻用干姜人参半夏丸，二方虽性偏温燥，似与胎元不利，但仲景遵《内经》有故无殒之旨，有是证则用是药，使病除而胎安。仲景还借桂枝汤温脾暖胃以滋阴和阳，治疗妊娠恶阻，虽不安胎而胎自安、不降逆而呕逆除，其辨证用药真可谓心小胆大、机圆而法治也。

狐惑为湿热虫毒内浸外淫之疾，仲景除对局部皮肤症状为主者配合熏洗外，主用甘草泻心汤清热解毒、安中燥湿、扶正祛邪，全方7味药，无一不归脾胃。肾着本为寒湿留著肾府之病，《金匮要略》亦云“饮食如故，病属下焦”，但仲景用药全然不用温肾散寒祛湿之品，而制甘姜苓术汤，治从温运中焦、祛化寒湿。其他如治奔豚之苓桂甘枣汤、桂枝加桂汤，治湿痹之桂枝附子汤等三方，治寒疝之赤丸，治梅核气之半夏厚朴汤，治脏躁之甘麦大枣汤，以及大量治痰饮、水气、黄疸的法与方，无不揭示仲景治疗杂病法重治脾这一学术思想．难怪明·方广强调说“调理脾胃为医中之王道”（《丹溪心法附余》），酌古鉴今，始信其言诚承前启后，直中肯綮之论也。

参考文献

［1］段光周等编．金匮要略手册．重庆：科学技术文献出版社重庆分社，1988：343.

［2］同［1］350－370.

［3］周胜生．国医论坛，1995（3）；6.

［4］李克光主编．金匮要略讲义，上海：上海科技出版社，1985：79.

［《中医函授通讯》1996；（4）：9］

试论太阳杂病

王明杰　四川省泸州医学院

黄淑芬　四川省泸州医学院附属中医院

《伤寒论》非外感专著，六经为百病立法，古今不少伤寒名家对此作过精辟阐述，但囿于书名及“六经辨伤寒，脏腑辨杂病”的习惯性认识，迄今人们仍多习惯于从外感病角度看待该书，因而在很大程度上削弱了其在杂病临床的指导价值。随着社会的发展，医学模式的转化与疾病谱的改变，各种杂病对人类健康的危害日益上升。因此，深入研究伤寒六经在杂病中的实际运用，应是仲景学说研究的一项重要课题。前人有云：“太阳一经，乃伤寒家开手功夫。”兹本着“循名求实，勘误求真”的精神，试提出“太阳杂病”之说以为引玉之砖。错谬之处，望乞指正。

一、太阳病内含杂病

本文所称太阳杂病，顾名思义，即是太阳病中的杂病，或者说是杂病中按六经辨证可辨为太阳证者。仲景所提出的太阳病内是否包含有杂病？各种杂病病程中可否出现太阳证候？为了回答这些问题，需要先对太阳病的内涵与外延略加讨论。

通常认为，太阳篇第1条为太阳病的基本脉证提纲。徐大椿说：“脉浮头项强痛恶寒八字，为太阳一经受病之纲领，无论风寒湿热，疫疠杂病，皆当仿此，以分经定证也。”徐氏之说，可谓独具慧眼。从仲景原著看，书中所论及的太阳病，除了太阳篇的太阳中风、太阳伤寒、太阳温病外，尚有《痉湿暍篇》的太阳痉病、太阳湿痹、太阳中暍，《金匮·水气篇》的太阳风水等，可见徐氏之言不谬，仲景并未将太阳病局限于伤寒范围。该条中未言发热，注家或谓“早期可能尚未发热”，或谓“恶寒二字即暗含发热在内”，总之认定发热当为必有之证。笔者认为，这只是从外感热病的角度来认识太阳病。从杂病角度看，不提发热正好表明太阳病概括杂病在内。如风湿病往往见脉浮，骨节疼烦、恶风不欲去衣，而不一定发热。《伤寒论》五版教材将其列为太阳病类似证，排除在太阳病之外。实际上乃是太阳杂病，可称为太阳中风类似证或太阳伤寒类似证，而不应否认是太阳病。

从临床上看，太阳病不仅常见于外感热病初期，而且常见于许多杂病初期。笔者对《中医内科学》五版教材作了统计，全书所列 49 个病种的辨证内容中，出现表证者有 24 个病种，约占二分之一。究其原因，外邪是导致杂病的一个重要病因。《金匮》提出“千般疢难，不越三条”，前两条均系感受外邪。据统计，书中论述外邪侵袭而致杂病的条文约占全书三分之一，其中由外邪直接引发者涉及 17 篇，计 108 条，为全书条文的 27%。足见杂病虽重在内因方面，却与外邪密切相关。太阳作为人体防卫病邪入侵的第一道屏障，外邪侵袭，首当其冲，故发病机会甚多。太阳病是内外各种致病因素引起太阳所属脏腑经络及其气化活动失调病变的总称，应包括太阳热病与太阳杂病两大类。后者易为学者忽略，故有认真研讨之必要。

二、太阳篇中多杂病

伤寒与杂病合论，是仲景著作的一大特色，太阳篇体现得尤为突出。该篇 178 条中，专论太阳外感病者仅占十分之一二，余皆兼论或专论杂病。关于杂病内容的认定，柯韵伯曾指出：“凡条文中不冠伤寒者，即与杂病同义。”其说有一定道理，但过于简单化，尚需逐条进行分析，看其是否具有杂病的特点（如病程较长，主症突出，无发热或发热非主症等）。下面仅就与太阳有关的杂病，即太阳杂病加以讨论。

1. 外邪引发宿疾　素有杂病宿疾的患者，一旦新感外邪，即可被引而发作。如 18 条“喘家作”，41 条“伤寒，心下有水气”，均属此类。一般称前者为太阳中风兼证（兼喘），后者为太阳伤寒兼证（兼饮）。细加分析，两条的重点实在于喘或咳，表证居次要地位。从临床上看，多见于慢性支气管炎、支气管哮喘之类患者，其机体免疫功能往往低于正常人，易于感邪发病，按病名诊断应为喘证或支饮，属杂病不属伤寒。由于伴有太阳表证，不妨称为太阳喘证、太阳支饮。传统称作中风兼喘、伤寒夹饮，似嫌本末倒置。

2. 外感导致杂病　外邪侵袭人体直接导致杂病，在太阳篇中亦不少见。其中可归属太阳杂病者，如以身体疼烦、骨节疼烦为主症的太阳风湿证（174 条、175 条），以下利或呕吐为主症的太阳阳明合病（32 条、33 条），太阳少阳合病（172 条）。后两种合病为下利、呕吐而兼见太阳表证，其表证明显者，仲景治以葛根汤发汗解表止利，开后世“逆流挽舟”治泄泻之先河。再如第 13 条：“太阳病，头痛、发热、汗出、恶风，桂枝汤主之。”多数注家释为太阳中风证治，如此则与 12 条雷同，无甚意义。唯柯韵伯谓：“此条是桂枝汤本证，辨证为主，合此证即用此汤，不必问其伤寒、中风、杂病也。”指出桂枝汤本证可出现在杂病中，是其卓识。同理，第 35 条：“太阳病，头痛、发热、身疼、腰痛、骨节疼痛、恶风、无汗而喘者，麻黄汤主之。”历来认为系太阳伤寒证治，实际上亦常见于杂病中。《中医内科学·喘证》（五版教材）中所述“风寒袭肺证”：“喘咳气急，胸部胀闷，痰多稀薄色白，兼有头痛，恶寒，或伴发热，口不渴，无汗，苔薄白而滑，脉浮紧。治法宣肺散寒，方药麻黄汤加减。”两相对照，如出一辙，不过后者突出喘为主症而已。考仲景原文，麻黄证八证并列，而未分主次，正是给后之学者，留下了灵活运用的余地：以喘为主，即是太阳喘证；以头痛为主，即是太阳头痛证，以腰痛为主，即是太阳腰痛证，以无汗为主，即是太阳无汗证；以发热恶寒为主，方是太阳伤寒证。凡此均是麻黄汤主治证，学者不应因《伤寒论》书名印定眼目而作茧自缚。

3. 伤寒兼夹杂病　太阳伤寒（包括中风）的同时，又存在某些杂病为患，从而形成伤寒、杂病兼夹为病的复杂局面。这种情况为临床所常见。仲景书中有关论述颇多，太阳篇里诸多太阳病兼证，均可作如是观。其表里汗下先后、标本缓急治法诸条，正是为正确处理此类复杂证情提供了指导原则及具体例证，被后世奉为圭臬。第 83 ~ 89 诸条禁汗条文，亦是为各种杂病患者（淋家、疮家、衄家、汗家等）病伤寒时而设。值得一提的是，太阳篇中的诸柴胡证条文，后世注家多移入少阳篇作为少阳病看待。笔者认为其中包含不少太阳杂病内容。如 96 条所述小柴胡汤的七个或然证：“或胸中烦而不呕，或渴，或腹中痛，或胁下痞硬，或心下悸、小便不利，或不渴、身有微热，或咳”，涉及肝胆、脾胃、心、肺、膀胱等诸多脏腑，足以反映多种内伤病理体质患者，感受外邪后伤寒、杂病兼夹为患的复杂证情。小柴胡汤寒温并用，扶正祛邪，安内攘外，表里双解，故临床适应范围极为广泛。据笔者所见，柴胡证可见于外感，亦可见于杂病，尤多见于外感兼杂病者。

4. 伤寒变生杂病　太阳伤寒、中风因失治、误治而成为变证、坏病，其条文数目在太阳篇中占了很大比例。变证、坏病多不具备六经病变特征，而以脏腑功能紊乱、气血津液失调为特征，发生部位较广，病情变化复杂，故应属杂病范畴。其中若病已变坏而太阳表邪未尽者，或病变发生于太阳所属脏腑者，则可归入太阳杂病。如太阳表邪不解，随经入腑而膀胱气化失司之太阳蓄水证（71条、74条），太阳误下后表邪未解而邪气内陷或脾阳受损，以致利下不止的协热利证（34、163条）；太阳发汗太过损伤卫阳之阳虚漏汗证（20条）、耗伤营阴之营虚身痛证（62条）等等。再如63条："发汗后，不可更行桂枝汤，汗出而喘，无大热者，可与麻黄杏仁甘草石膏汤。"证属邪热壅肺，似无疑问，但文中"无大热"三字，颇为费解，诸家说法不一，如果从临床实际出发，则不难窥测仲景本意。笔者多年观察，该方用于热病肺热壅盛者（如肺炎），多见高热，用于杂病肺热咳喘（支气管炎），多无发热或仅有低热。可见仲景之说，盖从杂病立论。

三、太阳方药治杂病

本文提出的太阳杂病之说，从太阳篇方药来分析，更能得到充分的说明。该篇载方共74首，约占《伤寒论》全书方剂的三分之二，但其中主治太阳中风、伤寒者，仅有桂枝、麻黄、桂麻各半、桂二麻一及大青龙汤等数首，其余皆为各种兼变证而设。兼证多兼夹杂病，变证已非伤寒而属杂病。伤寒方不治伤寒治杂病，这种奇特现象在中医临床由来已久，且随着时方、温病方的发展而愈演愈烈。即如桂枝、麻黄两首太阳本证基本方，现今也多用于杂病而少用于热性病，以致有人对桂枝汤是解表剂和麻黄汤治疗热性病提出质疑。较为普遍的看法是：由于温病学派的兴起和发展，《伤寒论》的学术阵地已愈来愈狭窄，加上时方的不断出现，伤寒方在外感热病领域已无多大用武之地了，而伤寒方用治杂病，则属借用或移植，是原方主治范围的扩大运用。笔者认为，这种认识亦值得商榷。通过上述太阳杂病的论证，可知《伤寒论》一书，原是伤寒杂病合论。伤寒与杂病可分又不分。六经既辨伤寒，又辨杂病；伤寒方既治伤寒，又治杂病。仲景正是通过伤寒、杂病兼夹为患复杂情况的条分缕析，综合辨治，阐明临床辨证论治的原则性与灵活性，从而给后世学者以无穷启迪。正如日本人寺师睦宗所说："《伤寒论》中有万病，万病中有伤寒。"这是《伤寒论》一书历千百年不衰的强大生命力所在，也是仲景学说的精髓之处，值得我们认真学习，深入研究。

［《河南中医》1996；16（5）：8］

从六经气化观点探讨外邪致病的作用方式

晓东　鱼风英　武建国
内蒙古中蒙医院

中医外感病学是中医理论的重要组成部分，笔者运用《伤寒论》六经气化学说，结合外感寒温证治方药，对中医外感病的发病规律做一探讨，俾能有益于临床。

一、导致人体六经气机失调

人体六经经气循开阖枢之机，处在不断的运行变化中。若感受外邪，影响了六经经气的正常转输规律，则导致气机失调而为病。太阳、太阴为开，转输阳气阴津于周身肤表。特别是太阳，统率营卫，内通于六经，外应于六气。人体通过太阳表气的调节作用以适应自然界的气候变化，维护人体和自然环境间的协调统一。外邪初犯，经皮毛和口鼻而入，首伤太阳一经，闭卫郁营，肺气不畅最为多见。这就是外邪郁闭了太阳表气。伤寒则阴凝收敛，闭表气重。湿邪粘腻滞塞，也以郁闭表气为主。燥热之邪犯表，也首先要影响太阳经气从开的机能，多无汗或汗出不畅，故银翘散、桑菊饮、桑杏汤之类也多以辛凉疏散之品为主。若素体表虚，或风性疏泄，"汗出、脉缓"之类，也为气机失调，此乃太阳从开太过所致。若邪入少阳，也致气机失调，少阳气机失枢，乃发为风火壅郁之证。其他如邪犯阳明，直中三阴，温病伏邪之类，皆与邪所闭郁经气有关，不可不深究之。

二、损耗人体的阳气阴液

六淫外邪伤人，除致人体气机失调外，同时也不同程度的损耗人体的阳气阴液。寒、湿多伤人阳气，而寒重湿轻。燥热多伤人阴液，燥则燥伤，热则蒸灼，方式有所不同。太阳为六经之表，邪气初犯，多在太阳，寒则伤阳，故多用麻桂荆防等辛温助阳之品。湿也伤阳，只是较寒邪程度为轻，故薛生白芳散表湿之法，也用辛微温之品以助阳宣化，如羌活、藿香、香薷之类。燥热则耗损阴液，以救阴为法。在表则加芦根、沙参之类。甚则伤耗胃津，予五汁饮、益胃汤之类，再甚耗及肾液，必与咸寒养阴之品，如加减复脉汤辈。若寒邪直中三阴，则伤里阳，但此时往往有在里阳气之虚为前提。三阴之阳气，以少阴为基础，但也有太阴、厥阴之别，扶三阴之阳，一般多从先后天着眼，如理中、四逆辈。其中太阴、少阴多阳虚寒湿证，厥阴则多外寒凝滞。当然，温热之邪，也可乘人体阴液亏虚而直中于少阴、厥阴。另外温病的伏邪证，其病发于里，而蒸腾浮越于外，也有较重的人体阴液耗伤。

三、外邪和体质在性质上的从化、合化或相并

由于外邪有寒热燥湿的不同，人的体质也有阴阳虚实、寒热燥湿的区别，因此，外邪和体质相互作用就会产生性质上的从化、合化和相并的三种不同情况。所谓“从化”，是指邪气的属性与病人的体质属性存在寒与热、燥与湿等根本对立的情况时，外邪随体质不同而发生性质的变化。如阴虚阳亢之体，感受了阴寒之邪，往往发生热化的情况。在《伤寒论》中，表寒化热，邪热壅肺的麻杏石甘汤证，寒闭阳郁、内热烦躁的大青龙汤证，一般多属于此类病证。

所谓“合化”，是指病邪属性与病人体质属性基本一致的情况下，而出现的外邪和体质偏性相加而转盛的情况。如阳虚阴盛体质感受了风寒之邪而合化为阴寒病证，或阴虚阳盛之体感受了温热之邪，其气合化而发生温热病证。如果外邪和体质合化，其邪气特盛，则易于直中于里，如伤寒的直中三阴证。如果阴气先亏于内，温邪袭于外，内外合邪，也会有直中性质的温病，仍可按六经见证治之。燥湿邪气也易于内外相引而发病，故临床上发生内外邪气合化的情况较多，病情也较重。

所谓“相并”，是外邪和体质属性并无根本对立，也不一致的情况下，其邪气性质和体质偏性相合并的情况。如阴虚阳亢的偏热性体质感受了湿邪而相并为“湿热”，阳虚阴盛的寒性体质感受了湿邪而相并为“寒湿”等等。

从上可以看出，任何一种外感热病都是外邪和体质相互作用的过程，而且，内因体质是起决定作用的方面。因此，发为伤寒还是温病，不能单纯从邪的性质上考虑，而应以辨证为主。

［《国医论坛》1996；11（5）：6］

《伤寒论》辨疑法探微

田发益　四川省黑今江县联合镇医院
李顺瑜　四川省黑今江地区康复医院

辨疑法首见于《伤寒论》，是仲景用来对疾病的病因、病位、寒热、虚实模棱两可，难于分辨和经误治反思辨疑的一种诊断方法。剖析《伤寒论》辨疑法隐括之义，主要以主动探疑和被动辨疑两种形式体现。医圣不但开探疑法之先河，而且给误治辨疑提供了较完整思路。

一、主动探疑法

此法是主动探测疾病疑点，重点在探，以探定治。后世医家称之为投石问路。在探疑中，仲景主要用反探的方法，以药探、物探、饮食探等方式进行探疑的。

1. 反探　疑其疾病可能趋向的病因、病位、寒热及虚实，用“寒者热之”“热者寒之”“虚者补之”“实者泻之”的探测方法，先与少量的汤药、水谷或增减衣被等，从而使病家病情略趋好转而肯定前法，大胆用之；若病情加重则否定前案，更改治法。如《伤寒论》209 条云：“阳明病……若不大便五六日，恐有燥屎，欲知之情，少与小承气汤，汤入肠中，转矢气者，此有燥屎也，乃可攻之。若不转矢气者，此但初头硬，后必溏，不可攻之……”。

2. 药探　如《伤寒论》103 条云：“太阳病，过经十余日，反二三下之，后四五日，柴胡证仍在者，先与小柴胡汤；呕不止，心下急，郁郁微烦者，为未解也，与大柴胡汤下之则愈。”

3. 物探　如《伤寒论》11 条云：“病人身大热，反欲得衣者，热在皮肤，寒在骨髓也，身大寒，反不欲近衣者，寒在皮肤，热在骨髓也。”

4. 饮食探　如《伤寒论》202 条云：“阳明病，口燥，但欲漱水不欲咽者，此为衄。”又如《伤寒论》243 条云：“食谷欲吐属阳明也，吴茱萸汤主之，得汤反剧者，属上焦。”

综上可见，仲景探疑法不仅用于探测疾病的病因、病位及寒热虚实，还用于探测疾病的预后，为有的放矢治疗疾病提供有力的主证和佐证，这对治病广搜原野，无的放矢以求幸中的人是较好的启迪。《伤寒论》中主动探疑之条文虽载数条，然文字精炼，画龙点睛，为后世研究和发展筑下了奠基石。圣意深长，一直为历代医家所深思。

二、被动辨疑法

此法是在治疗疾病中，无意使疾病转逆，治疗处于被动中，通过转疑反思，辨明疾病疑点，调整治法。此法重点在治，治逆悟疑，以治改治。

《伤寒论》对被动辨疑的条文记载较详，主要以误汗、误下、误火辨疑较多，其次是误吐等辨疑。

1. 误汗辨疑　如《伤寒论》122 条云："病人脉数，数为热，当消谷引食，而反吐者，此以发汗，令阳气微，膈气虚……以胃中虚冷，故吐也。"他如第 30、75、88、89 等条文。

2. 误下辨疑　如《伤寒论》43 条云："太阳病，下之微喘者，表未解故也，桂枝加厚朴杏子汤主之。"他如第 140、162 等条文。

3. 误火辨疑　如《伤寒论》118 条云："火逆下之，因烧针烦躁者，桂枝甘草龙骨牡蛎汤主之。"他如第 115、119 等条文。

4. 误吐辨疑　如《伤寒论》121 条云："太阳病，吐之，但太阳病当恶寒，今反不恶寒，不欲近衣，此为吐之内烦也。"他如第 120 等条文。

仲景阐述了在治疗疾病中，由于诊治思路上的错误，造成的后果多由实转虚，由表传里，甚则直逆转危。常出现心悸、烦躁、惊证、谵语、喘证、胸满、奔豚、发黄、结胸、痞证、血证、寒格、下利等不同坏证。揭示了"阳虚误汗首亡阳，阴虚误汗先伤津，表证误下则内陷，虚证误下则气伤，误火伤阴，耗血动血；误吐伤阴，烦热内生的误治传变规律，提出了误治变证治疗的审脉辨逆，舍脉依证，随证治之的补救思路。用被动辨疑法暗示医者在诊疾中，对病家病情及其理、法，方、药的处理应深思熟虑，贵在反顾，同时也告诫医家不要步人"致病人久困不起，仍执迷不误"这一临床误区。

［《国医论坛》1996；11（5）：7］

《伤寒论》辨证论治中药试法的作用

曾庆明　雷　跃　深圳市梅林医院

药试法是以药物试探性治疗，来帮助明确诊断，提高疗效的一种辨证论治的辅助方法，是中医辨证论治体系中的一个重要组成部分。《伤寒论》所建立的辨证论治体系，包含了丰富的药试法，构成了中医辨证论治的一大特色和优势。本文通过对《伤寒论》辨证论治过程中药试法应用的探讨，强调它在辨证论治中的作用和地位。

一、药试精确辨证

辨证是论治的前提和依据，论治是辨证的目的和检验。但遇有辨证不确时，论治也作为辨证的前提和依据，即以治疗结果作为辨证的主要依据，从而决定最终的治疗大法。笔者称此为"药试辨证"。《伤寒论》中药试辨证可谓内容丰富，灵活多样。如 251 条辨证复杂，首先明确"无太阳柴胡证"，表明邪不在太少，而可能已入阳明；其次，"烦躁心下鞕"，则预示肠腑实而未结，热而未甚，况且又有"阳明症，心下鞕满者，不可攻之"（205 条）之治禁；再次，脉象虚弱，则暴露肠府虽实，而胃气已虚之象。如此虚实兼杂，辨证难确之病，施治颇难。所以，权宜静候四、三日，如仍不大便，可用药试法，予小承气汤"少少与微和之"，至第六日如仍未大便，可下之征似仍不足，可再与小承气汤一升作探，以观后效。若又过二、三日仍未大便，则药试证明虚实难断，当参照小便利与不利，能食与不能食等情况，而决定攻下法用与不用。"谵语发潮热"（214 条），本为大承气汤之候，但又见"脉滑而疾"，则与大承气汤脉迟实相左。此等实而未甚，虚而未露之征，究竟能否任用攻下，甚难单从辨证上定夺，必须结合药试法，以补其未逮。试之之法，宜慎用小承气汤一升，药后如转矢气者，表明燥屎未甚，但已内结，可"更服一升"续试之，以确立用药。相反，"若不转矢气者"，即便明日又不大便，脉象必会从滑疾变为微涩，而虚象毕露，变成邪实正虚难治之证。因而"不可更与承气汤也"。潮热、发热、大便微鞕，不大便、燥屎、矢气（209 条）等，均是阳明腑实症状，但并不能反应出痞满燥实坚之病机，所以大承汤还不能贸然应用。从条文看，"潮热"，"不大便六、七日"尚不足为凭，还需确知"大便微鞕""有燥屎"，"乃可攻"。那么怎样才能判断有"燥屎"呢？这就有赖于药试辨证法。即"欲知之法，少与小承气汤，汤入腹中，转矢气者，此有燥屎也"，反之，经过药试，若不能转矢气者，此但初头鞕，后必溏，不可攻之。

可见《伤寒论》在阳明燥实证难以确定情况下，均用小承气汤作试探，并以药试后矢气与否作为辨证眼目，即转矢气才燥实无疑，而不转矢气者，则燥实未成或成而未甚。临床上典型病证，易辨易治。然而更多情况下是复杂多变的不典型病证，这时使用药试法，不但具有治疗作用，更具有辨证意义。

二、药试筛选治法

临床上常遇到某些疑难病症，辨证基本正确，但依法治之却往往乏效。此时可试用多种有关治法，从中筛选最佳方法。《伤寒论》大量地应用了这种方法，是其辨证论治的一大特色。如159条痞利证，似乎既有中焦虚寒，又有下焦滑脱，更有肠腑泌别失职等多种病机。如此复杂之证，诚难一眼洞识某法某方能一矢中的。如果有根有据地试探，可能找到药中肯綮的治疗方法。所以先从中焦虚寒论治，予理中丸而痞利更甚，因而继之从下焦滑脱着手，予赤石脂禹余粮汤，却利仍不止。因此终从下焦泌别失职试治，用五苓散，药证合析，最终取效。说明本条痞利真正病机在于泌别失职，采用药试法，既帮助明确了辨证，又找到了正确治法和方药。其他如103条少阳与阳明并病，“先与小柴胡汤”试治，未效，则“续与大柴胡汤下之则愈”。100条、156条、311条等均属药试筛选治法之例。用此法应明确的是试探不是盲目乱探，而是依病机，凭经验，靠观察推理进行。而且每试探一次都为下一次再探奠定了基础。同时，药试也并非是必循此序，可针对具体病证而试，以达到提高辨证的准确率、筛选治法的正确率和减少药试的盲目性的错误率。

三、药试权衡药物和药量

临床上，即便辨证较准，有时也需药试，尽可能使所辨之证与所用之药，和或用药之量与病证之情能更加合拍。如282条既有“太阴病，脉弱，其人续自便利”，又兼有腹中“大实痛”，辨属太阴虚寒兼阳明寒实证。按“随证治之”原则，本可迳投桂枝加大黄汤，但具体用药时考虑到虚寒之体能否耐攻，即便可攻，且耐受的程度如何。不妨斟酌试用，用其方而减其大黄、芍药用量，如此则非但药与证，而且药量与病情更为丝丝入扣。又如387条霍乱吐利止而身痛不休，证属里和表未解，“当消息和解其外，宜桂枝汤小和之。“消息者”，即斟酌试探之意，而“小和”者，则示无需重剂桂枝汤，减量而行，微和即可。其他如148条、266条、299条等均属此列。

此外，某些危急重证，即便辨证清楚，用药也不可不急，有时还是须药试。常说的重病轻取，虽有“四两拨千斤”含义，但客观上也起到试探作用，借以在复杂的病情中，能更准确地把握分寸，以取得更好的疗效。这种意义上的药试法，亦滥觞于《伤寒论》。其中最具典型意义的要数阳明和少阴六急下证。纵观全论遣方用药，凡曰“主之”者，多为合拍之方，而曰“宜”，“与”，“可”者，则为基本合拍之方，含斟酌试用，或加减，或减量之意。六急下证表现虽异，但阳明燥热亢盛，阴津将竭未竭之病机，和急下存阴之治法则一。但是所出之方大承气汤却皆曰“宜”，而非“主之”者，正说明病不可不急下，而用药又不可不斟酌：或药味尽可能少，或用量可能轻，发于机先，乘其未竭而下之，则病可转危为安，化急为缓。其试探之间，不言而喻。

总之，药试法贯穿于《伤寒论》辨证论治的全过程，其“随症治之”，即有是证则用是法、是方、是药的辨证论治体系，仅是其规范化的一面。由于实际上疾病复杂多变性，“随症治之”；时有不验，这时有根有据地“随症试治”，即有是证则用是法、是方、是药，往往更能精确辨证，指导选方用药。这是其辨证论治体系不规范的一面。《伤寒论》辨证论治体系中这种规范与不规范的辨证统一，构筑了具有中医特色的诊治大法，一直有效地应用于中医临床，而且较之西医“药物诊断”方法，时间上要早上近二千年，内容上更为丰富翔实，灵活多样。因此，应当努力加以研究、提高。

（本文条文序号以全国统编教材第五版为准）

［《中医研究》1996；9（5）：10］

浅析张仲景之利尿法

蒋泽彪　云南省个旧市
农业高级职业学校

伟大的医学家张仲景继承了《内经》等基本理论，结合自己的临床实践，总结了汉代以前的医学成就，创造性地把外感疾病错综复杂的证候及演变加以总结，提出了较为完善的六经辨证体系，著成了流芳千古的《伤寒杂病论》，书中运用了汗、吐、下、和、温、清、消、补的治疗方法，本文基于《伤寒论》和《金匮要略》两书中有关利尿之法进行整理，以反映出张仲景之利尿法全貌，试图对临床实践中小便不利的辨证论治有所裨益。

张仲景述及利尿之法分有温肾利尿、通阳利尿、健脾利尿、发汗利尿、益气利尿、滋阴利尿、扶阳利尿、清热利尿和通窍利尿九法；分述如下：

一、温肾利尿法

本法是以温热药物温补肾阳，增强气化功能而使小便通利。主要用于肾阳虚和阴阳两虚之小便不利或类似症。

《伤寒论》第82条“太阳阳虚水泛证”和第316条“少阴阳虚水泛证”均以真武汤主之。太阳阳虚水泛证因发汗太过内伤肾阳，肾阳虚而水不化津，水上凌心则悸，上干头目则眩，阳虚不温养筋肉则瞤动。少阴阳虚水泛证因邪气逆深，肾阳日衰，水气不化而泛溢。溢于肢体则重痛，停于内则小便不利，上逆犯肺为咳，冲逆于胃为呕，趋于大肠为利。虽症状不同，但病机均为肾阳虚衰，水气不化，泛溢为患。均治以真武汤。此乃“异病同治，治病求本”也。方中附子辛热以壮肾阳，肾气充盛则水有所主；白术燥湿健脾，使水有所制；生姜宣散，佐附子而助阳，且主水而宣散水邪；茯苓淡渗，佐白术健脾，于制水之中有利水之用；芍药一则敛阴和营，二则制附之辛烈，三则利小便。《本经》芍药“……去水气，利膀胱……”。惟仲景用之精当。诸药相伍，温中有散，利中有化，则阴水得利。

《金匮要略》血痹虚劳病篇：“虚劳腹痛，小腹拘急，小便不利者，八味肾气丸主之”。消渴小便不利淋病篇：“小便不利者，有水气，其人苦渴，栝蒌瞿麦丸主之”。前者因肾气虚损成劳，腰为肾之府，肾主小腹与膀胱相表里，肾虚则不能温养筋脉肌肤见腰痛，小腹拘急，膀胱气化失司则小便不利。仲景本着“虚则补之”，“劳者温之”的治疗原则以肾气丸温养肾中命门之火而生肾气。先天旺盛，后天自足，诸虚复元乃诸症自除。而后者因水湿内停下焦，水气内停则小便不利，水为阴邪，损伤肾阳则三焦决渎失职。方用栝蒌瞿麦丸，方中炮附子通阳化气，温肾助阳，复三焦决渎之权，蒌根、薯蓣生津止渴，茯苓淡渗利水湿，通利小便。由此可见本方实为八味肾气丸之变制，两者均以附子壮阳益火以补肾气，水湿以化。

综观真武汤，八味肾气丸，栝蒌瞿麦丸三方均有附子、均取其辛温燥烈迅发，走而不守，温通开散，峻补下焦元阳之功，这正是“益火之源以消阴翳”的具体体现。特别是在肾气丸的制方上基于“形不足者，温之以气；精不足者，补之以味”的治则，在滋阴的六味中加入温补之附桂，实属“阴中求阳”之治。如张介宾说“善补阳者，必于阴中求阳，则阳得阴助而生化无穷。”深得仲景真谛。肾气丸中附桂之量仅为补阴药1/8，其意不在峻补命火，而在微微生火——生肾气，这充分体现了“治病求本”的原则。

二、通阳利尿法

本法是用辛温通阳和淡渗利水之品温养膀胱，使膀胱气化而利尿。

《伤寒论》第71、72、73、74以及386条论述了太阳蓄水证与霍乱证治。伤寒病发汗后，大汗出，脉浮微热，小便不利，口渴多饮为外邪入里，膀胱气化不行，水道失调，水蓄于内。表邪未解而水蓄于内，霍乱证病机也同，均治以五苓散。《金匮》消渴小便利淋病篇“脉浮，小便不利，微热消渴者，宜发汗利小便，五苓散主之”。此为热与水互结于膀胱水府。病机皆水蓄膀胱，不能化气行水，下不能利为小便，上不能化为津液，外应于皮毛，则脉浮、微热，内冲于上则“水逆”。黄元御说：“……外而发热，是有表证；内而作渴，是有里证……”。仲景制五苓散以通阳化气，行气利水，表里双解。方中猪苓、泽泻渗湿利水；茯苓、白术健脾利湿；桂枝通阳化气兼解表邪，惟桂用之得当，有二苓引达下焦膀胱，则使之能通彻全身上下，况桂枝本可下气利水。《本经疏证》云：桂枝“能利关节，温通血脉……其用之道有六：曰和营、曰通阳、曰利水、曰下气……”。五苓散为表里同治之剂，但方中重用二苓，意在利水，而不拘于表证之有无。叶天士对此概括为“通阳不在温，而在利小便”。

三、健脾利尿法

本法以甘温淡渗之品温补脾土，渗利水湿以达到利尿之功。

《伤寒论》65、67、28条叙述了阳虚兼水气证，其三者均有小便不利症。65条：“发汗后，其人脐下悸者，欲作奔豚，茯苓桂枝甘草大枣汤主之。”此因发汗太过，损伤心阳，心火衰不能制水于下，欲作奔豚，且必有小便不利．方以茯苓利水宁心，治水上逆；桂枝助心阳而降冲逆，炙草温中。扶虚；大枣健脾养液。且以甘澜水先煮茯苓对利水更有效，全方共奏培土制水而利水不伤津之功。28条为误汗下之后的气化不利水邪内停，特别是“仍头项强痛，翕翕发热，无汗，心下满微痛”之证似表非表，似里非里，均非汗下所宜，而仲景则以桂枝去桂加苓术汤。用芍药、甘草益阴；生姜、大枣调和营卫，茯苓、白术健脾行水以利小便，“小便利则愈”，第67条“伤寒，若吐若下后，心下逆满，气上冲胸，起则头眩，脉沉紧，发汗则动经，身为振振摇者，茯苓桂枝白术甘草汤主之”。《金匮》痰饮咳嗽病篇；“夫短气，有微饮，当从小便去之，苓桂术甘汤主之”。从二者来看，苓桂术甘汤所主的病机均为脾阳不运，水湿内停，水气上冲。尤在泾说：“……饮发之证，饮停中焦则渴，逆于上则气冲而头眩，入于经则振振而动摇”。《金匮》“脉得诸沉，当责之有水”。脉沉主水病，紧主寒，寒凝则水饮不化，故当温化。论曰：“病痰饮者，当以温药和之”，此治痰饮之大法也。“温药和之”既振奋阳气，温化水饮，又开腠理通水道，疏导饮邪，使温化不壅滞，疏导不伤正。仲景制苓桂术甘汤，以桂枝辛温宣导阳气，甘草和中益气，配桂枝辛甘化阳；茯苓甘淡渗湿利水饮，白术去湿健脾阳，二药相伍以蠲水饮，本方实为“温药和之”之典范也。被后世誉为“痰饮之主方”，其目的在于温阳健脾，利水降浊，在利尿法中，大有旋转之妙用。

四、发汗利尿法

本法以辛温发汗宣散之品宣畅肺气，使水湿在肺的肃降作用下排出体外。

《金匮》水气病篇：“诸有水者，腰以下肿当利小便；腰以上肿，当发汗乃愈”。提出了水气病的治疗原则。这正是《内经》“去宛陈莝……开鬼门，洁净府”的进一步发展。又云：“风水恶风，一身悉肿，脉浮而渴，续自汗出，无大热，越婢汤主之”，本条系因风水郁热所致之证，风邪伤于肌腠，卫阳不固，故恶风；肺主皮毛，风邪犯肺则肺闭不宣，水湿停于经络肌腠则一身悉肿、疼痛；风性“善行数变”，故易见于颜面且变化迅速；邪气滞而作热，内蒸机体，外疏于表，故自汗出。其实质是风水挟热证。仲景制越婢汤以宣肺利水。本方麻黄宣扬肺气，使水道通畅，与辛寒泄热之石膏合除肺热，姜枣草调和营卫，增强宣肺利水之功。诸药相伍则肺气得畅，水道得通，诸证自消。

《伤寒论》262 条“伤寒，瘀热在里，身必黄，麻黄连轺赤小豆汤主之。”《医宗金鉴》说：“湿热发黄，无表里证，热盛清之，小便不利者利之，表实者汗之……。用麻黄汤开其表……”麻黄连轺赤小豆汤为表里双解剂治其阳黄，证虽为阳明病，但已累及三焦，所以以麻黄为君以开宣肺气。朱丹溪说：“上焦闭则下焦塞”，“气升则水自降。”后来有人将此法称为“提壶揭盖法”。本法在仲景书中已不鲜见，《金匮》痉湿暍病篇之麻黄加术汤、麻杏苡甘汤等等，皆以麻黄宣肺行散之性助法湿之功。这充分体现了《内经》肺“通调水道”的思想。

五、益气利尿法

本法以益气固表，健脾利尿药来消除水湿，是攻补兼施之法。

本法与前述发汗利尿不同。发汗利尿用于风水表实证，而本法则用于风水表虚证。《金匮》云：“风湿，脉浮，身重，汗出恶风者，防己黄芪汤主之”（痉湿暍病篇）。”风水，脉浮身重，汗出恶风者，防己黄芪汤主之”（水气病篇）。两条文字仅一字之差，一曰“湿”、一曰“水”。又云：“太阳病，关节痛而烦，脉沉细者，此名湿痹。湿痹之候，小便不利，大便反快，但当利其小便。”“……面目肿有热，名曰风水……陷而不起，风水。”所以从风湿与风水治疗上看虽一致，但症候却不一，风湿注重关节疼痛，风水注重颜面浮肿，更主要的还是水与湿的表现不同，二者病机均为表虚不固，风邪乘虚而入，使肺通调水道的作用失调而使水湿停留，水湿阻碍经脉流通而出现恶风、身重、脉浮等证。前述两条均有“汗出”一词，此恐缺一“自”字，即“自汗出”，这更能体现出表虚不固之机。风邪在表，理先解表，但其表虚，不能再次发汗。治宜益气固表，同时健脾利水。

防已黄芪汤中以黄芪益气固表，防己祛风利水；黄芪扶正，防风祛邪，两药相辅相成，扶正不助邪，利水不伤正，所谓补泻并用，攻补兼施也。白术健脾化湿，甘草补中焦之气，姜枣调和营卫，诸药合用则益气固表，祛风利水实脾健运之功得以发挥。使表气得固，风邪得除，水道通利，脾气健运则风湿、风水诸症自解。

六、滋阴利尿法

本法使用滋阴淡渗之品治疗热邪伤阴，热与水结于下焦，或肝肾阴虚，津液输布障碍之小便不利证。

《伤寒论》223 条和《金匮》消渴小便不利淋病篇均云：“脉浮，渴欲饮水，小便不利者，猪苓汤主之”。《伤寒论》319 条“少阴病，下利六、七日，咳而呕渴，心烦不得眠，猎苓汤主之”。223 条“因汗后或下后”津液受伤，阳明余热犹存，故见脉浮，发热，渴欲饮水。小便不利则是热水互结下焦之表现。319 条乃阴虚有热兼有水气之证，与 223 条叙之病机一致，故均治以猪苓汤。猪苓汤证中既有水湿之证，又有干燥之证，此虚中有实，实中有虚，虚实挟杂。惟仲景制猪苓汤最为合拍。方中苓泽淡渗利水，滑石清热利湿，阿胶甘平育阴以润燥。阿胶用之甚妙，苓泽配之利水不伤阴，滑石配之则利湿不敛邪。五药合方使水气去，邪热清，阴液复，诸症自解。但总以渗利为主，清热养阴为辅。

本方与五苓散同属治水之剂，均治水气停滞小便不利证。五苓散用苓泽配桂枝以通阳化气，伍白术以崇土制水，合成化气利水之剂，主治膀胱气化不利之蓄水证，猪苓汤用苓泽配滑石以清热通淋，益阿胶滋阴润燥，合成清热滋阴利水之剂，主治水热互结之小便不利。猪苓汤证与真武汤证相比，后者是阳虚寒盛证，而猪苓汤证却是阴虚有热。

七、扶阳利尿法

本法以辛温壮阳之品治疗汗后阳随阴泄，遂漏不止，又耗伤阴津之小便不利症。

《伤寒论》20条“太阳病，发汗，遂漏不止，其人恶风，小便难，四肢微急，难以屈伸者，桂枝加附子汤主之”。此小便难，为发汗太过，汗漏不止而耗伤阴津。成无己说“小便难者，汗出亡津液，阳气虚弱不能施化”。本证本属表虚，但复发汗而伤阳，表阳虚弱，卫外不固。正如柯韵伯所言“阳气无所止，汗出不止矣”。汗泄津伤。尿液无源，故小便难。仲景制桂枝加附子汤调和营卫，补阳敛汗，小便自复。方中桂枝汤调和营卫，续解未尽之邪，制附子扶阳温经，固表止汗，使津液得复而小便自利。本法与益气利尿法之别在于后者为表虚不固，肺失通调水道之功使水湿内停，而本法是为过汗伤阳，阳气不固，津液耗损，尿源已竭之小便不利而设。本法与温肾利尿法相比，后则是因肾阳虚衰，水气不化所设，本法则是为阳随津泄，阴津耗竭所致。所以陈修园说“……附子以固少阴之阳，固阳即所以止汗，止汗即所以救阴，其理微矣”。

八、清热利尿法

本法以苦寒清热，淡渗利湿之药治疗湿热蕴结所致之小便不利证。

《伤寒论》261条“伤寒，身黄，发热者，栀子柏皮汤主之”。此乃阳明湿热发黄之证治，湿热郁遏于里而不得宣发于外。故以栀子苦寒清内热泄三焦之火以清利小便，黄柏苦寒清热燥湿合为清泄湿热之功，此条虽无“小便不利”，但从《金匮》黄疸病篇“黄疸腹满，小便不利而赤……宜大黄硝石汤。”大黄硝石汤重用黄柏、栀子，可以认为《伤寒论》261条中也有小便不利之症。纵观《金匮》，清热利尿法出处甚多，其中最有代表的是黄疸病篇：“黄疸病，茵陈五苓散主之”。此句无“小便不利”，但《伤寒论》260条“伤寒七、八日，身黄如桔子色，小便不利，腰微满，茵陈蒿汤主之”。可以看出，茵陈五苓散证也有小便不利之症。

黄疸皆因湿，若湿与热相合，则胶滞难以外泄，水湿不得下行则小便不利。上扰心胸则心中懊侬；郁遏中焦影响肝胆疏泄功能，使胆汁外泄溢于肌肤见身目发黄等阳黄之症。

黄疸皆因于湿，湿与热相结为阳黄，与寒相合者为阴黄，治湿热相合之阳黄时须衡量湿与热之轻重。湿热并重则清热与利湿并举，热重于湿则清热当先兼以利湿，湿重于热则利湿为主兼清热。茵陈蒿汤为黄疸之要方，其茵陈蒿为君药，在施今墨治黄疸经验中，茵陈蒿用量达60克之多，说明茵陈蒿确为黄疸之要药，而对瘀热胜于湿之黄疸则以大黄硝石汤或栀子柏皮汤。从上述治黄疸方来看，整体上均是一派若寒清热药，只是根据湿的轻重来酌加渗湿利尿之品，使热得清、湿得除。茵陈、栀子为清热利湿除黄之圣，义也熔于以上诸方之中。

九、通窍利尿法

本法以通窍利尿，活血化瘀之药使积阻在膀胱或尿道的瘀阻物排除，膀胱气化正常，小便自利。

《金匮》消渴小便不利淋病篇：“小便不利，蒲灰散主之，滑石白鱼散、茯苓戎盐汤也并主之”。此处只提小便不利一症，可列举治之三方，可知意在同病异治。发生小便不利之因甚多，治疗应当辨证论治。蒲灰散之小便不利证因肝郁血滞使三焦、膀胱气化不利，水道不通所致。故以蒲灰散活血化瘀，泄热利窍。《本经》曰：蒲黄“主心腹膀胱寒热，利小便，止血，消瘀血”。滑石白鱼散所主之证是水郁血结下焦，膀胱不能气化，水道不得畅通而致小便不利。故以滑石白鱼散消瘀止血，通窍利湿。方中乱发活血化瘀止血，白鱼行血使瘀血可化，水道得通，两者相合则血行而有止。所述二方均用滑石取其清热通窍之功。《本草纲目》“滑石利窍，不独利小便也，上能开毛腠之窍，下能利精溺之窍”。《本草经疏》说滑石“利下窍之要药”。可见仲景在通窍利尿中用药之精良。

《金匮》妇人妊娠病篇：“妊娠有水气，身重，小便不利，洒淅恶寒，起则头眩，葵子茯苓散主之”。妇女妊娠期间，应本着“治病与安胎并举”之原则，慎用药物。上条所言之证为妊娠水气内停而引起。水气内停，阳气因郁，故周身肿胀；阳遏不能化气行水，卫外失司则小便不利、洒淅恶寒；水邪阻滞，升降失常，致清阳不升，故起则头眩，葵子滑利窍道，共奏通窍利水之功，且病去胎安。此遵《内经》“有故无殒”之旨，要在中病即止。

以上所述九种利尿法，虽散在《伤寒论》和《金匮要略》之中，可见仲景对“同病异治”原则贯穿于疾病诊治的过程中，集理、法、方、药为一体，始终遵循“辨证论治”之原则。

[《贵阳中医杂志》1996；(5)：1]

《伤寒论》日数临床意义辨析

王　付　青海医学院

(导师　尚炽昌)

仲景在继承《素问·热论》日数的基础上，结合临床中运用日数辨治的经验，创造性地论证日数在发病及其过程中有其特定的客观性、实用性和指导性。因为无论是外感疾病，还是内伤杂病，日数多寡的机理与正气的强弱、正邪交争都有明显的内在关系。所以仲景用较多的笔墨以日数的形式阐明疾病的发生、发展、转变与归结以及正气强弱的关系。于此试从三方而浅析于次。

一、对《素问·热论》日数的扬弃

《素问·热论》阐述疾病日数传变规律是：一日在太阳、二日阳明、三日入少阳；四日传太阴，五日转少阴、六日终厥阴。仲景结合临床实际，认为日数的递增虽可促使疾病发生转变，但仅仅是外在条件，并非如此机械呆板，而其决定的条件则是患者素体脏气强弱。有鉴于此，在第五条明确指出：“伤寒二三日，阳明少阳证不见者，为不传也。”进而又在第四十六条直言：“太阳病，脉浮紧，无汗，发热，身疼痛，八九日不解，表证仍在，此当发其汗……麻黄汤主之。”以此来揭示病在太阳的存在形式，有二三日不传，更有八九日以上仍在者。既然在太阳，必当从太阳论治。病在太阳有不传阳明，少阳者，有没有不传三阴呢？在第二百七十条曾强调指出：“伤寒三日，三阳为尽，三阴当受邪，其人反能食而不呕，此为三阴不受邪也。”那么，有没有病在太阳而很快就发生传变呢？这就根据患者素体强弱而决定，正如第四条：“伤寒一日，太阳受之，脉若静者，为不传。颇欲吐，若躁烦，脉数急者，为传也。”假如固执《素问·热论》日数传变之说，不仅无益于疾病的诊治，而且还会因刻舟求剑而误诊益疾，譬如病在太阳五日，而治从少阴，则为大谬也。由此可知，患者素体有脏腑气血阴阳失调，在外感邪则发太阳病，而此时邪气内传有两大要素：一是感邪轻重，一是脏腑失调轻重，两方面因素的相互作用而致病邪内中加重或引发脏腑发病；如果脏腑素体尚健，仅对虚邪贼风避之失时而感太阳病，此病大多在太阳而不内传。可见，仲景对《素问·热论》不切当的日数传变加以修正之后，使之更加符合临床实际。

二、发扬日数的临床应用

疾病在其发展及演变过程中大多有规律可循，若能对日数有比较确切的合理认识，就会大大提高对疾病的有效诊治率和对疾病转归的预见性。因为疾病的一般规律，大多是以六七日为一病期，此病期多是疾病向愈或缓解或稳定。第八条：“太阳病，头痛至七日以上自愈者，以行其经尽故也。”太阳病如此，其他病亦是如此，譬如胃脘疼痛证情比较剧烈，大多于六七日左右，病情即趋于缓解。再如中风证（脑血管意外性疾病）出现神昏等症，即使积极治疗，也须六七日左右才能使病情稳定，或转危不可救治。仲景除了言常之外，还从变的角度论述病于六七日左右的特殊变化，其一，本为病解日期而未解。如第五十六条：“伤寒，不大便六七日，头痛有热者，与承气汤，其小便清者，知不在里，仍在表也，当须发汗……宜桂枝汤。”临床上常常可遇到这样的现象，有些患感冒病人，即使积极地服中药，吃西药，以及肌肉或静脉用药，也须六七天左右才能使病完全康复。其二，本为病解日期而传变。如第七十四条：“中风发热，六七日不解而烦，有表里证，渴欲饮水，水入则吐，名曰水逆，五苓散主之。”《伤寒内科论》说“太阳病至六七日，邪未外解，反乘中焦脾胃失调而内传，导致脾胃运化功能失调，水液代谢障碍，产生中焦蓄水证。”太阳病之所以内传，是因为机体素有中焦脾胃失调，若是他脏腑失调，邪即不传脾胃而传他脏腑。如一百四十六条：“伤寒六七日，发热，微恶寒，支节烦疼，微呕，心下支结，外证未去者，柴胡桂枝汤主之。”此少阳胆有失调，由此邪传致发少阳胆兼证。其三，本为病解日期而加剧。如二百五十二条：“伤寒六七日，目中不了了，睛不和，无表里证，大便难，身微热者，此为实也，急下之，宜大承气汤。”病已六七日左右，或因未能及时治疗，或因治疗不当，或因素体因素等，致病证未能缓解而加剧，时当积极治疗方可转剧为平。其四，本为病解日期而临危。二百九十九条：“少阴病，六七日，息高者，死。”三百四十三条：“伤寒六七日，脉微，手足厥冷，烦躁，灸厥阴，厥不还者，死。”三百四十六条：“伤寒六七日不解，便发热而利，其人汗，出不止者，死。有阴无阳故也。”病于六七日左右，正气未能有效地恢复，而邪气日渐增甚，正不胜邪，正气不支，邪气猖獗，终至病危不可救治。对此，仲景除了言病大多于六七日为一病程之外，还结合具体病人，论述了有的人可在五六日为一病期，有的人可在八九日为一病期。只有对具体的病人作出具体分析，才能对错综复杂的疾病有进一步的认识。可见，辨治疾病，不仅要着眼于现证，更要着眼于据现证日数预测将证的归宿，这是仲景辨治预测疾病的独到之处，也是当今中医其他任何学科所缺如的。正因为此，应对仲景论日数的概念加以深入研究，以揭其奥妙。

三、引申日数量化正邪斗争趋势

在《厥阴病》篇中多次论述辨治疾病变化以日数多少代之，如三百四十一条："伤寒，发热四日，厥反三日，复热四日，厥少热多，其病当愈。"三百四十二条：伤寒，厥四日，热反三日，复厥五日，其病为进，寒多热少，阳气退，故为进也。"三百三十二条："伤寒，始发热六日，厥反九日而利……本发热六日，厥反九日，复发热三日，并前六日，亦为九日，与厥相应，故期之旦日夜半愈。"从仲景所论到临床诊治病人，似乎理论与实际相脱节，由此常常有人否定仲景所论的理论价值及临床意义，由此而得出：是对仲景所论认识肤浅而未能抓住实质辨证其精神所在，还是仲景所论不切实际的结论。笔者认为仲景所论有其特定的含义，有极高理论价值和临床效应。仲景言厥者以代邪气，言热者以代正气，言日数者以代邪正力量的对比。如厥三日，热四日，以揭邪气占邪正之间的三份，而正气占邪正之间的四份，邪正相较，邪气小于正气，邪不胜正，病为向愈。再看三百三十二条，病初由邪气大于正气，病势在发展，但人体受邪正气并非受邪而静止不动，而是在自我调节，积力修复并蓄备力量抗邪，病变中正气渐渐恢复，权衡正邪力量各占其半，此时若能积极治疗，或得自然之助，病可向愈，由此可以看出，仲景欲从深处揭示病变中正邪力量的对比关系，但又无恰当的方法做出客观的量化标准，必定是经过再三深思熟虑之后，得出以厥（寒）热日数的多少以代正邪力量的对比，从而使辨证入细入微，进而揭示辨治疾病必当顾护正气，驱逐邪气，以期阴平阳秘，邪无居留之地，病告痊愈。

[《国医论坛》1996；11（5）：1]

《伤寒论》衄家禁汗探要

潘正萌　江苏省盐城市
郊区卫生进修学校

《伤寒论》曰"衄家，不可发汗，汗出，必额上陷脉急紧，直视不能眴，不得眠。"素患衄血病者，必然阴血不足，或阴虚火旺，虽有外感表证，亦不能径用辛温发汗，因"汗血同源"故也。若误用麻黄汤类，强夺汗液则阴血重伤，辛温开腠则虚火更炎，必致变证烽起。历代注家认识一致，无可非议。

但对"额上陷脉急紧"的注释众说不一，争议颇多。有直接认为额上凹陷，脉急紧者。喻嘉言认为，"衄血之人，清阳之气素伤，更发其汗，则额上必陷，乃上焦精竭之应也。诸脉皆属于目筋，脉急紧，则目上瞪不能合，目不合则不得眠也"。丹波元简氏又有"额上肉脱而陷下"之说。此解甚难说通，众所周知，额上者，头颅也，是为骨质，质地坚硬，外只有皮发，哪有下陷之理。钱天来氏虽否认此说，另从囟门凹陷解，云："额上非额也，额骨坚硬，岂得即陷，盖额以上之囟门也。"此说更难吻合临床实际。凡属衄家，绝非幼儿。幼儿高热之后，吐泻之余，伤津脱液，常可囟门凹陷，成人囟门早合，那有再现凹陷之理。余无言认为，"自觉囟门内空虚。"虽可切合临床，但从文字上亦难解释。陈修园氏，别树一帜，从三阳经脉循行来解释本证病理，云："所以然者，以太阳之脉，起于目内眦，上额交巅，阳明之脉起于鼻，交额中，旁纳太阳之脉，少阳之脉起于目锐眦，三经互相贯通，俱在额上鼻目之间，三阳之血，不营于脉，故额上陷脉急紧也。"此说未免机械，且有牵强附会之嫌。临床吻合者，从额旁凹陷解，如尤在泾氏说："额上陷，脉紧急者，额见两旁之动脉陷伏不起，或紧急不柔也。"恽铁樵氏曰："额上目角的大血管瘪陷。"曹颖甫氏曰："太阳穴形脱肉削，下陷不起。"此说注家最众，易于理解，诸教材亦多从此说，但典型形象描述尚嫌不足。

笔者认为，额上陷可能为额下陷之误，若改为额下陷更能符合临床实际情况，因衄家多阴血不足，或阴虚火旺之质，本已形体消瘦，加之误用麻黄汤类峻发其汗，阴津重伤，虚火更炎，必然出现目窠凹陷之伤津脱液的"脱水貌"。至于脉急紧，是属阴血失濡的筋脉拘急不柔；阴液大伤，孔窍失润，转动不灵，故直视不能眴；阴液亏虚，虚火扰心，心神不宁，故不得眠也。

[《中医函授通讯》1996；（5）：7]

试论伤寒六经病的自愈机理

谭德福　三峡学院医学院

伤寒六经病在某些特定条件下，可不经治疗自然痊愈，《伤寒论》中有关论述达40余条。现就其机理探讨如下。

一、顺其病势　务求邪有现路

在六经病中，机体能顺其病势，自动奋起抵抗，就近逐邪外出，使疾病自然获愈。其主要途径和方式有下述5种。

1. 自汗逐邪　邪随自汗而解，是六经病自愈的主要途径之一。如太阳病经治失宜，次序颠倒，致令表里俱虚，邪乘虚人，阳气不得伸展，而见头目昏冒，此乃正虚不甚，尚能作汗逐邪之兆。一俟“汗出表和”，其病自愈（93条）（文中所引条文序号，以重庆市中医学会编注的宋本《伤寒论》为准）。又如太阳表证误下，表证仍在，里气虚馁，忌以药强迫之。待“津液自和，便自汗而愈”（49条）。

此外，阳明水湿郁表或厥阴下利清谷，皆可借自汗而解。前者因胃气尚充，即“水不胜谷气”也（192条）；后者乃阳气虽虚，但真阳未浮露而潜藏于里，尚能奋起与阴邪相争。故见郁冒、自汗出而解（366条）。

又有“战汗”，为邪从汗解之特殊表现。如太阳表邪未解，而其人平素正气较弱，营卫之气一时郁聚不能外达，脉则闭伏不显，此为欲汗之机，必“先振栗”，继之汗出邪去、脉亦回复，其病自解（94条）。

2. 自衄逐邪　“夺血者无汗，夺汗者无血”，因汗血同源，皆为营阴所化之故。太阳表气郁闭，邪气内遏，不得汗解，可假衄血为泄邪之路。一衄之后，外邪得泄，表证即解（47条）。俗谓之“红汗”。也有因阳邪郁遏太甚，虽服麻黄等亦一时不及汗解，致阳邪奔迫于上，而见烦、目瞑、衄血者。衄后热邪尽泄于外，其病则愈（46条）。

3. 下血逐邪　太阳之邪不解，郁热内传与血结于膀胱，则谓之“蓄血”。其重者，当以药下之；其血结轻浅者，则邪热亦能逼迫所蓄之血自下，其病乃愈（106条）。又有妇人伤寒发热，时值经水来潮，血室空虚，邪热内陷与血搏结而不行，乃成“热入血室”（145条）”，其治当忌汗、下，“何其经行血下，则邪热得以随血而俱出，犹以鼻衄红汗，故自愈”（方有执语）。

4. 自利逐邪　太阳未解，里热已盛，反予汗之，使胃中津伤，里热更盛，而见烦躁、谵语。若出现自动振颤及下利者，乃阴复阳和，邪有出路，病将向愈之兆（110条）。太阴为湿土之脏，中虚则秽物无力运行。太阳病久，若见“暴烦下利”，乃脾阳回复。自动驱邪，推荡积滞，为欲愈之转机。故云“脾家实，腐秽当去”（278条），其病自愈。

5. 呕吐逐邪　呕吐之病因较多，如胃气上逆者宜镇之，胃中蕴热者宜清之，水饮内停者宜利之等。而厥阴病因内有痈脓而呕吐者，不可强止之。盖痈脓必须排出，当痈脓尽去，呕吐必止，其病即愈（376条）。否则，反逆病机，阻其出路，则必致生变。

二、阴阳自和　趋于新的平衡

通过机体内部的自我调节机制，使阴阳的偏盛偏衰逐渐自行回复，并达到新的平衡，这是六经病自愈的又一重要转机。具体表现如下。

1. 胃气自和　如少阳为病，邪不在表而误汗，则内传胃腑而生谵语等证。若胃气得以自和，其病即愈，否则更添烦、悸等变证（265条）。观察胃气和否，可以食欲强弱与否来分析：如厥阴热少厥微，知其阳热内郁不甚，若见小便清利，且感到饥饿而欲进食，则示胃气渐和（339条）。此与“除中”之鉴别，可“食以索饼”试之，若“食后不发热者，知胃气尚在，必愈”（332条）。但忌强食而损中。

2. 津液自复　凡六经病汗、下失当，以致津液亡失者，除药饵调治外，亦可“静以俟之”，待津液自复，不药而愈（58条）。这一转机，可从小便之有无判别：如太阳病汗、下失序，津液重伤而小便不利者，不用利水之法而得小便利，示其化源渐充，津液自复（59条）。亦可从“渴欲饮水”观察：不论是太阳误治津伤（71条），还是厥阴邪退，阳气乍复，津液一时不及上承者（329条），其渴欲饮水皆因胃中干燥所致，故求水自救。这类情况，亦不须药尔，只予少许汤水频繁饮下，令胃润津复，则阳自不亢，其病自愈。

3. 阳气回复　观察阳气的回复，可从脉象着眼：如太阳病虽日久不愈，但见发热恶寒，热多寒少，脉微缓，其“微”为邪气已衰。“缓”为正气将复，可断为欲愈之象（23条）。又如虚寒下利脉绝，为阳气衰竭，若脉现数象，且与微热而渴并见，则为阳复之据（360条）。此外，还可从“厥热胜复”着眼：即以厥热的先后、多少来推断。如厥阴阴寒内盛，厥利并见，若为厥后发热，甚至脉数而口渴，乃阳气回暖，寒谷春生，阴邪退舍之征的良好转机（331、334条）。

三、经气自旺　合于阴阳成数

六经经气在一日之中，皆有当旺之时；在旬、月之中，又有阴阳奇偶成数之异。凡六经之病合于经气自旺之时，或合于阴阳成数之序，则皆有自愈之机。

1. 一日之间，六经病分别在本经经气当旺之时，有欲解或自愈倾向　天有六气，人有六经，天人相应，即人之六经经气与天之六气相应，在一昼夜间盛衰有序。病理状态下，往往是阳经病在经气旺盛之时，阴经病在阴尽阳萌之期，其病有邪去欲解之机。此即所谓六经病之“欲解时”。如太阳为阳中之阳，而一昼夜之中，从巳至未时是太阳经气最旺时，故太阳病之欲解或自愈，大都在上午9时至下午3时（9条）。其余，则阳明从申到戌（193条），少阳从寅到辰（272条），太阳从亥到丑（275条），少阴从子到寅（291条），厥有从丑到卯（328条），皆为欲解之时。综之：三阳解于昼（早晨3时到晚9时之间），三阴解于夜（晚9时至次晨7时之间）。由于人体阳道常饶，阴道常乏，故三阳从寅到戌计18小时，而三阴从亥到卯仅8小时。

2. 六经病的欲解、自愈，又与阴阳成数密切相关　根据伏羲“河图”理论，则水为阴，成数为六：火属阳，成数为七。因此，“病有发热恶寒者，发于阳也；无热恶寒者，发于阴也。发于阳，七日可愈；发于阴，六日愈，以阳数七，阴数六故也”（7条）。仲景所谓，即七日当阳数成，故阳证于此有邪祛正复的转归；六日当阴数成，故阴证于此有正复邪退的转归。如“太阳病，头痛七日以上自愈”（8条），这里的头痛，自然应包括发热、恶寒等证。七日以上愈，提示七日之中，邪气仍在太阳经，故合前条“发于阳者七日愈”之规律，亦合《黄帝内经》“七日巨阳病衰，头痛少愈”之训。

总之，六经病的自愈，是从疾病发展的自然趋势和演变规律来判断、预测的。在其机转中，内因为决定性因素。临证时，既要充分考虑到如何顺其病势，避免不必要的或不恰当的治疗，又不应拘泥于此，消极等待，而坐失治疗之良机。

[《中医研究》1996；9（6）：7]

张仲景“合方”论

贾春华　战志华　河北承德医学院
王庆国　北京中医药大学

据笔者目前占有的资料表明，“合方”一词用于表述两首以上方剂相合为用者，始见于林亿诸人校注《伤寒论》时所加按语。《伤寒论》第23、25、27条按语中皆能见及。至于“合方”之意是否即为《内经》中所谓的“复方”，笔者尚不敢妄下断言。然“合方”之使用，见于现存医籍者，恐怕很难有人敢说不是出自《伤寒论》了。《伤寒论》中有合方之名者即有三方，计桂枝麻黄各半汤、桂枝二麻黄一汤、桂枝二越婢一汤。虽无合方之名却有合方之实者，又有柴胡桂枝汤、黄芩加半夏生姜汤等。《伤寒论》中为何有合方的出现，其目的意义是什么，合方的依据与法则为何，合方的功效是否为相合方剂功效的累加，抑或有新功效的出现，如此种种疑虑，皆需一一明辨。

一、合方的定义

合方是指将两首或两首以上已有方剂相合，是方剂加减变化的一种特殊方式。此恐为人们所熟知并乐于接受的概念。但已有方剂如何相合，是将两首方剂分煎后合抑或先合后煎；相合时仅为药味相合，抑或更有剂量的要求。有关合方之法，《伤寒论》本身有着“先合后煎”和“先煎后合”两种不同的记载。先合后煎的制作法见于桂枝麻黄各半汤、桂枝二麻黄一汤、桂枝二越婢一汤方后所出药物组成；而先煎后合之法见于上述方剂注语，如“本云：桂枝汤三合，麻黄汤三合，并为六合，顿服”，“本云，桂枝汤二分，麻黄汤一分，合为二升，分再服”。关于合方中药物剂量的问题，亦有着较为严格的要求，这一点我们只要看一下上言三首合方的组成及方后注语，即可明晓。

合方是如何出现的，以何为合方的依据或前提。毫无疑问也勿庸置疑，合方是在应用已有单一方剂无效或乏效的情况下应运而生的，是在已有方剂不适合病证变化的情况下的一种重新组方，若以一方即可治愈疾病，则显无合方之必要，它的出现无疑是所合二方或三方的主治病证恰与现疾病相类，因而合方治之。然而这就涉及到另外的问题，合方的依据是本疾病的症状与方剂主治症的相类？抑或是病变机理与方剂功效的相类？我们不妨先分析一下《伤寒论》中的合方。桂枝麻黄各半汤主治症状为“发热恶寒，热多寒少，其人不呕，如疟状，面色有热色，身必痒”。而麻黄汤主治症为“头痛，发热，身疼，腰痛，骨节疼痛，恶风，无汗而喘”。除发热恶寒和言外的无汗外，桂枝麻黄各半汤的主治症，很难再从桂枝汤和麻黄汤中找出，所以认为合方的依据是本疾病表现症状和所合方剂主治症的说法是很难成立的。但根据病因病机和所合方剂功效相合来解释，则显得顺理成章。如谓桂枝麻黄各半汤证为：邪郁于表，不得汗出，但不宜麻黄汤之峻汗，桂枝汤又难以开腠理之闭，故两方相合而用，集两方之力于一方之中，刚柔并济，从容不迫，而收小汗邪解之效果。由此可见，合方的依据主要在于病因病机与所合方剂功效的相合与统一。若此二者相一，纵然方剂主治症与疾病表现症状不一，亦可采用合方之法，此乃因人之体质不同，疾病表现千变万态，然病因病机无异。从柴胡桂枝汤这张小柴胡汤与桂枝汤的合方中，我们更可看出合方的主要依据在于方剂功效与疾病病机的统一，该合方能治疗“发热，微恶寒，支节烦疼，微呕，心下支结”。很明显，这组症状分为桂枝汤证和小柴胡汤证，但如果仅从症状上去比较又远非桂枝汤和小柴胡汤的主证，若以疾病症状和方剂主治症作为依据将此方相合，恐无很多的道理，然从该证病机与方剂功效上分析，则理在其中矣。通过对以上两首合方的分析表明，合方的依据乃在于方剂功效与病证病机的吻合，是在中医学辨证论治思想指导下的重新组方，而非仅凭相合方剂主治症与病证表现的相类或相同。这也揭示我们临床应用合方时，切勿将方剂主治症与病证表现一一对号入座。

二、合方的法则

合方时必须把握所合方剂的功效与疾病的病机，分清病证先后关系，掌握相合方剂的主次与配伍忌宜。合方最基本的法则就是求得所合方剂功效与所治病证病机的相一致，这也是应用合方的前提。若相合方剂功效主治与病证的病因病机毫无相同，则合方无从谈起。

进行合方时必察病证的表里先后，轻重缓急，表急者先解表，里急者先治里，切莫轻重不辨，缓急不分，表里不明，而一味追求合方。因治有先后，发表攻里自有不同。犹如《伤寒例》所言：“执迷用意者，乃云神丹甘遂合而饮之，且解其表，又除其里，巧言似是，其理实违”。

合方时所用方剂应有主辅或对等关系的存在。即在治疗复杂病证进行合方时，当掌握所合方剂在合方中所占比例，是均衡对待或以某一方为主。如《伤寒论》中的桂枝麻黄各半汤，桂枝汤与麻黄汤的关系显然是对等的，而在桂枝二麻黄一汤中则以桂枝汤为主，以麻黄汤为辅了。所合方剂在合方中所占比重不同，将影响到合方的总体疗效，使其主治症出现改变。进行合方时尚需注意到所合方剂药物是否有配伍禁忌的存在，对有配伍禁忌存在者尽量不进行合方，以防产生拮抗或毒副作用。

三、合方的功效

柯琴认为是：“犹水陆之师，各有节制，两军相为表里，异道夹攻之义也”（《伤寒附翼》）。虽然柯氏所论是取材于桂枝汤三合、麻黄汤三合的“先煎后合”的合方，与取麻黄汤、桂枝汤剂量各三分之一，同置于一炉中共煎可能尚有一定差异，但其认为是功效累加已见之昭昭了。尤怡于《伤寒贯珠集》中亦谓：“故合两方为一方，变大制为小制，桂枝所以为汗液之地，麻黄所以为发散之用”，虽不认为是单纯效果的累加，而是有一协同作用的出现。对此，笔者略有微辞，认为合方的效果即不是单一功效的累加，而且有一双方均不具备的功效出现。因合方毕竟是方剂加减变化的一种特殊形式，它以一新方的面目出现，药物间的配伍亦产生了或多或少的变化，故以功效累加来解释合方的功效，未免显得美中不足。在此我们可以分析一下《金匮要略·水气病篇》用于治疗“心下坚，大如盘”的桂枝去芍药加麻辛附子汤。桂枝去芍药汤见于《伤寒论》21 条，是一张治疗“脉促，胸满”的方剂，麻黄附子细辛汤见于《伤寒论》301 条，为一首治疗少阴病“发热，脉沉”的名方，两方皆不治“水气病”。虽然我们将桂枝去芍药加麻辛附子汤的方义释为：桂枝去芍药汤振奋卫阳；麻辛附子汤温发里阳，两阳相协，能通彻表里，使阳气通行，阴凝解散，水饮自消。殊不知桂枝去芍药汤中的甘草与麻黄附子细辛汤中的麻黄，尚可组成治疗“里水”的甘草麻黄汤，所以《金匮悬解》的作者在分析此方时直言方中药物作用，不从成方的角度为之作解。《丹溪心法》之胃苓汤，乃《伤寒论》五苓散与《和剂局方》之平胃散的合方。五苓散是治疗下焦蓄水之方，平胃散治疗湿滞脾胃，五苓散的利水有助于平胃散的燥湿，平胃散的燥湿有利于五苓散的利水。此乃因水湿同类，相助协同作用的结果，使得胃苓汤能治疗脾胃寒伤，水湿内停所致一系列病证。又观刘渡舟教授著《古今接轨论》专论经方与时方的相合，刘老以甘露消毒丹合麻黄杏仁薏苡甘草汤治“湿热伤肺咳嗽”，亦可证明合方之功效非为单一功效的累加。甘露消毒丹乃治湿温时疫主方；麻杏薏甘汤是治风湿在表的方剂，分而观之皆非治疗咳嗽的主方。然两方合用治疗“湿热咳嗽”，效果每令世人称奇，这种神奇效果的取得，非深邃辨证论治之理者不能为之。笔者虽反复强调合方有一种“新功效”的出现，但并非排斥两首或两首以上方剂相合有功效相加或协同作用产生的主张。

四、合方与合病、并病

合方与合病并病似乎存在着某些关联，如《伤寒论》172条所云：“太阳与少阳合病，自下利者，与黄芩汤；若呕者，黄芩加半夏生姜汤主之”。半夏生姜为《金匮要略》中的小半夏汤，历代称为呕家圣药，而“呕”确为少阳主症之一，这又不禁让我们想到《伤寒论》33条所言治疗“太阳与阳明合病，不下利，但呕”的葛根加半夏汤，其中亦有小半夏汤的组成，但小半夏汤却无单纯治疗少阳、阳明病的记载。《伤寒论》所言合病七条、并病五条之治，竟无一条有用合病、并病诸经主方相合者，实在令人困惑不解。只有柴胡桂枝汤这首合方使我们看到一线曙光，该方所治证虽无并病之名，但确有并病之实，是一首治疗太阳、少阳并病的合方。

五、合方对后世的影响

仲景合方对后世的影响是极其重大而深远的，医家本仲景之法更有发展，如金·刘完素创制的“三一承气汤”（大、小、调胃承气汤合方）、“天水凉膈各半”（天水散与凉膈散合方）、“天水一凉膈半”，无疑得益于仲景合方的启示；《正体类要》之八珍汤将《和剂局方》之四君、四物相合；《景岳全书》柴平汤的问世；清·秦之桢《伤寒大白》中对合方的运用，皆无疑导源于《伤寒论》。在此特别值得一提的是日本汉方医家对合方的运用。随着汉医古方派的崛起，《伤寒论》在日本日益受到重视，合方的研究亦引起了医家的关注，研制出大量的合方，如柴陷汤（小柴胡合小陷胸汤）、柴朴汤（小柴胡合半夏厚朴汤）、小青龙合麻杏石甘汤、大柴胡合茵陈蒿汤等一系列合方，可以说日本医家对仲景合方的研究取得了一定成果，在某些方面走在了我们前面，这是值得引起我们注意和反思的。一首行之有效的方剂凝结着一代或几代人的心血，经历了成百上千次的临床检验，如何使这些方剂适应当今临床的需要，使其发挥更大效应，我们以为采取合方的形式不失为一条良策。以合方的形式来研究组创新的方剂，好比是在前人已有成果上的前进，远比以药物重新组方来的更为直接、简捷。

仲景合方理论是仲景学说和方剂学研究中亟待深入探讨的课题，这在以往的研究中显然是不够的，对合方理论的深入研讨，无疑会导致大批行之有效的新方出现，为方剂学的研究开辟一新的领域。

［《北京中医药大学学报》1996；19（6）：7］

《伤寒论》寒热对偶方证辨析

董正华　陕西中医学院

《伤寒论》中，有部分功效相同，主治范围相类似，但因其药性寒热不同，所治证候之寒热性质截然相反的方剂，谓之寒热对偶方。《伤寒论》又有以方名证的习惯，故该类证候也可称为寒热对偶方证。分析这些方证，足以体现张仲景临床辨证之精微，选药组方之严谨；既可加深对《伤寒论》方证的理解掌握，而且对于提高临床辨证应用经方的准确性都有极大帮助。本文仅就《伤寒论》中部分寒热对偶方证予以辨析比较，供学习参考。

一、葛根芩连汤证与桂枝人参汤证

葛根芩连汤证见于原文34条：“太阳病，桂枝证，医反下之，利遂不止；脉促者，表未解也，喘而汗出者，葛根黄芩黄连汤主之。”此证形成于太阳病误下后，表邪不解化热，邪热又随攻下药势内迫于肠，使其传导失常所致。下利乃因邪势内迫，故为热利无疑，当具利下急迫、稀黄臭秽，腹痛灼肛等特征。病属里热下利兼表，治以葛根芩连汤。该方重用葛根辛散表邪，升阳止利；黄芩、黄连苦寒，清里热而止泻利；炙甘草调和诸药。四药相合，既清热止利，又解表散邪。桂枝人参汤证见于163条：“太阳病，外证未除，而数下之，遂协热而利，利下不止，心下痞硬，表里不解者，桂枝人参汤主之”。本证也形成于太阳病误下后，表证未罢，里阳损伤是其病机。其下利乃脾阳亏虚、寒湿内盛，故属虚寒性质，必见利下稀薄、或鹜溏，臭秽不甚，心下痞满等表现，病属里虚寒下利兼表，治用桂枝人参汤。此方用人参汤（即理中汤）温中健脾，燥湿止利为主，加一味桂枝解散表邪，共奏温中止利，解表散邪之功。

葛根芩连汤证与桂枝人参汤证都属表里同病，见表证未罢并里证下利；两方均有治里止利，解散表邪之效，同属表里双解法。然葛根芩连汤解表用辛凉之葛根，治里用苦寒之芩连，全方药性寒凉，具有清热止利，辛凉解表之功，故适用于里热下利兼表热的证候；桂枝人参汤解表用辛温之桂枝，治里用辛甘苦温之干姜、人参、白术、炙甘草，全方药性温热，具有温中补虚，燥湿止利、辛温解表之效，故主治里虚寒下利兼表寒的证候。总之，两方药性有寒、热之异，功效有清、温之别，虽皆有止利解表之效，但治证有表里皆热，表里皆寒之殊，构成一组治疗表里同病下利证的寒热对偶方。

二、麻黄汤证与麻杏甘石汤证

麻黄汤证见于35条：“太阳病，头痛发热，身疼腰痛，骨节疼痛，恶风，无汗而喘者，麻黄汤主之。”此证乃风寒束表所致；腠理闭塞，营阴郁滞，肺气失宣是其病机；临床以恶风寒发热、头身疼痛、无汗、喘咳，脉浮紧等为主证；治用麻黄汤。本方用辛温之麻黄发汗解表，宣肺平喘；配桂枝以助麻黄辛温发汗，疏风散寒；伍杏仁协助麻黄宣肺平喘；炙甘草调和诸药。全方相合，辛温发汗，宣肺平喘。麻杏甘石汤证见于63、162条：“发汗后（下后），不可更行桂枝汤，汗出而喘，无大热者，可与麻黄杏仁甘草石膏汤。”本证乃太阳病发汗不当或误下后，邪气内陷化热壅肺所致；肺气闭郁，肺热气逆是其病机；临床以喘促气急、咳嗽、鼻翼煽动、甚则张口抬肩、汗出身热，舌红苔黄、脉滑数等为主证；治用麻杏甘石汤。该方仍用麻黄宣降肺气，开表泄邪；配辛甘大寒清热之石膏，且用量倍于麻黄，二者相制为用，清宣肺中之壅热而无助热耗阴之弊；杏仁助麻黄降肺气，平喘止咳；甘草止咳化痰，调和诸药；全方相合，共奏清宣肺热，降气平喘之功。

麻黄汤证和麻杏甘石汤证皆见肺气上逆之喘咳，治疗都需宣降肺气、平喘止咳，故两方皆有麻、杏、草三味。然麻黄汤中配伍桂枝，麻桂相须为用。药性辛温，重在开泄腠理、发汗散邪而宣畅肺气，故适用于伤寒表实、肺气失宣之喘咳；麻杏甘石汤中配伍石膏，且用量倍于麻黄，药性辛凉，重在清宣肺热而降肺气，故主治邪热壅肺、肺热气逆之喘咳。两方一温一凉，一宣一降，虽同具平喘止咳之效，但治证有偏表偏里及寒热之异，构成一组治疗肺气上逆喘咳证的寒热对偶方。

三、白头翁汤证与桃花汤证

白头翁汤证见于371、373条：“热利下重者，白头翁汤主之”；“下利欲饮水者，白头翁汤主之。”此证乃厥阴热毒炽盛，下迫大肠所致；临床以利下急迫，脓血粘液，赤多白少，腹痛里急后重，身热口渴，舌红苔黄、脉弦数等为主证；治用白头翁汤清热解毒、凉肝止利。桃花汤证见于306、307条：“少阴病，下利便脓血者，桃花汤主之”；“少阴病二三日至四五日，腹痛，小便不利，便脓血者，桃花汤主之。”本证乃脾肾阳虚，失于温摄，脉络不固，大肠滑脱所致；临床见下利日久，利下稀薄清冷，脓血夹杂、白多赤少、状若鱼脑，伴腹痛绵绵，喜温喜按，畏寒怯冷，口淡不渴，舌淡苔白，脉沉而弱等，治用桃花汤温阳涩肠，固脱止利。

白头翁汤证和桃花汤证皆属下利便脓血（痢疾），两方都有止利之功。然白头翁汤由白头翁、黄芩、黄连、秦皮组成，药性大苦大寒，功专清热解毒、凉肝燥湿止利，故适于热毒迫肠之热利便脓血证；桃花汤由干姜、赤石脂、粳米组成，药性涩温，以温中阳益脾胃，涩肠固脱止利为主效，适宜于阳虚不固，滑脱不禁之虚寒下利便脓血证。两方药性有寒温之别，功效有清涩之异；虽同治下痢便脓血，但证候性质有实热、虚寒之殊；两者构成一组治疗痢疾的寒热对偶方。

四、五苓散证与猪苓汤证

五苓散见于71～74、127等条。如71条曰：“脉浮，小便不利，微热消渴者，五苓散主之。”此证乃太阳病表证未罢，邪气又循经入腑，膀胱气化失常所致；临床以小便不利、消渴（口渴），水逆（饮入即吐）、小腹胀满急迫，伴发热恶风寒、头痛脉浮等为主要表现；治用五苓散通阳化气利水，兼解散表邪。猪苓汤证见于223条：“脉浮发热，渴欲饮水，小便不利者，猪苓汤主之”；319条：“少阴病，下利六七日，咳而呕渴，心烦不得眠者，猪苓汤主之。”本证的成因有二：阳明热证误下伤津，热陷下焦而热郁水停；或少阴阴虚有热，水气内停，水热结于下焦。总之皆属阴虚有热，水热互结。其临床以小便不利（短赤涩痛）、口渴身热、心烦、舌红少苔、脉浮而细数等为主证，还可见下利、咳嗽、呕吐等。治用猪苓汤清热利水，滋阴润燥。

五苓散证和猪苓汤证都属邪与水结于下焦之小便不利证；两方同属渗湿利水法，都有茯苓、猪苓、泽泻三味药。然五苓散中配伍苦温健脾燥湿之白术、辛温通阳解表祛风之桂枝，全方药性温散，既可通阳化气利下焦之水，又能祛散太阳未尽之邪气，表里双解，故用于太阳表寒未罢，寒邪循经入腑，影响膀胱气化不行之太阳蓄水证；猪苓汤中则配伍甘寒清热滑窍之滑石、咸寒滋阴润燥之阿胶，全方药性偏寒，渗湿利水与清热养阴并进，则利水不伤阴、滋阴不恋邪，故适用于阴虚有热、水气内停之水热互结证。两方虽均有利水之功，同治小便不利之下焦停水证，但因其药性有温、寒之异，故所主证候的性质亦有寒、热之别；于是构成一组治疗小便不利、水气内停证的寒热对偶方。

五、四逆散证与四逆汤证

四逆散证见于318条：“少阴病，四逆，其人或咳、或悸、或小便不利、或腹中痛、或泄利下重者，四逆散主之。”究其病机，本证之四逆乃肝胃(脾)气滞，阳郁不达所致。其虽以四肢厥逆为主证，却无下利清谷、脉微欲绝等，故非属少阴虚寒本证。因气机郁滞、升降逆乱，常影响及多个脏腑，故其兼证多端。如影响及肺则咳嗽；影响及肠，则泄利下重，腹中痛等。治用四逆散疏肝理脾、透达郁阳。此方由柴胡、枳实、芍药、甘草组成。柴胡苦平偏凉性升散，疏肝解郁兼清热；枳实苦寒沉降，下气破结，理脾胃气滞，二者升降相因，疏理肝脾之气滞；芍药养血柔肝，甘草缓急和中。全方药性偏寒，功擅调理肝脾（胃），疏畅气机，透达郁阳，清解邪热，故适宜于气滞阳郁之热厥证。

四逆汤证在论中见于多处，概括其病机为少阴阳气衰微，阴寒内盛。其临床以四肢厥逆、但欲寐、无热畏寒、呕吐、下利清谷、舌淡苔白，脉沉微细等为主证，治用四逆汤回阳救逆。该方以大辛大热之附子、干姜为主，回阳救逆、峻逐阴邪；炙甘草益气；监制姜附辛烈毒性。全方药性辛热，破阴逐寒，回阳救逆，故为救治阳衰阴盛寒厥证之主方。

四逆散、四逆汤证皆属厥证，都以四肢厥逆为主证，然因其病因、病性、病机不同，治法药物各异。前者属气滞阳郁热厥，后者属阳衰阴盛寒厥；两方虽皆以“四逆”名之，但四逆散以苦寒疏清为主，而适用于气滞热厥；四逆汤以辛热回阳见长，故主治阳衰寒厥。二者构成一组治疗厥证的寒热对偶方。

六、陷胸汤证与三物白散证

陷胸汤证包括大、小陷胸汤证，原文见131～138诸条。该证形成于太阳病（或少阳）病失治或误下后，邪气内陷化热，与水饮痰浊结聚于胸脘之间，故亦称为热实结胸证，依据邪结之程度，范围之大小，病势之急缓，又区分为大、小结胸证。大结胸证乃邪热与水饮内结，病位广泛，病势急重；临床见膈内拒痛、心下痛、按之石硬，甚则从心下至少腹硬满而痛不可近，伴短气躁烦、喘促气迫、身热、不大便，舌上燥而渴，脉沉紧或沉迟等；治用大陷胸汤（甘遂、大黄、芒硝）泻热逐水开结。小结胸证乃热邪与痰浊内结，范围较局限，病势较轻缓；临床以“小结胸病，正在心下，按之则痛，脉浮滑、”等为特征；治用小陷胸汤（黄连、半夏、瓜蒌）清热涤痰开结。

三物白散证见于141条：“寒实结胸，无热证者，与三物白散”。此证由寒邪内陷，与痰浊水饮等实邪凝结于胸脘所致；临床除具有结胸证的一般表现（如胸膈满闷疼痛、心下脘腹硬满疼痛、不大便等）外，以不具有热象（如身无热恶寒，口不渴，尿清，苔白等）为辨证要点；治用三物白散（巴豆、贝母、桔梗）温寒逐水，涤痰破结。

陷胸汤证和三物白散证皆为表邪内陷与痰水实邪凝聚之结胸证，临床都以胸膈满痛、心下脘腹硬满疼痛拒按、不大便、脉实等为主证，治法同属逐水涤痰、开结攻邪。然前者为热实结胸、故大、小陷胸汤药性苦寒，泻热攻邪；后者为寒实结胸，故三物白散药性温热，以散寒攻邪为主。两方所治虽同属结胸，但病机性质截然相反，故有寒下与温下之异，共同构成一组治疗实邪结胸的寒热对偶方。

[《陕西中医函授》1996；(6)：5]

试析《伤寒论》下法在急腹症中的应用

李仲平　李　杰
福建省宁德地区中医院

《伤寒论》的治法，具有一套结构严谨的理法方药，诸如：汗、下、吐、和、温、清、补、消八法，以及利水、固涩、逐瘀、驱蛔等有着十分丰富的内容和实用价值；虽延续至今，仍被人们视为“四大经典”著作之一，并一直指导着中医辨证论治的法则规范。至于攻下法，有寒下、温下、峻下、缓下等，临床当辨其不同邪实，或热壅、或寒结、或水聚、或痰滞、或食积、或血瘀等病机不同，而所采用的攻下方法亦有分别：如寒下热结，里壅内实宜大承气汤，温中散寒；温经止痛宜大黄附子汤；峻下遂水宜十枣汤；泻热逐水宜大陷胸汤；缓下润肠宜麻仁子丸，外解少阳寒热往来，内泻热结烦痞宜大柴胡汤加减；清热利湿退黄宜茵陈蒿汤，破血下瘀宜桃仁承气汤。总之非实邪之证，则不能任意攻伐，如洞泄寒中者，伤寒脉浮者，表里俱虚者，心下虚痞者，厥而唇青，手足冷，小儿泄泻转为生惊，及两目直视，鱼口出气者，既十二经败甚证等均列为禁下之例。本文就其下法在外科急腹症的运用作一归纳如下。

一、寒下热结——阳明腑实

《伤寒论》用于阳明腑实证代表方如三承气汤，“阳明之为病，胃家实是也。”胃家实包括肠胃而言。《灵抠，本输篇》云：“小肠大肠皆属于胃”。胃为水谷之海，邪热入胃，如系无形之热邪，弥漫全身，谓之阳明经证，若热邪入胃与糟粕结实于肠间，致不便或燥屎，谓之阳明腑实。明张景岳云：“若邪入阳明，胃气壅实，不以通则浊气不去。”至清叶天士继承了《伤寒论》下法的精髓更明确地指出：“三焦不得从外解，必至成里结，里结如何？在阳明胃与肠也，亦须用下法……。”总之，下法对阳明腑实证的应用，有其重要的临床意义。依其阳明腑实证的表现，有痞、满、燥、实。燥实而不痞满，痞满而不燥实之分。即大承气、小承气、调胃承气之谓也。前人有云“扬汤止沸，不如釜底抽薪。”和“急下存阴”之说，以大承气汤而言，前人有云：“土为之为夺，虽大承气汤也无害也。”今试举大承气汤之药论：大黄苦寒、通九窍、利大小便、除五脏六腑积热。芒硝咸寒、破积散热、润肠胃，枳实苦寒，散滞气、消痞满、除腹胀、为佐使。厚朴辛温，和脾胃宽中通气，此四味虽为下药，有泄有补，卓有奇功。具体适应症状有：潮热汗出，谵语，不大便，腹胀满痛或绕脐痛，拒按，口渴心烦，热结旁流，脉沉迟、实大或滑而疾，或滑而数等。下法的应用，如能掌握时机和明确适应证，往往可有药到病除，转危为安之效。今用大承气汤化裁，治疗急性蛔虫性肠梗阻伴酸中毒。

陈××，男，14岁，1974年12月20日入院。病史：阵发性腹痛四天，疼痛多在脐周，痛时辗转不安，腹胀，发热恶心呕吐，吐出为胃内容物，纳减，口渴喜饮，大便秘结不通。检查：神志朦胧，精神疲，中度脱水，体温39℃，呼吸40次/分，脉弦数（132次/分），舌质红、舌苔黄而干，唇干。心肺（－），肝脾（－），腹胀满拒按，可见肠型，肠鸣音亢进。血液检查：血色素130g/L，白细胞13.6×10^9/L，中性84%，淋巴16%，二氧化碳结合力26.5mmol/L，X线腹部透视：双膈明显升高，心呈横位，腹部见广泛明显肠胀气，腹中下部见3～4个液平面。西医诊断；蛔虫性肠梗阻伴酸中毒。

处理：入院后禁食、输液、纠正酸中毒，洗肠，胃肠减压及抗生素等治疗，临床症状有所好转，但腹痛腹胀，恶心呕吐，腹部梗阻体征未能消除。中医辨证：腹脐周疼痛，胀满拒按，发热唇干，口渴喜饮，小便短赤，大便秘结，舌红、苔黄而干，脉弦数，为热实内结，痞满燥实坚俱见之阳明腑实证。急宜峻泻热结，佐以驱虫法，用大承气汤加减。处方：大黄15g、元明粉9g、厚朴15g、枳实12g、乌梅15g、使君子15g、木香30g、槟榔24g。服上方后，当日下午四时许，先后通便4次，量多，有恶臭，伴排出死蛔虫30余条，腹部梗阻缓解，诸证渐消，继用调理脾胃、益气、消导之品，以善其后，于本月二十四日痊愈出院。

二、攻下瘀血——蓄血证

太阳病不解，内郁结下焦膀胱部位，其人如狂者，是热盛血瘀所致，前人有云：“热结膀胱而小便不利者，是气分受邪，小便自利者，是血分受邪……。”用于蓄血证，代表方如桃仁承气汤、抵当汤、抵当丸。若见小便不利是为热与水结，为蓄水证，五苓散主治之。其人如狂者，热与血结，为蓄血证，属瘀血者下血乃愈，桃仁承气汤攻下瘀血主之。笔者根据其临床症状和病理特点，曾运用桃仁承气汤加减治愈急性十二指肠溃疡穿孔。

周××，男42岁，1974年10月入院，患者既往有溃疡病史，于入院前一天，因多进酒食，初感上腹饱胀不适，至夜突然上腹部剧烈疼痛，伴恶心呕吐，小便短赤，大便不通。查体：体温38.8℃，血压17/10kpa，皮肤巩膜无黄染，心肺（－），肝脾未触及，腹肌紧张（呈板状腹）有明显压痛及反跳痛，肠鸣音减弱。血Rt：血色素105g/L，白细胞总数16.7×10^9mmol/L，中性89%。淋巴14%，二氧化碳结合力37.1mmol/L，X线腹部透视：上中腹部见上下排列长短不一之液平面，肠腔广泛胀气。西医诊断；胃或十二指肠溃疡透壁性穿孔伴腹膜炎。

入院后即进行胃肠减压、禁食、补液、镇痛、抗生素等处理。中医辨证：素有胃痛，多进酒食后，腹痛胀满拒按，恶心呕吐，小便短赤，大便秘结，舌质红，舌苔黄而腻浊，脉弦细，乃脾胃升降失职，脾气不升，胃气反逆，腑气不畅，气滞血瘀，积滞结热。“急者治标”治以行气开郁，活血化瘀，荡涤积滞为法，用桃仁承气汤加味。处方：大黄24g、元明粉12g、川朴24g、枳壳12g、桃仁12g、槟榔15g、大麻仁15g、郁李仁15g。服上方四小时后，排出咖啡色样粪便，量多，恶臭，腹痛腹胀缓解，继服上方加地丁草、马鞭草、川黄连等清热解毒药，并加调理脾胃之品，一周后诸证悉除，痊愈出院。

三、和解攻下——少阳，阳明里实

用于少阳兼阳明里实证，其代表方如大柴胡汤。临床表现：寒热往来，胸胁苦满，呕吐不能食，郁郁微烦，心下痞硬，或心下满痛，大便秘结或胁热下利，舌苔黄，脉象沉实弦数等少阳、阳明证。基于上述诸证候，结合临床症状，以大柴胡汤加减治疗胆道感染胆石症320例，取得了满意的效果。兹举其中病案一例。

兰××，女，19岁，农民，心窝部持续性疼痛，恶寒发热，黄疸已四天，于1976年8月30日住院。

查体，精神萎靡，时因右上腹部疼痛呻吟不已。呈急性重病容，皮肤、巩膜重度黄染，舌质深红，舌苔黄，脉弦滑数，心肺（-）。右上腹部及心窝部压痛明显。并可触及胆囊约9×5cm，有波动感，表面光滑；肝：剑突下6cm，质软；脾（-）。大便秘结已2天，T：41℃、P：140次/分，R：40次/分，血压16/10kpa。血象：白细胞23.6×10^9/L，分类：中性80%，淋巴28%。二氧化碳结合力：37.4mmol/L。黄疸指数：12单位。诊断：急性胆囊炎、胆石症伴胆道感染（湿热型）。治则：清热化湿，疏肝利胆，佐以通里攻下。方药：银花、地丁草各15g，虎杖、金钱草各30g，木香、元胡、川楝子、枳壳、赤芍、大黄、元明粉（冲）各9g。服上方后于9月1日通便1次，量多，为黄褐色，经淘洗，大便中发现胆石一枚，约3×3×$2cm^2$，疼痛缓解，体温降至36.8℃，自觉诸证好转，右上腹部肿物逐日缩小，随后九天连服上方（随症加减）在头三天内共排出结石6～7枚，大小不等，诸证消失，于9月10日临床治愈出院。

四、增液润下——脾约证

用于脾约证，代表方如麻子仁丸。“趺阳脉浮而涩，浮则胃趺强，涩则小便数，浮涩相搏，大便则硬，其脾为约，麻子仁丸主之。”笔者曾治一例老年患者，不大便已6～7日，腹胀满疼痛，以大承气汤治之无效，后观察患者气虚，舌绛，无苔，脉虚弦细数，纵观舌脉乃气阴亏损，津枯不润，腑实内结，吴鞠通称为：“水不足以行舟，不宜苦寒下夺，必须增液润燥”，随投以麻子仁丸佐生地、麦冬等品，以“增液行舟”“扶正祛邪”治法之，寓泻于补，既可攻实，又可防虚。服一剂，翌日清晨，通便一次量多，诸证悉除出院。

小结：关于《伤寒论》下法，在急腹症中应用广泛而效果确切，我们认为各种急腹症常可引起胃肠功能紊乱，形成“阳明腑实”证。“六腑以通为用”，若能及时运用下法，病情可迅速由恶化趋向稳定。我们遵循“一服利则止后服”的原则，于大便通利后即撤去攻下导泄药，以免伤正。据临床实践观察：“清热解毒”“通里攻下”，“活血化瘀”等具有退热，改善血液循环，排除毒素，同时调理胃肠功能，对纠正酸中毒，中和毒素等都有协同作用。临床常发现急腹症患者如：高热、神昏、痞、满、燥、实证者，待清、下药服后，腑气一通则体温即降，神志、血压、血象等即向好的方面转化。清、下药若伍用抗生素治疗细菌性感染，比之单用抗生素较为理想、全面。当急重病患者，长期高热，出现了气阴两亏证，抗生素已用三联以上，病情仍不缓解，这时若伍用益气养阴方药为佳，以达固本扶正驱邪之目的。

据天津南开医院研究：“清热解毒药”对多种细菌有抑菌，解除内毒素调理胃肠功能，从而达到扶正祛邪的作用。“通里攻下”药能增强肠蠕动，扩大肠容积，改善肠胃功能和降低毛细血管通透性，从而解除肠麻痹所致的瘀滞状态。“活血化瘀”药有改善肠道微血管循环，增快腹腔内感染和蛋白溶液的吸收，抑制炎性肉芽肿的形成；也有消炎、镇痛和防止肠粘连的效果。“理气开郁”药对中枢神经系统有保护性抑制作用，能降低胆总管口括约肌的紧张度，具有利胆作用；能降低胃肠道平滑肌的紧张性，具有解痉作用，能抑制胃液分泌和降低游离酸度。

［《实用中西医结合杂志》1996；9（6）：327］

《伤寒论》茯苓作用刍议

杨　旻　山东中医学院
（导师　张挂珍）

《伤寒论》中茯苓应用广泛，功效卓著，体现了茯苓的诸多作用。

一、利水通阳

《素问·经脉别论》云：“饮入于胃，游溢精气，脾气散精，上归于肺，通调水道，下输膀胱……。”说明水的转输运化与上述脏腑有密切关系。水性属阴，赖阳气的温通宣化而流溢全身，营养脏腑组织。一旦外寒内侵，脏腑失调，水气凝敛，生痰化湿，则变证蜂出。水液化湿以后，最易壅遏阳气。《伤寒论》中以茯苓配生姜、甘草利水以通胃阳，如73条茯苓甘草汤证；以茯苓配桂枝、白术、泽泻、猪苓温通三焦之阳，如71条蓄水证；以茯苓配白术，桂枝、甘草利水以通脾阳，如67条苓桂术甘汤证。茯苓之所以通阳，全在于利水，水饮从小便出，阳气无邪壅遏，自能上通下达，宣畅表里。故叶天士称之为“通阳不在温，而在利小便”，高度评价了茯苓的功效。但茯苓味甘平，有利水之力，而无化浊之功。故《伤寒论》中一旦水湿化为痰浊或成寒饮，皆非茯苓所宜。如147条柴胡桂枝干姜汤证用茯苓不宜，应改用牡蛎软坚化痰，配干姜宣化痰饮。40条小青龙汤证以细辛、干姜温肺化饮。

二、利水发汗

本经所述茯苓治“寒热”与其发汗功效有关，《内经》云，“三焦膀胱者，腠理毫毛其应。”茯苓利水，三焦之阳无水邪壅遏，布达于外，玄府开通而为汗。《伤寒论》28条去桂加茯苓白术汤是水气内停、阳气壅遏之证。以茯苓、芍药利水而不伤阴，白术健脾散精，姜草枣顾乎胃气。所以去桂者，盖水从小便出，阳气外达，开通玄府，无需桂枝。陈修园指出：“此时须知利水法中，大有旋转之妙用，而为汗亦在其中。”

三、利水宁心

心为五脏六腑之大主，主神明而任物，性属火而畏水。水气上凌，心气虚则悸。“忧恚惊邪恐悸”与五脏相关，但心气虚为其主要原因。《伤寒论》重用茯苓一方面利水平冲，渗水湿而气自平，另一方面宁心安神以补心阳虚，现代药理研究亦证实茯苓有增强心脏收缩作用。由于汉时茯苓、茯神未分，故取茯苓宁心之效，必用大剂量，因茯苓宁心之功不若茯神。65条苓桂草枣汤用茯苓半斤，67条苓桂术甘汤用茯苓四两，而71条五苓散用茯苓十八铢以利水。但茯苓亦有宁心作用，如《本草纲目》云：“后人治心病必用茯神……然茯苓未尝不治心病也。”

四、利水健脾

《伤寒论》中，茯苓与白术配伍最多。脾主土，喜燥而恶湿，湿邪内阻，常先困脾。《伤寒论》多以茯苓配苦温之术，苦能燥湿，温能化湿，淡以渗湿，共奏健脾之功。同时茯苓味甘平，利水而不伤正，导水下行而不败胃，可调和白术之苦燥，护胃阴。茯苓既利水又和胃，实为健脾之要药，故后世四君子汤中茯苓为其一。《伤寒论》中苓桂术甘汤、苓桂草枣汤、桂枝去桂加白术汤、真武汤、附子汤等方中俱用茯苓健脾之功。

五、安神除烦

现代药理研究证明茯苓煎剂注射有镇静作用。茯苓既能宁心，又能健脾。脾主思，思虑过度则伤脾；心主神明，怵惕思虑则伤神。脾伤则气机不畅，郁结不行；心虚则不耐邪扰，烦躁不安。《伤寒论》69条茯苓四逆汤证为下后阴阳两虚所致烦躁证治。以四逆汤回阳救逆，人参益气生津，茯苓健脾宁心安神，量至四两，为方中用量最重者。下后阴虚，不耐渗利，因何重用茯苓？现代药理研究证明茯苓利水是对人体津液的整体调整，对正常人并无利小便之功。

《伤寒论》对茯苓的应用，其用量灵活、用法精确，窥一斑而见全豹，被后世誉为“方书之祖”，实不为过。

［《长春中医学院学报》1996；12（6）：5］

仲景应用甘草初探

胡永信　洛阳市第二中医院

《伤寒论》载方113，用甘草者72首，占63.7%；《金匮要略》载方205首，用甘草者73首，占35.6%。今就仲景应用甘草之意阐明其后，俾于医者临证之有所启迪。

一、依辨证而讲配伍

将相治国在于选贤任能，用其所长；医者治病，在于遣方用药，科学配伍。《伤寒杂病论》所用甘草之方，计145。其中用于汗法者15首，吐法者1首，下法者17首，和法者19首，温法者27首，清法者16首，消法者8首，补法者42首。

甘草用于发汗之前，多与桂枝，麻黄辛温解表之品相配伍。在汗法之15首中，与桂枝配伍者2首，与麻黄配伍者5首，与麻黄，桂枝同配者8首。《伤寒论》28条，服桂枝汤，或用泻下法治疗后，仍头痛项强，发热无汗，心下满而微痛，小便不利者，乃汗下之后，内有水饮，表邪未解之候，故施以桂枝去桂加茯苓白术汤。“去桂”当系“去芍药”之误。否则，与病因、病机、治则皆不符。桂枝可解表化气，白术、茯苓、大枣健脾去水而利小便，生姜助桂枝以兼降逆除满，炙甘草既助桂枝轻解表邪，又助苓术温中益气。经气得通，水饮得行，则表里俱解，诸症悉除。

病人手指及臂部发肿，不自主牵动，且肌表亦微动者，乃风痰壅滞胸膈所致，当以藜芦甘草汤治之。藜芦辛寒入肺，能吐膈上风痰；甘草固护中州，且解藜芦之毒，使其虽吐而不伤正气。方虽未见，但从其方名所显示之两味药物，可知为涌吐之剂。

病人食已即吐，乃实热郁滞肠胃，以致食物下咽即随浊气上逆，故以大黄甘草汤为治。药虽二味，各挡一面：大黄清泻实热，除肠胃积滞，甘草缓急降逆，不治吐而吐自止，乃“上病下治”，下法中之以一着也。

甘草，用于温里之剂，多与桂枝、附子、干姜、乌头大辛大热之品为伍。在温法之27首中，与桂枝、附子并用者6首，与干姜，附子并用者3首，与乌头并用者2首。太阳病，发汗太过，漏汗不止，且见恶风，小便难。四肢微急、关节难以屈伸者，系发汗太过而阳虚之候，故投以桂枝加附子汤。桂枝汤调和营卫，滋阴和阳，加附子温经固表，敛汗复阳。此炙甘草与桂枝，附子并用，大温而大平，有利而无弊之剂也。

甘草，不仅甘缓解毒，调和诸药，用为佐使，且可受任于危难之际而充当主帅。如治疗少阴病，咽喉疼痛的甘草汤；治疗伤寒中风，两次误下，胃中空虚而成痞症的甘草泻心汤；治疗风湿留于关节而疼痛，不得屈伸的甘草附子汤；治疗心动悸，脉结代的炙甘草汤；治疗太阳病，误服桂枝汤而出现逆证的甘草干姜汤；治疗肾着之草姜苓术汤；治疗风水证之甘草麻黄汤；治疗蛔虫病，腹痛吐涎之甘草粉蜜汤；治疗妇人脏躁症之甘麦大枣汤皆是。

二、视病情而立炮制

皇皇医林，自《神农本草经》而下，凡医药学家莫不认为甘草能解百毒，为众药之要。《药性歌括四百味》说：“甘草味甘，能和诸药。炙则温中，生则泻火。”对其炮制方法不同，而其功效则异。仲景用甘草，有生、炙及炒之别，均视病情而立。《伤寒论》用甘草之方72首，其中用炙甘草者67首，用生甘草者5首；《金匮要略》用甘草之方73首，其中用炙甘草者19首，用生甘草者54首，用炒甘草者1首。甘草泻心汤，因病属中风之表虚，医反下之，而致脘痞硬胀满，干呕而烦，医以为实，复下之。一误再误，肠胃空空，虚痞益甚，以本方补上虚缓急，降逆止呕，使陷阳得升，凝阴得散，则烦除痞消。炙甘草温中焦之脾胃，使枢机得转，清者升，浊者降，上下畅通而无滞碍，诸症自去也。

《伤寒论》67条之苓桂术甘汤治太阳病误吐误下而胃阳虚，水饮内停之剂 故以茯苓、白术健脾化饮，以桂枝行气降逆，以炙甘草温脾助胃，振奋阳气。《金匮要略·痰饮咳嗽病篇》之苓桂术甘汤，则治痰饮留于心下，胸胁胀满，头晕目眩之症，亦以茯苓、桂枝、白术、甘草主之。二方名虽相同，而用药有异：前者白术2两、炙甘草2两；后者白术3两、生甘草2两。由于病因不一，病机有制，症状相悬，虽均用甘草，前者之正气大虚，故炙用之；后者之邪气较强，故生用之。一炙、一生，炮制不同，可见仲景立法之严谨，用药之慎审也。

三、据证候而定剂量

徐灵胎云：“兵之设也以除暴，不得已而后兴；药之设也以攻疾，亦不得已而后用。”此用药如用兵之一理也。善战者，善于调兵遣将，乃克敌制胜之重要一环；善医者，善于書方用药，亦祛邪疗疾之重要一端。《伤寒论》用甘草之方72，其中用6铢者1首、18铢者1首、5分者1首、1两者6首、1两2铢者1首、2两者45首、3两者11首、4两者5首、未标明份量者1首；《金匮要略》用甘草之方73，其中用3分者1首、7分者1首18分者1首、28分者1首、1钱者1首、如指节长者1首、如指大一枚者1首、1两者8首、2两者34首、3两者16首、4两者2首、5两者1首。麻黄升麻汤之立，乃因伤寒六、七日，医反下之以重剂，致手足厥逆，尺脉不现，咽喉不利，吐脓血，腹泻不止，形成上热下寒，阴阳错杂的难治之症，故以本方清上温下，滋阴养血，调和营卫，升阳举陷。因其寒热并施，上下兼顾，表里俱周，用药复杂，故于13味药物之中，加入生甘草一味，虽仅6铢之量，而监制、调和诸药之力却有举足轻重之地位。甘草随麻黄、升麻以解毒活血；伴桂枝、芍药以调和营卫；须黄芩、知母、天冬、石膏以清热利咽；携茯苓、白术、干姜以温中止泻；伍当归等以滋阴排脓。儒家所谓“君子致中和”者，此亦其义也。

炙甘草汤，为治心动悸，脉结代之剂。因心血虚而心阳衰，以人参补气挂帅于先，炙甘草用至4两，主持胃气以助脉之本源而为君，生地、麦冬、麻仁、阿胶滋阴养血而为臣；桂枝温经通阳，合生姜、大枣调和营卫而为佐；以清酒促气血运行于脉道而为使。此方虽无宁心安神之品，而收本固标除，悸可宁、脉可复之效，乃大剂炙甘草无为而治之功也。有谓“炙甘草乃神明之药”者，良可信也。

橘皮竹茹汤，乃为呕吐证而设。但其病因乃胃气虚弱而挟微热，病机则为胃失和降，浊气上逆，故以橘皮理气和胃而逐水饮，竹茹微清虚热而降浊逆，人参、大枣益气补中，重用生甘草5两，使其既助生姜、大枣以健中州之土，又资竹茹降逆气，清虚热，使胃气强，虚热降，呕吐自止。

麻黄升麻汤，用生甘草6铢，意在监制寒热相伍之品，协力祛邪而无掣肘之虞，调和上下表里之品，各行其道而无滞碍之虑。此轻骑出征而获胜也。炙甘草汤用炙甘草4两以鼓舞胃阳而复血脉止动悸；桔皮竹茹汤用生甘草5两以补胃气，清虚热而止呕逆。二者皆重兵压境而制敌也。普普通通之甘草，用量奇轻奇重，疗效有桴鼓之应，非仲景这等运筹帷幄，决胜千里之大家莫能驭之。

四、审治法而行煎煮

汤剂的煎煮方法，与疗效关系甚大。对火力大小、水量多少，先煎何药、后下何品、何者包煎、何者另煮、哪味烊化、哪味冲服，仲景均有论及。

治疗太阳经气不舒，经脉失于濡养而项背强者之桂枝加葛根汤，其煎法为：“以水一斗，先煮麻黄、葛根减二升，去上沫，内诸药，煮取三升。”麻黄性温味辛，微苦，葛根气凉味甘。先煮此二味去上沫，一则以去麻黄峻猛之力，使其汗而勿伤；一则因葛根清凉味厚，轻煎则凉而勿凝，乃趋利避害之义。仿此煎法者，尚有桂枝麻黄各半汤，桂枝二麻黄一汤、桂枝二越婢一汤、葛根汤、葛根加半夏汤、葛根芩连汤、麻黄汤、麻黄升麻汤、麻黄附子汤、麻黄附子甘草汤、麻杏石甘汤、大青龙汤、小青龙汤、越婢汤、越婢加半夏汤、甘草麻黄汤、甘草粉蜜汤、桂枝去芍药加龙牡救逆汤、桂枝去芍药加麻辛附子汤、紫参汤等，亦皆斯义也。

乌头汤，治历节病，关节疼痛不可屈伸之候。以麻黄通阳活血，黄芪固表扶正，芍药养阴缓急而止痛。仲景指出：“上五味，阳四味，以水三升，煮取一升，去滓，内蜜煎中，更煎之。”此方重用川乌5枚，先以水煎，得其三分之一，去渣，再与蜂蜜合煎。一水、一蜜，历经两煎，川乌之毒性大解，而仅存其温经散寒之性，且以蜂蜜之甘甜固守，炙甘草之补虚扶正，使诸药缓行于关节经脉之中，而充分发挥其持久之疗效。

痰饮病，患者便意频频，泻后自感轻快，但心下胀满而硬，为邪饮停留，欲去未去之象，用甘遂半夏汤化痰行气，决水散饮。祖国医药学中向有甘草反甘遂之说，世人多畏而不用。但该方二者同用，有利无害，妙在煎法：以水二升，煮甘遂、甘草、半夏、芍药取半升，去渣，复以蜂蜜半升与药汁相和。甘遂为逐饮峻厉之品，与甘草相伍，激荡起伏，则涤痰散饮之力更猛，而以白蜜缓之，芍药敛之，相反而终相成也。

太阳病，误服桂枝汤而致邪气转入阳明，胃气不和，发生谵语者，投以调胃承气汤。药仅大黄、芒硝、甘草三味，而煎法则颇为考究：以水三升，先煮大黄、甘草取一升、去滓，内芒硝，再置火上，微煮令沸。芒硝之所以后内，保其攻坚破锐之威。微煮令沸，则借其通腑气，活血脉之势，使胃家调和，气机相承，中州之枢转畅通。

病本大柴胡汤证，而误用丸药下之，遂令潮热，利而不止，当以小柴胡汤先解少阳之邪，再用柴胡加芒硝汤主治。但宜先煎小柴胡汤，以水四升，煮取二升，去滓，内芒硝，再煎，微沸。芒硝后内，则去热力专而宏，再煎微沸，则虽下而润，不伤正气。

太阳病，表证未解，热邪随经入腑与血相搏，结于膀胱，停而为瘀。热盛血瘀而影响及心，以致其人如狂，故以桃核承气汤为治。桃仁、大黄、桂枝、甘草，合煎于先，去滓，取其汁二升半；内芒硝于后，再上火，令其微沸。芒硝与桃仁相伍而破瘀血，与大黄相伍而散邪热，与桂枝相伍而通经脉，与甘草相伍而协调诸药直达下焦以达根治。

调胃承气汤、柴胡加芒硝汤、桃核承气汤，三方均用芒硝，且煎煮后下，含义深刻，而其幽远之义在于一个“微”字。微者，既有小火微微煎煮之义，亦有短时煎煮，微微沸腾，即当下火而温服之。为确保辨证论治之无失，悉心谨慎之煎药焉可忽乎？仲景曲意可见一斑。

甘者主和。甘草入汗剂则解肌发表，入吐剂则上涌而出，入下剂则攻逐荡涤，入和剂则调和营卫，入温剂则通经回阳，入清剂则凉血泻热，入消剂则导滞散结，入补剂则益气养血。唯于胀满之症，则当慎用之。

［《中医研究》1996；9（6）：9］

《伤寒论》养阴保津学术思想特色探述

田维君　武警四川总队重庆医院

阴津是人体赖以生存的珍贵物质基础。纵观《伤寒论》在论述寒化病时，以救阳气为主，津伤化燥时，以保护阴津为要。助阳气，保阴津，集中体现了仲景治疗外感热病的特色，值得深入研究。

故本文谨对《伤寒论》的养阴保津学术思想，从八个方面探述如下。

一、发汗顾津

发汗，乃解表、透疹、消肿，达邪外出之良法。用之得当，效如桴鼓，用之不当，耗阴损液，变证丛生。仲景对此，极为重视。观《伤寒论》治“中风”，创桂枝汤，以桂枝辛能发散，温阳通卫；芍药味酸性寒，酸能收敛，寒能走营，桂芍配伍，一开一合，发汗而不伤阴，止汗而不敛邪。诚如《医宗金鉴》所云：“桂枝主芍药，是于发汗中寓敛汗之药，芍药辅桂枝，是于和营中有调卫之功。”生姜助桂枝解肌泄郁，大枣佐芍药和营益阴；甘草安内攘外，调和诸药；更以药后“啜稀粥一升余，以助药力”，益津液，酿汗源，驱邪外出，以遍身微似有汗为佳，不可令如水流漓。若一服汗出病瘥，停后服，不必尽剂，以免过汗伤津，变生它证。对淋家，疮家、亡血家、咽喉干燥，津亏液耗者，不可发汗，既使有表证，也不宜辛温发汗之剂，以免伤津劫液而亡阴亡阳，其祸莫测。足见仲景发汗顾津之匠心，堪为呕心沥血。

二、清热保津

寒邪入里，内传阳明，邪从热化，其热炽盛，阴液耗伤，则身热、汗出、烦渴、口干舌燥，脉洪大有力。此乃无形实热弥漫阳明经之中也。若发汗，则阴津更伤，若攻下，则邪易内陷。正确的治疗，则是清热保津。清热，当以辛寒之石膏，解肌胜热；知母之苦寒，泻火滋阴；甘草、粳米调和中宫，化生阴津。药虽四味，直折真热，使邪去阴生，津液得以保存，此仲景制白虎汤之旨也。诚如《温热经纬》曰：“白虎者，西方之金神，司秋之阴兽。虎啸谷风冷，凉风酷暑消，神于解热，莫如白虎。”石膏知母，辛甘而寒，辛者金之味，寒者辛之性，辛甘体寒，得白虎之体焉。甘草粳米，甘平而温，甘取其缓，温取其和，得伏虎之用焉。饮四物之成汤，来白虎之嗥啸，阳气者从天地之疾风名也，风行而虎啸者，同气相求也。虎啸而生风者，同声相应也。风生而热解者，理必至也。若大渴，舌上干燥而烦，欲饮水数升，或渴欲水，无表证者；或背恶寒，脉洪大无力者，阳明热盛，汗多伤津，胃阴被劫，气阴两伤也。又当御内热，保阴液，益气生津，白虎加人参汤可也。盖人参味甘微辛，益气生津药也。热者寒之，凡医易知，然清热保阴之绸缪，最见仲景惮心。

三、急下存阴

伤寒入里化热，阳明化燥成实，津液内枯，地道不通，“腹满痛”“目中不了了，睛不知，大便难，身微热”等痞、满、燥、实、坚之阳明腑实证作也。病至于此，非攻逐荡涤，难达祛邪存阴之目的；若仍以清热保津之法，只能是扬汤止沸，无济于事。只有“釜底抽薪”，急下存阴，才是对证之路。对此，仲景以苦寒之大黄，荡涤实邪，咸寒之芒硝，软坚润燥；枳实、厚朴消痞除满，行气散结。腑气通，邪热去，阴液存。正急下存阴之功也。若辨之准，用之当，可收效于俄顷，不啻起死回生之妙。若证见少阴化热，津伤热结之“腹胀不大便”“咽干燥”，或热结旁流之“自利清水，色纯青，心下必痛，口干燥者”，只要伤津病机一致，辨证属阳明腑实者，均可用承气汤急下存阴。

四、润下滋阴

《伤寒论》曰：“趺阳脉浮而涩，浮则胃气强，涩则小便数，浮涩相搏，大便则硬，其脾为约，麻子仁丸主之。”盖趺阳脉者，足背动脉也，胃者，阳明也；脾者，太阴也。阳明与太阴互为表里，且脏腑之气相通，脾为胃行津液，而使燥湿相济，以维持脏腑之阴阳平衡，今趺阳脉浮，表明胃气强，而太阴脾弱，阴阳失其平衡。相互凌劫，胃之阳强反凌脾之弱阴，使脾阴受约而不能为胃行津液，津液不能还入胃中，胃肠失于濡润，则大便硬；胃气既强，燥热迫津偏渗而从下夺，则小便数，于是津伤肠燥之脾约证生焉。仲景对此，以小承气汤加麻仁、杏仁、芍药，名曰麻子仁丸，体现了润下滋阴，泄热通幽之法度。尤妙者以蜜炼丸，取其泻而不峻，润而不腻，养阴增液，润肠通便也。诚如《绛香园古方选注》指出：“下法不以承气，而曰麻仁者，明指脾约为脾土过燥，胃液日亡，故以麻杏润脾燥，白芍安脾阴，而后以枳实大黄承气法胜之，则下不亡阴，而法中用斩加者，脾燥宜用丸法以遂脾欲、非曰胃实为急下也。”临床验之，凡属阴虚便秘，兼胃中有燥热者用之，确是中的。

五、利水育阴

伤寒之邪，传入阳明或少阴而致“脉浮发热，渴欲饮水，小便不得利”或“下利六、七日，咳而呕渴，心烦不得眠者”，何也？究其原因，乃热在下焦，阴液受损，水热互结之证也。赵羽皇曰：“伤寒表寒最忌亡阳，而里虚又患亡阴，亡阴者，亡肾中之阴与胃家之津液也。故阴虚之人，不但大便不可轻动，即小便亦忌下通，倘阴虚过于渗利，则津液反致耗竭。然纯以滋阴护液，则易助邪，单以清热利水，又恐更耗阴液，两全之法，唯以利水育阴，故仲景巧制猪苓汤，以解阳明、少阴之水热。药用猪苓、茯苓、泽泻淡渗，利水，且茯苓又兼安神定志，交通心肾，而疗心烦不得眠；“泽泻能行水于上，使水之阴津上滋。”（《伤寒论汤证论治》）寓利水之中兼补阴分之不足；滑石清热利水通淋，导热下行，实有调和阴阳升降之力；阿胶乃血肉有情之品，味厚而甘，以滋真阴之虚而润燥。药虽五味，是利水不伤阴之善剂也。

六、酸甘化阴

仲景指出：“伤寒脉浮，自汗出，小便数，心烦，微恶寒，脚挛急”。不可作表证治，若误用桂枝汤，得之便厥，应与芍药甘草汤主之，其脚则伸。伤寒何以脚挛急呢？究其所因，责之脾胃。“脾主四肢，胃主津液，阳盛阴虚，脾不能为胃行津液以灌四旁，故是挛急。”（《伤寒来苏集》）方中白芍苦酸黴寒，能养血敛阴，柔肝止痛，甘草甘平，和中缓急；一酸一甘，酸甘化阴，阴液得复，筋脉得养，则脚挛急自伸也。名医成无已说的“酸以收之，甘以缓之，酸甘相合，用补阴血”，正此之谓也。临床体会，该方对于阴血虚弱、阴液不足所致之腓肠肌痉挛，肋间神经痛、胃痉挛、腹痛、坐骨神经痛等多种病证，有较好疗效。然究其剂量而论，大抵芍药之量宜30～60克，炙甘草为芍药之半，方能显效。且在煎法上宜沸后40～60分钟，取其补药久煎之意也。

七、益气滋阴

《伤寒论》曰：“伤寒，脉结代，心动悸，炙甘草汤主之。”脉结者，往来缓，时一止复来也；代者，动而中止，不能自还，因而复动也；心动悸者，心下筑筑，惕惕然动而不自安也。此乃外感伤寒，邪传手少阴心之证也。盖心主血脉，血者阴也，赖心之阳气以推动，运行全身，则脏得之能液，腑得之能气。今邪传少阴之心，阴阳气血俱虚，心气弱则血运鼓动无力；阴血虚则心失所养，阴阳俱虚，脉结代，心动悸之候鲜有不作者焉。故仲景主以炙甘草、人参、大枣，益气生津，以资气血之本、生化之源；麻仁、生地、阿胶、麦冬之甘，以滋阴养血复脉；桂枝、生姜温通心阳以化阴。煎时更加“清酒七升，水八升，先煎八味，取三升。”（《伤寒论》）以重浊之味，方能助有形之血，则心阳自复，心血自生，心动悸自安，结代之脉自能恢复矣。观今时之煎此方，多以水煎而舍酒，似有不妥也。盖水酒同煮，十五升取三升。明是文火久煎之意，候其药力尽出也。因酒是一种较好之溶剂，在一定的温度下，使诸药有效成分尽可能溶释出来，至取得三升时，清酒已挥发将尽，可见酒并非对人体起直接作用，而是取对药物起一个溶媒作用。前贤柯韵伯说的“地黄、麦冬得酒良。”即指此而言。临床验之，炙甘草汤对津血不足所致心气虚弱，心动悸、脉结代者，用之颇效，然对于心脏有器质性病变者造成心动悸、脉结代者，则非本方所宜。

八、复阳敛阴

“太阳病，发汗，遂漏不止，其人恶风，小便难，四肢微急，难以屈伸者，桂枝加附子汤主之。”太阳病误汗，卫阳虚弱，玄府不闭，则滑汗不止而恶风；过汗伤津，阳虚不化，则小便难；阳虚失温则四肢微急，屈伸不利。证属阳虚漏汗伤津，仲景反于桂枝汤中加附子一味何也？《素问·阴阳应象大论》曰：“阴在内，阳之守也；阳在外，阴之使也。”阴阳互根，彼此共存。阴津亏损，缘由漏汗，漏汗乃因阳虚，故于桂枝汤加附子复阳，固阳即所以止汗，止汗即所以救阴。所谓“津伤而阳不亡者，其津能再生；亡阳而津不伤者，其津也无后继。是以良工治病，不患津之伤，而患阳之亡。”陆渊雷此论，确是慧眼识真谛。

本文从八个方面略述了《伤寒论》的养阴保津学术思想，足见仲景把养阴保津贯串在外感热病的治疗各个阶段，积累了丰富经验，确是识见超卓，可资后学者师法。

［《四川中医》1996；14（9）：6］

论张仲景对粳米的临床运用

孙福成　四川成都印钞公司医院

粳米，来源于禾本科植物稻（粳稻）的种仁。粳米为饮食主品，因性味甘平、入脾胃经，具补中益气、健脾和胃、除烦渴、止泻痢等功用，故亦为中医临床常用。张仲景《伤寒杂病论》将粳米运用于三十余方，独具特色。

一、粳米的临床配伍运用

张仲景将粳米与清热泻火、温阳散寒、温中涩肠、滋阴润燥等合用，粳米直接配入方中，与它药同煎至“米熟汤成”，取粳米之甘以益气养胃、补虚缓急、安中止利、除烦止渴等。

1. 粳米与清热泻火合用　粳米与清热泻火合用，如白虎汤、白虎加人参汤、白虎加桂枝汤、竹叶石膏汤等，以甘平之粳米同大剂寒凉清热泻火之品如石膏、知母、竹叶等相伍，以清热而生津、益胃调中除烦渴，用于阳明气分热盛之证。方中用粳米益气调中、滋养胃液，使大寒之剂不致伤胃。正如清·柯琴于白虎汤后云："粳米稼穑作甘，气味温和，禀容平之德，为后天养命之资，得此为佐，阴寒之物则无伤损脾胃之虑也。煮汤入胃，输脾归肺，水津四布，大烦大渴可除矣。"[1]

2. 粳米与温阳散寒合用　粳米与温阳散寒合用，如附子粳米汤，用于脾胃虚寒、水湿内停的腹满痛证。方用附子温阳散寒而止痛，半夏燥湿除逆而止呕，佐以粳米、甘草、大枣益脾胃而缓急迫以调和中土，清·陈修园云："佐以甘草、粳米、大枣者，取其调和中土，以气逆为病并于上，寒生为病起于下，而交乎上下之间者，土也。如兵法击其中坚而首尾自应也。"[2]

3. 粳米与温中涩肠合用　粳米与温中涩肠合用，如桃花汤，用于虚寒下利便脓血的证治。方用性温味甘涩而质重的赤石脂涩肠固脱止血，干姜温阳散寒，更以粳米之甘补虚温中，佐赤石脂涩肠固脱以厚肠胃而涩肠止泻，助干姜温中以升阳，使肠胃得厚、脾阳得宜，则下利可止。三药合用，共奏温中涩肠、宣脾止痢之功。

4. 粳米与滋阴润燥合用　粳米与滋阴润燥合用，如猪肤汤、麦门冬汤。猪肤汤用于"少阴病，下利咽痛，胸满心烦"，以猪肤甘润微寒，滋阴润燥而退虚热；白蜜甘寒滋阴润燥、清虚热以止咽痛；粳米甘淡泻心润肺而和脾，滋化源培母气，水升火降则上热自除而下利自止，三药合用则清热而不苦寒，润燥而不呆滞，适用于少阴虚热咽痛下利证。麦门冬汤以麦冬、人参、甘草、大枣、半夏等与粳米合用，取粳米补脾益胃，使中气健运，则津液自能上输于脾肺，胃得其养，肺得其润，共奏清养肺胃、止逆下气之功，适用于"大气上逆，咽喉不利"之虚热肺痿证。

二、粳米粥、粳米粉、粳米汤的临床运用

张仲景将粳米粥、粳米汤、粳米粉广泛运用于服药后的辅助治疗（内服或外用"以助药力"、缓和药性等）和药物制剂的赋形剂。

1. 粳米粥　仲景将粳米粥用于服药后的辅助治疗。如桂枝汤、三物白散、十枣汤、理中丸、栝蒌桂枝汤、大建中汤、桂枝加黄芪汤、诃梨勒散等均要求在服药后"饮热粥"。其主要作用：一是"以助药力"，如桂枝汤后注："眼已须臾，啜热粥一升余，以助药力。"进热粳米粥使谷气内充则易于酿汗、驱邪外出，并使外邪不复入、余邪不复留；再如理中丸、桂枝加黄芪汤、诃梨勒散、栝蒌桂枝汤等服药后"饮热粥"均有"以助药力"之意。二是借谷气以补养，使邪去而不伤正，如十枣汤"糜粥自养"。三是增强或抑制药物的作用，以保胃气、存津液为要，如三物白散后注："不利，进热粥一杯；利过不止，进冷粥一杯"，即以热粥之温加强药物泻下作用，冷粥之凉抑制药物过度的泻下作用。

2. 粳米汤　仲景将粳米汤用于临床，称"白饮"。如三物白散、五苓散、半夏散、四逆散、牡蛎泽泻散等均以粳米汤（白饮）和服。其目的一是如五苓散后云："白饮加服"并"多饮暖水"可助药力以发汗驱邪，汗出则玄府通畅，利水则气化通行，表里气机俱畅有利于排出蓄水，故曰："汗出愈"。二是如三物白散、牡蛎泽泻散等"白饮和服"缓和药物猛烈之性以保胃存津而不伤正。

3. 粳米粉　仲景将粳米粉称"粉""温粉""白粉"等，如蛇床子散、甘草粉蜜汤、猪肤汤、大青龙汤等。其临床运用：一是内服，如甘草粉蜜汤以甘草煎汁再与米粉、蜜同煮成"薄粥"内服，以安蛔缓痛、解毒和胃；猪肤汤用白粉五合，以其甘淡补脾和中而止利。二是外用，如大青龙汤"汗出多者，以温粉扑之"即用温粉（粳米粉炒热）外用以止汗。三是用作药物制剂的赋形剂，如蛇床子散，以蛇床子末加白粉少许，和令相得，制成阴道栓剂，即妇人阴寒的外治坐药。

参考文献

[1] 柯琴. 伤寒来苏集. 上海科学技术出版社；1959：112.

[2] 陈修园. 金匮方歌括. 上海科学技术出版社，1963：54.

[《四川中医》1996；14（9）：10]

仲景反治探析

张尚武　四川乐山市红十字会医院

反治，溯流穷源，肇始于《黄帝内经》，成熟于《伤寒杂病论》。《素问·至真要大论》说："帝曰：何谓逆从？岐伯曰：逆者正治，从者反治，从多从少，观其事也。帝曰：反治何谓？岐伯曰：热因热用，寒因寒用，塞因塞用，通因通用，必伏其

所主，而先其所因，其始则同。其终则异，可使破积，可使溃坚，可使气和，可使必已。”这段经文揭示了治疗疾病的大法有正治反治两种，其中反治又分四种，并特别论述了何谓反治，所用反治的药物多少，要视具体的病证来确定，以及反治的作用和功效。仲景“勤求古训，博采众方”，继承了《黄帝内经》的基本理论，结合自己的临床实践，将反治加以了具体运用，在《伤寒杂病论》中树立了反治典范，反映了仲景“治病必求于本”的学术思想，至今仍有其临床指导意义。

1. 热因热用，即以热治热也。在《伤寒杂病论》中不乏范例。多见于《伤寒论·辨少阴病脉证并治篇》的四逆汤辈证，具有代表性的是317条“少阴病，下利清谷，里寒外热，手足厥逆，脉微欲绝；身反不恶寒，其人面色赤，或腹痛，或干呕，或咽痛，或利止脉不出者，通脉四逆汤主之。”此条是论述少阴重病，出现阴阳格拒，真寒假热的证治。仲景在书中论述的四逆汤辈证，有若干条文亦涉及虚阳外越，出现真寒假热的情形，但从程度上来说，均不及本条突出。如387条之“吐利汗出，发热恶寒”，388条之“内寒外热”等，虽有假热现象，但阴阳格拒之势尚轻。而317条是除了“下利清谷，手足厥逆，脉微欲绝”等阳气大衰，阴寒内盛的必见症外，关键是同时又出现了“身反不恶寒，其人面色赤”等虚阳浮越于外的重症表现。其中“里寒外热”一句，就道明了该病的病症、病因、病机。故仲景“从多从少，观其事也”，格拒之势轻者，用四逆汤急温以回阳救逆。格拒之势重者，则在四逆汤的基础上，用生附子大者一枚，倍干姜成三两甚至强人加至四两，使其破阴回阳之方更胜，急速通达内外，并分温一服再服，其脉即出者愈，故以四逆汤冠以“通脉”名而别之。此等亡阳暴散之危急重证，仲景胸有分寸定见，用“热因热用”反治，救危急于瞬间，起沉疴于豁然。

2. 寒因寒用，即以寒治寒也。比较典型的是《伤寒论》335条，“伤寒一二日至四五日，厥者必发热，前热者后必厥，厥深者热亦深，厥微者热亦微。厥应下之，而反发汗者，必口伤烂赤。”此条是论述热厥的治则及禁忌。热厥的形成，主要是热邪深伏，阳气被郁，以致阴阳之气不能相互贯通周流，故见四肢厥逆。邪热内盛是该病的本质，常可见燥屎内结，或宿食内停，腹满，胸腹灼热，口燥，苔黄，脉滑数有力等症并见。阳气被郁是该病的假象，常可见手足厥逆，甚则全身寒颤。“厥深者热亦深，厥微者热亦微”，即厥冷的程度是辨邪热轻浅深重要点。既是里热邪盛，有诸内必形诸外，外应见热象，而反见寒症者何？此乃真热假寒，阳盛格阴之重势。故仲景直言“厥应下之”，虽未出方。但从一“下”字揆度，显然是用“寒因寒用”反治。书中言“下之”者，乃承气辈也。在危急之刻，能担此“下之”重任者，又常是用大承气汤急下其热，重兵突击，直捣中坚，假大肠之路，驱邪热外泄，阳气通达，厥冷自还。并告诫“反发汗者”，势必劫伤津液，助长邪势，火热上干，“必口伤烂赤”。仲景良苦用心，于此可见一斑。

3. 塞因塞用，即以补开塞也。《金匮要略·胸痹心痛短气病脉证治第九》5条：“胸痹心中痞气，气结在胸，胸满，胁下逆抢心，枳实薤白桂枝汤主之，人参汤亦主之。”胸痹，胸中痹塞不通也。本为阳气虚，阴寒盛的虚实挟杂之证。除喘息咳唾，脚背疼痛外，还可出现心中痞气，气结在胸，胸满，胁下逆抢心等症，但有偏虚偏实之别。其偏实者，乃有形之停痰蓄饮壅塞，气滞不通所致，故急则治其标实，用枳实薤白桂枝汤一派开通之药，通阳开结，泄满降逆。其偏虚者，乃中焦之阳虚馁，大气不运，多为无形之气痞为患，故缓则治其本虚，用人参汤一派补塞之剂，温中补气，使阳气振奋，大气一转，阴寒自散。从条文中一“亦”字看出，仲景是一证设二法，属同病异治之例，示人病有虚实，治分补泻，以泻开塞是为正治，以补开塞是为“塞因塞用”之反治，应知常达变，毋犯虚虚实实之诫。

4. 通因通用，即以通止利也。下利当有虚实之分。虚证下利，多用固涩升提，实证下利则不然，止涩常有闭门留寇之弊。在《金匮要略·呕吐哕下利病脉证治第十七》中，27条“下利三部脉皆平，按之心下坚者”的暴实下利而正气不虚的实积中阻证；28条“下利脉迟而滑”的邪实下利证；29条“下利脉反滑者，当有所去”的宿食内停证；31条“下利谵语者”的肠中有燥屎的热结旁流证；以及30条，“下利已差，至其年月日时复发者”的休息痢等等实热下利，因其为实，有可下之征，故仲景用大、小承气汤“通因通用”反治，承胃气之下行，因势利导，泻下而愈。邪去正自安，为下利止泻开一大法门。但此等实热下利，多具滞下不爽、下利臭秽浊水的特点。又当依据上述条文中所例举的脉症外，而从痞满燥实坚具备者，即可用大承气汤，若以痞满为主，而燥实不甚者，则当用小承气汤为宜。

通过以上探析，深叹仲景辨证论治，才高识妙。特别是一些复杂、严重的病证，表现的某些证候与病变的性质不符，而出现一些假象时，仲景深谙经论之理致，“必伏其所主，而先其所因”，悟得一“反”字之奥妙，“微者逆之，甚者从之”。辨证时每慧眼独具明辨真伪，论治时常“从者反治”出手不凡。自汉以往，言反治者，无不由仲景之范例也。效法仲景反治在危急重证的救治时所取得的卓著功效，因其可重复性和可测定性，早已被医药界所共认，这在历代名家的著作和医案中不乏佐证，不必赘述。由此可见，反治在诸多治法中特别是在急重证的治法中，有其特殊的意义。纵观《伤寒杂病论》，处处示人以规矩，反治是仲景治病求本学术思想的一大特色。后学当思求经旨，以演其所知。

［《四川中医》1996；14（11）：9］

浅议仲景辛开苦降法

温长路　温武兵

辛开苦降法，是利用辛、苦两类不同性味药，在使用时，同时达到辛以开结，苦以降气目的的药物配伍方法。因其本身即包括有治则的有关内容，故属于“八法”中“和法”与“消法”的范畴，以半夏泻心汤为该法的代表方剂。

辛开苦降法的渊源及特点

辛开苦降法的确立与形成经历了一个漫长的过程。《素问·阴阳应象大论》首先提出了“气味辛甘发散为阳，酸苦涌泄为阴”的理论，说明辛苦两类药物由于性味不同而在功用及属性方面有所差异。《素问·至真要大论》云：“阳明之复，治以辛温，佐以苦甘，以苦泄之，以苦下之。”不仅指出了辛苦两类不同性质的药物可以合理配伍，而且揭示出配伍后药物之间也具有相互佐助作用。因此，《黄帝内经》中有关辛苦同用的论述可以称作辛开苦降法的雏型理论。

仲景方中有关辛苦合用的方剂更不胜枚举。但辛苦合用从其实质上不能等同于辛开苦降，亦即辛开苦降作用的产生并非辛苦两类药物简单累加而成。仲景列半夏泻心汤及其类方，才是辛开苦降法运用的典型范例。因此可以认为仲景方开创了辛开苦降法的先河。

此后，历代诸家对辛开苦降法进行过不同深度的探讨，如成无己、尤在泾等医家都在诠释半夏泻心汤的同时对辛开苦降的有关内容进行过论述。尤其是明代张秉成指出了半夏泻心汤中黄芩、黄连与干姜的配伍使用是“一开一降，一苦一辛”，对辛开苦降法的实质已有所触及。

“辛开苦降”法的明确提出，当首推叶天士。叶氏继承前贤经验，在《临证指南医案》中提出了“微苦以清降，微辛以宣通”的论点，认识到苦辛合用则“苦寒能清热除湿”“辛通能开气泄浊”，并在辛开苦降法原则指导下化裁出多个治疗脾胃及湿热诸疾的泻心汤加减方。继之，吴瑭也认识到“非苦无能胜湿，非辛无能通利邪气”，提出了“苦与辛合能降能通”的论点，揭示了辛开苦降法的实质内涵。至此，辛开苦降法有关理论的确立已日臻成熟。

仲景辛开苦降法的具体内容

1. 辛开苦降、和胃降逆法　半夏泻心汤是一首集辛开苦降、寒热补泻于一体的方剂。方中半夏、干姜味辛性温，能行能走，能散能通，可助脾气升。在方中相须为君，则以辛助辛，辛甚气烈，辟阴通阳，药宏力专，其畅通气机，开泄湿浊之力尤猛。辅以黄芩黄连，苦寒沉降，下气燥湿，助胃气以降，使垢浊滞气以下而泄，氤氲之湿随燥而化；且二药寒凉，性存于味，既能防患于未然，遏制辛燥之药化热之势，又可救弊于已成，清泄湿热内蕴中焦之征。四药相合，辛开苦降，燥湿和胃，协同发挥燮理中焦，恢复中焦气机正常升降的作用。此外，由于误下伤胃是诸证产生的根本，故当在重剂祛邪的同时，兼以扶正补虚，顾护胃气。故仲景以人参、甘草、大枣为佐使，味甘补中、和胃健脾，在方中联合应用，可迅速回复受损之胃气，助脾胃之气运转舒展。胃气得充，中焦得健，则升降复常，藉气机流转之力开痞散结；且气催药势，助半夏、干姜、黄芩、黄连之属苦降辛通。全方配伍，辛开苦降甘调，泻不伤正，补不滞中，使脾胃调和，气机畅通，升降复其原职，清浊归还本位，最能体现仲景组方用药的圆机活法，也最能展示辛开苦降法的精义所在。

2. 辛开苦降、和胃散水法　代表方为生姜泻心汤，在半夏泻心汤基础上化裁——加用生姜而减干姜用量。生姜有和胃散水消饮之功，钱天来谓之“辛而能散，温而能走，故以为宣扬开发之主，流通其郁滞阴浊之气，鼓动其传化转运之机。”周岩曰：“散逆气，逐阴邪……生姜尤不可缺。”水为阴邪，得辛则散，故仲景每用生姜发散水气。本方以生姜为君，且干姜、半夏辛散之品同施，则其和胃散水消饮之功更倍于平时。此外，生姜味辛性温，黄元御谓之“疏利通达，下行肺胃降浊阴，善止呕哕而扫腐，清宫除道之力最为迅速。”故方中生姜不仅能和胃散水，且可与半夏、干姜开散痞结，降逆泄浊；合黄芩、黄连、人参、甘草之属共达辛开苦降甘调之效。此外，由于本方以四两生姜为君，故仲景减少了干姜的用量。其目的，一则防辛散太过耗气伤中，二则可免寒热之气有所偏胜。

3. 辛开苦降、益胃缓急法　甘草泻心汤，即在半夏泻心汤原方的基础上加重甘草的用量。该方证的形成，是由于误下伤中。胃气不和是痞硬形成的根源，胃虚气逆，升降失司是诸证产生的基础；气机不畅，湿浊壅聚是运纳失常的产物；反复误下，屡伤中气是病状加重的因素。故其治疗当安中缓急，标本兼顾。方中重用甘草四两以为君，收益胃补中缓急之效。《素问·至真要大论》云：“急者缓之”，“以甘缓之”。甘草味甘性平，功擅缓急和中，重剂用之则缓急解痉之力更强；况伍以人参、大枣甘缓平和，补中守土，使药入胃后，先缓急迫呕利之势，兼补屡下中气之虚。中气得旺，脾胃有主，则半夏、干姜、黄芩、黄连才能发挥其辛开苦降、消痞散结的作用。

4. 辛开苦降、和胃消痰法　代表方为旋覆代赭汤，该方由旋覆花、人参、生姜、代赭石、甘草、半夏、大枣组成，是半夏泻心汤的加减方之一。其主证之一——心下痞硬证与半夏泻心汤证相类，亦是运用去滓再煎的药物制备方法，重取药物厚生之味，从而达到辛以开结、咸以软坚、苦以降气泄浊的目的，所以，虽其合方配伍与典型的辛开苦降法诸方有所差别，但我们认为，它仍是辛开苦降法运用的一种变格，故也属于辛开苦降法。

旋覆花味咸性温，有消痰散结、下气消痞之功。《本经逢源》谓之“功专开结下气，行水消痰，治惊悸，祛痞坚……开胃气，止呕逆，除噫气”。故仲景以之为君，使以半夏辛平，有开结降逆除痰之功；生姜辛温，具和胃散水走窜之力。三物相伍，则软坚散结、涤痰泻痞之功尤效。代赭石味苦性重，镇逆降气；黄元御论其“重坠之性，驱浊下冲”之功独擅；张锡纯论曰：“降胃之药，实以代赭石为最效。”指出赭石重镇降逆，有平冲泄浊，承顺胃气下行的作用，故用于痰浊阻中之证尤为妥当。四药合用，辛苦咸相互佐助，共同发挥辛开苦降、软坚散结、祛痰和胃的作用。此外，病由中虚而起，故以补中益气之人参、大枣、甘草安定中州；且能调和诸药，以免辛苦重坠之品败伤胃气之弊。诸药合用，则痞开痰消气降，中焦升降复常。

仲景辛开苦降法的意义与影响

仲景辛开苦降法的确立，为后世医家临床辨治脾胃疾病奠定了坚实基础，从一定程度上推动了金元以后脾胃学说的全面发展，对脾胃学说的形成有着巨大影响及深远意义。

辛苦合拟、辛开苦降原则的确立，是《黄帝内经》有关理论的补充与发展，也拓开了“升降乃治法之大机”的先河。补泻兼施、安中调中原则的确立，是临床治疗虚实夹杂诸证的准则，也是“治病先顾脾胃”立论之滥觞。重调脾胃，兼顾它脏，是辛开苦降法诸方的组方原则，也是“治病必求于本”准则的体现。灵活变通，法中寓法，是辛开苦降法运用范围之扩展，也是仲景通权达变辨证论治思维之精华。

［《中国医药学报》1997；12（4）：47］

从《伤寒论》谈六经辨证与外感病护理

李瑞敏　山东荷泽地区中医院

《伤寒论》是东汉末张仲景以《内经》基本理论为基础，结合医学实践创作的第一部理法方药较为完备的医学专著。其系统地论述了外感疾病的因机证治，并创造性地提出了较为完整的六经辨证体系，从而指导着临床辨证论治。辨证护理是中医护理的特色，对于八纲辨证、脏腑辨证及卫气营血辨证与基本护理，在《中医护理学》中均有论述，而依据六经辨证来指导临床护理未见系统阐述，在开展中医临床护理中，我认为依据六经辨证施行护理十分重要，结合《伤寒论》中的有益启示，略谈有关六经辨证与外感病的护理问题。

一、太阳病分表里，汗下后存津液

太阳统摄营卫，主一身之表，为诸经之藩篱，外感之邪当首犯太阳。“善治者治皮毛”，故有伤寒早治重太阳之说，可见太阳病的诊治及相关护理均十分重要。以太阳表证为例，“太阳中风，阳浮而阴弱……汗自出……干呕者，桂枝汤主之。”即论述了太阳中风表虚证的脉证论治，服桂枝汤的护理及注意。①察病情变化：有“初服桂枝汤，反烦不解者”，还有“发汗已解，半日许复烦，脉浮数者”等，需及时配合医生处理。②者，服后当以“遍身漐漐微似有汗者益佳，不可令如水流离。”否则汗出太多，极易伤津耗气，甚则亡阴亡阳。③者啜粥，借水谷之精气，充养中焦，温覆以助药力，结合季节、气候、环境防风寒。④者，煎药宜武火快煎，不可久煎，以防芳香气味散尽。⑤药后注意不可食用“生冷、粘滑、肉面、酒酪及臭恶”等物。另外，服桂枝汤应严格注意其禁忌症，这也是护理工作的主要部分。如见“其人脉浮紧，发热汗不出者”的表实证，湿热内蕴的“酒家”等均不可服用。诸条护理，最重要的是服药后注意遍身湿润出汗最为适宜，桂枝汤本为营卫不和、因卫不固护于外，故有“病汗”，服药后可见“药汗”，汗出则营卫调和，自汗自止。若用药过度，伤津耗气，即致外邪深入，加重病情。

二、里热实证，胃家实，通便泻热勤观察

阳明胃、大肠的病变，以里热实证为主，故症多见身大热、汗自出、不恶寒反恶热，脉洪大，兼有口干舌燥，大渴而引饮不解的里热证。若邪热入里与糟粕相结，则有潮热、谵语、腹胀、便硬、脉沉实，甚则出现循衣摸床、直视等危症。在护理上，注意六腑以通为用，通腑可致邪热从下而出，清气得升；否则浊气不降反升，扰乱神明，即为危症。故保持大便通畅为关键之所在，应注意：①“痞满、燥实”的偏重不同，酌情使用三承气汤。②观察服承气汤辈后大肠转气否。③服药大便下后，若观“烦不解，腹满痛”，即燥屎复结，当仍需用大承气汤以泻热通腑。泻热通腑可急下以存阴，为泻热救里的关键，护理上除依靠药物通便外，还可使用润肠、灌肠等法。

三、通调枢机施柴胡，情志调节相辅佐

“口苦、咽干、目眩”伴“往来寒热、胸胁苦满、嘿嘿不欲饮食、心烦喜呕”为少阳病的主症，治以和解为大法。护理人员应配合医生细心观察临床表现，对“伤寒中风，有柴胡证，但见一证便是，不必悉具，”即可施用小柴胡汤辈，使“上焦得通，津液得下，胃气因和。”值得重视的是，少阳病多受情志影响，故治疗少阳病，护理上应重视调和情志，针对临床常见的情绪异常表现，开展相应的说理开导，以情胜情，移情却病，能有效地防止情志过激而加重气血津液、肝胆脾胃三焦失调的少阳病症。

四、太阴病“当温之”，调理饮食重脾胃

太阴病即是脾虚寒证，若见“腹满时痛，吐利，食不下，口不渴，脉弱”等太阴病症，治疗上当以温中健脾、祛寒燥湿为主，而对于护理，对因施护的关键当为调理饮食，健脾和胃。具体而言，一者忌生冷，宜熟食；二者避用不洁变质之品；三者营养合理，不偏不嗜；四者定时定量，综合调理，即可祛病向愈。

五、少阴厥阴病势危　全面护理不可缺

少阴病与厥阴病均是六经病变发展过程中的危重阶段，涉及心、肝、肾三脏，病情复杂多变，及时准确地辨证施治，是与全面认真的护理息息相关的。在临床护理中，具体应掌握下面几个方面：①基础护理为前提，创造和谐的治疗环境，注重饮食、情志及劳逸的适当安排。如“厥阴病，渴欲饮水者，少少与之愈”，指出了厥阴病邪退阳复而有口渴时，应注意少少给予饮水，使胃中津液恢复，促病自愈。②细致观察，询问病情，协助诊治。护理人员要仔细观察患者症状。有无呕吐物、分泌物及二便情况，看呕吐物中有无“涎沫”、有无食物残渣，下利物有无“脓血”等等，从而配合治疗。③掌握病情转归，明确病情预后，及时配合用药。如对于少阴病，见“脉暴微。手足反温”，“下利自止……手足温者”均是阳气来复，多为向愈之征；反之见“恶寒、身倦而利，手足厥冷”，“吐，利，躁烦，四逆者”均是正不胜邪、阳气已竭，故为“不治”，又如“少阴病，四逆……脉不至，不烦而躁者死”。从观察心率、脉搏、神志表现、呼吸等，及时掌握病情变化趋势及预后情况，均是护理中应注意的问题。总之，对于少阴厥阴病的护理以全面、细致、认真、及时为准则。

六、差后防复、综合调理

对于外感病的差后调护，《伤寒论》中“辨阴阳易差后劳复病脉证并治”篇中有重要提示。针对大病初愈、阴阳未和、正虚邪恋、体用失调的特点，应施以综合调养护理，具体而言：①防治劳复，篇中首条提出“大病差后，劳复者，枳实栀子豉汤主之”。对于大病新差，气血未复，余热未尽，宜安养，避风节食，清虚无欲。若妄动劳作伤其形，多言多虑伤其神，房室不节伤其气，则令虚热内发，故当以清热除烦、宽中行气的枳实栀子豉汤主之。②防止食复。大病初愈，胃气薄弱，不可强食，篇中有“病人脉已解，而日暮微烦，以病新瘥，人强与谷，脾胃气尚弱，不能消谷，故令微烦”，即指出了这个道理，而且提出了外感病后宜少食，即“损谷则愈。”而一般的原则，如饮食卫生，易消化吸收，注重忌口及辨证施养也是我们应当重视的问题。另外，对于外感病后，注意防止风邪外感也是重要的原则之一。作为护理人员，应配合医生指导病人，综合调治，促使病人完全康复。

总之，按六经辨证，指导临床辨证施护是《伤

寒论》的重要内容之一，也是值得我们进一步研究的问题，本文以希抛砖引玉，与同道共探讨。

［《内蒙古中医药》1998；（2）：45］

《伤寒论》活血化瘀法初探

杨运高　第一军医大学

张仲景是最早提出瘀血一词，并广泛运用活血化瘀法的医家。探讨张仲景对活血化瘀法的运用，掌握其规律，对更好的运用和研究活血化瘀法均有重要意义。笔者现以《伤寒论》为例，探讨仲师的治瘀诸法。

一、方药概况

在《伤寒论》112 方中，以活血化瘀为主要功用或具有活血化瘀作用的方剂共有 30 余方。如抵当汤、抵当丸、桃核承气汤、桂枝汤、桂枝加桂汤、桂枝加大黄汤、桂枝加芍药汤、桂枝加芍药生姜各一两人参三两新加汤、桂枝加附子汤等，主要的活血化瘀药物有桂枝、芍药、大黄、桃仁、栀子、水蛭、虻虫、当归、细辛、木通、赤小豆、麻子仁、巴豆等。

二、治法分析

张仲景继承创新、丰富了血瘀证的治法。主要有以下几个方面：

1. 益气活血法　气为血帅，气行则血行，气虚则血行无力，而致血瘀。如《伤寒论》桂枝新加汤，由于发汗以后，损伤气营，所以用人参益气和营，以桂枝、白芍通血和脉。《神农本草经》谓：芍药“主邪气腹痛，除血痹，破坚积”，《本草别录》谓：其“通顺血脉”。《本草再新》则称桂枝“温中行血”，《药品化义》称它“除肢节间痰凝血滞”。过去对桂枝新加汤强调益气和营，其实从方药分析，不难看出其活血通脉的作用。

2. 温经活血法　该法主要用于寒凝血瘀证的治疗。寒为阴邪，其性收引凝滞，能使血液凝聚。《素问·调经论》云：“血气者，喜温而恶寒，寒则泣而不能流，温则消而去之”。又云：“寒独留则血凝泣，凝则脉不通。”因此治疗当以温化为主，这类方剂以当归四逆汤为代表，当归芍药养血和血，又可行血散血；桂枝、细辛温通血脉；通草通利九窍、血脉关节，共奏养血散寒、温经活血的功用。若阴寒较重，即李阴岚所说：“久寒不但滞在经络，而更滞在脏腑”。可加吴茱萸、生姜以加强温化作用。

3. 活血止痛法　前人有“痛则不通，通则不痛”之说，可见无论何种原因引起的血流不畅或瘀血阻滞皆可致痛。在《伤寒论》中，这类痛证多为风寒湿邪流注关节、经脉，气血运行涩滞所致。其代表方为桂枝附子汤，该方用于治疗气血凝滞的“风湿相搏，身体疼烦，不能自转侧。”方中桂枝活血通脉，附子散寒止痛，再佐以生姜、大枣、炙甘草，共奏活血止痛之攻。

4. 攻下逐瘀法　攻下逐瘀法为攻下法与活血散瘀法联用的一种治法。适用于瘀血结实证，代表方有抵当汤、桃核承气汤等。在攻下逐瘀法中，大黄是最常用的药物，它具有攻下和逐瘀双重作用，《神农本草经》云：其“下瘀血、破癥瘕”。目前，随着活血化瘀法研究的不断深入，攻下逐瘀法在急腹症、肝病、肿瘤等容易呈现血瘀状态的病证中运用广泛，并取得明显效果。

5. 活血利湿法　活血利湿法可谓张仲景的一大发明，适用于湿（水）不去，导致血瘀或瘀血内阻，使水湿积聚的一类病证。《金匮要略》指出：“血不利则为水”，这为活血利湿（水）法的运用提供了理论依据。在《伤寒论》中，运用最成功的典范莫过于瘀血黄疸概念的提出。由于湿热郁遏于里，不得宣发，日久络阻血瘀，瘀湿互结，薰蒸肝胆而发黄，故《伤寒论》中多处提到“此为瘀热在里，身必发黄”，“伤寒，瘀热在里，身必黄”。茵陈蒿汤和麻黄连翘赤小豆汤等方虽为治疗湿热发黄而设，但方中用了多味活血化瘀的药物。如大黄、栀子、赤小豆等，充分体现了张仲景这一瘀血发黄的思想。后人根据仲师这一启发，提出了“治黄当治血，血行黄自灭”这一观点，在清利湿热药中加入大量的活血化瘀之品，大大的提高了黄疸病的疗效，丰富了经方的临床运用。

6. 清热活血法　《难经》把伤寒分为五类，曰：“中风、伤寒、湿温、热病、温病”，可见温热病邪亦是伤寒病的主要病因。叶天士云：“热邪不燥胃津，必耗肾液”。由于津血同源，津液耗伤，血液也相应耗伤，血受热则煎熬成瘀。《伤寒论》清热活血方的运用当推栀子豉汤及其类方。栀子苦寒，具有清热除烦和活血行血止血的双重作用，《本草纲目》称：“治吐血、衄血、血痢、下血、血淋、损伤瘀血，及伤寒劳复、热厥头痛、疝气、烫火伤。”《伤寒论》中主要用于邪热内扰、瘀血内停所致的胸腹诸证。

7. 祛瘀导滞法　此法适用于太阴病气滞络瘀腹痛证。由于脾伤气滞络瘀，故“腹满时痛”，甚或

"大实痛"，治以桂枝汤温阳和络，加"芍药以木疏土而破结"（周岩语），"加大黄以破结滞之物"（程郊倩语）。该法在《金匮要略》中则得到了进一步的阐述，仲师用旋覆花汤治疗"肝着，其人常欲蹈其胸上"，胸胁痞闷胀痛，甚或刺痛等症，实乃气滞血瘀所致。旋覆花汤中新绛，经考证即为茜草，有活血化瘀的作用，旋复花善通肝络而行气，葱茎温通阳气而通络，共奏行气化瘀通络的功用。张仲景开创了后世行气活血法之先河，其祛瘀导滞，以木疏土诸法给后人莫大启发，后世医家，如张景岳的柴胡疏肝散、王清任的逐瘀诸法，均是在此基础上创立的。

三、临床运用

下面例举《伤寒论》中几个较典型血瘀证，以进一步说明仲师活血化瘀法的灵活运用。

1. 太阳蓄血证　太阳在表之邪不解，化热随经深入下焦，与血相结于少腹而成太阳蓄血证。正如《伤寒论》所云："太阳病不解，热结膀胱"。此热结膀胱当作邪热结于下焦理解。由于热血相结于下焦，腑气不通，故见"少腹急结"，此"急结"乃指疼痛、胀满、痞硬等症。邪与血结，内扰心神，故如狂或发狂；因病在血而非气，故小便自利。若蓄血较轻，随着向下的通路打开，热邪随血而泄，邪有出路，故"血自下，下者愈。"若蓄血重证则非攻下逐瘀不可，方用桃核承气汤或抵当汤诸方。

2. 阳明蓄血证　阳明蓄血证病因是"本有久瘀血"，也即内有"宿瘀"。正如237条所云。"阳明证，其人喜忘者，必有蓄血。所以然者，本有久瘀血，故令喜忘，屎虽硬，大便反易，其色必黑者，宜抵当汤下之。"除了该条文提到的喜忘、燥屎虽硬但大便反易，其色必黑外，还可见少腹急结或硬满疼痛、谵语躁烦或口干鼻燥、衄血、咳血、吐血等症。

阳明蓄血与太阳蓄血成因、症状虽不尽相同，但若论其病理机制，则皆为邪热与瘀血相结，故治法则一，都用抵当汤治之。

3. 热入血室证　本证主要是指妇女感受外邪发热后，而适逢月经来潮，血热相结于血室的病证。如143条指出："妇人中风，发热恶寒，经水适来，得之七八日，热除而脉退，身凉，胸胁下满，如结胸状，谵语者，此为热入血室也，当刺期门，随其实而取之"。血室究为何物？有指冲脉者，血室者，荣血停止之所，经脉留会之处，即冲脉也，此说以成无已、方有执等人为代表；有指肝脏者，肝为藏血之脏，故称为血室，此说以柯韵伯等人为代表；有指子宫者，如张介宾指出："医家以冲任之脉盛于此，则月事以时下，故名曰血室"。尽管有以上三种主要的不同观点，但冲脉、肝、子宫都属厥阴经范围，因此血热瘀结于厥阴，是其病理关键，故治疗可针刺期门或小柴胡汤。期门乃肝之募穴，位于二肋空隙之处。成无已注："肝主血，刺期门者，泻血室之热。"正因为本证是血热互结，若结于下焦，则如144条所述："经水适断者，此为热入血室，其血必结。"成无已注："入于血室，与血相搏而血结不行，经水所以断也。"若结于胸胁，则可见胸胁下满闷不适，后人称之为"血结胸"。总之，泻热行血是热入血室的基本治法。

4. 阳明发黄证　阳明发黄证是指热邪内结，或误用火疗后，导致阳明邪热内盛，此时由于"但头汗出，剂颈而还"或"额上微汗出"，使阳明之热不得外越而郁滞于内。阳明本当汗出，现汗出不畅，湿无出路，邪热薰蒸。一方面，气滞血瘀而成瘀；另一方面，薰蒸肝胆，胆汁外溢而发黄。因此，对于阳明发黄，聂惠民教授在其专著《伤寒论与临床》一书中指出："可见黄疸的病理反映，关键在于"热、湿、瘀"三个方面。因此，治疗的关键就在于清热行瘀、利湿。茵陈蒿汤是治疗湿热黄疸的主方，药虽三味，但集清热利湿，活血逐瘀于一体。"

综上所述，张仲景对血瘀证及活血化瘀法的运用已有了充分的认识，并积累了丰富的经验。其治法和方药至今仍有效地指导着临床实践，值得我们进一步深入研究。

［《中医函授通讯》1998；17（5）：1］

《伤寒论》乌梅丸方证辨识

曲　夷　山东中医药大学
（导师　张桂珍）

乌梅丸出自《伤寒论》的厥阴病篇，主治蛔厥，又主久利。后世医家尊崇仲景，对乌梅丸的方义、功效阐释及临床应用囿于驱蛔、止利。清代以来，诸多医家对此提出异议，认为乌梅丸为厥阴病主方，适用于上热下寒证的治疗。现代临床工作者进行了大量的尝试，将乌梅丸广泛应用于内、外、妇、儿各科，积累了宝贵的经验，并开展了乌梅丸的药理实验研究。然而，传统认识仍束缚着对乌梅丸方证的深入研究。《汤头歌诀》《医方集解》等方书及现行通用的《方剂学》教材都将其列为"杀虫剂""驱虫剂"的首方。古代医案及现代临床报告多是散乱的个案报道，缺乏经统计学处理的大样本的综合报告。药理实验亦多围绕其治疗蛔虫病的机制开展。本文立足于《伤寒论》，参以诸家释本，探讨了乌梅丸的组方特点、功效主治、病证规律及辨治思路，以期对指导临床有所神益。

一、方药研究

1. 组方特点　乌梅丸由乌梅、细辛、干姜、黄连、当归、附子、花椒、桂枝、人参、黄柏十味药物组成。乌梅丸方，从药性上讲，既有寒性的黄连、黄柏，也有热性的细辛、桂枝、干姜、花椒、附子，可谓寒热并用。从药味上讲，有辛味的细辛、桂枝、干姜、花椒、附子，有甘味的人参、当归、米饭、白蜜，有苦味的黄连、黄柏，也有酸味的乌梅、苦酒，可谓辛甘酸苦合用。据其功效，乌梅丸方中的药物可大致分为三组：乌梅、人参、当归为一组，三药相伍，补血生津，益气养阴；附子、干姜、桂枝、花椒、细辛为一组，五药同用，可温中散寒，升发阳气；黄连、黄柏为一组，两药相伍，共奏清热燥湿、泻火解毒之功，可使火去不复伤阴，起到以泻为补的作用。此外，乌梅丸是仲景方中唯一的和以米饭、白蜜为丸之方。米饭粘性较大，在胃内崩解较缓慢，既可延长药效，又能避免或减少某些药物的刺激性；白蜜性柔润，作用缓和，有补益作用。加入米饭、白蜜制为丸剂，意在缓图，可助正气渐渐恢复，以治其本。

2. 功效研究　历代医家对乌梅丸方义的阐发，依据其对功效主治的不同认识而各有侧重。清代以前的医家首重阐发乌梅丸治疗蛔虫病的机制，清代以后的医家注重阐发乌梅丸主治厥阴病的机制，从不同侧面体现了乌梅丸的功效特点。

（1）温清并举治蛔厥：乌梅丸原为治疗蛔厥而设，但其作用机制并非直接驱杀蛔虫，故不同于后世以驱虫药物为主组方而成的化虫丸、肥儿丸等。历代医家依据对蛔虫病发病病机及蛔虫生活特性的认识，分析了其治疗蛔虫病的机制。

首先，古人认识到蛔虫“因脏腑虚弱而动”[1]“诸虫依肠胃之间，若脏腑气实，则不为害，若虚则能侵蚀，随其虫之动而变成诸患也”[2]等特点，乌梅丸中重用大辛大热之品以温脏补虚安蛔。蛔虫内扰虽因于脏腑虚弱，然虫积毕竟为实邪，故方中须配合黄连、黄柏温清并举，使补而不滞、温而不燥。叶天士[3]有言：“诸虫之病，治标则有杀虫之方，治本则温补脾胃。”乌梅丸温脏补虚以治本，此安蛔之法也。其次，古人认为蛔虫“闻酸则定，得辛则伏，遇苦则下也。”[4]乌梅丸辛苦酸甘合方，故可伏蛔。然药物具辛苦酸甘之味者众，何以但用上述十味药物组方？既取其味又为何加入米饭、白蜜为丸调和诸药，矫除其味呢？可见，这种说法仅为古人据方揣测而已。

（2）补泻兼施主久利：下利日久必致正气耗伤，乌梅丸阴阳并补、气血两调，可培补正气以治久利。柯琴[5]曰：“久利则虚，调其寒热，扶其正气，酸以收之，其利自止。”叶天士[6]提出了“阳明胃土已虚，厥阴肝风振动内起，久病而为飧泄”的观点。乌梅味酸，养阴生津而柔肝。因其兼具酸敛、生津之效，尤适于久利的治疗。有关方中黄连、黄柏的用法，高学山[7]曾论曰“盖利起本寒，成于化热，始于伤气，久则脱血。故辛热以治本寒，苦寒以治化热。”姜附等辛热之物，参入黄连则寒热互济，相反相承，具以薄为厚之功。古有“久泻无火”之说，然而中青年人体质有阳盛或肝火素旺者，有阳明湿热偏盛者，有常服辛热之药而化火者，则未必无火，治疗中加入黄连可泻火解毒。黄柏偏于清下焦湿热，此与黄连相须为用。

（3）体用双调主厥阴：古代医家根据临床经验体会，对乌梅丸功效的认识多有发挥。柯琴从分析厥阴病证治规律入手，从全新的角度阐释了乌梅丸的组方配伍。首先提出了“乌梅丸为厥阴主方，非只为蛔厥之剂矣”的观点。认为“仲景此方，本为厥阴诸证之法。叔和编于吐蛔条下，令人不知有厥阴之主方。观其用药，与诸症符合，岂只吐蛔一症耶……厥利发热诸证，诸条不立方治，当知治法不出此条矣”。其后医家如王子接、章楠等人皆倡此说。吴鞠通[2]指出：“乌梅丸酸甘辛苦复法。酸甘化阴，辛苦通降，辛甘为阳，酸苦为阴。”由于“肝为刚脏，内寄相火，非纯刚所能折，阳明脏，非刚药不复其体”，故“乌梅丸寒热刚柔同用，为治厥阴、防少阳、护阳明之全剂。”陈修园[9]认为乌梅丸的组方符合仲景提出的“夫肝之病，补用酸，助用焦苦，益用甘味之药调之”的原则。并依据仲景脏腑相关的理论，进一步说明了其治疗肝虚证的机制，提出乌梅丸“味备酸甘焦苦，性兼调补助益，统厥阴体用而并治之，则土木无忤矣。”

二、证治规律

1. 病证规律

（1）寒热并见，本虚标实：厥阴乃阴气最少、阴尽阳生、阴中有阳之意。《伤寒论》乌梅丸证具有症状上寒热并见、病机上本虚标实的特点，体现了厥阴为病的基本特征。

《伤寒论》338 条曰“伤寒，脉微而厥，至七八日肤冷，其人躁无暂安时者，此为脏厥，非蛔厥也。蛔厥者，其人当吐蛔，今病者静而复时烦者，此为脏寒，蛔上入其膈故烦。须臾复止，得食而呕，又烦者，蛔闻食臭出，其人常自吐蛔。蛔厥者，乌梅丸主之，又主久利。”本条以与脏厥相对比的形式，阐述蛔厥证的脉症特点及辨证论治。指出乌梅丸主治蛔厥、又主久利。蛔厥一证，“病者静，而复时烦”乃因素有虫积，蛔虫阻滞于肠中，影响脏腑之气的通降而致呕吐、腹痛时作时止。“常自吐蛔”表明肠中蛔虫数量较多。蛔虫摄取人身之精微物质，日久必致脏气虚衰，故蛔厥亦可发脏厥而出现手足厥冷，但程度较轻，一般不会冷过肘膝，更不会通体皆冷。仲景将蛔厥与阳气衰微所致的脏厥相对比，可知此二证临床表现多有近似，非独手足厥冷一症。有人将蛔厥证等同于现代医学之胆道蛔虫症，认为手足厥冷是由于蛔虫扰动，疼痛剧烈所致。若此，一为病势急迫、疼痛剧烈之证，一为阳气衰微的慢性虚损性疾病，虽同见手足厥冷，又何须鉴别？临床虽有以乌梅丸治疗胆道蛔虫病者，但多取汤剂或加大药量，与原方后注中所说的加入米饭、白蜜为丸，少与渐加之的用药方法迥异。“丸者缓也”，仲景此方原非为治疗急症所设。

久利证，仲景未详述其症状表现。《圣济总录》载乌梅丸治疗“产后冷热痢，久下不止。”《郑氏家传女科万金方》于原方去黄连、附子，制蜜丸，以盐汤送下，用治胎前脏毒肠风。现代医家认为乌梅丸可治疗大肠局部湿热与全身的脾肾阳虚同时并见的慢性非特异性溃疡性结肠炎。可见，乌梅丸所主治之下利证亦具有寒热虚实并见的特点。

《伤寒论》326 条论曰：“厥阴之为病，消渴，气上撞心，心中疼热，饥而不欲食，食则吐蛔。下之利不止。”医家多以上热下寒概括厥阴病提纲证的症状特点。细思之，厥阴病属三阴，阳气本虚。阳气衰微，阴亦不足，乃厥阴为病的体质特征，病之本也。厥阴病的基本病机为阳气升降出入紊乱于厥阴枢机之位。“下之利不止”既提示患者阳气本虚，也强调了误用下法导致的气机升降失常是致病关键。厥阴枢机不利，气机逆乱则气上撞心，心中疼热，饮而不欲食。相火内郁，消灼阴液，故消渴。厥阴消渴，是在阴阳俱虚的体质基础上出现的寒热并见证，非单纯阴虚火旺之证，临症须详察。

（2）病变在肝，涉及他脏：《伤寒论》乌梅丸证的主要症状，如“蛔厥”“久利”“气上撞心，心中疼热，饥而不欲食”皆为脾胃（肠）功能失调的表现。然其症不同于太阴病变，具有典型的风木为病的特点。厥阴包括手厥阴心包络与足厥阴肝，《伤寒论》厥阴病主论足厥阴肝病。病变在肝，而以脾胃功能失调为主要病机表现，这与肝的生理、病理特征，及其与脾胃功能的密切联系有关。肝脏除与脾胃息息相关外，与其他脏腑的关系也十分密切。首先，五脏六腑气血阴阳的改变都能影响肝的生理功能。再者，肝为风木之脏，又为将军之官。其性急而动，故肝脏之病较之他脏为多。《伤寒论》乌梅丸证以脾胃功能失常所致的病症为主，后世医家对乌梅丸的化裁应用则更为广泛。

2. 辨治思路　乌梅丸适用于本虚标实的慢性、虚弱性疾病。《谦斋医学讲稿》谓此方可用于“肝脏正气虚弱而寒热错杂之证”。肝藏血，主疏泄。其疏泄功能，具体体现于调畅情志、助脾运化、行血行津液诸方面，男女生殖器官的生理功能及病理变化，亦与肝主疏泄的功能密切相关。洪子云主张乌梅丸的运用“但见一证便是，不必悉具”。强调了抓住病机是临证应用乌梅丸的关键。

历代医家在运用乌梅丸时，多依据病证寒热虚实的情况调整方中药物的比例。此外，临证亦需根据主治疾病的不同进行化裁。乌梅丸主治厥阴肝病，可用于木土不和证的治疗，但与四逆散、逍遥散、痛泻要方、半夏泻心汤等在组成、功效上具有明显的差别。乌梅丸补肝体实肝用，适用于肝虚证的治疗。临症关键在于病属厥阴，阳气衰微，阴亦不足，机体功能活动低下。此类病证，阳气渐复，转出少阳，方为向愈之机。乌梅丸旨在助阳气来复以转出少阳。四逆散、逍遥散、痛泻要方用于肝郁脾虚证的治疗，以肝气疏泄太过乘其脾土为病机关键。半夏泻心汤方中寒热药物的比例大致相当，主要以药物辛开苦降之用，调理脾胃气机，主治胃虚失运，气机呆滞，痰湿中阻的痞证。临症须加以鉴别。

参考文献

[1] 巢元方. 诸病源侯论. 北京：人民卫生出版社，1982. 103
[2] 王焘. 外台秘要. 北京：人民卫生出版社，1959. 171
[3] 叶天士. 临证指南医案　上海：上海科学技术出版社，1991. 273
[4] 张璐. 伤寒缵论. 上海：上海广益书局，1916. 32
[5] 柯琴. 伤寒来苏集・伤寒附翼. 上海：上海科学技术出版社，1959. 65
[6] 叶天士. 临证指南医案　上海：上海科学技术出版社，1991. 468
[7] 高学山. 伤寒尚论辨似. 上海：新医书局，1953.

186
[8] 吴鞠通. 温病条辨. 北京：人民卫生出版社，1978. 161
[9] 陈修园. 金匮要略浅注. 上海：上海科技卫生出版社，1958. 2
[《山东中医学院学报》1998；22（6）：42]

从《伤寒论》看经方的组方特点与思维方法

赵映前 胡爱萍 湖北中医学院

由张仲景所著，成书于东汉末年的《伤寒杂病论》，经晋代王叔和整理编次为《伤寒论》和《金匮要略》。其中《伤寒论》载方 113 方（缺 1 方），《金匮要略》载方 226 方，共计 339 方，被后世尊称为经方。诚如明·喻昌所云“两书所载方剂是众法之宗，群方之祖”。经方的显著特点是紧密结合临床实际，有着较高的实用价值，可重复性强，且历经千余年而不衰。因此，探讨经方的组方特点与思维方法，对指导现今中医临床治疗，尤其是动员大家开方少而精，避免庞杂，尽量精纯，有着重要的现实意义。故笔者试就《伤寒论》来探讨经方的组方特点与思维方法，不当之处，敬希同道教正。

一、方小药精 直达病所

仲景组方大多用药精纯，方子能小则小，据统计，在整个经方中约有二分之一的方剂均在 6 味药以内，且有不少 1～2 味药组成的方剂。这些方剂虽然方小药少，但十分精纯，能直达病所，驱除病邪。如治疗虚烦不得眠的栀子豉汤，方中仅有栀子和香豉两味药。但因证属发汗吐下后，余热未清，邪热内扰则心烦不安，故治以清热除烦之剂。药用苦寒之栀子 14 个（擘）以清热除烦，苦平之香豉佐栀子以宣透胸中余热。药虽二味，煮取一升半，去渣后分为两服，温进一服，使之直达病所，清除邪热，热清则虚烦可除。还有如治疗热痞之大黄黄连泻心汤，药亦仅有两味。方中用苦寒之大黄与黄连，泻心火兼清胃热，直趋病所，使热痞得除。且在煎服法上，不取煎法，而只用麻沸汤渍须臾，绞取汁，取其轻扬清淡之意，使之渍留病处，以清邪热而不至走向肠胃，足见仲景为使之直达病所而不至他处其用心之良苦。

二、药专力宏 以求速效

经方除方小药少外，不少还药专力宏，以求速效。如原文 64 条云“发汗过多，其人叉手自冒心，心下悸，欲得按者，桂枝甘草汤主之”。因汗为心液，发汗过多，损伤心阳，至心下悸动不宁，虚则喜按，故病人叉手自按于心部。治当速复心阳，方用桂枝甘草汤。方中用四两辛温之桂枝入心而益阳，二两甘平之甘草补虚以益气，辛甘合用，入心助阳，阳气乃复。两味药以水三升，煮取一升，去渣后，当须顿服，不可稍缓，方能使药力集中，速复心阳。还有如治疗阳明经证之身大热、汗大出、口大渴、脉洪大的白虎汤证。此时无形邪热弥漫全身，内热较盛，非大寒重剂不能泄其热，故当速清其热，方用白虎汤。方中用辛寒之石膏一斤（碎），因辛能解肌热，寒能胜胃火，寒能沉内，辛能走外，如此两走内外之药，故重用以之为君；知母苦润，苦以泻火，润以滋燥，故以为臣；甘草、粳米调和中宫，且能补土泻火，使大苦大寒之品既清大热，而又不损中州。在煎服方法上，煮米熟汤成后，去渣，温服一升，日三服。如此药专力宏，直泄里热，使阳明经热得清，则诸证可除。

三、病势缠绵 缓缓攻之

病急者当欲速除，急症用急药，刻不容缓，不可稍有怠慢。然对病势缠绵者，切不可急于求成，否则，欲速则不达，而当据证而施，缓缓攻之。如原文 180 条云“风湿相搏，骨节疼烦，掣痛不得屈伸，近之则痛剧，汗出短气，小便不利，恶风不欲去衣，或身微肿者，甘草附子汤主之”。此为风湿留注于关节。因风湿留着于筋骨之间，故骨节疼烦，掣痛不得屈伸，近之则痛剧；恶风不欲去衣或身微肿，乃风湿滞于外；短气，小便不利，是风湿蓄于内。总为风湿盛而阳气微之证。因湿邪缠绵，难以速去，故治之以甘草附子汤缓缓攻之。方中用白术、附子祛在里之湿邪，桂枝、甘草达在表之风邪，故为表里两解之剂；以甘草冠其方名者，是因湿邪已深入关节，义在缓而行之，若驱之太急，风去湿反留，后患无穷。且在服药方法上，要初服五合，恐一升为多，宜服六七合，意在缓缓投之。诚如周禹载云“此条风湿半入里，入里者妙在缓攻。仲景正恐附子多则性猛且急，筋节之窍未必骤开，风湿之邪岂能托出，徒使汗大出而邪不尽耳。君甘草者，欲其缓也，和中之力短，恋药之用长也。此仲景所以前条用附子三枚者分三服，此条止二枚者，‘初服五合，恐一升为多，宜服六七合’，全是不欲尽剂之意”。足见仲景组方用药之精辟。就连服药方法也十分讲究。

四、病有兼夹　药多兼用

在纷繁复杂的临床实践中，不可能所患均为单一的某一种病症。临床上由于个体的差异，治疗的当否等，往往导致多种病情的兼夹。诸如表里同病、表寒里热、表热里寒、上热下寒、寒热错杂等大量存在，只有辨证准确，分清主次，合理组方，方能药到病除。仲景以辨证为依据，方随证立，药多兼顾，颇有效验。如原文34条云“太阳病，桂枝证，医反下之，利遂不止，脉促者，表未解也，喘而汗出者，葛根黄芩黄连汤主之”。此为表里同病，太阳病桂枝证误用下法，致使胃肠因而利遂不止，脉急促是表邪未解，喘而汗出是邪陷化热，上蒸于肺，肺气不宣，故而作喘，汗出乃邪热蒸腾于外。当此表里同病之时，治当表里双解，方用葛根黄芩黄连汤，方中用葛根外解表邪，黄芩、黄连清解里热，甘草和中安正。如此表里之药兼而用之，则使表解、里热清，诸证除。还有诸如治疗上热下寒的黄连汤，方中既用清上热之黄连，又用温下寒之干姜，使上热得清，下寒得除，腹痛、欲呕吐自愈。亦有治疗寒格吐利证的干姜黄芩黄连人参汤，治疗寒热错杂于中焦心下痞的半夏泻心汤，均为视病情不同，寒温兼用之方，且至今仍有效地指导着临床实践。

五、方随证立　药随症变

仲景有是证，用是方，方随证立。如治疗太阳表实证用麻黄汤，治疗太阳表虚证用桂枝汤，治疗阳明经证用白虎汤，治疗阳明腑实证用承气汤等。这些均为因证所立之方，但临床上诸多症情并非一成不变，往往随着病程的延长，治疗过程的调整，症情也会发生变化，故当随着症情的变化，对所用药物也应作相应的调整。如根据少阳病邪居半表半里所立之主方小柴胡汤，方中用柴胡疏少阳之郁滞，黄芩清胸腹之热，柴芩合用，能解少阳半表半里之邪，生姜、半夏调理胃气以止呕，人参、甘草、大枣益气和中以养正。诸多寒热并用，攻补兼施之药同用，有疏利三焦气机，调达上下升降，宣通内外，运行气血之功，故为和法之剂。但在此基础上，若症情变，则用药亦随之当变。诚如尤在泾所云“胸中烦而不呕者，邪聚于膈而不上逆也，热聚则不得以甘补，不逆则不必以辛散，故去人参、半夏，而加栝蒌实之寒以除热而荡实也。渴者，木火内烦而津虚气燥也，故去半夏之温燥，而加人参之甘润，栝蒌根之凉苦，以彻热而生津也。腹中痛者……”。还有诸如桂枝加葛根汤，桂枝去芍药汤，桂枝去芍药加附子汤，白通加猪胆汁汤等，均属在原方证基础上有了新的症情变化，而用药亦作相应调整之例。学者可从中以资参考。

（文中所引条文序号，以《伤寒论释义》为准，成都中医学院主编，1964年版）

［《湖南中医药学报》1999；5（3）：4］

伤寒病与六经辨证

姜元安　张清苓　北京中医药大学
李致重　中国中医药学会

东汉医学家张仲景所著《伤寒杂病论》，由于历史的原因而分化为现今的《伤寒论》与《金匮要略》二书。关于《伤寒论》一书的性质，五版统编教材[1]谓：“《伤寒论》是一部阐述多种外感疾病及杂病辨证论治的专书。”由北京中医药大学主编的协编教材《伤寒论讲义》[2]则谓：“《伤寒论》是主论外感伤寒，兼论内伤杂病，其所见者大，所括者广，是一部辨证论治的专著。”

以上两种看法基本上能反映目前比较普遍的观点。其相同之处为均认为《伤寒论》是一部辨证论治之专著，不但论外感病，而且论杂病。不同之处为，前者认为是涉及多种外感疾病，而后者认为只是外感伤寒病。这里要引发的问题是，《伤寒论》一书是专论外感伤寒病还是多种外感热病？是否同时兼论外感与杂病？因为这涉及到如何看待《伤寒论》中的六经辨证及六经辨证论治体系。

一、伤寒病是《伤寒论》的主要内容

《伤寒杂病论》原序中说：“余宗族素多，向余二百。建安纪年以来，犹未十稔，其死亡者，三分有二，伤寒十居其七。感往昔之沦丧，伤横夭之莫救，乃勤求古训，博采众方。撰用《素问》《九卷》《八十一难》《阴阳大论》《胎胪药录》，并平脉辨证，为《伤寒杂病论》合十六卷。”据此可以认为伤寒病是本书的主要内容之一。

那么，《伤寒杂病论》中所谓的伤寒病是什么呢？认识这一问题，要有历史的观点。《素问·热论》中谓：“今夫热病者，皆伤寒之类也。”从广义的角度将各种外感热病归属于伤寒。但是这种归类方法过于笼统，不利于深刻认识外感热病。因而在《难经·五十八难》中对外感热病作了进一步的分类，谓：“伤寒有五，有中风，有伤寒，有湿温，有热病，有温病。”从而将伤寒病限定在一个比较明确的范围内，也就是今天所称的狭义伤寒。张仲景是在继承《素问》《难经》等学术思想的基础上而撰写《伤寒杂病论》的，其对伤寒病的认识必然也要受到它们的影响。

《伤寒论》引《阴阳大论》云："春气温和，夏气暑热，秋气清凉，冬气凛冽，此则四时正气之序也。冬时严寒，万类深藏，君子周密，则不伤于寒。触冒之者，乃名伤寒耳。其伤于四时之气，皆能为病，以伤寒为毒者，以其最成杀厉之气也。"因此，以冬伤于寒为主而引发的外感热病过程就是《难经》所谓的狭义伤寒。而从《伤寒论》的内容看，狭义伤寒显然是其主要的研究对象。虽说文中亦间有叙及"温病"等其他外感热病，但只是作为鉴别之用。如原文第6条说："太阳病，发热而渴，不恶寒者，为温病。"指出了外感热病初期伤寒病与温病的主要区别点。

《小品方》是当时与《伤寒论》同样广为医家习读之书。宋·林亿等在校定《备急千金要方·后序》中说："臣曾读唐令，见其制，为医者皆习张仲景《伤寒》，陈延之《小品》。"《小品方》一书虽然早已亡佚，但在唐以前却被医家们广为抄录。《备急千金要方·卷九》引曰："《小品》曰：古今相传，称伤寒为难疗之疾，天行温疫是毒病之气。而论疗者不别伤寒与时行温疫为异气耳。云伤寒是雅士之辞，天行温疫是田舍间号耳。不说病之异同也。考之众经，其实殊矣。所宜不同，方说宜辨。"《小品方》中通过"考之众经"，证实了伤寒与温病"其实殊矣"。这都说明了在仲景时代，伤寒与温病的区分已经是非常明确的了。张仲景撰写《伤寒杂病论》时当然不会将伤寒与温病等其他外感热病混为一谈而仍以广义伤寒立论。因此，《伤寒杂病论》中所论述的伤寒病无疑为狭义伤寒。

但是，从《伤寒杂病论》中分化出来的《伤寒论》是否仍包含杂病在内呢？要回答这一问题必须要搞清楚王叔和为什么要整理《伤寒论》。

二、王叔和与《伤寒论》

宋·林亿等在校定《伤寒论·序》中言："晋·皇甫谧《甲乙针经》云：……近世太医令王叔和撰次仲景遗论甚精，皆可施用。"这段引文并未说明王叔和在整理《伤寒论》时是否得见《伤寒杂病论》全书。但现今较为通行的说法均认为《伤寒杂病论》问世后不久，即遭兵火战乱之洗劫而散失不全，后经晋·王叔和收集并整理成册，名为《伤寒论》而得以保存下来。这种认识是导致认为《伤寒论》是兼论伤寒与杂病的主要原因之一。在讨论为什么会出现这种认识之前，有必要先认识一下王叔和其人及其与《伤寒论》的关系。

在文献中最早提到王叔和的是皇甫谧（公元215~283年）的《甲乙经·序》："汉有华佗、张仲景。……仲景论广《伊尹汤液》为数十卷，用之多验。近代太医令王叔和撰次仲景选论甚精，指事施用。"马继兴先生在其所著《中医文献学基础》中认为：该序文写于公元256年，即魏·甘露元年之后，序中不将王叔和与汉时的张仲景等人并称，而列为"近代"，亦即指王氏系三国时（公元220年以后）任太医令之职。至少说明了王叔和之生平年代与张仲景（公元150~219年）相去不远。

《太平御览·卷七二二》提及"卫讯好医术，少师仲景"，证明卫讯为张仲景弟子。而《千金要方·卷二十六》则说："河东卫讯记曰：……高平王熙称食不欲杂，杂则或有所犯，或有所伤，或当时虽无灾苦，积久为人作患"（据《医心方·卷二十九》，王熙即王叔和）。故而可知王叔和与张仲景弟子曾有交往。因此，马继兴先生及许氏[3]都认为，作为三国之时魏太医令的王叔和完全有条件和机会亲睹《伤寒杂病论》全书。所以，王叔和并非是从经兵火战乱洗劫后散失不全的《伤寒杂病论》中收集整理了《伤寒论》。

王叔和为什么要整理《伤寒论》？回答这一问题还必须回到伤寒病上来。从张仲景自序所言其宗族二百余人在不到十年的时间内，"其死亡者，三分有二，伤寒十居其七"这一事实，可以清楚地说明，在《伤寒杂病论》问世之前，由于对伤寒病尚缺乏系统的认识和疗效明确的治疗，所以由伤寒病所致的死亡率是相当高的。基于这一实事，张仲景"感往昔之沦丧，伤横夭之莫救"，而撰写了《伤寒杂病论》。其中论伤寒病部分以六经辨证之法系统地把握了伤寒病的发生、发展及变化规律，并制定了一系列相应的方药以有效地治疗伤寒病。《伤寒杂病论》的问世，标志着对伤寒病的认识和治疗有了一个突破性的进展。

事实上，从张仲景时代至少一直到宋代，伤寒病都是严重威胁人民生命健康的主要外感热病。孙思邈《千金翼方·卷九》曾说："伤寒热病，自古有之，名贤睿哲，多所防御。至于仲景，特有神功。寻思旨趣，莫测其致，所以医人不能钻仰。"宋·林亿等受朝廷之命而校定医书，仍认为"百病之急，无急于伤寒"，而"先校定张仲景《伤寒论》十卷"。身为太医令的王叔和不能不注意到伤寒病的严重危害，也不能不注意到《伤寒杂病论》对于伤寒病的贡献。但是，在《伤寒杂病论》中，伤寒与杂病同论，而且是"先论后方"的体例，再，加上论伤寒病时按三阴三阳的排列形式尚未被当时的广大医家熟知和普遍运用[4]，这势必在一定程度上影响了医家们对伤寒病发病规律的系统认识和对伤寒病治疗方药的有效运用。因此，如何有效地传播张仲景针对伤寒病所确立的辨证论治体系，就成了王叔和的主要任务。《伤寒例》中说：“伤寒之病，逐日浅深，以施方治。今世人伤寒，或始不早治，或治不对病，或日数久淹，困乃告医。医人又不依次第而治之，则不中病。……今搜采仲景旧论，录其证候，诊脉声色，对病真方有神验者，拟防世急也。”道出了王叔和刻意从“仲景旧论”中将伤寒病部分整理出来的良苦用心。“张经王传”功不可没。无怪乎宋·林亿等称“自仲景于今八百年，惟王叔和能学之”。

三、伤寒病与六经辨证

前述对《伤寒论》一书性质的论证，明确《伤寒论》是一部专门论述以外感风寒邪气为主的外感热病（狭义伤寒病）的专著，有助于更加清楚地认识六经辨证方法及六经辨证论治体系。

六经辨证是仲景为伤寒病而确立的行之有效的辨证方法。“辨证是方法，论治是目的。从科学意义上说，任何方法都是根据其作用客体的性质特点而建立的，辨证方法也不例外”[5]。根据伤寒病由表入里，以次浅深的发病特点，六经辨证首先确立了三阴三阳作为辨证纲领。由于三阴三阳所属的脏腑经脉具有不同的阴阳属性以及所含阴阳气的多少不同，决定了在同一风寒邪气作用下会产生不同的病理反应并引起不同的发展变化。所以，张仲景针对伤寒病而确立了以三阳三阴为主的六经辨证方法。运用这一方法，将伤寒病分别归属于太阳、阳明、少阳、太阴、少阴和厥阴。不但明确了伤寒病由阳入阴，由表入里的发展变化规律，而且进一步阐明了伤寒病发病过程中太阳病、阳明病、少阳病、太阴病、少阴病和厥阴病各自的发病特点，以及六经病之间相互影响的关系。因此，运用六经辨证方法能够正确地判断和把握伤寒病的发展变化规律。在此基础上，仲景制定了一系列配伍精炼、疗效明确的方剂以治疗伤寒病过程中的各种不同证候，从而形成了理法方药兼备的一个完整的六经辨证论治体系。这一体系对于伤寒病的认识和治疗无疑作出了极大的贡献。

由于六经辨证方法及六经辨证论治体系是专门针对伤寒病而确立的，所以，在以伤寒病为主要外感热病的时代，医家们主要是围绕伤寒病这一中心来研究六经病证及伤寒方的临床运用，而对于六经辨证的认识并无多大歧义。如庞安时《伤寒总病论》从寒毒立说，强调阳气的重要性；许叔微《伤寒发微论》从伤寒病自表入里出发，提出“伤寒须早治，须是随病浅深，在表在里，早为治疗”；郭雍《伤寒补亡论》强调“经络为先，证脉为次”，而对伤寒病之证治加以补充；朱肱《类证活人书》强调“治伤寒先须识经络，不识经络，触途冥行，不知邪气之所在”等。但随着疾病谱的变化，以温热邪气为主的外感热病逐渐取代了以风寒邪气为主的外感热病，医家们逐渐认识到《伤寒论》中的六经辨证方法及其辨证论治体系并不适用于温热病，因而开始研究并寻求温热病自身的辨证方法及辨证论治体系。

与此同时，伤寒学家们则开始研究《伤寒论》在伤寒病之外的作用以期进一步弘扬仲景学术。自明代以来，以方有执为代表的医家们开始认识到《伤寒论》中的许多方剂不独可以有效地运用于伤寒病，也可以有效地运用于内伤杂病，于是便开始了有关六经实质之争。迄今为止，关于六经实质的见解，王氏等人综合各种见解，撰文认为已有41说之多[6]。但有关六经实质之争，最初则是为用《伤寒论》方剂治疗杂病寻求理论依据。方有执虽然没有直接提出用伤寒方治杂病，但他认为：“六经者，犹儒家六经之经，犹言部也。部犹今之六部之部。……天下之大，事物之众，六部尽之矣。人身之有，百骸之多，六经尽之矣。由此观之，则百病皆可得而原委。”因此，刘渡舟教授说：“方中行也认为《伤寒论》是论病之书，非为伤寒一病而设”[7]。而柯韵伯则认为：“仲景六经，是分六区地面，所该者广，虽以脉为经纪，而不专在经络上立说。凡风寒温热，内伤外感，自表及里，有寒有热，或虚或实，无乎不包。”因而柯氏明确提出“盖伤寒之外尽杂病，病不能脱六经，故立六经而分司之”。虽然仁者见仁，智者见智，医家们跳出三阳三阴而从各自的角度对六经实质提出了不同的见解，其实是为用《伤寒论》方剂治疗杂病提供新的理论依据。方氏等医家为了重新阐述六经的作用，就不得不指责王叔和之撰次仲景《伤寒论》，而开始了《伤寒论》错简之说。

尽管《伤寒论》是专门论述伤寒病的。但人分男女，体有强弱，感邪虽同，发病则异，而且内因是变化的根据。所以，《伤寒论》中又不可避免地讨论了一部分杂病的内容。作为六经辨证论治体系中的重要组成部分，《伤寒论》中的许多方剂确实也可以被用来治疗杂病，这并不是后世医家们的发明，而是仲景自己当时就已经这样做了。《金匮要略》中有41首方剂与《伤寒论》方重复（即在张仲景之时，这41首方剂就既能用来治疗伤寒病，又能用来治疗杂病），就已充分证明这一事实。但是，决不能因为《伤寒论》中涉及了部分杂病的内容，或因为其部分方剂亦可以用来治疗杂病而认为《伤寒论》之六经辨证既可以辨伤寒，又可以辨杂病。

事实上，同样一个方剂，用来治疗伤寒病与治疗杂病也不是完全相同的。例如，在伤寒病中，小青龙汤是用来治疗“伤寒表不解，心下有水气”，而在杂病中，则用来治疗“支饮”，二者的临床表现并不完全一样。又如，在伤寒病中，小建中汤是用来治疗虚人伤寒之“伤寒二三日，心中悸而烦”，在杂病中则用来治疗“虚劳”诸证，其临床表现也是不完全相同。这样的例子枚不胜举。如果仅仅因为《伤寒论》中的部分方剂可以用来治疗杂病而认定《伤寒论》之六经辨证也可以适用于杂病的话，那么，《伤寒论》中的方剂（如白虎汤、麻杏石甘汤等）可以用来治疗温热病，岂不也可以认为六经辨证又适用于温热病了吗？事实是，明清以来发展而形成的温热病辨证论治体系已经明确了六经辨证及其辨证论治体系并不适用于温热病。

研究《伤寒论》六经辨证及六经辨证论治体系时，人们往往忽略了从方法学角度研究六经辨证方法的产生及特点。辨证方法的产生并将其与临床治疗结合起来始于《伤寒杂病论》。从张仲景所创立的六经辨证方法及脏腑经络辨证方法来看，中医学的辨证方法具有两大特点。一是针对性，即每一证方法都是针对具有不同发病学特点的疾病而设的，如六经辨证用于伤寒病，脏腑经络辨证用病。二是系统性，即每一种辨证方法都能涵盖类疾病的发生、发展、变化的各个方面，从而明确该病的整体而全面的认识。从辨证方法入手，正确地理解辨证论治体系的精髓，领会辨证论治体系的适用性，才能真正认识中医的辨证论治特点，提高辨证论治的能力和水平。也只有从辨证论体系来认识病、证、方、药的关系，才能真正理解方剂在辨证论治体系中应有的地位与作用，而不是唯“大相对”而论。

所以，学习和研究《伤寒论》，除了要正确理解掌握对伤寒病的辨证论治外，还要通过伤寒病理解和掌握六经辨证方法及六经辨证论治体系，对于真正理解中医辨证论治特点和提高中医辨证论治能力与水平是极为有意义的。

参考文献

[1] 李培生．伤寒论讲义．上海：上海科学技术出版社，198．

[2] 聂惠民．伤寒论讲义．北京：学苑出版社，1996．9．

[3] 许亦群．王叔和整理仲景著作情况初探．北京中医药大学学报，1995，18（4）：19－20．

[4] 刘渡舟，钱超尘．伤寒论临证指要·文献通考．北京：学苑出版社，1993．48－55．

[5] 张清苓．论《金匮要略》基本学术思想及辨病与辨证．北京中医药大学学报，1998，21（4）：7－10．

[6] 王庆国，李宇航，王震．《伤寒论》六经研究41说．北京中医药大学学报，1997，20（4）：23－30．

[7] 刘渡舟．伤寒论十四讲．天津：天津科学技术出版社，1982．4．

［《北京中医药大学学报》2000；23（1）：5］

试析《伤寒论》发热症

魏玉琦　天津中医学院

《伤寒论》对发热症的表述，大体上并未超出《内经·素问》所列，如发热恶寒、热多寒少、寒热往来、身热等。但值得提出的是，《伤寒论》发展创造了关于发热症的辨证涵义。论中所记载的发热症，不单是以一个症状来体现的，它本身既是热病的症候，也是病机的概括与病理变化的标志。

综观《伤寒论》条文，一般说来，发热症基本是三阳经病证的代表；而三阴经病，大多不表现发热症。

一、三阳病的基本热型

1. 发热恶寒　本症是太阳病热型标志，也是一切外感热病初起的常见主症。对温病来讲多表现为发热重而恶寒轻，或无恶寒；对伤寒来说多表现为恶寒重于发热，这是现代温病学的一般提法。此说源出《伤寒论》太阳篇的有关条文，现举二条为例：“太阳病，或已发热，或未发热，必恶寒，体痛，呕逆，脉阴阳俱紧者，名为伤寒。”（第3条）“太阳病，发热而渴，不恶寒者，为温病。……”（第6条）。

2. 寒热往来　本症是少阳病热型标志。寒热往来可释为，寒时不热，热时不寒，二者可彼此交替出现。从时间上讲，可定时，也可不定时。此热型为邪在半表半里之特有证候。从病机上讲，它是邪正分争而互为进退之征。典型条文见太阳篇第96条：“伤寒五六日中风，往来寒热，胸胁苦满，嘿嘿不欲饮食，心烦喜呕，或胸中烦而不呕……小柴胡汤主之。”

3. 身热，不恶寒，反恶热　本症主要是阳明病经证热型标志。源出阳明病篇条 182 条：“问曰：阳明病外证云何？答曰：身热，汗自出，不恶寒反恶热也”。后世多把“身热”以“壮热”或“大热”二字，来表达其里热亢盛、邪机向外，这种特定病机所造成的蒸蒸发热之热象特点。

从本条文还可以体会到，有无“恶寒”在《伤寒论》中已作为有无表证的关键，并做辨证的依据了。正如柯韵伯所说“……但不恶寒，反恶热，是阳明一经之枢纽”。阳明病既是里证概念，那么出现这种“不恶寒，反恶热”的热型，就意味着表证已罢。

4. 潮热　本症是阳明病主要热型，也是阳明病腑证热型标志。正如第 240 条指出：“……日晡所发热者，属阳明也”。《伤寒明理论》为潮热做了较好的注释：“潮热，若潮水之潮，其来不失其时者也。一日一发，指时而发者，谓之潮热，若日三五发者，即是发热，非潮热也。潮热属阳明，必于日晡时发”。从目前临床角度讲，潮热的形成概略有三：阴虚之潮热、阳气被湿邪遏制之潮热、热在阳明腑之潮热。《伤寒论》所述，仅限热在阳明病者。

有关潮热症的记载，并不是所有条文皆冠以“日晡”二字，但从伤寒学派的观点看，凡属阳明潮热者，必发于日晡。尤在泾注解为：“申酉戌时，日晡时也。阳明潮热，发于日晡，阳明病解，亦于日晡。则申酉戍为阳明之时，其病者邪气于是发，其解者正气于是复也”。

二、发热症的辨证涵义

根据《伤寒论》第 7 条所说：“病有发热恶寒者，发于阳也；无热恶寒者，发于阴也”的病机观点，《伤寒论》中多处辨证是依据发热症之有无；或发热证型之不同来论治的。

1. 病机虚实之辨　以发热为实证之征象来推论病机的虚实。例太阳病篇第 70 条：“发汗后，恶寒者，虚故也。不恶寒，但热者，实也。当和胃气，与调胃承气汤”。

另以潮热做为指征之一来判断虚实，从而确定治则。例太阳病篇第 104 条：“伤寒十三日不解，胸胁满而呕，日晡所发潮热。……潮热者，实也。先宜服小柴胡汤以解外，后以柴胡加芒硝汤主之。

2. 六经病位之辨　以发热症区分不同病机阶段，作为六经病位之辨。例太阳病篇第 146 条：“伤寒六七日，发热，微恶寒，支节烦疼，微呕，心下支结，外证未去者，柴胡桂枝汤主之”。此条热型清楚标明，有太阳病发热之特点。结合微呕与心下支结的少阳证候，足可诊断外证未解而太阳病未除，故治方选柴胡桂枝汤兼顾太阳少阳合病的治疗。阳明病篇第 194 条写到：“阳明中风，口苦，咽干，腹满，微喘，发热，恶寒，脉浮而紧。若下之，则腹满小便难也”。文中虽言明是阳明中风证，但无潮热，只见发热恶寒，再结合脉浮而紧，说明阳明表邪未解，热未成实。因有太、少证在，故不可下。

以上情况仅限于三阳经。三阴经病亦有条文说及此点。少阴篇第 301 条明确：“少阴病，始得之，反发热，脉沉者，麻黄细辛附子汤主之”该条正因为有发热症的出现，才辨为少阴感寒，太少同病。所以用麻黄发汗解表，附子温经扶阳，细辛散逐里寒，最终达到温散兼顾的治疗目的。

3. 主症兼症之辨　对热性病来说，发热固然是主症，这在《伤寒论》三阳经病范围内，更应符合这个认识，可是实际辨证过程中，有的情况并非如此。即出现了发热症，还必须结合兼症或脉象，来判断病位和病机，以确立治则。如太阳病篇第 92 条：“病发热，头痛，脉反沉，若不差，身体疼痛，当救其里，宜四逆汤”。本来发热头痛证，是可以诊断为表证的，但脉象不浮反沉，且经汗而未愈（“若不差”），此刻发热症的出现，就很难在此做为辨证关键。临床还得参考脉象方能确立表证兼里虚之候，遂先温里，改投四逆汤治疗。再如，潮热是阳明病腑证热型标志，其证属实，见此应投下法治之，这是一般规律。但从第 229 条：“阳明病，发潮热，大便溏，小便自可，胸胁满不去者，与小柴胡汤”来分析，其结论是主症又必须与兼症结合起来，方能做到正确的诊断与治疗。具体到该条文，阳明病有潮热，大便当鞕，小便当数。今大便溏，小便自可，加之兼见胸胁满之少阳证，就不能用下法了，仍选小柴胡汤以和解之。

总之，发热症在《伤寒论》著作中，是做为热病关键症候来记载的，此点无庸置疑。但这并非意味着，有了发热症，辨证就有了唯一根据。而且发热症，不一定就是三阳经病，不一定就必须是实证。

上述讨论可以说明，发热症的确是热性病辨证焦点，但在整个辨证过程中，更要四诊合参，主症兼症细审，知常达变，才能取得正确的诊断与相应的治疗效果。

三、微热症的辨证内容

微热当属发热另一类型。《伤寒杂病辨证》云：“微热亦属里热，微即幽微之微，隐邃不大显之义，热微如无之谓也”。笔者认为微热可作“低热”症来认识。从《伤寒论》关于微热诸条本义上看，其临床意义是不尽相同的。归纳起来，微热可有：表证之热、里证之热、阳（正）复之征、虚阳外越等内容。

1. 微热症是表证的体征　太阳病篇第71条写到：“……若脉浮，小便不利，微热，消渴者，五苓散主之”。本条以内有水饮，气化不利之消渴与小便不利诊断为蓄水证。其脉浮与微热，是表证未解的凭证，故拟五苓散以表里双解。从这条文字上着眼，若“微热”是表示表证存在的话，当以浮脉为佐证。再如太阳病篇第96条：“伤寒五六日中风，往来寒热，胸胁苦满，嘿嘿不欲饮食，心烦喜呕，或胸中烦而不呕……或不渴，身有微热，或咳者，小柴胡汤主之”其中，不渴与身有微热，乃里和而表未解也。故条文下另写有：“若不渴，外有微热者，去人参加桂枝三两，温覆微汗愈。”这里微热亦代表表证之存在。

2. 微热症亦是里证的发热热型　“微热亦属里热”。此论可参见阳明病篇第252条：“伤寒六七日，目中不了了，睛不和，无表里证，大便难，身微热者，此为实也。急下之，宜大承气汤”。这是阳明病篇三急下证之首条，其中关键在于“目中不了了，睛不和”。说明里热内伏，灼伤津液，不急下不能存阴，故称为“实”。依此原文看，里实证亦可见到微热。不过，此“微热”是里证的一种特定病机条件下所出现的发热形式。

3. 微热症表示阳气渐复　厥阴篇以“微热”来诊断阳气渐复的记载共两条。360条：“下利有微热而渴，脉弱者，今自愈”。与361条；“下利脉数，有微热汗出，今自愈……”。前条微热而渴是阳复，脉象弱者，当视邪衰，邪去正复故自愈；后条微热汗出，亦是阳气得通自愈之征。二者立论皆在于阴胜则厥，阳复则热这个道理。

4. 微热表示虚阳外越　所谓虚阳外越，是伤寒病末期危重证情之病机概念。当阴寒内盛到一定程度，相对阳气外竭，或浮越于外，或戴阳于上者，均预示阴阳将要离绝之机。一般亦把这种发热称为“真寒假热”，此类热型可表现“微热”。微热者，阳气虽虚，而真阳未尽浮越，可参见以下条文为例来理解。366条：“下利脉沉而迟，其人面少赤，身有微热，下利清谷者，必郁冒汗出而解，病人必微厥，所以然者，其面戴阳，下虚故也。”当然这种“微热”，必须在出现一派阴寒内盛证候如下利清谷、手足厥逆、脉微欲绝、身反不恶寒等情况下，才能认为是真寒假热的虚阳外越表现。

四、发热症与预后关系

伤寒病发展到三阴病阶段，尤其至少阴与厥阴病时，往往以发热症结合“厥”“利”情况以及厥热胜复变化，来判断预后。

1. 伤寒发热，厥利当止者，主预后良好　参见292条：“少阴病，吐利，手足不逆冷，反发热者，不死。……”365条：“下利脉沉弦者，下重也；脉大者，为未止；脉微弱数者，为欲自止，虽发热不死”。前条谈的是，少阴吐利，应见一系列寒证，今手足不逆冷，且反发热，可视阳气来复，阴寒渐退，所以不会转重致危。该病机亦可与287、288条所云互相对照，它们都是少阴病阳复的条文。后条是以脉的微弱表示邪气已衰，脉数与发热说明正气渐复，遂认为下利将愈之兆，故不死可治。

2. 伤寒发热，厥利不止者，主预后不良　见344条：“伤寒发热，下利，厥逆，躁不得卧者，死”。345条：“伤寒发热，下利至甚，厥不止者，死”。346条：“伤寒六七日不利，便发热而利，其人汗出不止者，死。有阴无阳故也”等。上述诸条发热，都是寒盛格阳于外之征兆，非真热也。由于阴寒极盛，故厥利不止，所谓“有阴无阳”，遂主预后不良。

3. 伤寒厥热胜复，可定预后　见336条：“伤寒病，厥五日，热亦五日，设六日当复厥，不厥者自愈。厥终不过五日，以热五日，故知自愈”。341条：“伤寒发热四日，厥反三日，复热四日，厥少热多者，其病当愈……”。342条：“伤寒厥四日，热反三日，复厥五日，其病为进。寒多热少，阳气退，故为进也”等。

三条总意思是病人厥阴应根据厥热之多少，来判断病势进退和预后。其原则是厥则阴盛，热则阳复。若厥热日数相等者，为阴阳平衡；若热多于厥，为阳胜于阴，二者皆属可愈范围。若厥多于热，则为阴盛阳衰，主病进。当然，从临床实际上看，我们尚不能如此机械地按厥热日数来推断预后，还要结合临证的其他情况来综合考虑。

五、小结

本文仅就《伤寒论》中的发热症，进行了初步归纳和分析，通过回顾文献，欲说明：

1. 《伤寒论》继《内经》之后发展创造了关于发热症的辨证涵义。

2. 不同的热型是三阳经病的辨证关键，但在具体辨证中，又要强调四诊合参，权衡主症与兼症，方能知常达变。

3. 三阴经病，多无发热症。若见发热者，其意义大体说来有：少阴感寒，太少合病之发热；少阴、厥阴病，阳复之发热；少阴、厥阴病虚阳外越之发热。

4. 微热亦是一种发热证型。《伤寒论》对于微热的辨证内容是丰富的。

5. 发热症除做为证候概念外，《伤寒论》中亦做病机（理）变化的标志，并据此亦可判断预后。

注：文中条文号数，按《伤寒论》（上海科技出版社一九八三年四月版）为凭。

[《天津中医学院学报》2000；19（1）：1]

仲景治厥十法探析

胡亚丽　贵州遵义医院

何谓厥？“厥者，手足逆冷是也”。厥既是症状，又是病名。本文将《伤寒论》中有关治疗厥证的论述，归纳为以下十法。

一、回阳救逆法

本法用于阳衰阴盛的寒厥证。353 条：“大汗出，热不去，内拘急，四肢疼，又下利厥冷而恶寒者，四逆汤主之。”本证的手足厥冷，可见于病初或热病转虚或误用汗、下伤阳之后。皆因阴寒内盛、阳气虚衰，内不能温运脏腑，外不能充达四肢所致。必兼身无热恶寒、神疲倦怠、呕吐、下利清谷、小便清长、口不渴、舌苔薄白脉微细等症，治宜四逆汤。方中附子温经回阳，干姜温中散寒，甘草调中补虚。三药合用，以奏急救回阳之效。阴寒散，阳气复，厥逆止，诸症可除。若上述见症兼“脉微欲绝，身反不恶寒”等，为阴盛格阳证（317 条），宜用通脉四逆汤破阴回阳，通达内外，解除阴盛格阳之势。若上述见症兼“面赤”者，则为阴盛戴阳证（317 条），速予破阴回阳、宣通上下的白通加猪胆汁汤咸寒苦降，引阳入阴。本法尚可用于冷结关元的手足厥冷诸症或脏厥，前者如 340 条，后者且 338 条。

二、温中益气法

本法为脾胃虚寒、浊阴上逆致厥所设。如 309 条：“少阴病吐利，手足逆冷，烦躁欲死者，吴茱萸汤主之。”本证与 296 条“少阴病吐利，躁烦四逆者”证候类似；但病情有轻重之分，病势有上下之别。本症病情轻，虽吐利并作，但以呕吐为主，由寒邪犯胃，浊阴上逆所致；296 条病重，虽有吐利，但以下利为主，由阴寒极盛，真阳欲绝，脾肾并衰所致。“躁烦”与“烦躁”殊异。“躁烦”是阴寒极盛，阴阳将脱之证。急以大剂参附回阳固脱。本证宜用吴茱萸汤。方中吴茱萸温中散寒、降逆下气，生姜散寒止呕，人参、大枣益气和中，合为温中益气、泄浊通阳之剂。本方主治有三：一为本证；二为阳明食谷欲呕证（245 条）；三为厥阴头痛证（377 条）。三者证候不同，但均由寒浊上逆所致，故异病同治。

三、养血扶正法

本法为血虚致厥所设。347 条：“伤寒五六日，不结胸，腹濡，脉虚复厥者，不可下，此亡血。”本证辨证关键是“亡血”。血虚失养不荣，故手足逆冷，宜归芪建中汤养血益气。血液充足，自能荣运于四末，厥回而愈。又如 351 条说：“手足厥寒，脉细欲绝者，当归四逆汤主之。”素体血虚复感寒邪，阳气被遏不能贯于四肢，故手足逆冷。并见四肢关节疼痛或身疼腰痛，或月经愆期，经来腹痛，量少色暗等症。方中当归、白芍养血和营，桂枝、细辛温经散寒，甘草、大枣补中益气，通草通行血脉，诸药合用，“和厥阴以散寒邪，调营卫以通阳气”。若兼寒饮或有久寒者，加吴茱萸、生姜散寒涤饮。临床上常用本方加减治疗冻疮、冻伤，或雷诺氏病和血栓闭塞性脉管炎，疗效卓著。

四、清热攻下法

本法适用于热厥。350 条：“伤寒脉滑而厥者，里有热，白虎汤主之。”阳气独亢，热邪深伏，阳气郁结不能透达于四肢，故手足逆冷。所谓热深厥亦深，热微厥亦微。本证四肢虽冷，但胸腹灼热，恶热，渴喜冷饮，烦躁甚或神昏谵语，舌苔黄燥脉洪数，此为真热假寒证。方中石膏辛寒清热，知母苦寒而润，二药相伍，能清阳明独盛之热；甘草、粳米益气调中。热清厥回，诸症不治自平。仲景指出：“厥应下之”。既云“应下”，必有可下之证，如潮热、谵语、腹胀满硬痛拒按、大便秘结或热结旁流、舌苔老黄或焦燥起刺、脉沉实或沉迟有力。腑实内结，气机不通，阳气不通达于四肢故手足逆冷。急以承气辈攻下腑实。热结去，腑气通，则厥逆诸症悉退。

五、温经除湿法

本法适用于阳虚寒湿致厥证。305 条：“少阴病，身体痛，手足寒，骨节痛，脉沉者，附子汤主之。”少阴阳虚，寒湿阻滞，阳气失于温运，故手足寒、身疼骨节痛、恶寒、脉沉等。方中附子重用以温补元阳而散寒，白术、茯苓健脾燥湿，芍药和营血通血痹，且能引阳药入阴分。诸药合用，以收温经扶阳、除湿止痛之功。另可选灸关元、气海等穴，以助元阳。

六、疏肝理气法

本法为气郁致厥而设。318条：“少阴病，四逆……四逆散主之。”以方测证，可知本证除手足逆冷外，尚有胸胁胀满或疼痛、脉弦细等症。本证特点如李士材所说：“虽云四逆，必不甚冷，或指头微温，或脉不沉微，乃阴中涵阳之证，唯气不宣通，是以逆冷。”本证病机为肝气郁结，气机不利，阳气被阻而不达四末。故宜四逆散，方中柴胡疏肝解郁，枳实行气，芍药和营调和肝脾，甘草和中。肝气条达，阳郁得伸，则厥逆可回。

七、温胃化饮法

本法为水厥而设。355条：“伤寒厥而心下悸，宜先治水，当服茯苓甘草汤。”水饮内停，胸阳被遏，阳气被遏而不达四末故肢厥。尚有心下悸、呕逆、口不渴、舌淡苔白滑脉弦迟等症。方中茯苓淡渗利水，桂枝通阳化气，甘草和中，重用生姜温胃宣散水气，水饮去则厥回悸安。饮去阳未复者，仍可再议治厥之法。

八、安蛔驱虫法

本法为蛔厥而设。338条：“蚘厥者，乌梅丸主之。”肝有郁热，胃肠有寒，寒热错杂，蛔扰胸膈，气血阴阳逆乱而成蛔厥。本证除四肢厥冷外，尚可见腹痛绕脐或右上腹痛，甚则痛引右肩胛部，时作时止，呕吐或吐蛔，烦躁，脉微等症。尤在泾认为：“蛔得甘则动，得苦则安，闻酸则静，得辛热则止。”故用醋渍乌梅增加其酸性，为安蛔要药，细辛、附子、干姜、当归、蜀椒、桂枝辛温散寒，黄连、黄柏苦寒清热，人参补中，酸苦辛热并用，安蛔温脏止厥。程郊倩说：“名曰安蛔，实是安胃，故又主久利，见阴阳不相顺接，厥而下利之证，皆可以此方括之也。”仲景用本方主治厥阴病寒热错杂证，尚可治睾丸肿痛、巅顶痛等症。

九、涌吐痰实法

本法为痰厥而设。355条：“病人手足厥冷，邪结在胸中，心下满而烦，饥不能食者，病在胸中，当吐之，宜瓜蒂散。”痰饮食积，郁结胸中，阳气被阻，不达四末，故手足厥冷。并伴有胸中痞塞胀满、呼吸不利、舌苔滑腻脉滑数等症。用瓜蒂散涌吐在上的实邪，胸阳得布，厥可回，满可消。临床上若用涌吐法，药后不吐者，可再用少许，以吐为度。凡体虚、孕妇、失血及胃溃疡病患者慎用。

十、和解少阳法

本法适用于阳微结致厥之证。148条：“伤寒五六日，头汗出，微恶寒，手足冷，心下满，口不欲食，大便鞕，脉细者，此为阳微结，必有表复有里也……可与小柴胡汤。”本证既有表证又有里证，皆由阳微结，枢机不利，气血运行不畅所致。方中柴胡、黄芩和解少阳，半夏调理胃气，人参、甘草益气和中以养正。寒热并用，攻补兼施，疏利三焦气机，调达上下，宣通内外，运行气血，则诸症可解。

综上所述，仲景论治厥证，无论是在病因病机方面，还是对证候的命名或治疗方面，都创造性地发展了《内经》关于厥证的理论，并为后世辨治厥证奠定了坚实的基础。所列治厥十法，详审寒热，细察虚实，据证而治，灵活运用。其治疗特色有三：①治病求本：根据不同的病因病机，或扶正或祛邪或扶正祛邪并重，达到不治厥而厥自回的目的；②同病异治，异病同治：同一厥证，因病因病机不同，故治法亦异；不同的病证，若病因病机相同，则异病同治。如吴茱萸汤一方统治三病即是；③因势利导，就近逐邪：病在上者治其上，如痰厥用瓜蒂散涌吐实邪；病在下者取其下，如腑实致厥用承气辈攻下。总之，充分体现了辨证求因、审因论治的辨证论治精神。

[《四川中医》2000；18（1）：13]

《伤寒论》中的药物煎服法

杜锦辉　内蒙医学院第一附院
莎　玫　内蒙医院

名医张仲景临证用药中，对药物的煎煮及服药方法非常重视。现就《伤寒论》中仲景药物煎煮及服药特点窥析如下。

一、药煎煮方法据情各异

1. 先煎　如麻黄汤的“上四味以水九升，先煮麻黄，去上沫，内诸药……”。葛根汤的“以水一斗，先煮麻黄、葛根，减二升，去白沫，内诸药。”栀子豉汤的“先煮栀子得二升半，内豉……”。

2. 后下　如大承气汤的“先煮二物，取五升，去滓，内大黄，更煮取二升，去滓，内芒硝，更上微火一两沸。”一般规律是从药物质地出发，先煮质厚味难析出之厚朴、枳实，后纳味易析出之大黄，再纳易溶之芒硝。为充分发挥药效，认为有些药不宜久煎如气味芳香之品，有些则宜久煎，如矿物类。

3. 加清酒水煎　如炙甘草汤的“以清酒七升，水八升，先煮八味……”。药用清酒煎煮，可增强疏通经络利血脉的作用。

4. 浸渍而不煎　如大黄黄连泻心汤的“以麻黄二升渍之，须臾绞去滓，分温再服”。或不煎煮。而以麻沸汤（滚开的沸水）浸泡少顷绞汁即饮，是取其气，薄其味，使之利于清上部无形邪热，而不在泻下里实之法。

5. 去滓再煎，如和解剂中小柴胡汤：“上七味以水一斗二升，煮取六升，去滓再煎，取三升温服一升”。方用去滓再煎之法，是取其气味醇和，且有和解少阳枢机之功，它如大柴胡汤、柴胡桂枝干姜汤等和剂的煎煮法亦如此。

二、药物的不同服法

仲景从病势、病性、患者体质强弱等不同情况出发提出许多服药之法，如：

1. 桂枝五法　其一啜热粥，益汗源，助药力；其二温覆加被以助发汗；其三中病即止，不必尽剂；其四小促其间，缩短服药时间，以维持药物体内浓度；其五禁生冷、粘、滑、肉面五辛、酒酪、臭恶等，可谓集服药法之大全。

2. 得吐者，止后服　如栀子豉汤类的“得吐者，止后服”，即服药后正气得伸张，驱邪外出故作吐。

3. 得快利止后服　如大陷胸汤的“温服一升，得快利止后服”；体现出仲景治病时时顾护胃气，护养正气，祛邪而不伤正的预防思想。

4. 以白饮和服　如五苓散的“上五味，捣为散，以白饮和服方寸匕……”，即药后多饮水，以使出汗，共奏化气利水、通里达表之功。

5. 顿服　如干姜附子汤的“以水三升，煮取一升，去滓，顿服。”方中附子生用，取其破阴回阳之力更强，一次顿服，使药力集中，回阳效果迅速。”

6. 服药次数随证变化　如黄连汤的“昼三夜二服”；桂枝汤的“半日许，令三服尽。若病重一日一夜服，周时观之”等等。

[《中国民间疗法》2000；8（1）：34]

论《伤寒论》之促脉

于春光　贾维钢　黑龙江省中医医院

促脉首见于《内经》，而后在《伤寒论》中得到具体运用。张仲景论及促脉共有四处，对其所主之疾病的病因病机、诊断治疗、预后情况进行了阐述；但对于促脉之具体的脉形及其形成的病理基础未作说明。后世脉学诸家对此亦众说纷纭、莫衷一是。本文结合仲景原文，并查考多家论著，具体阐释了促脉的临床表现、病理基础，对促脉进行了具体的分析和论述，供大家参考。

一、“促”之脉形

关于促脉之形，古有两种观点：一者是《素问·平人气象论》中：“……寸口脉中手促上击者，曰肩背痛。”这是指脉来急数没有间歇，而且向鱼际方向上窜；另一种是王叔和《脉经》中所言：来去数，时一止复来”。这两种观点的分歧在于是否脉有间歇，仲景《伤寒论》之成书介于两者之间，其论及促脉的条文者：“太阳病，下之后，脉促，胸满者，桂枝去芍药汤主之。”（21 条）“太阳病，桂枝证，医反下之，利遂不止。脉促者，表未解也，喘而汗出者，葛根芩连汤主之。”（34 条）。“太阳病，下之，其脉促，不结胸者，此为欲解也。”（140 条）“伤寒脉促，手足厥冷，可灸之”(349 条)。对于促脉之形，仲景未作出明确说明，但从其中的病机、方药中却可作出推断：

1. 从病机辨脉形　第 21 条、34 条、140 条均为太阳病，误施下法，而表证仍在，正气虽已受损，但尚有抗邪外达之势，未陷之正气浮盛于外与邪气相搏、急欲驱邪于外，故脉象可见急数并有上窜之势，不需重按即得。第 349 条位于厥阴病篇，脉促与手足厥冷并见，是为阴盛阳衰，将竭之阳气浮盛于外，故脉当数，而虚极之阳气欲脱，则脉见数急上奔之象，由此可见，仲景所提之促脉仍以《内经》为理论基础，其“促”是指脉来数急并有上窜之势，而无歇止之象。这一点我们从治疗方药的运用中亦可得到佐证。

2. 从方药辨脉形　持促脉的“来去数，时一止复来”观点的医家多认为促脉的病机为阳盛、邪实，正邪相搏而致，而中有一止的病机则为正虚。《脉简补义》中曰：“促脉数中一止者，阳气上盛而下虚，不能接续也，伤寒误下后见之，津液受伤，虚热鼓动来去躁疾，时见一止，非有涌沸上争，源源不竭之势也，惟阴虚也。”我们再读仲景原文，21 条脉促者以桂枝去芍药汤为治，34 条脉促者主以葛根芩连汤，观其方中，未有补阴之品，唯一味芍药酸味敛阴和营养血亦被去掉，以免有碍阳气的宣通，而葛根黄芩黄连汤中虽有葛根生津，但配以苦寒之黄芩、黄连清热止利，其苦寒之性极易化燥伤阴。若果如以上所说，仲景之伤寒下后脉促，时一止复来是为阴虚所致，那么其用药之中并无滋阴养阴之品，却有苦燥伤阴之物，这岂不方证不符？细思之，其脉促仍当为急数上奔之类，而非中有一止者。

也有医家认为：《伤寒论》中脉促有因寒邪内结而中有一止者。如柯琴在《伤寒来苏集》中论述桂枝去芍药汤方时曰：“……此下后脉促而不汗出，胸满而不喘，非阳盛也，是寒邪内结……。”寒实内结，气机阻滞，阴不和阳，脉气不续，故时一止，止后复来。此理说来似亦气不续，故时一止，止后复来。此理说来似亦可通，但仔细推究，寒证脉当为迟脉或紧脉，寒实内结当为结脉，而结脉亦脉来缓怠，促脉却以急数为其特征，为阳脉、主阳热之证，故与寒邪内结之机理不符，而仲景原文又说：“太阳病，下之，其脉促，不结胸者，此为欲解也。”由“不结胸”可知邪气尚未内陷与痰水相结，因此不会形成“寒邪内结”之证，故以寒邪内结解释脉中一止似乎不妥，这一点也进一步说明了促脉中无间歇之理。

仲景之后，认为促脉“来去数，时一止复来”者虽为多数，但坚持《内经》中观点的学者亦为数不少，方龙潭说；“夫促脉者，脉这疾促，并居寸口之谓也。盖促者数之甚，数者促之源，先数而后促，此至数之极也。”此处只提数而并未谈止，其观点当依从《内经》；丹波元简在《脉学辑要》里说：“按，辨脉法并王氏《脉经》以促为数中一止之脉非也。……此促，急促之义，故《脉诀》谓：并居寸口之谓。今详促无歇止之义……。”而康应辰在《医学探骊》中亦对数时一止的促脉提出怀疑，他认为：“夫缓中有止，脉气不续，理之常也。至于数脉其脉已失本真，如急流之水，稍停不得，数中又何能容其一止。”由此可见，促脉之形是否一止当详细推敲，至于后世医家所云遵仲景之说，当指《平脉法》而言，然《平脉法》是否属于《伤寒杂病论》原著，又或为叔和之作，亦未可知。

二、“促”之病理

仲景论述脉促者《伤寒论》中仅有四条。对其所主之证亦为简单，不外阳盛和虚极。一方面，促主阳盛。如 21 条表证误下而邪未陷，表热仍存，只胸阳受损，阳气被遏，郁而求伸，内外之阳气均奋起抗邪，故阳盛于外而见脉促，亦为 140 条“下之，脉促，不结胸”之意。34 条桂枝证原反下之，表邪未能全陷入里，在表仍有邪气，而入里之邪从阳化热使里热较盛，迫津下渴泄，此亦为表里俱热之证。柯琴所谓：“阳气重故也。”因此，阳盛者脉可出现急数之象，促脉主之；另一方面，促主阳气极虚浮盛于外，即论中所言 349 条“伤寒脉促，手足厥冷”者，此中手足厥冷为阴盛阳衰，阳气不得温养四肢所致，而脉见促象则因将竭之阳气浮盛于外，鼓动气血运行所致，此中促脉当为阳衰于内阴寒之邪内盛迫阳气外越而形成，因此促为假象，必按之无根，临床当与其他诸症相结合辨证以明病本。

此外，仲景运用促脉亦为辨病之进退，下之脉促者，为表邪未陷，尚有外解之机，救仍予解表之法，这一点也当明察。

综上所述，仲景《伤寒论》中的促脉是遵循《素问·平人气象论》所述，而非后人之时有一止的脉象。我们通过分析原文病因病机、治疗方药断出：《伤寒论》之促脉脉形当为来去急数，并有上奔之势；促脉之主病当为阳盛于外，导致脉促之病理基础或由阳邪之盛，或由阴盛阳衰、虚阳外越。而其中脉之标本真假当脉证合参，或舍脉取证，或舍证取脉，临床应辨证施治，仲景所著《伤寒论》语言简炼，并有诸多省文和衍文，笔者对于促脉的理解是阅读中的体会，供同道商榷。

[《黑龙江中医药》2000；(2)：8]

《伤寒论》应用附子的规律和特点

王秋荣　王宝钧　王燕妮　王永信
内蒙古自治区伊盟医院

《伤寒论》一书[1]应用附子遍及六经病各篇章，涉及条文 38 条（占 9.6%）。按用药出现的频率，排列在第 7 位；配伍附子方剂 23 首（占 20.5%），其中 20 方为原方中配伍，另有 3 方在方后注加减用药配伍的（小青龙汤、四逆散、理中丸），显其价值非为一般。拙文就学习与应用体会，略陈管见。

一、炮制

《伤寒论》使用生附子，有四逆汤等 8 首方剂

（占34.8%）；使用炮附子（熟附子），有附子汤等15首方剂（占65.2%）。这些成功的范例为附子的使用奠定了理论基础和实践根据，附子既可制用又能生用。视附子为“大毒之品”，“虎狼之药”，则有违经旨，限制了应用范围和作用。其炮制方法，虽简言“去皮”，“破八片”，“如法修制”，但其道理深邃，大附子块茎均一寸余，切成八片，每片厚度约一分左右，作为饮片恰到好处。若切之过薄，煎煮时易化为糊状，过厚不宜干燥与煎透，有效成分难以煎出。可见在汉代对附子的炮制加工已初具规范，这种简易可行的方法，对附子的干燥与贮藏，调剂与煎制，以及有效成分的煎出都有益处。

二、剂量

按定量化标准，有22首方剂以1～3枚计之，其中有茯苓四逆汤等18首方剂（占81.8%）用附子1枚；附子汤和甘草附子汤2首方剂（占9.1%），用2枚；桂枝附子汤和去桂加白术汤2首方剂（占9.1%）用3枚。乌梅丸方以两计之，用附子6两。究竟1枚附子重量有多少克？根据考证和个人经验，其重量因块茎大小而别，一般为9～40克左右，取均数约为30克。附子用量大小（1～3枚）的根据是什么呢？主要是因人、因时、因地制宜的法则，尤其强调因人制宜。如在去桂加白术汤的方后注云：“附子3枚，恐多也，虚弱家及产妇，宜减服之”。还有“强人用大附子”之说，如此等等，富有说服力的证明我国远在汉代已有中药用药规范化和个体化的学术思想萌芽，这为后世留下了宝贵经验和效法的楷模。现代研究认为附子用量不同，其主治与功能不同，取其补阳用5克，温阳用10克，回阳用15克，祛寒止痛用15～20克[2]。

三、剂型与用法

《伤寒论》配伍附子的剂型有汤剂、丸剂、散剂三种，皆用口服方法。

1. 汤剂　通脉四逆汤等20方（占87%）。顿服法：仅干姜附子汤1方（占5%），用量1升顿服。二次服药法：茯苓四逆汤等8方（占40%），每次服用5～7合。三次服药法：芍药甘草附子汤等11方（占55%），每次5合～1升温服（折合当今度量衡：1合=10毫升，1升=200毫升[3]）

2. 丸剂　乌梅丸和理中丸2方（占8.7）。乌梅丸，制丸如梧桐子大小，饭前服之，每日3次，由10丸增至30丸。理中丸，制丸如鸡子黄大。每日服3～4丸。这些以服药后机体反馈情况酌情渐加递增用药法，值得遵经效法。

3. 散剂　四逆散1方（占4.3%），每日口服3次，每次1方寸匕（折合当今度量衡6～9克[3]）。然而当今由于种种原因，用药剂量和方法同古法规矩大相径庭，此为影响疗效的原因之一。

四、功用与配伍（药对）

附子辛甘大热有毒，性燥刚烈。生用温散阴寒，熟用温补真元。虞抟说：“附子禀雄壮之质，有斩关夺将之气，能引补气药行十二经，以追复散失之元阳；引补血药入血分，以滋养不足之真阴；引发散药开发腠理，以驱逐在表之风寒；引温暖药达下焦，以祛除在里之冷湿。”附子走而不守，上下内外无处不到，升降出入尽所宜之，上温心阳通脉，中温脾阳散寒，下温肾阳助命火，主脏腑沉寒，四肢厥逆，壮补元阳，温散寒邪，三阴寒毒非此不能散，三阳厥逆舍此莫能挽，温里药之长，除寒湿要药。前贤云：“药有个性之长，方有合群之妙”。药物主治功能不仅要看单位药的药性，还要看药物配伍后变化。冯兆张云：“附子无干姜不热，得甘草则暖，得肉桂则温补命门。”《伤寒论》配伍附子方共用药26味，有机组合“药对”25个，提高了药效，减少了毒副作用，扩大了主治功能。仅就配伍2方次以上的11个“药对”略加剖析：

1. 人参配附子，温阳补气　5方次（生附2方次，熟附3方次）。以四逆加人参汤为代表方。人参为大补元气佳品，附子为温补元阳圣药。人参得附子，温阳补气，泉源有根；附子得人参，阳得气载，升运无穷。气与阳相生而互根，气为阳之渐，阳为气之极，温阳与补气并行，相得益彰。善治汗、吐、下、衄血之气虚阳弱，大病久病之后气虚阳脱的全身疲乏，萎靡不振，冷汗淋漓，手足厥逆，脉微欲绝之证。

2. 白术配附子，温散寒湿　5方次（用熟附），以去桂加白术汤为代表方。白术为益气健脾要药，依炮制易其用，生白术健脾燥湿，用于水肿、痰饮、风寒湿痹，张元素云：“附子以白术为佐，乃除寒湿之圣药”；炒白术健脾益气，用于脘腹痞满，中气下陷，气虚自汗；焦白术健脾止泻，用于脾虚泄泻。白术苦温，善补脾阴，而脾阳来源于肾阳，而附子长于温下元，白术得附子，气得阳助源泉有本，健脾益气燥湿才更强，补而不滞；附子得白术，阳得气助，升运不息，温通除痹，行而不燥，一温一健共奏其功。

3. 桂枝配附子，温通经脉　6方次（用熟附），以桂枝附子汤为代表方。桂枝辛温发散，通阳化气，行里达表，无处不到。《本草疏证》云：“盖其用之道有六：曰和营、曰通阳、曰利水、曰下气、曰行瘀、曰补中，其功之最大”；附子温阳散寒，通行十二经，走而不守，二药为辛通佳品，相须为用，调和营卫，回阳固表；温通心阳，平冲降逆；温通脾阳，蠲除水湿痰饮；温通肝阳，疏肝解郁；温助肺阳，涤除痰饮；温通肾阳，化气行水，引火归元，导龙入海；温通经络，蠲痹止痛；温通血脉，调经活血；桂附同用妙不可言矣。

4. 白芍配附子，扶阳益阴　6方次（用熟附），以附子汤为代表。白芍酸寒收敛，性柔主静，养血柔肝，缓解挛急；附子辛热，刚燥辛散，性烈主动。白芍得附子，养阴扶阳，阴得阳助，刚柔相济，引阳入阴散寒，滋阴而不寒；附子得白芍，温散而不辛燥，无伤阴耗血之弊，血痹可疗。二药配对，一阴一阳，一寒一热，一收一敛，一开一阖，刚中有柔，动中有静，相反相成，有辛甘化阳，酸甘化阴之妙。

5. 生姜配附子，温阳利水　5方次（用熟附），以真武汤为代表方。生姜辛温，辛可散邪通结，温可消除寒温，以散水气见长；附子辛热，温散寒湿；同气相求，药效更强，二药配伍，发散风寒湿邪，温中止呕开脾胃，温阳利水退水肿，生姜且能制附子毒性。

6. 干姜配附子，回阳救逆　11方次（生附8方次，熟附子3方次），以干姜附子汤为代表方。干姜辛热，守而不走，长于逐寒气，温脾胃散中寒，温肺化饮，回阳通脉；附子辛甘大热，走而不守，是回阳救逆，散寒除湿要药，陶节庵云：“温经用附子，无干姜不热”，二药配对，一守一走，组成辛热能守能走的纯阳单捷小剂，透达阴寒；尤是生附配干姜，补中有发，其力精专，如离日当空，阴霾自散；治疗阳气虚脱，阴寒内盛的厥逆证，其效神速。

7. 麻黄配附子，解表温经　3方次（用炮附子），以麻黄附子甘草汤为代表方。麻黄辛温，生用发汗解表，宣通经络，散表寒；附子辛热，温通经脉祛里寒，赵嗣真说：“熟附配麻黄，发中有补”；二药相伍，一温一散，一攻一补，解表不伤阳，温里不伤阴，散除寒邪，温通经脉，解除寒凝，温阳利水效果颇佳。

8. 甘草配附子，温养解毒　15方次（生附5方次，熟附10方次），以甘草附子汤为代表方。甘草甘平性缓，补脾益气，调和药性；附子辛热燥烈，温化寒湿，通络蠲痹。甘草得附子温中益气，无壅滞之弊；附子得甘草，温化寒湿而不辛燥，无伤阴之害，且可解其毒性；二药相伍能更好发挥温养补益，除湿散寒蠲痹之功效。方中皆用炙草与附子配对，为后世流传甘草、蜂蜜解附子毒的历史渊源。

9. 细辛配附子，逐寒祛痛　3方次（用炮附子），以麻黄附子细辛汤为代表方。细辛芳香性烈，外散风寒，内化寒饮，善开结气，宣泄郁滞，通利七窍，逐寒止痛；附子为通行十二经纯阳要药，善治寒湿痼疾。二药伍用，一表一里，表里内外兼顾，细辛得附子，相须助之，温经散寒，除湿通络，蠲痹止痛；附子和细辛，辛热不燥烈，温散而不过，相助得体，药效力更彰。

10. 茯苓配附子，温补脾肾　3方次（生附1方次，熟附2方次），以茯苓四逆汤为代表方。茯苓淡渗利水。甘补脾胃。化痰涤饮，宁心安神，补而不峻，泻而不猛，为扶正祛邪的平和良药；附子温肾回阳，散寒除湿。茯苓得附子补火生土，补益不壅滞；附子得茯苓，土生万物，温肾不燥烈；二药合用，温补脾肾，其气益增，痰饮、阳虚水泛，风寒湿痹自除。

11. 黄连配附子，扶阳泻热　2方次（用熟附），以附子泻心汤为代表方。黄连味苦性寒，以清热燥湿，泻火解毒见长；附子辛热，以扶阳解表，逐寒通脉，补阳益火，回阳救逆为优。黄连得附子，清热不损阳；附子得黄连扶阳不碍阴。二药配对，一寒一热，一阴一阳，一升一降，寒热自调，阴阳相济，辛开苦降，治疗阳虚畏寒，汗多肢冷，六脉虚弱，寒热互结的痞证，以及寒热错杂的痢疾，泄泻均有切实效果。

五、解附子毒性的方法

自《神农本草经》记载：“附子辛甘有毒”，这种说法延续至今不惑，现代研究认为附子的毒性主要是乌头碱类生物碱引起的。人口服乌头碱0.2毫克发生中毒现象，3～4毫克为致死量；附子先煎，破坏乌头碱，减少毒副作用[4]。《伤寒论》是如何解决附子毒性的呢？综合分析其方法有三，其一严格剂量，注意用药个体化；其二重视炮制，用炮附子方剂尽达65.2%；其三巧妙配伍，监制毒性，如生姜、干姜、甘草、蜂蜜等均为解附子毒的良药。

参考文献

[1] 成都中医学院. 伤寒论释义. 第一版. 上海人民出版社，1964.

[2] 王辉武. 中医百家药论荟萃. 第一版. 重庆出版社；1997：473.

[3] 王琦. 伤寒论讲解. 第一版. 河南科技出版社，1988；418.
[4] 李仪奎，等. 中药药理学. 第一版. 中国中医药出版社，1992；111.

[《内蒙古中医药》2000；(2)：32]

从《伤寒论》谈张仲景治水十法

殷立敢　湖北省宜昌县中医医院

在《伤寒论》中，张仲景运用治水法所治病证达十六种，涉及原文27条。笔者就其部分原文概括为治水十法，浅谈如下：

一、温通心阳　化气行水

《太阳病变证·心阳虚欲作奔豚证》："发汗后，其人脐下悸者，茯苓桂枝甘草大枣汤主之"（65）。太阳病发汗后，虚其心阳，心火不能下蛰于肾，肾水无以蒸化，则水停下焦，复有上逆之势，故脐下筑筑然跳动，如奔豚之将作。以茯苓桂枝甘草大枣汤温通心阳，化气行水。方中重用茯苓以淡渗利水，且能宁心，以防水邪下逆；大枣健脾，脾健则有利于水湿之运化；桂枝、甘草温通心阳，并能助茯苓化气行水；心阳复，水饮去，则悸动可止。

二、温运脾阳　淡渗利水

《太阳病变证·脾虚水停证》："伤寒，若吐若下后，心下逆满，气上冲胸，起则头眩，脉沉紧，茯苓桂枝白术甘草汤主之"（67）。邪在太阳当汗，若施吐下，损伤脾胃之阳，致中虚水气上逆而心下逆满。正如《素问·至真要大论》曰："诸湿肿满，皆属于脾"。上蒙清阳，故起则头眩；脉沉主水，紧主寒，水寒为病，故以茯苓桂枝白术甘草汤温阳健脾利水。方中茯苓淡渗利水，白术健脾燥湿，炙甘草补益脾胃，配桂枝更能温阳化气，平冲降逆，正合"病痰饮者，当以温药和之"的精神。若病水饮而误发其汗，不仅水饮不去，而阳气益虚，经脉失养，故身体振摇不能自持。

三、温胃化饮　通阳行水

《太阳病变证·胃虚水停证》："伤寒汗出而渴者，五苓散主之，不渴者，茯苓甘草汤主之"（73）。"伤寒厥而心下悸，宜先治水，当服茯苓甘草汤，却治其厥，不尔，水渍于胃必作利也"（355）。茯苓甘草汤证为胃阳不足，水饮停于胃中所致，故口不渴而心下悸；水饮内停，胸阳被遏，不能达于四末，故四肢厥冷，治拟茯苓甘草汤温阳化饮，通阳行水。方中茯苓淡渗利水，桂枝通阳化气，甘草和中，重用生姜温胃而宣散水气，合为温胃化饮、通阳行水之剂。悸而厥，均是水饮为患，故应先治水，是不治悸而悸自安，不治厥而厥自回之法。倘若水饮不去，阳气一时不能恢复，仍可再议治厥之法，否则水饮停胃，必浸渍胃肠，而发生下利。

四、温肺化饮解表散寒

《太阳伤寒表实证·兼水饮咳喘证》："伤寒表不解，心下有水气，干呕，发热而咳，或渴，或利，或噎，或小便不利，少腹满，或喘者，小青龙汤主之"（40）。伤寒表不解，是言其发热恶寒、头项强痛、无汗等证不解，为风寒外束之象。因其人素有水饮内停，外寒内饮、相互搏击，壅塞于肺，肺失肃降，则咳嗽喘息。水停心下，干犯胃腑，以致升降失常，故令干呕。然水饮为患，随气机升降，所到之处皆可发生病变。如水饮趋于肠胃则下利；壅塞于上，阻碍气机，则咽喉有噎塞感。若水饮内停，以致气不化津，亦有口渴之象，然而毕竟属寒饮，故渴而不能多饮，或喜饮热汤。治以小青龙汤外散风寒，内化水饮。方中麻黄发汗平喘，兼能利水；配桂枝则增强通阳宣散之功；芍药与桂枝配伍，功能调和营卫；干姜、细辛散寒化饮；五味子敛肺止咳，半夏降逆化痰。甘草和中；凡水寒射肺之咳喘，用之多验。《金匮要略》中，用本方治溢饮及咳逆倚息不得卧等证，重点在治寒饮咳喘，不论有无表证，恒可酌情用之。

五、和解少阳　温化水饮

《少阳病兼水饮证》；"伤寒五六日，已发汗而复下之，胸胁满微结，小便不利，渴而不呕，但头汗出，往来寒热，心烦者，此为未解也，柴胡桂枝干姜汤主之"（152）。盖少阳手足常互相影响，少阳枢机不利，疏泄失常，则三焦因之壅塞而失决渎之职，故使水饮停内，小便不利。饮结于胸，胸胁满微结，水饮停蓄，气不化津，故口渴。病在三焦，尚未涉及胃腑，故不呕。但头汗出是气机不畅，阳气不能宣发，郁而上蒸所致，故用柴胡桂枝干姜汤以和解少阳，温化水饮。方中柴胡、茯苓合用，和解少阳之邪；瓜蒌根、牡蛎同用，能逐饮开结；桂枝、干姜、甘草同用，能温化水饮。少阳和解，三焦通利，则水饮可除。

六、温肾散寒　以利水气

《少阴寒化证·阳虚水泛证》："少阴病，三日不已，至四五日腹痛，小便不利，或下利，或呕，真武汤主之"（316）。少阴阳虚，下焦寒盛，水气不化，浸淫肌体，故四肢沉重疼痛。脾肾阳虚，水气浸渍胃肠，故腹痛下利。水寒之气停蓄于内，则见小便不利。水饮内停，随气机升降，无所不到，或上逆犯肺为咳，或冲逆于胃而呕，或水寒下趋大肠而下利更甚，或下焦阳虚不能制水而小便不利。这些证候都是肾阳虚，水气不化所致，故用真武汤温阳散寒，以利水气。方中附子辛热以壮肾阳，使水有所主；白术燥湿健脾，使水有所制；生姜宜散佐附子之助阳，是于主水有散水之意；茯苓淡渗，佐白术健脾，是制水中利水之用；芍药既可敛阴和营，又可制附子刚燥之性。肾阳复，水气化，则诸症可愈。

七、化气行水　表里同治

《太阳腑证·蓄水证》："太阳病，发汗后……若脉浮，小便不利，微热消渴，五苓散主之"（71）。表邪未尽，太阳之邪随经入腑，影响膀胱气化功能，水道失调，邪与水结而成蓄水之证。外邪不解，故脉浮、身有微热。膀胱气化不利，津液无以输布，故小便不利而渴欲饮水，用五苓散化气行水，兼以解表。方中桂枝通阳行水，能散肌表之邪；白术健脾燥湿；猪苓、茯苓、泽泻利小便，导水下行，合为化气行水、表里同治之方。本方重在化气行水，无论有无表证；只要膀胱气化失常，水饮内停，小便不利，即可酌情应用。膀胱之气化，则蓄水可行。

八、疏泄肝胆　清热利湿

《阳明腑证·湿热兼里发黄》："……但头汗出，身无汗，齐颈而还，小便不利，渴饮水浆者，此为瘀热在里，身必发黄，茵陈蒿汤主之"（238）。若汗出仅限于头部，至颈而止，身体无汗，是热邪不及外散而郁蒸于上，加之小便不利，则湿无下行之道。因内热而渴欲饮水浆，因小便不利更增湿邪，以致湿热薰蒸，影响肝胆疏泄，胆汁外溢，发为黄疸，故以茵陈蒿汤主之。茵陈苦寒清热利湿，并有疏泄肝胆，推陈致新的作用，为清热除黄之要药；栀子苦寒以除烦热，清泄三焦而通调水道；大黄导热下行，以泄湿热壅遏毒邪。湿热得去，三焦通利，肝胆不受熏灼，故小便当利，"一宿腹减，黄从小便去也。"

九、养阴润燥　清热利水

《阳明腑辨证·辨阳明清法三证》："……若脉浮发热，渴欲饮水，小便不利，猪苓汤主之"（226）。《少阴热化证·阴虚水热互结论》："少阴病，下利六七日，咳而呕渴，心烦不得眠者，猪苓汤主之"（319）。前条指阳明病误下后，余热未清，津液受伤引起水热互结。后条为少阴病邪从热化，既耗伤津液，又影响水道通利。然二者病机主证相同，故治法一致，均以猪苓汤养阴清热利水，阿胶滋阴润燥，滑石清热利水而不伤阴，猪苓、茯苓、泽泻渗淡利水。诸药合用，共奏养阴润燥、清热利水之功。

十、泻下逐水

《太阳病类似证·悬饮证》："太阳中风，下利呕逆，表解者，乃可攻之。其人漐漐汗出，发作有时，头痛，心下痞鞕满，引胁下痛，干呕短气；汗出不恶寒者，此表解里未和也，十枣汤主之"（157）。外有风邪，内有悬饮，应当先解表，表解后，方可攻逐饮邪。饮为有形之邪，停结于胸胁之间，以致胸阳被遏，气机壅滞，故心下痞鞕而满，牵引胸胁疼痛。水饮在胸，肺气不利，所以呼吸短气。肺合皮毛，因肺气不利，毛窍之开合失常，故漐漐汗出。由正邪相争，故发作有时。饮逆于胃则干呕，下趋于肠则下利，上攻于头则头痛，这都是水饮内结，走窜上下，充斥内外，泛溢周身所致，故以十枣汤峻逐水饮。方中芫花、甘遂、大戟是逐水剧药，而以甘遂之力最峻。三药合而用之，其力尤猛，故用大枣十枚煎汤服下，以顾护胃气。

综上所述，张仲景在《伤寒论》中论述治水虽有十法，然其治水总则不外扶正与祛邪。如健脾利水、温肾利水是以扶正为主；而泻下逐水、清热利湿是以祛邪为主。其所治病证为脏腑功能失调、水饮痰湿为患的病证，如心阳虚，肾水不化，水停下焦之欲作奔豚证；胃阳不足，水饮停于胃中所致的茯苓甘草汤证；膀胱气化失常，水饮停蓄之蓄水证。由此可见，《伤寒论》不愧为一部理论联系实际，理法方药比较完善的古代医学著作。

[《湖北中医杂志》2000；22（3）：7]

小议《伤寒论》治呕法

肖慧中　河南省伊川县人民医院

呕吐既是一个病证，又是一种临床症状。《伤寒论》中的呕吐，则多指临床症状而言，包括呕逆、干呕、气逆欲吐、食谷欲吐、吐、喜呕、呕不止、食入即吐、得食而呕等多种证候表现。论中对呕吐有30多条原文论及，对呕吐的病因、病机、证候、治则、方药等均有较详尽的论述，对我们现在临床辨治呕吐仍有较大的指导意义。

呕吐的病机，统而言之，是由胃气上逆所致。所以任何病变，无论外感，抑或内伤，只要有损于胃，引起胃失和降，皆可以出现呕吐。《伤寒论》中引起呕吐的病因，概括起来有以下几个方面：（1）表证——风寒犯胃；（2）里热——热扰胸膈，胃虚热扰，胆热犯胃等；（3）虚寒——胃气虚寒、浊阴不降；脾虚寒湿犯胃，阳虚阴寒犯胃等；（4）寒热夹杂。针对上述原因，仲景在辨证论治的原则下立法遣方，创制了许多行之有效的方剂，至今仍为临床所常用。兹就《伤寒论》治呕法则分述如下。

一、解表法

《伤寒论》第3、12、40条均有呕逆或干呕的症状，此为外邪干胃，胃气上逆所致。治疗上，仲景予麻黄汤、桂枝汤、小青龙汤以辛温解表、祛除外邪，邪去则胃气自降，呕逆自止。

二、清热法

《伤寒论》76条："发汗吐下后，虚烦不得眠，若剧者，必反复颠倒，心中懊侬，栀子豉汤主之。若呕者，栀子生姜豉汤主之。"397条："伤寒解后，虚羸少气，气逆欲吐，竹叶石膏汤主之。"前者为热扰胸膈及胃，以心中懊侬、心烦不得眠为主症，兼有呕吐，仲景予栀子生姜豉汤清热和胃降逆以止呕吐。后者为伤寒病解之后，虽大热已去，但气阴受伤，并有余热未尽，致使胃失和降，故其人身体虚弱消瘦，少气不足以息而气逆欲呕。仲景予竹叶、石膏以清热邪，人参、麦冬益气生津以补正虚，甘草、粳米和中养胃，半夏降逆止呕。两者均有邪热干胃的病机存在，故皆可用清热法治疗。

三、温里法

呕吐可由虚寒引起，《伤寒论》中治疗虚寒性呕吐有温肝、温脾、温肾之别。

《伤寒论》谓："干呕，吐涎沫，头痛者，吴茱萸汤主之。"此为肝寒犯胃、浊阴之气上逆所致。胃阳不布，产生涎沫，随浊气上逆而吐出。除干呕主症外，尚伴有巅顶痛，吐涎沫，烦躁，舌淡苔白，脉弦等症。吴茱萸能温肝降胃，泄浊通阳，故能治疗肝寒犯胃、浊阴上逆的呕吐。

脾与胃相互表里，若中焦脾胃阳虚，寒湿内生，影响及胃，胃失和降则为呕吐。中焦虚寒性呕吐的特点为：呕吐清水或稀涎，伴有腹满，食不下，下利，时腹自痛，不渴等症。治法上，仲景提出"当温之，宜服四逆辈"。陈亮斯说，"言四逆辈，则理中亦在其中"。理中汤是治疗太阴虚寒证的主方，至今仍为临床所常用。

《伤寒论》："呕而脉弱，小便复利，身有微热，见厥者难治，四逆汤主之。"少阴阳虚，阴寒内盛，阴寒犯胃，气逆则为呕吐。少阴虚寒性呕吐必伴肢厥、下利、恶寒、踡卧、脉微细、但欲寐等脉症，此时治疗应"急温之"，用四逆汤、通脉四逆汤等回阳救逆，温阳散寒。

四、调和法

《伤寒论》中治疗呕吐用得较多的治法是调和法，包括调和肝脾、调和肠胃、调和寒热等。因脾胃为气机升降之枢纽，脾气不升，胃气不降，脾胃升降失常，则出现呕吐。论中以小柴胡汤清胆和胃、枢转气机以治"喜呕"；大柴胡汤和解少阳、通下里实以治"呕不止"；三泻心汤辛开苦降、寒温并用、阴阳并调以治"干呕、干噫食臭"；干姜芩连人参汤苦寒泄降、辛温通阳以治"食入口即吐"；黄连汤清上温下、和胃降逆以治"欲呕吐"等，均着重调理脾胃，恢复脾胃气机升降。

［《国医论坛》2000；15（3）：51］

从抗利尿激素分泌异常增多看太阳病蓄水证

何军锋　湖南中医学院
（指导　李绍芝）

太阳病蓄水证原文如下：太阳病，发汗后，大汗出，胃中干，烦躁不得眠，欲得饮水者，少少与饮之，令胃气和则愈。若脉浮，小便不利，微热消渴者，五苓散主之。（71）发汗已，脉浮数，烦渴者，五苓散主之。（72）伤寒，汗出而渴者，五苓散主之；不渴者，茯苓甘草汤主之。（73）中风发热，六七日不解而烦，有表里证，渴欲饮水。水入则吐者，名曰水逆，五苓散主之，（74）太阳病，小便利者，以饮水多，必心下悸，小便少者，心苦里急也。（127）本以下之，故心下痞，与泻心汤，痞不解，其人渴而口燥，烦，小便不利者，五苓散主之。（156）

对于太阳病蓄水证的解说如下：足太阳之腑为膀胱，太阳病，汗不如法，表邪不解，表邪很容易由经内并于腑，从而出现太阳病蓄水证。膀胱为寒水之腑，其为病每多水证之变。太阳之邪随经入腑，影响膀胱气化功能，水道失调，邪与水结，而发为蓄水之证。表邪未解，故脉浮或浮数，身有微热。膀胱气化不利，津液不行，水蓄于下，则小便不利；水停气滞，气不布津，津不上承，则口燥、烦渴、渴欲饮水。但饮水后却因气化不利，津液不行而不能解渴，因此形成所谓的“消渴”。水饮内停，气化不利，则可见心下痞塞不舒。蓄水重者，上干胃腑、冒失和降，所饮之水必拒而不受，以致出现渴欲饮水，水入则吐的“水逆”。在原文71条中，汗后津伤致胃中干证之口渴，是因汗出太多，损伤津液，津乏于内，必求助于外，故口渴欲饮水，而对于此种口渴（即太阳病发汗后的口渴）不可强行饮水，而应少少地饮水，使胃得滋润，津液恢复后，则诸证自除。

SIADH是指ADH（抗利尿激素）分泌异常增多症，患者有明显的低钠血症，但细胞外液容量基本正常。血浆ADH水平持续或间歇地升高，但与渗透压或容量刺激无关，SIADH的发病机制是：由于某种病因使ADH分泌增多，使摄入的水在体内贮留，细胞外液 Na^+ 浓度降低。ADH可减少“自由水”的生成和增加“自由水”的重吸收。同时，细胞外液的扩张使醛固酮分泌减少，远曲小管对钠的重吸收减少。结果利钠的同时，“自由水”被保留，发生严重的低钠血症而尿钠增高。所滞留的水2/3分布在细胞内液，1/3分布在细胞外液，而仅1/12分布在血管内，故血容量变化不明显。SIADH对于机体的影响是，轻度无明显影响，也无症状，当低钠血症比较明显而有较多的水从细胞外液进入细胞内时，就会引起临床症状。主要是脑细胞水肿引起的一系列神经症状，包括恶心、呕吐，甚至抽搐、昏迷等。

下丘脑的口渴中枢与ADH释放呈正相关，围绕ADH可以设想太阳病蓄水证与SIADH之间的关系：ADH升高引起口渴感增加，而其抗利尿作用又使小便不利。由于细胞外液正常，故患者并非真正缺水，太阳病蓄水证之口渴（由于ADH增加所致），故不如白虎汤等气分证的大渴欲饮水，对于烦躁不得眠等症状是由于低钠血症而引起的脑细胞水肿所致。同样的，渴欲饮水而饮水即吐的“水逆证”也是由脑细胞水肿所致。在治疗上，太阳病蓄水证用五苓散。从五苓散的组方中可以看到，在仅仅的五味药中，光通利小便的就有三味药（猪苓、茯苓、泽泻），而白术的健脾燥湿利水，桂枝的通阳化气和使水行达表，也都是以驱“水”为中心的，这与现代医学对于SIADH的治疗是一致的：轻度者只需要限制水的摄入即可控制。出现抽搐、昏迷则需要抢救。首先用高效能利尿剂使钠水排出增加，从而减少细胞外液容量，然后用高渗盐水补充血清钠，而在原文71条中，仲景强调“欲得饮水者，少少与饮之，令胃气和则愈”是与对于SIADH轻症治疗原则——限制水的摄取是一致的。

尽管SIADH与太阳病蓄水证在临床上的症状及其处理原则是极其相似的，但是中西医对此病（证）的病因是不同的。对于SIADH而言，其典型的病因是；恶性肿瘤，特别是肺的燕麦细胞癌。可合并成分泌ADH或ADH样物质；中枢神经系统肿瘤、外伤、感染和蛛网膜下腔出血等能刺激内源性ADH的合成和释放，严重肺结核和肺炎有时可伴有SIADH。此外，疼痛、恶心或情绪上的应激，糖皮质激素不足，以及吗啡、氯磺丙脲等药物也可使ADH释放增多，导致细胞外液量正常的低钠血症，而与渗透压和血容量的刺激无关。而中医学对于太阳病蓄水证是认为太阳病累及膀胱腑所致，它并不要求详究其发病的病因。这说明中西医在疾病的认识上是不同的，中医注重疾病的动态变化，注重证型；而证型比疾病更具有统观性，它是其他很多疾病演变过程中的具有共同特征的一种病理改变。中医的太阳病蓄水证尽管与AIADH在病因上有截然不同的认识，但是它们都同样揭示了病（证）的某些共性。由此可见，借助于现代医学的疾病认识论有助于说明中医具有的证型认识；同样的，通过借助于现代医学疾病认识论，也有助于中医证型的科学化。

[《中医函授通讯》2000；19（4）：14]

热入血室证治管见

江克明　上海市中医文献馆

“热入血室”是指妇女患伤寒温病对月经期的变化而言。经事有适来、适断之异，辨治有先后不同。最早为汉代张仲景《伤寒论》所提出，晚清温病学派益加其详。管见所及，提供讨论。

一、《伤寒论》揭示最早

《伤寒论》是中医最早的外感热病学专著。1700年以前就揭示了“热入血室”的证治：“妇人伤寒发热，经水适来，昼日明了，暮则谵语，如见鬼状者，此为热入血室。无犯胃气及上二焦，必自愈。妇人中风，发热恶寒，经水适来，得之七八日，热除而脉迟身凉，胸胁下满如结胸状，谵语者，此为热入血室也。当刺期门，随其实而泻之。妇人中风七八日，续得寒热，发作有时，经水适断者，此为热入血室，其血必结，故使如疟状，发作有时，小柴胡汤主之，"《金匮要略·妇人篇》内容相同。

喻昌曰："上列各条皆互文见意也。一云：经水适来，一云：经水适断。一云：七八日热除而脉迟身凉，一云：七八日续得寒热发作有时。一云：胸胁下满，一云：邪气因入与正气相搏，结于胁下；一云：如结胸状。一云：谵语；一云：昼则明了，夜则谵语如见鬼状。一云：如疟状，一云：往来寒热，发作有时。一云：刺期门，一云，用小柴胡汤；一云：毋犯胃气及上二焦。皆互文以明大义而自为注脚也。"

程林曰："以往来寒热如疟，故用小柴胡解其邪；以胸胁下满为结胸状，故刺期门以泻其实，无上下二证，待其经行血去，邪热得以随血出而解也。"

张景岳曰："下血谵语者，此为热入血室，是兼男女而言也。按：血室者，即任血海也，亦血分也。凡血分之病，有蓄血者，以血因热结而留蓄不行也。有热入血室者，以邪入血分而血乱不调也。故蓄血者，去之则愈。血乱者，调之则安。调之之法，则热者宜凉，陷者宜举，虚者宜滋，瘀者宜行，邪未散者宜解也。然此皆病在下焦，故曰：毋犯胃气及上二焦必自愈。"

二、温病派争议尤详

叶天士《外感温热篇》云："经水适来、适断，邪将陷于血室，少阳伤寒言之详悉，不必多赘。但变动与正伤寒不同。仲景立小柴胡汤提出所陷热邪，参、枣扶胃气，以冲脉隶属阳明也。此与虚者为合治。若邪热陷入与血相结者，当从陶氏小柴胡去参、枣，加生地，桃仁、楂肉、丹皮或犀角等。若本经血结自甚，必少腹满痛，轻者，刺期门；重者，小柴胡汤去甘药，加延胡、归尾、桃仁；挟寒，加肉桂心；气滞者，加香附、陈皮、枳壳等。然热陷血室之证，多有谵语如狂之象，仿是阳明胃实，当辨之：血结者，身体必重，非若阳明之轻旋便捷者。何以故耶？阴主重浊，络脉被阻，侧旁气痹，连胸背皆拘束不舒，故去邪通络，正合其病，往往延久，上逆心包。胸中痛，即陶氏所谓血结胸也。王海藏出一桂枝红花汤加海蛤、桃仁，原为表、里、上、下一齐尽解之理。看此方大有巧手，故录出以备学者之用。"

薛生白《湿热病篇》："湿热证，经水适来，壮热、口渴、谵语神昏，胸腹痛，或舌无苔，脉滑数，邪陷营分，宜大剂犀角、紫草、茜根、贯众、连翘、鲜菖蒲、银花露等味。"

吴鞠通依据叶氏《临证指南医案》所载热入血室之验案，在《温病条辨·下焦篇》列出数条辨治方法有新的内容："妇女温病，经水适来，脉数，耳聋，干呕，烦渴，辛凉退热兼清血分。甚至十数日不解，邪陷发痉者，竹叶玉女煎主之。注：此与两感证同法。辛凉解肌兼清血分者，所以补上中焦之未备。甚至十数日不解，邪陷发痉，外热未除，里热又急，故以玉女煎加竹叶两清表里之热。"又案："热入血室，医与两清气血，邪去其半，脉数，余邪未解者，护阳和阴汤主之。""热入血室，邪去八九，右脉虚数，暮微寒热者，加减复脉汤仍用参主之。注：此为热入血室之邪少虚多，亦以复脉为主法。脉右虚数，是邪不独在血分，故仍用参以补气。暮微寒热，不可认作邪实，乃气血俱虚，营卫不和之故。"又案："热病经水适至，十余日不解，舌萎、饮冷，心烦热，神气忽清忽乱，脉右长左沉，瘀热在里也，加减桃仁承气汤主之。注：前条十数日不解，用玉女煎者，以气分之邪尚多，故用气血两解。此条以脉左沉，不与右之长同，而神气忽乱，定其为蓄血，故以逐血分瘀热为急务也。"

王士雄云："温邪热入血室有三证：如经水适来因热邪陷入而搏结不行者，此宜破其血结。若经水适断，而邪乃乘血舍之空虚以袭之者，治宜养营以清热。其邪热传营，逼血妄行，致经未当期而至者，宜清热以安营。"

邵新甫云："考热入血室，《金匮》有五法：第一条，主小柴胡，因寒热而月，虽经水适断，急提少阳之邪勿令下陷为最。第二条，伤寒发热，经水适来，已现昼明夜剧，谵语见鬼，恐人认作阳明实证，故有无犯胃气及上二焦之戒。第三条，中风寒热，经水适来，七八日，脉迟身凉，胸胁满如结胸状，谵语者，显无表证，全露热入血室之候，自当急刺期门。使人知针力比药力尤捷。第四条，阳明病下血谵语，但头汗出，亦为热入血室，亦刺期门，汗出而愈。第五条，明其一证而有别因为害，如痰潮上脘，昏冒不知，当先化其痰，后除其热。仲景教人当知变通，故不厌推广其义。乃今人一遇是证，不辨热入之轻重，血室之盈亏，遂与小柴胡汤，贻害必多。要之，热甚而血瘀者，与桃仁承气及山甲、归尾之属；血舍空而热者，用犀角地黄汤加丹参、木通之属；表邪未尽而表证仍兼者，不妨借温通为使；血结胸有桂枝红花汤参入海蛤、桃仁之治；昏狂甚，进牛黄膏调入清气化结之煎。再观叶案中有两解气血燔蒸之玉女煎法；热甚伤阴，有育阴养气之复脉法，又有护阴涤热之缓攻法。先圣后贤，其治条分缕析，学者审证定方，慎毋拘乎柴胡一法也。”

叶霖于王士雄的观点又加以论证云：“热入血室，其有四证：如经水适来，为邪热陷入搏结而不行，腰胁少腹必有牵引作痛拒按者，当破其血结，宜清热消瘀；若经水适断，而邪乃乘血室之空虚以袭入者，宜养营清热。若邪热传营，逼血妄行，致经水未当期而至者，宜清热以安营。其经水适来而病温热，病虽发而经水照常自行者，不必治其经血，但治其病而自愈。盖病本未犯血室，故经血自行如常也。仲景所谓勿犯胃气及上中二焦必自愈者，正指此也。但治法必兼少阳、厥阴，故仲景刺期门，而以柴胡为主方，以提出所陷热邪也。”

《中国医学大辞典》“热入血室”条曰：“冲为血海，即为血室。邪热侵入则逼血下行，而见寒热、谵语等证，其脉乍涩乍数，或沉或伏；若血热交并则洪盛，血虚则芤，虚中有瘀则芤而带弦。治法如下：(1) 妇人伤寒，中风，自汗，头痛，项背强，发热恶寒，脉浮而缓者，宜预防热入血室，用桂枝加芍药汤倍芍药。(2) 妇人伤寒，脉浮而紧，头痛身热，恶寒无汗者，发汗后，宜预防热入血室，用麻黄加生地黄汤。(3) 妇人伤寒，表虚自汗，身凉，四肢拘急，脉沉而迟者，属太阳标病，少阳本病，经水适断者，宜桂枝加附子红花汤。(4) 妇人伤寒，经水乍来而断，寒热如疟，狂言见鬼，寒多者，宜干姜柴胡汤，热多者，宜小柴胡加地黄汤。(5) 妇人伤寒，太阳标病，汗解表除，邪热内攻，热入血室，经水过多，无满实者，宜芍药甘草汤。(6) 妇人伤寒，热入血室，身热，脉长而弦者，属阳明少阳，不实满者，宜小柴胡加牡丹皮汤；实满者，宜桃仁承气汤。(7) 妇人伤寒，头痛，脉浮，医反下之，邪气乘虚而传入于里，经水闭而不行，心下结硬，口燥、舌干，寒热往来，狂言如见鬼状，脉沉而数者，当下之，宜小柴胡加芒硝大黄汤。”

三、几点体会

1. 热入血室与蓄血有别　蓄血者，瘀结也，有三焦之辨，多属实证。热入血室只限于伤寒温病与经期的变化，有表、里、寒、热、气，血、虚、实之分，治各不同。热入血室证候中有蓄血瘀结之类型。

2. 热入血室证结合临床所见，不外乎 (1) 经期感染，为子宫本身自病。(2) 其他疾病发展过程中，影响到月经期的变化。(3) 以上两者合并发病；或者适逢经期，但行经正常，可不治自愈。

3. 辨治总则　(1) 仲景用刺期门和小柴胡汤提内陷之邪以和解之。景岳指明：“热者宜凉，陷者宜举，虚者宜补，瘀者宜行，邪未散者宜解之。”后人更有：瘀滞用桃仁、山楂；气滞用香附、陈、枳；虚用参、枣，实用硝、黄；寒用桂心，热用石膏等药，尤为具体。(2) 随发病过程可分为：初起宜辛散外解；中期宜清气、凉血，行瘀滞；后期宜养阴、护阳、和营血。(3) 辨月经期情况：经水适来而多者，为血热，治宜清热凉血为主。经水适来而少，或不行者，为瘀滞，治宜活血行瘀为急。经水适断，邪乘血室空虚而入者，治宜养营血，并提出内陷之邪。

4. 治疗常规　(1) 初起有表证，如经期感冒，可选香苏散配合荆防四物汤，有防治双关之妙。(2) 邪热内陷，往来寒热者，以小柴胡汤加减。(3) 瘀热内结，胸胁腹满疼痛拒按者，蓄血证也。选桃仁承气汤攻之。(4) 邪热入于营血，经行量多，或发斑疹，舌红绛者，可选犀角地黄汤加减，以清营凉血。(5) 邪热内陷，经水适来，烦热口渴，脉象洪滑者，可选竹叶玉女煎气血两清。(6) 发热七八日，汗出怕风，舌苔白，脉缓，月经过期不来者，可用桂枝汤合桃红四物汤以和营卫而行瘀滞。(7) 疾病后期，适逢经来，脉虚数，暮微寒热，余邪未尽者，选护阳和阴汤，或加减复脉汤以养营阴，和气血，清余邪，促其恢复。

[《中医文献杂志》2000；(4)：24]

六气与《伤寒论》六经关系初探

解培勋　梅贤良
湖北省黄石市中医医院

“六气”是寒、暑、风、湿、燥、火的简称，三阴三阳六经为《伤寒论》辨证论治的纲领。二者相互贯串，关系密切。现就其内在联系作一探析。

吴锡潢说：“伤寒一书，乃治六气之书。四时推移，寒暑变更，六气由此产生。”六气是寒暑燥湿风火的简称，在正常情况下，称为六气，不会使人致病。在异常情况下，称为六淫，多易使人感伤。所以《素问·五运行大论》说：“非其时则邪，当其位则正。”这就说明了六气的正常和异常情况不同，致病和不致病的因素有异。欲知研求《伤寒论》如何治理六气，首先应该了解《素问》的三阴三阳与六气相关的理论。《素问·天元纪大论》说："寒暑燥湿风火，天之阴阳也。三阴三阳上奉之。六气产生于天。天在上，故曰上奉。"因此《天元纪大论》又说："阳厥之上，风气主之；少阴之上，热气主之；太阴之上，湿气主之；少阳之上，相火主之；阳明之上，燥气主之；太阳之上，寒水主之。"

《伤寒论》运用三阴三阳六经作为辨证论治的纲领。太阳处人身之表，易感寒化之气；阳明处人身之里，易感燥化之气；少阳处人身表里之间，半表半里，易感火化之气；太阴处中土而属阴，易感湿化之气；少阴处心肾衰弱阶段（有寒化热化之异），易感热化之气；厥阴处人身阴盛阳生阶段（有厥热胜复之异），易感风化之气。

六气和三阴三阳六经，既各有所化，又各有标本中气的不同。《素问·至真要大论》说："六气标本所以不同：少阳太阴从本；少阴太阳从本从标；阳明厥阴不从标本，从乎中也。故从本者，化生于本，从标本者，有标本之化；从中者，以中气为化也。"为什么少阳太阴从本呢？因为少阳是本火而标阳，太阴是本湿而标阴，二者标本同气，所以从本。为什么少阴太阳或从本或从标呢？因为少阴是本火而标阴，太阳是本寒而标阳，二者标本异气，所以或从本，或从标。为什么阳明厥阴不从标本而从中气呢？因为阳明燥气中见太阴湿土，燥从湿化，所以从中。厥阴风气中见少阳相火，风从火化，所以从中。

基于上述理由，毫无疑问，如果出现太阳少阴病证，应当考虑其标本之化；如果出现阳明厥阴病证，应当考虑其从中气之化；出现少阳太阴病证，应当考虑其本合之化。因为取本取标取中气各有不同，治疗措施因而各异。《素问·血气形志篇》说，"足太阳与少阴为表里，少阳与厥阴为表里，阳明与厥阴为表里，阳明与太阴为表里，是为足之阴阳也。手太阳与少阴为表里，少阳与心主为表里，阳明与太阴为表里，是为手之阴阳也。今知手足阴阳所苦……然后泻有余补不足。"既知三阴三阳六经有标本中气之化，又知三阴三阳六经有阴阳表里之殊。那么，六气感伤于人，无论出现任何证候，都不应该孤立地看问题，而应仔细推求其相互关系，从而找出主要矛盾，抓住疾病的本质。如果出现太阳证候，应该着眼少阴；出现了阳明证候，应该着眼厥阴。有三阳的实，就有三阴的虚。太阳表邪，有宜汗的正例，又有不宜汗的禁例（如疮家、衄家、亡血家、淋家、胃中实和咽喉干燥等）。但是，关键问题不在于审查有无禁汗病证，尤其在于审查有无少阴病证。如果不适当的强发少阴之汗，轻者厥逆筋惕肉瞤，重者口鼻眼中出血，后果确实甚忧。仲景恐人对此问题认识不清，因此在太阳篇大青龙条文说："无少阴证者，大青龙汤发之。"真是一语点破真经。医者还不留心能行吗？阳明实证，治法宜清宜下，如涉及太阴，就不宜清下，而宜温中，阳明病篇中，对大承气条文再三可嘱说："先与小承气汤，转矢气者，此有燥屎，乃可攻之；不转矢气者，慎不可攻。"又说："阳明病其热不潮，未可与承气汤。"这都说明了治阳明之实，必须考太阴之虚的道理。少阳病证治法宜和，如果吐下发汗温针，柴胡证罢已成坏病，急需考虑是否涉及厥阴，有无发惊发厥的趋势。

总之，处理三阳经病症时，应该密切注意是否转入三阴；处理三阴经病时，应该密切注意是否转出三阳。由阴转阳，就是生机。由阳转阴，就会困笃。

《伤寒论》曲尽了病情的变化，贯串了八纲的始终，阐明了六气感伤在六经病态中的演变，可以说是治六气之书，是具有深刻的临床意义的。

［《时珍国医国药》2000；11（5）：434］

芍药甘草汤的临床应用

孙玉齐　山东省蓬莱市人民医院

芍药甘草汤源于《伤寒论》，由芍药、甘草两味药组成，原方主治因阴液亏损，筋脉失养所致的腿、脚挛急之症，笔者临床辨证加减治疗各种杂证，均收到较为满意效果，兹举例如下。

一、过敏性紫癜

刘某某，女，16岁，时发寒热，双下肢尤其是膝、踝关节周围出现红色斑点，伴关节肿痛、灼热。并陈发性剧烈腹痛、便血。便次数增多。舌质红苔薄黄，脉细数。证属：肝气郁结、气血壅滞。西医诊断：过敏性紫癜。经用激素等药物治疗5天。疗效欠佳，改用中药治疗。治则：疏达郁阳，调达气血。方用：白芍40g、炙甘草20g、柴胡12g、枳实12g，水煎服，两剂后腹痛减轻，便血少，斑点渐散。药已中病，守方又进三剂而愈。

按：过敏性紫癜属一种毛细血管变态反应性疾病，亦可分属中医"肌衄"之列。临床特点除紫癜外，常伴有腹痛、便血，关节肿痛等症状。方中芍药甘草柔肝敛阴、和中实脾，既能缓挛急止痛，又兼和血脉。柴胡升清达阳于表。枳实行结气而降浊，同芍药合用又善治气血郁滞之腹痛。故诸药合用则肝气条达，气血和顺，疾病得除。

二、胆道蛔虫

李某某，男，18 岁，上腹部剑突下突发剧烈钻痛，时痛时止，痛时弓腰曲背，躁烦不安，出冷汗。西医诊为：胆道蛔虫症。给予镇痛、解痉、抗感染等对症治疗。并加服乌梅丸。2 天后疼痛如故，随改服中药。证见，脘腹满闷，3 日不解大便，舌红脉弱数，余症如前述。余思之，前医用乌梅丸，似不妥贴。乌梅丸证为：其人当吐蛔，得食而呕，脉微弱。而该患者主症为腹满时痛，大便不通，不呕不吐，非寒非热，脉弱数。不属于寒热错杂的乌梅丸证。而属于太阴气血阴阳不和兼有阳明里实之证。随给予芍药甘草汤合乌梅丸加减，方用：白芍 40g、炙甘草 15g、乌梅 15g、桂枝 15g、槟榔 15g、大黄 20g（后下）、生姜 10g、大枣 20g，水煎服，一剂后大便通、腹胀、痛减。药已中的，再服两剂而愈。

按：胆道蛔虫症属中医蛔厥。一般治疗习用乌梅丸加减，若证属寒热错杂者，用该方效佳。但该症以腹胀满疼痛，大便不通为主，故用芍药甘草汤益脾和血，缓解止痛，合乌梅，大枣同用，酸甘化阴，而桂枝、生姜，甘草辛甘化阳，大黄，槟榔清泻阳明实热。且乌梅、槟榔又能安蛔止痛，故而收效迅速。

三、坐骨神经痛

葛某某，男，46 岁，腰骶及下肢酸痛月余。6 天前因活动不慎扭伤，使病情明显加重，站立行走困难。经西医诊断为：梨状肌综合征，坐骨神经痛。给予封闭、理疗等对症治疗，病情无明显好转。遂改用中药治疗。证见：腰骶及右侧臀部压痛，抬腿，伸屈加重，跛行，大便干结，舌质红边有瘀斑苔薄微黄，脉弱涩。证属：阴液不足，瘀血痹阻、筋脉失养。治宜：益阴养筋，活血化瘀，通络止痛。方用：白芍 60g、炙甘草 15g、鸡血藤 60g、川牛膝 15g、伸筋草 12g、炙乳没各 10g，水煎服，三剂后痛减，继服五剂疼痛若失，痊愈。

按：本病属大筋挛急疼痛之证。病因为阴津亏虚，血不养筋，而复受外伤，以致瘀血停滞，经脉痹阻。故以芍药甘草汤酸甘化阴，舒筋缓急止痛。鸡血藤、川牛膝养血活血，祛瘀通痹。伸筋草、炙乳没舒筋活络止痛。诸药合用使瘀血祛，津液复，筋脉得滋，挛急乃除。

体会：芍药甘草汤的适应证多有大筋软短和挛缩及腹肌拘急的症状。现代药理研究证明“芍药甘草对横纹肌、平滑肌的挛急，不管是中枢性的或末梢性的均有镇静作用”“对身体的挛急有效，不仅对表浅性的躯干和四肢的横纹肌，就是对深在平滑肌性脏器，比方胃、肠、胆囊、输卵管、子宫、膀胱、尿道和血管等，也能缓解其挛急，制止其疼痛。”（萧友山译：日本：细野史郎《现代汉方研究大观》）根据临床应用组方体会，白芍用量较大效佳，一般在 30g 以上，有时最大剂量用到 80g。未发现任何毒性反应。所以只要辨证正确，可以适当重用。对于个别患者出现大便溏泄等症状，可酌情加入白术或苍术等健脾渗湿之剂，以补救其偏。

［《陕西中医函授》2000；（5）：24］

浅析《伤寒论》体现的医学研究方法

冷　伟　陕西中医学院
（指导　王宗柱）

《伤寒论》成书近二千年，经久不衰，被奉为“医门规矩，”直到今天，依然指导着临床。笔者认为其之所以有如此大的成就与仲景建立伤寒体系所采用的研究方法有密切的关系，故通过对《伤寒论》的研习，试浅析之。

一、获取信息的方法

按照信息论的观点，科学研究实际上就是信息获取与加工的过程。仲景对“伤寒”的研究，也不外乎这两个过程。首先，对有关“伤寒”信息的识别和提取即获取信息，仲景有自己的独特方法。

1. 继承前人，有所取舍　任何研究都必须建立在一定的基础上，仲景对“伤寒”的研究也不例外。他在《伤寒论·序》中明言：“乃勤求古训，博采众方”，用《素问》《九卷》……为《伤寒杂病论》[1]。勿庸置疑，仲景对当时可获得的各种医学典籍做过深入广泛的研究。历史上许多医家都重复过这样的工作，没有什么特殊可言。但仲景又说：“夫天布五行，以运万类；人禀五常，以有五藏；经络府俞，阴阳会通；玄冥幽微，变化难极；自非才高识妙，岂能探其理致哉！”这样的才高识妙之士“上古有神农、黄帝……汉有公乘阳庆及仓公，下此以往，未之闻也。”言下之意，仲景时代的医生，连仲景本人业已觉得五行、五藏、经络府俞等概念玄冥幽微，莫测高深。面对这种情况，从

《论》中原文可以看出，仲景没有象有些医家那样强以为知，嗜谈玄妙，而是果断抛弃了许多歧义分争的旧说，有选择的吸取了一批早已经过人类无数次实践的检验，基本已为人们公认的初始概念，如寒热、表里等。《论》中的一些解剖概念如“胸中”“心下”等往往只有一层含义，绝无五脏六腑等概念的生理、病理、解剖互相混淆之弊。至于“伤寒”的病因，在当时可以说“看不见，摸不着”，所以仲景并未详细论述，这样也就避免了因妄加推测导致的概念混乱。另外，在选择方药时，仲景很少自拟方药，而是尽量选用千百年积淀的久经验证，疗效确切的“经验方”“经典方”。正如皇甫谧在《黄帝三部针灸甲乙经序》所说：“仲景论广伊尹《汤液》为数十卷，用之多验”[2]。仲景对所选方剂为什么有如此功效，也不妄自评说，药味、剂量、煎服法等更少擅自更改。在不得不进行方药加减时，其所依从的药物与病证对应关系绝不是简单的据四气五味推论所得。而据黄氏所说是中国人居几千年中与疾病作斗争的经验结晶，是经中国人用自己的身体亲自尝试得出的用此药治此证必定有效的“药证”，[3]如：“芍药疗腹痛”“半夏止呕”等。总体看来，仲景对前人的知识绝不是全盘吸收，而是选择其中经得起实践考验的合理内核。

2. 临床实践、取法独异　从前文的论述中，我们可以看到，仲景已认识到从前人遗留的文献资料获取有关知识是必要的，但《论》中通篇未引一句经典原文，足以说明仲景未采用中医界盛行的以经注经，欲通过研究经典解决一切现实问题的传统经学方法。其次，仲景在《序》一开篇即说：“余每览越人入虢之诊，望齐侯之色，未尝不慨然叹其才秀也”。仲景不言黄帝、岐伯等古圣大贤，而叹服扁鹊的诊疗技术，可见其重视临床实践之一斑。另外，仲景生活的时代，如其在《序》中所说：“余宗族素多……其死亡者，三分有二，伤寒十居其七”。这为仲景对“伤寒”进行系统的观察与实验（试验）创造了客观条件。至于仲景当时如何进行临床实践已不得而知。但《论》中许多条文本身就有临床记录性质，为我们提供了一些线索，古人早有论及，如徐大椿说仲景“当时著书，亦不过随症立方”[4]。分析这些线索，我们可以看出，仲景应用临床观察法有自己的特点。首先，他强调观察的全面性和系统性。如在《序》中他批评当时之医：“按寸不及尺，握手不及足……所谓窥管而已。”条文中对每一经病整个的发生、发展、变化都进行了详细准确的描述。其次，在整体观察的前提下，仲景又强调观察的典型性，也就是在复杂多变的疾病现象中，抓几个主要因素，做到目无全牛、专心致意，这样有助于避免干扰，达到预期的研究目的，如仲景对脉象、发热、恶寒、有汗无汗等表现非常重视，其他诸如疾病诱因，病人性别、年龄、舌苔等未作详细记录。临床实验有别于临床观察，当前大部分人士认为中国古代几乎没有实验研究，是的，古代中可以说未进行过动物实验，但临床实验（试验）却一直在进行着。《论》中用规定的煎服法把固定的方药投给主要脉证相同的病人，观察药后好转或恶化。例如：同为太阳中风，分别给与桂枝汤和麻黄汤，前者汗出而愈，后者过汗伤正，整个过程完全满足处理因素，受试对象，与实验效应的科学实验三项要素。而且以人为受试对象，以疗效为目的，应用黑箱方法，克服了动物实验重局部而轻整体，重结构而轻功能等元素分析方法的不足。另外，如用先服小承气汤，观其是否转气的方法判断热实证与虚寒证，有判断实验的性质；又如（100）条腹中急痛先用小建中汤，不差者与小柴胡汤，有探索实验的性质。这样的例子还有很多，总之，在中国古代中医学界，可以说仲景创造性的应用了前无古人，后来者少的观察与实验方法，也正因为如此，取得了巨大成功。

二、加工信息的方法

加工信息就是根据事实资料，遵循一定的思维规律，获得理性认识的过程。我国古代医家在加工信息方面主要应用了自然哲学的理论思维方式，试图用阴阳五行等概念，推演世界万物，而《论》在形成理性认识过程中主要应用比较、分类、归纳、推理等逻辑思维方法。

1. 概括综合，形成经验　面对大量从前人那里继承的以及实践中获得的有关“伤寒”知识，仲景应用各种逻辑方法进行整理，力图寻找其内在规律。对于变化万千的“伤寒”，仲景首先根据其具体症侯发展变化情况，结合前人的归类经验，应用比较和分类的方法，将“伤寒”分为六大类型，每个类型中又有若干亚型，其次，根据疾病自愈、失治、误治、治愈等临床资料，归纳出各类“伤寒”主要治法及对应方药。如在太阳篇中，记述了太阳类疾病汗出及红汗自愈，失汗、误下、误吐、误用火法、误用水潠，过汗而致坏病变证，以及发汗而愈等具体临床资料，根据这些客观证据仲景归纳出“法当汗出而愈”，宜桂、麻一类的发汗药进行治疗。当然，除了这些概括性经验，还有大量关于方剂应用，药物配伍等具体经验。

2. 抽象提高，创立新说　仲景在掌握大量临床经验的基础上，试图建立一个理论体系，对有关发现提出理论解释，并预知未知事实或现象，为达到这一目的，仲景首先继承并发展了《素问·热论》的“六经受病”思想，明确提出“六经病”概念，每一经病有相对确定的前驱期[5]，典型症候及分型，病情轻重，愈期，欲解时以及针对性的治法方药等特征，如太阳病前驱期为0～3日；典型症候为脉浮，头项强痛而恶寒；可分为中风、伤寒两大型；病情轻，预后较好，愈期为7～12日；欲解时从巳至未上；治法以发汗解表为主。可以看出，“某某病”是“伤寒”中一类有特定规律的疾病，但在实际情况下，由于病因体质失治误治等因素的影响，产生一系列无明确发展变化规律的坏病，针对这一情况，仲景创造性应用“阴阳”“表里”“寒热”“虚实”等基本概念，将之判断为“某某证”，如“表虚证”“里热证”等，相应的就有了“知犯何逆，随证治之”的治疗原则，把病与证两概念相比较，可以看出，病是一种特殊的证，是一种有特定发生、发展规律的证。（请注意这里的“病”不同于现代意义的病，它是在朴素系统论指导下，通过归纳推理法建立的概念）这样以来，形成了以八纲、六经病，诸证及治法方药为内容的理论体系。这个体系反过来就可用来解释各种事实与现象，并进行判断推理。例如（45）条：“太阳病，先发汗不解，而复下之，脉浮者不愈。”太阳病，法当汗出而愈，本条发汗不解，证明发汗不当或有其他因素影响，这时应视脉象或其他表现判断是否仍为太阳病，或已发生变化，因“浮为在外”，若脉浮说明仍有表证（太阳病为表证之一种）仍需发汗，此时若下之，是为误治，所以推论出将不会治愈。综上所述，仲景用清楚的概念、准确的判断、规范的定义、相对严密的推理形成了理论体系，使伤寒学科趋于成熟。

本文分层次探讨了《伤寒论》获取与加工信息的方法与过程，而仲景在医疗实践中对各种方法的运用是交错进行的，他完全可能先根据有限事实，结合前人的论述，先提出某些假况，回到临床，不断观察、实验，进行修改或提出新的假说，再回到临床，不断观察、实验，进行修改或提出新的假说，这样不断反复，最后假说趋于一致，足以解释多数已知事实或现象，理论才趋于完善。当然，由于主客观条件所限，伤寒体系并非十全十美，包罗万象。仲景也指出“未能尽愈诸病”，但他又说：“庶可见病知源，若能寻余所集，思过半矣。”不言自明，仲景在阐发伤寒诊治的同时也向我们示范了一种医学研究方法。

参考文献

[1] 聂惠民.《伤寒论讲义》. 学苑出版社，1996，1.

[2] 张灿甲.《针灸甲乙经校注·皇甫序》. 人民卫生出版社，1996，3.

[3] 黄煌.《张仲景五十味药证·前言》. 人民卫生出版社，1998，8.

[4] 徐大椿.《徐大椿医书全集·伤寒类方·徐序》. 人民卫生出版社，1988，3.

[5] 李克绍.《伤寒解惑论·伤寒传经的实质和伤寒日数的临床意义》. 山东科学技术出版社，1978，10.

[《陕西中医学院学报》2000；23（5）：7]

《伤寒论》护胃扶正法探讨

黄爱珍　广东省中山市人民医院

张仲景著《伤寒论》立方112条，用药精湛，疗效确切，为后世制方之楷模。其中护胃扶正制方观贯穿于六经辨证、八法治疗中。体现了仲景注重脾胃、扶正祛邪治疗外感热性病的重要学术思想。

一、护胃扶正制方观

“今夫热病皆伤于寒”，《伤寒论》是一部治疗外感热性病的巨著。“风雨寒热不得虚，邪不能独伤人”，“正气存内，邪不可干”。外感病发生发展是一个邪正交争的过程，正不胜邪，病则加重；邪不胜正，病则可愈。外感病全过程中扶正祛邪是治疗的总则。

“胃者五脏六腑之海也，水谷皆入于胃，五脏六腑皆禀气于胃。“胃者人之常气，人无胃气曰逆，逆者死”。胃是后天之本，护胃固本是扶正之首要。

1. 调和营卫，解表调中，姜枣甘佐　太阳病是外感热病初期。卫气虚弱，表阳不固。证属表、热、实。“邪在皮毛汗而发之”，汗法是解表大法。仲景制桂枝汤及类方以桂枝温经通阳发表解肌，白芍和营敛阴。桂芍合而调和营卫解表达邪。生姜解表温中，大枣补脾和胃生津，辛甘发散调和营卫增桂芍之功，甘草益气健脾。甘姜枣为伍护胃调中。

“大青龙汤”治太阳表实内热。其中麻黄、桂枝、杏仁合石膏发汗透表兼清里热，佐生姜、大枣、甘草调中。

“葛根汤”及类方治太阳表实兼自利诸证。葛根、桂枝、麻黄、白芍配伍，佐甘草、生姜、大枣共达解表和里逆流挽舟之功。

“大柴胡汤”治呕不止心下急，伍生姜、大枣和中。

“甘草泻心汤”治心下痞满干呕心烦胃中虚，重用甘草亦伍生姜、大枣。

“生姜、大枣味辛、甘因能发散又不专于发散。以脾主为胃行津液和营卫。甘草调和诸药健脾和中。甘草、生姜、大枣为伍，在上方中有护胃扶正之功。

2. 苦寒峻烈，量随证变，护胃缓中　阳明病为邪热传里阳热亢盛。属里、热、实证。“热者寒之”即清法。“白虎汤”清阳明经热，石膏辛甘大寒，清热泻火，知母清热养阴相配。甘草粳米和胃，治热盛伤津。

阳明腑实有热有结。“内盛者而减之”下法。“大承气汤”峻下热结急下存阴。大黄苦寒泄热荡涤肠胃，芒硝咸寒润燥，枳壳、厚朴行气除满。治痞、满、燥、实证。邪盛迫虚腹满便硬则用“小承气汤”。腹满恶热口渴便秘，用“调胃承气汤”伍甘草调胃，缓大黄、芒硝之峻下。温顿服而调胃气。

仲景攻下时权衡证之急缓用方，注意调胃。

治心下痞热用苦寒药如黄连配伍。“小陷胸汤”“大黄黄连泻心汤”“附子泻心汤”“甘草泻心汤”中黄连用3~5g。作主药时如“黄连汤”“干姜黄芩黄连汤”“葛根芩连汤”“黄连阿胶汤”中黄连用10~20g，并分别伍参、姜、枣、芍、鸡子黄益气健脾和胃，缓苦寒败胃之弊。

“因其高者而越之”，吐法祛腐解毒。瓜蒌散涌吐痰实，治胸中痰实壅塞。瓜蒂涌吐，苦寒有毒，合赤小豆甘酸行水解毒，豆豉开发陈腐。赤小豆与豆豉及五谷之物，有护胃之效。

结胸、水渍咽膈气机不利，“坚者削之”。十枣汤蒸以峻烈之甘遂、大戟、芫花遂水攻饮。用“大枣汤”送服益津，得快下利后糜粥自养。

仲景用苦寒峻泻、催吐法恐伤胃气，合姜、枣、五谷之物养胃护胃。

3. 扶正祛邪，益气和胃，参姜枣甘伍　少阳病邪正分争属半表里热证，法当和解。“小柴胡汤”扶正达邪和解半表里。方中柴胡透半表之邪，黄芩清泄半里之热。半夏生姜和胃降逆，伍参甘姜枣扶正和中。

“生姜泻心汤”“半夏泻心汤”治心下痞满。以生姜半夏和胃止呕，芩连清热，参、甘、姜、枣健脾和胃。

旋覆代赭汤治脾胃不和虚气上逆。方以旋覆花、代赭石降气，半夏、生姜和胃止呕，伍参、姜、甘护胃扶正。

厥阴病寒热错杂，乌梅丸寒热并用。乌梅制蛔。蜀椒、细辛温中驱蛔，连柏苦能下蛔。配姜、桂、参归益气血扶正和中。

仲景在上方中清里达邪之时参、姜、枣、甘益气和胃扶正。

4. 温经回阳，姜术甘和中　太阴病属里虚寒证（以脾胃为主），“虚者补之”，“理中汤”温补脾胃，参、姜、术、甘温中补虚。

“吴茱萸汤”治胃气虚寒食谷欲吐。吴茱萸温中祛寒下气降逆，生姜散寒温中，参、姜、枣、甘合而扶正和中。

少阴病表里俱虚（阴寒内盛，心肾阳虚）“寒者温之”温法。“四逆汤”中附子回阳救逆配干姜温经散寒，佐甘草补正安中。“附子汤”附子合参益元气，白芍和营，术苓健脾。“真武汤”中附子合生姜温阳散水气，白芍和里，姜、术、苓健脾和胃。

附子救逆，大辛太热有毒。白术补脾益气，生姜、甘草温中和胃，制附子之偏性。仲景于温阳药中用姜、术护胃和中。

5. 五谷为养，热粥安胃　“毒药攻邪，五谷为养”。“安谷则昌，绝谷则亡”。仲景制桂枝汤于服药须臾饮热粥助力，安胃生津。白虎汤佐粳米即热粥安胃之意。“十枣汤”峻利壅结“大枣汤”送服并糜粥自养。“桃花汤”治脾胃阳衰下焦不固，下利脓血。用赤石脂涩肠，干姜温中，粳米养胃则虚者治。

以上汗、清、下、涩各法中均以粥自养，安胃和中鼓舞正气。“粥浆入胃则虚者治”。

二、脾胃学说之先师

宋金李杲师承张元素，在其脏腑辨证启示下创说“内伤脾胃，百病内生”论点。认为脾胃是元气之本，元气是健康之本，脾胃伤则元气衰。重视脾胃，强调胃气升发。制“补中益气汤”补胃气实肌表，甘温除热，对内伤病作出了贡献。

仲景著《伤寒论》总结了外感热病临床证治，虽无立论，但其治外感热病诸方在祛邪同时注意护胃固本。多方中饮后热粥自养。其注重护胃非同一般，立“桂枝汤”，以桂枝辛甘合白芍和营，生姜升发合大枣调中，甘草健脾和胃。虽以辛温发散为主，亦寓有甘温除热之意。仲景承《内经》而启后，实为脾胃学术先师。

三、《伤寒论》方对治疗消化道疾病的贡献

仲景所制诸方法随证立，方依法制。只要辨证准用之无不奏效。因其注重护胃扶正，《伤寒论》

方广泛应用于消化道疾病治疗。

“小建中汤”“吴茱萸汤”用于虚寒性胃痛、呕吐，治慢性胃炎，胃、十二指肠溃疡。“大黄黄连泻心汤”合“复方大柴胡汤”用于溃疡穿孔有促进溃疡愈合及止血作用。“生姜泻心汤”有抑制胃幽门螺杆菌及健胃作用。“四逆散”调整胃肠功能，解除肠痉挛，加减配伍后广泛用于慢性肝胆道疾病。“桃花汤”“葛根芩连汤”“白头翁汤”治肠炎、痢疾。“白头翁汤”加减治阿米巴痢。“黄连汤”“大柴胡汤”“茵陈蒿汤”“大陷胸汤”有消炎利胆退黄作用，用于急慢性胆囊炎。“小柴胡汤”“茵陈蒿汤”用于急慢性肝炎。“大承气汤”合“清胰汤”治胰腺炎。“旋覆代赭汤”治食道病变。“小柴胡汤”“白虎汤”用于肝胆道感染、伤寒杆菌感染发热。“大承气汤”治机械性肠梗阻，有消炎及调整肠功能作用。《伤寒论》诸方广泛用于消化道急慢性疾病（包括感染、肿瘤），疗效卓越，张仲景对消化道病治疗贡献杰出。

口服是给药的主要途径，胃肠功能状态直接影响到药物的吸收。过苦过剧伤胃之药不能纳胃就无从发挥治疗作用。合理配伍，限制了药物的偏性，能更好协同发挥优势，对胃肠功能不良患者，配以健胃扶正之品，调整其胃肠功能，增强抗病力，使治疗药物吸收达到最佳水准。

人体免疫力和反应性对疾病发展有决定的主导作用，人的免疫力、反应性与全身机能状态有关。全身机能状态即“正气”，扶正即调整人的机能状态增强抗病力在治疗中至关重要。

仲景《伤寒论》制方中护胃扶正观是治疗外感热病的重要学术思想，为后世开拓高效新药方提供了良好的思想方法，值得更深入地探讨。

[《中国中西医结合脾胃杂志》2000;8(6):352]

《伤寒论》第223条猪苓汤证探析

陈　明　北京中医药大学

《伤寒论》第223条曰：“若脉浮发热，渴欲饮水，小便不利者，猪苓汤主之。”（又见《金匮要略》卷十三第十三条）对本条猪苓汤证之理解，后世医家见仁见智，有下后客热内侵说、阳明本经邪热说、太阳膀胱邪热说、肺脏热炽津伤说等不同观点，迄无定论。笔者不揣浅陋，就此谈谈自己的学习体会。

一、从阳明病篇原文谈起

第223条猪苓汤证位于“阳明病篇”，段首用一“若”字开读，显系承接上文而来，故要全面理解本条之内涵，还须和第221、222条联系起来分析。上文曰：“阳明病，脉浮而紧，咽燥口苦，腹满而喘，发热汗出，不恶寒，反恶热，身重。若发汗则躁，心愦愦，反谵语；若加温针，必怵惕，烦躁不得眠；若下之，则胃中空虚，客气动膈，心中懊侬，舌上胎者，栀子豉汤主之（221条）；若渴欲饮水，口干舌燥者，白虎加人参汤主之（222条）；”笔者认为，本段原文是阐述阳明白虎汤证误用汗、下所造成的几种变证，也就是说，汗后的两种变证及下后的栀子豉汤证、白虎加人参汤证、猪苓汤证等都是白虎汤证的变型。

第221条“阳明病，脉浮而紧……身重”一段，表面上看，证情比较复杂，也有部分注家认为是三阳合病，但细绎原文，虽然个别脉证与太阳、少阳及阳明里实证近似，实际却有本质不同。如“脉浮而紧”，一般多见于太阳伤寒表实证（是造成本证误汗的原因），然而彼证必伴有恶寒，今不但不恶寒，而且恶热，这是阳明热证的一个主要标志。可见这时的脉浮而紧，决不是太阳表脉，而是表明了阳明气分无形邪热结聚较甚，经腑俱热，浮主经热，紧主腑热。再如“咽燥口苦”一症，与少阳证“口苦咽干”相似，但咽干与咽燥的程度不同，咽干仅是化热之渐，咽燥则是里热津伤的程度已经十分严重，再结合腹满恶热等证来分析，可知咽燥口苦，不在少阳，而是阳明里热。由于阳明热盛，里气滞则腹满而喘（这也是造成本证误下的原因），经脉壅滞则身体沉重。但是虽然热盛气滞，尚未出现潮热、手足濈然汗出、大便干结等阳明里实证候。从其发热、汗出、口渴、不恶寒、反恶热之表现看，显然本证属阳明热证范畴，治宜白虎汤清解阳明气分，因邪不在经表，又热未成实，故禁用汗、下之法。为了强调违反这种禁忌的危害性，并揭示本证与变证间的内在联系，仲景根据临床实际先摆出后果，以反面事实说明之。然后在主要变证后再据证列出方药作为对这些变证的临床补救方法。可谓步步为营，环环相扣，给人一种心细如发，老成持重的感觉，柯韵伯不禁拍案赞叹：“连用五‘若’字，见仲景设法御病之详。”猪苓汤证便是白虎汤证误用下法的一种变证，理解猪苓汤证的全部内涵，必须在这个前提下进行。

白虎汤误用汗、下出现变证，仲景举出五种，乍看上去，为随意例举，毫无章法，殊不知这是仲景于长期临床实践中总结出的五种有代表性的证候，有着很深的内涵。五种证候分别与五脏有着密切的关联。其中误汗后两证，为心、肝两脏受损。“汗为心之液”，发汗不当，损伤心阴，神明失养，故见烦躁不安，心中愦乱和谵语，正如柯韵伯所说：“心液亡，故昏昧而愦愦”；若发汗时再加温针，则不但伤心阴，而且“子盗母气”，株伤肝血，《灵枢·本神》云：“肝藏血，血舍魂，肝气虚则恐”。故除烦躁外，又增怵惕不安、不寐等肝血不足，魂失潜藏之证。误下后三证，则分别影响到肺、脾、肾的功能，若下后客热内陷，扰于胸膈，肺气宣降不利，则致心中懊侬、胸中窒塞的栀子豉汤证，《内经》所谓“诸气膹郁，皆属于肺”也。肺气因热壅塞，故用栀子、豆豉清宣透达之；若下后劫夺脾胃之阴，因脾主涎，开窍于口，脾胃阴伤，无津上润，又加热盛耗气伤津，故使原有口渴加重，频饮而不解。所以用白虎汤清热，加人参益脾之气阴；若下后伤及肾阴，肾为主水之脏，客热入里与水相搏，障碍膀胱之气化，故突出地表现为小便不利，用猪苓汤清热利水而滋阴。

二、病机探讨

基于以上五种变证与五脏关系分析，笔者认为，猪苓汤证病机是由胃热伤及肾阴所致，“胃肾相关”理论在本条猪苓汤证发生发展中至关重要。生理状态下，胃肾关系密切，尤其表现在水谷的代谢方面。胃属阳明，“阳明为阖”，是水谷汇聚之处；肾属少阴，“少阴为枢”，乃水谷分理之所。胃纳入之水谷，在肾的主宰下变为糟粕转运出体外。二者一主水谷之入，一司水谷之出，上下相应。《素问·水热穴论》将胃与肾的这种关系形象地比喻为“肾者，胃之关也”，张介宾注曰：“关者，门户要会之处，所以司启闭出入也。肾主下焦，开窍于二阴，水谷入胃，清者由前阴而出，浊者由后阴而出，肾气化则二阴通，肾气不化则二阴闭，肾气壮则二阴调，肾气虚则二阴不禁，故曰肾者胃之关也。”正因为生理上胃肾相关，所以病理上常相互影响，《灵枢·病传》篇就有“病先发于胃，五日而之肾”的记载。在猪苓汤证发病中，因肾为胃关，故胃中之热因误下乘势夺关而出，一则伤及肾阴，二则与水互结，三则结于膀胱，终至阴虚水热互结，肾与膀胱失于气化，而小便不利。故用猪苓汤胃肾并治，滋阴清热利水，正如《古今名医方论》引赵羽皇所说：“仲景制猪苓汤，以行阳明、少阴二经水热，然其旨全在益阴，不专利水。”

仲景列述病证善于寒热、虚实对举，具有辨证法思想。如太阳病篇表虚证与表实证，少阴病篇寒化证与热化证等。胃为阳明，多气多血，又为水谷之海，热邪传入阳明胃，有与水结、谷结之别。若热与谷结，坚燥成实，影响腑气通降，则见大便秘结的承气汤证；若热与水结，蓄积不行，影响膀胱气化，则致小便不利的猪苓汤证。日人丹波元简在《伤寒论述义》中指出：“无形之邪，入结于脏，必有所据，水血痰食，皆邪薮也。如渴者，水与热得，而热结在水，故与猪苓汤，利其水而热亦除；若有食者，食与热得，而热结在食，则宜承气汤，下其食而热亦去。”其说于理解猪苓汤证病机颇有启迪作用。

肾主水功能失常是猪苓汤证发病的又一重要一环，肾主水由肾气完成，肾气包括肾阴、肾阳两个方面，而在本证中肾阴发挥着关键性作用。肾阴充盛，一方面涵养肾阳，使后者热而不极，维持水火平衡；另一方面化生肾气，使其充盛盈满，泉源不竭，从而使肾更好地发挥“主水”作用。故肾阴虚损，不仅使肾阳亢不敛而生内热，而且使肾气功能减弱，进一步导致肾主水功能失常。猪苓汤证即是在肾阴虚的情况下，肾主水功能发生障碍，然后热与水结而成的。

三、主要证候分析

本条猪苓汤证主要症状是脉浮、发热、渴欲饮水和小便不利。

脉浮，一些医家认为并非猪苓汤证症状，如王肯堂在《证治准绳》中说：此“脉下脱一‘不’字。”乃是“脉不浮”的误文。宋代钱闻礼更直截了当，将脉浮径改为脉沉，其著《伤寒百问歌》曰：“伤寒引饮下焦热，小水不通若有节，脉浮可用五苓导，脉沉必以猪苓泻。”这些观点的理由是五苓散治外，其脉为浮；猪苓汤治内，故知脉应不浮而沉。这种认识是只在理论上与五苓散对比推测而来，因此缺乏临床实践基础。历代医家大多认为，脉浮是猪苓汤证的主症之一，但对其形成的病机却又有上焦有热、热伤气分、肺有热而应皮毛、正邪相争、太阳表邪不解等不同认识。对此，笔者认为，本证“脉浮”是由221条“脉浮而紧”转化而来。白虎汤证用下法虽属误治，但因泻下具有荡除胃肠实热作用，因此误下后却在一定程度上减轻了阳明无形邪热之结聚，腑热一散，则脉之紧象随之而去但现浮象，此仍表明阳明气分热邪壅盛，而并非病邪由里出表之佳兆，第207条云阳明病“浮则胃气强”，正与本条相互发明。

发热、口渴是阳明热证的固有症状，不过，在猪苓汤证中，口渴的病机除与邪热伤津有关外，还在很大程度上因于水热互结，津不上承。正是因为内有水停，所以猪苓汤证口渴有时表现为渴不欲饮，或水入即吐，与白虎加人参汤证之大渴引饮不同。

小便不利是猪苓汤证最主要的一个症状，因肾司膀胱气化排尿，故小便不利终归反映了肾主水功能的失常。值得强调的是，肾主水包括肾阴、肾阳两个方面，只知气化为阳，而不及气化有阴之理，终为失之于片面，故肾阴主水不容忽视。唐容川在《血证论》中就特别强调指出："肾者水脏……阴虚不能化水，则小便不利。"本证"小便不利"即属这种情况，此外还挟有热邪结聚的因素。因此，小便不利一症颇能反映猪苓汤证阴虚水热互结的病机，可作为猪苓汤证的辨证眼目。

四、方药分析

猪苓汤由猪苓、茯苓、泽泻、阿胶、滑石五味组成。猪苓甘淡味苦，色黑入肾，既能利肾中之水，又能清肾中之热，善治水热相结之小便不利。《医学衷中参西录》说："猪苓生于枫下，得枫根阴柔之气，以其性善化阳，以治因热小便不利者尤宜"；茯苓味淡渗湿，健脾祟土，交通心肾；泽泻甘淡微寒，能行水上，使水之阴津上滋，《主治秘诀》云："泽泻去旧水，养新水，利小便，消水肿"，具有利水而不伤阴分之特点，故《药性赋》总结为"泽泻利水通淋而补阴不足"；滑石色白，味甘气寒，善于清热降火，利窍开结。而其清热作用，张锡纯认为是"清阳明实热"，"其性可代石膏"，并指出其清降的途径是"引其热自小便出也"(《医学衷中参西录》)；阿胶质膏味厚，"得阿井纯阴之济水，又得纯黑补阴之驴皮，气味俱阴，既入肝经养血，复入肾经滋水"(《本草求真》)，为补益之佳品。可见，猪苓汤既用二苓、泽泻利水，滑石清热，复用阿胶滋阴，集清、利、滋数功于一炉，用于阴虚水热互结之证正为适宜。

综上所述，猪苓汤组方之玄机为：①寓清热于利水之中。人之有形之邪（如食、血、痰、水）久稽不去，往往被无形之邪（如寒、热、气）所依附，譬寒与血凝、热与水结、气与食裹等。其治宜先攻其有形之邪，方使无形之邪无所依附而彻去。猪苓汤重在利水，水去则孤热无依，诸症便迎刃而解。②熔利水与滋阴一炉。对阴虚水停证来说，利水伤阴，补阴碍水，难以两全，其实这是使用不当的缘故，利水药用之不当可以伤阴，用之得当则可益阴。何谓得当之法，猪苓汤便是其范例。一是利水药中伍以滋阴之品，二是在选择利水药时应特别注重使用利中有补之品，仲景于方中所用诸利水药，又具有养阴作用，正如唐容川所说："尤妙茯苓、泽泻，虽非生水之正药，而实滋水之要药。"若再配以阿胶，则泻中有补，寓补于泄，难怪赵羽皇说："仲景制猪苓汤，其旨全在益阴，不专利水。"

[《河南中医》2000；20（6）：3]

浅析《伤寒论》中期门穴的运用

谢富明　河北唐山市中医院

一、肝邪乘脾证治

"伤寒，腹满，谵语，寸口脉浮而紧，此肝乘脾也，名曰纵，刺期门。"（第111条）

此条许多医家曾提出疑问，认为腹满、谵语乃阳明腑证，寸口脉浮而紧及太阳表寒证，甚不解，疑有错误。试想仲景撰用《素问》《九卷》《八十一难》《阴阳大论》《胎胪药录》，并平脉辨证，自创伤寒之六经辨证体系，岂有不知之理，《内经》有云："脾主腹"，"诸腹胀大，皆属于热。"又云："肝主语"，"肝风盛则多言"。《脉经》亦云："浮而紧者名曰弦，弦为肝脉。"故肝病乘脾完全可以出现本条主症，并非错误，而且更体现仲圣医理高超。推此病机，肝经有实热，肝盛而克制脾土太过而为此病。期门乃肝之募穴，为肝经经气结聚胸部之腧穴，刺之可以泻肝之邪热。邪去则肝不乘脾，而脾病自愈。此乃宗《内经》"治病必求其本"之妙法。同时也为《金匮要略》中"见肝之病，知肝传脾，当先实脾"的预防思想提供了临床及理论依据。

二、肝邪侮肺证治

"伤寒发热，啬啬恶寒，大渴饮水，其腹必满，自汗出，小便利，其病欲解，此肝乘肺也，名曰横，刺期门。"（第112条）

本条亦为肝病传变的又一变证，与上一条形成对应。正如《素问·五运行大论》所云："气有余，则制己所胜而侮所不胜、其不及，则制己所不胜，侮而乘之，己所乘，轻而侮之。"本条不少医家亦提出疑问，认为发热、恶寒乃太阳表证，大渴饮水，此由寒水逆中，阻其脾中升腾之机，其水不得上升，腹满者，水溢于中也。幸有自汗，小便利，上下分消，邪有出路，故知其必解也，问刺期门何用。是想肺为娇脏，属金，主皮毛，主治节，通调水道。肝邪盛，肝木不受肺金克制，而反克肺金，金受侮，则功能失常，失主皮毛，则毛窍闭塞，气之升降出入受阻，阳气郁闭于内则发热，卫阳不行于外而失温煦故恶寒，木火刑金，金受热邪，消灼津液，故大渴饮水，肺失通调水道之用，阻于中焦，故腹满，如果自汗，小便利，说明肺金功能恢复，邪有出路，当病愈，如无此二症，邪无出路，当刺期门，髓其实而泻之，肝邪得泄，肺金不受肝木所侮，功能恢复，毛窍得通，通调水道得畅，则亦可自汗，小便利而解。此二症状乃病向愈之指征。由此条也可知仲景临床观察能力之精深。临床疗效也可想而知，不容置疑。

三、热入血室证治

“妇人中风，发热恶寒，经水适来，得之七八日，热除而脉迟身凉，胸胁下满，如结胸状，谵语者，此为热入血室也，当刺期门，随其实而取之。”（第146条）

“阳明病，下血，谵语者，此为热入血室，但头汗出，刺期门，随其实而泻之，然汗出则愈。”（第221条）

此二条虽然症状不完全一样，上言如结胸状，下言但头汗出，但病机却相同，故均取刺期门穴。上条言“经水适来，得之七八日”。下条言“阳明病，下血”。经水适来与下血均为失血而致血虚之先机，故血虚乃热入血室之病理基础，肝藏血藏魂，其脉循胁肋下贯膈，邪热乘虚内踞，阳邪入里，是以阳邪不郁于外，故热除而身凉，邪热入肝，经停邪结于胸，故胸胁满如结胸状，肝不藏魂故谵语，甚则如见鬼状。阳明为多气多血之经，血虚则气盛，热邪内踞，与气相结，热气上逆，蕴蒸于头故头汗出。肝藏血，主疏泄，与血室密切相关。故取肝之募穴期门，刺之以泻邪热，邪去肝无所扰，肝功能恢复，经脉通畅，故结胸、谵语即除。

《伤寒论》之热入血室一证，小柴胡汤亦治之，许多医家认为此二条之证亦可用此汤治之，余认为小柴胡汤证之热入血室，应有“如疟状”一症，当病邪深浅，传入多少有异，即使有效，刺期门穴简单快捷，用之何妨，余想仲景用刺期门，自有深意，为使读者深误刺期门之必要性，顺录宋代许叔微《伤寒九十论·血结胸证》中医医案一例如下：丁未岁，一妇患伤寒寒热，夜则谵语，目中见鬼，狂躁不宁，其夫访余询其治法，余曰：“若经水适来适断，恐是热入血室也。”越日亟告曰：“已作结胸状矣。”余为诊之曰：“若相委信，急行小柴胡汤等必愈，前医不识，涵养至此，遂成结胸证，药不可及也，无已，则有一法，刺期门穴，或庶几愈。”如教而得愈。《本事方》中亦有类似病案，不再复述。

四、太阳与少阳并病误汗证治

太阳与少阳并病，头项强痛，或眩冒，时如结胸，心下痞鞕者，当刺大椎第一间、肺俞、肝俞，慎不可发汗，发汗则谵语脉弦，五日谵语不止，当刺期门。”（第148条）

本条是太阳与少阳并病误治而致谵语的证治之法，太阳之脉，其直者，从巅入络脑，还别出下项，少阳之脉，起于目锐眦，上抵头角，其内行者，从缺盆下胸中贯膈，络肝属胆。头项强痛者，乃太阳之邪未罢；眩晕，时如结胸，心下痞鞕者，少阳之邪方盛也，此乃太阳证未罢越经传入少阳而致太少并病，正治之法，当刺大椎以泄太阳邪气，刺肺俞、肝俞以泄少阳邪气。发汗则亡胃液在先，邪热内陷，肝与胆相表里，肝气藏血藏魂，血得邪热内扰，胃燥津亡，木盛克土，故发谵语、脉弦。“知犯所逆，以法治之”，当刺期门以泄入肝之邪，肝与胆相表里，肝邪去，则少阳亦安，谵语、脉弦自除。

此5条，虽证型不一，均有肝热邪结之病理基础，刺肝之募穴期门，泻肝实，清肝热和清血室邪热，取得了良好的临床疗效，深为后世医家所重视，特别对针灸医家影响颇大。《席弘赋》云：“期门穴主伤寒患，六日过经犹未汗。”《玉龙歌》云：“伤寒过经犹未解，须向期门穴上针。”《肘后歌》云：“伤寒痞结胁积痛，宜用期门见深功。”《针灸问对》说得更为仔细，其曰：“十二经始于手太阴之云门，以次而传，终于足厥阴之期门，期门者，肝之募也。伤寒过经不解刺之，使其不再传也；妇人经脉不调，热入血室刺之。以其肝藏血也，胸满腹胀，胁下肥气，凡是木郁诸疾，莫不刺之。以其肝主病也。”此数医家均感伤寒而发，而用之，而论之，而记之，实乃此法临床疗效确切之故。

仲景虽长于方药，但从其著作中不难看出针灸药物各有所长，针药合施，互补其短的学术思想，仲景的针药合施，不仅仅表现在针灸与药物共同作用于同一病症，而是在辨证的前提下，依据病情的发展变化，抓住某一阶段的病机实质在深误针灸与药物各具长短的基础上，有机地结合，灵活地运用于临床，如《伤寒论》第24条云：“太阳病初服桂枝汤，反烦不解者，先风池、风府，却与桂枝汤则愈。”这种结合才是针药合施的实质和精髓，才是针药合施的最高境界，这才是当代医家应当学习继承和发展的目标和方向。故孙思邈在其著作中明确指出：“若针而不灸，灸而不针，皆非良医也；针灸不药，药而不针，尤非良医也。……知针知药，固是良医。”又说：“故经曰：‘汤药攻其内，针灸攻其外，则病无所逃矣。’方知针灸之功，过半于汤药矣。”宋·高保衡亦曰：“苟知药而不知灸，未足以尽治疗之本，知灸而不知针，未足以极表里之变。”杨继洲在《针灸大成》中亦反复论述“针灸药不可缺一”的观点。因此作为新时代的中医工作者，更应该加强临床辨证能力，同时深研针灸与药物治疗疾病的机理，使之有机地结合，灵活地运用于临床，才能使中医学的这两大法宝得到真正的继承和发扬。

参考文献

[1] 贺有琰．伤寒论纵横［M］．湖北：湖北科学技术出版社，1986.
[2] 郑钦安原著，唐步棋阐释．伤寒恒论［M］．成都：巴蜀书杜，1994.
[3] 谭日强．金匮要略浅述［M］．北京：人民卫生出版社，1985.
[4] 李世珍．常用腧穴临床发挥［M］．北京：人民卫生出版社，1993.
[5] 魏稼主编．各家针灸学说［M］．上海：上海科学技术出版社，1987.

［《中医药研究》2000；16（6）：8］

《伤寒论》“误下”与辨疑似证

王　付　河南中医学院

临床中，病人有大便硬或不大便症状，其病机可涉及到五脏六腑，非独大肠也，故概用下法未必都能奏效。仲景有鉴于此，于《伤寒论》中借用“误下”而设诸多条文，暗示该病症有疑似，辨治稍有疏忽，就有可能误用下法，试将浅识略述于次，并冀斧正。

一、太阴肺与“误下”

《医经精义》云：“大肠之所以能传导者，以其为肺之腑，肺气下达，故能传导。”倘若肺有失调，主肃降功能不及则易引起不大便等症，此病位在大肠，病机在肺，治当从肺，若从大肠而用下法，则易生变证。（1）误下加剧太阴肺寒气逆证：43条云：“太阳病，下之微喘者，表未解故也，桂枝加厚朴杏仁汤主之。”从仲景治法用“下”来推断病有不大便，从“喘”证来判断不大便病机在肺，文中言“太阳病”而用“下”，以揭病是表里兼证，以里证为主，治当从肺，治肺则肺气能肃降于大肠，非治大便而大便自通。（2）误下加重邪热壅肺证：162条云：“下后，不可更行桂枝汤”，汗出而喘，无大热者，可与麻黄杏仁甘草石膏汤。”本条首言“下后”，与揭里证显于表证，并暗示里有大便硬等，言“不可更行桂枝汤，以示原之病证有表，且因用“下”已发生了变化。从“汗出而喘”推断原之大便硬是由邪热在肺所致，治当清肺肃肺而不当用下，若用“下”反而会加重肺疾，复审下后病情，为邪热壅肺，宜麻杏石甘汤清宣肺热。从仲景用“下”分析所产生的变证也不尽相同，这与患者素体、病邪及误下等因素有一定的内在关系。

二、太阴脾与“误下”

太阴脾主运化，为胃家行其津液以滋润大肠，若太阴脾有失调畅，则易致生不大便等症。其治当从脾而不当用下，用下则易引起新的病证。（1）误下导致脾伤络瘀证：279条云：“本太阳病，医反下之，因尔腹满时痛者，属太阴也，桂枝加芍药汤主之；大实痛者，桂枝加大黄汤主之。”文中言“本”又言“反”以证病情是表里兼证，以表证为主，且因医者未能认清不大便症是脾不运所致而“下之”，表邪乘机内陷以变生脾伤络瘀证，其治当温阳益脾，活血通络，以病情轻重或用桂枝加芍药汤，或用桂枝加大黄汤。（2）误下导致脾虚水停证：67条云：“伤寒，若吐、若下后，心下逆满，气上冲胸，起则头眩，脉沉紧，……茯苓桂枝白术甘草汤主之。”本条以假设的形式以论证病为表里兼证，且以里证为主，其治当温运健脾，利水降逆，宜苓桂术甘汤。

三、少阴肾与“误下”

《素问·金匮真言论》云：“北方黑色，入通于肾，开窍于二阴。”《医贯》云：“大便能开能闭者，肾操权也。”倘若肾有失调则变生不大便等，治当从肾而不当用下，用下则易致生变证。（1）误下致生下利清谷证：91条云：“伤寒，医下之，续得下利清谷不止，身疼痛者，急当救里，……救里宜四逆汤，救表宜桂枝汤。”文中论治则言“医下之”，以揭示里有不大便等症状，细审用下法所出现的变证而得知病者原之不大便由肾虚所致，其治当从肾，且因辨证失误，误用下法，而致生下利清谷证，治当温肾散寒止利，宜四逆汤。（2）误下致生阳虚烦躁证：61条云："下之后，复发汗，昼日烦躁不得眠，夜而安静，不呕不渴，无表证，脉沉微，身无大热者，干姜附子汤主之。"本条从治法入手，论病情为表里兼证，以里证为主，同时暗示里之病证有不大便，为肾虚所致。用下复汗，更伤肾阳而致生阳虚烦躁证，治当温阳散寒，宜干姜附子汤。

四、少阴心与"误下"

《灵枢·邪客篇》云："心者，五脏六腑之大主，精神之所舍也。"倘若心有失调，不能主持和润泽大肠的传导功能，则易变生大便硬等，其治当从心而不当用下。误下致生心阳虚烦躁证：118条云："火逆、下之，因烧针烦躁者，桂枝甘草龙骨牡蛎汤主之。"文中言"下之"以示原有不大便等，从误治引起的变证得知，其不大便病机在心，因误下致心阳虚烦躁证。于此必当明识，心阳虚之不大便，温心通阳自可愈。

五、厥阴肝与"误下"

《医学入门》云："肝与大肠相通，肝病宜疏通大肠，大肠病宜平肝。"大肠的传导功能藉肝气的疏泄条达，方可正常有序。（1）误下致生利下不止证：326条云："厥阴之为病，消渴，气上撞心，心中疼热，饥而不欲食……下之利不止。"厥阴肝热在其病变过程中最易下趋大肠而变生大便硬或不大便，其治当从肝以清泻，切不可一见病有大便硬而用下。（2）误下变生亡血证：347条云："伤寒五六日，不结胸，腹濡，脉虚，复厥者，不可下，此亡血，下之死。"肝血虚不能滋荣大肠则变生大便硬等。其治当滋肝体，疏肝气，不可用下，误用下法，必更伤肝血。

六、阳明胃与"误下"

阳明胃与大肠皆以通为顺，以降为常，病在大肠，证为邪结，治当用下。病在胃，证为邪结，治当切合病机，虽有疑似阳明大肠可下证，也不当用下，用下则易变生他证。（1）误下致生手足逆冷证：219条云："三阳合病，腹满，身重，难以转侧，口不仁，面垢，谵语、遗尿，……下之则额上生汗，手足逆冷。"本条虽言"三阳合病"但其病主在阳明胃，审病机治当清泻。若将"腹满、身重"等症状误为阳明大肠可下证而用下，势必伤胃而致"额上生汗，手足逆冷。"（2）误下致生利遂不止证：205条云："阳明病，心下硬满，不可攻之；攻之，利遂不止者，死；利止者，愈。"审病有类阳明大肠证，病有疑似，至当审谛，治当从阳明胃，若辨治失误，以用下法，则更伤胃气，此易变生下利不止证，治当益胃止利。

七、少阳病与"误下"

少阳胆主气机、主相火。少阳受邪，气机郁滞，相火内炽，亦可影响大肠的传导功能而呈大便硬等，其治当从少阳胆，如148条云："伤寒五六日，头汗出，微恶寒，手足冷，心下满，口不欲食，大便硬，脉细者，…… 可与小柴胡汤，"若治疗未能从少阳而用下，则易致生变证。例如误下致生悸而惊证：264条云："少阳中风，两耳无所闻，目赤，胸中满而烦，不可吐、下，吐、下则悸而惊。"少阳病在其病变中时可见类阳明大肠可下证，必当别其疑似，治当从少阳而不当用下，用下则更伤少阳胆气，由此而变生悸而惊。

八、太阳病与"误下"

《素问·阴阳别论》云："二阳为卫。"太阳受邪，营卫失和，影响大肠之气亦可致生不大便证。如"条56云："伤寒，六七日不大便，头痛，有热者，与承气汤；其小便清者，知不在里，仍在表也，当须发汗，……宜桂枝汤。"若对太阳病所致不大便误为阳明大肠而用下法，则易生变证。于此还要说明，假如里气充实，误用下法也不定都呈现变证，45条云："太阳病，先发汗不解，而复下之，脉浮者不愈，浮为在外，而反下之，故令不愈，今脉浮，故知在外，当须解外则愈，宜桂枝汤。"便是其例。

总之，仲景论"误下"条文，旨在揭示辨不大便或大便硬症，其病位在大肠，且其则不尽在大肠，临证必当别疑似，以法论治，方可免于失误。

［《中医杂志》2000；41（9）：571］

六经营卫论

徐培平　符林春　广州中医药大学

对六经病实质的认识，众说纷纭，使人无所适从，本文拟就此作一探讨。

一、营卫气化是《伤寒论》的着眼点

人与天地相通，天地万物都是由气构成，人也不例外。气为生身之根本，故《素问·宝命全形论》说："天地合气命之曰人"。人在气交之中，生生不息，而流行表里内外，所以防御六淫外邪而保全形体者，气也。气的这种功能，是通过营卫阳气来实现的。人体通过营卫与天地交通，实现物质与能量的转换，营卫通过六经布行于周身，构成人体生命活动的稳态运动系统。

营卫同属于阳气，“营阴卫阳”之说实际上是指气之分阴阳。营可化血属气，与血不是等同的物质。《伤寒论》第50条（条文号码依照明·赵开美复刻宋本《伤寒论》，下同）曰：“假令尺中迟者，不可发汗，何以知然，此营气不足，血少故也”，就是营气化生血液功能不足的表现。“营在脉中，卫在脉外”，营气性质较精专清柔，随脉血而行，主要卫护脏腑经隧血脉，以保持血脉的正常运行和荣养脏腑的生理；卫气慓悍滑利，主行脉外，不受脉道约束，固卫脉外组织。营气和卫气，一内一外，功能与性质相互为用，相辅而行。

营气主行脉内，泌津液化血，津液不足时，营气亦济泌血中之水济津；卫气主行脉外，司腠理开合，济泌津液以助脏腑组织吸清排浊，平降水火。营卫功能赖脏腑充助，靠脏腑以生以化以行。营卫皆根于下焦，源于中焦，布于上焦。盖人身上下，脏腑肌表，阴阳固有定位，然则必赖营卫与之相傍周流，与之交媾，协助脏腑气血上下循环合度，出入生化，方合其宜。营卫阳气周流全身，弥纶充布，本乎内而沛乎外，与天阳同纪，体现了“一气流行，化生万物”的思想。故《伤寒论》说：“营卫之流行，不失衡铨出入升降，漏刻周旋”。营卫气化以精血津液为基础，产生了新的生命活动，促进了生命的新陈代谢，由此“腠理遂通，精气日新，邪气尽去”[1]。营卫交感媾化，共同泌别津液，调和气血，是营卫阴阳调和的重要表现，也是阴阳失衡的主要病理基础。营卫气化正常，不失其宣发振奋作用，皮肤分肉得以温煦，肌表藩篱周密而御邪。否则，内闭九窍，外壅肌肉，卫气散解，外邪始由皮肤入内，于是脏腑气血津液病焉。《通俗伤寒论》曰：“病变不同，一气之通塞耳，塞则为病，通则安”，营卫气化起到了调和气血、燮理阴阳、御病防病作用，此所以《伤寒论》以营卫气化立论也。

二、六经营卫生理

营卫阳气随自然界环境的改变而出现昼夜盛衰的周期性变化。机体通过六经“开、阖、枢”作用，控制和调节营卫在人体各部位量的虚盈分布和功能盛衰，以求得人体内外气机交通的相对稳态。白昼，三阳部位的生理活动增强，所需的气血多，六经“开”如户扉，则腠理、玄府、络脉门户启，表里出入加快，气血充盈量增多，营卫阳气则加强在表在阳的量的分布及功能活动；入夜，三阴部位的生理活动增强，所需要的气血量增多，六经“阖”则内入、下降、收蓄，诸经营卫气血合聚交媾，营卫阳气加强在里在阴的量的分布及功能活动。“枢”为开合之机的枢纽，调节开合过程，控制转输表里内侧外侧上下的营卫出入量变化，虚者增之、盈者损之，以适应内外环境的变化。六经必须互相协调，“开、阖、枢”相互配合，适时改变营卫阳气出入状态，才能发挥调控营卫循行分布及其功能活动的作用。任何一经“开、阖、枢”功能失常，均可引起相应部位的营卫及其脏腑气血津液功能的病变。六经经络内属于腑脏，外络于肢节，四肢有内侧外侧之分，脏腑有表里之别，均有不同的阴阳属性。六经阴阳的衍化，系根据营卫阳气在六经所主界面各部分布多少而分成三阴三阳六经。人体通过六经布行营卫于周身，六经调控营卫及其津血布散，以所属脏腑经络为基础，并综合他经及其脏腑部分相关功能，围绕着营卫出入机转和营卫气化为中心形成六个生理病理层次。

三、六经营卫病理机转

六经辨证已不单纯是经络的辨证，还融合了营卫的生理病理机转，反映了营卫气化在人体三阴三阳所主层次适应外界过程中的失常，由此引发脏腑经络气血津液燮理失调的病理，和六经“开、阖、枢”调控营卫在全身表里内外分布功能异常的系统紊乱。六经病理不外乎两个方面，一是营卫阳气遏阻或虚弱，功能不足；二是营卫气化失常导致脏腑气血津精代谢失常的病理。

太阳主“开”，调控肌表营卫充盛，肌表接受阳气面积最广，大量的营卫阳气充盛布散于体表。太阳经脉上连风府，与肾督相络，故为诸阳司理调控营卫阳气在表充盛与外界接触进行物质交换和阴阳转化，保卫机体。这是体表适应外环境调节的主要机能，故曰太阳主表。如果太阳“开”机失常，外邪遏伤肌表营卫阳气，则津血代谢的调节系统功能紊乱。太阳病提纲：“脉浮，头项强痛而恶寒”。“脉浮，恶寒”是营卫失调的表现，“头项强痛”是太阳经气不和的病理。

阳明主里，主“阖”，阳气外出门户逐渐闭合，阳气收敛潜降，营卫交媾聚合于阳明肠胃，阳明居中，君相之火交聚于中焦，腐熟水谷津液，传导糟粕，化生营卫津血，以适应外环境与机体生理活动需要。阳明脉营卫气血盛，人邪客之则热。阳明主“阖”的功能失常，邪热与营卫搏结于阳明肠胃，营卫阳气亢而且滞，肠胃怫热郁结，玄府闭密，气液不得宣通，腑气升降失和则喘满、痞闷、腹胀、燥结。

少阳居半表半里，属胆，内寄相火，司“枢”，表里内外调燮如枢输转气液，调节太阳之肌表与阳明之里的营卫功能状态及量的分布。邪气扰及少阳，主“枢”功能失常，营卫气郁，则津血不化，出现三焦所属部位气、火、津液郁滞的病变。以小柴胡汤转少阳之枢，“上焦得通，津液得下，胃气因和”而解之。

太阴主内，主三阴之“开”，为机体将饮食化生的营卫及其津血转输入阴脏，温充营卫阳气。太阴主“开”功能失常，外邪入里导致脾脏功能紊乱的病变。脾虚营卫阳气化生不足，津血乏源，机体处于机能虚弱、卫外不足的状态；营卫气化虚滞，痰湿水饮内停。

少阴主“枢”，为营卫精血合聚生化之源，胎孕之根。少阴心肾水火升降如枢，并燮理调节输转营卫气血津液于五脏阴阳表里内外。少阴“枢”机失常，心肾俱伤，则营卫出入交会失和，气血偏虚偏实。其病理表现为营卫气化失常、心肾水火不济、气血逆乱、阴阳偏盛偏衰。少阴病提纲：少阴之为病，脉微细，但欲寐也”（281）。卫气不足，阳气虚，则欲寐；营气不足，化生血少，则脉微细。

厥阴主“阖”，主藏血，“以生血气”，内寄相火，主疏泄，孅化储备大量营卫阳气精血。喜条达，对于血脉营卫具有敷陈调畅温养作用。厥阴阖机失职，导致厥阴肝、心包功能失常，营卫气化不及，精血异循，气血水火瘀阻。

阳主外，三阳主要是机体抗邪，适应外界环境变化，调节机体整体卫外功能的系统。三阳功能与营卫对外御邪抗邪有关。六腑的生理功能虽然各异，但它们从开、阖、枢三者不同侧重点保证了营卫阳气的卫外及气化作用，协同参与机体适应外环境的调节机制。阴主内，机体营卫阳气及精血津液代谢在损耗之后，夜晚静卧藏于三阴脏里充养生息。三阴孅化营卫气血精津，维持机体营卫气血的新陈代谢。六经既分又合，互根互用，以保证内外环境的稳定、营卫健运周身、气化有治的生命常态。

参考文献

[1] 王鸿度．略论营卫气化．成都中医学院学报，1990，(13) 1：13~15

[《湖北中医杂志》2000；22（10）：7]

聚类分析在六经辨证中的应用

吴雄志　成都中医药大学

数学上把根据事物的一定特征，并按一定的要求和规律对事物进行分类的方法称为聚类分析法。由于《伤寒论》言简义赅，且病有六经不同，而一经则有多证，加之合病、并病、兼证、杂证，故要在众多的病证中选方用药具有很大的难度，这是限制六经辨证临床运用的根本环节。有鉴于此，笔者根据聚类分析的原理，以病性、病位、病证为依据，将六经辨证分为三步进行，在辨证过程中逐步缩小诊断目标，最终能够准确地选方用药，达到了可操作性强、准确度高的目的。现介绍如下。

一、辨阴阳总纲

《素问·阴阳应象大论》曰：“善诊者，察色按脉，先别阴阳……审其阴阳，以别柔刚。阳病治阴，阴病治阳。”盖六经有三阴三阳之分而将疾病分为阴阳两大基本类别，并将随后的辨证目标由六经局限为三经（三阴或三阳），故阴阳实为辨证之总纲。《伤寒论》曰，“病有发热恶寒者，发于阳也；无热恶寒者，发于阴也。”故审别阴阳，重在发热与恶寒二证，发热与恶寒并见者，病发于阳（三阳），无热恶寒者，病发于阴（三阴）。加之三阳属腑，病多实证，三阴属脏，病多虚证，四诊合参，辨证自少谬误。

二、辨病发何经

根据疾病的病位不同，可将疾病再分为三大基本类型（三阳或三阴），这样以便明确病发于何经，进一步缩小辨证选方的范围。方法有纳入法与排除法。通过辨阴阳总纲，辨证目标局限于三阳或三阴，从而使纳入对象大为简化，并使排除法具有运用的可能。

1. 纳入法　纳入法有四：其一为据三阳或三阴各经之脉证提纲确定病发于何经。其二为据三阳或三阴各经之脏腑配属与经络循行确定病发于何经。如病发于阳而大便秘结，邪在大肠，病属阳明；又如少阳行身之侧，病发于阳而转侧不利者，病归少阳。其三为据三阳或三阴各经之生理确定病发于何经。如太阳为寒水之经，本寒标热，故病发于阳而症见发热恶寒水肿者，病属太阳。其四为天地人合参。盖天之阴阳运行，化生六气，天之六气太过不及，可影响人之六经气化　人之六经气化太过不及，又易受天之六淫所侵，故临证尤当天、地、人合参。如夏暑多发阳明，子时病多厥阴，东北多阳明燥化，西南多太阴湿化，肝郁之人，易传少阳等。

2. 排除法　根据以上诸法，若能排除某经之病，则只需在剩下两经中确定发病之经，若能排除两经之病，则剩下一经即为发病之经。

临床亦有无法以一经概括者，多为两经、三经同病，属合病、并病，辨证方法与上相同。

三、辨证用方

1. 辨主证主方　六经为病，各有主证，确定其主证，便可进而确立其主方。三阳为腑，病多以在经在腑分，三阴为脏，病多以寒化热化论。如太阳在经，有伤寒表实麻黄汤证、中风表虚桂枝汤证、风寒两伤麻黄桂枝各半汤证，在腑有蓄水五苓散证、蓄血桃核承气汤证；少阳在经有四逆散证，在腑有黄芩汤证，经腑同病有小柴胡汤证；阳明在经有栀子豉汤、白虎汤证，在腑有承气汤证；太阴热化有麦门冬汤证，寒化有理中丸、建中汤证；少阴热化有黄连阿胶汤、猪苓汤证，寒化有四逆汤证；厥阴寒化有当归四逆汤、吴茱萸汤证，热化有白头翁汤证，寒热错杂有乌梅丸证。然三阴寒热之化，易生假象，需正确识别。《伤寒论》曰“身大寒，反不欲近衣者，寒在肌肤，热在骨髓也，病人身大热，反欲近衣者，热在肌肤，寒在骨髓也”可作为一个基本的辨别标准。

2. 辨兼杂用药

（1）辨兼证用药：兼证是指在主证出现的前提下附子主证而存在的证候。兼证的出现与本经的脏腑配属、经络循环与生理功能密切相关，其治疗亦多以本经主证主方加减化裁。如桂枝汤主证为发热汗出、恶风、脉浮缓，可兼项背强几几，病因太阳经气不舒，方用桂枝汤加葛根治之。

（2）辨杂证用药：夹杂证是感邪之后由于人的体质不同，使疾病出现虚实夹杂、新老交叉的复杂变化，其治疗多在主证主方的基础上加减化裁。六气之邪，有阴阳不同，其伤人亦随人身之阴阳强弱变化而为病。盖一阴一阳之为道，故太阳与少阴、少阳与厥阴、阳明与太阴互为表里而有标本中见之联系。如太阳本寒而标热，中见少阴热化，少阴热气上灌太阳而为太阳标热，蒸腾太阳寒水外出达表御邪而为营卫。若少阴热化不足，则寒化而恶寒身痛，神倦欲眠，方从麻黄剂化裁，宜麻黄附子细辛汤辈，若水泛而恶寒眩悸小便不利者方从五苓散化裁，宜真武汤。故欲辨清杂证用药，关键在于辨明表里两经气化。太阳少阴为人身水火气化之轴，病多水火失司，或恶寒身肿，或发热烦渴；阳明太阴为人身水谷纳化之轴，病则纳运失司，大便不调；少阳厥阴为人身气机升降之轴，病则气机郁滞，实者属阳，虚者属阴，虚实夹杂，又名两感。

综上所述，本文采取聚类分析法，根据疾病病性的不同，首先将疾病分为阴阳两大类；接着根据疾病病位的不同，采用纳入法或排除法，将疾病进一步分为三类（三阳或三阴）；最后根据阳经在经在腑或阴经寒化热化的不同，进一步分类并确定其主证主方，并根据兼证、杂证的有无最终确定其加减用药。这样六经辨证就被分为三步进行：一辨阴阳总纲，二辨病在何经，三辨病证用方。

［《国医论坛》2001；16（1）：8］

《伤寒论》柴胡桂枝干姜汤方证辨要

畅洪昇　山东中医药大学

柴胡桂枝干姜汤出自东汉·张仲景《伤寒论》，属小柴胡汤的加减方，专为治疗少阳病兼痰结而设。本文对柴胡桂枝干姜汤的立法组方、用药配伍、功效主治及其方证的病因病机、临床辨治等要素进行了辨析，以期能发微阐幽，对临床有所裨益。

一、柴胡桂枝干姜汤方药分析

1. 药用浅述　柴胡桂枝干姜汤首见于《伤寒论·辨太阳病脉证并治》篇147条，方由柴胡、桂枝、干姜、栝楼根、黄芩、牡蛎、炙甘草等七味药组成。本方据药物协同效用可分为三组：一组为柴胡、黄芩，二药能疏肝胆郁滞，清胸胁蕴热，解半表半里之邪，是枢转少阳必用的对药。一组为桂枝、干姜、炙甘草，辛甘合用，能斡旋中州，温通扶阳。一组为栝楼根、牡蛎，有清热生津、化痰开结之效。

2. 组方立法　柴胡桂枝干姜汤用药注重协同增效，以枢转少阳为其主要立法，同时方中各组药物之间配伍又能变生新效，以达整体调节之目的。

（1）辛咸宣化，调畅气血。宣即辛温宣通，疏达气血；化即化痰软坚。本法用于痰浊内结之证，意在通阳软坚；以渐取效，使微结之痰从上、中二焦化散。此外，宣法有温散之功，可使邪从汗解。

柴胡桂枝干姜汤中，柴胡气味清轻善于宣通，能助少阳之气外达，干姜辛温通阳，桂枝为佐助，《得配本草》曰：“佐干姜，开阳明之结气”。二药与柴胡合用能枢转少阳，宣展中阳以开结，牡蛎咸以软坚。四药配伍，共奏宣化胁下痰结之功。

方中柴胡配牡蛎含义颇深。二药一升一降，能宣畅气血，推陈致新，化痰软坚，对痰饮内结之证有标本兼治之效。

（2）刚柔相济，温润并行。汗下失当，津液燥结，是柴胡桂枝干姜汤证的基本病机之一。俞根初认为："津气两伤，液郁为痰"，当"甘润佐辛润化气生津以活痰"[1]。可见本证痰结，不可纯用辛通，必须适当配伍甘凉柔润且有助于祛痰之品，以起协同作用。栝楼根，《伤寒用药研究》曰："体润和，而散泄为之用"，方中用之以防止姜桂助热伤津，并兼以搜涤结痰，以增强宣化之功，体现了仲景用药之精审。

此外，《本经》谓栝楼根能"补虚安中"，与辛甘扶阳的桂枝、干姜、炙甘草同用，温润并行，能扶阳和阴，健运脾胃。脾胃功能正常，既可达治中有防，土不受邪之目的，更重要的是可以加速对津液的运化，使痰结易于消散。

（3）苦辛通降，寒热并用柴胡桂枝干姜汤组方，从气味上说，有辛散的柴胡、桂枝、干姜，也有苦降的黄芩、栝楼根，是苦辛合用；从药性上讲，有寒性的黄芩、栝楼根、牡蛎，也有热性的桂枝、干姜，是寒热并用。这样配伍的目的有二：一是取其苦辛通降，开通结气，用于痰浊内蕴，阳气内郁，肝脾（胃）气机不利之证。正如叶天士所论："泄厥阴以舒其用，和阳明以利其腑，药取苦味之降，辛气宣通矣"[2]。二是取其相互监制，以防寒热药性有所偏胜。因桂枝、干姜性味辛温，宣达阳气的同时也易于助热，故需苦寒之品反佐。

3. 功效探究　结合临床分析，认为柴胡桂枝干姜汤主要有两大功效。

（1）枢转气机，宣化痰结。柴胡桂枝干姜汤组方是由小柴胡汤加减变化而成的。其立方虽仍以枢转少阳为主，但用药与小柴胡汤有很大的差别，故二者作用机制亦不同。

小柴胡汤用参、草、枣、姜等益气和中，旨在甘温为辅，扶正祛邪，以助少阳枢转。柴胡桂枝干姜汤由小柴胡汤去参、枣，加牡蛎、栝楼根、桂枝，并以干姜易生姜而成。干姜、牡蛎，辛咸合用，宣化痰结；栝楼根苦润生津去痰；桂枝为佐，助柴胡以通郁阳。因此，全方重在辛咸苦润合用，宣化痰结以枢转气机。

柴胡桂枝干姜汤方后注云："初服微烦，复服，汗出便愈"。烦是药物驱邪的反应，为汗解之先兆。汗出便愈是服汤后痰化结消，气机宣展，表里畅达之明证，正如章虚谷所论："因其邪正错杂，清浊混淆，故初服则药病相格而微烦，复服则表里气通，汗出便愈"[3]。

（2）疏泄肝胆，调理中焦。柴胡桂枝干姜汤在《伤寒论》中为少阳病兼痰结而设。少阳与肝、脾、胃在生理上密切相关，在病理上亦相互影响。柴胡桂枝干姜汤证邪在少阳，不仅导致肝胆疏泄不利，且最易犯及脾胃。况汗下之后，每多损及中气，故从脏腑辨证角度看，本证当属肝胆脾胃俱病。

在此必须指出，本证脾胃之病非言其虚，而是言脾胃受少阳气郁及误用汗下的影响，升降失常，气机不宣，运化不健。这一病机是气血津液代谢失常，痰结不散的重要因素。因此，治疗当疏泄肝胆为主，兼以调理中焦，以复其升降之职。方中柴胡、黄芩、牡蛎能疏肝利胆，使肝胆遂其调达之性。桂枝、干姜同用，不仅用其辛以散邪，亦取其温以扶中，栝楼根清热生津，甘凉濡润胃腑以复其通降，甘草和中，此四物同用，寓补于调，健运脾胃。

同时，需要指出的是，柴胡桂枝干姜汤枢转少阳、宣化痰结的功效是针对痰气郁结少阳的病机而言，其疏泄肝胆、调理中焦则是从脏腑失和的角度论述。事实上，二者是相互联系的，正如章虚谷所论："此方柴胡用八两，实为少阳主治之方，佐以调和肝胃……肝胃调和，少阳枢转，则外邪自解，三焦气化"[3]。

二、柴胡桂枝干姜汤证治规律

1. 围机括要

（1）气郁为本少阳主枢，其气游行上下，宣达内外。一旦邪入少阳，首先表现为气机郁滞不利。胁下为少阳所辖，邪结此处，气机不畅必胸胁满；正邪相争，阳气出入受阻，故往来寒热。

郁可以导致阳气不通，相火内闭，少火被郁，内扰心神，故见心烦；痰阻阳郁于内，但能上蒸于头，故见但头汗出。

少阳位于半表半里，主枢、主动。少阳气机郁滞，可横乘脾胃，导致中气不宣，又可引起津液代谢失常，生痰成饮，从而产生各种病变。因此，郁是柴胡桂枝干姜汤证最基本的病机。

（2）痰结是标少阳枢机不利，三焦气化失司，往往易形成痰饮。气机阻滞，痰结胁下不化，而成有形之物，故见胸胁满微结。"微"说明痰结而不甚，结不仅指有形之体征，亦指病机，正如刘完素所说；"所谓结也，怫郁而气液不能宣通也"[4]。口渴由痰结不化，正津不布所致；津液敷布障碍，故小便不利。“不呕”与二症并列，一是揭示本证以痰邪结滞为主，胃气内闭而不上逆；一是意在与水饮鉴别，《金匮要略·痰饮咳嗽病脉证并治第十一》曰：“先渴后呕，为水停心下，此属饮家”。与之相反，本证渴而不呕，其病机不是水饮内停心下，而是津液燥结成痰，聚于胁下。

（3）兼审他因。气津不足、脾胃失健是柴胡桂枝干姜汤证形成、发展的重要潜在因素。邪入少阳本已意味着正气不足，147条冠首“伤寒五六日”，正值疾病变化期，若此时误治伤正，则邪入少阳，枢机不利，兼之汗下后津液不足，遂致津结成痰。此外，痰也不可单纯责之气郁燥结，其形成及预后与脾胃失于健运也密切相关。

从柴胡桂枝干姜汤用药分析，因没有吐利等明显的脾胃亏虚的症状，故不用人参、大枣之补，半夏、生姜之降。桂、姜之性皆温燥，恽树钰曰：“凡用桂枝干姜，皆病之感寒而未化燥者，若已化燥者不可用”[5]，方中用之可知津亏内燥程度不重。因此，尚不能将津液不足，脾胃气机失宣视为本证基本病机。

从柴胡桂枝干姜汤立法组方来看，因本证有中气不运的因素，故以干姜配牡蛎，温化痰结，扶正达邪，来作为体现本方宣化之法的重要配伍。此外，仲师用栝楼根生津液、祛痰湿，与宣化之法并行不悖，以达阴阳自和之目的，使邪祛正不伤。从其煎服法来看，本方“去滓再煎”之后浓度增加，减少了服用量，可以避免病人因服药量过大产生呕吐，进一步妨碍脾胃运化，加重病情。

2. 辨治思路　后世对柴胡桂枝干姜汤的运用远远超过了《伤寒论》所论治的范畴，并积累了大量的案例，为我们掌握辨治规律，开拓思路，临床辨证选用该方治疗提供了依据。

（1）谨守病机，法崇仲景

①审因察源，郁痰为先：少阳气郁痰凝，胁下、少腹等肝胆经脉循行之处见积块者，称为症积，可与柴胡桂枝干姜汤，如《方函口诀》之缓痃汤（柴胡桂枝干姜汤加鳖甲、芍药）。

疟疾是由于感受疟邪而引起的一种疾病，祖国医学认为“无痰不成疟”“大抵皆属少阳经病”，因此古代医家常用柴胡桂枝干姜汤治疗此疾，其适用范围包括牡疟、劳疟、疟久不愈等。

②见症纷繁，辨痰为要：柴胡桂枝干姜汤证以少阳气郁为本，痰结为标。由于痰邪既是病理产物，又可以进一步遏伤正气，加重病情，因此临床上常将辨痰作为识证用方的主要依据。

③辨识标本，痰饮异治：痰与水饮均为津液不归正化的产物，饮清澈而痰稠浊，其性迥异。从治法上看，饮宜渗利，痰宜宣化，《伤寒论》治饮多用苓桂，而仲师本方独用辛咸，实是在为痰结立法。但由于痰饮源出一体，故往往相互夹杂，相互转化，临证时惟有分清主次，方能取效，其论治之法不外“因痰成饮者，治其痰而饮自去，饮重者，即兼用治饮之法可也”[6]。因此临床上对于痰结水饮互见，而单用本方不效者，多在本方中加入渗利之品。

（2）随证化裁，活用经方：后世在运用柴胡桂枝干姜汤时，根据病证调整方中寒热药物比例，或进行加减，师古而不泥古，进一步提高了本方的疗效。

寒热并用是柴胡桂枝干姜汤的组方特点之一，从原方用药来看，用桂、姜意在取其温通，以宣达内郁之阳气，并治中有防，温运脾阳。后人重用二药，并减黄芩，变而为温补之用，全方温清并施，兼以宣化，使之更适合肝胆郁热而脾胃虚寒的一类疾病。当代伤寒学者刘渡舟临床常用本方加大桂姜之量治疗“少阳肝胆郁热、太阴脾家虚寒”的一类疾病，并认为：“由于本方寒热并用，肝脾同治，既清肝胆之热，又温脾胃之寒，故用于治疗这类错杂的肝脾疾患，疗效卓著”[7]，刘老使用本方常根据病情、体质等因素在用量上调整，柴胡一般用14g，阴伤减量；有脾虚者，黄芩少用，4g即可；桂枝、干姜则用大量，一般10～12g；天花粉一般用10g，阴伤较重，加量至12g[8]。

此外，现代医家运用本方，灵活变通，随证加减。既有遵中医传统辨证化裁者，亦有结合现代医学辨病用药者，均有利于提高本方临床效果。

参考文献

[1] 徐荣斋. 重订通俗伤寒论［M］. 新医书局出版，1956. 260.

[2] 叶天士. 临证指南医案［M］. 上海：上海科学技术出版社，1959. 197.

[3] 章虚谷. 医门棒喝二集［M］. 伤寒论本旨·卷九. 聚文堂藏版，木刻本，1867，24，91.

[4] 刘完素. 素问玄机原病式［M］. 北京：人民卫生出版社，1983. 76.

[5] 恽铁樵. 伤寒论辑义按［M］. 武进恽氏铅印，32.

[6] 周学海. 读医随笔［M］. 北京：中国中医药出版社，1997. 145.

[7] 舒友廉. 刘渡舟应用柴胡桂枝干姜汤经验［J］. 北京中医药大学学报，1996，(2)：45.

[8] 冯建春. 刘渡舟教授运用柴胡桂枝干姜汤经验举隅［J］. 山西中医，1989，5 (3)：1.

［《山东中医药大学学报》2001；25 (1)：41］

《伤寒论》辨治肺病咳喘法则的应用及其影响

张玉英　陕西中医学院

《伤寒论》详论了外感病的证治及各种病证的鉴别辨治，其中对咳喘证从病因病机、证治方面作了较详细的鉴别辨证，提出了辨治大法及用药原则，对后世有较大的影响，主要体现在以下几方面。

一、首辨虚实，指导治疗

咳喘有虚实，实证多由六淫之邪、气滞、痰饮等所致。《伤寒论》不论外感内伤引起的咳喘，凡未见脏腑虚证及正气虚衰表现均属实证。其外感风寒咳嗽者，宜辛散发汗止咳喘，如风寒束表，表实无汗之咳喘用麻黄汤，方中麻黄、杏仁为发汗散寒，宣肺平喘的关键。但麻黄用量要适当，因论中表实无汗里热烦喘者麻黄用量加倍，而后人据此用大剂量麻黄控制咳喘发作，实则并非如此。麻黄的有效成分麻黄碱，主要作用为松驰支气管平滑肌，解痉平喘，若用量大反引起心率加快，血压升高的副作用，故临证要适当掌握麻黄的用量。现临床常用麻黄汤治疗急慢性支气管炎、支气管哮喘。

肺胃实热喘以清下之法，清宣肺热，如麻杏石甘汤，以石膏量倍于麻黄量为清宣肺热的药对配伍，后世医家遵这一用药原则灵活运用，治咳喘肺热重症，加大石膏用量至5∶1～10∶1之间；若表证未解不出汗者，可用麻黄：石膏为1∶2～1∶3；若热盛津伤无汗者，可用1∶10，以增加清热生津之功；但对小儿肺炎体弱者，石膏用量不宜过大。临证要因人因病掌握其用量。现代临床用此方治疗急性支气管炎，慢性支气管炎合并感染，支气管哮喘、肺炎、上呼吸道感染证见咳喘者。肺胃热盛者，可用石膏知母，如白虎汤方。药理研究白虎汤复方有解热、提高免疫功能、抗感染等多种作用，多用于上呼吸道感染，大叶性肺炎，高热喘咳者。

胃肠里实喘咳气急者，当用大承气汤攻下热结；痰热互结者用滑肠通便的瓜蒌仁及清热化痰的半夏、黄连，如小陷胸汤方。水饮犯肺之咳喘或喘息不能平卧或伴有浮肿、臌胀，若体质壮实或邪盛正不甚虚者，可用十枣汤峻逐水饮，方中大枣配伍为关键，可缓解峻药之毒性，又可护胃，使饮邪祛而不伤正。若病势重急，痰饮与热邪或寒邪凝结为里实喘满气急者，宜速用大陷胸丸或三物白散分别攻逐其热结、寒痰水饮之邪，迅速缓解其喘咳。此皆示肺与大肠相表里，肺以清肃下行为顺。痰饮热结喘咳当脏腑同治，特别通下大肠之里实为关键，大肠腑气通利，肺脏气道通畅，咳喘可平。故现代临床治疗痰饮、痰热阻肺急性发作性喘咳，多适当采用攻下法，不仅通腑利肺气，又使痰饮热结从下排出。临床用大承气汤或大黄、芒硝等攻下剂治疗呼吸系统急性病，如治疗对青霉素过敏或效果欠佳的大叶性肺炎、麻疹肺炎。有资料以大承气汤加瓜蒌、葶苈子、杏仁、石膏、知母等为基础方加减，达到了通下治喘的目的。《医宗必读》用大承气汤攻下里热预防哮喘发作，有研究表明这一方法是通过泻下引起应激反应，提高垂体、肾上腺皮质兴奋性，抑制即将发作的变态反应而达到预防哮喘发作的作用。有临床研究认为十枣汤是通过泻水排便的方式，促进机体新陈代谢达到排毒素的作用，改变机体功能，增强机体免疫力，治疗胸腔积液、支气管炎、小儿肺炎。临床常用大陷胸丸、小陷胸汤治疗急慢性支气管炎、支气管哮喘、胸膜炎等。三物白散又可用于胸腔积液，肺脓疡、白喉引起的喘咳气急。总之，实证咳喘以发汗、攻下祛邪为治疗原则。

虚证咳喘多由内伤久病咳喘所致《伤寒论》中所述虚证咳喘主要体现在肺脾肾虚。其肺虚咳喘可用小柴胡汤，方中人参、大枣、甘草补中健脾益中气，故现代临床有用小柴胡汤治久咳，咳喘时作时止经久不愈者。脾虚咳喘代表方为苓桂术甘汤，方中其关键在桂枝配茯苓白术化饮，药理研究有明显抗菌、抗病毒和祛痰止咳及镇静、抗过敏，促进体内积液排泄等作用，故用本方治疗呼吸系统疾病，尤宜慢性支气管炎、支气管哮喘属脾虚痰饮壅肺者。

肾虚多由脾肺虚喘进而发展及肾，或因素体肾虚影响及脾肺虚损，故病情复杂常见虚实挟杂，肺肾俱病或脾肾俱病的咳喘。而《伤寒论》主要论及壮水滋阴利水化饮以猪苓汤为主治肾阴虚咳喘，及温阳化饮利水以真武汤为代表方治肾阳虚咳喘。其猪苓汤方中以阿胶滋养肾阴，泽泻茯苓利水化饮，而泽泻又助阿胶补阴不足为用药关键，虽临床多用于泌尿系疾病，但这一治疗大法对后世有启发。如张景岳在此基础上认为“肺金之虚多由肾水之涸，正以子令母虚故也。”张氏治内伤咳嗽，首以壮水滋阴为主，多用左归丸，左归饮，六味地黄丸等。真武汤主要以附子温肾阳，又助苓术健脾化痰饮，芍药缓急止喘咳，又制附子温燥之性，现代研究真武汤有强心利尿等作用，故常用于慢性气管炎、肺气肿等证见水气凌心的心悸、喘咳等。

二、善辨表里，新旧表里同治

从外感病发病特点来看，咳喘证往往由于感受六淫之邪影响其内脏，肺气失调而发病，即由表及里。但也有先因脏腑功能失调或有旧病喘咳，又感外邪，使证情复杂，表里新旧病兼见，治疗上表里同治，新旧病兼顾。如表里同治的代表方小青龙汤，以麻黄、桂枝解表散寒，而麻黄又可平喘为方中主药，其中姜、辛、夏温肺化痰饮，五味子敛肺止咳喘，又防辛散伤阴之弊，这一配伍体现了辛散酸收并用相互制约的用药特点，亦是仲景治寒饮喘咳的惯用法，此对后世临床具有重要指导意义，如张景岳的经验，治疗外感咳嗽“但治以辛温其邪自散”，故治以疏散风寒、宣肺祛痰，若寒气太盛或中寒肺气不温，邪不外解者，加细辛温肺散寒；寒盛气闭，邪不易散者、加麻黄、桂枝或小青龙汤疏散风寒，温肺化饮。今临床有用重剂小青龙汤治哮喘的报道。本人体会小青龙汤温化寒饮，解表散寒，止喘咳关键在细辛用量，按照古人用法细辛不过钱（今3g），量小起不到治疗作用，而一定要用到小青龙汤原方量三两（今9g）才显效，必要时还可用至15g量。

治疗新感引动旧病复作的有效方为桂枝加厚朴杏子汤，其桂枝汤解肌发汗调营卫，使新感治愈，加厚朴、杏仁宣降肺气平喘以控制旧病复作，这种以治新感为主控制旧病发作的治则体现了仲景治未病的思想，这一原则对后世治疗痼疾咳喘有很大启发。如近代名医姜春华指出治哮以“不发为妙”，说明平时预防、早治并设法使喘咳不发或少发很重要。姜老认为预防上，除注意气候、环境、饮食方面外，……常服紫河车粉可增强体质，而现代临床预防支气管哮喘的方法也很多。临证体会：治咳喘一般在新感、急性期、咳喘病发作时，祛邪以治标；久病、慢性期、咳喘停止者则以扶正治本；正虚邪实寒热挟杂者，可标本兼治。但始终要重视宣肺利气祛痰。平时病情稳定时要注意一般生活调理，要多运动增强体质很重要。

三、重调气机，疏利肺气

咳喘虽与脾胃肺肾等脏腑有关、脾肺关系最为密切，又因脾为生痰之源，肺为贮痰之器，而痰饮阻滞气机，使肺气不利，引起咳喘。肺气不利又使脾气壅滞，运作不及内生痰饮。而肺气不利又是导致咳喘的关键，故《伤寒论》治咳喘善于疏利气机以祛痰。如治风寒壅肺咳喘多以麻黄宣肺祛痰；若喘息甚者以厚朴杏仁宣降肺气祛痰平喘；若胃肠里实喘满不能平卧者用枳实、厚朴破气消积除痞满以平喘，可见大肠腑气通畅有利于肺气通利，示治喘可以肺肠同治；若肝郁气滞，肝气犯肺咳喘，以柴胡、枳实调气机之升降，而芍药甘草可缓急止咳喘，如四逆散。现代研究芍药甘草有缓解支气管平滑肌痉挛的作用。临证体会四逆散方中药味不多但照顾到了各个方面，主要是调理气机升降，是肺气得畅利，支气管痉挛得以松驰，黏膜分泌得以清除，即气顺痰消、喘平。故今临床用本方加味治疗咳嗽、咳喘，经单纯用化痰止咳平喘药效果不佳者，有显著疗效。

以上对《伤寒论》辨治肺病咳喘法则等，仅从三方面作了粗略探析，其目的是为了将其辨治咳喘的法则、用药特点进而发扬广大，更有效地指导临床。

[《陕西中医学院学报》2001；(1)：9]

《伤寒论》方剂今用应遵循的原则

张运克　河南中医学院一附院

张仲景著《伤寒论》，所创方剂以组方严谨、疗效显著而闻名于世，受到历代医家的重视。近年来，在新药开发研究、临床实践中，《伤寒论》方剂有进一步扩大运用的趋势。本文将就《伤寒论》中方剂今用应遵循的原则进行讨论。

一、以六经辨证为基础，结合八纲、脏腑辨证指导临床选方

六经是指太阳、阳明、少阳、太阴、厥阴、少阴而言，《伤寒论》的六经作为辨证论治的纲领，概括了脏腑、经络、气血的生理功能和病理变化，并根据人体抗病力的强弱，病因的属性，病势的进退缓急等因素，将外感疾病演变过程中所出现的各种证候进行分析、综合、归纳，从而讨论病变的部位、证候特点，损及何脏何腑，寒热趋向，邪正消长及立法处方等。六经疾病的辨证。只有在进行定因、定性、定位、定量、定时、定势等六因素的分析后，通过科学的归纳综合，才能确定为某种证候，六因素分析是六经辨证的实质。在临床上，疾病的产生，皆外来邪气或体内正虚（病因），导致脏腑或经络的某一部分失常（病位），从而使阴阳气血津液盛衰不调，发为寒热、虚实诸证（病性），反映于体表，出现症状（包括症状的范围、位置、程度、时间久暂等）以及脉象的改变（包括脉象的

频率、节律、强度、部位等），而且又表现出一种变化转归趋势（病势）。因此，临床辨证，辨因要辨内因、外因；辨其部位在经络、脏腑、三焦何处；辨其病性属寒、属热，属虚属实；辨其阴阳气血津液的盛衰多寡，邪气轻重进退，辨其病情发止间甚，预后转归如何，最后通过归纳综合，诊断其为何种证候。六经辨证与八纲辨证、脏腑辨证密切相关。六经辨证体系中包括有其他各种辨证方法，八纲辨证、脏腑辨证实属六经辨证体系的外延。六经辨证必须依靠其他诸种辨证方法的综合运用，才能体现出来。

选用《伤寒论》方剂，可根据病人的症状特点，进行六经辨证，并结合八纲、脏腑辨证。先辨阴阳，以挈总纲，次举六经提纲，以定病界畔，再抓各方主证，以对证遣方，后明兼证，以权变用药。如治疗太阳经部位上的小腿腓肠肌处疮疡久不收口，选用桂枝加附子汤，用桂枝汤调和营卫，加附子振奋阳气，化生气血；选用麻黄附子细辛汤治疗少阴咽痛、声音嘶哑等，系根据病变经络循行部位，结合其病机，而选用经方治疗。另有用理中汤治疗脾阳不足引起的吐血、便血；用大黄泻心汤治疗心火旺盛，血脉不荣的脱发；用五苓散治疗肾虚耳流清水等，系根据脏腑的功能特点，结合经方的方义，而应用经方的范例。

二、以方测证，指导辨证用药

方以法立，药以方成。《伤寒论》所载方剂分别有自己的功效、主治证。在今天的临床实践应用中，选方要遵方而不泥方。仲景所创方剂，用药精当，有规律可循。分析经方的组方规律，辨别君、臣、佐、使，概括其治法，分清常法与变法，以法测证，辨别主证、兼证。选用《伤寒论》方剂治疗常见病、多发病、疑难病，要分析疾病的病因病机，结合方剂的组成特点，针对主证，兼顾次证，不必囿于外感病的范围。如柴胡桂枝干姜汤中，柴芩可清胆，姜桂能温中，故可用于治疗胆热脾寒型口苦、胁痛、腹胀、便溏等。四逆散中药物有升降透达的特性，可治上部症状如喘、呃逆、噎塞；外部症状如爪甲青黑，步履艰难；内部症如悸、小便不利、下利等。症状不同，其病机相类，可选用一方变通应用。具体应用时，可通过改变药量，加减药物，数方联合灵活变通。

三、结合现代药理研究，选方用药

现代药理研究，为临床选方提供理论依据，有利于选用古方治疗现代疾病。”如通过大柴胡汤、茵陈蒿汤保肝、利胆药理作用研究，用于治疗肝胆疾患。通过五苓散利水作用研究，治疗由于脑血管通透性增高，引起髓膜局限性水肿导致的偏头痛；根据小柴胡汤抗Ⅱ型变态反应，可用于治疗小儿特异性皮炎；根据四逆汤抗休克、抗心衰作用，可治疗心衰，心源性休克；用承气汤治疗急腹症，也取得了很好的疗效。

随着药理研究的深入，《伤寒论》方剂在临床中的扩大应用，必将促进方剂学的发展。

参考文献

[1] 梁华龙. 伤寒论讲义. 河南科技出版社，郑州：第1版. 1993.

[2] 张志宏. 论扩大运用《伤寒论》方剂的思维途径. 河南中医，1992，12（6）：254；1992，12（5）：208.

[《贵阳中医》2001；(1)：3]

略论《伤寒论》证候的确立原则

张五州　杨英豪　河南中医学院

《伤寒论》自诞生以来，即受到历代医家的重视，誉其为“方书之祖”，强调“医者之学问，全在明伤寒之理”。笔者谨就《伤寒论》证候的确立原则谈一点粗浅看法。

证就是证候，与症不同，症多指单个症状，证则代表着一系列的症状、体征，实质上是一个包含了病因、病位、病性、病势等内容的综合性概念。辨证论治的目的不是解除某个症状，其手段不是完全针对特异性病因进行治疗，而主要是通过调节机体反应性达到治疗目的。那么，《伤寒论》是根据什么原则把看起来杂乱无章的症状、体征联系起来，形成不同的证候呢？实际上仲景用以确定证候的是包括表里、寒热、虚实、经络、脏腑、营卫气血、邪正消长等，并用阴阳进行了高度概括。这种阴阳融合了《内经》全部阴阳概念。《内经》云：“阴平阳秘，精神乃治”；“阴阳离决，精气乃绝”。治疗目的也就在于“谨察阴阳所在而调之，以平为期”。仲景遵循这一观点，从而确定出各种证候。具体确立原则大致如下。

一、阴阳定量

仲景用阴阳概念分析疾病，不外两种方法，即定性分析和定量分析。《内经》云：“善诊者，察色按脉，先别阴阳。”凡在外的、向上的、明显的、兴奋的、亢进的、热的、进行性的、色泽鲜明的、声音宏亮的症状和体征属阳；反之，在内的、向下的、隐晦的、抑制的、减退的、寒的、退行性的、色泽晦暗的、声音低微的症状和体征属阴。把病情区分出性质截然不同的阴证和阳证两大类，就明确了疾病变化发展及其治疗的方向性，这是定性分析。阴阳作为分析疾病的矛盾性的概念，各种证候的性质，自然取决于阴阳；在量上谁占优势，谁居支配地位。因此，对各种证候的定性分析的结论，实际上是定量分析的结果。例如“寒热”，少阳的“往来寒热”，太阳的“恶寒发热”，阳明的“不恶寒反恶热”“壮热”“潮热”，反映不同程度（量）的阳盛；厥阴的厥热互见，太阴的“脏有寒”，少阴的“无热恶寒”，反映不同程度（量）的阴盛；三阴三阳，就是根据不同程度的阴阳量划分的。可见，阴阳量的差别性和因此而引起的阴阳失调，是形成各种证候的根本原因，也是确定各种证候的主要依据。

由于人体正气有盛衰，机体的反应也就有强弱。正气充实的人，反应力强，其总的阴阳量是在增强的基础上出现差异性，所以可以称为增强性失调，各种实证，如邪盛正盛的大青龙汤证、白虎汤证等便是。正气虚弱的人，反应力弱，其总的阴阳量是在减弱的基础上出现差异性，所以可以称为减弱性失调，各种虚证，阴阳两虚，气血两虚，如炙甘草汤证、小建中汤证等便是。正气一般，反应中等，其总的阴阳量基本在正常范围内出现差异，所以可以称为不虚性失调，如桂枝麻黄各半汤证，桂枝二麻黄一汤证等。可见，对各种症状、体征进行阴阳定量分析时，还要注意到这种差异性的增强、减弱或不虚的性质，才能更确切地说明阴阳失调的情况。

二、阴阳层次

证候是多种疾病过程中的一个横的共同表现。但这种表现必然从特定的部位表现出来，而其部位有深有浅，有表有里，有经（经证）有腑（腑证），有在胸中、在心下、在气、在血等不同，形成不同的病理层次。由于这些层次本身也有阴阳之分，如在表为阳，在里为阴；在腑为阳，在脏为阴；在气为阳，在血为阴等，故可称为阴阳层次。一个证候就是一个病理层次的阴阳失调的反应。三阴三阳就是六大病理层次的反应。这六个大的病理层次里面，又可分为若干较小的病理层次，将这种较小的病理层次的反应和针对其治疗的方药联系起来，则是人们所称的汤证。在此之下，有的又兼有某些局部层次的阴阳失调，而形成若干更细小的汤证。如桂枝汤证中，有桂枝加厚朴杏子汤证、桂枝加附子汤证等，代表着更细小的病理层次。如同时出现两个或两个以上病理层次的阴阳失调称为“合病”；如先后出现则称为“并病”。

在较小的病理层次中，也可同时出现两个或两个以上层次的阴阳失调，如桂枝麻黄各半汤证、桂枝二麻黄一汤证、桂枝二越婢一汤证等。在两个或两个以上较小病理层次的阴阳失调中，由于阴阳量的差异性，有的层次阳大于阴，阳占支配地位；有的层次阳小于阴，阴占支配地位，这种情况同时出现，便形成所谓寒热交错，阴阳混杂的证候，如大青龙汤证等。不仅如此，即使同一病理层次，在不同的人身上，或不同时间，也可因阴阳量的不同，阴阳谁占优势，而出现性质不同的证候。如病皆在表但有麻黄汤证、桂枝汤证之别；病皆在心下为痞，却有诸泻心汤证之异。可见，阴阳层次和阴阳定量一样，是形成和确定证候的依据。

三、阴阳升降

如果说阴阳失调是由于阴阳量的差异引起的，而此种差异性则具体表现为阴阳升降失调。当阴阳量出现差异时，如阳大于阴，则阳的升散性、动性大于阴的沉凝性、静性，临床上表现为发热、汗出、烦躁、脉浮洪滑数等症状，属于阳证；如阳小于阴，则阳的升散性、动性小于阴的沉凝性、静性，临床上表现为恶寒、无汗、肢冷、脉沉细迟涩等症状，属于阴证。由此可见，通过对阴阳升降失调所表现出来的各种脉症进行分析，是确定证候的又一依据。

张仲景认为，疾病是作为一个矛盾运动过程而存在的，每日每时在不断变化发展着，并依一定条件向其反方向转化。这种变化发展和转化，在《伤寒论》叫作“传”“转属”“转入”。如“伤寒一日，太阳受之，脉若静者，为不传。”“太阳病，若发汗，若下，若利小便，此亡津液，胃中干燥，因转属阳明。”前者说明阴阳向恢复的方向转化；后者属于恶化。又如“本太阳病，医反下之，因而腹满时痛者，属太阴也。”这是由阳证转化为阴证，即是向反面的转化，究其转化的根本原因，就在于阴阳升降的矛盾性。“重阴必阳，重阳必阴。”本来是阳大于阴，但当阳的升散性、动性发展到极点时，就可因其过分升散而减弱，变成阳小于阴。例如《伤寒论》29 条本为太阳病，“若重发汗，复加烧针，”从而大力增强阳的升散性、动性，导致大汗亡阳的四逆汤证，就是阳证转化为阴证。究其转化的条件，仲景多归咎于误治，如误汗、误下、误吐、误利等，实际上有的是疾病本身自然发展的结果，不一定是误治引起的，仲景可能存在观察上的错误。不过从这里可以看出，仲景已模糊地认识到矛盾转化必须的条件性。证候的转化由阴阳升降关系的变化引起，在阴阳升降的情形中，还可以预测证候是否要转化。"伤寒一日，太阳受之，脉若静者，为不传；颇欲吐，若躁烦，脉急数者，为传也。"太阳病本为阳的升散性、动性占主导，脉若静者，说明阴的沉降性、静性在增长，阴阳升降有可能达到平衡，故"不传"。不过，何者为主导，这完全取决于阴阳量的差异性，取决于证候这个矛盾统一体中阴阳谁占优势，谁居支配地位。

由此可见，张仲景是把疾病视为一个阴阳失调的矛盾运动过程，是用分析阴阳之间的关系来确定各种证候及其转化规律的。

[《中医杂志》2001；42（2）：122]

《伤寒杂病论》表里先后缓急治法探要

李家庚　湖北中医学院

表里先后缓急，是《伤寒杂病论》在疾病表里同病时，因发病有先后、病候有轻重、病势有缓急等不同情况而厘定的治疗原则。其中又包含治表、治里、先治、后治、缓治、急治、并治、独治等多种治法。《伤擦论·辨太阳病脉证并治》云："本发汗，而复下之，此为逆也。若先发汗，治不为逆。本先下之，而反汗之为逆。若先下之，治不为逆"（宋本90条，宋本条文下同）。是六经病证，多由初犯太阳之表，而后及其里，故其治疗大法，则先治其表，后治其里。此与《内经》"先治其本"（《素问，标本病传论》）的含义类似。但在特殊情况下，亦有先里后表的治法，此与"急则治其标"的治则略同。本条虽是汗下先后的治疗原则，实则说明表里先后缓急的治疗大法。

一、表里同病，里证不重，先表后里

一般情况下，外感病初犯太阳，然后由表入里。根据《素问·标本病传论》先病为本、后病为标的理论，则为先治其表，后治其里。尤其是在表里同病、里为实热证时，先表后里更为治疗常法。《伤寒论·辨太阳病脉证并治》云："太阳病，外证未解，不可下也，下之为逆，欲解外者，宜桂枝汤"（44条）。是病证在表，治当汗解；里实之证，治当攻下。今表证未解，宜用桂枝汤解表，而不可滥用攻下之法。太阳与阳明合病或并病，在表证未解时，不仅禁用下法，而且还禁用清法。如170条说："伤寒脉浮，发热无汗，其表不解，不可与白虎汤。渴欲饮水，无表证者，白虎加人参汤主之"。说明伤寒脉浮，发热无汗，证属太阳伤寒，法当发汗解表；若兼内热，亦当宗发表清里两解之法，不可误用白虎汤。否则寒凉冷伏，徒损中阳，促使表邪内陷，造成变证。故"其表不解"既昭示"先病为本"，宜先解表，又郑重提出此为白虎汤及其类证之禁例。再者，太阳与其他里实热证同病，若表邪势盛时，亦当先表后里。如"太阳病不解，热结膀胱，其人如狂，……其外不解者，尚未可攻，当先解其外；外解已，但少腹急结者，乃可攻之，宜桃核承气汤"（106条）。此为太阳表邪化热入里，与瘀血结于下焦，蓄血证轻，表证未解，故应先解其外。外邪已解，蓄血证在，即可用核桃承气汤攻下瘀热。又如悬饮兼表，"太阳中风，下利，呕逆，表解者，乃可攻之。其人浆浆汗出，发作有时，头痛，心下痞硬满，引胁下痛，干呕，短气，汗出不恶寒者，此表解里未和也，十枣汤主之"（152条）。此为外有表邪，里停水饮，表里同病。爰例当先解表，表解之后，方可攻逐水饮，切不可先后失序，致生变证。再如热痞兼表，"……心下痞，恶寒者，……不可攻痞，当先解表，表解乃可攻痞，解表宜桂枝汤，攻痞宜大黄黄连泻心汤"（164条）。是表里同病，热痞兼表，治法当先解表，后治里，表解乃可攻痞。否则，先行攻痞，不仅有郁遏表邪之弊，而且也有引表邪内陷之嫌。表里同病，汗下先后，秩序井然，先后失序，涉人生死，不可不慎。如"结胸证，其脉浮大者，不可下，下之则死"（132条）。盖结胸为邪结胸中，属上焦之分，若寸脉浮，关脉沉者，为病在里，则可下之；若脉浮大，心下虽结，但表邪尚多，未全结也。误用下法，必重虚其里，外邪复聚，难以遏制，而必死矣。

二、表里同病，里证重急，先里后表

同样表病，若发病原因、机理略同，而续发证候（里证）有属虚寒性质者，据脏腑为本、肌表为标，正气为本、邪气为标之理，治法又有先里后表之原则。如《伤寒论·辨太阳病脉证并治》云："伤寒，医下之，续得下利，清谷不止，身疼痛者，急当救里；后身疼痛，清便自调者，急当救表。救里，宜四逆汤；救表，宜桂枝汤"（91条）。"太阳病，外证未除，而数下之，遂挟热而利，利下不止，心下痞硬，表里不解者，桂枝人参汤主之"（163条）。以上两者，同为表证误下而表证不解，

下利不止。但前者病为脾阳衰微，火不暖土，已属少阴虚寒重证。虽有表证，亦当先救其里，后解其表，是里急治里之治法。后者下利不止，心下痞硬，是下后脾阳受伤，不能转输水谷，运化精微所致。病情略轻而病势稍缓，故主用桂枝人参汤温里解表。此法虽偏治于里，但仍属表里两解之治法。尤其是91条，仲景还将其写进《金匮要略》首篇。《脏腑经络先后病脉证第一》中“问曰：病有急当救里救表者，何谓也？师曰：“病，医下之，续得下利，清谷不止，身体疼痛者，急当救里；后身体疼痛，清便自调者，急当救表也”。类似于91条的条文还有92条、372条、364条，可以互参。由此可见，表里同病，里为虚寒证时，先里后表为治法之常。然亦有表里同病，里为虚寒证不急不显，而先治其表者。如《伤寒论·辨太阴病脉证并治》谓：“太阴病，脉浮者，可发汗，宜桂枝汤”（276条）。此属例外情况，不可不知。

又有表里同病，里实之证较为重急，亦可采用先治其里、后治其表的权宜之法，此即“急则治其标”也。如《伤寒论·辨太阳病脉证并治》谓：“太阳病六七日，表证仍在，脉微而沉，反不结胸，其人发狂者，以热在下焦，少腹当硬满，小便自利者，下血乃愈。所以然者，以太阳随经，瘀热在里故也。抵当汤主之”（124条）。此表里证具，而蓄血里证重而势急，见少腹硬满，或疼痛，其人发狂，虽“表证仍在”，亦宜急用抵当汤破血消瘀。

三、表里同病，相对均衡，表里同治

临床发病，往往有表里证具，而权衡其证候轻重大致相等者，此当采用同治之法。如《伤寒论·辨太阳病脉证并治》云：“伤寒六七日，发热，微恶寒，支节烦疼，微呕，心下支结，外证未去者，柴胡桂枝汤主之”（146条）。是伤寒病过六七日，邪气已入少阳，而太阳外证未罢。发热，微恶寒，支节烦疼，为太阳桂枝证；微呕，心下支结，乃少阳柴胡证。太少同病，证亦轻微，表里不解，故用小剂量柴胡桂枝汤之复方，调和营卫，以解太阳之表；和解枢机，以治少阳之里，两阳双解。又如《伤寒论·辨少阴病脉证并治》谓：“少阴病，始得之，反发热，脉沉者，麻黄细辛附子汤主之”（301条）。此为少阴兼表，太阳少阴同病。少阴病是里虚寒证，一般不发热，今始得之，而有发热，故谓之“反发热”，以别于单纯太阳表证。太阳病，脉必浮，现在脉不浮而沉，沉脉主里，乃少阴里虚寒证确据。脉证合参，知是少阴兼表证。虽是少阴为主，然里虚尚不太甚，故当表里同治，用麻黄细辛附子汤温经解表。

表里同治之法，有根据证情而侧重于表者，亦有倾向于里者，则治法亦相对有所差异。前者如《伤寒论·辨太阳病脉证并治》谓：“太阳中风，脉浮紧，发热恶寒，身疼痛，不汗出而烦躁者，大青龙汤主之”（38条），此为表寒里热证。寒实于表，阳郁于里，产生内热而引起神志不安，以“不汗出而烦躁”为主证，因表证偏重，故治法表里双解而偏重于表，用大青龙汤。方即麻黄汤倍麻黄，减杏仁，合姜枣以解表寒；用石膏以清内热。后者如桂枝人参汤，亦属解表温里、表里同治之法，则是温里为主。

四、病有标本，势有缓急，治分先后

大致而言，《伤寒杂病论》所论病证，病候有标本之分，病势有缓急之殊，治法有先后之异，如前面所述各条。然考病势最为严重而急者，无过于中满、大小便不利等。故仲景列举此类证候，以明治法为急其所急，而应缓其所缓者。如《伤寒论·辨少阴病脉证并治》云：“少阴病，六七日，腹胀不大便者，急下之，宜大承气汤”（322条）。“少阴病，自利清水，色纯青，心下必痛，口干燥者，急下之，宜大承气汤”（321条）。少阴津液干涸，本不应下，但因腑实证急，故又宜急下。又如《伤寒论·辨厥阴病脉证并治》谓：“伤寒哕而腹满，视其前后，知何部不利，利之则愈”（380条）。此条腹满是实热积于中，哕逆是胃气逆于上。如大便不通，当用通下结热法；如小便不利，则用导水通利法，皆是实热重证治法。以上所举为实热重证。若虚寒危急之证，亦有不乏其例。如“下利，腹胀满，……先温其里，……温里宜四逆汤”（372条），此与“下利清谷，不可攻表，汗出必胀满”（364条，以上两者均见《伤寒论·辨厥阴病脉证并治》），皆属三阴虚寒、脾肾阳危之证，虽有表证，而以救里为急。凡此据后病为标之义，皆可属于急则治其标之例。

《伤寒杂病论》中，还论及新病与痼疾的先后治疗法则。如《金匮要略·脏腑经络先后病脉证》云：“夫病痼疾加以卒病，当先治其卒病，后乃治其痼疾也”。按中医学理，旧病为本，新病为标，若新病势急，当治其标。本条所言，即说明久病势缓，不能急治；卒病势急，稍缓则生变化。因痼疾难拔，卒病易治，故有痼疾加卒病者，当先治其卒病，后治其痼疾。若卒病痼疾势均较急，则又可采用卒痼同治、标本兼顾之法。如《伤寒论·辨太阳病脉证并治》说：“喘家作，桂枝加厚朴、杏子佳”

（18条），便是一例。

［《湖北中医学院学报》2001；3（2）：7］

《伤寒论》方药性味与配伍简析

马守宽　甘肃省临夏州中医院
马力文　甘肃省临夏市民族医院

笔者在习读《伤寒论》过程中，将其方药性味，主治功效罗列、对比，认为其性味与配伍有一定的规律可循，而且自成体系。现不揣简陋将其中显见之性味与配伍关系分述如下。谬误之处，请同道指正。

一、同味相求，专走脏腑

大承气汤用于热结阳明，胃肠燥结的痞、满、燥、实、坚等腑实证。仲师选用苦寒的大黄与枳实，苦温的厚朴，佐用咸寒的芒硝，以其苦能燥湿胜热，专走肠胃。大黄荡涤实邪；枳实与厚朴行气，除满消痞；芒硝软坚导下。合而泻热破坚，荡涤肠胃。小承气汤方，证虽与大承气汤轻重不一，用量也有区别，但其味苦走肠胃，荡实邪的配伍机理则一。麻杏石甘汤用于“汗出而喘无大热”证。因其邪在肺，故用辛温之麻黄宣肺平喘，辛寒之石膏清肺中郁热，为主辅药，二药其性不同，但均有味辛走肺经之特征。仲师取同味药集合配伍的特征是，病邪部位与所选药味之归经分明。此类配方还有赤石脂禹余粮方，栀子厚朴汤等。

二、同性相求，职司寒热

白虎汤是治疗阳明热盛、大汗、烦渴、脉洪大之方。其证表里俱热，故仲师将苦寒、辛寒、甘寒熔于一方，以求“热者寒之”。以味的苦、辛、甘与性寒的药集于一方，能清里而不伤阴；胜热而不伐正。吴茱萸汤用辛温的吴茱萸、生姜温里散寒，降逆止呕；甘温之人参、大枣补虚、暖胃、和中。药虽四味，但均取温性，以求“寒者热之”。其辛味与甘味的配合取决于胃虚中寒之特征。辛能发散胃寒，升阳而降浊；甘能补虚柔润而缓中。其温性与辛甘味药的配合既同敌胃寒，又刚柔相济。仲师同性共伍法属“寒者热之，热者寒之”之旨意，但具体用药时又注重五味入脏，各归所喜之特性用来监制药性之偏亢。以味的特性扬长避短，使配方发挥更好的效用。此类配方还有麻黄汤，理中汤，茯苓四逆汤，大陷胸汤，桂枝甘草汤，桃花汤等。

三、性味俱同，寒热阴阳分明

四逆汤主治少阴阳虚寒化证，由辛大热的附子、辛温的干姜、甘温的炙草组成。因其证四肢厥逆，真阳衰弱，阴邪势盛，阳气不充于四肢，阴阳不相顺接，故用辛味发散阴寒；大热温药温肾回阳，共奏救逆之功。白头翁汤主治热痢下重证。由苦寒的白头翁、黄连、黄柏、秦皮组成。其证湿热郁于大肠，下痢后重便脓血，故用一派苦寒药。以苦能燥湿，寒能胜热，共达清热止痢之效。仲师方中凡数味药，性同味又一致，一般该方主治寒热分明，阴阳突出，亦即集中优势，同敌病邪。此类方剂的配伍还有干姜附子汤，葱白干姜附子汤，白通汤，麻黄细辛附子汤，茵陈蒿汤，瓜蒂散，十枣汤等。

四、性味交错，寒热并用，旨在调整阴阳以平为期

半夏泻心汤是和解脾胃寒热之邪的代表方。气机升降不利，中焦痞塞，胃气不降而生热，故方用苦寒之芩连以降之；脾气不升而生寒则肠鸣下利，故用辛温之半夏降逆和胃止呕；脾胃气弱，不能斡旋上下，故用甘温之参、草、枣补之。本方清上温下，苦降辛开，寒热并用，性味交错。其配伍默契于脾升胃降的生理功能，旨在调和脾胃之阴阳。

小柴胡汤是和解少阳方。治疗口苦咽干目眩，耳聋目赤，头痛，胸胁苦满，往来寒热，默默不欲饮食等证。方中君药柴胡，《神农本草经读》谓其：“苦平无毒，主心腹肠胃中结气，饮食积聚，寒热邪气。”与苦寒的黄芩配伍，解少阳之热，疏少阳之郁，和表调里；半夏、生姜味辛性温，和胃止呕，外疏风寒，内消痰饮，能开能降；参、草、枣味甘性温，扶正既先实脾，寒热各司其权。为和解少阳肝胆，推动开阖枢之圣方。性味交错，寒热并用的配方在《伤寒论》中占大多数。其配伍以证入扣，以药的功效用量恰到好处的技巧为著。此类方剂有乌梅丸，诸泻心汤，诸柴胡剂，诸桂枝汤，麻黄升麻汤，竹叶石膏汤等。

五、以辛甘为主，配以酸（苦平）是《伤寒论》方剂独特的配伍形式

《伤寒论》113个方剂中，含有辛味药的方剂有85首，含甘味药的方有83首，辛甘酸（苦平）同伍的方有63首。其同辛甘发散不失治伤寒之本意。然而酸（苦平）除了主治作用外还有监制等方面的作用。我们不妨从辛甘味药与五脏，酸（苦

平）与辛甘药配伍的关系来窥其组方奥妙及寓意。

1. 辛甘味药对五脏的作用　辛味药有“发散、行气、活血、开窍、化湿”等功效。辛味药入肺发散风寒，宣发肺气；入肝疏散郁结，行气条达；入脾升阳散寒，除湿醒脾；入心温通心阳，通脉化滞；入肾温阳化气，利湿胜水。甘味药有“补益、和中、缓急”等功效。甘味药入肺补土生金；入心益气复脉，补火生土；入脾直补生化之源，滋润他脏；入肝缓急止痛；入肾峻补阴阳水火之宅。

2. 酸（苦平）的监制作用　“酸味药有收敛、固涩”的功效；苦味药有泻和燥两方面的作用。《伤寒论》多数方剂在辛甘味药的基础上配用酸（苦平），除有具体的主治作用外，尚能监制辛甘的温散之性及偏亢，使阴阳互相制约以相辅相成，体现了祖国医学的整体观和对立统一观。

3. 有五行防克作用　从五行学说来讲，脾之受克于肝木，配用甘味药可先实脾（土），以防患于未然，有着防未病的积极意义。

4. 保胃气存津液，阴阳自和　《伤寒论》大多数方剂配有甘味药，有些攻逐峻剂如十枣汤，为保胃气大枣裹苦寒峻药服下，处处体现了以胃气为本的思想。其辛甘酸（苦平）的配伍既有化阳成为功能的一面；又有化阴成为物质的一面。其立法组方都着眼于振奋脾胃正气（即物质与功能）以达到祛邪的目的。例如《伤寒论》开宗明义第一方，桂枝汤即是辛甘酸配伍的代表方，此方经历代医家研究，应用于外感、内伤、妇外等属营卫失调的许多病都有奇效。《伤寒论汤证新编》认为本方对低热、多形红斑、冻疮、荨麻疹、盗汗、过敏性鼻炎等病有效，并认为其是调节阴阳平衡的圣方。此类方剂还有诸桂枝汤，葛根汤，四逆散，柴胡桂枝汤，小青龙汤，小建中汤，芍药甘草附子汤等。

朱彦修说：“脾具坤静之体，而有乾建之运，故能使心肺之阳降，肝肾之阴生，而成天地之交泰矣。”张景岳说：“调整脾胃亦可以安五脏。”《伤寒论》正是抓住了脾胃的阴阳枢机，使五脏皆有所禀，诸证得以自和。这种本着体质之本的配伍方法使伤寒方千百年来反复验证，效益弥彰。

《伤寒论》中的理法方药包涵着极其丰富的体质医学、时间医学、物理医学知识，尚需进一步深入探讨。尤其是辛甘酸（苦平）的配伍特点，应用广泛，效益神奇，与其默契于脾胃为后天之本，调整脾胃，可安五脏，这个关键环节是分不开的，为我们临床组方开拓了思路，也是我们需要探讨的新课题。

［《甘肃中医》2001；（2）：1］

试论“六病时位”是《伤寒论》的证治程序

臧东来

《素问·热论》云：“今夫热病，皆伤寒之类也。”东汉末年，“伤寒”肆虐，死者甚多，仲景立志习医而著《伤寒卒病论》，其论言简义奥，医理精深，对汉代以前医学做了高度总结，又对后世中医发展起了积极的推动作用，被中医视为经典名著。但由于该书成书年代久远，几经传抄，数为变易，失漏误抄之处在所难免，使后世医者在学习借鉴的同时，常以此为憾事。虽历代前贤和当代医家在这方面做出了很大贡献，有各种注书版本出现，对我们的学习提供了很大帮助，但由于注释并非出自仲景本人，后人为书做注者又各有不同的学识背景，其对《伤寒论》的理解也必然有所偏悖。笔者在学习研究《伤寒论》以及临床应用的过程中发现，人们在理解“六病”的“时位”上有着很大的不足与疏漏，故本文将就此问题予以讨论，并大胆提出“六病时位”是《伤寒论》的证治程序，以供同道商榷。

一、“六病”与“六病时位”

1. “六病”　“六病”就是《伤寒论》中所说的“太阳病”“少阳病”“太阴病”“少阴病”“厥阴病”。或简称为“三阴”与“三阳”，即：“太阳”“阳明”“少阳”“太阴”“少阴”“厥阴”。“六病”在《伤寒论》中占有很大的份额，粗略统计，《伤寒论》言“太阳、太阳病”者71条；言“阳明、阳明病”者60条；言“少阳、少阳病”者12条；言“太阴、太阳病”者9条；言“少阴、少阴病”者46条；言“厥阴、厥阴病”者5条。共计言“六病”之条文203条，占《伤寒论》398条一半以上，因而认识“六病”的实质是掌握《伤寒论》的关键。

2. “六病时位”　为说明“六病时位”，首先要明白“病时”与“病程”的异同关系。“病时”是指病发痛苦的主要时辰（即“六时”的某个时间）；“病程”则是为病后的天数日期（涉及病的传变、痊愈或死亡）。“病时”有着“病程”的特异性；“病程”有着“病时”的连续性。

“六病”都有一定的“病时”和一定的“病位”，亦都有“病程”发展的日期过程，就是“六病时位”的基本含义。

"六病时位"的基本框架是由《伤寒论》中的"六病"提纲条文配"六病"欲解时条文构成的。"六病"中的每一种病都具有自身不同于它病的"病时"和"病位"，其概况详见下表：

六病	病时	病位
少阳病	从寅至辰上（3~9时）	口苦、咽干、目眩
太阳病	从巳至未上（9~15时）	脉浮、头项强痛而恶寒
阳明病	从申至戌上（15~21时）	胃家实是也
太阴病	从亥至丑上（21~3时）	腹满而吐，食不下，自利益甚，或时腹自痛，若下之必心下硬结
太阴病	从子至寅上（23~5时）	脉微细，但欲寐
厥阴病	从丑至卯上（1~7时）	消渴气上冲心，心中痛热，饥而不欲食，食之则吐蚘，下之利水止。

二、《伤寒论》立论于"六病时位"

生物在数百万年的进化过程中，与阳光形成了生存依赖关系，具有分辨阴阳（昼夜）"两时"，调整作息的机能。时间与天气对生物的存在有着密切的联系，正如《内经》所言："阴阳四时者，万物之始终也，死生之本也。"人类从分辨阴阳"四时"，到分辨阴阳"六时"同样经历了漫长的岁月。

汉代没有钟表，天干地支的记时方法只有少数人运用掌握，相对大众化的记时方法是"六时"，即日出前后、中午前后、前半夜、深夜、后半夜。这就是"六时"的基础。事实上直到今天，在现实生活中也会碰到这样的问题，例如医生问患者几点开始发烧，能烧几个小时？患者回答：傍晚开始发烧，一直烧到深夜方退。所以说"六时"既是"天时"，亦是汉代临床的需要。

"六时"能反映人体生物钟的基础特征：人在夜间得到充分的睡眠后，晨起精神焕发，耳聪目明，就象初生的日头，在天则为"少阳"，在临床上风热犯卫、犯上之"伤寒"——"口苦、咽干、目眩"的患者大多病发这个时间；中午前后，人的气血趋向于"表"，人的身心最为活跃，脉相对有力，在天则为"太阳"，在临床上风寒犯表之"伤寒"——"脉浮，头项强痛而恶寒"的患者大多病发这个时间；日落前后，人的气血逐渐趋向于"里"，人的体力由兴奋逐渐趋于抑制，在天则为"阳明"，在临床上寒邪化燥，热入气分，或内有积热之"伤寒"——不恶寒"日晡潮热，胃家实"的患者大多病发这个时间；前半夜，人的气血趋向于"里"，人由逐渐抑制进入睡眠，在天则为"太阴"，在临床上湿热入侵肠胃之"伤寒"——"腹满而吐，食不下，自利益甚，或时腹自痛…"的患者大多病发这个时间；到了深夜，人处在熟睡之中，心跳减慢，气血活动减弱，在天则为"少阴"，在临床上，热耗"营血"，夜热更甚，神躁少寐，心力渐衰之"伤寒"——"脉微细，但欲寐"的患者大多病发这个时间；后半夜，人由睡眠逐渐转入苏醒，人体气血及有关组织开始兴奋调节，由阴向阳转化，在天则为"厥阴"，在临床上，由于古代卫生知识的不足，大部分人都有蛔虫，蛔虫随人的苏醒而活动频繁，此时最易形成蚘厥之"伤寒"——"消渴气上冲心，心中痛热，饥而不欲食，食之则吐蚘、下之利不止"的患者大多病发这个时间。

"六时"与人体生物钟的吻合，体现了中医"天人合一"的哲学观点，仲景借助"六时"与人的生理、病理变化规律和自身临床经验，从时间和空间立论，如"六病时位"为框架，写成了《伤寒卒病论》。

如：太阳病提纲"太阳之为病，脉浮，头项强痛而恶寒。"

分析：太阳，"太阳为病"的省略。

之，结构助词，强调本条的纲领性，又起取消句子独立性的作用，使"太阳为病"这一完整句子变成了语意未尽的主谓性词组，充当全句的时间状语，这是上古汉语表示时间修饰常用到的一种语法。

故"太阳之为病…"其义是说：在"太阳"的时间里发生了发热、脉浮、头痛项强并且恶寒怕冷的病位症侯，叫典型性"太阳病"。

此条明确了"太阳病"的"病位"症侯，又对"太阳病"的"病时"作了伏笔。那么"太阳病"的"病时"是何时呢？《伤寒论》第9条"太阳病，欲解（音 xie）时，从巳至未上"回答了这个问题。"欲解时"其义是说：需要弄清、弄懂、弄明白"太阳病"这一称谓含有的"病时"概念。"病时"是什么呢？——"从巳至未上"，实际补写了"太阳之为病…"的"病时"。《伤寒论》第3条："太阳病，或已（"已"字当为"巳"字）发热，或未发热，必恶寒…"就更证明了这一点，同时也说明发热是"脉浮，头项强痛而恶寒"的必备条件。

三、"时位"证治是"伤寒病"论治的程序

"时位"证治，又称两辨并治。两辨即辨"病时"、辨"病位"。辨"病时"就是弄清病发"六时"的具体时间；辨"病位"就是弄清病发部位

“寒热虚实”的具体状态。并治就是在两辨的基础上依据中医的基本理论，制定出相应的治疗方法。“时位”证治的程序体现了中医辨证论治的法则，所以《伤寒论》“六病”各篇皆以“辨××病（病时）脉证（病位）并治”为标题，《伤寒论》中的诸多条文都体现着这种程序。如：13条“太阳病（病时）头痛发热汗出恶风（病位）者，桂枝汤主之”。

“时位”证治的程序，能克服临床中的随意性。如：阴虚型再障贫血，感邪后出现头项不适、身乏短气、恶风脉弱、面色苍白、舌淡白，“病时”特点夜重昼轻。此病若单从“病位”辨治，最易辨为“阳虚感邪”型，这是困为贫血掩盖了“阴虚”的面红、舌红等症候造成的。如果再从“病时”辨证就可发现，夜重昼轻不是“阳虚感邪”的“病时”特点，因而不能按“阳虚感邪”论治。“阳虚感邪”的“病时”特点是昼重夜轻，如《伤寒论》第61条：“下之后，复发汗，昼日烦躁不得眠，夜而安静，不呕不渴，无表实证，脉沉微，身无大热者，干姜附子汤主之。”所以说这种程序既有必要性，又有实用性。

四、讨论

本文对《伤寒论》“六病时位”作了简略论述，笔者认为当前在《伤寒论》的研究方面还存在着一些问题。如：①对“六病”提纲条文只注意了“病位”症候的注释，忽略了对“病时”的研究。②把“六病”欲解时条文中的“欲解（音xie）时”错误地注释为病程后期欲愈的“欲解（音jie）时”，因而出现大的偏悖。因为判断病势的欲解（音jie）必须有欲愈的病势症侯，作这样的判断，也只是判断欲愈的大略日期，而不判断具体时辰，因为“伤寒”病发时辰是具体的，而病愈时辰则是不具体的。③《伤寒论》第3条中的“已”字当为“巳”字。”或已发热，或未发热”都是发热开始的时辰，是说“伤寒”或从“巳”时开始发热或从“未”时开始发热，都算“太阳”发热，因为发热，才有了“必恶寒…”。若“已”字不更正为“巳”字，其后的“或未发热”就和时辰没有关系了，变成了没有发热，没有发热就与“必恶寒…”没有内的必然联系。“已”字不更正为“巳”字，与理不通，与临床不符。④《伤寒论》是一篇典型的散珠文，在学习中应处处注意散珠文的特点，一是一字一珠，言简义赅；一是伏笔（或省笔）、补笔互用，潜明其义。只有充分注意这些特点，才能正确领悟《伤寒论》的真谛，提高辨别真伪的能力。

［《中医药研究》2001；17（3）：2］

《伤寒论》利水法探析

张玉英　陕西中医学院

水为致病因素，水属有形实邪（并包括了一些湿、饮邪），仲景在《伤寒论》中讨论外感病时，据（邪致病特点，确定了治水法则，创制了利水之剂。兹就《伤寒论》利水法的适应症，立法用特点及临床运用情况等探讨如下。

一、利水法的适应症

1. 阳虚水停

（1）心阳虚欲作奔豚证：心阳虚不能下温肾水停下焦与阳气相搏，水气有欲动之势，病人仅感脐下悸动不安，如奔豚将作，并有心小便不利。治用茯苓桂枝甘草大枣汤温通心阳，化气利水。

（2）脾虚水停浊阴上逆证：脾阳虚致水停中焦，影响中焦气机升降，则胃脘胀满，气上冲逆，并伴胸闷、心悸、气短、头目眩晕、神疲乏力、肢体浮肿、小便不利、脉沉紧。治宜茯苓桂枝白术甘草汤健脾利水，化饮降逆。

（3）胃虚水停证：胃阳虚不能化水，使水饮停聚胃脘，则心悸，四肢不温，或厥逆，口不渴，苔白滑脉弦。治宜茯苓甘草汤温胃化饮，利水通阳。

（4）肾阳虚水泛证：肾阳虚水气不化泛滥行全身，波及上、中、下三焦而无处不到，证见心悸、头眩、身瞤动，振振欲擗地，四肢沉重浮肿，按之凹陷，腹痛下利，恶寒肢厥脉微等，宜用真武汤温肾化气利水。

2. 阴虚水停　阳明津伤热郁水停或少阴阴虚水停，致水热互结于下焦。证见小便不利，口渴欲饮水，发热，或心烦不得眠。舌红苔薄黄，脉细数，宜用猪苓汤，育阴清热利水。

3. 邪结水停

（1）热结水停证：邪陷化热，热与水互结于胸膈，甚则涉及整个胸腹间，证见心下或从心下至少腹硬满痛、拒按，发热不甚或烦躁，便硬，脉沉紧，苔黄厚而燥等热实结胸证。若证重势急治宜用大陷胸汤泻热逐水破结，若水结偏于上病势较缓，除心下硬满痛拒按，又见项背拘急喘息等，宜峻药缓用，以大陷胸丸泻热逐水破结，宣肺导滞。

（2）寒结水停：寒邪与痰水之邪结于胸膈，证见胸胁、心下硬满而痛拒按，便硬，小便清利，畏寒喜暖，气急或咳喘，苔滑，脉沉有力，宜用三物白散祛寒逐水破结。

（3）少阳郁结兼水饮内停证：少阳病邪未尽解，气机郁滞三焦，决渎不利，致水停结在胸胁，则见小便不利，胸胁满闷，甚则拘迫痞硬疼痛。并见往来寒热，或伴见头汗出，大便溏等，治宜用柴胡桂枝干姜汤，和解少阳，温化水饮。

4. 水湿壅盛

（1）水饮停结胸胁证：水饮停聚于胸胁，流窜于上下内外，泛滥周身，证以胸胁满痛，咳唾引痛，短气，心下痞硬满，小便不利，舌苔白滑，脉沉弦为主，治用十枣汤峻逐水饮。

（2）湿热壅滞下焦证：三焦气化不利，湿热壅滞水邪停聚下焦，证见小便不利，下肢膝胫足跗浮肿，按之凹陷；或大腹肿满，或胁下痞坚，伴见大便不爽或便秘，小便不利，脉沉实有力。据“腰以下肿，当利小便”的原则，用牡蛎泽泻散逐水泻热，软坚散结。

5. 表不解兼水停

（1）外邪内饮证：外感风寒，表邪不解，引动蓄饮；或风寒犯肺，水道不利，致水饮内停，故证以咳喘发热为主，但水饮病变化多端。又见水蓄影响下焦膀胱气化不行，则小便不利，少腹满等，治宜用小青龙汤解表发汗，温化水饮。

（2）内外水饮证：太阳表邪循经入腑，膀胱气化不利，邪与水结于下焦；水饮停聚不能化生、输布津液，则证以口渴、小便不利为主。或伴有恶风，发热，汗出，脉浮或浮数等治宜化气行水，兼以解表，用五苓散。

二、利水法运用原则

利水法实为祛邪之法，用之得当则邪祛正安，用之不当则易伤正气，所以《伤寒论》在应用利水法时处处体现了顾护正气，利水不伤正这一原则。除了明显因虚致水停虚实挟杂证须补虚扶正，一般治疗水饮证时都注意到了扶正的一面。如水饮兼表证者，虽正气不虚，用解表化饮的小青龙汤时，方中麻黄、桂枝、干姜、半夏、细辛发散风寒，温化水饮，而多味辛温燥散药同用易耗散正气，故用五味子酸收敛肺益肾生津，又助麻黄利水道，用芍药酸敛益营阴，防止伤阴动血之弊，又炙甘草甘温补中益气，使邪祛不伤正，又调和诸药。

邪正俱盛，证重势急的热实结胸证、寒实结胸证，已有严重的胸腹积水，须急以峻逐水饮，也应非常小心谨慎，恐伤正气，故仲景在大陷胸汤方后注指出“得快利止后服”，即中病即止，不可过服，损伤正气。用三物白散攻逐寒痰水饮时，仲景在方后又指出护理方法“下利不止，进冷粥一杯”，以抑制其泻下作用，用粥又可资助胃气，这些均体现了仲景“保胃气”护正气的宗旨。

水邪壅盛，病势较缓，正气未衰，用多味利水药时又不忘扶正。如在大病之后热已减退，而水肿不消，虽正不甚虚，可用多味利水药综合应用，就能达到治疗的目的，而仍注意到扶正的一面，如治疗腰以下有水气的牡蛎泽泻散共七味药均有不同程度利水作用，就瓜蒌根一味既清热散结利水，又生津滋阴，以防利水伤阴之弊，又考虑到病后体虚，故仲景在方后注要求，用米饮调服，每次小量，并叮嘱药后“小便利，止后服”，即服药后，尿量增加，浮肿减轻，应及时停药，以免过服伤正。

三、利水法用药特点及临床运用

1. 药味精简药力集中直达病所　《伤寒论》用药少而精，特别治水气内停证，若证重势急者，仅用几味药，用药性单纯，功效相近，使药力集中，直达病所。如大陷胸汤，本硝黄同用攻下力猛，又配伍甘遂末冲服而不用任何缓其药性的药物，使其药力更猛，峻下逐水，荡涤实热。特别甘遂为方中的主药，《本草经》记载能“治留饮，宿食……，利水谷道。”故能使胸腔、腹内或各组织的停水很快从大小便排除。因此，目前用大陷胸汤治胸腔积液疗效显著，并用于急性腹膜炎、肝硬化、肾炎、肾衰胸腹积水等。若病重，已有严重的胸水或腹水，宜峻逐利水，速除水饮之邪，但病势较缓时，则可适当配伍调和药性的药，如十枣汤方中甘遂、大戟、芫花皆辛苦气寒，合用相济而力猛，大下使邪一鼓而除，但随水邪祛而正气亦虚，又峻烈有毒必伤胃气，故乘其病势缓，用大枣甘温缓其毒性，又可补下后之虚。故临证常用此方治水肿、膨胀属于一些慢性疾患者，如治疗结核性胸膜炎、肝硬化腹水、慢性肾炎、慢性肾病综合征高度水肿、腹水。

2. 对正虚水停者灵活应用补虚及利水药　譬如阳虚水停证，在未出现明显、严重的阳虚寒盛症状时，一般不轻易用峻补阳气药。因水停虽阳虚所致，而水邪易阻遏损伤阳气，水停又不能化生津液，可见阳虚水停虽无阴虚证，但阴液也受影响，所以治疗阳虚水停证时，既用温阳利水法，又要注意不可伤及阴液，仲景在用药上体现了这一点。如治心、脾、胃阳虚水停证的茯苓桂枝甘草大枣汤、茯苓桂枝白术甘草汤、茯苓甘草汤方，因阳虚未至全身阳虚、恶寒、手足冷等，肾阳未虚衰，故不用大辛大热的附子类温里药，仅用桂枝甘草同用辛甘化阳，温通补益阳气，甘草又可资中焦化生阳气以治本，桂甘虽温补阳气又不会燥伤阴液，然后据病变脏腑部位配伍适当的利水药，脾虚水停桂甘与茯苓白术配伍，又温脾利水；胃虚水停桂甘与生姜配伍并重用，又温胃散水；心阳虚水气证，桂甘温补心阳，又伍大枣补脾益气生津资中焦，助桂甘补益心阳，茯苓利水宁心。以上 3 个利水方的配伍，其温通阳气化气利水关键又在于桂苓同用，故后世医家称此 3 方为苓桂剂。苓桂配伍不仅有较强的温通阳气利水之功，而桂枝又善降冲逆，抑制水气上冲之心悸头眩等证。若水邪或水湿较盛，阳气未虚者，而桂苓同用不需配伍补气助阳的炙甘草，可配伍渗湿利水的猪苓、泽泻等以增强利水之功，如五苓散为通阳化气利水表里双解的代表方。所以现在临床多用五苓散治急慢生肾炎、肾功能不全小便失常，及心源性水肿、肝硬化腹水、脑积水等；茯苓甘草汤合茯苓桂枝甘草大枣汤治心脏病心悸水肿等；茯苓桂枝白术甘草汤治疗难治性肾病综合征，急性肾炎早期属脾虚水肿者，以及渗出性胸膜炎、心包积液等。若心脾阳虚水停进而发展为肾阳虚衰，水气泛滥证，不仅有水气证又有明显的全身恶寒、神疲肢冷、阳衰阴盛证，故须用附子辛热温肾阳配获苓白术健脾利水，生姜宣散水气，又助附子温通阳气，生姜又可降逆防水气上逆，芍药制约附子之燥性，又可敛阴防止利水伤阴之弊。以上辨证用药始终体现了温阳而不燥、通阳化气以利水、利水而不伤阴的原则。故今临床用真武汤治疗慢性肾炎及肾炎晚期尿毒症，又治甲状腺功能低下致粘液性水肿、各种心脏病引起的水肿等。治疗阴虚水停若单纯清热利水易重伤阴液，损及正气，必须滋阴利水，而滋阴又不宜应用大剂量滋腻性较强的药物，以免碍其化气利水。此时用药应慎重，如猪苓汤以猪苓、茯苓、泽泻、淡渗利水通阳，而泽泻又利水补阴不足，仅有一味滑石清热利水，一味阿胶滋补阴液以利水，避免了苦寒滋腻损阳，碍其化气利水。这一配伍体现了滋阴不碍水气，利水不伤阴，通阳不在温而在利小便，故现临床多用于慢性肾炎、肾病综合征及肾积水等。

3. 解表不碍利，水利水不遏邪　外有表邪，里有水饮者，选用利水药处处体现了解表不碍利水，利水不遏邪的这一特点。如治少阳不和兼水饮内停的柴胡桂枝干姜汤，方中用柴胡黄芩和解少阳之邪，疏利肝胆，调畅气机，使三焦水道通利；桂枝干姜甘草辛甘化阳，通阳化气利水，桂枝辛散又可助柴芩透邪外解；牡蛎瓜蒌根甘寒软坚散结利水，瓜蒌根又可助柴胡清泄少阳之郁热。诸药合用，使少阳郁热得解，水饮得利，利水又不伤正。故临床用本方治肝胆郁热兼脾胃虚寒水饮内停者，如肝硬化腹水形成的早期及胸膜炎等。

四、据病情轻重缓急药物性能体质强弱决定药量及剂型

轻缓病证用丸、散剂。如大陷胸丸，其泻热逐水药物同大陷胸汤，因邪结偏高、病势缓，则改汤为丸剂，又加葶苈子、杏仁宣降肺气以利水，加白蜜为丸，仅取弹丸大小一枚用量较小，且白蜜又缓其药力，则为峻药缓攻法。但也有例外的，如五苓散，据药物性能特点，为充分发挥药效，用散不用汤剂。其用意即《伤寒直解》所谓的“散者取四散之义……”即散者发散之义，方中猪苓、茯苓、泽泻淡渗以利水；白术补脾助运使水津四布。据临证观察五苓散既可利尿，又能促进局部性水肿吸收。可见散剂治水湿证易发挥药效，又因淡渗利水药煎煮过浓易减弱渗利之性。故五苓散原方制成散剂不用汤剂有其实际意义，而今多作汤剂，要注意煎煮、服法、药后护理等。

《伤寒论》用药剂量一般针对病因，紧扣病机，所用的药物量大，且为方中主药，但对一些特殊情况则灵活变通，如茯苓桂枝甘草大枣汤治心阳虚，水停下焦证见脐下悸、小便不利、心悸等，本以温通补益心阳为主，但从脐下悸则知水气有向上冲逆之势，水邪易遏损伤心阳使心悸加重，故方中重用茯苓半斤（24g），急以利水，降其水邪上逆之势，有利于心阳得复，茯苓又可宁心安神止心悸，培土健脾制水。

《伤寒论》辨治水饮停结的重急证，处处谨守病机，一旦确诊，趁其正气未衰，当机立断，峻下逐水，使病情很快转危为安。对峻烈有毒的利水药除注意严格炮制、配伍、服法、护理等，特别提出要结合病人体质决定用量，如三物白散方后注了“强人半钱匕（1g），羸者减之”。十枣汤方后注出“强人服一钱匕（2g），羸者服半钱匕……若下少病不除者，明日更服加半钱匕”，这些均体现了仲景临证用药既有胆有识，又小心翼翼。

总之，《伤寒论》利水法适应于邪结、正虚等多种原因所致的水停证。治疗上谨守病机，据证组方遗药，始终注意利水不伤正，扶正不碍水气的原则。在药物配伍制剂、剂量的大小上有常有变，旨在临证要灵活应用利水法，提高利水疗效。

［《辽宁中医学院学报》2001；3（3）：165］

《伤寒论》苓桂术甘汤证探析

杨 硕 贵阳中医学院

对《伤寒论》苓桂术甘汤证，后世医家各有诠释，但并无统一认识，笔者根据自己的学习体会及临证所得，试作探析。

一、前贤观点存疑

《伤寒论》67条云："伤寒，若吐，若下后，心下逆满，气上冲胸，起则头眩，脉沉紧，发汗则动经，身为振振摇者，茯苓桂枝白术甘草汤主之。"对此证的认识在"脉沉紧"之前后文关系及主治证上后世医家有三种观点。其一，认为苓桂术甘汤证仅适用于心下逆满、起则头眩、脉沉紧等证，不包括"身为振摇"，认为"身体振摇"是真武汤证。如丹波元简、柯琴、张路玉等。其二，认为"身体振摇"与"心下逆满，头眩"等都可用苓桂术甘汤。如尤在泾、成无己、喻嘉言。其三，认为"身体振摇、心下逆满、头眩"为真武汤证，因病位在脾而用苓桂术甘汤，如唐容川及近代医家李培生、陈亦人。从前贤观点中发现各家对"动经""身体振摇"的经义并未明确，即何为"动经"、为何"动经"、何物"动经"，"身体振摇"与"振振欲擗地"有何区别等并未辨明，从而产生对经义理解的分歧。

二、经义实质解析

1. "动经" 动经，即扰动经气。动经产生的原因有三：一是误汗，辛散之药扰动经气；二是误汗伤津损阳，经脉失养，虚邪扰动经气；三是吐下伤脾，运化失健，痰饮内生扰动经气，或素蕴痰饮辛散之药引发而动于经络。那么，苓桂术甘汤证当是何物动经呢？首先，以方测证，苓桂术甘汤既非收敛和营之剂，亦非滋阴养阳之方，却是健运中焦、温化痰饮之品；其次，论中用麻、桂过汗有眩冒、心悸等证，大青龙汤误汗而致经脉失养则有"筋惕肉瞤"之证，皆无身体振摇之说；再者，《金匮要略》有云："其人振振身瞤剧，必有伏饮。"此即古阴阳家伯阳父所云："阳伏而不能出，阴迫而不能蒸"之象。所以说，苓桂术甘汤证之"动经"是指痰饮扰动经气。为什么"发汗则动经"呢？因为发汗之药，辛散必能引动伏痰，扰于经络。

2. "身体振摇" 在《伤寒论》中出现"振"字经文7条，即67条"身为振振摇者"，82条"振振欲擗地者"，87条"寒栗而振"，94条"必先振栗"，101条和149条"必蒸蒸而振"，110条"振栗"。归纳其中"振字的含义有三种：一是指振颤，即"身为振振摇"之"振"，如现代常见的帕金森氏病、老年良性振颤、小儿舞蹈病、扭转痉挛等，中医称之为"颤症"。这里的振关键是身振，"身"指身体，可以是全身，也可以是肢体，或头、手等身体的某些部位。二是指站立不稳，即"振振欲擗地"之"振"，如现代常见的心衰竭、共济失调之类的病症，中医称为"水气凌心"，是由于水气泛滥，清阳衰微而不升所致。三是指寒战，即"蒸蒸而振""振栗"之"振"，如柴胡汤证服汤后"必蒸蒸而振，却发热汗而解"，就是指药后出现寒战、发热汗出而愈，亦称之为"战汗"。由此可见，"身为振振摇"与"振振欲擗地"是两种完全不同的临床症状并无轻重之关联。即"身为振振摇"是指身体振颤，而"振振欲擗地"是不能站立，站立则欲摔倒。

三、临床验案印证

李某，女，70岁，2000年3月诊。身痛、鼻塞，微恶寒，纳差，舌淡，苔薄白，脉沉紧。予九味羌活汤加太子参3剂，服药1剂即身痛、恶寒减轻，然后服药3剂后反觉胸闷、头昏、眩晕、手足振颤，舌淡苔腻，脉弦滑。查体温36.7℃，脉搏76次/min，血压15/9kPa，呼吸18次/min，心、肺正常，双侧眼球水平振颤，霍夫蔓征（+），双手及头部呈紧张性振颤，肌力、肌张力正常。诊为老年良性振颤；证属痰浊困阻，清阳不升，扰动经气。治予苓桂术甘汤加泽泻、枳壳、陈皮，3剂，药后诸证悉平。此案说明，患者素有脾虚饮停之质，外感寒邪困扰，予汗解后虽表证已除，但痰饮为辛散之药引动。故用健脾化痰、温中降浊之法，则邪去而安。虽为个案，但足以表明，仲景所述病证确有实例。

［《安徽中医学院学报》2001；20（3）：4］

《伤寒杂病论》的辨证方法研究

李秋贵 李文瑞 北京医院

祖国医学辨证论治的基本理论奠基于《内经》。汉代张仲景"勤求古训，博采众方"，将理论与实践结合起来，著成《伤寒杂病论》一书，体现了理法方药完整的体系，成为中医辨证论治的典范。宋·郭雍说："仲景规矩准绳明备，足为百世之师。"

近代医家也都公认，这部不朽著作奠定了中医辨证论治的基础，构成了比较完整的辨证论治思想体系，是辨证论治的大经大法。此书的基本精神可概括为两方面：一是关于辨证规律；一是关于论治法则。这些都具有高度的科学性、系统性、实践性，是中医学的规范。本文主要对前者，即辨证规律方面，加以探讨。试用辨证法、逻辑学、系统论等现代科学方法论的知识，对该书所使用的主要辨证方法（如六经、五脏、八纲辨证等）各自的作用、性质和整体间的相互联系（即体系），进行分析研究，以探求对各种辨证方法使用的规律。这对整个辨证论治理论体系的系统化和病、证的规范化，也有一定的理论和实践意义。

一、以辨阴阳与辨标本为指导原则

张仲景在自序中批评当时的一般医生，“不念思求经旨，以演其所知。”可见他的著作，是以《内经》的理论、原则为指导的。《内经》在诊疗疾病或辨证论治过程中，非常强调辨别阴阳：“阴阳者，天地之道也，万物之纲纪，变化之父母，生杀之本始，神明之府也，治病必求于本。”求本就是追求或辨别阴阳，说明以辨别阴阳作为根本的法则或指导原则。“神明之府也”是说思维活动也出自于阴阳法则，即用阴阳法则来指导医生的临床思维。并且强调整个辨证论治全过程，就是在“追阴阳之变”，即追求或考察分析阴阳矛盾的双方是如何运动、变化、消长、转长的。如辨证论治的三个阶段中，处处贯穿着辨阴阳思维方法：在诊察证候阶段，强调“察色脉，先别阴阳”；在辨证阶段，要“审察阴厥以别柔刚，阳病治阴，阴病治阳”；在论治段，要“谨察阴阳所在而调之，以平为期”由于始自《内经》就自觉地运用朴素的辨证——阴阳法则来指导临床思维，因此使中医辨证论治具有辩证思维的特点。《伤寒杂病论》序中曰：“天布五行，以运万类，人禀五脏以有五脏，经络府俞，阴阳会通，玄冥幽变化难极，自非才高识妙，岂能探其理致哉说明作者为了探求认识极为复杂深奥的人体生理、病理现象，只好依靠阴阳五行学说，说理工具了。事实上，张仲景以阴阳五行为指导，用于辨证论治之中，的确有所发展创新。《伤寒论》中以“六经”作为分病的领，而“六经”就是阴阳各分为三份，成为三阴、三阳，所以六经是由阴阳演化出来的系概念。张仲景开创了八纲辨证的先河，而八纲也是由阴阳发展出来的，称为“二纲统六变”即用表里、寒热、虚实这六个变量或要素，具体标志阴阳的属性。《金匮要略》对杂病五脏辨证的方法，而五脏辨证是由五行类比脏形成的另一个系统概念。张仲景在《伤寒杂病论》中，以“六经”和“五脏”两个系统念为理论框架，作为考察、认识和控制疾病模型，成为两个系统方法的萌芽，奠定了辨证论治的系统模式。这是仲景对阴阳五行学说运用于临床医学中的最大的发展、创新和最卓越的贡献。该书中辨别阴阳的例子比比皆是。如《伤寒论》首篇中就以“病有发热恶寒者发阴阳，无热恶寒者发于阴”为提纲，指导阴阳病鉴别。《金匮要略》对内伤杂病，也是以阴作为病或证分类的纲领。如在首篇总论中就指出“阳病十八”“阴病十八”。在第三篇以“阳毒病”“阴毒病”作为病名；对“百合病，于阴者，以阳法救之；见于阳者，以阴法救之”，作分证的纲领。

阴阳也就是代表事物对立统一的矛盾两方所以辨析阴阳的方法，也就是矛盾分析以辨阴阳为指导原则，就是强调在整个辨论治过程中，要时时、处处注意分析矛盾、决矛盾。而辨标本又是将这种矛盾分析法进步发展为辨别主要矛盾和矛盾主要的方面。

所谓标本，就是主次的意思。辨证论治各面或步骤都有标本之分。如症状为标，病因标本；主症为本，兼症为标；原发病为本，继病为标；正气为本，邪气为标等等。所以一要辨清标本，才能抓住其本，从而主治其，兼治其标。中医论治的原则，一般情况下以治本为主，或先治其本；但在特殊情况，即标证紧急的情况下，则先治其标，或本标兼治。这就是“急则治其标，缓则治其本”的法则。这也是标本相移的原则，即标本可以易其位。在紧急或特殊情况下，平时的标证——矛盾的次要方面，转化为本证——矛盾的主要方面了。因此“急则治其标”，这时的“标”，实则已转化为“本”了，所以实质上还治本。如《伤寒论》385 条：“霍乱，头痛发热，身疼痛，热多欲饮水者，五苓散主之；寒多不用水者，理中丸主之。”同样一种霍乱病，所以分为两个证型（方证），就是由于正邪这对矛盾的双方标本或主次不同。“热多欲饮水者”，说明邪盛为本，即主要矛盾方面为外邪偏盛，故以五苓散宣阳化气，祛邪为主；“寒多不用水者”，说明正虚为本，即主要矛盾方面为正阳偏虚，故以理中丸温阳助正为主。

《矛盾论》指出：“如果不研究过程中主要的矛盾和非主要矛盾以及矛盾的主要方面和次要方面这两种情形……也就不能找出解决矛盾的正确的方法”，并且认为这是“决定其政治上和军事上的战略战术方针的重要方法之一”。辨阴阳与辨标本，就是分析矛盾，并且辨析疾病过程中的主要矛盾及矛盾的主要方面和次要方面的方法，所以这种方法是判断病证和决策治疗方针的重要方法之一。如《内经》所说："夫阴阳逆从标本之道也，小而大，言一而知百病之害；少而多，浅而博，可以言一而知百也。""道"是规律或法则的意思，说明辨阴阳标本，是对各种疾病辨证论治的根本法则或指导性的原则。

二、以六经或五脏辨证作为定位、定向的方法

张仲景对于疾病的分类是源于《内经》的。"夫邪之生也，或生于阴，或生于阳。其生于阳者，得之风雨寒暑；其生于阴者，得之饮食居处、阴阳喜怒。"他对于感受外邪所致的外感病，无论是伤于风寒暑湿燥火的六淫之气，或温热毒邪，统称为"伤寒病"；对于伤于饮食五味或喜怒等五志的内伤病，统称为"杂病"。《伤寒杂病论》就是论述这两种病的辨证论治的典范。但是原著没有正式版本，现在流传之《伤寒论》与《金匮要略》，是宋治平年间林亿、孙奇所校定而分为二书。这样也促进了伤寒病与杂病分别发展为各成体系的两门学科。伤寒病的辨证体系是"六经辨证"，杂病的辨证体系是"五脏辨证"（一般称脏腑辨证）。关于六经辨证定位、定向的方法已明确。此处着重阐述"五脏"也是个系统概念，"五脏辨证"也是朴素的系统方法。

所谓系统就是"处于一定相互联系中的与环境发生关系的各组成部分的总体"。"五脏"是代表整个人体这个有机的总体，是由五个相互联系的部分组成的。这五个部分就是以肝、心、脾、肺、肾五脏为核心的五个子系统。每个子系统是由生理、病理上联系最密切的要素组成的。这些要素包括脏腑、经络、形体、五官及气血津液精等身体各器官、组织和成分。如肝系统包括肝脏、胆腑、足厥阴肝经、足少阳胆经、筋膜、血、目及魂等要素。它们相互作用，相互制约，相互联系，相互影响，具有相同的特点，完成一定的功能。不仅各系统按五行的生克制化规律发生联系，而且与外环境时间、空间都发生相应的关系。如《金匮要略》言"五邪中人"，即五味、五志各伤其相应之脏，故"五脏病各有所得者愈，五脏病各有所恶，各随其所不喜者为病。"又"假令肝旺色青，四时各随其色""四季脾旺不受邪"等，是谈各系统与外环境的节气、时辰、气候等方面的相应关系。

仲景把内伤杂病放在"五脏"这个系统形式中加以观察和治疗，即按五脏系统来分病、辨证、列出对证的方药，形成了理法方药的五脏辨证体系，也就是对杂病控制的系统模式，所以这是一种系统方法的萌芽。这种系统方法的研究原则，是对系统的结构、功能及发生、发展演化规律等诸多方面综合研究的，具有整体性、综合性、最优化的特征。尽管现存的《金匮要略》不足以反映仲景对杂病辨证的全貌，但也可初步窥视出这种系统方法的研究原则和特征。如《肺痿肺痈咳嗽上气病脉证治第七》，把肺痿、肺痈、咳嗽上气三种不同的病，所以列入同篇辨证论治，就是因为这三种病定位皆属肺系统的病变。所以定位于肺系，是因为这些病变皆与肺系统的肺脏、鼻咽、皮毛、气道、卫气等的功能失常有关。如本篇第 2 条阐述肺痈的病因病机："病咳逆，脉之何以知此为肺痈？……风中于卫，呼气不入；热过于营，吸而不出。风伤皮毛，热伤血脉。风舍于肺，其人则咳，口干喘满，咽燥不渴，多唾浊沫，时时振寒。"这体现了系统的结构（组成）与功能统一考察研究的原则。其他如："腹满寒疝宿食病"和"呕吐哕下利病"，因定位在脾或胃，属脾系统的功能失调所致的病变；"惊悸吐衄下血胸满瘀血病"，因定位在心、肝，属这两个系统主神、主血的功能失常的病变。可见杂病的分篇是充分体现了系统的结构与功能相统一的关系。至于"五脏风寒积聚病"，五脏中风、五脏之水、五脏之痹等，更是明显的用五脏系统定位论病了。《金匮要略》残缺不全、掺杂错乱较多。据《补后汉书·艺文志》记张仲景除著《金匮玉函经》（即《伤寒杂病论》）外，还著有《五脏论》等书；《宋志》还录有《五脏论》《五脏荣卫论》等，所以《金匮要略》对杂病辨证的五脏系统，不仅《伤寒论》中对外感病六经系统那样全面和系统。与仲景同代或稍后的六朝时代的《中经》（托名华佗所著），则更能体现出五脏辨证的系统性。该书就用五脏系统分病，每一脏腑的病下再辨虚实寒热证，而且还有相关脏腑的合并证。

从近年影印的唐代孙思邈的《备急千金要方》，就更能看出五脏辨证的系统性了。该书对内科杂病，就是以五脏系统分篇列病，而且在顺序上也以肝、心、脾、肺、肾五个子系统的五行相生顺序排列。每个系统的病，除了脏病、腑病的虚实证，还有各系统所属的皮、肉、筋、骨、脉的虚实证。如肝系统有筋虚实证和筋极，脾系统有肉虚实证和肉极。对每系统的论述，也充分体现出系统方法那种结构、功能和演化规律综合研究的原则。以肝系统为例，在结构或组成上有：肝脏；"与胆为腑"；

"其经足厥阴，与少阳为表里"；"目肝之官"；"魂者肝之藏"；"荣华于爪，外主筋，内主血"等。结构是事物内部各要素的组织形态和内部联系；功能是具有特定结构的物在其内部和外部联系和关系中表现出来的性和能力。因此结构与功能是密切相关的。如这里在论述了胆腑的结构之后，就介绍它生理功能及病理特点；接着列出它的病证表现："胆者中清之腑也。重三两三铢，长三寸三分，在肝短叶间下，贮水精汁二台。号将军，决曹史。能怒能喜，能刚能柔。藏于阴而象于地，故藏而不泻，属曰奇恒之腑，胆病者，善太息、口苦、呕宿汁……邪在胆逆在胃，胆液则口苦，胃气逆则呕苦汁"；还列出了胆经的是动，所生病，如头、角额、目锐跳痛，胸胁痛，腋下肿，马刀挟瘿等。又根据五脏系统按五行生克制化的演化规律，推测出病变的演变或发展趋向，如"病先发于肝者，头目眩，胁痛支满，一日之脾闭塞不通，身痛体重。二日之胃而腹胀。三日之肾，少腹、腰脊痛，胫酸。十日不已，死"。"病在肝，平旦慧，下精，夜半静"。

根据系统的结构组成和功能特点，就可将病变定位于某系统和某一要素，所以五脏系统有定位的作用。根据五行乘侮的病变演化规律，可以分析预测疾病的传变趋势或发展趋问，所以五脏系统也有定向的作用。《内经》就讲："五脏之病，随其所胜之序而传"，即按五行乘侮的规律传变。《金匮要略》："见肝之病，知肝传脾"，"脾能伤肾，肾气微弱，则水不行；水不行，则心火气盛，则伤肺"，就是用五脏系统辨析病势，或进行定向分析的典型例子。

三、以八纲与病因辨证作为定性、定量的方法

病证万千，极其复杂，用什么标志来判定它的性质呢？根据《矛盾论》的精神："事物的性质，主要是由取得支配地位的矛盾的主要方面所规定的。"那么作为疾病的共同的基本矛盾是什么呢？《伤寒论》说："血弱气尽，腠理开，邪气因人，与正气相搏……正邪分争"（99 条）；又曰："凡病，若发汗，若吐，若下，若亡血、亡津液，阴阳自和者，必自愈"，说明即使经过汗、吐、下等法祛除了病邪，而阴阳之气不调和，仍然是病态。可见疾病的基本矛盾是正邪分争，阴阳失调。反映正邪消长的变量是虚实，反映阴阳盛衰的变量是寒热。《内经》讲："邪气盛则实，精气夺则虚。"这就是说，实是标志着邪气盛为矛盾的主要方面，虚是标志着正气虚衰为矛盾的主要方面。故虚实可标志正邪这对主要矛盾双方所处的地位，据此可以判定疾病的性质。所以《内经》就非常强调辨虚实："百病之生，皆有虚实"，"余闻虚实，以决死生"。《金匮要略》第 1 条就指出："经曰：虚虚实实，补不足，损有余，是其义也，余脏准此。"《内经》又说："阳胜则身热，阴胜则身寒。阳虚则外寒，阴虚则内热。"可见寒热是阴阳盛衰的主要标志。故《伤寒论》以"发热恶寒者发于阳，无热恶寒者发于阴"作为阳病或阴病的提纲。当然寒、热证，除了发热、恶寒这一主要症状外，还要通过脉、舌、二便等其他症状，综合考察判断。总之寒、热是反映了阴阳失调这一基本矛盾，双方以哪方的盛或衰为矛盾的主要方面，从而可以判定疾病的性质属阴或属阳。

那么八纲之中，表里起什么作用呢？表里是从属于阴阳两纲的。因为八纲是以阴阳为总纲，又称二纲统六变（或六要）；阴阳两纲是标明疾病的总体属性的，所以表里在此也是标志疾病属性的两个重要方面或变量，即实、热、表属阳；虚、寒、里属阴。表里是相对而言的方位概念，任何一经、一脏或一个部位，都可区分表里两方面。如阳明系统在三阳中属里，但又可区分表里证：白虎汤、葛根汤证属阳明表证；三承气汤证又是阳明系统的里证。表里也是通过相对的部位来反映正邪分争的趋向：任何系统中的表证，一般表明邪气轻浅，正气较强，有抗邪外出的趋向；里证说明邪气较重，正气渐衰，不足御邪，有邪气深入的趋势。所以表里也是正邪矛盾双方盛衰的一种标志，因此在八纲中有定性的作用。

八纲不仅有定性的作用，同时又有定量的作用。因为八纲称二纲统六要或六变。这六个要素：虚实、寒热、表里，的确是六个变量。无论是虚实或寒热，都有程度的多少、微甚或轻重之分；即使是表里也有几分表证或几分里证之别。如张景岳对虚实的辨证施治就分：无虚者急在去邪用泻，多虚者急在扶正用补；微虚微实者用泻，甚虚甚实者用补；二虚一实补中兼泻；二实一虚泻中兼补。至于补泻先后，兼多兼少，还须结合孰缓孰急，孰轻孰重决定。尽管这里是运用多少、微甚、一二等模糊概念，进行量的描述，但是只有根据这些模糊的定量分析，才能决定遣方用药的大小、轻重、缓急等量的差别。正如《内经》所说："逆者正治，从者反治，从少从多，观其事也"；"气有多少，病有盛衰，治有缓急，方有大小"；"微者调之，其次平之，盛者夺之"等等的精神是一致的。

八纲中最核心的是虚实。虚是由正气即人体阴

阳之气的盛衰或多少来决定，寒热就是阴阳盛衰的重要标志；还可结合整个病人的体质来综合判定。实是指邪气之盛，具体的是哪种邪气和属性，就要结合病因辨证，如六淫辨证或气血痰食等，才能明确是风寒暑湿抑或是气滞、瘀血、痰食等。所以八纲定性、定量还要结合病因辨证进行。这样就能更具体、深刻地认识各种病证的正邪矛盾双方的特殊性。

八纲是综合研究了有关疾病质量的各方面或因素，是在虚实、寒热、表里六个变量分析的基础上，再综合起来，从总体上判定疾病的质和量。所以它是一种分析综合的好方法，或分析综合高度统一的质量分析法，充分体现了辨证思维的特点。

四、以"症－病－证"，作为辨证的层次

中医把整个诊疗过程即临床思维过程，简称为"辨证论治"。其中"辨证"两字是对理性认识阶段，即临床推理或诊断推理过程的概括。谈辨证论治往往包含理、法、方、药四个方面，其中的"理"字就代表"辨证"阶段这个临床或诊断"推理"过程。所以用"辨证"两字代表这个推理过程，是因为中医既辨病名又辨证名，即中医对疾病的诊断，既有病名又要有证名，而且特别强调证名。因为"法随证立"，"方对证施"，只有辨清证名，才能对证立法、选方。所以就用"辨证"两字代表辨病、辨证是整个诊断推理过程。西医认为：临床推理或诊断推理，是一个把观察到的证据或表现转换为某一或几个疾病名称的过程，而病名是解释观察证据的概念性医学实体。中医不仅得出病名的临床判断，还要在病名之下进一步做出证名的诊断，即把病名和证名都作为解释观察证据的概念性医学实体。

早在《内经》就提出了在病名之下还要分辨证名的思想。如"有病颈痈者，或石治之，或针灸治之，而皆已，其真安在？岐伯曰：此同名异等者也。夫痈气之息者，宜以针开除去之；夫气盛血聚者，宜石而泻之。此所谓同病异治也。"这就是说，同一个"颈痈"病名之下，还要根据"同名异等"的分类法，再在病名下分出一个等级或层次，就是"证"。一种病会分出不同类型的证，这就是分辨证型或确定证名。如上述颈痈病，分出两个证型：气滞证和血瘀证。因为不同证的病机不同，所以治法各异。如颈痈病气滞证则用针灸行气除邪；血瘀证则用砭石泻血破瘀。这就是同病异证，所以提出"同病异治"的原则。但是《内经》时代，人们对疾病认识还比较粗浅，特别是对证治疗的方药较少（《内经》总共12个方），所以只是提出在病名之下还要分证的原则。具体治疗，主要是辨病论治，即诊断出病名，针对病名施行治疗。张仲景在《伤寒杂病论》中就进一步发展了辨证论治的思想。无论在《伤寒论》或《金匮要略》中，他都是以"以辨太阳病脉证并治"或"水气病脉证并治"等形式而名篇。就是先确定病名，在病名之下，再根据不同的脉症表现，分辨出不同的证型；最后根据证名确定治法、组织方药。如太阳病风寒表实证用辛温发汗法，选用麻黄汤；太阳病风寒表虚证用辛温解肌法，选用桂枝汤。因为"方随证立"，所以常以方名证，如麻黄汤证、桂枝汤证。这种随证而立法、处方、施治的原则，仲景在《伤寒论》中说得很清楚，如16条讲"太阳病"，经过汗、吐、下等法治疗仍不解者，"此为坏病"；怎么治呢？"观其脉证，知犯何逆，随证治之"。即观测或诊察脉、症等症征（或症候），经过"辨证"的诊断推理过程，分析它的病因病机，得出"证名"的诊断，就可以"随证治之"。说明尽管是误治造成的"坏病"或疑难重病等，只要辨清了证名，就可随证立法、处方治之。可见病名和证名都是对疾病现象进行概括的两种抽象概念，是医生对观察到的疾病证据或表现（即症状或症候）。这些感性材料通过临床推理的理论思维过程，达到理性认识，作出能反映疾病本质的、整体的、内部联系的判断——病名和证名。列宁说："人的思想由现象到本质，由所谓初级的本质到二级的本质，这样不断地加深下去，以至无穷。"

病名和证名，虽然都是对疾病现象进行本质性的抽象和概括，但是"同名异等者也"，即同一病名之下的几个证型（名），是与病名处于不同的等级或层次。证名这个层次，从人们的认识历史和认识过程来看，都是更加深入、更加发展了的认识或抽象。病名是初级本质的抽象，证名是二级本质的抽象。事实上中医的病名的确是个比较笼统、抽象的概念，仅仅抓住疾病表现中主要的特征和最一般的本质，进行命名，只能反映出一类疾病的矛盾的共性。如"太阳病"或外感病中的"伤寒病"（狭义伤寒）或"温病""暑病"，只是能反映出太阳系统（包括太阳经、膀胱腑、肺脏等要素）这个较大的空间层次和外感病初期较长的时间阶段（或过程）的各种病证。而伤寒病、温病等病名，只能泛指伤于寒邪或温邪、暑邪等所致的所有病证。根据这种病名诊断，只能确定一个笼统的治疗原则（治则），如太阳病主要用解表法或汗法；伤寒病主要用温热法，温病主要用寒凉法等。具体的治法确立

不了，也选择不了对证的方药。但证名与病名相比，就是更具体、更深刻的概念了。它是对疾病过程中更具体的阶段或即时状态的本质性的概括，是多种规定性统一的概念。也就是说，证是一定阶段上生理、病理变化所表现的形式，因此带有阶段性，同一病在不同阶段上可以出现不同的证。如太阳病的风寒表实证，它能反映出病因是风寒之邪；病位是太阳经络；病性是实证、寒证；再根据病情的定量分析，寒邪甚重则用麻黄汤，寒邪轻微则用葱豉汤。可见证名能反映出疾病矛盾的特殊性和差异性，因此提出“同病异治”，即根据不同的证名，在同一种病中，可以确定不同的治法，选择不同的对证方药。所以中医的病名是个抽象的概念，是初级的抽象；证名是更具体的概念，是更高一级的抽象。

从思维科学或逻辑学来分析，中医“辨病”相当于普通思维；“辨证”相当于辩证思维。普通思维和辩证思维是对一定事物进行认识时的思维发展的两个阶段。马克思把从感性认识（“表象中的具体”，如症状）达到抽象概念（如病名）的阶段，叫作思维的第一条道路，说这是“完整的表象蒸发为抽象的规定”的阶段，也就是普通思维的阶段；把思维从抽象概念进一步上升为具体概念（如证名）阶段，称之为思维的第二条道路，说这是“抽象的规定在思维行程中导致具体的再现”，这也就是辩证思维阶段。可见辨别“证名”（或证型），更具有辩证思维的特点，也是中医不同于西医之处。所以把中医整个临床思维的过程简称“辨证论治”，还是能体现出中医临床医学的特色的。

这样看来，我们可以把中医诊断推理的过程，从思维的形式分为两个阶段：首先通过对感性症状的辨析，达到抽象概念的阶段——辨病；再进一步上升为具体概念阶段——辨证。这两个阶段都要以“症状”这些感性认识为基础，都需要通过对症状的辨识才能造成理性的概念或判断。所以把“症-病-证”，即“辨症-辨病-辨证”，作为中医临床推理或辨证的层次，这样更能层次分明地分析认识中医临床思维的过程。

总之，通过对《伤寒杂病论》中几种最主要的辨证方法的分析讲究，可以看出各种辨证方法的性质、作用和相互关系是：以辨阴阳、辨标本的矛盾分析法为指导原则。伤寒病以六经辨证、杂病以五脏辨证的系统方法作为定位、定向的方法；以八纲辨证与病因辨证的分析综合方法作定性、定量的分析；以“辨症-辨病-辨证”的层次分析，作为临床推理的形式或辨证的层次。诸种辨证方法的各自为用和相互结合，构成了辨证论治的完整体系。我们应该深入地研究这个体系，作为中医辨证论治统一模式的规矩和病证规范化的准绳。

［《中国医药学报》2001；16（4）：4］

《伤寒论》论治方法运用举隅

常振森　山东省济宁市任成区中医院

《伤寒论》从古到今均被历代医家推崇为经典之著、方书之祖，把汗、吐、下、和、温、清、消、补等法贯穿于一百一十二方之中，构成了理法方药的治疗环节，开辟了汤液治病的先河和规范。复习《伤寒论》其中许多方剂配伍多寒热并举，攻补兼施；表里同治，细辨证，详立法。对于在临床上正确地解决表里虚实寒热错综复杂的矛盾，使后世有规可循，有法可效。现就点滴学习体会浅谈如下：

一、寒热并举

寒热是两种性质相对的病机，机体阴阳偏盛偏衰的体现。由于人体复杂疾病多变化，寒与热两者在临床上既可单独出现，亦可以交织一起而出现在一个病证之中，两者的表现可同时并举，错综复杂，故治法也需寒热并举，论中大体表现于以下几种：

1. 外寒内热　如太阳病兼里有郁热的大青龙汤证，既见外有寒邪所致的“脉浮紧，发热恶寒，身疼痛”。又有内有郁热见证的“不汗出而烦燥”。故治以麻黄汤散表邪，同时以石膏清里热，共奏安内攘外之功。论中尚有桂枝加大黄汤，麻黄连轺赤小豆汤，桂枝二越婢一汤。

2. 上热下寒　《太阳篇》173条“伤寒胸中有热，胃中有邪气，腹中疼欲呕吐者，黄连汤主之。”成无己释云：“此伤寒邪气在里而为下寒上热也，胃中有邪气，使阴阳不交，阴不得升而独治于下为下寒，腹中疼；阳不得降而独治于上为胸中热欲呕吐。”方以黄连清上热，干姜温下寒，辛开苦降以复中焦升降之职，半夏降逆止呕，桂枝通阳散寒，参草益胃和中，诸凡寒热错杂之症方得缓解。

3. 寒热错杂　《太阳篇》155条“心下痞而复恶寒汗出者，附子泻心汤主之”。尤怡云：“此证邪热有余而正阳不足，设治邪而遗正则恶寒益甚，或补阳而遗热则痞满愈增，此方寒热补泻并投互治。”观半夏，生姜，甘草三泻心汤之特点为泄利并见，其病机均胃气虚，热邪滞的寒热交结，故均立方苦味制火的黄连为基础，结合温胃建中的干姜，辛开甘降以治痞。正如尤怡云：“寒热异其气，生熟异其性，药虽同行，其功各奏”，达到“热邪宜清，胃阴亦须护扶（叶天士）”的目的。论中柴胡桂枝干姜汤，栀子干姜汤，麻黄升麻汤，乌梅丸等证均为由寒热之邪结，治亦使药性合而为一。

4. 真寒假热　如白通加猪胆汁汤治下有真寒的“厥逆无脉”，上有假热的“干呕烦证”。方用白通汤散真寒加入苦寒降逆的猪胆汁，一为“干呕烦躁”设，再取其开胸中痞塞以防药格拒不入；滋阴降火的人尿为阳浮于上见面赤汗出虚烦而用。通脉四逆加猪胆汁汤也寓此意。

二、攻补兼施

攻者，祛其邪，补者，扶其正。外感疾病的发生，无不为邪正斗争的表现，病邪是客观条件，正虚是发病的根本因素，《内经》云：“正气存内，邪不可干”，“邪之所凑，其气必虚”，所谓正虚乃是人体阴阳气血之亏耗，脏腑功能之衰弱，再感外邪势必造成“血弱气尽，腠理开，邪气因入与正气相搏，正邪分争……”的病理局面。攻补兼施也是立法于这种邪正交争的基础之上的，论中一百一十二方大部分适用了攻补兼施的治疗原则，其主要表现在以下几个方面：

1. 邪正相持　扶正祛邪：《伤寒论》对每一病证的发生，变化和恢复的论述过程中，都体现了以胃气为本的精神，五脏六腑皆禀于胃，胃气受损，脏腑经络必受累及。“胃气一败，百药难施”，“有胃气则生，无胃气则死”　（李中梓·《医宗必读》）。论中在立法组方遣药上时时刻刻顾护胃气，并指出：“阳明居中，主土也，万物所归，无所复传。”在许多方剂中，无论汗下或和消多同时运用参、草、姜、枣和胃缓中之品；扶正有助于祛邪，如治疗太阳中风的桂枝汤用桂枝振奋阳气，芍药养阴，使营卫和而邪自祛，又以草、姜、枣、热粥，意在援助已被鼓舞的正气，再者或防祛邪太过而伤胃气，即增强祛邪之力又补充了因发汗而损失的体液。再如治少阳病的小柴胡汤是在人参、甘草、生姜、大枣养护胃液的基础上用柴胡和解少阳，以收“上焦得通，津液得下，胃气因和，身濈然汗出而解”之功，寓扶正达邪之深意，此治疗法则在《伤寒论》中不乏其例。

2. 邪实正充　祛邪存正：《内经》云：“邪气盛则实”，《伤寒论》在邪气亢盛正不衰的情况下立法是攻邪为主兼顾正气，使之攻而勿伐，以免邪去正衰，如治疗太阳病内患水饮，症见：“头痛，心下痞硬满，引胁下痛，干呕短气”一派实象，治以十枣汤，方中芫花，甘遂，大戟攻留饮宿食，破癥坚积聚，恐过服使胃中津液被劫，出现口干舌燥的症状，因而加入稍补气及津液的大枣便可使痰水去而津液却不受伤。柯琴云：“预培脾土之虚，且制水势之横”，黄坤云：“大枣保其脾精，甘遂大戟泻其水饮也”可谓深得其意。再如治胃家实热证的调胃承气汤，方用大黄荡涤胃肠推陈致新，芒硝润燥软坚，通利大便，而又用补胃缓中的炙甘草共获清热和胃之效，总图邪祛而正复。

3. 正虚邪恋　养正邪退：养正即可以祛邪，多适用于正虚邪衰而留恋不去的状态，此多由于素体虚弱或由误治而产生的一种虚象病变，体虚为矛盾的主要方面。治则通过补虚而达到正复邪退之目的。如62条“发汗后身疼痛，脉沉迟者”，总由发汗太过损伤营气，筋脉失充所致，若复发汗则重损营阴犯虚虚之戒，必须用桂枝新加汤益气和营，营气恢复，筋脉和利则上证解除。又如治疗“伤寒解后，虚羸少气，气逆欲吐”的竹叶石膏汤及治疗阳亡液脱的四逆加人参汤等均属此类。笔者取其意常用生脉散治疗热病后期低烧久不愈证。用厚朴半夏人参甘草大枣汤合四君子汤治疗病后脾虚胀满证每每获效。

三、表里同治

表里是表示病邪侵袭人体部位和病势深浅的两个纲领，疾病的发生和发展过程，既有表里深浅之不同又有表里证错杂之情况，许多证候在治疗上纯于解表则里证不去，纯于治里则外邪不解，必须兼顾表里同时治疗，不可顾此失彼。在具体运用上务必当分析表里证孰多孰少，孰重孰轻，孰缓孰急，进而决定相应的治疗措施。

1. 表证重于里证　治疗应偏重在表，兼顾里证。如大青龙汤证既有伤寒表实“脉浮紧，发热，恶寒，身疼痛”之象，又有内热“不汗出而烦躁”之证，属表里俱实。两相比较，表证为重，故治以麻黄汤中倍加麻黄辛温发汗以散风寒，配以石膏既可使在里之郁热向外透解，又可克制石膏寒凉伤中之弊，共奏表里双解之功。笔者曾用麻黄汤加芒硝治愈两例外受寒邪内有宿食积滞的发热恶寒、腹痛便秘见证的患者。论中同类方剂如葛根加半夏生姜汤，桂枝加厚朴杏子汤等。

2. 里证重于表证　治疗应偏重在里而兼顾表证。如163条“太阳病，外证未除而数下之，遂协热而利，利下不止，心下痞硬，表里不解者，桂枝人参汤主之”。此为太阳虚寒下利为主兼有表证，故以理中汤温中散寒止利，用桂枝解除太阳表证，两相兼顾。其他如太阳少阴同病的麻黄附子细辛汤，桂枝加大黄汤，五苓散等。

3. 表里证均衡　治疗应表里并重，如柴胡桂枝汤证，为病已入少阳而太阳证又未罢，外有“发热微恶寒，肢节烦疼”，内有“微呕，心下支结”治当和解与发表兼施，故用小柴胡汤、桂枝汤各取半量合剂而成，以桂枝汤和营卫解肌发表，小柴胡汤和解表里则诸症自解。小青龙汤、麻黄连轺赤小豆汤亦为此类。

四、结语

疾病既是阴阳偏盛偏衰邪正相争的表现，则立法组方就必须旨在调其阴阳扶正祛邪，使阴平阳秘，其病可已。《伤寒论》正是在这种思想的指导下，辨证求因，审因论治，组方遣药的。故除八法之外又多寒热并举、攻补兼施、表里同治，以应付临床上错综复杂的病理变化。论中不厌其烦，反复举例，正示人既可知治有八法之常而又不可呆板局限于此，以免贻误病情。须灵活变通，顺乎病机，随证处施，以利邪去正安。遵《内经》：“谨守病机，各司其所……疏其血气，令其调达乃致和平”之旨。

《伤寒论》上述配伍三法并非杂乱无章的凑合，而是建立在八纲辨证基础之上的，凡证错综复杂，当先辨表里之部位，察寒热虚实之性质轻重主次，而采用性味功用不同的药物配伍，使之产生或发挥更为理想的效应。其意为：①有相互拮抗或监制作用，以达相反相成；②气味各异功用不同而并行、各奏其功相辅相成；即《内经》“间者并行”之意义。但一法之中集表里寒热攻补于一方，务必分清主次方可切中病情。如麻黄配伍石膏之大青龙汤既为寒热并举又为表里同治用于伤寒表里俱实证效如桴鼓；若用于表里俱虚证则见一派“厥逆筋惕肉瞤”的逆象，因此不可不慎。后世各医家也多效法于仲景并有发挥，立法组方多采取补与泄，表与里，气与血，动与静，升与降，寒与热兼顾。总之，《伤寒论》书中方剂结构严谨，配伍精当，实为后世方术之楷模，其立法组方之规律更值得进一步深入研究及探讨。

[《陕西中医函授》2001；(4)：6]

仲景对脉学的贡献

王东生　湖南中医学院
李聚生　河南禹州市中医院
殷文学　河南襄城县中医院

在血液循环系统中，心脏是血液流动的发动机，血管是让血液作定向流动的管道系统，真正发挥生理功能的是血液。它的功能是：完成两个碳氧交换，即把组织细胞代谢产生的 CO_2 带到肺部排出体外，把外界的氧从肺部吸入带给各组织供给细胞利用；把消化系统消化吸收的营养物质带到全身各组织供给利用或贮存；把细胞新陈代谢产生的终生物带到排泄系统排出体外；维持体温；维持水与电解质的平衡；运送内分泌腺产生的激素到全身进行调节；血中的抗体有免疫功能。正因为如此，不论西方医学或是祖国医学都不谋而合地把循环系统作为诊断的重点，以此来寻找用药的依据。所不同的是，西方医学是听声音，当然是心脏处的声音最清晰，在这里得到的是心脏泵血的能力，这里正常，血液循环可以认为是正常的，虽有问题也是局部的；祖国医学是用手摸的，以桡动脉处的信息最丰富，这里得到的频率、节律与心脏是一致的，也就是说这里可以反映心脏的工作状态，除此而外，还可以得到血压、血液流量、流速、血管张力、血管本身的硬度，以及血液在身体两侧的分配比例等信息，这里正常，心脏工作就正常。在这里得到的血液循环状态，体现了心脏对全身的供血能力，所以体察血液在动脉中的流动状态就是脉诊的核心，脉诊的各种力学现象就是血流动力的表现。古人在这方面作了大量的工作，留下不少文献，张仲景是其中最突出的一位。

一、脉诊十大参数

《内经》诊脉只分阴阳，对于脉象的描述多简单明了而不规范，如“脉尚躁盛”，“如循琅玕”等。仲景承前启后，把脉象分五阴五阳，使脉诊向规范化迈进。“脉有阴阳者，何谓也？答曰：凡脉大、浮、数、动、滑，此名阳也；脉沉、涩、弱、弦、微，此名阴也。凡阴病见阳脉者生，阳病见阴脉者死。”根据现代研究，这里所说的“阳脉”是流量大，流速快，供血多的脉象；阴脉是供血不足的脉象。仲景正是把这十种脉象作为参数，根据其在病理状态下出现的情况作为用药的依据，如：“太阳之为病，脉浮，头项强痛而恶寒。”“太阳病，发热，汗出，恶风，脉缓者，名为中风。”“太阳病，或已发热，或未发热，必恶寒，体痛，呕逆，脉阴阳俱紧者，名为伤寒。”这是说太阳病脉浮缓为中风，浮紧为伤寒，以兼脉紧与缓作区别。

“太阳中暍者，发热恶寒，身重而疼痛，其脉弦细芤迟，小便已，洒洒然毛耸，手足逆冷，小有劳，身即热，口开，前板齿燥。若发其汗，则恶寒甚；加温针，则发热甚；数下之，则淋甚。”

依现在观点来看，此脉用了四个参数去形容其实质，弦为血管张力增大血流阻力增加，细为流量变小，芤为每搏输出量较小，不能充满血管，迟为心率缓慢，综合起来是供血不足的脉象，所以禁用汗下药。“弦细芤迟”为供血参数。

由此可见，仲景在临床脉诊时不限于十大参数，这里就出现的芤迟细就没有阴阳属性，说明仲景治学态度严谨，应用归应用，一时定不了其阴阳属性，宁可留给后人，绝不草草定案。到目前为止脉象已发展到二十八个，仍在这样沿用着，所以我们说仲景在脉学发展史上起了承前启后的作用。

二、用以鉴别诊断

太阳之为病，脉浮，头项强痛而恶寒；伤寒三日，阳明脉大；伤寒，脉弦细，头痛发热者，属少阳；伤寒脉浮而缓，手足自温者，系在太阴；少阴之为病，脉微细，但欲寐也。这里脉症结合的鉴别诊断：太阳病，脉浮，头项强痛而恶寒；头痛发热，脉弦细，为少阳病；大脉为阳明病；三阳病都发热，由于发热脉都兼数，是共同点。无热恶寒是三阴病，脉浮缓而手足温是太阴病；脉微细，但欲寐是少阴病。厥阴病因其寒热错杂没固定脉象，但断其预后为“厥阴中风，脉微浮为欲愈，不浮为未愈。”

三、指导治则治法

1. “脉浮紧者，……宜以汗解之。假令尺中迟者，不可发汗。”现代研究浮脉为血管顺应性增大，血管管径变粗而血流不能充满的脉象，此时血流阻力小，是以减少外周阻力以增加供血量的脉象，治疗时可一汗而解。若出现浮迟脉象，说明浮是因心动过缓造成供血不足的一种调整，若一发汗再使血液浓缩，将会造成供血更加困难。

2. “伤寒，脉滑而厥者，里有热，白虎汤主之。”“手足厥寒，脉细欲绝者，当归四逆汤主之。”这说明滑脉属阳（供血充足）是热厥，脉细欲绝属寒厥。

3. “诸脉得数动微弱者，不可发汗，发汗则大便难。”数动微弱之脉说明动脉血管流量不足，一发汗会使体液减少，造成血浆外渗，迫使肠中大量吸收水分使大便干燥，出现排便困难。“微弦为虚，不可发汗，发汗则寒栗不能自还。”微弦之脉为动脉血管中流量不足，为了维持一定血压才使血管收缩张力增加，这样勉强可以供血，一旦发汗使血液浓缩，将会使供血再次减少，能量代谢困难，出现寒战放能现象。

4. “动气在右，不可下。下之则津液内竭，咽燥，鼻干，头眩，心悸也。动气在左，不可下。下之则腹内拘急，食不下，动气更剧。动气在上，不可下。下之则掌握热烦，身上浮冷，热汗自泄，欲得水自灌。动气在下，不可下。下之则腹胀满，卒起头眩，食则下清谷，心下痞也。”“动气在右，不可发汗，发汗则衄而渴，心苦烦，饮即吐水。动气在左，不可发汗，发汗则头眩，汗不止，筋惕肉瞤。动气在上，不可发汗，发汗则气上冲，正在心端。动气在下，不可发汗，发汗则无汗，心中大烦，骨节苦疼，目运，恶寒，食则反吐，谷不得前。”这是仲景的腹诊法则，因为正常人腹内的动脉都在深部皮下脂肪处，肠系膜脂肪等甚厚，一般摸不到动脉搏动，一旦摸到搏动说明人已相当瘦弱，只能补养，不能汗下。

四、预测病程预后

“下利，脉沉弦者，下重也；脉大者，为未止；脉微弱数者，为欲自止，虽发热不死。”脉大为供血偏多，表示抵抗力仍很大，说明病未减退；脉微弱数表示供血减少，抵抗力下降，若精神正常说明病已减退，虽身热未退也无妨，不久即退。

“下利，日十余行，脉反实者死。”下利是排除肠中毒素的反映，已经每日排十几次，脉仍显实象，说明供血偏多，预示抵抗力已放到最大，病仍不减，有死亡的可能性。

“太阳病下之，其脉促，不结胸者，此为欲解也；脉浮者，必结胸；脉紧者，必咽痛；脉弦者，必两胁拘急；脉细数者，头痛未止；脉沉紧者，必欲呕；脉沉滑者，协热利；脉浮滑者，必下血。”这是用脉象预计太阳病误下之后的发展趋势。

五、反映津液存亡

“伤寒，脉弦细，头痛发热者，属少阳。少阳不可发汗，发汗则谵语。”“太阳病，十日已去，脉浮细而嗜卧者，外已解也；设胸满胁痛者，与小柴胡汤；脉但浮者，与麻黄汤。”这是说发热不论几天，只要是单纯浮脉就说明体内津液尚未耗损，仍能一汗而解。若兼见细脉，不论浮细或弦细即不可汗，强发汗则成坏病。因为细胞内液、组织液、血浆是相通的，脉细说明血浆减少，血液因发热失水而浓缩，表示组织液、细胞内液也减少了，若再发汗再度失水时，会给代谢造成困难而成坏病。

"脉浮数者，法当汗出而愈，若下之，身重，心悸者，不可发汗，当自汗出乃解。所以然者，尺中脉微，此里虚，须表里实，津液自和，便自汗出愈。""大下之后，复发汗，小便不利者，亡津液故也，勿治之，得小便利，必自愈。"仲景所说的津液就是指细胞内液、组织液、血浆。脉微说明津液已经不足，应禁止再用汗下药，等津液充足时就会自汗出而愈，说明病的焦点在体液不足，古人不会输液，只有等待肠胃把水分吸收充足时，就可以自愈。

可见仲景是从脉象上确定体液充足与否的，用药时，时刻顾护这一点生命之水，不能浪费它。

六、提倡手足并诊

"寸口脉浮而大，浮为虚，大为实。在尺为关，在寸为格。关则不得小便，格则吐逆。""趺阳脉伏而涩，伏则吐逆，水谷不化；涩则食不得人，名曰关格。"寸口（桡动脉）浮而大，趺阳脉（足动脉）伏而涩是关格病的脉象，此病症状为吐逆，小便不通，不能食。"趺阳脉不出，脾不上下，身冷肤硬。""少阴脉不至，肾气微，少精血，奔气促迫，上入胸膈，宗气反聚，血结心下，阳气退下，热归阴股，与阴相动，令身不仁，此为尸厥。当刺期门、巨阙。"这是对尸厥的脉象描述，说明尸厥不诊足部当不能定案。

仲景的手足并诊是对《内经》三部九候诊法的简化，因为多数病血液在身体的分配比例是正常的，不需要九个部位全诊过来，而尸厥病和关格病不诊足部是不行的，怪不得他批评那些"相对须斯，便处汤药"的医生是窥管而已。

七、小结

仲景是祖国医学之圣，也是脉学大师，他对脉学的贡献，综上所述表现在以下几点：

1. 承前启后地把脉学引向规范，他列出十大脉象的名称，使脉象名称统一规范化起来，并进一步把此十种脉象作为参数，根据其在疾病发展中出现的情况以确定治疗原则，如"桂枝本为解肌，若其人脉浮紧，发热汗不出者，不可与之也，常须识此，勿令误也。"这十个参数既是脉诊的，也是血流状态的。太阳病脉浮缓用桂枝汤，浮紧只用麻黄汤，原因是二者的血液循环状态不同。

2. 简化《内经》三部九候诊法，提出手足并诊并批判那些"按寸不及尺，握手不及足，人迎趺阳，三部不参，动数发息，不满五十……，所谓窥管而已。"按中医理论趺阳脉是胃经所过，诊此可诊胃气，实质上这里离心脏最远，一旦心衰，首先在此表现出来。

3. 提出了脉象反映存津液学说，古人虽不知道细胞内液、组织液、血浆之间的关系，但仲景已经知道微细之脉不能用令身体再次脱水的汗下药，必须保存这些维持生命的津液，对已经失去部分津液者忌乱用药，应当等待肠胃吸水充足后，则津液自和而病自愈。这一创见，直到清初温疫四大家仍无不皆以存津液为准绳。

4. 脉象紧密结合并运用于临床，不但用于鉴别诊断，并用脉诊预测其发展进程，估计其预后。

仲景不愧为脉学大师，他承前启后地推进脉学的发展，并紧密地结合运用于临床，为后世医学树立了典范。

[《中医文献杂志》2001；(4)：3]

仲景利用白术双向调节水液代谢初探

许乃山　冯广清　周伟宏
扬州大学医学院

水液在体内的代谢与脾息息相关，而白术以其补脾生津、燥湿利水之功又与水液代谢有着密切的联系。本文试从仲景运用白术治疗"便坚"与"泄利""欲饮"与"不用水""小便利"与"小便不利""汗出"与"不汗出"等4个方面，对白术能够双向调节水液代谢的作用进行初步探讨。

一、"便坚"与"泄利"

无论对于"便坚"抑或"泄利"之症，在仲景方中皆可见其运用白术以治，尤其"便坚"之症，在古今中药书籍中鲜有用白术通便之说，而仲景却大胆使用白术通便。如《伤寒论》第174条指出："伤寒八九日，风湿相搏，身体疼烦，不能自转侧，不呕，不渴，脉浮虚而涩者，桂枝附子汤主之。若其人大便硬，小便自利者，去桂加白术汤主之。"《本旨》注本条为脾阳虚不能化津，仲景于此方中投以白术旨在健脾生津，为胃（肠）行其津液以通大便。而《伤寒论》第357条则指出："伤寒六七日，大下后，寸脉沉而迟，手足厥逆，下部脉不至，喉咽不利，唾脓血，泄利不止者，为难治，麻黄升麻汤主之。”方中仲景以白术健脾益气，使脾气健运而升清，湿邪燥化而泻止。由上二条可以看出，白术既能燥化湿邪，又能健脾生津。当水液代谢处于非生理状态时，无论是胃肠之津液过盛、湿邪泛滥而致泄泻，抑或脾虚津亏、不润其便而便坚难下，通过对白术的适当配伍运用，都会使津液输布合理，水液代谢正常，从而使便坚者不坚，泄利者不利。

二、“欲饮”与“不用水”

《伤寒论》第386条指出：“霍乱，头痛，发热，身疼痛，热多欲饮水者，五苓散主之。寒多不用水者，理中丸主之。”对于“欲饮”与“不用水”这两种不同或者说是截然相反的症状，仲景都投之以白术，这也是两方中唯一相同之药，可见仲景利用白术双向调节水液代谢之微妙。“热多欲饮水者”，表明其邪在阳分，表不解而里不和，气化不行，升降失常，津液不能上承而出现欲饮，仲景以白术健脾升清，则津液上承而能止渴。“寒多不用水者”，表明邪在阴分，中焦虚寒，寒湿内盛，仲景仍使用白术，以之健脾燥湿而使内湿得化，内湿化则津液输布正常。

三、“小便不利”与“小便利”

《伤寒论》第316条指出：“少阴病，二三日不已，至四五日，腹痛，小便不利，四肢沉重疼痛，自下利者，此为有水气。其人或咳，或小便利，或下利，或呕者，真武汤主之。”“小便不利”为水气停蓄于内，膀胱气化不行，故仲景使用白术健运脾气，燥化水湿。对于“小便利”，汪苓友说：“小便利者，不得云无伏水，乃下焦虚有寒，不能约束水液”，故仲景在方中运用辛热之附子以壮肾阳使水有所主，并巧妙地运用白术燥湿健脾使水有所制。在治疗“小便不利”方面，又如《金匮要略·消渴小便利淋病脉证并治》第11条所说“小便不利……茯苓戎盐汤并主之”，茯苓戎盐汤即用白术健脾燥湿而使小便得利。对于“小便不利”与“小便利”这两个相反症状，仲景将其统一于从水而治，而白术则成为调节小便利与不利的重要之品，

四、“汗出”与“无汗”

汗对体内水液代谢起着重要调节作用，因此通过审汗可察知体内的水液代谢情况。仲景常视其汗出与否并结合其他症状来调节津液。如对“无汗”的治疗，《伤寒论》第28条指出：“服桂枝汤，或下之，仍头项强痛，翕翕发热，无汗，心下满微痛，小便不利者，桂枝去桂加茯苓白术汤主之。”柯韵伯如是注解此条：“汗出不彻遽下，心下水气凝结，故反无汗而外不解。”指出此无汗乃是水气内停而太阳经气不利所致。仲景针对此种症状，以白术健脾为先，并配伍茯苓于制水中有利水之用，以改善水气内停状况。对于伴有“汗出”者，仲景也常投用白术进行治疗，如《伤寒论》第73条指出：“伤寒，汗出而渴者，五苓散主之。”无论是因使用汗法，还是其他原因致汗出的，则必耗伤津液。如津伤不甚，并且此时水能化津，津能上承，不会出现口渴；倘若水蓄下焦，气化不行，而又汗出津亏，水亦不能化津，则现口渴。仲景在此方中巧妙地运用白术健脾行水，使水能化津，从而改善汗后津亏这一病理状况。

［《国医论坛》2001；16（4）：3］

仲景方在慢性肾炎中的应用

李俊彪　中山医科大学附属一院
周　莺　广州市天河区中医院

慢性肾小球肾炎（简称慢性肾炎）是内科常见病、多发病，其病程长，易反复，多呈缓慢进行性，病因病机复杂，往往本虚标实，本虚有阴阳之分，标实又有风寒、风热、水湿、湿浊、湿热、瘀血等，或者相互兼夹。其临床表现多种多样，类似《伤寒杂病论》中的水肿、水气、小便不利、淋证等病证，现代临床仍然经常运用仲景方辨证治疗慢性肾炎，并获得较好疗效，这也正是仲景方之魅力所在。本文以治法为线索，以法统方，结合现代医家临床治验，就仲景方在慢性肾炎中的应用作一阐述。

一、解表散邪

慢性肾炎急性发作多以风为先导，夹杂寒热湿等外邪为患，或引动内宿之痰饮水湿诱发致病，或使病情加重。这类方剂在仲景方中占较大比例，正体现中医既病防变的防治思想，及时恰当的祛除表邪，消除诱因，是防治本病的关键环节。据其外邪的性质又可分为风寒、风热、风湿、风痰等，同时因其本虚，故应时时顾护正气。仲景方中的麻黄汤、桂枝汤、小青龙汤、射干麻黄汤、麻黄附子细辛汤、麻黄连轺赤小豆汤、越婢汤、越婢加术汤等均属此范畴。可适时灵活选用，其中尤以后四方常用。

慢性肾炎急性期风寒表实证可用麻黄汤，但肾

虚明显及内热体质则慎用。慢性肾炎病人多有表虚营卫不和，易外感风寒而见风寒表虚证，可选用桂枝汤，常用之调和营卫，增强体质，防范外邪。慢性肾炎日久元阳不足，卫阳不振，如遇风寒外侵，阳虚不能鼓邪外出，致太少两感，应助阳解表，可据邪之微甚，选麻黄附子细辛汤或麻黄附子甘草汤，此种类型临床多见，较常合用。麻黄连轺赤小豆汤，原为治伤寒瘀热在里之小便不利、身黄等症。考其方药，究其病机，乃为表邪壅闭，湿热内蕴，正合风水湿热之病机，以本方既能解表散郁热，又能利湿清里热，既开鬼门又洁净府，故慢性肾炎因风热外感诱发或湿毒内陷之证较多选用，屡屡见效。又如《水气病脉证并治》篇所述“风水恶风，一身悉肿，脉浮不渴，续自汗出，无大热，越婢汤主之。”慢性肾炎以面、目、腰以上浮肿，伴恶风、微热、口渴者，属风水郁热证，常用越婢汤发越水气兼清里热；水湿较盛，再加白术为越婢加术汤，以增强健脾除湿之功。而素有里饮之人兼感外邪者则宜选小青龙汤、射干麻黄汤。在临床上常见一些慢性肾炎患者因外感风寒诱发咳喘之症，或素有喘咳又发风水之候，则应解表散寒，宣肺化饮。表证重者拟用小青龙汤，里饮郁肺则予射干麻黄汤，此则中病即止，继则辨证用药。

在临床上慢性肾炎每次反复均使向愈之病加重缠绵，甚或前功尽弃。故本法的应用已越来越受到现代医家的重视。在本病的治疗过程中预防外感，或在外感初起之时，立即解表散邪，防其影响及肾，而不致于加重病情尤为关键。伍炳彩据其多年临床经验提出治疗慢性肾炎要重视解表；张志坚认为宣肺祛风解表利水之剂，不仅可减少尿蛋白，并能预防和控制感染，抗变态反应，调节体液代谢，促进病变脏器的功能恢复。

二、和胃降浊

慢性肾炎日久脾肾衰败，浊阴不能排出，以致滞留体内，泛滥为患，若湿浊上扰犯胃，胃失和降，则呕恶纳差。人以胃气为本，故和胃降浊，保护胃气实为重要一环。仲景方中有治胃虚夹热之橘皮竹茹汤，治脾胃虚寒夹痰湿之旋覆代赭汤，及治寒热错杂、中焦痞塞、升降失常的半夏泻心汤。在临床上亦常辨证选用相关方剂，使症状缓解。

三、攻下逐水

慢性肾炎高度水肿，如果正虚不明显，给用渗利之剂无效，可考虑暂用攻下逐水之剂，能暂时收效但效果难以持久，过用甚则反伤正，故应用本法要注意攻补兼施，或先攻后补，不可图一时之显效而滥用无度。在临床上如确有实邪壅结非攻不消，可用本法中病即止，再辅以他法善后。

仲景治热实之承气汤证，凡溺毒化热，蕴结肠胃，隔阻三焦致恶心呕吐，二便闭结不通，此时“急下之”，予之以通腑泻浊，使溺毒热结得以外出，可见速效。若为寒实内结，肾阳亏损，阳气不运，大便难，小便少，则选大黄附子汤，助阳通便以清除内结之阴寒秽浊。在慢性肾炎水肿较重时，二便不利，伴大量胸腹水、形气较实者，可试用十枣汤去菀陈莝，通利经隧脏腑之水湿，使内宿邪毒从二便而出。三方均属峻攻之剂，慢性肾炎病人多已有正虚，不耐攻伐，故应用时一定要明辨寒热，确有实邪，方可使用，且适可而止，或攻补兼施，并注意善后收功调理。

目前，以本类方剂的煎剂保留灌肠，用于治疗慢性肾炎肾功能不全，既取其解毒泻浊之功，又不致于攻逐过猛而耗伤正气，已取得较好疗效，并在临床应用中不断开发出新的灌肠剂，从而扩大了本法的应用范围。

四、活血行水

慢性肾炎病程长，迁延日久，久病入络夹瘀。病机多见气滞血瘀，水湿停留，三焦水道不通，又相互影响，水蓄可导致血行阻滞，血瘀亦可影响水液分布运行，水阻则血不行，血不利则为水，两者相互影响相互瘀结。在治疗时若单纯逐水则因瘀血阻滞，津液输布排泄受阻使蓄水难去；若单纯祛瘀则因蓄水不除，阻碍血行终使瘀血难消，故水瘀互结，错杂缠绵难愈。

中医研究院西苑医院已故老中医赵锡武认为治水当燮理五脏，兼顾气、血、水，水病兼有瘀血之标象者用当归芍药散加味。现代药理研究表明，本方能降低血粘度，抑制血小板聚集，改善微循环。仲景桂枝茯苓丸为温经化瘀通络而设，在慢性肾炎有瘀血指征者可选用或合用。上两方在《金匮要略》中原被列于妇人妊娠病脉证并治篇，活血兼养血，理气兼运湿，适用于瘀血阻络、气血运行不利者。近年来对活血化瘀法在慢性肾炎的运用研究较多，叶任高认为慢性肾炎病理损害多为增生性和硬化性病损，在临床上多有高凝状态，本病自始至终有血瘀存在，且病程越长瘀滞越明显，用活血化瘀法可改善肾小球滤过功能。

五、健脾利水

“诸湿肿满皆属于脾”，而慢性肾炎多因湿浊水毒稽留，为湿为肿为满。且脾乃后天之本，主运化，因此健脾祛湿、化气行水之法，在本病中尤为常用。仲景此类方剂颇为丰富，后世医家亦经常使用，如苓桂术甘汤、苓桂枣甘汤、茯苓甘草汤、五苓散、防己黄芪汤、防己茯苓汤等。

苓桂术甘汤、苓桂枣甘汤、茯苓甘草汤都能治水气，均主治中焦脾胃，一以白术运脾，一以大枣培土，且倍茯苓利湿，一以生姜温胃。慢性肾炎若有心悸、胸闷、短气、头晕目眩、气逆上冲等症，乃为中阳不运，水气上冲，宜温健中阳，复中焦转输之功而制水，可选用此三方。五苓散原治内停水湿外有风寒之证，有健脾利湿、通阳利水之功，无论急慢性肾炎见全身浮肿、小便不利，或有水逆、腹胀气满、苔白滑或腻、脉濡等症，病机为脾虚中阳不足，膀胱气化不利，不管有无表证，均可选用本方。实验研究表明五苓散能利尿和降血压，能增加肾脏血流量，降低肌酐、尿素氮，对肾功能不全有防治作用。

《金匮要略》以防己茯苓汤治外证肤肿，按之没指，四肢肿甚而聂聂瞤动，肢体欠温，不恶风，口不渴，舌苔白滑，脉沉等皮水证。以本方温散在表之水气，渗利在里之水湿，表里分消，慢性肾炎中较常见肺脾虚及卫阳虚滞之证，故常选用此方。若表虚再感风湿，致水湿滞留肌表，则宜选防己黄芪汤益气固表，培土祛湿。

临床观察慢性肾炎肺脾虚弱者用本法不仅症状改善，大部分患者还可见尿蛋白逐渐减少。曹水康认为在慢性肾炎整个病程中，“其制在脾”尤为关键，治水首重培土，选用本类方剂疗效较好。

六、滋阴利水

慢性肾炎患者有许多逐渐发展为肝肾阴虚，也有部分因用激素、免疫抑制剂治疗后出现阴虚火旺证，或者本为脾肾阳虚等其他证型久服温补壮阳剂使肾阴耗伤而转化为肝肾阴虚证，宜用滋阴利水法，仲景方中有猪苓汤、黄连阿胶汤等。

猪苓汤原治阳明病脉浮发热，渴欲饮水，小便不利；或少阴病下利七六日，咳而呕渴，心烦不得眠者，以“二苓”、泽泻渗利水湿，滑石清利水道，阿胶滋阴养血清热，合用利水不伤阴，滋阴不敛邪，使水气去，邪热清，阴液复，诸症自除。慢性肾炎水肿有阴虚内热兼湿热蕴结之证，以此方多能收效。刘志明认为本方是治疗慢性肾炎阴虚湿热病机的良方。药理研究表明本方有保钾利尿、改善代谢性酸中毒、保护肾功能的作用。黄连阿胶汤原为治少阴阴虚火旺，水火不济，对慢性肾炎有心肾不交、热烁肾阴、阴虚有热者可选用，但慢性肾炎多兼水湿之邪，本方仍稍偏滋腻，要注意勿滞脾助湿，可配合化湿理脾之药，或于湿去邪少之时，以作善后扶正之用。

七、温补肾阳

慢性肾炎病程长，久病及肾，肾阳虚弱，命门火衰，水不能化，则水湿泛滥。温补肾阳有助膀胱气化，三焦通利，使水邪从小便出。即使水肿消退，仍可见脾肾阳虚之证，如畏寒肢冷、面色皖白、腰膝酸软、倦怠乏力、舌胖、脉沉弱，此时更应温补脾肾，扶正固本。可选用仲景金匮肾气丸、真武汤等方。

真武汤原即为肾阳衰微、水气泛滥之证而设，现代医家在慢性肾炎证属肾阳虚之水气为患时较常用。金匮肾气丸更为温补肾阳的代表方，慢性肾炎证属肾阳虚者首选本方，其体现了阴中求阳的思想，既壮肾阳又补肾阴，水火并补，使肾气元阳渐生，且寓温阳滋阴利湿于一体。历代临床医家均推崇并发展了本方。赵锡武认为慢性肾炎的治疗当重在温补肾阳，以助恢复肾功能，常以金匮肾气丸为主方。研究表明其对消除蛋白尿，恢复肾功能有较大帮助，能清除过氧化物及自由基，提高抗损伤能力及修复能力，能降血糖降血脂，改善微循环，并可提高激素消尿蛋白效果，也能对抗激素的免疫抑制、代谢障碍及肾上腺皮质机能不全等副作用，增强中西医结合治疗效果。

八、其他

还有报道指出，仲景方中的小柴胡汤、黄芪建中汤、理中丸等对慢性肾炎有较好疗效，一些医家常辨证选用而取效。

九、结语

仲景方临床验证，对外感及内伤病均有较好疗效。在慢性肾炎的治疗中，从扶正祛邪、治表治里、治阴治阳，或从多脏腑论治等方面，已有法可依，有方可效，对本病治疗有积极深远的影响和指导意义，只要能深入体会，灵活运用，辨证得当，均能获效。

现代医家从药理作用等方面进行了研究探讨，进一步印证了仲景方的效月，并在此基础上加以丰富和发展。虽然仲景方在本病的治疗中应用广泛，但必须辨证化裁，不可拘泥刻板，而失去仲景辨证思想这一灵魂。

[《江西中医学院学报》2001；13（4）：185]

近二十年对仲景健脾法（方药）的文献研究概况

叶　进　沈庆法　上海中医药大学

健脾是仲景治疗多种疾病的一大法则，他对该法（包括方药）的运用经验颇有特色，于目前中医临床仍有值得借鉴的现实意义，现将近二十年相关文献整理研究如下：

一、从治则治法着眼

仲景在临床实践中，尤其在杂病辨治时，十分重视脾胃，在《金匮要略》（简称《金匮》）中体现尤为明显。曾对《金匮》病、方、药进行统计，《金匮》杂病约60余种，从脾胃论治者达28个病证，立法分别以温中散寒、健脾除湿、和胃降逆、温阳化饮、甘温补中、清胃泄热、除湿退黄等为主，且组方有半数以上功效、归经、主治主要在脾胃者；《金匮》正文方剂共181首（不含附方及杂疗等三篇方剂），其中治脾法之方剂有56首，约占31%，56方中温阳健脾方有37首，占66%；《金匮》用药共156种，上述56方中，归经和主治在脾胃者达43种，占总用药数的27.5%，在181方中选用方次最多的药物依次是甘草、茯苓、人参、附子……，前10味药，多为辛甘温热之调理脾胃要药。可见，仲景法重治脾，且尤以温阳健脾为主，如大建中汤、附子粳米汤、吴茱萸汤、大半夏汤、半夏干姜散、橘皮汤、黄土汤、四逆汤、桃花汤等皆为范例[1]。仲景治病有从心、从肺、从肝、从脾、从肾的不同，但对于杂病，从脾论治更为重要。补脾既能扶正，也可祛邪，又助防病、防传变。后世李东垣脾胃学说的创立，就是以《金匮》“从脾论治法”为理论基础，并且进行了补充和发展[2]。仲景在贯彻“治未病”思想时，亦十分重视脾胃：①欲病防作，补养脾胃，如茯苓桂枝甘草大枣汤治“欲作奔豚”。②既病防变，顾护脾胃，如小柴胡汤用人参、大枣、甘草补益中气；于桂枝汤、理中丸方后注“饮热稀粥”，均为鼓舞胃气兼助药力；五苓散、四逆散之“白饮和服”与食粥同义。③病瘥防复，调养脾胃，如《伤寒论》398条云，“病新差”，“脾胃气尚弱”提示当注意饮食调养[3]。即使治疗外感，仲景同样不忽视脾胃，如桂枝汤就是典型之例。桂枝汤除了调和营卫、滋阴和阳的作用外，尚有健胃降逆之功，可解表护胃气[4]，其煮服法也体现了这一思想。除桂枝汤以外，太阳病篇中的大青龙汤、葛根汤、小建中汤、厚朴生姜半夏甘草人参汤、苓桂术甘汤等也是明显的例证。对于热实证，在攻邪的同时，刻意顾护胃气，垂示了不少疗效卓著的方治。《伤寒论》在众多的方剂中应用了甘草、生姜、大枣、粳米等药食通用之味，也充分体现了仲景祛邪匡正、顾护脾胃、建中助运、燮理脾胃的意旨，这是仲景的重要学术思想[5,6]。关于仲景健脾的法、方、药散见于《金匮》《伤寒论》不同篇章，但以《金匮》中多见。为便于学习和掌握。有人以法统方进行整理，如将《金匮》补脾法的运用归为：①建立中气，调和阴阳，如小建中汤、黄芪建中汤；②补中助阳，振奋阳气，如人参汤；③大建中气，运阳散寒，如大建中汤；④温脾降逆，如大半夏汤、吴茱萸汤、半夏干姜散、苓桂甘枣汤；⑤温中散寒，健脾运湿，如甘姜苓术汤；⑥健脾利水，温中蠲饮，如苓桂术甘汤；⑦健脾利水，通阳化湿，如防已茯苓汤；⑧温健脾土，统血摄血，如黄土汤；⑨理气健脾，如枳术汤；⑩温脾止泻，如四逆汤、桃花汤；⑪健脾安胎，如当归芍药散、干姜人参半夏丸、桂枝汤、白术散；⑫调理肝脾，如当归芍药散、当归散；⑬安中益气，如竹皮大丸；⑭补脾安神，如甘麦大枣汤[7~9]。

二、从病证角度探讨

健脾方法和方药的使用，往往与适用的对象有密切关系，故有医家从相关的汤证、病证角度探讨仲景治脾之法、方、药。如《金匮》有肾病实脾之法：①但实脾：以甘姜苓术汤证为例；②实脾为主：见桂枝加桂汤证、茯苓桂枝甘草大枣汤证、桂枝加龙骨牡蛎汤证；③兼实脾：麻黄附子汤证、栝蒌瞿麦丸证、肾气丸证[10]。对于心病肺病，《金匮》亦以实脾论治，可归纳为：①但实脾：人参汤证、甘草干姜汤证；②实脾为主：桂枝五味甘草汤去桂加干姜、细辛汤证、泽泻汤证、茯苓杏仁甘草汤证；③兼以实脾：麦门冬汤证、酸枣仁汤证、射干麻黄汤证、皂荚丸证、葶苈大枣泻肺汤证[11]。辨析《伤寒论》脾虚证证治，可归纳为：①脾虚气滞，腹满腹痛，方用厚朴生姜半夏甘草人参汤、桂枝加芍药汤；②脾气虚寒，表邪不解，方用桂枝人参汤；③心脾两虚，心悸而烦，方用小建中汤；④脾阳虚寒，下利不止，方用四逆辈[12]。通过探讨《金匮》腹满证治，可见仲景治疗腹满之虚证寒证，立建中温脾补益法，分为：①甘温建中法，如大建中汤；②温阳化湿法，如附子粳米汤；③温阳化饮法，如赤丸；④温阳通便法，如大黄附子汤[13]。

仲景治疗虚实夹杂证时，也十分注重脾胃，如用鳖甲煎丸、木防己汤、十枣汤等，虽多用易伤胃气之汗、吐、下诸药以攻逐邪实，但也不忘护胃建中，多配用人参、大枣、甘草之类。还擅以粳米、小麦养胃，如白虎加人参汤等[14]。有学者论治慢性肝病，认为其病病位在肝，肝体亏虚，具有先传脾，后及肾的规律，脾虚贯穿该病全过程，因而指出《金匮》的酸甘焦苦，健脾化湿法是治疗的主要原则[15]。

三、从组方用药研究

要获健脾之良效，组方用药十分重要。亦不乏对此作研究者，如有人认为，小柴胡汤中必用人参，可和解护胃气；白虎汤或白虎加人参汤，人参滋阴清热生津，甘草、粳米调中益胃，可清热生津、急下存阴护胃气；乌梅丸可寒热并调护胃气等[4]。建中之方殆仲景首创，归纳起来，大体有小建中汤、大建中汤、黄芪建中汤、当归建中汤等，后世还创有人参建中汤，方名、药味虽不尽相同，但均有饴糖这味要药，可见没有饴糖则不成其为“建中”。饴糖味甘，性温，入脾、胃、肺经，是缓中、补虚、生津、润燥之上品，非其他补中之品所能及。仲景治虚劳重在治脾，以小建中汤为代表，有其独到之处。仲景调护脾胃有多种方法，巧施甘味便是其中之一。如桂枝汤为群方之冠，其书中以此方加减变化的方剂，达二十五首之多，著名的小建中汤即是由本方倍芍药加饴糖而成。甘味药中，以甘草、大枣、蜂蜜、饴糖为甘甜之最[16]，仅就《伤寒论》113 方中，用甘草的方剂有 70 首，用大枣者有 40 方，凡丸散剂多配以蜜或用米饮和服。凡气味甘寒燥烈、性能峻猛之方药，则佐配甘味以调之，如白虎汤、十枣汤、三物白散、大乌头煎、青龙汤等，充分利用了甘可矫味，甘可缓急、甘可养中的作用。但甘味亦有助湿生痰、壅中滞隔之流弊，仲景常配以干姜、桂枝、茯苓等辛散温通，淡渗流动之品，以杜害取利[17]。甘草是十分常用的、有健脾之功的甘味药之一，有医家对其在痰湿病症中的应用规律和配伍意义进行研究，认为，水饮在中当和中以运化之，宜用甘草。观痰饮与水气病篇中，凡痰湿停滞中焦或与脾胃有关者，每用甘草入方。如苓桂术甘汤，防己黄芪汤、苓甘五味姜辛汤等。分析《金匮》，甘草的配伍意义大致有四：其一，培土制水以厚中焦。其二，滞药于中以图缓利。其三，辛甘相合以发阳气。其四，特殊用法（如甘遂半夏汤）。痰湿病症中甘草的配伍禁忌：①水湿在下当从小便利之，方取通利者不用甘草，如十枣汤、五苓散、泽泻汤、厚朴大黄汤、己椒苈黄丸、葶苈大枣泻心汤、木防己汤等，恐其甘缓滞碍通利速下之性；②水饮犯胃，呕吐呃逆者，不用甘草，“呕家忌甘”[18]。甘草的运用及其广泛，不少人认为该药主要为调和药性之品，其实并非如此，仲景投之有诸多用意：①益气养心（炙甘草汤）；②健脾益气（甘草泻心汤、甘麦大枣汤、甘草麻黄汤）；③温中散寒（甘姜苓术汤）；④温肺补气（甘草干姜汤）；⑤健脾除湿而止痛（甘草附子汤）；⑥安蛔止痛（甘草粉蜜汤）；⑦补益心阳（桂枝甘草汤）；⑧缓急止痛（芍药甘草汤）；⑨润肺止咳（麻杏石甘汤）；⑩清热解毒（甘草汤、桔梗汤）[19]。有人从经方配任规律的研究中得出：疏利肝胆之时，勿忘调理脾胃，如桂枝汤、小柴胡汤。调理脾胃之时，勿忘疏理肝胆，如小建中汤、黄芪建中汤（桂枝、芍药运木郁而清风燥）[20]。仲景用药组方还擅配食疗，注意饮食调养以护脾胃。如：热粥为助以增药力，服桂枝汤和桂枝麻黄汤之后，要“啜热粥一升余”；白饮送药以护胃气，白饮即米汤，如三物白散，内有巴豆，“以白饮和服”祛邪而不伤正；善用姜枣以益脾胃，《伤寒论》《金匮》之方配有姜、枣的十居其四五；巧用粳米以调中焦，寒剂、温剂、补剂之中加入粳米之例比比皆是：补脾气以小麦为先，如甘麦大枣汤、白术散；养胃阴蛋黄首选，如百合鸡子黄汤、黄连阿胶汤等[17,21]。

综上所述，近二十年来，学者大致从上述三个方面，对仲景健脾法（方药）作了不少文献研究，明确认识了仲景重视脾胃的治疗思想，较为全面地归纳了仲景的健脾方法和方剂，这对丰富和充实脾胃学说具有很大的现实意义。虽然取得了可喜的成绩，但这方面还有许多研究待做，如目前的研究偏重于治则治法的理论探讨和一般的归纳，对仲景健脾方药运用规律的研究还不够深入和全面，影响了研究成果的实用价值；对仲景健脾方药的发展研究也不够系统，如有关此类方药对魏、晋、唐、宋的影响等资料十分罕见，难以清晰地了解这一领域的全貌，限制了研究者的视野。今后应加强这方面的工作，扩大范围，注重此领域文献研究的实用性，为临床、科研、教学提供有价值的思路和依据。

参考文献

[1] 杜建中，董秋梅. 试论张仲景论治杂病法重治脾 [J]. 国医论坛 1996，(5)：2-3.
[2] 常富林.《全匮》“从脾论治”法初探 [J]. 贵阳中医学院学报，1984，(2)：21-23.
[3] 姚秀琴.《伤寒论》“治未病”重在脾胃 [J]. 山东

中医药大学学报，1997，(2)：101－102.
[4] 李安民.《伤寒论》护胃气怯初探 [J]. 浙江中医杂志，1982，(4)：150－151.
[5] 王兴华，陈亦人，《伤寒论》太阳病篇脾胃学说浅识 [J]. 南京中医药大学学报，1995，(2)：22－24.
[6] 周本兽.《伤寒论》运用胃气理论的探讨 [J]. 国医论坛，1994，(6)：3－4.
[7] 张兆玉.《金匮要略》补脾法运用初操 [J]. 河南中医，1985，(5)：23－25.
[8] 杜建中，赵毅刚.《金匮要略》温阳健脾法运用探要 [J]. 河南中医药学刊，1996，(2)：19－21.
[9] 姜维. 浅析《金匮要略》髀病因机证治 [J]. 国医论坛，2000，(3)：1－3.
[10] 陈国权.《金匮要略》肾病实脾论 [J]. 吉林中医药，1996，(2)：46.
[11] 杨少军.《金匮要略》心病肺病实脾论 [J]. 四川中医，1996，(10)：7.
[12] 杨传标.《伤寒论》脾虚证证治辨析 [J]. 河南中医，1999，(4)：4－5.
[13] 张晓平.《金匮要略》腹满证治与调理脾胃法浅探 [J]. 国医论坛，1999，(5)：3－4.
[14] 王寅，刘冰.《金匮》虚实夹杂证论治方法初探 [J]. 云南中医学院学报，1999，(4)：20－22.
[15] 韩宁. 论《金匮要略》肝病证治 [J]. 山东中医药大学学报，1998，(4)；274－278.
[16] 卞一明. 从"小建中汤"与"肾气丸"两方谈仲景治虚劳要略 [J]. 甘肃中医学院学报，1994，(4)：3－4.
[17] 庄彦亭. 仲景顾护脾胃法初探 [J]. 四川中医，1992，(1)：2－3.
[18] 彭欣. 论《金匮要略》痰饮水气病方中甘草的取舍规律 [J]. 山东中医杂志，1999，(2)：54－55.
[19] 陶镇岗. 仲景用甘草非调和药性探析 [J]. 吉林中医药，1997，(4)：45.
[20] 高天旭，赵玉瑶. 从经方配伍规律论补脾泻肝 [J]. 中医研究，1996，(3)：7.
[21] 杨汉辉. 张仲景食疗健胃法初探 [J]. 中医函授通讯，1999，(5)：4－5.

[《上海中医药大学学报》2001；15 (4)：61]

《伤寒论》服药法探讨

叶韩镯　浙江省三门县中医院

正确掌握中药服药方法，是提高中药疗效的重要环节，历代医家对此十分重视。仲景的《伤寒论》共载完整方 112 首，其中对各方的服药方法非常重视，内容十分丰富。下面就《伤寒论》中的服药法，谈谈自己的一点体会。

一、服药方式

仲景的《伤寒论》中，由于各方剂型和作用的部位不同，因此给药的方式与途径也不同。汤剂在《伤寒论》中占的比重最大，其服药方式均以饮服为主，以利于肠道吸收。但亦有二方例外，即苦酒汤和半夏汤两方需"少少咽之"使药效持续作用于咽部，以治咽部疾患。散剂均以"和服"法，以米汤、水或沸汤等和服。如五苓散以米汤和服，烧裈散以水和服。丸剂《伤寒论》中仅 5 方：麻子仁丸、乌梅丸以饮送服；理中丸以沸汤温服；抵当丸以水煮丸后连滓服；大陷胸丸以丸与甘遂末、白蜜、水混合煎取服之。此外有猪胆汁方，"和少许法醋，以灌谷道中"；又蜜煎方"以内谷道中，以手急抱，欲大便时乃去之。"二方均以导法给药，宜于津亏而大便硬者。

二、服药时间

仲景方的服药时间是根据病情来决定的。某些疾病只有正确地掌握服药时间才能确保疗效。平旦服，是指早晨未进食前服药，如十枣汤，因病邪深，平旦空腹服使药直达病所。还有日服，指白天服药；日夜服，指白天、夜里均服；食前服指在饭前服等。根据仲景用方，一般病在胸膈上者，应食后进药；病在心腹下者，法当先服药后进食，如桃核承气汤证病位在下焦，故"先食温服"，使药力迅速下达祛除瘀血。此外，桂枝汤宜"先其时服"，使病与药相对，易于祛邪；半夏汤则不拘时服，"少少咽之"以利咽喉。由此可见，某些方剂服药时间的正确选择是十分重要的。

三、温服和冷服

服药温度主要针对汤剂而言。一般来说，寒证用温药宜热服，热证用寒药宜凉服。《伤寒论》中内服药大多是温服。如桂枝汤"适寒温，服一升。"故寒药凉服几乎看不到。当前亦有热证用寒药温服和寒证用热药冷服两种反佐服法。如小承气汤性寒温服，以防寒药拒受；半夏散汤性热冷服，以防拒热而不纳。这些反佐服法，能避免"阴阳格拒"不能纳药之弊。后世所说的"姜附寒饮，承气热服"即源于此。

四、服药次数

服药次数的多少是根据病情的轻重缓急来决定的，一般顿服、日服一次等药性猛烈，用于病情较重者。而日再服、三服等药性较缓，用于病势缓者。《伤寒论》中汤剂占的比重较大，故服药次数也比较复杂，而散剂、丸剂则较简单，下面先谈谈汤剂的服药次数：

顿服法指一次性地将药服完。《伤寒论》中口服汤剂共100方，其中顿服者仅5方，如半夏干姜汤、干姜附子汤等。一般用于邪实正不虚的急重病证，因病势较急，所以一次顿服，使药力集中，收效迅速。

日服二次之汤剂，《伤寒论》中有29方，大多数用于胃肠的病变，如大黄黄连泻心汤。也有少数方用于治疗局部轻证，如治咽喉痛的甘草汤、桔梗汤等。

日服三次之汤剂，《伤寒论》中有62方，占的数量最大。分三次服之汤剂，一般是一剂分早、中、晚三次服完，如五苓散等。但也有的其“三服”须“半日服尽”，如麻黄连翘赤小豆汤；亦有根据病程“不必尽剂”，如桂枝汤，“若一服汗出病差，停后服，不必尽剂”。日服三次之方剂，在《伤寒论》中最普遍，一般是药性较缓和的药物，需要持久治疗者常用此法。

日服四次或四次以上的汤剂，《伤寒论》书仅仅4方，一般适于病症急重或病情复杂者，使药物在体内持续作用而昼夜兼服。这四首方剂分别为柴胡加龙骨牡蛎汤，日服四次；当归四逆加吴茱萸生姜汤，日服五次；黄连汤则昼三夜二服；猪胆汤则“温分六服”。

下面再谈谈散剂和丸剂的服药次数：

散剂在《伤寒论》中有7方，其中顿服的仅瓜蒂散一方，治胸中有寒，顿服痰饮易吐出。日服一次的也只三物白散一方，日服三次有5方，如五苓散、半夏散、四逆散等。

丸剂全书共5方，日服一次有抵当丸，大陷胸丸二方，均系峻药用丸剂，缓而图之。日服三次者有麻子仁丸、乌梅丸。而理中丸一方则“日三四，夜二服”，宜于病缓、需久服者。

五、服药剂量

《伤寒论》对内服药的每次服药量均作了明确的规定。如桂枝汤服“一升”，四逆散服“方寸匕”，麻子仁丸“饮服十丸”等。当然服药量并不是机械死板的，必须根据病情的需要，病人体质强弱，酌情加减。如乌梅丸先服十丸后，可稍加至二十丸；麻子仁丸先服十丸，再“渐加，以知为度。”而十枣汤“强人服一钱匕，羸者减之”；瓜蒂散服后不吐者，其量可少少加之等都很典型，此不赘述。

六、服药后注意

《伤寒论》对服药后的病程变化，还从护理的角度提出了许多注意事项。如凡服发汗之剂，不可令如水淋漓，以遍身漐漐似有汗者为佳，若汗出多者，“以温粉扑之。”又桂枝汤方后云：“服已须臾，啜热稀粥一升余”，以助胃气。特别是禁忌，《伤寒论》中的丸、散剂禁一切生冷、滑物、臭食；汤剂加桂枝汤也禁生冷、粘滑、肉面、五辛、酒酪等，恐因此而伤胃气。

总之，仲景的方药无论是汤剂、丸剂还是散剂均以辨证论治为原则，施法严谨有度，值得我们进一步总结和效法。当然，服药法虽属于护理学方面的知识，但作为一个临床医生，很有必要研究和掌握这些内容，以便更好地发挥中药的疗效，保障人民健康。

[《河南中医药学刊》2001；16（4）：9]

《伤寒论》方化学成分研究述评

朱章志　广州中医药大学

《伤寒论》是仲景医疗实践宝贵经验的结晶，是《伤寒论》理论精华在论治方面的集中体现。用现代科学方法对其进行全方位而深入的研究，不仅可发掘方剂配伍的科学内涵，而且可为推广应用和开发新药提供科学依据。近10年来国内外对伤寒论方从不同角度进行了探索，但研究多集中在药理、药效学方面，而对其化学成分的研究还较少。伤寒论方疗效的物质基础都是其化学成分的总和，既与化学成分对人体的影响密切相关，同时与机体对各成分的处理不可分割。因此，化学成分的研究在伤寒论复方研究中占有重要地位，内容十分丰富，不仅能阐明复方作用的物质基础，发掘其配伍的科学内涵，而且可探索复方配伍制剂过程中及体内吸收、分布、代谢过程中化学成分的变化规律，从而优化处方、制定科学的制剂工艺及用药方案。现就近年来此方面的内容加以述评。

一、配伍过程中化学成分变化的研究

中药复方的特点在于通过药物配伍产生全方位的整体综合疗效。研究配伍过程中化学成分的变化规律，为改良处方、创制新方提供科学依据。

丁林生等[1]应用定性反应和薄层层析法检出白头翁汤中小檗碱、七叶甙、白头翁皂甙 A_3 及皂甙 B_4 的存在；另用分光光度法测定白头翁汤中小檗碱和七叶甙的含量，发现皆比黄连和秦皮中的含量降低，尤以小檗碱显著。杨卫贤等[2]采用萃取分光光度法和薄层层析－分光光度法分别测定白头翁汤中小檗碱和秦皮乙素的含量，探讨药物配伍对其化学成分的影响，结果表明：当黄连、黄柏与秦皮、白头翁配伍后，汤剂中小檗碱含量有所下降，尤以白头翁配伍后下降最为明显。而白头翁、黄连、黄柏与秦皮配伍后，汤剂中秦皮乙素的含量均有所下降，影响大小顺序为白头翁 > 黄连 > 黄柏；当4药合煎时，汤剂中小檗碱和秦皮乙素含量下降并不符合单味药影响的相加。丁林生等[3]研究表明：当黄连与白头翁汤组方中各药材分别煎煮时都能产生含小檗碱的沉淀，推测系药材中某些化学成分存在使小檗碱溶解度降低而析出。

《伤寒论》《金匮要略》中记载了黄连甘草参与配伍的方剂6首，如黄连汤、半夏泻心汤等。李祥等[4]研究了甘草、黄连相配伍后成分的变化，结果表明，甘草皂甙与黄连素以1∶2～1∶5的比例混合时均可产生黄连素单甘草酸盐的沉淀，且沉淀量随甘草皂甙量的增多而增多，苦味亦随之消失。梅全喜等[5]对黄连的泻心汤类方剂研究发现，复方中同时含有大黄或甘草时，煎液中小檗碱的强烈苦味消失，不含大黄或甘草的煎液仍有强烈苦味，原因是小檗碱与大黄鞣质、甘草酸结合生成了难溶性沉淀物。甘草酸与小檗碱产生沉淀会导致黄连抑菌活性的降低以至丧失。

四逆汤为回阳救逆代表方，其中附子含生物碱，单用强心作用不明显，且可导致异位心律失常；甘草、干姜无强心作用，但与附子配伍后复方强心升压作用显著，并能避免单用附子产生的异位心律失常。裴妙荣等[6]应用薄层扫描法对不同配伍的“四逆汤”的3种乌头碱毒性成分进行测定，发现甘草可降低汤剂中3种乌头碱的含量，对附子有显著的解毒作用，干姜有类似甘草的佐制作用，但效力次之。应用原子吸收分光光度法对不同配伍四逆汤中13种无机元素进行分析的结果表明：药量及药味的变化对各元素煎出的绝对量未见明显影响，煎出率则随药量及药味的增大而降低[7]。

研究认为石膏清热之功在于钙离子，麻杏石甘汤清热的物质基础可能与其中的微量元素同有机成分的协同作用有关，即石膏的主要无机元素钙、铁、锰、锌等与麻黄碱、甘草酸、杏仁甙形成络合物。吴炳辅等[8]发现麻杏石甘汤中的微量元素可与有机成分（如麻黄碱）形成1：1络合物，这是一种天然协同态，偏废有机与无机任何一类，此种络合态即行消失，其活性将受到影响；且观察到生石膏、麻杏石甘汤、模拟麻杏石甘汤（麻黄碱、甘草酸、铜、铁、锰、锌的组合）对家兔均有降温作用，而盐酸麻黄碱加甘草酸单钾盐组反而升温，说明清热作用是方中有机、无机两类成分络合而起协同作用的结果。

二、体内代谢过程中化学成分变化的研究

复方作用于人体而发挥疗效，故体内的影响因素不可忽视，复方体内化学成分的吸收分布、代谢排泄等环节都是影响疗效的因素。如石膏的主要成分为硫酸钙，内服后经胃酸作用，一部分变为可溶性钙离子增加血清钙离子浓度，抑制神经应激能力，减轻血管渗透性，发挥清热作用。因此，体内化学成分的研究，对合理用方，制订给药方式、剂量及间歇时间等都十分重要。

孙静芸等[9]以麻杏石甘汤剂、散剂及同剂型的单味药在人工胃液、胃－肠液中进行体外模拟实验，并给予兔灌胃进行对照实验，分别以石油醚、氯仿、乙酸乙酯对胃、胃－肠内容物进行提取分离，对主成分溶出度、含量变化规律及4种溶剂分步提取物的化学成分、pH变化进行分析，结果表明，各部位提取物的总体化学成分及主要成分含量的变化规律与对照组兔灌胃法一致。证明了体外模拟法取代兔灌胃法的可行性，为体外模拟法在中药复方化学成分研究中的应用提供了依据。本法引入体内过程因素，能较准确地反映复方体内化学成分的变化规律，比动物实验法简便易行，条件易于控制。

寺泽捷年[10]用酶标免疫和高效液相色谱法（HPLC）测定甘草芍药汤体内化学成分浓度，成功证明芍药配伍甘草可明显提高甘草次酸（GA）血药浓度。并以GA为测定标准，大鼠口服甘草酸、GA、芍药甘草汤后，血中GA含量因伍用芍药而明显提高，同时尿中排泄GA量亦明显比单用甘草高，但尿中排泄量仅占投入量的3%～4%，而粪便中服用甘草汤时GA的排出量多，高于服用芍药甘草汤。推论伍用芍药后血中GA浓度增高可能是由于某种因素使粪便中排出量降低，而在体内停留时间延长。

当归四逆加吴茱萸生姜汤体内的动态研究结果表明：获得显著临床效果的患者血中甘草甜素浓度在6～12h明显上升呈峰值，而未显一定经时变化的病例未见临床效果；用热像图观察四肢皮肤温度的变化，获得显著疗效的病例的皮肤温度的变化与血中甘草甜素的推移相关，无临床效果的病例未见相关性，以上规律在6个月疗程前后的重复性良

好[11]。田中茂[12]对三黄泻心汤体内化学成分定性定量研究表明，大黄酸血浓度在不同证的患者体内存在差异，严重实证便秘患者血中大黄酸峰值浓度较轻型实证便秘者为高。矢船明史等[13]测定了小青龙汤提取剂经口给药后8个健康成人男性志愿者血中麻黄碱浓度，结果表明：任何给药方式，第2天以后血中浓度的变化几乎相同，但2次/d和3次/d给药方式血中麻黄碱浓度有明显差异。2次/d给药时，第1、2次给药之间血药浓度很低，而3次/d给药时，在同一期间内增加1次给药时，显示出相当高的血药浓度。松木容彦[14]对健康成年男子口服麻黄附子细辛汤提取剂胶囊后麻黄碱的体内动态观察表明，麻黄碱和伪麻黄碱都在3h为最高血浆浓度，此后缓慢衰减；给药后8h再次出现峰值浓度，其后较迅速消失。两者的半衰期都约为9h，表明本品每天服用2～3次，血药浓度能维持一定水平。Nishioka等[15]于早饭前后分别给予健康受试者口服7.5g小柴胡汤提取剂，比较观察体内甘草甜素、GA和黄芩素等血浆浓度变化。饭前给药后血浆中甘草甜素于0.5h和2h有2个峰，分别为1.18μg/mL和1.05μg/mL，浓度缓慢下降，至8h后为最低值；给药后8hGA出现峰值，饭前与饭后的峰值分别为1.11μg/mL和0.52μg/mL（$P<0.01$）；饭前给药，黄芩素2个峰分别在2h和12h出现（0.62μg/mL和0.49μg/mL），饭后给药两峰分别在4h和12h出现（0.49ug/mL和0.52μg/mL）。结果提示，食物对小柴胡汤中甘草甜素、GA和黄芩素的吸收有明显影响，故饮食有可能影响方剂体内动力学及其疗效。

三、伤寒论方化学成分的定性与定量测定方法

酶标免疫法利用抗原抗体反应原理测定GA血清浓度，此法非常灵敏，特异性强，用于芍药甘草汤体内GA浓度测定时已证明成功地测定到常规剂量下体内血清和尿中微量的GA。但方法复杂、检测费时，限制了推广使用。荧光、紫外分光光度计法由于缺乏分离层析手段，不能排除方剂中具有类似紫外吸收和荧光光谱的多组分干扰，特异性不强。高效液相色谱法（HPLC）用于单体化合物体内动力学研究具有快速、灵敏、专一、方便等特性，不受样品挥发性的约束，对于挥发性低、热稳定性差、分子量大的高分子化合物以及离子型化合物尤为适用，用于方剂体内化学成分的研究较前面3法前进了一大步，愈来愈得到广泛的应用。但方剂在体内化学成分复杂，不能单靠某一组分色谱峰保留时间与标准品一致，并以此定性，而必须依靠气相色谱—质谱等进行解析。三维高效液相色谱（3D－HPLC）能同步检测多组分物质，尤其能区分保留时间相同而紫外光谱（UV）波长不同的物质，特别适用于方剂多组分体内的定性定量。如王喜军等[16]利用3D－HPLC对茵陈蒿汤进行了定性及定量分析，建立了定性鉴别及定量分析该方剂有效成分的6，7－二甲氧基香豆素、茵陈色原酮、都桷子甙及番泻叶甙A的方法，为整个经方的分析建立了基础材料。日本学者大多采用HPLC结合质谱法，有的还联合3D－HPLC法，使化学成分的定性定量研究更加科学。

四、述评

伤寒论方剂是一个有层次和结构的有机整体，其化学成分并不是各单味药化学成分的简单相加，其临床疗效是复方中各成分的综合效应。研究显示，四谱结合色谱（紫外光谱—红外光谱—质谱—核磁共振谱，UV－IR－MS－NMR）方法是研究方剂配伍及体内过程化学成分的定性定量的有效综合分析方法。化学成分的研究能够更本质地阐明方剂疗效的物质基础，发掘方剂配伍的科学内涵，探索配伍前后及体内吸收、分布、代谢、排泄过程中复方化学成分的变化规律。今后应以复方配伍中各成分的变化规律及体内化学成分药代动力学为研究重点，明确各成分间的相互比例、各自的浓度范围及代谢规律，发现并提取复方中的有效成分组合或生物活性物质，阐明复方化学成分与配伍、制剂工艺、给药方式与时间、个体差别及饮食等的关系为研究目标。应创造条件，采取系统分析方法，综合运用定性定量的四谱法及2维、3维HPLC法，结合药效学、药动学、制剂工艺及药材品质开展研究，将有助于进一步明确方剂的配伍规律、作用原理、物质基础及体内代谢规律，为优化处方、制定科学的制剂工艺及用药方案提供实验依据。

参考文献

[1] 丁林生，唐元军，王勇，等. 白头翁汤有效成分检查和测定［J］. 中成药，1992，14（9）：34.
[2] 杨卫贤，杭玉秋，毛文学. 白头翁汤中药物配伍对化学成分的影响［J］. 中国中药杂志，1991，16（10）：604.
[3] 丁林生，徐瑞华，吴振洁，等. 白头翁汤中小檗碱含量降低原因［J］. 中成药，1993，15（1）：18.
[4] 李祥，树长春，陶喆，等. 黄连、甘草配伍剂量与其成分的关系［J］. 中成药研究，1988（4）：8.
[5] 梅全喜，朱学君. 甘草的配伍研究［J］. 中成药研

究，1988（2）：35.
[6] 裴妙荣，梁秀如，廖晖，等. 薄层扫描法对四逆汤配伍作用的化学分析［J］. 中成药，1993，15（6）：33.
[7] 裴妙荣，王世民，廖晖，等. 不同配伍四逆汤的无机元素分析［J］. 中药理论与临床，1994，19（9）565.
[8] 吴炳辅，陈求浩，王小燕，等. 石膏、麻杏石甘汤、模拟麻杏石甘汤之退热作用研究［J］. 中成药，1992，14（5）：26.
[9] 孙静芸，谢年庚，陈萍，等. 麻杏石甘汤、散剂实验研究的方法学探讨［J］. 中成药，1994，16（8）：8.
[10] 寺泽捷年. 甘草次酸体内代谢研究Ⅱ——大鼠体内代谢［J］. 国外医学，中医中药分册，1988，9（2）：31.
[11] 金井成行. 当归四逆加吴茱萸生姜汤体内动态的探讨：与热象图比较［J］. 国外医学·中医中药分册，1990，12（1）：58.
[12] 田中茂. 血中浓度测定法对汉方方剂的“证”疗效决定法的开发［J］. 和汉医药会志（日），1986，3（3）：276.
[13] 矢船明史. 小青龙汤给药后血中麻黄碱的动态［J］. 日本东洋医学杂志，1992，43（2）：35.
[14] 松木容彦. 麻黄附子细辛汤提取剂胶囊投与后麻黄碱的体内动态［J］. 汉方研究（日），1992（10）：340.
[15] Nishioka Y，Kyotanis，Miyamura M. Influence of time of time of adminstrating a Shosaiko – to extract granule on blood concentration of its active constiuenst［J］. Chem Pharm Bun，1992，40（5）：1335.
[16] 王喜军，孙晖. 茵陈蒿汤的三维 HPLC 分析［J］. 中成药，1993，15（12）：33.
［《广州中医药大学学报》2001；18（4）：320］

半夏泻心汤配伍规律初探

温武兵　北京市公安医院
（导师　张桂珍）

半夏泻心汤是《伤寒论》辛开苦降法的代表方剂，临床广泛运用于多种疾病的治疗，尤对脾胃系统部分疾病具有较高使用价值，以其疗效的可靠性被后世尊为调和脾胃的祖方。该方之所以能历验于临床而百世不衰，除与其制方法度严谨有据、药物配伍精悍得体有关外，还在于方中包涵有仲景治疗脾胃疾病的基本辩证思维，蕴藏着具有普遍指导意义的诸多治疗原则。可以说，半夏泻心汤的创立及广泛应用，对中医脾胃学说理论的形成与发展有着极大的推动作用。因此，探讨该方的配伍意义与治疗机理，无疑对半夏泻心汤以及与半夏泻心汤有着相似组方原则的诸多方剂能更有效地服务于临床，是十分有益的。

一、半夏泻心汤方证病机浅析

半夏泻心汤见于《伤寒论·辨太阳病脉证并治》篇中，《金匮要略》也有该方剂的相关论述。历代医家虽均以“痞、呕、利”概括该方剂的主症，但对其方证主要病机的认识却一直未能达成共识，有以寒热互结、虚实错杂作解者；有以正虚邪结、湿热壅聚立论者；还有以脾胃不和、痰气交阻立说者等等，莫衷一是。我们认为，半夏泻心汤的发病关键在于脾胃不和，气机阻滞，湿浊（热）壅聚中焦，其病位虽然涉及到了胃、脾、膈、肠等多个脏器，但实与胃和膈膜的功能失司直接相关。

二、半夏泻心汤的配伍原则

半夏泻心汤由半夏半升，黄芩、干姜、人参、炙甘草各二两，黄连一两，大枣十二枚组成。是一首集辛开苦降、寒热补泻于一体的方剂。因其药味有寒、热、平之差别，药用有补、泻、和之殊途，所以历代医家对其配伍法度也有着不同的认识。我们认为，方名泻心，言其可输泻心下之痞，而心下之痞，是由于脾胃不和、气机阻滞、湿浊壅聚而成，所以畅达气机、开湿泻浊当是治疗首务。气机阻滞非辛通不能畅，湿浊壅聚非辛宣不能开，故行气开结必以辛味药物为主。因此，该方当是以半夏、干姜为君，取其能行能散之长；同时，为给邪气开通一条外出之路，则必须辅以黄芩、黄连，取其味苦趋下，既可降气以导邪外出，又有燥湿而清利肠胃的作用。此外，脾胃不和、升降失司是致病的根源，故又用人参、大枣、炙甘草为佐使，取其益胃和中之力，恢复中焦斡旋之能。全方配伍，通不伤正，泻不耗气，补不滞中，相互为用，最能体现仲景组方用药的圆机活法。

三、半夏泻心汤的配伍规律

1. 辛开苦降　半夏泻心汤配伍规律中最突出的特点，就是首次明确了辛开苦降的配伍原则。其功用，正如叶天士所云“辛以通阳，苦以清降”，“苦与辛合，能降能通”[1]。此法在该方中具体体现在半夏、干姜与黄芩、黄连的合理配伍方面。半夏味辛性平，能行能散，有和胃降逆、消痞开结的作用，是治疗心下痞证的首选药。《本草经》谓之

“主伤寒寒热，心下坚，下气”[2]；周岩谓其“辛则开结，平则降逆”[3]，可知半夏味辛能散，用之开痞散结尤为妥当。此外，钱天来也明确指出“半夏辛而散痞，滑能利膈”[4]，说明半夏不仅能行气散结，又因其体滑可润，还有滑利膈膜筋络、疏通膈间气机的作用，之所以用治痞硬证，与其体性功能无不相关。干姜味辛性温，《本草经》及其他本草类专书皆未明确其开痞散结的作用，于是有学者认为本品在方中的主要作用是温中散寒。我们认为这种认识是不全面的。对此，成无已曾指出“干姜味辛热，《内经》曰：辛走气，辛以散之，散痞者必以辛为助”[5]。所以，干姜在方中的作用，是仲景着意取其辛散力大，合半夏行气以散痞结，取其辛散之味而略其温热之性。这种“重味略性”的药物用法，正是《伤寒论》辛开苦降法的精髓内容。故方中以半夏、干姜相须为君，以辛助辛，辛甚气烈，辟阴通阳，药宏力专，共达畅通气机、散结开痞之效。另外我们认为，半夏泻心汤诸症的形成，始终与气滞和湿阻这两类因素息息相关，心下痞的产生，正是气滞与湿浊相互交结的结果。其治疗，因湿浊内聚，非阳不开，而阳性走散，以辛为最，故开通湿浊，必投以重剂辛味药物，这一点，是普通淡渗类药物不能替代的。吴仪洛论半夏“和胃健脾，除湿化痰”[6]，黄元御论干姜“燥湿温中，行郁降浊”[7]。二药配伍，相辅相成，可在行气开结的同时，达到开湿泄浊的效果，使湿散结开，痞反泰来，完成对心下痞硬证的初步治疗。

黄芩、黄连皆具苦寒性味，又皆有清肃燥湿之功，仲景以二者相耦使用，正与其味苦性降直接相关。这是因为，气机阻滞、湿浊壅聚的心下痞证，虽可赖半夏、干姜辛宣之力得以开散，但若不同时给邪气开通一条外出之路，则仍不能起到根治的目的。所以，在开痞散结的同时，必须配以苦泄降气燥湿之品，才能使垢浊滞气从下而泄，氤氲之湿随燥而化。《临证指南医案》“治痞以苦为泄”[8]之论，正是指此而言。方中芩连药味皆苦，最具通降泄下之能。《日华子本草》言黄芩能“下气”[9]，李杲言黄连药性“沉也”[10]，说明二药皆药势下行，合用则共同发挥沉降之力，以助胃气通降，并能燥湿和中，清利湿热，使扰乱于中焦之湿邪浊气随药性趋下而从下走泄，从而使中焦通达，胃气顺和，斡旋有能，升降有主。

2. 补泻兼施　半夏泻心汤的制方法则属于虚实同治、补泻兼施的范畴，据其药物组成及药量来推断，显然是泻实大于补虚。由此可见，该方证应是虚实夹杂，实多而虚少，以邪气盛为矛盾的主要方面。故仲景立方，以驱邪为主，兼顾扶正。驱邪以姜、夏、芩、连辛开苦降，燥湿化浊，同时佐以人参、甘草、大枣扶正补虚，顾护胃气，并藉三者甘缓调中之力，监制方中大辛大苦之品，以达辛开苦降甘调，泻不伤正，补不滞中的目的。值得说明的是，本证虽有中虚的因素掺杂其间，但其虚，实际上是病涉胃气使脾胃不和而已。《伤寒论》中还有一些本虚标实、因虚致实的“坏痞”（如153条、160条），其病机是中虚不运，气血僵滞，病变实质责之于阳虚与脏寒，与半夏泻心汤证截然不同，故治疗决不可以辛苦类方再行升降，以免“愈疏而痞愈剧”，而当“补中微兼疏通”，以缓建中气为主，稍佐消导，可用理中汤加减治之。

3. 寒热并投　半夏泻心汤是一首集药性的辛热苦寒甘平于一体的方剂，方中半夏、干姜性味相成，辛热合拟，对气机阻滞、湿浊壅聚之证尤为适宜。然湿邪内阻，久必生热，或内陷之热，与湿相合，一旦形成湿热阻中之候，则重剂辛热，更易化燥伤津，对解除病邪尤为不妥。叶天士云“湿热非苦辛寒不解”[11]，在该方中即有体现，仲景用黄芩、黄连的目的，既能防患于未然，制辛燥药物化热之势；又可救弊于已成，消除湿热内蕴中焦之征。全方配伍，相须相制，法中寓法，最能体现仲景组方之精妙。

4. 升降两调　脾胃位居中焦，是气机升降之枢纽，上下交通之要道，故《临证指南医案》指出；“脾胃之病，虚实寒热，宜燥宜润，固当详辨，其于升降二字，尤为紧要[12]。”半夏泻心汤正是针对这一原则而组成，合方用药，无不为承顺气机升降而施。方中半夏、干姜，辛散之品，通阳升阳，助脾气以升，黄芩、黄连，苦降之物，降气泄浊，畅胃气于和，苦辛合拟，辛开苦降，则脾升胃降，各得其所。更有人参、甘草、大枣，合辛散以通阳，合苦降以定阴，补中益胃，安定中州。诸药合用，共同恢复脾胃对气机升降的斡旋之力，使清升浊降，上下交通，如此则膈膜滑利，脏腑安定，痞结自开，呕利可降。

四、半夏泻心汤的配伍意义

半夏泻心汤的组方法度及配伍规律，为后世医家临床辨治脾胃疾病奠定了基础，对中医脾胃学说的形成与发展有着巨大影响及深远意义。首先，辛苦合用、辛开苦降原则的确立，是对《内经》有关理论的补充与发展，启开了“升降乃治法之大机”的先河。祖国医学认为，气机的升降运动是人体生命活动的基本形式。气之升降，中焦脾胃为其枢纽，心下膈间乃其道路，心肺之阳降，肝肾之阴升，全靠中焦脾胃之升降，若中焦气机不和，则可影响全身气机的正常运动，因而欲调全身气机，需先使中焦气机冲和。半夏泻心汤中，以辛散通阳与苦泄降气合治，旋转气机，滑利膈间，交通阴阳，两调升降。所以，辛开苦降原则的确立，不仅对治疗脾胃病证具有指导意义，而且为中医学气机升降理论的形成奠定了基础。其次，补泻兼施、安胃调中原则的确立，既是中医学治疗虚实夹杂诸证的准则，也是“治病先顾脾胃”之论的滥觞。攻邪之品，先入于胃，凭借胃气之所驱，乃能发挥其祛邪作用。虽然攻邪本身寓有扶正之意，然峻利之品，用之太过易伤胃气，胃气一败，则百药难施。故治病疗疾，当先安胃气，尤其是补泻兼施、泻大于补时，更需时时顾护脾胃之气。半夏泻心汤中，伍以甘缓益气之品补脾益胃，既可防祛邪之品伤正，又可助辛苦之品鼓邪外出，正是补泻兼施、安中顾胃原则的具体体现。后世遵循这一原则，用以治疗脾胃疾病乃至全身其他疾病，不仅充实与发展了脾胃学说，而且形成了中医学虚实同治的临床治疗模式。其三，寒热共投、并行不悖原则的确立，是对《内经》阴阳互根理论的具体应用，也是仲景对药物配伍理论的创造性突破。寒热并投的药物用法，在仲景之先并无记载，真正将寒热药物相须而用同时又能达到并行不悖目的者，当首推仲景。在治疗脾胃疾病过程中，寒热药物相须为用往往能起到决定性的治疗作用，在其他疾病的治疗中也是如此。寒热药物杂和而成的方剂虽然难以掌握，但若一旦掌握并能运用自如，则必能收到意想不到的效果，这是因为，药性的寒热可直接调谐人身之阴阳。

参考文献

[1] 叶天士．临证指南医案．上海：上海人民出版社，1976．261，195．

[2] 孙星衍（辑）．神农本草经．北京：人民卫生出版社，1982．101．

[3] 周岩．本草思辨录．北京；中国书店，1987．23．

[4] 钱潢．伤寒溯源集．上海：上海卫生出版社，1957．106．

[5] 成无己．伤寒明理论．上海：上海科技卫生出版社，1958．62．

[6] 吴仪洛．本草从新．上海：上海科技出版社，1982．100．

[7] 黄元御．黄元御医书十一种．北京；人民卫生出版社，1990．362．

[8] 叶天士．临证指南医案．上海，上海人民出版社，1976．243．

[9] 尚志均（辑）．日华子本草．皖南医学院科研科，1983．77．

[10] 李杲．雷公药性赋．北京：中国书店，1991．12．

[11] 叶天士．临证指南医案，上海；上海人民出版社，1976．240．

[12] 叶天士．临证指南医案．上海：上海人民出版社，1976．189．

［《国医论坛》2001；16（5）：1］

浅谈仲景方剂在临床实践中的地位

王弘振　西宁市仁寿堂中医诊所

中医方剂是中国传统医学的重要组成部分，是中医在临床实践中医治患者疾病的主要手段。中医方剂浩如烟海，如《普济方》就汇集方剂61739首。在临床实践中要掌握成千上万的方剂为患者医治疾病，实在难以办到，而应当加以分类，择优选用。如何区分选用，笔者认为应把张仲景的方剂（简称经方）置于临床实践的首选地位，其他历代名医的方剂（简称名方）和流传社会民间的方剂（简称验方或偏方）则应列入相当的重要位置。下面浅谈一些意见。

一、经方在临床实践中应置于首选地位

张仲景被后世尊称为“医圣”。他所著《伤寒杂病论》是中国医学史上影响最大的著作之一，是后世学习中医的教科书，是历代医学家临床实践的指南。凡具有真知灼见、并在医学上有所成就的历代医学家无不重视对《伤寒杂病论》的研究。诸如唐代的孙思邈；宋代的钱乙、韩祗和、庞安时、朱肱、许叔微；金代的成无己、刘完素、张子和；明清时代的方有执、喻嘉言、程郊倩、张志聪、徐大椿、陈念祖、柯韵伯、尤在泾等人，他们从各自的见解及其所长，阐释了《伤寒杂病论》丰富而精深的内涵，其贡献可谓匪浅。

《伤寒杂病论》共载方剂374首，基本上概括了临床各科的常用方剂。其方组成严谨缜密，疗效确实可靠，被后世誉称为“医方之祖”。笔者在三十余年的临床实践中运用仲景方剂取得非常好的疗效。仅以1991年为例，共医治患者3482人次，其中选用经方57首，医治患者1367人次；选用名方77首，医治患者1820人次，采用验方10余首，医治患者295人次。从总体上说，经方确实优于名方和验方。

下面略举些具体病例。例一，太阳伤寒症，用

麻黄汤医治患者79人次，服1剂治愈者11人，服2剂治愈者54人，服3剂治愈者8人，先后4次共服9剂治愈者1人。例如一患者男，西宁市物资回收公司汽车司机。因恶寒、无汗、头痛，浑身紧困，无力坚持工作，只服麻黄汤1剂，即汗出如洗，诸症痊愈；例二，少阳主症及兼症，用小柴胡汤及加减医治患者516人次，其中主症178人次，主症兼肋腹疼痛194人次，兼心下悸51人次，兼口渴18人次，兼咳嗽75人次。这类病症服小柴胡汤或小柴胡汤加减3剂至6剂即可告愈。例如患者，女，青海省汽车六场干部，口苦、咽干、头晕、心下悸久治无效，服小柴胡汤去黄芩加茯苓3剂，病情大为好转，继服3剂，诸症痊愈；例三，厥寒症，用当归四逆汤加吴茱萸、生姜医治患者22人次，均获得良好效果。例如患者，男，西宁市一颗印村民，小腹剧痛，服上述经方3剂，腹痛即愈；例四，胸痹症，用栝蒌薤白白酒汤或栝蒌薤白半夏汤医治患者14人次，其中11人痊愈，2人有效，1人口服1剂因未见效即停服。例如，患者，女，73岁，西宁市彭家寨村民，主症胸背胀痛、咳嗽、痰多、气短、喘促不已，兼有口苦、咽干、头晕、耳鸣、眼花、鼻衄等症，服栝蒌薤白半夏汤4剂，胸痹症告愈，服加减小柴胡汤3剂，小青龙汤3剂，兼症亦愈；例五，咳嗽症，用小青龙汤医治患者60人次，其中服2剂治愈者18人，服3剂治愈者48人，服6剂治愈者1人。例如患者，女，海西州经委一位家属，因外感风寒，咳嗽不已，服用小青龙汤3剂，即获良效；例六，崩漏症，用胶艾汤医治患者90人，疗效很好。例如患者，女，28岁，月经不调，经期提前数天，经量大，5天之后还要漏经数天；婚后4年，一直未孕。服完胶艾汤3剂，立即停经。20天后复诊，已呈怀孕脉象，次年5月生了个男孩；例七，梅核气症，用半夏厚朴汤医治患者25人次，其中服3剂治愈者18人，服6剂见效者1人，服15剂见效者1人。例如患者，女，青海省652队知青，咽中如有物，咯不出，咽不下，甚感难受，服用半夏厚朴汤3剂，咽中物感即消失。

综上所述，经方疗效显著、治愈率高，在临床实践确应置于首选地位。

二、名方在临床实践中应有相当的重要地位

在临床实践中，把经方置于首选地位并不是要排除名方、验方，相反地，许多经过千垂百炼的名方，也应占有相当的重要地位，有些验方也能收到良好的效果。张仲景在《伤寒杂病论》序言中写道，此书“虽未能尽愈诸病，庶可以见病知源，若能寻余所集，思过半矣”。他所说的“未能尽愈诸病”，并非过谦之词，而是严肃的科学态度。医学家应以仲景为典范，“勤求古训，博采众方”，精心地选择名方和验方，以求尽可能好地治愈患者的疾病。笔者在1991年，选用名方77首，验方10余首，从总体上说，疗效较好。诸如香砂六君子汤、胃苓汤、平胃散、二陈汤、五积散、独活寄生汤、羌活胜湿汤、蕴叶散、消风饮、四物消毒饮、龙胆泻肝汤、当归芦荟汤、复元活血汤、仙方活命饮、五淋汤、补中益气汤、归脾汤、逍遥散、佛手散、生化汤等。应当指出，运用这些名方还应对症作适当加减，其效更好。

下面略举一些疗效突出的案例。例一，丹毒症，选用蕴叶散，只服数剂即可治愈。例如患者，女，遍身红斑，且经常发高烧，曾被诊断为“红斑狼疮”，多方医治，见效甚微，服蕴叶散数剂，“红斑狼疮”基本消失；例二，脾肾阳虚症，用加减补中益气汤，效果良好。例如患者，女，西宁市十二中离休教师，胆囊切除术后大便失控，多方医治均未见效，服用补中益气汤去柴胡，加山药、山萸肉、益智仁、龙骨、牡蛎6剂，即告正常；例三，淋症（近似于西医所谓前列腺炎、前列腺增生），服用加减五淋汤疗效尚好。例如患者，男，78岁，小便痛涩，起初尿血，接着闭尿，初服五淋汤加牛膝、郁金、桃仁3剂，小便即通，血尿消失，再服3剂，小便正常；例四，痛风症，服用加味仙方活命饮疗效佳。例如患者，男，西宁钢厂干部，右脚背红肿，疼痛难忍，久治无效。先服仙方活命饮加牛膝、肉桂、威灵仙3剂，脚背红肿基本消失，疼痛大减，继服仙方活命饮加牛膝、肉桂、土茯苓3剂，痛风彻底治愈，至今未见反复；例五，痛经症，服用加味佛手散，可以治愈多种痛经症。例如患者，女，西宁市兴海路居民，月经长期不正常，经期一般推迟十数天，有时提前十数天，经量少，色紫黑、瘀块多，带下时白时黄，有臭味，小腹冰凉，怕冷。行经前特别烦躁，爱发脾气，平时膝脚串痛，行经前加剧。原按风湿症医治，不见效果，后服用佛手散加泽兰、苏木、桃仁、牛膝、续断、肉桂、防风、秦艽、独活、桑寄生，调好月经之后，膝脚串痛完全消失。

综上所述，名方经过精选，对症化裁，也会取得良好的效果，在临床实践中应占有相当的重要地位。

笔者的主旨是要克服轻视经方的观点，从而重

视经方、用好经方、发展经方，并以经方为主导，精选其他名方、验方，以求在临床实践中获得更为良好的医疗效果。

[《青海医药杂志》2001；31（5）：56]

《伤寒论》重脾胃学术思想的探讨

王春生 江西波阳县中医院

《内经》有“五脏六腑皆禀气于胃”，以“胃气为本”之论述，《伤寒论》结合临床实践，使之进一步发挥、完善。论中反复（10余次）提及胃气，并以脾胃所派生出的营卫之盛衰作为疾病发生与否的内在根据，以能食与否（胃气强弱）作为疾病发展（传变）和转归（预后）的辨证依据，提出了“无犯胃气”“令胃气和则愈”的治疗原则。保胃气之秘旨贯穿通篇。试从疾病的发生、传变、预后、治疗等方面粗浅地探讨《伤寒论》重脾胃的学术思想。

一、太阳受邪责在营卫

《伤寒论》认为“脾胃为中州，升腾心肺之阳，提防肝肾之阴”，是六经发病的内在根据。

“太阳膀胱经，乃六经之首，主皮肤而统营卫，所以为受病之始”（《尚论篇》）。病邪外袭，必犯太阳，营卫首当其冲，营卫失调而罹病。营卫皆生化于水谷，发源于脾胃。胃合卫气……脾合营气……”（《伤寒明理论》），脾胃为营卫气血生化之源，故脾胃功能盛衰与疾病之发生和发展有着密切的关系，营卫和畅，腠理固秘则“五脏元真通畅，人即安和”（《金匮要略》）。元真者，人之元气、真气也。“真气又名元气，乃先身之精气也，非胃气不能滋之，胃气者，谷气也……营气也……卫气也……分而言之则异，其实一也”（《脾胃论》）。“胃者卫之源，脾乃营之本”，“元气之充足，皆由脾胃之气无所伤，而后能滋养元气。若胃气之本弱，饮食自倍，则脾胃之气既伤，而元气亦不能充，而诸病之所由生也。”（《脾胃论》）“四季脾旺不受邪”（《金匮要略》），“脾胃一伤，五乱互作”（《灵枢·五乱篇》），以致“血弱气尽腠理开，邪气因入，与正气相搏”（《伤寒论》原文第99条，简称99，下同），而病已成。太阳受邪与否，脾胃的盛衰实为关键之所在，是为决定因素，外邪的侵袭则是条件。如营卫之气较强，抗病有力则为伤寒，“头痛发热，身痛，腰痛，骨节疼痛，恶风无汗而喘”（35）；如营卫不和，卫失固外开合之权，抗邪无力（与伤寒相对而言）则病中风；“发热汗出，恶风，脉缓”（2）。

“中气一败，（则）提防崩溃”（《伤寒悬解》），病邪径可直中三阴。太阴阳气素虚者，胃气衰弱，不仅易为饮食所伤，外感风寒亦可乘虚直入而无热恶寒，“腹满而吐，食不下，自利益甚”（273）；少阴阳虚者，邪入而病“身体痛，手足寒，骨节痛，脉沉”（305）之证。

二、六经的传变与预后以脾胃为斡旋

太阳病不从外解，必致内传，或入阳明，或入少阳，或直陷三阴。太阳病的传变与否，取决于两个方面：一为抗病机能（胃气）的盛衰；二为治疗的当否。两者均以脾胃之气的强弱为斡旋。脾胃强盛，营卫之气抗邪有力，则病可以歼灭于太阳前沿，不致内传；反之，脾胃气馁，营卫之气抗邪不济，则病邪深入，发生传变。脾胃不仅为御邪卫外之本，而且是抗病康复之源。“伤寒一日，太阳受之，脉若静者为不传，颇欲吐，若躁烦，脉数急者为传也”（4）。营卫之气抗邪有条不紊，所以脉平静自若，当为不传；若其人正气不足，胃气恶邪，症见欲吐躁烦则为病进。病人三阴，亦以脾胃为转旋，“伤寒三日，三阳为尽，三阴当受邪，其人反能食而不呕，此为三阴不受邪也”（270），“伤寒六七日，无大热，其人躁烦者，此为阳去入阴故也”（269）。病人三阴与否，以胃气强弱为转移，故柯韵伯说：“三阴受邪，病为在里，故邪入太阴腹满而吐，食不下，邪入少阴欲吐不吐，邪入厥阴饥而不欲食，食则吐蛔……若胃阳有余则能食不呕，可预知三阴之不受邪矣。盖三阳皆看阳明之转旋，三阴之不受邪者，借胃为之蔽其外也，则胃不特为六经出路，而实为三阴外蔽矣。胃阳盛则寒邪自解，胃阳虚则寒邪深入阴经而为患，胃阳亡则水浆不得入而死，要知三阴受邪，关系不在太阳，而全在阳明矣。”“针足阳明，使经不传则愈”（8），阻断病机发展，是”上工治未病”的临床运用。反之，措施不利，邪损阳气出现太阴、少阴虚寒证；邪耗阴津而转属阳明，甚则出现少阴虚热证和厥阴热化证。《伤寒论》中误治变证（坏证）约占全篇1/3。究其原因有二，一为误汗亡阳；二为误治亡阴。脾为诸阳之本，“阳虚之证统于脾”。胃为水谷之海，“阴虚之证统于胃”（《理虚元鉴》）。

疾病的转归（预后）亦以脾胃为本。“有胃气则生，无胃气则死”。《伤寒论》以胃气之有无（强弱）辨疾病之轻重和预后之良恶。“阳明少阳合病，必下利。其脉不负者，为顺也”（256）。“少阴负趺阳者为顺也”（362）。胃气胜者病势为顺，胃气负者为逆。“发汗后水药不得入口为逆”（76）。更有甚者，胃气败竭，预后险恶。“伤寒脉迟六七日……当不能食，今反能食，此名除中，必死”（333）。柯韵伯说：“除中者，胃阳不支，假谷气以自救。此即无胃气则死之证。胃气来复，正胜邪却则预后良好。“下利后，当便硬，硬则能食者愈”（384），“知胃气尚在，必愈”（332）。“脉微缓者，为欲愈也”（23），微缓之脉为有胃气之平脉，故为欲愈之佳兆，“以病新差，人强与谷，脾胃气尚弱，不能消谷，故令微烦，损谷则愈”（398）。

三、《伤寒论》的治疗原则——无犯胃气

由于脾胃在发病和病机中的重要作用和地位，必然导致治疗中时刻注意“无犯胃气”的原则。

1. 祛邪务“猛”，寓保于攻 《伤寒论》保脾胃之宗旨，贯穿全书。夫欲保脾胃必先祛其邪，以邪气不去，终为脾胃之害，胃气难保。抓住有利时机即胃气尚未受损之时，因势利导，积极祛邪，是《伤寒论》保胃气战略思想中的重要战术之一。“先论攻其邪，邪去而元气自复也”（《儒门事亲》）。

太阳病表闭严重时，有峻汗之设。“太阳病……麻黄汤主之”（35），此因“寒邪外束，人身之阳不得宣越”（《尚论篇》），太阳为开，故立麻黄汤以开之。麻黄汤“能入胃引气于玄府，输精于皮毛，斯毛脉合精而涔涔汗出，在表之邪，其尽去而不留，痛与喘平，寒热顿解”，“为开表逐邪发汗之峻剂也”。峻汗散邪，即所以存正气，保脾胃者也。再看大青龙汤证，（38）、（39）两条为太阳风寒外束，阳郁化热，亟欲伤津。天地郁蒸得雨则和，人身烦躁得汗则解，故主以大青龙汤峻汗，重用麻黄又加石膏，使表寒里热一鼓而得两解。稳、准、狠地开表发汗，而达到祛邪存正、营卫畅通、阴阳自和。苟非及时有力地攻邪，则难免于损阳伤津。

峻下法通过及时祛邪以达存津液、保胃气之目的。阳明病，邪热与肠胃宿食狼狈为奸，出现腹满痛、便秘、潮热、烦躁、汗出、转矢气，甚至神昏谵语，这种烦热内结，燔灼莫制，不燥胃津，必耗肾液。终必导致津涸液竭，胃气耗散殆尽。“究其治法，扬汤止沸，莫如釜底抽薪”。只有急下之，燥结一去，烈焰及熄，胃津才有存留之望。

急下证在论中凡六见，（253）、（254）、（255）、（256）称阳明三急下。为预护津液而设，叶天士指出：“仲景急下存津液，其治在胃”。“荡其旧而新之，亦脾胃之所望也”（《儒门事亲》）。（320）、（321）、（322）称少阴三急下，少阴病热化伤津，均宜急下之，经用大承气汤。为存津、保胃气之上策。

2. 祛邪护中，攻中有防 汗、吐、下法用之得当，邪去正安，阴阳调和。反之，则伤胃津、损脾阳。所以在祛邪的同时，谨护脾胃，攻中有防，以保胃气。

伤寒初起，太阳受邪，卫阳被遏，在行桂枝汤解肌发汗之时，只“微似有汗”“不可令如水流漓，病必不除”（12），庶可免伤胃气。桂枝同姜枣“不特专于发散，以脾为胃行其津液，姜枣之用，专行脾之津液而和营卫也”（《伤寒明理论》）。服药后啜热稀粥一升余，可以助胃气益津液，不但易为酿汗，使已入之邪不能少留，将来之邪不得复入，用之发汗不致亡阳，用之止汗不致留邪。“若一服汗出病差，停后服，不必尽剂”（12），中病即止，免过剂伤正，亦护脾胃也。麻黄汤之先煮麻黄去沫（减去其悍烈之性），并伍以炙甘草是缓药性并保胃气，谨防汗后伤津液也。

汗顾脾胃，下尤如斯。在用苦寒药时佐以炙甘草，调和胃气，使腑实得下，胃气不伤。调胃承气汤用“甘草以生胃家之津液 而气得以上，推陈之中，便寓致新之义，一项一补，调胃之法备矣”（《伤寒论附翼》）。三承气汤后均有“得下，余勿服”，或“若更衣者，勿服之”“一服利，止后服”之类的说明。在燥结坚实与否尚未确诊之时，不可贸然使用大承气汤，只可“少与小承气汤，汤入腹中，转矢气者，此有燥屎也，乃可攻之”（209）。这种诊断性用药，既不延误病机，又可免于妄下伤胃。

吐法虽可取效于顷刻，但伤胃之弊甚多，《伤寒论》中少用，方证具备者仅（166）条。只可用于体气壮实，病在胸脯，势有上逆者。且瓜蒂散配以赤小豆，则快吐而不伤胃气，并于方后告诫：“得快吐乃止，诸亡血虚家，不可与瓜蒂散”。催吐伤胃，所以慎而少用。

3. 祛邪益中，攻补兼施 攻补兼施是《伤寒论》中运用最多的治疗方法。多数方剂中配伍甘草、大枣、生姜、人参和胃补中，扶助脾胃，以达到祛邪不伤正或扶正以助祛邪的治疗目的。

祛邪益中的应用，有两个方面，一是在胃气尚不甚虚时，祛邪药中伍以草、枣、姜；二是在胃气受损时，在祛邪药中伍以参、草、姜、枣。前者以和胃、鼓舞正气以利祛邪，如大青龙汤等；后者以扶胃、振奋正气配合祛邪，如甘草泻心汤等。他如桂枝类方、泻心类方、柴胡剂等等均为攻补兼施之

剂。小柴胡汤有参、草、姜、枣为益脾胃之气而设，“此属胃，胃和则愈”（265）。白虎汤方中粳米即为益胃阴而用，如津伤严重，出现“大烦渴不解”（26）、“欲饮水数升”（168）、“口燥渴”（169）则又当于白虎汤中更加人参以益胃气生津液。三阴病变更以太阴阳气为机转，其理中、四逆之辈，皆用草、姜、参甘温补中益气也。

注：文中所引《伤寒论》的原文及序号均按成都中医学院主编《伤寒论讲义》（1964年版）。

[《天津中医》2001；18（6）：26]

从《伤寒论》谈对五苓散的再认识

叶柳忠　广州中医药大学
（指导　陈纪藩）

五苓散首见于《伤寒论·辨太阳病脉证并治中》第七十一条，全文凡八次提到五苓散的证治。五苓散一向作为“太阳膀胱蓄水证”的主方而为广大临床医家称道，并被广泛应用于各种具有小便不利、水液停蓄特点的病症治疗中。喻嘉言在其《尚论篇》中对涉及五苓散的条文进行了重新编排与注释，且多有独到之解。笔者从学习这些散见于各篇的精辟论述中对五苓散有了新的理解与认识，兹就其功效、主治谈点看法，供大家参考。

喻氏首将“辨太阳病脉证并治中篇”的74与71条放于“太阳病上篇”，归纳为“不解肌或误汗，病邪入里，用五苓散两解表里二法”。原文74条云：“中风发热，六七日不解而烦，有表里证，渴欲饮水，水入即吐者，名曰水逆，五苓散主之，多服暖水汗出愈。”喻氏注曰：“伤风证原有汗，以其有汗也，延至日久不行解肌之法，汗出虽多，徒伤津液，表终不解，转增烦渴，邪入于府，饮水则吐者，名曰水逆。乃热邪挟积饮上逆，以故外水格而不入也。服五苓散后，频溉热汤，得汗则表里俱热。盖表者阳也，里之属府者亦阳也，所以一举两得也。”

原文71条说：“太阳病，发汗后，大汗出，胃中干，烦躁不得眠，欲得饮水者少少与饮之，令胃气和则愈。若脉浮，小便不利，微热消渴者，五苓散主之。”喻氏注曰：“不行解肌反发其汗，至津液内耗烦躁不眠，求救于水。若水入不解，脉转单浮，则无他变，而邪还于表矣。脉浮本当用桂枝何以变用五苓耶？盖热邪得水，虽不全解势必衰其大半，所以邪既还表其热亦微，兼以小便不利，证成消渴，则府热全具，故不从单解而从双解也。凡饮水多而小便少者，谓之消渴里热炽盛，何可复用桂枝之热？故导湿、滋干、清热、惟五苓有全功耳。”其后又分别于《太阳病中篇》及《阳明病上篇》中再次论述太阳病或误汗、或误下而至热耗津伤内燥，水道不利的情况下运用五苓散以“两解表里之热”，并“润津、滋燥、导饮、荡热”。

从喻氏的观点来看，他认为五苓散证是围绕一个外感之邪误治失汗或误下→表里邪热相结→结热伤津成燥→水津失布、小便不利的病机发展的。而这个证的成因有二：一是太阳中风失汗或过汗，致太阳经腑同病而表里皆热，热邪影响膀胱水道气化而小便不利，热邪挟饮上逆而成水逆，津伤成燥而消渴；二是太阳病误下，使太阳证“渐传经”而“邪入阳明”。脾胃属中焦传输之地，《内经》云：“饮入于胃，游溢精气，上输于脾，脾气散精，上归于肺，通调水道，下输膀胱。”阳明胃腑处于水液调节输布的重要地位，一旦津液的分布受邪热所扰不能顺利执行“下输膀胱”的功能，就会出现小便不利，或小便过利而大肠失润的紊乱情况。此外，五苓散的主治不但有水停，更存在热结及津伤的情况。我们仔细分析五苓散条文就会发现小便的异常并不是张仲景反复强调的症状，文中各种症状出现频率依次是“消渴”或“消渴饮水”等7次，“烦躁”“烦”“躁烦”等4次，脉浮或浮数2次，小便不利1次，小便数大便硬1次，微热、汗出、水入即吐各1次。可见“渴”“烦躁”等热燥津伤的症状在五苓散证中要甚于单纯的“小便不利”。喻氏于“太阳病中篇”注释原文72条“发汗已，脉浮数，烦渴者，五苓散之主”中谈到：“脉浮数而烦与上同也，加之以渴，则津液为热耗而燥，里证具矣。津液内耗，即非细故，宜用四苓以滋其内，而加桂以解其外。”明确指出病机中存在的津伤情况，而且认为五苓散是滋内燥、解外邪之剂。那么既有表里同病，水饮停聚且又有热燥津伤，其病位在何处呢？换句话说，五苓散证到底是不是“太阳蓄水证”？这是近代诸多医家争论的焦点。《伤寒论》原文并未提到“太阳蓄水”这一说法。其说肇始于成无已的“水饮内蓄，津液不行”的注释，至明清才逐渐成熟为“太阳蓄水证”的完整提法。观《伤寒论》可以知道，五苓散证的出现是在发汗或误汗后病情不解的情况下提出来的，其70条“发汗后，恶寒者，虚故也；不恶寒，但热者，实也。当和胃气与调胃承气汤”（《伤寒论·辨太阳病脉证并治（中）》，实际上是提出了发汗后出现伤阳与伤津的两种不同情况的证治。其后即于71条指出“大汗出，胃中干，烦躁不得眠……令胃气和则愈。若脉浮小便不利，微热消渴者，五苓散主之”。这是承前指出不当的发汗致“胃中干”形成热燥津伤的局面，可以“少少与饮之”，以润其燥、和其胃气，但如果仍兼表热而“脉浮”，同时影响水液的代谢分布较前严重，出现“小便不利，微热消渴”就要用五苓散来调节。至74条指出，当水饮停聚更甚，聚于胃脘不去，并与热相扰，使水入即吐，成为一种“水逆证”，其水液停聚的情况更加严重，也当用五苓散治疗。这种因误汗而影响小便不利的病机，曹颖甫的解释比较形象：“若脉浮，小便不利，微热消渴，则为大汗之后，浮阳张发于外，输尿管中水气被引，不得下行”（《伤寒发微》）。认为因发汗使得阳气外张于表，水液得不到阳气的推运与输化，不能化为尿液下行所致。而其他医家也认为全文未见到明确的下腹胀满里急等水蓄下焦膀胱之表现，故并不支持“太阳膀胱蓄水”的观点。《伤寒论直解》的观点即认为是“脾不转输，水津不布”。至于158条、241条、386条则更是论述因误下及霍乱的直接原因影响中焦功能而导致水液代谢障碍的情况。所以笔者认为文中的“有表里证”当为太阳阳明同病，是阳明因邪扰而不转输水液。喻嘉言在重新编排原文的时候已看到五苓散证中阳明功能障碍的一面，但他可能还是囿于“太阳腑证”的说法，反复强调：“邪入于腑”“表里皆热”“腑热全具”等。实际上在五苓散证的形成中，太阳膀胱的确受到了影响，但这是间接的因脾胃中焦的水液输布失调而受扰所成，膀胱腑中并未成实，五苓散证是太阳阳明并病。

针对上述病机，喻嘉言指出了五苓散的“导湿、滋干、清热”三大功能。这与当代对五苓散为利水剂的认识有较大的出入。但从五苓散的主方分析来看，喻氏的提法是有道理的。该方取泽泻一两一分为主药，猪苓、茯苓、白术各三分、桂枝两分为末，以白饮服方寸匕，并嘱咐“多饮暖水汗出愈”。可以看出方中泽泻份量独重是取其甘淡寒之性，于甘寒泻热的同时淡渗水湿，使热从小便而去，恰是针对热与水停的病机而立。同时取少量茯苓、猪苓、白术于健脾助运的同时利水燥湿兼施；更以辛甘温的桂枝既解肌疏表，又振奋中焦，宣散弥留的饮邪。同时也补充燥伤之津液而不留后患。近代中医名家赵锡武指出：“五苓散为中焦淡渗健脾之剂，能恢复脾的功能，使脾阳振而吐泻止，而小便始利。非小便利而吐泻方止。多饮暖水，是补充失去之津液”。实是深明五苓散之方意。

总之，五苓散证实际上是太阳病失治误治之下出现脾胃中焦功能障碍，水饮失布，同时又有邪热伤津的有表有里、有停水又有伤津的两相矛盾的局面。五苓散即是针对这样的病情确立的解表清热导饮，健脾行津滋燥的有效方剂，决不是单纯意义上的利水剂，只是它的临床效应以利尿为多见，才导致了这种偏见。日本的今田昼章医师报道一病例因酒精性肝硬变合并糖尿病而致腹水，虽用安体舒通、速尿等仍无法解决口渴、多饮、腹水等问题，病人不遵医嘱，一次自服五苓散浸膏40g而全身大汗，一夜而腹水及口渴全消。后坚持每日服用15g五苓散，一年未见复发。随着对五苓散主治证的深入了解，我们才能在临床上灵活运用，真正体现中医辨证论治的精髓。

[《湖南中医药学报》2001；7（6）：290]

张仲景药对配伍应用浅探

杨新年　刘景超　河南中医学院

药对通常是指在临床上能经常在一起配伍应用的两味药或三味药的配伍使用。药对往往是方剂的画龙点睛所在，恰当的药对配伍，能取得事半功倍的治疗效果，能大大提高方剂的临床疗效。张仲景许多著名的方剂，都有应用药对的情况。其对药对的应用，既灵活多变，又不失于理法。因此，总结认识并掌握张仲景方剂药对的配伍应用规律，对临床具有重要意义。

一、温中祛寒与补脾益气配伍

《伤寒论》理中丸、吴茱萸汤均以良好的温中祛寒效果而著名于世，两方中的干姜与人参、吴茱萸与人参是著名的温中祛寒药对。仲景认为，脾胃虚寒多以虚为本，故有“虚则太阴”之说。虚即所谓脾胃之气虚，而寒邪多由虚而生或由虚而感。两方的药物组成均注意到脾胃虚寒的这一特点，其配伍中均以温中祛寒药和补脾益气药结合使用，以提高温中祛寒效果。理中丸用干姜温脾散寒，吴茱萸汤用吴茱萸温中暖胃，然二方均辅以人参益气补脾。脾胃气虚得补，则脾阳易复，胃寒易去。

二、温肾回阳与温脾暖中配伍

《伤寒论》四逆汤回阳救逆的功效甚著，主治少阴病心肾阳气虚衰之虚寒重证。四逆汤中的附子与干姜，堪称回阳救逆的最佳药对。少阴病虽根于心肾阳虚衰，但心肾阳气虚衰则必然寒水侮土和火不生土，故后天脾阳必然随之而衰。在四逆汤中，张仲景以附子与干姜同用，前者温肾祛寒以回少阴先天元阳；后者温脾散寒以暖太阴后天脾土。脾土得温，则土以制水；后天得救，则先天元阳可救，故能大大提高回阳救逆功用。

三、温热胜寒与辛散祛寒配伍

《伤寒论》小青龙汤和《金匮要略》大黄附子汤皆善祛沉寒痼冷。小青龙汤温肺化饮见长，大黄附子汤除肠胃冷积功效卓著。两方中皆有温热与辛散配伍使用的药对。温热以胜寒，辛散以祛寒，温散相合而沉寒易除。小青龙汤中干姜与细辛配伍，以速求温肺而化寒饮；大黄附子汤中附子与细辛合用，以迅除脏腑内里阴寒。

四、辛散疏肝与补血养肝配伍

《伤寒论》四逆散功可疏肝调肝，为后世行气疏肝方剂之鼻祖。四逆散中柴胡与芍药的配伍，为疏肝调肝的良好药对。肝为刚脏，体阴而用阳，既主藏血，又主疏泄。该方的配伍，张仲景以柴胡和芍药并用，柴胡行散以疏肝，芍药补血以养肝柔肝。相互配伍，既助其肝木条达疏泄之用，又护其阴血之体以免被伤，从而可获疏肝调肝之良效。

五、疏散透达与清胆泻热配伍

《伤寒论》小柴胡汤独能和解少阳，治少阳证表里之往来寒热；而小柴胡汤中柴胡与黄芩组对而用，正是小柴胡汤和解少阳的功用所在。少阳经为表里之枢，而少阳胆腑内寄相火。小柴胡汤中，仲景以辛散之柴胡和苦寒之黄芩配伍使用，其中柴胡归经入胆，辛散之性，用之以透达少阳表里枢机；黄芩苦寒之性，清热泻火，用之以清解少阳胆腑内热，如是则外透内清，少阳表里邪气尽去而建和解少阳之功。

六、发汗散寒与温经透营配伍

《伤寒论》麻黄汤为发汗峻剂，主治恶寒无汗之外感风寒表实证。麻黄和桂枝是发汗解表的最佳药对。风寒表实，毛窍闭塞，肺气不宣，肌表之营卫皆郁。该方首取辛温发散，归经入肺的麻黄以发汗散寒，宣肺达卫；复用以辛甘而温，归经心肝的桂枝以温经散寒，透达营阴。麻黄与桂枝组对而用，使卫气外发，营阴通透，则汗液易出而有峻汗之效。

七、泻下攻积与软坚润燥配伍

《伤寒论》大承气汤、调胃承气汤均治阳明腑实，燥屎内结。两方中，仲景均以大黄和芒硝配伍成对使用。大黄苦寒之性，号称将军而擅长攻积泻下；芒硝咸寒品味，性能软坚润燥。两药相须为用，攻润互济，组对而用则使燥屎得以速下。

八、行散消胀与下气破结配伍

《金匮要略》厚朴七物汤、厚朴三物汤均治肠胃气滞，腹中满痛；《伤寒论》大承气汤、小承气汤均治阳明腑实，脘腹痞满，疼痛拒按。四方中，行气除胀满皆以厚朴、枳实相伍成对。厚朴善行散而除满；枳实行气下气，性猛而速，善破结气。二药配伍，行气下气功效卓著，而肠胃气滞得以速通。

九、泻火清热与泻热通腑配伍

《伤寒论》大黄黄连泻心汤，《金匮要略》泻心汤均治邪热结聚心下，火邪内炽病症。二方均以大黄、黄连相伍为对。黄连善泻心胃之火而除烦热，大黄能泻胃火且通下腑气。相互配伍使用，既清且降，而心下热邪火邪结聚得以速清。

十、泻火清心与滋阴养血配伍

《伤寒论》黄连阿胶汤主治少阴水亏，心火独亢之心中烦热证。仲景于此方中，把黄连和阿胶药对用以治少阴烦热。黄连善泻心火而除烦热，阿胶功可滋肾水、养心阴，同用能使火退水复而烦热可定。

十一、泻火清热与温中散寒配伍

《伤寒论》半夏泻心汤主寒热互结之心下痞满；黄连汤主胸内有热，胃中有寒之上热下寒呕吐；干姜黄芩黄连人参汤主寒热相格之食入口即吐。三方中皆有黄连和干姜相配伍。黄连泻火清胃于中上，干姜温脾散寒于中下，二药相配以用，平调寒热互结于中而脾气不伤。

十二、温里散寒与泻下攻积配伍

《金匮要略》大黄附子汤，功可祛沉寒积滞于下，为温下之祖方。仲景于该方中，将大黄与附子相伍为对以温下寒积。大黄善于攻下而除积滞，附子性大热而温里散寒，联合运用，既能泻下积滞而不再伤阳气，且能温里助阳以胜阴寒。

以上药对的配伍应用，充分显示了张仲景的用药经验。熟练地掌握这些药对的运用方法，并从中认识其配伍应用的规律，将之运用于临床方剂的组成，必将提高方剂的临床疗效。

[《山东中医杂志》2001；20（8）：457]

论张仲景对有毒中药临床应用的贡献

邓家刚　广西中医学院

有毒中药是中药学的一个重要门类。由于其既具有药力峻猛、疗效卓著的优点，又有用之不当即会对人体产生明显损害的弊端的双重性，因此，历代医家均对应用有毒中药进行过不懈的探索。笔者比较系统地分析研究了《伤寒杂病论》中有毒中药应用的特点和基本规律，认为张仲景不仅创立了六经辨证和脏腑辨证体系，并在临床上取得卓越的成就，而且在有毒中药的辨证应用、配伍、炮制、剂型、服用方法及疗效观察等方面也有极高的造诣。兹不揣浅陋，略陈管见如次。

一、辨证选用有毒中药，确立了有毒中药临床应用的基本原则

辨证，是中医临床方法的核心，是中医遣方用药的依据，也是确保应用有毒中药安全有效的前提。张仲景在临证中十分讲究“平脉辨证”，同样，在应用有毒中药时也须臾不离辨证。其基本原则可有以下四个方面。

1. 应用有毒中药，必须明辨病性　病性亦即疾病的本质反映。因此，在应用有毒中药时，必须首先分清疾病的寒热虚实，才能使有毒中药的应用做到有的放矢。张仲景对结胸证的治疗，就体现了这原则。《伤寒论》中大陷胸汤和三物白散均治结胸证，前者为表证误下，阳热内陷与痰水互结，故当以大黄、芒硝合苦寒的甘遂泻热逐水破结；后者则为寒痰冷饮结聚胸膈，非辛热不足以开化水寒，非峻攻不足以破其凝结，故选辛温大热的巴豆合开提肺气、散结化痰的桔梗、贝母，以温散水寒破解结胸之证。甘遂、巴豆均为有毒中药中的峻下之品，所用不同，缘由病性不同而已。

2. 应用有毒中药，必须明辨病机　通过审症求因，把握不同病机，有针对性地选用不同的有毒中药，这是张仲景的又一原则。《金匮要略·脏腑经络先后病脉证》篇指出，“夫诸病在脏，欲攻之，当随其所得而攻之”。一般来说，需要应用有毒中药治疗的病证都比较复杂、顽固，病邪往往与体内有害的物质如痰、水、瘀等锢结不解，形成复杂多变的各不相同的病机和症状。如大黄甘遂汤证和抵当汤证，同属妇人杂病经水不利，但前者为水血俱结血室，后者为瘀血内停，病机不同，组方用药也不同。前者以甘遂配大黄，藉甘遂逐水，大黄逐瘀，以奏水血兼攻之效，后者则以水蛭、虻虫配大黄，以收破血逐瘀之功。

3. 应用有毒中药，必须明辨缓急　《伤寒杂病论》中使用附子的方剂约有30多首（不计加减法及条文中无记述者），大部分用炮附子，少部分用生附子；此二者区别应用的要点就是疾病的缓急和药性的峻缓。凡重症急症，须猛药救治者，当用生附子，如四逆汤类（四逆人参汤、通脉四逆汤、茯苓四逆汤等）、白通汤、干姜附子汤等用于阴盛格阳、霍乱阳脱或残阳欲脱等急危重症；凡难症顽症，须毒药缓攻者，当用炮附子，如真武汤用于水肿，肾气丸用于虚劳，桂枝芍药知母汤用于历节，附子汤用于妊娠腹痛，等等。

4. 应用有毒中药，必须明辨体质强弱　张仲景在治未病思想指导下，认为“五脏元真通畅，人即安和”，“不遗形体有衰，病则无由入其腠理”（《金匮要略·脏腑经络先后病脉证》）。这一观点，突出地强调了体质因素在发病学中的重要作用。同样，在应用有毒中药时，张仲景也十分重视不同的体质对药物毒性的耐受力不同，而给予不同的服用剂量。如十枣汤，强人服一钱匕，羸服半钱”，四逆汤“强人可大附子一枚”，并将“干姜一两”增至“干姜三两”；乌头汤“强人服七合，弱人服五合”，三物白散“强人半钱匕，羸者减之”。凡此种种，不一而足。

二、综合运用各种预防中毒的措施，创立了有毒中药的减毒防毒方法

安全有效是临床用药的基本原则之一。因此，如何才能最大限度地发挥有毒中药的疗效，抑制或消除其毒副反应，历来是临床应用有毒中药的一大难题。张仲景在《伤寒杂病论》中为我们展示了一系列减毒防毒方法，给后人提供了许多有益的借鉴。

1. 配伍减毒防毒法　根据中药相须相使、相畏相杀的理论进行有机地组合，可以发挥协同作用，提高疗效，也可以发挥拮抗作用减低或消除毒性：张仲景使用配伍减毒法，大体有三种情况。其一，以抑制或减低毒性为主，如甘草附子汤、麻黄附子汤、四逆汤等，以甘草抑制附子的毒性。其二，既抑制和减低毒性，又能护卫中气，如十枣汤，以大枣煎汤送服芫花、甘遂、大戟末，通过大枣护中补脾的作用，缓和三者对胃肠道的刺激，减少毒副反应。其他如乌头汤、乌头桂枝汤、大半夏汤等，以白蜜配乌头、白蜜配半夏等，用意概莫如此。三是既能减低毒性，又能起协同治疗作用。如小半夏

汤、生姜半夏汤、生姜泻心汤等，以生姜配半夏，在解除半夏毒性的同时，使半夏的化痰止呕作用也得到了增强。又如大黄附子汤、半夏泻心汤等，一以苦寒之大黄配辛温之附子，一以辛温之半夏配苦寒之黄连。一寒一热，辛开苦降，既可缓和药物毒性，又能相反相成增强疗效。

2. 炮制减毒防毒法　中药炮制，除了出于方便贮藏、调剂和服用等需要外，其主要的目的，一是改变药物的性味归经，扩大适用范围，改变或增强疗效，二是降低或消除药物的毒性，确保用药安全有效。李松涛[1]指出，《伤寒杂病论》所收载的药物184种，需要炮制的有70多种。按照传统的标准，《伤寒杂病论》所用的常见有毒中药30多种，绝大多数采用炮、熬、洗、炒、煅（烧）五种炮制方法进行减毒处理。炮，如附子、乌头、天雄，均当“炮”或“炮，去皮，破八片”（麻黄附子细辛汤）。熬，如水蛭、虻虫、蜘蛛、蜣螂等有毒动物药，均需“熬（或熬焦、熬黑），去翅足（或去足）”；又如巴豆、商陆等有毒植物药也须“熬”或“熬黑”。洗，如半夏、蜀漆等。半夏是仲景最喜用的有毒中药之一，其所制的300多个方剂中，使用半夏的就有40多首（不计重复和加减法），对半夏的减毒处理可有多种方法，如生姜汁兑服等。但在炮制方面，仲景特别强调“洗”法，要求“不㕮咀，以汤洗十数度，令水清滑尽”，否则“洗不熟有毒也”。炒，如杏仁，“去皮尖，炒”（麻杏苡甘汤）。另外，根据不同的用途，还可以不同的方法作不同的炮制，如麻子仁丸中的杏仁“去皮尖，熬，别作脂”，桂枝麻黄各半汤中的杏仁“汤浸，去皮尖及两仁”。煅（烧），如矾石（硝石矾石散）。

3. 煎煮减毒防毒法　煎煮是中药汤剂提取有效成分的基本方法，也是降低药物毒性最简便的方法。张仲景的煎煮减毒法可有先煎、久煎和另煎的不同。先煎，如桂枝救逆汤“上为末，以水一斗二升，先煮蜀漆，减二升，内诸药，煮取三升”。另煎，以蜜另煎乌头，是其中的一大特色。如乌头汤，先将川乌“㕮咀，以蜜二升炙，煎取一升，即出乌头”，再将麻黄、芍药、黄芪、甘草四味煎煮去滓，纳入蜜煎（乌头蜜）中。又如乌头桂枝汤，将乌头与桂枝汤分别煎煮，乌头“以蜜二斤，煎减半，去滓，以桂枝汤五合解之”。久煎，又分为三种不同的煎法。即：①一次性久煎，如小半夏汤，以“水七升，煮取一升半”，煎取的量仅为加水量的1/5。②二次煎煮，如半夏泻心汤、小柴胡汤等，“以水一斗，煮取六升，去滓，再煮取二升”。③三次煎煮浓缩，如甘遂半夏汤，先将半夏“以水一升，煮取半升，去滓”，再入甘遂、芍药、甘草，“以水二升，煮取半升，去滓”，然后再“以蜜半升，和药汁煎取八合。”

4. 服用减毒防毒法　服用方法与疗效的发挥和毒副反应的防范有着密切的关系。通过改变剂型、控制剂量或改变送服药物的水饮来实现减毒防毒的目的，这是仲景制定的另一减毒防毒法。

（1）通过改变剂型，控制剂量来达到减毒防毒的目的。此二者有时结合使用，有时亦单独使用。如抵当汤和抵当丸，二者药物完全相同，均由水蛭、虻虫、桃仁、大黄四味组成。但抵当汤所治蓄血重证，应以峻猛之药急攻其里，故剂型选用汤剂，重用水蛭、虻虫、桃仁以茁涤邪气。而抵当丸所治为蓄血缓证，不需急攻，故将水蛭、虻虫的用量减少1/3，桃仁减少1/5，剂型也由汤剂改为丸剂，以缓图破瘀，从而使其药力减弱，毒性也大为降低。另一方面，对每次或每天服药的剂量，仲景也是十分审慎严格的。通常都是从小剂量开始，逐渐加大，有效即止。如使用乌头治疗寒疝腹痛时就有明确的规定：“强人服七合，弱人服五合。不差，明日更服，不可一日再服”；以瓜蒌瞿麦丸治疗小便不利，“饮服三丸，日三服。不知，增至七八丸，以小便利，腹中温为知”；以十枣汤治疗饮停胸膈，“强人服一钱匕，羸人服半钱，温服之，平日服，若下少病不除者，明日更服半钱，得快下利后，糜粥自养”。这些做法与《内经》“大毒治病，十去其六；常毒治病，十去其七；小毒治病，十去其八”，及《神农本草经》“若用毒药疗病，先起如黍粟，病去即止，不去倍之，不去十之，取去为度”的论述是一脉相承的。

（2）通过改变送服水饮来达到减毒防毒的目的。仲景应用有毒中药，除了汤剂之外，丸剂、散剂也是其常用的剂型。为了减少丸散中的毒性对脾胃的刺激损害，可使用枣汤、白饮（白米汤）、麦粥汁等送服，如十枣汤、三物小白散、硝石矾石散等；或兑入白蜜煎煮丸散后服用，如大陷胸丸、牡蛎泽泻散等。

三、在应用有毒中药的实践中，创制了一系列安全有效的方剂

研究张仲景对中医学发展的贡献，有一个重要的方面是不能忽视的，那就是对方剂学的贡献，特别是其对剂型的改革和应用有毒中药创制的大量安全有效的方剂。首先，从剂型的改革来看，自商代伊尹发明汤液后，中药的剂型不断出现。张仲景在

汤剂的基础上，发展了多种剂型，如内服的丸剂（大黄䗪虫丸、赤丸）、散剂（薏苡附子败酱散）、药膏剂（乌头煎）；外用的洗剂（矾石汤、狼牙汤）；熏剂（雄黄熏方），坐剂（如蛇床子散、矾石丸）等。这些各具特色的制剂，扩大了有毒中药的给药方式和途径，在原有的基础上增加了局部用药，提高了应用有毒中药的有效性和安全性。其次，从应用有毒中药创制方剂来看，在张仲景以前，虽然有毒中药有一定的应用，如先秦的《五十二病方》《黄帝内经》等都有记载，与《伤寒杂病论》同一时期的本草专著《神农本草经》还根据当时对药物功效和毒性的认识将365味药物分为上、中、下三品。但这些记载都只是一些经验的反映，缺乏理论的内涵，更缺少临床的系统观察和总结。《内经》记载含有毒中药的方剂3首（半夏秫米汤、寒痹熨法、小金丹），所用有毒中药5味（半夏、蜀椒、辰砂、雄黄、雌黄），而在《伤寒杂病论》中，杨仓良[2]统计张仲景创制的300多首方剂中，以有毒中药为主药或含有毒中药的方剂竟达119首，占了2/5。其中不少方剂为历代医家所沿袭，并证实是使用价值极高且安全有效的名方，如大黄䗪虫丸、肾气丸、小柴胡汤、四逆汤、小青龙汤、十枣汤、黄土汤、麻子仁丸、附子汤、吴茱萸汤、乌头汤、麻黄附子细辛汤等等，有一部分还为《中国药典》所收载，并列入国家基本医疗保险用药目录。这些方剂不仅涉及到多种疑难杂症，还包括了不少的常见病和多发病，比之《本草经》所言“疗寒以热药，疗热以寒药……鬼注蛊毒，以毒药”，治疗范围要广泛得多，大大地拓宽了有毒中药的应用范围。

综上所述，张仲景在确立有毒中药应用的基本原则、减毒防毒方法和应用有毒中药创制有效方剂等三个方面对有毒中药的临床应用做出了贡献，这些学术成就，对于今天越来越受重视的有毒中药应用及其毒副反应的防范，无疑从一个侧面提供了深入研究的有益参考。

参考文献

[1] 李松涛. 中药炮制学［M］. 北京：中医古籍出版社，2000.
[2] 杨仓良. 毒药本草［M］. 北京：中国中医药出版社，1993.

［《山东中医杂志》2001；20（8）：454］

论张仲景辨阳明腑实八法

叶琼花　湖北省麻城市中医医院

一、以汗象为辨法

阳明病身大热、汗大出，为病在阳明之经，如出现手足濈然汗出或濈然微汗出，则是病在阳明之腑而大便已硬之征。故213条原文说：“手足濈然汗出者，此大便已硬也，大承气汤主之”。“濈然汗出”是阳明腑实已成大便已硬之征，乃因“四肢为诸阳之末，津液足为热所蒸，则周身汗出，津液不足为热蒸，其手足濈然而汗出，故知大便已硬也”（成无己语）。

二、以谵语为辨法

阳明病出现谵语是腑实已成的外征之一。218条原文说：“胃中燥，大便必硬，硬则谵语”。另有108条说：“伤寒十三日，过经谵语者，以有热也，当以汤下之”。指出太阳病转属阳明病后出现谵语，是表明腑实已成，故当用承气类“汤”以下之。为何出现谵语表明腑实已成呢？徐灵胎说：“谵语由便硬，便硬由胃燥，胃燥由于津液少，层层相因，病情显著”。故阳明腑实证服药后以“谵语止者”为中病即止之征，过则伐正，故仲景有“若一服谵语止者，更莫复服”之诫。

三、以潮热为辨法

病在阳明之经，是无形热邪充斥表里，其发热为高热，或蒸蒸发热，病在阳明之腑，是邪热入里化燥，与胃肠糟粕相搏结，其发热多潮热，或日晡所发潮热。故原文214条说：“阳明病，潮热，大便微硬者，可与大承气汤”。尤在泾说：“谵语发潮热，胃实之征也”。可见病在阳明发潮热为腑实已成之征。出现潮热为腑实已成，乃因病在阳明之腑，为热已入里化燥成实，此时体表多热势不高（不同于经证之高热）。又因阳明经气旺于申酉戌时，胃肠内的燥热随经气旺时而炽，故出现定时增高的潮热。潮热既主腑实已成，必伴大便不通，可用攻下法。如病在阳明发热不潮者，腑实未成，不可攻下，故仲景有“其热不潮者，未可与承气汤”之诫。

四、以食欲为辨法

病在阳明之经，腑实未成，腑气通畅，故食欲如常。如病在阳明之腑，里实成后，腑气阻滞，脾胃升降失调，可致食欲减退。原文220条说：“阳明病，谵语有潮热，反不能食者，胃中必有燥屎五六枚也；若能食者，但硬耳”。其“能食者，但硬耳”，是腑实不甚或腑实证之初期。故以食欲改变来辨阳明腑实证的形成与否和腑实内结的甚微。喻嘉言说：“有燥屎则肠胃热结，故不能食；若能食则肠胃未结，故但硬耳。”

五、以腹痛为辨法

病在阳明之经，胃肠气机通畅，故多无腹痛的见证。如阳明病出现“绕脐痛”或“腹满痛”，是病已入腑，里实已成之征。故243条原文说：“腹满痛者，此有燥屎也”。256条原文说：“发汗不解，腹满痛者，急下之，宜大承气汤。”其腹满痛乃是燥屎内结、气机阻滞，阳明腑实已成所致。

六、以小便为辨法

第197条原文说：“阳明病初欲食，小便反不利”。从“反”字可知阳明病（经病）当以小便自利为常，小便自利说明热虽盛津液未大伤，病在阳明经。再从252条“太阳病，若吐若下若汗后，微烦，小便数，大便固硬者，与小承气汤和之愈”。和113条“大便硬，小便当数”来看，可知“小便数”是导致大便硬的原因之一。因机体的抗病自调能力，欲通过小便泄热，故出现小便数，因津液偏渗于膀胱，反倒加重津液耗伤，促使腑实形成而致大便硬，故小便数为阳明腑实大便硬的征验之一。徐灵胎针对252条的情况说：“因字当着眼，大便之硬，由小便数之所故”，可谓要领之言。

七、以大便为辨法

病在阳明经，胃肠燥实未成，大便多通利如常。病在阳明腑，无论是燥热伤津所致的大便硬或燥屎内结，都必然导致大便不通，故大便通与不通是判断阳明腑实成否的首法。《伤寒论》中论述阳明腑实征的每条原文几乎都出现了“大便难”或“不大便”等，以言其大便不通。原文244条虽言“大便乍难乍易”，其“乍难乍易”，实为阳明腑实已成；燥屎内结所致之“热结旁流”证。因燥屎内结，腑气不通，便难排出，故“乍难”；燥热内逼津液下趋，时有旁流，故“乍易”。此即后人所谓的“结者自结，流者自流”是也。

八、以药物试探法

此法亦即诊断性治疗。214条原文说：“恐有燥屎，欲知之法，少与小承气汤，汤入腹中，转矢气者，此有燥屎也，乃可攻之；若不转矢气者，此但初头硬，后必溏，不可攻之”。其汤入腹中，出现矢气，证明已有硬屎内结，并因药物的作用而松动，气机得以转动，故出现矢气，又因服药量较少，药力不足以使硬便排出，故宜用足量药物以攻下。如药后不转矢气，证明腑实未成，气机未有阻滞，故药后无矢气不可攻下。这是仲景示人以药物试探腑实成否之法。

张仲景辨阳明腑实已成八法，运用时必须综合考虑，方能相得益彰，使辨证更加准确无误。

［《湖北中医杂志》2001；23（11）：15］

《伤寒论》六经辨证全息思想

齐凤军　湖北中医学院

张仲景创造性地将外感疾病错综复杂的证候及其演变加以总结，提出一套病因、病机、病位、诊断、辨证、治法、用药较完整的全息六经辨证体系。《伤寒论》中强调从一症、一脉来研究疾病的病因、病机、病位、诊断、辨证、治法、用药的辨证体系，就是因为一症、一脉中包含着归属六经辨证全息思想。《伤寒论》中的六经全息辩证思维模式是在《素问·热论》六经分证基础上的升华。

一、《伤寒论》病因学的全息思想

《伤寒论》以伤寒为主线论病，张仲景认为很多种疾病皆因人体为寒邪所中，或伤于经络，或中于脏腑，或因寒，温而化热，或因寒而生湿。正如《素问·热论》云：“今夫热病者，皆伤寒之类也。”《难经·五十八难》云：“伤寒有五，有中风，有伤寒，有湿温，有热病，有温病。”这就是《伤寒论》病因学的全息思想之所在，整部《伤寒论》详论寒邪中于人所产生的各种症候群，其所论湿、温、热，也皆属寒中于人体后所化生。《伤寒论》扩展了伤寒病因学的内涵，以寒中人而变生其他病因症侯，而非自然界之六淫邪气直中伤人也。这也就是后世医家误认为张仲景所论伤寒是以六淫为病因，其实不然，张仲景所论伤寒是自然界六淫邪气的一淫一寒邪，就是因为寒邪致病的全息性，才产生了《伤寒论》的辨证全息性。

二、《伤寒论》六经症状学的全息思想

六经是指太阳、阳明、少阳、太阴、少阴、厥阴，六经的每一经可分为手、足二经，共十二条，

分别隶属五脏六腑，十二经根源于脏腑，贯穿全身，运行气血。经络、脏腑是人体不可分割的整体，六经症候群是寒邪伤于人体经络、脏腑的病理变化的反应。因此，六经症候群是经络脏腑病理变化的缩影，是一组全息症候群信息的缩影。不再是支离破碎的症状集合，一症、一脉皆是六经症候群的缩影。故《伤寒论》中101条原文“伤寒中风，有柴胡证，但见一证便是，不必悉具。”此条虽为柴胡证立法，其实也为少阳病立法处方。小柴胡证主证有往来寒热、胸胁苦满、心烦喜呕、咽干、口苦、目眩六个主要症状。要求在临床中只须见到一部分症状，或一个主要症状，即可用小柴胡汤，不必每个症状都具备，也就是说小柴胡证中个个症状皆包含有小柴胡汤所主病因、病机、病位、经络脏腑病理变化的全息缩影。“但见一证便是”的“证”即是反映疾病特点的症候群中的主要一个或几个“症状”，而并不仅是一组症状群，归于伤寒条文就是一个全息症状，这个全息症状也是反应疾病证候特点，是主要矛盾，所以抓住“一症”便可立法处方。

三、六经辨证的全息思想

六经症候群按阴阳分为二大组相关病症系统，与经络、脏腑相关。阴阳本身就是二个大的全息系统，六经症候群按阴阳二个全息系统在疾病分类中，以太阳病证、阳明病证、少阳病证就形成阳性全息相关系统，合称三阳病证系统；以太阴病证、少阴病证、厥阴病证就形成阴性全息系统，合称三阴病证系统。三阳病证系统以六腑病变为基础，多属阳证、热证、实证；三阴病证系统以五脏病变为基础，多属阴证、寒证、虚证。由于六经病证反应了经络、脏腑的病理变化，六经辨证又将经络、五脏六腑病变全息集成。因此，六经病证的辨证，其实概括了十二经络、五脏六腑的相关病变。一旦外感寒邪，就会一经受邪，循经而入，涉及另一经络；一腑有病，波及临脏，从而使病邪侵入和转变。在病位上又有表、里、半表半里之别。六经病证所涉病因、症状、病机、病位、疾病传变，甚者合病、并病等一系列辨证因素，这就形成了六经全息辨证的思想。

四、《伤寒论》方理的全息思想

一部《伤寒论》共有397条，112方（除重复和佚失外），每方配伍精当，方用广泛。如《医源·论张仲景伤寒论》中石寿棠曰：“汉张太守著《伤寒》一书，立一百一十三方，三百九十七法，随病之变迁用之，千变万化，灵妙无穷，万病皆当仿之为法，不可仅作伤寒书读也。”从其言可见《伤寒》一书113方，并非仅治113证，而是要求后学者穷其致理，精于变化，触类旁通，扩大113方治疗范围。这就是《伤寒论》经方在临床应用的全息思想。如小柴胡方：柴胡半斤，黄芩、人参、甘草、生姜各三两，大枣十二枚、半夏洗半斤。柴胡为主，行于半表半里，清解少阳之邪，疏畅气机；黄芩为辅，二药合用，可和解清泻位于表、半表半里、里的邪热。用人参扶正气以防邪入太阴，伤及后天。半夏、生姜，和胃化痰降浊，避免中焦气滞痰阻。甘草为使，调和诸药。由此可见，小柴胡方配伍的全息思想，既顾及表、半表半里、里之邪的清解，同时又考虑扶助正气，预防传变或伤及后天之本。后世医家通过对小柴胡方的方药研究，灵活运用，随症加减，治疗内、外、妇、儿及各种疑难杂症，都取得了较好效果。

[《中医药学刊》2002；20（1）：83]

“证”是病机与证候的统一体

——从《伤寒杂病论》谈起

徐木林　王秋琴　湖北省中医药研究院
黄修涛　陈国权　湖北中医学院

仲景著《伤寒杂病论》，创立了辨证论治的理论体系，为历代医家所推崇。特别是建国50多年来，确立了“辨证论治”为中医的诊疗特色，使中医在基础理论、临床疗效的研究方面都获得了重大的进展。然而，有关“证”及与证相关术语的界定，还存在认识上的差异，有待达成共识。《伤寒杂病论》是辨证论治的典范，笔者从仲景学术思想入手，来探讨有关“证”的真谛。

一、“证”的结构是病机与证候的统一

在《伤寒杂病论》中，“证”的含义很广，有时指症，如《伤寒论》101条“……但见一证便是，不必悉俱……”；有时指病，如“结胸证，其脉浮大者，不可下，下之则死”，后世之血证、喘证、汗证、厥证等均属此类　有时指证，即一组有内在规律可循的证候集合，亦即证候与病机的统一体。由于历史的原因，古籍中一字多义是普遍存在的。但随着人们认识事物的深入，用后起字或词来代替原字中的部分含义，这是汉文字发展的普遍规律。中医书籍中的名词术语，同样存在这种现象，“证”就是如此，既指证候（舌、脉、症、体征），

又指病，也指证。本文仅就后者进行讨论。我们认为，“证”是由证候与病机组成的统一体，即证候是证之外候，是病机的证据，病机是证的内在本质，是证候的根源，证候与病机组成“证”。所谓辨证，就是辨识“证”之证候与病机的内在联系。辨证的过程，就是辨析经四诊收集的证候，从而达到认识证候内在本质——病机及其二者相统一的过程。

仲景《伤寒杂病论》中，明确论述了病机与证候的统一关系。如《伤寒论》12条：“太阳中风，阳浮而阴弱，阳浮者，热自发，阴弱者，汗自出。啬啬恶寒，淅淅恶风，翕翕发热，鼻鸣干呕者，桂枝汤主之。”本条简明地论述了太阳病中风证（或称表虚证，或称桂枝汤证）的基本病机、主要证候与主治方药。本条可意译为：太阳病中风证，其基本病机是营卫不和（或称卫阳浮盛，营阴失守），卫阳与邪相争，出现发热、脉浮等亢奋的现象，营阴不能内守，故使汗出。其主要证候是恶风恶寒，微微发热，汗出，鼻塞，干呕，脉象轻取明显，重按见弱。方用桂枝汤治疗。桂枝汤乃《伤寒论》第一方，为群方之首。仲景在出第一方时，尤为审慎周全，将本方证的病机、证候、脉象、主要症状产生的机理，以及桂枝汤的煎服法、服药后的调理、饮食禁忌等比较全面地进行了阐述。后人在读解《伤寒杂病论》时，要参照此条格式，去全面地理解原文的含义，在临证治病时，应参照此条进行辨证用药。可见仲景用意之非同一般。仲景在辨太阳中风证时，不是机械地将病机与证候并列，而是确定证的结构是由病机与证候组成的统一体，明确了辨证的核心就是辨识并求得病机与证候的统一性关系。

再如《伤寒论》282条：“少阴病，欲吐不吐，心烦，但欲寐。五六日自利而渴者，属少阴也，虚故引水自救。若小便色白者，少阴病形悉具，小便白者，以下焦虚有寒，不能制水，故令色白也。”本条是少阴病寒化证的辨证要点。欲吐不吐、心烦、但欲寐、自利而渴等表现，是对少阴病提纲的补充，不足以诊断为少阴寒化证。故仲景特补充“若小便色白者，少阴病形悉具”，这样才满足少阴病寒化证的诊断。仲景并对其机理给予了阐述，曰：“小便白者，以下焦虚有寒，不能制水，故令色白也。”于是将少阴寒化证“阳虚阴盛，下不制水，寒邪上逆，虚阳上扰”之病机与“欲吐不吐，心烦，但欲寐，自利不渴，小便色白，脉微细”之证候有机地统一起来。又如，《伤寒论》173条“伤寒胸中有热，胃中有邪气，腹中痛，欲吐者，黄连汤主之”，是黄连汤证“胸中有热、胃中有寒”之病机与“腹中痛，欲呕吐”之证候的统一；《伤寒论》274条“趺阳脉浮而涩，浮则胃气强，涩则小便数，浮涩相搏，大便则硬，其脾为约，麻子仁丸主之”，是脾约证“胃气强，其脾为约”之病机与“小便数，大便硬”之证候的统一；《伤寒论》340条“病者手足厥冷，言我不结胸，小腹满，按之则痛，此冷结在膀胱关元也”，便是寒凝下焦厥证“冷结膀胱关元，阴阳之气不相顺接”之病机与“手足厥冷，小腹满，按之则痛”之证候的统一。《金匮要略·痉湿暍病脉证并治第二》14条“太阳病，关节疼痛而烦，脉沉而细者，此名湿痹。湿痹之候，小便不利，大便反快，但当利其小便”，则是湿痹“外感湿邪，痹阻筋脉关节”之病机与“太阳病，关节疼痛而烦，脉沉而细，小便不利，大便反快”之证候的统一；《金匮要略·血痹虚劳病脉证并治第六》13条“虚劳里急，悸，衄，腹中痛，梦失精，手足烦热，咽干口燥，小建中汤主之”，是虚劳阴阳两虚证“阴阳两虚”之病机与其相关证候的统一；第2条“血痹阴阳俱微，寸口关上微，尺中小紧，外证身体不仁如风痹状，黄芪桂枝五物汤主之”，是血痹阴阳俱微证“营卫气血俱虚，血脉不畅”之病机与其相应证候的统一。

二、从病机与证候互测求二者之间的统一

仲景立法，多示以病机与证候之统一，但有时只言证候（或主症），有时只言病机，便治以方药。学者应前后参阅，于无字之处求之，不可只停留于文字表面。不然，就会造成割裂病机与证候的统一。如《伤寒论》141条：“寒实结胸，无热证者，与三物白散。”本条言结胸之病机为寒痰冷饮结聚于胸膈，其证候无热证表现，而未言其具体证候，根据病机可以测其证候应有胸胁或心下硬满疼痛，畏寒喜暖，喘咳气逆，甚至大便不通，脉多沉紧有力。又如154条：“心下痞，按之濡，其脉关上浮者，大黄黄连泻心汤主之。”这是从证候（症状、体征、脉象）分析确定其“热痞”病机，并进而推断出本证还可见有心烦、口渴、吐衄出血、小便短赤、舌红苔黄、脉数等热证证候。以上两条是通过病机与证候互测，求得二者统一，如果只言病机或证候，没有相应的证候或病机与之统一，就没有达到辨证的目的。例如，同属于“风寒束表”的病机，由于个人体质不同，时令或地理环境不同，证候各异，反应证有轻重之殊，因而，仲景有麻黄汤，后世医家有用葱豉汤的，有用加味香苏散之别。同理，证候同，病机不一定同，例如《金匮要

略·水气病脉证并治第十四》31条："气分，心下坚，大如盘，边如旋杯，水饮所作，桂枝去芍药加麻辛附子汤主之。"32条："心下坚，大如盘，边如旋盘，水饮所作，枳术汤主之。"此二条是证候基本相同，但病机不同，治法方药不同。前条病机应为寒气乘阳之虚而凝结于气分，故治以桂枝汤去芍药之阴柔，加麻黄、细辛、附子以温阳化气，发散寒邪；后条病机应为水饮停结，水势阻气，结于心下，故以枳实行气消痞，白术健脾利水。又如《金匮要略·消渴小便不利淋病脉证并治第十三》3条："男子消渴，小便反多，以饮一斗，小便一斗，肾气丸主之。"《金匮要略·血痹虚劳病脉证并治第六》15条："虚劳腰痛，少腹拘急，小便不利者，八味肾气丸主之。"此二条为证候不同，小便多少相反，但其治法方药相同，为何？是因为其病机相同，均为肾之气化功能失司所致。

由此，我们认为，辨证要从证候入手来探求产生这些证候的机理，以求证候与病机的统一。临床上，若只见证候（或主症）而不识病机，或空谈病机而缺乏与证候之间必然联系，处方用药便会漫无目的。只有将病机与证候有机地统一起来，理法方药才能做到有的放矢。

三、从"证"表现形式的多样性认识病机与证候的统一

"证"的表现形式可具有多样性，也就是说证相同，病机相同，而证候组合表现于外的形式可以不同。这是病机与证候统一形式的多样性。如大青龙汤证、大柴胡汤证、五苓散证等。《伤寒论》38条："太阳中风，脉浮紧，发热恶寒，身疼痛，不汗出而烦躁者，大青龙汤主之。"39条："伤寒脉浮缓，身不痛但重，乍有轻时，无少阴证者，大青龙汤主之。"上二证均为太阳伤寒表实兼里热证，又称大青龙汤证，其病机为风寒束表，卫阳被遏，营阴郁滞，兼有里热。然而，其证候表现有所不同，发热恶寒、不汗出而烦躁为其共同表现，不同之处是身疼痛、脉浮紧与身不痛但重、乍有轻时、脉浮缓的差别。二者均为大青龙汤证，病机相同，证候表现形式有二，然而，病机与证候的统一是不可分割的。《伤寒论》165条："伤寒发热，汗出不解，心中痞硬，呕吐而下利者，大柴胡汤主之。"136条："伤寒十余日，热结在里，复往来寒热，与大柴胡汤……"106条："太阳病，过经十余日，反二三下之，后四五日，柴胡证仍在者，先与小柴胡；呕不止，心下急，郁郁微烦者，为未解也，与大柴胡汤下之则愈。"《金匮要略·腹满寒疝宿食病脉证治第十》12条："按之心下满痛者，此为实也，当下之，宜大柴胡汤。"大柴胡汤证所主治的病机为邪郁少阳兼阳明腑实，而其外在证候表现有四种形式。《伤寒论》71条至74条为五苓散证，其病机为邪入膀胱，气化不利，证候表现亦不相同。小柴胡汤证（96条）的病机为邪入少阳，胆火内郁，枢机不利，正邪分争，其或然症很多，临床上可以组合成多种证候表现形式。此外尚有大陷胸汤证、抵挡汤证、栀子豉汤证、白虎人参汤证、附子汤证等，均具有"证"表现形式多样性的特点。

由此可见，病机与证候的统一，并非都是一对一匹配关系，证的外在表现形式也不是固定不变的，它可以有两种或多种证候表现形式。这种证候表现形式的多变性，可能给临床辨证候识病机带来一定的难度。因此，求得证候与病机的统一，是辨证的关键所在。

四、多病机与证候的统一

病机与证候统一的证，有的病机比较单一，如太阳中风证的营卫不和，太阳蓄水证的外邪入腑、膀胱气化失司，少阴寒化证的阳虚阴盛等，都是比较单一的病机。而有的证其病机比较复杂，可由两种或多种病机构成，如太阳与少阳并病之柴胡桂枝汤证，少阳病兼水饮内结之柴胡桂枝干姜汤证，以及大、小青龙汤证等，都是多病机与证候的组合。在《伤寒杂病论》中，多病机与证候的组合普遍存在，可大致分三种情况：一是主病机兼次病机与证候的组合。如桂枝加葛根汤证，其主要病机为营卫不和，次要病机为太阳经脉不利，故其证候兼见有项背强几几。桂枝加厚朴杏子汤证，便是太阳中风引发宿疾，其主要病机为营卫不和，次要病机为肺寒气逆，故其证候兼见有气逆喘急。再如小青龙汤证、小柴胡汤证、四逆散证等的加减法，均为主要病机兼次要病机与证候的组合形式。二是两病机与证候的组合。如大柴胡汤证、麻黄连轺赤小豆汤证、厚朴七物汤证等，均为表证病机与里证病机两部分组成。三是由三项及三项以上病机与证候的组合。如《伤寒论》219条，"三阳合病，腹满身重，难以转侧，口不仁，面垢，谵语遗尿，发汗则谵语。下之则额上生汗，手足逆冷。若自汗出者，白虎汤主之。"此条言"三阳合病"，为发病之初，太阳、阳明、少阳三经证候同时出现，其病机亦应由太阳风寒袭表、阳明里热炽盛、少阳枢机不利三者结合而成。随着病情的发展 太阳、少阳之邪已归并阳明，或以阳明里热炽盛为主而略兼太、少。临

床内科病证中，多病机与证候的组合是常见的，心肝肾、肺脾肾、肝脾肾同病，痰饮瘀血气滞并存，风火痰热互见等，常屡见不鲜。如中风病之痰热腑实、风阳上扰证，胸痹病之气阴两虚、痰瘀阻脉证等，都是三个以上病机与相应证候的有机组合。多病机与相应证候的组合，说明了病机与证候统一的原则性、广泛性、纵深性。

由于证候同，病机不一定相同，证候不同，病机不一定不同；病机同，证候可异，病机不同，证候可同。证候与病机之间的种种差异性是客观存在的。这说明证候与病机非独线性关系，而主要是网络联系，故务必寻求二者交汇之处，即二者之统一性，这正是辨证论治的关键。所以，只从病机论治，或只抓主症论治，都有可能出现失误或偏差，只有求得二者统一，方能做到立法、处方无误。《伤寒杂病论》所示“证”的结构是病机与证候的统一，是辨证论治提高临床疗效的客观规律，证的规范、证本质的研究、证的动物实验，不能不考虑这一原则性。

[《国医论坛》2002；17（5）：1]

浅析《伤寒论》中之“和”

何新慧　朱娇玉　张苇航
上海中医药大学

从浩瀚的中医文献中可看到中医学对“和”的含义和运用是多方面的，在《黄帝内经》中就可见其端倪，在《伤寒论》中得到了较为全面和具体的体现，历代医家亦有众多论述，然对“和”字的全面理解，尤其是对《伤寒论》中“和”字的含义，不尽清楚、统一。本文试作探讨，以抛砖引玉。

《伤寒论》中“和”的含义

在《伤寒论》中，仲景多次提及“和”，并将“和”阐释为多种含义，可指人体的外在表现，或脏腑功能、气血流行的协调，或用以表示服药、煎药、制药的方法，并用于表示治法。

1.“和”指人体的外在表现　人体的外在表现包括人体的正常表现和病态表现，如：《伤寒论》原文105条“伤寒十三日，过经谵语者，以有热也，当以汤下之。若小便利者，大便当硬，而反下利，脉调和者，知医以丸药下之，非其治也，……今反和者，此为内实也，调胃承气汤主之”。304条“少阴病，得之一二日，口中和，其背恶寒者，当灸之，附子汤主之”。131条“……结胸者，项亦强，如柔痉状，下之则和”。这里的“脉调和”“口中和”及攻下后项不强为和，均指人体正常表现。当体内功能失调时则会出现各种病理状态，如原文252条“伤寒六七日，目中不了了，睛不和，无表里证，大便难，身微热者，此为实也，急下之，宜大承气汤”。“睛不和”反映了邪热内伏，热结于腑，灼烁真阴，是体内阴液欲亡、证情危重的外在表现。

2.“和”指人体的生理状态　中医学认为自然界的一切都是相互影响，相互关联，相互依存，而不是孤立存在的，当对立的双方相互平衡、协调时，机体的脏腑功能、气血、阴阳、营卫则运行正常，如《伤寒论》原文53条“病常自汗出者，此为荣气和”。93条“太阳病……所以然者，汗出表和故也”。此时的“和”代表着人体的生命运行正常。当对立双方任何一方出现偏盛偏衰时，机体脏腑功能、气血、阴阳、营卫出现“不和”的病理改变，如：54条“时发热自汗出而不愈者，此卫气不和也……”，53条“……以卫气不共荣气谐和故尔”，152条“汗出不恶寒者，此表解里未和也，十枣汤主之”，29条“……若胃气不和，谵语者，少与调胃承气汤”，157条“伤寒汗出解之后，胃中不和，心下痞硬，干噫食臭，胁下有水气，腹中雷鸣，下利者，生姜泻心汤主之”。此外，在疾病的转归过程中，“和”还指疾病经过治疗向着痊愈方向的发展过程。如53条“复发其汗，荣卫和则愈”，58条“若发汗，若吐，若下，若亡血，亡津液，阴阳自和者，必自愈”，230条“阳明病，胁下硬满，不大便而呕，舌上白胎者，可与小柴胡汤。上焦得通，津液得下，胃气因和，身濈然汗出而解”。总之，“和”在这里是从病机的角度提出的。

3.“和”指治法

（1）和解其外：原文387条：“吐利止，而身痛不休者，当消息和解其外，宜桂枝汤小和之。”桂枝汤为解表剂中较为平和的方剂，方中桂枝辛甘通阳，使卫气宣通，桂枝芍药酸甘化阴，和营益阴，生姜辛散，助桂枝解表，大枣甘平，佐芍药和营，诸药合用即能调和营卫、气血兼顾，祛邪外出，故能“和解其外”，以治疗感受外邪，正气略有不足，内脏无恙而营卫气血不调的病证。

（2）调和胃气：《伤寒论》中明言：具有调和胃气功能的方剂主要有小承气汤、调胃承气汤。原文208条：“阳明病……若腹大满不通者，可与小承气汤，微和胃气，勿令至大泄下。”原文250条：“太阳病，若吐若下若发汗后，微烦，小便数，大便因硬者，与小承气汤和之愈。”原文209条：“阳明病，潮热，……若不转失气者，……不可攻之，……其后发热者，必大便复硬而少也，以小承气汤和之，不转矢气者，慎不可攻也。”原文70条：“发汗后恶寒者，虚故也，不恶寒，但热者，实也，当和胃气，与调胃承气汤。”调胃承气汤以通便泻热为主，小承气汤属轻下方，两方的攻下作用均较大承气汤小，较为平和。从原文看，和胃气的作用是减除或减轻腑气不通，恢复肠胃功能，且又不伤正气或产生副作用，即攻下作用较平和的意思。

4.“和”指制药或服药方法

（1）指制药方法：原文中“和”可解释为“混和、搅拌”之意。如：乌梅丸中“和药令相得”，大陷胸丸中“合研如脂，和散”，理中丸、麻子仁丸中“蜜和为丸”，瓜蒂散中“上二味……，去滓取汁，和散一钱匕，温顿服之”，当归四逆加吴茱萸生姜汤中“上九味，以水六升，清酒六升和”。

（2）指服药方法：当服丸剂或散药时，固体药物常研成粉状与液体相和，以便于吞服。如：五苓散、牡蛎泽泻散、半夏散、四逆散、三物白散方中“白饮和服”，文蛤散中“以沸汤和一方寸匕服。”

《伤寒论》中“和”之含义的理论渊源

《黄帝内经》中提到“和”，其意义也多种多样，其对《伤寒论》中“和”的含义产生了重大影响，为《伤寒论》的理法方药提供了理论依据。

1.《黄帝内经》提出“和”是指人体阴阳、气血、五脏功能正常、是维持人体正常生命活动的基本条件。《素问·调经论》谓：“血气不和，百病乃变化而生。”《素问·生气通天论》中说：“凡阴阳之要，阳密乃固，两者不和，若春无秋，若冬无夏，因而和之，是谓圣度。”这里的“不和”是指气血、阴阳的不协调，不正常。反之，“和”是指气血、阴阳的调顺、正常。《灵枢·脉度》篇谓：“肺气通于鼻，肺和则鼻能知香臭矣”。“心气通于舌心和则舌能知五味矣，肝气通于目，肝和则目能辨五色矣，脾气通于口，脾和则口能知五谷矣，肾气通于耳，肾和则耳能闻五音矣。”这里的“和”指五脏功能正常，并明确指出了气血、阴阳、五脏功能的调顺和正常与疾病的产生，人体生命活动密切相关。可见这些“和”与“不和”均指气血、阴阳、五脏功能调顺和正常与否，并对疾病的预后转归起决定性作用。由此可明，仲景对“和”字意义的阐发受《内经》的影响。

2.《黄帝内经》中的“和”是指饮食的调顺，是人体健康长寿的保障。《素问·六节藏象论》谓：“五味入口，藏于肠胃，味有所藏，以养五气，气和而生，津液相成，神乃自生。”《素问·生气通天论》谓：“阴之所生，本在五味，阴之五宫，伤在五味。……是故谨和五味，骨正筋柔，气血以流，腠理以密，如是则骨气以精。谨道如法，长有天命。”仲景在桂枝汤中用生姜、甘草、大枣，调胃承气汤中用甘草，其意一在健胃气，二在调和药味，缓和药性，顾护胃气，而有利康复。小承气汤用药量轻，作用较缓和，故少伤胃气。可见仲景为使方剂起到和解、调和的作用，在方药的配伍剂量方面均遵《内经》“五味入口”，“气和而生”之旨。

3.《黄帝内经》中提出“和”是一种治法。《素问·至真要大论》谓：“燥司于地，热反胜之，治以平寒，佐以苦甘，以酸平之，以和为利”，“气之复也，和者平之，暴者夺之。”这里的“和”指治法，且此种治法一是具有药的性味多种搭配，以起到纠偏调和的作用。二是和法治病作用平和，与峻猛祛邪法不同。《伤寒论》中提出对于邪热轻及无大热，但胃中津液干燥，大便难者，用小承气汤“微和胃气”，而不用大承气汤峻下实热。对于太阳病表邪遏郁较轻，营气内弱或卫气不足者，仲景多用桂枝汤解肌祛风、调和营卫，而少用发汗较强、副作用较大的麻黄汤。即取“以和为利”“和者平之”之意。可见仲景在运用和法时，借鉴了《内经》中和法具有调和、和缓、平和之意。

后世对《伤寒论》之“和”的认识和发展

仲景以后，又有许多医家对“和”提出了许多不同见解，但多指治法而言。金代成无己在《伤寒明理论》中提出；“伤寒邪气在表者，必渍形以为汗，邪气在里者，必荡涤以为利，其于不外不内，半表半里，既非发汗之所宜，又非吐下之所对，是当和解则可矣，小柴胡为和解表里之剂也。”明确提出和即为“和解少阳”之意。后世许多医家都沿用此种说法。清代程钟龄就在《医学心悟》中把和法单独作为一种治法，即和解少阳法。将它与其他七法并列为治疗八法。

与此同时，程钟龄又提出：“和之义则一，而和之法变化无穷焉。知斯意者，则温热之治，瘟疫之方，时行痎疟，皆从此推广之，不难应手而愈矣。”他认为和法“有清而和者，有温而和者，有消而和者，有补而和者，有燥而和者，有润而和者，有兼表而和者，有兼攻而和者。”此说承袭了明代张景岳的观点，《景岳全书·新方八略·和略》

中说："凡病兼虚者，补而和之，兼滞者，行而和之，兼寒者，温而和之，兼热者，凉而和之，和之为义广矣。"即从广义的角度理解和法，而不仅仅是和解少阳。

清代戴天章认为："寒热并用之谓和，补泻合剂之谓和，表里双解之谓和，平其亢厉之谓和。"即认为和法包括调和寒热、表里、虚实、阴阳。其目的是调其偏胜，使机体处于相对平衡。

近代又有许多医家通过对《伤寒论》的研究，丰富了"和"法的内涵。将"和"法概括为如下几种情况：①和解少阳法，小柴胡汤为代表方；②调和寒热法，半夏泻心汤为代表方；③调和阴阳法，炙甘草汤、小建中汤为代表方；④调和肝脾法，四逆散为代表方；⑤调和营卫法，桂枝汤为代表方；⑥调和表里法，麻黄附子细辛汤、麻黄附子甘草汤为代表方；⑦调和胃气法，小承气汤、调胃承气汤为代表方。

综上所述，《伤寒论》中的"和"有多种含义，尤其是"和"代表人体气血、阴阳的调顺，五脏功能的正常，一旦气血、阴阳、五脏功能"不和"，则可根据辨证，应用"和"这一治法使其重归于"和"。这可以说是中医辨证论治的特色之一。后世医家对《伤寒论》"和法"的见解和发展，对临床有一定的指导价值，值得深入研究。总之《伤寒论》中"和"的含义尤指病机和治法方面，总不离"和"字的本意，即《辞源》谓："和，顺也，谐也，平也，不刚不柔也。"

参考文献

[1] 柯雪帆主编．伤寒论选读．上海科学技术出版杜，1996，5.

[《中医文献杂志》2002；(1)：15]

量级价值概念在《伤寒论》中的应用

韦卫萍　河南省新华书店医务室

辨证的过程，是根据症状（包括程度，范围、时间等）、脉象（包括频率、强度、快慢等）排列组合，结合体质、全面分析综合评价的过程。中医的症状描述，直观简朴，并具有模糊性，不可能对临床资料都用精确数字来描述，而只能用量级方法，把它们分成几个等级，再根据不同的等级来判断其不同的价值，量级是对症状或体征不同的病理反应程度而进行大致分级，而价值则是不同的病理量级，对辨证方法药的应有价值，量值的关系，一般说是同步的，但特殊情况下，也有异步甚至级向发展的，它在《伤寒论》中的应用分述如下：

一、症状中的量级价值概念

《伤寒论》把外感伤寒整个病程根据不同的部位、性质、病机，病势归入六经，为六个不同阶段。太阳为诸经藩篱，故太阳病多出现在伤寒早期阶段；少阳病是半表半里之症候；阳明病为阳亢热盛的极期阶段；太阴病属虚寒的初期；少阴病属里虚证，为伤寒的中后期危重阶段；厥阴病属伤寒病的末期是正邪交争的最后阶段。实际上把外感伤寒分成了由表及里，由轻到重的六个量级，但始终贯穿着一个正邪交争，阴阳平衡问题。如果说三阳病是正气不断提高，阳气渐盛与邪气抗争至阳明病为极的话，那么进入三阴病则是正气急转直下，不断消亡，阴气渐盛的阶段。这也是一个量变的过程。这种模糊的量变分级，为治疗外感伤寒从辨证和用药上，起到了准绳作用。

二、症状描述中的量级价值概念

《伤寒论》把发热分成：面有热色，发热、身大热、身灼热、蒸蒸发热、热厥，从面有热色到热厥，由低到高又向反向发展的几个等级，它标志着正邪交争逐渐加重于病位由表及里的过程。恶寒分为：恶风、淅淅恶风、微寒、啬啬恶寒、恶寒而踡卧、身不恶寒，从恶风到身反不恶寒，体现了阳气由受损到虚及至虚极而出现假象过程。将神志逆乱分行为：微烦、心烦、烦躁、烦躁不得眠、谵语、发则不识人、循衣摸床、如狂发狂几个不同的量级。又把痞分为：按之濡、心下痞硬、心下痞硬而满、心下满而硬痛几个层次。这些同类症状的不同描述反映了各个症状不同量级，而其不同量级的价值，正反映了体内寒热阴阳的偏颇程度。

三、证候诊断中的量级概念

对于病理一致，但程度不同的证侯，在《伤寒论》中也将其分为不同的量级，如桂枝甘草汤证、桂枝甘草龙骨牡蛎汤证、以及桂枝去芍药加蜀漆牡蛎龙骨救逆汤之证，都是由表证候用汗法或火法，以致汗出伤及心阳，病传少阴。其心阳虚则同，然其轻重有别。轻者仅其虚而已，重者非但心悸，且有神气浮越的表现，反映了心阳虚的三个不同量级。另如抵挡丸证，桃核承气汤证、抵挡汤证，反映了蓄血证的缓、轻、重三个不同量级。少阴病的四逆汤证，白通汤证、通脉四逆汤证，白通加猪胆汁汤证，同是少阳病寒化证，由阳气虚弱，阴寒内盛所致，因其阳虚及寒盛的程度有轻有重，故其证侯所反映的量级也有所不同。

四、治法中的量级概念

太阳表郁轻症，同是桂枝证经久不愈，邪郁不解，在症状上均有恶寒发热，热多寒少，但“一日二三度发，面反有热色者……”用桂麻各半汤：如“若形疟，一日再发”用桂二麻一汤；若“太阳病，发热恶寒多寒少”用桂二越一汤。从表1中可看到：桂枝二麻黄一汤较麻黄桂枝各半汤发汗作用小，而桂枝二越婢一汤中麻黄虽较桂枝二麻黄一汤的量大二铢，但桂枝的量却小于二方，且佐有二十铢的石膏，可见此方发汗力小于上二方，说明其治法量级不同。

表1　桂麻各半汤，桂二麻一汤，桂二越一汤

药物	桂麻各半汤	桂二麻一汤	桂二越一汤
桂枝	一两十六铢	一两十七铢	十八铢
麻黄	一两	十六铢	十八铢
芍药	一两	一两六铢	十八铢
杏仁	二十四枚	十六铢	
石膏			二十四铢
生姜	一两	一两六铢	一两二铢
大枣	四枚	五枚	四枚
甘草	一两	十六铢	十八铢

阳明腑实三承气汤证治如表2。从表中可知，大承气汤是针对痞满燥实坚俱全而设的峻下剂；小承气汤是针对痞满实而燥屎将结的轻下剂；调胃承气汤是对燥实而不痞满、燥屎结而未甚的缓下剂。三方所用大黄量相同，但由于枳实厚朴的有无、轻重、量级不同，所治证候也就不同，三承气汤反映了三不同量级，所体现的价值也有轻、重、缓之别。泻心汤三方证均是胃气虚寒热互结于中焦致痞而设。从用药分析，半夏泻心汤以半夏为君开结泄痞；生姜泻心汤以生姜四钱为君药，主治胁下水气，痞满，以和胃散痞为主；甘草泻心汤以甘草四钱为君，主治胃气虚甚，而以补胃除痞为主。在上两方中只是生姜与甘草的量作了变动，而在治疗上起到不同作用，价值上也发生了变化。可见量级概念在临床上应用，通过对症状分析，在药物上作量的调整发生了微妙的价值变化，产生了不同的效力。

表2　承气汤药量比较表

方　剂	症　状	大黄	枳实	厚朴	芒硝	甘草
大承气汤	痞满燥实	四两	五枚	半斤	三合	
小承气汤	痞满实	四两	三枚	二钱		
调胃承气汤	燥实坚	四两			半斤	二两

表3　泻心汤药量比较

方　剂	黄连	黄芩	半夏	甘草	人参	干姜	大枣	生姜
半夏泻心汤	一两	三两	半斤	三两	三两	三两	十二枚	
生姜泻心汤	一两	三两	半斤	三两	三两	二两	十二枚	四两
甘草泻心汤	一两	半斤	四两		三两	十二枚		

［《中医研究》2002；15（2）：14］

试论经方中的对立统一观

周新华　商丘市向阳医院
张天喜　商丘市八八医院

对立统一规律在中医学诸如生理病理、辨证论治、遣方用药等方面均有充分的体现，特别是在张仲景所创制的经方中表现得更为突出。本文拟就经方中的对立统一观这一立法组方特色加以探讨。

一、寒热并投

经云“寒者热之”，“热者寒之”。此乃治疗之常法也。而寒热并投法是指一个方中既有寒凉之味，又有温热之品，或清上温下，或温表清里，或辛开苦降等以平调寒热的治法。本法主要用于寒热错杂（如上热下寒、上寒下热、里热外寒、里寒外热等）证。治大热之证立寒法，佐以温药使之清热而不伤阳；治大寒之证立热法，佐以凉药使祛寒而不伤阴。如治疗寒热互结的半夏泻心汤，方中芩、连苦寒泻热，姜、夏辛温散寒，为辛开苦降、寒温并用之法。再如治疗上热下寒的黄连汤，方中黄连清在上之热邪，干姜温在下之寒邪，辛开苦降以复中焦升降之职。还有治疗外寒内热之大青龙汤，方中麻、桂辛温以散在表之风寒，石膏大寒以清在里之内热，寒温相伍，既可使在里之郁热向外透达，又可防石膏寒凉伤中之弊，再以杏、姜止咳平喘，草、枣益胃和中。诸药合用，共奏表里双解之功。其他如乌梅丸、大黄附子汤、附子泻心汤等都是寒热并用的方例。

二、补泻兼施

补是指药物具有补益气血、阴阳诸不足的功

能；泻是指药物具有驱宿食、痰饮、瘀血等实邪的作用，借以恢复或改善脏腑功能。补与泻二者关系十分密切，即所谓“邪去正自安”，“正复邪自去”。如攻逐水饮的十枣汤，方中用芫花、甘遂、大戟以攻逐泻下水饮，佐以大枣甘缓补益脾胃使水饮之邪既除而又不伤正。再如厚朴生姜半夏甘草人参汤，方中厚朴消满除胀以祛邪，人参、甘草健脾益气以扶正，两相配伍，达到补而不壅，消而勿伤之效。还有小柴胡汤，方中柴、芩、夏、姜以祛邪，参、草、枣以扶正，使邪气得除，正气得复，寒热、呕恶、苦满等症自解。其他如葶苈大枣泻肺汤、人参白虎汤等，皆属此类。

三、升降互济

升者，升提、升浮也；降者，降下、降逆也。升降是表示药物进入人体后的作用趋势，升降相伍，用以调节脏腑升降功能失调，气机运行失常的病证。临床上又根据需要，选用升提或降下的方药治疗，又恐其太过，而于降下剂中佐以升提之品，或于升提剂中辅以降下之味，升中有降，或降中有升，以调节人体气机升降功能，使之恢复正常。如桂枝去芍药加蜀漆龙骨牡蛎救逆汤，方用桂枝、甘草发越心阳，又用龙骨、牡蛎潜镇心神，一升一降，心阳得复，则心神得安。再如旋覆代赭汤，方中旋覆花下气消痰，代赭石重镇降逆，半夏降逆化痰，伍人参、甘草、姜、枣益气和胃，升发脾阳，使升降之机得复，且又无降之太过而致中气下降之虞。其他如麻黄升麻汤等也属此类。

四、散敛共用

散者，宣散也；敛者，收敛也。散敛共用就是于宣散之剂中寓以收敛之药，或于收敛之剂中佐以宣散之品，使其散不太过，或敛不滞邪。但二者又可根据临床需要而有主次之别，或以散为主，或以敛为主。如桂枝汤，方中以桂枝辛温散寒，驱邪于外而为君，以芍药酸苦敛阴，和营于内以为臣，二药相伍，使发汗而不伤阴，敛阴而不恋邪。正如《医宗金鉴》所云：“桂枝君芍药，是于发汗中寓敛汗之旨；芍药臣桂枝，是于和营中有调卫之功。”再如小青龙汤，方中麻、桂、辛、姜辛温发汗，散寒化饮而止咳平喘，配以五味子、芍药酸涩以敛气养血，制约麻、桂、辛、姜辛烈之性，防其温燥辛散太过而耗气伤津之弊，使寒去饮除而不损正。其他如四逆散、厚朴麻黄汤等皆属此类。

五、润燥相兼

“燥可祛湿”“润可濡燥”，燥与润是指药物的两种对立的性能。仲景在组制燥湿之剂时，为防止伤阴耗液之弊，常佐以滋阴润燥之品；在组制滋阴之剂时，为防止滋腻太过而有助湿之虞，常佐以芳香辛燥之品，从而燥润相济，相得益彰。如竹叶石膏汤，方中半夏得麦冬、石膏之润，降逆而不化燥；石膏、麦冬得半夏之燥，使之清润而不腻滞，润燥相兼，以收清热养阴，和胃降逆之功。再如越婢汤，方中麻黄、生姜辛温宣散水湿之邪，伍石膏辛甘大寒清肺胃郁热而止渴，且制约麻、姜辛温之性以防其过燥，更配甘草、大枣以补益中气，诸药合用，共奏发汗行水，清热除烦之效。其他如越婢加术汤、吴茱萸汤、干姜人参半夏丸等皆属此类。

六、阴阳双补

阴阳双补，即补阳与滋阴二法合用。阴虚者，宜滋阴，然滋阴之品多寒凉腻滞，易伤阳气；阳虚者，宜温阳，然温阳之药多温热辛燥，易耗阴津。因此治疗时多采用阴阳双补之法。如《金匮》肾气丸意在壮阳，方中用六味地黄丸以益阴填精，佐以附子、桂枝以温阳益肾，诸药合用，共奏阴阳双补之效。《医宗金鉴》曰：“方名肾气丸，气属阳，补肾中真阳之气也。内具六味丸，壮肾水以滋小便之源；附、桂益命门火，以化膀胱之气。”再如薯蓣丸，方中参、术、苓、草（四君子汤）益气健中；地、芍、归、芎（四物汤）、冬、胶等滋阴养血；柴、桂、防祛风散邪，杏、桔、曲理气开郁，诸药合用，共奏调补人体气血阴阳之效。其他如小建中汤、黄芪建中汤、炙甘草汤等均属此类。

综上所述，足见经方中的对立统一观是相当普遍的，此乃仲景立法组方的一大特色。我们若能潜心钻研，领悟其中奥秘，举一反三地灵活运用于临床，定能使经方发扬光大，造福人类。

［《河南中医》2002；22（5）：1］

经方命名规律初探

郭恒林　山西省大同医专

仲景《伤寒杂病论》载方 260 首，因组方严谨，疗效确切，被后世尊为“经方”。经方的配伍规律和临床应用多有报道，而关于其命名规律则较少论述，今不揣浅陋，初探如下。

一、以药名命名

仲景方剂用药名来命名者占绝大多数，大体有如下几种情况。

1. 以单味药名称命方　如麻黄汤、乌梅丸、附子汤、泽漆汤、白头翁汤、茵陈蒿汤、王不留行散、炙甘草汤、麦门冬汤等，这些单味药，往往是该方的主药，提示该方的主要功效和主治证候。如麻黄汤以麻黄为君药，具有发汗解表、宣肺平喘之功，主治外感风寒、无汗而喘之证。附子汤以附子为君，温肾阳，散寒湿，通筋脉，止疼痛，主治肾阳不足，寒湿外侵，见“身体痛，手足痛，骨节痛，脉沉者”。乌梅丸虽由13味药（包括醋、米、蜜）组成寒热并用、补泻同施的大方，但其安蛔与止痢作用正是主药乌梅功效的体现。

2. 以两味或多味药名称命方　此大体可分为两种：一是反映方剂组成。如栀子豉汤、甘草干姜汤、芍药甘草汤、栝蒌薤白白酒汤、茯苓杏仁甘草汤、麻黄杏仁甘草石膏汤、茯苓桂枝白术甘草汤等，其中以厚朴生姜半夏甘草人参汤与苓甘五味姜辛汤两方五药并列为最长。二是提示方剂主要功效。如旋覆代赭汤，用旋覆花消痰治痞，代赭石降逆除噫，全方用治胃虚痰阻气逆之噫气不除，心下痞满。麻黄升麻汤，“方中升散、寒润、收缓、渗泄诸法具备。推其所重，在阴中升阳，故以麻黄升麻名其汤”。（《绛雪园古方选注》王子接语）桂枝人参汤用桂枝解表寒，人参理内虚，是表里双解法。麻黄连轺赤小豆汤用麻黄解表散寒，宣营卫之郁滞，连翘与赤小豆相合清热解毒，利湿退黄，全方共奏解表散邪、清热利湿之功，主治表里兼证、湿热内郁之黄疸。桂枝芍药知母汤中“桂枝行阳，知、芍养阴，方中药品颇多，独挈此三味以名方者，以此证阴阳俱痹也”。（《金匮要略论注》徐忠可语）

二、以方剂功效命名（约有29首）

1. 承气汤类　包括大承气汤、小承气汤、调胃承气汤、桃核承气汤共4方。承者，顺也；气指胃气。六腑以通为用，以降为顺，若邪热、食滞、瘀血阻于胃肠，每致腑气不通，故四方均用大黄攻下通腑，以使胃气和顺，因名承气汤。

2. 泻心汤类　计有泻心汤、大黄黄连泻心汤、附子泻心汤、半夏泻心汤、生姜泻心汤、甘草泻心汤共6方。泻有疏通之意，心指心下，仲景所云心下，实指胃中。泻心，即是疏通胃中郁结。泻心汤主治胃火郁结之吐血、衄血；大黄黄连泻心汤主治热结胃中之痞证；附子泻心汤主治阳虚恶寒、胃中热结之痞证；后三方均治邪犯胃肠，升降失常，寒热互结之痞证。总之，六方所治病证病位皆在“心下”，均有疏通散邪之功，故皆以“泻心”命名。

3. 陷胸汤类　共有3首，即大陷胸汤、小陷胸汤、大陷胸丸。三方均治水热互结之结胸证，其攻逐邪气之力如将士冲锋陷阵之势，故皆以“陷胸”命名。

4. 建中汤类　有小建中汤、大建中汤、黄芪建中汤等3方。三者均治中焦虚寒证，都有建立中气之功，故以“建中”命名。

5. 越婢汤类　共有越婢汤、越婢加术汤、越婢加半夏汤3首。越，发越也；婢，痹阻也。三方均能疏散水湿，宣肺清热，用治外邪犯肺、肺气郁闭而见头面四肢浮肿之证，故以“越婢”名之。

6. 抵当汤类　仅抵当汤、抵当丸2首。两方组成相同，但药量比例、服用方法有所区别。“方用虻虫、水蛭，一飞一潜吮血之物也。在上之热随经而入，飞者抵之。在下之血为热所瘀，潜者当之。配桃核之仁，将军之威，一鼓而下。抵拒大敌，四物当之，故曰抵当”。（《长沙方歌括》陈修园引张令韶语）抵当，虽未直言功效，但示其作用不可替代，故亦归在功效命名法中。

7. 其他　排脓散、排脓汤二方均用桔梗开气排脓，故名“排脓”。下瘀血汤主治妇人产后“腹中有干血着脐下”致腹痛，本方有攻下瘀血之功，故名。理中丸能益气健脾，温中散寒，燮理中焦，故不名温中而名“理中”。肾气丸在补阴基础上，纳少量附子、桂枝温补肾阳，意在微微生长少火以生肾气，故不言肾阳，而名“肾气丸”。温经汤主治妇人冲任虚寒、瘀血阻滞之崩中漏下或久不受孕之证，因虚实互见，故非单纯攻下所宜，乃遵《内经·调经论》“血气者，喜温而恶寒，寒则泣而不能流，温则消而去之”之旨，以温经散寒、养血通脉为先，故名“温经汤”。葶苈大枣泻肺汤能豁痰行水，清泻肺热，故名“泻肺”。桂枝救逆汤，因以桂枝汤为基础加减而成，能救治因误治而形成的逆证、坏证，故名“救逆汤”。

三、取类比象命名（共8首）

1. 白虎汤类　计有3方，即白虎汤、白虎加人参汤、白虎加桂枝汤。“白虎为西方金神，取以名汤，秋金得令而炎暑自解矣”。（《医宗金鉴·删补名医方论》柯琴语）

2. 青龙汤类　共3方，即大青龙汤、小青龙汤、小青龙加石膏汤。青，象东方肝木，主升发万物；龙，传说中神异动物，能兴云致雨。张秉成曰：“龙为水族，大则可以兴云致雨，飞腾于宇宙之间；小则亦能治水驱饮，潜隐于波涛之内耳。”（《成方便读》卷一）大青龙汤发汗力强，似龙飞腾云致雨；小青龙汤解表化饮，如龙隐波中，驱逐水饮。

3. 真武汤　据陆渊雷考证，该方本名玄武汤。赵宋避其先人讳，改玄为真。玄武为北方司水之神。本方能温阳补火，健脾利水，故名真武汤。

四、以主治病证命名

如四逆散、四逆汤、四逆加人参汤、通脉四逆汤、通脉四逆加猪胆汁汤、当归四逆汤、当归四逆加吴茱萸生姜汤等7方，因主治证皆有四肢逆冷而命名为“四逆”。阳旦汤主治阳旦证，奔豚汤主治奔豚病，头风摩散主治头风，小儿疳虫蚀齿方主治小儿龋齿。

五、以方剂颜色命名

全书只有赤丸、三物白散2方。

六、以药味数量命名

如一物瓜蒂散、五苓散、厚朴三物汤、厚朴七物汤、黄芪桂枝五物汤等。

七、其他

某些方是由某一基础方加减而成，用××方加（减）××药的格式命名。如桂枝加附子汤、桂枝去芍药汤、桂枝去芍药加附子汤等，均以桂枝汤为基础方而命名；柴胡加龙骨牡蛎汤、柴胡加芒硝汤二方，以小柴胡汤为基础方而命名；桂枝二麻黄一汤、桂枝麻黄各半汤，则是桂枝汤、麻黄汤两方的合方；桂枝二越婢一汤，是桂枝汤与越婢汤的合方。还有用“大”“小”来提示对应方剂作用力量的强弱和范围的大小。如大承气汤、小承气汤、大陷胸汤、小陷胸汤、大建中汤、小建中汤、大柴胡汤、小柴胡汤、大青龙汤、小青龙汤、大半夏汤、小半夏汤等。另有把上述几种命名法结合起来形成综合命名法。如半夏泻心汤即是一、二两法合用，三物白散为五、六两法合用，厚朴七物汤为一、六两法合用，白通汤以葱白通阳故名，是一、二两法合用。

总之，仲景方名，或示主药，或言功效，或明主症，形式多样，变化灵活。研究其命名方法，对于正确理解方义，合理应用经方具有重要意义。

［《国医论坛》2002；17（2）：3］

《伤寒论》病、方、药、证辨析

徐兴国　四川省渠县人民医院

读《江西中医学院学报》1998年第2期《〈伤寒论〉证、方、药特点》一文很受启发。《伤寒论》的精髓在于辨证施治，本文亦对病、方、药、证辨浅析于后。

一、病证辨

辨病施治在《伤寒论》中以“辨太阳脉证并治”“辨阳明病脉证并治”等而提出的辨治方法。如太阳病篇不仅论述太阳中风桂枝汤证、太阳伤寒麻黄汤证主证外，而且在该篇中讲述了变证、兼证、坏证等。这些变证、兼证进一步演变为脏腑辨证的内科杂病，其他篇亦是如此。辨病施治的特点离不开专病专方，有是病则用是方，内科某些病则更具专方的特点。因为疾病在整个发展过程中所表现的病理性质相同，符合某方的主治范围而取效，这在《伤寒论》《金匮要略》中每每皆是。如黄疸病用茵陈蒿汤治疗（236条，《宋本伤寒论》序号，下同），悬饮用十枣汤治疗（152条），《金匮》中脏躁病用甘麦大枣汤治疗等便是其例。正因仲景方有治专病的特点，古今沿袭则运用自如，特别是当前学者把研究对象向治疗西医疾病的疑难重证转移，得到了新的科学评价。如古方治今病方面有急性胰腺炎用大承气汤，慢性肾功能衰竭用真武汤，Ⅱ型糖尿病用桃核承气汤等。一方治多病（病机相同）如四逆散，凡具备肝胃气滞病机的慢性肝炎、早期肝硬化、胃肠神经官能症、肋间神经痛、眩晕、失眠以及妇女月经不调等皆可以四逆散为基本方加减治疗。又如凡属血虚寒凝，包括内、妇、儿、外的各种疼痛皆可用当归四逆汤治疗等等。这集中地突出了辨病施治的思想，使其更具指导作用。

二、方证辨

《伤寒论》所谓“病皆与方相应者，乃服之”（317条），即人们所说“对证下药”是也，如仲景所称“桂枝证”（34条）、“柴胡证”（104条）。

方证辨是以《伤寒论》辨证论治为中心，以某种疾病通过辨证分为不同证型而用方。如同一病证因体质有异，发病阶段不一，或由于病机上的差异以及病因之不同，在选方上亦不同，故称方证辨。

例如痞证是太阳病变证中的一个独立证，若病因不同其方证不同，热痞用大黄黄连泻心汤（154条），寒热错杂痞用三泻心汤。由于发病阶段不同，三泻心汤方证均有心下痞、干呕、吐利之证，若以吐利甚者用半夏泻心汤（149条），以饮食停滞者用生姜泻心汤（157条），以脾胃虚为主者用甘草泻心汤（158条）。又如厥阴病篇中之寒厥，因证型不同，阳虚阴盛者用四逆汤（353条），血虚寒凝者属当归四逆汤方证（351条）。再如阳明病下利，里热夹表有葛根芩连汤（34条），太少合病属黄芩汤方证（172条）。发病部位不同方证辨更具意义，如蓄水，若蓄下焦用五苓散（71条），水停中焦用茯苓甘草汤（73条）等。

反之，不同的病证，若病机、病位相同，同属一种证候则方证相同。如五苓散可治蓄水、消渴、痰饮，因其皆属水邪为患所致。又如白虎加人参汤，既治太阳中风误治邪热转属阳明，又治阳明病热盛津伤之证，因其病位在阳明，且病机皆为气阴两伤。

三、药证辨

《伤寒论》药证辨必须与辨病、辨证施治相结合，是在主病、主证、主方基础上随兼症而加减用之。

1. 条文中体现　如喘加厚朴、杏仁（18条），呕吐加半夏（33条），气上冲加桂枝（117条），微寒加附子（22条），项背强几几加葛根（14条）。

2. 在某方证基础上加味　以桂枝为例，因随证加减而变化为新方，如桂枝汤方证为恶风、汗出、脉浮缓。若汗出多、恶寒、关节痛加附子，名桂枝加附子汤（20条）；发汗后，身疼痛，脉沉迟者，加人参，名新加汤（61条）；无汗而小便不利者，去桂枝，加白术、茯苓，名桂枝去桂加茯苓白术汤（28条）。

3. 文中或兼症在方后云中药证辨　如小柴胡汤方证（96条），若胸中烦而不呕者，去半夏、人参，加瓜蒌实；若渴，去半夏，加人参、瓜蒌根；若腹中痛者，去黄芩，加芍药；若胁下痞硬，去大枣，加牡蛎；若心下悸，小便不利者，去黄芩，加茯苓；若不渴，外有微热者，去人参，加桂枝；若咳者，去人参、大枣、生姜，加五味子、干姜等便是典型的例子。

以上药证辨→方证辨→病证辨，三者既有区别又有联系，药证以方证为基础，方证以病证为核心，而病证指导方证，药证而用之。三者是仲师辨证施治分而论之精髓所在。

［《江西中医药》2002；14（2）：55］

古今中药处方用药探析

王冬梅　郑清连　西安交大一院
王翠玲　西安交通大学理学院

中药处方是在中医药基础理论指导下由药物配伍组成的，是体现和完成治法的主要手段，而药物是决定处方功效的主要因素，因此在临床治疗中合理遣药组方显得尤为重要。众所周知，医圣张仲景撰著的《伤寒论》与《金匮要略》，是祖国医学的经典著作，书中所载药方，绝大多数用药精专，临床疗效显著。而现在的中药处方，普遍复杂庞大，且临床疗效一般。为了探讨古今药方在药味数、用量上的差别，进一步剖析其改变因素，为临床合理配方用药提供依据，故对古今药方做一对比分析，具体方法及结果如下：

一、方法

从古籍《伤寒论》[1]与《金匮要略》[2]中随机抽样药方102首；再随机抽取我院2001年6月份门诊中药处方294张。所选药方均为复方，外用处方除外，计量单位一律采用米制“g”。对所抽取药方的药味数、最大用药量、最小用药量及平均用药量等变量，用SPSS8.0软件做统计处理（独立样本的t检验）。

二、结果

1. 药味数的变化　对古今药方药味数的分布情况列表比较，见表1。

表1　古今药方味数比较表（%）

	总数（张）	药味数			
		5味以下	6～10味	11～15味	16味以上
古代方	102	64.7	32.4	2.9	0
现代方	294	2.7	19.6	67	10.7

从表中可以看出，现代药方的药味数明显多于古方，其中用11～15味药者高达67%，古方则以5味以下为多，占总数的64.7%。

2. 用药量的变化　将现代方与古方中使用频度较高的常用药物的最大用量列表比较，见表2。

表2　古今药方常用药物最大用量（g）比较表

	黄芪	白术	茵陈	柴胡	山药	炒薏米
古代方	15	15	30	12	12	30
现代方	60	30	50	24	30	50

从表中可以看出，现代医师诊治疾病所用药物的最大量较古方明显的增大，且部分常用药物的最大用量超过了 1995 年版药典中的规定，如茵陈达 50g、车前子达 60g、炒枣仁达 60g、炒薏米达 50g 等。另外我们还统计到，现代方每剂药平均用量明显高于古方。现代方每剂药平均用量多在 16 ~ 20 克范围内，占总处方数的 66.33%；古方则多在6 ~ 10 克范围内，占总处方数的 69.61%。

三、讨论

临床医师处方时对药味及用量的选择取决于他们对疾病及药物的认识程度、患者体质的强弱和年龄的大小等诸多因素。统计结果表明，现在临床医师诊治疾病所用药物的药味数逐渐增多、用量逐渐增大。其原因主要归纳为以下两点：

1. 古人对病证的认识有一定的局限性，对病症产生的原因、形成机理受社会条件和医疗手段的限制，一般是抓住主证，对证用药，直中要害，因此用药少而精；对于现代医生，由于各种现代化医疗技术的应用，对病证之间的关系考虑较多，认为应综合治疗，故除辨证用药外，还依病用药，这样一张处方，药味数就比原方增加了许多；又普遍认为对某一具体的病症用一两味药药力太弱，故而通过选用功效多且复杂的多味药来达到预期的目的。如：常用的小柴胡汤[3]（组成为柴胡 12g，黄芩 9g，人参 6g，半夏 9g，甘草 3g，生姜 9g，大枣 4 枚），《伤寒论》主要用于外感少阳证。其病机为邪居半表半里之间，症见往来寒热，胸胁苦满，嘿嘿不欲饮食，心烦喜呕，口苦，咽干，目眩，舌苔薄白，脉弦。现代医师见到此证，按西医诊断为病毒性感冒，就在该药方上多加几味有抗病毒作用的药物，如二花、连翘、板蓝根、大青叶等，诸药同用，则使药味明显增加，是否这样疗效就一定优于原方，很难肯定。倒是诸多清热泻火之药同用，则容易败胃，损伤阳气，影响了病人的早日康复。

2. 中药材质量的优劣对药效有重要的影响。古人治病对所用药物的质量很考究，如对治疗湿热黄疸的茵陈早有“三月茵陈四月蒿，五月六月当柴烧”之说；对天麻也早有“冬麻质佳、春麻质次”的认识。因为古时药源充足，且基本是地道药材，其有效成分含量高，所以用量较小；而现在随着中医药事业的不断发展，中药材的用量迅速增加，优质的地道药材远远不能满足日益增大的临床需要。因此异地园林的栽培品种、功效相似的同类品种以及由于采收加工、储存保管不当而造成的劣质药材被广泛使用，使得现在一些常用药材的质量不及古代，医生只有通过加大用药剂量以增加有效成分的含量来取得一定的疗效。如用大剂量的水牛角代替稀少的犀牛角；用低廉的党参加大剂量代替名贵的人参[4]；临床常用全草类药物含大量杂质等。总之，现在的中药处方药味数多且用量大，虽然取得了一定的临床疗效，但也有很多不足之处。如药量太大，诸药合用后常因煎出液量太大使病人难以完全服下而造成浪费；又因大剂量特别是超剂量用药，药物的副作用以及诸多药物合用所产生的作用相互抵消，或使毒副作用增大等，均不利于疾病的治疗。如山豆根过量即致休克甚至死亡[5]；滥用具有调和药性功能的甘草会使临床疗效降低[6]。

为此笔者认为：第一，提高中药材的质量是当务之急，应扩大地道药材的种植面积，规范种植条件、采收季节，以及加工储存方法等，保证常用品种的质量。同时进入二十一世纪后，中医药的发展趋势是走向现代化，其现代化的标志是成分明确，机理清楚，量效相关，质量可控，疗效确切。第二，很显然，要搞清楚组成复杂的复方处方的成分，用药组方是关键所在。古方具有用药少、用量小、疗效显著的特点，故很多国家都把中药开发的目标对准了古方，如日本、韩国已经取得了显著的成果。因此，我们的临床医师继续研究学习经典方的组方原则和用药经验是非常必要的。只有组方合理，选药精良，用药适当，才可为临床研究开发新药打下坚实的基础。

参考文献

[1] 成冬生主编. 经方临证撮要. 陕西科学技术出版社，1995.
[2] 段富津，李飞，康广盛编著. 金匮要略方义. 黑龙江科学技术出版社，1984.
[3] 许济群主编. 方剂学. 上海科学技术出版社，1985.
[4] 吕丙奎等. 中药基础知识简编，1983：459.
[5] 丁水平，杜光，方淑贤. 对中药不良反应的思考. 中国医院药学杂志，2001；21（8）：505.
[6] 新编药物实用全书. 中国中医药出版社，1999：1823.

［《陕西中医学院学报》2002；25（2）：49］

从麻黄与石膏的运用看《伤寒论》的动态辨证

王小荣　赵永山　黑龙江中医药大学
（指导　刘华生）

辨证论治概念的本身就包含有动态的含义。所谓动态辨证，就是考察正邪消长盛衰的变化过程，把握这一过程中邪正进退的程度，尤其是机体正气的运动状态。《伤寒论》的六经辨证是一个综合的辨证体系，整体观和动态观是其灵魂。整体观不仅指人体本身及人与自然是一个整体，而且还指在辨证时从发病到当前状态的过程是一个整体，即对整个病史过程予以综合考察。如“太阳病，头痛至七日以上……”，“得病二三日，脉弱……至四五日……”等等。动态观具体到《伤寒论》中，主要是指在整体考察的前提下，着眼这个整体的运动过程，了解当前病证是整个病变过程中的哪个阶段，从何演变而来，还可能如何演变。如“太阳病，桂枝证，医反下之，利遂不止。脉促者，表未解也。喘而汗出者，葛根黄芩黄连汤主之”；“得病六七日，脉迟浮弱……医二三下之，不能食而胁下满痛……与柴胡汤，后必下重”等等。可以说动态辨证是贯穿《伤寒论》始终的，论中尤对麻黄和石膏的运用最具典型意义，试分析如下。

首先看大青龙汤。因本方所主病证的病机为卫阳被寒邪郁束太重，内生郁热，故治疗时需增强发散之力以解表气之郁闭而重用麻黄，但麻黄辛温又不利于内热烦躁之症的祛除，故配石膏清热除烦。若寒邪束表，阳气郁遏时间较长，在表之气机不畅，还会出现身重。对此，仲景辨证时排除了里虚寒证的水湿困阻气机或泛滥肌肉经络等可能（无少阴证），即可知，此时虽“身不疼，但重，乍有轻时”，外邪郁遏卫气之功稍减，但毕竟已成顽固难拔之势，故须“大青龙汤发之”，重用麻黄发散，辅以石膏监制其温燥而助其辛散。

再看麻杏甘石汤。本方主治“汗出而喘，无大热”，证属汗下不当所致病情变化的一个阶段，为寒邪内陷，郁而生热。邪热既生，势必逐渐增高，故在这个动态的过程中，“无大热”的状态只能是较短暂的一个阶段，它可能会进一步入里化热为“有大热”，甚至完全入里而成为内热炽盛之证，所以在“无大热”时，仲景只说“可与”本方。也就是说，当前以表邪内郁、化热迫肺为主，可斟酌使用本方，但不可执定此方“主之”，因为病情传变较快，其化热程度再稍有变化，此方即需调整。如后世乃至当今医家多言此证当有大热，且认为麻、石之比应为1：5~20（柯雪帆·伤寒论选读·上海：上海科学技术出版社，1996，47），张锡纯更明言“用此方法，石膏之分量恒为麻黄之十倍”（原方麻黄四两，石膏半斤，1∶2）。可见，后世的这些实践经验正是对仲景“可与”之意的补充，其所指实际上是麻杏甘石汤证进一步化热之证，已不是“无大热”的阶段，而是有大热的“麻杏甘石加石膏汤证”。因为没有动态地认识这一疾病演变过程，才对“无大热”产生种种歧义。

如病情进一步发展，表寒完全入里化热，即为纯里热证。因无外邪迫肺之喘，故不用发散之麻黄；但见里热蒸腾的身大热、汗大出，以及壮火食气的腹满身重等症，故以白虎汤主之。正如柯韵伯《伤寒来苏集》所说：“麻杏甘石汤是大青龙汤之变局，白虎汤之先着。”

再结合麻黄汤与白虎汤证，可以发现表实证传至阳明的一般途径：感受风寒之邪，表气郁闭（麻黄汤证，只用麻黄不用石膏）→表寒郁滞较久或寒郁较重，内生郁热（大青龙汤证，麻黄为主，辅以石膏）→表寒进一步入里化热，郁热迫肺（麻杏甘石汤证，麻、石并重）→化热更重（酌情加重石膏的用量至5~20倍于麻黄，石膏为主，辅以麻黄）→完全入里化热（白虎汤证，只用石膏，不用麻黄）。在这个过程中，有表邪向内之势，即用麻黄之浮向外散之；有入里化热之象，即用石膏之寒清之。随着整个病情的演变来确定药物的用量及取舍，而不囿于个别症状，所以有汗时可以使用麻黄，无大热时亦可使用石膏。

综上所述，整体、动态地把握病情，随病证演变而调整用药以切合病机，就是《伤寒论》“观其脉证，知犯何逆，随证治之”的中心原则。而“随”字，则包含着明确的动态观。

［《国医论坛》2002；17（2）：2］

关于《伤寒论》中头痛证治的辨析

张　弢　甘肃中医学院

头痛既是一种常见病证，又是一个常见症状。它以病人自觉头部疼痛为特征，发病原因多端，多由于外感与内伤等因素，致使脉络绌急或失养，清窍不利所引起。

由于引起头痛的原因众多，疼痛的时间、部位、性质、程度各不相同，因此诊治相当复杂。历代论头痛者，多以《内经》为据。《素问·风论》认为“风气循风府而上，则为脑风”，“新沐中风，则为首风。”《素问·五藏生成》提出：“是以头痛巅疾，下虚上实，过在足少阴、巨阳，甚则入肾。”《素问·方盛衰论》还提出：“气上不下，头痛巅疾。”论及头痛兼证，《内经》中尚有心烦头痛，病在膈中；气虚头痛，耳聋不聪；真头痛，头痛甚，脑尽痛；头痛数岁不已，则为脑逆，故头痛，齿亦痛，名为厥逆等。

本文仅就《伤寒论》中所论及的头痛分为以下几种类型加以辨析。

一、伤寒表实头痛

《伤寒论》第1条：“太阳之为病，脉浮，头项强痛而恶寒。”第35条：“太阳病，头痛发热，身疼腰痛，骨节疼痛，恶风，无汗而喘者，麻黄汤主之。”以上两条均为寒邪外束，太阳经脉运行受阻而致头痛。足太阳膀胱经起于目内眦，上额，交巅，络脑，下项，挟脊抵腰，络肾属膀胱。当寒邪外袭太阳经脉时，太阳经气运行受阻，则气壅于上，加之经脉受邪，正气奋起抗邪，邪正交争于太阳经的头项部分，故多见头项强痛。成无己注曰：“伤寒头痛，何以明之？头痛谓邪气外在经络，上攻于头所致也。”因此在治疗上，伤寒表实头痛当以汗为法，治宜以麻黄汤发汗解表，使邪从汗解则愈。

二、中风表虚头痛

《伤寒论》第13条：“太阳病，头痛，发热，汗出，恶风，桂枝汤主之。”此条亦为太阳经脉受邪之头痛，但与伤寒表实头痛不同之处在于，本证以外感风邪为主。风性疏泄，故兼见发热、汗出恶风，小便清，脉浮缓，苔薄白等症。尤在泾注曰：“太阳受邪，无论中风伤寒，俱有头痛，俱有发热，但伤于寒则表实无汗，伤于风则表疏自汗；是头痛发热者，伤寒所同，而汗出恶风者，中风所独也。”故其治虽仍以汗法为宜，但切不可用麻黄汤峻汗开腠，而只需用桂枝汤解肌祛风，调和营卫为妥。

三、表邪化热头痛

太阳病，治当汗解，若表邪不解，郁而化热，邪热内陷，结于胸中，营卫气血为之不利，亦可见头痛。如条文134：“太阳病，脉浮而动数，浮则为风，数则为热，动则为痛，数则为虚，头痛发热，微盗汗出，而反恶寒者，表未解也。……。客气动膈，短气躁烦，心中懊侬，阳气内陷，心下因硬，则为结胸，大陷胸汤主之。”可见，对此表邪内郁化热，结胸而兼头痛之证，治拟大陷胸汤以取其峻攻水饮，泻热破结，俾顽饮邪热得除，营卫气血通利，则诸证自去。

四、水遏经气头痛

《伤寒论》第28条：“服桂枝汤，或下之，仍头项强痛，翕翕发热，无汗，心下满微痛，小便不利者，桂枝去桂加茯苓白术汤主之。”此乃水停膀胱，气化失常，水邪凝结，郁遏太阳经中之阳气，则使太阳之经脉不利，而见头项强痛。对此治宜表里双解，以桂枝去桂加茯苓白术汤调和营卫，兼健脾利水，“利下窍以开外窍也”。正如唐容川注曰：“此（桂枝去桂加茯苓白术汤）与五苓散互看发明，五苓散是太阳之气不外达，故用桂枝以宣太阳之气，气外达则水自下行，而小便利矣。此方是太阳之水不下行，故去桂枝重加苓术，以行太阳之水，水下行则气自外达，而头痛发热等证，自然解散。”结合临床实际，本方以不去桂枝为妥，因桂枝既有解外之功，又有助阳气化水气之能。如果表邪较轻，用桂枝恐致汗出过多，则可去之或减量用之。权衡去桂枝之利弊，总以具体病情而决定为是。

五、阳明腑实头痛

足阳明之脉起于头，若邪热结于阳明之腑，热浊之气上扰清窍，则见头痛，兼见发热、大便不通等症。故《伤寒论》第56条曰：“伤寒，不大便六七日，头痛有热者，与承气汤。”用承气汤攻下热实，以泻阳明之燥热。柯韵伯曰：“太阳主表，头痛为主。阳明主里，不大便为主。然阳明亦有头痛者，浊气上冲也；太阳亦有不大便者，阳气太重也。”张路玉亦曰：“六七日不大便，明系里热，况有热以证之，更可无疑，故虽头痛，必是阳明热蒸，可与承气汤。”

六、太少两感头痛

太阳之脉，属膀胱而络于肾；少阴之脉，属肾而络于膀胱。故太阳与少阴互为表里。太阳受邪，若少阴阳气不足，则病邪传入少阴；若少阴不虚者，但见发热头痛之表证而脉反沉，且必沉而细。《素问·脉要精微论》言：“诸细而沉者，皆在阴。”治当温经发汗，两解太少，不可单纯发汗，方用麻黄附子细辛汤。若无效，当为里虚较急且重，则应先救其里，此为《伤寒论》基本治则之一。如条文92曰：“病发热头痛，脉反沉，若不差，身体疼痛，当救其里，四逆汤方。”此处用四逆汤为寓解表于回阳救逆之中，正如张路玉所解：“病头痛发热者，太阳伤寒；脉反沉者，其人本虚，或病后阳气衰也。虽脉沉体虚，以其有头痛表证，而用解肌药病不差，反加身疼者，此阳虚阴盛可知，宜与四逆汤回阳散寒，不解表而表解矣。”

七、水气上逆头痛

水之为患，变幻莫测，其走窜上下，充斥内

外，泛滥周身，可以引起一系列证候。若水饮逆于巅顶，阴寒乘于阳卫，亦可见到头痛。如152条："太阳中风，下利呕逆，表解者，乃可攻之。其人漐漐汗出，发作有时，头痛，心下痞硬满，引胁下痛，干呕短气，汗出不恶寒者，此表解里未和也，十枣汤主之。"治以十枣汤，峻攻水饮，水饮一去，诸证自愈，头痛亦可消除。故柯韵伯曰："头痛是表证，然既不恶寒，又不发热，但心下痞硬而满，胁下牵引而痛，是心下水气泛滥，上攻于脑，而头痛也。"

八、邪至少阳头痛

足少阳之脉，起于目外眦，上至头面，下到耳后，经额部至眉上。邪热犯于少阳，随经上犯清窍，故见两则头痛，尤以额角为甚，抽掣如刺，并必有往来寒热，胸胁苦满，默默不欲饮食，心烦，口苦，咽干，目眩，苔薄黄，脉弦等症。如265条："伤寒，脉弦细，头痛发热者，属少阳。"尤在泾注曰："经曰：少阳之至，其脉弦。故头痛发热者，三阳表证所同，而脉弦细则少阳所独也。"治宜和解少阳，以小柴胡汤化裁。

九、寒浊上逆头痛

《伤寒论》条文378曰："干呕，吐涎沫，头痛者，吴茱萸汤主之。"此乃肝寒犯胃，浊阴上逆之头痛证。足厥阴之脉，挟胃属肝，上贯膈，布胁肋，循喉咙之后，上入颃颡，连目系，上出与督脉会于巅。邪至厥阴，寒浊之气循经上逆于巅顶，则见头顶部疼痛欲裂，且伴四肢厥冷，口吐涎沫等症。曹颖甫谓："盖其所以头痛者，起于干呕气逆上冲也。"治当暖肝温胃，降逆止呕，方用吴茱萸汤。

以上所列，为仲景运用汤药治疗各种与头痛有关的病证。除此之外，仲景对于针刺治病亦很重视。如太阳头痛，虽有经尽自愈的转归，但是若头痛至七日仍不愈者，则有向阳明经传变的趋势。对此，仲景则采取先针刺足阳明经穴，使其经气充盛，抗邪能力增强，邪气自不入传。如条文8："太阳病，头痛至七日以上自愈者，以行其经尽故也；若欲作再经者，针足阳明，使经不传则愈。"这也充分体现了仲景既病防传的"治未病"思想。

总之，"病无常形，医无常方，药无常品。"（明·李中梓《医宗必读·卷一》）头痛虽然常见，但由于其发病的多样化，使其治疗亦相当复杂。从《伤寒论》一书来看，六经条文中明确提出头痛的有太阳、阳明、少阳、厥阴诸篇，共有相关条文17条。这17条条文虽文约而简，但其意深而博。尽管条文中没有明确划分出内伤与外感之别，但是对于表、里、寒、热、虚、实均有涉及，而且其头痛之发病有主证兼证之不同，亦有先见后见之差异。因此，在临证治病时，必须抓住主症，辨明先后，然后才能依照八纲辨证，按表里虚实之不同类型，予以汗下温和之不同治疗。

［《甘肃中医学院学报》2002；19（2）：12］

桂枝汤宜久煎

王晓飞　魏新建　成都中医药大学
王晓鸽　河南省偃师市顾县镇卫生院

桂枝汤属解表剂，历来人们认为解表剂多为辛散轻扬之品，主要成分是挥发油，久煎则有效成分挥发，影响汤剂质量，故不宜久煎，沸后再煎10~15分钟即可。我校傅元谋教授是研究《伤寒论》的专家，他在理论验之于临床的长期研究中，发现桂枝汤宜小火久煎（沸后再煎30~50分钟）。笔者常临案于侧，有幸聆听，现据《伤寒论》原文论述、中药药性气味理论、现代药理研究及临床资料整理成文，以飨同道。

一、《伤寒论》原文关于桂枝汤煎煮之论述

《伤寒论》原文第12条（桂枝汤证）后言："上五味，㕮咀三味，以水七升，微火煮取三升，去渣，适寒温，取一升。"从中可以看出，仲景对方药的煎煮时间是从减水数量来掌握和规定的。尽管煎煮时间会受到火力大小等诸因素的影响，然加水量与水量缩减值却是决定煎煮时间的重要因素。《伤寒论》明确记载水量缩减值最多的为12升，属久煎方；最少为1.5升，属短煎方。从上文看出，煎煮桂枝汤的缩水量为4升，麻黄汤更多，达6.5升。两者皆不属短煎剂。杨氏曾按《伤寒论》的叙述煎煮桂枝汤，当减水4升，煎取3升（约600ml）时，用时57分钟。这说明仲景对桂枝汤等解表剂的要求，并非是短煎的，与现代解表剂只要煎沸后再煮10~20分钟即可的认识和做法是不一样的[1]。

二、中药药性气味理论与桂枝汤煎煮时间

中药的寒热温凉四气，酸甘辛苦咸五味的阴阳属性，早在《内经》中即有明确记载。《内经·阴阳应象大论》说："阳为气，阴为味。"又说："味厚者为阴，薄为阴之阳；气厚者为阳，薄为阳之阴。"说明了四气属阳，五味属阴，按其气或味的

厚薄再分阴阳。在煎煮汤药时，与其治疗作用相应，有些方剂重点取其气（薄或厚），有些方剂重点取其味（薄或厚）。阳性耗散，阴性内敛，故取其气者煎煮时间短，取其味者煎煮时间长。桂枝甘草汤，据《伤寒论》原文，减水2升，属短煎剂，重点取其气厚，即“温”性，以温通心阳。气厚者，阳中之阳，所以煎煮时间短，仅为桂枝汤之一半。桂枝汤，重点取其味薄，即“辛”性，辛温解表，调和营卫。味薄者，阴中之阳，煎煮时间应长，但又短于“酸、咸、涩”等味厚（阴中之阴）之方剂。

三、现代药理研究与桂枝汤煎煮时间

从现代药理研究成果中，也可以看出桂枝汤久煎的合理性。

1. 挥发油不是丧失于挥发中　煎煮方剂时，根据浸泡原理（即 $ds = -D \cdot F \cdot dc/dx \cdot dt$，dt 为扩散时间，ds 为单位时间内的物质扩散量，F 为扩散面积，代表药材的粉碎度，D 为扩散系数。负号表示扩散趋向平衡时浓度降低。dc/dx 为浓度差），浸出（煎煮）时间愈长，扩散值愈大，愈有利于浸出，其浸（煎）出量愈多[2]。因此，应保证药物有充分的煎煮时间，以获得有效成分的最大提取量。另据郝氏的实验报告指出，含挥发油的药物在煎煮30分钟时，汤剂中挥发油含量最多[3]。有人对与桂枝汤一样含有挥发油的半夏厚朴汤作测定时发现：若以原药材中的挥发油含量为100%，则煎煮液中的挥发油仅为3.5%，而在其药渣内由于挥发油尚未从药材组中充分渗出，则有50%的残留量[2]。由此可推知，桂枝汤煎煮时间短，挥发油可能并非损失在挥发中，而是损失在药渣中。

2. 桂枝等辛味药并非挥发油单独起作用　严氏等研究发现，辛味药含有多种化学成分，药物的作用多数不以某一成分决定，而是多种成分的复合作用。包括桂枝在内的解表药的作用，不仅是挥发油类成分所致，在应用水煎剂时，往往是各种成分发挥综合作用。如细辛挥发油降压，而水煎剂有升压作用。提取到的挥发油成分的作用与多成分共存的水煎剂的药理效应是不同的[4]。所以小火久煎桂枝汤，散发的挥发油成分并不一定对治疗起主要作用，甚至在抗菌抗炎等方面，桂皮油等挥发油是不起作用的。

3. 桂枝汤疗效是5味药共同作用的结果　桂枝汤除含有挥发油的桂枝、生姜外，尚有芍药、甘草、大枣。与桂枝用量相等的芍药，主要成分是白芍总甙，具有调节免疫功能的作用，可明显抑制血小板聚集，促进血液微循环，这可能是桂芍相伍调和营卫的药理基础。另有研究提示：甘草呈一定的双向调节作用，生姜能促进体温恢复，大枣有解热作用；桂枝汤对体温的双向调节是方中诸药共同作用的结果。桂枝汤在治疗流行性感冒、病毒性肺炎，促进病鼠RES吞噬功能方面，分别以芍药、大枣作用最强，全方缺任何一味药都影响疗效。由此可见，小火久煎桂枝汤，5味药的共效对疾病治疗起关键作用，挥发油的作用是次要的。

四、结语

关于桂枝汤的煎煮时间，我们切不可人云亦云。如何正确掌握煎煮时间，使汤药达到最佳疗效，不仅离不开对仲景原文的仔细推敲，更要着眼于大量的临床实践。笔者随傅元谋教授临床中，凡辨证论治用桂枝汤者，必嘱患者小火煮沸，沸后再煎至少30分钟，疗效甚佳。

参考文献

[1] 杨世权. 《伤寒论》方药煎服法探析. 四川中医，1986，8（3）：4.

[2] 李渝悔. 中药煎煮问题概述. 云南中医杂志，1987，8（2）：40、42.

[3] 赫玉，姜明堂，颜青华，等. 汤剂煎煮时间对挥发油成分的影响. 中成药研究，1980，（6）：28.

[4] 严水清，吴建新. 药物的辛味与归经、作用及化学成分的关系. 中药通报，1987，12（1）：53.

[5] 尚炽昌，冀春茹，苗明三主编. 仲景方药研究应用精鉴. 人民军医出版社，1999. 14、34.

［《浙江中医杂志》2002；（2）：82］

浅谈《伤寒杂病论》中几种药材的炮制

刘秀英　许昌卫校附属医院

制药之法，古方甚少。最详于宋代雷敩，即现在的《雷公炮制论》。后世制药的方法，逐渐趋于完备。凡药物气厚力大者，无有不偏，偏则有利必有害，欲取其利而去其害，必用恰当之法以制之，则药性之偏者醇矣。然而其制药的含义，又各不相同：有以相反为制，或以相喜为制。而具体制法又复不相同：有制其形，制其性，制其味，制其质，皆巧于用药之法。在张仲景《伤寒杂病论》中就记载着很多中药炮制加工方法。如吹咀（桂枝汤方碎成小块），去皮（厚朴、桂枝），去心（麦门冬、牡丹皮），炙（甘草、厚朴、枳实），酒洗（大黄），水渍（枳实），擘（大枣、栀子）等。除了大量采用汤剂剂型外，还有“杵为散”，“姜汁糊丸如梧子大”，“蜜丸如桐子大”，“蜜导煎”等。由此可见，仲景不仅被誉为“方书之祖”，也开辟了中药炮制法的先河。下面试对《伤寒杂病论》中有代表性的几种不同炮制规格的药材，作炮制原意剖析，意在为整理、提高、运用中药炮制法提供参考资料。敬请同行指正。

一、大黄

大黄为蓼科多年生草本植物掌叶大黄的根及根茎。现代临床大黄的炮制方法很多，有生大黄、酒大黄、熟大黄、大黄炭等。其中酒大黄的炮制方法是：取大黄片或块，用黄酒喷淋均匀，稍闷，用文火微炒，至色泽加深时，取出放凉。大黄生用气味重浊，走而不守，直达下焦，泻下作用峻烈，易伤胃气。酒炙后，其力稍缓，并借酒升提之性，引药上行，可清泻中上焦实热。据药理研究，大黄的主要成分是蒽醌类衍生物（包括游离和结合性的大黄酚、大黄酸等）和二蒽酮衍生物（包括番泻甙 A、B 等）。酒炙后，结合性蒽醌有所减少，泻下作用弱于生大黄，但增强了活血祛瘀的功效，减轻腹痛等副作用，并免伤脾胃阳气。

《伤寒杂病论》中，用大黄的方剂近 30 个，分生用及酒洗两种。生大黄主要用其苦寒之性及攻下化瘀之功：如大黄黄连泻心汤、大黄牡丹汤、桃核承气汤、茵陈蒿汤、大柴胡汤、己椒苈黄丸、麻子仁丸等。所入各方，由于配伍不同，剂型不同，虽均用生大黄，但其功效有缓有急，所治之证，病位有上、下焦之不同。而用酒洗大黄的方有：大承气汤、调胃承气汤、抵当汤等，分别治疗里实热证及蓄血证。用酒洗大黄之意，在于利用“酒主行药势”之功，强大黄之药力，加强其泻热攻积，导瘀通经，推陈致新的功能，并能顾护胃气，实乃仲景用药之妙。

二、枳实

枳实为芸香科常绿小乔木植物酸橙的幼果。《伤寒杂病论》中，枳实有“炙”，“破，水渍，炙干”，“水浸，炙令黄”或“烧，令黑，勿太过”之别。炙品用于大柴胡汤、枳实栀子汤、小承气汤等。其功效是破气、消痞、宽中，多与大黄、栀子配伍。水浸（渍）后，炙制用于行气散结，宽中消满，多与柴胡、厚朴配伍，能调畅气机之升降，较单纯炙制药性为缓，方有四逆散、栀子厚朴汤。枳实“烧令黑，勿太过”，在枳实芍药散一方中用之，主治产后气血郁滞腹痛证。枳实炒黑，入血分，能行血中之气，与芍药相伍，行气和血，使气血得以宣通，则腹痛烦满等症自除。另外，水浸（渍）后炙制，可使加热时间延长，表面不易焦化，容易掌握火候。可谓是液体辅料炙制药物之首创。

三、附子

附子为毛茛科多年生草本植物乌头的子根的加工品。附子的主要成分是乌头碱。药理研究发现，其能使下肢血管显著扩张，且能扩张冠状血管。如四逆汤试验证明能使血压升高，并有较强的强心作用。有人认为熟附片的强心作用，与其中所含的钙有密切关系，在炮制或较长时间的加热煎煮后，总碱含量减少，毒性亦愈低，钙含量相应增加，其强心作用愈显著。

仲景《伤寒杂病论》中用附子的方剂有 30 多个，分生用和炮用两种。其中用生附子的共 7 方，如四逆汤、茯苓四逆汤、白通汤、干姜附子汤等。均用于阴盛阳衰之重证，目的是温经、回阳、救逆。用炮附子方剂更多，如桂枝附子汤、大黄附子汤、甘草附子汤、桂枝芍药知母汤、真武汤等。其功效均为温经、散寒、宣痹、止痛。与生附子的 7 方相比，二者剂量、剂型皆同，但其用量却增至生附子的 2～3 倍，充分说明炮用毒性小，且止痛效果明显。另外，仲景在丸、散剂中所用附子，均为炮附子，象乌梅丸、九痛丸、薏苡附子散。这是因为丸散剂无煎煮过程，必须用炮附子。

再看附子泻心汤方，仲景是如何运用附子的。观本方用法：附子一味，炮、去皮、破、别煮取汁，大黄、黄连、黄芩三味，以麻沸汤（即滚开的沸水）二升渍之，须臾，绞去渣，内附子汁，分温再服。本方所治为阳虚热痞证。方用大黄、黄连、黄芩之苦寒，以麻沸汤浸渍，少顷，绞去渣，取其味薄气轻，以清泻上部之邪热，达到消痞的目的，附子久煎别煮取汁，使辛热之药发挥温经扶阳固表的作用。尤在泾对本方的治疗作用及煎服法作了科学的分析：“按此证，邪热有余而正阳不足，设治邪而遗正，则恶寒益甚，若补阳而遗热，则痞满愈增。此方寒热补泻并投互治，诚不得已之苦心……方以麻沸汤渍寒药，别煮附子取汁，合和与服，则寒热异其用，生熟异其性，药虽同行，而功则各奏，乃先圣之妙用也。”

四、吴茱萸

吴茱萸为芸香科植物吴茱萸的干燥未成熟果实。味辛苦热，有散寒止痛温中止呕，助阳止泻的作用。《伤寒杂病论》中，吴茱萸炮制有“洗”“生用”“汤洗七遍”之别。其中“当归四逆加吴茱萸生姜汤”在厥阴篇中治“内有久寒”。方中吴茱萸生用。可见吴茱萸在呕吐同时寒象偏重时，少洗或不洗，而对寒象较轻，呕吐兼厥阴头痛者，则用汤重洗。因此，汤洗之意在于缓其燥热之性。

五、甘草

甘草为豆科多年生草本植物的根及根茎。味甘性平，有调和药性，益气补中，清热泻火解毒，缓急止痛的作用，甘草在《伤寒论》中入方83方，其中用炙品占81方，仅2方用生品，炙甘草补中益气，如炙甘草汤、甘麦大枣汤安神宁志，如芍药甘草汤，缓急止痛等均取炙品温养补益之功。唯治“少阴病二、三日，咽痛”的甘草汤和桔梗汤重用生甘草，意在清热解毒，甘缓利咽。通过对甘草的生用、炙用，使生泻炙补作用各异。

[《河南中医》2002；22（5）：2]

试论张仲景对“和”之学说的贡献

赵文远　河南省南阳市中医中药研究所

从浩瀚的中医古籍当中均可看到先贤往哲对“和”的认识与运用是多方面的。而仲景《伤寒杂病论》正是在《黄帝内经》“和”之基础上，更加全面地继承和发展了这一理论，使之更加日臻完善，成为“和”之学说，笔者试从仲景对“和”之学说的贡献作以下探讨，有不当之处，望同道指正。

一、仲景《伤寒杂病论》中“和”之学说的理论渊源

《素问·调经论》曰：“血气不和，百病乃变化而生。”《素问·生气通天论》曰：“凡阴阳之要，阳密乃固，两者不和，若春无秋，若冬无夏，因而和之，是谓圣度。”

《灵枢·脉度》篇曰：“肺气通于鼻，肺和则鼻能知香臭矣，心气通于舌，心和则舌能知五味矣；肝气通于目，肝和则目能辨五色矣；脾气通于口，脾和则口能知五谷矣；肾气通于耳，肾和则耳能闻五音矣。”

《素问·六节藏象论》曰：“五味入口，藏于肠胃，味有所藏，以养五气，气和而生，津液相成，神乃自生。”

《素问·生气通天论》曰：“阴之所生，本在五味，明之五官，伤在五味……是故谨和五味；骨正筋柔，气血以流，腠理以密，如是则骨气以精，谨道如法，长有天命。”《素问·至真要大论》曰：“燥司于地，热反胜之，治以平寒，佐以苦甘，以酸平之，以和为利。气之复也；和者平之，暴者夺之。”

由此可以看出《内经》中“和”是从人体阴阳气血、五脏功能及时令等方面，论述了“和”是维持人体正常生命活动的基本条件。同时也指出了“和”是指饮食的调顺，用以保障人体的健康与长寿，更指出“和”即是一种治法。此为仲景“和”之学说奠定了坚实的理论基础。

二、仲景《伤寒杂病论》“和”之学说的伟大贡献

仲景《伤寒杂病论》中继承发展了《内经》“和”之理论，同时大著中多次提及“和”，并将“和”发展为多种涵义，使之成为“和”之学说，且具体运用于临床实践当中，总结出“和”是人体的外在表现，或脏腑功能气血流行的调畅或用以表示治法、制药、煎药、服药等诸多方面。

1.“和”指人体的外在表现和病态表现　《伤寒论》第105条曰：“伤寒十三日，过经谵语者，以有效也，当以汤下之。若小便利者，大便当硬，而反不利，脉调和者，知医以丸药下之，非其治也，……今反和者，此为内实也，调胃承气汤主之。”第304条曰：“少阴病，得之一二日，口中和，其背恶寒者，当灸之，附子汤主之。”第131条曰：“结胸者，项亦强，如柔痓状，下之则和。”第252条曰：“伤寒六七日，目中不了了，睛不和，无表里证，大便难，身微热者，此为实也，急下之，宜大承气汤。”《金匮要略·痓湿暍病脉证》篇曰：“湿家病身疼发热，面黄而喘、头痛，鼻塞而烦，其脉大，自能饮食，腹中和无痛。”《金匮要略·血痹虚劳病脉证》篇曰：“但以脉自微涩，在寸口关上小紧，在针引阳气，命脉和，紧去则愈。”《金匮要略·百合狐惑阴阳毒脉证》篇曰：“如有神灵者，身形如和，其脉微数。”

2.“和”指人体的生理状态　第53条曰：“病常自汗出者，此为营气和，营气和者外不谐，以卫气不共营气谐和故尔。以营行脉中，卫行脉外。复发其汗，营卫和则愈。宜桂枝汤。”第54条曰：“时发热自汗出而不愈者，此卫气不和也。”第58条曰：“凡病，若发汗、若吐、若下、若亡血，亡津液，阴阳自和者，必自愈。”第29条曰：“若胃

气不和，谵语者，少与调胃承气汤。”第93条曰：“太阳病……所以然者，汗出表和故也。”第152条曰：“汗出不恶寒者，此表解里未和也，十枣汤主之。”第157条曰：“伤寒汗出，解之后，胃中不和，心下痞满，干噫食臭，胁下有水气，腹中雷鸣，下利者，生姜泻心汤主之。”第245条曰：“脉阳微而汗出少者，为自和也。”《金匮要略·脏腑经络先后病脉证》篇曰：“若五脏元真通畅，人即安和。师曰：冬至之后，甲子夜半少阳起，少阳之时，阳始生，天气温和。以未得甲子，天因温和，此为未至而至也；以得甲子而天未温和，此为至而不至也。”

3. 指“和”胃气　第208条曰：“阳阴病，脉迟……此为欲解，可攻里也……若腹大满不通者，可与小承气汤，微和胃气，勿令至大泄下。”第230条曰：“阳明病，胁下硬满，不大便而呕，舌上白苔者，可与小柴胡汤，上焦得通，津液得下，胃气因和，身濈然汗出而解。”第70条曰：“发汗后，恶寒者，虚故也，不恶寒，但热者，实也，当和胃气，与调胃承气汤。”第71条曰：“太阳病，发汗后，大汗出，胃中干，烦躁不得眠，欲得饮水者，少少与饮之，令胃气和则愈……五苓散主之。”第209条曰：“阳明病，潮热……若不转矢气者……不可攻之……其后发热者，必大便复硬而少也，以小承气汤和之，不转矢气者，慎不可攻也。”第250条曰：“太阳病，若吐，若下，若发汗后，微烦小便数，大便因硬者，与小承气汤和之愈。”第251条曰：“虽能食，以小承气汤少少与微和之，令小安。”第265条曰：“少阳不可发汗，发汗则谵语。此属胃，胃和则愈；胃不和，烦而悸。”

4. 指“和”营卫、表里　第54条曰：“病人藏无他病，时发热自汗出而不愈者，此卫气不和也。先其时发汗则愈，宜桂枝汤。”第93条曰：“太阳病先下而不愈，因复发汗，以此表里俱虚，其人因致冒，冒家汗出自愈，所以然者，汗出表和故也。里未和，然后复下之。”第49条曰：“脉浮数者，法当汗出而愈，若下之，身重，心悸者，不可发汗，当自汗出乃解，所以然者，尺中脉微，此里虚，须表里实，津液自和，便自汗出愈。”第211条曰：“发汗多，重发汗者，亡其阳，谵语，脉短者死，脉自和者，不死。”

5. “和”指治法　第386条曰：“吐利止而身痛不休者，当消息和解其外，宜桂枝汤小和之。”《金匮要略·痰饮咳嗽病脉证》篇曰：“病痰饮者，当以温药和之。”

6. “和”指制药方法　乌梅丸中“和药令相得”、大陷胸丸中“合研如脂，和散”、麻子仁丸中“蜜和为丸”、瓜蒂散中“去滓，取汁，和散一钱匕，温顿服之”、当归四逆加吴茱萸生姜汤中“上九味，以水六升，清酒六升和”、白通加猪胆汁方中“内胆汁、人尿，和令相得，分温再服”。

7. “和”指煎药方法　百合知母汤中“别以泉水二升，煎知母取一升，去滓，后合和煎，取一升五合，分温再服”、滑石代赭汤中“更以泉水二升，煎取一升，去滓，别以泉水二升，煎滑石，代赭，取一升，去滓，后合和重煎，取一升五合，分温服”。

8. “和”指服药方法　五苓散、牡蛎泽泻散、半夏散、四逆散、白散方中“以白饮和服”，文蛤散中“以沸汤和一方寸匕服”。

三、仲景“和”之学说对后世的影响

晋·王叔和《脉经》曰：“太阳先下而不愈，因复发其汗，表里俱虚，其人因冒，冒家当汗出自愈。所以然者，汗出表和故也。表和然后下之。”

金·成无己《伤寒明理论》曰：“伤寒邪气在表者，必渍形以为汗，邪气在里者，必荡涤以为利，若于不外不内，半表半里，既非发汗之所宜，又非吐下之所对，是当和解则可矣，小柴胡为和解表里之剂也。又曰：脏无他病，里和也。卫气不和，表病也。”

明·《景岳全书·和略篇》曰：“和方之剂，和其不和者也。凡病兼虚者，补而和之；兼滞者，行而和之；兼寒者，温而和之；兼热者，凉而和之，和之为义广矣。亦犹土兼四气，其中补泻温凉之用，无所不及。务在调平元气，不失中和贵也。”

清·《徐大椿医学全集》曰：“营气和者，言营气不病，非调和之和，故又申言之。曰卫气和者外不谐，以卫气不共营气和谐故尔。自汗与发汗迥别，自汗乃营卫相离，发汗使营卫相合，自汗伤正，发汗驱邪。复发者，因其自汗而更发之，则营卫和而自汗，反止矣。”

清·程仲龄《医学心悟》曰：“和之义则一，而和之法变化无穷焉。知斯意者，则温热之治，瘟疫之方……皆从此推广之，不难应手而愈矣。”他认为，和法“有清而和者，有温而和者，有消而和者，有补而和者，有燥而和者，有润而和者，有兼表而和者，有兼攻而和者”。此乃承袭明·张景岳的观点，即从广义的角度理解和法，不只是和解少阳。

清·戴天章曰：“寒热并用之谓和，补泻合剂之谓和，表里双解之谓和，平其亢厉之谓和。”他认为，和法包括调和寒热表里虚实阴阳，其目的是调其偏，使机体处于相对平衡，达《内经》“阴平阳秘，精神乃治”之目的。

综上所述，仲景“和”之学说包括了治法、治则，体现于六经辨证论治之理法方药中，散见于《伤寒论》《金匮要略》大论中，仲景“和”之学说的确立，在于调和为基础，以和为法度，进行调和机体之阴阳、表里、营卫气血、寒热、虚实，使人体机能处于阴阳动态平衡之正常生理状态。总而言之，“和”之学说涵盖范围较宽，内容颇详，妙意深幽。她像一盏航灯，指引着我们的临床航向。

[《江西中医学院学报》2002；14（3）：3]

论《伤寒论》之“和法”

聂惠民　北京中医药大学

《伤寒论》这部融理、法、方、药为一体的经典医著，论辨证之理，其意深奥，论治疗之法，博详精渊，奠定了辨证论治的基础，尤其对“和法”的运用，更是变化多端，独具特长，被后世临床医学家视为圭臬。

一、《伤寒论》“和法”之涵盖

“和法”乃《伤寒论》中之治疗法则，它包括了治则和治法。和者，平也，和谐、协调、调和之意。《伤寒论》对和法之论述，体现于六经辨证之理、法、方、药中，散见于397条原文之内。仲景和法之确立，在于调和为基础，以和为法度，进行调和机体之阴阳表里，营卫气血，寒热虚实，使人体机能处于阴阳动态平衡之正常生理状态。从上观之，和法的涵盖范围较宽，内容颇详，妙意深幽。细分析之，所谓“和法”，有广义与狭义之分。广义者，则指以调和的治疗作用，祛除寒热，调其偏胜，扶其不足，达到祛邪愈病为目的的一种治疗法则。故广义之和法，是指治疗法则，即包括治则与治法。正如《景岳全书·和略》之释：“和方之剂，和其不和者也，凡病兼虚者，补而和之；兼滞者，行而和之；兼寒者，温而和之；兼热者，凉而和之，和之为义广矣。亦犹土兼四气，其中补泻温凉之用，无所不及。务在调平元气，不失中和贵也。”可见和法之涵盖，面广意深，治则治法兼在其中。狭义者，专指治法。即“八法”（汗、吐、下、和、温、清、消、补）之一的和法。是指通过和解的治法，如和解枢机、调和营卫、调和脾胃、调和升降、调和内外等达到治疗目的。故狭义之和法，包括了治疗大法和具体治法。

二、“和法”为基本治则

治则，即治疗疾病的法则，是中医治疗疾病的一般规律和原则。《伤寒论》在六经辨证论治的基础上，对常用的治病基本治则，论述详细，其中“治病求本，调和阴阳”，是仲景论治学的精髓，故“和法”是《伤寒论》中的基本治则。

《素问·阴阳应象大论》曰：“治病必求于本”。本，指阴阳，即治病求本，调和阴阳。《伤寒论》在此基础上深入论述了“治病求本”的精神，提出一系列的辨病、治病、防病的基本规律与方法。人之机体，生老病死之规律，从阴阳上论，可谓“阴平阳秘”是人体正常生理状态；“阴阳失调”是疾病产生的根源；“阴阳盛衰”是疾病发展演变的条件；“阴阳存亡”是疾病预后的依据；“阴阳离绝”是生命垂危的标志。所以诊察疾病，应首辨阴阳，即《素问·阴阳应象大论》曰：“善诊者，察色按脉，先别阴阳。”因此，治病求本，调和阴阳，是《伤寒论》治疗疾病的核心。《伤寒论》用三阴三阳将外感病分为阴阳两大类别，亦是辨别阴阳两大证型的总纲，以辨别疾病的发生、发展、演变的规律。《伤寒论》以调和阴阳作为六经病证的基本治则，古人将疾病的发生，看作是阴阳失去了平衡状态，即阴阳出现了偏胜或偏衰的病理变化，形成了不同的临床疾病表现。治疗疾病的手段，在于调和阴阳，使失去平衡状态的阴阳达到新的平和与协调，从而恢复正常生理功能。所以“和法”是《伤寒论》治病的基本治则。治疗疾病，不论采取扶正或祛邪，正治反治，调和阴阳，随证治之，皆不失“以平为期”的原则，即达到平和为目的。58条指出“凡病，若发汗、若吐、若下、若亡血、亡津液，阴阳自和者，必自愈。”可见疾病在病理发展演变之时，阴阳失去了平衡，欲使疾病痊愈，必须求得“阴阳自和”，亦就是达到新的阴阳平衡，因此，“阴阳自和”是治疗疾病，调整阴阳的目的，也是达到痊愈的标准。然而此条所谓“阴阳自和”的含义，应当有二：一是指正气旺盛，机体内自身的调节机能，使阴阳之气，不借药力即能趋于平衡，其病自愈；二是在使用药物调和作用下，调整阴阳，促其和调与平衡，使疾病痊愈。可见本条突出了“和法”是论治六经病证的基本治则。

《伤寒论》中以和法为治则者，还有另一种情况，即对某些经过发汗、涌吐、攻下的疾病，或是并病、合病，而病邪未解的证候，采用缓剂、轻剂或峻剂小量，使病邪尽除而不伤正的治法，也都属于调和阴阳的范畴，皆为和法之良策。如70条“……不恶寒，但热者，实也，当和胃气，与调胃承气汤”。此胃家实热，取缓剂之调胃承气汤，调和胃气，清热愈病。又如208条“阳明病，脉迟……此外欲解，可攻里也……若腹大满不通者，可与小承气汤，微和胃气，勿令至大泄下。”251条“得病二三日，脉弱，无太阳柴胡证，烦躁心下硬，至四五日，虽能食，以小承气汤，少少与微和之，令小安……”这两条论述为阳明热实之证，仲景据病情采用小承气汤少少与之，微和胃气，功效在于微下，乃和调之意，不取泄下，妙义无穷。又如230条“阳明病，胁下硬满，不大便而呕，舌上白苔者，可与小柴胡汤，上焦得通，津液得下，胃气因和，身濈然汗出而解。”此为阳明病而柴胡证未罢，阳明少阳两经同病，既有表邪，复有里邪，取小柴胡汤，调和内外，胃气因和，三焦畅达，枢机运转，一身皆和，汗出而解。“当消息和解其外”，指出外有表邪，不用汗法，而取桂枝汤调和营卫，即“小和”之意。如此等等，皆取和法为治则，达到愈病之良效。所以治病求本，调和阴阳，以平为期，确立以和法为基本治则，实为《伤寒论》治疗疾病均须遵守的一般原则。

三、“和法”为基础治法

治法，是治疗疾病的方法，为医门“八法”之一。《伤寒论》所用八法，汗、吐、下、和、温、清、消、补，蕴寓于六经病治疗之中，论述甚广，使用灵活，是多种治疗方法的基础。

1.“和法”的代表方剂　《伤寒论》为“方书之祖”，其和法之用，广泛灵活，处处可见。对和法的代表方剂，《伤寒论》原文387条曰“吐利止而身痛不休者，当消息和解其外，宜桂枝汤小和之。”本条论霍乱里和而表未解之证，此为吐利之后，阳气大伤，津液未复，虽表邪未尽，然不宜大汗，故当斟酌病情轻重，以和解其外为原则，用桂枝汤调和营卫，不须啜粥及温覆取汗，即所谓“小和之”，尚有不令发汗之意。仲景于此处明确提出“和解”之法，所用之方为桂枝汤。清代医家王子接著《绛雪园古方选注》时，将《伤寒论》之方剂分为和、寒、温、汗、吐、下六种方剂。把桂枝汤剂、柴胡汤剂皆列为和剂之中，并称“桂枝汤，和方之祖，故列于首。”这种将桂枝汤列为和剂之首的编释，正与原著387条“当消息和解其外，宜桂枝汤小和之”的记载合拍。故将桂枝汤作为和剂之代表方。

《伤寒论》中仲景并未明确称小柴胡汤为和法之剂，亦未明言论述少阳证为半表半里证。然而将小柴胡汤作为和剂之代表方剂者，始于宋代著名医学家成无己，如《注解伤寒论》对于266条注解曰：“太阳转入少阳，是表邪入于里……邪在半表半里之间，……与小柴胡汤以和解之。”96条注解曰：“……此邪气在表里之间，谓之半表半里证。……”又在《伤寒明理论》小柴胡汤方下记载：“伤寒邪气在表者，必渍形以为汗，邪气在里者，必荡涤以为利，其于不外不内，半表半里，既非发汗之所宜，又非吐下之所对，是当和解则可矣，小柴胡为和解表里之剂也。”可见成氏对和法论述得十分明确，将“和解”作为具体的治法，小柴胡汤作为和解剂的法定代表方，后世医家多遵从此说，并有所充实，有所发展，亦有争鸣，然皆见仁见智，更促进学术的提高。从而认定小柴胡汤、桂枝汤为和法的代表方剂。

2.“和剂”组方的基本结构　和剂以小柴胡汤、桂枝汤为代表，分别论其组方的基本结构。

（1）小柴胡汤组方结构：本方由柴胡、黄芩、半夏、人参、甘草、生姜、大枣七味药组成。按药物性味不同作用，可分为苦降、辛开、甘补三组。一组，苦降之品。柴胡、黄芩，是本方的主药。柴胡味苦微寒，功用有三：①解少阳经热，使半表之邪从外而解；②疏肝，解少阳气郁；③主心腹、胃肠中结气，消食化积，推陈致新。黄芩苦寒，清少阳腑热火郁，使半里之邪从内而彻。柴芩合用，表里同治、经腑共调，使气郁得畅，火郁得散，枢机和调。二组，辛开之品，生姜、半夏，功用有三：①调理胃气，降逆止呕，为呕家第一圣药；②佐柴、芩以逐邪；③行草、枣之滞泥，在降逆止呕之中，又见泄满行滞之功。三组，甘补之品，人参、甘草、大枣益气补脾，扶正祛邪。考仲景于解表剂中一般不用人参，而今取甘补之品，其意有三：①予保元气：病人少阳，正气有衰，故以此益中气，和营血，助正抗邪。②防邪内入：因少阳为“阴阳之枢”，正虚之时，外邪易入三阴，故遵“见肝之病，知肝传脾，当先实脾”之旨，以防为先，使邪气勿得内入。③抑制柴芩之苦寒，以防伤害脾胃之气。本方药味不多，但配合默契，既有柴芩苦寒清降，又有姜夏辛开散邪，更配参、枣、草之甘补调中，七药相辅相成，一举而收卓效。

从方药分析得出，小柴胡汤组方的基本结构，是以苦降、辛开、甘补三组药物作为主体框架，巧妙用药，有规律的配伍，取寒热并施，攻补兼用之技，使其药物功效充分发挥，既能疏利少阳枢机，又能调达气机升降，更使内外宣通、气血畅达，将多种治疗方法综合于一方之中，功效和顺协调，故为和解之良剂，并以此方之苦降、辛开、甘补的组方结构，做为和解剂的基本结构。

（2）桂枝汤组方结构：本方由桂枝、芍药、甘草、生姜、大枣五味药组成。桂枝辛温，解肌祛风，温通卫阳，以散卫分之邪；芍药酸寒，滋阴和营，以固护营阴。桂枝配芍药，用量相等，可于发汗之中有敛汗之意，于和营之中又有调卫之功。二者相配，既用桂枝发汗，又用芍药止汗，一散一收，一开一合，恰到好处。生姜辛散，佐桂枝发散解肌。大枣甘平，配芍药益阴和营。甘草甘平，调和诸药。

从药物功用分析，桂枝汤中桂枝、芍药为主药。其组方基本结构，是以桂、芍、草三味药的性味功效为基础分为二组。一组是桂枝配甘草，此乃辛甘理阳之法，更佐生姜辛甘以助卫阳；二组是芍药配甘草，此乃酸甘化阴之法，更佐大枣，酸甘以滋营阴。辛甘、酸甘二者相合，一阴一阳，一表一里，滋阴和阳，形成本方的主体框架，从而达到调和营卫、调和气血、调和脾胃、调和阴阳的治疗作用，故谓之和剂。

3.“和剂”的演化网络 “和剂”的基本结构，理论雄厚，组方严谨，用药精简，有规可循，有矩可守。从而为和剂的灵活加减变化奠定了基础。

（1）小柴胡汤的演化网络：小柴胡汤的演化有柴胡汤剂及泻心汤剂二组方剂。

一组：小柴胡汤演化

①柴胡桂枝汤：为和而兼汗法，即小柴胡汤与桂枝汤合方而成。功在双解太、少阳，适于太阳、少阳合病或太阳、少阳并病。

②大柴胡汤：为和而兼下法，即小柴胡汤去人参、甘草，加枳实、大黄、芍药而成。功在和解少阳，兼通里实，适于少阳兼阳明里实热证。

③柴胡加芒硝汤：为和而兼下之轻法。即小柴胡汤加芒硝而成，功在和解少阳，兼清里热，适于少阳兼阳明里实热之轻证。

④柴胡桂枝干姜汤：为和而兼温法，即小柴胡汤去半夏、人参、大枣，加栝蒌根、牡蛎、桂枝，干姜易生姜而成。功在和解少阳，化气生津，兼温脾寒，适用于少阳兼气化失常证。

⑤柴胡加龙骨牡蛎汤：为和而镇惊法，即小柴胡汤去甘草，加桂枝、茯苓、大黄、龙骨、牡蛎、铅丹而成。功在和解少阳，镇惊安神，适用于少阳兼烦惊证。

二组：泻心汤演化

①半夏泻心汤：为和而消痞法，即小柴胡汤去柴胡，加黄连，干姜易生姜而成。功在和调脾胃，降逆消痞。适用于呕而肠鸣下利，心下痞证。

②生姜泻心汤：为和而化饮消痞法。即半夏泻心汤减干姜之量，更加生姜而成。功在和调脾胃，化饮消痞。适用于干噫食臭，肠鸣下利之心下痞硬证。

③甘草泻心汤：为和而补中消痞法，即半夏泻心汤加重甘草用量而成。功在和调脾胃，补虚消痞。适用于干呕心烦，肠鸣下利日数十行，谷不化之心下痞硬证。

④黄连汤：为和而清温法，即半夏泻心汤去黄芩，加桂枝而成。功在和调升降，清上温下。适用于上热下寒之腹痛欲呕吐证。

⑤旋覆代赭汤：为和而化痰法，以生姜泻心汤去干姜、黄芩、黄连，加旋覆花、代赭石而成。功在和调脾胃，化痰降气。适于噫气不除，心下痞硬证。

⑥干姜黄芩黄连人参汤：为和而调中法。以半夏泻心汤去半夏、大枣、甘草而成。功在调和中焦，寒温并用。适于寒格吐下，食入口即吐之证。

（2）桂枝汤的演化网络

①桂枝加葛根汤：为调和营卫，疏通经络法，即桂枝汤加葛根而成，适于太阳中风兼项背拘急证。

②桂枝加芍药汤：为用阴和阳法，即桂枝汤加芍药而成。适于太阴脾家气血不和之腹痛证。

③桂枝加附子汤：为调和营血，复阳固表法，即桂枝汤加附子而成。适于过汗阳虚漏汗证。

④桂枝新加汤：为调和营卫，益气养营法，即桂枝汤加芍药、生姜各一两，人参三两而成。适于汗后气营不足身痛证。

⑤小建中汤：为调和血脉，建中补脾法，即桂枝汤倍芍药加饴糖而成。适于里虚腹痛，心中悸而烦证。

⑥桂枝加桂汤：为调和阴阳，养心平冲法，即桂枝汤加桂枝而成。适于汗后阳虚奔豚证。

⑦桂枝加厚朴杏子汤：为调和营卫、下气平喘法。以桂枝汤加厚朴、杏仁而成，适于太阳中风兼喘证。

四、“和法”的运用优势

《伤寒论》集中医治则、治法之大成，其和法之用，独具优势。

1.“和法”为法之核心，用意深奥：《伤寒论》中运用和法，其理论坚实，临床丰验。和法是其中的重要治疗原则，运用十分广泛，方法深奥巧妙。其优势有三：①和法，既是“治则”，又是“治法”。和法是治疗疾病的治则，《伤寒论》以治病求本，调和阴阳作为基本治则，亦是首要的治则。和法也是治疗疾病的方法，采用和剂，通过调和营卫、调和气血、调和升降、调和脾胃等法，治疗六经病证及杂病变证，皆有良效。②“和法”为法中之法。《伤寒论》对有些已用发汗、攻下、涌吐等法，而邪气未解的病证，多采用缓剂或峻剂小量的缓和治法，使病邪尽除，达到病愈而不伤正，亦属于和法，这种治法可称为法中之法，妙意无穷。③和是治疗手段，亦是治疗目的。《伤寒论》常采用和法、和剂作为治疗手段，通过调和阴阳，达到邪祛正复，使阴阳得到新的平衡而病愈的目的。

2. “和剂”为方中之最，变化层层：《伤寒论》以和剂著称，具有和解作用的方剂，即称和剂。在论中和剂之多，比例之大，远在领先。和剂组方，药味精简，结构严谨，既有规矩，亦有方圆，变化层出不穷。如小柴胡汤（演化）→半夏泻心汤→生姜泻心汤→旋覆代赭汤……。变化多端，后世医家又有所发挥，有所充实，故和法具有十分重要的临床实用价值。

综观《伤寒论》“和法”，治疗作用重大，结合个人临床之验证，由此启迪思维，以和法作为核心，统领诸法之应用，将会得到更大的疗效优势。

[《中国医药学报》2002；17（4）：199]

试论乌梅丸证与慢性萎缩性胃炎

张喜奎　福建中医学院
（指导　陈亦人）

慢性萎缩性胃炎（CAG）系临床常见病，被WHO列为胃癌癌前状态之一，目前尚少满意疗法。我们通过研究发现，CAG与乌梅丸证有相吻合的方面，本文就此问题探讨于此。

一、乌梅丸为厥阴病主方，非治蛔专方

乌梅丸出自东汉张仲景的《伤寒论》，用于治寒热错杂之蛔厥证，另在《金匮要略》一见，列蛔厥条下，主治相同。正是由于此，加之乌梅丸对蛔虫性疾病有确切疗效，古今医家多从治蛔解释，将其列为治蛔专方，高等中医药院校《方剂学》教材，亦将其列在“驱蛔剂”下，仔细分析《伤寒论》原文及后世的应用，不难发现，乌梅丸绝非治蛔专方，而当属厥阴病提纲之主方。

首先，从方剂的药物组成看，乌梅丸的10味药物，只有花椒有杀虫驱蛔作用，且不是主药。君药乌梅，只有安蛔之力，且因其味酸性涩，尚有敛肝柔肝，生津止渴，涩肠止利，敛肺止咳等诸多功效。辛温之花椒、细辛、附子、干姜、桂枝，苦寒之黄连、黄柏，甘平之人参、当归相合，共奏疏调肝脏，补益脾土，温阳补虚，祛寒清热，和调阴阳，制虫安蛔之功，而决非驱蛔之一途。其二，从乌梅丸的出处看，《伤寒论》326条为厥阴病提纲，反映了厥阴病寒热错杂的病机特性，其中“下利”与“吐蛔”非必备之证，系或然证，分别为误下和强食所致。而338条“蛔厥者，乌梅丸主之，又主久利”，此二证均系厥阴病之变证，此为纠偏之举。此吐蛔与下利虽属厥阴病变证，然其实质还是在厥阴病基本病机上派生而来的，仍属寒热错杂，只不过是出现了几个特别症状而已。因此，乌梅丸当属厥阴病之主方，其主证乃是厥阴病提纲所述之主证，仲景不言者，乃为其常也，知变达常之法，是《伤寒论》的又一特色[1]。其三，从乌梅丸的配伍看，全方反映出酸苦辛甘复法的特征，酸以柔肝，辛以舒肝升脾，散寒调中，苦以清热，降胃泻浊，甘则和缓，调补气血，正符合厥阴之主机。其四，从目前临床看，现代对乌梅丸的应用已远远超出了蛔厥、蛔虫性疾病。据有关资料报道，以本方治疗内外妇儿诸科30余种疾病皆有较好疗效。分析这些疾病，病证虽复杂，但基本证候所反映的病机如寒热错杂、肝脾（胃）不和、厥阴经气不充所致阴阳气不相顺接等，均属厥阴病提纲证所列之病机范畴。

如上所述，乌梅丸非仅为治蛔而设，其功效全面，其常证为厥阴病之主证。对此，古代医家亦间有所述。如清代医家柯琴即云：“仲景此方，本为厥阴诸证之法，叔和编于吐蛔条下，令人不知有厥阴主方。观其用药，与诸证相符，岂只吐蛔一证耶?”陈灵石亦云：“此为厥阴病之总方，注家第谓蛔得酸则静，得辛则伏，得苦则下，犹浅之乎则乌梅丸也。”此说甚为透彻，颇合情理。

二、乌梅丸证与CAG特征相符

1. 主症一致　乌梅丸证为厥阴病提纲证，而CAG在病变的过程中亦多围绕肝脾（胃）可出现与之相似的证候。如心中疼热（胃脘痛、胃中嘈杂），气上撞心（撑胀饱闷、胃脘痞闷不舒、嗳气），消渴（口干欲饮），饥而不欲食（胃中嘈杂似饥、纳差食少，食后不舒），食则吐蛔（恶心欲

吐）等。

2. 病机吻合　二者在主要病机上存在着吻合之处，主要体现在以下几个方面。

（1）在病性上，二者均表现出寒热错杂、虚实互见之特征。

寒热互化及并存：乌梅丸证的主要特征即为寒热错杂，而CAG属于慢性疾病，寒热每每互相转化。或由寒而热，寒热并存，或由热而寒，寒热错杂。

虚实演变及多歧：乌梅丸证的另一个病性特征即为虚实互见，其中有阴阳、气血之互损，对照CAG之病机，亦同样存在着上述病机。一般而言，CAG初期多为实证，久病不愈，反复发作，脾胃受损，可由实转虚。脾胃虚寒者，易受寒邪，或运化无权，又可致饮食停滞，故临床表现为虚实夹杂之证。就CAG病理变化而言，亦符合虚实并见这一特征，首先是固有腺体的萎缩，胃黏膜色淡，以灰色或灰白色为主调，黏膜变薄，黏膜下血管显露，胃壁蠕动较弱等，符合脾胃虚弱的征象；同时又有胃黏膜充血、水肿，呈花斑状，甚至可伴有糜烂、出血、溃疡，常见肠化生及不典型增生等，属中医之瘀、痰、热之范畴等。

CAG不仅存在着虚实互见，且在阴阳、气血方面，亦存在着多歧化。

其一是气血俱病：病初因寒热虚实互见，致气机升降失序，胃气壅滞，脾气虚弱，病在气分。病久则由气入血，气滞血滞，形成瘀血疼痛。从CAG病理变化而言，初起腺体萎缩、黏膜变薄、色调不匀等，继之出现不典型增生，黏膜表面粗糙不平、呈颗粒或结节突起、黏膜下赤丝血缕等。再如病理活检，既可见固有腺体的萎缩甚至消失，又可见肠上皮的化生、异型增生等。细胞超微结构观察，既可见胞浆细胞器减少，线粒体嵴减少、断裂，基质疏松化，粗面内质网呈囊泡化或脱颗粒，又可见线粒体肿胀及排列紊乱，粗面内质网水肿、扩张，细胞核明显增大，密度增高，核异型、扭曲，核仁明显，可见多个核仁，胞浆内游离核糖体增多；从分子生物学角度来看，其发展演变的过程中，既有胃黏膜上皮DNA的损伤，又有在此基础上的DNA自发合成加快、细胞呈过度增殖状态等，同样符合中医关于由气入血（瘀），由轻转重的变化。同时，就虚证而言，胃为多气多血之腑，病初邪多伤气，出现脾胃气虚之证，多见乏力、纳呆等，久则化源匮乏，血不自生，出现血虚之征。临床可见CAG患者多伴有贫血，从现代医学而论，一则由于患者食欲较差，摄入量不足，再则由于胃腺体萎缩，盐酸分泌减低或缺乏，加之吸收不良，结果造成缺铁性贫血或恶性贫血，与上述理论一致。

其二是阴阳互损：阴阳互根为用，任何一方虚损久久不复，必然导致另一方受累，从而出现阴阳俱损之机。CAG由于病程较长，这一病机尤为突出。或初为寒证，损伤阳气，脾胃气虚，阳不化阴，久致阴津不足；或初为热证，损伤阴津，阳失化源，久致阳虚，从而出现阴阳气血俱损之证。就临床而论，CAG每有胃酸分泌不足，甚或缺如，符合胃阴不足之机，又因其消化不良，脾胃运化不力，同时，CAG患者每见形体消瘦，面色灰垢少华，或面色萎黄，面容憔悴，目睛少神，精神委靡不振，少气乏力，眼球活动呆滞等阴阳气血俱亏之象，且此现象与病情密切相关，一般而言，病程长、病情转重之时，这一征象尤为明显。

（2）在病位上，二者皆属于胃、肝、脾的病变，乌梅丸证的主要病机存在着肝木横克脾胃之机，对照CAG同样也存在着这一特征。

基本病变在胃：CAG的病变基础是局限性或广泛性的胃固有腺体萎缩、数量减少，伴有不同程度的胃分泌功能低下。而其临床表现，亦多围绕着胃脘部的疼痛、痞闷不适、食后不舒等出现，属中医“胃脘痛”“痞证”等病之范畴。

肝体用失调：肝胃之间，土木克乘，故肝体不足，肝用失常，常易横克胃土，出现胃脘疼痛，对此，诸多医家已有充分认识。以往的研究提示，情绪低落，或情志不畅的人群，患CAG的较多，在治疗过程中，又常因情绪波动而加重等，说明肝脏功能是否正常，对CAG的发病及预后至关重要。肝体用失调，不仅是导致CAG发病的重要因素，也是导致CAG病情加重、病程延长的因素之一。

脾虚运化不力：脾与胃互为表里，经脉互相络属，生理上的紧密联系，必然导致病理上的相互影响，就CAG而言，病初或饮食不节，恣食生冷，感受寒邪，或久病脾虚，运化失司；症见胃脘不适，食少纳差等。继之以脾虚不复，后天失调，疾病由气及血，导致血亏、寒生，进而影响肾阳，致全身气血不足，阴阳俱亏。临床每见面色由白转为青黑，纳呆腹胀，头晕乏力，甚则消瘦肢冷，身体抵抗力下降，腰痛膝软等等全身性多系统病变。由此可见，脾虚（生寒）既是疾病初起的始动原因之一，又是本病加重、恶化的重要环节，不可等闲视之。

3. 病势一致　乌梅丸证为寒热错杂、虚实互见之证，治当寒热并用，阴阳气血双调，理肝、调脾、益胃，不可误下，若误用攻下，则下寒更重，故云“若下之，则利不止。”而CAG因病程较久，正虚明显，苦寒攻下，当属禁忌，已是人所共知，此不赘述。

4. 治法贴切　乌梅丸所体现的治法为酸苦辛甘复法，其寒热并用，阴阳气血同调，理肝、调脾、益胃，此对CAG之治，确为贴切。

（1）CAG病机复杂，治难单一，法当复合：如上所述，CAG由于病程较长，不等同于一般的胃脘痛，临床多表现为寒热交错、虚实兼见，肝脾胃俱病，阴阳气血失调的病理变化。因此在治法上，就要求针对这一特殊病机，采取相应的综合措施。否则清热有增寒之弊，散寒存助火之忧，攻邪虑其伤正，扶正恐其资邪，补气常常动血，养血每每损气，补阳有恐耗阴，而滋阴又怕伤阳，种种弊端不一而足。我们在临床研究中发现，CAG患者大部分在接诊前均已经过中西医多方治疗，而疗效欠佳，使用综合复法后，起效迅速，且无明显不良反应，究其机理，寒热并用，清热而不助寒，散寒而不升火；攻补兼施，祛邪而不伤正，扶正而不助邪；阴阳双调，壮阳不伤阴，滋阴不损阳；气血齐补，则补气行气而不动血，养血活血而不伤气，且热祛有助于寒解，阳升而阴复，阴复而阳旺，邪祛正复，正复有助于祛邪，气行则血行，气足则血生，血活则气通，血复而气有所依，更切合CAG复杂病机。

（2）酸苦辛甘，扶正达邪，切中肯綮：辛苦同用，辛开苦降，斡旋中州：CAG的主要表现为胃脘疼痛、心下胀闷不舒，其病机关键在于中焦气机停滞，痞阻不通，故治疗之目的旨在促进中焦升降、气机宣通，从而恢复中焦枢纽功能。故在用药上，当择促其升降者用之。辛味之药，具有辛散温通之效，能升能散，可开结滞，燥痰湿，畅利心胸之机，促脾升清；苦味之药，具有趋下、沉降、清热、解毒之功，多入于胃，而降胃之浊气。辛苦配伍，辛开苦降，升清降浊，脾胃升降有序，自无壅郁之弊，不但解决了“不通则痛”的问题，且亦使机体纳化功能恢复有望，饮食一入，水精四布，化气生血，正胜邪却。

酸辛相配，柔肝疏肝，调木扶土：肝体虚用亢，郁而横犯，克脾犯胃，在CAG中占有重要位置。肝体阴而用阳，故治当酸辛并举，体用双调。以酸之收，合于甘味，酸甘化阴，以实肝体、柔肝用，阴长而阳潜，体实而用调。以辛之散升，助肝气条达，疏泄正常，则自无克脾犯胃之忧。酸、辛二味，一为顺乎肝性，促其气机条达，肝气舒展；一为收敛肝气，柔润肝体，防其过亢。一实肝体，一助肝用，二者相合，柔肝体，滋肝阴，缓肝急，平肝气（过亢之气），而无郁滞肝气之弊；畅肝气，解肝郁，助肝用，而无太过之忧，使肝气柔和，疏泄有度，岂能克脾犯胃？

酸苦泻热，辛温散寒，祛除邪气：CAG中湿热与寒邪交错，不仅是疾病发生的始动原因，而且亦是导致病情恶化的重要因素，因此铲除病邪，是正气恢复的前提。由于寒热二邪属性相反，故当寒热并用。酸苦之味，多有清热燥湿之功，又有降泻胃浊之效，即“酸苦涌泄为阴”之意也，二者相合，育阴清热，对CAG患者因热邪久羁、灼伤胃阴之机，颇为贴切，既可补胃津之不足，又能消弥散之邪热，使热祛阴生，有利于胃体之修复。辛温之品，辛可走散，畅肝理脾，温能散寒，对寒邪久恋、脾阳不足之CAG最为适宜。是二组相合，清热之酸苦得辛温之助，凉而不寒，无助寒之忧；散寒之辛温得酸苦之协，温而不热，无助热之虑，更得酸以入肝，平木柔体，使热去寒散，病自向愈。

辛甘化阳，酸甘化阴，扶助正气：如上所述，CAG的过程中，普遍存在着阴阳气血俱虚之机，对此，辛、酸、甘味相互配合，具有良好效果。辛味多温，走窜不定，流动不居，既能温补阳气，又可助肝脾升发，开中焦结气，以推动中焦气机。惟其性走窜，多具刚烈，用之恐耗伤阴津，故与甘味和之，则辛温助阳，通达阳气之性不变，而庶免刚燥窜烈之性。并且，甘入脾胃，与辛味相合，使其甘缓留中，作用更具针对性，一则可补中土阳虚，再则可散中焦寒邪。酸入肝，与甘味相伍，酸可生津，甘可缓急，调肝护土，酸甘化阴，以复阴亏，护胃柔肝缓急止痛。与辛相合，无腻脾碍胃，阻滞气机之弊。辛甘化阳，得酸寸则补阳、助阳无伤阴之忧，可达阴阳双修之效。

甘缓和中，调补脾胃，顾护气血：CAG病程较长，治疗亦需长期服药，故当时时顾正。甘味之品“能补、能和、能缓”，辛之太过，易助火伤阴，苦寒过极，伤阳败胃，以甘味调配，使其功能不改而性情缓和，对慢性疾患，尤显重要。再者，甘味入脾，多有益气助血之功，因脾气恢复，化源充足之故也。故甘味之品，对CAG久病体虚，脾胃不足，确具殊功，脾胃气复，化源充足，阴阳气血速复，正胜邪却，邪去正自安，况甘又能缓急止痛，对消除症状，改善患者生存状态，良有益也。

三、乌梅丸对CAG颇为切合

其一，乌梅丸系酸苦辛甘复法的典范，配伍严谨，切合CAG之病机。方中药物均为治疗胃脘痛的常用之品，此不赘述。其二，乌梅丸中药物均对

CAG病理变化有针对性，主要体现在如下几个方面：（1）抗菌作用：现代研究证实，CAG与HP感染有关，HP在CAG中普遍存在，且于CAG病变程度密切相关，提示是一种致病菌。乌梅丸中诸多药物均有不同程度的抗菌作用，尤其是黄连，单味已用于治疗CAG，疗效显著，从而有望通过抑制和杀灭HP达到愈病的目的。（2）抗炎作用：CAG的基本病变之一，即固有膜的炎性反应，一般而言，凡病属活动期者，均有炎症细胞浸润。乌梅丸中的全部药物，均有不同程度的抗炎作用，通过这些药物的作用，有望达到预期的治疗目的。（3）免疫调节作用：现代研究证实，CAG与免疫功能失调有关，乌梅丸中许多药物如桂枝、附子、干姜、当归、黄连等均有不同程度的免疫调节作用，有利于炎症的消散和增生的逆转。如上所述，乌梅丸的组成药物，对CAG病理改变有其针对性，从而为临床应用奠定了基础。

四、乌梅丸对CAG疗效确实

笔者以胃苏冲剂为对照，先后进行了临床和实验研究，在临床部分观察了主要临床症状、病理变化、胃泌素水平、HP感染情况等，随后，以大鼠CAG模型[3]观察了β葡萄糖醛酸酶、胃黏膜血流量、胃黏膜屏障功能、前列腺素、cAMP、cGMP、生长抑素、胃泌素、胃黏膜病理改变及不典型增生细胞DNA含量等，初步得出如下结论：（1）乌梅丸对CAG有肯定疗效，主要体现在改善临床症状，减轻和逆转局部病理变化。（2）其作用机理似与下列因素有关：杀灭致病菌（HP），祛除病因，减轻了对胃黏膜的有害刺激。刺激胃黏膜，产生内源性黏膜细胞保护物质，从而保持了胃黏膜的完整，减轻了炎症反应。加强胃黏膜屏障功能，提高胃黏膜血流量，从而有利于胃黏膜的完整和修复，减轻或逆转病理改变。调整胃肠激素，抑制了胃黏膜的过度增生，且可调整免疫系统，减轻腺体破坏，上皮增生和肠化生，从而有利于病变的修复和逆转。

志谢　本文承蒙南京中医药大学单兆伟、顾武军、符为民、张民庆、王兴华教授，山东中医药大学张桂珍教授，陕西中医学院张振忠主任医师等审阅，谨致谢忱。

参考文献

[1] 赵体浩，张喜奎，王旭丽．试论《伤寒论》举变达常法．国医论坛，1998，13（6）4－6．

[2] 张喜奎．胃萎灵治疗慢性萎缩性胃炎临床研究．中医杂志，2000，41（9）：536－537．

[3] 张喜奎．胃萎灵治疗慢性萎缩性胃炎的实验研究．中国中医药科技，2000，7（2）：81－82．

［《中医杂志》2002；43（4）：245］

浅谈“如法将息”

张国胜　余勇刚　江西省高安市中医院

“如法将息”一语出自于《伤寒论》第71条五苓散的方后注。《伤寒论选读》对“如法将息”没有作解释，对太阳篇第14条的方后注语“余如桂枝法将息”的“将息”作了词解，“将息”是将养调息，也就是护理调治的意思。

纵观言将息者，皆出现在太阳篇，其中有9条是言桂枝法将息，分别是第14条“余如桂枝法将息”，第20、21、22、25条“将息如前法”；第23条“将息如上法”；第35条，“余如桂枝将息法”；第31条：“余如桂枝将息法及禁忌，诸汤皆仿此。”所言“诸汤皆仿此”，仅指表证的汗法，皆按照桂枝汤的将息法。所言前法、上法，都是承上文所言，其将息法（护理方法）皆仿桂枝法进行。“如法将息”未言“前”，亦未言“上”，单独在五苓散的方后注中提出，其含义及实质如何？笔者作如下阐述。

一、因各证治不同，将息法各异

（一）五苓散的将息法与桂枝法不同

桂枝汤为外感表虚证所设。五苓散为太阳蓄水里证所设。桂枝汤温服后需啜热粥，且需温覆以微汗出为佳，而五苓散无须啜粥，以白饮和服汤后，多饮暖水，以小便利为佳。由此可见，大师在此条未言如桂枝法将息，是因为五苓散证为里证，其病位、治法、病证表现皆有别于桂枝表虚证，所以将息法各异。

（二）治法不同，临床护理方法各异

在临床中，治法不同，其护理方法亦不同。以汗法桂枝汤证和下法承气汤证为例，桂枝汤方后注的桂枝法将息的内容和承气法将息（笔者自拟）的内容作如下比较。

1. 基本护理法比较　桂枝汤是治疗风寒表虚证主方，临床主要以观察恶寒、汗出、脉象为重点来辨别疾病转归。承气汤（三承气汤）是治疗阳明腑实证主方，主要以观察腹胀满、大便、脉象为重点来辨别疾病转归。

2. 服药护理比较　桂枝汤温服一升，啜热粥一升余，以助发汗之力。以“遍身漐漐微似有汗者

佳”，以微汗出，热退身和为效。如服汤后，大汗淋漓是为发汗过大，恐伤正气，变生他证，其病不愈。正如论中所言：“不可令如水流离，病必不除。”服汤汗出不畅或不汗，继服；感邪病重应缩短服药时间，半日内三服；病重者，一日一夜服；服一剂，病犹在者，更服。若不汗出增至二三剂，以汗出身和为度。大承气汤，分温再服。对于用承气汤下者，以谵语止，或大便通为度，如：“若一服谵语止者，更莫复服。”（213）：“若一服利，则止后服。”（217）前者以调和营卫、发表为治，得汗出病愈；后者通腑泄热，以下大便通，或谵语止为效。

3. 服药后的护理　桂枝法服汤后，温覆一时许，其主要是保暖，加强发汗的作用；其二是避风寒，恐汗出，汗孔空虚，复感外邪。承气法服汤后，静观谵语、矢气、大小便的通下情况。谵语消失，不必再服。服汤后，得利，腹胀仍存在，可更与承气汤，如第255条：“腹满不减，减不足言，当下之，宜大承气汤。”

（三）病位、病性不同，护理方法各异

例如阳明腑实承气汤证和太阴病理中汤证，一实一虚，其临床表现、病机皆不同，设方选药不同，则临床的护理方法亦不同。大承气汤为攻下里实燥屎，温服一升，“得下，余勿服”。理中汤为温补中阳，温服一升，日三服，且服汤后需进热粥一升，以助药力，并要勿揭衣被，以保暖护胃气。阳明病如见大便初硬后溏未成实不可用承气汤（238）。理中汤腹满而吐，不欲饮食，自利，是理中汤的主症，以服至腹中转温（腹中未热，益至三四丸）为度。

桂枝法可说是外感表证的护理方法，但同属表证，其虚实的不同，护理方法亦有不同。风寒表虚证，其为营弱卫强，处以桂枝汤，饮后需啜热粥，以充汗源，助药力。风寒表实证，其为风寒外束，卫阳闭遏，营阴郁滞，投以重发汗之方麻黄汤，因其发汗力强，不须啜粥，恐其汗出太过而伤正。如第35条后注：“药取微似汗，不须啜粥。余如桂枝法将息。”即点明了除不须啜粥，其他护理方法，均依桂枝汤的护理法。

（四）病症不同，护理方法各异

同属表虚证，治以调和营卫大法，但其临床症状表现不同，其护理方法同中有异。如第24条“太阳病，初服桂枝汤，反烦不解者，先刺风池、风府，与桂枝汤则愈。”此条其烦是因邪气较重，经气郁滞不得宣泄所致；药针并用，刺风池、风府，疏风泄热，和卫通阳，其病愈。这里的针，即是治疗手段，又是护理操作内容。该证与桂枝主症的护理方法有别，需加以针刺护理。再如，调胃承气和小承气汤，同属下法，其临床表现痞、满、燥、实的不同，其护理方法亦有异。如服法：小承气为痞满证，为阳明内实，屎初结，痞满而实，燥坚不甚，初服一升，转矢气，更服一升，得下止服。调胃承气，临床表现是燥实证，其服法根据临床表现有二种护理方法：“少少温服之”（29条），适于太阳初入阳明，胃气不利，谵语之证；“顿服”（207条），适于阳明燥实内结，有腹胀、不大便、心烦、蒸蒸发热等证；顿服，有立刻服，或一次服尽，以求效果迅速，药力集中。这两方都是下法，都以大便得下即停止服药为共同点，其服法则异。

二、如法将息的含义

“如法将息”中的“如”，有顺遂、依照、按照之意；“法”即方法；“将息”，有养息、调养、休息之意，也就是护理调养，护理治疗的意思。“如法将息”，采取了省文法，应为“如某法将息”，在论中有“如桂枝法将息”（35条）。推而演之，应有如白虎法将息、承气法将息、柴胡法将息、理中法将息等各证各病的将息法。

“如法将息”喻示了无论是表证、里证、虚证、实证、寒证、热证，无论是采用汗法、吐法、下法等，都应根据该证的特点，采取相应的护理方法，进行护理。

三、小结

“如法将息”的中医辨证施护的纲领之一。它是“观其脉证，知犯何逆，随证治之”的辨证思想在中医护理中的体现。如果说随证治之，是证是药，是中医辨证理论在临床治疗中的体现，那么“如法将息”，就是中医辨证理论在中医护理中的体现。因此笔者认为，第71条五苓散的方后注中的“如法将息”是中医护理的基本原则。虽在五苓散后，未再出现诸如“将息”字样，但一些特殊的护理方法，皆散在条文中或方后注。应该说一方一证，一证一护，是中医辨证施护的特征。“如法将息”是根据病位、病性、治法、临床表现所采取的一系列的护理方法。

［《江西中医药》2002；33（5）：9］

浅析《伤寒论》五泻心汤的鉴别应用

余永林　胡锡元　武汉市中医医院

一、泻心汤所治痞证与其他“痞证”的区别

《伤寒论》指出痞症的形成乃因：“病发于阴，而反下之，因作痞”，“脉浮而紧，而复下之，紧反入里，则作痞。”说明本无实邪而反下或本属太阳表证却误下，均可导致里虚邪陷而成痞。胃之上脘，是气机升降之要道。气机升降失常，痞塞于中，必致心下痞。另外，饮食所伤、气郁不舒，以致脾胃不和，也是形成心下痞的原因之一。总之，泻心汤所治痞证的病机是以气机升降失常为主，此与其他病症兼痞不同，必须加以区别。

《伤寒论》161条五苓散证、157条十枣汤证、171条瓜蒂散证、166条旋覆代赭汤证、168条桂枝人参汤证均可见痞证。五苓散证是因为水气内停，阻碍气机升降，水气不能输布，心下受水气影响而致痞，有小便不利一证可资鉴别；十枣汤证是因饮停胸胁之间，以致胸阳阻遏，气机壅塞而致心下痞硬疼痛，并以牵引胸胁为特征；瓜蒂散证是痰饮壅滞膈上，阻碍气机所致胸中痞硬，与本证之心下痞不同；旋覆代赭汤证是误于汗、吐、下，胃气受伤，痰饮停聚而致心下痞硬；桂枝人参汤证是太阳病误下后脾阳受伤，健运失职，升降反常，证见下利、心下痞硬，而兼表证。以上痞证，与泻心汤所治痞证大相径庭，临床当辨证分明。

二、五泻心汤的临床鉴别应用

半夏泻心汤主治心下痞满而呕吐下利，以心下痞满、呕恶、肠鸣下利或大便不调、舌苔黄腻为辨证要点。本证是由于寒热错杂，脾胃不和，升降失常，中焦痞塞所致。方中半夏降逆止呕为君；痞由寒热互结而成，故用黄芩、黄连之苦寒，半夏、干姜之辛温，辛开苦降，寒温合用以消其满；复用人参、甘草、大枣以补其中。补泄兼施，可收寒去热除、痞消正复之功。

生姜泻心汤主治心下痞满而兼有水气的证候。本证与半夏泻心汤证在病机与证候上有相似之处，均属脾胃不和、升降失常、气机痞塞的病变，心下痞是两者的共同见证。不同的是前者痞证夹痰饮，后者痞证夹水气食滞。方中重用生姜配半夏温运降逆；黄芩、黄连苦寒以泄满；人参、干姜、甘草补中温里，共收宣散水气之功。

甘草泻心汤用于治疗太阳表证几经误下以致中虚邪陷、客气上逆而成的心下痞证，证情较重。甘草泻心汤与半夏泻心汤比较，重用甘草，取其缓中补虚，余义相同。原方中无人参，恐为脱简。

大黄黄连泻心汤主治热痞。无形热邪结聚心下，故见心下痞，按之软而不硬。其脉关上浮是中焦热盛的表现，与太阳表证之脉浮而恶风寒者不同。以药测证，本病当有心烦、尿赤、舌苔黄浊，或大便不通等证。故方用大黄、黄连之苦寒，泻心火兼清胃热，则痞自除。另外，大黄泻心汤在煎法上也与他方不同，不取煎而只用麻沸汤浸须臾绞取其汁。是取轻扬清淡之意，以泻心消痞。若久煎汁，必走肠胃，就不能发挥药物的作用。

附子泻心汤主治热痞又兼表阳虚的证候，本证以无表热而恶寒汗出为特点，故以大黄、黄连、黄芩苦寒泻痞之热，再加附子温表之阳，合内热外寒而治之。其妙尤在麻沸汤浸三黄须臾绞去渣，而附子另外煮汁，意在泻痞之意轻，扶阳之意重也。

三、小结

综上所述，大黄黄连泻心汤证及附子泻心汤证为比较单纯的泻心汤证，容易区别；而生姜泻心汤、甘草泻心汤、半夏泻心汤都是用治中气虚、寒热错杂所致的痞证，不易区别。三方中虽均用人参、大枣、甘草补中，黄芩、黄连泄痞，但各方立义不同。生姜泻心汤主治心下痞兼有水湿不化之证，则有干噫食臭、腹中雷鸣、下利等，故重用生姜散水；甘草泻心汤是一下再下，脾土愈虚，痞结愈甚，证情又较生姜、半夏两泻心汤证严重，但不夹水气，也不兼食滞，故无致，故重用甘草甘缓补中；半夏泻心汤证无心烦、腹中雷鸣、下利证候，但呕逆较甚，所以方中以半夏为君，降其冲逆之气。

总之，五个泻心汤证在病理病位上有其相近之处，但治疗上各有侧重，同中有异，临床当仔细辨证，随证选方，不应混淆。

［《湖北中医杂志》2002；24（6）：39］

《伤寒论》阳明中寒证辨治

宋玉梅　平顶山市新华区人民医院

一、阳明中寒之成因

阳明经为多气多血之经，阳明病多为胃实热之

证。因病传至此，正盛邪实，故病在阳明多表现为热症，然由于病邪性质及患者体质的差别，阳明病亦可表现为寒症。纵观太阳篇及阳明篇，可知阳明病之成因可分为二，一者为由它经，主要是从太阳经之邪传来，此多从阳化热，而见阳明经症，腑实症，湿热症等胃热诸症。一者为本经直接受邪，或中风邪，或中寒邪。论中190条言："阳明病，若能食，名中风；不能食，名中寒。"此条以"能食"与否区别中寒与中风，既是辨别其证，亦是推求病因。风为阳邪，变动不居，主动不主静，中风故能化谷，而能食。寒为阴邪，其性凝滞，主静不主动，中寒则谷难消化，故不能食，可知寒邪直中阳明为阳明中寒之因。然亦有注家着重从体质上探讨其成因，如柯琴认为"风寒一体，随人胃气而别。"即言胃气盛实者，中邪而从热化，即为中风；胃气虚寒者，邪入则从寒而化，成为中寒。

二、阳明中寒之辨证

前文已言，190条所示"能食""不能食"既是辨别其证，亦是推求病因。可见能食与否是辨别阳明中寒证之眼目。对此，仲景在191条中更进一步阐述其机理："阳明病，若中寒者，不能食，小便不利，手足然汗出，此欲作固瘕，必大便初硬后溏。所以然者，以胃中冷，水谷不别故也。"其小便不利为中焦虚冷，脾运化无权，消谷乏力，水谷失于泌别，其水不走膀胱而走肠间，而成先硬后溏之固瘕"。此之"手足然汗出"，宜与阳明腑实证之"手足然汗出"相鉴别。四肢为诸阳之末，阳明主之。彼之汗出为阳明之热炽盛于内，不得从大便而泄，而逼迫津液外出；中寒为胃阳虚弱不能温摄津液，津自泄。

《阳明篇》中195条还指出，若阳明中寒，阳气虚弱，不能行其津液，寒湿郁滞，则有引发黄疸之势。辨之之法是诊其"脉迟"，"食难用饱"，"饱则微烦头眩""小便难"。"脉迟"为寒，"食难用饱"为胃中虚寒不能纳谷。微烦头眩为水谷不化，滞于中焦，浊气郁蒸，故见头"微烦"，"头眩"。"小便难"如前所言，为水谷不分，水停中焦，中焦湿浊壅滞，土壅木郁，肝胆疏泄不利，胆汁不能循其常道，溢于肌肤，则可"作谷疸"。由于其为食谷不化所致，故名"谷疸"。

若因食谷不消而致胃失和降，气降于上，则可能出现"食谷欲呕"，此见于243条。

三、阳明中寒之治疗

由于阳明中寒非阳明经主证，仲景论之不免简略。仅对食谷欲呕提出用吴茱萸治疗。主以吴茱萸之热，辅以参草枣之甘，温胃益气，而治其中焦虚寒之本。对于欲作谷疸之症，仲景举"虽下之，腹满如故"，示不可攻下。此条当与阳明湿热发黄鉴别。彼为湿热熏蒸，此为寒湿郁滞，彼当攻下温热以退黄，而此则不可攻下。结合《金匮要略》黄疸证治，似乎宜于茵陈五苓散加减治疗。对于"固瘕"，仲景单述其症，未出治法及方法。然综合前二条所述，可体味仲景治疗阳明中寒之法偏温，不主张攻上。临床可据条文精神并结合患者具体情况选择对症方药。

（注：本文所引《伤寒论》条文原文及号码，以新辑宋本《伤寒论》为准。）

[《中医研究》2002；15（4）：8]

张仲景慎药防弊学术思想探微

杨宏宝　张炳填　湖南中医学院

方药使用得当，不仅可以治病疗疾，且可强身健体。使用不当则会损害身本，产生药弊。《医法圆通》专门设有"用药弊端说"一节，《冷庐医话·慎药》中更是明确指出："药以养生，亦以伤生，服食者宜慎之"。而张仲景对药物的毒副作用高度重视，并十分娴熟地用其长以治病，谨防药弊伤身之害，这是张仲景治疗体系中的重要内容，对于措导临床实践具有很高的实用价值。现就仲景慎药防弊学术思想的有关内容探析如下。

一、慎方药配伍，力求扬长避短

仲景制方遣药，无不与病情丝丝入扣，病证合拍，桴鼓相应。例如阳明腑实证，根据病机的差别与病情的轻重不同，分别创制了大、小、调胃三承气汤，立峻下、轻下、缓下三法，各得其所，区别应用，使泻下而不损伤机体。仲景方一般药味不多，但组方严谨，除注意配伍使药物通过协同作用来达到提高疗效外，还注意通过配伍来降低药物的毒性与峻烈之性，力求扬长避短，取其利而制其弊。如十枣汤、葶苈大枣泻肺汤、皂荚丸三方用大枣，乌头汤、大乌头煎、乌头桂枝汤三方用白蜜，都有抑毒作用以取扬长避短的效果。仲景方的加减法也十分讲究，把原则性与灵活性有机地结合起来，根据需要，既注意加入切合病情和提高疗效的药物，也注意减去与病情不合或对病体不利的药物，防止不良影响的产生。例如小柴胡汤方后加减法则充分体现了这种精神：渴为津伤，加人参、栝蒌根之甘润生津，去法半夏以防辛燥伤津；心悸、小便不利为水饮之害，加茯苓淡渗利水，去黄芩苦寒有碍脾阳。另外仲景还随方立禁，以防误药致弊。例如脉浮紧，发热汗不出者，不可与桂枝汤；酒客，不可与桂枝汤；伤寒，脉浮无汗，其表不解者，不可与白虎汤；脉微弱，汗出恶风者，不可与大青龙汤；呕家，不可与小建中汤等等。这些都充分说明仲景以审慎的态度来立方遣药，既追求方药的理想疗效，又注意防止药弊所带来的不良后果。

二、慎炮制煎煮，妙用解毒增效

仲景时代，药物炮制煎煮的经验积累远没有现代丰富，但仲景却已充分注意到了通过炮制煎煮来减缓药效的峻猛之性或降低其毒性，从而有效地防止药弊的发生。例如巴豆药用时注明“去皮心，熬黑，研如脂”。因巴豆的毒副作用主要是巴豆油（占34%～57%）所造成，用“熬黑”之法炮制，能降低巴豆油的含量，从而减少了对胃肠黏膜的刺激并降低了毒副作用。后世巴豆霜的制法则是根据“熬黑，研如脂”的方法演变而来。“去皮心”也是减少毒副作用的一个重要方面，李时珍在《本草纲目》中指出：“此物不去膜则伤胃，不去心则作呕”。天雄、附子炮用，乌头久煮蜜煎等法均有解毒增效作用，取其治病之长，去其毒副之弊。麻黄“先煎，去上沫”，因麻黄辛温，发汗峻猛，先煎去沫则可缓峻猛之烈性。

三、慎服法剂量，严防误用致弊

不同病情，不同药物，其服法、剂量均有不同。归纳仲景书中大凡有七种服药法。每种服法都有其特殊的要求和不同的适应症，但其共同特点是勿过量，忌药弊，以治愈疾病为目的。

1. 常规服法　在方药相对平和，病情相对平稳时，仲景常采用“日再服”“日三服”之类。常规服法中也要时时注意药后的病情变化，根据不同的病情来调整服法与剂量。

2. 大剂顿服法　大剂顿服法，力宏效速，适应于病情严重、病势危急之症。如泻心汤“煮取一升，顿服之”，可直折其热，速降其火，急止其血，从而有效地遏制了病情的蔓延与发展。

3. 中病即止法　此法的方药往往其功效峻猛，作用迅速。峻剂治病，攻邪虽速，然伤正亦烈，只有中病即止，才能使峻药发挥治病攻邪之长而防止过量耗气伤正之弊。如大承气汤“一服得利，止后服”；大陷胸汤“温服一升，得快利，止后服”；大青龙汤“一服汗者，停后服”等等，这些都说明，峻剂治病不可盲目滥用，当中病即止，以免损伤正气。

4. 微量渐加法　此法方药中往往配伍有毒之品。因毒副作用强烈，稍有不慎则可造成不良后果。因此仲景采取从小剂量开始逐步加量的方法来探求适合病情需要的最佳剂量。如乌头汤“煮取一升，去滓，内蜜煎中更煎之，服七合。不知，尽服之”；乌头赤石脂丸“先食服一丸，日三服。不知，稍加服”；赤丸“先食酒饮下三丸，日再夜一服，不知，稍增之，以知为度”等等。以上可以看出仲景对毒副作用较为强烈的方药所采取的服用方法，足资后世效法。

5. 提前服药法　仲景对一些特殊病证采取提前给药的方法，如蜀漆散的服用要在疟疾（牝疟）“未发作前，以浆水服”。又如茯苓桂枝甘草大枣汤要在“欲作奔豚”之前服用，可起到通阳利水、防止冲逆的作用，有效地遏制“气逆上冲咽喉，发作欲死”的类奔豚症状发生。若推迟服药，病已发作，不仅增加病人痛苦，也势必加重病情，增加治疗难度。

6. 含漱法　仲景治疗少阴咽痛证的苦酒汤和半夏散（汤），因二方中均配伍具有毒性作用的半夏，量小则与病证不宜，病重药轻，咽痛难解；量大又恐半夏毒性致弊，因此采用“少少含咽”之法，既使药物能直接持续地作用于咽部，发挥局部效应，又不致于发生药弊。

7. 温冷分服法　凡仲景所用内服之药，一般情况下均采用“温服”之法，即以不烫唇舌为宜，既与胃中温度相适应，又有利于运行、吸收。有时不仅要温服，还需辅助之法以助药力，如服桂枝汤后要“啜热稀粥一升，温覆取微汗”；服防己黄芪汤后要“坐被围腰”，温令微汗；服五苓散后要“多饮暖水”，使之汗出而达表里分消。但有些特殊的病证则需冷服，如治疗寒饮搏结于胸中而致喘、呕、哕欲作不能，彻心中愦愦然无奈之生姜半夏汤则需采用“小冷，分四服”之法，以防热药格拒不纳之药弊产生。

四、慎药后反应，巧施救逆诸法

仲景治病，对因误诊误治而产生药弊或服药后出现不良反应时，立即采取救误措施，并根据不同反应，随时作出应变调整，“知犯何逆，随证治之”，以挽回病势，减轻药弊，拯救病人。如服大青龙汤后汗出多者，“温粉粉之”以温阳止汗；服三物白散后下利不止者，“进冷粥一杯以止之”；治膈间支饮服木防己汤后出现心下痞坚结实者，改用木防己汤去石膏加茯苓芒硝汤以导水下行，软坚散结；治伤寒误用峻下致痞者，用泻心汤泻热消痞以救逆；治太阳病表未解而误用下法致结胸者，用大陷胸汤以泻热破结，峻下逐水以救逆；百合病因误治后专门设有误汗救阴之百合知母汤、误下救逆之滑石代赭汤、误吐安脏之百合鸡子汤等等。仲景巧施救逆诸法，不仅体现了他有丰富的临床经验，也从中看出了他对药后反应观察细致入微的严谨态度。

［《新中医》2002；34（8）：5］

仲景在诊断上的科学预见

张润平　湖南省脑科医院
路振平　湖南省中医药研究院

徐灵胎说："读《伤寒论》者，知此书皆设想悬拟之书，则无往不得其义矣。"[1] 所谓"设想悬拟"，即仲景在诊断上的科学预见。对于这个问题，前人论述较少，笔者在研究仲景学说时对此有一点粗浅的体会，特提出供大家参考。

一、科学预见的意义

伤寒，是外感热病的总称。其"变化万端，传经无定"，今天初露端倪，明天可能就会势若燎原；现在还在太阳，说不定马上又将传入少阳。如果不善于从运动中把握其变化，估计其发展趋势，就不能适应，就不能适应瞬息多变的病情，其治疗无疑是刻舟求剑、缘木求鱼。

而且，有时伤寒的症状并不是同时发生，而是依次先后出现的，如太阳病可见"或已发热，或未发热"，阳明病可见"腹微满，初头硬、后必溏"。如果一见"未发热"便认为是阴证而逐用补法，不能预见其过一个时刻还会发热；一见"初头硬"，便认为是实证而妄施攻下，预见不到紧接着就会出现"后必溏"，虚其虚而实其实，没有不失误的。若能及早预见可能发生的情况，不被开始见到片断所囿，就能把握住伤寒的全过程，从而对其作出正确的诊断和治疗。更主要的是，疾病的发展一般总是由浅入深，由轻而重，由单纯到复杂的，如果在其萌芽阶段或潜伏期就能预见到病邪的存在，陈雄师拒寇仇于大门之外；或者能预见其发展的趋势，设伏兵截敌人于要道上之，就能有效地阻断病邪的深入，避免造成复杂严重的局面。此即仲景所说的"适中经络，未流传脏腑，即医治之"，"太阳病……若欲作再经者，针足阳明，使经不传则愈"，这就是祖国医学早期诊断、早期治疗的思想。但是，倘若没有诊断思维中的科学预见，早期诊断和早期治疗只能是纸上谈兵。

二、科学预见的方法

要想对伤寒进行早期预见，必须首先掌握其发展变化的规律。笔者认为如果单从证的转化来看，主要分表里出入、虚实转化和寒热互变这三种形式。摸清了规律以后，再根据引起其发展变化的条件，如时间、体质、病史和信号等，就能对伤寒作出准确的预见。

1. 根据时间预见　现代生物钟的研究表明，人体的生理和病理随着时日的推移、昼夜的交替而呈节律性的变化。因此，通过时间就能揣度阴阳的消长与平衡，"对外感急性病，可以掌握它的欲解向愈，转化和传变的时刻"[2]。《伤寒论》很多条文提到了时间因素，而且，往往仅根据时间预见病情的发展："病有得之一日，不发热而恶寒者"，"二日自止"，此乃从天数预见疾病的转归；"太阳病欲解时，从巳至未上"，此乃从时辰上推断疾病的预后。这真有可能吗？有的，岳美中先生说："在三十年代，于乡村曾诊治一吴姓青年，患肺病……其脉尤数疾无伦次，且手未及脉，则指上有似火焰上燎之感觉，我把这种脉呼为'攒尖'，痨瘵病末期多有之，是距危候不远之征兆，即告其亲友，患者约在春分之日死去"，并"断为早晨六时左右逝世""后果应余言，时日未爽"。又"曾治一唐山市李姓工人，年三十余岁，亦患痨瘵症""说难以度过秋分一日的晚酉时"，"后果应余言"[3]。看来，仲景根据时间预见伤寒的发展和预后是可信的。

2. 根据体质预见　体质的阴阳虚实是疾病发生和变化的决定性因素，从体质来预见疾病比从时间更有把握，因此，仲景根据体质推断伤寒的发生与变化。如素体肌腠疏松，伤寒初期一般会出现多汗出脉缓的"中风"症；素体腠理致密，伤寒初期一般会出现无汗脉紧的"伤寒"症。素来心肾阳虚，伤寒后期可见"脉微细，但欲寐"；素来心肾阴虚，伤寒后期可见"心中烦，不得卧"。体质强而正气盛，屡经误治邪仍可稽留太阳之表；体质弱而正气虚者，一经误治可能变证丛生。阳盛之体，血上溢则"欲衄"；阴虚之质，火劫发汗津下夺必"小便难"（第111条），是不难预先知道的。

3. 根据病史预见　过去的病史，在很大程度上能影响现有疾病的发展。因此，仲景常根据患者的病史预见伤寒的发生与变化。如其人"心下有水气"，即素有痰饮，一发病则可见"伤寒，表不解"

"干呕、发热而咳"；素有淋病之人，"发汗必便血"；素有贫血史的人，"发汗必寒栗而振"；久患疮疡的人，"汗出则痉"。如果忽略了过去的病史，就不能很好地了解现在的病变，更不能预见将来的发展趋势。

4. 根据信号预见　疾病处于时刻不停的发展之中，似乎变幻莫测，但只要我们留心观察就会发现，毫无征兆的疾病是不多见的，大部分疾病在其发生发展的过程中，总有前驱使信号。仲景常根据信号预见伤寒的转归。如第358条，据"转气下趋少腹"的信号，推断其"欲自利"；第65条，据"脐下悸"信号，推断其"欲作奔豚"。又如248条："太阳病三日，发汗不解，蒸蒸发热者，属胃也，调胃承气汤主之。""蒸蒸发热"即不似太阳之"翕翕发热"，说明其已离太阳之表；又不似阳明之"潮热"，说明其尚未全入阳明之里，而是行进在从太阳至阳明之间的通路上，所以，大多数注家把"蒸蒸发热"看作是阳明病的一个特点，是不十分恰当的。实际上，它只是病邪将要进入阳明之间的一个信号。因此，仲景未用大承气汤之下法泻里之实热，只是用调胃承气汤和胃缓下，以截断其进入阳明的通路。

三、科学预见的灵活性

伤寒的发展虽有规律，但是在病情演变过程中，往往有各种偶然因素参加进来，从而改变了其进程，而且，由于伤寒的变化是无限的，人对伤寒的认识能力则是有限的，更何况还有人为的误治，所以，临床上常常发生症状与预见不一致甚至截然相反的情况，这时，必须根据现有的症状随时修改自已原来的设想和治疗方案，此即《伤寒论》所说的"观其脉证，知犯何逆，随证治之"。如第159条，仲景根据病情，前后作了五种预见，改变了五次治疗方案，试用了和、下、温、涩、利五种治法。在临床上，医生的预见与现证吻合无间的情况，古人做不到，即使将来的诊断水平提高了恐怕也难以办到。

其次，疾病的发展并不是单一的，而是复杂的，它可以影响到机体的多个部位。因此，仲景在预见中充分估计到了整体联系中存在着的多种不同的可能性。同一整体病变，可以牵涉到不同的局部，出现不同的发展趋势，如少阴阳虚水泛，除了出现"腹痛，小便不利，四肢沉重疼痛，自下利"的主症外，还会发生"或咳，或小便利，或下利，或呕"等多种可能性。同一局部病变，处于不同的整体联系中，也可能出现各种不同的症状，如同样是中焦病变，在太阳为"干呕"、为"痞"，在阳明为"渴欲饮水数升"、为"能食"，在太阴为"腹满而吐，食不下"，"时腹自痛"，对于这些可能性，必须一一设想到。如果对临床上出现的多种可能性估计不足，就会在错综复杂的症状面前束手无策、一筹莫展。

再其次，在预见中要善于识别假象，不要被假象蒙蔽，那样必然会导致错误的预见。如第385条，本来下利甚剧，突然"吐已下断"，如果仅根据这表面现象，似乎可以推断疾病好转，但仔细察其内部"脉微"，就可知这是阴液将竭、无物可吐、无物可下的危候。伤寒后期，往往出现"反能食""身反不恶寒""面色赤"等病似乎由阴转阳的假象，这时，必须抓住本质，如沉取的脉象及病人的内在反应，才能作出正确预见。

最后，还有一点应该说明，就是《伤寒论》的很多条文用了"必""反""或"等字。一般来说，"必"字，是对疾病规律性的预见；"反"字，是对疾病特殊性的预见；"或"，是用于对疾病多种可能性的预见。

四、小结

诊断思维中的科学预见对伤寒具有非常重要的意义。只要掌握了伤寒的发展规律，伤寒是可以预见的。《伤寒论》除了根据时间、体质、病史和信号进行预见外，还充分注意到其特殊性、多样性以及疾病的本质。伤寒如此，临床上的其他疾病莫不如此。所有这些，都为我们诊断疾病提供了极可贵的思想方法。

参考文献

[1] 徐灵胎. 徐灵胎医书全集·医学源流论［M］北京：人民卫生出版社，1988：185.
[2] 岳美中. 岳美中医话集［M］. 北京：中医古籍出版社，1984：273.
[3] 岳美中. 岳美中医话集［M］. 北京：中医古籍出版社，1978：161.

［《湖南中医药学报》2002；8（9）：514］

苓桂术甘汤配伍机制研究

宋宗华　戴舒佳　黎辉琴　毕开顺
沈阳药科大学药学院
冯　东　北京中顺制药厂

君臣佐使法则，是方剂配伍的基本理论，是在中医药学理论指导下派生而来的用以解释传统方剂结构关系和作用机制、创立和研制新方的重要原则。据其遣药组方，才能使创立和研制的新方结构严谨有序、配伍精当贴切、机理明晰周全、疗效确实可靠，较好地体现中医药学特色[1]。

方剂是诸味药的有机结合，全方作用优于其组成药味，方中诸药味间有协同、拮抗，药味和药量的增减会影响方剂的功效。全方研究有助于药效学的研究，并说明药效与临床治疗作用之间的相关性，但在揭示复方中药的组方规律方面存在不足；拆方研究可以明确方内某种治法或某味药所处的地位和作用，寻找最佳配方，阐明中医药理论等，将分析和综合研究有机地结合起来，才有可能全面、深刻、精确地认识复方的本质[2~4]。

苓桂术甘汤由茯苓、桂枝、白术和甘草4味常用中药组成。主治心下有痰饮、胸胁支满、目眩等。方中以茯苓为君，健脾渗湿，祛痰化饮；以桂枝为臣，温阳化气，既可温阳以化饮，又能化气以利水，且兼平冲降逆；与茯苓相伍，一利一温，对于水饮停留而偏寒者，有温化渗利之妙用。湿源于脾，脾虚则生湿，故佐以白术健脾燥湿，助脾化运，俾脾阳健旺，水湿自除。使以甘草益气和中，共收饮去脾和，湿不复聚之功。药虽4味，配伍严谨，温而不热，利而不峻，确为痰饮之和剂[5]。本研究采用正交试验设计，按照均衡设计的原则，在苓桂术甘汤原方的基础上，按正交试验设计组成药味组成及药量配比不同的16个处方，以探讨其可能最佳的配伍关系和配伍剂量，并分析主要药、次要药和药物之间的交互作用，进而阐明复方中药的君臣佐使关系，解释传统方剂结构关系和作用机制。

一、实验方法

1. 拆方设计方案　苓桂术甘汤由茯苓12g，桂枝9g，白术9g和甘草6g组成。选择处方中4味药物构成4个因素。以原处方量的0，0.5，1，1.5倍量作为考察水平，以 L_{16}（4^5）正交表进行拆方试验。各因素水平见表1。

表1　拆方设计因素水平表

水平	A 茯苓/g	B 桂枝/g	C 白术/g	D 甘草/g
1	0	0	0	0
2	6	4.5	4.5	3
3	12	9	9	6
4	18	13.5	13.5	9

2. 药理实验[6]

（1）实验材料

动物　昆明种小白鼠，体重（20±2.0）g；（30±2.0）g；♀♂兼用，均由沈阳市药品检验所提供。药品与试剂：茯苓、桂枝、白术和甘草药材均购自沈阳天益堂药店，经沈阳药科大学孙启时教授鉴定为正品药材；钠石灰、95%乙醇、氯化钠和氯仿等均为分析纯。

（2）样品溶液的制备：按正交表中各处方量称取各生药材细粉（20～60目），以95%乙醇为溶剂，90℃水浴回流。第一煎加入8倍量溶剂，回流提取2h，过滤；滤渣加入6倍量溶剂，继续回流提取2h，过滤。合并两次煎液，挥干溶剂，用0.5%的CMC－Na水溶液混悬，定容至18mL，备用。

（3）对小鼠的利尿作用：小鼠体重（20±2.0）g，♂性，随机分组，每组10只，苦味酸标记，禁食不禁水10h。实验前先轻压小鼠下腹，以排尽余尿。各鼠用1mL生理盐水灌胃作水负荷，然后按编号灌胃各样品溶液0.6mL·$20g^{-1}$。置于自制简易集尿笼中，收集尿液。每小时称量收集瓶1次，共观察5h，称量收集瓶增加的重量作为尿量。

（4）对常压缺氧条件下小鼠存活时间的影响：小鼠体重（20±1.0）g，♀♂各半，随机分组，每组10只，苦味酸标记，禁食不禁水10h。各鼠按编号灌胃各样品溶液0.6mL·$20g^{-1}$。30min后，将小鼠置入底部盛有新鲜钠石灰（8g）的150mL广口瓶中，加盖密封，观察其存活时间，以呼吸停止为死亡指征。

（5）对氯仿诱发小鼠室颤的影响：小鼠体重（30±2.0）g，♀♂各半，随机分组，每组16只，苦味酸标记，禁食不禁水10h。各鼠按编号灌胃样品溶液0.6mL·$20g^{-1}$。30min后，分别将小鼠置于盛有含4mL氯仿的脱脂棉球（1g）的250mL广口瓶中，立即加盖密封，至呼吸停止时，立即取出剖开胸腔，观察室颤发生情况，记录室颤发生率。每换1只小鼠，追加1mL氯仿，并加盖密封，预饱和约2min。

3. 结果与分析　为考察各因素即处方中各药味的作用是否存在显著性差异，对3项药理实验数据进行方差分析，结果见表2。

由结果可以看出，茯苓对3项药理指标均有非常显著的影响（$P<0.01$），桂枝对抗氯仿致室颤实验有显著影响（$P<0.05$），白术只对常压抗缺氧实验有显著影响（$P<0.05$）。由此可对各组成药味对全方药理作用的贡献作一比较，得出其在方中的君臣佐使关系。由直观分析结果可以看出，当主药茯

苓和桂枝的药量继续增加时，药效仍在增加，但茯苓的增加幅度已变缓，而桂枝已趋于不变，故仍认为原古方为最佳方。同时将上述结果进行典型相关分析及逐步回归分析，结果仍显示，茯苓和桂枝与3项药理指标的相关系数均较大，而白术和甘草则较小，由此可推断茯苓和桂枝在方中的主药地位，而白术和甘草则是辅药。

表2　方差分析表

药理指标	变差来源	显著性	最优水平
利尿	茯苓（A）	$P<0.01$	A_4
	桂枝（B）	$P<0.01$	B_4
	白术（C）		C_3
	甘草（D）		D_2
常压抗缺氧	茯苓（A）	$P<0.01$	A_4
	桂枝（B）	$P<0.01$	B_4
	白术（C）	$P<0.05$	C_4
	甘草（D）		D_2
抗氯仿致室颤	茯苓（A）	$P<0.01$	A_4
	桂枝（B）	$P<0.05$	B_4
	白术（C）		C_3
	甘草（D）		D_3

二、讨论

方中茯苓与桂枝对于各药理指标，均系影响药效的主要因素，证明了方解中以茯苓为君药；配以桂枝，则能通阳泄阴，利气行水，上强心阳，下伐肾邪，构成制水主药的科学论述；白术与甘草两药，均不是影响药效的主要因素，但总体来看，又都体现出一定的辅助增强药效的作用，这一点也符合白术配以茯苓，健脾燥湿，以祛生痰之源，甘草佐以桂枝，益气通阳，强心定悸的方解[7]的叙述。

由直观分析结果，水平（药量）对药效作图（图略），可以看出当主药茯苓与桂枝的药量继续增加时，药效仍在增加，但茯苓的药效增强幅度已变缓，而桂枝已趋于不变，而白术和甘草则只体现出大体的趋势，即配合主药的辅助作用其药量加减对药效并无显著影响。综合以上分析结果，拟以原方水平不变，即维持原处方、用量。我们又进行了确定性实验，3项药理指标结果分别为：利尿为（1.8577 ± 0.2240）g，常压耐缺氧为（35.01 ± 2.87）min，室颤发生率为30%，均较之拆方实验数据为好。

综上所述，本研究探讨了复方苓桂术甘汤的配伍机制，有力的证明了苓桂术甘汤这一仲景著名成方组方的科学性，为传统中药理论关于中药复方的君臣佐使关系及组方规律的认知进行了有意义的尝试。

参考文献

[1] 张放，梁茂新．试论方剂君臣佐使法则的沿革与规范．中药新药与临床药理，1996，7（1）：48.

[2] 刘昌孝．方剂药理学研究实验设计及统计学评价．中草药，1996，27（增刊）：21.

[3] 陈兰英，陈奇，刘荣华．中药复方药理研究方法进展．中国实验方剂学杂志，1999，5（3）：62.

[4] 王钦茂，周光友．中药复方拆方研究概况．安徽中医学院学报，1996，15（2）：59.

[5] 周凤梧．实用方剂学．济南：山东科学技术出版社，1989．551.

[6] 夏炳男，孙瑞元，张家铨．药理学实验教程．贵阳：贵州人民出版社，1983．118，100，113.

[7] 王占玺．张仲景药法研究．北京：科学技术文献出版社，1984，560.

[《中国中药杂志》2002；27（10）：760]

《伤寒论》“小便异常”辨析及临床实践

陈　明　北京中医药大学

小便异常，是指小便的排泄次数、感觉及其量、色、质等方面出现了不正常变化。审查小便之异常，具有重要的临床意义，早在《素问·五脏别论》就指出：“凡治病，必察其下。”后世遵此并进行了大量的临床实践，张仲景在《伤寒论》原文中，提到小便异常的多达50余条，对临床实践具有很大的指导作用，本文兹将其进行归纳、辨析，并对其临床意义进行阐发，以期对临证有所裨益。

一、用于临床辨证

（一）别阴阳

《素问·灵兰秘典论》指出：“膀胱者，州都之官，津液藏焉，气化则能出矣。”说明小便的正常排泄，一要靠阴津的储藏，二要靠阳气的气化。倘若阴津亏虚，或阳失气化，则可致小便排出异常，表现为或小便量少而不畅，或小便频数而量多，甚至遗尿。故临床察小便之异常，可辨别机体之阴阳盛衰变化。对此，《伤寒论》原文在多处进行了论述。

1. 阴虚则小便不利　小便乃阴津所化，体内阴津充沛，则小便化源充足，若阴津亏虚，则小便必短少而不利。尤其在温热病过程中，察小便之量多量少以及利与不利，常作为判断阴津盛衰的眼目。

《伤寒论》认为，阴虚小便不利，常由误用汗、下之法所致。如第6条指出，太阳温病汗后复下，可致“小便不利，直视失溲”。太阳温病与太阳伤寒、中风不同，其治当以辛凉甘寒为法，切忌辛温发汗或苦寒攻下。若汗后复下，必重亡津液，水液枯竭，则小便不利，甚则阴伤神溃，膀胱失约而致小便不禁之脱证。其实，即使太阳风寒表证，亦不可发汗太过，如111条指出太阳中风证以火劫发汗治之，可致“阴虚小便难”，并且指出津液的存亡决定着疾病的发展变化和预后，认为“小便利者，其人可治。”

虚人误汗是伤津耗液另一个重要原因，小便异常往往是最明显的临床变化。如284条指出少阴病用火法“强责少阴汗”，最突出表现就是“小便必难”。88条云汗家重发汗之后，阴液不足，不但表现为小便不利，而且还因阴亏失濡，阴中涩滞，而见小便后尿道作痛。余在临床观察到，一些慢性疾患如前列腺炎、膀胱炎、泌尿感染、肾盂肾炎等患者，常见小便不畅、尿后作痛或阴中涩滞，大多为阴虚之患，常用六味地黄汤合二至汤（女贞子、旱莲草）加味而取效，切忌用清利湿热或利水通淋之法。此外，误下或下利不止，伤津耗液，也往往突出地表现为小便不利，常作为判断是否津伤的一个典型症状。如307条桃花汤证本为少阴虚寒下利，如出现小便不利，则表示下利已经导致了阴伤的机转。总之，小便不利可作为临床观察阴津损伤的标志性症状，尤其在温热病辨治中具有重要的临床意义。

2. 阳虚则小便频数　小便的正常排泄，离不开阳气的气化和固摄作用。阳虚气化失常或失于固摄，常导致小便的清长、频数。《伤寒论》29条说：“伤寒脉浮，自汗出，小便数，心烦，微恶寒，脚挛急。”伤寒脉浮、自汗出、微恶寒，此为太阳表虚证，但同时并见小便数、心烦、脚挛急，则说明本证非纯粹的太阳表证，而是同时兼有阴阳两虚之情。因里阳虚弱，不能收摄津液则小便频数，而心烦、脚挛急则表明阴液不足。故其治疗不宜单用解表之法，还必须同时兼顾扶正。阳虚小便频数，或伴尿后余沥不尽，临床屡见不鲜，尤其是老年患者，多见于前列腺炎、肾炎、糖尿病、中风后遗症等疾病中，余每用金匮肾气丸合缩泉丸加减改汤剂而取效。

3. 阴阳俱虚则小便难　《伤寒论》第20条云：“太阳病，发汗，遂漏不止，其人恶风，小便难，四肢微急，难以屈伸者，桂枝加附子汤主之。”此处“小便难”，为阴阳俱虚所致。盖太阳病，发汗太过，一方面伤津亡液，化源枯竭，致小便短少；另一方面，阳随汗泄，气化不及，鼓动无力，致小便排出困难。本证虽阴阳俱虚，然主要矛盾在于阳虚不固，故其治不必救其阴液，只需扶阳固表，待阳气恢复，自可化气生津。陆渊雷说得好：“津伤而阳不亡者，其津自能再生，阳亡而津不伤者，其津亦无后继，是以良工治病，不患津之伤，而患阳之亡。”故用桂枝加附子汤治之，以待阳复津回。一男性病人，患小便不利三年，表现为小便无力，尿细如线，尿后余沥不尽，常浸湿内裤。观旧服处方，或渗利通泄之品，或补肾固摄之药，皆不效。来诊时见其面带垢晦，缩足、怯手。自诉两小腿时发拘急。细审起因，缘于一次感冒过服西药发汗之后（言当时服药后汗出如洗）。望舌质淡苔白，切脉三部皆弱。问其恶寒否？答曰甚恶！此阳虚不能气化之象明矣。遂用桂枝加附子汤原方，7剂而愈。

（二）定表里

察小便可以辨知疾病之属表属里。小便自利或清长，为邪气在表；小便不利或黄赤，为邪气已入里。《伤寒论》第56条指出：“伤寒不大便六七日，头痛有热者，与承气汤；若小便清者，知不在里，仍在表也，当须发汗，宜桂枝汤。”可以看出，伤寒不大便、头痛、发热等症，有太阳表病和阳明里病之不同。阳明里热结实，腑气不通，则大便秘结；浊热上攻，则头痛、发热。但若太阳表邪束表，肺气郁闭，不能肃降以助大肠传导，则大便亦不能下。至于头痛、发热之症，则为邪气在表之常见表现。故欲辨本证究属于表或里，察小便则显得尤为重要。既属阳明里热结实，则多见小便短赤，即使见“小便数”，其色亦必黄，此不言自明之理；若邪气在表，里无热结，则小便必然清长。故论中断言曰：“若小便清者，知不在里，仍在表也。”里热结实，自当承气辈攻下；而邪气在表，又需桂枝汤解之。正如成无己在《注解伤寒论》中说：“不大便六七日，头痛有热者，故宜当下。若小便清者，知无里热，则不可下。”大便秘结一证，临床颇多见，余在临床体会到用枳实、大黄等泻下之品时，待见小便色赤短黄时自取良效，不然，非泻而不下，即下而复结，或徒增胃胀、腹满之疾。足见，在表里之证疑似时察小便之重要。

第28条桂枝去桂加茯苓白术汤证，其“头项强痛，翕翕发热，无汗”之表现，颇似太阳表证，有不少医家即认为本证为太阳表证的范围。然本条所述除上述症状外，还有“心下满微痛，小便不利”的症状。尤其是小便不利一症，乃是辨识本证属表与否的关键。太阳经表之证，小便当自利，今小便不利伴有心下满微痛，并用桂枝去桂加茯苓白术汤治疗，则知本证并非表证，而为水气内停所致。水气内停，郁遏阳气，气水郁结，外发于表可出现头项强痛、发热、无汗等类似于表证的症状。水气停于内，阻碍膀胱之气化，故见小便不利。水气内停，治当通阳利水为法，故“服桂枝汤或下之”，病自当不解。从方后注言服药后“小便利则愈”可以看出，本证确为水气内停所致，而小便不利则为本证之主要表现，为本证表里辨证的眼目所在。

（三）辨寒热

1. 小便色白，少阴寒化之象　《伤寒论》第282条曰：“少阴病，欲吐不吐，心烦，但欲寐，五六日自利而渴者，属少阴，虚故引水自救。若小便色白者，少阴病形悉具。小便白者，以下焦虚有寒，不能制水，故令色白也。”明确指出，小便色白是少阴阳虚寒盛之辨证依据。小便色白，指小便清长而冷，主寒。《素问·至真要大论》说：“诸病水液，澄澈清冷，皆属于寒。”“自利而渴”，既可见于少阴寒化证，又可见于少阴热化证（猪苓汤证）、厥阴热利证（白头翁汤证）等，其辨证要点就在于小便之色白、色亦和利与不利。少阴阳虚阴盛，不能制水，故小便清长而冷。而猪苓汤证和白头翁汤证由于阴虚水热互结和肝经湿热下迫大肠，则必见小便黄赤不利。《伤寒论》339条也指出：伤寒内有郁热致烦躁、厥冷数日，若见“小便利，色白者”，表明里热已除，津液恢复，故断言“此热除也”。可见，察小便之色为辨寒热之关键。诚如《伤寒经注》所说：“此明欲吐不吐，心烦欲寐，自利而渴为少阴证，又当以小便之色辨其寒热也。”

2. 小便不利，湿热发黄之征　小便不利，既是湿热发黄形成的原因，更是湿热发黄的主要症状。《伤寒论》在236、260条茵陈蒿汤证及199条阳明湿热发黄证中均明确提出有“小便不利”一症，湿热胶结，郁阻三焦，湿因热纠而不得下泄，则见小便不利，其色亦必黄赤。所以在湿热发病过程中，要时刻注意病人小便的变化，小便通利，则湿有去路，虽有热邪，亦为孤热，其治较易。若小便不利，湿无排泄之路则必存留于体内，与热相合，必使湿热加剧。从236条茵陈蒿汤证方后注所言服药后“小便当利，尿如皂荚汁状，色正赤，一宿腹减，黄从小便去也”可知，观察小便之利与不利在湿热发病和治疗中相当重要，故小便不利不仅可以作为判断湿热发病的标志，而且可以作为判断湿热进展的程度和预后的依据。一肖姓患者，患慢性乙型肝炎急性发作，陡然目黄、身黄、小便发黄，其势凶猛。到某医院输液治疗一周，黄势非减反增，小便愈发不利。又请中医治之，用茵陈蒿汤加大剂量清热解毒及冬虫夏草、黄芪之品，治疗两周，其黄不退。来诊时见病人身黄如橘、目黄如脓，问其小便则称极其不利，尿色正赤。肝功化验：ALT 1298IU/L、AST 894IU/L、GGT 98IU/L、ALP 208IU/L、TBIL 309.1μmol/L、DBIL137.9μmol/L，舌红苔黄腻，脉滑数有力。脉证显现湿热之象，急予通利之法，确保小便畅通为要。处方：通草、茯苓、泽泻、槟榔、藿香、滑石、甘草、茵陈、秦艽、栀子、连翘、陈皮、焦三仙、板蓝根、败酱草。7剂服尽，小便畅利，黄即去大半，肝功化验：ALT 218IU/L、AST 117IU/L、GGT 88IU/L、ALP 140IU/L、TBIL 162.4μmol/L、DBIL 74.59μmol/L。共服药21剂，黄疸减退，肝功化验完全正常。

3. 小便利否，阳明寒热之辨　阳明病以燥热实为特点。阳明热盛，伤津耗液，可见小便不利。若阳明病见小便数，为津液偏渗于膀胱，则大便必硬，可致阳明腑实证或脾约证。故审察小便之状，可辨阳明热、实之情。《伤寒论》229条即说明了这一点，“阳明病，发潮热，大便溏，小便自可，胸胁满不去者，与小柴胡汤。”盖阳明病发潮热，多为腑实已成之征。然阳明腑实，除潮热外，还当有大便秘结、腹满痛等症，况且阳明病小便频数者，则大便当硬。今虽发潮热，但“小便自可”，大便反溏，又无腹满腹痛，则表示阳明腑实尚未形成。再结合“胸胁满不去”之症，则知本证本属少阳病，虽病及阳明，但燥热未实，故当从少阳论治，与小柴胡汤加减治之。

值得注意的是，小便不利亦可见于阳明寒证，如191条云：“阳明病，若中寒者，不能食，小便不利，手足濈然汗出，此欲作固瘕，必大便初硬后溏。所以然者，以胃中冷，水谷不别故也。”中焦虚寒，水谷不别，则小便不利，必伴有大便初硬后溏。因此临证时，对阳明病，不能食，手足濈然汗出之证，要注意观察二便情况以辨别寒热，从而指导临床治疗。如伴见小便数，大便硬者，则为腑实燥结，当用承气汤攻下；若见小便不利，大便初硬后溏者，则为胃中虚寒，水谷不别，当用吴茱萸汤、理中汤一类温中健运。

（四）判虚实

1. 辨蓄水与蓄血　蓄水与蓄血均为太阳腑证。太阳之邪随经入腑，影响膀胱气化功能，水道不利，邪与水结而成蓄水证；若在表邪热随经深入下焦，与血相结于少腹部位，而致蓄血证。二者皆为太阳经表之邪不解而随经入里所致，皆可见少腹胀满之症，其区别的关键是小便利与不利。蓄水证病变在膀胱气分，气化失常，故必见小便不利；蓄血证为病在血分，无关气分，故小便自利。正如126条所说："伤寒有热，少腹满，应小便不利，今反利者，为有血也，当下之，不可余药，宜抵挡丸。"125条在鉴别蓄血发黄与湿热发黄时再一次指出："小便不利者，为无血也；小便自利，其人如狂者，血证谛也。"故小便利否，可辨别疾病的部位是气分或是血分，从而指导临床治疗。病在气分之蓄水，当化气以行水，五苓散主之；病在血分之蓄血，当通下瘀热，根据病变的不同程度，分别使用桃核承气汤、抵当汤或抵当丸。

2. 辨饮停中焦与水蓄下焦　小便通畅与否，是衡量"州都之官"膀胱"气化则能出"的一个重要标志，在水液代谢失常的疾病中，观察小便情况可辨别水液是否阻碍了膀胱的气化功能，以此来断定水液停积的部位。《伤寒论》第127条指出："太阳病，小便利者，以饮水多，必心下悸；小便少者，必苦里急也。"在太阳病过程中，若患者饮水过多，可发生水停之证，但有水停中焦与水停下焦之不同。如见小便通利，则表示膀胱气化功能尚好，复见心下悸动不安者，为脾胃运化机能较差，令水停中焦使然，当治以茯苓甘草汤。若膀胱功能低下，气化无力，可致水蓄下焦，必见小便短少，由此导致少腹胀满、急迫而"必苦里急"，当以五苓散主治。故临床观察小便利与不利，可以作为水停中焦、下焦辨证的一个标准。

3. 辨少阴之水火虚实　《伤寒论》阐述病证善于寒热、虚实对举，具有"辩证法"的思想。如在《辨少阴病脉证并治》篇中列出黄连阿胶汤证、真武汤证与猪苓汤证对举，指出猪苓汤证与黄连阿胶汤证均为少阴热化证，二者都有心烦不眠的表现。但黄连阿胶汤证阴虚火旺而无水停，故但见心烦不得卧；猪苓汤证阴虚热盛而有水停，临床除有心烦不得卧外，以小便不利之表现为辨证要点。故黄连阿胶汤功以滋阴泻火，猪苓汤功以滋阴利水，一水一火，小便不利为之辨也。

真武汤证与猪苓汤证，一为少阴阳虚水气不化，一为少阴阴虚水热互结，因均有水气内停，故其临床均以小便不利为主要表现。少阴水停，其发病机理为先由少阴肾本身阴、阳虚，进而再影响到肾主水的功能。由肾阳虚发展到肾不主水，即为真武汤证；由肾阴虚发展到肾不主水，即为猪苓汤证。故真武汤证之小便不利见于腹痛、下利等少阴寒化之证；而猪苓汤之小便不利见于心烦、不眠、口渴等少阴热化之证。由此，真武汤功以温阳利水，猪苓汤功以滋阴利水，二者寒热有异，利水相同，小便不利为之凭也。

4. 辨阳明腑实之轻重　邪气入里，从阳明燥化，燥实内结，腑气不通，可形成阳明腑实证。从临床表现看，阳明腑实证有燥热初结胃肠的调胃承气汤证、燥屎初结腑气不通的小承气汤证、燥屎结聚腑实已成的大承气汤证以及胃强脾弱的麻子仁丸证等，临床上除根据潮热、谵语、大便不通、腹满胀痛等症状进行辨别外，观察小便排出情况也是辨别阳明腑实证的一个重要方面。调胃承气汤证由于燥热初结，小便多无明显变化。小承气汤证则因胃肠燥热内盛，迫津偏渗于膀胱，使津液不能还入胃肠，则见"小便数，大便因硬"（250条）。而麻子仁丸证为胃强脾弱，脾的功能为胃热所约束，不能为胃行其津液，使津液偏渗于膀胱，同样可致小便频数，大便因硬，不过本证只是表现为大便干结，但不更衣十日无所苦，不见潮热、谵语、腹满痛等症，故易于与小承气汤证区别。"小便数，大便硬"，固为阳明燥热内盛的一种表现。但若燥热较重，且与燥屎相结，伤津耗液之时，又可见小便不利，这种情况多见于大承气汤证。如242条指出："病人小便不利，大便乍难乍易，时有微热，喘冒不得卧者，有燥屎也，宜大承气汤。"可见，小便由基本正常到小便频数再到小便不利，是阳明腑实证形成和发展变化的一个过程，在阳明燥实证中观察小便之多寡，不仅可以了解体内津液之盛衰，而且可以判断腑实之轻重。

二、指导疾病治疗

（一）察小便定可攻与不可攻

《伤寒论》251条指出："得病二三日，脉弱，无太阳柴胡证，烦躁，心下硬，至四五日，虽能食，以小承气汤少少与微和之，令小安，至六日，与承气汤一升。若不大便六七日，小便少者，虽不能食，但初头硬，后必溏，未定成硬，攻之必溏，须小便利，屎定硬，乃可攻之，宜大承气汤。"得病二三日，虽病程既短，又见脉弱，但无太阳、少阳证，且又见烦躁、心下硬，是阳明燥热在里之征。至四五日则大便硬可知，但因脉弱，不宜大剂攻伐，只需小承气汤少少与服，微和胃气。即使不大便六七日，病人已不能食，亦需审清阳明燥结是否真正形成而定攻下与否。此时，小便利与不利往往是辨阳明燥结形成与否的关键。若六七日不大便，而小便少，虽不能食者，是津液当还入胃中，故大便初头干硬，后必溏，未定成硬。若此便未硬而攻之，必损伤脾胃，致大便稀溏。因此，必须待小便利，大便完全燥结时，方可用大承气汤攻下。所以，欲知大便是否燥结，当问小便之利与不利，从而示人临证可攻与不可攻，具有重要的临床实践意义。

（二）津伤者禁利小便

《伤寒论》59条云："大下之后，复发汗，小便不利者，亡津液故也，勿治之，得小便利，必自愈。"指出"亡津液"者其突出表现就是小便不利，治疗当禁利小便，待津复自愈。盖大下之后，复发其汗，汗下失序，重伤津液，使化源枯竭，以致小便不利，故治之不可用利水之法，俟津液回复，化源充沛，始可得小便利而自愈。值得提出的是，这里的"勿治之"，并非不用任何治疗，而是不可用利水之法。汗下伤津而小便不利，必须病邪已去，而津液未复者，始可俟其津液回复，否则，岂可坐待病愈？况且即使津液可以自复，亦可以用养阴之药以助之，临证须详细审度。

利水可以伤阴，众所周知。不惟阴虚不可利水，即使水气内停之证使用利水药时，亦不可过度，以免伤阴损液，394条牡蛎泽泻散证方后注所说的"小便利，止后服"，即是此意。这些论述都充分说明了察小便在阴伤、水停等病理机转和临床治疗中的重要性。

三、判断疾病预后

（一）小便复利则邪随之去

小便作为机体水湿代谢的主要渠道，必须保持通利，才能保证人体水液代谢正常进行。若小便不利，水湿不得下行，则可酿生水气、肿胀、黄疸等多种病证。《伤寒论》中论述最多的就是导致黄疸的形成，指出在阳明病发病过程中或太阴病阳气来复之时，如小便不利使水湿不能下行，以致湿热郁蒸，胶结难解，影响肝胆疏泄，胆汁外溢，发为黄疸，故《伤寒论》多处提到"小便不利者，身必发黄"，"若小便自利者，不能发黄"。因此，在治疗上述病证时，要注意通利小便，给邪气以出路。同时说明，小便通利与否，也是观察这些病证预后发展转归的一个重要标志。小便通利，邪随之而去，则疾病向愈。否则，邪气留滞，必变生诸端。所以，236条茵陈蒿汤证方后注认为待"小便当利"后，则"黄从小便去也"。109条认为水气病之预后为"小便利，其病欲解"。28条水饮内停证在其方后注云"小便利则愈"。可见，保证小便通利在水湿为患疾病中的重要意义。

（二）小便频数减，津液还胃之象

前文已述，在阳明腑实证形成过程中，由于胃肠燥热内盛，津液偏渗于膀胱，反使小便次数增多，津液越偏渗，胃肠就越干燥。因此，观察病人小便排泄次数，可以判断阳明腑实之预后转归。《伤寒论》203条明确指出：阳明病之大便硬，"当问其小便日几行，若本小便日三四行，今日再行，故知大便不久出，今为小便数少，以津液当还入胃中，故知不久必大便也。"在阳明腑实证中见小便次数减少（由小便频数转为正常），为"津液还入胃中"的表现，肠胃得以滋润，则大便硬结不久可除。后世所谓"增水行舟"及"利小便以实大便"之法，盖从此悟出发展而来。余曾治一高年患者，患腰椎病手术后，渐致大便硬结，最长10天排便一次，但腹无所苦，饮食尚可，问及小便频数，一日达十数次，舌苔薄黄微腻，两脉细弱。辨为脾约证，用麻子仁丸改汤剂加党参、炒白术、茯苓、肉苁蓉、牛膝、怀山药、益智仁等健脾补肾之品。7剂后复诊，病人称大便未下，只是小便次数有所减少（夜尿基本消失），见余仍出原方，忙要求加重泻下药量。余劝其勿急，不久大便必出。果又服药3剂，电话告知，大便已下，排除顺畅。后又服7剂，从此大、小便均正常矣。

（三）阴伤证小便利者，其人可治

大凡热病，其预后如何，每以津液之存亡为转移。《伤寒论》111条所云太阳病中风证误用火劫发汗之后，火毒内攻而见发黄、衄血、小便难、腹满而喘、口伤咽烂，甚则谵语、哕、手足躁扰、循衣摸床等危重之候，预后不良，但若"小便利者，其人可治"。这里的"小便利者"是指小便尚能排出，并非点滴全无，说明虽然是火灼阴伤，但津液尚未尽亡，三焦决渎尚未失职，仍有可治之机，或滋补阴液，或兼清火热，火撤阴充，其病可愈。假若此时小便点滴全无，则表示机体阴枯液竭，即使滋阴补液，也断无可生之理！正如温病大家王孟英所说："热病未有不耗阴者，其耗之未尽则生，尽则阳无留恋，必脱而死。"（《温热经纬》）因此，"小便利者，其人可治"一语，是判断本条预后的眼目，同时也说明，在温热病过程中，"留得一分津液，便有一分生机"，确属经验之谈。

［《中国医药学报》2002；17（11）：663］

辨病势是仲景辨证论治的活法

钱 静 南京中医药大学

辨证论治理论是张仲景《伤寒杂病论》的精髓，而辨病势是其重要内容之一，辨病势是仲景辨证论治的活法。所谓“病势”是指疾病所表现出“证”的向上、向下、向内、向外的动态趋势和疾病证型变化、发展的趋势，它包括邪气发展之势和正气抗邪之势，[1]是正邪双方相互作用的结果。临证中若能得其要领，以发展、变化的目光观察疾病的态势指导治疗，可事半功倍。

一、辨清病势，截断传变

长期以来，中医界流行着一种观点，认为中医辨证论治无非是“有是证用是方”，把丰富而灵活的辨证论治降格为简单的对证治疗，这是对辨证论治理论的片面理解。中医辨证论治理论中渗透着已病防传、未盛防盛、已盛防逆、差后防复等截断传变的“治未病”治疗思想。“治未病”渊源于《内经》。《素问·四气调神大论》云：“圣人不治已病治未病，不治已乱治未乱，夫病已成而后药之，乱已成而后治之，譬犹渴而穿井，斗而铸兵，不亦晚乎?”仲景立足于临床实际，在《伤寒杂病论》中给“治未病”赋予了新的内容。

疾病的各种证型具有在一定条件下循着一定的趋势发展、变化的规律。欲截断传变，必须以辨清病势为前提，而欲辨清病势又必须首先掌握疾病传变规律。如据脏腑及五行相传规律，“见肝之病，知肝传脾，当先实脾”，以防肝木克土，肝病犯脾。又据六经传变规律，太阳病“若欲作再经者，针足阳明，使经不传则愈。”从“欲作再经”可知太阳之邪将欲传里，故先刺足阳明经穴，以壮正气，抵御内传，使邪气仍从太阳而解。《伤寒论》277条：“自利不渴者，属太阴也，以其脏有寒故也。当温之，宜服四逆辈。”病在太阴，而治从少阴，是预为少阴设防，恐脾虚不已，继损肾阳。病入少阴，以“脉微细，但欲寐”为提纲，而不及凶险证候者，乃示人见微知著，早行回阳，免成厥利重证而深入厥阴。此种根据疾病发展态势，变被动为主动之举，有利于阻断病传途径，保护未受邪脏腑，较之单纯辨证，待传变之证毕现再思论治者要高明得多，所谓“上工治未病”也。清代温病学家叶天士深得仲景要旨，在治疗温热病斑出热不解，胃津内涸之时，虽未及下焦肾阴，却于“甘寒之中加入咸寒，务在先安未受邪之地 恐其陷入易易耳。”[2]当代名医姜春华教授在治疗温病的过程中指出：“不能仅仅见症施治，‘尾随敌后’，而必须迎头痛击，加强对病原的截断。”[3]正是仲景辨病势理论的继承和发展。

病证的出现有时仅有一两个先兆或一部分症候，临床当细致观察分析，周密推论判断，预测病变趋势，给予积极治疗，将疾病控制在欲发未发或已发未盛之际。《伤寒论》65条：“发汗后，其人脐下悸者，欲作奔豚，茯苓桂枝甘草大枣汤主之。”奔豚，其证气从少腹上冲胸咽，发作时憋闷欲死，是因下焦水寒之气上犯所致，此证脐下悸动是因汗后心阳不振，水气初动于下焦，为欲作奔豚之兆，仲景用茯苓桂枝甘草大枣汤温通心阳化气行水，以避免奔豚的发作。《伤寒论》101条：“伤寒中风，有柴胡证，但见一证便是，不必悉具。”仲景抓住了柴胡证中只出现的一部分主要症候，断定病已传入少阳，因而不失时机地因势早治，用小柴胡汤和解少阳，助正祛邪，阻止病势的发展。

证势的变化有时是非常急速的，临床仅见极少特殊症候的变化即引起证型本质的变化，当抓住极少症候变化的苗头，作出及时、果断的处理，以防疾病发展恶化。《伤寒论》253条中“阳明病，发热汗多者”是邪热夺津之势，阳热呈亢极之象，阴液有枯竭之虞，仲景果断用下，指出：“急下之，宜大承气汤。”以釜底抽薪，救阴于未竭之时，截病于难治之前，阻断阴液暴亡证的发生，诚如钱天来所说：“有不得不下之势，以大承气急下之”。

二、审察邪势，选择出路

如何正确审察邪气之趋势，选择合适的祛邪方法和途径，是保证及时有效地祛邪，且祛邪而不伤正的关键。仲景书中处处体现因势利导的治疗原则，《伤寒论》45条：“今脉浮，故在外，当解外则愈，宜桂枝汤。”初感外邪，脉浮，病位在表，病势向外，故当解外；《伤寒论》220条：“二阳并病，太阳证罢，但发潮热，手足汗漐漐出，大便难而谵语者，下之则愈，宜大承气汤。”邪结阳明，腑气不通，则当承胃腑下降之气，通腑下燥屎。汗下之法均由因势利导而设，切不可误，故《伤寒论》90条曰：“本发汗，而复下之，此为逆也。若先发汗，治不为逆。本先下之，而反汗之，为逆。若先下之，治不为逆。”

证候不仅有邪气在表在里之异，更有上下内外动态趋势的不同。如仲景治无形邪热所致的里热证，有辛寒清热、苦寒清热之别。阳明热盛烦渴、发热、大汗、脉洪大者，热势散漫向外，当顺其势辛寒透热于外，选气薄味轻之白虎汤；中焦热结，气机阻滞见心下痞、口渴、心烦者，热势结聚于内，当随其势通里泻热于下，选气厚味重之大黄黄连泻心汤。同为中焦热证，根据热势散漫或内聚，选择不同祛邪途径，药之寒凉之性虽同，而下散之势各异。

下利证中，太阳阳明合病，表邪内迫大肠的下利，虽见下利之里证，但由表证引起，病势偏重在表，故不须治里，只须解表，用葛根汤解表以逆流挽舟，使表和里自愈而下利自止。膀胱气化失司，水饮浸渍肠腑所至下利，仲景不从肠腑入手止利，而是助膀胱气化，利小便以实大便。又有阳明腑实热结旁流之下利，则治从阳明大肠，攻下邪实，通因通用以治下利。同为下利，根据邪势的主流所在，有从表、从膀胱、从大肠不同的祛邪途径。

《伤寒论》381 条："伤寒，哕而腹满，视其前后，知何部不利，利之则愈。"哕而腹满者属实，胃气壅滞则腹满，胃气上逆则哕。然致实之因不一，所谓视其前后即分析邪势所在，若小便不利则为膀胱失运，水湿阻滞所致，当利其小便；若大便不通则是肠中燥实，腑气壅滞所致，当通其大便。分别由前后二阴泻其邪实则哕逆腹满自愈。

三、顺应正势，助正祛邪

观察正气抗邪趋势，是决定能否祛邪及由何处祛邪的关键。顺应正势，助正祛邪是通过协助或调动人体自身的抗病力，祛除致病因素，达到治愈疾病的目的。清代医家陆渊雷曰："须知治病之原则，不过凭借人体之自然疗能，从而辅翼匡赞之尔"；[4]"观察证候，可以测知正气抗病之趋势，于是选用方药，以利导匡救，而达治疗目的。"[4]

太阳病虽经误下，"气上冲者"表明邪仍在表，正气仍有抗邪外出之势，故可与桂枝汤助正气使邪从表解。若"不上冲者"表明邪已内陷，正气祛邪力已无向外之势，故不得再与桂枝汤解表，当另求它法。

少阳病邪正相争于半表半里，邪气势欲传里，正气抗邪外出。仲景与小柴胡汤扶助正气，和解枢机，祛邪外出。更有"呕而发热者"为厥阴转出少阳之证，病证由里出表，由寒化热，正气有祛邪外出之势，仲景顺其势助之以药力，用小柴胡汤助正达邪，使"上焦得通，津液得下，胃气因和，身濈然汗出而解"。

瘀热搏结于中下二焦，正势向下，逐瘀则有下血、便色黑等症；邪势向上，攻心则有如狂、发狂、谵语、喜忘等状，邪正互阻少腹，则有少腹急结、硬满等有形瘀结之象，治当顺应正势下瘀血，瘀血得下则诸证自愈。其中瘀血轻证，正气祛邪力强而能"血自下"者，用桃核承气汤下之；久瘀且重，无血自下之势者，则用抵当汤、丸逐之。

病入太阴，脾阳虚而人体清阳之气不升，阴寒之气下趋则下利，治当顺应正气，升举脾气，使气升而利止，仲景方如理中丸，立方之意在于升，参草姜甘温益气，健脾使升，白术"运脾升清"，具有直接升举脾气之力。方后注云：脐上筑或吐多去术，下多者还用术。去术者为防其助邪上逆。后世李杲深谙仲景升脾之理，在仲景健脾益气基础上，更益升麻、柴胡等，创名方补中益气汤，意在顺应正势，升举下陷之清气。

总之，仲景辨病势理论为后世临床治疗拓展了思路和方法，临床论治时若能从病势角度，体会仲景用辨证施治的某些圆机活法，因势制宜，截断传变，对提高疗效，缩短疗程，固护正气有着极其重要的意义。医者，能因病势而治者，谓之神！

参考文献

[1] 曾庆明，雷悦．略论《伤寒论》因势制宜治则．江西中医药 1992；(4)：43.

[2] 彭胜权．温病学．上海：上海科学技术出版社，1996；170.

[3] 贝润浦．试论姜春华教授的"截断扭转"学术思想．上海中医药杂志 1983；(1)：16.

[4] 陆渊雷．伤寒论今释．北京：人民卫生出版社，1955：127，3.

[《江苏中医药》2002；23（11）：7]

浅探《伤寒论》中平调阴阳的辩证法思想

李秉涛　张居运

河南省西峡县公疗医院

《伤寒论》中的阴阳学说渊源于《内经》。仲景根据《内经》阴阳学说的基本理论，认为疾病都是阴和阳两个方面斗争的结果，即阴阳失调，疾病乃生。鉴此，《伤寒论》中的理、法、方、药就充分体现了平调阴阳，使阴平阳秘、其病可已的辩证法思想，本文拟从三个方面探讨如次。

一、理论明辨阴阳

《伤寒论》亦可称之为疾病论。疾病产生的原因是多方面的，所反映的证候是复杂的，无论证候变化多端，均可用八纲归纳，而阴阳为八纲的总纲。然而八纲就是从《伤寒论》中得到启发而加以系统化的。仲景遵循《内经》阴阳学说的理论，把疾病看成是机体阴阳失调的过程，以阴阳为纲，再分表里、寒热、虚实，从机体抗病力的强弱、生理病理情况、病势的进退缓急等方面进行综合分析，找出一定的规律，概括成六个证候类型，便于临床执简驭繁地认识疾病。如《伤寒论》第七条："病有发热恶寒者，发于阳也；无热恶寒者，发于阴也……"此条在《伤寒论选读》一书中视为全书的总纲，六经病中三阳三阴的确定，即以此为依据。凡邪盛正强处于兴奋亢进的病理状态，属三阳病，三阳病属阳证、表证、热证、实证。三阴病则与此相反，整个病理状态为邪盛正衰，机体处于功能低下的状态，反映着不同程度的阴盛，故三阴病属阴证、里证、寒证、虚证。《伤寒论》中三阳三阴的顺序，是按病理深浅层次排列的。但无论怎样讲，其阴阳量的差别和因此而引起的阴阳失调是形成各种证候的根本原因。因此治疗时，只有明辨疾病的阴阳属性，才能确立基本治疗原则。然阴与阳的关系在一定条件下可相互转化，如三阴病中的太阴病"脾家实，腐秽当去"，厥阴病"厥去热回"等，都是阴转阳的例证，说明疾病在一定条件下可以相互转化，根据"阳病治阴，阴病治阳"的理论，治法则是扶阳抑阴，或存阴制阳。这种立论需要明确阴阳平衡、互根、消亡、转化在疾病中的重要意义，就是《伤寒论》中阴阳对立统一的唯物辩证法思想之一。

二、立法调和阴阳

《伤寒论》在明辨阴阳的前提下，用"八纲"来概括复杂的证，以"八法"来促使疾病本身的阴阳处于平衡。为什么麻杏石甘汤药理实验报道对肺炎双球菌等多种致病菌均无抗菌作用，但临床上用于治疗小儿肺炎却能取得较好疗效？为什么五苓散在机体水液代谢障碍时有利尿作用，并能促进局部水肿的吸收，而对健康人、正常小鼠、家兔则均无利尿作用？为什么肾气丸既可治水肿少尿，也可治多尿夜尿？这正是基于仲景把疾病视为阴阳失调的过程，因而治疗时就非常注重双向调节，平调阴阳也就自然成为治疗疾病的总原则。

这一总治则要求汤方的配伍是发而不过散，收而不过敛，升而不过亢，降而不过沉，清而不过寒，温而不过燥，补而不过腻，攻而不过破，补阳当于阴中求阳，补阴当于阳中求阴。《伤寒论》112方中大多是寒温并用，攻补兼施，升降两行。现以六经代表方为例，来看一看仲景是如何调和阴阳的。如桂枝汤是太阳篇首方，它有发汗作用，而实际上不是发汗之剂，是和剂，和什么？调和营卫是也。阳明篇中的白虎汤、承气汤，为治阳明热盛津伤之剂，泻热即能存阴。少阳篇邪居半表半里，设小柴胡汤以和解之，全方寒温并用，攻补兼施，有疏利三焦，宣通内外，和畅气机的作用。太阴篇的理中汤，少阴篇的四逆汤，均为治阴盛阳衰之方，扶阳即能消阴。厥阴篇之乌梅丸，方中寒热并用治寒热错杂之证。再如半夏泻心汤证、附子泻心汤证、生姜泻心汤证、甘草泻心汤证以及黄连汤证等，皆属寒热错杂之证，立法也在寒温并用，意在宣通阴阳之气。由此可见，仲景在治病时或调和营卫，或急下存阴，或扶阳抑阴，或泄热救阴，手段多多，但都是为了达到同一个目的，即协调阴阳。

三、方药平衡阴阳

《伤寒论》的方剂，大多都寓有阴阳二义。再以桂枝汤为例，方中桂枝辛温以助阳，芍药酸甘以养阴，两药互相资助而产生作用，所以说桂枝汤的本身就是阳中有阴，阴中有阳。炙甘草汤以治心律失常而著称，方中为什么既用参、姜、酒、桂、草等阳药，又用胶、麦、地、枣等阴药，尤在泾引徐氏的解释说得好："人参、桂枝、甘草、生姜行身之阳；胶、麻、地、麦行身之阴，盖欲使阳得复于阴中，而脉自复也。"《伤寒论》353条："大汗，若大下利而厥冷者，四逆汤主之。"此条为误治导致阳衰阴盛厥冷的证治。由于大汗则阳亡于外，大下利则阳亡于内，阳衰阴盛则四肢厥冷，故用四逆汤扶阳抑阴，使阴阳平衡。再如74条："中风发热，六七日不解而烦，有表里证，渴欲饮水，水入则吐者，名曰水逆，五苓散主之。""中风发热"是表证，"不解而烦"为病入里，水入则吐是中焦停饮，称为"水逆"。对此之治，仲景既不用麻桂解表，也不用芩连清里，更不用姜夏和胃，而是用五苓散化气行水，上病下治，而"水逆"自平，里和表解。以上所举，都是从整体调节阴阳之方，书中还有很多，此不一一。

[《国医论坛》2003；18（1）：6]

心下痞在《伤寒论》中的辨证与治疗

高欣铎　河南偃师市中医院

心下痞为一症状，乃自觉心下有堵塞不通之感。《伤寒论》论及“心下痞”“心下痞满”“心下痞硬”共十余条，涉及方剂9首，对其病因病机及治则治法均做了详细的论述。尤其是半夏泻心汤，立意寒热并投，开后世和剂之先河，至今仍验于临床。为此，笔者不揣浅陋，就此略陈管见于下。

一、心下痞的成因与部位

心下痞多由太阳病误治而成，故从属太阳篇，“太阳本寒标热，故太阳病不解，不化热则化水”[1]。邪犯太阳，本当汗解，或汗不得法，徒伤卫阳之气而邪气复留；或下之过早，均可使表邪内陷，化热入里，内及阳明而结于心下。心下指胃脘部而言。如原文157条“胃中不和”，原文158条“胃中虚”。刘渡舟教授对此也有明训：“心下即胃之上脘，地处中焦，在胸之下，腹之上，为上下交界，气机升降的交通要道”[2]。既言病及于胃，何不隶属阳明，其因有二：其一，此病多为太阳经误治而成。如原文151条“脉浮而紧而复下之”，原文158条“伤寒中风，医反下之”等；其二，此病既无大热、大渴、大汗出、脉洪大之阳明经证，又无痞满燥实之阳明腑证。故从属太阳篇。

二、心下痞与胃气的关系

外邪内扰阳明，胃气必奋而拒之，正邪相争致气机升降失常，痞塞于中而为心下痞。正如原文151条所云：“按之自濡，但气痞耳”。但因人之胃气强弱不同，故兼证各异。原文154条，单见心下痞，又独言其脉关上浮，可知其胃气未伤，尚能拒邪而不影响其腐熟运化之功，仅表现为气机不利而已。原文149条，呕而发热，本柴胡证而以他药下之，致使外邪内陷，郁而化热。误下伤中，胃气必伤，内陷之邪热乘于胃虚之心下，使胃气不降，故见呕吐，心下痞满。原文157条言“伤寒汗出解之后”可理解为汗不得法，或大汗，或过汗，虽使卫表之邪从汗而解而表证除，然营阴之邪乘虚入里，郁而化热，迫于心下。汗多伤阴，人所共知，胃阳虚不能消磨水谷，谷不化则干噫食臭，水不运则内停胁下或下趋于肠而见腹中雷鸣下利。正如程氏所云：“有胃中之阳，为中焦水谷化生之主。此阳虚，遂有腹鸣，胃中不和而成心下痞之证”[1]。原文158条，伤寒中风，自当汗解，此用下法，固属误治，然一误再误，不仅表邪入里化热，而且胃阳大虚可知。胃阳虚于下，不能腐熟运化水谷，则见腹中雷鸣下利，完谷不化，邪热格于上，则见干呕，心烦不得眠。较之上条，则病重可知。程氏所论极当，“胃主中焦，中焦不治，故阴邪得逆于下而阳邪遂阻于上，阳上阴下，是为不交之痞”[1]。原文161条，此汗吐下三法俱用，外邪虽解，然必数伤胃气，一者胃寒失运，痰饮内生，再者肝木顺乘，气机不利，致使痰气痞阻心下，胃失和降。故见心下痞硬，噫气不除之症。由此可知，心下痞总为胃虚邪扰，气机升降失常所致。

三、心下痞的治法

1. 先表后里法　原文164条，此汗下颠倒，不仅里见心下痞，复见表之恶寒。恶寒为太阳经本证，无需多述。此单言心下痞，并无论及痞硬、痞满、下利等症，可知表邪已经入里而又未全部入里，然其人胃气尚强，未影响其腐熟运化之功，故仅见心下痞。表里同病，表证为主，当解表为先，方用桂枝汤。表解方可治里，方用大黄黄连泻心汤。否则易致外邪全部内陷而造成变证。

2. 表里同治法　原文163条，太阳表证，因数下之误，不仅表邪不祛，且必使胃阳大伤而水谷不化，故见心下痞硬协表热而下利。表里俱急，故用桂枝以解表，理中以助里而表里两解。程郊倩曰：“太阳病，外证未除而数下之，表热不祛而里虚作利是曰协热。……桂枝行阳于外以解表，理中助阳于内以止利。……缘此痞无客气上逆动膈之阳邪，辄防入阴，故不但泻心中芩连不可用，并桂枝中芍药不可用也”。[1]

3. 水气致痞的治法　原文156条，下不得法，伤及中阳，胃虚失运，津液不布，水饮内停，阻于心下，则见心下痞，渴而口燥烦，小便不利，本非结热所致，故与泻心汤而痞不解。冉氏云：“痞证气化郁窒不通，气不化水，水最易停，水既停则气愈窒”[1]。程氏曰：“下后胃虚，以致水饮内蓄，津液不行，痞无去路，非结热也，以五苓散主之，使浊阴出下窍，而清阳自在上焦者，自无阻留矣。况五苓散宣通化气，兼行表里之邪”[1]。

4. 热痞的治法　原文154条，此条不言误治，而强调其脉关上浮，又单见心下痞，可知邪热始聚于胃脘，因胃气未伤，故无呕吐、下利等症，可单用大黄黄连泻心汤泻热和胃以消痞。“最妙在不用煮，而在渍，仅得其无形之气，不重其有形之味，使气味俱薄，能降而即能升”[1]。若兼表阳虚而见恶寒汗出者，可用附子泻心汤，寒热并用，攻补兼施。诚如尤氏所云："此证邪热有余而正阳不足，没治邪而遗正，则恶寒益甚，或补阳而遗热，则痞满愈增，此方寒热补泻，并投互治，诚不得已之苦心。……方用麻沸汤渍寒药，别煮附子取汁，合和与服，则寒热异其气，生熟异其性，药虽同行而功则各凑，乃先圣之妙用也"[3]。

5. 胃虚热乘致痞的治法　邪热内陷，因胃虚程度不一而兼证不同，故有三泻心之别。若见心下痞满而呕，病属邪热内扰，胃虚气逆者，可用半夏泻心汤。此方为三泻心之基础方。"惟半夏、干姜之辛能散其结，黄连、黄芩之苦能泄其满，而之所以泄与散者，虽药之能，而实胃气之使也，用参、草、枣者，以下后中虚，故以之益气而助其药之能也"[3]。若兼见干噫食臭，胁下有水气，腹中雷鸣下利属邪热内陷，胃阳虚弱者，可用生姜泻心汤，此重用生姜以消食和胃而散水气，止逆气。若一误再误，重伤胃阳，致使邪热格于上，阳虚阻于下而见干呕，心烦不得眠，下利日数十行，谷不化，腹中雷鸣者，可用甘草泻心汤。"本方君甘草者，一以泻心而除烦，一以补胃中之虚，一以缓客气之上逆也"[4]。因邪热格于上，恐人参反助邪气为患，故去之。

6. 胃虚痰气内结致痞的治法　原文161条，此汗吐下三法俱用，外邪虽解，胃气必伤。致使胃虚失运，痰饮内生，肝木顺乘，气机不利，痰气交结，痞阻心下而见心下痞硬，噫气不除。故重用旋覆花下气消痰，散结消痞，配代赭石重镇降逆，复用半夏、生姜以助其功，人参、大枣、甘草补中虚，养脾胃。诸药合用"使中气运而津液布，痰饮除则气道通，气机得利则噫痞自除"[2]。

7. 心下痞误治后的治法　原文159条，心下痞硬、下利，服泻心汤下利不止，中焦虚寒，可知服理中汤方为合拍。但是医者不察，竟一被泻心所误，复被泻下再误，变中焦之虚寒为下焦之滑脱，故应固摄下焦。正如程氏云："利有中焦，有下焦。其始也，以下而利，以利而痞，中焦虚寒，故可用理中。其既也，因痞再下，因下益利，则中焦虚寒更移为下焦之滑脱矣。下脱上结，理中反成堵截，上下二焦，无由交通，所以利益甚，故改补剂为涩剂。禹余粮重而缓，以镇定其脏腑，赤石脂涩而固，以收剑其滑脱，使元气不下走，而三焦之阳火得以上蒸，则亦不必用及理中而土气当得令矣。[1]

心下痞，病位在胃脘部。不论是外邪内陷，还是内热扰中，不论是水气中阻，还是痰气交结，均可使中焦气机升降失常而为病，且与胃气密切相关。治疗上，或先表后里，或表里同治，或苦寒直折，或寒温并投，或轻剂取效，或重剂收功，理法方药，环环相扣。由此可窥见先师辨证精细，治学严谨。现代医学之急慢性胃炎、肠炎等，凡见心下痞者，若能参此，则收效非浅。

（说明：本条文序号均以《冉注伤寒论》为准）。

参考文献

［1］冉雪峰. 冉注伤寒论［M］. 北京：科学技术文献出版社，1982. 176，354，357，368，353，352，348，360.

［2］刘渡舟. 伤寒论通俗讲话［M］. 上海：上海科学技术出版社，1980. 52，56.

［3］尤在泾. 伤寒贯珠集［M］ 上海：上海科学技术出版社，1959，54，55.

［4］柯琴. 伤寒来苏集·伤寒附翼［M］. 上海：上海科学技术出版社，1959. 27.

［《河南中医》2003；23（3）：1］

浅谈《伤寒杂病论》论悸十证

祝均辉　湖北省咸丰县中医医院

张仲景《伤寒杂病论》对悸证有较多论述，其中《金匮要略》（以下简称《金匮》）更设专篇论述悸证，现归纳为十方证，阐释于后。

一、《伤寒杂病论》论悸十方证

1. 桂枝甘草汤证　《伤寒论》64条："发汗过多，其人叉手自冒心，心下悸，欲得按者，桂枝甘草汤主之。"此方证说明前医发汗过多，损伤心阳，津随汗泄，阳随津失。心阳亏损，温煦失照"，"心中空虚"心脉失养而悸动不安；心中不适，叉手按其心，以求温按纳阳，暂控心中不适。药用桂枝辛散温通，振复心阳；甘草补虚益气，蜜炙温中。二药相须为用，辛甘化阳，温而不燥，使心阳振复，悸动可宁。此为温阳定悸法。

2. 茯苓甘草汤证　《伤寒论》355条："伤寒厥而心下悸，宜先治水，当服茯苓甘草汤。"当先治水提示本病为水邪内聚，输化失常，外不得从汗解，内不得从小便出。蓄水上犯，困阻心阳，清阳不得四布，水津内停，故悸兼见厥逆。临证又以渴与不渴而定治方。73条："伤寒，汗出而渴者，五苓散主之；不渴者，茯苓甘草汤主之。"足见本证是厥逆、心下悸而不渴。方中茯苓甘淡平，渗利而扶中，水气得行，悸厥得宁；桂枝温通，化气通阳祛湿，使阳气温复，则水寒得散；炙甘草温中补虚，使脾运健则水气行；生姜辛散，温胃而散寒，使脾胃和则水不停。四物相伍，阳复气运，升降得健，则水湿自散。此为温阳化气、健脾行水定悸法。

3. 桂枝去芍药加蜀漆牡蛎龙骨救逆汤证 《伤寒论》115 条：“伤寒脉浮，医以火迫劫之，亡阳，必惊狂，卧起不安者，桂枝去芍药加蜀漆牡蛎龙骨救逆汤主之。”《金匮·惊悸病篇》12 条：“火邪者，桂枝去芍药加蜀漆牡蛎龙骨救逆汤主之。”所谓逆，是指与势态发展方向相反的逆证。表证误火，汗多亡阳，心阳外散，神不潜藏，故惊恐不定，狂乱不安；心阳不能安位，神明无主，故卧起不安，悸动难宁。方用桂枝汤温复阳气；去芍药之腻，加蜀漆通络行血；龙骨、牡蛎潜阳安神，使阳回神敛，狂乱自宁。此为潜阳定悸法。

4. 炙甘草汤证 《伤寒论》182 条：“伤寒，脉结代，心动悸，炙甘草汤主之。”《金匮·血痹虚劳病篇》炙甘草汤方下称：“治虚劳不足，汗出而闷，脉结，悸，行动如常。”说明本方是为阴阳俱损、心血不充而设。阴阳俱损、心血不充，则心神不明，故为心悸怔忡；阴血虚少，心不主血，均可导致脉歇止，且代脉专主脏气衰微。方中炙甘草汁多味浓，养胃益气；人参大补元气，气动而血随；桂枝调和营卫，阳生而阴长；生地、麦冬、阿胶、麻仁滋阴补血；生姜、大枣、黄酒，协参、桂而通脉道。重剂久煎，厚取复脉。此为调理阴阳、温通复脉定悸法。

5. 柴胡加龙骨牡蛎汤证 《伤寒论》110 条：“伤寒八九日，下之，胸满烦惊，小便不利，谵语，一身尽重，不可转侧者，柴胡加龙骨牡蛎汤主之。”病在少阳，理当和解，反下之，致少阳枢机功能受损。肝胆不疏，情志为之抑郁，心神受累，而为烦惊不宁，甚则谵语妄言；气机失宜，故胸满；肝主筋，为罢极之本，肝胆气滞，故周身枢运转动失灵，一身尽重难以转侧；三焦气滞，水谷运道不畅，故小便不利。方用小柴胡汤和解少阳，调理肝胆，使枢机利，则升降自如；去甘草柔缓之性，加龙骨、牡蛎、铅丹，重可镇怯，潜敛魂灵，谵语得解；肝胆得宁，则心神归舍，惊悸得平。此为疏肝利胆、平肝潜阳定悸法。

6. 小建中汤证 《金匮·血痹虚劳病篇》13 条：“虚劳里急，悸，衄，腹中痛，梦失精，四肢酸疼，手足烦热，咽干口燥，小建中汤主之。”脾胃气虚，精微失摄，则经脉脏腑失荣。经脉失养则里气拘急；运化失常则腹痛泄利；气血不荣于心则悸；脾不统血则衄；脾主四肢，中气虚则四肢酸疼血少阴亏，虚热内生，则见手足烦热，咽干口燥；阴虚火动，相火扰动精室，故梦遗失精。气血皆伤，阴阳俱损，关键在脾胃，故选小建中汤以资化源。本方为缓中补虚之剂。饴糖为君，甘温补中；芍药为臣，酸甘化阴；佐桂枝以并调阴阳；使以甘草、大枣、生姜，醒胃培土。诸药合用，辛甘化阳，酸甘化阴，健脾益胃，滋阴除烦。既可治内虚，亦可兼治外感。此方实为建中益气，养阴除烦定悸法。

7. 小半夏加茯苓汤证 《金匮·痰饮病篇》30 条：“卒呕吐，心下痞，膈间有水，眩悸者，小半夏加茯苓汤主之。”此方证病机为饮邪逆膈，病变重在中焦脾胃。内有痰饮，扰动胃室，而致胃不降反升，发为呕吐；中焦脾胃受累，运化受阻，故见心下痞满；痰阻心阳，清阳失布，故见眩悸；水停中焦，纳运失司，则见心下痞。因“膈间有水”，故方选小半夏加茯苓汤，通阳降逆，利水化湿，去痰健中，标本兼顾，使眩悸得平。此为降逆健脾、化饮通阳定悸法。

8. 半夏麻黄丸证 《金匮·惊悸病篇》13 条：“心下悸者，半夏麻黄丸主之。”痰饮不化，滞留中焦，上不能通过肺气之通调，中不能借助脾胃之输转以升降，寒痰搏结，阻遏气机，气滞血瘀，则见心悸及脘。据方药窥测，除症见惊惕外，还可见胸脘满闷，呼吸急促，呕吐泛恶，恶寒，咳逆，舌苔白腻厚浊，脉滑或弦紧。方中麻黄散寒宣肺，宣下通上，使水邪各走其道；半夏燥湿健脾，化痰降逆，使中焦痰湿不困，则升降之机自启，留痰积饮借上焦而宣散，借下焦而通利。俾水湿不为痰资，则精微得用，糟粕得去，生化自然不息而悸惕得宁。此为温阳化饮、宣上通窍定悸法。

9. 五苓散证 《金匮·痰饮病篇》31 条：“假令瘦人脐下有悸，吐涎沫而癫眩，此水也，五苓散主之。”脐下悸动乃膀胱有水搏击；吐涎沫为中焦脾胃有痰饮内伏；痰饮阻中，清阳之气不能上达颠顶而荣脑，痰阻阳络，故见癫眩。综观五苓散全方，泽泻利水走下，猪苓、茯苓甘淡渗透，白术健中助运，桂枝通阳化气，因势利导，水道得通，诸证可除。此方证病根在中焦脾胃，水停蓄在下焦膀胱，而标在上焦见吐涎沫而癫眩。此为健脾利水，温肾平悸法。

10. 茯苓桂枝甘草大枣汤证 《伤寒论》65 条及《金匮·奔豚气病篇》俱出条文云：“发汗后，其人脐下悸者，欲作奔豚，茯苓桂枝甘草大枣汤主之。”悸虽见于脐下，但病机为心阳由汗而伤。心肾二脏，水火相济，心火得肾水之滋而不炎，肾水得心火之温而不寒。若过汗伤损心阳，则下焦阴霾聚水，盛则逆而上冲，故见悸始于脐下，如作奔豚之势。茯苓健脾利水而制其泛滥；桂枝振复心阳而助膀胱气化；甘草、大枣培土抑水。心阳复，水湿去，则下积之阴因暖而消，全方共达温阳健脾，行水定悸之效。此为化气行水定悸法。

二、体会

悸证成因较多，就《伤寒杂病论》论悸而言，不外有五：一为贪凉饮冷，水邪犯心(《伤寒论》131条“饮水多，心下悸”)；二为误汗伤阳，心气不宁(《伤寒论》65条“发汗后，其人脐下悸”)；三为误用火攻，扰动心神(《伤寒论》123条：“太阳伤寒者，加温针，必悸也”)；四为少阳误治，邪犯神明(《伤寒论》65条：“少阳……不可吐下，吐下则悸而惊”)；五为心阳素亏，水运失布，积饮为痰，阻遏心阳。悸病所涉脏腑，首在心(《伤寒论》64条、115条、182条)，其次在肝胆(《伤寒论》110条)，此外还有论脾胃者3条(《金匮血痹虚劳病篇》13条、《金匮·痰饮病篇》30条、《伤寒论》355条)，论肺者1条(《金匮·惊悸病篇》13条)，论肾者2条(《金匮·痰饮病篇》31条，《伤寒论》65条和《金匮·奔豚气病篇》)。其治法，不外温阳行气、健脾、利水、潜阳、安神诸定悸法。临床只要辨证准确，方药对证，则取效不难。

[《湖北中医杂志》2003；25（1）：12]

张仲景肾病学术思想探讨

邹如政　湖北省襄樊市中医院

张仲景的《伤寒论病论》以六经分证论治外感热病，以脏腑论治内伤杂病，创立了六经脏腑辨证体系。疾病的发展最终归属脏腑的病变，作为先天之本的肾脏，在疾病发生中，其证危重，病变复杂，不论外感热病还是内伤杂病，最后均累及肾脏病变。张仲景十分注重肾病，在《伤寒论》立少阴专篇论述；《金匮要略》则散论诸病之中，对肾病的因机证治进行了阐述，创立了完整的肾病学说，本文就张仲景肾病思想略作探讨。

一、肾病因机

肾为先天之本，内藏元阴元阳，为水火之脏；又主水纳气，维持机体气化及水液代谢平衡。肾脏病变，不外阴阳水气方面异常，仲景认为肾病发生主要由于外邪侵入和肾脏内伤。

1. 外邪侵入　外邪犯肾，有直中脏腑，有循经而传。《伤寒论》第7条“病有发热恶寒者，发于阳也；无热恶寒者，发于阴也”，指出因体弱正虚、外邪较盛，直有脏腑。由于邪盛正衰，发病一般多较危重，《伤寒论》269条云：“伤寒六七日，其人躁烦者，此为阳去入阴也”。因误治、失治未能阻断病邪传变，外邪循经而入少阴心肾。

2. 肾脏内伤、代谢失常　肾内藏肾精，肾阳蒸发肾精，气化为全身原动力。肾气不化，水液代谢失常，不能上蒸下渗，或聚水不化，或气滞精淤，或阻滞经脉，或湿热下注，出现瘀、饮、水、湿、热、寒之虚中挟实证和肾实证。内伤杂病，误治失治及疾病发生后期多累及肾脏，或是肾阳不足气化不行、或肾阴不足津液失调。在疾病末期，由阳及阴由或阴损及阳，表现阴阳两虚；甚至出现亡阴亡阳诸证。

五脏相关，肾内阴阳为诸脏根本，肾病日久影响到其他脏功能改变，它脏病变亦累及肾脏：肾主水、脾制水，肾水泛滥易伤及脾阳；肾纳气，肺主气，肾不纳气则致肺气上逆；心火下潜，肾水上承，肾水不足以济心火，则致心肾不交之阴虚火旺诸证；肾为肾之关，与膀胱相表里，若影响胃及膀胱可见呕吐、湿热下注淋证、胃实诸证。肾病与其他脏腑是十分密切，相互影响。

二、肾病病证

《伤寒论》281条“少阴之为病，脉微细但欲寐”指出了肾病主脉主证。因阳气虚弱鼓动无力故脉微，阴血不足充盈脉道故脉细，阳虚阴寒内盛故见但欲寐，此条揭示的为肾病危重证之主脉主证。因感邪方法不同，个体素质差异，肾病诸证病变复杂。但仲景根据肾发生发展中阴阳虚实变化将肾病分为四类病证。

1. 阳虚阴盛证　本证多见于疾病末期，或病邪直中脏腑。阳气衰微，阴寒内盛，是疾病危急阶段。主要表现为：无热恶寒，呕吐，下利清谷，四肢逆冷，精神疲惫，小便不利，舌淡苔白脉沉微(287、317、314、389条)。此为肾阳衰微机体功能极为低下，若不急救回阳，鼓动肾阳，容易出现亡阴亡阳。临床中一般见于疾病末期心衰、肾衰等病证。

2. 阴阳两虚证　本证由于误治失治，或病久而累及肾脏，肾阳受损，日久阳虚及阴，阴阳两虚。但以肾阳为主，肾阳虚弱，肾气不足，机体不得温煦，气化不行，见于《金匮》中虚劳、奔豚、消渴、转胞及失精诸证。

3. 虚中挟实证　本证见于肾阳虚弱气化不行，水津代谢失调而致诸证。《金匮要略》中肾虚水泛、内停心下之水肿之证；肾阴不足、阴虚火旺之“心中烦不得卧”（303条）少阴热化证；《伤寒论》中肾阳虚不化水、水热互结阴伤之小便不利（319条）证。

4. 肾实证　本证多因外邪侵入或阻滞肾经、或湿热下注、或燥热内结而因湿、热、瘀、寒所致病证。见于《金匮》之中肾着、女劳疸及《伤寒论》少阴兼阳明证（310条）。

三、肾病治疗

仲景治肾为肾病学说重要部分。既注重肾虚危重一面，又看到肾虚挟实及肾实一面，提出对阳衰阴盛以直补回阳，使阳气振奋，肾气通达而救逆；对一般肾虚阴阳不足，以益阴助阳为法，注重以后天益养先天；对肾实诸证、在祛邪之中又佐以益肾之品、或扶正祛邪、或祛邪扶正。治疗中，仲景充分注意照顾肾脏生理特点，创立了阴中求阳之法，所举方药用于临床，其治疗各法略述如下：

1. 急救回阳法　此法用于亡阴亡阳危重诸证。因阳衰阴盛、或格阳于外、或戴阳于上而见吐、逆、寒等证，以四逆汤为代表方，四逆汤以急救回阳，用姜附为主药，附子温肾回阳，干姜温中散寒，“生附子、干姜彻上彻下，开辟鲜明，通阳归舍，交结十二经，为斩旗夺关之良将……”（《长沙方歌诀》）。在四逆汤基础上，依病证不同具体加减，若阴盛格阳于外之面赤，身不恶寒，脉微欲绝者（317条）重用姜附则为通脉四逆汤，以大辛大热之品以破阴逐寒通内外。若见吐下突止，乃阳亡阴竭，加猪胆汁名为通脉四逆加猪肝汁汤（389条）益阴和阳。若阴盛戴阳于上见下利面赤（315条）乃阴盛于下不得温，当以四逆汤去甘草加葱白名白通汤宣通上下，解除格拒。若汗吐误治见恶寒、脚挛急、手足冷、烦躁者、乃是汗下太过，阴虚及阳至阴阳两虚，当以茯苓四逆汤（69条）回阳益阴。若太阳病汗下太过，虚阳脱见脉沉，无大热，烦躁不得眠者（61条），以干姜附子汤急救回阳，四逆汤去甘草之缓，用姜附单刀直入，一次服用药力更强。以上诸方均为四逆汤基本上化加减，临床上用之抢救虚脱或休克等证，颇见奇效。

2. 滋阴助阳法　仲景对一般肾虚诸证，主张以益阴助阳之法，以肾气丸为代表方，创立了千古补肾法门。特别是阴中求阳法，倍为后界推崇，这是仲景据肾脏生理功能特点而创立的。肾内藏阴阳，肾阳上蒸，肾水下渗、一升一降，维持人体气化及水液代谢平衡。方中以地黄、山药、山萸三味补肾益脾固肝，以填精养血益阴，谓之“三补”；以茯苓、泽泻、丹皮三味益肾阴利疏通，达到益阴之功，谓之“三泻”，以桂附蒸精化气，益阴助阳，从阴中求阳，使肾阳升腾。后世张景岳受此启发而提出阴中求阳、阳中求阴治疗方法，并制了左、右归饮（丸）。张仲景运用肾气丸在《金匮》中主要有四：①肾虚不固下消证：因阳虚上不能蒸津以润，下不能化气摄水，故见“饮一斗小便一斗”，方以肾气丸恢复蒸津化气之功则消渴自解。②妇人转胞证：因肾虚膀胱气化不利，肾气丸振奋肾阳，气化复常，曰“但利小便则愈”。③饮症：阳虚水泛心下故见“短气”，以“肾气丸养阳气以化阴”（尤在泾）温肾水化则饮去。④虚劳：见腰痛、小便不利、少腹拘急，乃阴阳俱虚，肾气丸助阳之弱以化水、滋阴之虚以生气，肾阳振奋则诸证消失。与肾气丸类似还有治疗下焦积水、上焦燥热之小便不利症之栝蒌瞿麦丸，方以瞿麦利水渗消下焦积水，瓜蒌治渴，炮附温阳，茯苓渗水，使津蒸水下，乃为肾气丸之变制。

仲景运用小建中汤治疗虚劳之“少腹满”“梦失精、手足热”之阴阳两虚证，提出了以后天补先天，补脾以益肾之法。阴阳俱虚，不能以寒治热或以热治寒，“欲求阳气之和者，必求于中气，求中气之立者，必以建中”（尤在泾语）以“建中土灌四旁”，中气四运，从阴引阳，从阳引阴，而阴阳协调则虚劳证消。肾水奔豚之桂枝加桂汤因下后心阳不足，肾水上泛，以通阳之法而益心阳以制肾水，则奔豚自止。另外《金匮》中天雄散治“男子失精”，腰膝冷痛；治阳虚心躁之桂枝龙牡汤均是益阴助阳方的应用。临床中对肺气肿、肝腹水、肺心病、慢性肾炎、糖尿病、尿崩症、肾病综合征等病均可依本法治疗。

3. 益肾祛邪法　益肾祛邪法，用于治疗阳虚水湿内停、外邪犯肾及阴虚火旺诸证。

（1）温阳利水法：主治肾阳虚弱，水湿泛滥而见腹痛、小便不利、四肢沉重、水肿证（316条），乃阳虚水湿不化所致。以肾气丸温阳散寒而利水气，临床用于治疗肾性、心性以及营养不良性诸水肿等。

（2）滋阴利水法：主治肾虚水热互结，水气不利证，见小便不利短赤，咳逆下利，心烦不眠，以猪苓汤滋阴利水清热。临床可治疗急、慢性肾炎而小便不利等。

（3）滋阴降火法：主治少阴热化证，见心中烦，不得卧，口噪咽干，舌红少苔脉沉细数（303条），乃阴虚火旺。以黄连阿胶汤育阴清热、降火。临床多用治疗失眠、心悸等。

（4）温阳解表法：主治少阴兼表证，见少阴病反发热脉沉者（301条），以麻黄附子细辛汤温经扶阳解表，临床多用治疗肾虚外感证。

4. 泻肾法　自宋钱乙提出“肾主虚无实也”之后，许多医家多偏肾虚之论，治则唯补是法，很少论及肾实之证。早在《灵枢·本神》有“肾气虚则厥，实则胀”记载，仲景也注意到肾实之证，并以“泻其有余”为法而立泻肾之则。

（1）温经散寒法：主治肾着证。乃因寒湿痹阻肾府“其病不在肾之中脏，而在肾之外府”（尤在泾）。症见腰冷如坐水中、身重、不渴小便利，以甘姜苓术汤散寒渗湿，补土制水。临床治疗风寒湿痹、肾虚腰痛、妊娠水肿等证。

（2）清利湿热法：主治肾与膀胱湿热证。见小便不利、尿痛、少腹急痛、血淋、膏淋等以蒲灰散、滑石白鱼散、茯苓戎盐汤以益肾健脾利湿散瘀。临床多用治疗热淋、血淋等。

（3）除湿消瘀法：主治肾中瘀热之女劳疸。证见膀胱急、少腹满、身尽黄、大便黑、足下热、额上黑者，以硝石矾石散除湿去瘀。

（4）急下存阴法：主治少阴兼阳明证。乃肾阴不足，肠道燥实，土实水竭，见咽干口燥、腹胀便秘或热结旁流，以大承气汤急下存阴。临床对尿毒症、肾炎见便秘者可用之。

另外少阴呕吐之茱萸汤证及虚寒下痢桃花汤证均属泻肾治疗。

四、治疗禁忌

肾病偏虚，尤以肾阳、肾阴及阴阳两虚多见。治疗以补虚为主，一般不主张乱用汗下之法。《伤寒论》286条云“少阴病、脉微、不可发汗，亡阳故也。阳已虚、尺脉弱涩者，复不可下之”。阳虚不可汗，汗则亡阳；阴虚不可攻下，误下更竭其阴，提出汗下之禁。若强汗易致口目鼻出血（294条）或津伤小便难（284条）。但禁下汗之法，应具体分析，若见肾虚本证不可汗下。“少阴病，病沉细数，病为在里。不可发汗”（285条）若兼有表证，或挟燥热，可采用温阳发汗或急下存阴之祛邪调肾法。

五、结语

张仲景对肾病因机证治进行了比较完整的论述，尤其肾病治疗中求阳法及培中补肾法对后世具有很大影响。其治疗原则及方药仍指导着临床，因此，对张仲景的肾病学说研究具有重要意义，值得探讨。

［《贵阳中医》2003；（1）：3］

柴胡汤类方证及和法若干问题的探讨

马贻超　济南铁路中心医院
姜建国　山东中医药大学
鲁晓明　山东大学医院

柴胡汤类方出自《伤寒论》，共涉及24段条文，6个方剂，即小柴胡汤、大柴胡汤、柴胡桂枝汤、柴胡加芒硝汤、柴胡桂枝干姜汤及柴胡加龙骨牡蛎汤。柴胡汤类方不但是《伤寒论》的重点方，也是临床的常用方，但围绕柴胡汤类方、证候及其治法，尚有些问题值得探讨，在此略述己见。

一、半表半里问题

仲师虽未明言“半表半里”，但在148条中说：“伤寒五六日，头汗出，微恶寒，手足冷，心下满，口不欲食，大便硬，脉细者，此为阳微结。必有表，复有里也。脉沉，亦在里也。汗出为阳微。假令纯阴结，不得复有外证，悉入在里，此为半在里半在外也……可与小柴胡汤”。仲师这里所说的“外证”，一般指外表证候，所以“半在里半在外”，可以理解为“半表半里”。诚如成无己注云：“与小柴胡汤以除半表半里之邪”。成氏乃伤寒第一注家，影响颇大，故自成氏以降，大家就以少阳为半表半里，柴胡汤就自然成为和解半表半里之方。

但是须知148条的“半在里半在外”，不可理解为一半表证一半里证，或表里证同在。微恶寒、手足冷，虽属“外”症，却是阳气内郁，不达于外；大便硬，虽属“里”症，却无潮热，乃属气机不畅，胃失和降；心下满，口不欲食，是少阳枢机不利、胆胃气滞的直接见证；脉沉细又是少阳阳气微结的证明。用小柴胡汤，枢转少阳，宣达气机，疏利胆胃，半表半里气机升降出入有常，诸证自然消退。

二、大柴胡汤的定位问题

小柴胡汤的定位是公认的，即是治少阳病的主方、正方。但大柴胡汤的定位有进一步讨论的必要。梅国强教授主张少阳病分经证腑证，并视小柴胡汤为治少阳经证之方，大柴胡汤为治少阳腑证之方。我们不同意经证腑证之分，但对其视大柴胡汤为治少阳病本证之方的认识还是一致的。

传统观点及数版教材，均把大柴胡汤证归属少阳病兼证（兼阳明）的范畴，原因其实很简单，思维也是直线的，那就是大柴胡汤中有大黄与枳实，既然用大黄与枳实，就一定是通大便；既然是通大便，就一定是兼阳明。

这里必须要解决的思维问题是：大便硬（不大便）不一定必是阳明病，用大黄、枳实不一定必是通大便。别说是大柴胡汤，即使是小柴胡汤也有通大便的作用。如 230 条云：“阳明病，胁下硬满，不大便而呕，舌上白胎者，可与小柴胡汤。上焦得通，津液得下，胃气因和，身濈然汗出而解。”按常规辩证思维：“不大便”当属阳明病，但“舌上白胎”证明胃肠无热，则非属阳明。结合胸胁硬满与呕吐，知此“不大便”实为少阳枢机不利，气滞不畅，津液不能下达，而致胃肠干燥，病证类似阳明，病机实在少阳，故治以小柴胡汤。若按上述通大便即是兼阳明的思维推理，小柴胡汤岂不亦是治阳明病之方！

另外，仲师用大黄有一规律，凡用之泻阳明通大便，均用四两，如承气汤类方。凡用之清热解毒，活血化瘀，一般用二三两，如大黄黄连泻心汤、抵当汤、桂枝加大黄汤及大柴胡汤等。

其实，讨论大柴胡汤的定位问题，其实质意义还不在大柴胡汤是治少阳病本证之方，还是治少阳兼阳明证之方，而是通过对此方大黄与枳实的剖析，纠正大黄药用的片面思维，打破大黄泻下通便的框框，开拓大黄的临床药用范围。

大柴胡汤中本身就包涵了四逆散（柴胡、枳实、芍药），四逆散在《伤寒论》中是治肝胃气滞，阳气不达于外所致的“四逆”。实质为中医疏肝理气第一方。大家公认四逆散非治阳明病之方，但四逆散确实能宣通大便。临床凡大便不硬，黏滞胶着，排便不爽者，常用四逆散加减治之，每获良效。原因很简单，这种大便秘结，病机往往是气滞湿阻，与《伤寒论》318 条所说的“腹中痛”与“泄利下重”同。四逆散中柴胡疏肝理气散郁，枳实导滞行气化痰，芍药苦泄破结利湿，正应其治。

虽然大柴胡汤（包括小柴胡汤）确有通泻大便之效，但却不能将其视为治阳明病之方，而均应是治少阳病本证之方。少阳病有轻重深浅之分，邪结少阳，偏于半表，证候较轻者，为小柴胡汤证；偏于半里，证候较重者，为大柴胡汤证。这一点在 103 条仲师表述的最清楚，原文说：“太阳病，过经十余日，反二三下之，后四五日，柴胡证仍在者，先与小柴胡汤；呕不止，心下急，郁郁微烦者，为未解也，与大柴胡汤下之则愈。”既然“柴胡证”而用小柴胡汤无效，且“心下急”即胃脘拘急不适，与 165 条大柴胡汤证的“心中痞硬，呕吐而下利”，均提示是邪结偏于半里的少阳病重证。小柴胡汤自然是病重而药轻，当然须用大柴胡汤破结攻邪，才能奏效。

本条所说的“与大柴胡汤下之则愈”的“下”字，很有意味。这可能是有人认为大柴胡汤属“下”法的根据。其实，仲师在特殊情况下的用辞，往往是有特殊意思的。就像 29 条的桂枝汤不说“汗”反说“攻”，208 条的小承气汤不说“下”反说“和”一样。本条大柴胡汤的“下”，显然是针对前用小柴胡汤而言的，意指大柴胡汤攻邪之力大而已。否则，仅仅“心下急”而非“大便硬”，“下”什么？何况还有“阳明病，心下硬满者，不可攻之”的下法禁忌。

顺便谈一下大柴胡汤中的芍药问题，大柴胡汤亦可视为小柴胡汤的加减方，即去人参、甘草，加枳实、芍药、大黄而成。方中柴胡与黄芩配伍，柴胡辛散以解半表之邪，黄芩苦寒以清半里之热；半夏与生姜配伍，和胃止呕；邪结过重，勿须扶正，故去人参、甘草；加枳实破气分结，芍药破血分结，大黄清泻热结。之所以留用大枣，乃因“心下急”，大枣有甘缓挛急之功。这里芍药与大枣亦是药对配伍，以芍药的苦泄通络与大枣的甘缓挛急，治疗少阳重证的胁下心下拘急乃至疼痛。可知，大柴胡汤中用芍药，足以证明芍药非味酸收敛，而是味苦开泄。后世教科书对芍药性味功用的认识，尤其是酸敛止汗之说，确实背离仲景，脱离临床，不合药理。

总而言之，读书不可死于句下，大小柴胡汤均属少阳病之方，其治亦均属“和”法范畴。

三、但见一证便是问题

101 条说“伤寒中风，有柴胡证，但见一证便是，不必悉具”。伤寒注家公认这是运用柴胡汤的原则。历代注家争论的焦点是何为“一证”，很少深入探讨为什么《伤寒论》112 方，唯独仲师对柴胡汤的运用提出这一原则？其他不说，同为三阳病，治太阳之麻桂，治阳明之承气，为什么不须“但见一证便是”？

我们认为：何为“一证”是表面问题，为何用柴胡汤要“但见一证便是”才是实质问题。这个问题不分析透彻，很难从整体与宏观的角度把握柴胡汤的运用。

分析这个问题的着眼点不在柴胡汤，而在少阳病。少阳病与太阳、阳明病比较，有其特殊性，特殊在位于半表半里，特殊在少阳主持“枢机”。

所谓半表半里，极易外连表内连里，可知就病位而言，所涉面广。由于病涉面广，因此临床出现的症状多而复杂。96条小柴胡汤证，在四组主症之后，又列述七种或然症，是《伤寒论》或然症最多的方证，就充分说明了这一点。

所谓“枢机”，寓机动灵活的特性，因此少阳为病易动而多变。如有“腹中急痛”而用柴胡汤者，有“手足温”而用柴胡汤者，有“脉沉紧”而用柴胡汤者，有“不大便”而用柴胡汤者，也有“头汗出”而用柴胡汤者等等。

既然少阳为病，有面广症繁、动而多变的特点，因此，少阳病之辨，柴胡汤之用，就必须善于抓主症，抓特征，否则临床容易无所适从。可见仲师此条提出“但见一证便是”，就是提示少阳病之治有其特殊性，柴胡汤之用要善于抓主要矛盾。

四、和法问题

之所以提出这个问题，主要是目前对于“和”法的内涵与外延尚不确定，古今说法比较杂乱。首先应该肯定，“汗吐下和温清补消”八法，是中医治法的基本内容，其中汗、下、和三法，就《伤寒论》而言，分别代表了太阳、阳明、少阳三阳病的治法，就此而论，“和”法的概念应该是局限而明确的。太阳病为表，当汗之，即“其在皮者，汗而发之”，阳明病为里，当下之，即“中满者泻之于内”，唯有少阳，位于半表半里，有枢机特性，汗下均不可，只有“和”之一法，所以，“和”法应是相对汗法与下法而言的。只有柴胡汤的少阳病之治才可称为“和”法。即使推而广之，厥阴主阴阳转换之枢，也有枢机的特性，故除柴胡汤外，疏达厥阴肝气之方，如四逆散、逍遥散之治称为“和”法亦可说得通。

但是后世医家扩大了“和”法的涵义，特别对寒热不和证之治及营卫不和证之治，均称为“和”，这就值得讨论了。比如寒热不和就是寒热错杂证，既是寒热错杂证，所谓的“调和”寒热，实质就是“温”“清”并用，是通过温法和清法而达到调“和”寒热的，所以仍属“寒者热之”“热者寒之”的范畴。如黄连汤、干姜黄连黄芩人参汤、麻黄升麻汤等均属于此。

值得一提的还有半夏泻心汤之治，由于方中有干姜与芩连寒热药并用，就认为其病机为“寒热”夹杂；由于半夏泻心汤主治“痞”证，就认为其病机为寒热“互结”；由于半夏泻心汤主治寒热不和，就认为其治当属“和”法，于是将此方列入“调和脾胃”之方。其实，半夏泻心汤功用是“泻心消痞”，当属“消”法的范畴。

最大的问题，还在于用药思维的直线性与局限性。只要干姜与芩连寒热药并用，其病就一定是寒热不和，这种僵化的用药思维，淡化了半夏泻心汤的组方旨义。此方的干姜与芩连，确实是一组相反药物的配伍，但其义不在寒热，而是针对“痞”证所体现的“泻心”，用干姜之“辛”开，芩连之“苦”泄，辛开苦泄以泻心消痞。这种用药思维属“舍性取用”，即舍弃干姜芩连的寒热之性，而取用干姜芩连的辛苦之味。舍性取用的组方用药思路，是针对特殊证或特殊药的情况下而确定的。如治寒结的大黄附子汤中的大黄，治阴黄的茵陈术附汤中的茵陈，均属舍性取用。可知，半夏泻心汤非寒热并用之方，其证亦非寒热不和。退而言之，即使是寒热不和，其治亦非属“和”法。

无限扩大“和”法的内涵与外延，其结果是把“和”的概念也模糊了。从大处言，凡病均是不和，如阴阳不和、气血不和、脏腑不和、表里不和，当然也包括寒热不和、营卫不和等，如此说来，所有治法均是调“和”。换言之，汗吐下和温清补消八法无一不体现“和”法，既然所有治法都是“和”，那么“和”法何在？所以，我们以为八法中的“和”法，只是针对少阳半表半里枢机为病特殊情况而设的一种治法。

五、扶正以祛邪问题

主要指对小柴胡汤中的人参、大枣、甘草三药功用的理解问题。众所周知，少阳病胆火内郁上炎也罢，邪入半表半里也罢，只要是三阳病总以邪实为主，少阳病亦不例外。何况仲师在有关小柴胡汤证的症状论述中，未出现过“精气夺”的虚证，那么小柴胡汤中用参、枣、草如何理解？一般教科书讲解小柴胡汤，均言此方扶正祛邪并用，这就讲浅了，同时也曲解、淡化了参、枣、草三药在此方中的功用。更深层的问题是，同是邪气盛的三阳病，为何治少阳病的小柴胡汤非要扶正祛邪并用？分析这个问题的着眼点还要落实在少阳半表半里的枢机特性上。首先，伤寒中风不解，邪气从表而进入半表半里，“邪之所凑，其气必虚”，诚如97条所言：“血弱气尽腠理开，邪气因入，与正气相搏，结于胁下……”虽然在证候上未现虚象，从发病学而言，却寓有正气“虚”的因素。其次，半表半里，枢机为病，正邪交争于这种机动多变之处，如寒热往来，邪胜则寒，正胜则热，“往来”则呈现正邪交争不下互有胜负之机，此时之治，最宜双管齐下，在祛邪为主的基础上，加用扶正药，通过扶正以达到祛邪的目的，此时扶正是手段，祛邪是目的。这里体现一种治法的因果关系，而非并列关系。这种组方思路，与治疗虚实夹杂之病的攻补兼施不可同日而语。

非但少阳病柴胡汤之治如此，只要是病关枢机位于“中间”的疾病，如中焦脾胃病，亦常采用这种扶正以祛邪的治法。如上热下寒的黄连汤证，除用干姜与黄连清上温下，还在组方中采取两种消除“寒格”的辅助措施：一是用桂枝宣通上下阳气，以通除“格”；二是用人参、大枣、甘草补益脾胃之气，增强中焦枢转气机的功能。以补除“格”，也体现通过扶正以祛邪的治疗主旨。又如治疗胃气呆滞、湿阻气滞的痞证，在半夏泻心汤中亦用人参、大枣、甘草补脾胃，化湿浊，达气机，消痞证，仍然体现了通过扶正以祛邪的治疗主旨。

以上五个方面的问题，是关于柴胡汤方证的一点读书体会和临床感悟，所谈可能片面，希望同道指正。

[《山东中医药大学学报》2003；27（1）：21]

《伤寒杂病论》中麻黄石膏用量比与其作用关系探讨

张保伟　河南中医学院

仲景《伤寒杂病论》中，麻黄与石膏配伍应用的处方共有6方，即大青龙汤、麻黄杏仁甘草石膏汤、桂枝二越婢一汤（以上3方见于《伤寒论》)、越婢汤、越婢加半夏汤、小青龙加石膏汤（以上3方并大青龙汤见于《金匮要略》)。古今注家，皆以石膏清热释之，认为在麻黄类方剂中加入生石膏，就可以监制麻黄的发汗作用，扭转麻黄的药性，变辛温之方为辛凉之剂。然细绎仲景组方原意，并非扭转药性之一说，两药用量比例不同，则各自起的功效与所治疗之疾病也截然不同。此不揣浅陋，分析如下。

一、麻黄大于石膏，重在发散郁热

欲明仲景药物用量，须先考证汉代重量与今日重量之比。上海中医药大学教授、中医院校统编教材六版《伤寒论》主编柯雪帆先生，根据大量出土的秦汉铜铁权及现存于中国历史博物馆的东汉“光和大司农铜权”，实测结果，东汉一两为15.625g，一斤为250g。并根据上海中药标本室实测结果，石膏鸡子大者为56g。

大青龙汤中麻黄用至6两，按折算应当为93.75g，生石膏用鸡子大，折算为56g。麻黄与石膏用量比为1.674：1。虽然目前所用剂量多按1两折算3g，但实际剂量之比不能随意更改。大青龙汤的病机一般教科书都笼统地称之为表寒里热，即风寒束表，里有郁热。我们必须明白的是，里之郁热，非人身素有之热，热之生，生于寒邪。寒邪束表，汗不得出，热不得越，而形成里有郁热之证。若以标本而论，则表寒是本，里热为标；若以主次论，则表寒为主，里热为次；若以轻重论，则表寒重而里热轻。治疗当以发汗散寒解表为主，清解内热为辅。所以仲景组方时，重用麻黄至6两，为麻黄汤的两倍，而石膏只用鸡子大。仲景之意，汗出则表寒得解，热邪得越，而里热自除。少加石膏者，里热已生烦躁，清其热而止其烦躁，此治标之法也。临床处方时，石膏剂量一定不能用之过大，当小于麻黄用量为宜。否则，不惟失仲景组方原意，临床也不能起到解除表邪的作用，甚则使肌表之寒邪反为寒凉药物所遏，导致寒郁肌表，久久不解。本当一汗而解之病，反因医之过错，延长病程，或生他变，良可叹也！

小青龙加石膏汤中麻黄用3两，生石膏用2两，二者之比为1.5：1。小青龙加石膏汤的病机是寒饮挟热，表现的主要症状是“咳而上气，烦躁而喘”，故治疗仍以小青龙汤辛温解表，温肺化饮为主，少佐石膏兼清内生之热。此方证的主要矛盾仍然是表寒里饮，其内热之生，一是寒邪束表，无汗而热不得越，一是饮邪内郁，郁久化热，其热之程度虽生烦躁而不重。所以仲景石膏仅加2两，恐多则有碍寒邪祛除。表寒不解，里饮不化，则郁热产生之根源不除，病焉能愈？

二、麻黄小于石膏，则主清泄肺热

麻黄杏仁甘草石膏汤中麻黄用4两，生石膏则用至8两，麻黄与石膏之比是1：2。此时，由于石膏用量大于麻黄用量一倍，则麻黄发汗解表的作用被完全抑制，仅仅发挥其宣肺止喘的作用，配合石膏则共同起到清宣肺热之效。本方与麻黄汤仅一药之差，其功效则完全不同。麻黄汤因有桂枝通阳解表，故麻黄虽用3两而发汗作用极强，本方去桂枝则麻黄解表作用减弱，又加之石膏辛凉清热，降气止喘(《本经》明言石膏“主中风寒热，心下逆气，惊喘，口干舌燥不能息”)，有制约麻黄发汗的作用，所以麻黄杏仁甘草石膏汤能够治疗“汗出而喘，无大热”之证。本方组方的关键就在于麻黄用量小于石膏，否则，汗出而喘，焉能用麻黄峻发其汗？仲景用药，虽药味简单，而用量恰到好处，此也是经方疗效惊人之处，后世之方莫能比之。

三、麻黄石膏等量，乃为发越水气

越婢汤中麻黄用6两，生石膏用8两，麻黄与石膏用量之比为0.75：1。由于麻黄质轻而石膏质重，所以可以认为二药为等量关系。两药按照这种比例，则麻黄发汗作用未被完全抑制，与石膏共同发挥发越水气的作用，故越婢汤能够治疗“一身悉肿”的风水证。仲景治疗水气病，主张“腰以下肿，当利其小便，腰以上肿，当发汗乃愈”。本证一身悉肿，治疗当“开鬼门、洁净府”同施，发汗与利小便并用，方能药到病除。此时用药若不尊仲景用量比例，石膏量大则麻黄发汗之力被抑，风水不得越出，一身之肿不能退；麻黄量大则发汗之力重，但风气去而水气在，身肿也难消。况且本证有“续自汗出”，恐麻黄量大，汗出过多，水气未去，而阳气已亡矣。

越婢加半夏汤麻黄与石膏用量比同越婢汤，虽是治疗“咳而上气，其人喘，目如脱状”的肺胀病，但其水饮停留的病机与越婢汤相似，只是停留之部位不同而已。故治疗采用了异病同治之法，仍用越婢汤发越水气，宣肺平喘。因其主要病位在肺，而表现为肺气上逆，故加半夏散水降逆，则尤能切中病机，提高疗效。此亦经方权变之法，不可等闲视之。

桂枝二越婢一汤麻黄用18铢，石膏用24铢，其用量比例仍然是0.75：1。本方治疗“太阳病，发热恶寒，热多寒少，脉微弱”之证，此证乃风寒在表，饮阻阳气所致，治疗就不能单用发汗之法，以免风去饮存，病必不解。所以仲景明言“此无阳也，不可发汗”。无阳，一般均认为是指阳气大虚，若果真如此，岂能再用石膏之凉，更伤阳气乎？此证必是因饮邪阻遏阳气之运行，而显阳虚之象，故曰“此无阳也”。仲景选用桂枝二越婢一汤，是因太阳病为主，水气停留为辅，故取桂枝汤调和营卫以解除风寒之邪，用小剂量的越婢汤麻黄石膏等量以发越水气，两方同用则不发汗而表邪得解，饮邪发越而阳气得复，此亦仲景用合方之法处理比较复杂疾病之妙法也。

综上所述，仲景麻黄与石膏同用之时，根据用量比例不同，而有不同的功效，学者当细心体会，严格掌握经方之用量，方能用好经方。否则，徒用经方之药味而妄改其用量比例，征之临床，不能获效，反侮仲景非圣，经方不灵，孰之过欤？

［《河南中医》2003；23（1）：7］

《伤寒论》中吴茱萸洗制法的研究

王树玲　河南省中医药研究院

娄俊晖　王晓静　河南省郑州市医疗保险中心

吴茱萸为芸香料植物吴茱萸 Evdia ratatcarpa （Juss） Benth. 石虎 Evcia rn - taecarpa （Juss） Benth. Var. officnalis （Dcde） Huangx 或疏毛吴茱萸 Evadia Rutaecarpa. （Juss） Benth. Var. bodinievi （Dode） Huang 的干燥将近成熟的果实。性味辛苦热，有小毒、归脾、胃、肾经；功善散寒止痛，降逆止呕，助阳止泻。因其辛热燥烈，易损气动火，不宜多用久服。

《伤寒论》治“少阴病，吐利，手足厥冷，烦躁欲死者”的吴茱萸汤中，其用量是一升，而当归四逆汤加吴茱萸生姜汤，吴茱萸用至二升，医圣对药物用量、服法深明法度，谨慎稳妥，为什么对吴茱萸敢大胆使用呢？笔者以其吴茱萸方后注吴茱萸用“洗”法为线索，展开研究，现介绍如下。

一、洗是一种炮制方法

方注中水洗的意义应与现代不同，其目的不只是使药材清洁，而是加以炮制。洗与浸泡互有异同。浸泡是将药物放入溶液（一般用水）淹没适当时间，一遍即可，而洗则是不断更换新鲜溶液，反复冲洗，故有吴茱萸“汤洗七通”之说。《伤寒论》中像吴茱萸注洗制者，还有半夏一药，余皆不注，说明洗为炮制方法。正如清张睿生在《制药指南》中说：“洗者取其中正之意，还说吴茱萸洗制，抑苦寒扶胃气”。医圣用吴茱萸不畏其量之大，洗法使然。

二、吴茱萸炮制历史

除医圣所著《伤寒论》中有洗法外，南北朝刘宋时代有盐水洗、醋煮等法，唐代有酒煮服、姜汁制等法，宋代增加了炒焦、醋炒、煨制、久蒸久曝、童便制、黑豆汤浸炒等，明代增加了破故纸炒制、黄连炒、牵牛炒等，清代有盐炒附童便煮、糯米煮制等，现代有酒制、醋制、盐制、姜制、黄连制、甘草制等炮制方法。

三、吴茱萸炮制品化学研究

吴茱萸主要含有生物碱和挥发油类成分，李群等以生物碱为指标，对吴茱萸及不同炮制品进行了定性定量比较，结果表明，吴茱萸及其炮制品均含生物碱（吴茱萸碱、吴茱萸次碱）和辛内弗林，毒性实验显示吴茱萸毒性很小，炮制前后亦无明显差异[1]。另据报道，采用GC/MS联用的方法，从吴茱萸及其炮制品的挥发油中各分离出60多个峰，初步测定了其中30个组分，约占挥发油总量的92.6%，其生品及各炮制品中挥发油成分的相对含量略有变化；但未显示有成分消失或新化合物形成，说明炮制对吴茱萸挥发油含量并无明显影响[2]。经对吴茱萸生品、甘草制品、醋制品，盐制品的挥发油进行气相色谱分析，实验结果表明，挥发油总量按生品、醋制品、甘草制品、醋制品收得率依次下降[3]。经对吴茱萸炮制前后氨基酸总量分析，结果表明吴茱萸炮制后氨基酸总量有所下降，但变化不大，提示吴茱萸炮制后可降低毒性的与其所含氨基酸成分无关[4]。

四、讨论

现代研究证明，吴茱萸的不同炮制方法对其主要成分生物碱、挥发油、氨基酸，并无实质性改变，其毒性并不明显，在临床应用中出现的辛热燥气动火，燥烈口干等的副作用，是不当量的有效成分在机体的反映。医圣仲景在保证用量的情况下，采用水洗制吴茱萸，巧妙地克制了其燥烈之性，又使温中散寒之性发挥尽致，甚为妥贴。

参考文献

[1] 李群，王易宾，李成韶，等．吴茱萸炮制前后生物碱及毒性比较．中成药，1993；15（4）：19.

[2] 王易宾，卢衮伟，王琦，等．吴茱萸炮制前后挥发油成分的研究．中药材，1992；15（6）；18.

[3] 张韬，张世臣，魏璐雪，等．中药吴茱萸炮制前后挥发油成分分析．中国中药杂志，1994；19（6）：341.

[4] 刘斌，李飞．吴茱萸及其炮制品中氨基酸的分析．中国中药杂志，1995；20（10）：602.

［《陕西中医》2003；24（1）：82］

《伤寒论》脾胃病证治研究的思路与方法

温桂荣　湖北中医学院

脾胃病为难治性疾病，病情反复，缠绵难愈。如欲取得理想的疗效，须针对脾胃病的病种、病因、病机、病情、病位的不同的病理变化，从根本上逆转导致脾胃病的病理基础，如慢性萎缩性胃炎，除张镜人和李恩复等有报道可逆转外，至今尚缺乏肯定有效的治法。中医治疗脾胃病，从古至今通过长期临床实践与总结，已取得较好的疗效。现根据近几年来的临床实践，结合近期《伤寒论》治疗脾胃病的研究概况，归纳出《伤寒论》治疗脾胃病的研究思路与方法，供同道们商酌。

一、研究经典文献　古为今用

中医古代文献中虽然没有器质性的脾胃病，如慢性胃炎的病名，但类似脾胃病的一些证候，在《伤寒论》中已有论述，如“痞满”“腹胀满”等，张仲景根据病因病机的不同，分别采用消导、行气、健脾、温中等法施治。在解放后初期，有学者采用《伤寒论》的理、法、方药治疗脾胃病，以临床病例个案报道的多，因例数少，欠缺说服力，难以推广应用，但它与规律性的治疗提供某种思路。70年代后，全国各地多采用中医的辨证论治，针对性较强，提高了疗效。80年代后，在病例观察上，亦逐渐有大样本的临床观察报道，但有些设计不严谨，实验组与对照组缺乏可比性（甚至不设对照组）。分析结果时往往不自觉地掺杂着观察者的主观成分。近年来，随着科学方法等相关学科的发展，中医临床的研究也应用了现代科学技术和理论开拓了行之有效的思路和方法，逐渐使中医学成为一门更加严谨的逐渐具有生命分子层次规律的医学，不少的学者通过深入研究，如半夏泻心汤是《伤寒论》治疗脾胃病寒热错杂的代表方剂，王庆国等[1]采用现代先进技术，揭示了半夏泻心汤能够促进溃疡灶肉芽组织的良好生长、促进溃疡灶表面黏膜的生长覆盖，从而达到促进溃疡愈合、降低愈合后溃疡复发的治疗作用。这对于阐明半夏泻心汤“辛开苦降甘补法”治疗消化性溃疡的作用机理，具有重要价值。时至今日，特别是临床流行病学等科学方法的形成和广泛应用，促进了对《伤寒论》的深入研究，也在一定程度上规范了《伤寒论》研究，如张慧贤[2]对《伤寒论》的辨证论治规范进行总结，归纳为六经辨证规范、方证规范、治则规范等，提高了《伤寒论》研究的质量和水平。既往《伤寒论》研究凭直观经验为主的局面逐渐得到改变，促使《伤寒论》研究朝着更科学化和客观化的方向发展。虽然如此，但各地探讨理论和临床经验有别。现据综合归纳分析，《伤寒论》的脾胃病以肝胃不和型、肝胃气滞型、肝寒犯胃型、胃虚痰阻型、脾胃阳虚型、寒热相格型多见，经用半夏泻心汤、四逆散、吴茱萸汤、旋覆代赭汤、干姜黄芩黄连人参汤调和肝脾，确能取效。但在临床上经常看到脾胃病非以上几种证型：还有痰热互结，壅滞胃脘型；湿热壅滞，肠道不利型；水气内停，脾虚湿盛型；脾虚气滞型；胃阴不足型；脾肾阳虚型等。还有少数脾胃病病程较短的偏实证者，如食滞胃脘型，采用行气和胃导滞的大柴胡汤、大小承气汤可使病情迅速缓解。《伤寒论》的脾胃病因病种繁多，证型复杂，各学者均持不同的学术观点与见解，因此，有必要将其整理归纳，在原来的基础上，统一认识。

二、根据病因病机　确立治则

《伤寒论》将外感疾病错综复杂的证候表现及其演变规律加以总结，将六经所属脏腑，经络的病理变化及各种反映于外的证候，根据疾病发生发展的过程中不同的病位、病性、病机加以分析，综合归纳，辨证论治。以脾胃病而言，只有正确掌握中医脾胃病病机，确立正确治则，针对病情用药，才能取得预期效果。许多学者通过长期的临床实践，逐步认识和掌握了《伤寒论》脾胃病的病机是肝失疏泄，脾升胃降功能失调。盖“肝为将军之官”，在五脏中具有重要的生理功能，特别是精神情绪因素与疾病的发生发展密切相关。严灿等[3]认为肝主疏泄的功能在机体心理应激中起决定性作用，肝主疏泄功能中最为重要的是调节气机，气机调畅则气血津液运行正常，脏腑功能得以正常发挥。若肝郁为病，气机不得宣调，郁气不得升散，乘其所胜，阻滞脾胃，发为肝胃不和。肝气乘侮脾胃，脾胃虚弱，湿浊不化，酿成腹泻。故唐容川有云：“木之性主疏泄，食之入胃，全赖肝之气以疏泄，而水谷乃化，若肝不疏泄水气，渗泄中满之证在所难免”。脾主升清，以升为顺；胃主降浊，以降为和。若脾胃升降失调，则必然发生病理相互影响。若脾气运化失职，清气不升，可影响胃的受纳与和降，出现纳呆、呕恶或呕吐、嗳气、脘腹胀满等证。反之，若饮食不节，食滞胃脘，浊气不降，也同样影响脾气升清与运化，出现腹胀，泄泻等病证，此外，肝失调达，久之则气病及血，则血液瘀滞，瘀阻于络，胃黏膜血液循环受阻，不通则痛。血流受阻，血供减少可使胃内 pH 下降，细胞代谢减慢，营养物质缺乏，ATP 水平下降，愈合期限延长。若长期黏膜血流不畅，则愈合延迟。黏膜血管破坏则溃疡不易恢复，愈合也容易复发。脾虚则运化无力，胃排空延迟或滞留，胃酸在胃内时间延长容易造成胃黏膜损伤，从而促使溃疡形成[4]。此外，脾胃虚弱者在胃病治愈后，因饮食生冷至旧病复发的亦不少。有研究表明，脾虚患者胃、结肠黏膜组织学发生改变[5]，如胃黏膜微绒毛变稀，线粒体数目明显少于健康人，并有肿胀、膜缺损、脊断裂、基质变淡等改变，其主细胞的酶原颗粒亦明显减少；结肠黏膜柱状细胞微绒毛较正常人变稀，数目明显减少。此外，还有六淫之侵犯胃腑，致脾胃功能运化失常而为病的亦不少。如《素问·举痛论篇》指出：“寒邪客于肠胃之间，膜原之下，血不得散，小络引急，故痛”。从上述可知，导致脾胃病的病因虽有多种，但无论何种病因，均可导致“气机失畅，脾升胃降功能失调”。本病以虚中夹实多见。多数学者均采用疏肝理气，调和肝脾；行气导滞，和胃降逆；寒热并用，调肝和胃；温化痰饮，和胃降逆；清热祛湿，和胃降逆；酸甘化阴，养胃生津；温中健脾，和胃降逆；健脾益气，行气降逆；温补脾肾，和胃降逆；泄胃导滞，通降攻下；活血化瘀，通络止痛等为治疗本病的十一大治则。

三、病证结合兼顾　随证用药

《伤寒论》中脾胃病包括痞满、呃逆、呕吐、腹痛等，范围相当广泛，但每一种病都有其不同的特点和不同的病理变化机理，只有清楚认识病的特点，以及每一种病发展变化的临床证候，辨证施治用药才能凑效。如《伤寒论》中的痞满，可涉及到急慢性胃炎、十二指肠溃疡、胃神经官能症、胃下垂、消化不良、消化道肿瘤等。对于痞满，《伤寒论》有精辟的论述：“伤寒中风，医反下之，其人下利，日数十行，谷不化，腹中雷鸣，心下痞硬而满，干呕，心烦不得安。医见心下痞，谓病不尽，复下之，其痞益甚，此非结热。但以胃中虚，客气上逆，故使硬也，甘草泻心汤主之”（163 条）。仲景对痞满的证治，条理清晰，立法精当，长期以来为中医界所运用。《景岳全书·痞满》对本病论述更为详细，其在篇中云：“凡有邪有滞而痞者，实痞也；无邪无滞而痞者，虚痞也。实痞者可散可消，虚痞者，非大加温补不可。此而错用，多致误人”。对于痞满的病证，按中医的理法辨证施治，确能见效，缓解病情。倘若是早、中期消化道肿瘤，同样会出现痞满的症状，病者不知，医者又粗心大意，不做详细的检查，则可延误病情，危及生命，造成严重后果。临床上单用中医识病方法来解释疾病的病理变化规律并预测疾病的转归已不太现实[6]。从辨证角度而言，临床上同证异治，异证同治经常见到，同一种疾病在不同阶段，可出现不同的证，这些证型的出现，也是疾病在不同阶段的临床表现，是中医辨证施治的依据。因此，临床上既要认识每一种病发生、发展变化的规律，又要清楚知道不同疾病过程中可能出现相同的证候。例如早、中期消化道肿瘤，经过中医的辨证施治，临床症状和体征虽然改善，这可能是暂时的缓解，疾病可能还在潜移默化发展变化，这就需要病证结合兼顾，才不会延误病情，也是随证用药施治的原因之一。中医在临床上辨证施治时，易受假象干扰。

也易受医者主观因素的影响，面对复杂病证，有时存在着“指下难明”的模糊之感。例如对某些肠胃病，如不经过X线钡餐造影或胃镜检查，则缺乏对脾胃病的微观层次和深入的认识，因此，寻求病和证在规律上的联系，寻求辨病和辨证相结合，然后根据每种病的不同阶段，灵活用药，实属必要。

对脾胃病的治疗，早期多注重改善症状，从实证着手；中后期侧重于健脾行气，兼用活血祛瘀，改善胃黏膜的微循环。需要指出的是，对年老体弱者，除对症治疗外，要兼顾老年肾虚的特点，加用补肾药，即补命门火而生脾土之意；对脾胃虚寒或寒湿内盛而兼有瘀血征象者，丹参赤芍之类药勿用，可选入桃仁、延胡索或田七等。在辨证论治的同时，还要选择针对性的方药，如经过现代药理研究的药物，以提高疗效。例如胆汁返流性胃炎，临床上除了有痞满，上腹部压痛，还有心窝部灼痛，进食后加重，伴有呕吐胆汁。本病多继发在胆道术后，其特点有心窝部烧灼痛，呕吐胆汁等，在病证结合时，除了根据证型的不同而用药，还要结合胆汁返流性胃炎的病理特点，加上海螵蛸、瓦楞子、竹茹、山楂、乌梅等，以制酸止呕。

总之，在临床上治疗脾胃病，既要病证结合兼顾，又要根据《伤寒论》的辨证施治原则，针对性地灵活用药，确能提高疗效。

（本文承蒙邱明义教授、钱小奇博士审阅，特此致谢。）

参考文献

[1] 王庆国，李宇航，半夏泻心汤及其拆方对慢性胃溃疡大鼠溃疡灶形态变化的影响［M］. 张仲景国际学术思想研讨会论文集，2002，227~230.

[2] 张慧贤.《伤寒论》辨证论治规范探讨［J］. 中国医药学报，1990，5（6）：7~8.

[3] 严灿，邓中炎，吴伟康，等. 从心理应激理论研究中医肝主疏泄脏象本质［J］. 中医杂志，2001，42（1）：8~10.

[4] 罗云坚，余绍源，消化科专病中医临床诊治［M］. 北京：人民卫生出版社，2000，22.

[5] 王洪琦，许有玲. 面向21世纪中医基础理论研究的现状和未来［M］. 北京：军事医学科学出版社，1999，21.

[6] 吴敏，吴勉华. 分子生物学技术与中医病证相关性研究［J］. 中医杂志，2002，43（1）：8~10.

［《湖南中医药学报》2003；9（2）：4］

《金匮要略》杂病浅说

秦伯未

《伤寒论》和《金匮要略》都是张仲景的著作。本人认为学习张仲景的《伤寒论》，主要是学习他的辨证论治方法。懂得了基本法则，不但全部《伤寒论》容易会通，阅读其他医书也容易迎刃而解。《伤寒论》最可宝贵的地方就在于此。《金匮要略》叙述四十多种杂病，比较分散，没有系统可寻。但其辨证论治的诊疗规律还是一致的，并因此可以看到《伤寒论》方剂的灵活运用。故《伤寒论》和《金匮要略》虽然是两部书，一治外感病，一治杂病，应该保持密切联系。

《金匮要略》里叙述的内科、外科和妇科等疾患，在应用上显然不够的。通过历代医家的不断研究，充实了很多内容，这些补充材料散见在各家集子里。我们钻研《金匮要略》的时候，要理解它的实质和精神，同时也要看到发展的一面，不能仅仅在一证一方上用功夫，正如研究《伤寒论》应该和后世的温病学说结合一样。只有这样，才能扩大《金匮要略》的证治范围，且在无形中消除经方派和时方派的不正确观点，这是一方面。另一方面，张仲景接受了《内经》的理论指导，我们学习《内经知要》之后，必须时常加以回顾。《内经》不是纯理论性的，有它事实的根据，再通过《金匮要略》的临床实践，正好体会中医学术怎样从实践到理论，从理论再到实践。有些人非议中医只有经验无理论，有些中医自己还硬把《内经》和《伤寒论》《金匮要略》分割成两个系统，这是绝对错误的看法。

《金匮要略》的注释过去有五十多家，多数是采取逐条笺注形式。本文就我个人最近温习体会所得，并结合二十年前教授及门弟子的经验，仅就疾病方面分类写出。由于争取公余时间，并缺乏参考资料，当然极不充分而且极其浅陋的。希望读者们随时把不同意见提出，自当虚心地接受，作进一步的修正。

一、痉病

痉原文作痓，痓音翅，据广雅注是恶的意思，和本症不符合，巢氏病源和千金方都作痉，后来也有好多人疑是痉字传写错误，本人亦同意改为痉字，以归一致。痉是一种症状，主要现象为不柔和的背强反张。在《内经》上早有记载，如说：“诸痉项强，皆属于湿，”“诸暴强直，皆属于风，”和“风痉身反折，先取足太阳”等，不仅说明了痉病的症状和原因，还指出了治疗途径。《金匮》依据《内经》的理论，定出方药，并补充病因和预后，没有异样。兹将原文13条试作如下的排列：

（脉证）“病者，身热足寒，颈项强急，恶寒时头热、面赤、目赤，独头动摇，卒口噤，背反张者，痉病也。……”

“夫痉脉按之紧如弦直，上下行。”

（治疗）“太阳病发热无汗，反恶寒者，名曰刚痉。”

“太阳病无汗而小便反少，气上冲胸，口噤不得语，欲作刚痉，葛根汤主之。”

“太阳病发热汗出，而不恶寒者，名曰柔痉。”

“太阳病其证备，身体强，几几然（几音如，小鸟学飞貌），脉反沉迟，此为痉，栝蒌桂枝汤主之。”

“痉为病，胸满口噤，卧不着席（形容角弓反张）脚挛急，必齘齿（咬牙切磋有声），可与大承气汤。”

（原因）“太阳病发汗太多，因致痉。”

“夫风病下之则痉，复发汗必拘急。”

“疮家虽身疼痛，不可发汗，汗出则痉。”

（预后）“太阳病发热，脉沉而细者，名曰痉，为难治。”

“暴腹胀大者为欲解，脉如故（指浮缓），反伏弦者痉。”

“痉病有灸疮（因火灸而发生的疮，叫作灸疮），难治。”

这样排列，可以明显地看出痉病的主要脉证。在此脉证上兼太阳伤寒症的用葛根汤，兼中风症的用栝蒌桂枝汤，兼阳明实症的用大承气汤。不仅层次井然，而且与伤寒论的辨证论治基本相同。接着，把临症所接触到的病因和预后朴实写出，理由也是一贯相承的。

痉症发生，都属热性病范围，故金匮的三个方剂，都以退热为原则。热性病何以会造成痉症，因高热使津血枯燥，不能营养筋脉，即破坏内经“精则养神，柔则养筋”的生理所造成的病变。故仲景用葛根和栝蒌取其生津，危急时用大承气汤取其急下存阴。后世医书在这基础上立论，如“三因方”上说：“原其所因，多由亡血，筋失所荣，故邪得袭之。”景岳全书上说：“筋脉拘急故反张，血液枯燥故筋挛。”从而逐渐转向清热养阴一途，成为治痉的常法。特别是在温热病多防痉厥。治痉之方亦最多，“温病条辨”的二甲复脉汤（生地、白芍、麦冬、阿胶、麻仁、炙甘草、牡蛎、鳖甲）、三甲复脉汤（二甲腹脉汤加龟板）、小定风珠（鸡子黄、阿胶、龟版、童便、淡菜）和大定风珠（白芍、阿胶、龟版、生地、麻仁、五味子、牡蛎、麦冬、炙甘草、鸡子黄、鳖甲）等，都为高热伤阴成痉而设。当然，痉病有外感症状，还是要给予透泄机会，兼有神识昏迷的，并宜加入芳香开窍。温病条辨在解儿难里又说：“风湿痉宜用辛凉正法，轻者用辛凉轻剂，重者用辛凉重剂，如银翘散、白虎汤之类。伤津液者加甘凉，如银翘（散）加生地、麦冬，玉女煎，以白虎合冬地之类。神昏谵语兼有芳香以开膻中，如清宫汤、牛黄丸、神昏谵语兼用芳香以开膻中，如清宫汤、牛黄丸、紫雪丹之类。”可以意味着古今方剂虽有改变，用药的法则还用一辙。

本人对于金匮痉病方，除葛根汤在外感症项背强痛和头痛较剧的使用有效，并有时在一般疏风剂内加入葛根亦能取效外，其他缺乏经验。但从金匮上认识到痉病的成因有两种：一种是六淫侵袭化燥化风，即金匮所立的治法；一种是由多种疾病使津血枯燥所造成，即金匮所指的各项坏症。后者的痉症不能和外感痉病相提并论，尤其后人所说痉厥多属于后者的病变，故极少用辛温的麻桂剂。张介宾曾说：“中风之痉病，必年力衰残，阴之败也；产妇之痉，必去血过多，冲任竭也；溃疡之痉，必血随脓化，营气涸也；小儿之痉，或风热伤阴为急惊，或吐泻亡阴为慢惊，此虽不因误治，而总属阴虚之症”都是指后者一类。可知金匮方并不概括一切痉，必须审证求因，适当使用。同时体会到，金匮所说痉病是疾病过程中的一个症候，凡看到背强反张，口噤不开，都当作痉，所以有人附会某症是脑脊髓膜炎，某症是恶性脑脊髓膜炎，也有拘泥痓家二字就当作是破伤风症，从而认为破伤风症非葛根汤所能治，脑脊髓膜炎的实症可用承气汤一下而愈。我以为中医治病，还是从中医理论实际出发，积累病例，肯定疗效，强作解人，目前大可不必。

二、湿病

内经论湿，曾说：“因于湿，首如裹；”又说：“伤于湿者，下先受之；”又说：“地之湿气，感则害人皮肉筋脉；”又说：“湿胜则濡泻。”说明湿为六气之一。有天气和地气之分，感受致病，有在上、在下、在表、在里的不同，一般称作外湿和内湿。虽然没有提出具体治法，但在上在表者宜疏散发汗，在下在里者宜芳化渗利，意在言外。依据内经的说法来研究金匮，可将证候先作如下分类：

（在上）“湿家病身疼发热，面黄而喘，头痛鼻塞而烦，其脉大，自能饮食，腹中和无病，病在头中寒湿故鼻塞，内（同纳）药鼻中则愈。”

（在表）“太阳病，关节疼痛而烦，脉沉而细者，此名湿痹。”

“湿家身烦疼，可与麻黄加术汤发其汗为宜，慎不可以火攻之。”

“病者一身尽疼，发热日晡所剧者，名风湿。此病伤于汗出当风，或久伤取冷（贪凉的意思）所致也，可与麻黄杏仁薏苡甘草汤。”

“风湿脉浮，身重汗出恶风者，防己黄芪汤主之。”

“伤寒八九日，风湿相搏，身体烦疼，不能自转侧，不呕不渴，脉浮虚而涩者，桂枝附子汤主之。若大便坚，小便自利者，去桂加白术汤主之。”

“风湿相搏，骨节疼烦，掣痛不得屈伸，近之则痛剧，汗出短气，小便不利，恶风不欲去衣，或身微肿者，甘草附子汤主之。”

（在里）“湿家之为病，一身尽疼，发热身色如薰黄也。”

再从治疗大法来分：

（正治）“风湿相搏，一身尽疼痛，法当汗出而解。值天阴雨不止，医云此可发汗，汗之病不愈者何也？盖发其汗，汗大出者，但风气去，湿气在，是故不愈也。若治风湿者发其汗，但微微似欲出汗者，风湿俱去也。”

“湿痹之候，小便不利，大便反快，但当利其小便。”

（误治）“湿家其人但头汗出，背强欲得被复向火，若下之早则哕，或胸满小便不利，舌上如胎者，以丹田有热，胸中有寒，渴欲得饮而不能饮，则口燥烦也。”

“湿家下之，额上汗出，微喘小便利者死，若下利不止者亦死。”

很明显，金匮所载湿病，表证占极大比重，也就是偏重在外湿方面。外湿之伤于上者，即感受雾露之邪，晓行雾中，往往头胀鼻塞，内服辛夷消风散（辛夷、细辛、藁本、白芷、防风、川芎、升麻、甘草、木通）甚效。仲景但云纳药鼻中，并不出方，可能也是辛散一类的药物，查千金方有鼻塞脑冷方（用辛夷、细辛、通草、甘遂、桂心、芎䓖、附子研末蜜丸，绵裹纳鼻中），又有鼻塞常流清涕方（用细辛、蜀椒、干姜、芎䓖、吴茱萸、附子、桂心、皂角酒浸，再用猪膏煎熬，绵裹纳鼻中），可作参考。大概前人治鼻塞多取纳药法，故千金方治鼻不利、鼻塞气息不通的共有八方，只有二方内服，一方灌滴，其余五方都为纳药。惟多数金匮注家均引瓜蒂散，我尝嫌其意义不大，提供讨论。

外湿伤表，和感冒风寒一样，先从皮毛而入，故仲景亦称太阳病。凡是外邪郁遏太阳经，都宜发汗，因以麻黄汤为主，但属湿邪而非单纯风寒，则又采取白术（现在处方多用苍术）、薏苡等辅药。一般熟悉，发汗法只能用于表实症，不能用于表虚症。所以仲景所举六方性质并不相同，可分两大类，若干小目。

风湿表实正法：
- 轻剂…麻杏薏苡甘汤
- 重剂…麻黄加术汤

风湿表虚变法：
- 益气行湿…防己黄芪汤
- 助阳化湿…甘草附子汤
- 温经散湿…桂枝附子汤
- 和中理湿…白术附子汤

湿在里的，多有内脏病征，发黄仅其一例，身色如薰黄即阴黄症，亦即伤寒输所说：“伤寒汗已，身目为黄，以寒湿在里不解。”仲景没有立方，柯韶伯认为可用五芬散甚是。

湿症在临床上最为常见，也以中医最善治疗。由于金匮有“法当汗出而解”和“但当利其小便”两句，多把发汗，利小便为治湿正法。诚然，湿在表者宜汗，所谓“风能胜湿”，湿在里者宜利小便，所谓“治湿不利小便，非其治也”。然而在里湿症上应该补充为：轻在上者宜化，蔻壳、陈皮之属；阻在中者宜燥，半夏、厚朴之属；停在下者宜利，泽泻、车前之属。又：湿为浊邪，宜佐芳香，藿香、佛手之属；湿易凝滞，宜佐理气，枳壳、木香之属；湿性阴寒，宜佐温药，桂枝、生姜之属。后世治湿的方剂众多，错综变化，大要不外乎此。至于湿与热合而成为湿热症，湿邪积聚而变作饮症或水症，不在本病范畴，又当别论。

三、暍病

暍是暑症，夏季暑热伤人都从外受，故仲景冠以太阳二字。或称中暍，或称中热，仅仅是名词上的不同。暑症并不复杂，内经说：“先夏至日为病温，后夏至日为病暑”，可知发病时期只在炎夏，暑症的性质不离乎热。它的特点，在于外感多实症，独伤暑多兼虚象。原因是夏季炎热，使人多汗，体内气阴不足，从而脉症上常显示出虚弱现象。最明显的如仲景所说“其脉弦细芤迟”，弦细芤迟四种脉象不能连讲，可能是或见弦细，或见芤迟。然而热症不见浮大滑数的阳脉，而反见弦细芤迟的阴脉，可以体会到暑邪极易伤气伤津，不能与一般热症并论。如果引用内经“脉虚身热，得之伤暑”来说，理论还是一致的。正因为邪热体虚，故仲景用白虎之清，又用人参之补，成为中暍的主方。必须说明，金匮的中暍是一种伤暑症，不同于后世所说的中暍，后世所说的中暍是：夏日远行，忽然头痛壮热，汗出大渴，元气以动，昏晕闷倒。即巢氏病源所说：“夏月炎热人冒涉途路，热毒入内，与五脏相并，致阴气猝绝，阳气暴壅，经络不通，故奄然闷绝，谓之暍。”故后世的中暍症，当用苏合香丸和来复丹急救，等待醒后再用清暑之剂，不能与金匮中暍混为一谈。

夏令炎热，人多贪凉，所得疾患，并不限于热症。金匮上说：“太阳中暍，身热疼痛而脉微弱，此以夏月伤冷水，水行皮中所致也。一物瓜蒂汤主之。”即指夏季的寒症，由于夏季寒症的变化比较热症为多，故后来对于夏季寒症的叙述也比热症为多。大概外感阴凉，寒热无汗，头痛四肢拘急的，用消暑十全散（香薷、扁豆、厚朴、紫苏、白术、赤苓、藿香、木香、檀香、甘草），内伤瓜果生冷寒湿，腹痛吐泻的，用藿香正气散（藿香、紫苏、白芷、大腹皮、茯苓、白术、陈皮、半夏、厚朴、桔梗、甘草、姜、枣）。此外，有香薷饮（香薷、厚朴、扁豆、黄连）、六和汤（香薷、人参、半夏、杏仁、藿香、厚朴、砂仁、甘草、扁豆、赤苓、木瓜、姜、枣）、大顺散（干姜、杏仁、肉桂、甘草）、冷香饮子（附子、草果、橘红、甘草、姜）、二香饮（香薷、香附、苏叶、苍术、陈皮、厚朴、甘草、扁豆、木瓜、葱、姜）等等方剂，多为夏季寒症而设。看了这些方剂，感觉到仲景用一物瓜蒂散治夏月伤冷水不够恰当。医宗金鉴主张改用香薷饮和大顺散，有它发展的一面，值得注意。

四、百合病

百合病因用百合为主药得名，可以说是百合证。我曾经怀疑仲景对于这种病症可能寻不到原因，所以没有定出正确的病名。观金匮叙述症状：“意欲食复不能食，常默然，欲卧不能卧，欲行不能行，欲食或有美的，或有不欲闻食臭（即气味）时，如寒无寒，如热无热，口苦小便赤，诸药不能治，得药则剧吐利，如有神灵者，身形如和，其脉微数。”只有口苦、小便赤、脉微数等比较可供诊断，其他似病非病，诚如尤在泾所谓“全是恍惚去来，不可为凭之象”。若从现在来说，近似神经衰弱症的一种，在当时既然没有神经发现，把一切神经官能症分配在各个经脏，很可能难于定出适当的总的病名。考千金方：“百合病者，皆因伤寒，虚劳大病已后，不平复，变成斯症。”医宗金鉴说：“伤寒大病之后，余热未解，百脉未和，或平素多思不断，情志不遂，或偶触惊疑，猝临境遇，因而形神俱病，故有如是之现象。”倘把这两条记载综合起来，可以指出百合病的原因：一部分是病后体弱不复；另一部分是由于精神刺激。故主要病情为阴虚内热，精神不安定，仲景说：“百合病不经吐、下、发汗，病形如初者，百合地黄汤主之”当为百合病的主方，百合地黄汤仅用百合补虚清热，生地黄汁养血凉血，是一个极其清淡的方剂。我深深体会到类似这类虚症，用重剂刺激往往引起反应，急切求功也会引起其他病变。常见有人治神经衰弱，动手便是大剂人参、熟地、麦冬、当归、龙骨、牡蛎，方虽对路，服后胸闷食呆，腹痛便溏，反而增进心悸失眠，精神极度紧张，都是不从全面考虑问题的缘故，也反映了仲景治病的细心周匝。所以学习仲景著作，不是呆板地牢记方药，主要是体味其如何辨证，如何施治，大法在握，自然左右逢源了。

正因为此，我认为本文里最重要的一节是：“百合病见于阴者以阳法救之，见于阳者以阴法救之，见阳攻阴，复发其汗，此为逆，见阴攻阳，乃复下之，此亦为逆。”这里所说阳法救阴，阴法救阳，即内经所说“用阳和阴，用阴和阳”，也就是王冰所说“益火之原，以消阴翳，壮水之主，以制阳光”的意思，凡症实体实，可以从正面直折，症虚体虚，必须照顾其反面。故热症为阳，虚热便为阴虚，养阴则热自退，误当实热发汗，更伤其阳了，相反地寒症为阴，虚寒便为阳虚，扶阳则寒自除，误当实寒攻下，更伤其阴了。仲景因百合病而提出虚症的治疗法规，在中医理论上是颠扑不破的。

金匮百合病的方剂有七首之多，除百合地黄汤外都是随症配伍，例如：发汗后用知母润燥止汗；下后用滑石利尿，代赭石涩大便；吐后用鸡子黄养胃止呕。又如口渴的用栝蒌生津，牡蛎除烦，不难理解是治标的方法。后来医书上百合病的病例并不多见，兹节录张氏医通载治孟端士太夫人一案聊供参考：“虚火不时上升，自汗不止，心神恍惚，欲食不能食，欲卧不能卧，口苦小便难，溺则洒淅头晕。自去岁迄今，历更诸医，每用一药，辄增一病，用白术则窒塞胀满，用橘皮则喘息怔忡，用远志则烦扰闷热，用木香则腹热咽干，用黄芪则迷闷不食，用枳壳则喘咳气乏，用门冬则小便不禁，用肉桂则虚胀咳逆，用补骨脂则后重燥结，用知、柏则小腹枯瘪，用芩、栀则脐下引急，用香薷则耳鸣目眩，时时欲人扶掖而走，用大黄则脐下筑筑少腹愈觉收引，遂致畏药如蝎，惟日用人参钱许，入粥饮和服，聊借支撑，交春虚火倍剧，火气一升则周身大汗，神气骎骎欲脱，惟倦极少寐，则汗不出而神思稍宁，觉后少顷，火气复升，汗亦随至，较之盗汗回殊，其脉微数，而左尺与左寸倍于它部，气口按之似有似无。此本平时思虑伤脾，脾阴受困而厥阳之火尽归于心，扰其百脉致病，病名百合。此证惟仲景金匮要略言之甚详，本文原云诸药不能治，所以每服一药辄增一病，惟百合地黄汤为其专药，奈病久中气亏乏殆尽，复经药误而成坏病。姑先用生脉散加百合、茯神、龙齿以安其神，稍进萸、连以折其势，数剂稍安，即令勿药，以养胃气，但今日用鲜百合煮汤服之。”

[《中医杂志》1957，(1)：3]

我对《金匮·百合狐惑阴阳毒篇》的见解

岳美中　中国中医研究院附属医院

《金匮要略·百合狐惑阴阳毒篇》的三种病，是属于伤寒热性病范围，但不分六经施治，与伤寒有所不同，所以列入杂病中。有的是后贻病，象热伤脏阴的百合病，千金说：“百合病者，皆因伤寒虚劳大病以后，不平复，变成斯病。”而热毒上攻于喉，下注于阴，内伏于肛的狐惑；和失于表散，误治所致，发斑身痛的阴阳毒，都是热性病的转归病，与后贻病虽则异流，实际是同源，所以都列在一起。

一、百合病

百合病虽然是伤寒的后贻病，但却不分经，所以叫百合病；又有人解为因百合一蘖能够治疗这种病，便以药名病。

肺为人身气化的总机，“百脉一宗，悉致其病”是说百脉虽都有病，而归根结底是一宗于肺的。肺主气，伤寒后虚劳的人，肺卫之气不能够有御外的能力，致使现症弥漫，没有经络可分。王孟英曾说过：“其实余热逗留肺经之症，凡温暑湿热之病后曾有之。”这可以理解为总的病后余气为患。

但百合病的症状，没有定处，也没有定形，只有口苦小便赤，是两种具体而必有的症象。清代莫枚士强调“小便赤”为百合病的特征，是很有见地的，看后面所采用治疗的方药，可证明这一点。原文“其证或未病而预见”句，各注多说是在伤寒病前而先见百合病，我的意见：“病”、应该指百合病，“证”、是指头痛诸症，头痛诸证或在百合病没有发现以前发现，或在百合病发现以后，各随症状施以治疗，这是仲景治疗百合病的规律。

百合病惝恍迷离，很难辨认，医生不能理解是什么病。见他如寒如热，以为当汗而去发其汗。误汗就损伤心肺的阴液，以致上焦的神气，有松弛懒散现象，应用百合知母汤治疗。

百脉不可治，可治一宗之肺。百合色白入肺，味甘平微苦，润肺、补虚、清热，调理中气，通利大小便用为主药。知母清肺，汗后津液受伤有余热的最为适宜，用作副药。凡后贻病体力不支，用药不应当过多，后人多不能体会仲景这种用药法则，往往以重剂治疗后贻病，欲求速功，反致不达，这种急躁冒进的毛病，是需要防止的。

医生见患者有口苦尿赤症状，以为实热可下而误用泻剂，脾和肝肾的阴液必致大伤，因而发生百合病，宜百合滑石代赭汤。滑石在本经“利小便，荡胃中积聚寒热，益精气”。在别录“通九窍六腑津液”，是它有运化上下，开通津液，除垢存新的效能，既帮助百合以养气滋阴；更协同泉水以通利小便。又下后难免有虚气上逆，代赭石质重性涩，重镇虚逆，涩止大便，三药合在一起，以完成养阴止洩的任务。

医生见患者意欲食而腹不能食，以为可吐而误去吐法，脾胃阴液受伤所形成的百合病，应用百合鸡子黄汤主治。这是鸡子黄有“安五脏，治热疾”的作用，佐百合，于清补中更具有奠定中宫的意义。

如果没有经过汗吐下的百合病，百合地黄汤是治疗的正方。生地黄汁不独清血热，且可以护肺气。后世琼玉膏取地黄汁合参治虚劳咳嗽，即从这个方脱胎而出。地黄汁与百合在相互联系下，能完成治疗百合病阴液亏损的任务。地黄汁服后必泻利，所以说“中病勿更服”。大便如漆，即服地黄汁后的反映，张氏医通有治疗百合病医药，可以参阅。

百合病较久，到一个月左右还不能解，足征肺热久郁。百合病原为宗气涣散的症候，气散则阴液与之俱散，而经常汗出变成渴症，是可以理解得到的。百合能收摄肺气，皮毛为肺之合，气息相通，浸水从外面洗，使外散之气得以内敛，阴液因以保全。再加食小麦制成的煮饼，（切面条）以除热解渴。如果百合洗方不效，应当采取进一步的办法，服用栝蒌牡蛎散。括蒌根苦寒，生津止渴，牡蛎咸寒润下，引热下行，合散内服，引以增添胃液的米饮，收效是必然的。

百合病是如寒无寒、如热无热的，本来不发热的，如果一月后不解而演变成发热的症候，他的内热盛是可理解的，所以改变用百合滑石散。

因百合病是阴虚症，不可过度分消，有伤津液。用百合佐以滑石。清利中下二焦，引热下行，则热得以解除。

从金匮百合病证治末一条 我体会仲景对阴阳二字的灵活运用。如“百合病 见于阴者以阳法救之；见于阳者以阴法救之。见阳攻阴，复发其汗，此为逆；见阴攻阳，乃复下之，此亦为逆”。这是一面指示治法，一面垂训戒律的总结。见于阴，“阴”指为里，是说百合病成于下后的，下后能使阴液损伤，阳气涣散，以“阳法救之”，“阳法”是治表法，百合洗方是例子。见于阳，“阳”指的是表，是说百合病成于汗吐后的，汗吐后能使阳气损伤，阴液随之亦亏，以“阴法救之”，“阴法”是治里法，百合知母汤是例子。这是符合内经“用阳和阴，用阴和阳”的意义。假如要见到成于表的病去攻里，再发它的汗，这就造成逆症；同样的，见到成于里的病，去攻它的表 再用下法，这也造成逆症。总的说百合病是应“清养”而禁忌“攻破”的病。

二、狐惑病

狐惑病是温毒热性病治疗不得法，邪毒无从发洩而自寻出路的转变重症。这个病初起有寒热，类似伤寒，因热毒内壅，则有沈默欲睡而不又能闭目安眠，睡下又想起来，神情很不安定的症状。

热毒腐蚀于上隧道的喉部叫作“惑”，腐蚀于下隧道的前后阴部叫作“狐”。这些病不但不想进饮食，而且怕闻到饮食的臭味。患者的面目，一阵火升则烘然而赤；一阵阳伏则黧然而黑，一阵气陷则夭然以白。

腐蚀在上隧道喉部的，用甘草泻心汤；腐蚀在下部用苦参洗，或者用雄黄熏。

腐蚀于上面喉部的惑病，会声音嘶哑，这是温邪湿热蕴积日久蒸腐上部的疾患。甘草泻心汤主要是甘草黄连黄芩的清热解毒，佐以干姜、半夏化湿，人参、大枣兼扶正气。但后世注家多以为干姜人参大枣等温补药治蚀于喉部的病，不够恰当，认为孙思邈说应当是泻心汤原方为对。我认为金匮原方，仍有一定的价值。

在狐惑与阴阳毒的中间，还有主用赤小豆当归散所治的疮痈症，这张赤小豆当归散，是简而有效的外科内服方。

三、阴阳毒

阳毒是属阳邪为病，所以面部有赤色鲜明的斑纹，咽喉部疼痛、吐脓血的热症，治以升麻鳖甲汤为主；阴毒是属阴邪为病，有颜面眼目部分是青的，一身类似被棍棒击伤样疼痛的寒证。这二症咽喉都痛，是毒邪从口鼻而入的缘故，治法用升麻鳖甲汤去雄黄蜀椒为主。无论阴阳毒都应该早治，所以说“七日不可治”。

升麻，本经：“主解百毒，辟瘟疫邪气，入口皆吐出，中恶腹痛，时气毒疠，诸毒喉痛口疮。”是使它排气分之毒，它能吐能升，邪从口鼻入的，仍得从口鼻而出。甘草辅升麻以解毒。内用鳖甲、当归，即所谓用阴和阳。阳毒用蜀椒，是因阳毒热壅于上，用之以引火归元，下达命门。用雄黄是因阳毒的毒重，配雄黄以解其毒。阴毒不用二物，是恐怕阴邪不可劫，用之则气反受损。

百合狐惑阴阳毒这三种病，各注家所解颇不一致。有的直指为是后世的某种病，但按其说多属牵凑。像百合病说是伤寒病后的神经衰弱症，而在现在临床所见与金匮所载症状相合的却很少。狐惑病在现在小儿麻疹与瘟疫失治或误治后所引发的疮毒，却很类似，且较为多见。阴阳毒病，有指为阴斑阳斑。也有指为斑疹伤寒或猩红热的，但要用金匮所出的方剂去治，都不够吻合。若以为古方不合于今病，替古人补充上后世所习用的方剂，也是不够恰当的。用现代学术观点，去衡量古代学术，忽略时代性，不仅失掉正确地学术性；更可能有贻误医家而害及病家的危险性。

［《浙江中医杂志》1957，(6)：274］

略谈《金匮》的胸痹证治

臧载阳　江苏省中医学校

《金匮》所论“胸痹”是临床上常见的一种疾病；所谓“痹”是闭塞不通的意思，因此胸痹这一个病名，也就意味着胸中有郁闷不舒的现象，由于闭塞不通，所以往往伴随着疼痛和呼吸不畅等症状，故《金匮》把胸痹和心痛短气放在一起讨论，正是说明胸痹的症状，实际上就包括了心痛和短气等几方面，一般认为心痛和短气是另外两种疾病，其实，他们只是作为一种症状，出现于各种有关的病变中，而不能自成一证。所以我们在讨论胸痹的时候，就不能把它们分割起来看。

一

胸痹的成因，是由于上焦阳气不足，阴寒内盛所致，《金匮》上说：“夫脉当取太过不及，阳微阴弦，即胸痹而痛，所以然者，责其极虚也，今阳虚知在上焦，所以胸痹心痛者，以其阴弦故也。”仲景之书，往往经脉象来说明病理病因，所以这里所说的“当取太过不及”，也就是指辨别脉搏的阳微阴弦，以诊知胸痹心痛的原因，是由于阳虚而在上焦，也就是通过脉象和症状的表现，察知病因的方法。所谓阳微阴弦，正是阳气不足，阴寒内盛的脉象。因为胸中位居上焦，内包心肺，诸阳皆受气于胸中，而转行于背，所以上焦阴盛阳微，阳气不得煦化，以致气痹不行，就产生了痹痛短气等证。但在这里，必须说明二个问题，第一，胸痹的成因，虽说是阳虚，但主要是由于阴盛，金匮所说的阳虚，只是上焦阳虚，是局部的，这种阳虚，只能理解为寒邪窍踞上焦的导源，或者是寒邪内盛的影响；从整个病机来看，阳虚却并不处于主要地位，这正与内经“邪之所凑，其气必虚”的意义相同，从《金匮》所出的治法上看，就可知道胸痹并不都属于虚证，相反的大多属于实症。第二，所谓“阳微阴弦”，很多注家，认为是上焦阳虚，下焦阴实，把阳和阴，作为上下二焦，相互对待；如《金鉴》上说：“阳微，寸口脉微也，阳得阴脉，为阳不及，上焦阳虚也，阴弦，尺中脉弦也，阴得阴脉，为阴太过，下焦阴实也……。”依我主观的看法，认为这是不够妥当的，因为胸痹一证，主要表现在胸部，由于阴邪窍踞上焦，胸中阳气不足，从而发生胸痛短气等证，这是很易于理解的。如果说是下焦阴实，则理应病变先见于下焦，现在下焦却没有出现任何症状，而仅见于上焦，把它说为下焦阴实，未免令人难以理解，虽说上下可以相互影响，但根据胸痹的实际情况，却并不如此，况金匮原文，明明说：“所以胸痹心痛者，以其阴弦故也。”也仅指为胸中寒盛作痛而已。所以，我认为阴和阳，只是诊脉的方法，浮取为阳，阳微是举按不足的现象；沉取为阴，阴弦是重按如弦，弦即为寒为痛，若拘泥于上焦阳虚，下焦阴实，就不免有些机械之感。

上面所说的阴盛阳虚，是造成胸痹的基本原因，若再把它分析的话，则又包括了寒邪壅结，中气虚弱，痰饮阻滞，阳气不通等类型，但无论是何种类型，其本质上还是属于阴盛阳虚的范畴。因此，它们又必然是相互连系，相互影响的，譬如寒邪壅结，便可导致阳气不通，或痰饮阻滞，或中气虚弱等等，在临床上既不能把它们孤立对待，又必须彼此比观，才能掌握病机，灵活处理。

二

胸痹的证候，上面已经说过，是包括心痛短气而言，但由于体质有强弱，受邪有轻重，因此所表现的症状，也有差别，治疗的方法，也随之变化。总的说：胸痹常见的症状，除了心痛短气之外，又可伴发咳嗽喘息胸痞等证。所谓心痛，是泛指胸部和胃部而说的，并不是指心藏，真正的心痛，古人称为真心痛，是不治之症，必须予以区别，这里所说的痛，是说明胸痹的范围，可由上焦影响到中焦。在巢氏病源上，叙述胸痹的症候，很是详细，它说：“胸痹之候，胸中愊愊如满，噎塞不利，习习如痒，喉里涩，唾燥，甚者心里强否急痛，肌肉苦痹，较急如刺，不得俯仰，胸前肉皆痛，手不能犯，胸满短气，咳唾引痛，烦闷白汗出，或彻背膂，其脉浮而微者是也。”这里面，就包括了胸痹的各种轻重不同的证候。兹根据金匮的原文内容，把它分成主证、轻证、重证、虚证等四种类型，来讨论它的证治。所谓主证，也就是基本的证候；症状较轻的，列为轻证，较重的，列为重证，属虚的列为虚证。

（一）主证

《金匮》：“胸痹之病，喘息咳唾，胸背痛，短气，寸口脉沉而迟，关上小紧数，栝蒌薤白白酒汤主之。”“胸痹不得卧，心痛彻背者，栝蒌薤白半夏汤主之。”

以上两节，说明了胸痹的主证主脉，并作出了治疗的方法。喘息咳唾，胸背痛短气等症状，是由于上焦阳气不通，痰涎窒滞的关系，寸口脉沉而迟，关上小紧数，是由于寒客上焦所致，但这里所谓迟和数，是脉的动态，而不是快慢，其实质上，也就是阳微阴弦的脉象；用栝蒌薤白白酒汤的作用，是以栝蒌实的滑利，开胸中痰结而下气，薤白的辛温，通上焦阳气而祛寒，白酒辅助药力，行气通滞，如果痰饮上逆，喘咳比较严重，因而不能平卧，并有“心痛彻背”这种牵引性疼痛的时候，便加半夏除痰饮，和胃降气而成为栝蒌薤白半夏汤。

在临床上，这是治疗胸痹很有效的方剂，也是胸痹证最基本的方剂。类聚方广义称：“胸痹心痛彻背者，非此二方，不能治。”对这二方，推崇备至，证诸个人临床运用，广义所称，实非夸大之词。

（二）轻证

《金匮》：“胸痹，胸中气塞短气，茯苓杏仁甘草汤主之，橘枳姜汤亦主之。”“心中痞，诸逆，心悬痛，桂枝生姜枳实汤主之。”

这是说明虽有胸痹之证，但并不严重，主要表现在气塞不利，短气不舒，或仅见痞满、痰气上逆，心下微痛等症，因此不须用栝蒌薤白的滑利通阳，而另出治法，分别处理。

从上述的原文里，可知同一气塞短气，其病理机转又有不同，茯苓杏仁甘草汤所治的气塞短气，是由于上焦水湿不化，痰饮阻肺，肺气失降所致。当以短气为主证。所以茯苓杏仁甘草汤的作用，在于利水行气逐饮。橘枳姜汤所治的气塞短气，是中焦阳气不通，痰饮阻胃，胃气痞塞，当以气塞为主证，所以橘枳姜汤的作用，在于温中下气化饮。若桂枝生姜枳实汤证，则是中焦痰饮上逆胸中，上焦阳气不能施化，所以不用橘皮而易桂枝，以通阳降逆。

（三）重证

《金匮》：“胸痹，缓急者，薏苡附子散主之。”“心痛彻背，背痛彻心，乌头赤石脂丸主之。”

上述症状，都是阴寒内盛所致的胸脘剧痛，但前者是阵发性的剧痛，痛势时缓时急，或轻或重，用薏苡附子散的意义，可能本证因阴寒内盛而水湿不化，所以配薏苡以行气化湿，或是痛剧而发生拘急，故用薏苡以舒解。但总的说，主要是借附子的大温，以助阳祛寒止痛。后者的症状，则阴寒弥漫于中上二焦，而发生牵引性的剧痛，并且痛势连绵不已，正是说明病情的严重状态。在临床上，也往往可以看到这种病人会发生冷汗肢厥等症状，当此阴寒盛极，阳微欲绝的情况下，非用乌附椒姜等大辛大热的药物，不足以破阴扶阳，温中散寒；乌头赤石脂丸的作用，便是用以驱散寒邪，使上焦阳气来复，而达到缓解疼痛的目的。

（四）虚证

《金匮》：“胸痹，心中痞气，气结在胸，胸满胁下逆抢心，枳实薤白桂枝汤主之，人参汤亦主之。”

本节举一证而出二方，这是说明同一症状，有二种治法，所谓“心中痞气，气结在胸，胸满胁下逆抢心。”这就显示病势不但在胸中，而且已扩大至胃脘和两胁之间了。形成这种情况的原因，一般是由于水饮停蓄，挟寒气上逆，这便是枳实薤白桂枝汤证，除用栝蒌薤白外，又加枳实消痞，厚朴除满，更用桂枝通阳下气，以平水气之上逆，这个方法，基本上仍是栝蒌薤白白酒汤的范围。但后者的人参汤，虽症状似乎相同，在病理机转上，则有着很大的区别，我们从二方的内容来看，便知道枳实薤白桂枝汤所治疗的是实证，人参汤所治的是虚证。二者的分别，属实的，多挟有形的饮邪，属虚的多为无形的痞气，所以人参汤用参术干姜甘草，是补气温中化痞的方法，从而可知二方主治，各有特点，一是以寒盛为主，一则以阳虚为主，在临床上除了以上的共同症状外，也必有其他的情况，可资参考，例如虚证，其症必久，或体质素禀虚弱，或可兼见少气倦怠、语怯音低，甚则四肢逆冷等证，实证则当相反。古籍文字简奥，在实际运用中不能不触类旁通，以分别异同，而决定用药。由于一般胸痹，以实证为主，所以这里特提出虚证，作为辨别，同时说明胸痹满痛，亦有用补法治疗的。

三

胸痹证在临床上虽并不十分复杂，但由于胸痞胸痛，以及喘咳等证，在很多疾病中，都能发生，因此，临病之际，也必须明辨异同，鉴别疑似，才不致混淆，兹将临床上易见的小结胸、支饮、肺痈、肝着等证，与胸痹比较于后。

（一）胸痹与小结胸证的辨别

胸痹的症状，和伤寒太阳病误下后的小结胸证，很相类似，伤寒论上说："小结胸病，正在心下，按之则痛，脉浮滑者，小陷胸汤主之。"因知小结胸证，所表现的症状，同样在胸部，而且同样有疼痛的感觉，但他们之间的病因毕竟不同，在病理机转和治法上，也有出入；小结胸证是邪热因误下而内陷，与心下的痰饮搏结而成，其证必出现于伤寒或热病之后。胸痹则是寒邪窃踞上焦，阳气不通，寒饮阻滞所致。从表现的症状来看，小结胸的疼痛，部位只在心下，不但按之而始痛，并且绝无像胸痹那样牵引性的疼痛。且因小结胸邪热结于心下，痰饮无上逆之势，所以又不若胸痹之有喘息咳吐等证。总之，两者不同的关键，就在于胸痹属寒，结胸属热（寒实结胸例外），治疗小结胸证的小陷胸汤，正是栝蒌薤白半夏汤去白酒，以黄连易薤白；虽同样用栝蒌实开结气，半夏除痰饮，但一则以黄连之苦寒，泄胸中之热邪，一则以薤白之辛温，通胸中之阳气，这是必须加以区别的。

（二）与支饮肺痈的辨别

支饮和肺痈，在临床上都有咳唾、喘息、短气等证，金匮痰饮咳嗽篇上说："咳逆倚息，气短不得卧，其形如肿谓之支饮。"肺痿肺痈咳嗽上气篇说："口中辟辟燥，咳即胸中隐隐作痛，脉反滑数，此为肺痈，咳唾脓血。""肺痈，喘不得卧……。"以上是支饮和肺痈的一般症状，它们所表现的喘息、咳逆、胸痛、不得卧、和胸痹的栝蒌薤白半夏汤证，似乎相同，但实际上有很大的差别，特别是肺痈，是由于风热郁肺而成，而有口中干燥，咳即胸中隐痛，脉反滑数等特点，其所以发生喘不得卧，是肺中邪热壅塞，肺气上逆的缘故。至于支饮的咳逆倚息不得卧，是单为水饮上僭，肺失肃降所致，并因水气盛，外走皮肤，故可发生肿状，这和胸痹的阳虚阴乘，气痹不通，胸背作痛，各有明显的不同。

（三）与肝着的辨别

肝着的症状，与胸痹亦有相似之处，造成肝着的原因，原是由于肝郁失条，气血涩滞，在临床上，就是所谓气痹络凝的证候：其症状主要表现于胸胁部，有胸闷气塞，胸胁胀痛等症状，金匮所说的："其人常欲蹈其胸上"，正是形容胸胁不舒服的苦闷现象，这和胸痹的枳实薤白桂枝汤证，似乎相同。但枳实薤白桂枝汤证，是寒气挟痰饮上逆，所以有胸满胁下逆抢心的症状，肝着虽然也有胸满和胁下气逆，但不挟痰饮，故决无"抢心"的情况，因为在本质上，胸痹但属于气分，肝着却在于血络，在病势的发展上，前者可发生剧烈的胸痛，后者可出现呕吐、吐血等症状。所以肝着的治法，主要是调气通络，所主的旋覆花汤，是用旋覆花、葱白，通利胸中气滞，新绛疏通络脉的痹着，这和栝蒌薤白等证的仅以通阳散结，豁痰下气是不同的。

四

以上略谈了胸痹的病因、证治和辨证，主要说明了胸痹的成因，是由于上焦阳虚，寒郁气凝所致，但因病人的体质不同，病邪的轻重不一，所以便可表现出种种不同的症状，例如痰饮上逆，就可于胸痹心痛中兼见不得卧或胸满胁下逆抢心等症状，若寒邪内盛，则可发生剧烈的阵发性或牵引性的胸脘疼痛，如阳气本虚，则可以发生虚痞、虚满等现象，在这些不同的症状中，必须辨别轻重虚实，随证施治，偏于痰饮的，重于祛痰，偏于气结的，主于行气，剧痛作阵或绵延不已的，用辛热祛寒。在这些证治中，我们更可看到仲景的处方用药，有一定的法度，如本证但见胸痹而痛，则用栝蒌薤白白酒汤，若增加了不得卧，便知痰饮较盛，便添用半夏以除痰饮；若加胸痞、胸满、胁下逆抢心，便知寒邪更甚，胸痹的范围，已扩大到胁部，所以添用枳实厚朴桂枝等消痞除满通阳下气，诸如此类，正说明有是症，则用是药，不容含糊混杂，这种精致的辨证论治，正是仲景学说的主要精神，在我们临床实践中，起着重要的指导作用，所以学习金匮，不单单局限于一证一方的搬用。而是要学习它有条不紊的辨证方法，才能把古人的经验，灵活的运用到临床中去。

[《中医杂志》1957，(11)：569]

黄疸病的证治

何　任

黄瘅病亦即黄疸病，“瘅”与“疸”是可以通用的。金匮本篇所讲，主要说明黄疸的病原一般是湿热瘀郁，造成黄疸的因素，根据谷疸、女劳疸及酒疸三种来说，谷疸是由于“谷气不消，胃中苦浊，浊气下流”所致，女劳疸是由于肾劳而热所致，酒疸由于饮酒过多所致。

本篇原文将各种疸症的成因、症状、分别、治法、方剂都作了说明，是比较有条理的。

近代医家有人将金匮上各种黄疸用现代医学上的病名对照起来讲，认为谷疸是十二指肠病变或肠胃炎症所引成或并发的黄疸。酒疸是酒精中毒所造成肝脏变性的黄疸。女劳疸是阿狄松氏病。当然这些说法是近似的，可以参考，但并不是一定不易的。

黄疸病总的介绍

一、黄疸的病原和脉证

黄疸的病原，从金匮本篇原文“寸口脉浮而缓，浮则为风，缓则为痹，痹非中风，四肢苦烦，脾色必黄，瘀热以行”等文字上看，可以理解到黄疸是风与湿合而成热，脾是易受湿的，热湿相合就瘀郁成黄，转输流布到全身面目肢体，出现黄色。所以总的说黄疸是湿热所致。当然这是泛指一般疸病而言，至于谷疸、酒疸、女劳疸则尚有其他致病因素存在。

黄疸的脉症辨别，可以从下面几项说明：

1. 发黄与黄家的脉证　症状上见到脉沉，口渴欲饮水，小便不利，从黄病的角度去诊断，这就是要发黄的症状，因为脉沉是热难从外排泄，小便不利，是热不能从下除去，而渴欲饮水是水湿与热相结合，既不外泄下通，势必蒸郁发黄了。

所谓黄家就是患黄病长久的人，若是这种人，就有可能出现腹部胀满，身体萎黄（有的认为是舌萎黄），烦躁而不能安眠，这是瘀热挟湿在里，长久不能排除的原故。

2. 黄病被火劫出汗后的症状　上面说过，黄疸病是湿热交蒸的病，如果在发病之初用了火劫（即辛温发汗、烧针火熨等法）的方法，那就会出现发热烦渴，胸满口燥等症状，因为黄疸原有湿热之邪在内，再用火劫就更增其病了。

3. 黄疸的轻重表里辨别　辨别黄疸的轻重，最简便的方法就是诊断病人口渴与否，如果是口渴的，那说明热很盛，由于口渴而饮水，就说明又增水湿，所以是难治的重症；相反的，如果疸病口不渴，说明热不盛，也不增加水湿，就是可治的轻症。

分辨黄疸的表里病（这旦是指发病在阳，发病在阴的意思），是从出现的证象来区别的，如果病人有怕冷发热，这是发于阳部的病，因为症状表现在躯干外表。如果病人有呕吐症状的，这是发于阴部的病，因为症状表现在脏腑、在里。

二、黄疸的治法

1. 治法总则　总的说来，凡是黄病的一般正治法则是通利小便，因为黄疸是湿热之邪所成，如果小便通利，不但能排泄湿邪，也能去除热邪，因此通利小便是一般黄病的通治法则。

黄疸宜于早日治疗，在十日内痊愈就较好，因为十日内正气不衰，邪气易于排除，若是超出十余日还不见好转，甚至转重，那是邪气很盛而正气衰退，因而是难治的疸病。

湿热黄疸是可以用下法的，但也得有一定的条件，那就是一身都发热发黄，肚腹里有热的，才可用下法；这里所谓肚腹里有热，实际是指肠胃实热的症状，假如没有实热，虽然也一身发热发黄，都不适用下法。

黄疸也可以用发汗法，如果脉象见浮的，就证明邪近于表，可以汗解，当然黄疸脉浮与太阳病外感脉浮是有区别的，因而在用发汗法时，不能采用一般的方法，而应该注意在发散之中兼顾卫气，使得病除而表不伤，采取桂枝加黄芪汤（桂枝、芍药、生姜、甘草、大枣、黄芪）最为适宜。

如原是黄疸病，小便颜色正常不变，下利，腹部满，气喘，象这样的症状，虽然腹满但清便自调，说明里无热征，治疗时就不可以寒药去除热，若是误用寒药攻热，那就会伤阳气，因而胃虚寒而发为哕呃等变症（像这样变为哕逆的病可以用小半夏汤温胃止哕），所以治疸也应该细察病象的真假，腹满喘是假象，而小便清，泄泻才是里阳不足的真象。

2. 各证治法

（1）燥热便闭黄疸治法：黄疸多数是湿热证象明显的，但亦有饮食不消，胃胀燥屎内积的一种，这虽然也是由于湿热，但湿热经久变为燥坚的疸病了，因此以润燥通便，开关格为宜，可用猪膏发煎（猪膏乱发和煎），一般轻症的燥热黄疸均可采用。

（2）腹痛兼呕黄疸治法：黄疸而腹痛兼呕的，可以用柴胡汤，看他兼证现象如何？然后确定用大柴胡汤抑或小柴胡汤，若是腹痛兼呕，并见潮热，大便硬的，那么可用大柴胡汤（柴胡、大黄、枳实、半夏、黄芩、芍药、生姜、大枣）。假如腹痛兼呕，没有潮热，大便软的，则宜小柴胡汤（柴胡、半夏、人参、甘草、黄芩、生姜、大枣）。

（3）湿热黄疸治法：前面已讲过，黄疸多由湿热所致，这里提出的是湿多于热，小便不利的黄疸，这种疸病，宜以散结热、利水湿为主，茵陈五苓散（茵陈、泽泻、猪苓、茯苓、白术、桂枝）是最正确的治法，本方对黄疸在恢复期稍有体虚的也可适用。

（4）里实黄疸治法：黄疸病有腹满，小便不利颜色发红，自汗的，这是里实的症状，既然自汗出，说明表是和的，就不必顾到表，只要对腹满小便不利色红等里实现象，采用下热法就行了，一般当用大黄硝石汤（大黄、硝石、黄柏、栀子），以通肠胃实热的壅结。虽然方药比较猛烈些，但却比较对症，从药性上看来，本方与近代医学采用消炎通便的治法，有相似的意义。

虚证黄疸治法：男子得了黄病，小便能通利的，那么这种黄病就很难视作是湿热实邪所致，因为若是湿热实邪，小便就不可能通利正常，一般是脾土虚者为多，治疗上也只可补中，不可除热，可用小建中汤（芍药、桂枝、生姜、甘草、枣、饴糖）补正气。这种黄疸，实际上已经接近虚劳萎黄病，并非真正属于黄疸范围的疾病了。

三种疸病的证治

一、谷疸

谷疸是一种脾胃湿热的病，所以有饮食谷气不消，湿热积滞不清，小便不通，身体发黄等证象，虽然谷疸病开始时也是由于有些风寒的因素存在，毕竟还是谷气不消促成。

这种病的症状是：饮食后即头眩，或饱食之后头眩，小便不通利，有寒热，心胸部不安宁不舒适，这样的症象一长久，全身就出现发黄。原因既如上述是阳明谷气不消，湿热瘀郁，因此在治法上也应该以苦寒通泄的茵陈蒿汤（茵陈蒿、栀子、大黄），俾使湿热从小便排出。

二、女劳疸

女劳疸的症状是：面额上发黑，微微汗出，手足心发热，往往在傍晚的时候发作，膀胱部有急迫的感觉，小便能正常通利，这都是由于肾虚内热所致。造成肾虚的原因，多因房事过度，肾阴受伤的原故，因此称这种疸病为女劳疸，这种病如果出现腹部胀大象水肿病那样时，那是不但伤了阴，并且也伤了阳，阴阳俱伤，是一种难治的病。

女劳肾热的疸病，膀胱部有迫急感，腹满，一身尽发黄，额上发黑，足下发热，傍晚前不发热反恶寒，这种女劳疸也称作黑疸，大便发黑，有时溏，上面讲过如这病腹胀满象水肿一样是难治的，但是硝石矾石散（硝石、矾石、大麦粥服）可以试用，前代医家说“硝石咸寒除热，矾石除痼热在骨髓，骨与肾合，用以清肾热也，大麦粥和服，恐伤胃也”，这就说明用本方的意义了。

三、酒疸

酒疸的症状是：心中懊侬郁闷不安，感热，不能进饮食，时时想呕吐，小便不通利，有时足下部也热，这都是饮酒过多，湿热犯及全身上中下各部，因而出现上中下各部证象。

酒疸热积成实，就会出现心中懊侬不舒或者热痛的症状，治法是应该解上部的热、除中下部的实，可以用栀子大黄汤（栀子、大黄、枳实、豆豉），方中栀子、豆豉是彻解上部的热，大黄、枳实是去除中下部的实，这可以说是治酒疸病的上下分消方法。

酒疸除了上面讲到有热的以外，也有不发热，讲话不模糊，只是腹部满、想吐、鼻子燥，这是为什么呢？因为热邪不聚于中，就没有心中感热或足下感热的症状了。但是热邪向下就会出现腹满，向上就会出现鼻子燥，我们在治疗前，也宜根据邪所接近的地方因势利导，当然这先得通过切脉来配合诊断，一般说来，脉象浮的，邪近于上，宜先用吐法（如果心中感发热，想吐的，吐了以后，疸病就能痊愈的）；脉象沉弦的，邪近于下，宜先用下法。

酒疸病虽然可以用下法，但应该审辨，必须是腹满、脉沉弦，才能施用，否则妄用下法，久之就会变成黑疸病，黑疸的症状是眼发青面发黄黑色，心中有辛辣的感觉，好象吃过大蒜一样，大便发黑，皮肤用手抓起来麻木不仁，脉象浮弱，这个症状就是妄下之后的变证。

［《浙江中医杂志》1958，（5）：43］

对《金匮》“痰饮”病篇的初步探讨

陈治平

《金匮》在痰饮咳嗽病脉证篇上首条即揭：“夫饮有四……有痰饮，有悬饮，有溢饮，有支饮。……”是本篇虽曰痰饮咳嗽病篇，而实则已指出饮证有四，痰饮是冠篇名的；其后原文第七节又曰：“夫心下有留饮，其人背寒冷如掌大。”第八至十节皆描写留饮症状，十一节则又列出“膈上病痰，满喘咳吐，发则寒热，背痛腰疼，目泣自出，其人振振身瞤剧，必有伏饮。”则是在四饮之外，又有“留饮”和“伏饮”的名称；其后巢氏病源上又指出在四饮之外，别有“流饮”“澼饮”，而非“伏饮”和“留饮”，唐孙思邈千金翼方上也列举了五饮，即“淡饮”“溢饮”“留饮”“澼饮”“流饮”，但和金匮的饮证和巢源的饮证名称上又有出入了，那么饮证究竟有那几种？各家之说，既有不同，即拿金匮本身的饮来谈，四饮而外，又举“留饮”“伏饮”，是四饮呢还是六饮？而且和巢源的六饮，千金翼的五饮，名称上都有出入不同，在今天研究和继承与发扬祖国医学遗产的前提下，应有研讨的必要，兹就个人管见，提供如下看法。

一、什么是饮，什么是饮病？

《周礼》谓饮食男女，人之大欲，曾子：“人莫不饮食也”，但饮自饮，食自食。孟子：“饥者易为食，渴者易为饮。”“冬日则饮汤，夏日则饮水。”故“饮”咽水也，与食之咀嚼不同。周礼上记载：“辨四饮之物”，大抵茶汤酒浆流质者皆属诸“饮”的一类。所以饮的含义有二：流质者。咽而无须咀嚼貌同时有含受之意者。

“饮”本是人们生活上的正常生理表现，“渴者易为饮”也说明了身体内水分缺乏，需要补充，水分缺乏得多，则渴的表现甚，渴甚则易为饮，甚至于“渴不择饮”了。

饮和食都应该适当和控制的，所以周易有“节饮食”，内经有“饮食有节”的明示，如果不节的话，必然因“恣饮”或“不择饮”而致“伤饮”了；伤于食容易发觉，伤于饮往往忽略，清裴兆期对伤饮有这样的话：“食伤人所易知，饮伤人都不觉，不惟茶汤浆酒以及冰泉瓜果之伤，谓之伤饮，即服药过多，亦谓之伤饮。”意义包括比较广泛；即此可见得凡由于流质摄取太多而致病者，皆属于饮病，饮病之成因是伤于饮，换言之饮病亦即是水气病，在程度上谈，水气病之轻者则为饮病，重则名水气病。

二、《金匮》以前的记载

饮病在《金匮》以前，已见于《内经》，但《内经》上所记载的饮病是仅记载了饮名，而没有分类；如《至真要大论》“太阴在泉，湿淫所胜，民病积饮心痛”。“太阴之胜，独胜则湿气内郁，饮发于中，跗肿于上”。“太阴之复，湿变乃举，饮发于中。”五常政大论：“太阳司天，湿气变物，水饮内搐”。气交变大论：“岁土太过，雨湿流行，肾水受邪，甚则饮发中满食减”。六元正纪大论：“太阴所至，为积饮否隔。”……等等，从《内经》文字语气看来，所谓“太阴”“司天”“在泉”“胜”“复”，总的来说，病之所在是在脾，病之成因原于湿，也着重说明了与气候的变异和季节有关，这与整体观和“天人合一”是分不开的；外在的环境变异和内在的机能失调，才会引起同一病变，才能导致发生“饮病”，以上是关于饮病成因的最早记载，至于饮病的分类和症状的描述，则推《金匮》为最早。

三、《金匮》在饮病的分类、病理的叙述上与后世饮病的比较

《金匮》除首篇揭名曰痰饮外，另列举“悬饮”“溢饮”“支饮”的不同病证，如原文第二节：“其人素盛今瘦，水走肠间，沥沥有声，谓之痰饮；饮后水流在胁下，咳唾引痛，谓之悬饮；饮水流行，归于四肢，当汗出而不汗出，身体疼重，谓之溢饮；咳逆倚息，气短不得卧，其形如肿，谓之支饮。”这是一个非常扼要的记载了饮病的症状分类，原文第八至十节的“留饮”，和十一节的“伏饮”，也分别划出了不同的部位和证候，如“夫心下有留饮，其人背寒冷如掌大。”“留饮者胁下痛引缺盆，咳嗽则转甚。”“胸中有留饮，其人短气而渴，四肢历节痛，脉沉者有留饮。”则一指心下，一指膈上，一指胸中；“膈上病，痰满喘咳唾，发者寒热，背痛腰疼，目泣自出，其人振振身瞤剧，必有伏饮。”则伏饮又指在膈上病，而伴有喘咳唾寒热背痛腰疼，目泣出身振振瞤剧等不同症状，那么比留饮与伏饮，究在四饮之外，还是包括在四饮之内，也是值得研究的一个同题。

隋巢元方《诸病源候总论》上饮病候内所载除四饮之外，无留饮和伏饮，而别举“流饮”，症状是：“水流走于肠胃之间，漉漉有声，令人短气将息，遇冷亦能虚胀。”另一个是“癖饮”，症状是：“水气停聚两胁之间，遇寒气相搏，则结聚而成块，在胁下弦互起，按之则作水声。”唐孙思邈千金翼方上则把“痰饮”作“淡饮”，证候是水在胃中，无悬饮、支饮、伏饮，而列“溢饮”，证候是水溢在膈上五藏间，“留饮”证候是水停在心下，“流饮”证候是水在肠间动摇有声，“澼饮”证候是水澼在两胁下；千金翼所载的五饮和金匮、巢源所载的六饮，不只名词上不同，即症状上也互有出入了。

根据仲景的记载再看《巢源》《千金翼》的叙述，结合历来各家注释和我个人的体会综合来谈，对饮病的研究探讨，我认为：饮病虽分为4、5、6，

总的来说，实则仅痰饮一病而已，痰饮而外的“饮”，或者是描写其症状，或者是形容其病情，或者是叙述其病理变化的；痰饮是致病的原因，由病因而成为病名的，所以痰饮可以概诸饮；金匮的悬、支、溢是形容词，如悬挂、支撑、泛滥，是用以比划病的症状，至于留和伏也是形容词，是形容病情深浅程度的，留和伏都说明停饮已久，而伏则较留更深而内着；留伏又是与初病为对待性质的，从名词上看，可以体会到饮病的病程已久。至于《巢源》的流、癖，同样是形容词，用来形容病理变化，流是流动，病无固定，癖则癖着，坚处不移，两者也是属于对待性的；千金翼的五饮，实则是指病灶部位的分类和症状病理的归纳，划分为心下，胁下，胃中，膈上，肠间五处不同病灶部位分列为五饮，要之总属于痰饮的范畴以内。

《内经》无“痰”字，《金匮》痰饮病千金翼则作“淡饮”，日人小丹波氏及陆渊雷氏皆释痰为淡，一作澹，淡、澹皆从水，所以别于痰也，理论卓出，宜从。

饮证中每有见咳嗽，是痰饮病伴发症状，金匮列痰饮咳嗽病篇是单纯指痰饮一种疾病，并不是痰饮而外，另包括咳嗽病在篇内。（肺痿肺痈咳嗽上气病篇则为专论呼吸系统疾患）。

“痰”“饮”这两个名词，历来医家在理论的争执和学术的研讨上意见颇不一致，有谓痰饮是一种病，有谓痰自痰，饮自饮，不容混淆，而说痰浊饮清，痰因于火，饮因于湿，饮停于肠胃，局限一处，痰则变幻莫测，无所不到……等理论，并列举痰为若干种；易启后人疑窦，治饮治痰，茫无所适了。

当然，不容否认的“痰”和“饮”都各有不同的致病因素和发病情况，要分清病因不能混为一谈，指痰即饮或混饮为痰；可是金匮记载的痰饮病，通篇精神研究，实指痰饮为一种疾病，一种病因，并非一病中有痰又有饮，更不能拿金匮治痰饮的方剂来概治诸痰；我们如果细心研究一下，可以领会仲景精神，所以小丹波氏陆氏的把痰饮释作“淡饮”以与单纯的“痰”来区别病因，是有卓越的见解。

《金匮》痰饮的致病因素，究竟是什么呢？已如内经所述，总的来谈是不外乎寒，不越乎湿；饮的本身就是水湿，属于阴邪，水湿得热则化，遇寒则凝，所以外在气候季节的变异，（如淫雨阴霾天气）加上内在脾肾阳微的素质和伤饮，那就要必然的发生“痰饮”病。

在病理上的变化是怎样形成的呢？圣济总录有扼要的叙述如下：“三焦者水谷之道路气之所终始也，三焦调适，气脉平匀，则能宣通水液，行入于经，化而为血，灌溉周身，若三焦气塞，脉道壅闭，则水饮停滞，不得宣行，聚成痰饮，为病多端，又因脾土不能宣达，致水饮溜溢于中，布散于外，甚至五脏受病也”。具体说明了痰饮的成因是三焦不调适，脾土不能宣达，（也是指脾阳不足不能运化）所以水饮溜溢于中，布散于外，甚至五脏受病，明确指出致病的关键所在，启示了我们对致“饮”的认识。

四、《金匮》的治饮大法

如上所述，饮的成因是由于寒，原于湿，原于脾阳不足不能运化，我们从那些体会得出呢？主要的仲景也启示了我们；痰饮病篇第十五节里更有力说明了这一点：“病痰饮者，当以温药和之。”试问如果不是由于寒，原于湿，为什么要用温药，如果不原于脾或肾阳的不足，为什么治法要着重和之二字；这一节实明确启示了后世治疗痰饮病的主要方法。

下面谈一谈金匮对四饮的治疗方法，为了便于说明和大体上归纳，列表如下：

病名	发病原因	病之所在	主要症状	治疗主要方剂
痰饮	气脉闭塞，津液不通，水与津液并居，停于胸中，走于肠间。	上则在胸 下则走肠	在上：胸胁胀满，目眩短气。 在中：水谷不消。 在下：肠中漉漉有声。	在脾：苓桂术甘汤 在肾：肾气丸 在胃：甘遂半夏汤 在肠：已椒苈黄丸
溢饮	大渴暴饮水，水气溢于肠胃之外皮肤之间	在四肢	身体疼痛，多汗。	挟寒：小青龙汤 挟热：大青龙汤 越婢加术汤
悬饮	饮水过多，中阳不足，不能下达，留注于胁下	在胁下	胁间悬痛，咳唾则引胁痛。	十枣汤
支饮	饮水过多，冲气以下上逆，支乘于心，停于胸膈。	在胸膈间	其形如肿，咳逆倚息不得卧。	葶苈大枣泻肺汤，五苓散，泽泻汤，木防己汤，厚朴大黄汤，小半夏加茯苓汤。

上表是仅举列《金匮》治饮的大体情况，当然是不够全面的，但从仲景对饮病的治疗方法上，约可分为四类，①痰饮正治以温化为主，如苓桂术甘汤，肾气丸；②在上者多兼表病，宜温而发汗，如大、小青龙汤、越婢加术汤；③在下者多兼里证，宜温而利小便，如泽泻汤、小半夏加茯苓汤；④病深痼疾难化者，宜温而攻逐，利大便，如十枣汤，甘遂半夏汤，己椒苈黄丸。

仲景用药，是以证候为主，在“求因”“辨证”后，始论治法，全在灵活运用，而不是单纯的以一方治疗一病的机械做法；例如十枣汤是治悬饮的，但痰饮和支饮也用十枣汤，这是完全在“辨证”明确后来决定“论治”用药，又如苓桂术甘汤治痰饮，而肾气丸亦主痰饮，却又是以方测证，故一方可治诸病，一病可用诸方，变化在人，又不是胶柱鼓瑟一成不变的，下面谈一谈苓桂术甘汤与肾气丸治痰饮的异同，以见仲景用药之妙。

痰饮病篇原文第十六节：“心下有痰饮，胸胁支满，目眩，苓桂术甘汤主之”。十七节：“夫短气，有微饮，当从小便去之，苓桂术甘汤主之，肾气丸亦主之。”前一节是叙述痰饮的主要症状，苓桂术甘正是主要对证疗法，方用茯苓淡渗去湿为君，而臣以辛甘之桂枝以行阳，白术甘温培土以为佐，甘草平缓味甘以为使，且能和脾，深合温药和之之妙用，为治饮要剂；主要作用在和脾温脾，以行水气；至于下节的“短气，有微饮，当从小便去”。既主以苓桂术甘汤，何以又可以主以肾气丸？前者是和脾，而后方则偏于温肾，那么治痰饮病究以温脾为主？抑以温肾为主？或者是两法并用呢？徐灵胎曾经说过：“仲景用药，悉有法度，无一味游移假借，非此药不成此方，非此方不治此病，精妙得微，不可思议”。的确仲景用药是没有游移假借的，这一节为什么一病用两方呢？如果对此节搞不清楚，全篇都要含糊的。

上面曾谈过本节是以方测证，从证用方的，两方的临床区别用法，主要在“短气”上，短气有阳不足的短气，但也有阴虚的短气，痰饮在内，阻碍乎阳或阴，都可以见到短气，但如何辨别阴阳？以喻嘉言的解释，最为精当确切，兹引述如下。喻氏谓：“微饮阻碍呼吸而短气，当辨之几微，若呼之气短，是心肺之阳有碍，宜苓桂术甘汤通其阳，阳气通膀胱之气利矣；若吸之气短，是肝肾之阴有碍，宜肾气丸通其阴，阴通则小便之关开矣”。是其一语道破，洞中肯綮，至于两方的去饮作用，清高学山氏谓：“苓桂术甘，温上以御下，而化机下被，故小便利；肾气丸，温下以蒸上，而化机亦下被，故小便亦利也。”这也体现了仲景的用药精妙，我们如果不细心研究探索，率尔用药，则易于指鹿为马，得不到效果，古人“外饮治脾，内饮治肾”，实在是从仲景两方中体验得出来的结论。

又如同篇第二十三节：“病溢饮者，当发其汗，大青龙汤主之，小青龙汤亦主之”。大青龙是发汗峻剂，（方函口诀）小青龙之专效是逐水发邪，（方与锐）方既不同，药物亦别，何以此两方又都同治溢饮？这里也是以方测证，从而辨证用方的道理；溢饮的病变是“饮水流行，归于四肢，当汗出而不汗出，身体疼重”。治法中无疑要用发汗剂了，这是从文中的“当”“不”上领会得来，应主以大青龙；至于“身体疼重”一节，仲景原有“湿家身烦疼”“湿家病一身尽疼”“湿家宜发微汗”之训，大青龙嫌其峻，不如小青龙，丹波氏认为：“从病之轻重，分药之紧慢，俱用以散表水也”，我个人见解，当发其汗，用大青龙，身体疼重而有汗，用小青龙，热重于湿者用大青龙，湿甚于热者用小青龙，又当在临床上分证用方，伤寒和金匮中，类似这样的条文很多，我们必须认真的加以研究分析，从而去选择和临床运用。

五、结语

基于上述情况，对《金匮》痰饮病篇的我见和初步探讨，归纳如下：

1. 《金匮》所述四饮和留饮伏饮，以及巢源的流饮澼饮，千金翼所载的五饮，总的均属于痰饮一种病，痰饮以外的各饮，有的是叙述病情浅深，有的是形容变化，有的是区别症状部位，皆属于痰饮的范畴，所以痰饮可以综诸饮。

2. 痰饮是病因，从病因而成为病名，金匮所载痰饮，是一种疾病，不能支离割裂，分痰自痰，饮自饮，或一病中有痰又有饮，更不能把金匮方治痰饮者，移治诸痰。

3. 痰饮是由于寒，原于水湿，有外在的关系和内在的因素，故治饮大法，着重温药和之，在表在上者，温而兼汗，在里在下者，温利小便，深痼难化者，温而逐水，外饮则治脾，内饮则治肾，要之皆主以温药。

4. 仲景用药，着重辨证，有一方治诸病，一病用诸方，有审证用药处，有以方测证处，必须细心研究，灵活运用，才能适中病情，获得疗效。

［《江苏中医》1958，（8）：14］

对《金匮》治疗产后腹痛的体会

刘浩江

妇女患病，一般与男子无异，但在生理上因为有胎产经带的特点，所以在患病方面，也就比男子复杂得多；特别是产后，百脉空虚，患病的机会也此较多，根据临床来看，产后腹痛一病，又较多见，“腹痛”仅仅是一个自觉症状，其原因是多方面的，正如陈自明所说：“产后腹痛，或因外感五邦，内伤六淫，或瘀血壅滞所致，当审其因而治之”，虽然发病的原因很多，但以金匮所载的几种类型可以概括之，兹讨论如下：

血虚寒结的腹痛

《金匮》云：产后腹中疠痛，当归生姜羊肉汤主之，并治腹中寒疝虚劳不足。徐忠可说“疠痛”者缓缓而痛也，概属客寒相阻。“验方新编”有因产时“寒气客于子门，入于小腹，或坐卧不慎，使风寒寒气，乘虚而入，此寒症也……”的记载。外台许仁则说：“产后更无它状，但觉虚弱，欲得补气力兼腹痛，宜当归生姜羊肉汤方。”

按：产后气血较亏，由于调摄不慎感冒了寒邪引起腹痛，属于血虚寒结，但是在临床上如何来诊断呢？首先在痛的特征上是绵绵而痛，既属于虚寒性的痛，即伴有虚寒的见症，如脉微弱或沉迟少力，少气懒言，口中和，小便清常等，特别在腹痛的特征上，傅青主先生认为这一类疼痛按之即止，验诸临床，确属事实，在治疗方面根据“寒者热之”“虚者补之”的原则，用当归生姜羊肉汤温补之，即可以定痛。这一类的腹痛，切忌用攻逐之品。

此外，在原文中又提到当归生姜羊肉汤主治“寒疝”和“虚劳”，这又告诉了我们，凡是虚寒性的疾患，都有使用本方的机会。

气结血凝的腹痛

《金匮》云：“产后腹痛烦满不得卧，枳实芍药散主之”尤在泾说：“产后腹痛而为烦满不得卧，知血郁而成热，且下病而碍上也，与虚寒疠痛不同矣”。唐容川说：“烦满腹痛，虽是气滞，然见于产后，则其津不在气分，而在血分之中也。”魏念庭说：“又有产妇血流不快，积于腹中作痛，心烦胁满不得卧，此又为实邪，非虚在血分或疠痛矣”。

按：气为血之帅，气行则血行，气结则血凝，而引起腹痛。为什么会气结呢？内经云：“思则气结”一般的说，妇人多郁善怒，影响了气的运行，凡是产后精神上受刺激，或心情不愉快，都是导致气结的主要因素，又有产后并未有郁，但平时肝气旺而有肝郁的人，产后也常常容易引起血凝腹痛。多见于中年妇女，由于腹痛难忍而生烦，由于满而引起难以平卧，这时发病的趋势正如尤氏“下病而碍上”的说法。其满痛部位，常由少腹牵引至大腹，拒按不甚，因本病尚不属大满大实，本人曾用枳实芍药散加元胡索、山楂、香附、五灵脂，治疗效果很满意。丹波氏等云：“芍药产后禁用”我以为不然，芍药和血止痛之效非常可靠。

瘀血内停的腹痛

《金匮》云：“产妇腹痛，法当以枳实芍药散，假令不愈者，此为腹中有干血着脐下，宜下瘀血汤主之，亦主经水不利。”

《金鉴》云：“产妇腹痛，属气结血凝者，枳实芍药散以调之，假含服后不愈，此为热灼血干，著于脐下而痛，非枳实芍药所能治也，宜下瘀血汤主之。”余无言曰：“少腹是否有瘀血，不得以腹痛用枳实芍药散不效，即断为有瘀血也。”

按：本条文法是承接上条而来，但本证不一定承接上证而来，因此我同意余氏所说，因为服枳实芍药散不效，不能肯定即为下瘀血汤的适应症，也就是说，不能把下瘀血汤作为枳实芍药散的后备军。关于“干血”问题，仲景曰：“非止新产血流不快之故，平日之症血为患者也”。总之，这里不论新瘀也好，久瘀也好，既用下瘀血汤，已非一般之瘀血停滞了，其腹疼痛拒按，甚至手不可近，恶露不畅或停止，有时恶露略有畅行则疼痛微减。但又继续疼痛拒按，用下瘀血汤以后，所下之血呈紫黑色，多有块状，腹痛随之减轻。有时邪去正虚，即酌用补益之剂，以善其后。

瘀血兼阳明府实证之腹痛

《金匮》云：“产后七、八日，无太阳证，少腹坚痛，此恶露不尽，日晡时烦躁者，不食，食则谵语，至夜即愈，宜大承气汤主之，热在里，结在膀胱也。”

丹波元简说：“且据无太阳证一句，考之则其有里证可推之，盖是产后得邪，邪气下陷，与血相搏者，既有热侯，又有少腹坚满，与产后胃家实者，其症相似，故对待为辨也。”程林曰：“太阳伤寒，热结膀胱，则为蓄血，小腹坚满，产后非太阳证，而小腹坚满者，此恶露未尽……若不大便，烦躁发热，则热不在膀胱而在胃，切其脉亦微实也，日晡时阳明向旺时也，当旺之时，是以再倍发热、烦躁则胃中实矣，胃实则不能食，实则谵语转增，其实也宜大承气汤”。

按：单纯的恶露未尽，在症状上仅见小腹坚满或疼痛，在治疗上可用失笑散或下瘀血汤，如果既有恶露未尽，又有宿食停滞，除了少腹有疼痛以外，中焦亦有痞满燥实之特征，在瘀血内阻与燥屎内结同时存在之时，单用大承气汤以泻阳明府实，是否顾此失彼呢？不会的，徐忠可早以说过：“以大承气汤主之，意在通其热结，从而承接其元气，则恶露自行”我们应该这样去体会，本证的重心在肠胃，用大承气汤较宜，同时，用大承气汤也有逐瘀血的作用。本证的形式，多由于产后膏粱厚味，饮食不节，或脾不健运，以致宿食停滞，复感外邪化热入里，加之恶露未尽而致。笔者在临床上遇有这样的病症，首先考虑到燥屎与瘀血的比重问题，如果偏于燥屎，用大承气汤无疑，如果偏于瘀血，破血亦不能忘。如果二者惧急，用桃仁承气汤最为合拍，总的说，只要辨证明确，确诊为实症，当攻下之，不能顾虑到产后体虚而养虎为患，当然也不能孟浪从事。

结　语

关于产后的治疗问题，古代医家也有不同的看法，如丹溪先生说：“产后必气血两虚，惟宜大补，虽有它证，宜末治之”，张从政在儒门事亲中说：“产后慎不可作诸虚不足治之”吴谦在金鉴中说：“产后用药，当合形症脉三者细参方不致误”。笔者认为以上三家，以吴氏所说最为正确，产后用药要更加细心，以当前症候方主，产后腹痛一症，当然也不例外，金匮中已作了扼要的记载与分析了，同样的腹痛，而有属气属血属虚属实的不同，治疗上有攻补之别，我们如果认为产后必虚，概用补养剂治疗，或者认为产后必有瘀血，概用攻瘀之剂，其变症都不堪设想，当然，祛邪不忘扶正，在产后来说，尤为必要，但是，更主要的是辨证论治为主。有斯症用斯药，金匮所说的产后腹痛，虽不能概括一切，如果我们能够掌握这部经典著作的辨证用药之规律，在临床上起到很大的指导作用。

[《哈尔滨中医》1960，(1)：64]

从《金匮要略》探讨痰饮病的辨证论治

钱元龙

“痰饮”是以症因命名的一种常见的疾病，一般在临床上多以咳嗽、气喘不能平卧，痰多稀薄或呈白色泡沫等症状的综合，统称“痰饮”。考痰饮一名，始见于《神农本草经》巴豆条，“留饮痰癖”（痰字古作淡，淡与澹通。是水摇动貌），脉经作“淡饮”。在内经里只有“饮”的名称，却没有“痰”的记载。在金匮要略里，除统名痰饮而外，并分有痰欲、悬饮、溢饮、支饮等四饮，其中还有“伏饮”与“留饮”两个名称。在千金翼则称淡饮、溢饮、留饮、流饮、澼饮等五饮。巢氏病源，有饮症十六候，除不称伏饮外，对诸饮均有叙述，并列举癖病诸候十一条。详其症状论述，则以现代之胃积液，胸膜积液，心包积液，肺水肿，支气管哮喘等症状，在一定程度上，均有相通之处，（当然不尽相同）由此可见，古人所谓之“痰饮”实际上是包括多种因水液不正常的潴积于体内某一局部组织、脏器，而引起的种种症状的总称。由于古人认识到因水液保留的部位和表现的症状有所不同，因而在定名也就有痰饮、悬欲、溢饮、支饮等的区别，然这种分类，在临床辨证论治、上，究竟怎样来鉴别掌握，尚属一个值得研讨的问题，今就我对金匮痰饮篇的痰饮、悬饮、溢饮、支饮，四种饮症的辨证论治，试作如下探讨。

一、病因病理

根据《金匮》痰饮篇对本病脉、证、治，三方面的论述与内经及其他有关文献材料的记载，“痰饮”的实质，系属病理产物，究其主要发病原理，不外为中气虚寒，阳气不运，肺、脾、肾、三脏失职，使三焦气化失司，津液敷布失调，导致水湿饮邪不能正常地排出体外，而留于某一脏器组织而成。古人认为饮食入胃，经过脏腑的气化作用而成为津液，以敷布全身，供给生理上的需要，在另一方面，则又转化为溺与气或为汗液、泪、涕，排出体外；若因气化作用停滞或不通，（运化机能失常），则津液布化受阻，就有形成痰饮的可能。再从素问经脉别论：“饮入于胃，游溢精气，上输于脾，脾气散津，上归于肺，通调水道，下输膀胱，水精四布，五经并行，合于四时五脏阴阳，揆度以为常也。”“至真要论云：“太阴在泉，湿淫所胜，民病积饮心痛。”又云：“太阴之胜，独胜则湿气内郁，饮发于中，胕肿于上”。气交变大论又云：“岁土太过，雨湿流行，肾水受邪，甚则饮发，中满食减”。可见人体津液，其所以能正常敷布，则全赖于气化的运行，水道的通调。若因某种因素而导致肺、脾、肾，（三阴）运化失权，水精就不能正常四布和并行五经，过剩的津液，储留某一脏器组织，成为痰饮。据此可知在内经里早已奠定了“痰饮病”生理病理学的基础。后世医家对痰饮理论的探讨，在内经理论的基础上有了进一步的发展，如圣济总录上认为三焦气塞，脉道不通，为致饮之源，它说：“三焦者，水谷之道路，气之所终始也，三焦调达，气脉平匀，则能宣通水液，行入于经，化而为血，灌溉周身。若三焦气塞，脉道壅闭，则水饮停滞不得宣行，聚成痰饮”。严用和济生方，亦以气道不通认作饮病之本，所谓：“人之气道贵于顺，顺则津液流通，决无痰饮之患”。张景岳氏认为痰饮之成，由脾肾之虚。如说：“夫人之多痰，恙由中虚使然。盖痰即水也，其本在肾，其标在脾。在肾者，以水不归源，水泛为痰也；在脾者，以饮食不化，土不制水也”。可见“痰饮”与肺、脾、胃、肾、三焦有关，然其中最为首要的，则以脾肾二脏为主。

后世医家，创设风、寒、燥、火、湿、生痰的理论，实际上是以临床所见的证候来鉴别产生痰的病因，从而治疗上区别以不同的处理法则，这确是发展了痰症辨证论治的规律。儒门事亲一书中分有风痰、热痰、湿痰、酒痰、沫痰（一作食痰）等五种，朱丹溪分为湿痰、风痰、内伤挟痰等类，这都是指因某种性质的疾病而产生或伴存着“痰”的症状而言，与金匮上论述的“痰饮”证候，有相当的区别。张景岳说：“痰之为病，必有所以致之者，如因风因火而生痰者，但治其风火，风火熄而痰自清也。因虚因实而生痰者，但治其虚实，虚实愈而痰自平”。……正以痰非病本，乃病之标耳。至于后人有“百病都因痰作祟”说法，实导源于李梃医学入门百病兼痰之论，盖不少疾病，都可产生和出现“痰”的症状。因痰而且出现种种症状，这些症状乃为“痰”之标，实非“痰”为致病之本。

二、辨证及分类

在《金匮要略》把饮病分为痰饮、悬饮、溢饮、支饮等四饮外，还有留饮与“伏饮”两个名称，从证候论述上来分析，留饮乃是指饮邪停留不散，“伏饮”是饮邪内伏，在一定条件下要发作而出现种种症状，非四饮之外另有“留饮”“伏饮”之名，盖饮邪停留不散，是为饮病之本，但原文特别提出留饮者，在症情上是比一般饮病较为深重，在一定程度上停饮可影响局部所在脏器的机能。如原文曰：“心下有留饮，其人背寒冷如掌大”。又曰：“留饮者，胁下痛引缺盆，咳嗽则辄已”。又曰：“胸中有留饮，其人短气而渴，四肢历节痛，脉沉者为伏饮。”这说明悬饮留在胁下，肝气被郁，则痛引缺盆。溢饮泛滥，湿邪流注关节，则四肢历节痛。痰饮留在肠间（千金作淡饮水在胃中），津液不化，则上泛为痰，肺气受阻，则短气而渴。支饮留于胸膈，心阳受阻，则背寒冷如掌大。原文中特别提出“脉沉”两字，是明示饮邪沉寒内结的象征，实为辨证上的一大要点。根据金匮对痰饮证候的论述与方剂上来理解，不难看出，仲景对痰饮病的分类，是根据饮邪停留的部位（肠胃、胁下、胸膈、四肢）与证候表现的不同来定名的。（附表）

四饮	痰饮	水走肠间（千金作淡饮水在胃中）沥沥有声	上泛为痰，肺气受阻津液不得化则短气而渴。	留饮
	悬饮	水流在胁下，咳唾引痛，	留在胁下，肝气不得调达，则痛引缺盆，咳嗽则辄甚。	
	溢饮	饮水流行，归于四肢，当汗出而不汗出，身体疼痛，	溢饮泛滥，脾阳被困，水湿流注关节，则四肢历节痛。	
	支饮	咳逆倚息，短气不得卧，其形如肿，	留于胸膈，心阳受阻，则心悸，背寒冷如掌大。	

三、治疗

在明确“痰饮”病源的基础上，就不难理解对本病的治疗目的，即是设法如何恢复脏腑的气化机能与消除体内潴留某部的饮邪，内经云：“寒者温之，结者散之，留者行之”实为治疗本病的总纲要诀，一般在治疗上则以脾肾二脏为重，而主法不外有下列四项。

①温运健脾化湿法——指使用一切温阳健运培补脾胃的方药。

②温益肾阳利水法——指使用一切温益肾阳纳气利水的方药。

③温肺蠲饮涤痰法——指使用一切温散涤痰逐饮的方剂。

④降气化痰消饮法——指使用一切温降肺气，化痰利饮的方剂。

仲景所说四种痰饮证，对痰饮病立出了辨证论治的纲要；但在临床治疗上更重要的还是以八纲的阴、阳、表、里、寒、热、虚、实来指导辨证论治的。从痰饮病的治疗原则来说：凡治“痰饮”，亦该在辨证论治的基础上，辨别其饮邪所停留的部位，察其表、里、寒、热、虚、实。一般说来，饮为阴邪，善伤阳气，脾为太阴湿土，赖阳气以健运，若中阳不足，则易被阴邪所困，故水饮为患，始从脾、胃，继则肺、肾。盖肺主气，肾主水，肾阳温升则水气上承；肺气通降，水化为气，则水道通调；但气化升降之道全赖中阳为之转运，故在治疗上，注意阳气实在第一要旨，而一般温性药物大多能助脾肾之阳，故原文曰："病痰饮者，当以温药和之"，这是治疗痰饮病的指导原则，实寓在温通中阳，调和营卫；通调水道，因势利导；表里分消之意为治疗痰饮病的纲领要诀。

四、四饮证治的分析

（甲）痰饮的证治：

（1）痰饮脾肾阳虚证治：痰饮的主证，为胸胁支满，目眩短气，原文曰："心下有痰饮，胸胁支满，目眩，苓桂术甘汤主之"。又曰："夫短气有微饮，当从小便去之，苓桂术甘汤主之，肾气丸亦主之"。这是由脾阳不足，土为湿困而致水饮停聚于胃，因阳明之脉过胸，太阴之经脉入胁，饮邪凝聚，二经经气受阻，则胸胁支满，又五脏六腑之精气，皆上注于目，而五脏六腑皆禀气于胃，今脾胃气机不利，运化失权，则水精不能上布，清阳受阻，则目失所养故作眩。盖脾为湿困，则中阳升降受阻，肺气不降则呼气短，肾气不纳，则吸气短，在治疗上前者以苓桂术甘汤，温脾阳以行气化湿，后者以肾气丸温肾纳气以化阴邪，待中阳健运，气化得司，则水湿之饮邪就能化津四布，从小便而去，在用意上虽有所不同，然其最后机理，则是异途同归，实为"温药和之"的代表方剂。

（2）痰饮实证，水停肠间的证治：原文曰："腹满口舌干燥，比肠间有水气，己椒苈黄丸主之。"此证是由水停肠间，阳气被阻，津液不能上承之候。从方证上推测，该证机转，是由湿困脾阳，津液不得转输，停留肠间，则大肠传导受阻，肺与大肠相为表里，大肠受阻，肺气因之不降，以致水道不能通调，则饮邪不得下行，而更导致腑气壅滞与膀胱之气化不利，使水饮潴留停蓄，流溢于中则腹胀，散溢于外则浮肿，饮邪内结，津液不得上承，而口舌干燥，从药测证，本证还可能有浮肿及二便不通利的现象。以己椒苈黄丸，运中导水下行，使饮邪由前后（大小便）分消。若饮邪内结，而大便溏泄者，则不宜使用。如饮邪停聚于胃，出现上逆作呕等症，又应从通阳降逆，止呕利水为主。原文曰："卒呕吐，心下痞，膈间有水眩悸者，小半夏加茯苓汤主之"。又曰 "先渴后呕，为水停心下，此属饮家，小半夏加茯苓汤主之"。因为胃以降为顺，如水饮停留于中，则胃气上逆作呕而心下痞，水气凌心则悸，阻遏清阳则目眩，津液不得上承则渴，渴则饮水，水入于胃，与饮邪相触，则作呕，以小半夏加茯苓汤，能通胸中之阳，平胃降逆，止呕而利水，待饮邪去，则诸证悉除。

（3）下焦阳微，肾不化水，饮邪上逆的证治：原文曰："假令瘦人脐下有悸，吐涎沫而癫（应作巅字）眩，此水也，五苓散主之"。因饮属阴邪，下焦阳气式微，膀胱气化失司，则饮邪不化而浊阴不得降。盖饮上逆，则吐浊唾涎沫；清阳被阻，则头目巅眩；饮邪动于下，则脐下悸。从药测证，可能还有小便不利、口渴等症，用五苓散温阳化气，使饮邪从表里分消。

（乙）悬饮的证治

（1）悬饮实证的治法：悬饮的病位，主要在胁下及心下，其主证为咳嗽多唾引痛（内痛），脉沉而弦。原文曰："饮后水流胁下，咳唾引痛，谓之悬饮"。又曰："脉沉而弦者，悬饮内痛"。"病悬饮者，十枣汤主之"。再从伤寒论（152 节）参看十枣汤主证"……心下痞鞕，引胁下痛，干呕短气"。本证在初起阶段，往往有寒邪外束的表证存在，其时应该按照先表后里的方法给服小青龙汤以解表邪，待汗出表解，而后再用本方。盖饮邪潴留内结，脉象一般是该弦实有力，舌苔白腻，或白滑，在正气未伤之际，可从本方峻剂，一战而直捣病所；若病深日久，体质虚弱，虽有上述症状，还应谨慎使用。若湿困脾阳，有饮邪迫肺的见证，如后世之椒目瓜蒌汤（医醇賸义方：椒目、瓜蒌、桑白皮、葶苈子、半夏、橘红、茯苓、白蒺藜、生姜）等方剂，亦可参酌使用。

（2）悬饮实证兼下痢的治法：原文曰："病者脉伏，其人续自利，利反快，虽利，心下续坚满，此为留饮欲去故也，甘遂半夏汤主之。"盖饮病患者的脉伏，乃为水邪郁结，正气被抑，阴阳潜伏，阻隔闭塞之候，临床上见到脉伏而续自下利，正是说明饮邪与正气在搏激阶段，必有腹痛等不适的见证，得下利而病人自觉轻快，这是正胜邪却，饮邪欲去的现象，若虽不利而病者心下仍然坚满不舒，这是饮邪痼结，未能随利尽去，则须借助药力，以甘遂半夏汤破坚、散结、行水，亦即"留者行之，结者散之"之法，并寓有通因通用之意。

（丙）溢饮的证治：

溢饮的主证，为四肢浮肿，身体沉重疼痛，的治疗上以大、小青龙汤为其主方。原文曰："病溢饮者，当发其汗，大青龙汤主之，小青龙汤亦主之”。此外则很少论及溢饮的证治。以方测证，大致与水气篇的风水一证有相通之处，究基发病机制，为内有水饮，外感寒邪而触发，除有身体疼痛，四肢微肿外，必兼有寒热或烦躁等里热症状的存在。使用大青龙汤的目的。在于解表逐饮，并清里热。但原文中并列小青龙汤的意义，盖属里饮偏重，而泛溢四肢的关系。再从伤寒论：“伤寒表不解，心下有水气，干呕发热而渴，或渴、或利、或噎、或小便不利、小腹满或喘者，小青龙汤主之。”又：“伤寒心下有水气，咳而微喘，发热不渴，服汤已渴者，比寒去欲解也，小青龙汤主之”等条文对参，可见本证除肢体沉重微肿的症状外，必有喘咳发热等现象，是为风寒挟饮迫肺的见证，其病机有向里发展的趋势。故大、小青龙汤两方，实是内外合邪的两种不同机制的处理方法。“亦主之”三字，应该从辨证论治的原则上来理解它的含义。由此推论，若外无表证而内有水热互结，则可以越婢汤（麻黄、石膏、甘草、大枣）、加味泻白散（症因脉治方：桑白皮、地骨皮、黄芩、石膏、甘草）之类因证施治，则大小青龙汤在所不宜使用。若因湿困脾阳，饮邪泛滥，流溢四肢，只宜培脾，通阳，利水，如桂苓神术汤（医醇賸义方：桂枝、茯苓、苍白术、厚朴、半夏、砂仁、陈皮、苡仁、生姜）、防己茯苓汤（防己、黄芪、桂枝、茯苓、甘草）、五苓散（白术、泽泻、猪苓、茯苓、桂枝）等方均可参酌使用。

（丁）支饮的证治：

（1）支饮辨虚实证治：支饮的主证，为咳逆喘满，倚息不得卧，心下痞坚，其形如肿，面色黧黑，其主脉沉紧，在治疗上，以掌握虚实为重要关键。原文曰：“膈间支饮……得之数十日，医者吐下之不愈，木防己汤主之，虚者即愈，实者三日后复发，复与不愈者，宜木防己汤去石膏加茯苓芒硝汤主之”。本证由于水饮停于胸膈间，肺胃气机受阻，上逆为喘，壅中则痞坚，饮邪成聚，气血不和，营卫失调，则面色黧黑，脉沉紧。盖心下痞鞕，原为实证，照理应该用逐饮方剂，则饮去痞消。但使用吐下之法而无效，就应当考虑到虚的一面，以木防己汤，通阳利水，清热补虚当即愈。若在服木防己汤后，虽得一度轻快，但不久即又复发，这说明饮邪凝结成聚，木防己汤已不能全适其症，宜加用利水攻坚之剂，故方中去石膏加芒硝峻开坚结，加茯苓通利水道，使饮邪从前后（大小便）分消。故本证在虚实难辨的情况下，应该遵照“虚实难辨以虚为主”的治疗原则，先以木防己汤补虚利水，若是虚症，自为愈复。若进药后病势虽减。但经两三天又复发，再用原方无效者，说明证情属实，必须温通破坚，以散内结之饮邪，木防己汤去石膏加茯苓芒硝的用意即在于此。

（2）支饮的兼证及治法：支饮是饮邪停于胸膈，如果在上述咳逆、喘满，心下痞坚等主证的基础上，伴发呕吐或目眩冒或腹痛，那是支饮兼证。原文曰：“呕家本渴，渴者为欲解，今反不渴，心下有支饮故也，小半夏汤主之”又曰：“心下有支饮，其人苦眩冒，泽泻汤主之”又曰：“支饮胸满者，厚朴大黄汤主之”。一般的说，呕吐易伤津液，故在呕吐之后，往往出现口渴，若胃有停饮，则呕而不作渴，可以小半夏汤逐饮镇呕。若饮邪中阻，清阳不得升达而眩冒，可以培脾利水，以泽泻汤为主，后世之桑苏桂苓饮（桑白皮、苏子、桂枝、茯苓、半夏、橘红、杏仁、泽泻、大腹皮、猪苓、生姜）导水下行，使浊阴降而清阳升，则眩冒自愈。若饮邪内结，胃气不降，而胸腹胀满，以厚朴大黄汤疏气散结、荡涤肠胃。此属胃家实的证候，在症情上是兼症急于主症，标病急于本病，故在处理方法上，应辨别缓急，随症从治。

（3）支饮迫肺实证的治法：饮停胸膈，上迫于肺，出现喘咳短气，呼吸困难，症情属实，在治法上要掌握“实则泻之，留者行之”原则，原文曰：“支饮不得息，葶苈大枣泻肺汤，泻其壅实之肺气，以通调水道，用十枣汤逐胸中之水从大小便分消。若饮停肠间，肺为水溃，则后者之椒目瓜蒌汤（方见上节悬饮治法条下），控涎丹（三因方、甘遂、大戟、白芥子）等方，亦可参酌应用，使饮邪去而肺气通降，则咳喘自愈。

五、结语

本文根据《金匮》原意，对痰饮病的发病机理与辨证论治的一般规律，作了初步探讨，痰饮病的形成，主要由于脾肾阳气衰微，津液不能正常敷布，肺气受阻，不能通调水道，则三焦气化失司，而致体内过剩之水液不得排出体外，停留某部，积而成饮。仲景把饮病分为四种，实际上是为了阐明饮邪停留的部位及表现的症状不同，从而在治疗上区别以不同的法则，是为对饮病进行辨证论治的纲领。在治疗上，因饮为阴邪，善伤阳气。故“温药和之”实为对各种痰饮病的治疗原则，但对某一饮症的具体治疗上，还是着重临床症状表现，根据八纲的阴、阳、表、里、寒、热、虚、实，来作为辨证论治的基础。绝不是以某一病名或某一症状来作为治疗对象，而是以错综复杂的症状，从整体出发，通过辨证、分析、综合，找出产生各种症状的根本原因，从而采用相适应的温、下、利、汗等法，达到根本治疗目的。笔者深感研究仲景学说必须把经文（伤寒论与金匮两书）前后互渗，不能拘泥一方一证。如遇有论无方或论证不全的条文，须从脉、因、证、治，四方面进行连系推敲，从而辨证地找出旁证。如溢饮一证，为水饮泛滥于体表而出现四肢浮肿症状，根据方证推论，实属于水气篇风水证的范畴，在治疗上，则可参考水气篇（风水）的治疗方剂，以补饮（溢饮）病治疗上之不足。更因金匮一书，文词简奥，并且有证、方、论述不全的现象，可见该书由于历史的变迁，错简脱简在所难免，因此我们在继承的基础上，同时来接受和研究后世的有关论述和方剂，来充实痰饮病的治疗内容，更具有现实的意义。

[《江苏中医》1961，(7)：2]

论“腰以下肿当利小便，腰以上肿当发汗”

俞长荣　福建省中医研究所

《金匮要略·水气病脉证并治第十四》说：“诸有水者，腰以下肿当利小便，腰以上肿当发汗乃愈。”给后世指出了一条治疗水肿的重要法则，至今仍为中医临床家所遵循着。

为什么腰以下肿当利小便，腰以上肿当发汗，而腰以下肿和腰以上肿又是指什么病？《金匮》没有明确记载。作为水肿的重要治疗法则，这一条有必要提出分析讨论的。

（一）

《金匮》对水肿提出了两种分类法：一是按发生水肿的所属脏腑而分，有心、肝、肺、脾、肾五水；一是按病因、症状而分，有风水、皮水、正水、石水、黄汗五种。其中按脏腑分类的五水，叙证简略，不提主方，临床指导意义不大。历代医家所循用的，一般均按风水、皮水、正水、石水、黄汗分类。所以提到“腰以下肿当利小便，腰以上肿当发汗”问题时，必须结合这五水来说明。

根据《金匮》说法，风水的特征是：浮肿先从面目开始，有发热、恶寒、骨节疼痛、咳嗽、脉浮等症状出现。治疗以发汗为主，主方为越婢汤、防己黄芪汤。依此，则所谓“腰以上肿当发汗”的治疗原则，是对风水而言，已无疑义了。

皮水的特征是：外证胕肿，四肢肿，水聂聂动，不恶风，其他症状悉如风水。胕肿，《千金》作“浮肿”，《素问——水热穴论》说：“上下溢于皮肤，故为胕肿；胕肿者聚水而生病也。”可见皮水是风水的进一步发展。在治疗上，《金匮》也提出“当发其汗”。因此，“腰以上肿当发汗”也可施用于皮水。

正水的特征是：脉沉迟，外证自喘。石水的特征是：脉沉，外证腹满不喘。《金匮》没有提到这两种水肿的治疗。但据《医宗金鉴》注解：“其邪俱在内……皆当从下、从温解。”是则“腰以下肿当利小便”的治疗法则，当可施用于正水、石水。

黄汗与风水相似，但以脉沉、脉浮；不恶风、恶风为异；同时，黄汗并有汗出如药汁，其症又似历节。《金匮》记述黄汗脉证条文前后不尽相同。本病在临床上尚不多见，限于笔者个人水平，难以理解深透。本病暂不讨论。

此外，《金匮》还提到“里水”一证，主治以越婢加术汤。但从字面来看，里水属“里”证，似不应用发汗剂。根据《脉经》注“一云皮水”，又据《外台秘要》引《古今验录》说：“皮水，越婢加术汤主之。”又据《金匮》另一条说：“风水恶风，……越婢汤主之。”方后并提到“风水加术四两。可见里水不在以上五水之列，而里水亦系皮水或风水之误。

综合以上初步分析，可知《金匮》“腰以下肿当利小便”指的是治正水和石水法，“腰以上肿当发汗”指的是治风水和皮水法。

（二）

现代医学认为，依据水肿在机体内发生时一般条件，可分为心脏性水肿、肾脏性水肿、营养不良性水肿等等。其中肾脏性水肿和心脏性水肿的区别在于：一、肾脏性水肿发病较迅速，一开始就全身浮肿，而心脏性水肿往往是逐渐形成的；二、肾脏性水肿通常从颜面开始，特别是在眼睑部，而心脏性水肿往往先从下肢开始出现；三、肾脏性水肿水液较多，容易由此处移到他处，而心脏性水肿一般较坚实，移动性较小；四、肾脏性水肿，肝脏一般不肿大，心脏性水肿经常伴见肝脏肿大；五、肾脏性水肿病人能够平卧，并不感到显著的呼吸困难，心脏性水肿病人往往有气喘难以平卧感觉。

从发病原因来看，肾脏性水肿常见于急性肾炎排泄高度蛋白之时，而急性肾炎通常又由于感染而起。受冷也能发生肾炎。因为受冷会使血管收缩（包括肾脏血管在内）致肾脏发生营养障碍，因此容易得病。感染、受冷，中医称为外感风邪、湿邪，即所谓有“表证”。

心脏性水肿常见于心力不足之时，或其他静脉性环流障碍，器官内高度的静脉郁血。营养不良性水肿则由于营养不良，血中蛋白缺乏所致。这两种水肿，都是由机体内部器质性病变引起，中医称为“里证”。

基上所述，则《金匮》所载的风水、皮水，似属急性肾炎水肿，正水似属于心脏性和营养不良性水肿。至于石水，根据“脉沉”“腹满不喘”症状来看，又似属于门静脉肝硬变的腹水。

（三）

上面说过，“腰以下肿当利小便”适用于正水、石水，也就是现代医学所称的心脏性水肿和营养不良性水肿，同时也概括了门静脉性肝硬变腹水在内；“腰以上肿当发汗”适用于风水、皮水，也就是现代医学所称的急性肾炎。

为什么腰以下肿当利小便？个人认为这是寓有“其在下者引而竭之”之意，是一种因势利导方法。这种方法，基本上适用于各种类型的水肿，但必须具有下列两种情况：一无全身发热、恶寒、头痛等表证者。二、小便不利，短赤黄涩者。所以它对心脏性水肿，营养不良性水肿以及门静脉性肝硬变尤为适合。因这几种病一般没有表证，同时体质比较衰弱，不宜于发汗，只可从下而利。至于肾炎水肿进入慢性时期，表证已解时，也同样宜于利小便。

利小便方法很多，一般可分为内服药物和外治两种。具体应用时，又须视病因、症状的不同而异。

1. 内服药物

（1）一般水肿，小便不利，通常使用甘淡苦温渗湿法，如四苓汤、五皮饮、茯苓白术汤等，或于甘淡之中稍佐辛温以化气行水，如五苓散、苓桂术甘汤、茯苓导水汤等。水肿兼里热，表现有口渴咽干或心烦，口糜者，宜清热利水，如用桂苓甘露饮、导赤散、猪苓汤等。久病肾虚，真阴亏损表现头昏、耳鸣、少气、腰酸、足冷、小便不利者，必须温补肾阳，如桂附八味丸、济生肾气汤之类。

（2）许多民间单方草药治疗水肿，能够促进排尿作用，使小便增多，从而达到消除水肿的目的。过去有些医务同志认为单方草药只有经验，没有理论，不属于“辨证论治”范围，不愿意使用；有的则认为单方草药有利无弊，不论何证都可随意使用。显然，这样看法都是片面的。其实单方草药有它的理论根据，不过目前尚停留于实践阶段，还未提高到理性认识；至于临床使用也不是一概而论，同样必须审证求因加以抉择。目前福建各地治疗水肿所使用的单方草药种类很多，兹举最常用的几种介绍如下：①披地挂（一名地枇杷）每次用鲜生药二两或干的一两，水煎后加红糖二两，早晚各服一次。主治水湿内聚，全身浮肿，尤以下肢肿甚；寒多者加生姜一两同煎。②萝卜子壳五钱，水煎服。③干菜豆壳（据笔者经验其他食用豆壳亦可）一两或匏壳（胡芦壳）干的四两，烧灰后冲入开水两大碗，过滤去灰，取水煮米饮服。以上②③两种，任择其一。通治水肿初起，尤以下肢肿甚，病人脾胃较虚弱，不能胜湿者宜之。④鲜石菖蒲四两（干的二两）煎汤煮米饮服，适用于心脏性水肿。⑤败酱草四两至半斤，水煎服。适用于肝硬变腹水伴见下肢浮肿之时。⑥蕃薯一个约半斤左右，烧成炭，开水冲燉服，对心脏性及营养不良性水肿很有效。（这是笔者经验方）

2. 外治法

（1）针灸：一般水肿可针刺关元、气海、水分、天枢、委中、足三里、三阴交、行间等穴，每次轮取两三个穴位，使用平补平泻（中等度刺激）法。体质较虚寒者，加灸神阙、肾俞、关元、气海、足三里等穴。

（2）外敷：①蒜头一个，麝香三厘，共捣细敷脐部。②食盐一至二两炒热，纱布包，敷脐部。③鲜地棉根（芫花根）取其里皮五分至一钱，捣细敷印堂穴。

利小便法的应用范围虽然很广，但体质过于虚弱，或小便清白者，也要慎重考虑。

为什么“腰以上肿当发汗”？就个人所知，具有下列几方面原理：一人体内水分的排泄，除经肾而出外，也可经肺和皮肤排出。施用汗法的目的，是希望通过辛温解表药物或其他有效方法，使水液由汗腺排泄，即中医所谓“开鬼门”。根据现代生理学家研究，人体出汗区域以前额、颈部、躯干的前后面、腰部、手背、前臂为最多，腹部及足底出汗最少。腰以上肿是水多停蓄身体上部，所以使用汗法实寓有“在高者因而越之”之意，也是一种因势而导方法。二、发汗蒸发水分时，并能带走一定分量的热，因此对水肿有表证发热者可用。三、发汗能促进血液循环，帮助机体抗御外来侵害物，并由于血液循环旺盛，相应地缓解了恶寒、恶风、身痛等症状。四、汗法有兴奋心脏作用。由于心脏作用加强，血压升高，可因此使肾脏排泄功能增加。所以汗法适用于腰以上肿，特别是急性肾炎水肿；至于其他类型水肿而有表证出现时也可使用。

发汗方法也可以归纳为内服和外治两种。内服药物如初起时，表邪较重，水肿较轻的，可用葱豉汤、麻黄汤等；热较盛的用越婢汤；水肿较重表证未解的用小青龙汤；有表证但又微有阳虚的用麻黄附子细辛汤；水肿发生多日，表证缠绵未愈而又微有阳虚现象时，用桂甘姜枣麻辛附子汤，等等。但内服药物发汗消除水肿，在临床上的应用机会比利小便法较少，必须掌握有表证出现这个要点。

外治法以药物蒸汽疗法效果较好，也较安全。近来各地都在应用这种疗法，解决了好多疾病，尤其对水肿的疗效更为显著。这是发掘和提高了祖国医学遗产中的外治疗法的一种新成就，值得我们深入研究推广。

（四）

“腰以下肿当利小便，腰以上肿当发汗”仅是一般治疗原则，并不是绝对的。事实上，中医各种疗法都不是孤立的，往往是相互联系，相互配合着。临床上治疗水肿，通常见到发汗与利小便药物同时并用，取上下分清方法，如我们所熟知的防己茯苓汤、防己黄芪汤、苓桂术甘汤等皆是。

必须特别提出的，中医认为水肿的发生，主要是由于人体气化失调的结果。在脏腑经络方面，主要是属于肺、脾、肾三经病变。三经中，脾之与肺、肺之与肾各具有“母子”关系；而脾对肾又有制约作用。它们之间是彼此关联，互为因果的。因此古人认为水肿是由于肺气不降，三焦水道不调，肾虚不能行水，脾虚不能制水所致。这种说法是有一定的理论根据的。上述利小便法一般说即所以治肾（也包括膀胱），发汗法即所以治肺，但这两种治法基本上还都是属于治标性质（其中桂附八味丸、济生肾气汤等还算是治本）。如果久病脾虚，病者表现有食欲大减、精神困倦、四肢无力现象时，即须注意温中健脾，使脾气旺盛，升降运行裕如，则水肿自能获愈。这才是治本方法。笔者前两年在参加大规模的防治血吸虫病的工作中，对晚期腹水伴见全身浮肿病人，当脾气虚亏之际，汗之不可，利之又不行，后来每用很平常的温中健脾方药，如六君子、理中、归脾、补中益气等汤，竟收到满意效果。虽然是一得之见，也愿附此提供同道们参考。

当提到治本时，每每有些同志思想上很快就联系到归、芪、参、术、葡萄糖、维生素等方面药物，或者强调饮食营养，这样的看法也是片面的。我认为治本方法也是多种多样的；使用归芪之类补气血、桂附之类温中、参术之类健脾，或者是使用葡萄糖、维生素，给予高蛋白饮食等，固然是治本，而应用温中健脾的单方草药也未尝不是治本。例如本省浦城县用细米糠、生姜、红糖，长乐县用艾叶、苍术、甘草，以及上面所介绍的豆壳、蕃薯炭之类，都要提高到治本范围。运用温和灸也是一种治本方法。笔者过去治疗水肿病者，在治疗过程中或浮肿消退时，均与灸足三里、神阙、关元、肾俞、气海等，都能促进和巩固疗效，防止复发。

对体质虚弱患者忌妄施攻伐，又是消极的治本方法。笔者有一次在××医院会诊一个慢性病并发水肿病人，虽然水肿是初起，但病者元气已亏，不能治标，只可治本，建议双补脾肾缓缓图功。可是主治医师为急于取效，经过两三天见病情未有好转，认为中药攻水既不可用，不妨使用西药消水，给注射“沙利汞”一针。结果水肿虽然一度消退，但过两日，浮肿更甚，食欲锐减，大便溏泄，神疲气懑，再邀我会诊。我细阅病历说：中西药物虽有不同，但在人体作用机理亦有相似之处；中药攻消既不可用，西药攻消当然也不适宜。遂殷切告诫此病不能操之过急，只可温肾健脾，浮肿自能消退。后来严守这样治法，经一月余才愈。可见滥施攻消，在一定程度上对病者是有损害的。

还需要特别提出的，所谓治本方法，除了采取适当的治疗措施外，更要重视调动病人的主观积极因素。首先是医务人员必须树立同情患者疾苦的正确态度，把有关水肿病的常识教给病人，使患者能够掌握怎样治疗自己的病。指导病者要经常保持精神愉快，尽量避免不应有的刺激；时常练习气功、太极拳等医疗体育；多参加社会活动，加强政治学习，向往社会主义和共产主义远景；使思想觉悟提高，情绪乐观，精神充沛，增强必愈信念。这样，有了医务人员全心全意为病人服务的作风，又调动了患者的主观能动性，再加上适当的医疗措施，一定会获早愈并巩固疗效。这些，提到原则高度来说，都是属治本的主要方法。

［《江苏口医》1961，(3)：7］

《金匮要略》脉学的探讨

李　飞

脉学是中医学的重要组成部分，首创于《内经》，迨至《难经》又作了进一步的推演。脉学的广泛运用于临床，则以张仲景所著的《伤寒论》及《金匮要略》为最早。其中尤以后者对脉学的论述，更为详博、周到而细致，于后世脉学的发展，具有指导作用的价值。本文仅就《金匮要略》的脉学，作初步的探讨，就正于先进同道。

一、《金匮要略》的脉法

仲景脉法，在《金匮要略》中采用了以下二种诊脉方法：

1. 寸口三部法　这种脉法，即《难经》独取寸口的方法，也是现代临床习用的切脉方法。寸口三部法的理论在《难经》中论述得很清楚。《难经》一难云："十二经中，皆有动脉，独取寸口以决五脏六腑死生吉凶，何谓也？然。寸口者，脉之大会，手太阴之脉动也。"其意思就是说，寸口是十二经脉聚会的地方，而寸口为手太阴肺经的动脉，肺为诸脏的华盖，主通营卫阴阳，故十二经皆会于寸口。

寸口三部脉法在《金匮要略》中，通常单以"脉"字或"寸口"代表，如血痹虚劳病篇："脉大为劳"；"脉虚弱细微者，善盗汗也"。肺痿肺痈咳嗽上气病篇："寸口脉数，其人咳……"；"寸口脉微而数，微则为风……"等皆是其例。以上所述的脉和寸口都是概括寸、关、尺三部而言的。亦有"寸口"与"关上"，"寸口"与"尺中"，甚至寸、关、尺三部同时并举的。如血痹虚劳病篇："脉自微涩在寸口，关上小紧"；"寸口关上微，尺中小紧"，以及腹满寒疝宿食病篇："寸口脉浮而大按之反涩，尺中亦微而涩"等。此处所言的寸口，则仅是指关前的寸部，与举寸口以概括三部者不同。

必须指出的是，《金匮要略》中所论的寸口三部脉法与《内经》三部九候论所说的不同，而与脉要精微论和《难经》所说的三部九候的精神则是一致的。《难经》十八难说："三部者，寸关尺也，九候者，浮中沉也。上部法天，主胸以上至头之有疾也。中部法人，主鬲以下至脐之有疾也。下部法地，主脐以下至足之有疾也。"这是以寸、关、尺配天、地、人，把人体分为上、中、下三部，胸以上至头为上部，候在寸口；膈以下至脐中为中部；候有关上；脐以下至足为下部，候在尺中，试以《金匮要略》五脏风寒积聚篇所载："诸积大法，脉来细而附骨者，乃积也。寸口，积在胸中；微出寸口，积在喉中；关上，积在脐旁；上关上，积在心下；微下关，积在少腹；尺中，积在气冲"等与之相对照，若合符节。肺痿肺痈咳嗽上气病篇对肺痿、肺痈之病，多举寸口之脉，亦属此种分配方法，因为肺痿、肺痈的病变在于胸中之故。

2. 寸口、趺阳、少阴法　这种脉法是寸口脉、趺阳脉、少阴脉结合进行诊察，可以称为手足合参的方法。趺阳脉候脾胃之气，诊在足阳明胃经的冲阳穴处。少阴脉以候肾气，诊在足少阴肾经的太溪穴处。冲阳与太溪二穴，具在足部。仲景论脉主张不仅按手，而且必须切足。他在《伤寒杂病论》序文中批判当时的某些医生时指出："按寸不及尺，握手不及足，人迎趺阳，三部不参，动数发息，不满五十……。夫欲视死别生，实为难矣。"说明他在诊脉方面的整体观念，以及在医疗上的慎重态度。

在这种脉法中，有寸口、趺阳对举的，如水气病篇："寸口脉浮而尺，……趺阳脉浮而数"；"寸口脉迟而涩，……趺阳脉微而迟"等。有趺阳合尺脉对举的，如黄疸病篇："尺脉浮为伤肾，趺阳脉紧为伤脾"，即是其例。亦有寸口、趺阳、尺中并举，以及寸口、趺阳、少阴同举的，例如水气病篇："寸口脉沉而迟，……趺阳脉伏……少阳脉虚，少阴脉细"等。这些都是手足合参的脉法。

除此，在《金匮要略》脉法中，单独诊趺阳与少阴脉者，亦不少见。如中风历节病篇。"趺阳脉浮而滑，滑则谷气实，浮则汗自出。""少阴脉浮而弱，弱则血不足，浮则为风，风血相搏，即疼痛如掣。"由于少阴脉以候肾气，趺阳脉以候脾胃之气。而肾为先天之根本，阴阳生化之源，脾胃为后天之根本，营卫气血之源泉。所以趺阳与少阴脉法在《金匮要略》中占一定的比重，是有其重要意义的。

二、脉与四时关系的论述

《金匮要略》中非常重视人体与自然界之间的密切相联而不可分离的关系。首篇脏腑经络先后病脉证中说："人秉五常，因风气而生长，风气虽能生万物，亦能害万物。"就是指出人秉阴阳五行之常，而其生与长，则实由风与气。并以"如水能行舟，亦能覆舟"的形象比喻，来说明人体与自然界之间的相互影响。脉合四时，在正常情况下，《内经》中已论之甚详。《素问》脉要精微论说："万物之外，六合之内，天地之变，阴阳之应，彼春之暖，为夏之暑，彼秋之忿，为冬之怒，四变之动，脉与之上下"。《金匮要略》中除述及生理上的影响之外，着重指出如脉与四时不相适应，则能使人体导致病变。脏腑经络先后病篇说："寸口脉动者，因其王时而动。假令肝王色青，四时各随其色，肝色青，而反色白，非其时色脉，皆当病。"此条前段说明脉象应与四时气候的变化相适应，后段则举肝脏为例，说明如果色脉与时令的旺时不相适应，都能产生病证。血痹虚劳病篇说："劳之为病，其脉浮大，手足烦，春夏剧，秋冬瘥。"指出虚劳病证的阴虚患者，在春夏二季，由于木火炎盛，阴气更形耗损，病情势必加重；秋冬则金水相生，阴气内藏，故致病情稍差。这些都是本书具体的有关脉与四时关系的论述。

三、《金匮要略》脉学的运用

《金匮要略》对脉学的运用范围，包括主病，阐述病机，确定治疗原则，推断预后等几个方面。

1. 脉象主病　脉象的主病，在《金匮要略》中包涵着二个内容。即同一种疾病，可以见到数种不同的脉象；而同一的脉象，又可在数种不同的病候中出现。兹分论之：

一病可见数脉，通常由于以下几种因素：①病变的部位不同：病变所在的部位有表里之别，因之脉象也随之而有所不同。一般而论，脉浮者为病在表，脉沉者为病在里。中风历节病篇就："寸口脉浮而紧"，就是因风邪外中而引起的中风之脉。②病候的类型不同：任何一种疾病，由于感受的病邪有异，正气盛衰的变化，常在临床上产生多种不同的类型。因此同一疾病表现不同的脉象，亦是易于理解的。譬如腹满有寒热血虚之分，因之见到微弦、弦紧、数实或洪大等脉象。它如水气病属于脾虚不能制水所致者，多趺阳之脉有异；属于肾虚不能摄水者，多少阴之脉失常。③邪正消长的演变：人体每当邪气侵袭之后，内在之正气即奋起而抗邪，因此每一种疾病的转愈或增剧，实质上就是邪正消长的不断变演。通常在邪正的演变过程中，可能出现以下四种情况，即邪盛正盛、邪盛正衰、邪衰正盛、邪衰正复。现就《金匮要略》中所论举例就明之。

附　表

邪正演变	举　例	说　明
邪盛正盛	下利……脉大者，为未止。（呕吐哕下利病篇）	下利见脉大，为邪气虽强，但正气亦盛，邪正相搏故为未止。
邪盛正衰	下利，寸脉反浮数，尺中自涩者，必清脓血。（同上）	寸脉浮数为热邪有余，尺中自涩则属血分瘀滞。是以挟热而圊浓血。
邪衰正复	下利……脉微弱数者为欲自止，（同上）	下利脉微弱，表明邪气已衰；脉微数则为阳气来复，故知病将愈。（如过数则为病进）
邪衰正衰	久咳数岁，其脉弱者，可治。（痰饮咳嗽病篇）	咳嗽迁延数年之久，正气已虚，脉弱者，表明邪气亦衰，故病属可治。

其中应注意者，为邪正消长的演变，与病程长短，病证新久以及患者的体质情况，有着密切的关系。

一脉可主数病，即相同的脉象，可在数种不同的病候中出现。由于脉象是正气抗病的体现，虽然疾病各别，但其正气的抗邪必不因病而异，所以亦可出现同一的脉象。《金匮要略》载弦脉既见于疟疾、虚劳等病篇，又见于胸痹、寒疝、痰饮等不同的病候中，即可为证。以上三种病候名虽不同，但其有时表现的病情性质有着相同之点，故均能出现弦脉。

其次，脉搏的有力与无力，又可主虚、实不同的病证。如浮脉多主表证，或说明病位在上。浮而有力者，多主表实；浮而无力者，多主表虚。《金匮要略》中载桂枝附子汤证的脉浮虚而涩，即是其中之一例。但是浮脉在内伤病候中亦有主里虚者，例如血痹虚劳病篇："男子面色薄者，主渴及亡血，卒喘悸，脉浮者，里虚也。"不可不知。

除此，《金匮要略》也有论述同一种脉象因于表现的部位不同，而具其主病者。例如脏腑经络先后病篇指出"病人脉浮者在前，其病在表；浮者在后，其病在里，腰痛背强不能行，必短气而极也。"

2. 阐述病机　《金匮要略》中有关病机的记载，往往采用从脉象引伸的笔法。在叙述脉象的同时，结合阐明疾病的病理机转，例如水气病篇对血分的论述时指出："寸口脉沉而迟，沉则为水，迟则为寒，寒水相搏，趺阳脉伏，水谷不化，脾气衰则鹜溏，胃气衰则身肿，少阳脉卑，少阴脉细，男子则小便不利；妇人则经水不通，血不利则为水，名曰血分。"就是从寸口、趺阳、少阴等脉象的变化，以阐述水气病的形成机转，因于肺、脾、肾三脏的功能失调所导致。并说明经水不通，瘀血内结，亦可转化而成水肿。再如呕吐哕下利病篇说："趺阳脉浮而涩，浮则为虚，涩则伤脾，脾伤则不磨，朝食暮吐，暮食朝吐，宿谷不化，名曰胃反。"是从趺阳脉浮而涩，阐述脾气虚损，不能运化水谷，而成朝食暮吐，暮食朝吐的胃反病证。

3. 确定治疗原则　根据脉象变化以确定治疗的原则，是《金匮要略》脉学中所常见的，也是重要的一个部分。通常脉诊在辨证论治中具有关键性的情况下应用。《金匮要略》肺痿肺痈咳嗽上气病篇说："咳而脉浮者，厚朴麻黄汤主之。""咳而脉沉者，泽漆汤主之。"指出咳嗽病证如果见脉浮者，就用厚朴麻黄汤治疗；脉沉者，则用泽漆汤施治。这里的理由何在呢？因为脉浮是病近于表，为表邪挟饮之证，故用厚朴麻黄汤治疗，俾邪从外解；脉沉则病在于里，为水饮内结之象，使用泽漆汤治疗，目的使病邪从下而解。再从黄疸病篇的酒疸证腹满与欲吐并见，脉浮者先用吐法，脉沉者先用下法来看，亦为凭脉以确定治疗原则的范例。一般来说，腹满为邪结在中、下部，治疗以使用下法为多，但病人如有自欲吐现象者，表明正气有祛邪外出之势，可采用吐法以顺其病机，因势而利导之。今腹满与欲吐并见，则用下抑用吐法，就必须权衡缓急，慎重考虑。仲景指出：“脉浮者，先吐之；沉弦者，先下之”。具体地说明了从症状方面难以议治的时候，对脉象的审察是有决定性意义的。脉浮为病势偏重于上，可以先用吐法；脉沉弦则病势偏重于下，所以先用下法治之。

4. 推断预后　依据脉象推断病情预后的吉凶、良恶，以及治疗的难易，是《金匮要略》脉学的一大特色。综合本书对预后的推断，主要观察以下几个方面：

①脉象与疾病的新久是否相适应：一般来说，新病属实者为多，久病属虚者为多。久病见弱脉为顺、实脉为逆。痰饮咳嗽病篇说：“久咳数岁，其脉……实大数者，死。”就是指出久咳之证，正气必虚，若见实大且数的脉象，为邪盛正虚之象，预后不良。这是脉象与病证新久不相适应的情况。

②脉无胃气的预后多凶：脾胃为水谷之海，人之生育，赖后天以养先天，故脉象之有无胃气在治疗上是极其重要的。《内经》在这方面已有明训。《素问》平人气象论说：“春胃微弦曰平，弦多胃少曰肝病，但弦无胃曰死。夏胃微钩曰平，钩多胃少曰心病，但钩无胃曰死。长夏胃微软弱曰平，弱多胃少曰脾病，但代无胃曰死。秋胃微毛日平，毛多胃少曰肺病，但毛无胃曰死。冬胃微石曰平，石多胃少曰肾病，但石无胃曰死。”这就明确地指出平、病、死脉与胃气的关系。所谓脉无胃气，主要是指无神与无根二个方面。所云无根，是浮取之有，沉取之无。无神大致包括过于弦硬不柔和或至数不齐(中间有代)，往来不匀等。《金匮要略》五脏风寒积聚篇说：“肺死脏，浮之虚，按之弱如葱叶，下无根者，死。”又说：“肝死脏，浮之弱，按之如索不来，或曲如蛇行者，死。”“心死脏，浮之实如丸豆，按之益躁疾者，死。”前者肺死脏是由于无根，后二者肝与心死脏，是由于无神。总之，脉象的不论无根与无神，都为无胃气的表现，故俱属死证。

③脉证不符：病脉与症状，同样是机体在病变过程中的反映，二者通常是一致的。若脉证不符，甚或相逆，治疗常有困难，预后亦有不良者。呕吐哕下利病篇说：“胃反，脉紧而涩，其病难治。”痰饮咳嗽篇说：“脉弦数，有寒饮，冬夏难治。”胃反病证系脾胃阳气衰微，不能运化水谷之候，脉紧为寒盛，脉涩为阴血不足。胃反而见紧涩脉象，为阴阳并衰之象，故属难治。弦为饮脉，数者为热，寒饮而见弦数之脉，脉证之不符明矣，亦为难治。

结语

综观上述，《金匮要略》的脉学是在《内经》与《难经》的基础上，广泛运用于临床，并且又作了进一步的发挥，给后世脉学的发展有很大的影响，起到承先启后的作用。

脉学在《金匮要略》中涉及到病因、病机、主病、治则、预后等各个方面，并且为本书的重要组成部分，在全书中占一定的比重，因此研究《金匮要略》者，对本书的脉学，实有钻研之价值。

[《江苏中医》1963，(3)：5]

试从《金匮要略》探讨“同病异治”和“异病同治”的规律

张济民

关于同病异治、异病同治的问题，近几年来各地医刊相继发表了不少文章。其中以阐述理论和介绍临床实践为多，对于规律的探讨较少，或虽有讨论，亦不够全面。笔者拟就《金匮要略》中有关这方面的资料，进行分析归纳，举出如下的病治规律，作为讨论和研究的参考。

一、同病异证异因异治

这种规律是：疾病相同，证候、病因（或病机)、治法不同。如痉湿暍篇：“太阳病，其证备，身体强，几几然，脉反沉迟，此为痉，栝蒌桂枝汤主之。”“痉为病，胸满，口噤，卧不着席，脚挛急，必齘齿，可与大承气汤。”两病都属于痉病，但其证候和病机（因）不同，一是病邪在表的太阳经证，一是热邪内结的阳明腑证。故其治疗方法不同，一用栝蒌桂枝汤滋养阴液，调和营卫，驱邪外出；一用大承气汤荡涤肠胃，逐邪下行。

二、异病同证同因同治

这种规律是：疾病不同，证候、病因、治法相同。如痉湿暍篇：“风湿，脉浮，身重，汗出恶风者，防己黄芪汤主之。”水气篇：“风水，脉浮，身重，汗出恶风者，防己黄芪汤主之。”两病不同，一是风湿病，一是水气病。其病因、证候相同，都属于风湿在表，表虚邪实症，共有脉浮，身重，汗出恶风证。故其治法相同，均用黄芪防己汤，调和营卫、固表利湿祛风。

三、同病同证同因异质异治

这种规律是：疾病、证候、病因相同，体质、治法不同。如胸痹篇：“胸痹，心中痞气，气结在胸，胸满，胁下逆抢心，枳实薤白桂枝汤主之，人参汤亦主之。”都是胸痹病，其病因也都由痰饮水气互结于胸中所致，其证候同样有心中痞气，胸满，胁下逆抢心的症状。但是由于病者体质的虚实不同，故其治法也就不同。所以《医宗金鉴》注：“实者用枳实薤白桂枝汤主之，倍用枳朴者，是以破气降逆为主也；虚者用人参汤主之，是以温中补气为主也”。

四、异病异因异证同治

这种规律是：疾病、病因、证候不同，而治法相同。如腹满篇：“痛而闭者，厚朴三物汤主之。”痰饮篇：“支饮胸满者，厚朴大黄汤主之。”其疾病、证候、病因都不同，一是腹痛、便闭的内积气滞证；一是支饮胸满的痰饮内停证。但其治疗方法相同，均可用厚朴、大黄、枳实以荡涤肠胃而达到攻积逐饮的目的。

五、异病异证同因同治

这种规律是：疾病、证候不同，而病因和治法则相同。如肺痈篇：“肺痈，喘不得卧，葶苈大枣泻肺汤主之。”痰饮篇：“支饮，不得息，葶苈大枣泻肺汤主之。”其疾病与证候不同，一是肺痈咳嗽吐脓，一是痰饮喘咳不得息。然其病因则相同，都是肺实壅塞为病，故其治法相同，均用葶苈大枣泻肺汤急泻肺中实邪。

六、同病同证异因异治

这种规律是：疾病、证候相同，病因、治法则不同。如小便不利篇：“小便不利，蒲灰散主之；滑石白鱼散、茯苓戎盐汤并主之。”两证都是小便不利。但是两证的致病因素却不同，所以治法亦各异。一是血郁膀胱，用蒲灰散以理水利尿；一是湿滞下焦，用茯苓戎盐汤淡渗利湿。《医宗金鉴》注：“小便不利，不渴者，癃闭病也。蒲灰散……主水郁于血分；茯苔戎盐汤……主水湿郁于下也”。

七、异病异因同证同治

这种规律是：疾病、病因不同，证候和治法相同。如虚劳篇：“虚劳，腰痛，少腹拘急，小便不利者，八味肾气丸主之。”妇人杂病篇：“问曰：‘妇人病，饮食如故，烦热不得卧，而反倚息者，何也？’师曰：‘此名转胞，不得溺也；以胞系了戾，故致此病，但利小便则愈，宜肾丸主之。’”两病的疾病与病因不同，一为虚劳肾阳不足，下焦寒水不化；一为妇人妊娠转胞，胎气不举，下压膀胱。但其证候却同样有小便不利的主要症状。故其治疗方法皆用八味肾气丸，滋补肾阳以生气，温补肾阳以化气，气化水行，则小便自利。

八、同病同因异证异治

这种规律是：疾病、病因相同，证候和治法不同。如痉湿暍篇：“伤寒八九日，风湿相搏，身体疼烦，不能自转侧，不呕不渴，脉浮虚而涩者，桂枝附子汤主之。”“风湿相搏，骨节烦疼掣痛，不得屈伸，近之则痛剧，汗出短气，小便不利，恶风不欲去衣，或身微肿者，甘草附子汤主之。”两病都是风湿相搏为病。但其症状不同，一仅有身体疼烦，不能转侧；而一则有骨节掣痛，不得屈伸，近之痛剧，汗出短气，小便不利，身微肿等证；因此其治疗方法不同，一用桂枝附子汤温经散湿，一用附子甘草汤助阳化湿。

上述规律，是根据《金匮要略》杂病中的病、因、证、治的异同，进行分析而归纳出来的，它是同病异治异病同治中常见的一些规律。要掌握和运用这些规律，是一个比较重要的问题，其关键在于“辨证”和“审因”（或求病机）。因为不同的疾病，有不同的证候和不同的病因，不同的病因和证候，应用不同的方剂和药物治疗。所以在临床上对于病症异同的治疗，主要的在于“辨证”和“审因”，然后才能决定出治疗的方法。正如徐灵胎说：“天下有同此病，而治此则效，治彼则不效，且不惟不效，反有大害者何也？则以病同而人异也，夫七情六淫之感不殊，而受感之人各殊，或气体有强弱，性质有阴阳，生长有南北，性情有刚柔，筋骨有强脆，肢体有劳逸，年有老少，奉养有膏粱藜藿之殊，心境有忧劳和乐之别，更加天时有寒暖之不同，受病有深浅之各异，一概施治，则病情虽中，而于人之气体通乎相反，则利害亦相反矣。”正确地说明了“辨证”和“审因’在这一问题中的重要性。因此我们在同病异治、异病同治的规律中，应以“证”和“因”的异同关系，来决定病症治疗的同异。

总之，同病异治、异病同治的规律，是进行辨证论治时必须掌握的原则。它在中医诊疗学上，具有独特的医学观点。因此搞清楚这个问题，对于祖国医学理论的认识和指导临床实践，都有一定的帮助。

［《浙江中医杂志》1964，7（3）：1］

再论阳旦证

华廷芳　黑龙江中医学院

1963年《哈尔滨中医》6卷5期刊登王志鹄先生“对阳旦证的商榷”一文，使我得到启发。我以学习态度向王先生请教，并将不同看法及主要问题，提出于下，不当之处，希予指正：

一、关于病机方面

文中王先生指出“自相矛盾，又云归纳华先生所论，认为阳旦证，是脉浮自汗出微恶寒心烦心下闷小便数脚挛急。”（3页16～18行）这样归纳，是把笔者原意弄错了，所以说自相矛盾，并把《伤寒》证象阳旦，和《金匮》真的阳旦证，混为一谈，现重说明如下。

风热阴虚，乃说明《伤寒论》中29条30条的病机，并非说金匮阳旦证的病机。在写出仲景二条原文之后，将各家关于此二条病理，作一阐述，而后提出个人看法，所以主题云，对伤寒论阳旦证探讨。因何引用金匮的阳旦证呢？因伤寒证象阳旦，而非阳旦，那么真的阳旦证是什么，就只有在金匮能找出，故此引证，以做对比。二者的症状不同，当然解释就不一样了，故原稿文末云“不知此二节，既非桂枝证，亦非阳旦证”《哈尔滨中医》1962年4～5期19页26行）；

王先生云“从脉浮自汗出微恶寒小便数心烦脚挛急，症状中亦难看出是风热阴虚，但承认下条是上条注解，并认为是阴阳俱虚。”怎能看出阴阳俱虚呢？根据成无己注解，是成无己注解可凭，还是仲景的原文可凭呢？既不是风热阴虚，仲景为何说：“浮则为风，大则为虚，风则生微热，虚则两胫挛。”这几句说明什么问题，解释什么，目的何在呢？风则生微热，这个热是否桂枝证的表热，当然不是。因29条原文未云脉浮自汗发热，可见这个热，是里热了，更加以微字，当然也不是大实大热了，在微热的基础上，加以虚则两胫挛，综合起来，很明显是虚热了。

虚大致分四种类型：1. 有表虚，里虚，表里俱虚。2. 有气虚，血虚，气血俱虚。3. 有阴虚，阳虚，阴阳俱虚。4. 有经络脏腑某处之虚。一般认为阳可属表，气、腑。阴可属里，血、脏。大致虽如此，但细分之，表里气血脏腑，亦各有阴阳。仅就第三类型论之，阴虚者相对阳盛，治以滋阴和阳，或损阳就阴。阳虚者相对阴盛，治以益阳和阴，或抑阴就阳。阴阳俱虚者，则阴阳双补，总之以平为期。诊察方法，须根据症状，服药转归，救逆治疗等法。如此节仲景明言，风则生微热，虚则两胫挛，很明显说到风热虚。但究竟属于阴虚阳虚或阴阳俱虚，原文微热二字，可见非阳虚乃阴虚。再观误治后变证，阳旦汤乃偏于益阳之品，设阳虚阴盛者，服之立愈。今服后变成厥逆咽干拘急谵语，仲景更明言曰，附子温经，亡阳故也。根据以上仲景本意，故曰风热阴虚。

阴胜则阳虚，既非阴盛，阳因何致虚，仅服桂枝汤，即虚到如此。王先生也承认桂枝汤调合荣卫，发汗有敛汗之功。可见实因桂枝汤加附子增桂，非徒发汗，乃因附子温经，故而亡阳也，阴虚阳盛，故曰反也。再观下文救逆之法，以芍药甘草汤承气汤微溏，纯属抑阳和阴，故曰风热阴虚也，设阴阳俱虚，则阴阳双补矣。

桂枝证通称之为表虚者，乃与麻黄证之表实相对而言，非真虚也。设真虚矣，则当以补虚止汗之法治之，为何仲景反曰当发其汗，宜桂枝汤。可见此之自汗，与桂枝附子汤发汗逐漏不止者有别，故仲景曰虚则两胫挛，而不曰表里俱虚，或曰虚则自汗两胫挛。但是否两胫挛代表上节全文皆属于虚，我们观从治法，即可得出结论，属于阳虚阴虚，或阴阳俱虚。

二、关于出现症状方面

王先生认为“风热阴虚，不能出现脉浮小便数心烦微恶塞脚挛急，并说应该出现咳嗽渴。”我不是这样看法，病因虽一，症状万千，因人体质及邪所受部位，现证不一。虚热与实热不同，实热多渴，虚热多不渴。热在气分与热在血分不同，热在气分多渴，我们在临床中，多用知母花粉白虎汤之类治之。热在血分多不渴，我们多用生地白芍犀角地黄汤之类治之。热在肺则咳嗽，不能因无咳嗽，就说没有虚热。况原文云，风则生微热，热因风生，风为阳邪，容易化热，风热伤阴，致虚胫挛。

三、关于阳旦汤方

在《伤寒》《金匮》原文中，未有明文云及桂枝汤一名阳旦汤，桂枝证一名阳旦证者。因仲景无明文指示，所以后之注家及读者，才有争鸣，意见不一。设有明文指示，则无争鸣矣，故群言淆乱衷于圣，只凭注家，是否正确。如《金匮》“阳旦证续在者，可与阳旦汤。”方子未见，注家云，阳旦汤即桂枝汤。那也有许多注家云，阳旦汤即桂枝汤加附子增桂。还有许多注家说，即桂枝汤加黄芩。

王先生说，方见下利中。《金匮》呕吐哕下利，无提及阳旦证即桂枝证，阳旦汤即桂枝汤。仅根据《金匮》产后阳旦汤注云，方见下利中。那么《伤寒》《金匮》关于桂枝汤方，到处皆是，何必但在下利的桂枝汤，就是阳旦汤，为何不说方见太阳篇中，很难说服人。我认为无论宋本，或赵开美本，凡小注所云，皆后人注解，非仲景原文。

王先生说：《金匮》阳旦汤即桂枝汤。既然如此，仲景为何不说桂枝证续在者，可与桂枝汤，而曰阳旦证续在者，可与阳旦汤。结果还得自注阳旦汤即桂枝汤，方见下利中，多写了十二个字，语法重叠，能提到汉文古奥，言简意赅吗？标新立异，使人无法捉摸，医中之圣，必不为此。

再观阳旦证《金匮》是否即桂枝证。因有心下闷，非桂枝证。所以仲景不曰桂枝证续在者，可与桂枝汤，而曰阳旦证续在者，可与阳旦汤。仲景辨证施治，有是证即用是药，有此药即名这方，分厘不爽，根据用药不同，方名亦异，不但药味不同，方名有异，即药量不同，方名亦因之而变。如小承气汤，厚朴三物汤，厚朴大黄汤，药味虽同，药量不同，方名亦异，治疗目的亦不一致。

王先生说："临床上症状的出现，并不如我们想象的那样，而是复杂多变的，即使同一病邪，侵入不同体质的机体，引起症状，也不相同，往往可出现不同的兼证，在临床上就当善于抓住主要矛盾，辨证施治，其心下闷一证，就为妇人产后一兼证……和整个证候，比较起来，只属次要的，故曰可与，否则完全合乎桂枝证，则曰主之了。"我不同意这样看法，临床中症状复杂，当然不能要求简单一致，象书本所说和我们想象的那样。应抓住主要矛盾，但也不能忽视次要矛盾，否则就谈不到辨证施治，而以一方可以通治百病了。如仲景在《伤寒论》中，使用桂枝方，出入加减，不下数十方。因其主要矛盾，不离桂枝证也，随方加减者，因次要矛盾，必须治疗也，经方要求严格，和后人治病不同。如《伤寒》《金匮》原文，凡有主之，皆在适应证条件之下，必须以本方治之。如经误治后，或日久本证仍在者，则曰可与。"如太阳病，下之后，其气上冲者，可与桂枝汤"，其他之例很多，不便枚举。即以妇人产后本条而论，阳旦乃属杂病范畴，非产后必有之证。但以产后得之，且经数十日之久不解，而阳旦证续在者，故曰可与。着眼处在虽久，引起下文可与，示人不可畏其产后或日久，而不敢用，非因有心下闷一证，而曰可与也。

王先生云"仲景对兼证，亦相当重视。"既云重视，采取如何措施呢？桂枝证用桂枝汤，有心下闷亦用桂枝汤，能说到重视和辨证施治吗？

四、关于治疗方面

王先生说，"伤寒脉浮，自汗出，小便数，心烦，微恶寒，脚挛急，对此治当用桂枝加附子，故云因加附子参其间，为表里兼治之法，桂枝和荣卫，去风邪，加附子温经，阳复则津液自生，若相反不加附子则经文已明云，按法治之而增剧。"（65页36－39行）很明显是说在误治变证前，应用此方治疗。但为何增桂令汗出呢？既然桂枝汤能造成亡阳，为何仲景桂枝汤加附子，还要增桂令汗出，这不更造成大亡其阳吗？桂枝加附子，是否并补阴阳，我看偏于益阳，并不能补阴。既由于外感中风，承认桂枝汤去风邪，还说桂枝汤有发汗敛汗之功，这样吃了桂枝汤，正为对证，决不能因未加附子，即变生这样坏病。

王先生说"阳复则津液自生。"这时尚未亡阳，因何用附子复阳。更看仲景原文"附子温经，亡阳故也"按王先生这样解释原文，又好象在误治之后，造成亡阳，应以桂枝汤加附子回阳，那也不能增桂令汗出，更不能作甘草干姜汤，以复其阳。可见此方用于误治前不治，用于误治后亦非。陈修园注解《金匮·产后阳旦证》云：《伤寒论·太阳篇》，有因加附子参其间，增桂令汗出之句。言因者，承上病象桂枝，因取桂枝汤之原方也，言增桂者，即于桂枝汤原方外，更增桂枝二两，合共五两是也，言加附子参其间者，即于前方间，参以附子一枚也。孙真人与此数句，未能体认，反以桂枝汤加黄芩，为阳旦汤，后人因之，至今相沿不解，甚矣读书之难也。然此方《伤寒论》特笔用令汗出三字，大是眼目。其与桂枝加附子汤之治遂漏者，为同中之异，而亦异中之同。盖止汗漏者，匡正之功，令汗者，驱邪之力，泛应曲当，方之所以入神也，上节里热成实，虽产后七八日，与大承气汤，而不伤于峻，此节表邪不解，虽数十日之久，与阳旦汤，而不虑其散，此中之奥妙，难与浅人道也。阳旦汤方，坊本俱作桂枝汤加黄芩，今因伤寒论悟出，是桂枝汤加附子增桂。唐容川、谢观等同意上方。张锡纯答徐韵英伤寒论阳旦汤之商榷"阳旦汤即桂枝汤增桂加附子……其失处在证原有热，因脚挛急，误认为寒，竟于桂枝汤中增桂加附子，以致亡阳，遂至厥逆。仲景因门人之间，重申之而明其所以厥逆之故，实因汗出亡阳。"其他诸家，类同上论者，不便枚举。综上所论，可见用阳旦汤造成亡阳。非亡阳之后，而用阳旦汤也。

五、阳盛亡阳与阴盛亡阳

阴盛亡阳与寒厥，阳盛亡阳与热厥，其病机是一致的，仅病情轻重，出现症状有所不同耳，但不能将二者亡阳相混淆。我们如何辨认属于阳盛或阴盛亡阳呢？只有凭症状，误治转归，治疗救逆。如三阴证，下利清谷，脉微欲绝，四肢厥冷，大汗不止，小便清白，恶寒身踡等症状，这属于阴盛亡阳。得之原因，误行汗吐下，或过服凉药，或脏腑寒盛。治以四逆汤，通脉四逆汤，白通汤，附子汤等大辛大热之药，决不能稍加凉药。热盛亡阳，虽有四肢厥冷、自汗，但无下利清谷，小便清白，恶寒身踡，大汗不止，脉微欲绝等等寒证。原因热盛造成，或过服热药，正如原文附子温经亡阳故也。治法初虽回阳，药味药量不同，续则以凉药收功。如王先生所说清下之法，我们看芍药甘草汤之清法，承气汤之下法自知。

但是否亡阳之后，一切因热造成症状，必须消失，仲景明文可察，“得之便厥，咽中干，烦躁，吐逆。”正因为这一切热证未消失，才能断定为热盛亡阳。如“作甘草干姜汤，与之以复其阳。”可见亡阳才须复阳，热证未消失，方用芍药甘草汤，其脚即伸，用承气汤微溏，以止其谵语。古今书籍及临床实践中，很少看到因寒盛或阴阳俱虚，而谵语的。《伤寒论》云：“实则谵语，虚则郑声，郑声者，重语也。”

总　结

桂枝证是头疼发热，汗出恶风，鼻鸣干呕。阳旦证在上有症状，加一心下闷，故方在桂枝汤原方加附子增桂，而曰阳旦汤。证象桂枝，即阳旦证有心下闷，不是桂枝证，而象桂枝证，只此一证之差，否则差的太多，人人能辨，即不能误治矣。证象阳旦，则伤寒脉浮，自汗出，小便数，心烦，微恶寒，脚挛急，象阳旦证而实非，所异者，因有小便数，脚挛急也，故误与阳旦汤而增剧。综合以上个人看法，认为阳旦证非桂枝证，阳旦汤亦非桂枝汤。不当之处，希同志们批评指正。

［《哈尔滨中医》1964，（4）：43］

论金匮肾气丸的类方

汤辅康　湖北鄂城医院

“金匮肾气丸”是仲景的名方之一，受到后世医家的重视，并在临床实践中灵活化裁，大大发展了该方的效用。探索一下古今医家对该方的推衍运用，不但扩展了该方治病的范围，对我们如何灵活运用古方以治今病，也会得到一些启发。

一、方药组成及其方意和法则

1. 药物组成　地黄、山药、萸肉、丹皮、云苓、泽泻、肉桂、熟附子。

2. 方名的取义及其变化法则　肾为水火之脏，有调和阴阳之功，阳动则气化，阴静则精生，阴阳协调则人体气机蓬勃，脏腑机能不断运化。是以人之生长，有赖于肾中动气和胃中谷气。今以肾气名方，其主要作用，端在温化肾气。后人从此方中悟出，阴液虚而不能制阳，遂去肉桂、附子加知母、黄柏来育阴抱阳，正合《内经》“阴平阳秘”之旨，于是创造了知柏地黄丸，并把肾气丸易名为桂附地黄丸，一治阴液不足，虚火内炽诸病；一治肾阳亏损诸症。王太仆指出该方为：“益火之源以消阴翳，壮水之主以制阳光”，确立了这两个方剂的初步理论。可见肾气丸一方能加减运用，可从阴阳二类方剂发展。

3. 该方的病理作用　熟地滋阴补血生精，山萸温肝逐风，涩精秘气，丹皮退蒸凉血，泻君相之伏火，山药补脾清热以固肾，茯苓渗湿而交心，泽泻利水而明目，加之肉桂温命门之火，附子补肾中之阳。若去桂附而加知柏，取其倾折相火而滋肾阴，此二方阴阳悠分，寒热各别，后人于桂附八味丸上加牛膝车前治肾阳衰的水肿病，又在知柏八味丸上加龟板猪脊髓治肾阳亏的骨蒸病，更进一步开辟了这两类方剂的治疗法门。

4. 配合法则　疾病的构成不外内因与外因。内因是由本身内部机能衰减，外因是由自然邪气侵袭，二者都能使人体中阴阳失去调节，形成气血偏胜而发生疾病。治法不外补泻两途。补者重在扶正，泻者主要祛邪。此方有熟地补肾水，泽泻泄肾火，丹皮清肝火，山萸逐肝风，山药补脾虚，茯苓渗脾湿。若进一步补肾阳则加桂附，滋肾阴则加知柏。两方一开一合，法则森严，配伍加减不容混淆。

二、从唐宋金元时代来看肾气丸所发展的类方

肾气丸为汉·张仲景创制，首见于《金匮要略》用以治脚气、虚劳、消渴、痰饮以及妇人转胞等五种疾患。晋葛洪的《肘后方》所载建中肾沥汤法诸丸方，仍沿用仲景肾气丸原意。唐·孙思邈在所著《千金方》上曾载有本方，其附注有：“仲景

云，常服去附子加五味子；姚公云，加五味子三两、苁蓉四两；张文仲云，五味子苁蓉各四两”，同书又有三石肾气丸、五石肾气丸之制。可见唐人对此方的加减演变，却未违背仲景制方原意。就是孙思邈的无比薯蓣丸治疗虚劳百损，也是从此方化裁而来的。更有加玄参伍熟地以滋肾，加芍药伍丹皮以滋肝。到了宋代，对此方的如减运用更见灵活。严用和论疾制方，着重阴阳平衡，喜用刚柔并济，不但见效速而无后患、并且把肾气丸的运用发展更推进了一步。例如他用以治虚损的十补丸，就是肾气丸加鹿茸、五味。治肾经亏损的加减肾气丸，是八味丸加鹿角、五味、沉香。治肾虚腰痛、脚肿，小便不利的济生肾气丸，为桂附八味丸加牛膝、车前，这都是从刚性方药中加入柔药、柔性方中加刚药以斡旋其中而制其偏。钱仲阳在儿科方面，体会到小儿为稚阳之体，阴气未足，阳气柔弱，过多用香窜药非但耗阴，且易伤阳，故注意到柔润养阴，将金匮肾气丸减去附桂，定名为地黄丸。用以治小儿肾怯失音、囟开不合、肾疳骨疳等症。迨后在地黄丸的基础上演变的方剂更多。陈自明从治妇科疾病上悟到妇人体阴而用阳，法宜养肝滋肾，也喜用六味丸，八味丸，并创制了益阴肾气丸（六味加当归、萸肉、五味子、生地）治妇人诸脏亏损、潮热盗汗、月经不调等症。他们从内科、妇科、儿科等疾病中，采用肾气丸加减，主张以柔济刚，以阴调阳，而制其偏，从而为后来的滋阴派开辟道路。金元时代，由于学派的竞争。对地黄丸的研究与使用颇不乏人。刘河间的地黄饮子是在肾气丸的基础上化裁出来的，用来滋肾阴、补肾阳、安神开窍，以治肾阴不足不能抑制心火等证。刘氏的学说着重治“火”，只能在清火方面来发展。而李东垣学说着重“内伤”，认为内伤发病多起于元气不足、阴火独旺，创制了明目地黄丸（六味丸加生地、归尾、北味子、柴胡）以治内障。其门生王海藏继承了这种学说创制了都气丸（六味丸加五味）和泻肾丸（六味丸加芒硝），这都可以说是地黄丸的类方。朱丹溪综合他们几家的学说，发现温热补阳有耗竭真阴之弊，遂创“阳常有余阴常不足”的理论，主张滋阴降火，反对“局方”辛燥，因此，他采用了八味丸、济生肾气丸、无比山药丸以及阳氏还少丹去楮实，易名滋阴大补丸以治阴虚火旺诸证，虽以滋阴名方，实则还是地黄丸的变法，不过他这种滋阴的主张，却替明代的温补滋肾学派指出了一定的方向，这是值得我们深究的地方。

三、明代温补滋肾学派的成长

明朝初期戴思恭，是朱丹溪的弟子，受丹溪学术思想的影响，一般治法大多着重补阴。迨薛立斋出，运用丹溪补阴丸以治阴虚病，效果不够理想，乃更多应用六味丸，奉为补阴之剂，并结合其他名方，广泛运用于临床，如培元气、补肾阴则合补中益气汤，月经不调、两胁胀闷则合逍遥散。治肾水不足、虚火上炎、咳唾脓血、发热作渴、小便不利则合生脉散。另外还有九味地黄丸及抑阴地黄丸等方。从临床经验中获得不少体会，认为肝肾得治则君相之火可以自安，对后来景岳所说的“阳非有余阴亦不足”的理论大有启发，成为辨证治疗的依据，形成了明代温补学派的阶梯。自张景岳和赵养葵二氏出，根据《难经》“左为肾，右为命门”的理论，严格地把肾区分为二：一以司水，一以司火，认为人的真阴真阳皆由此而出。所以张景岳在治疗上主张慎用寒凉以免伤人真阳，慎用攻伐以免伤人真阴，辨证时着重了解命门水火的盛衰，而在肾气丸的基础上化裁出左归饮、右归饮，和左归丸、右归丸等名方。变温化肾气为温补元阳，临床运用，效果非常显著，使肾气丸与地黄丸等类方，更有所发展。而赵养葵氏在同样理论思想指导下，大力倡用此类方剂，其主张比张景岳还要激烈。他认为命门为一身之主，强调人身真水、真火、真阴、真阳二气的重要，辨证须从水火阴阳二气的盛衰着眼。指出火之有余实由于真水之不足，宜补水以配火，用六味丸壮水以制阳光。火之不足，因而反见水之有余，故不必泻水，宜于水中补火，用八味丸益火而消阴翳。极力推崇运用此二方对杂病范围中的痰、血、喘、满、渴等病进行治疗。他在痰论篇上说：用二陈之类治痰，皆治标之剂，应该学仲景治气虚有痰用肾气丸补而逐之的治本疗法。水泛为痰者，用八味丸补火，水沸为痰者，用六味丸补水。在喘论中也提出：阴虚之喘，宜六味丸加麦冬、五味子剂煎饮，使水升火降而喘定。阳虚之喘，宜用八味丸煎人参生脉散、或八味丸加紫河车等，以助元摄真平喘。不但充实了温补滋肾派的理论，同时也进一步发展了肾气丸类方的运用。

四、清代复古派的批判和温热派的运用

清代精心研究这一学说的医家，要推高鼓峰氏，他一面接受了薛立斋以“六味”与其他方剂合用外，又继承了张、赵二家的学术思想，并通过临床实践更获得了一些经验，在理论上也作了适当的补充，例如：“补先天之阴虚，六味、左归是也，

补先天之阳虚，八味、右归是也”。其理论思想也着重真阴真阳，所以更特别指出：“肾虚不能纳气者，用都气丸，过服乌附者，用知柏八味丸，无根之火狂越于外者，用人参桂附八味丸，伤寒发热、胁痛、耳聋、口干、舌黑、邪不能清者，用疏肝益肾汤（六味加柴胡、白芍），臌症用济生肾气丸加减。不独如此，他还用六君子汤合六味丸来治咳嗽，取其补土生金、滋水涵木的作用。治命门火衰、脾阳不运、生气不旺的虚症，用大剂养荣丸加附子煎汤，吞八味丸。治阴虚劳怯的虚症，用归脾汤去木香加麦冬、五味，吞六味丸。这些复方合用的方法，在临床运用上都具有一定的致理和实用价值。可惜没有被当时的医家所重视，相反地，还遭到复古派的批判和攻击。表现最突出的就是陈修园对张景岳的《新方八阵砭》，徐灵胎对赵养葵的《医贯砭》。他们不能从实际出发，专从表面上看问题，挑剔缺点而抹煞优点。自是以后，这种学术的发展，受到很大打击，但真理实效终难掩没。如清代不少医家大都喜欢施用，虽然未提出什么意见和看法，但从他们所写的医案中可以看出。例如叶天士用地黄汤加青铅治阴虚阳亢的头痛。用地黄汤加龟板、磁石、阿胶、五味子治阴虚咳逆上气。用地黄汤加川芎、归身、菊花、枸杞治两眼视物不明。王九峰用六味汤加菟丝子、枸杞、杜仲、鹿胶治肾虚清气在下所生之飧泄病。尤在泾用六味汤去山药、山萸，加柴胡、炙草、鳖甲、当归治痨瘵及阴虚痃疾。又用附桂八味丸去桂加沉香、五味、车前治痰饮咳嗽。薛生白用六味汤去丹皮、泽泻，加芡实、连须、金樱子、旱莲草、龙骨治遗精。王旭高用桂附八味丸去附子加五味、磁石治肾虚哮喘。从这些医案看来，他们虽未名方，而对肾气丸、地黄丸这类方剂的运用是非常广泛重视的，足见此方有它一定的价值，非复古派所能攻撼的。

五、近代名家对肾气丸类方的使用和看法

近百年来，使用此方仍不乏人，张锡钝氏用六味地黄汤加川芎、知母，治阴虚头痛。又加青黛、胆草，治目赤胁痛。金子久用六味汤加首乌、杞子、牛膝、磁石、菊花，治肝火上炎、眼花头昏。丁甘仁用桂附八味丸加半夏、牛膝、枸杞、五味、补骨脂、胡桃肉，治肾不纳气喘咳病。俞根初用八味丸加童便治虚阳上冒、口鼻失血、足冷、气促病，又用八味丸加紫石英治肾虚喘促、腰膝足冷、小便不利、水泛为痰。尤其是近贤沈仲圭氏所辑的《中医经验处方集》和何廉臣氏所编的《全国名医验案类编》二书，其中所载地黄丸的类方亦颇不少，如沈选经验方中有加减八味丸（六味丸加鹿茸、五味子），治肾虚腰痛小便频数；有紫车六味丸（六味丸加参、苓、归、菖蒲、远志、枣仁）治神经衰弱；有乌骨鸡丸（六味丸加莲肉、芡实、百合、桑叶、阿胶、枇杷叶、乌骨鸡一只去毛、肠、骨、煨汁捣糊入药末为丸）治肺痨盗汗；有抗痨丹（六味丸去丹皮、泽泻加沙参、鳖甲、地骨皮、白芥子、白薇、人参、鳗鱼煮熟捣糊为丸）治痨咳。二方用来治肺痨，效果尤见良好。《全国名医验案类编》中，有用六味丸加琥珀、犀角治尿血不止，有用六味丸加柏子仁、五味子、枸杞子治肾虚瞳孔散大；有用六味丸加苏子治痰壅喉间不出，有用六味地黄丸加鳖甲倍山萸治阴虚痃疾，其中使用六味地黄丸加减方剂不胜枚举。又如江苏邹云翔氏所著《肾脏病疗法》推荐了蒋问斋用六味地黄汤加六一散治湿淋，加琥珀、通草、麦冬、天冬、旱连草治淋浊不利阴茎疼痛。时逸人氏所著《处方学》中推荐龟板地黄汤治阴虚烦热症。四川胡光慈氏所编《中国内科杂病证治新义》采用张石顽加味地黄丸（六味丸加紫草茸）治老年阴虚溲血，在临床治疗中都有一定的参考价值。笔者不敏，亦曾用六味加大黄治胃出血，加龟胶、阿胶、桑蛸、海蛸治崩漏，加龟板、石决明、杜仲、黄芩治高血压。用桂附八味丸加党参、淮芪、贡果、鹿胶、韭子、淫羊藿治阳萎。均具有一定的疗效。近来有人提出此类方剂的温补和滋阴等学说，可能与现代医学中的内分泌学说相关。笔者缺乏现代医学知识，未敢武断，特提出以供有关学者研究参考，望能用科学原理发扬出来，以补祖国医学所未备。

六、肾气丸与地黄丸和其他的类似方剂

肾气丸与地黄丸所发展的类方，除上面所举外，流散于各种医籍中仍然不少。笔者曾作过不完全的统计得63方，随后又得50余方，其中比较常用的计有：1.《医方集解》的八仙长寿丸、参麦地黄丸、杜牛六味丸、益智六味丸。2.《元机启微》的益阴地黄丸。3.《三指禅》的鹿茸桂附丸。4.《医学妙谛》的桑麻六味丸。5.《感应宝筏》的加味都气丸。6.《产科心法》的五子六味丸。7.《疡医大全》的附子七味丸。8.《医辙》的加味八味丸。9.《痘疹经验方》的淮芪地黄汤。10.《麻疹经验方》的归须地黄汤以及耳聋左磁丸等，都是肾气丸和地黄丸二方的发展。在运用上各有它的特点及其证治范围，有适应于调养的，有适应治病的，我们不能像陈、徐二氏一味抹煞其作用，也不能像张、赵二氏而偏重一面。只要临床辨证灵活掌握，

始能尽量发掘此类方剂的潜在力量，以适应临床上的需要。

［《广东医学·祖国医学版》1964，(6)：21］

再商榷阳旦证

吉怀荣

《哈尔滨中医》1964年（七卷）四期刊登华廷芳先生“再论阳旦证”一文对我有很大启发，我以学习的态度向华先生请教，并将不同看法写出于后，不当之处请华先生指教。

病机方面

华先生云：“伤寒证象阳旦而非阳旦，就只有在《金匮》内能找出，故此引证以作对比”。这确系华先生之高见，对我们学者有很大收获。但是华先生把“阳旦证当作风热阴虚，桂枝汤非阳旦汤，阳旦证非桂枝证”那么仲景问曰，证象阳旦，答曰病象桂枝，是承解上条伤寒脉浮，自汗出，小便数，心烦，微恶寒，脚挛急，反与桂枝汤，欲攻其表，此误也。因微恶寒；脚挛急是表虚的表观，所以仲景曰病象阳旦，答曰证象桂枝，《金匮》产后中风条，仲景更明言曰中风，又指出阳旦证续在，还例入中风条内、虽有心下痞闷，而仲景以解表为先故曰续在者可与，并且注家有成氏、汪氏、黄氏、王氏阳旦症商榷……。阳旦证非风热阴虚乃是桂枝证也。与华先生不同看法者一也。

华先生云：“浮则为冈，大则为虚，风则微热，虚则两胫挛，这个是否桂枝证的表热，当然不是，因为29条未云脉浮自汗出，发热，可见这个热是里热了”。那么仲景桂枝加附子条内更没有说明脉浮自汗出，只明言恶风，为何用桂枝加附子呢？如此类者不胜枚举，华先生既云浮则为风为里热，沉脉可能为表热，此与吾不同者二也。

华先生云：“微热二字，可见非阳虚乃虚，再看下文误治后变证。厥逆，咽中干，拘急，谵语。”如果微热，二字是阴虚，为啥仲景不先用承气去下后存阴，而反用甘草干姜汤主之，服后厥逆、咽中干烦躁俱去呢？从浮则为风来看微热二字是表微发热为可靠，与华先生里热不同者三也。

华先生云：“阳旦证乃是益阳之品，设阳虚阴盛者服之立愈，今服后变证厥逆、咽中干，拘急，谵语，仲景更明言曰；附子温经亡阳故也。根据此故曰风热阴虚。”由此看来亦违背了张锡纯、唐宗海、谢观、陈修园他们的主张，他们主张是加附子增桂合乎表虚而解，并未说加附子而亡阳。仲景在问曰病象阳旦答曰证象桂枝，按法增剧四字是承解上条曰，反与桂枝攻其表此误也。增桂令汗出，附子温经云亡阳故也，是承解因加附子参其间。附子本性辛热，性走不守，四肢厥冷，回阳功有。对大汗亡阳为最佳。综此所论，阳旦汤没有附子，从微恶寒脚拘急来看，如入附子只有痊愈，不会亡阳。变证厥逆，咽中干，拘急，谵语是风热阴虚吧，救逆用甘草干姜汤怎能以谈上。与华先生不同者四也。

为了全文阐述，全面理解，以达仲景原文之意，只有写出仲景原文和各家注解，及个人看法和华先生共同讨论之。

原文：伤寒脉浮，自汗出，小便数，心烦，微恶寒，脚挛急，反与桂枝汤欲攻其表，此误也，得之便厥，咽中干，烦躁，吐逆者，作甘草干姜汤与之以复其阳，若厥愈，足温者　更作芍药甘草汤与之，其脚即伸，若胃气不和，谵语者少与调胃承气汤，若重发汗复加烧针者四逆汤主之。

《汪氏注解》此条系真寒假热证，误与桂枝汤攻其表，而损其阳，阴阳气血俱虚，故作甘草干姜汤复其阳气。更作芍药甘草汤复其阴血。少与调胃承气汤此为反治法。以四逆汤主之，此为正法也。

按文讨论：我同意汪先生意见，此条与桂枝加附子渴证作对看桂枝加附子证条：“大阳病发汗，遂漏不止，其人恶风，少便难，四肢微急，难以屈伸者桂枝加附子汤主之”此者以恶风为桂枝汤存在，以四肢微急，难发屈伸为表阳虚特征，小便数难为亡阳伤津重。本条以脉浮自汗出为桂枝证存在，微恶寒，脚挛急为表阳虚特征小便数为云阳伤津液轻。“反与桂枝汤欲攻其表此误也”桂枝证表阳虚，反又攻其表引起了里虚之厥逆、咽中干、烦躁、吐逆变证，与甘草干姜汤以复其阳。（既然里阳虚仲景为啥不用附子而用干姜呢？因附子走而不守，《内经》曰“足大阴之脉，上挟咽，连舌本，故有腹滞而嗌干”，脾阳不振，津液不能上潮，故仲景用干姜复其脾阳，亦证实仲景也）服芍药甘草汤解脚挛急证。（若胃气不和，应当作假设解。）假设有胃气不和谵语者少与桂枝汤再攻其表调胃承气汤。假设不用甘草干姜汤救逆反与四逆汤主之。总此所论，病证是应用桂枝加附子的，华氏亦承认30条是承解129条，切说成风热阴虚，是与吾不同也。

原文：问曰证象阳旦，按法治之而增剧，厥逆，咽中干，两胫拘急而谵语，师曰言夜半手足当温，两足当伸，后如师言，何以知此？答曰：寸口脉浮而大，浮为风，大为虚，风则生微热，虚则两胫挛，病形象桂枝，因加附子参其间。增桂令汗出，附子温经，亡阳故也，厥逆，咽中干，烦躁，阳明内结，谵语烦乱，更饮甘草干姜汤，夜半阳气还，两足当热；胫尚微拘急，重与芍药甘草汤，尔乃胫伸；以承气汤微溏，则止其谵语，故知病可愈。

《汪氏融解》咽干、烦躁、谵语，此条亦系寒证，以其证象阳旦，误于桂，阳旦证乃是桂枝症别名也。咽干、烦躁、谵语，乃是阴极似阳，故以甘草干姜汤治之。

商讨意见：问曰证象阳旦，答曰病证象桂枝，乃是承解上条之意。按法增剧四字，是承解上条反与桂枝汤欲攻其表之意。因为服后变证是一样，上条若胃气不和谵语者。此条阳明内结谵语。由此看起仲景告门人曰就是有谵语更大胆的以救阳为先。“浮为风，……风则生微热”从浮风二字来看一定是表热，因浮脉主表，上条脉浮自汗出正之，微热二字来看，一定是轻度表热，不是大热了。“大则为虚，虚则两胫挛”脉经曰浮大无力为表虚，上节以证微恶寒脚挛急为表虚，本节以脉浮大为表虚，以此表阳虚是无问题了。“厥逆、咽中干、阳明内结、谵语烦乱，更饮甘草干姜汤”从更饮二字是叫门人大胆用之，因病证挟有表虚而又按法治之，反攻其表而内脏还得补充外表，以致内虚，所以仲景要复其阳，用甘草干姜救逆。然后用芍药甘草复其阴津，解拘急。最后用承气汤解谵语。还曰“少与”取“微溏”。微溏二字是恐怕门人重下损阳，因甘草干姜服后阳气将复故也。

《金匮》原文：产后中风续续数十日不解，头微疼，微恶塞，时时发热，心下痞闷，干呕汗出，阳旦证续在者可与阳旦汤。

《黄氏金匮悬解注》此皆是太阳中风之证，日期虽久，太阳之阳旦证续者，可与阳旦汤以解其表，阳旦即是桂枝汤也。伤寒太阳篇，伤寒脉浮自汗出，反与桂枝汤欲攻其表此误也。证象阳旦按法治之而剧增，答曰病象桂枝，阳旦即是桂枝，义甚明白。

按文讨论：除心下痞闷外俱是桂枝证特征，续在者作仍在解仲景不重视心下痞闷，是以解表为先，表解里自和。唐孙氏，桂枝加黄芩者是表里兼治也。孙氏出典在伤寒太阳篇心下痞闷条，半夏泻心汤等内也。不用黄连而用黄芩是顾产后虚故也。唐宗海、谢观、张锡纯、陈修园等，在《伤寒论》悟出是桂枝加附子增桂为阳旦汤是证象阳旦正治法。不是真阳旦证治法也。与此条文不合，总此来说还是桂枝为阳旦，加黄芩治心下痞为表里法也。

治疗药剂方面

华先生云：阳旦汤方，方本俱作桂枝加黄芩，今在伤寒论悟出，是桂枝加附子增桂，唐容川、谢观等同意上方，张锡纯答徐韵英伤寒论阳旦汤之商榷，阳旦汤是桂枝加附子增桂——其失处原有热，因胫挛，误认为寒，意于桂枝加附子增桂以至亡阳，遂至厥逆。仲景因门人之问，重申而明之，其所以亡阳之故，实因汗出亡阳之后，而用阳旦汤也。其他诸家类同上论者，不可胜举。综上所论，可见用阳旦汤造成亡阳，非亡阳之后而用阳旦汤也。华先生所综与桂枝三禁不合，尤在泾注，桂枝汤禁第三条曰：凡服桂枝汤吐者不必尽是酒客，此其脾胃素有湿热蕴蓄，其甘足以酿湿，温足以助热，如果是原有热因胫挛，服桂枝加附子增桂，能以变成亡阳吗？并且本与金匮阳旦条文更不合，而且谵语烦躁不加重，反而用甘草干姜救逆亦失去仲景互文取意，左右逢源，上下相贯也。成无己、汪氏、黄氏、尤氏、王志鹄等认为桂枝即是阳旦，其依据是29条脉浮自汗为桂枝表证，微恶寒脚挛急为表虚，反与桂枝攻表此误也。证象阳旦，答曰病证象桂枝按法治之而增剧，系真寒假热上看问题。可见桂枝加附子不会亡阳，如果加附子仲景不会说，反与桂枝攻表，此误也。病证象桂枝，按法治之而增剧。综上所论，桂枝汤即是阳旦汤，还是合乎仲景文法。

综上所论：是由于师文不同，依据亦异，只有临床证实，和华先生及各位同道们做更深刻的商榷，以明办之，证实之，误去之，错改之，以达仲景真正面貌为原则。因个人学识浅陋。医学水平很低，不敢自作充栋汗牛，正如毛主席所说，“墙上芦苇，头重脚轻根底浅；山间竹笋，嘴尖皮厚腹中空。”只可以管窥天，以吾见解桂枝汤真是阳旦汤，阳旦证，真是桂枝证，非风热阴虚，乃真寒假热耳。不当之处，请华先生和同道们，以及各广大读者指教。

[《哈尔滨中医》1965，(2)：48]

论《金匮要略》胸痹病的特点及临床意义

诸葛连祥

胸痹病是以胸痛为主证，是胸痛病的一个类型。《金匮》在《灵枢·本藏篇》：“脉大则多饮，善病胸痹”提出的病名基础上进一步作了完整而丰富的论述，提出了独特的论点，原文见《胸痹、心

痛、短气病脉证治第九》篇内。（引用原文，篇章及条文次序，按1963年版，《金匮要略讲义》）

本文的目的，在于提出其原文的特点加以分析，并根据自己的体会说明在临床实践上的意义。

一、《金匮》论述胸痹病的特点

1. 探求病因病理的方法是——以脉求因　首先提出了脉象及胸痹病的病因病理，例如第1条：

阳微阴弦，即胸痹而痛，所以然者，责其极虚也。今阳虚知在上焦，所以胸痹（心痛）者，以其阴弦故也。

原文意义如下表：

脉象：
- 阳——上焦、胸
- 微——虚
- 阴——下焦
- 弦——阴邪盛

→ 下焦阴邪上乘阳虚之胸，使胸阳痹阻，就成胸痹病

原文举出一个对照脉象；可以做为前面脉象的参证，如第3条胸痹病主证中脉象是：

寸口脉沉而迟，关上小紧数。分析这个脉象与病因、病理关系如下表：

脉象：
- 寸口——上焦、胸
- 沉迟——阳气不振
- 关上——中焦脾胃
- 小（细）紧（数）急——阴邪盛

→ 脾胃阴邪上乘阳虚之胸，遂成胸痹

从以上两种脉象，得出胸阳不足、阴邪上乘阳虚之胸而发生胸痹的病因病理，用这种以脉求因的方法，指导全篇辩证和治疗，就是《金匮》论述本病的特点。

因此我体会到《金匮》一书脉学的特点，都是运用脉象的基本理论与临床实际相结合，以探求病因病理的变化、指导辨证、指导治疗以及判断预后，其脉法可供临床应用时参考。

2. 在辨证中重视主证并有加减证，又有轻证、重证的区别　在辨证中首先突出胸痹病的主证，例如第3条说：

胸痹之病，喘息咳唾，胸背痛，短气，寸口脉沉而迟，关上小紧数，栝蒌薤白白酒汤（栝蒌实、薤白、白酒）主之。

这里是说因胸阳不振，阴邪上乘出现胸痹病，其主要证候是胸痛牵引到背痛，并可影响肺脏分布水津和清肃功能，而见咳嗽、吐涎唾，甚至发生喘息的兼证。使用方剂将在治疗特点中讨论。

若是病情有变化，病位有改变时，就相应的出现了加减证。如第4、5条：

胸痹不得卧，心痛彻背者，栝蒌薤白半夏汤（栝蒌实、薤白、半夏、白酒）主之。（4条）

胸痹，心中痞气，气结在胸，胸满，胁下逆抢心，枳实薤白桂枝汤（枳实、厚朴、栝蒌实、薤白、桂枝）主之；人参汤（理中汤）亦主之。（5条）

第4条是说胸痹病在主证的基础上病情有增重现象，因肺中水饮停留较多，使胸阳痹闭不通更甚，本来痛在胸背，近又向下发展到心窝部位疼痛，并牵引到背部痛，原来是咳唾喘息，而今又发展到不得平卧，病情增重，治疗就要有变化。

第5条是说病位本来在胸，而今病位又扩展到胸下的肝胃部分，使肝胃气逆，由胁下向胸部上逆冲击，这是中下焦寒饮经肝胃循经上逆所致。其受病部位及涉及脏腑出现的证候归纳如下表：

胸痹病位变化：
- 受病本位——胸膺——胸背痛
- 涉及脏腑：
  - 肺——咳唾、喘息、不得卧
  - 心——心痛彻背
  - 胃——胃满或痛（心中痞气）
  - 肝——气由胁下上冲

接下去又论述轻证、重证的辨证。关于轻证，例如第6条：

胸痹，胸中气塞，短气，茯苓杏仁甘草汤（茯苓、杏仁、甘草）主之，橘枳姜汤（橘皮、枳实、生姜）亦主之。

这里是说胸痹病有比主证为轻的证候，病因又有水饮和气滞的不同。如饮停胸膈则出现偏于短气的证候，若气滞在胃脘，则有心下痞塞胀满的感觉，但都未达到胸背痛的程度，所以说是轻证。

接下去又论述胸痹病的重证，如等7条：

胸痹缓急者，薏苡附子散（薏苡仁、附子）主之。

这里是说胸痹病重证表现为胸背痛的程度剧烈，并且呈发作性：有时疼痛缓和一些，有时又剧烈起来的反复发作。是因寒湿痹阻胸阳之后，胸中经脉拘急，阴邪壅盛则痛剧，阳气稍伸则痛缓，阴邪与阳气在胸中交相胜负，所以胸痛就表现时缓时急，这就是重证。

综合以上分析轻证、重证与主证的关系如下表：

胸痹病情：
- 轻证：胸中气塞；短气
- ↑↓
- 主证——胸背痛：
  - 较重——胸痛、喘息、不得卧
  - 扩展——胸痛：心下痞满；胁下逆抢心
- ↑↓
- 重证：胸痛时缓时急；心痛彻背，背痛彻心

由上表可以看出病情的轻重是以主证为基础来区分，而主证皆来源于轻证，主证失治又可发展成重证。

按胸痹病的致病因素，主要是阴邪，从各条原文来看，具体有寒邪和痰饮两方面，现根据其致病所发生的证候，试列表分析如下：

- 病邪因素（阴邪）
  - 寒邪
    - 寒邪乘胸
      - 胸闷
      - 胸痛、胸背痛
    - 寒邪极盛——心痛彻背，背痛彻心
    - 寒邪挟湿——胸痛时缓时急
  - 痰饮
    - 痰饮犯肺
      - 短气、胸中气塞
      - 胸闷痛，胸痛，咳吐
      - 痰延，喘息不得卧
    - 痰阻气逆——气由胁下上逆
    - 痰饮阻胃
      - 胃中气塞
      - 胃部痞满

由上表可以看出，寒邪产生的证候，多以痛证为主，因寒性凝滞，最易闭阻阳气的通畅，气滞则血郁，不通则痛，因此产生不同的痛证，轻证多滞胸部气分，重证必归心血，因心主血脉。痰饮出现的证候，有其两重性，一是痰饮有湿邪粘腻之性，能闭阻阳气，使胸部气机不畅，会产生痞、满，闷等证；二是有寒性的一面，因此也会兼有痛证，但是一般不象纯属寒邪的剧烈，大多表现闷痛，其病变部位多涉及到肺，必兼有呼吸道的症状。

由以上的分析，我认为《金匮》的论述，在辨证方法上对于临床很有启发，胸痹病仅是胸痛中‘阴微阴盛’一个侧面的证型，它树立了系统性与灵活性辨证的典范。首先确定胸痹病的主证、轻证、重证的系统性，其主证中又有较重及扩散的证型，轻证中又有痰饮、气滞以及在肺在胃的区别，重证里有影响心脏及挟湿的不同。从而使人认识到胸痹病的发生不是孤立在胸膺部位，也不是静止的，它既可影响有关的胸内心肺，又可波及邻近脏腑，再重时又会波及到肾的真阳，或使肺气壅闭及心血瘀阻发生严重的病变。在这种辨证中分之可有若干类型，但在归纳后又可集中到一点，即在第1条里所说：“所以然者，责其极虚也”——胸中之阳气虚。中下焦阴邪盛，也自然来源于虚，因虚而生寒、生湿、生痰饮，由此也看出《金匮》的论述中，对于辨证方面是非常全面的。

3. 治疗胸痹病的特点在于通阳　胸痹病本是痛证范围，但它在治疗上并不用镇痛药以止痛，也不因“责其极虚”而积极采用扶阳和强壮补虚之品，其总的治疗精神在于通阳，通阳就是意味着宣通胸中痹阻之阳气，在胸中阳气郁滞状态得以改善后，阳气复振，胸痹自愈。其通阳的方法有二，见下表：

- 结者散之使通
  - 适应证——痰饮结气在胸、肺
  - 主方：栝蒌薤白白酒汤
    - 主药
      - 栝蒌实
      - 薤白
    - 加减药
      - 调胸中气血——白酒
      - 化饮散结——半夏
      - 平胸中结气——枳实
      - 平胃中结气——厚朴
      - 平上冲逆气——桂枝
  - 其他
    - 茯苓杏仁甘草汤——调肺部痰饮结气
    - 橘枳姜汤——调胃中结气
- 寒者温之使通
  - 适用证——中下焦寒邪偏盛
  - 中焦虚寒——人参汤
  - 下焦阴寒
    - 乌头赤石脂丸
    - （乌头、附子、赤石脂、干姜、川椒）
    - （以上）温经通阳
  - 寒邪挟湿——薏苡附子散——温经化湿通阳

通过以上分析可知，其通阳方法是根据病邪性质、病情轻重缓急，而运用从标治即散结以通阳，或从本治即温经助阳驱阴以通阳，前人周禹载说：‘微者但通上焦不足之阳，甚者且驱其下焦厥逆之阴’，也是对结者散之，寒者温之，从标从本通阳方法认识的概括。因此《金匮》对本病治法是：既发挥了辨证论治的精神，又有独特的创见，这就是在治法上的特点。

二、本人应用有关方剂的点滴经验

1. 栝蒌薤白白酒汤、栝蒌薤白半夏汤、栝蒌薤白桂枝汤三方治疗胸痹病的运用：

①胸痹兼有肺脏疾患者，如急慢性支气管炎、肺气肿等之有胸痛、咳嗽、痰多或哮喘等见证之属于实证者，用栝蒌、薤白主药散结通阳的同时，必须兼用化痰药物，热痰选加葶苈子、前胡、天竺黄、浙贝母等；寒痰选用半夏、白芥子、干姜、陈皮等；不寒不热之化痰药有苏子、桔梗、杏仁、紫菀、白前、款冬花等，也可选择配用，痰邪消除，更利于胸阳的通畅。

②胸痹之兼有心脏疾患者，如冠心病之心绞痛，多为胸阳不振，心脉瘀阻之证，常用枳实薤白桂枝汤通阳散结的同时，加用活血化瘀药，如失笑散、郁金、丹参、桃仁、红花等，更参以补气之黄芪、党参，温肾用肉桂、附子，寒痛加良姜、荜拨都甚有效。

③瓜蒌仁（打碎）、薤白配香连丸治湿热痢之偏于热胜湿者有效；若湿胜热的更加苍术、干姜，下痢即可缓解，取瓜蒌仁，薤白润滑通腑作用。

④曾用枳实薤白桂枝汤加木香、台乌以通下焦之阳，治气滞性的走窜性腹痛而取效。

⑤应用栝蒌、薤白药物，应以胃肠腑气实者为宜，虚寒切忌，因两药都是滑润之品。考《金匮》所用的栝蒌实即全瓜蒌，当需要宽胸利膈时，腑气不实的，用瓜蒌壳为宜；化痰润大肠燥结，则以瓜蒌仁为胜，可以用到30克，并且要捣碎用，才能发挥它里面的油润功能，否则无效。

2. 人参汤在胸痹病中应用时的体会：在原文中仅与枳实薤白桂枝汤作虚实对照，其实亦可通用于前两个栝蒌薤白汤证之属于中阳虚寒者。或单用干姜7~10克，水煎后服下，也可使中阳振奋，胸阳通畅，胸痛立止，量不可过重，过重会起相反作用，这是按明·代元礼治膈痛法应用的，他说："呷姜（生姜）汤数口或进干姜剂而愈，此膈上停寒，中有伏饮，见半热则消"。

3. 茯苓杏仁甘草汤适应证：①咳嗽而痰液稀薄者。②胸中气塞，短气证属于水饮停肺者，水饮重者与葶苈大枣泻肺汤合用，疗效更好。

4. 橘枳姜汤治胃部痞满属气滞者，甚简便有效。

5. 薏苡附子散临床多用汤剂，其使用要点是病因属寒或寒湿者，针对的痛证呈时缓时急者，治疗①胸痛或腹痛属于以上病因和病情者。②曾用于胆石症其胆石较大，阵发疼痛剧烈，体质属虚寒者，服后绞痛可缓解，连服数剂，且可控制较长时间未发疼痛。③寒湿痹证也是发作性疼痛证候，应用时可酌加其他祛风湿药，单独使用也很有效。在痹证未发作期间，间隔二、三日服一剂，有预防复发作用。

6. 桂枝生姜枳实汤（桂枝、生姜、枳实）①胃部满闷或疼痛由于寒邪或水饮之病因者。②有冲气由胃脘向上冲逆到胸部的。③水饮性眩晕加白术、茯苓，效果很好。

7. 乌头赤石脂丸，是针对胃肠阴寒极盛之腹痛或胃脘疼痛剧烈者，用后即可缓解，用时去乌头亦可，因方中有附子属于同类。若用川乌可用制川乌，千万不可用草乌，因草乌煎煮不好，很易中毒。

三、胸痹病治验举例

［病例一］周某　男　27岁工人

1976年5月因胸痛来诊，身体素健，起因于四天前中午吃凉米线两碗，两小时后突然发生脘闷胸痛，并有气从胃向胸部冲逆，呼吸气塞，坐卧不安，曾服藿香正气水二瓶不减，第二天又增咳嗽痰滞，频咳始能吐出少许清稀痰涎，咳时胸痛更剧，又曾服香苏饮及苏子降气汤，今已四日，胸痛脘闷不减，见其面容黄滞，不思纳谷，眠少，无寒热表证，大便尚调，舌苔白薄而腻浊，脉寸弱而关弦，此即阳微阴弦之脉，《金匮》谓之胸痹病，前药治胃治肺效皆不显者，以寒凉伤胃之后，以致阴邪上乘胸阳，胸阳发生痹阻之病。遂按通阳散结宣痹立法，用栝蒌薤白白酒汤加味。

处方：全瓜蒌（打）15克　薤白　桂枝　莱菔子各12克　苏子10克　水煎服。

一日一剂，两剂后，胸痛与咳嗽减轻，痰白粘稠，容易咯出，是胸阳复振之象，因其脉象寸关转缓，在上方去莱菔子加白术、茯苓益脾，使其脾胃恢复健运。服后此病未复发。

［病例二］1974年8月在官渡区阿拉公社卫生所带学生实习时，曾诊治一位杨姓妇女，年40余，农民，主诉近半年来，饮食减少而多痰，胸中满闷不畅。近来又受风寒，发热已愈，咳嗽增重，日夜不休，有痰但色白清稀，胸痛两手喜护按，家中人为其捶背，因背部亦疼痛不休。面色淡黄不泽，舌淡苔白润，脉象沉缓少力。诊为胸痹病，以脾阳困乏，中有伏饮，乘胸阳不足，弥漫上焦，遂致胸阳闭阻。因其纳少便溏，按寒者温之使通之意，遂用人参汤加减。

处方：潞党参　法半夏　茯苓各12克　干姜15克　白术10克　水煎服。

一剂胸痛减轻，随减干姜量为7克，使辛热之剂变为辛温益脾，连服三剂，胸有满闷，但已无痛，痰涎已少，大便不溏。又连服五剂，胸痹已愈，饮食已增，嘱服附子理中丸，每次半丸，一日三次，小量扶中阳之剂调理，遂恢复健壮。

［病例三］赵某　男　57　修鞋工人

1958年春在大理工作时，一日清晨因其突然患胸痛，其爱人约我去他家诊视。见其表情痛苦、唇青，畏寒厚被，闻其呻吟而气短，问知痛满胸膺，并牵掣痛及背后，按之心窝歧骨间处亦痛，肢冷，脉象沉紧，舌淡白滑。问知过去并无此病史，我细思此病发于突然，时在清晨，平素体质虽不甚健，并无胃痛及痰饮之患，因其工作时多俯伏之姿，胸阳被郁，今各证属心肾阳虚，阴寒内生，当下焦阴寒极盛，上乘阳虚之胸时，遂生胸痹病，《内经》亦有暴病非阳之说，遂按《金匮》乌头赤石脂丸加减，温经扶阳以通痹。

处方：附子60克（开水先煎三小时）　肉桂川椒各10克（以温命门而逐下焦沉寒）红参10克干姜10克（扶元气之衰）桂枝15克（引下焦阳气上行以开痹）

因煎药尚需三、四小时，先用生姜15克捣烂加红糖60克，用水煮沸，乘热饮下，服后，中上焦暖气增加，胸痛减轻，四时后更进前药。第二日自己走来看病，胸部已无痛苦，遂按原方更进二剂，以后用金匮肾气丸调理，曾服至十合（100粒），胸痹未复发。

按以上三例胸痹病，第一例因正气较强，故用散结通阳之法，目的在于祛邪以复正。第二、三例，则因其中焦不足或下元虚衰，分别使用寒者温之使通之法，目的在于扶正祛邪，辨证不设，则疗效满意。

结　语

胸痹病主要是阳微阴盛之病，《金匮》原文对于这一侧面作了简要的论述，通过分析其特点，对于临床确有启发意义，为近来研究肺心病、冠心病者是很有价值的参考文献。笔者由于业务水平有限，不正确地方，请多指正。

［《云南中医学院学报》1978；(4)：1］

浅谈《金匮要略》虚劳病的治法

阎艳丽　河北中医学院

虚劳亦称虚损，是中医内科领域内一个重要而广泛的病证。继《内经》《难经》之后，《金匮要略》设专篇而论，实为后世治该病奠定了基础。阐述此者计条文16、方7首（附方除外），文简义深，反映了仲景对该病治法的三个特点，就个人学习体会，略陈管见。

扶助正气　不忘祛邪

杂病正气多虚，病变往往伤及脏腑，虚劳病表现尤为突出。导致本病的原因虽不尽一致，然皆致正气耗伤，诚如后世医家张景岳体会说：“凡虚损之由，无非酒色劳倦，七情饮食所致。故或先伤其气，气伤必及于精；或先伤其精，精伤必及于气。”《内经》指出“精气夺则虚”（见《素问·通评虚实论》），“虚者补之（见《素问·至真要大论》），说明补法为虚证而设。《金匮》治虚劳虽以扶正为要，但不忽略祛邪，此为治法特点之一。仲景明其正虚易致邪不去，邪实又使正不复的道理，故于虚劳七方中，特奉以下二方，此匠心所在不可忽略。

18条“五劳虚极羸瘦，腹满不能饮食的食伤，忧伤，饮伤，房室伤，饥伤，劳伤，经络营卫气伤，内有干血，肌肤甲错，两目黯黑。缓中补虚，大黄䗪虫丸主之”。瘀血内结之证，形成环节有三：食、忧、房室、劳、饮诸伤，损害脏腑，耗损正气，身体衰减而致虚劳，即“五劳虚极羸瘦”此其一；经络运行营卫气血功能受损，即“经络营卫气伤”以致血行凝滞而成瘀，结为干血，此其二；瘀血存在，必碍新血生成，津血不能外荣而见“肌肤甲错，两目黯黑”此其三，以上三点构成虚中挟实。仲景以大黄、虻虫、水蛭、䗪虫等虫类药物及干漆、桃仁等行血祛瘀，少佐地黄、芍药、甘草等品以补虚，使瘀血除，新血生，诸症悉愈。此种治法提示后人，正气已虚邪气内踞，邪不去病必不除，正气无由可复之证，必须采取祛邪扶正并奉之法，抓住徵结所在，可使复杂病证迎刃而解。从而说明了祛邪即所以扶正这样一个道理。正如张潞玉说：“举世皆以参、芪、归、地等为补虚，仲景以大黄䗪虫补虚，苟非神圣，不能行是法也。”很有见地。

16条“虚劳诸不足，风气百疾，薯蓣丸主之。”为虚劳兼外感的治疗，虽亦属虚中挟实，但与前者有别。“诸不足”代表气血阴阳俱不足，虚弱范围广泛，正气抗邪无力，自能招致风气百疾，体现了《内经》“邪之所凑，其气必虚”（《素问·评热病论》）以及《金匮》“不遗形体有衰，病则无由入其腠理”的发病学思想。仲景虑其单纯扶正则邪不去，执一祛风则正愈伤，因此以薯蓣丸治之，制方为祛邪寓扶正之中。取薯蓣独重配人参、甘草、大枣、茯苓、白术补脾益气；神曲、干姜、豆卷以调中焦；归、芍、地、芎、阿胶、麦冬补血滋阴；柴胡、桂枝、防风祛风散邪；杏仁、白蔹、桔梗宣肺开郁，方虽庞大，但其理井然。不仅说明仲景立足以正气为本，且扶正之又立足于脾胃，正如魏念庭说：“营卫非脾胃不能宣通，而气血非饮食无由平复也。”

以上两条分别代表了两种不同类型，前者因瘀血之邪不去，正气难复，故以祛邪为主，扶正为辅；后者则为正气不足，而致邪入，故以扶正为主，祛邪为次，虽皆为虚实并见之证，投以攻补兼施之法，然扶正与祛邪二者孰轻孰重，昭然清晰，联系《金匮》全书治则强调虚实须异治，表里分缓急，新久宜先后，攻邪当随其所得，无不是围绕着扶正祛邪这样一个根本问题。

突出甘温　重视脾肾

《金匮》论虚劳是以五脏气血虚损的发病机制为立论根据。首举“夫男子平人，脉大为劳，极虚亦为劳。”作为虚劳病的主要脉象，借以说明该病的基本病机为精亏气耗，虚损主要在先天之肾与后天之脾。因此，遵循《内经》“劳者温之”，“损者温之”（见《素问·至真要大论》）“形不足者，温之以气；精不足者，补之以味”（见《素问·阴阳应象大论》）和《难经·十四难》“损其脾者，调其饮食，适其寒温；……损其肾者，益其精。”的治损大法，尤其重视脾肾，并突出使用甘温之剂，制方七首中，甘温者居五。

由于脾胃为后天之本，营卫气血生化之源，五脏六腑皆赖以养，正如《灵枢·营卫生会》篇指出：“人受气于谷，谷入于胃，以传与肺，五脏六腑，皆以受气。其清者为营，浊者为卫”故13条指出：“虚劳里急，悸，衄，腹中痛，梦失精，四肢酸疼，手足烦热，咽干口燥，小建中汤主之。”该条见证复杂，既包括里急，四肢酸疼，手足烦热的脾胃症，又包括梦失精的心肾症，以及肝血不藏的衄血症和肺阴不足的咽干口燥症等，故被后世注家识为五脏俱虚。究其关键，虚在脾胃。脾胃功能衰减，营卫气血化源不足，而五脏皆受其累。正如《灵枢·本神》指出：“脾虚则四肢不用，五脏不安”仲景立小建中汤，以饴糖、大枣、甘草之甘建中气；姜、桂之辛，温阳调卫气；芍药酸收和营诸药配合使中气建，生机旺，化源足，营卫流行，五脏皆安。正如程云来说：“此五脏皆虚，而土为万物之母，故先建其脾土，使荣卫流行，则五脏不失权衡而中气斯建矣。”14条该方加黄芪充虚塞空，是为黄芪建中汤，其甘温扶阳建中气之力更著，故用于“虚劳里急，诸不足”。其他如16条薯蓣丸扶正之中亦侧重调补脾胃，说明中气得建是正气的主要来源。

肾为先天之本，水火之脏，主藏精，是其他脏腑功能活动的动力。虚劳后期，穷必极肾，故仲景在具体治法中也注重补肾，并以15条“虚劳腰痛，少腹拘急，小便不利者，八味肾气丸主之。”作了原则性提示。从该条所述三症分析，知虚劳在肾，腰为肾之外府，肾精亏虚故腰痛；肾阳受损，膀胱之气不化而小便不利；下焦失于温煦则少腹拘急。诸症属肾阴肾阳俱不足，故方中重用干地黄配以山药，山茱萸补肾阴，附子桂枝温肾中之阳，苓泽利水渗湿，丹皮和血，诸药配合，可使肾精充，阳得复，气化自可以复常。该方补阳寓于补阴之中，后世医家曾赞为“善补阳者，必于阴中求阳，阳得阴助，则生化无穷。”

总之，肾为先天之本，脾为后天之本，二者相辅相成。仲景治虚劳示建中，补肾二法，补肾就是固其根本，建中即为资其化源，二者功能正常，虚损方有恢复可能。

调和阴阳　以平为期

虚劳病虽然广泛，但任何一脏的虚损都会导致阴阳失去平衡。因此，平衡阴阳亦是仲景治疗虚劳病的重要法则。

8条“夫失精家少腹弦急，阴头寒，目眩，发落，脉极虚芤迟，为清谷，亡血，失精。脉得诸芤动微紧，男子失精，女子梦交，桂枝加龙骨牡蛎汤主之。”失精家说明阴精耗损，病久阴损及阳，肾阳亏虚，筋脉不温，则少腹弦急，阴头寒。精血虚少而目眩发落。肾阴亏虚不能涵养心阳上浮，心阳虚不能固摄肾阴而肾阴下泄，故见梦交，失精……。诸症交织，病在阴阳两虚，阳浮于上，阴孤于下，心肾不交。故仲景治以桂枝加龙骨牡蛎汤，桂枝甘草辛甘化阳，芍药甘草酸甘以化阴，用之扶阳补阴，加龙牡潜阳以摄精，使心肾交泰，阴阳复归于平衡。正如后世注家认为‘桂枝汤外证得之能解肌去邪气，内证得之能补虚调阴阳，加龙骨牡蛎者，以失精梦交为精神间病，非此不足以收敛其浮越也。”

17条“虚劳虚烦不得眠，酸枣仁汤主之”。虚劳患者由于肝脏阴血不足，而致阴虚阳亢，虚热上扰心神，故心中郁郁不宁而失眠。只有养阴血，清内热，使阴阳归于平衡，方能达除烦安神之效。故方中重用酸枣仁二升入肝养阴血，佐芎劳调血养肝，茯苓宁神，甘草培土缓肝，知母清热除烦，如此则阴血充阳亢平，虚烦止，睡眠自可安宁。

尤应强调，通过补脾胃建中气以治阴阳两虚，乃是仲景治虚劳的一个显著特色。若以阴阳论建中汤诸症，则属寒热错杂阴阴两虚，因既可见偏寒的里急腹痛阳虚证，又可以出现衄血，手足烦热、咽干口燥等偏热的阴虚证。仲景明其阴阳不能相互维系之因在于脾胃功能衰减，不能化水谷以生营血，致阳虚性偏亢，治疗必以甘温之剂振奋脾胃之阳，使水谷得化，营血得生，虚阳得阴之涵养，阴阳复归平衡，诸症才获痊愈。其立方之意与《灵枢·终始》篇“阴阳俱不足，补阳则阴竭，泻阴则阳脱，如是者，可将以甘药，不可饮以至剂。”一脉相承。尤在泾所述“求阴阳之和者必求于中气，求中气之立者必以建中也。”也颇为中肯。

另外15条八味肾气丸滋阴助阳的目的，仍然是俾阴阳达到平衡，方能化气利水。诚如岳美中教授论此方用后“使水去而阴不伤，扶阳而火不升”。

以上论述，足以说明仲景治虚劳强调了《内经》“谨察阴阳所在而调之，以平为期”的治疗学原则。

后世运用　颇有发挥

对虚劳病的认识和治法，《金匮》实为后世奠定了基础，后世又由此不断发展而渐臻完善。诸如：金元时代对该病施治不仅善用甘温补脾，补养肝肾，且又注意了清心降火，滋阴润肺。明代《理虚元鉴》不仅立足于脾肾，且又注重肺脏。清代《不居集》汇集前人对虚劳的论述，尤对外感成损有所阐发。凡此种种，对该病理法方药的发展均有一定贡献。

仲景治虚劳重视脾肾，多用甘温，其精神启发后世，特别是易水学派各家的学术成就中，对脏腑病机学说的阐发就十分强调以先、后天为生机之所系，对气血阴阳的虚损证侯中尤重脾肾的治疗。诸如东垣谓脾胃为元气之源，精气升降之枢，从而提出“内伤脾胃，百病由生”的病机理论，倡“甘温除大热”之法，通过甘温升阳益气，为治气虚发热立一法门。并在《脾胃胜衰论》中明确指出：“若脉弦气弱自汗，四肢发热，或大便泄泻，或皮毛枯槁，发脱落，从黄芪建中汤。”薛已重视先后天，力倡脾肾兼补之说等等。

仲景立诸方，不惟理有渊源，且法度谨严，确为制方楷模规矩。后世医家宗其法而不拟其方，以此为基础灵活变通又衍化出许多有效方剂。譬如：唐代孙思邈于小建中汤加当归为内补当归建中汤，用于产后，随证加减，无所不宜。宋代许叔微，《本事方》真珠丸即由酸枣仁汤化裁而来，取珍珠母，龙齿直入肝经镇神魂，枣仁、柏子仁补肝肾之阴，当归、地黄养肝血，人参、茯苓培土荣木，犀角凉血清火以除烦，沉香微温，行气不伤人，温中不助火，能扶脾达肾，摄火归源，显然许氏发展了仲景理论，并在实际治疗中向前推进了一步。钱乙的五脏辩证不仅以《金匮》为其理论渊源之一，而且在调制方剂时将八味肾气丸化裁为六味地黄丸，给后世倡导养阴者以启发，故有人称其开滋阴派之先河。东垣益阴肾气丸（见《兰室秘藏》）丹溪大补阴丸（见《丹溪心法·补损》）又由此脱化而来。八味、六味又被明代薛已、赵献可推崇备至，不仅专论阐扬，且习以常用，肾虚无火者用八味，无水者投六味。此外，杞菊地黄、知柏地黄、麦味地黄、八仙长寿、济生肾气等等皆为后世医家化裁而来，广泛有效地运用于痰饮、咳喘、血证、黄疸、虚劳诸疾。张景岳虑八味有利水之品，恐减补力，故增填精补肾之品，化裁创制左归丸、右归丸，迄今仍为虚劳病的主方。

当今医家更是不断创新，扩其应用。诸如任应秋教授以肾气丸去丹皮加炒白果，五味子、补骨脂名加味肾气丸治肾虚咳喘，每获良效。方药中教授以肾气丸加参芪桂附地黄汤；去桂附加参、芪、归、芍、桃、红则为参芪桃红归芍地黄汤；桂附易麦冬、五味子加参芪又为参芪麦味地黄汤，用治慢性肾炎，肾功能不全，尿路结石，糖尿病，妊娠毒血症，肾性高血压，泌尿系感染得心应手，多有治验。（见《七讲》）岳美中教授又以桂枝龙牡汤治愈项部多汗的顽固难症。诸如此类，其例甚多难以尽举。

总之，《金匮》治虚劳立法处方，被后世广泛运用，且颇有发挥，于此，仲景书对后世的影响亦可窥其涯略。

结　语

综上所述，说明仲景发内、难经之奥旨，结合临床实践创立了虚劳病的有效治法，垂示后人以准则。迄今为止，内科虚劳病的分型治疗虽较精详与系统，然实际仍以五脏虚损为根据，阴阳气血之虚为大纲，且仲景重脾肾、调阴阳、扶正祛邪等治法原则仍贯穿其中，所以《金匮》对虚劳病的治疗确实起了承前启后的重要作用。所创制七首经方至今仍显示着它强大的生命力，而被广泛应用于临床，我们当继续深刻地研究之。

［《黑龙江中医药》1984；（6）：4］

试论《金匮》虚劳篇对后世的影响

陈家英　上海中医学院

仲景总结汉以前的医学成果，提出了虚劳病的证治大法，为后世论治虚劳奠定了基础。历代医家或师事其说，或略作诠注，或稍有发挥，或据以创新，由此而导致了学术争鸣，流派繁衍，涌现出一批理虚能手，疗损新方。虚劳篇对后世医家的影响，可谓大矣。笔者体会，深入研究这种影响，对于评价先贤的学术思想，继承其临床经验，做好虚劳病防治工作，都具有重要作用，故愿意从三个方面略陈管见以就教于专家、学者。

引起学术争鸣　促进流派形成

《金匮》虚劳篇涉及40多种五脏精气亏损的慢性、衰弱性病证，有亡血，失精，半产漏下，喘，悸，盗汗，腹痛，清谷，溏泄，腰痛，小便不利，失眠，羸瘦等等。仲景治此种虚损，从病位而言，侧重于脾肾；就方法而论，擅长于益气扶阳。这对后世温补学派的形成，影响极深。仲景之后，不少医家对补脾补肾孰重孰轻的问题发生争论，严用和认为"补脾不如补肾"，他在《济生方》中力陈此说。薛立斋则认为"补肾不如补脾"，他说："补脾补肾，尽管有阴阳气血之分，实则源于脾胃不足者居多，脾肾并重而以脾胃为主"。此外，还有立论持平者，如程钟龄《医学心悟》曰："须知脾弱而肾不虚者，则补脾为亟，肾弱而脾不虚者，则补肾为先，若脾肾两虚，则两补之……健脾补肾，不分孰重孰轻，总宜结合病情辨证用药。"

历代医家各抒已见，热烈争鸣，结合各自的经验，大胆地提出他们的见解，推动了祖国医学的发展。最后形成了三大流派：①以李东垣、罗天益为代表的脾胃派，提出"内伤脾胃，百病由生"；②以张介宾，赵献可以代表的肾命派，善用益用，补水之剂；③以李中梓为代表的脾肾并重派，认为"肾为先天本，脾为后天本"，"补气在补血之先，养阳在滋阴之上"。

上述流派统属于祖国医学史上的温补学派，都长于治疗虚劳，又都以温补著称，他们各有侧重，又可以互为补充，其最终结果是促使仲景脾肾观日臻完善。

拯劳名家层出不穷

《金匮》虚劳篇问世以后，治虚能手、理劳专家层出不穷，他们对虚劳病的论治有了更多的补充和发展。如隋·巢元方著《诸病源候论》，列举虚劳七十五候，详细阐述每一虚劳病候的病因病机，在深度和广度上较《金匮》有很大发展；宋人许叔微，理虚宗仲景而重脾肾，但论述更为具体、详尽；金元四大家中李东垣已如上述，朱丹溪则提出"阳常有余，阴常不足"，理虚尤重滋阴降火；其后，元末葛可久著《十药神书》，他不囿于四大家法度范围，自辟蹊经，独树一帜，从肾虚精极，火盛舍衰立论，对咳嗽失血颇具卓见；明·绮石著《理虚元鉴》一书，提出"治虚有三本，肺脾肾是也。"在虚劳病因病机、治则，特别是阴虚虚劳等方面对《金匮》有所补充和发展；清·吴澄著《不居集》汇集前人对虚劳的论述，集前人之大成，并提出外感成损的独到见解，被人誉为清代虚劳专家。历代医家凡有显著成就者，无不对虚劳论治有深刻钻研，如叶天士，不但长于温病学说，还是理虚专家。叶氏受《金匮》启发，治虚疗损，以上、中、下三损为经，以伤阴、伤阳为纬，进行论治。叶氏十分推崇仲景甘药理虚的治则，认为"凡元气受伤，当予甘药。"选方"理阳气，首推建中；顾阴液、须投复脉。"上、中、下虚损，叶氏尤重中损、下损，脾肾兼顾，治疗时主张甘药培中，血肉填下，认为贵在"安谷生精"，历代理虚能手们都在继承仲景学说的基础上，又提出各自的见解，甚至创见，如刘河间在《难经》《金匮》的理论基础上，总结了损证的传变规律和治法；张元素，人称易水学派之祖，这一学派众多医家，都善治虚劳而重温补，又都各有所长；缪希雍重视脾阴，主张甘寒通降，发前人之未发；徐春甫指出劳瘵有九虫；喻嘉言创虚劳论治"律十条"；张璐治血证多用温健脾阳，滋养肺肾之阴；江笔花论治虚劳哲理精辟；唐容川《血证论》对虚劳血证尤多发挥等。不一而足，诚值得后学进一步探索和研究。

疗损新方源源不断

《金匮》虚劳篇列正方七首，附方三首，这些方剂疗效卓著，千百年来一直是历代医家治虚劳的常用方，也是后世医家发皇古义，融会新知，加减化裁，扩大应用，创制新方的基础。宋·钱乙从《金匮》八味肾气丸化裁出"六味地黄丸"，对后世养阴学说起了承前启后的作用，李东垣的益阴肾气丸，朱丹溪的大补阴丸皆从六味地黄丸脱胎而出；宋·严用和在八味肾气丸的基础上化裁出济生肾气丸；明·张景岳则据本方化裁出左、右归丸（饮）；清·吴谦据本方变化而出知柏八味丸；高鼓峰，王九峰，尤在泾，薛生白等医家也都善于据本方化裁运用。有人统计，由《金匮》八味肾气丸化裁出的方子多达60余个，堪称后世补肾治肾之方祖。此外，严用和受建中汤的启发，创制了“归脾汤”，对心脾两虚尤宜；李东垣根据《金匮》建中汤，薯蓣丸等方的健脾升阳法则创制补中益气汤等，被后世奉为圭臬；四君子汤，四物汤的组方与应用最早见于《金匮》薯蓣丸，在此基础上，后世发展衍生出众多的调补方剂，如五味异功散，香砂六君子汤，参苓白术散，八珍汤，十全大补汤等等；篇中桂枝加龙骨牡蛎汤，扩大了桂枝汤应用范围，提示了桂枝汤不仅用于治表证，尚治里证，且为虚劳要方；清代温病学家吴瑭根据仲景炙甘草汤创制了六个温病新方，炙甘草汤用地黄、麦冬、阿胶、麻仁等甘凉养阴、滋血润燥，对后世养阴学说及温病学派的产生不无启迪作用。篇中大黄䗪虫丸不仅是仲景用攻法治虚劳的范例，且为后世攻邪学说以及活血化瘀、虫类搜剔等治则的先导，对后世医家颇多启示。如张子和认为“陈莝去而肠胃洁，癥瘕尽而营卫昌，不补之中有真补存焉。”王清任把活血化瘀的治疗法则提到十分醒目的地位，丰富发展了祖国医学关于活血化瘀的内容，而究其渊源，《金匮》大黄䗪虫丸等方实为最早之应用；叶天士在大黄䗪虫丸用虫类攻瘀的启迪下，创立了久病血伤入络而善用虫蚁之药的治法，认为虫类药可以搜剔络脉，松透病根，追拔沉混气血之邪。此外，许叔微《本事方》之第一方“真珠母丸”治惊悸不寐，方由《金匮》酸枣仁汤化裁而来；程钟龄《医学心悟》创制月华丸，不失为肺痨良方，其滋阴清热，止咳杀虫的组方法则源于《金匮》獭肝散，且更全面。总之，《金匮》虚劳病篇所列方剂，对后世影响既广且深，至今仍不失为临床应用较多的一类方剂，临床报道甚多，因篇幅关系，兹不赘述。

［《湖北中医杂志》1986，（2）：5］

《金匮要略》脾胃说初探

王子谟　湖北中医学院

《金匮要略》系统而集中地反映了仲景重视脾胃的学术思想，颇具特色。这对后世影响较大，至今仍有着现实的指导意义。本文拟就《金匮要略》的脾胃学说的若干问题作一初步探讨。

一、四季脾旺不受邪的发病学病理学观点

“四季脾旺不受邪”是《金匮要略·脏腑经络先后病脉证第一》的重要内容，又是仲景重视脾胃学术思想在发病学和病理学上的基本观点。故在《腹满寒疝宿食病脉证治第十》《黄疸病脉证并治第十五》和《呕吐哕下利病脉证治第十七》等三篇专著里，都对脾胃病的因机证治作了严密而系统的论述，而在其他各篇也都程度不同地记载有顾护脾胃的内容。

《金匮要略》认为“人禀五常，因风气而生长。风气虽能生万物，亦能害万物。如水能浮舟，亦能覆舟。若五藏元真通畅，人即安和。”（《脏腑经络先后脉证第一》：第2条，简作“1～2”，下仿此。）辨证地指出了风气对人的两重性和人体元真抗病的重要性。风气是自然界气候的代称，正常时能生长万物，反常则损害万物。但人对于自然界并不是无能为力，只要五藏元真之气充实，营卫通畅，则邪不可干。而真气“所受于天，与谷气并而充身者也”（《灵枢·刺节真邪》）。谷气是真气的重要成分，其盛衰直接影响真气的强弱。在机体的生理活动中，脾胃主管谷气的化生。脾胃健，谷气得化，五藏六腑皆以受气，真气自然旺盛，抗病能力强。否则，真气不充，病邪就会乘虚作乱。脾胃功能强弱对机体抗御外邪的能力有着决定性的作用，故仲景云：“脾旺不受邪”。

脾胃功能一旦失职，不仅谷气不生，还会使进入人体的饮食物停滞，影响气血的运行，成为继发性致病因素。食滞可成“宿食”，导致“胀满腹痛”，水停为饮，随处留积，或在肠胃为“痰饮”，或在胁下为“悬饮”，或溢于肌肤为“溢饮”，或上迫胸肺为“支饮”，或走肠道为“泄泻”，或因化源匮乏，病及五藏。证情多端，不一而足。反映了脾胃在发病学上占有不可忽视的地位。

在治疗疾病的过程中，经口进入人体的药物，能否直达病所，发挥作用，也必须依赖脾胃的运化。脾胃实者，药力易行，疾常易愈；脾胃虚者，药不易行，病亦难瘳。所以，脾胃虚实对疗效也有很大影响。

二、顾护脾胃的主要措施

仲景在《金匮要略》中提出了许多有效的顾护脾胃的办法。归纳起来，大致有三。

1. 审因论治，康复脾胃功能　书中所及，导致脾胃功能失常的原因很多，仲景在临证时往往是综观症候，权衡主次，分别论治。可概括为以下诸法。

驱除外邪法：为外感六淫为患者设。风冷伤脾胃，“瘦人绕脐痛”（10－8）“脾中风者，翕翕发热，形如醉人，腹中烦重，皮目（目，当从《千

金》作肉）瞤瞤而短气”（11－13），是风邪对脾的影响。因脾中风症与风寒病毒侵犯脾脏有一定的关系，故辨证时常互参，其治也皆当以祛邪为主。湿热蕴结脾胃所致“寒热，不食，食即头眩，心胸不安，久久发黄为谷疸”（15－13）以茵陈蒿汤清热泄湿为主，邪去脾胃自安。

上下分消法：为饮食不节所伤者设。或“食伤脾胃”（1－13），或“食少饮多，水停心下”（12－12），或冷热不适，或偏食五味，均可影响脾胃气机而发病。上见呕吐哕不欲食，中见腹胀满痛，下可见泄泻下利，二便不调等症。仲景出瓜蒂散吐上脘之停食，出大承气汤等以泻下肠中实热积滞，出茯苓泽泻汤等以去停水。俟壅塞一去，气机宣畅，脾胃功能即可恢复。

抑肝扶脾法：为肝脾不和者设。“妇人怀妊，腹中㽲痛”（20－5），是妊娠后脾气虚弱，肝气不调为病，故以当归芍药散为治。方中重用芍药（一斤）泻肝木而安脾土，配合其他诸药补脾调肝。

补肾健脾法：为肾病及脾者设。“脉沉小迟，名脱气，其人疾行则喘喝，手足逆寒，腹满、甚则溏泄，食不消化也”（6－11）。为肾中真阳虚衰，脾土不得温煦所致，仲景虽未出方，但温补脾肾之法已明，故前人多主张用附子理中汤为治。

泻胃护脾法：为胃强脾弱者设。“趺阳脉浮而涩，浮则胃气强，涩则小便数，浮涩相搏，大便则坚，其脾为约”（11－15），是因胃气强盛，脾阴不足，脾的功能受到约束而成。胃病及脾，故以麻子仁丸泻实补虚。

直补本脏法：专为脾胃虚弱者设。“趺阳脉浮，水谷不化，脾气虚则鹜溏，胃气虚则身肿”（14－19），治当补脾胃为主，脾阳衰微，中焦寒盛，出现“心胸中大寒痛，呕不能饮食，腹中寒，上冲皮起，出现有头足，上下痛而不可触近”（10－14）者，以大建中汤温补脾胃、建中散寒。脾虚统摄无权而“先便后血”（16－15）者，又以黄土汤主之。证虽有异，但都因脾胃虚弱所致，故直接补中健脾。

可见，以上各法，殊途同归，目的都在于尽快恢复脾胃的功能。明·张景岳曾说：“今人只知参、苓、枳、术、山楂、麦芽、神曲、厚朴之类乃为脾胃之药，而不知风寒湿热皆能犯脾，饮食劳倦皆能伤脾。如风邪胜者宜散之，则麻黄、桂枝、柴胡、干葛之类是也；寒邪胜者，宜温之，则桂、附、干姜、丁香，茱萸之类皆是也；热邪胜者，宜寒之；则芩、连、知、柏、栀子、石膏之类皆是也；湿邪胜者，宜燥之，则苍术、白术、半夏、猪苓之类皆是也；饮食停积者，宜行之，则三棱、莪术、大黄、芒硝之类皆是也；劳倦内伤者，宜补之，则人参、黄芪、白术、杜仲之属皆是也。然脏腑虽分十一，而同有阴阳，同此血气，矧太阴常多血少气，阳明常多血多气，使此中之血瘀，则承气、抵当之类，总属脾胃之药；使此中之血虚，则四物、五物、理阴、五福之类，又孰非脾胃之药乎？再若五藏之邪皆通脾胃，如肝邪之犯脾者，肝脾俱实，单平肝气可也；肝强脾弱者，舍肝而救脾可也；心邪之犯脾者，心火炽盛清火可也；心火不足，补火以生脾可也；肺邪之犯脾者，肺气壅塞，当泄肺以苏脾之滞；肺气不足，当补肺以防脾之虚；肾邪之犯脾者，脾虚则水能反克、救脾为主；肾虚则启闭无权，壮肾为先。至若胃司受纳，脾主运化，若能纳而不化，此脾虚之兆易见；若既不能纳，又不能运化，此脾胃之气俱已大亏，即速用十全大补、六味回阳等剂尤恐不及，而尚欲以楂、苓、枳、术之类，冀为脾胃之永赖乎？是以脾胃受伤，但使能去脾胃者，即俱是脾胃之药”（《景岳全书·卷十七·论治脾胃》）。景岳列举的上述治脾大法，可谓是对仲景论治脾胃内容的具体发挥。

2. 谨慎用药、治它病不忘脾胃　有些疾患无涉及脾胃，但仲景在组方遣药时，常常以甘草、大枣、蜂蜜或在剂型及用法上予以顾护，以使祛病而不伤脾胃。如治“痉”的栝蒌桂枝汤、葛根汤中皆用甘草、生姜、大枣调和脾胃。治“暍”病的白虎加人参汤，在用知母、石膏清热的同时，以甘草、粳米和人参护胃生津。治“病人常手指臂肿动”（19－2）的藜芦甘草汤中以甘草和中护胃，制藜芦对胃的副作用。治“寒气厥逆”（10－16）的赤丸，药性猛烈，仲景不仅用蜜为丸如麻子仁大，以减缓药性，且在服法中一再叮咛“先食……下三丸……不知，稍增之，以知为度”，唯恐过量，再如治悬饮用十枣汤时，由于药物为峻下逐水药，服后恐伤脾胃，故以“肥大枣十枚”煮汤送服，在得快下后，以糜自养。不论何药不可过服，中病即止。这些都显示了仲景的用药谨慎，在克伐病邪中，时刻不忘顾护脾胃。

3. 强调养慎，防患于未然　“若人能养慎，不令邪风干忤经络……服食节其冷、热、苦、酸、辛、甘，不遗形体有衰，病则无由入其腠理”（1－2）。提出了注意养慎，避免风雨寒湿，不居湿处，并要饮食有节，寒温适宜，不偏食五味，全面预防，即可杜绝和减少各种致病因素对脾胃及人体的侵害。如果病已发生，则应早期诊断、早期治疗，“见肝之病，知肝传脾，当先实脾”（1－1），调补脾脏，使脾的正气充实，防止疾病累及脾胃。如脾脏本气旺盛，则可不必实脾。

三、审察脾胃功能预测疾病转归

从《金匮要略》全书看，仲景不仅强调顾护脾胃，而且能充分借助脾胃的生理病理特点，用以预测疾病的轻重与转归。这也是仲景脾胃学术思想的一个重要组成部分。

如“肾着之病……饮食如故，病属下焦”(11－16)，以饮食如故推知病不在中焦脾胃。在同一疾病过程中，又以此来考察疾病的发展变化，指导用药。如“狐惑之为病……不欲饮食，恶闻食臭”(3－10)，“若能得食，脓已成也。”(3－13) 前者不欲食，说明病及脾胃，较重，故用甘草泻心汤为治。在清热解毒化湿的同时，需以人参、大枣、甘草等健运中焦。后者能得食，说明病对脾胃的影响转轻，病势集中于局部，故径用赤小豆当归散渗湿清热、活血解毒排脓。又如“病腹满、发热十日，饮食如故，厚汤七物汤主之”。病虽日久、但饮食如故，说明脾胃之气尚未大伤，可用厚朴七物汤乘其未虚而下之，不必多虑。

小　结

本文依《金匮要略》为据，对仲景重视脾胃的学术思想作了初步探讨。仲景在提出“脾旺不受邪”的发病学病理学观点的同时，在治法上使用有效的措施，保证了脾胃功能的正常，还利用脾胃与正气的关系，进行疾病的诊断、治疗，调理了脾胃，扶助了正气，提高了疗效，也为一些疑难病证的治疗提供了可喜的途径。由于仲景的成就，使《内经》中“土生万物”的理论从实际中得到了充实和发展，对后世补土派的创立也起了很大的启发作用，今天重新学习仲景重视脾胃的学术思想，对临床研究来说，仍不无裨益。

[《湖北中医杂志》1987；(6)：2]

《金匮》下法举隅

金芷君　上海中医学院

“经曰：‘虚虚实实，补不足，损有余’，是其义也。余脏准此。”在《金匮》第一篇篇首，就突出了仲景辨证论治的学术思想。粗览全书，笔者对“损有余”的体会是：如有可攻之邪，即应不失时机地攻逐之，以冀邪去正复，“人即安和”。其中较能反映这一思想的，可推攻下一法了。《金匮》中的下法，应用广泛，具有重要的地位。兹根据其不同作用，分类如下：

一、下实结

1. 里热成痉，急下存阴　“痉为病，胸满口噤，卧不着席，脚挛急，必龂齿，可与大承气汤。”(《痉湿暍病》)一系列痉象，乃因表邪化热，内传阳明，热盛灼津，筋脉失濡所致。早在《内经》就认为“诸禁鼓慄，如丧神守，皆属于火”。仲景认识到此时燃眉之急，在于除其壅盛之里热，否则津无以存。大承气汤峻下其热，旨在保津救阴，冀筋得濡而舒，痉象可解。

目前治疗破伤风便秘时用大承气汤、恢复期投沙参麦冬汤，可谓正乃“急下”“存阴”精神的体现。

2. 寒实内结，温通止痛　“胁下偏痛，发热，其脉紧弦，此寒也，以温药下之，宜大黄附子汤。”(《腹满寒疝宿食病》)紧弦之脉，主寒主痛，由于寒实内结，阳气阻遏不通，故表现为胁腹疼痛。鉴于寒结在内，非大黄之苦通不能除其结，非附子之温不能散其寒，遂乃揉合两者以温通散寒。因虑及大黄性寒，恐伤其阳，故用量较小（本方三两，承气汤中四两），而附子则量颇大（本方三枚，附子梗米汤、麻黄附子汤中均止一枚），以监制大黄之寒。

3. 瘀阻、胃实，产后共治　产妇多亡血，一般产后均有不同程度的血虚。此时如有该下之证，则不可泥于产后血虚而怯于攻下，否则将会贻误病情。

如：“病解能食，七、八日更发热者，此为胃实，大承气汤主之。”本证是由于产后郁冒，便坚不能食，经服小柴胡汤转而能食，却由于余邪未尽，食后邪与食互结，遂发展为胃实。显然胃实是“卒病”，当先治之，非大承气汤通腑荡实不可。

又如：“产后七、八日，无太阳证，少腹坚痛，此恶露不尽；不大便，烦躁发热，切脉微实，再倍发热，日晡时烦躁者，不食，食则谵语，至夜即愈，宜大承气汤主之。热在里，结在膀胱也。”“热在里结在膀胱”总结了本证的病机，即热聚于中，血结于下。此时血结与热邪都不容姑息待之，应通腑泻热，逐瘀下血并举，能一方兼此二任者，非大承气汤莫属。同时，“切脉微实”提示有实邪而无明显正虚，作为产妇投用大承气汤的前提。

二、下宿食

1. 宿食在下，荡涤积滞　宿食内停，胃肠气机阻隔不通，当与攻下，这无须赘叙。然病之久暂急缓则更宜详察。在此，不妨分析一下有关条文间的差异。

一者，“病人有宿食，何以别之？师曰：寸口脉浮而大，按之反涩，尺中微而涩，故知有宿食，大承气汤主之。”此乃积滞久留，胃肠气滞不通，故重按脉呈涩象，提示病根较深，为防其邪滞痼结，应抓紧时机，荡其积滞，所以“大承气汤主之”一句，语气十分肯定。而与之相对，如果宿食停滞不久，邪轻势浅，则攻积之力可以稍缓，即如另文所论：“脉数而滑者实也，此有宿食，下之愈，宜大承气汤。”方前置一“宜”字，与前条“大承气汤主之”相比，显见攻下之势不如其迫切。

2. 实热下利，通因通用　下利，有寒热虚实之分。仲景认为，实结中阻、燥屎内停，皆可成为下利之由：内有宿食，亦是导致下利的一个重要因素。如书中谈到：“下利不欲食者，有宿食也，当下之，宜大承气汤”“下利谵语者，有燥屎也，小承气汤主之”“下利三部脉皆平，按之心下坚者，急下之，宜大承气汤”。这些条文启发我们：病属暴实下利而正气未虚，断不可见利止利，以免关门留寇，而应针对病因，因势利导，釜底抽薪，伸邪去则利自止。可谓开通因通用之先河矣。

三、下热毒

大黄牡丹汤是临床治疗肠痈的基本方，此即仲景所创。关于痈脓形成的机理，《灵枢》中已有论述：“营气稽留于经脉之中，则血泣而不行，则卫气从之而不通，壅遏而不得行，故热，太热不止，热盛则肉腐，肉腐则为脓……故命曰痈。”尤在泾也说：“痈脓之候，……热者，毒已聚则有脓；不热者，毒不聚，则无脓也。”可见痈者，乃瘀血与热毒互结所成。肠痈则是瘀热壅聚于肠，治疗此疾要抢在“热盛肉腐脓成”之前，迅疾下其肠中瘀热之毒。大黄牡丹汤功在泻热下瘀，散结消肿。一旦瘀热得除，则毒无以聚，毒不聚，则可杜成脓恶化。不过，由于本方攻破作用较强，为防脓疡溃破，脓毒扩散弥漫的严重后果，故凡“脉洪数者，脓已成，不可下也”。

四、下水饮

对于水饮久结：《金匮》善用峻下逐水之品攻之。“病悬饮者，十枣汤主之。”对于饮邪内结胁下的悬饮之证，仲景制十枣汤，意在“芫花之辛以散饮，甘遂、大戟之苦以泄下，大枣之甘入脾而胜水也。”（清·张璐）值得重视的是十枣汤的煮服法：“芫花（熬）、甘遂、大戟各等分，右三味，捣筛，……先煮肥大枣十枚，……内药末，强人服一钱匕，羸人服半钱匕，……得快下后，糜粥自养。”该煮服法有两层意义：其一，以大枣糜粥缓和药性，护其脾胃，且羸人剂量减半，都是为了避免峻猛之药损伤正气；其二，本方主药不入汤煎，而是捣成碎末纳入大枣中服用，这是为了充分发挥药效。根据现代药理分析：甘遂泻下的有效成分是不溶于水的黄色树枝状物质，大戟的水煎浓缩液有泻下作用。可见，诸药不入水煎，达到了扬其长避其短的效果。

《金匮》中属下水饮法的非只十枣汤。葶苈大枣泻肺汤主治“肺痈，胸胀满，一身面目浮肿，鼻塞清涕出，不闻香臭酸辛，咳逆上气，喘鸣迫塞”(附方)。“胸胀满”“一身面目浮肿”“喘鸣迫塞”，皆是水饮堵肺之征，此乃导致肺气壅塞、咳逆喘息的渊薮，故以葶苈大枣泻肺汤泻肺逐水，“除胸中痰饮”(《开宝本草》)。

对于饮邪留止，结于中焦，则以甘遂半夏汤直达其所，破结逐水。

逐水是蠲除饮邪的重要一法，行之有效，但由于药力峻猛，使用时应防伤正之虞。

五、下瘀血

1. 瘀血蓄下，破瘀下血　妇人产后腹痛，较为常见，若此证是由下焦蓄血所引起，即如仲景所说：“腹中有干血着脐下”，则“宜下瘀血汤主之；亦主经水不利”。由于下瘀血汤中有大黄、桃仁、䗪虫等药，其逐瘀之力峻猛，对于经闭、癥瘕的针对性颇强，所以服后往往可收到“血下如豚肝”的满意效果。

同理，“妇人经水不利下，抵当汤主之”。也是用水蛭、虻虫攻其瘀，大黄、桃仁下其血，治疗下焦蓄血，少腹硬满结痛。

虽然《金匮》中攻下瘀血方主要见于妇人病篇，但实际上只要确有下焦蓄血可诊，则不必囿于妇人，也可用治于男子。补注中“亦治男子膀胱满急有瘀血者”，《伤寒论》中以抵当汤治蓄血未曾专指妇人，皆是佐证。

2. 虚劳干血，攻补兼施　上述下瘀血汤、抵当汤均施治于下焦蓄血而无明显体虚者。与此同时，仲景又为瘀血且见虚象者创设攻补兼施法，如“五劳虚极羸瘦，……，内有干血，肌肤甲错，两目黯黑，缓中补虚，大黄䗪虫丸主之”。虚劳羸极，气血运行无力，停滞而成干血。望其两目黯黑，肌肤甲错，想必血蓄已久，其势不轻，若不速除其积，则新血难生，益增其虚，所以同时应用大黄、䗪虫等众多的破瘀下血之品，攻其痼疾：另一方面，念其久病虚羸，故伍以芍药、地黄、甘草益气养血，且炼蜜为丸，峻药缓图。

六、其他

以上数法，作用单一专纯，而仲景之于下法，还善于灵活变通，如若病情需要，往往与他法配合应用，亦奏良效。例如对于痰饮水走肠间，病位在下者，以己椒苈黄丸前后分消，导邪下行，增辟邪出通道，以臻速蠲饮邪。再如妇人血水并结于血室一证，此时唯有下血与逐水并进，庶可血水共除。该方大黄甘遂汤中，药只大黄、甘遂、阿胶三味，大黄、甘遂各司其职，辅以阿胶养阻利水，扶正而不碍邪。不失为配伍精当，专而不冗的良方。

结语：通过上述对《金匮》下法的例举、分析，不难看出《金匮》用下法治疗杂病，涉及范围颇广。在其下剂中，尤其倚重大黄，实结、蓄血、宿食、下利，无不仰仗大黄之功。分析、体会仲景运用攻下法的精神，对于临证果断投药，灵活配方，无疑有所裨益。

[《上海中医药杂志》1986，（11）：40]

肺中冷与消渴的鉴别诊断

金芷君　上海中医学院

在《金匮要略·肺痿肺痈咳嗽上气病》篇中，有这样一段条文："肺痿吐涎沫而不咳者，其人不渴，必遗尿，小便数，所以然者，以上虚不能制下故也，此为肺中冷，必眩，多涎唾，甘草干姜汤主之。若服汤已渴者，属消渴。"

对于条文中尾句"若服汤已渴者，属消渴"九字，历代都无明确的解释，目前的统编教材亦认为"文义难明，存疑"。

笔者认为，此句是仲景对"肺中冷"（即虚寒肺痿）与"消渴"之鉴别诊断。遗尿、小便数的症状，可出现于数种病变之中，如属肺中冷而出现遗尿、小便数，此乃上虚不能制下所致，此时其人必当不渴，如下焦阳虚，肾失气化亦见遗尿、小便数之症，则有口渴，是为下虚不能承上，即与《金匮·消渴小便不利淋病》篇中"男子消渴，小便反多，以饮一斗，小便一斗，肾气丸主之"症同。"若服汤已渴者"中的"汤"字，除指甘草干姜汤方外，宜理解为热水或温热饮料（同出于东汉的《说文》对"汤"字的解释为："汤，热水也"。）更妥。饮服热水后犹渴，较之一般口渴，示其更甚，以此与"肺中冷"的"其人不渴"造成强烈对比，达到明辨"肺中冷"（虚寒肺痿）与"消渴"的目的。因此，条文中的有关部分似应这样读解："遗尿，小便数，其人不渴，……此为肺中冷；遗尿，小便数，若服汤已渴者，属消渴。"以口渴与否鉴别肺中冷与消渴，可谓仲景执简驭繁之术。

[《国医论坛》1990，（1）：封3]

《金匮要略》急证临床研究发展概述

王　茹　山东中医学院

《金匮要略》是东汉张仲景所著《伤寒杂病论》中的杂病部分，其中，有相当一部分病证属于急症范畴，如血证，痛证，急黄，暴喘，高热，中风，厥脱等等，其理法方药广泛运用于临床实践，对于急症学的发展起到了承前启后的作用。现将近年来的临床研究发展情况综述如下。

一、血证

《金匮》关于血证立专篇加以论述，如"惊悸吐衄下血胸满瘀血病"篇详述了吐血、衄血、便血等，提出了泻心汤、黄土汤、柏叶汤等著名方剂，经临床观察和验证对急性上消化道出血、支气管扩张咯血、流行性出血热等均有显著疗效。如成都中医学院附属医院采用《金匮》三黄泻心汤制成血宁冲剂。治疗胃、十二指肠溃疡和炎症引起的上消化道出血，取得肯定疗效。该院从1983～1985年同7家医院共观察103例，口服血宁冲剂，对照组72例，用去甲肾上腺素加生理盐水口服，或加止血敏、安络血等。结果：血宁冲剂组痊愈93例（90.3%），显效7例（6.8%），好转1例（1%），无效2例（1.9%）。对照组痊愈38例（52.78%），显效18例（25%），好转12例（16.7%），无效4例（5.5%）。大便潜血转阴天数：血宁冲剂组平均为4.39±2.7天，对照组平均为8.33±10.25天，有非常显著意义（$p<0.001$）[1]。

湖北中医药研究院附院采用泻心汤加味治疗上消化道出血24例，疗效满意。治疗方法：黄连6g，黄芩10g，大黄8g，白芨15g，乌贼骨15g，生地榆30g，仙鹤草15g，侧柏炭20g，茜草根12g，浓煎300ml。日1剂。分3次服。结果：24例患者服用上方，全部止血成功，肉眼观察黑便转黄时间2～5天，平均2.7天。大便隐血转阴时间为2～7天，平均3.8天。9例中呕血1天内停止者5例，1～2

天内停止者4例。[2]高氏用三黄泻心汤治疗急性肺出血105例，其中原发病包括肺结核60例，支气管扩张34例，肺癌6例，心血管疾病5例。辨证属阴虚火旺型42例，肺热壅盛型36例，肝火犯肺型27例均以本方治疗，结果服药2~3天止血者53例，4天以上者44例，无效8例[3]。

对泻心汤中各单味药的研究以大黄比较多。如焦氏用5种大黄制剂对462例急性上消化道出血进行临床观察和大黄止血机制探讨。将462例出血患者分为6组：单味生大黄粉组，单味制大黄组，单味生大黄片甲、乙组，单味精制大黄片组，大黄汤剂组；西药对照组，口服去甲肾上腺素加镁铝合剂，肌注安络血，静脉注射止血芳酸等。结果：462例患者的平均止血时间为1.5天，其中24小时内止血214例，占46%，服药后平均腹泻6次大便即转黄色，失败14例。5种大黄制剂组总有效率为97%，与西药对照组治疗后证实，大黄制剂治疗具有价廉、简便、有效等待点。大黄止血的机制：除大黄内含鞣质而具有局部止血作用外，与服大黄后血中纤维蛋白原含量的增加及凝血时间的缩短有关[4]，由此可见，三黄泻心汤在运用上用以治疗急性火热性出血，尤其是消化道出血最为常用。

其他如桑植人民医院传染科用侧柏叶及侧柏注射液治疗50例咯血病人，收效显著。将70例患者随机分为2组：侧柏叶组50例（其中单独用侧柏汤22例、单独用侧柏注射液28例），脑垂体后叶素组20例。结果：侧柏汤组有效21例，占95%，侧柏注射液组有效26例，占93%，脑垂体后叶素组有效18例，占90%，无显著性差异（$p>0.05$），咯血停止天数前2组为4.42天，后组为15天（$p<0.01$），有显著差异。本观察表明侧柏汤、侧柏注射液对肺结核各类型和支气管扩张咯血均有效，咯血停止时间较以脑垂体后叶素治疗者明显缩短，且无禁忌证，副作用亦小[5]。

闵氏报道：半夏泻心汤治疗胃及十二指肠溃疡出血48例收效显著。方药：制半夏10g，炒黄芩6g，黄连3g，干姜3g，党参10g，炙甘草6g，大枣15g，水煎服，日1剂。结果：服3剂血止者31例，服5剂血止者15例，服10剂血止者2例，疗效达100%。分析认为：本证之吐血属胃中炽热之证，本方立法是寒热互用，以调和阴阳，苦辛并进，以顺其开降[6]。

徐氏报道，用葶苈大枣泻肺汤加味治出血热并急性肺水肿72例，伴发热者56例，低血压休克者27例，少尿者67例。72例中均有尿蛋白（++~++++），血尿素氮为26.73±4.71mmol/L，肌酐为576.42±82.21μmol/L。方药：葶苈子10g，大贝母、炒枳实、生大黄（后下）各15g，炙桑白皮、车前子（包）、生地、丹参、白茅根各30g，通草12g，大枣5枚。水煎服，每日2剂，口服或鼻饲。结果：本组均采用中西医结合治疗，以西药为基础治疗，突出中药。治愈63例，死亡5例，自动出院4例。徐氏认为，出血热属温病范畴，由于温热疫毒之邪弥漫三焦，气机阻滞，水道不利，血热互结，瘀血阻络，邪毒壅肺。葶苈大枣泻肺汤加味共成泻肺行水，化瘀通下之功。收效显著，为治疗出血热并急性肺水肿之良方[7]。还有学者将猪苓汤用于流行性出血热休克期，认为阿胶能修补血管破裂，改善血管营养，提供结缔组织原料，从而避免血浆外漏。猪苓汤之所以能治疗低钠综合征的另一主要作用，在于它能在修补血管渗漏的基础上合理调整体内的水盐代谢和分布。并将代谢废物和多余的钠、水排出体外，使体内水与电解质趋向平衡[4]。

叶氏用赤小豆当归散作煎剂内服治疗病灶在肛门附近的便血病人57例，除1例在外观上治愈，病灶仍在，1例无效外，其余55例都痊愈。叶氏认为本方能润肠活血，退肿生肌，清热解毒，缓急止痛[9]。

广州中医学院附属医院脾胃研究组对不同病种的脾虚患者进行毛细血管脆性试验。结果表明脾虚组的阳性率明显高于正常对照组（$P<0.01$），而经补脾益气方药治疗后。随着脾虚的改善，有63%的患者由原毛细血管脆性试验阳性转为阴性。说明补脾方药为主治疗上消化道出血，可能是通过对抗组织胺和乙酰胆碱，调整植物神经系统功能而起到治疗作用的[10]。

二、痛证

《金匮》对痛证急性发作有较多论述，其内容散见于各篇中，常见的有急性胃痛，胁痛胸痛腹痛等。用《金匮》方法治疗冠心病，风心病，急腹症等急性疼痛，取得较好效果。如陕西省防治冠心病协作组采用加味瓜蒌薤白汤（瓜蒌30g，薤白15g，丹参15g，赤芍15g，红花15g，川芎15g，降香15g，日服2次，每次200ml）治疗心绞痛，以4周为1疗程。治疗44例患者。心绞痛症状缓解显效23例（52.3%），改善20例（45.4%），心电图改善总有效率24.20%[11]。杭州市三医院应用瓜蒌注射液治疗冠心病心绞痛轻度、中度、重度25例有较好疗效。通过观察，对阴阳两虚、气滞血瘀型效果较好，患者舌质常见紫暗或绛色，口唇亦微紫，经治疗后舌质转为淡红，唇紫亦渐消失。阳虚或阴阳两虚病人舌胖，边有齿印，经治疗后齿印逐渐消失[12]。

李氏自1985年以来，运用栝蒌薤白桂枝汤加味治疗冠心病66例，收到较好的疗效。方药：党参25g，麦冬20g，五味子5g，栝蒌20g，薤白20g，桂枝6g，丹参5g，川芎10g，益母草10g，檀香10g，茯苓20g，甘草5g，并随症加减。结果：显效23例（胸痛憋闷、心悸等症消失，心电图恢，正常），好转34例（胸痛憋闷；心悸等症状减轻，心电图示心肌缺血改善），无效9例。总有效率为86.3%，胸痛开始缓解时间平均为44.3天[13]。

丁氏用半夏泻心汤治疗胃痛70例，取得满意疗效。其中消化性溃疡20例，浅表性胃炎19例，萎缩性胃炎10例，溃疡合并萎缩性胃炎6例，浅表性胃炎合并萎缩性胃炎5冽。治疗结果：一般服药3~5剂后，胃痛消失，少数胃痛减轻。胃镜检查：治愈7例，有效58例，其中溃疡病治愈6例，有效13例；浅表性胃炎痊愈1例，有效16例；溃疡病伴浅表性胃炎有效10例；浅表性胃炎伴萎缩性胃炎有效4例；萎缩性胃炎有效9例[14]。还有人报道，用《金匮》三物备急丸治疗39例因肠梗阻引起的剧烈腹痛。方法：取大黄250g，干姜160g，巴豆90g，使药量呈3：2：1的比例研末，取蜂蜜500g，炼至滴水成珠时合蜜为丸。服药后，平均6.2小时腹胀痛消失，大便通畅者35例，每例平均服2次治愈，总有效率97.4%，治愈率89.7%。分析认为：其通下之力，远在承气辈之上，其优点是比汤剂快，药量少，体积小，可避免或减轻腹胀呕吐，病人乐于接受，服法简便，价格低廉[15]。

三、高热、抽搐

如张氏采用大柴胡汤治疗小儿高熟39例，收到满意疗效。39例患儿均接受足量抗生素和解热药治疗，效果不明显而转中医治疗，体温38℃~40.5℃，临床诊断病毒性感染者28例，上呼吸道感染者9例，右下肺炎症2例。中医辨证认为本组高热患儿均属少阳、阳明合病。治疗方法停用抗生素和解热药，给予大柴胡汤煎剂：柴胡10g，黄芩10g，半夏10g，大黄6g，枳实10g，白芍10g，大枣3枚，生姜3片。每日1剂，水煎至100~250ml，分2次服用。结果：1剂退热者17例（43.6%），2剂退热者14例（35.9%），服药3~6剂退热者6例（15.3%），2例右下肺炎者无效（5.1%）。张氏认为：大黄、黄芩、柴胡、白芍等均有退热作用和对细菌、病毒有不同程度的杀灭、抑制作用，而大黄、枳实以釜底抽薪之功清除阳明实热是退热的关键[16]。

徐氏报道用大青龙汤加荷叶治疗小儿伤暑高热30例，全部病例均曾经输液、使用激素及退热剂、以中药辛凉解表、清泄里热治疗无效，临床以发热无汗为主要症状。稽留热型，午后体温略高，伴有烦躁，面赤口干等症。治疗方法：本组病例均用大青龙汤加荷叶治疗，停用西药及其他中药。处方：生麻黄、川桂枝各3~5g，生石膏（先煎）15~30g，杏仁、甘草各3g，生姜3片，红枣5枚，荷叶1/2~2张。水煎服，日1剂。如服药2剂热不退，则不再予第3剂。结果：服1~2剂热退，1周内热不复升者为治愈；服药2剂体温下降而热不尽为有效；体温不降者为无效。治愈24例，有效4例，无效2例。徐氏认为：盛夏季节，气候炎热，小儿每喜贪凉饮冷，则内伏之暑邪易为寒邪所遏伏而不解。若以辛凉解表或纯清里热之品，则表寒不解，卫表闭遏，邪无出路；辛温轻剂又药轻而不逮；西药抗生素非但不能除邪，反有助邪之虞。惟有发汗之峻剂，辅以辛寒清里，则风寒去，暑热清[17]。此外，还有人用大承气汤治疗脊髓灰质炎表现高热、抽搐、昏迷、谵语患儿[18]，用大承气汤治疗破伤风患儿[19]的报道。

四、厥脱

如辜氏用大剂葶苈大枣泻肺汤加枳实治疗急性充血性心力衰竭50例，取得满意疗效，方药：葶苈子30~50g，大枣5枚，枳实30枚。每日1剂，水煎分3次内服。结果：50例次服药后48小时显效36例次（心衰完全控制或心衰Ⅱ度转Ⅰ度）；有效12例次（心衰Ⅲ度转Ⅱ度，或Ⅱ度转为Ⅰ度）；无效2例次，总有效率在90%以上，临床观察表明：葶苈大枣泻肺汤有明显的强心利尿、镇咳祛痰作用，有类似西地兰、地高辛等洋地黄制剂的强心作用，使用安全可靠，无毒副作用[20]。

陕西省中医药研究院附属医院1980年10月~1989年4月选用《金匮》木防己汤治疗肺心病急性加重期，肺性脑病，及危重型出血热左心衰肺水肿等不同类型呼吸衰竭37例，效果满意。37例中，心肺功能不全Ⅲ级以上、肺心病26例，危重出血热左心衰肺水肿11例。治疗方法：木防己汤加茯苓、芒硝。木防己、茯苓各30g，人参（另煎服）、桂枝各10g，石膏60g（先煎），芒硝20g（化服）。1剂煎2次为200ml，分2~3次于12小时内服完。嗜睡者唤醒喂药，昏迷者可鼻饲给药，并随症加减。治疗结果：本组肺心病急性加重期呼吸衰竭26

例，显效者 14 例，出血热左心衰肺水肿 11 例，显效 10 例，总有效率为 89%。胡氏认为：肺心病急性加重期肺心功能失代偿期之呼吸衰竭与流行性出血热左心衰肺水肿共同基本功能障碍是肺泡通气不足和通气/血流比率失调。其中医病机是痰饮犯肺，肃降失司，上焦阻滞，心阳被遏，血瘀阴盛，心阳欲脱。证属正衰邪盛，支饮厥脱，治则扶正祛邪，化气逐饮。回阳固脱。《金匮》木防己汤加味则与上述病机相符。

五、急性黄疸

湖南株洲 331 医院传染科从 1989 年 1～11 月，采用大剂量茵陈蒿汤为主治疗重型肝炎 14 例，取得满意效果。治疗方法：一般治疗组，静滴葡萄糖注射液，小剂量肝素，654－2，短程肾上腺素，胰岛素－胰高血糖素，血及血液制品，支链氨基酸以及抗生素等。茵陈蒿汤治疗组：除上述治疗外，给予茵陈蒿汤日 1 剂，包括茵陈 50g，栀子 30g，生大黄粉 50g，昏迷患者采用鼻饲法给药。结果：茵陈蒿汤组急性、亚急性重肝 5 例，治愈 3 例，好转 2 例，总有效率 100%，重型慢活肝 2 例，治愈 1 例，无效 1 例；一般治疗组急性亚急性重肝 4 例，均无效，重型慢活肝 3 例，治愈 1 例，无效 2 例。茵陈蒿汤组疗效优于一般治疗组[22]。任氏采用五苓散合四逆散加减治疗急性黄疸型肝炎 20 例。处方：柴胡 12g，白芍 15g，枳壳 6g，生甘草 3g，茯苓 10g，猪苓 9g，白术 9g，泽泻 15g，茵陈 30g，并随症加减。疗程 7～30 天。结果显效 15 例（症状消失，肝功能恢复正常），有效 3 例（症状消失，GPT 大于正常值），无效 2 例。证明五苓散加茵陈有利湿退黄的作用，使湿有出路，四逆散疏肝理气使肝气得以疏泄，互相配合，效果满意[23]。易氏报道，茵陈蒿汤重用山栀子、大黄治疗急性病毒性肝炎高胆红素血症 60 例，并另选 60 例为对照组纯用西药治疗。中药治疗组随症化裁，中西医结合治疗，日 1 剂。疗程均为 14 天。结果：在退黄方面，治疗组显效 40 例，有效 16 例，有效率 93.33%；对照组显效 20 例，有效 28 例，有效率 80%。经统计学处理 $P<0.005$，两组比较有显著性差异。肝炎有关的症状，随胆红素明显下降亦有明显好转，谷丙转氨酶大都伴随下降[24]。

姜氏 1983 年～1988 年运用小柴胡汤加减治疗小儿急性黄疸型肝炎 62 例。疗效满意。62 例主要表现为发热，乏力，消化道症状，尿黄，皮肤、巩膜黄染，肝大并压痛，SGPT 均在 40u 以上。治疗方法：以小柴胡汤加茵陈为基本方并随症加减，结果：临床治愈 56 例，占 90.2%；有效 3 例，占 5.3%；总有效率 95.5%。无效 3 例，占 4.5%。黄疸消退时间最短 4 天，最长 13 天[25]。

六、急性水肿

李氏 1983 年 4 月～1988 年 5 月用加味防己黄芪汤治疗特发性水肿 45 例。药用黄芪、防己、白术、茯苓、补骨脂、五加皮、苡仁、甘草。水煎服，2 日 1 剂，15 天为 1 疗程。结果：治愈（2 疗程后主要症状消失，水肿不再复发）28 例，显效（4 疗程后病势减轻，主要症状体征消失，停药后又复发）12 例，无效 5 例[26]。

陈氏采用己椒苈黄丸合黄体酮治疗肝硬化腹水 22 例，效果较好。22 例均为肝炎后硬化，多次接受过双氢克尿噻等西药及中药治疗无效而改用本疗法。治疗方法：（1）黄体酮 60mg 肌肉注射，1 日 1 次，腹水消退后改为每周 2 次连用 2 周，继之 1 周 1 次，巩固 3 周，停药，（2）己椒苈黄丸加味：汉防己 30g，川椒目 6g，葶苈子 30g，大黄 4.5g，泽兰 15g，大腹皮 18g，生黄芪 20g，苍、白术各 30g，水煎服。每日 1 剂。腹水消退后，亟宜调理肝脾肾，以培其本。（3）高蛋白饮食，限制钠盐摄入，保肝治疗，酌情使用血清白蛋白。结果：12 例患者用药 3 天后，腹水开始消退，一般 3～10 天。有效病例腹水完全消退的时间为 8～27 天，平均 17.5 天。3 周内腹水消退者 15 例，3 周以上消退者 5 例。2 例用药 3 周以上腹水无消退，自动出院。陈氏认为肝硬化腹水病情复杂，虚实互见，在使用己椒苈黄丸时，适当配伍补气、理气及活血的药物，攻补兼施，相反相成[27]，另有报道，采用苓桂术甘汤合葶苈大枣泻肺汤治疗急性心包积液，收效满意[28]。武汉市三院儿科对急性肾炎早期，采用疏风宣肺，行气利水的原则。选用防己黄芪汤和五皮饮加减，对后期久病正气损耗，采用培补脾肾，双补气血的方法，使病情缓解[29]。

七、急腹症

《金匮》对急腹症的论述颇多，在急腹症学上可谓一大贡献。从全国各地临床报道中，可以看出，为数众多的急腹症患者，均是通过辨证施以仲景方治疗而获效，有人曾统计国内用大黄牡丹皮汤化裁，治疗急性阑尾炎近万例，近期疗效在 80% 以上[30]。据 1977 年 12 月中西医结合治疗粘连性肠梗阻、肠扭转协作组交流会 83 篇资料报道，12023 例肠梗阻中西医结合攻下成功率为 65.23%，其中中药的代表方，大多是大承气汤加减[31]。根据资料统计，常见急腹症曾用过《金匮》中仲景方有(1)急性阑尾炎：大黄牡丹皮汤，大承气汤，桂枝茯苓丸，薏苡附子败酱散，大黄附子汤。(2)急性肠梗阻：大、小承气汤，厚朴三物汤，三物备急丸，大黄附子汤，大黄䗪虫丸。(3)急性胰腺炎：大、小柴胡汤，大建中汤，附子梗米汤，大黄附子汤，三物备急丸。(4)胆囊炎，胆石症：大、小柴胡汤，茵陈蒿汤，栀子柏皮汤，大承气汤，柴胡桂枝汤等。此外，胆道蛔虫，溃疡病急性穿孔也多用仲景方治疗。现代医学实验研究已证实：大黄牡丹皮汤能加速阑尾炎腔内钡剂的排空，有利于梗阻和炎症的消除；大承气汤有增加肠道推进运动，加速肠壁血流、减少组织的毛细血管通透性的作用，有利于炎症的控制，且促进肠内容物从梗阻点下行，有利于扩张肠道的复原；大柴胡汤具有明显的利胆和降低括约肌张力的作用，而且不抑制括约肌的运动机能[31]。

参考文献

[1] 重庆市中医研究所. 中医急症通讯，1989 (9)：19.
[2] 程如海. 湖北中医杂志，1991 (4)：15.
[3] 张跃飞. 中医急症通讯，1992 (2)：18.
[4] 焦东海. 中草药，1980 (12)：547.
[5] 桑植人民医院传染科. 湖南中医药杂志，1975 (6)：30.
[6] 闵捷. 上海中医药杂志，1984 (2)：223.
[7] 徐德先. 四川中医，1991 (3)：16.
[8] 程孝慈. 中医杂志，1987 (6)：434.
[9] 叶文俊. 浙江中医杂志，1957 (7)：12.
[10] 陶志达. 中医杂志，1680 (7)：36.
[11] 陕西省防治冠心病协作组. 陕西新医药，1974 (1)：16.
[12] 黄克威. 浙江中医杂志，1979 (6)：198.
[13] 李世文. 湖南中医杂志，1991 (4)：37.
[14] 丁文正. 湖北中医杂志，1981 (3)：21.
[15] 符开智. 云南中医杂志，1982 (2)：27.
[16] 张俊杰. 中草药，1991 (2)：167.
[17] 徐崇山. 四川中医，1991 (8)：24.
[18] 陈永治. 浙江中医杂志，1965 (8)：6.
[19] 郑玉括. 新中医，1980 (6)：47.
[20] 辜良诠. 中医急症通讯，1988 (5)：3.
[21] 胡文奎，等. 陕西中医，1989 (11)：485.
[22] 阳大中. 实用中西医结合杂志，1990 (6)：364.
[23] 任豪. 湖北中医杂志，1992 (3)：55.
[24] 易超文，等. 新中医，1991 (3)：24.
[25] 姜润林. 国医论坛，1989 (6)：16.
[26] 李武安. 四川中医，1990 (2)：33.
[27] 陈兆洋. 北京中医，1989 (2)：20.
[28] 徐伯伦. 浙江中医杂志，1984 (1)：46.
[29] 武汉市第三医院儿科. 新医药杂志，1974 (1)：25.
[30] 李鸣真. 中医杂志，1981 (9)：62.
[31] 王占彬. 中医急症通讯，1985 (5)：55.

[《中国中医急症》1992，2 (3)：123]

《金匮》所论胸痹与脾胃关系浅析

宋建平　河南中医学院
陶士忠　平顶山市卫东区人民医院
刘传真　河南省中医院

《金匮》所论胸痹，后世多着重论述其与心肺的密切关系。笔者认为，胸痹，虽以喘息咳唾、胸背痛、短气等上焦症状为主，但与中焦脾胃有着密切关系，注重中焦是《金匮》治疗胸痹特点之一。本文试对此进行分析。

一、脾胃与上焦生理密切相关

脾胃居中焦，位于膈之下，与胸相邻，食管由咽喉经胸下行至胃，且脾胃与上焦经络联系十分密切，如《灵枢·营卫生会》曰“上焦出于胃上口……贯膈而布胸中”，心经起于心中，向下穿过膈肌，络小肠，肺经起于中焦，下络大肠，还循胃口，通过膈肌，属肺；胃之大络通于心；脾经分支从胃别出，上行通过膈肌注入心中，交心经；脾之别络行胸胁；大肠经入胸腔络肺，向下通过膈肌下行，属大肠；小肠经络心，沿食道穿过膈肌到达胃部，下行属小肠等等。

脾胃与上焦不仅部位相邻，经络沟通，而且生理功能密切相关。如：心主血脉，肺主气而司呼吸。《灵枢·邪客》曰：“宗气积于胸中，出于喉咙，以贯心脉而行呼吸焉”。宗气的主要组成部分为自然界清气与水谷精气，前者赖肺呼吸摄取，后者则靠脾胃运化而成。脾胃主受纳、腐熟、运化，为气血生化之源，与宗气的生成关系密切，中焦脾胃之气的盛衰可通过宗气影响上焦心肺之气。《素问·平人气象论》就指出，根据胃之大络“虚里”处的搏动状态，可测知宗气的盛衰。

另一方面，脾气主升，胃气主降，居于中焦之脾胃为整体气机升降之枢纽。清·黄元御《黄元御医书十一种》曾曰：“升降阴阳之权，全在乎中，中者，土也”。脾胃升降协调，有利于上焦肺气的宣降与心血的运行保持正常。

二、脾胃病是胸痹重要成因之一

胸痹以上焦症状为主，但却与中焦脾胃关系密切，仲景在本篇第二条以“寸口脉沉而迟，关上小紧”点明了这一点，寸口脉沉迟是上焦胸阳不振之象，而关上小紧则是中焦阴盛之征。从仲景用药看，中焦阴盛主要是指阴寒气滞、痰饮内停等。中焦阴盛不仅影响脾胃运化、升降而见心下痞满等症，而且邪气还可循经上乘，痹阻不振之胸阳，以致气滞气逆、血行不畅而见喘息咳唾、胸背痛、甚则心痛彻背等症。《素问·至真要大论》曰：“寒厥入胃，则内生心痛，复见厥气上行，心胃生寒，胸膈不利，心痛痞满”。明确指出了寒入于胃可病及心胸。近人秦伯未亦曾在《谦斋医学讲稿》中指出：胸痹实际上是一个胃寒证，因胃中受寒而影响胸中阳气郁滞。可见脾胃病确是胸痹重要成因之一。

西医学认为，胸痛可由多种疾病引起，除责之心、肺之病外，食管、胃肠等消化系统疾病亦常可引起胸背痛，有的还可影响心血管而导致类似心绞痛样发作，如胃溃疡、食管裂孔疝、食管一冠状动脉综合征、胃心综合征等。西医诊断来自心脏的胸痛，根据中医理论，有些亦与脾胃有着密切关系，如：贫血多责之脾虚失运，水谷精微化生不足或脾虚失统而致失血，以致气血亏虚；高脂血症则多与脾失健运，痰浊内停，瘀阻血脉有关；冠心病心绞痛常可因饮食失当而诱发等等。

三、重脾胃是仲景治胸痹特点之一

仲景治胸痹有栝蒌薤白白酒汤、栝蒌薤白半夏汤、枳实薤白桂枝汤、人参汤、茯苓杏仁甘草汤，橘枳姜汤、薏苡附子散等方，药用栝蒌、薤白、半夏、枳实、厚朴、桂枝、人参、白术、干姜、甘草、陈皮、茯苓、杏仁、生姜、薏苡仁、附子等。一般认为，栝蒌、薤白为治胸痹的基本药物。栝蒌入肺胃大肠经，理气宽胸，化痰散结；薤白入肺心胃大肠经，行气止痛，通阳散结，下气导滞；二药既能通痹阻之胸阳，又能利中焦之升降，为中上二焦并治之药。至于枳实、厚朴、陈皮、半夏、茯苓、白术、薏苡仁等，更是通利胃肠、健脾祛湿的常用药物。秦伯未曾曰：仲景治胸痹用薤白为主药，温胃散滞气，用来加减的枳实、厚朴、陈皮等也都是和胃之品。上述诸药，着力于祛阴盛之邪以安正气。正虚为主者，仲景出以人参汤，本方又名理中汤，由人参、干姜、白术、甘草组成，功在温中祛寒，补益脾胃，以治中焦虚寒而致胸痹者。由此可见，无论虚实，注重脾胃是仲景治胸痹特点之一。

一些现代研究资料有助于理解仲景这一治疗特点。例如：实验及临床研究表明，治疗胸痹之主药薤白能降低血清总胆固醇、甘油三酯、高密度脂蛋白胆固醇，提高低密度脂蛋白胆固醇，提示薤白是治疗高脂血症的有效药物，对动脉粥样硬化和冠心病具有防治作用。根据中医理论，脾胃为气血生化之源，血液成分异常的高脂血症与脾失健运致湿浊内生而瘀阻血脉，降低血脂与通阳宣痹等具有相通之理。

综上所述，中焦脾胃与上焦位置相邻，经络沟通，生理方面关系密切；脾胃之病常可影响上焦。《金匮》所论胸痹虽以喘息咳唾、胸背痛等上焦症状为主，却可与脾胃之病相关，注重脾胃是仲景治疗胸痹特点之一。《金匮》这一认识对于后世治疗心胸之病很有启迪，如近代名医赵锡武提出：心胃同治为冠心病治疗大法之一，临床应予重视。仲景治胸痹注重脾胃这一特点至今仍对临床具重要意义。

[《河南中医》1993，13（5）：9]

《金匮》水气病初探

何　懋　四川省南充市高坪区中医院

笔者在习研《金匮要略讲义》[1]时，对水气病篇颇有感触。现将学习心得草拟文，奉同道赐正。

本篇收载条文32条，其中论七首，脉证五条，载方十首。主要论述了水气病的脉证、病机、辨证和治疗，内容相当广泛。除重点讨论风水、皮水、正水、石水外，由于黄汗身肿与水气病相似，所以并在一起讨论。同时又根据水气病形成的内脏根源，论述了心水、肝水、肺水、脾水、肾水的临床特征。并对血分病和气分病的证治等也有所论列。现作如下剖析。

一、有关水气病的分类

水气病是由于水气停滞，引起水肿或腹水－类病证。《金匮·水气病篇》先从脉因证治将它分为风水、皮水、正水、石水、黄汗五种类型，又按五脏病水的证候而列出心水、肝水、肺水、脾水、肾水五种水病，共计十种。仲景有关水气病的分类，发展了《内经》将水气病分为风水、石水、涌水三种的分类方法，拓开了临床诊治水气病的视野，给后学以极大的启迪。前贤医家朱丹溪以阴阳两纲立论，将水肿分为阳水、阴水两大类，为后人所习用，似属妥贴。实践证明，以阳水，阴水分型论治水肿病，似嫌过于笼统，因为它不能明确辨别众多的水气病候，所以笔者仍就主张遵从仲景有关水气病的分类方法。如果弃而不用，简而化之，有失仲景遗风。

二、有关水气病的脉象和预后探讨

关于水气病的脉象和预后问题，篇中第 10 条曰："脉得诸沉，当责有水，身体肿重。水病脉出者死。"本条前段言脉得诸沉，是指水气病的一般脉象。因为水为阴邪，沉为阴脉，故脉见诸沉，责之有水。若身体不肿而脉得诸沉者，则不一定有水气。结合篇中第 1 条所载"风水其脉自浮，……，皮水其脉亦浮，……，正水脉沉迟，……，石水其脉自沉，……黄汗其脉沉迟"的脉象观之，风水、皮水、当见浮脉。提示表邪方盛，邪未传里，治之适宜，预后良好。正水、石水、黄汗，脉见沉迟，为病趋于里，邪气实盛，治之得当，预后仍佳。唯五脏病水，方书只言证候，未示脉象，前后互参，当以脉伏，脉沉迟为多见。盖五脏病水常因正气内溃，五脏阳颓而致水寒凝聚，三焦闭阻之为肿，属本虚标实之候，故临床难度大。倘若失治，误治，预后往往不良。

对于水气病的死证，从篇中第 10 条所论"水病脉出者死"的文义分析，如水病肿盛而见脉出者，系指水病之脉如见浮取则有，沉取则无之象，此乃无根之脉现矣。表明人体真气已绝，若不及时救治，死候居多。

三、有关水气病的病机探讨

关于水气病的病机，篇中论而不详。有的条文疑而难解。第 8 条从水走皮肤这一机理阐述了水气病的形成。第 9 条通过脉证从水在肠间、肾不化气两方面论述了水气病的机制。第 12 条则从利后脾虚致肿论及了水气病的机转，合而观之。水气病的病机概貌已成。然而有的条文文义不属，不易理解，如第 8 条的"热潜相搏，名曰沉，热止相搏，名曰伏"等句，给后学带来一定的疑难。因此在探讨水气病的病机时，还须与《痰饮咳嗽病篇》《消渴小便不利淋病篇》等互相参合，方能悟出真谛。

祖国医学认为，水气病的形成，多与肺、脾、肾、三焦、膀胱有关。《素问・阴阳别论》曰："三阴结谓之水"。《素问・灵兰秘典》曰："三焦者，决渎之官，水道出焉"。《素问・水热穴论》又曰："其本在肾，其末在肺，皆积水也"。由此可知，肺不能通调水道，脾不能运化水湿，肾不能温化水气，三焦失其决渎之职，均可形成水肿。它与风邪外袭，水湿内浸，劳倦太过，饥饱不匀，生育不节等关系较大。临证时必须抓住阳气衰微、水停不化这两大病理特点进行辨证分析，方不致误。

至于五脏病水的机理，仲景在篇中未作明论。如从证候上推测，可见倪端。据篇中第 13 条至 17 条载："心水者，其身重而少气，不得卧，……。肝水者，其腹大，不能自转侧，……。肺水者，其身重，小便难，……。脾水者，其腹大，四肢苦重，……。肾水者，其腹大，脐肿腰痛，不得溺"的证候描述分析，可知它是人体正气内溃，五脏阳颓所致的水寒凝聚、三焦闭阻，发而为肿的五种水病。此五脏水与《痰饮咳嗽病篇》的水在五脏不同，彼为水饮浸及五脏的病变，水饮是一种原发病。此系五脏病引起的水肿，水肿是一种续发症。由此测知，五脏病水是人体内脏一些慢性顽固性疾病，如癥积、膨胀等累及脏器时出现的较为严重的水肿病患。它既可一脏病水，也可两脏病水，还可几脏同病水患。最始还可形成水毒内闭，阴关阳格之恶候。如能根据篇中所示五脏病水的证候为依据进行研究分析，演伸其奥义，那么，五脏病水的机理亦可探之而得。这是值得后学共同研讨的。

四、有关水气病的治则探讨

关于水气病的治则，篇中第 18 条曰："诸有水者，腰以下肿，当利小便，腰以上肿，当发汗乃愈"。第 11 条载："夫水病人，目下有卧蚕，面目鲜泽，脉伏，其人消渴。病水腹大，小便不利，其脉沉绦者，有水，可下之"。从文义上看，第 18 条论述的是水气病的治疗大法，在这里，仲景明确地提出了腰以下肿，当利小便，腰以上肿，当发汗的两大治疗法则，示后人以规矩。盖腰以上肿者，病多在表，当发其汗，使水气从汗而泄，腰以下肿，病多在里，当利小便，使水气从下而出。仲景关于发汗、利小便治疗水肿的两大治疗法则，原本于《素问・汤液醪醴论》所说的"开鬼门""洁净府"的治法。而 11 条则是论述水病可下的脉象和证候，论中只言"可下之"，未举具体方剂，可见还有斟酌之意，决无强下之理。由此观之，仲景对水气病下法的使用是谨慎的，非常切合临床实际的。倘若属见水势深重，不视阳水衰微这一病理特点，滥用逐水峻剂于快意之中，以求强效，往往正气大伤，水肿愈甚。如果屡屡攻逐，可成水毒内闭，阴竭阳亡之恶候。为医者，不可不识。仲景有关水气病"可下之"的论点，源于《素问・汤液醪醴论》中所说的"去菀陈莝"治法。

纵观这些治疗法则，似有不尽全面之处，因为发汗、利小便、逐水这三大法则，只适用于阳证、实证之肿。若系阴证、虚证之肿，则须采用健脾、温肾、补虚、降浊等法治之。临证时，总宜根据具体病情，分别其寒热、表里、阴阳、虚实，灵活用之，才能收到得心应手的效果。这是值得后学留神的问题。

五、关于水气病的治疗方法

先师仲景既为伟大的医学理论家，也为别具匠心的临床实践家。篇中有关水水病的治疗规范，给后世留下了许多宝贵的医学遗产。许多名方名法至今仍为人们所习用，有着不可估量的临床效验，值得我们深入研讨。

关于水气病的具体治疗，篇中有如下数种。如风水表虚有汗的，用固表除湿的防己黄芪汤（22条）治疗，表实里热的，用解表清里的越婢汤（23条）治之，皮水阳郁，水在皮肤者，用行阳去水的防己茯苓汤（24条）为治。里水（实为皮水）阳郁表实有热而湿重者，用解表清热的越婢加术汤治疗，表实无热者，用解表泄水的甘草麻黄汤（25条）主之。正水脉沉者，用温经发汗的麻黄附子汤为治，风水脉浮的用杏子汤（26条，未示药）。皮水阳气被阻而厥的，用利水通阳的蒲灰散（27条）为治。黄汗之为病，因阳郁而营血有热的，用通阳和阴的芪芍桂酒汤与之，因湿重而阳郁的，用行阳散邪的桂枝加黄芪汤（28条）为治。对于石水，五脏水的治疗，仲景只言脉证，未示汤方，还须后人探索。

六、关于血分病和气分病的探讨

篇中关于血分病和气分病的有些条文，特别是有关气分病的治法，历代医家争论很大。故全国高等医药院校试用教材《金匮要略选读》[2]将其列入附录，不加讨论。为了发掘仲景有关血分病和气分病的宝贵遗产，笔者据据五版教材《金匮要略讲义》有关论述作如下研讨。

何谓血分病？就是月经先停止，然后发生水肿的病谓之。对于血分病的治疗，仲景未举治疗方药，仅在篇中第20条对血分病和气分病给予鉴别和预后，提出了血分病难治，水气病易治的观点。《金匮要略浅述》[3]引《本事迹方》提出治妇人经水不通，遍身皆肿，用人参、瞿麦、大黄、桂枝、茯苓、葶苈等味为丸，米饮下为治。再用《医学说约》提出治经闭浮肿用调经散（琥珀、没药、当归、桂心、白芍、细辛、射香为末，黄酒、姜汁调服）治之，颇合情理。上述二方，于虚证、寒证可酌情选用。如属阳证、实证，可考虑选用下瘀血汤、抵当汤等方。但血分病多属虚中夹实，攻补两难，不易治疗，这是值得后学潜心研究的。

何谓气分病？《医宗金鉴》[4]曰：“此气血内虚，寒气内容之气胀，故巨气分”。对于气分病的治疗，历代医家争论很大，其焦点是围绕“大气”进行的。关于大气的含义，唐·王冰在《补注黄帝内经》中认为大气系指大邪气。明·张介宾在《类经》中认为大气系指元气。清·张志聪在《素问释义》中则认为大气是指宗气。众说纷云，各言其是。近贤陶葆荪氏独具慧眼，力排众议，他在《金匮要略易解》[5]中明确地提出了大气为人身正气的论断，抓住了大气的本质。笔者赞同他的观点。就其气分病的治疗，篇中虽只载方两首，确显神功百代。如系阳虚阴凝，水饮不消，积留心下，痞结而坚，如盘如杯者，可用温阳散寒、通利气机的桂枝去芍药加麻黄细辛附子汤（31条）旋转大气为治。后世许多医家认为此方为旋转大气第一方，故立旋转大气法治疗阳虚阴凝之水肿，深得仲景之旨。除此之外，个人认为，临床还可用麻黄附子细辛汤或春泽汤加麻黄、附子旋转大气。倘若脾虚气滞，水饮痞结于心下而见心下坚，如盘如杯者，可用行气散结，健脾利水的枳术汤（32条）治疗。但是，此方虽有行气健脾之功，确无温阳通利之能，不属旋转大气法的代表方剂，这是后学必须明确的。

参考文献

[1]《金匮要略讲义》. 上海科学技术出版社，第1版，1985.

[2]《金匮要略选读》. 上海科学技术出版社，第1版，1980.

[3]《金匮要略浅述》. 人民卫生出版社，第1版，1981，谭日强著.

[4]《医宗金鉴》. 人民卫生出版社，第1版，1973，吴谦著.

[5]《金匮要略易解》. 广东科技出版社，第2版，1981，陶葆荪著.

[《光明中医杂志》1995，(3)：12]

《金匮要略》苦辛合法组方用药治疗杂证探讨

孙晋营　李文芝　单　彪

山东枣庄市中医院

（指导　孙绍周）

苦辛合法，即以辛温之药与苦寒之药，或者辛味药与苦味药相互配伍应用，具有辛开苦降、寒热并治、调畅气机、宣肺降气、通痹泄浊、和解少阳等多种作用，用来治疗一些错综复杂病证的一种方法。以文献报道来看，对《伤寒论》应用苦辛合法的探讨较多，常涉及到苦降辛通、调畅气机、用于寒热互结于心下的痞证、上热下寒的呕利证，蛔厥证等。而对于《金匮》应用苦辛合法治疗内科杂病的探讨较少。实际上《金匮》应用苦辛相伍治疗多系统的内科病证，治疗范围广泛，《金匮》全书用苦辛的方剂达 32 首，治疗病证 10 余种、方证结合，配伍有度，充分体现了张仲景辨证论治的思想。值得我们进一步探讨。

（一）

苦辛合法、宣降肺气、止咳平喘、化饮逐痰。用于痰饮、咳嗽、上气病。

《金匮》中苦辛合法组方用药，治痰饮咳嗽上气病的方剂有射干麻黄汤、厚朴麻黄汤、苓甘五味姜辛夏杏大黄汤、己椒苈黄丸等。根据痰饮形成的机理，《金匮》立“病痰饮者，当以温药和之”的治疗大法。首选辛散温化的药物，振奋阳气，开发腠理以化痰除饮。常用麻黄、细辛、干姜、半夏；但又因痰饮咳嗽上气病证复杂，寒热各异，故仲景又常与苦寒清热或苦温降泄的药物配伍，组成苦辛相合法。如杏仁、厚朴、黄芩、大黄等肃降肺气，化痰止咳平喘，如治疗寒饮郁肺、咳嗽上气病的射干麻黄汤。方中用麻黄、细辛、生姜辛散寒邪，宣肺止咳，伍以射干苦降肺气，消痰开结，紫苑、冬花之苦温降气化痰。辛苦合用则宣降并施，使痰饮化、肺气利、咳喘平。厚朴麻黄汤则用于治疗痰饮挟热上逆所致的咳嗽肺胀病。取麻黄、干姜的辛温散寒合苦温降气除满的厚朴、杏仁同用。因本方证又兼热象，故伍以石膏辛寒清宣内热。尤其麻黄配石膏，使宣肺不助热，清热不碍祛邪。诸药合用，寒温热清宣降同施，若素有痰饮咳喘、倚息不得卧之症，而又见挟胃热上冲，面热如醉状。《金匮》用苓甘五味姜辛夏杏大黄汤，在大量辛散温化痰饮的药中，加大黄苦寒降泻胃热、杏仁以苦降肺气，使肺气不逆，胃热不冲，咳喘面热皆除。若饮邪停在肠间，影响肺气的肃降通调。因肺与大肠相表里，愤郁而成热，症见腹满、口舌干燥等症状，仲景治疗此证虽应用苦辛合法，但药物配伍与前不同，己椒苈黄丸方中防己、椒目辛开宣肺，且导水从小便而出，伍以葶苈子，大黄苦泄攻坚，逐水从大便而出，诸药合用，辛宣苦降，前后分消，水饮得除，诸症乃愈。由此可见，仲景应用苦辛合法治疗痰饮咳嗽上气病组方配伍的灵活性、原则性。

（二）

苦辛合法、寒热并用、苦降辛开、调理胃肠。用于痞满、呕利病证。

苦辛合法，具有辛开苦降、和中消痞、恢复中焦转枢之机的作用，且寒热药物的配伍，又能调理胃肠，以治寒热错杂的胃肠病变。若脾胃升降失常、气机滞涩于中，或寒热之邪互结于中焦，发生痞满、呕吐、下利、肠鸣等胃肠病变。《金匮》用苦辛合法治疗此类病证，常用干姜、半夏与黄芩、黄连配伍。取辛温药物宣通理气开痞、且辛温能散寒、配伍苦寒药之降泄除痞，又能清热和胃。苦辛相合、寒热并用，达到调理胃肠、斡旋中焦气机的目的，从而使痞开结散，呕吐、肠泻、下利等证自除。半夏泻心肠则为此法的代表方。方中主要是用苦寒降泄且能清热健胃的黄连、黄芩与辛开温通的半夏、干姜配伍，苦辛并投，寓开于泄，苦降辛通，共奏和中消痞、调畅气机之功。仲景常用苦辛合法治疗寒热错杂，升降失常的中焦脾胃（肠）病。但又因寒热有在胃在肠的不同，病势有向上向下、在表在里的差异，故应用苦辛合法时又当根据病情酌定药物，如黄芩加半夏生姜汤，用治邪热内犯胃肠的干呕下利证。病机为肠热而胃不和，以下利热臭垢积、腹痛为主证，兼干呕或呕吐，尤怡认为：“此伤寒热邪入里作利，而复上行，为呕者之法……半夏生姜散逆于上，黄芩芍药除热于里，上下俱病，中气必困，甘草大枣合芍药生姜以安中而正气也。”再如乌梅丸则用于因脏寒而蛔动上扰胸膈，出现烦躁吐蛔的蛔厥证。此为上热下寒证，方中黄连、黄柏苦寒降泄清上热，且苦能下蛔，干姜、附子、桂枝、川椒、细辛温散下寒以治利，且辛能伏蛔、更辅以人参、当归养中安脏，诸药合用苦辛通降、寒热并治，而起到调和胃肠、燮理升降之功，使脏温蛔安，厥利则止。后世医家多师仲景苦辛法治疗胃肠消化系统的病证获良效。

（三）

苦辛合法，宣痹泄浊，通阳开结。用治胸痹心痛病证。

《金匮》认为胸痹的病机是“阳微阴弦”，由于上焦阳气不足，胸阳不振而寒邪、痰饮、瘀浊乘虚上乘、闭塞清旷之区，使胸阳不得宣通，心脉痹阻而发病，针对这一主要病机，仲景立宣痹通阳为基本治法，应用栝蒌薤白白酒汤治之。取薤白辛温通上焦阳气而祛寒，栝蒌实降泄，开胸中痰结而下气，白酒助药力，加强温通上焦阳气的功用。若痰浊较盛、胸痛彻背者加半夏豁痰开结，则为栝蒌薤白半夏汤。胸痹病以胸闷痞塞症状明显，且其堵闷感连及心下两胁，同时又有胁下逆气上冲的感觉，这说明病变范围扩大，不仅在胸且波及胃脘胁部，此为寒气挟痰饮上逆所致，仲景治此用枳实薤白桂枝汤，辛开通阳、宣痹、苦降泄浊除满，方中枳实厚朴苦温，降气消痞除满，合薤白桂枝辛散宣通胸中之阳气，更助以栝蒌实化痰散结，诸药配伍、苦辛相合，使阳气通、逆气平、症自除。桂枝生姜枳实汤亦是苦辛合法的方剂，用治中焦痰饮上逆胸中，使胸阳不能施化、痹塞不宣所致之胸痹。《金匮》论及此方证“心中痞，诸逆心悬痛，桂枝生姜枳实汤主之”。方中枳实苦降除痞，合桂枝辛散通阳，且能平冲，更佐以生姜温胃化饮，诸药合用，则苦降辛开，饮化病除。仲景的通阳宣痹法的随症化裁，苦辛合法用治胸痹病，为后世运用芳香温通、活血化瘀治疗冠心病奠定了基础。

（四）

苦辛合法，解表攻里，通腑祛实，宣畅气机。用于腹满腑实证。

《金匮》治疗腹满腑实证多用苦辛合法。如“病腹满，发热十日，脉浮而数，饮食如故，厚朴七物汤主之”。此为太阳表邪未解，而又见腹满，大便不通等阳明腑实证候，用厚朴七物汤外散表邪，内泄腑实。方中桂枝、生姜辛散表邪，合大黄苦寒攻下，枳实、厚朴降气除满，甘草、大枣益气扶正，诸药配伍，苦降辛通，内外兼治。若病属少阳阳明合病，心下满痛，大便不通，且伴往来寒热、郁郁微烦、脉弦有力。治宜表里双解，用大柴胡汤。方中柴胡、黄芩味苦性寒，清泄少阳经邪热；半夏、生姜辛温散邪，助柴胡黄芩疏通少阳之郁滞，合大黄苦寒攻下，枳实降泄除满。诸药合用，苦辛分消，表里双解，其证乃愈。若属寒实内结，腑气不通，且阳气郁滞不行，症见胁腹痛，不大便，发热，脉紧弦者，宜大黄附子汤治疗，此症当辛散温通，以“温药下之”。大黄附子汤中大黄苦泻通便，附子、细辛辛温通阳散寒，诸药相合，起到温阳通便之效。后世之千金温脾肠，本事温脾肠均效仲景此法配伍而成。

[《中医研究》1995，8（3）：7]

论《金匮要略》“同病异治”及其临床意义

李桂贤　广西中医学院

《金匮要略》（下称《金匮》）是我国现存最早的一部研究杂病的专著。此书在审病求因、辨证施治过程中，广泛运用了“同病异治”的治疗方法，为后世临床辨病分型论治奠定了基础。本文探讨了《金匮》“同病异治”的主要学术思想及其临床意义。

一、《金匮》“同病异治”的论治方法

同病异治，是指同一种疾病，由于患者的体质不同或疾病所处的病变阶段不同，所表现的证候及其病理性质就不同。因此，治法应当有异[1]。此法在《金匮》中可归纳为以下五种类型。

1. 同病不同病机而异治　同属一种疾病，由于病因病机不同，治法则异。如《呕吐哕下利病篇》三十七条，下利病，证见脐腹部既痛且胀，下利不畅，是实热宿食蕴结肠道，当“通因通用”泄热通滞，宜大承气汤；若“下利清谷，里寒外热，汗出而厥者”，是阳虚阴盛之厥利，急当回阳救逆，温经通脉，宜用通脉四逆汤。又如肺痿病，上焦阳虚，肺中冷虚所致者，用甘草干姜汤温肺复其阳气；若上焦有热，肺胃津耗，虚火上炎者，则用麦门冬汤滋养肺胃之阴。

2. 同病不同病位而异治　《水气病》十四条：“师曰，诸病有水者，腰以下肿，当利小便，腰以上肿，当发汗乃愈。”说明同样是水气病，但水气停留人体部位不同，其治法则异。腰以上肿或先头面肿，病位在上，在表，属阳。可用越婢加术汤、大青龙汤、小青龙汤等方发汗以逐水；腰以下肿或先下肢肿，病位在下，在里，属阴。可用防己黄芪汤、防己茯苓汤、五苓散等方化气以利小便。又如《肺痿肺痈咳嗽上气病篇》云：“咳而脉浮者，厚朴麻黄汤主之”，“脉沉者泽漆汤主之”。此同为咳嗽，但脉有浮沉之不同。脉浮多主病在表，邪盛于上，故用宣肺利气散饮降逆，止咳平喘的厚朴麻黄汤；脉沉多主病在里，为脾虚不运水饮内停，用泽漆汤逐水通阳、止咳平喘，兼以扶正健脾。再如《痰饮咳嗽病篇》云：“夫短气有微饮，当从小便去之，苓桂术甘汤主之；肾气丸亦主之。”此条论述微饮的证治，水饮内阻，阳气不化而见短气，但因病位不同而治法各异。一为脾阳不足，运化失司，饮邪留于心下，其本在脾，用苓桂术甘汤健脾利水；一为肾阳虚衰，气化无权，饮邪上泛于心下；其本在肾，用肾气丸以温肾化水。由此可见，同为一病，因病位在表与在里的不同以及病变所在脏腑不同而治法各异。

3. 同病不同证候虚实而异治　《胸痹心痛短气病篇》曰：“胸痹心中痞，留气结在胸，胸满，胁下逆抢心，枳实薤白桂枝汤主之；人参汤亦主之。”同为胸痹病，用不同的方剂治之。以药测证可知，前者属痰浊壅塞气滞不通的实证，用枳实薤白桂

枝汤，以通阳开结，泄满降逆宣痹；后者属中焦阳气衰减的虚寒证，用人参汤，以补益中气，温中助阳。虽同为胸痹病，因其有偏虚偏实的不同，在治疗上就有温通、补虚两法。再如《惊悸吐衄下血瘀血病篇》中，对血证的治法，提出吐血、衄血属于心火亢盛，迫血妄行的实热证，用泻心汤苦寒清泄，降火止血；吐血不止，属于胃气虚寒，血不归经而上逆的用柏叶汤，温中止血；由于脾气虚寒，血失统摄的下血证，用黄土汤温脾摄血。这些方剂是针对同病而证候虚实不同而设的。

4. 同病不同病性寒热而异治　同一疾病，由于病变的寒热属性不同，而采用不同的治法。如《痰饮咳嗽病篇》云："病溢饮者当发其汗，大青龙汤主之；小青龙汤亦主之。"溢饮是水饮溢于肌肤之间，当汗出而不汗出，饮邪停留而见身体疼痛为主的病症。因其邪在表，当因势利导以汗解之。大、小青龙汤均具有发汗作用，但因饮邪有兼寒兼热的不同，所以需用两方分别施治。大青龙汤证兼里热，以烦躁口渴为主，故用发汗散水兼清里热之法；小青龙汤证兼寒，证见喘咳而不渴，故用发汗下气、温化水饮之法。此正如柯韵伯所云："两青龙俱两解表里法，大青龙治里热，小青龙治里寒，故发表之药同而治里之药殊也。"又如《呕吐哕下利病篇》云："热痢下重者，白头翁汤主之。""下利便脓血者，桃花汤主之。"二者虽同为"便脓血"之证，但因寒热虚实不同，前者热利以白头翁汤清热解毒，凉血止痢，后者为虚寒痢以桃花汤温中涩肠，固脱止血。

5. 同病因病程阶段不同而异治　《肺痿肺痈咳嗽上气病第》中的肺痈病，其均因由感受风热病毒而起，但病理变化可分为3个阶段，治疗方药亦随之而异。表证期，为"风伤皮毛"多有恶寒发热，自汗，咽喉干燥发痒，咳嗽，脉浮等表证，治宜辛凉解表，兼清里热，可用银翘散、桑菊饮等方加味；酿脓期，为"热伤血脉，风舍于肺……热之所过，血为之凝滞，蓄结痈脓，"其证振寒发热，咳逆喘满，咽干不渴，胸痛，咳吐臭痰，其脉滑数，可用《千金》苇茎汤加味清肺化痰，祛瘀消痈。若痰浊壅肺，"喘不得卧"或"喘鸣迫塞"者，可用葶苈大枣泻肺汤清热泻肺。溃脓期，为脓成内溃外泄，证见咳吐脓血，形如米粥，腥臭异常，胸痛，振寒，脉滑数等，可用《千金》苇茎汤合桔梗汤清肺化痰，排脓解毒，随证加减。

二、《金匮》同病异治法的临床意义

如上所述，同病异治法在《金匮》中可谓比比皆是。这些方法与方药至今仍然运用于临床，并一直有效地指导着医疗实践，为临床治疗各种疑难杂症作出了重大贡献。同时经后世医家多方阐发、研究充实，使《金匮》同病异治方法在临床中越用越广，治疗各种疾病的疗效不断得到提高。如冠心病的治疗，在《金匮·胸痹心痛短气病篇》中有"胸痹之病喘息咳唾、胸背痛，短气"及"胸痹不得卧，心痛彻背"等记载，其描述的症状非常接近于冠心病的心绞痛、心力衰竭等。对于这些病证的治疗，临床上常选用《金匮》中的方药如瓜蒌薤白半夏汤、橘枳姜汤、人参汤、茯苓杏仁甘草汤等进行治疗，并收到良好效果。姚真敏[2]把近年来中医治疗冠心病概括为宣痹通阳、活血化瘀、芳香温通，扶正治本等法则，并认为这些治法都是在《金匮》治胸痹理论的启发下补充发展的。罗文儒[3]认为治疗冠心病应从《金匮》治疗胸痹心痛短气的扶正、祛邪二大类入手，扶正主要从肺论治，肺主一身之气，肺朝百脉，肺气旺，则四脏之气皆旺，补气药能起到提高T淋巴细胞及淋巴母细胞转化率作用，从而有增强机体免疫能力的作用。祛邪有化痰、化痰与活血、温通法等，选用《金匮》乌头赤石脂丸、薏苡附子散，瓜蒌薤白白酒汤、瓜蒌薤白半夏汤等，根据不同证型而治之，取得较好疗效。其认为扶正兼祛邪，是近年来临床医家将仲景治疗胸痹两大法有机的结合，比单纯扶正、单纯祛邪效果更满意，作用快，疗效高，缓解时间长，其乃源于《金匮》而高于《金匮》的一种治则。又如上消化道出血的治疗，杜杯棠，张宇庆[54]应用《金匮》泻心汤和黄土汤治疗21例上消化道出血患者，收到较好疗效。其认为①呕血属实者多，应以清热降火祛痰为要；选用《金匮》泻心汤治疗，于方中加白芍柔肝和血，使血得归位，又能和营止痛。②黑便属虚者多，应以健脾温阳为主。选用黄土汤为主方。本方刚柔相济，温阳而不伤阴，滋阴而不损阳。游开泓[5]临床运用泻心汤治疗胃溃疡、肝硬化合并食道静脉曲张破裂引起的热盛吐血，柏叶汤治疗胃溃疡或胃炎合并出血引起的脾虚吐血，黄土汤治疗十二指肠球部溃疡合并出血引起的虚寒便血等均取得满意疗效。

另外，《金匮》同病异治，是中西医结合的重要方法之一，在临床上运用同病异治法进行西医辨病与中医辨证相结合研究发现，同病异治可使中医和西医理论都得到发展，并在临床上达到二者单独都不能达到的疗效。如目前临床上把中风病分为三个阶段，针对三个阶段病情的各种不同证型，采用不同治则，中西结合治疗，提高了疗效；缩短了疗程。因此，《金匮》同病异治的辨证论治方法，在中西医结合思想方法学方面，占有重要的地位。

参考文献

[1] 周衡，邱幸凡，黎秋婵，等. 中医防治学总论. 武汉：湖北科学技术出版社，1989. 70 - 71.

[2] 姚真敏.《金匮》胸痹心痛短气证治与冠心病. 浙江中医学院学报，1986，10（4）：13 - 14.

[3] 罗文儒.《金匮》对治疗冠心病的贡献. 浙江中医学院学报，1985，9（5）：14 - 16.

[4] 杜怀堂，张宇庆. 应用《金匮》方治疗上消化道出血21例，上海中医杂志，1982，（9）：21.

[5] 游开泓. 运用《金匮》方探讨急性消化道出血的证治. 福建中医药，1983，（5）：4.

［《广西中医药》1995，18（4）：38］

《金匮》动态分析法探析

徐　敏　河南中医学院

医学理论研究及医疗技术水平，必然受限于时代及科学技术的发展。张仲景所处时代，远远谈不上科学的人体解剖、生理、病理学以及病原微生物学等方面的研究。但张仲景能够越过时代的局限，在疾病的研究中，完全撇开机体局部的结构和功能研究，按照《内经》整体观念和朴素系统论方法，把研究集中于外感热病和内伤杂证，确立了中医临证医学的范式——辨证论治体系。而动态分析法正是这一法度严谨，临床卓有成效的医学体系中最具特色的方法之一。本文试从以下三方面，探讨《金匮》辨证体系中动态分析的观点和方法。

一、运用动态分析法，综合判断，认识疾病

人体空间的多极多路的复杂性，在很大程度上决定了疾病发生、发展变化过程的复杂性。目前对于疾病的研究，包括分子水平，细胞水平、器官水平以至系统水平，尚难以确切地解释机体本身以及疾病的复杂变化。张仲景在《金匮》一书中，对于机体及病理情况下机体的运动状态的分析、调整，并不以解剖形态学为基础，而是避开这些当时难以解决的矛盾，另辟途径，从整体和普遍联系上对人体病理变化进行动态分析。首先是对于发病的动态分析观。原文首篇第2条指出："五脏元真通畅，人即安和"，"客气邪风，中人多死"，既论及外界的"客气邪风"可以致病，同时又强调机体对外部环境的适应能力在发病方面是至为重要的。机体与外界不相适应，"客气邪风""中人"之后，可由经络入脏腑，脏腑之间病邪亦可相互传变，所以临证只有把握疾病的动态特征以及动态趋势，才能应对自如。首篇第1条曰："见肝之病，知肝传脾，当先实脾"，从已病脏腑推测未病或曰将病之脏，把握脏腑间病理传变的动态趋势，从而进行整体调控，达到防病治病的目的。其发病学理论，始终贯穿着动态分析思想。其次是对病症认识的动态分析法。仲景在辨证的过程中，注意对比参照，巧妙地体现了疾病的动态变化特点。如痰饮篇小半夏茯苓汤条："先渴后呕，为水停心下，此属饮家"，"先渴"，可知其呕为多饮水停，气不化津所致，而非其他原因（如宿食、胃热等）所致。又如"经水前断，后病水，名曰血分，……先病水，后经水断，名曰水分，……"也是有所参照，据此进行临床鉴别。以动态法分析参照，注重每一证候的特定环境、前后变化，掌握疾病的发展变化过程，体现疾病的动态特点，为临床辨证论治提供重要的依据。另外，机体自身的动态性，决定了疾病的复杂多变，临证必须辨明证候，抓住主要矛盾，确立治疗法则。《金匮》表里证同见时，急当救里或救表的法则；卒病与痼疾并见时，当先治其卒病后乃治其痼疾的法则，均为分轻重缓急，抓主要矛盾的范例。实际上，分主次而施治，正是疾病的动态特点对临床诊治的要求。

可见《金匮》一书，对于杂病病因病机的认识、以及疾病的诊断、病证的鉴别、治疗法则的确立等等，无一不贯穿着动态分析思想。

二、把握疾病的动态趋势，同中求异，辨病论治

《金匮》往往通过几个方证来概括某病的病机、病程以及不同病程阶段的治疗。若将每一方证视为"点"，多个"点"（或者说一组方证）的连接则构成"线"。不同的病之间的差别，就在于不同的动态趋势所构成的不同的"线"。例如痉病，其主症为颈项强急，卒口噤，甚则背反张，但其病初起表现为"太阳病，发热无汗，反恶寒"（刚痉），"太阳病，发热汗出而不恶寒"（柔痉），可以不具备典型的痉病的主症，而与太阳伤寒、中风相似。但痉病在短暂的表证阶段后，迅即化热，进而伤阴动风，而太阳表证虽可传变，却并不表现出上述特点，二者终因是不同的病，具有不同的动态趋势而有不同的转归。所以痉病即使初起与外感表证相似，并不施以麻黄汤和桂枝汤，鉴于其在内阴津不足之内因以及其迅即化热伤津动风的特点，取用栝

蒌桂枝汤与葛根汤，使邪从表解，而方中栝蒌根、葛根实为兼顾其化热伤津所设；其病至伤津动风阶段，主症明显，病情险恶，《金匮》取“急则治其标”之法，投大承气汤以急救之。书中虽未论及痉病的病情转化过程，通过所出方证，则可明了其病的发展变化过程。把握了病变特点，则可采取对症治疗与预防性治疗相结合的方法，兼顾其潜在证候。

《金匮》一书，通过运用脏腑学说和阴阳五行学说（如基于五脏间生克乘侮关系的“治未病”思想）、结合病人的体质因素（如痉病之人即有素体阴津不足的内因）、季节气候的影响等，为辨别疾病的动态趋势、辨病论治提供了依据，因而对疾病的认识更为完备，能更为准确、全面地把握不同疾病自身的规律和特点，以辨病指导辨证，使治疗既有针对性又具超前性，可预先截断疾病的传变途径，改变其动态趋势，使之恢复动态平衡状态。

三、抓住证候动态特征，异中求同，辨证施治

把握疾病的动态趋势，辨病论治，要求对疾病有较高水平的认识，由于种种原因，临床往往难以采用上述方法，所以《金匮》运用的更多的方法是抓住证候的动态特征，辨证治疗。解决了不能辨病时无以施策的问题。如前所述，不同的病，有着不同的动态趋势，但病与病之间常存在“重合点”，此“重合点”为全病程中的一个环节或阶段。在难以全面掌握、判断病情时，这一局部问题的解决，有助于病情的全面调节，却并不要求掌握病变全程。如果多个病，共有一个“重合点”，则可以同法治之。《金匮》常以一方兼治多病，道理即在于此。如书中分见于五处的肾气丸，所治病症中，仅“小便”一症，即有“小便不利”“不得溺”和“小便反多”二种截然不同的临床表现。但经综合判断，病机同属肾气虚弱，无以助气化或失于固摄，故不论脚气病、虚劳、消渴、痰饮、妇人转胞，病机相符则同治以肾气丸。另如小柴胡汤、防己黄芪汤以及妇人杂病篇的胶艾汤等均为侧重辨证，异病同治之方。

如果说把握疾病的动态趋势、察其不同而辨病治疗，是以“动”应“动”（以动态方法针对动态变化中的疾病的各个环节治之）之法的话，那么，相对而言，辨证论治的方法，察其证候的动态特征，侧重于某个环节或阶段，可谓之以“不动”应“动”之法。但是后者的施用，并非否定了疾病的动态特点，而是在认识到疾病的这一特点，又无法把握其动态趋势时，所采用的简捷而行之有效的方法。以上两种方法并非相互独立，二者（辨病与辨证）的结合应用，使临证医疗方法更为完备。

张仲景在《金匮》一书中，从整体和普遍联系上抓住疾病不断发展变化这一关键，运用动态分析法认识、诊察、处理病征，通过机体表现于外的诸种变化，诸如舌苔、舌质、脉象、大小便以及患者的自觉症状等等，了解疾病的变化情况，从纵（病与病的关系）、横（证与证的联系）两大方面，对所收集的种种表象，进行综合分析，从而推测病因，认识机体当前病理变化的动态特征及动态趋势。既把握机体临证时的证候特点（或曰动态特征），又注重推测其按照不同的“病”当具有的特定的转归（或曰动态趋势），针对其动态特征，兼顾其动态趋势采取相应的治疗措施，进行整体调控。可以说仲景辨证论治体系中的动态观，对于确立合理的医学理论，制定行之有效的临床施治法则，功不可没。它为中医临床医学奠定了坚实的基础，至今仍对中医临床起着重要的指导作用。

［《河南中医》1995，15（4）：2］

治气、治血、治水

——《内经》水肿治则在《金匮》的运用

周　衡　湖南中医学院

自《素问·汤液醪醴论》提出“去菀陈莝”“开鬼门”“洁净府”等治水法之后，仲景又提出“腰以下肿当利小便，腰以上肿当发汗乃愈”及“病水腹大，小便不利，其脉沉绝者，有水可下之”。后世将两说互相参证，于是公认治疗水肿有发汗、利尿、逐水三法。但是，长期医疗实践证明：逐水消肿，只能权用，不可浪施，否则恐有“水尽气绝”之虞，所以不宜与发汗、利尿并列为常规治法。而另一方面，近年运用活血化瘀治疗水肿却有明显进展。在这种情况下，我们似有必要对《内经》治则及其运用，重新加以反思。

一、《内经》水肿治则的涵义

《内经》关于水肿的病机与治则见于《素问·汤液醪醴论》，为着分析之便，先具录全文如下：

“帝曰：其有不从毫毛而生，五脏阳已竭也。津液充郭，其魄独居，精孤于内，气耗于外，形不可与衣相保，此四极急而动中，是气拒于内，而形施于外，治之奈何？岐伯曰：平治于权衡，去菀陈莝，微动四极，温衣，缪刺其处，以复其形。开鬼门，

洁净府，精以时服，五阳已布，疏涤五藏。故精自生，形自盛，骨肉相保，巨气乃平。帝曰：善。"

这段话的关键处有二：其一是"五脏阳已竭"。这是导致津液充郭，形体水肿的根本原因。所以，经治疗后如"五阳已布"就能肿消向愈。其二是提出了"平治于权衡"的治疗思想及"去菀陈莝""开鬼门""洁净府"三项治疗原则。然而，对这些治则的涵义，中医界却有不同理解。比较通行的看法，即如前所述的发汗、利尿、逐水。我认为，这是值得商榷的。

1. "去菀陈莝"　据张介宾注："菀，积也；陈，久也；莝，斩草也。谓去其水气之陈积，欲如斩草而渐除之也。"这只是字义的说明。考去淤积（淤通菀）与除杂草并用，当指疏浚河道，不可能别指，在人体则为经脉。再从本句下有"缪刺其处"及《灵枢·小针解》有"菀陈则除之，去血脉也。"显然，这里指的是《灵枢》所谓缪刺五十七穴的治法。所以，其涵义与现代常用的活血化瘀法是相通的。实践业已证明，慢性水肿，施用活血化瘀后确能提高疗效。

2. "开鬼门"　鬼门即汗孔，所以谓之发汗消肿，似无疑义。但小发其汗未必能消全身之肿，而峻汗不止，则"五阳已竭"必致虚脱亡阳，故每思及此，又不能无疑。细考鬼门者，又叫气门，开其门虽有汗出之验，但亦有"外窍开则里窍通，上窍通则下窍泄矣。"证之临床，无论何种汗剂治疗肿病，其效验均是利尿大于发汗，可见发汗只是开气门的一种表现。由此观之，"开鬼门"应视为宣通气化之代称，始全其义。例如《金匮》杂疗方末篇，有"救卒死，客忤死，还魂汤主之方。"其方组成即麻黄汤，移此以"通治诸感忤"，旨不在为汗而汗，而在通动阳气，魂则可还；方舆輗有救治之验，当可作为佐证。

3. "洁净府"　净府即膀胱，《内经》并无确指，不知何据。自王冰注而下，千百年来，似成定论，但利尿消肿作用并非专属膀胱，三焦为全身"决渎之官，水道出焉"，自不能外，况《内经》于此处之外，并无有关"净府"其他说法，据此，窃谓以利三焦、膀胱之水来理解"洁净府"之义，似更为妥切、全面。

4. "平治于权衡"　这句话，在原文中是冠诸三项治则之首的，是对治水、治气、治血三者起权衡制约作用的治疗思想。何谓"平治"？即三法运用应当根据病机权衡主次轻重，综合施用；而不得偏险悖乱。否则，单纯大剂利尿，或纯用峻剂迫汗，都足以损阳伤正，可使肿消而复起，甚至水尽气绝，都应在禁忌之列。至于活血化瘀，独用而不兼利水药，也难使水肿消退。这些，在《金匮》水气治疗中均可得到证明，详具下文。

二、《金匮》水肿治则的运用

《金匮》所论水肿，特命名为水气病，其不从形证而重病机立意，概可知矣。但历来读《金匮》者，多详于风、皮、正、石、黄汗五种形证的划分，对"水分""气分""血分"的病机分类则较少深究，这可能是气、血、水三论语焉欠详的缘故。按气、血与水，都是流布全身的重要中介物质，三者气化相因，互相渗灌，故病理联系亦极为密切。所以，我以为不必拘泥原文中月经与水肿的关系，而应从气血水相关互病的角度来扩展认识，那么，《金匮》治疗水气病与《内经》治气、治血、治水三则便一脉相承，遥相呼应了。具体表现是：

1. 治水多取分消　《金匮》云："诸有水者，腰以下肿，当利小便；腰以上肿，当发汗乃愈。"据其文先后之序，系指治水多以利尿为主，发汗为辅，当兼用分消之法。这是因为多向分流，则表里上下之气化通，水肿易去，且较少耗损阳气。如越婢汤两方，看似发汗为主，但麻黄也有利尿作用，且全方宣肺"揭盖"，可使下窍通畅，故实际效果也以利尿为最，这可能是仲景在该方后没有注明发汗则愈的原因。又如防已黄芪汤，明明为益气利尿剂，但方后注中却申明"温令微汗，差"，这是因为服药后有"后坐被上，又以一被绕腰以下"的特殊护理，令阳气达表之故。当然，越婢汤并非不汗，防已黄芪汤亦非不利，只是意在强调汗利分消罢了。

2. 治气兼用通补　《内经》提出"五脏阳已竭"是水肿的根本原因。然"竭"字之义，一谓"衰竭"，一为"阻竭"，即有虚实两种情况。所以《金匮》治气，既有黄芪、白术、大枣、炙甘草之补气，也有麻黄、桂枝、细辛、枳实之通阳，而炮附子则温通、温补两擅其用。这些均见于防已黄芪汤、越婢加术（或加附）汤、防已茯苓汤、麻辛附子汤、枳术汤等方中，且多综合施用。从作用脏腑来看，较集中于肺脾肾三脏，与后世强调肺脾肾主司津液气化的认识是基本一致的。可见，《金匮》所谓"大气一转，其气乃散"的治水名言，并非专指桂枝去芍药加麻辛附子汤证或枳术汤证，应当看作治疗水肿的一个基本治则。

3. 治血化瘀利窍　《金匮》云："厥而皮水者，蒲灰散主之。"据《千金方》所载，蒲灰即蒲黄，以活血化瘀的蒲黄为主，配以通窍利水的滑石，即为蒲灰散。这是继《灵枢》用缪刺血络之后开创的活血药治水先例。篇中活血之方虽尽于此，但近现代师其意者却有不少发展，成为治疗水肿的又一基本大法。

总之，治气、治血、治水三法，审机权衡平治，是自《内经》到《金匮》一贯的水肿治疗思路，这应当没有疑义；但这并不排斥各种阶段性的临时治法，如风水初期的清热解毒，腹水感染时权用逐水等。而且，尤为重要的是，水肿消去后的康复期，应当充分调补五脏，尤重脾肾，并注意静心志，节饮食，远房闱，才能“五阳已布”，达到根治的目的。这些，《内科学》已阐述详明，本文不再赘述。

[《湖南中医学院学报》1995，15（4）：1]

《金匮要略》肝虚寒证探讨

傅志红　江西中医学院

历代医家对仲景治肝法多有阐发，而对《金匮要略》肝虚寒证却少有论及，肝虚寒证是肝病中不可缺少的证型，为完善仲景学说，适应临床需要，有必要对《金匮要略》肝虚寒证进行探讨。所谓肝虚寒证，就是肝之阳虚（包括气虚）用怯，功能衰弱而致的病症，而且由于肝主藏血，其证又常有血虚的一面。因此要深入研究肝虚寒证，首先必须了解肝阳的生理功能。

一、肝阳在人体生理活动中的重要作用

肝的阳气，主升发疏泄，是使肝脏升发和条畅的一种功能，其主要作用和性质有：

1. 肝禀春生少阳之气，为诸脏生化之源　“冬至之后，甲子夜半少阳起，少阳之时，阳起生，天得温和”（《金匮要略教材》）。元阳升于春，春应于肝，春天阳气初升，万物发陈，萌发生机。继春生之后，才有夏长秋收冬藏。人与天地相参，与日月相应。肝属风木之脏，禀春生之气，胆与肝相表里，属甲子，为五运六气之首，主一年春季，应夜半子时，故肝胆司人身阳气的生发与升腾，只有肝胆阳气升发，则诸脏之气生，肝胆阳气不升，则影响诸脏而病。故任应秋认为“阳气生发于肝”，而“脏腑十二经之气化，皆必藉肝胆之气以鼓舞之。”（《读书随笔》）

（1）助肾生发：元阳乃肾中阳气，为人身诸脏阳气之根源，可以温煦资生肝阳。然肾为水脏，应于冬，其气寒沉，以闭藏为职，肝为木脏，应于春，其气温升，以疏泄为责，故肾中元阳，必须借助肝阳的升发条达，才能敷布于全身，温煦他脏，正如张锡纯在《医学衷中参西录》中所言：“肝主疏泄，原为风木之脏，于时应春，实为发生之始，肝膈之下乘者，又与气海相连，故能宣通先天之元气，以敷布于周身，而周身之气化，遂无处不流通也。”“人之元气根基于肾，萌芽于肝。”当归生姜羊肉汤是仲景养血温肝之方，动物实验证明该方能改变肾上腺上皮质的分泌，以提高动物的耐寒性，延长其在寒冷中的存活时间，从而也说明了肝阳能激发肾中元阳敷布于全身。若肝阳不足，其气不升，则元阳沉寂于肾，诸脏失其温养，气化功能低下，就会出现头晕目眩、形寒肢冷及阳痿、阴缩、寒疝等虚寒之象，正如陈士铎所言：“肝木不能生肾中之火，则肾水曰寒。”（《石室秘录》）。此时应温补条达肝阳以助元阳，则虚寒自除。如仲景以桂枝、细辛、蜀椒等温补条达肝阳为主，治疗肝阳不足、元阳不能敷布于全身的手足逆冷、寒疝腹痛等。

（2）助脾运输：肝禀少阳初春之气，内寄相火，为厥阴风木之脏，其阳主动，脾为阴中至阴，太阴湿土之脏，非阳不能动。《素问·五脏生成论》说：“脾……其主肝也。”周学海也说：“脾主中央湿土，其体淖泽……其性镇静……静则易郁，必借木气以疏之，……故脾之用于动，是木气也。”（《读书随笔》）。“脾能化食，全借少阳相火之无形”（《医贯》），而脾胃相表里，由此可见，“脾胃生化之气，即少阳之气”（《慎斋遗书》），脾胃必借风木之阳为用，才能遂其生发长养之能。仲景治疗“阳明病，胸胁硬满，不大便而呕，舌上苔滑者”，用小柴胡汤，其意就在于小柴胡汤调和少阳，以助脾胃之运化。若肝木虚寒，缺少少阳春生之气，就不能启动脾运，脾失健运，则腹满纳呆呕吐等症，在所难免。正如仲景所言，“趺阳脉微弦，法当腹满，不满者，必便难，两胠疼痛，此虚寒从下上也，当以温药服之。”

（3）助心温煦：肝为藏血之脏，内寄相火，心主血而司君火，肝之于心，有肝木生心火的母子相生关系，故肝阳为心阳之守，心阳为肝阳之使，心阳的运动，需赖肝阳的升发温煦。故心虽主一身之血脉，然血之运行，必借助肝阳的敷布，才能“人动则血运于诸经，人静则血归于肝藏”（《素问·五藏生成》篇王冰注文）。若肝木虚寒，阳弱不用，则心失温煦，血行瘀阻而患厥心痛等疾。《金匮要略》胸痹心痛之病，是由胸阳不振，浊阴上犯所致。然其胸阳不振，既可见于上焦心肺本脏之阳

虚，亦可缘于肝阳不足，木寒不能生心火，而致心阳不振，正如薛己强调的："肝气通则心气和，肝气滞则心气乏。"（《明医杂著》）。"治其肝木之寒，则心火有养，而包络之寒邪自散"（《石室秘录》）。故仲景以枳实薤白桂枝汤、桂枝生姜枳实汤等辛温之剂，温补宣通肝阳以助心血运行。近代各医赵锡武师承仲景治胸痹心痛以宣通肝阳之法，临床常用当归四逆汤合瓜蒌薤白剂，启肝阳，通心脉，化浊阴，浊阴渐开，则用当归、细辛、淫羊藿诸品温养以充心体之乏而善后。

（4）助肺敷布：肺居上焦，为阳中之阴脏，其气宣发而肃降。肝阳升发，而肝之经脉别支、贯膈，上注于肺，挟其生发之气循经而上，以助肺敷布"脾气散精，上归于肺"的津液，而行肃降之职。肝阳升发条达与肺气宣发肃降相互制约、相互协调，则人体津液代谢正常，气机升降如常；若肝木虚寒或肝阳被阻，其阳不升，必致肺失敷布，津液内停，气逆于上，而有水肿痰饮喘咳等症。故仲景治水气病，善用桂枝等辛温之品条达肝阳，助肺敷布。

2. 肝阳条达，振奋阴器　《灵枢·经脉篇》说："肝者，筋之合也，筋者，聚于阴器。"前阴者，宗筋之所聚(《素问·厥论篇》)，故阴器又有宗筋之称。肝为罢极之本，其经脉绕阴器，其气充于筋，诸筋之动静皆主于肝，故宗筋之振萎亦主于肝，从现代医学可知，宗筋的振奋，与血液充盈海绵体有关，然肝血的动静主于其阳用；只有肝阳条达，才能调节血量以充阳道，振奋宗筋。阳气不振，则足厥阴之筋"其病阴器不用，伤于内则不起"（《灵枢·经脉篇》），又肾藏精而不泄，只有肝阳的疏泄，才能调节肾精的排泄，以完成生殖机能。

3. 肝阳升发，助卫抗邪　卫气乃人体阳气的一部分，其性质慓悍滑疾，能温分肉，充皮毛，肥腠理，以抗御外邪侵犯。卫气与肝阳有密切的关系，从卫气的生成来看，肝阳为人身阳气之用，肾阳为人身阳气之根，"卫出下焦"，说明肝阳能升发肾中元阳于外，开卫气之源，又"胃为卫气之源"，卫气由水谷之气化生，然水谷的运化，必赖肝阳启动脾胃，故肝阳能助卫气之资。肝阳温升，则卫气强如兵，护卫人体，抵抗外邪侵袭，所谓"肝者，主为将，使之候外"（《灵枢·师传》）者也。现代医学亦认为，肝是人体防卫体系的主要制造器官和重要组成部分，如最具吞噬作用的单核细胞和淋巴细胞的产生，参与人体免疫反应的丙球蛋白和抗体球蛋白G的合成都离不开肝脏。从临床来看，肝阳虚弱或肝阳被郁者，表现为形寒怕冷，易汗出感冒等，是与肝阳不用，不能敷布于外，卫失护外有关，张景岳治外感代表方剂——正柴胡饮，以升发肝阳立法，经中医研究院药理研究及临床验证，疗效优于常用感冒药，亦是肝阳升发卫气、疏散外邪的明证。

综上可知，肾阳虽为人身阳气之根，但肝阳能激发肾中元阳而为人身阳气之用，它关系到全身各脏腑组织的功能活动。

二、肝阳(气)虚的理论依据和历史沿革

人体气属阳，而血属阴，气和阳密不可分，方药中认为"肝气虚，肝阳虚是同一证型。可以把肝气虚理解为肝阳虚的轻症，肝阳虚是肝气虚的重症"。因此在下面我将肝气虚、肝阳虚一并讨论。

1.《内经》对肝阳（气）虚的论述　《内经》认为"百病之生，皆有虚实"，肝病亦不例外，其开宗明义第一篇《上古天真论》就有"七八，肝气衰，筋不能动"的记载，《灵枢·天年篇》也有相似的记述："五十岁，肝气始衰，肝叶始薄，胆汁始灭，目始不明。"可见《内经》已经认识到肝气衰减的生理节律。并且认为情志剧变，可伤肝气，如"喜怒伤气""忧恐忿怒伤气""悲哀动中则伤魂"，而"肝之清阳，即魂气也"（《血证论》），对于肝气虚的症状也有不少散在性的记载，如"肝气虚则恐""肝气虚则梦见菌香生草，得其时则梦伏树下，不敢起""肝病者，两胁下痛引少腹，令人善怒，虚则目䀮䀮无所见，耳无所闻，善恐、如人将捕之"，提出了"肝所生病者……盛则泻之，虚则补之"的总治疗原则。

上述可知，《内经》对肝气虚有较深刻的认识。后世医家只重肝实，不重肝虚，只重肝阴血虚，不重肝阳气虚，实属偏见，不符合《内经》的原意。

2. 后代对肝阳（气）虚的认识　进入汉唐，脏腑理论进入收集整理、全面发展的阶段。肝脏虚寒与气虚并述，《内经》肝气虚理论得到进一步阐发。汉·华佗汇集《内经》散在的肝病论述，在《中藏经》首设肝脏寒热虚实生死逆顺辨证，肝实肝虚并举。详列了肝虚寒的临床表现有："肝中寒，则两臂不举，舌本燥，多太息，胸中痛不能转侧，其脉左关上迟而涩者是也，……肝虚冷则胁下坚痛，目盲臂痛，发寒热如疟状，不欲食，妇人月水不来，气急，其脉左关上沉而弱者是也。"此外《难经》也提出了"损其肝者缓其中"的治法。

张仲景继承《内经》《难经》的理论，结合自己的临床实践，认为肝之阳虚血弱是导致血痹、虚

劳、胸痹、心痛、寒疝、呕吐等虚寒性内伤杂病的主要因素，并提出了“夫肝之病，补用酸，助用焦苦，益甘味之药调之”的肝虚治则，创制了黄芪桂枝五物汤、温经汤、吴茱萸汤、当归生姜羊肉汤等温肝诸方，可谓开肝虚寒辨证施治的先河。

继仲景之后历代医家，对肝虚寒证治亦有所阐发。如唐·孙思邈在《千金方》明确提出肝虚寒的表现有“左手上关脉阴虚，足厥阴肝经也，病苦胁下坚，寒热，腹满不欲食，腹胀悒悒不乐，妇人月水不利，腰腹痛，名曰肝虚寒也。”宋·王怀隐在《太平圣惠方·肝脏论》亦指出：“夫肝虚则生寒，寒则苦胁下坚胀……视物不明，眼生黑花，口苦，头痛，关节不利，筋脉挛缩，爪甲干枯，喜悲恐，不得太息，诊其脉滑细者，此是肝虚之候。”“夫肝脏虚损，气血不荣，内伤寒冷，致以两胁胀满，手中常青，胸中不利，不能太息者，是肝气不足之候也。”并制补肝细辛散治肝脏虚寒之胸膈气滞、四肢厥逆、两胁疼痛。清代王旭高在其《西溪书屋夜话录》明确提出了温肝、补肝法：补肝阳，用肉桂、川椒、苁蓉；补肝气，用天麻、白术、菊花、生姜、细辛、杜仲、羊肝。

与此同时，有些医家根据个人临床体会对肝脏的生理病理强调了有余的一面，并因此影响了肝虚证的研究。北宋·钱乙根据小儿生理病理特点，治小儿病善用泻肝法，后人因此而曰“肝常有余”，有泻无补。元·朱丹溪亦认为“小儿十六岁前纯阳为热多也，肝只有余”“五脏之中肝有余”（《万氏家藏育婴秘诀》），使“肝常有余”的观点得到进一步发挥。明·李中梓在治疗上则以“乙癸同源”立论力主“肝肾同源”说，即肝虚采用补肾法治疗，他在《医宗必读》中说：“东方之木，无虚不可补，补肾即所以补肝。”继而出现了“肝无虚证”“肝无补法”“肝无可温之理”等论断，从而使肝无虚证之说立足于医林。明末温病大家吴鞠通根据温病病理特点，将肝归属下焦，而有肝居下焦之说，也使医家在临床上忽视肝虚证的存在，往往将肝虚寒证误认为脾虚寒证。

3. 近人对肝阳（气）虚的认识　中医药发展到近代，有不少医家在临床实践中觉察到“肝无虚证”“肝无补法”的片面性，因而强调肝有虚证及肝虚补肝的重要性。最有代表性的医家是张锡纯，强调人的元气“萌芽于肝”，人身元气之脱在于肝，而用酸温之山萸肉收敛肝阳以固脱。认为肝之阳气不足，疏泄不及，可致腹满不欲食、肢体疼痛等症。他还根据肝木的生理特性，将黄芪列入补肝气的主药，对肝阳虚弱，不能启动脾胃运化而致的腹满不欲食，主张用黄芪、桂枝治疗。

秦伯未认为肝病表现为“懈怠、忧郁、胆怯、头痛、麻木、四肢不温等，便是肝气虚和肝阳虚的证候”，指出“在肝虚证上只重视血虚而不考虑气虚，显然是不全面的”（《谦斋医学讲稿》）。蒲辅周亦认为“五脏皆有阴虚阳虚之别……肝阳虚则筋无力、恶风、善惊惕、囊冷、阴湿、饥不欲食，肝阳虚则眩晕、目昏、易怒耳鸣”（《蒲辅周医疗经验》），并且主张用附子汤治疗阳虚肝病，杨志一认为肝阳虚的主要症状有面色青白、手足发麻、畏寒、脘腹疼痛等，常用的温肝药有吴茱萸、桂枝、茴香、川椒、生姜等(《杨志一医论医案集》)

从上述材料来看，肝之阳气不足，虚寒之证是客观存在。自《内经》提出肝气虚后，历代医家对肝虚寒证的理、法、方、药均有认识。但遗憾的是对《金匮要略》肝虚寒的内容未加深入系统地探讨。故下面我将重点讨论这一部分的内容。

三、《金匮要略》肝虚寒证的成因

肝虚寒证是由肝阳不足，失其温升之性或血虚有寒而致的虚寒性病证。对引起肝阳不足的原因，仲景未作专篇明确讨论，但分析《金匮要略》全书，可知其主要原因有：

1. 寒伤肝阳　寒为阴邪，最易伤人阳气。过度持久的寒冷刺激，会使机体阳气耗损，而致虚寒内生，正如《素问·调经论》云：“阴盛者则为寒，寒则真气去，去则虚，虚则寒。”张仲景以寒邪立论而著《伤寒杂病论》，其讨论的内伤杂病，多由寒伤阳气所致，如“血寒积结，胞门寒伤，经络凝坚”“寒疝绕脐痛”“心胸中大寒痛”等均是。五脏均有阳气，以伤何脏阳气为主呢？人身阳气根于肾而用于肝，肝主为将而候外，能敷布阳气于周身，固护肌表，抵御外邪，故寒邪伤人，稽久不去，肝阳必损。再者，寒邪客于足厥阴经，日久不解，内传肝脏，亦能损伤肝阳而致虚寒内生。

2. 产后失血，损及肝阳　血之与气，相互为用，气能行血，血能载气，故经言：血以阴质而含阳气，其性温暖，为肝所藏，肝阳能随人体动静的不同，而调节血量的分配，故血伤则肝先受之。由于阴阳互根，妇人产时产后大量出血，不仅损伤肝之阴血，而且必然耗伤肝之阳气。所谓：血去则血中温气消亡也。故产后常见肝血分虚寒证，金匮治产后诸方，也就以温补居多。

结合文献分析，导致肝虚寒证的原因还有：

3. 劳伤肝阳　肝主筋而司运动，故劳力过度，最易损伤肝之阳气，又肝主谋虑，操持久虑，不仅暗耗肝之阴血，亦能耗损肝之阳气而致虚寒内生。

4. 情志所伤　肝含春生之气，主升发疏泄，具有调节气机，疏畅情志的功能。若情志不畅，长期忧郁寡欢或卒受惊恐，挫伤肝阳，必致肝阳困顿，在素体偏寒的基础上，使肝阳更难伸展为用，延久成虚寒证。

5. 肝阳自衰　《内经》有“丈夫，……七八肝气衰，筋不能动”“五十岁，肝气始衰，胆汁始薄”，说明人体肝阳，随着年事渐高而渐衰，阳衰用怯，必致虚寒内生，可见老年阳虚，多缘肝阳先虚，不能升发肾中元阳于外，而表现为肝肾虚寒之象。再者，虚寒之体，久患肝病，亦必致肝阳日削。

6. 其他原因　人身是个有机的整体，在生理上各脏相互联系，因而在病理上亦互相影响，如肾阳不足，不能资肝阳之源，脾胃虚寒，土不荣木等都可致肝木虚寒内生。再者，医家在临床上多囿于“肝常有余”之说，一见肝病，就用苦寒沉降之品，也是肝虚寒形成的原因。

四、《金匮要略》肝虚寒证的临床表现

1.《金匮要略》肝虚寒证症状分析　肝为刚脏，其病易传变至其他脏腑，故称为五脏之贼，内伤杂病，以肝病最多。综观《金匮要略》全书，各篇章中均有丰富的肝病内容，为引起医家对肝虚寒证的重视，现着重讨论《金匮要略》中肝虚寒证的内容。分析全书，肝虚寒证的临床表现主要有：

（1）胁痛：两胁为足厥阴肝经所主，肝木虚寒，阳失疏泄，不能敷布阳气于胁肋，或血虚有寒，经脉失养则胁痛。仲景对胁痛的描述有：胁下偏痛，胁痛里急，胁下拘急而痛，两胁疼痛，两胁疼痛等。

（2）少腹弦急：《金匮要略》中类似的描述还有：少腹里急，少腹中急摩痛引腰背等。其临床特点为少腹拘急不适或绵绵作痛，遇寒尤甚，得热则舒，常以左侧少腹为病多见。其机理亦为肝木虚寒，气血不畅，经脉失养。

（3）少腹寒：肝之经脉过阴器，抵少腹，肝阳不足，经脉失煦，故少腹寒。仲景言少腹寒，或指少腹两侧，或指小腹寒。小腹为胞宫、冲任两脉所主，又“任脉足厥阴之会”，冲任两脉起于胞宫，而玉户亦是厥阴肝经环绕之处，故肝经与冲任相通，肝血充盈，阳用有度则冲任有养，若肝阳不足，血失阳煦。必致冲任虚寒。故小腹寒亦为肝虚寒的主要临床表现。

（4）腹痛：为肝虚寒证常见症状之一，可因于肝血虚有寒，表现为腹中㽲痛，甚则腹中刺痛不止，亦可见于肝阳不足，肝寒犯脾，表现为腹中痛而里急，腹中绞痛，痛甚则上冲皮起，出见有头足，上下痛而不可触近。

（5）手足厥冷：与此司义的还有手足厥逆，《伤寒论》描述为手足厥寒，此症乃肝虚寒的主要表现。由肝阳不足，不能布达于四肢或血虚感寒而起。其临床特点是：手足不温易麻，患者不觉冷甚，但他人触之如冰铁，通过擦或活动，四肢冷能逐渐缓解。因为肝阳以动为用，活动有助于肝阳的敷布，肝血的流畅。

（6）身体不仁或肌肤不仁：临床表现为身体局部麻木，或久卧久坐后肢体易麻，常伴见疼痛之症，严重者可表现为㖞僻不遂，肢体重不胜，身体不能自收持，拘急不得转侧。病机为肝之阳气不足，气血运行不畅，筋脉失于温养。

（7）两臂不举，但臂不遂：此乃肝木虚寒，不能淫气于筋而致。在临床常与肩臂痛并见。古医籍中对肝虚寒证的描述亦多有臂痛一症，其性质为寒痛，得热敷则痛减。

（8）阴头寒，甚则会阴掣痛，阴缩：参考临床，常伴见两乳头痛：此乃肝经虚寒的典型症状，病机为肝阳不足，寒自内生，或感受外寒，寒滞肝经，筋失温煦，后世医家在此基础上进一步认为肝木虚寒、筋失气充，还可致阴囊冷，阴器痿而不用，如明·万密斋所言：“阴痿而不起者，筋气未至也，肝主筋，肝虚则筋气不足矣。”

（9）胸满：肝疏泄一身之气，肝阳不足，不能调畅气机以助肺气之运，则胸满闷，善太息。

（10）胸中痛：根据临床体会，我认为肝虚寒之胸痛，多表现为面色苍苍如死状，终日不得太息，胸痛隐隐，时作时休，受寒后易发作或加重。寒甚时亦可表现为胸痛彻背，背痛彻胸，多伴有唇暗及舌质淡紫、手足不温等虚寒之症。其疼痛之发，也多与情绪变化有关。病机为肝木虚寒，血寒不行，心脉痹阻。

（11）头痛：临床表现为巅顶痛。厥阴之脉与督脉会于崩顶，肝阳不足，清阳不升则头顶空痛而晕；寒凝肝经则巅顶重痛如物压之。临床多伴有头顶怕冷、喜戴帽、时吐涎沫、面色青白、手足不温等症。

（12）干呕，其则呕不能饮食：特点为呕而无物或呕吐声高物少，时吐清涎，参考临床常伴胃中隐痛或连胸胁，肢末不温，脉弱等。此乃肝寒犯胃，胃失和降，病在气分的表现。

（13）鼻头色青：此仍肝寒犯脾的表现。姚国

美进一步补充面色苍苍或面青亦是肝木虚寒的主要体征。根据临床及文献记载，还有眼圈青润之征。肝阳温升而藏血，肝木虚寒则气不升，血不温则气血凝滞不行，故可见上述诸症。

（14）腹满：此乃仲景见肝之病，知肝传脾的具体表现之一。具有腹满时减，复如故虚寒性腹满的特点，甚则满而不欲食，辨证要点为左关脉特弱。仅以健脾为治则无效。因此腹满乃肝木虚寒，不能启动脾运所致。正如唐容川所言："食气入胃，全赖肝木之气以疏泄之，而水谷乃化，设肝之清阳不升，则不能疏泄水谷，渗湿中满之症，在所难免。"（《血症论》）张锡纯对此症治疗有"投以黄芪一两，桂枝尖三钱，数剂而愈"（《医学衷中参西录》）的记载。

（15）啬啬恶寒：肝阳不足，不能敷布阳气于外，固护肌表，则恶寒怕风或阵发寒冷。

（16）月经异常：表现为崩中出血，或月水来过多，及至期不来，或经水断绝，或陷经漏下黑不解，或妊娠下血，半产后因续下血都不绝，临床多伴手足不温，少腹痛怕冷、白带清稀等肝血虚寒之象。冲为血海，任主胞宫，肝藏血，为冲任之源，故肝阳不足，血分虚寒，必致冲任虚寒而产生上述诸症。

（17）久不受胎：肝经与冲任两脉相通，肝阳不足，血分有寒，必致冲任失荣，胞宫虚寒而不孕。

（18）忧惨或悲伤多嗔：临床具体表现为悒悒不乐，时时悲伤，意志消沉，缺乏魄力，处事消极，时常发怒。此乃肝阳不足，疏泄不及所致。

（19）脉象：《金匮要略》中对肝虚寒的脉象描述主要有：寸口关上微，尺中小紧，脉自微涩在寸口，关上小紧，寸口脉弦，脉极虚芤迟，趺阳脉微弦。后世医家在此基础上进一步明确提出脉左关上迟而涩或脉左关上沉而弱，左关脉特弱，为肝之阳虚用怯的脉象。姚国美也认为肝虚寒可见脉沉弦而紧，脉弦细而迟或脉沉细。根据文献及临床体会，我认为肝虚寒的脉象主要为：脉细弱而迟，脉细弦弱，并以左关较突出为特征。

以上诸症，为《金匮要略》肝虚寒的主要表现，它散见于血痹、虚劳、寒疝、呕吐等病及妇人经、带、胎产诸疾中。

2. 后世对《金匮要略》肝虚寒证的症状补充　后世医家在继承《内经》《金匮要略》的理论基础上，对肝虚寒证的临床表现，在以下几方面作了进一步的补充：

（1）根据《内经》"肝气虚则恐，实则怒"的理论，医家认为肝之阳虚用怯，多有胆小易惊，多虑善疑，如人将捕之等精神症状。

（2）肝主筋而司运动，乃罢极之本，只有肝血濡润筋脉，肝阳温煦筋脉，才能筋灵耐劳。若肝木虚寒，不能淫于筋则有膝胫酸软、动作迟缓、身倦懒动、不耐劳作等症。又爪为筋之余，故还可见爪甲枯青，色泽不荣，根据临床，我体会以爪甲根部色青暗为主。

（3）目为肝所主，肝阳虚升发无能，必致目昏不明，眼易疲劳，甚则双目难睁，或泪水较多。

（4）根据足厥阴肝经循行部位，肝虚寒还有两股沟可见压痛，肩胛内侧上至颈部肌肉拘急，肝俞周围压痛，并见臂部会阳穴压痛等特征。

（5）舌象：根据文献分析及临床所见，我体会肝虚寒多见苔少色白而润，舌质嫩红或淡紫。

3. 肝虚寒证的诊断方法　从上述症状分析来看，《金匮要略》肝虚寒证的临床表现虽然复杂，但总的来看，除其虚寒属性如喜温喜按外，还可以概括为 3 个方面：（1）肝之经脉循行部位出现的病变；（2）肝的功能活动方面的障碍和外在表现；（3）与肝相表里、相母子关系的脏腑发生相互关联的病变。因此，在临床上诊断肝虚寒证，可参考方药中教授的"定位与定性相结合"的辨证方法，即根据肝脏所居、肝经所循、肝脏所主器发生自觉与他觉的症状，如胁痛、少腹痛、少腹拘急、阴头痛、巅顶痛、目恍恍无所视、悒悒不乐、身倦懒动、易疲劳、脉细弦弱，伴见形寒怕冷、四肢不温、舌质淡、苔白、小便色白等虚寒之象，就可以诊断为肝虚寒证。

五、《金匮要略》肝虚寒证的治疗

1. 肝虚寒证的治疗法　从上述分析可知，肝虚寒证的临床表现极为复杂，有病在气分、血分的不同；有病仅在本经本脏，亦有病涉他经他脏的。因而其治法也随之而异。张仲景治疗肝虚寒证的具体治法有：

（1）温肝散寒，暖胃降逆法：本法适用于肝寒犯胃，胃失和降。属气分虚寒，症见胃中隐痛或连胸胁、干呕、吐涎沫、头晕、头痛、呕而胸满，脉弦而迟者，主以吴茱萸汤，为增强本方之效力，可按《千金》法，以本方加入半夏、甘草、桂枝等；寒甚者，可合用大建中汤或以本方加入花椒。若属血分虚寒，症见胃中冷痛，唇舌黯紫、手足不温、脉细弦为主者，则可取杨志一的经验，用吴茱萸汤合当归四逆汤，杨老认为胃、十二指肠溃疡，以肝胃虚寒最为常见，两方合用，对久病多虚，症状反复发作的溃疡病来说，既能温肝和胃解除症状，又能收到气血双补，以培其本的效果。杨老通过临床观察，还体会到肝胃虚寒性胃痛，常泛酸水，其疼痛、恶寒程度均较单纯性脾胃虚寒者为重，且常见大便干结。脾胃虚寒则以大便溏软为多见。

（2）温补肝阳，健运脾土法：本法主要用于肝木虚寒，不能温运脾土的肝脾虚寒证。其临床表现主要有：时腹中痛，拘急，喜温恶寒，腹胀，不欲食，大便不畅，手足不温，神疲乏力，鼻头色青或眼圈青润，舌质淡润，苔薄白，脉弦缓等。代表方有小建中汤、黄芪建中汤、当归建中汤，此3方均由桂枝汤变化而来，桂枝汤中桂枝辛温，入厥阴肝经，与甘草相配，能辛甘合化，温补肝阳，条达肝气；白芍、甘草相伍，能酸甘化阴，以补肝体；生姜、大枣调补脾土。故仲景以本方为温补肝阳，疏运脾土的基础方。若以肝寒偏盛而腹痛里急者，加甘温饴糖以缓急；以肝之阳气虚，左关脉持弱为主者，加黄芪补肝之阳气；以肝之营血不足为主，脉细弦者，加当归温补肝血。后世医家也常效其法变其方以适应临床需要，如肝之阳虚用怯，气郁不伸，木不疏土而见面色苍苍、胁满善噫、腹中疞痛者，姚国美主张逍遥散加葫芦巴、荜澄茄之类温肝条达。秦伯未也喜欢用逍遥散加桂枝温肝运脾。

（3）温肝益气，和营通痹法：黄芪桂枝五物汤为代表方。黄芪性温而升，与肝木之气温而喜条达，同气相求，故善补肝之阳气；桂枝入肝，温肝气，行肝血；白芍酸甘养肝体；姜枣辛温不仅能调和肝脾，还能助桂枝条达肝气，以助肝阳升发。全方配合，能温补肝阳，行血通痹。本方适用于肝之阳虚用怯，不能温运血脉而致的肢体麻木不仁，甚则疼痛，两臂不举，脉微细的血痹证。若寒盛而肢体麻木疼痛较剧，畏寒肢冷，舌质淡、苔薄白，脉细弦微者，还可以合用当归四逆汤温通血脉。后世医家王清任在此法的启示下，创制了补阳还五汤，进一步扩充了其适应证，丰富发展了仲景学说。

（4）温补肝阳，调卫固涩法：此法是针对肝阳不足，卫虚不固而设。姚国美根据仲景原文，结合自己多年的临床，将其症状主要归纳为：面青目眩头晕，自汗惊悸，魂梦迷离，遗精，小腹弦急，阴头寒，脉沉弦而紧或脉象弦而芤迟。若卫气虚不与营气相谐，或表现为阵发寒热，且多属先寒后热；或表现为关节疼痛，状似痹症；或表现为不耐风，容易感冒。本法的代表方为桂枝加龙骨牡蛎汤，本方能温补肝阳，调卫固涩，临床常可收到较好疗效。

（5）温补肝血，散寒止痛法：主治肝血不足，血中阳气亦虚，寒自内生的寒疝腹中痛、胁痛里急，妇人产后，阳随血去，经脉失养的腹中疞痛，及肝血不温的虚劳不足，对于既有阳气不足，又有血分亏损的虚寒证，若用辛温燥烈之药，虽能复其阳，但亦能伤其血，故仲景根据《内经》“形不足，温之以气，精不足，补之以味”的理论，以血肉有情之品羊肉和辛温之当归、生姜，另创温润养血一法。若寒甚者可加重生姜用量，或合用当归四逆汤，《千金》对当归生姜羊肉汤进行加减，扩展成羊肉汤、羊肉当归汤、当归杜仲汤、羊肉地黄汤、羊肉黄芪汤等许多类方，使仲景温润养血一法得到了进一步的充实。

（6）温肝养血，调补冲任法：王冰曰：“冲任流通，经血渐盈，应时而下，冲为血海，任主胞胎，二者相资，故能有子。”可见冲任直接关系到月经的行止、胎儿的孕育。然冲任两脉起于胞宫，冲任血海之血，为肝所主，故冲任两脉隶属于肝，冲任血海的流通，又有赖于肝之疏泄，只有肝之疏泄有序，方能血脉流通，月经正常，胞宫能孕。若肝寒不疏，血寒不运，必致冲任失禀，血海虚寒，而有经带胎产诸疾。故仲景创立了温肝养血、调补冲任之法，代表方有胶艾汤、胶姜汤、温经汤。胶姜汤方已脱漏，林亿、陆渊雷等人认为可能是胶艾汤，《千金》胶艾汤内有干姜，似更为合适。胶艾汤与温经汤均为妇科调经之祖方，主治妊娠下血、崩中漏下及经水来过多或至期不来、经行腹痛或少腹寒、久不受胎等经带胎产之疾属虚寒者。但两者不同的是：胶艾汤的病机要点是血海虚寒、冲任不固，而温经汤则以血海虚寒兼瘀血为病机要点。故后世医家也常借用温经汤治证属气血两虚、寒凝血瘀的胸痹心痛之证。

2. 仲景治肝虚寒证的特点

（1）补肝阳，以辛甘合化为主：肝之阳气，以升散为用，能疏通条达人身之气血，若肝之阳气不足，其用虚怯，不能尽其升发疏泄之职，必致气郁不展，血行不畅，故仲景治肝虚寒证，不以温而不走之品为主，而是根据《内经》“肝欲散，急食辛以散之，以辛补之，以酸泻之”“辛甘发散为阳”的理论，用桂枝、生姜、吴茱萸、川芎等辛温之药主走气分，引伸阳气，符合肝阳生理特点；同时配合甘温之品，辛甘合化，补肝阳，助肝用，如吴茱萸汤吴茱萸与大枣相配、桂枝加龙骨牡蛎汤中桂枝与甘草配伍、温经汤中姜萸参草合用等。临床医家叶天士继仲景这补肝阳的特点，明确提出了“辛甘化阳，乃是补肝用之意”，并且擅用鹿角、当归、桂枝、肉桂、小茴香、川芎、生姜等辛甘温散之品。

（2）补肝阳，不忘酸甘温润治肝体：肝禀少阳初春之气而主藏血，以血为体，以气为用，血属阴，气属阳，故谓体阴用阳。肝体是肝用的物质基础，肝用是肝体的功能活动。只有肝体柔润，肝之阳用方能温和而不亢盛，故仲景温补肝阳，不仅主以辛甘合化，而且配以酸甘温润之品，养肝以济肝用，如诸桂枝汤类方中之桂枝配白芍、温经汤中吴茱萸、桂枝与麦门冬、白芍相配。不仅如此，仲景在治疗其他肝病时，也常常辛温酸敛并用，以防辛温太过，肝阳亢盛，如乌梅汤中川椒与乌梅相配、酸枣仁汤中酸枣仁与川芎合用等。

由于肝主藏血，肝阳虚的同时，常伴有肝血虚，故仲景在补肝阳之际，又多兼以补血，或以补血为主兼以温肝。这是《金匮要略》治肝虚寒证的又一特点。

（3）肝以气为用，以血为体：而主一身之气血。故肝虚寒证有以气分虚寒为主者，也有以血分虚寒者。通过上述温肝6六法所用方的讨论，可知仲景以当归、羊肉、川芎为肝血虚有寒之要药；对肝之气分虚寒为主者，则以桂枝、吴茱萸、生姜为必用之药；对气血俱寒者，则补肝阳，和温补肝血并重。

[《江西中医药》1995，26（4）：52]

《金匮要略》叙症方法雏议

周尔文　天津中医学院

《金匮要略》是一部研究和治疗杂病的最早专科著作，其对所论病证的病因、病机、证候、脉象和辨证论治诸方面都作了较详细的论述，而症状是其中最生动、最基本的内容，也是认识仲景辨证论治体系的基础，从理论上正确理解，深刻认识仲景所述的症状结关，是研究仲景学说的内容之一。故本文对《金匮》之叙症方法略加整理，不当之处，敬请指正。

一、命证以类症

《金匮》所论四十多种疾病，论病时多将属此病的症状从不同的角度分门别类归纳为证并以名称之，考其分类特点约有如下几种：

1. 邪留部位　如《痰饮咳嗽篇》据饮停部位分为痰饮、悬饮、溢饮、支饮四饮。《水气病篇》则因水在皮中而称皮水，以此做为原则而命名的证候中，其症状紧紧围绕邪留部位所出现的症状及相关脉症描述。如“饮后水流在胁下，咳唾引痛，谓之悬饮”。皮水：“其脉亦浮，外证胕肿，按之没指，不恶风，其腹如鼓不渴……”等。其特点是症状、证名的选择彼此相应，保持完整的一致性，病位的提示同时也展现了痰病的某些特征，如痰、悬、溢、支等均有特定的意义。把抽象概念符以具体形象化，使后学者便于掌握，因而有助于辨识症状，明确病位。

2. 病因　如《水气病篇》之风水，是因风邪袭表，皮毛受邪，肺气不宣，通调失职。其所列之症状，为一派风邪致病之象：“脉自浮，外证骨节痛疼，恶风。”

为了避免上述两种方法有强调局部忽视整体的弊端，仲景将一证中尚可见的其他不同症状，列举于后，如对风水、皮水的处理即是如此。

3. 病机　如《水气病篇》中的五脏水、气分、血分、正水等。此种分类下的症状组合，多能与病机切合，体现定位、定性的作用，如气分之症为：“寸口脉迟而涩，迟则为寒……营卫不利则腹荡，肠鸣相逐，气转膀胱，营卫俱劳，阳气不通即身冷，阴气不通即骨疼，……阴阳相得，其气乃行，大气一转，其气乃散。实则失气，虚则遗弱，名曰气分。”其所见之症皆由阴阳相失、气机不续所致。而五脏水的症候组合是承《内经》脏腑分症之法来反应病机的一个侧面的单一层次的症候。但若遵循脏腑相关的整体观点，临症时，依据各脏水的症状特征结合主症，必有助于确定症状的归属脏腑，找出症状之间病机的联系，使得施治有据。

4. 病程及致病特征　如《水气篇》之石水，《黄疸篇》之萎黄、黑疸，《痰饮病篇》之伏饮、留饮等。这些证型由于病程较长或邪聚较深，故其症候多具有特征性。如黑疸“酒疸下之久久为黑疸，目青面黑，心中如噉蒜虀状，大便正黑，皮肤爪之不仁，其脉浮弱，虽黑微黄故知之。”

此外，还应注意仲景叙症之中常有省文的现象，如风水，痉病命名时，均将其中的主症略去，意在突出辨证。

二、论脉以明症

《金匮》以内伤杂病为讨论对象，较《伤寒论》更为注意脉象。对脉学的记载在经文中占比例很大。仅其诊脉之法就有寸口三部诊法、趺阳诊法、少阴诊法等。《金匮》论脉非就脉而论，主要目的是借脉来说明病机。尤其是仲景对某些病的症侯记叙从简，而脉象描述则甚明，以便从脉象反映的病机来推断症状。如《水气病篇》对正水、石水的处理：“正水其脉沉迟，外证自喘。”“石水其脉自沉，外证腹满不喘。”正水病由肾阳不足，水气停蓄，故脉象沉迟，症除了水气随经脉上冲于肺的喘之外，还可见水肿下半身为重，腰膝酸软无力痛疼，畏寒肢冷，小便不利或大便泄泻等肾阳虚的症候。（石水症析略）。以脉象推测预后，亦是仲景论脉的内容之一。如“脉得诸沉，当责有水，身体肿重，水病脉出者死。”“少阴脉紧而沉，紧则为痛，沉则为水，小便即难。”因此细究《金匮》之脉象不仅可探索病机，而且对于推断某证的主症或兼症及判断预后，都是必不可少的。

三、立方以测症

《金匮》中有关证治的条文有详有略，有的仅举一症，便出方药。如《黄疸篇》“黄疸病，茵陈五苓散主之。”由于方必依法，法必据理，因而我们可从法从理，推测出临床应具之脉症。

如同病异治——同一主症并举两方在《金匮》中是不乏其见的，说明所涉及的一个或一组主症性质有别或相反，故其各自兼症自然不同，如《痰饮病篇》“短气有微饮，当从小便去之，苓桂术甘汤主之，肾气丸亦主之。”围绕水停心下，短气之症，苓桂术甘汤证是因中阳不运，而水停为饮，其本在脾，故当见心下逆满，起则头眩，口淡不渴，脉沉紧等症。肾气丸所主是下焦阳虚不能化水，水泛心下，必见畏寒足冷，小腹拘急等症，（其他例证略）。这种笔法即是省文，又充分体现了同一主症，因其与兼症构成不同的结构，其病机本质不同的辨证思想。

四、叙症以明度

仲景于《金匮》之中对某些病证的症状描述不仅立主症、主脉以示其常，而且从不同的角度，详载一证可见的不同症状以明其变。纵然疾病症候错综变化，应变之法，万变不离其宗。正所谓辨证施治的典范。

1. 症状之变　如风水一证，身肿汗出，恶风，脉浮为脉证之常，风水尚可出现以下多种症状，“寸口脉沉滑者，中有水气，面目肿大，有热，名曰风水……。”（详见附表）仲景对风水证从不同角度细致入微的描述，其实质无非都是围绕风邪袭表，肺气不宣，通调失职这一病机，根据素体所异，宿疾不同，感邪轻重等因素而致病情的变化多端。因此，所谓“常”与“变”是相对而言，只有这种“变”的存在，才能使风水的症候结构严谨完善。临症方可知常达变。

2. 病程、治疗之变　全面参考病程的长短、治疗之正误等各种因素遣方用药，加减为度是知常达变中不可忽略的因素。如《痰饮病篇》“膈间支饮，其人喘满，心下痞坚，面色黧黑，其脉沉紧，得之数十日医吐下之不愈，木防己汤主之。”此条从症状上看是一派支饮实证，若结合病程及吐下所治就不难看出这是虚实错杂的支饮重证。

除上述一证多议的直接表达外，在其他篇章，仲景还运用了夹叙、借宾定主等笔法对脉证进行比较鉴别，以昭其“变”。其中有以虚实互勘者，如《腹满寒疝宿食篇》中对腹满按之痛与不痛的对照。又有由此及彼者，如《水气病篇》在论述正水与风水的不同脉象和治法时，插入“无水虚胀者为气”一句，在于说明虽同见肿胀却有“水”与“气”的本质区别。

3. 例举病案　属于复杂多变的症候，仲景还以病案形式记叙，如《水气病篇》中通过一病案讨论了水气病的形成、误治情况，提示了水病经久不愈的一种转归。

五、研讨叙症方法的意义

综上所述，《金匮》对疾病症状的记载与认识是全面而细致的，但其记叙方法是立足于不同的角度，采用不同的手法，粗看纷纭多变，莫衷一是，细究则错落有致，主次得体。因而本课题的研究对于学习运用仲景学术思想具有：

1. 掌握严谨的症状结构　了解叙症方法后，可将一证散在于本篇的症状予以综合分析，进而对其症形成总体认识，形成严谨的症状结构概念。对于获得一个确切的病机；掌握病机变化；辨识疾病，辨别症状，无不裨益，下面试对风水的症状结构进行整理。

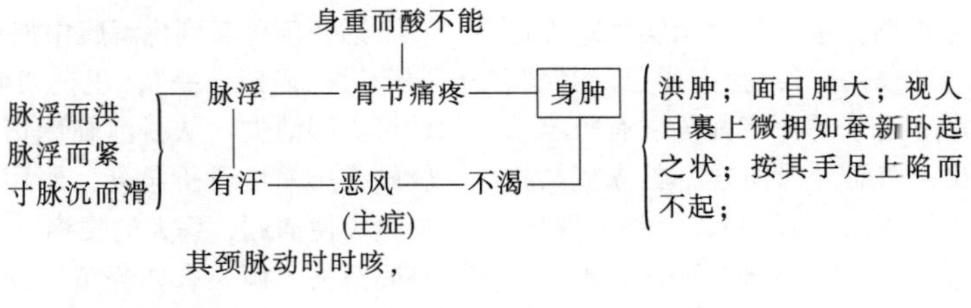

2. 知常达变以应万变　变是指有别于主症的，变化的，复杂的症状结构

通过叙症方法的讨论可知仲景对疾病的论述，即言其常，亦言其变。这种在常与变的基础上形成的症状结构用于指导临床，方可成为具有广泛指导意义的准则。因此掌握严谨的症状结构必须明"变"，明才能应万变，症状的错综复杂性正是体现在"变"之中。况且，仲景论变，即有误变之例，又有应变之策，足资后学效法。

总之，了解《金匮》之叙症方法将有助于我们贯通经义，披会经旨，深入探寻其奥秘所在，为仲景之学术付诸实践奠定根基。

[《天津中医学院学报》1995，(3)：5]

试论张仲景治马坠及一切筋骨损伤方的学术价值

杨义靖　广西柳州市中医院

《金匮要略·杂疗方》记载了一张骨伤科方剂，即"治马坠及一切筋骨损伤方"，这是《金匮要略》中涉及骨伤科的唯一方剂。过去，对《金匮要略》的研究，一直偏重于前22篇，自第23篇起被认为是验方。对这唯一的骨伤科方剂，无人从理论高度对它进行研究，更谈不上认识其学术价值之所在。笔者学习《金匮要略》，对此颇有心得，浅淡如下。

《金匮要略》对"治马坠及一切筋骨损伤方"(简称马坠方)，没有过多的文字论述，只有解说性的方名、方药组成、服法及服药后的反应等内容，兹录于下：

治马坠及一切筋骨损伤方：大黄一两（切浸，汤成下），绯帛如手大（烧灰），乱发如鸡子大（烧灰用），久用炊单布（烧灰），败蒲一握三寸，桃仁四十九个（去皮尖，熬），甘草如中指节（炙，锉），上七味以童子小便，量多少，煎汤成，内酒一大盏，次下大黄，去滓分温三服，先锉败蒲席半领，煎汤浴，衣服盖覆，斯须通利数行，痛楚立差，利及浴水赤，勿怪，即瘀血也。

上方因文字过于简略，单看字面确实很难看出什么奥妙来，故浮光掠影者曰：验方而已。其实，仲景之书，言简意赅，几乎每一字都蕴含有极丰富的内涵。"治马坠及一切筋骨损伤方"首先概括指出了该方的主治。"马坠"，即从马背上跌下致伤，和《素问·刺腰痛论》所载"人有所堕坠，恶血留内，腹中胀满，不得前后，先饮利药"中的"堕坠"致伤相似。参照原文论述并结合有关骨伤科知识来看，该类损伤有腹满、二便不通之症，与现代医学所说的胸腰椎压缩性骨折有关。人从马上跌下，臀部先着地，传导暴力常集中在第12胸椎与第1腰椎的前部，上下椎体挤压，造成压缩性骨折。这类骨折除有脊柱疼痛、不能站立活动、翻身转侧困难外，常伴有腹胀难耐，二便不通等症。其中腹胀是由于脊柱骨折造成腹膜后血肿，压迫腹腔脏器所致；肠腔受压，肠道功能受影响，肠蠕动减弱可出现便秘或大便不通；若血肿压迫尿道及相关神经，可致小便不通。原文未提及休克征，可见不包括严重的骨盆骨折；未言及髋部功能障碍，说明也不包括髋部骨折。但这并不是说"马坠伤"专指胸腰椎压缩性骨折，是治疗胸腰椎压缩性骨折的专用方剂。原文中方解段的文字即已说明"马坠方"的主治范围还包括"一切筋骨损伤"，也就是说不论内伤、外伤，不论骨折与否，只要是具有上述类似表现的一切筋骨损伤症，均可用"马坠方"治疗。仅提"马坠"意在借《内经》之旨阐明恶血留内是损伤早期辨证治疗的关键这一主题。换而言之，只要抓住腹中瘀血这个关键，其余问题便可迎刃而解，这就是仲景治伤学术思想的价值所在，也是中医异病同治理论的具体反映。"马坠方"的方义正是集中体现了攻下腹中瘀血这一精旨。该方的组成是：大黄、绵帛、乱发、久用炊单布（后三味烧灰），败蒲、桃仁、甘草。方中大黄是泻下药，又可活血；桃仁破瘀血；乱发烧灰即血余炭，可活血祛瘀，又可止血；绯帛，其丝与血络象形，可通血络；败蒲即破蒲席，古谓蒲席吸人血，故以治恶血；久用炊单布，常用于蒸食物，备受水热之气，可去热去水，作消肿之用。(《金匮要略》高等中医院校教学参考丛书。李克光主编。人民卫生出版社。1989年8月第1版。）该方的主要作用是攻下瘀血，服药后使"通利数行"而获消除症状的效果。所谓"利及浴水赤"是指服药后攻下之便及沐浴后剩下的药液均呈红色。这种红色液体，当然不能简单的理解为血，张仲景之所以比之瘀血，也只是用取类比象的方法，来解释一些当时无法解释的现象。但不管是否瘀血，从服药的客观效果来看，攻下通便确可起到化解腹中瘀血的作用，文中记有服药后"痛楚立差"，正说明瘀血消散后各种症状即可立即消失。从目前临床情况来看也确是如此。胸腰椎压缩性骨折早期，服用大成汤等攻下之剂，一旦大便通利，病人的腰痛、腹胀等难耐之症便顷刻间消失，病人有如释负重的感觉，"痛楚立差"正是张仲景对这一疗效的恰当描述。由此可知"马

坠方”治疗对象是马坠等一切筋骨损伤，损伤病机是腹中瘀血，治则是攻下瘀血，理法方药十分严谨。后世医家继承了张仲景的学术思想并加以发扬光大。如唐代蔺道人的《仙授理伤续断秘方》中用于损伤早期的大成汤也属攻下瘀血法，效果不菲。明清时代发展为温下、寒下，使攻之法更臻完善。

《内经》对堕坠伤主张“先饮利药”，《金匮要略》对马坠伤用攻下瘀血法，道理同出一辙，说明张仲景是禀承《内经》治伤思想而立法置方的，“马坠方”有相应的理论为依托，理法方药完善，与民间医生一时用药应验所得的验方有本质的区别。“马坠方”的学术价值在于揭示了中医骨伤科损伤早期治疗的基本原则，即坠伤腹有瘀血者必予攻下瘀血病方可安，并由特殊规律演变为普遍规律，这一原则推动了后世骨伤科攻下瘀血法的发展，在骨伤发展史上起到了承先启后的作用，为中医骨伤科的发展奠定了基础。所有这些成就，远不是一首验方所能概括得了。

［《中医正骨》1995，7（5）：42］

《金匮要略》厚朴七物汤方证析

——兼与高等医药院校教材商榷

张　良　内蒙古托克托县医院

《金匮要略·腹满寒疝宿食病脉证治第十》篇云：“病腹满，发热十日，脉浮而数，饮食如故，厚朴七物汤主之。”有关此条文，大多医家乃至现行大学教材中皆认为表里同病证治。笔者结合实践反复研读，认为此方证理解为寒凝气郁之证似觉更为合理。厚朴七物汤本是一张温通妙方，若将其理解为表里双解剂则曲解了其适应证。现陈述管见，与同道榷商。

表里同病证质疑

对本方证持有表证之说者，理由大体有二：其一是条文中有“发热十日，脉浮”见证，以为表证发热未解之征；其二是认为厚朴七物汤为厚朴三物汤合桂枝汤之复方，即言其为解表通下之剂无疑。如尤在泾注：“腹满，里有实也；发热脉浮数，表有邪也；而饮食如故，则当乘其胃气未病而攻之。枳、朴、大黄，所以攻里，桂枝、生姜，所以攻表；甘草、大枣，则以其内外并攻，故以安脏气，抑以和药气也。”上注似觉有理，细思之却言之无据。“发热脉浮数”，多证可见，岂可轻言表证？“发热十日”，乃为病时短且病未重。盖有人一见“十日”便断其为外感，其实仲景于杂病中论“日数”者也有。如，“伤寒八九日，风湿相搏……桂枝附子汤主之”（《金匮要略·痉湿暍病脉证治第二》）。“黄疸之病，当以十八日为期，治之十日以上瘥，反剧为难治。”（《金匮要略·黄疸病脉证并治第十五》）。笔者认为此“十日”仅表明病时短，非独为表证之由。其“发热”当与本篇大黄附子汤证中之发热机理一致，皆属寒闭阳郁之热。因“脏寒生满病”（《素问·异法方宜论》），寒则阻滞气机，致阳郁发热。至于“脉浮”一词于《金匮要略》中比比皆是，其言表证者绝无仅有，所指虚实皆有，虚者更多。如：“寸口脉浮而紧，紧则为寒，浮则为虚”（《金匮要略·中风历节病脉证并治第五》），“脉浮者，里虚也”（《金略要略·血痹虚劳病脉证并治第六》），“寸口脉浮而缓，浮则为风，缓则为痹”（《金匮要略·黄疸病脉证并治第十五》）等，可知浮脉于杂病中所指非一。故此条中“脉浮而数”也并非表证之征，乃为中阳不运，气滞发热之象。“诸浮数脉，应当发热”（《金匮要略·疮痈肠痈浸淫病脉证治第十八》）。所以，“病腹满，发热十日”亦非倒装句，其病机相同，并无表证。

以方测证

厚朴七物汤一方，仲景以厚朴命其名，且厚朴用量独重（半斤），乃知其为方中君药。析厚朴味苦性辛温，功专下气除满，与“腹满”证甚合。生姜、桂枝辛散温通、通阳化气，枳实苦辛微寒以破气消痞，共为辅药。大黄虽苦寒但用量小（三两），意为去性存用加强通降之力为佐药。大枣、甘草甘缓补虚，令正气不损共为使。观全方共收辛开散满，苦降温通之功。何有泻实热而发表之说呢？细研此方，虽为厚朴三物与桂枝汤之组成化裁，却不可简单视作二方之复方，因厚朴七物汤中大黄用量轻于厚朴三物汤中大黄量（前者3两后者4两），且前者又伍于众多辛温甘缓之品，其泻热之力必锐减。故言厚朴三物汤主：“痛而闭”，“痛者为实，可下之”（本篇）；厚朴七物汤主“腹满而发热”，因“腹满时减，复如故，此为寒，当与温药”（本篇）。可见，就腹满篇论，厚朴七物汤证较轻，宜温通；厚朴三物汤证较重，宜温降；大黄附子汤证更重，宜温下。三方同法而轻重不同，取决于寒之轻重。再者，桂枝汤用于解表和营卫时，桂枝为主药量最大，且芍药常必不可少，而本方则去芍药，同时本方中桂枝仅用2两，远不及生姜（5两）及甘草（3两）。可见，本条文中桂、姜、草、枣并非针对表虚营卫不和而设。另就桂枝汤一方而言，若仅视其为解表剂，乃远未领仲景要旨。所以厚朴七物汤证并非是厚朴三物汤与桂枝汤两方证之简单相加。当属寒凝气郁证。

方后注发微

厚朴七物汤方后注言：“呕者加半夏五合，下利去大黄，寒多加生姜至半斤。”笔者认为，呕者，为寒邪格拒，气逆不降，腹满之渐重者，故加半夏镇逆散结；下利去大黄，则提示阳运不足益甚，故去大黄免助阴而伐中阳；寒多，说明原本有寒，此更多，故加重生姜宣降温散之力。由此更说明本方证为寒阳气结，阳气郁闭之腹满证。此方后寥寥数语，实为画龙点睛之笔，既补充了条文未言之处，又示人以辨证活法。

［《中医研究》1995，8（6）：13］

《金匮》监制乌附毒性的配伍规律

张毓汉　魏大章　四川开县中医函授站

乌头、附子是疗疾猛将，亦是大毒之品。近世医家主张以控制剂量，久煮熟煎缓其毒性，而对如何利用配伍手段来监制毒性研究不多。因此，笔者遍览《金匮》，将其全书含乌附之二方对比分析，发现仲景用乌附，一般都配大量的生姜、干姜，甘草、白蜜或乌梅。这种“以药制毒”的配伍正是《金匮》监制乌附毒性的奥妙所在。

配生姜干姜　辛以散毒

《金匮》乌附二十首方，配伍生姜或干姜的有十首。姜的用量，最少的 1.5 两，如白术附子汤等方；最多的用至 5 两，如桂枝芍药知母汤等方。从附子与姜的相对剂量来看，以附子大者 1 枚 3 两计算，小者 1 枚 2 两计算，则附姜的比例一般为 1：1 或 2：1，少数方还突破了这个比例，如竹叶汤方：附子 1 枚配生姜 5 两，姜的用量明显大于附子。仲景以大剂量的生姜监制大剂量的乌附之毒，这与世医随手拈来几片生姜凑数是大不一样的。《神农本草经》《本草纲目》早有“生姜解半夏、南星、乌头、附子及鸟兽肉毒”的记载，现代药理实验也证实：生姜中的姜辣素有分解散发乌附毒性的可靠作用。故历代医家都很重视附姜的配伍运用，有人甚至大声疾呼“用乌附必须配伍生姜”，否则祸不旋踵。因此，由崔树德主编的《中药大全》还收载了“生姜 120 克，水煎服，解救乌附中毒”的方法。另外，从《金匮》附子诸方的比较中发现，干姜有与生姜一样的解毒作用，但具体运用稍有差异，一般规律是：回阳救逆诸方，附子多配干姜；温经散寒诸方，附子多配生姜。

配甘草白蜜　甘润缓解

《神农本草》有甘草解毒的记载，《本草图经》则明言“甘草能解百草毒。”现代药理探明，甘草缓解乌附毒性的机理在于：一是甘草水解后释放出葡萄糖醛酸与乌附毒素结合而生成无毒的新物质；二是甘草甜素有类似药用炭作用，可以吸取存于胃内的乌附毒素。仲景配伍甘草监制乌附毒性的例子是很多的，《金匮》乌附二十方，配用甘草的有十一首，剂量在 1 至 3 两之间，且与主药乌附构成 1：2或 2：3 的相对均势，这说明只有足够的甘草才能缓解大剂量的乌附毒性。同时，通过《金匮》附子诸方的列表对比分析，不用甘草的另外 5 方，都配了大量的白蜜，少则 2 合，多则 2 升，以取代甘草的解毒的作用。在具体运用中，解附子毒多配甘草，解乌头毒则多选配白蜜，如乌头汤、大乌头汤，都是配有白蜜 2 升解乌头 5 枚之毒。所以《金匮方论衍义》一书明确指出“乌头辛有毒”“蜜煎以缓其性”。

配伍乌梅　酸以制毒

在《金匮》附子诸方中，有一方配有大量酸性药，如乌梅丸，附子 6 两，乌梅 300 个，以梅 5 至 10 个合 1 两计算，则附子与乌梅的相对剂量为 1：10 或 1：5，这说明乌梅也有监乌附毒性的作用。现代药理证实：乌梅与乌附同煮可以大大降低毒性，其机理主要是乌头在醋酸作用下能分解为毒性较低，作用较强的乌头次碱，从而达到分化解毒的效果。大量医家的临床实践也印证了这一发现，如 1971 年 7 月由北京出版的《全国中草药新医疗法展览会资料选编》一书记载了一个治疗类风湿关炎的酒药方：“川乌、草乌、红花各 120 克，乌梅 18 克，白酒 1 斤浸泡 7 天后饮服。”痹证宣通，用乌梅酸收，显然与病情不符，故知方中乌梅监制乌头毒性而设。笔者曾屡用此方，多有效验，且无中毒发生。有一次病家缺放乌梅，饮后即有唇麻流涎反应，马上令以乌梅 30 克煎汤服用，症状随之缓解。

［结语］使用乌附中毒与否，关键不在剂量大小，而在于配伍方法及煎煮情况，善用者半斤八两不毒，不善者点滴沾唇则麻，因此，学习仲景以姜草白蜜及乌梅缓解乌附之毒，须特别注意以下几点：一是剂量宜大，与乌附构成量上的均势；二是方法宜活，可单独选用姜草蜜梅，也可联合配用诸药；三是科学配伍与久煮熟煎相结合，以防万一。

［《四川中医》1995，（6）：17］

《金匮》妇人篇对桂枝的应用

李　平　贾文和　吴鸿业
西宁市中医院

桂枝，味辛甘，性温，归心、肺、膀胱经。《本经疏注》曰：和营、通阳、利水、下气、行瘀、补中为桂枝六大功效。历代医家对其临床价值无不推崇。而仲景则独开桂枝广泛运用之先河。本篇仅就《金匮》妇人三篇对桂枝的运用谨述浅见，望同道指正。

1. 解肌发表　桂枝汤是仲景为虚人中风而设、临床颇验。《金匮·妇人产后病脉证并治第二十一》第八条："产后风续之数十日不解，头微痛，恶寒，时时有热，心下闷，干呕、汗出，虽久，阳旦证续在耳，可与阳旦汤。"妇人产后，可谓虚，复感风寒，营卫不和，故见上述诸症。病虽日久，病机未变，仍为中风表虚证，故与阳旦汤。阳旦汤即桂枝汤。桂枝为君，解肌发表，散外感风寒；芍药为臣，益阴敛营，桂芍相配，调和营卫，相须为用；姜草枣暖胃滋脾，益气补中，再借啜粥温覆之力，令遍身漐漐微似有汗，使邪从汗解。如此，全方既可解肌又可补虚，产后中风正相适宜。

2. 调和营卫　清·柯韵伯云："粗工妄谓桂枝汤专治中风一证，即室后人耳目……愚常以此汤治自汗、盗汗、虚虐、虚痢，随手而愈，因知仲景方可通治百病"。可见，桂枝汤既可治表证，又可治里证；不仅治伤寒，又能治虚劳。但万变不离"营卫失调"这一病机。前条所述即是治表证的营卫失调，而《金匮·妇人妊娠病脉证并治第二十》第一条则是治里证的营卫失调。"妇人得平脉，阴脉小弱，其人渴，不能食，无寒热，名妊娠，桂枝汤主之"。因无寒热，知无外感；胎元初结、经血归胞养胎，胃气虚弱致营卫不和而生恶阻。方中桂芍相配，益阴和阳，调和营卫；姜枣草益气和中止呕，对于妊娠初期的轻微恶阻，以桂枝汤小和之可谓证机相应，必能获效。

3. 温经散寒　桂枝性温，宣通之力颇强，故温经散寒之功极佳，用治寒凝经脉所引起的疾患有很好的疗效。《妇人杂病脉证并治第二十二》第九条："妇人年五十所……当以温经汤主之"。即言妇人冲任虚寒，兼有瘀血而引起崩漏的证治。妇人年五十，冲任皆虚；曾经半产，腹残留瘀血，故腹满里急；阴血亏耗，故见虚热之症；新血不生，失于濡润，则唇口干燥。治疗上既要活血，又要温经，使瘀血得温而行。方中桂枝、吴茱萸、生姜温经散寒；胶归芎芍等养血和营祛瘀；麦冬半夏润燥降逆，参草补益中气。诸药合用，温补冲任，养血祛瘀，使冲任得温，瘀血得去，崩漏得止。

4. 行滞化瘀　《素问·调经论》："血气者，喜温而恶寒，寒则涩不能流，温则消而去之"。桂枝，既善宣通，又入血分，因而对血瘀证也有较好的疗效。如《金匮》妇人妊娠病篇第二条："妇人宿有癥病，经断未及三月，而得漏下不止，胎动在脐上者，为癥痼害……所以血不止者，其癥不去故也，当下其癥，桂枝茯苓丸主之"。此为瘀血留阻胞宫，致胎动不安，漏下不止，腹痛拒按之症。宿有瘀血，致血不归经，故漏下不止；新血不生，胎不得养，故胎动不安。只有去其宿癥，才能使新血养胎，漏止胎安。桂枝茯苓丸中桂枝温阳通脉，行滞化瘀；茯苓渗利下行益心脾之气，既行瘀，又安胎，二味共为君药；配丹皮、桃仁化瘀兼清郁热；芍药调营和阴。炼蜜为丸，取其缓攻之用，剂小力薄，实为祛瘀化癥之轻剂，下瘀而不伤胎。临床中，此方用于瘀血痛经；产后恶露停滞，胞衣不下；宫外孕等瘀血疾患，均有很好疗效。

观仲景之用桂枝。能君能臣，能表能里，能补能散，能升能降，能轻能重，临证变化，皆因病因证而异，同时，又严把虚寒之病机，不使生误。玄微所妙，出神入化，颇值后世研究学习。

［《青海中医药杂志》1995，25（9）：63］

谈《金匮》五脏水的临床意义

林永发　厦门市中医院
刘丽琼　厦门市中山医院

水肿的辨治，现大多依据朱丹溪之说以阴水、阳水为辨证基础。实践表明，五脏病变都能发生水肿，而且各有特定病因，临床表现各有特征；因此，笔者认为在临床上以五脏水辨证法更能符合临床实际，可使辨证更加准确，论治的针对性更强。

一、心水

《金匮要略》说："心水者，其身肿少气，不得卧，烦而悸，其人阴肿。"

心病水肿特征：双下肢浮肿明显，甚则腹水，前阴浮肿，心悸少气，不能平卧，双侧人迎部位青筋暴露，胁下痞块，面色无华，舌淡红夹紫，苔厚色白，脉结或代。此证与先天性心脏病、风湿性心脏病等引起的慢性充血性心力衰竭发生的水肿基本一致。

病因为先天不足，或久病损及心脏，致使心气虚，渐至心阳衰，不能下温肾阳，阳虚不能温化肾水，酿成水肿。水气凌心犯肺，心悸少气，不能平卧。心气虚，无力帅血运行，致使血行瘀滞，症见胁下痞块、青筋暴露，脉结或代。治宜补气强心，温阳利水，方用参附汤合五苓散。人参另炖，辰时口服。

二、肺水

《金匮要略》说："肺水者，其身肿，小便难，时时鸭溏。"

肺病水肿特征：因外邪犯肺，常见眼胞浮肿，或同时出现双下肢浮肿，兼有恶寒发热、咳嗽喉痛等症。此证类同急性肾炎，或慢性肾炎急性发作。肺气虚水肿以双下肢浮肿为主，尿少便溏，咳嗽气喘，呼多吸少，动则咳喘加剧，胸圆如桶，指甲、唇舌暗红夹紫，肢末冷，汗出，脉微。临床较常见于慢性肺源性心脏病引起的水肿。

外邪犯肺，致使通调水道失职，治宜解表行水，方如越婢加术汤。若兼有水湿热毒侵淫肌肤，疮疡疖肿，治宜清热解毒、解表行水并举，合用五味消毒饮加减。若肺虚久咳水肿者，治宜补肺益气、温阳利水，方用生脉散合五苓散化裁。若动则咳喘加重，先用蛤蚧研末；洋参汤冲服；喘而汗出、肢冷脉微，急用参附汤。

三、肝水

《金匮要略》说："肝水者，其腹大，不能自转侧，胁下腹痛，时时津液微生，小便续通。"

肝病水肿特征：腹大如囊裹水，而且常伴双下肢浮肿，活动受限，转侧困难，胁下痞块且痛，尿少、时通时不通。早期亦可仅见双下肢浮肿。临床见于慢性活动性肝炎、肝硬化腹水，以及肝内巨大囊肿者。

肝水多因感染疫毒，久治不愈，或嗜酒无度，损及肝脾，使肝失疏泄，气机不利，水液积聚，或气滞血瘀，肝乘脾土，脾运失常，水湿不化，气、血、水互结中焦。治宜理气活血、健脾利水，方用实脾饮合五苓散加减。若腹大甚者，正气未衰，可先予攻逐法，口服舟车散，或甘遂、大戟研末，空腹口服。兼有胁下痞块者，加三七、鸡内金研末另冲。

四、脾水

《金匮要略》说："脾水者，其腹大，四肢苦重，津液不生，但苦少气，小便难。"

脾病水肿特征：全身性水肿，以双下肢为著，甚则发生腹水，四肢乏力，沉重懒动，少气、语音低，便溏尿短，或常见黑便，面色萎黄或苍白，爪甲、口唇、眼胞、舌质淡红，脉沉细。临床见于老年性慢性消化道溃疡病、慢性萎缩性胃炎、胃大部切除术后、营养不良等引起的水肿。

脾水多因胃病久治不愈，致使脾胃虚弱，中土失养，运化失职，水湿内聚而成。水湿外溢则肌肤、双足浮肿；生化乏源，气血两虚，四肢无以温养则倦怠少气，津液不生；血脉不充，则面色无华，爪甲、唇、舌淡红，脉沉细治宜健脾益气、温阳行水，方用香砂六君子汤合五苓散。血瘀胃痛者加丹参、延胡索；若胃阴不足，加乌梅、五味子、石斛等；营养不良水肿，除加强营养外，中药治疗时应配合适加米糠、麦皮、赤小豆等。因寄生虫所致的营养不良性水肿，应当配合驱虫药，善后给予十全大补丸等。

五、肾水

《金匮要略》说："肾水者，其腹大，脐突腰痛，不得溺，阴下湿如牛鼻上汗，其足厥冷，面反瘦。"

肾病水肿特征：双下肢浮肿，按之如绵，甚则浮肿近膝，腹大脐突，少尿或无尿，畏冷喜热，肢末冷，腰酸痛。此证类同慢性肾炎尿毒症、肾病综合征等。

病因大都由于水肿久治不愈，渐至肾阳衰竭，无权主水，致使水液泛滥，腹大足肿，畏冷喜热，腰痛肢冷。治宜温暖肾阳、化气行水，方用真武汤合五苓散加减。湿浊久踞，导致湿浊化热者，症见恶心纳差，少尿便秘。若兼有气血瘀滞，腰痛，舌淡夹紫，治宜兼予清热解毒，凉血化瘀，酌加黄连、半夏、丹皮、赤芍、大黄等。

六、结语

五脏病变皆可发生水肿，但病因各不同，临床表现亦各有特征。因此，笔者认为《金匮》五脏水肿辨证更接近临床实际，能使辨证更加准确，论治的针对性更强，而且还拓宽了水肿治疗的思路。所以，不应舍弃五脏水肿辨证。

[《山东中医杂志》1995，14（12）：533]

试析《金匮要略》中的体质分类

刁利红　贵阳中医学院

《金匮要略》是治疗内伤杂病的经典著作，书中不仅强调"男子"与"妇人"体质有别，而且把不同人群体质分类与病证联系起来，如用“平人”“强人”“盛人”“瘦人”以及“老小”等表示体质强弱；用“疮家”“失精家”“中寒家”“酒家”等表示各种体质特点，并以此作为对某些致病因素的易感性和病证类型倾向性的判断依据。全书在16篇中记载36条原文，涉及相关的十多个病证与体质理论。现归纳探讨如下：

一、平人体质

仲景承袭《内经》中“形肉血气如须相称也，是谓平人”之说，认为凡健康无病的人，在脏腑功能方面，“五脏元真通畅”和“四季脾旺不受邪”；在阴阳气血方面具有“阴阳和平”“气血和调”；在体态方面是肥瘦适中，因而能抗御外邪入侵，“病则无由入其腠理”，形成“人即安和”的无病体质。

然而，仲景观察到“平人”也非是绝对不病者。例如《金匮要略·胸痹心痛短气病脉证治第九》中言：“平人无寒热，短气不足以息者，实也。”是指某些“平人”，可因一时性痰饮内阻胸中而胸膈痞塞短气。另一些“平人”，脉象上表现出“脉大”“脉虚”，故“平人”，是其假象，实为人体内脏气血早已亏耗之体，多见于盗汗、虚劳病证，日久则形成阴阳两虚体质。

二、诸家体质

“诸家”是仲景论体质的独特含意，多指各种宿疾日久，导致机体阴阳气血、脏腑经络受损而形成的不同病理体质。常见于以下几种：

1. 疮家　素患疮毒或疮疡久溃的病人，每每津血耗伤。这种人易感风邪，进而转化成风燥，若再误汗，易成为“痉病”。所以《金匮要略·痉湿暍病脉证并治第二》中说：“疮家虽身疼痛，不可发汗，汗出则痉”。

2. 衄家、亡血家　素有各种出血的病人，营血早亏，即使兼它病，若误发汗，必导致阴虚阳浮。所以《金匮要略·惊悸吐衄下血胸满瘀血病脉证治第十六》中说：“衄家不可发汗，汗出如额上陷脉紧急，直视不能眴，不得眠。”

3. 失精家　素有失精的病人，可由梦中失精或房事不节伤精而来，多致虚劳病证，日久形成阴阳两虚而见头目眩晕、头发脱落、少腹急迫、外阴寒冷等症。所以《金匮要略·血痹虚劳病脉证并治第六》中说：“夫失精家，少腹弦急，阴头寒，目眩，发落，脉极虚芤迟”，可以予桂枝加龙骨牡蛎汤治疗。

以上各家似可归为阴（血）虚体质，多由疮毒伤津、亡血竭阴、房事失精所成。这种体质每易化热伤阴，而常见阴虚或阴虚火旺证候，因而治疗禁用汗法，以防重竭其阴。

4. 湿家　多指易感外湿与内湿盛的人，每随个体体质差异，其湿或从热化或从寒化或成湿热并重，出现不同的病证倾向。

（1）湿从热化：湿从热化的湿家，多属阳盛之体，易患“身色如熏黄”的阳黄病。如《金匮要略·痉湿暍病脉证治第二》中说：“湿家之为病，一身尽痛，发热，身色如熏黄也”。

（2）湿从寒化：湿从寒化的湿家，多属阴盛之体，在病证倾向上可出现寒湿在头或寒湿在表。前者如，《金匮要略·痉湿暍病脉证并治第二》上云：“湿家病身疼发热，面黄而喘，头痛鼻塞而烦，其脉大。自能饮食，腹中和无病，病在头中寒湿”，可纳药于鼻中；后者如“湿家身烦疼”，可予麻黄加术汤治疗。

（3）湿热遏伏：湿热遏伏的湿家，大多数为长期大量饮酒的酒客。其中三焦脾胃素有湿热蕴结，每因湿热上熏于肺，炙伤血络而致咳嗽吐血。譬如《金匮要略·惊悸吐衄下血胸满瘀血病脉证并治第十六》中说：“夫酒家咳者，如致吐血，此因极饮过度所致也。”

5. 中寒家　素有中焦脾（胃）阳虚而内寒重的人，是谓“中寒家”。尽管可感受同一外寒之邪，但可随个体体质差异，或病证在表，或病证在里。前者如《金匮要略·腹满寒疝宿食病脉证治第十》上说：“夫中寒家，喜欠。其人清涕出，发热色和者，善嚏。”后者如同一篇中：“中寒其人下利，以里虚也；欲嚏不能，此人肚中寒。”此外，《金匮要略·痰饮咳嗽病脉证并治第十二》中的“饮家”亦属此类体质，可予小半夏加茯苓汤治疗。

三、肥瘦体质

1. 肥人　肥人，《金匮要略》称之为“盛人”或“尊荣人”。这种人生活上贪图安逸，多食肥甘，形态上有余于外，不足于内；脏腑亏虚，筋骨脆弱，腠理不固；多不耐劳。患病易得“血痹”“历节病”。《金匮要略·血痹虚劳病脉证并治第六》上说：“夫尊荣人，骨弱肌肤盛，重因疲劳汗出，卧不时动摇；加被微风”而得血痹，可用针刺治疗，而《金匮要略·中风历节病脉证并治第五》中所说的“盛人”，又易得历节病。

2. 瘦人　瘦人形态瘦小，素体阴血不足。故《灵枢·逆顺肥瘦》中云其“易脱于气”。这种体质每易感受风寒，出现寒结或气不化水的痰饮病。所以《金匮要略·腹满寒疝宿食病脉证并治第十》中说："夫瘦人绕脐痛，必有风冷"。

四、体质变化

《金匮要略》在强调诸家体质的同时，也十分重视个体差异，以及年龄、体质变化与病证的关系。譬如肥瘦人可有"素盛今瘦"的变化而得痰饮病。这种痰饮是一种伏饮，随着年龄变化可有"年盛不觉"，但在"阳衰之后"则易患水肿病。在同一年龄阶段，如五六十岁，男子易得虚劳病，妇人易患带下病等等。

综上所述，《金匮要略》在论体质分类时，突出了张仲景以下几点：第一，仲景以"家"论体质，说明"家"代表着某一特征群体的体质，并与病证类型倾向性有一定联系；第二，仲景所论的分类体质，可从脉证方药测知；第三，仲景强调对体质研究的意义是为临床的辨证论治服务的。

［《湖北中医杂志》1996，(1)：30］

《金匮要略》方剂学术思想刍议

胡陵静　刘　熔　四川重庆市中医院

中医学治疗杂病的专著——《金匮要略》共载方剂205首，治疗40余种疾病，沿用至今，代有发展，尤其在当今科学时代，古方新用，更显其临床疗效卓著，学术思想深远，显示了强大的生命力。笔者不揣浅陋，试就《金匮要略》中方剂的学术思想作进一步的探析。

一、立法制方　匠心独具

在《金匮要略》中，治疗杂病方剂的创制和运用，采用了标本缓急、攻补兼施、脏腑补泻、化痰遂水、活血化瘀等多种治法。以各种汗法为例，治痉病有葛根汤发汗养筋法，有栝蒌桂枝汤解肌增液法；治风湿有麻黄加术汤、麻石苡甘汤、乌头汤等微汗祛风湿镇痛之正法，有防己黄芪汤实表行湿，桂枝白术汤、甘草附子汤温阳祛风胜湿之变法；治痰饮有大青龙汤发越水气之法，有小青龙汤解表温里之法；治水肿有越婢汤、越婢加术汤发越水气兼清郁热之法；治黄疸有麻黄醇酒汤开表发汗退黄之法……

又以组方法度与药物选择为例，如大承气汤中，用苦寒攻下并号称将军之大黄为君药，以挫其热势；辅芒硝咸寒软坚，更增其泻热荡积之效；佐以枳实消痞，厚朴宽满。四药同伍，组成寒下峻剂，治疗痞满燥实坚同具之证，立见奇效。

再以方药化裁及剂量变化为例，如小承气汤、厚朴大黄汤、厚朴三物汤三方，药味组成相同，剂量不等，功效各异。小承气汤重用大黄，以泻热通便；厚朴三物汤重用厚朴，以行气除满；厚朴大黄汤重用大黄、厚朴，以开痞通便。

还以药物煎服方法为例，如麻黄加术汤和葛根汤中的麻黄先煎、温服，覆取微汗，使寒湿之邪随汗而解，且有防令人心烦之弊。乌头汤中的乌头，须与白蜜同用，并须久煎，既解乌头毒性，又延长药效。

二、启迪后世　代有创新

在仲景方剂理论的学术思想影响下，后世医家结合自己的实践体会，不断提出了新的独特见解，致使中医方剂学术思想的发展出现了百花齐放、百家争鸣的新局面。

首如对热盛津伤之证，用白虎加人参汤以清热保津；后世便有如金元时期刘完素的主火立论而善用寒凉药，朱丹溪以主阴虚立论而善用滋阴药。仲景具有治脾胃虚寒证，立诸建中汤、人参汤以建中补虚，温中扶阳；后世便有如李东垣的温补升发脾阳，明代张景岳、清代郑钦安，主温补脾肾。

次如仲景善用汗法、下法，后世便有如张子和对汗、吐、下三法立专论。仲景有治脏腑疾病，立温、清、消、补诸法，后世便有如金元时期张元素对脏腑疾病以寒、热、虚、实角度而论治。

再如仲景治虚劳挟瘀之证，以大黄䗪虫丸缓中补虚，化瘀生新；后世便有如清代唐容川用祛瘀之法治血证，王清任用逐瘀之法治内外科疾病。仲景有治杂病的汗、吐、下、和、温、清、消、补八法之应用，后世便有如明代张景岳《医方八阵》之论著，清代程中龄《医门八法》之专论。

三、古方新用　疗效卓著

后世运用辨病与辨证相结合的方法，古方新用，更显其卓著疗效。例如，治慢性支气管炎、肺气肿、肺源性心脏病等疾病，当临床出现痰饮内停之象时，常用小青龙汤以温化痰饮；治肺源性、风湿性等心脏病所致心力衰竭出现阳虚水停之象时，多用苓桂术甘汤以温阳化饮，利水消肿；治慢性肾炎、阳萎、不孕等疾病，临床出现肾阳不足之象时，习用肾气丸以温补肾阳；治风湿性关节炎、类风湿性关节炎、肩周炎等疾病，当临床出现寒湿侵入关节而影响气血运行之象时，多用乌头汤以温经散寒、除湿镇痛。

又例如，治急性细菌性痢疾，临床出现湿热之象时，常用白头翁汤以清热燥湿、解毒止痢；治阑尾炎、胆囊炎、胰腺炎、肠梗阻等疾病，当临床出现六腑瘀热或痈结之象时，多用大黄牡丹汤以泻热逐瘀、活血消痈；治胆囊炎、胆结石、肠梗阻等疾病，当临床出现阳明腑实之象时，常用大承气汤以峻下热结；治肝硬化、腹部肿瘤等疾病，当临床出现虚劳兼瘀血之象时，多用大黄蟅虫丸以缓中补虚、去瘀生新。

综上所举古方新用之数方，在临床上屡试屡验，疗效卓著，足以看出张仲景所制方剂疗效的可靠性和科学性，充分体现出其制方学术思想的强大生命力。

四、现代研究　亟待深入

近年来，随着现代科学技术的不断发展，对《金匮要略》方剂，也从多侧面、多方位、多层次、多途径的角度，进行了大量的现代研究，取得了许多可喜的成绩，其理论内容是极为丰富的。

例如，康毅等学者[1]，观察了正常组和实验性结肠梗阻大鼠离体结肠平滑肌^{45}Ca内流的变化，并研究了大承气汤对结肠梗阻大鼠离体结肠平滑肌^{45}Ca内流的影响。结果表明：结肠梗阻大鼠的结肠平滑肌^{45}Ca内流量增加，大承气汤能明显抑制梗阻结肠内Ca^{+}浓度的升度。大承气汤抑制梗阻结肠平滑肌^{45}Ca内流增加，可能是该方剂治疗急性肠梗阻的离子机制之一。

又如，韩国栋等学者[2]，通过动物试验，将动物结扎成直肠下端可逆性狭窄，致大肠燥屎内蕴而形成实热邪滞模型，发现专一性肺脏改变，即肺充血、出血，以及Ⅰ、Ⅱ型肺泡上皮细胞和巨噬细胞的肿胀、坏死，而其他脏器未见明显异常，临床观察并出现咳喘症象。通过解除直肠狭窄，使模型恢复正常，给予大承气汤治疗后，上述病理生理变化均出现明显好转，而且服药好转更为明显。这一试验证明，传统中医“肺与大肠相表里”的理论，是有现代科学依据的。

仅举上例，不难看出，对《金匮要略》方剂的现代研究，不仅理论内容极为丰富，而且已深入到离子水平。为进一步从现代科学水准阐明其作用机理，扩大运用范围，提供了众多的微观定性定量客观指标，并运用这些理论指导临床实践，在一定的范围和程度上均更进一步提高了临床疗效，从而使仲景制方理论的学术思想得到了发扬光大。但仍应看到，从临床角度讲，众多的现代研究成果，还不能足以从现代科学水准的角度得到全部解释。尤其是如何将这些现代研究成果与《金匮要略》方剂理论融为一体而指导临床实际，还是一个没有解决而亟待深入研究的课题。

参考文献

[1] 康毅等. 大承气汤对肠梗阻大鼠离体结肠平滑肌^{45}Ca内流影响的实验研究. 中西医结合杂志，1991；11（2）107.

[2] 韩国栋等. 对“肺与大肠相表里”理论的实验研究. 中医杂志，1990；（2）：48.

[《四川中医》1996，14（5）：14]

《金匮要略》脉诊释义

朱　虹　刘　煜　扬州大学医学院

脉诊是中医学四诊组成内容之一，为古今医家所重视。在临床工作中占有十分重要的地位。汉代著名医家张仲景在其《金匮要略》中，宗《内经》之旨，将脉诊贯穿于每篇之中，匠心独具，为后世医者所推崇。笔者据仲景之意，对其脉诊作初步的归纳，陈述于下。

一、由脉象推测病因

《金匮·中风历节病脉证并治第五》第2条指出：“寸口脉浮而紧，紧则为寒，浮则为虚，寒虚相搏，邪在皮肤。”寒主收引，寒邪侵袭人体，寒邪与正气相搏，以致脉道紧张而拘急，故见紧脉，而云“紧则为寒”，因此推测病因为感寒。《金匮·中风历节病脉证并治第五》第6条又云：“少阴脉浮而弱，弱则血不足，浮则为风，风血相搏，即疼痛如掣。”少阴脉即是心脉，主血。血虚则脉道不能充盈而脉弱，风邪盛则脉浮。由此推之，历节病乃是血虚受风而致。因此“风血相搏，即疼痛如掣。”

《金匮·痉湿暍病脉证并治第二》第25条云：“太阳中暍，发热恶寒，身重而疼痛，其脉弦细芤迟。”由于暑邪为患，暑易伤津耗气，气不足无力鼓动血液运行，则脉细；津亏于内，血不得充，血失阴伤，则阳无所附，而且芤脉。推测病因乃由暑邪为患而致。由此观之，《金匮要略》中由脉测因，不一而足。

二、由脉象推测病机

《金匮·消渴小便不利淋病脉证并治第十三》第2条指出：“趺阳脉浮而数，浮即为气，数则消谷而大坚，气盛则溲数，溲数即坚，坚，数相搏，即为消渴。”趺阳脉亦即胃脉，脉浮而数，即言胃热气盛。胃气热盛则消谷善饥。胃热伤阴，不润肠道，故大便坚硬。胃之燥热逼迫脾不能运化水湿，敷布津液而偏渗于下，故小便频数。小便频数则大便必坚。此言脉而阐明消渴之病机乃胃热气盛所致。

三、由脉象推测病位

病位常有表里上下之分，在《金匮要略》中，对这二方面的阐述都比较详尽。

1. 推测病位表里 《金匮·脏腑经络先后病脉证并治第一》第9条提出：“病人脉浮者在前，其病在表；浮者在后，其病在里。”就是说明了浮脉在不同的部位出现，病有表里不同：浮在寸口，这是正气向外，抗病于表的现象，故曰“病在表”；浮在尺部，这是肾阴不足，虚阳外浮的现象，故曰“病在里。”

2. 推测病位上下 《金匮·五脏风寒积聚病脉证并治第十一》第20条云：“脉来细而附骨者，乃积也。寸口积在胸中，微出寸口，积在喉中；关上积在脐旁；上关上，积在心下；微下关，积在少腹。尺中积在气冲，脉出左，积在左；脉出右，积在右；脉两出，积在中央”。脉来细而附骨，即是沉细脉。本条以寸、关、尺脉象的变化以别积所在的部位。

四、由脉象推测疾病的性质

疾病性质有寒热、虚实之不同。在《金匮要略》中，由脉推测病性较为广泛。如《金匮·消渴小便不利淋病脉证并治第十三》第8条的“趺阳脉数，胃中有热”，由脉测病性为热。《金匮·血痹虚劳病脉证并治第六》第3条说：“夫男子平人，脉大为劳，极虚亦为劳。”由脉则推测病性为“里虚”。

五、由脉象推测病证

《金匮·血痹虚劳病脉证并治第六》第9条说：“男子平人，脉虚弱细微者，喜盗汗也。”病者阳气不足，则脉虚弱，阴血不足，则脉细微。阴阳俱虚，则自汗、盗汗常现。所以本条尽管只提出了“喜盗汗”，然亦须知有“自汗”一证。

六、由脉象辨别不同的疾病

在《金匮要略》中，由脉象来区分辨别不同的疾病比较典型。如《金匮·肺痿肺痈咳嗽上气病脉证并治第七》第1条云：“脉数虚者为肺痿，数实者为肺痈。”肺痿乃由阴虚内热，枯萎不荣所致，故见脉虚数；肺痈乃肺热壅盛，溃而成痈，故见脉数实。二者虽均见有数脉，但亦有虚实之不同。

七、由脉象确立不同的治法

“同病异治”在《内经》中虽已提出，但未见其详。在《金匮要略》中才更具体更详尽地提出和应用了这一方法。如《金匮·肺痿肺痈咳嗽上气病脉证并治第七》第8、9条指出：“咳而脉浮者，厚朴麻黄汤主之；脉沉者，泽漆汤主之。”虽同为咳嗽，然因脉之浮沉不同，治法亦不相近。咳嗽而脉浮，乃寒饮泛滥，上逆犯肺，以厚朴麻黄汤祛寒化饮，止咳平喘。咳而脉沉，乃水饮内停，阳气被困，而以泽漆汤通阳利水，止咳平喘。

八、由脉象判别疾病预后

疾病预后常为痊愈、可治与不可治。《金匮要略》中用脉测疾病预后尤为详尽。如《金匮·呕吐哕下利病脉证并治第十七》第27条云：“下利有微热而渴，脉弱者，今自愈”。下利脉弱，是由于阴寒下利，邪去正衰，微热而渴乃胃阳未复之象，又脉来柔弱不实，故而为“自愈”之证。又如《金匮·痰饮咳嗽病脉证并治第十二》，第34条云：“久咳数岁，其脉弱者，可治。”久咳伤正，病久正衰，故脉来虚弱，脉证相符而为可治之证。若饮邪盛而正气不支，脉来实大数者，则为脉证不顺，故而预后不良。如《金匮·痉湿暍病脉证并治第二》第3条所云：“太阳病，发热，脉沉细者，名曰痉，为难治。”痉病当见弦紧之脉，今脉沉细，乃太阳证而见少阴之脉，知乃阳气已衰，阴血不足之象，阴阳俱衰，正虚不能胜邪，脉证不符，当属难治。

本文对《金匮要略》中有关脉象的论述作一初步归纳，尚不属全面，但重温《金匮要略》之有关脉象的理论与实践方面的阐述，对今世医者的临床工作仍具有较大的指导作用。

参考文献

[1] 刘渡舟. 金匮要略诠解. 天津科学技术出版杜，1984.

[《河北中医药学报》1999，14（4）：16]

金匮肾气丸中桂枝考证

刘诗发　上海科学技术出版社

桂枝是张仲景使用频率最高的药物之一，有人统计，在《伤寒论》和《金匮要略》所列方剂中，含有桂枝的方剂约占30%，张仲景使用的166味中药中，桂枝所用的次数名列第二[1]，足见其对桂枝这味药的重视。金匮肾气丸是仲景诸多含桂枝方中的重要一首，由于历史的原因，其中的桂枝多有变化，唐代《千金要方》将桂枝改为桂心，宋代《太平惠民和剂局方》中将之改为肉桂。今天临床上所用则桂枝与肉桂相杂，有关这方面的文献报道也莫衷一是，意见分歧，方中之桂枝是今之桂枝抑或今之肉桂，一直是大家急于解决的疑问之一。在本篇中，笔者本着发展仲景学说以及探究桂枝该药名实本源这一宗旨，试对这一问题进行讨论。在考证的方法上，除了对有关的本草著作进行必要地分析之外，笔者也认为，对金匮肾气丸中桂枝的考证，其实也是对仲景方中其他桂枝方的考证。因此，部分地结合仲景其他桂枝方的内容进行辅助论证，将更有助于问题的解决。

一、对金匮肾气丸中桂枝药材形态、质地、药用部位的本草考证

金匮肾气丸出自东汉时期张仲景之《金匮要略》，而关于“桂”品药材所能见到最早记载是在《神农本草经》中。关于《本经》的成书年代尚有一些分歧，但大部分意见认为在西汉之时已经成书[2]，约在《伤寒杂病论》的同一时期或者更早的年代。因此，张仲景所使用之桂枝应源于《本经》，在这一点上，有作者也予支持[3,4]。但《本经》之中无桂枝、肉桂名，仅有“菌桂”及“牡桂”二物，出现了当时桂枝有其实而本草无其名的令人费解的状况。即使在《本经》之后的《名医别录》(约在《伤寒论》《金匮要略》的同一时代或稍后)中，虽增加了一单名“桂”者，但也无桂枝此名。因此这其中，我们认为必定存在有“牡桂”“菌桂”及“桂”三者中与仲景所用桂枝同物异名的情况。但由于在《本经》与《别录》中对此三物在植物形态、药用部位、药材质地等方面几乎没有描述，难以从这些方面进行考证，因此只能从后世本草的论述中获得一些证据，但对其中“菌桂”的考证，大部分意见认为就是今天肉桂中的官桂，故本篇不再赘述，主要是针对“牡桂”和“桂”二者的考证。

对于“牡桂”，梁代陶弘景《神农本草经集注》曰：“今俗用牡桂，状似桂而扁广，殊薄，皮色黄，脂肉甚少，气如木兰……为复犹是桂生，有老宿者尔”[5]。对于单名“桂”者，陶氏又曰：“按：《本经》惟有菌、牡二桂，而桂用体，大同小异，今俗用便有三种，以半卷多脂者，单名桂，入药最多十月采皮，阴干”[5]，陶氏指出“牡桂”与“桂”“大同小异”，可能是同种植物（“为复犹是桂生”），但比较而来却是两种不同的药材，二者不仅在取材树龄上似有差异（“老宿”），在药用部位、形态、质地上，二者也有不同，“桂”用“体”，即主干部分，“多脂”，即皮较厚实，采收季节在“十月”，且是主干之皮，此与今之肉桂有一定的相似之处；而“牡桂”与之相比，其有质轻皮薄，脂肉少，气味芳香等特点，其中提到的“扁广”与在《药用植物学》上所述桂枝“略成四棱形”[6]也大体相吻合，从这些论述看来，当时的“牡桂”与今之桂枝有较大相似之处。《神农本草经集注》是我国医药学史上一部划时代的著作，它系统地整理总结了南北朝以前的药学成就，其中对一些药物的描述，是今天所用的一些药物较为原始的记载，后世的诸多本草著作，都以此为基干，因此具有很高的可信度。对其中的“牡桂”和“桂”的论述进行分析，其价值是不言自喻的。除此之外的后世一些本草著作，对“牡桂”进行了更加具体的论述，如唐代苏敬《新修本草》曰：“牡桂嫩桂皮名为肉桂，亦名桂枝”[7]，清代刘若金《本草述》也曰：“牡桂即桂之嫩枝也”[8]，进一步指明了“牡桂”的药用部位。近代本草著作《大同药物学》也将《本经》中的“牡桂”条文归属于今之桂枝，此外现代的一些中药著作如《中华药海》[9]、《本草经义疏》[10]也认为今天所用的桂枝是出于《本经》之“牡桂”。

还有一种观点认为“桂”和“牡桂”为同种药材，如明末清初张隐庵《本草崇原》曰：“桂，牡桂也，牡，阳也，即今之桂枝也。菌，根也，即今之肉桂、厚桂也，然生发之机在枝干，故仲景所用便是桂枝也”[11]，又曰：“牡桂与菌桂有轻重之分，上下之别”[11]。虽然其中的名称“牡桂”与“桂”多有混淆，但还是阐明了“牡桂”药材的确切所指。

而对于仲景之桂枝是“牡桂”还是“桂”，在一些本草著作中已能找到明确的答案，如北宋陈承《本朝别说》曰：“仲景《伤寒论》发汗用桂枝，桂枝者，枝条，非身干也”[12]；寇宗奭《本草衍义》中亦云：“然《本经》（应为《别录》）止言桂，仲景又言桂枝者，盖亦取其枝上皮”[13]；唐慎微《证类本草》也云：“仲景发汗用桂枝，桂枝者，枝条也，非身干也，取其轻薄而能发汗”[13]；清代陈修园《本草经读》在论述了“牡桂即为桂枝之后也明确指出：“生发之机在枝干，故仲景方中所用

俱是桂枝，即桂牡也”[14]。

从以上论述可以看出，“桂”与“牡桂”都是用桂皮，“桂皮即肉桂”，有人从这一简单地推论出发，显然是误“牡桂”为今之肉桂的主要原因。虽自古认为“桂”品药材“其效在皮”，但二者所取之皮部位完全不同，一为主干，一为枝条，其效应自有分别，此又不可不识。仲景所用桂枝即“牡桂”，其虽与今之桂枝在药材上稍有不同，但用今之桂枝代替是可行的。

二、对金匮肾气丸中桂枝药材性能功效的本草考证

从前文对桂枝的药材来源考证结果看，其为“牡桂”，而“牡桂”与今之桂枝相近这一论点有一定的依据，为进一步证明这一点，下面再从“牡桂”与“桂”的药性功用特点进行分析，为之提供又一论据。

有关“桂”品药材的药性、功用特点，在《本经》中有一些叙述，如其言“牡桂”可治“上气咳逆”，可“利关节，补中益气”[15]，这与今之桂枝所具有的气清宣通，可活血通络、温中降逆有类同之处。更有说服力的是《别录》中对“牡桂”和“桂”在药性功用上的一些叙述，其言“牡桂”曰：“无毒，主治心痛，胁风，胁痛，温筋通脉，止烦，出汗”[16]，对“桂”，其曰：“味甘、辛，大热，有毒，主温中……冷疾……头痛，腰痛……能堕胎，坚筋骨，通血脉，理疏不足，宣导百药，无所畏”[16]。从这些内容看来，“牡桂”与“桂”有明显不同，一“无毒”，一“辛，大热，有毒”“能堕胎”；一主上焦“心痛”，一主中、下焦“温中”“腰痛”；一“温筋通脉”，一“坚筋骨，通血脉”，特别还提到“桂”可“宣导百药，无所畏”，点明了其气峻性烈的特点。另外，如果我们再将“桂”与著中附子进行比较，可以发现，二者在药性、功用特点上有一些相似之处，如附子也可主“冷疾，霍乱转筋”“坚肌骨”，其“大热，大毒”也能“堕胎”，说明二者大体上可以归为同类药物，与现在大家对二者的认识基本一致。从以上论述看来，“桂”与“牡桂”在性味、功效上的差异是明显的，“桂”是今天之肉桂，而“牡桂”与今天之桂枝更加接近。

因为仲景方中含桂枝的方剂很多，分析其中桂枝的药性、功用特点，也一样有助于我们对其本源的理解。

我们首先分析除金匮肾气丸之外其他仲景方中桂枝的功用。《伤寒论》中的第一个方剂是桂枝汤，第二是麻黄汤，二者都是为表证而设，其中都含有桂枝，粗略地分析论中其他解表剂，绝大多数含有桂枝，表证须用桂枝，这可以说是张仲景治疗表证遣方用药的一个基本原则。而就整部《伤寒论》言，虽其并非为外感伤寒之专著，但以外感伤寒作为主旨是不可否认的。桂枝与肉桂比较，前者为解表佳品，后者却鲜有言其具解表作用者，因此，可以得出张仲景时代的桂枝与今之桂枝的主要功用基本相同这一结论；张仲景在《伤寒论》《金匮要略》中除用桂枝解表外，以桂枝温通心阳、温筋通脉、平冲降逆又是其运用桂枝另外一大方面，此在其创立的方剂中多有体现，温通心阳者如炙甘草汤、枳实薤白桂枝汤、桂枝生姜枳实汤等；温筋通脉者如黄芪桂枝五物汤、温经汤、土瓜根方、桃核承气汤等；平冲降逆者如桂枝加桂汤、桂枝甘草汤、茯苓桂枝甘草大枣汤等。从以上两点看来，当时之桂枝合于今天之桂枝是极有说服力的。

最后，我们再从金匮肾气丸原方的主治证来分析其中桂枝所主的一些病证。《金匮要略》中关于肾气丸的条文共有5条，仔细分析这些条文，就可以发现，其中都伴有阳虚水饮不化的见证，如“脚气上入”[17]、“短气微饮”[17]、“消渴”[17]、“不得溺”[17]等等，产生这些症状的原因主要是肾阳不足，阳不化气，膀胱气化失司，所以仲景在以附子温肾阳助肾气的同时，更主要的是选用了性温辛散入太阳膀胱经以解膀胱之约、通阳化气利小便的桂枝，虽然其中有肾阳不足的一面，但在金匮肾气丸中，肾阳不足之证以附子辛热入肾足可胜任，桂枝在其中虽亦温然重在通，“小便癃闭，亦有因膀胀气化无权一证，以桂枝通太阳之阳，则其溺立下”[18]，在此肉桂是难以起到这一关键性作用的。不仅仅在金匮肾气丸中仲景用桂枝通阳化气利小便，在其他一些方剂中，如五苓散、苓桂术甘汤，其中桂枝所起的作用也是相同的。有是证即有是方，方从法立，张仲景根据阳微水饮不化、小便不利证候选用桂枝，而不用肉桂，确有其独到之处。

从以上两个方面的讨论我们可以看出，无论从金匮肾气丸中桂枝的药材形态、质地、药用部位，还是从药性功用特点方面的考证，都难以支持原方中的桂枝为今之肉桂的观点。虽然仲景时代的桂枝与今之桂枝在药材上有少许差异，但用今之桂枝代替是有充分理由的。

参考文献

[1] 林乾良.《伤寒沦》《金匮要略》方药统计分析研究.浙江中医学院学报，1982，(2)：52.

[2] 尚志均. 神农本草经校注. 芜湖：皖南医学院科研处印，1981，231.
[3] 高学敏. 试论伤寒论与神农本草经的关系. 北京中医学院学报，1982，(2)：29.
[4] 柴瑞霁. 仲景方用桂枝为今之肉桂考. 江西中医药，1989，19 (2)：43.
[5] 陶弘景著，尚志均辑校. 本草经集注. 芜湖：芜湖医学专科学校印，1963. 48.
[6] 丁景和. 药用植物学. 上海：上海科学技术出版社，1985. 133.
[7] 苏敬. 尚志均辑注. 新修本草. 合肥：安徽科学技术出版社，1981. 306.
[8] 刘若金. 本草述. 第二十卷：嘉庆庚午（1810 年）还读山所校刊本，33.
[9] 冉先德. 中华药海. 哈尔滨：哈尔滨出版社，1993. 78 韶.
[10] 王大观. 本草经义琉. 北京：人民卫生出版社，1990. 104.
[11] 张隐痛. 本草崇源. 北京：中国中医药出版社，1992. 25.
[12] 唐慎微著. 尚志均点校. 证类本草. 北京：华夏出版社，1993. 341.
[13] 寇宗奭著. 本草衍义. 北京：商务印书馆，1957. 74.
[14] 陈修园. 本草经读. 北京：人民卫生出版社，1959. 28.
[15] 吴普著. 孙冯翼，孙星衍辑. 神农本草经. 北京：商务印书馆，1955. 38.
[16] 陶弘景著. 尚志均辑校. 名医别录. 北京：人民卫生出版社，1986. 36.
[17] 陆渊雷. 金匮要略今释. 北京：人民卫生出版社，1955. 87.
[18] 浙江中医管理局，张山雷医集编委会. 张山雷医集（上）. 北京：人民卫生出版社，1995. 818.

[《南京中医药大学学报》1999，15（6）：1]

仲景方芍药调控作用初探

侯中杰 衡水市中医院

仲景运用芍药非常广泛，其巧思妙用每每为后人所推崇。拙文试就仲景方中芍药之调和调控作用做一探讨，并望同道予以斧正。

仲景最注重药方的整体效应，以期切中病机。大凡医者处方用药往往有“太过”与“不及”“刚燥”与“呆柔”之虞。刚烈者则须制之以柔，阴静者则须辅之以动，这便是方剂的再调整过程。对于前者，仲景善用芍药，是乃取芍药酸收之性，用其约缓药性，起调控全方的作用。

一、寒湿证与芍药

《金匮·中风历节病篇》云：“病历节不可屈伸疼痛，乌头汤主之。”芍药之于乌头汤，实乃一方之枢纽。其中麻黄发汗宣痹，乌头祛寒止痛，共祛寒湿。然湿性粘滞，且乃关节之病，非一汗可愈，故以芍药从而敛之，使宛转于肢节而尽去其疾。总览全方，白蜜甘缓解乌头之毒；芍药驯乌头麻黄之性，约缓其药势；甘草调和药性，且合芍药舒筋缓急；黄芪益气固卫，能疏能守。诸药配合，使寒湿之邪微汗而解，病邪去而正气不伤。组方严谨高妙。如单以芍药甘草舒筋缓急论芍药，则失仲景之意过半矣！

二、脾约证与芍药

仲景设麻子仁丸治大便秘、小便数之脾约证，方中芍药之设，后人多以敛阴和脾论之。若细细推究方悟非等闲之举。方中麻仁、杏仁润肠肃肺，枳实、厚朴破气行滞，大黄攻下清热，均为对症之药。又佐用芍药，其意大致有三：其一，芍药约缓大黄、枳实、厚朴攻破之势，达到缓通目的，不至于峻泄反伤津液。本方以蜜为丸同样也是缓图之意。其二，芍药为脾经圣药，对枳、朴、大黄辈能约而引之，使其入太阴脾，破其“约”，助动其运化机制，使之能为胃行其津液。其三，有攻中寓和之意，和脾是芍药之专长。本方充分运用了芍药能“约”能“和”的特点。简而言之，本方因配伍芍药，以潜移默化而收功，与承气汤类形成鲜明对照。

三、留饮与芍药

“病者脉伏，其人欲自利，利反快，虽利，心下续坚满，此为留饮欲去故也，甘遂半夏汤主之。”以甘遂为主治留饮，其攻逐之意已明，方中又何以加用芍药呢？其意就在其“利”“留饮欲去”。去留饮，用甘遂之峻，又佐以敛约之芍药，欲去反留，留的目的在于尽去其饮邪。十枣汤和甘遂半夏汤同为治饮峻剂，使下不伤正；后者芍药则是约缓甘遂药势，起减速剂的作用，而无一攻而过，“心下续坚满”之失。临床运用效果表明，甘遂消水快，然复水亦快，与芍药配伍，则疗效稳定。

仲景用芍药共 54 方，芍药使用频率高居第五位，仅次于甘草、生姜、大枣和桂枝。阴证阳证、寒证热证、虚证实证、表证里证均可用及芍药，补益剂、调解剂用芍药，攻泄方中亦用芍药。之所以用途广泛，除敛阴和营，缓急止痛，柔肝益脾，养血止血等作用外，其具有调和调控功能也是一个重要原因。

芍药一味，首载于《神农本草经》，谓其“味苦，主邪气腹痛，除血痹，破坚积，寒热疝瘕，止痛，利小便，益气”。现代用芍药，一般分为白芍、赤芍两种。白芍苦、酸、微寒，养血敛阴，柔肝止痛。赤芍苦，微寒，清热凉血，祛瘀止痛。但在汉代，芍药无赤、白之分，仲景方中芍药现代一般指白芍。在上述方例中，无论白芍、赤芍，如果以除痹通瘀注解芍药，其在方中的意义则变得微不足道，近乎可有可无，若此绝非仲景用芍药的本意，理当释解为“动”药群体中的“静”药，取芍药“敛”“和”之性，来缓冲峻药的攻破之势，达到缓图的目的。其实芍药并非长于攻破，虽攻破方中多用芍药，乃“芍药得侧其间，皆偏稗之任也”（周岩《本草思辨录》）。

现代药理研究[1]：白芍对肠管过度兴奋的自发收缩和氯化钡引起的收缩有抑制作用，在动物模型中对胃肠道电运动有明显的抑制作用，具有抗炎、镇痛、镇静、解热、护肝、舒张血管、调节免疫等多项药理作用。但从侧面研究白芍在配伍中的调控作用尚无针对性实验报道。秦林等报道了川乌配伍白芍对实验性疼痛的影响[2]，显示乌、芍配伍后使各单位味药的镇痛作用明显增强，镇痛持续时间显著延长。

常明向等[3]考察了当归煎剂及当归伍用芍药的药代动力学，实验表明，当归－芍药组阿魏酸的吸收迟于当归组，并提及当归煎剂与当归－芍药煎剂阿魏酸的溶出量不同。从中药配伍对方剂药动学产生影响的角度，探索了芍药的类似特点。

虽然上述实验报道并非针对性探索研究，尚不能充分揭示芍药的调控作用，但上述实验研究也为本文所提出的论点提供了药理依据。中医药中的寒热配伍，动静结合是中医治疗的重要特色之一，而芍药对峻猛药物的调控作用则更是别具一格，其有待现代药理研究进一步的探讨。

参考文献

[1] 梅全喜，毕焕新. 现代中药药理手册［M］. 北京：中国中医药出版社，1998，324～326.

[2] 秦林，彭欣，李晓丽，等. 川乌配伍白芍对实验性疼痛的影响［J］. 中国中药杂志，1999，24（10）：629.

[3] 常明向，徐莲英，陶建生. 当归及其配伍药对当归芍药的药动学研究. 中药药理与临床［J］，1992，8（4）：34～36.

［《中医研究》2000，13（2）：9］

《金匮》治瘀法则浅析

成　诚　张成新　赵翡翠
新疆维吾尔自治区中医医院

为了更好地掌握《金匮》治瘀法则及其运用要领，试归为十法，分述如下。

一、清热利湿祛瘀法

以清热利湿药与活血祛瘀药组方，具有清热利湿、活血化瘀、解毒排脓之功，适用于热瘀湿阻、肉腐成脓证，其代表方赤小豆当归散。方中浆水清凉解毒，赤小豆清热渗湿排脓，当归养血祛瘀生新，共奏清热利湿、活血化瘀之效。《经》云：“热甚则肉腐，肉腐则成脓。”血瘀是成脓的基础，热壅是成脓的条件；凡热瘀湿阻、肉腐成脓者，均可以此法遣方。因此《金匮》不仅用此方治狐惑，亦治疗便血，体现了异病同治的法则。

二、清热解毒祛瘀法

以清热解毒药与祛瘀药组方。具有清热解毒、活血化瘀的功效，适用于热毒互结、瘀毒交夹之证。代表方升麻鳖甲汤、大黄牡丹皮汤等，一治阴阳毒，一治肠痈，两方灵活选用清热解毒药和活血化瘀之品巧妙组方，直达病所。如升麻鳖甲汤针对疫毒入里，足阳明胃经热毒炽盛，波及营血，瘀毒交夹之证，选用既能清热解毒，又入足阳明胃经之升麻、甘草以清热解毒，配当归、鳖甲滋阴散瘀，共奏清热解毒祛瘀之功；但对于热毒内聚，营血瘀结肠中而脓未成的肠痈，却选用了入手阳明大肠经的大黄、芒硝宣通壅滞，荡涤热毒；配冬瓜仁排脓散痈；桃仁、丹皮凉血通瘀。共奏清热解毒、凉血逐瘀、排脓散痈之效。

三、消癥化积法

以活血化瘀与消积散结药组方，具有缓消癥积功效，主治癥瘕积聚。因癥积是个复杂的病理过程，往往虚实夹杂，营卫失调，故常在消癥化积时，加入扶正及调和营卫的药物，以达祛邪不伤正，调和营卫气血，缓消瘀积之目的，代表方有鳖甲煎丸、桂枝茯苓丸等。前方以消癥化积的鳖甲、大黄、䗪虫、桃仁、蜣螂为主，以人参、阿胶补益气血、桂芍调和营卫而组方；后方亦按此原则组方，方中桂枝通血脉，芍药调和营卫，桃仁、丹皮活血化瘀，茯苓安正气，共奏消癥化积之功。目前临床常用鳖甲煎方治疗肝脾肿大，用桂枝茯苓方治疗妇人癥病，瘀血痛经或产后恶露停滞，胞衣不下及宫外孕等病证均有一定疗效。

四、补气祛瘀法和行气祛瘀法

补气祛瘀法以补气药和活血通脉药组方，具有益气活血、调和营卫之功效，用于治疗气虚血瘀证，代表方黄芪桂枝五物汤就是通过益气而治血痹的。方中以黄芪实三焦，桂芍通顺血脉、调和营卫，佐以姜枣生育荣卫。后世医家在应用中发展了这一治法，如补阳还五汤即在该方启示下而创意的。至今临床常用本方治疗微循环障碍、高血压、脑血管意外而辨为气虚血瘀证候，均有一定疗效。

行气祛瘀法以行气药与活血祛瘀药组方，具有行气活血功效，治气滞血瘀证，枳实芍药散为其代表方。方中枳实炒黑行血中气滞，芍药行血滞，大麦粥补养正气，以防行气消瘀而伤胃气。药味虽少，配伍周全，开后世行气消瘀法先河。

五、缓消瘀血法

以养血药与活血逐瘀药组方。其特色是寓补于攻，峻剂制丸，意在缓消瘀血，用于日久不愈暗耗阴血虚劳，以致血停体内，新血不生，脏腑失养的“干血痨”疾患；此时若单纯滋阴补血，则恐留邪，瘀血不去，新血难生；若单纯消瘀则畏伤正，正伤瘀更难消；只有寓补于攻，峻剂丸服，才能祛邪不伤正，扶正不留邪。大黄䗪虫丸为代表方。方中诸“虫”以动其瘀，诸“仁”以润其干，大黄以通其闭，干地用十两之重，重在滋阴补血，充足津液，瘀血缓消。临床用大黄䗪虫丸治肝脾肿大、肝硬化、经闭、术后肠粘连病证，获得了满意疗效。

六、通阳化瘀法和温经祛瘀法

通阳化瘀法以宜通阳气和活血化瘀药组方，有通阳气、化痰瘀之效，以治“胸痹”，瓜蒌薤白白酒汤为代表的类方。方内瓜蒌开胸涤痰，薤白疏滞散结，白酒辛扬善行，通阳活血，三药同用，通阳气，化痰瘀。现代治疗冠心病，旨在痰瘀同治，故用瓜蒌薤白白酒汤，配入丹参、檀香、桃仁等活血化瘀药，已取得了满意疗效。

温经祛瘀法以温经散寒与活血化瘀药组方，具有温经散寒，暖血祛瘀之效。用于妇人冲任虚寒兼有瘀血之证，代表方是温经汤。方中吴茱萸、生姜、桂枝温经散寒以暖血；当归、芍药、川芎、丹皮、阿胶养血和营而祛瘀；因病虚寒兼瘀，致血不归经，阴血暗耗，内热渐生，配人参、甘草、麦冬以补中益气，生津散热；一味半夏，平冲降逆，通过降胃气而平冲任，以防血上逆；通过降胃气促使脾气升举，俾血归经。足见宗师用心之良苦，遣方之微妙。后世用本方广泛治疗妇科诸疾。

七、祛瘀通络法

本法以活血化瘀药和通络药组方，有通络祛瘀之功。治肝经气血郁滞，胸胁痞闷，甚成胀痛、刺痛之证，其代表方是旋覆花汤。旋覆花通肝络而行气，辛降活血化瘀，助以葱白温通阳气而散，共奏温经通络，辛泄散瘀之效。叶天士医案中，凡久病入络，常用此方加归尾、桃仁、泽兰、郁金等活血化瘀药，每获捷效。王清任的通窍活血汤也是仿此法组方。目前临床上对心绞痛、肋间神经痛、慢性胃炎等疾病，具在胸胁痞闷不舒、胁痛、刺痛为主证者，均可加味治疗。

八、润燥消瘀法

以润燥药与活血化瘀药组方，具有润燥消瘀之功，用治燥结血瘀之证，其代表方为猪膏发煎。方中猪油润燥，乱发消瘀，共奏润燥消瘀之效。《金匮》用此法治疗肠胃燥结兼瘀所致的萎黄病。临床上燥结致血凝，血凝促进燥结，只有润燥消瘀共使，才能相得益彰。

九、破血逐瘀法

以活血化瘀药与逐瘀破结的虫类药为伍组方，具有破血逐瘀之功。用治瘀血内结之实证，临床常见妇人经水不下，腹痛如刺拒按，大便色黑易解，小便自利，脉涩，舌质紫暗等症状，此时倘若用一般活血化瘀之品难以奏效，必须加䗪虫、水蛭、虻虫一类峻猛药物增强逐瘀之功。抵挡汤为其代表方。方中大黄、桃仁下其瘀血，水蛭、虻虫破其瘀结，共奏破血逐瘀之效。

十、破血逐水法

以破血药与逐水药组方，具有破血逐水之功。适用于水血互结血室证，重证用大黄甘遂汤。方中大黄活血逐瘀，甘遂逐水，阿胶扶正，共奏破血逐水之效。轻证用当归芍药散；临床水瘀致病互为因果，本法较单纯的活血化瘀法疗效显著，在临床上占有相当优势。故凡活血化瘀方剂，均可适当加利水药以增强疗效。

[《新疆中医药》2000，18（4）：11]

《金匮要略》汤液溶媒的选择运用探析

柴可夫　浙江中医学院

中医治病疗效主要取决于两个主要因素：即辨证、选方遣药的准确和煎煮药物方法是否得当。应充分注意煎药溶媒的运用与临床疗效的内在关系，不同的煎药溶媒因其性质的差异，而具有不同的临床作用。此在《金匮要略》中多有独到之处，对指导现实颇有意义。现阐述如下：

一、溶媒的选择

1. 水类溶媒　《金匮要略》中使用最广泛的溶媒是水。水是一种优良而价廉的溶媒，除少数生物碱、高级醇和油脂外，一般植物成分差不多都能在水中溶解。在水这一溶媒的使用中，张仲景除运用一般的常用水，如井水或其他洁净水外，还根据病情的需要，选择泉水、甘澜水、浆水、井华水等。

泉水，乃从地下涌出之水，澄澈清冷，有养阴利尿、导热下行之效。如主治百合病的百合地黄汤、百合知母汤、滑石代赭汤、百合鸡子汤。百合病病机属阴虚内热，症见口苦、心烦、小便赤。泉水可下热气、利小便，与方中诸药共奏润养心肺、凉血清热之效，使阴复热退，百脉调和，病可自愈。

甘澜水，又名劳水、千里水。即将水反复扬之千遍，然后取用。气味甘、平、无毒。水本性寒而体重，扬之千遍，甘而气清，取而用之，则不助肾寒之气，而有补脾益肾之功。茯苓桂枝甘草大枣汤用此水煎煮，意在去其水寒阴凝之性，温阳利水而无助水恋邪之弊。

井花水，亦称井华水。乃清晨时先汲的井水，气味甘、干、无毒，有通窍清热之效。风引汤主治肝阳上亢，热盛风动，用井花水煎煮，即取其滋阴潜阳、通透解热之意。

浆水，又名酸浆水、清浆水。即米饭用清水浸泡7日以上，待味变酸，水面起白花而成。其性凉善走，能调中宣气，通关开胃，解烦渴，化滞物。如治狐惑病的赤小豆当归散、治牡疟的蜀漆散、治脚气冲心的矾石汤均用浆水煎药，或送服药物，或煎取药液浸脚。是取其清凉解热、除烦、理气之功。再如：治干呕、吐逆、吐涎沫的半夏干姜散，以浆水煎药顿服，其药理作用，正如尤在泾在《金匮要略心典》曰："浆水甘酸调中引气，止呕吐哕也。"

泔水，即淘米水。《本草纲目》载：浙二泔，亦曰米渖，即淘粳米汁，第二次者可用，故名浙二泔。善解热毒，兼能助胃。《金匮要略·治食啖蛇牛肉欲死方》曰："以泔水洗头，饮一升愈。"即取其清解食物中毒之作用。

东流水，即流水。亦即江河之水，江河一般向东流，故称东流水。《本草纲目》将其属"流水"之一。《本草衍义》谓："性顺疾速，通膈下关。"

现代研究证实，药物中生物碱盐类、甙、苦味质、有机酸、鞣质、蛋白质、糖、色素、树胶、多糖类、酶和少量挥发油都能被水浸出。由于水作为溶媒经济易得，极性大且溶解范围广，所以水是汤剂最常用的溶媒。根据病情的需要，《金匮要略》中采用了上述诸多的不同水作煎煮药物的溶媒，确能提高疗效，且现代研究也支持了这一观点。甘澜水实际上相当于现代所谓的活化水。作甘澜水法，实际是对水的机械搅拌运动。通过这种运动，似可增加水中氧的溶解度，促使水分子表面张力减小，促使水内离子的形成，用其煎药则有助于药材有效成分的充分溶出。而煎煮中药时，一般用地下水作溶媒，但地下水的溶解氧低，不利于中药在煎煮过程中的氧化分解，故甘澜水可以补其不足。研究表明，山泉水及不同地区的水质所含的微量元素有所不同，所以会带来不同的疗效。又如久雨后之潦水，含杂质较少，这是符合现代制剂选择煎药用水的原则。所以古人采用雨水、雪水、潦水等制剂。

2. 特殊溶媒　《金匮要略》方中除以水作药物的一般溶媒外，还根据病情的需要，以及药物溶解度的差异、所需溶媒的不同等情况，而运用一些特殊的溶媒。

蜜，即蜂蜜。性味甘平，有补虚润燥、解毒止痛等效。《金匮要略》以蜜作溶媒，多用其煎煮含乌头类峻烈剧毒药，取其解乌头之毒、缓和药性药力之作用。如乌头汤、乌头煎、乌头桂枝汤诸方，皆取蜜与乌头共煎。又，大半夏汤则以白蜜一升，水一斗二升，扬之二百四十遍，使水蜜充分混合均匀后煎药。以蜜为溶媒煎药，此属最早的糖浆制剂。研究表明，糖类食物可以间接地影响大脑神经解质的生成与传递，从而降低大脑对疼痛的感觉，故摄食较多的糖类可以缓解中等强度的疼痛。这说明糖类药物和食物有提高机体痛阈的作用。

酒，酒味辛、甘、苦，性温，有通血脉、御寒气、行药势之功。所以酒既是溶媒，也是药物。张仲景用酒煎药者，有两种情况：一是用纯酒；一是水酒混合煎。如瓜蒌薤白白酒汤、瓜蒌薤白半夏汤均用白酒煎，即取其通阳宣痹、轻扬善行，以助药势之效。而胶艾汤用治妇人漏下，以清酒煎服，则借其温经行药之力。下瘀血汤以酒煎，是取其引入血分之功；红蓝花酒以酒煎，则取其行血化瘀，行气止痛之意。

值得注意的是，《金匮要略》所用之酒，并非现代意义之白酒。盖酒在制法上分蒸馏酒（如烧酒、高粱酒等）、非蒸馏酒（如绍兴酒、葡萄酒等）两大类。据载，东汉时尚无蒸馏酒技术，故仲景所用之白酒、清酒等，皆非含酒精浓度较高之蒸馏酒。一般认为系米酒类，现代之黄酒。

现代研究认为，酒是良好的有机溶媒，药物的多种成分，如生物碱及其盐类、甙类、鞣质、苦味质、有机质、挥发油、树脂、糖类及部分色素等皆易溶于在酒中。

醋，古称酢、醯，俗称米醋。传统的甜酒、浊酒，由于浓度低，易于酸败而成醋，故又有苦酒之称。醋的性味苦温，能散瘀止血、理气、止痛。可引药入足厥阴肝经。如苦酒汤用治咽喉生疮，即取其消肿敛疮之意。而芪芍桂酒汤用治黄汗，以苦酒煎煮，则能增强清泄营中郁热的作用。乌梅丸以苦酒渍乌梅，既能增强乌梅之酸性使蛔虫得酸则静，又可引药入经，直达病所。现代研究证实，醋是良好的有机溶媒，能使药物中所含的游离生物碱等成分发生变化，增强溶解度，提高药物的治疗效果。

人尿，可取健康人的小便，去头尾，用中段尿。取10岁以下儿童之小便为佳，名为童便。尿性味咸、寒、无毒，功能益阴降火，止血消瘀。与草木之品有所不同，作药物溶媒易被吸收而直接为人体所用。在《金匮要略·杂疗方》中，治马坠及一切筋骨损伤方，“以童子小便量多少煎汤成，内酒一大盏，次下大黄去滓，分温三服。”此方取尿与酒作为溶媒，且又有活血消瘀通脉等作用。现代研究认为，人尿中有丰富的“褪黑素”，它具有镇静、止痛、催眠、解除疲劳等作用。而儿童时期是人分泌褪黑素高峰，故童尿中“褪黑素”含量较高。

二、溶媒的运用

从理论上说，不同的方药在不同的溶媒中煎煮所发挥的效用是有区别的。联系临床实践也颇能证实这一点。如《金匮要略》泻心汤与《伤寒论》大黄黄连泻心汤，在方药组成、剂量、剂型和炮制方面都完全相同，但作用却是不同的，一是治疗“心气不足，吐血、衄血”；一是治疗“心下痞，按之濡”。究其机理，主要在于溶媒的不同，泻心汤是“以水三升，煮取一升，顿服之”，而大黄黄连泻心汤是“以麻沸汤二升，渍之，须臾绞去滓，分温再服”。对此，《医宗金鉴》阐发得较清楚曰：“观其以滚沸如麻之汤，渍大黄、黄连，须臾绞去滓，仅得其无形之气，不重有形之味，是取其气味俱薄，大大泻下。”更明确地指，吐衄因实火，故取其味厚可以降下，痞为虚热，仅取其气薄以清上。

又如，《金匮要略》于补剂内，特别是在以地黄为主的处方中，常用酒作为溶媒煎药，也体现了这一意义。

汤剂本身存在着自然溶解系统，包括共溶、助溶、沉淀混悬以及某些化学反应。故有些含生物碱的药物易溶于酸性的醋中，如乌头、附子等；而含酸性成分的药物则易溶解于碱性汤液中，如甘草中的甘草酸在碱性汤液中可溶出95%以上。故《金匮要略》中的方剂，巧妙地运用了药物的质量转化规律，而引起这种转化的促进者则是不同的溶媒，有些方剂仅仅因为溶媒的不同或溶媒用量的多少，便直接影响到方剂的作用。目前，通过研究在某些方面阐明了《金匮要略》方用溶媒的科学性和合理性，为临床用药提供了依据，但这仅是初步的，而且有些研究结果还未能充分揭示溶媒的作用与疗效，对溶媒机理的研究也较少。鉴于在方剂研究方面，对溶媒不够重视，直接影响了疗效，应加强这方面的研究。

[《中医函授通讯》2000，19（5）：6]

《金匮要略》治疗妇人血病方药浅析

许小凤　江苏省苏州市中医医院

《金匮要略》妇人三篇是我国现存最早的妇产科专篇。其中有关治疗妇人血病的方药论述颇为详尽，共列方16首。虽然其未能包罗妇产科疾病中所有血病的治疗，但已为中医药治疗妇人血病奠定了辨证论治的基础。笔者结合临床运用，将其方药归纳分析如下。

一、方药分类

1. 血虚证方药　胶艾汤、当归散、当归芍药散属此类。胶艾汤由阿胶、艾叶、当归、川芎、芍药、地黄、甘草组成；具有养血理血、调经安胎之功；治疗妇人宫中血虚而变生之诸疾，如月经过多、崩漏、胎漏、胎动不安、不孕、产后恶露不绝等。当归散由当归、黄芩、芍药、川芎、白术组成；具有养血清热、调经安胎之功；治疗妇人血虚而有热证者，如胎漏、胎动不安、月经过多、崩漏等，尤以治疗妊娠后诸疾，即“妇人妊娠，宜常服当归散主之”。当归芍药散由当归、芍药、川芎、茯苓、白术、泽泻组成；具有养血疏肝，健脾利湿之功；治疗妇人血虚而兼有肝脾失调之证，如月经前后诸证、绝经前后诸证、带下、癥瘕、妊娠腹痛等。

2. 血瘀证方药　枳实芍药散、土瓜根散、旋覆花汤、大黄甘遂汤、矾石丸、红蓝花酒、大承气汤、桂枝茯苓丸、下瘀血汤、抵当汤属此类。枳实芍药散由枳实、芍药两味组成；具有活血行气、缓急止痛之功；治疗妇人气滞而血瘀者，如痛经、产后腹痛等。土瓜根散由土瓜根、芍药、桂枝、䗪虫组成；具有化瘀通阳，调理气血之功；治疗妇人阳郁而血瘀者，常用于月经后期量少、痛经、闭经、癥瘕、带下等。旋复花汤由旋覆花、葱、新绛组成；具有化瘀行气、疏肝通络之功；治疗妇人因肝郁而致之血瘀轻证，临床常用于胎漏、胎动不安、产后恶露不绝、产后腹痛等病。大黄甘遂汤由大黄、甘遂、阿胶组成；具有化瘀利水，扶正泻邪之功；治疗妇人瘀血与蓄水互结之证，常用于产后恶露不净、产后腹痛、癥瘕、带下等。矾石丸由矾石、杏仁组成；具有化瘀燥湿、宣达气机之功；治疗妇人胞中瘀血与湿邪相结之证，常用于月经后期、月经量少、闭经、带下等。红蓝花酒由红蓝花与酒煎煮而成；具有活血行气，散寒止痛之功；治疗妇人因瘀血与风寒相结之证，常用于痛经、月经不调、癥瘕等。大承气汤由大黄、厚朴、枳实、芒硝组成；具有攻下实邪，泻热散瘀之功；治疗妇人血瘀与阳明里热相兼之证，临床常用于产后腹痛、产后恶露不尽、产后发热。桂枝茯苓丸由桂枝、茯苓、丹皮、芍药、桃仁组成；具有活血化瘀、消癥散结之功；治疗妇人瘀血内停，或结成癥瘕之证，如妇人癥瘕、痛经、月经不调、崩漏、不孕、宫外孕等，为治疗血瘀证之代表方药。下瘀血汤由大黄、桃仁、䗪虫组成，抵当汤则由水蛭、虻虫、桃仁组成。二方均具有活血逐瘀、通络止痛之功，治疗妇人胞中瘀血内阻之证，如痛经、闭经、月经后期量少、癥瘕、带下、产后腹痛等，尤以兼有腹硬满痛者为佳。

3. 血寒证方药　温经汤、当归生姜羊肉汤属此类。温经汤由吴茱萸、当归、川芎、芍药、人参、桂枝、阿胶、生姜、丹皮、甘草、半夏、麦门冬组成，具有温补冲任、行瘀养血之功；治疗妇人血寒所致诸疾，临床常用于不孕、月经不调、闭经、崩漏、痛经、癥瘕等，为温补冲任、胞宫的代表方。当归生姜羊肉汤由当归、生姜、羊肉组成，具有温阳散寒、养血止痛之功；治疗妇人寒客而兼有血虚诸证，临床用于产后腹痛、痛经、癥瘕等。

4. 血热证方药　小柴胡汤属此类。小柴胡汤由柴胡、黄芩、人参、半夏、甘草、生姜、大枣组成；具有和解少阳，清散血室热结之功；治疗妇人热入血室之证，临床常用于经行发热、绝经前后诸证、产后发热、产后恶露不绝、产后腹痛等产后诸疾。

二、方药特点

《金匮要略》妇人三篇有关治疗妇人血病的方药，具有如下特点：明辨寒热虚实，如寒者用温经汤，热者用小柴胡汤，虚者用胶艾汤，实者用下瘀血汤；分清轻重缓急，如血瘀轻证用桂枝茯苓丸，重者用抵当汤；产后腹中缓痛（㽲痛）用当归生姜羊肉汤，产后腹中急痛（坚痛）用大承气汤；注重兼夹病邪，如血瘀兼水邪者用大黄甘遂汤，血瘀兼湿邪者用矾石丸，血瘀兼风寒者用红蓝花酒；详审致病原因，如因气滞而血瘀者用枳实芍药散，因阳郁而血瘀者用土瓜根散，因肝郁而血瘀者用旋覆花汤。总之，辨证论治，是仲景治疗妇人血病处方用药之灵魂。

三、临证验案举例

1. 血虚胎漏案　俞某，26岁，已婚，工人。1997－05－20初诊。自诉妊娠45d，近2d阴道少量流血，色淡红，质稀薄。伴有小腹绵绵作痛，头晕神疲，面色萎黄，心悸少寐，纳差，舌淡苔薄，脉细滑。此乃血虚气弱，濡养不足，胎气不固之胎漏。西医诊断为先兆流产。治宜养血益气安胎。方选胶艾汤化裁。药用阿胶（烊化）15g，艾叶6g，白芍20g，炙甘草10g，当归6g，生地、熟地各

10g，党参15g，白术10g，酸枣仁6g，砂仁（后下）3g。5剂，1剂/d。并嘱其绝对卧床休息，禁房事。复诊阴道流血止，再予上方去当归，加川断15g，桑寄生15g，调治一月而愈。后经随访知其自然分娩生得一子。

2. 血瘀癥瘕案　周某，34岁，已婚，农民。1996－12－27初诊。自诉近3个月来小腹胀痛，似有肿块，余无不适。舌暗红，舌边有瘀点，脉沉细。妇科检查：外阴已产式，宫颈Ⅱ度糜烂，宫体后位、正常大小，附件左侧（－）、右侧扪及一拳头大肿块并有轻压痛。初步诊断：卵巢囊肿。后经B超证实为右侧卵巢囊肿（10cm×8cm×6.2cm）。中医诊断为癥瘕，辨证属血瘀不行，积结成癥，气机郁滞。治当活血散结，破瘀消癥，用桂枝茯苓丸治疗（江苏连云港中药厂生产），经期停服。前后调治6个月，末次门诊自诉小腹胀痛已消失，复查B超右侧卵巢囊肿为4.8cm×4cm×3cm，嘱其可停药随访。肿块至今尚未增大。

［《时珍国医国药》2000，11（5）：431］

《金匮要略》药物剂量的使用探讨

徐成贺　广州第一军医大学
赵体浩　河南省南阳理工学院

药量是用药的重要内容之一。欲使药物发挥作用，则要以一定的用量为基础。复方药物之间的用量比例，对组方要求和突出方义，更具有决定性意义，故临床医家均极为重视药量的确立。仲景对药量的使用匠心独具，兹就其在《金匮要略》（以下简称《金匮》）中对药量的使用，探讨如下。

一、药物用量有常量、大量、小量之分

《金匮》各方用药，均标明用量，据药物性状，有不同的使用单位，如附子"一枚"、豆豉"半升"、石膏"半斤"等。仲景决定药物用量，每以病证、药性等为依据，具体应用则有常用量、大量、小量的不同。

1. 常用量　仲景用每一味药，皆有常用剂量，这是他在长期的临床实践中对药物量效关系的反复观察与不断总结而形成的。譬如桂枝除桂枝茯苓丸、五苓散、茵陈五苓散3方是用"分"（即份）作比例配制成药以外，其余33方，用过5个剂量，其分布情况详见表1。

表一　桂枝不同药量分布表

药量	方数	方　名	百分比（%）
三两	18方	栝蒌桂枝汤　黄芪桂枝五物汤　桂枝加龙牡汤　小建中汤　泽漆汤　小青龙汤　苓桂术甘汤　桂枝生姜枳实汤　大青龙汤　木防己汤　小青龙加石膏汤　防己黄芪汤　黄芍桂酒汤　桂枝加黄芪汤　桂枝去芍药加麻辛附子汤　土瓜根散　桂枝汤　桂枝去芍药加龙牡汤	55%
二两	7方	葛根汤　麻黄加术汤　白虎加桂枝汤　厚朴七物汤　茯苓泽泻汤　温经汤　木防己去石膏加茯苓芒硝汤	21%
四两	4方	桂枝附子汤　甘草附子汤　桂枝芍药知母汤　桂苓五味甘草汤	12%
一两	3方	八味丸　竹叶汤　枳实薤白桂枝汤	19%
五两	1方	桂枝加桂汤	3%

由上表可见，桂枝用三两者高达55%，可以推定仲景对桂枝的常用量为"三两"。以三两为中心，二至四两者高达89%，为其常用范围。又如：五味子、川芎、柴胡、芒硝，在所有非配制成药各方中，皆用同一剂量，具体详见表2。

表2　方中五味子、川芎、柴胡、芒硝用量归纳表

药物	用量	方数	所　在　方　剂
五味子	半升	8方	射干麻黄汤　厚朴麻黄汤　小青龙汤　桂苓五味甘草汤　桂苓五味甘草去桂加姜辛半夏汤　苓甘五味加姜辛半杏汤　苓甘五味加姜辛半杏大黄汤　小青龙加石膏汤
川芎	二两	4方	酸枣仁汤　奔豚汤　芎归胶艾汤　温经汤
柴胡	半斤	2方	大柴胡汤　小柴胡汤
芒硝	三合	2方	大承气汤　木防己去石膏加芒硝汤

表2说明了上述几味药的常用量。其他如：白芍多用三两，甘草常用二两或三两，大枣常用十二枚，杏仁常用半升或50个～70个，附子常用一枚，半夏常用半升，黄芩常用三两，茯苓常用四两，百合常用七枚，等等。

2. 大量与小量　药量之大小（轻重），是相对常用量与方中药物间的用量比例两方面而言的。如桂枝常用量为三两，桂枝加桂汤用至五两则为大，肾气丸用一两则为小，五两与一两相较，大小明显不同。又如薯蓣丸，薯蓣量用至三十分则为大，同方中之白薇用二分则为小。

总括桂枝用量的治疗规律为：①三两为常用

量，在一般性的解表方、温建中阳方中使用。②二两为比常用量稍小，用于解表但表邪不太重，或解表方中已用有麻黄，或证稍兼表邪，或用于温经和温化阳气。③四两为比常用量稍大，多用治痹证、历节。④用一两为小量，主要用于肾气丸中，在补肾阴的基础上，轻拨温发启动肾中阳气：或用于阳虚外感，以免阳气耗散。⑤用五两为大量，主要用其平冲降逆，以治奔豚。

二、影响药量的因素

1. 与所治病证有关　由于病证不同，药物的治疗量自然不同。其用大量者，如生姜，常用量为三两，而治呕吐哕则要用至半斤，小半夏汤、小半夏加茯苓汤、橘枳姜汤、橘皮竹茹汤等，皆以半斤为用。又如半夏，在《金匮》中有 17 方均用半升，但在治胃反之大半夏汤中则用至二升，唯因胃反之呕吐，病程长，治疗难，非寻常可比，非重用不能降逆止其呕。其用小者，如滑石代赭汤中之代赭石，用量仅“如弹丸一枚”，乃因百合病本禁汗吐下，此是治误下后之方，误下之后，胃气虚逆，故用量当小，并用散剂。据上所知，用量大小，皆与所治病证的性质与特点有关。

2. 与组方配伍有关　一张完整的方剂，方中药物是根据组方要求并按照主次配伍关系来设定每味药的位置的，故药量的使用，也必须合乎组方用意，突出药物的配伍关系。否则，用药虽是，量已倒置，则不能实现组方的要求。仲景在组方中，一般主治之药用量较大。如酸枣仁汤，枣仁用至二升；麻子仁丸中，麻子仁用至二升，用量均较他药为大。相反，一些治兼症的佐使药，用量则相对较小。如酸枣仁汤中的知母、川芎、茯苓，仅用二两，甘草用一两；又如小青龙加石膏汤，所治病证为外寒内饮兼有里热“烦躁”者，石膏为清热而设，属治兼症之药，其常用量为半斤至一斤，此则仅用二两。

3. 与制方大小有关　单方、小方，因用药味数少，故用量较大，如此则药专效宏。如大乌头煎治寒邪极盛、疼痛剧烈之寒疝，乌头用至五枚，附子量才 1 枚 ~2 枚，乌头量明显为大。枳术汤中之枳实，在承气汤类方中最多才用至五枚，而此方则用达七枚，以突出其泻痞消满的作用。

4. 与药物的性质有关　药物质地有轻重，气味有厚薄，作用有强弱，性情有缓急，毒性及副作用不一，这也是影响用量大小的重要因素。一般矿石类药，因其质重而用量偏大，如石膏多用至半斤、一斤，桃花汤中赤石脂用一斤等。食类、无毒药用量也偏大，如粳米用至半斤、一升（附子粳米汤、桃花汤），饴糖一升（小建中汤、大建中汤），白蜜一升（大半夏汤），小麦一升（厚朴麻黄汤），羊肉一斤（当归生姜羊肉汤），白酒七升（栝楼薤白白酒汤）。而毒性药、峻烈药则用量偏小，如巴豆，于《伤寒论》白散方中用一分，每服半钱匕，半钱匕药中尚含有另外两种药（桔梗、贝母），可见巴豆量甚小；《金匮》九痛丸中，用巴豆一两，与附子、人参等六药配制成丸药如“梧桐子大”，每服三丸，实际摄人量也甚小；走马汤中用巴豆一枚制成霜用，其量也甚微。他如葶苈子于葶苈大枣泻肺汤中用“弹丸大”，甘遂于甘遂半夏汤中用三枚，皆为虑其毒性、峻烈之性而慎用之例。

5. 与体质差异性有关　仲景在药量使用上，也极重视体质与年龄因素。如干姜人参半夏丸中之半夏，用量仅为二两，较常用量半升明显减小，责其因，乃是治“妊娠呕吐不止者”，半夏有堕胎之弊，故用小量。又如仲景于小青龙加石膏汤方后言“强人服一升，羸者减之，日三服，小儿服四合”，说明羸人、小儿、服用量有明显不同。

三、重视药量比例

1. 药量比例有异，方治不同　即使药物完全相同，但由于药物用量的比例不同，其方名、主治亦因之而异。例如：桂枝汤、桂枝加桂汤、桂枝加芍药汤，三方药物相同，只因主药桂枝与芍药的用量比例有异，而成为不同名称的三方，且各有主治。桂枝汤中桂、芍皆用三两，桂枝解肌发表，芍药敛阴和营，作用并举，则成调和营卫之方；桂枝加桂汤，为桂枝增至五两，桂芍比例为 5∶3，突出了桂枝的作用，则全方平降冲气以治奔豚；桂枝加芍药汤，为仅加重芍药用量至六两，桂、芍比例为 3∶6,芍药处于主要位置，则全方以和脾营为主，而治太阴腹痛。可见，药物之间，尤其是主治药物的用量比例，对突出全方的主治作用，至关重要。

2. 相反药性配用，比例要恰当　仲景对相反性质的药物的配伍，重视其拮抗作用，以合理使用药量比例。如麦门冬汤，《金匮·肺痿肺痈咳嗽上气病脉证治》篇治“火逆上气，咽喉不利”，证为肺胃阴伤，火气上逆者。方中麦门冬滋养肺胃之阴，半夏降其逆气，但半夏性燥，对阴伤火气上逆证有伤阴耗液之弊，故仲景用七升麦冬与一升半夏相配，麦冬与半夏的药量比例为 7∶1，如此麦冬制约了半夏的燥性，使得半夏独具降逆之用，共收滋阴降逆之功。若不守这一比例，半夏量大，必致药害。

3. 随证变化，按比例调整用药　仲景在随证治疗的过程中，不断调整用药，药量比例有时也作相应调整。例如：治风湿痹证之桂枝附子汤与白术附子汤，先用桂枝附子汤治之，桂枝与附子为主药，祛风散寒，因风邪易去，湿性难除，用之后，风去湿存，湿邪相对偏胜，但因已用过桂枝附子汤，病情已轻一等，故在组合白术附子汤时，用量均较桂枝附子汤减少一倍。

四、整个方剂，注意整体比例协调

仲景组方用药，虽药物之间在用量上有大、有小，但也很注意整个方剂药量的协调性，要用量大各药物用量都大，要小各药物的用量都按比例相对缩减，有一个整体的协调性。如《金匮》的两张养胎方当归散与白术散，是紧连在一起叙述的，当归散要用“斤”作单位，各药物皆用“斤”为单位，白术散要用“分”为单位，各药物皆用“分”为单位，整体比例协调明显。

[《国医论坛》2000，15（5）：4]

从《金匮要略》“知肝传脾”论仲景脏病相传观

曾盛和　江西省萍乡市中医院

“见肝之病，知肝传脾”列为《金匮要略》（以下简称《金匮》）首篇首论，在全书中具有纲领性地位。然而，《金匮》言知肝传脾只是择其为例，以示警铎，亦不是说肝病除传脾外，不会传入他脏。

笔者以知肝传脾为线索，以《金匮》肝病的传变内容为依据，以《内经》《难经》的理论为指导，并参照各医家的论述，旨在深刻展示仲景“知肝传脾”脏病相传思想。

一、脏病相传的基本内涵

脏病相传的思想《内经》已有阐述。《素问·玉机真脏论》云：“五脏有病，则各传其所胜。”[1]又云：“五脏受气于其所生，传之于其所胜，气舍于其所生，死于其所不胜。病之且死，必先传行至其所不胜，病乃死。”经文前条指的是传其所胜，是病传的严重情况；后条讲的是传行的动态发展。可见《内经》的病传，并不止于传其所胜，而是波及四脏，所以不能囿于“传者，乘之名也”。《难经·五十三难》亦云：“经言七传者死，间脏者生。何谓也？然，七传者，传其所胜也；间脏者，传其子也。”[2]，《难经·五十难》又云：“从后来者为虚邪，从前来者为实邪，从所不胜来者为贼邪，从所胜来者为微邪。”文中所谓后来、前来是从相生关系而言的，所胜、所不胜是从相克关系而言的。可见脏病相传，其路线都应有四种可能，即子病传母，母病及子，相乘与反侮。《伤寒论》有“肝乘脾名曰纵，肝乘肺名曰横。”[3]从纵横关系指出肝病可以传脾犯肺。《金匮》首条明示：“夫肝之病补用酸，助用焦苦。”“酸入肝，焦苦入心。”寓肝虚传心之义。以上论述与《难经》“次传、间脏传”相吻合，且似有虚实皆传之义。《中医病因病机学》说：“‘传’是指疾病循着一定的趋势发展，‘变’是病情在某种特殊条件下起着质的变化。”[4]

二、肝病传变的生理病理基础

要探讨肝病的传变，首先要了解肝生理功能，因为生理功能反常即是其传变的病理基础。

肝的主要生理功能是主疏泄条达，并由此推动血液与津液的运行等，这是属于阳的功能；主藏血，即贮藏血液，调节血量，防止出血，这种收藏的作用则属阴的功能。上述阴阳两方面是相互为用，不能分割的，共同表现出“肝行春令”的旺盛生命力。但是肝的生理功能与五脏整体是息息相关的。从肝气的疏泄来看，需赖肺气的肃降制约才能平和不亢；肝藏血与心主血、肾藏精、脾藏魂相关，而心为“神”之主，神静则魂安。可见，心、肺、脾、肾四脏正常，也是保证肝的生理功能的必要条件。对此，清·叶天士总结说，肝“体阴用阳，其性刚，主动主升，全赖肾水以涵之，血液以濡之，肺金清肃下降之令以平之，中宫敦阜之土气以培之，则刚劲之质得为柔和之体，遂其条达畅茂之性。”[5]

由此可以理解，肝脏既病，久之，易传及他脏。例如疏泄功能失常，升而无制，则犯肺冲心；疏泄太过，则可致肾精泄而不藏；疏泄失常，则脾胃失健；如肝之阴血不足，又必然转耗肾精与心脾营血等。现代也报道肝的功能失常“涉及现代医学神经、内分泌、循环、血液、消化等多系统疾病，没有多指标研究纵横关系，就不可能全面认识肝脏病的实质。”

三、《金匮》肝病相传实例及病机剖析

1. 肝病传脾　《金匮》首条“见肝之病，知肝传脾”是肝病邪实在脾气不足的条件下，以强凌弱而造成的病理传变。《金匮·腹满寒疝宿食病脉证治篇》云：“趺阳脉微弦，法当腹满”。趺阳脉为胃

脉，其部位见弦是肝气来乘，微者胃气不足，木盛土衰，肝病传脾。后世创逍遥散为历代临床所习用，其验案屡见不鲜。

肝血、肝气不足，疏泄无力，也能影响脾的运化，此亦为肝病传脾，人多忽视。对此，张锡纯《医学衷中参西录》云：“人多谓肝木过盛，可克伤脾土，即不能消食，不知肝木过弱，不能疏泄脾土，也不能消食。”[6]说明肝虚亦可传脾。唐容川亦谓：“木之性主疏泄，食气入胃，必赖肝木之气以疏之，而水谷乃化，设肝之清阳不升，则不能疏泄水谷，渗泻中满之症在所难免。”“清气在下则生飧泄，浊气在上则生䐜胀。”唐氏指出了肝虚疏泄无力相传于脾的病传机理，与张锡纯的观点是一致的。

2. 肝病传心　肝不藏血，或肝血不足，可以传之于心，导致心血不足，心神失养，或肝虚气郁，脉道雍塞，心血痹阻。《金匮》首条“夫肝之病，补用酸，助用焦苦……”并自注说：“酸入肝，焦苦入心……肝虚则用此法。”提示肝虚久病，往往继发心气不足，此即后世所谓母病及子，所以用酸补已虚的本脏，兼用益心气，以调补受累之脏，显然是兼顾传变的治法。《金匮·血痹虚劳病脉证治篇》指出：“虚劳虚烦不得眠，酸枣仁汤主之。”论述了虚劳失眠之病，其本在肝，肝阴血不足，则魂不归宅，传之于心，心血亏损，血不养神，而虚烦失眠。《金匮》用酸枣仁汤中的枣仁补肝体，养心安神；用少量的川芎疏肝用。本条论述了肝虚传心。其实肝实亦可传心。《金匮·奔豚气病脉证治篇》云：“奔豚病，从少腹起，上冲咽喉，发作欲死，复还止，皆从惊恐得之。”“奔豚为病肾也，亦有从肝病而得者，以肝肾同居下焦，而其气并善上逆也。”[8]由于长期的情志不遂，肝郁化火，横逆上冲，如出现腹痛外，还有阵发性心悸而闷，甚则神志痴迷，即是肝病犯心之候，可用奔豚汤。《血证论》指出：“肝属木，木气冲和，不致遏郁，则血脉得畅。心主血脉，盖因肝气之郁而不行以犯心矣。[7]现代医学研究发现：“人发怒或过份紧张时，会导致冠状动脉痉挛，冠脉流量减少，诱发心绞痛。”这又从现代生理学的角度佐证了肝病实证可以传心。

3. 肝病传肺　肝与肺在生理上密切相关。肝主疏泄，其气疏畅发泄，疏畅内外，无处不致，肺主气，司呼吸，主宣降。肝气左升，肺气右降，因此肝气疏泄太过，或疏泄无力，病传于肺，使肺的宣发、肃降功能失常。《金匮·五脏风寒积聚病脉证并治篇》云：“肝着，其人常欲蹈其胸上，先苦时，但欲饮热……”是肝气郁着，进而反注于肺，治以旋覆花汤。尤在泾说：“然肝虽着而气返注于肺，所谓横之病也。”[8]治以旋覆花汤。旋覆花活肝血而肃肺气，葱白辛入肺可宣通肺气而调畅经络。此即肝实传肺。《知医必辨》云：“肝气一动，上而侮肺，肺属金，原以制肝木，而肝气大旺，不受金制，反来侮金，致肺的清肃不行而呛咳不已……。”这些论述，都与肝病传肺有关。与现代医学支气管扩张咳血的发作颇相似。

肝病虚证亦可传肺。如《金匮·妇人杂病脉证并治》云：“妇人脏躁，喜悲伤欲哭，像如神灵所作，数欠伸，甘麦大枣汤主之。”明·赵以德《金匮衍义》认为是“肝虚肺并之候。”[9]由于妇人抑郁伤肝，肝血内耗，其气躁急，并入肺则悲，故喜悲伤欲哭，治宜甘麦大枣汤以缓急。即经云“肝苦急，食甘以缓之”之义，验之于临床，此即今之“癔病”一类，常兼见“咽中如有炙脔”（俗称梅核气）。系肝病及肺、气滞生痰的临床表现，故甘麦大枣与半夏厚朴汤往往同时并用。

综合上述，可见肝气郁结，化火生痰，或肝阴、肝血亏损，肝气、肝阳虚损，均可导致肝病相传于肺，引起肺的宣降功能失调，产生咳、满、喘、哮等症。

4. 肝病传肾　肝肾同源，肝主疏泄，肾主封藏，肝为三焦及全身气机之枢纽。三焦水道的通利，肾的气化功能，无不有赖于肝的疏泄。因此，肝不藏血，或肝血、肝阴、肝气、肝阳亏损，肝的疏泄功能失调，均可相传于肾，继发肾的病变。

《金匮·黄疸病脉证并治》云：“黄家日晡所发热……女劳疸得之，膀胱急，少腹满，身尽黄。”又云：“尺脉浮为伤肾……浊气下流，小便不通。身体尽黄，名曰谷疸。”肝脉抵少腹，肝胆湿热，循经下注于肾，肾的气化功能不利，而膀胱急，少腹满，尺脉浮，小便不通，灼热而赤。论证了肝病实证相传于肾。《中医病理研究》认为：“肝病及肾并不少见……所谓阳强，系指肝肾所寄之相火强，阴绝是指肾中所藏之真阴绝也。肾之阴虚则精不藏，肝之阳强则火不秘，以不秘之火强加于不藏之精，以致肝旺肾亏，闭藏失职，阳强梦遗诸症随之而来，这是肝病及肾。”[10]说明肝病传肾，病变较多而常见。

临床上，肝阴虚相传于肾者，妇人之病则更多，妇人以血为主，以肝为本，故治疗月经病，调肝养血最为常用。后世之四物汤即从《金匮》胶艾汤化裁而出。《金匮·妇人杂病脉证并治》云：“妇人陷经，漏下黑不解，胶姜汤主之。”陷经即长期经血过多，则肝虚已甚，若漏下难止，经血质稀色黑，黑主肾，是肝虚累及肾虚，常兼见头晕、耳鸣、腰酸、肢软等症。

通过对《金匮》《内经》《难经》《伤寒》及后世医家有关肝病传变的分析，可见仲景脏病相传，虚实皆传，虽以克贼为主，但可波及四脏，体现了仲景的脏病相传思想是全方位的。因此，“见肝之病，知肝传脾”也可见肝之病，知肝传心，累肺及肾。

参考文献

[1] 南京中医学院．黄帝内经素问译释．第2版，上海：上海科技出版社，1981，166.

[2] 郭蔼春，郭洪图．八十一难集解．天津：天津科技出版社，1984，97.

[3] 李培生．伤寒讲义．第5版，上海：上海科技出版社，1983，96.

[4] 匡调元．中医病理研究．第2版，上海：上海科技出版社，1989，319.

[5] 叶天士．临证指南医案．上海：上海人民出版社，1959，31.

[6] 张锡纯．医学衷中参西录．第2版，石家庄：河北人民出版社，1974，657.

[7] 唐容川．血证论．北京：人民卫生出版社，1990，6.

[8] 尤在泾．金匮要略心典．上海：上海科技出版社，1958，57.

[9] 赵以德．金匮玉函经二注．北京：人民卫生出版社，1990，343.

[10] 匡调元．中医病理研究．第2版，上海：上海科技出版社，195.

[《湖南中医杂志》2000，16（6）：5]

论《金匮要略》精神疾病的证治

吴颢昕　南京中医药大学

精神疾病是指在各种生物学、物理学及社会环境因素影响之下，大脑功能发生紊乱，导致认识活动、情感活动、意识活动不同程度障碍的疾病。如果说《内经》有关心神的理论奠定了中医学精神疾病的理论与临床基础的话，那么《金匮要略》（以下简称《金匮》）中关于精神疾病的证治实开中医辨治精神疾病之先河。现将《金匮》中有关内容初步整理如下，以利今后进一步探讨与研究。（本文所引《金匮》原文皆出自《医宗金鉴·订正仲景全书》，人民卫生出版社1972年版）

一、精神疾病的病因

依据《金匮》所论，精神疾病的产生主要有以下几个方面的原因：

1. 情志内伤　喜、怒、忧、思、悲、恐、惊为七情，《金匮》认为七情所伤常可导致精神疾病。如《奔豚气病脉证并治第八》第2条云：“奔豚病从少腹起，上冲咽喉，发作欲死，复还止，皆从惊恐得之。”指出奔豚病是由七情之惊恐引起的。又如《妇人病脉证并治第二十二》第1条云：“或有忧惨，悲伤多嗔。”“多嗔”指多怒，悲伤多嗔指哭笑无常，本条指出过于忧伤可致病人哭笑无常。

2. 六淫外袭　《金匮》认为外界六淫之邪侵袭人体亦可导致精神疾病。如《妇人病脉证并治第二十二》第12条云：“妇人伤寒发热，经水适来，昼日明了，暮则谵语，如见鬼状，此为热入血室，治之无犯胃气及上二焦，必自愈。”说明谵语乃是热入血室，下焦瘀热上冲，心神受扰所致。再如百合病之病因，仲景虽未直言，但历代均有医家在注释本病时明确提出外感之邪可致百合病。如《千金方》云：“百合病者，皆因伤寒、虚劳大病之后，不平复，变为斯证。”

3. 乱投药石　除上述两大病因外，《金匮》认为乱投药石亦是导致精神疾病的重要原因。如《惊悸吐衄下血胸满瘀血病脉证并治第十二》第4条云：“衄家不可发汗，汗出必额上陷脉紧急，直视不能眴，不得眠。”患者失眠乃由于本属阴血不足之人，医家误用发汗药后重竭其阴，阴虚不能藏阳，虚阳上扰所致。此外，奔豚病、惊悸、百合病等许多精神疾病皆可因误投药石引起。

虽然仲景在对精神疾病症状描述时多使用诸如“如有神灵者”“如见鬼状”“象如神灵所作”等词作比喻，但在《妇人病脉证并治第二十二》第1条中明确指出“妇人之病，因虚、积冷、结气……奄忽眩冒，状如厥癫；或有忧惨，悲伤多嗔，此皆带下，非有鬼神”，彻底否定了“鬼神致病”的邪说，因而具有极强的科学性与实践性。

二、精神疾病的病机

《内经》云：“人有五脏化五气，以生喜怒悲忧恐。”说明情志活动是人体的一种机能，它依赖于身体的存在而存在，并强调脏腑是情志活动的物质基础，如“心藏神，肺藏魄，肝藏魂，脾藏意，肾藏志”，这就高度概括了五脏对情志活动具有支配和调节作用。由于脏腑的功能活动主要靠气的温煦推动和血的濡养，因此脏腑气血的变化可影响情志的改变，进而产生精神疾患。如《素问·调经论》所说：“血有余则怒，不足则恐。”《灵枢·本神》亦云：“肝气虚则恐，实则怒。心气虚则悲，实则笑不休。”仲景继承了《内经》五脏神理论，并结合自己的临床经验，认为精神疾病的产生是由于前述诸多原因导致人体脏腑气血阴阳失衡所致，如百合病与心肺有关，奔豚病与肾脏有关，脏躁与心脾有关。但在五脏之中，尤以心肝二脏气血失调与精神疾病的关系最为密切。

1. 心脏与精神疾病　《五脏风寒积聚病脉证并治第十一》云：“邪哭使魂魄不安，血气少也，血气少者，属于心。心气虚者，其人则畏，合目欲眠，梦远行而精神离散，魂魄妄行。阴气衰者为癫，阳气衰者为狂。”《医宗金鉴》注曰：“阴气衰者为癫之‘癫’字当是‘狂’字，阳气衰者为狂之‘狂’字当是‘癫’字……必是传写之讹。”这里仲景明确指出心之气血虚弱可致莫名哭泣、病人嗜睡等精神症状，而心阴不足、心火旺盛可致狂症。此外，百合病、惊证、脏躁、奔豚病、失眠等精神疾患也无不与心气不足、心神失养有关。仲景如此重视心脏在精神疾患中的作用，与心脏本身的生理功能分不开。《内经》认为人的精神活动可归为“心神”的功能，所谓“心藏神”“心者君主之官，神明出焉”是也，心神不仅主管人的五脏六腑，而且主持人的精神活动，因此心脏气血功能受影响最易产生精神症状。

2. 肝脏与精神疾病　肝脏与精神疾病关系密切与肝脏的生理功能相关。首先，肝主藏血藏魂，主谋虑，若肝失藏血功能则魂失所依，可出现梦多易惊、卧寐不宁等精神症状。其次，肝主疏泄，若人心情舒畅，则肝气条达，疏泄正常，气机通畅，精神焕发，谋事周密，处事果断；反之，如情志不遂，犹豫不决，则易影响肝之疏泄功能，导致气机抑郁而出现情绪低沉、精神疲惫、两胁胀满等症。如《金匮》说：“奔豚病从少腹起，上冲咽喉，发作欲死，复还止，皆从惊恐得之。”气从少腹上冲胸咽，不仅是本病的特征，而且是主症。因足厥阴肝经之脉抵少腹，挟胃，属肝络胆，上贯膈，布胁肋，循喉咙之后；足少阴肾经之脉从肾上肝膈，从肺中循喉咙；与肝肾二经密切相关的冲脉起于气街，并少阴之经，挟脐上行，至胸中而散，故肝肾之气循经上逆，则可见气冲胸咽及腹痛。又如肝着、梅核气等精神疾病，亦与肝气郁滞有关。

仲景认为精神疾病除与脏腑有关外，还与第二致病因素水、痰、瘀有密切关系。如“发汗后，脐下悸者，欲作奔豚，茯苓桂枝甘草大枣汤主之”。以方测证可知，此乃发汗后阳虚，水饮内动，故发奔豚。又如“妇人伤寒，发热，经水适来，昼日明了，暮则谵语，如见鬼状，此为热入血室”。下焦瘀热上冲，心神被扰，故病人有如见鬼状等精神症状。

三、常见的精神疾病

《金匮》中首次记载并且论治较为详细的精神疾病有：

1. 百合病　百合病是大病后，尤其是外感热性病后，身体虚弱而余热未尽，余热散布于血脉所致；或因忧思过度，情志不遂，再受外界刺激而发生。其病机为病后体虚，气血未复，心营肺卫俱虚，余热留滞，心肺阴虚，百脉受累。其症状主要有两类：一类是精神症状，病人“常默默，欲卧不能卧，欲行不能行，饮食或有美时，或有不闻食臭时，如寒无寒，如热无热”；另一类是内热之证，症见小便赤，口苦，脉微数。

2. 奔豚气病　豚：小猪。汉代许慎《说文解字》云：“豚，小豕也。”清代段玉裁《说文解字注》引《方言》云：“猪，其子或谓之豚。”奔豚气是一种发作性疾病，以病人自觉有气从少腹上冲至胸咽，发作时痛苦欲死，复还则止为特征。因本病发作时，其上冲之气有如小猪惊狂奔突之状，故以此名之。依《金匮》所论，奔豚病之病机主要有两方面：一为情志内伤，肝肾之气上逆；一为心肾阳虚，寒水上逆。

3. 脏躁　本病多与情志抑郁或思虑过度有关。由于肝气郁结，化火伤阴耗血；或思虑过度，心脾血虚；这样导致脏阴不足，心神失养，其病乃成。其主症是：精神恍惚，悲伤欲哭，烦躁不安，常伸腰呵欠等。本病多见于妇女。

4. 肝着　因各种原因导致肝脏气血郁滞，着而不行而成。其主症是：胸胁痞闷不舒，甚或胀痛，病人常欲以手按揉其胸部。

5. 干血痨　因五种劳伤引起营卫运行迟缓，以致血脉凝积瘀滞而成。症见虚烦不眠，肌肤甲错，两目黯黑，身体羸瘦等。干血痨多见于各种疾病之后期，尤多见于精神疾病之后期。

《金匮》记载的精神系统症状较多，按其临床表现可归纳为以下几类：（1）情绪及感觉方面的异常：如“邪哭”“喜悲伤欲哭”“如寒无寒，如热无热”等。（2）思维混乱及意识障碍：如“谵语”“虚烦不眠”“欲卧不能卧，欲行不能行”等。（3）气机逆乱或阻滞：如“咽中如有炙脔”“气从少腹上冲咽喉”等。

四、精神疾病的治法

1. 理气化痰法　适用于气滞痰阻之梅核气病。

症见胸闷气塞，咽中似有物阻塞，吐之不出，咽之不下。方用半夏厚朴汤。方中半夏、厚朴化痰理气，生姜和胃降逆，茯苓化痰利湿，苏叶宣气解郁，诸药合用共奏化痰理气、开结降逆之功。《张氏医通》云："有病癫人，专服四七汤而愈。盖气结为痰，痰饮郁闭其神识也。"[1]四七汤即半夏厚朴汤加大枣。由此可见，癫病亦可用本方治疗。

2. 平肝降逆法　适用于肝肾气逆之奔豚病。症见气从少腹上冲胸咽，惊悸不宁等。方用奔豚汤。方中以当归、白芍养肝血，川芎行气开郁，黄芩清泻郁火，葛根升清，甘草、法半夏、生姜和胃降逆，甘李根皮降冲逆之气。本方通过调和肝脾，共奏升清降浊、辛开苦泄而达平肝降逆之功。

3. 攻下逐瘀法　适用于中、下焦瘀血证。症见腹部胀满疼痛，烦躁如狂，甚则谵语，身热有汗不解，大便不通或色黑，脉沉涩。方如抵当汤、桃核承气汤等。常用药物有大黄、桃仁、芒硝、水蛭等。张谷才教授认为后世王清任《医林改错》中主治"癫狂一症，哭笑不休，詈骂歌唱，不避亲疏"之癫狂梦醒汤就是在桃核承气汤的基础上发展而来[2]。

4. 攻下热结法　适用于阳明热结证。症见潮热面赤，神昏谵妄，狂躁不安，登高逾墙，不避亲疏，不知秽浊，胸闷腹满，大便秘结，小便黄赤。舌苔焦黄，脉象沉实等。方用大、小承气汤。

5. 活血通络法　适用于肝郁气滞血瘀之肝着病。症见胸胁痞满，或胸闷气塞不舒，病人常欲用手按其胸部。方用旋覆花汤以下气散结，活血通络。

6. 补益心脾法　适用于肝气郁结，化火伤阴耗血，以致心血不足、心神失养之脏躁症。症见心情抑郁，烦乱不安，莫名哭泣，失眠多梦。方用甘麦大枣汤。方中以小麦养心气、益脏阴，以甘草、大枣缓急，三药合用有缓急除躁之功。常用于治疗妇女更年期忧郁症或癔病。

7. 温阳利水法　适用于阳虚水气上逆证。症见气从少腹上冲至心，心悸不安，短气，四肢厥冷，腹胀欲吐，不思饮食，舌质胖，苔白腻而滑，脉沉紧。若肾阳虚为主者，以桂枝加桂汤温肾平冲降逆；若脾阳虚为主者，予苓桂甘枣汤以通阳利水，平冲降逆。

8. 温镇心阳法　适用于心阳虚弱所致心神不宁的病证。症见心悸怔忡，烦躁惊恐，卧起不安，甚则躁乱不安，舌淡苔白，脉虚大或细弱。方用桂枝去芍药加蜀漆牡蛎龙骨救逆汤。方中以桂枝汤去芍药温助心阳，加龙骨、牡蛎重镇安神，蜀漆化痰开窍，诸药合用，共奏温镇心阳、化痰宁神之功。

9. 养血安神法　适用于心血亏虚的病证。症见虚烦失眠，低热等。方用酸枣仁汤。方中酸枣仁养血安神，茯苓、甘草养心安神，川芎理气疏肝，知母滋阴降火，诸药合用具有养血清热安神之功。本方是治疗失眠常用方。临床研究表明，正常人服用酸枣仁汤后，用多种波动描记器记录用药前后波动图，并以入睡度、熟睡度、觉醒时爽快感等指标综合判定疗效，结果表明在整个实验期间，服药者的入睡度、熟睡度、觉醒时爽快感均较好[3,4]。

10. 润肺养心法　适用于心肺阴虚所致的百合病。症见意欲食复不能食，常默默，欲卧不能卧，欲行不能行，如寒无寒，如热无热，口苦，小便赤，如有神灵，身形如和，其脉微数。方选百合地黄汤。方中百合润肺清心、益气安神，地黄养心益阴、凉血清热，共奏润养心肺、清热安神之功。本方对抑郁症患者有较好的治疗效果，全世建氏用本方加减治疗抑郁症30例，总有效率达到87%[5]。

11. 养血活血法　适用于血虚瘀滞之干血痨。症见肌肤甲错，两目黯黑，爪甲苍白，头昏眼花，舌质淡有瘀斑。方用大黄䗪虫丸。方中重用地黄、芍药养血补血，配以大黄、䗪虫、桃仁、虻虫、水蛭等活血化瘀，诸药合用，养血而不留瘀，去瘀而不伤正。

五、结语

综上所述，仲景对精神疾病的论治继承和发展了《内经》的基本理论，取得了相当的学术成就。首先在病名上，《金匮》从精神疾病的临床特征表现入手，运用取类比象的方法，形象生动地提出了百合病、奔豚病、肝着、脏躁等病名，初步界定了精神疾患的范畴，使临床症状表现纷繁复杂、易迷人眼目之众多精神疾病变得清晰、条理，有利于后人掌握，从而推动了对精神疾病的临床与理论研究。这是认识论上的一大飞跃，亦是仲景对祖国医学所作的一大贡献。其次在病机上，仲景一方面继承、发展了《内经》五脏神理论，认为五脏功能失调是导致精神疾病的根本原因，同时从精神疾病的自身特点出发，强调心、肝二脏在精神疾病发病中的中心地位，突出了主要矛盾，为临床辨证、用药指明了方向；另一方面重视第二病理因素瘀血、痰饮在精神疾病中的作用，深化了对精神疾病的认识，为后世运用活血化瘀与化痰蠲饮二法治疗精神疾病奠定了基础。再次在治疗上，仲景不仅初步构建了理、法、方、药俱备的精神疾病治疗体系，而且强调辨证论治在精神疾病治疗中的重要作用。如关于百合病的治疗，仲景除列出主方百合地黄汤外，还不惜笔墨、不厌其烦地介绍了6个变方（即百合知母汤、滑石代赭汤、百合鸡子汤、百合洗方、栝蒌牡蛎散、百合滑石散）。这些论述，不仅教人以规矩，而且示人以活法，即对于百合病因失治、误治或病证有变化者，当“各随证治之”，切不可拘泥于百合地黄汤一方。这为后世辨证论治精神疾病提供了范例。

参考文献

[1] 张璐．张氏医通．北京：中国中医药出版社，1995．144．

[2] 张谷才．《金匮》题解（内部资料）．南京中医学院印厂，360．

[3] 唐嵋．全国中药和天然药物学术讨论会论文摘要集．1989．387．

[4] 大和田溢．国外医学．中医中药分册，1983，（6）：368．

[5] 全世建．新中医，1999，31（2）：16～17．

［《国医论坛》2000，15（6）：1］

《金匮要略》重脾胃学术思想研究

江淑安　湖北省麻城市卫生局

中医重脾胃的学术思想，追溯其源，当首推东汉张仲景，这在《金匮要略》中已有充分体现。笔者试就《金匮要略》中重脾胃的学术思想并结合临床实践讨论如下。

一、见肝之病，当先实脾

仲景在《脏腑经络先后病脉证第一》中指出：“见肝之病，知肝传脾，当先实脾”，一语道出肝病治脾的重要性。因为人体五脏之间在生理上存在着“生克”关系，在病理上存在着“乘侮”关系，肝脾之间的这种关系尤为突出。所以在治疗肝病的过程中，必须注意调补脾脏。通过补脾，使脾气健旺，就能防止肝病传脾。如果“见肝之病，不解实脾，惟治肝”，则肝病未愈，脾病又起。仲景“肝病实脾”的学术思想不仅得到历代名家的赞同，而且在当今临床上仍具有实践意义。后世的“逍遥散”方义为疏肝健脾，实为“肝病实脾”的代表方。

病例1：卢某，女，21岁，1974年4月13日初诊。自诉有慢性迁延性肝炎病史两年余，经治疗后诸证消失。近两个多月来又出现右胁下胀痛，食欲减退，精神不振，头晕，四肢酸软乏力，时有轻度恶寒发热，大便溏，小便微黄。诊见舌淡苔薄白，脉弦。肝脏超声波提示：密集微波，肝在右肋骨中线下2cm。此为肝郁脾虚、肝木乘脾之症。治以逍遥散加味：当归12g，白芍15g，茯苓、白术、柴胡、玄胡、党参、陈皮、炒麦芽、谷芽各10g，薄荷6g。连服6剂后诸症明显减轻，惟大便仍溏。继原方加入炒扁豆20g，连服12剂后诸症消失，大便正常。

二、诸虚不足，宜补中气

虚劳不足诸证，多因长期虚损劳伤，阴虚损及阳，阳虚损及阴，最后导致气血阴阳不足，治疗上有一定的困难。仲景在《灵枢》“可将以甘药，不可饮以至剂”的启发下，以建立中气来治疗虚劳。虚劳病虽阴阳两虚，实为气血、津液、阴精不足。脾胃乃后天之本，气血生化之源，中气建则脾胃健，故补中气可助气血生化之源。生化之机得畅，气血复充，即可达到平衡阴阳的目的。尤在泾说：“欲求阴阳之和者，必求于中气，求中气之立者，必以建中也”即是言此。《金匮要略》中建中气以治虚劳的方剂，有小建中汤、黄芪建中汤、薯蓣丸三方。三方主治相同，但适应证各异。小建中汤适用于虚劳证之阴阳两虚，伴脘腹疼痛里急者；黄芪建中汤适用于虚劳里急诸不足，伴自汗或盗汗，身重不仁者；薯蓣丸适用于诸虚劳损、挟有风邪者。三方亦是当今临床治虚劳诸证的常用方，下面仅举一案。

病例2：董某，男，30岁，1973年10月2日初诊。有胃痛病史三年，近因入秋寒凉，旧疾又发。症见胃脘疼痛，时缓时剧，喜暖喜按，得热痛减，口泛清水，伴头昏心慌，手足不温，背心发凉，四肢乏力，形体消瘦，面白无华，时自汗出，大便稀，小便清长，舌淡苔白，脉虚弱而沉。此为阴阳两虚、阳虚为甚的虚劳里急证。治以黄芪建中汤加味：桂枝、炙甘草、黄芪、附片各10g，白芍15g，生姜3片，大枣7枚，饴糖30g。水煎温服，1剂/d。连服4剂后胃脘疼痛减轻，手足转温。继服8剂后诸症消失。

三、肾着治脾，培土制水

肾着，乃寒湿痹着于腰部所致。因腰为肾之外府，故名肾着。肾着是因“身劳汗出，衣里冷湿，久久得之。”临床表现是“身体重，腰中冷，如坐水中，形如水状”，“腰以下冷痛，身重如带五千钱。”病属下焦，但下焦的内脏尚无病变，所以“反不渴，小便自利。”仲景治疗肾着的方药是甘姜苓术汤，方由甘草、白术、干姜、茯苓四味组成，具有健脾利湿、温中散寒之功，方名又称肾着汤。肾着既为寒湿所致，其病变部位在腰，为何不治肾而治脾呢？由于病变部位虽在肾之外府，但其病变并不在肾之本脏，因人体水液代谢“其本在肾，其制在脾”，肾之本脏既未病，故不治肾而治脾，通过温中散寒、培土制水而达到治疗目的。这正是仲景重脾胃学术思想的又一体现。尤在泾说：“肾受冷湿，着而不去，则为肾着。身重，腰中冷，如坐水中，腰下冷痛，腹重如带五千钱，皆冷湿着肾，而在肾之外府，故其治法，不在温肾以散寒，而在燠土以胜水。甘、姜、苓、术，辛温甘淡，本非肾药，名肾着者，原其病也。”阐述了肾着治脾以及甘姜苓术汤又称肾着汤的原因。仲景肾着治脾的学术思想在当今的临床上仍有实践意义。

病例3：刘某，男，46岁。有腰痛病史年余，于1982年元月因水中作业后腰痛加重。间断服中西药后疗效不显，于1982年3月6日收入住院治疗。症见腰痛，累及双下肢疼痛，步履不便，自觉腰至背部发凉、麻木，伴食纳差，四肢酸软乏力，舌淡苔白，脉沉迟。此为肾着，方用甘姜苓术汤加味：甘草、威灵仙各10g，干姜、牛膝各15g，茯苓20g，白术30g。水煎温服。连服5剂后腰腿疼痛减轻，腰背转温，饮食增加。继服15剂后诸症消失，共住院20天痊愈出院。

四、虚寒出血，温脾以摄

对于出血证，一般多认为是火热伤络或血瘀阻络所致，治疗上多主张凉血止血、化瘀止血，然而亦有虚寒出血者。《金匮要略·惊悸吐衄下血胸满瘀血病脉证》云：“吐血不止者，柏叶汤主之。”又云：“下血，先便后血，此远血也，黄土汤主之。”此虽一论吐血，一论便血，但出血之因都是由于中气虚寒，脾不统血所致。只是因出血部位、途径不同，而一者表现为吐血，二者表现为便血。一般临床见症除有吐血或便血外，必见面黄色萎、腹痛喜按、恶寒体倦、舌淡脉细等中虚之象。另外，出血特点也不同于热证，此种吐血多血色紫暗或有血块；便血亦多见于便后，血色紫暗或色黑。治疗上仲景主张温脾摄血，吐血用柏叶汤，便血用黄土汤，此二方虽组成不同，但均有温脾摄血之功。据报道，黄土汤不仅能治疗便血，对中焦虚寒、脾不统血引起的先血后便、妇人血崩、血痢、吐血等，也都有较好疗效。下面仅举名医蒲辅周运用黄土汤治疗便血验案一例。

病例4：苗某，女，58岁。大便后流鲜血，或无大便亦流鲜血，每次流血量约1～2茶碗之多，每日2～3次，已20余日。伴两少腹隐痛，头昏心慌，气短自汗，脸浮肿，饮食尚可。素有失眠及关节疼痛，月经已停止二年，脉沉数，舌微淡无苔。治宜温养脾肾，方用《金匮》黄土汤加味：熟地30g，白术、炙甘草各18g，黑附子、炒侧柏叶各10g，黄芩6g，阿胶15g，黄土100g。用开水泡黄土后澄汁取水煎药。5剂后便血止，诸症减轻。后改用益气滋阴补血剂善后。三个月后随访未再发。

上述四例均为病变在其他脏腑，而治之以脾胃，说明《金匮》重脾胃学术思想的实践意义。此外，《金匮》一书中，对因脾胃本身病变导致的诸多病证“从脾论治”者，更是不胜枚举：如健脾扶正法用于脾虚胎动、虚寒肺痿、气虚心痞；健脾利水法用于湿邪困脾、脾虚停饮、脾虚水肿、脾虚气滞；温脾散寒法用于脾虚寒盛；健脾固涩法用于脾虚下利等等，都是《金匮》中重脾胃学术思想的体现，为后来形成的脾胃学说奠定了基础，至今仍能指导临床实践。

［《湖北中医杂志》2000，22（7）：7］

张仲景治疗杂病组方用药特点探讨

黄江涛　广西柳州铁路局中心医院

中国医学古典医籍之一《金匮要略》可称之为治疗杂病的典范，全书包括了40余种疾病，共载方剂205首，其方配伍严谨，剂型多样，而且对煎药和服药的方法以及服药的反应等，都有详细叙述。现就其组方用药特点进行探讨。

一、寒温并用

取其用而弃其性，各奏其功，而不相妨。内科杂病，病因不一，失治误治，屡见不鲜，病程日久，损阴伤阳，寒热虚实错综复杂，故单以纯寒或纯热之剂均非所宜，而当寒热并投。寒热并用者之一是取某药之功，而配另一药制其性，如越婢加半夏汤，麻黄辛温与邪热壅肺不相宜，但其平喘降逆甚佳，是其他药所不能取代的，故以石膏辛凉以宣泄肺热，从而达到了发散水气兼清里热之功。之二是病者外寒内热，治宜温散寒邪，兼清里热，如大青龙汤，麻黄、桂枝辛温散表寒，同时以石膏清里热。之三是病者上热下寒，如厥阴病上热下寒，蛔虫内扰，以寒热合剂，安蛔止痛。之四是寒实内结，阳气郁滞，如大黄附子汤证，大黄苦寒，但泻下通便之力宏，乃它药所不及。但与胁下痛、脉弦紧之寒证不符，故以附子、细辛相伍，而专温下，其苦寒无碍也。之五是寒热监制。《医宗金鉴》论桂枝芍药知母汤时说：“用桂枝芍药知母汤者，以壮阳气，寒温为急也。故方中桂枝芍药倍于麻黄、防风，加白术、附子，其意重在温行阳气，次在散寒湿，多用生姜，因其呕吐，更佐知母、甘草者，以其剂过辛热，监制之也。”监制反佐的另一含意还有引相反之药直达病所。之六是寒热错杂之证，此证临床多见，如脾胃病之胃脘痛，由于病程多缠绵不愈，因而较多见寒热虚实错杂。如半夏泻心汤中黄芩、黄连与干姜并用，乃为阴阳配伍而治寒热错杂之呕吐，和中降逆消痞。笔者临床治疗胃脘痛时多以丹栀逍遥散加减治疗，寒热合剂，清热补虚，收到良好效果。寒热并用另一用意为寒热互用，因阴阳是相互依赖、相互渗透和互用的，寒温并进，阴阳兼顾，用于阴虚证或阳虚证又是仲景组方一特点。如肾阳不足之虚劳、消渴等，用肾气丸治疗，干地黄、山茱萸、准山药滋阴，又以少量桂枝、附子温补肾阳。《医宗金鉴》谓：“此肾气丸纳桂附子滋阴剂中十倍之一，即生肾气也。”后世张景岳“阴中求阳”“阳中求阴”之理论也是其体现。笔者临床用肾气丸治疗老年阳气虚衰、阴精亏损之前列腺增生症，以此阴阳兼顾可使小便通畅，夜尿减少，前列腺体一定程度上缩小。

二、攻补兼施

疾病的发生发展，是正邪双方矛盾斗争的结果，因而在疾病中出现虚实错杂、或正虚邪弱、或邪实正虚的情况，虚实合之，单以祛邪而易伤正，纯补扶正则又助其邪，故仲景据证缓急，或先祛邪而后扶正，或反之，或攻补兼施，而攻补兼施又据证采用散补兼施，如正虚外感之竹叶汤，清补兼施之白虎加人参汤以治热邪不除兼气津两伤者。温补施之大建中汤治疗里虚寒证，通补兼施之大黄甘遂汤治疗水饮积聚、气血瘀结，二便不通而又正气虚衰者。消补兼施之鳖甲煎丸治脾虚胃弱、饮食积滞或癥瘕日久、正气亦衰者。降逆止呃之橘皮竹茹汤治肺胃之气上逆而正气不足者。小柴胡汤则为少阳病正邪相争枢机不利而设，其证虽无明显正虚，但人参、炙甘草、大枣甘温和中，目的则在于扶正祛邪，并以柴胡、黄芩和解少阳，半夏、生姜和中降逆以祛邪，正胜则邪退，以其补药去其邪，即正旺者，邪易去，邪去则正亦安，攻补互用，相得益彰。另外其又有取攻即是补之意，寓补于攻之中。如五劳虚极羸瘦，内有干血，此干血不去，新血亦就无以生，故反用大黄、䗪虫、桃仁、蛴螬、水蛭、干漆、酒以活血祛瘀，黄芩除热，又有地黄、芍药滋补阴血，甘草、白蜜益气缓中，峻剂丸剂，缓中补虚，瘀去而新血生，使逐瘀之剂，反收补益之功。临床用大黄䗪虫丸治疗久病瘀血停积之妇女虚弱经闭、慢性肝炎及肝硬化均收到较好疗效，说明了其寓补于攻之中有深刻含义。

三、散收结合

散与收是一对矛盾，而一些证中治以纯散或收都有弊病。如何灵活运用，仲景为我们作出了示范。临床痰饮咳喘，其发病原因，虽有寒热虚实之分，但不离内伤外感。仲景在其治疗上，药随证转，具体反映了辨证施治的原则性与灵活性。如小青龙加石膏汤治肺胀，以麻黄、桂枝、细辛辛散发表定喘，又加入五味子酸甘敛肺益肾，既能收阳中之阴气，以防发越太过，耗散肺气，又能温化水饮以散阴邪为佐。又如桂枝、白芍药的配伍应用，在其诸方中应用尤多，桂枝汤乃群方之魁，很多方剂是由桂枝汤加减化裁而来的。桂枝辛温可发散风寒，温通卫阳，白芍药酸寒，酸能收敛，寒走营阴，桂枝、白芍药相配伍，则在发汗之中寓敛汗之意，又有调营卫之功，故《医宗金鉴》曰：“桂枝辛温，辛能散邪，温从阳而扶正。芍药酸寒，酸能敛汗，寒走阴而益营。桂枝君芍药，是于发汗之中寓敛汗之意。芍药从桂枝，是于固表之中有微汗之道。”散收结合现较多用于肺系疾病中，因肺主气，辛散祛邪的同时也能耗散正气，故临床多用五味子等敛肺以防正气耗散，而桂枝汤则活用失眠多梦、遗精、癫痫等多种疾病中且收到良好效果。

四、以药测证，据证用药

以药测证，据证用药实为仲景又一辨证用药特点。以药测证，即以服药后出现或不应出现证测之，有如探病之虚实，有如探病之传变及转归，探病位及病性，并以此来调整药物，或据药后出现症的发展调整用药，药随证转，具体反映了辨证施治的原则与灵活性，辨证与用药互补之，启迪后者在辨证施治过程中，不能墨守一方，统治病之始终，而应病有传变，方也随更，这样能更准确使用药物，迅速扭转截断疾病的发展。如《金匮要略·痰饮咳嗽病脉症并治第十二》篇中，冲气而咳，胸满者，服苓甘五味姜辛汤后，咳及胸中胀满都已经消失，而又出现口渴，冲气复发者，这是因为细辛、干姜是热药的缘故，服了热药后就应当有口渴，现反而不渴的，是支饮的缘故。这就是一反证之例。

测疾病转归。病之转归，不是向愈，就是恶

化，但二者指征何以断乎？仲景抓住了病者由原来之“发热不渴”到“服汤已渴者”这一转归指征，从而推断出“此寒去欲解也”这一病转向愈之结论，准确无误地以小青龙汤探清疾病的转归，即验证方已中病，又反过来证明其辨证的准确性。笔者运用这一思想于治疗精液不液化症中认识到，甘寒法治疗对此虽有较好疗效，但用药时间稍长，虽液化时间缩短或恢复正常，但精子数及活力、成活率则有所下降甚至降至正常以下，仍然对生育能力有所影响，这是由于苦寒之品损伤阳气之故，湿热虽清但正气已伤，故应辨证与辨病相结合，不以一方统治始终，应及时调整方药避免弊病的发生。

五、相反相成

相反药的应用，临床多引为禁忌，但也有用之而收效迅捷者，仲景以此开了相反药相伍应用之先河。如甘遂半夏汤中甘草与甘遂，合而用之，即取其相反相成，俾激发留饮得以尽去。这是被历代医家所论及，并引以为据。海藻玉壶汤的应用也是这一思想的体现。有研究表明相反药的配伍不是绝对禁忌。其毒性作用与伍用量有关；相反药物的小量适宜配伍可增加疗效，但相反药物配伍应用时仍需谨慎为宜。

六、善用当归、白芍药、大黄

肝藏血。妇女以血为用，肝虚血少，疏泄失权，则肝气郁结，百病滋生，故其在方中当归、白芍药多配伍应用，一养血，一柔肝，使血得养，肝得舒，养血和营止痛。《本草求真》云：“当归既不虑其过散，复不虑其过缓，得其温中之润，阴中求阳，故能通心而血生，号为血中气药，主一切血症，阴虚阳亢而见血枯、血燥、血闭、血脱等症则当用此主治。”《日华子本草》曰：“白芍治风补痨，主女人一切病。”仲景拟定温经汤，在治疗带下、经闭、经血不调，尤其是妇女胞寒不孕及更年期综合征，或先期而至，或过期而不来等证，沿用至今，长盛不衰，屡用屡验，被认为是妇科调经之“祖方”。在运用大黄于妇科方中亦独有胆识，女子经、产、孕、育无不与血密切相关，血虚血瘀阻因而常见，尤以产后为多，此时瘀血不去，新血则不能再生，且可继发它疾，以大黄取其气味重浊直降下行，活血峻下，又以阿胶或甘草、白芍药、白蜜缓以养之，或为丸剂，如下瘀血汤、大黄甘遂汤。大黄，历代医家对其评价甚好，《本经》称其“下瘀血，血闭寒热，破症瘀积聚……推陈致新……安和五脏”。临床凡瘀积之证，现代血液流变学证实血液黏稠度高者，在化瘀导滞方中加入大黄一味，确能增加“推陈致新”之功。

以上初步探讨张仲景治疗杂病组方用药的部分特点，尚不能以概其余，疾病的表现往往错综复杂，多重矛盾居于一体，因此在后世制方，除君、臣、佐、使外，亦多仿仲景之意，继承并加以发展。

［《河北中医》2000，22（11）：867］

浅谈《金匮要略》中的补脾法

王立颖　天津市职工医学院

《金匮要略》是我国现存最早的一部研究杂病的专书，其理法严谨，方药简效。在对疾病的治疗上，注重脾胃则是其显著特点之一。本文试对书中补脾法作一浅要讨论。

补脾法是补益脾脏虚损的一种治法。其在《金匮要略》的运用较为广泛，如湿病、虚劳、肺痿、奔豚气、胸痹、腹满、小便不利、痰饮、水气、下血、呕吐、下利等约20余种病证的治疗中均选用了这一治法。其中有以补脾法为主者，有以他法为主而配以补脾法者。现择其要者，讨论于下：

一、补脾以资化源

《素问·厥论》云：“脾主为胃行其津液者也。”说明饮食物中营养物质的吸收，全赖脾的转输和散精功能。如果脾气虚弱失于运化，则气、血、津液无以化生，人体阴阳失去平衡，疾病由此而生。故在《金匮要略》中人体之气、血、津液亏虚以及阴阳失调者，往往来用或配以补脾之法，健运中焦，以资化源。方如小建中汤、黄芪建中汤。小建中汤治疗虚劳，阴阳两虚而寒热错杂之证。阴虚生热则衄血，手足烦热，咽干口燥；阳虚生寒则里急腹中痛等。治疗不可简单地以热治寒，以寒治热，而应“求阴阳之和者必求于中气，求中气之立者必以建中也”（《金匮要略心典》）。方用小建中汤，甘温培补气血生化之源，使气血充裕，阴阳协调，偏寒偏热之证即随之消失。又，小建中汤疗痿黄及妇人腹痛亦为补脾以主气血之意。使血气外荣，则痿黄自退。气血流畅，而腹痛可止。黄芪建中汤治疗“虚劳里急，诸不足”，用小建中汤加黄芪补中气以缓急迫。

又如麦门冬汤、甘草干姜汤，二者均治肺痿。肺痿一证是由肺之津气亏损肺叶枯萎所致，然肺之津气来源于脾胃，故本病虽在肺而治在胃，亦即培土生金。麦门冬汤治疗虚热肺痿，症见“火逆上气，咽喉不利”，方中虽以麦门冬为主，润肺养胃，清虚火，半夏下气化痰，却配以人参、甘草、大枣、粳米补益脾胃之气，使津液有生化之源，气能生津，津液充沛，则虚火自敛、咳逆上气等症，亦可随之而去。甘草干姜汤治疗虚寒肺痿，症见吐涎沫、不咳、不渴、遗尿、小便数、头眩等，用甘草干姜汤温肺复气。方中以炙甘草为主，用量倍于干姜，使中气振奋，健脾益肺；干姜温脾肺，使气能化津，水各归于正化，吐涎等症自止。

除以上所述，《金匮要略》对体弱而受外邪者，治疗亦重视补脾胃，使脾胃健运，饮食增加，气血营卫得以化生，则正复邪去。如薯蓣丸，方中用薯蓣、人参、白术、茯苓、甘草、干姜等补脾胃之气，并重用薯蓣三十分、甘草二十八分，又用曲与豆卷为辅，寓消于补，使补不碍胃，以振奋生化之源。

二、补脾以运水湿

脾主运化水谷，又主运化水湿。因此，脾的运化功能减退，亦可导致水液在体内停滞，而产生湿、痰、饮等病理产物，甚至导致水肿等症。故在《金匮要略》水湿、痰饮为患疾病的治疗中，均采用了补脾这一重要治法。如肾着汤中干姜配甘草以温中散寒，茯苓配白术以健脾运湿，寒去湿除，肾着可愈。又如证见“胸胁支满，目眩”的痰饮病用苓桂术甘汤健脾渗湿，通阳利水；“皮水为病，四肢肿”“聂聂动者”用防己茯苓汤健脾利水，通阳化湿，特别是方中甘草、黄芪相配，用以健脾，脾旺则可制水，又能预防肾水泛滥，从而可避免水肿的进一步发展。此外，气分病的枳术汤以及停饮呕吐用猪苓散、茯苓泽泻汤等，均体现了健脾以运水湿的治法。

三、补脾以摄血液

《难经·四十二难》曰：“脾裹血，温五脏。”说明了脾有统摄血液在经脉之中流行、防止溢出脉外的功能。故脾虚则易致血不归经而为出血之症，治疗当补脾摄血。在《金匮要略·惊悸吐衄下血胸满瘀血病》记有“下血，先便后血，此远血也，黄土汤主之”就是属于本法范围。此病系由中焦脾气虚寒、统摄无权而血下渗所致。治宜黄土汤温补脾土，统血摄血。方中灶心黄土，有温中涩肠止血的作用，配以附子、白术温阳健脾以摄血；地黄、阿胶滋阴养血以止血；甘草甘缓以和中；黄芩作为反佐，以防温燥动血之弊。诸药合用，既能温阳健脾，又能养血止血，无伤阴损阳之弊，可谓配伍得宜。

四、补脾温运中焦

脾胃居于中焦，能升清降浊。脾胃阳虚，清气不升可致泄泻，浊气不降则生胀满，胃气上逆则为呕逆。若阳虚温运无力，则寒从中生，使气机阻滞不通，而发满痛。故在《金匮要略》中，满痛、泄泻、呕逆之证，常用补脾温运中焦的方法。如《腹满寒疝宿食病》中由脾胃阳虚、中焦寒甚所引起的“心胸中大寒痛，呕不能饮食，腹中寒，上冲皮起，出见有头足，上下痛而不可触近”之腹满痛用大建中汤治疗。方中蜀椒、干姜温中散寒，与人参、饴糖温补脾胃合用，大建中气，使中阳得运则阴寒自散，诸证悉愈。又如胸痹，偏于虚者，中阳虚，大气不运而见“心中痞气”，“胸满，胁下逆抢心”及四肢不温，倦怠少气，语音低微，脉象细弱等，用人参汤补中助阳以培其本，使阳气振奋，以逐阴邪。另外在《呕吐哕下利病》中对于虚寒滑脱、气血下陷之久利，则用桃花汤温中涩肠以固脱，方中除用赤石脂入下焦血分而固脱，更用干姜温阳守中，粳米安中补虚。

至于呕逆一证，虽属胃气上逆所致，但与脾密切相关。因脾胃互为表里，共为仓廪之官，“脾主为胃行其津液”，故胃气上逆之呕逆，治疗用补脾或配以补脾之法，在《金匮要略》中更是屡见不鲜。如大半夏汤治胃反呕吐，吴茱萸汤疗呕而胸满、头痛、吐涎，等等。

五、补脾以固胎元

仲景论安胎，最重肝脾，以肝主藏血，血以养胎；脾主健运，化水谷而输精微。故《金匮要略》中对于妇人妊娠安胎者，是不离补脾之法的。如妊娠之后，因耗血多而血虚，血虚则生热；脾不健而失运，则饮食不化精微而湿留。从而血虚兼湿热内阻，以致影响胎儿。治用当归散养血健脾，清化湿热，以安胎气。又如妊娠脾虚而寒湿中阻，每见心腹时痛、呕吐清涎、不欲饮食、胎动不安等症，治用白术散健脾温血除寒湿，以奏安胎之效。以上二方虽均为安胎之剂，治法亦同为调理肝脾，但前者为血虚湿热不化，重在调肝，兼以补脾，后者为寒湿逗留，重在补脾，兼以调肝。

六、补脾以防传变

《金匮要略》在论述杂病的治疗法则时，认为脏腑之间有互相联系、互相制约的作用，一脏有病可以影响他脏。治疗时必须照顾整体，治其未病之脏腑，以防止疾病的传变。原书中特别提出了“见肝之病，知肝传脾，当先实脾”这一具体治法，这是因为在五行中肝属木，脾属土，在生理上木克土，病理上则木乘土，故肝病最易传脾，在治肝的同时，要注意调补脾脏，使脾脏正气充实，防止肝病蔓延。在具体的运用上，原文还提出“四季脾旺不受邪，即勿补之”，也就是如果脾脏正气旺盛，则可不必实脾，从而说明任何治病方法，必须灵活运用，不可胶柱鼓瑟。

如上所述，《金匮要略》中的补脾法，约有补脾以资化源、补脾以运水湿、补脾以摄血液、补脾温运中焦、补脾以固胎元、补脾以防传变等6个方面，然六者不可孤立看待，其各个方面有着密切的联系。另外，其补脾法之运用，亦非单行，常根据不同病情，或以补脾为主，配以除湿利水、养血止血、温中散寒、和胃降逆、疏肝理气等其他治法，或以他法为主而配合补脾法，从而使阴阳兼顾，攻补并用，升降合宜，而能丝丝入扣，切中病机。

[《江苏中医》2001，22（1）：35]

《金匮》狐惑病证治源流探讨

曲丽芳　张再良　上海中医药大学

狐惑病由东汉张仲景首先提出，并对其临床证治进行了叙述：“狐惑之为病，状如伤寒，默默欲眠，目不得闭，卧起不安。蚀于喉为惑，蚀于阴为狐。不欲饮食，恶闻食臭。其面目乍赤、乍黑、乍白。蚀于上部则声喝，甘草泻心汤主之。蚀于下部则咽干，苦参汤洗之。蚀于肛者，雄黄熏之。”又谓：“病者脉数，无热，微烦，默默但欲卧，汗出，初得之三四日，目赤如鸠眼；七八日，目四眦黑。若能食者，脓已成也，赤豆当归散主之。”（《金匮·百合狐惑阴阳毒病脉证治第三》）很多医家认为本病与白塞氏病相似，而张仲景的临床记录比白塞氏首次报告此病早一千七百多年。本文对其证治源流探讨如下。

一、对本病命名及相应疾病的探讨

1. 命名　对狐惑病的命名，清代有医家提出质疑：“狐惑二字对举，狐字着实，惑字托空，……虫蚀咽喉，何惑之有？盖是蜮字之误也。”（《金匮要略浅注补正》）尤在泾、魏念庭、李中梓等都视狐惑为虫病。《金匮》五版教材因此将“惑”改为“蜮”。狐惑病也写作“狐蜮病”，或“狐蜮病”（蜮为蜮的异体字）。从文字探析，狐即狐狸；“蜮，……此因其以气射害人，故谓之短狐”，“惑，乱也”。（《说文》）蜮：①古代相传为一种能含沙射人的动物；②一种食禾苗的害虫。“狐蜮”二字，一指狐及短狐；二指害虫。笔者以为两种命名方法反映了对病机的不同认识。以“狐蜮”命名，一示狐蜮同性，行踪幽隐不定，表明本病发病部位幽隐，患处蚀烂不定。二示使人暗中受伤，起病隐匿，且病损部位糜烂，有如虫蚀。以“狐惑”命名，一示患者或医家对该病病因及病损部位的迷惑不解，二示病人具有一定的情志症状。从“蜮”“惑”两字的不同用法也可窥出对本病的两种不同认识。“蜮”下从虫，虫蚀糜烂，表明该病发生与虫有关。“惑”下从心，“心犹豫而狐疑”（《离骚》），反映了患者对症候的此起彼伏，缠绵难愈产生的狐疑惑乱，即精神状态的极度不安。

2. 与本病相应的疾病　狐惑病以口腔、咽喉、前后阴蚀烂为特征，《金匮》虽有“蚀于喉为惑，蚀于阴为狐”之说，但后世均以狐惑概言之。历代医家曾对本病作了许多探讨。古有“此恙虫之病，古初名狐惑，而继名溪毒，而继名沙虱。”将狐惑、溪毒、沙虱（恙虫）三者视为一病。[1]现一般认为本病与白塞氏病（Behcet's disease，又称白塞氏综合征，或口、眼、生殖器三联综合征）相类似；白塞氏病由土耳其医生Behcet于1937首次描述并报告，故有人提出白塞氏病应称为狐惑病。[2]该病以“复发性生殖器溃疡、色素膜炎、皮肤血管炎、滑膜炎、脑膜脑炎”为特点，“病变可累及口、眼、皮肤、心脏、关节、肺、肾、脑及全身”。[3]中国中医药学会白塞氏病专业组于1993年拟定狐惑病诊断标准：主证：①反复发作的口腔溃疡；②皮肤损害，包括结节性红斑，或痤疮样结节，或丘疹脓疱样损害，或毛囊炎，或针刺样反应等；③多发性生殖器溃疡；④眼损害，虹膜睫状体炎，或角膜炎，或结膜炎，或前房积脓。次证：①关节痛或关节炎；②消化道症状（食欲不振、腹胀、腹泻或便秘）；③动静脉炎；④神经系统症状。[4]此可以认为张仲景的狐惑病与白塞氏病相关之处甚多，在治疗上可以互相参照。

也有学者认为不应将狐惑病与白塞氏病完全等同起来，也有认为狐惑病与粒细胞缺乏症相似，或与恙虫病相似，甚至还有从性病立说者。其实中医的古病名很难与西医的某病完全对号入座，张仲景留下的记载也没有现代医学对白塞氏病的描述那么详细，因此，从研究的角度作些推测，将有助于理解，如果硬要将狐惑病完全等同于某病，则不免有作茧自缚之嫌。

二、对病因病机的认识

《金匮》原文虽未直言本病病因病机，但考其证治方药，结合临床所见，后世医家对其病因病机的认识不断深入和完善，尤其对本病后期的治本治脏之法作了有益的补充和发挥。

1. 湿热瘀浊，腐败生虫　考仲景用黄芩、黄连、半夏、苦参、雄黄清热燥湿，解毒杀虫，用赤小豆、当归化瘀利湿，故不少医家认为本病源于湿热瘀浊，腐败生虫。《诸病源侯论·伤寒狐惑候》谓："此皆由湿毒气所为也。"赵以德"狐惑病，谓虫蚀上下也，……盖因湿热久停，腐蒸气血而成瘀浊……虫生于湿热败气瘀血之中，其来渐矣，遇极乃发"。

2. 虫毒游移，循肝经为患　考狐惑病口、眼、二阴易蚀烂，此处均为肝经经脉所过，故有人认为该病与虫毒游移，循肝经上下为患密切相关。临床见本病常伴有神志不安、恍惚迷乱或精神抑郁、多疑善虑等症。且不良情绪可使该病症状加重。患者常见口苦、胁肋胀满等症，女子则每逢月经前后病情加重。[5]

3. 肝热脾湿，胶结难解　有人从肝热脾湿辨治狐惑病。认为湿热互结，胶着难解，运化不利，湿源不断。治疗清除湿热毒邪在于清肝热、除脾湿，以杜绝湿热毒邪之源。[6]把狐惑病的治疗与脏腑联系起来反映了病机认识上的一大进步。

4. 表邪不泻，闭郁为患　古人曾认为此病源于伤寒外感。如《备急千金要方·伤寒不发汗变成狐惑病》的"此为湿毒气所为"，《诸病源侯论·伤寒狐惑侯》的"夫狐惑二病者，是喉咽之为病也。或由伤寒而变成斯病"。虽然《景岳全书》已予否定，认为"仲景云狐惑之为病，状如伤寒则可见，本非伤寒也，而后世即以狐惑为伤寒者，岂非误哉"。但考本病确有"状如伤寒"症，《医宗金鉴》有"余毒与湿为之害"说，今人葛氏也认为"本病是患伤寒后，表邪不得外解，闭而不出所致，以解表法论治，风寒型以荆防败毒散加味，风热型以银翘散加味，确有疗效。[7]

5. 湿热久郁，心肾受累　有医家基于心为君火，开窍于舌，其脉下注小肠，上系于舌。舌与口腔、小肠与下窍关系密切。肾主前后二阴，其分支达舌，其精注目。提出虚火与湿热相搏循经腐蚀郁蒸，也为该病形成原因之一。[8]

西医认为白塞氏病病因目前仍不清楚，计有感染说、滤过性病毒说、自体免疫性疾病说、人类巨细胞病毒参与说、基因改变说等，但均未最后确定。中国台湾学者孙安迪经研究发现，白塞氏病在西方国家较少，在日本、韩国、中国及中东地区较常见。此病1700多年前中医就有记载，其传播途径似与古丝绸之路有关。[9]孙氏通过对该类患者的基因研究发现，复发性口腔溃疡患者转变为白塞氏病者有其家族性特异性的基因组合，这种特异性的基因组合使白塞氏病患者的病损部位先后相继出现。[10]国内报道有出生2个月即罹患此病者[11]，说明该病确有家族因素。

众所周知，咽口二阴为湿润之地，又为关窍所通，易感染腐化湿热虫毒。内生湿热多源于肝脾，肝郁化热，脾虚生湿，热重则湿热毒邪上蒸，口眼蚀烂；湿重则湿热毒邪下注，前后阴蚀烂。肝脉络阴器，开窍于目，心开窍于舌，肾开窍于二阴，虽然狐惑病早期的口、眼、二阴蚀烂，与晚期的口、眼、二阴糜烂在病损部位上无甚区别，但病变程度及所涉及的脏腑却有所不同。前者为肝热脾湿相合，湿毒循肝经上下为患；后者为湿热瘀虫毒久郁不解；病及心肾；正虚邪恋，秽浊之邪粘腻难解，是本病反复发作，经久不愈之关键所在。

三、临床治疗的进展

仲景拟内外并治之法，出湿热瘀毒兼顾四方，定狐惑病早期治疗：蚀于上部则声喝，治以甘草泻心汤（甘草、黄芩、黄连、人参、半夏、干姜、大枣）。蚀于目者，治以赤小豆当归散（赤小豆、当归、浆水）。蚀于下部则咽干，外以单味苦参煎汤洗之。蚀于肛者，以单味雄黄熏之。虽方少药简，却湿、热、瘀、毒、虫诸邪兼顾，尽展该病治疗大法。后世在驱邪用药方面虽有所补充，如《千金要方》的治狐惑汤方（黄连、薰草），《万病回春》的温清饮（黄连解毒汤合四物汤），以及目前的蝮蛇抗栓酶[3]等，但均未超越清热、燥湿、解毒、化瘀、杀虫之大法。狐惑病相对缓解期的治本治脏之法《金匮》未备，后世医家对此作了不少的补充：如证属阴虚内热者，一贯煎加减[12]；肝肾阴虚者，知柏地黄丸合二至丸加减；脾（肝）肾阳虚，暖肝煎加减；肝经湿热者，龙胆泻肝汤化裁；肝郁脾虚者，逍遥丸化裁[13]等。特别值得强调的是，缓解期治本治脏首应重视健运脾气，清利中焦；中焦无湿，则热、瘀、虫毒诸邪易去，且无湿邪下注之虑，当属治本之大法。

值得注意的是，不少医家在临床治疗中比较注重扶正祛邪、寒温并用。如高氏认为脾土虚弱是本病发生的根源，因脾土不健，运化失司，水湿内停，湿郁不解则化热，而致湿热蕴结，故治疗当补土伏火。[14]姜氏也有清热解毒治其标、温阳益气治其本的治验报告。[15]蔡氏在临床治疗中观察了清热活血法、温补法和温补配合左旋咪唑法的疗效，其有效率分别为30%、70%和80%，提出此是否与温补剂所具有的免疫增强作用有关，并认为临床上如清热剂与温补剂配合得当，也许疗效会更好。[16]

总之，湿热瘀虫毒互结是狐惑发病之主因，口咽目二阴蚀烂是狐惑病损之特点，心肝脾肾是狐惑受累之脏腑。临证用药，只有将该病的早中晚各期、湿热瘀虫毒孰多孰少、心肝脾肾受累孰轻孰重等予以全面考虑，方能取得较好疗效。

参考文献

[1] 张纲. 中医百病名源考 [M]. 北京：人民卫生出版社，1997. 92.

[2] 北京中医医院. 中西医结合治疗狐惑病142例临床观察 [J]. 北京中医杂志，1990，(1)：50.

[3] 纪伟，马永植，谢富仪. 蝮蛇抗栓酶治疗白塞氏综合征8例报道 [J]. 北京中医，1995，(1)：34.

[4] 乔连厚. 加味狐惑汤治疗白塞氏病32例 [J]. 北京中医药大学学报，1995，18 (4)：33.

[5] 戚海龙. 试论白塞氏病从肝辨治 [J]. 新中医，1992，(4)：10.

[6] 刘薇. 从"肝热脾湿"辨治白塞氏综合征50例探讨 [J]. 北京中医，1995，(6)：28.

[7] 冯亦斌. 解表驱邪治狐惑 [J]. 成都中医学院学报，1991，14 (1)：19.

[8] 程春桂. 狐惑病证治浅义 [J]. 实用中医内科杂志，1991，5 (3)：34.

[9] Andy Sun，Song－chyr Lin et al. HLA－DR and DQ antigens in chinese patients with Behcet's disease [J]. J Oral Pathol Med，1993，22：60.

[10] A，Sun J. G. chang，et al. Human cytomegalovirus as a potential etiologic in recurent aphthous ulcers and Behcet's disease [J]. J oral Pathol Med，1996，25：212.

[11] 张兴梅. 小儿白塞氏综合征1例治验 [J]. 吉林中医药，1994，(6)：28.

[12] 罗尊宇，刘俐. 一贯煎临床运用举隅 [J]. 陕西中医，1997，18 (8)：367.

[13] 王郁茹. 辨证治疗白塞氏病26例疗效观察 [J]. 新中医，1996，(9)：21.

[14] 于有山. 高辉远治疗白塞氏综合征的经验 [J]. 吉林中医药，1994，(2)：8.

[15] 姜春华. 狐惑病——眼、口、生殖器综合征的治疗 [J]. 陕西中医，1981，(5)：18.

[16] 蔡铁勇，葛冠英. 白塞氏病辨证论治刍议 [J]. 上海中医药杂志，1981，(8)：14.

[《上海中医药大学学报》2001，15 (1)：12]

《金匮要略》方剂双向调节作用述要

张工彧　南京中医药大学

《金匮要略》学说观念是以整体观念为指导思想，以脏腑经络学说为理论依据进行辨证施治。《金匮要略》方剂组方严谨，用药精当，为后世所推崇。在疾病变化的表里升降、寒热虚实病理过程中，《金匮要略》方能多层次、多系统地多向调节和治疗杂病，具有较高的临床实用价值和指导意义，现从以下几方面来探讨其机理。

一、燮理阴阳　阴平阳秘

人体阴阳是相互维系并保持动态平衡，而疾病后期易致水亏或火衰的病理结果，产生寒热错杂之证，治疗时如单纯"补阳则阴竭，泻阴则阳脱"，正确的治疗如尤在泾指出："欲求阴阳之和，必求于中气；求中气之立者，必以建中也"。他悟出了仲景制方之妙。小建中汤正是用桂枝生姜之辛，行阳调卫气；芍药之酸收敛和营气；胶饴枣草健中气；辛甘化阳，酸甘化阴，外和营卫，内调阴阳脾胃，使中气四运，气血充裕，营卫冲和，阴阳协调则偏寒偏热症状随之而消。本方双向调节阴阳营卫，气血寒热，使阳生阴长，阴平阳秘。黄芪建中汤、桂枝加龙牡汤、薯蓣丸均属此类方剂。肾气丸是助阳益阴之方，助阳之虚可以化水，滋阴之弱可以生气；它鼓舞肾气，微微生火，取"少火生气"之意。张景岳创阴中求阳，水中生火之右归丸（饮），即由此衍化而来。栝蒌瞿麦丸属肾气丸变制方，方中附子茯苓瞿麦温阳化气利水，治下焦阳虚水停。栝蒌薯蓣生津润燥，治上焦燥热伤津，乃上下寒热并施之剂，故肾气丸、栝蒌瞿麦丸从寒热、润燥、上下等环节上双向调节，故此2方能治疗多种错综复杂的病证。

二、温清兼施　攻补并进

寒热互结中焦，脾胃升降失常所致"呕而肠鸣、心下痞者，半夏泻心汤主之"。其中夏、姜降寒逆，辛以升阴散其结；芩连泻热结，苦以降阳泄其满；参草枣补养中气，交通阴阳上下，阴升阳降，结开满除则痞自解。本方寒热并用，补泻同施，苦泄辛开，升降相因，共奏泄热消痞，益胃和中，调和阴阳，恢复脾胃升降之功。还有鳖甲煎丸、乌梅丸等均为温清并用，攻补并施之方，均能从寒热虚实、阴阳互根、升降出入、开合散敛等多系统、多环节地调整机体祛病和康复的机能。另一方面，大黄附子汤中附子细辛配大黄，薏苡附子败酱散中配附子，桂枝芍药知母汤中附子麻桂配知母和白虎加桂枝汤等均着重从温清并用来双向调节祛除寒热；而竹叶汤中桂枝防风配参附，大黄甘遂汤配阿胶，白头翁加甘草阿胶汤和白虎加人参汤则着眼于双向调节虚实二方面，攻补并进，既可针对性地祛除病理因素，又可增强抗病能力，缩短康复疗程。显然这种方法比单从邪正寒热某一方面治疗要优越得多。

三、表里内外　前后分消

人体脏腑经络，表里内外都是一个统一协调的有机体，生理上相互滋生，病理上互相影响，故治病当从整体结构上综合考虑。己椒苈黄丸是治疗水走肠间，饮邪内结的痰饮腹满症之方，其中防己椒目导饮于前，清者从小便而出；大黄葶苈攻坚决壅，浊者从大便而下，前后分消导邪，水去阳通津液归于正化而饮去满除。茵陈蒿汤为专治阳明湿热郁结的谷疸之方，茵陈栀子清利退黄，导邪从小便而去；大黄既能增强清利之功，又能荡涤胃肠积滞从大便排泄，故仲景说药后“小便当利，尿如皂角汁状，黄从小便去也”。此方着重从前后分消，迅速排除病理产物，使里气通畅，表气亦和；故从表里内外来多环节地双向调节津液代谢，对病理产物的消除有促进作用。

四、升降有序　散敛并济

升降出入，是人体脏腑经络、阴阳气血矛盾运动的基本过程。如射干麻黄汤是治疗“咳而上气，喉中水鸡声”之寒饮咳喘的有效方剂，其中射干麻黄宣肺豁痰，紫菀款冬半夏降气化痰止咳，姜、辛散寒行水，五味子收敛肺气；方中宣降同用，散中有敛，不致耗散正气；大枣调和安中，使邪去而正不伤。还有小青龙汤、厚朴麻黄汤、越婢加半夏汤中均寓有升降相因，散敛兼施之法，从人体气机的活动形式上双向调节使升降有序，散敛并济，脏腑经络各司其职，气机通畅则有助于邪去而疾病早日痊愈。

五、相反相成　功效益彰

药物之间配伍得当，则可增强疗效；若配伍失当则会相互对抗，减弱疗效，甚则产生副作用及毒性反应。如《神农本草经》中有18味药相反（十八反），但《金匮要略》方中将相反药物巧妙配伍则收效甚著。如治疗留饮的甘遂半夏汤中，甘遂与甘草相反，但采用了遂、夏同煎，芍、草同煎，后将2药汁加蜜合煮的方法，这样既避免了毒性反应，又相反相成，加强其攻破利导作用，俾留饮尽去以绝病根。另外赤丸、附子粳米汤中的乌头与半夏相反；经用蜜炙解除毒性，既可护正又减少副作用而且功效更著。“药不瞑眩，厥疾不瘳”，只要能掌握有毒药物的特性和用药尺度及配伍方法，则可使沉痼疴疾也有振起之望。

六、小结与体会

1. 双向调节的理论基础　人体的正常生理是脏腑经络相互配合，气血和调，阴平阳秘。发生疾病时，就打破了表里寒热，虚实气血，阴阳升降等相互协调的平衡状态，故当从整体上双向调节。如《素问·至真要大论》曰：“谨察阴阳所在而调之，以平为期”，“热因寒用，寒因热用，塞因塞用，通因通用”，“间者并行，甚者独行”等这些理论奠定了双向调节治疗方法的理论基础。

2. 双向调节的配伍特点　由于药物的协同作用，增强了药物的适应性、针对性，且繁简结合，照顾面广，杂病杂治，以效取胜，多层次、多环节地双向调节人体的生理功能和病理状态，从而提高疗效。

3. 双向调节的目的意义　《金匮要略》方剂，通过药物的双向调节，能够温而不燥，清而不寒；发不过散，收不过敛；润不滋腻，燥不伤津；升不过亢，降不过沉；补而不滞，攻不伤正；阴阳兼顾，气血并调等多环节，多系统地调整人体偏盛偏衰的病理状态，使之归于常态，所以双向调节法，对探讨疑难杂病的辨证用药规律，提高临床疗效，开辟了又一途径。

［《长春中医学院学报》2001，17（3）：2］

《金匮》酸焦苦甘调肝虚病法探讨

张成新　赵晓琴　徐　静
新疆维吾尔自治区中医医院

《金匮·脏腑经络先后病脉证病第一》说“夫肝之病，补用酸，助用焦苦，益用甘味之药调之。酸入甘，焦苦入心，甘入脾……此治肝补脾之要妙也，肝虚则用此法，实则不在用之。”明确指出了肝虚病用酸焦苦甘的调治方法。

肝为将军之官，生气之所寓，藏血之地，其性刚介，喜条达，恶抑郁，必须土以培之，水以涵之，肺金清肃下降之气以制之，血以濡养之，然后方得其生长发陈之令。酸入肝，肝虚当补以本味，所以补用酸；焦苦入心，心为肝之子，子能令母实，所以助用焦苦；甘味之药能够调和中气、调和脾土，因培土可以荣木、培土可防治肝病传脾，所以益用甘味之药。至于肝实病证，就须泻肝顾脾，酸焦苦甘法就不适用了。由分析可见，酸焦苦甘调肝虚病法，是在人体内部脏腑相关的整体观念指导下的脏象、五行、阴阳学说的具体体现，在临床上有特殊指导意义。不仅肝虚病法可用此法，其他诸脏杂病也可以类推，这也是文中进一步解释虚和酸焦苦甘法治法的意义。

肝木既虚，肺金必然会侮其所胜，这是五行生克制化的一般规律。所以，在肺金未侮肝木之前，就得用酸味药来补肝的本体，用焦苦药以助心火。助心火有三种意义：其一，心旺可以感气于肝；其二，心旺可以不泄肝气；其三，心火旺可以制约肺金，肺金受制，则木不受克而肝病自愈。至于本法中用甘味药调和脾土，其目的在于补土制水，肾的阴寒水气不亢为害，则水不凌心，心的少火之气旺盛，则能制约肺金，肺的邪气不致乘侮肝木，则肝之本气自盛，且土能荣木，脾气健旺，有助于改善肝虚的病变。这也是文中“治肝补脾”的妙义。临床上遇到肝虚病往往先见头昏、胁痛、胸闷、脉弦，以后饮食减少、乏力、便溏、舌苔白腻等脾脏症状相继出现，治疗时如能兼顾脾脏，就会收到满意效果。后世医家不仅用此法治疗各类肝病，并用此法广泛治疗各类肾病、内分泌疾病和诸多的内科杂病。如：后世医家根据本文酸焦苦甘合用的原则，选用白芍、五味子、酸枣仁、山萸肉、地黄、当归、丹参、玉竹、石斛，配以焦白术、焦山栀、党参、沙参、炙甘草、淮小麦、大枣等，治疗有头目眩晕、视力减退、失眠多梦、舌光红、脉弦细属肝虚病的各类内科疾病，都是本法的具体应用。文中的“治肝补脾”，所谓补脾并非一味用补，除在用药时不可滋补太过，以防阻碍脾运而导致脾病外，有时可在滋补药中适当加入健脾助运化的药物，这也是补脾之义；对于肝虚证，脾虚时固然应该实脾，就是脾不虚也应该在泻肝时照顾脾脏；如苦寒泻肝时，要注意不可太过而损伤脾气，必须掌握适当。如：后世疏肝解郁的逍遥散，方中所用白术、甘草即是泻肝补脾之法；对于肝虚证尤须补脾，因培土可以荣木。由此肝病虚实虽当异治，但兼顾脾脏则是一致的，后世治肝认识肝有体用之不同，治肝虚用滋水涵木、养血柔肝等法，从相生方面以养肝体；治肝实用清肝宁肺、疏肝实脾等法，从相制方面以理肝用，即是从本条虚实异治的基础上发展而来。

典型病例：郭××，男，36岁。住院号60022。诊断：脂肪肝，Ⅱ型糖尿病。症见多饮、多尿、头昏、胁痛、胸闷，脉弦，舌质暗红、苔黄腻。肝酶异常。先予温胆汤服用5天，疗效不显，后辨为肝虚脾郁，兼有痰热瘀，用酸焦苦甘和化法。处方：党参、焦白术、熟地、酸枣仁、生内金、生麦芽、石斛、丹参各12g，白芍、焦山栀、当归、连翘、郁金、陈皮各9g。5剂，水煎内服，日1剂。患者每于服药后20分钟左右，自觉腹中有物下驱，出现便意感，遂解少量稀便。5剂尽，腻苔退，头昏、胁痛、胸闷减轻，多饮、多尿缓解。上方去党参、连翘、陈皮、焦山栀，加五味子6g，山萸肉、玉竹、沙参、生山楂各12g。连服12剂，肝酶恢复正常，多饮、胁痛等症消除，疗效显著，常规出院。

[《新疆中医药》2001，19（3）：8]

桂枝加龙骨牡蛎汤临床应用体会

郑玉玲　河南中医学院第一附属医院

桂枝加龙骨牡蛎汤出自《金匮要略·血痹虚劳病脉证并治》篇，其治为：“……脉得诸芤动微紧，男子失精，女子梦交”等阴阳两虚之候，其病机为阳不能固摄，阴不能内守。遵此病机，余常在临证中用该方治疗汗症，疗效甚佳，现就辨治思路，介绍如下。

一、揆度阴阳，谨守病机，探幽求源

汗出一症，凡经临床，均可遇到，大凡对于典型证候，自不待言，悉投玉屏风散、六味地黄之类，加煅龙牡、麻黄根之品，皆可获效。然而临证却有投之不应者，值得深思。汗之源实属脾胃运化之水谷精微，上输于肺，经肺气之宣发布散外达皮毛，泽荫脏腑。当其在体内起润泽作用时为津液，而通过毛窍，出于肌肤，则为汗。《素问·阴阳别论》说：“阳加于阴，谓之汗。”此说虽被理解为阴津受热蕴蒸，淖泽而出，汗之也。如此诠解，恐有偏隘，若囿于此，多可影响临床处方用药。究其所由，依据有二。经谓：“阳者卫外而为固也。”即是阳气固密，阴津内守，方可阴平阳秘，汗无以泄。若阳气虚弱，卫外功能减弱，腠理疏松，可使汗液妄泄，自汗是也，临证所见，大多为此，其此一。更有因为风邪，使阳气浮越而不为守，阴津妄泄而不固，阴阳互不调节而致汗。其阳浮越虽有风邪外

袭，卫阳御之之由，更有风邪开发阴津妄泄，阴不固阳之因。故其证既有虚阳与贼风相搏之发热，也有腠理开泄之啬啬恶寒，淅淅恶风，自汗出之症，此其二。可见一个“加”字，寓意非一。医者若不明其理，一见发热，即投清热之剂，一见自汗即投固涩之方，两者兼见，则莫衷一是。孰不知此亦为营卫不和之候也，需急予扶阳和营，扶阳即可祛邪止汗，和营方可固阳实表，如此阴阳平和，肌腠固密，祛邪卫表，何热之有；何汗而泄。尝治一赵姓患者，男，37岁，结肠癌术后化疗，由于化疗后体质较差，又偶感风寒，即发热恶寒，肢体痛，躁烦不安，舌淡苔白，脉沉细。血常规示：WBC：11×10^9/L，GR46%，ly54%，诊断为体虚外感。给予荆防败毒散3剂，服后高热不退，又给予穿琥宁针800mg、病毒唑针0.8、青霉素800万u等静点，疗效一般，高热仍不退，因处于高热持续状态，病人神昏谵语，故口服羚羊角粉，同时给予消炎痛栓肛塞等，用后大汗出，体温暂降，但汗后体温旋即复升，再用退热药仍汗出热降，汗后复升，如此反复，患者已是虚汗涟涟，而体温不降，始终在38℃~39℃之间，后又给予小柴胡汤数剂罔效。及余诊之，患者已是憔悴不堪，虚汗不断，一日数换内衣，体温同前，汗出恶风，不思饮食，舌质淡，苔薄腻，脉浮躁，重按无力。因思之，先前给予荆防之类，虽属对症，但属强力发汗之药，汗出较多，重伤营阴使卫阳浮越，已犯虚虚之戒。而其寒热往来是人为所致，不似邪入半表半里，邪正相争之机理；诊其寸口脉浮躁，重按无力，此症正是桂枝汤之卫强营弱证，卫强则脉浮躁，失于固摄，营弱则重按无力，汗泄之故，急需调和营卫，敛阳止汗，匡扶正气，祛邪外出，遂给予桂枝加龙骨牡蛎汤加防风、党参。因诊时已至傍晚，嘱患者即刻取药煎服，夜半再服，天明更服。次日晨时，主管医师汇报，患者发热已退，汗出已止，脉静身和，又嘱其以四君子汤调养善后。可见仲师遣方，玄机万千。谨守病机，详辨阴阳，方证切应，效如桴鼓。

二、审时测知阴阳盛衰，治汗师古而不泥古

《灵枢·营卫生会》篇说：“营在脉内，卫在脉外，营周不休，五十而复大会，阴阳相贯，如环无端。”《素问·生气通天论》又说：“故阳气者，一日而主外，平旦人气生，日中阳气隆，日西而阳气已虚，气门乃闭。”依经所论，昼夜晨昏，阴阳盛衰自有不同，阳气昼则行于表，夜则趋于里，阴阳相伴，消长平衡，和平固密，则人不病。若因他病而戕伤阳气，克伐阴液，或久病重病，使阳气受损，入夜零时，阳气始萌，戕伤在前，阴液大亏，不能固阳，虚阳浮越，难守营阴，大汗之证，在所难免。虽属入寐汗出，若不审时，仅断其为阴虚之盗汗，岂能全面。故欲调阴阳，应审时而度阴阳之盛衰，以期而调之。曾治一周姓患者，男，70余岁，患有高血压、糖尿病，一年半前出现夜间盗汗，其盗汗很有规律，总是夜间12时出汗，凌晨5时汗自消退。汗时淋漓如洗，衣衫浸透，潮热难当，十分痛苦，以致于每于入睡时即惧怕，在当地遍访名医，服药上百剂无效，遂来我院求治。适逢查房，病房主任便邀余诊之，观其面色皖白，身困乏力，语声低微，不思饮食，手足心热，舌质红，苔薄腻，脉寸口浮数、关尺沉而无力。细思，此脉症不独为阴虚之故，其由有三，一则其手足心热，恐为久病阴虚之故；二则众医皆投滋阴敛汗之品，若仅有阴伤，必早已补起；三则其汗出均始于夜半阴阳交界之时，更有脉浮大而虚，数而躁。此病何不是仲师所言之阳浮营弱之症。阳浮者脉浮而躁，营弱者汗大泄，阴大虚，脉必数。营卫不和，阴阳失调，每于夜半阴阳交界之时，阳欲主外却因阴虚不固而躁浮，阴欲内守，却因阳浮不护而大泄。阴亏在前，阳浮在后，阴愈亏而阳愈浮，阳愈浮而阴愈泄。须固阳敛阴，调和阴阳，遂大胆投于桂枝加龙骨牡蛎汤。嘱其先服3剂，及至服完1剂，时夜汗出大减，3剂服完，入夜已无汗出。随后又巩固调理6剂，痊愈而归。可见临证诊病，应细心考求，决别阴阳，权衡病机，灵活变通，切勿墨守成规。

[《河南中医》2001，21（3）：1]

浅谈《金匮要略》方的对立统一规律

李红平　贵阳中医学院
（指导　邹学正）

《金匮要略》是中医四大经典著作之一，是我国现存最早的一部研究杂病的专著，书中组方精当，配伍严谨，成为后世辨证论治的准绳。笔者通过对该书的学习，发现仲景在立法组方中，较多地运用了对立统一的规律，尤其是体现在方药的配伍运用上。现就书中有代表性方剂的配伍作简要的分析：

一、阴阳兼顾的统一

《素问·阴阳应象大论》有云：“阴在内，阳之

守也；阳在外，阴之使也。”人体的阴和阳是互相联系的对立双方，两者存在着相互依存、相互制约的关系，疾病的产生也是由于阴阳失去平衡的结果。因此，治疗疾病就应该考虑到阴阳两方面的统一，单纯地滋阴或助阳，都有失偏颇，而从阴阳相互联系入手，阴阳并治，是非常重要的一种方法，仲景正是大量采用了阴阳并治的配伍，成为后世用药的典范。对此，明代张景岳阐述得更加清楚，有云：“善补阳者，必于阴中求阳，则阳得阴助而生化无穷；善补阴者，必于阳中求阴，则阴得阳升而泉源不竭。”

《金匮要略》第6篇第15条（篇次及条文序号是按李克光主编的《金匮要略讲义》，下同）：“虚劳腰痛，少腹拘急，小便不利者，八味肾气丸主之。”本证为肾阳不足的虚劳，全方以干地黄、山药等滋补肾阴，桂枝、附子温补肾阳，微微生长少火以生肾气，阳中有阴、阴中有阳，体现了阴和阳的统一。类似的方剂还有桂枝加龙骨牡蛎汤，失精之人，精液耗损太过，阴虚及阳。阴不敛阳则阴浮不安，因此出现男子失精、女子梦交之证。方中以芍药、甘草、大枣等敛阴养血；桂枝调和营卫；龙骨、牡蛎潜阳安神，交通心肾，阳能固摄，阴能内守，则精不外泄。又如炙甘草汤，用以治疗：“虚劳不足，汗出而闷，脉结悸”等症，是阴虚不能滋养心脉，阳虚不能宣通脉气而致。方中以麦冬、地黄、阿胶等甘润滋阴，养血补心，用桂枝、生姜等通阳复脉，与滋阴之品配伍，温而不燥，从而使脉道通利，气血调和。

二、表里同治的统一

《素问·阴阳应象大论》有云：“其有邪者，渍形以为汗，其在皮者，汗而发之，”又“其下者，引而竭之，中满音，泻之于内”也就是说，病邪在表，宜用汗法以解外；病邪在里，宜用下法以攻里。又，《金匮要略》第1篇第14条：“……病，医下之，续得下利清谷不止，身体疼痛者，急当救里；后身体疼痛，清便自调者，急当救表也。”这是根据表里缓急的不同，提出了先治里或先治表的原则。但在内外壅实、表里俱病之时，单解表则里证不去，单治里则外邪不解，此时就不能拘泥于先治表或先治里的治则，应该表里同治，求得表和里的统一，方能达到内外兼顾，病趋速愈的目的。

《金匮要略》第10篇第9条：“病腹满，发热十日，脉浮而数，饮食如故，厚朴七物汤主之。”本条为既有发热、脉浮的表证，又有腹满之里证，故为表里同病之证。因此用桂枝汤去芍药解表和营；用厚朴、大黄、枳实以行气消满治里实，从而达到表里双解的目的。又如《金匮要略》第14篇第23条：“风水恶风，一身悉肿，脉浮而渴，续自汗出，无大热，越婢汤主之。”此为风水兼有郁热之证，单发其汗，难清郁热，必辅以清里。故仲景治以越婢汤，用麻黄、生姜解表散水湿；配石膏清肺胃郁热；大枣、甘草以补益中气。诸药合用，发越阳气，散水清热。类似还有大青龙汤证，为饮邪停留，邪盛于表的外寒内热证，出现身体疼痛、口渴烦躁。以麻黄、桂枝、生姜等发汗解表；又用石膏清里热而除烦，从而使邪从表解，郁热得以内清。其他尚有乌头桂枝汤、瓜蒌桂枝汤等方均是表里同治的实例。

三、寒热并用的统一

“寒者热之，热者寒之”，主要是针对单一病性属纯寒或纯热而设的治疗法则，然寒证和热证虽然有阴阳盛衰的本质差异，但常常是相互联系的。若寒热错杂，致上热下寒，下热上寒，表寒里热，里热外寒之证，单用热药不能治其热且热势更重，单用寒药不能治其寒且凉遏冰伏，则必须寒热并投，既治其热又疗其寒，使错杂之寒热得以分解。《素问·至真要大论》曰：“奇之不去则偶之，是谓重方；偶之不去则反佐以取之，所谓寒热温凉，反从其病也。”明确地提出了寒热并用法，体现了寒与热的统一。仲景以寒热并用进行组方用药，创制了许多有名的经方。

半夏泻心汤是著名的寒热并用的代表方，同时又是辛开苦降并用的典范。《金匮要略》第17篇第10条：“呕而肠鸣，心下痞者 半夏泻心汤主之。”本证因脾胃虚弱，外邪乘虚内陷，寒热互结中焦，升降失司而致。方中以黄连、黄芩苦寒降泄其热；干姜、半夏辛温开结，温散其寒。全方寒热并用，辛开苦降、开结除痞、降逆止呕，充分体现了寒与热的统一。又如乌梅丸是治疗蛔厥而寒热并用的著名方剂，《金匮要略》第19篇第8条：“蛔厥者，乌梅丸主之。”因内脏虚寒，蛔虫上扰，出现烦躁吐蛔的上热下寒证，除用乌梅酸以安蛔外，又用干姜、川椒、细辛、附子、桂枝辛热以治下寒，黄连、黄柏苦寒以清上热，寒热并投，祛邪安正。再如柏叶汤，乃中气虚寒、气不摄血而致吐血不止之证，方中以柏叶寒凉清降，折其上逆之势，又能止血；干姜、艾叶温中固阴，使气血旺盛而摄血，全方寒热并用，降逆摄血。

四、攻补兼施的统一

《内经》有云："实者泻之，虚者补之。"即实证用泻法，虚证用补法。但对于虚实夹杂之证，单纯攻下则伤人正气，一味补益则有恋邪之弊。这时，就应该是攻与补的统一，采用攻补兼施之法，方能虚实兼顾。攻补兼施，即祛邪与扶正并举之法，《内经》指出："正气存内，邪不可干。"张仲景在《金匮要略》第 1 篇第 1、2 条中明确提到"四季脾旺不受邪"，"若五脏元真通畅，人即安和。"说明了只要正气强盛，阴阳调和，外邪就不能入侵。反之，只要在正气不足之时，外邪就易人侵机体而致病。并且，内伤杂病往往病程迁延，病性每多虚实夹杂，难以速愈。因此，治疗时就应注重扶正与祛邪的关系。基于此，仲景则采用攻补兼施的配伍，或以祛邪为主，或以扶正为主，或祛邪与扶正并重，从而达到扶正祛邪的目的，体现了攻与补的统一。

《金匮要略》第 6 篇第 16 条的薯蓣丸是攻补兼施的实例，主治"虚劳诸不足，风气百疾。"本证是因虚劳而感受风气的虚实夹杂证。虚劳诸不足，是人体阴阳气血诸不足，久病体虚，外邪就易侵袭机体而致"实"，故方中用薯蓣、白术、人参、茯苓、干姜、豆卷、大枣等益气调中，增补脾气；川芎、芍药、当归、麦冬等滋阴养血，同时又用柴胡、防风、桂枝祛风解表以散邪；杏仁、桔梗等理气开郁，从而全方达到调理脾胃、养血滋阴以补其虚，兼以疏风散邪以泻其实，共奏攻补兼施、扶正祛邪之功。又如《金匮要略》第 14 篇第 32 条："心下坚，大如盘，边如旋盘，水饮所作，枳术汤主之。"本证是由于脾虚气滞，失于转输，致水气内聚，结于心下。治宜行气散结，健脾利水，方中重用枳实行气消痞，又用白术健脾化饮，消中有补，补中有消，攻补兼施，使邪去正安，病症得以治愈。《金匮要略》中的此类用法甚多，诸如白头翁加甘草阿胶汤、竹叶汤、桂枝加黄芪汤、大半夏汤、干姜人参半夏丸等，比比皆是攻补兼施的例子，不胜枚举。

综上所述，对立统一规律是万事万物的基本规律之一，它揭示了矛盾双方的对立和统一两个方面，是唯物辩证法的实质和核心。中医学来源于朴素的唯物辩证法和人类的医疗实践，当然也离不开对立统一的规律，张仲景基于对此的深入认识，并充分地加以利用，从阴阳兼顾的统一、表里同治的统一、寒热并用的统一、攻补兼施的统一着手，运用于临床辨证论治当中，创制出一系列有名的经方，为后世的立法组方提供了依据，实在难能可贵。因此，我们应该充分地继承和发扬仲景学术思想，为中医学的现代化作出应有的贡献。

［《贵阳中医学院学报》2001，23（4）：3］

《金匮》消法初探

胡亚丽　贵州遵义医院

消法是通过消导和散结的作用，对气、血、痰、食、水、虫等结成的有形之邪，渐消缓散的一种治法，包括消散和消破两个方面。其作用与下法有相似之处，下法用于病势急迫为多，消法大多用于比较缓慢的癥瘕积聚。《素问·至真要大论》"坚者削之""结者散之"，是消法的立法依据。"消法"虽最早见于清·程钟龄《医学心悟》，但其实际运用，早在东汉·张仲景《金匮要略》中已有较详细的论述。本文将其归纳为消瘀、消痈、消痰三个方面加以探讨。

一、消瘀法

《瘀血篇》第 8 条："病人胸满，唇痿舌青，口燥，但欲漱水不欲咽，无寒热，脉微大来迟，腹不满，其人言我满，为有瘀血。"同篇第 9 条："病者如热状，烦满，口干燥而渴，其脉反无热，此为阴伏，是瘀血也，当下之。"《妇人产后病篇》第 6 条："师曰：产妇腹痛，法当枳实芍药散，假令不愈者，此为腹中有干血著脐下，宜下瘀血汤主之；亦主经水不利。"这些条文论述了瘀血的脉症和治疗大法。指出瘀血的临床表现主要为胸满（痛），唇痿舌青，口干燥而渴，但欲漱水不欲咽，脉涩滞迟缓，腹痛，经水不利等。"治当下之"，仲景根据瘀血的部位、轻重、缓急、虚实的不同，分别采用破血消瘀，消癥化积、扶正祛邪，除湿消瘀法治疗。

1. 破血消瘀法　此法用于瘀结实证。《产后病篇》第 6 条："产妇腹痛……，假令不愈者，此为腹中有干血著脐下，宜下瘀血汤主之；亦主经水不利。"《妇人杂病篇》第 13 条："妇人经水不利下，抵当汤主之。"上两条病机为瘀血凝著，阻滞不通。瘀滞较重，故用大黄荡逐瘀血，桃仁活血化瘀润燥，䗪虫、水蛭、虻虫攻瘀破结，蜜缓药性，酒煎引入血分，共奏破血消瘀之功。

《妊娠病篇》第 2 条："妇人宿有症病，经断未及三月，而得漏下不止，胎动在脐上者，为症痼害。……下血者，后断三月衃也。所以血不止者，其症不去故也，当下其症，桂枝茯苓丸主之。”病机为宿症不去，治宜消瘀化症轻剂。用桂枝通血脉，茯苓安正气，芍药调营，丹皮、桃仁活血化瘀，炼蜜为丸，使下瘀不伤胎。后世常用此方加味治疗瘀血痛经、产后恶露停滞、胞衣不下及宫外孕、死胎不下等病证。

此外《妇人杂病篇》第15条：“……及腹中血气刺痛，红蓝花酒主之。”亦属上法。

2. 消症化积、扶正祛邪法　此法为正虚血瘀之证而设。《疟病篇》第5条：“病疟以月一日发，当以十五日愈，设不差，当月尽解；如其差，当云何？师曰：此结为瘕，名曰疟母，急治之，宜鳖甲煎丸。”疟病迁延，正气虚衰，疟邪假血依痰，结为症瘕。用鳖甲、䗪虫、蜂窝、鼠妇、蜣螂攻坚破积，煅铁灶灰、丹皮、桃仁、大黄、芒硝、芍药、紫葳、清酒、桂枝活血化瘀，乌扇、葶苈、厚朴、半夏、石苇、瞿麦、干姜化痰行气，柴胡、黄芩和解少阳，人参、阿胶补虚扶正，共奏消瘀化积、扶正祛邪之功。

《虚劳篇》第18条：“五劳虚极羸瘦，腹满不能饮食，食伤，忧伤，饮伤，房室伤，饥伤，劳伤，经络营卫伤，内有干血，肌肤甲错，两目黯黑。缓中补虚，大黄䗪虫丸主之。”该条病机为诸伤正虚，瘀血凝结于内。治宜缓中补虚，用芍药、地黄养血补虚；大黄、䗪虫、桃仁、虻虫、水蛭、蛴螬、干漆、酒活血化瘀，攻坚破积；黄芩清瘀结之热；甘草、白蜜益气缓中。

上两方均可用治正虚血瘀症积证，临床常化裁治疗肝脾肿大、肝硬化、妇人闭经及腹部手术后肠粘连疼痛有较好疗效。此外，《妇人杂病篇》第9条妇人崩漏之用温经汤，第12条血结在血室之用大黄甘遂汤也属扶正消瘀并用之法。

3. 消瘀除湿法　该法用于肾虚有瘀血之证。《黄疸病篇》第13条“黄家日晡所发热，而反恶寒，此为女劳得之；膀胱急，少腹满，身尽黄，额上黑，足下热，因作黑疸，其腹胀如水状，大便必黑，时溏，此女劳之病，非水也。腹满者难治，硝石矾石散主之。”本病机为肾阴亏虚，热结血瘀挟湿热。治宜消瘀除湿，方中硝石入血分软坚消瘀清虚热，矾石入血分胜湿，大麦粥护胃减少二石的副作用。后世常用此方加味治疗钩虫引起的虚黄、早期肝硬化。

二、消痈法

《灵枢·痈疽篇》：“营卫稽留于经脉之中，则血泣而不行，不行则卫气从之而不通。”说明营卫凝滞，卫气不能畅行，壅塞郁结，发生痈肿。仲景根据痈脓之成与否，分别采用泻热消痈和排脓消痈法。

1. 泻热消痈法　本法为痈未成脓的实热证而设。《肠痈篇》第3条：“肠痈者，少腹肿痞，按之即痛如淋，小便自调，时时发热，自汗出，复恶寒。其脉迟紧者，脓未成，可下之，当有血。脉洪数者，脓已成，不可下也。大黄牡丹汤主之。”本条病机为热毒内聚，营血瘀结肠中。治宜泻热解毒，逐瘀消痈。药用大黄、芒硝荡热解毒，软坚散结，丹皮、桃仁凉血逐瘀，冬瓜仁清湿热排脓消痈。临床上常用本方加味治疗阑尾炎、腹膜炎、盆腔炎、子宫附件炎等疾病。

2. 排脓消痈法　本法为痈脓已成正不胜邪之证而设。《肠痈篇》第4条：“肠痈之为病，其身甲错，腹皮急，按之濡，如肿状，腹无积聚，身无热，脉数，此为肠内有痈脓，薏苡败酱散主之”。该条病机为里虚体弱，痈脓内结，气血郁滞。治宜排脓消痈，重用薏苡仁排脓开壅利肠胃，轻用附子振奋阳气，辛热散结，佐败酱草破瘀排脓。后世常用此方加味治阑尾炎已成脓未溃、阑尾周围脓肿及体虚之肺脓疡等疾病，疗效显著。

三、消痰法

关于消痰方面，《金匮》论述较多。如《胸痹篇》第1条首先提出胸痹的发病原因是“阳微阴弦”，“阳微”是指胸阳不足，“阴弦”是指水饮、痰涎等阴邪搏结。其治法，据痰停部位不同，分别采用豁痰通阳法、导滞化痰法。

1. 豁痰通阳法　本法用于痰饮痹阻于胸之胸痹证。《胸痹篇》第3条：“胸痹之病，喘息咳唾，胸背痛，短气，寸口脉沉而迟，关上小紧数，栝蒌薤白白酒汤主之。”同篇第4条：“胸痹不得卧，心痛彻背者，栝蒌薤白半夏汤主之。”病机为胸阳不振，痰涎壅滞于胸。治用豁痰通阳，用栝蒌开胸中痰结，薤白辛温通阳，豁痰下气，半夏逐饮降逆，白酒轻扬行药势。临床常用以上两方加化痰及行气药治疗冠心病、肋间神经痛疗效佳。

2. 导滞消痰法　本法为痰滞于肺或气道而设。《咳嗽上气篇》第11条：“咳逆上气，时时吐浊，但坐不得眠，皂荚丸主之。”病机为痰浊壅肺，气道不利，治用皂荚宣壅导滞，利窍涤痰，蜜丸、枣膏调服顾护脾胃。《妇人杂病篇》第6条：“妇人咽中如有炙脔，半夏厚朴汤主之。”此条病机为痰凝气滞上逆。治用半夏、厚朴、生姜辛开苦降，茯苓化痰利饮，苏叶宣气解郁，共用达到气顺痰消之目的。

总之，《金匮》中仲景运用消法已自成体系，创立的很多方剂一直有效地指导着后世临床，值得继承发扬。

[《四川中医》2001，19（4）：19]

《金匮要略》痰饮证治浅析

赵剑峰　刘玉超

河北医科大学中西医结合学院

《金匮要略》成书以来，一直为医家尊为经典，笔者在学习过程中深感其内容博大精深，几尽医学之妙。现代临床痰饮为病较为多见，而《金匮要略》对于痰饮论述甚详，其理、法、方、药之完善，至今仍有效地指导着临床痰饮病的辨证治疗。今不揣浅陋就痰饮之证治浅述一己之得。

一、痰饮病机

仲景论痰饮本于《内经》。《素问·经脉别论》曰："饮入于胃，游溢精气，上输于脾，脾气散精，上归于肺，通调水道，下输膀胱，水精四布，五经并行。"此为正常水液运化过程。《金匮要略》继承了《内经》的思想，从脾不"散精"、肺不能"通调水道"、膀胱（肾）不能化气行水，故而"水精"不布、"五经"不行，停积而为痰饮主论，进一步阐述了其病因病机。《痰饮咳嗽病》篇中说："夫病人饮水多，必暴喘满。凡食少饮多，水停心下，甚者则悸，微者短气"。既平素脾阳不振，不能运化水湿，水饮渐积，停于心下，凌心则为悸，影响肺气则为喘满短气。仲景于痰饮形成之机理独发中焦之论，足见其在痰饮的形成中，尤其重视脾胃的运化功能。《水气病》篇指出："寸口脉弦而紧，弦则卫气不行，既恶寒，水不沾流，走于肠间。""少阴脉紧而沉，紧则为痛，沉则为水，小便即难。"指出了肺失宜肃，肾气不化而形成水气病，然水气与痰饮乃同源异流，肺肾功能障碍，引起水液代谢异常，若泛溢周身，则为水肿，若停留于局部则为痰饮，二者可互相转化，相兼为病。在治疗上方剂亦可互相借用。

总之，肺脾肾气化失司，或三焦水道失于通调，影响水液的正常敷布与排泄，以致水饮停积而形成痰饮。然三脏之中脾胃运化失司首当其要。

痰饮形成之后，作为新的病理因素作用于机体。产生不同的病理变化，证见多端。停于胃则心下痞坚、呕吐；流于肠间则腹泻，肠中水声沥沥；但蒙清窍则头眩；上凌于心则心悸；滞碍胸阳则背寒冷如掌大；积于胸胁则咳唾引痛；留于胸膈则咳逆倚息，短气不得卧，其形如肿；溢于四肢当汗出而不汗出，身体痛重。但其总的病机，不过阳虚阴盛，本虚标实。

二、"以温药和之"的含义

痰饮为阴邪，有形而易伤阳气，遇寒则凝，得阳始运始散，但用药当平和，补阳要防其过于燥化而致胃热上冲其面，故投药当用"温"而不用"热"。痰饮为患，不能速生，亦难以速去，病势缠绵，病程较长，治疗除非急证一般不急不徐，"和之"以取效，仲景据此而立法："病痰饮者，当以温药和之。"

"病痰饮者，当以温药和之"体现了中医辨证论治的原则性和灵活性。饮分而言之有四，合而言之总为痰饮而已，或伏于胸膈，或留于胃肠，或积于两胁，或泛滥于四肢，或影响五脏。而仲景从一源而立法，示人以规矩："以温药和之"。然具体运用，纵观全篇又无不处处体现辨证论治的灵活性。根据饮邪之盛衰、标本之缓急，急则治其标，随饮之所处因其势而利导之；缓则治其本，因脾肾之不同而采用不同的治法；标本俱急则同治，或温或和或和而用温，温则振奋阳气，通调水道，化气行水，而重在脾肾以治本，和则"去菀陈莝，开鬼门，洁净府"，随证用药，权宜之计以治标，冀其阳气得复，水饮得蠲，阴阳调和，气化水行。

1. 温通阳气以治本　阳微而饮邪不盛时，其证偏虚，治疗应以振奋脾阳，温肾化气，从本调治，使阳气通利则饮邪自化。

原文"夫短气有微饮，当从小便去之，苓桂术甘汤主之；肾气丸亦主之"。痰饮的形成其根本在脾肾，此一证出二方示人辨证在脾在肾分别治之，但均用"温通阳气以治本"之法。中阳不足，脾阳不运，饮停于胃，饮邪上逆于肺则短气，用苓桂术甘汤振奋脾阳而化水饮，桂枝通阳化气，茯苓健脾渗水，两药合用，振奋脾阳通调水道，使饮邪从小便而出。白术健脾燥湿，甘草补益中气，两药补土以制水。肾阳不足者，肾不纳气，复加微饮上乘于肺，则短气不足以息。用肾气丸温肾化水，方中桂枝、附子微微补火以生肾气，用六味以阴中求阳，治以丸剂缓以图功。深符"和之"之旨。

所谓"短气有微饮"一方面如上所述，另一方面，饮邪壅盛，经过适当治疗，饮邪衰其大半，正气虚损明显，亦当以此调理，以图根本。痰饮病的证候特点是本虚标实，不同于纯虚证可以补虚，而要用灵动温通之品，使阳气振奋，气和畅达。所以仲景于此健运中焦，用苓桂术甘汤而不用理中汤即是此意。

2. 驱除饮邪以和阴阳　痰饮既是病理产物，同时又是致病因素，且为有形之邪。痰饮停滞，阻碍气体，则阴阳不能调和，因此在饮邪猖獗时欲达“和”之目的，必须蠲除水饮，给邪以出路，根据所停部位不同，因其势而利导之。

（1）发汗：原文“病溢饮者，当发其汗，大青龙汤主之；小青龙汤亦主之”。饮水流行归于四肢，而外又为寒邪所束，当汗出而不汗出，形成溢饮。因外邪闭束，饮邪阻滞，饮邪在表，病势向外，固然要用汗法，但要根据具体情况而选择不同的发汗方法，表寒里饮俱盛者，治以小青龙汤，方中麻桂升发腠理，宣畅肺气，姜、辛、半、味温散水饮，使邪从汗出。如果溢饮邪盛于表而兼有郁热，则用大青龙汤。本方由麻黄汤重用麻黄，发汗解表，用石膏清郁热、甘草和中气，加姜枣调和营卫。

溢饮固然“当发其汗”，但表虚者不耐发汗，当从“湿病”“水气病”篇求之。

（2）利小便：水液的排泄主要途径有二，不从汗解必从小便而出。当饮邪不在表而在里，发汗不及，其势向下，流于下焦，影响气化出尿的功能时，利小便可使饮去而“和”。

原文“假令瘦人脐下有悸，吐涎沫而颠眩，此水也，五苓散主之”，“心下有支饮，其人苦冒眩，泽泻汤主之”。此因饮停下焦，里气失和，因势利导，利其小便，水邪去则“和”。

水液的代谢因三焦阳气的推动蒸化，才能化气成津，运化周身灌溉四旁，代谢后的水液或从汗而出，或从小便而泄，利小便确是痰饮的主要通路，所以其他方法中常配合利小便之法。

（3）攻逐水饮：《内经》曰：“留者攻之。”仲景极尽其妙，于痰饮痞积非攻不除时灵活运用以逐饮和阳，根据痰饮停积的部位不同或泻肺水、或逐胸中之水，或攻胃肠中饮，使邪从二便而出。

①痰饮壅盛阻塞肺气，以致胸闷咳喘，不能平卧，短气不得息，水饮之急症，故应急治肺中之水，如原文“支饮不得息，葶苈大枣泻肺汤主之”。

②水流胁下而为悬饮，以十枣汤破积逐水。如原文“脉沉而弦者，悬饮内痛”，“病悬饮者，十枣汤主之”。方中甘遂、芫花、大戟药性峻猛，能直达水饮停积之处而攻之。“夫有支饮家，咳烦胸中痛者，不卒死，至一百日或一岁，宜十枣汤”。究此方说明，病程虽长，但只要不发生剧变，正气尚可，便可采用逐饮以和之的方法，虽十枣汤而不嫌其峻，但毕竟是阳虚阴盛，所以应注意减量而服，得快下后，糜粥自养，顾护胃气。

③饮停于胃而为留饮，原文：“病者脉伏，其人欲自利，利反快，心下续坚满，此为留饮欲去故也，甘遂半夏汤主之。”水饮留于胃，病势深重。此时下利，似饮欲自去，但欲去又不能去，所以虽下利稍舒而旋即如故，当此宜攻破利导之剂，下而去之，以除病根，使饮尽去，胃中“和”，脉自通畅。

④水饮下走肠间，与肠中糟粕互结，腑气不通，腹满，沥沥有声，津不上承，口舌干燥，用己椒苈黄丸，前后分消，导水下行。如原文：“腹满，口舌干燥，此肠间有水气，己椒苈黄丸主之。”逐水从大便而去。如此水饮去，腑气通，腹满除，脾气转输，津液自生。

另外，痰饮壅肺，肺气不降，肺与大肠相联，由脏及腑，肠腑失其通降之性，传导失司，大便秘结，又影响肺气的肃降。如此，相互影响，使病情有增无减，用厚朴大黄汤疏导肠胃，荡涤宣邪，使腑气畅通，有利于肺气的肃降。

［《湖北中医药学报》2001，16（4）：22］

《金匮要略》湿证辨治研讨

王恒照　刘旺国　三　艳　杨　蓉
兰州解放军第一医院

湿邪为患，每多兼夹，病程缠绵，难以疗治。笔者读《金匮·痉湿暍病篇》，见仲景对湿证之辨治，理法兼备，颇为精辟。阐发病因，言明为“汗出当风”“久伤取冷”。创立治法，强调当“利小便”“微汗”。制方布阵，有麻黄加术、桂枝附子汤等方。设置禁忌，为禁大汗、禁攻下、禁火攻之三禁。此堪称是开创辨湿证之先河，道出疗湿证之玄机，授吾人以治湿证之宝典。故不揣冒昧，分述于下。

一、阐发病因　揭示本源

湿邪为患，有因可察。研析《金匮》之本篇，推究斯证之因由，可见仲景认为在外是汗出当风或久伤取冷所致；在内与肺不三宣、脾虚失运、真阳不足有关。前者为仲景所明言，后者是从其述证制方中悟出。现予分论。

1. 汗出当风　汗出与否，取决于腠理之疏闭，汗孔之开合。汗孔又名玄府，既是汗出之道，又是邪气出入之路。若正当汗出之时而被邪风所袭，汗孔关闭，汗变为湿，与侵入之邪风相合，行于肌腠流注关节，为痛为肿，病名风湿。观《素问·水热穴论》阐述风水之病因病机为“勇而劳甚则肾汗出，肾汗出逢于风，内不得入于脏腑，外不得越于皮肤，客于玄府，行于皮里，传为跗肿，本之于肾，名曰风水。”与本证颇有相同之处。然二证虽病因病机有相同处，但病位与见症有异，风湿多侵犯肢体关节，证以疼痛重着为主；而风水则滞着皮里肌腠，证以浮肿为主，多不疼痛。

2. 久伤取冷　久居潮湿阴寒之地，亦或长期水中作业，则寒湿之伤由外至内；而贪凉取冷，过食瓜果冰浆，则寒湿直接伤于中。伤于外则太阳受病身体疼痛，至内则小便不利，大便反快，名曰湿痹。而伤于中则有伤肺、伤脾、伤肾之分。肺伤则宣降失司生咳、喘；脾伤则健运无力生泻、或呕或胀满；肾伤则无以作强，故腰痛生焉。正《难经·四十九难》所谓：“形寒饮冷则伤肺”，“饮食劳倦则伤脾”，“久坐湿地，强力入水则伤肾”是也。由于脾恶湿而主大腹，《左传》：“两淫腹疾”，亦是此义。

3. 肺不主宣　肺之气外合皮毛开窍于鼻，为水之上源。故肺气宣降，则水精四布，息道和利，源清流畅，内湿不生，外湿不犯。反之，则息道窒塞，源流不畅，内湿易生，外湿必侵。观《金匮》本篇虽未指出肺不主宣为感受湿邪之因，但察其治“湿家病，身疼发热，面黄而喘，头痛鼻塞而烦”所用之“纳药鼻中”法，以及治湿家身烦疼与风湿身痛之麻黄加术与麻杏薏甘汤二方中，皆用宣降肺气之麻、杏可知。吴鞠通受此启迪，于《温病条辨·上焦篇·湿温》门曰：“盖肺主一身之气，气化则湿亦化也。”并以此为指导，为治湿温病创制以杏仁为主之三仁汤。由是观之，肺不主宣为湿邪所伤之一因，而治湿勿忘用宣降肺气之妙法。

4. 脾虚失运　脾主运化，其义有二，一是运化水谷精微，二是运化水湿。今脾虚失运，土不制水，则外湿至而内湿生焉。湿性粘滞，阻遏气机，影响膀胱气化则小便不利；湿性下趋，注于肠道则大便反快。观《金匮》本篇虽未言明脾虚失运为患湿之因，但可从其言“小便不利，大便反快”症，以及制方喜择补脾助运益气药术、芪、薏、草、枣可知。尤在泾《金匮要略心典》曰：“中湿者，亦必先有内湿而后感外湿，故其人平日土德不及而湿动于中……为小便不利，大便反快。”观其于此所言之“平日土德不及”，实即脾虚失运之同义词。由此益见，脾虚为生湿之主因，健脾是治湿之要法。

5. 真阳不足　阳气既是人体之生命力，又是人体之防御力。《素问·生气通天论》：“阳气者，若天与日，失其所则折寿而不彰”“阳者卫外而为固也”正是此义。征诸自然，阳光普照，阴霾四散。验之人身，阳气旺盛，湿邪自除。真阳一虚，湿来为患。按《金匮》本篇虽未指明真阳不足为病湿之因，但观其治“风湿相搏”所用之桂枝附子汤方，既用通阳化气之桂枝，又重用补阳温经之熟附可知。以药测因，显而易见。

二、创立治法　临机应变

《金匮》本篇立法疗湿，基于《素问·至真要大论》“必伏其所主，而先其所因”之旨。如因湿邪痹闭，小便不利，大便反快者，用利尿渗湿法；湿流肌腠关节，夹风或寒者，用微汗除湿法；湿气在头，鼻息窒塞，肺不主宣者，用通窍宣肺祛湿法；湿在肌腠，卫外不固者，用健脾助卫胜湿法；风湿相搏，真阳不足者，用温阳暖肌逐湿法；湿郁化热，身色如熏黄者，用清热利湿法。兹予分述。

1. 利尿渗湿　《金匮》本篇曰：“太阳病，关节疼痛而烦，脉沉而细者，此名中湿，亦名湿痹。湿痹之候，小便不利，大便反快，但当利其小便。”按人身之躯壳，在经属太阳，此处太阳病，是就病位言。然关节疼痛而烦为湿伤太阳之明证，脉沉而细为正气不足之脉候；而小便不利是膀胱气化失常，大便反快是脾虚失运湿注肠道使然。此证既不宜发汗，更不宜攻下或火攻，惟有通阳化气利小便为对，故曰但当利其小便。至于用何方来利，仲景略而未言。以证测方，当用《伤寒·太阳篇》治“脉浮，小便不利，微热消渴者”之五苓散，因方中既有利尿渗湿之二苓、泽泻，又有健脾助运胜湿之白术与通阳化气解肌御湿之桂枝。小便利则湿除，湿除则脾健痹愈。

2. 微汗除湿　《素问·阴阳应象大论》曰：“其在皮者，汗而发之。”究竟用何药来发之，汗出多少为佳，《大论》于此未曾言及，仲景从实践中得出宜微汗为佳，最忌大汗流漓。故其不但治伤寒中风如此，治湿证更是强调要如此。如《金匮》本篇曰：“汗之病不愈者，何也？盖发其汗，汗大出者，但风气去湿气在，是故不愈也。若治风湿者，但微微似欲汗出者，风湿俱去也。”察其临证，其于治湿家身烦疼之麻黄加术汤方后云：“覆取微汗”；于治风湿身痛之麻黄杏薏甘汤方后亦云：“有微汗，避风”。观此可知，仲景微汗一法，上启《素问）用汗法之秘，下授吾人治湿证真诀。

3. 通窍宣肺祛湿　已言肺不主宣是湿邪所伤之

一因，而感受湿邪愈使肺气失宣降，故仲景治湿不但用麻、杏内服宣肺达表开上启下，而且又为“湿家病，身疼发热，面黄而喘，头痛鼻塞而烦者”创“纳药鼻中”从外治内之法。究其病机，身疼发热，面黄而喘是肺不主宣，营卫郁滞；头痛鼻塞为肺不主宣，清阳不展，其窍不利；烦是阳被湿郁使然。仲景取此法以刺激鼻黏膜，令其人作嚏通气，水随嚏出，窍通肺宣，其湿自除。至于所纳药物，尤氏《心典》认为“如瓜蒂散之属，使黄水出则寒湿去而愈，不必服药以伤其和也。”由此可见，上述三法，一使湿邪由小便而下，一使湿邪自汗孔而散，一使湿邪从鼻窍而出。

4. 健脾胜湿　脾虚生内湿，内湿唤外湿；脾健则湿除，湿除脾自健。《素问·阴阳应象大论》曰：“治病必求于本”。故仲景治湿推重健脾，因脾主运化既是后天之本，又是生湿之源。观《金匮》本篇治湿家身烦疼之麻黄加术汤、治风湿在肌腠之防己黄芪汤、治风湿相搏真阳不足之白术附子与甘草附子汤，均用白术可知。此外，治风湿身疼之麻杏薏甘汤中的薏苡，也有补脾作用。至于甘草、大枣亦是其治湿常用之辅助补脾药。

5. 温阳暖肌逐湿　真阳不足，风湿乘之，若逐风湿，当补阳气。故仲景立此法治风湿相搏而真阳不足者。其见症为身体疼烦，不能自转侧，恶风，脉浮虚而涩等。其病机是风湿外加，真阳不足，津液亏乏，肢体筋脉失煦濡。其常用附、桂内补阳气治本，外逐风湿治标。观桂枝附子、白术附子、甘草附子汤三方证便是。

6. 清热利湿　湿郁日久则化热，湿热相合则发黄，营卫因此受困遏，是以身痛发热焉。热当清之，湿须渗利，此是定理。观《金匮》本篇曰：“湿家之为病，一身尽痛，发热，身色如熏黄也。”察仲景于此虽未出治法，但以证测之，当用此法无疑。若再以法求方，《金匮·黄疸病篇》治“黄疸病”之茵陈五苓散正与此合，因茵陈有清热退黄之能，五苓有利水渗湿和内解外之功。

三、制方遣药　随法而转

仲景注重实践，深识药性，通于权变，故其制方疗湿，从整体着眼，从见症入手，以法统方，药随症转，紧扣病机，标本并重。《金匮》本篇设有六方，皆寓妙义。兹予剖析。

1. 麻黄加术汤　由麻黄、桂枝、杏仁、甘草、白术组成，主治湿家身烦疼。是方麻、杏相配，在内宣降肺气以化湿，在外疏通汗孔以散湿；而桂之用义在于外协麻黄散寒除湿，下助膀胱气化利尿祛湿；术与草合，外可实腠理毛窍使汗孔开而不致无度，令汗出而不致过多，内可补脾助运以胜湿。如此则肺脾清和，气化畅达，外湿消散，内湿不生。

2. 麻杏薏甘汤　由麻黄、杏仁、薏苡、甘草组成，主治风湿身尽疼。其中麻、杏之用与上方同义；用薏苡之旨是取其健脾除湿而缓急，因《本经》又谓其疗“风湿痹”证；重用甘草之目的一是使麻黄发汗不致过头，风去湿存伤正气，二是助薏苡健脾除湿缓急止痛。由此又可见，上方之用术、甘，此方之用薏、甘，大旨不外乎祛湿不伤正，治湿当健脾。

3. 防己黄芪汤　由防己、黄芪、白术、甘草、生姜、大枣组成，主治风湿在肌腠，卫虚失固护。方中防己导湿气从小便而出，黄芪实卫固表止汗，术、甘相合既可补脾助运断湿源，又可使防己祛湿不伤正，还可增芪固表之力；姜、枣相得内调脾胃，外和营卫，脾胃健营卫和，则风湿消徹。若将此方与上方相较，病因虽都是风湿，但彼则脾虚不甚，故仅用薏、甘；此则脾虚较甚，故既用术、芪，又使草、枣。彼证无汗，故用麻黄，此证汗出，故用黄芪。

4. 桂枝附子汤　由桂枝、附子、甘草、生姜、大枣组成，主治“风湿相搏　身体疼烦，不能自转侧，不呕不渴，脉浮虚而涩者。”因本证属风湿乘袭，真阳不足，故以桂为君外助卫行散风邪，内助膀胱气化除湿气，以附为臣在内补五脏之阳气，在外温经暖肌逐湿气；姜之用有三义，一与枣和营卫，二助桂行卫散风，三助附除湿，诚如《说文》曰：“姜，御湿之菜也。”至于甘草之用，旨在与枣相配，既制桂、附使刚燥，又护脾土益营阴，当然本身也有缓急止痛之功。若得阳气旺，营卫和，风湿自无藏身处。

5. 白术附子汤　由白术、附子、甘草、生姜、大枣组成，主治上方证见“若其人大便坚，小便自利者。”本方实即上方去桂加术，若究其加减之理，是因大便坚为阳气不足，脾虚失运，津液亏乏，无以下输肠道所致。故取术与附配，既补阳气，又助脾运，化水湿为津液，正中病机。而去桂是因小便利为膀胱气化尚速，若再助之于津亏便坚不利。由此可见，小便之利与不利，是仲景决定桂之用与不用之重要标准。至于生姜、草、枣之用，与上方同义。再观《金匮·中风历节病篇》于所附《近效》术附汤（即本方）云有“暖肌，补中益精气”之功。其中“暖肌”二字，可视为本方逐湿温阳之注脚，而“补中益精气”句，可看成本方治脾虚津亏便坚之反证。

6. 甘草附子汤　由甘草、附子、白术、桂枝组成，主治风湿流注肌腠关节而真阳不足者。其适应证为："骨节疼烦掣痛，不得屈伸，近之则痛剧。汗出短气，小便不利，恶风不欲去衣。"本方以甘草为君，取其在外可缓解拘急止骨节之掣痛，在内可补脾益气愈气短；以附子为臣，令其内补真阳外逐湿气；以术为佐，既可助草补脾益气，又能协附止阳虚汗出；以桂为使，外可祛风并引药力行肌腠达关节；下可助膀胱气化治小便不利。真乃既相互配合，又各有所主。上方证因有大便坚小便利，故加术去桂；而本方证不言大便坚，但言小便不利，故术、桂同投。此外，又可从小便不利症，勘出本方证中略去"大便反快"一症，因其在先已有"湿痹之候，小便不利，大便反快"之言。由此看出，同一白术，在仲景手下，既治脾虚津亏便坚，又疗脾虚湿盛便快。

现附方瓜蒂散。本方由瓜蒂、赤小豆组成，在《伤寒·太阳篇》为口服涌吐剂，治痰湿停留胸膈证。但以尤氏之见，《金匮》本篇之"纳药鼻中"法，就是用此散。证之孙思邈《千金翼方》治黄疸目黄不除所言用"瓜丁细末如一大豆许，内鼻中，令病人深吸取入，鼻中黄水出"之语，可知尤氏言之有理。其实，瓜丁与瓜蒂，物同而名异。痰湿留膈，头中寒湿，目黄不除，病因都与湿有关，口服与鼻纳，是因病位有高下之异。

四、言明治禁　告诫后学

前已言《金匮》本篇治湿，创有利小便、通窍、健脾、温阳诸法。此复言《金匮》本篇治湿有禁大汗、禁攻下、禁火攻之三禁。知其宜忌，晓其利弊，始得治湿之全面。兹再分陈之。

1. 禁大汗　《金匮》本篇治风湿证，特别强调只有"微微似欲汗出"，才可收风湿俱除之效。所以禁大汗者，因其仅能祛风而不能祛湿，况且损伤正气。其实，仲景治伤寒太阳表证也强调要微汗忌大汗，如于《伤寒·太阳篇》治中风表虚证用桂枝汤时要求要"微似有汗者益佳"；治伤寒表实证用麻黄汤时，亦要求当"覆取微似汗"。总之，汗出要微而禁大，大则伤正生变端。常须识此，勿令误也。

2. 禁攻下　实证当下，此为定法。湿证禁下，亦属定理。因湿是阴邪，易伤阳气，湿久不愈，谓之"湿家"，阴盛阳虚，故禁攻下。若误下之，为害甚大。如《金匮》本篇曰："湿家下之，额上汗出，微喘，小便利者死；若下利不止者亦死。"若究其死由，诚如尤氏《心典》曰："额汗出微喘，阳已离而上行；小便利，下利不止，阴复绝而下走，阴阳离绝，故死。"此正如《伤寒例》曰："阳虚阴盛……下之则死""承气入胃，阴盛以亡"是也。

3. 禁火攻　凡病从外入而在太阳躯壳者，法当微汗而解之，此所谓病从外入者，当从外出是也。是故仲景治湿在肌腠证，禁用火从外攻。如《金匮》本篇曰："湿家身烦疼……慎不可以火攻之。"因火从外攻，热入其内，与湿相合，因成其祸。尤氏《心典》认为："不可以火攻者，恐湿与热合而反增发热也。"其实，发热仅属变端之一种，而发黄、发狂、动血亦或发生。此与《伤寒·太阳篇》："太阳病中风，以火劫发汗……其身发黄"；"伤寒脉浮，医以火迫劫之，亡阳，必惊狂"；"太阳病，以火熏之……必清血，名为火邪"同理。

[《甘肃中医学院学报》2001，18（4）：1]

《金匮要略》虚劳病方探讨

田雪飞　湖南中医学院
（指导　周　衡）

仲景的方剂，历来被尊为经方，一因它是从东汉及以前大量经验方中精选的，具有卓效；二是仲景依据《内经》《难经》等理论进行了合理改造，使理与法、方与证达到了高度契合，因而便于推广。所以，仲景的书叫作"方论"，而不是一般的方书。陈延之的《小品方》，曾经与仲景方并驾齐驱，后来却湮没了，盖其有方无论，难以传承。基于此，本文从论与方两个方面，联系《金匮要略》虚劳病篇的几个具有代表性的方剂，探讨仲景立法用方的精妙之处。

所谓虚劳病，是多种慢性衰弱性疾病的总称。劳伤既久，必然损及五脏，故《难经》有五损之说，并分立了五种不同治则，即"损其心者调其营卫，损其肺者益其气，损其脾者调其饮食、适其寒温，损其肝者缓其中，损其肾者益其精。"这些治则如何在治疗中具体实施？目前似乎未见明确说法，而《金匮要略》中虚劳病诸方，恰恰对此作了很好的示范。

一、损其心者调其营卫——桂枝加龙骨牡蛎汤、炙甘草汤

"心藏神，主血脉，所以损其心者，一在心神，二在血脉。"仲景分别对应着桂枝加龙骨牡蛎汤与炙甘草汤。前方重在安神涩精，主治"男子失精，

女子梦交”；后方重在养阴复脉，主治“心动悸，脉结代”。从方药组成来看，前方用龙骨、牡蛎镇涩，后方用生地黄、阿胶、麦门冬、麻仁等滋填，都是不难理解的。然而何以两方都用了桂枝汤？盖取“损其心者调其营卫”之义。具体而言，失精梦交是“精神间病”（尤怡语），由于神摇于上，则精走于下，故御其神能御精，必假桂枝汤为中介，通过行营卫而调阴阳，才能实现上下相交。故本方作用可以“通阳摄阴”4字概之。除治疗失精梦交外，凡自汗盗汗、乳泣、遗尿、带下，只要兼有心神不安、虚怯多梦，又审其无阴虚或实热者，均有卓效。有一体弱患儿，每晚睡后必遗尿，甚至午睡亦遗尿，先后予六味地黄丸合缩泉丸、补中益气汤合桑螵蛸散等，皆不效。岂非咎在心神而不在脾肾？试投桂枝加龙骨牡蛎汤即愈，始信“损其心者调其营卫”非虚语也。

炙甘草汤何以于滋填阴血药物中也加入桂枝汤？徐忠可曰：“后人只喜用胶、麦等而畏姜、桂，岂知阴凝燥气，非阳不能化耶。”须知脉见结、代，皆是缓中有歇止，与阳气推动乏力有关，故既用滋填诸品，若不加桂枝汤温通营卫，则心阳难振，脉必难复。本方可以“滋阴通阳”4字统之（至于方中无芍药，是虑及汗出胸闷，否则用之无碍）。现代临证，可用于心律不齐，或房性早搏、室性早搏以及植物神经功能紊乱、冠心病等，只要见心悸、脉结代，皆可用作基础方。有一患者，患房颤10余年，近又有房室性传导阻滞，脉率40次/min，伴结代，自服炙甘草汤合生脉散，未见效果，后询之桂枝用量仅3g，则加重桂枝用量，并合四逆汤，5剂即明显缓解。可见本方滋阴固宜重量，通阳也不可轻视。

二、损其肝者缓其中——酸枣仁汤、大黄䗪虫丸

《难经》“缓中”之义，医者多囿于甘味缓之，然据大黄䗪虫丸条“缓中补虚”来看，则与甘味毫无牵涉。考“缓”的词义有二：一指宽松舒缓，二指迟缓不速，这里当是前者。因肝职司疏泄，赅气、血、水之正常流行，若病气郁、湿阻、瘀血，皆失舒缓条达之性，则治疗必然加入解郁、行湿、活血之品，才能有助于恢复肝的疏泄。所以酸枣仁汤治疗“虚烦不得眠”于养肝中佐以川芎，是舒其血中气；大黄䗪虫丸治疗“虚劳干血”用诸虫类药，是搜通血络之瘀，皆可谓之“缓中”。泛而言之，凡治疗虚劳肝病，能促使疏泄条达者，都符合“损其肝者缓其中”的原则。一般来说，失眠而见郁郁微烦，或焦躁不安，或常恶梦惊醒，都是火郁于中，属于虚烦一类，并不一定有明显内热，只要脉弦，使用酸枣仁汤都有效。故除神经衰弱外，也可用于某些精神障碍性疾病。若内热明显，舌红而干、口苦、尿赤者，合黄连阿胶汤；舌苔黄腻，脘痞恶心者，合温胆汤，则疗效更佳。

大黄䗪虫丸治疗虚劳干血，虽集多种化瘀药于一方，然单味则滋腻之地黄独重，且蜜丸小量服，已变攻瘀而为缓中搜络。细参其证，身体羸瘦、肌肤甲错、两目黯黑，是全身内外之血不得周灌，故谓之“经络营卫气伤”，本方即疏通其络而灌溉之也，特名为“缓中补虚”。现用于动脉硬化、静脉血栓及高脂血证，证明确有溶解血栓之功效，且血管通畅后未见新的血栓出现。此外，还用于治疗慢性肝炎、早期肝硬化、良性肿瘤等。

三、损其脾者调其饮食、适其寒温——小建中汤、薯蓣丸

脾与胃，升降相因，燥湿互济，共同完成水谷的受纳与运化，为后天之本。所以损其脾者，亦与胃相关。稼穑作甘，甘味为脾胃所喜，然过温过寒则化燥化湿，失其中和之性，故以《难经》之说：“损其脾者调其饮食，适其寒温。”不惟饮食，用药亦当本此原则。小建中汤君以饴糖，薯蓣丸重用山药、大枣，这些亦食亦药之品，味甘性平或微温，皆不寒不热，不腻不燥，确是久损脾胃的最佳选择；为促进吸收、运化，使水谷所化以营卫的形式通达全身，两方都加了桂枝汤。其不同之处在于：“小建中汤重用芍药，能于土中泄木”，对里虚腹痛有卓效，故常用于消化性溃疡、慢性胃炎、胃肠功能紊乱等，薯蓣丸则内有八珍汤与曲等，补气血而不滞；外有柴胡、防风，合桂枝汤共成三阳屏障，所以能治疗“虚劳风气百疾’。对虚人常感冒，周身酸楚、头晕气短等确有良效，并能提高免疫力而起预防风气的作用。曾以此治疗体虚手术后创口不收，则是从脾主肌肉，促其扶正生肌考虑的。

四、损其肺者益其气——黄芪建中汤加半夏（后世名删繁建中汤）

虚劳病诸方，并无专用的调补肺气方，仲景仅在黄芪建中汤方后自注“及疗肺虚损不足，补气加半夏三两”一句，遂开后世补土生金以益肺气之先河。肺主气，主要是主持水谷之气与呼吸之气的敷布，今用建中汤补土生金，固其宜矣，但建中主升，倘若肺极虚而不得肃降，就有壅满上逆之虞，故得加半夏以促其下降，这与前贤谓补中益气汤有

时可发生气高而喘是同一道理。所以，临床上见严重肺气肿的病人，在补气时往往要选半夏、枇杷叶、杏仁、厚朴等，才会补而不滞。对此，徐忠可注云："气不顺加半夏，去逆所以补正也"。黄芪建中汤的治疗范围与小建中汤略同，但甘温除大热则本方更胜。曾治一人，因居室装修，劳累较甚，油漆时突感呼吸不利，咽痒干咳，身觉发热，考虑为卫虚感受漆气所触，用黄芪建中汤加半夏，2剂诸证若失。

五、损其肾者益其精——《金匮》肾气丸

肾藏精，损其肾者，阴虚固宜益精，阳虚也应在益精的基础上补阳，这就是张景岳"善补阳者，必于阴中求阳"的意思。肾气丸一方，在大量滋阴药中配以少许桂、附，究竟是补阴还是补阳？曾有争议。方剂学中历来归入补阳剂，但也有人认为主要药物是滋阴，应当归入滋阴剂。柯琴有曰："此肾气丸纳桂附子滋阴剂中十倍之一，意不在补火，而在微微生火，即生肾气也。"似应属于平补剂。有一老者，患糖尿病，并发高血压与眼疾，视力锐减，长期服用杞菊地黄丸、明目地黄丸皆不效，后建议改投肾气丸，1月后尿糖、血糖、视力均有所改善，后长期使用亦未见不良反应。可见本方是平补而非温燥之剂。本方另一特点是补中有泄，习惯上所称"三泄"，但从茯苓、泽泻配桂枝来看，隐然含五苓散之义，可见方中有开有合，既能用于小便不利，又能用于小便失禁或反多。后人据此结构稍作调整，如加重桂附的桂附八味丸、加鹿茸及五味子的十全大补丸以补肾阳；去桂附或加知柏、或加杞菊的六味地黄丸、知柏地黄丸，杞菊地黄丸以补阴；加牛膝、车前子的济生肾气丸以利尿消肿等等，其衍生方多达60余首，极大地拓宽了肾气丸的应用范围。乃万变不离其"损其肾者益其精"的宗旨。

六、结语

从上述对虚劳病方的简略分析中，可得到以下初步体会。

其一，虚劳病是"积虚成损，积损成劳"的慢性衰弱性疾病；既有五脏滋养之匮乏，又有功能的衰退。所以不同于一般的虚证，不能简单地视气、血、阴、阳而补之。若只用对应治疗填补法，短程的治疗尚可，久则必有弊端，甚至还有"虚不受补"的情况。《金匮要略》发挥的《难经》治则，包括心之调营卫、肝之缓其中、脾之适寒温助运化、肺之降逆顺气、肾之利其开合，都是虚损的具体治疗方法。这一思想还可以上溯到《内经》中论补的方圆之道，在经典中是一以贯之，十分深刻的。

其二，虚劳病患者免疫力差，在疾病的某个阶段，既可因虚而招来外邪，又可因病理产物的潴留而滋生内邪，所以并非全程皆补，而必须具体地分析标本主次，或从标顾本，或从本顾标，前者如大黄䗪虫丸证，后者如薯蓣丸证，举一反三，其他如夹滞夹痰证等。总之，在治疗时不能只顾一面，而是应兼顾两面，弄清主次，允执其中。

其三，要从法则的高度认识经方。法不变而方可变。李东垣从小建中汤法创造了补中益气汤一类名方，吴鞠通从炙甘草汤衍化出系列加减复脉汤，赵献可等依据肾气丸发挥了命门学说，这些历史事实，提示经方与时方，不仅不相互排斥，而是互为补充。只要掌握了经方的理与法，就可以正确吸收前人的丰富成果，还可以在自己的实践中进行再创造，使中医独具特色的治疗方法，不断传承光大。

[《湖南中医学院学报》2001，21（4）：29]

《金匮要略》皂荚丸在肺系病中的应用

傅志红　江西中医学院

《金匮要略·肺痿肺痈咳嗽上气病脉证治第七》："咳逆上气，时时吐浊，但坐不得眠，皂荚丸主之"。皂荚丸由皂荚、蜜、枣膏组成。现今临床上很少单独应用，而且对其疗效评价也缺少文献报道，因此注意重视对经典方的发掘和研究，实现在继承的基础上创新，是当代中医临床工作者必须重视的问题。笔者在随师洪广祥教授对肺系病症的临床研究过程中，发现《金匮要略》皂荚丸方在辨证准确，加减得法的前提下，不仅疗效甚佳，而且有着较广的适应范围。现就该方的应用体会报道如下。

《金匮要略》皂荚丸方有关问题的剖析

1. 皂荚丸方的适应证候　根据条文"咳逆上气，时时吐浊，但坐不得眠"的简短描述来看，其主要适应症是咳嗽喘息，胸部憋满，痰多粘稠如胶，咳唾不爽，但坐不得卧，大便难，苔腻及脉滑等，属于"痰浊壅肺"的咳喘实证。由于痰浊壅塞，气道不利，肺失肃降，故"咳逆上气"，肺中稠痰随"上气"而出，故"时时吐浊"；由于痰浊

壅盛，虽“吐”而咳逆喘满依然不减，卧则气逆更甚，所以“但坐不得眠”，上述以“咳、痰、喘”为中心的症状，在慢性阻塞性肺病中最为常见。据对慢阻肺住院病人的症状分析，咳嗽、喘息分别占94.9%和74.9%；咯脓痰占66.8%，量多于50ml者占48.4%，不能平卧者68.7%。由于本病患者不仅具有明显的气流阻塞特征，且伴有不同程度的气道高反应性，所以“咳逆上气”“但坐不得眠”的症状非常突出，同时本病患者气道产生大量粘液分泌物，加之排痰不畅，痰液潴留，又易出现继发感染，更使症状难以缓解。

笔者认为，《金匮要略》皂荚丸方的中心主症，应定位在“浊”痰这个关键症状上，“浊”痰是引起“咳逆上气”的主要矛盾，由于浊痰壅肺，肺失清肃；而“咳逆上气”“但坐不得眠”，又因浊痰壅盛，且痰液粘稠难出，形成“顽痰胶固”，阻塞气道，促使气道阻力加大，通气障碍加重，病者虽“时时吐浊”，亦难以使“咳逆上气”症状缓解。因此，在治疗上必须加大“涤痰”的力度，而达到痰去则喘咳自止的目的。

2. 皂荚丸方的择药背景　根据“咳而上气，时时吐浊，但坐不得眠”的临床表现，显然属于“痰浊壅肺”，肺失肃降所致，此阶段如果应用咳嗽上气病中的射干麻黄汤之类温肺化痰（饮），降逆平喘已是方不对证，病重药轻了。因此，仲景选用具有宣壅导滞，利窍涤痰，药力峻猛的皂荚。为缓和其峻烈之性，故酥炙蜜丸；枣膏调服以顾护脾胃，达到痰除而不伤正。正如徐灵胎所谓：“稠痰粘肺，不能消涤，非此不可”。《经方实验录》也强调指出：“夫甘遂之破水饮，葶苈之泻肺胀，与皂荚之消胶痰，可称鼎足而三。惟近人不察，恒视若鸩毒，弃良药而不用，伊谁之过矣?”再次肯定皂荚清涤胶痰的重要功用。皂荚始载于《本经》，为豆科植物皂荚的果实或不育果实，前者称皂荚，后者称猪牙皂。以肥厚、色紫褐者为佳。该药味辛、咸，性温，有毒，归肺、肝、胃、大肠经，能开壅塞之肺气，软化稠厚之顽痰，用于顽痰壅塞、喘咳气急之症。尤其对咳喘痰多、胸满气急、难以平卧之肺实证有很好的效果。现代药理实验研究也证明皂荚有良好的祛痰作用，特别是在给药后第一小时为最强，说明其有一定的速效作用。皂荚中所含的皂甙能刺激胃黏膜而反射地促进呼吸道粘液的分泌，从而产生祛痰作用。

3. 皂荚的毒副作用　皂荚有溶血作用，但高等动物一般对其吸收很少，故口服并无溶血毒性，而主要表现为局部黏膜刺激作用，但如服用量过大或有胃肠黏膜损伤，则可产生溶血和其他组织细胞毒作用。特别是中枢神经系统，可致先痉挛后麻痹，最后呼吸衰竭死亡。国内曾报道因服大剂量皂角煎剂（200g，混以老醋一杯）而中毒死亡者。我导师在临床上应用皂荚多年，从未发现有何副作用，常用量控制在6g入煎剂，儿童和成年人用量相当。这里我想推荐《妇人良方》中的千缗汤，该方是从《金匮》皂荚丸方演化而来，有继承创新的寓意。临床使用有较好疗效。该方由皂荚、半夏、甘草、生姜组成。主治“痰喘不能卧”和“风痰壅盛喘急，日夜不得卧，人扶而坐者”。认为方中“甘草能益脾，皂荚能去垢，半夏能破逆。曰千缗者，重其效也。”同时，生姜和甘草具有“解毒”“和中”的作用，能更好地体现《金匮》皂荚丸方除痰而不伤正的目的。

皂荚在肺系病中的应用

皂荚丸的病机重点是“痰浊壅肺”，其症状特点是：咳喘痰多，痰粘稠成块，咯唾不爽，虽频吐稠痰而咳喘仍毫无缓解之势。皂荚味辛而咸，辛以散结，咸以软坚，能宣壅导滞，利窍涤痰，又皂荚质润多油，有润肠通便之效，可使浊痰从大肠而去，所以临床在严格辨证，合理配方的前提下，可广泛用于肺系病中。现将随师临床运用体会举例如下：

慢性阻塞性肺疾病：本病在急性发作期，以合并感染为主要矛盾，由于气道粘液分泌亢进，痰量增多，且多数患者排痰不畅，使痰液更加稠厚胶粘，甚至形成粘液栓子，进一步加重气道的壅塞，致使“咳逆上气”“但坐不得眠”的症状难以缓解，且有痰壅气闭的危险，这时必须用刺激性的祛痰药，加大涤痰的力度，以解除气道的壅塞。导师常用的组方思路是以千缗汤合礞石滚痰丸为基础，作为“涤痰”的基本方药，取名为宣壅导痰汤，由皂荚6g、法半夏10g、生姜10g、生甘草10g、礞石20g、沉香木10g（入煎）、黄芩10g、生大黄10g。应用本方的时机，主要定位在痰液稠厚胶粘，“时时吐浊”伴见痰郁化热的阶段。若无明显痰郁化热的征象，仅是浊痰胶粘，可在辨证基础上，合用千缗汤（皂荚、法半夏、生姜、甘草），常可收到相得益彰的效果。

支气管哮喘：哮喘迁延或哮喘持续状态，由于呼吸喘急，气津耗散，痰液粘稠难出，甚至“痰栓”形成，致使哮喘不易缓解，尤其儿童和老年哮喘患者更为多见，在临床上病人常说，如能使痰液轻松咯出，哮喘症状就可明显改善。由此可见治痰平喘的重要性。导师常用治哮喘的经验方蠲哮汤（葶苈子、青皮、陈皮、牡荆子、槟榔、大黄、生姜等）与千缗汤或合礞石滚痰丸同时应用，平喘效果非常明显。患者服药后大便随之通畅，咯痰顺畅，哮喘随之缓解。儿童服药后粪便中常挟有痰状粘液，三日后逐渐消失，反证了“肺与大肠相表里”，脏腑相关理论的科学性和实用性，临床上值得重视。

支气管扩张症：本病为慢性化脓性炎症，患者常年持续咯吐黄脓痰，当出现急性感染时，不仅“时时吐浊”，且痰液胶粘程度日见加重，虽经反复、大量使用抗生素，有时感染症状仍难以控制，甚至“咳逆上气”症状不断加剧。导师根据“有脓必排”的理论，加大排痰祛“浊”的力度，这对控制肺部感染，改善咳喘症状，有着极为重要的临床意义。导师常以《金匮要略》治肠痈的薏苡附子败酱散、大黄牡丹皮汤和宣壅导痰汤加减，用于治疗“浊”痰壅肺，“时时吐浊”的支气管扩张症排痰不畅的患者。其用药为：薏苡仁 30g，熟附子 10g，败酱草 15～20g，丹皮 10g，冬瓜仁 30g，生大黄 10g，桃仁 10g，皂荚 6g，法半夏 10g，生姜 10g，生甘草 10g，礞石 20g，黄芩 10g，沉香木 10g 等。服药后多数病人粘稠胶痰稀释，较易排出，痰量先多后少，“咳逆上气”症状随之改善，肺部啰音亦随之减少，由于痰液粘稠度减轻，排痰较通畅，肺部感染逐渐控制，因而也在某种程度上使西药抗生素的抗炎作用得到有效提高。

典型病案

刘某，男，66 岁。反复咳嗽 20 年，前次住院确诊为慢性阻塞性肺疾病。本次发病因咳喘症状较重，而入省某医院住院，经抗感染、对症、支持治疗，患者症状改善不甚明显，且有加重趋势。于 1994 年 11 月 19 日请导师会诊。会诊时症见喘促甚急，憋气欲死，张口抬肩，呼长吸短，喉中痰鸣如拽锯，汗湿衣被，不能平卧，每咳出黄色稠粘冻状痰则喘憋减轻。患者双目外突，四肢厥冷，面色潮红，口渴思饮，烦躁，大便干结，舌红暗而苔少，脉细数而弱。查体：肺气肿征象，两肺呼吸音减弱，两下肺可闻及湿啰音及少量细小哮鸣音，心率 124 次/分，律齐，血常规示：WBC9.6 × 10^9/L，N74%，L26%，血气分析示：$PaCO_2$65mmHg，$PaCO_2$54mmHg，HCO_3^- 28.6mmol/L。西医诊断：慢性阻塞性肺疾病合并感染，呼吸衰竭Ⅱ型。中医诊断：肺胀，喘证。辨证为气阴两虚，顽痰阻肺，已显现内闭外脱之危象。治以涤痰开闭，益气救阴，回阳固脱。方用千缗汤、礞石滚痰丸、参附汤合生脉饮加减。药用：皂荚 6g，法半夏 10g，礞石 20g，沉香 10g，黄芩 10g，生大黄 10g，西洋参 10g，熟附子 10g，麦门冬 15g，五味子 10g，煅龙牡各 20g，山萸肉 10g。每日一剂，水煎 3 次，每 8 小时服一次。另加服参茸黑锡丹 1.5g/次，日 2 次。连服三天。患者服药后，咳出大量黄粘胶痰，总量约 300ml，大便日 3～4 次，下痰状粘液便多量，随之喘减过半，能平卧而眠，汗出明显减少，诸证改善，效不更方，原方再进二剂，喘咳气逆基本缓解，稠粘胶痰消失，大便通畅，1～2 次/日，已无痰状粘液粪便，饮食增加，体力改善，导师遂以验方盎气护卫汤合蠲哮汤加减善后调理半月，症状完全缓解出院。

按：由于患者“浊”痰壅肺，气道闭塞，肃降失常，故喘促甚急，气憋欲死。汗湿衣被，既是喘甚逼汗外出，又是阳气失固，汗津外泄的危象。汗湿衣被，与四肢厥冷，脉细数而弱同见，是阳气外脱的典型见症。面色潮红，口渴烦躁，舌红苔少，为阳损及阴，阴虚液亏所致。“肺与大肠相表里”，肺气壅塞，腑气不通，故大便干结。“浊”痰郁久化热，邪热郁闭，故痰黄粘稠。由此可见，本病属寒热错杂，虚实互见，既有浊痰壅肺，气道阻塞，肺失肃降，郁而化热的肺实证（上实），又有阳损及阴，阴阳两虚，气阳欲脱的虚衰证（下虚），且已显见“内闭外脱”的危急征象。导师指出在本案治疗过程中，必须妥善处理“内闭”与“外脱”的关系，才能实现病情的良性转机。因此在处方用药上，一方面用除痰最猛的皂荚涤痰宣壅，合礞石、沉香以破结软坚，下气坠痰，并伍以化痰除垢，散结消痞的半夏，以加强涤痰除浊之力，再配合黄芩、大黄上清肺热，下通腑气，以解除肺气郁闭。诸药合用，可达到泻实除壅、利气平喘的目的。另一方面，用参附汤合生脉散，以益气养阴、护阳固脱，并配合山萸肉、牡蛎以加大固脱之力度。黑锡丹为温降镇摄救急之品，可起到温补元阳，以治下虚之本，降逆坠痰以治上实之标，是一种补虚泻实、降逆定喘，具有急救功效的传统中成药。本病案取得迅速平喘的效果，与黑锡丹救脱平喘的功效是分不开的。

［《中国医药学报》2001，16（4）：42］

金匮肾气丸药理研究进展

张家玮　张家林　北京中医药大学

金匮肾气丸的药理研究工作，目前不但进展较快，而且取得了可喜成绩。今综述如下。

一、研究进展

1. 神经系统　程嘉艺等[1]采用Y迷宫法、回避反射法分别观察了金匮肾气丸对于氢化考的松造成的阳虚小鼠及18月龄以上自然衰老大鼠学习记忆能力的影响，发现金匮肾气丸能明显增强阳虚小鼠与老龄大鼠的学习记忆功能。同时测定了实验小鼠脑组织内线粒体脂质过氧化物的水平，结果显示，金匮肾气丸可显著对抗氢化考的松造成的小鼠脑组织线粒体脂质过氧化物水平提高。王东方等[2]通过检测豚鼠的脑干听觉诱发电位（ABR），观察动物的外观行为、体温变化、耗氧量以及应激能力的改变等，探讨了金匮肾气丸对于庆大霉素耳蜗毒性损害的拮抗作用。结果显示，金匮肾气丸在明显降低耳毒豚鼠脑干听觉诱发电位的同时，对于动物整体功能状态的修复亦具有良好的作用。

2. 免疫系统　刘叙仪等[3]观察了金匮肾气丸水煎液对雌性Swiss小鼠免疫功能的影响，发现本方可明显增强小鼠腹腔巨噬细胞的吞噬功能。实验结果显示，治疗组小鼠的腹腔巨噬细胞吞噬率、吞噬指数均明显高于正常水对照组，组间疗效差异显著（$P<0.01$）。

3. 内分泌系统　周超凡等[4]指出，肾阳虚的人或动物都可能表现出下丘脑—垂体—肾上腺皮质系统的功能紊乱，而服用金匮肾气丸治疗后，上述病变常能得到不同程度的改善甚或完全恢复正常。说明温补肾阳类药物在具有可的松样正作用的同时，避免了激素类药物的副反应，且能拮抗外源性激素的反馈性抑制，防止肾上腺皮质的萎缩。

4. 生殖系统　陈庆平等[5]以8%金匮肾气丸水溶液1ml/20g灌胃给药，每日1次，连续8周，观察了本方对生育末期小鼠体内性激素水平的影响，发现该方可显著提高小鼠体内睾丸激素、促卵泡激素水平。程嘉艺等[6]观察了金匮肾气丸对于老龄大鼠体内性激素水平的影响。结果表明，金匮肾气丸能明显提高老年雄性大鼠血清睾丸酮及老年雌性大鼠血清雌二醇的含量，并可显著增加老年雄性大鼠双侧睾丸重量。狄俊英等[7]研究发现金匮肾气丸可明显提高大鼠受损睾丸组织中的cAMP水平，说明通过第二信使cAMP的含量调节而起到调整体内激素水平和恢复内分泌功能正常的作用，可能是金匮肾气丸的作用机制之一。

5. 循环系统　张建新等[8]通过动物实验观察了金匮肾气口服液对于心血管系统的药理作用。实验结果表明，金匮肾气口服液能明显延长小鼠常压耐缺氧存活时间，可显著改善垂体后叶素所致大鼠急性心肌缺血，能明显降低氯仿所致小鼠心室颤动的发生率，可显著延长乌头碱诱发大鼠心率失常出现的时间，能明显抑制大鼠血小板的聚集功能，为临床应用该方防治心血管疾病提供了实验依据。

6. 物质代谢

（1）糖类代谢：岛津孝[9]探讨了金匮肾气丸提取物对于大鼠耐糖能力的影响：在无麻醉的条件下给大鼠作葡萄糖口服负荷及静脉负荷试验，同时分析血中葡萄糖及胰岛素的动态变化情况，借以观察金匮肾气丸对于大鼠耐糖能力的影响。实验结果显示，金匮肾气丸通过作用于交感神经系统可能产生降血糖效果。

（2）脂类代谢：余美娟等[10]观察了金匮肾气丸对于鹌鹑食饵性高脂血症的影响。实验结果显示，金匮肾气丸组的血清总胆固醇（TCH）和甘油三脂（TG）含量均明显地低于高脂组，而血清高密度脂蛋白—胆固醇（HDL-ch）及α-脂蛋白含量同高脂组相比则显著增加，表明金匮肾气丸可提高高脂膳食动物血清HDL-ch及α-脂蛋白含量，对于动物高胆固醇血症、高甘油三脂血症的形成具有一定的抑制作用。

（3）氨基酸代谢：动物实验证明，白内障眼病者其晶状体中GSH（还原型谷胱甘肽）和GSSG（氧化型谷胱甘肽）含量显著减少。小曾户洋[11]报道，以24月龄Wistar大鼠为实验动物，按每日1g/kg剂量给予口服金匮肾气丸提取物，连续12个月，研究给药后大鼠36月龄时机体内谷胱甘肽的代谢情况。发现金匮肾气丸组大鼠晶状体及精巢中GSH、GSSG含量显著上升，血中GSH含量亦明显升高，为该方预防白内障眼病的发生提供了实验依据。

7. 抗疲劳作用　蒋珠芬等[12]取昆明种小鼠30只，雌雄兼用，随机分组，分别观察了金匮肾气丸及金匮肾气口服液的抗疲劳作用。灌胃给药30分钟后，做游泳试验（抗疲劳试验），结果表明金匮肾气丸及金匮肾气口服液均可使小鼠存活率提高50%以上。

8. 抗衰老作用　刘宏阳等[13]观察了金匮肾气

丸水煎液对于不同年龄小白鼠的抗衰老作用。实验结果表明，该方能减轻自由基对肝组织的损伤，从而使肝脏脂质过氧化物（LPO）含量下降；同时，该方还具有一定的抑制脑单胺氧化酶（MAO）活性的作用，从而说明金匮肾气丸可能是一种良好的抗衰剂。

9. 抗突变作用　王明艳等[14]以ICR纯种小鼠的骨髓细胞为实验材料，以公认的诱变剂环磷酰胺（CPP）诱导所致姐妹染色单体互换（SCE）作为检测指标，观察了金匮肾气丸对于ICR小鼠骨髓细胞SCE的影响。发现金匮肾气丸对于SCE具有明显的抑制作用，从而提示该方在预防肿瘤方面具有潜在的价值。

10. 抗辐射损伤　郑小伟等[15]观察了金匮肾气丸对于SD大鼠慢性电离辐射损伤的防护作用，结果显示金匮肾气丸能明显降低辐射诱发的大鼠骨髓细胞染色体畸变率，能很好地纠正辐射所引起的大鼠白细胞总数下降，表明该丸具有良好的减轻辐射损伤的作用。

二、探讨与展望

从所获文献资料来看，有关金匮肾气丸的药理研究报道多从对某一系统或某一病变指标的影响入手，观察该方的治疗效果并探讨作用机制。在实验中，多根据现代医学发病原理进行动物模型的复制或在西医学原有动物模型基础之上稍加改进而制作病理模型。这种研究方法固然可以在一定层面上揭示中药复方的某种体内作用规律，但由于中医学自身的特色及优势是宏观把握及整体调节，其临床遣药用方的基本思维是辨证论治和方证对应，以“病”为着眼点的中药药理学实验研究方法显然与中医“辨证用药”的治疗准则相差甚远。尽管建国以来，广大学者在中医证候动物模型的研究领域进行了积极的探索，然而迄今为止，成熟定论的动物模型并不多见。今后若能从改进动物模型入手，积极发掘现代医学病症和中医辨证分型之间的内在联系，尽快建立中医证候的客观综合指标体系，进而复制出符合该指标体系的中医证候动物模型，从方证对应的角度着手用药，立足整体，把握全局，将全方位、多层次、多靶点的指标检测纳入药物疗效评价标准，从多学科、多系统、多病种的角度探讨药物治疗机制，对于准确把握中药复方的体内作用原理以及客观评价中药复方的治验结果，将会更具权威性及说服力。

参考文献

[1] 程嘉艺，孙文静，张予阳．肾气丸方易化阳虚小鼠及老龄大鼠学习记忆能力的实验研究．中成药，1992，14（10）：33－34.

[2] 王东方，干祖望，余江毅，等．金匮肾气丸拮抗庆大霉素耳毒性作用的机理研究．南京中医药大学学报，1997，13（5）：284－286.

[3] 刘叙仪，庞玉滨，赵玉亮，等．六味地黄丸或金匮肾气丸辅助治疗小细胞肺癌的疗效观察——附六味地黄汤及金匮肾气汤对小鼠免疫功能的影响．中西医结合杂志，1990，10（12）：720－722.

[4] 周超凡，张静楷．中药复方药理学研究探讨．中成药研究，1980，2（3）：4－7.

[5] 陈庆平，郭凌燕．金匮肾气丸、六味地黄丸对小鼠性激素影响的实验研究．中国药房，1999，10（6）：255.

[6] 程嘉艺，张予阳，吴强．金匮肾气丸对老龄大鼠性激素水平的影响．中国中药杂志，1993，18（10）：619－620.

[7] 狄俊英，崔洪英，苗戎，等．肾气丸与六神丸对靶组织cAMP含量影响的实验研究．天津中医，1998，15（4）：180－181.

[8] 张建新，李兰芳，吴树勋，等．八味地黄口服液药理作用研究．中成药，1994，16（3）：23－33.

[9] 岛津孝．用小动物检定糖尿病治疗药的方法及八味地黄丸的效果．国外医学·中医中药分册，1984，6（1）：56－57.

[10] 余美娟，姚晓渝，周思萍，等．金匮肾气丸对鹌鹑食饵性高脂血症和血清过氧化脂质的影响．中国药学杂志，1990，25（7）：419－420.

[11] 小曾户洋．八味地黄丸对加龄的影响—八味地黄丸与谷胱甘肽代谢．国外医学·中医中药分册，1984，6（1）：57－58.

[12] 蒋珠芬，田军，杨士友，等．桂附地黄口服液的药理作用．中成药，1991，13（11）：46.

[13] 刘宏阳，程士德．按照肾气发育周期因时抗衰的实验研究—八味地黄汤对不同年龄小白鼠耐寒、抗疲劳作用及组织MAO、LPO水平影响的观察．北京中医学院学报，1987，10（6）：33－35.

[14] 王明艳，吴海涛，赵鸣芳，等．4种方药对环磷酰胺诱发的SCE的抑制作用．中成药，2000，22（3）：212－214.

[15] 郑小伟，刘明哲，程志清，等．金匮肾气丸对SD大鼠慢性电离辐射损伤的防护作用．中国中医药科技，1999，6（6）：382.

［《浙江中医杂志》2001，（9）：408］

论《金匮要略》后三篇急救法

张建荣　陕西中医学院

《金匮要略》后三篇记录了大量的急救方法与

方药，这些救急法反应了古人在寻求救急方法与方药方面的状况，可以说这些方法是经过古人亲自实践才记录下来的，但这些经验是粗糙的、未经理论升华的杂疗急救方法，不能成为经典之作。但这些记载开创了中医急救学的先河，有些方法与措施至今对临床急救仍有启示和指导作用。现将其整理归类为8个方面，予以陈述。

一、解毒法

解毒法用于饮食中毒。如《禽兽鱼虫禁忌并治》记载：自死六畜肉中毒，黄柏屑捣服；郁肉漏脯中毒，取烧犬屎酒服，或服人乳汁，或饮生韭汁；干脯霉变或狸肉漏脯中毒，大豆浓煮汁饮服；六畜鸟兽肝中毒，服豆豉汁；马肝中毒，雄鼠屎水和服，或服人垢；马肉中毒，香豉、杏仁蒸熟杵之服，或服芦根汁；啖蛇牛肉，饮人乳汁；牛肉中毒，甘草煮汁饮；鸟兽中毒箭死，大豆煮汁与盐汁同服（盐汁，即蓝实。蓝实：《品汇精要》云：解毒药，毒箭、金石药毒、狼毒、射罔毒）；食鲙不消，结为癥病，马鞭草捣汁饮之，姜叶汁饮之亦能消；“食鱼后食毒”，橘皮浓煎汁服之；食鯸鳡中毒，芦根煮汁服之；蟹中毒，紫苏煮汁服之，或紫苏子捣汁服之，或饮冬瓜汁或食冬瓜亦可。《果实菜谷禁忌并治》记载：治诸果中毒，猪骨烧灰，研末水冲服，亦治马肝、漏脯等毒；食诸菌中毒，饮用人粪汁、土浆水、大豆浓汁；闭口蜀椒中毒，肉桂煎汁饮之，并饮冷水，或食蒜，或饮地浆，或饮浓煮豉汁；误食钩吻（别名断肠草，辛温有大毒），用荠苨水煮温服；误食水莨菪（即天仙子，含莨菪碱、阿托品，有毒），甘草煮汁服之；食苦瓠中毒，黎穰煮汁服之（黎穰作黍穰，苏恭言服苦瓠过分，吐利不止者，以黍穰灰汁解之）；饮食中毒烦满者，犀角汤效佳；“凡诸毒，多是假毒以投，无知时宜甘草荠苨汁饮之，通除诸毒药”。以上解毒药有黄柏屑、马鞭草、大豆、淡豆豉、香豉、杏仁、鲜芦根、甘草、蓝实、橘皮、肉桂、紫苏、蒜、荠苨、黎穰、犀角、猪骨、冬瓜汁、生韭汁、姜叶汁、地浆、人乳汁、人粪汁、人垢、烧犬屎、雄鼠屎等，其中出现率最高者是豆类药，如大豆出现4次，并提到淡豆豉、香豉；其次是甘草出现3次，并提出与荠苨“通除诸毒药”；荠苨、芦根出现2次。另外，在上述诸药中甘寒清热解毒药居多，如黄柏屑、甘草、大豆、淡豆豉、香豉、芦根、马鞭草、冬瓜、荠苨、犀角、人乳汁、地浆水等。在《食兽鱼虫禁忌并治》首条指出：“凡煮药饮汁，以解毒者，虽云救急，不可热饮，诸毒病，得热更甚，宜冷饮之”。说明诸中毒病，多为热毒，故宜甘寒之品以清解之。

二、催吐法

催吐法用于饮食中毒之初或食积胃之上脘者，通过呕吐即可祛除毒邪与食积。《食兽鱼虫禁忌并治》篇提出：“食鲙多不消，结为癥病……可服吐药吐之”；《果实菜谷禁忌并治》提出：贪食，食多不消，出现心腹坚满疼痛，用盐一升，加水三升，煮令盐消服之，便可吐出所食之物，盐具咸寒涌泄之功；若饮食中毒，出现烦满，方用苦参三两、苦酒一升半，煮三沸服之，吐出食物即差，此取苦参与苦酒酸苦涌泄之力；食诸菌中毒，闷乱欲死，初期可服吐药吐之，若已入肠道可用攻利导下之药。《腹满寒疝宿食病脉证治》的“宿食在上脘者，当吐之，宜瓜蒂散（瓜蒂、赤小豆、香豉）”，亦可用来催吐胃中毒邪。

三、开窍法

开窍法乃治疗卒死的急救措施，是从窍道给药，以求起死回生之术，此方法集中于《杂疗方》篇。开窍法给药途径有四：（1）鼻窍给药：①薤捣汁灌鼻中；②鸡冠血吹鼻中；③皂荚末吹鼻中；④菖蒲屑吹鼻中。（2）口腔给药：①猪脂与苦酒煮沸，灌喉中；②牛洞与温酒灌喉中；③狗屎绞汁灌喉中；④发灰酒和灌喉中；⑤还魂汤用麻黄、杏仁、甘草救卒死，客忤死，《千金》云：“口噤不开，去齿下汤……须臾立苏”。亦可用韭根、乌梅、吴茱萸。（3）舌下给药：桂屑着舌下。（4）耳窍给药：救卒死而目闭者，骑牛临面，捣薤汁灌耳中（并吹皂荚末鼻中）立效；在《果实菜谷禁忌并治》提到水银入人耳或六畜耳，将金银着耳边，水银则出。开窍药多为芳香辛烈或腥膻臭秽之品，是用其偏极之性味以开窍醒神。其中的薤汁、韭根、皂荚、杏仁、石菖蒲、吴茱萸、麻黄、桂屑、酒等具有芳香温通之性，可开通气机、祛散邪气，使气血流通、心神复苏；取牛洞、狗屎臭秽之物以刺咽喉，诱使知觉复苏；猪脂能润滑窍道；发灰祛瘀活血通脉。舌下给药开创了急救给药的重要途径，此法方便快捷，取效迅速，药力直接刺激心窍，进入血脉，使气血流通、心神复苏。

四、攻下法

攻下法用于饮食中毒，或邪毒阻滞胃肠，通过攻下使邪毒积滞从大便排泄。如《杂疗方》三物备急丸（大黄一两、干姜一两、巴豆一两）治疗心腹卒暴百病，或中恶客忤，心腹胀满，卒痛如锥刺，气急口噤，停尸卒死者，用暖水或酒冲服三物备急丸；或捧头灌入咽，须臾肠鸣下泄便差；对口噤不开者，可折齿灌入。所谓“备急”即常备以应急需。现代医学的急性肠梗阻、胆石症等与本方证有关。在《禽兽鱼虫禁忌并治》记载：食鲙过多，在心胸间不化，生冷鱼毒停蓄胃脘，不能吐出者，宜“速下除之，久成癥病”，方用橘皮一两，大黄二两、朴硝二两以和胃攻下。若进食疫死牛肉致胃肠坚积不通者，亦宜快利药攻除疫毒。毒邪进入胃肠道，尚未完全吸收，口服泻下药导泻，是毒邪排出的又一重要途径。

五、活血法

活血法用于外伤急症。《杂疗方》“治马坠及一切筋骨损方”。“马坠”可泛指从高处坠落形成的急性损伤，“一切筋骨损伤”包括各种原因所致的外伤急症。方用大黄（后下）、绯帛（系茜草或红花或苏木所染成的丝织品，具有活血祛瘀作用）、炊单布、败蒲、桃仁、甘草，用童子小便煎药成汤，并纳酒一大盏，次下大黄，煎去渣，分 3 次温服。本方活血化瘀镇痛，服之可攻逐内脏瘀血，并外用败蒲席半领煎汤洗浴清创，促使瘀血从肌表消散，如方后云“斯须通利数行，痛楚立差。利及浴水赤，勿怪，即瘀血也”。“通利数行”，盖指瘀血从小便或大便排出；“浴水赤”即通过败蒲洗浴清创使瘀血从肌表消散之征。

六、艾灸法

艾灸是取艾火之温热可注入经络脏腑以温通阳气或升提阳气的急救法。如《杂疗方》“救卒死而张口反折者方，灸手足两爪后十四壮了，饮以五毒诸膏散”。张口与背反折，乃经筋之病，太阳经脉行身之背，阳明经行身之前，环绕口唇。卒死而口张是邪入阳明经脉，并见背反折是邪入太阳经脉。手足爪甲为三阴三阳、十二经脉之终始点，艾灸此部位既可以接引阳气又可使艾灸之热气内注，则机体阳气通行流畅，气血随行，张口、反折缓解，神明复苏。“救卒死而四肢不收失便者方……灸心下一寸，脐上三寸、脐下四寸各一百壮，差”。此卒死出现四肢不收、大小便失禁，乃正气衰微不能统摄，阳气下脱，相当于脱证，艾灸心下一寸（巨厥）、脐上三寸（建里）、脐下四寸（中极），可复上、中、下三焦阳气。

七、温浴法

是用热汤浴身以回阳祛邪之法。《杂疗方》记载“凡中暍死，不可令得冷，得冷便死”。若在“道路穷，卒无汤”紧急情况下，可用屈草作成圈带，围绕于中暍者脐部，再令多人溺于脐部，取尿之温热若汤以温暖脐腹回阳气，但尿需流去，以防变凉。亦可用热泥土、暖车缸温暖脐腹，这种用热尿、热泥土、暖车缸温暖脐腹之法，是为了保护机体阳气或温复阳气，忌用冰冷之物冷敷，否则暑热遏郁体内，难以散发，病将加剧。“救卒死而壮热者”，方用矾石半斤，水煮消，以渍脚没踝。此浴足法是取矾石酸寒以清热降逆，引上热以下行。治“马坠及一切筋骨损伤方”，用败蒲“煎汤浴，衣被盖覆”，亦温浴法。“救溺死方，取灶中灰两石余，以埋人从头至足，水出七孔，即活”，溺水是水从孔窍注入脏腑，气机壅闭，治取灶中灰埋人法，即灰浴法，是取草木灰之余热以温通周身经络之阳气，并吸敛水湿，恢复气血流通，促使水出七窍。

八、按摩法

按摩法即按摩胸腹引挽四肢头颈的方法。《杂疗方》救自缢死（上吊死）的方法即按摩法。救治方法：徐徐抱住解下，不可断然截断其绳，以防坠震加速死亡。将其安放仰卧被褥上，令一人脚登死者两肩，手挽其发，向后弦紧勿放松，使颈项平直，气管通畅；一人用手按压胸部，并不断松动，其节律以常人呼吸为度，助其肺气通畅（恢复胸式呼吸）；一人按摩臂胫及腹部，并不断地徐缓屈伸四肢，使四肢气血流通，腑气通畅（恢复腹式呼吸）。用上述方法经过一顿饭时间，自缢者气从口出，呼吸恢复，两眼睁开，但仍须断续引挽按摩，勿置之不理，亦勿搬弄运动太过，以防劳伤其气。稍等片刻，再给含服桂枝汤与粥汁以通阳和胃、濡润咽喉，若渐渐能咽下，稍停，再令两人用管吹其两耳，以通窍道。

九、结语

以上 8 法是古人救急的主要大法，这些方法对后世急救学有很大启发作用，如上述解毒法多用大豆、甘草、荠苨之类，后世解毒多用甘草绿豆汤，二者有源流关系；催吐法及攻下法与现代医学治疗食物中毒的洗胃、导泻大法吻合；开窍法中的舌下给药与当今的冠心病舌下含药方法一致；按摩法是最早的人工呼吸复苏术，而且方法比较完备，今人多取用之。在《杂疗方》救溺死方后注云：“上疗自缢、溺、暍之法，并出自张仲景为之，其意殊绝，殆非常情所及，本草所能关，实救人之大术矣”。可见《金匮要略》后三篇所载急救之法，是古人长期的实践经验总结。以上急救的方法、方药，有的被当今临床证实有效可取；有的合乎中医原理但尚未被当今临床验证；有的尚难理解，甚至不可思议。对此宝贵遗产有待进一步研究证实，以去粗取精，去伪存真，若弃之不顾实为可惜。

［《中国中医急症》2002，11（1）：41］

《金匮要略》中药物外治法的探讨

陈卫平　湖南省中医药学校

张仲景系东汉末年著名的内科医家，被后世推为汤药之祖。其经典著作《金匮要略》是我国现存最早的内伤杂病学专著。书中记载了很多的内治方药，但其中也有一部分内容是论述药物外治法，书中所载外治法、外治方有很多仍沿用至今且疗效卓越，对后世外治法的发展产生了深远影响。兹将张仲景《金匮要略》中药物外治法的特色及相关情况阐述如下。

一、创立了多种药物外治法和外治方

1. 洗涤法　仲景先生对中药煎汤外洗的应用相当广泛，既有直接清洗病变部位的、又有利用皮肤吸收、渗透药物而治疗内脏疾病的。如《金匮要略·百合狐惑阴阳毒病脉证治第三》中第六条（以下按原文三［六］的形式简称）“百合病，一月不解，变成渴者，百合洗方主之”。这是说百合病经久不愈，仅用内治法药力有所不及，故采用内服、外洗并用之法，通过百合洗方外洗全身皮毛亦可收到养阴清热之功。原方三［十一］“蚀于下部则咽干，苦参汤洗之”。此法是用去湿热之苦参洗涤前阴患处，泻下陷之毒热以治其本，湿热得清，咽干之标证则自愈。原文五［附方］“矾石汤治脚气冲心”。用矾石煎汤熏洗，收湿澄浊、清热解毒，如其湿邪下行而不上冲则心悸、气喘、呕吐诸证自愈。原文二十二［二十一］：“少阴脉滑而数者，阴中生疮，阴中蚀疮烂者，狼牙汤洗之”。这是用狼牙草清热杀虫，治下焦湿热之邪蕴结前阴，日久而致阴中糜烂成疮。以上各条均是采用中药煎汤外洗，既治疗外部疾病，又治疗内部疾病，既治本又治标，从而收到内病外治的效果。

2. 烟熏法　用中药点燃后烟熏患处，既有药物的直接作用，又可借助烟熏的热力作用温阳通络、调和气血。原文三［十二］“蚀于肛者，雄黄熏之”。因雄黄味苦平寒，能解毒杀虫燥湿，加之火烧烟熏其肛门溃烂之处，则能驱秽燥湿、杀虫解毒，也可调和气血、祛腐生肌、促进新肉生长。

3. 药敷法　仲景先生采用中药外敷局部，既治疗内科的伤风头痛，又治疗外科的浸淫疮和各种创伤。原文五［三］附方用头风摩散方涂擦外敷头部以温经散寒，去皮肤之风邪。原文十八［六］“病金疮，王不留行散主之”。这是指由于经脉肌肤受到创伤。使局部气血瘀滞，故用祛瘀活血、行气化滞的王不留行散外敷、内服进行治疗。

4. 坐药法　原文二十二［十五］“妇人经水闭不利，藏坚癖不止，中有干血下白物，矾石丸主之”。用矾石丸作为坐药，纳入阴道中，取其除湿热而止白带的作用。原文二十二［二十］“蛇床子散方，温阴中坐药”。用蛇床子散作坐药纳入阴道中，直达病所，既暖宫祛寒，又除湿杀虫”。

5. 纳药鼻中法　原文二［十九］“病在头中寒湿，故鼻塞，纳药鼻中则愈”。这是采取就近因势利导的“纳药鼻中”措施，以期宣泄上焦寒湿，使肺气通利，则诸证自解，其病自愈。原文杂疗方第二十三捣薤汁灌鼻中、捣薤汁灌耳中治卒死者；又如菖蒲屑纳鼻两孔中吹之治尸蹶。

6. 药烙法　原文二十二［附方］用雄黄、葶苈研末溶入热猪油脂中，趁热在局部烙之，以杀其蚀虫，治疗小儿疳热生虫、牙齿蛀蚀的牙科疾患。

二、使用了多种剂型的外用药

1. 药膏　是将药物碾成细末，然后选用一定的液状物质调制而成的。如：以头风摩散涂擦头部，治疗风寒头痛。

2. 油膏　是将药物放入油内浸泡或煎熬制成液体状药油。如：用雄黄、葶苈研末，以猪油加热溶化外治小儿蛀牙。

3. 散剂　是将药物进行加工制成粉末状外用。如：用王不留行散治疗各种创伤；黄连粉治疗浸淫疮。

4. 药锭　用药物与赋形剂调制成不同形状的固体剂型。如：用蛇床子散制成药锭，纳入妇女阴道中治疗带下病。

5. 水剂　以水为溶媒将药物浸泡或煎煮，使药物溶解于水中。如：用百合洗方外洗全身治疗百合病；用矾石汤浸脚治疗脚气冲心；狼牙汤外洗治疗妇女阴中蚀疮糜烂。

三、运用外用药物治疗多科疾病

仲景先生的外治法既有治疗内科百合病、伤风头痛、心悸、气喘；也有治疗外科创伤、糜烂、浸淫疮；妇科的宫寒、带下病、阴中糜烂；口腔科的牙齿蛀蚀；并且开创了中医外治法治疗急诊病的先河。

总之，张仲景先生的《金匮要略》中所载的外治法、外治方是很多的，其所治疗的疾病覆盖着现代中医学的内科、外科、妇科、口腔科及急诊医学，极大地促进了外治法的发展，并对现代临床外治法有重要的指导作用。

［《中医外治杂志》2002，9（1）：28］

“血不利则为水”的机制及临床意义

张苏颖　山东中医药大学

《金匮要略·水气病脉症并治第十四》云：“师曰：寸口脉沉而迟，沉则为水，迟则为寒，寒水相搏。趺阳脉伏，水谷不化，脾气衰则鹜溏，胃气衰则身肿。少阳脉卑，少阴脉细，男子则小便不利，妇人则经水不通；经为血，血不利则为水，名曰血分”。在此，张仲景提出了“血不利则为水”这一著名论点，本文试就其机制及意义探讨如下。

一、“血不利则为水”的含义

“血不利”，应是多种瘀血状态的统称。主要包括：①脉中凝滞之血：指各种原因所致的血液壅塞不通或运行不畅。如气虚无力帅血，血行不畅；忧思气结以及郁怒伤肝，气机阻遏，血壅塞不行；汗、吐、下失当，营阴外泄，使血液粘稠、运行不畅；热入营血，蒸耗津液，血液粘滞者；寒邪侵袭，或阴寒内盛，血液凝涩不通者。临床上，除血瘀的症状、体征外，根据第二届全国活血化瘀研究学术会议修订的血瘀证诊断标准，实验室检查可见：微循环障碍，血液流变性异常，血液凝固性增高，或纤溶活性降低，血小板聚集性增高，或释放功能亢进等。②离经之血：凡血液溢出脉外，积于脏腑组织及其间隙者，皆属离经之血，亦称“败血”或“恶血”。例如，各种空腔脏器的出血，跌仆损伤、创伤等损伤血脉，症瘕积聚、恶血等压迫脉道，或阻于脉中，使新血不得归经，溢出脉外者。故清·唐容川《血证论·卷五·瘀血》云：“既是离经之血，虽清血、鲜血，亦是瘀血”。离经之血而致肿者，临床上主要表现为皮下瘀斑、局部刺痛或固定性疼痛等。③阻经之衃血：《景岳全书·血证》云：“败血凝聚色黑者，为衃”。即离经之血不能消散，停蓄于身体局部者；女子胞中之血，不能应时而下，阻其化育者；以及痰瘀互结于脉中，稠浊难行者，等等。

“血不利则为水”中的“水”，是指因“血不利”而使津液输布、代谢失常导致的病理状态，包括：①水液溢于肌肤，按之没指，有形可征的水肿；②血行不畅，水溢脉外而致的脏腑组织黏膜的充血水肿；③由血脉渗入体腔内的积液，如胸水、腹水、心包积液等。

二、“血不利则为水”的机制

在生理上，津液和血均为液态的精微物质，皆由水谷精微所化，其中，津液是血液的重要组成部分，正如《灵枢·邪客》篇所云：“营气者，泌其津液，注之于脉，化以为血”；而当“血不利”时，非但营气不能泌津、注脉、化血，反而会使：①局部或全身血脉中的营气渗出脉外，潴留于脏腑、组织之间形成“水”；②血阻水道，影响津液的代谢、输布，使之停蓄于局部，或泛溢于全身而为“水”；③妇人经水不行，血瘀胞宫，血化为水而成肿。

临床上，无论全身性水肿（心源性水肿、肾病性水肿、肝源性水肿、营养不良性水肿等），还是因局部静脉、淋巴回流受阻，或毛细血管通透性增加所致的局限性水肿，皆与“血不利”有直接或间接的关系，导致“血不利”的原因不同，由此而病“水”的机制亦不相同。

1. 外邪致瘀病水　六淫及跌仆损伤皆为外来的致病因素，故由此而致瘀者，统属外邪致病之范畴。尽管六淫之邪皆可致瘀，但临床较为常见者，有寒热两端。

（1）寒凝血脉而病水：《素问·调经论》云：“血气者，喜温而恶寒，寒则涩不能流”。《素问·八正神明论》则指出：“天寒日阴，则人血凝涩而卫气沉”。寒为阴邪，其性凝敛，寒邪侵犯肌表或肢体筋脉，壅遏气血，临床上除可见发热、肢体关节疼痛之外，亦可见小腿浮肿等水停之征，如风湿性结节性红斑病、血栓性静脉炎等，常因受寒或寒湿侵袭而诱发。

（2）热壅血瘀而病水：外来之热邪，即火邪、温邪，故《素问·天元纪大论》曰：“在天为热，在地为火。”《金匮要略·肺痿肺痈咳嗽上气病》在论肺痈的病因病机时指出：“风伤皮毛，热伤血脉……热之所过，血为之凝滞，蓄结痈脓”，“肺痈，胸胀满，一身面目浮肿”。提示风热毒邪蕴肺，不仅能壅遏血脉，腐败血肉，亦可壅塞水道而致肿。

（3）跌仆致瘀而病水：《医宗金鉴·卷九十·内治杂证法·瘀血泛注》云："伤损瘀血泛注之证，乃跌仆血滞所致。盖气流而注，血注而凝，或注于四肢关节，或留于胸腹腰臀，或漫肿，或结块"，揭示跌仆损伤、瘀血阻络，亦能为"水"。临床上因创伤而致的局部肿胀，不仅与骨或软组织的血管破裂形成的血肿有关，还与外伤后释放的组织因子启动外源性凝血系统引起弥漫性血管内凝血、组织缺氧而使毛细血管通透性增加、静脉及淋巴回流障碍有关。

2. 内伤致瘀病水

（1）气病及血，血瘀致肿：《素问·调经论》云："人之所有者，血与气耳"。在生理状态下，气载血而行，血藏气而静。在病理状态下，若气虚无力运血，则血行迟缓；而气机壅滞，血亦瘀滞。血行迟缓与血脉瘀阻，虽有微甚之不同，但皆属血瘀之范畴。

《素问·通评虚实论》云："气虚者，肺虚也"。肺主气，司呼吸，诸气皆属于肺；若肺气虚，无力行血，则血脉瘀阻。如肺胀之属虚者，因咳喘日久，肺气大虚，临床上不仅可表现为气短，乏力，动则汗出，咳嗽气喘，甚者可见口唇紫绀，颜面及肢体浮肿等。而《金匮要略》（以下简称《金匮》）中所说的"脾气衰则鹜溏，胃气衰则身肿，少阳脉卑，少阴脉细，男子则小便不利，妇人则经水不通"，则揭示了脾胃虚弱，生气不足，中焦之汁不能奉心化赤以为血，反而停蓄化水，致瘀致肿的机制。

气于人体，贵在流通，诚如朱丹溪所云："气血冲和，万病不生，一有怫郁，诸病生焉"（《丹溪心法·卷三·六郁》）。也就是说，气不得血，则散而无统；血不得气，则凝而不流。因此，当情志不遂，肝郁气滞时，易致血行不畅，出现胁肋胀痛或刺痛；若迁延不愈，肝之脉络为瘀血阻滞，阴阳不交，清浊相干，则易使水气内聚，故除腹大坚满、肝掌及肌肤蛛丝纹缕外，还常伴有腹水、下肢肿等。

（2）血病致瘀，瘀阻水停：因血病而致瘀者，主要包括血虚、出血、衃血三个方面。

血为气之母，无论生血之源乏竭，还是久病伤血、耗血，都会使行于脉中之血不足或干涩，血少则行之不畅，血行不畅即是瘀。血瘀使脏腑组织失于濡润，水气乘虚侵之，则为胀为肿，故《血证论·卷一. 阴阳水火气血论》云："失血家往往水肿，瘀血化水，亦发水肿，是血病而兼水也"。

若因外感内伤，使血不能循经而行，或跌打损伤，伤及血脉，血不循经，溢出脉外者，皆谓之出血，亦可称"离经之血"。血既不循常道而停蓄体内，则为瘀血。瘀血内停，不仅阻碍新血之化育，亦能影响水津之布散，以致在局部或全身形成水肿。如《证治汇补·风肿瘀肿》云："瘀肿皮肤光亮，现赤痕血缕，乃血化为水也"。

《素问·五脏生成篇》云："赤如衃血者，死"。王冰注："衃血，谓败恶凝聚之血，色赤黑也"。《证治准绳·杂病》则指出："污秽之血为瘀血"。《证治汇补·血证》认为："内滞痰污，则症瘕积块"。概言之，无论外感、内伤，只要使血液的化生、运行以及性状、功能发生异常者，即可称之为"衃血"，或"污秽之血"。临床可见于高胆红素血症、高脂血症、氮质血症等，也就是说，凡心、肝、肾等重要脏器衰竭时，因自身代谢产物在血中的堆积而使血液的性状功能发生改变者，皆属此范畴。例如，急性肾小球肾炎时，免疫复合物沉积于肾小球，导致免疫性炎症，使毛细血管内皮细胞及系膜细胞增生、增殖，继而压迫毛细血管腔，使之变窄，甚至闭塞，可使血流不畅；而血液流变学的改变以及循环免疫复合物滞留沉积，激活补体系统所产生的多种生物活性物质，导致毛细血管内微血栓形成，亦是急性肾炎血瘀证的病理基础。陈可冀教授结合西医学对瘀血证的认识，将衃血分为：①外源性污秽之血：即由生物理化等因素所"污染"的血液；②内源性污秽之血：由重要脏器衰竭引起自身代谢产物在血中的堆积；③复合性污秽之血；即前两种情况并存者。衃血积于体内，则津液的输布、代谢失其常态，津凝为水，水溢脏腑组织而为肿[1]。

总之，无论何种原因而致的"血不利"，皆可阻塞脉络，使局部组织因缺氧而出现变性、水肿、渗出等病理改变。如脑出血发生后，可迅速引发脑水肿；血栓性深静脉炎患者，患肢皮肤呈暗红色，并伴有疼痛、凹陷性水肿等；右心衰竭时，除颈静脉怒张、肝肿大等瘀血征象外，还可见下垂性水肿、胸水、腹水；溃疡性结肠炎病人，临床常表现为腹部固定性疼痛、压痛、反复发作性黏液血便，纤维结肠镜检则可见受累结肠黏膜有多发性溃疡，伴充血、水肿；视网膜中央静脉阻塞时，眼底检查视网膜可见出血斑及水肿。凡此种种，无不与"血不利则为水"密切相关。

三、"血不利则为水"的意义

1. 为活血利水法提供了理论依据 《金匮》中

虽言“经为血，血不利则为水，名曰血分”，但仲景只是藉妇人月经应时而下这一最能反映血脉和畅的生理现象，阐明水肿发病过程中水与血之间的内在联系，为活血利水法的实施提供理论依据[2]。

（1）治血瘀欲伤先护，酌配利水之品：由于“血不利则为水”，《金匮》治疗瘀血证时，常常欲伤先护，在治瘀方剂中配伍使用祛湿利水药。例如，治疗症病的桂枝茯苓丸中，一方面用桂枝、牡丹皮、桃仁、芍药温通经脉，活血祛瘀，一方面则以茯苓健脾利水，使无致肿之虞；他如大黄䗪虫丸之用黄芩、薏苡附子散之薏苡仁等，皆有此意。

（2）因血而病水，活血与利水兼施：大黄甘遂汤、当归芍药散，皆仲景为因血而病水、水血兼病者所设。前者以大黄活血祛瘀，甘遂逐水散结，佐阿胶养血扶正，俾血行水去，则“妇人少腹满如敦状，小便微难而不渴”等证自已；后者用当归、芍药、川芎养血活血，茯苓、白术、泽泻健脾利湿，诸药合用，血行湿散，腹痛、身肿、小便不利等证亦随之而除。

2. 指导瘀血及水肿证的辨证治疗　尽管在“血不利则为水”这一病理过程中，“血不利”是因，而由此所形成的“水”为果，但水一经形成，停积于脏腑组织，则又会作为致病因素，影响血液的正常运行，进而加重瘀血。故治疗瘀血证时，不仅需根据瘀血的成因选择恰当的祛瘀方法，更重要的是能够预见到“血不利则为水”，而先行调护之。全面探讨并正确认识“血不利则为水”的机制，对于掌握血与水之间的内在联系、完善瘀血及水肿证的辨证治疗，均具有十分重要的意义。例如，针对肺癌所致上腔静脉综合征患者常出现面部、颈部、手臂、胸壁肿胀青紫，颈部及胸部静脉扩张等瘀水互结为患的病理特点，有人在以化疗和或放疗抗癌攻毒，缩小癌肿，减轻肿块对上腔静脉压迫的同时，配合活血化瘀之法，可使病人的临床症状明显减轻，面颈胸部的肿胀青紫消退加快，且症状缓解后持续的时间亦能延长[3]。

（1）养血活血利水：因血虚而致血不利者，当以养血活血利水法治之，代表方剂为当归芍药散。方中当归、芍药、川芎养血活血，补而不滞；白术、茯苓益气健脾，以滋化源；泽泻淡渗利湿，配茯苓可使既成之水从小便而解。如贺瑞兴等以当归芍药散加减（当归12g，白芍18g，川芎9g，丹参18g，益母草18g，泽兰12g，白术12g，薏苡仁18g，茯苓12g，水煎服，日1剂），配合蝮蛇抗栓酶经下肢静脉滴入，日1次，15日为1个疗程，治疗柏—查氏综合征8例取得满意疗效[4]。

若妇人产后或经后血室虚而受邪，证见少腹满如敦状，小便微难而不渴者，因坚垒既结，若不峻攻，则无以祛之，新血亦难复生，故可用大黄甘遂汤活血逐水养血。诚如沈明宗所云：凡“血分受风，而致水肿者，用之无不妙耳”[5]。

（2）益气活血以利水：朱日等通过益气活血法治疗幽门螺杆菌性慢性胃炎的临床研究，发现该法不仅能明显改善患者的临床症状、抑杀幽门螺旋杆菌，而且有减轻炎细胞浸润、消除胃黏膜充血水肿的作用[6]。而刘慰祖等用大剂量黄芪注射液合用丹参注射液静脉点滴，治疗缺血性中风属气虚血瘀者，亦取得明显疗效。部分病人的头颅CT示：脑小缺血灶消失，梗死灶周边的水肿带消退[7]。

（3）温经活血以利水：《金匮》在论及妇人杂病的病因病机时，指出：“妇人之病，因虚、积冷、结气，为诸经水断绝”。因寒凝血瘀而为水者，临床可见于血栓闭塞性脉管炎、多发性大动脉炎、雷诺病等，当以温经活血利水法治之，代表方剂为温经汤、真武汤等。马德华以当归四逆汤加味治疗骨折后期肢端肿胀45例，服药9剂后，40例病人瘀血通，寒凝散，气化水行，肿胀消退，总有效率89%[8]。

（4）活血化痰利水：《血证论·卷五·瘀血》：“血积既久，亦能化为痰水”。而痰水同源，皆为水液气化或输布异常所致的病理产物，系有形之邪，其一旦形成，不仅影响气机的升降出入，亦可反过来痹阻经脉，加重瘀血，使病胶结难解。而选用活血化瘀利水法治之，可有效提高临床疗效，缩短病程。例如，肺源性心脏病心衰的患者，病理形态学上除了有明显的肺气肿和肺纤维化之外，往往伴有不同程度的微循环障碍、周围肺组织瘀血、肝脾瘀血等。临床表现除心悸怔忡、胸闷气喘、不能平卧、咳嗽痰多等痰浊壅肺的症状外，每兼见浮肿、腹水、小便不利等水病之征，以及口唇紫绀、舌淡紫或有瘀斑等瘀血内停之象。血瘀肺脏，肺气失宣，津液不布，不仅加重了上焦痰浊之邪的停蓄，也会使肺气不能清肃下行通调水道，水液因而泛溢四肢肌腠、脏腑组织之间，以致颜面肢体浮肿。凡因此而病水者，治宜活血化痰利水，俾血行痰开结散，上焦得清，水津四布，则咳喘满肿诸证自愈。崔向宁针对中风病急性期气机逆乱、脑络瘀血、颅脑水瘀之病机特点，根据祖国医学水血相关理论，以活血利水通脉饮（生大黄、三七粉、水蛭、泽泻、泽兰、生白术、茵陈、石菖蒲、枳实、葛根）从多环节治疗急性缺血性中风属颅脑水瘀、痰热腑实者46例，与西药尼莫地平治疗组44例对照，其总有效率无明显差异。在治愈率、显效率、改善临床证候及血糖、血脂、血液流变学指标等方面则明显优于对照组[9]。

(5) 活血祛瘀消肿：《血证论·卷三·跌打血》云："凡跌打未破皮者，其血坏损，伤其肌肉则肿痛"，故必活血祛瘀，始能消其肿痛。蔡东平等以活血祛瘀药为主治疗150例骨折肿痛者，病人多在服药3~5剂后，肿消痛止[10]。

参考文献

[1] 陈可冀，史载祥. 实用瘀血证学 [M]. 北京：人民卫生出版社，1999，10，7.

[2] 张苏颖，毛瑞源. 金匮要略血分刍议 [J]. 山东中医药大学学报，1999，23 (6)：420.

[3] 刘宇龙. 肺癌所致上腔静脉综合征病机及中医治疗探讨 [J]. 山东中医杂志，2000，19 (2)：69.

[4] 贺瑞兴，耿爱红，贾玉东. 中西医结合治疗柏—查综合征8例 [J]. 山东中医杂志，2000，19 (11)：675.

[5] 沈明宗. 沈注金匮要略. 见：曹炳章主编. 中国医学大成（第二册）[M]. 北京：中国中医药出版社，1997. 10，800.

[6] 朱日，单兆伟. 益气活血法治疗幽门螺旋杆菌感染性慢性胃炎的临床研究 [J]. 中国中西医结合杂志，1994，14 (12)：715.

[7] 刘慰祖，陈汝兴. 治疗40例气虚血瘀型缺血性中风 [J]. 上海中医药杂志，1997，(11)：10.

[8] 马德华. 当归四逆汤加味治疗骨折后期肢端肿胀45例 [J]. 北京中医药大学学报，1998，21 (4)：39.

[9] 崔向宁. 活血利水通脉饮治疗急性中风的研究 [J]. 山东中医药大学学报，1997，21 (1)：33.

[10] 蔡东平，黄福麟. 应用活血止痛汤治疗骨折肿痛150例体会 [J]. 福建中医药，1999，30 (1)：40.

[《山东中医药大学学报》2002，26 (2)：93]

《金匮要略》二阴相关论

陈国权　湖北中医学院

《金匮要略》认为，要想保持人体的健康，就得保证元真的通畅。故有"若五脏元真通畅，人即安和"之宏论。显而易见，若元真不通畅，即可能患病，故把"四肢九窍，血脉相传，壅塞不通，为外皮肤所中"作为杂病形成的第二大原因、途径，并强调"勿令九窍闭塞"。本文所谓二阴即九窍之前阴和后阴。许多人可能有过这样的体会：当急欲大便或小便而又迟迟找不到厕所时，则每每尿意或矢气频频；当经行不畅时，则大便次数明显增多。这些日常生活中常见的代谢或曰生理现象告诉我们，前后二阴密切相关。

《金匮要略》中前阴"闭塞"的病证主要有小便异常、失精、尿血、月经不调、恶露不尽、白带、阴疮及阴吹等，因仲景有"男子则小便不利，妇人则经水不通"及"妇人则半产漏下，男子则亡血失精"等论。后阴"闭塞"的病证则不多，主要是大便异常（涉及便血）。任何一阴病证都可能是另一阴生理功能异常或抗病能力减弱或生命物质衰少即所谓元真不通畅所导致，尽管以上所举并非尽然。现从以下几方面论述之。

一、症状相关

1. 小便异常致大便异常　如湿痹之"小便不利"则致"大便反快"，脾约证"小便数"造成"大便则坚"等等。前者系外湿病失治或误治，内传于脾，脾运失职，湿邪不得从小便出而盛于肠所成；后者乃脾阴亏虚，输转异常（或升清太过，升极而降），津液偏渗州都，肠道津液不足，难以行舟使然。

2. 大便异常致小便异常　如湿病之"若大便坚"则致"小便自利"，中消证"大便必坚"引发"小便即数"；《水气病》篇"病下利后，渴饮水"酿成"小便不利"等。一为湿邪内传困脾，津无以运于肠，是以大便坚，进而继发湿邪下注膀胱而小便自利即偏多之谓；一乃胃热炽盛，肠道津亏，以致大便必坚，继而演成"小便即数"，其理与脾约之小便数近似；一系津伤于下利，故必饮水以自救，但因迁延日久，脾病穷及于肾，水无所主，溢于前阴而见水肿，小便不利。

3. 大便不通致阴吹　如《妇人杂病》篇的阴吹证即责之"谷气之实"。医大便燥结于肠，压迫前阴使然尔。但临床所见，未有"谷气之实"而大便稀溏或次多者，仍可发阴吹，盖传化异常，其与前阴的平衡协调关系被打破而成也。"谷气之实"系举一隅而让后人三反之矣。

4. 二便俱异常　如《痰饮咳嗽病》篇之"腹满，口舌干燥，此肠间有水气"，用己椒苈黄丸前后分消，意谓二便均可不利；《五脏风寒积聚病》篇的"下焦竭，则遗溺失便"更是一清二楚，尽管谁在先谁在后，很难判别。前者虽明言"肠间有水气"，似乎纯属大便秘结（至少是不畅）致小便不利，实则俱主要责之脾运不及，其次与肺失通调，上源壅塞亦相关；后者乃因肾阳虚，既不能助脾、胃、肠腐熟和燥化水谷，又不能化气以摄水。

《黄疸病》篇硝石矾石散方后注"病随大小便

去，小便正黄，大便正黑，是候也”，大黄硝石汤所主“腹满，小便不利而赤”之症及其“可下之”之治等，皆足以说明二便俱可异常。与前述不同的是，此首先责之小便异常。

5. 经水不调致大便异常　如《妇人杂病》篇抵当汤所主“经水不利下”，以方测知可有大便稀溏至少是次要之症。又如同篇温经汤所主“妇人年五十所，病下利数十日不止”，古往今来，人们几乎都把之“下利”改为“下血”，审如斯，则方后注“兼取崩中去血”岂非成了蛇足之言？很显然，小产后的瘀血留伏，打破了与后阴的平调关系，致下利不止。

6. 恶露不尽致大便不通　如同篇“产后七八日，无太阳证，少腹坚痛，此恶露不尽；不大便，烦躁发热”等便是。其理与上近似，即经水不利下，瘀血在少腹不去及恶露不尽实质上均责之肝，肝之疏泄紊乱则每波及阳明而见大便异常。

7. 失精致下利清谷或亡血　如《血痹虚劳病》篇“夫失精家少腹弦急，阴头寒，……为清谷亡血，……桂枝加龙骨牡蛎汤主之”即是。失精日久，阴损及阳，肾病侮脾，血无所统，是以下利清谷或亡血。

症状相关，实可谓病机相关。从病机测知，尿血、转胞甚至阴疮、白带等悉能致大便异常。

二、辨证相关

《金匮》在《水气病》篇论述气分证的虚实之辨时曾道：“实则失气，虚则遗溺，名曰气分。”患气分证，偏于实者（如枳术汤所主），则可矢气频频；偏于虚者（如桂枝去芍药加麻辛附子汤所主）则可遗尿不止。所谓实，多指肺、脾、胃、肠等壅实，如湿、饮、水、气、宿食、燥屎等。矢气的表现虽多在与肠相连之后阴，实际上责之众多脏腑。因肺与大肠相表里，胃与肠相连，脾与胃相表里，且一升一降。此等脏腑生理功能异常或生命物质衰少或抗病能力下降，轻者矢气，重者大便异常或后阴溃烂甚至便血等；所谓虚，多指肺、脾、肾之阳虚或气虚甚至阴血虚。因肺为水之上源，主一身之气，脾乃中州，不仅统血，且主输化，肾为水脏，主水且藏精。这些脏腑的元真不通畅，岂止遗尿？尿闭、尿不利、失精、月经不调、阴疮、阴吹等均可发生。无论证候表现在前阴还是在后阴，也无论属实还是属虚，用前阴的遗尿和后阴的矢气来辨别气分证之虚实，足以说明前后二阴在辨证方面的相关。况前阴的遗尿可能直接关乎后阴，反之，后阴的矢气亦然。除上述脏腑外，肝、心生理功能异常也不容忽视。其实症状相关中无一不体现辨证相关。

三、治疗相关

1. 误治相关　误治相关主要体现在误用或过用下法而导致的小便异常上。

《金匮》在《痉湿暍病》篇所论湿病乃外湿，其治当微发其汗，若误用下法则生变证甚或坏证。如“湿家，其人但头汗出，背强，欲得被覆向火。若下之早则哕，或腹满，小便不利”及“湿家下之，额上汗出，微喘，小便利者死”等。湿家本肺卫阳虚，若误下则外湿内陷，不仅重伤其阳，而且亦伤其阴，胃肠津液大亏，致子（胃）病累母（心），心阳不能护阴，上虚不能济下，故上见但头汗出，下见小便不利或小便利；同篇所论暍病乃外感暑邪；气阴两虚所成，不仅禁用汗法，而且禁用温针及攻下之法，若频频逆而下之，必重伤其阴，胃肠津液不足，不生肺金，水道不畅而见小便淋漓涩痛。

2. 正治相关　正治相关主要是建立在症状相关基础上。

（1）通大便以涩小便：如《痉湿暍病》篇“伤寒八九日，风湿相搏，身体疼烦，不能自转侧，不呕不渴，脉浮虚而涩者，桂枝附子汤主之；若大便坚，小便自利者，去桂加白术汤主之”即是。服桂枝附子汤后风邪已去，但寒尤其是湿邪相对服药前而言，已部分传内且困阻于脾，以致大便坚进而小便过多。用白术附子汤祛湿温经，通过恢复肺卫之阳以实其母，脾运复健则大便调，小便亦随之正常；脾约病用麻子仁丸泄热润燥，缓通大便，不治其“小便数”而小便自调，与此近似，只是属治果而愈因罢了。

（2）通大便以利小便：如《黄疸病》篇“黄疸腹满，小便不利而赤，自汗出，此为表和里实，当下之，宜大黄硝石汤”即是。黄疸病多小便不利，本条亦然。小便不利可致大便次数多，也可致大便秘结甚或不通。该方正是针对后者，即通大便（果）而泻热，进而小便（因）自调；“诸黄”治以猪膏发煎，以方测知，亦可有大便秘结之症，但方后强调“病从小便出”，因相对言之，此大便秘结轻于小便不利，通过祛瘀润燥通大便，使前后二阴趋于平调而达病邪主要从小便出之目的。与前方病邪主要从大便出各有侧重。

（3）逐水（饮）以利小便：如《水气病》篇“夫水病人，目下有卧蚕，面目鲜泽，脉伏，其人消渴。病水腹大，小便不利，其脉沉绝者，有水，可下之。”大凡腰以下肿的水气病，多以利小便为主治疗，何况此明言“小便不利”，但腹大、脉沉欲绝等，乃可下之征，且非下不足以愈病。显然，大量的水液将从后阴而泄，少量者则从前阴而出；《痰饮病》篇留饮重证治以甘遂半夏汤虽系因势（“欲自利”）利导（攻逐）之法，但同样可达攻逐胃肠之水饮以使小便利之目的，因其多具尿量少或尿次少之症。此二者可谓通大便（或泄后阴）即所以利小便也。

4. 利小便以涩大便：如《呕吐哕下利病》篇之“下利气者，当利其小便”即是。尽管近来对“下利气”有新见，但泄泻在所必有。其机理与前述湿痹“大便反快”大同。藉利小便以分消肠中之湿，使邪从前阴而出，此犹如长江即将横溢而要进行荆江分洪一般，亦即喻昌“急开支河”之谓。

（5）利小便以调大便：如《黄疸病》篇“谷疸之为病，寒热不食，食即头眩，心胸不安，久久发黄为谷疸，茵陈蒿汤主之”即是。谷疸，乃长期饮食不节，伤及胃脾而成。纵然方后强调服该汤后“小便当利，尿如皂角汁状，色正赤，一宿腹减，黄从小便去也”，尽管文中未明言大便异常，但临床证实，服该药后，无论大便稀溏、不畅还是秘结，均可得以恢复正常。贼邪遁前阴，后阴自平安。

（6）通大便以疗阴吹：如《妇人杂病》篇“胃气下泄，阴吹而正喧，此谷气之实也，膏发煎导之”便是。阴吹之机制上已涉及。猪膏发煎祛瘀润燥通大便之功既能使邪从便出，又能疗阴吹。二者悉系治后阴以愈前阴之类。

（7）通大便以除恶露：如以上所举《产后病》篇恶露不尽致大便不通，即用大承气汤通之，治阳明以愈厥阴之疾，因前阴受制于肝，是肝病实脾的生动体现，大便一通则恶露自除或多除。

（8）祛前阴之瘀以调大便：如以上所举抵当汤所主“经水不利下”及温经汤之“瘀血在少腹”咸是。经、产概关乎肝，肝经循少腹，绕前阴，用温经汤温经通脉祛瘀，瘀血得去，肝之疏泄复常，不至乘克脾胃肠，未治下利而利自止；服抵当汤后经水得利下则大便自调，与此大同。

（9）涩精以治下利或便血：如以上所举桂枝加龙骨牡蛎汤所主之失精便是。桂枝汤于此，化气以调肾之阴阳，加龙牡以潜镇摄纳，阴阳平调则脾不被侮，脾气健则更加利于下利清谷的停止，阴血亦复统。

四、药后反应相关

肠痈，顾名思义病在后阴之肠；由于病邪郁结于肠，其与前阴的平衡协调关系被打破，既能致尿频，又能致尿闭，还可致月经紊乱等等。《疮痈肠痈浸淫病》篇的已化脓肠痈服薏苡附子败酱散后言“小便当下”，这多非“错简”，而恰好说明服药前有小便不通至少是不利之症。服药后，痈脓得除，肠道畅通，与前阴的平衡协调关系得以恢复，小便岂可不下？大黄牡丹汤所主未化脓肠痈“少腹肿痞，按之即痛如淋”可佐证此相关。当按压肿痞之少腹时，循经此处的肝经受压而疼痛加剧，且波及前阴，致其生涩痛之感。

五、小　结

既然在症状、辨证、治疗及药后反应诸方面二阴皆有相关处，故治疗任何一阴之病证均不能舍彼从己，只宜综合分析，或治标或治本，或治果或治因，或兼而治之。

任何一阴之病证，临床表现虽在某一阴（如小便不利在膀胱，大便秘结在大肠），实则关乎其他脏腑尤其是肺、脾、肾三脏。因此除少数病证（如阴吹）系二阴直接相关外，余多系间接即其所隶脏腑之相关。宜透过病证看本质，从源头上治疗。

《难经·五十七难》有二阴相关的论述。如“大瘕泄者，里急后重，数至圊而不能便，茎中痛”即是。这为《金匮》二阴相关论奠定了基础。金·李东垣创立的内湿治则即“治湿不利小便非其治也”，实受示于《金匮》湿痹及“下利气”之治。清代喻昌对“下利气”之治的阐发更是淋漓尽致：“仲景谓下利气者，当利其小便。夫气者膀胱之化也，反从大肠而出，当利其小便，非急开支河之谓乎！”而“利小便即所以实大便”成了中医临床医家的口头禅。可见二阴相关论源远而流长。

二阴相关在西医学中已是不容忽视的客观存在。如部分尿潴留乃因粪块压迫膀胱所致；许多前列腺炎患者常伴大便秘结症；孕妇常便秘，因子宫及胎先露部压迫肠道，其蠕动减弱所致；产褥期妇女也常便秘，除卧床多，活动少，腹直肌及骨盆底肌松弛外，也与肠蠕动减弱有关；经前紧张综合征患者常大便溏薄甚或出现恶心、呕吐等胃肠道症状；子宫内膜异位症常引起或合并肛门坠胀、大便异常甚至便血等。尽管二阴相关无须借助西医学来验证，但这两种不同理论体系的医学在此点上的某些共识当引起我们的高度重视和深入研究，甚至可作为中西医结合重要的切入点之一，为二阴病证的治疗广开思路。

[《中国医药学报》2002，17（3）：143]

从《金匮要略》腠理探三焦系统形质功能

曲丽芳　上海中医药大学

三焦的有形、无形、何形是中医藏象学说研究中的疑难点。本文从《金匮要略》腠理入手，结合《内经》及临床相关病证对三焦系统形态结构实质（形质）及功能进行探讨。

一、腠理形质——间隙纹理说

张仲景在《金匮·脏腑经络先后病》篇给出腠理定义："腠者，是三焦通会元真之处，为血气所注。理者，是皮肤、脏腑之纹理也。"首次把腠和理分开进行诠解，把腠看作是三焦的一个地方，非常明确地将腠限定为三焦的一部分，将腠与三焦紧密联系在一起。提示探讨三焦须与腠（理）联系起来。细究腠理概念可得出以下一些新的理解和认识。

1. 腠理各有所指，各有其义　腠理由两个意义完全不同的名词构成，后世医家对此阐述颇详。《医宗金鉴》谓："腠者，一身气隙，血气往来之处，三焦通会真元之道路也；理者，皮肤、脏腑内外并然不乱之条理也。"徐忠可谓："理者，合皮肤脏腑内外皆有其理，细而不紊，故曰纹理"。可见，腠指间隙，实为分布于周身之皮肤肌肉脏腑组织之间的各种各样的组织间隙，理即条理或纹理，实为皮肤、肌肉、脏腑组织的纹理。因此《内经》既有皮腠、肤腠、肌腠、肉腠等名称，又有皮理、肌理、肉理等名称。

2. 腠理各有所属，各司其职　仲景腠理定义明示，腠隶属于三焦，是三焦通行会合元真之气的地方，腠与三焦共同构成人身之水道、气道和气化场所，并参与完成三焦的各项功能。理隶属于不同的脏腑组织，功能与其所属的脏腑组织协调一致。如皮理隶属于肺；肌理、肉理隶属于脾；但皮腠属于三焦，肌腠、肉腠也属于三焦，这是腠理三焦与脏腑组织在不同层次上的特殊依存关系的体现。由此推测，腠理既是贯穿周身上下，表里内外，五脏六腑的一种解剖结构，也是三焦水道、三焦气道、三焦气化功能活动完成的地方。腠理既是一个相对独立的概念，也是一个相对独立的结构。

3. 表有皮肤腠理，里有脏腑腠理　张仲景的腠理，是皮肤、脏腑之纹理，并非说只有皮肤和脏腑才有纹理，而是以皮肤纹理示在表之纹理，以脏腑纹理示在里之纹理。"皮腠、肤腠、肌腠、肉腠、分腠，皮理、肌理、肉理、分理"等，属表之腠理；以此类推，在里的脏腑腠理，应该包括肺理（肺组织的纹理）、肺腠（肺组织的间隙）、脾理（脾组织的纹理）、脾腠（脾组织的间隙）等等。因为凡有组织纹理（理）的地方，必然存在着组织间隙（腠）；组织间隙必然依附于组织纹理而存在。即魏念庭所谓"言腠必言理"。反之，言理必及腠。由腠理的依存互用关系可进一步推论，既然有"脏腑之纹理"，就必然有"脏腑之腠"，五脏六腑应有各自的组织纹理和组织间隙。纹理之间有腠，腠所包括的组织间隙（包括细胞间隙），一方面与"理"相依而存，与"理"所属的脏腑发生密切关系；另一方面，又与三焦自成体系，完成腠理三焦系统特定的功能。人身的各种腠（隙）融合会通，形成刘河间所谓的"腠道"，其纵横交错于内外，融会贯通于脏腑，上下往来于表里，无所不通，无所不达。

腠理既可作为偏正词组看待，也可作为复合词组看待，两者可分可合。分则代表着不同的组织解剖结构，各有所属，各有所指，各有其意，不可混淆。合则与其相依而存的脏腑组织密切相关，代表着脏腑组织的不同生理病理现象。其具体含义必须依其所在的特定语言环境而定。

二、三焦系统形质——腔隙结构说

《内经》关于三焦的脏腑归属及其功能特点的论述限定了探讨三焦时必须遵循或符合的一些基本原则。如《素问·六节藏象论》的"脾胃、大肠、小肠、三焦、膀胱者，仓廪之本，营之居也，名曰器，能化糟粕，转味而出入者也"。将三焦划归于腑，名为器。何谓器？《素问·六微旨大论》释曰："器者，生化之宇"。王冰认为："凡虚中而受物者，皆谓之器"。何谓宇？《辞海》："宇，空间的总称"。《素问·五脏别论》："夫胃、大肠、小肠、三焦、膀胱，……故泻而不藏。"三焦作为六腑之一，其形不仅必须具有"府、器、宇"的虚空结构特点，以为"生化"之用，其用除了主持诸气，通行水液和气化场所外，还必须具有"化糟粕，转味而出"和"传化物而不藏"的功能特点。本文就此，在符合经典理论和人体生理病理的前提下，展开三焦系统形态结构的探讨。

1. 上焦、中焦、下焦概指人体躯干部的空腔结构　上、中、下三焦部位的划分源于《灵枢·营卫生会》篇："上焦出于胃上口，并咽以上，贯膈而布胸中，走腋；中焦亦并胃中，出上焦之后；下焦者，别回肠，注于膀胱而渗入焉。"一般认为，膈以上为上焦，心肺居于内。膈下脐上为中焦，脾胃居于内。脐以下为下焦，肝肾居于内。心、肺、脾、胃、肝、肾都是相对独立的脏腑，当这些脏腑分别从其所居的上、中、下三焦移走后，剩下的所谓上焦、中焦、下焦实质上就是人体的胸腔、腹腔和盆腔。事实上心、肺、脾、胃、肝、肾不能离开上、中、下三焦而独立存在并发挥作用，而上、中、下三焦的功能也必须依赖于心、肺、脾、胃、肝、肾才得以完成。故张景岳说三焦"即脏腑之外，躯体之内，包罗诸脏，一腔之大府也……譬之探囊以计物，而忘其囊为物耳。"这就是三焦与脏腑之间依存互用辩证关系的体现。当然，上、中、下三焦不完全等于胸腔、腹腔和盆腔，因上焦还包括"并咽以上，贯膈，走腋"等部位。

严格地讲，人体所有的空腔结构，包括六腑和奇恒之腑的空腔结构，都应包括在三焦系统的腔隙结构内，不过这些腑都是相对独立的腑，有其特定的名称，有其特殊的功能，有其特殊的脏腑归属。因而，又不能将他们的空腔结构与三焦的空腔结构完全等同起来。事实上，上、中、下三焦较大的空腔结构与六腑和奇恒之腑的空腔结构在结构上和功能上都存在着一种包容与被包容的依存辩证关系。如上焦包括心肺，但上焦并不等于心肺；反之，心肺位于上焦，但心肺并不完全代表上焦。上焦功能由心肺完成，但上焦功能既不完全等于心的功能，也不完全等于肺的功能，而是两者功能的综合体现。中焦也然。所谓"中焦如沤"，"胃为水谷之海"显然都是指胃肠腐熟、运化水谷的功能，其中焦结构必然包括胃腔、肠腔在内。因此，在讨论上、中、下三焦结构功能的时候，应把三焦与其所包罗的脏腑组织，在结构上和功能上的包容与被包容关系考虑在内，以免以此概彼，或以此代彼，导致概念及功能上的混淆。

2. 皮肤、肌肉、脏腑组织的腠（理）是三焦系统的间隙结构　张仲景的腠理定义非常明确地将腠限定为三焦系统的一部分。如前所论，腠理的腠是构成三焦系统的间隙结构，上焦、中焦、下焦是构成三焦系统的腔隙结构，因此，完整的三焦系统在形态结构上应由皮肤肌肉脏腑组织间较小的间隙结构和上焦中焦下焦较大的空腔结构两部分构成。

3. 从湿、水、饮邪停聚部位反窥腠（理）三焦形态结构　《金匮要略》所论湿病、水气病、痰饮病均为湿、水、饮邪为患。严格地讲，他们均属于三焦水道运化、气化失常所致水液停聚泛溢类疾患。正常情况下，三焦水道是水液、津液运行气化的通道和场所；病理情况下，三焦水道又成为湿、水、饮邪停聚、泛溢的部位。知常达变，以变测常。体内水湿津液一旦失于气化，不在气化状态下运行，即可变生湿、水、饮、痰诸邪，停聚泛溢于三焦水道。湿、水、饮、痰均为有形之邪，其所居之处必有其形。《金匮》所论之风湿、溢饮、风水、皮水等病，其水湿之邪均停聚在肌腠肉腠间。痰饮病中的悬饮示饮停胸膜腔，支饮饮停部位虽非一处，但终与腔隙、间隙结构密切相关。狭义痰饮病"水走肠间"，表明肠腔也是三焦水道的一部分。徐忠可谓："要知肿之所至，即水之所至。"《金匮·水气病》篇载有风水、皮水、正水、石水。四水发病，或水停肌腠，或水聚腹腔，尽管其病因病机千变万化，但水气停聚之部位则终未离三焦腠（理）的腔隙结构。

西医认为水肿是组织间隙中有异常大量的液体积聚。水肿可以是局部的，如见于局部炎性反应；亦可以是全身性的，如见于充血性心力衰竭或肾病综合征，……过多的液体弥散入腹腔（腹水）而产生腹部膨胀。[1]可见，三焦水道确与人体腔隙结构密切相关。

二、重识腠理三焦系统之功能

由以上讨论可知，三焦腠（理）系统在形态结构上囊括了人体内至脏腑，外至皮肤、肌肉等处的各种腔隙结构、缝隙结构和组织间隙（包括细胞间隙）结构。三焦系统的功能实质上就是发生在人身各种腔隙结构，特别是组织间隙结构和细胞间隙结构中的各种运化、气化、生化活动。

1. 三焦腠（理）为人身之气道，传递生命信息，协调生命活动　三焦作为人身之气道其实质是为体内各种气提供往来运行之道路。张仲景说"腠，是三焦通会元真之处，为血气所注"。《难经·六十六难》谓："三焦者，原气之别使也，主通行三气，经历于五脏六腑。"《难经·三十九难》："三焦者，有原气之别焉，主持诸气。"三气中包含了最基本的生命信息、物质和能量，经三焦"腠道"系统布散于五脏六腑，四肢百骸，最后达于"腠理"——组织间隙和组织纹理（包括组织细胞及细胞间隙）。脏腑组织功能活动由此得到激发并正常协调有序的进行。

2. 三焦腠（理）为人身之水道，平衡体温体液，调节水液代谢　三焦作为人身之水道实际上也仅为水液的气化运行提供了道路和场所而已，水液的正常运行必须依赖于肺、脾、肾协调才能完成。三焦外应腠理皮毛为汗，下应膀胱为尿，作为“中渎之府”通过汗尿排泄参与体温、体液平衡调节。水是最好的溶剂（溶解融化“理”的各种气化、生化代谢浊气），又是最好的清洁剂（运走带走“理”的气化、生化代谢浊气），也是最好的冷却剂（调节平衡体温）。腠与理的关系因此可以看作是组织间隙，组织液体与组织细胞的关系。正是由于三焦腠（理）腔隙结构无所不在的水道系统才使人体体温相对恒定，体液相对平衡，“理”的气化、生化代谢浊气能及时清除并排出，“肉腠”才得以保持“清净”而“闭拒”，“虽有大风苛毒，弗之能害”。中医有“水湿痰饮，随气上下，无处不到”之说，而三焦腠（理）腔隙结构的无所不在，正是这种病机产生的结构基础。

3. 三焦腠（理）总司人体气化，提供气化场所，参与各种代谢　三焦腠（理）总司人体气化，但实际上三焦腠（理）系统的腔隙结构也仅仅为气化活动提供了场所，即为“理”提供了“生化之宇”。有人提出：“三焦可能是跟携带氧气、各种营养物质、免疫物质以及各种酶、激素和代谢物的细胞外液的循环代谢有着密切联系的组织间隙和细胞间隙。”[2]而“三焦受体说”,[3]“三焦微循环说”[4]和“三焦内分泌说”[5]更是从不同角度丰富深化了三焦腠理气化功能的内涵。张仲景的“腠是三焦通会元真之处，为血气所注”已表明，腠所代表的组织间隙和细胞间隙确属末梢循环并参与细胞组织物质及信息的交换。受体分布在细胞膜上，微循环是组织细胞进行物质交换的场所，内分泌腺体由细胞组成。如果将三焦系统中腠和理所代表的各种组织（细胞）间隙和组织（细胞）纹理（包括组织细胞）联系起来，则不难理解为什么三焦与内分泌、微循环、受体学说均相关。这不仅说明三焦腠理的气化、生化活动是在细胞分子水平上进行的，有其细胞分子水平的生理生化基础，而且三焦腠理的气化、生化活动参与了体液、物质、能量代谢，细胞代谢和体液免疫。

4. 三焦腠（理）主司传化输泻，运清泻浊，以通为用　《素问・五脏别论》：“夫胃、大肠、小肠、三焦、膀胱此五者，……泻而不藏；此受五脏浊气，名曰传化之腑，此不能久留，输泻者也……六腑者，传化物而不藏，故实而不能满。”三焦属腑，与六腑一样，以通为用，传输化物，泻而不藏。与胃肠通过大便传输化物不同，三焦“下合膀胱，外合腠理”，通过汗尿转输排泄体内“五脏浊气”。

张仲景的腠理定义还描述了脏腑组织气化活动的功能状态。“血气注于腠”（组织细胞间隙），为“理”（组织细胞纹理）的气化活动提供了必须的水谷精微物质。源于命门的元真之气通会于“腠”，为“理”的气化活动提供了必须的生命信息。有人因此提出“三焦的主要生理功能可视为容纳细胞外液，并作为其循环代谢的重要场所，通过细胞外液的循环代谢供应机体细胞生活所必须的物质。可以说三焦是机体细胞吸收营养的供应站，同时又是细胞代谢废物的收容所。[6]三焦畅通，传化输泻无碍，其所“受五脏浊气”能及时“泻而不藏”。若三焦不通不泻，传化输泻不利，“五脏浊气”不能及时转输排泻于外，将对生命活动产生极大的影响，尿毒症当属典型一例。

通过以上讨论有理由认为，三焦腠（理）系统在结构上由人体躯干部的各种空腔结构和皮肤、肌肉、脏腑组织间的各种间隙结构两部分组成，这些腔隙融合会通，形成一个自成体系、形态功能相对独立完整、符合“府、器、宇”特点的三焦系统。所谓三焦无形，当是指无定形，无常形。三焦腠（理）系统所代表的腔隙结构既是贯穿周身上下、表里内外、五脏六腑的一种解剖结构，也是三焦水道、三焦气道、三焦气化和三焦传化输泻功能活动完成的地方。探讨三焦应与腠理联系起来，应将上中下三焦与其所包罗的脏腑各自相对独立的形态区别开来，将各个脏腑各自相对独立的功能与上焦、中焦、下焦的区域功能及三焦腠理系统的整体功能区别开来，才能使纷繁的三焦之争不再纠缠不清。

参考文献

[1] B. L. 缪尔著. 苏宝田主译. 病理生理学. 第1版. 北京：人民卫生出版社，1987：152.

[2] 烟建华. 略论《难经》命元三焦系统. 北京中医学院学报，1987；(5)：19.

[3] 陈亨平. “三焦—受体说”之我见. 黑龙江中医药，1997；(4)：52.

[4] 韩平常等. 浅谈三焦系统与循环系统的相似性. 吉林中医药，1995；(5)：45.

[5] 吴逸民. 试论三焦与内分泌系统的相似性. 辽宁中医杂志，1990；(10)：1.

[6] 王志平. 三焦浅识. 成都中医学院学报，1983；(3)：25.

[《中国医药学报》2002，17（3）：149]

论《金匮要略》妊娠养胎与优生

张建荣　陕西中医学院
房华祥　陕西彬县北极中心卫生院
耿新义　陕西彬县人民医院

《金匮》“妊娠养胎”学说对后世影响较大，所谓“养胎”，是指妊娠后用药物或饮食调养以养护胎儿，其中包含祛病养胎与安胎以及胎教思想。“优生”一词虽为后世医家提出，但《金匮》所论养胎就含有优生之意；同时，还提出了去除劣胎以求优生的思想。

一、调理肝脾以养胎

仲景倡导用药物常服调理肝脾以养护胎儿，也是《金匮》妊娠用药的一大亮点。如《妇人妊娠病脉证并治》云：“妇人妊娠，宜常服当归散”，方后又云：“妇人妊娠常服即易产，胎无疾苦”。当归散方用当归、芍药益肝血补冲任以养胎元；川芎既能活血又能理血脉之气，可使肝脉、冲任、胞宫、胎儿之脉络气血流畅；白术健脾益气，既能保持脾胃健运，气血化生，又能不断消除孕妇机体产生的湿浊；黄芩清化湿热。因孕妇肝血常苦不足易生燥热，并随着胎儿不断增长，致肝脾气机升降不利易生郁热，郁热与湿浊相合即为湿热。妊娠期肝脾失调致血虚、燥热、湿浊是孕妇的基本生理与病理现象，当归散作用与此机理极相吻合，故常服能保持肝脾调畅，气血旺盛，湿热不生，则母体康泰，胞宫寒温适宜，胎无疾苦，胎得其养，并能防止流产、早产、难产。“妊娠养胎，白术散主之”，方后云：“已后渴者，大麦粥服之。病虽愈，服之勿置”。白术散方中白术与蜀椒健脾温阳除寒湿；川芎活血脉；牡蛎安神固胎。本方用于妊娠寒湿中阻，或妊娠宫中寒湿，常服能使脾气健旺，寒湿得除，胎得其养，胎气得固。邓氏[1]认为：白术散方中牡蛎含极丰富的钙质，孕妇需钙量较普通人高，一但摄入量不足，胎儿生长必受影响，牡蛎正是针对孕妇缺钙而予以补助；白术含有大量维生素甲、丁，丁种维生素能促进钙的吸收。当归散、白术散既能养胎，又能去邪，尤其当归、芍药、白术、牡蛎、大麦粥等药物，都含有母体与胎儿所需营养成分，故仲景提出妊娠养胎宜“常服”“服之勿置”。但所谓“常服”仍需据孕妇体质辨证用药，若肝脾失调，挟湿热者用当归散；脾气虚弱，寒湿中阻者用白术散。以上两方也反映了仲景对妇人妊娠，重视调理肝脾，养血清热，祛湿散寒，协和脏腑气机以达养胎的学术思想。有关桂枝茯苓丸、附子汤、胶艾汤、当归芍药散、冬葵子散则为治母病以保胎，与白术散、当归散侧重养胎有别，这里不予赘述。

二、分经养胎之肇始

仲景首次提出了妊娠分经养胎的学术观点，此论虽残缺不全，但对后世产生了巨大的影响。《金匮·妇人妊娠病脉证并治》论妊娠伤胎，提到七月太阴养胎之说，如“怀身七月，太阴当养不养”，西晋·王叔和及北齐·徐之才逐月养胎法中的七月手太阴脉养胎与此提法一致　如王叔和《脉经·卷九》记载：”妇人怀胎，一月之时足厥阴脉养，二月足少阳脉养，三月手心主脉养，四月手少阳脉养，五月足太阴脉养，六月足阳明脉养，七月手太阴脉养，八月手阳明脉养，九月足少阴脉养，十月足太阳脉养。诸阴阳各养三十日活儿。”在《金匮》前期医学著作中，尚未见到有关分经养胎记载，王叔和曾整理过张仲景遗著，由此推之，盖《金匮》原著可能有较完整的逐月分经养胎学说，徐之才发展完善了此学说，这里扼要援引徐氏逐月养胎法，以补《金匮》阙如之憾。据孙思邈[2]《备急千金要方》记载，徐氏提出：妊娠1~5月宜和悦心志，无悲哀思虑惊动，调节饮食，不为力事朝吸天光，以避寒殃等。特别指出妊娠3月，胎“未有定仪，见物而化……欲子美好，数视璧玉，欲子贤良，端坐清虚……是谓外象而内感者也”。6~7月出游于野，数观走犬，及视走马，动作屈伸，以运气血。8月宜和心静息，无使气极。9月缓带自持。10月纳天气于丹田，俟时而生。徐氏养胎十方中出现率较高的药物是：人参、阿胶、麦冬、当归、芍药、甘草、生姜、大枣等，反映了妊娠补养肝血与调理脾胃之主旨，但逐月分经养胎法结合各经相关脏腑，以及胚胎发育阶段，又有各经用药特点。如妊娠1月宜服雌乌鸡汤，务在补养肝血。2月用艾叶汤以温经养血安胎。3月用雄鸡汤补养气血，佐黄芩、白术清化湿热。4月用菊花汤补养气血，清脑除烦。5月用阿胶汤补养气血，佐旋覆花、吴茱萸、黄芩调畅脾胃气机清郁热。6月宜麦门冬汤滋阴养胃，佐以清热。7月用葱白汤，方中以葱白、旋覆花、黄芪等通补肺气为主　佐黄芩、半夏清肺降肺，使水气湿浊下行。8月用芍药汤，方中芍药缓解胃肠急迫，厚朴、薤白调畅腑气，促使胃肠运化排泻。9月用半夏汤，方中取半夏、吴茱萸、干姜等温阳气散寒湿。10月即服滑胎方丹参膏，以通利血脉，使顺利生产。徐氏逐月养胎法涵义有二：一是逐月进行胎教；二是逐月分经用药物调养胎儿。

三、妊娠食忌寓胎教

仲景指出人的先天声音、五官、肢体缺陷，以及思想行为不轨与妊娠饮食物有关。如《金匮·禽兽鱼虫禁忌并治》云："麋脂与梅李子。若妊娠食之，令子青盲"；"妇人妊娠，不可食兔肉、山羊肉、及鳖、鸡、鸭，令子无声"；"妇人妊娠，食雀肉，令子淫乱无耻。"《金匮·果实菜谷禁忌并治》云："妊妇食姜，令子余指"。以上记载从妊娠饮食角度看，此禁忌尚无科学依据，因上述动物食品对妊妇是营养佳品，害胎之说尚难足信；但从另一方面看，此寓有胎教思想，即调节孕妇精神心理、饮食卫生、居住环境，消除抑郁、焦虑、紧张、恐惧心理，使孕妇有一良好的思想氛围，高尚的精神情操，寄美好于胎儿，这样就能促使胎儿健康发育。李氏[3]即认为此属胎教胎养内容。妊娠后在饮食方面调和五味，荤素结合，营养丰富，对胎儿大脑、骨骼、肌肤等发育是至关重要的，偏食酸腻则不宜胎儿发育。在物质文明与精神文明不发达的中古时代，所生子女聋、哑、盲、痴及兔子唇、多指（趾）症、丑陋等先天缺陷儿较多见，妇女妊娠后对此现象多惧怕、多联想，因此也会影响胚胎发育。人之聪敏与体魄与先天父母有关，但在胚胎发育期孕妇的精神心理状况及其营养尤为重要。汉初已有胎教记载，如刘向《烈女传·胎教论》云："古者妇人妊子，寝不侧，坐不边，立不跸，不食邪味，割不正不食，席不正不坐，目不视邪色，耳不听淫声……如此则生子形容端正，才过人矣。"后来，巢元方[4]《诸病源候论》结合古人经验作了较全面的论述，指出：胚胎期"形象始化，未有定仪，见物而变……好人端正庄严，不欲令见伛偻侏儒丑恶形人及猿猴之类。无食姜兔，无怀刀绳……欲令子贤良盛德，则端心正坐，清虚和一，坐无邪席，立无偏倚，行无邪径，目无邪视，耳无邪听，口无邪言，心无邪念，无妄喜怒，无得思虑，食无到脔，无邪卧，无横足。思欲果瓜，啖味酸菹，好芬芳，恶见秽臭，是谓外象而变者也"，以上《金匮》的妊娠食忌；徐氏的"外象而内感"；巢氏的"外象而变"，三者所论胎教核心基本一致，即在胎儿"形象始化，未有定仪"时：孕妇视、听、言、行等精神心理状态的好坏对胎儿有影响；另外，饮食物的营养及其形象对孕妇乃至对胎儿有影响。

四、去除劣胎求优生

优生即生育优良健美的后代，乃各个民族及为人父母的共同愿望。早在公元前 12 世纪古人即提出"取妻不取同姓"，"男女同姓，其生不蕃"。据有关资料调查表明：近亲血缘婚配，所生子女先天畸形、智力迟钝或低下、隐性聋哑、死产或产后早死等较多。另外，孕期因疾病或药物致胎儿畸形者亦屡见不鲜。因此，采用适当措施去除劣胎，可确保生育质量。《金匮》对妇人孕后除从调补肝脾以养胎求优生等措施外，还提出去除劣胎以求优生。如云："妇人得平脉，阴脉小弱，其人渴，不能食，无寒热，名妊娠，桂枝汤主之。于法六十日当有此证，设有医治逆者，却一月加吐下者，则绝之"。"则绝之"一词：有绝其妊娠说；有绝其病根说；有绝其医药说，虽有多种解释，余以为绝其妊娠之说，符合该词的本义以及前后文义，且对优生具有积极意义。旷氏[5]亦认为：仲景据实际情况而行堕胎之说，与现在倡导的优生学十分吻合。妊娠后 60 日左右出现恶心厌食反应，属脾胃虚弱者，可用桂枝汤调养，由于医生的误治，在妊娠三月出现上吐下泻，脾胃重伤，化源枯竭，胎失所养，必致胎儿发育不良，此时终止妊娠，可以绝其劣质胎儿，换一个角度看就是提倡优生。继《金匮》之后《诸病源候论》指出："妊娠之人羸瘦，或挟疾病，既不能养胎，兼害妊妇，故去之"的人工流产法，即去劣胎或异常胎，以求优生，以益其母。张景岳亦云："凡气血衰弱，无以滋养其胎，或母有弱病，度其终不能成者，莫若下之；以免他患。"对各种原因导致胎失所养，胎儿发育不良，采取终止妊娠的措施，以确保生育质量，对优生无疑是非常重要的。

结语：《金匮》妇人病三篇对中医妇科临床的形成与发展奠立了坚实基础，乃人所共知，但后世医家对其中的妊娠养胎与优生学说尚未引起足够重视，尤其把药物、饮食等措施联系一起讨论养胎者，《内经》《难经》尚未提及，后世虽有诸多论述，若觅其学术导源，无不与《金匮》有关。故本论欲推本溯源，昭彰其义，以示后学。拙文谬误多多，抛之与同仁共商。

参考文献

[1] 邓惠民. 我对张仲景白术散中牡蛎的体会. 浙江中医杂志. 1957；2：64.
[2] 孙思邈. 《备急千金要方·卷二·徐之才逐月养胎方》. 人民卫生出版社影印，第一版. 1982；21～24.
[3] 李克光. 《全匮要略》. 人民卫生出版社，第一版. 1989：668、679.
[4] 巢元方. 等. 《诸病源候论·卷四十一·妊娠病》. 人民卫生出社影印，第一版. 1955：220.

[5] 旷惠桃．试论张仲景在优生学方面的成就．陕西中医．1987；8（11）：506.

［《陕西中医学院学报》2002，25（6）：4］

论以《伤寒论》解读《金匮要略》

王维武　绍兴文理学院医学院附属医院

《伤寒论》与《金匮要略》二者同源而异流，一论外感时病，一论内伤杂病，虽然重点不同，却有着千丝万缕的联系，又因《伤寒论》发现与流传的时间毕竟比《金匮要略》要长得多，所以在研究《金匮要略》时，如果以伤寒条文的探讨辅之，往往能收到事半功倍的效果。略举数例如下。

一、病证

《金匮要略·黄疸病》1条："寸口脉浮而缓，浮则为风，缓则为痹。痹非中风。四肢苦烦，脾色必黄，瘀热以行。"这段话高度概括了黄疸病的病因、病位、病机及病理本质。病因如历代医家所知，为湿热。病位单从字面上讲，无疑是脾，但是，同篇后续诸条"趺阳脉""阳明病""日脯所发热"等叙述无不提醒本病病位并不仅仅局限于太阴脾，也应当在阳明胃。但整个《黄疸病》篇都没有直接提出阳明胃家发黄，后世亦陈陈相因，以脾释黄，总不免牵强附会。其实《伤寒论》192条早已提出："伤寒，脉浮而缓，手足自温者，是为系在太阴。太阴者，身当发黄，若小便自利者，不能发黄。至七八日，大便鞕者，为阳明病也。"可知，本病湿热内困脾家在先，若湿热不能外排，必循经脉传与阳明胃而产生黄疸病，也就是说，脾胃的脏腑病变可以引起黄疸病。不仅如此，单独的阳明病也可以引起黄疸。《伤寒论》204条。云"阳明病，无汗，小便自利，心中懊侬者，身必发黄"、205条云"阳明病，被火，额上微汗出。而小便不利者，必发黄"，都说明阳明也可以发黄，为我们解开了这一疑问。所以，黄疸的病位应为脾胃。"瘀热以行"的病机病理何以理解？学者一般引《金匮要略浅注补正》之解："瘀热以行，一个瘀字，便见黄皆发于血分，凡气分之热不得称瘀。小便黄赤短涩而不发黄者多矣。脾为太阴湿土，土统血，热陷血分，脾湿郁遏，乃发为黄。"然而结合《伤寒论》之论述，则知此解不尽然。但看《伤寒论》263条"伤寒，瘀热在里，身必黄，麻黄连轺赤小豆汤主之"，该方并无一入血分之药，何以云血瘀？又238条："阳明病，发热汗出者，此为热越，不能发黄也；但头汗出，身无汗，剂颈而还，小便不利，渴饮水浆者，此为瘀热在里，身必发黄，茵陈蒿汤主之。"该条行文连贯，先分论"热""湿"，再曰"瘀热在里，身必发黄"，故该条的瘀热实指"湿热瘀"（瘀通郁）。正如钱天来所云："瘀，留蓄壅滞也。言伤寒郁热。与胃中之湿气互结，蒸湿如淖泽中之淤泥。水上粘泞而不分也。"经云，"湿热相交，民多病瘅。"据以上条文不难分析，"瘀热以行"实则就是指湿热壅滞于中焦，并被脾胃传输于周身体表。"瘀"指的是湿热郁蒸，热为湿遏的复杂病理，难以简单地等同于瘀血（虽然并不排除可兼挟瘀血的改变）。另外，《伤寒论》200条可帮助理解"谷疸"；238、261条可帮助理解"茵陈蒿汤证"；260条可帮助理解"黄家所得，从湿得之"；262、263条可扩充黄疸病治疗方法，故黄疸之病，若单从《金匮》一书寻解，则迷雾重重，若结合《伤寒论》求之，则了然明朗。

二、治则

《金匮要略·脏腑经络先后病》14条："问曰：病有急当救里救表者，何谓也？师曰：病，医下之，续得下利清谷不止，身体疼痛者，急当救里；后身体疼痛，清便自调者，急当救表也。"本条突出了"表里当分缓急"的治病法则，表证因误下而成利，此时表有寒束，里有阳伤，权衡轻重，以里伤为重，且有阳脱之虞，故当先救里再解表。但《金匮》并没有论述救里解表用何方药。《伤寒论》却给出了答案：93条"伤寒，医下之，续得下利清谷不止，身疼痛者，急当救里；后身疼痛，清便自调者，急当救表。救里宜四逆汤，救表宜桂枝汤。"列举出了方药。当然，"救里解表"的原则也不是一成不变的，若表证急，则当先予解表。《伤寒论》169条列举了这种情况："伤寒大下后，复发汗，心下痞，恶寒者，表未解也。不可攻痞，当先解表，表解乃可攻痞。解表宜桂枝汤，攻痞宜大黄黄连泻心汤。"因误治使胃气受伤，邪热内陷，壅于心下而成热痞，此时表并未解，若再治痞，表邪更易内陷，是"引寇入室"，况且痞证并不急重，故当先解表，后攻痞，提示了还有"先表后里"的情况。此外，也有表里同治者，如《伤寒论》148条"伤寒五六日，头汗出，微恶寒，手足冷，心下满，口不欲食，大便鞕，脉细者，此为阳微结，必有表，复有里也。……可与小柴胡汤"，提示先后缓急的区分不甚明显者，可以表里同解。这样，可以更加深入地领会仲景辨证论治的特色。

三、方药

《金匮要略·痉湿暍病》1、2 条：“太阳病，无汗而小便反少，气上冲胸，口噤不得语，欲作刚痉，葛根汤主之。”这段话注家多认为葛根汤的作用是用来治疗太阳病发痉。但有两点却为众多注家所回避：①“太阳病”的内涵是什么？熟悉《伤寒论》的人都知道，《伤寒论》太阳病篇所述“太阳病”为太阳经感受风寒的一类病证，但伤寒论并未指出该篇能赅尽所有的“太阳病”。所谓太阳病，是指“邪犯太阳之表”的一类病证，凡太阳经（脏）感受外邪而发之病，都可以称为太阳病，《痉湿暍病》篇 14 条可证：“太阳病，关节疼痛而烦，脉沉细者，此名湿痹。”这里的太阳病是指的“湿在太阳”的病。本条太阳病而无汗，提示为阴邪外感于太阳经（脏）的病变。②单纯太阳病，不足以解释“口噤不得语”之症。因为太阳经循行于头背诸阳，太阳病并不会引起口噤。读者根据阳明经“环出挟口环唇”，理所当然地怀疑此条是否还有阳明经证？同样地，《伤寒论》验证了我们的猜想，32 条“太阳与阳明合病者，必自下利，葛根汤主之”，已经明确指出葛根汤为治二阳合病的要方。根据上述两点，可知《金匮》原文所述的痉病并非是单纯的“太阳痉病”，而是以太阳经感受阴邪为主的太阳阳明合病致痉。

此外，《惊悸吐衄下血胸满瘀血病》篇 12 条“火邪者，桂枝去芍药加蜀漆牡蛎龙骨救逆汤主之”中的“火邪”在《伤寒论》114～120 条已有详细的论述。《呕吐哕下利病》篇所论下利基本局限在少阴下利，不很全面。事实上，六经受邪都可致下利，这在《伤寒论》太阳阳明诸篇都有论述，参合以解，定会对下利本质有更深刻的认识。总之，对《金匮》的研究不能过于狭窄，如果参考姊妹篇《伤寒论》，所得的结论就会更加准确而深刻。

[《四川中医》2002，20（12）：11]

《金匮要略》腹满痛治法浅析

陈学习　贵阳中医学院

《金匮要略》开创了辨治痛证的先河，尤其对腹痛的辨证论治论述颇为精详，后世温、补、清、和、汗、吐、下及活血、祛痰等治法，多由此发展演变而成，至今仍具有重要的临床意义。因原书中涉及腹痛的篇章 10 余篇，前后相关条文数 10 条，学者不易系统掌握，本文拟就书中有关腹痛的治法内容，作一浅析。

一、表里双解法

表里双解法适用于表里同病之腹痛证，此时病势表里均衡，单解表则里寒不去，纯治里则表邪不解。但严格看来，仍有偏表偏里之不同，治以一方为主，兼顾另一方。如第 10 篇，19 条所论表里同病、内外皆寒的“寒疝腹中痛，逆冷，手足不仁，若身疼痛，灸刺诸药不能治”，就以乌头桂枝汤两解表里寒邪。方中乌头祛寒止痛；桂枝汤调和营卫以散表寒，使表邪去，里寒除，腹痛、身痛诸证自止。又如第 10 篇，第 9 条云：“病腹满，发热十日，脉浮而数，饮食如故”，证系太阳表邪未解兼见阳明腑实证，用两解表里的厚朴七物汤治疗。方中用桂枝汤解表而和营卫；去芍药加厚朴三物汤行气除满以治里实，使表邪得解，里实得下，腹满得消。

二、甘温建中法

甘温建中法适用于中焦虚寒证，如第 10 篇，14 条所论：“心胸中大寒痛……上下痛而不可触近”，即为脾胃阳衰，中焦寒甚的剧烈腹痛证，方用大建中汤以甘温建中，温中祛寒止痛。方中蜀椒、干姜温中散寒，与人参、饴糖温补脾胃合用，大建中气，使中阳得运，则阴寒自散，诸证自愈。又如第 6 篇，第 13、14 条阴阳失调，脾胃虚寒所致的“虚劳里急”“腹中痛”，治疗用小建中汤和黄芪建中汤来调和阴阳，温中补虚，以建立中气，使中气得以四运，阴阳得以协调，则寒热错杂，阴阳两虚之证随之消失。另外，第 10 篇，第 3 条云：“腹满时减，复如故，此为寒，当与温药”，亦是针对中焦脾胃虚寒腹满痛而言，虽未言明方剂，但依“当与温药”可以推知，当用（附子）理中汤等方以温中补虚，散寒止痛。

三、养血散寒法

养血散寒法适用于血虚寒疝胁腹疼痛证。如第 10 篇，第 18 条“寒疝腹中痛，及胁痛里急者”即以当归生姜羊肉汤养血散寒。羊肉补虚生血，使胁腹得气之温煦，血之濡养而疝痛自止。另外，第 21 篇，第 4 条亦用本方温中散寒，养血补虚以治疗妇人产后血虚里寒所致的“腹中㽲痛”。

四、散寒化饮法

散寒化饮法适用于脾胃（肾）阳虚，寒饮上逆的腹痛证。如第 10 篇，第 10 条由脾胃虚寒、水湿内停所致的“雷鸣切痛”，治以附子粳米汤散寒降逆，温中止痛。方中附子温中散寒以止腹痛；半夏化湿降逆以止呕吐；粳米、甘草、大枣扶益脾胃以缓急迫。又如第10篇，第16条由脾肾虚寒、水饮上逆所致的“寒气厥逆”，治以赤丸散寒止痛，化饮降逆。方中乌头、细辛以治沉寒痼冷腹痛；茯苓、半夏以化饮止呕；朱砂以重镇降逆。

五、温下寒实法

温下寒实法适用于阳气不运，寒实内结之腹痛证。如第10篇，第15条云：“胁下偏痛，发热，其脉紧弦，此寒也，以温药下之”，即用大黄附子汤温阳通便，散寒止痛，以治疗寒实内结之胁腹疼痛证。方中大黄泻下通便，附子、细辛温经散寒止痛，使寒邪得温，实邪得下，胁腹疼痛得除。又如第10篇，20条“当下其寒”“可下之”等亦属于寒实可下之证，亦当用温下寒实法论治。

六、调和（肝脾胃）气血法

调和（肝脾胃）气血法适用于肝脾不和或肝郁化热上冲而致的腹痛证。方如第20篇，第5条用治妇人妊娠，肝脾不和，“腹中疞痛”的当归芍药散，以养血疏肝，健脾利湿，并重用芍药以敛肝、和营、止痛。又如第8篇，第2条用治“奔豚气上冲胸，腹痛”的奔豚汤，功专养血平肝，和胃降逆，兼以止痛。

七、活血祛瘀法

活血祛瘀法适用于瘀血腹痛证。如治血瘀气滞的“产后腹痛”，第21篇，5、6条用枳实芍药散行气活血止痛；若服此方不效，说明是产后恶阻，瘀血不行，当以攻逐瘀血为主，用下瘀血汤破血逐瘀；对瘀血所致的月经不调伴有腹痛者（见22篇，10条）用土瓜根散治疗以活血通瘀，对于“腹中血气刺痛”（见22篇，16条）者，用红蓝花酒活血止痛以治疗之。

八、通里攻下法

通里攻下法适用于实热证之腹满痛。凡胃肠实热积滞、宿食内停及实（瘀）热内结等均可加减应用，以荡热攻下去实的大承气汤为代表方。方中大黄荡实攻下；芒硝软坚破结；枳实、厚朴行气破滞；合用使里热得泄，积滞得除。此外，小承气汤、厚朴三物汤、厚朴大黄汤及大柴胡汤等亦属此类。

九、安蛔止痛法

安蛔止痛法适用于蛔虫寄生于腹中，上下窜扰，气机逆乱，寒热错杂所致腹痛。如用甘草粉蜜汤以和胃，安蛔止痛（19篇，第6条），用乌梅丸使蛔得酸则静，得苦则下，得辛则伏，以温脏安蛔，复厥止痛（第19篇，8条）。

十、祛除宿食法

祛除宿食法适用于脾胃健运失常，有宿食内停者，因其停留部位之上下不同而因势利导，或吐之或下之。如第10篇，24条：“宿食在上脘，当吐之，宜瓜蒂散”，因其势而涌吐胸中实邪，又如第10篇，22条：“脉数而滑者”及第10篇，23条：“下利不欲食者”均宜大承气汤下其宿食积滞。

十一、其他

另外还有调和阴阳法（如小建中汤证治）、清热治利法（如蒲灰散证治）、荡涤痰热法（如大黄牡丹皮汤证治）等治法，亦散见于各篇，均体现了仲景治法特点。

［《甘肃中医》2003，16（1）：4］

浅述肾气丸的衍化

管华全　南京中医药大学

（指导　樊巧玲）

肾气丸为补肾名方，出自东汉医家张仲景所著《金匮要略》，又名金匮肾气丸、八味地黄丸、崔氏八味丸、桂附八味丸等，该方由干地黄八两、山茱萸四两、山药四两、泽泻三两、丹皮三两、茯苓三两、桂枝一两、附子一两组成。肾气丸自创立以后，经历代医家创新发展，产生了许多衍化方。这些衍化方通过药量或药味的加减变化，其所治病证亦随之改变，这种变化同时也反应了补肾方法的丰富和发展。本文试以肾气丸的衍化为线索，简要介绍不同历史时期肾气丸的衍化方，同时阐述一些扶浅认识。

一、肾气丸的形成

东汉以前（公元8年以前）是补肾方法的萌芽期，在当时代表著作《内经》《难经》中就有关于肾的生理、病理及治疗原则的论述。如《难经·三十六难》提出“两肾者，非皆肾也，其左者为肾，右者为命门”和《素问·上古天真论篇》提出，“肾者主水，受五脏六腑之精而藏之”等有关肾的生理功能的论述。《素问·阴阳应象大论篇》还提出，“形不足者，温之以气，精不足者，补之以味”的治疗原则。但两书均未列出具体治疗方药。

到东汉张仲景著《伤寒杂病论》时，对治肾已有论有方，并出现经典的补肾方，肾气丸。本方在《金匮要略》中先后出现5次，分别用于治疗“脚气上入、少腹不仁”“虚劳腰痛、少腹拘急、小便不利”“短气有微饮”“转胞不得溺”“消渴、小便反多”等5种病证。由于该方疗效确切，并以“少火生气”“阴中求阳”“补中寓泻”的补肾配伍方法而深受历代医家推崇，临床运用二千年而不衰，成为补肾诸法之始祖。肾气丸的出现，为补肾方法奠定了临床和理论基础。至此，补肾方法已经正式形成。

肾气丸是一首补肾方剂，早已无异议。但该方是由大量滋阴药中配伍少量温阳药物组成，故该方究竟属补肾阳为主，还是属补肾气或阴阳并补，历来争议较多，还有部分医家认为该方是以阴阳并补，以补阴为主。《方剂学》教材5版、6版均将其归入补阳剂，但笔者认为把该方归属补肾阳似有不妥，而以属补肾气似乎更恰当些。首先从原方主治证候看，均可归为肾气虚衰，膀胱之气不化，水液代谢障碍所致，而并未见畏寒肢冷等肾阳虚之寒象。再从药物组成分析，该方在大剂量滋补肾阴药中，配伍少量桂枝、附子温肾通阳，微微生火，以鼓舞肾气，取“少火生气”之义，并非为了温肾壮阳。现代有人亦认为肾气丸“并非补阳的正药，故只可用于肾气不足，水湿内停者，不可通治肾阳虚衰之证”。也正如《医宗金鉴》所云：“肾气丸纳桂、附子滋阴剂中十倍之一，意不在补火，而在微微生火，即生肾气也。故不曰温肾，而名肾气。斯知肾以气为主，肾得气而土自生也。”

二、肾气丸的衍化

1. 药量或药物炮制的衍化　后代医家在使用肾气丸时，常根据证候的需要对原方中的药量予以适当地增减或通过对药物不同的炮制以适应病情。从晋至宋时期本方的衍化来看，肾气丸已逐渐从补肾气衍变为温补肾阳的方剂。

晋·《肘后备急方·卷之四治虚损羸瘦不堪劳动第三十二》：“疗虚劳不足，大伤饮水，腰痛，小腹急小便不利。”其药物为：干地黄四两，山茱萸二两，山药二两，泽泻一两，茯苓二两，丹皮二两，桂枝二两，附子一两。

唐·《外台秘要·卷十八脚气不随方》：治“又若脚气上入少腹，少腹不仁，即服张仲景八味丸。”其药物为：干地黄八两，山茱萸五两，山药四两，泽泻四两，茯苓三两，丹皮三两，桂心三两，附子二两。

唐·《备急千金要方·卷十九肾脏》：“八味肾气丸，治虚劳不足，大渴欲饮水，腰痛小腹拘急，小便不利方。”其药物为：干地黄八两，山茱萸四两，山药五两，泽泻三两，茯苓三两，丹皮三两，桂心二两，附子二两。

宋·《太平惠民和剂局方·卷之五治诸虚》：“八味丸，治肾气虚乏，下元冷惫，脐腹疼痛，夜多漩溺，脚膝缓弱，肢体倦怠，面色黧黑，不思饮食，又治脚气上冲，少腹不仁，及虚劳不足，渴欲饮水，腰重疼痛，少腹拘急，小便不利，或男子消渴，小便反多，妇人转胞，小便不通，并宜服之。”其药物为：熟干地黄八两，山茱萸二两，山药二两，泽泻二两，白茯苓三两，丹皮三两，肉桂二两，附子二两。

从以上可以看出，肾气丸中桂、附的剂量有增加之趋势，加上桂枝变成肉桂，这些均使本方的温肾作用增强；同时生地易熟地，亦增强本方补肾填精的作用。且主治证也出现了“下元冷惫”的肾阳虚症状。故笔者认为，随着肾气丸中药量和药物炮炙方法的衍化，本方亦由补益肾气逐渐变成温补肾阳的方剂。

2. 药味加减的衍化　宋·钱乙可能在《颅囟经》的影响下，认识到小儿在生理上为纯阳之体，在病理上“易虚易实、易寒易热”。所以用药时多以柔润之品，而忌用温燥、香窜药物。故其在《小儿药证直诀》中，首创地黄丸（六味地黄丸），即肾气丸去桂、附两味温燥之品，取余下六味柔润之品，使之成为纯补肾阴之方，该方主治肾怯失音，囟开不合，神不足，目中白睛多，面色皖白等。后世医家对此推崇备致，奉为补肾阴之圣方，广泛运用于临床。认为凡肾阴不足，而见腰膝酸软、头晕目眩、耳鸣耳聋、骨蒸潮热、夜寐盗汗、手足心热、咽干舌燥、虚火牙痛、遗精、消渴、足跟作痛、小便淋漓、舌红少苔、脉沉细数等均可用六味地黄丸治疗。该方补中寓泻，使补而不滞，泻不伤正，实为扶正祛邪之良方。

南宋·严用和认为，肾气丸不当专为补剂，也兼可利水。但以之治水又嫌利之不足，故加牛膝、车前子以引水下行。此方后世称之为济生肾气丸，用来治疗肾（阳）虚水肿，腰重脚肿，小便不利等证。对于肾中真元亏甚者，严用和又嫌肾气丸补之不足，故加五味子、鹿茸以补肾阳、益精血，即十补丸。主治肾阳虚损，精血不足之证。临床见面色黧黑，足冷足肿，耳鸣耳聋，肢体羸瘦，足膝软弱，小便不利，腰脊疼痛等症状均可以之治疗。

明·张景岳认为，肾气丸补中有泻，对于“精气大损，年力俱衰，真阴内乏，虚痰假火等证”当从纯补，恐肾气丸“用泻妨补”，故去其“三泻”（丹皮，茯苓、泽泻），加鹿角胶、菟丝子、杜仲、枸杞子、当归而成右归丸。该方较肾气丸增强了温补肾阳、填精补髓之力，主治肾阳不足、命门火衰证。临床见年老或久病气衰神疲，畏寒肢冷，腰膝软弱，阳萎遗精，或阳衰无子，或饮食减少，大便不实，或小便自遗，舌淡苔白，脉沉而迟等症状，均可以之治疗。有人亦认为右归丸较肾气丸“增加补阳的作用，减少用泻妨补之力，使药效更能专于温补。”

三、结语

以肾气丸加减进行衍化的方剂还有许多，有的因为药味加减较多，已不易辨认．在此不再多述。总之，自张仲景创肾气丸以来，不仅给后世创立补肾治法，而且经历代医家加减衍化，使其治疗范围逐渐扩大，极大丰富和发展了中医的补肾方法。了解肾气丸的衍化过程及其所引起的证治变化，对临床合理使用此类方剂有一定的参考价值。

［《辽宁中医学院学报》2003，5（1）：47］

论《金匮要略》的治则与治法

戴锦成　福建中医学院

《金匮要略》是张仲景的临床记实，开创了临床医学的先河，奠定了辨证论治的基础，是理法方药俱备的医学巨著。治则与治法常被相混，甚至搞不清，本文就《金匮要略》的治则与治法加以整理和阐述，并就《金匮要略》的治则治法对后世医家的影响和区别亦以简要的论述。

遵循《内经》宗旨“以平为期”的治则

《金匮要略》论述六十余种病证的治则无论是采取扶正祛邪，正治反治，三因制宜，还是随证治之均“以平为期”为准则：如邪在肌表本当发之，施以汗法，但使用时又有严格的要求。如治风湿病只能微微汗出，若误有峻汗则“风气去，湿气在，故不愈。”故《金匮要略论注》曰：“发之微则出之缓，缓则风湿俱去矣”。邪在阳明燥结成实，据《内经》“实则泻之”，本当攻下为其正治，然而用承气汤攻下时须掌握“得下止服”，“得下余勿服”，这正是邪实得下，邪去为平。治寒疝病的大乌头煎，因药性峻烈，不可过服，故方后云“强人服七合，弱人服五合，不差，明日再服，不可日再服”。上述“实则泻之”，“留者攻之”，或是“在皮者，汗而发之”，或是“其高者因而越之”等，都是遵守“以平为期”的治则，使其病邪“衰其大半而止”。可见仲景以《内经》理论为指导严格遵循经旨为依据既合法度，又创新见，灵活运用于临床。

表里新旧同病、标本缓急的治则

表里同病，新旧同病的治则，一般情况下先解表后治里：如《金匮要略》曾多次提到里阳虚下利清谷而兼表证身体疼痛者，先用四逆汤回阳救逆，里阳恢复之后再用桂枝汤治其表。表里同病里证偏重但非异常急迫的情况下也可表里同治如厚朴七物汤证。

新旧同病的治则仲景曰：“夫病痼疾加以卒病，当先治其卒病，后乃治其痼疾也。”因新病病程短，变化快，治疗相对较易。痼疾病程长，变化慢，治疗难以速效，所以要先治新病，以免影响痼疾。《金匮要略·水气篇》第21条为例，举一则病案用以阐明这一治则的临床应用。

病有标本，证有缓急，治有先后主次，一般情况下重在治本，但在某种情况下，标证急能直接影响病情发展，甚则危及生命，可先治其标，后治其本，急则治标缓解了病情，解除了新病（继发病），又为治本创造了有利的条件，其目的亦为治本，治标只是在应急情况下的权宜之计，而治本才是治病的根本之图，标本缓急，实质是从属于治病求本的原则，是相辅相成的。

扶正祛邪、正治反治，据病而行的治则

扶正是补法，适用于正虚邪不盛而以正虚为主要方面的病证；祛邪是泻法，适用于邪实正虚不显，而以邪实为主要方面的病证。祛邪与扶正同时并举适用于正虚邪实的病证。扶正与祛邪虽然是具有不同内容的两种治疗方法，但它们也相互为用相辅相成，扶正使正气增强有助于抗御和驱逐病邪，而祛邪排除了病邪的侵犯干扰和对正气的损伤，有利于正气的恢复，具体运用当根据病情而定。《金匮要略》的小建中汤、黄芪建中汤、八味肾气丸、薯蓣丸、酸枣仁汤等皆属补益扶正。又如承气汤、大黄硝石散、抵当汤等均属祛邪之治，祛邪即所谓邪去正安。

正治法是逆其证候性质而治病的法则，亦是祛邪治病的根本原则，它适用于疾病的表象与本质一致的病证。《内经》所谓“寒者热之”，“热者寒

之”，“结者散之”，“留者攻之”，“损者益之”等，皆为正治法。如理中汤、四逆汤、吴茱萸汤等皆为寒者热之，白虎加入参汤、泻心汤、白头翁汤等均为“热者寒之”，十枣汤治悬饮为“留者攻之”。

反治法是顺从疾病假象而治病的法则，实为针对疾病本质而治之，从而更加突出了治病求本的精神。《内经》所谓“热因热用”“寒因寒用”“塞因塞用”“通因通用”等。热因热用是以热治热，即以温热药治其假热病证，这种假热多是阴盛格阳所致，如《金匮要略·呕吐篇》通脉四逆汤。寒因寒用是以寒治寒，即以寒凉药治其假寒的病证，这种假寒是阳盛于内格阴于外，或里热内盛，腠理空疏所致。如《痉湿暍病篇》的白虎加人参汤，原文曰：“汗出恶寒，身热而渴”。通因通用是以通治通，即以泻下、通瘀、消导等通利之药来治疗饮停于内，瘀血阻滞或因食积所致的下利、下血等病证，如《呕吐篇》下利用泻下的承气汤，《痰饮篇》下利用逐水的甘遂半夏汤。塞因塞用是以补开塞，即用补益药来治疗闭塞不通的病证，如《腹满寒疝篇》用大建中汤治疗胸腹满痛证，《胸痹篇》用人参汤治胸痹，《虚劳篇》用八味肾气丸治疗小便不利等因虚所致的“真虚假实”胀满闭塞证，故只能用补开塞使之正气充足，功能恢复，闭塞自除矣。

因势利导随证施治、灵活运用的治则

因势利导是顺应病势以驱除病邪促进阴阳自和的治则，如《黄疸篇》“酒黄疸者或无热，靖言了了，腹满欲吐、鼻燥，其脉浮者先吐之，沉弦者，先下之”。欲吐、鼻燥是热在胃，胃热上逆当用吐之，以彻其热，此腹满者必不减，按之痛是热在肠，当下之泻其热。又如《呕吐篇》“病人欲吐者不可下之”，因病人欲吐为病邪在上，正气有驱邪外出之势，故用因势利导而治之，不可下也。“食已即吐者，大黄甘草汤主之”，此为实热壅阻胃肠，腑气不通，火性急迫上冲，故食已即吐，用大黄甘草汤泻热去实，便通、胃和、呕自止矣。所谓“方随证转”，是其证用其药，实为辨证论治的反映。仲景在论治百合病时亦提出“各随证施治”的原则，不同的疾病可以出现相同的证候，同一疾病可以出现不同的证候，在辨证时必然出现异病同治与同病异治的情况，这就是“各随证施治”，“方随证转”灵活运用的治则。

《金匮要略》病证的治法，集八法之大成

治法从属于治则，“法”是治则指导下选择和运用的具体治疗疾病的方法。《金匮要略》病证的治法集八法之大成，论述甚广，内容颇详，指导临床实践，现分叙如下。

1. 汗法　通过开泄腠理促进发汗，使病邪随汗出而解的治法。一般用于外感热病治疗中。《伤寒论》论述最详，然《金匮要略》治疗杂病专著用汗法所涉及的病证亦颇多，如调和营卫、解肌生津的瓜蒌桂枝汤以治柔痉；辛温发汗、散寒祛湿的麻黄加术汤治寒湿在表之痹痛；开腠通阳、宣肺利湿的麻黄杏仁薏苡甘草汤治风湿在表之痹痛；助阳发汗、祛湿止痛的桂枝附子汤治表阳虚之风湿病；大青龙汤发汗兼清郁热以治溢饮，小青龙汤发汗兼温里饮以治支饮；调和营卫、发汗解肌的阳旦汤（桂枝汤）治产后中风病。以上治法《内经》所谓“其表者汗而发之”。

2. 吐法　通过引起呕吐而排除在咽喉胸膈胃脘的痰涎宿食和毒物等有形之实邪以达到治病之目的。如寒邪在上，胸中痞气冲咽喉用一物瓜蒂汤。

3. 下法　通过通便下积，泻实逐水以消除燥屎积滞、实热及水饮等证的治法。如热盛里实用寒下法的大承气汤急下存阴以治痉病；大黄硝石汤治黄疸；导滞通腑的厚朴三物汤治腹满；泻下逐瘀的大黄牡丹皮汤治肠痈；寒实内结者用温下法的大黄附子汤、十枣汤、己椒苈黄丸以逐水攻下，治水饮内结之悬饮及痰饮水走肠间证；麻子仁丸之润下。下法易伤正气，必须根据体质、病情分别采用急下、缓下、寒下、温下、润下，中病即止，《内经》所谓“其实者，散而泻之”。

4. 温法　通过扶助人体阳气以温里祛寒回阳，从而消除里寒的治法。如温化痰饮法，偏脾阳虚的苓桂术甘汤，偏肾阳虚的肾气丸，温健脾胃法的小建中汤、黄芪建中汤，温阳蠲痛法的桂枝附子乌头汤、乌头桂枝汤、乌头汤，祛寒温阳的乌头赤石脂丸以治心痛，温逆止呕法的小半夏汤、吴茱萸汤，温脾止血法的黄土汤，温中散寒的人参汤（理中汤）等。

5. 清法　通过寒凉泄热的药物使邪热外泄消除里热证的治法。如白虎加人参汤的清热生津法，茵陈蒿汤、大黄栀子汤的清热退黄法，猪苓汤的清热育阴利水法，白头翁汤的清热止痢法，泻心汤的清热止血法，栀子豉汤的清热除烦法。此外清热降逆、安中益气的竹皮大丸以治妇人乳中虚，甘草泻心汤的清热化湿解毒法以治狐惑病，清热解毒凉血的升麻鳖甲汤以治阴毒，清热降逆的黄芩加半夏生姜汤以治呕吐，清热解表的白虎加桂枝汤以治温疟、热痹，清养心肺法之百合地黄汤以治百合病。

6. 和法　通过和解表里的方药，以祛除半表半里证的一种治法。如小柴胡汤和解枢机以治少阳邪

在半表半里，柴胡桂枝汤为和解兼汗法，柴胡桂姜汤和解兼温法，大柴胡汤和解兼下法，半夏泻心汤调和肝胃法。

7. 补法 《内经》所谓"虚则补之"，通过补益人体阴阳气血以消除各种不足的证候或扶正以祛邪促使病证向愈的治法。如补血暖宫的胶艾汤用于冲任虚损妇科诸疾；补血温寒的当归羊肉生姜汤；桂枝加黄芪汤的补气益卫，用于湿邪在表之虚证黄汗"黄疸"证。黄芪桂枝五物汤为益气通阳法，以治血痹；温补中阳法之大建中汤；养阴益胃之麦门冬汤，以及上述小建中汤、黄芪建中汤、酸枣汤、八味肾气丸等均属补法之列。

8. 消法 通过消导和散结使积聚之实邪逐渐消散的治法，广泛应用于包括化食、行滞、豁痰、利水等方面。如行气消胀法之枳术汤，消瘀逐水之大黄甘遂汤，以治水血之结证，消瘀破结的抵当汤，土瓜根散以治经水不利，下瘀血汤治产后腹痛等，消气开郁法的半夏厚朴汤以治梅核气，分消利水法之五苓散，消癥化积的鳖甲煎丸。此外《金匮要略》的治法还有活血化瘀法、针灸法、外治法等。

《金匮要略》的治则与治法对后世医家的影响和区别

《金匮要略》的治则与治法上承《内经》之旨，下启医学之思，旁涉诸家之见，开创论治之路，对后世医家影响很大。如宋·钱乙从八味肾气丸化裁创制六味地黄丸成为专补肾阴之剂，从而开创补肾阴之先河，给后世养阴学说起了承前启后的作用，使"壮水之主以制阳光，益火之源以消阴翳"之论附之于临床；宋·严用和从八味肾气丸化裁济生肾气丸，受建中汤启发创制归脾汤；清·吴谦化裁创制知柏地黄丸，此外还有杞菊地黄丸、七味都气丸、八味长寿丸等均以肾气丸化裁而来。李东垣将仲景的建中法发展为补中益气法和甘温除热法，创制补中益气汤，又从《金匮要略》枳术汤化裁创制枳术丸、桔皮枳术丸、半夏枳术丸、木香干姜枳术丸、木香人参生姜枳术丸等补而兼消之剂。"瘀血"起源于《内经》，创见于《金匮要略》，其论述和论治给后世活血化瘀及虫类搜剔等治则治法颇多启发。王清任对活血化瘀论有很大的发展，追究其渊源为《金匮要略》瘀血的论述及大黄䗪虫丸、抵当汤、下瘀血汤。叶天士在上述虫类攻瘀的启示下创立久病入络之说而善用虫蚁搜剔络脉，松透病根，追拔沉混气血之根邪。目前运用活血化瘀法治疗内、外、妇及肿瘤各科的常见病及疑难杂症100多种取得了良好的疗效。

治则与治法在某些书刊杂志及教学等方面常被相混，甚至搞不清，然而治则与治法是有区别的。治则是建立在整体观念和辨证的基础上以四诊收集的客观资料为依据，对疾病进行全面分析、综合与判断，从而针对不同的病情而制订出各种不同的治疗原则，是带有原则性和共性的东西，接近方法论，是分析病情、确定治法的思想和观念，适用于每个病人指导治疗的原则，如"以平为期"，"扶正祛邪"，"标本缓急"，"虚实补泻"，"正治反治"，"因势利导"，"随证施治"等。治法从属于治则，讲求微观，辨证具体，针对性强，在临床上观其证候，审其病因，辨其证型，定其治法，选方用药。其思维方法，具体疾病具体分析，有的放矢、各个击破，祛除疾病的具体医疗方法和手段，属于硬技术。

治则有广义和狭义之分。广义的治则是在中医理论指导下制定的，是对保持和恢复健康、祛除疾病具有普遍指导意义，作为防病、治病，指导治疗措施的医疗准则。狭义的治则主要是指治疗原则即对中医治病立法处方用药都具有指导作用的规律。治法的层次低于治则，是在治则指导下用于治疗疾病的具体方法，如传统的汗、吐、下、温、清、和、补、消八法，或八法所统辖的各个小法均是。

[《中国医药学报》2003，18（2）：107]

论以辨病为前提之《金匮要略》病证结合模式

蒋　明　南京中医药大学

长期以来，"证"在中医学领域里具有至高无上的地位。辨证论治，作为中医理论体系中具有显著特异性和最佳代表性的内容，起着主宰中医灵魂的作用。所以在中医理论体系中有一个体现着"以证为纲"的著名学术内容，即"同病异治，异病同治"。而"同病"所以要"异治"，"异病"所以能"同治"，其根本原因是由"证"的异同决定的。因为"同病异治，异病同治"，亦即在辨病的层次上与施治分离脱节，久之辨"病"的地位就被放在次要的位置上了。那么辨病的环节真的可以被允许忽视吗？辨病对中医而言有无临床意义？对"病"的研究究竟应该被放在一个什么样的学术地位上？

关于病证关系，《金匮要略》首创并遵循着以病为纲、按病论述、据病立法、病分各类、逐类设证、因证制方、按方用药这样一种较为成熟的理法方药俱备的体例系统模式。在这个模式中，病作为全书的主要框架，构建成全书的主干结构（五脏风寒积聚病篇除外，而关于该病篇不少注家学者都认为不是《金匮要略》原书内容）。各个独立的病种构成了各篇目间相互独立的单元。围绕着病，各单元理法方药等具体内容方得以层层展开。这种以病为纲的模式充满着书中的各个层面。

一、病种设立以特有的病理变化为分化原则

在《金匮要略》以病为纲的大前提下，其病种的设立，追求着以其特有的病理变化为病种设置标准的原则。虽然这种认识有时是张仲景式的。

如《金匮·咳嗽上气病》中囊括了包括哮喘、气喘、咳嗽、咯痰、呼吸困难等呼吸系统病理变化的所有病症在内。如果仅仅是围绕辨证进行施治，则通过分析病情的诸种表现，围绕着肺这一病变的主要脏腑，可以满足以脏腑辨证、八纲辨证等方法进行辨证所需的条件，并进而完成施治的任务。但张仲景不止于此，而是致力于对“病”的认识，虽亦以咳嗽咯痰气喘等为主症，在他认识到某些病有其自身特有的病理变化、病变过程时，即将之从咳嗽上气病中独立出来，为之设立独立病种。如肺痈、肺痿、肺胀、支饮等病证。这种将肺痈等病从咳嗽上气病中分离出来，独立成病的现象，充分表现出张仲景追求对疾病进行辨识的学术特征。

再如在《金匮要略》黄疸病篇中分别介绍到了黑疸和女劳疸的内容。其中黑疸是湿热发黄、寒湿发黄等诸黄的转归，与肝炎后肝硬化等病症颇为相似；女劳疸多认为相当于慢性肾上腺皮质功能减退之阿狄森病[1]。由于黑疸与女劳疸在症状上都有黑的表现、在病机上都有虚的征象存在，如果仅以辨证为前提，则不言而喻，这两个疾病的“异病同治”是有着广泛的存在基础的，但因为对疾病辨别的追求，《金匮要略》还是将女劳疸与黑疸各自独立成病。

二、类别设置以病为划分标准

《金匮要略》的部分病种为了解决证型众多，直接以病御证有所困难的问题，或是由于某些证与证之间存在着的一定的共性，形成了一个一个的证型集群的问题，于是在病与证这两个层次之间，另设有一个过渡性的层次，这就是“分类”。

如痰饮病篇，根据饮邪停留的部位，又划分为狭义痰饮、悬饮、溢饮、支饮四类。这个分类即是处于痰饮病与具体证型之间的一个过滤性层次。各方证的具体证型隶属于这四饮之下，并围绕着这四饮各自展开。如支饮指饮停胸肺者，根据其饮的兼寒挟热、属虚属实，再分设小青龙汤证、葶苈大枣泻肺汤证、木防己汤证等。相对于饮停于其他部位的痰饮病，这些方证证型之间存在着俱属于肺有停饮这一共性特征，形成了区别于它处停饮的证型集群。再如水气病篇根据引起水肿的病因病机，又划分为风水、皮水、正水、石水几类等。

勿庸置疑，这个“类”的划分是以病为设置、存在的前提的。如“痰饮病”分为四饮的前提是都由“饮”停为患，四饮即根据饮邪所停部位而分。水气病即水肿病，其分类的前提是都有水肿存在。

三、病因认识追寻与病的特异性关系

《金匮要略》的病因学内容较为复杂，这里我们仅讨论其主动、自觉追求与病的特异性关系方面的内容。在一些非症状命名的病种中，《金匮要略》力图分析认识这些有着特异性病理变化疾病的特异性病因问题。

如狐蜮病，是一种类似于当今白塞病的疾病，从其病名即可看出，张仲景认为这是一种由某些病原微生物所引起的疾病。实际上现代医学早期也认为白塞病的病因是某些病原微生物所引起的。

再如女劳疸，其症多有肾虚的表现。而女劳者，房劳也，所伤者肾，该病病名阐述了该病特异性的病因病机。

有时这种特异病因认识的追求因为时代条件的限制，也有显得不够严谨、正确之处。如中风病，即相当于脑卒中，在认识其出现半身不遂、口眼歪斜这一特有症状的原因时，《金匮要略》提出：“血虚，络脉空虚，贼邪不泻，或左或右；邪气反缓，正气即急，正气引邪，喎僻不遂”。虽然这种认识是张仲景式的，但其病因认识追求与病的特异性关系的特点则是显露无疑的。

四、治疗法则确立以病为化生基础

《金匮要略》为湿、痰饮、水气、黄疸等病设立了治疗原则。在治疗原则之下再分设各证型。亦即通常情况下，各证型的方剂在组成上都必须接受治疗原则的指导与约束，在功效上都要求符合、满足该病的治疗原则。

如湿病治疗大法为“发其汗，但微微似欲出汗”的方法。所谓“发其汗，但微微似欲出汗”法是指一种保持药后有持续小汗出的方法，属汗法的一种。这是因为《金匮要略》所讨论的湿病是指外感湿邪在表为病，其在表者，引而越之，故应予以汗法。又因湿为阴邪，其性腻滞，难以速除，故需

使保持药后有持续的汗出，湿方渐渐得除。而要求小汗，则是一种保护病人正气的做法。因汗法是祛邪方法的一种，凡祛邪法皆可损伤人之正气，尤其是持续汗出时。虽然有“治湿不利小便非其治也”之名训，因为此湿非彼湿，故不以利小便法为原则。立微发其汗法为原则，充分说明了某病治疗原则的确立是立足在病的基础上的。在治疗原则的指导下，再根据其所兼挟的风、寒、虚、实等因素的不同，而设立麻黄加术汤、麻杏苡甘汤、防己黄芪汤、桂枝附子汤、白术附子汤、及甘草附子汤等方剂，这些方剂无一例外，均属于微发其汗原则范畴。

如果说这些方所代表的证型是属于证的层次的话，统御诸方证的治疗原则则明显是属于病的层次的，是由病所要求的。这一点充分说明，《金匮要略》的施治不完全是在辨证的层次上进行的，而是首先在辨病的层次上给予了严格的规定的。

五、效不更方与阶段性治疗

效不更方是临床中医所遵循的一个最基本的指导治疗的原则。指若治疗有效，即不应主动更换治方用药，而应循此用方思路，继服此方以巩固疗效。因为“效”说明了当初辨证的准确无误，亦即从临床疗效的角度反证了对证的判断正误问题。可以说这是一个很容易被众人接受的常理。

但因为我们取得疗效的治方用药是建立在辨证论治的基础上的，所谓药源之于方，方生之于法，而法则出自于证。在单纯地仅仅以辨证为论治的指导时，由于证是一个局域性含义的内容层次，它只是疾病的某一病程、某一病理阶段，病情在表里、寒热、虚实属性；在诸如痰、饮、湿、瘀等各病理产物的侧重点；乃至于在标本缓急方面的倾向，都是处在不断的演变当中，病情的演变，势必造成病证的变化。并且在不同的病中，它还会有着不同方向的发展轨迹与变化路线。或者在疾病的因素复杂众多时，根据“急者先治”的原则，治疗还会有先后缓急之分。如果我们泥守于建立在证层次上的效不更方原则，就不会前瞻性、预见性地、积极主动地寻求更换治方用药，势必终会背离病情，丧失最佳治疗时间。从这个角度说，效不更方原则是有其运用的局限性的，它远远不能满足临床一切状态时的治疗指导原则所需。

如《金匮要略·痉》病讨论的是外感风寒在表，客袭太阳经脉，致使太阳经脉拘急不舒的痉症。篇中在有关痉病的发生、治疗、预后的判断等诸多方面都强调了津液的独特作用。如“太阳病，发汗太多，因致痉”“夫风病，下之则痉，复发汗，必拘急”“疮家虽身疼痛，不可发汗，汗出则痉”“痉病有灸疮，难治”及用汗法、下法祛邪时的“取微汗”“取微似汗”“得下止服”等，无不说明了这一点。津液的保存对痉病而言是如此的重要，但在篇中治疗痉病的3个方剂中，仅有栝蒌桂枝汤一方用了生津养液药，其他两方均未有用。该如何理解这种不一致的现象？这就是在以病为纲的前提下，对疾病所作的不同阶段的处理。相对于栝蒌桂枝汤证而言，葛根汤证的肌表之邪要重得多，如果说素体津伤与外感表证是痉病一对表里同病、新旧同病的矛盾的话，其治疗原则中何者先治、何者后治、或者说二者同治的方法显而易见是要有所选择的。其中栝蒌桂枝汤即是一种表里同治的方法，葛根汤、大承气汤则是一种先治其标的方法。在这种急则治标的治法中取得的疗效，就不应简单地以效不更方为则，守方到底。而是应该随着表证的逐步解除，将生津养液之品逐渐添加进来。类似的情况还有如历节病桂枝芍药知母汤条有“身体魁羸”症却未用一味补益药、虚劳病桂枝加龙骨牡蛎汤却不属补益剂范畴[2]等。

如果说效不更方原则是辨证论治的产物的话，阶段性治疗原则则具有明显的辨病的含义。是立足在病的基础上才能达成的。

六、方由法出与一法多方

一般而言，方由法出，而法则由证而生，故中医人一直坚信直接用于治疗的方剂是循辨证而立法，循治法而出用方的。在《金匮要略》中最典型的如虽然有病为虚劳、痰饮、脚气、转胞、消渴的不同，因同属肾气不足证，故均以温补肾气为法，均用肾气丸治之。

但是另一个明显的现象是，法的种类是有限可数的，而方的数目则是层出不穷的，资料表明[3]：“方已达10余万首，但证只有几百（如《中医证候鉴别诊断学》共载常见证候311条）”。一个治法之下无一例外地总是有着许许多多的方剂。怎样使一个法来指导无尽的同类方的筛选、使用？这就需要病的因素的参与。因为病的参与，使得同一类方有了不同的含义，在《金匮要略》中即充分体现了这一点。

如同为脾胃(含大肠)湿热证，当其病属黄疸时，《金匮要略》用茵陈蒿汤、茵陈五苓散等方；属狐蜮病时，用甘草泻心汤、苦参汤；属下利病时，用白头翁汤；属下血病时，用赤小豆当归散等。在临床，一个受过良好专业训练的即便是低年制中医生，也不会在“异病同治”的指导下，于湿热黄疸时首选白头翁汤，在湿热下利时首选茵陈蒿汤。

再如同属痰饮内停证，在胸痹病时用栝蒌薤白白酒汤、栝蒌薤白半夏汤等，在咳嗽上气病时用葶苈大枣泻肺汤、皂荚丸等，在奔豚气病时则用茯苓桂枝甘草大枣汤，在呕吐病时用小半夏汤、茯苓泽泻汤等，在惊悸病时用半夏麻黄丸，在悬饮时用十枣汤，在妊娠恶阻时用干姜人参半夏丸，在梅核气时用半夏厚朴汤等。

充分说明在一法多方时，其方的筛选任用原则完全是由病决定的。

七、据证用药与药因病别

药是临床医学最重要与最根本的环节，在中医学中，是组成方剂最基本的单元与细胞。一般认为，当方由法被确立下来时，其所选药物的指向应该也就被确定了。这就是据证用药。但一类药物的众多性，决定了需在其中进行有目的的筛选，这种筛选目标的确立在《金匮要略》中同样表现为需要“病”的因素参与的形式。如胸痹用栝蒌、黄疸用茵陈、呕吐用半夏、便秘用大黄、百合病用百合等。这时的药是游离于“证”之外，而由“病”所决定的。如肠胃实热积滞与寒实积滞俱用大黄、黄疸湿热发黄与寒湿发黄俱可用茵陈等。

这种药因病别除了表现为如上所述，方剂的君药多因病而异外，同时还表现在方剂组成中病对用药的要求。如同属脾胃虚寒证，治疗虚寒下利的桃花汤中用了收敛固涩的赤石脂；治疗虚寒吐血、下血的黄土汤、柏叶汤中用了性属寒凉的黄芩、侧柏叶等；治疗虚寒呕吐多用半夏与干姜相配；治疗虚寒腹痛则改用乌头以温经止痛。

从这个角度能回答为什么在新药研究过程中，当一、二类新药分离出了这个方或药的有效部位、有效成分时，就可以抛开中医理论辨证论治的指导而用于临床了。这就是因为药因病而用之有所区别的缘故。

八、预后转归立足于以病为判断前提

《金匮要略》中有许多关于判断疾病的预后转归方面的内容。这些判断无一例外地都不是立足于某一“证”，而是依据于对“病”的发展趋势的把握而来。

如《金匮要略·疟病》篇关于疟病的转归时提出：“病疟以月一日发，当以十五日愈，设不差，当月尽解，如其不差，当云何？师曰：此结为癥瘕，名曰疟母。”疟母是包括牝疟、温疟、瘅疟在内的诸类证型疟病的转归，牝疟、温疟、瘅疟等疟病诸类证型迁延失治，日久皆可变为疟母。

再如《金匮要略·咳嗽上气病》篇关于上气在篇中有寒饮郁肺“咳而上气，喉中水鸡声”的射干麻黄汤证、寒饮挟热“肺胀，咳而上气，烦躁而喘，脉浮”的小青龙加石膏汤证、饮热郁肺“咳而上气，此为肺胀，其人喘，目如脱状，脉浮大”的越婢加半夏汤证、痰浊壅肺“咳逆上气，时时吐浊，但坐不得眠”的皂荚丸证、阴虚有热“火逆上气，咽喉不利”的麦门冬汤证等寒热虚实各种证型，上气这里是指肺气上逆之病机，《金匮要略》是将其作为病名处理的，这一点不管是从该篇的病篇名，还是从下设病证类型都可看出。是一种从病机角度命名的病名。就其预后，也是从上气病的角度进行的论述：“上气，面浮肿，肩息，其脉浮大，不治。又加利尤甚”。亦即上气诸类证型出现脾肾衰竭时皆预后不良。

由以上诸多方面可以看出张仲景论述疾病的思路是以病为纲的。这个“病”虽然限于当时的历史条件，多数认识还只停留在症状本身，但仍然可以看出张仲景对病是力图追求以该病特有的病理变化为设置原则的。因为在病的层次上有处于不同的病理阶段、处在不同的正邪盛衰变化当中等复杂情况，在病这个层面上不可能满足组方治疗的需要，所以这时需为各病分设不同的证型以作为补充。同时由于多数病种是以症状作病名的，不能构成对病特异性的病理变化、病机重点的认识，退而求其次，不得已唯有以不同的、彼此间可以没有必然联系的证来分辨论治。所以我们提出，《金匮要略》的医学模式是一种以病为纲，以证相辅，病证结合的医学模式。

参考文献

［1］蒋明.《金匮要略》女劳疸与慢性肾上腺皮质功能减退［J］. 浙江中医杂志，2002，37（6）：231.

［2］蒋明. 桂枝加龙骨牡蛎汤功效探析［J］. 中国中医基础医学杂志，2001，（7）：62.

［3］王洪琦，许有玲. 面向 21 世纪——中医基础理论研究的现状和未来［M］. 北京：军事医学科学出版社，1999. 267.

［《南京中医药大学学报》2003，19（2）：65］

《金匮要略》治湿探微

蔡英剑　陕西省安康市中医院

邱明友　陕西省安康市流水镇中心医院

湿为六淫之一，感人从皮毛而入先犯太阳，为阴邪易伤阳气，此为外所致；其在内多因脾运失司，水湿不运，或湿困脾胃致水湿内停致其他脏腑病变，日久化热形成湿热。其为病经久缠绵难愈。与风、寒、暑形成风湿、寒湿、暑湿等病症，与脏腑为病形成湿困脾胃，寒湿困脾，脾虚湿阻，湿热郁结肝胆，湿浊阻肺，湿阻肾虚等症，与痰形成痰湿阻滞之湿痰症；与毒形成湿毒症，与血形成湿阻血瘀症。现代很多疾病与湿有关，如风湿性心脏疾病，风湿与类风湿性关节炎，皮肤病，带状疱疹，中风，肥胖，糖尿病，感冒，结石，急慢性肝炎，急慢性胃炎，幽门弯曲杆菌感染，急慢性支气管炎，肾病，尖锐性湿疣，泌尿系感染，阳痿，不孕，性机能衰退等多种病患与湿邪为患相关联，而临床采用祛湿、化湿、除湿之法治之而奏效。追探湿的病因病理，主证、治法、方药对这些疾病的防治有着重要的临床参考价值和指导意义。

一、病因病机

湿病，有外湿和内湿之别，外湿多因阴雨连绵，或久居湿地，或雾露晓行感而得之；内湿则因脾虚不运，水湿内停所致。《金匮》云："太阳病，关节疼痛而烦，脉沉而细者，此名湿痹"，"湿家之为病，一身尽痛"，"风湿相抟，一身尽痛"，均说明外感风湿互相抟结作用于人体而出现上述症状。内湿则因脾虚不运，水湿内停所致，因外湿和内湿，互相影响，素有内湿之人，易感受外湿，而外湿伤人又可影响脾的运化，肾的温煦而生内湿。尤在泾曰：湿为六淫之一，故其感人多如风寒先在太阳，但风寒伤于肌腠，而湿则流入关节。风脉浮，寒脉紧，而湿脉则沉而细，湿性濡滞而气重着，故亦名痹。痹者闭也，其人平日土德不及而湿动于中，由是气化不速而湿侵于外，外内合邪为关节疼痛，为小便不利，大便反快治之者，必先逐内湿，而后可以除外湿，故曰"当利其小便"。总之，外邪侵犯是发病的重要条件，《金匮要略》认为湿邪入侵是成痹之主因，在《金匮》中所论及痹证的文中有三分之二已明确指出痹证之成因与湿（水、汗）有密切关系，其次认为风与湿关系密切，湿性粘腻，风湿之邪每易复合，在原文中多次提及的"风湿相抟""汗出当风"等。寒湿困脾，脾阳虚不运化水湿肾阳不足不能温化水湿则是本虚标实，湿邪病形成的又一病因病理特点。

二、证治要览

1.《金匮》为后世治湿确立了大法。在治湿方面《金匮》见解独到。"风湿相抟，一身尽痛，但当汗出尽解"，"若治风湿者发其汗，但微久似欲汗出者，风湿俱去也，""湿痹之候，小便不利，大便反快，但当利其小便。"指出了治疗湿邪为患治疗方法，即治疗风湿可以汗而解，但应微微汗出，以使风湿俱出，若出汗过多，随风气去，而湿邪尤存，故病不得愈，可用利小便之法，小便得利，则里湿自去，阳气通湿痹可除。

2. 依照患者体质强弱，感邪性质及病变位置的深浅，阐述主证特点及具体方法。

（1）寒湿证治

①寒湿侵犯肌表——用通窍法：主证：湿家病，身疼发热，面黄而喘，头痛鼻塞而烦，其脉大，自能饮食，腹中和无病，病在头中寒湿，故鼻塞。治法：宜通鼻窍散寒除湿。用药纳于鼻内。以宣泄上焦寒湿，使肺气通利邪除而病自愈，此法后世用之较少，值得借鉴，《金匮》虽未告知药味，以临床体会，应选用苍术、皂角、细辛、羌活、藿香、白芷、川芎、甘松等。香散风湿从窍而除。

②寒实在表属表实证——用发汗法：主证：湿家身烦疼。治法：发其汗为宜，发汗解表，散寒除湿。方药："可与麻黄加术汤"治之。提出了风寒湿为患可微发汗从表而解。

③寒湿历节——用温阳散寒法：主证：病历节不可屈伸，疼痛，脚气痛。治法：温阳散寒扶正止痛。方用：乌头汤治之。该条指出了寒湿为病及风湿性关节炎，可用扶正通阳散寒止痛之法治之，该条川乌用蜂蜜煎值得效法 后世好多不注意此方法而忽之。

④寒湿阴黄——健脾温阳除湿法：主证：腹满，舌痿黄，躁不得睡。治法：《金匮》虽未在该条提出，但后世依据其症候特点提出了温阳散寒，除湿退黄，健脾的治疗方法，在临床运用中收到较好效果。方药：茵陈术附汤，茵陈理中汤，茵陈四逆汤等，湿邪为病与寒同侵肌体，不但形成近代的寒湿性关节炎，黄疸病也有因寒湿合而为致，故为黄疸病提出了辨证用方的又一条路径。

（2）风湿证治

①风湿在表证治：主证：一身尽痛，发热，日晡所剧者，名风湿，此病伤于汗出当风，或久伤取冷所致也。治法：解表除湿，宣利肺气。方药：麻杏苡甘汤治之。以解表除湿，宣肺利气，使风湿之邪从微汗而解。

②风湿表虚证治：主证：风湿脉浮，身重汗出恶风。治法：益气固表，驱逐风湿。方药：防己黄芪汤治之。

③风湿表阳虚证治——温经散寒，祛风除湿：

主证：伤寒八九日，风湿相抟，身体疼烦，不能自转侧，不呕不渴，脉浮虚而涩，或大便坚，小便自利。治则：温经散寒，祛风除湿。方药：桂枝附子汤主之，去桂枝加白术汤主之。桂枝附子汤主治的风湿，其病位在于肌表，去桂枝加白术汤治湿，其病位在里。桂枝附子汤即用桂枝汤去芍药之酸敛以防留邪，加附子以振阳气，桂附相合则助表阳以散寒，阳盛则湿化，姜枣甘草则调和营卫，共达温经散寒祛风除湿之力。当表阳虚病势趋里则免再用桂枝徒伤其表，加白术配合附子助里阳以胜湿，使湿从里解。本条论述了风湿病两种不同病理变化的证治。

④风湿表里阳虚证治——温经除湿达表：主证：风湿相传，骨节疼烦，掣痛不得屈伸，近之则痛剧，汗出短气，小便不利，恶风不欲去衣，或身微肿者。治法：祛表湿，胜里湿。方药：甘草附子汤治之用附子合白术以助胜湿，桂枝去风和营祛表之湿，共奏扶正祛邪表里同治之功。

⑤风湿历节证治——祛风除湿，通阳行痹：主证：诸肢节疼痛，身体羸瘦，脚肿如脱，头眩短气，温温欲吐。治法：祛风除湿，通阳行痹。方药：桂枝芍药知母汤治之。方中以桂枝通阳气达四肢，芍药定痛，知母消肿，佐麻黄、防风祛风逐湿，生姜和胃降逆止呕，附子得桂枝通阳散寒止痛通络效加，白术健脾胜湿，甘草和中，桂麻配白术能除表里之湿，白术、附子相合，温经除湿止痛，重用白术以健脾，利水除湿治脚肿如脱，重用生姜使在里的湿毒达表而解，从而治温温欲吐。

（3）湿热证治治法：清热利湿。湿与热在体内形成湿热证相互蕴酿为患在临证多见。《金匮》原著虽未明确提出该型的证治，但在病证形成及用方上已指出湿热证治的特点和方法，为后世湿热证治的特点和方法，为后世湿热病的形成和发展奠定了基础。体现在黄疸并脉证治中。主证：谷疸之为病，寒热不食，食即头眩，心胸不安，久久发黄为谷疸。治则：清热利湿退黄。方药：茵陈蒿汤主之，方中以茵陈为主药，清热利湿，利胆退黄，山栀子为辅药，清热利尿，泻三焦之火热湿邪，使湿热从小便而去，临床证实药有显著利胆作用。佐以大黄清热泻下，荡涤积滞，使湿热从大便而出，三药相配共奏清热利湿，利胆退黄之效，湿热黄疸从二便而解。后世医家对该病有所发展，如湿温、湿毒等。

三、用药特点

《金匮》在湿病的临床诊治中，治疗用药精炼，恰到好处，配伍上寒热并用，祛邪扶正紧密结合。解表散湿从上而解，用药塞鼻值得临床借鉴，在方中药味一般只有4～5味，最多的是桂枝芍药知母汤，但也只有9味，在用药频率上，其中选用3次以上的药物有：桂枝、麻黄、白术、附子、芍药、黄芪、甘草、生姜，这些药物大都有祛风散寒，除湿之效，紧扣主证和治疗大法，同时从白术、芍药、黄芪、甘草的运用上体现出仲景治痹祛邪不忘扶正的辨证思想。其个性体现在仲景组方用药的灵活配伍，一药多效，谨守病机，临证时发挥药物最佳功效的辨证论治思维。如桂枝在前方中出现5次之多，在不同的方剂中发挥不同的效用。在麻黄加术汤中桂麻相配取其发汗增强之功，甘草附子汤中桂附同用，取其通阳化气助附子温阳散寒，且有固表止汗之效，桂枝芍药知母汤中桂芍并用发挥其调和营卫，调中健脾作用。还有在治寒湿在里，用麻黄配白术，以取其“微微欲汗出”湿从表解，且汗不太过，值得临床借鉴。在湿热黄疸中，茵陈，用水一斗煮至六升，再配清热利尿，使湿从小便而解，并用有利胆作用的栀子，再配清热泻下，荡涤积滞，使湿随大便而出的大黄，服后二便通利，湿热从二便而解，药仅三味，配伍恰到好处，后世在治黄疸性肝炎中使用颇具疗效。总之湿邪为病，缠绵难愈，《金匮》从临床角度给医者提供了宝贵经验。“湿为阴邪”易伤阳气，湿性粘滞重着，在临床上多兼挟，少单独出现。医家魏荔彤指出“湿为无住着之邪，必依附于物而后行感之邪，冲附于风寒不能中于表；内蕴之湿，非附于寒热不能中于里。”感于寒则为“寒湿”，挟风寒则为“风湿”，兼热家则为“湿热”。张景岳说：“湿与阴者为寒湿，湿从阳者为湿热”。顾松园说“天之湿，雾露雨雪是也；地之湿，冰水泥泞是也；人之湿也，汗出沾衣是也；饮食之湿，酒水、瓜果、乳酪是也（内因）”，湿邪入脾，困阻阳气则寒湿困脾，湿邪挟风，则为“风湿”，由于“风淫才（四肢）疼”，“湿流关节”，脾主四肢故形成关节痹痛，故湿是“痹证”“风湿”的祸根，故前述《金匮》之方治湿，从汗、从温、从散、从表、从燥、从除、从健而使湿在上从表而解，在下从二便而排，在中益气健脾而化。温阳散寒，解表发汗，清热利湿，祛风除湿，从而解除湿邪为患，运用至今。

［《陕西中医》2003，24（3）：280］

（四）对仲景学说的临床应用和实验研究

对《伤寒论》小柴胡方证的体会与运用

张柏龄　西藏拉萨市裕民诊所

一、前言

《伤寒论》是祖国医学最早一部辨证论治的经典著作，后世中医有的因为它流传很久版本很多，文字简古难免传讹，读起来感到很多困难，每遇不易理解的地方，便归罪于晋代王叔和的窜解。有的则尊经太过认为语言皆法，能治万病，甚至如治阴阳易的烧裈散一方，也很少人提出怀疑。其实仲景在自序里曾提到“虽未能尽愈诸症，庶可以见病知源，若能寻余所集，思过半矣”。简短的几句话，倒不失为整个《伤寒论》作出了公允而概括的评价。因为仲师掌握了辨证论治的基本规律，叙证详细，鉴别严格，方剂虽然不多，果然了解大法，即可灵活运用。至于简古窜乱的问题，只要我们掌握读《伤寒论》的方法，研究当时的文法，编排的体例，并将各条文前后参合，互相贯通，是不难找出头绪的。为了便于讨论，特将论中有关于小柴胡方证的内容，加以分析，即可了解一斑。

二、内容分析

《伤寒论》关于小柴胡方证的记载，主要的约有二十一条（37、99、100、101、102、103、104、105、106、108、109、151、155、156、235、236、237、267、269、270、333，以上节目均照陆渊雷《伤寒今释》编次）。并且散见各篇，如太阳、阳明、少阳、厥阴等篇都有，象这样的编排体例，读起来似很吃力，其实某一种方剂，并不是那么单纯的适应某经或某种疾病，而是牵涉很广。我们只要将这些条文前后贯通，反复研究，即可看出它的内容不外下列七点：

1. 仲师认为少阴证不可吐下（267）、发汗（269），必须另立和解一法，所以在270条内着重指出小柴胡和解少阳的主要方药。

2. 在二十条中几乎有十八条（包括103、151、235等条）为小柴胡之适应证。症状虽多，但我们可从经文的描写方法，看出99、270条为小柴胡的具体症状，特别是其中的往来寒热、胸胁苦满、默默不欲饮食、喜呕，更为小柴胡证的四个主征。并且105条说明四个主征之中，只要“但现一证便是，不必悉具。”又可从269、270（论中言脉紧，有时为弦之互词）104、237及236等体会到小柴胡之主脉为弦，舌苔之色为白。

3. 小柴胡证之胸胁满痛有时痞硬，很容易与结胸痞证（156）相混；其脉沉紧（270），很容易与少阴纯阴结（155）相混。但结胸、痞证只有痞硬痛而无发热，纯阴结不得复有外证，可资鉴别。所以仲师尽管说过小柴胡证但现一证便是，不必重复说明“呕而发热者”（156、383条）才算“柴胡汤证具”。

4. 掌握了小柴胡证的主征和鉴别，即使还有其他各条所叙述的次要症状，只要了解它的发病机理，属于“血弱气尽，腠理开，邪气因入，与正气相搏结于胁下，正邪必争”（100条），即可显示小柴胡汤“上焦得通，津液得下”（236条）的疗效机制，主证一除，次要症状亦将随之而解。

5. 还有本属柴胡证，但在治疗过程中曾经误下者，只要“柴胡证仍在”，依然可以“复以柴胡汤”，不过此时正气已伤，服此方后，往往需要邪正相争，才可得到“必蒸蒸而振，却发热汗出而解”（106、108、156）的效果，这就不能不预嘱病家，以免惊慌失措。

6. 如果主征之外有些现证，并不属于少阳此方的发病机理所形成，而是属于他经为病者，可以斟酌缓急先后，如108、109条之先与小柴胡后与大柴胡或柴胡加芒硝；又如104条之先与小建中，后与小柴胡汤主之等。

7. 若他经证重兼具本方主证，虽经针刺而仍现“外不解者”还可用本方（237条）。若“服柴胡汤已渴者”（101条），乃说明柴胡证已罢，完全转入他经，自然不可复与本方。若102条，则现证虽有的近似柴胡证，但发病机制已经完全不同，那就更是小柴胡汤的禁忌证了。

可见条文尽管参伍错综，分析归纳起来，所谈的，只是小柴胡所治的少阳主证、兼证、病理、鉴别，以及此方的疗效机制、专用、兼用、先后用、不可用等几个问题。更简括地说来，只是小柴胡方证的辨证论治规律；找出了这种规律，指导临床实践，是能获得桴鼓之实效的。为了进一步证实这点，以下举了一些个人治验。

三、病例介绍

例一：李××，汉族，男性，三十八岁，已婚。木工，沈阳人，住拉萨市芦部区，于五九年二月十三日初诊。

自诉：感冒已四天，现症头痛而晕，一阵发冷，一阵发热，恶心、中脘满闷，脉弦而数。

诊断：少阳外感寒邪。

治疗：和解为主。

处方：小柴胡汤加味：北柴胡六钱　黄芩三钱　党参三钱　清半夏四钱　甘草二钱　生姜三片　红枣四个　菊花五钱。

二月十四日复诊，诸症基本消失，仅偏右头痛，再以前方加减。

处方：北柴胡三钱　黄芩三钱　清半夏三钱　生姜三片　荆芥穗三钱　防风钱半，前后共服药两剂痊愈。

例二：杨××，纳西族，男性，三十八岁，已婚，勤务员，云南人，住拉萨市，铁门杠，于五九年二月十五日初诊。

自诉：感冒已二、三天，头痛不止，微有发热，无发冷感觉，干咳、喉痛，不欲食，脉弦数。

诊断：寒邪郁热，病属少阳兼手太阴肺。

治疗：和解少阳，兼清肺热。

处方：小柴胡汤加味：川柴胡五钱　黄芩三钱　党参三钱　清半夏四钱　甘草二钱　生姜三片　红枣四个　银花五钱　连翘三钱　马勃三钱　杏仁五钱　橘红五钱　服药一剂痊愈。

例三：强八××，藏族，男性，十三岁，学生，拉萨人，住拉萨市柳下康，五九年三月六日初诊。

自诉：感冒数日，头痛、往来寒热，胸胁痛，咳嗽痰中带血，不欲食，呕吐，大便干燥，脉弦数。

诊断：外感寒犯少阳，肺气膹郁。

治法：和解兼与清宣。

处方：小柴胡汤加味：川柴胡三钱　黄芩钱半　党参钱半　清半夏二钱　甘草一钱　生姜二片　红枣二个　苦桔梗二钱　白茅根四钱　杏仁二钱。

三月七日复诊，头痛寒热均除，呕止，仅咳嗽时胁痛，痰多带血，舌苔微黄，大便转正常，脉数。

处方：照前方加减：川柴胡二钱　黄芩钱半　清半夏钱半　甘草一钱　生姜二片　桑叶三钱　连轺三钱　白茅根五钱　川贝母钱半　解肌宁嗽丸六丸（分三次服）。前后共服药二剂，解肌宁嗽丸六丸，痊愈。

例四：旦×，藏族，女性，九岁，拉萨人，住拉萨市八纲巷，于五九年四月十二日初诊。

家长代诉：患感冒三天，有时发冷，有时发热，咳嗽，不欲食，腿疼，脉弦数。

诊断：外感风寒，病属少阳兼太阳。

治法：和解为主。

处方：小柴胡汤加味：北柴胡二钱半　黄芩钱半　党参一钱　清半夏二钱　甘草一钱　生姜二片　红枣二个　桑叶二钱　桂枝一钱　陈皮钱半　服药一剂痊愈。

例五：免××，回族，女性，四十六岁，已婚，小商，拉萨人，住拉萨市通孜素，于五九年四月一日初诊。

自诉：素有关节炎，病已六年，现仍未愈，并经常肉跳，昨日起项强不能回顾，亦不能俯仰，头痛，往来寒热，食欲不振，口干而苦，心悸，两寸脉浮。

诊断：素患太阴风湿，新病少阳风邪挟痰。

治法：先治其风，后治其痰。

处方：小柴胡汤加味：川柴胡四钱　黄芩三钱　党参三钱　法半夏三钱　甘草二钱　生姜三片　红枣四个　石决明四钱（碎先煎）菊花四钱　勾藤三钱　茯神三钱。

四月二日复诊，项能回顾，头痛已减，能俯仰自如仅项部有微痛感，痰多硬块，如玉米粒大。

处方同前，再加礞石滚痰丸二钱，分二次，用前药汁冲服。次日，患者来所告知已痊愈，表示感谢，并称俟有条件时，再治旧病（关节炎）。

例六：五六年冬季，笔者在北京，曾治一高姓妇人，年龄五十岁左右，住北京和平门外南柳巷，适患感冒而体质素弱。当据脉证，处以小柴胡汤，并预嘱病家，如有反应出现，幸勿惊慌，患者服药后，约两小时，果全身发抖，经历一小时左右，发热汗出而愈，后来患者对我说，如果没有预嘱，我必认为药误而赴医院急诊了。由此证明，“必蒸蒸而振，却发热汗出而解”一语，确系仲师经验之谈。

四、结语

1. 本文说明《伤寒论》的条文虽然简古复杂，掌握了研究方法，前后贯通的读法，是可以找出它的头绪的。

2. 分析了有关条文（21 条）内容，不外说明小柴胡证的主证、兼证、病理、鉴别、以及小柴胡汤的疗效机制，专用、兼用、先后用、不可用等几个问题。

3. 列举个人的治验六例，进一步说明只要能够找出论中辨证论治的规律，指导临床实践，是可以收到桴鼓之实效的。

4. 作者水平有限，诊误难免，抛砖引玉，鹄候桂音。

［《江西中医药》1959，（12）：15］

小青龙汤证管见

馆野健　日本

（荆小侍译自《汉方之临床》2 卷 3 期）

某画家说过这样的话：“无论怎样的初学者，也能在一瞬间描出一幅好画，但他描来描去，越描越坏，最后这幅画完蛋了。但名家拿着同一幅描坏的画，又可修改成一幅好画，这就是初学者与名家的区别。”

仔细想想，初学者与名家的不同，大概是描画时有意识指导与无意识指导的决定吧！

在汉方治疗上，也有完全相同的情况。初学汉方医的人，也常能治好疾病。但他们对于这方剂的运用，却并无确切的意识指导，恰如俗话所说：“日用而不知。”然汉方名家运用方剂，是有确切意识指导的。虽然他们同样治好了一个病，但一则是偶中，一则是必中，其相差很大。

从“方证相对”①以求偶中，这在汉方医家说来，是件不妥当的事。对于汉方医家，与其从无意识指导的“方证相对”去探究，毋宁从有意识指导的“方证不相对”②去探究为有意义。为什么呢？因为前者不过如此偶中一回而已，而后者却含有追求必中之道的内容。

我现在对小青龙汤方，探究其意识指导的运用论据，以开拓必中之道。将自己一些微不足道的治验例，提出来讨论一下：

第一例　慢性气管炎

患者：杉山××，七岁，学童。初诊：1956 年 7 月。

病历：生来的虚弱儿童，三年来时常反复患感冒，剧烈咳嗽，咯出泡沫痰，发热，致其父母困恼。注射青霉素链霉素等无效。其父曾因服用汉方而愈病，故携来求治。透视照片无异常发现。

现症：体格瘦小，营养不良，但皮肤不枯燥；颜色恶；据说天亮时咳多痖感，咯痰，泡沫状，难咯出；口渴甚；向来食欲缺乏；大便一日不解就秘结难出；小便通，但每回量多；脉浮弱；舌苔略干；腹直筋紧张，左侧为甚；胸胁右侧轻度苦满。

治疗经过：诊断为小青龙汤加石膏证。服药 3 日后，食欲大增，咳痰易出，大便畅通。10 日后，咳嗽（－），咯痰（－）。13 日后，心窝部水振音（＋＋）（初诊时－）。15 日后，口渴（－）。29 日后，鼻涕（－）。36 日后，心窝部水振音（＋）。——服药 97 日后全快，停药。（药量成人 $\frac{1}{2}$）。

第二例　气管支喘息

患者：望月×，31 岁，男，初诊：1956 年 10 月。

病历：生来健壮。1956 年 9 月末，患感冒，反复发作。十月初，诊断为支气管喘息，入其亲戚之医院治疗，结果无效。由于主治医师的介绍，前来求治。

现症：体格营养本来很好，胸透视照相无异常发见，呼吸困难（＋）；多鼻涕；咳嗽，清晨为甚；咯痰，不易咯出；食欲普通；大便如常，每日一次；小便如常；脉浮弱，舌苔稍干；心窝部有水振音（＋＋）；胸胁苦满，直腹筋紧张，均右侧轻度；肩凝（＋），两侧同。

治疗经过：诊断为小青龙汤证。服药 3 日后，咳嗽减少；11 日后，咯痰（－）；18 日后，咳嗽（－）；74 日后，鼻涕逐渐（－）。结局服药 95 日后全快，停药。但全经过中，心窝部水振音老是存在（＋）。

第三例　感冒

患者，村濑×　31 岁，男，初诊：1957 年 1 月。

病历：体格瘦小，营养不良，向来有胃无力症（Atony）。透视照相上，看到胃下垂。1956 年 10 月以来，服用苓桂术甘汤。

现症：十日来，伤风鼻塞不止，脚冷，咯痰，颇少，粘液性，易咯出，头痛（＋），恶寒（＋＋），脉浮弱，舌见湿苔（＋），心窝部水振音（＋），脐上动（＋），腹全软弱。

治疗经过：诊断为小青龙汤证，投以三日剂量，感冒全快，纠正了前方（苓桂术甘汤）的作用。

第四例　感冒

患者，塌××，24 岁，男，初诊：1956 年 12

月。

病历：体格瘦小，颜色苍白，营养不良；有肺结核及胃无力症；（透视照相上，右肺有病影，胃下垂），平素心窝部水振音明显，九日来，反复感冒伤风不止，因来就诊。

现症：鼻涕不断，手足冷，略有咳嗽咯痰，发于夜间及清晨，痰为黏液性，易咯出，恶寒（+），热感（+），食欲极差，脉浮弱，舌湿有苔，心窝部水振音（++），腹全软弱。

治疗经过：诊断为小青龙汤证。投以三日剂量。此后未见复诊，经访问，回信说："吃了那药，身体自觉温暖，第二日伤风即好。多日伤风，一旦全快，至今（一月余）平安无事。总之，吃了那药，小便就多了，身体就暖了，甚有效果。"

综观以上四则，第一例慢性气管发炎，第二例气管发喘息，均以服药约三个月而全快；第三例及第四例，均是有胃无力症的患者染感冒，尤以第三例是对胃无力症进行治疗中（服用苓桂术甘汤）而染感冒，均用小青龙汤2~3日而全快。

四例有轻重之差，由鼻涕同时现心窝部水振音可以证明，此点值得注意。但以伤寒论小青龙汤条文"心下有水气"作为心窝部水振音来解释，未免过早。古人对心下水气的想法，恐是从鼻涕、喘咳（湿性的）、咯痰（稀薄的，水样、薄黏液性的。）心下水饮等，而建立了这个汉方的病理观吧！所以，心窝部水振音可视为心下水气的一部分见证，而不是全部，这看法较妥当些。

恶寒一证，前二例慢性病无，而后二例感冒有，手足寒冷亦然，仅见于感冒。

脉证四例同为浮弱。咳嗽，多见湿感，咯痰，泡沫样，黏液性，不曾见有脓性者，多易咯出。

奥田谦藏先生所著"伤寒论梗概"对小青龙汤含义有云："太阳病篇，对有兼挟之证及其转变之诸证能用之药方。"而不说作："太阳病篇的药方"。在伤寒论小青龙汤条文中，也有"伤寒表不解"之语，所谓"伤寒"，所谓"表不解"，这五个字是不可轻轻读过的。虽然同称作感冒，但小青龙汤的感冒从第三例第四例的例证看，都是所谓顽固性感冒，都是久经迁延时日的感冒。至于对一般单纯性感冒之初起，此方是无用处的，这看法较妥当。

"伤寒论梗概"的小青龙汤条说："因心下有水饮而表邪不解，由是而干呕、发热、咳、或渴或不渴等，因水饮之动摇而现诸证之药方也。主要有散水饮、降逆气、解表邪，以去诸之力。"究之，这是治因水饮之动摇而现诸证的方剂。上述方意，在第四例的患者回信已尽其义："小便量多"即是"散水饮"；"身体温暖"即是"解表邪"。

如前所述，"心下有水气"虽与心窝部水振音并不常完全一致，但胃无力症患者若染感冒，立即见此证，则是常事。须分别认识。

（略一段，系引用日本名作家夏目漱石所著小说"猫"中描写之主角，以该主角之病态说明即小青龙汤证之情况，我们未读过该小说，故不必译——译者）

小青龙汤——麻黄、芍药、干姜、甘草、桂枝、细辛、五味子各三钱，半夏六钱。（一日量，二回分服）

原注：干姜非干生姜。

译者注：①"方证相对"即我们所常说的"守方待病"之意。②"方证不相对"即我们所常说的"灵活运用"之意。

[《江西中医药》1957，(12)：39]

斑疹伤寒重用石膏银花治疗的经验

李健颐

这里所说的斑疹伤寒，并不是张仲景《伤寒论》的太阳伤寒病；也不是发斑疹而合并伤寒者，乃是瘟疫并发斑疹的一种传染病；因此病有流行的可能性，故称为瘟疫发斑疹，即如余师愚所谓疫疹是也。根据《温热经纬》余师愚疫病篇，论治疫："疹出于胃，古人言热来入胃而下之，热乘虚入胃，故发斑；热已入胃，不即下之，热不得泄，亦发斑。此指塞邪化热，误下；失下而言。若疫疹未经表、下，有热不一日而即发者，故余谓热疫有斑疹，伤寒无斑疹也。热疫之发斑疹，发之愈迟，其毒愈重"。

从这些看来，余师愚先生所论疫疹而用清瘟败毒饮治疗，真有神见。若现在所谓斑疹伤寒，就是指瘟疫发斑疹的一种流行性传染病，与伤寒的寒邪化热，误下、失下之发斑疹者不同，而治法亦异。"差之毫厘，谬若千里。"如果把斑疹伤寒误认为寒邪郁遏斑疹不出，不敢投以寒凉清热之药，而坐待斑疹自发，那么疫毒内炽，如火燎原，怎么不变为坏病呢。

余师愚有谓："疫既曰毒，其为火也明矣；火之为病，其害甚大，土遇之而焦，金遇之而镕，木遇之焚，水不能胜则涸。""故易曰燥万物者，莫熯乎火"，古人谓之元气之贼也。以是知火者疹之根，疹者火之苗也。如欲其苗之透，非滋润其根，何能畅茂？一经表散，燔灼火焰，如火得风，其焰不愈炽乎！焰愈炽，苗愈遏矣。疹之因表而死者，比比然也。

就此可知，斑疹伤寒为疫毒燔灼而成。如果不敢大胆投以重剂寒凉清热解毒之药，恐怕不能有济矣！如果热毒减退，那么就会使疹毒快快透出，热也容易解退了。这是治疗斑疹伤寒的最善办法。

1922年平潭斑疹伤寒大流行。当时中医多用升麻葛根汤，加防风、归、芎之辛温药，死亡甚多。我独认为疫毒内闭，斑疹郁伏不发，非用寒凉清火之药，不能抗制疫毒。如果疫毒消杀，那么斑疹自然畅发，就以化斑汤，重用石膏，每剂三两至四、五两，再重加银花二两，并配合连轺、黄芩、赤芍、大青、山栀之类，疗效甚好，救治不少危险病症。在当时平潭中西医看我的处方，都很怀疑而不用，嗣后因见该方效验良好，才深信而不疑，遂认为疫毒凶酷，非此大剂石膏，不能胜敌。

本方系采取化斑汤原方，即石膏、知母、甘草、犀角、元参，再加银花、连翘、黄芩、山栀、赤芍、大青叶等药。重用银花、石膏为主要药，以银花有抗生的作用，石膏质重而味淡薄，故有解肌、透表、清热的作用。二味互相佐使，有既济之功。再如连轺、黄芩、山栀、赤芍、大青叶，都会帮助银花、石膏的清热、解毒、发透斑疹的作用。时医不知这个意义，反谓斑疹初起，用石膏。哪里知道大热不泄，那么斑疹隐伏不出，非银花、石膏就不能泄大热而透出斑疹，与麻疹初起有忌寒凉者不同，二者不可相混而错治焉！但此方侧重在于银花、石膏，因此，就叫作银翘化斑汤。

症状与疗法：——本病初起有似伤寒太阳阳明证。开始恶寒、发热，头痛，关节剧痛，口渴，喜冷饮，皮肤有些微汗，头部汗比较多，有时剧痛，腹泻，轻者一、二日皮肤即发现淡红色斑疹，或淡紫而润泽，或深红而稀松。舌有黄苔，脉象浮数，就可用银轺化斑渴。皮肤干燥紧束如缚，斑疹隐隐严密，钻出不快，或青紫满布于皮肤表面，好象浮萍之背一样，多显于胸背手臂诸部者，这是胃热和血分火毒内炽的表现。急投大剂银轺化斑汤，加紫草、桃仁、生地；疹点红艳如胭脂，或深红带紫黑色，体温39°~40°度以上，这个症状都是因热毒内闭，血液被火燔灼遏甚所致。可与大剂银轺化斑汤，加神犀丹；兼有神昏谵语者，并给安宫牛黄丸、紫雪丹之类；如胃肠热燥，大便秘结不通，斑疹为热毒遏郁而发不出者，可与调胃承气汤下之，其疹就可涌出，这是釜底抽薪之法。不要顾虑斑疹未出，而不敢投以泻药，反使热毒内攻而发生闷证。六脉细数沉伏，面色青惨，昏愦如迷，四肢厥冷，头汗如雨，危险毕露。当此一发千钧之际，急投重剂银轺化斑汤，日夜连追数剂，就可挽转危机。如果误投桂附回阳之药 就救之不及了。我们经过数十年临床实践的经验 时常遇有这个危险病症，都是放胆使用大剂石膏 救治不少。兹特举八个典型病例，介绍于下，以供中西医同志参考和研究。

病例：（1）病者严某，性别：女，年龄四十五岁。住址：平潭霞礼街。1932年8月中旬，夜半睡觉，忽发战寒，经过二点钟后，逐渐发热，头痛，身痛，关节痛如针刺。即延刘某中医诊治，断为太阳伤寒阳明发斑症，投以升麻葛根汤加味，热反增盛，口大渴，烦躁不安，即来邀余往诊，细按六脉洪数而滑，检查胸背四肢，现有淡紫兼红艳的疹点，隐隐于皮肤里面，欲露不露的形势。舌呈枯焦，带灰色苔，即断为斑疹伤寒，给予银轺化斑汤，加紫草、桃仁、红花，日夜连服二帖；次日再往复诊。见其斑疹已陆续露出皮肤外面，色亦清淡，热退，头有微汗，关节痛减轻大半，仅有些酸楚。继以原剂再进二帖，后改与清热、生津药而愈。

病例：（2）病者陈××，性别：男，年龄26岁。住址：平潭新府口村。1932年8月18日午后开始发热，头痛。邻居某中医开新加香薷饮，连服二帖，热不退，增加关节痛苦不堪，四肢感觉酸痹难忍，胸前及项颜面有紫红疹点隐约不显，体温40℃，舌有黄浊苔，余诊后即断为斑疹伤寒，热毒已传胃腑，当防热闭疹陷不出，遂拟银轺化斑汤，重用石膏四两，加紫草、丹皮、红花、知母，病家略谙医理，认为石膏性寒，斑疹未透，恐寒药冰伏不出，不敢与服。越二日，其热愈甚，皮肤焦燥，所有斑疹还不钻出，并呈昏迷谵语，再来延余，仍照前方石膏加六两，并与安宫牛黄丸，连服二剂，至次日下午复诊，病势转好 退热神清，颈、背、腋下，陆续发现疹点，清红带泽紫，密布皮肤表面，改与增液白虎汤加神犀丹，三、四剂而愈。

病例：（3）病者林××，性别：男，年龄28岁。住址：平潭五福庙街。病者开始恶寒、发热，次日傍晚忽然头痛如劈，腰如被杖，辗转不宁，皮肤里红赤斑点隐伏不显，某医初投九味羌活汤二剂，即见偏身冷汗如水，四肢厥冷，呃逆、呕吐，诸医会诊，皆谓过汗亡阳，斑疹内陷，非参附不能挽救。如再投石膏，何异落井投石，群医同声，莫衷一是。余乃谓病家说，细按六脉沉数，鼓指强硬，四肢虽厥，扪到肌肉，久渐灼热，没有冰厥，并且舌紫干焦、枯燥无液，就此可断为热深厥深之症，不防急投重剂银韶化斑汤，缓则热毒弥漫，变症蜂起，危险堪虑，病家疑信莫决，勉与半剂拭之，服过数时，安然静睡，头汗稍止，肢厥转温，病家甚喜，再与余药半剂，次日复来邀余往诊，举家欣慰，且说幸不服参附，得蒙再生，不胜感激！余诊后见其病势未平，再进前药四剂，嗣后用甘露饮而收功。

病例：（4）病者林××，性别：男，年龄19。住址：平潭大路顶。病者开始患感冒咳嗽，服杏苏饮加薄荷、防风、荆芥，服三、四帖，病不了了。一日午后，感觉四肢痹痛，不能安睡，抵晚忽发大热，气急喘促，头痛不已；肢节大痛，皮肤现出红赤斑疹，密布如毡，口渴舌焦，脉洪数而滑，急来邀余往诊，就与银韶化斑汤二帖，热退正常，改与沙参、麦冬、鲜石斛、银花、荷花、西瓜翠衣。

病例：（5）病者施××，性别：男，年龄24岁。住址：平潭下屿村。于十日前，先有畏寒、头眩，身体不舒，自服生姜、茶叶发表，不见减轻。一日早晨，忽发头痛剧烈，偏体如刺，精神不振，俄顷昏迷不醒，跌倒地下，其妻急扶上床安卧，并灌姜汤，一面央人赶潭邀余诊治。余才抵病家，见病者视尚不清，面赤如丹，大热炽盛，言语蹇涩，检查胸前、腰背、手腕各部，斑疹红赤，半隐半露，存在皮肤里面，大便秘结五、六日不下，小便赤如浓茶，就断为胃热毒盛，当防逆传心包。投以银韶化斑汤加神犀丹，大黄、芒硝。大泻胃中火毒，日夜连服二帖，大便漏出黑块积粪甚多，热退神清；次日再诊，脉缓舌润，斑疹陆续钻出，色淡而润，再与原方减硝黄，加生地、麦冬、石斛，接服四剂，改用银花、生地、元麦、沙参、鲜石斛、荷花、芦根，一星期而痊愈。

病例：（6）病者林××，性别：女，年龄20岁，地址：平潭教场边。病者怀胎四月，忽发斑疹伤寒，（大热不解，口渴，腰痛已有一星期，才来邀余往诊。）（闻前医）有用辛温发散，有用补血安胎，但热毒受过辛温补血，如火上添油，益增炽盛，毒热鸱张，壅滞愈甚，以致诸证发不出来；并且皮肤焦燥，呈青紫暗浊之色，检查胸部腰间，虽有疹点，亦不明显，舌焦无液，脉数有力，就与银韶化斑汤，加紫草、芦根、生地、荷叶，服三帖，热退脉平，疹出遍身，神静嗜睡、舌苔未见津回，再与前药，加麦冬、沙参、鲜石斛二剂，后与滋补之法，母子俱安。

病例：（7）病者翁××，性别：男，年龄33岁。住址：平潭一埠村。病者午后耕田回家，午睡忽热战寒而醒，少顷即发热头痛，抵晚，身发大热，头痛如劈，发肿牙闭，不能纳食，急来邀余诊治，脉数舌黄，身热如烙，遂令解衣检查，胸前腹背红疹隐隐，乘此将发未发之时，即与银韶化斑汤，加荷花、绿豆衣，服了两剂，遂静红起粒，再服渐淡、渐疏，而热亦减。继与沙参、鲜石斛、桑叶、麦冬、玉竹，未及一旬，遂告痊愈。

病例：（8）病者黄××，性别：女，年龄24岁。住址：涵江冬前村。病者有胎六个月，患斑疹伤寒，大热十余日不退。初邀中医黄某，开人参败毒饮，连服三、四帖，热益增剧，再邀复诊，仍守前法，加安胎补血药，病势转入严重，神昏谵语，甚至热迫胎坠，妄言捉影，循衣摸床，该医复抱产后成方，用生化汤加减，后改邀西医注射服药，均未中肯，热势鸱张，津液枯涸，神智模糊，四肢僵硬，不言不语，皮肤疹点红紫如丹，小腹胀满如鼓，危在顷刻。是年余才到涵江，寄寓双福寿药房。病家闻知我名，就来邀余往诊，余到其家，仔细查询病情，并阅前后药方，后诊六脉沉数有力，两眼红赤，认为阳证阳脉，尚堪救药。投以大剂银韶化斑汤加桃仁三钱，大黄一两，安宫牛黄丸一粒，随时灌下，至半夜大泻积便，挟血块甚多，腹胀全消，神识稍清。次日。再还复诊，如前注再服一帖，又泻一次，热退脉平，头有微汗。然其体热未衰，疹点未透，改用清宫汤，加石膏，连服三、四帖，后以生脉饮加人参须、荷花、扁豆衣，调养十余日而痊愈。按此病因热毒和瘀血蓄积血室，非大胆用药，何能挽救？

结　论

1. 本病是为阳明胃热，兼血分火毒郁遏不散、结积而酿成斑疹，所以要散热解毒为主要治疗。如果误投辛温之药，抱薪救火，怎样不遭焚灭呢！

2. 患了此病，无论胎前、产后，有患无损，都不要考虑，认断真确、当用则用，放胆重用石膏，都能应乎而愈。

3. 此方重用银花、石膏，是恃以解毒、清热，透发斑疹的作用，故非重用不能制胜强敌；况且石膏对于流行性热病确有特效，祖国医学文献里都有记载，我曾经数十年的临床，得到实践的经验。

[《江苏中医》1958，(1)：25]

伤寒临证心传

张镜人

我家世居上海，自十四世祖君调公于明崇祯末年弃儒就医后，代有传人，迄今已有370年的行医传统，以擅治伤寒闻于时。

我家继承了张仲景及吴又可、叶天士诸家的理论和经验，认为伤寒与温病之争是不必要的，温病学离不开《伤寒论》的理论指导，温病学说又是《伤寒论》辨证论治规律具体运用的发展和补充。并认为属于伤寒范畴的热病，不外乎新感外袭和伏气内发二端。新感虽有寒温之分，但外邪的侵犯，由表入里，治疗只宜表散；伏气因新感引动，由里出表，治疗亦宜透达，除了里结阳明的腑证可下而外，新感与伏气的出路关键同在肌表，故“表”与“透”实为伤寒（包括温热病，下同）临证治疗的中心环节，新感务求“表透”，勿使内入，伏气务求“透表”，促其外达。并发现豆豉一味兼擅“表”和“透”的功效，为治新感与伏气的至当不易之品。

在运用“表”与“透”的治疗法则时，主张在卫、气、营、血的病程传变的不同阶段，采取不同的配伍，达到“表”或“透”的目的。如邪在卫分者，从葱豉汤加减，因均南方多湿，湿易化燥，故卫分之邪偏于寒的。不必籍麻桂的辛温，辛温反助邪热，偏于温的也不宜桑菊、银翘的辛凉，辛凉恐遏邪湿，惟葱豉的微辛微温，恰到好处。邪留气分者，从栀豉汤加减，邪入营分或血分者，从黑膏加减。三方都有豆豉，由于配伍的关系，葱豉着重于发汗解表，犹叶氏“在卫汗之可也”的原则；栀豉着重于轻清泄热，表里双解，犹叶氏“到气才可清气”的原则；黑膏着重于育阴达邪，犹叶氏“乍入营分，犹可透热仍转气分而解”的原则。但邪未传入气分化热，决不轻予栀子的清泄，邪未传入营分或血分，劫烁津液，决不轻予地、斛的育阴生津，进一境始转一法，界限森严，独豆豉的“表”与“透”则贯彻于整个病程的自始至终，这是我家在治法运用上独特之点。

我家认为，内伤杂病的治疗前提在扶正，外感时气的治疗前提在祛邪。新感非表不解，伏气非透不愈。汗法目的在于祛邪，“表”或“透”均应隶属于汗法的范畴。然而“表”有发表、有解表、有滋阴以资发汗之源等等的异殊；“透”有清透、有温透、有化湿以开达邪之路等等的变化，必须善于掌握，才能着手成春。兹从我家最得心应手的几个方剂出发，并通过医案的举例来阐述其加减运用的方法，或可窥见我家临症治法运用的一般规律。

一、葱豉汤的加减运用

葱豉汤出《肘后方》，乃微辛微温之剂。葱白虽性味辛温，但辛而带润，温而不燥。豆豉是黑豆蒸罨而成，苦寒的性味已转微温，所以葱白和豆豉结合微辛微温，发汗不伤阴，无凉遏的顾虑。伤寒初起，邪在卫分者，用之最为合度。即新感引动伏气的证候，也可促使化邪由里出表。获得从速透达的机会。

加减的原则，如表邪较重，发热，头痛，骨楚，迅希表散的加柴胡、干葛。（见医案一）还有春冬季节的风温症，每并发咳嗽气逆，两胁或半边胁肋引痛，此瘀留于肺、肝血络之中、络道壅滞，不宜猛剂攻消，只宜通络化瘀泄热之法，葱豉之外。必须佐以归须、新绛、旋覆花等行气血、疏经隧的药物（见医案二），有时取葱管易葱白，借其通阳利气。

医案一：张玉书诊

冬寒春发，身热无汗，咳呛骨楚，头疼干呕，脉浮数，舌白腻。拟疏肌解表。

豆豉三钱，葱白头一个，干葛一钱，柴胡五分，荆芥钱半，杏仁三钱研，枳壳一钱，炒查肉、建曲、赤苓各三钱。

医案二：张玉书诊

风温身热不解，咳嗽两胁呼吸引痛，脉浮滑，舌白腻。宜疏肌通络。

豆豉三钱，葱白头一个，大力子三钱，橘红、桔梗各一钱，杏仁三钱研，象贝母、瓜蒌仁各三钱，归须一钱，新绛屑、旋覆花（包）各钱半。

二、栀豉汤的加减运用

栀子豉汤，主虚烦懊侬。我家用以治伤寒表证未罢，上焦膈中有热，相当于邪热过卫入气的阶段。在这阶段，我家不主张骤用或早用阴柔寒滞的方药，认为豆豉的透达解肌表仍不可少，山栀的轻清泄膈热，在所必需，俾能表里双解。如里热较重的加黄芩、连翘（见医案一），发现红疹隐隐不显的佐蝉衣、西河柳或樱桃核等（见医案二）。

医案一：张玉书诊

时邪感袭，身热未解，头疼呕恶，脉形弦滑，舌苔滑腻。宜表里双解法。

豆豉三钱，黑山栀钱半，薄荷六分，大力子三钱，连翘、黄芩各钱半，知母一钱，杏仁三钱研，甘草四分。

医案二：张玉书诊

春温时邪，身热不解，疹点隐隐未透，脉形浮滑，舌苔垢腻。恐防邪陷，拟疏肌消透治之。

豆豉三钱，黑山栀钱半，大力子三钱，荆芥、前胡各钱半，柴胡五分，杏仁三钱，象贝、赤苓各二钱，蝉衣一钱，西河柳三钱。

三、黑膏的加减运用

黑膏亦出肘后方，由生地、豆豉、猪脂、雄黄、麝香等药组成，主温毒发斑。我家选取生地、豆豉二味同捣，结合凉血、散血、熄风、清热、祛痰之品，以治邪热已入营分或血分，劫烁真阴，神昏谵语，肝风煽动的疾患。妙在于育阴而不滞邪、透邪而不伤正，是我家贯彻“透表”原则的一种治法运用。

临床上对这一方剂的掌握，关键在辨别邪热是否已入营分或血分，一般无营分或血分症状呈现，决勿浪投，恐生地的阴柔滋腻，壅热滞邪，如营分或血分的症状已显，即可放手施用，不必犹豫。本方在滋阴的基础上，参入豆豉的透达，有托邪外出之功效。用黑膏的主要指征，为脉洪数或弦数，舌苔黄糙腻、灰糙腻、边尖露红。或焦黑燥裂、质绛。一般在服药二、三天后，如糙腻焦燥的舌苔象壳样脱去，转成光绛，热势渐衰，神识渐清，乃正胜邪却，阴液来复的先兆，其预后多佳。

糙腻或焦燥舌苔脱去的情况，我家常形容为“铲饭滞”。尝闻先父谈起，“铲饭滞”要真功夫，时间未到不能铲，铲得恰当，则邪湿痰热余蕴得以清撤，化沅重获滋生。这里的秘要，即主用生地、豆豉而外，还应配合竺黄、胆星。我家认为，胆星虽经制过，犹微带苦温之性，此时大部分邪湿已化燥热；大剂育阴清热，固可屏退炎蒸，然剩下无多的邪湿，必籍胆星的苦温，才能与痰热尽蠲。没有生地的柔润，竺黄的甘寒，焦燥的舌苔脱不掉，没有豆豉的透达，胆星的苦温，糙腻的舌苔铲不去，心传真谛，仅供作进一步的探讨。

无汗取豆豉，有汗取豆卷，热盛取生地，津伤取石斛；邪热内炽，劫夺津液，并取生地，石斛，都是黑膏加减法的种种化裁（详见下列各医案）。

医案一：张衡山诊

秋温伏邪，身热少汗不解，神识模糊，脉形弦滑，舌绛，根黄腻少润，防昏变之虑。

豆豉、鲜石斛各三钱（同打），大力子钱半，桑叶三钱，辰连翘、黑山栀各钱半，前胡二钱，象贝三钱，川郁金八分，谷露一两冲。

医案二：张衡山诊

冬温伏邪，郁遏肺胃，身热五天，内炽化燥，神昏谵语，入暮尤甚，脉形滑数，舌绛。症属重险，防其内陷。

豆豉、鲜生地各三钱（同打），鲜石斛、大力子、桑叶各三钱，朱连翘二钱，黑山栀、天竺黄各钱半，花粉三钱，赤芍钱半，茅根四钱，川通草一钱。

医案三：张星若诊

先发白痦，继现红疹，气分之热，渐延入营，营分燔灼，神蒙谵语，引动内风，手撮捻摸，坐卧不安，大便洞泄转溏，唇燥口干，脉弦故，重按少神，舌根焦黄，尖绛中干。夫温邪首先犯肺，肺主一身之气，不从肺泄，转属阳明，殊为可虑，恐有厥脱不测，勉方以存液达邪。

豆卷三钱、鲜生地六钱（同打），朱茯神苓各四钱，竺黄、炒橘红、元参心、朱翘心、生扁豆衣各钱半，陈胆星五分，大腹皮、钩藤（后入）各三钱。

四、阳旦汤的加减运用

阳旦汤即桂枝汤加黄芩，我家参其意，立“温解疏泄”法，以桂枝拌炒黄芩合香豉、苏梗等味，治寒热往来，脉迟细，舌白腻，感寒偏重的病症（见医案一）；或合附子、细辛、二头尖等温经散寒，去瘀导浊之剂，治遗泄或房事后感寒引起的发热恶寒，脉沉，四肢不温，少腹阵痛，即世俗习称的“夹阴伤寒”（见医案二）。

医案一：张衡山诊

着寒引动伏邪，形寒身热，病今四天，腰楚骨痛，脉形迟细，舌苍白腻。拟温解疏泄。

桂枝三分炒淡芩一钱，炒香豉三钱，带叶苏梗钱半，炒建曲三钱，姜半夏钱半，炒枳壳钱半，姜竹茹钱半，白蔻仁四分，酒炒川断、左秦艽各钱半。

医案二：张衡山诊

遗泄后，寒入少阴，挟滞不化，少腹阵痛，神痿纳减，脉来迟细，舌苔白腻，防生变。

桂枝三分炒淡黄芩一钱，广玉金、青皮、佛手各一钱，乌药、炒枳壳、炙延胡、姜半夏、泽泻各钱半、白蔻皮四分，沉香片八分，二头尖（包）钱半。

五、玉雪救苦丹的运用

玉雪救苦丹，主治伤寒时行瘟疫，寒热头痛，胸闷髀酸，身热神昏，谵语气逆，痰涎涌塞，一切咽喉急证，小儿痧痘、时疹、急慢惊风，兼治痈疽发背，胸疽疔毒，无名肿毒等证。全方共48味药物组成，看似芜杂，实极谨严，它以麻黄、桂枝、荆芥、防风、豆豉、豆卷、柴胡、前胡、大力子、桔梗、象贝、秦艽等的发汗解肌，疏风泄肺为君，以厚朴、茅术、白术、藿香、木香、陈皮、青皮、半夏曲、甘草、鹅管石、白螺壳等的燥湿散寒，化痰理气和苏合香油、安息香、麝香、冰片等的开窍镇痉，辟邪袪秽为臣，以犀黄、濂珠、寒水石、石膏、血珀、川连、连翘、赤芍、生军、天花粉、辰砂等的泻火清热，解毒定惊为佐，以枳实、枳壳、建曲、神曲、大腹皮、大麦仁、赤茯苓、茯苓皮、木通、车前子等的和中利水、导滞、消积为便，每粒潮重一钱五分，晒干重一钱。此丸无苏合香丸的偏于温，无至宝丹的偏于镇，无牛黄丸、紫雪丹的偏于凉，独擅“开泄疏托”之功。凡伤寒时邪，湿遏热伏，不能透达，因而壮热无汗，胸宇烦闷，神昏谵语，脉紧数，舌厚腻的证候，予苏合香丸则嫌其温，恐抱薪救火，助长热势猖狂；予至宝丹则嫌其镇，虑其邪湿郁遏；予牛黄丸、紫雪丹则嫌其凉，恐引寇入室，导致厥闭深沈，此时用玉雪救苦丹最为适宜。

根据我家应用玉雪救苦丹的经验，必须是壮热无汗或汗出极少，脉紧数、弦数。舌苔白腻满布，或黄白垢浊相杂，体质比较坚实，湿痰素盛的初期患者，最属对症。它的“开泄疏托”的功效，重点在发表以宣通闭塞的腠理，通里以疏泄郁遏的湿浊，腠理能宣通，湿浊得疏泄，自然汗出邪透，热退神清。如湿遏热伏，濒于逆传化火的，有时也和至宝丹及清热、熄风、育阴的药物同用（见医案一）。倘壮热有汗，舌苔干黄质绛，邪热已经化燥，或年老体弱，阴虚火旺之人，绝不是玉雪救苦丹所能合辙的。总之，运用玉雪救苦丹的前提，首应抓住热势、脉象、舌苔、体质等四个基本条件，但它的主要关键在于一个“汗”字。合与不合，取决于有汗与无汗，效与不效，也取决于有汗与无汗（见医案二）。至于剂量的权衡，则体壮邪盛的每服一粒，可分 2 ~ 4 次送吞，体弱邪轻的每服半粒，或先服半粒不验再服半粒，防药过病所，若服二粒而病势仍未转机或服丸后湿从热化，这就当考虑改易治疗方针了。

医案一：张衡山诊

幼年温邪挟食，互阻脾胃，身热无汗四天，胸闷烦躁，神疲谵语，肝风振动，瘈瘲不安，脉弦数。舌白腻。拟开泄疏托，佐以熄风化滞。

豆豉、大力子各三钱，冬桑叶钱半，蝉衣一钱，炒建曲三钱，前胡二钱，象贝三钱，橘络红各一钱，朱茯神四钱，天竺黄钱半，钩藤二钱后入，炙五谷虫钱半，大腹皮三钱，玉雪救苦丹一粒先化服。（注：二诊，得汗，热减神清，肝风渐熄）。

［《中医杂志》1961，（4）：1］

应用湿温理论治疗小儿肠伤寒症的规律探讨

南京中医学院附属医院

湿温证绝大多数发生于夏秋季节，具有较长时期的发热，其发热特点不因汗而热解，在病程中常有白痦出现，红疹则不多见。如治疗不及时或误治可致病期延长，或致内陷昏痉，失血、虚脱等恶候。

本症除持续发热外，以精神萎倦。面色淡黄，胸闷不饥，腹胀、嗜睡或烦躁不安，大便秘结或溏稀，小便黄赤而少，舌苔黄白而厚，病程长，为湿温证的一般临床特征。但十岁以内的小儿，发病较急，在壮热时期易致呕吐昏迷惊厥，一般大都是热重于湿者居多，这可能与小儿体禀纯阳的生理特点有关。

现代医学所称的肠伤寒症不论在发病的季节及临床症候上几与湿温证完全一致，我院选择了 8 例典型的湿温病例及血培养找到伤寒沙门氏菌，肥达氏反应效价在 1∶160 以上确诊的 14 例肠伤寒病例，应用治疗湿温证的理论经验来治疗肠伤寒症，全部治愈出院，获得了满意的疗效，尤其是中医中药对退热作用非常明显，不论湿温与伤寒都具有同样的作用，绝大部分病例一般在服药 2 ~ 3 天开始退烧，5 ~ 7 天达到退烧目的，个别病例在一周以后发生退烧作用，而且绝无出现并发症。

近年来肠伤寒症自应用氯霉素治疗后，普通在开始用药后 3 ~ 4 日内可以退烧，誉为肠伤寒特效药，但据富文寿、吴明漪二氏在上海发现伤寒与副伤寒病例应用氯霉素治疗后退热时期，在多数病例中已延长到一周左右，氯霉素不生效的病例日益多见了（见实用儿科学第 53 章伤寒与其他沙门氏菌属感染一文中），因此，应用中医治疗湿温证的理论来探讨治疗肠伤寒症的规律，实为继承和发扬祖国医学遗产的重要内容之一。兹将诊疗湿温与肠伤寒的过程中所观察到的几个主要部分，进行初步的规律探讨，谬误之处，希同志们予以批判和指正。

一、湿温与肠伤寒症的几点分析

从 8 例湿温证和 14 例肠伤寒症的临床演变过程中，不论在临床症候上和发病季节上，均具有共同的湿与热蕴伏的见证，而湿热的表现和化泄均可从舌苔的变化，白痦的透布，大便的情况表达出来。

1. 舌苔的变化与湿热演变的关系　湿温病的演变与舌苔的转化有密切的关系，也就是说，掌握舌诊可以起到指导治疗和对病期及预后具有预见性，从8例湿温证14例肠伤寒所见的舌苔，全部病例在入院时的舌苔为白苔或黄苔，然后由白转黄转灰，灰退后再布黄苔或白苔，最后出现薄白净苔。在22个病例中，有9例在入院时为白苔（其中湿温5例伤寒4例），13例入院时即现黄苔的（湿温3例，伤寒10例），有7例由黄转灰（湿温3例，伤寒4例），其中有3例灰苔后再出现白苔。有2例，白苔后又转黄苔，最后再布薄净苔；11例在第一次出现黄苔后，即直接转化薄白净苔。一般入院时的白苔出现在病程的第5~7天，黄苔在第7~12天，灰苔出现的为第13~16天，最后化为薄白净苔的日期无规律可按，最短的为5天，最长者34天，一般均在17~18天左右。其整个病程，舌苔的演变规律为薄白腻→黄厚→灰垢→薄白、薄黄→薄白净苔。

湿温证的病因为湿中有热，即热处湿中，湿处热外，其性粘腻，病在脾胃二经，故脾胃湿热之轻重，可在舌苔上具体的反映出来，本症初期先见白苔乃湿未化热，病尚在表分。湿邪偏重者，多见白腻而润。迨至湿郁化热入里则见黄苔，其热重于湿者，黄而干糙、湿重于热者黄而厚腻，如黄中带白者，表症尚未尽退，邪湿不解，郁极生火，则出现灰苔，灰而焦干者为火热化燥，毒陷营中，但湿温证并不多见，一般均为灰垢腻苔，不能同其他温热病易于热炽伤阴者同样看待，往往经泄热化湿后再度散布白苔，或者湿邪外泄，里热又炽，因此亦可重显黄苔；热清之后，脾胃正气恢复，最后散布正常薄白舌苔。这是湿温证邪热深伏演变的过程。其受邪轻浅或治疗及时，湿热化泄后，即直接敷布薄白净苔，这类病例，病期显示缩短，恢复亦较快。

2. 白痦的透布与邪机化泄的关系　现代医学理论观点，是由于出汗以后，皮肤不洁所引起的一种汗疹，对疾病的预后并无直接关系，但据中医传统的经验和理论，认为白痦的出现，白痦的发生，多由于湿热蕴伏气分过久，其邪机为由里达表，通过肺气的宣化，随汗而外泄，所以湿温病在较长的病程中，常有白痦的出现，一经白痦布露，邪热即随之递减。在22个病例中，有14例都透布了白痦（其中湿温4例，肠伤寒10例），其透痦日期绝大多数在发病后第二周，仅少数在第三周者。在14例透痦病例中，均在透露白痦后2~3天体温开始下降、神情渐次振作。因此白痦的透发在总的概念中对泄邪退热是起到一定作用。

从湿温证与肠伤寒症的白痦透露，证明了邪机由里达表的佳兆，但白痦的色泽与疾病的预后亦具有重要的价值，即白痦颜色润泽而光亮者，病期较短，预后良好；如枯白无泽，色如枯骨者多凶，前者表示患者津气未亏，后者表示腺体萎缩。我们14例透露白痦病例，13例均为润泽，仅一例比较稍干，但无枯骨样颜色，一经透露，预后良好，这例患儿病期较长，津气已伤，可能与此有关。还有一种白痦，干枯无浆，仅是一层空壳，则是津气俱竭的表现，预后最为恶劣，在本组病例并无发现。

3. 大便的秘结和溏泄与本症的关系　湿温证的大便稀溏多为湿重于热，大便秘结者多为热重于湿，湿温证后期如大便尚溏泄者为邪未出，这是观察湿温和伤寒除了舌苔表现外，亦是一个重要观察的内容。在22例病中，伤寒组中有6例大便秘结、8例溏稀，湿温组中有4例秘结，4例溏稀，湿温与伤寒的大便情况，无基本区别。本症的大便溏稀与秘结，对疾病的预后和病期的长短，在这22例中似无一定规律可寻，但在个别病例如病程中以大便长期秘结和泻利过多的患者病情表现较为严重。如有1例伤寒患儿在住院时期大便不通达13天之久，营分症状亦比较明显，并出现谵语、抽风、高烧经常稽留在40℃以上，9天后未完全退净。我们曾考虑对大便秘结的患者是否重用通脏之法，或能使症状有所缓解，但本例患者虽二周未有大便，并无阳明腑症可据，还是湿郁热结，三焦气化不宜，盖温病最善伤阴津，湿症则易损阳气，苦寒润滑之通腑药物，并不能解决整个湿温症的疾病关键。相反的一经泻利之后，伤脾损阳，轻则湿邪留恋，病期迁延；严重的可因脾气伤损，气不摄血，而致便血，其或次数过多，致成清阳不升脾气下陷的脱症。因此，我们认为湿温证与肠伤寒症的大便溏稀与秘结，虽为湿热偏胜的一种具体表现，但对本症的处理和预后具有指导作用。

二、治疗湿温与肠伤寒的基本法则

湿温证的原因为湿与热合，郁而蒙阻三焦，病在脾胃二经，故一则表现壮热不退的阳明热症，一则反映胸闷倦怠的脾经见证，清温则碍湿，化湿则助热，这是湿温证在病因机制上和治疗过程中的特点，因此如何从辨证中掌握湿热偏胜、湿热并重，实为指导湿温证治疗的主要关键。本组的湿温与肠伤寒其共同的表现为热重于湿，因此使用的方法，绝大部分偏于清热护阴，与通常先燥湿，后清热的治法微有不同。

关于一般湿温与肠伤寒的治疗法则有以下

三点。

1. 辛凉达邪芳香化湿法　适用于本病具有表症的初期，在本组 22 例中应用辛凉达邪的方法，其中仅有 4 例兼用芳香化湿法。辛凉达邪的主要方药为银翘散，芳香化湿为藿香正气散，湿热并重则用甘露消毒丹等加减。

使用此项法则的病例，绝大部分在一周以内，一般不超过 2 ~ 4 天，盖湿温证本为湿遏热伏，必须湿化热透，病邪方始缓解，如果舌苔铺黄，只要有一分白色或黄白相兼者，仍须达邪泄热化湿，但湿温之达邪透表，绝不同于一般单纯温证或寒症之邪，可单从肌表而解，因此使用透达方法，应该宣化三焦，使气机畅利，才能获得邪机的分化。

2. 清营透气护阴泄热法　其适用时期一般病程均在第二周中，在 22 个病例中有 14 例使用此项方法，其中有 6 例在入院时 2 ~ 4 天即使用，8 例在 7 天以后使用，这与入院的的病程有关，其临床表现，一则为热迫营分，壮热时烦躁、谵语，或昏睡困倦，病邪尚在气分，未入营血，故称热迫营分，用清营透气之法，冀其邪从气分而泄，主方以白虎汤加入黄连、山栀、赤芍、丹皮。一则以热邪伤阴为主要见证，如发热起伏，留恋不退，轻则用青蒿、黄芩、石斛、芦根，重则竹叶石膏汤加减，使用时间短则两天，长则四天，一般不超过五天。

我们应用护阴而不用滋阴者，从湿温和伤寒的病例中虽有热劫伤阴，但无大渴大饮，胃阴被祛之象，故虽渴而不多饮，因此滋阴呆滞之品，所当禁忌，这是湿温病的基本特点。

3. 凉血解毒扶正救逆法　此类方法，大都使用于疾病的第三周，有二种情况，第一种情况是邪盛正盛，湿热化火，邪正交争，燔灼营血的内闭症，患者出现谵语不宁，或出血等现象。22 例中有 4 例病情表现严重，经用神犀丹、三黄汤、三鲜汤后，均在 2 ~ 4 天内得告平定。但应用这类方法时，剂量要大，服药要勤，一日之中，可连服三剂，否则车薪杯水，不济于事。另外一种情况，是正不胜邪的虚脱症，脉微而细数。汗出不温，体温上升，这是湿温与伤寒病例中最危险的一种见证，这时必须使用生脉散加附子龙牡救逆固脱以扶正气，治不及时，往往卒然虚脱。22 例中仅有伤寒中见到一例，经二天的服药，即得转危为安。

三、几点经验体会

1. 应用湿温的理论经验对 14 例肠伤寒的治疗，虽然病例不多，但不论在疾病过程演变中或治疗的方法上，以及所收获的治疗效果，肠伤寒症完全符合于湿温证的基本规律，因此，我们认为运用中医的湿温理论来诊断和治疗肠伤寒症，是可以充实现代医学的内容，特别对减少合并症缩短病程及药物的副作用和抗药性的产生，是具有一定的优越性。

2. 湿温证与肠伤寒在临床上的演变主要辨别湿与热偏胜问题，而湿热的偏胜，特别表现在舌苔方面，医者必须掌握舌苔的演变，然后诊断治疗方有准的。我们从 22 例中病期观察，在一周内者，多数为黄白苔或黄厚苔，第二周均见老黄苔，重症可转灰垢苔或灰糙苔，如治疗得法，舌苔转化，最后逐渐敷布薄白苔而愈。轻症出现黄苔之后，直接化为正常薄白苔而愈。在辨别舌苔中，有两点须特别指出，一为初期的黄白苔，一为后期的灰苔，前者白苔罩黄，慎勿误为热症，盖黄白相兼乃湿邪壅滞，阻于气分，还宜微辛开泄，宣通气滞，如早投苦泄清热，以助湿伤阳，必致湿邪留恋，不得外泄。后者的灰苔有二种不同情况，如水灰而润，乃湿重热轻。以利湿化痰为主。灰垢而腻者，乃湿郁热伏，轻则宜杏、蔻、橘、桔等少佐姜炒川连微辛轻苦之剂，通阳泄浊，开展上焦之肺气，慎勿一见灰苔，即投大剂苦寒滑泄，以阻遏气机，反使阳气被困，热不宣化。我们有一例肠伤寒患儿，苔见灰垢而板，当时体温稽留在 40℃ 左右，由于急于求功，大量投以清凉苦寒之品，体温非但不退，反而上升，三天不降，经讨论后，详加辨证，转用轻可去实，开通气机，药后当天即逐渐下降，二天平复，故体验较深。但灰糙而干者，则宜甘凉育阴，苦寒泄热，临床上必须加以鉴别。

3. 肠伤寒的复发与饮食不节有密切的关系，中医对本病的饮食极为重视。如病后饮食没有节制，往往能致复发，故方书早就有“食复”的记载。我们在肠伤寒组的病例中，有一例出院时症状消失，培养阴性，以后因早食荤腥复发而致再度住院，所以病后饮食，当予清淡为宜。但在另一方面，又不能过于禁忌，使正气恢复缓慢，导致病程延长，故除用药物调理，以助患者恢复健康外，护理工作也非常重要的。

4. 汗便问题　古人对本病有忌汗、下之说，我们认为这并不是绝对的，而是指不能妄用汗下之药，或使用不当而言，因为汗与便都是使邪外泄的途径，如邪在卫气，可用辛凉解肌之品，做邪从汗泄。湿病本来多汗，但也有无汗的，在这次治程中，一般有汗出的患者，其热虽不因汗而解，但邪不易传里，症状亦不象无汗的那样严重，在通常情况下，不论任何阶段，当病情缓解或将欲恢复之际，周身皮肤都润泽的，这证明了除大汗亡阳之外，如汗出溱溱还是有好处的。至于大便问题，我们认为在高热时腹胀拒按，便秘谵语，可以适当的应用通腑润下之药。若无阳明腑证而大便不通或干结者不予通下。这一规律也是治湿温病应当掌握的。

［《江苏中医》1961，(9)：19］

关于《金匮》"矾石丸"治疗妇科白带病的实验介绍

陈世五　昌潍中心药材公司

"矾石丸"记载于《金匮玉函要略·妇人杂病脉证并治第二十二篇》中，其原文云："妇人经水闭不利，藏坚辟不止，中有干血下白物，矾石丸主之"。矾石丸的处方、配制和使用方法，在原文中记载，"矾石三分烧、杏仁一分，右二味末之，炼蜜和丸枣核大，内藏中剧者再内之"。

在两千年以前，祖国最早的一部药材专书《神农本草经》里，即有矾石治疗白带病的记载："矾石味酸寒，主寒热、泻痢、白沃、阴蚀、恶疮"。徐灵胎注释说："矾石味烈性寒，故能杀湿热之虫，除湿热之毒"。汉代张仲景总结了古代医家的经验，结合临床实践，在《金匮玉函经》里记载了"矾石丸"这个方子，药味的配合上甚是恰当。先贤陈念祖云："烧矾驱湿热且涩能固脱，佐以杏仁之苦润去其干血一外纳之方亦兼顾不遗，可知古法之密"。此说颇合仲景之旨。明赵以德言："矾石消坚僻破干血，杏仁利气开闭，润脏之燥，蜜以佐之内子户。药气可直达于子宫矣"。说明了矾石丸在药味配合上的严密性。近年，何任先生曾在《金匮要略通俗讲话》一书中讲道："妇人经水不通利，而下白物，这是由于脏干血坚凝成癖而不去，干血不去则新血不荣，月经也不通利了。由于蓄泻失其常态，胞中湿热而成白带，所以宜先去其湿热，矾石丸为主"。又言："矾石是塞入阴道的坐药，主要是矾石却水除热，杏仁有破结而润干血的作用，证象较剧的可用几次"。这样，即将原文解释得较为浅显易懂，使初学金匮妇科的人，也容易领会原文中的精髓，对于此方治疗白带病的机理也谈得较为实际。

矾石丸虽是古代传下来的经方，但近年来却很少见人配制使用，为了发掘祖国医学遗产，理论结合实践来证实古方的实用价值，余在1962年春季曾按照古方配制此丸，作了治疗实验，经多次实验结果证明，矾石丸治疗白带病比一般内服药收效迅速，且使用方便，配制简单，经济价值较小，足以值得研究推广试用的。今就余对矾石丸的制用方法、治疗病例，以及几点体会分述如下，以供同道参考。

制用方法

制法：净枯矾一两、苦杏仁（生用去皮）三钱三分，右二味共为极细末，炼蜜为丸如枣核大。蜂蜜选择上品，炼的老嫩适度以起红泡沫为度，丸药才能达到软硬适中（蜂蜜炼的过火，丸药发硬难以溶化；蜂蜜不够火色，则粘滑不易纳入阴道）。用蜜量也要多少适量（枯矾、苦杏仁先热即融化，见凉又冷却，吃蜜量比一般药物为少）。藏于阴干处随时取用（最好用腊瓶包装）。

用法：每用二丸，日一次，三日为一个疗程。每日纳入阴道深处与子宫口接近处（矾性酸涩，遇热则收入子宫），一般第二日或隔日即下白膜或块状滑软物或多量粘稠分泌物，以第三日最多，至第四日便逐渐减少。轻者即可停止流白带而告痊愈；重者可再用一个疗程，无不痊愈。当白带停止后，可视患者体质之强弱，给予适当的补剂，以作病后调理。

病例介绍

余应用矾石丸，一年来共治白带病309例，经随访无不治愈者。现将有记录者介绍如下：

例一、高××之妻，潍坊市人，1961年曾患小产，蓄血胞宫久则经水瘀滞不通，白物时流且腹胀如鼓，少腹重堕冷如冰块，自腰脐以下时时疼痛，且心胸躁烦不安，怔忡失眠，不时眩晕，求予诊治。诊得六脉俱弱，两尺的脉象更为涩小，左寸、人迎脉微见弦数。审其病因，初因瘀血为患，复因暴怒伤肝，久则木郁克土，脾失健运，湿土下注胞宫而致白物时流，中土失去转运之机，荣卫失调致成下寒上热的虚象。根据金匮："历年血寒积结胞门，寒伤经络凝坚"的理论，先投以散寒去瘀之剂"温经汤"。处方：吴萸三钱、麦冬五钱、半夏二钱五分、生姜三钱、人参二钱、桂枝二钱、阿胶二钱、丹皮二钱、当归二钱、川芎二钱、白芍二钱、甘草二钱。

两剂后，病情顿感好转。再给以矾石丸六枚下取积血，嘱分三日用尽。至第四日，患者来寓自言："用药后第二日，下皮膜状秽物甚多，第二日晚又用药，约天明时少腹内忽觉有响声似有皮球破气的感觉，顿时排出大量臭秽液状流汁约有1000毫升之多，立即觉着坚僻消失，腹部轻松非常，第三日晚上再用药，第四日晨又排出茄状皮囊一枚，并带有把蒂管状物。"余又令其再服归脾汤数剂，不旬日复来寓谈："诸症痊愈，白带停止"。因见其身体尚弱，又配以人参养荣丸常服，现已完全恢复健康。

例二、岳××，女，42岁，潍坊市人。自述少腹重坠，有坚硬的块状物，自腰至膝无处不酸疼，月经已数不见，日流白带秽物不止，甚腥臭。见其面色痿黄，语言低微，精神不振，病情严重，忽忆金匮："藏坚僻不止中有干血下白物"一节，似与病者现象相似，遂以矾石丸六枚姑试之。第二日访问病者，自云："昨晚一时心急，六枚丸药一次用上，移时腹内感微疼，今晨排出大量臭秽液体及片状、块状等污腐瘀烂物质达一溺盆，腹内虽觉轻松，但污水流出灼热烫人。"余见其过剂使用了，遂嘱其用蛇床子散熏洗，次日炎症已消，再嘱其继用矾石丸三次，又继续排出秽物液体。一星期后再访病者，白带已止，坚僻已除，至今健康情况尚好。

例三、郭××，女，25岁，潍坊市人。半年前曾经小产下血淋漓不止，日久遂成漏下，赤白相杂，缠绵不愈。先投以地榆炭、炒蒲黄各等分为细末，每服三钱，以童便、黄酒为引。日服三剂，急止其标，继服归脾汤加阿胶、炒艾，以固其冲任之源，数剂而漏止，惟白物时流，又给以矾石丸三付，连用三次瘀血尽，而白带止。旬日后，健康如初矣。

例四、胡××，女，32岁，潍坊市人。数年不育，体格颇称健壮，惟患白带严重，少腹重坠，腰背时常酸疼。经余给以矾石丸数次后，排出秽物甚多，白带遂止。不久怀孕，今春生一女孩，全家称幸。

几点体会

1. 对久白带症，汤剂不能奏效者用矾石丸下取有特效。只要药证相符，七日内干血湿热秽浊之物下尽，白带即能停止。善后投以适当的补剂，或在用矾石丸的同时兼服易黄汤四剂更为稳妥。

易黄汤方：山药一两、芡实一两，黄柏二钱、白果十枚捣，水煎服。

2. 用药约三日后，大下秽蚀之物，有时可引起阴道痛痒等，可用蛇床子散洗之即愈。

蛇床子散方：蛇床子一两、明矾五钱、艾叶五钱、五倍子五钱、苦杏仁（捣碎）五钱、黄连三钱（如缺可以不用或改用朴硝五钱）。以上药味煎水先熏后洗。

3. 病情严重者用药后可有极轻微的腹疼，一待药力发散后即止。但在一般情况下，并没有这种感觉。

[《山东医刊》1963，(12)：27]

六经辨证论治的点滴体验

周典谟　广西中医药研究所

"辨证论治"，是中医治病法则，为临床不可缺少的基本知识。以伤寒论为例来说，它的具体运用，要在六经分证的前提下，贯串着八纲的精神，两者互相结合运用，才能发挥其实际作用。如病人出现发热恶寒、头痛、自汗出、脉浮缓等脉证，从六经分析，脉浮、发热恶寒、头痛，是属太阳经；再从八纲分析，汗出、脉浮缓，是属表虚证。从而得出了太阳表虚证的解肌法而用桂枝汤的正确治疗。这就是辨证论治的基本意义，只要能掌握了它，临床上虽见证万端，亦可执简御繁应无穷之变。

每个方剂，又有它一定的适应脉证。不过，这里所谓的"证"，并不是发热为一证，恶寒为一证，头痛为一证的"证"，而是统发热、恶寒、头痛、有汗等症为一证的"证"。所谓"脉"，也不是浮为一脉，数为一脉，紧为一脉的"脉"，而是指浮缓或浮弱为一脉的"脉"。此脉证用桂枝汤能治愈，即为桂枝汤的适应证，简称为桂枝证。伤寒论里所谓桂枝证、柴胡证等，莫不如是。这是运用方剂的重要关键。故柯韵伯撰的《伤寒来苏集》、每篇都用某某方证为标题。能认识了方证，对方剂的运用就更能发挥它的广泛作用，而不致泥于桂枝汤只治伤寒论中风证的狭隘认识。

再从桂枝汤的药物组合和性能来说，桂枝温经通脉、助心阳，和表解肌；芍药通调血脉，生姜醒胃化浊；甘草、大枣安中养脾气。综合言之，桂枝汤实为一首畅调血运、温和肠胃的方剂。桂、芍畅调血运而肌理通达，姜、枣、草温和肠胃而脾阳健振。脾阳健振则正气旺盛，肌理通达则邪有去路。若加啜粥温覆以取微汗，此即所谓扶正驱邪的道理。所以尤在泾说："桂枝汤亦助正去邪之用也"。由此就可领会到该方对肠胃素有虚寒的人感受风寒，最为合适。此外，又可推知运用桂枝汤如不加啜粥温覆，也可治肠胃虚寒而血运不畅等病。此方温和补益，在临床上运用于素体虚寒的老年人及妇女每多良效。惟平素肠胃实热，血热阳盛的人，究不甚相宜，但决无"下咽则毙"的事。稍有内热的人服用桂枝汤，是容易酿成如伤寒论二十六条条文所说的"大汗出后，大烦渴不解，脉洪大"的阳明热盛病变。因此，使用桂枝汤对内热的鉴别不可不注意。我于临床遇有桂枝汤主要脉证，而又无桂枝汤的禁忌，当使用桂枝汤时，必注意病人是否“口中和”，以作有否内热的鉴别。“口中和”的，就放胆使用桂技汤而无误。所谓口中和，就是不干不渴，食味还佳，苔不胶浊。因为渴也就是阳盛，口干、或食味不佳、或苔胶浊，乃作渴之渐。没这些现象就是肠胃没有蕴热，即无内热的明征，这是从伤寒论第六条条文温病之渴和临床实践体会得来的。恽铁樵也有桂枝、麻黄两汤当同以口中和为主证之说。即使素质内热的人，因外邪掩蔽而一时鉴别不清，误投了桂枝汤，最多也不过引起病趋热化，演变如上面所说的伤寒论二十六条条文的太阳转属阳明而已，补救也不难，只按照该条文的指示，用凉和肠胃的白虎汤，很快就会好的。我在临床中曾有过这样的病案，特举出来作为说明的例子：

玉林北辰镇康泰里，宗人十四叔之子，十三岁。一九五二年夏，偶感风寒，头痛，恶寒发热，自汗出。来我们的联诊所延医，由同道某君住诊，予桂枝汤，汗出而病亦好转，不意忽而高热大汗，烦躁大渴。病家改延西医，西医谓有脑炎可能，不予用药而劝送医院留医。十四叔邀余住诊，诊得脉洪大，知是太阳病服桂枝汤，因化热而转属阳明病，给白虎汤加人参。药后，躁静而入寐，及醒，其病若失，不剂而病即愈。

可见外感病因一时误投桂枝汤所引起的热反应，并不是“下咽则毙”。

兹再举出几个我在临床中应用桂枝汤治疗典型医案，来说明辨证论治的重要意义。

一、八年头痒：友人赖某之妻，四十多岁。一九五一年夏，某日，来我联诊所求诊。诉云：“昨夜畏热，启窗展帐而卧，夜半觉冷而醒，覆被再睡，冷不减，反加甚，及晨，头痛，发热。诊之，脉浮弱，尺肤润，抚其额发热，余适挥扇，风袭呼冷。予桂枝汤。越旬，来谢曰：“前感冒服你之桂枝汤三剂，连八年头痒宿疾，一旦若失，深为感谢”。缘患者有头痒宿疾，日二、三发，瘙痒难堪，病已八年，百药罔效。此次因感寒服桂枝汤，初剂感寒已解，是日头痒不发，知药对头痒有效，乃继续多服两剂，头痒痼疾，因而获愈。

二、年久头痛：苏××，男，二十多岁，玉林江岸村人。头痛，痛在前额，发时由缓增剧，继则渐轻而解，历时约一小时，日二、三或三、四发，余无所苦。病缘伤风而起，伤风愈后，遗留轻微头痛，以其痛极微，不以为意，嗣则痛势日增，乃求方药，治疗年余，毫无寸效。诊之，脉浮缓，舌色正常，体质稍为虚弱，精神言动如平人。头痛位在前额，乃属于阳明，但无任何阳明症状出现。询其有否自汗盗汗，则谓俱无，苦思未得治法。复按其额，抚其肌肤，有润泽感，灵机一动，恍然大悟，肌肤润泽。此非所谓无知觉之汗耶！乃针对脉浮缓、头痛、自汗之脉证，投桂枝汤。一剂病减，再剂而病愈。越年查询，未见复发。

三、颈项生疮：从叔××，六十岁，一九五一年夏，某日，着人来诊所催余返家为其视疾。抵家视之，见其蒙被而卧，呼余就榻诉曰：“昨晚酷暑，汗出露体当风卧，风来甚快，将入寐，觉恶寒，急入室盖被卧，寒不解，继而头痛，发热。晨兴，颈项转动不利，且局部硬肿，压之痛，始知生疮。今晨已食姜葱粥（生姜、葱枣、紫苏、豆豉伴热粥食），虽有微汗，头痛寒热未解，项疮且有增剧之势”。谛视项后，发际至大椎之间，微红而肿，肿稍偏左，按之硬实而痛，颈项顾盼生硬。诊之，脉浮而缓。据脉证及疮疡部位，太阳病也。拟桂枝汤，服药一剂，寒热解，头痛减轻，项疮消失过半，再剂诸恙悉解，疮亦尽消。

四、下利腹痛：张××，男，四十岁，玉林南观镇人。清明扫墓，归途遇雨，衣湿感寒，晚餐过食荤腻，翌晨自利，腹满时痛，口中和，四日病不解，利反剧，曾服药未效。诊其脉，浮而缓，舌苔薄白。自利不渴，腹满时痛，病属太阴。太阴下利，治宜理中，然病起遇雨衣湿而感寒，而脉又得浮象，当有太阳之邪未罢。理中纯属里剂，脉浮不沉，自无当先温里之必要。伤寒论曰：“太阴病，脉浮者可发汗，宜桂枝汤”，正与本病相符。乃以桂枝汤加楂、曲治之，一剂病减，二剂痊愈。

上述四种不同的疾病，根据辨证论治法则，可把其脉证归纳如下：

一、八年头痒：脉浮弱，头痛，自汗（尺肤润），发热，恶风（风袭呼冷），头痒病位属太阳经范围。

二、年久头痛：脉浮缓，头痛，自汗（肌肤润泽的无知觉汗）。

三、颈项生疮：脉浮缓，头痛，自汗，发热恶寒，疮疡部位也属足太阳经。

四、下利腹痛：脉浮缓，自利不渴，腹满时痛，衣湿感寒。

前三案，一为八年头痒，一为年久头痛，一为颈项生疮。病患虽各自不同，但以六经分类，八纲分析，都明显地表现出太阳表虚的桂枝汤证，所以即予桂枝汤而治愈。一案的头痒，据内经“诸痛痒疮，皆属于心”来说，心主血脉，血运不调，乃生瘙痒；头为巨阳，头痒的病位属太阳经。而桂枝汤乃太阳经要方，其功能调和营卫，营卫和，则血运通调而瘙痒自解。第二案头痛在额，虽前人经验有阳明头痛在额之说，但无任何阳明脉证出现。考足太阳之脉，起目内眥上额，是太阳经之脉亦络额，太阳之邪逆于此，则痛在前额，而且伴有有汗、脉浮缓的太阳病桂枝汤的主要脉证，是亦桂枝证无疑。第三案为太阳病桂枝证，已一目了然，而项疮之愈，亦不外上述头痒之说，畅调血运，调和营卫的道理。第四案，从六经分类，脉浮是属太阳，自利不渴，腹满时痛，则属太阴。但以八纲分析，脉浮为表，浮而兼缓为表虚；下利腹痛为里，腹满时痛为里虚，是虚性的两经表里同病。虽有里证，据脉浮可知正气抗邪仍有向外之势，因势利导，兼顾其里，此时即用具有温补肠胃功能对下利有利的桂枝汤，算是最适宜的了。可见，桂枝汤既可以治头痒顽病，又可以治年久头痛，还可以治颈项生疮，更可以治下利腹痛，演而伸之，还可以治盗汗、冷汗、妊娠等病。一汤之用何其广也！这就是中医辨证论治的特点，也是仲景方可随宜活用的妙处。若只知桂枝汤仅能治太阳中风证而刻板地使用，安能发挥桂枝汤的真正治疗效能呢！

疾病证候，是错综复杂，变化无常的，都要根据六经、八纲弄清其合病、并病、兼证、两感等复杂病变，衡量各经病情的轻重偏胜，从而斟酌方剂并合和损益以处理。两经或三经同时发病而偏重于一经的，则从重者先行解决，他经自可迎刃而解，如太阳、太阴表里同时发病，病邪仍有向外趋势而用桂枝汤（即上面所述第四案）。三阳合病阳明偏重而用白虎汤。一经未罢又转属他经并病，则分别表里缓急，表急当以解表为先，里重当以清里，攻里或温里为急。一经未解又兼其他证候，则用桂枝汤加厚朴、杏子。如发热、微恶寒、肢体烦痛、心下支结、微呕的太阳兼少阳的证候，而用柴胡桂枝汤，以两经的方合治两经的证候。又知既有太阳表证，又有少阴阳虚证的两感病，则温经与发汗同施，而用麻附甘草汤或麻辛附子汤。还有一经之中，既有表实又有表虚和虚实轻重的不同，如营卫不和，而复为表邪闭郁，其病情介于表虚表实之间的，则合用桂枝麻黄两方而用桂麻各半汤，表邪闭郁较轻的，则用发汗作用较轻的桂枝二麻黄一汤。这些，都是六经辨证论治法则灵活运用的特点。总之，无论任何错综复杂的证候，如能正确地掌握六经、八纲辩证法则，进行细致的分析归纳，是可以抓到其关键所在，予以中肯的治疗的。这里再举一案以资说明：

某妇，三十岁左右，玉林凉水堰村人。一九五三年患疟（未经血片检查），往来寒热，呕吐涎沫，头痛，痛在两侧，剧则痛连巅顶。联诊所同道某君往诊，予小柴胡汤数剂病未解。渐趋寒多热少，注射奎宁亦未愈，给服白乐君呕吐更剧，患者畏呕吐之苦，不愿继服白乐君而要求服中药。某君商诸余，余根据六经、八纲分析，得出往来寒热属少阳，呕吐涎沫、头痛两侧剧连巅顶，则厥阴少阳兼而有之。既有少阳半表半里证，又有肝胃虚寒厥阴里证，厥阴与少阳相互为表里，出则少阳入则厥阴，关系至为密切。小柴胡汤，只足以启少阳之枢转而和解半表半里，虽有人参补虚，不足以解决厥阴里寒。寒邪侵犯厥阴，肝胃阳气衰微，邪正相持于半表半里之间，则正不足以胜邪，而邪势必渐将入里，故寒热往来不但未解，反渐趋寒多热少偏向厥阴之象。胃寒肝气上逆，故呕吐更剧而头痛连及巅顶。厥阴兼少阳同病，专治少阳不顾厥阴，病安能愈？若两经之方同时使用治疗，病早就好了。某君索方，余嘱其将前用之小柴胡汤加吴茱萸一味，并适其制（加重生姜），则小柴胡方中原有参、姜、枣和吴茱萸合起来，岂不是一首少阳经的小柴胡汤和厥阴经的吴茱萸汤合剂吗！一经说破，即按此治，病果痊愈。

上面所谈不过千虑一得，姑作举一反三之助。水平有限，错误自多，敬希同道们加以批评指正。

［《广西中医杂志》1965，(1)：7］

金匮肾气丸加减运用的体会

汤辅康　湖北鄂城县人民医院

金匮肾气丸，首见于汉代张仲景所著的《金匮要略》方书中、用来治脚气、虚劳、消渴、痰饮以及妇人转胞等五种疾患。笔者近年来运用该方加减，治愈了疹块、多尿、黑疸等三种慢性疾患，兹将个人体会简介如下：

一、疹块病例

熊××，女，24岁，周身时发红色疹块、搔痒不能入睡，屡治未愈，心甚苦闷，一日因人介绍余治，诊察脉弦数、舌质红、初议病为肝风煽火，血滋沸腾成疹。治用凉血去风药，服二剂，疹多痒甚。复诊改用归脾汤加紫草皮等药，亦不见效。再诊时脉沉苔白，不解其故，细询病情，得悉服食凉物，病情增剧，天气温暖，症状减轻，听毕分析、断为肾脏机能失其调节。以用熟地四钱、云苓三钱、山萸三钱、丹皮三钱、山药四钱、泽泻二钱、肉桂二钱、附片二钱、生龟板四钱、生牡蛎四钱，煎服六剂而愈，年余并未复发。

体会：肾失调节，火不能潜藏，薰蒸脾土过甚，使脾失其统血之权，血被火逼，串入肌肉而成疹块，不能单认为肝风煽火，亦不能议是脾不统血，所以服凉血去风与养血归脾方剂不效，《内经》云："治病必求其本"。细询之下，遇热病轻，知是肾气不固之候，改投肾气丸加龟板、牡蛎潜阳育阴，使火有所归，水方能济，脾不受扰，血液周流，热清风去，则疹块自然消失矣。

二、多尿病例

陈××，男，52岁，抗日游击战争中，常卧山沟，屡受水湿，遂致遍身骨节酸痛，转业后，参加地方工作，数治未愈，近来小便频数，一日数十次，诊察脉沉舌白，议为脾肾亏、先用补中固气，党参三钱、准芪三钱、首乌五钱、麦冬三钱、五味子一钱、白芍三钱、女贞子三钱、益智仁二钱、砂仁四钱、龙骨三钱、牡蛎三钱、桑螵蛸三钱，连服八剂，尿次逐渐减少，改服熟地五钱、山药四钱、山萸三钱、丹皮二钱、云苓二钱、泽泻二钱、肉桂二钱、附片二钱、故子三钱、女贞子三钱、砂仁五分，桑螵蛸三钱、持续服至十五剂，尿次接近正常，一日4～5次，半年后相遇于途，询其病，以未发现见告。

体会：肾气亏虚，真阳不足，膀胱失其制约，尿道松弛，小便频数，张景岳所谓："阳不化气，则水精不布，水不得火，则有升无降，致泉源不滋，土壤枯涸者，是皆真阳不足，火亏于下之消症也"。补脾温肾，真阳振复，水得蒸发，脾得运化，津液方能上承四布，升降机转，命火已足，蓄藏得令，虚寒自去、膀胱则有所主，而尿方有节制，次数自然减少矣。

三、黑疸病例

邵××，男，20岁，半年来饮食减少，肌肉消瘦，精神痿靡，四肢酸软无力、口唇、耳轮、牙龈、鼻腔、手指，舌体等处呈现黑色，兼之腰痛，不时脱发，特别喜嗜咸味。诊察脉细数而带促象，议病为黑疸，治宜温肾滋水，调剂水火，拟用肾气丸加减为方，熟地四钱、山萸三钱、附片二钱、肉桂二钱、盐水炒黄柏三钱、盐水炒知母三钱、黄精四钱、苁蓉四钱、杜仲三钱、牡蛎三钱、党参三钱、白术二钱、服八剂后，腰痛消失，饮食增加，黑色逐褪。复诊仍用前方加减，熟地四钱、山萸三钱、山药四钱、肉桂二钱、附片二钱、盐水炒黄柏三钱、盐水炒知母三钱、生牡蛎三钱、黄精三钱、党参三钱、茵陈四钱、服十四剂后，症状全部消失，体重增至十一市斤出院。两年来访问未复发。

体会：肾司水火，虚则水火失调，形成水亏火旺，津液被耗，肌肤失润，神色不华，故而唇、舌、齿龈、耳轮、鼻腔、手指等处呈现黑色，肾火无制，妄行失序，不能温暖脾土，消化不佳，饮食减少，营养不能供输脏腑，肌肉消瘦，精神萎靡，四肢酸软无力，况腰乃肾腑，肾虚则腰痛，髓乃肾生，髓少则脑失濡养而发易脱，黑乃肾之本色，咸是肾之本味，古人云："有诸内必形诸外"。审知病因是肾藏亏，方用肾气丸加减，调济水火，温肾健脾，使黑色和咸味，归纳于肾藏，而病易瘳。

结　语

作者近年来在临床上常用本方加减，治肾藏所发生疾患，如下元虚冷，脚膝无力之风湿病，使用本方加独活、寄生、苍术、牛膝等药；治阳萎早泄加菟丝子、女贞子、复盆子、金樱子、故子等药；治头晕健忘加龟板、枣仁、远志等药，根据"肾藏精"，"肾主骨"，"肾生髓"等理论来指导运用，从事加减化裁，颇获良效，但病有偏胜，必须随证施治，方不偾事，这又是施用本方所应注意的。

[《黑龙江中医药》1965，(2)：12]

清营汤的临床运用

沈敏南　浙江嘉兴县王店地区医院

清营汤为清代吴鞠通首创，是治疗各种热性病邪入营分的方剂。据今人报道可用于"乙脑""流脑"等热入营分的症候。笔者用治伤寒，肺炎等疾病，效果尚佳，举例如下。

例一：李××，女，28岁，农民，1975年3月10日入院。患者因畏寒发热一天入院，身热达40℃，伴头痛，右胸隐痛，经X光透视，见右肺下段阴影，诊断为肺炎，用青霉素、卡那霉素、棕色合剂治疗，热度持续不退。4月4日会诊：发热有汗，略有咳呛，胸痛，胸中懊侬，胃纳欠佳，舌质红、苔薄黄腻，脉象滑数。诊为风湿，邪热逗留气分，尚未入营，用栀子豉汤加减：黑山栀、连翘各9克，豆豉、花粉各12克，丹皮、知母、黄芩各6克，薄荷（后下）4.5克。三剂后，发热未退，咳呛胸痛已止，神烦少寐，便闭，舌红绛，脉数，此风温之邪，已从气入营，急用清营汤治之。竹叶6克，连翘、银花、麦冬各9克，玄参，丹参、花粉各12克，水牛角15克，全瓜蒌18克。服四剂，热退，便解，舌红减，惟纳差，口干，力怯形瘦，续用沙参麦冬汤加减，五剂后，症状消失。

例二，郑××，女21岁，工人，1975年10月26日入院。患者畏寒发热四天，急性面容，发热39℃，心率116次/分，肝肿剑下2厘米，肋下1厘米，白细胞检查：白细胞3400，中性78%，淋巴22%，肥达氏反应阳性，诊断为伤寒，用氯霉素，庆大霉素治疗，效不显，29日会诊。发热、汗少，午后尤甚，面色黄滞，纳差，便闭，脉濡，舌苔垢黄腻。此伏暑晚发，湿热蒙蔽三焦，营卫不通。三仁汤加减：苡仁、滑石各15克，川朴、竹叶，黄芩，制半夏各6克，杏仁12克，砂仁4.5克。服三剂。热退未尽，适值经届，量少色紫，牙宣，舌红、苔黄糙。此气分之邪未彻，乘经期有入营之势，急以透热转气，用清营汤治之。水牛角、银花、连翘、石膏、苡仁各12克，玄参、丹皮各9克，竹叶6克。

四剂后热退，牙宣已止，舌质红，脉转弦细，惟口干，便闭，头昏，力怯，服沙参麦冬汤五剂，诸恙渐平，血象及肥达氏均正常，出院。

例三：王××，女，53岁，工人，1975年10月12日入院。患者因黑便二次入院，腹部不适，呕吐一次，有少许血性分泌物，解柏油样黑便，久患胃痛（钡餐透视龛影见于胃小弯），诊断为胃溃疡出血，用西药后血止。17日起突然发热，略有咳嗽，头痛鼻塞，注射青霉素、强力霉素，服用PPC治疗，热不退。23日会诊，发热五日，有汗不解，略有咳嗽，纳差口干不欲饮，便闭十日，舌红绛，脉细数无力，此因失血阴亏，风温上受，邪热入营，治用清营汤：连翘、银花、水牛角、生地各12克，北沙参、麦冬、玄参、天花粉各9克，竹叶心6克，三剂后退热，后用益胃汤调理而愈。

清营汤是邪热入营血、透热转气的要方，出于《温病条辨》。方用犀角（可用水牛角代）、生地、清热凉血为主，配合连翘、银花清气分之热，黄连、竹叶心、丹参泻心经有余之火，防其邪扰神明，佐麦冬、玄参养阴滋水。如阴液大亏，可加北沙参、杞子；夹湿热减麦冬、玄参，加淡芩、川朴，气分热炽者加石膏。临床除应用于一些传染病外，还可以适用一些慢性病营热炽盛的病症。热入营分大多是疾病发生在中晚期，邪热炽盛，正气已虚，只要舌红、脉细数即可用之。如果高热、烦躁、神昏谵语、舌红绛而干，再服清营汤，恐鞭长莫及了。邪热入于营分有快有慢，除疾病本身的特性外，还取决于人体的正气虚实。正气虚，入营较快，正气强，入营较慢。

［《浙江中医药》1978，(3)：24］

应用下瘀血汤辨证加减的体会

丁光迪　南京中医学院

对于瘀血为患的病症，应用活血化瘀方法，往往获得一定疗效，现对应用下瘀血汤，治疗部分病例如盆腔炎、低热、肠粘连、肝病、肥胖症等的一些体会，提出交流，以供研讨。

病　例

盆腔炎：高××，女。初诊：1972年8月。病从1971年春小产后所致。当初有急性盆腔炎过程，经住院治疗，急性炎症解除　但后遗小腹有鸭蛋大包块，腰骶痠胀，小腹坠胀痛。白带多，有臭气。月经不调，四、五十天一转，量少色黑，有紫块，经前腰酸，小腹胀痛更甚，经后略缓解。大便秘结，五、七日一解，粪坚如栗。时有低热，经前或便秘日久则低热更明显。面色萎黄，不耐烦劳，更不能久站，否则腰腹坠胀更甚。

脉细弦，按之有力；舌色暗，边多瘀斑，苔薄黄腻。

病机分析：瘀阻气滞，疏泄失职，病属癥积。盖由小产后热入血室，热与血结，瘀阻下焦。蓄而成形，则为癥积，行而不畅，则为经迟量少色黑。瘀阻则气滞，所以腰酸小腹胀痛，大便秘结；瘀郁则化热，所以带多气臭，时见低热。面色萎黄，不耐烦劳，不能久站，似属病久气阴受伤，而病情的重点还在于瘀阻气滞，疏泄失职，观其脉细弦有力，舌暗瘀斑，苔薄黄腻，显属邪实有余。

治以祛瘀化癥，疏泄厥阴。方用下瘀血汤合桂枝茯苓丸加味。药选桃仁、炙䗪虫、制大黄、桂枝，茯苓、丹皮、赤芍、当归、牛膝、川楝子、醋炒香附、鲜藕。方意是取桃、䗪，大黄下瘀血，配丹皮赤芍归膝丹参凉血活血以增强去瘀化症之力，桂枝茯苓通阳通络，化下焦之气，配川楝香附以加强理气疏泄作用。鲜藕补血祛瘀。重点是活血化瘀。

患者服药至151帖，大便即通顺，月经提前来潮（距上次月经仅20多天），经前腰酸小腹坠胀减轻，经量亦增多，自感下半身轻松。药已见效，乘胜追击，原方加醋炒三棱、莪术继进。腹中转气，异常舒适，月经又来潮（两次月经都在25天左右），服至第三个月，大便保持通顺，低热亦退，苔化薄白。妇检复查，包块显著缩小，双合诊仅有白果大小。原方去丹芍、牛膝、川楝，加党参、炙甘草、炒生地、兼顾气阴。至第四个月，月经量多色转红，腰酸腹胀全除，改用归芍六君（去白术）黄芪、桂枝、桃仁、䗪虫、丹参、香附、鲜藕调理巩固，完全恢复正常。此病分析病机属于邪实有余，重点在瘀血，用祛瘀化癥，收效比较快，善后用调补肝脾气血，寓消于补，恢复亦比较好。

低热症：郭××，38岁。1974年夏，突感发热，以后出现胸闷心悸，伴有左胸隐痛刺痛，诊断为“病毒性心肌炎”，治疗八、九个月，稍有好转，但尚有低热、心悸。

心电图检查，有早搏，心肌劳损，不完全性右束支传导阻滞。

初诊：1975年4月。低热（37.5～38℃）半年余，休息略轻，劳动增高。自感疲乏，烦躁易汗。胸闷心悸，伴有左胸刺痛，登高则胸闷加甚，气短头昏。睡眠差，多梦。纳少大便秘结，得解畅便，感全身轻松，低热亦有所减轻。口干作燥、唇燥，但不欲饮。

自得病以后，月经周期逐渐推迟，经量日少，色紫暗；经至时腰酸少腹胀，低热增高，烦躁亦甚。

脉细略数而涩，有歇止。苔薄舌嫩质暗，尖边多紫点。

病机分析：阴伤瘀阻，心肾两病。病由邪热伤阴，阴不藏阳，所以低热烦躁，大便秘结；热灼血瘀，络脉凝涩，故心悸脉促，口燥不欲饮，月经失常。阴伤瘀阻，血行不利，心气亦必受损，所以疲乏易汗，短气头昏。

治以养阴益气，化瘀通络，标本兼顾。方用补心丹合下瘀血汤。药选：太子参、朱麦冬、五味子、茯苓、丹参、玄参、女贞子、郁金、当归、桃仁、炙䗪虫、制大黄。

以后坚守原意出入调理约半年，首先大便改善，通顺而润，继之月经正常，低热亦随之全退。最后用生脉散，归杞异功（去术加丹参）合下瘀血汤，补益气阴为主，参以化瘀通络，调理巩固。停药时，脉转细滑，舌质红润，仅舌尖尚有紫点。自觉症状全除，精神振奋。

肠粘连症：陈××，男，急性阑尾炎手术后肠粘连而第二次手术。继因肠梗阻而第三次手术治疗，从此发生广泛性肠粘连，经常腹痛、便秘数年余。

初诊：1974年4月。腹部酸痛，经常发作，发作有轻有重，痛剧则满腹拘急瘀痛，两手按腹，曲躬不能站立。得温略舒，得肠鸣矢气更适。大便经常秘结，五七日一解，甚至十余日才一解，得解畅便，腹中舒适。纳谷不多，形体日见消瘦。腹部按之紧张，有粘连包块，粪块亦可摸到。就诊时正值发病剧痛，面色萎黄，额汗肢冷。大便已一周未解。脉细弦紧，舌暗苔薄滑。

病机分析：营虚络痹，寒积便秘。病由几经手术，营络受损。营虚则络脉拘急，络痹则血脉凝涩；阳气因而不通，阴血失于濡养，影响肠胃传化功能，失其通降之常，所以腹痛与便秘，相因而至。病情重点，在于营虚络痹，便秘是络痹之后果，与一般寒疝腹痛便秘不同；舌质不是䐩白而紫暗，更佐证了这一病机。

治以缓急逐瘀。方用芍药甘草附子汤合下瘀血汤。药选：白芍30、炙甘草、制附块各15，桂枝9.0，炒小茴5，当归、苁蓉各15，桃仁、制大黄、炙䗪虫、炙蜣螂虫各9.0。方意是取芍草附子以缓急止痛，桂枝小茴通阳化气，当归苁蓉辛润和营，桃仁䗪蜣黄化瘀通络通腑。重点放在和营逐瘀上。

治疗经过，开始由于痛剧，呕吐不受药，加用半夏，生姜，药后即感腹中有暖流，并转矢气，逐渐痛缓，大便通顺。原意调治一个月，能保持大便间日和三日一解。腹痛未剧发，但以后又见畏寒气短，腹中拘急不舒，原方加党参、黄芪、姜、枣、桂枝易肉桂，复入保元汤意，益气养营，化瘀通络，汤剂改成膏剂，坚持到1975年春，虽然尚有继续腹痛拘急，但不甚，体力显见恢复，以后尚每月从前方出入服药十余帖，注意饮食寒暖，观察很长时间，一直无大反复。

肝病：孙××，女，××医院诊断无黄疸型慢性肝炎。

检查：肝大肋下一指，质Ⅱ，脾可触及，敏感痛。面项有蜘蛛痣。超声波检查：肝大肋下2公分，肝波Ⅱ型，脾及边。肝功：麝浊、锌浊均增高，谷丙转氨酶40单泣，白、球蛋白各为3.0，蛋白电泳γ蛋白23%。

初诊：1975年5月。头昏耳鸣，疲乏无力，肝区不适，隐痛坠胀；脾区不能按，触之敏感痛。临晚躁热易汗，寐差梦多。胃不欲纳，谷入作胀，晨起恶心；大便干躁难解，三五日一次。月经周期尚准，但量少色黑，多瘀块，经前乳胀，腹胀痛。据述去年秋季即感消瘦疲乏，但时好时坏，尚能支持，从今年春以来，症状逐渐加重。脉细而涩，舌嫩色暗不华，布薄微黄腻苔。

病机分析：肝脾两虚，气滞血瘀，为本虚（偏于血虚）标实之证。盖血不养肝，所以头昏耳鸣，脾气虚乏，所以倦怠无力，这是本虚的一面，气滞则作胀作痛，阻其升降，则纳便失常；气滞血亦滞，因此蜘蛛痣、舌质暗、月经不调等亦相因而至。

治以调养肝脾，理气化瘀。方用归芍六君合下瘀血汤加味。药选：当归、白芍、女贞子、旱莲草、党参、炙甘草、朱茯苓、陈青皮、炙鳖甲、马鞭草、桃仁、炙䗪虫、制大黄、生麦芽。方意是取归芍六君养肝补脾，同时去白术之呆守，嫌其不利于胀痛，加二至佐归芍以养血柔肝。陈青皮必甲马鞭桃䗪大黄理气化瘀。标本兼顾，重点放在化瘀软肝上面。

治疗经过，服药一个多月、睡眠、胃纳、肝区胀痛均有好转，尤其大便通顺觉舒畅。因天气炎热，又见下午躁热，晨起恶心，经前心慌，盖暑热加临之变，原方去二至炙草，加丹皮、益无散、广藿香，略参解暑。以后又见口中作干。停药即大便干结，舌苔少津，改归芍六君为一贯煎意，加强养阴，自觉症状继续减轻，复查肝功大有改善，又于前方去必甲马鞭草川楝子，加炙黄芪（重用）、枸杞子，增强调补气阴。自感已无不适，纳便月经均复正常，蜘蛛痣亦隐。脉转细滑，舌色稍红润，布薄白苔，再与归芍六君（以山药代白术）加芪（重用）、杞斛合下瘀血汤作丸药调理巩固，观察至今无反复。此病治疗约五个多月，方法是在调养肝脾的同时，重用化瘀软肝药，病情转变比较快，在得效以后，及时加以益气，取补阳还五汤意，益气活血化瘀，恢复亦比较好；历治多例，均获同样效果。

肝功最后复查，浊度谷丙酶均正常。体检：肝质转软，Ⅰ°，脾未触及。

肥胖症：俞××，女，36岁。初诊：1975年2月。据述三年前服短效避孕药，感不适，改服长效避孕药，反应更大，即停药，但自此以后，月经周期虽准，经量逐渐减少，体重逐渐加重，三年来体重由30余市斤增至将近130市斤。同时饮食减少，大便秘结，五七日甚至十余日一解。每大便一次，约需半个小时，且解而不畅。

形体肥胖柔白，尤其腹大腿粗，面黄，气短无力，自感身重，动则气喘易汗，不能负重。频发眩晕，证似一派气虚之象，但脉细滑有力，舌稍胖，质暗苔腻。

病机分析：痰瘀交阻，脉络不和，腑失通降。盖体肥眩晕，由于痰湿；便秘由于痰瘀气滞；月经量少，是脉络凝涩之故。病属气实血实。

治以行气化痰，活血化瘀。方用芎归平胃散合下瘀血汤。药选：姜川朴、苍术（芝麻同拌炒）、陈皮、姜半夏、茯苓、泽泻、郁李仁、川芎、当归、桃仁、制大黄、炙䗪虫、焦山楂。方意是取平胃夏苓行气化痰，佐泽泻郁李以加强泻痰湿的作用；芎归桃黄䗪查活血化瘀通络。重点是调畅气血，恢复通降之常。患者坚持服药每月15~20帖。至76年6月，月经恢复正常，眩晕已很少发作，并能坚持参加体力劳动，肌肉结实，面色泛红。复查体重减至114市斤。

体　会

瘀血症在临床所见，表现不一，如疼痛、肿块、紫点瘀斑、唇舌皮肤青紫，妇女可出现月经不调，有的表现为肌肤甲错，目眶暗黑，尚有表现为精神狂躁，以及脉涩、结、代等等，上述几个病例，尚表现为盆腔炎，低热、便秘，肝功能异常、肥胖等症，特别是便秘和月经不调两症，经过用活血化瘀，配伍相应的方药治疗，能够大便通顺，月经调整，诸病亦随之向愈。盆腔炎，低热、肠粘连、肝病和肥胖症，其原因不同，病变的部位和归属脏腑亦不同，为什么出现一些共同症状，用同一活血化瘀方药而病情得以改善，这主要是由于瘀阻气滞，能阻碍清浊之升降，用祛瘀方法是“着者行之”，犹如“脏邪以腑为出路”之例，肠腑亦为瘀血排泄的一个通道。同时，胞宫为血海，血瘀气滞使月经失常，用活血化瘀方法调整血海功能，月经因而转正，血行气畅，病情亦随着改善。因此，在瘀血的辨证方面，对大便通塞、月经调否，有加以注意的必要。

活血化瘀的方药很多，上述诸症，下瘀血汤尤有殊功。这些病例，服药以后，往往获得大便通顺，月经调整，低热随之消退，心悸、腹痛、腰痛亦见缓解，肝病好转，肥胖减轻。该方三味药具有下瘀血血闭的作用，合而用之，有协同作用，可以加强疗效。同时，大黄能荡涤肠胃，推陈致新；桃仁能濡润血络，去瘀生新，䗪虫能搜剔络脉，续绝补伤。对络脉损伤，瘀血留着，闭塞络道，影响循环，阻碍升降的病情，有逆转病变的作用。其中制大黄一味，虽然能“荡涤肠胃”，但用在此等病，多服久服，亦不一定“苦寒败胃”，陈某肠粘连一例，断续用了一年多时间，可以说有利无弊（但瘀血属寒，阳气素虚大便溏者，不在此例）。它的主要功能，可能是改善循环、推陈致新。至于䗪虫，用于跌打损伤、肉破骨折、活血化瘀、修复创伤，效果是非常好的。本草又称其善于搜剔络脉瘀血，配合大黄桃仁治疗瘀血诸症，收效亦甚确。运用活血化瘀药时，虽然可以单独使用，而更多的是与其他治法相结合，组织成方　这是需要讲究的问题。

在《伤寒论》《金匮》中，大体是按气血寒热虚实的病情分别结合相应的治法和药物。急者下之，缓者丸消，多用酒以行药势。王清任主张“在外分头面四肢，周身血管，在内分膈膜上下。”处方大体分为两类，活血逐瘀和补阳益气，活血逐瘀配伍通气药，补阳益气配伍活血药。唐容川又分瘀血在脏腑上、中、下三焦和经络、腠理、肌肉，并分别病情轻重和寒热虚实选方用药。这些都是带有总结性和规范性的应用方法。上述病例，如瘀阻低热，属于阴伤瘀阻，用活血化瘀药是无疑的，但有的病在心肾，有的病在肝肾，前者配以补心丹，后者配以青蒿必甲汤，同中有异，不能一般看待。肝病瘀阻，又属另一种情况，照顾肝脾或照顾肝肾，可以根据需要，但重用活血化瘀药获效以后，都要及时益气，仿王清任补阳还五汤制方之意，益气化瘀，因气为血帅，气旺则血行更易通畅，所以病情恢复就比较好。至于肠粘连因营虚络痹配合芍药甘草附子汤，肥胖症因痰瘀交阻配合平胃二陈，盆腔炎因有症块配合桂枝茯苓丸等等，总感到临床辨证应该明确，药随病转，才能获得更好疗效，同时也说明“活血化瘀”有肯定的疗效，如再讲究一下法与法之间的结合而加减应用，就更能适应复杂的病情而充分发挥它的作用。

[《江苏医药·中医分册》1978，(2)：20]

《金匮要略》论外湿的临床意义

诸葛连祥

湿病有外湿和内湿的分别，本文着重讨论《金匮要略·痉湿暍病》篇中所论的湿病，因其内容侧重外湿，故除探讨其论外湿的特点外，并根据古为今用的原则，引伸到其内容在临床应用的意义，因其方剂一直为临床上所常用。

《金匮要略》有关湿病的分篇，除《痉湿暍病》篇中论湿外，尚有其他各篇与湿有关，用表解归纳如下：

湿病分篇
- 外湿——引起全身症状——湿病
- 着重关节症状——历节病
- 湿郁发黄——黄疸病
- 湿痰留伏体内——痰饮病
- 内湿——水湿泛滥——水气水肿）病

本文即讨论由外湿引起全身症状的湿病，其他各篇，不在本文讨论之内。

一、《金匮要略》论外湿的特点

外湿特征
- 身体疼重——感受外湿后，湿浸肌表，经气不得宣畅
- 骨节烦痛——湿郁经络，影响关节的气血运行不畅

外湿成因
- 汗出当风——当劳动中汗出时，腠理开泄，风寒从肌表侵入，腠理闭塞，汗液郁结成湿。
- 久伤取冷——长期与湿邪接触之人，如久居湿地或感受雾露，湿邪从外侵入成湿

湿病合邪
- 兼寒——寒为阴邪，湿从寒化，表气不宣——寒湿（恶寒）
- 兼风——风为阳邪，湿与风合则化热——风湿（发热）

辨证特点，重视表气的虚实，它可以代表人体正气的强弱。

外湿辨证
- 表实证——无汗（湿邪抑制表阳之后，机体抗邪力强，表气不虚）
- 表虚证——出汗（感受外湿后，中气抗病力弱，表气不固）
- 表阳虚证——出汗，恶风不欲去衣（风湿于肌表，湿盛，肾阳已虚，不能固表）
- 里阳虚证——小便不利（肾阳不能温水化气）
- 表里阳虚证
  - 汗出不欲去衣——表阳虚
  - 短气，小便不利——里阳虚

治法特点
- 须从汗解——湿从外来，邪在表，从表去邪，不使入里
- 发汗方法——用温药振奋阳气（湿为阴邪，最伤阳气，治疗过程中要时时照顾人身阳气，故“发其汗，但微微似欲汗出者，风湿俱去也”）

二、外湿病辨证施治与临床意义

表实证 /寒湿\ 身烦痛、无汗 /恶寒\ 辛温发散 /苦温化湿——麻黄加术汤
表实证 \风湿/ 身烦痛、无汗 \有热/ 辛温发散 \甘淡祛湿——麻杏薏甘汤

麻黄加术汤方：麻黄，杏仁各10克　桂枝7克　炙甘草3克　白术15克

麻黄杏仁薏苡甘草汤方：麻黄、杏仁各7克　薏苡仁15克　炙甘草3克

按：外感寒湿或风湿之邪，湿邪阻抑肤表阳气以后，表气不虚的就会出现表实证，有身烦痛、无汗之证，且因寒湿性多凝滞，使表气不得宣畅，所以又兼恶寒；风湿则因风为阳邪，湿从热化故症状为发热，且在日晡（傍晚）阳明气旺时热更甚。两者都属表实证，因病位在表，法当汗解，寒湿证用苦温化湿法，用麻黄加术汤，则寒湿从汗解后，恶寒、无汗，身烦痛自愈。治疗重点在于振奋阳气，桂枝辛温，有扶助阳气促进麻黄发汗的作用，但又须微微似汗，所以又配伍白术，就是不使其发汗过多而设。

病例提要：举两例用麻黄加术汤之加减运用，以说明理论与实践的配合关系。

（寒湿表实例）刘某，女，20　昆东车辆段技工

1976年8月因劳动后出汗，用冷水淋浴，浴后背恶寒、身痛而重，曾服荆防败毒散按感冒治之，虽汗出而恶寒、身重、无汗已十日，望其面色黄而暗晦，舌苔薄白，按之脉象沉细而缓。我诊断为外湿病，因寒湿外受，先伤太阳之表，其汗出而不愈者，即《金匮》说："汗大出者，但风气去湿气在，是故不愈也"，遂谨按《金匮》振奋阳气，使微微似欲汗出之理，选用麻黄加术汤。处方：麻黄12克、桂枝、杏仁、苍术各10克、甘草7克，服后一剂恶寒去，第二剂微有汗出，全身轻快而愈，更与黄芪桂枝五物汤以实营卫；作为调理之剂，以后未发生痹证。方中用苍术易白术，因其寒湿闭阻太重，由面色暗滞可知，阳气不振，由其脉之沉细可知，湿尚在表，苔薄白可知，方证适宜故愈。若易汗出者，仍以白术制麻黄为宜。

（寒湿水肿例）杨×　男　38　嵩明县阳桥供销社干部

1974年7月笔者随工农兵学员在十四冶医院实习时，杨同志以颜面、眼睑、下肢浮肿，腹部胀满而住院，化验尿蛋白及红细胞阳性，住院后尿蛋白++，病已十三日不思食，入院后更增加呕吐。患者要求服中药治疗。诊之见其面色晦暗，舌苔白滑，问知小便不利，察其脉象濡缓。认为此病为水肿，其病机为寒湿内侵，湿困脾胃，升降失常，气不化水所致，继之当水气泛滥，将形成全身高度水肿。遂以燥湿化浊降逆止呕进食为急，用《和剂局方》不换金正气散（苍术、厚朴、陈皮、半夏、藿香、甘草）加生姜，一剂呕吐止而思进食。继用麻黄加术汤加味，扶阳化湿，通调表里。处方：麻黄、白术各15克，杏仁、桂枝、大腹皮、桑皮各10克、甘草3克，服后小便增多，又服四剂，小便清利，水肿全消，尿检正常，身体恢复正常遂出院。用麻黄，白术各15克，服后并未见其汗出，且增其利尿消肿作用，益信清·喻嘉言"术得麻黄行里湿而并可行表湿"之论，我对寒湿性水肿病常用此方，治愈很多。

下面再讨论风湿证之用甘淡祛湿法麻杏薏甘汤，因风湿证有发热症状，且易化燥，故不用桂枝、白术之温燥药，改用薏苡仁甘淡微寒之品，都是为了保持体内阳气氤氲以透湿邪外出。兹再举两例使用本方之经验以说明之。

病例提要：

（风湿感冒例）李某　男36　工人

1975年因汗出风吹，以致汗郁皮下成湿，湿郁化热，今发热已十余日不解，每日下午热势增重，全身痛重。伴有咽痛而红肿，咳嗽痰白而粘稠，无汗。自用辛凉解表药，更增恶寒，舌苔白腻，脉濡缓略浮。遂议为风湿性感冒症，因风湿郁闭，湿阻气机，气机不畅而出现各证，劝其试服麻杏薏甘汤。处方：麻黄、杏仁各10克，薏苡仁30克，甘草7克，更加秦艽10克，浚蔻7克。仅服一剂，果然热退身安，咽已不痛，咳嗽亦舒，劝其更服二剂，以巩固疗效。其咽痛与咳嗽非为里热，皆因表气郁而里气郁，今风湿去后，表气通和，里气通畅，各证亦随之而愈。

（风湿表实例）王某　女　65　退休工人

脾胃素盛，食后胃脘痞满，常服桂附理中丸，近月来全身酸痛而重，于1975年2月来诊，见其舌苔白腻而舌质红，口不思饮，脉缓而浮，遂诊断为风湿郁表之证。其证较轻，但有化热倾向，用麻杏薏甘汤疏其表湿。处方：薏苡仁30克，麻黄、波蔻、杏仁、秦艽、厚朴各10克，甘草3克，生姜3片。二剂复诊，身痛重大减，又减麻黄之量为3克，又服二剂，诊其脉已不浮，舌质较淡，白腻苔去，为风湿化清，遂改用香砂六味汤（原香砂六君子汤）益气健脾，行气祛痰湿之剂，既可恢复其脾胃之健运功能，又可祛湿邪之余患。由此亦认识麻杏薏甘汤对不发热之在表风湿证亦有良效。因此方为祛表湿之轻剂。

2. 表虚证

表虚证
- 表气虚——脉浮身重，汗出——益气行湿——防己黄芪汤
- 表阳虚——脉浮虚涩，身体疼烦，不能自转侧——温经散湿——桂枝附子汤

防己黄芪汤方：防己 12 克　黄芪 15 克　白术 10 克　甘草 7 克　生姜 3 片　大枣 3 枚

按：表虚证是以出汗为主证，因为感受外湿之后，湿邪停于肌腠，阻碍中气实表功能，以致表气不固；或患者中气本虚，感受湿邪之后，既无力逐湿从表出，亦不能实表；另一种原因为风令表虚，如感受风湿之后，湿因性粘腻而留于肌腠，风气轻扬则出表，使表气不固。三者都可用益气以逐表湿，用防己黄芪汤。其中黄芪、防己、白术为主药，用黄芪益气实表，又能振奋卫气，防己、白术利湿。故本方在临床运用上，既能治风湿在表之表虚证，又治内外湿邪之中气虚者，虽无汗出之证，亦尝用之。

病例提要：

（卫虚痹证例）李某　男　40　工人

二年来患寒湿痹证，四肢关节酸痛，逢阴雨加重。近一周来，因感冒发热，服解表药热退后，关节痛烦增重，且又自汗、恶风、短气，脉象浮涩，苔白腻。诊为寒湿痹阻，卫气已虚。遂与防己黄芪汤，益气固卫行湿，服后汗止痛减。处方：生黄芪 30 克　白术 15 克　防己 12 克　桂枝 10 克　甘草 7 克　生姜 2 片　大枣 4 个

按，风寒湿痹即使不是表虚自汗，而表现中气不足者，或四肢酸痛者，本方用后多能取效，因“短气”“酸”都是中阳不运之象，益气为必用之疗法。

（气虚水肿例）李某　女　60　家庭妇女　住文庙街

素患风心病，近来晨间面目浮肿，下午足肿更甚。伴有心悸，行动更甚，短气，纳少，小便少，舌淡，舌边有齿印，脉象濡弱。于 1977 年 6 月来诊。诊断为心气已虚，脾阳不运，水湿不化，用补气益脾行湿法，防己黄芪汤加味：处方：生黄芪、潞党参、桂枝、白术、防己、泽泻各 12 克、甘草 3 克，生姜 3 片，大枣 4 个。自服此方后，水肿逐日减少，尿量增加，各证随之日减，因服本方时并无不良反应，遂按方一日一剂，曾服至 20 剂，肿势全消，中间仅在不得眠时加用枣仁。

按：本方是我常用治疗膨胀、水肿病之方，以中气不足，脾不制水为使用标准，可获良效。

下面继续讨论湿盛阳微的表阳虚证，此型是以“身体疼烦，不能自转侧，脉浮虚而涩”为原文提出之主证，应加下条原文内之“汗出短气”“恶风不欲去衣”，则对表阳虚证的证候才为全面。脉象浮虚而涩之解释如下表：

脉象
- 浮 — 主表、主风
- 虚 — 表阳虚
- 涩 — 湿滞

→ 风湿困于肌表，表阳已虚

治法：用桂枝附子汤：附片 30 克　桂枝 12 克　炙甘草 7 克　生姜 3 片　大枣 4 个

桂枝附子汤是温经助阳，祛风胜湿的方剂，本方即桂枝汤去芍药加附子，因表有湿邪，故去芍药，此与《伤寒论》“太阳病发汗，遂漏不止，其人恶风，小便难，四肢微急，难屈伸者，桂枝加附子汤主之”不同，因该证无湿邪，故不去芍药而使敛阴液。

在临床应用上①风湿在表之表阳已虚者；②无风湿证之表阳虚之漏汗不止者加芍药；③无汗之寒湿痹证，亦可用本方加味治之。

病例提要：

［寒湿表阳虚证例］陈某　男　42　住杨林

1958 年 6 月因天气阴雨，感受寒湿，发热病解之后，汗出不止，已四日，汗冷肢凉，恶寒，卧中重添厚被，身痛重酸楚，舌淡苔粘色白，脉沉细无力。诊为寒湿困表未去，过汗伤阳，阳虚不能外固。按《金匮》风湿表阳虚用桂枝附子汤，一剂汗减，二剂各证俱除。

［阳虚感冒例］周某　男　34　技术员

有慢性喉痹证，每因感冒而诱发急性喉痛。1976 年 4 月，因患喉痛发热，误用辛凉，汗大出几致虚脱，与参附剂而愈。时隔一月，又感风寒，发热恶寒身痛无汗，已三日，面色不华，舌淡，脉沉缓弱。据其脉象，诊为表阳不足，虽证候为表寒，汗之则易亡阳，遂与温经助阳，桂枝附子汤二剂微微汗出病去，又加芍药，嘱其多服。自谓曾服 20 剂。至今感冒未生。可见患者体质是外强里虚，致病之后，易呈本虚标实之象，若按标实驱邪，每呈伤阳而生亡阳之候。可知桂枝附子汤之应用，重点在阳虚，故表实、表虚之用，在于辨证。

3. 里阳虚证

里阳虚证：
- 外　湿——身体痛烦，不能自转侧（风湿在表未解）
- 里阳虚——小便不利，大便反快（肾阳不能温水化气，脾阳不能健运去湿）

治法：温经助阳，健脾行湿，用白术附子汤（桂枝附子汤加白术）。

鉴别：
- 桂枝附子汤——着重祛风，治风多于湿证
- 白术附子汤——着重祛湿，治湿多于风证

白术附子汤方：附片 30 克（开水先煎）　白术 12 克　炙甘草 7 克　生姜 3 片　大枣 4 枚。

此亦表里同病之例，有风湿在表未解，但又有里湿重于表湿，故术附同用振奋脾阳，亦不忘表湿之存在，其附子与生姜可振奋表阳以行表湿。去桂枝者可见其治疗上的侧重不同。

4. 表里阳虚证

表里阳虚证：
- 湿　证——骨节痛烦掣痛，不得屈伸，近之痛剧
- 阳虚证：
  - 汗出、恶风、不欲去衣——表阳虚
  - 短气，小便不利，身微肿——里阳虚

治法：振奋表里阳气，祛风湿于表。

甘草附子汤方：炙甘草、白术各 10 克　附片 30 克（开水先煎）　桂枝 12 克

本证是湿留关节，并有表里阳虚的兼证，故用炙甘草补中益气，白术健脾去湿，桂枝和营祛风，附子助阳温经，振奋表里阳气而逐内外之湿。本方在临床应用上很广，凡属湿邪之阳虚证俱可用，表里阳虚证更宜，兹举一例以说明。

病例提要：

［表里阳虚泄泻例］叶某　女　62　缝纫工人

1960 年 10 月，某日由晨间四时开始泄泻，暴下如注，面色淡白无华，肢冷汗出，形寒畏冷，气微，舌淡润，口气冷，小便色白，肠鸣腹痛，身痛，脉细微欲绝。是为寒湿相搏，表里阳虚欲脱之候，遂与《金匮》甘草附子汤加味。处方：附片 30 克（煎如前法），白术、桂枝、干姜、潞党参各 12 克，炙甘草 7 克，山萸肉 15 克。因附片开水煎需要三小时，第一次先将其余先煎服，服后各证有所减轻，三时后更用附片水煎其余药，服后阳回泻止，汗已不出，身温痛除，服第三煎后，更连服第二剂，一日一夜服完两剂，第二日前往诊视时，恢复如初。更服一剂使之巩固。

三个附子方证之比较如下表。

比较：
- 桂枝附子汤——表阳虚——桂、附——助表阳——祛风胜湿
- 白术附子汤——里阳虚——术、附——助里阳——兼祛表湿
- 甘草附子汤——表里阳虚——术、桂、附——助表里之阳——逐湿

总之，此三方以扶阳立法，而以附、术、桂为主药，凡阳虚寒证加减运用，表证里证都很合用。

结　语

本篇主要讨论《金匮》论外湿，外湿多兼风寒之邪，以身体疼重，甚者骨节疼烦为主证。治法须从表解，因根据湿性粘腻特点，不在重用表药之发汗，而用温药振奋阳气，蒸发湿邪，使微微似汗出而愈。寒湿在表，表实无汗，用麻黄加术汤；风湿在表，有化热倾向者，用麻杏薏甘汤；表虚汗出者，用防己黄芪汤，目的都在取微汗以解外湿。如湿盛阳微，虽有表湿，亦当助阳为主，桂枝附子汤、白术附子汤、甘草附子汤即为此而设。证不同者，用方不同；证相似者，用药亦相似，为《金匮》论外湿辨证施治的特点。更举实际病例，以证实古为今用之意义。由于作者水平有限，错误之处，请多指正，以期不断前进。

［《云南中医学院学报》1978，(3)：12］

略谈小柴胡汤、桂枝汤方证及其在临床上的运用

张　磊　河南中医学院

小柴胡汤和桂枝汤，均是《伤寒论》中的方子。小柴胡汤，由柴胡、黄芩、半夏、人参、炙甘草、生姜、大枣等七味药组成，能和解少阳，主治半表半里证。桂枝汤，由桂枝、白芍，炙甘草、生姜、大枣等五味药组成，能解肌发表，调和营卫，主治外感风寒表虚证。临床上想更好地发挥这两个方子的作用，必须对这两个方子的理论基础有所了解，才能心目不惑，有的放矢。

小柴胡汤，是和解少阳的方子。少阳经统主三焦及胆。三焦“主持诸气”，为“水谷之道路”，外通腠理，内通膈膜，膈上者清气主之，膈下者浊气主之，介乎上下清浊之间者，即为肝胆所部。少阳为初阳之气，是生气的“少火”。少阳的少火之气，来源于少阴肾的元阴元阳之气和其他脏腑之生

气，它可以流行于脏腑躯壳之内，也可以流行于肌腠皮肤之外，全身各处，无所不到，无所不有，所以又称少阳为“游部”。三焦之所以能化气行水，总司人体的气化作用，主要在于少火的激发与推动，称三焦者，即有火、热之义。三焦有了少火，才能发挥其“如雾、”“如沤、”“如渎”的功能。假如三焦缺乏少火之气，则气不能化，水不能行，代谢就会发生很大的障碍。

何谓少阳病？少阳即是半表半里证，其症状表现为“往来寒热，胸胁苦满，默默不欲饮食，心烦喜呕。”称半表半里者，为其病在太阳与阳明之间，既不在表，又不在里。但在病变过程中，往往是兼表（太阳），兼里（阳明），不能截然分开。如寒热是兼太阳之表，不欲食和呕，是兼阳明之里，唯胁满为少阳所独有。胁居身之两侧，前连于胸，后邻于背，胸为阳明所主，背为太阳所主，所以少阳病容易涉及太阳、阳明。病邪入里和出表，都要经过少阳的枢转，所以又称少阳为枢。少阳为枢，是对少阳经的生理功能的精辟概括，它能使表里间阳气转输出入，各得其所。所以治少阳病，就要紧紧抓着这个关键。也可以说少阳病就是少阳枢机不利之病。治少阳的意义，就在于使少阳枢机疏达。枢机一转，则内外通达，不能外出的可以外出，欲内入的即被切断而不能内入，也就是断太阳的来路，开阳明的出路。这就是小柴胡汤的主要作用。

至于小柴胡汤的功用，常称为“少阳枢机之剂，和解表里之总方。”而唐容川更有所发挥，他说：“此方乃达表和里，升清降浊之活剂。人身之表，腠理实营卫之枢机。人身之里，三焦实脏腑之总管。惟少阳内主三焦，外主腠理。论少阳之体，则为相火之气，根于胆腑；论少阳之用，则为清阳之气，寄在胃中。方取参、枣，甘草以培养其胃，而用黄芩、半夏降其浊火，柴胡、生姜升起清阳。是以其气和畅，而腠理三焦，罔不调治。其有太阳之气陷于胸前而不出者，亦用此方，以能清里和中，升达其气，则不结而外解矣。有肺经郁火，大小便不利，亦用此者，以其宣通上焦，则津液不结，自能下行。肝经郁火，而亦用此，以能引肝气使之上达，则木不郁，且其中兼有清降之品，故余火自除矣。其治热入血室诸病，则犹有深义。人身之血，乃中焦受气取汁，变化而赤，即随阳明所属冲、任两脉，以下藏于肝，此方非肝胆脏腑中之药，乃从胃中清达肝胆之气者也。胃为生血之主，治胃中是治血海之上源，血为肝之所司，肝气既得清达，则血分之郁自解，是正治法，即是隔治法，其灵妙有如此者。”唐氏此解，深明经旨之义，对于扩大此方的使用范围，有很大启发性，可资借鉴。

下面再谈谈桂枝汤的方证。桂枝汤是主治太阳中风表虚证的方剂。足太阳经起于目内眦，上额交巅，下项挟脊抵腰中，下至足小趾。手太阳经起于手而终于头。从太阳经循行来看，是统辖周身肤表的。周身肤表，经常充满着阳热之气，以温煦肌表和抵御外邪。这种阳热之气，来源于下焦。膀胱为津液之府，由肾阳温化蒸腾，藉三焦的道路，循太阳经而通行肤表，起着卫外的作用，故称太阳为巨阳，为阳气盛于外的意思。

由于太阳主一身之表，为六经的蕃篱，所以外邪犯表，首犯太阳。从传经方面说，太阳病既能传入阳明，又能传入少阳，也能直接传入三阴，尤其易于传入少阴，因为肾与膀胱相表里，太阳之里，即是少阴。如果阳气虚弱，卫外无力，太阳表热证可以转为只恶寒的少阴虚寒证。“实则太阳，虚则少阴，”就是这个意思。

太阳为三阳之表，以开为顺，开则能使阳气外达，卫外而为固也。若感受风邪，风性疏泄，能使腠理开放，表阳不固，因而营阴不能内守而汗自出，汗出则营弱。这就是太阳中风而致汗出、营卫不和的表虚证。桂枝汤即为此证而设。

桂枝汤，方用桂枝解肌表，温阳扶卫，去在表之风邪；白芍敛阴以和营，固在内之营阴；生姜佐桂枝解表；大枣佐白芍和里；甘草调和诸药，并合大枣和养胃气。综观此方，配伍严谨，相得益彰，散中有敛，和中有调，故《金鉴》称“此方为仲景群方之冠，乃解肌发汗，调和营卫之第一方也。”

以上是对小柴胡汤和桂枝汤的肤浅认识，其深理奥义，须从《伤寒论》中求之，从临床实践来看，这两个方子，不仅疗效好，而且治疗范围也比较广泛，如能用之得当，切中病机，不仅太阳风寒表虚证，少阳半表半里证，能收桴鼓之效，而且其他杂证，只要符合二方的功能主治，也能获得满意的疗效。笔者从推广小柴胡汤和桂枝汤应用范围的角度出发，介绍经我治疗获效的几则病例，以见其梗概。

例一：孙××，女，47岁，市民。从小咳嗽至今，历40年，每年秋末发作，冬季较甚，夏季自愈。在发作期间，昼轻夜重，甚则难以入眠，痰多而稀，喉咙发痒。从其神色形态来看，无明显的病容表现。1970年来诊。窃思此病已数十年，患者服药较多，不见效果，一般治咳之剂，已经用过，若不另想方药，恐难取效。忆起陈修园《医学实在易》治咳论中有云：“胸中支饮咳源头，方外奇方勿漫求，更有小柴加减法，通调津液治优优。”考虑用此方较为合适，遂欣然疏方，以观其效。

柴胡9克，半夏9克，黄芩9克，党参9克，五味子9克，甘草6克，生姜9克，大枣4枚，水煎服。

上方服1付后即能安然入眠。服4付后咳嗽已去大半。继服数付而咳止。

本证并没有小柴胡汤证的典型症状，但遵“若咳者去人参、大枣、生姜，加五味子半升，干姜二两”的垂训，根据患者的具体情况，只增五味子一味，竟能起数十年之咳于数日，乃因“上焦得通，津液得下，胃气因和”故也。此证为风寒之邪，挟津液而上聚于膈中，以致咳嗽不愈。用此方以通其上，即和其中，和其中则愈通其上，如此则三焦通畅，津液得行，其咳自愈。

例二：黄××，男，25岁，郑州大学学生，患荨麻疹已数年。自1973年后，逐渐加重，每遇风寒则发作，搔痒异常。以前每天服一次苯海拉明片即可控制，以后渐渐无效。于1974年11月5日就诊于予。根据患者发疹情况，为风寒客表，营卫不和所致。遂投以桂枝汤加味治之。

桂枝15克，白芍15克，葛根30克，苏叶12克，虫退9克，羌活9克，川芎9克，甘草9克，生姜9克，大枣4枚，水煎服。

二诊：上方服3付，搔痒稍减，但不明显。宗上方去虫退、羌活，加丹参30克，徐长卿30克，荆芥9克，水煎服。

三诊：上方服2付，效果显著，就诊时正刮大风，气温较低，亦未发作。但咽喉有些不利，宗上方加桔梗9克，牛子9克。

四诊：上方服3付，基本痊愈。食欲、睡眠均转好。嘱照上方再服数付以巩固之。一年后，患者来述：至今未发。

本证亦不是桂枝汤证的典型症状，但患者为风寒侵袭太阳之表，留而不去，而致营卫失调，其症不同，其理则然，故宜用桂枝汤加味治之。本方能和营卫、解肌表、祛风寒，寓扶正祛邪之意，较单治风寒为佳。

例三：邢××，女，32岁，干部，患浮肿一年多。每天多次发作，肿时则肌肤虚浮，面部潮红，手足心微痛；消后则一如常人。经多次检查，无任何异常发现。西医诊为血管神经性水肿。西药治疗无效，中药亦曾服过健脾利水和益气之剂，均毫无效果。患者体质尚好，苔舌正常，饮食、二便均可，但脉象乏力。据证分析，既非水肿，又非虚肿，此乃营卫不和，三焦气化失调之证。遂投以小柴胡汤合桂枝汤加龙骨、牡蛎治之。

柴胡9克，黄芩9克，半夏9克，党参9克，桂枝9克，白芍9克，甘草6克，生龙骨30克，生牡蛎30克，生姜9克，大枣3枚，水煎服。

上方服3付，发作次数减少。复以原方继服6付，症状基本消失。又按原方继服而愈。

用此方治此证，对我来说还是第一次。证候比较奇特而典型。证既属于营卫不和，三焦气化失调，而治疗应以何方为妥善呢？经过思考认为，桂枝汤外证得之能解肌去邪气，内证得之能补虚调阴阳，用之比较适宜。小柴胡汤达表和里，升清降浊，能使三焦气化调畅，用之亦比较适宜。因此将二方合并使用，又加生龙骨，生牡蛎以潜阳敛浮。方适其证，证宜其方，故收如此之效。

例四：张××，男，31岁，社员。患者三年来，全身不能触碰，触之即肿，约数分钟即消失。平时担水则肩肿，走路用力过重则脚肿，拍巴掌则手肿（不受外界气候变化影响）因此不能参加体力劳动。生产队把他安排在打谷场上看鸡子，看鸡子也不能跑快了，跑快了脚即肿。经多处医院治疗，用过各种抗过敏药物，均无效果。1975年，我们带学生实习在其处，患者乃前来就诊。当时在他的皮肤上轻轻的划一下，该处立即肿起来，又与他握一下手，他的手也立即肿起来。饮食、睡眠、二便均正常。西医诊为血管神经性水肿。我认为此亦属营卫不和，三焦气化功能失调所致。遂投以桂枝汤合小柴胡汤加味治之。

桂枝9克，白芍9克，柴胡9克，黄芩9克，党参9克，半夏9克，丹参15克，葛根12克，徐长卿30克。生龙骨30克，生牡蛎30克，甘草6克，生姜9克，大枣4枚，水煎服。

上方连服20付，乃告痊愈。三个月后，患者来述：现在担挑子、干活都不再肿了。本证无寒热，无痛痒，惟搔之则肿起，旋又消失，证候比较典型。小柴胡汤，桂枝汤，虽然没有这样的主治证，但从病的性质来说，是营卫不和，三焦气化失调所引起，故取二方合之，以冀阴阳协调，上下通和，表里畅达。药后果收预期之效。

例五：张××，男，成人，干部。患左侧胸背连胁疼痛三个月，治疗无效，于1969年5月就诊于予，此乃太、少经气不利之疾，遂投以桂枝汤合小柴胡汤加白芥子、青皮治之。

桂枝9克，白芍9克，柴胡9克，黄芩9克，半夏9克，党参9克，白芥子9克，青皮9克，甘草6克，生姜9克，大枣4枚，水煎服。

上方服3付而愈。

本证主要是少阳枢机不利，连及胸背而致疼痛。今直取太、少，使太阳之气开，少阳之枢转，而阴阳表里之气得以畅通，故药只三付而病愈。

以上数证，前两例为小柴胡汤和桂枝汤分别使用之例，后三例为小柴胡汤和桂枝汤合并使用之例，皆非小柴胡汤和桂枝汤的典型证候，而是从两方的作用及其所主治的少阳经和太阳经的生理功能与病理变化而斟酌施方的。这说明经方的疗效是卓著的，治疗范围是比较广泛的，应进一步发掘它的潜在力量。然而人的个体有差异，病情多兼杂，又需要加减化裁，才能曲尽其妙，但又不可喧宾夺主，失去经方之旨。

上述几则病例和认识，只是个人用方的一点收获，犹待临床继续实践。

[《河南中医学院学报》1979，(3)：1]

张仲景活血化瘀的辨证施治及其方剂的活用举例

姜春华　上海第一医学院

活血化瘀法的运用，本身就是辨证论治的产物，凡属瘀血的病证，则采用活血化瘀法。但病证有阴阳表里寒热虚实，则活血化瘀即有针对这些情况而有区别，而且对某种病证的治疗即使需用活血化瘀，也不一定一成不变，因为病有初中末的过程，还须辨证施治。《内经》中对于治疗早定下好些原则，如热者寒之，寒者热之，虚则补之，实则泻之等。汉代张仲景在治疗伤寒杂病时更加具体，为后世活血化瘀辨证施治奠下了基础，兹将仲景有关活血化瘀的方证并前人的解释作一介绍，可以看出病位上下，病程久暂，寒热虚实之不同，治法各异，方后附载前人及本人的活用经验，作为触类而长之意。

一、热结膀胱（实热血瘀）

《伤寒论·太阳中篇》："太阳病不解，热结膀胱，其人如狂，血自下，下者愈。其外不解者，尚未可攻，当先解其外；外解已，但少腹急结者，乃可攻之，宜桃核承气汤。"

证解："膀胱"是古代病位名词，柯氏以为冲任之血会于少腹，热极而血不下而反结，钱氏斥血蓄膀胱之说为不经，以为是瘀热结于膀胱，热在下焦，血受煎迫，溢入回肠所致。

桃核承气汤方　桃仁五十个　大黄四两　桂枝二两　甘草二两　芒硝二两

方解：钱注《神农本经》桃仁主瘀血血闭。洁古云治血结血秘，通润大肠，破蓄血。大黄下瘀血积聚，荡涤肠胃，推陈致新。芒硝走血，软坚。热淫于内，治以咸寒之义也。桂枝之为用通血脉，消瘀血。甘草所以保脾胃、和大黄芒硝之寒峻。

活用举例：1. 治女子月事不调，先期作痛，与经闭不行者先用本方，后用四物汤调理；2. 往来寒热，胸胁逆满，大便色黑，小便自利者（瘀血症往往有寒热往来，勿误作少阳证）。3. 产后恶露不下，喘胀欲死者；4. 下焦蓄血，漱水迷忘，小腹急痛，内外有热者（重症肝炎合犀角地黄汤）；5. 大量衄血呕血者（导血下行）；6. 疫毒痢（中毒性菌痢）；7. 黄疸（实热）；8. 丹毒（加黄柏）。

禁忌：虚寒患者，下部常出血患者。

二、热结膀胱（血凝硬块）

《伤寒论·太阳中篇》："太阳病，六七日表症仍在，脉微而沉，反不结胸；其人发狂者，以热在下焦，少腹当鞕满，小便自利者，下血乃愈。所以然者，以太阳随经，瘀热在里故也。抵当汤主之。"康平本"所以然……故也"作小字旁注。

证解：钱璜认为，"热瘀膀胱，逼血妄行，溢入迴肠，所以小腹硬满。桃核承气言如狂，此言发狂，彼云少腹急结，此云少腹硬满，"本条症较剧重，故方亦较峻。水蛭、虻虫有抗凝血作用，易出血者慎诸。

又《阳明篇》："阳明证，其人喜忘者，必有蓄血。所以然者，本有久瘀血，故令喜忘；屎虽鞕，大便反易，其色必黑者，宜抵当汤下之。"康平本"所以然……故令喜忘"作小字旁注。

证解：此无瘀热，但善忘不狂，前人认为血蓄于下则心窍易塞而神智昏，病属阳明，故屎硬，血与粪并故易而黑，瘀血则溏而黑粘如漆，燥结则硬而黑晦如煤，下后神气安宁，脉无变异者可疗，如神气昏愦，脉见虚脱或加厥冷呃逆者危。

《金匮要略·妇人杂病篇》："妇人经水不利下，抵当汤主之。

证解：经水不利下，由于经脉闭塞。

抵当汤方　桃仁二十个　水蛭　虻虫各三十个　大黄三两

抵当丸方　水蛭二十个　桃仁二十五个　虻虫二十个　大黄三两　捣分四丸煮一丸，此方小其制。

方解：蛭虻均善饮血，有抗凝作用，佐桃仁推陈致新，配大黄以荡涤邪热。按上二条可用桃核承气汤，抵当汤缺乏指征。盖书缺有间，学人宜领会全书精神。

活用举例：1. 久瘀、腹痛硬结，或发狂，或喜忘，2. 月经闭止，少腹硬满者，3. 肌肤甲错，大实似羸状，有坚积者（双瞳漆黑，白睛带青）。

禁忌：易于出血和有出血倾向者。

三、热入血室

《太阳下篇》："妇人中风，发热恶寒，经水适来，得之七八日，热除而脉迟、身凉、胸胁下满，如结胸状，谵语者，此为热入血室也，当刺期门，随其实而取之。"又"妇人中风，七八日续得寒热，发作有时，经水适断者，此为热入血室，其血必结，故使如疟状发作有时，小柴胡汤主之。"又"妇人伤寒，发热，经水适来，昼日明了，暮则谵语，如见鬼状者，此为热入血室。无犯胃气及上二焦，必自愈。"《伤寒论·阳明篇》："阳明病，下血、谵语者，此为热入血室。但头汗出者，刺期门，随其实而泻之，濈然汗出则愈。"

证解：血室，方有执认为即冲脉血海，柯韵伯认为是肝，陈自明引《巢源》《产宝》谓之胞门子户，程式、景岳均谓血室即子宫。

前三条一指经行，血室空虚，邪热乘虚而入；一指经断，中风在血来之后，邪乘血半离其室而入之，邪半实而血半虚；一指经适来，血室空虚，邪热乘虚而入，均系行经前后发热，一三两条有精神症状。惟第二条无之，末一条阳明病，注家多指为妇人病，钱璜注；"刺之以泄其实邪，然不以桃仁承气及抵当等汤治之者，仲景原云无犯胃气及上二焦。"

小柴胡汤　柴胡半斤　黄芩　人参　甘草　生姜各三两　半夏半升　大枣十二枚

方解：本条虽说热入血室，但主症突出如疟状，故用本方，以治寒热往来，柴胡、黄芩解热为主，余为辅助药。

第一条重点在胸胁下满，如结胸状，故刺期门，用刺法，不用温药，末条不出治法，待其自愈，古人所谓待其经行血去，邪热得以随血出而解。这可见仲景对瘀证有刺法、期待法和和解法，不一定用活血化瘀，随其不同情况而用之，后人不理解，以为必须加入血药，如钱璜认为要加牛膝、桃仁、丹皮之类。也有主张加地黄、丹皮、五灵脂的。第二条主证如疟疾状，用和解少阳法。

四、血结为癥

《金匮要略·疟病篇》："病疟以月一日发，当以十五日愈，设不差，当月尽解；如其不差，当云何？师曰，此结为癥瘕，名曰疟母，急治之，宜鳖甲煎丸。"

证解：前人以五日为一候，三候为一气，一气十五日，一年分做十二个节气，节气推移似与人疾病有关，疟不愈则邪假血依痰，结为癥瘕，鳖甲煎丸引气逐血。

鳖甲煎丸方　鳖甲十二分　柴胡六分　芍药五分　厚朴三分　半夏一分　蜂窝四分　鼠妇三分　干姜三分　桂枝三分　牡丹五分　人参一分　赤硝十二分　乌扇三分　葶苈一分　瞿麦二分　䗪虫五分　蜣螂六分　黄芩三分　大黄三分　石苇三分　紫葳三分　阿胶三分　桃仁二分　为丸梧子大，每服七丸日三服。

方解：《内经》说："坚者削之，积者行之。"本方鳖甲主症瘕寒热为主；大黄、芍药、䗪虫、桃仁、赤硝、牡丹、鼠妇、紫葳攻逐血结为辅，以上主邪结于血分；以厚朴、半夏、石苇、葶苈、瞿麦、乌扇、蜂窝、蜣螂下气利小便为佐，主邪结于气分；黄芩、干姜调寒热；柴胡、桂枝通营卫；阿胶、人参和气血。乌扇即射干，散腹中结气邪热。赤硝产于赤山，鼠妇治月闭血瘕寒热。石苇治寒热邪气，利水道。紫葳治症瘕血闭寒热。瞿麦利小便，下闭血。蜂窝治寒热邪气。蜣螂治腹胀寒热，利大小便。䗪虫治血积症瘕破坚。此方合小柴胡、大承气、桂枝汤三方去枳实、甘草，加入鳖甲等活血化瘀攻坚。

活用举例：1. 热病后脾肿大；2. 对肝病所致的脾大有小效，对血吸虫病显期肝硬化所致的脾大无显效。

五、干血内结

同书《血痹虚劳篇》："五劳损极羸瘦，腹满不能饮食，食伤，忧伤，饮伤，房室伤，饥伤，劳伤，经络营卫气伤，内有干血，肌肤甲错，两目黯黑，缓中补虚，大黄䗪虫丸主之。"

证解：诸因令人正气内伤，血脉凝滞郁积生热而伤阴，致于血积中，羸瘦见于外，血积不能濡养肌肤，故皮肤甲错，不营于目，故目黯。

大黄䗪虫丸　大黄十分　杏仁一升　虻虫一升　黄芩二两　芍药四两　水蛭百枚　甘草三两　地黄十两　蛴螬一升　桃仁一升　干漆一两　䗪虫半升。蜜为丸，小豆大，酒服五丸，日三次。

方解：本方缓中补虚，以大黄、䗪虫、水蛭、虻虫、蛴螬等化瘀；佐以干漆、生地、桃杏仁行血；芍药、甘草缓中补虚。

活用举例：1. 虚劳羸瘦，肌肤甲错，目黯黑者；2. 干血劳；3. 小儿疳积，疳眼（云翳睑烂）；4. 积聚症瘕，腹部膨胀（肝脾肿大腹水）；5. 产后血肿。

六、血结为水

同书《水气病篇》：“寸口脉沉而迟，沉则为水，迟则为寒，寒水相搏。趺阳脉伏，水谷不化，脾气衰则鹜溏，胃气衰则身肿。少阳脉卑，少阴脉细，男子则小便不利，妇人则经水不通；经为血，血不利则为水，名曰血分。”（本条以脉断病，文气不类仲景）。

证解：《内经》说：“三焦者决渎之官，水道出焉。”少阳脉卑则决渎失职，在男子则小便不利，少阴脉细（肾），则寒气客于胞门，在妇人为经水不通，经虽为血，但其体属水，水病而血不行，则血亦化为水，《脉经》：“问曰病有血分何谓也？师曰，经水前断后病水，名曰血分，此病难治，问曰病有水分何也？师曰，先病水；后经水断，名曰水分，此病易治。”《本事续方》：“妇人经脉不通，即化为水，水流四肢，则遍身皆肿，名曰血分。”则血分之病由于经水不通所致，亦属血瘀之证。

人参　当归　瞿麦　大黄　桂枝　茯苓　各半两　葶苈二分　梧子大。每服十五丸。

方解：本方益气活血，通经行瘀，与利水同用。

活用举例；1. 妇人经闭后既肿又胖者；2. 经行推迟，行时浮肿者；3. 胸膈有水与血结，痛闷者。

同书《惊悸吐衄篇》：“病人胸满，唇痿舌青，口燥，但欲漱水不欲咽，无寒热，脉微大来迟，腹不满，其人言我满，为有瘀血。”

证解：病人无寒热等证，惟胸满唇痿，舌青口燥，漱水不欲咽，乃瘀血之胸满，血病不荣于唇，故色萎，脏腑之色皆显于舌，有瘀故色青，热在血分，故口燥，外虽不满而内藏血壅气滞而胀，故自觉满。

同书同篇：病者如热状，烦满，口干燥而渴，其脉反无热，（不数大）此为阴伏，是瘀血也，当下之。

证解：本条承上文，互详脉证，以明其治。

七、血瘀成痈

同书《疮痈肠痈篇》：“肠痈者，少腹肿痞，按之即痛如淋，小便自调，时时发热，自汗出，复恶寒。其脉迟紧者，脓未成，可下之，当有血。脉洪数者，脓已成，不可下也。大黄牡丹汤主之。”

证解：少腹痞肿为肠痈已成，故按之痛，如淋者，小腹为厥阴经所过，脉循阴器，故按少腹而痛，有如淋状，而小便则仍调，内既有痈，则荣卫稽留于内，故发热汗出恶寒。

大黄牡丹汤　大黄四两　牡丹一两　桃仁五十个　瓜子半升　芒硝三合

方解：诸疮疡痈，皆属于火，大黄芒硝泻实热，大黄且能化瘀，瘀去则化脓之原绝，丹皮清血热，与桃仁协助大黄，瓜子主破溃脓血。

活用举例：1. 肠痈不拘脓已成未成均可用，可加红屯，败酱草；2. 一般痈疡实热便秘者；3. 妇女经闭而内热便闭者；4. 产后恶露不行，少腹胀痛者。

八、脐下干血

同书《妇人产后病篇》：“师曰，产妇腹痛，法当以枳实芍药散，假令不愈者，此为腹中有干血著脐下，宜下瘀血汤主之；亦主经水不利。”

证解：服芍药散不愈者，此为热灼血干，著于脐下而痛。

下瘀血汤　大黄三两　桃仁三十枚　䗪虫二十枚（熬、去足）蜜丸为四丸每服一丸酒煎。

新血下如豚肝，徐灵胎说新字当作瘀字，按本人临床使用多年多人，从未见下血如豚肝，亦未见有瘀血泻出。

方解：䗪虫主下血闭，大黄主下瘀血，桃仁亦下瘀血，三味相合以攻干血。

活用举例：1. 肝炎 GDT 持续不下而有瘀血征象者；2. 早晚期肝硬化；3. 手术后瘀血结滞作痛者，可加赤芍、五灵脂；4. 手术后寒热往来者，可加柴胡，丹皮；5. 中风后遗症；6. 经行不爽，或推迟者；7. 产后瘀血不行，腹剧痛者。

九、血瘀腹痛

同书《妇人杂病篇》：“妇人六十二种风，及腹中血气刺痛，红兰花酒主之。”

证解：妇人经尽，产后，风邪易于袭入腹中，与血气相搏，而作刺痛。

红兰花酒方　红兰花一两　酒一升煮

方解：红兰花活血，止痛，不更用风药者，以血行风自去。集验：血晕不识人，言语错乱，烦闷腹中绞痛。

上列仲景诸方，除鳖甲煎丸用气分药川朴外，其他很少用气分药，后世医家在用活血化瘀药的同时进一步采用了气分药，如《张氏医通》柴胡疏肝散治怒火伤肝，胁痛，血菀于上，方用柴胡、桔皮、川芎、芍药、枳壳、甘草、香附、山栀、煨葛，于平降肝火加入气分药散郁，又如枳壳散治蓄血暴起，胸胁小腹作痛，方用香附、枳壳、青皮、陈皮、乌药、赤芍、蓬术、归尾、红花、甘草，以气分药为主。

十、癥痼下血

同书《妇人妊娠篇》：“妇人宿有癥病，经断未及三月，而得漏不止，胎动在脐上者，为癥痼害。妊娠六月动者，前三月经水利时，胎也。下血者，后断三月衃也。所以血不止者，其癥不去故也，当下其癥，桂枝茯苓丸主之。”

证解：前人疑本条文有残缺，胎动胎漏皆下血，惟胎动有腹痛，胎漏无腹痛，妇人宿有癥病为旧血蓄积所致，凡胎动多在当脐，今动在脐上，故断为癥痼。

桂枝　茯苓　牡丹　桃仁　芍药各等分

方解：前人认为牡丹、桃仁攻症痼，桂枝和卫，芍药调营，茯苓和中。本人认为桂枝温通经脉，能助活血药发挥消瘀作用。

治用举例：1. 小产下血量多者。2. 子死腹中（憎寒，指爪唇口青白，面黄黑，喘满冷汗）；3. 妇女经事不爽，面浮足肿者。4. 产后胞衣不下；5. 腹内拘挛，上冲，心下悸。

［《浙江中医学院学报》1979，(6)：1］

对《伤寒论》五泻心汤的认识及临床运用

杨培君　陕西中医学院

《伤寒论》五泻心汤主治心下痞满，按之自濡等证，但其证治与组方各有所异。本文试将自己对大黄黄连泻心汤、附子泻心汤、半夏泻心汤、生姜泻心汤、甘草泻心汤五方的证治组方规律、临床运用谈几点意见。

五泻心汤证治组方规律

五泻心汤所治皆以心下痞满，按之自濡为主证。如论中第156条：“脉浮而紧，而复下之，紧反入里，则作痞，按之自濡，但气痞耳。”但因其病因病机的不同，各方证治及组成亦各有所异，现分述如下：

1. 大黄黄连泻心汤、附子泻心汤　大黄黄连泻心汤主治太阳病误下，表邪内陷化热，无形热邪壅滞胃脘，气机痞塞不畅而致之心下痞满，按之自濡的热痞证。

方中用大黄、黄连、黄芩以麻沸汤渍须臾去滓温服，轻清气分之热而泄痞满。

如论中第159条：“心下痞，按之濡，其脉关上浮者，大黄黄连泻心汤主之。”

附子泻心汤主治热痞兼阳虚证，其表现不仅有心下痞满，按之自濡的热痞证；同时并见恶寒肢厥，自汗出的阳虚证。

本方即大黄黄连泻心汤方加附子一枚组成。取三黄用麻沸汤渍，附子另煎汁，合和与服。渍三黄以轻清气分之热而泄痞满；煎附子以气味具厚，直入下焦，温补心肾之阳而固表止汗。即可避免治邪而遗正，则恶寒益甚；或补阳而遗热，则痞满愈增之弊。

如论中第160条：“心下痞，而复恶寒汗出者，附子泻心汤主之。”

2. 半夏泻心汤、生姜泻心汤、甘草泻心汤　半夏、生姜、甘草三泻心汤主治因太阳病误下，或少阳病误下，或素体脾虚胃弱，致使表邪内陷化热，热邪壅聚，寒邪内伏，无形寒热互结胃脘，水气停聚不化，胃气上逆，水气下趋肠间而表现出胃脘部痞塞胀满不舒，甚或呕逆，肠鸣，下利等证。

三方均用黄连、黄芩寒凉清热，苦降泄满；干姜、半夏散寒降逆，辛开散痞；人参、大枣、甘草健脾和胃。寒热并用，以调其阴阳；苦辛并进，以顺其升降；更配入健脾和胃之品，以助辛开苦降之力。使脾运得健，胃气得和，升降复常，则痞满、呕逆、肠鸣、下利诸症自愈。

但三方证病机重心各异，故用药重点亦各有不同。半夏泻心汤主治以逆气偏重，证见呕逆、心下痞满较著，故方中以半夏为君药，和胃降逆，开结泄痞；生姜泻心汤主治以水气偏重，胃中不和，证见呕逆最突出，且伴有干噫食臭；其呕逆程度比半夏泻心汤证更重，故于半夏泻心汤方减干姜二两，加生姜四两。据《金匮要略》小半夏汤、生姜半夏汤并用生姜、半夏主治水饮停胃之呕吐的经验，本方以生姜为君同半夏并用，和胃散水，开结泄痞。其散水和胃，降逆止呕之力较半夏泻心汤更强。甘草泻心汤主治胃虚较甚，证见下利频繁最突出，且伴有气短心烦。其胃虚程度、下利之频较半夏、生姜二泻心汤都重，故于半夏泻心汤方加甘草一两，以加重补脾益气，和胃缓中之力，方以甘草为君药，功专补中和胃，开结泄痞。

如论中第154条：“伤寒五六日，呕而发热者，柴胡汤证具，而以他药下之……（心下）但满而不痛者，此为痞，柴胡不中与之，宜半夏泻心汤。”

第162条“伤寒汗出，解之后，胃中不和，心下痞鞕，乾噫食臭，胁下有水气，腹中雷鸣，下利者，生姜泻心汤主之。”

163条：“伤寒中风，医反下之，其人下利日数十行，谷不化，腹中雷鸣，心下痞鞕而满，乾呕，心烦不得安。医见心下痞，谓病不尽，复下之，其痞益甚，此非结热，但以胃中虚，客气上逆，故使鞕也，甘草泻心汤主之。”

痞证兼有表证者，禁用五泻心汤攻痞。应先治其表，待表解后方可使用五泻心汤攻痞。如论中第169条：“伤寒大下后，复发汗，心下痞，恶寒者，表未解也，不可攻痞，当先解麦，表解乃可攻痞”。

五泻心汤的组成、功用、主证、病机可参阅“五泻心汤药证因治比较表”（附后）

五泻心汤的临床应用

1. 大黄黄连泻心汤的应用范围　脘腹胀满，按之濡软无压痛，溲赤便秘，或大便黄色稀水，热臭灼肛，或目赤头痛，或口舌生疮，或吐血衄血，舌红苔黄，脉滑数者。

［医案举例］

案一、曹××，男，30岁，紫阳县茶厂工人。1970年5月10日初诊。

患者自述心窝（胃脘部）胀闷欲呕七天，近三天加重。口渴心烦，口舌生疮，不发热恶寒，小便短赤，大便黄色稀水，热臭灼肛。西医诊断为“急性胃肠炎”“口腔炎”，服用西药“土霉素”“复合维生素B”无效，来院邀余诊治。

诊视其颜面潮红，口唇舌尖所见散在绿豆大溃疡面，被复脓苔，舌质红苔黄；口气热臭；按其腹部稍膨胀，濡软无硬块，无压痛感；脉滑数。

证属胃火炽盛，无形邪热壅聚胃脘，痞塞不畅，胃气上逆则呕，邪热下逼肠道则下利，乃热痞耳。治宜泻火解毒，清热泄痞。方用大黄黄连泻心汤加味。

方药：大黄15克　黄连6克　黄芩6克　竹茹6克　木通6克　炒莱菔子9克　炒枳壳6克。

每日一剂，仿仲景法，令将三黄渍须臾去滓，余药另煎汁，兑匀，分三次服用。连续服二剂。

5月13日复诊：患者自述服上药后诸证悉除。仅觉口干欲饮，随与益胃汤少加芩、连，清其余热，复其胃津，两剂而愈。

案二、史××、50岁，酒客大吐狂血成盆，六脉洪数，面赤，三阳实火为病，与大黄18克、黄连15克、黄芩15克、泻心汤一帖而止，二帖脉平，后七日又发，脉如故，又二帖。（录自《吴鞠通医案》）

2. 附子泻心汤应用范围　大黄黄连泻心汤证而兼见汗出恶寒，手足厥冷者。

［医案举例］患者刘××，男，38岁，紫阳县双河镇木工。1976年6月4日初诊。

患者自述胸闷脘腹胀满，口苦烦热，呕恶不舒，下利热臭，自汗怕风，两足冰冷半月余。

半月前，一天中午进荤饮酒，饭后烦热，下河洗澡，夜间发热恶寒，胸闷脘腹胀满，口苦恶心，一医诊为“食积胃热”，予泻下药两剂，药后腹泻黄色稀水，胸闷脘腹胀满反增，但发热，不恶寒，心烦欲呕。医云积热下之未尽，热结旁流，复予泻下药两剂，药后胸满脘腹胀满更甚，呕恶不舒，身烦热，自汗怕风，两足发冷如冰，欲置炉上烘烤，易一医言其阳虚，给服理中汤，药后怕风足冷稍减，但烦热胸满增甚，下利热臭。又转西医按“急性胃肠炎”诊治多次无明显效果，延时半月余。时值余巡迴医疗路过此镇，邀余诊治。

诊视之，患者精神稍差，颜面潮红，半卧床上，棉被复盖下半身，唇干舌红，苔黄薄腻；口气热臭；扪其上身皮肤烘热，汗出潮湿；脘腹稍膨胀，叩之鼓音，按无硬块，腹壁烘热烙手，肝脾未扪及，两膝下至足冰凉如握铁石；听其心肺无异常，肠鸣音减弱；脉沉细。

患者素嗜酒浆肥甘，湿热内蕴，复感外邪，外未解而误下之，表邪内陷化热，湿热壅聚胃脘，气机痞塞不畅，胃气上逆而致胸闷脘满，呕恶；热邪上蒸则烦热，口苦；本应轻清气分热邪以泄痞满，却复误下，湿热滞留不去，故痞满增甚；误下伤阳，下焦虚寒，卫外不固则自汗怕风，两足冰冷，乃热痞兼阳虚证。又医用理中温阳而遗热，故足冷虽减而痞满增剧。今治宜寒热并用，清热泄痞，扶阳固表。方用附子泻心汤加味。

方药：附子12克　大黄9克　黄连6克　黄芩6克　橘皮6克　茯苓10克。

一剂，附子先煎半小时，继入橘皮茯苓，再煎半小时取汁；三黄用麻沸汤渍须臾去滓，与前药汁兑匀，分三次温服。

次日复视之，诸症去之大半，患者甚喜，令原方再取两剂，服法同前。又过二日患者登门致谢，言其服三剂药尽，病即痊愈。

3. 半夏泻心汤的应用范围　脘腹胀满，恶心呕逆，肠鸣腹泻，大便黄色稀水，小便短赤，舌质红，苔白，脉数或弦。

［医案举例］：患者李××，男，60岁，紫阳县河街居民。1977年8月15日初诊。

患者自述五天前因多吃瓜果生冷，次日即觉脘腹胀满，呕恶不舒，口渴心烦，腹中雷鸣，腹泻黄绿色稀水，热臭灼肛，日十五、六次，小便短赤。自服“藿香正气丸”，未效，近两天病情加重来院门诊。

诊视其精神稍差，眼眶稍凹陷，口唇干红，呈中度脱水状，舌质红苔黄薄腻；腹稍膨胀，按之濡软无压痛，肝脾未触及，听其心肺无异常，肠鸣音亢进；脉弦数。

粪检报告：粘液＋＋、脓球＋＋、白细胞＋。

诊断为急性胃肠炎伴中度脱水，建议患者住院补液，患者执意不肯，要求服中药治疗。

此证属胃肠寒热互结，升降失常，治宜寒热并用，辛开苦泄，和胃降逆。与半夏泻心汤加味。

方药：半夏10克　黄芩6克　川黄连6克　干姜6克　党参10克　大枣3枚　广木香5克　炙甘草5克。

每日一剂，水煎，分三次温服，连续服两剂。

8月17日二诊：患者自述服一剂腹泻、恶心欲呕减轻，两剂服完腹胀、呕恶、腹泻诸证悉除。惟觉口渴思饮，食欲差。诊视其舌红苔薄黄少津，脉细。粪检报告已正常。证属胃弱津伤，随予益胃汤加减善其后。

方药：沙参12克　麦冬12克　天花粉12克　玉竹10克　五味子6克　麦芽6克　广陈皮5克　炙甘草3克。

每日一剂，水煎，分三次温服，连服两剂。后遇患者言其服药后，病即痊愈。

4. 生姜泻心汤的应用范围　胃中不和，脘腹胀满，按之腹软，恶心呕吐，干噫食臭，肠鸣腹泻，舌红，上布水滑苔，脉数或弦。

［医案举例］案一、患者陈××，男，48岁，紫阳县物资局干部。1977年10月4日初诊。

患者自述近两月来，脘腹胀满，两胁胀痛，口苦呕恶，厌油纳呆，倦怠嗜卧，肠鸣腹泻，日三、四次，为水样稀粪，小便短赤，日渐加重。

患者1971年3月患无黄疸型肝炎，迁延不愈，时轻时重，经常肝区胀痛，胃脘饱满，食荤则嗳气食臭，腹中咕咕作响，腹泻稀水，日三、四次，经西医诊断为慢性肝炎。前医叠进四逆散、柴胡疏肝散、柴平汤不效，呕逆脘满增剧，随邀余诊治。

诊视之，精神稍差，体质瘦弱，颜面灰暗发青，面颊可见三、四个蜘蛛痣，舌质淡胖嫩边有齿痕，苔白厚，腹部稍膨隆；嗳气频频，食气腐臭；肝上界在右锁骨中线第五肋间，肝下界在右锁骨中线肋缘下3厘米，剑突下4厘米，边缘稍钝质软；有叩压痛，脾可触及，腹部可叩及轻度移动性浊音；心肺听诊无异常，肠鸣音亢进，脉弦。

肝功能检验：黄疸指数：8单位、麝香香酚浊度试验：10单位、锌浊度试验：18单位、麝香草酚絮状反应（＋＋）、卢戈氏碘液反应，（＋）、高田氏反应：（＋＋）、范登白氏胆红素定性试验：直接迟延反应、间接反应阳性。血清总蛋白：6%、白蛋白量：2.8%、球蛋白量：3.2%、谷丙转氨酶：336单位。

诊断为慢性肝炎（活动期）。证属肝横克脾日久，脾虚胃弱，运化无力，湿热寒邪互结，气机痞塞，升降失调而致。治之以补虚则碍邪，攻邪则伤正，故宜攻补兼施，寒热并用，苦辛并进，用生姜泻心汤加味，健脾和胃，辛开散水，苦降泄痞。

处方：生姜12克　半夏9克　干姜5克　黄芩9克　吴萸炒黄连5克　党参10克　炙甘草6克　大枣4枚　广木香9克　茯苓12克　青皮6克　元胡6克。

三剂，每日一剂，水煎，分三次温服。

10月7日二诊，服上药三剂后，脘腹胀满，两胁胀痛，呕逆腹泻诸症大减。舌淡胖嫩边有齿痕，苔薄白，脉弦。令其继服前方三剂。

10月10日三诊，患者自述呕逆腹泻已止，仍觉脘腹有轻微胀满感，两胁稍有胀痛。舌淡苔薄白，脉弦细。

继宗前方去木香、茯苓、青皮；加党参10克　当归6克　白芍6克　橘皮9克。每日一剂，连服三剂。

10月14日四诊，患者自述诸症悉除。惟觉倦怠乏力，食欲稍差，劳累后有腹胀感。舌淡苔薄白，脉弦细。随书香砂六君子汤加当归、白芍与生姜泻心汤二方，令其交替服用四个月。78年2月中旬复查肝功已正常，诸症未再复发。

案二、一慢性胃肠消化不良患者，年约四十余，宿嗜酒，初则晨起吐清水，嗳气频频，继则胃中有振水音，肠鸣下利，偶食不易消化或荤腻，则下利频繁，循至消瘦无力，诸治无效。某医院诊为胃扩张肠弛缓。胃肠有蓄水证，乃用生姜泻心汤连服十余剂而愈。（录自《叶橘泉医案》）

5. 甘草泻心汤的应用范围　脘腹胀满，恶心欲呕，腹中雷鸣，下利频频，谷不化，涎唾多，气短心烦，以及小儿走马牙疳、妇人产后口糜泻等症，舌质红，苔薄黄，脉弦。

［医案举例］：案一、患者金××，女，三十六岁，紫阳城关河街居民，1978年2月7日初诊。

患者素体胃弱，产后三周常觉消化不好。半月前因食油腻，又吃苹果，后觉脘腹胀满，嗳腐食臭，恶心呕逆，腹中雷鸣。下利稀水，日四、五次，缠绵不愈。近一周来，脘腹胀满更甚，腹中雷鸣，腹泻加重，日十余次，粪为黄绿色稀水，热臭灼肛，小便短赤，口渴口苦，不能进食，干呕气短，心烦不安，西医诊断为“胃肠炎”，多方治疗无效，邀余出诊。

诊视其面色皖白，精神差，少气懒言，欲呕不得，烦躁不安，舌红苔薄黄；口气热臭；按其腹部稍膨胀，软而无压痛感，肝脾未触及；听其心肺无异常，肠鸣音亢进。脉弦数。证属产后胃弱，运化无力，邪气内滞，寒热互结，气机痞塞，升降失常所致。若补必增其满，泻必更伤胃，治宜补泻兼施，寒热并用，补中和胃，辛开苦降，选用甘草泻心汤加减。

处方：炙甘草 10 克　党参 10 克　大枣 4 枚　干姜 6 克　半夏 6 克　黄芩 5 克　黄连 5 克　焦三仙各 10 克　木香 5 克　陈皮 5 克。

每日一剂，水煎，分三次温服，连服二剂。

2 月 9 日复诊，患者自述服上药后呕恶、腹泻已止，脘腹胀满减轻十之七、八，食欲仍差。视其舌淡苔薄白润，脉弦，随与异功散加味。

处方：党参 10 克　白术 10 克（土炒）云苓 6 克　广皮 6 克　砂仁 3 克　制香附 5 克　焦三仙各 9 克　炙甘草 6 克。

每日一剂，水煎，分三次温服，连服二剂痊愈。

案二、日本浅田宗伯氏治福地佐兵卫妻，年二十五六，产后数月，下利不止，心下痞鞕，饮食不进，口糜烂，两眼赤肿，脉虚数，羸瘦甚，乃予甘草泻心汤，服之数十日，下利止，诸证痊愈。（录自《皇汉医学》第 490 页）

结　语

《伤寒论》五泻心汤系景仲为治热痞及寒热互结之痞而设，皆以心下痞满，按之自濡为主证。大黄黄连泻心汤治热痞证；附子泻心汤治热痞兼阳虚证；半夏、生姜、甘草三泻心汤皆治寒热互结之痞证，但其病机和主证重点各有所异，凡逆气偏重，心下痞满、呕逆突出者多用半夏泻心汤；而水气偏重，呕逆特甚，且伴有干噫食臭证者则选用生姜泻心汤；其胃虚较甚，下利频繁，短气心烦证显著者，选用甘草泻心汤为宜。

近年来，五泻心汤的临床应用远远超出了仲景所谈范围。在临证治疗中，对于急性胃肠炎、口疮、目赤面肿，吐血衄血证属热邪壅滞胃脘，弥漫三焦者多用大黄黄连泻心汤而获痊愈；而对于急、慢性胃肠炎、中毒性消化不良、产后口腔糜烂伴发腹泻、慢性肝胆疾患所致之顽固性腹胀，腹泻，胃扩张伴胃蓄水等证，属寒热互结胃肠者，又多根据各病主证病机特点之不同，或选半夏泻心汤，或选生姜泻心汤，或选甘草泻心汤灵活加减化裁而获满意效果。可见历经一千七百多年临床实践检验的《伤寒论》方药，至今仍不失其对临床治疗的指导意义。

［《陕西新医药》1979，8（11）：42］

《伤寒论》治肝法的运用

陈瑞春　江西中医学院

伤寒六经辨证，其病理变化主要是落实在脏腑之上，而脏腑病变又以六经概括，因而六经辨证与脏腑的关系是不可分割的。论中有关治肝大法，有方可循，有法可效。本文试将《伤寒论》（以下简称“原书”）治肝法的运用加以归纳整理，并例举病案说明之，将有助于结合临床对原书进行复习。

一、温肝散寒

肝属厥阴，寒邪侵袭于肝，则为厥阴肝寒之证。原书说：“干呕，吐涎沫，头痛者，吴茱萸汤主之。”此即厥阴肝寒，浊阴上逆之候，故用吴茱萸汤以温肝散寒。论中用吴茱萸汤温肝散寒法有三：一为阳明“食谷欲呕”；一为少阴吐利（按：应以吐为主）；一为厥阴干呕、吐涎沫、头痛。笔者认为，原书虽在阳明、少阴、厥阴病篇皆列有吴茱萸汤证，但三者的共同点都是由于寒伤厥阴，下焦浊阴之气上逆于胸胃而产生干呕、吐涎沫等症。深究其所吐之物为清冷涎沫，乃厥阴寒邪犯胃，胃阳不布，故产生涎沫，与脾虚湿胜所生之痰相比，病理产物不同，病所亦殊有别。临床上吴茱萸汤证的干呕，多有气机冲逆，嘈杂并见，头痛则在巅顶（按：厥阴经脉上会巅顶）为甚，且有空虚之感。同时，与胆胃实热之证比较，彼则是实热，此则属虚寒，不难鉴别。

例一：余××，女，49 岁，保管员。

患者头晕、哕呕 1 月余，经治不已。现症头顶空虚状，面色苍白，胃脘部胀疼，嘈杂冲逆，吐清水，晨起头晕哕呕更甚，进食后好转，食欲不馨，大便软，舌淡苔白，脉象细软，钡餐透视，除外胃十二指肠溃疡，诊断为胃窦炎。用吴茱萸汤加味：吴茱萸 10 克，党参 15 克，炙甘草 6 克，淡生姜 4

片，大枣3枚，法半夏、陈皮各10克。水煎服，每日一剂。服六剂后，诸症悉减。惟头有空虚状，食欲不佳，舌润，脉缓弱，继以六君子汤加味，服十剂食量倍增，一切正常。

二、柔肝缓急

肝属刚脏，肝性强急。原书中治伤寒脉浮，自汗出，小便数，心烦，微恶寒，脚挛急，并治腹中不和而痛等症，皆取柔肝缓急之剂，如芍药甘草汤即是。本方长于滋养阴血，和营止痛，作用专一，是缓肝之急的首选方。因于土虚木旺，肝木乘脾则腹痛，用白芍酸收苦泄，能行营气而泻肝木，甘草甘缓，能和逆气而补脾土，甘缓相合，故可主治腹痛。同时，由于芍药和营益阴，功专止烦，故论中反烦、更烦、心悸而烦者，皆主以芍药。再则，论中用芍药甘草汤主治的脚挛急，是肝主筋，营阴不足，不能濡养筋脉所致，用酸甘缓急而收捷效。临床上用本方加味治溃疡病、痢疾、痛经、肾痿痛等，其所治不同，但假芍药酸以柔肝，合甘草之甘以缓急，作用机理乃是同出一辙。

例二：黄××，女，24岁，学生。

患者两膝关节疼痛肿大，行走不便，屈伸不利，腓肠肌挛急，头晕口渴，大便干燥，脉缓而弦，舌薄黄润。用芍药甘草汤合三妙散加味：白芍15克，炙甘草、苍术、黄柏各10克，牛膝12克。每日一剂，随症加减，服十剂后诸症消失，来作其他治疗。

三、抑肝培土

肝木横逆乃克害脾土、土虚又可招致木克，两者互为因果，其为病多腹中挛急作痛，治则抑肝培土，缓急止痛。原书说：“伤寒阳脉涩、阴脉弦，法当腹中急痛，先与小建中汤……。”又说：“伤寒二三日，心中悸而烦者，小建中汤主之。”本方以桂枝汤为基础，变辛温调和营卫为甘温建中补虚。方中以甘药为主，甘味守中，有缓中补虚之功。论中前后两条叙症虽不同，一为阳脉涩，阴脉弦，病在肝脾不和；一为心悸而烦，病在心脾两虚，两者均以小建中汤获益，此乃甘药能资养脾胃，生长营血，肝得之木气疏畅，心得之火用复明，腹中急痛，心中悸烦均可收效，一方两用，异曲同工。

例三：杨××，男，42岁，工人。

病者胃脘部疼痛多年，经诊断为胃溃疡而转中医治疗。主症胃脘部刺痛，痛甚则呕恶，吐酸水，食入则胀，大便溏而不爽，时有黑粪，脉象细涩，舌淡苔润滑，边有瘀点。用四逆散合良附丸加味：柴胡6克，白芍12克，党参15克，陈皮6克，良姜、制香附、川木香、枳壳各10克，丹参12克。每日一剂。服五剂痛减呕止　大便清爽无黑粪，又服五剂疼痛消失，精神好转，食量大增，二便正常，脉缓略弦，舌边瘀点消失，舌苔薄润。改投小建中汤加味：桂枝6克，白芍12克，当归10克，生黄芪、丹参各15克，川木香6克，大枣2枚，生姜3片，饴糖30克（冲服），炙甘草10克。每日一剂。服十五剂后已正常上班，近期显效。

四、养肝通络

肝主藏血，肝血虚寒不能温煦经脉，则手足厥寒而脉细欲绝。原书说：“手足厥寒，脉细，欲绝者，当归四逆汤主之。”本证素有血虚，复感外寒，气血被寒邪所遏，流行不畅所致。王晋三认为本方“寓有治肝四法，以桂枝之辛，以温肝阳，细辛之辛，以通肝阴，当归之辛以补肝，甘枣之甘以缓肝，白芍之酸以泻肝，复以通草利阴阳之气，开厥阴之络。”当归四逆汤的主要功用，概而言之，即是温运血行，散寒通络，临床用于痹证、冻疮、痛经等病症，取其养肝通络，颇具卓效。

例四：卢××，女，21岁，学生。

患者月经一直不正常，每于临经腹痛，血量少颜色淡，经服四物养血，逍遥疏肝罔效。且每年冬天必发冻疮，两手背肿大，皮肤发紫，甚至溃烂，脉象细涩，舌质淡红。拟当归四逆汤加味：当归、白芍各10克，桂枝、通草、甘草各6克，细辛3克，吴茱萸5克，制香附10克，益母草20克，大枣3枚。嘱每月经临服五剂，自腹痛开始服用，至经净停服。坚持服用4个月，痛经缓解。当年冻疮发作大减。

五、疏肝理脾

肝性疏泄喜条达，肝郁则气滞影响及脾，导致肝脾不和，产生腹痛泄利下重等症，正是木邪侮土，肝气不舒的表现。原书说：“少阴四逆，其人或咳、或悸、或小便不利、或腹中痛、或泄利下重者，四逆散主之。”此即阳郁不伸，气机不宣的证治。李士材说：“此证虽四逆，必不甚冷，或指头微温，或脉不沉微，乃阴中涵阳之证，惟气不宣通，是以逆冷。”诚然，本条原文虽出自少阴病篇，究其病机，以方测证，着眼点是肝郁不伸，气机滞涩，影响及脾。四逆散方以疏肝理脾擅长，临床用于肝郁气滞者多验。

例五：胡××，男，14岁，学生。

患孩右侧少腹疼痛、膨胀难忍，大便不爽，不能食，食之则胀甚，不发热，查血白细胞计数不高，无急腹症征，曾作慢性阑尾炎治罔效，又考虑蛔虫，用驱蛔药亦不验，经治月余，诊断仍是腹痛待查。脉象缓略弦，舌薄白润。拟从疏肝理气图治，四逆散加味：柴胡6克，白芍、枳实、川楝、香附、佛手、神曲各10克，甘草6克。每日一剂。服二剂后，诸症如失，食欲增进，胃纳良好，为巩固疗效，又服二剂，告愈。

六、清肝止利

肝经湿热下注，内迫肠道而下利，其症可见少腹急结，肛门坠胀，下利便脓血。必须清肝以止利。原书说："热利下重者，白头翁汤主之。"《内经》谓"暴注下迫，皆属于热。"故用白头翁汤加味主治。白头翁为肝经专药，配合黄连苦以清湿热，厚肠胃，黄柏泻下焦之火，秦皮苦寒收涩，李时珍认为是治下利崩滞，取其收涩之功。

例六：邹××，女性，37岁，农民。

自述腹痛下利4天。现症腹中痠痛，大便下粘液血便，秽浊异臭，日十余次，肛门坠胀，小便黄少，饮食不纳，口渴，脉弦数有力，舌质红、苔白黄而润滑。用白头翁汤加味：白头翁，槐花、银花、连翘各12克，黄连、秦皮、青木香各10克，赤芍、黄柏各6克。当日煎服二剂，夜即痛止，坠胀减轻，口渴等均有好转，次日又服二剂，粪转稀溏，第三日又进两剂，诸症消失。

结　语

前已述及，《伤寒论》中的治肝大法，有温肝散寒、柔肝缓急、抑肝培土、养肝通络、疏肝理脾、清肝止利等法，凡肝之所生病者，皆可以法为治，因证择方。由此可见，《伤寒论》虽以六经分证，但病机变化主要是落实在脏腑之上。可以设想，从竖的方面以六经概括，从横的方面以脏腑分治，这样有纵有横，证理法方，使之融会贯通，有利于临床运用。

[《中医杂志》1980，(9)：57]

小半夏加茯苓汤之临床应用

宋树林　厉永龄　河北省玉田县中医院

笔者重用《金匮》小半夏加茯苓汤治疗胃及十二指肠多种疾患，收效满意，今举验案四则。

一、幽门梗阻

吕某，男，31岁，1987年2月26日诊：恶心呕吐，胃脘疼痛6天，素有胃溃疡病史4年。刻下呕吐食水痰涎及胆汁，每日12～16次，伴脘腹胀痛，纳呆神疲，面色萎黄，口酸苦，舌淡苔薄白而滑，脉弦细。钡餐透视（以下简称钡透）诊为，幽门梗阻。予半夏30克、生姜20克、茯苓40克，水煎3剂，嘱2日内服尽。二诊：呕吐减至每日2次，脘腹胀痛已除，又予6剂，三诊，诸症悉除，钡透复查："钡剂通过幽门顺利，梗阻消失。"因其素有胃疾，以本方加枳实，白及，乌贼骨、白术善后，进6剂，随访至今未复发。

二、胃黏膜脱垂

刘某，女，35岁，1987年5月5日诊。呕吐9年，近日加重。1974年4月在唐山某医院钡透诊为胃黏膜脱垂，多方求医罔效。现症每日呕吐6～7次，进食即吐，吐后口渴欲饮，水入即吐，伴胃脘隐痛，纳差，形羸乏力，舌淡苔白腻，脉弦。我院钡透亦为胃黏膜脱垂。予半夏24克，生姜18克、茯苓30克，3剂水煎每日1剂。二诊：服药间呕吐2次，胃脘已不痛，饮食渐增，再进7剂，诸症全部消失，钡透复查：正常上消化道造影。又服4剂巩固疗效，至今未复发。

三、十二指肠壅积症

李某，男，24岁，1986年9月15日诊。呕吐半年，加重2天。3个月前钡透诊为：十二指肠壅积症，自恃体壮，未经治疗日渐加重，复来就诊：每日呕吐10余次，多为食水痰涎，伴胃脘隐痛，纳呆，舌淡苔白腻，脉弦。予半夏24克、生姜18克，茯苓30克，水煎连服四剂，诸症均瘥。又进4剂而收全功，至今疗效稳定。

四、胃窦部溃疡

张某，女，22岁，1987年5月11日就诊。呕吐一年余。86年4月9日在内蒙某医院做纤维胃镜诊为：胃窦部溃疡及十二指肠炎。病理报告：复合溃疡。经多方治疗无效。刻下呕吐食水，每日7～10次，以食后或饮后为甚，伴胃脘不适，头晕心悸，舌淡苔白厚而腻，脉弦细。处方：半夏30克、生姜18克、茯苓30克，3剂水煎，嘱其2日内服尽。二诊：呕吐稍有减轻，余症同前，加重本方药量，另参重镇降逆、理气导滞，苦温燥湿之品：半夏45克，生姜20克，茯苓40克，代赭石30克（先煎）旋覆花10克（包煎）枳实10克，沉香10克，苍术12克，甘草3克，6剂。三诊：服药间呕吐1次，头晕心悸除，舌苔仍厚腻，上方减沉香，继服6剂。四诊：呕吐消失，有时胃脘不舒，舌苔薄白，脉弦，三诊方又连服8剂而安。

讨论与体会

上述四案，皆以呕吐为主症，按中医辨证均属中阳虚乏，脾不健运，失其为胃行其津液之权，饮邪积结，停蓄中宫，胃失和降，上逆而致之痰饮呕吐证，病虽异而证相同，故宗仲景“辨证论治”之旨，在治疗胃及十二指肠疾病中抓住呕吐这一主症，而主以本方，均可收到和胃降逆，蠲饮止呕之功。本方药味一般无需加减，但用量宜重：半夏24～45克、生姜18～20克、茯苓30～40克，并可结合其他兼症适当伍入重镇降逆、理气导滞、苦温燥湿之品，多能获得较好疗效。

［《河北中医》1989，(专辑)：36］

经方救治急性心肌梗塞验案三则

高松寿　河南省洛阳市第二中医院
（指导　袁保卿）

一、急性下壁心梗案

周某，男，46岁，干部，1989年9月10日以胸痹为诊入院。诊见：胸闷，正心下胀满不适，纳差，懊侬不得眠，舌质红，苔黄腻，脉滑。心电向量报告：急性下壁心梗。诊为胸痹，证属痰热郁结。治以宽胸化痰开结，佐以清心除烦。方用小陷胸汤合栀子豉汤：黄连9g，半夏9g，栝蒌实20g，栀子15g，淡豆豉15g，水煎500ml，早晚分服。3剂后，诸症减，精神振，饮食基本正常。再服6帖，诸症消除，痊愈出院。

按：临床观察到下壁心梗患者多符合小陷胸汤证。本病人胸痛不突出，主诉胸脘满闷，正如《伤寒论》138条云：“小陷胸病，正在心下，按之则痛，脉浮滑。”故笔者大胆用小陷胸汤进行治疗。方中黄连苦寒泄热，半夏开结祛痰，栝蒌实甘寒而润能助黄连以清热、半夏以降痰，三药配伍共成清热、涤痰、宽胸、开结之剂。本病既有痰热结胸之症，又有热郁胸膈之苦，单用小陷胸汤恐难胜任，故又配栀子豉汤以清热除烦，宣达内外，解除懊侬不得眠之症。

二、急性心梗并心律失常案

张某，男，54岁，职工。1988年9月突发胸闷气短，胸痛彻背，背痛彻心，肢冷汗出，心悸不适，舌质黯红，苔薄白，脉沉而三五不调。查心电图并心电监护，发现急性前间壁心梗，广泛心肌缺血，频发室性早搏。立即给予吸氧、有效止痛；同时书栝蒌薤白半夏汤合人参汤、桂枝甘草龙骨牡蛎汤：全栝蒌30g，薤白15g，半夏9g，红参9g（另炖），干姜8g，白术15g，桂枝5g，生龙牡各30g，炙甘草15g。1剂急煎，少量频服。服完后胸闷、胸痛顿减，已不需用“杜冷丁”，身暖汗止。又进3帖，诸症大减，精神改善，早搏消失。后随症化裁，治疗两月余，痊愈出院。追访至今无复发。

按：患者素体肥胖，痰湿之躯，劳累过度，致痰饮壅塞，气机被阻，胸阳不振。若单用栝蒌薤白半夏汤通阳行痹，理气散结，涤痰逐饮，则会使邪去正伤，故又用人参汤、桂枝甘草龙牡汤扶正温阳，镇惊复脉。三方一散一攻一补，对立统一，三位一体，共使胸阳振，痰饮化，气机畅，正气复而病愈。

三、亚急性心梗并心衰案

王某，男，50岁，矿工。因操劳过度，出现胸闷、胸痛阵作，于1989年10月16日入院。当时短气微喘，胸闷胸痛，咳嗽咯白粘痰，下肢水肿，面黯无华，尿少便溏，舌质黯淡，苔薄白，脉沉细无力。心电图报告：亚急性心肌梗塞，心肌缺血。诊断为亚急性心梗Ⅱ度心衰。证属胸阳痹阻。治以通阳散寒活血，益气健脾利水。方选桂枝茯苓丸合附子汤加减：桂枝10g，茯苓20g，桃仁12g、赤芍12g，附子15g，红参9g（另炖），白术15g，丹参30g，降香15g，泽兰15g，炙甘草10g，水煎服。服上方10帖，气喘、胸闷胸痛等明显减轻，但仍有轻度水肿，后依上方增减利水之品，调理月余，诸症平息，心衰纠正，心电图示陈旧性心肌梗塞，痊愈出院。

按：本例主要是瘀血痹阻，心阳虚衰。治用桂枝茯苓丸加丹参、降香，旨在通阳活血，破瘀止痛；合附子汤，意在温阳散寒，健脾利水。瘀除阳复，故获良效。

［《国医论坛》1992，(2)：12］

仲景方治疗急腹痛

郭来荣　江西省新余市钢丝厂职工医院

一、三物备急丸治铅绞痛

郁某，男，44岁，农民。患者常饮含铅锡壶盛的米酒，7天前收割稻子淋暴雨，晚餐又饮锡壶盛的隔夜米酒一斤余，次晨发生腹胀腹痛，以脐周为主，逐日加剧，时如刀绞，伴欲吐，肢厥，大便7天未解，在当地反复用阿托品等解痉止痛药无效，用杜冷丁也只能求得片刻之安，用开塞露，双醋酚酊，大承气汤（大黄用至30g）便仍不通，于1982年7月12日来我院就诊，以腹痛待查入院。查体：腹痛而按之柔软，未扪及包块，亦无明显压痛部位。胸透、肝胆A超，尿及血常规检查均正常，腹透见少量充气泡影，血网织红细胞0.02，点彩红细胞0.03，血压17.5/12.5kPa。西医诊为铅绞痛。用解痉镇静，钙剂等治疗无效，肛门排气；灌肠亦只能使腹胀腹痛稍缓解，因缺驱铅药而转中医治疗。刻见患者痛苦呻吟，喋语不休，用双手双膝顶压于腹部，辗转于病床，扪腹柔软，舌质晦暗，苔中心垢腻，脉弦紧，证属寒食结滞于肠胃之阴结证，急以仲景三物备急丸攻逐冷积，开通闭塞。药取巴豆仁150mg（不去油，碎成小粒状，一次吞服，笔者用巴豆均采用此法），干姜10g，生大黄10g，生龙牡各：20g（先煎），一剂。煎服头汁后约2小时，腹中雷鸣，旋即水泻，量多，无秽味，后又腹泻三次，量不多，腹胀腹痛顿失，未续进二汁，腹痛未复发。经测定患者24小时尿铅含量为0.1mg/L，用驱铅药治疗，以防复发，并嘱今后不要再用锡壶盛酒。

按：当地农民喜用含铅锡壶盛酒。铅性寒而有毒，能伐生气，患者常饮此酒，中阳早损，又暑天劳作，阳随汗泄，复淋暴雨，寒邪闭窍，晚又过饮含铅之米酒，顿使中阳衰败，内外寒引，终至寒凝食积，阻结肠胃，乃至腹痛大作。腹大痛而喜按，扪之柔软，脉弦紧不数，舌苔垢腻不干，故虽时值炎暑，仍大胆投之大辛大热三物备急丸，转运中阳，攻逐冷结，药证相符，立竿见影。加生龙牡既可镇慑心神，又谋合于西医用钙剂治铅绞痛之意。笔者常用此方治铅绞痛，均疗效满意。

二、桃核承气汤治疗胃肠型荨麻疹

戴某，女，6岁。患儿于1982年8月10日起出现脐周阵发性疼痛伴呕吐，时欲大便，考虑为肠蛔虫症，给酸醋、乌梅丸及解痉镇痛药无效，于1982年8月11日收入我院治疗。刻诊：全腹持续性疼痛，阵发性加剧，大便频急滞下不爽，稍有畏寒发热，双眼胞浮肿，面部可见数个淡红色蚕豆大风团。腹软，按之全腹有轻压痛。腹透、肝胆A超、血尿大便常规检查均正常，追问病史发病头日有进食虾米史。西医诊为胃肠型荨麻疹，治疗无效，乃于8月13日转中医治疗。诊脉浮紧，苔薄黄。为表寒尚未全解，瘀热阻结肠络。取仲景桃核承气汤加味，外解太阳之表，内清肠络之瘀。药取：桃仁10g，制大黄9g，桂枝6g，生赤芍5g，地龙5g，麻黄3g，生甘草5g。服2剂，腹痛大减，续服2剂，腹痛全失，风团消退，痊愈出院。

按：桃核承气汤系仲景治太阳病不解，热结膀胱之蓄血证名方。本患儿表证未罢，而肠胃瘀热结滞已成，与太阳蓄血证病机相符，故投之而获速效。加赤芍以增祛瘀热之功，加麻黄助透表之力，地龙咸寒入血，善祛血分瘀热，全方具有较强的抗过敏作用，故服后效如桴鼓。

三、附子粳米汤治疗胆结石致胆绞痛

管某，女，61岁。患妇因头昏乏力，自用阿胶烹鸡蛋服食。服后脘腹饱胀，痞闷不舒，某医处以消导剂治之，药后仍右胁下胀满，时有攻冲作痛，大便2日未解，复饮大柴胡汤1剂，得泻数次，腹稍宽，但旋即腹痛加剧，如刀绞样，伴呕吐痰饮涎沫，四肢逆冷，乃于1978年4月17日来我院就诊。查体：右上腹深压痛（+），莫非氏征（+），血尿常规及腹透正常，A超提示胆囊增大，胆道造影提示胆囊管结石，转中医治疗。刻见患者面色虚浮，痛苦呻吟不已，大便已数日未解，腹痛喜按，时有肠鸣，舌质淡胖，苔白润，脉沉紧。为中阳不足，饮邪内结之虚寒腹痛，投仲景附子粳米汤加味，温阳化饮，散寒止痛。药取：制附片15g，干姜10g，桂枝10g，姜半夏10g，炙甘草6g，粳米一撮，巴豆50mg。服1剂痛减，续服2剂腹痛消失出院，以附子理中丸善后。

按：患妇年事已高，阳气本虚，又一误再误，重损其阳，终致中阳衰惫，阴寒内盛，寒饮内结，而致腹中雷鸣切痛，呕吐清水痰涎，大便冷结不通，故投以仲景附子粳米汤温中散寒化饮，扶助胃气，加干姜，桂枝以增温阳化饮之功，稍佐巴豆开通冷结，药证紧扣，故起效快捷。

四、大建中汤治胆道蛔虫绞痛

杨某，女，35岁。上腹钻顶样疼痛2小时伴呕吐蛔虫一条，于1988年10月18日急诊入院。查体：腹平软，右上腹深压痛（+），腹透正常，A超提示胆囊稍增大，诊为胆道蛔虫病。先后用阿托品、鲁米那、平痛新、颅痛定、硝酸甘油及大剂量维生素C静推、维生素B_1穴注、食酸醋等法，疼痛均无法缓解，肌注杜冷丁75mg亦只能安宁片刻，持续4天，痛不欲生，乃转中医治疗。刻诊：面色无华而带青灰，极度痛苦容，倦身辗转于病床，大便3日未解，扪腹柔软，舌淡润苔白，脉沉迟。为中阳虚衰，寒凝结滞之腹痛，取仲景大建中汤温建中阳，散寒止痛，加巴豆开通寒结，加桂枝、白芍通阳建中和里。药取：蜀椒10g，干姜15g，太子参10g，炒白芍30g，桂枝10g，巴豆仁100mg，1剂，煎服。服头汁，腹痛大减，续服2汁，排溏便1次，腹痛全失，观察1天，无复发，欣喜出院。

按：张山雷云："大建中汤专治气营两虚，中阳无权，而阴霾乘之，痼阴沉寒，凝结作痛。"本患者面色无华，腹部攻冲作痛而喜按，舌淡脉迟均为中阳虚衰，寒邪凝结，泣而不行使然，与本方病机颇合，故投之中阳得运，痼阴自除腹痛乃失。笔者临床近30年，对于胆绞痛，只要感染症状不严重，不论有无便秘，酌加巴豆效可倍增。

五、黄芪建中汤治急腹痛型钩虫病

肖某，女，45岁，农民。腹部经常绵绵作痛，近日因食一支冰棒而至腹痛加剧，重时如刀绞样，伴恶心欲吐，头眩，乏力，纳减。在当地先后按肠、胃、胆道疾病治疗无效，于1978年8月6日来我院就诊，以腹痛待查入院。血检：Hb60g/L，RBC2.5×10^{12}/L，大便常规钩虫卵1～2，诊为急腹痛型钩虫病。诊见患者面色萎黄，腹痛按之得减，舌质淡，脉细弱。为虚劳里急之腹痛，仲景黄芪建中汤加味，以益气温中、疏通气血、缓急止痛。药用：炙黄芪15g，桂枝20g，炒白芍30g，当归10g，干姜10g，制附片10g，炙甘草10g。服2剂腹痛缓解，效不更方，加雷丸末20g，分2次冲服，连服3剂，腹痛全除。连续3天，大便用增水漂浮法找钩虫卵均阴性而出院，以归脾汤调理。

按：患者长期腹痛绵绵，且有一派里虚之象，可见中阳早衰，脾失健运，枢转无权，今食寒饮，尤如雪上加霜，客伤肠胃，结滞不散而至腹痛加剧。治病必求其本，据先贤"调气以和血，调血以和气，通也…虚者助之使通"之理，投仲景黄芪建中汤加味，甘温益气，建中运脾，化生气血，气血调和，气机通达，腹痛乃失。加雷丸治病原，以求长效。

[《河南中医》1995，15（1）：11]

《金匮》方治验举隅

姚真敏　赵治友　浙江中医学院

《金匮要略》简称《金匮》，为东汉医学大师张机（仲景）所著。是中医最早研究杂病的专书，它不仅促进中医辨证论治诊疗体系的形成，而且对杂病的诊治，有典范作用。《金匮》是一部包括中医内科杂病，及外、妇等科的专门医籍，其中蕴藏着中医学术的指导思想和治疗法则，乃至具体病的辨证施治的理，法、方、药，有极高的学术价值。书中所记载的方剂只要辨证正确，取效颇佳，今举临床病案数例如下：

一、升麻鳖甲汤加减治疗慢性咽炎

何某，女，46岁，工人，1993年9月3日初诊。自诉咽喉痛已久，时轻时重，反复发作，咽喉部干燥不适，喉间痒有异物感，伴有腰背酸痛，诊见咽部充血暗红，咽后壁滤泡增生，脉弦细数，舌红少苔，证为肾阴亏损，虚火上炎，治以升麻鳖甲汤加减。处方，升麻6克，炙鳖甲15克（先入），当归12克，生甘草6克，生地30克，元参15克，麦冬10克，射干6克，蒲黄（包煎）6克，天葵子10克，象贝12克，桔梗6克。服药七剂，咽部较舒，再进七剂，咽部诸症悉除。

按：升麻鳖甲汤原为《金匮》治疗阳毒之方，主治"面赤斑斑如锦纹，咽喉痛，唾脓血。"取此方滋阴散瘀，清热解毒之义，治疗虚火热毒之慢性咽炎，疗效满意。方中鳖甲滋阴散结，直入阴分，尤适于虚火上炎之咽痛；升麻、甘草清热解毒，为治疗咽痛之要药；当归活血散瘀。临诊时随证加减：口干者加麦冬、元参、生地；痰多者加象贝、射干、天葵子；咽部暗红瘀血者加蒲黄。

二、百合地黄汤加味治疗更年期综合征

潘某，女，53岁，工人，1993年10月18日初诊。自诉性情急躁易怒，面部时有烘热，夜寐欠安，咽喉干燥，汗多，巅顶痛。脉弦细数，舌红苔薄，治以清心肝之热，养阴安神敛汗，方用百合地黄汤合甘麦大枣汤、酸枣仁汤加减。处方：百合30克，生地黄30克，淮小麦30克，红枣30克，炙草6克，枣仁12克，炒远志6克，煅牡蛎20克，当归12克，杭白芍10克，麦冬15克，白茯苓12克，北沙参12克，五味子10克，天麻10克，钩藤12克（后下），元参12克。进七剂，汗出减少，心情稍舒。再服七剂，头痛，烘热明显减轻。又进七剂，诸症基本消失。

按：更年期综合征属中医"脏躁"范畴，临床以女性多见，其突出表现有烦躁易怒，抑郁不乐甚则悲伤欲哭，心悸失眠，精神萎顿，面色潮红，汗出，烘热等。根据祖国医学"心藏神，肺藏魄，肝

藏魂”理论，本症以心肺阴虚，肝郁血虚为多见。本案治用《金匮》百合地黄汤润养心肺，甘麦大枣汤调补心脾，酸枣仁汤养肝阴清热，安神宁心，获取良效。若头痛者加天麻、钩藤；血虚者加当归、白芍；汗出多者加五味子、煅牡蛎；肝郁者加绿梅花、八月扎。

三、瓜蒌薤白半夏汤加减治冠心病

李某，女，59岁，退休工人，1993年11月5日就诊。自诉胸部闷痛，心悸，短气，头昏乏力，喉间多痰，西医诊为冠心病。诊见，面色皖白，口唇紫绀，舌暗红，苔根黄腻，脉沉弦，拟通阳蠲饮、活血通络。处方：瓜蒌壳12克，薤白12克，桂枝12克，半夏12克，降香9克，丹参15克，白茯苓15克，黄芪30克，桃仁10克，红花6克，陈皮6克，神曲12克，山楂12克，黄芩10克。进十四剂后病情明显好转。又进十四剂，胸痛，心悸等症消失，复查ECG，未见倒置T波及低平ST段。

按：冠心病属《金匮》胸痹心痛病范畴，在临床以胸阳不振，痰瘀闭阻为多见，胸阳不振为病之本，痰瘀为标，治当标本兼顾，拟通阳蠲饮佐活血化瘀通络。本案例胸部闷痛，心悸短气，喉间多痰，苔腻为痰涎壅塞胸中所致，口唇紫绀，舌暗红为瘀血之象。痰瘀痹阻心胸而致本证。瓜蒌薤白半夏汤系《金匮》治疗胸痹心痛病之常用方，方中瓜蒌苦寒滑润，开胸涤痰；薤白辛温通阳，散结下气；半夏逐饮降逆，诸药共用具通阳蠲饮宣痹之效。因本案例有心血瘀阻之症，故以本方加桃仁、红花、丹参、降香以活血化瘀。若气虚者加黄芪、党参、白术；气滞者加陈皮、炒枳壳；苔黄者加黄芩。

四、五苓散加味治疗睾丸鞘膜积液

吴某，男，8岁，学生，1993年7月27日初诊。自诉右侧睾丸肿胀疼痛，有下坠感，检见：压痛（+），透光试验（+），诊为右侧睾丸鞘膜积液，证属水湿内停，肝气郁滞，治拟利水消肿，疏肝理气，方用五苓散加味。处方：桂枝6克，茯苓10克，猪苓10克，泽泻10克，白术6克，荔枝核15克，乌药6克，小茴香5克，青皮5克，当归6克，天花粉10克，川楝子6克，槟榔6克，麦冬10克，车前子6克（包煎），赤芍6克，蒲公英15克。共进本方五十六剂，肿消痛止而愈。

按：睾丸鞘膜积液属中医“水疝”病。临床表现为阴囊肿大，坠胀不适，疼痛有时，检查可见压痛和透光试验阳性。根据《内经》“肝足厥阴之脉，过阴器”及“睾丸属肾，肾主水，下通阴”理论，本病系肾主水功能失常及厥阴肝经寒凝气滞所致。治当通阳化气，利水消肿，疏肝理气，方用五苓散加味。五苓散原为仲景用治膀胱蓄水及痰饮、水气病之方，变用本方加味治疗睾丸鞘膜积液，效果灵验。临证时加川楝子，荔枝核，小茴香，乌药等疏肝理气药以增强疗效。

五、炙甘草汤治疗频发室早

朱某，男，77岁，退休工人，1993年11月15日就诊。自诉胸闷，气短，乏力，口干舌燥，诊见舌淡胖苔薄，脉结代，心电图提示频发室早，证属心气阴不足，治拟炙甘草汤加减：炙甘草10克，干姜5克，党参30克，桂枝10克，麦冬30克，生地30克，麻仁15克，阿胶10克（烊），丹参25克，柏子仁12克，苦参12克，红枣15克。只进七剂，脉复如常人，诸症消失，复查心电图正常。

按：炙甘草汤系《金匮》治疗“脉结代”主方。频发室性早搏多系心气心阴不足所致。心气不足则无力鼓动心脉，心阴血不足则心脉失其濡养，故发为结代脉，临床表现为胸闷，心悸症状。而炙甘草汤具有益气滋阴，补血复脉的作用，因此，用本方加味治疗心气阴两虚所致之频发室早，可获桴鼓之效。临证时常加丹参、苦参等以增强复脉之功，故取效较快。

六、桂枝芍药知母汤加减治疗类风湿性关节炎

曹某，女，22岁，德清县人，农民，1993年9月28日初诊。自诉今夏长时间在溪水中劳作，遂致腰、膝、踝关节疼痛，伴形寒身热，大便秘结、小便热，诊见膝、踝关节肿胀，第三腰椎处压痛，关节活动受限，舌淡红苔黄白相兼，脉紧数，血沉（ESR）155mm/h，类风湿因子（RF）+，辨为寒湿化热，寒热错杂型之痹证，治以清热散寒，祛风胜湿，清血通络，方用桂枝芍药知母汤加减。处方：桂枝12克，赤芍12克，知母9克，苍术12克，米仁60克，豨莶草15克，虎杖25克，地龙12克，川牛膝12克，防风6克，当归12克，猫人参60克（先煎），透骨草15克，制川乌9克，海桐皮12克，秦艽10克，桑枝12克，生草6克，川芎10克，蜂房12克。进十四剂，诸关节肿痛减轻，寒热已除；续进四十剂，已能行走，肿痛基本消失，ESR降至11mm/h，RF（-）。后以独活寄生汤善后，调治月余而愈。

按：该患者症情复杂，因长期溪水中劳作，水

湿之邪乘虚而入，痹阻筋脉关节，郁而化热。形寒身热为病邪在表，邪正相争之象，大便秘结，小便热为寒湿化热之症，脉紧数及苔黄白相兼为寒热错杂之候，故治以清热散寒，祛风胜湿，活血通络，方用桂枝芍药知母汤加减。本方系《金匮》治“诸肢节疼痛，脚肿如脱”之方，该方寒热药并用，具散寒清热宣痹之功，治疗寒热错杂型类风关可谓方证相合。临证时加秦艽、豨莶草、海桐皮等增强祛风之力，若寒甚加制川乌；关节肿胀者加苡仁、苍术；上肢关节痛加桑枝，下肢关节痛加川牛膝；骨节痛甚者加透骨草活血通络止痛。治疗类风关，加猫人参，该药具清热解毒，祛风胜湿消肿作用，能显著缓解症状，增强疗效。

［《浙江中医学院学报》1995，19（1）：28］

用仲景方戒毒初探

段从伟　云南省施甸县中医院

我省地处边陲，吸毒（如海洛因）者时常可见，戒毒是一大难题。特别是误食和好奇而成瘾者，欲痛改前非，但又无从入手，求医者不少，而最终难以战胜毒魔。现就系统观察和治疗例案介绍交流如下，以供同仁参考。

一、资料来源

1. 病例　门诊病例3人，住院病例3人，均为男性，年龄在21～35岁之间，吸毒和注射毒品，最长2年，最短4月余，吸毒量约为每日1～3g。

2. 处方依据　根据《伤寒论》（明·赵开美复刻本）（1）阳明病篇第243条：“食谷欲呕，属阳明也，吴茱萸汤主之。得汤反剧者，属上焦也，吴茱萸汤”。（2）少阴病篇第309条：“少阴病，吐利，手足逆冷，烦躁欲死者，吴茱萸主之”。（3）厥阴病篇第378条：“干呕，吐涎沫，头痛者，吴茱萸汤主之。（4）辨霍乱病脉证并治篇第386条：“霍乱，头痛，发热身疼痛，热多欲饮水者，五苓散主之，寒多不用水者，理中丸主之。”

（5）辨阴阳易、差后劳复病脉证并治篇第396条：“大病差后，喜唾，久不了了，胸上有寒，当以丸药温之，宜理中丸。”吴茱萸汤为“吴茱萸洗七遍一升，人参三两，大枣（擘）十二枚，生姜（切）六两，右四味以水七升，煮取二升，去滓，温服七合，日三服。”现改为：吴茱萸10g、人参15g、生姜15g。水煎服。

理中丸（汤）为：“人参、白术、炙甘草、干姜各三两，右四味，捣筛，蜜和为丸，如鸡子黄许大。以沸汤数合，和一丸研碎，温服之。日三四，夜二服；腹中未热，溢至三四丸，然不及汤。汤法：以四物依两数切，用水八升，煮取三升，去滓，温服一升，日三服”。现改为：上4味各15g，水煎服。

二、辨证施治

（1）发作症状见头痛如劈，手足厥冷，口中流涎，脉弦，舌质紫，苔水滑者，为“寒凝肝脉，水湿不化。”治疗以吴茱萸汤为主方。（2）症状为腹痛剧烈，饮食减少，食则吐利，形体消瘦，脉沉细无力，舌淡红，苔白水滑或腻者为“中阳亏虚，运化无力。”治疗以理中汤为主方。（3）症以烦躁心悸，呕吐涎沫，面色苍白，四肢厥冷，骨节疼痛，脉沉细或细数，舌青紫，苔白水滑为主者，证为“寒凝少阴，虚火上扰，中阳不振，”治疗以吴茱萸汤合理中汤加附子30g，重用茯苓至30g。（4）精神饮食较差，脉缓无力，肢体困倦，口水涎沫皆较多者，为“脾胃虚寒”，治疗以理中丸或理中汤加吴茱萸10g，水煎服。

三、治疗结果

头痛、腹痛，全身肌肉、骨节疼痛，心悸烦躁，呕吐，腹泻，均在2～4周内消失。只有困倦乏力食少，口吐清水和涎沫等轻度症状反应。

四、病案举例

（1）李某，男，24岁，农民，1994年2月23日就诊住院。主诉：头痛如劈，全身肌肉关节痛，呕吐清水涎沫，食则欲呕，形体消瘦，烦躁失眠，吸毒量为每日2g，吸毒时间已16个月。检查：形瘦面色青晦无泽，双目红赤，时时可见吐清水涎沫，四肢不温，神呆，肢体关节及心肺肝脾无异常，神经系统无异常，双侧腹股沟淋巴肿大如蚕豆大小，左右各四枚，轻度压痛。舌质淡，苔白水滑，脉弦细无力。心电图提示正常，血常规WBC7.3 × 10^9/L，Hb130g/L，RBC4.5 × 10^{12}/L，N0.72，L0.28，大便常规无异常。尿常规：A－，上皮细胞0～2，尿黄微浑，可见少量非晶型尿酸盐结晶。证为“寒凝少阴，虚火上扰，中阳不振。”治疗用吴茱萸汤合理中汤加附子30g、茯苓30g，水煎服，每日1剂。嘱其亲属严密监护，1周后诸症大减，去附子续原方，又服1周后精神好转，饮食增加，夜能入睡。仍有头昏身困肢软无力，口中泛吐清水涎唾，给理中汤加吴茱萸10g续服。于1994

年3月14日痊愈出院，嘱注意饮食起居调养2月。

（2）杨某，男，20岁，农民。1993年10月14日就诊。自诉：有吸毒品史2年余，服戒烟丸戒毒5月，效不显。现头痛难忍，头顶部显著，不思饮食，食则欲呕，泛吐口水涎唾，肩背、四肢、关节、腰脊疼痛。服头痛粉2包后能缓解诸症数小时，每天需服头痛粉10～16包。查：舌质淡紫，苔白水滑，脉弦缓无力。证为“寒凝少阴，胃气虚寒。”治疗给吴茱萸汤加味：吴茱萸10g、红参15g、大枣15g、生姜15g、白术15g、茯苓20g、半夏15g。水煎服，每日1剂。

1993年10月28日再诊：自诉服上方3剂后，头痛，身痛减轻，呕吐涎唾明显减少，饮食及精神好转，但夜间难眠，服头痛粉2包和安定7.5mg后才能入睡，舌质淡红，苔薄白水滑，脉弦。主症未变，治疗仍续前方加丹参30g、龙骨30g、珍珠母30g，茯苓加为30g，3剂，如前法煎服，每日1剂。1993年11月2日诊：自诉头痛、身痛未作，夜能入睡，精神较前好转，口淡乏味，口水涎唾仍多，二便正常，舌质淡红，苔白水滑，脉缓。证如仲景《伤寒论》第396条所云：“大病差后，喜唾，久不了了，胸上有寒，当以丸药温之，宜理中丸。”故处以理中丸每日早晚各服1丸，开水送服。1月后亲属来告，患者已如常人。

五、体会

毒品对人体的毒性机理还不能明知，中医典籍中并无如何施治吸毒成瘾者及如何帮助戒毒的记载，但中医历来以整体观念和辨证论治为专长，抓住主症、脉舌和机体的病理变化环节，就有可能取得认识上的进展和突破。笔者遵循中医辨证施治原则，采用经方治疗吸毒综合征收到一定疗效，其机理有待进一步探索，因观察病例较少，观察时间较短，其疗效有待于今后进一步临床验证。

戒毒成败，首先是吸毒者是否决心戒毒，二是亲属及他人的关心和帮助，三是有效的医疗保护措施。患者只要度过二三周，痛苦就会逐步减轻，症状严重者要配合西医支持、镇静、镇痛、补电解质纠正酸中毒等治法。戒毒后一段时间内仍需调养气血和精神，有利扶正祛邪。

［《云南中医学院学报》1995，18（1）：38］

仲景下法治疗急腹症举隅

金　诚　湖南省怀化铁路总公司怀化医院

仲景下法种类很多，应用很广，本组以仲景下法的原则治疗6例急腹症，收到良好效果，报道如下。

一、病历简介

1. 急性阑尾炎　患者男，22岁，因右下腹胀痛4天，发热3天入院。患者诉4天前即感上腹不适，继之出现上腹和脐周隐痛，次日转移至右下腹，出现持续性隐痛，伴发热、恶心、呕吐，脘腹胀满，口干舌燥，大便秘结。检查：体温38℃，右下腹压痛明显，反跳痛（+），结肠充气试验（+），可扪及2cm×2cm包块，肠鸣音正常。血象：WBC 1.4×10^9/L，N 0.84，L 0.16。西医诊断：急性阑尾炎。

医案：右下腹胀痛，微肿，拒按，发热畏寒，汗出，恶心、呕吐，口干苦，纳差，尿黄，大便秘结，舌尖红，苔黄腻，脉弦数。湿热蕴结大肠，气血瘀阻不通。治宜清热通腑，逐瘀攻下，行气活血。大黄牡丹汤主之：生军12g（后下），丹皮12g，桃仁6g，冬瓜仁9g，芒硝9g（冲）。3剂后，多次解黑便，腹痛减轻，再续3剂，大便恢复正常，腹痛消失，体温等均恢复正常。

按《金匮要略·疮疡肠痈浸淫病脉症》：“肠痈者，少腹肿痞，按之即痛如淋，小便自调，时时发热，自汗出，复恶寒，其脉沉紧，脓未成，可下之，大黄牡丹汤主之。”大黄、芒硝荡涤实热、宣通壅滞，丹皮、桃仁凉血逐瘀，冬瓜子散痈。

2. 急性胆囊炎　患者女，35岁，因右上腹痛3天入院。自诉3天前进食过饱，又服2个油煎鸡蛋后，即感上腹隐痛不适，渐至右上腹持续性胀痛，伴发热，皮肤黄疸，厌油，痛牵引两肋，掣及胃脘，向右肩放射，恶心呕吐。查体：腹平坦，肌略紧张，右上腹压痛明显，反跳痛（+），墨非氏征（+），血象：WBC 1.9×10^9/L，N 0.87，L 0.13，尿双胆强阳性；B超：胆囊壁充血水肿。诊断急性胆囊炎。

医案：右胁疼痛彻背，引肩胛痛，拒按，心烦、体黄溲赤，口渴引饮，口苦，便秘，舌红且干，苔黄腻，脉弦滑数。湿热侵胆，气机不畅。宜清热利胆退黄，理气止痛除烦。大柴胡汤合栀子大黄汤主之：柴胡 12g，黄芩 12g，白芍 18g，法夏 9g，枳实 12g，大黄 12g，甘草 6g，山栀 12g，木香 9g，元胡 9g。4 剂后，疼痛减轻，黄疸部分消退，再续 3 剂，腹痛、黄疸基本消除。予逍遥散调补 10 天，治愈出院。

按：《金匮要略·腹满寒疝宿食病脉》："按之心上痞呕吐，此为实，当下之，大柴胡汤。"《黄疸病脉》："酒黄疸，心中懊侬或热痛，栀子大黄汤主之"。大黄、枳实泻阳明郁滞，芩、柴、夏解少阳郁热，木香、元胡顺气止痛，白芍、甘草柔肝止痛，山栀泻三焦热退黄。

3. 输尿管结石、肾绞痛　患者男，30 岁，因左下腹痛 3 天，伴尿急、尿频、尿痛入院。3 天前无明显诱因突感左下腹痛，伴尿频、急、痛，腹痛呈持续性隐胀痛，突发绞痛两次，休息片刻后缓解，伴大便不通，肛门胀痛时向会阴部放射。查体：腹平坦，肌略紧张，右下腹明显压痛，无反跳痛，左肾区叩痛（+）。尿常规：蛋白（±），WBC（++），RBC（++）；腹部 X 线示相当于左输尿管下段黄豆大阴影。

医案：左下腹痛，拒按，尿时滞涩短赤窘痛，坐卧不安，状如发狂，口干苦，大便干结肛门胀感，尿黄，舌尖红，苔黄腻，脉弦数滑，湿热蕴结于下焦，气滞血瘀成砂石。治宜清热祛瘀，利尿通淋，行气止痛，桃核承气汤主之：桃仁 9g，大黄 15g，芒硝 12g，桂枝 6g，甘草梢 9g，石苇 15g，金钱草 20g。连服 4 剂，由尿排出一黄豆大结石，疼痛消失，经 X 线复查示泌尿系无阳性阴影。

按：《伤寒论·蓄血论》："太阳病不解，热结膀胱，其人如狂，血自下，下者愈，外解已，但少腹急结者，乃可攻之，桃核承气汤"。桃仁、大黄清热破血逐瘀，桂枝通阳化气，芒硝化石，石苇、金钱草、甘草梢清湿热利尿通淋。

4. 慢性盆腔炎急性发作　患者女，35 岁，因下腹痛反复发作 2 年，复发加重 2 天。自诉两年前因人工流产术后感下腹不适，渐感隐痛，时有针刺感，伴腰骶部痛，时有发热、尿痛、肛周坠胀感，伴食欲下降，四肢疲乏，月经常拖后，量少，色紫黑，伴有轻微腹胀，阴道分泌物较多，色黄白、粘稠，近 3 天来诸症加重，下腹持续性痛，阴道分泌物脓性、奇臭，伴口干苦，尿痛，便秘。检查：形体消瘦，肌肤粗糙，下腹压痛，反跳痛，肌紧张。血象：WBC 1.3×10^9/L，N 0.80，L 0.20；白带未见滴虫。

医案：下腹痛，拒按，低热，口干苦，溲赤，便秘，食纳无味，四肢疲乏无力，形体消瘦，肌肤粗糙，月经量少，色紫黑，苔黄腻厚，脉涩而弦，白带黄稠，味臭，舌尖红，中有瘀点。为瘀血内停，复感邪毒，湿热浸淫。宜急投大黄牡丹汤：生军 12g，丹皮 12g，桃仁 9g，冬瓜仁 9g，芒硝 9g，苡米 15g，败酱草 15g，泻热破瘀，解毒排脓。3 剂后，腹痛减轻，白带减少，臭味减，再续 3 剂，疼痛缓和，白带少许，无臭。考虑久病入络，久病必虚，改投大黄䗪虫丸缓中补虚，祛瘀生新，半月后，疼痛消除，白带及月经恢复正常。

按：《金匮要略·疮痈肠痈浸淫病脉证并治第十八》："少腹肿痞，按之即痛如淋，发热汗出，脉沉紧可，下之，大黄牡丹汤主之"。《血痹虚劳病》："五劳虚极羸瘦，腹满不能饮食，房室伤、劳伤、经络营卫气伤，内有干血，肌肤甲错，两目黯黑，缓中补虚，大黄䗪虫丸主之"。先投大黄牡丹汤清热解毒，破瘀排脓，再投大黄䗪虫丸缓中补虚，祛瘀生新。注意慢性病形成的病理过程以及急性发病的特征，分清先后缓急。

5. 急性单纯性肠梗阻　患者男，30 岁，因腹痛、腹胀、呕吐、便秘 2 天入院。自诉两天前午饭食 4 个糍粑后，即感腹胀，隐痛不适，继之胀痛渐加剧伴呕吐 3 次胃内容物，口干苦，溲赤便秘。检查：腹略隆起，可见肠型及蠕动波，脐周压痛，肠鸣音亢进。腹部 X 线示小肠扩张，积气呈多个阶梯状平面。血象正常。诊断：急性单纯性肠梗阻。

医案：腹痛腹胀，恶心呕吐，溲赤便秘，口干苦，舌红苔黄腻，脉弦有力。宜攻下通腑，大承气汤主之：生军 12g（后下），芒硝 12g，厚朴 9g，枳实 12g。先煎枳朴，后下大黄，再下芒硝。中药内服，结合煎水保留灌肠，2 天后便通，腹胀腹痛消失，食纳恢复。

按：《伤寒论·辨阳明病》："大下后，六七日不大便，烦不解，腹满痛者，此有燥屎也。所以然者，本有宿食故也，宜大承气汤"。芒硝先化燥屎，大黄继通地道，而后枳朴除其痞满。

6. 过敏性结肠炎：

患者男，31 岁，因腹痛、腹泻、便秘交替反复发作 2 年，腹痛、便秘 3 天入院。自诉 2 年前因过食"发物"虾米，出现脘腹隐痛不适，腹泻。经西医抗炎治疗后痊愈。之后常因食"发物"或寒热刺激出现腹痛、腹泻或便秘，本院内科曾诊断为"过敏性结肠炎"。此次因受凉后出现胁下偏痛，发热，下腹作痛，大便秘结。检查：下腹压痛明显，余（-）；血象正常。大便：无标本。诊断：过敏性结肠炎。

医案：腹痛，素体阳虚畏寒，大便不通，四肢冷感，舌淡白，苔白，脉沉弦而紧，寒实内结，阳气郁滞，营卫失调。宜温经散寒，通便止痛，大黄附子汤主之：大黄 10g，附片 10g，细辛 3g。2 剂后，大便通，腹痛止，营卫调和。

按：《金匮要略·腹满寒疝宿食病》："胁下偏痛，发热，其脉紧弦，此寒也，以温药下之，宜大黄附子汤。"大黄泻下通便，附片、细辛温经散寒、止痛。

二、体会

1. 遵从仲景下法原则治疗 6 例急症，效果明显，说明了中医药在当今临床急症中仍有其鲜明的特点和强大的生命力。但须注意，仲景下法，辨证精微，用药精炼，一定要辨证施治，大概可分为寒下、温下、逐下、润下、通瘀、攻瘀、驱虫等具体治法。

2. 仲景下法主方中皆以大黄为主药，《神农本草经》述大黄的功能："主下瘀血，血闭寒热，破症瘀积聚，留饮宿食，荡涤肠胃，推陈致新，通和水分，调中化食，亦和五脏"。总之：大黄的功用正宜下法的适应证：邪在肠胃，燥屎停结，热结于里，以及水结，蓄血，痰滞，虫积等，皆应攻逐体内积滞，通泄大便。

3. 关于大黄的使用问题　①用量大小：须辨病势的缓急、病情的轻重、正气的盛衰。例如上文举例的输尿管结石病，病程短，患者体质强壮，邪实（湿热煎熬尿液成砂石），则大黄量宜重（15g），攻下逐邪，病去排出结石则药停，则不会损伤正气。②煎药法及炮制：须辨病邪的部位所在。如病邪在下，腑实者，宜生大黄，宜后下。例如急性肠梗阻病之大承气汤；如病邪在上，为无形邪热，宜酒大黄，同煎。③剂型：须辨病势的轻重、病的缓急、正气的盛衰。例如慢性盆腔炎急性发作时，来势急，标症明显，急投大黄牡丹汤水煎内服，逐下热毒秽浊；然而该患者久病体虚，久病入络，又续以大黄䗪虫丸缓中补虚，祛瘀生新。所以，须短时间取速效者，宜汤剂，"汤者荡也"；短时间不能完全取效、久病体虚者，宜丸剂，"丸者缓也"。

[《中西医结合实用临床急救》1995，2（6）：275]

少阴病验案摭拾

王红华　江苏靖江市中医院

东汉张仲景创《伤寒论》，以六经辨治外感杂病，1 千多年以来为后世医家尊为医圣，《伤寒论》所创方剂亦被誉为经方，沿用至今。笔者临证常运用经方治疑难杂证，只要辨证准确，用之如桴应鼓，疗效卓越，现就运用少阴方剂治疑难重症 3 则介绍如下。

一、四逆汤加味治少阴泄泻

陈××，男，52 岁。干部，1986 年 8 月 12 日初诊。患慢性泄泻 6 年余，每因感寒或饮食生冷则发作加重，1 月前因饮食不慎，兼感寒邪，宿恙又发，每日黎明时分则腹中隐痛，大便溏泄，夹有不消化食物，肠鸣，腹部喜温喜按，面色晦暗少华，四肢冷，近日每餐食后必泻。纳呆口淡，腰膝酸软，神疲，苦不堪言。曾多处就医，予西药抗炎、止泻剂及中药健脾助运方均未改善，故来我科求诊。舌淡嫩、苔薄白，脉细微无力。脉证合参，病机当属肾阳衰微，中宫温运少权，病已由太阴转入少阴，乃少阴寒化症是也。治以温补肾阳，健运脾土。方拟四逆汤加味。处方：制附片、焦三仙（山楂、神曲、麦芽）各 15g，干姜、炙甘草、炒党参、炒白术、补骨脂、肉豆蔻、煨木香、煨葛根各 10g。本方意取附子之大辛大热，温肾助阳，佐干姜温中散寒，附姜并用回阳之力倍增，古人谓附子、干姜具"彻上彻下，开辟群阴，迎阳归舍"之功，《医宗金鉴》载："甘草得姜附，鼓肾阳，温中寒，有水中暖土之功。"水煎，进服 5 剂，一举中鹄，泄泻止，精神爽，效不更方。仍与原法出入为方，共服 30 余剂，多年痼疾，幸而获愈。

二、通脉四逆汤治戴阳证

徐××，女，60 岁，于 1980 年 11 月 16 日就诊。患者平素形瘦体弱，肢倦怯冷，半月前突发寒热头昏，微有咳嗽，纳减便溏。遂到诊所求治，诊为上感，予以桑菊饮、银翘散，肌注青、链霉素，服止咳药水延旬余，病情日增，急来求治。刻诊：汗出身热不退，T38.2℃，头昏，头皮微痛，面呈赤色，心烦不能安卧，脘痞不欲食，大便泄泻，四肢清冷，舌嫩淡、苔薄白，脉大无力，两尺微细。细察此证之发热，实乃虚阳外越；面赤如妆，系阴寒过盛，虚阳上越之假热；心烦不能安卧，乃正虚邪扰；下利清谷，乃阳虚不能运化水谷；手足清冷，为阳虚不能温达四末；脉大无力，两尺微细，均为阳气衰微，营血不足，鼓动无力之故。拟通脉四逆汤，以交通阴阳，收纳元气。处方：制附片 15g，干姜、炙甘草各 10g，葱白 9 根，即煎服，1 剂，方取附子、干姜破阴凝以救元阳，葱白宣通上下阳气，炙甘草温养微阳，服药后 1 剂证减，

2剂愈。

三、麻黄附子细辛汤治间歇发热

闻××，男，52岁，干部，1990年3月5日就诊。患者自1989年4月始发热，每月1~2次，每次5~7天，在××医院住院，经抗生素、激素及输液治疗，热退出院。多次检查，均未见任何阳性体征。昨日发热又作，因西药久治无功，故转我院求治中医。诊见T38.5℃，头昏肢倦，肤黄形瘦，身疼腰酸，咳嗽阵作，吐痰粘白，口角疱疹，舌苔薄白略腻，脉沉细。曾于1989年2月患肠伤寒，住院月余，热退后出院，因工作烦忙，体力未复即上岗工作。脉症合参，辨为精气两亏。肾气明显不足，阳气不振，病后余邪未尽，新感乘袭。因思新感发热脉沉，多系少阴阳虚，不能抗御外邪，故身虽发热而脉不浮反沉，正如《伤寒论》曰"少阴始得之，反发热，脉沉者，麻黄细辛附子汤主之"。故取麻黄附子细辛汤加味。处方：麻黄5g，细辛3g，甘草、制附片各6g，蚤休、白茯苓各20g，板蓝根30g，炙前胡、白术各10g，3剂。本方取熟附之辛热温少阴之里，细辛之辛热，专走少阴之经，麻黄之辛甘热发表，三者合用，正如钱天来曰："补散兼施，虽发微汗，无损于阳气矣，故为温经散寒之神剂云。"故3日后，病势已挫，发热退，咳嗽平，口角疱疹消，舌苔化，脉转有力，精神渐佳，此系阳气来复，表邪解而新感退，少火生而伏邪化之佳象也，再与前法加入六君子调理脾胃，继服半月，长期间歇热终获愈。

［《新中医》1995，(2)：14］

《伤寒杂病论》汤方抗过敏药理研究

洒玉萍　青海医学院

《伤寒杂病论》汤方常用于过敏性疾病，其疗效确切而彰显，并引起实验研究工作者的广泛重视，经实验药理学研究证明：其研究汤方确有药理学作用机理，为了广大临床工作者更好地应用《伤寒杂病论》汤方治疗过敏性疾病，现将迄今七方药理研究进展概述于次。

一、小青龙汤

实验研究，该方对豚鼠游离的，被卵白蛋白致敏的肺组织的抗过敏作用机制。在克雷伯氏(Krebs)溶液中加入该方，能松弛致敏和未致敏动物肺组织切片的自发性张力。该方前处理对卵白蛋白（OA）引起的收缩呈剂量依赖性抑制作用。而对于正常肺组织，该方可使组织胺和LTD_4的收缩反应曲线分别右移2.7和4.0倍，并减低对PAF的最大收缩反应，因此该方对特异性抗原及化学介质和组胺，LTD_4和PAF引起的收缩反应都有抑制作用。该方似直接作用于靶细胞而不是拮抗受体部位，但也可能减少了细胞释放的化学介质[1]。以蛋清（EA）及豚鼠抗蛋清IgE血清实验雌性Hartley柔豚鼠，其实验结果表明该方对组胺，血清素和乙酰胆硷引起的炎症反应均有抑制作用，而Tranilast对组胺反应并无抑制作用，Ketotifen对血清素和乙酰胆硷反应无抑制作用[2]。该方对速发型变态反应具有强大的抑制效果，也能抑制迟发型超敏反应[3]。对于DNP－As所致大鼠皮肤被动过敏反应，灌服该方提取物Ig/Kg，也有非常显著的抑制作用[4]。对于抗卵蛋白IsE血清与致敏肥大细胞共卵所致之脱颗粒该方也有显著抑制作用，对于卵白蛋白致敏之离体豚鼠肠管之Schultc－Dale反应，该方也能抑制之[5]。该方对变态反应的多个环节有显著影响，如抑制抗体生成，抑制过敏介质释放，对抗过敏介质作用和抗炎症等作用[6]。

二、麻黄细辛附子汤

实验研究表明：该方对脂氧酶活性，淋巴细胞，嗜中性细胞膜的影响及对前列腺素E_2分泌，在末梢来源于吞噬细胞的强力炎症因子氧基世代和溶酶体分泌的影响，结果有统计意义的抑制海鞘抗原喘息患者嗜碱细胞由海鞘抗原增加引起的组胺释放，健康人嗜碱细胞由IgE引起的组胺释放，由辅酶A引起的组胺释放，使嗜碱白血病细胞的脂氧酶活性轻度降低。另一方面，该方对淋巴细胞膜的转甲基酶，磷脂酶A_2、磷脂酰肌醇转移和前列腺素E_2等膜现象均未产生有意义的影响。还有对嗜中细胞，溶酶体酶活性氧产生虽没有显示抑制作用，但对产生的活性氧显示了清除剂的效果。该方但能抑制花生四烯酸串联的脂氧酶活性，抑制嗜碱细胞组胺释放，具有轻度的清除剂作用，有即时型抗变态反应和部分抗炎作用及抗氧化作用[7]。

三、麻杏石甘汤

该方提取物能明显抑制大鼠腹腔肥大细胞脱颗粒及致敏大鼠肠管释放组织胺作用，同时也能保护大鼠免受抗原攻击作用，($P<0.001$)[8]成人一日量的该方温浸液能使豚鼠的支气管平滑肌及肠管平滑肌呈抗组织胺作用[9]。对于致敏肥大细胞脱颗粒，能减少肥大细胞脱粒率及致敏肠管组织胺的释放

量，缓解因抗原刺激所致肠管蠕动的增强，保护抗原攻击下的肠管中肥大细胞，但不能对抗组织胺所致肠蠕动增强，提示该方作用机理在于对肥大细胞的保护，又实验表明该方对Ⅰ型变态反应有显著的抑制作用[8]。

四、半夏厚朴汤

以豚鼠被动皮肤过敏反应（PCA）及苦基氯（PC）所致小鼠耳的迟发型超敏反应，分别研究该方对Ⅰ型及Ⅳ型过敏反应的影响，实验结果表明该方具有显著的抗过敏作用，该方若去苏叶的制剂抑制PCA作用显著减弱[10]。

五、麦门冬汤

实验结果表明：该方对脱颗粒及组织胺游离具有抑制效果，并呈剂量依赖性，这些效果可与对脱颗粒剂及对组织胺游离有抑制效果的色苷酸二钠相匹敌[11]。

六、桂枝汤

实验结果表明：该方对二基氨苯引起的小鼠迟发型超敏反应有明显的抑制作用，并呈明显的量效关系[12]。

七、葛根汤

实验表明：该方能使人末梢血白细胞中之环磷酸腺苷（CAMP）明显升高[13]。在体外将该方水提上清液与各类白细胞一起孵育时，可见该方能使这些细胞内之CAMP含量呈浓度依赖性上升，表明该方可能是通过增高血中嗜碱性白细胞及肥大细胞内之CAMP水平，从而抑制其过敏介质的释放而获抗过敏效果[14]。实验小鼠表明，连续口服该方（2g/kg）能抑制小鼠抗体系统，抑制Arthus反应及迟发型变态反应（DTH）反应，而此抑制作用能为环磷酰胺所对抗，另一方面由于该方增强刀豆素A的免疫抑制作用，以增强Ts细胞参与该方的抗变态反应作用[15]。

参考文献

[1] 曾根秀子等. 国外医学中医中药分册. 1988（5）；55.
[2] 竹内良夫等. 国外医学中医中药分册. 1988（2）；56.
[3] 山原条二等. 国外医学中医中药分册. 1982（9）；881.
[4] 梅里羲博等. アレルキシ. 1984（12）：1047.
[5] 竹内良天等. 汉方医学. 1982（12）：15.
[6] 江田昭英等. 日本药理学杂志. 1982（1）：31.
[7] 丹羽韧员等. 国外医学中医中药分册. 1989（3）：15.
[8] 李健春等. 辽宁中医杂志. 1983（8）：43.
[9] 伊藤忠信. 现代东洋医学. 1983（3）：56.
[10] 户田静田. 国外医学中医中药分册. 1989（6）；38.
[11] 山原条二等. 国外医学中医中药分册. 1982（6）：366.
[12] 富杭育等. 中医杂志. 1990（12）：41.
[13] 志贺隆等. 和汉医药学会志. 1988（1）：41.
[14] 池田和广等. 国外医学中医中药分册. 1981（4）：48.
[15] 高桥道史. 汉方の临床. 1961（4）：25.

［《陕西中医学院学报》1995，18（2）：9］

金匮肾气丸加味治验顽疾重症三则

余大强　上海市第六人民医院

笔者在临床中用金匮肾气丸加味治疗冠心病、糖尿病性肾炎、前列腺肥大等顽疾重症，今介绍验案如下。

一、益肾养心复脉治心痹

姜××，男性，74岁，住院号89003。

冠心病十余年，近三个月来，心悸怔忡，胸闷气短，且头晕目眩，精神萎靡，夜寐不安，EKG多次提示频发房性早搏，或室性早搏，西医诊断冠心病，频发早搏。服异搏定，慢心律等治疗，收效不显，他医用人参养荣汤和归脾汤出入，但诸证亦未好转。刻下：形寒怕冷、神气怯弱。下肢浮肿，脉象结代，舌质偏紫，苔薄腻。四诊合参，证属老年肾亏，阳气虚衰，心脉失养，拟金匮肾气丸合四参汤加味。处方：制附片9g，上肉桂2g，大熟地9g，怀山药9g，山萸肉9g，牡丹皮9g，建泽泻9g，茯苓9g，青龙齿30g（先煎），太子参9g，南沙参9g，苦参9g，丹参9g。七剂后诉心悸已缓，下肢浮肿渐退。效不更方，续服二月余，诸证悉平，EKG二次复查均为正常。为巩固疗效，嘱服金匮肾气丸，每次8粒，每日3次，丹参片，每次4片，每日3次。经随访，病家自诉心悸若失，活动也不觉劳累。

按：四参汤为全国著名老中医张镜人治疗各类早搏的经验方。笔者将“四参汤”与金匮肾气丸合用，既温补肾元，又养心复脉，故收到事半功倍之效。

二、益肾健脾化浊治阴水

赵××，男性，76岁，住院号890150。

患者素有糖尿病，但未经有效治疗。因浮肿和左足第二、三趾溃疡于1990年5月3日住院。临床诊断糖尿病性肾病、氮质血症。经胰岛素、抗生素、利尿剂等治疗一个半月，浮肿未退，且左足趾溃疡扩大。经检查：尿蛋白卌，24小时尿蛋白定量为6.3g，空腹血糖15.8mmol/L，血尿素氮18mmol/L，血红蛋白63g/L。90年6月26日请中医急会诊。证见：面浮足肿，且双球结膜水肿，精神疲惫，面色㿠白，恶心欲吐，皮肤瘙痒，小便短少，舌淡胖苔黄腻，脉沉细。病机乃命门火衰，脾阳衰惫，不能化气行水。治宜益肾健脾，化浊利水。即予金匮肾气丸加味，处方：制附片5g，肉桂2g，生地10g，淮山药15g，山萸肉10g，丹参10g，丹皮10g，茯苓皮15g，泽泻10g，怀牛膝10g，车前子15g（包煎），生黄芪15g，汉防己10g，炒白术10g，六月雪15g，白鲜皮15g，予七剂。6月27日再诊，小便已畅，浮肿渐退，球结膜水肿亦消，方药中病，拟原方出入加减，前后服药近三月，浮肿全退，左足趾溃疡愈合。复查尿蛋白+，24小时尿蛋白定量2.34g，空腹血糖7.5mmol/L，血尿素氮为7.0mmol/L，血红蛋白升至86g/L，临床获效出院。

三、益肾化气利水通窍治癃闭

贺××，男性，80岁，门诊号11401。

前列腺肥大史十二年。二年来排尿困难加重，尿频尿急，夜尿十余次，有时小便点滴不畅，甚则尿潴留，经急诊留置导尿后方可缓解，曾服溴醋己烷雌酚、泌尿灵、安尿通疗效不显。又因高年体弱对手术治疗有顾虑，故请中医诊治。观其面色少华，精神不振，舌淡苔薄腻，脉象沉细，B超测残余尿约40ml，为癃闭之候，证属肾阳虚亏，膀胱气化不利，拟益肾化气，利水通窍，处方：制附片5g，上肉桂2g，地黄12g，怀山药15g，山萸肉9g，丹皮9g，丹参9g，泽泻9g，茯苓9g，怀牛膝9g，车前子9g（包煎），葶苈子15g（包煎）。药后排尿逐渐畅通，夜尿减少到4～5次，续服二月余，排尿已不觉困难，B超测残余尿15ml，并经随访，排尿已畅，未再发生尿潴留。

[《北京中医》1995，(4)：60]

当归芍药散在妇产科临床的应用

张筱萍　温州市中医院

当归芍药散出自《金匮要略》由当归、芍药、川芎、白术、茯苓、泽泻所组成，该方有养血调肝、健脾利湿之功。仲景用之治疗“妇人怀娠，腹中㽲痛”，“妇人腹中诸疾痛”。笔者将其改为汤剂，根据方义辨证，随证化裁，多年来临床运用治疗多种妇产科病，效果满意，特举例介绍如下。

一、妊娠浮肿

李某，25岁，1991年7月18日初诊。第一胎，妊娠190天，出现两下肢肿胀一周，胃纳不佳，下腹作胀，大便溏薄，日解数次，神疲乏力，偶有头目眩晕，面色不华，舌淡苔薄，脉缓。两下肢呈凹陷性浮肿（+），血压14.1/8Kpa。小便常规检查正常。血常规检查：Hb105g/L，WBC 7.4×10^9/L，N75%，L 25%。B超：正常宫内单胎妊娠（孕27周）。责之脾虚湿阻，血虚气滞。嘱其左侧卧位。方取当归芍药散加味：当归10克，川芎3克，白芍10克，茯苓10克，白术15克，泽泻10克，黄芪15克，天仙藤15克，砂仁3克，苏梗4克，陈皮6克，五剂。7月24日复诊：药后下肢肿胀减轻，胃纳转馨，大便趋正。再拟原方加淮山药15克，服五剂。三诊：唯偶有头晕，余候悉消，仍拟原方加党参15克，服五剂，以晋全功。

按：本例妊娠浮肿，证属妊娠脾虚湿阻，血虚气滞所致。拟当归芍药散加健脾益气、利水退肿之黄芪，更添活血通络、化湿消肿之天仙藤，行气化湿和中之砂仁、苏梗、陈皮。诸药合用，起到健脾利水、养血安胎之效。

二、痛经

姜某，24岁，1987年5月3日初诊。婚后二月，经潮腹痛且胀，经量减少，色黯红，月经周期正常。末次月经4月6日。一周来，少腹与胸胁相引胀痛，苔薄，脉弦细。妇科检查：正常盆腔。方取当归芍药散加味：当归15克，川芎10克，白芍10克，茯苓10克，白术10克，泽泻10克，丹参10克，川楝子10克，元胡10克，香附10克，前胡10克，五剂。5月8日二诊：胸腹痛已消，唯少腹作胀，经潮两天，经量转正，大便秘结。原方加枳壳10克，三剂。6月20日诊：服前药后，腹胀即消，现停经44天，恶心欲呕，苔薄，脉缓。查尿妊娠试验阳性。妇检：子宫增大如孕40天大小。告之已怀孕矣。

按：《景岳全书·妇人规》曰："经行腹痛，证有虚实。实者，或因寒滞，或因血滞，或因气滞，或因热滞；虚者，有因血虚，有因气虚。……但实中有虚，虚中亦有实，此当于形气禀质兼而辨之，当以察意，言不能悉也"。此患者脉证合参，为血虚气滞之痛经，以当归芍药散中之当归、川芎、白芍养血行血，尤重用归、芎以增活血之功；白术、茯苓、泽泻健脾化湿以资后天生化之源。加丹参、川楝子、元胡活血利气；香附理气解郁、调经止痛。诸药合用，使气血调和，经脉畅通，冲任通盛，则能孕育。

三、慢性盆腔炎

刘某，28岁，1994年4月21日初诊。婚后五月，下腹胀痛反复发作二月余，月经周期正常，末次月经3月26日。现下腹胀痛又作一周，拒按，得矢气则舒；带下量多、色白，二便如常。舌淡红，苔薄腻，脉弦。妇检：外阴已婚式，阴道畅，宫颈光，宫体前位，偏左，正常大，压痛（+），左侧附件压痛（+），右侧（-）。诊为慢性盆腔炎。处方：当归15克，川芎10克，白芍10克，白术10克，茯苓10克，泽泻10克，山楂10克，元胡10克，川楝子10克，枳壳10克，厚朴6克。每日一剂，服药八天，腹痛渐消，妇检无殊。

按：本例下腹痛，经妇检诊断为慢性盆腔炎，辨证属气血阻滞，湿浊内蕴，拟当归芍药散重用归、芎活血祛瘀；又增山楂、元胡助归、芎活血利气；更加川楝子、枳壳理气破积，活血与行气并举，气血畅通；用白术、茯苓、泽泻健脾利水；再添厚朴燥湿除满，利水与燥湿同用，湿浊自消。气行湿除，血脉通畅，自无疼痛之虞。

［《浙江中医学院学报》1995，19（4）：38］

芪归桂枝汤治疗产后身痛130例

范济平　河北省滦县中医院

笔者运用芪归桂枝汤治疗妇女产后身痛，获效较为满意。现将1983年至1994年经治的130例病例小结于下。

一、一般资料

本组130例，年龄最小20岁，最大44岁，其中20～29岁64例，30～39岁59例，40～44岁7例；职业：工人16例，农民86例，干部16例，其他12例；发病时间最短40d，最长20年，其中<3个月38例，<1年46例，<3年22例，≥3的24例。全组病例均有周身及肢体疼痛，其中伴头痛者20例，伴腰痛者34例，正产后发病者102例，小产、流产、引产后发病者28例。

二、治疗方法

羊肉250g（先煎取汤），黄芪、桂枝、生姜、炙甘草各15g，白芍、当归、鸡血藤各30g，大枣15枚。水煎服，日1剂。辨证随症加减：偏寒湿腰痛重者加桑寄生、狗脊各20g，腿痛重加独活、附子各10g；偏风湿上肢痛重加羌活、姜黄各10g；头痛明显加藁本、川芎各12g；偏气血瘀滞兼胁痛或恶露不畅加香附、枳壳、桃仁、没药各10g。

三、疗效标准

肢体或周身疼痛及麻木全部消除为痊愈；疼痛大部分消除或疼痛消除而留有肢体麻木为显效；疼痛消除近半或至此易方更法治疗者为好转；服药3剂以上，前后无明显变化者为无效。

四、治疗结果

痊愈73例，显效45例，好转10例，无效2例。总有效率98.46%。本组病例服药最少3剂，最多30剂，平均9.50±7.50剂。

五、典型病例

尹某，女，35岁。1983年6月28日初诊。半年前产后3d由医院回家时，不慎感冒风寒，自此全身疼痛，中西药物不停调治，未获寸效。乳汁渐少，不够儿食。家务做饭甚感困难。亲属带来求治。表情痛苦，述全身包括手指、足趾、头皮均疼痛难忍，脉弦细。血常规、血沉、抗"O"、类风湿因子等化验均未见异常。辨为血虚气弱、风寒湿入络之证。治以养血活血、益气疏风、散寒化湿。处上芪归桂枝汤加桑寄生、羌独活、姜黄、服药3剂，疼痛大减，又服3剂，身痛全消，乳汁显增。5年后随访，身痛未再发。

六、体会

妇女正产或小产、流产、引产后，均有不同程度血虚气弱，若不慎调适衣着起居，触风冒寒感湿，常易罹患遍身疼痛之病。或牵掣腰背疼重，或伴肢体麻木。本病与《金匮·血痹虚劳病篇》述："夫尊荣人骨弱肌肤盛，重因疲劳汗出，卧不时动摇，加被微风遂得之”的血痹病机有相似，乃标本俱病，以本虚为主。若徒祛风湿，多致病情迁延。故选《金匮》黄芪桂枝五物汤、当归生姜羊肉汤、千金内补当归建中汤合方化裁。方用羊肉汤甘益气血、温通经脉；重用当归、鸡血藤养血活血以祛风；黄芪益气活血；桂枝温通经脉、疏风散寒；芍药和营缓急止痛，合桂枝调和营卫、疏风解肌；生姜助桂枝达邪外出，又合甘草、大枣调和营卫。诸药合用养血补虚、活血益气、疏风散寒、调和营卫。再配桑寄生、狗脊类补肝肾、强筋骨；羌活、独活祛风除湿；香附、桃仁等通调气血经脉，辨证随症加减用药，效果较为满意。

[《陕西中医》1995，16（6）：247]

金匮肾气丸加味治疗气阴两虚Ⅱ型糖尿病

黄河清　黄　骏　湖北十堰市人民医院

Ⅱ型糖尿病即非胰岛素依赖性糖尿病，因其多饮、多食、多尿、尿中有甜味等症状特征，而归属于中医消渴病的范畴。近年来，我们依据阴阳互生的理论，对临床中常见的气阴两虚Ⅱ型糖尿病38例用金匮肾气丸加味治疗，疗效较好，现整理报道如下。

一、临床资料

1. 一般资料　本组38例Ⅱ型糖尿病患者均来自本院门诊和病房，其诊断按世界卫生组织制定的糖尿病标准。其中男23例，女15例。40～50岁8例，51～60岁14例，61～68岁16例。病程最短者3个月，最长者20年。其中合并高血压者17例，合并冠心病者8例，合并视网膜病变者7例，合并周围神经炎病变者13例。

2. 临床症状　头晕心悸、神疲乏力、少气懒言、自汗盗汗、腰膝酸软。或口干引饮；或消谷善饥；或小便频数、量多；或面色萎黄、形体消瘦、五心烦热；或面色㿠白、形体肥胖、口粘不欲饮。舌黯红或有瘀点瘀斑，或舌淡胖、苔薄黄或薄白干，脉细数或细弱。

二、治疗方法

1. 基本方　金匮肾气丸加味：熟附子9g，肉桂5g，生地、山萸肉、丹参各15g，淮山药、生龙骨各30g，丹皮10g，黄芪20g，茯苓、泽泻、五倍子各12g。

2. 随证加减　若燥热口干甚、消谷善饥者，加天花粉50g，生石膏60g，熟附子减至5g，肉桂减至3g；若畏寒神疲甚、小便清长者，加桑螵蛸、仙灵脾、巴戟天各15g，熟附子增至15g，肉桂增至10g；合并高血压者，加葛根20g，茺蔚子15g，槐米10g，并在耳穴心穴用冰片按压，双耳交替治疗，3日更换1次；合并冠心病者加生牡蛎30g，赤芍20g，全栝蒌、川芎各15g；若伴发心绞痛，加用含服速效救心丸；合并视网膜病变者加菟丝子或枸杞子15g，青葙子12g，水蛭9g；合并周围神经炎病变者，加丝瓜络、鸡血藤、忍冬藤各15g，威灵仙30g。

3. 服法　中药汤剂每日1剂，水煎2次成500ml药汁，分早、晚两次空腹服下，30日为1疗程，连用2～3疗程。治疗期间，不用任何降糖西药，少数患者血糖较高，长期依赖降糖药者，在1月内逐渐减少原降糖药用量，直至全部撤除。

三、治疗结果

1. 疗效标准　以中国中医药学会内科学会消渴病（糖尿病）专业委员会1992年5月山东会议制定的标准为参考依据。

2. 治疗结果　其中临床治愈8例，显效16例，有效12例，无效2例，总有效率94.7%。

四、典型病例

龚××，女，63岁，退休教师，1993年9月10日初诊。患糖尿病12年，已往常服D_{860}、优降糖、达美康、消渴丸等，症状时轻时重，今来我院就诊。患者形体较胖，精神萎靡，面浮无华，语音低微。自诉：头晕沉重，双目干涩，口干苦喜饮，胸闷气短，腰膝酸软，稍事活动即汗出心悸，下肢麻木以阴雨天为甚，小便频数，甚则半小时1次，色微黄，大便溏，日2次，纳食正常。舌黯红、苔薄黄而微腻，脉细弱。空腹血糖8.9mmol/L，尿糖（+++）；血脂：TC7.2mmol/L、TG1.62mmol/L；心电图正常。眼底检查：无微血管瘤形成，视网膜轻度硬化；体重75kg，身高1.58m。证属气阴两虚、湿浊阻络之消渴证。治拟温阳益气滋阴，活血化湿通络。处方：熟附子5g，肉桂3g，生地、丹参、鸡血藤、枸杞子、山萸肉各15g，黄芪20g，丹皮、五倍子各10g，茯苓、泽泻各12g，威灵仙、淮山药、生龙骨、天花粉各30g。水煎服，日1剂，药渣复煎晚睡前薰洗双足。上方加减化裁共治疗3个疗程，诸症消除，复查空腹血糖5.8mmol/L，尿糖阴性，血脂：TC4.8mmol/L、TG1.28mmol/L；体重下降至67kg。半年后追访，无复发。

五、讨论

1. Ⅱ型糖尿病是一慢性代谢异常性疾病。初起主症常为多饮、多食、多尿，其病机当责之为肾气（阳）虚弱，气化无力，津液失摄。肾阴不足，相火上腾，消耗津液与谷物。随着病情的迁延，津液代谢更加紊乱，浊中之清（尿糖）不断外泄，清中之浊（血糖）停积脉道、阻滞血行。表现为全身机能衰退的气阴两虚证，部分患者三多症状反而不显，常伴见头晕乏力、四肢懈怠、心悸气短、自汗盗汗等；同时因瘀血阻络，常出现舌质紫黯、舌体瘀斑瘀点、肢体麻木或疼痛等血管并发症。

2. 本着阴中求阳、阳中求阴、阴阳相互滋生的理论，并依据气阴两虚糖尿病病理变化特点，在采用具有温肾阳益肾气、滋肾阴济肾水双向调节作用的金匮肾气丸的基础上，加黄芪、五倍子、生龙骨等益气收涩敛精，加丹参养阴（血）活血，使瘀浊得行，并随肾阴、肾阳（气）虚损的程度，灵活增减桂、附剂量治疗本病，疗效满意。本方妙在用附、桂，因其发病与肾有密切联系。正如《医贯·消渴论》所云："故用附子、肉桂之辛热，壮其少火，灶底加薪，枯笼蒸溽，稿禾得雨，生意唯新"。倘若拘泥于燥热口渴即仅投以滋阴养血或清热泻火之品，则有头疼医头之嫌，恐难收效。在此基础上，临床灵活加减，故取得满意疗效。

[《新中医》1995，(9)：39]

《金匮》建中汤加味配合化疗治疗白血病31例

熊树松　湖南中医肿瘤医院

我院从1989年2月～1993年11月共收治白血病患者31例，治疗方法上改变目前常用的以强化化疗为主的方案，运用仲景《金匮要略》仲景的建中汤治“虚劳”的理论，分阳虚型、阴虚型、血痹症瘕型用建中汤加味配合化疗治疗效果显著提高。现将临床体会总结如下。

一、临床资料

1. 一般资料　31例患者中，男17例，女14例；年龄最小5岁，最大38岁。6～10岁发病者最多，病程1～10个月不等。发病1～3个月者9例，4～6个月者13例，7～10个月者6例，11个月以上者3例。本组病例均经血象、骨髓象确诊。其中急性淋巴细胞性白血病26例（简称急淋），急性粒细胞性白血病5例（简称急粒）。

临床表现：面色苍白或萎黄者25例，面部浮肿呈激素样面容者6例，间发性鼻衄、齿衄或皮下出血者24例，发热者19例，胸、背及关节疼痛14例，颈项及腋下淋巴结肿大者20例，脾大者9例，肝肿大者18例。

2. 治疗方法　阳虚型：症见低热畏寒、面色苍白、气短里急、动则喘促、齿龈出血、脘腹胀满、纳呆乏力、手足厥冷、脉细数或弦涩、舌质淡、苔白腻或少苔，颈项部有淋巴结肿大，肝脾肿大或正常。此型患者多以贫血为主，并伴有脾胃虚寒症状，治疗以黄芪建中汤加味。方药：桂枝12g、白芍15g、黄芪30g、甘草10g、当归12g、生姜6g、大枣10枚、阿胶30g（每次10g烊化兑服），饴糖45g（每次15g烊化兑服）、半枝莲18g、白茅根18g、西洋参10g（另煎）。每日一剂，水煎两次共取药汁300ml，分三次服。此为成人一日量，5～14岁小儿量减半。

阴虚型：面色苍白或萎黄，少腹弦急，头晕目眩，手足烦热或午后潮热，失眠盗汗，或鼻衄、齿衄，或皮下瘀斑，舌苔薄黄或少苔，舌质绛，或淡，或干燥少津，脉象浮大或迟，或弦而微紧。此型多为长期低热的阴液耗损患者。治疗以桂枝龙骨牡蛎汤加味：桂枝9g、白芍20g、甘草12g、大枣10枚、龙骨30g、牡蛎30g、黄芪20g、天花粉15g、地骨皮15g、太子参15g、半枝莲18g、白茅根18g。煎服法同前。

血痹症瘕型：症见痹侠背行或瘰疬侠瘿，胸骨压痛、腰、背及四肢疼痛或肌肤甲错，面目黯黑或苍白，时而烦满，口燥而渴。舌苔黯黑或紫黑，质绛而燥，脉象小弦而细或弦数、肝、脾均有肿大。此型多属阴阳两虚。瘀血内结之血痹症瘕型患者。治疗以黄芪桂枝五物汤加味，黄芪30g、白芍20g、桂枝10g、当归20g、生姜9g、大枣10枚、红花9g、鸡血藤15g、夏枯草15g、鳖甲12g、柴胡10g、川芎6g、西洋参6g、（另煎），阿胶15g、白花蛇舌草15g、半枝莲18g。煎服法同前。

在以上辩证分型治疗的同时，本组患者均采用VACP方案联合化疗。即长春新碱（VCR0.05mg/kg/次，静注，每周一次），环磷酰胺（CTX_2～5mg/kg/次，静注，每周两次），阿糖胞苷（Ara－c3～5mg/kg/次，静注，每天一次，共六次），强的松（Prednisone1～2mg/kg/日，口服），根据患者贫血程度和体质情况，予以少量分次输血。

二、结果

1. 治疗情况　本组病例，平均每例服中药62.5剂，急淋服60剂，急粒服75剂；化疗：急淋平均每剂两个疗程，急粒每例三个疗程；输血量：急淋平均每例300ml，急粒600ml。

缓解率及治疗天数：急淋26例，完全缓解18例，部分缓解4例，缓解率为84.6%，急粒5例，完全缓解1例，部分缓解2例。缓解率为10%；总有效率为80%，无效6例，占20%，治疗天数：急淋平均65天，急粒平均80天。

2. 治疗前后症状与体征变化：贫血（血红蛋白3～6g%者）25例，占80%；出血者24例，占78%；胸、背及关节疼痛者14例，占45%；发热19例，占61%，治疗后均明显改善。

治疗前后体征变化：治疗前有淋巴结肿大者20例，占70%；肝肿大者18例，占64%；脾肿大者9例，占30%。治疗后均见明显缩小或消失。

3. 实验室检查情况变化：治疗后血象恢复正常25例，占80%；骨髓象完全缓解19例，占61%，部分缓解5例，占16%。

三、讨论

白血病不仅是高发恶性肿瘤之一，而且急性白血病占儿童恶性肿瘤之首位，近年来发病率还呈上升趋势。白血病患者的临床表现，主要为造血系统功能损害或障碍导致气血衰弱等一系列“虚劳”证候。对于本病的治疗，目前临床主要有采用细胞增殖学理论进行强化化疗，临床治疗缓解早有明显提高，但化疗药物的毒、副作用，不但导致患者骨髓造血功能抑制，而且患者常因体质虚弱而使治疗半途而废。这样既达不到缓解病情的目的，还加快了患者的机体消耗，影响了生存期和可望治愈率。

在治疗白血病的临床实践中，我院运用张仲景《金匮要略》中以建中汤辨证治疗“虚劳”的理论，根据白血病患者的体征及症状表现进行辨证治疗，将其分为阳虚型黄芪建中汤证，阴虚型桂枝龙骨牡蛎汤证和血痹症瘕型黄芪桂枝五物汤证，并配合化疗和少量分次输血，收到满意效果。《金匮要略》曰：“虚劳里急，悸虚衄，腹中痛，梦失精，四肢酸痛，手足烦热，咽干口燥，小建中汤为之。”白血病证属“虚劳”，患者症状与仲景所设建中汤证基本吻合，分析白血病的发生机制，先天不足，后天受损，因劳致虚，其本在肾；肾损伤脾，脾肾同病，故为贫血。阴虚血亏，而生内热。肝气乘之，迫血妄行，遂为出血，瘀血内结，而成“症瘕”。此与急性白血病之机体造血系统功能损害及衰退所致之贫血、感染性发热、败血症、DIC等一系列衰弱表现大体相同。

所以，我院运用仲景《金匮要略》治“虚劳”的建中汤加味配合化疗治疗白血病，提高了缓解率，改善了患者的症状和体征，收到满意效果。推究其作用机理，是中药改善了患者整体虚衰状态，改善和调整了骨髓造血机能微环境，增加了血窦血流量，抵消和降低了化疗药物的毒、副作用，使造血功能易于恢复。

[《实用中西医结合杂志》1995，8（10）：586]

金匮肾气丸引火归源应用举隅

王建红　北京中医药大学

笔者根据赵献可、柯韵伯等医家的经验，以肾气丸引火归源，治疗虚阳上越之头剧痛，齿龈肿痛，口舌生疮，鼻衄等头面部类似于火热的病症，每获良效，现举例如下。

一、三叉神经痛

张某，女，48岁，干部。患者右侧头部阵发性剧烈疼痛，向面颊，上唇放射，痛剧时以头撞墙，甚或倒在地上打滚。用多种中西药均不能缓解其痛，即转入西安某医院住院治疗，确诊为三叉神经痛，经服卡马西平头痛减轻，但停用12h则即刻发作。由于连续使用该药而引起严重的副作用，出现肝脏、肾脏损害及全身脓疱疮样皮诊。因此，只好请中医会诊。1988年8月13日初诊，诊见患者披头散发（因头部皮疹溃烂不能洗发梳发所致），痛苦呻吟，昼夜不能入眠。舌淡红苔白，脉弦略紧，两尺无力。辨为肾阳不足，虚阳上越，龙雷之火冲击头面脉络之证。拟引火归源法，用肾气丸化裁：生熟地各20g，山药、山萸肉、泽泻、怀牛膝、川芎、全蝎、僵蚕各10g，制附片、肉桂各6g，细辛3g。两剂，停用一切西药，患者和主管医生均担心停服卡马西平后头痛会剧烈发作，故准备1片放床头以防万一。结果服上汤药24h头痛未见发作，继续服完第2剂，48h后头已不痛，2诊仅右侧上唇微痛，对触摸等刺激敏感，守原方加白芷6g，嘱服4剂。3诊时皮疹渐退，已能洗澡，右上唇部略感不舒，脉舌变化不大，守2诊方加葛根10g，连续服5剂而痊愈出院。

二、龈肿口疮

陈某，女，78 岁，离休干部。患者牙龈肿胀疼痛 2 周，近日加重，某医院口腔科诊断为齿龈脓肿，拟作切开引流术。因恐惧手术，患者于 1994 年 2 月 4 日找中医试治。诊时见左下齿龈高肿，肿及面颊，口难张大，不能咀嚼；口腔黏膜和舌边溃烂，溃疡而大如绿豆；龈、舌、唇内疼痛难忍，痛苦不堪，烦躁不安，彻夜不眠，口舌生疮历时数年，小便频数，畏风，舌淡红，苔薄白，脉沉细两尺无力。辨证为肾阳不足，虚阳上越，龙雷之火搏结口、舌、齿龈所致，拟引火归源法，以肾气丸化裁处方：生熟地各 30g，山萸肉、山药、泽泻、丹皮、怀牛膝、制附片各 10g，乳香、没药、白芷各 6g。2 剂，齿龈肿痛大减，口舌疮面开始收敛。2 诊增肉桂为 10g，继服 3 剂。3 诊齿龈肿痛全消，唯口疮尚未痊愈，以 1 诊方加生黄芪 30g，当归 10g，生蒲黄 10g，去白芷，再服 5 剂告愈。

三、排尿性昏厥

赵某，女，69 岁，患者近 1 年来经常出现小便后突然昏厥，不省人事，约数分钟即可自醒，因昏厥多处跌伤，尽管小心缓慢解小便，也难以防止昏厥发生。经某医院诊断为排尿性昏厥，用中西药未能奏效。平时自觉头面烘热，烦躁，失眠头胀。诊时见面浮红，舌淡红苔白，脉沉细略数而两尺无力。辨为肾阳不足，虚阳上越，龙雷之火上冲头面之证，拟引火归源法，用肾气丸化裁处方：生熟地各 30g，山药、山萸肉、泽泻、茯苓、怀牛膝、菖蒲各 10g，肉桂、附子各 6g。3 剂，药后小便通利，服药期间未发生昏厥。2 诊原方增泽泻、茯苓量至 15g，附子量至 10g，继服 5 剂。3 诊头面烘热，烦躁，失眠，诸症消失，未见昏厥，改用金匮肾气丸，嘱服 1 月，后随访排尿性昏厥痊愈。

按：以上 3 例，一为剧烈头痛，一为齿龈脓肿。口舌生疮，一为排尿性昏厥，均属头面部病变，且有较明显的火热征象；但舌不红赤而淡，脉沉细而两尺无力，又属肾阳不足之明证。分析乃肾阳虚弱，下焦阴寒过盛，虚阳因寒所逼而上越，即龙雷之火浮越头面，冲击相关部位而为之。《医方论》谓："附桂八味丸为治肾命门虚寒之正药，亦导龙归海之妙法，然虚阳上浮，火无所附者，必于脉象细参，或洪大而重按甚弱，或寸关洪大而两尺独虚细数者宜之"。赵献可《医贯》云："惟八味丸，桂附与相火同气，直入肾中，据其窟宅而招之，同气相求，相火安得不引而归源"。说明肾气丸是引火归源，导龙入海，治疗虚阳上越症的经世名方。笔者根据虚火冲击致害的不同部位，或加细辛、川芎、僵蚕、全虫以活血通络止痛治头剧痛；或加乳香、没药、白芷、生蒲黄以活血消肿，去腐生肌治齿龈脓肿，口疮；或加菖蒲开窍醒神治昏厥等，均收到理想的疗效，足见肾气丸有引火归源的重要作用。

[《陕西中医》1995，16（10）：467]

当归四逆汤临床体会点滴

侯学武　侯明德　宁夏惠农县人民医院

当归四逆汤出自东汉张仲景《伤寒论》一书，由当归、桂枝、芍药、细辛、木通、甘草（炙）、大枣组成。具有温经散寒，养血通脉之功，原为血虚寒凝之手足厥逆证而设。笔者近年来，参考有关资料加减应用于临床不孕证等病，效果甚显。现举验案 3 例。并就粗浅体会简述如下：

一、不孕证

赵某某，女，24 岁，农民。1986－05－06 日初诊。主诉，经行腹痛七年，已婚三载未孕。平素畏寒肢冷，小腹常觉不温，月经愆期 7～10 天，量少，色紫暗夹块；白带多而清稀。每逢经期，小腹剧痛难忍，手足冰凉，时吐清涎。曾在医院检查，子宫发育正常，附件等无异常。丈夫体健，精子数量、活力均正常。曾间断服血府逐瘀等方药，屡医无效。诊时正值经期，面青晦暗，痛苦病容，手足欠温，腹软，未扪及包块，舌质暗淡，苔薄白，脉沉细而迟。辨证系血虚寒凝经脉，拟当归四逆汤化裁治之。当归 20g　赤药 15g　细辛 6g　炙甘草 6g　生姜 6g　木通 6g　官桂 3g　吴萸 9g　炒艾叶 9g，3 剂水煎服。二诊，腹痛大减，守上方再进 3 剂，三诊见手足转温，守上继进 5 剂，并嘱在每月经前服 3 剂，翌日月经按期而来，三月后即有孕。

按：患者痛经七年之久，已婚未孕，见症皆营血内虚，寒滞经脉之象。遵《伤寒论》"若其人内有久寒者，宜当归四逆加吴茱萸生姜汤"之法出入。当归四逆汤养血通脉，温经散寒，吴茱萸、生姜温中散寒，降逆和胃，官桂、艾叶暖宫调经，药证相拍，使寒邪去，胞宫暖，经脉通，而获效。

二、身痛（多发性神经肌炎）

俞某某，女，63 岁，农民。1987－12－05 日初诊。主诉：肢体烦痛 3 天。半月前因受凉发病，先觉发热恶寒，无汗、咳嗽，全身不适，西医诊为上呼吸道感染，给予解热镇痛及抗生素治疗1周，发热恶寒咳嗽稍减，但复增头晕目眩，全身烦痛（四肢尤其），干呕不能进食，遂收住院。查：T36～37℃，P68/min 律齐，R18/min，未闻及病理性杂音。化验：血、尿、便 RT（－），B超：肝、胆、肾均无异常异常发现。诊为多发性神经肌炎，给予阿托品0.5mg，肌注，一日三次，安定10mg，肌注，一日二次；杜冷丁50mg，肌注，一日二次，肢体烦痛仍不能缓解，日渐加重，遂邀中医会诊。刻诊：自述四肢烦痛不能忍受，痛时手足发冷麻木，恶心干呕3日未能进食，下利清水便，一日二～三次。视其面色晦暗，形体羸瘦，双下肢肌肉松弛，身及四肢均呼痛不已。舌色紫暗，苔白腻，脉细弱。诊断：厥阴寒身痛证。系阳气素虚，厥阴受寒，致营卫不调，阴血内弱。治宜温经散寒，益气养血。方用当归四逆汤加减：当归20g　赤白芍各10g　细辛3g　干姜10g　桂枝10g　麻黄6g　木通6g　炙甘草6g　大枣10g，二剂，水煎频服，加服热粥。二诊：服药后全身微有汗出，四肢烦痛大减，继用上方去麻黄、细辛，加黄芪30g，再进2剂。三诊：四肢烦痛已基本缓解，饮食知味，只是全身松软无力，仍守二依方继进4剂。再诊诸证悉除，精神好转，出院调养，迄今没发。

按：此例身痛肢痛，伴手足不温，系厥阴受寒；阳气外虚；脉沉细而迟，乃营卫不和、阴血内弱之象。故用当归四逆汤先加麻黄以祛风散寒，重在祛外邪，加服热以鼓舞胃气，有利于抗邪外出，后去麻黄、细辛加黄芪，重在益气养血以安正，而收到攘外安内，通利筋脉之效。

三、冻疮

侯某，男，13岁，学生。1987－12－15日初诊。自述于1984年冬季玩雪并伤双手，当时双手起泡，后溃破经治疗疮面收口，但手背仍肿胀不消，且常有凉感，每年入冬即发，天暖自愈。屡医无效。今年入冬以来肿热加重。触之冰凉，舌质淡，脉沉而细。辨证，本为血虚之体，复感寒邪，血为寒滞不荣四末，治宜温经散寒，养血通络，方用当归四逆汤，当归9g　桂枝6g　芍药9g　细辛3g　木通6g　炙甘草6g　大枣6g，水煎内服。同时用上方倍量煎汤熏蒸患部，用布敷上，勿使汤气外泄。待汤稍凉后将双手浸入盆中，共30min，每天1～2次，连用三天而愈，至今再未复发。

按：冻疮素有手足不温之症，知为荣血内弱，用当归四逆汤内服以养血通络；疮在手背，受寒而发，无非寒凝，复用本方熏蒸浸洗，得在温经散寒，使药力直达病所，以图内外加工，使血充寒散故效捷。

四、体会

《伤寒论》35条云："手足厥寒，脉细欲绝者，当归四逆汤主之。"仅寥寥数语，点明脉细由阳弱血少所致，由于虚不能荣于脉中，不能温于四末，加之血虚之体易受寒袭，年以手足厥寒。再观全方配伍。当归补阴养血，细辛温散寒邪，桂枝温经通络，芍药敛阴和营，归芍合用补血之功更显，桂辛相伍温运之力愈甚，大枣辅当归生血，木通、甘草协诸药通络。然其临床应用，又当详辨而活用。笔者认为，本方临证时应掌握以下3点：①平素血虚或阳虚之体；②复因感受寒邪；③有虚寒见证，如畏寒、肢凉等症，尽可放胆用之。服之可使血充寒散，脉畅肢温，而获异病同治，一方多用之效。

［《陕西中医函授》1996，(1)：31］

仲景方在伤科内伤疾证中的运用举隅

胡立敏　汪栋材　江西中医学院

笔者近几年来常将仲景方药灵活运用于伤科临床，只要辨证精当，每获良效，尤其是用于伤科内伤病证，常常得心应手，现将其中几例典型治验介绍如下。

脑震荡后遗症

××，男，32岁。因饮酒时与他人发生口角，被他人用酒瓶砸击伤头顶，当即昏厥不省人事约10分钟，醒后头昏头痛，视物旋转，恶心呕吐频作，耳鸣如蝉，由旁人抬送至市某医院诊治，经摄颅脑CT未见颅部骨折及颅内血肿，但颅顶部有一大约为8×5×2cm头皮下血肿，诊为"脑震荡"，经输液及脑脱水剂等治疗1周后出院。现伤后已10天，仍有头昏沉重，如帽压顶，不能多食，多食或更换体位则恶心欲呕，耳鸣时作，于1993年10月12日前来门诊。诊见面色少华，手指欠温，少气懒言，舌淡红，苔薄白稍腻，脉沉弦略滑，治拟当归四逆加吴茱萸生姜汤，处方：当归15g　白通草20g　桂枝10g　细辛5g　炒白芍10g　吴茱萸20g　炙甘草6g　大枣5枚　生姜3片　5剂。每剂用水煎成约150ml，兑等量温米酒，少量频频饮服，一日二次。

5天后复诊，患者喜诉服药3剂后，恶心欲呕之症渐除，饭量稍增，余症见减，同仅有头微昏如戴帽，时有耳鸣、畏寒，拟原方加石菖蒲10g，并减轻吴茱萸，通草用量至10g，再服5剂。三诊，药后诸症悉除，嘱其服金匮肾气丸调理半月。

按：巅顶为足厥阴肝经所络属，患者巅顶受伤，瘀阻厥阴肝脉，经气失疏，导致清阳不升，浊阴不降，清窍受阻，故有头昏沉重，帽压巅顶感及恶心欲呕，肢末欠温诸症，故处之以当归四逆加吴茱萸生姜汤，该方为仲景治血虚寒邪凝滞肝脉之方，方中当归、细辛、通草、桂枝、米酒等通脉活血以升清阳，吴茱萸、生姜、白芍温肝祛寒以降浊阴，大枣、甘草和胃降逆以止呕，诸药相配，用之切中病机，故获速效。

胸胁挤压伤

杜×，女，42岁。1994年3月23日初诊。患者三天前在乘公共汽车时，因急刹车，胸胁被挤压撞击伤，当时胸闷气逼，面色苍白，欲言不能，由家人搀扶下车，张口太息数分钟，方觉胸中之稍顺，胸闷减轻，回家自服田三七末少许。近日来胸闷不除，如物填胸中，夜间尤为明显，左胁胀痛逐日明显，张口太息以虚掌叩胸则舒，摄胸部X线片未见肋骨骨折，且胸胁无明显压痛点，脉沉弦，舌淡红，苔薄白，形体微胖，此为肝脉气血郁滞，投旋覆花汤加味，药用：旋覆花30g（布包） 茜草15g 枳壳15g 葱白头6根（后下） 玄胡15g 5剂。水煎日二服。药后胸闷解除，气顺不太息，仅存左胁隐隐作痛，效不更方，再进5剂，诸症皆除。

按：旋覆花汤为仲景治肝着之方，肝着之病“其人常欲蹈其胸上”，病为邪着肝脉，气血郁滞所致。该患者因挤撞胸胁，以致胸胁气机失畅，血脉闭阻，肝之经脉布胁络胸，故有胸闷胁胀，太息叩胸则舒等症。本案病机症状皆同肝着之病，故投以旋覆花汤加枳壳、玄胡增强疏肝理气，活血止痛之功，其效如槌击鼓。

小腹及肾挫伤

李××，女，31岁。1992年3月4日门诊、自诉昨夜被人掌脚相加，击伤腰腹多处，伤后小腹胀满疼痛，腰痛不耐转侧，夜间心烦口渴难以入睡，小便短数不畅，今晨见小便赤黄，特来求医。察其表情痛苦，双手撑腰缓行，下腹拒按，左肾区叩击痛明显，查小便常规见：红细胞满布视野，舌质尖红，苔薄黄，脉弦有力，治投桃仁承气汤合五苓散，处方：桃仁10g 生军15g（后下） 桂枝6g 泽泻15g 炙甘草10g 猪苓10g 茯苓10g 白术10g 芒硝6g （另包冲服）2剂。水煎，一日二次。

二诊，药后大便通利，小便通畅，小腹胀满疼痛明显减轻，现仍有腰酸胀痛、复查尿常规红细胞（++）、给上方加仙鹤草15g、白茅根30g，5剂。5天后三诊，诸症皆除，仅感腰酸，尿常规正常，嘱其多休息，并内服知柏地黄丸善后调理。

按：桃仁承气汤和五苓散为仲景治疗太阳蓄血和蓄水的主方。患者腰腹受伤，腰为肾府，肾与膀胱相表里，肾络损伤，血不循经而下注膀胱，小腹为膀胱所居之处，小腹受伤，影响膀胱气化功能，故有腰腹胀满疼痛、小便短赤不畅等症，实为膀胱水血并蓄之证，故二方兼投水瘀并逐而病获愈。

腰椎骨折腹膜后血肿

李××，男。40岁，1990年10月23日夜由他人抬送我院住院治疗，患者一天前因车祸伤及腰部，当即腰痛如折，不能站立及弯腰活动，但双下肢感觉运动正常，在事故当地医院拍X线片确诊为“L_1压缩性骨折”。现腰痛腹胀，午后潮热，大便数日未解，查体温38℃，血压正常，形体壮实，面色微赤，腹膨如鼓拒按，舌质偏红，苔黄少津，脉沉实有力而数。腹胀乃腹膜后血肿所致，急投大承气汤一剂，药后数小时大便通泻，腹胀膨隆顿减，腰痛减轻。次日二诊，体温正常，腰痛仍存，腹膨不见，但腹失柔软而拒按，改投仲景下瘀血汤，药用：生大黄50g 桃仁30g 炒䗪虫20个 以上三味烘干研末，蜜调为丸，分10次用温米酒冲服，一日二次。5天后，腹痛基本消除，按之柔软，腰痛大减，嘱其在床上按时进行腰背功能锻炼，住院20天出院，6个月后随访患者腰无疼痛，行走如常人。

按：通腑泻下治疗腹膜后血肿肠麻痹已为骨伤科常用，但此法不可太过及久用。仲景曾用大承气汤或下瘀血汤治妇人产后瘀结腹痛之证，二方证治相同，但其应用病理附段及病情有所不同，可见仲景辨证之严谨。本案患者虽为腹膜后血肿，但其病理实为瘀结腹中，阳明腑气不通，故有腹膨拒按，大便不通，午后潮热诸症，所以用大承气汤通腑泻热，腑通则瘀血兼下，又防泻多伤正，故后改用下瘀血汤专攻瘀血，以散血肿，故病得愈。

宿伤虚劳证

王×，男28岁，已婚。1992年3月13日初诊，患者4个月前被人乱拳杂脚打伤胸、腹、背多处，周身疼痛，当时曾呕吐一次，在某院诊断为“软组织挫伤”，经给予内服中药5剂疼痛稍减，此后食纳大减，形体消瘦，畏寒，性机能减退，遇阴雨天气周身多处隐痛绵绵，有数处痛如针刺，近日感受风寒，夜间阵阵干咳，服感冒及止咳药不效，特来就诊，察其面色无华，形体消瘦，白睛瘀斑，肌肤干燥失润，舌质偏暗，脉细弦而涩，此为瘀积胸腹阴血干结，不荣经脉肌肤之虚劳证。治拟大黄䗪虫丸化裁，缓缓图之。处方：大黄 150g　黄芩 100g　桃仁 100g　杏仁 100g　炒白芍 150g　干地黄 250g　干漆 50g　水蛭 30g　䗪虫 50g　炙甘草 100g　鸡血藤 100g　荆三棱 50g　以上各药粉碎为末，蜜炼成 100 丸，每服一丸，温酒送服，一日三次，服药期间忌房事。

二诊，服药二十余天，饭量渐增，精神好转，面色少华，夜咳解除，效不更方，拟原方再配制 100 丸，并处以种洋参 100 克浸酒送服药丸。三诊，患者喜形于色，面色有华，形体渐壮，少处伤痛甚微，余无其他不适，投成药补中益气丸调理。

按：大黄䗪虫丸为仲景治疗虚劳日久，气血运行不力，瘀积体内，影响气血运行，最终引起脏腑经脉筋肉失养，出现虚损。一为因虚致瘀，一为因瘀致虚，因果关系先后不同，但其病理却相一致，故本案投以大黄䗪虫丸，缓缓图治，则病获痊愈。

［《中国骨伤》1996，9（2）：39］

非治疗咳喘病经方在咳喘病中的运用

滕美林　青岛市第三人民医院

仲景在《伤寒杂病论》中，有许多治疗咳喘病的方剂疗效卓著，沿用至今。而笔者用原文非治疗咳喘病的方剂，治疗咳嗽、喘证，疗效也很显著，试分述之。

一、小陷胸汤

原书指证：小结胸病，正在心下，按之则痛，脉浮滑者，小陷胸汤主之。

小陷胸汤由黄连、半夏、栝蒌三味药组成。主治痰热互结于心下，脘部压痛、脉浮滑者。在咳喘病中，脘部压痛并不多见，但病机属于痰热互结在胸脘者，却极为常见。病见咳嗽或喘息、面赤胸闷、胸腹发热或手足欠温（因阳气内郁而不得伸展），吐黄痰质稠、苔黄厚粘腻、脉浮滑或弦滑偏数，用小陷胸汤或配以相应的药物，能取得满意的疗效。是一张清痰热的有效方剂。

症例：梁××，男，65 岁。发作性咳喘 20 余年，加重 1 周。患者咳、喘不得平卧，胸闷，痰多色黄质稠，午后低热，心慌时自汗出，纳呆，便艰，苔黄厚粘腻舌红，脉滑数。处方栝蒌 30g、黄连 6g、半夏 10g、党参 10g、麦冬 6g、五味子 6g、麻黄 8g、杏仁 10g、甘草 6g。三剂药后，胸闷、咳喘均大减，大便通畅，苔转薄黄腻。予上方调治。

二、大柴胡汤

原书指证：太阳病，过经十余日，反二、三下之，后四、五日柴胡证仍在者，先与小柴胡汤。呕不止，心下急，郁郁微烦者，为未能也，与大柴胡汤下之，则愈。伤寒十余日，热结在里，复往来寒热者，与大柴胡汤。伤寒发热、汗出不解，心中痞硬，呕吐而下利者，大柴胡汤主之。

大柴胡汤为主治少阳兼阳明实热的方剂，由小柴胡、小承气汤加减合成。症见寒热往来、胸胁烦满疼痛、呕吐、大便闭结等。笔者用其治疗咳喘症兼有食积者，特别是因胃肠实热而感风寒，周期性发作咳、喘的患儿。症见咳、喘，痰稠声浊，或流涕、恶寒、脘腹压痛，大便干燥或秘结，苔黄腻满布或偏于半侧，脉弦滑者，可予大柴胡汤加减。

症例：张×，女，6 岁。咳喘 2 年加重 5 天就诊。患儿于 2 年前患肺炎，此后每因“感冒”即发咳喘。发病则不思饮食；病情缓解则胃口大开、嗜肉食，偶感风寒又发，如是循环约 20 余天发作 1 次，常用中西药治疗奏效。此次又因伤食，适逢洗澡着凉引起咳喘，在儿科输抗生素及平喘药，效果不佳，到我处就诊。见患儿面红目赤、咳嗽声浊、呕吐时饭食夹有黄痰，微发热（T37.6℃），喷嚏、流清涕，大便 3 日未解，苔黄厚腻，脉浮滑数，脘腹有压痛，听双肺有鼾音。处方：柴胡 8g、黄芩 8g、半夏 10g、大黄 5g、枳实 6g、白芍 6g、杏仁 8g、生姜三片、红枣 3 枚掰。二剂药后得大便量多色黄气秽、热退、喘平。以上方加减调理而痊。

三、炙甘草汤

原书指证：伤寒、脉结代、心动悸、炙甘草汤主之。

炙甘草汤是一付阴阳双调、滋阴润燥、补血复脉通阳的方剂。临床上多用于心悸、脉结代证。笔者在临床上见到久咳不愈、口干咽燥或痰中夹血，心慌气短，虚烦不眠，便艰等阴血不足之证。特别是左心衰竭、出现肺水肿，呛咳不已，吐粉红色血痰，遂用此方调治。遇急性肺水肿时，当加用泻肺利水之品，如桑皮、葶苈、车前子等，往往效如桴鼓，咳减血止、挽生命于一旦。

症例：王××，男，52 岁。咳嗽 30 余年加重伴咳血1周就诊。患者素有肺结核一疾，经治疗已愈；但仍有轻微咳嗽。近1周咳嗽加重，并痰中夹血，色浅量少。伴心慌气短，咽干不欲饮，寐差有盗汗，大便干。观患者形瘦面黄少华、苔薄净舌淡红、脉结代。听心率88次/分，心律不齐，偶闻二联律，双肺呼吸音粗。拒绝入院治疗。处方：炙甘草10g、桂枝6g、生地30g、麦冬10g、党参10g、阿胶10g（烊冲）、麻仁10g、生姜6g、大枣10枚。水酒各半煎。三剂药后，咳血已止，咳嗽也明显减轻，面色较前红润，脉无结代。续以上方调治而痊。

四、麻黄附子细辛汤

原书指证：少阴病、始得之，反发热，脉沉者，麻黄附子细辛汤主之。

本方是治疗少阴兼有表症的温经散寒之剂。但是从麻黄与细辛的配伍来分析，即具有辛温宣散、化饮利水之功，可治咳逆上气；配以附子温经助阳，对于素体阳虚，背冷恶寒，足冷不温，适遇外感咳、喘、寒多热少，痰稀而冷，舌苔水滑，脉沉细者，即可用之。也可予方内加甘草，即麻黄附子细辛汤与麻黄附子甘草汤合方，疗效亦佳。

症例：关××，男，69岁。咳喘3天。患者于3天前受寒引起咳嗽，未予治疗，近咳嗽加重，渐感气喘，吐透明状痰，恶寒，背部尤甚，不发热，鼻流清涕，手足发凉，时入初冬，已穿棉衣，大便欠实，小便清长，苔白滑舌淡暗，脉沉细。处方：麻黄6g、附子6g、细辛3g、甘草6g、杏仁10g，药后翌日即感四肢温暖，恶寒差，咳喘明显减轻。上方服5剂后，即以附子理中汤善后。

五、桃核承气汤

原书指证：太阳病不解，热结膀胱，其人如狂，血自下，下者愈。其外不解者，尚未可攻，当先解其外；外解已，但少腹急结者，乃可攻之，宜桃核承气汤。

此方由调胃承气汤加桂枝、桃仁组成。主治血蓄膀胱，具有泻实热、化瘀凝的功用。其不仅能驱散少腹的瘀血，还能引上、中焦的郁血下行。笔者用于久咳久喘，络脉瘀阻，口唇爪甲紫暗，胸膈满闷或痛，或痰中带血，口干渴，大便秘结，舌紫暗有散在瘀点，脉沉实，属瘀热互结者，即可予桃核承气汤治之，也可合双仁散（杏仁、桃仁）治疗。

症例：于××，女，48岁。咳喘30余年，加重1周就诊。患者于9岁时因过食甜物，遗留喘疾。此后每遇外感或饮食不当或情绪欠佳则发。1周前因淋雨而发热恶寒，体温达38.7℃，在本单位给予青霉素静滴，中药予麻杏石甘汤加味，3天后患者体温转为低烧，仍咳、喘，吐黄痰，头痛、胸痛，口干欲饮，大便5天未解，时有烦躁，口唇紫暗，苔黄粘腻，口有秽浊气，舌紫暗有散在瘀斑，脉沉弦滑，小腹有压痛。处方：桂枝5g、桃仁10g、大黄10g、甘草6g、元明粉6g（冲服）、杏仁10g、一剂药后即得大便，色黑气秽，热退，二剂后胸痛明显减轻，咳喘亦轻，苔转薄腻，口无秽浊气。以上方加减调治。

六、半夏厚朴汤

原书指证：妇人咽中如有炙脔，半夏厚朴汤主之。

本方主治痰郁气结，逆于咽喉之间的梅核气病。笔者用此方加苏子或以苏子代苏叶，治疗因情绪欠佳，诱发咳喘，苔见白滑、脉弦的病人，疗效颇佳；或见内寒表症，气逆夹痰患者，予本方加苏子。

症例：韩×，女，34岁。患者于半月前与顾客发生口角，翌日即出现咳嗽，同时，咽喉似有物堵，痰少、胸闷欲太息、纳呆、夜少安寐，苔见白滑厚腻舌淡红、脉弦滑。处方：半夏10g、厚朴10g、茯苓15g、苏梗子各8g、生姜6g、杏仁10g、远志10g。三剂药后咳止，咽喉堵塞感亦轻，予原方加减调治而痊。

七、讨论与体会

这6张方剂，在原文中均非治疗咳、喘之疾，为什么治疗咳喘证也能取得明显的疗效呢？如众所周知，《伤寒论》是以六经（人体手足十二经）作为辨证论治的纲领，六经辨证也是脏腑经络病变的反映，是脏腑辨证的重要组成部分。如小陷胸汤证是痰热互结于心下——足阳明胃；大柴胡汤是外有少阳（三焦、胆）之邪，内有胃肠（手足阳明）实热；炙甘草汤为太阳（手太阳小肠）之邪不解，使人少阴（手少阴心）的阴阳气血亏损之证，因心与小肠相为表里；麻黄附子细辛汤是太阳（足太阳膀胱）受邪，少阴（足少阴肾）阳虚（因肾主水、主寒、肾与膀胱相为表里），属表里同病；桃核承气汤为瘀热结于下焦，或在膀胱、或在小肠；半夏厚朴汤是治疗妇人杂病之方，从方症分析，病位当在肝，因肝主气、司疏泄，足厥阴肝经“循喉咙之后，上入颃颡”，肝失疏泄，夹痰上逆，结于咽喉，乃呈斯症。

从这6张方剂的病因、病机、病位的分析及临床实践，进一步说明了《素问·咳论》的“五脏六腑皆令人咳，非独肺也”的经旨。是确实可信的。咳、喘非独为肺病。而“形密饮冷”也决非咳嗽或喘症的唯一病因。另外，通过这6张经方的临床验证，也深刻地体会到“治病必求于本”的经训，乃是治病收效的关键所在，去除了致咳（喘）的病因，不治咳而咳自愈。

[《中国实验方剂学杂志》1996，2（3）：40]

枳实薤白桂枝汤合人参汤治疗慢性支气管炎30例临床观察

奚肇庆　曹世宏　韩树人　郁　斌
南京中医药大学附属医院

我们自1990年1月至1995年6月观察了枳实薤白桂枝汤、人参汤对慢性支气管炎迁延期（简称慢支迁延期）30例临床观察，并与金匮肾气丸对照比较，疗效满意，报道如下。

一、临床资料

1. 一般资料　治疗组30例，对照组22例。性别与年龄：治疗组男20例，女10例，平均年龄68岁；对照组男14例，女8例，平均年龄65岁。病程与分型：治疗组病程10～30年平均17年；对照组12～27年，平均18年；两组均为喘息性支气管炎，合并不同程度的肺气肿体征，2例合并肺心病。

2. 分期及辨证分型　二组病人均为慢性迁延期，伴有不同程度的咳、痰、喘等症状，迁延不愈，或急性发作期症状一个月后仍未恢复到发作前水平。中医辨证分型，按1988年卫生部药政局中药治疗慢性支气管炎的临床研究指导原则的虚寒型[1]为观察对象，症状见有咳嗽，痰多色白，或喘息，动则气喘更甚，四肢及背部冷感，舌质淡红胖，苔白滑，脉沉细，兼有胸闷胸满，或心慌。

3. 疗效判断标准　按照全国慢性支气管炎专业会议1979年的疗效判断标准[2]，结合理化检查加以判定。

二、治疗方法

治疗组以枳实薤白桂枝汤合人参汤为基本方，药用枳实、厚朴、薤白、桂枝、全瓜蒌、党参、干姜等。对照组以金匮肾气丸为基本方，药用熟地、山萸肉、山药、茯苓、泽泻、桂枝。两组酌加沙参、紫菀补肺止咳平喘之品。若病情有迁延，痰郁化热，稍减辛热之品，复入黄芩、鱼腥草、竹沥等。均用水煎剂，每日1剂，1月为1疗程，总疗程为3个月。疗程中有4例合并严重感染者，配合抗生素治疗。

三、治疗结果

1. 咳、痰、喘、哮鸣音的疗效　治疗组在咳嗽、咯痰、喘息、哮鸣音有效率与对照组相比，无显著性差异（$P>0.05$），但咳嗽、咯痰哮鸣音显控率显著高于对照组。见表1。

2. 感冒、发作次数比较　两组治疗前3个月感冒及支气管炎发作次数分别为6.3 ± 1.78、5.8 ± 1.82；治疗后与上一年同期3个月相比，治疗组为2.5 ± 1.08（$P<0.01$），对照组为4.6 ± 1.12（$P<0.05$）。

3. 肺功能改善情况　治疗前后两组肺通气功能改变情况见表2。

表1　两组症状改善情况（例）

		n	临控	显效	好转	无效	显控率（%）	有效率（%）
咳嗽	治疗组	30	12	12	4	2	80.0*	93.3
	对照组	22	6	5	7	4	50.0	81.8
咯痰	治疗组	30	16	9	3	2	83.3**	93.3
	对照组	22	6	4	8	4	45.5	81.8
喘息	治疗组	30	10	12	4	4	73.3	86.6
	对照组	22	8	6	5	3	63.6	86.4
哮鸣音	治疗组	30	13	10	4	3	76.7*	90.0
	对照组	22	5	5	8	4	45.5	81.8

注：组间比较，$*P<0.05$，$**P<0.01$

表2　两组肺通气功能治疗前后的变化（$\bar{x} \pm SD$）

	治疗组（n=23）		差值	对照组（n=16）		差值
	前	后		前	后	
FVC	2.01±0.81	2.49±0.96	0.46±0.87*	2.08±0.92	2.32±1.02	0.24±0.44*
MBC	30.46±16.78	41.95±20.49	11.49±19.66*	31.44±15.17	42.84±19.66	11.38±17.41*
FEV1.0/FVC%	1.39±0.70	2.32±0.80	0.93±1.71*	1.26±0.67	1.82±0.92	0.56±0.89*
MMEV	0.56±0.42	0.82±0.54	0.26±0.47*	0.45±0.30	0.59±0.40	0.14±0.31
V_{50}	0.63±0.31	0.81±0.40	0.18±0.32*	0.52±0.39	0.72±0.48	0.20±0.39
V_{25}	0.25±0.16	0.38±0.20	0.13±0.12**	0.27±0.14	0.34±0.21	0.07±0.14

注：治疗前后比较，$*P<0.05$，$**P<0.01$

4. 血清免疫球蛋白的变化　治疗组18例作血清免疫球蛋白的检查，治疗前后IgG分别为1279±89.34、1368±94.69mg%（P<0.01），而IgA、IgM无显著差异。

5. 血浆LPO、SOD的变化　治疗组22例作过氧化脂质（LPO）含量、超氧化物歧化酶（SOD）活性的检查，治疗前后分别为6.49±1.21，5.04±0.94mol/L；62.94±10.03，72.11±12.32u/L，有显著性差异（P<0.01，P<0.05）。

四、讨论

《金匮要略·胸痹心痛短气》篇云："胸痹心中痞气，气结在胸，胸满，胁下逆抢心，枳实薤白桂枝汤主之，人参汤亦主之"，一证而设二方，是为同病异治之法。冠以胸痹，当有喘息咳唾，胸痛短气，喘息不得卧诸证，与瓜蒌薤白半夏汤相比较，本条又添出心中痞气，气留胸间，胸满气逆上冲等症状。临床上与慢性支气管炎反复发作的病史，咳嗽咯痰、喘促的症状和胸胁胀满的肺气肿体征有相似之处，所以慢支迁延期的病因病机亦可用阳微阴弦来概括。阳微，即由肺及脾，由上及中，阳气式微，而致肺脾同病；阴弦，则气痹郁滞，痰浊内生，上逆心胸，而致胸廓失旷，形成虚实错杂之证。对此，我们将二方合而用之。

从临床资料分析，治疗组在咯痰、哮鸣音的显控率，改善小气道通气障碍等方面，优于金匮肾气丸组，并能减少感冒及发作次数。方中薤白、瓜蒌苦辛相配，宽胸涤痰；薤白、桂枝辛温相合，通阳宣痹，厚朴、枳实消痞除满，宽中下气，党参、白术、甘草补益脾气，干姜温中助阳，共奏通阳泄浊，以开上结，健脾益气，以杜痰源，诚如尤在泾在《金匮要略心典）所说："去实之邪，即以安正，养阳之虚，即以逐阴"。

本资料表明，枳实薤白桂枝汤合人参汤能提高免疫功能，改善肺通气功能障碍，以及抗氧自由基，减少炎性反应，有利于慢支迁延期患者机体的修复，改善生活质量，延缓和防止肺心病的发生和发展。

参考文献

[1] 中华人民共和国卫生部药政局. 中药治疗慢性支气管炎的临床研究指导原则. 中国医药学报，1988；8(6)：68.

[2] 全国慢性支气管炎临床专业会议修订. 慢性支气管炎临床诊断及疗效判断标准. 中华结核和呼吸系统疾病杂志. 1980；3(1)：61.

[《南京中医药大学学报》1996，12（4）：20]

"外气"与金匮肾气丸对"阳虚"小鼠血浆中分子物质含量的影响

骆永珍　袁必文　周从全

华西医科大学

郑　军　孙　奕　杨安华

成都中医药大学

内容提要　用羟基脲造成"阳虚"小鼠模型，然后采用补肾壮阳中成药金匮肾气丸和气功师发放"外气"进行治疗，并检测血浆中分子物质的含量。实验结果：（1）"阳虚"小鼠组明显高于正常小鼠组（P<0.05）。（2）金匮肾气丸治疗组显著低于"阳虚"组（P<0.01）。（3）气功外气治疗组显著低于阳虚组（P<0.001）。

关键词　气功"外气"金匮肾气丸　肾阳虚　中分子物质

中分子物质（Middle molecutar substances，MMS）是存在于体液中的一类具生物毒性的中等分子量（300～5000 道尔顿）的物质。近年国内外研究证实该物质在体内积聚具有显著的致病作用，参与许多疾病的发病机理[1][2][3]。因此，MMS 当属于祖国医学“邪”的范围。我们按刘氏法[4]复制小鼠“阳虚”模型，对此观察了气功“外气”和祖国医学经典补肾壮阳方药“金匮肾气丸”对其血浆中分子物质含量的影响，现报道如下：

一、实验材料

（1）动物　雄性 NIH 近交系小鼠 20±2g，由中国医学科学院输血研究所提供，在实验条件下观察一周后，开始实验。

（2）药物　羟基脲 0.5g/片，济南制药厂生产，批号 910901。金匮肾气丸，北京同仁堂制药二厂生产，批号 9012738，用生理盐水配成 0.2g 混悬液，按成人每千克体重用量的 15 倍给药。

（3）仪器　UV－754 型紫外可见分光光度计。

二、实验方法

1. 实验分组　将小鼠随机分作正常对照组、羟基脲“阳虚”模型对照组、金匮肾气丸治疗组和气功“外气”治疗组共 4 组。每组动物各 10 只，均用全价颗粒饲料喂养，自由摄食饮水。

2. “阳虚”模型的复制　除正常对照组外，其余各组按刘氏法[4]灌胃羟基脲混悬液 7.5mg/只，连续 10 天。即用生理盐水分别将羟基脲配成 10.7g/L 及 18.75g/L 含量，每日（17：00～19：00）给予“阳虚”模型对照组及气功“外气”治疗组小鼠每只灌胃 0.7ml，金匮肾气丸组灌胃 0.4ml，共 10 天。

3. 给药和气功“外气”治疗　每日造模处理后 30 分钟给药或进行气功“外气”治疗。气功组动物每日由气功师面对鼠笼，伸出右手发放“外气”，20 分钟×10 天；服药组每日每只给金匮肾气丸混悬液 0.3ml（相当于 2.6g/kg）×10 天；正常对照组同时灌胃生理盐水 0.7ml×10 天；“阳虚”模型组不作处理。

4. 检测指标　于末次造模和给药及气功“外气”治疗后 24 小时，眼眶取血、肝素抗凝，分离血浆，采用第一军医大学改进的 ra6pMajIяH 紫外吸收法测定各实验组动物血浆 MMS。

三、实验结果

“阳虚”小鼠一般情况表现：“阳虚”模型组小鼠于造模后第 6 天开始出现尾巴发凉，倦缩拱背，活动减少，毛枯不荣，日益消瘦等“阳虚”现象，并伴有死亡。给补肾壮阳药组虽也出现上述变化，但程度较轻，而气功“外气”治疗组上述症状不明显，且无死亡现象发生。

气功“外气”和金匮肾气丸“阳虚”小鼠血浆 MMS 的影响实验结果，见附表。

附表　各组血浆 MMS 含量比较

组别	n	MMS（μ/L）
正常对照组	10	1660±263
阳虚对照组	6	2690±194△*
金匮肾气丸组	7	1820±111△△**
气功外气组	10	1810±259△△***

注：*：P＜0.05，**：P＜0.01，***P＜0.01，△与正常组比，△△与阳虚对照组比

四、讨论

（1）小鼠“阳虚”模型的建立采用抑制核苷酸还原酶活性的羟基脲为造模药物，模型对照组出现明显“阳虚”证的临床症状，并用我国历代医家用于补肾壮阳的代表方药——金匮肾气丸治疗反证有效，说明所塑造的“阳虚”动物模型是成功的。

（2）研究表明，动物处于“阳虚”状态时血浆 MMS 显著增高，从附表可见，模型对照组血浆 MMS 含量（2690±194/L）较正常对照组（1660±263μ/L）明显增高（P＜0.05）。现已了解，血浆中分子物质主要来源于机体蛋白质代谢产物或细菌，病毒的碎裂产物或细胞代谢紊乱所产生的异常肽类。一般来说，MMS 以一定浓度存在于血中对人体并无损害[5]，在患病的情况下，则机体调控失灵，MMS 可高于正常在体内积聚成为“内生之邪”，即显现出多方面的毒性作用，其主要原因是 MMS 对许多代谢酶类，包括乳酸脱氢酶等呈直接抑制作用，从而导致糖、脂肪、蛋白质等 3 大物质代谢紊乱，进而造成机体脏腑功能障碍和代谢紊乱，免疫系统受到抑制，可出现多虚多瘀，气滞血瘀等症[3,5]。本实验结果表明，灌胃羟基脲第 6 天，动物开始出现“阳虚”症状，第 11 天检测 MMS 总量已呈显著性增高，揭示 MMS 参与了由羟基脲诱发引起的小鼠“阳虚”的发病机制，由此推测，MMS 在体内的积聚可能是“阳虚”毒性反应的重要毒素之一，揭示血浆 MMS 的测定可作为“阳虚”证的诊断指标。

（3）本研究采用祖国医学经典补肾壮阳药金匮肾气丸治疗，能显著降低“阳虚”动物血浆 MMS 的含量。金匮肾气丸治疗组血浆 MMS 含量（1820±111μ/L）较之“阳虚”模型组出现显著意义的

下降（$P<0.01$），揭示补肾壮阳药时"阳虚"的治疗作用与其降低血内 MMS 的解毒功效有关。

（4）研究结果表明，气功"外气"能明显改善小鼠"阳虚"症状，并极显著降低血浆 MMS 的含量。从附表可见，气功"外气"治疗组小鼠血浆 MMS 的含量（$1810\pm259\mu/L$）较之"阳虚"模型组呈极显著意义的下降（$P<0.001$），与金匮肾气丸组无明显差异（$P>0.05$），说明气功"外气"对"阳虚"模型小鼠的治疗作用与中医经典补肾壮阳药有同样功效，且能显著改善阳虚临床症状，如减少死亡等，其机理除与降低血浆内 MMS 的功效有关外，还可能与提高机体免疫功能如 NK 细胞（自然杀伤细胞）和白细胞介素 -2（IL -2）活性及调控物质代谢等有密切关系（见另文报道）。

参考文献

[1] 候淑琴，张振书，王铁舟等．肝癌和肝病患者血中分子和巯基含量及其临床意义的观察研究．中华医学杂志．1986，66（7）：437.

[2] 杨文青，朱京华，铁丹，等．某些肾脏疾病患者血内中分子物质含量及其临床意义．中华肾脏病杂志，1986，2（5）：241.

[3] 方亚伦，戴启宇，马峰，等．高血压病患者血浆中分子物质含量的测定及其在分期分型诊断中的意义．广东生化通讯，1989，6（1、2）：43.

[4] 刘福春，张家庆，李茵仙，等．羟基脲制造"阳虚"动物模型的研究．吉林中医药，1984，（5）：31.

[5] 赵呈明，金文，樊效鸿，等．气滞血瘀证与血浆中分子物质关系的初步观察．成都中医学院学报，1994，17（2）：41.

[6] 郑军，骆永珍，孟先丽，等．川产淫羊藿对"阳虚"模型动物血浆中分子物质与巯基含量的影响．中国中医药杂志，1995，20（4）：238.

［《云南中医学院学报》1996，19（4）：40］

运用仲景方治疗病窦综合征的研究进展

黄河清　石世德　成都中医药大学

病态窦房结综合征（以下简称病窦综合征）是由窦房结或其周围组织的器质性病变导致了冲动起源或传导障碍，主要特点为心动过缓，及其伴随的脑、心等脏器供血不足症状。对本病目前西医尚缺乏特异性疗法，人工心脏起搏器虽疗效较好，但价格昂贵，且有适应范围及使用年限的限制，难以推广。近些年来，中医从辨证出发，结合辨病，运用经方、时方、自拟方对病窦综合征进行了研究治疗，显示了可喜的苗头。笔者现将近 5 年来国内医家运用仲景方治疗病窦综合征的研究进展，综述如下。

一、麻黄附子细辛汤

麻黄附子细辛汤是仲景为少阴病阳虚外感而设，具有温阳散寒之功。现代药理研究认为，该方中的药物主要成分麻黄碱、乌头碱、细辛挥发油等，可使心脏兴奋、心率加快、传导加快、心输出量增加、心肌收缩力增强、心肌缺血改善。故在此方基础上随证加用药物对病窦综合征的治疗研究比较活跃。李恒敏从患者往往表现出精神极度衰惫，神志恍惚朦胧的嗜睡状态，联系到少阴病的"但欲寐"症状，认为本病之本是阳气衰弱、阴阳失调，而气虚血瘀，或气血运行不畅，则是本病之标，常用麻黄附子细辛汤加桂枝、川芎、丹参、黄芪、赤芍，标本兼治，取效甚佳。[1] 张淑云等认为，缓慢性心律失常的主要病机是，心气虚弱，鼓动气血无力，肾阳不足，不能助心阳搏动，用麻黄附子细辛汤加味治疗病窦 49 例，结果显效 14 例，有效 14 例，无效 21 例。[2] 李文华认为，本病以心肾阳虚，阳气衰微为发病根本，以麻黄附子细辛汤为基本方，畏寒肢冷加桂枝、肉桂，气虚加党参、黄芪、炙甘草，血瘀加丹参、川芎、桃仁、红花，胸闷痛加瓜蒌、薤白、郁金，心悸重加琥珀、龙骨、牡蛎，结果显效 11 例，有效 8 例，无效 2 例，总有效率 90.5%。[3] 杨宗善等用麻黄附子细辛汤合生脉饮，属于缺血者加丹参、川芎、红花，属于炎症引起者加二花、大青叶、公英，心悸加远志、柏子仁，胸闷加全瓜蒌、枳壳，失眠加炒枣仁、夜交藤，形寒怕冷阳虚甚者加桂枝或肉桂、仙灵脾、巴戟天。结果，明显好转 5 例，好转 5 例，无效 1 例（属快慢综合征）；治疗后的心率最慢 52 次/分，最快 70 次/分，平均 61 次/分，较治疗前平均提高 13.4 次/分。[4] 王向军认为，病窦多见虚证、寒证，病机以心肾阳虚为主而兼有痰和瘀，治以温阳益气，兼化瘀化痰。选用本方加味，每日 1 剂，治疗 30 日，结果，33 例中显效 11 例，有效 16 例，无效 6 例。其中Ⅰ型病窦有效率 94.7%，Ⅱ型病窦有效率为 88.8%，Ⅲ型病窦有效率为 20%。[5]

二、四逆汤

四逆汤是仲景为气虚外感，误用发汗，烧针，致使阴阳之气大虚而设，并用于治疗太阴脾阳不足证，属甘辛大热之剂，有温肾暖脾，恢复阴阳之气的作用。郑源庞等用四逆汤加味组成扶本增脉汤治疗病窦综合征 46 例。结果：显效 16 例，有效 23

例，无效6例，恶化1例，总有效率为84.7%，使39.13%的患者心电图恢复正常，半数以上的患者阿托品激发试验阴性，同时大部分患者的临床症状与窦房结功能的电生理指标都有不同程度的改善。动物实验也证实，该方对正常小鼠有明显增加心率的作用，同时可使Isoptin急性造型小鼠的缓慢性心律失常的发生延缓且程度减轻。[6]金若敏等用实验小鼠注射大剂量心得安后造成身体倦缩，行动迟缓，体表及四肢温度明显下降，心率减退，严重者心衰死亡，并且观察到上述症状的严重速度与心率减慢程度密切相关，给予四逆汤后，则能对抗心得安所致的心率减慢作用，此效应在一定范围内呈剂量依赖关系。[7]

三、小青龙汤

小青龙汤是仲景为伤寒表不解、寒饮水气停肺导致咳、喘、干呕、发热不渴等症而设，具有温肺化饮，发散表邪之功。陈玉珍等认为，病窦综合征是由于阳虚饮停、瘀血内阻所致，应用小青龙汤加味治疗病窦综合征34例，并设30例西药组作对照，两组均维持治疗半年以上。结果，治疗组窦性心动过缓显效20例，窦房阻滞显效9例，交界心律显效1例，慢-快综合征显效1例，总显效率为91.1%；对照组分别为14例、3例、2例、0例，总显效率的63.3%。3~5年随访41例，从两组患者的晕厥发生率（治疗组为3.6%，对照组为8.4%）及固有心率转阴率（治疗组为84.8%，对照组为64.6%）看，治疗组远期疗效明显优于对照组。[8]

四、炙甘草汤

“伤寒脉结代，心动悸，炙甘草汤主之。”（《伤寒论》）结代脉由血气虚衰，不能相续所致，心动悸乃真气内虚、心阳不足之象，仲景用炙甘草汤意在益气养血、补虚复脉。尚振铎根据病窦综合征的主证是脉迟，或迟与结、代、疾脉相交替，心悸、头晕的特点，采用炙甘草汤加黄芪、丹参、当归、郁金、附子等，治疗病窦综合征30例，若胸闷、心痛加瓜蒌、薤白，舌质暗或瘀斑加红花、赤芍，食欲不振加麦芽、山楂，心悸、失眠加枣仁、远志，病久或肾阳虚者加肉桂、仙灵脾，气虚明显者重用党参、黄芪。结果，基本治愈18例，占60%，好转6例，无效6例，总有效率80%。[9]

五、桂枝汤

桂枝汤是仲景为太阳中风表虚证而设，具有调和营卫之功。方中，主药桂枝有通利血脉、辛温甘缓助阳的作用。药理研究证实，可改善冠脉血流量，使窦房结及其周围组织的缺血好转。彭尚默用桂枝汤加黄芪、五味子、丹参、麦冬、枳实治疗病态窦房结综合征13例，经治疗，有效11例，占84.6%，无效2例（15.4%）。[10]

六、结语

综上所述，现阶段运用仲景方治疗病窦综合征的研究，主要从本病阳虚气弱，兼有阴液不足的虚弱病机出发，温补为主，随证和辨病加用其他药物。治疗的脏腑重点在心、肾、脾、肺，治疗的药物主要有麻黄、桂枝、附子、干姜、细辛、人参、炙甘草等，临床和实验研究显示出了较好的疗效，具有一定的临床指导意义。为了进一步拓展治疗病窦综合征的新的有效方法，根据足厥阴肝经与手厥阴心包经的密切联系，以及气血的生成、运行、津液的输布离不开肝疏泄条达作用的原理，今后的研究不应忽略温肝暖阳、激发肝气、使肝疏泄条达正常的治疗。具体的讲，要加强对仲景吴茱萸汤等方的研究。同时要使研究工作更加严格、科学化，采用随机、双盲、对照、大样本的研究，使结果更具有说服力。

[《中医函授通讯》1996，(6)：2]

仲景方治疗老年不寐举要

金美亚　浙江省黄岩市中医院

不寐是老年人的常见病。近年来，笔者运用仲景方治疗此病，收到满意疗效，兹举要介绍如下。

一、肝郁血虚

肝藏血，性喜条达，老人肝血本亏，加之精神抑郁，肝气失其条达，郁而化热，上扰心神，以致魂失所归，神失所养，而见虚烦不寐，心悸眩晕，胸胁郁胀，急躁易怒，善叹息，咽干口燥，舌红苔薄黄，脉弦细数等症。治以《金匮》酸枣仁汤加郁金、玫瑰花、合欢花等养血安神，疏肝达郁。

例1. 张某，男，61岁。1990年5月27日诊。

生性急躁，自去年退休后孤独在家，稍遇不顺心之事即恼怒抑郁，今年2月起常夜不成寐。曾服过西药利眠宁、安定片等，初似有效，久服竟无寸功。月来寐况愈差，甚则彻夜不眠，伴烦躁易怒，胸闷胁胀，时时叹息，纳减。舌红苔薄黄，脉弦缓。此乃郁怒伤肝，肝郁化热，耗伤肝血，致热扰心神，魂不归舍。治当疏肝养血，清热安神，并令其怡情悦志。处方：

炒枣仁20g，茯苓10g，知母10g，丹皮8g，合欢花8g，玫瑰花8g，远志6g，夜交藤15g，川芎5g，炙草5g。

连服6剂，眠况改善，每晚能睡4小时，诸症悉减。继以原方出入，服18剂后，能安眠6～7小时，眩晕、咽干、胸胁郁胀等症如释，年后随访，未曾复发。

二、阴虚火旺

老人肾水亏虚，不能上滋心阴，心火失济，心神为热所扰，症见心烦，失眠，手足心热，口渴咽干，舌红，脉细数。治以《伤寒论》黄连阿胶汤合《金匮》百合知母汤加炒枣仁等，滋阴降火，清心安神。

例2. 王某，男，68岁。1991年7月30日诊。

原有肺结核病史，经抗痨治疗后，病灶钙化。2年来经常失眠，经中、西药治疗效微，近3月眠况愈差，常通宵达旦辗转不寐。伴心烦，咽干口渴，手足心热，入夜盗汗，自疑肺结核复发，经X摄片未发现结核新病灶（原病灶已钙化）。舌红少苔，脉象细数。此乃老年肾水虚亏，心阴失养，水不济火，阴虚生内热，热扰心神，故难寝寐。阅前所服方药多系朱砂安神丸、黑归脾丸、琥珀多寐丸等，咸未入彀。治当滋阴降火，清心安神。处方：

黄连3g，黄芩6g，阿胶8g（烊），生地15g，炒枣仁15g，百合15g，白芍10g，知母10g，生鸡子黄1枚（调入药汁中）。

连进3剂，竟能入睡5～6小时，诸恙大减。效不更方，再进8剂，睡眠正常，诸症如扫，至今寐况良好。

三、心神虚怯

老人心阳不足，加受惊恐，心神虚怯，睡难阖目，终日心中惕惕，即使入眠亦常从恶梦中惊醒，伴气短、自汗，遇事易惊。舌淡，脉细缓。治以《伤寒论》桂枝甘草龙骨牡蛎汤加党参、茯苓、炒枣仁、远志以温补心阳，镇怯宁神。

例3. 陈某，女，61岁。1992年11月15日诊。

生性胆怯，2月前因故受恐后，终日心悸不安，一闻声响即心悸难宁，入夜不眠，即使入寐亦常从恶梦中惊叫而醒，醒后一身汗泄，西医诊断为神经官能症。曾服用舒乐安定片、利眠宁、神衰果素片、谷维素片等罔效。其舌淡苔薄白，脉细缓。此乃心阳不足，心神虚怯。治当温补心阳，镇怯宁神。处方：

桂枝5g，炙甘草5g，龙骨20g（先煎），牡蛎30g（先煎），炒枣仁15g，炙远志6g，炒党参12g。

连服6剂，惊惕心悸减轻，眠有好转，每晚能睡4～5小时，继以原方加柏子仁20g，服12剂后，诸症大平，夜眠达旦。

四、余热扰膈

老人热病之后，余热扰膈，心神失宁，症见心中懊侬，胸膈痞闷，心烦不寐，或似睡非睡。舌红苔薄黄，脉濡数。治予《伤寒论》栀子甘草豉汤加炒枣仁、合欢皮、夜交藤、郁金、桔梗、枳壳，以清疏顺气，安神宽膈。

例4. 陈某，男，70岁。1992年8月13日诊。

盛夏病暑，头痛发热，脘痞纳减，服辛凉解暑、轻宣化湿中药数剂后，热退纳复，头目清利。但近月来夜不成寐，胸膈痞闷，心中懊侬，郁郁不舒，曾服过多种安眠、镇静西药及安神补脑液等中成药仍无济于事。舌质偏红，苔薄黄，脉濡细而滑。此乃余热扰膈，心神失宁。治当清疏余热，安神宽膈。处方：

焦山栀6g，淡豆豉10g，炒枣仁10g，合欢皮10g，郁金10g，桔梗5g，甘草5g，枳壳5g。

服4剂，胸膈转舒，懊侬烦郁均减，眠况好转。再以上方5剂，服后诸症如扫，能酣睡达旦。

[《江苏中医》1996，17（10）：31]

“少阳为枢”及其临床运用

袁成业　江苏泰州市中医院

《素问·阴阳离合论》云：“太阳为开，阳明为合，少阳为枢……”少阳包括少阳经络及其络属之腑（胆、三焦）。枢，即枢机。《说文解字》云：“枢，户枢也。户所以转动开闭之枢机也。”“机，木也。主发谓之机。”由此可见少阳经腑对太阳、阳明经腑的开合起着重要的调节作用。历代医家对该条的注解可归纳为以下两个方面：1. 指少阳经定位及其经腑的生理功能；2，突出少阳升转阳气，是胆主疏泄功能的深化。但仅局限于理论探讨，鲜有付诸临床运用者。

一、少阳经，阳经之枢

经络是人体的重要组成部分，联络组织器官，沟通表里上下；通行气血阴阳，濡养温煦周身；传导内外上下感应，调节机能活动，以维系协调人体复杂的生理功能。经络的生理功能，主要是经气运动的结果。吴昆云："少阳在于表里之间，转输阳气，犹枢轴焉，谓之枢。"张介宾曰："少阳为枢，谓阳气在表里之间，可出可入，如枢机也。"少阳经脉循行于表里之间，外则太阳，内则阳明，且"少阳多气少血"，故能对阳经经气的升降出入起着重要的调节作用。

在病理状态下，外邪入侵，太阳经证恶寒发热，少阳经证寒热往来，阳明经证壮热不恶寒。正是经络之气奋起御邪，邪正交争的三种不同状态。三经同为阳经，有如三道屏障，而少阳经则是驱邪外出的关键。若邪深入阳明，则很快会伤津耗液，陷入阴分。一个"和"字虽为少阳经证治则，恰恰形象地描述了其有如机枢的特殊功能。故三阳经证以少阳为转折点，如《伤寒论》多次提及战汗，亦此之谓，外可祛邪于太阳汗解，内则深陷阳明，甚至累及三阴。

二、少阳腑，脏腑之机

气机的升降出入是脏腑经络的主要活动形式，正如《素问·六微旨大论》所云："升降出入，无器不有。""非出入，则无以生长壮老已；非升降，则无以生长化收藏。"经络络属于脏腑，经络的气机变化是脏腑功能的表现，因此言及气机，必先责之于脏腑。胆是阳木，肝为阴木，胆附于肝，胆、肝同主疏泄，以调达一身气机。《读书随笔》云："凡脏腑十二经之气化，皆必藉肝胆之气化以鼓舞之，始能调畅而不病。"把肝、胆推向了调节气机升降出入的中心。《内经》则更明确地强调胆在调节全身气机方面的重要作用，"……凡十一脏皆取决于胆也。"李东垣认为："胆者，少阳春升之气。春气升则万化安，故胆气春升，则余脏从之。所以十一脏皆取决于胆也。"吴鞠通《医医病书》也指出："盖胆为少阳，主升阳气之先，输转一身之阳气，体本阳也。"因此肝胆调节周身气机，尤以胆为中心。

试问：三焦亦少阳腑，何不能与胆相提并论？避开其名实之争，就其生理功能而言，它是人体元气和水液运行的通道。而"上焦如雾"，"中焦如沤"，"下焦如渎"，则形象地描述了它不同的三种气化状态。既然它是"通道"，必然有维系该通道的第二者，这就是肝、胆。肝胆调达周身气机，同样也可调达三焦气机。

再从具体的角度讲，胆主疏泄可助中焦运化，使脾能升清，胃得和降，保证中焦枢纽的正常运转，并以此化生后天诸气，如营、卫、宗气，生血填精，进而畅调周身气血、津液运行及脏腑百骸的功能活动。因此"少阳为枢"，主枢侧重少阳腑，尤以少阳胆腑为主。

三、临证治验

1. 风温湿案　高某，男，40岁。1992年4月2日入院，住院号：92～482。因恶寒发热9天而入院。发热日晡所加剧，身热不扬，汗出不畅，体温持续在39.5℃左右，体检未发现明显阳性体征，B超查肝、胆、脾、胰正常，血肥达氏反应阴性，血培养阴性，经骨髓培养诊断为"伤寒"。以西药氟哌酸及中药宣痹汤、柴葛解肌汤、藿朴夏苓汤、三仁汤、青蒿鳖甲汤等治疗20余天，均未获效。转以小柴胡汤出入：

炒柴胡10g，党参10g，茯苓10g，法半夏10g，赤白芍（各）10g，槟榔10g，首乌10g，生石膏（先煎）12g，生甘草4g。

药进1剂，体温降为37.4℃，继服2剂，体温降为36.8℃，体温正常7天后出院。

词云："乍暖还寒时候，最难将息。"时值清明将近，天雨纷纷，风温当令与湿邪相合，将息失宜而病。虽从畅中、透风、渗湿之法治之，终未奏效。然发热有定时，邪距少阳，枢机不利，当以和剂为之。方以小柴胡汤和解少阳，达邪外出，加石膏清泻阳明，恐邪内陷，入首乌则顾及久汗血虚，不忘"夺汗者无血"之诫，又可制约石膏、柴胡之辛散之性。

2. 泄泻、汗证案　姚某，女，30岁。1992年3月15日初诊。罹慢性腹泻年余，大便日行2～3次，质溏，伴腹部隐痛，肠鸣，近1月来又增盗汗，甚则白天动辄汗出。肠镜及大便常规检查均正常。平素性情抑郁，纳谷不思，苔薄白，脉滑。属肝郁脾虚，以逍遥散出入：

炒柴胡6g，炒白芍6g，炒白术6g，茯苓10g，当归4g，甘草3g，薄荷3g，车前子（包煎）9g。

3剂后盗汗已止，大便仍溏，日一行。再进3剂，诸症悉失。

宋史云："铜山西崩，洛钟东应。"少阳枢机不利，致太阳开泄失约而成汗证，阳明传导失司而生泄泻，两证并存，虽表现不一，病机则一。着眼少阳调治，有如对弈，一子活而全盘皆活。

3. 不寐案　袁某，男，56岁。1991年1月3日初诊。罹不寐之疾已历10年之久。长期服用镇静剂，通投交泰丸、温胆汤、天王补心丹、磁朱丸、桂枝加龙骨牡蛎汤等剂，均未获效。近年来又增阳萎。刻诊：形体消瘦，神疲乏力，情志抑郁，妄闻妄见，舌淡苔薄，脉弦滑。方以逍遥散化裁：

炒柴胡6g，当归10g，白芍10g，茯苓10g，白术10g，合欢花10g，酸枣仁10g，川芎10g，夜交藤15g，生姜3片，薄荷4g。

3剂后夜寐即宁，前方加葛根20g，继服40剂后，阳萎亦愈，追访至今未发。

俗语云：无心插柳柳成荫。前医治不寐之法可谓悉尽矣，易弦更张转从调节少阳枢机入手，着眼阴阳气机开合不利，力求复其枢机之态，竟至事半功倍。再加葛根，鼓舞阳明气血，不专治阳萎而阳萎自愈。

4. 耳鸣、耳聋案　王某，女，58岁。1992年3月18日初诊。左耳轰鸣，听力锐减3个月，经本市人民医院五官科诊断为神经性耳聋，予西药治疗2个月未效。刻诊：头昏乏力，左耳轰鸣失聪，夜寐不安，舌淡苔薄，脉小弦。治以小柴胡汤加味：

炒柴胡10g，黄芩10g，半夏10g，党参10g，郁金10g，石菖蒲10g，茯神10g，磁石（先煎）20g，生甘草5g，生姜3片，大枣5枚。

配合针灸，取穴：耳门、听宫、翳风、中诸。治疗5天后耳鸣消失，半月后五官科复查，听力恢复。

晋文公伐虢失道，掘蚁穴而得水。耳居头之侧，为少阳经所循，以经络循症结所在，以经络辨脏气活动失度之因。虽非常法，亦不废辨证施治之准绳。

四、结语

少阳枢机不利，开合失司，可致多种病变。临床上一些无证可辨，或常法治疗无效的疾病，不妨从和解少阳一试，有时竟能达到意想不到的效果。一般认为经络辨证，仅仅是用以辨明发病的部位，而六经开合学说，太阳为开，少阳为枢，阳明为合；太阴为开，少阴为枢，厥阴为合，实质上还包含了脏气活动的内容。笔者近年来还据此将昼夜24小时按六经时间划分，运用药物归经学说选方用药，治疗发作有定时的一类疾病，屡有收获。

［《江苏中医》1996，17（11）：39］

金匮肾气丸为主改善老年人SOD、LPO等衰老指标的观察

刘浙伟　浙江省中医药研究院

人体衰老是一种自然现象，机体衰老的特征之一是细胞或组织产生的超氧阴离子自由基（O_2^-）以及羟自由基（OH）等使生物膜中的多价不饱和脂肪酸氧化生成过氧化脂质（LPO），而LPO可使膜流动性、通透性和完整性遭受破坏。超氧化物歧化酶（SOD）则可清除过多的自由基，防御其所产生的毒性，使机体延缓衰老。笔者采用中医补肾阳、肾气的代表方——金匮肾气丸，结合“回春功”的锻炼，测试老年人用药前后SOD、LPO、肺功能等衰老指标的变化，证明中医补肾法确有改善生理年龄指标、延缓衰老的作用。现报告如下。

一、临床资料

对象来源为气功班中经辨证属肾阳肾气虚者。37例中，男21例，女16例；年龄50～59岁者14例为老年前期组，60～72岁23例为老年组。辨证属肾精亏损者17例，属肾阳亏虚、命门火衰者13例，属肾气不足、不能纳气者7例。偏于肾阴虚者不列入本观察范围。

二、治疗及观察方法

1. 治疗方法　所有观察对象均服用中成药金匮肾气丸，每日2次，每次6g。连续3个月。同时习练“回春功”，以办班形式教授功法，尔后自练功3个月。2. 测试方法　服金匮肾气丸前后各测1次，间隔3个月。主要指标为：①红细胞超氧化物歧化酶活性（Ery－SOD）；②红细胞过氧化脂质（Ery－LPO）；③血浆过氧化脂质（P－LPO）；④肺功能（总肺活量FUC、最大呼气第一秒量FEU1.0、第1秒/总肺活量FEU1.0%）。

血样采集：静脉采血2ml，肝素抗凝，严防溶血和凝血，及时分离血浆和红细胞备用。Ery－SOD测定采用邻苯三酚自氧化抑制法，结果用U/g·Hb表示；Ery－LPO含量测定采用硫代巴比妥酸反应产物比色分析法，结果用nmol/g·Hb表示；P－LPO含量测定方法同上，结果用μmol/L表示。肺功能测定采用日本Chest公司Discom－14型肺功能机，结果自动打印。

三、结果

用药后反映衰老分子水平的各项指标均有改善，经统计学处理差异有显著性（$P<0.05$），见表1；肺功能3项指标亦有改善，但统计学处理无显著性差异（$P<0.05$），见表2。

表1　SOD、LPO值用药前后比较

	Ery－SOD（U/g·Hb）		Ery－LPO（mmol/g·Hb）		P－LPO（μmol/L）	
	老年前期组	老年组	老年前期组	老年组	老年前期组	老年组
治疗前	2027.18±176.8	1991.99±171.7	29.06±1.57	29.09±1.66	10.99±1.06	11.22±1.08
治疗后	2158.32±188.63	2122.78±138.2	28.13±2.03	28.36±0.95	10.33±1.31	10.51±0.79
P	<0.05	<0.05	<0.05	<0.05	<0.05	<0.05

表2　肺功能用药前后比较

	老年前期组			老年组		
	FUC（L）	FEU1.0（L）	FEU1.0%	FUC（L）	FEU1.0（L）	FEU1.0%
治疗前	2.62±0.51	1.82±0.36	69.47	2.40±0.47	1.56±0.40	65.00
治疗后	2.71±0.48	1.93±0.35	71.22	2.44±0.39	1.64±0.35	67.21
P	>0.05	>0.05		>0.05	>0.05	

上述结果表明，金匮肾气丸确能使老年人的生理年龄年轻化，因而具有一定程度的抗衰老作用。

四、讨论

金匮肾气丸是仲景《金匮要略方论》中治疗肾阳肾气虚的代表方。本方仅用二味温药肉桂、附子补肾阳，而佐以熟地、山茱萸、山药等滋肾药，茯苓、泽泻、丹皮泄其肾浊，取“少火生气”之意，得肾气充盈、肾阳蒸煦，则其他脏腑得以温养，骨坚、髓充、气纳、水调，耳聪目明，阳固齿坚，腰膝强健，精力旺盛，则衰老进程就自然得以延缓甚至一定程度的扭转。

现代衰老学说认为，自由基是细胞代谢的必然产物，它随年龄增长而相应增加。自由基与体内脂质反应而产生LPO，其含量可反映出自由基的多少及其反应强度。自由基反应可破坏细胞膜结构，继而引起亚细胞器完整性的丧失和细胞内脂褐素的积聚，损害细胞功能，导致人体老化。本观察表1显示，两组无论是在红细胞还是在血浆中，LPO含量服药后较服药前均有显著降低，差异有显著性（P<0.05），表明体内自由基随年龄增加的“定势”得到了逆转，生理年龄总体趋于下降。

体内对抗自由基反应的天然防御物质如SOD等是体内自由基的清除剂。从表1还可见，用药前后两组数值均有较明显升高，差异有显著意义（P<0.05），表明“金匮肾气丸”确能提高体内SOD活性，从而降低生理年龄，延缓衰老。

肺功能随着年龄增长，肺实质弹性纤维逐渐减少，肺的弹性回缩力下降，小气道易于萎缩，气道阻力增加，故使肺功能随增龄而减退。本观察显示，FUC、FEU1.0、FEU1.0%三项指标在服药后较服药前均有提高，但统计学处理无显著性差异（P>0.05）。考虑到后一次测试（1月份）较前一次（10月份）气候寒冷，测肺功能的客观条件较差，而其数值仍趋于好转，可以认为服用“金匮肾气丸”对改善肺功能仍有一定意义。肺功能的改善增加了氧气的吸入和供给，改善了机体内环境，从而延缓衰老。

［《新中医》1996，(11)：59］

少阳病证与针灸辨治

欧阳八四　江苏省苏州市中医院

一、少阳生理

少阳包括手少阳三焦、足少阳胆与手厥阴心包、足厥阴肝相表里。手少阳之经脉，由手上肘，循臑外上肩，入缺盆，布膻中，散络心包，下膈属三焦。三焦主决渎而通调不道，故名“中渎之腑”，又为水火气机运行的道路。足少阳之经脉。起于目锐眦、上头角，下耳后循颈至肩，入缺盆，下胸贯膈，络肝属胆，行人身之两侧，出膝至足，胆附于肝，内藏精气而主疏泄，故名“中精之腑”，胆腑清利则肝气条达，脾胃自无贼邪之患，三焦气机通道亦畅达，水火气机得以自由升降，故能上焦如雾，中焦如沤，下焦如渎，各有所司。

少阳即阳之少者，乃一阳初生，由阴出阳，足少阳胆内寄相火，手少阳三焦为相火游行之地，故少阳气化即体现出相火特性。胆为中正之官，司决断，为十一脏所取决，胆气升则十一脏之气皆升，而三焦发源于肾系，为原气之别使，主决渎，主枢机，内连脏腑，外通皮毛，一身上下内外皆为其所行，总领五脏六腑，主持诸经气化。少阳两经上下衔接，协调并用，共同主持人之上下气机。

二、少阳病证

少阳病证从其病位上来看，是已离太阳之表，而未入阳明之里，正是在表里之间，因而在其病变的机转上，既不属于表证，也不属于里证，而是属于半表半里的热证，故而少阳病证又称半表半里证。

外邪侵犯少阳，胆火上炎，枢机不运，经气不利，迫使胆液上溢，进而影响脾胃，出现口苦，咽干、目眩、往来寒热，胸胁苦满，嘿嘿不欲饮食，心烦喜呕，脉弦等症，即《伤寒论》之谓：“少阳之为病，口苦、咽干、目眩也”。其口苦在临床辨证中甚为重要，《内经》虽云火之味苦，但它经之火甚少口苦，惟肝胆之火，则多见口苦，提示少阳邪热犯上。寒热往来为少阳病之特点，邪犯少阳，因其病位在半表半里之间，正邪相争，正不胜邪，则恶寒；正胜于邪，则发热，临床每每可遇见。

少阳经脉网张全身，总领脏腑诸经，病则上下左右内外皆病，因而少阳病易犯诸经，诸经病又易触发少阳，故而在少阳病证中，病邪每多传变，证情常有兼挟，若少阳兼太阳表证，可见发热，微恶寒，支节烦痛，微呕，心下支结，脉浮弦等；若兼阳明实证，则可见呕不止，心下急，郁郁生烦等证，若兼水饮内停，则见胸胁满，微结，小便不利，渴而不呕，但头汗出，往来寒热，心烦等。

三、针灸辨治

少阳病的治疗原则，应以和解为主，仲景设小柴胡汤为主方，取其枢达和解之用，汗吐下等法均属禁忌，误汗则徒伤其表，吐下则误伤其里，均可造成病邪深入，兼汗兼下等，应据其兼证不同，慎而用之。

针灸辨治少阳病，可根据其病机，以疏肝利胆、和解少阳为主，主穴可用足少阳之输足临泣，手少阳之络穴外关，盖二穴均为八会穴之一。足临泣通带脉，带脉统摄诸脉，外关通阳维，阳维主表，两穴相配，通经活络，解表清里，主目外眦、耳后、颊颈、肩、胁肋疾患，配穴可选用大椎、风池、期门、太冲等，大椎、风池可清脑明目以治头痛目眩耳聋等症。太冲为肝之原穴，期门为肝之募穴，用之疏肝利胆，除烦止呕。同时根据兼证的不同及五输穴的特性，可随证加减如下：若兼心下满者，刺关冲与足窍阴（少阳之井）相配，兼身热者，可刺液门与侠溪（少阳之荥）相配；兼体重节痛，刺中渚与足临泣（少阳之输）相合；兼喘咳寒热，可刺天井与阳陵泉（少阳之合）相配。而阳池、丘墟各为少阳之原，可总刺之。同时根据表里经的关系及病变经气的输注，亦可采用原络配穴或俞募配穴法，如阳池配内关，丘墟配蠡沟，日月配胆俞，三焦俞配石门等，以统治表里脏腑相通之病。少阳病若兼他经病，则应各经与本经相交会之穴道，方可收到满意之疗效。

四、病证举例

1. 少阳病证主证　经云：“少阳之上，火气治之，中见厥阴”，其病证表现中亦然。少阳之为病，以木郁化火为主，其火炎炎，上走空窍，因而以口苦咽干为病之纲。少阳主枢，经脉起于目锐眦，少阳本气发病眼目，则见目眩，故而取阳池、内关、丘墟、蠡沟治之。阳池为三焦之原穴，三焦为元气之别使，人体上下内外无所不至，其原穴为疏解少阳枢机，特别是三焦气机的重要穴位。内关为手厥阴之络，别走三焦，心包经起于心中，下膈，历络三焦，故内关有调气、开郁、降逆、止呕之功效，与阳池属原络相配，疏通经络，调和少阳内外之枢。丘墟为胆之原穴，刺之清泻胆火，引热下行，蠡沟为足厥阴之络穴，疏肝理气，调风木之郁，二穴原络相配，令肝胆气机疏畅。四穴相用，少阳之郁可解。

2. 小柴胡汤证　患者病郁少阳，正邪相争，症见口苦咽干目眩，寒热往来，胸胁苦满，心烦干呕而不能食，是为小柴胡汤证之主症，针刺辨治时，根据病传少阳且尚未吐下者，刺风池手足少阳与阳维之会，清热解表，枢解少阳，配申脉足太阳膀胱经穴，通阳跷脉、疏调太阳经气，祛风散寒，二穴能疏导太阳转入少阳之不解之邪。少阳病邪内入，肝胆疏泄不利者，加支沟手少阳经之经穴，及足临泣足少阳之输穴，清三焦热，通少阳之气。配足少阳之经穴阳辅，可疏调肝胆之气机，以治胁下苦满。取用足少阳之合阳陵泉，此利胆祛湿止呕。六穴合用共调少阳，以达枢解少阳，清热利胆之功。

3. 少阳病兼证　少阳病多兼证，兼太阳证时，可见发热恶寒，支节烦痛、心下支结等症，仲景以柴胡桂枝汤主之，针刺时可取手太阳小肠经原穴腕骨，配足太阳经郄穴及阳维脉别属金门，解热发表以治太阳，取足少阳胆经之输穴足临泣，配手少阳三焦经之络穴外关主治少阳，以清热开郁，疏经止痛，枢解半表半里之邪，以消微呕、心下支结，若太阳少阳并病时，心下硬，颈项强而眩者，仲景谓之当刺大椎、肺俞、肝俞，此即可直泻经中热邪，表里同治。

少阳病兼阳明证时，即伤寒中的大柴胡汤证，症情可表现出呕不止，心下急，郁郁微烦等少阳未罢、阳明里实已显的见症，针刺时，宜疏肝利胆、清热导滞。取用足少阳之井足窍阴，清热养阴，疏泄肝胆之郁，以缓胸胁胀痛，心烦咳呕等。或用足少阳之合阳陵泉，泻少阳半里之邪热，调畅三焦气机。用督脉至阳穴，宽胸利膈，开郁除烦、止呕。再取支沟以清利三焦，疏经导滞。配胆经之郄穴外丘，泻胆火之郁。腑实重者，或热邪盛于少阳半表半里，未能从枢外达，反内迫于肠而作利，可加用大肠之募天枢，以疏阳明腑气而通积滞。

另外少阳病兼水饮证，在取用足临泣、丘墟、蠡沟、外关和解少阳的同时，可加用肾俞外益肾气，以温中散饮以利小便。少阳病兼烦惊谵语证，在取用足临泣、外关清泄火郁的同时，可加用心包之原穴大陵，清热化滞。手阳明经之原穴合谷，清泻阳明以止谵语。

五、典型病例

刘××，女，48岁，以右胁下疼痛发作三天就诊。诊时右上腹部疼痛，拒按，放射至右侧肩背部，心烦，恶心呕吐，口苦，舌质红，苔黄腻，脉弦小数。诉有胆囊炎胆石症病史。即取用阳陵泉、支沟、日月、三阴交、内关、丘墟、天枢，刺用泻法。阳陵泉清热利湿，日月（胆募）、丘墟（胆原）以利胆疏肝，除胁下疼痛，口苦等症。支沟清利三焦，通关开窍，与内关合用除烦止恶；三阴交以交通阴阳；更取天枢，以通阳明之气，使化去积滞。针后患者诸症缓解。

［《针灸临床杂志》1996，12（11）：1］

仲景方在耳鼻喉科的运用举隅

干　千　江苏省中医院

一、桂枝汤治疗过敏性鼻炎

郑某，男，27岁，工人。1994年9月23日初诊。

患者20多年来，鼻腔长期交替性堵塞，阵发性鼻痒，一痒即嚏，多至数十个。嚏后清涕滂沱。以春秋两季更为严重，在温暖环境中，似乎可以减轻一些。刻下正处于发作严亘阶段，平时易感冒，畏寒。查见：鼻黏膜苍白，双鼻下甲肥大，少量浆液性分泌物潴留。舌苔白薄腻，脉细。鼻开窍于肺，证属肺冷金寒，肺失调和。治以调和肺气，佐以温煦。处方：

桂枝3g，升麻36，白芍6g，红花6g，泽兰6g，炮姜5g，桃仁10g，益母草10g，路路通10g，干地龙10g。7剂。

二诊：药后效果殊佳，但辍药20多天后，狂嚏又由少而多，鼻塞亦再度出现。查见：两鼻下甲肥大水肿，充盈满腔，黏膜苍白。舌苔薄白。继宗原法，药用桂枝、细辛、蝉衣、菖蒲、升麻、甘草各3g，白芍、红花各6g，桃仁、徐长卿、路路通各10g。7剂。

3个月后追访，得知又服20剂后告愈。

按：本例过敏性鼻炎，证属寒留肺系。中医认为鼻为肺窍，得肺气温养则能呼吸通畅，否则鼻塞不利。寒凝瘀滞于鼻窍则鼻甲肥大。肺失调摄，津液壅滞于鼻窍而清涕即多。故从调和营气，温通化瘀入手，方取桂枝汤加活血化瘀通窍之品而得满意效果。同时方中诸药用现代药理分析，大多具有较好的抗过敏功效。结果服34剂而愈。

二、百合知母汤、百合地黄汤治干燥性鼻炎

张某，男，69岁。1995年3月14日初诊。

患鼻腔干燥，吸气不畅2年，伴有双目干涩感。查见：鼻中隔肥厚，左侧有嵴突，黏膜充血而干。舌苔薄，脉细。杖国之年，金枯肺燥。治从养阴润燥。处方：

百合10g，生地10g，玄参10g，知母10g，玉竹10g，桑白皮10g，柿霜10g，麦冬10g，白芍6g，桔梗6g。7剂。

二诊：药进6剂，干燥頁觉滋润，涕仍不多，时挟血丝。查见：鼻黏膜充血，舌苔薄微黄。此金枯必燥，肺热乃血。治宗前旨，参以凉营止血。原方减玉竹、白芍、桔梗，加赤芍、丹皮各6g，芦根30g。7剂。

按：本例干燥性鼻炎，多因年老津枯，鼻窍失养之故。其治取仲景之方，收效非同一般。本方用于干燥性咽炎、萎缩性咽炎，其效亦佳。

三、射干麻黄汤治喉源性咳嗽

韩某，男，66岁，干部。1994年12月23日初诊。

患咽喉干燥不适半年。去年秋季着寒感冒后，

咽喉不爽，时有疼痛，待急性症状消失后，咽喉从此阵发性奇痒，一痒则干咳。自感此咳是在喉部发出，并伴有异物感，曾用抗生素治疗，均无疗效。查见：咽后壁黏膜萎缩，小血管扩张。舌苔薄，脉细。此感冒残邪，深伏内蛰肺经，始终失其宣达外泄之机。治当先肃伏邪，再拟益金。处方：

麻黄3g，射干3g，蝉衣3g，杏仁10g，象贝母10g，陈皮6g，桔梗6g。7剂。

二诊：咽痒干咳及异物感明显减轻，干痛偶有一作。查见：咽后壁黏膜萎缩依然，小血管扩张消失。遵“先扬后抑”之理，取射干麻黄汤透泄伏困之邪，再取益气润肺手法。药用百合、熟地、玄参、沙参、山药、白扁豆、太子参各10g，桔梗6g，甘草3g。又进10剂，喉源性咳嗽告愈。

按：患者虽咽痒、咽痛、干咳半年之久，乃因邪失外泄，深伏肺经之故，治当先宣邪外达，邪泄而咳减。后以益气润肺治其本，故获竿影之效。

四、旋覆代赭汤治疗咽异感症

张某，女，55岁，干部。1994年3月15日初诊。

患者似觉喉部有物上下流窜已9个月。病起于去年做胆囊手术后，出现气管炎，咽喉异物感，嗳气呃逆，频频而作，取木香流气饮加减，进服14剂，无效。改从理气消痰，佐以健脾为治。处方：

代赭石20g（先煎），旋覆花（包）10g，六神曲10g，白芥子6g，枳实6g，乌药6g，半夏6g，陈皮6g，木香3g。7剂。

药后诸症俱见减轻，自诉咽喉舒适为历来所无。

原方继服7剂，所有症状消失殆尽，病者恐惧复发，嘱其原方改为2日1剂维持。后随访已愈。

按：咽喉异感症，完全符合中医的“梅核气”。《金匮要略》半夏厚朴汤虽然专治“咽中如有炙脔”，也非百发百中。而现在取用旋覆代赭汤获大效者，证明中医辨证论治的重要性。

［《江苏中医》1996，17（12）：19］

麻黄连轺赤小豆汤方义新识

张光灿　高松寿　河南省洛阳市第二中医院

麻黄连轺赤小豆汤为张仲景治疗瘀热发黄的方剂之一。近十余年来，我们根据其方剂的组成，对本方进行了多方位的研究，通过方义分析，认为本方具有宣肺平喘、解表散寒、祛瘀活血、清热化湿、解毒利水等功能。是治疗黄疸、悬饮、风水、喘证等内科杂病的良方圣药。我们应用于临床，果然效如桴鼓。兹举验案三则，以资说明。

一、悬饮（渗出性胸膜炎）

范某，男，44岁，河南省新安县农民，因全身浮肿，胸痛咳嗽13天于1983年7月23日由急诊科介绍住院。患者缘于13天前长途奔波，劳累汗出，自觉恶寒，胸闷、胸膈胀痛，喘息气短，头晕，纳差。曾求治于当地卫生院，医者投以泻下之剂，泻后诸症蜂起，虽迭进中西药而病益甚，故来求治。查舌淡红，体胖有齿痕，苔薄黄，脉寸浮，关弦。BP：170/100mmHg。胸片：双侧渗出性胸膜炎。ECG：①不完全性右束支传导阻滞；②左室高电压。病为饮证之悬饮，但非十枣汤证，我们即投以麻黄连轺赤小豆汤：麻黄6g，连翘（代连轺）12g，杏仁12g，赤小豆15g，桑白皮30g，葶苈子15g，炙甘草6g，生姜三片，大枣四枚。二剂后，咳嗽得止，恶心消除，余症均减，守方治疗一周，饮食增，胁痛减。又四、五日，诸症悉除，BPl8/12kPa（135/90mmHg），胸片：心肺膈未见异常，住院14天，痊愈出院。

按：悬饮一证，仲景在《伤寒论》及《金匮要略》均用十枣汤。此例不用十枣汤而用麻黄连轺赤小豆汤。是由于①患者病于盛夏之际，长途奔波，湿热蕴蒸，腠理开泄，汗出溱溱，风邪乘虚而入。属先中暑而后伤寒，又被误下，表证不仅未解，反而饮停胸胁。十枣汤证的治疗原则是：“表解者，乃可攻之”。今表未解，里未和。既误而下，何以再误！②十枣汤药物除枣外，皆为峻猛有毒之物，且应用复杂，现药房多不备此。③就麻黄连轺赤小豆汤而言，功能解表散寒；泻肺平喘，清热利湿，解毒行水，可使风寒散，肺气宣，瘀热清，水湿得利，痰饮得和而悬饮自除。

二、风水发热（肾小球肾炎）

董某，男，46岁，农民，罹患慢性肾炎4年，88年12月6日就诊，病情反复无常。一周前不慎外感，身热（T39.5℃）咽痛，身痛，面及周身水肿，尿少而浊，舌质红，苔黄厚，脉滑数。尿常规：蛋白卌，红细胞2～3个/低，为慢性肾小球肾炎合并上呼吸道感染，中医诊为风水发热。西医曾用青、链霉素注射，其效不佳。急当治其发热，控制风水泛滥。以仲景麻黄连轺赤小豆汤，祛风利水，解毒化湿，处方：麻黄9g，连翘（代连轺）

30g，赤小豆30g，杏仁9g，桑白皮15g，白茅根30g，生姜皮9g，大枣4枚，炙甘草6g。首剂水煎600ml，分温三服，半日服尽，覆被而睡，得微汗，身觉轻快，查T38.3℃，二、三剂嘱其不必覆被，一日一剂。三剂尽而热退肿减，咽已不痛，继服九剂，水肿消退，精神好转，查尿蛋白卄，余（—），后改投健脾补肾之法继服。

按：本例素患肾病，脾肾两虚，易感风邪，风邪入侵，引动内毒，上壅脾肺，下困于肾，水失调理，风水泛滥，故而周身水肿。用此方开肺气，祛风邪，解毒利水，使鬼门得开，水道得调而水肿自消。

三、水气凌心（肺心病心衰）

常某某，男，75岁，教师，反复咳喘心悸6年，加重5天。证见面色晦暗，口唇青紫，咳嗽喘息，心悸气促，下肢水肿，尿少，验其脉细数，查其舌暗红，苔黄腻。颈静脉怒张。胸片：①慢支肺气肿并右肺感染；②右心室扩大，结合临床，可考虑肺心病。属中医之喘证、水肿。处方：麻黄6g，连翘（代连轺）15g，赤小豆30g，杏仁12g，桑白皮30g，葶苈子20g，附子9g，化橘红15g，生姜三片，大枣4枚，炙甘草6g，三剂喘平，胸闷减。12剂后，咳嗽轻，二便正常，面唇泛红，精神好转，舌暗红，苔薄白，脉细数。改投香砂六君子汤加味调治一月而愈。

按：此例为肺心病心衰，慢支肺气肿并肺部感染，病机为痰热壅肺，肺失宣降，胸阳不振，水气凌心。既有肺经热痰，又有水气凌心射肺之寒证。上热下寒、虚实夹杂。重清热则水更寒，偏湿化而火益旺，二者充分兼顾，故用本方加葶苈子，上泻肺经之湿以平喘；下利膀胱之水以消肿。增附子上助心阳，下补肾命，内温脾土，外固卫阳，所谓"开辟群阴，迎阳归舍"是也。二药入方中与诸药相合，寒热相济，各司其责，相辅相成而见功。

体　会

本方原为伤寒瘀热在里，身发黄而设，然就其方药组成来看，麻黄辛温入肺，解表散寒，宣肺平喘，活血利水，乃肺经之专药。连翘辛凉，能"散诸经血结气聚"，为散血凉血解毒之品，杏仁宣肺化湿助麻黄平喘利肺气以行水，赤小豆走血分通经络，行津液而利膀胱，桑白皮清热利湿，生姜温中和胃，大枣补脾益气，甘草调和诸药，全方配伍，共为宣肺解表，散瘀活血，清热化湿，解毒利水之剂。可治多种内科杂病。以本文为例，案一为悬饮证，表未解，里未和，重在泻肺利水，故加葶苈子以助其力。案二为风水发热，主要矛盾为表寒里热，风水泛滥，故重用麻黄，连翘、赤小豆。使表证解，热毒清，水湿利而风水平息。案三乃水气凌心兼痰热壅肺，故重用桑白皮、葶苈子，并加附子以温阳而获效。此三例皆无黄疸，分别以肺、肾、心为主，病情各异，统用一方，而均获效。主要是根据本方的方义与病机相联系，以方随证，以证配方，以病机扣方义，以方义指导施治。乍看方不对症，细思方证合拍。因此，我们认为麻黄连轺赤小豆汤配方巧妙，结构严谨，用途广泛。运用时不能只限于伤寒某证，要依据方义，扩大应用范围，方可窥其真正的光华所在，使之发挥更大的作用。

［《光明中医》1997，（2）：50］

娄多峰教授应用仲景对药治疗风湿病的经验

冯喜如　河南省中医药学会
秦克枫　河南洛阳正骨医院
娄玉钤　河南风湿病医院

娄多峰教授出身于中医世家，不仅深得学家渊源，而且治经有素，并颇善发挥。从事临床50余载。良多建树。应用仲景对药治疗风湿类疾病即为其临床特色之一。为继承其宝贵经验，造福桑梓，现择数案介绍于下，裨能窥其堂奥于万一。

一、芍药配甘草

芍药酸寒，甘草甘平，两药相配，酸甘化阴。其作用一则化生津血；二则平肝缓急，尤其对挛痛有效；三则和营止汗；四则柔肝健脾。娄多峰教授在此基础上随症加减。治疗阴虚、脾弱、痛重的风湿病每获佳效。白芍用量多为30～60g，甘草用量9～15g。

病例：丁某，男，50岁，教师。1979年6月10日来诊。患者颈及两肩部走窜抽掣样间断性跳痛半年，疼以左侧为频。偶尔下肢亦痛。近日又发作，症状同前。兼有胸胁胀满。四肢乏力，时常心悸，纳差。舌质红，苔薄白。脉弦细。X线摄片及神经科检查未见异常。ESR 45mm/h。中医诊断为项痹、肝痹。证属血虚邪侵，气血郁结。治以养血活血，祛风通络，宽胸利气。药用白芍30g、鸡血藤30g、石斛24g、瓜蒌皮30g、焦三仙各21g、姜黄9g、忍冬藤60g、威灵仙18g、秦艽21g、甘草6g，3剂，水煎服。患者于6月15日复诊诉服上药

1剂后。大使如发酵面泡之状。2剂后，大便排出黑红色粘条物。3剂大便呈泡沫状。颈肩疼痛及胸胁胀满均消失。食欲有增，心悸好转。但四肢仍乏力。上方去瓜蒌皮，加黄芪30g，继服3剂。3月后随访，症状痊愈。未再复发。

分析：颈肩抽掣跳痛，为外邪侵袭筋脉所致；胸胁胀满属肝气郁结之证；木郁生火，火旺则心神不安。故心慌。《素问·痹论》曰："肝痹者，夜卧则惊……上为引如怀"。认为此症归属肝痹，乃风痹兼肝郁不达之证。故拟养血活血、行气解郁、利气宽胸、祛风通络之法，收效甚速。纵观诸药。并无非常之品，同样药物，服后大便发生上述不同变化，而且症状消失甚速。极见其用药精当。

二、芍药配白术

芍药酸寒，柔肝和阴。为肝家要药。解挛急疼痛之佳品，白术甘温，健脾化湿，为健脾燥湿之要药，治湿盛腰痛之佳品，两药都可利水化湿，芍药是调理肝气以利水。白术乃健脾运土以燥湿。两药相配，既协调肝脾使肝气柔畅，脾气健运、利水化湿，也有相反相成之意，使白术不燥，白芍不敛。娄多峰教授在此基础上随证加减，治疗腰骶及下肢湿盛为主的风湿病效佳。白芍用量30~60g，白术用量30~60g。

病例：路某，男，35岁，农民。1981年9月6日来诊。患者左骶髂关节部间歇性针刺样疼痛月余，甚时沿大腿后侧向下放射呈抽筋样疼痛，劳累或受凉均加重，自觉腿沉困难抬。查体左骶髂关节部明显压痛。舌质偏淡，苔白腻，脉滑。中医诊断为骶痹。证属风湿阻闭。治以祛风除湿，活血止痛。药用独活30g、萆薢30g、白术30g、牛膝12g、钻地风30g、木瓜18g、薏苡仁30g、当归15g、鸡血藤30g、白芍30g，12剂，水煎服。患者于9月22日复诊，腰痛基本消失，作弯腰或姿势不当时稍有痛感，仍觉乏力。舌、脉正常。上方去萆薢，加黄芪30g。继服3剂。1月后来诉，病已痊愈。

分析：苔腻、脉滑为湿胜；放射样痛为风胜。风湿为患，故重用祛风胜湿之药而收效。本方用白芍30g，其意不外两方面：一则柔筋缓急止痛；二则抑制诸药之燥烈。诸药配伍合拍。收效甚捷。

三、桂枝配芍药

桂枝辛甘温属阳，芍药酸苦寒属阴。桂枝善通阳气。能升能散，以入气分为主，兼入血分；芍药善和营益阴。能收能敛，平抑肝阳。利水气，主入血分。兼入气分。桂芍相配之所以相反相成，就在于通过两者对立的功能，对人体的营卫、气血、阴阳起调节作用。娄多峰教授在此基础上随证/加减，用于营卫不和的风湿病患者。白芍用量20~30g，桂枝用量9~12g。

病例：堵某，女，26岁，农民。1982年2月21日来诊。患者20天前正常分娩，失血较多，两上肢时有麻木。近7天症状加重，两上肢持续麻木酸沉且痛，右甚于左，昼轻夜重，双手勉强持物，并感乏力，上肢疼痛如裂，并伴周身畏冷，嗜卧，乳汁少。面色无华。舌质淡。尖稍红，苔白，脉细稍数。中医诊断为臂痹，证属气血亏虚，贼风内侵。治以补气养血，祛风通络。药用黄芪60g、当归30g、丹参30g、鸡血藤30g、桂枝12g、桑枝30g、白芍30g、老鹳草24g、透骨草24s、香附18g、威灵仙12g、甘草9g。3剂。水煎服。患者服药后于2月24日复诊，右上肢麻木消失。左上肢前臂麻沉亦减。微恶寒，时自汗舌淡。苔白。脉细弱。守方继服。3月29日再诊诉上方服6剂后，诸症悉除。

分析：产后多虚多瘀，虚则易感外邪，瘀则易伤经络。黄芪、当归，乃黄芪补血汤，气血双补，补气生血，桂枝，白芍，调和营卫，二者扶正；更有丹参、鸡血藤、香附。一则治产后之瘀，二则活血祛风、方以补虚为主而获效。临床遇此者，特别注意，虽有外邪，不可攻伐，若用辛燥温散之品，使气耗血损。敞门招邪，病反加重。

四、桂枝配甘草

桂枝辛温，温通升浮，甘草甘平。益气内守。两药相配，走而不散，通行十二经。本药对通中有补，宣通而不耗散，且治疗作用是全身性的（如体表、肌肉筋骨、肺、脾胃、心、肾等）而不限于一脏一腑。娄多峰教授在此基础上随症加减，多用于治疗上肢为主的风寒湿痹。桂枝用量12~15g，甘草9~12g。

病例：王某，女，49岁，农民。1982年4月5日来诊。患者10天前因劳累引起左肱骨外髁部持续疼痛，渐趋严重。现局部微肿，怕凉，压痛明显，扭转屈伸疼痛加剧。舌质淡有齿印，苔薄白，脉沉细。中医诊断为肘痹（网球肘），证属风寒痹阻，气血运行不畅。治以除风散寒，活血通络。药用威灵仙15g、秦艽12g、老鹳草24g、孩儿茶12g、桂枝15g、透骨草30g、羌活12g、甘草9g、当归30g、生地15g，3剂，水煎服。服药后4月9日复诊，疼痛减轻，压痛不明显，肘关节扭转屈伸时疼痛亦减。效不更方，继服3剂。4月15日再诊诉左肱骨外髁部疼痛、压痛均消失，肘关节伸屈自如，病已痊愈。

分析：本例上肢疼痛属风寒瘀血所致。桂枝辛温，善走上肢，温通经脉，最合此症。《药品化义》云：桂枝"专行上部肩臂，能领药至痛处，以除肢节间痰凝血滞"。依古训，凡上部寒痛常选此作引经之药，若偏热者，多用苦辛平的桑枝代替，临床效果良好。此证以通络与活血养血兼施，药证合拍、收效甚速。

五、石膏配知母

石膏甘辛大寒，气轻发散，善清上中焦之热；知母苦寒滋润，润降泻火。善泻三焦之人。两药相配，不但在清热功能上有协同作用，且可使热邪无可容之地，对全身气分邪热的治疗功能更加全面。娄多峰教授在此基础上随证加减，治疗热痹之湿热阻经、憎寒烦热、骨节红肿热痛者较佳。石膏用量30～120g，知母用量15～30g。一般中病即止。气虚、阳虚者忌用。

病例：李某，男，11岁，学生。1992年7月3日来诊。患者右膝、髋关节疼痛，视力下降2年。高热、诸节肿痛1周。前年9月无明显原因出现身低热、视力下降，右膝、髋关节僵痛，跛行。诊为强直性脊柱炎，服壮督蠲痹类中药3个月，症状消失。未配合巩固治疗，1周前因野外露宿，次日发热38℃，汗出，全身多关节病明显，髋、膝关节尤甚。手足关节肿胀，局部灼热。口渴多饮冷。目赤，视力模糊。其父患该病已腰脊强直。查体腕及膝、踝关节肿胀明显，局部灼热，皮色红，关节屈伸不利。下蹲受限，弯腰双手尖拒地15cm。唇红、舌质淡红，苔薄黄，脉浮数。Hb 100g/L，WBC 8.0 $\times 10^9$/L，N 0.65，1.0. 35. ESR56mm/h，ASO（—），RF（—）。X线片示双侧骶髂关节边缘模糊，硬化。双髋关节间隙尚可。腰椎生理弓变直。诊断为肾痹（强直性脊柱炎）。禀赋督虚，感受风湿热邪，邪热痹络，热在气分。治以清热宣痹。方药选用生石膏90g、知母20g、忍冬藤30g、桂枝12g、透骨草30g、萆薢30g、薏苡仁12g、木瓜12g、龙胆草12g、厚朴12g、甘草6g，6剂，水煎服。7月13日复诊，患者身热、目赤、口渴，关节肿痛明显减轻，ESR为33mm/h，减石膏为45g，加桑寄生30g，地龙20g，继服6剂。7月18日再诊，发热肿痛苦失，关节活动较便利，双手尖弯腰时距地5cm。腰、髋尚僵痛。停汤剂，改服虎潜丸（按说明服）巩固疗效。1993年6月14日追访，患者停药近半年，病未作，视力恢复正常。已从事正常生活学习。

分析：强直性脊柱炎并发眼结膜炎和虹膜炎的发病率可达25%。病程越长，发生虹膜炎的机会越多。该病以督脉循经部位为病变重点，督脉注入目。由于督脉邪热偏胜，循经灼目；或督脉亏虚，阳气阴精不达于目，皆可引起目疾。临床曾遇数人，因此而失明。所以治疗强直性脊柱炎，应时刻注意清肝明目，或滋水明目。若该病湿热证突出者注意加龙胆草；风热胜加菊花；肝肾阴虚加杞果等。

［《中医正骨》1999，11（4）：47］

董建华院士运用仲景方治疗脾胃病的经验

王长洪　解放军沈阳军区总医院

北京中医药大学董建华院士是我国著名的脾胃病专家，对于仲景方药娴熟于胸，因此在以后脾胃病的治疗中得心应手，每获桴应。现撷其要者，整理如下。

一、仲景治疗脾胃病大法已备，方药极具效验

董老尝谓：一部《伤寒论》，虽为外感伤寒而设，但却奠定了脾胃病分型及辨证论治的大法。"实则阳明，虚则太阴"，这是脾胃病辨证论治之纲，而且创制了大量卓有疗效的方剂。《伤寒论》专列了"辨阳明病脉证并治"篇，以白虎汤治疗阳明经病实热证；以三承气汤治疗阳明腑病实热证。在其他篇章中，涉及脾胃证治随处可见。如白头翁汤、葛根芩连汤治疗热痢，白通汤治疗虚寒痢，诸泻心汤治疗痞满，小陷胸汤治疗结胸，厚朴生姜半夏甘草人参汤治疗腹胀，旋覆代赭汤治疗噫气不除，理中汤治疗脾胃虚寒，黄土汤治疗脾虚下血。《金匮要略》专列了"呕吐哕下利病脉证治"篇，以半夏泻心汤治疗心下痞，大黄甘草汤治疗实热呕吐，其他如大黄附子汤治疗虚寒便秘，厚朴七物汤治疗腹胀，小建中汤、黄芪建中汤治疗腹中冷痛，麦门冬汤治疗胃阴不足等。总之温中有理中汤，清中有白虎汤，泻中有承气汤，补中有建中汤，胃热有大黄黄连泻心汤，痰热有小陷胸汤，胃胀有三泻心汤，虚呕有旋覆代赭汤，实呕有大黄甘草汤，胃阴虚有麦门冬汤，大法已备，所列方药，只要辨证准确，极备效验。

二、以旋覆代赭汤合大黄甘草汤治疗幽门梗阻

幽门梗阻是消化性溃疡的常见并发症。突出的症状是胃脘胀痛，恶心呕吐，舌苔厚腻。董老认为，本病起于脾弱气虚，通降失权，停痰积饮，壅滞为患，为本虚标实之证。旋覆代赭汤治疗胃气因虚上逆，心下痞硬；大黄甘草汤治疗实热呕吐，食已即吐，两方合用，补泻两法，两相兼顾，治疗幽门梗阻甚为适宜，屡用屡效。常用组方：党参10g，旋覆花20g，姜半夏10g，干姜10g，酒军5g，佛手10g，苏梗10g，代赭石20g，甘草5g。梗阻缓解后，再予黄芪建中汤加失笑散从本治疗。

三、以大黄黄连泻心汤合小陷胸汤治疗糜烂性胃炎

董老认为，胃为阳土，不论外邪内积，一有所阻，则气机郁闭，热自内生。糜烂性胃炎多由恣饮烈酒，过食辛辣而得。临床辨证，如果燥热相结，传导失职，大便干结，董师即投以大黄黄连泻心汤，通腑泻热，取效甚捷。酒军泻火解毒，活血行瘀，消积健胃，降浊止呕，是治疗糜烂性胃炎的上品，并无攻伐败胃之虞。常用组方：酒军5g，黄连5g，黄芩10g，枳壳10g，大腹皮10g，香橼皮10g，佛手10g。如果痰热互结，证见舌苔黄腻，即合用小陷胸汤（黄连、半夏、瓜蒌）；若大便不结，胃中灼热，去酒军，加白虎汤直清胃热，其中石膏用量10~20g。白虎汤是热病气分热的代表方剂，鲜有在内伤脾胃病中应用的。董老多年经验，用其治疗糜烂性胃炎而见舌红、胃中灼热者，多有效验。

四、以半夏厚朴汤等治疗胃动力障碍

胃动力障碍也称非溃疡性消化不良，其主要症状为食后饱胀、腹部胀气、嗳气、厌食、恶心、呕吐、烧心、反胃等。同《伤寒论》《金匮要略》所述的“痞证”“呕吐”“腹满”“噫气”等十分相似。如旋覆代赭汤治疗心下痞硬，大黄黄连泻心汤治疗热痞，半夏泻心汤、生姜泻心汤、甘草泻心汤、黄连泻心汤治疗寒热错杂痞，厚朴生姜半夏甘草人参汤治疗虚痞，半夏厚朴三物汤治疗腹满便秘等，都值得深入挖掘整理，开发出疗效好、副作用少的中药促胃肠动力药。董老认为同是痞满（胃动力障碍），中医有寒热虚实之分，治疗有温清补泻之别，这是中医治疗痞满证疗效显著的关键所在。董老认为在仲景方中，半夏厚朴汤治疗胃动力障碍最为好用。寒热相宜，不腻不燥，临证配以木香、佛手、槟榔、香橼皮。舌红苔黄有热者，加黄连、黄芩；舌淡苔白有寒者加吴萸、砂仁；气虚者加党参、黄芪；便秘者加酒军；痰热者加黄连、瓜蒌；阴虚者加玄参、麦冬；血瘀者加丹参、降香。

［《北京中医药大学学报》1999；22（6）：21］

刘渡舟运用猪苓汤的经验

——76例验案分析

陈　明　北京中医药大学

猪苓汤证分别见于《伤寒论》和《金匮要略》，以小便不利、口渴、心烦不眠、下利、发热、或咳或呕为主要见证。刘渡舟教授认为，猪苓汤是张仲景辨治水病的重要方剂，为后世开创了滋阴利水治法的先河。本方证的病机可用八个字概括，即少阴阴虚，水热互结。刘师在临床上紧扣这一病机，将猪苓汤用于许多疾病的治疗，笔者收集其运用本方的验案76例，兹通过验案统计分析将刘师用方经验简介于次。

一、资料统计

所录76例验案，来源于北京中医药大学门诊和刘师公开发表的有关文章，皆记录完整，疗效显著。

1. 发病特点　76例病案中，男39例，女37例；年龄最小8岁，最大72岁，以20~50岁中青年居多，占47例；病程最短3d，最长7年，其中半年以上者41例，占53.9%，以慢性疾患为多；病因包括外感、内伤两大类，且以感受湿热之邪、房劳及过食肥甘者为多；其病机特征是阴虚水热互结，且以少阴阴虚为其关键。

2. 症状特点　76例医案中，共出现各类症状43个，414例次，根据不同症状所出现的次数排列如下。

（1）主要症状：指在76例医案中所出现例数超过20次者。这些症状是：小便不利52例次，心烦不眠39例次，尿血29例次，腰酸痛28例次，浮肿21例次。

（2）伴见症状：76例验案中以出现次数在10次以上、20次以下者作为主要伴有症状，这些症状对掌握刘师运用猪苓汤的辨证思路具有重要参考价值。它们依次是：头晕神疲18例次，发热15例次，呕恶13例次，咳嗽（吐白痰或黄痰，或痰中带血）11例次，心悸10例次。

3. 舌脉特点 （1）舌象：舌质以红、绛为多，共出现57例次，其次为淡舌11例次；舌苔有白、黄、薄、少（无）等数种变化。其中苔白水滑者29例次，黄苔17例次，少苔无苔14例次，薄苔9例次。舌体胖大11例次。

（2）脉象：除单脉外，再将相兼脉分解为单脉，发现脉象以沉、弦为多，沉脉21例次，弦脉15例次。此外，细脉9例次，数脉8例次等。

4. 用药特点 76例病案用药，全部含猪苓汤原方，药物用量分别为：猪苓15～20g，茯苓20～30g，泽泻15～20g，滑石15g，阿胶10～12g。

关于加味药物，76例医案中共出现36味，其中出现5次以上者有：白茅根14次，小蓟13次，生地黄13次，茜草12次，女贞子8次，旱莲草8次，白芍8次，益母草7次，三七粉5次，半枝莲5次，牡丹皮5次。一般而言，刘师使用加味药不超过4味，如阴虚明显者，常加女贞子、旱莲草、生地黄；气分有热者，常加生石膏、黄柏；热及血分者，加牡丹皮、水牛角；小便不利且尿血者，常加白茅根、小蓟、茜草、三七粉，或侧柏叶、仙鹤草、益母草等；湿热毒盛者，加半枝莲、白花蛇舌草、茵陈；湿热毒盛而舌苔厚腻者，加寒水石、生石膏。其他如呕恶者加陈皮、竹茹，咳嗽者加紫菀、桔梗，虚火上炎者加知母、黄柏等。

5. 疗程与疗效 76例医案给药全部为汤剂口服，1日1剂。最少用药7剂，最多用药175剂，平均用药21剂。以口服20剂以内取效者为多，达58例，占76.3%，其治愈率达83%，有效率100%。

6. 运用范围 76例医案分类归纳有23种中医病证，出现5次以上者有：热淋14例次，血淋13例次，水肿11例次，腰痛7例次，癃闭5例次，以下焦病证为主。

76例医案中，有西医诊断者44例，含病种22个，多为泌尿系疾病，排在前5位的是：慢性肾炎、慢性肾盂肾炎、肾积水、肾结核、泌尿系结石。

二、经验特色

1. 把握病机关键 刘师认为，猪苓汤证基本病机为“阴虚水热互结”。从76例医案之发病特点看，基本符合这一病机的发生、发展变化规律。在发病年龄上，以中青年为多，原因可能是这个年龄阶段多劳于房帏，耗损肾精；嗜欲无穷，曲运神机，暗耗心肾之阴；疲于劳作，渐伤脾肾；过食肥甘，积热内蕴等，造成阴虚内热的体质特点。病程上，多是半年以上的慢性疾患，这与病邪久稽化热伤阴有关。从病因上看，多感受湿热、房劳和过食肥甘，直接导致阴虚内热的病理变化。若肾阴亏损，使肾水不充，水气内停，与热互结，终致阴虚水热互结之结果。因此，临床上无论何病，凡符合这一病机者，皆可使用猪苓汤治疗。

2. 临证首抓主症 刘师认为，主症是辨证的关键，反映了疾病的基本变化，是最可靠的临床依据。而猪苓汤证之主症，即是《伤寒论》中所记载的小便不利、渴欲饮水、心烦不眠等症。76例医案统计结果表明，刘师的辨证指标与《伤寒论》猪苓汤证完全相符，不但明确了小便不利、渴欲饮水、心烦不眠三症为猪苓汤之主症（三症共见于一案者，达28例，占36.8%），而且还补充了尿血、腰酸痛、浮肿作为猪苓汤证的主要诊断指标。掌握这些，可以说抓住了本证辨证的精髓。

3. 注意兼症变化 《伤寒论》猪苓汤证从其形成机制和以方测证看，无疑小便不利、渴欲饮水、心烦不眠为本证之主症，而脉浮、发热、或咳、或呕、或利，则是猪苓汤证之兼症。刘师认为，兼症是在主症的前提下出现，它附于主症而存在，且对揭示病机起着重要的辅助作用。如果只抓主症，而对兼症不顾，就不能做到灵活而准确地辨证，也不会制定出有效的治法。76例病案统计结果表明，兼症除有咳、呕、发热外，还常见头晕神疲、心悸等症，由少阴阴虚，或心肾不交，或水气上冲所致。这些症状有时甚至还可以成为证候的主要矛盾，这在辨证用药时要特别注意。

4. 详察舌脉之象 76例医案统计结果表明，舌质以红为主，反映了猪苓汤证阴虚内热的病机。舌苔有三种主要表现：一者少苔无苔，反映阴津亏损的病理变化；二者黄苔，为热邪内聚的表现；三者白苔，则为水湿内停的反映。刘师十分重视舌质红、绛，苔白水滑的舌象，舌红绛表示阴虚有热，而苔白水滑，甚至舌面上津垂欲滴，有时伴有舌体胖大，则是水气病变的特有现象。所以这种舌象能准确反映猪苓汤证病变特点。

脉以沉、弦为多，沉主病在于里，弦则为水饮之脉。此外还见阴虚内热的细数脉。

5. 重视肾阴虚损 刘师认为，肾阴虚在猪苓汤证发病中起着关键性作用。肾主水的功能是由肾气完成的，而肾气的产生与强弱，则取决于肾阴与肾阳两个方面，肾阴是产生肾气的物质基础，而肾阳则是肾气的功能反映，阴阳二气保持平衡，相互维系，共同促进肾气的生成并保证其主水功能的完成，故肾主水功能包括了肾阴、肾阳两个方面的作用。少阴阳虚，不能温化水液，固然能导致阳虚水泛的真武汤证，然少阴阴虚，无以主水，亦可致阴虚水停的猪苓汤证。不过，肾阴不足所产生的水液病变在病理上有其特征：一方面阴虚导致水停，另一方面肾阴虚不能上济心火，又能产生内热，停水与内热相互搏结，则形成了水热互结这一特殊的病理结果。所以，滋阴清热利水就成为仲景治水气病的又一重要方法。

［《山东中医药大学学报》2000，24（1）：41］

运用仲景“和法”治疗心脑血管疾病

郑　薇　西安市新城区中医医院

经方不仅用药精练，且方规严谨，尤其是在“和法”思想指导下的组方，阳中有阴，阴中有阳，有散有收，刚柔相济，在平和之中适调寒热，宣展气机、疏利气血、协调脏腑阴阳，达到“阴平阳秘，精神乃治”的目的。我随师临证，发掘“和法”之内涵，灵活运用调和营卫、和解表里、和解少阳、调和肝脾之法治疗心脑血管疾病，收到较好的效果，现介绍如下。

一、调理气机，升清降浊用四逆散

四逆散从组成看为疏肝理脾之方，然肝主疏泄、调畅气机，脾胃居中、升清降浊，共司中焦枢机开阖，使清阳得升、浊阴得降。临床上根据此方调理气机、升清降浊、通达阴阳之作用，常用于治疗：

1. 胸痹、冠心病、心脏神经官能症、肋间神经痛、肋软骨炎等，临床常以胸闷、胸痛、心悸等为主要临床表现，其病机均为气机郁滞、升清失调，或致浊阴痹阻胸阳，或致气血瘀滞于胸膈心脉而发病。故均可用四逆散宣展气机、升清降浊、通达阴阳、疏利气血。瘀血明显者加红花、桃仁、蒲黄、五灵脂、丹参、川芎；气滞者加香附、青皮、降香、檀香；痰浊明显者加郁金、半夏，或合瓜蒌薤白半夏汤；寒凝者加桂枝、薤白、附子；属肋间神经痛者加元胡、川楝子、青皮、川芎。

2. 眩晕、头痛　美尼尔氏病、低血压、脑动脉硬化、神经性头痛、颈椎病等临床常以眩晕、头痛为主要临床表现，其病机总属气机郁滞、清阳被遏、脑失所养。故治以四逆散调畅气机、升清降浊。眩晕者加天麻、钩藤；头痛加川芎、白芷、细辛；伴项强者加葛根；痰浊重者加菖蒲、郁金、胆星，或合半夏白术天麻汤；中气不足者加黄芪、党参、升麻；血虚者加当归、首乌、丹参。

病例：邓某，男，50岁。1997年9月12日因阵发性胸闷胸痛3年，加重1周就诊。自感胸闷胸痛活动后诱发，胸痛彻背，持续约数分钟，休息或含服速效救心丸后能缓解，伴痰多。舌质暗红、苔薄白、脉沉弦。心电图提示：心肌缺血。中医诊断：胸痹，证属气机郁滞、胸阳痹阻；西医诊断：心绞痛。治以调理气机、通阳宣痹、佐以化痰行瘀。方选四逆散合瓜蒌薤白半夏汤加味：全瓜蒌15g，柴胡、枳实、白芍、薤白、半夏、桂枝、蒲黄、五灵脂、郁金各10g，炙草5g，4剂，水煎服。

9月19日二诊，服药后胸闷减轻，胸痛发作次数已减少，持续时间及疼痛程度减轻，精神好转，咯痰减少。舌质暗红、苔薄白，脉沉弦。治疗继以上方去炙草，加降香69，丹参20g，以加强行气活血之功。进上方近20剂后，患者自感胸闷、胸痛基本消失，复查心电图提示：大致正常心电图。

二、枢机不利、经络失和用小柴胡汤

我们临床运用小柴胡汤并不囿于往来寒热、胸胁苦满、不欲饮食、口苦咽干目眩等症的表象理解上，而是对小柴胡汤作深入的分析。《素问·阴阳离合论》曰：“太阳为开，阳明为合，少阳为枢”。枢”者乃指事物的关键与中心部分，“少阳为枢”是喻少阳在人体生理、病理活动中之作用。①以经络而言：经络有贯通表里的作用，少阳经外邻太阳，内近阳明，在生理上有调整经络气化作用，在病理上使邪外越可属肌表，内陷则即入于脏腑。②手少阳为三焦经，三焦者是诸脏气化的通路，故少阳者，不仅横可转运表里，而且竖则可以通达三焦，使“上焦得通，津液得下，胃气固和”。故小柴胡汤有疏利三焦气机、调和上下升降、宣通内外经络之功，和少阳者，乃和经络、和表里、和气机、和阴阳。常用于治疗；

1. 血管神经性头痛　此病辨证多属经络失和、气血不调。以小柴胡汤疏通经络、和其气血。肝火旺者加夏枯草、刺蒺藜、菊花；血瘀者加川芎、僵蚕；伴失眠者加夜交藤、合欢皮；痰湿胜者加菖蒲；巅顶痛加藁本；前额痛加白芷、辛荑；枕后及颈项痛加葛根、桂枝。

2. 面神经麻痹　其病机多属邪犯经络、气血失和。多以小柴胡汤合牵正散，祛风化痰、和其经络；三叉神经痛以小柴胡汤加川芎、僵蚕、地龙、防风；肝胆湿热者加龙胆草、菊花、石决明。

3. 更年期综合征　因其临床表现各异，症状多端，寒热错杂，故辨其病机为阴阳失衡，表里失

和，三焦气机紊乱。以小柴胡汤加减和其阴阳，适调寒热，和解表里。阴虚内热者合二至丸；心悸，多汗者加龙骨、牡蛎；心烦失眠者加夜交藤、合欢皮；阴阳两虚、错杂并见时合二仙汤。

4. 神经性耳聋　其实证多属风火、痰浊上扰、清窍壅滞，以小柴胡汤疏解少阳，祛邪通窍。常加磁石、石菖蒲、川芎、丹参。肝火旺者加龙胆草、夏枯草、菊花；伴肾虚者加熟地、首乌、怀牛膝。

病例：平某，女，37 岁。1997 年 10 月 5 日因阵发性剧烈头痛 2 年就诊。其头痛发作无明显规律及诱因，以偏头痛及前额痛明显，连及颈项，头痛时伴耳鸣，恶心呕吐、纳差、口干舌燥，不欲饮水，常为其苦不能工作。曾在外院诊断为“血管紧张性头痛”，服谷维素、维生素类药物治疗不效。舌质淡、苔薄白、脉细弦。中医诊断：头痛。证属：三阳经输不利，气血失和。治以疏解三阳，升清降浊，和调气血。方选小柴胡汤加减：柴胡 10g，黄芩 10g，法半夏 10g，党参 6g，川芎 10g，白芷 10g，葛根 15g，枳实 10g，白芍 10g，甘草 3g，大枣 4 枚，生姜 3 片，6 剂水煎服。

10 月 19 日二诊。自述服上方 6 剂后症状缓解，又自取上方 6 剂继服。现头痛耳鸣明显减轻，无恶心呕吐，低头时略感头痛，仍项强。舌质淡，苔薄白，脉细弦。上方葛根用为 20g，以升清阳。进上方 6 剂后头痛已不明显，其他诸症已消失。再服上方 6 剂以巩固疗效。

三、气血失和用桂枝汤

桂枝汤为解肌、调和营卫之方，而营行脉中化血，卫行脉外为气，营为阴、卫为阳，营卫失调则气血失和，阴阳失调。清·徐忠可曰：“桂枝汤外证得之为解肌和营卫，内证得之为化气调阴阳”。在临床上多用于和其气血、调其阴阳，治疗：

1. 痹证　其不仅包括西医风湿热、类风湿性关节炎、骨质增生，而且包括许多类似痹证表现的筋骨、肌肉、关节疼痛疾病如系统性红斑狼疮、多发性肌炎等病。病因病机多为风、寒、湿、热、痰浊等邪阻滞经络、肌肉、筋骨、关节，气血涩滞而发病。还有一些以肢体、肌肤麻木不仁为主要表现的神经系统或周围血管病变，则属营血痹阻、经络失和。治疗上均以祛邪通经络、调营卫、和气血为治法，常用桂枝汤或黄芪桂枝五物汤治疗。湿邪重者合四妙散；热重者加知母、黄柏；寒痹痛加附子、川乌、草乌；病在下肢者加川乌、怀牛膝、木瓜；以肢体、肌肤麻木不仁为主的血痹，加鸡血藤、伸筋草、地龙等。

2. 病窦综合征　对心率慢快交替出现的慢快综合征，笔者认为病机多为营卫不调、阴阳失和，故以桂枝汤治疗。伴气短、多汗者合生脉散；伴胸闷者加瓜蒌合四逆散；伴头昏者加黄芪、升麻，或合补中益气汤。

病例：吕某，女，46 岁。1997 年 10 月 8 日以左侧面部麻木不仁 8 个月就诊。自述 8 个月前无明显原因出现左侧口角麻木，进而麻木范围向左侧面部逐渐扩展，有蚁行感，并随天气的冷热变化局部有发凉发热感，患侧面部较健侧出汗少，局部无抽搐及疼痛、不流涎。曾在其他医院诊断为“面神经炎”，予口服激素、维生素等药物治疗不效。舌质淡、苔薄白、脉细弦。查体：心肺听诊（－）、颅神经查体无异常发现。中医诊断：中风（中经络），证属：营卫不和、风痰阻络、气血痹阻。治以祛风痰，通经络，和气血，桂枝汤合牵正散加减：白芍 12g，桂枝、白附子、僵蚕、防风、甘草各 10g，大枣 3 枚，生姜 3 片，10 剂煎服

10 月 18 日二诊。左侧面部麻木较前好转，患侧面部已有红晕，患侧仍有蚁行感。舌质淡、苔薄白、脉沉细弦。上方加当归 12g，以增加活血祛风之力，进服 5 剂。

10 月 23 日三诊：患侧面部麻木，蚁行感已明显减轻，局部异常发凉发热感已不明显，两侧面部出汗已基本一致，唯在受风后患侧仍感麻木。10 月 18 日方加生黄芪 15g，进服 10 剂巩固疗效。

［《陕西中医》2000，21（2）：93］

柴胡加龙骨牡蛎汤加减治疗广泛性焦虑症 72 例

孙松涛　浙江湖州市第三人民医院

广泛性焦虑症是神经症中比较常见的病症，在神经症门诊更为多见。笔者在神经症、心身科门诊期间，应用柴胡加龙骨牡蛎汤加减治疗广泛性焦虑症 72 例，取得较好疗效，现总结如下。

一、临床资料

本组 72 例均为 1997 年 1 月～12 月神经症专科门诊的病人。男 29 例，女 43 例；男女比为 1∶1.48；年龄 16～20 岁 2 例，21～40 岁 38 例，41～60 岁 24 例，＞61 岁 8 例，以 21～40 岁居多。病程最短 3 个月，最长 5 年。其中 43 例曾在综合性医院诊治过，56 例在就诊前曾服过中、西药物等治疗，疗效不明显而来本院神经症专科门诊。

本组广泛性焦虑症的主要临床表现：（1）焦虑和烦恼：表现为缺乏相应对象的提心吊胆，惶恐不安，终日心烦意乱，坐卧不安，大祸临头感等。共72例（占100%）。（2）运动不安：表现为搓手顿足，紧张不安，不能静坐，手指、全身肌肉紧张、颤动或疼痛等。共43例（占59.7%）。（3）植物神经功能亢进症状：常见有心悸、气促、喉头堵塞或窒息感，头晕、头痛，多汗，面部发红或苍白，口干，胃部不适，恶心，腹痛，腹泻，尿频，月经不调及阳痿、早泄等性功能障碍症状。共67例（占93%）。（4）过分警惕：表现为恐慌，易惊吓，难于入睡和易惊醒及易怒等。共51例（占70.8%）。

诊断标准根据CCMD－2－R（中国精神疾病分类方案与诊断标准）神经症中广泛性焦虑（300.0；F41.1）的诊断标准[1]。（1）符合神经症的诊断标准。（2）以持续的焦虑症状为原发和主要的临床相。焦虑症状的表现符合下述两项：a 经常或持续的无明确对象和固定内容的恐惧或提心吊胆；b 伴植物神经症状或运动性不安。（3）排除强迫症、恐怖症、疑病症等。

HAMA（汉密顿焦虑量表）[2]测评。本组病人入组前均予HAMA量表测评，7分以下为无焦虑。本组轻度焦虑7～13分共8例（占11.1%）；中度焦虑14～20分，共48例（占66.7%）；重度焦虑21～27分，共16例（占22.2%）。

二、治疗方法

采用柴胡加龙骨牡蛎汤加减治疗。基本方：柴胡10g，黄芩10g，姜半夏10g，桂枝10g，制大黄10g，生龙骨、生牡蛎各30g（先煎），珍珠母30g（先煎），淮小麦30g，大枣5枚，甘草10g，熟酸枣仁10g。加减：夹痰热者加胆南星、竹茹或天竺黄；肝火炽盛加龙胆草、栀子；阴虚火旺者去桂枝加知母、黄柏；肝胃阴虚去桂枝加沙参、麦冬；久病气虚者加党参10g。30剂为1个疗程，总疗程为3个月。本组服完3个疗程的共63例，2个疗程的共9例。其中8例因服完3个疗程病情不稳定，仍用本方加减隔日服1剂，共15剂。症状基本控制稳定后，均改服逍遥丸（浓缩丸，每次8粒，3次/日）3个月，其中8例病人服完6个月，以资巩固。对安定类依赖及失眠较严重的患者，仍给予原剂量减半治疗。

三、疗效分析

疗效标准：经治疗后焦虑症状完全消失，HAMA<7分为痊愈；焦虑症状明显减轻，HAMA<13分为显著进步；焦虑症状减轻，比原分下降2分（轻中重级差平均值1/3）者为有效；症状无明显改善，HAMA未下降者为无效。

本组病人治疗结束后均给予HAMA量表复查。其中8例轻度焦虑者<7分6例（75%），<13分2例（25%）；48例中度焦虑者<7分36例（75%），<13分6例（12.5%），下降<2分4例（8.33%），2例（4.17%）未下降；16例重度焦虑者<7分7例（43.75%），<13分5例（31.25%），下降<2分3例（1.8.75%），1例（6.25%）未下降。

结果本组痊愈49例（68.06%），显著进步13例（18.05%），有效7例（9.72%），无效3例（4.17%），总有效率为95.83%。其中3例无效病人因症状不能控制，2个疗程不到即改用其他治疗方法。

随访：本组病人总的观察时间为1年，均于停药半年后作随访。痊愈者有5例复发，显著进步者有3例复发，复发率为11.59%。

四、讨论

广泛性焦虑症是一组以经常或持续的无明确对象和固定内容的恐惧或提心吊胆为主要特征的神经性障碍，病前多有一定的素质和人格基础，起病常与心理社会因素有关，约占神经症门诊病人的1/3左右，心理治疗及神经症的综合治疗是其一般的治疗方法。复发率高，多数病人需间断或长期服药。

本组72例广泛性焦虑症病人均按照CCMD－2－R诊断标准。经中医辨证为少阳郁热型，病机分析多由邪热侵犯少阳所致，故以柴胡加龙骨牡蛎汤加减治疗，柴胡加龙骨牡蛎汤源出于《伤寒论》，用于治疗少阳郁热，扰乱心神。小柴胡汤和解少阳，方中柴胡为少阳专药，轻清升散，疏邪透表，并疏畅气机之郁滞为主药，黄芩苦寒善清泄胆腑之邪热为辅药，配柴胡一清一散，共解少阳之邪热，半夏和胃降逆，散结消痞，龙骨、牡蛎、珍珠母镇惊安神，茯苓渗利小便，与酸枣仁共以养心安神，大黄通腑泄热泄浊利气机，桂枝通行阳气，合柴胡以发散，甘麦大枣汤甘缓养心。上药配伍共奏和解少阳，清热镇惊。部分病人根据不同的兼症，分别给予清热化痰，清肝泄热，滋阴降火等治疗。部分病人在服中药前曾服用过苯二氮䓬类及三环抗焦虑抗抑郁药，因惧于安定成瘾或不能耐受抗胆碱能药物副作用，而予本方治疗。在整个治疗过程中未发现有明显的副作用，少数病人可出现轻度的腹痛、腹泻、胃部不适，如腹泻重者可减去大黄。

焦虑作为情志障碍，尤与肝胆的生理功能失调密切有关，其病因病机多因邪入少阳，肝失疏泄，胆的决断功能失调，气郁失达，郁而化热，扰乱心神而出现焦虑诸症。柴胡加龙骨牡蛎汤具有和解少阳，清热镇惊的功效，历来就是治疗少阳郁热所致焦虑症的良方。

本组病人经治疗基本稳定后，改用逍遥丸维持治疗，并于停药半年后作随访，复发率为12%，复发病人又都由生活事件所致。说明神经症病人的素质和人格基础的缺陷与生活事件有着密切的关系，自我心理调节，培养良好的心理状态是防止复发的重要内容。短期疗效情况尚好，远期疗效有待进一步观察。

参考文献

[1] 中华医学会精神科学会. 南京医科大学脑科医院编. CCMD-Ⅱ-R中国精神疾病分类方案与诊断标准. 南京：东南大学出版社，1995：78.

[2] 上海精神医学编委会主编. 上海精神医学. 上海市精神卫生中心出版. 1990，新2卷增刊，精神科评定量表专辑，1990，新2卷：43.

[《中医杂志》2000，41（2）：95]

甘麦大枣汤治疗更年期综合征60例

于晓姝　北京中医药大学附属护国寺中医院

更年期综合征是以内分泌失调和神经系统的紊乱为主要特征，属中医“绝经前后诸症”的范畴。妇女达自然绝经年龄，卵巢功能衰竭，雌激素的生成几乎停止。从而引起血管运动障碍，体温调节不稳定，临床表现潮热、出汗、睡眠障碍等，在临床中笔者根据更年期综合征的病因与发病特点，发挥中医药之特长，进行观察，取得较好疗效，现介绍如下。

一、临床资料

本组60例，均参照国家中医药管理局颁布《中医病证诊断疗效标准》[1]确诊。全部为女性；年龄在37~55岁，平均46岁；病程2个月~8年。所有患者均排除心、肝、肾及妇科器质性病变。绝经前36例，绝经后24例。

二、治疗方法

根据更年期综合征的基本病因病机和症状特点，辨证与辨病相结合进行论治。以《金匮要略》甘麦大枣汤化裁而成，具有滋肾养肝，健脾安神功效。药用：浮小麦30g，炙甘草15g，大枣12g，肉苁蓉、淫羊藿各15g，柏子仁、合欢皮、白芍、百合各12g，煅龙骨、煅牡蛎各30g（先煎），炙龟板12g（先煎）。

阴虚火旺加黄柏、丹皮、栀子、知母；形寒乍热，汗出畏冷加肉桂、巴戟天、杜仲；精神萎靡乏力加党参、黄芪、白术，彻夜不寐加酸枣仁、远志、茯神；头痛头晕加天麻、菊花、珍珠母；足跟疼痛，关节或腰背酸痛加桑寄生、续断、补骨脂；口干便秘加黑芝麻、生地。

每日1剂，水煎服，2周为1疗程，服药期间忌食辛辣、牛羊肉及饮酒，同时配合心理治疗。

三、治疗结果

1. 疗效标准　治愈：症状消除；显效：诸证减轻3/5；好转：诸证减轻2/5；未愈：诸证减轻2/5以下，或未有改善。

2. 临床观察　患者服药1月后，记录服药前后症状变化，见表1。

表1　60例服药后症状改善情况

症状	烘热	汗出	盗汗	烦躁	失眠	腰酸痛	周身疼痛
治疗前	60	55	54	47	43	41	28
治疗后	6	9	11	8	6	10	7
治愈率（%）	90.00	83.63	79.70	82.9	86.04	75.60	75.00

三、治疗结果

60例患者平均服中药2个月，有效率为93.32%，治愈10例；显效15例；好转22例；无效4例。

临床主要症状的效果：烘热、汗出、烦躁、失眠。均获得明显减轻，痛苦感也有所舒缓，治愈率均在80%以上。

服药后均未出现不良反应，随访1年以上未复发且平安渡过更年期。

四、病案举例

陈某，46岁，1997年11月6日就诊。自述3个月来阵发性烘热，出汗，心烦心悸，胸闷，夜寐盗汗，醒后不欲衣被，乍冷乍热，胸背湿凉，手心灼热，腰酸痛，记忆力减退。曾服安定及补肾中药均无明显疗效。刻诊：血压正常，心电图正常，血、尿常规化验正常，妇科检查有慢性盆腔炎，曾治疗过，时轻时重。舌质黯淡苔薄白，脉弦细无力。西医诊断：更年期综合征，中医辨证：肝肾不足，心脾两虚，治以：滋补肝肾，双补心脾。方用甘麦大枣汤加减：浮小麦30g，炙甘草15g，大枣、合欢皮、百合各12g，肉苁蓉、淫羊藿各15g，白芍、柏子仁各12g，煅龙骨、煅牡蛎各30g（先煎），枸杞子、何首乌各12g，5剂水煎服。

药后阵热、心悸明显减轻，但仍时有出汗，夜难成眠，腰酸痛，继用上方加炙龟板12g（先煎），知母9g，再服1个月，并配合心理疗法，诸恙均安，随访1年未见复发。

五、讨论

更年期综合征是妇女年届更年，肾气渐衰，冲任脉亏损，天癸将竭，奇经虚衰，是一个性生理逐渐衰退过程，从脏腑病机立论，与心脾肝肾阴阳失衡至为密切。大多数患者由于肾阴不足，水不涵木或肝郁化火，灼伤阴液致使肝肾阴虚，阴不潜阳，肝阳上亢或肾精不足，肝血亦亏致肝失濡养，失于疏泄。部分病人肾阳不足，脾失温煦，精微不布，气不化水，水湿停聚，蕴而成痰，痰浊上扰或心火上炎，水火不济，火动内扰心神及心血亏虚，脉络瘀阻，神不守舍。总之，绝经之时，肾气渐衰，阴血虚亏，不能濡养五脏，病由而发。按传统认识，治疗本病以滋补肝肾为大法，然临床上单用此法，见效欠佳，笔者所选病例，是以阵热、出汗、盗汗为主症的证侯群患者。“心病者，宜食麦”，“肝苦急，急食甘以缓之。”方选甘麦大枣汤化裁，方中甘草和中缓急，辅以甘凉之浮小麦，养心气而安神，佐以甘平质润的大枣，补益中气而润脏腑，气血生化源源不断。三药合用以增滋阴潜阳，合营敛汗之功；肉苁蓉、淫羊藿补肾益精，益气养血，养心安神；柏子仁、合欢皮以增养心疏肝之效；白芍、百合养肝敛阴增液，以助润燥之功；煅龙骨、煅牡蛎，有介类潜阳、金石重镇之能，增强平肝镇惊之力；枸杞子、何首乌具有补肝肾、益精血、调冲任之功效。全方标本同治，气阴双补，俾心脾肝肾诸脏和调，疗效显著。现代研究报道，滋补肝肾的药物，可以提高患者雌激素内环境的稳定能力，待临床症状改善后，再调治其本，在调补肾脏阴阳的基础上，分辨由肾影响何脏，有针对性地进行治疗也是非常必要的。

现代医学认为，绝经前后卵巢功能逐渐衰退是影响植物神经和间脑间缺乏雌激素的调节稳定作用，导致下丘脑与脑垂体的调节机制及其他内分泌腺与垂体间的平衡失调，干扰了大脑皮层与植物神经系统的功能，使脏腑功能失常，精神活动的稳定性减弱，机体对外环境的适应能力降低。体表小血管的应激反应失常，忽而扩张，忽而收缩，汗腺也分泌过盛，因此病人常有一阵阵发热或潮热涌上头部，并向颜面、颈部、胸部蔓延，随皮肤温度的增高而出汗，当汗经皮肤蒸发时血管即开始收缩，病人出现畏寒感觉。

潮红的发作频率及持续时间有很大差异，有的发作稀少且短暂，也有的发作频繁，并可持续10～15分钟。常于下午黄昏或夜间发作。最容易发生于热量产生过多的情况下。如活动或饮食后，特别在天气较暖和，夜被较厚，热量不易发散时，若情绪激动，精神兴奋，喝浓茶等情况下，均可促使发作频繁并加重。

在绝经以后经过一段时间的调适，体内阴阳、气血、脏腑之间的关系会逐步建立起新的平衡，所以本病都有届时痊愈的共性。临床通过用药，减轻或缓解更年期症状，使妇女健康而愉快地过渡到老年。

［《辽宁中医学院学报》2000，2（1）：34］

小柴胡汤临床应用新进展

景　浩　辽宁中医学院

小柴胡汤源于东汉张仲景《伤寒论》，有疏利三焦，通达上下，宣通内外，解少阳之郁，疏阳气之结等功效。近年报道，该方的应用范围不断扩大，涉及到内、外、妇、儿各科，用以治疗外感、内伤、杂病及胶原系统疾病、医源系统疾病等，均取效较好。本文就近年来的临床应用研究作一概述。

一、神经系统疾病

聂红[1]报道，用小柴胡汤加味治愈1例诊断为

"更年期综合征"6年的癔病患者。范济平[2]用本方加味治疗外感性眩晕173例，总有效率达98.8%。刘吉祥[3]用本方加龙骨牡蛎汤治疗精神分裂症15例，均取捷效。曾文长[4]用本方合桂枝汤治疗癫痫84例，总有效率达94.05%。阎志堂[5]用本方加味治疗神经官能症。邵桂珍[6]用本方加川芎、当归、桂枝治疗1例多发性神经炎，共服药6剂，诸症消失；又用本方合桂枝汤加黄芪18克（水煎服），治愈原发性多汗证1例，共服药7剂而愈。刘建萍[7]用本方加白芍、夜交藤治愈手足颤抖10余年之顽疾，仅服药8剂；用本方加党参、牡蛎治疗半身盗汗1例，共服7剂而愈；用本方治疗1例植物神经功能紊乱的半身汗出，5剂而愈。

二、肝胆系统疾病

郭恒玉等[8]用本方治疗病毒性肝炎30例，获效满意，且未发现有任何副作用。林威章[9]用本方加减治愈1例身目俱黄，体温38℃的肝炎患者。王道庆[10]用本方加减治疗眩晕症41例，结果治愈36例，好转5例，全部有效。杨德明[11]运用本方治疗肝炎后综合征128例，并随症适当加味，总有效率达93%；用柴苓汤治疗5例肝硬化腹水，4例有效控制了腹水。张俊庭[12]用本方治疗慢性胆囊炎224例，其中属慢性胆囊炎急性发作146例，合并胆系感染97例，胆结石31例，胰腺炎19例，胆道蛔虫16例，结果治愈213例，好转8例，总有效率为98.7%。曲竹秋[13]用本方合桂枝汤治疗慢性胰腺炎22例，总有效率达95.45%。焦树德[14]用本方加减，组成燮枢汤，用以治疗迁延性肝炎、慢性肝炎、早期肝硬化、慢性胆道感染等疾病，均取得了很好的疗效。

三、心血管系统疾病

聂红[1]报道，对病毒性心肌炎所致心律失常的患者，用小柴胡汤加减服12剂后症状消失；又用柴胡剂治疗急慢性心力衰竭12例；用柴胡龙牡汤治疗心肌梗塞、频发或阵发性房颤和用柴胡桂姜汤医治心动过速、感染性心肌炎Ⅰ度房室传导阻滞等均取得较好疗效。邵桂珍[15]以本方加川楝子、附片、川芎、当归、治疗真心痛77例，均获佳效。樊中州[16]以本方加桂枝、芍药、刺五加、白僵蚕，治疗不寐症100例，服12剂为1个疗程，经1～2个疗程的治疗，治愈60例，好转23例，总有效率为83%。

四、呼吸系统疾病

临床实践证实，本方具有抗炎、改善组织血管的通透性和细胞内外环境的作用，因此对呼吸系统疾病有较好疗效。刘明皓[17]以本方加杏仁、川朴作为基本方，随症加减，治疗38例咳嗽患者，总有效率为89%。杨建辉[18]以本方加减治疗渗出性胸膜炎并发烧1例，服药1个月，不但原左胸大量渗出液完全吸收，而且左肺尖结核也大部分钙化。聂红[1]报道，谷崎胜朗等总结了用小柴胡汤治疗类固醇依赖型重症难治性哮喘为主的患者28例，有效率、为64.3%，尤其对气管痉挛伴过量分泌和细支气管闭塞型有显著疗效，不仅缓解哮喘状态，还改善因长期应用肾上腺皮质激索引起的免疫功能低下的副作用。

五、消化系统疾病

叶益丰[19]用本方加干姜、白芍治疗1例十二指肠球部溃疡，服药5剂，诸证消失；又用本方加白术、茯苓、郁金、白芍治疗1例五更泄泻，服药8剂而愈。吴瑞贤[20]用本方加黄连治疗慢性浅表性胃炎86例，痊愈44例，好转27例，无效15例，总有效率82.6%。其分型以胃热型疗效最好，有效率为97.1%；其次肝胃不和型有效率为84.4%；脾胃虚寒型疗效最差，有效率为52.6%。值得特别指出的是该方对胆汁返流性胃炎的效果尤佳。王水明[21]以本方加减治疗胆汁返流性胃炎100例，结果痊愈56例，好转20例，无效15例，总有效率为85%。邵鸣[22]用本方合小建中汤治疗小儿虚寒性腹痛，表现为脐周围不定时疼痛，无发作规律，局部无肌紧张，按压腹部时疼痛缓解者20例，结果治愈17例，显效3例，疗效满意。黄朝争[23]以本方去大枣加枳实、藿香、延胡、川楝子或大黄，治疗急性胃炎100例，结果治愈66例，好转28例，有效3例，无效3例，总有效率为97%。

六、妇科疾病

聂红[1]报道，用本方加香附、白芍为基本方随证加减应用于原发性痛经57例，总有效率为96.52%；用本方加味治愈1例经期足踝血络充盈患者；以本方随证加减治疗早孕低热86例，无1例无效；用"柴胡三仁汤"治疗剖腹产术后高热23例，用药4～12剂而体温正常；用本方加丹皮、栀子、生地、杭芍治疗经期外感；用柴胡四物汤治疗痛经、闭经、不育、更年期综合征等，效果良好。袁兴石[24]用本方加桃红四物汤治愈 1 例经前寒颤，服药 3 剂而愈。

七、儿科疾病

韩家祥[25]用本方加羌活、板蓝根治疗小儿夏季感冒 34 例，均愈。黄志华[26]用本方合一散治疗小儿顽咳 32 例，亦获良效。张横柳[27]用本方加减治疗儿童轻微脑功能障碍综合征 80 例，总有效率 86.25%。治疗前后智商比较有显著性差异。聂红[1]报道，用本方加减治疗小儿传染性单核细胞增多症 22 例，服药 7 天，全部治愈；治疗小儿风水症 1 例，服本方 18 剂而愈；对流行性腮腺炎合并睾丸炎 1 例取本方 4 剂治愈；用本方加减治疗小儿厌食症、小儿多汗症、小儿便秘，效佳。有报道用柴苓汤治疗 22 例小儿肾病综合征获得满意疗效。齐氏等研究了小柴胡汤对脐带血单核细胞体外抗体产生的影响，表明小柴胡汤诱导抗体产生的机制新生儿同于成人。本次报告提示了新生儿期自动免疫疗法的可能性。

八、其他杂症

钱宝延[28]用本方加减治疗晚期癌症发热 32 例，总有效率为 93%。阎志堂[5]用本方加利湿养阴生血之品，治疗 3 例溶血性贫血，治疗 3 月，血色素均恢复正常。邵桂珍[6]用本方加菊花、枸杞子、麦冬，水煎服治疗视神经炎 1 例，共服药 20 剂而愈。黄庆山等[29]用本方随症加减，治疗变应性鼻炎 65 例，显效 34 例，有效 25 例，无效 6 例，总有效率 90.8%。孟庆余[30]用小柴胡汤加麻黄治疗性交不射精症 3 例均获痊愈。二宫文乃[31]用小柴胡汤治疗文身水银过敏性皮炎 1 例，治疗 1 年皮炎、溃疡痊愈，而且，糖尿病也告愈。孙桂芝[32]用本方加减治疗坐骨神经痛 60 例，结果临床治愈 56 例，有效 2 例，无效 2 例，总有效率 96.67%。

参考文献

[1] 聂红. 小柴胡汤临床应用新进展 [J]. 贵阳中医学院学报，1994，(4)：54.
[2] 范济平. 小柴胡汤加味治疗外感性眩晕 [J]. 云南中医杂志，1990，11 (3)：18.
[3] 刘吉祥. 柴胡加龙骨牡蛎汤治疗精神分裂症 [J]. 陕西中医函授，1991，(5)：30
[4] 曾文长. 柴胡汤桂枝汤加味治疗癫痫 84 例 [J]. 陕西中医杂志，1990，11 (7)：293.
[5] 阎志堂. 小柴胡汤的临床应用 [J]. 黑龙江中医药杂志，1990，(5)：23.
[6] 邵桂珍. 小柴胡汤新用 [J]. 新中医，1990，2：(8)：45.
[7] 刘建萍. 小柴胡汤治奇症 [J]. 浙江中医杂志，1990，25 (3)：130.
[8] 郭恒玉，张康龄，祁忠炎，等. 小柴胡汤治疗病毒性肝炎 30 例探讨 [J]. 中国中西医结合杂志，1994，14 (11)：690.
[9] 林威章，陈如兰. 小柴胡汤临床运用体会 [J]. 新中医，1992，25 (5)：50.
[10] 王道庆，王明阳. 小柴胡汤加味治疗内耳眩晕症 41 例 [J]. 浙江中医杂志，1993，28 (3)：108.
[11] 杨德明. 小柴胡汤加减治疗肝炎后综合征 128 例 [J]. 浙江中医杂志，1989，24 (9)：393.
[12] 张俊庭. 中国名医特技精典 [M]. 北京：中医古籍出版社，1997. 163.
[13] 曲竹秋，韩冰. 柴胡桂枝汤治疗慢性胰腺炎的疗效观综 [J]. 浙江中医杂志，1991，26 (12)：535.
[14] 焦树德. 方剂心得十讲 [M]. 北京：人民卫生出版社，1996，236.
[15] 邵桂珍，王延周，康素燕. 小柴胡汤加味治疗真心痛 77 例 [J]. 山西中医杂志，1994，10 (4)：20.
[16] 樊中州. 柴胡桂枝（皮）汤加减方治疗不寐 [J]. 实用中西医结合杂志，1994，7 (3)：165.
[17] 刘明皓. 38 例咳嗽用小柴胡汤加减治疗 [J]. 上海中医药杂志，1994，(1)：519.
[18] 杨建辉. 小柴胡汤危症验案举隅 [J]. 江西中医药，1994，25 (1)：22.
[19] 叶益丰. 小柴胡汤的临床新用 [J]. 山东中医杂志，1990；9 (4)：19.
[20] 吴瑞贤. 小柴胡加黄连汤治疗慢性浅表性胃炎 [J]. 中医杂志，1991，32 (4)：222.
[21] 王水明. 小柴胡加旋覆代赭汤治疗胆汁返流性胃炎 100 例 [J]. 福建中医药，1994，25 (3)：1.
[22] 邵鸣. 柴胡建中汤治疗小儿虚寒腹痛介绍 [J]. 中医药研究，1997，13 (4)：30.
[23] 黄朝争，王锡伟. 小柴胡汤加减治疗急性胃炎 100 例 [J]. 实用中医内科杂志，1994，8 (2)：24.
[24] 袁兴石，柏央芬. 小柴胡汤治发作有时之疑难杂证 [J]. 黑龙江中医药杂志，1990，(4)：24.
[25] 韩家祥. 小柴胡汤治疗小儿夏季感冒 34 例 [J]. 江苏中医，1991，12 (5)：16.
[26] 黄志华，赵书瑜. 小柴胡汤合一服散治疗小儿顽咳 32 例 [J]. 浙江中医杂志，1990，25 (1)：10.
[27] 张横柳，黄佳. 儿童轻微脑功能障碍综合征的中医治疗初探 [J]. 中西医结合杂志. 1990，10 (5)：278.
[28] 钱宝延，小柴胡汤加减治疗癌症发热 32 例 [J]，陕西中医，1995，16 (2)：57.
[29] 黄庆山，李静美，刘红玉，等. 小柴胡汤治疗变应性鼻炎临床研究 [J]，实用中医药杂志. 1995，

(2)：27.
[30] 孟庆余. 小柴胡汤加麻黄治疗性交不射精症 3 例 [J]. 中医研究，1990，3 (4)：35.
[31] 二宫文乃. 小柴胡汤治疗文身水银过敏性皮炎 [J]. 国外医学中医中药分册，1990，12 (4)：54.
[32] 孙桂芝. 小柴胡汤治疗坐骨神经痛 60 例 [J]. 陕西中医函授，1995，(4)：31.

[《辽宁中医学院学报》2000，2 (1) 67]

《伤寒论》小柴胡汤临证应用举隅

刘瑞娟　中国中医研究院西苑医院

小柴胡汤出自《伤寒论》是治疗少阳证的主方，笔者师从李书良教授，应用该方化裁治疗急慢性咽炎、扁桃体炎、急性会厌炎、耳源性眩晕，临床颇效。

1. 慢性咽炎伴低热　李某某，女，25 岁，学生。1998 年 11 月 27 日来诊。半年前患急性咽炎，伴发热，体温最高 38.8C，经用抗菌素治疗后，体温下降，咽痛明显减轻，但仍感咽部灼热微痛，咽干异物感，每于晚间低热，体温波动在 37.4℃～37.7℃之间，晨起体温恢复正常，周身疲乏，口苦心烦，夜寐不安，纳少便调，曾行胸透、血、尿常规、肝功能、血液生化、腹部 B 超等检查，未见异常。局部检查见：咽黏膜充血色暗红，咽后壁淋巴滤泡增生，双侧索肿胀，双扁桃体 Ⅰ°，无充血及脓苔，舌红苔薄黄，脉弦略数，此乃表证已解，邪热稽留，病在少阳，予小柴胡汤加减。药用柴胡、黄芩、半夏、浙贝、僵蚕、丹皮各 10g，生石膏 30g，生姜 3 片，大枣 3 枚，7 剂，每日 1 剂。尽剂后，体温正常，咽痛消失，仍感乏力，咽干，上方去僵蚕，加百合 10g，再进 5 剂，诸症痊愈，半年无复发。

按：《伤寒论》99 条云："邪正纷争，往来寒热，休作有时，……小柴胡汤主之。"第 101 条云："有柴胡证，但见一证便是，不必悉具"本例发热虽久，但发作定时，故投小柴胡汤和解少阳，宣通内外，清泄郁火，切中病机而获效。

2. 喉源性咳嗽　夏某某，女，51 岁，干部。1999 年 2 月 24 日来诊。3 个月前因受凉后，咽痛，发热，体温 38.5℃，咳嗽，黄痰，在外院诊为"急性扁桃体炎"，予青霉素静点 6 天后，热退咽痛好转，惟咽痒，干咳无痰，呈阵发性，每于受风冷或嗅刺激性气味后发作频繁，夜间咳甚难以入睡，血常规、X 线胸透无异常。曾服多种抗菌素及清咽利喉药无效。局部检查见：双扁桃体 Ⅰ°，无充血及脓栓，咽淡红，咽后壁淋巴滤泡增生，舌淡苔薄，脉细弱。辨证为客邪恋肺，气阴两虚，治宜透表达邪，益气养阴。药用柴胡、黄芩、半夏、太子参、麦冬、五味子、杏仁、桔梗各 10g，僵蚕 6g，每日 1 剂，水煎服，4 剂后咽痒咳嗽明显减轻，夜寐安稳，守上方 4 剂，诸症皆除。随访至今无复发。

按：《伤寒论》小柴胡汤方后亦提到"若咳者，去人参、大枣、生姜，加五味子半升，干姜二两"。急性咽炎初期风邪犯肺，肺气不宣，久咳由肺及肝，肝胆之气失于条达，横逆反侮，以致木扣金鸣，肝肺同病，治宜标本兼顾，小柴胡汤为达表和里之剂，既能导邪外达，又能疏泄肝胆。本例咳久气阴两虚，故用小柴胡汤与生脉散合方，药证合拍而愈。

3. 耳源性眩晕　魏某，女，50 岁，教师。1997 年 6 月 20 日就诊，间断性眩晕 2 年余，每于劳累、气恼、感冒后发作，每次历时 7～10 天，曾行头颅 CT、X 线颈椎拍片检查无异常。近 2 天因期末工作紧张，又发眩晕，视物旋转，不能站立，耳鸣如蝉，恶心呕吐，胸胁胀满，在外院用强的松、乘晕宁等治疗无效，故求诊户医。局部检查见：双外耳道鼓膜正常，无自发性眼震，电测听示双耳听力正常，前庭功能检查左侧前庭功能减退，舌淡苔腻，脉滑。证属肝阳挟痰，上扰清窍，治宜平肝潜阳，化痰开窍。药用柴胡、半夏、黄芩、竹茹、茯苓、党参、天麻、钩藤各 10g，车前草 30g，生姜 3 片，大枣 5 枚。每日 1 剂，水煎服。2 剂后，眩晕减轻，可下床行走，继服 3 剂，眩晕止，活动如常，为巩固疗效，又进 5 剂，病愈，1 年后追访，未发。

按：古云："无痰不作眩"。《圣济总录·痰饮》云："三焦者，水谷之通道，气之所终始也。……三焦气涩，脉道闭塞，则水饮停滞，不得宣行，聚成痰饮。"故用小柴胡汤疏利三焦，通调津液，调达气机，加天麻、钩藤、竹茹、车前草清热化痰，平肝潜阳而获良效。

[《中医函授通讯》2000，19 (2)：5]

吴茱萸汤治厥阴头痛试析

郑　宏　郑启友　郑　攀
河南省濮阳市中医儿科研究所

《伤寒论·辨厥阴病脉证并治》第 378 条："干呕、吐涎沫、头痛者，吴茱萸汤主之。"系胃中寒饮上犯足厥阴经脉所致，故习称吴茱萸汤治厥阴头痛。因其疗效显著而千古一辞，无可非议。然而胃中寒饮为何上犯厥阴，机理何在？笔者曾用本方治愈多例典型的厥阴头痛，似有所悟，试析于下，以就教于同道。

一、胃病及肝，土反侮木

肝属木，胃属土。木克土，即脾胃（土）在肝（木）的制约调节下维持其正常的生理功能。在病理状态下，若肝气过盛，则肝气横逆，即可影响脾胃，称“木旺克土”，即“乘其所胜”，出现肝脾不调、肝胃不和之证，属肝病及脾，所以仲景嘱之：“见肝之病，知肝传脾，当先实脾”。反之，若肝气不足，或土气过盛，则“土反侮木”，为反克。吴茱萸汤证即是脾胃虚寒，寒浊内生，肝阳不足，反被土侮，寒浊循足厥阴经脉上犯而为病，即“侮其所不胜”。

二、肝阳不虚，寒莫能犯

“邪之所凑，其气必虚。”寒饮为病，所犯各殊。小青龙汤证“心下有水气”，由于外受风寒，损伤肺阳，招致寒饮上射于肺，若肺阳不虚，则寒饮不可犯肺。这说明“无虚则邪不能独犯”。厥阴头痛证，为脾胃寒湿过盛，浊阴之邪循经上犯所致，而浊阴之邪为何不犯心肺而犯肝，当然也有它的特定条件，即肝阳不足。《金匮要略·呕吐哕下利病脉证并治第十七》：“干呕吐逆，吐涎沫，半夏干姜散主之”。与吴茱萸汤证只一“头痛”之差，土（脾胃）自病而未侮木（肝），这说明肝阳不虚，浊阴之邪不能犯之。脾胃虚寒，浊阴内生，胃寒则浊阴不降，反而上逆；肝阳不足，无力制（克）土，反被土侮（反克），而致浊阴之邪循经上犯。足厥阴肝经之脉，属肝，夹胃，上贯膈而与督脉会于巅顶，浊阴之邪循经上犯，寒凝经脉，故见巅顶疼痛之厥阴头痛证。

三、暖肝温胃，化饮降浊

吴茱萸汤所以对厥阴头痛有卓效，方中以吴茱萸为君，吴茱萸味辛苦，性大热，辛开苦降，旨在暖肝降浊，肝阳振则浊阴自降；重用生姜，生姜味辛，性温，要在温胃化饮，胃阳复则寒饮自化，人参、大枣，益气补脾而固本。四药配伍，药专力雄，共成暖肝温胃、降浊化饮、健脾补虚之剂。

笔者曾治一妇人，巅顶头痛，疼痛剧烈，频呕清涎，涎如冷水，静卧畏动，闭目呻吟；脉细舌淡，四肢厥冷；饮食难进，入口即吐。自诉疼痛剧烈时如冰块击顶，常置暖带热敷而痛莫能止。静脉补液，半夏泻心、附子理中汤连进罔效，改进吴茱萸汤：吴茱萸15g，人参10g，生姜30g，大枣5枚，水煎冷服，频频与之，夜进一剂，次日诸证若失，病者惊述：不止痛而头痛自止，不治头而头病自除，真乃神效，且屡试屡验，每叹仲景制方之妙哉！

临床实践证明，肝阳虚证并非鲜见，除厥阴头痛外，笔者常以本方用于眩晕证，久痢，溃疡病，慢性肝炎等。凡证属肝阳虚者每收良效。吴茱萸汤所以对厥阴头痛有特殊疗效，关键在吴茱萸一味，所谓辛开苦降，是通过温振肝阳来实现的，且用量要足，笔者曾用至30g而未见热热之弊，绝不可畏其温燥而怯用，其暖肝降浊之力绝非姜附可代。

［《中国实验方剂学杂志》2000，6（3）：62］

金匮肾气丸治疗前列腺肥大初探

赵新乡　中共中央党校医院

前列腺肥大，按其症状，当属于中医学中的“癃闭”范畴。其临床症状主要是排尿次数多，小便不利，滴沥不净，甚则点滴而出或闭塞不通。

早在两千多年前，我国古代医家就对“癃闭”有一定认识。《素问·宣明五气篇》说：“膀胱不利为癃，不约为遗溺。”明代张景岳在《景岳全书》中也指出，“小水不通是为癃闭，也最危最急症也。”清代张璐在《张氏医通》中则将“癃”与“闭”作了进一步区分，指出：“闭癃者，合而言之，一病也；分而言之，有暴久之殊。盖闭者，暴病，为溺点滴不出，俗名小便不通是也。癃者，久病，为溺癃淋沥，点滴而出，一日数十次。”《素问·灵兰秘典论》云：“膀胱者，州都之官，津液藏焉，气化则能出矣。”在人体水液代谢过程中，津液必须通过下焦阳气的气化才能变为尿液排出体外。若膀胱气化不力，就可出现小便不利；若膀胱失其约束，则可出现尿频或小便失禁等症状。

癃闭的病变部位虽在膀胱，但它的发生与肾脏有直接关系。按照中医理论，肾为先天之本，具有纳气、主水、主持和调节人体水液代谢的功能，这主要是靠肾中阳气来完成的，如果肾中阳气不足，气化失常，就会引起水液代谢障碍。肾与膀胱相表里。《诸病源候论》说：“肾主水，膀胱为津液之腑。此二经为表里，而水行于小肠，入胞者为小便。”膀胱的气化功能，取决于肾气的盛衰，肾气有助膀胱气化津液和主宰膀胱开阖以约束尿液的作用。肾气充实，固摄有权，膀胱气化有力，开阖有度，就能维持水液的正常代谢。如果肾气不足，则膀胱气化无力，开阖失度，不能固摄水液，即出现尿频或小便不利、滴沥不净等症状。老年男性易患此病的原因在于，人到老年以后，肾气自衰，阳气不足，气不摄纳。

据笔者临床观察，前列腺肥大患者的临床症状大多数与肾阳虚有直接关系。除了尿频（夜间尤甚)、小便不利、滴沥不净外，往往还伴有腰以下有冷感、腰膝无力、舌淡、脉虚弱等症状，这都是肾阳虚的表现。肾阳不足，不能固摄水液，故小便次数多；日为阳，夜为阴，肾阳虚，则夜间尿频甚于白天；肾气虚弱，则气化无力，致小便不利，滴沥不净，甚则尿闭；肾阳不充，气化不及膀胱，则腰以下有冷感、腰膝无力；肾阳虚，则舌淡、脉虚弱。根据“治病必求其本”的原则，对出现上述症状的前列腺肥大患者，应采取补益肾气，温补肾阳的治法。肾气得补，膀胱自强，诸症不复得见。但补阳之药每多辛燥，容易燥伤肾阴，故补阳之中，还应兼以补阴，即甘温补肾阳的药物与甘润补肾阴的药物同用，以便阴阳相互为用，协调平衡。正如《景岳全书》所说：“善补阳者，必于阴中求阳，则阳得阴助，而生化无穷；善补阴者，必于阳中求阴，则阴得阳升，而泉源不竭。”因此，宜用金匮肾气丸治疗。此方以附子、桂枝为主药，温补肾阳，以干地黄、山药、山茱萸、泽泻、茯苓、牡丹皮为辅佐药，滋补肾阴。诸药合用，兼补阴阳，使阴阳相互协调，肾气充足，诸症自然消除。

笔者近年用温补肾阳法治疗前列腺肥大患者19例。年龄最小59岁，最大83岁，平均71.3岁；病程1~20a；夜尿7~8次；经前列腺B超诊断验证，轻度肥大者16例，中度肥大者3例。因这些患者的临床症状均为肾阳虚型，故投以金匮肾气丸治疗。蜜丸：1次1丸，2~3次/d；水丸：1次6g，2次/d，早晚空腹服，20d为1疗程。19例患者服药1个疗程左右临床症状均开始有不同程度的减轻。其中5例服药2个疗程，7例服药2~3个疗程，6例服药4~6个疗程后，夜尿次数减少到1~2次；1例服药7个疗程后，夜尿次数减少到2~3次；腰以下冷感皆消失，尿不净感均明显减轻。

此丸对症状为肾阳虚型的前列腺肥大患者有明显疗效，对夜尿次数多者疗效更佳。但不能用于所有前列腺肥大患者，而应辨证分析，对症下药。

［《天津中医》2000，19（3）：37］

白虎汤加减治疗小儿乳蛾96例

吕 英 广州市天河区妇幼保健院

近年来，笔者选用《伤寒论》之白虎汤结合南方地区气候潮湿、小儿藩篱疏松之特点，治疗小儿乳蛾（急性扁桃体炎）96例，疗效颇佳，现报道如下。

一、一般资料

96例中，男46例，女50例；3岁以内30例，4~7岁56例，8~14岁10例。体温38℃~38.9℃ 36例，39℃~40℃48例，40℃以上12例。扁桃体Ⅰ度肿大充血12例，Ⅱ度肿大充血50例，Ⅲ度肿大充血7例；扁桃体化脓27例。血象：经检查者82例，其中白细胞总数增高者40例，占48.78%；正常或偏低42例，占51.22%；未检查者14例。

二、治疗方法

白虎汤加减：生石膏（先煎）15g，白薇10g，大枣15g，甘草3g，苇茎15g，蝉蜕5g，玄参15g，鸡蛋花10g。若高热加黄芩12g，羚羊骨粉（先煎）10g，钩藤（后下）5g；呕吐加竹茹5g，葛花6g；咳嗽加北杏仁6g，前胡12g，百部12g；大便干结加草决明12g；纳差加谷麦芽各12g，鸡内金10g；便溏加莲子肉12g。

三、治疗结果

本组96例全部治愈，其中服药1剂治愈者36例，占37.5%；2剂治愈者42例，占43.75%；3-4剂治愈者18例，占18.75%。对白血球总数增高的40例，于退热后1-2d经复查者32例，占80%，其中恢复正常者26例，占81.25%，接近正常者6例，占18.75%。

四、典型病例

范某，男，7岁，1997年5月9日初诊。主诉发热咽痛2d，曾在外院肌注青霉素1d，口服臣功再欣等，体温反复，就诊时体温41℃，伴干咳，面红神疲，纳呆，大便2日未解，查双侧扁桃体Ⅱ度红肿，左侧附有多处脓点，舌质红，苔黄腻，脉浮滑数。血象检查：白细胞13.7×10^9/L，中性0.76，淋巴0.20，单核0.03，嗜酸细胞0.01。证属乳蛾（西医诊为化脓性扁桃体炎）。予加减白虎汤加草决明1剂，并嘱白粥调养以扶正祛邪。上午约10时半服药，下午3时体温降为38.1℃。二煎再服，于夜11时体温降为正常（T：36.7℃）。继服2剂，体温无反跳，神爽纳增，大便已通畅，无咳，查双侧乳蛾红肿消失，复查血象：白细胞总数为7.1×10^9/L，中性0.62，淋巴0.36，单核0.02。

五、体会

现代研究表明，扁桃体炎大部分由感染病毒引起，少数由感染细菌或支原体引起。加减白虎汤具有良好的清热解毒、清利咽喉之功效。方中生石膏甘寒，清热生津；以白薇代知母既可清热又可凉血；大枣换粳米，既佐石膏之寒又可和胃；蝉蜕疏散风热而利咽；玄参解毒散结而利咽；苇茎清解肺胃之热；鸡蛋花清利大肠湿热，使热毒从下解，邪有出路则体温易退且不反跳；甘草和药解毒利咽。诸药合用，共奏清热生津，疏散风热，解毒利咽之效。

［《河南中医》2000，20（4）：21］

大承气汤灌肠在腹部手术后的临床应用

金正贤　江苏张家港市中医医院

腹部手术如何促进胃肠功能恢复是一个重要问题，已日益为外科医师所重视。为减轻腹部手术后患者的痛苦并使其及早恢复，自1998年8月～1999年，我们随机选择了一组腹部手术的病人，术后早期给予大承气汤保留灌肠，结果加快了胃肠功能的早期恢复，减少了并发症的发生。

一、临床资料

用药组112例，男63例，女49例；年龄16～68岁，平均43.1岁；其中胆道手术47例，胃肠手术65例（急诊手术37例，择期手术75例）。对照组95例，男51例，女44例；年龄18～69岁，平均44.3岁；其中胆道手术38例，胃肠道手术57例（急诊手术31例，择期手术64例）。

二、治疗方法

用药组：本组112例病人均于术后3h给予大承气汤保留灌肠，其药物组成：生大黄30g（后下），厚朴10g，枳实10g，芒硝10g（冲）。上方1剂加水浓煎取100ml，温度37～38℃，以25cm长F16导尿管置入直肠内约20cm，缓慢注入，保留0.5h。8h后重复用药1次。

对照组：95例病人常规采用禁食，补液，胃肠减压，不采用其他任何措施，让其自然恢复胃肠功能。

三、观察指标与结果

分别观察并记录二组患者术后肠鸣音开始出现及恢复时间，术后排气及排便时间，术后总补液量及进流质时间。结果见表1。

表1　两组临床观察指标比较（$\bar{x}\pm s$）　h/ml

分组	n	肠鸣音出现时间	肠鸣音恢复时间	肛门排气时间	排便时间	进流质时间	总补液量
治疗组	112	10.34±4.63	18.52±5.37	15.87±4.47	26.28±5.18	20.73±5.69	7152±523
对照组	95	19.72±5.26	29.38±6.21	38.65±5.51	55.29±5.73	50.27±6.31	12658±715
P值		<0.05	<0.05	<0.01	<0.01	<0.01	<0.01

由表可见，以上几项指标治疗组均明显优于对照组，另外，在术后并发症上，用药组仅出现术后切口感染2例，而对照组切口感染3例，肠粘连5例，腹腔脓肿2例。

四、讨论

通里攻下法则为中医学的八大治则之一，常用于疏通肠腑，排除积滞，增强肠蠕动，恢复肠功能等。大承气汤为中医通里攻下法中寒下法的代表分剂，临床上用于梗阻性、血运障碍性腹部疾病已经取得一定的效果[1]，现代实验研究表明，大承气汤有增强胃肠道推进运动功能，有明显增加肠容积作用，还有增加肠袢血流量，降低血管通透性以及抑菌抗感染等作用。由于腹部手术后肠道的推进运动减弱，肠管张力减低，并有运动的不协调，致胃肠传导失司，而出现痛、胀、呕、秘、热及脉洪数，苔黄腻等症，为热结中焦，腑气不畅，属阳明腑实证。因此，我们根据“六腑以通为用”和“不通则痛，通则不痛”的中医理论，随机选择了这组腹部手术病人于手术后早期给予大承气汤保留灌肠，用药后患者很快就出现了第一次肠鸣和肛门排气排便，均明显快于对照组，减少了术后的补液量，术后并发症的发生率亦明显低于对照组。所以，我们认为，在腹部手术后早期以大承气汤作保留灌肠，加速了胃肠功能的恢复，不仅避免了肠粘连或粘连性肠梗阻的发生，而且能预防因高度腹胀引起的呼吸困难，吻合口瘘和腹壁切口裂开等并发症。

由于腹部手术后患者多数有腹胀等肠麻痹表现，口服中药一般不宜被接受，服药后常易呕吐，使疗效不能保证，而灌肠既能防止口服中药可能发生克伐过度的现象，又能加速消化道功能恢复，在降低术后并发症，减少患者痛苦及节省开支等方面效果明显。

参考文献

[1] 吴咸中. 急腹症研究［M］. 上海：上海科学技术出版社，1988，186－190.

[2]《中医辞典》编辑委员会. 简明中医辞典［M］. 第1版，35.

［《河南中医》2000，20（9）：22］

桂枝汤衍变方应用探析

宫胜贤　山东省中医药学校

桂枝汤由桂枝、白芍、生姜、大枣、甘草组成，是《伤寒论》第一方，曾被《伤寒来苏集》奉为“仲景群方之魁，滋阴和阳，调和营卫，解肌发表之总方”。仲景在《伤寒论》和《金匮要略》（以下简称《金匮》）中，以桂枝汤为基础，加减衍变的方剂达30余首，兹就其要者探析如下。

1. 桂枝加葛根汤　由桂枝汤加葛根组成。《伤寒论》主治：“太阳病，项背强几几”。原文治疗太阳中风兼项背强的证候，故方中以桂枝汤解肌散邪，调和营卫，治太阳中风；加葛根升津舒筋，以解项背强几几。据现代研究，本方具有发汗、解热、缓解肌肉痉挛等作用，临床治疗感冒、神经性头痛、落枕、颈椎病、肩周炎、颜面神经麻痹、面肌痉挛、荨麻疹等多种病证属于营卫不和、太阳经脉不舒者，有一定疗效。

2. 葛根汤　由桂枝汤加葛根、麻黄组成。《伤寒论》主治：“太阳病，项背强几几，无汗恶风者”及“太阳与阳明合病，必自下利”，《金匮》主治：“口噤不得语，欲作刚痉”等。综合葛根汤的主治，不外乎两点：一为太阳经气不利，筋脉失养引起“项背强几几”，“口噤不得语”；一为外邪未解，内迫，胃肠之“下利”。据现代研究，葛根汤具有解热，止痢，濡养肌肉，缓解项背肌肉紧张等作用。今临床治疗乙脑、流感等病毒感染初期兼表证，疗效显著；对急性结膜炎、中耳炎、颈椎病、神经性头痛、肩周炎、慢性胃肠炎、过敏性鼻炎、荨麻疹、湿疹及皮肤瘙痒等，亦有良效。

3. 桂枝加厚朴杏子汤　由桂枝汤加厚朴、杏仁组成。《伤寒论》主治“喘家”。魏荔彤说：“凡病人素有喘症，每感外邪，势必作喘，谓之喘家。”治用桂枝汤解肌散邪以治风寒表证，加厚朴、杏仁降气平喘以治喘息。今临床治疗支气管哮喘、慢性支气管炎、小儿肺炎等见有外感风寒表虚证者，每多获效。

4. 厚朴七物汤　由桂枝汤去白芍另加厚朴、大黄、枳实组成。《金匮》主治“腹满，发热十日，脉浮而数”。方中桂枝汤（去白芍）解表而和营卫以治太阳表证，厚朴三物汤（厚朴、枳实、大黄）行气除满以治阳明腑实，故本方主治是太阳表邪未解兼见阳明腑实证。今临床治疗急性肠炎、细菌性痢疾、单纯型肠梗阻等见有发热脉浮、腹满等表里同病者，每多用之。

5. 桂枝加芍药生姜各一两人参三两新加汤　由桂枝汤加芍药、生姜各一两，人参三两组成。《伤寒论》主治“发汗后，身疼痛，脉沉迟”。尤在泾说：“发汗后邪痹于外而营虚于内，故以桂枝加芍药生姜人参，以益不足之血，而散未尽之邪。”钱天来又言：“此本中风而以麻黄汤误发其汗，遂致阳气虚损，阴液耗竭，不能充灌滋养，故身疼痛而脉沉迟。”据上所言，本方证是因太阳病发汗太过，损伤气营，故用桂枝汤调和营卫，重用芍药和营养血，重用生姜宣通阳气，加人参益气和营。诸药合用，解表散邪，益气养血。今临床治疗年老体弱之流感以及风湿性或类风湿性关节炎而属于体虚感受风寒湿邪者，较为适宜。

6. 桂枝加附子汤　由桂枝汤加附子组成。《伤寒论》主治“太阳病，发汗，遂漏不止，其人恶风，小便难，四肢微急，难以屈伸”。成无已曰：“太阳病因发汗，遂漏不止而恶风者，为阳气不足……小便难者，汗出亡津液，与桂枝加附子汤，以温经复阳。”成氏所言，说明本方证是太阳病发汗太过致阳虚并表证不解，故用桂枝汤解肌散邪、调和营卫，加附子温经复阳，邪去阳回，津液自复而病愈。今临床治疗风湿性关节炎、乙型肝炎、小儿心肌炎、心肌梗塞等具有阳虚津伤见症者，可获一定效果。

7. 桂枝去芍药汤　由桂枝汤去芍药组成。《伤寒论》主治“太阳病，下之后，脉促胸满者”。表证误下，致表邪不解，邪陷胸中，损伤胸阳，故见“脉促胸满”。用桂枝汤去芍药（因芍药味苦性寒，易伤阳气，故去之）解肌祛风，散寒通阳，正如成无已所言：“与桂枝汤以散客邪，通行阳气，芍药益阴，阳虚者非所宜，故去之。”今临床对支气管哮喘、冠心病心绞痛、心肌梗塞、病窦综合征等属于胸阳不振者，可酌情加减应用。

8. 桂枝去芍药加附子汤　由桂枝汤去芍药加附子组成。本方主治是在桂枝去芍药汤的基础上，另见有“微恶寒”等阳虚症状，故加附子温肾助阳。

9. 桂枝加芍药汤　方由桂枝汤倍白芍用量而成。《伤寒论》主治“太阳病，医反下之，腹满时痛”。方中桂枝汤解肌散邪以治表证，加重白芍用量旨在缓急止痛。由此观之，本方主治是由表证误下损伤脾胃，脾胃气滞，从而引起“腹满时痛”。今临床治疗胃痉挛、肠痉挛、胃肠功能紊乱、慢性胃炎、溃疡病等而属于脾胃不和者，有一定作用。

10. 桂枝加大黄汤　由桂枝汤加大黄组成。《伤寒论》主治表证误下而致腹部“大实痛”，方用桂枝汤汗解表邪，加大黄泻实导滞以治“大实痛”。现多用本方治疗急慢性消化系统疾病而见腹满痛，大便秘结等证。另有报道，用桂枝加大黄汤加减治疗顽固性荨麻疹，大便燥结难下，也取得很好疗效。

11. 桂枝去芍药加蜀漆牡蛎龙骨救逆汤　由桂枝汤去芍药另加蜀漆、牡蛎、龙骨组成。《伤寒论》主治“火迫劫之，亡阳，必惊狂，卧起不安”。《医宗金鉴》云：“伤寒脉浮，医不用麻桂之药，而以火劫取汗，汗过亡阳，故见惊狂起卧不安之证。”说明本方证因火劫过汗亡失心阳而生惊狂，故用桂枝、甘草温助心阳；生姜、大枣补中益气；蜀漆涤痰，且能散火邪；龙骨、牡蛎安定心神；合用补益心阳，镇惊安神。今临床治疗精神分裂症、癫痫、癔病、心脏神经官能症等而属于心阳虚者，每收佳效。

12. 柴胡桂枝汤　本方取小柴胡汤、桂枝汤各用半量合剂而成。《伤寒论》主治“发热，微恶寒，支节烦痛，微呕，心下支结”。本方用桂枝汤、小柴胡汤各取半量以解表和里，主要治疗太阳少阳并病之轻者，正如柯韵伯云：“表证虽不去而已轻，里证虽已见而未甚，此太阳少阳并病之轻者。故取桂枝之半，以解太阳未尽之邪；取柴胡之半，以解少阳之微结。”现代临床治疗风湿性或类风湿性关节炎、面神经麻痹、植物神经功能紊乱、更年期综合征、癫痫发作等而见有太阳少阳证候者，有较好作用。

13. 栝蒌桂枝汤　由桂枝汤加栝蒌根组成。《金匮》主治“太阳病，其证备，身体强，几几然，脉反沉迟，此为痉”。“太阳病，其证备”，指发热、汗出、恶风等表证俱备；“身体强，几几然”，是津液不足、筋脉失养所致，为痉病的主症。治用桂枝汤调和营卫，以解表邪；加栝蒌根清热生津，滋养筋脉。据现代研究，本方有发汗解热、缓解肌肉痉挛等作用，治疗落枕、颈椎病、面肌痉挛等属于风寒外束、筋脉失养所致者，每多获效。

14. 桂枝加黄芪汤　由桂枝汤加黄芪组成。《金匮》主治“黄汗”。《张氏医通》云：“黄汗皆荣气不和，水气乘虚袭人……”由此可知，黄汗证主要由于营卫不和、表虚不固、水湿乘虚侵入肌肤所致，故仲景以桂枝汤解肌调和营卫，加黄芪走表逐湿，今以之治疗植物神经功能紊乱性汗出证有较好疗效。

[《国医论坛》2000，15（4）：5]

《金匮》麻子仁丸临床新用体会

吴　中　河北省沧州市卫生进修学校
张玉占　张俊荣　河北省沧州市中医院

麻子仁丸出自汉代张仲景之《金匮要略》，由麻子仁、芍药、枳实、大黄、厚朴、杏仁等组成，功能为泄阳明燥热，滋太阴津液，用于胃强脾弱的脾约证。笔者喜用此方，在临床中除了治疗胃肠道疾病外，还经常用于其他系统的疾患。现举几例：

一、化脓性脑膜炎

肖某某，男，13岁，1995年11月16日初诊。3年前出现头痛、、呕吐、发热，在当地医院诊断为“化脓性脑膜炎”，经抗菌素治疗病愈。近1年来反复发作，每次症状相同，经抗菌素及中药牛黄、羚羊角等治疗，数日后病情缓解，但出院后不久又复发，到就诊时已是第8次复发，急查脑脊液，白细胞满视野，$3045\times10^6/L$，蛋白2.13g/L，糖1.7mmol/L，Cl^- 134mmol/L，支持原诊断。进一步问诊知患者平素大便干结，常2～3日一次。学习刻苦，特别是近1年由于反复发病，功课耽误较多，每次病愈后均加班加点补习功课。现已5日未大便，小便短赤，伴发热、头痛、呕吐，舌红苔薄黄，前部剥脱，六脉皆软。遂以麻子仁丸加减：麻仁10g，桃仁6g，杏仁6g，大黄6g，枳实10g，厚补10g，玄参10g，生地10g，麦冬10g，菊花6g。开始配合静点抗菌，待脑脊液恢复正常后停西药，中药改为丸剂长期服用，用量以保证大便每日1次，便质正常或稍软为度。连服4个月后停药，随访1年未复发。

二、精神分裂症

于某，女，32岁，初诊时间1998年8月24日。5天前因被人怀疑有偷窃行为导致情绪不宁，彻夜难寐，食量大增，力大过人，在当地诊断为"精神分裂症"，服西药氯丙嗪、安定等疗效不明显。经过交谈，发现有典型的思维障碍和妄想症状，时见躁扰不宁，态度狂傲，语声响亮，双目圆睁，目光呆滞，面赤舌红，苔黄厚而干，脉弦数而长，沉取稍弱。问诊知大便干结，小便黄赤，即以麻子仁丸治之：生大黄15g（后下），生龙牡各30g（先煎），枳实12g，厚朴12g，麻仁15g，杏仁10g，桃仁10g。3剂后复诊，述日解软便2~3次，举止较前有所改善，口干渴，小便赤，心烦多梦，舌红苔薄黄而干，脉弦数。此为余热未清，再以原方加减进9剂。三诊，自述精神转佳，唯觉神疲乏力，夜梦纷纭，面色黄白不泽，舌淡红少苔，脉沉弦。此为邪热去后，心脾两虚，以健脾养心之品调养，9剂后诸症悉除，精神愉快，随访1年未复发。

三、急性支气管炎

张某某，女，22岁，1998年1月20日初诊。患者于1个月前受凉发病，初恶寒发热，咽痒咳嗽，痰白而稀，西医诊断为"急性支气管炎"，经西药抗菌素、祛痰、镇咳剂治疗效果不著。现证咳嗽频剧，喉间痰鸣，痰黄而粘，不易咯出，咳甚胸痛，心烦难寐；小便自利，大便干硬，舌淡尖红，舌苔薄黄中心厚，脉弦细数。听诊双肺呼吸音粗，肺底散在干啰音，X片示肺纹理增粗，化验白细胞12×10^9/L。处方以麻子仁加味：麻仁10g，杏仁10g，白芍15g，大黄8g，枳实10g，厚朴10g、川贝10g，鱼腥草20g。服3剂后症减大半，加减又服6剂病愈。

四、体会

《金匮·五脏风寒积聚病》第十五条说："趺阳脉浮而涩，浮则胃气强，涩则小便数，浮涩相搏，大便则坚，其脾为约，麻子仁丸主之。"明确指出了脾约证的病机、脉证及治法。趺阳脉浮，为阳脉，指轻取有余，主胃热气盛；涩，为阴脉，指沉取滞涩不足，主脾虚阴亏。提出了本病的病机和主脉。主证原文提出两条，即大便干结和小便频数。笔者认为，"小便数"即为胃火下迫膀胱的结果，也是导致脾阴损伤的原因，它应出现在阴伤之前或阴伤不甚者，如脾阴亏耗较重，小便就多见黄赤或短赤了，以上病例可为佐证。麻子仁丸的组方也很合理，大黄、枳实、厚朴攻下泻热；麻仁、杏仁生津润肠；芍药敛阴和脾。以攻下为主，攻中有补，攻而不竣，补而不滞。临证中有此病机，合此脉证者，多能用之。

在例1中，患者平素大便干结，可知脾阴不足，再加学习刻苦，用脑过度，思虑伤脾，更促使病情复发。脾脏虚弱，不能为胃行其津液，则大便干结不下，郁而化火而见发热，胃气不降，上逆而见呕吐，浊气挟火上冲清窍而至头痛。本例患者病本不在头，而在脾胃，从脾胃入手，如釜底抽薪，火熄则水不再沸。前医多用苦寒，脾胃受损更重，虽一时收效，但也导致了病情的加重和复发。例1的病机是以脾虚阴亏为主，而例2则以阳明火旺为主，先有肝胃郁热，再有一定程度的热灼津伤。躁扰不宁、语声响亮、食量大增为肝胃火旺所致，而舌苔干，脉沉取稍弱又是脾虚津伤的表现。例3为外感风寒，失治日久，里入阳明，化火伤阴。发热、痰黄、便干为肺胃火盛，痰粘不易咳证明津液亏乏，但小便自利又说明阴虚不甚。在治疗上虽都用麻子仁丸，但由于病机的差异，用药略有不同：例1加增液汤旨在滋阴和脾；例2加重大黄用量，并加生龙牡，意在清泻阳明；例3加川贝和鱼腥草，用于化痰止咳、清热解毒，由于阴伤不甚，没有另加养阴生津的药物。

总之，对于本方的运用，须把握病机，抓住主证、主脉，灵活加减，可收殊功。

[《光明中医》2000，(5)：23]

运用仲景方治疗慢性疲劳综合征

何赛萍　浙江中医学院

慢性疲劳综合征（CFS）是现代医学新近认识的一种疾病，其临床特点是以持续性半年以上的、不明原因反复发作性极度疲劳为主要特征，可伴有肌肉痛、头痛、咽喉痛、淋巴结肿痛、低热、盗汗、睡眠障碍等多种神经精神症状及免疫学的异常。体检一般无重大异常发现，常规实验室检查一般亦正常，免疫实验室检查伴有EB病毒抗体效价上升。由于CFS的发病病因尚未清楚，现代医学目前对CFS尚无理想的治疗方法。作者一直从事仲景学说的研究，治疗CFS病人时善从仲景方中求之，并取得较好的疗效。

一、立论依据

张仲景在《伤寒杂病论》对少阳病、百合病、脏躁、虚劳等病的论述中，有关病因、病机乃至证候的描述都有类似于慢性疲劳综合征。

1. 病因病机基本符合　目前中医界对 CFS 的发病一般认为患者素体正气不足，或发于外感时邪，或发于情志不舒、长期忧虑，或发于劳役过度等。致肝气失疏而致郁，脏腑阴阳气血受损而致虚，所以邪、郁、虚是 CFS 发病的关键。少阳病的病因为“血弱气尽，腠理开，邪气因入，与正气相搏，结于胁下。”少阳为病，经气郁滞，枢机不运，疏泄失调，升降失常，三焦失通，病机重心在于“郁”，病变部位在于肝。少阳病的病机亦可用邪、郁、虚概括之。百合病的病机如《医宗金鉴》所言：“伤寒大病之后，余热未解，百脉未和，或平素多思不断，情志不遂，或偶触惊疑，猝临景遇，因而形神俱病……”指出了百合病可发生在热病之后，亦可由于情志不遂而成，百合病是心肺阴虚为主的病变，由于阴血不足，神明失养，出现精神恍惚不定，饮食和运动感觉等失调的现象，百合病的发病机理与 CFS 基本相同。另外，慢性疲劳综合征多见于女性，因其天性怯弱，心神不舒，一旦为病邪所扰，易肝气郁结，五脏气血失调，神形精气日益消铄，产生脏腑气血受损的多系统综合证候，与《金匮要略》所述“妇人脏躁，喜悲伤欲哭，象如神灵所作，数欠伸……”同出一辙。仲景所述的虚劳病，泛指由于劳役所致的慢性衰弱疾患，与 CFS 也有相似之处。

2. 证候表现大致相似　少阳病是气机不运的病变，其病变范围广，变动不居，以自觉症状为主，客观指征较少，主要表现在寒热、情志、饮食等方面的异常，并见胆火上炎口苦、咽干、目眩等；百合病临床表现以饮食、神志、感觉、行为等方面失常，并见阴虚内热；脏躁以悲伤欲哭、精神失常，周身疲惫症状为主，常伴有心烦失眠，坐卧不安等；虚劳病也可见到“虚烦不得眠”，“四肢酸痛，手足烦热，咽干口燥”“虚劳里急，诸不足”等。上述症状描述与 CFS 诊断标准极其相似。其疲惫、周身不适、恶寒、低热、心神恍惚不定、精神异常、睡眠障碍等“象如神灵所作”，全是恍惚去来、不可为凭之象，从形体上观察则一如常人，没有显著的病态，症状表现不通过问诊难以知之。这与 CFS 的特征之一即体检一般无重大异常发现，常规实验室检查一般正常相吻合。

二、辨证要点

1. 辨发病　爆发型的 CFS 有外感病史，寒热症状明显，病性属实者，治以调和营卫，斡转气机。桂枝汤类方、柴胡汤类方皆可选用。慢性型的 CFS 病程较长，虚损明显者在补养的基础上理气解郁，治以小建中汤加减。

2. 辨病位　因为 CFS 与脏腑生理机能不能协调，心、肺、脾、肝、肾五脏阴阳气血失调有关。症状表五脏各有侧重，治疗时脏腑定位显得尤为重要。肝气失疏以情志症状为主，选用柴胡汤类方；心虚神怯而出现精神涣散，以睡眠障碍为主，选用养心安神的，百合地黄汤、甘麦大枣汤；脾虚湿胜以身体倦怠、四肢困重、大便溏薄为主选用理中汤，极度虚弱者，面色苍白、腰膝酸软则选用肾气丸。

3. 辨病性　根据寒、热、虚、实等不同变化定性辨证。如对心神涣散、睡眠障碍为主的 CFS，除定位心外，尚要考虑阴阳气血及脏腑兼病的状况。心肝阴血不足者，治以酸枣仁汤；心肺阴虚者，治以百合地黄汤；心肾不交的，治以黄连阿胶汤；心阳虚者，治以桂枝加桂汤等。

三、病案举例

1. 少阳气郁案　患者，干部，女，48 岁。平素性格内向，沉默寡言，遇事多虑，一年前出差在外，患外感，虽然药物及时治疗，但由于忙于工作，未及时休养，一年来疲劳头晕诸症不减，遇劳则重，反复感冒伴有低热、畏寒、四肢乏力、口苦、食欲不振、胸闷、喜叹息等症状。就诊西医属 CFS，服以西药不效，到余处诊治。诸症如前，舌边尖红，舌苔薄白，脉弦细，证属情志不舒，复感外邪，少阳枢机不利，宜小柴胡汤治之。药用：柴胡 10g，黄芩 10g，太子参 15g，半夏 12g，生姜 5g，甘草 9g，大枣 20g，黄芪 20g，白术 6g，防风 10g。服药七剂，疲劳头晕稍减，此后反复加减服用近 2 个月，病情基本缓解。

小柴胡汤和解少阳、斡旋气机是治郁首法。《赤水玄珠》曰：“有素虚之人，一旦事不如意，头目眩晕，精神短少，筋痿气急，有似虚症，先当开郁顺气，其病自愈。”本例虽有虚象，但少阳气郁是病之本，故与小柴胡汤加味，疗效确切。

2. 阴血不足案　患者，职工，女，50 岁。4 年前，乳房癌手术后，情绪一直低落，多愁善感。近来感到疲劳乏力，四肢倦怠，咽喉干燥似有物梗阻，心烦易怒，夜寐难以入睡，常伴杂念异想，忧虑癌细胞扩散，整天感到身体不适，或头痛，或胁痛，或四肢痛等。医院检查，实验室指标正常，诊断为 CFS。证属久病忧虑，伤阴耗血，心血亏虚，肝阴不足使然，宜酸枣仁汤加减。药用：酸枣仁 12g，柏子仁 12g，川芎 9g，首乌 20g，知母 10g，茯神 10g，甘草 6g，生地黄 20g，麦冬 10g，川楝子

10g。服药2周后，睡眠改善，此后反复加减服用此药，症状缓解。

本案为癌症手术后，情志郁结，心血暗耗，肝阴被劫，引发心烦失眠等精神异常的症状。《古今名医方论》云："枣仁酸平，应少阳木化，而治肝极者，宜收宜补，用枣仁至二升，以生心血，养肝血……此治虚劳肝极之神方也。"

3. 肾虚神浮案　患者，男，37岁，个体户。经商十余年，长期以来四处奔波，忧虑产品销售，处于劳忧交集的生活环境中。近感疲倦乏力，精神恍惚，情绪不稳，健忘，注意力不集中，头晕，大便溏薄，腰膝酸软。医院检查各项理化指标正常，诊断为CFS。邀余诊治。诸症如前，面色不华，眼圈发黑，形体消瘦，舌淡胖，苔白，脉细弱。证属忧伤心，劳伤肾，肾虚神浮使然，肾气丸合甘麦大枣汤加减。药用：生地黄15g，山药15g，山茱萸6g，牡丹皮9g，泽泻9g，茯苓9g，附片5g，桂枝6g，黄芪15g，党参12g，甘草10g，淮小麦30g，大枣30g。服药7剂后，精神明显好转，续服药数月，病痛解除。嘱服金匮肾气丸善后。

《医醇賸义》云："劳者，五脏积劳也；伤者，七情受伤也。百忧感其心，万事劳其形，有限之气血，消磨殆尽矣。"本案病如劳忧，伤及心神，累及元阳，心神俱虚。用肾气丸鼓舞肾阳，甘麦大枣汤补心安神。

[《浙江中医学院学报》2000，24（6）：12]

小承气汤加味治疗小儿阳明腑实型哮喘病43例

孔庆明　云南省石屏县中医医院

关键词　阳明腑实型哮喘，中医药疗法，小承气汤。

笔者用小承气汤加味治疗小儿阳明腑实（属于腑气不通，肠热迫肺）而致哮喘病43例，取得较满意疗效，现报道如下。

一、临床资料

1. 一般资料　门诊患者23例，男1至4岁12例；女1至5岁11例。住院患者20例，男2至5岁9例；女1至6岁11例。病程最长半年，最短1个月。

2. 诊断标准　（参照《中医病证诊断疗效标准》制定）。

3. 临床表现　喘咳哮鸣，呼吸急促，胸憋闷胀，甚则张口抬肩，难以平卧，痰液黄稠，发热面赤，烦躁口渴，大便秘结，小便短赤，舌苔中心黄腻，脉滑数。

二、治疗方法

43例患者治疗均以降逆通下，宣肺化痰，止咳平喘为原则，用小承气汤加味。

方药组成：大黄5g，厚朴5g，枳实5g（冲），炙麻黄3g，杏仁5g（冲），黄芩5g，苏子5g（冲），地龙5g，沙参10g，炙甘草5g，每日1剂，每剂服3次，7天为1疗程。

三、疗效观察

1. 疗效标准，根据《中医病证诊断疗效标准》中疗效标准制度。治愈：哮喘控制，哮鸣音消失，实验室检查明显好转。好转：哮喘缓解，或发作次数减少，实验室检查有改善。无效：症状无变化。

2. 治疗结果　43例。治愈27例，占62.79%；显效8例，占18.60%；有效6例，占13.95%；无效2例，占4.65%；总有效率为：95.34%。

四、典型病例

车某某，男，5岁，儿科住院病人，初诊1999年11月7日哮喘反复发作1年余。现症见喘息气粗，咳动加剧，面赤唇干紫，少津，喉中有痰鸣声，时吐稠黄痰，易怒，小便短赤，大便经常燥结，难解，有时2~3日解1次大便。舌红少苔，脉滑数。

理化检查：红细胞 $3.65\times10^{12}/L$，血红蛋白100克/L；白细胞 $10.8\times10^{9}/L$；中性73%；淋巴细胞22%；单核细胞3%；嗜酸细胞2%。听诊：两肺有明显的喘鸣音。胸部透视：X光见两肺肺纹理增多。西医诊断：小儿支气管哮喘。中医辨证施治：此病辨证属于痰热迫肺，腑气不通之哮喘。治宜：降逆通下，宣肺化痰，止咳平喘。方用小承气汤加味：

大黄5g，厚朴5g，枳实5g（冲），炙麻黄5g，杏仁5g（冲），黄芩5g，苏子5g（冲），地龙5g，沙参10g，炙甘草5g。2剂，1日1剂，水煎，多次适量频服之。3日复诊，经服药后大便泻下3次，咳喘渐平，余症减。方中减其大黄量为3g，再守方服3剂，后访大便调匀，1日1剂，咳喘已止。嘱其母亲用麦门冬汤加味调理数剂。每天保持患儿大便通畅，避寒邪，忌辛香辣燥之品，加强锻炼身体。

[《云南中医中药杂志》2000，21（6）：20]

仲景方药与肿瘤临床

王庆才　苏州医学院附属第一医院

中医治病，辨证论治不可分割。本文就笔者长期从事肿瘤临床工作中，对恶性肿瘤发病过程中的某个阶段，或因采用手术、放疗、化疗等所引发的某些并发症或毒副反应，每采取仲景方药辨证治疗，常能获效，举例如下。

1. 小柴胡汤治疗原发性肝癌放射介入化疗后发热（少阳病）

案1　杜某，女，31岁，1998年4月8日初诊。1997年12月上旬，因出现恶心，呕吐，腹泻每日3~4次，无发热、腹痛，外院曾拟诊“乙肝”“胃肠功能紊乱”等，予中药治疗，症状缓解。1998年1月起，感觉上腹胀满不适，仍服中药治疗症状无好转，经市某院B超检查提示“肝右叶巨大占位病灶 13.9cm × 13.4cm，测血 AFP > 1000μg，于1998年3月25日，去上海某医院行放射介入化疗，方案为 CBP、ADM、5 - Fu，剂量不详，术后数小时即感胸闷，心悸，头昏，多汗，当日做心电图检查提示；窦性心动过速，心肌损害，疑为阿霉素毒性所致。第2日起，出现往来寒热，不欲饮食，时有作呕，遂于1998年4月8日，转入我科治疗。刻诊：面色㿠白，形体消瘦，精神萎靡，舌苔薄白，脉弦细数。主诉：口苦，咽干，目眩，右胁胀满，小便黄赤。实验室检查：血常规，WBC 3.4 $\times 10^9$/L，RBC 2.62 $\times 10^{12}$/L，HGB 72g/L，plt147 $\times 10^9$/L。血生化，TB 14.71μmol/L，DB 15.1μmol/L，ALT 5IU/L（速率法），AST 5IU/L（速率法），ALP 257IU/L，LDL 135IU/L，GGT91IU/L，GLU 4.08mmol/L，TRIG 0.76mmol/L，HBsAg（+）。X线胸片，心肺无异常。B超，肝右叶占位性病变128mm × 105mm，胆、胰、脾未见异常。血 AFP > 1000μg。诊断：原发性肝癌。辨证：少阳病（小柴胡汤证）。药用：柴胡15g，黄芩、半夏、党参各10g，炙甘草5g，生姜3片，大枣10枚，白芍10g，生牡蛎30g。煎汤600~800ml，分3次服，其中1次于发热前1~2小时服。2剂后，往来寒热消失，诸证大减，7剂后，少阳证全消。于第2次及第3次介入化疗后，上述症状反复，再服用小柴胡汤加减仍有效。

按：小柴胡汤，乃张仲景为伤寒六经辨证邪入少阳而设。证以往来寒热，胸胁苦满，嘿嘿不欲饮食，心烦喜呕，口苦，咽干，目眩，舌苔薄白，脉弦等为主要临床特征。上述证候又称之为小柴胡证。因少阳病病机乃伤寒或中风五六日，病位为邪即非在表（太阳），又非在里（阳明），而在表里之间（半表半里）。所以，在治法上，既非发汗所解，又非吐下所除，故当以和解是也。方中取柴胡、黄芩和解少阳经之邪；半夏、生姜散少阳经之呕；人参、甘草补中气之虚，以防邪入里。本案系肝内巨大占位性病变，故在处方中增入白芍柔肝，生牡蛎软坚。本患为原发性肝癌，行放射介入化疗后出现类似少阳病的证候，笔者认为，尽管不属仲景所述之伤伤少阳病，但其临床上确出现了类似小柴胡汤证之表现，故而投之仍能获效。

2. 大承气汤加味治疗大肠癌术后粘连性肠梗阻（燥屎内结证）

案2　计某，男，59岁，1998年11月21日初诊，1997年1月起，因出现便血，经当地医院结肠镜检查诊断为“直肠肿瘤”。3月6日在苏州某医院行肠癌根治术，病理报告“腺癌伴淋巴结转移”。5月22日~8月20日曾予腹腔内灌注化疗，每次5 - Fu1000mg、MMC6mg、DDP40mg，次数不详。12月1日行静脉化疗1次，5 - Fu 500mg、MMC 6mg、VCR 1mg。1998年6月起，出现右下腹阵发性绞痛，逐渐加剧，纳食减少，近1周来，无大便，无肛门排气，偶有恶心呕吐，不发热，小便量少，体重明显减轻，遂来就诊。刻诊：形体消瘦，重病容，舌质红，苔黄腻，脉弦细。查体：腹部稍膨隆，下腹正中可见一约12cm长之手术疤痕。右下腹可扪及一约6cm × 6cm之肿块，边界欠清，移动度差，压痛（+），肝脾未扪及，腹部移动性浊音（±）。1998年11月21日，腹部平片提示：小肠不全性梗阻（机械性）。23日，B超检查提示：右下腹异常回声。12月3日，BC检查示：回盲部内侧系弧形压迫，性质待查。12月5日CT检查提示：右腹部肿块，性质待查。外周血象 WBC 7.8 $\times 10^9$/L，LY 19.61，MO 2.6，GR 77.8，RBC 3.49 $\times 10^{12}$/L，HGB 105g，plt 220 $\times 10^9$/L。诊断：直肠癌术后、粘连性肠梗阻。辨证：腑实燥结证。治以大承气汤加味。药用：枳实、槟榔各20g，厚朴30g，大黄10g（后下），玄明粉30g（分2次冲服），炒莱菔子30g，桃仁泥10g，煎服。服药第1天，排出燥屎数粒，坚硬如石，当天即感腹痛消除，腹部胀满缓解，并进食150g。第2、3天再进上方，均排出软屎，能正常进食，自诉感觉如常人，第4天要求出院。

按：大承气汤，乃张仲景为伤寒六经辨证热入阳明，因燥屎内结临床出现痞实燥满，或潮热谵语，成喘冒不能卧，或心中懊憹而烦，急需攻下而设。其方功用为开塞通闭，攻坚泻实。目的在于急引火热从大肠而出，庶津液不致尽劫，所以有“釜底抽薪，急下存阴”之解释。

在现代外科及肿瘤临床工作中，尤其是开展腹腔、盆腔灌注化疗后。并发粘连性肠梗阻者十分常见。而因粘连性梗阻导致燥屎内结出现腑实燥满证者也时有所见。本案是笔者近年来，经治十数例中之1例，由于粘连性梗阻，粪便在肠道降留时间延长，水分吸收完全，导致燥屎内结，腑气不通，出现腑实燥满证。所以，在当今临床工作中，腑实燥满证除了见于热入阳明外，也可见于腹部手术或灌注化疗后的并发症。故服用大承气汤同样有效。

3. 抵当汤加味治疗膀胱癌（癃闭证）

案3　钱某，男，72岁。1998年7月13日初诊。自1998年5月起，出现肉眼血尿，不伴发热及尿路刺激症状，遂到医院就诊。经膀胱镜检查提示膀胱癌，建议手术治疗。因患者年迈拒绝手术，于当地医院中药治疗，肉眼血尿减轻。但数周后，病情反复，并时有血块排出，近周来，血块增多，并时常出现排尿困难，遂来我科就诊。刻诊：老年貌，一般情况良好，自诉饮食正常，大便偏干，有时排尿困难并感少腹急满，舌苔薄质有瘀斑，脉弦滑。诊断：膀胱癌。辨证：癃闭证（少腹急结证）。药用：水蛭、虻虫各3g。桃仁泥、生军各10g，水煎服。1剂后，当日小便排出血块数条。服药2剂后，血块排尽，小便畅通。但仍有肉眼血尿，改服小蓟饮子加减，1周后，肉眼血尿基本消失，仅为镜下血尿卄～卅。

按：张仲景设抵当汤其用有三，一用于太阳病蓄血证的治疗，临床主要特征为精神症状，轻则如狂，甚则发狂，多伴有少腹急结或硬满。其病因病机乃太阳病不解，邪热与瘀血结于下焦膀胱。病在血分见发狂，膀胱气化如常，所以，小便自利。因此，精神症状与小便自利是诊断太阳蓄血证的主要依据。仲景在此使用抵当汤破血逐瘀主要用于蓄血重证。二用于阳明蓄血证的治疗，其神志见证不是发狂，而是喜忘，说明早有宿瘀。病机为阳明邪热与蓄瘀相结于胃肠，故大便虽硬反易解出。其色必黑，仲景治疗本证，亦以抵当汤逐瘀破结。三用以治疗妇女经水不利下，以方测证，当属瘀血内结之实证，亦用抵当汤破血逐瘀。本案老年晚期膀胱癌，以膀胱瘀血留滞，排尿不畅，少腹急满为主证。辨证当属癃闭证。其病因病机既非同于仲景伤寒论所述太阳、阳明蓄血证，也非属妇女经水不利下。然而患者膀胱瘀血少腹急满证存在，故选用此方获得良效。

4. 大黄䗪虫丸并鳖甲煎丸治疗术后复发性腹腔脂肪肉瘤（癥瘕）

案4　须某，男，42岁，1998年3月22日初诊。1991年5月，无意中发现右下腹一鸭蛋大小肿块，经当地医院B超检查提示右下腹有一5cm×6cm大小实质性占位。6月份，在当地卫生院手术摘除，病理报告为“神经纤维瘤”。1993年7月，因劳累后，突发性腹痛，再次去医院B超检查提示右下腹实质性肿块2枚，均约5cm×6cm大小，9月，在当地医院行第2次手术切除治疗，病理报告提示“脂肪肉瘤”。术后曾去上海某医院行放射治疗，后因复发又于1996年12月、1997年12月，分别切除直径为18cm、9cm大小之肿块。1998年3月，B超复查又提示腹膜后有一7cm×10cm占位。因自觉消瘦、乏力、体力不支，拒绝手术，遂来求治。刻诊：消瘦如柴，面色萎黄不华，舌质瘀斑，薄白苔。脉沉涩。查体：全腹稍隆起，有数条手术疤痕，于右上腹扪及约10cm×10cm大小之肿块。边界不清，质地硬，无压痛，肝脾不大，腹水征（－）。上腹作胀，纳少，大便干结如羊屎。辨证：气滞血瘀，癥瘕内结，阴血亏耗，治以消癥化积，祛瘀生新。药用：大黄䗪虫丸，每服3g，日2次，鳖甲煎丸，每服3g，日3次。辨证用药：枳壳、厚朴、槟榔各15g，大黄、白术、茯苓各10g，生山楂、神曲各15g，鸡内金6g，煎服，每日1剂，随证加减。连续服药1年余，大便畅通，腹胀减轻，食欲渐增。面色渐转红润，体重增加2.5kg，精神状态良好，多次B超复查，均提示腹块稳定，无明显增大。

按：大黄䗪虫丸，由大黄、黄芩、甘草、桃仁、杏仁、芍药、干地黄、干漆、虻虫、水蛭、蛴螬、䗪虫组成。仲景设方用于五劳七伤，虚极羸瘦，腹满不能饮食，内有干血，肌肤甲错，两目黯黑，俗称干血痨的治疗。方用大黄、䗪虫攻下积血，以通其血脉，共为君药；水蛭、虻虫、蛴螬、干漆、桃仁助君药活血通络，攻逐血瘀为臣药。以芍药、干地黄养阴益血；以白蜜、甘草健脾益气，缓中补虚以防伤正；黄芩开通郁热，酒服以行药势。笔者认为，本案长期蒙受恶瘤消磨，屡经手术，耗散气血，瘀血未尽，临床出现形体消瘦，肌肤甲错，腹满不欲食，两目黯黑诸症皆在，故选用本方。

鳖甲煎丸，功在消癥化积，仲景设方原治疟母结于胁下。疟母之成，每因疟邪久踞少阳，正气日衰，气血运行不畅，寒热痰湿之邪与气血相搏，聚而成形，结于胁下，形成癥块。今之腹腔恶瘤痞块，久治不愈，辨证同属癥瘕，巢元方曰：“癥瘕皆由寒热不调，饮食不化，与脏气相搏所生也”（《诸病源候论·卷十九·癥瘕候》）。因两者成因相近，故在临床医疗工作中，笔者常选用本方治疗各种原因形成的癥瘕（腹腔包块）。仲景组方用鳖甲入肝软坚化癥，灶下灰消癥化积，二药配合共奏软坚消癥之效。桃仁、丹皮、紫葳根、赤硝、大黄、䗪虫、蜣螂、鼠妇、蜂窠破血逐瘀；厚朴、半夏、射干、葶苈、柴胡消痰理气；瞿麦、石苇利水祛湿；黄芩、干姜、桂枝能和少阳调寒热，以上诸药共助消癥化积之用；佐以人参、阿胶、芍药补养气血，以扶正气。综合全方，以寒热并用，攻补兼施，行气祛湿，破瘀消癥。对于疟母成块，癥瘕积聚，确有摧坚攻积，除邪安正之效，使气行血畅，湿去痰化，而癥瘕自消。本案年龄尚轻，虽久病体虚，形体羸瘦，系为日久恶瘤缠身，耗散气血所致。毒瘤不克，正气难复，选用二方虽以攻逐消坚为主，但综析仲景二方立法，均遵以“去病即所以补虚”之旨，并均以丸剂缓缓图功，况且方中均以攻中有补，加之笔者施以煎剂随证施治，致使患者虽恶瘤被克，确正气渐复，相得益彰。

[《辽宁中医杂志》2000，27（8）：344]

加味葶苈大枣泻肺汤治疗渗出性胸膜炎28例

李建华　李智琴　闫　肃
陕西省岐山县中医院

自1997年1月至1999年11月，我们采用中汤药葶苈大枣泻肺汤加味，配合西药抗痨综合治疗渗出性胸膜炎28例，在短期内消除胸水，改善临床症状，以及减少胸膜粘连，均收到了良好效果。兹总结报道如下。

一、一般资料

本组病例均为住院病例，共28例；其中男18例，女10例；年龄最小8岁，最大87岁，其中8岁1人，20～40岁12人，40～60岁3人，60岁以上12人；单侧性27例，双侧性1例；并发腹膜炎7例，其并发腹膜炎者以老年人为多，仅1例为青年女性，且同时并发腹膜结核，卵巢结核（不孕）。从统计资料看，其发病主要以青年和老年人为主，患者单侧多见。

二、治疗方法

我们采用《金匮要略》所载“葶苈大枣泻肺汤”为基本方加味，其组成有：葶苈子、桔梗、杏仁、陈皮、半夏、枳壳各10g，炙百部、全瓜蒌、炙紫苑、云苓、炒麦芽各15g，桑皮12g，甘草6g，大枣3枚，1d 1剂，水煎服。加减：发热、咳嗽痰稠者加贝母、黄芩各10g，鱼腥草15g；胸胁痛甚者加郁金、玄胡索各10g，丹参15g，纳差加鸡内金、莱菔子各10g；潮热盗汗甚者加沙参、五味子各10g，地骨皮15g，牡蛎24g。

三、治疗结果

本组病例均以胸水消失后为治愈而出院，住院天数最短8d，一般10d～14d，胸水消失一般为7d～12d。本组病例基本以胸水消失而出院，带药随访治疗。其中胸水消失后遗留胁痛者5例，经调治两周痊愈。住院最长者为一老年男性伴发大量腹水住院41d，痊愈出院。

四、典型病例

李某，女，40岁，农民。以咳嗽，咳引胸痛，气短3d，为主诉于1997年3月15日收住院。患者于10d前，开始出现恶寒发热，咳嗽，咳少许白痰。村卫生所按感冒、支气管炎给予青霉素肌注1周，但效差，渐感体力不支，咳声低微，气短，纳差，无盗汗。入院查体：T 37.6℃，R28次/min，P96次/min，Bp14/10kPa，精神极差，气短而不能平卧，右肺呼吸音清晰，左肺背部第七肋以下呼吸音消失，心音低，心率96次/min，律齐，未闻及病理性杂音，腹软，肝脾肋下未及，双下肢不肿，舌质淡红、苔白，脉细数。X线片提示左胸于腋前线第5肋以下呈液性暗区，前后径4.3cm。入院诊断为中医：悬饮，西医：左侧渗出性胸膜炎。给予加味葶苈大枣泻肺汤基本方加郁金、玄胡索各10g治疗，3d后气短、咳嗽、胸痛明显减轻，已能平卧休息，配合抗痨治疗9d。胸水消失，出院后继续给予抗痨治疗6月，随访至今无复发及不舒感。

五、讨论

胸膜炎、胸水的产生是肺气壅滞的结果，因水液停聚于胸膜内，即为胸水，古称“悬饮”。饮邪迫肺，则发咳嗽气急，呼吸迫促；气滞络阻，肺络不通，则胸痛。故渗出性胸膜炎的产生与肺气壅滞有关，这与现代医学将本病列为肺结核的Ⅴ型，属炎性渗出的观点恰为一致。

葶苈大枣泻肺汤方载于《金匮要略》，葶苈子苦寒入肺经，擅长泻肺开壅，逐饮行水，佐大枣甘温安中，缓合药性，使泻不伤正，我们更配以杏仁、桑皮、桔梗宣降肺气以行水，紫苑、百部、瓜蒌、枳壳理气宽胸，消痰止咳，陈皮、茯苓、半夏、麦芽、甘草理气和胃，脾胃得运，饮去而喘咳气短除。与此同时，对胸水满灌的患者，为缓其症状，配合抽放胸水，一次800ml左右，隔日1次。并给予正规抗痨治疗，以防复发。个别病例胸水消失后仍有胸痛，持续不解。对此，我们认为属气滞痰郁，血瘀络阻，治以理气化瘀，通络止痛为主。方选《金匮要略》"旋覆花汤"，原方新绛代以丹参，药用丹参15g，旋覆花10g，葱白3节，再加香附、郁金、玄胡索、当归各10g，瓜蒌15g，桃仁6g，鸡血藤24g。日1剂，水煎服。调治2周可愈。正如《古今医鉴·胁痛》篇云："痰积流注于血，与血相搏，皆能为痛"。与本证的病机默契，指出了胸膜粘连的治疗思路。

[《陕西中医》2000，21（10）：446]

仲景吴茱萸汤临床治验

孙伯青　江苏省通州市中医院

一、暖胃温肺，止咳平喘

余某，男，58岁。1993年3月5日初诊，患慢支、肺气肿病已近八载伴慢性浅表性胃炎三载。刻诊：形寒神疲，胸闷气短，两胁隐痛，咳嗽频频、声低弱无力，咯痰清稀，色白量多，食少腹胀，时泛清稀痰涎，舌淡，苔薄白腻，脉沉细而弦。X线检查两肺透亮度增加，肺纹理增深。辨证为中焦虚寒，肺失温煦，痰饮内伏。治以暖中温肺，降化痰饮法：党参10g，吴茱萸8g，干姜5g，黄芪10g，大枣4枚。5剂后形寒咳嗽渐减，纳谷已增，乏力，痰多色白，质稀。中焦阳振，痰饮未化，继以前法。予前方加减，服药10剂，症情缓解而上班工作。

按：虚寒咳喘虽以肺中阳气不足为直接原因。中焦虚寒，浊阴之邪循经上逆于肺，亦可致咳喘或加剧其证。《内经》云："寒者热之"，方中吴茱萸、生姜（干姜代之尤佳）温胃肺之阳，大枣益胃肺之气，正合辛甘化阳之旨，配以人参温中补虚，则肺温寒散，浊阴自化，对虚寒之咳喘，虽不用宣肺化痰之品，每亦能获咳止喘平之效。

二、通阳益气，宣散胸痹

王某，男，48岁。1995年12月2日诊，患者心悸，胸闷三年余，心电图示左束支前分支传导阻滞，窦性心动过缓。叠经中西药物治疗，始终未见明显改善。近因气候寒凉，加之劳累过度，致悸、闷加剧。刻诊胸际痹闷、气短，后背钝痛，面色苍白，四肢疲软欠温，小溲清长，脉沉迟，脉率54次/min，舌有紫气、苔白腻。辨证为阴寒阻滞，胸阳不运，营血痹阻、治以益气通阳，宣痹散结法：红参8g，吴茱萸、附片各10g，干姜5g，生黄芪12g，大枣5枚。5剂后悸闷减轻，后背转为隐痛，脉沉弱无力、迟缓之体改善，惟满舌紫气依然。守原方加丹参20g，续进5剂，胸闷心悸锐减，余症亦明显减轻，脉沉缓且柔和有力，脉率66次/min，舌本显露淡红，遂以原方加鸡血藤40g，叠进15剂后上述恙情基本消失，复查心电图示低电压。患者已恢复日常工作。

按："诸阳受气于胸中，心阳不振，复受寒邪，以致阴寒盛于心胸，阳气失展，心脉痹阻"。张锡纯谓："内有凝寒，重加吴茱萸、生姜温通经气。"钱天来亦有"若其人平素内有久寒者，而又为寒客所中，其痼阴冷寒，难于解散，故更加吴茱萸之性燥苦热及生姜之辛热以泄之"。临床实践，吴茱萸汤加附子、丹参等，用于寒凝心脉，胸阳失展之证，其功不啻于当归四逆汤。

三、温胃降逆，顿除鼻渊

仇某，女，28岁。患者前额疼痛伴流浊涕四年余，友院确诊为鼻窦炎，曾经中西医治疗，始终未获寸效，故于1994年6月2日来我院诊治，症见头前额疼痛难忍，用手按之或用毛巾包裹其头部则稍觉疼痛减轻，鼻流浊涕且带腥味，不欲饮食，时而干呕，舌淡，苔白厚腻，脉浮紧。诊为胃虚寒饮所致。鼻虽为肺窍，但确是阳明经脉所循络，阳明（胃）经为寒邪（饮）随经上泛，故见此证。治宜温胃降逆法：吴茱萸12g，党参15g，生姜20g，大枣4枚。服2剂而愈，2年未见复发。

四、温运中焦，克制顽泻

杨某，男，36岁。因腹痛伴便下粘液反复发作5年余而于1997年3月7日来诊，1993年4月在上海某医院诊为克隆氏病（曾作病理切片）行手术治疗症情稍缓，然不久旧恙复现，腹胀且痛，大便稀薄夹有粘液及脓血，次数无度，又用强的松长期服用并结合使用中药清肠化湿，调脾理气之剂，一度腹泻停止，腹痛缓解，但停药又发。刻诊腹痛胀剧，痛处喜按，时恶心泛吐清水，纳少，便稀色暗黑如酱，日行3～4次。头晕乏力，气短四肢欠温，舌淡，脉沉细，辨证为中焦虚寒，升降失司。治拟温中补虚，降逆行气法：党参12g，吴茱萸10g，干姜5g，生黄芪15g，败酱草20g，服药15剂，腹痛减轻，大便次数减少。3月22日再诊，患者腹痛减轻，时作隐胀疼痛仍喜按，大便成形，每日1次，呈黄褐色，无粘液，精神转佳。四肢亦温，脉沉细较前有力，原方党参量增至20g；去败酱草。3月27日3诊，腹部胀满疼痛基本缓解，大便成形，余症悉除。以吴茱萸汤加黄芪，汤剂改为丸剂服用两月，至今未复发。

按：本方温运中焦，使清升浊降、运化调达，方中吴茱萸味辛性热，下气降逆，中温脾胃，下暖肝肾；党参温中补虚；姜枣辛甘温补，既可协助温中补虚降逆，又能调和诸药，用于中焦肝胃（脾）虚寒之泄泻，面面俱到，味味合拍。另泄泻日久，肠腑络脉受损，黄芪健脾、生血长肌，对溃疡面有一定的修复作用，临证佐之，其效愈加昭著。

［《陕西中医》2000，21（11）：518］

应用仲景方治疗痹证体会

蒋　熙　江苏省南通市中医院
朱琬华　南通市良春中医药研究所

《伤寒杂病论》全书所载之方，配伍严谨，用药精当，古方今用，屡屡获效。兹举仲景方治疗痹证的体会如下。

一、类风湿关节炎（寒热错杂证）

周某，女，35岁，1997年3月2日初诊。患类风湿性关节炎2年余，近3个月来，四肢关节疼痛加重，双手指呈梭形样改变，膝踝关节肿胀，扪之灼热，晨僵明显，稍恶风寒，口干纳差。来院前曾使用青霉胺、风湿药液等，未见好转。舌尖红苔薄白，脉细弦小数。查：血沉57mm/h，类风湿因子阳性。此风寒湿邪，蕴郁化热，络脉痹阻之征，拟桂枝芍药知母汤加减。药用桂枝、知母、制附子、防风、防己各10g，芍药、白术各12g，银花藤、青风藤各30g，麻黄、黄柏各6g，生姜3片，甘草5g。水煎服，服药32天，关节疼痛肿胀明显改善，局部灼热感消失，血沉正常，类风湿因子弱阳性。随证调整原方，继续巩固治疗。

按：《金匮要略》用桂枝芍药知母汤治“诸肢节疼痛”“脚肿如脱”。盖本病始于风寒湿痹，继而郁久化热，呈寒热错杂之症，故投以本方加减。方中桂枝、麻黄、附子、生姜、防风温经通络、驱散风寒；知母、银花藤、青风藤、黄柏苦寒以清络热；配白术、白芍、防己、甘草健脾化湿，补血敛阴，缓急止痛。诸药合用共奏祛邪扶正，寒热并用之功，药证相符，故获良效。

二、骨性关节炎（风寒湿痹）

吴某，女，62岁，1995年6月26日初诊。周身关节游走性疼痛3年余，双膝关节肿胀明显，伸屈不利，登楼或下蹲受限，怯冷恶风，虽时值初夏，冬衣未脱。先后用药酒、理疗、针灸等多法治疗，未获显效。X线摄片诊断为膝关节骨性关节炎（双膝关节退行性改变）。舌苔薄白，脉象沉细。此乃风寒湿邪，闭阻经络，表里俱寒之象，拟麻黄附子细辛汤加味。药用麻黄、制附子、桃仁、红花各10g，细辛5g，独活、鬼箭羽、芍药各15g，威灵仙30g，甘草6g。水煎服，日1剂，先后共诊5次。双膝关节肿胀疼痛完全消失，炎夏如常人。

按：麻黄附子细辛汤出自《伤寒论》，原治“少阴病始得之，反发热，脉沉者”。本案虽无发热，但表里俱寒之证具备，脉沉细可见病在少阴。少阴与太阳互为表里，其气相通，故在表为恶风，在里为畏寒。故取本方附子温少阴之经，麻黄散太阳之表，细辛通彻表里之寒。三味合用，突出温经助阳，表里兼治之功效。再配以当归、桃仁、红花、鬼箭羽、芍药活血通络；独活、威灵仙祛风化湿，故而获效显著。

三、坐骨神经痛（寒淤凝结证）

钱某，男，48岁，1997年4月13日初诊。突发腰腿痛1周，右侧臀髋部冷痛，向下扩散到小腿外侧沿及足背，剧痛不可触摸，昼轻夜重，坐卧不安，活动受限，手足不温。曾作腰椎X摄片未见异常，诊断为坐骨神经痛。舌苔薄白，脉象细涩。此乃寒邪凝滞，血脉瘀阻。拟当归四逆汤加味。药用：桂枝、当归、桃仁、红花各10g，细辛5g，芍药、怀牛膝各15g，伸筋草20g，通草、甘草各6g，大枣7枚。水煎服，日1剂，用药7剂未尽，竟获痊愈。

按：当归四逆汤是《伤寒论》中治血虚寒凝致厥的主方。寒凝血脉运行不畅而手足厥冷。本案以下肢冷痛，手足不温，脉象细涩为主证，与本方脉症相合。故用桂枝、细辛温经散寒；当归、桃仁、红花、芍药养血通脉；通草、伸筋草、怀牛膝通行血脉，引药下行；甘草、大枣补中益气，共奏温经散寒，养血通脉之功。

［《实用中医药杂志》2000，16（11）：38］

金匮肾气丸临床应用经验介绍

汪世亮　安徽省青阳县丁桥卫生院

金匮肾气丸为温补肾阳之方，在临床上运用广泛，笔者用金匮肾气丸加减治愈了多种病症，现举例介绍如下。

一、慢性腹泻

患者，男，38岁。1993年10月14日诊。患者因腹泻反复发作4～5年，经中西医反复治疗无效。此次腹泻加重2日收入院治疗。症见面色𩪂白，形寒肢冷，大便每日3～4次，经常在天亮之前腹泻，饮食欠佳，腰膝酸软，大便为不成形且夹杂未消化食物，大便时腹痛、腹胀、舌淡、苔薄白、脉沉细。证属肾阳虚衰。治宜温肾健脾、固涩止泻。方用金匮肾气丸加味：熟地20g、山药10g、山萸肉10g、茯苓10g、泽泻10g、丹皮10g、炮附子5g、肉桂6g、黄芪15g、补骨脂10g、五味子10g，每日1剂，每剂分3次服用，连服10剂而腹泻止，大便每日行1次。嘱常服金匮肾气丸，以防复发。

二、慢性腰痛

患者，女，43岁。1994年11月5日诊。腰痛近3年，妇科检查正常。排除骨质增生。腰痛以酸软为主，喜按喜揉，腰膝无力，遇劳更甚，卧则减轻，常反复发作，手足不温，少气乏力，舌淡，脉沉细。证属肾虚腰痛，治宜温补肾阳。用金匮肾气丸加味：熟地25g、山萸肉15g、丹皮15g、茯苓10g、山药10g、泽泻10g、肉桂5g、炮附子5g、续断10g、杜仲10g、牛膝10g，每日1剂，分3次服用，连服15剂告愈。

三、前列腺肥大

患者，男，70岁。1993年6月8日诊。患者因小便不畅，余沥未尽5个月，以“淋证”收入院，证见面色无华、发白稀疏，步履不稳，神志清楚，小便频繁，点滴不畅，排出无力，畏寒，腰膝冷而酸软无力，舌质淡，苔白，脉沉细而迟弱。尿常规正常。B超提示：前列腺4.5cm×4.5cm×5cm大小，膀胱内残余尿约80mL，证属“癃闭”，肾阳虚衰型。治宜温阳益气，补肾利尿，方用金匮肾气丸加味：丹皮15g、茯苓20g、山药15g、泽泻15g、熟地25g、山萸肉10g、肉桂5g、炮附子5g、苡仁30g，每日1剂，分3次服用，连服7剂。1周后复诊，小便频数好转，腰膝酸软、畏寒怕冷等症均有减轻，舌质淡、苔白，效不更方，再服7剂，三诊患者面色红润，步履稳健，小便通畅，腰膝酸软、喜暖怕寒等证消除。B超复查：前列腺3.0cm×3.5cm×3.5cm，膀胱内无残尿。

四、慢性肾炎水肿

患者，女，38岁。1994年5月7日诊。患者于2年前因患急性肾炎，经中西医反复治疗迁延未愈，于2日前又见眼睑、下肢水肿，腰膝酸冷，两足痿软，大便溏薄，尿量减少，畏寒神疲，舌质胖嫩，脉沉迟。尿常规：蛋白（卌），红细胞（5～8个/HP），管型（+），血压正常。证属脾肾阳虚。治宜温肾助阳，化气行水。方用金匮肾气丸加减：熟地15g、茯苓12g、山萸肉12g、山药12g，丹皮10g、车前子15g、牛膝10g、炮姜6g、肉桂6g，每日1剂，分3次服用，1周后复诊，尿量较前增多，眼睑、下肢水肿好转，大便正常，尿常规复查：蛋白（+）红细胞（3～5个/HP），管型消失，于原方加茜草、小蓟再服7剂，尿检正常，自觉症状消失。

［《现代中西医结合杂志》2000，9（22）：2254］

炙甘草汤的临床应用

杨运池　高　晔　河北省辛集市医院

炙甘草汤出自张仲景《伤寒论》，方由炙甘草、生姜、人参、生地、桂枝、阿胶、麦冬、麻仁、大枣组成。具有通阳复脉、滋阴养血的作用，可补阴阳，调气血。主治心动悸，脉结代。笔者于临床灵活辨证运用炙甘草汤，治疗大凡阴阳气血亏虚引起之各种病证，收到较好疗效。

一、病毒性心肌炎之频发室早

例1　蒋某，男，35岁，干部。感冒后出现频发室性早搏已半年余，脉弦而时有结代（偶有二、三联律），心悸时作，气短乏力，烦躁寐差，时口干口苦，小便短赤舌质暗红有瘀斑，苔微黄。曾口服慢心律、乙胺碘肤酮等不效，投以炙甘草汤，连服5剂，早搏大为减少，夜寐亦安，但仍气短、乏力，活动后尤甚。再诊守上方加太子参30g，又进10剂，早搏基本控制，气力增加，可稍事体力活动，最后仍守上方加减巩固疗效。

例2　徐某，女，37岁，教师。患病毒性心肌炎室性早搏已三、四年，每晚静卧（向左侧卧）即作，有时呈二、三联律，每当精神激动时加剧，心悸、心慌、胸闷微痛，夜寐多梦，口舌干燥，大便干，舌暗，少苔，连服10余剂而未发，随访多年未见复发。

二、风心病房室传导阻滞

宋某，男性，47岁，干部。胸闷，气促，心悸而烦，夜寐不安，心率30~50次/分，某医院诊断风湿性心脏病，Ⅱ度房室传导阻滞。舌质胖嫩，脉沉细滑结代，予炙甘草汤合生脉散方加夜交藤、柏子仁，服3剂后即感胸部舒适，一直未发病，睡眠好转，脉沉弦未见结代，心电图示：窦性心律，大致正常心电图，追访1年能坚持工作，偶感胸闷脉缓，即服上方缓解。

三、血症

例1　刘某，男，40岁，农民，肝硬化半载，伴腹水，食后突然呕血约500ml，心悸、烦躁、失眠，属阴耗气散之证，本方加大黄、三七粉服药5剂，血渐止，症状大减。

例2　王某，女，15岁，患血小板减少性紫癜3年。乏力，神疲，散在紫癜，舌淡，苔白，脉细，属阴阳耗损，营少气弱，本方加三七粉、白芍，进服30余剂而未发。

四、目疾

徐某，男性，48岁，患病月余，视物模糊，如纱遮睛，舌淡，脉沉细而迟。本方加龙骨、牡蛎，10剂后黑影减少，目视好转，继原方肉桂易桂枝，共治1个月，情况良好，目视基本恢复正常，黑影消失，继巩固治疗未再复发。

五、顽固口疮

丁某，女，10岁，口疮反复发作，小如米粒，大如黄豆，疮面黄白，周围淡红，疼痛昼轻夜重，怕进食，舌淡，少苔，脉细。本方去麻仁，加肉桂、白芨、丹参、乌梅炭，溃疡面大时，用双料喉风散喷于局部。10剂后创面愈合，继服20剂巩固疗效，随访1年未再复发。

六、自汗

江某，每晨起床时，大汗不止，肢冷息微，胸闷，心悸，数分钟后自行缓解。舌淡，苔白，脉沉细无力。本方加白芍、制附子、黄芪3剂后心悸诸症缓解，大汗得止，继原方加五味子、干姜，再进7剂而愈。

七、讨论

炙甘草汤具有益气养血，滋阴复脉的作用，可养心阴、通心阳、益心气、补心血，主治阴阳两虚之心悸证，方中炙甘草为主药，补中益气，而益气血生化之源；人参气血双补，并配生地、阿胶、麦冬、麻仁以滋阴养血。然阴无阳则无以代，故用桂枝、生姜宣阳化阴，更以清酒和气血、通经隧，共奏益心气、养心血、振心阳、复血脉之功，则阴阳得平，脉复而心悸自安。临床上灵活运用本方，不拘于心动悸、脉结代，凡具气血阴阳虚损者，每每尽收良效，体现了中医辨证施治的宗旨。

［《河北中医药学报》2001，16（3）：26］

治肝纵横说临床发微

乔洪华　江苏省丹徒县人民医院

一、纵横说渊源

肝病纵横说，滥觞于仲景。《伤寒论》108条：“伤寒，腹满，谵语，寸口脉浮而紧，此肝乘脾也，名曰纵，刺期门。”109条：“伤寒，发热，啬啬恶寒，大渴欲饮水，其腹必满；自汗出，小便利，其病欲解，此肝乘肺也，名曰横，刺期门。”以五行生克来说明病理机制，前条“纵”为顺次相克，脾胃受病；后条“横”为逆次反侮，肺经受病。两条皆因肝实，故治法同为“刺期门”。历代不少医家认为“此二条非仲景之言”，并删此二条。但肝病纵横说，由于已载经典，势必不同程度地引发后世医家的思考和类比，并力求与临床结合，在实践中进行推衍和发挥。

阳黄患者，湿热蕴结，郁蒸肝胆，症见身目小便俱黄，心中懊憹，脘痞腹胀，肢倦乏力，口苦干涩，厌油纳少，恶心欲吐，大便或秘结，或溏而不爽，舌苔黄腻，脉弦滑数或濡数。临床治疗：热重于湿者以茵陈蒿汤加味；湿重于热者以茵陈五苓散加减。这是从病因入手辨证分型治疗。近代已故名医岳美中参纵横说，从病位着眼，辨证精当。他说：“茵陈蒿汤，大黄栀子并用，导湿热从小便出，是中下焦药，为竖降法；小陷胸汤，取瓜蒌甘润，不用大黄之苦寒，因中上焦只宜缓解，而黄连与半夏同用；辛开苦泄，是亦协同瓜蒌成缓解之功，为横拓法”[1]。近代已故名医时振声亦曾以小陷胸汤加枳实治疗湿热阳黄，用后发现黄疸下降迅速，以后便广泛用于湿热阳黄。湿热阳黄，便秘腹胀为主症者，病位偏于中下，用茵陈蒿汤——纵；以心下痞满按之疼痛为主症者，病位偏于中上，用小陷胸汤加枳实——横。一纵一横，辨治分明，证之临床，法捷效彰。

二、临床举例

例1，史某，男，28岁，1994年4月26日诊。1个月前因脘胀不适，恶心厌油，尿黄目黄就医，经查肝功能异常，诊断为急性黄疸型肝炎，在当地卫生院已服茵陈蒿汤加味28剂。4月23日复查肝功能：总胆红素（TB）106μmol/L，直接胆红素（DB）73.5μmol/L，ALT 3.3μmol·s^{-1}/L，AST2.8μmol·s^{-1}/L，碱性磷酸酶（ALP）2.2μmol·s^{-1}/L，谷氨酸转肽酶（GGT）1.6/μmol·s^{-1}/L，总蛋白（TP）69.9g/L清蛋白（ALb）37.9g/L，球蛋白（G）32.0g/L，HBsAg 1：64。现患者脘胀不适，牵引两胁，嗳气恶心，口苦泛酸，时时吐出粘痰，厌食纳少，尿黄目黄，大便1日2～3次，溏滞不爽，舌苔白中心黄，舌红，脉濡数。患者脘胀便溏而非便秘腹胀。茵陈蒿汤为竖降法、直下之剂，药过病所，因而无功。改方小陷胸汤加味治之：瓜蒌壳、制半夏、苍术、炒枳实、藿香、炒栀子、泽泻、车前子（包）各10g，茵陈30g，制厚朴6g，黄连5g。每日1剂，水煎服。上方加减服27剂后，临床症状明显好转，5月23日复查肝功能：TB 16.36μmol/L，DB 13.3μmol/L，ALT 0.46μmol·s^{-1}/L，AST 0.61μmol·s^{-1}/L，ALP 0.80μmol·s^{-1}/L，GGT 0.63μmol·s^{-1}/L，TP68.9g/L、ALb 40.7g/L、G 28.2g/L，HBsAg 1：32。续服21剂，复查肝功能全部正常，HBsAg 1：16，停药。至今病情未复发。

肝主疏泄，性喜条达，肝病以肝郁气滞为先，进而气滞血瘀或气郁化火。“木郁达之”为治疗肝病的主要治则，临床常用柴胡疏肝散、逍遥散化裁。清代名医吴鞠通治疗肝郁独有心得，并取纵横说在《医医病书》中写有“肝郁用逍遥散论”：今人见肝郁，应用逍遥散，效者半，不效者半。不知有仲景新绛旋覆花汤、缪仲淳苏子降气汤之妙也。盖经主气，直行属阳，逍遥散中之柴胡直行为纵；络主血，横行属阴，新绛等汤专走络，横行为横，治肝宜横而不宜纵。盖肝之怒气直冲上行，岂可再以柴胡直性上行者助其势乎？间亦有见功者，肝喜条达故也，或有阴邪伏陷故也。肝主血，络亦主血，同类相从，因势利导，莫如走络。再肝郁久则血瘀，瘀者必通络，岂逍遥散走气之药所能治乎[2]？此论对如何正确运用逍遥散，全面诊治肝郁很有临床指导意义。

例2，吴某，女，43岁，1994年2月22日诊。患慢性乙型肝炎6年，曾3次住院治疗，先后用过干扰素、人体白细胞介素-2、无环鸟苷、核糖核酸、丹参注射液、茵栀黄、齐墩果酸、中药煎剂等治疗。2月21日肝功能报告：TB、DB均正常，ALT 3.3μmol，s^{-1}/L，AST2.3μmol·s^{-1}/L，TP83.0g/L，ALb 42.1g/L，G 40.9g/L。HBsAg（+）、HBeAg（+），抗HBc-IgG（+）。现患者右胁肋胀痛、牵引右背，两下肢乏力，胸脘痞满，口干，进饭时牙龈怕冷怕热，大便溏稀，小便微黄，舌尖红赤，苔薄腻，脉弦细。拟方疏肝化痰、凉血解毒：炒柴胡、炒枳壳、瓜蒌壳、制半夏、牡丹皮各10g，生地黄、赤芍、茜草根、泽兰、泽泻、茵陈、白花蛇舌草、白茅根、夏枯草各15g，甘草、黄连、龙胆草各5g。每日1剂，水煎服。至5月28日，按上方加减服药93剂。复查肝功能：TB、DB均正常，ALT3.1μmol·s^{-1}/L，AST 2.3μmol·s^{-1}/L，TP 83.4g/L，ALb50.2g/L，G 33.1g/I，GGT 0.7μmol·s^{-1}/L，ALP 1.1μmol·s^{-1}/L，LDH3.6μmol·s^{-1}/L。HBsAg 1：64，HBeAg（+），HBcAb（+）。临床症状大致同前。6月2日后，取法吴鞠通“治肝宜横不宜纵”的经验，改方：旋覆花（包）、郁金、香附、紫苏子、青皮、陈皮、姜半夏、当归尾、鸡内金、苍术各10g，茜草根、薏苡仁各30g，茵陈、夏枯草、白花蛇舌草各15g，瓜蒌壳12g，降香5g，每日1剂，水煎服。至7月30日，按上方加减，进服55剂。复查肝功能：TB、DB均正常，ALT0.31μmol·s^{-1}/L，AST0.25μmol·s^{-1}/L。GGT 0.39μmol·s^{-1}/L，ALP 1.56μmol·s^{-1}/L，LDH3.71μmol·s^{-1}/L，TP 80.62g/L，ALb 44.71g/L，G35.91g/L。HBsAg弱阳性，HBeAb（+），HBcAb（+），临床症状明显减轻。此后，一直以上方稍作加减，巩固疗效。多次复查肝功能均正常，HBsAg弱阳性，HBeAb（+），1996年初上班工作。至今4年多，每年复查2～3次肝功能，均正常；HBsAg弱阳性，HBeAb（+）。

参考文献

[1] 中国中医研究院．岳美中论医集［M］．北京：人民卫生出版社，1978．22．

[2] 清·吴鞠通．医医病书［M］．南京：江苏科学技术出版社，1985．46．

［《安徽中医学院学报》2001，20（1）：31］

乌梅丸临床运用体会

王庆英　天津市武清区人民医院

乌梅丸为《伤寒论》厥阴篇中的方剂，由乌梅、黄连、干姜、细辛、附子、桂枝、黄柏、人参、当归、川椒组成，后世多改丸为汤剂。笔者根据乌梅丸“酸甘辛苦复法”组方特点灵活运用临床，现将体会介绍如下。

一、谨守病机　善用原方

乌梅丸为治疗寒热错杂、上热下寒厥阴病主方，本方与其他寒热并用剂的最大区别是“重用酸以平肝”“寒热刚柔同用”。吴鞠通曾对乌梅丸进行探讨：酸甘化阴，辛苦通降，又辛甘为阳，酸苦为阴，为“治厥阴，防少阳，护阳明之全剂”。笔者在临床上，通过调整药量大小、药物的刚柔比例，达到切合病机，而获良效。

例1：久泻案

傅某，男，21岁，学生。腹痛、腹胀、腹泻反复发作10余年，经西医检查诊断“慢性肠炎”，多方治疗效果不佳，暑假由其父带来求治。现症：腹痛不著，脘腹痞胀，肠鸣泄泻，每日3～4次，泻下溏便夹黏液而不爽，食欲不佳，形体消瘦，面色萎黄，腹部柔软，脐左下侧有轻压痛，口干不欲多饮，舌边红，苔白微腻，脉弦。此肝气犯胃，上热下寒，治宜泄肝和胃理脾；温清并用。处方：乌梅10g，桂枝5g，椒目6g，附子6g，干姜3g，黄连、黄柏各3g，当归5g，细辛3g，党参10g，水煎，日服2次。

服上方6剂，肠鸣腹泻大减，大便成形，日2～3次，无黏液，食欲好转，继以原方附子改10g。服用6剂基本痊愈，每日大便1～2次，已成形，腹无痛楚，食欲增，体重增加2kg，面色转润，口和，舌淡，脉沉，现时仍感有便意，腹部似有不耐寒冷之感，此脾虚寒尚未全复，继以抑肝温脾法，以原方加白术10g，服10剂而痊愈。

按：本例腹痛、腹胀、腹泻10余年。根据痛、胀、泻下溏薄、便夹黏液、舌边红、苔白腻、脉弦等，辨证为肝气犯胃，脾虚不运，肝气亢而上热，脾气虚而下寒。由于寒热错杂，必须温清并用，以乌梅丸抑肝和胃理脾，调整上热下寒。乌梅酸以平肝，抑肝气之亢逆；黄连、黄柏苦寒清胃和胃，使胃气下降；用当归者，补气血，和阴气。久病本为脾虚，故以党参补之。用细辛者，通其阳气。患者面色黄萎，病程较久，为脾气虚、脾阳不振，故在原方中加重温阳药用量。

二、病症差异　加减原方

在临床上病机符合寒热错杂者，可异病同治，应用乌梅丸。笔者对阳衰于下、火盛于上、气逆于中诸症，常以乌梅丸随症施用。但必贵在加减，根据兼夹不同而灵活增损。如腹泻与肢厥两症并现，阳衰于下，故重用干姜、桂枝、附子、细辛，而去黄连、黄柏；仅呕吐一症，气逆于中则重用黄连、黄柏，去细辛，并且轻用附子、干姜以平之。

例2：胆囊术后胁下痛案。

王某，男，71岁，离休干部。10年前因胆囊炎、胆结石在某院行胆囊切除术，术后疼痛未能缓解，又行第2次手术（原因不详）。两次手术后，患者右胁下仍感疼痛，继续抗菌治疗。10年来，反复发作，每年至少4～5次，每次均用三连以上抗生素治疗，10余天方能缓解，中药叠经疏肝利胆化瘀等法治疗，症状时作时休。现症：右胁下隐隐胀痛，脘腹胀满，嗳气频作，口干口苦，大便正常，小便微黄，寒热不明显，形体矮胖，面色红赤，右上腹见手术疤痕愈合良好，下肢不肿，苔薄黄腻，舌质红，脉弦滑。就诊时已应用先锋霉素Ⅵ、丁胺卡那霉素等输液10天，观前医处方大柴胡汤加活血化瘀方，症状未见改善。良由湿热蕴结，肝失疏泄，肝阴受损，肝胃不和所致。拟抑肝和胃法以乌梅丸加减。处方：乌梅15g，白芍15g，生甘草4g，黄连3g，竹茹10g，川楝子10g，炒元胡10g，代赭石20g，水煎，日服3次。

服上方6剂，疼痛大减，嗳气已除，苔渐净，舌红，脉小弦，前方既效，原方增损：乌梅10g，赤芍、白芍各10g，生甘草4g，黄连2g，黄柏3g，姜半夏10g，陈皮6g，竹茹10g，木瓜10g。服上方5剂，临床症状基本消失，大便偏干，口中和，食纳不佳。六腑以通为用，上方加生大黄3g。服上方6剂大便日行1次，质偏薄，自觉无痛苦而食养善后。

按：本例特点为火盛于上，气逆于中，故方用黄连、黄柏、川楝子、竹茹重在清降肝热，清火于上，降逆于中；而去桂枝、附子、细辛刚性温下之品，加入姜半夏合干姜、黄连，有辛开苦降之意，代赭石为重镇降逆要药。症见嗳气频频，脘腹胀满，说明湿热较甚，当去人参、当归。症见舌苔糙，舌质红，说明因疏泄太过，损伤肝阴，故前医用大柴胡汤效差，乃用乌梅、白芍、甘草酸甘化阴治本，要点仍然在酸以平肝。3诊时大便偏干，加生大黄少许，以通为用，同时健脾。

三、久病疑似　化裁原方

临床有许多疑难杂症，寒热错杂，虚实并见，审机立法，选方用药一时很难定夺。乌梅丸方寒热虚实药物并投，总以“酸以平肝”为要领。笔者在临床上对于久病或者辨证似是而非，虚实寒热均见，常以足厥阴肝为纲辨识，用乌梅丸意化裁，扩大乌梅丸使用范围，提高临床疗效。

例3：便血案

李某，女，48岁，农民。患者以大便鲜血反复发作15年入院。入院时体检脾肿大，重度贫血，住本院外科行脾脏切除术，术后3天大便又解鲜血，请痔科会诊，诊为混合痔，再转痔科手术治疗，术后仍便鲜血，前后3次请院外血液科、消化科专家会诊，进行各种检查，包括肠镜检查，未能明确诊断。现状：形体消瘦，面色萎黄，语言有力，出汗多，胃纳可，小便正常，大便解鲜血特点是：自觉肛门部有收缩坠胀之感即有便意，便解鲜血，每次量约15~30ml不等，有时纯鲜血，有时血后大便出，大便成形，质不硬不薄，便后无脓液。大便解鲜血时间，每晚8时为甚。苔薄舌红，脉细小弦滑。辨证：久病虚实寒热互见，仿乌梅丸意化裁。处方：乌梅30g，白芍20g，甘草5g，黄连2g，黄柏10g，炮姜2g，肉桂1g，蜈蚣1条，3剂，水煎，日服3次。另：白及20g，地榆炭30g，大黄炭10g，10剂，水煎灌肠。服药2剂后即肛门收缩坠胀感明显减轻，晚间出血减少，3剂后基本不出血，汗止，精神振，已见效，嘱继续灌肠，原方5剂再服。药后未见便血，出院，继续服原方加当归5g，口服及灌肠药各10剂。追访2个月未见复发。

按：本案为2次手术病例，且病程时间长，诊断不明确，中医属血证（近血）范畴，但治疗效果不佳。辨证从厥阴肝经论治，重用乌梅丸为君，酸以平肝，配白芍、甘草为臣，有缓急之用，黄连消肠道湿热以止血，党参扶正，炮姜、肉桂意在反佐，仍含乌梅丸刚柔并用之意，且炮姜、肉桂亦有止血之功。重用黄柏着力于清下焦湿热，蜈蚣平肝熄风。综观全方，既按方意乌梅丸配伍，又不照搬原方，每味药各司其属，故能取得满意的疗效。可见活用经方关键是思其意而化裁，有创意而不离法度。

[《天津中医》2001，18（2）：48]

越婢加术汤在免疫系统的应用

于华芸　山东中医药大学

一、自身免疫疾病

1. 急性肾小球炎　急性肾小球炎（以下简称肾炎），为β-溶血性链球菌A组12型等致肾炎菌株感染，导致机体免疫反应而引起的炎症疾病，临床多急性起病，以水肿，血尿，蛋白尿和高血压为主要表现，并可有一过性氮质血症表现。现代医学对本病无满意的疗效，主要采取对症疗法和防治并发症。中医在临床上，应用越婢加术汤以开鬼门，洁净府，取得了令人满意的效果。肖氏[1]认为小儿急性肾炎属中医水肿的范畴，其病变虽然与肺，肾，脾三脏有关，但多数由于外邪客于皮毛，肺气宣降失职，治节之令失司。致三焦气化不利，水液不能下输膀胱，泛溢为水肿。或太阳表气不固，外邪随经入腑，影响膀胱气化而致小便不利，发生水肿，治宜疏风宣肺，行气利水，以越婢加术汤和五皮饮加减治疗85例小儿急性肾炎，痊愈者80例(94.1%)，无效者5例（5.9%）。矿氏[2]用本方加减水煎服治疗急性肾炎证属“肺失宣肃者”66例，效佳。薛氏[3]以本方为基本方随证加减治疗急性肾炎32例，临床痊愈27例，好转3例，无效2例，总有效率达93.75%。李氏[4]用本方为主加减治疗急性肾炎初起，效佳，认为初期若无明显脾肾虚损表现者，临床治疗以宣肺利水即可达到消肿的目的。

急性肾小球肾炎，祖国医学认为多因外感风邪，内干于肺，肺失宣肃，通调水道的功能失常所致，属于“风水”、“水肿”的范畴。《金匮》越婢加术汤有“宣肺气，启上闸”恢复通调水道之功能，临床证见水肿，小便不利，脉沉者即可随证加减，可取得满意疗效。

2. 系统性红斑狼疮　系统性红斑狼疮（SLE）是一个累及多个器官的慢性炎症疾病。临床表现为间断性发热，面颊部水肿性红斑，并可扩展到颈，肩，臂部。由于免疫复合物沉积部位的不同，可发生于不同内脏病变，例如狼疮性肾炎，肺炎，心肌炎等。且约90%患者有关节肿痛的表现，祖国医学属“痹证”范畴。目前现代医学对本病尚缺乏特效药物。王氏[5]以中医辨证施治为主，对属风湿热痹者，治疗以越婢加术汤加减为主，低热不退加鳖甲，青蒿；关节疼痛明显加木瓜，牛膝等；肿胀甚者可加茯苓，泽泻。危重病例短期内可适当配合肾上腺皮质激素等西药，疗效较好。

3. 类风湿性关节炎　类风湿性关节炎（AR）是一类原因不明的全身性慢性炎症性疾病，以关节的病变最为突出，早期见关节肿痛，发展可引起肌肉萎缩，关节强直畸形，反复发作，缠绵难愈，属祖国医学“痹证”，“白虎历节”，“痛风”范畴。武氏[6]以本方为基本方加减治疗风热型之类风湿性关节，筋脉挛痛，加秦艽，羌活等；关节肿痛较重加忍冬，鸡血藤；腰膝无力加牛膝，炮附子，获得较好疗效。

二、免疫皮肤病

1. 小儿特应性皮炎　小儿特应性皮炎，临床症状包括从急性到慢性的各种皮炎湿疹病损，表现为红斑，红斑丘疹，丘疱疹等，为难治性疾病，甾体软膏只有一时疗效，多会造成感染等并发症。肖氏[7]报道日本用本方及消风散为主，治疗本病取得了一定疗效，为了阐明其有效性，进行了流行病学的调查，并就与甾体软膏联合应用作了研究。仅用汉方的效果越婢加术汤 58 例中有 54 例有效（92%），其中 18 例显效（31%），以同样汉方与软膏连用 70 例有效 62 例（87%），显效 24 例（34%）。证明不管与甾体制剂连用与否，有效率，显效率未见差异。

2. 接触性皮炎　接触性皮炎是由于皮肤或粘膜接触到刺激物或致敏物质，在接触部位所发生的急性或慢性皮炎，由于接触物性质，浓度，和接触方式的不同，皮炎的形态，范围和严重程度也不同。

（1）漆疮：由生漆过敏引起的变态反应，临床表现为身痒，全身片状红斑，浮肿甚则尿闭。王氏[8]曾治一母子同时生漆过敏者，母见烦热，颜面高度浮肿，全身皮肤光亮，水疱，红斑，考虑为毒壅于肺，表气郁闭，水道不通所致风水症。急投越婢加术汤宣肺解表，服药一剂，症状大减，其子同时感受风邪，和五皮饮，4 剂而愈。贾氏[9]亦曾用本方加减治疗一漆疮并发尿闭者效佳。

（2）氨苄青霉素过敏：氨苄青霉素变态反应为 IgE 介导的Ⅰ型变态反应，临床表现为皮疹，关节肿胀，甚则全身浮肿；及短暂的肾小球肾炎。姚氏用越婢加术汤治疗青霉素综合征 19 例，经过 3～20 天的治疗，全身水肿，腰困脚软均告消失而获愈。

（3）蔬菜日光性皮炎：本病为光变态反应性接触皮炎，是因为进食某些蔬菜再经日光照射发生于暴露部位的一种光感性皮炎。主要表现为浮肿，部分病例可伴瘀斑和水疱，易误诊为“中毒”，“急性肾炎”。涂氏[10]于 1987 年 3 月至 1988 年 8 应用越婢加术汤治疗本病 6 例，疗效显著，服上药 5 剂，痊愈 3 例，2 例好转，有效率 83.3%。

其他，本方在临床上还加减应用治疗纯红细胞再生障碍性贫血，小儿哮喘，慢性肾炎等免疫疾病。

三、小结

综上所述，可以看出越婢加术汤所治诸病，临床上均可看见全身或局部的水肿或肿胀，小便不利等症状。急性肾小球肾炎，漆疮，青霉素过敏，蔬菜日光性皮炎均可出现全身浮肿：类风湿性关节炎及系统性红斑狼疮可表现为局部关节肿痛；系统性红斑狼疮及各种免疫皮肤病均可出现水肿性红斑，皮疹，与仲景创制本方治疗“里水，一身面目浮肿，小便不利者”相符，体现了中医“异病同治”的辨证论治原则。

从现代医学角度，肾炎，系统性红斑狼疮，及类风湿性关节炎均和免疫复合物有密切关系，为自身抗体与细胞膜（或基底膜）的自身抗原结合，在膜表面形成免疫复合物或自身抗体与自身抗原在血循环中相遇形成免疫复合物，沉积于相应的部位组织间隙中，免疫复合物结合并激活了补体。补体活化产物导致炎症。特应性皮炎，及氨苄青霉素过敏为 IgE 介导的Ⅰ型变态反应，为肥大细胞和嗜酸性粒细胞 Ig 结合后脱颗粒，释放和产生多种生物活性物质导致的局部或全身炎症反应。漆毒引起的接触性皮炎及光变态反应均为Ⅳ型超敏反应，为致敏 T 淋巴细胞或抗原在皮肤相遇，分泌出多种细胞因子，将粒细胞，巨噬细胞、单核细胞等吸引聚集于局部，从而产生的炎症反应。

由此可见，越婢加术汤所治疗的免疫疾病，均有免疫反应导致的炎症表现。现代药理研究表明越婢加术汤方中各组成药物均有不同程度的抗炎作用。石膏对炎症早期及晚期反应有明显而持久的抑制作用。麻黄可抑制过敏介质的释放。生姜其有效成份抑制 PGE_2 和缓激肽，白三烯（IL－3）等活性物质的释放和合成。甘草有肾上腺皮质激素的作用，可抑制毛细血管通透性憎加，抗组胺，并可抑制激活补体的两条途径。大枣所含的 CAMP 易通过白细胞膜作用于化学介质释放的第二期，抑制化学介质释放。由此，可推论该方可能主要是抑制各变态反应后期的一系列炎症反应，例如抑制补体激活，白细胞吞噬功能。加速免疫复合物清除，稳定溶酶体膜，抑制 PGs，5-HT，组胺，缓激肽等介质的合成或释放及其致炎活性，这可能为其治疗免疫疾病的主要机理之一。越婢加术汤在免疫系统疾病的应用范围不断扩大，本文仅对其临床应用和作用机理进行了简单要述。对本方尚有待于进行一定的实验研究，以指导其临床应用。中医中药治疗变态反应疾病的特色在于辨病与辨证的结合，应用本方时，应注意辨证论证，随证加减，其疗效会更佳。

参考文献

[1] 肖功熊. 小儿急性肾炎85例疗效观察. 四川中医，1984；(19)：40.
[2] 矿武. 中药治疗急性肾炎180例的临床观察. 黑龙江中医药，1995；(3)：13-14.
[3] 薛江洲，越婢加术汤治疗急性肾炎32例. 南京中医药大学学报，199；5 (1) 5：47.
[4] 李维重. 治疗小儿急性肾炎24例临床总结. 江苏中医，1966；(6)：24-26.
[5] 王桂珍. 系统性红斑狼疮的中医辨证施治. 江苏中医，1988；9 (10)：13.
[6] 武明钦. 类风湿性关节炎临床治疗体会. 河南中医，1982；(5)：24.
[7] 肖田. 小儿特应性皮炎与汉方疗效. 外国医学（中医中药分册），1983；6：46.
[8] 王维德. 漆疮治验二则. 四川中医，1986；4 (6)：49.
[9] 贾慰祖. 漆疮并发尿闭治验一则. 中医杂志，1981；22 (10)：53.
[10] 姚建国. 越婢加术汤治疗氨苄青霉素过敏. 新疆中医药，1995；(1)：58.
[11] 涂化昌. 越婢加术汤治疗蔬菜日光性皮炎6例. 河北中医药，1991；(1) 9.

[《陕西中医函授》2001；(2)：41]

《金匮》方治疗男性不育症

戴锦成　福建中医学院
刘瑞芬　福建省第二人民医院

《金匮》方用药精专，组方严谨，变化灵活，疗效卓著，被后世誉为“群方之祖”，时至2000年后的今天仍是广大医务工作者治疗各科病证的主方，笔者以《金匮》方治男性不育症举隅如下。

一、疏肝解郁，通络兴阳

肝主筋，前阴为宗筋之汇，忧思郁怒，肝失条达，疏泄失常，气机郁结，血行不畅，宗筋失养，痿弱不用，以致阳痿不育。《杂病源流犀烛·前阴后阴源流》曰：“有失志之人，抑郁伤肝，肝木不能疏达，亦阳痿不起”。《景岳全书·阳痿》谓：“思虑焦劳，忧郁太过，多致阳痿”。治宜疏肝解郁，通络兴阳，方用小柴胡汤加减，本方具有疏利三焦，条达上下，外解少阳之郁，疏阳气之结，宣通内外，和畅气机的作用。气虚加黄芪，血虚加白芍、当归，血瘀加丹参、赤芍、鸡血藤，口干口苦加黄芩、龙胆草。

［例1］陈某某，男，36岁，干部。结婚4g余，妻子未孕。婚后工作环境不如意，情绪不舒，性格内向，逐渐性欲淡薄，阳事举而不坚，难以交媾。劳累时神疲乏力，纳谷、睡眠、二便均正常，舌红苔薄，脉弦，曾服温阳补肾药无效。脉证合参系肝经郁结，宗筋弛缓以致阳痿不育。治宜疏肝解郁，通络兴阳。方用小柴胡汤加味：柴胡6g，赤白芍、郁金、川楝子各10g，枳壳、阳起石各5g，党参、丹参、鸡血藤各15g。另丹栀逍遥丸10g，每日3次。服用40余剂，历时2月余，告知妻已孕，追访生一女婴。

二、壮阳起痿，益气生精

肾藏精主生殖，内寓真阴真阳，肾阳为一身阳气之根本，内寄命门相火。若先天禀赋不足或恣情纵欲，房劳不节，婚前手淫过度，或久病失养，或误用苦寒伤阳，以致肾阳亏损，命门火衰，宗筋失于温煦，作强不能，发为阳痿。治宜壮阳起痿，益气生精，方用肾气丸加减。

［例2］林某某，男，34岁，干部。婚后8g多妻子未育，阳事举而不坚。婚前曾有手淫，稍有劳累则感神疲乏力，腰酸膝软，凌晨初醒，阴茎亦无勃起，纳谷一般，大便溏薄，小便清白，舌淡苔薄，脉细弱。精液常规检查：量2ml，精子计数0.1×10^8/ml，活动率30%，活动力差，液化时间大于30min。脉证合参，此系肾虚命门火衰，作强不能，气虚精少，以致不育。治宜壮阳起痿，益气生精。方用肾气丸加减：熟地、山茱萸、巴戟天、仙灵脾、枸杞、紫河车各10g，阳起石、淡附子各5g，山药、党参、鸡血藤各15g。另金匮肾气丸6g，每日3次。

二诊：上方服30剂，丸药5瓶，自觉症状好转，腰酸亦除，精液复查，量3ml，活动率50%，活动力良好，精子计数0.5×10^8/ml，液化时间正常。再进汤药40余剂，并月杜仲10g，枸杞、党参、山药各15g，配猪腰1个，放盐少许炖，喝汤吃肉，每周1～2次。嗣后2个月告知妻子怀孕。

三、补益气血，生精孕育

补益是增强脏腑功能活动，恢复生育能力，提高精子质量的一种治法。气血相依，精血同源，气血充盛，精得化生，故补益气血能增精孕育。方用黄芪建中汤加减，肾阳虚加附子、仙灵脾、巴戟天；寒凝血滞加丹参、鸡血藤，重用桂枝；腰膝酸软加枸杞、续断、菟丝子。

［例3］张某某，男，32岁，务农。婚后数年不育，3g前患急性黄疸性肝炎，治愈后胃脘常胀闷隐痛，遇寒加剧，纳谷不佳，神疲乏力，性欲低下，房事后神疲乏力更甚，大便溏软，小便清白，舌淡苔薄白，脉弱。精液常规检查：量2ml，液化时间1h以上，活动率30%，活动力差，精子计数0.36×10^8/ml，精子畸形30%。曾服补肾填精之品，无效。脉证合参乃属气血亏虚，精少不育。治以补益气血，生精孕育。方用黄芪建中汤合枳术散加减：炙黄芪15g，桂枝、炒白芍、白术各10g，当归、鸡血藤、党参、山药各15g，熟地20g，炙甘草、枳实各5g。共进40余剂，其妻怀孕。

四、疏肝理气，和调阴阳

肾藏精主生殖，肾开合正常则精液排泄有度；肝主宗筋，肝的疏泄功能与精液的藏泄亦有密切关系，因此性交是否射精与肝肾关系极为密切。唐《急备千金要方》所谓“能交接，接而不旋泄”。治宜疏肝理气，和调阴阳，佐以通络，促畅通，启开合。方用桂枝龙牡汤合四逆散加减，本方既治梦遗失精，又治不射精，所谓双向调节。若阳虚加仙灵脾、巴戟天，阴虚加生地、女贞子，去桂枝，气虚加党参、黄芪，气滞血瘀加川牛膝、丹参、郁金、鸡血藤。

［例4］李某某，男，29岁，干部。结婚半年，近2个月来，每次性交无性欲高潮，无射精行为，但有梦遗，性情急躁，胸胁不舒，夜寐不佳，纳谷、二便均正常，舌红苔薄、脉弦。脉证合参，此系肝郁气滞，阴阳失调，精关开启失灵。治宜疏肝理气和调阴阳，佐以通络，启开精关。方用桂枝龙牡汤合四逆散加减：桂枝6g，赤白芍、郁金、川牛膝各10g，柴胡、枳壳各6g，龙骨、牡蛎、王不留行各15g，甘草3g，鸡血藤30g。另丹栀逍遥丸10g，每日3次。二诊：上方服20剂，丸药6瓶，告知性交能射精。药中病机，嘱上方每周再服1～2剂，并给性生活指导。3个月后告知妻子怀孕。

五、温补脾肾，散寒化瘀

素体虚弱或病后失调，脾肾阳虚，气不化精，且阳虚寒凝，瘀血内生，可致精液粘稠不化。治宜温补脾肾，散寒化瘀。方用肾气丸合人参汤（即理中汤）加减。

［例5］陈某某，男，35岁，干部。婚后7g妻子未孕，素有脾胃虚寒症状，大便溏薄，日行1～2次，小便清白，舌淡苔薄白，脉缓。精液常规检查：量2.5ml，活动率30%，活动力Ⅱ级，精子计数0.85×10^8/ml，粘稠度卅，液化时间1.5h以上，pH7.8。脉证合参，此系阳虚寒凝，精液不化，以致不育。治宜温补脾肾，散寒化瘀。方用附子理中汤加减：制附子、干姜各6g，仙灵脾、炒白术、当归、枸杞各10g，丹参、王不留行、党参各15g，鸡血藤20g。另用香砂理中丸每次10g，每日2次，肾气丸每次10g，每日1次，3个月后，告知妻子已怀孕。

六、清利湿热，活血化瘀

饮食不节，嗜食肥甘厚腻，内生湿热或外感湿热邪毒，以致湿热邪毒下注，熏蒸精室，精浊相干，精液不化。治宜清利湿热，活血化瘀。方用茵陈蒿汤加活血之品。

［例6］叶某某，男，31岁，干部。婚后2g，8个月妻子未孕，其妻妇检正常，夫妻性生活亦正常。患者口干口苦，大便干结难通，小便黄赤，舌质红，苔黄腻，脉弦涩，余无他证。精液常规检查：量3ml，乳白色，活动率60%，活动力一般，液化时间5h以上，精子计数0.48×10^8/ml，pH8，脓球少许。脉证合参辨证为湿热下注，熏蒸精液不化。治宜清利湿热，活血化瘀。方用茵陈蒿汤加味：茵陈15g，生栀子、制大黄各5g，萆薢、赤芍各10g，土茯苓、鸡血藤各30g，六一散、薏苡仁、王不留行各15g。

二诊：服上方15剂，口干口苦除，二便通畅，舌红苔薄，苔黄腻。照上方去大黄，另用杜仲10g，党参、山药、枸杞各15g，配猪腰1个炖服（放食盐少许），每周1～2次以补肾生精。

再进15剂，2个月后告知妻子已怀孕，随访生一女婴。

体　会

以上各方均为《金匮》方，辨证选用经方既要循古训，又要创新意。如《金匮·血痹虚劳篇》

曰："虚劳里急，诸虚不足，黄芪建中汤主之"。根据精血同源，气血充盛，精得化生的原理，用黄芪建中汤补益气血，生精孕育，治疗男性不育症而取效。茵陈蒿汤本是治疗急性黄疸型肝炎的首选方，而慢性前列腺炎精液不化由湿热熏蒸，精浊相干引起，用茵陈蒿汤加活血之品清热利湿，活血化瘀而取得疗效。所以运用经方应圆机活法，在知常达变的基础上，灵活变通。

［《福建中医学院学报》2001；11（2）：16］

肾气丸于妇科临床新用

黄　九　江苏省苏州市第二人民医院

肾气丸方源于《金匮要略》，由干地黄、山茱萸、山药、茯苓、泽泻、丹皮、桂枝、附子组成，有温补肾阳之功，原用治肾阳不足，气化不利之虚劳证、消渴证、痰饮证，在妇科则用治妇人转胞。笔者根据此功效，辨审运用于妇科临床颇有收益。此将治疗妇科病症的体会整理如下。

一、宫腔粘连

庄某某、女、32岁。婚后五年未育，曾於四年前孕8个月死胎分娩（原因不清），因产后恶露不清，有异物排出而行诊刮术，继则不孕。其经常小腹疼痛，腰酸乏力，月经量少，近一年赤白带下，曾反复服抗菌素及中药，加之理疗均效不显。曾作子宫输卵管造影术为：子宫幼稚型、双角畸形。上海读片为：子宫粘连。根据患者的孕史，诊断其宫腔粘连较妥当。就诊时，头晕，胸闷，周身乏力，四肢不温，小腹疼痛连及腰骶，喜按喜暖，末次月经4月4日，量少，色褐，舌质淡胖，苔白腻，脉沉弱。证属：脾虚湿阻、气血郁滞、病久及肾、肾阳虚衰。先拟健脾化湿、补肾温通。一月后湿化脾健，继以温肾暖宫、疏通胞脉。处方：干地黄、山药、山茱萸、泽泻、丹皮、茯苓、桂枝、附子、丹参、香附、没药、元胡、乌药。服数剂后，小腹冷痛大减，经行色红，量亦增多，於7月16日停经41天，尿TT阳性，证实怀孕，保胎至孕七个月安然无恙。

按：本例系产后恶露不净，湿阻胞宫，加之肝郁不舒，气血阻滞所致，病程日久，损伤于肾。肾是人体阴精之所聚，肾精足则化源足，肾精不足则经少。肾又是生命活动之本源，肾火旺则生命力旺，精充火旺，阴阳相济则生化无穷，肌体强健。然其火衰不能温煦胞宫，宫寒不能摄精成形，加之脾虚湿阻，气血郁滞胞宫，故见头晕、胸闷、乏力、四肢不温，小腹连及腰骶疼痛，喜暖喜按，经少色褐，舌质淡胖，舌苔白腻，脉沉弱。以肾气丸温补肾阳，与疏通胞脉合治，使命门之火渐以旺盛，胞宫胞脉得以温通，冲任脉盛，月事正常而摄精成形。

二、盆腔炎

张某某、女、28岁。自一个多月前第二次自然流产行清宫术后，经常腰酸乏力，小腹疼痛，房事后尤甚，中西药治疗症状不减，月经尚正常。妇科检查：外阴已婚式，阴道通畅，宫颈轻炎，宫体前位正常大小，压痛，右侧附件增粗，左侧附件增厚，均有压痛。刻诊：头晕乏力，面色㿠白，小腹冷痛，腰腿酸软，下肢欠温，舌淡胖，苔薄白，脉沉弱。证属：肾阳不足，寒凝胞脉。治乃振奋肾阳，温通胞脉，佐以疏肝理气。处方：干地黄、山茱萸、山药、茯苓、泽泻、丹皮、车前子、炙附片、肉桂、柴胡、乌药、芍药、炙甘草。叠进月余，腹痛缓解。妇科检查正常，继以肾气丸续服。一年后得子，分娩一男婴。

按：盆腔炎临床上每见湿热瘀滞型，多用清热解毒，理气化瘀等法而奏效，而该例因两次流产，冲任二脉受损，以致肾阳不足，寒凝胞脉。以肾气丸温补肾阳，切合病机，使肾阳振奋，寒去脉通，故有子。

综上两例，均为肾阳不足所致。而前者兼有脾湿，气血瘀阻。予以健脾化湿，补肾温通并用；后者则以阳虚内寒为主，故桂枝宜肉桂，合附子振奋肾阳为主。虽说两者所系病变不同，但其表现有相同之处，同属肾阳不足，自然流产后不孕，故均以肾气丸主治而获效。再者二例均有阻滞之证——痛，即所谓：不通则痛，通则不痛。则以通为治，其疏通药与温阳之品合用相得益彰，增强了其通力，唯前者加入了丹参增强了养血活血之作用，后者以柴胡使肝气顺达，以致通则不痛。

三、月经不调（排卵障碍）

陆某、女、26岁。婚后三年未育。三年前自然流产后至今不孕，月经落后，45天一行，量少，色淡，质稀，4～5天干净，曾反复中药治疗效果不显。经常小腹疼痛，腰酸怕冷，LMP 12月29日，量少、质稀、色淡，舌淡红，苔薄，脉细。先用乌鸡白凤丸调治。二诊：BBT未上升，再次审辨，其小腹绵绵疼痛，腰酸怕冷，舌质淡，脉沉细。属肾阳不足，冲任亏损。治拟温肾益冲，养血调经。处方：干地黄、山茱萸、山药、丹皮、茯苓、肉桂、附子、巴戟天、枸杞子、当归、赤芍、乌药、香附，进数剂，BBT上升。2月12日就诊，BBT上升二十天，尿TT阳性。

按：素体阳虚，寒从内生，脏腑气化不利，则气弱血少，冲任脉虚，血海不能按时满溢，以致经行后期，色淡量少；阳虚不能温煦胞宫，故小腹绵绵作痛；腰为肾之腑，阳虚肾气不足而腰酸怕冷，舌淡、脉沉细均为阳虚不能生血、行血以鼓动血脉所致。肾主生殖，为人体生长发育之根本，肾之阳虚，肾阴得不到温化，以致肾气不能盛实，则月事不能按时而下。即丘脑——垂体——卵巢所主生殖功能的调节失常，排卵障碍。用肾气丸使之功能调节正常，火旺精化，肾气盛实，冲任得养而有孕。

体会：多种不同的疾病，由于病因、病机或病位相同，其治法及用方亦可相同。《金匮要略》中，肾气丸可治五种疾病：一是治脚气上入少腹不仁；二是治虚劳腰痛，少腹拘急不利；三是治短气微饮当以小便去者；四是治男子消渴，小便反多，以饮一斗，小便一斗者；五是治妇人烦热不得卧，但有饮食如故之转胞不得溺者。此五病，虽然病名、症状俱皆有所不同，但病机皆属于肾阳虚衰，气化功能减退故均可用肾气丸以扶助肾气。而笔者习之於妇科临床，损及肾阳之症经常遇之，除上述病例外，只要辨证属肾阳虚衰、气化不利的，均可引用肾气丸治疗每每获效，这其中更进一步体现了中医异病同治的精神。

[《黑龙江中医药》2001；(2)：43]

《金匮》狼牙汤加味方治疗湿热带下病的临床观察

周劲松　贵阳中医学院

一、资料与方法

1. 一般资料　1998年9月至1999年8月，共收集湿热下注型带下病患者118例，全部病例符合纳入标准，来源于贵阳中医学院第一附属医院妇科门诊病人。随机分为治疗组和洁尔阴对照组。其中治疗组88例，对照组30例，年龄最小21岁，最大58岁，平均年龄为35岁，病程最短者4天，最长者11个月。两组年龄、病种、病程、病情轻重比较，经t检验，均无显著性差异，具有可比性。

2. 病例选择

（1）诊断标准

①中医诊断标准[1,2]：带下病诊断标准：带下量多，绵绵不绝；带下量虽不多，但色黄或赤或青绿，质稠浊或清稀如水，气腥秽或恶臭；须与输卵管和子宫体、颈的恶性肿瘤相鉴别。湿热下注型辨证标准：分泌物量多，色黄或兼绿，质粘稠，或如豆渣，或似泡沫，气秽或臭，阴户灼热瘙痒，小便短赤，或伴有腹部掣痛。舌质红，苔黄腻，脉濡数。兼肝胆湿热者，出现乳胁胀痛，头痛口苦，烦躁易怒，大便干结。舌红，苔黄，脉弦数。

②西医诊断标准[3]：滴虫性阴道炎：外阴、阴道灼痛或肿胀疼痛，阴部瘙痒或虫爬感，阴道分泌物量多，色黄，或挟血，有泡沫，质稀薄，味臭，可伴有尿频、尿急、尿痛等尿道刺激症状，或伴有局部刺激症状。阴道分泌物涂片找到滴虫。阴道清洁度在Ⅱ°以上。霉菌性阴道炎：外阴、阴道红肿疼痛，阴部奇痒。阴道分泌物呈豆渣样，味臭。外阴、阴道充血，小阴唇两侧及阴道壁可见片状伪膜覆盖，擦试后可见粘膜充血，或浅表溃疡。阴道分泌物涂片找到霉菌。阴道清洁度在Ⅱ°以上。

3. 治疗方法　治疗组：将《金匮》狼牙汤加味方（狼牙草、蛇床子、土茯苓、枯矾等）用1500～2000ml水煎煮沸腾15～20分钟后，滤出药液，趁热先熏蒸外阴部，待药液温后坐浴、抹洗或冲洗阴道3分钟，1～2次/天，每日1剂，7天一疗程，疗程结束3天后复查，并进行疗效评判。对照组：用洁尔阴洗液，恩威制药有限公司生产，批号：690197588881。将洁尔阴10ml稀释10倍后治疗用，具体方法与治疗组相同。

注意事项：用药期间禁止服用其它用药，禁房事；月经干净3天后开始用药；在治疗期间，配偶可同时用药，霉菌性阴道炎患者配偶可服用酮康唑200mg、qd，滴虫性阴道炎配偶可服用甲硝唑0.2g、tid；忌食辛辣、腥味等刺激性发物食品；加强个人卫生。

4. 观察指标

（1）疗效性观测：临床症状：主症：带下量、色、质、味。兼症：外阴瘙痒灼痛，小便短赤，心烦少寐，口苦咽干，或乳胁胀痛，头痛口苦，烦躁易怒，大便干结，舌象、脉象等，妇科检查及实验室检查：外阴、阴道、宫颈及盆腔检查；阴道分泌物物理性状及涂片检查；阴道清洁度、阴道致病菌的检查。

（2）安全性观测：血、小便、大便三大常规；心电图、肝、肾功能检查。

5. 疗效评定标准　痊愈：中医证候主症消失，兼症大部分消失，西医检查分泌物转为正常，实验室未查出霉菌、滴虫或脓性细胞，血尿常规均正常，评分为0分，停药3个月经周期无复发，多项检查均正常；显效：中医证候主症消失，兼症部分消失。检查：分泌物明显减少，并变为白色，局部体征明显好转，化验室检查均正常，治疗后积分比治疗前降低2/3以上；有效：阴道分泌物检查正常而主症和兼症部分消失。治疗后积分比治疗前降低1/3以上；无效：治疗前后症状、体征、白带及检查无变化。

6. 统计方法　计数资料用 X^2，两样本平均数比较用t检验，等级资料用Ridit检验。

二、结果

1. 总疗效分析：详见表1

表1　两组总疗效比较

组别	例数	痊愈	显效	有效	无效	总有效率（%）
治疗组	88	33	26	23	6	93.18
对照组	30	6	5	16	3	90

注：用 X^2 检验 $X^2 = 8.79$，用Ridit分析，$\mu = 2.43$，P值均 < 0.05。由表1可见治疗组疗效明显优于对照组。

2. 对霉菌性阴道炎、滴虫性阴道炎的临床疗效观察：详见表2：

表2　两组对霉菌性、滴虫性阴道炎的临床疗效比较

病　种	组别	例数	痊愈	显效	有效	无效	总有效率(%)
霉菌性阴道炎	治疗组	50	15	13	18	4	92
	对照组	18	4	3	9	2	88.9
滴虫性阴道炎	治疗组	38	18	13	5	2	94.7▲△
	对照组	12	2	2	7	1	91.7

注：Ridit分析，▲表示同病种组间比较 $P < 0.05$；△表示治疗组内两种疾病的疗效比较 $P < 0.05$；由表2可见对滴虫性阴道炎的治疗，治疗组优于对照组；而对霉菌性阴道炎的疗效两组无明显差异。治疗组内的疗效比较 $\mu = 2.16$，$P < 0.05$，说明《金匮》狼牙汤加味方对滴虫性阴道炎的疗效优于对霉菌性阴道炎的治疗效果。

表3　两组主要临床症候及体征疗效比较

症状	组别	治疗前				治疗后				组内	治疗后组间
		－	＋	＋＋	＋＋＋	－	＋	＋＋	＋＋＋	u	U
白带增多△	治疗组	7	22	32	27	46	28	12	2	7.45▲	2.11★
	对照组	2	8	11	9	9	12	7	2	3.12▲	
白带色质气味△	治疗组	3	28	36	21	38	24	22	4	5.99▲	0.56
	对照组	2	10	－12	6	14	10	4	2	3.57▲	
阴痒△	治疗组	5	35	23	25	56	15	12	5	7.12▲	1.98★
	对照组	1	12	8	9	12	8	7	3	2.87▲	
阴道充血肿胀△	治疗组	8	37	33	10	42	22	21	3	4.68▲	0.77
	对照组	1	12	11	6	11	10	8	1	2.97▲	
阴道粘膜充血点△	治疗组	2	44	24	18	50	28	10	0	4.03▲	0.92
	对照组	0	14	12	4	14	11	5	0	3.02▲	

注：－、＋、卄、卅表示症状的无、轻、中、重。用Ridit分析：△表示治疗前两组间症候比较 $P > 0.05$；▲表示治疗前后组内比较 $P < 0.01$；★表示治疗后组间 $P < 0.05$。

3. 治疗前后主症及体征的疗效观察：由表3可见治疗前两组症候无显著性差异（$P > 0.05$），说明其具有可比性；两组治疗前后症候疗效比较 $P < 0.05$，说明两组对湿热带下病均有疗效；从治疗后组间比较看治疗组在对白带增多和阴痒症状的改善上优于对照组。

4.《金匮》狼牙汤加味方的不良反应观察：在观察对象中，部分病例进行血、小便、大便三大常规，心电图、肝、肾功能检查，治疗前后各项检查均无异常情况和显著性差异。

三、结论

带下病是妇女中的常见病多发病，特别是中年妇女患者为多，俗有“十女九带”之说。临床以湿热带下最为多见。带下为阴湿之物，故多数医家认为带下病主要与湿邪有密切关系。如《傅青主女科》说“夫带下俱是湿症”。湿邪的来源有内、外之分，外湿即外感湿邪，如正值经期、产后胞脉空虚，由于气候或居处潮湿，外湿内侵，由上而下浸渍胞宫，或涉水淋雨，劳汗衣湿，阻遏阳气，使湿气不得蒸发，湿蕴化热，湿热下注，损伤任带二脉而成带下病。或摄生不洁，手术不慎，洗浴工具不洁，湿热、湿毒邪气乘虚而人。直接致任脉损伤，带脉失约。内湿则与肝、脾、肾功能失常有密切关系。脾气虚弱，运化水湿功能障碍，水湿内停、下注于前阴、胞宫；肾虚封藏失职，精关不固，任带不能固约，阴液滑脱而成带疾，若肾阳不足，命门水衰，气化失常，水湿内停；若怒气伤肝，肝郁气滞，郁久化热，肝气犯脾，脾虚湿盛，湿热互结，流注于下[2,3]。外湿作为致病因素，由外直接侵犯人体，内湿则为体内的病理产物，反过来作为致病因素而作用于人体，二者之间既有区别，又相互联系。由于患者体质的不同，湿邪或从阳化，而为湿热；或从阴化，而为寒湿。综上所述，带下病的成因主要是湿邪为患，脾肾功能失常是发病的内在因素。发病机理主要是任脉失固，带脉失约所致。病位主要在阴器、胞宫。

《金匮》狼牙汤加味方是根据湿热带下的病机特点，结合导师多年的临床用药经验，运用中医辨证论治和配伍理论，在《金匮要略》“狼牙汤”的基础上筛选有效药物加味而成。临床观察中治疗湿热带下病88例，痊愈33例，显效23例，有效26例，总有效率为93.18%。与对照组比较存在显著性差异，说明总体疗效明显优于对照组。在治疗组内霉菌性阴道炎与滴虫性阴道炎比较，两种疾病的临床疗效存在显著性差异，说明《金匮》狼牙汤加味方对滴虫性阴道的疗效明显优于对霉菌性阴道炎的治疗效果。治疗前后临床症状的疗效观察中，两组对湿热带下病均有很好的治疗效果，但是通过治疗后症状和体征的疗效组间比较，带下量增多、阴痒两种症状存在显著性差异，说明治疗组对此两种症状的改善治疗优于对照组。在安全性观测中，未出现不良反应等异常情况。从治疗作用机制的特点来看，《金匮》狼牙汤加味方外用治疗本病，药物直接作用于局部病灶，与皮肤粘膜接触，药力直达病所，针对性强，药物吸收迅速，对机体内环境干扰小，疗效快而显著，同时所使用的中药多属天然药物，不易引起全身的副作用。且属无创伤性治疗方法，具有无痛苦、操作简便、易于推广应用等优点。

参考文献

[1] 中华人民共和国中医药行业标准 ZY/T001. 1-001. 9. 94. 中医病证诊断疗效标准. 南京中医药大学. 国家中医药管理局发布，1994. 7 第1版.

[2] 中华人民共和国卫生部制定. 中药新药临床研究指导原则.

[3] 丁曼琳主编. 妇产科疾病诊断与鉴别诊断. 北京：人民卫生出版社，1989. 5 第1版：44~46.

[《贵阳中医学院学报》2001；23（2）：30]

半夏泻心汤及其拆方对慢性胃溃疡大鼠胃粘膜细胞增殖活性的影响

李宇航　王庆国　牛　欣　赵　琰　王新月
贾玉森　杨美娟　赵丽云　张冬梅　钟相根
北京中医药大学

为深入研究半夏泻心汤治疗消化性溃疡的作用机制，我们对半夏泻心汤进行拆方研究，以增殖细胞核抗原（PCNA）为指标，观察半夏泻心汤及其拆方各组对实验性慢性胃溃疡大鼠胃粘膜细胞增殖活动的影响，以期深入探讨其配伍机理，进而指导临床实践。

一、材料和方法

1. 拆方分组　根据中医组方原理，将半夏泻心汤拆方分为辛开药组（半夏、干姜）、苦降药组（黄芩、黄连）、甘补药组（人参、炙甘草、大枣）；并进行交互组合以组成辛开苦降药组、苦降甘补药组、辛开甘补药组、辛开苦降甘补组（全方组），进行以下的研究。

2. 动物分组与造模　健康Wistar雄性大鼠，体重180~220g，由军事医学科学院动物中心提供（批号：99061），共120只，随机分为正常对照组、模型组、手术对照组、辛开药组、苦降药组、甘补药组、辛开苦降药组、苦降甘补药组、辛开甘补药组和全方组，共10组。按改良Okabe法，将动物禁食48h，戊巴比妥钠麻醉后，固定于手术台上，剃腹毛，消毒，铺巾，于剑突下腹中线稍左分层切开腹壁约1.8cm，将胃引出，用内径3mm的玻璃管按在幽门无血管处，将蘸有纯醋酸0.1ml的细棉扦插入管内与胃粘膜接触，留滞1.5min后撤掉，擦净残留酸液，以大网膜包裹，送人腹腔，关腹。术后第3天，禁食12h，用食管喂以5% $NaHCO_3$ 2ml，15min后用胃管注入由北京市中医研究所微生物免疫研究室提供的幽门螺旋菌（Helicobacter pylori，HP）菌液1.5mL（10^3cfu/mL），30min后喂食，

3d1 次，共 3 次。手术对照组，只省略醋酸烧灼程序。正常对照组，常规饲养，以蒸馏水 2mL/(只·d)灌胃。

该模型复制后，动物幽门胃大弯侧可见圆形或椭圆形溃疡，边缘整齐，底部有薄层灰白色炎性渗出物。HE 染色切片病理组织学可见由渗出层、坏死层、肉芽组织层及瘢痕层构成的溃疡结构。所诱发的溃疡在 60d 之内不能完全自行愈合。

3. 用药及取材　实验用中药购自北京同仁堂药店，经北京中医药大学药用植物教研室鉴定，均为正品。生药剂量比例按原著根据文献[1]换算，依照人单位体重生药量求得大鼠单位体重生药量，并扩大 10 倍。各组药物分别以蒸馏水煎煮 30min，提取 2 次。再合并煎液，并将所得药液用双层纱布过滤，水浴加热蒸发浓缩，贮于冰箱中备用。药物组从造模后第 3 天开始，每日 1 次灌胃给与相应药液；对照组以蒸溜水灌胃；连续 3 周。各组于末次给药禁食 12h 后行 Shay's 幽门结扎术，4h 后拉颈处死。取血、胃液，胃大弯近幽门处组织检测。

4. 细胞增殖检测方法　PCNA 免疫组化染色采用 ABC 法，抗 PCNA 单抗为小鼠抗大鼠单克隆抗体 PC10 系，由北京中山生物技术有限公司提供，ABC 试剂盒为 Sigma 公司产品。石蜡切片常规脱腊、水化，染色程序依照 ABC 常规进行，抗 PCNA 按 1∶100 稀释，以 PBS 替代一抗作为空白对照，正常血清替代一抗作为替代对照，已知阳性切片作为阳性对照。每张切片计算 5 个不同视野中 1000 个细胞中的 PCNA 阳性细胞数，以 100 个细胞中阳性细胞数来表示增殖细胞指数（PCNA labeling indices，PCNA－LI）。

5. 统计学处理　采用方差分析，组间均数比较采用 q 检验，若多个处理组与某对照组比较，则采用 dunnett 检验。

二、结果

模型组 PCNA 指数略高于正常组及手术对照组，但无统计学意义。各治疗组与模型组比较，辛开组、苦降组、甘补组、全方组 PCNA 指数增高，并具有显著的统计学意义，其中以全方组最为显著；辛开甘补组亦呈增高趋势，但无统计学意义；而苦降甘补组 PCNA 指数低于模型组，具有显著的统计学意义；辛开苦降组亦呈降低趋势，但无统计学意义。结果见表 1、表 2。

表 1　半夏泻心汤及其拆方各组对 PCNA 的影响($\bar{x} \pm s$;%)

编号	组别	n	PCNA－LI
1	正常组	10	1.710 ±0.277
2	模型组	10	2.332 ±0.964
3	手术对照组	10	2.149 ±0.646
4	辛开组	10	4.766 ±1.008＊＊＊
5	苦降组	10	4.678 ±1.864＊＊
6	甘补组	10	5.745 ±1.546＊＊＊
7	辛开苦降组	10	2.089 ±0.875
8	辛降甘补组	10	0.908 ±0.273＊＊＊
9	辛开甘补组	10	3.346 ±1.480
10	全方组	10	6.381 ±2.953＊＊＊

注：与模型组比较＊P＜0.05，＊＊P＜0.01，＊＊＊＜0.001

表 2　半夏泻心汤及其拆方各组对 PCNA 影响的组间差异显著性检验

	1	2	3	4	5	6	7	8	9	10
1	.	–	–	＊＊＊	＊＊＊	＊＊＊	–	＊＊＊	＊＊	＊＊＊
2	–	.	–	＊＊＊	＊＊	＊＊＊	–	＊＊＊	– ＊＊＊	
3	–	–	.	＊＊＊	＊＊＊	＊＊＊	–	＊＊＊	＊	–
4	＊＊＊	＊＊＊	＊＊＊	.	–	–	＊＊＊	＊＊＊	＊	–
5	＊＊＊	＊＊	＊＊＊	–	.	–	＊＊＊	＊＊＊	–	–
6	＊＊＊	＊＊＊	＊＊＊	–	–	.	＊＊＊	＊＊＊	＊＊	–
7	–	–	–	＊＊＊	＊＊＊	＊＊＊	.	＊＊＊	＊	＊＊＊
8	＊＊＊	＊＊＊	＊＊＊	＊＊＊	＊＊＊	＊＊＊	＊＊＊	.	＊＊＊	＊＊＊
9	＊＊	–	＊	＊	–	＊＊	＊	＊＊＊	.	＊＊
10	＊＊＊	＊＊＊	＊＊＊	–	–	–	＊＊＊	＊＊＊	＊＊	.

注：＊P＜0.05，＊＊P＜0.01，＊＊＊P＜0.001，－P＞0.05

表中横列及竖列数字均为组号，其横竖交叉点处的符号代表组间差异的显著性检验结果。

三、讨论

关于消化性溃疡的发病机理曾有过各种各样的学说，但至今占主导地位的是Shay氏平衡理论学说[2]，即本病的发生是攻击因子增强与防御因子削弱引起，或者说两种因子平衡失调是本病发生的关键因素。攻击因子有胃酸、胃蛋白酶、幽门螺旋菌等；防御因子包括胃粘膜屏障、胃粘膜上皮细胞再生、前列腺素等。

增殖细胞在胃粘膜上皮的更新和再生修复上有重要作用[3]。PCNA是DNA多聚酶δ的辅基，其量的变化与DNA合成一致，免疫组化标记增生期细胞核染色阳性，可作为细胞增殖活性的可靠标记物[4]。故本项研究把PCNA作为PU防御因子的一项观察指标，探讨半夏泻心汤治疗PU的作用机理。

模型组PCNA指数略高于正常组及手术对照组，可能与造模刺激后引起一定的自身修复有关，但程度有限。各治疗组与模型组比较，辛开组、苦降组、甘补组、全方组PCNA指数明显增高，辛开甘补组亦呈增高趋势，说明这些治疗药物组合均具有不同程度的促进细胞增殖作用，有利于溃疡的愈合。根据其增高幅度排序依次为，全方组>甘补组>辛开组>苦降组>辛开甘补组，对于指导临床用药具有一定的参考价值。其中，辛开甘补组的作用结果，并不是辛开组与甘补组的叠加，反而不及单一的辛开组或甘补组，其原因还有待进一步研究。但辛开、苦降、甘补合用即全方组，则表现出最佳效果，从而印证了仲景组方的合理性和科学性。

与模型组比较，苦降甘补组PCNA指数明显降低，辛开苦降组亦呈降低趋势，提示这两组药物具有不同程度的抑制胃粘膜上皮细胞增殖作用，特别是苦降甘补组是否具有抗肿瘤作用，值得进一步研究o

四、小结

半夏泻心汤由七味药物组成，其中，“半夏、干姜辛开而温，以散脾气之寒；黄芩、黄连苦泻而寒，以降胃气之热；人参、甘草、大枣甘温调补，和脾胃，补中气，以复中焦升降功能，此即辛开苦降甘补之法。”[5]本项研究拟根据中医组方原理，通过动物模型，拆方观察本方调节PU攻击因子与防御因子平衡的作用机制，我们还将结合胃酸、胃蛋白酶、胃泌素、幽门螺旋杆菌、表皮生长因子、前列腺素、胃粘液分泌基因等实验指标，进一步深入探讨本方治疗消化性溃疡的作用机理。

参考文献

[1] 柯雪帆，赵章忠，张玉萍，等.《伤寒论》和《金匮要略》中的药物剂量问题. 中国中药杂志，1983，8（12）：36～38.

[2] 汪鸿志，曹世植，王永华，等. 消化性溃疡病学. 北京：人民军医出版社，1999. 2.

[3] 张荫昌. 胃病理及胃粘膜活检·胃的组织学. 沈阳：辽宁科学技术出版社，1988. 7.

[4] Fairman MP. DNA polymerase/PCNA：actions and interaction. J Cell Sci，1990，95（1）：1～4.

[5] 刘渡舟. 伤寒论诠解。天津：天津科学技术出版社，1983. 96.

[《北京中医药大学学报》2001；24（3）：30]

仲景三方对大鼠肝纤维化不同时期血清Ⅲ型前胶原、透明质酸及层粘蛋白作用的观察

任小巧　卢跃卿　陈永旭　庞玉琴
河南中医学院
朱志军　田晨光　河南医科大学

小柴胡汤、大黄䗪虫丸、鳖甲煎丸为张仲景治疗少阳证、干血痨、疟母的三个方。我们从实验研究方面探讨肝纤维化不同时期血清Ⅲ型前胶原、透明质酸及层粘蛋白的变化，借以探讨三方的作用机理，现将结果报告如下。

一、材料

1. 实验动物　选用雄性Wistar大鼠150只，体重在225～260g之间，由河南省中医药研究院实验动物中心提供，将大鼠饲养在23～25℃室内，自由进食、进水。

2. 药物及制备　小柴胡汤按仲景原方药物组成成分及剂量购药，购自河南省医药公司，全部药材经我院中药教研室专家鉴定为上等药材，上述药材每300g煎成汤液120mL的混悬液装瓶备用；大黄䗪虫丸，北京同仁堂集团公司，北京中药五厂生产，批号960901，每丸3g，每6丸配成180mL药液待用；鳖甲煎丸，武汉市中联制药厂生产，批号980302，每瓶50g，配成900mL药液待用。CCl_4分析纯，北京化工厂生产，批号970708，花生油购自河南省粮油公司，经分析化学教研室专家提纯、精炼、消毒后待用。

二、方法

1. 动物分组、造模及给药方法　取雄性Wistar

大鼠150只，按随机数字法分成5大组，即正常组、造模组、预防组、治疗Ⅰ组、治疗Ⅱ组各30只；除正常组外，其余4组于实验每1周即开始皮下注射25% CCl_4 花生油溶液，按2.0mL/kg体重，每周1上午、周4下午各注射1次，其中造模组分别于给药第4周、每8周、第12周末各处死动物10只，正常组于同一时间分别处死10只；预防组分为小柴胡汤组、大黄䗪虫丸组、鳖甲煎丸组各10只，自实验第1天起各组分别每天灌胃给小柴胡汤混悬液4.76g（生药）/kg体重，大黄䗪虫丸混悬液2g/kg体重，鳖甲煎丸1.11g/kg体重（上述给药剂量按体表面积计算），给药至满4周处死；治疗Ⅰ组、治疗Ⅱ组亦分为3组（同预防给药组），分别于造模给药第4周末、第8周末时与造模给药同步按上述药物、剂量、方法给药满4周后处死动物，断头取血，分离所得血清于-20℃冰箱保存。

2. 指标检测方法　透明质酸（Hyaluronic Acid HA）、层粘蛋白（laminin LN）、Ⅲ型前胶原（procollagen Ⅲ，PCⅢ）放射免疫试剂盒说明步骤进行。本组试剂均由上海海军医学研究所提供。所得数据进行t检验。

三、结果

1. 一般情况　正常对照组大鼠精神状态良好，体重持续增加；造模组大鼠1~4周体重有增加趋势，5周后体重不再增加，10周后体重有减轻趋势，并有2只死亡；小柴胡汤预防组、治疗Ⅰ组大鼠体重仍有增加趋势，小柴胡汤治疗Ⅱ组体重增加不明显，11周时死亡1只；大黄䗪虫丸各组大鼠精神状态均较好，体重持续增加；鳖甲煎丸预防组大鼠精神尚佳，体重有增加趋势，治疗Ⅰ组体重增加不明显，治疗Ⅱ组大鼠精神萎靡、反应迟钝，体重有减轻趋势，死亡2只。

2. 大鼠肝脏病理变化　实验第4周末时造模组大鼠肝小叶中心区及小叶周边区均可见到严重的脂肪变性，水样变性及灶性坏死，肝细胞崩解后邻近血窦扩张窜连，并由小叶向外延伸，在小叶区可见轻度肝纤维化（Ⅰ级），小柴胡预防组上述变化不明显；大黄䗪虫丸、鳖甲煎丸预防组可见与造模组相似之变化。实验第8周末　造模组肝纤维化程序进一步加重，血管间隔内除基质增多外，还可见细胞大量增生，主要为纤维母细胞，其阳性部位主要在汇管区与肝小叶，此外还见新生小胆管，这种纤维间隔不完全分隔肝小叶，组织纤维化程度为Ⅱ~Ⅲ级；治疗Ⅰ组中各组上述变化均明显较轻。造模12周末时，造模组上述变化进一步加重，纤维间隔完全分隔肝小叶，组织纤维化程度为Ⅱ~Ⅲ级；治疗Ⅱ组中大黄䗪虫丸组、鳖甲煎丸组汇管区、肝小叶仍有较明显的阳性着色（Ⅱ~Ⅲ级），但未见假小叶形成；小柴胡汤组组织纤维化程度仍较重，有假小叶形成。

3. 血清HA、PCⅢ、变化　结果见表1~表3，CCl_4 诱发大鼠肝纤维化血清HA、LN早期即开始升高，并随时间延长而逐步上升，至肝纤维化形成期时（12周）达高峰（$P<0.01$），血清PCⅢ在第4周时与正常组比较差异不显著，至第8周、12周末时PCⅢ明显升高，与正常组比较差异有显著统计学意义。小柴胡汤预防组血清HA、LN含量明显低于造模组（$P<0.05\sim0.01$）。治疗Ⅰ组HA、PCⅢ含量明显低于造模组，LN与造模组比较无明显统计学意义，治疗Ⅱ组HA、LN、PCⅢ与造模组比均无显著差异。大黄䗪虫丸预防组、治疗Ⅰ组、治疗Ⅱ组HA、LN含量明显低于造模组（$P<0.05\sim0.01$），治疗Ⅰ组、Ⅱ组PCⅢ明显低于造模组（$P<0.05$）；鳖甲煎丸预防组LN含量明显低于造模组，HA与造模组无差异，治疗Ⅰ组、治疗Ⅱ组血清HA、LN、PCⅢ含量均明显低于造模组（$P<0.05\sim0.01$）；但大黄䗪虫丸、鳖甲煎丸治疗Ⅱ组HA、LN虽明显低于造模组，但仍明显高于正常组（$P<0.05$）。

表1　各组大鼠血清HA变化比较（$\bar{x}\pm s$）

组别	例数	预防组/ng/mL（4周）	n	治疗Ⅰ组/ng/mL（8周）	例数	治疗Ⅱ组/ng/mL（12周）
正常组	10	307.28±50.19	10	288.45±32.22	10	283.27±63.49
造模组	10	370.69±29.73*	10	428.45±22.12**	8	444.48±58.68**
小柴胡汤	10	252.15±77.84△	10	286.31±38.65△△	9	425.20±51.94
小黄䗪虫丸	10	289.62±48.46△	10	275.70±51.90△△	10	370.95±64.69*△
鳖甲煎丸	10	334.33±50.18	10	289.05±37.72△△	8	373.14±26.47*△

注：与正常组比较*$P<0.05$，**$P<0.01$；与模型组比较△$P<0.05$，△△$P<0.01$；下表司

表2　各组大鼠血清 PCⅡ含量变化比较（$\bar{x}\pm s$）

组别	例数	预防组/ng/mL（4周）	n	治疗Ⅰ组/ng/mL（8周）	例数	治疗Ⅱ组/ng/mL（12周）
正常组	10	39.18±2.45	10	40.03±2.10	10	40.32±4.32
造模组	10	43.32±4.37	10	44.38±1.65*	8	54.39±4.42*
小柴胡汤	10	38.21±2.64	10	40.16±2.13△	9	52.65±3.48*
大黄䗪虫丸	10	40.39±3.62	10	38.66±2.09△	10	46.18±3.24△
鳖甲煎丸	10	41.12±2.13	10	37.48±3.15△	8	45.89±3.97△

表3　各组大鼠血清 LN 含量变化比较（$\bar{x}\pm s$）

组别	例数	预防组/ng/mL（4周）	n	治疗Ⅰ组/ng/mL（8周）	例数	治疗Ⅱ组/ng/mL（12周）
正常组	10	29.16±6.02	10	26.69±2.15	10	26.07±4.38
造模组	10	34.96±6.49*	10	40.78±5.21**	8	44.18±5.34**
小柴胡汤	10	25.51±6.38△	10	40.76±4.94**	9	41.06±3.69**
大黄䗪虫丸	10	26.29±5.35△	10	29.42±3.78△	10	30.68±6.24△
鳖甲煎丸	10	30.07±4.06	10	30.48±6.13△	8	32.08±5.48△

四、讨论

有文献报道，血清 HA、LN、PCⅢ的含量与肝脏内三种成分有显著正相关，能较好地反映肝匀浆内三者的变化，这三者是 ECM 成分的代表，反映了肝纤维化的进展程度，本文结果与文献一致。从实验结果可知，小柴胡汤在预防给药时可显著降低血清 HA、LN 的含量，在肝脏轻度损伤时小柴胡汤反能降低血清 HA 含量，对 LN 作用不明显，在肝脏发生较重度损伤时，小柴胡汤对各指标无明显作用；另有实验证明小柴胡汤对肝内羟脯氨酸含量上升有强烈抑制作用[1]，说明小柴胡汤治疗肝纤维化的主要机制可能是对肝细胞坏死有抑制作用，或其能直接降低 HA、LN 含量而抑制 ECM 的过量沉积，抑制肝纤维化的形成；但对已形成的纤维组织似无明显降解作用，揭示临床应用小柴胡汤治疗肝纤维化应早期用药。大黄䗪虫丸无论是预防用药、轻度或较重度肝损伤时用药均能明显降低血清 HA、LN、PCⅢ水平，说明大黄䗪虫丸通过其活血化瘀作用可能能阻抑贮脂细胞、肝细胞或内皮细胞分泌 LN 或 HA，明显的阻抑 ECM 的沉积；同时可促进已形成的胶原纤维的降解和吸收，从而减缓或治疗肝纤维，亦说明大黄䗪虫丸在治疗肝纤维化方面有良好的前景。

鳖甲煎丸在预防给药、治疗给药时均能明显降低血清 HA 含量，LN、PCⅢ只有在治疗用药时才显示出明显的作用，结合大鼠肝脏胶原Ⅰ、Ⅲ、Ⅳ情况认为鳖甲煎丸治疗肝纤维化主要在于其活血逐瘀作用能降低血清 HA 含量，减少 LN、CoⅠ、CoⅡ、CoⅢ胶原的沉积，或能增加肝脏对胶原的降解和吸收延缓或治疗肝纤维化，故对较重的肝纤维化可望有良好疗效。但由于本品攻逐之性较猛，易伤正气，故用其治疗后大鼠一般情况较差，且有死亡现象，故建议临床应用本品治疗肝纤维化或作为新药开发时，注意加用补益之品，减轻攻逐之品剂量。

参考文献

[1] Sakae Amagaya. 小柴胡汤和大黄䗪虫丸对大鼠实验性肝纤维化的影响. 国外医学·中医中药分册，1989，11（4）：28.

［《北京中医药大学学报》2001；24（3）：35］

刘渡舟教授用柴胡桂枝汤治疗顽疾选萃

张保伟　河南中医学院

刘渡舟教授是我国著名中医学家，北京中医药大学终身教授，毕生从事中医教学、临床与科研工作，为中医事业的发展作出了巨大贡献。刘老临证喜用经方，擅用经方，可谓是当今的经方学家。笔者有幸列入先生门墙，跟随先生攻读博士，在校期间伴随先生左右侍诊三年，得睹先生临证之精妙，受益颇深。今特选其最有代表性的经验介绍于同道，以示对刘渡舟教授的怀念。

柴胡桂枝汤是治疗少阳兼太阳证的方剂，见于《伤寒论》第146条。原文曰："伤寒六七日，发热，微恶寒，支节烦疼，微呕，心下支结，外证未去者，柴胡桂枝汤主之。"由于本方兼治太阳和少阳两经之病，所以临床应用颇为广泛。刘渡舟教授临证用本方治疗多种病症，均取得了神奇疗效，并有其独特的见解。现介绍如下：

一、治疗肩背疼痛

肩背疼痛是临床常见的一种症状，多因落枕、长时间伏案写作、打字、劳作等原因引起，体力劳动者与脑力劳动者均有较高的发病率。另外，颈椎疾病、肩周炎等疾病也会引起这种症状。

刘老认为，太阳经脉走循人体之颈项后背部位，所以，太阳经脉不舒时，多出现颈项以及背部的僵直不舒感，甚至出现疼痛。张仲景在《伤寒论》中主要采用解肌祛风、生津疏络的治疗方法，依据有汗无汗而出两方，有汗者用桂枝加葛根汤；无汗者用葛根汤。如颈项背部与两肩部同时出现疼痛，则上述两方的疗效就不甚理想。因为两侧不属于太阳经脉循行的部位，而是少阳经肺所过之处，这时，宜用小柴胡汤疏利少阳经脉，故用桂枝汤疏利太阳经脉，太少两经之经气运行正常，则肩背疼痛自止。此即刘老用柴胡桂枝汤治疗肩背疼痛的机理所在。临床应用时，又常加入葛根、姜黄、红花、羌活、独活、川芎以加强活血、止痛之功，不论新久疼痛，多能应手而愈。

二、治疗肝气窜证

刘老认为，肝气窜证一名虽未见医籍记载，但其症状是自觉有一股气流在周身窜动，或上或下，或左或右，凡气窜之处，则有疼痛和发胀之感，此时患者用手拍打痛处，则伴有嗳气、打饱嗝，随之其症状得以缓解。此病多属西医所谓的神经官能症之类，以老年妇女为多见，中年妇女以及男性偶见。此病单纯采用疏肝理气的方法治疗往往效果不好。刘老经过多年实践，总结出用柴胡桂枝汤调气活血，而能效如桴鼓。本方用小柴胡汤和解少阳而能疏肝理气，用桂枝汤调和营卫而能通阳活血，气血调和，则诸证自愈。在临床应用时，常加入佛手、香橼，则疗效尤佳。

三、治疗肝硬化病

刘渡舟教授治疗肝脏疾病，擅从调理气机升降出入着手，临床喜用柴胡类方，并加减出了一系列效方，如治疗肝病气分的柴胡解毒汤，治疗肝病血分的柴胡活络汤等，临床均有神奇疗效。而肝病患者日久不愈，由气及血，由经及络，出现腹胀、胁痛如刺、面色黧黑、脉来沉弦、舌质紫暗、边有瘀斑等证。西医检查白球倒置、TTT增高，诊断为早期肝硬化者，刘老常用柴胡桂枝汤减去人参、大枣之补，另加鳖甲、牡蛎、红花、茜草、土鳖等专治肝脾血脉瘀滞，软坚消痞之品，可阻止肝病进一步发展，有起死回生之妙。

四、治疗四肢疾病

所谓四肢疾病，是指四肢麻木、疼痛的症状而言，临床可见于西医学的风湿、类风湿引起的肢体关节疼痛和末梢神经炎、中风后遗症等病引起的手足麻木。这些症状临床治疗都是非常棘手的，尤其是类风湿引起的手足小关节的疼痛，目前尚无理想的治疗方法。刘老经过数十年的临证探索，根据《伤寒论》原文柴胡桂枝汤主治症状有“支节烦疼”的论述，运用该方取得了一定疗效，可谓独树一帜。临床应用时，当加入藤类活血通络之品。如鸡血藤、络石藤则效果更好。

五、治疗脾胃疾病

目前，用柴胡桂枝汤治疗胃、十二指肠溃疡引起的疼痛临床报道较多，但对其机理阐述较少。刘老认为，柴胡桂枝汤由小柴胡汤与桂枝汤合方而成，小柴胡汤在《伤寒论》中是治疗少阳病的主方，而少阳多郁，郁则气机升降出入之机失于活泼，必将影响脾胃的升降功能而导致一系列消化不良的症状。张仲景在小柴胡汤的主治证中，较多的叙述了脾胃症状，如“心烦喜呕，默默不欲饮食”，在其或然证中也提到了“或腹中痛”。关于小柴胡汤治疗脾胃病的机理，《伤寒论》第230条有明确的论述，即“上焦得通，津液得下，胃气因和。”桂枝汤在《伤寒论》中虽然是治疗太阳中风证的方剂，但由于其具有调和营卫、调和阴阳、调和脾胃的作用。因此，本方也适用于太阴病的治疗。治疗太阴腹满时痛的桂枝加芍药汤就是由本方倍芍药而成。在柴胡桂枝汤的主治证中也有“微呕、心下支结”的描述。所以，本方也是一首很好的治疗脾胃疾病的方剂。临证之时，需加入白及、三七等活血止痛药。

六、治疗体虚感冒

体虚感冒，《中医内科学》中有阴虚、气虚、血虚、阳虚之分。证之临床，多数体虚感冒的病人临床表现不太明显，仅仅自觉体倦困乏，稍受风寒，就会出现感冒症状，但多数病人只是打喷嚏、流鼻涕，稍觉恶寒，少见发热症状。往往是一次感冒未愈，下一次感冒又起，长年累月，反复发作。对于这种感冒，单纯发汗，则正气愈伤，病必不愈。刘老根据伤寒六经辨证理论，认为体虚感冒为营卫不和、卫外功能失健，其病邪涉及少阳半表半里，正气已现不足，为太阳与少阳两经之病，治疗当两经兼顾，方能取得良好效果，柴胡桂枝汤为正治之方。

以上为刘老临床应用柴胡桂枝汤治疗的常见病症，临证验之甚效，如能悟透其中医理，则能举一反三，灵活运用。

［《中医药学刊》2001；19（4）：305］

白头翁汤临床运用

刘治安　四川绵阳市卫生局

白头翁汤出自仲景《伤寒论》厥阴篇，原方主治伤寒厥阴热利下重、下利欲饮水者，由白头翁、黄连、黄柏、秦皮四味药组成。笔者以该方运用于临床多种感染性疾病，都取得了满意效果。现举例报告如下。

一、慢性支气管炎急性发作

患者张某，男，45岁，1997年4月10日就诊。自述反复咳嗽20余年，每遇感冒后咳嗽咯痰则复发，并逐年加重。1月前又感春寒而复发，咳嗽咯痰频频，经中医疏风散寒、宣肺止咳和青霉素、阿莫西林等西药抗感染治疗月余无好转，遂来我处治疗。症见：咳嗽痰多、昼夜频作，脉弦胸胁掣痛，神疲体倦，难以安眠，舌红苔黄而腻，脉滑数。胸片提示：慢性支气管炎急性发作。中医辨证属痰热困肺，肺失宣降所致。治以清热宣肺，化痰止咳。方用白头翁汤加味：白头翁、赤芍各30g，黄连10g，黄柏、秦皮、杏仁、桔梗、半夏各20g。每日1剂，水煎服。上方连服10剂后，咳嗽咯痰全消，精神爽快，夜卧安宁而愈。继以玉屏风散和泻白散加味以善其后。

按：《灵枢·经脉》谓肝足厥阴之脉“其支者，复从肝别贯膈，上注于肺”。本例咳嗽痰多，胸胁掣痛，脉弦而滑数，乃肝经湿热循经上袭于肺而致。故以白头翁汤清热化湿于下，以绝肺中痰热之源；再以桔杏夏芍涤痰于上，以清既存之浊。标本兼治，故收效良好。

二、慢性胃炎急性发作

患者李某，男，35岁，1998年11月2日就诊。自述剑下及两肋反复胀满疼痛，伴呕逆10余年。胃镜提示：慢性浅表性胃炎，有部分糜烂灶。半月前因食火锅而复发，遂来我处就医。症见患者形体消瘦，双手压腹，痛苦面容，频频呕逆，舌红苔黄厚腻，脉弦滑。证属肝气横逆，犯胃乘土，胃失和降。治以清肝化湿，和胃降逆。方用白头翁汤加味：白头翁、秦皮、香附各20g，黄柏、苏叶、厚朴各15g，黄连8g，吴萸10g。每日1剂，水煎服。上方连服3剂后，疼痛消失，呕逆止，胀满减轻，舌苔仍厚腻。药已中病，上方去吴萸、香附，加白蔻各8g，藿香15g化湿之品，继服5剂，舌苔化尽，诸症消失。继服参苓白术散加减以善其后。

按：《素问·六元正纪大论》谓“厥阴之胜，胃脘当心而痛”，与本例病机正符。故以白头翁汤清泻足厥阴之胜，加苏朴附吴和胃降逆止痛。此遵《内经》“伏其所主，先其所因”之治，故能取效。但症状消失不等于十余年胃病就此痊愈，故复以参苓白术散加减缓图，虑其复发。

三、急性尿路感染

患者赵某，女，27岁，1999年8月17日就诊。3天前因天气炎热，下水游泳后，即出现发热（体温38.5℃），腰痛，小便不利，频急而痛，伴疲乏无力。小便常规提示：白细胞＋＋＋，脓细胞＋＋，红细胞少许。症见患者面色潮红，舌红苔薄黄，脉滑数。证属湿热下注，膀胱热积。治以清热解毒，除湿利尿。方用白头翁汤加味：白头翁30g，黄柏、秦皮、赤芍、车前草各20g，黄连、扁蓄25g。1日1剂，水煎服。上方连服2剂后，体温降至正常，腰疼减轻，尿频尿急尿痛基本缓解。小便常规：白细胞＋，脓细胞少许，红细胞消失。药已中病，上方继服4剂后，诸症消失，小便常规复查恢复正常，改用养阴补肾清热之知柏地黄汤加味，以善其后。

按：下焦湿热着于后阴，则为热利；着于前阴，则为热淋。但后阴之治重在清热燥湿，坚阴止利；前阴之治重在清热利湿，排毒制淋，故加活血利湿之味，导邪外出。

四、急性盆腔炎

患者廖某，女，25岁，2000年5月27日就诊。10天前因人工流产后，出现发热、腰痛、小腹疼痛而拒按。B超提示：盆腔炎变并积液。经西药抗感染及金刚藤糖浆等治疗效果不显，遂来我处就诊。症见急性病容，痛苦表情，小腹丰满疼痛，按之痛甚，体温38.2℃，脉滑数，舌暗红，苔黄腻。证属热邪蕴积下焦。治以清热解毒散结。方用白头翁汤加味：白头翁、赤芍、蒲公英各30g，黄连12g，黄柏、秦皮、白芷各20g，枳实15g，苡仁50g。每日1剂，水煎服。上方服4剂后，患者腹痛减轻，体温恢复正常，痛苦表情消失。药已中病，上方连服12剂后，病人腹痛全消，按之腹部柔软无压痛，B超提示：盆腔积液已完全吸收，炎症基本消散。继服四君子汤、三妙散加味善其后。

按：本例为下焦湿热着于前阴，盆腔查有积液，故病邪深痼，非一般清热燥湿之药之所能为力。故制方加活血行气、解毒散结之味，收效良好。徐大椿《用药如用兵论》谓："数病而合治之，则并力捣其中坚。"诚见道之言。

五、睾丸炎

患者杨某，男，56岁，2000年7月23日就诊。患者于3个月前不明原因出现右侧睾丸红肿疼痛，伴恶寒发热，到某医院诊断为急性睾丸炎，给予输液、抗感染治疗半月余，仅恶寒发热缓解，余症仍存，又口服抗菌素和中药治疗2月余，睾丸仍肿胀未消，遂到我处就诊。症见病员痛苦表情，行动不便；查：右侧睾丸肿胀如鸡蛋大小，皮色暗红，触之有痛感，舌暗红苔黄厚，脉弦滑。证属湿热下注，瘀血阻滞所致。治以清热解毒，除湿祛瘀。方用白头翁汤加味：白头翁、赤芍、荔核、败酱草各30g，黄连12g，黄柏20g，秦皮25g，苡仁50g，桃仁15g。1日1剂，水煎服。上方连服5剂后，睾丸肿痛略有减轻，行动好转，舌苔黄略厚。药已中病，仍以白头翁汤加减进退，先后共服20余剂，睾丸肿胀消失，大小基本恢复正常，行走活动自如。

按：《灵枢·经脉》谓肝足厥阴之脉"循股阴入毛中，过阴器，抵小腹"，故阴器诸疾即常责之肝经。白头翁汤清泻肝经湿热，本例用之正宜，加行气活血、解毒散结之味，旨在化其湿瘀交结，缓图其效。

［《四川中医》2001；19（4）：78］

炙甘草汤的药效分析

李文红　莫宁春　关永红
武警吉林总队医院
吕守智　战　华　内蒙乌钢医院

炙甘草汤是张仲景所著《伤寒论》中所载方剂，是由炙甘草、党参、大枣、阿胶、地黄、五味子、麦冬、何首乌等组成。具有养心补血，通脉止痛之功效。药理实验研究表明，炙甘草汤口服给药对动物血压有较明显的升压作用，增强小鼠在常压条件下的耐缺氧能力，同时具有显著的抗心律失常作用。现将实验研究结果报道如下。

一、材料与方法

实验药品由长春中医学院附属医院药房按处方提供生药。制剂：取生药1.5kg，用水煎醇沉法制成100%和400%的溶液，调pH值中性，灭菌备用。

二、结果与讨论

1. 急性毒性实验　取小鼠10只，体重（20±2）g，雌雄各半，用400%的炙甘草汤以200g/kg生药量灌胃给药，连续观察1W，小鼠毛色光滑，活动正常，无一死亡。另取体重为（20±2）g的小鼠50只，随机分为5组，雌雄各半，腹腔注射给药，用寇氏法测得LD_{50}为（328.49±11.43）g/kg。

2. 耐缺氧实验　取体重为（18±2）g的小鼠，雌雄各半，按小鼠常压耐氧实验法测得结果见表1。

表1结果表明，炙甘草汤能非常显著地提高小鼠在常压条件下的耐缺氧能力。

表1　炙甘草汤对小鼠常压耐缺氧的影响（$\bar{x}\pm s$）

组别	n	剂量	给药途径	存活时间（min）	P
炙甘草汤	10	20g/kg	灌胃	63.5±8.41	<0.001* <0.0001**
	10	40g/kg	灌胃	50.7±5.46	<0.001*
丹参注射液	10	10g/kg	腹腔注射	44.9±4.46	<0.05*
生理盐水	10	10ml/kg	腹腔注射	37.5±4.94	<0.05*

*与生理盐水组比较，**与丹参相比较

3. 对血压的影响

（1）取体重为（2.5±0.5）kg的家兔，按家兔颈动脉直接测压法测定给药前后血压变化。结果见表2。

从表2可见，400%的炙甘草汤煎剂对麻醉家兔的血压在灌胃1.5h后有明显升压作用。

表2　炙草汤对麻醉家兔血压的影响（$\bar{x}\pm s$）

n	给药前血压	给药后血压		
		0.5h	1.0h	1.5h
10	13.86±1.33	12.72±1.75	13.65±1.09	16.80±1.42*

*与正常血压比较 $P<0.05$

（2）取体重（15±2）kg的狗，按狗颈动脉直接测压法测定给药前后血压变化，结果见表3。

表3　炙甘草汤对狗血压影响（$\bar{x}\pm s$）

n	给药前血压	给药后血压		
		0.5h	1.0h	1.5h
8	17.73±0.92	16.89±0.79	16.96±0.78	18.40±0.65*

*与正常血压比较 $P<0.1$

从表3可以看出，灌胃给药炙甘草汤对狗血压在1.5h后有一定升压趋势。

4. 对大鼠心电图的影响

（1）对大鼠心动过速及心律不齐的影响：取体重为（200±20）g的大鼠雌雄均有，随机分为三组，并分别灌以400%炙甘草汤，生理盐水，每天1次，连续15d。按乌头碱诱发心律失常法给大鼠恒速注射（0.2ml/min）10μg/ml乌头碱，用心电机Ⅱ导联测定大鼠心电图的变化，结果见表4。

表4结果表明，预先连续灌胃给药，炙甘草汤对乌头碱诱发大鼠心动过速及心律失常时间有非常显著的延缓作用。

表4　炙甘草汤对乌头碱诱发大鼠出现心动过速及心律失常时间的影响（min，$\bar{x}\pm s$）

组别	n	剂量	诱发潜伏期	出现室颤时间
炙甘草汤	9	40g/kg	14.22±3.67**	26.0±3.85**
生理盐水	9	20g/kg	8.1±2.85*	13.23±3.13
	9	同体积	6.0±2.5	11.45±2.30

与生理盐水组比较，$*P<0.2$，$**P<0.01$

（2）对大鼠心动过缓及传导阻滞的影响：取体重250～300g大鼠，雌雄均有，随机分三组，分别以400%炙甘草汤，生理盐水灌胃，每天1次，连续15d，于末次给药1h后，将大鼠用戊巴比妥钠麻醉，仰位固定在大鼠手术台上，用心电机导联记录其正常心电图。然后，在大鼠胸部右侧上另做一直径为1cm的切口，剪断肋骨，切开心包，暴露心脏。用注射器在房室结部注入0.05ml无水乙醇，观察大鼠的心电图变化，结果见表5。

表5　炙甘草汤对小鼠心电图的影响（$\bar{x}\pm s$）

组别	n	剂量	给乙醇前5min内心率（次/分）	给乙醇后5min内心率（次/分）	给乙醇后房室传导阻滞潜伏期（s）
炙甘草汤	10	20g/kg	418.00±89.31	397.67±3.58	233.10±38.25**
生理盐水	10	40g/kg	454.17±74.00	436.00±51.00	297.71±34.97***
	10	同体积	467.00±51.39	227.40±35.35	123.40±25.73*

与对照组比较，$*P<0.05$，$**P<0.01$，$***P<0.001$。

表5结果表明，炙甘草汤对无水乙醇所致大鼠心动过缓和房室传导阻滞有明显的抑制作用。

［《吉林中医药》2001；（4）：62］

应用《伤寒论》诸方治疗胃痞证的体会

王盛邦　青海省海南州人民医院

一、湿热致痞，气机壅塞，拟泻心汤法

病例1：董某，男，52岁。患胃疾史20余载，素嗜烟酒。近日病情加重，来诊时中脘痞满如堵，嗳气频频，口干且苦，胃纳不馨，大便带溏，脉弦细，苔黄腻，舌偏红。1980年胃镜检查示胃小弯有血管纹，大弯及后壁有高低不平颗粒状改变，伴糜烂，病理示：萎缩性胃炎，重度肠腺化生。此乃湿热内蕴，气机壅塞，胃失和降，治宜辛开苦降、开结散痞。拟半夏泻心汤合平胃散、甘露消毒丹加减调治。服药3周之后症状基本消失。1981年复查胃镜示：胃窦大弯侧增生糜烂消失，诊断为浅表萎缩性胃炎，病理示：慢性萎缩性胃炎，中度肠化。

二、胃气上逆，心下痞满，宗旋覆代赭汤意

病例2：吉某，男，40岁。胃脘不适，食后作胀，时有脘痛4年余。患者近数月来，中上脘痞满不适、矢气频频，口苦，时泛酸泛恶，得食腹胀尤甚，苔薄腻，脉濡细。1991年做胃镜示：胃粘膜有片状充血水肿，局部粘膜苍白，血管纹明显。诊断：浅表萎缩性胃炎，病理示“慢性浅表性胃炎”。证属胃气虚逆、心下痞硬、噫气不除之症，拟用旋覆代赭汤合二陈汤之类加减调治服药5周后明显好转，2月后诸恙皆平。1992年复查胃镜示：局部粘膜苍白，血管纹消失，诊断为浅表性胃炎，病理诊断：慢性浅表性胃炎。

三、肺郁气滞，肝胃不和，仿小柴胡汤治之

病例3：才某，男，50岁。胃疾数载，近二年来胸脘痞满，心中懊侬，纳呆，渐致消瘦。苔黄腻，脉弦细。1998年5月青海省医院胃镜检查及病理示：萎缩性胃炎伴轻度肠腺化生，B超示：慢性胆囊炎。证属少阳失于疏泄，胆胃失和反逆于上，当疏泄少阳和胃降逆。拟《伤寒论》小柴胡汤治之。服药3周证情明显好转，胃纳较馨，体重略增加，但仍有心中懊侬、口苦、苔腻，再拟上方加金钱草、川楝子服月余。1999年3月赴省医院行胃镜检查示：浅表性胃炎，肠化消失。

四、心下痞，痰热交阻，小陷胸汤加味治之

病例4：华某，男，48岁。患者素喜食油腻肥美之品，喜饮酒。慢性胃炎10余年。1994年6月来我科治之，患者形体肥胖，中脘满闷如堵，食后尤甚，按之则痛，嗳气频作，口淡且苦，大便艰结，苔黄腻，脉细弦，胃镜示：胃粘膜红白相间，可见血管纹，胃窦小弯有数个陈旧性出血点，诊断为慢性萎缩性胃炎，病理示：慢性萎缩性胃炎。证属脾失健运，痰热交阻，气机不畅。拟清热化痰，宽胸散结。方用小陷胸汤加二陈汤、金铃子散等味治之。服药3周，证情好转。复食油腻、饮酒以致肠鸣便溏，加入健脾助运六君子汤等味，服2周诸证消失。再以前方研末服2月，以固疗效。复查胃镜示：胃粘膜局部充血，胃小弯出血点及血管纹消失。病理示：浅表性胃炎伴局限萎缩。

五、中虚胃寒，脾失健运，用小建中汤增减

病例5：金某，48岁。胃脘隐痛12年，嗳气泛酸，得食则减。1988年9月上消化道出血，口服甲氰咪呱、云南白药而止。随后来我院行中药治疗，来诊时脘腹隐隐作胀，嗳气泛酸，得食后腹胀尤甚，晨起口苦，肠鸣漉漉，大便不实，苔薄白腻，舌体胖，脉细。胃镜示：浅表萎缩性胃炎，病理示萎缩性胃炎。证属中焦虚寒，脾失健运。治宜温中散寒、健脾助运，拟小建中汤治之。服药3周症状基本消失，再拟以建中化湿之品，调治半年。1989年8月胃镜和病理复查示：浅表性胃炎。

六、讨论

我们在观察慢性萎缩性胃炎患者症状时，发现与祖国医学的痞证颇为相似　通过应用《伤寒论》中的诸泻心汤、小陷胸汤、四逆散、小柴胡汤、旋覆代赭汤、小建中汤等加减，不仅在短期内改善临床症状，而且从病理检查看对恢复腺体萎缩亦有效果。

1. 宗伤寒之法治内伤杂病　前人谓《伤寒论》诸方通常是用来治疗外感热病，笔者认为临床并不如此，尤其是对痞证的治疗更为显著。痞的成因，古籍大多指误下而致，如《伤寒论》中指出："病发于阴而复下之，因作痞也'。又为"伤寒中风医反下之，心下痞鞕而满"等，以致"阴伏阳蓄、气血不运"，但胃痞症尚属内伤杂病，病因多与嗜食烈酒浓茶，炙煿辛辣，多思过劳情志抑郁有关，以致脾胃气机不畅，运化失司，湿热内阻，酿成痞证。尤如刘宗厚曰："痞之为病，……亦有不因误下而然者，如中气虚弱不能运化精微者为痞，饮食痰积不能施化则为痞，湿热太盛，土乘心下则为痞……"。因此尽管痞证的成因各异，而其总的病机都是胃气壅滞、寒热交错、气机不畅，笔者宗仲景之法，借泻心汤诸方施治萎缩性胃炎患者，每每得心应手，如上述病例中以半夏泻心汤苦寒泻热，辛温散寒，开结散痞；小柴胡汤疏泄少阳，降逆和胃，小陷胸汤清热化痰，宽胸散结，使肝气得疏，脾气得升，胃气得降，中焦平衡，痞症自除。

2. 痞分虚实当辨分明　痞有虚实之分。如《景岳全书》指出："凡有邪有滞而痞者实痞也，无物无滞而痞者虚痞也……"。顾名思义，实痞者为热聚于胃，胃气壅滞或痰食阻滞及水蓄气滞而成，虚痞者主要由于胃阳损伤，寒凝气滞或胃气虚，正虚不运而致，或"邪热有余，正阳不足"等致。笔者在临证发现，萎缩性胃炎患者心下胀且有终日作胀，按之硬满、便艰诸症均为实痞，心下痞满，食后加甚，按之濡软，肠鸣便溏者为虚痞。实痞当以清热化痰，消瘀为主，虚痞当以益气温中建立中州，以溉四旁。如例2用旋覆代赭汤温中降逆和胃，例5用小建中汤温中散寒健脾助运。因此，虚实之痞应辨别明了，则治之即验。

3. 心下痞满为其主症　萎缩性胃炎患者主诉往往繁多，尤其是胃脘部的不适感难以表达，常见心下痞满，胀满如堵，似饥不能多纳，似嘈又畏多食，得食而又不消，继而消瘦乏力等。笔者统计萎缩性胃炎，腹胀占996.15%，故痞胀为萎缩性胃炎的重要疾苦，其他症状有脘痛嗳气、便艰或便溏等症，统计在40%～80%左右，脘痛并且剧痛，亦无定时，大多为隐隐而痛，非其主要所苦。

[《吉林中医药》2001；(6)：12]

金匮肾气丸对“恐伤肾”大鼠丘脑、海马 c－fos 基因表达的影响

袁世宏　山西职工医学院
王米渠　金沈锐　成都中医药大学

原癌基因 c－fos 是广泛存在于多种细胞内的一种即早表达基因（immediate－early gene），FOS 蛋白作为一种核内磷酸蛋白，与细胞的生长、分化和功能调节密切相关，既是胞内信息传递的重要成分，也是中枢神经系统神经元活动的一种重要标示物[1]。各种伤害性刺激均可诱导 c－fos 在中枢神经系统的表达[2]。“恐为肾志”，而惊恐作为中医内伤七情病因，作为一种强烈的心理应激源，不但可伤气，更可伤肾，致肾中精气亏虚，造成肾虚模型并通过下丘脑—垂体—肾上腺轴发挥应激作用[3]，从而发生更为严重的病理变化。丘脑和海马均与情绪活动和学习记忆有关，丘脑能对各种传入中枢的信息进行中继、修正和整合。惊恐应激是否对丘脑、海马这一高级的中枢神经有影响，我们对此作了初步探索，现报告如下。

一、材料

1. 试剂　SP_{TM}试剂盒，由北京中山生物技术有限公司提供的美国 ZYMED 公司生产。

2. 动物　SD 大鼠，雄性 40 只，体重 250～300g，由四川省输血研究所动物管理中心提供。

3. 仪器　日本 JEM－1200SX 型透射电子显微镜；F－510 型荧光分光光度计（日本）；Bright 恒冷箱切片机（英国）。

4. 药物　金匮肾气丸由北京同仁堂集团公司同仁堂制药二厂生产，批号：8020849，生产日期为 1999 年 9 月 20 日。用蒸馏水将金匮肾气丸配制成悬浊液（浓度 0.472g/mL），每只大鼠 2mL/d，相当于成人用量的 15 倍。

二、方法

1. 动物分组及处理　40 只 SD 雄性大鼠随机分成 4 组，分别设正常对照组、惊恐造模组、药物对照组和造模加药物组，每组 10 只动物。全部大鼠置于安静、无强光刺激的实验环境中。正常对照组与造模组每天同一时间灌胃等量生理盐水，药物对照组和造模加药物组每天灌胃金匮肾气丸悬浊液 2mL/只。惊恐造模组和造模加药物组每天于同一时间置一安静房间进行惊恐刺激，每次 10min。惊吓具体方法为：放送有凶狠猫叫声的磁带，同时用梅花叩击大鼠（20 次/min），模拟猫抓拿攻击大鼠的情景，共连续进行 10d，取材前 1d 全部大鼠禁食 12h，模型组和模型加药物组进行最后 1 次惊恐刺激，然后静置 30min，与另两组同时处死取材。

2. 灌注与切片　所有大鼠均在同一时间给予戊巴比妥钠（60mg/kg，ip）深麻醉下，经升主动脉快速灌注 37℃ 生理盐水 250mL 冲洗，4% 多聚甲醛 300mL 灌注，持续 1.5h，断头取材，置灌注液中固定 6h 后，石蜡包埋，经胼胝体嘴后平面、乳头体前核平面行冠状切片，片厚 10μm，裱于涂有明胶的载玻片上。

3. FOS 蛋白免疫组化法　先用二甲苯脱蜡，然后加入 0.3% H_2O_2（PBS），室温下作用 30min，用 0.01moL/LPBS 充分洗涤 3 次，每次 5min，用新鲜配制 2% BSA 室温封闭 60min，并弃去多余上清，加羊抗 C－FOS 血清（浓度 1∶100），37℃ 温箱孵育 120min，再用 PBS 洗涤 3 次，每次 5min。加抗羊 IgG 二抗（浓度 1∶100），置 37℃ 温箱孵育 90min，再用 PBS 洗涤 3 次，每次 5min，加辣根酶标记的卵白素复合物（浓度 1∶50），再次孵育 60min，PBS 洗涤，3×5min。用新配制 DAB（0.02%）显色，光镜下控制染色，PBS 终止反应，流水冲洗 5min，常规脱水，透明，封片。

4. 统计学处理　各组测定值以均数 ± 标准差（$\bar{x} \pm s$）表示，两组均数之间比较采用 t 检验法。

三、结果

免疫组化染色切片与 HE 染色切片对照观察，核团辨认参照包新民[4]等著《大鼠脑立体定位图谱》及 Louis J. Pellegrino. 等著《A Stereotaxic Atlas of the Rat Brain》。金匮肾气丸对 SD 雄性大鼠惊恐伤肾后大脑丘脑和海马 c－fos 基因表达的影响结果，见表 1。

表 1　4 组大鼠 FOS 样阳性免疫反应光密度测定结果（n＝10；($\bar{X} \pm S$)）

组　别	海马	丘脑
正常对照组	14.75±4.36	21.56±10.23
模型组	25.23±14.24*	34.50±14.80*
药物对照组	15.68±7.20	19.60±12.34
造模加药物组	18.26±11.54	23.87±14.10

注：与正常对照组比较 ＊$P<0.05$

由表 1 可知，惊恐造模组与正常对照组比较，大鼠丘脑和海马的 c－fos 基因表达明显增高（P＜

0.05），而药物对照组和模型加药物组与正常对照组比较基本上持平，无明显变化（$P > 0.05$）。但造模加药物组与模型组比较海马和丘脑的 c－fos、基因表达却受到一定的抑制而有降低的趋势（$P > 0.05$）。

四、讨论

c－fos 存在于全身各种各样的细胞中，尤其是中枢神经系统，它可以作为外界各种刺激导致的中枢神经活动的标志物，并常被用作图示脑在各种不同生理或非生理条件下的新陈代谢[5]。c－fos 基因的表达产物 FOS 蛋白是一个核内磷酸蛋白，它是一个重要的第三信使。目前认为，激活 c－fos 的第二信使主要有：DG 依赖的 PKC、cAMP、Ca^{2+}－钙调蛋白[6]。此外，细胞的其他信号通路如乙酰胆碱（ACh）、神经生长因子（NGF）、表皮生长因子（EGF）、成纤维细胞生长因子（FGF）和白细胞介素－6（IL－6）等也可参与诱导 c－fos 的表达，所有这些元件或信使都能不同程度影响和调节 c－fos 基因的表达[7~8]。

心理应激通过庞大而复杂的神经内分泌免疫网络，引起儿茶酚胺、皮质醇、阿片肽等各种第一信使分子时空模式的综合改变，再通过 cAMP、cGMP、Ca^{2+}、DG、IP^3 等各种第二信使分子，一方面迅速引出各种即刻反应或短时程效应，另一方面又影响蛋白激酶与磷蛋白磷酸酶，从而影响细胞核内转录因子磷酸化，影响 JUN、FOS、MYC 等各种核内第三信使分子的基因表达，使短时程反应转变为长时程效应。惊恐作为一种心理应激，不但可引起大鼠行为和情绪的变化[9]，也可引起生理上的变化，导致大鼠产生肾虚证的表现[10,11]，从而在行为、组织形态、细胞等水平发生程度不同的变化[12]。进一步还可有 cAMP 值的降低，cAMP/cGMP 比值下降[13]，以及 Ach 或 Ach 受体活性的提高，而 Ach 或 Ach 受体的激活均可导致 c－fos 的表达[14]。

补肾药或金匮肾气丸不仅能提高机体抗 DNA 损伤的能力，抗突变，而且能提高血浆或靶组织中 cAMP 的含量和 cAMP/cGMP 的比值，增加下丘脑组织细胞胞液和胞膜中 PKA 和 PKC 水平，调整与 cAMP 和 cGMP 相关的蛋白激酶等信号系统的功能，并明显抑制大鼠脑组织中 Ach 的活性，进而通过信号系统调控 c－fos 基因的表达[15~17]，避免神经元的死亡。由此可推测，惊恐伤肾后，导致与 c－fos 相关的一系列信号基因的高表达，而补肾药或金匮肾气丸可调节这一系列信号基因的表达，使 c－fos 基因表达正常。“肾”本质可能与存在于体内的一组与 c－fos 基因或 FOS 蛋白相关的基因或蛋白有关。“恐伤肾”及补肾的机理可能在于脑部基因表达的差异。本研究结果显示，惊恐应激加金匮肾气丸组比惊恐造模组的 c－fos 基因表达水平有所下降，这或许与金匮肾气丸温助肾阳，提高 cAMP 水平，抑制脑组织 Ach 活性有关。本研究显示当恐惧刺激大鼠后，丘脑和海马的 FOS 蛋白量明显增多（海马 25.23 ± 14.24、丘脑 34.50 ± 14.80，与空白对照组比较 $P < 0.05$）。但惊恐应激加药物组与单纯的惊恐应激组比较虽然有抑制下调作用趋势，但无统计学意义。究其原因可能有如下几方面：c－fos 基因表达特别敏感。不但所有的外界刺激可激发它的表达，而且实验的基础状态以及操作的轻柔与否，甚至其他非实验因素，均或多或少会影响它的表达，使其基础水平偏高。本实验 4 个组都进行灌胃操作，因此每次操作虽然尽可能的轻柔，但总会对大鼠造成刺激而激发 c－fos 基因的表达，影响各组之间的比较。本实验为使金匮肾气丸起到补肾的作用，共持续 10d，但这又对大鼠造成重复刺激使其形成慢性应激，引起 c－fos 基因表达的习惯化，而这种重复应激会使 c－fos 表达与急性应激相比大量减少[18,19]，况且有人认为 c－fos 表达对急性刺激敏感，对慢性刺激不敏感[20]从而使惊恐应激的模型组 c－fos 表达有所下降，不能与药物组的抑制下调进行有效的比较。提示我们在进一步的实验中解决好补肾的长时间性和应激习惯化问题，既要达到补肾的有效性，又要克服 c－fos 表达的习惯化。

心理应激发生时，最重要的途径是下丘脑垂体肾上腺轴被激活，引起此轴皮质激素释放增加，进一步导致 c－fos 表达增高。而丘脑、海马都和学习记忆有关，也和情绪的反应、控制有关，并且丘脑对中枢各部的大量信息进行中继、修正和整合，当丘脑和海马受到刺激时，也会发生 c－fos 的表达，但这种变化，是否与下丘脑发生变化的机理相似？是否丘脑 c－fos 表达暂时大量的增加与下丘脑－垂体－肾上腺轴系的活动改变为同步？或与此有关？是否是心理应激启动脑机制的 CRF 以外途径？有关问题需要进一步去探索。但通过本试验似乎提示我们，研究“肾”应着眼于基因组或蛋白质组的“整体”去研究和揭示“肾”的本质。以上只是我们粗浅的推测，进一步的研究有待于更深入持久地开展下去。

参考文献

[1] Sager SM，Sharp FR，Curran T. Expression of c－fos

protein in brain: metabolic mapping at the cellular level. Science, 1988, 240: 1328～1331.
[2] 方向义，胡海涛．中枢神经系统 FOS 蛋白的表达与外周伤害性刺激．神经解剖学杂志，1996，12（3）：281～283.
[3] 王米渠，马向东，段光周，等．“肾为先天之本”行为遗传中关于“恐伤肾”的表征。中国中医基础医学杂志，1997，3（4）：23～25.
[4] 包新民，舒斯云．大鼠脑立体定位图谱．北京：人民卫生出版社，1991．35～37.
[5] Herrera－GC, Robertson HA. Activation of c－fos in the brain. Prong－Neurobiol, 1996, 50（2－3）：83～107.
[6] 朱和明、朱长庚．第三信使的诱导及其分子机制．神经解剖学杂志，1996,（1）：75～78.
[7] Green berg ME, Ziff EB, Green LA. Stimulation of neuronal acetylcholine receptor induces rapid gene transcription. Science, 1986, 234: 80～86.
[8] Sassone－Corsi P Visvader J Mellon Pl, et al. Induction of proto－oncogene fos transcription through the adenyl cyclase pathway: characterization of a cAMP－responsive element. Genes Dev, 1988, 2: 1529～1538.
[9] 王米渠，段光周，马向东，等．“恐伤肾”母鼠的行为与生殖功能的实验研究．中医杂志，1997，38（3）：176～177.
[10] 包天桐．应激致“肾虚”动物模型介绍．药学学报，1998，33（9）：717～718.
[11] 王米渠，马向东，朱昌明，等．惊恐伤肾雄鼠的应激行为学研究．成都医药，1997，23（2）：65～67.
[12] 沈雁，匡调元，张伟荣，等．“恐伤肾”的实验研究．中国医药学报，1991，6（1）：13～16.
[13] 高博，尹桂山．补肾药对肾阳虚大鼠下丘脑组织蛋白激酶活性的影响．中国中医基础医学杂志，2000，6（1）：30～32.
[14] Greenberg ME, Green LA, Ziff EB. Nerve growth factor and epidermal growth factor induce rapid transient changes in proto－oncogene transcription in PC 12 cells. J Biol. Chem, 1985, 260: 14101～14110.
[15] 张戈，马骏，张倩，等．补肾益精方延缓老年雄性大鼠骨与脑衰老的实验研究．中国中西医结合杂志，2000，20（1）：43～45.
[16] 周坤福，王明艳，陈全良，等．金匮肾气丸延缓衰老作用的实验研究．南京中医药大学学报，1998，14（6）：351～352.
[17] 狄俊英，崔洪英，苗戎，等．肾气丸与六神丸对靶组织 cAMP 含量影响的实验研究．天津中医，1998，15（4）：180～1819.
[18] Chen－X. Alterations in sensitivity to intracerebral vasopressin and the effects of a Vla receptor antagonist on cellular, autonomic and endocrine responses to repeated stress. Neuroscience, 1995, 64（3）：687～697.
[19] Watanabe Y Stone E, Mc. Ewen BS. Induction and habituation of c－fos and Zif/286 by aute and repeated stressor. Neuro. Report, 1994, 5: 1321～1324.
[20] Morgan JI, Cohen DR Hempstead JL, et al Mapping patterns of c－fos expression in the central nervous system after seizure. Science, 1987, 237: 192～197

［《北京中医药大学学报》2001；24（6）：34］

当归四逆汤临床新用

骆常义　重庆万州区第二人民医院

当归四逆汤出自张仲景《伤寒论》血虚寒厥证（351）条中，原文曰：“手足厥寒，脉细欲绝者，当归四逆汤主之……。”笔者认为本方作用远非于此。应用经方，贵在变通，通其理，变其法，活其用，审其脉症，随症加减，更能提高疗效。在临床中用以治疗腰椎骨质增生症、闭塞性脉管炎、三叉神经痛、顽固性痛经、慢性荨麻疹等每能收到满意疗效。

一、腰椎骨质增生症

张某，男，56 岁，1998 年 3 月 15 日初诊。1 年前出现腰部隐痛不适，活动及晨起尤甚，日渐加重，屡治乏效。近因疼痛加剧而就诊。患者自感腰部冷，胀痛难忍，屈伸受限，转侧不利，伴右下肢麻木冷痛，经按摩、热敷后稍舒，入夜及活动加剧，天寒时尤甚。伴神疲乏力，面色少华，舌淡苔白，脉沉紧。X 线摄片显示第 2～4 腰椎呈唇状骨质增生。证属血虚寒凝，经脉痹阻。治当益气养血，温经散寒，通痹止痛。拟用当归四逆汤加味。药用：当归、桂枝、大枣、狗脊、杜仲、牛膝、独活各 15g，白芍 20g，黄芪 30g，伸筋草 25g，细辛、通草、甘草各 10g。服药 5 剂后，腰痛大减，右下肢冷痛麻木消失。药已中病，守方加减，继服 20 余剂，诸症悉除，腰痛告愈。

按：腰椎骨质增生症属中医“痹证”范畴。“腰为肾之府，”与肾虚有关。临床以腰脊疼痛、肢体麻木疼痛为其特征，多表现为“寒痹”之征象。内经云：“痛者，寒气多也，有寒故痛也。”本案例因寒邪偏盛，凝滞筋脉，气血亏虚，腰府失荣而致。当归四逆汤加狗脊、杜仲、牛膝、黄芪益气补血，强筋壮骨以固本，伸筋草、独活温经散寒止痛，合而成方，共奏温经散寒、通痹止痛、益气养血之功。

二、闭塞性脉管炎

张某，男，46岁，1995年10月24日初诊。双足趾阵发性疼痛麻木，行走不便2月余。患者面色萎黄，形寒肢冷，气短乏力，精神疲惫。曾在某某医院诊断为："闭塞性脉管炎"，服四妙勇安汤加味近1月，其效不显，故来就诊。查双足趾触之冰冷，皮色苍白，趾端瘀紫，脚背动脉未明显扪及，患处麻木疼痛，舌淡苔白，脉沉细。证属血虚寒凝，经脉瘀阻。治当益气活血，温经散寒，通络逐瘀。拟用当归四逆汤加味。药用：当归、桂枝、水蛭、地龙、独活各15g，赤芍20g，通草、细辛、甘草各10g，鹿角霜、制附片、大枣各18g，黄芪50g，路路通30g。服药：5剂后，疼痛麻木减轻，足趾稍温。药已中病，守方随症加减继服。历经1年余治疗，同时属其加强患肢活动和功能锻炼，自我按摩，促进体力与功能恢复。服药200余剂，诸症悉除，终告病愈。随访未见复发。

按：闭塞性脉管炎，属中医"脱疽"范畴，病因尚不明了。本案证属血虚寒凝，经脉瘀阻，与当归四逆汤证病机十分合拍。方中重用黄芪益气养血，鹿角霜、制附片温经散寒通阳，水蛭、地龙、路路通活血通络逐瘀，独活祛风散寒止痛，合而成方，共奏益气活血、温经散寒、通络止痛之功，脱疽乃愈。

三、三叉神经痛

陈某某，男，42岁，1998年12月15日初诊。左侧面颊及头额肌肉阵发性刺痛2月余。2月前晨起突感左侧面颊及头额掣痛，初以为感冒伤风，不以为然，继后频发性针刺样疼痛，持续数分钟而自行缓解，1日数次不等，经服西药去痛片、扑炎痛等止痛药，半月后自愈。于1月前疼痛又作，痛如针刺。发作时吃饭、喝水、说话均可使疼痛加重，甚则满头而痛，如触电样麻痛，汗出心慌难支。平时遇冷、遇风而诱发。经某某医院检查，诊断为"三叉神经痛。"服扑炎痛、苯妥因钠治疗10余天，疼痛大减。试减药量则疼痛加剧，故请中医治疗。其面色少华，舌淡苔白，脉弦而紧。证属风寒外束，寒邪阻滞。治当温经散寒，通络止痛。拟用当归四逆汤加味。药用：当归、桂枝、大枣、羌活、白附子、川芎、甘草各15g，黄芪、白芍、路路通各30g，细辛、通草各10g，蜈蚣2条。服药5剂后，面颊肌肉疼痛大减，即开始逐渐减西药量，15天后完全停用西药，守方加减继服20余剂，诸症悉除，疼痛乃愈。随访未见复发。

按：三叉神经痛，属中医"头痛"、"牙痛"范畴，以阵发性短暂剧痛为特征。因"头为诸阳之会"，三阳经循行于头面。本案例证属风寒外束，寒邪阻滞，经脉痹阻，不通则痛，与当归四逆汤证病机合拍。加入羌活、川芎祛风散寒，止痛功著，白附子、蜈蚣、路路通增强祛风通络止痛之力。桂枝汤调和营卫，解肌通阳，散寒通痹，重用白芍、甘草以缓急止痛。合方化裁，共奏温经散寒、通络止痛之效。

四、顽固性痛经

肖某，女，27岁，1998年9月25日初诊。反复经期小腹疼痛10余年。患者自15岁月经初潮起，月经延后，每次月经期间少腹持续性剧痛。痛时肢冷，汗出，面色苍白，经服止痛药物或按摩热敷后稍舒，伴有腰背胀痛不适，经色紫暗，挟有瘀块，经量正常，腹部无压痛，饮食尚可。经行3日后痛减，舌淡苔白，脉弦细紧。证属寒滞胞脉，气滞血瘀，冲任失养。治当温经散寒，通经止痛。拟用当归四逆汤加味。药用：当归、桂枝、大枣、香附、延胡索各15g，白芍20g，细辛、通草、甘草、川芎、青皮各10g，益母草30g。服药3剂后，腹痛消失，嘱其每次经前服药5剂，连服6月，以巩固疗效。随访，月经周期正节，经期腹痛诸症悉除。

按：痛经是妇科常见病之一，有虚实之分。本案痛经属实证，为寒滞冲任，气滞血瘀，胞脉失养而致，用当归四逆汤温经散寒，行滞止痛。方中加入益母草通经活血；香附、青皮疏达气机，行气止痛；延胡索止痛功著；增加白芍、甘草有缓急止痛之效。诸药共奏温经散寒、行滞止痛之功，方证合拍，其效卓著。

五、慢性荨麻疹

赵某，男，45岁，1998年12月24日初诊。自述平素体虚多汗，常于汗后皮肤上出现疹块3年余，淡红色，遇寒加重，得暖则消，奇痒难忍。诊时全身散布豆粒大淡红色疹块，暴露处为多。面色皖白，二便调和，舌淡苔白，脉沉缓。证属风寒外袭，营卫失和。治以温经散寒，解肌和营，益气固表。拟用当归四逆汤加味。药用：当归、桂枝、大枣、白术、防风、白藓皮各15g，白芍12g，细辛、通草、甘草各10g，黄芪30g，蜈蚣2条。服5剂药后，疹块渐消，余症减轻，仍多汗。上方加牡蛎30g，守方加减，继服15剂而告愈。随访半年未见复发。

按：慢性荨麻疹属中医“风隐疹”范畴，是一种常见的皮肤病。本案患者证属风寒外袭，营卫失和，腠理不固，与当归四逆汤证病机相符。方中加入黄芪、防风、白术益气固表，白藓皮、蜈蚣、羌活祛风散寒，疏风通络止痒。诸药共奏温经散寒、解肌和营、益气固表之效。

[《四川中医》2001；19（9）：77]

金匮肾气丸对金匮肾气丸证患者T淋巴细胞亚群的影响

张家玮　北京中医药大学

金匮肾气丸方出自仲景《金匮要略》，是临床治疗肾气虚弱、命火不足证候的代表方剂。我们通过临床研究，观察了金匮肾气丸对金匮肾气丸证患者T淋巴细胞亚群的影响，发现该方能有效纠正金匮肾气丸证患者的T淋巴细胞亚群紊乱，可显著改善金匮肾气丸证患者的细胞免疫功能。

一、临床资料

1. 一般资料　选择金匮肾气丸证患者35例，其中男17例，女18例；年龄最小36岁，最大75岁，平均年龄57.78岁；神经官能症1例，突发性耳聋1例，癫痫1例，脑梗塞后遗症3例，颈椎病4例，慢性支气管炎1例，支气管哮喘1例，高血压1例，高脂血症1例，冠心病1例，心律失常1例，糖尿病6例，十二指肠球部溃疡1例，慢性胃炎2例，脂肪肝1例，带状疱疹1例，更年期综合征1例，腰椎间盘突出症1例，风湿性关节炎1例，慢性结肠炎1例，慢性肾小球肾炎1例，泌尿系感染3例。

2. 诊断标准　根据古今文献记载及临床报道统计分析，将服用金匮肾气丸有效病例的临床症状按出现频次多少，分为特异性主症及一般性主症。其中特异性主症包括畏寒肢冷、神疲倦怠、腰膝酸软、气短而喘、性功能减退及夜尿频数等6项；一般性主症包括水肿、足跟疼痛、小便清长、遗尿或癃闭、健忘、眩晕耳鸣、面色㿠白或黧黑、脱发及纳差食少等9项。对于特异性主症，每症按病情轻重及持续时间长短分别评计为6、4、2、0分；对于一般性主症，有是症者计为2分，无是症者计为0分。将特异性主症与一般性主症的评估分值累加达到24分者，即可诊断为金匮肾气丸证。

3. 排除病例　年龄在20岁以下，80岁以上者；哺乳期及妊娠期妇女；过敏体质及对金匮肾气丸过敏者；心脑血管、肝、肾、造血系统疾病急性发作者；不能坚持服药者。

4. 注意事项　服药期间，嘱患者远房帏、禁房事，忌食生冷食物。

二、治疗方法

所有患者均予中成药金匮肾气丸（北京同仁堂集团公司制药二厂，批号1020219）口服，25粒，2次/d，20d为1个疗程。在服用金匮肾气丸治疗期间，嘱患者如无特殊不适，禁止服用其它中西药物。如患者于服用金匮肾气丸之前曾一度服用西药，则原有西药可不必停服。

三、观察项目

所有患者均于服药前后进行T淋巴细胞亚群检测。测定方法：取静脉血3ml，肝素抗凝，用淋巴细胞分层液密度梯度法离心提取淋巴细胞，按5×10^6/ml制备细胞浓度，用Cytospin－2甩片机制备淋巴细胞涂片，采用S. P法（Biotin－streptavidin－peroxidase，链菌素亲生物－过氧化酶连接法）进行T淋巴细胞亚群检测，T淋巴细胞亚群检测试剂盒购自北京宜安泰医疗技术开发有限公司。

四、治疗结果

表1　T淋巴细胞亚群测定结果（$\bar{x}\pm s$,%）

项目	治疗前	治疗后
CD_3^+	67.74±3.24	70.78±2.87△△
CD_4^+	34.74±3.73	39.63±3.69△△
CD_8^+	28.89±5.58	26.30±3.73△△
CD_4^+/CD_8^+	1.26±0.34	1.54±0.28△△

注：与治疗前比较，△△$P<0.01$

从表1可以看出，服用金匮肾气丸治疗后，患者CD_3^+、CD_4^+T淋巴细胞（%）、CD_4^+/CD_8^+比值较治疗前明显上升，组间比较差异极显著（$P<0.01$）；而CD_8^+T淋巴细胞（%）治疗后与治疗前相比则明显下降，组间比较有显著性差异（$P<0.05$）。统计学处理采用配对资料检验。

五、讨论

T淋巴细胞是一类重要的免疫活性细胞，除直接介导细胞免疫功能外，对机体的免疫调节亦起着十分重要的作用。应用OKT（Ortho Kung T cell）4和OKT_8McAb可将外周血或外周淋巴器官中的T细胞分为$CD_4^+CD_8^-$和$CD_4^-CD_8^+$两个主要的亚群：

CD_4^+细胞一般为 T_i/T_H 细胞（inducer - helper T cell），CD_8^+细胞一般为 Ts（suppressor T cell）/Tc（cytotoxic Tcell）细胞。各种免疫细胞（特别是各T细胞亚群）之间的相互制约与相互协作，能形成机体正常适度的免疫应答，既可保证清除体内的抗原性异物，又不致损伤机体的自身组织。在免疫应答过程中，T_H 细胞和 T_s 细胞都起着十分重要的调节作用：若 T_H 细胞功能低下，则机体易发生感染；若 T_s 细胞功能低下，则机体可发生过强的免疫应答，并导致某些免疫性疾病（如自身免疫性疾病、超敏反应等）的发生。因此，临床上通过检测患者外周血中的T淋巴细胞亚群或 T_H/T_s 比值，有利于某些疾病的辅助诊断或其发病机制的研究[1]。

症状学分析表明，服用金匮肾气丸对于：腰膝酸软、神疲倦怠、畏寒肢冷、阳萎滑精、带下清冷、尿频遗尿、舌淡齿痕、脉沉细弱等临床症状具有明显的减轻或消除作用，而临床依据上述症状辨证使用金匮肾气丸又常常能收到令人满意的治疗结果：往往在全身症状（肾气虚弱的证候表现）得以缓解或改善的同时，患者的原发疾病亦得到相应有效的治疗；往往伴随着整体机能（肾气虚弱的机能状态）的恢复与好转，患者的局部病变亦同时得以改善或修复。说明中医某些方剂的治病作用机理，主要不是针对疾病局部的治疗，而是针对整体的某种非健康状态，金匮肾气丸在多系统、多病种的应用恰恰说明了这一点[2]。本研究结果显示，金匮肾气丸证患者服药以后，CD_3^+、CD_4^+ 淋巴细胞（%）及 $CD4_+/CD_8^+$ 比值较治疗前明显升高，CD_8^+淋巴细胞（%）较治疗前明显下降，从而提示金匮肾气丸有效纠正金匮肾气丸证患者的T淋巴细胞亚群紊乱，能显著改善金匮肾气丸患者的细胞免疫功能。

免疫功能低下是多种疾病发生的原因，也是多种疾病病理变化的必然归宿。上述研究结果提示，金匮肾气丸通过调节金匮肾气丸证患者的T淋巴细胞亚群紊乱，从而改善了患病机体的免疫功能，《内经》所谓“正气存内，邪不可干”（《素问·遗篇·刺法论》），也许是金匮肾气丸在多系统、多病种被广泛应用的内在机制之一。

致谢：课题研究得到北京铁路总医院中医科支持与协助，得到鲁兆麟老师的指导，谨表衷心的感谢！

参考文献

[1] 毕爱华. 医学免疫学. 北京：人民军医出版社，1995. 7 - 15.

[2] 张家玮，鲁兆麟，彭建中. 从金匮肾气丸临床应用看中药的整体调节作用. 美国中华医药杂志，2001，7：19 - 22.

［《北京中医杂志》2002；21（1）：52］

仲景方治疗房室传导阻滞35例

张文才　河南方城县中医院

麻黄附子细辛汤出自仲景《伤寒杂病论》，用于少阴兼表的证治；黄芪桂枝五物汤是《金匮要略》中治疗血痹证的方剂。笔者近几年来，用麻黄附子细辛汤合黄芪桂枝五物汤加味治疗房室传导阻滞35例，疗效显著，现报道如下：

一、一般资料

35例患者均为住院病人。其中男23例，女12例；年龄最大者68岁，最小者19岁；病程在半年以上者11例，在半年以内者24例；Ⅰ～Ⅱ度房室传导阻滞25例，Ⅲ度房室传导阻滞10例。合并症：心衰者2例，心律不齐9例，高血压6例，冠心病7例，心肌病21例。诱发因素：劳累过度诱发者15例，情志刺激诱发者6例，原因不明14例。本组病例，均据临床表现及心电图确诊，心室率30～60次/min。自觉症状都较明显，如心慌、胸闷、气短、乏力等，多数病例曾经连续用阿托品、异丙肾上腺素等西药治疗，效果不显，而转中医治疗。

二、治疗方法

基本方药组成：生麻黄、制附子各10g，细辛5g，桂枝15g，黄芪30～60g，当归、白芍各12g，大枣6枚，生姜20g。偏气阴不足者酌加太子参、麦冬各30g，或西洋参10～20g；阴亏阳亢者加麦冬、玉竹、生牡蛎各30g；心肾阳虚为主者，重用制附子15g，细辛9g，桂枝20g；兼水肿者加葶苈子10g，车前子30g；痰瘀阻滞者加瓜蒌薤白半夏汤（瓜蒌皮、薤白、半夏各10g），川芎15g；气滞明显者加香附、枳壳各10g，郁金20g。每日1剂，水煎服。治疗期间停用西药。

三、疗效标准与结果

治愈：自觉症状消失，听诊及心电图检查正常；好转：服药后症状改善，或心电图示阻滞由Ⅲ度转Ⅱ度，或Ⅱ度转Ⅰ度，或有轻度复发；无效：症状或心电图治疗前后均无变化。

35例中治愈23例，好转10例，无效2例。有效率94.3%。

四、典型病例

陈某，女，52岁，工人。1999年8月6日入院。心悸、胸闷3月余，心电图示：Ⅲ度房室传导阻滞伴心肌缺血，平时心率35～50次/min，曾用舒喘灵、阿托品治疗，取效一时，停药则病发。入院症见：心悸、胸闷，少气懒言，头晕乏力，畏寒，面色㿠白，舌淡、尖部瘀斑，苔薄白，脉沉细迟结（心室率40次/min）。中医辨证为阳虚寒凝，心阳不振，气虚血瘀。治宜温阳益气，养血活血，通阳复脉。方用基本方。1日1剂，水煎服。3剂后胸闷、心悸、气短减轻，心率45次/min。继服6剂后，诸症减轻，心电图示：Ⅱ度房室传导阻滞，心室率52次/min，心肌缺血消失。又服3剂后，仅活动后稍有心悸、气短，但出现失眠心烦，舌干略红。辨证偏阴亏阳亢，上方加玉竹、麦冬、生牡蛎各30g。同时，嘱患者注意休息，调畅情志。用本方调服近月余，诸症消失，心电图正常，心率65～75次/min。随访半年未复发，工作如常。

五、体会

房室传导阻滞多由各种器质性心脏病引起，也有因药物、精神紧张及其他不明原因所致者。属中医心悸、胸痹、虚劳等范畴。其主要病因为脏腑气机逆乱，因六淫、饮食劳倦、七情等诱发。其病理机制主要是虚实夹杂，本虚标实。本虚主要为心气、心阳、心血、肾阳等亏虚，标实为痰瘀之邪痹阻心络。故本病治疗应以温养心肾，通阳复脉为其根本大法。温阳益气活血，有助于血脉之流通；补血养血，可使心强脉充，不仅为心脏传导机能之恢复提供物质基础，而且还有助于阳气之化生，实即“善补阳者，阴中求阳”之法。仲景麻黄附子细辛汤温通心阳，鼓动血脉，现代药理研究证实：麻黄、附子中均含有提高心率之有效成份，细辛也为治疗缓慢性心律失常之专药；黄芪桂枝五物汤益气温经，和营通痹，是治疗心脏虚损的良方。加当归以补血活血，同时，又制约麻黄、附子之燥烈。诸药合用，使气阳得补，瘀阻得化，心强脉复。再结合具体证因，随症加味，治疗效果会更加显著。

[《河南中医》2002；22（1）：32]

仲景方剂用药及组配规律的研究进展

武肇玲　新疆医科大学中医学院
（指导　周铭心）

东汉张仲景“勤求古训，博采众方”，著《伤寒杂病论》，确立了中医辨证论治体系的基本框架与临床理法方药的基本规范，为中医临床医学的发展奠定了坚实的基础。由于其卓越的理论价值及临床应用价值，被历代医家奉为“医门之圭臬”、“方书之祖”。在中医医籍的文献研究中，《伤寒论》、《金匮要略》是历代医家研究最为集中的对象之一，成为中医学术发展中最活跃的研究领域。方药运用是关系到辨证论治能否取得成功的重要因素，它是《伤寒杂病论》的主要组成部分，具有丰富而系统的内容，其方剂以配伍严谨、疗效卓著，被后世称为“经方”。研究仲景方药运用规律，对提高临床疗效有着现实和深远的意义。兹就近20年来对仲景方用药及组配规律的文献研究论述如下。

一、组方特点

仲景方以“辨证精细、结构严谨、用药精专、直取无旁、取效佳捷、误投坏病著称”，其组方特点亦为当代医家所关注。

吴氏[1]认为《伤寒论》所用方药大都是临床常用方药，各有其代表性，仲景方中寓法，八法俱备，君臣佐使，制方严密，在因证立法，以法系方及遣方用药上，给后世医学奠定了基础。王氏[2]概括仲景用药特色：尊经旨，药精起沉疴；法阴阳，遣药重性味；示规范，煎法蕴妙意；穷医理，服法有定规。范氏[3]认为，药随证出，曲应病情，主证与主方一致，是《伤寒论》用药的原则性；证变则治亦变，治变则方亦变，是《伤寒论》用药的灵活性。张氏等[4]认为仲景治病遣方用药有务求适度的原则，表现在：详审病情的轻重缓急，谨慎遣方用药应其所需；察明体质强弱，权衡用药量的增减；关注药后反应，及时采取相应的纠偏措施。

“方以药成”，仲景十分注重药物特点及药物配伍作用。柴氏[5]概括《金匮要略》用药规律为：专药治专病；重视单味药；一药而多用，通过配伍、加减、炮制可扩大应用范围；重视药物气味性用的不同；注意药物的特点及使用的差异性；顺应脏腑特性及病证特点；仲景曾强调“五脏病各有所得者愈”，“所得”即要顺应五脏之性用药。

在具体药物配伍方面尚有许多特点：（1）相辅

相成。人体是以脏腑为中心的整体，阴阳互根，脏腑相关，气血相生相随。治疗中可以利用其在病理生理上的相互依存、制约和促进的关系，从不同的角度针对特定的证候使用药物以产生协同作用。汗出必赖阳气之鼓动，故常以温阳药配解表药，以增强阳气达邪于外之力，卫阳被郁者以桂枝配麻黄温通肌表，元阳虚衰者以附子配麻黄温阳发汗。气与阳同类，均是生命动力，益气药与温阳药同用则相得益彰，如人参配干姜，人参大补元气，增强五脏功能，干姜温中散寒，擅扶脾胃阳气，合用则健脾益气、温运中阳之力尤著，故为主治太阴病虚寒证之理中丸的主药[6]。(2) 相反相成。主要有寒热并用、攻补兼施、升降相合、散收并投、刚柔相济、动静相伍。其中论述较多的是寒热并用法，徐氏[7]报道了《伤寒论》中寒热并用之方计有10余首。一是外寒内热，当外散其寒、内清其热；二是上热下寒，则清上温下；三是寒热格拒，须寒热并投、交通阴阳；四是寒热互结中焦，必寒热并用、辛开苦降；五是寒热错杂致厥，宜寒热同施，或和胃安蛔、或发越郁阳，如乌梅丸、麻黄升麻汤。赵氏[8]论述了《伤寒论》中关于寒温同用疗痞证，清上温下治腹痛，温清并施除寒格，解表清里止烦躁等治疗特点。并认为论中所选药物多为大苦大温之品，因为非寒则热不得清，非热则寒不得散，且在用量上视寒热之轻重而决定用药温清之多寡。吴氏[9]讨论了《伤寒论》、《金匮要略》中寒热药物并用的方法，认为张仲景既把这一方法作为治疗寒热错杂证的基本方法，又把其作为方剂药物配伍的重要法则，张氏对这一方法的精当运用成为后世的典范。吴氏[10]将仲景组方用药中的相反相成配伍概括为系统观，认为仲景之所以创立了如此卓有成效的方剂，是从疾病的多层次、病理的多向交叉出发，立足于整体反映出来的“证”，进行多向多环节的调节，体现着系统论的观点。(3) 药对应用。不同的药物配伍具有不同的作用，而某一方剂中相同、相近或不同的功效的药物的配伍对于整个方剂作用的影响尤为重要，因而成为该方剂中的关键组成部分，广大学者对此尤为重视。耿氏等[11]认为药对是方剂组成的核心，药对体现了方剂的整体疗效，并对《伤寒论》八种类方药对配伍形式作了陈述。

二、药物研究

对于仲景方剂中某一药物的探讨，大多以其在不同方中的不同配伍为依据。

如桂枝的运用，刘氏[12]认为桂枝辛散温通，通过配伍，具有调和营卫、散寒发汗、祛湿行痹、和解宣达、活血通瘀、和中健脾、温阳化气、温通散结、强心通阳、温通经脉的作用。王氏[13]则认为仲景用桂枝除解表作用外，还具有化饮、化瘀、通脉、通阳、补阳、止痛、降气、利关节的作用。

芍药的运用，姚氏[14]认为有调和营卫、敛阴止汗、理脾和中、止腹痛，养血柔肝、缓急止痛，调和肝脾、泻热止痢，和血养血、调经补血，滋阴和营、制药之热的作用。林氏[15]对芍药的不同配伍进行了归纳说明：配桂枝，调和营卫；配甘草，缓肝和脾；配当归，养血和营；配柴胡，疏肝柔木；配黄芩，清热坚阴；配附子，温阳养阴；配大黄，润下燥结；配枳实，行气和血。

再如甘草，李氏等[16]认为具有益中气，安内攘外；益心气，以复血脉；缓急迫，以止疼痛；解热毒，以疗咽痛；润肺燥，以止咳喘；和诸药不使相争的作用。刘氏[17]统计《伤寒论》113方中选择甘草配伍者70方，涉及伤寒六经病变。除少阴病热客咽喉之甘草汤、桔梗甘草汤两方使用生甘草外，均用炙甘草。配伍作用有：配麻黄温阳发汗解表；与粳米相须甘缓和中以顾护脾胃并化生津气；伍人参甘温补益脾土而助运化；重用炙甘草通经脉利气，益胃气，资脉源；配干姜以复中焦阳气且温肺散寒；与芍药为伍酸甘合化，养血荣筋，缓急止痛；合附子回阳救逆能维持附子温阳效力；配桂枝温通心阳；佐桔梗清火解毒，开达肺气。并总结先圣极为重视方剂的组成配伍和在治疗过程中扶阳气、保胃气、存津液的整体治疗学思想。

另外，研究较多的还有干姜、附子、白术、茯苓、半夏、大黄、麻黄、黄芩、黄连等药在仲景方的作用，恕不赘述。

三、剂量研究

“中医不传之秘在量上”，对仲景方用药剂量的文献研究主要有两方面。一方面是经方古今剂量折算考究。汉时以斤、两、分、铢；升、合；尺、把、枚等为用药计量单位，以六铢为一分，四分为一两。李时珍认为“古一两今用一钱可也”，而张景岳说“古一两为六钱”，两者相距数倍之远。目前亦有争议，国内通行的有两种折算方法：一是《方剂学》教材折算法，即汉之一两相当于3g，一升相当于60～80mL；二是柯氏等[18]根据药秤折算和对东汉衡器量器的考证，得出张仲景时期（东汉）的一斤合今250g，一两合今15.625g，一升合今200mL。并从张仲景方剂中药物与药物之间的比例，药物与水的比例，以及目前临床的用药剂量的趋势等方面来论证《伤寒论》和《金匮要略》两书中的药物剂量也当按上述数据折算。分析古今药量差异的原因，赵氏[19]总结为用药习惯不同；经方立法严谨，药味较少，而对方和现代处方则药味较多，如目前用药发汗，在同一处方中往往有发汗药四、五味，而经方仅一二味，经方"一剂方剂中，所有药物总量与目前常用量相似"[18]；古今煎药法不同对药物有效成份析出的影响；经方仅煎1次，而现代处方需煎2～3次。研究表明，大多数中药头煎出有效成份的45%，第二煎出有效成份约30%，要煎出相同量的有效成份，采用现代二次煎法可比仲景一次煎法少用2/5的原药；经方服法与现代服法的差异也是造成药量古大今小的原因。龙氏[20]针对经方计量折算提出两点建议：不必花大量时间及精力进行考证，通过临床及实验研究明确中药量效关系。

另一方面主要是仲景方剂量加减变化规律。仲景方用药配伍，剂量比例严谨，方中每一药味及药量的增减都蕴含仲景遣方用药的灵性。王氏等[21]认为仲景汤方有定量与审证的调配关系，即量变主导质变，如药物剂量的改变往往导致主治病证的改变；量变贵在切机。具体药量变化又有以人定量、以病定量、以证定量、以法定量、以方定量、以药定量之别[22]。刘氏[23]将《伤寒论》药量分为每剂量、每服量、每日量。每剂量着重于各药间的相互比例，每服量和每日量则着重于服用的绝对量上，应更重视后二者，将三种剂量综合起来考察。徐氏等[24]总结《金匮要略》药物剂量的使用规律有：每一药味用量有常用量、大量、小量之分；影响药量使用的因素，与所治病证、组方配伍、制方大小及药物性质有关；重视药物间用量的比例，即药物比例有异，方治不同；相反药性配伍，比例要恰当；随证变化，按比例调整用药；整个方剂要注意比例协调。

还有不少学者对仲景方中同一药物的不同剂量的运用做了研究。杨氏[25]认为仲景用药十分注重量效关系。半夏是降逆止呕的代表药，有化痰散饮、消痞散结等功效，为仲景常用药。所治之证从"微呕"、"喜呕"及"呕不止"到"呕家"、"胃反"，呕吐的程度由轻到重，半夏的用量也随之加大，由2合半到半升、1升至2升，由此不难看出半夏止呕这一功效其强度与用量成正比关系。

四、仲景方药研究中统计方法的初步应用

近20年，随着多学科研究中医的兴起，数理统计方法亦开始应用于仲景方药研究中。

大部分学者采用一般统计方法如计算频数及构成比等为研究方法。吴氏[26]统计《伤寒论》、《金匮要略》方药，经分析其内容存在高度相关性。说明两书经多人整理编次，现存版本不同，但其内容仍是《伤寒杂病论》之基本内容。周氏[27]等将《伤寒论》108方、《金匮要略》170方，共278方中所有药物分为寒、热、平三类，在统计寒热药物量次基础上，宏观地探讨了张仲景理法方药的特点。蒋氏[28]采用数据统计与分析的方法论证：构成伤寒方的药物有明显的核心化倾向，即少数药物的使用率明显较高，而六经病证的基本方以这类药物为主药；在基本方的基础上，通过辅药的加减化裁派生类方，从而形成《伤》特有的类方体系；各种药对作用广泛。郭氏等[29]从药物统计分析入手，采用以药测证的方法，对五版《金匮要略讲义》所论杂病的病因病机和治则特点进行初步分析。说明杂病的证候有虚有实，攻补不可偏废，施治重在辨证。杂病的病因较为复杂，而形成实证的病邪，痰饮水湿占很大比重；引起虚证的病因又当首推脾虚气弱。近年来，有人开始利用数据库技术对经方验案进行系统研究的探索。孙氏等[30]通过对古今四逆散414医案的统计分析，全面系统地总结了古今医家的临床经验，提示了四逆散证的发病特点、证治规律。还有诸多医家对半夏泻心汤、五苓散、猪苓汤、桃核承气汤及桂枝汤类方等汤证的证治规律进行了研究。

周氏[31]采用传统文献研究与现代文献计量学研究相结合的方法，创立了适用于方药研究的相对和绝对方药计量指标体系，对不同医家的用药规律进行相关分析、聚类分析、模糊相似等多种统计学方法的综合分析，得出仲景制方量宏力专，以药量之变化施对病证之变化。其研究方法为仲景方药研究提供了方法学上的借鉴。

综上所述，对于仲景方剂组配规律的特点，诸医家仁者见仁，智者见智，极大地丰富了仲景学说的研究，扩大了其理法方药运用的范围。但是，它和《伤寒杂病论》的关系是源和流的关系，源是流的根本，流是源的发展，二者不容混淆，在今后的研究中，要防止用后世的观点来曲解或替代原著意旨的倾向。如对经方配伍关系的理解，不能以后世的药性理论来臆测仲景原意，而只能结合当时的药物学成就正确地理解经方的配伍方法和原则。为了克服历代医家受历史条件和个人因素所限而造成的对概念理解上的主观性，对方药运用上的随意性，必须尽可能多地占有原始资料，进行周密严谨的科学设计，引入现代数据统计的最新成果，借助计算机手段，从而剔除人为因素的影响，更完整、更真

实地反映仲景方剂的特色。

参考文献

[1] 吴子腾. 试析《伤寒论》方剂配伍技巧及规律. 安徽中医学院学报, 1999, (6): 8-10.
[2] 王新昌. 《伤寒论》方药特色摭言. 辽宁中医, 1993, (10): 13-15.
[3] 范仁忠. 试析《伤寒论》组方遣药的基本特点. 安徽中医学院学报, 1987, 6 (4): 2-4.
[4] 张晓林. 《伤寒论》治病遣方用药务求适度原则探析. 四川中医, 2000, 18 (8): 5.
[5] 柴可夫. 《金匮要略》用药规律探讨. 光明中医, 2000, 15 (5): 1-2.
[6] 王新生. 《金匮要略》药物配伍刍议. 南京中医学院学报, 1995, 11 (3): 6-7.
[7] 徐刚. 《伤寒论》寒热并用相反相成用药规律探讨. 国医论坛, 1996, 11 (4): 6-7.
[8] 赵映前. 试论《伤寒论》中寒温并用的特点与临床意义. 中医药研究, 1999, 15 (5): 3.
[9] 吴弥漫. 《伤寒论》《金匮要略》方中寒热并用法初探. 国医论坛, 1995, (5): 1~4.
[10] 吴清和. 略论仲景组方用药中的系统观. 新中医, 1992, (11): 7-9.
[11] 耿建国. 《伤寒论》药对配伍规律与特点. 江苏中医, 2000, 21 (9): 6~7.
[12] 刘娅. 仲景运用桂枝初探. 贵阳中医学院学报, 1997, 19 (4): 4-5.
[13] 王付. 仲景用桂枝非解表作用探析. 国医论坛, 1995, (2): 7~8.
[14] 姚沛雨. 张仲景芍药运用刍议. 四川中医, 1991, (9): 2.
[15] 林家乐. 浅谈仲景方中芍药的配伍运用. 浙江中医杂志, 1999, (9): 396-397.
[16] 李明. 仲景运用甘草刍议. 云南中医学院学报, 1997, 20 (3): 16-17.
[17] 刘武. 《伤寒论》甘草配伍规律小议. 云南中医杂志, 1995, 16 (3): 60-61.
[18] 柯雪帆. 《伤寒论》和《金匮要略》中的药物剂量问题. 上海中医药杂志, 1983, (3): 12~13.
[19] 赵宏利. 经方药量分析之分析. 中医药学报, 1998, (6): 18-20.
[20] 龙新生. 《伤寒论》药物剂量的现代确定. 新中医, 1996, (1): 56-57.
[21] 王付. 仲景汤方定量与审证的调配关系探讨. 辽宁中医杂志, 1996, 23 (10): 444-445.
[22] 路振平. 经方药量法浅析. 湖南中医杂志, 1994, 10 (5): 33-35.
[23] 刘建奇. 《伤寒论》的药量研究方法浅议. 辽宁中医杂志, 1988, (3): 12.
[24] 徐成贺. 《金匮要略》药物剂量的使用探讨. 国医论坛, 2000, 15 (5): 4, 5.
[25] 杨大华. 仲景学说量效关系举隅. 南京中医药大学学报, 1997, 13 (5): 268-269.
[26] 吴翠珍. 《伤寒论》《金匮要略》方药统计及相关研究. 山东中医药大学学报, 1996, 20 (2): 125-127.
[27] 周应福. 《伤寒论》《金匮要略》方剂中寒热药物量次分析. 江西中医药, 1991, (1): 44-46.
[28] 蒋永光. 《伤寒论》方药组配特点与规律. 成都中医药大学学报, 1999, 22 (3): 7~9.
[29] 郭维新. 《金匮要略》用药特点浅析. 山西中医, 1998, 14 (1): 37.
[30] 孙广全. 四逆散证证治的研究. 中医杂志, 1991, (3): 13-15.
[31] 周铭心. 用计量化方法探讨《傅青主女科》方药特点及作者真伪. 中国中医基础医学杂志, 1996, 2 (6): 55-59.

[《新疆中医药》2002; 20 (1): 56]

仲景方在急难重病中的运用举隅

杨永生　窦友义　东　红
甘肃省中医院

汉代张仲景的《伤寒论》是论述外感热病的专书,《金匮要略》是论述杂病的专书。因其中不少方剂在临床上疗效确切,所以历代医家沿用不衰,至今仍广泛应用于临床,并尊奉其为经方,亦称仲景方。仲景方不仅用于急性热病,一些急难重病亦往往通过应用仲景方迎刃而解并获效显著。下面列举三个病案来具体说明笔者运用仲景方在治疗急难重病中的一些粗浅体会,望同道指正。

案一、四逆散加味治愈急性细菌性痢疾

叶某,男,37岁。初诊:1999年7月21日。患者昨晚突作腹痛、腹泻,里急后重,大便赤白相兼、有粘冻,伴发热,不恶寒,来门诊就诊时已便下十余次,不思饮食,舌边红,苔薄腻,脉弦。大便常规:脓细胞(卌)、红细胞(卄)。此为湿热蕴阻、气机不调所致,治以清疏为主,拟四逆散加味。处方:柴胡10g、生白芍10g、炒枳壳10g、生甘草10g、薤白30g、滑石20g、槟榔15g、当归10g,4剂、水煎服。二诊(7月25日):腹痛消失,腹泻亦减,每日二至三次,已无明显红白粘冻,胃纳尚差,苔薄白,脉滑。再守原法加焦三仙各15g,3剂后病愈。

[按] 急性细菌性痢疾是由痢疾杆菌引起的肠道传染病,多发于夏秋季,主要症状为发热,腹

痛、腹泻，里急后重及排脓血粘液样便，中毒症状严重者可出现四肢厥冷、血压下降以及烦躁、嗜睡、谵妄、昏迷等症。本病属祖国医学“痢疾”范畴。本方为四逆散加味，其中柴胡轻透散郁以升少阳之清气，炒枳壳泄热开结以降阳明之浊邪；生白芍敛阴和营，生甘草健脾缓中，芍、草二味，同调肝脾，缓急止痛；枳、芍、当归共用又可行气和血；加薤白、槟榔以破积消滞、下气通便，取“通因通用”之意，祛邪于外。薤白为葱蒜属植物，主要成份是大蒜糖，有一定的杀菌作用。滑石利湿清热，《本经》谓：“主身热泄澼”，《本草衍义补遗》曰：“……实大肠，化食毒，行积滞，逐瘀血”。全方有调理肝脾，散郁清热，利湿消滞，升清降浊之功效。应用本方时，柴、芍、枳、草四味用量要相等。

案二、桂枝汤合玉屏风散加味治愈顽固性荨麻疹

陈某，女，23 岁。初诊：1999 年 3 月 17 日。患者周身瘾疹，频发已十年之久，每年秋冬发作尤甚，春夏即少，其色不红，其痒不剧，面色白滞，四肢不温，恶寒怕风，大便不实，舌质淡胖、边有齿痕，苔薄白，脉细而迟。综观其证，乃卫气不足，腠理不固，感受风寒，盘踞营卫所致，宗桂枝汤合玉屏风散加味。处方：桂枝 6g、白芍 10g、炙甘草 6g、生姜 3 片、大枣 10 枚、生黄芪 10g、白术 10g、防风 6g、仙鹤草 10g、附片 6g、金樱子 10g，水煎分服。服十剂而病愈，守方不变，继服二十剂巩固。随访近二年未复发。

[按] 荨麻疹中医名“瘾疹”，俗称“风疹块”，是一种过敏性疾病。主要症状为周身或局部出现瘙痒性风团，常突然发生，逐渐消退，消退后一般不留痕迹。其中顽固者，往往反复发作，经久不愈。本病临床上以风热和肠胃湿热证多见，治疗多运用祛风活血、清热利湿等法。上述病例患病十载，曾用中西药物治疗多年，仍反复发作，且越发越甚。经详细辨证，其发病时令，病程长短，疹块色泽，皮肤痒度及全身其他症状均和常见类型有别，故辨为卫气不足，腠理不固，继感风寒之邪而发瘾疹，经桂枝汤合玉屏风散加味治疗而愈。

案三、瓜蒌薤白白酒汤合四逆汤加减治疗冠心病、心绞痛

施某，男，62 岁。初诊：1999 年 11 月 15 日。

患者有冠心病病史十余年，近来心绞痛发作频繁，痛向背部放射，感寒痛甚，伴胸闷，喘息，气短，舌质淡红，苔白腻，脉沉迟。证属阴寒凝滞，胸阳不运。治拟瓜蒌薤白白酒汤及四逆汤加减。处方：全瓜蒌 30g，薤白 10g，附片 10g，干姜 6g，炙甘草 6g，川椒 3g，丹参 30g，当归 10g，细辛 6g，降香 10g，黄芪 15g，党参 15g，水煎服。服上方 7 剂后胸痛，胸闷大减，继服 7 剂而愈。

[按] 冠心病是由冠状动脉粥样硬化导致心肌缺血、缺氧而引起的心脏病。其临床表现以心绞痛、心肌梗塞、心律不齐、心衰等为主，好发于中老年患者。本病属于祖国医学的“胸痹范畴。本案心绞痛乃阴寒凝滞、阳气不运所致，故瓜蒌、薤白通阳去结，四逆汤、参、芪及丹参、当归温阳益气、舒心通脉，川椒、细辛、降香芳香温通。药后症状大减，继服调理后病愈。

[《兰州医学院学报》2002；28（2）：88]

金匮肾气丸治疗膀胱炎 218 例临床观察

李英新　杨安婷　哈尔滨市第五医院
曲　旻　哈尔滨市中医院

在几十年的临床实践中，我们观察到，膀胱炎是一种易于复发的疾病，尤其是女性患者，复发率很高。我们应用金匮肾气丸治疗反复发作久治不愈的膀胱炎，取得较为满意的临床疗效。现将 1996 ~ 2000 年 5 年中所收治的 218 例整理报告下。

一、临床资料

1. 一般资料　金匮肾气丸为主的治疗组（以下简称治疗组）218 例。男 42 例，女 176 例。年龄最小 17 岁，最大 65 岁，20 ~ 40 岁之间者 189 例，占 86.7%；西药对照组（以下简称对照组）30 例，男 7 例，女 23 例，20 ~ 40 岁之间者 25 例，全部疗程最短一个月，最长者三年，平均为三个月。临床诊断依据，患者有不同程度尿频、尿急、尿痛、少腹拘急不适，甚有血尿为主要临床症状。同时结合尿常规化验，膀胱超声检查结果。

2. 治疗方法　治疗组以金匮肾气丸（北京同仁堂制药厂）口服，每次服 1 ~ 2 丸，日二次，连续服药半个月为一疗程。服药期间忌食辛腻之物，劳逸适度，并停用各类中西药物。对照组口服氟哌酸 0.2g，每日 3 次，环丙沙星 200mg，每日 3 次，连服半个月。

二、治疗结果

1. 疗效标准　临床症状消失，尿化验正常，膀胱超声无异常，停药后随访三个月未复发者评为基本控制。临床症状显著改善，尿化验有少量红、白

细胞，超声大致正常者为显效。服药两个疗程以上无明显改善者为无效。

2. 治疗结果　治疗组：218 例，基本控制 145 例（66.5%），显效 70 例（32.1%），总有效率 98.6%，对照组：30 例，基本控制 12 例（40.0%），显效 18 例（60.0%），总有效率 100%。两组的基本控制率相比较有非常显著差异（$P<0.01$）。说明治疗组疗效优于对照组，且治疗组服药期间未见任何毒副作用。而对照组病人出现二重感染，药疹，耐药等不良反应。

三、病案举例

王××，女，32 岁，教师，二年前，因遇寒后，自感突然出现尿频、尿急、尿痛、少腹拘急、发烧、伴血尿，尿化验：蛋白（±），白细胞（++），红细胞（++）。膀胱超声：膀胱炎性改变。诊断为急性膀胱炎，经抗炎治疗后，上述症状明显好转。其后，病情反复发作，每因遇劳后则症状加重。于 1999 年 4 月 5 日来我院就诊，病人除有尿路刺激症状外还伴有腰膝酸软，神怯乏力，畏寒肢冷，面色皖白，舌淡苔白，脉沉细。尿化验：蛋白（±），白细胞 15～20，红细胞 10～15。予金匮肾气丸 1 丸日二次服一个疗程后，症状明显缓解，嘱病人再服一个疗程。症状消失，尿化验正常，超声未见异常，治疗后三个月未见复发。

四、讨论

膀胱炎是以尿频、尿急、尿痛、少腹拘急不适为主要症状的疾病，亦可见血尿，属于中医的淋证范畴，其病机多因湿热下注所致，治疗上用清热利湿的小蓟引子，八正散等方剂。起初有效，久则不起作用，甚至因过服苦寒之剂反而引起患者食欲不振，纳呆减少抵抗力下降，加重病情发展，针对这一情况，我们对一些久治不愈的患者进行分析发现，除有尿频，尿急、尿痛等局部症状外，常有腰酸膝软，神怯乏力，畏寒肢冷，面色皖白，舌淡苔白，脉沉细等肾阳虚症状，因此我们投入金匮肾气丸，经过一段时间的治疗后，无论全身还是局部症状都有明显改善。

金匮肾气丸始见于张仲景《金匮要略》亦称崔氏八味丸，后世称为“金匮肾气丸”，《千金要方》收载为“附桂八味丸”，诸家方书中均有记载，是一著名方剂。现已收载入《中国药典》，此药由熟地黄，山药，山芋肉，茯苓，泽泻，丹皮，附子，肉桂蜜制而成。主要功效温补肾阳，是治疗肾阳虚，小便不利的常用中成药。适用于反复发作，时作时止，迁延不愈的膀胱炎。久病多虚，明代医家戴思恭在《证治要决》中指出：“血淋一证，须看血，色分冷热，色鲜者，心小肠实热；色瘀者，肾膀胱虚冷。”“有小便既涩如淋，不痛而痒者，此亦属虚，宜八味丸。”可以看出，古代医家早就用金匮肾气丸来治疗此类疾病了，其关键是抓住了“肾虚”这一要点。

现代研究证实，该药具有提高机体免疫功能，改善微循环和利尿作用。该药服用方便，且长期用无任何毒副作用，是治疗久治不愈的膀胱炎较为理想的中成药。

［《黑龙江医药》2002；15（2）：138］

中医经络学说辨治狐惑病108 例临床研究

严可斌　上海市浦东新区中医医院

《金匮要略》对狐惑病症状及内外治则、方药均有阐述，认为狐惑病是感染虫毒、湿热诱发而起。以咽喉腐蚀，前后二阴溃烂，目赤如鸠眼为特征。治疗原则以解毒、杀虫为主，清利湿热为辅。以甘草泻心汤口服，苦参汤外洗，雄黄薰洗。后世医家遵此宗旨延续至今，在理论和实践中均未有新的突破。

中医学对狐惑病虽然进行了大量研究，理论上仍遵医圣张仲景《金匮要略》书中提出的病因、病机和治则方药。近期医家提出如滋阴降火、清肝火、清心火等新的方法治疗，亦未能全面正确地对此病病因、病机、治则、方药做出全面论述，在辨证施治上比较紊乱，各守一说，临床疗效不甚理想，久治不愈，复发率高，临床上视为棘手疑难杂症。

现代医学中的眼、口、生殖器综合征所表现症状类似狐惑病所描述，其病因及流行病学目前尚不明了，以往有感染病毒，感染病毒过敏学说，但均未最后证实。近年来由于免疫学的进展，提出本病可能是某些因素诱发的一种自体免疫病，治疗上以激素及免疫抑制剂、维生素类治疗，达到控制症状为目的。随着基因学说的崛起，学者们提出此病属基因病的范畴。总之，在国内外的研究中，理论体系上未能有新的真正突破。

笔者经过近 40 年的临床实践，依据狐惑病的临床表现及发病特点，以中医经络学说理论为指导，提出以经络学说的理论观点来研究狐惑病的病机，并提出治疗法则及方药。突破以往一贯沿用的观点和方法，通过临床验证总结，取得了满意效果。现将笔者自 1978 年 10 月至 1998 年 10 月，以经络学说治疗狐惑病人 108 例的临床研究总结如下。

一、诊断标准

1. 眼、口、生殖器 3 部位中，2 部位或以上出现糜烂红肿者。

2. 眼、口、生殖器 3 部位中，2 部位或以上反复出现糜烂、红肿且排除其它疾病引起者。

二、治疗方法

发作期投以龙胆泻肝汤合清胃散加减，龙胆草、黑山栀各 12g，淡黄芩 6g，大生地 12g，川连 6g，木通 12g，生草梢 5g，滑石（包煎）、春柴胡各 12g，全当归 9g，生大黄 6g，泽泻 9g，湖丹皮 6g。眼赤烂重者加野菊花 9g；口舌糜烂甚者加生石膏 30g；前后阴糜烂重者加黄柏 6g，苦参 20g，并以苦参片 60g 煎水外洗。

3 周为 1 疗程，轻则 1 疗程，重则 2 疗程。

临床症状消失后，进以知柏地黄丸，每日 3 次，每次 6g，连用 1 月。以防复发，病程长，复发次数多者，连服 3 个月巩固，以防复作。

药物分析：龙胆草、黑山栀、黄芩泻肝经实热；木通、滑石、泽泻清利湿热；川连泻胃火，生大黄通腑下行，清胃中实热；生草梢引药下行；生地、当归、丹皮防其火盛劫阴兼清血热；柴胡条达肝气。全方以达清肝经湿热，下潜胃火以护阴液。

知柏地黄丸滋阴清相火，以滋水涵木，防其木火偏盛。

三、疗效判断标准

远期痊愈：治愈后随访 2 年未发作者；近期痊愈：治愈后随访 1 年未发作者；好转：治愈后复发时隔延长，症状明显减轻者；无效：治疗后，症状无好转或改为它法治疗者。

四、治疗结果

远期痊愈 85 例，占 78.7%；近期痊愈 102 例，占 94.4%，好转 2 例，占 1.9%，无效 4 例，占 3.7%。

五、典型病例

黄某，女性，37 岁，工人。病程 4 年，以口腔溃烂，会阴疱疹为主，偶见两目赤烂，反复发作。经本市医院、北医大诊断为眼、口、生殖器综合征。用激素及免疫抑制剂、维生素类治疗，症状均能控制。但屡屡复发，尤以经期复发为多，痛苦不堪。1995 年 7 月 19 日初诊：此次发病 5 天，西医治疗效果不佳。症见口腔溃烂作痛，溃烂 4 处，大如绿豆，表面白色有糜点、咽红、乳蛾微红。邀妇科检查，正值经期，外阴泡疹有烂点、色红、肛周亦有疱疹水肿，体温 37.8℃。口干苦，小溲赤，大便 4 日未行。舌质红苔薄黄腻，脉弦数。中医诊断为狐惑病，辨证为肝经湿热郁盛，胃火上炎之症。治进以龙胆泻肝汤合清胃散加减。龙胆草 15g，黑山栀 12g，黄柏 6g，大生地 15g，川连 6g，木通 12g，生大黄 6g（后入），苦参 20g，生草梢 5g，滑石 12g（包煎），春柴胡 12g，黄芩 6g，全当归 9g，湖丹皮 6g，车前子 12g（包煎），生石膏 20g。每日 1 剂，2 次水煎，上下午各服 1 次。5 剂后，口腔溃疡已收口，月经已净，会阴及肛周溃烂好转，水肿亦退。大便日 1 次质溏，小溲转清，体温 36.8℃，继进上药 7 剂口服，并以苦参 60g 水煎，每日 3 次外洗会阴部及肛周部。内服外洗 1 周，诸症痊愈。后再进口服药 1 周，以巩固。继后唯时有口干、阴涩、腰膝酸软，用知柏地黄丸，每日 3 次，每次 6g，连用 2 月。随访 3 年，旧病未作，至今仍未复发。

六、体会

经络学说认为：足厥阴肝经循股阴，入毛中，过阴器，抵小腹，挟胃。足阳明胃经下循鼻外，入上齿中，还出侠口，环唇，下交承浆。“肝开窍于目”。笔者认为：狐惑病以肝经湿热为本，上害则目赤作红，下注于阴，蚀为阴部起泡溃烂，传于胃经，胃火上炎则口舌生疮糜烂，现黄白色烂点。子病及母，肾阴被灼，水亏则木火难制，故屡屡作犯，病情缠绵。故笔者依据中医经络学说理论，在狐惑病发作期以临床治愈为先，故以龙胆泻肝汤合清胃散加减为主，以清肝经湿热，平胃中之火；临床症状消失后，进以知柏地黄丸滋阴清热，从本论治，以防复发。

［《河北中医药学报》2002；17（2）：6］

仲景三黄汤考源及验案二则

毛绍芳　河南省南阳市第二人民医院
刘世恩　河南省南阳张仲景医学研究所

仲景方论奥妙无穷，验于临床每取良效。然而，在《伤寒杂病论》全卷撰成之后，“几经兵燹，几番播迁，几次增删，几许抄刻，亥豕者有之，杂伪者有之，脱落者有之，错简者有之”。由于每一朝代所能见到的传本均不尽相同，或编次倒置，或文意悬隔，或有证无方，或有方无药等，致使仲景有些方药失传，间或个别能传至今日，但又不能得到认真的研究整理和开发利用，仲景三黄汤即是一例。该方系由唐代著名医学家家孙思邈从民间搜采而来，载于《千金要方·卷八·偏风第四》门下，文曰：“治中风，手中拘挛，百节疼痛，烦热心乱，恶寒，经日不欲饮食，仲景三黄汤方。麻黄三十铢，黄芪十二铢，黄芩十铢，独活一两，细辛十二铢。上五味，㕮咀，以水五升，煮取二升。分二服，一服小汗，两服大汗。心中热，加大黄半两；胀满，加枳实六铢；气逆，加人参十八铢；心悸，加牡蛎十八铢；渴，加栝蒌十八铢；先有寒，加八角附子一枚。此方秘不传。”本段文字在继孙思邈之后的王焘所撰著的《外台秘要》中也有转载。遗憾的是，该方却没有载入自宋朝以来盛传的《伤寒论》和《金匮要略方论》之中，因此，多数医家对其不甚了解。从本段文字最后孙氏所注“此方秘不传”五个字和《外台秘要》在本段文字最后的“此方神秘不传”六个字当中，足见一千多年前孙氏在搜采本方时所付出的艰辛劳动以及本方的珍贵程度。笔者在读书过程中，发现此缺憾并深信“秘不传”三字，试用本方治疗疑难杂证，结果效验极著。此举验案2则，以示拙用。

案1：杨某，女，68岁，2000年5月10日首诊。患者自述，2年来自觉全身肌肉及关节困痛，尤以腰及双膝关节疼痛较剧，伴倦怠乏力，微恶风寒，局部肌肉不时抽筋，持续时间3min～10min不等，稍劳作或天气变化即加重。曾先后在本市多家医院就诊，经查：Bp17.29/10.64kPa，心、肺、肝、脾等未发现病理性改变，血清胆固醇、甘油三酯、抗“O”、血沉等项检查指标均属正常范围，血清钙2.0mmol/L，X线示双侧膝关节均呈退行性病变、轻度骨质增生。鉴此，前医均按低钙血症、老年性骨质疏松症、老年性骨关节退行性疾病等给以治疗，长期服用维生素D、钙片、维生素C、盖中盖及芬必得胶囊、汉桃叶片等补钙、止痛药物，均不见好转。近两个多月来，因家中建房劳累，以上症状又日趋严重，方求治于余。经询问得知，患者除上述症状外，时常心情烦躁，纳食及睡眠均差，且大便秘结，舌质暗，苔薄黄，脉沉细涩。四诊合参，判为外内合邪，虚实夹杂，病属仲景三黄汤证无异，乃投三黄汤加味：炙麻黄9g，独活15g，细辛6g，黄芪30g，黄芩12g，大黄6g，白芍30g，甘草10g。嘱患者日煎服1剂，连服3剂后再来应诊。二诊时患者及家属兴奋不已，述服药2剂后，疼痛即明显减轻，大便通畅，饮食增加，睡眠也有所好转。便通痛减，药已中的，首诊方减去所加之味再服3剂。三诊时患者原有症状基本消失，为巩固疗效，嘱按二诊处方再服6剂。先后共服仲景三黄汤12剂顽疾告愈，随访至今无复发。

案2：赵某，男，71岁，2001年4月6日首诊。患者自述1个多月前曾伤风感冒，当时发热、恶寒、头痛、鼻塞、流涕、周身关节疼痛，伴咳嗽、吐痰。经在附近门诊打针、输液、服药（药名不详）1周左右，上述诸症基本消失，随之出现时时恶寒、纳食及睡眠均差、关节酸困乏力、稍事活动则气喘嘘嘘等，曾求治于中医服补中益气汤等仍不见好转。查其舌质淡，苔薄黄，脉弦细。遂投仲景三黄汤加味治疗。处方：炙麻黄9g，细辛3g，独活12g，黄芪25g，黄芩9g，柴胡12g，党参12g。水煎服，每日1剂。4月8日二诊，述服上药2剂后，时时恶寒、气短、关节酸困明显好转，但纳差、眠差仍存，遂更易处方为：炙麻黄9g，独活9g，细辛3g，黄芪30g，黄芩12g，苏梗9g，五味子15g。结果服药3剂告愈。

按 上述2则验案，虽然病状不同，但其发病机理均属正气虚于中、热邪扰于上、风邪袭于外所致，因而同用仲景三黄汤而收良效，体现了祖国医学“异病同治”之理。案1首诊处方中加大黄、白芍、甘草，一则取其协助黄芩清热之理，二则取其酸甘化阴、润肠通便之意，三则取其缓急止痛之功。案2首诊方中加柴胡、党参，意在和解少阳，结果服药2剂，少阳枢机通畅，随即减之，于二诊方中改加苏梗、五味子，旨在宽胸胃以促进饮食，敛心气而安定心神。

[《国医论坛》2002；17（2）：13]

乌梅丸临床研究近况

邹世昌　广西柳城县人民医院

乌梅丸一方首见于《伤寒论》厥阴病篇，由乌梅、细辛、干姜、黄连、当归、附子、蜀椒、桂枝、人参、黄柏组成，主治蛔厥、久利。乌梅丸的临床应用发展到今天，其治疗范围已非常宽广，除了蛔虫病和久利外，几乎适用于整个肝胆肠胃系统疾病[1]，并广泛应用于内、外、妇、儿各科多种疾病[2]。

一、理论研究

曲夷等指出乌梅丸寒热互济，辛甘酸苦并用，具有补泻兼施、温清并举、气血两调的特点。此方原为治疗蛔厥而设，其作用机制重在温脏补虚以安蛔，并非直接驱杀蛔虫。认为将蛔厥证等同于现代医学之胆道蛔虫病的说法是错误的。乌梅丸症状上寒热并见，可表现为内热外寒或上热下寒，其病机总为本虚标实，以虚寒为本，邪实为标[3]。周尔文等观察到乌梅丸对小鼠巨噬细胞吞噬功能有增强作用[4]。近代对乌梅丸的药理研究：能麻醉蛔虫，抑制蛔虫的活动，而且能使欧狄氏括约肌弛缓扩张，使蛔虫退回十二指肠，而使胆道蛔虫病治愈[5]。高天旭认为把乌梅丸归入驱虫剂，视为治蛔之专方，则未免失之局限，应视为一首寒热并用，调和阴阳之剂，是一首治疗三阴病良方，即肝脾肾三脏同病者。从病机上分析：脾肾虚寒，土不培木，加之水不涵木，导致肝经血虚，化火上炎，而肝经发病又会木郁克土，致使土不制水，如此相互影响而形成虚实并见、上热下寒之证。实属三阴同病，以厥阴风木为主。方中乌梅酸敛补肝，以助厥阴春生之气为君药；臣以当归、桂枝辛甘性温以助乌梅养血补肝，疏木达郁；配伍人参、干姜、附子、蜀椒、细辛温补肾阳，暖脾和中为佐使；更佐黄连、黄柏味苦性寒以清上热。诸药合用，三阴并治，可使水暖、土和、木达，以求温脏、补肝、成春之功[5]。薛建国等认为乌梅丸正是通过刚柔相济，体用双调，寒热并用，补泻兼施，开合升降，调畅气机的方法进行组方的，使互不协和的脏腑功能趋于协调平和，达到治病疗疾的目的，充分体现了和解剂的配伍特点，故把乌梅丸归入和解剂是较为正确和合理的[2]。刘英峰认为乌梅丸不仅为厥阴主方，也不失为理肝之要剂，完全可以在木土相克理论的指导下，广泛而灵活地运用于多种肝脾不和、肝胃不和的病症中去。而其特别于其他方证之处就在于它以肝风混挟寒热而乘虚克脾犯胃为辨证用方之要点而已[6]。刘英峰又认为，厥阴主症，不仅有阴阳错杂之势，而且有肝风内扰之机；厥阴主方，不仅有燮理阴阳之功，而且有敛肝熄风之效。临床证治，若能准确把握厥阴风象的内动特征，注重运用酸收熄风的独特治法（厥阴阴阳动荡之风，其性夹杂，攻嫌太过而补嫌有余，温散则助热而上逆，清镇则助寒而下陷，唯以酸收敛肝，护体制用，虚实两顾而无攻补之过；再佐苦辛，收中有散而无寒热升降之偏，由于使其动荡之势于阴阳燮理之间归复于平和），又能根据证型的具体兼夹，对乌梅丸进行随机化裁和灵活变通，便能摆脱乌梅丸仅用于安蛔、止利的范围，步入广泛运用的境界，真正发挥其厥阴主方——理肝要剂的重要作用[7]。

二、临床研究

乌梅丸改汤剂辨证加减应用于临床已非常广泛。尹有学将乌梅丸原方去黄柏，加吴茱萸、川楝子、延胡索、杭白芍、炙甘草，用于治疗胆道蛔虫症 11 例（均服药 3～5 剂），结果治愈 10 例，好转 1 例[8]。杨增昌等用乌梅丸加减治疗胆囊术后胆道蛔虫、胆道蛔虫合并胆囊炎和胆结石、胆道蛔虫合并胆囊炎等 3 例患者，取得满意效果[9]。李德胜用乌梅丸合承气汤治疗胆道蛔虫病 28 例，结果总有效率为 96.4%[10]。夏远录用乌梅丸随症加味（方含乌梅、党参、附子、干姜、黄连、桂枝、当归、黄柏各 10g，川椒、细辛各 5g。腹痛，肛门坠胀加木香、升麻、枳壳；大便粘液多加瓜蒌皮；血多加仙鹤草；便秘加白芍。日 1 剂，水煎服）治疗慢性结肠炎 72 例，结果总有效率为 96%[11]。丁阁修等用乌梅丸（乌梅 18g、桂枝、黄连各 9g，红参、黄柏、白茯苓、五味子各 15g，干姜、附子各 6g，白术 12g，炙甘草 10g）加减配合灌肠（白头翁、黄芩、黄柏、黄连、桂枝、白矾）治疗慢性顽固性泄泻 100 例，结果总有效率为 96%[12]。余俊用乌梅丸原方加乌贼骨、浙贝治疗慢性浅表性胃炎 48 例、胃十二指肠溃疡 14 例引起的胃脘痛，辨证分型以寒热错杂为主，结果总有效率为 95.2%[13]。李国鑫用乌梅丸为主辨证治疗胆汁性肝硬化继发肝肾综合征 2 例，均获痊愈[14]。刘和强用乌梅丸加减（乌梅 10g、尖槟榔、黄芩各 12g、党参 20g、熟附子、川椒、炮姜各 6g、大枣、麦冬、丹参各 15g）治愈顽固性心绞痛 1 例[15]。刁锦昌等用乌梅丸加减（红参、附子各 8～10g、五加皮、黄精、玉竹各 20g，乌梅、桂枝、黄连、黄柏各 10g，三七、甘草、细辛、川椒各 3g，干姜 5 片）治疗老年人高血压性心脏病和冠心病所致隐性心衰 39 例，结果痊愈 26 例，有效 12 例，无效 1 例[16]。韩梅英等用乌梅丸加减（乌梅炭 30g，党参 20g，当归、黄柏各 15g，黄连、细辛、姜炭、川椒、贯众炭、棕炭各 10g，附子、桂枝各 6g）治疗崩漏 18 例，结果治愈 16 例，无效 2 例[17]。老昌辉用乌梅丸加白芍、黄芪并随症加减（若偏热者加重黄连、黄柏用量；偏寒者加重干姜、制附子用量；血虚明显者加重当归用量，并加首乌 30g；急性发作者加地肤子、蛇床子各 20g）治疗慢性荨麻疹 27 例，结果痊愈 17 例，有效 8 例，无效 2 例[18]。陈乔松用乌梅丸加减治疗具有寒热错杂症状表现的牙痛、盗汗等2例患者，获得良效[19]。

综上所述，乌梅丸在临床中应用机会较多，治疗疾病的范围较广泛，只要是遵循辨证论治原则，不论哪一种病，当其出现虚实夹杂、寒热错杂时，即可运用乌梅丸进行加减治疗。笔者在临床中应用乌梅丸，除了用于脾胃病外，还用于胆道结石、尿道结石的急性发作期，取得较好的止痛效果，还辨证用于治疗脑血栓、慢性充血性心力衰竭、眩晕症、慢性乙型肝炎、哮喘等，都取得较理想的效果。

参考文献

[1] 宋乃光，李瑞主编. 神奇的中医八大名方［M］. 北京：中国中医药出版社，1997：241.

[2] 薛建国，赵鸣芳. 乌梅丸归属探析［J］. 南京中医药大学学报，1995；11（5）：10.

[3] 曲夷，张桂珍.《伤寒论》乌梅丸方证辨识［J］. 山东中医药大学学报，［J］1998；22（6）：425－427.

[4] 周尔文，张国俊，魏连海等. 乌梅丸对小鼠巨噬细胞吞噬功能等项实验的观察与分析［J］. 中国实验方剂学杂志，1999；5（3）.

[5] 高天旭. 乌梅丸刍议［J］. 河南中医，1996，16（2）：10.

[6] 刘英峰. 木土相克理论与乌梅丸的运用［J］. 河南中医，1996；16（2）：9.

[7] 刘英峰. 以厥阴主风理论指导乌梅丸的推广运用［J］. 中医杂志，1998；39（1）；15.

[8] 尹有学. 加减乌梅丸治疗胆道蛔虫症11例［J］. 新中医，1995；27（1）：49.

[9] 杨增昌，毛兴兵. 乌梅汤治疗胆道蛔虫病［J］. 新中医，1999；31（3）：50.

[10] 李德胜. 乌梅丸合承气汤治疗胆道蛔虫病28例［J］. 实用中西医结合杂志，1994；7（6）：336.

[11] 夏远录. 乌梅汤治疗慢性结肠炎72例［J］. 国医论坛，1996；11（4）：10.

[12] 丁阁修，丁杰林. 加减乌梅汤配合灌肠治疗慢性顽固性泄泻100例［J］. 浙江中医杂志，1997；32（1）：29.

[13] 余俊，乌梅丸治疗胃脘痛62例［J］. 云南中医中药杂志，1999；20（1）：23.

[14] 李国鑫. 乌梅丸为主治愈胆汁性肝硬化继发肝肾综合征［J］. 浙江中医杂志，1996：31（12）：550.

[15] 刘和强. 乌梅丸治疗顽固性心绞痛1例［J］. 新中医，1994；26（3）：43.

[16] 刁锦昌，张适宜. 乌梅丸治疗隐性心衰39例［J］. 中医杂志，2000；41（2）：121.

[17] 韩梅英，张淼，张兰菊. 乌梅丸加减治疗崩漏［J］. 内蒙古中医药，1998；17（3）：26.

[18] 老昌辉. 乌梅丸治疗慢性荨麻疹27例［J］. 新中医，1995；27（6）：48.

[19] 陈乔松. 乌梅丸新用［J］. 新中医，1996；28（10）：53.

［《内蒙古中医药》2002；（2）：44］

当归四逆汤治疗重症顽疾举隅

赵明芬　新疆昌吉州中医院

当归四逆汤出自《伤寒论》一书，张仲景用之于厥阴病“手足厥寒，脉细欲绝者”。而笔者在临床中，运用于某些疑难重病治疗而获佳效，现不揣鄙陋，报道如下。

一、强直性脊柱炎

刘某，男性，31岁。因久居湿地，致双足底疼痛半年，得温则舒。后增右膝关节肿胀，起蹲困难。腰部酸困，双骶髂关节酸痛。前医均以“类风湿性关节炎”论治，中药予独活寄生汤、桃红四物汤服用而无效，于2000年7月就诊，查血沉85mm/h，类风湿因子阴性，抗“O”＞500，膝关节腔积液穿刺为淡黄微混液体，细菌培养阴性，未找到结核杆菌。HLA－$B_2$7阴性，双骶髂关节CT扫描：两骶髂关节模糊；胸片、跟骨、膝关节X线片无特殊变化。面色略黑而少华，触之两足湿冷，舌质淡红，苔薄红，脉沉细而迟，中医诊断：痛痹。西医诊断：强直性脊柱炎。西药予“柳氮磺胺吡啶”及“扶他林”等药服用。效果不明显，予中药养血通脉，温经散寒。当归四逆汤加味：当归15g，白芍药15g，桂枝15g，细辛10g，炙甘草6g，通草6g，大枣12枚，制附片10g，薏苡仁30g，鸡血藤30g，每日1剂，水煎服，并每日1剂水煎外洗足部，连用1月，症状基本消失，血沉20mm/h，抗“O”＜250，嘱其此后常服“大活络丹”以善后巩固疗效，并服“柳氮磺胺吡啶”1年。

按　强直性脊柱炎，在西医亦属疑难病。中医典籍虽无此病名，但据其症状，归属“痛痹”范畴。《内经》曰：“风寒湿三气杂至合而为痹也。”又曰：“邪之所凑，其气必虚。”该患者先天禀赋不足，气血不充，寒湿之邪留滞经络，久而不去。上方以当归、桂枝、细辛、附子温经散寒止痛；白芍药、大枣、甘草、鸡血藤以益气养血和脉，而大枣之多又可制其温燥太过之弊。妙得通草通阳利湿，使寒湿之邪有所出路，其得薏苡仁之助，健脾祛湿，相得益彰，且少量通草淡渗之品无伤阴液，罗东逸曰："通草其性极通，善开关节，内通窍而外通荣。"清代叶天士曾曰："通阳不在温，而在利小便。"笔者认为：通阳不仅温，更重利小便。前医所用之方无效者，恐乃寒湿之邪无出路，更无通草通利关节之品。然值得一提的是该病例临床症状缓解后，仍应长年服用柳氮磺胺吡啶以求根治。

二、先天性心血管病、室间隔缺损、全心心力衰竭

刘某，男性，25岁，于18岁即发现有"先心病，室间隔缺损"，因经济条件有限，未予手术治疗。入院前1月出现心悸、气短，呼吸困难，咯白色泡沫样痰，双下肢重度凹陷性水肿，不能平卧。入院前已经使用西地兰、速尿，卡托普利等强心、利尿、扩血管治疗20天，双下肢水肿减轻，其他症状缓解不明显。入院后查血压12/8.1kpa，口唇紫绀，颈静脉怒张，心界向左下扩大，心尖搏动向左下移位，呈抬举样搏动，心率106次/分，律齐，P2亢进，胸骨左缘第三、四肋间有5/6级全收缩期粗糙吹风样杂音，二尖瓣区可闻及双期杂音，肝于剑突下4cm，肋下3cm，肝颈静脉回流征阳性，移动性浊音阳性，双下肢膝以下凹陷性水肿，心彩超提示：左心室、右心室肥大，室间隔缺损。心电图示窦性心动过速。电解质：K^+ 3.2mmol/L，Na^+ 126mmol/L，Cl^- 89mmol/L，Ca^{2+} 1.8mmol/L，肾功能：BUN 8mmol/L，Cr 108μmol/L，Co_2 cp20mmol/L，uA318μmol/L。患者面色苍白，四肢欠温，少气乏力，头晕，纳差，舌质淡红，苔薄白，脉沉细而数，中医诊断：心悸。西医诊断：先天性心血管病，室间隔缺损，全心心力衰竭（心功能四级）。电解质紊乱。鉴于血压低，电解质紊乱，遂停用强心、利尿、扩血管之西药。给予补充电解质。中药予当归四逆汤加味以温阳散寒，养血复脉。处方：当归30g，白芍药20g，桂枝15g，细辛10g，炙甘草6g，通草10g，大枣12枚，制附片15g，黄芪30g，红参10g，茯苓10g，水煎服，1剂服完，手足顿温，诸症均减，血压升至13.3/9.4kpa，原方再服1周，诸症消失。血压15.9/10.7kpa，心率86次/分，腹水消失，电解质纠正，肾功能正常。病情平稳后转上级医院手术而愈。

按 此例患者病情较重，且电解质紊乱，病情复杂，西医颇为棘手。祖国医学虽无"先心病"病名，但据临床表现，常属"心悸"、"水肿"之属。患者先天心肾之阳气不足，久病则阴血暗耗，阴寒凝滞，阳气不达四末。而"是方桂枝得归、芍，生血于营；细辛同通草，行气于卫；甘草得枣，气血以和。且缓中以调肝，则营气得至手太阴，而脉自不绝；温表以逐邪，则卫气行四末，而手足自温"。（清·柯韵伯《伤寒来苏集》）。本例患者处方时增附片以配桂枝，温阳之力更大，党参、黄芪配甘草、大枣，益气之功更著。茯苓协通草，健脾利小便，故疗效更卓。而现代药理研究，当归、桂枝等可扩血管，改善微循环，党参、黄芪、附子、细辛可强心；茯苓、通草利尿以减轻心脏前负荷，诸药合用，具有强心、利尿、扩血管之意，且无血压下降、电解质紊乱、洋地黄中毒之弊。

三、类风湿性关节炎

李某，女性，63岁。四肢小关节疼痛发作十余年，遇冬春及阴天更显，得温则舒，时时畏寒，喜着厚衣，遍服中西药物，症状无减轻，于1999年3月就诊，观其手指呈梭形改变，面色晦暗，手足不温，舌质淡红，苔薄白，脉沉迟而涩。血沉58mm/h，类风湿因子阳性，抗"O" >500，手指关节X线片示：关节腔隙变窄。中医诊断：尪痹。西医诊断：类风湿性关节炎。嘱其停服西药。中药予以温阳散寒，养血和脉。处方：当归15g，白芍药15g，桂枝20g，细辛10g，大枣12枚，炙甘草6g，木通6g，制附片10g，鸡血藤30g，秦艽15g，每日1剂，水煎服，连服半月，疼痛基本消失，血沉15mm/h，类风湿因子阳性，抗"O" <250，嘱其再服半月，随访1年未复发。

按 该病例老年气血不足，寒湿流注关节，不通则痛。清·尤怡认为："夫脉为血之府，而阳为阴之先，故欲续其脉，必益其血；故益其血，必温其冷。方用当归、芍药之润以滋之；甘草、大枣之甘以养之；桂枝、细辛之温以行之；而尤藉通草之入经通脉……"（《伤寒贯珠集》）。是方再加附片、鸡血藤、秦艽之品则温通经脉，养血散寒之功更著，其组方精当，较之独活寄生汤类，药专力宏，无掣肘之品，且寒湿之邪从小便而出，故疗效甚捷。

四、顽固性痛经

李某，女性，25岁，未婚。有痛经史3年，每次均服用芬必得，元胡止痛片等药。收效甚微，且久之胃脘疼痛时作。曾针灸治疗，中药温经汤、少腹逐瘀汤、八珍汤亦服用，疗效不显，自述经期疼痛剧烈，少腹欠温，饮热水则舒，四肢无力，白带清稀，经量少而暗。刻诊：面色苍白，手足逆冷，言语低微，双手护其少腹。舌质淡，苔薄白，脉沉迟细弱。中医诊断：痛经。西医诊断：原发性痛

经。治宜养血散寒，温经止痛。当归四逆汤加味：当归15g，白芍药15g，桂枝15g，细辛10g，炙甘草6g，通草6g，大枣12枚，台乌药10g，熟附片5g，红花5g，水煎服。1剂服已，痛减十之六七，连服3剂，诸症若失。嘱其此后每次月经前3天连服上方3剂，连服3月而愈。

按 该例患者从舌脉，面色可知其肝血不足，寒凝经脉。前方重在散寒止痛殊不知正气不足，抗邪无力，徒耗正气而增其苦。上方桂枝、附子、细辛、当归之品温经散寒，自不赘述。然妙在大枣、白芍药、甘草养血和营，水足则渠通，更伍以通草以疏利经脉，则寒湿自去而经水自通，用该方此三味必不可少，且芍药、甘草相配，酸甘化阴以缓急止痛，桂枝、甘草辛甘化阳以温其表。再加台乌药、红花者，增其行气，活血止痛之力也。

五、顽固性荨麻疹

某女性，35岁。全身反复出现散在风疹3年，每遇冷，遇风即发，触凉水更重，甚则融合成云雾状风团，瘙痒，自述平素畏寒、恶风。3年来遍服中西药物而无效。诊时面色白而少华，全身散在红色皮疹。皮肤划痕征（+），舌质淡红，苔白腻，脉沉细。中医诊断：瘾疹。西医诊断：寒冷型荨麻疹。停服西药，中药以当归四逆汤加味以祛风散寒，健脾养血。处方：当归15g，白芍药15g，桂枝15g，细辛10g，炙甘草6g，通草6g，大枣12枚，熟附片10g，黄芪15g，防风10g，白术15g，每日1剂，水煎服，连服半月，症状基本消失，偶有发作，嘱其继服3月，而疗效巩固。该患者风寒之邪侵袭郁于肌表，营卫不和，久而不愈，究其因仍以气血不足为主。是方以当归四逆汤温阳散寒，通阳和营，更合以玉屏风散以健脾养血祛风，两方合用，相得益彰，则有是效。

按 当归四逆汤原主治厥阴病之手足厥冷，脉细欲绝。究其病理为寒凝经脉。上述六病虽不属厥阴病，但其有一共同机理为寒凝经脉，而该方以温通经脉，养血和脉见长。故其药证合拍，疗效可靠，异病同治之类也。方中之通草，虽在《长沙方歌括》中言明：“通草即今之木通，非肆中白松之通草”。但临床应用时二者仍可据病证选用，笔者认为，通草味淡能渗湿利水，性寒而有清热之效，但较木通性缓，清热之力亦弱，故似更适用于血虚寒凝患者，而木通久用，大量使用有伤肾之嫌。另外古有“细辛不过钱”之说，不可拘泥，仲景原方皆用三两，不仅此方，余如小青龙汤亦是此等剂量，考之汉之一两即今3.3g，三两合约10g，寒凝经脉者用此10g，不足言多，即内经“有故无殒”之意。当然阳盛之体，即当慎用，仲景有“桂枝下咽，阳盛则毙”之戒，不可不知，另外方中大枣用至12枚至25枚之多，是否有壅滞之弊，苔白腻者是否可用？笔者认为：方中温燥之品自可散其寒湿之邪，苔腻白化，而大枣又可制其温燥，且甘草、大枣与细辛、当归、桂枝同用，一动一静，阴阳互根，故临证立方，切合病机，疗效较佳。

［《上海中医药杂志》2002；（3）：25］

《伤寒论》方药应用三则

温荣达　赵春栋　李永康
山东省临清市中医院

一、吴茱萸汤治疗胁痛腹胀

管某，男，54岁，1998年3月10日就诊。患“肝病”4年，时轻时重。常年服用保肝西药，并间断应用中药，屡治不应，肝功能一直未能恢复正常。近1月来症状加重，症见肝区隐痛，脘闷腹胀，食欲不振，恶心欲呕，口淡无味，畏寒喜暖，乏力，小便清长，大便溏薄。脉沉细无力，舌质淡白，苔白腻。肝功能检查：谷丙转氨酶180U，麝浊20U，黄疸指数5U，表面抗原阳性。超声波检查：肝实质回声增强，欠均。辨证属肝病及脾，脾胃虚寒。治则：温中健脾，暖肝和胃。处方：吴茱萸10g，党参20g，炒白术15g，茯苓15g，陈皮9g，醋香附12g，生姜10g，大枣5枚，炙甘草5g，水煎服。服上方5剂，胁痛、腹胀明显减轻，食纳增加。守方继服10剂，患者自觉无不适，饮食倍增，大便正常，六脉和缓，舌质淡红，苔薄白。上方去香附，加砂仁5g，又进20剂，患者已无不适感，复查肝功：谷丙转氨酶62U，麝浊12U，黄疸指数5U，乙肝表面抗原阳性。守法再调，处方：吴茱萸10g，党参15g，白术10g，茯苓10g，砂仁5g，生姜10g，五味子5g，大枣5枚　炙甘草6g。20剂后复查肝功：谷丙转氨酶35U，麝浊4U，黄疸指数4U。后依上方制蜜丸每次9g，每日2次，服用3个月巩固疗效，随访2年未见复发。

按 本例患乙型肝炎4年之久，胁痛、腹胀久治不愈，故投吴茱萸汤暖肝温胃，健脾而奏效。寒则收引凝滞，肝得暖则气血条达而痛止；脾虚失运，脾健胃和则气运胀除。慢性肝炎，肝脾互相影响，日久形成肝寒脾虚之证已为临床所常见，故投以吴茱萸汤而见效。

二、五苓散治疗多饮症

陈某，男，46岁，1996年6月12日就诊。患者渴饮无度，昼夜饮水超过5000mL，尚觉口舌干燥，纳食尚可，唯觉精神疲惫，小便清长。曾服沙参、麦冬、天花粉等中药，效果罔然。察其舌脉，舌质淡红，舌苔白滑，脉象沉滑。化验检查：尿糖阴性。细审其证，热象不著。辨证为水湿内停，气化不利，水津不能上承所致，当以五苓散化气利水，敷布津液。处方：桂枝6g，茯苓10g，泽泻10g，白术10g，猪苓10g，水煎服，每日1剂。患者服3剂后，口渴多饮明显减轻，每昼夜饮水减至约3000mL，效不更方，继服10剂，诸症皆除。

按 五苓散是治疗由于水湿内停，阻遏三焦，气化不利而引起的多饮、多尿、水肿及小便不利等证，具有化气利水的功效。本病例是以口渴多饮为主症，唐容川在《伤寒论浅注补下》一书中说："五苓之渴饮水，是水停不化气，气不布，则津不升"。用五苓散以猪苓、茯苓、泽泻、白术健脾利水，使水湿能化；配桂枝温阳化气，使气化宣行，津液得以上承，药证相合故服数剂获良效。

三、芍药甘草汤治疗脚拘挛

王某，男，12岁，1998年8月8日就诊。患者自1997年10月以来，每于睡前两足拘急，痛不可忍，痛时面黄汗出，发作持续时间10~45分钟不等，须经家长用力推其两足，或注射镇静止痛药，疼痛方缓，几乎每至暮夜必作。曾多方求治诊断不明。近2周来拘挛疼痛加剧，同时两手亦现拘急。视其面色黄白无华，形体瘦弱。且性情急躁，腹痛喜按，大便时有干燥，小便稍黄，脉象滑数，舌质稍红，苔薄白。此乃肝阴不足，筋脉失养。取芍药甘草汤治疗伤寒误汗脚挛急之意，试拟白芍30g，甘草15g，5剂，每日1剂。服后双足拘急、疼痛减半。原方继服5剂，诸症消失。随访1年无复发。

按 芍药甘草汤为张仲景复阴的妙方。其药少力专，酸甘化阴，具有补养阴血，舒挛止痛的功效。本病例系因肝血不足，血不养筋所致，投以本方，药证合拍，故服数剂立获捷效。

[《甘肃中医》2002；15（3）：33]

六经辨证诊治痰证5例

娄绍昆　温州职工中等卫生学校

治痰证不困于病而困于方、困于药。笔者以六经辨证为指导，运用方证辨证、药证辨证的方法，治疗痰证颇见功效。兹举数例病案及临床体会，以供参考。

一、肥胖病（痰湿壅滞）

林某，男，40岁，工人，1995年9月20日初诊。身高1.68cm，体质量83kg，曾被确诊为"肥胖症"、"高脂血症"，服西药及减肥中药多月，未效。近1个月来，日趋肥胖，竟增加到93kg。刻诊：自觉全身皮肤有绷紧感，身倦，神疲，嗜睡，口淡时苦，涎多，呕恶嗳气，纳增便软，肠鸣矢气，脉缓，舌淡，苔白腻，舌苔上有痰涎稠黏。腹诊：心下痞硬，按之微微不适，大腹便便，按之松软。此为太阴类病，痰湿内蕴，脾胃气机升降受阻，使脾主肌肉、四肢之职失司。法宜调和脾胃、辛开苦降，予半夏泻心汤加味：半夏20g，黄芩、党参、干姜、荷叶各10g，黄连3g，大枣3枚，炙甘草3g，山楂30g。每日1剂，共服15剂，体质量下降3.5kg，自觉神振脘舒，呕恶减少，大便成形。效不更方，仍宗上方化裁，续服15剂，体质量又降4kg，臃肿体型渐消，心下痞硬之症稍减。原方加减继服15d，体质量降至80kg。继以上方煎汤代茶，每日频服，坚持2个月，体质量降至75kg，血脂各项指标均明显下降，接近正常范围。随访2年，一切正常。

按 中医认为"肥人多痰湿"、"肥人多气虚"，所以临床辨病不难。但投以何方何药？实为取胜之关键。此患者舌淡舌苔白腻而多稠黏痰涎，是典型的"半夏舌"、"干姜舌"。腹诊心下痞硬，属半夏泻心汤类证，验之"呕恶、肠鸣、便溏"诸症，符合《金匮要略·呕吐哕下利病脉证治第十七》中"呕而肠鸣，心下痞者，半夏泻心汤主之"。山楂、荷叶是治疗肥胖病的专病专药，故加之增强疗效。

二、乳腺囊性增生病（乳癖痰核）

刘某，女，30岁，干部，1993年9月23日初诊。患者生性乖张，结婚5年来，生育一女，但与丈夫性情不合，时时争吵。婚后两乳渐生肿块，不时窜痛，每值经水来潮之前，胀痛灼热尤甚。刻诊：正值经期将潮，上述诸症加剧，两乳可触及鹅卵形肿块，左二右一，触之疼痛，质软可以移动。自觉口苦咽干，头眩，多梦。晨起漱口时，有龈血和呕恶感。胃脘时有胀痛，便秘多日一行。脉弦滑有力，舌暗淡红，苔黄腻。腹诊：胁下按之不适，右胁下叩之疼痛，心下至脐上痞胀，压痛明显。此为少阳阳明类病，肝郁痰凝热结。小柴胡汤合小陷胸汤加减化裁：柴胡、半夏、浙贝母各10g，黄芩、桔梗、枳壳各6g，黄连3g，瓜蒌、夏枯草、生牡蛎各20g，玄参15g，5剂。药后乳房疼痛肿胀日趋减轻，适值经水来潮，上方加益母草15g，桃仁10g，继进5剂。服后诸症悉减，经净后，守初诊方15d，乳房肿块明显缩小，故少其剂继服40余剂，乳房肿块完全消失，腹诊正常。随访2年，未再复发。

按 乳房为少阳、阳明经所主。口苦，咽干，目眩，胸胁苦满，呕恶，脉弦，为少阳病小柴胡汤证；心下痞满，压痛，脉滑，为阳明痰热的小陷胸汤证。乳房肿块，中医视为乳癖痰核。此案采用柴陷汤合消瘰丸于病于证均合。方中夏枯草、玄参、浙贝母化痰散结，所以辨方证与专病专药相结合，其效更捷。

三、小儿多动症（痰浊内阻）

吕某，男，10岁，小学三年级学生。患儿是第1胎，第1产，足月顺产，母孕期无病，5年来时有喘咳、泻泄等证。患多动症已5年，平时注意力难以集中，多语多言，上课不能静坐，学习困难，畏怕考试，成绩偏差，纳呆，便结不畅，脘腹胀痞不适。刻诊：形体消瘦，面色苍白，恶寒恶风，口淡多涎，动则自汗，形寒肢冷，脉细缓，舌淡苔薄白而润。腹诊：腹平，腹直肌挛急。证属营卫失调，痰浊内阻，为太阳太阴合病，予桂枝汤合苓甘姜味辛夏仁汤化裁：桂枝、白芍、杏仁、半夏各6g，干姜、炙甘草各3g，大枣3枚，茯苓10g，五味子5g，细辛2g，每日1剂。1个月后复诊，上述诸症明显减轻，上课时注意力能集中，纳增，大便定时。上方剂量酌减，继服3个月而愈。随访2年，未见复发。

按 《内经》曰："诸风掉眩，皆属于肝。"小儿多动症病、因属"风"，病位在"肝"。此患者外有营卫失调，故有恶风，自汗，脉缓；内有寒痰内阻，故有口淡多涎，纳呆便涩，脘胀腹满。内外合病，上犯心肝而致神思涣散，多言多动。笔者以患者消瘦、多汗、恶风恶寒、肤色苍白、腹肌拘紧等症，诊为桂枝汤证；据肢冷、口淡多涎、时有喘咳、舌淡苔白等症，诊为苓甘姜味辛夏仁汤证，合剂而治，沉疴方除。

四、输尿管结石（痰瘀互结）

吴某，男，50岁，干部，1998年7月28日初诊。患肾结石2年。近3d出现阵发性腹痛，肠鸣欲便，临厕难解，小便艰涩而短黄，形寒肢冷，时有自汗。B超检查：右肾积水，右输尿管上段扩张，诊为右输尿管中段结石。刻诊：右腰部胀，叩之疼痛，腹胀拒按。脉象弦紧而不虚，舌暗淡白，苔白腻，苔上有黏痰样物。腹诊：全腹胀满，按之拘紧，右胁下延及右脐旁痞硬不适，重按而痛。病为痰瘀凝结成石，属太阴证，颇合大黄附子汤与芍药甘草汤证。生大黄（后下）、附子（先煎）各10g，细辛3g，白芍30g，炙甘草6g，2剂。急煎顿服，药后腹部胀满疼痛逐渐消失，随之畅排二便。全身舒畅，神倦欲眠。3d后再服1剂，诸症若失，腰部叩之不痛，腹部按之如常。随访2年，未见复发。

按 本例为痰瘀成石，久寒结实。患者腹部剧痛，形寒肢冷，舌暗淡白，苔白腻，脉弦紧，是寒之明证；腹痛拒按，腰痛畏叩，二便不畅，脉不虚是实证之象。"胁下偏痛"、"腹肌拘紧"、"阵发性痉挛样疼痛"、"脉紧"等符合大黄附子汤与芍药甘草汤证。

五、癫痫（痰蒙心窍）

王某，男，33岁，干部，1995年3月15日初诊。5年来患者经常昏倒、抽搐，无明显诱因，常一月数发。经神经内科检查，确诊为癫痫。刻诊：体型消瘦，面色苍白，时有腹痛，便溏夹有黏液，下肢浮肿，小便不利，色黄而短。发作时先觉背后发冷，旋即昏仆不知人，继而四肢抽搐，牙关紧闭，口吐白沫，历时5～10min，醒后乏力，畏寒形冷，头眩心悸，时有颤抖。舌淡暗，形大质嫩，苔薄白腻，脉沉弦。腹诊：腹肌菲薄，扁平，两腹直肌拘急，心下悸动，脐上按之跳动明显。此为太阴少阴合病，阳气不足，水饮上泛，蒙蔽心窍。治宜温阳利水，通阳化饮，用五苓散合真武汤加减：附子、白芍、桂枝、猪苓、泽泻各10g，白术15g，茯苓30g，生姜3片，5剂。第3剂服后，顿觉手足与前胸后背汗出，小便爽利，头眩稍减。5剂尽服后，诸症悉减，守方再服10剂。服药期间仅小发作1次，尚觉神疲，转方为春泽汤合小剂真武汤，连服3个月而痊愈，随访6年，未见复发。

按：患者消瘦，面色苍白，自汗，腹肌菲薄，按之拘紧，符合桂枝汤证；背冷，心下悸动，下肢浮肿，小便不利，为典型的五苓散证；形寒肢冷，腹痛，头眩，心悸，筋惕肉瞤，为真武汤证。脉症、舌象均符合痰证，故投五苓散、真武汤合剂而愈。后因邪去正虚，故加党参并小其剂而全功。此病治疗，如仅从病因出发，不作方证、药证的具体分析，恐怕不能中鹄。

［《安徽中医学院学报》2002；21（4）：27］

大陷胸汤免疫作用观察

王孝先　张　红　赵生俊
新疆医科大学中医学院

大陷胸汤见于《伤寒论》134 条："太阳病，脉浮而动数，浮则为风，数则为热，动则为痛，数则为虚，头痛发热，微盗汗出，而反恶寒者，表未解也。医反下之，动数变迟，膈内拒痛，胃中空虚，客气动膈，短气躁烦，心中懊侬，阳气内陷，心下因硬，则为结胸，大陷胸汤主之。若不结胸，但头汗出，余处无汗，剂颈而还，小便不利，身必发黄。"是治疗热与水结的大结胸证的方剂，具有峻下逐水、泻热破结的功效，是一首祛邪的方剂。我们采用现代医学免疫方法，对大陷胸汤的免疫作用进行了实验研究，现将实验观察情况报道如下。

一、大陷胸汤制备

大陷胸汤：大黄六两（18g），芒硝一升（15g），甘遂一钱匕（2g），上药煎汁两次，第一次加 10 倍量水，第二次加 8 倍量水，各煎煮 60 分钟，滤取合并二次药汁，浓缩至 35mL，溶入芒硝，再次煮沸并过滤，掺入甘遂末，制成 100% 大陷胸汤（每毫升药汁相当于原方剂药材量 1g）备用。

二、巨噬细胞吞噬功能实验

1. 实验动物　选择健康小白鼠 20 只，体重为 20～25g，雌雄各半，随机分组。

2. 鸡血红细胞混悬液制备　用无菌注射器从健康纯种莱烹鸡翅下静脉抽取鸡血，按 1：5 的比例与 AISVER 氏液混合，置于 4℃ 冰箱内保存备用。实验时取备用的鸡血加生理盐水，经 100 转/分离心 5 分钟，洗涤 3 次，配制成 5% 鸡血红细胞混悬液。

3. 实验方法　将小白鼠随机分为大陷胸汤实验组和生理盐水对照组，每组 10 只。实验组小白鼠以 100% 大陷胸汤 0.5mL 经食道灌胃，每天 1 次，连续灌药 5 天；对照组小白鼠以 0.9% 生理盐水 0.5mL 升经食道灌胃，每天 1 次，连续灌药 5 天。于最后一次灌药前 1 小时，给每只小白鼠腹腔注入 5% 鸡红细胞混悬液 0.5mL。注入后 12 小时用颈椎脱臼法处死各组动物，取各鼠腹腔冲洗液制片观察。在显微镜（油镜）下每片观察 200 个巨噬细胞，计算巨噬细胞吞噬率和吞噬指数。

4. 实验结果　大陷胸汤对小白鼠腹腔巨噬细胞的吞噬作用结果见表 1。

表 1　大陷胸汤对巨噬细胞吞噬作用试验结果（x ± sD）

	巨噬细胞吞噬率（%）	巨噬细胞吞噬指数
盐水组	48.4001 ± 15.1502 *	0.9502 ± 0.3930 *
大陷胸汤组	67.8003 ± 10.960 * *	1.5511 ± 0.2804 * * *

与盐水组比较，* P < 0.05，* * P < 0.01，* * * P < 0.001

大陷胸汤组巨噬细胞吞噬率的均数与生理盐水组比较，经 t 检验（n = 10），大陷胸汤组巨噬细胞吞噬率增加非常明显（P < 0.01）；大陷胸汤组巨噬细胞吞噬指数的均数与生理盐水组比较，经 t 检验（n = 10），大陷胸汤组巨噬细胞吞噬指数增加特别明显（P < 0.001）。提示大陷胸汤有明显地提高机体非特异性免疫作用。

三、T 淋巴细胞实验

1. 实验动物　选取健康雄性小白鼠 16 只，体重为 20～25g，随机分组。

2. 鸡红细胞混悬液制备　同巨噬细胞吞噬功能实验。

3. 实验方法　将小白鼠随机分为大陷胸汤实验组和生理盐水对照组，大陷胸汤 7 只小白鼠，生理盐水组 9 只小白鼠。实验组小白鼠以 100% 大陷胸汤 0.5mL 经食道灌胃，每天 1 次，连续灌药 5 天。对照绸小白鼠以 0.9% 生理盐水 0.5mL 经食道灌胃，每天 1 次，连续灌药 5 天。于最后一次灌药前 1 小时，给每只小白鼠腹腔注入鸡红细胞混悬液 0.5mL。注入后 12 小时剪断各组小白鼠鼠尾，采血做推片，进行酸性 α－醋酸萘酚酯酶染色，计算每片 T 淋巴细胞数。

4. 实验结果　大陷胸汤对小白鼠 T 淋巴细胞实验结果见表 2。

表 2　大陷胸汤 T 淋巴细胞试验结果（x ± sD）

	T 淋巴细胞数
生理盐水组	67.1101 ± 3.8602
大陷胸汤组	56.8603 ± 15.1902

与盐水组比较 * P < 0.05，* * P < 0.01，* * * P < 0.001

大陷胸汤组 T 淋巴细胞的均数与生理盐水组比较，经 t 检验，大陷胸汤组 T 淋巴细胞数增加不显著（P > 0.05）。提示大陷胸汤对体细胞免疫功能无作用。

四、讨论

1. 现代医学免疫学认为淋巴细胞是免疫应答的主要细胞，巨噬细胞在免疫反应中起着重要作用。本实验以测定在血液中占淋巴细胞总数的70%～80%的T淋巴细胞为指标，观察大陷胸汤对小白鼠特异性免疫功能的细胞免疫作用影响；测定巨噬细胞的吞噬率和吞噬指数为指标，观察大陷胸汤对小白鼠非特异性免疫作用的影响。故较全面地反映了大陷胸汤对机体免疫功能的作用。

2. 测定T淋巴细胞时之所以要进行酸性α－醋酸萘酚酯酶染色，是因为具有酸性α－醋酸萘酚酯酶活性的淋巴细胞为T淋巴细胞。T淋巴细胞的细胞质内酸性α－醋酸萘酚酯酶能将孵育液内α－醋酸萘酚酯水解，产生α－萘酚和醋酸离子。α－萘酚和孵育液内的六偶氮制品红偶联在酶所在部位形成不溶性的棕红色沉淀物，从而起着标志T淋巴细胞作用。

3. 大陷胸汤对小白鼠腹腔巨噬细胞吞噬功能实验结果显示，巨噬细胞吞噬率和巨噬细胞吞噬指数增加均非常显著，提示大陷胸汤能增加机体巨噬细胞的吞噬功能，提高机体非特异性免疫功能。

大陷胸汤对小白鼠T淋巴细胞功能实验结果显示，T淋巴细胞增加不显著，提示大陷胸汤对T淋巴细胞无明显影响，即对机体特异性免疫的细胞免疫功能无明显作用。

综合上述实验结果，说明大陷胸汤具有提高机体非特异性免疫功能的作用，但无增加机体特异性免疫功能的作用。

［《新疆中医药》2002；20（4）：8］

干地黄在金匮肾气丸中抗衰老实验研究

管家齐　刘军莲　王传金
南京中医药大学

金匮肾气丸是《金匮要略》方[1]，为历代医家用于温补肾阳、延缓衰老的代表方。其抗衰老的实验研究已有很多报道[2~3]，干地黄同样具有延缓衰老的功效，相关实验研究也有不少报道[4]。本实验以学习记忆和巨噬细胞吞噬功能作为观察指标，对干地黄在金匮肾气丸中延缓衰老作用的机理作进一步探讨。

一、实验材料

1. 实验动物　昆明种小鼠60只，重20～25g，雌雄各半，本校实验动物中心提供（苏动质98005号）。

2. 试剂与药物制备　D－半乳糖由广州医药工业研究所提供；干地黄、山药、山茱萸、泽泻、茯苓、牡丹皮、桂枝，附子等由本校国医堂门诊部提供，经鉴定符合《中华人民共和国药典》规定。

金匮肾气丸制剂制备：按《金匮要略》取干地黄24g，山药12g，山茱萸12g，泽泻9g，茯苓9g，牡丹皮9g，桂枝3g，附子3g，置于玻璃烧杯内，加入5倍蒸馏水浸泡2h，文火煮沸30min，过滤，药渣再加3倍量水继续煎煮，煮沸20min后过滤，合并两次滤液，水浴浓缩至81mL，制成浓度为1g/mL的金匮肾气丸水煎剂；同样的方法，取山药12g，山茱萸12g，泽泻9g，茯苓9g，牡丹皮9g，桂枝3g，附子3g，制备金匮肾气丸原方去干地黄水煎剂57mL；以及取干地黄24g，制备干地黄水煎剂24mL。以上试剂4℃冰箱保存备用。

鸡红细胞制备：根据文献[5]，按无菌操作，自鸡翼下静脉取血，立即放入装有为取血量5倍的阿氏液三角烧瓶中，置0～4℃冰箱内保存备用。使用前，以无菌生理盐水离心洗涤3次，再用生理盐水配成5%细胞悬液。

二、方法与结果

1. 对衰老小鼠记忆的影响　昆明种小鼠60只，随机分成5组，第1～5组分别为正常对照组、模型组、干地黄组、金匮肾气丸去干地黄组、金匮肾气丸组。第3、4、5组小鼠每天灌胃给药（0.02mL/g体重），第1、2组同时给予等量蒸馏水。灌胃的同1天第2～5组小鼠背部皮下注射D－半乳糖（100mg/kg·d）[6~7]。连续给药6周，第39天上午开始训练。测定时将小鼠放入明箱，记录自放入明箱到钻洞进入暗箱的潜伏期，以及5min内进入暗箱的错误次数。5min内未钻洞者，潜伏期按300s计算。结果见表1。

表1　干地黄等水煎剂对衰老小鼠记忆的影响（$\bar{x} \pm s$）

组别	n	灌胃给药量 /mL·（g体重）$^{-1}$	潜伏期/s	5min内错误次数/次
对照组	10	–	235.8±73.2*	0.40±0.49**
模型组	11	–	94.2±23.2	2.50±1.16
干地黄组	12	0.02	174.2±68.0▲▲△	1.08±0.76▲▲△
去干地黄组	9	0.02	175.8±59.8▲▲△	1.11±0.57▲▲△
肾气丸组	11	0.02	233.2±52.6▲▲	0.45±0.50▲▲

注：对照组与模型组比，**P<0.01；用药组与模型组比，▲▲P<0.01；金匮肾气丸组与干地黄组、去平地黄组比，△P<0.05。

2. 对衰老小鼠巨噬细胞吞噬功能的影响　连续给药6周后，末次给药的同时每只小鼠腹腔注射5%鸡红细胞悬液0.4mL，10h后眼球取血并用脱颈椎法处死小鼠，消毒腹部，剪开腹膜，注入汉氏液2.5mL，轻揉腹部，用镊子提起腹膜，剪开一小孔，用长颈吸管吸取腹腔液2mL置于试管中。混匀后，吸出少量滴于载玻片上（液滴大小约为2cm×1.5cm）。将滴片平放在含湿沙的搪瓷盘中，置37℃温箱内孵育30min后，在生理盐水中涮去浮于滴片上的鸡红细胞，冷风吹干，甲醇固定5min，姬姆萨－瑞特氏染液染色5～10min冲洗，凉干。用油镜观察并计算巨噬细胞吞噬百分率及吞噬指数［吞噬百分率＝（吞噬鸡红细胞的巨噬细胞数÷100个巨噬细胞）×100%，吞噬指数＝100个巨噬细胞所吞噬鸡红细胞的总和÷100］。结果见表2。

表2　干地黄等水煎剂对小鼠巨噬细胞功能的影响（$\bar{x} \pm s$）

组别	n	灌胃给药量 /mL·（g体重）$^{-1}$	吞噬百分率（%）	吞噬指数
对照组	10		33.60±2.58**	0.82±0.09**
模型组	11		14.91±2.19	0.38±0.10
干地黄组	12	0.02	22.17±2.03▲▲△△	0.50±0.90▲▲△△
去干地黄组	9	0.02	23.67±1.49▲▲##	0.60±0.11▲▲#
肾气丸组	11	0.02	27.00±1.28▲▲	0.72±0.10▲▲

注：对照组与模型组比，**P<0.01；用药组与模型组比，▲▲P<0.01；干地黄组与金匮肾气丸组比，△△P<0.01；去干地黄组与金匮肾气丸组比，#P<0.05，##P<0.01。

三、讨论

从实验统计结果可以看出，模型组在记忆和免疫功能方面均显著弱于正常对照组，说明造模成功。用药组均不同程度地提高衰老小鼠学习记忆能力和免疫功能，表现在受训小鼠钻洞潜伏期延长，钻洞的次数减少，以及吞噬指数和吞噬百分率均不同程度地提高，其中以金匮肾气丸最显著。干地黄的作用也十分明显，去之，金匮肾气丸的作用减弱，说明经方中各药协同作用是金匮肾气丸抗衰老作用的基础。也由此可见干地黄是金匮肾气丸中不可缺少的主要药物。另外，从本实验结果还可以推测出，增强脑及免疫功能可能是金匮肾气丸和干地黄延缓衰老的机理之一。

参考文献

［1］彭怀仁．中药方剂大辞典．第6册［M］．北京：人民卫生出版社，1996，288.
［2］黄泰康，施承．中药方剂现代研究大典［M］．北京：科技出版社，1996，791.
［3］谢金龙．金匮肾气丸的抗衰老作用［J］．中成药．1993，15（11）：24.
［4］张鹏霞，曲凤玉，欧芹，等．熟地提取液对衰老模型小鼠NOS、NO、SOD和LOP的影响［J］．中国老年学杂志，1999，19（3）：174.
［5］陈奇．中药药理实验方法［M］．北京：人民卫生出版社，1994．169.
［6］龚国清．小鼠衰老模型研究［J］．中国药科大学学报，1991，22（2）：101.
［7］陈树元，金伟军，陈志良，等．D－牛乳糖致大鼠亚急性衰老模型的实验研究［J］．南京中医药大学学报，1998，14（6）：251.

［《南京中医药大学学报·自然科学版》2002；18（3）：169］

《金匮要略》栝蒌薤白汤类方研究概况

张　瑞　河南中医学院
（指导　宋建平）

《金匮要略》栝蒌薤白汤类方包括栝蒌薤白白酒汤、栝蒌薤白半夏汤、枳实薤白桂枝汤等方。因疗效卓著，近年来一直被奉为治疗胸痹的主方，并被移用于治疗其他疾病。现将近15年来生物医学期刊数据库中有关上述方剂的实验及临床研究综述如下。

一、实验研究

1. 对血液流变学的影响　陈琳等[1]将SD大鼠随机分为单味药组和栝蒌薤白汤复方药组，按高、低剂量灌胃给药3天后，测定全血粘度和红细胞压积。结果表明复方及各单味药均有不同程度地降低红细胞压积和血液粘度的作用，大剂量作用尤为明显。复方与单味药间无显著性差异。方永奇等[2]报告加味栝蒌薤白汤高低剂量组均能显著降低大鼠全血的低切粘度、还原粘度（RNB）、红细胞聚集指数（VAI）和硬化指数。

2. 对血小板聚集的影响　贝伟剑等[3]观察到栝蒌薤白汤对ADP或胶原诱导的家兔和大白鼠血小板聚集均有明显的抑制作用，并有一定的促解聚作用，量效关系成正比。栝蒌和薤白也有类似作用。体外试验的50%抑制聚集的剂量分别为复方2.99mg/ml，栝蒌3.83mg/ml，薤白7.76mg/ml，抑制聚集作用以复方最强，栝蒌次之，薤白较弱，提示栝蒌和薤白合用对抑制血小板聚集有协同作用。奥山彻等[4]取患者之新鲜全血，制成富含血小板血浆（PRP）及缺乏血小板血浆（PPP），观察栝蒌薤白半夏汤及构成之单味生药对血小板聚集力的影响。结果复方由于提取方法不同而作用有显著差别。以乙醇提取试液抑制聚集作用最强，而20%乙醇与4%醋酸之间几乎没有差别。

3. 耐缺氧研究　方永奇等[2]所做的小鼠常压耐缺氧试验结果显示，加味栝蒌薤白汤高剂量组能显著延长小鼠在常压缺氧条件下的存活时间。贝伟剑等[3]观察到不同剂量的栝蒌薤白汤均能延长正常小鼠和异丙肾上腺素所致的特异性心肌缺氧小鼠在缺氧条件下的寿命，提高小鼠对常压缺氧的耐受力。栝蒌和薤白均也显示相似作用，但以复方作用较强。

4. 对慢性阻塞性肺病的影响　奚肇庆等[5]观察到以栝蒌薤白汤加味制成的复方薤白胶囊，对实验性大鼠常压缺氧引起的肺动脉高压症有降低作用，能提高大鼠血浆PGI_2含量，抑制TXA_2，与心痛定组比较，可明显改善肺血管重组和减轻右心肥厚。

5. 对肺纤维化的影响　宋建平等[6]观察到了栝蒌薤白汤、麦门冬汤和肾气丸对平阳霉素所致纤维化大鼠肺部病理损伤的影响，结果提示上述3方均能减轻肺泡炎及肺纤维化程度，其作用强弱趋势为：栝蒌薤白汤 > 麦门冬汤 > 肾气丸。

6. 对心脏及其功能的影响　陈彬等[1]所做的大鼠心功能实验结果表明，栝蒌和栝蒌薤白汤均可显著或极显著降低HR、SBP、DBP、LVSP、dp/dtrux、R－dp/dtruax、Vmax及Vpm等指标，薤白对上述指标有降低趋势，但无统计学意义。贝伟剑等[3]取体重350g ± 80g健康雄性豚鼠按Lang－endorff氏法制备离体心脏进行灌流试验。结果表明，栝蒌薤白汤能扩张冠状动脉血管，增加冠脉流量。大剂量时对心脏有抑制作用，使心缩力减弱，心率减慢，量效关系成正比。栝蒌也有相似的作用。薤白对冠脉流量和心缩力无明显影响，大剂量时可减慢心率、特大剂量则使心脏完全抑制，心跳停止。

7. 对大鼠离体主动脉肌条的影响　贝伟剑等[3]用健康大鼠取出主动脉血管制成螺旋肌条，通过DC－001型离体器官测定仪测定肌条收缩。结果显示栝蒌薤白汤对正常大白鼠主动脉平滑肌无明显松弛或收缩作用，但能明显拮抗去甲肾上腺素或氯化钾引起的主动脉平滑肌收缩作用，拮抗率在30%以上。栝蒌和薤白也有类似作用。

8. 急性毒性试验　贝伟剑等[3]给小白鼠一次灌胃给药，观察7d，测得栝蒌薤白汤以及单味栝蒌和薤白的口服半数致死量均大于各自临床常用量的100倍，毒性很低。栝蒌、薤白和复方的中毒症状基本相似，均见活动量少、四肢乏力、软瘫、抽搐，薤白还可见躁动不安；急性毒性顺序为栝蒌 > 复方 > 薤白。复方LD_{50}中栝蒌的量约为单味栝蒌LD_{50}的95%，提示栝蒌和薤白合用对栝蒌的毒性无明显影响。

二、临床研究

1. 肺系疾病　①慢性阻塞性肺病。奚肇庆[7]等[5]用栝蒌薤白半夏汤加味制成的复方薤白胶囊，治疗慢性阻塞性肺病36例，与对照组比较，对咳痰、喘息及哮鸣音等症状和体征的改善有显著性差异，总有效率为91.7%。奚肇庆将枳实薤白桂枝汤与人参汤合而用之，治疗30例慢性支气管炎、肺气肿迁延患者，治疗组在咳嗽、咯痰、哮鸣音明显控制率分别为80%、83.3%、76.7%，显著高于金匮肾气丸对照组，并有减少感冒及发作次数、降低过氧化脂质、提高超氧化物歧化酶（SOD）和免疫球蛋白等作用。②创伤性气胸。赵洪普[8]以栝蒌薤白半夏汤加减治疗创伤性气胸37例，治愈27例，好转10例，10例好转病人出院后用栝蒌薤白半夏汤加减治疗，2周后达痊愈标准。③肋软骨病。曹长恩[9]，用栝蒌薤白汤合小柴胡汤加减治疗肋软骨病36例，痊愈34例，占94.4%。④尘肺。樊智勇[10]用栝蒌薤白半夏汤合小陷胸汤治疗煤工尘肺合并肺部感染33例，结果表明，宽胸散结化痰对改善尘肺症状、控制肺部炎症改变、提高机体免疫力等均为显效。

2. 心系疾病　①冠心病、心绞痛。苗桂珍[11]用栝蒌薤白半夏汤加减治疗39例冠心病患者，总有效率89.7%。岳美中[12]用栝蒌薤白桂枝汤化裁治疗心阳不足、气滞血瘀型冠心病，疗效颇佳。周少轩[13]，用栝蒌薤白半夏汤合生脉散治疗66例冠心病心绞痛，并与单用西药治疗40例作对照，结果治疗组总有效率93.9%，对照组总有效率80%，随访4个月，心绞痛复发率治疗组为16.7%，对照组为35%。杨晓兰[14]用栝蒌薤白白酒汤加味治疗冠心病32例，显效10例，有效18例，总有效率为87.5%。雷忠义[15]以宣痹通阳与活血化瘀之剂结合组成加味栝蒌薤白汤治疗冠心病心绞痛104例，心绞痛缓解情况总有效率95.19%，心电疗效40.4%。②心律失常。黄津焕[16]用栝蒌薤白牡蛎汤治疗心律失常38例，测定心电图，显效21例，占55.3%，有效12例，占31.6%，总有效率达86.9%。徐建玉[17]用栝蒌薤白白酒汤合用丹参饮加减配合气功治疗心律失常病人，收到满意疗效。③高脂血症。铁萱[18]用栝蒌薤白半夏汤加味治疗高脂血症31例，其中合并高血压、冠心病、糖尿病、高粘血症或陈旧性心梗等。结果治愈12例，显效7例，有效11例，总有效率96.8%。④心肌缺血。吴兰珠等[19]将86例无症状性心肌缺血患者随机分为治疗组56例（用中药“薤白汤”治疗），对照组30例（用消心痛治疗），进行治疗前后自身对照和组间比较。结果治疗组缓解心肌缺血显效率和总有效率分别为53.6%与96.4%，而对照组分别为23.3%和76.6%。治疗后血清超氧化物歧化酶（SOD）均有不同程度升高，但两组SOD改善率比较有显著性差异，薤白汤组明显优于消心痛组。

三、总结与讨论

综上所述，近年来有关栝蒌薤白汤类方的研究取得不少成绩，临床报告其用于治疗常见的心、肺疾患取得了疗效，实验研究揭示了其部分作用机理。今后在用于临床常见病研究中应设对照组进行大样本观察，并进一步研究其作用机理等，努力开发中成药制剂并推向市场。此外，近年来还有用此类方治疗与“胸痹”表现类似、目前尚无治疗良策疾病的报道，这方面研究亦应加强，使其更好造福人类。

参考文献

[1] 陈琳，张世伟，陈茵，等. 栝蒌薤白汤对大鼠心功能及血液流变学的影响. 南京中医药大学学报，1996，12（2）：26

[2] 方永奇，吴启端，王丽新，等. 加味栝蒌薤白汤对心血管药理作用研究. 中国实验方剂学杂志，1999，5（4）：19.

[3] 贝伟剑. 栝篓薤白汤的药理作用. 中国医药学报，1989，4（5）：341.

[4] 黄柳华. 007和汉药对血小板聚集的影响. 国外医学中医中药分册，1989，11（1）：16.

[5] 奚肇庆，蒋荫，居文政，等. 复方薤白胶囊治疗慢性阻塞性肺病36例临床与实验研究. 中医杂志，2000，41（4）：218.

[6] 宋建平，李瑞琴，李伟，等. 麦门冬汤、栝蒌薤白汤、肾气丸对平阳霉素所致纤维化的影响. 国医论坛，2001，（4）：40.

[7] 奚肇庆.《金匮要略》胸痹方在呼吸系统疾病中的应用. 南京中医药大学学报，1998，14（1）：39.

[8] 赵洪普. 栝蒌薤白半夏汤加减治疗创伤性气胸37例. 新中医，1996，（3）：53.

[9] 曹长恩. 小柴胡汤合栝蒌薤白汤加减治疗肋软骨病36例. 实用中医药杂志，1999，15（1）：9.

[10] 樊智勇. 小陷胸汤合栝蒌薤白半夏汤治疗煤工尘肺合并肺部感染33例. 北京中医药大学学报，1994，17（1）：37.

[11] 苗桂珍. 栝蒌薤白半夏汤加减治疗冠心病. 北京中医药大学学报，1997，20（5）：57.

[12] 谭旭宏. 学习应用岳美中老中医治疗冠心病经验的点滴体会. 贵阳中医学院学报，1997，19（1）.

[13] 周少轩. 中西医结合治疗冠心病心绞痛66例. 河南中医药学刊，1999，14（5）.

[14] 杨晓兰. 栝蒌薤白白酒汤加味治疗冠心病32例. 上海中医药杂志，1996，（8）：10.

[15] 雷忠义. 加味栝蒌薤白汤治疗冠心病心绞痛104例. 陕西中医，1983，（4）：23.

[16] 黄津焕. 栝蒌薤白牡蛎汤治疗心律紊乱 38 例. 北京中医，1987，(2)：31.
[17] 徐建玉. 中医辨证配合气功治疗心律失常 135 例. 陕西中医，1996，17 (9)：394.
[18] 铁萱. 栝蒌薤白半夏汤治疗高脂蛋白血症 31 例. 陕西中医，1997，18 (3)：114.
[19] 吴兰珠，郑小琴. “薤白汤”治疗无症状性心肌缺血临床疗效观察. 中西医结合实用临床急救，1997，4 (3)：107.

[《国医论坛》2002；17 (3)：55]

芍药甘草汤治疗不自主动作心得

于仁义　辽宁东港市中医院

芍药甘草汤首见于《伤寒论·辨太阳病脉证并治上》第 29 条：“伤寒脉浮，自汗出，小便数，心烦，微恶寒，脚挛急。反与桂枝欲攻其表，此误也。得之便厥，咽中干，烦躁吐逆者，作甘草干姜汤与之，以复其阳。若厥愈足温者，更作芍药甘草汤与之，其脚即伸。”由本条条义得出：芍药甘草汤对于阴液不足所致的脚挛急之症具有良好的治疗效果。有鉴于此，笔者在临床中每每以白芍甘草为主，治疗多种不自主动作病症，疗效显著，现就典型病例，介绍如下：

一、老年性震颤

刘某某，女性，62 岁，1996 年 6 月 23 日就诊。患者自诉 2 个月前因生气出现头颅不自主运动，呈点头状，不能控制，此后每于精神紧张或情志不遂时症状加重，曾去医院进行脑电图及头颅 CT 检查，未见异常。经口服镇静类、营养神经类药物及中药(龙胆泻肝丸、柴胡疏肝丸及相应汤剂)，症情无改善而前来就诊。查体：意识清楚，神经系统及血液生化检查均正常，伴随症状有睡眠不实、易惊、易醒、口干、乏力、纳差、头晕痛，舌质红，薄黄腻苔，脉弦数重按无力。根据临床症情及理化检查，西医诊断为老年性震颤，中医四诊合参，证属肝阴不足、虚火挟痰上犯清窍所致。拟以平肝养阴、化痰熄风的治疗原则，处方：白芍 50g，龙胆草 5g，甘草、茯苓、柏子仁各 25g，半夏、竹茹、陈皮、生地、麦冬、鸡内金各 15g，枳实 10g。3 剂水煎服，日 1 剂。于 28 日复诊，患者自诉服药 1 剂后，症状已减轻，现病症已愈大半。上方减去龙胆草，守服 4 剂而痊愈。

二、书写震颤

孙某某，男性，51 岁，某工厂技术人员。1997 年 12 月 25 日就诊。自诉 2 年前在设计图纸时，手指出现颤动，但尚可控制，未予理会。2 年来，症状渐渐加重，当做精细动作时，手指颤动不能自抑，而平素则无明显症状，因影响工作而去当地医院诊治，虽经中、西药治疗，不见任何好转而来我院，经临床理化及体格检查均未见异常，西医诊断为书写震颤。患者情绪低落，饮食欠佳，焦虑，多梦，头晕，查舌质淡薄白苔，脉弦细缓。中医四诊合参，证属肝郁脾虚，阴液暗耗，筋脉失于濡养所致。予以养血疏肝、健脾和络为主，处方：白芍 50g，炙甘草 25g，当归、柴胡、焦三仙、白术各 15g，茯苓 20g，鸡内金、白豆蔻、桂枝、薄荷各 10g，生姜 3 大片、大枣 10 枚。3 剂，水煎服，日 1 剂。患者于 1998 年 1 月 3 日复诊，自诉症状几近痊愈，唯工作时间长时有轻微症状。查舌、脉正常，原方守服 3 剂以巩固疗效。

三、睑痉挛

王某，女性，32 岁，1999 年 9 月 13 日就诊。患者于 2 周前因劳累后出现双眼不停眨动，由每分钟 2～3 次，渐增至每分钟十数次，睡眠及闭目时症状消失，由于不停眨动，致目中流泪，干涩疼痛，睡眠及饮食差，醒后入睡困难，头晕、乏力。去西医眼科诊治，经外用及内服药并用（药物不详)，症状缓解，1 天后复发，再无好转而转投中医治疗。查体：双眼眨动有力，不能自主，神经系统检查无异常，舌质淡苔薄，脉沉弱。西医诊断：睑痉挛。中医四诊合参，证属气阴不足，目失荣养所致，予以益气养阴，升清止痉。处方：白芍 50g，葛根、合欢花各 15g，炙甘草 25g，升麻 5g，黄芪 30g，五味子 10g。3 剂，水煎服，日 1 剂。9 月 17 日复诊：眼睑已无眨动，睡眠好转，查舌质淡红，脉已有力，但饮食仍欠佳。上方略作加减，服药 9 剂后痊愈。

四、体会

不自主动作是指病人意识清楚而不能自行控制的病态动作。属于神经系统中多种疾病的症状表现，由于多数病症发病基理不详，故在治疗上缺乏针对性。笔者认为不自主动作在祖国医学中以筋挛、瘈疭为主，为肝脏风木所主，《内经》有云：“诸风掉眩，皆属于肝；诸暴强直，皆属于风”，“肝苦急，急食甘以缓之”，“用酸补之，辛泻之”。

中医在明确了病变的脏腑归肝脏的同时，亦相应地指出了治疗法则。白芍性味酸微寒，归肝脾经，养血敛阴，平抑肝阳；甘草性味甘平，能补脾益气，缓急止痛。二药合用，酸甘化阴，从而达到了养血柔肝、舒筋缓急之功效。笔者在临床中观察，白芍甘草非重剂不能取效，二者配伍比例以2：1时效果佳，这也是治疗不自主动作的关键所在。在本方基础上根据病情适当加味可收到良好效果。

[《四川中医》2002；20（5）：43]

运用仲景方治呕举隅

董　莉　安徽省绩溪县中医院

呕吐是指食物或痰涎等由胃气上逆而出的病证，是临床上常见的症状之一。张仲景在所撰写的《伤寒论》中不仅对呕吐的病因病机论述颇详，而且对呕吐的辨证论治更卓有成效，对后世学者启发很大。近年来，笔者在临床上运用仲景方治疗呕吐，疗效满意，现摘录如下：

一、眩晕呕吐

章某某，女，49岁，农民，1998年11月初诊。患梅尼埃病5年，10天前因疲劳过度，突感头晕目眩，巅顶痛，不能站立，耳鸣如蝉，时呕吐清涎，心烦胸闷，曾予输液、能量合剂、谷维素等治疗，症情改善不明显，服半夏白术天麻汤效不佳，邀余出诊。症情如前，不能食，食入即吐，面色苍白，畏寒肢冷，身倦而卧，语低声微，喜静，舌质淡红、苔薄白，脉弦细无力。证属肝寒犯胃，浊阴上扰，取仲景吴茱萸汤加减治疗，方药如下：吴茱萸10g，党参10g，炒白术10g，茯苓10g，砂仁5g（后下），煨木香6g，大枣5枚，生甘草5g。3剂，水煎服后，头晕目眩大减，呕吐止，能进稀粥半碗，仍感乏力、纳呆，上方加仙灵脾15g，炒谷、麦芽各15g，又服3剂后，诸症愈。

按　仲景曰：“干呕、吐涎沫、头痛者，吴茱萸汤主之。”“呕而胸满者，吴茱萸汤主之。”患者中阳不足，寒饮内停，胃气上逆，故见恶心呕吐；寒邪内犯厥阴，上扰清窍，故头痛、头晕目眩，视物旋转，耳鸣如蝉；面色苍白，畏寒肢冷，身倦而卧，语低声微，舌质淡红、苔薄白，脉弦细无力，均为虚寒之象。治当温化寒饮，降逆止呕。方中吴茱萸苦温，祛肝胃之寒邪；生姜辛温，散胃中之寒饮；党参、白术、云茯苓、大枣补脾胃之气虚；砂仁、木香行气祛寒。诸药配合得当，故服之诸症皆愈。

二、胃反呕吐

潘某某，男，36岁，农民，2001年3月25日初诊。胃脘隐痛间作年余，近半月来病情加重，脘部痞满，不能进食，食入即吐，形体渐瘦，大便三日未解，苔白微腻，脉沉略滑。证属胃阴亏虚，燥化太过，胃气上逆。予旋覆代赭汤合增液汤治疗，同时服用西药吗叮啉效不佳。忆及张仲景《伤寒论》中“胃反呕吐者，大半夏汤主之”之语，遂予大半夏15g、党参10g，水煎和白蜜30g频服，3剂后，胃脘疼痛渐缓，呕吐止，大便通，再予原法合香砂六君子汤加减调治半月，诸症均愈。

按　李东垣曰：“辛药生姜之类治呕吐，但治上焦气壅表实之证，若胃虚谷气不行，胸中闭塞而呕者，惟谷气而已，此大半夏汤之旨也。”半夏，辛散温燥，具有燥湿化痰、降逆止呕、消痞散结的作用；以党参易人参，健脾益气；白蜜养阴润燥。三者合用，共奏养阴和胃降逆、补虚安中之效。因用药对症、配伍精当，虽量轻药少，但获佳效。

三、腑实呕吐

张某某，男，34岁，工人，因腹胀、腹痛、恶心呕吐2天，无排便排气，于1998年8月16日入院。检查：神清，精神欠佳，痛苦貌，心肺（－），腹膨隆，可见肠型，右中、下腹压痛明显，无反跳痛及肌紧张，叩诊呈实音，肠鸣音消失。腹透示：右上中下腹见多个液平，拟诊肠梗阻，予输液、抗炎、胃肠减压等治疗，效不佳。现患者神清肢倦，时作呕哕，痛苦呻吟、腹痛拒按，舌质红、苔黄厚腻，脉弦滑。证属阳明腑实，治以攻下实热，荡涤燥结。拟调胃承气汤加减，处方：生大黄10g（后下），芒硝8g，枳实8g，厚朴6g，甘草5g，木香8g，当归10g。服用2剂后，解黄色稀水样便6次，腹痛腹胀缓解，恶心呕吐停止，继予缓下理气和中之品调理，3天后痊愈出院。

按　病者声音宏亮，腹痛拒按，大便不通，呕吐频作，舌红、苔黄厚腻，脉弦滑，一派实证之象，究其病位在足阳明胃经，病机为阳明腑实，病因为燥屎阻滞，气机不畅，根据仲景理论，实者泻之，治病求源，除源止呕，故治以通腑泻热，宣畅气机，拟调胃承气汤加减治疗，由于辨证准确，用药得当，取效甚佳。

四、妊娠呕吐

胡某某，女，29岁，2000年9月13日初诊。

停经58天，乏力，头晕，食欲渐减，晨起恶心呕吐或吐痰涎，或吐宿食，渐至水饮不入，食入即吐，呕吐痰涎清水，诊脉虽细但滑象明显，面色苍白，形寒肢冷，脘痞不舒，舌质淡红、苔薄白而润。此为脾胃虚寒，痰饮内停，浊气上逆之象。仲师云："妊娠呕吐不止，干姜人参半夏丸主之。"处方：干姜6g，党参10g，半夏9g。水煎，3剂，嘱服药时取生姜汁10滴于药中，频服。同时嘱患者卧床休息，3剂后，呕吐止，能进少量稀粥，再投原方合八珍汤调治周余，诸症愈。

按 妊娠恶阻为妊娠常见病，轻则不治自愈，或经治疗后痊愈，今患者呕吐剧烈，乏力，纳差，严重影响孕妇工作、生活及胎儿的发育，说明其病因病机为正气受伤，脾胃虚弱，寒饮内停，浊气上逆，故予干姜温中散寒，党参扶正益气，半夏、姜汁化饮降逆。陈修园曰："半夏得人参，不惟不碍胎，且能固胎。"诸药配伍，相得益彰，使中阳得振；寒饮蠲化，胃气得降，故呕吐自止。又以八珍汤益气养血，濡养胞胎，故母婴康健。

五、关格呕吐

汪某某，男，53岁，农民。患者因乏力、尿少、浮肿、恶心呕吐1周，于1999年10月6日入院。体检：神清，全身面目浮肿，双肾区叩击痛+，腹水征+。尿常规示：蛋白++，血肌酐300.56 nmoL/L，血尿素氮22.85 mmol/L。拟诊肾病综合征并发肾功能不全。予输液、抗炎、利尿、扩血管、补充人体白蛋白等治疗效不佳，故予中药调治。患者面浮肢肿，腹胀如臌，胸闷喜叹息，脘痞恶心呕吐，无尿，大便三日未解，舌质淡红、苔白腻，脉细弱。证属湿浊中阻，寒热互结，三焦决渎失权。故治以辛开苦降，清上温下，利水解毒，拟半夏泻心汤加减。处方：姜半夏9g，黄连3g，苏梗9g，附子5g（先下），炒白术10g，猪、茯苓各10g，六月雪30g，玉米须30g，大腹皮9g，瓜蒌10g，黄芩9g，生大黄6g（后下）。3剂后尿量增加，脘痞腹胀、呕吐浮肿好转，10剂后症状缓解，后予六味地黄汤加减调治月余，痊愈出院。

按 小便不通名曰关，呕吐不止名曰格，小便不通与呕吐不止并之名曰关格。《证治汇补·癃闭·附关格》："既关且格，小便不通，旦夕之间，陡曾呕恶，此因浊邪壅塞三焦，正气不得升降，所以关应下而小便闭，格应上而生呕吐，阴阳离绝，一旦即死，最为危候。"患者脾阳亏虚，肾阳衰微，故水湿内生，邪毒入侵，湿浊阻滞中焦，脾失健运，胃失和降，故乏力，纳差，脘痞腹胀，恶心呕吐；湿浊阻滞下焦，膀胱气化不利，故小便不通；浊泛上焦致痰湿蕴肺，故见胸闷，喜叹息；舌质红、苔白腻，脉濡细，证属寒热互结，湿浊壅塞三焦之象，故予干姜、半夏、附子辛开散结，温中散寒；黄芩、黄连、大黄苦寒泄热；白术、茯苓、大枣、甘草补中益气；瓜蒌、大腹皮、苏梗、玉米须行气利水。诸药相配，寒热并用，辛开苦降，补气和中，行气利水，自然邪去正复，气得升降，诸证悉平。

结语：张仲景在所撰写的《伤寒论》中论述呕吐的病机有寒、热、虚、实之异，论述呕吐的治法有温、清、补、下、和等法 本文所录呕吐病案五则，症状虽同，但病机迥异，故治法有别，充分体现了中医学"同病异治"、"治病必求于本"的整体观念和辨证论治之特色。

［《江西中医药》2002；33（5）：46］

金匮肾气丸对金匮肾气丸证患者性激素水平的影响

张家玮　北京中医药大学
（指导　鲁兆麟）

金匮肾气丸，方出《金匮要略》，是临床治疗肾气虚弱、命火不足证候的代表方剂。笔者通过临床研究，观察了金匮肾气丸对于金匮肾气丸证患者性激素水平的影响，发现该方对患者的性激素水平具有良好的调节作用。

一、临床资料

本组60例中，男30例，女30例（均为绝经后女性）；年龄最小36岁，最大75岁，平均54.65岁；神经官能症3例，突发性耳聋1例，癫痫1例，脑梗塞后遗症5例，颈椎病5例，慢性支气管炎3例，支气管哮喘2例，高血压病1例，高脂血症2例，冠心病2例，心律失常1例，糖尿病6例，十二指肠球部溃疡1例，慢性胃炎2例，脂肪肝1例，带状疱疹1例，更年期综合征5例，腰椎间盘突出症1例，风湿性关节炎1例，慢性结肠炎1例，慢性肾小球肾炎1例，肾病综合征2例，前列腺增生症3例，泌尿系感染3例，阳萎3例，骨质疏松症2例。

诊断标准：将古今文献记载及现代临床报道中服用金匮肾气丸有效病例的临床症状，按出现频次多少，分为特异性主证及一般性主证。其中特异性主证包括畏寒肢冷、神疲倦怠、腰膝酸软、气短而喘、性功能减退及夜尿频数等6项；一般性主证包括水肿、足跟疼痛、小便清长、遗尿或癃闭、健忘、眩晕耳鸣、面色皖白或黧黑、脱发及纳差食少等9项。对于特异性主证，每症按病情轻重及持续时间长短分别评计为6、4、2、0分；对于一般性主证，有是证者计为2分，无是证者计为0分。将特异性主证与一般性主证的评估分值累计达到24分者，即可诊断为金匮肾气丸证。

排除病例：年龄在20岁以下，80岁以上者；哺乳期及妊娠期妇女；过敏体质及对金匮肾气丸过敏者；心脑血管、肝、肾、造血系统疾病急性发作者；不能坚持服药者。

服药期间，嘱患者忌房欲，禁房事；忌食生冷食物。

二、治疗方法

均予成药金匮肾气丸（北京同仁堂集团公司制药二厂，批号1020219）口服，每日2次，每次25粒，疗程为20天。在服用金匮肾气丸治疗期间，如无特殊不适，禁止服用其它中西药物。如于服用金匮肾气丸之前曾一度服用西药，则原有西药可不必停服。

观察项目：均于服药前后取静脉血，DPC－immulite全自动免疫分析仪，化学发光法，美国进口试剂行性激素测定。其中，男性检测血清睾酮（T）；女性检测血清雌二醇（E_2）、血清卵泡刺激素（FSH）与血清黄体生成素（LH）。

三、治疗结果

结果见表1。从表1可以看出，服用金匮肾气丸治疗后，男性血清睾酮水平明显上升，与治疗前相比较差异显著（$P<0.05$）；女性服用金匮肾气丸治疗以后，血清E_2水平较治疗前明显上升，前后对比差异显著（$P<0.01$）；血清FSH与LH检测结果同治疗前相比较虽有下降趋势，但前后对照无明显差异。统计学处理采用配对资料t检验。

表1　服药前后男性血清T女性血清E_2 FSH及LH测定结果（$\bar{x}\pm s$）

	n	治疗前	治疗后
T（ng/dl）	30	424.52 ± 205.46	$542.19\pm21.28^{1)}$
E_2（pg/ml）	30	11.89 ± 7.78	$20.26\pm12.10^{2)}$
FSH（mIU/ml）	30	73.44 ± 28.50	69.85 ± 25.57
LH（mIU/ml）	30	24.77 ± 9.82	22.66 ± 9.89

注：与治疗前比较1）$P<0.05$，2）$P<0.01$

四、讨论

就男性而言，睾酮（T）为睾丸间质细胞分泌雄激素的主要成分，其作用有维持生精、维持正常性欲、刺激生殖器官的生长发育、促进男性副性征出现并维持其正常状态、促进蛋白质（特别是肌肉和生殖器官的蛋白质）合成、促进骨胳生长与钙磷沉积以及促进红细胞生成等多个方面[1]。本研究结果显示，受试男性服药以后血清T水平同治疗前相比较明显上升，前后对照差异显著（$P<0.05$），提示金匮肾气丸能有效提高男性血清T水平，对于改善因血清T水平低下而引起的相关病症具有非常重要的意义。

雌二醇（E_2）是人体主要的雌激素，卵泡刺激素（FSH）与黄体生成素（LH）是垂体前叶分泌的促性腺激素。由于女性生殖系统机能的调控机制较为复杂，且呈现周期性变化，因此，为避免女性月经周期中性激素水平的生理性波动对本研究观察结果的影响，笔者选绝经后女性为受试对象。研究结果表明，服用金匮肾气丸治疗后，受试女性患者的血清E_2水平明显升高，同治疗前相比较差异显著（$P<0.01$）；而FSH与LH检测结果同治疗前相比较则呈现下降趋势，从而提示金匮肾气丸对于女性本证患者的性激素水平以及生殖内分泌功能具有良好的调节作用。

综上所述，可以看出，服药以后体内性激素水平发生了明显的变化，具体表现为男性血清T水平明显升高，女性血清E_2水平明显升高。性激素是人体生殖功能的基本物质基础，《素问·上古天真论篇》曰："女子七岁，肾气盛，齿更发长……七七，任脉虚，太冲脉衰少，天癸竭，地道不道，故形坏而无子也。丈夫八岁，肾气实，发长齿更……七八，肾气衰，筋不能动，天癸竭，精少，肾藏衰，形体皆竭。""肾气"、"天癸"对于人体的生长、发育及生殖功能具有至关重要的作用。金匮肾气丸通过良性调节本证患者的体内性激素水平，从而使"肾气"及"天癸"的非健康状态得以改善，也许是金匮肾气丸在多系统、多病种被广泛应用的内在机制之一。

（本课题研究得到北京铁路总医院中医科的大力支持协助，在此表示衷心的感谢。）

参考文献

[1] 张镜如. 生理学［M］. 第4版. 北京：人民卫生出版社，1996，411.

［《辽宁中医杂志》2002；20（5）：251］

金匮肾气丸对糖尿病大鼠多元醇代谢的影响

梁晓春　郝伟欣　贾　力
徐惠媛　张克俭　郭赛珊
北京协和医院

研究表明，多元醇代谢通路的激活，山梨醇在神经组织细胞内大量蓄积，抑制肌醇摄取导致 Na^+-K^+ ATP 酶活性下降是糖尿病神经病变的重要发病机制之一，用醛糖还原酶抑制剂防治糖尿病神经病变已经引起广泛的重视[1,2]。临床用金匮肾气丸治疗糖尿病神经病变可以改善糖尿病周围神经病变患者肢体凉、麻等症状。为探讨该复方治疗糖尿病神经病变的作用机理，本实验观察其对糖尿病大鼠 AR、SNS、坐骨神经传导速度等指标的影响。

一、材料与方法

1. 实验动物模型的制作　Wistar 雄性大鼠，由军事科学院动物中心提供。体质量 210 ~ 250g。用 0.1mol/L 枸橼酸钠缓冲液（pH4.5）将链脲佐菌素（STZ，Siva 产品）配成 0.45% 的溶液，按 60mg/kg 体质量单次腹腔注射。72h 后由尾静脉采血测定血糖，凡血糖值 > 16mmol/L 即纳入实验。

2. 药物干预治疗　将入选的 STZ – DM 大鼠随机分为 3 组，每组 7 只，（1）金匮组；（2）氨基胍（AG）组；（3）DM 组。并以体重、鼠龄相匹配的正常大鼠 7 只作为对照组。第 1、2、3 组分别以金匮肾气丸（由生地、山萸肉、山药、丹皮、泽泻、茯苓组成）22.5g/kg、AG50mg/kg（Sigma 产品）及自来水灌胃，每日 1 次，正常组不作任何处理。每 2 周复查 1 次血糖。8 周末测定所有大鼠血糖（BG）、坐骨神经传导速度、坐骨神经 AR 活性及 SNS 含量。

3. 观察指标及实验方法

（1）AR、SNS 均采用荧光法：主要参照周云平等[3]报道的方法测定。主要试剂 NAD – PH、NAD、山梨醇脱氢醇（SDH）均为美国 Sigma 产品。DL – 甘油醛为美国 Aldrich Chem Co 产品。用日立 MFP – 4 荧光分光光度计测定 NADH 的荧光强度。

（2）BG：采用美国宝灵曼血糖仪测定。

（3）神经传导速度：将大鼠用 12% 乌拉坦麻醉，剥离尽可能长的坐骨神经，分别于近心端和远心端各安置一电极，测量两电极间的距离，采用 YSD – 4 药理生理多用仪给近心端电极施加一单方波电刺激信号（电压 3V、波宽 15ms）。用 RM – 6000 型多道生理记录仪记录电信号从近心端电极传到远心端电极所需时间。每间隔 1min，重复电刺激共 3 次，取平均值，计算其传导速度 Vm/s. V = s/t。

4. 统计学处理　计量资料以（$\bar{x} \pm s$）表示，各组间样本均数比较采用方差分析。AR 活性用数据范围表示，用秩和分析进行组间比较。各指标间采用直线相关分析。

二、结果

1. 各组大鼠血糖、体质量、神经传导速度变化的比较见表 1。

表 1　各组 STZ – DM 大鼠血糖、体质量、神经传导速度的比较（$\bar{x} \pm s$

组别	例数	体重（g）	血糖（mmol/L）	神经传导速度（m/s）
DM + 金匮	7	322 ± 27.7#	19.89 ± 4.98#	49.22 ± 5.5#*
DM + AG	6	289 ± 57.8#	23.35 ± 5.29#	39.79 ± 3.14#
DM	7	315 ± 31.7#	22.80 ± 6.02#	32.65 ± 5.91#
正常对照	7	389 ± 12.2	7.24 ± 0.45	85.69 ± 13.57

注：与正常组比较 #P < 0.01，与 DM 组比较 * P < 0.05

治疗 8 周后，各组体重均较正常组明显减轻 P < 0.01。各组血糖均明显高于对照组 P < 0.01。金匮组血糖虽比其它组有所降低，但无统计学意义 P > 0.05。各组神经传导速度均较正常组慢，但金匮组较 DM 组增快 P < 0.05。

2. 各组 STZ – DM 大鼠 SNS 含量的比较见表 2。

表 2　各组 STZ – DM 大鼠 SNS 含量的比较（$\bar{x} \pm s$）

组别	例数	坐骨神经 – SNS nmol/g. Hb	RBC – SNS nmol/g. Hb
DM + 金匮	7	34.25 ± 7.01*	14.33 ± 1.57 * *
DM + AG	6	39.74 ± 6.92#*	19.64 ± 4.34#*
DM	7	56.45 ± 19.56##	26.95 ± 9.3##
正常对照	7	24.91 ± 8.13	12.63 ± 1.33

注：与正常组比较 #P < 0.05，##P < 0.01；与 DM 组比较 * P < 0.05，* * P < 0.05

治疗8周后，金匮组和AG组坐骨神经组织SNS及RBC－SNS与DM组比较均明显降低P<0.05～0.01；金匮组与正常组比较没有差别P>0.05，AG组有差别P<0.05；DM组有显著差别P<0.01。

3. 各组STZ－DM大鼠AR活性比较　红细胞内分别测定剩余还原型辅酶Ⅱ（NADPH）和还原型辅酶Ⅰ（NADH）表示AR活性。坐骨神经测定剩余NADPH表示AR活性。结果见表3。治疗8周后，经秩和检验NADPH（RBC－AR）各组均比正常组明显升高P<0.05～0.01；组间无明显差别P>0.05。NADH（RBC－AR）仅DM组和正常组比较有明显差异P<0.01，其它组与正常组比较无明显差别P>0.05。DM组坐骨神经NADPH明显高于正常组P<0.01；金匮组、DM＋AG组与正常组无差别，与DM组比较差别显著P<0.05～0.01。

表3　各组STZ－DM大鼠AR变化的比较（U/gHb）

组别	例数	RBC－AR		坐骨神经AR
		NADPH	NADH	NADPH
DM＋金匮	7	0～1.6#	0～06006	0～9.3＊＊
DM＋AG	6	0～2.06#	0.002～0.007	0～19.8＊
DM	7	0.24～1.8##	0.002～0.009##	2.59～18.36##
正常对照组	7	0～0.57	0.001～0.004	0～8.04

注：与正常组比较#P<0.05，##P<0.01；与DM组比较＊P<0.05，＊＊P<0.01

三、讨论

糖尿病高血糖时，多元醇途径被激活，醛糖还原酶活性增强，使山梨醇在细胞内大量蓄积，导致神经细胞水肿、坏死、神经纤维脱髓鞘和轴索变性以及神经传导速度减慢。用AR抑制剂干预后可使糖尿病大鼠神经组织中的山梨醇和果糖含量减少，并可防止半乳糖血症大鼠神经组织中肌醇含量的降低，改善神经传导速度[1,2,4]。但因副作用较大，限制了临床推广使用。因此从中医中药中寻找AR抑制剂成为国内外学者研究的热点。金匮肾气丸出自张仲景《金匮要略》，书中记载：“男子消渴，小便反多，以饮一斗，小便一斗，肾气丸主之”。可谓开温补肾阳治疗消渴病之先河，对后世产生了极大影响，沿用至今。日本学者用该方治疗糖尿病及糖尿病神经病变，取得了一定的效果，证实该方具有改善糖、脂代谢及抗过氧化作用，对糖尿病神经病变患者的神经代谢改善作用明显优于甲钴胺[5,6]。本实验研究发现金匮肾气丸可以降低糖尿病大鼠坐骨神经醛糖还原酶活性，减少山梨醇的蓄积，并可增快神经传导速度，提示该药对多元醇代谢有良好的改善作用。可以用于糖尿病神经病变的临床治疗。氨基胍是蛋白外酶糖基化抑制剂，但也有报告，该药同时还是醛糖还原酶抑制剂[7]。能够改善糖尿病大鼠神经传导速度，减轻神经纤维脱髓鞘及轴突变性等改变。还有报道当血糖超过11mmol/L时AR几乎全部被糖基化，糖基化的AR活性升高[8]。由于国内无法购买到醛糖还原酶抑制剂，故以此作为阳性药对照。实验结果表明金匮肾气丸和氨基胍均能够降低坐骨神经和红细胞内山梨醇的蓄积。但在增快神经传导速度方面优于氨基胍。氨基胍是直接抑制醛糖还原酶还是通过抑制醛糖还原酶糖基化而起作用的，尚不清楚。

实验结果初步证实，金匮肾气丸能够降低STZ－DM大鼠坐骨神经组织的AR活性和减轻SNS的蓄积，改善坐骨神经传导速度，对糖尿病神经病变有一定的防治作用。

参考文献

［1］Greene DA，Lattimer SA. Altered sorbitol and myo－inositol metabolism as the basis for defective protein kinase C and Na＋－K＋－ATPase regulation in diabetic neuropathy. Ann NY Acad Sci，1986，488：334.

［2］Hotta N，Kakuta H，Fukasawa M，et al. Effects of a fructose－rich diet and the aldose reductase inhibitor，ONO－2235，on the developemtn of diabetic neuropathy in streptozotocin－treated rats. Diabetologia，1985，28：176.

［3］周云平，张家庆. 醛糖还原酶（AR）的荧光光度法测定及其在糖尿病大鼠晶体AR测定中的应用. 中华内分泌代谢杂志，1989，3：159.

［4］Kinoshita JH. A thirty year journey in polyol pathway. Exp Eye Res，1990，50：567.

［5］于建军，耿杰. 八味地黄丸的临床和实验药理研究. 国外医学·中医中药分册，1999，21（6）：3.

［6］巩殿芹，王多佳，樊友平，等. 汉方治疗糖尿病研究. 国外医学·中医中药分册，1994，16（2）：1－3.

［7］Kumarji K Umar S，Bansal V，Sahib MK，Inhibition of diabetes－associated complications by nucleophilic compounds. Diabetes，1991，40：1079.

［8］Srivastava SK. Activation of aldose reductase by nonenzymatic glycosylation . Prog Biol Res，1989，304：171.

［《北京中医》2002；21（5）：271］

干姜人参半夏汤加味的临床运用

周步君　四川巴中市人民医院

干姜人参半夏汤（丸）出自《金匮·妇人妊娠病脉证并治》篇，主治“妊娠呕吐不止”；属胃中素有寒饮，恶阻其胎，而妨饮食也。笔者临床运用该方治疗妊娠呕吐，反胃（虚寒吐逆），虚寒腹痛，痰饮眩晕等病证，收效甚佳。兹介绍如下：

一、妊娠呕吐

陈某，女，24岁，2001年3月22日就诊。患者自述停经2月余，开始胃纳不佳，饮食无味，倦怠嗜卧，晨起头晕恶心，干呕吐逆，口涎增多，时或吐出痰涎宿食。自以为属妊娠反应，未加治疗。近1周来，食入即吐，所吐皆痰涎清水，头晕，心烦胸满不思食，膈间有水，心悸气短，面色苍白，喜热畏寒，四肢发凉，舌淡苔白而滑，脉迟。此乃脾胃阳虚，胃有寒饮所致。治宜：温中健脾，和胃降逆。药用：干姜10g，半夏9g，人参12g，茯苓12g，炒白术12g，陈皮10g，砂仁10g，甘草6g，生姜3片。水煎分2次频服。服3剂后，呕吐已止，唯饮食欠佳，继以异功散5剂调理善后，诸证消失。后随访顺产一女婴。

按　患者素体虚弱，脾胃阳虚，寒饮内停，而致痰湿内生，加之受孕之后，经血不泻，冲脉之气上逆而犯胃，胃虚则失于和降，反随冲气上逆而作呕恶。运用本方必须掌握其呕吐由胃虚有寒饮所致，以呕吐物稀薄澄清或口内清涎上泛，唾液津津，苔白滑、舌质淡白为应用主证。

二、反胃（虚寒吐逆）

张某，男，46岁，2001年5月26日就诊。患者素有胃病史，胃镜检查属慢性浅表性胃炎。1周前因感冒后饮食喝酒，当晚自觉胃痛，反胃。次日午后自觉胃饱满，膨胀不适，至暮则呕吐宿食酸水，吐后始觉舒畅，病情逐渐加重，饮食亦减，一日呕吐数次，经多方治疗，疗效不显。经询问所吐物皆痰涎清水，呕逆后其气上冲头顶，转动时头痛甚剧，眩晕，神疲乏力，面色少华，四肢发凉，舌淡苔白滑，脉沉迟。此乃中虚胃有寒饮，土虚木旺，厥阴寒气上逆所致。治宜温中健脾，和胃止呕。药用：干姜15g，党参12g，姜半夏15g，炒吴萸10g，丁香10g，炒白术12g，旋覆花12g（包煎），砂仁10g，生姜3片。水煎分2次服。服6剂后，呕吐头眩均减，继服5剂，后续用香砂六君子丸调理以巩固疗效，随访1年未复发。

按　虚寒吐逆（反胃），临症有厥阴寒气上乘之呕吐涎沫，有中土虚寒之干呕，逆吐涎沫，但两者每有因果关系。下焦阳气不足，厥阴寒气上乘，则火不生土而致中土虚寒；中土已虚，脾阳不振，则土不制水，使阴寒之气更盛，易上乘阳位。且土虚而木易陷，肝气则易上逆，形成恶性循环，而病愈重，故必须审证求因，治疗则事半功成。

三、腹痛（虚寒性腹痛）

李某，男，36岁，1999年10月26日就诊。自述长期腹痛绵绵，时作时止，胃脘胀满，时吐涎沫，喜热恶冷，痛时喜按，饥饿劳累后更甚，食少嗳气，矢气则痛减，大便长期溏薄，兼神疲，气短，怯寒，舌淡苔白滑，脉沉细。此乃阳气素虚，脏腑虚寒所致。治宜温中散寒，和胃止痛，祛痰止呕。药用：干姜15g，党参12g，姜半夏12g，良姜12g，白芍15g，炒白术12g，木香9g，大枣12g，生姜3片。水煎，每日1剂。连服12剂而愈，随访1年未再复发。

按　虚寒性腹痛，多属里虚兼寒，若虚多而寒不甚者，用小建中汤而治；若寒甚而气滞者，用大建中汤加味而治。本例属虚寒挟有痰饮而作痛者，用干姜人参半夏汤加味，疗效甚佳。

四、痰饮眩晕

吴某，女，55岁，2001年9月14日就诊。自述头眩晕半月多，并伴有眼花，睁眼四周旋转，恶心呕吐涎沫，终日想闭眼而卧，喜静恶躁，口中唾液甚多，腹中漉漉如水声，苔滑色灰，脉弦滑。此乃中焦虚寒，痰饮阻遏，致阳气不升而致眩晕。治宜温中逐饮。药用：干姜15g，党参12g，半夏12g，茯苓15g，桂枝12g，陈支10g，吴萸10g，甘草6g。水煎服，每日1剂，连服15剂而愈，随访1年未再复发。

按　本例患者由于素体虚寒，胃寒则停饮，痰饮阻遏，使中阳不能上升，而致眩晕，用干姜人参半夏汤加味取得较好的效果。

[《北京中医》2002；21（6）：358]

《金匮要略》治咳喘四法在儿科临床中的应用

邓丽莎　广东省佛山市中医院

《金匮要略》在《肺痿肺痈咳嗽上气病》、《痰饮咳嗽病》中对咳嗽、喘息两个病证的论述较为详尽，至今仍具有指导意义和实用价值。现将本人临证20年来运用《金匮要略》治咳喘四法治疗小儿咳喘病证的体会举隅如下。

一、解表宣肺法

本法的辨证要点是寒热无汗，痰多而稀，喉中水鸡声，胸满等，代表方有小青龙汤、射干麻黄汤、厚朴麻黄汤。儿科临床用于治疗小儿哮喘、支气管炎、上呼吸道感染等引起的咳嗽、喘息等证。应用小青龙汤治疗小儿外感风寒，或素体宿有寒饮因外邪而引发的咳喘，证见喘多于咳，双肺有哮鸣音，咽喉充血不明显，临床总结87例，总有效率为98%，有缩短病程、缓解症状的功效。用射干麻黄汤合玉屏风散治疗反复呼吸道感染久咳者108例，总有效率为90%。

典型病例：杨女，4岁，因受凉后出现喷嚏、流涕、气喘、咳嗽，2d后到诊。症见：呼吸气粗、喉中喘鸣如水鸡声，纳呆便溏。体查：咽无充血，双肺可闻哮鸣音，舌淡红，苔白，脉浮滑。此为外感风寒、内停寒饮之喘证，予小青龙汤加味内服。处方：炙麻黄5g，白芍5g，五味子3g，干姜3g，甘草5g，细辛2g，桂枝8g，法夏8g，地龙5g，水煎服，日1剂，分3次温服，3d后涕收喘停，仍偶有咳嗽，肺部哮鸣音已消失。以上方去干姜加冬花6g，再服3剂告愈。

二、泻肺涤痰法

本法的辨证要点是痰浊壅盛而无表证之咳嗽，不得平卧者，代表方为葶苈大枣泻肺汤。临床用于小儿哮喘、支气管肺炎等引起的咳嗽、喘息等证。应用葶苈大枣泻肺汤加味（加苏子、法夏、浙贝、地龙等）治疗小儿急性支气管炎，证见咳嗽频作，喘息不得卧，呕吐痰涎，烦躁不宁，双肺大量痰鸣音等，临床总结95例，总有效率为92%。

典型病例：梁男，1岁5个月，因喘促、痰多、咳嗽3d来诊。症见咳嗽频作，喉间痰鸣，呕吐痰涎，烦扰不宁，查体三凹征，双肺闻及大量痰鸣音，舌淡红，苔白腻，脉滑。中医辨证：支饮，予葶苈大枣泻肺汤加味。处方：葶苈子6g，大枣3g，法夏6g，浙贝6g，天竺黄6g，苏子5g，地龙5g，冬花8g，水煎服，日1剂，分3次服，2d后复诊，痰涎明显减少，三凹征消失，再服2剂而愈。

三、下气导滞法

本法的辨证要点是素有咳嗽，兼胃肠实热气滞，胸腹胀满，大便秘结或不畅者，代表方为厚朴大黄汤。凡咳嗽日久，尤其是长期、大剂量使用抗生素，导致小儿肠道菌群失调，是临床上出现本证的最常见原因之一；其次是小儿喜吃香燥食品，造成素体蕴热，即使咳嗽初起，也表现本证。厚朴大黄汤的药物与小承气汤相同，而分量不同，本方重用厚朴、大黄在于治痰饮结实，有开痞满、通大便的功效。由于小儿脾胃娇嫩，用药时要密切注意大便情况，中病即止，切不可久服。患儿服用本方后，常常会解下先硬后稀烂、臭秽的大便，使腑气得通，痰饮得从大便而去，邪去正安，咳喘渐平。

典型病例：高男，2岁半，因反复咳嗽1月余来诊。症见咳嗽痰稠，纳呆腹满，大便4d未解，烦躁易怒，平素喜吃油炸香燥之品。体查双肺呼吸音粗，腹稍胀，左下腹扪及条索状物，舌红苔黄腻脉滑。中医辨证：宿食久滞，化热生痰，痰热迫肺。治用厚朴大黄汤，处方为川朴5g，生大黄5g（后下），北杏仁6g，芒果核10g，苇茎15g，冬瓜仁10g，水煎服，日1剂。当天解下3次臭秽先硬后烂大便，胃纳转佳，咳痰大减，再予上方去大黄3剂告愈。

四、益气温阳法

本法的辨证要点是肺心脾阳气虚弱，痰饮壅滞，咳喘，心下痞满，面色黧黑，身肿等证，代表方为木防己汤或木防己汤去石膏加茯苓芒硝汤。本方寒热并用，攻补兼施，对虚实错杂、寒热兼见的膈间支饮，包括肺心病、先天性心脏病、慢性肾炎水肿等有上述见症者，以本方加减，可收良效。虽然本证不为中医儿科门诊常见，且预后不良，中药汤剂未必受如此重症的患儿和家长接受，但在用西药无明显效果的情况下，家长也会一试，只要切中病机，本法会收到意想不到的良效。

典型病例：温男，2岁，有先天性心脏病单心房、单心室、大动脉转位病史，出现肺心病、心衰，反复肺感染，在其他医院已反复使用抗生素及对症、支持等治疗未效。到诊时证见咳嗽、喘息不得卧，面色黧黑，颜面下肢浮肿，尿少，大便不通，此为虚实错杂、寒热兼见的膈间支饮证，其阳气已衰，水气凌心，预后不良。即给予高丽参5g/d，代茶，再加上木防己去石膏加茯苓芒硝汤加味。处方：木防己9g，桂枝9g，芒硝1g（冲服），茯苓15g，白术5g，甘草5g，水煎服，日1剂，服药1剂后，泻下臭秽大便，小便增多，再服1剂，咳喘大减，后予真武汤合独参汤善后而愈。

参考文献

[1] 孟如．金匮要略选读［M］．上海：上海科学技术出版社，1997．79－83．

［《中国中医基础医学杂志》2002；8（6）：72］

日本对葛根汤的研究与临床应用

闫冬梅　编译　北京中日友好医院

葛根汤出自《伤寒论》，是具有代表性的、治疗外感病的经方之一，原用于项背强、无汗、恶风、脉浮的太阳病。现在随着组成葛根汤每味生药药理作用研究的深入，临床应用也被拓宽，在内、妇、儿、皮科等用于治疗多种疾病。

一、组成葛根汤各生药的药理作用

葛根汤由葛根等7味生药组成，其中葛根有解热、解痉、缓解颈项背部痉挛紧张的作用，所含有效成分黄酮可扩张脑血管、增加脑血流、降血糖等。葛根中的大豆黄素、金雀异黄素、芒柄花黄素等能增加幼龄大鼠子宫的重量，显示卵泡激素样作用。桂枝有解热、增加脑血流、扩张外周血管、温通等作用，是治疗寒证不可或缺的生药。麻黄的有效成分麻黄碱有镇咳、扩张支气管、抗炎、利尿作用，与桂枝合用其解热发汗之力更强。芍药的主要功效是解痉，作用于消化道、支气管平滑肌，同时也可缓解骨骼肌痉挛。与葛根合用，缓解项背部紧张作用明显增强。生姜、大枣有温通、调理脾胃作用，大枣与甘草合用还有轻微的安神镇静作用。甘草具有抗炎作用，对口腔、咽喉等部位的肿痛有较好疗效，与芍药合用可增强解痉作用。甘草的主要成分甘草酸有解毒、保护胃粘膜、抗消化性溃疡等作用。上述7种生药配伍共奏解热发汗、抗炎止咳、缓解项背部紧张之效。

二、葛根汤的临床应用

（一）在内科的应用

1. 感冒样症状　出汗是治疗感冒时的有效指标之一，所以《伤寒论》中要求葛根汤不仅要热饮，而且服药后要覆被令其微汗出。现市售的提取剂按常用量服用很难发汗，将提取剂溶于开水中；服后覆被30min以上不出汗者必须追加药量，一般2～3倍才可起到汗出、缓解表证的作用。对136例感冒患者肩酸痛、肌痛轻度以上改善率为79.4%以上。对30例急性上呼吸道感染、流感的解热效果儿童为88.9%、成人为72.7%。研究认为，葛根汤虽不能直接作用于流感病毒，但对流感所引起的肺炎却有改善和解热作用，这可能与葛根汤不影响干扰素生成，而是抑制干扰素诱导的IL－α生成有关。葛根汤可用于妊娠期感冒，但必须短期给药，谨慎用之。

2. 扁桃体炎、咽炎　咽部红肿热痛伴有发热、头痛等炎性症状明显时，用葛根汤有效。化脓性扁桃体炎时宜与桔梗石膏汤合用，治疗慢性扁桃体炎可与小柴胡汤合用，长期服用。

3. 鼻窦炎　因感冒等原因引起的鼻窦炎，常表现为鼻堵塞，可给予葛根汤加辛夷、川芎。迁延成慢性鼻窦炎者，可给予排脓散或汤，也可用葛根汤合桔梗石膏汤促进排脓。

4. 肩周炎　肩周炎一般多伴有外周循环障碍，即汉方医学的瘀血证，故治疗宜与活血化瘀剂合用。伴有便秘者，可与桃核承气汤、通导散合用；无便秘者，可与桂枝茯苓丸合用。伴有疼痛的肩周炎，单独给予葛根汤稍嫌力量不足，须加独活、地黄（独活葛根汤）增强温通散瘀之力。有报道用葛根汤治疗肩周炎40例，结果痊愈6例（15.0%）、有效28例（70.0%）、微效5例（12.5%）、无效1例（2.5%）。

5. 急性肠炎　病毒性肠炎所致的腹泻多发于冬季，给予葛根汤常奏效。另外，伴有发热、恶寒等表证的腹泻，给予葛根汤效果尤佳。

6. 风湿性关节炎初期　对风湿性关节炎发病初期所出现的颈项部酸痛等症状葛根汤有效，但仅局限于轻症，短期内病情迅速恶化者效果不明显。据报道，葛根汤的水提取物有抑制大鼠佐剂关节炎倾向，对酵母所致的发热也有一定的抑制作用。

（二）葛根汤在儿科的应用

1. 婴儿鼻炎　未满1岁的婴儿鼻塞不通很常见，特别是婴儿吮奶时更易出现，一般给予抗组胺药难以奏效，而服用麻黄汤、葛根汤治疗多可获效。母亲用手指沾药涂进婴儿口中再喂奶，便于服药。

2. 头痛　随着儿童长时间看电视、玩电脑游戏的增加，主诉头痛者也在增加。这些儿童必须排除近视、肿瘤等其它疾病。因游戏时间长致头痛的患儿触诊颈项部多僵硬，在令其缩短玩游戏时间的同时，可给予葛根汤改善症状。

3. 夜遗尿　推测葛根汤治疗夜遗尿，对儿童因熟睡不能觉醒造成遗尿有效的原因可能与方中所含麻黄有觉醒作用有关。据报道，葛根汤对受寒引起的夜遗尿有效。

（三）葛根汤在妇科的应用

1. 乳腺炎　分娩后因乳汁郁滞、细菌感染等极易发生乳腺炎。葛根汤为辛温解表剂，有消炎镇痛作用，对一时性乳汁分泌量增加，乳汁郁滞所致的乳房肿胀、疼痛有效，服药后对乳汁分泌也不会造成不良影响。乳汁少的产妇服用葛根汤，可增加其乳汁分泌而血中的泌乳素水平并不升高。与升高血中泌乳素水平的西药胃复安、止呕灵合用，可增加产妇的乳汁分泌量。西药通过提高泌乳素水平增加乳汁分泌，葛根汤却通过发表而增加泌乳。

2. 更年期综合征　更年期综合征常出现肩酸痛、头痛等症状，与肌肉收缩导致乳酸等代谢物蓄积、局部 pH 值改变，肌紧张亢进引起肌纤维收缩、痉挛，致使肌内压升高、局部循环不良有关。汉方医学认为，皮肤、肌肉分属表、半表半里，葛根汤正是以该部位为作用目标的方剂。葛根中除含有大豆黄素等黄酮类化合物外，还含有淀粉及甘露醇等，具有松弛肌肉、缓解痉挛的作用，因此对肩酸痛、头痛有效。

3. 老年妇女尿失禁　老年妇女中被尿失禁困扰的人数在不断增加，一般认为多为压力性尿失禁。葛根汤中麻黄所含的麻黄素作用于尿道内括约肌上的肾上腺素 - α 受体使尿道内括约肌收缩。芍药中所含的芍药苷可松弛膀胱平滑肌和尿道外括约肌，麻黄与芍药的相乘作用可有效改善尿失禁。

4. 外阴瘙痒　外阴瘙痒约占妇科门诊的 10%，为临床常见病。外阴瘙痒也属于末梢神经的一种炎症，因而认为葛根汤有效。

（四）葛根汤在皮科的应用

1. 单纯疱疹及荨麻疹　试验表明，对致死性单纯疱疹病毒感染小鼠给予葛根汤，取得显著疗效和生存效果，并因单纯疱疹病毒特异性迟发型免疫反应的增强作用在皮肤感染至恢复过程中发挥着重要作用。荨麻疹属于风证，分为风热型（风湿热型）和风寒型（风湿寒型）。风热型荨麻疹多为急性，表现为皮肤一过性、局限性红肿、发热、瘙痒难忍等，治疗可予葛根汤加石膏，或葛根汤与消风散合用等。风寒型荨麻疹因寒冷刺激而出现，其临床表现以风疹处无明显红赤、热感为特点，给予葛根汤治疗有效，也可随证给予麻黄附子细辛汤、桂麻各半汤等。

2. 湿疹及多种皮炎　湿疹、皮炎表现出局部的红肿热痛时，属于汉方医学的阳证，通常给予辛凉解表剂葛根汤加石膏，随着皮疹的变化再合用消风散或越婢加术汤。当皮疹脓疱化或变为脓疱病时，须合用桔梗石膏汤、排脓散或汤等以清热解毒排脓。

3. 化脓性皮肤疾病　疖、痈等急性化脓性皮肤病的初期可给予葛根汤，特别是阳证的外痈红肿热痛时用之，与给予荆防败毒散的意义相同。葛根汤还可能更广泛地治疗皮科多种疾病，只要根据临床表现辨证用药、灵活加减，就会取得疗效。

三、运用葛根汤应注意的问题

葛根汤在日本应用范围广泛，但在应用过程中有些问题需引起注意，①用量：汉方药的适应量有个体差异，但现在的用量普遍偏小，感冒初期服用解表药，如为提取剂，须用到说明书规定量的 2 ~ 3 倍。但对麻黄特别敏感的患者，即使少量服药也会出现心悸、不适等副作用，所以首次要按照常用量服用，30min 后无汗出可追加相同剂量。慢性病时葛根汤很少单独应用，与其它方剂合用长期服用时按照说明书的用量即可。②方中的桂枝：桂枝在葛根汤中发挥着重要作用，但其耐热性差、易挥发，应科学掌握煎煮时间。

[《国外医学·中医中药分册》2002；24（6）：330]

和解法外科运用举隅

洪晓瑜　南京化工大学医院
谢懿颖　无锡市中医医院

和解法为治疗邪在少阳、半表半里、脏腑功能失调等证。其方药的组成特点常为寒热并用，攻补兼施，以达和解表里，调和脏腑，祛除病邪，平衡阴阳的目的。笔者于临床运用和解法治疗外科多种病证，亦获良效，兹报告如下。

一、和解通淋

某些泌尿系感染如急性肾盂肾炎、膀胱炎、尿道炎等，常由于少阳气机郁结，经络受阻，血脉不畅，郁滞生热，热邪伤及肾乃至膀胱和尿道而发。可见到：“口苦咽干目眩，往来寒热，胸胁苦满，默默不欲饮食，心烦喜呕”等典型少阳证症状，即由于邪发少阳，正邪分争，枢机不利所致，以和解通淋法治疗常可收到显著效果。

病例1：王某，女，43岁。1992年3月15日就诊。

患者自感小便频数胀痛、腰脊滞痛、寒热交作3天，伴口苦咽干，心烦欲呕，舌红、苔薄黄，脉弦数。T38.7℃，两肾区叩击痛（+）；尿常规：白细胞、红细胞、脓细胞均满视野；血常规：白细胞 $12.1\times10^9/L$，中性78%。西医诊断：急性肾盂肾炎；中医诊断：热淋。辨证为少阳郁热伤肾，膀胱气化失司。治拟和解少阳、泄热通淋为法。小柴胡汤合八正散化裁。处方：柴胡25g　黄芩10g　生石膏45g　姜半夏10g　赤白芍各10g　生山栀15g　车前子15g　木通10g　石苇30g　六月雪30g　蒲公英30g　六一散（包）20g。每日1剂，浓煎分2~3次服。

3月18日复诊：热退。查尿常规：白细胞0~2/LP；血常规：白细胞 $6.2\times10^9/L$，中性68%。原方去生石膏，加生地20g，柴胡减量为10g，继服5剂善后，诸症悉除。

二、和解攻下

外科急腹症中许多病症，尤其是胰、胆系疾患，如急性胆囊炎、胆石症、胆道蛔虫症、化脓性胆管炎、胆道功能紊乱症及急性胰腺炎等，临床上往往除本病的急性症状外，还可见到典型的少阳证。其病因病机多为情志所伤，饮食不节，寒热失常，以至肝郁气滞，胆失疏泄，脾失健运，湿热内蕴，甚则有形实邪阻滞肠道所致。这一类病症中的大部分都可采用非手术治疗或在严密观察下采用非手术治疗。中医多用和解攻下法治疗，常可免除手术之苦。

病例2：金某，男，35岁。1994年5月12日初诊。

患者因右上腹痛5天、加重1天入院。5天前开始右上腹疼痛，不思饮食，有进油腻史。入院前一天右上腹疼痛突然加重，为持续性绞痛阵发性加重，向右后背放射，自感恶寒发热交替，口苦咽干，曾呕吐一次，便干尿赤。舌质红、苔黄根腻，脉数弦。检查：T38.6℃，P96次/min，BP14.6/9.3Kpa。神清，痛苦面容，巩膜不黄，腹平坦，右上腹有明显压痛、反跳痛、肌紧张。白细胞 $14.3\times10^9/L$，中性87%，肝功能、尿三胆、血、尿淀粉酶均正常。西医诊断：急性胆囊炎；中医诊断：胁痛。辨证为肝胆失疏，湿热结滞。治当和解疏利，泄热攻下为法。即投大柴胡汤加减。方药：柴胡25g　黄芩10g　姜半夏10g　生山栀15g　丹皮15g　郁金15g　木香10g　赤白芍各10g　金钱草30g　生大黄10g　芒硝（冲）9g。水煎分2次服。服药1剂，大便下，腹痛减轻。

原方去芒硝再服药3剂，体温降至正常，腹痛显著减轻，腹肌紧张及反跳痛消失。柴胡减量为10g，生大黄减量为6g，继服3剂，痊愈。

三、和解疏调

中医认为乳头属肝经，乳房属胃经。当肝郁气滞，脾失健运，气血痰凝聚阻于乳络时，易导致乳腺疾患的发生。由于个体体质不同，日久可能成为乳癖（乳房囊性增生症、乳房纤维瘤），或成乳疬（乳房异常发育症），或成乳痨（乳房结核），甚则成乳岩（乳腺癌）。如果肝郁气滞与阳明胃热相合，乳汁淤滞，胃热壅盛，蒸腐淤乳成脓，则可发为乳痈（急性乳腺炎）。笔者认为“胸胁苦满”是少阳证的必见指征，胸胁部（乳房部）胀痛、胀满、硬满、触痛、结块均应包括在内。临床上少阳证可以没有寒热往来或休作有时，但不可以没有“胸胁苦满”，故乳房疾患亦患亦应归于少阳证的范围，治当以和解疏调为法。

病例3：奚某，男，41岁。1992年7月19日初诊。

患者自述半年来因炒股亏损抑郁不乐，胸闷不适，眠食不香。一月前抚胸发现右乳有一鸽蛋大小结块，触之稍痛。症见：精神抑郁，胸闷心烦，失眠多梦，口淡无味，纳差神疲。查右乳晕皮下可探及一2.3cm×1.4cm扁圆形结节，经X线、B超、结核抗体、肝功能检查未发现其它异常。西医诊断：乳房异常发育症；中医诊断：乳疬。证属肝郁血虚，气滞痰凝。治拟疏肝调气，化痰散结。以柴胡疏肝散化裁。方药：柴胡　香附　青皮　陈皮　法半夏　赤白芍　当归　橘叶　荔枝核　生牡蛎　炙甲片各10g　夏枯草30g　甘草3g。每日1剂，水煎分2次服。并嘱每日散步以畅情志。药后诸症明显减轻，右乳结块变软略小，约1.9cm×1.1cm。效不更方，继服15剂，隔日1剂。另配逍遥丸早晚分服。三诊时诸症若失，右乳结块完全消失。随访半年未见复发。

[《湖南中医药导报》2002；8（8）：459]

当归四逆汤加大黄治疗手术后肠粘连78例

周桂容　四川省中医药研究院中医医院

1994年以来，笔者运用《伤寒论》当归四逆汤加大黄治疗手术后肠粘连78例，收效较为满意，现简要介绍如下。

一、一般资料

本组78例中，男性46例，女性32例；年龄最小者23岁，最大者56岁，平均为46.3岁。均有腹部手术史，其中阑尾切除术者32例，胆囊切除术者36例，子宫切除术者4例，腹腔引流术者6例。病程最短者1年，最长者21年。78例均有如下表现：①腹痛、腹胀、恶心、呕吐，腹部可触及痞块，腹泻与便秘交替，或有大便不畅感；②舌质淡、青紫或有瘀点，脉弦，或涩；③实验室检查、X线检查，排除肠梗阻。

二、治疗方法

基本方：当归、白芍各30g，细辛8g，桂枝10g，通草5g，炙甘草15g，酒大黄10～15g（其用量可视大便干结度调整）。上药加水800ml，煎至300ml左右，每次服50ml，每日5～6次，5天为一疗程。如果腹痛控制后，可继续服药2～3个疗程，以进一步巩固。

三、治疗结果

78例中，48例完全控制（一个疗程，腹痛、腹胀、呕吐消失，停药后3个月不复发），27例基本控制（一个疗程，腹痛、腹胀、呕吐消失，其它症状显著改善，但停药后，又出现轻度腹痛腹胀，再投药后又可控制者），3例无效（用药一个疗程后，腹痛、腹胀、呕吐无改善），总有效率为96.1%。

四、病案举例

吴某某，女，53岁，1998年3月5日诊，住院号54322。5年前因阑尾炎穿孔，行腹部手术，术后右侧腹部疼痛，反复发作，常用中西药治疗，时休时作。症见：上、中腹部胀满疼痛，尤以右侧腹部明显，恶心、呕吐、大便秘结，已5天末解，四肢乏力，面色萎黄，舌质淡，舌下瘀点，舌苔薄白，脉弦细而涩。西医诊断为肠粘连。中医辨证为手术后经脉受损，气血运行不得通畅。治宜温补气血，疏通血脉，祛寒通腑。用当归四逆汤加味：当归、白芍各30g，细辛8g，桂枝、酒大黄各10g，通草5g，炙甘草15g。上药加水煎服，每日1剂。连服5剂，腹痛、腹胀、呕吐消失。后经常用此方调理，迄今3年余，病情稳定。

五、讨论

当归四逆汤加大黄治疗手术后肠粘连，适用于气虚血瘀、寒凝气滞、腑气不通之症。笔者临床观察此症比较多见。其病机为手术伤气，气伤血损，致使肠腑运动失常，寒凝气滞，形成腹痛、腹胀，甚则呕吐。其本为气虚，标为气滞血瘀，腑气不通。故对手术后肠粘连的治疗，既要补其不足，又要泻其有余。当归四逆汤具有补虚、疏通血脉及祛寒通腑作用。方中当归、炙甘草补气养血活血，白芍、细辛、炙甘草缓急止痛，桂枝、通草温阳下气。诸药合用，使腹部气血运行加速，寒邪得散，腑气通降正常，从而达到腑通痛止的目的。笔者临床观察，若腑气不通，或大便干结者，加酒制大黄10g～15g同煎，效果更佳。细辛、酒大黄相伍，其止痛效果最佳。细辛用治腹痛便秘，始于仲景大黄附子汤，后《痧胀玉衡》又列细辛大黄丸，均将其与大黄同用，以治寒结便秘，此乃取辛味药之“能散、能行、能润”也。亦可用治多种寒热错杂的胁、腹痛。

[《四川中医》2002；20（9）：40]

栀子豉汤加减方治疗痤疮12例

冯瑞雪　张再康　河北医科大学

栀子豉汤为《伤寒论》名方，擅长治疗热郁胸膈，而见心中懊恼，虚烦不得眠之证。古人善用栀子豉汤，以此加减治疗蛤蟆黄、昏迷不食、脘闷不饥、郁热胃痛、口疮、牙龈肿痛、咳逆头胀、头晕、大小便难、身热狂躁、汗出、神蒙、咽膈噎塞状若梅核、反胃、赤白痢等外感温病和内伤杂证。笔者别出心裁，古方新用，将其加减运用治疗痤疮，收效良好。

一、一般资料

共收治该类病人12例，均为门诊病人。男2例，女10例，男女之比为1∶5；年龄18～37岁，平均25.4岁；病程最短半年，最长5年。以面部有红色或暗红色的痤疮为特征，多少不定、大小不一；病人体胖、面部油垢、面赤、咽疼、习惯性便秘或大便干、月经不调，或无任何其他伴随症状；舌尖多红，脉象多见弦脉或滑脉。

二、治疗方法

处方：淡豆豉、栀子、连翘、皂角刺、赤芍、丹皮、浙贝、天花粉、黄芩、半夏、柴胡各10g，黄连6g。如面部油垢，酌用茵陈、苦参、龙胆草、徐长卿、桑叶；大便干燥者，酌用承气汤类；伴有习惯性便秘者，酌用牛蒡子、前胡、紫菀、杏仁、桑白皮宣降肺气；脉象弦而无力，舌质淡者，合用党参、生黄芪、当归、鸡血藤；脉象紧而有力或痤疮色暗者，酌用麻黄连翘赤小豆汤、荆芥、白芷等；舌质红少苔者，酌用元参、石斛；额部和面颊多者，酌用葛根；失眠者，酌用远志、菖蒲；痤疮大如疙瘩者，酌用地龙、僵蚕，并重用皂角刺15～30g；月经不调者，酌用泽兰、牛膝、茜草等。

三、治疗结果

12例病人除1例症状体征仅有好转没有治愈外，其他皆治愈（以面部痤疮消失并近期不再新生为准）。有效率为100%，治愈率为91.7%。

四、病案举例

刘某，女，33岁，2002年3月4日诊。下颏及右嘴角处有散在红色痤疮，脸部其他部位萎黄，两脸颊有黄褐斑。寸脉弦滑，关部无力。此痰热兼有脾虚。处方：淡豆豉、栀子、连翘、元参、生石斛、皂角刺、赤芍、丹皮、扁豆各10g，薏米15g，柴胡、黄芩、半夏各6g，蜈蚣3条（吞服）。6剂。二诊：下颏皮损改善，右嘴角的痤疮有了脓点，此佳兆也，加重透脓之力兼以补虚。处方：淡豆豉、栀子、生地、当归、赤芍、丹皮、浙贝母、天花粉、僵蚕、柴胡、生黄芪、党参各10g，知母、黄柏、黄芩、半夏、黄连、胆南星各6g，皂角刺30g，蜈蚣3条（吞服）。6剂。三诊：右嘴角的3、4粒大的痤疮变小，下颏部痤疮几乎消失，但左嘴角有一小的新生痤疮。上方继服6剂痊愈。上方加麦冬、五味子各10g，皂角刺改为15g，继服6剂以资巩固。

田某，女，37岁，2001年4月7日以治疗黑眼圈就诊。面色晦暗，形体消瘦，黑眼圈，手足冰凉，失眠，气短，经期腰酸，舌红，脉弦缓滑无力。此肝阳虚也，当归四逆汤主之。处方：当归、桂枝、半夏、干姜、木通、远志、菖蒲各6g，赤白芍、五味子、黄芪各10g，细辛3g，6剂。二诊：上方服后尿道小便疼痛，面部开始生有痤疮，舌红。说明当前的主要病机为心火亢盛伴有肝阳虚。处方：栀子、淡豆豉、连翘、赤白芍、当归、五味子各10g，半夏、木通、柴胡、黄芩各6g，细辛3g、干姜4g。6剂。三诊：尿道小便疼痛愈，面部痤疮好转，但时有新的生长，黑眼圈也有好转，面部晦暗开始好转。上方加天花粉10g，6剂。四诊：面部痤疮痊愈，舌红薄白苔，有口疮，脉细弱无力，并述月经时常错后20天左右。上方去半夏加鸡血藤30g以养血活血，6剂。五诊：月经来潮，错后10天。来潮时小腹冷、腰酸，此肾虚之征也。上方加重补肾调经之力，继续调治黑眼圈。

处方：当归、淡豆豉、茜草、泽兰、熟地、怀牛膝各10g，木通、柴胡、黄芩、栀子、连翘各6g，细辛、吴茱萸各3g，鸡血藤、川断各15g，6剂。

五、体会

栀子豉汤常用治热郁胸膈证，但心烦、微烦、烦热、燥、虚烦不得眠、烦躁不得眠、卧起不安、心中结痛、心愦愦、谵语、怵惕等症状无不关乎于心。故笔者认为栀子豉汤涉及的病位主要是在心，主治心中郁火证。而心其华在面，心火不得发越，必易循其经络上燎其面。故《内经》曰："诸痛疮痒，皆属于心。"而刘完素则根据五运主病，明确提出"诸痛疮痒，皆属心火"。因此笔者认为心中郁火是导致面部痤疮的主要病机，栀子豉汤是治疗痤疮的的对之方。火热郁遏，导致气血瘀滞，津停痰阻，也是痤疮形成并难以较快痊愈的一个重要原因。故用栀子鼓汤清透心经火热以除其热毒。尤其是栀子既可清泻心火，又可导心火下行，同时还可通利血脉，诚为治疗痤疮的最宜之药。《神农本草经》记载栀子可治"白癞、赤癞、创疡"，姜春华著《经方应用与研究》将这些病解释为皮肤病、疮疡初起。方中加用连翘是因为连翘主入心经，轻清芳透，善清心经郁火，古人又称其为"疮家之圣药"；连翘、小量黄连实能加强栀子豉汤清透心经郁火之力；赤芍、丹皮活血凉血；贝母、花粉、半夏、皂角刺清热化痰，散结消痈；再伍以柴胡、黄芩泻肝火以断其资助，使痤疮暗消于无形矣。

[《四川中医》2002；20（9）：66]

白虎汤临床应用及禁忌证探析

金文君　广州医学院第二附属医院

白虎汤是东汉张仲景创制，治疗阳明热证的经方，为历代医家喜用。可是明清著名温病学家吴瑭在《温病条辨》中提出白虎汤“四禁”，给这一名方带来了划分禁忌证与适应证界限的疑惑，束缚了临床医家的手脚。为了更好地发挥这一古方在临床上的作用，并进一步提高中医理论的科学性，克服中医理论的歧义性，必须对这一名方的临床应用及禁忌证进行分析与探讨。因此，笔者从白虎汤证治的临床实践出发，对吴瑭关于白虎汤“四禁”提法提出不同看法，并指出白虎四禁提法之不妥，在于混淆症与证的关系，以供同行参考。

一、白虎汤适用于里热炽盛证，可广泛应用于临床各科

只要抓住里热炽盛这个关键，则不论外感病还是内伤病均可大胆应用白虎汤，并可广泛运用于临床各科，如传染科、内科、口腔科、神经科、眼科、妇产科等。如用该方治疗流行性乙型脑炎、[1,2]流行性出血热、[3]麻疹毒邪内陷、[4]慢性乙型肝炎[5]、肺炎、[6]产褥感染、[7]糖尿病、[8]变应性败血症、[9]红斑类皮肤病、[10]抗精神病药物所致副反应性病证[11]均取得良效。结合笔者多年应用白虎汤的体会，认为临床各科疾病在发生发展过程中的某一阶段，如果表现为里热炽盛，则可应用白虎汤加减治疗，效果甚佳。现举验案如下：

病案1　急性牙龈炎

陈某，男，18岁。2000年8月10日初诊。

发热牙龈肿痛3天，西药治疗未效。诊时体温39.5℃，牙龈肿痛出血，口臭，口苦，大便干结，纳呆，面色红赤，舌红肿胀、苔黄，脉数。此乃外感热邪，里热炽盛，热蕴脾胃，上薰口舌所致。治法清胃泻火。处方：

生石膏40g，知母10g，淡竹叶10g，银花20g，连翘10g，芦根20g，生地20g，甘草5g。

上方服1剂热退，2剂大便通，舌肿、牙龈肿痛减其大半，上药续服2剂诸证消除。本例症色舌脉表现为里热炽盛，虽无大渴、大汗、脉洪大，但白虎汤用之收效甚捷。

病案2　过敏性皮炎

林某，女，24岁。2000年7月10日初诊。

眼面红肿3天，患者于3天前到美容店做面部护肤，回家后数小时即出现面部皮肤红肿，用开瑞坦、地塞米松治疗3天未效。诊时见满面皮肤通红肿胀，纹理消失，两眼肿胀，睁眼困难，颈部皮肤红肿呈大片水肿性红斑，尿黄短，大便干结，口干不渴，无大热、无大汗，舌红、苔黄，脉滑。证属风热客表，里热炽盛，热盛化风。治以清热凉血祛风。处方：

石膏40g，知母10g，生地20g，银花20g，皂角刺10g，防风10g，白蒺藜30g，甘草3g。

上药服2剂，脸颈大片水肿性红斑消退，睁眼自如，大便通畅，续服2剂善后，本例虽无大热、大汗、大渴、脉洪大等白虎汤四大症，但辨证属里热炽盛，服之取效迅速。

病案3　强直性脊柱炎

陈某，男，45岁。2000年3月18日初诊。

腰腿痛发作20多天，患强直性脊柱炎病史6年。常反复发作，长期服用西药止痛药。本次因工作劳累，发作疼痛加重，服硫唑嘌呤、柳氮磺吡啶、盐酸羟绿喹以及莫比可、瑞力芬等腰部疼痛不能缓解，痛甚终夜难眠。中药曾服独活寄生汤、当归四逆汤均未效。X线诊为强直性脊柱炎，查抗DNA酶B 240u/ml，ESR 60mm/h；HLA－B27（+），ANA（+）。诉腰痛处如火灼，口干苦，大便干结，尿黄，舌红、苔黄厚腻，脉滑。证属湿热痹证，治以清热化湿通痹。处方：

石膏40g，知母10g，苍术10g，海桐皮30g，宽筋藤30g，桑枝30g，忍冬藤30g，全蝎6g，蜈蚣2条，丹参15g，甘草3g。

上方服用6剂，疼痛减轻。仍口苦，舌红、苔黄，续服30剂，疼痛轻微，恢复上班。复查抗DNA酶B120u/ml，ESR20mm/h。本例虽无大热、大汗、大渴、脉洪大，但湿郁化热，里热明显，故用清泻里热、化湿通痹取效。

病案4　三叉神经痛

李某，女，48岁。1999年8月28日初诊。

左面颊疼痛1周。患三叉神经痛4年，常反复发作，以往服卡马西平、苯妥英钠等可缓解。近1周每于刷牙、咀嚼、洗面则发作左面颊疼痛，左上下颌疼痛尤甚，而且疼痛发作较前频繁，每天发作疼痛十几次，服以上西药未效，转诊中医。诊时诉左颊疼痛，如火灼，如刀割，口苦口干，大便干结，尿黄，面红，左眼红赤，舌红、苔黄干，脉弦滑，证属里热炽盛，肝郁化火。治以清热泻火疏肝。处方：

石膏40g，知母10g，生地20g，毛冬青30g，全蝎6g，蜈蚣2条，柴胡10g，白芍30g，甘草5g。

服上药3剂，左面颊疼痛缓解，发作次数减少，每日发作疼痛数次。复诊时见舌仍红、苔黄，脉弦，续服上方8剂，舌淡红、苔薄白，无发作疼痛，咀嚼洗面等均无诱发。随诊2年未见发作。本例无四大症，但里热炽盛白虎汤加味服之显效。

二、白虎汤的禁忌证探析

白虎汤的适应证是里热炽盛，即张仲景六经辨证中的阳明热盛证。临床辨证正确，用之得宜，效如桴鼓。可是，自明清著名温病学家吴瑭提出白虎汤“四禁”以来，对白虎汤的适应证与禁忌证的界限引起了疑惑，无疑束缚了临床医家的手脚。为了克服中医理论的歧义性，笔者从白虎四禁入手，对白虎汤禁忌证分析如下。

1. 白虎汤四禁的提法混淆了症与证的关系 《温病条辨》上焦篇第九条，提出“白虎四禁”曰：“白虎本为达热出表，若其脉弦而细者，不可与也；脉沉者，不可与也；不渴者，不可与也；汗不出者，不可与也；常须识此，勿令误也。”这是吴瑭提出的四禁，每禁只提一个症状。这种根据一症就得出一禁的思维方式，是忽视同一种症状往往是几种疾病或几种证候所共有的现象，因而是只见现象不见本质的，是片面的，也是与张仲景白虎汤禁忌条文的本意不相符的。张仲景白虎汤禁忌条文如《伤寒论》175 条曰：“伤寒，脉浮，发热无汗，其表不解，不可与白虎汤。”脉浮、发热、无汗，三个症状有机地结合，构成了“表不解”一证，由此，提示白虎汤是治疗阳明热盛之剂，不可犯太阳之表。若把三个症状拆散开来，仅列其中任何一个症状，都无法提示病邪在表，从而也就无法划分白虎汤适应证与禁忌证的界限。吴氏四禁的失误正在在于每禁只提一个症状。因为单一的症状或体征，都不能代表疾病的本质——证，所以无法作为方剂临床运用的依据。任何方剂的临床运用，应把着眼点放在证上，这样，才能抓住病人患病的本质，方剂的适应证才有法可循，辨证施治才成为可能。因为证是证候，是一群相互联系的症状或体征，它反映的是疾病的本质。而症是症状，是证的外在表现，是现象，不能反映疾病的本质。同样一个症状或体征，常可见于寒、热、虚、实等不同性质的证候中。例如，发热这一症状，可见于外感疾病，也可见于内伤杂病，外感疾病中有外感风热、风寒、燥邪、暑邪、湿邪等不同，内伤杂病又有气虚、血虚、阴虚、阳虚，还有气郁、血瘀、痰浊、食滞、脏腑功能失调等分别。因此，把现象当成本质，只根据某一个症状或体征，就当成是证候，就会“症”、“证”不分，本末倒置，必然会造成理解时混乱，临床医疗上的误导。

2. 白虎四禁提法的分析 “汗不出者，不可与也”，此说不足为凭。本文所举 3 个治验案例均无出汗之症，但辨证属于里热炽盛，用白虎汤加味效果甚佳。笔者在临床实践中，尤其是外感发热病，从四诊获取的脉、舌、色、症的资料分析，符合阳明气分热盛证则均可用白虎汤加银花、连翘，无不收效甚佳。这些病人，在高热阶段，多数没有汗出，服了白虎汤之后才出汗退热。诚如著名医家张锡纯所说：“石膏原有发表之性，其汗不出者，不正可借以发其汗乎？”他根据自己临床应用白虎汤之经验，提出“服白虎汤后，大抵皆能出汗。”

“脉沉者，不可与也”，此说尤其不当。阳明气分热盛这一证候的脉象可以见脉沉数。沉脉主里证。张锡纯就认为阳明郁热，失于外达，虽见脉沉伏，又何妨用白虎解热。他曾治一人，全身发冷，两腿疼痛，诊其脉甚沉伏，郁于阳明，经用大剂白虎加连翘治愈。笔者在临证时，常见一些病人高热、口渴、舌红苔黄、脉沉数，尤其体胖者，脉更沉，只要辨证属阳明气分热盛，用白虎汤加银花、连翘，服之无不迅速收效。

“不渴者，不可与也”，此说也不妥。本文有 3 个治验案例均无口渴现象。诸多外感发热病人，表证非常短暂，一起病就进入气分热盛阶段，此阶段早期，病人可以出现高热而口不渴，汗出尿黄，脉数，服白虎汤效果甚佳。张氏认为：“夫用白虎汤之定例，渴者加人参，其不渴者即服白虎汤原方”。并录验案以驳之，如治一人，阳明热伏，兼有痰饮内阻，口虽不见渴，但热象确凿，以大剂白虎汤稍加半夏获效。

“脉浮弦而细者，不可与也”，此说也未尽然。中医辨证要从整体出发，四诊合参，不能单从脉象而对这一名方于该用时而不用。笔者临床中，常遇到脉虽浮弦而细，但见病者高热口大渴，尿黄，汗出舌红苔黄者，辨证属于里热炽盛，常投之白虎汤加银花、连翘，收效甚捷，也没有见什么副作用。正所谓舍脉从症。

总之，白虎汤是一张难得的良方。笔者临床中用白虎汤加银翘治外感发热病，如上感、化脓性扁桃体炎、肺炎，收效甚好。退热效果也好，多数在 1 至 2 剂则热退而体温不再回升。笔者也用本方治内伤杂病，只要辨证属于里热炽盛，同样收到很好效果。因此，临床上要明確白虎汤的适应证与禁忌证，才不致“此救颠扶危、挽回人命之良方，置于无用之地。”其实，当邪气入里化热而成里热郁蒸之势，则必蒸迫津液外泄而出现“自汗出”，口渴机理乃为里热伤津。里热和津伤越重，“汗出”和“口渴”的症状就越显著；里热和津伤越轻，“汗出”和“口渴”就不明显。所以不应该认为只有大汗出和大烦渴时方能使用白虎汤。当疾病发展至阳明热证的病理阶段时，临床上不一定阳明热证各症状俱在。临症时紧紧抓住症、色、舌、脉的资料综合分析。只要认准表邪入里化热或里有郁热，就可使用白虎汤而不拘泥于白虎四禁。

其实，“白虎本为达热出表”，已经简明扼要地指出了白虎汤的功效与适应症，如设禁忌，则加“若非阳明气分热盛，不可与也”一句已足。这样，使后学者既有法可循，又有融汇变通之余地，从而使白虎汤更为有效地运用于临床。

参考文献

[1] 焦树德．治愈31例流行性乙型脑炎的初步观察与体会．中医杂志，1958；(4)：246.

[2] 常玉和．中西医结合救治重症流行性乙型脑炎182例．辽宁中医杂志，1996；23 (1)：33.

[3] 李春志．中西医结合治疗流行性出血热的体会．吉林中医药，1984；(3)：13.

[4] 谢兆丰．白虎汤在急性热病中的运用．河南中医，1984；(4)：21.

[5] 胡晓峰．六芍白虎汤治疗慢性乙型肝炎120例．山西中医，1998；14 (6)：10

[6] 董岳琳．石膏知母汤新解．新医学，1974；5 (9)，473.

[7] 汤昆华．产后杂病治验．上海中医药杂志，1984；(6)：22.

[8] 李良．糖尿病治验八法．新中医，1983，(12)：1.

[9] 韩树人．白虎加苍术汤为主治愈变应性亚败血症2例．江苏中医，1988；9 (5)：5.

[10] 万细丛．加味白虎汤治疗皮肤病体会．山西中医，1988；4 (4)：17

[11] 耿小英．白虎汤加减治疗抗精神病药物所致副反应性病证临床体会．中国医药学报，1997：12 (4)：43.

[《江苏中医药》2002；23 (10)：5]

金匮肾气丸新用

程远　程科　陕西省宝鸡市中医医院

金匮肾气丸出自《金匮要略》，由熟地黄、山药、山茱萸、牡丹皮、茯苓、泽泻、附子、桂枝组成。主治肾阳不足所致的腰酸脚软，半身以下常有冷感，小便不利或小便反多以及痰饮、脚气、消渴等证。笔者用此方治疗他症，疗效亦好，举例如下。

一、高血压病

刘某，女，76岁，1998年3月24日初诊。患高血压病10余年，常感头晕，血压波动在24～29/13～15kPa之间，长期服复方降压片，血压可维持在21～25/11～13kPa之间。近2日头晕加重，伴耳鸣，血压增高，服复方降压片，血压下降不明显而转中医治疗。用育阴潜阳之法，服药30余剂，初服头晕减轻，血压可下降，继服无效，邀余诊治。诊见：头晕，耳鸣，口干，心烦，两手心发热，夜间尿频，穿衣较厚，舌暗红、苔白，脉弦细缓。证属肾阴阳两虚，虚阳上越。治宜滋补肾阴，引火归源，佐以潜镇。方以金匮肾气丸加减。处方：熟地黄25g，山药12g，牡丹皮、茯苓、泽泻各10g，附子、肉桂各6g，龙骨、牡蛎各30g。5剂，每天1剂，水煎服。药后头晕、耳鸣减轻，夜尿2次，血压20/12kPa。停服降压药，续服20剂，血压维持在19～20/11～12kPa之间，嘱服金匮肾气丸善后，半年后随访血压正常。

按　高血压病属中医学眩晕范畴。发病多与风、火、痰、虚有关，病机主要为肝肾阴虚，阴不敛阳，肝阳上亢。此例患者年近耄耋，肾阴亏虚，阴损及阳，故用滋阴潜阳不效，易金匮肾气丸，阴阳两调，补阳和阴，佐以龙骨、牡蛎平肝潜阳，怀牛膝引血下行，诸药合用使血压降而头晕除。

二、复发性口腔溃疡

林某，女，52岁，1996年3月16日初诊。口舌溃疡3年，加重1月。3年来口舌反复糜烂，每至经期或劳累加重，服六味地黄丸后可减轻，继服则复发，难以治愈，1月来因劳累口舌糜烂加重。诊见：下唇、舌尖、舌边各有1处溃疡，灼热疼痛，溃疡面如绿豆大，中心凹陷，色白，周边红晕，伴腰酸软，手足心热，口干，耳鸣，心烦，大便干，舌红、少苔，脉细数。证属肾阴亏虚，阴不敛阳，虚阳上越。治宜滋阴补肾，引火归源，方以金匮肾气丸加减。处方：熟地黄、生地黄各20g，牡丹皮、茯苓、泽泻各10g，山茱萸、山药、天冬、麦冬各12g，附子、肉桂各3g，怀牛膝15g。每天1剂，水煎早晚分服。连服5剂后，溃疡面明显缩小，诸症减轻。继服10剂，溃疡消失，后以上方配丸剂服用，1年后随访，口腔溃疡未见发作。

按　口腔溃疡多由火而发。火有虚、实之分，实火宜清宜散，虚火宜滋宜敛。本例患者口腔溃疡反复发作，伴腰酸软、手足心热、耳鸣，肾阴亏虚证显见，服六味地黄丸疗效不佳，乃因肾阴亏虚，不能敛阳，虚阳上浮。张景岳云：“善补阳者，必于阴中求阳，则阳得阴助，生化无穷”。故用金匮肾气丸，滋阴补肾，引火归源，相火蛰伏而口腔溃疡得愈。

三、前列腺肥大

张某，男，65岁，1998年9月24日初诊。小便涩滞不畅3年。3年来小便频数，夜尿增多，未予治疗，后渐至小便涩滞不畅，尿后余沥不尽，伴小腹胀满，腰腿酸软，喜暖，下肢发凉。B超检查示：前列腺增生。诊见：形体稍丰，穿衣较厚，舌淡红、苔白腻而润，脉弦缓。证属肾阳不足，膀胱气化不利。治宜温补肾阳，化气行水。方以金匮肾气丸加减。处方：熟地黄24g，牡丹皮、茯苓、泽泻各10g，附子、桂枝各6g，山茱萸、山药、穿山甲、车前子、菟丝子、巴戟天各12g。每天1剂，水煎服。服5剂，小便较前畅通，余症均减。效不更方，继用上方加黄芪30g。服20剂，小便通畅，诸症消失。嘱其常服金匮肾气丸1年巩固疗效，复查B超前列腺大小正常。

按 肾与膀胱相表里，肾阳亏虚，膀胱失其气化，开阖不利，故小便涩滞，尿后余沥不尽。以金匮肾气丸温补肾阳，化气行水；穿山甲活血软坚，使肾阳复，水道利而诸症除。临证应用该方有三种情况：一是肾阴亏虚日久，阳虚证不明显，服补肾阳药无效，用本方以附子、肉桂各1～3g，引火归源；二是肾阴亏虚，阴损及阳，有明显的阳虚证，附子用3～6g，桂枝易肉桂3～6g；三是肾阳不足，阴寒内盛之水肿、痰饮等证，附子、桂枝用量宜10～15g，但附子宜久煎以减毒性。

［《新中医》2002；34（11）：67］

竹叶石膏汤在儿科的运用

钟仁华　湖北襄樊市中医院

竹叶石膏汤出自《伤寒论·辨阴阳易差后劳复病脉证治》。方由竹叶；石膏、半夏、麦冬、人参、甘草、粳米组成。主治“伤寒解后，虚羸少气，气逆欲吐”。据方释义，本方适用于伤寒、温热、暑病之后，余热未清，气津两伤，身热多汗，心胸烦闷，气逆欲呕，口干喜饮；或虚烦不得眠，脉虚数，舌红苔少。笔者在临床中根据辨证论治的原则，在此方的基础上加减，运用于儿科多种疾病，收效较好，现介绍如下。

一、小儿夏季热

患儿王某，男，7个月。1998年8月20日因不规则低热1月余就诊。诊见：低热，体温波动在37.2～38.4℃之间，无汗，精神食欲欠佳，大小便正常。查体无异常。舌质红，苔薄黄，指纹紫在风关。理化检查未见异常。证属：暑伤肺胃，气阴两伤。治当清暑益气养阴。予竹叶石膏汤清补肺胃。拟方：生石膏15g，知母、竹叶各8g，黄连2g，西瓜翠衣10g，麦冬、北沙参、石斛各6g，粳米、生甘草各5g。水煎取汁加白糖代茶饮，日1剂。5剂后，体温稍减，夜间体温降至37℃以下。续进4剂，体温恢复正常，汗出正常，余无不适而愈。

按 小儿夏季热是由于患儿素体虚弱，再感暑热之邪，蕴于脾胃。而暑为阳邪，易伤津耗气，小儿体禀肺胃阴亏，感邪之后致肺胃津亏，内热炽盛而发为本病，形成虚实夹杂之证。治当攻补兼施，扶正祛邪同用。竹叶石膏汤乃清补肺胃之良方，既清肺胃之热，又补肺胃之阴，清补兼施，故用之确然。

二、急性扁桃体炎

患儿刘某，男，7岁。1998年5月5日因发热咽痛3天就诊。诊见：发热，体温38℃左右，咽干咽痛，口干，精神纳食差，便干尿黄。查体：体温38.7℃，神清，咽部充血，扁桃体Ⅱ度肿大，未见脓栓，心肺听诊无异常，腹平软。舌质红少津，苔黄，脉数。证属肺胃热盛之风热乳蛾。治以清热解毒，通腑泻热。方用竹叶石膏汤加减：竹叶10g，生石膏20g，半夏、麦冬、知母、玄明粉、黄芩各8g，芦根、瓜蒌仁各10g，生甘草、粳米、玄参各6g。3剂后，热退，二便调，精神食欲好转，仍诉咽痛，口微干，查咽部充血、双扁桃体Ⅱ度肿大。续3剂而愈。

按 急性扁桃体炎乃中医之“风热乳蛾”，病位在咽喉，咽喉为肺胃所属，因风热邪毒侵袭而发病，热甚伤津。再者，小儿稚阴稚阳之体，阳常有余阴常不足。风热邪毒外袭易伤稚阴稚阳。故在祛邪的基础上，应兼顾小儿的气阴。

三、麻疹后期

黄某，女，7岁。2000年4月7日因发热1周，皮疹4天来诊。诊见：发热，干咳，口干唇燥，红疹满布全身，精神食欲欠佳，尿黄，便干，舌红少津，苔黄，脉数。查体：体温38.5℃，神清，呼吸平稳，全身皮肤满布暗红色斑丘疹，双眼结膜充血，口腔颊粘膜可见麻疹斑，咽部充血，双肺呼吸音粗糙，心腹无异常，手足心可见稀少红疹。舌红少津，苔黄，脉数。证属：麻疹后期，余热未尽，气阴两伤。治予清热解毒，益气养阴。方用竹叶石膏汤加减：竹叶8g，石膏20g，麦冬、玄参、生地、粳米各6g，金银花、山栀子各10g，桔梗、知母、丹皮各8g，甘草5g。2剂后，体温正常，手心，脚心满布疹点，颜面、躯干疹点消退，可见脱屑，精神食欲好转，二便正常。上方去石膏、知母，再进2剂而愈。

按 麻毒为阳邪，易伤津耗气，早期治疗宜清，宜透。后期疹没，余热未尽，治宜清润、补益气阴。早期不宜温散、苦寒。后期不宜滋腻。

［《四川中医》2002；20（11）：66］

理中汤合金匮肾气丸治疗复发性口腔溃疡

胡兆明　湖北省秭归县医疗中心

自1998年以来。笔者运用理中汤合金匮肾气丸加减治疗复发性口腔溃疡38例，获得满意疗效。现报告如下。

一、临床资料

本组38例均为门诊患者，其中男16例，女22例；年龄最小者31岁，最大者69岁；病程在3～6个月者5例，6个月～1年者11例，1～2年者13例，2年以上者9例。患者口腔唇内侧、两颊粘膜、舌面等部位均有大小不等、深浅不一的凹陷性溃疡点，少则3个，多则11个，边缘红润隆起，溃疡处有白苔覆盖，口腔内涎水较多，进食后有刺痛感，伴头昏乏力，畏寒，四肢倦怠，精神不振，劳累后病状加重。舌质淡而胖，舌苔水滑或白滑，脉沉迟而细。

二、治疗方法

基本方：党参、熟地、山茱萸各25g～30g，附子、茯苓、山药、炙甘草各15g～25g，白术、泽泻、丹皮、干姜各10g～12g，肉桂3g～6g。每日1剂，水煎取汁分3次温服，服药期间禁忌生冷。加减：若头昏、乏力、畏寒甚者加炙黄芪、巴戟天、仙茅各20g～30g；大便溏薄者易白术为焦白术，熟地减至15g，加肉豆蔻12g；腹胀、纳差者加砂仁、鸡内金各10g。5天为1个疗程，连续观察1～2个疗程后统计疗效。

三、治疗结果

痊愈（口腔溃疡愈合，临床症状及体征消失，随访1年内未复发）34例；有效（口腔溃疡愈合，临床症状及体征消失，但在1年内复发1～2次，再次服药仍然有效）3例；无效（口腔溃疡、临床症状及体征无明显改善）1例。总有效率为97.3%。

四、典型病例

陈某，女，57岁，2000年9月27日初诊。诉口腔溃疡反复发作2年余，常在1年内数次发作。曾用维生素B_2、葡萄糖酸锌、黄连素片和清热泻火中药治疗，效果不佳，且溃疡面逐渐加大，溃疡点逐渐增多。诊见下口唇内侧、舌面、左颊粘膜有多个小如米粒、大如黄豆的凹陷性溃疡点，边缘红润隆起，中心有白苔覆盖，口腔内涎水较多，但肿痛不明显，进食后有刺痛感，伴头昏、乏力、四肢倦怠，舌质淡，苔白滑，脉沉迟而细。西医诊断为复发性口腔溃疡；中医诊为口疮，证属脾胃虚寒、肾阳不足、虚火上炎。治宜温中健脾、补肾温阳、佐以引火归源。投基本方加炙黄芪、巴戟天、仙茅各25g。药进3剂，溃疡面逐渐变平，诸症减退。守方再进3剂，病告痊愈。随访1年来未再复发。

五、体会

复发性口腔溃疡属祖国医学“口疮”、“口疳”等范畴。临床以心脾积热等实证多见，但不乏病属虚证者。根据本组38例临床观察，笔者认为，其病机与脾肾关系最为密切。脾开窍于口，肾为元阳之根，本病病程较长，又反复发作，久病必以脾肾虚证为多，加之过用或误用苦寒之品损伤阳气，伐其生机，从而导致脾胃虚寒、肾阳不足、虚火上炎，继而腐蚀口舌、发为口疮。故用理中汤温中健脾以补其虚，方中党参补中益气，干姜温中扶阳，白术健脾燥湿，炙甘草补中扶正。使用金匮肾气丸并加重附子用量，意在温阳补肾以引火归源。两方合用，随证增减，相得益彰，从而达到治疗求本之目的。

［《湖北中医杂志》2002；24（12）：32］

经方治疗排尿性昏厥验案举隅

南晋生　山西运城市中医医院

排尿性昏厥为排尿过程中或排尿终了时突然发生短暂意识丧失的一种病症。该病症虽发作时短，醒后如常，但发作突然，昏厥跌仆，常伴意外损伤，尤其反复发作者，恐惧之感长期伴随，严重影响着患者的身心健康，临证不得轻视，现代医学对此无特殊疗法，笔者根据仲景对有关疾病的论述，运用经方辨治，获效显著。兹举数案，并尾以管见，以飨同道。

一、寒饮上蒙清窍

史××，男，26岁，1999年7月20日初诊。患者于1月前饮冷有过，夜卧受寒，黎明起床小溲，排尿未毕，头目眩晕，随即仆地，不省人事，约数分钟清醒。此后每周约发作2至3次，皆发于夜间。就诊时患者自诉无不适之感。查：形体消瘦，血压16/10Kpa，心肺听诊未见异常。心电图示：①窦性心律（68次/分）；②正常心电图。舌淡，苔白滑，脉弦细滑。诊断：排尿性昏厥。证属寒饮损伤中阳，水邪上蒙清窍。治宜利水渗湿，温阳开窍。投以五苓散加味：茯苓、猪苓、泽泻各15g，白术10g，桂枝12g，菖蒲9g。药服7剂，夜尿昏厥发作1次。又进7剂，昏厥未作。随访1年，病情无复发。

按 仲景云："假令瘦人，脐下有悸，吐涎沫而颠眩，此水也，五苓散主之。"本患者虽无脐下悸动及吐涎沫之表现，但有贪凉饮冷损伤脾阳之病史，脾阳受损，水饮不化，夜间阴盛，天人相应，阴水上乘清阳之位，故眩仆昏作。异病同治，投以五苓散加菖蒲，利水渗湿，温阳开窍，药证合拍，效著功收。此后，笔者每遇夜尿晕厥者，皆投以五苓散加味，多能奏效。若年事较高，合用金匮肾气丸则收效更佳。

二、阴亏痰（湿）热蒙窍

张××，男，35岁，1998年8月16日诊。患者素嗜烟酒，有排尿昏厥病史。近1周来，排尿昏厥发作3次，每次约3至5分钟自醒，伴心烦口渴，手足心发热，小便黄赤量少，舌质红，苔稍黄略腻，脉滑细数。诊断：排尿性昏厥。证属湿热久蕴（热盛于湿），阴津亏损，火炼痰阻。治宜清热除湿，益阴生津，佐以涤痰开窍。方用加味百合地黄汤：百合、白茅根、芦根各15g，生地12g，生薏仁24g，葛花10g，淡竹叶6g，菖蒲、胆南星、远志、知母各9g。6剂，日1剂，水煎服。并嘱其戒烟忌酒。二诊时，手足心发热症除，心烦口渴减轻，排尿昏厥未作。上方继进6剂，以资巩固。随访1年，病未复发。

按 《金匮要略》论述百合病有溺时头眩之记载，是谓阴虚内热，尿液排放，热邪趁虚而升，蒙窍而致。本案所述之病，虽不属百合病范畴，但病机有相似之处，所不同者，挟有痰湿也，故循仲景法药，配以除湿涤痰开窍而收功。可谓要师古而不泥古，临证才能应变自如。

三、阳虚血亏，清窍失养

刘×，男，高三学生，2000年5月8日诊。排尿昏厥后半小时就诊。自诉：头晕心悸，一周来排尿晕厥2次，每次发作约1至2分钟清醒，素身乏无力，夜难入寐，寐则梦绕，记忆力下降。查：面色㿠白，神情倦怠，舌淡，苔薄白，脉细。双手不温，BP12/8Kpa，诊为排尿性昏厥。证属心阳不振，脾虚血亏。治宜温通心阳，建脾养血。投以炙甘草汤加减：炙甘草、阿胶（烊化）各9g，桂枝12g，党参、炒枣仁各30g，熟地、合欢皮、茶叶、陈皮各10g，龙眼肉15g，菖蒲6g。药服3剂，排尿昏厥未作，乏力减轻，双手渐温，仍难入寐。上方加炒枣仁至45g，加夜交藤15g。继服6剂，排尿昏厥未作，除夜寐梦多外，余症皆除，改服归脾丸，以资巩固。半年后从某大学来信咨询它疾，并述其原病无复发。

按 患者日近高考，心焦神抑，勤奋有过，心血暗耗，累及气阳；忧思伤脾，气血乏源。加之挤时加点，忍尿不排，排之则气阳随液外散，使机体之气阳更虚，清阳一时难以上达清窍，故尿毕晕作。炙甘草汤振心阳、益气血，佐以荷叶、菖蒲升阳与开窍共助，配以炒枣仁、合欢皮安神解郁，如此，标本兼顾，自当收功。

四、体会

众多医家认为，排尿性昏厥勿需特殊治疗，但笔者认为对屡有发生者，必须根据患者之体质，予以中药调治，并要求患者避免劳累，不过量饮酒，睡醒后不要立即起床小便，小便时不要太用力。如此，方能有效地防止复发，彻底治愈疾患。

［《四川中医》2003；21（1）：47］

循经辨治举隅

刘太明　山东临清市人民医院

经络学说，是祖国医学理论体系的重要组成部分。《灵枢·经脉篇》说："经脉者，所以决生死，处百病，调虚实，不可不通。"因此，循经查病，对临床治疗疑难病，正确辨证论治，具有指导意义。笔者根据经脉循行辨治疾病，现将验案报道如下。

一、养血调血，温通经气，治疗手少阴经病

芦某，男，20岁，2000年7月15日初诊。主诉：前臂掌面尺侧至小指瘙痒不适1g。发病之始，因忧思多虑，觉双小指发痒，渐至前臂掌面尺侧，左前臂掌面尺侧出现红色丘疹，抓之痒甚。皮肤专科诊为神经性皮炎，局部封闭及中西药内外同治，反复发作，至今未愈。查见左前臂掌面尺侧散在暗红色斑疹，表面干燥，面色萎黄，唇色淡白，舌质淡，脉细涩。辨为手少阴经病。证属血虚经脉失养，经气运行不畅。拟养血调血，温经通气。药用：当归20g，川芎12g，白芍20g，熟地黄30g，阿胶10g，桂枝6g。5剂，日服1剂。药后瘙痒减轻，未出现新斑疹。继用原方调理20d，瘙痒、斑疹消失而愈。随访1g，未再复发。

按 《灵枢·经脉篇》说："心手少阴之脉……其直者……下肘内，循臂内后廉，抵掌后锐骨之端，入掌内后廉，循小指之内，出其端。"综观本病脉证，因七情过度，暗耗阴血，心血不足，经脉失于濡养，经行不畅，致手少阴经病。斑疹为经病在皮部之反应。方用四物汤补血调血，以濡手少阴之经；阿胶养血祛风；桂枝辛温善行，通阳化气。诸药配合，经脉得养，经气运行畅通，此病告瘥。

二、和解解郁，调和阴阳，治疗足少阳、足厥阴经合病

夏某，男，51岁，2001年5月16日初诊。主诉：右足趾疼痛3g，加重15d。发病前，因情志不畅，汗出涉水，觉右足背外侧、拇趾及第四趾阵发性疼痛。服用解热止痛及舒筋活血药，疗效不佳，因疼痛加重就诊。查见右拇趾及第四趾肿胀，颜色暗红，足背跗阳脉搏动良好，伴有口苦，胸胁胀满，舌苔薄黄，脉弦细而涩。辨为足少阳经病。证属少阳机枢不利，寒滞胆络受阻。治宜和解少阳，温经通络。药用：柴胡12g，黄芩9g，人参9g，半夏9g，桂枝9g，路路通9g，鸡血藤30g，炙甘草6g，生姜9g，大枣4枚。5剂，日服1剂。

5月21日二诊：服药后，疼痛减轻。后因情志失和，右拇趾疼痛加剧，沿右小腿内侧至急脉穴拘挛疼痛，此乃足少阳经病循络致厥阴经病。辨为二经同病。上方加白芍9g，枳壳9g，陈皮9g，香附9g，川芎9g。以调和阴阳，疏肝行气，活血止痛。3剂后，疼痛大减，唯感右拇趾及第四趾疼痛。继用上方调理0.5月，此病告愈。随访1g，疼痛未作。

按 《灵枢·经脉篇》说："胆足少阳之脉……其直者……入小趾次趾之间。其支者……入大趾之间，循大趾歧骨内出其端，还贯爪甲，出三毛。肝足厥阴之脉，起于大趾丛毛之际，上循足跗上廉……上腘内廉，循股阴……。"综观本病脉证，为少阳机枢不利，寒滞经气，胆络受阻。复因情志不畅，肝失调达，少阳流注厥阴，经气不畅，肝经受病。方用小柴胡汤和解少阳机枢，疏畅气机之郁滞；柴胡疏肝散疏肝行气，活血止痛；桂枝汤调和少阳、厥阴二经经气交接之不畅；路路通、鸡血藤活血通络，驱逐经络之寒滞。经络畅通，则疼痛自止。

[《河南中医》2003；23（2）：62]

《金匮要略》侯氏黑散临床偶拾

赵文远　河南省南阳市中医中药研究所

侯氏黑散方出自仲景《金匮要略·中风历节病脉证并治篇》，论曰："侯氏黑散，治大风四肢烦重，心中恶寒不足者。"方药组成：菊花四十分，白术十分，细辛三分，茯苓三分，牡蛎三分，桔梗八分，防风十分，人参三分，矾石三分，黄芩五分，当归三分，干姜三分，川芎三分，桂枝三分。

上十四味，杵为散，酒服方寸匕。日一服，初服二十日，温酒调服。禁一切鱼肉大蒜，常宜冷食，六十日止，即药积在腹中不下也，热食即下矣，冷食自能助药用。

仲景取侯氏黑散作为治疗中风病的主方。本方针对痰热中风外夹寒邪之证而设。由于病人平素气血亏损，虚阳上越，阳热炼液为痰，所以见面红、眩晕，甚则昏迷等症。又感风寒邪气，阻滞经脉，气血不畅，故四肢烦重，口眼歪斜、半身不遂。阳气不足，风寒邪气向内，渐欲凌心，故"心中恶寒不足"。治以侯氏黑散，清肝热，化痰浊，养血息风。方中菊花、牡蛎、黄芩清肝潜阳，治眩晕昏迷；桔梗化痰通络；矾石涤痰去垢，治痰蒙心窍之眩晕昏迷；人参、茯苓、当归、川芎、白术、干姜温补脾胃，补气补血，活血通络，治气血亏损；防风、桂枝、细辛散风寒邪气，温通阳气，治四肢烦重、半身不遂等症。

张仲景设侯氏黑散，深刻地论述了治中风证的要略。方中以桂枝、防风、细辛治其风从外中；以菊花、黄芩、桔梗、矾石治其痰火内发；以川芎、桂枝治其血瘀；以人参、当归补其气血；以菊花、黄芩、龙骨、牡蛎、大黄、滑石潜阳息风，引血

下行。

仲景首推侯氏黑散治疗中风，有治寒、治热、治虚、治实之法，无不完备。如以参归之补，大黄之泻，滑石之利，龙牡之镇，桂芎活血，防风散风，细辛散寒，白术化湿，菊芩清肝，干姜温中，矾梗涤痰。可见，本方治中风之法也尽矣。

然笔者运用此方治疗风、寒、湿痹效果良好。现举例如下：

例1 张某，女，44岁，工人，住社旗县朱集乡朱集镇，1983年2月10日初诊。自去年12月20日，因连续值夜班数周，夜间劳累着凉后，首先发现下肢关节疼痛，经针灸及服桂枝芍药知母汤治疗好转。近一周以来腰、腿及上肢关节肌肉疼痛加重，似乎全身均痛，周身怕凉，两腿尤甚，有如冷气吹搜两腿之感，并多次查血沉、抗“O”、类风湿因子测定，均为阴性。观其苔薄白而腻，六脉弦紧。无其他阳性体征。此体虚久受风寒，虽为风寒痹，仍以大风为患，法宜蠲痹除湿，散风活络为治。用侯氏黑散原方改为汤剂以荡之：菊花12g，白术12g，细辛5g，茯苓12g，生牡蛎30g，桔梗6g，防风10g，党参15g，明矾3g，黄芩10g，当归12g，干姜6g，川芎10g，桂枝10g。2月19日二诊，服药4剂后，周身关节肌肉冷痛等症状已去大半。舌苔转为薄白，脉象虽弦而紧象甚微，原方改为散剂，后服月余而愈。

例2 王某，男，30岁，工人，住新野县城关镇政府街。1998年6月20初诊。自诉：肢体关节疼痛20多年，周身肌肉窜痛，且伴以麻木，肢体沉重而烦，尤以夜间上述症状加重，一年四季均发，但以夏季及雨天时更加严重，虽经服用中西药如保泰松、止痛片及针灸等治疗，效果不显，因近日加重，入院求余诊治。目前除上述症状之外，偶有口干但不欲饮水，二便正常。观其舌根部苔厚而腻，六脉俱滑。余无其他阳性体征。查血沉、抗“O”均属正常。吾思考良久，如此顽痹已经多年治疗无效，一般方剂亦难取效，拟侯氏黑散去矾石改汤剂治之：菊花10g，白术10g，细辛3g，茯苓10g，生牡蛎10g，桔梗10g，党参10g，黄芩10，当归10g，干姜10g，川芎10g，桂枝10g。1998年6月24日二诊，上方服用4剂后，周身关节疼痛沉重等症状大为减轻。改用散剂善后，1998年7月2日三诊：现疼痛麻木等症状基本消失，口亦不干，二便正常，精神转佳。诸证自愈而停药，半年后随访，一切正常。

［《江西中医药》2003；（2）：33］

大承气汤临床应用举隅

刘维庆　沙　涛　张仲景国医学院

大承气汤在《伤寒论》、《金匮要略》中共见22处之多。该方为苦寒攻下峻剂，临床上应用较广，为历代医家所重视。目前，该方最常用于急腹症、急性肝炎、急性肾炎、糖尿病、皮质醇增多症、脑血管意外等。笔者多年来在临床上用大承气汤治疗因阳明腑实影响腑气通降所致的不同病证，取得较满意疗效，现报道如下。

病案1　急性心肌梗死并发顽固呃逆

李某，男，46岁，住院号32768。患者因急性心前壁大面积梗死住院2周，频频呃逆1周余。经用中西药物及针灸、镇静、解痉、降逆止呃法治疗均无效。当时患者危重病容，呃逆频频无休止。纳差，胸闷痛时作，烦躁不安，大汗恐惧，恶心呕吐，大便周余未下。脉沉结代，舌暗红苔黄燥厚无津，触患者腹部胀满，疼痛拒按。心电图示心肌前壁梗死，室性早搏。

该患者之“呃逆”服常规止逆降逆中西药不效，又加针灸仍不能止呃，是治不得法。因患者腹满胀痛拒按，舌苔黄燥，大便周余未下，是阳明实邪不去所致，遂用大承气汤原方1剂，煎服。服后3时许，腹中肠鸣，有便意，又煎再服后，泻下燥屎6～7枚，顿觉胸腹宽松，然呃逆仍作。以继原方，又下奇臭大便后，静眠一宵而呃逆消失。

病案2　季节性黄疸

张某，男，38岁，住院号31259。患者2年来，每遇夏季无明显诱因出现巩膜发黄，而后延及全身，伴恶心、纳差、便秘，持续3个月左右黄疸自行缓解。

入院时总胆红素43mmol/L，尿胆原阳性，脉弦，舌红体胖，苔黄厚腻。辨属阳明湿热郁蒸发黄，用大承气汤加茵陈：生大黄（后下）12g，芒硝9g，枳实12g，厚朴15g，茵陈20g。煎服2剂后大便通，诸证悉减。守法治疗两周，复查：总胆红素17mmol/L，尿胆原阴性，脉缓，舌红苔薄，痊愈出院，随访至今未再复发。

病案3　癔病性痉挛

李某，女，43岁，农民，门诊患者。患者1周前因情志刺激突然昏倒在地，呼之不应，全身僵直，四肢阵阵抽动，呼吸急促。经治疗后，神志恢复，但仍表情淡漠，四肢仍阵阵抽动。经各项检查，诊断为“癔病性痉挛”。发病以来，患者食欲减退，口干舌燥，不能入睡，易惊，大便6日不通，小便黄，脉弦，舌红苔黄燥。笔者初用平肝潜阳镇惊清热之法2剂。但眩晕，抽搐，气促仍在，大便不通，脉舌如前，是治疗方法不当。该患者肝郁化火，阳明里热壅盛，化燥成实，扰乱神明，应承气汤急下泻实，1剂后大便得通，诸证缓解，唯身困乏力、心烦、口干舌燥，改用柔肝清热善后。前后共服6剂而愈。

讨论　以上3个病案，其病虽异，但究其病机，皆为阳明腑实，实热积滞，痞、满、燥、热俱备，腑气不通。治宜峻下热结，行气导滞，破结除满，均用大承气汤，生大黄（后下）15g，芒硝9g，枳实12g，厚朴15g。方中大黄苦寒泻热，通便去实，荡涤肠胃实热为君药；芒硝咸寒，软坚润燥，助大黄泻热通便为臣药，二药相须为用，大黄推荡下行，芒硝软化燥屎，可将肠胃实热积滞一鼓荡涤而下。积滞内阻，则腑气不通，故用枳实、厚朴行气散结，宽肠下气，一则可调畅气机而除痞满；二则通过行气，亦可助大黄、芒硝泻下去实，从而加强峻下热结之功为佐使药，四药相配使燥屎除，热结去，病自安。正如古人云："异病同治"之法。

［《上海中医药杂志》2003；37（3）：26］

试论《金匮要略》"湿"与痹证

卢思俭　胜利石油管理局胜利医院

痹证是以关节肌肉疼痛为主要表现的疾病，主要责之风寒湿热等邪侵袭，阻滞经脉气血，流注关节所致。《金匮要略》是我国现存最早的一部论述诊治杂病的专著，书中虽无"痹证"之名，其所述"风湿""湿痹""风湿相搏""历节病"与现代所言"痹证"在病因病机和临床表现上十分吻合或相似，这些相关论述主要散在于《金匮要略·痉湿暍病脉证治第二》《金匮要略·中风历节病脉证并治第五》有关条文。从中可以看出《金匮要略》继承了《素问·痹论》"风寒湿三气杂至，合而为痹也"的痹证病因病机理论，同时有所突出和发展注重湿邪致痹的辨证论治，对于湿邪留着病位之深浅以及与风寒热邪不同组合而导致的多种"风湿""历节"进行了详细论述，对指导临床具有重要意义。现探讨如下。

一、湿邪侵淫是主要病因病机

风寒暑湿热均可杂至侵袭，合于筋骨、肌肉、关节而成痹。在诸外邪之中，湿邪与痹证关系最为密切。在临床中可发现痹证多有病情缠绵，关节肿胀，关节僵硬重着等湿气器张的特点。张仲景在《金匮要略》论述与痹证相关的"湿病""历节"时特别强调湿邪的重要性，如在《金匮要略·痉湿暍病脉证治第二》第21条中说"病者一身尽疼，发热，日晡所剧者，名风湿。此病伤于汗出当风，或久伤取冷所致也……"。汗出当风，风挟汗湿内袭，痹阻营卫肌腠，故一身肌肉骨节尽疼。在《金匮要略·中风历节病脉证并治第五》也有三条论述，如第4条"寸口脉沉而弱，沉即主骨，弱即主筋，沉即为肾，弱即为肝，汗出入水中，如水伤心，历节黄汗出，故日历节"，指出肝肾不足，又汗出表疏，水为至阴，寒湿之邪顺势入侵流注诸节而成历节痹证。仲景既强调外湿致痹，又重视内湿在痹证发病中的作用。如在本篇第5条曰"趺阳脉浮而滑，滑则谷气实，浮则汗自出"，内因饮食积滞，湿热内蕴，故曰"滑则谷气实"，外因汗出肌腠不密，风邪乘袭，故曰："浮则汗自出"，湿热内蕴、汗出当风，内外相和，则风湿热邪阻于关节，形成历节病。又在这一篇第7条中曰："盛人脉涩小，短气，自汗出，历节痛，不可屈伸，此皆饮酒汗出当风所致"因肥人阳虚，湿本有余，又加饮酒助湿，使湿邪更盛，汗出当风，风邪乘虚而入，风湿相搏，滞于关节经络故"历节痛不可屈伸"，进一步讲述了风邪挟内湿流注关节而成历节的机理。可见风为百病之长，风挟湿气，或寒湿直入，或湿与热合痹着经脉筋骨气血是痹证的主要病因病机。

二、临床表现多与湿邪相关

《金匮要略·痉湿暍病脉证治第二》第15条曰："湿家之为病，一身尽疼，发热，身色如熏黄也"，此条可谓湿病的提纲，明确了湿邪之为病往往有"一身尽疼"。同时在这一篇的第14条指出了湿痹的内在证候，曰："太阳病，关节疼痛而烦，脉沉而细者者，此名湿痹。湿痹之候，小便不利，大便反快……"，认为湿痹除了外有关节疼痛外，湿邪阻滞膀胱气化，下趋大肠可出现小便不利，大便反快。风湿在表，一般表现为"风湿相搏，一身尽疼"（《金匮要略·痉湿暍病脉证治第二》18条）。表虚者，因汗出表疏，往往只表现为"身重"，如《金匮要略·痉湿暍病脉证治第二》第22条"风湿，脉浮，身重，汗出，恶风者……"。风湿随寒化之轻重、在肌表与骨节之不同，可出现随后第23条"伤寒八九日，风湿相搏，身体疼烦，不能自转侧……"病在肌表，病情轻浅，以及第24条"风湿相搏，骨节疼烦掣痛，不得屈伸，近之则痛剧，汗出短气，小便不利，恶风不欲去衣，或身微肿者……”流注关节，阻滞气化，以及《金匮要略·中风历节病脉证并治第五》两条第8条“诸肢节疼痛，身体羸，脚肿如脱，头眩短气，温温欲吐”，和第10条“病历节，不可屈伸，疼痛”寒湿重证等表现。皆由于风湿之邪乘虚留滞于经脉关节，导致气血运行不畅，阳气不能通达于外，风湿凝滞筋骨，内外搏击，不通则痛，而出现上述诸证。邪气长久浸淫筋骨关节，营卫被风湿所阻，日久而致肌肉失养，郁热消烁，形成身体羸瘦，湿浊下注，足肿如脱。可见“风湿”和“历节”的“身重”“一身尽疼”“关节疼烦”“骨节掣痛”“诸肢节疼痛”“不可屈伸”以及“小便不利，大便反快”这些表现，无不与湿邪的粘滞、重着、趋下等致病特性有关。

三、祛湿，兼顾风寒是治疗大法

仲景在《金匮要略·痉湿暍病脉证治第二》18条中详尽地阐述了风湿汗不得法和如何正确取汗，曰“风湿相搏，一身尽疼痛，法当汗出而解，值天阴雨不止，医云此可发汗。汗之病不愈者，何也？盖发其汗，汗大出者，但风气去，湿气在，是故不愈也。若治风湿者，发其汗，但微微似欲出汗者，风湿俱去也”。除了微微汗出之风湿治法，在《金匮要略·痉湿暍病脉证治第二》14条曰：“湿痹之候，小便不利，大便反快，但当利其小便”，指出利小便也是治疗风湿的主要治法之一。具体应用应结合病位表里内外上下而治之，在表在上者，宜用汗法，在里在下者，当利其小便，或兼而用之。外感湿病，偏表者居多，故立论从汗法着眼，然湿邪夹风寒之证，与单纯之外感风寒不同，因湿乃重浊之邪，不可骤去，宜微汗发表，缓图散之，故仲景告诫说：“汗大出者，但风气去，湿气在，……但微微汗似欲出者，风湿俱去也”。然微汗又要根据表实与表虚，湿之轻、重多少，以及夹风、夹寒之别而又有所不同。

1. 表虚证　“伤寒八九日，风湿相搏，身体疼烦，不能自转侧，不呕不渴，脉浮虚而涩者，桂枝附子汤主之；若大便坚，小便自利者，去桂枝加白术汤主之（《金匮要略·痉湿暍病脉证治第二》第23条）。条文中“伤寒”两字暗含有发热、恶寒、身疼等太阳经症状，不呕不渴，是病未传里。“脉浮虚而涩”是因为涩者湿也，浮而见虚，是体虚挟风，说明表虚而风寒湿邪仍在肌表，故选用解肌祛风的桂枝汤去酸寒的芍药、加散寒胜湿温阳的附子。倘若汗出表解，内无大便溏泻、小便不利的内湿象征，外无恶寒发热的风邪存在，仅留残余寒湿，身体疼烦，则舍去散风之桂枝，并减附子用量，加白术，配生姜之辛散走表治之。前者重在祛风逐湿，后者重在祛寒逐湿。若风湿在表，属表虚而湿邪偏于下者．宜当调营卫固表化湿，如原文第22条：“风湿，脉浮，身重，汗出恶风者，防己黄芪汤主之”。脉浮、身重，是风湿在表，恶风，是表虚不固，故用黄芪固表，身重用防己泄湿，术、草健脾调中以胜湿，姜、枣调和营卫，旨在共凑固表利湿之治。

2. 寒湿证　“湿家身烦疼，可与麻黄加术汤发其汗为宜，慎不可以火攻之”（《金匮要略·痉湿暍病脉证治第二》第20条）。寒湿在肌肤，不在关节，故身烦疼，用麻黄汤发越肌表之寒湿，加苦温的白术燥湿固表止汗，以防麻黄大汗，以取微汗去湿之功。倘若用火攻发汗，势必大汗，风去湿存，甚至变生它疾，故“慎不可以火攻之”。对于寒湿流注的历节重证，关节疼痛剧烈，痛不可触，关节不可屈伸者，宜乌头汤，方中乌头温经散寒、除湿止痛，麻黄宣散透表、祛寒湿，黄芪益气固卫，防麻黄过于发散，芍药、炙甘草柔筋缓急，白蜜缓解乌头毒性。对于“诸肢节疼痛，身体羸，脚肿如脱，头眩短气，温温欲吐”，属寒湿痹阻日久，渐次化热伤阴者，宜桂枝芍药知母汤，方中用桂枝、麻黄祛风散寒通阳，附子温经散寒化湿止痛，白术、防风祛风除湿，知母、芍药养阴，生姜、甘草和胃调中，全方具有祛风除湿，温经散寒，滋阴清热之功。

3. 风湿证　若风湿无汗，“病者一身尽疼，发热，日晡所剧者，名风湿，可与麻黄杏仁薏苡甘草草汤”（《金匮要略·痉湿暍病脉证治第二》第21条）。风湿在表，故一身尽疼，风与湿合，有化热之势，故身疼发热，日晡加剧，湿邪挟风，当微汗治之，用麻黄汤去辛温之桂枝，加甘淡之薏苡仁散寒除湿，以达轻清宣化、解表祛湿之功。另外，《金匮要略》对于痹证治湿之禁忌有“慎不可以用火攻之”之告诫，也同样值得后人认真领会。因湿性重浊，为阴寒凝滞之邪，易伤体阳，用火攻之则会大汗淋漓，进一步损伤阳气和津液，且湿邪留而不去，故不可以也。其二对于汗法，指出不可大汗，大汗则风去湿存，病不能愈，又有亡阳伤津之虞，故亦为禁忌之法。再则忌下，下则克伐中阳，使阳气人伤，故在《金匮要略·痉湿暍病脉证治第二》16条明确提出：“湿家，其人但头汗出，背强，欲得被覆向火。若下之早则哕，或胸满，小便不利，舌上如胎者，以丹田有热，胸上有寒，渴欲得饮而不能饮，则口燥烦也”。论述了湿病被误下后的变证。湿热遏伏，若用攻下，反使阳气受伤，发生呃逆嗳哕，同时下热上寒，津不上承，故渴欲饮水而小便不利；湿热内阻，气化失调则胸满，舌上有苔，正是上焦有寒的证候。随后在第 17 条又指出：“湿家下之，额上汗出，微喘，小便利者，死；若下利不止者，亦死”。此论湿病误下后的变证。湿家下之，以致湿盛阳微，虚阳上越则额上汗出、微喘，气不摄纳则小便失禁，或中阳下陷，下利不止等坏病层出，医者不可不知。

总之，《金匮要略》在继承了《内经》痹证相关理论的基础上，围绕湿邪这一主线，对于“风湿”“历节”的病因病机、临床表现、治疗和禁忌，均给予了比较系统地论述，创立了“微微汗出”为主的祛风湿大法，对于以关节肌肉疼痛为主要表现的风湿病的诊治，具有重要的临床指导意义。

［《中国中医风湿病学杂志》2008；11（3）：244］

《金匮要略》“特区”病证初探

陈国权　湖北中医学院

中国有经济特区，《金匮要略》则有病证“特区”或曰“特区”式病证。所谓“特区”式病证，是指《金匮要略》中的部分病证在病位或病性或症状方面与其所在篇章的篇名所标示的病证名截然相反，或在某种疾病所涵盖的证型之外，或其临床表现与众不同，或基本上已演变成其他病证。本文拟对其作一初探，并揭示其临床意义。

一、临床表现截然相反者

1. 湿痹证　湿痹证见于《痉湿暍病》篇。其脉证是“脉沉而细……小便不利，大便反快”。是湿病的一种特殊证型。而湿病多以发热身重，骨节疼烦为主证，二者迥别。痉病与暍病均系感受外邪所致，均从太阳开始，湿病亦然，故与之合篇论述。而“脉沉而细……小便不利，大便反快”却为典型的内湿之证。何以然？多系外湿病失治或误治，致使由太阳内传太阴，困扰于脾，脾失输化，下注于肠，故大便反快（因湿胜则濡泻），津液随之走后阴，故前有小便不利。仲景藉以示人，对外湿病的治疗一要及时，二要如法，否则将要发生传变，由外湿病而演变成内湿证。外湿病脉多浮，兼寒者多浮紧（在头部者多脉大），化热者多浮数，兼阳虚者多浮虚而涩。脉细主湿，脉沉正乃外湿传内之征，故湿痹证代替不了外湿病。

2. 阳明痉证　阳明痉证也见于《痉湿暍病》篇，是痉病的一种特殊证型。上已提及，痉、湿、暍三病皆为感受外邪所导致，俱从太阳病开始，而大承气汤所主系一派热在阳明经脉的痉证，毫无太阳表证可言。但绝不能将之与栝楼桂枝汤所主之柔痉及葛根汤所主之欲作刚痉割裂开来。柔痉的临床表现全在太阳，欲作刚痉则开始内传阳明，其“口噤不得语”可征，大承气汤所主则示外邪已完全内传阳明（经），把“千般疢难，不越三条”的第一、第二条通过痉病的发展演变而具体化了。即大承气汤所主属于“经络受邪，入脏腑”的“一者”，栝楼桂枝汤及葛根汤所主则属于“四肢九窍，血脉相传，壅塞不通”的“二者”，“一者”是“二者”传变的结果，从反面示人早治。

3. 风气百疾证　风气百疾证见于《虚劳病》篇，许多人均不甚理解，因为虚劳病是五脏的慢性劳损所致虚弱性疾病，何以要涉及外感病？“风气百疾”，顾名思义，已进入外感病的行列，其主治方薯蓣丸中的柴胡、桂枝、防风、杏仁、桔梗、白蔹正为祛风宣肺而设。此多系脾胃气血两虚，不生肺金，且卫外不固，风邪趁虚而入，形成诸多杂病。示人对虚劳病也要及时、如法治疗，以防从内伤病演变成外感证。

4. 虚劳干血证　虚劳干血证也见于《虚劳病》篇，基本上是一种实证，那么虚劳病篇何以要论述实证呢？从条文看，是六种损伤即饮伤、食伤、饥伤、忧伤、劳伤及房室伤亦即脾、胃、肺、心、肾俱伤导致经络营卫气伤，气不摄血，阴血外溢而成瘀血，日久瘀血演变成干血，反侮于肝，故两目黯黑；新血不生，无以外荣，散肌肤甲错。其治疗以祛邪为主，与虚劳病之治的调补正好相反，仍在示人谨防疾病之变。

二、在疾病分证之外者

1. 疟母证　疟母证见于《疟病》篇。疟病一般以战寒壮热，休作有时为临床特征，以寒、热持续时间的长与短来确定疟病的证型。瘅疟得之于肺素有热，累积于脾胃，以“但热不寒”为特征；温疟的“骨节疼烦”无论是新感还是伏气外发，均主要病在胃，属《内经》“十二疟”之一的“胃疟”范畴，以“无寒但热”为特征。牝疟病在心，因《内经》认为心为“牝藏”即阳藏，心阳不足，痰饮由脾胃累之，尚存之心阳被郁，疟邪入与阴争者多。故战寒时间长，出与阳争者少，故壮热时间短。无论寒热时间的长与短，皆不离寒热。而疟母证则无。系患疟日久，或反复感受疟邪，正气大虚，疟邪假血依痰，痞结于胁下而成有形之癥块。此时已无寒热证可言，同样示人防疟病之变。

2. 黑疸证　黑疸证见于《黄疸病》篇。《金匮要略》所论黄疸有三种证型，即谷疸、酒疸及女劳疸，无黑疸之证。其中的酒疸之治可吐可下，即欲吐、鼻燥、脉浮者则吐之；腹满、小便不利、脉沉弦者则下之。若未具备可下之脉证而贸然下之，必损伤肠、胃尤其是脾气，而渐成黑疸。其实谷疸、女劳疸若误治或失治，照样可演变成黑疸证。这不，硝石矾石散所主之女劳疸已出现了黑疸的迹象，即“其腹胀如水状，大便必黑，时溏”，故言“因作黑疸”。示人早早治疗，以防最终也演变成黑疸证。

三、临床表现与众不同者

1. 胃反证　胃反证见于《呕吐哕病》篇，是呕吐病的一种特殊证型。以朝食暮吐、暮食朝吐、宿食不化为特征。多系其他疾病误治、失治而来。如某病不当汗而汗之，或当汗而过汗之，心之液大伤，损及心阳，心火不生胃土。胃阳虚而寒，其气上逆而吐；若医生寒热不辨，误把上中焦之寒视作热而妄投苦寒攻下，即先伤大肠之阴，复损大肠之阳，因肠胃相连，波及于胃，胃阳重伤而致呕吐。此外，肺气虚，心血虚也能致胃反证。即“寸口脉微而数，微则无气，无气则营虚，营虚则血不足，血不足则胸中冷。”两脉并提，然后分论，是《金匮要略》论脉的一大特色。但见“微则……”，不见“数则……”，按上段文气推演应当是“数则无血，无血则卫虚，卫虚则气不足，气不足则胸中冷。”一气虚及血，一血虚及气，皆为气血两虚，气（肺）病累胃，血（心）病及胃，均可致胃反证；脾胃自身有病更能致胃反证。趺阳脉浮为胃阳虚，脉紧为脾阴虚，故胃不能纳腐，脾不能化输，而成胃反证。若趺阳脉由“浮”变“紧”则系胃阳虚而寒邪内生。因此，胃反证除责之胃本身以外，尚责之心阳虚、心血虚、肺气虚、大肠阴虚及阳，以及脾阴虚。示人不能见呕吐就治其胃。

2. 气利证　气利证亦见于《呕吐哕下利病》篇，即“气利，诃梨勒散主之。”李今庸教授认为，气利“是说频频矢气，为气滞而滑陷于肠所致”，并与“下利气者，当利其小便”比较道：“彼为大便泄利时伴以矢气之证，而本条则为频频矢气而不必见泄利；彼为湿热郁滞，而本条则为气滞滑陷。”该篇论下利原文达 23 条，其病因大多为虚寒、实热、宿食、燥屎以及湿邪，而以气滞滑陷为主的频频矢气者可谓独一无二，故亦可视之为“特区”病证。

四、某病已演变成以他病为主证者

1. 肺痛证　肺痛证也见于《呕吐哕下利病》篇，是下利病演变而来。‘下利肺痛者”为何用“紫参汤主之”？从“五脏气绝于内者，利不禁”看，这至少说明各脏腑之病皆可导致下利，但下利的表现在大肠，从紫参汤的功用可知，紫参，据《本草纲目》记载，其性寒，味苦辛，入肝经，治心腹积聚，利大小便，疗肠胃大热，治血痢、赤白痢，止痛。由此推知，此下利系肠胃热盛所致。大肠与肺相表里，胃乃肺母，其肺痛正乃大肠不能与肺相表里，胃病及肺所致皆在示人若失治误治，可致腑病传脏、母病及子。同篇 26 条之下利而“微喘”亦然。而同篇栀子豉汤所主之“烦”、小承气汤所主之“谵语”则体现了子（肠胃）病累母（心）。

2. 下利证　下利证也见于《呕吐哕下利病》篇，但此下利证非《呕吐哕下利病》篇的下利病，而是同篇黄芩加半夏生姜汤的“干呕而利”中的“利”证。本条是论干呕可兼见下利证。但下利证反上升为主要矛盾，干呕反成次要者，投黄芩汤治下利为主，加半夏、生姜兼和胃降逆。

五、小结

以上皆在告诫后世，对任何杂病都应及时、如法治疗，否则即将发生传变，这是仲景从反面强调治未病的重要性。

[《中医药通报》2010；(1)：6]

桂枝加龙骨牡蛎治疗抑郁的体会

张志亭　石家庄心理医院

桂枝加龙骨牡蛎汤出自张仲景《金匮要略》“血痹虚劳病脉证并治第六”篇，原文：“夫失精家，少腹弦急，阴头寒，目弦，发落，脉极虚芤迟，为清谷亡血失精，脉得诸芤动微紧，男子失精，女子梦交，桂枝龙骨牡蛎汤主之”。原方主治阴阳两虚而致的遗精梦交的虚劳证。笔者近年来应用此方治疗抑郁症属明阳两虚者，取得了较好的疗效，现举一例报告如下。

毕某某，女，59 岁，于 2011 年 10 月 9 日就诊，患者自诉：2 个月来浑身无力，没有精神，情绪低落，高兴不起来，悲观厌世，懒散，不愿做事，总想躺着，不愿出门，不愿见人，心烦，耳鸣，寐差，不欲饮食，大便干，五、六天一次，怕冷。上述症状，早晨严重，晚上减轻。望诊：患者忧愁面容，诊脉沉细弱，右关尺无力，舌可。西医诊断：抑郁症。中医诊断：郁证。证属阴阳两虚，法宜调和阴阳，镇静安神。方宗桂枝加龙骨牡蛎汤加味。

桂枝9g，白芍9g，炙甘草6g，生姜6g，大枣6枚，生龙骨30g，生牡蛎30g，巴戟天20g，肉苁蓉20g，小麦30g，党参10g，麦芽10g，谷芽10g，五味子10g，夜交藤30g，七付，水煎服，日一剂。

2011年10月14日，上方服六剂后。精神好转，睡眠改善，感觉身上有劲儿，不再悲观，大便通畅，继以上方加减70剂。治疗期间据症曾加炒枣仁、琥珀、合欢皮、杜仲、菟丝子等药，诸症消失。治疗期间因婆婆去世，病情有所波动，始终坚持用中药治疗，最终得以痊愈，最近电话随访，停药4个月后，病人能够下田地干活，病情稳定。

按：根据患者脉沉细弱左关尺无力，辨为阴阳两虚，阳气不足之证，故在桂枝加龙骨牡蛎汤基础上加入巴戟天、肉苁蓉温润肾阳之品以补精气，加入党参、麦芽、谷芽以醒脾健胃协姜、甘、枣而补中气，加五味子。夜交藤以增加龙骨牡蛎安神之效。

体会：

仲景桂枝杜加龙骨牡蛎汤，系由桂枝汤加龙骨牡蛎而成，该方调补阴阳，方中桂枝、生姜、甘草辛甘化阳，芍药、甘草、大枣苦甘化阴，龙骨、牡蛎潜阳固涩。仲景列本方于虚劳病篇中，主治由于久患失精而致阴阳两虚的虚劳证，后世医家扩大范围则用于遗精、滑精、梦交、遗尿、自汗、盗汗、失眠惊悸、带下等多种病证。余在临床中应用此方加味治疗6例，辩证属阴阳两虚之抑郁症患者。皆临床痊愈。余在临床中，观察到一些老年抑郁症患者，其临床表现虽没有“少腹弦急，阴头寒，目眩，发落”等典型虚劳症状，但其表现颇似虚劳，此类患者体型特征多消瘦、忧愁面容，精神症状为情绪低落、忧思多虑、无精打采，躯体症状为浑身无力、语音低弱、失眠、不思饮食，脉象沉弱、尤其两尺脉无力，只要见于上述脉证者，投之多有效验，且未见不良反应，远期疗效亦好。

［《陕西中医》2010；X（11）：194］

·2012 年 –2014 年·

（一）张仲景学术思想文献与理论研究

宋以前《伤寒论》流传概况

张维亮　李金田　甘肃中医学院
付爱华　永昌县人民医院

东汉末年张仲景编撰《伤寒杂病论》，书成后不久，即因战乱而散佚不全，经西晋王叔和首次整理到宋臣校定《伤寒论》，期间八百余年，该书时隐时现，纷杂散乱的流传，分合反复，而难睹真容。本文根据宋以前的有关文献资料，作一粗浅梳理，以探讨宋以前《伤寒论》的流传概况。

一、王叔和《脉经》

王叔和（170～255 年）对仲景著作进行了首次整理，一是编次整理仲景原书，二是《脉经》中转载引述。《伤寒例》曰："今搜采仲景旧论，录其证候、诊脉、声色、对病真方有神验者，拟防世急也。"《脉经》约成书于公元 242 年，距《伤寒论》问世约晚 30 年左右、《脉经》卷七至九为《伤寒杂病论》最集中卷次，以"可"与"不可"之治法排列，收录了《伤寒论》263 条条文，其他篇章亦有散在的条文存在。从《脉经·序》中："仲景明审，亦候形证，一毫有疑，则考校以求验。"可知叔和对仲景知之甚详，甚至曾见过，那么王氏肯定见到过《伤寒杂病论》散乱的版本，但王氏在《脉经》中不言书名，只以"张仲景"代之。这在当时也许是一种代称或是惯例。纵观现存于世的秦汉以前之古籍书名，多有以姓氏称呼的习惯。至北魏张湛《养生要论》云："王叔和……编次《张仲景方论》三十六卷，大行于世。"指出王叔和撰次整理的仲景书在当时称为《张仲景方论》、惜乎《魏中经》《晋中经》等官藏书目俱失，无由考证。记之最早者，乃《隋书·经籍志》，名曰"《张仲景方》"。时至后晋，《旧唐书·经籍志》方明确指出："《张仲景药方》十五卷，王叔和撰"。

二、《针灸甲乙经》

皇甫谧（215～282 年）在《针灸甲乙经·序》云："伊尹以元圣之才，撰用《神农本草》以为《汤液》、仲景论广伊尹《汤液》为数十卷，用之多验。近代太医令王叔和撰次仲景遗论甚精，皆可施用"。从其序中可知：①首次记载王叔和编次整理仲景著作，但是其序中未提及张仲景原书书名，也未提及叔和撰次的书名。②最早明确提出《伤寒杂病论》与《汤液经法》的传承关系，"或者在当时及此以前的医学界里，张仲景论广《汤液经法》而成《伤寒杂病论》根本就是一种学术上的共识"[1]。因《针灸甲乙经》是以针灸为主，故皇甫谧在书中以"张仲景曰"引用了仲景医书的内容较少。

三、《肘后备急方》

葛洪（284～343 或 364 年）在《肘后方》序："既穷览坟索，以著述余暇，兼综术数，省仲景元化，刘戴秘要，金匮绿秩，黄素方，近将千卷……余今采其要约以为《肘后救卒》三卷。"可见当时仲景著作已经流行于世，葛洪编撰《肘后方》时参考了仲景著作、《肘后方》中直接引用"张仲景"其名共 7 处，涉及条文 21 条，有部分内容，虽未说明出自仲景，经核对，与仲景医书相关。同时，《肘后备急方》卷一"救卒中恶死方第一"载："张仲景诸要方：捣薤汁以灌鼻中。""救卒客忤死方第三"载："张仲景诸要方：麻黄四两，杏仁七十枚，甘草一两。以水八升，煮取三升，分令咽之。通治诸感忤。"两方在今本《伤寒论》《金匮要略》均未见记载。卷四"治卒患胸痹痛方第二十九"："仲景方神效"前有 3 方，其中一方与《金匮要略》治疗胸痹之"栝蒌薤白白酒汤"相似，而其余 4 方现传仲景著作未载，可能是仲景书在流传过程中散佚的条文。

四、《小品方》

《小品方》成书于454～473年间，距仲景生活年代仅200余年。原书于宋代时亡佚，从唐代《千金要方》等的引用中可知，陈延之编撰《小品方》时曾撰用了仲景著作的部分内容。1984年日本东京北里研究所小曾户洋先生在日本尊经阁文库发现古抄本《小品方》残卷。据书中避讳字考之，此残缺抄件时代在唐初李世民前[2]。残卷内容为原《小品方》第一卷，包括序文及总目录，以及源于魏晋间《秘阁四部书目录》的16种医籍。有关仲景著作内容如下：《张仲景辨伤寒并方》有九卷，而世上有不啻九卷，未测定几卷，今且以目录为正。《张仲景杂方》有八卷。右件皆是《秘阁四部书目录》所载录者也。为目前所见最早记载仲景书籍目录的资料。从其序可知：①陈延之曾见到过仲景医书的不同传抄本；②此时仲景著作已经流传为两部分，一为伤寒类，另一为杂病类，提供了仲景著作离析之线索。

五、《辅行诀脏腑用药法要》

敦煌医学卷子《辅行诀脏腑用药法要》原题"梁华阳隐居陶弘景撰"，其抄件经李学勤、马继兴[3]鉴定，认为非后人伪托，为陶弘景（456～536年）节录《汤液经法》而成，为后世探寻仲景理论之源，保存了珍贵史料。《辅行诀脏腑用药法要》云："商有圣相伊尹撰《汤液经法》三□，为方360首……实万代医家之轨范，苍生护命之大宝。今检录常情需用者60首，备山中预防灾疾之用耳。"又云："外感天行，经方之治，有二旦、六神、大小等汤。昔南阳张机依此诸方撰为《伤寒论》一部，疗治明悉，后学咸尊奉之。"陶氏始称张仲景书为《伤寒论》、又云："汉晋以还，诸名医辈：张机、卫汜、华元化、吴普、皇甫玄晏、支法师、葛稚川、范将军等，皆当代名贤，咸师式此《汤液经法》，愍救疾苦，造福含灵。其间增减，虽各擅其异，或致新效，似乱旧经，而其旨趣，仍方圆之于规矩也。"此处也指出了张仲景《伤寒论杂病论》的学术渊源主要为《汤液经法》。

六、《诸病源候论》

《诸病源候论》于隋大业六年（610年）成书。在伤寒病证、症状鉴别方面，成就卓著。近人曹炳章先生所辑《历代伤寒书目考》中载："《巢氏伤寒论》一卷，注明见《伤寒折衷·附考》"。查看《通志·艺文略》也著录《巢氏伤寒论》，无作者名。其书未见，但可从其传世之作《诸病源候论》中窥其一斑，《诸病源候论》收录伤寒六经病条文计85条，以及"伤寒例"和"痉湿暍病"7条条文，杂病计49条，妇人杂病及杂疗方计3条。巢氏《诸病源候论》七、八两卷，阐述伤寒六经证候，撷六经辨证之华，对每个证候的病机病因，阐发殊精；其九、十两卷兼及时气、热病、温病。叙伤寒不忘热病，但不把热病混入伤寒，这是巢氏伤寒学的特点[4]。其对每个证候的分析，俱从《素问》《伤寒论》中悟得，以论阐经，以经证论。其他合病、并病、坏病及兼夹诸证候，除本仲景、叔和之说外，多出自心裁。巢氏时为太医博士，有机会查阅朝廷藏书，故其底本的选择当是较为完善的版本。

七、《隋书》《旧唐书》《新唐书》

《隋书》是唐贞观十五年（641）至显庆元年（656）由魏征等主持修纂的梁、陈、齐、周、隋五朝史志中的一种。《隋书·经籍志》其著录仲景著作情况如下："《张仲景方》十五卷。仲景，后汉人、《张仲景疗妇人方》二卷、《医方论》七卷（后小字注：梁有《张仲景辨伤寒》十卷，亡）"。《隋书·经籍志》是据梁·阮孝绪（公元479～536）《七录》成，《七录》著录："《张仲景辨伤寒》十卷"、《七录》据刘宋·王俭（公元452～489）《七志》成、《七志》据东晋李充《晋元帝四部书目录》即《秘阁四部书目录》成。《秘阁四部书目录》载"《张仲景辨伤寒并方》有九卷"。李充《晋元帝四部书目录》据西晋荀勖（公元？～289）《晋中经簿》而成。则《辨伤寒》十卷，当于西晋《晋中经簿》中已经著录[3]、《旧唐书·经籍志》载："《张仲景药方》十五卷，王叔和撰"。《新唐书·经籍志》载："王叔和《张仲景药方》十五卷，又《伤寒杂病论》十卷"。在《隋书·经籍志》中记录仲景著作计四种二十八卷，其中载有"《张仲景方》十五卷，《旧唐书》与《新唐书》中未载，但载有《张仲景药方》十五卷"。《新唐书·艺文志》又增加"《伤寒卒病论》十卷"，计二种二十五卷。《伤寒卒病论》之名在此首次出现。另据《唐会要》记载，唐·乾元年间朝廷将《伤寒论》列入医官之必修书目，说明《伤寒论》在唐代仍然存在，未曾失传。又《日本国见在书目录》编撰于贞观十七年（943），其中载有："《张仲景方》九卷"。说明在此之前，仲景医书已传至日本，其书名与《隋书·经籍志》一致。

八、《千金要方》《千金翼方》

孙思邈于公元651年撰讫《千金要方》，事隔30年又撰成《千金翼方》，二书保存了早期《伤寒论》面貌、《千金要方》收录伤寒部分条文计69条，杂病部分条文计134条。《千金翼方》收录了《伤寒论》中的大部分条文计380条。孙氏自隋文帝时与宫中就有往来，《旧唐书·孙思邈传》曰："隋文帝辅政（581年），征为国子博士，称疾不起，及太宗即位（627年），召诣京师，显庆四年（659年），高宗召见，上元元年（674年），辞疾请归。"由此可知，在这一段时期内，他有条件接触到宫中的书籍。然而，孙氏在著《千金要方》时感慨"江南诸师秘仲景要方不传"，而未能更多的收录仲景著作。到了唐·贞观中（约638年），政府"请购天下书……藏于内库"，宫中藏书得到丰富。孙氏撰成《千金要方》至674年辞疾请归的期间，他看到了宫中新收藏的《张仲景方》，故而在撰写《千金翼方》时，收载了"伤寒论"内容，使之成为现在的《伤寒论》《千金翼方》收录本[5]。《千金翼方》在编写体例上，首列六经病状，次列伤寒宜忌、发汗吐下后病状、霍乱、劳复等篇。其"伤寒宜忌"与"发汗吐下后病状"与《脉经》本"可"与"不可"的分类大体相同。

孙氏首创"以法类证、以方类证"的方证归类研究《伤寒论》的方法，把《伤寒论》按"方证同条"的形式归纳为三百九十三证，一百一十四方[7]，使《伤寒论》辨证论治精神更加显见，对后世柯韵伯、徐大椿等有很大启示。其次，孙氏根据"风则伤卫，寒则伤营，营卫俱病，骨节疼烦"，提出："夫寻方之大意，不过三种：一则桂枝，二则麻黄，三则青龙。此之三方，凡疗伤寒不出之也"。后经明代方有执、清初喻嘉言等先后阐发，形成了"三纲鼎立"之说。孙思邈沥血著成两部《千金》，为《伤寒论》的学术思想系统化、理论化开创了先河，对于保存《伤寒论》这一珍贵典籍，发扬仲景学说，作出了重要的贡献。

九、《外台秘要》

王焘（约670～755年）汇集了唐及唐以前近百种医学著作，分类选编，历经10年，终于在公元752年著成《外台秘要》四十卷。王焘在编纂时对所收集的资料，均阐记出处，不仅为后世提供了极其丰富的医学资料，而且开创了整理医学文献详注出处的先河。经统计[8]，《外台秘要方》中共收载仲景文献210条：直接引用91条，间接引用尾注同书50条，间接引用小字注文69条；收载仲景方剂155方：直接引用仲景文献中74方，间接引用仲景文献中81方。《外台秘要》中引用仲景文献共有九种称谓，其中直接引用仲景文献以"仲景伤寒论"最多，说明王焘当时见到的仲景著作是《仲景伤寒论》、

王焘在编纂中，凡经摘录者，都注明出自某书某卷。几乎每条引文都标明所引书名或人名，标记卷第，尾注同书。而每当引录一方同见数书者，就在同方下加注记载，有时尾注记一书同，或在尾注记数书同。这是《外台秘要》编纂之重要特色，在医籍的编纂历史上开创先河[7]。在《外台秘要》直接引用的91条仲景文献中，72条标明了"出第某卷"。通过与今本《伤寒论》和《金匮要略》中的卷次对照，发现伤寒内容在《仲景伤寒论》的第二卷至第十一卷，是按照"伤寒日期"编次的，而并非按照三阴三阳病篇排列；杂病内容在《仲景伤寒论》的第十四至第十八卷。即上半部分是伤寒，下半部分是杂病。也就是说，王焘当时所见到的仲景著作是未经后人拆析为《伤寒论》和《金匮要略》的一种古传本，卷数至少有十八卷、《外台秘要》间接引用《小品方》《古今录验》等共20种古代医学珍籍中的仲景文献119条，可据以推测唐代之前仲景文献流传状况，对了解张仲景对六朝、隋唐医学的影响具有重要意义。

十、敦煌《伤寒论》残卷

敦煌《伤寒论》残卷经鉴定均为唐时手抄本，在编号为S202和P3287（斯坦因劫掠之敦煌文献共近七千种，皆用Stein之名编号，其编号从S0001至S6908；法国伯希和盗窃之敦煌文物约二千五百种（不包括藏文），其编号前均冠以Pelliot，P）中有《辨脉法》《仲景平脉法》《伤寒例》残卷。S202卷子，相当于《辨脉法》，今称为《伤寒论》残卷甲本。P3287号卷子，首尾均残，共抄录五种文献，其中有《伤寒论》残卷乙本和《伤寒论》残卷丙本。关于三部分残卷的抄写年代，从文中之避讳字判断，S202卷子全文不避"坚""中""顺"三字，因此，可以鉴定此件抄写时代的下限当在南朝梁前。乙本和丙本的编号均为P3287，从乙本所使用的避讳字看，抄写的时代下限在唐高宗李治之世。丙本没有出现避讳字，但此篇与乙本写在同一卷子上，因此，断定其抄写年代亦在唐高宗之世[9]。从敦煌《伤寒论》残卷，可以看到唐以前仲景著作的部分文字内容，而且，从甲本抄件上可以看出《辨脉法》在南朝梁以前已在流传。这些残卷

有极高的文献价值，可惜内容太少，仅能用作参考。

由上所述，可粗浅的了解仲景著作在魏晋隋唐八百年间的流传脉络。此后，至宋校正医书局成立，宋臣对《伤寒论》的校定，方使《伤寒论》的传本定型化，从而结束了《伤寒论》传本纷杂散乱的流传状况。

参考文献

[1] 王立子．从六朝医学文献看《伤寒杂病论》的学术渊源［J］．中国医药学报，2004，19（7）：438～439.

[2] 钱超尘．张仲景生平暨《伤寒论》版本流传考略［J］．河南中医，2005，25（2）：3～7.

[3] 马继兴，王淑民，陶广正，等．敦煌医药文献辑校［M］．南京：江苏古籍出版社，1998：195～204.

[4] 徐荣斋．略论晋唐时期之伤寒学［J］．中医杂志，1982，7：4～7.

[5] 梁永宣，邱浩．从目录学及宋臣校正医书史料探讨张仲景著作流传［J］．中医药文化，2010，4：52～56.

[6] 许亦群．《伤寒论》“《千金翼方》收录本”渊源初考［J］．中医文献杂志，1996，1：1～2.

[7] 耿建国，李金田．孙思邈对《伤寒论》学术思想的研究和发展［J］．国医论坛，1989，5：11～13.

[8] 刘采菲．日本静嘉堂文库所藏宋版《外台秘要方》中的仲景文献整理研究［D］．北京：北京中医药大学，2007.

[9] 王立子．宋本《伤寒论》刊行前《伤寒论》文献演变简史［D］．北京：北京中医药大学，2004.

［《中华中医药学刊》2012，30（4）：882］

日藏江户抄本《伤寒正宗》述略

尹笑丹　徐江雁　河南中医学院

《伤寒正宗》八卷，为清初医家史以甲著。该书以经为纲，以证为纬，为后人更好地理解清初伤寒学派提供了全新的视角，山东中医药大学王振国教授曾著有专文对此书加以考述。该书流传稀少，罕有著录，国内仅存康熙刻本一部，现藏中国医学科学院图书馆[1]，惜略有残佚，2009年中医古籍出版社曾据以影印出版。笔者通过检索，发现日本东京国立公文书馆尚藏有江户时期（公元1603年至1867年）抄本一部（索书号：汉·12040）[2]，并有幸复制回国，现加以绍述，以公诸同好。

一、作者及著作简介

史以甲，字子仁，号学圃老人，清代江苏江都县（今扬州市）人，生卒年月不详，约生活于明崇祯末年至康熙时期。

其生平事迹，所考见者仅清乾隆元年（公元1737年）《江南通志·人物志·隐逸》，乾隆八年（公元1743年）《江都县志·人物·隐逸》，嘉庆十五年（公元1810年）《重修扬州府志·人物·隐逸》有载，但三传大致相似。三传中以《江都县志》为较详，今转引如下：“史以甲，字子仁。明按察副使启元之子，幼补诸生，长乃绝意场屋隐居艾陵湖东之桥墅，耕读自怡，足迹不入城市，自天文、地理，以及方技医药百氏之书，无不究览，所集《文献通考抄》三十卷、《学圃随笔》十卷、《勾股筹算捷法》二卷、《伤寒正宗》七卷皆刊刻行世（原书为八卷，县志误），复广吴淑《事类赋》为七十卷，书成而殁。子炤能述父业，著有《方舆概》十卷。曾孙步高，雍正丙午举于乡”[3]。

史氏潜心学医，亦因其父母之疾，《伤寒正宗·自序》言到：“甲少侍先君子疾，时尝汤药，察辛温甘寒之味，辨君臣佐使之剂，究心黄帝岐伯之书，冀尽子职于万一，因略得其解。自先君子见背，遂弃举子所学而学焉，迩来三十余年”[4]。

史氏学崇仲景，师法喻嘉言，沉潜《伤寒论》三十余载，融汇自家经验与前贤精义方著成《伤寒正宗》一书。

该书共八卷，前三卷以“方证同条，比类相附”的方法将《伤寒论》条文归为“风伤卫，寒伤营，风寒两伤营卫”三证，并于每条之中以小字酌加按语，训释字词，解释句意，用语简洁明了，使仲景原文首尾连贯，晦义毕现。条文之下又间引各家述论，以阐发原文经旨，使仲景学说更加清晰明朗。该书后五卷为证治方论，分证112种，如：发热、恶寒、恶风、寒热、身重、身痒、面赤、自汗等，收录方剂200余首，汇集前贤方论22家（见周斯叙），诸如成无己、赵嗣真、黄仲理、朱肱、庞安时、许叔微、韩祗和、张洁古、李东垣、朱丹溪、杨仁斋、王海藏、王履、罗天益、戴元礼、娄全善、吴绶、薛立斋、陶华、喻昌、徐彬，皆在其列。有效地补充了《伤寒论》方论的不足，对临证取舍具有重要的指导意义。

二、抄本的形态

该抄本分装五册，每半页10行，每行22个字，注文夹注，小字双行，字数不定。诸卷中抄写字体不一，其中第一册、第四册字体较为潦草，用笔多有省减之处，第二、三、五册虽为端楷所书，但细审笔迹也非一人所书，因此，该抄本应为多人分抄而成。各册分卷，第一册为卷一，第二册为卷二、三，第三册为卷四、五，第四册为卷六、七，第五册为卷八其中，第一册卷首存有手抄书名页，居中题“寒科正宗”，与卷首大题“伤寒正宗”不符，字做隶书，右上题江都史子仁辑注，左上并列题一释仲景原文、一辑诸贤方论，左下题美延堂藏版。后为书籍正文，首魏曰祈序，次周斯叙，次史氏自序，下接凡例与全书目录，然后为经论正文。抄本每册首页皆钤有多纪氏藏书印、跻寿殿书籍记、医学图书、日本政府图书四枚篆文印记。

三、抄本的流传

由藏印可知，该书曾经日本汉方世家丹波家族收藏。丹波氏世传医学，至丹波元简、丹波元胤、丹波元坚父子，更是蜚声日本医界，成为一代汉医巨擘。丹波元简平素留心中国医籍的收集，多有医家善本之书，其子丹波元胤曾将其藏书编为《聿修堂藏书目》（今存日本江户抄本）。聿修堂为元简斋号，盖取自《诗经·大雅·文王之什》曰“无念尔祖，聿修厥德，永言配命，自求多福”[5]之言，以追念祖德。《聿修堂藏书目》，不分卷，按医籍内容分为本草、经解、伤寒、脉书、证治、方书、妇人、小儿、痘疹、外科、眼科口科、养生、针灸、说部、丛书、杂书等十六类。《伤寒正宗》一书著录于该书“伤寒”类下，作“《伤寒正宗》，五册，抄本，清代史以甲”[6]。从《聿修堂藏书目》可以看出，该书在传往日本后，曾叠经抄传，丹波父子得见该书时已为抄本。

日本学者真柳诚、友部和弘根据江户时期中日书籍贸易所存往来书籍账目《赍来书目》《商舶载来书目》等整理成《中国医籍渡来年代总目录》一文[7]，详细考证了中日书籍贸易时传入日本的中国医籍的流入年代，从中可以考见《伤寒正宗》一书东传年代。据该文考证《伤寒正宗》一书曾于公元1694年、1763年、1798年三次传往日本，是则此书在版行不久即东传日本（该书刻印年代，据王振国先生考证为1680年左右[8]，似误，详见后文），随后即被丹波家族收藏。

丹波氏藏书后来由于“跻寿馆”的建立，而捐为馆藏，后又由于“跻寿馆”的官方化入藏日本幕府“内阁文库”，至1971年日本东京国立公文书馆成立，原幕府“内阁文库”藏书划归该馆，一直保存至今。因此，该书钤有“跻寿殿书籍记”“医学图书”“日本政府图书”三印记。

四、抄本与刻本之异同

今存刻本，四册，首尾封页俱失，分卷第一册为卷一，第二册为卷二、卷三，第三册为卷四、卷五、卷六，第四册为卷七、卷八。其中卷四据原目录缺“四时不同”一条，卷八末所引《脉法指掌》末尾语意未完，亦有缺失。另据日本森立之《伤寒论考注》所附该书体例，该本周斯叙前尚缺魏曰祈序一篇[9]。

日藏抄本，五册，首尾封页俱存，各册内容第一册为卷一，第二册为卷二、卷三，第三册为卷四、卷五，第四册为卷六、卷七，第五册为卷八。卷首魏氏序言及卷四“四时不同”条不缺，卷八末《脉法指掌》也语意完整。

五、抄本的价值

（一）补佚

由两本之异同可以看出，今存明治抄本较为完备，可以用来补充刻本的缺失内容（魏氏序言、“四时不同”一条，文繁不录）；而刻本则可校正抄本的抄写错误，两者相合，适可互为补充，以恢复《伤寒正宗》一书的原貌。试举几例。

刻本误刻例

卷一：“中风发热不行解肌，六七日汗虽多徒伤津液，表不解而烦，有表里证，渴致饮水”条。

致，于意未妥，检成无已《注解伤寒论》，做“渴欲饮水”，抄本亦作“欲”，是刻本误而抄本不误。

抄本误抄例

卷一：“桂枝去芍药加附子汤方，于桂枝汤内去芍药，加附子一枚，炮去皮，切八片，余依前法”条。

去芍药，抄本做法，刻本做去，于意较确，则抄本之“去”字显系抄手误抄所致，可据刻本以校改。

刻本漫漶据抄本补足例

卷三：“伤寒阴阳易之为病，其人身体重，少气……眼中生花，膝胫拘急者……惟热毒藏于精髓之中，未能外泄”条。

“拘急者”三字后，为史氏注释，但有两字残损，模糊不清。而抄本不缺，做“病人热毒藏于精髓”，语义连贯，主从有次，适可补足漫漶之处。

另，丹波元胤所著《中国医籍考》中引有关于本书的评论一段：“魏曰祁曰：江都史子仁先生《伤寒正宗》七卷。前三卷释仲景也，后四卷取诸贤之论，以翼仲景也。凡为方二百有奇，探方论二十二家，其义备矣，其旨精矣。”[10] 系出该书魏曰祈序，由抄本所存魏氏序言可以考见。

由现存刻本也可推知，日藏抄本之所以分为五册，当是抄手所为，似非另有他本。

（二）对刊刻年代及刊刻地的推定

抄本所存魏氏序言，为重新考订史氏著作的刊刻时间及地点提供了新的资料。魏氏序言首阐王叔和、成无己、王履释仲景之得失，次举谷梁之述春秋、孔氏之疏五经、程朱之解易传、史汉之索隐正义，以明史氏书所以名《正宗》之由，最后殿之以史氏人品学行。书中魏氏序末题名后，印有阴文篆书“魏曰祈”及阳文篆书“乙丑进士”印章二枚。序中又有“余游郡城，会其书寿梓已竟功，为叙其端”一语。考魏氏，清扬州府兴化县人（今江苏兴化），《咸丰重修兴化县志》有传[11]，言其以康熙二十四年乙丑科三甲（公元 1685 年）及第，与《明清进士题名碑录》[12] 及文末“乙丑进士”篆章相符，则此叙当作于魏氏 1685 年（康熙二十四年）及第后重游扬州之时，是以《伤寒正宗》一书刻竟之年月当为 1685 年后，而非刻于史氏作序之日（康熙十七年，公元 1677 年）或其子重校之时（康熙十九年，公元 1680 年）。刊刻地点在扬州，刊刻书坊为美延堂。

参考文献

[1] 薛清录．中国中医古籍总目［M］．上海：上海辞书出版社，2007：56.

[2] 内阁文库编．内阁文库汉籍分类目录［M］．台北：进学书局，1970：77.

[3] 中国地方志集成．乾隆江都县志［M］．南京：江苏古籍出版社，1991：313.

[4] 史以甲．伤寒正宗［M］．北京：中医古籍出版社，2009：169.

[5] 朱熹．诗经集传［M］．北京：北京古籍出版社，1996：605.

[6] 丹波元胤．聿修堂藏书目［M］．东京：日本早稻田大学藏古图明真天保辛卯抄本．

[7] 真柳诚，友部和弘．中国医籍渡来年代总目录（江户期）［J］．日本研究，1992，7（6）：151～183.

[8] 王振国．清代医家史以甲生平与伤寒学术考［J］．南京中医药大学学报·社会科学版，2000，16（4）：194～196.

[9] 森立之．伤寒论考注［M］．北京：学苑出版社，2001：382.

[10] 丹波元胤．中国医籍考［M］．北京：人民卫生出版社，1983：452～454.

[11] 中国地方志集成．咸丰重修兴化县志［M］．南京：江苏古籍出版社，1991：234.

[12] 朱保炯，谢沛霖．明清进士题名碑录索引［M］．上海：上海古籍出版社，1980：2666.

［《中医学报》2012，27（6）：676］

《伤寒论》“六经”之名实

姜元安　香港中文大学中医学院

张清苓　香港浸会大学中医药学院

学习和研究《伤寒论》，必定会涉及到“六经病”和“六经辨证”这二个重要概念。其实，“六经病”和“六经辨证”这二个概念都是后人在研究《伤寒论》过程中作为对三阳三阴病和三阳三阴辨证的简称而提出来的，张仲景《伤寒论》中并没有六经病和六经辨证的提法。

与“六经病”及“六经辨证”直接相关的是“六经”的提法。因为《伤寒论》中的三阳三阴病被概括为或简称为“六经病”，才会出现后来的众说纷纭的有关《伤寒论》“六经”实质的争鸣。一方面，对《伤寒论》“六经”实质的争鸣在一定意义上拓宽了学术发展的空间；但另一方面，由于对《伤寒论》“六经”实质的争鸣偏离了文献研究所必须面对的学术发展史的根据，因而又在不同程度上导致了学术认识上的混乱，甚至有些人不顾文献事实而加以任意曲解，在客观上阻碍了认识《伤寒论》所论之伤寒病。所以，从文献研究的角度应该对《伤寒论》“六经”的名实要有一个基本的认识。

一、《黄帝内经》中的“六经”

“六经”这一概念，最早见于《黄帝内经》。《素问·阴阳应象大论》说：“六经为川，肠胃为海，九窍为水注之气。”相对于肠胃而言，“六经”是一个纵向的概念，主要指人身之经脉而言。《灵枢·逆顺肥瘦篇》说：“手之三阴，从脏走手，手之三阳，从手走头；足之三阳，从头走足，足之三阴，从足走腹。”说明了经脉纵向行走的特点。当然，作为经脉概念的六经实际上是包括了手足十二经脉。分而言之，则为手足十二经脉；合而言之，则为六经。手在上而足在下，故手足经脉又以上下来分。如《灵枢·刺节真邪篇》曾说：“六经调者，谓之不病。虽病，谓之自已也。一经上实下虚而不通者，此必有横络盛加于大经，令之不通。”因此，在《黄帝内经》中“六经”的概念就是指经脉而言。

二、《伤寒论》中没有“六经”之提法

仲景在《伤寒论》中并没有直接用“六经”的称谓，而是以“太阳病”“阳明病”“少阳病”“太阴病”“少阴病”“厥阴病”这种方式予以表述对伤寒病的认识，这种表述方式实际上就是三阳三阴病。那么，是从何时开始《伤寒论》中的三阳三阴病被称为“六经病”？以“六经病”之简称代替三阳三阴病，是否依然能够完整地反映出《伤寒论》之本意？

在研究《伤寒论》的过程中，最早用“六经病”来代表三阳三阴病的是宋代医家朱肱。朱肱著有《类证活人书》，又称《南阳活人书》，其著作以问答形式，论述伤寒证治及与湿热、暑热诸证的异同。由于其书具有简明易晓的特点，对于推广《伤寒论》起到了非常积极的作用，以至于《医剩》中说：“宜乎世之言伤寒者，只知有《活人书》而不知有长沙之书也。”朱肱研究《伤寒论》，最重视经脉的作用，他指出：“治伤寒先须识经络，不识经络，触途冥行，不知邪气之所在。往往病在太阳，反攻少阴；证是厥阴，乃和少阳；寒邪未除，真气受毙。”朱肱认为《伤寒论》中所谓的“太阳病”就是足太阳膀胱经的病变，“阳明病”就是足阳明胃经的病变，“少阳病”就是足少阳胆经的病变，“太阴病”就是足太阴脾经的病变，“少阴病”就是足少阴肾经的病变，“厥阴病”就是足厥阴肝经的病变。从而将《伤寒论》中的三阳三阴病与经脉之六经病变直接等同起来。如此一来，“六经病”就成了三阳三阴病的代名词了。

将三阳三阴的病变与经脉密切联系起来，本来也无可非议。《伤寒论》中所述三阳三阴病变与经脉之六经确有密不可分的关系。如《太阳病》中：“太阳之为病，脉浮，头项强痛而恶寒。”如果离开了经脉之六经，则其中的“头项强痛”就不能得到最具说服力的解释。但是，如果将《伤寒论》中的三阳三阴病变等同于经脉之六经病变，则难免有些武断和机械。毕竟，《伤寒论》没有以“辨太阳经病脉证并治”等形式提出，其论述的内容也不是仅仅靠经脉之六经所能完全解释的。所以，后世的一些医家并不赞同将《伤寒论》之三阳三阴与经脉之六经的简单等同。

朱肱首先提出了《伤寒论》的三阳三阴病就是“六经病”，但有关《伤寒论》“六经”名实之争则肇始于明朝方有执。自方有执提出“六经者，犹儒家六经之经，犹言部也。部犹今之六部之部。……天下之大，事物之众，六部尽之矣。人身之有，百骸之多，六经尽之矣。由此观之，则百病皆可得而原委”之后，由于方有执只取“六经”以概“三阳三阴”，从而引发了有关《伤寒论》“六经”名实之争。

应该注意到的事实是，如果就“六经”一词的本身意义而言，在《黄帝内经》中指的是经脉，而朱肱也认为“六经”就是经脉。从这个意义上说，“六经”之名实是没有异议的。但从宋元以来，在伤寒学术自成体系后，“六经”的概念已经超越了经脉的限定，“六经”已经成了三阳三阴的代名词。即，自方有执之后，有关《伤寒论》“六经”名实之争实际上关系到对三阳三阴的认识。

三、三阳三阴之名实

现在所谓的“六经病”，实际上是指《伤寒论》中的三阳三阴病，这是不可否认的事实。但是，《伤寒论》中的三阳三阴病，是仲景在特定条件下所论述的三阳三阴病，而不是在漫无边际地谈论与三阳三阴有关的病变。即，仲景是在伤寒病这一特定条件下论述在风寒邪气影响下的人体三阳三阴所发生的病变，包括其发病特点、发展变化规律、传变及预后等。所以，要讨论《伤寒论》中有关伤寒病三阳三阴之名实，必须明确这一点。

（一）《黄帝内经》之三阳三阴与脏腑经脉的关系

在讨论与伤寒病相关的三阳三阴名实这一问题之前，还是应该先回到《黄帝内经》中来认识三阳三阴。

三阳三阴是《黄帝内经》阴阳理论的重要组成部分，也是中国古代认识宇宙和自然的主要思想和方法。三阳三阴的阴阳模式是由一分为二，二分为三的方法而来的，即由最初之一阴一阳（阴阳），发展出二阴二阳（太阴、少阴、太阳、少阳），进而发展出三阴三阳（太阴、少阴、厥阴，太阳、阳明、少阳）《素问·至真要大论》说：“愿闻阴阳之三也，何谓？岐伯曰：气有多少异用也。帝曰：阳明何谓也：岐伯曰：两阳合明也。帝曰：厥阴何谓也？岐伯曰：两阴交尽也。”故《素问·天元纪大论》中有“阴阳之气，各有多少，故曰三阴三阳也”之语。三阳三阴的不同名称本身代表着阴阳气的多少，具体而言，少阳为一阳、阳明为二阳、太阳为三阳；厥阴为一阴、少阴为二阴、太阴为三阴。这在《素问·阴阳别论》和《素问·阴阳类论》中都有明确的描述。

当三阳三阴落实到人体脏腑经脉时，是直接之

以代表不同的脏腑经脉，而不只是代表经脉。《灵枢·海论》说："夫十二经脉者，内属于腑脏，外络于肢节。"指出了在脏腑与经脉的关系上，是脏腑为本，经脉为枝。离开了脏腑而单言经脉，则经脉就成为了无本之枝。因此，《灵枢·经脉》中所说的"肺手太阴脉""脾足太阴脉""胃足阳明脉""大肠手阳明脉""小肠手太阳脉""心手少阴脉""肾足少阴脉""膀胱足太阳脉""心主手厥阴脉""三焦手少阳脉""胆足少阳脉"和"肝足厥阴脉"等称谓，必将脏腑之名冠以经脉之前。十二经脉的这种命名方式，不仅明确了脏腑与经脉之间的相互关系，更为重要的是建立了在阴阳属性上脏腑与经脉之间的不可分割性。

以此可见《黄帝内经》中所谓"六经"与"三阳三阴"不同概念之区别。"六经"只指经脉而言，而人体中之"三阳三阴"则直接将脏腑与经脉联系在一起。

（二）《伤寒论》三阳三阴病之源

虽然说人体中之三阳三阴直接将脏腑经脉联系在一起，但它又不完全等同于其所代表的脏腑经脉。因为以三阳三阴为说理方法的最重要而且最显著特点在于阴阳气之多少。《伤寒论》所论之伤寒病，始终以阳气为立论中心。虽然在伤寒病过程中脏腑经脉功能失常是其疾病过程中证候形成的基础，但仲景仍然是以"辨太阳病（或阳明病、或少阳病、或太阴病、或少阴病、或厥阴病）"之模式作为认识伤寒病之发病及其传变的方法，而不是以"辨膀胱及太阳经病（或胃及阳明经病等）"之方法来论述伤寒病之发病与传变。

虽然在《素问·热论》中曾以经脉为主而论三阳三阴病，如"伤寒一日，巨阳受之，故头项痛，腰脊强。二日阳明受之，阳明主肉，其脉侠鼻络于目，故身热目疼而鼻干，不得卧也。三日少阳受之，少阳主胆，其脉循胁络于耳，故胸胁痛而耳聋。三阳经络皆受其病而未入于藏者，故可汗而已。四日太阴受之，太阴脉布胃中，络于嗌，故腹满而嗌干。五日少阴受之，少阴脉贯肾络于肺，系舌本，故口燥舌干而渴。六日厥阴受之，厥阴脉循阴器而络于肝，故烦满额囊缩。三阴三阳，五脏六腑皆受病，营卫不行，五脏不通，则死矣。"但《黄帝内经》并没有将经脉独立于"五脏六腑"之外。所以，在继承《黄帝内经》学术理论的基础上，仲景创立了三阳三阴辨证方法以认识伤寒病之发病特点及其传变规律。《伤寒论》中运用三阳三阴方法认识伤寒病实际上是源自于《素问·热论》。

四、经脉之"六经"不能取代《伤寒论》之三阳三阴

如果朱肱最初以经络之"六经病"取代《伤寒论》之三阳三阴病可以完全说明伤寒病之发生、发展及传变规律，之后恐怕也不会发生所谓的《伤寒论》"六经"实质之争。

（一）伤寒传足不传手

当朱肱以经脉之"六经病"取代三阳三阴病时，则将《伤寒论》之三阳三阴病完全定位于足之六经。《类证活人书》中第一卷即论经络："足太阳膀胱之经，从目内眦上头连于风府，分为四道，下项并别脉上下六道以行于背与身为经。太阳之经为诸阳主气，或中寒邪，必发热而恶寒。缘头项腰脊，是太阳经所过处，今头项痛，身疼疼，腰脊强，其脉尺寸俱浮者，故知太阳经受病也。"为了强调三阳三阴为足之六经病变，在卷第四中更明确指出："此一卷论阴阳。治伤寒须识阴阳二证。手足各有三阴三阳，合为十二经。在手背者为阳，属表，为腑；在手掌里者为阴，属里，为脏。足经仿此。伤寒只传足经，不传手经。《素问。热论》亦只说足三阴三阳受病。巢氏言一日太阳属小肠，误矣。"

《素问·热论》是论述伤寒病，《伤寒论》亦是论述伤寒病。从这一层面看，朱肱提出"伤寒传足不传手"是依据《热论》和《伤寒论》中所论之伤寒病，反映出在伤寒病的传变过程中，主要涉及足之三阳三阴这一事实。但是，朱肱对伤寒病的认识是将《伤寒论》中的三阳三阴病与经脉之六经病变直接等同起来，因而难以在理论上澄清"伤寒传足不传手"这一事实。医家们或从气血运行与经脉之关系的角度提倡"但言足经，则其左右前后，阴阳诸证，无不可按而得，而手经亦在其中，不必言矣"，或从伤寒病中脏腑经脉所表现出来的具体病证而谓"伤寒传经，手足俱病"，似乎言之有理，但又与事实上的"伤寒传足不传手"不符。众说不一，莫可一衷。正如周学海所言："观于诸家之论，不亦可以恍惚矣乎？"

"伤寒传足不传手"这一命题，关系到两个主题：其一是"伤寒病"，其二是伤寒病的传变。其实，医家们在论述"伤寒传足不传手"时，忽略了一个重要问题，即在伤寒病过程中，为什么会发生传变？

（二）伤寒病的传变基础

传变问题所涉及到的是伤寒病的发生、发展及

变化规律。伤寒病是在风寒邪气作用下人体发生的病变。风寒邪气伤人，由表入里、由浅而深，有其自身发生、发展及变化的规律。邪气往往始于经络而后渐次深入脏腑，进而引起脏腑经络的不同病理变化。由于三阳三阴所属的脏腑经络具有不同的阴阳属性，决定了在同一风寒邪气作用下会产生不同的病理反应并引起不同的发展变化。导致伤寒病的风寒邪气具有伤人阳气的特点，所以，在伤寒病中，风寒邪气与人体阳气之间的相互作用及消长关系，始终影响着疾病的发展变化。换言之，风寒邪气伤人阳气始终是伤寒病发生、发展和变化的中心。当疾病是以阳气之盛衰消长为中心而发展变化时，所涉及的脏腑经脉也必定与阳气有着密切的关系。太阳，又称巨阳，以其脉连于风府（即督脉），故为诸阳主气；阳明，谓之“两阳合明”，亦是阳气昌盛之意；少阳，又称“小阳”，非谓其阳气弱小，而是指其为阳气初生，具升发之特点；太阴，与阳明为表里，能借阳明之阳而转输水谷精微之气，使之上输于肺而化为营卫气血；少阴，为先天之本，一身水火阴阳之根，阳气之存亡关乎少阴；厥阴，谓之“两阴交尽”，为阴尽阳生之藏。而上述三阳、三阴所属之阳气特点，皆本于与其相关的脏腑特性。即太阳之阳本于膀胱，阳明之阳本于胃，少阳之阳本于胆，太阴之阳本于脾，少阴之阳本于肾，厥阴之阳本于肝。显而易见，三阳、三阴阳气之本主要关乎足之三阳三阴，而非手之三阳三阴。所以，无论是《素问·热论》中，还是《伤寒论》中，所呈现出伤寒病主要涉及足之三阳三阴反映了伤寒病以风寒邪气伤人阳气这一事实。如果从风寒邪气伤人阳气这一事实立论来阐述伤寒病之发病与传变，则“伤寒传足不传手”之理易明。

所以，根据伤寒病由表入里，以次浅深的发病特点，仲景确立了以三阳三阴为主的辨证方法。运用这一方法，将伤寒病分别归属于太阳、阳明、少阳、太阴、少阴和厥阴。不但可以阐明伤寒病发病时太阳病、阳明病、少阳病、太阴病、少阴病和厥阴病各自的发病特点，还可以明确伤寒病由阳入阴，由表入里的发展变化规律，以及三阳三阴病之间相互影响的关系。因此，运用三阳三阴辨证方法能够正确地判断和把握伤寒病的发生、发展和变化规律。

由此可见，朱肱以经络之“六经病”取代《伤寒论》之三阳三阴病无法说明伤寒病之发生、发展及传变规律，因此，经脉之“六经”亦根本不能取代三阴三阳。

五、结语

当“六经病”的概念随着朱肱《类证活人书》而得以传播，随着明、清以来的学术争鸣而逐渐定型时，人们对“六经病”与伤寒病相关之最初意义却变得模糊不清。有关《伤寒论》“六经”名实之争在偏离伤寒病的前提下纷纷而起，但对《伤寒论》中以三阴三阳的方法认识伤寒病则越离越远，使得世人难以认识《伤寒论》专论伤寒病之真面目。《伤寒论》中以认识伤寒病为中心的三阳三阴辨证方法与体系已经难以为世人所识。

虽然“六经病”在名义上取代《伤寒论》之三阳三阴病为时已久，虽然自明、清以来有关《伤寒论》“六经”实质之争迄今尚未止息，但是，必须承认以下二点事实：

其一，今天研究《伤寒论》所提之“六经”与朱肱所言之六经，或者说与《黄帝内经》之以经脉为本之六经已经是不同的概念；

其二，如果以约定俗成的态度将《伤寒论》之三阳三阴病定型为“六经病”，则必须将《伤寒论》之“六经”还原到三阳三阴，用三阳三阴的方法来认识《伤寒论》所论之伤寒病。

参考文献

[1] 姜元安，张清苓，李致重．伤寒病与六经辨证［J］．北京中医药大学学报．2003，23（1）：5～8.

［《环球中医药》2012，5（12）：932］

《伤寒论》条文中“下之后”之我见

吕文汉　陕西省定边县贺圈镇卫生院

一、“下之后”出现在《伤寒论》的原文

“下之后”分别见于《伤寒论》中的一十六条[1]：“太阳病，下之后，其气上冲者，可与桂子汤。方用前法。若不上冲者，不可与之”。二十三条：“太阳病，下之后，脉促胸满者，桂子去芍药汤主之。若微恶寒者，去芍药方中，加附子汤主之”。六十一条：“下之后，复发汗，必振寒，脉微细。所以然者以内外俱虚故也”。六十二条：“下之后，复发汗，昼日烦躁，不得眠，夜而安静，不呕不渴，无表证，脉沉微，身无大热者，干姜附子汤主之”。历代《伤寒论》注解家及教材，都沿用成无己《注解伤寒论》的解释，将“下之后”的“下”注解为中医的下法，即误用了下法治疗后。

笔者在学习过程中认为“下之后”应该是表时间界限的，即“在下面的时间以后”。

二、历代《伤寒论》对“下之后”解释举例

宋成无已注，明汪济川校的《注解伤寒论》[3]注解为：一十六条“太阳病属表，而反下之，则虚其里，邪欲乘虚传里”。二十三条：“此下后脉促而复胸满，则不得为欲解，由下后阳虚，表邪渐人而客于胸中也”。六十一条：“发汗则表虚而亡阳；下之则里虚而亡血”。六十二条“下之虚其里，汗之虚其表，即下又汗，则表里俱虚”。刘渡舟，傅士恒主编的《伤寒论诠解》[2]注解为：一十六条“本条论述太阳病误下后，应根据正气抗邪的能力及表证存在与否而决定治法”。二十三条：“本条论述误下后胸阳受挫的证治。”六十一条“本条论述误治伤阳，以致表里阳气皆虚的脉证”“下后复汗，治疗失序，邪气虽去，但正气已伤”。六十二条“本条论述阳虚阴盛烦躁的正治”“凡表里同病之证，治应先汗后下为合法。今先下后汗，则属误治，病症不仅未愈，反使表里阳气俱伤”。上述解释，皆为太阳病误用泄下法，致正气更虚，邪气乘虚传里的症候。其他关于《伤寒论》的注释也基本沿用，把“下之后”都解释为中医治则八法中的常规法则之一“下法”。

三、“下之后”应该是表时间界限的

下法最早出现在《素问·阴阳应象大论》曰：“中满者泻之于内。”原意是指通过荡涤肠胃泻下大便和积水，使停滞于肠胃之宿食、燥便、实热、冷积、瘀血、痰结、水饮等从下而出以解除疾病的一种方法。太阳病是指外邪侵犯膀胱经、腹后的病理生理病症，按《伤寒论》原文太阳经证会出现恶寒发热、头痛项强、汗出或无汗，呕逆（下利）、喘咳、脉浮等；腹证会出现膀胱蓄水证的“微热，小便不利，渴欲饮水，脉浮数”和太阳蓄血证的“如狂，少腹急结，小便自利”等症状。临床中凡外感疾病，开始多恶寒发热，头痛身楚，无汗或汗出，或恶心呕吐，或腹泻等与《伤寒论》太阳病的经证相符，没有用下法的指针，不可能用下法。膀胱蓄水证太阳蓄血证分别用外疏内利、表里双解和泻热逐瘀之法。虽然泻热逐瘀法的桃核承气汤有大黄、芒硝泄下之品，但原文冠“外解已，但少腹急结者，乃可攻之”之语，也没有用下法的理由。张仲景著书的时候，已成名医家，更不可能老是误治病人，老用下法。在临床实践过程中，经常遇到的是患者不能及时救治而延误病情的，并没有患病时就自己用下法的病历（大便干燥除外）。况且，汉代缺医少药的情况很严重，患者不能得到及时治疗更是普遍现象。因此，笔者认为上述条文中的“下之后”不能解释为“用了下法以后”，应该是表时间界限的。

在张仲景的《伤寒卒病论集》里有“……下此以往，未之闻也。”的“下”是表时间界限的，即从那个时间界限以来。古汉语里的“下”在不同情况下，分别作动词、名词、形容词、量词等解释，在分析汉字结构的“六书”中属指事字，据甲骨文中的“下”：上面部分表示位置的界限，下面部分表示在下的意思，本义：下面，位置在下。《说文解字》下：底也[4]。因此以方面、方位解释：可解释为次序或时间在后的，如下卷、下次、下限。古汉语里的“之”在不同情况下，分别作代词、动词、助词、形容词等解释，但多作助词，在分析汉字结构的“六书”中属会意字，象艸过屮。枝茎益大。本义：出，生出，滋长。《说文解字》之，出也。象艸过屮，枝茎益大有所之，一者，地也[4]。因此以助词解释，可表示领有、连属关系或作虚词解。古汉语里的“后”在不同情况下，分别作名词、形容词、动词等解释，后繁体字是後，在分析汉字结构的“六书”中属会意字，象人之形，施令以告四方，古之，从一口，发号者君后也。按从坐人，从口，与君同意。本义：君主，帝王；《说文解字》后：继君体也，後，迟也[4]。因此以“迟”解释：可解释为次序在后的或时间较晚。纵观以上的解释，根据下之后字词本意，我们可将“下之后”解释为“在下面的时间以后”。

四、两种解释的对比

以“下之后”解释为“误用了下法治疗后”：原文一十六条和二十三条是指太阳病误用了下法致正气更虚，邪气内陷，分别出现了正气不衰的“其气上冲”，正气乃可向上向外抵御外邪，使疾病维持在表证阶段的情况；挫伤胸阳之气而致“脉促、胸满”，胸阳之气抗邪能力已衰减，使邪内陷胸中阶段的情况。六十一条和六十二条病人经泻下后又用发汗后，分别出现了表里阳气俱虚的“必振寒，脉微细”表阳不足之证和里阳虚衰之脉；阳虚阴盛而致“昼日烦躁，不得眠，夜而安静，不呕不渴，无表证，脉沉微，身无大热”的阴盛来搏击弱阳的情况。一十六条和二十三条的解释还可以勉强，六十一条和六十二条的解释真是让人费解，正如姜春

华《伤寒论识义》引用山田氏之说“其所谓昼日烦躁，夜而安静者，乃表里俱虚之候，如其所以然者，则存而不论；非不论也，不可知也”。以“下之后”解释为“在下面的时间以后”：原文一十六条和二十三条是太阳病发病以后，没及时治疗，因为病人体质和感邪轻重不同，当出现“其气上冲”时，病证乃维持在表证阶段；当出现“脉促、胸满”时，病证以内陷胸中阶段；治疗当然不一样了。六十一条和六十二条患太阳病以后，没及时治疗，因是太阳病，不考虑病人体质，多次发汗，会出现表里阳气俱虚的“振寒，脉微细”症状；还会出现“昼日烦躁，不得眠，夜而安静，不呕不渴，无表证，脉沉微，身无大热”症状，用干姜附子汤治疗。这样解释前后因果关系清晰，无太多的证候联系，体现了张仲景应用中医理论的“治未病”和“同病异治”“异病同治”的指导思想。以上仅是自己的学习理解，供同道探讨。因为《伤寒论》毕竟是250年形成的，它的本意现代人很难揣摩，假如把原文中的“汗”“吐”“下”可以理解成中医的“治法”也可以理解成疾病的一个“症状”，也是探讨仲景本意的理由吧。

参考文献

[1]《伤寒论诠解》排列的《伤寒论》条文序.

[2] 刘渡舟，傅世垣. 伤寒论诠解 [M]. 天津：天津科学技术出版社，1983，1.

[3] 宋·成无己注，明·汪济川校.《注解伤寒论》[M]. 北京：人民卫生出版社，1981，4，

[4] 许慎. 说文解字 [M]. 北京：中国书店出版社，1989，1.

[《内蒙古中医药》2012，8：114]

《伤寒论》学术义界辨析（一）

宋　兴　成都中医药大学基础医学院

《伤寒论》研究课题的广义、狭义之争，“伤寒”概念的广义、狭义之分，始自秦汉，由来久远。始自明清，愈演愈烈，其中是非曲直，不是用简单武断方法可以认定的，只有广泛参考前人见解，并深入研究《伤寒论》原著，才有可能做出正确判断。

什么是广义伤寒？什么是狭义伤寒？所谓广义伤寒，就是六淫邪气所致一切外感病的统称。所谓狭义伤寒，就是因感受寒邪而引起的寒性外感病专名。《伤寒论》研究的课题，到底是广义伤寒还是狭义伤寒？这个问题直到今天仍旧争论不休，众说纷纭，没有定论。为什么会有广义狭义之争？表面上问题的焦点，聚集在对《伤寒论》的价值评价上。实质上问题的核心，还是在对《伤寒论》研究专题的本质认识上。

在广义论者看来，只有《伤寒论》讨论的课题是广义伤寒，其学术价值、临床价值才能充分得到体现，他们认定，《伤寒论》所研究的课题，是一切外感病诊治规律全方位展示的总课题。其中理法方药，是治疗一切外感病的不二法宝，是不可取代的，也是没有任何剩余取代空间可以开拓的。运用要求是原封不动地照搬，运用范围是治疗一切外感病，乃至临床各科的各种病症。

正是因为它所具有的这种不可替代，不可移易的价值，才堪称是真正出自圣人手笔的至高经典。如果不这样看待《伤寒论》的学术价值，便有贬低圣人功绩，贬低经典的嫌疑。

持这种见解的，以清代医家陆懋修最具代表性，他在《陆懋修医学全书·卷二·伤寒有五论一》中，十分自信而且不无嘲讽地阐明自己的观点：“《伤寒论》之不明于世久矣，昔人谓读《伤寒论》当明其所以立法之意，余谓读《伤寒论》，当先求其所以命名之意，不审其论何以名为伤寒，何怪人之不善用伤寒方哉？凡病之为风、为寒、为温、为热，为湿温者，古皆谓之伤寒。乃人之内与寒为《伤寒论》中病，而于温与热谓不可用《伤寒》中方，其意若曰，方既出于《伤寒论》，自是治寒方，必非治温法，岂有治温而用治寒方者？于是一遇温热病，无不力避伤寒方，更无人知温热之病本隶于《伤寒论》中，而温热之方并不在《伤寒论》外者”。在同篇中，他还进一步指出：《难经》“伤寒有五说”是“伤寒为纲，其目则五”，《伤寒论》之伤寒字，即《难经》“伤寒有五”之伤寒字，非“二曰伤寒”之伤寒字。所以他得出的结论是“太阳病发热而渴，不恶寒者为温病，其病亦自伤寒来，其为方也，或葛根之辛凉，石膏之辛甘寒，黄芩、黄连、大黄之诸苦寒者皆治之”[1]。

在陆氏认识观念里，《伤寒论》学术之所以不能发扬光大，主要因为学术界大多都是不会读书，尤其不会读像《伤寒论》这样的名家著述，这也正是认识不到《伤寒论》属广义伤寒的根源所在。仲景的《伤寒论》不仅是论外感病的全书，也是治外感病的全书，包括一方一药，都尽在《伤寒论》中！在他的眼里，一切外感病都是由寒引起的，温病虽有其名，但与伤寒并无本质区别，独立于伤寒之外的温病根本就不存在，温病的治法当然也就不能成立，那都是后世庸人所见，庸人所为。在广义

伤寒论学者中，真是无出其右者。

这种尊经崇古思潮所极力推崇的观点，却与包括中医学科在内的一切学术必然不断在发展中创新，在创新中发展的学术演进基本法则相冲突，尤以与温病学的价值冲突为焦点。

温病学到底是不是中医外感病学的发展？温病与伤寒到底有没有区别？《伤寒论》中理法方药是不是可以解决一切外感病发生发展过程中种种矛盾？换言之，《伤寒论》是不是的一切外感病治疗全书？这可不是个一般问题，而是关系到中医对外感病的认识，要不要发展？有没有发展？今天在外感病的学习研究过程中，要不要全面学习继承？这样一些大是大非问题。

在狭义论者看来，以药析方，《伤寒论》中所用之方，多是温散、温通、温补类方，虽也有白虎、承气、泻心等寒凉泻下之方的运用，但毕竟所占比例不大，而且多用于邪气内传或失治误治引起的变证、误证。以方测证，《伤寒论》讨论的主要是寒性病症，也就是外感风寒引起的寒性外感病之发生发展规律及诊治方法的专书、《伤寒论》所研究的课题当是狭义伤寒无疑。进而推论：温病、伤寒寒温殊途，判若水火，《伤寒论》的学术价值仅局限于风寒外感病一隅，其临床价值则只能适用于狭义伤寒病症。狭义论者还认为，《伤寒论》所研究的课题虽属狭义伤寒，但其学术价值核心并不只是在创建狭义伤寒的诊治体系上，而是在创建这一体系过程中，所体现出的对整体恒动理念的全面贯彻实施上。

最具代表性的见解，是清初医家叶天士在《温热论》开篇第一条所提出的：温病“辨卫气营血虽与伤寒同，若论治法，则大异也”[2]。叶天士不是个论辩家，而是门庭若市、患者如堵的临床家。他无心、也无暇参与《伤寒论》的广义狭义之争，但其学术见解却具有狭义伤寒的典型代表意义，这就在客观上给了狭义论以最有力的理论支撑，不自觉地介入了这场论争。叶天士可不是个因循守旧，一味奉行拿来主义，机械照搬的保守临床家，而是理论修养甚深，勤于实践，大胆创造的革新型临床家。他的毕生精力都集中在临床上，他是以自己的丰富临床积累为基础，去研究总结外感病诊治规律的。在他的学术理念中，既有伤寒温病诊治理法的严格区别，又没有被伤寒温病概念所拘的僵死教条，无论伤寒还是温病，外感病由浅入深的共同发展演变特点是相同的，这就决定了以脉症为依据分析求取病因、病位、病性的原则并无区别；从整体出发去认识问题，分析问题，解决问题的基本理念并无区别。在他的临床理念中，伤寒、温病的病因病性截然不同，一寒一热，形同水火，这就决定了伤寒温病基本治疗原则，常用治疗方药也都迥然不同，判若天渊，绝不能混认混治！

这样的结论与尊经崇古派对《伤寒论》学术价值，学术影响评价发生了严重冲突，尤以与《伤寒论》对中医治疗学的重大贡献为冲突焦点。

一部作为中医临床医学之规矩准绳的《伤寒论》，能否称得上是中医临证医学的起点？其诊疗原则是仅仅只适用于解决某一种外感疾病问题的认识体系呢？还是可广泛用于指导一切外感病，甚至包括内伤杂病在内之各种病症的诊疗原则及其理法方药，是仅仅适用于“伤寒”一种外感病的诊治呢？还是可以推而广之，灵活运用于包括外感、内伤在内的多种病症？对后世中医临床治疗学发展的影响又该如何评价？这些都是直接关系到用什么学术眼光，什么学术态度去学习研究仲景《伤寒论》的重大问题。

所以，明清以来，有关《伤寒论》的广义狭义之争愈演愈烈，观点尖锐对立，难归一是。

近现代人经过深入研讨，对上述两种认识都做了一些妥协性调整，产生了相对综合性的结论，但结论仍旧模糊不清。为了能无懈可击，大多采取投机的态度，总是说广义、狭义兼具，而以狭义为主。最具代表性的，是现代中医高等医药院校的统编教材。教材的观点，总体上也都是这种模棱两可的说法。如由李培生先生主编，1983 年出版的高等医药院校教材《伤寒论》，在专题讨论“伤寒的涵义”时提出：“从《伤寒论》的篇幅来看，似以讨论风寒引起的病变和证治较多，但《伤寒论》是讨论广义伤寒的，以六淫为病因，来讨论病机、病证、治则。所以《伤寒论》是包括外感病和某些杂病在内的辨证论治专书。[3]”再如由姜建国先生主编，2004 年 9 月出版的《新世纪全国高等中医药院校七年制规划教材》，相对更武断一些，编者斩钉截铁地说：“首先，应该肯定，《伤寒论》所阐述的确实是广义伤寒，是包括温病在内的多种急性病(并包括内伤杂病)”[4]，而且提出了温病病名、热病症候、清泄育阴等治法及方药均已见于《伤寒论》中 4 条理由，《伤寒论》成了包罗无遗的医学百科全书。

这是明清以来“广义伤寒”说的延续。明清之际，不少对《伤寒论》研究有一定心得的人，多认同这种观点，所以影响也就很大。对这样一个影响巨大的学术问题，今天应该如何看待？是坚决否定，还是由衷肯定？冷静思考，这两种态度都不好，在学习研究《伤寒论》时，对任何观点都不要轻易否定，也千万不要轻易随声附和。建议既深入研究一下《伤寒论》，也深入研究一下明清时期的温病著作，同时到临床实践中去体会一下，历练一下，再做选择，或许更有意义一些。

“伤寒”这个学术名称原有广义、狭义之分，这种区分始自成书时间比《伤寒论》更早一些的《难经》。《难经·五十八难》对“伤寒”作了朴素而又高度概括的介绍，称“伤寒有五，有中风、有伤寒、有湿温、有热病、有温病”[5]。

在《难经》的这句经文中，有两处言及“伤寒”，两处“伤寒”的义涵大相径庭。“伤寒有五”的“伤寒”，便是广义伤寒。所谓广义伤寒，是对风寒暑湿燥火等一切六淫邪气所引起的外感病症的统称。和今天的“外感病”这个术语很类似。“有中风、有伤寒、有湿温、有热病、有温病”的“伤寒”是狭义伤寒，狭义伤寒和其他四个并列的名称都是具体病名。与今天所称：某种“感冒”或某种“急性感染”相类似。

单从仲景原书《伤寒杂病论》这个名称的概念层次看，“伤寒”二字与“杂病”并提，在排列形式上，很像是对外感、内伤疾病的一个分类概念，似乎应当属于广义伤寒。在《伤寒论》“辨太阳病脉证并治篇”中，从前面数条的论述看，也很像是在讨论广义伤寒，不仅涉及到中风、伤寒的临床发病特点，而且涉及到温病，甚至风温的临床表现特点。

但就书中主要篇幅的具体内容看，仲景所研究的又正是其中的狭义伤寒。得出这个结论的理由概括起来，最关紧要的有3条。

第一，果真所有外感病的发生发展规律，诊断治疗方法，尽在《伤寒论》中，那就说明一切外感病的治疗可以统一于一种方法之中，自然也就说明所有外感病性质，以及发生、发展、演变规律完全相同。既然性质相同，变化规律相同，诊疗方法一样，还有什么必要对不同病因所引起的病症做出清晰界定，而一分为五？“伤寒有五”之说，岂不多余？伤寒有五之下再列伤寒，岂不成了文字上义理上都重复啰嗦到近于笑话的无聊之说？秦汉时期的中国文学，中国医学都不会浅陋到这种水平，如此浅陋的作品怎么可能成为千古传承，几乎与《内经》并驾齐驱的经典？如此浅陋的作品又怎么可能被奉为“医圣”的仲景所推崇？从《难经》的命名可以看出，外感病的不同类型是由病因所决定的，不同病因，导致不同病症。如果不同病症的发生发展规律、临床表现都没有任何区别，而病因却完全不同，要对这样的病因做出如此清晰的界定，即便是在科学高度发达的今天，也是个不小的难题，在那样一个完全没有现代科学实验的时代背景下，难以想象。退而言之，姑且不论这样的分类有没有价值，首先需要回答的是，同属外感病，其发生、发展规律都完全相同，病因却不同，这样的不同点是如何区分界定的？这在今天恐怕也是个天大的难题。由此可见，广义伤寒说是站不住脚的，只有狭义伤寒说才与原论本旨默然相契。

第二，《难经》之说，代表的不是一个人，一本书的观点，而是一个时代的认识。此说深刻透视出那个时代对外感病认识的深度和广度。既然称“伤寒有五”，承认外感病的宏观分类起码包括五个基本类型，而且透过命名不难看到，各类外感病的病因是迥然不同的。既然病因不同，可以断言，在不同病因影响下，各类外感病的病性、病位、临床表现、治疗方法也一定各不相同。这就决定了各类外感病必须分别加以讨论，而不能混为一谈。否则，各种类型外感病的发生发展规律，临床表现特点，就无法一一讲清楚，诊断标准，治疗方法就更是无法具体阐明，“伤寒有五”一说，就成了没有任何实际学术意义、临床意义，完全流于形式的空话。

第三，从《伤寒论》所论伤寒以外感风寒为主，早期治疗所用方药以辛温为主，“太阳篇”尤其具有代表性这一点上，就可以得到证实，“狭义伤寒”一说，具有更充分的说服力。

《伤寒论》全书的治疗学特点都是以辛温为主，突出的是伤寒治疗重在扶阳的原则，针对疾病初始阶段的麻黄汤、桂枝汤，中期的小柴胡汤，后期三阴证的麻附细辛、理中、真武、四逆等汤方都是具有代表性的具体治疗方案。从这些具体方案中，反映出全书自始至终用药都以辛温为主，治疗都以扶阳为先。为什么要特别强调《太阳篇》呢？因为只有这个篇章所论述的才是伤寒病的初期阶段，而任何外感病，只有初期阶段才算是相对单一的，标准的外感病，过了这个阶段，随着邪正对比关系的进退变化，机体阴阳盛衰的转化，病情的发展演变也必然进一步复杂化，或表里相兼，或虚实互见，严格地讲，在本质上就已经不能算是单一的、标准的外感病了。所以后世很多高明的伤寒专家都认为，除太阳篇外，其他篇章的症候，在本质上与杂病已经没有很大区别，其治疗方药也可以互参互用，这种认识是很深刻、很透辟、很符合临床实际的。

但要强调指出的是，能互参互用，并不等于其他篇章就是讨论的杂病，而是说外感病在发展过程中是可以逐渐向内伤转化的。更重要的是说，中医治疗疾病的精妙之处就在于，无论病症起因是什么，只要机体状态相同，生命水平相当，就可以运用同一方法进行治疗，这是中医整体动态思维原理的最生动体现，也是中医执简驭繁的最精妙表达。

要认定一部作品的研究范围，研究主体，关键要看这部作品对所讨论的事物在理论上有没有系统性、联系性，而不能把作品中用于对比性说明的某些素材，某些片断，生拉活扯地捆绑在一起，与核心研究课题等同看待，无原则地扩大研究主题。其实，任何一部学术著作的研究主题都不是人为能够任意放大或缩小的，因为白纸黑字，客观而又明白地摆在那儿，是无法以他人意愿为改变的。就以持广义伤寒说的学者们最常引用的例证《伤寒论》第6条“太阳病，发热而渴，不恶寒者，为温病”[6]来看，就能说明《伤寒论》研究的是广义伤寒了么？当然不能因为在《伤寒论》中，除了这一鳞半爪有关温病的资料外，并没有围绕温病病因、病机、诊断、治疗等内容，展开像伤寒那样系统深入的讨论，更没有给出解决问题的系列成熟方案，当然就更谈不上理法方药一线贯穿的成熟体系了。

对比性举述温病某些代表性临床症状的目的，恰恰是为了突出二者之间的鉴别特点，告诉人们不能混认混治。

可见，《伤寒论》产生时代，人们对外感病的认识并不仅仅局限于“狭义伤寒”，而是对外感病的复杂性已有明确认识，对与伤寒性质完全不同的温病也有一定程度的了解。这也正好说明，后世的温病学发展，并非天才们智慧突变的产物，而是学术渐进发展的必然结果。

在《伤寒论》广义狭义义界辨析问题上，当代人特重高等院校教材的意见，因为这是站在前人肩上，而且是集若干精英的集体智慧，这样的认识不无道理，但需要提醒的是，如果把这种认识作为定见，那就有可能被误导，甚至误入歧途！要知道，在生存需要的驱动下，现代人看重的，第一是速度，其次才是质量。就连教材的不断改版，也未必一定是学术新知已经积累到了非更新换代不可的必然产物。人人都知道这个理，但人人都不会反对这种现状的存在，因为人人都需要。

认真看看1985年版的《伤寒论讲义》，在广义狭义这个问题的判断上，态度何等勉强，既无法回避全书主要篇章都是讨论“风寒引起的病变和证治”，也就是狭义伤寒这个事实，又偏要拧着脖子，十分勉强地把它说成是讨论广义伤寒，甚至包括杂病在内的完书。由此也可以看到，编撰者迫于由遵经崇古观念带来的巨大精神压力和无奈。尊经崇古，是带有两千年巨大历史惯的习惯势力，面对这种压力做出无奈选择，还是可以理解的。

再认真看看由2004年版的新世纪全国高等中医药院校七年制规划教材《伤寒论》，编撰者提出的四条理由，没有一条是结合《伤寒论》具体条文，具体语言环境进行过深入分析，更没有对后世临床各科广泛运用《伤寒论》中理法方药的前提条件及所以然之理展开讨论，是几条只能敷衍外行，难以蒙蔽法眼。其实，在参与本教材编撰的作者中，就不乏洞明是非的火眼金睛者，他们在对《伤寒论》相关条文的研究中，通过理致细密的深入分析，实际上已经把这个结论彻底推翻了，后文将具体介绍，此处就不再赘言了。

参考文献

[1] 陆懋修．陆懋修医学全书［M］．北京：中国中医药出版社，1999：8，20.

[2] 唐笠山．吴医汇讲叶天士．温证论治［M］．上海科学技术出版社，1983：6，3.

[3] 李培生．伤寒论讲义［M］．上海：科学技术出版社，1985：5，2.

[4] 姜建国．伤寒论［M］．北京：中国中医药出版社，2004：9，4.

[5] 王九思．难经集注［M］．北京：人民卫生出版社，1984：8，78.

[6] 成无己．注解伤寒论［M］．北京：人民卫生出版社1972：12，55.

［《成都中医药大学学报》2001，35（2）：1］

《伤寒论》学术义界辨析（二）

宋　兴　成都中医药大学基础医学院

有观点认为，既然承认《伤寒论》产生时代，人们对外感病的复杂性已有明确认识，为什么《伤寒论》就不可以是这种复杂认识的集中体现呢？

这并非后人主观认定得了的问题，能不能集中体现和有没有集中体现，是两个完全不同的概念，后世研究这个问题的时候，最忌讳的就是把自己的一厢情愿强加于古人。不要把因为某个时代对某些学术问题有认识，甚至有深刻认识，就简单认定某部讨论这类学术问题的代表性著作一定是研究这类问题的全书，这样看问题，未免太牵强了。

首先，对外感病的复杂性有认识，并不等于认识同步发展，都已经到了成熟阶段。退而言之，即便是认识已经达到了同一水平，也不等于研究外感病的学者就一定能面面俱到，都有深入系统的研究，都能在某一部书中完整体现。再退而言之，即便是研究者具有面面俱到的博学功底，也未必一定要千方百计，综合杂糅，写成全书。生也有涯，知也无涯，任何一位伟大学者，其研究领域总是有限的。更何况，有关温病的认识，尤其是在临床诊疗方面，这一时期的积累可能还相对薄弱一些，因为在其后的一千多年里，整个中医界对除伤寒之外的其他外感病，都没有像样的论述，直到明清时期，才在有系统理论指导的千年积累基础上，取得了突破性的发展，这就是学术发展需在不断积累中逐渐推进的明确昭示。

还有，学者们在选择研究课题时，总是以社会需要，民众所急为首选的，对于张仲景这种社会责任感强烈到连头上的官帽子都可以当作垃圾扔掉的伟大医学家来说，不会面对伤寒猖獗的现实需要于不顾，而去追求如何把自己的作品写成医学百科全书，以实现登上“圣坛”的梦想，果真存了那样的奢望，也许他就成不了医学“圣人”。

与之相反，仲景正是在面对“家家有僵尸之痛，户户有号泣之哀”[1]的惨烈现实，而且经历了家族亲人死亡过半的巨大悲痛后，为了满足时代的迫切需要，而放弃一切名利之想，投身医学研究的。毫无疑问，仲景第一要解决的，就是伤寒的有效救治问题。可以肯定地说，他一定是全力以赴，把自己全部心血都倾注在狭义伤寒这个当务之急的专题研究上的。

就连“新世纪全国高等中医药院校七年制规划教材”《伤寒论》第一章编者，顾武军、翟慕东诸位先生，在对《伤寒论》第6条提出讨论时，也直言不讳地指出：“本条提出‘温病’是类比辨异”，而且讲出了3条颇有说服力的理由：“第一，条文体例。太阳中风证与伤寒证，均紧承太阳提纲证而分述，而‘温病’则不然，是讨论完传与不传之后才列述的。如果仲景确把温病与中风伤寒证并列看待，为什么不于第4条承接‘伤寒’后论述温病呢？后置而论，从条文体例上提示温病与中风、伤寒两证是有所区别的。第二，证候特点。中风、伤寒两证是在提纲证‘脉浮，头项强痛而恶寒’的前提下分述的，其脉证内容与提纲证一致。而‘温病’则明确提出‘不恶寒’，与提纲证相悖。故在脉证方面根本不存在承前的涵义。如此，怎能将其视为太阳证的第3个证型呢？第三，治疗方药。中风与伤寒两证分别治以辛温发汗法，分别主以麻桂两方，其辨证、理法、方药、兼症等，论述得完整而系统。而温病则仅此一条，且无正式明确的治法、方药。”[2]

更为可贵的是，编者还进一步深入分析了把温病与伤寒混为一谈的原因是：“由于把温病与太阳中风、伤寒证鼎足而视，又囿于‘太阳病’3个字，所以注家对此条的思路，总也难脱‘太阳’藩篱。既是太阳病，当然要恶寒的，但原文明言‘不恶寒’，注家对此或疑惑不解，或认为应结合提纲证而改为‘微恶寒’。其实，‘不恶寒’正是说明病‘温’与伤寒的截然不同。大可不必用后世温病的框子硬套太阳温病，何况仲景所谓‘温病’的概念，与后世也未必尽同，原文所谓‘风温’就是明证”[2]。

真是慧眼慧心，洞察幽微。由此可见，就在同一版教材中，编者们对《伤寒论》义界的认识也并不统一。

广义、狭义说的源头在《难经》中，正是这部书提出“伤寒有五”后，才有了广义、狭义之争。广义伤寒说者找到的理论源头在《黄帝内经·素问·热论》中，即“今夫热病者，皆伤寒之类也”[3]一说。

后世学者在讨论这个问题时，总是把《内》《难》之说联系在一起来加以思考，说《难经》的“伤寒有五说”是与《内经》这句话一脉相承的，认为《内经》给一切外感病早已下了都是“伤寒”的结论，即“热病”等于“伤寒”，“伤寒”等于“热病”，二者是实同名异的互名词关系，《内经》所论“伤寒”正是广义伤寒。所以《难经》《伤寒论》讨论的也都是广义伤寒。

前面已经辨析过了，《难经》讨论的“伤寒”，广义、狭义兼及，明眼人一见便知，勿需赘言。这儿需要讨论的是，《内经》所论，真的就是广义伤寒么？在讨论这个问题时，最值得深入推敲的是“今夫热病者，皆伤寒之类也”中的“热病”“之类”4字。这句话讨论的主题是具有突出发热特点的病症。具有发热特点的疾病那么复杂，外感、内伤都能见到，“热论”讨论的是哪种发热？为了概念清晰，《内经》作者采取了首先界定范围的方法，以免概念含混不清。所以，“热病”2字是有所特指的，其指向有二：一是指向以“伤寒”为代表的外感病，所以才有“之类”紧随其后；二是指向以“发热”为典型症状的临床特点。综合起来，就是一切具有发热特点的外感病。

把这句《内经》论翻译成今天的大白话，就应该是：现在流行的以发热为临床特点的外感病，都是伤寒这类病变。《内经》的话讲得很明白，外感发热性疾病包括伤寒，但不仅仅只是伤寒，还包括与伤寒并列的其他多种外感病。

从这个角度释《内经》本段经文，“之类”2字在句中才有立足点，否则“之类”2字就无所指代了。秦汉语言的突出特点就是简练，果真“热病”与“伤寒”都是指的同一事物，“之类”2字也就没有必要存在了，去掉“之类”2字，才能真正称得上语言简练，语意准确。可以断言，“之类”2字绝非率意着墨所致的赘言，而是确有指代，指代的是与伤寒相并列的多种外感病，即《难经》“伤寒有五”所列“中风、湿温、热病、温病”等病症。

由此可知，《内经》中的“热病”是以抓临床突出表现特点为依据的病症分类概念，“伤寒”才是具体病症名称。退而言之，把作为临床病症分类概念的“热病”当作某类具体病症的代称，亦无不可，即便如此，“热病”所指范围广，“伤寒”所指事物确，概念范围还是有大小区分的。总之，无论从哪个角度看，二者都不是可以等同互代的概念，《内经》所论“伤寒”，仍是狭义伤寒。按照这种解读，则《难经》中的“伤寒有五”，似应改为“热病有五”才更准确。这样讲，绝非贬低经典，这或许正是古今中外，包括一切经典在内，都书无完书的必然表现。

令人遗憾的是，不少学者却因执《难经》“伤寒有五”中的“伤寒”与《内经》“今夫热病者，皆伤寒之类也”中的“伤寒”为同义语，把“热病”看作是对“伤寒”临床特点的说明，把“伤寒”看作是一切外感病的总称，认为这才是忠实于古义，所以也就理所当然地把它倒过来加以解读，于是得出一切具有发热特点的外感病都属于伤寒的认识结论，“伤寒”自然也就带有了广义性。

果真这样解读，《难经》重提“伤寒有五”说，既无必要，也无意义了。既然提出“伤寒有五”说，那就说明《难经》对外感病的多样性是有深刻认识的，只不过，在提出此说时，把“热病”和“伤寒”概念的隶属关系倒置了，“伤寒有五”变成了对“热病”复杂性的说明，因而才引发了千古不息的广义狭义之争。

站在古人的角度去思考这个问题，《难经》这样做也是用心良苦的。《难经》作者也许正是唯恐后世读者把《黄帝内经·素问·热论》中的“伤寒”理解成伤寒即热病，热病即伤寒，才不以文从字顺为取舍，而以理明义尽为追求，进一步对伤寒加以分说的。有了这样的分说，伤寒之下复有伤寒，伤寒就广义狭义兼具而赫然并见了，后世学者就不致误读误解了。古之仁人君子济世活人的慈心善愿，溢于字里行间，着实令人景仰。

再从病因学的角度看，《黄帝内经·素问·热论》在讨论“热病”的发生发展时，特别强调“人之伤于寒也，则为病热，热虽盛不死”[3]，把“伤寒”的病因讲得非常具体，那就是感受了自然界的“寒邪”。而且还强调“其两感于寒者，则不免于死”[3]，内外兼感寒邪的，后果就有可能变得十分严重。由此可见，这儿的“伤寒”并非外感病症的代名词，而是指狭义伤寒这一具体外感病症。《内经》对寒邪伤人的危害性特别强调，特别重视，但并不是说只有“伤于寒”才“为病热”，也不是说只有“两感于寒”才可能在病情演变过程中出现严重后果。发热是所有外感病共有的临床特点，因为外感导致的基本病理影响，就是障碍人与自然息息相通的关系。表气闭郁，卫阳不得宣通，体内外清浊之气得不到有效交换，郁而生热，发热就成了外感病最具代表性的临床症状。至于病情演变的轻重顺逆，那是多因素复杂影响的结果，是一切疾病都可能发生的，绝不仅限于伤寒。《内经》通过讨论狭义伤寒来讨论“热病”——也就是以发热为临床特点的外感病的发生发展规律，目的不过是为了使讨论更具体化，形象化，以便真正起到举一隅而反三的良好效果，这才应该是《内经》作者细腻思想脉络和清晰言语表达的基本特点。

为什么《内经》要以伤寒作为例子来讨论外感病？可能出自以下几个方面的考虑。

一是风寒外感的多发性，“万病从凉起”，这是普通老百姓都知道的常识，这种说法正是强调了伤犯寒邪是外感病最常见，最多见的原因，或衣着不慎，或贪凉饮冷，都可以触冒寒邪，四季可见，而温、暑、燥邪的感受都有较强的季节性，举伤寒为例，具有最广泛的代表性意义。

二是风寒外感的诱导性，当机体感受寒邪时，气机收敛，表卫闭郁，机体生物物理状态发生改变，从外在毛孔到内在细胞，都处于通透性降低甚至严重障碍状态，使人与自然息息相通关系中断，可能是导致遭受其他邪气攻击的重要原因，从而成为多种外感病发生的起点，就连瘟疫初起大多也都兼有不同程度寒邪郁表现象，就是明证。

三是风寒外感的典型性，寒热性质相反，寒邪伤阳是导致寒性病症产生的根本原因，寒性病症的临床表现特点也应该是以恶寒为主，事实却是寒郁表闭，营卫相争于表而多见发热，在六淫邪气所致病症中，其表现形式，无疑最具特殊性，典型性，举此为论，有警示学者不要为发热的表象所惑，而应当透过现象看本质的深刻临床意义。

四是风寒外感的复杂性，风寒伤人，在临床表现上，不同阶段有各自的表现特点，但任何一个阶段，都不是一个模式，常常是因时因地因人而异。时空和体质差异对疾病发生发展的影响是极其微妙而又深刻的，时空差异在本质上反映的是不同时空状态下，来自外太空的种种宇宙因子量差异，时空差异影响则是不同时空条件下，不同宇宙因子量对生命体生物物理特性的不同影响，正是这种微妙影响，使人体内在生物学状态发生改变，不管这种改变是否能用现代检测手段有效捕捉，其客观存在都是实实在在，不容置疑的。体质差异在本质上反映的是不同个体的不同生命水平，不同生命状态，不同机体内环境状态，正是这些内在要素的差异，决定了机体对一切病因影响所，宇宙因子影响做出的应答反应是有差别的，甚至可能是有巨大差别的。所以，上述影响因子，都必然使疾病的发生发展变得极为复杂。

同样是寒邪伤人，受上述因素的复杂影响，临床表现，病情轻重，就可能千差万别。以冬季为例来看，冬时严寒，阳气内收，表卫固密，这种生理变化可以在一定程度上防止外邪侵袭，是具有积极自我保护意义的。但由于冬季寒邪隆盛，侵袭力较之其他任何一个季节都更强，所以对人体造成伤害的机会仍旧很多。感邪重而体实者，邪气郁于表，即时发病，便成为“正伤寒”；感邪相对较轻而又正气不足者，一旦造成伤害，最易着而不去，形成正气鼓动无力，邪气郁而不发的病理状态，成为“伏气”，来年或因触冒时令之邪而诱发，或因阳气开泄，邪气随之外透而产生种种变证。部分学者认为自然界的邪气是不可能长时间稽留在人体内的。伏气一说纯属古人想象之词，在现代中医传承中应属被摒弃的糟粕，这种看法大可商榷。“伏气”的本质有二：一是指确有某种生物、生化、或物理因子潜伏体内；二是指在六淫邪气作用下，机体内在组织发生了久久没有得到纠正的生物物理性状改变，这种改变可能成为下一时段某种外感病发生发展的内环境条件。所以，伏气的影响不仅客观存在，而且极为深远复杂。撇开冬伤于寒的伏气不论，单是其他季节，也时时可以因衣着起居失调而感受寒邪，只是由于季节气候的不同，人体体质状态的不同，因而不可避免地要打上季节气候以及生命状态的烙印罢了。除寒邪之外的其他种种六淫邪气，相对而言，带有更强的时令特点，不似寒邪之多发易感。所以，伤寒作为最常见的外感病，其复杂性是最为突出的。

五是风寒外感的严重性，风寒伤人，最易造成的病理改变，就是人与自然息息相通关系被干扰，被中断，被破坏。人与自然的关系，就跟鱼与水的关系一样，是须臾不可相离的，一旦中断，最轻浅的，也会导致气机交换发生障碍，清浊混淆。严重者，还会导致“出入废则神机化灭”[8]的严重后果。没有正常的出入，也就不会有正常的升降，升降紊乱，生命信息的有序运行被打乱，甚至被颠倒。这种被打乱，被颠倒了的生命信息运动，是不能持续进行的，如果不能及时得到修复，很容易导致“升降息则气立孤危”[4]的另一严重后果产生。这样讲并不是说其他外感病就不严重，不复杂，任何一种病症都可以演化出复杂的局面，都可以导致严重后果，但如果把各个具体病症都一一展开，所需篇幅就太大了。《内经·素问·热论》在讨论外感病发生发展变化特点时，不过是以伤寒为例罢了。能够深刻认识伤寒的发生发展，很好地解决伤寒的诊疗问题，对其他外感病的诊治也就可以举一隅而反三了。

结合临床看，外感病的发生，大多确实与受凉受寒相关联，可以说是外感病最常见，最多见的病因，但绝不可以说是共同病因，更不能说是唯一病因。只要在临床上仔细观察一下就会知道，并不是所有外感病的起病都能找到受凉受寒依据的，如中暑、湿温、温病就是典型例子，这些外感病的发生就未必一定有受寒的经历。

有人认为，《内经》不是临床医学作品，而是基础理论作品，全书所论大多属于宏观原则，而不是讨论具体病症类问题的。这种看法也是值得商榷的，从中医古代文献的宏观分类角度看，可以把《内经》看作是基础理论作品。但是，如果从《内经》的具体内容看，那就远不是这么简单了，除了基础理论的讨论外，《内经》中还设有不少讨论具体病症的专篇，热论就是其中的一篇，其他还有疟论、气厥论、咳论、举痛论、腹中论、风论、痹论、痿论、厥论、奇病论等大量专题篇章。有关风病、寒病、温病、咳嗽、水肿、消渴类病症等等，哪类病症不是既有病因病理的讨论，又有治疗原则的讨论？只不过，所论还不是那么详尽，还没有做到理法方药一气贯通罢了。严格地讲，《内经》并不是仅限于基础理论总结的作品，而是站在养生、防病、治病的角度，以人与自然关系为大前提，全面论述生理、病理、诊断、治疗等相关内容，理论临床兼及的医学全书！

理论是对实践的提炼，没有丰富的临床为基础，《素问·生气通天论》的“体若燔炭，汗出而散”，《素问·咳论》的“五脏皆令人咳，非独肺也”，以及《素问·至真要大论》的“诸寒之而热者取之阴；诸热之而寒者取之阳”之类解决疑难问题的绝世高论从何而来？所以，严格地说，《内经》应该是一部基础、临床无所不包的综合性作品，只不过全书的重点，不在具体问题的讨论上，而在理论的全面总结，纲领的全面提出方面。在外感病讨论中，以狭义伤寒的宏观论述为例来加以概括性说明，正与此书临床病症讨论体例相契合。

实践是检验真理的唯一标准。在讨论《伤寒论》研究课题到底是广义还是狭义课题时，最关紧要的还是要看作者自身是如何认识的，还得看看其中解决问题之具体方法是什么？所针对的问题性质是什么？

仲景对这个问题的认识，在《伤寒论》是有充分体现的，如第3条“太阳病，或已发热，或未发热，必恶寒，体痛，呕逆，脉阴阳俱紧者，名为伤寒”[5]就是以事实说话的代表性见解。条文通过本病初期临床脉、症对“伤寒”做出界定，只要以此为依据，稍加分析，疾病的起因、性质就清晰可见了。寒热同见，但以恶寒为“必”见，且“体痛”“呕逆”“脉阴阳俱紧”，说明什么？不是典型的寒邪束表，卫阳闭郁或寒郁气滞，气机上逆么？

所以宋代医家朱肱，在《类证活人书》第六十三问中指出：“太阳、阳明、少阴，皆有恶寒，要之，太阳病或已发热，或未发热，必恶寒也，阳明证俱宜下，唯恶寒中寒为病在经，与太阳合病属表，发其汗耳。若吐、若下后，七八日不解，热结在里，表里俱热，时时恶寒者，白虎证也”，虽然各个层次的病症都可以产生恶寒症状，但以表卫闭郁，卫阳不得敷布的外感病最多见，而且，不同病位层次的恶寒，成因不同，发生机制不同，治疗原则也迥然不同，绝不可混论混治！

金·成无己《注解伤寒论》讲得更明白：“凡伤于寒，则为病热，为寒气客于经中，阳经怫结而成热也。中风即发热者，风为阳也。及伤寒云，或已发热，或未发热，以寒为阴邪，不能即热，郁而方变热也。风则伤卫，寒则伤荣，卫虚者恶风，荣虚者恶寒，荣伤寒者，必恶寒也。气病者则麻，血病者则痛。风令气缓，寒令气逆，体痛呕逆者，荣中寒也。《经》曰：脉盛身寒，得之伤寒，脉阴阳俱紧者，知其伤寒也”[5]，寒为阴邪，只有感受寒邪导致的寒性病变，才有那么典型的恶寒、体痛、呕逆等临床表现，伤寒的定义不是一切外感病的统称，而是寒邪引起的寒性病症。

清·柯琴《伤寒来苏集·卷一·太阳脉证》讨论更深入：“太阳受病，当一二日发，故有即发热者，或有至二日发者。盖寒邪凝敛，热不遽发，非若风邪易于发热耳。然即发热之迟速，则其人所禀阳气之多寡，所伤寒邪之浅深，因可知矣。然虽有已发、未发之不齐，而恶寒、体痛、呕逆之症，阴阳俱紧之脉先见，即可断为太阳之伤寒，而非中风矣。恶寒本太阳本症，而此复言者，别于中风之恶寒也。中风因见风而兼恶寒，伤寒则无风而更恶寒矣。寒邪外束，故体痛，寒邪内侵，故呕逆。寒则令脉紧，阴阳指浮沉而言，不专指尺寸也。然天寒不甚，而伤之轻者，亦有身不疼、脉浮缓者矣”，说仲景强调“必恶寒”，正是为了和感受其他邪气相鉴别。而且，发热症状出现的早迟，与患者体质特点，感邪轻重密切相关。所以，只有恶寒、体痛、呕逆、脉紧才是诊断伤寒的重要依据。

柯琴的见解尤为精准深刻，仲景用“或已发热，或未发热”这样的灵活表述方式来讨论伤寒的临床表现特点，是有其深刻用意的，因为发热有无，发热早迟，确与受邪轻重，体质强弱相关联，甚至还与治疗及时与否密不可分。感邪轻者，表闭较轻，未必发热，或虽热而不甚；感邪重者，表闭较重，卫阳不得宣发，必发热，且热势相对较甚。同样的感邪量，体虚之人，全身正气处于低水平状态，应激反应低下，难以形成邪正剧争之势，则未必发热，即便发热也未必热势很甚；体实者，全身正气处于高水平状态，应激反应强烈，卫阳必奋起抗邪，则必然发热，且热势必甚。果真体虚亦蒸蒸而热者，那常常就不是太阳病，而是麻黄附子细辛汤证的少阴病了。同样的体质，同样的感邪量，治疗及时且方法正确者，寒邪得以在对机体造成病理影响的第一时间被驱散，热未至而腠已开，发热未必可见，或虽见亦短，虽见亦微；若延误蹉跎，治不及时，或药食误投，则往往表病未除，里气又乱，故或蒸蒸而热，或转为难辨难治的“坏病”情况种种，难归一是，这正是仲景灵活措词的原因所在。

再从用药的角度看，一部《伤寒论》，自始至终，用药都是以辛温为主，反映出的治疗主张都是以扶阳为重点。无论何种医学，何种医著，科学的治疗，都必须是有严格针对性的，西医针对病因，中医针对病性。病性不是某一因素孤立影响所决定的，而是不同时空状态下，病因作用于某种体质的综合反应，是包括病因、体质特点、生命水平、机体内环境状态，乃至气候物候等多因素影响的结果、《伤寒论》的重扶阳，用辛温，正是针对狭义伤寒性质实施的。也正是因为《伤寒论》中的治疗方案无法完整、系统、有效地解决有别于伤寒的其他类型外感病问题，后世医家们才长期关注这一课题的研究。如果一切外感病症过程中的各种矛盾，都可以用一种治疗方法去加以解决，说明各种外感病症过程中的各种矛盾并无本质区别，《难经》时代的古人就不必对“伤寒”歧而为五了，后人也不必标新立异，另创温病学诊疗体系了，因为这一切都是多余的。如果一种方法就可以解决病因、病性完全不同的各种矛盾，不仅分类研究是多余的，就连医学理论的苦苦探求，不断总结提炼都是多余的，还有那样的必要吗？人们只要把精力集中在寻找这样的灵丹妙药上不就足够了吗？然而，实践却告诉我们，世上绝没有这样的灵丹妙药，这是因为事物本身的复杂性所决定了的，是无法以人的主观愿望为改变的。

参考文献

[1] 范晔. 后汉书 [M]. 上海：古籍出版社，2001.

[2] 姜建国. 伤寒论 [M]. 北京：中国中医药出版社，2004，9：22.

[3] 清·高士宗. 黄帝素问直解 [M]. 北京：科学技术文献出版社，1982，8：227.

[4] 清·高士宗. 黄帝素问直解 [M]. 北京：科学技术文献出版社，1982，8：498.

[5] 金·成无己. 注解伤寒论 [M]. 北京：人民卫生出版社，1972，12：54.

[《成都中医药大学学报》2001，35 (3)：1]

《伤寒论》学术义界辨析（三）

宋 兴 成都中医药大学基础医学院

任何一部学术著作的重大学术价值并不全是由研究课题范围所决定的，而是通过某一课题所创立的科学研究方法所决定的，《伤寒论》也不例外。《伤寒论》所创立的以脉症为求取病因病性的客观依据，以病因为探讨疾病发生发展变化的基本线索，以病性为治疗的纲领，以病机为立法的要素，以治法为驾驭方药的限制性框架，理法方药环环相扣的诊疗体系，可以广泛运用于临床各种病症，而且永远不会过时，这就是它的宝贵价值所在。

把这个体系所包含的方法学原则提炼出来，就是“辨证论治”。不能把“辨证论治”的学术义涵仅仅讲成“通过四诊八纲、脏腑、病因、病机等中医基础理论对患者表现的症状、体征进行综合分析，辨别为何种症候，称辨证；在辨证基础上，拟定出治疗措施，称论治”[1] 的中医理法方药运用操作流程，那是辨证论治之方法学原则在临床运用中具体操作步骤的体现。正是通过这个操作步骤，表达了“辨证论治”所包含的认识问题和处理问题思维方法原理，把这种原理提炼出来，概括为今天的通俗语言，就是：具体问题，具体分析，具体处理，这才是辨证论治的方法学原则，也才是中医认识问题和处理问题的思想方法学精髓。

有了体现中医认识理念的方法学原则，中医理论和临床就成了一个有机整体，而且赋予了任何前人一方一药运用经验以无穷生命力。在这个原则指导下，解决狭义伤寒问题的一切具体方案，具体措施，不再仅仅只适用于狭义伤寒，而是可以广泛适用于临床各科之各种病症。无论何种病症，只要具备了同一证型的各种要素，就说明患病机体进入同一生命水平，同一生命状态，具备了同一内环境特点，就可以运用同一方法来进行解决。

正是基于这样的认识，清代杰出伤寒家柯琴才有“原夫仲景之六经，为百病立法，不专为伤寒一科。伤寒、杂病。治无二理，咸归六经之节制。六经各有伤寒，非伤寒中独有六经也。治伤寒者，但拘伤寒，不究其中有杂病之理。治杂病者，以《伤寒论》为无关于杂病，而置之不问。将参赞化育之书，悉归狐疑之域。愚甚为斯道忧之”[2] 的精辟论述和沉重感叹。只要深刻理解了这一点，在实际理法方药的运用中，既淡化了外感内伤的界限，也就淡化了“伤寒有五”的界限。因为无论何种外感病，在其发展变化过程中，只要具备了《伤寒论》中某一方证的症候性质特点，就可以选用该治疗方案。

这种疾病发展过程中的性质交叉演变，与不同种类疾病有不同病因，不同发生发展规律，不同性质特点的认识是并不矛盾的。看看清代杰出温病学家们的临床医案，其中多有伤寒方的运用，就豁然开朗了。一部《伤寒论》之所以被后世视为万法之宗，群方之祖，原因正在于此。

《伤寒论》在辨证论治原则指导下，整体动态优势得以充分体现，其运用空间得以无限扩大，这并不等于各种病症没有自身的发生发展规律，没有自身的临床表现特点，更不等于对各种病症的研究失去了意义。恰恰相反，正是得益于这一运用原则所具有的无穷生命力，其他后世的一切新说，一切名家经验，也才跟《伤寒论》一样，具有了无穷生命力。

这种生命力的体现是有原则的，这个原则就是任何人的任何经验，必须满足该经验所限定的运用条件，只有准确把握了运用条件，才能使之灵魂再现，甚至灵魂升华。如果抽掉了条件，就失去了对疾病本质的把握，经验运用就失去了具体针对性，一切经验的简单生搬硬套，都不过是无的放矢。再好的经验，再优秀的矛盾解决方法，迷失了对矛盾性质准确把握这个大前提，都不过是僵尸一具，是不会有半点活力和价值的。

同样的道理，在伤寒发展过程中，如果出现了与温病相同的证候，照样可用温病的治疗方案一样，所体现的正是中医治疗思想的灵活性，动态性。但绝不能因此就把伤寒温病混为一谈，更不能说《伤寒论》就是通论通治一切外感病的全书。伤寒与杂病的关系也是如此，只要满足了“有是证”这个前提条件，就可以毫无顾忌地“用是药”。治伤寒和治杂病的方药，可以互通互用，但绝不能因此就抹杀伤寒与杂病的界限，更不能因此说《伤寒论》就是通论通治一切外感内伤病症的完书。

伤寒在现实临床实践中，还能经常见到，果真是温热病，在病变初期，其临床表现特点与伤寒是有很大差别的，具体表现是发热突出、恶寒轻而短暂，甚至根本就没有恶寒，起病就汗出、口渴、口鼻气热、尿热、脉浮数且大而有力，邪热内盛的特点十分突出，这是由病因性质所决定的。在治疗这样的温热病症时，如果不用辛凉解表的银翘散，而用辛温解表的麻黄汤，会是什么后果？凡有过临床阅历的人，自有深刻体会。所以早在宋代，著名伤寒学家庞安时在其代表作《伤寒总病论》一书中，就提出了“温病若作伤寒行汗下必死”[3]的振聋发聩之论！这是基于临床深刻体会的大彻大悟，而非故作惊人之语的乱叫狂呼。误用治伤寒法治温病，虽未必真的就会捅出致死人命的大漏子，但可以断言，是一定要出现严重不良反应的，在今天的中医临床工作中，这样的例子，仍旧时或可见。

数年前，笔者就曾亲历一案：一年过六旬的女性患者，初起发热头痛，去一位中医师那儿就诊，吃了一剂药，汗出了不少，可病情不仅没有减轻，反而加重了，原来体温才38℃，只有轻微头痛，没有其他症状，服药后体温上升至40℃以上，头痛如劈，而且口干、口渴、舌燥、唇裂、小便灼热疼痛。切诊所见，六脉洪数有力；望诊舌绛红，苔薄黄燥，唇干裂，是典型的温热病，而且有明显的津液耗伤之象。她一边讲述病情，一边展示前面那位老师的处方，方子开得很简练，就是原原本本的麻黄汤。麻黄、桂枝的用量都是30g。从处方用药可以看到，那是一位伤寒专家，而且是很有胆魄的专家，很可能在他的学术观念里就特别强调伤寒学理，而不那么看重温病学理，不然就不会那样单刀直入，更不会那样峻剂运用，当然也就不会导致那样的后果。说实话，在今天，敢于那样运用伤寒方的医家，已经很少了，只有学有素养，胆识独具的伤寒名家，才会出手那样强悍有力。果真是风寒表症，这样的方，用上去，是一定会效如桴鼓的，但如果只知有伤寒，否认温病的客观存在，一旦用错了，就无异于火上浇油，也一定会迅速使病情加重，甚至演化为危逆重证。伤寒、温病，判同水火，伤寒最易损阳，温病最易耗阴，这是邪气性质所决定的，以治伤寒方药治温病，简直就是典型的“抱薪救火”，怎么会不加重呢。于是给她开了银翘散去淡豆豉，荆芥，薄荷，重用芦根，加板蓝根、石斛，服药“剂，病情迅速好转，服药1剂，病情痊愈。银翘散本来就是极其平淡的辛凉解表剂，为什么要去掉豆豉、荆芥、薄荷等发散药？因为前面的医家在误用麻黄汤时，导致汗大泄，证明腠理已经大开，无须再强化开解表卫的治疗；而麻黄汤所致汗泄津伤的病理改变，却没有得到纠正，温热邪气所造成的邪毒壅滞病机也没有得到解除。所以，治疗的当务之急，不在辛散透发以解表，而在清热解毒生津以救里。

再举近代著名伤寒专家冉雪峰先生治病为例，也很有启发意义。冉先生是近代中医发展史上相当有影响的大医家，与河北名医张锡纯齐名，号称“南冉北张”。据《冉雪峰医案》记载，他在治疗一位年逾古稀的胡姓老太太，夏月患伤暑兼受凉的病症时，因这位老人素来身体较瘦，大便略见干燥，患病后又经过两位医生的治疗，第一位医生先是误用补法，使病情出现寒热往来如疟疾的状态；第二位医生，误认为是邪入阳明，邪热郁蒸的表现，误用下法，致津液大伤，暑邪内陷，出现胸胁痞满，气逆攻窜疼痛，但热不寒，循衣摸床，舌绛红无苔，脉结代的危重状态。在冉先生接诊本案时，已成险象环生的坏证。但他经过仔细诊断，深入分析，提出了3条尚可挽回的理由，一是虽经误下，正气受到了一定损伤，但没有谵语现象，说明元神没有动摇；午后发热，说明寒热往来的小柴胡汤证还没有完全改变，病理层次还停留在少阳，没有因为误下而向纵深发展。二是《伤寒论》第205条讲得很清楚：“阳明病，心下硬满者，不可攻之，攻之利遂不止者死，利止者愈”[4]，此证虽经误下，但泻下数次后就自行停止了，没有一泻不止的现象，是中气未败，尚能固守的表现。三是《伤寒论》也是十分重视津液盛衰存亡的，审查津液存亡的要点，在观察小便利与不利，小便利是津液虽伤，尚未至枯竭，只要正确施治，败局还有挽回余地。有了这样一个基本认识后，再接手治疗，心中无疑要安稳得多。冉氏在具体分析这个病例时，发现患者午后发热，与小柴胡汤证相似，但只发热不恶寒，又不是一个标准的小柴胡汤证，于是吸收后世温病治疗经验，改投大剂甘寒滋润药物两剂，津回舌润，便通，神清，唯胸膈痞痛，气逆上冲症状余势未尽。作为伤寒名家，在临证思维上，时不时地受其影响，在所难免，所以他的思路又自然而然地回到了伤寒上去，认为是邪热郁积中上焦所致太阳病变证中的痞证，改投低剂量泻心汤，气机上逆症状虽然稍有缓解，但舌质立即又变得光剥无苔了，于是改投清润养液，才使病情再次稳定下来，最终还是守定清养肺胃法，才使治疗收到圆满效果。冉氏在案中一开始就讲得很清楚了，这本是一例典型的风寒郁表，暑热内闭的外感病症，虽有风寒郁表，但本质上还是属于暑病，治当甘寒救液为主，汗下温补均非所宜！疾病是客观自然事物，疗效是不以医家名望高低为选择的，只有尊重客观，才能收预期之良效。

这个病例很有现实参考价值，因为在现代夏季都市生活中，这也是很常见的一个病症。现代都市，夏季户外气温很高，室内又通过空调类现代降温设备，制造了一个类似初春深秋的小环境，使得人与自然气候的运动变化不能同步，甚至背道而驰，所以这类病症也就特别容易发生。本来，按照《内经》的认识，人与自然是一个统一的整体，人体的生命活动，生命节律，也应该和自然保持相对稳定的一致状态，适当出点汗水，使人体在生命活动最旺盛的夏季，体内因气血营运节奏加快而产生的大量秽浊，也就是现代术语所讲的代谢垃圾，得以充分排泄，机体正是通过这种与自然运动节律同步的生理调节机制，来保证机体内环境在不同季节维持生理稳态的。所以，《内经》才会有“暑当与汗出，勿止”[5]的告诫。

暑为火热邪气，最易耗津散气，一旦暑邪伤人，发展变化最快。正确的治疗措施，应当是用大剂甘寒辛寒，以内濡涸竭之机，外透暑热之邪。

第一位医生，主要还是带了成见，一看见古稀老人，就想到气血俱衰的必然生理改变，连外感内伤都没有分清，就盲目运用补益方药，以为对这样的患者，乱吃补药都有理，哪知道一补就出问题。把一团火热邪气更加严密地封闭在了机体内，造成暑热内闭，深陷营血，劫夺营阴的重证。联系体质分析问题，解决问题，本是上工之虑，上工之治，但如果抱定某种僵死成见，不以具体病情为基础来分析问题，解决问题，那就一定免不了要糊里糊涂地陷入标本不明，缓急不分的误区，走到正确认识的反面去。

第二位医生则是不详察色脉，不细审病因，不明辨病情，就把气津闭郁之便结当作了阳明燥热内结，还有可能夹杂了迎合患者要求的心理干扰，因为凡二便不畅通者，总是希望医者能施以有力措施，迅速纠正这个问题，于是又误用攻下药物，使气液两伤而病情急转直下。可见这第二位医生因为没有精良医术，当然也就没有主见，某一症状像什么，就定什么性，患者要求什么药，就开什么方，这是作为医生最不应该犯的低级错误！但是，在临床上，犯这种低级错误的医生却比比皆是，千古不绝。

透过本案可以看到，冉先生毕竟是名家，对病情以及前期治疗的分析，十分深刻细密，但他又确确实实是典型的伤寒家，所以分析病情的思路始终不离“伤寒”轨道，治疗当然也就脱离不了伤寒的深刻影响。好在他的观念并不僵化，而且思维灵活善变，在面对现实时，也并不排斥对温病治疗方法的运用，在治疗中，还是采用了温病学的“清解少阳，兼清热保津法”[6]，一下手就收到了挽危救逆的较好效果。但就在曙光初现的时候，他的思路又因伤寒理念的禁锢，而误入歧途，运用苦寒攻下的泻心汤，使刚刚恢复的生气受到损伤，造成节外生枝的变端。《伤寒论》是千古医学宝典，伤寒心法是千金不易的良法，回归伤寒思路，还叫误入歧途？有人也许不喜欢听这个话，但学理就是如此，一切不符合客观病情的方法，都属于错误的方法，一切产生错误方法的思路，都属于歧途，这是不以经方时方为区分，不以圣人之见，凡人之见为标准的。冉先生到底不愧是名家，面对现实，他敏感意识到认识出了偏差，立即进行修正，再次回到清养肺胃治法上去，才使治疗收到圆满效果。

任何医生，无论多高明，一辈子犯几次错误，走几回弯路，总是难免的，不必苛求。就是张仲景也不例外，如果没有经历过任何错误和挫折，没有对错误挫折的深刻反思和不断弥补修正，《伤寒论》中那么多救误措施是如何产生的？自己一点受挫折的体会都没有，全凭对别人致错原因的分析，就能一一找出标准答案？不仅现代人不敢相信，恐怕就连仲景本人也不敢相信。无论是医学家，还是哲学家，还是政治家，要想一辈子不犯一点错误，那是绝不可能的。犯错误不要紧，要紧的是犯了错误能不能迅速觉悟，能不能及时纠正。学术修养健全的医家，纵有临床失误，大多都能及时觉醒，及时纠正，所误不会太深，而且错误还会给他提供宝贵的学术启示，使其诊治水平在对错误的反省、纠正过程中不断提高。学术偏盲的庸医，那就不一样了，最致命的弱点就是犯了错误不知错在何方，更不明白是怎么犯的，始终找不到错误的根源，就像一个瞎子，路走错了，也不知错在哪个十字路口，连东西南北都分不清，所以，最容易屡错屡犯，在错误的道路上一次比一次走得远。这就是名医与庸医的根本区别。

从上面的两个例子可以看到，在学术上是不能存偏见的，存了偏见，就会眼光狭窄，思维狭隘。伤寒与温病是性质完全不同的两类病，是不能混认混治的。伤寒、温病都是前人在对疾病诊治过程中，认识不断深化，不断发展，不断完善的产物，只有运用条件的区分，没有高低优劣的区别。这样来看待伤寒、温病的理由很简单，从病因学的角度看，早在《伤寒论》问世之前，中华先民对自然事物的复杂性已经有了深刻认识，早在春秋战国时期，杰出思想家老子、庄子等，对宏观、微观已奠定了“至大无外，至小无内”的认识理念基础，宏观微观都是没有止境的。疾病的发生发展，是受宏观，微观双重影响的，宏观高远莫测，微观层出不穷，都是人力无法彻底把握的。多因素作用下产生的疾病这一自然事物，其种类的多样性，变化的复杂性也一定是难以想象的，这不是再明白透彻不过的道理么？怎么会外感病就只伤寒一种呢？

以《伤寒论》研究的课题为广义伤寒这种见解，其消极的影响就在于，不仅直接封杀了外感病在实践中的发展空间，而且迷乱了后学对中医学术发展的正确认识，扼杀了他们对中医外感病学的丰富想象，活泼思维。还有，这种凝固僵化的学术认识，是不利于中医发展进步的，万事万物都在进步，变化，发展，怎么中医学就成了例外？就是三千年前的最好？如果那样推论下去，岂不是要把学术的最高境界追溯到非洲丛林里的大猩猩群体中去么？难怪反对中医者要攻击中医学术守旧。

有人也许会说，他强调的不是守旧，而是坚持传统，没有了传统就没有了中医学。这话含义是模糊不清的，传统是个大概念，在这个大概念下，精粗混杂，玉石互见，坚持传统应该是有原则，有选择性的。早在《神农本草经》中，就有水银“久服神仙不死”[7]的记载，这样的传统，是应该扬弃的中医药学瑕疵？还是中医药学的闪光点？能不能代表中医药学？到底应该如何选择？如何评价？这样的问题还用得着争论么？今天谈坚持传统，强调的是坚持以整体恒动为核心的中医思维本体这个基本原则，而不是把中医当古董，以时间先后为学术优劣的定位标准。

尊经崇古的医家们或许不会同意这种看法，因为在他们的感情深处，只有把仲景抬到广义伤寒的学术层面上，才不会辱没“医圣”的伟大名声，才符合《伤寒论》所创治疗学原则可广泛运用于临床各种病症的实际。其实，这是对仲景及其作品的善意误解。从名这个角度看，仲景是一个求实、求真的朴素医学家，在他的灵魂深处，原本并没有一丝一毫想要什么名分的杂念，只不过天道酬勤，实至名归，其具体成就自然而然地为他确立了那样的学术地位。

研究任何一部作品的学术价值，最重要的，还是要从“实”这个角度去看，绝不能因名废实。仲景的《伤寒论》为什么会有那么大影响？核心要素不外两点：一是在这部作品中，通过对伤寒病因、病机、诊断、治疗、方药运用的深入、系统研究，全面而又具体地解决了“伤寒”这一在当时猖獗流行的外感病防治问题。二是通过在解决伤寒这一外感病诊治问题的过程中，创建了一个把中医理法方药紧密联系在一起的临床运用原则，在理论和实践之间架起了一座中医临床思维方法学桥梁，从此成为中医临证工作中可操作性极强的基本方针，这就是“辨证论治”。这才是《伤寒论》的最大学术贡献，也才是《伤寒论》的学术价值核心所在。

参考文献

[1] 中医研究院．中医大辞典［M］．北京：人民卫生出版社，1982：342.

[2] 柯琴．伤寒论翼［M］．清・务本堂刻本．

[3] 邹德琛，刘华生．点校伤寒总病论［M］．北京：人民卫生出版社，1989：160.

[4] 成无己．注解伤寒论［M］．北京：人民卫生出版社，1972：132.

[5] 高士宗．黄帝素问直解［M］．北京：科学技术出版社，1982：231.

[6] 冉雪峰．冉雪峰医案［M］．北京：人民卫生出版社，1962：15.

[7] 孙星衍．神农本草经［M］．北京：人民卫生出版社，1984：60.

［《成都中医药大学学报》2001，35（4）：1］

《伤寒杂病论》不同传本考略

刘世恩　河南省南阳张仲景医学研究所

毛绍芳　河南省南阳市第二人民医院

《伤寒杂病论》全卷问世之后，由于朝代更迭，“几经兵燹，几番播迁，几次增删，几许抄刻，亥豕者有之，杂伪者有之，脱落者有之，错简者有之”。千百年来，每一朝代所能见到的《伤寒杂病论》传本均不尽相同，或编次倒置，或文意悬隔，或有证无方，或有方无药等。

经文本身言简意赅，旨意精深，加上古时交通不便，信息闭塞，中医之学多属师传授受，各承家技，门户之争，显而易见。因此，同读仲景之书，却出现了据经释论、错简重订、维护旧论、辨证施治、综观演绎等多种派系，虽见仁见智，于仲景之学大有裨益，但亦各执一端，争无休止，使后学者难以适从，这给仲景学说的研究和传承带来诸多不便。为了捋清《伤寒杂病论》的传承脉络，以期丰富仲景医学体系内涵，笔者先后历时20年，选取从晋唐至当代国内外不同朝代有一定代表性的《伤寒杂病论》传本，对其进行逐章、逐节、逐段、逐条、逐句、逐字的认真校考，现将考证、研究结果报道如下。

一、晋传本

（一）《金匮玉函经》

《金匮玉函经》系由西晋太医令王叔和撰次的《伤寒杂病论》中伤寒部分的内容，该传本历时1800多年来，虽然经过北宋校正医书局的校注，但当时参与校正此书的林亿等儒臣认为“《金匮玉函经》与《伤寒论》同体别名，欲人互相检阅而为表里，以防后世之亡逸……其文理或有与《伤寒论》不同者，然其意皆通圣贤之法，不敢臆断，故并两存之，凡八卷，依次旧目，总二十九篇，一百一十五方”。从文中的“依次旧目”来看，说明该书条文未受到唐、宋间“方证同条，比类相附”编次体例的影响，因此，《金匮玉函经》是当今流行于世的最古老又最能体现仲景原著及王叔和撰次之原貌的古传本。本书卷一，凡3次引用“故仲景曰”的第二人称，实属后世医学家羼入之文。

据考证统计，一部《金匮玉函经》先后29篇，共辑载《伤寒杂病论》佚文942条，其中有论无方的824条，有方无论的115条，方论俱全的3条。病种涉及内、外、妇、儿各科。

（二）《脉经》

《脉经》系西晋太医令王叔和于公元220～230年间撰著的有关脉学方面的专著，共10卷。现在流传于世的《脉经》，是经过北宋校正医书局林亿等儒臣校正后的传本，宋臣在对《脉经》进行修订时，除在编次体例上进行了调整之外，又将王叔和收集在该著的《伤寒杂病论》部分条文进行了删削，如卷九第三、五、九篇均可见到“方见伤寒中”或“在伤寒中”之语。尽管这样，《脉经》中仍有1/3的内容属《伤寒杂病论》未散佚的条文，因此，《脉经》是有关《伤寒杂病论》最早的传本之一。

据考证统计，王叔和《脉经》10卷，前后共收载《伤寒杂病论》佚文789条，其中只有论而无方者572条，方论俱全者217条，载方（除去重复）共137首。病种除六经病证最早变证外，还涉及内、外、妇、儿等临床多科。

二、隋唐传本

（一）《诸病源候论》

《诸病源候论》系隋代太医博士巢元方等集体编撰，成书于隋大业六年（公元610年），是我国第一部病因、病理、证候学专著。该书收集了大量《伤寒杂病论》条文，是我国现存最早的相关《伤寒杂病论》传本之一。有关《伤寒杂病论》条文散见于卷七、卷八等篇，但多不是以原文的形式存在，杂有巢氏等阐述病因、病机之语。

据考证统计，《诸病源候论》共收载《伤寒杂病论》佚文93条，只有论，无载方药。病证除六经病证和变证外，还涉及内、外、妇科。

（二）《备急千金要方》

《备急千金要方》系唐代著名医学家孙思邈撰著，成书于公元652年。孙氏对仲景之学推崇之至，他认为“伤寒热病自古有之，名贤睿哲多所防御，至于仲景，特有神功，寻思旨趣，莫测其致，所以医人，未能钻仰”。孙氏一生不遗余力，广泛收采并深入探研仲景之学，他虽有“江南诸师，秘仲景要方不传”之叹，但纵观一部《备急千金要方》巨著，有关《伤寒杂病论》条文，还是占了大量篇幅，其内容涉及伤寒病和杂病两部分，对此，北宋校正医书局林亿等儒臣在校定《备急千金要方》后于序中指出：“究寻于《千金方》中，则仲景之法十居其二三。”

据考证统计，一部《备急千金要方》前后30卷，共收载《伤寒杂病论》佚文220条，其中只有论而无方者占76条，有论有方者占144条，病种除六经病证和变证外，还涉及内、外、妇、儿多科。

《备急千金要方》收载的220条《伤寒杂病论》佚文，散见于前后21卷之中，计47门，占该著全卷的2/3以上，方论俱全。其收载条文之多，内容之广，病证之全，不言而喻。这与后人所谓孙氏撰著《备急千金要方》时未能见到《伤寒杂病论》传本，或《备急千金要方》中仅在卷九收载有《伤寒论》片言只语等片面认识，迥然有异。

“江南诸师，秘仲景要方不传”之语，见于《备急千金要方》卷九。这句话究竟反映了作者当时怎样的心态呢？查《备急千金要方》卷八，在“治猥退风，半身不遂，失言不语者方”条下，有“……服之大验，秘方”之载；“治大风半身不遂方”条下，有“千金不传”之语；“治中风，手足拘挛，百节疼痛，烦热心乱，恶寒经日，不欲饮食，仲景三黄汤方”条下，有“此方秘不传”的记述。《备急千金要方》中诸如“秘方”“秘不传”“千金不传”之语不乏其例，由此可以得出这样的结论：“江南诸师，秘仲景要方不传”并非真正的实际意义上的“不传”，而是作者在写作体例上选用了一种反衬的手法，用以告诫后人，是书所载方论，尤其是仲景方论，来之不易，应该十分珍惜。

（三）《千金翼方》

《千金翼方》系唐代医学家孙思邈晚年所撰，为《备急千金要方》的姊妹篇。孙氏至其晚年，收集到一部较为完整的《伤寒杂病论》有关伤寒病的古传本，并将其录于《千金翼方》卷九、卷十之中。孙氏有感于“旧法方证，意义幽隐”，采取了“方证同条，比类相附”的编排体例，对仲景原著法在前、方在后的编次方式，进行了一番整理改编工作。

据考证统计，《千金翼方》共收载《伤寒杂病论》佚文484条，其中方论俱全者227条，载方除去重复者外共153首，附杂疗方5首。病种除六经病本证和变证外，还涉及内科杂病。

孙思邈研究《伤寒论》方与法并重，采取以法定方、据方分证的原则，开以方类证的先河。孙氏尤其注重对仲景桂枝、麻黄、青龙三法的运用，他在《千金翼方卷第九·伤寒上》中指出：“夫寻方之大意，不过三种，一则桂枝，二则麻黄，三则青龙，此之三方，凡疗伤寒，不出之也。”此对后世影响深远，如清代喻嘉言受孙氏观点的影响，提出了桂枝、麻黄、青龙三纲鼎立学说，阐明了《伤寒论》的纲目所在，使人们对《伤寒论》有一目了然之感，更有利于经方的临床应用。

（四）《外台秘要方》

《外台秘要方》系唐代医学家王焘撰著于公元752年。王焘曾任弘文馆要职，长期从事弘文馆图书管理工作，他不失时机地饱览了馆内珍藏的众多医药学典籍，进而得其要领，核其旨归，去其芜芜，取其精华，再条分缕析，归类编次。所辑材料，上至先秦，下迄唐世，古今医技、方药，无不采摭，实为唐朝之前医药学之集大成。

据考证统计，一部《外台秘要方》前后40卷，共收载《伤寒杂病论》佚文259条，其中只有论而无方者39条，方论俱全者205条，有方无论者14条，其他1条。载方（除去重复）共180首，其中4首仅有方名而无药物组成和使用方法等。在259条佚文中，注明“仲景云”者2条（卷一、卷二十八各1条），注明“《伤寒论》同”者1条（见于卷一），注明“仲景《伤寒论》者”37条（见于卷一6条、卷二10条、卷四6条、卷五4条、卷七3条、卷十4条、卷十二4条），注明“张仲景《伤寒论》”者2条（见于卷二、卷五各1条），注明“仲景同”者1条（见于卷二），注明“《伤寒论》云”者2条（见于卷五），注明“张仲景云”者2条（见于卷十一、卷十九各1条），注明“仲景《伤寒论》同”者3条（见于卷十二）。

《外台秘要方》所载《伤寒杂病论》佚文，分散于全书的21卷之中，占全书40卷的1/2以上。其病种除六经本经病证及变证外，还涉及诸如百合病、狐或虫病、黄疸、疟疾、厥证、呕吐下利、痰饮、水气、胸痹心痛、寒疝、肺痿、肺痈、消渴、中风、小儿惊痫、风湿痹痛、喉痹及自缢急救术、卒暴百病备急方等内、妇、儿、五官多科病证。

王焘所辑的259条《伤寒杂病论》佚文，选自《阴阳大论》《伤寒论》《金匮玉函经》《诸病源候论》《千金要方》《千金翼方》《古今录验》《肘后方》《近效》《小品方》《集验》等10多种古代医学珍籍，其学识之广，医理之深，可见一斑。然而，该书所辑佚文纯属理论性的仅占39条，由此可以看出，王焘当时所辑《伤寒杂病论》佚文只是注重于方药方面的内容，忽视了理论性佚文的辑录，这不能不说是给后人留下的一大缺憾。

王焘所辑的180首经方，有许多不见于今本《伤寒论》和《金匮要略方论》，如直接用仲景之名命名的“仲景三黄汤”（卷十九）、“张仲景飞尸走马汤”（卷七）、“仲景三物备急丸”（卷三十一）等，卷一的青膏方、斑出方、百节疼痛汤、小前胡汤、大前胡汤等，卷二的六物青散、阳旦汤、薰草黄连汤等，卷四的黄汁吴蓝汤，卷五的小柴胡去半夏栝蒌汤，卷七的抵当乌头桂枝汤、利丸，卷八的木防己去石膏加茯苓芒硝汤，卷十的桔梗白散等。虽同是一方，但其适应病证却与今本不同，如《外台秘要方·卷十》炙甘草汤“疗肺痿、涎唾多、心中温温液液者”，今本《伤寒论》炙甘草汤适应于

"伤寒，脉结代，心动悸"的心阴阳气血亏虚之证。有些方名相同，而药物组成、临床适应证却大相径庭，如卷二、卷三中的麻黄汤，均由麻黄、桂枝、杏仁、甘草组成，适应于伤寒表实证；而卷十四的麻黄汤则由麻黄、甘草、石膏、人参、干姜、茯苓、防风、桂枝、半夏组成，适应于"疗中风，气逆，满闷，短气"等病证；卷十的麻黄汤由麻黄、白芍、生姜、细辛、桂枝、半夏、石膏、五味子组成，适应于"疗肺胀，咳嗽上气，咽燥，脉浮，心下有水"的病证。再如桂枝汤，在卷一、卷二等篇中，由桂枝、白芍、甘草、生姜、大枣组成，适用于太阳中风表虚证，功在解肌疏风、调和营卫；而卷十四的深师桂枝汤无白芍，用于"疗中风，汗出，干呕"等；卷十四的另一首桂枝汤又多一味葛根，用于"疗中风，身体烦疼，恶寒而自汗出"等。再如卷一的两首甘草汤，卷二的两首柏叶汤，卷十二的两首薏苡仁散，卷十九、卷二十的3首深师木防己汤等，均属此例。另外，药物组成及适应病证均相同而方名不同者也甚为常见，如卷二的麻黄解肌汤，实为麻黄汤；卷二的百合病变发热方，实为百合滑石散；卷十的喘鸣迫塞方，实为葶苈大枣泻肺汤等。

三、宋传本

（一）《太平圣惠方》

《太平圣惠方》系宋代医官王怀隐等奉御命而编纂的唐宋以前的医学方书。该书自太平兴国三年（公元978年）开始编纂，至淳化三年（公元992年）告成。全书百卷，其中卷八、卷九、卷十、卷十一、卷十二、卷十三、卷十四论述伤寒，由于所载内容有别于他本，因此，这为宋以前《伤寒杂病论》的又一传本。因该书著成于淳化三年，故又有淳化本《伤寒论》之称。此本所载《伤寒论》方剂的药量与服法等，皆非汉方原貌，是北宋官药局通用的用量与服法。

据考证统计，《太平圣惠方》共收载《伤寒杂病论》佚文1196条，方1015首，是载仲景方论最多的古传本。病种除六经病证及变证外，还涉及内、外、妇、儿等临床多科。

《太平圣惠方》所集《伤寒杂病论》佚文，一是由宋太宗赵炅已经"兼收"的；二是由"翰林医官院各取到，经手家传"的；三是对书府中收藏的《金匮玉函经》《千金要方》等相关内容进行"校勘编类"而成的。这些内容并不是后人所说的系高继冲本《伤寒论》。

（二）宋本《伤寒论》

宋本《伤寒论》是《伤寒杂病论》论述伤寒病的一种单行传本。该传本系北宋校正医书局孙奇、林亿、高保衡等儒臣奉命校正医书时，他们认为"百病之急，无急于伤寒"，于是便以公元693年降于宋朝的五代十国之荆南国末代国主高继冲编录进献的《伤寒论》为底本，"先校定张仲景《伤寒论》十卷，总二十二篇，证外合三百九十七法，除重复，定有一百一十二方"，然后由官方付梓公世，自此《伤寒论》便有了定本，这就是著名的宋本《伤寒论》。因为此书刊印于宋治平二年（公元1065年），故也称之为"治平本伤寒论"。当时，刊刻为大字本，23年后，又有国子监刊刻的小字本和浙路小字本两种行于世。

据考证统计，宋治平本《伤寒论》共收载《伤寒杂病论》佚文812条，方113首，其中1首只有方名而无药物组成，方药俱全者112首。病种主要涉及六经病证及变证。

高继冲编录进献的《伤寒论》本，前128条属概论，后286条属总结性内容，因此，北宋校正医书局儒臣高保衡等在对该本点校后认为，只有六经本经病证和变证的条文才是论述伤寒病证的重中之重。他们对该本点校后，在给朝廷上呈的奏章中，特别指出从"辨太阳病脉证并治上"至"辨阴阳易差后劳复病脉证并治"，除去最后谈伤寒病愈后应节制饮食的注意事项1条外的其余397条，应确立为"三百九十七法"，即治疗伤寒病应遵循的397条大法，这也正应允了他们认为"百病之急，无急于伤寒"而先校定张仲景《伤寒论》的宗旨。

（三）《金匮要略方论》

《金匮要略方论》又称《金匮要略》《金匮方论》，实属张仲景《伤寒杂病论》中杂病部分的节略传本。该本系北宋翰林学士王洙于馆阁中得仲景《金匮玉函要略方》三卷，北宋校书局林亿等儒臣，自杂病以下校正后刊印颁行。正如宋臣在《金匮要略方论·序》中所言："张仲景为《伤寒杂病论》合十六卷，今但传《伤寒论》十卷，杂病未见其书，或于诸家方中载其一二矣。翰林学士王洙在馆阁日，于蠹简中得仲景《金匮玉函要略方》三卷，上则辨伤寒，中则论杂病，下则载其方，并疗妇人。""国家诏儒臣，校正医书，臣奇先校定《伤寒论》，次校定《金匮玉函经》，今又校成此书。""以其伤寒文多节略，故断自杂病以下，终于饮食禁忌，凡二十五篇，除重复合二百六十二方，勒成上、中、下三卷，依旧名曰《金匮方论》。"自此，

《金匮要略》始有定本。从上述序文看，王洙所得蠹简三卷，既有伤寒，又有杂病，然“伤寒文多节略”，仅保留了杂病以下的内容。

据考证统计，全书共25篇，前22篇涉及病种40多种，载方205首（其中4首只有方名而无药物组成，即水气病篇的杏子汤、疮痈肠痈浸淫病篇的黄连粉、趺蹶手指臂肿转筋阴狐疝蛔虫病篇的藜芦甘草汤、妇人妊娠病篇的附子汤）。杂疗方以下载方61首。在治疗方法上，除使用药物外，还采用了针灸和饮食调养，并重视加强药物护理。在方药剂型上，既有汤、丸、散、酒等内服药剂，又有熏、洗、坐、敷等外治药剂。此外，对于药物炮制、煎药和服药方法及药后反应等，都作了详细记载。

四、其他传本

（一）白云阁本《伤寒杂病论》

《仲景十二稿伤寒杂病论》，又称“桂林古本”“张绍祖传本”“白云阁藏本”。该本系1864年自称张仲景四十六世孙张绍祖将其家藏张仲景《伤寒杂病论》第十二稿手抄本（计四册）授于门人桂林医家左盛德先生，1894年左氏又将该书授于门人桂林名医罗哲初先生，1934年罗氏再将此书授于长安医家黄竹斋先生，1939年由陕西辛亥革命将领张钫捐资始刻木板，经黄竹斋先生校刊后，公诸于世。

据考证统计，白云阁本《伤寒杂病论》共载佚文1034条，方352首（不含杂疗诸方）。病种除六经本经病证和变证外，还涉及内、外、妇、儿多科。

（二）敦煌本《伤寒杂病论》残卷

敦煌《伤寒杂病论》残卷，系1900年在我国甘肃省敦煌地区寺院中发现的由隋唐前后人写录的大批卷子书籍中的医药类著作。由于这些书籍相继惨遭劫盗，迄至当代已所剩无几。据统计，现存《伤寒杂病论》残卷有3种，与宋本《伤寒论》对照，属“辨脉法”一篇者2种，属“伤寒例”一篇者1种。

据考证统计，敦煌《伤寒杂病论》残卷有甲、乙、丙3种版本，共载佚文60条，只有论无方。

（三）日本国康平本《伤寒论》

康平本《伤寒论》系日本国后冷泉天皇康平三年二月一七日，由侍医丹波雅忠据家中传抄录的《伤寒论》卷子本。康平三年即公元1063年，比宋臣校正刊行《伤寒论》时间（公元1065年）提前两年。此后于1346年（日·贞和二年）和气朝臣氏重新抄录。1937年再由大冢敬节先生参校宋本、成本，并加入眉注，方由日本国汉医学会印行公世。此本无辨脉、平脉、可与不可诸篇，有伤寒例、痉湿暍、六经病、霍乱病、阴阳易等篇，其排列形式又别具一格，因此，该本实属宋以前又一《伤寒杂病论》古传本。

据考证统计，日本国康平本《伤寒论》共收载《伤寒杂病论》佚文416条，方108首。病种主要涉及六经病证和变证。

以上通过对中外相关古《伤寒杂病论》传本考证的研究表明，不同版本条文累计达1969条，比宋传本《伤寒论》和《金匮要略方论》合计条文1009条还多出960条；载方1054首，比宋传本《伤寒论》和《金匮要略方论》合计载方374首还多出680首。这些条文和方药，极大地丰富了仲景医学体系的内涵。

［《国医论坛》2012，27（1）：4］

《伤寒杂病论》中浆水考辨

姚文轩　刘桂荣　山东中医药大学

医圣张仲景著的《伤寒杂病论》，病脉证治理法方药煎服禁忌一线相贯，其煎服用水非常讲究，有泉水、井花水、东流水、潦水、甘澜水、酒、清酒、苦酒、大麦粥汁、小麦汁、白饮、马通汁、浆水。关于浆水，由于时间相隔久远，仲师又未加说明，以致后人只能根据味酸这一特点进行猜测，终不知为何物。

仲景用到浆水共有七处，涉及到六首方剂，分别是：治疗大病差后劳复的枳实栀子豉汤：“上三味，以清浆水七升，空煮取四升，内枳实、栀子，煮取二升”；治疗狐惑脓成及近血的当归赤小豆散：“上二味，杵为散，浆水服方寸匕，日三服”；治疗牡疟的蜀漆散：“上三味，杵为散，未发前，以浆水服半钱”；治疗脚气冲心的矾石汤：“上一味，以浆水一斗五升，煎三五沸，浸脚良”；治疗干呕吐逆吐涎沫的半夏干姜散：“上二味，杵为散，取方寸匕，浆水一升半，煎取七合，顿服之”；妊娠养胎的白术散：“心烦吐痛，不能食饮，加细辛一两，半夏大着二十枚，服之后，更以醋浆水服之；若呕，以醋浆水服之复不解者，小麦汁服之”。以上可以看出，仲景所用有清浆水、浆水、醋浆水之分，“清”表示浓度，“醋”表示味道，因孕妇喜食酸，也正是这一“醋”字，给历代医家提供了线索。

浆水究竟为何物？查阅文献资料，有以下说法具有代表性：

一是酢说。《本草蒙荃》载："节则清明，熟炊粟饭。乘热投磁缸内，冷水浸五六朝。味渐酸而生百花，色类浆故名浆水[1]。"此说被李时珍转载于《本草纲目》，只是文字略有出入，由于《本草纲目》的巨大影响力，之后注解《金匮要略》多引自《本草纲目》。《本草新编》载："盖酸浆水，□炊饮投入韭菜之中，久则菜与饭皆败[2]。"推测其加韭菜的原因，《素问·脏气法时论》和《灵枢·五味》都提到韭在五菜中味酸。

前者即是馊稀饭，后者又在馊稀饭中加入了臭韭菜，正常人都不能食，何况孕妇。寇宗奭曰："妊娠勿食，令儿骨瘦。水浆犹不可饮，令绝产[3]（见《本草纲目·浆水》）。"陈嘉谟曰："孕妇忌尝。"陈士铎亦曰："孕妇服之，必至胎瘦，不可不慎也。"仲师用浆水送服白术散养胎，故二陈所言皆非张仲景用的浆水。

二是淘米水说。徐大椿言："浆水即淘米之泔水，久贮味酸为佳[4]。"陈修园言："清浆水是淘米水，二三日外味微酸者，取其安胃兼清肝火。一说取新净黄土以水搅匀，澄之，取其水之清者，盖欲籍土气以入胃耳[5]。"

陈亦人教授认为，贮存二三日的淘米水，随时皆有，容易取用，似以淘米水为是，但是也不能排除特制饮料[6]。陈修园后一说法，明显是黄土汤中黄土的用法，予以排除。

药食同源，仲景多首方剂用豆豉就是例证。豆豉在《神农本草经》中未载，是中原老百姓冬春蔬菜短缺时的佳肴，现在南方生产的豆豉出名，乃是中原人民南迁带过去的工艺，加上南方湿热的气候使发酵更彻底所致。同理，仲景完全有可能把做浆面条用的浆水用来煎服药物。浆面条的来历与光武帝刘秀有关。刘秀未当皇帝之前，被王莽追得东奔西跑，经常饥肠辘辘，偶然一次把面条、菜叶、杂豆下到盛有已经发酸的绿豆磨的浆水的锅里，煮熟后美美地吃了一顿。此后浆面条流传至今，在洛阳水席中也不可或缺。刘秀是东汉开国皇帝，仲景是东汉末年人，从时间上来说，仲景拿刘秀所食浆面条的浆水用作煎服用水是可行的。刘秀起家于南阳，复兴汉朝于洛阳近200年，仲景是南阳人，两地同属豫西地区，文化相近，饮食相同，从地理文化上说，仲景拿刘秀所食浆面条的浆水用作煎服用水也是可行的。

做浆面条用的浆水，是河南人做绿豆凉粉的副产品，据笔者外公讲的浆水的做法：先把绿豆加水浸泡至膨胀，放在石磨上磨成粗浆，用纱布过滤去渣放入缸中加入老浆，发酵约一两天后变酸。经沉淀后自然分作三层，上层清淡的即老浆（可能就是仲景用的"清浆水"），下层稠厚的用来做凉粉，中层的就用来做浆面条。在河南农村的许多作坊仍有生产，菜市场及乡间多有叫卖，能够满足陈亦人教授"易取之物"的要求[6]，因此用此物煎服药物正合适。既然浆水以绿豆为原料，就应从绿豆着手分析其在仲景方中的作用，绿豆"能行十二经络"[7]，故仲景在很多病证中都用到浆水。《食疗本草》载绿豆可"补益，和五藏，安精神"[7]，针对"大病差后""妊娠"身体虚弱但又不宜用参、芪大补很适用，《大观本草》载绿豆主"烦热"[8]，故既能助栀子清泄胸中余热，又能助白术散解除妊妇"心烦"的问题，且无苦寒之品伤脾败胃之弊，取"清"者，乃取轻清不入下焦之意。绿豆色青入肝，能清肝火以明目，李时珍强调绿豆皮"解热毒，退目翳"[9]，故生浆水送服当归赤小豆散能疗"目赤如鸠眼""目四眦黑"。"止泄痢卒澼"[9]"厚肠胃"[1]，故既能治"近血"，又能防蜀膝、云母对胃肠的刺激。《大观本草》《本草纲目》均载绿豆可"下气"，故故能疗脚气冲心。"除吐逆"[9]，故熟浆水能佐半夏、干姜降逆止呕。以绿豆为原料加工的浆水，用来解释浆水在仲景方剂中的作用能够自圆其说，故今天可取之用于临床。

对于药物煎服方法，"宋元后诸书多略之"[10]，今日我们学习和研究仲景学术思想，多重视六经辨证和经方的临床应用，对其特殊的煎药服药方法则重视不够，乃致成都中医药大学王渭川教授认为，仲景处方赤小豆当归散疗效不大，应采取后世新方[11]。至于仲景特殊的煎服用水是否会影响疗效及影响程度，还需做进一步研究。

参考文献

[1] 明·陈嘉谟．本草蒙筌［M］．北京：人民卫生出版社，1988：278，286.

[2] 清·陈士铎．本草新编［M］．北京：中国中医药出版社，2008：315.

[3] 钱超尘，温长路，赵怀舟．《本草纲目》金陵本新校正（上）［M］．上海：上海科学技术出版社，2008：278.

[4] 清·徐大椿．伤寒论类方［M］．南京：江苏科学技术出版社，1984：43.

[5] 陈修园，陈念祖．新校注陈修园医书（第二辑）［M］．福州：福建科学技术出版社，2001：196.

[6] 陈亦人．《伤寒论》求是［M］．上海：上海科学技

术出版社，2008：167.
[7] 唐·孟诜，张鼎撰，谢海洲，马继兴，翁维健辑．食疗本草［M］．北京：人民卫生出版社，1984：124.
[8] 宋·唐慎微．大观本草［M］．合肥：安徽科学技术出版社，2003：754.
[9] 钱超尘，温长路，赵怀舟．《本草纲目》金陵本新校正（下）［M］．上海：上海科学技术出版社，2008：965.
[10] 清·陈修园．长沙方歌括［M］．上海：上海中医药大学出版社，2006：2.
[11] 王渭川．金匮心释［M］．成都：四川人民出版社，1982：42.

［《河南中医》2012，32（11）：1423］

《神农本草经》与宋本《伤寒论》术类药差异分析

杨金萍　王振国　卢　星
山东中医药大学

《神农本草经》（简称《本草经》）应反映张仲景时代用药情况，但与宋本《伤寒论》（宋臣林亿等校改官刻）术类药间存在差异。现在各种传本《本草经》只言术而无苍、白术，国内通行的《伤寒论》《金匮要略》传本（包括《金匮玉函经》），凡是有术的方子都只言白术而没有术。说明《神农本草经》与宋本系统《伤寒论》，在药物种类术与白术、苍术上有很大差异。

一、汉以前只有术而没有苍、白术之分

术载于《本草经》上卷上品："术，味苦，温。主风寒湿痹死肌、痉疸，止汗，除热，消食。作煎饵……一名山蓟。生山谷"[1]。《名医别录》："味甘，无毒，主治大风在身面，风眩头痛……一名山姜，一名山连。生郑山、汉中、南郑"[2]。二书所述苦温及甘，包含了两种术性味。术早在《尔雅》中已有提及，出土汉代简帛医籍只有术而没有白术、苍术，西汉帛书《五十二病方》治"胻久伤"致"痈溃"方、《武威汉代医简》治伤寒遂（逐）风方、《居延汉简》伤寒四物（方）都只言术。为什么各种《伤寒论》传本只有白术，其是否真实反映了汉代及张仲景用药情况？这要从术与苍术、白术药物品种的历史变迁谈起。

二、六朝以后开始区别白术与苍术

南朝梁陶弘景首先提出术分两种：白术、赤术。《本草经集注》："白术叶大有毛而作桠，根甜而少膏，可作丸散用；赤术叶细无桠，根小苦而多膏，可作煎用"[3]。从形态上区分：白术作桠，赤术无桠；白术根少膏，赤术根多膏；白术根甜似属味甘，赤术根小苦似属味苦。其形态描述与现今白术、苍术略近。苍术古代作煎饵，为道家服食之品。陶弘景谓术之产地"以蒋山、白山、茅山者为胜"，后世本草书如《本草原始》《本草真诠》，多以江苏茅山为茅苍术道地产地，现代仍以茅苍术［菊科植物茅苍术 Atractylodes lancea（Thunb.）DC.］为苍术正品。继陶弘景后，《药性论》首单列"白术"条，指出其味甘辛，能主大风，治心腹胀痛，破消宿食，开胃等。《日华子》论"术"时指出"苍者去皮"，指苍术。

南北朝至隋唐方书中出现术、白术、苍术分别入药的情况，术出现次数最多。日本藏《小品方》残卷载有术及白术，如卷一半夏橘皮汤"治胸中冷淡气满，不欲食饮"用白术；半夏枳实汤"治冷热久辟，实不能饮食，心下虚满，状如水气"用术。日本《医心方》引唐以前方书并载术及白术，如引《玉葙方》"屠苏酒治恶气温疫方"用白术，引《效验方》理中散用术。唐代《千金方》（非林亿等校改）则是白术、术同时出现，但宋人校改之《千金方》一律改为白术，失去原貌。《外台秘要》出现术、白术、苍术入药的情况。可见，从南北朝至隋唐逐渐区分白术、苍术之用，但术、白术、苍术在方书中混杂出现。

三、宋代明确区分白术与苍术的功用

宋代白术与苍术基本区分开来。宋代《证类本草》首列"苍术"条，将术的记载均列于下，按其倾向术指苍术。《本草衍义》亦列"苍术"条，指出二者性状不同：苍术长如大拇指，肥实，皮色褐，气味辛烈，炮制需米泔浸、去粗皮；白术粗促，色微褐，气味亦微辛、苦而不烈。宋代《本草图经》对白术、苍术某些形态的描述与今颇近，曰："（术）春生苗，青色无桠……茎作蒿秆状，青赤色，长三二尺以来。夏开花，紫碧色，亦似刺蓟花，或有黄白花者。入伏后结子，至秋而苗枯。根似姜而傍有细根，皮黑，心黄白色，中有膏液，紫色"[4]。其描述植物特征如"无桠""茎作蒿秆状"、根"中有膏液"等近似于现代的苍术。又曰："今白术生杭、越、舒、宣州高山岗上，叶叶相对，上有毛，方茎，茎端生花，淡紫碧红数色，根作桠生"[4]。宋代《本草图经》所绘舒州术，相当于今之菊科植物白术 Atractylodes macrocephala Koidz.。由《本草图经》可见宋代杭州是白术主要产地，后

来杭州于潜县的于术成为白术的佳品，而杭、越、舒、宣即今浙江、安徽一带，与现今白术道地产地相近。

宋人明确区分白术、苍术功用。日本《杂病广要》引宋代施发曰："白术肉厚而味甘，甘入脾能缓而养气，凡养气调中则相宜耳。苍术肉薄而味辛烈，辛烈走气而发外，凡于治风去湿则相宜耳"[5]。按其说，白术甘缓偏补，苍术辛烈偏散。宋代庞安时《伤寒总病论》卷六载时雨散治"冬夏伤寒，发汗极效"，方用苍术、甘草、麻黄、猪牙皂角等。宋人关于白术、苍术功效之分，基本上被后世本草遵循，《本草纲目》《本草经解》皆言苍术苦辛气烈、白术苦甘气和功效之分始于宋代，《本草经解·考证》："术，《本经》不分苍白，功用正同，宋元以来始分用。谓白术苦甘气和，补中焦，除脾胃湿，用以止汗。苍术苦辛气烈，能上行，除上湿，发汗功大。白术歙产者胜，陈壁土炒。苍术茅山者良，糯泔浸焙也"[6]。

宋人对于古书所言术有两种倾向，或谓苍术，或谓白术。如林亿指出"近代医家咸以术为苍术，今则加以白字"，苏颂主持官修的《本草图经》明确指出凡古方云术者为白术，可见林亿、苏颂等官方更倾向于术为白术。时人以白术为贵，《本草衍义》指出"今人但贵其难得，惟用白者"。观宋代方书以白术入药多，《太平圣惠方》引《伤寒论》方均作白术，庞安时《伤寒总病论》基本用白术，朱肱、许叔微亦有此取向。庞安时给苏轼信中提到当时白术价格飙升，由"每两十数文"，"增至四五百"（《伤寒总病论》）。白术价格数十倍攀升与宋人贵白术观念有关。

四、林亿等将《伤寒论》中"术"改为"白术"

由于林亿等倾向于术为白术，故在主持官方校正《千金方》时将术一律改为白术。新校正《备急千金要方例》："又如白术一物，古书惟只言术，近代医家咸以术为苍术，今则加以白字"[7]。《伤寒论》亦为林亿等官方校定，可推断宋臣校定《伤寒论》时采用了相同体例，因此出现了国内各种《伤寒论》《金匮要略》传本皆为汉代并不存在的白术。

日本近现代医家并不认同宋人作法，《药征》《类聚方》《类聚方广义》只言术，不言白术、苍术，且更倾向于用苍术。如冈郫尚谦认为古方所用术皆是苍术，吉益东洞《药征》说："（术）华产两种，其利水也，苍胜于白，故余取苍术也"[8]。

《神农本草经》与宋本《伤寒论》术类药之间的差异，其表面原因是宋臣擅改，但背后却透射出汉代与宋代不同时代用药的差异。而不同时代的用药差异，最终反映的是药物随时代变化而引起的品种变迁与分化。术在汉代早期不分苍术、白术，人们在使用过程中，逐渐发现术类药物在品种及功用上的差异，随着人们对药物特别是有关植物形态学方面的认识以及用药经验的积累，越来越清晰地区分出白术与苍术在品种、性味、功效等方面的不同。从六朝隋唐时期术、白术、苍术的混用，到宋代明确区分苍、白术，使我们看到了由术分化为苍术、白术的大体脉络。从宋代以后，只有白术、苍术而不再有术了。

参考文献

[1] 孙星衍，孙冯翼辑．神草本草经．北京：人民卫生出版社，1982：13.

[2] 陶弘景辑．尚志钧辑校．名医别录．北京：人民卫生出版社，1986：22.

[3] 陶弘景编．尚志钧，尚元胜辑校．本草经集注．北京：人民卫生出版社，1994：197.

[4] 苏颂撰．尚志钧辑校．本草图经．合肥：安徽科学技术出版社，1994：74.

[5] 丹波元坚．杂病广要．北京：人民卫生出版社，1965：35.

[6] 叶天士．本草经解．上海：上海科学技术出版社，1959：124.

[7] 孙思邈．李景荣，苏礼，任娟莉等校释．备急千金要方校释．北京：人民卫生出版社，1998：18.

[8] 吉益东洞．李启贤校订．药征全书．上海：上海中医书局，1931：31.

［《中华中医药杂志（原中国医药学报）》2012，27（8）：2009］

《辅行诀》引用仲景方剂考

钱超尘　北京中医药大学

《辅行诀五脏用药法要》简称《辅行诀》，梁陶弘景撰，其中《检录伊尹〈汤液经法〉方》一节引录《伤寒论》方十二首。

赵开美《仲景全书·伤寒论》题著者曰："汉张仲景述"。南宋赵希弁《郡斋读书后志·卷二》云："仲景《伤寒论》十卷，汉张仲景述。"明著名藏书家及刻书家毛氏《汲古阁毛氏藏书目录》亦云："仲景《伤寒论》十卷，汉张仲景述。"古籍皆称《伤寒论》为张仲景所"述"。"述"者，谓遵循旧说而不别立新义。《论语·学而》："述而不作，信而好古，窃比我于老彭。”《墨子·非儒篇》“述而不作”作“循而不作”。《说文》：“述，循也。”谓沿循往轨也。《增韵》：“循，依也。”《左传·昭公·二十三年》“循山而南”，注：“依山南行也。”“述”者乃“依照”之义，则“张仲景述”者，谓张仲景依照旧说而述《伤寒杂病论》也。张仲景为时之大医，必有治验与医案融于《伤寒杂病论》中，然著作主体仍为依先贤之旧轨、录往圣之成方，故《伤寒论序》云：“勤求古训，博采众方。”其勤求博采者，据皇甫谧《甲乙经序》，北宋孙奇、林亿《伤寒论序》谓《伊尹汤液经》。《伊尹汤液经》又名《汤液经法》，32卷，著录于《汉书·艺文志》经方类。此书至梁犹存，梁陶弘景曾阅其书。寻张仲景依《汤液经法》而为书，见陶弘景《辅行诀》所述：

商有圣相伊尹，撰《汤液经法》三□，为方亦三百六十首。上品上药，为服食补益方者百二十首；中品中药，为疗疾祛邪之方，亦百二十首；下品毒药，为杀虫辟邪痈疽等方，亦百二十首。凡共三百六十首也。实万代医家之规范，苍生护命之大宝也。

此段文字说明了《汤液经法》之结构与重要价值。下一段说明汉末魏晋六朝医家皆以《汤液经法》为至宝，依为轨范，并有发展：

汉晋以还，诸名医辈：张机、卫汎、华元化、吴普、皇甫玄晏、支法师、葛稚川、范将军等，皆当代名贤，咸师式此《汤液经法》，愍救疾苦，造福含灵。其间增减，虽各擅其异，或致新效，似乱旧经，而其旨趣，仍方圆之于规矩也。

下面一段文字说明张仲景以《汤液经法》为依据，撰写《伤寒论》一部。这就为我们确信皇甫谧《甲乙经序》，孙奇、林亿《伤寒论》序称张仲景依《汤液经法》而撰书提供了第一手资料：

外感天行，经方之治，有二旦、六神、大小等汤。昔南阳张机，依此诸方，撰为《伤寒论》一部，疗治明悉，后学咸遵奉之。山林僻居，仓卒难防，外感之疾，日数传变，生死往往在三五日间，岂可疏忽？若能深明此数方者，则庶无蹈险之虞也。今亦录而识之。

下面诸方原载《汤液经法》，后被张仲景收录于《伤寒杂病论》。《伤寒杂病论》散佚甚多，下述22方，在《伤寒论》《金匮要略》中或有名无方，或名方皆亡，有的可补《伤寒论》之阙佚。谨录如下：

①小阳旦汤。治天行发热，自汗出而恶风，鼻鸣乾呕者。

桂枝三两　芍药三两　生姜二两切　甘草炙二两　大枣十二枚

右方以水七升，煮取三升，温服一升。服已，即啜热粥饭一器，以助药力。稍令汗出，不可大汗流漓，汗之则病不除也。若不汗出，可随服之，取差止。日三服。（按：此为《伤寒论》桂枝汤方，见第12条。《伤寒论》“阳旦汤”方名见第30条，有名无方。）

②正阳旦汤。上方，若加饴一升，为正阳旦汤。

③小阴旦汤。治天行病身热，汗出，头目痛，腹中痛，乾呕下利者。

黄芩三两　芍药三两　生姜二两切　甘草二两炙　大枣十二枚

右方以水七升，煮取三升，温服一升，日三服。服汤已，如人行三四里许，令病者啜白截浆一器，以助药力" 身热去，自愈也。（按：此为《伤寒论》黄芩汤加生姜也。见172条。芍药作二两。）

④大阳旦汤。治凡病汗出不止，气息惙惙，身劳力怯，恶风凉，腹中拘急，不欲饮食，皆宜此方。若脉虚大者，为更切证也。

黄芪五两　人参　桂枝　生姜各三两　甘草炙二两　芍药六两　大枣十二枚　饴一升

右七味，以水一斗，煮取四升，去滓，内饴，更上火，令烊已。

每服一升，日三，夜一服。（大阳旦汤即《金匮要略·卷上第六》黄芪建中汤。）

⑤大阴旦汤。治凡病头目眩晕，咽中干，每喜乾呕，食不下，心中烦满，胸胁支痛，往来寒热方。

柴胡八两　人参　黄芩　生姜各三两　甘草炙二两　芍药四两　大枣十二枚　半夏一升洗

右八味，以水一斗二升，煮取六升，去滓，重上火，缓缓煎之，取得三升，温服一升，日三服。（按：此为《伤寒论》小柴胡汤方。见37条，无芍药。）

⑥小青龙汤。治天行病，发热恶寒，汗不出而喘，身疼痛，脉紧者方。

麻黄三两　杏仁半升熬打　桂枝二两　甘草炙一两半

右方四味，以水七升，先煮麻黄，减二升，掠去上沫，内诸药，煮取三升，去滓，温服八合，必令汗出彻身，不然恐邪不尽散也。（按：此为《伤寒论》麻黄汤方。见35条）

⑦大青龙汤。治天行病，表不解，心下有水气，乾呕，发热而喘咳不已者。

麻黄去节　细辛　芍药　甘草炙　桂枝各三两　五味子半升　半夏半升　干姜三两

右方八味，以水一斗，先煮麻黄，减二升，掠去上沫，内诸药，煮取三升，去滓，温服一升。一方无干姜，作七味。当从。（按：此为《伤寒论》小青龙汤方。见第40条。宋本《伤寒论》“温服一升”下有如下一段文字：“若渴，去半夏，加栝楼根三两；若微利，去麻黄，加荛花如一鸡子，熬令赤色；若噎者，去麻黄，加附子一枚，炮；若小便不利，少腹满者，去麻黄，加茯苓四两；若喘，去麻黄，加杏仁半升，去皮尖。且荛花不治利，麻黄主喘，今此语反之，疑非仲景意”凡九十字，此大段文字为北宋校正医书局所加之注，成无已《注解伤寒论》以校正医书局校定本为底本将此九十字作为小注，是为得之。明万历二十七年（1599）赵开美《仲景全书》将此注雕成与经文字体相同之字而窜入正文。赵开美《仲景全书·伤寒论》以北宋元祐三年（1088）小字本为底本，翻刻毕元祐小字本旋即亡佚，今已难考《仲景全书》将小字注文刻成与经文字体相同之字是出于赵开美失检还是出自元祐底本矣。）

⑧小白虎汤。治天行热病，大汗出不止，口舌乾燥，饮水数升不已，脉洪大者方。

石膏如鸡子大棉裹　知母六两　甘草炙二两　粳米六合

右四味，先以水一斗，熬粳米，熟讫去米，内诸药，煮取六升，温服二升，日三服。（按：此为《伤寒论》白虎汤方。见176条。白虎汤《伤寒论》不分大小）

⑨大白虎汤。治天行热病，心中烦热，时自汗出，舌乾，渴欲饮水，时呷嗽不已，久不解者方。

石膏如鸡子大一枚打　麦门冬半升　甘草炙二两　粳米六合　半夏半升　生姜二两切竹叶三大握

上方七味，以水一斗二升，先煮粳米，米熟讫去米，内诸药，煮至六升，去滓，温服二升，日三服。（按：此为《伤寒论》竹叶石膏汤方，将生姜换为人参，见397条。）

⑩小朱鸟汤。治天行热病，心气不足，内生烦热，坐卧不安，时下利纯血如鸡鸭肝者方。

鸡子黄二枚　阿胶三锭　黄连四两　黄芩　芍药各二两

右五味，以水六升，先煮连、芩、芍三物，取三升，去滓，内胶，更上火，令烊尽，取下，待小冷，下鸡子黄，搅令相得，温服七合，日三服。（按：此为《伤寒论》黄连阿胶汤方。见303条。朱鸟又称朱雀。）

⑪大朱鸟汤。治天行热病，重下，恶毒痢，痢下纯血，日数十行，羸瘦如柴，心中不安，腹中绞急，痛如刀刺方。

鸡子黄二枚　阿胶三锭　黄连四两　黄芩　芍药各二两　人参二两　干姜二两

右药七味，以水一斗，先煮连、芩、姜等五物，得四升讫，内醇苦酒二升，再煮至四升讫，去滓。次内胶于内，更上火，令烊。取下，待小冷，内鸡子黄，搅令相得即成。每服一升，日三，夜一服。（此即《伤寒论》黄连阿胶汤加人参干姜。）

⑫小玄武汤。治天行病，肾气不足，内生虚寒，小便不利，腹中痛，四肢冷者方。

茯苓三两　芍药三两　白术二两　干姜三两　附子一枚炮去皮

右五味，以水八升，煮取三升，去滓，温服七合，日三服。（按：此为《伤寒论》真武汤方。见82条）

⑬大玄武汤。治肾气虚疲，少腹中冷，腰背沉重，四肢清，小便不利，大便鸭溏，日十余行，气辍力弱者方。

茯苓三两　白术二两　附子一枚炮　芍药二两　干姜二两　人参二两　甘草二两炙

右七味，以水一斗，煮取四升，温服一升，日三，夜一服。（按：此即《伤寒论》真武汤加人参甘草）

⑭小补脾汤。治饮食不化，时自吐利，心中苦饥，或心下痞满、脉微、无力、足痿、善转筋者方。

人参　甘草　干姜各三两　术一两

右四味，以水八升，煮取三升，分三服，日三。若脐上筑动者，去术，加桂四两；吐多者，去术，加生姜三两；下多者，乃用术；心中悸者，加茯苓一两；渴欲饮者，加术至四两半；腹中满者，去术，加附子一枚，炮；腹中痛者，加人参一两。（按：此即《伤寒论》理中丸方，见《伤寒论》386条。）

⑮建中补脾汤。治脾虚　肉极，羸瘦如柴，腹中拘急，四肢无力方。

甘草二两炙　大枣十二枚擘　生姜三两切　黄饴一升　芍药六两　桂枝二两

右六味，以水七升，煮取三升，去滓，内饴，更上火，令消已，温取一升，日尽之。（按：此即

《伤寒论》小建中汤方，见《伤寒论》第100条）

⑯小补心汤。治胸痹不得卧，心痛彻背，背痛彻心者方。

栝楼一枚捣　薤白八两　半夏半升洗去滑

上三味，以白截浆一斗，煮取四升，温服一升，日再服。（按：此即《金匮要略》栝楼薤白半夏汤方。见《金匮要略》卷上第九）

⑰大补心汤。胸痹，心中痞满，气结在胸，时从胁下逆抢心，心痛无奈者方。

栝楼一枚捣　薤白八两　半夏半升洗去滑　枳实熬二两　厚朴二两　桂枝一两　生姜二两切

上七味，以白截浆一升，煮取四升，每服二升，日再。（按：此即《金匮要略》枳实薤白桂枝汤加半夏。见《金匮要略·卷上第九》）

⑱小泻脾汤。治脾气实，下利清谷，里寒外热，腹冷，脉微者方。

附子一枚炮　乾姜　甘草炙各三两

上三味，以水三升，煮取一升，顿服。（按：此即《伤寒论》四逆汤方。见《伤寒论》第29条）

⑲小泻心汤。治心气不足，吐血衄血，心中跳动不安者方。（按：见《辅行诀》“辨心脏病证文并方”的“心胞气实”条）

黄连　黄芩　大黄各三两

上三味，以麻沸汤三升，渍一时顷，绞去滓，顿服。（按，此即《金匮要略》泻心汤方。见《金匮要略·卷中第十六》）

⑳大泻心汤。治心中怔忡不安，胸膺痞满，口中苦，舌上生疮，面赤如新妆，或吐血、衄血、下血者方。（按：见《辅行诀》“辨心脏病证文并方”的“心胞气实”条）

黄连　黄芩　大黄各三两　芍药　干姜炮　甘草炙各一两

上六味，以水五升，煮取二升，温分再服，日二。（按：此即《伤寒论》“干姜黄芩黄连人参汤”加芍药甘草去人参。见《伤寒论》第359条）

㉑泻肾汤。救误用汗法。其人阳气素虚，致令阴气逆升，心中悸动不安，冒汗出不止方。

茯苓　甘草　桂枝　生姜　五味子各三两

上五味，以水七升，煮取三升，温分再服。（按：此即《金匮要略》桂苓五味甘草汤方加生姜。见《金匮要略·卷中第十二》）

㉒启喉方。救误食诸毒及生冷硬物，宿积不消，心中疼痛方。

赤小豆　瓜蒂各等分为散讫，加盐豉少许，共捣为丸，以竹箸启病者齿，温水送入口中，得大吐即愈。（按：此即《伤寒论》瓜蒂散方，见《伤寒论》第166条）

上22方，见《汤液经法》而为《伤寒论》收录，证明《伤寒论》是在《汤液经法》基础上撰成。《甲乙经序》指出：

“伊尹以元圣之才，撰（按：通“选”）用《神农本草》以为《汤液》……仲景论广《伊尹汤液》为十数卷，用之多验，近代太医令王叔和撰次仲景余论甚精，皆可施用。”

孙奇、林亿《伤寒论序》亦云：

“夫《伤寒论》盖祖述大圣人之意，诸家莫其伦拟。故晋皇甫谧序《甲乙经》云：伊尹以元圣之才，撰用《神农本草》以为《汤液》，为十数卷，用之多验。近世太医令王叔和撰次仲景遗论甚精，皆可施用。是仲景本伊尹之法，伊尹本神农之经，得不谓祖述大圣人之意乎？”

张仲景《伤寒论序》亦云：“勤求古训，博采众方”，其勤求博采者为《汤液经法》。古籍题以“汉张仲景述”，为反映作者之真源；《仲景全书》依据北宋校正医书局之原式，保存《伤寒论》作者之实况。

上述22方，有些不见今本《伤寒论》，有的虽见于《伤寒论》，但方名已异。

西汉前期道家思想颇受重视（见司马谈《论六家要旨》），因而方剂名称亦受到道家思想影响。东汉末年社会思潮发生重大变化，影响到方剂名称亦随之而变。《辅行诀》对此有说：

“阳旦者，升阳之方，以黄芪为主；阴旦者，扶阴之方，以柴胡为主；青龙者，宣发之方，以麻黄为主；白虎者，收重之方，以石膏为主；朱鸟者，清滋之方，以鸡子黄为主；玄武者，温渗之方，以附子为主。此六方者，为六合之正精，升降阴阳，交互金木，既济水火，乃神明之剂也。张机撰《伤寒论》，避道家之称，故其方皆为正名也，但以某药为名，以推主为识耳。”

张仲景“以某药为名，以推主为识”，改变西汉方剂名称之道家色彩，是方剂命名的一次重要变革，这种嘉惠一直延续到今天。

《辅行诀》行文特点保留《伤寒论》原始行文古貌，宜加关注。

《辅行诀》所载张仲景方之行文与《脉经》、宋本《伤寒论》《金匮玉函经》《千金翼方》卷九卷十大异，因为这些文本北宋校正医书局做过调整，见各书序言，《辅行诀》行文与《千金要方·

卷九》《外台秘要》所载张仲景方行文合。

举例言之，《辅行诀》诸方之文字皆为“治……”，而不像宋本《伤寒论》作“某某方主之”，如《辅行诀》小阳旦汤云：“治天行病发热，自汗出而恶风，鼻鸣乾呕者”。小阳旦相当宋本《伤寒论》桂枝汤，云：“太阳中风……鼻鸣乾呕者，桂枝汤主之。”《辅行诀》小阴旦汤云：“治天行病身热，汗出，头目痛，腹中痛，乾呕，下利者。”《千金要方·卷九·发汗汤第五》：“阴旦汤治伤寒肢节疼痛，内寒外热虚烦方”，其行文方式皆为“治某某病”，以“治”字开头。

据初步考察，将“治”字改为“主”字，始于唐高宗李治时期。唐代重避讳，唐高宗时代避“治”为“理”“疗”“主”。以“理”“疗”避“治”，例见唐高宗时代杨上善《太素》注及唐初孙思邈《千金要方》。

以“主”字避“治”举证如次：①陈垣《史讳举例》唐代避讳条。②敦煌卷子 P3714；P3822；S4534。《脉经》方治行文体例虽与宋本同，但《脉经》系经宋臣大修改过，见林亿“序”，且修改时间在校定《伤寒论》后，为与《伤寒论》条文取得基本一致，将“治”字改为“主”字，并调整语序。

总之，张仲景《伤寒论》以《汤液经法》为基础而成书，其力证为陶弘景《辅行诀五藏用药法要》。此书原藏敦煌藏经洞，20 世纪初法国传教士伯希和进入敦煌藏经洞之前，已为守洞道士王圆箓取出收藏，1918 年售予河北省威县张偓南，偓南传予嫡孙张大昌。

1966 年 6 月“文化大革命”中被红卫兵毁灭。“文化大革命”后期，张大昌将抄卷寄赠中国中医研究院，经多位文史专家和中医专家多次鉴定，确证该卷子出于敦煌藏经洞。今存张大昌弟子手钞本。2007 年 6 月 10 号至 12 号钱超尘及其弟子赵怀舟深入河北省威县张大昌先生故乡访问张大昌 11 位弟子，获得 20 个抄本，另一传本是中医研究院用旧式打印机打印的打印本，共收集到 21 个传本，这些传本具有十分重要的文献价值，钱超尘、赵怀舟将 21 个传本进行仔细整理校勘，命名为《辅行诀五脏用药法要传承集》，由学苑出版社于 2009 年出版。

研究《辅行诀五脏用药法要传承集》收录的 21 个《辅行诀》传抄本，务当识别张大昌增补的四首方剂和他增补的若干表格。

第一，张大昌增补四首方剂。

陶隐居说，《神农本草经》《桐君采药录》把中药方剂分成上中下三品，上品 120 方，中品 120 方，下品 120 方，“凡共三百六十首也。实万代医家之规范，苍生护命之大宝也。今检录常情需用者六十首，备山中预防灾疾之用耳”，经反复统计，《辅行诀》只有 56 首方剂。约分两类。

第一类：明示所引出自《伤寒论》者凡 12 方：①小阳旦；②小阴旦；③大阳旦；④大阴旦；⑤小青汤；⑥大青龙汤；⑦小白虎汤；⑧大白虎汤；⑨小朱鸟汤；⑩大朱鸟汤；⑪小玄武汤；⑫大玄武汤。

第二类：五脏补泻方等（其中亦有引用《伤寒论》及《杂病论》者）：①肝脏补泻方：小泻肝汤、大泻肝汤、小补肝汤、大补肝汤。②心脏补泻方：小泻心汤、大泻心汤、小补心汤、大补心汤。③心包补泻汤：小泻心汤、大泻心汤、小补心汤、大补心汤。④脾脏补泻方：小泻脾汤、大泻脾汤、小补脾汤、大补脾汤。⑤肺脏补泻方：小泻肺汤、大泻肺汤、小补肺汤、大补肺汤。⑥肾脏补泻汤：小泻肾汤、大泻肾汤、小补肾汤、大补肾汤。⑦救误治方：泻肝汤救误用吐法、泻心汤救误用清下法、泻脾汤救误用冷寒法、泻肺汤救误用火法、泻肾汤救误用汗法⑧救劳损方：养生补肝汤、调神补心汤、建中补脾汤、宁气补肺汤、固元补肾汤。⑨大补五脏方：养生补肝汤加兰肝、调中补心汤加鸡心、建中补脾汤加牛肉、宁气补肾汤加猪肾、固元补肾汤加猪肾。⑩开窍救卒死方：点眼以通肝气、吹鼻以通肺气、着舌以通心气、启喉以通脾气、熨耳以通肾气。

以上第一、二类诸方明示引用《伤寒论》方 12 首，另有补泻等方 44 首，合计 56 首，不足 60 首。张大昌乃检古方书找出 4 首方剂补于《辅行诀》所引张仲景方下，并加说明，以免与仲景方混。所补方剂为小勾陈汤、大勾陈汤、小螣蛇汤、大螣蛇汤，四方出处，见其《经法述义》（上世纪九十年代河北省威县中医学会内部印刷）。所补 4 首与上 56 首相加则为 60 首，乃与陶弘景所称“今检录常情需用者六十首，备山中预防灾疾之用耳”方数合。钱超尘主编《辅行诀五脏用药法要传承集》刘德兴抄本有如下说明：“补前陶弘景治天行热病二旦六神之方，又增大小四方”[1]55，衣之镖抄本亦有此说明文字[1]92。观其行文，此说明为张大昌本人所写。

1979 年王云亭据中国中医研究院《辅行诀》打印本抄录，中医研究院本无此 4 方，王云亭未将此4方抄录于张仲景方后，而置于“救猝死方”后，并写以“张师补”三字说明四方来源，是为有识[1]332。其他弟子抄本则无此提示语，如孙伯果抄本[1]107、丁勤喜抄本（1979年据中国中医研究院《辅行诀》打印本抄录）[1]132、刘祥之抄本（1998年据中国中医研究院《辅行诀》打印本抄录）[1]261、张义霄抄本（1988年据中国中医研究院《辅行诀》打印本抄录）[1]381均无张大昌补方之语，若不详考诸抄本，必认为此四方出自张仲景《伤寒论》。马继兴教授主编《敦煌医药文献辑校》收录之《辅行诀脏腑用药法要》，其中收录此四方而无辨识。为不贻误来人，本文对此四方来源详加考校，为日后研究者提供信实资料。

第二，张大昌增补若干表格。

《辅行诀五脏用药法要传承集》收录21个传抄本，有的抄本没有表格，多数抄本有表格，这些表格是张大昌自己研究《辅行诀》和给门徒讲课时逐渐制成的，不是敦煌原卷所有。张大昌有《辅行诀》注释本，其中有张大昌自己的发挥和解释，弟子刘德兴于1983年抄录一本，收于《辅行诀五脏用药法要传承集》，题名为《张大昌注<辅行诀>刘德兴所藏抄本》，大昌有一段解说：

“此书幽潜千载，故历朝少见，然视其当时已有别本，观其文气，非经一人之手，其间错讹倒置无处无之，而细读书内体制法度，皆其源于五行生克之理，阴阳消长之道，方方对承，药药互根，斡旋如连环无痕，谨严如轮齿纤恰，迹象昭明，事理兼备，今者就科，列表尾缀于篇末，庶或得失之有补云尔。”[1]191

其所制之表，在于揭示“方方对承，药药互根，斡旋如连环无痕，谨严如轮齿纤恰”。

由此得出：①中国方剂学在西汉时期已经基本成熟，标志是《汤液经法》32卷的成书，该书著录于《汉书艺文志·经方类》；②“群方之祖”徽号当归属于《汤液经法》作者，然作者不详。该书作者可能不是一人，而是群体作者。由于《汤液经法》在陶弘景之后已经亡佚，唯靠张仲景《伤寒论》才把《汤液经法》部分方证流传至今，因此，称张仲景为“群方之祖”是合理的，正确的。而且《汤液经法》虽已不存，但《辅行诀》可以提供研究线索。

参考文献

[1] 钱超尘．辅行诀五脏用药法药传承集［M］．北京：学苑出版社，2008.

［《西部中医药》2012，25（11）：46］

《伤寒论》辨证论治中量化性语言运用规律探微

刘玉良　浙江中医药大学基础医学院中医基础诊断学研究所

《伤寒论》辨证论治中的定量思想，丰富实用，值得深入探究。抛开其具体定量辨证的方法和思辨规律等问题不提，单就张仲景直观显见的能够体现定量辩证思维的量化性语言文字描述，便可谓精彩纷呈。张仲景不但用其形容正邪之量度、体质状况、症、证、脉的程度，而且用其描述治法、方药以及煎服调护的量度。构成了张仲景定量辨证理论体系的主体表达方式。笔者不揣浅陋，对此进行总结，一窥仲景定量思维之光华。望广大同道批评指正。

一、判定正邪之量值

《伤寒论》中对正邪之量度的语言描述十分普遍，多为概括性、模糊性的定量描述。如50条“以荣气不足，血少故也”，用形象的“不足”“少”表述了荣血的量值。关于对邪气轻重的描述，如张仲景运用数词对外感风寒之邪的量度进行了判定：35条用头、身、腰、骨节等多处疼痛及恶寒持续存在来说明风寒邪气之严重，定量较多。而23条用“如疟状”“二三度发”说明外感风寒症状已不持续存在，只是一天发作2、3次，表明寒邪定量的减少。25条进一步用“再”字表明病情一天只发作2次，提示寒邪在定量上较23条更为减少。

二、描述体质之量度

张仲景非常注重对体质状况的辨认，不但对其进行定性，而且在此基础对其进行量化性语言描述。如“淋家、疮家、衄家、亡血家、汗家和饮家”等，这个“家”字体现了该类患者处于某一病理状态下的长久性和严重度。可谓是对病理体质的量化性表达语言。如“衄家、亡血家”均为长期失血性体质，其阴血乃至阳气的定量肯定比正常人要虚少很多，所以禁用或慎用汗法，以免更伤正气。

三、症状量值的形容

《伤寒论》中有症状量值比较辨证、主症量值辨证和相关症状量值辨证，而且对症状直接运用量化性语言进行量值判断。如对寒象有微寒、恶寒、振寒、大寒等量级，对寒热并存有着发热恶寒、热多寒少、寒多热少等对病性比重的思辨。出汗有微汗、汗出、大汗等不同量级，对症状的发作有一日再次、二三度等频率量值等。

1. 口渴　口渴的程度、饮水量的多少，可反映脏腑的功能、邪气的性质、津液的多寡等[1]。如阳明热盛津气两伤证可见26条“大烦渴不解”和168条“大渴，舌上干燥而烦，欲饮水数升”；111条太阳病误用火攻，阳热上灼而“口干咽烂”；320条阳明气分热盛，邪热循经上扰而见“口燥咽干”；202条阳明血分热盛，热蒸营阴，则见“口燥，但欲漱水不欲咽”。以上口干、口燥、口渴、大渴等对症状的文字描述揭示了证候程度的差异，如清代秦之桢曰：“口燥与口渴不同。口渴者，口中尚有津液，但时时欲饮水。口燥咽干者，口中燥裂，津液全无”[2]。

2. 手足厥　在临证分析此类症状时，必须首先确定其基本病机相同（如同为寒厥或热厥），否则会得出错误的结论。先就热厥证来说，335条指出：“厥者必发热，前热者后必厥，厥深者热亦深，厥微者热亦微”，前两句阐明了热与厥的因果关系，后两句揭示了四肢厥冷程度的微甚与里热轻重的正比关系。339条“伤寒热少微厥，指头寒”，是言其厥的范围局限（仅“指头”厥冷）、程度轻微，此为热厥之轻证。再就同为寒厥证而言，张仲景对手足厥的范围大小和程度轻重的描述有305、324条的“手足寒”、179条“手足厥”、351条“手足厥寒”、219、295和309条“手足逆冷”、340、343、362和388条“手足厥冷”、296、298和330条“四逆”等。元代王履曰：“然四肢与手足却有所分，其以‘四’字加于‘逆’字之上者，是通指手足臂胫以上言也；其以‘手足’二字加于厥逆、厥冷等之上，及无‘手足’二字者，是独指手足言也……夫四肢通冷，其病为重，手足独冷，其病为轻”[3]。明代王肯堂曰：“言四者，四肢之省文也。四肢者，自指至肘，足至膝是也，其邪为深。凡言手足者，自指至腕、足至踝而已，其邪为浅。仲景下字不苟，得之则轻重浅深一览了然矣”[4]。

四、脉象量值的揣度

张仲景对脉象本身及其所反映病证的量值也均用恰当的量化性语言予以描述，如对脉象之频率便有迟、缓、数、疾等量级差别。《平脉法》有“太过可怪，不及亦然”之“太过”“不足”等定量性词语。厥阴病篇355条的“脉乍紧”和《辨可吐篇》的“脉乍结”，张仲景都用一“乍”字来形容脉象，表明是为病短暂而邪结未深的轻微程度的病证。166条张仲景在“浮”之前加一“微”字，与160条之“甚”字均表示浮脉的轻重程度。

张仲景尚且以表脉的频率的具体数值，展示脏腑正气盛衰之量度，如“脉四损，三日死。平人四息，病患脉一至，名曰四损……四脏气绝者，脉四损”。张仲景亦注意分别以寸口脉和趺阳脉的个性与共性，判断不同病位之病证的轻重及性质。《平脉法》即据寸口脉论述荣卫的盛、弱与平和：所谓“高、章、纲”是对荣卫之气太过特征的概括；所谓“惵、卑、损”是对荣卫之气不足特征的概括；而“缓、迟、沉”又是对荣卫平和特征的概括[5]。

五、证候轻重的精细表达

同一疾病由于受多种因素的影响，可表现出轻重缓急等不同的证候类型。张仲景对此运用恰当的语言描述了类似证候的轻重差异。例如同为热瘀互结病机但有轻重缓急不同的太阳病蓄血证，106、124、125条均有神志症状和少腹不适症状：其中单就神志症状来说，轻者如106、125条“其人如狂”，重证病势急者为124条“其人发狂”。“发狂”一般比“如狂”为重；单就少腹之症状，张仲景亦分别用不同的语言形象表述其程度的差异：三者之中最轻者126条用“少腹满”来形容，而无“如狂”或“发狂”之症。稍重者106条用“少腹急结”表示证情较前者势急且重，更重者124条用“少腹硬满”表示，可谓尺度分明，层次井然，使人胸中了然。另外张仲景对于病机基本相似且有明显轻重不同的一组病证常采用表示量的词语进行直接定量。如大、小承气汤中的“大”“小”，以及更为形象的“多”与“少”这两个直接表示定量的形容词的应用。“大、小、多与少”虽然不是精确的数量，但无疑具有明确的量的概念。大结胸证表现为134条“膈内拒痛”、135条“心下痛，按之石硬”、137条“不大便五六日，舌上燥而渴，日晡所小有潮热，从心下至少腹硬满而痛不可近者”；小结胸证病势轻浅，不如大结胸证之邪结深重，病位广泛，故138条曰：“正在心下，按之则痛”，可见其证情较轻、范围局限。又如大、小青龙汤证，大、小柴胡汤证，大、小承气汤证等皆是以“大、小”来表示同类证候的量值的区别。

六、治法运用的程度表述

各种病证的性质和轻重不同，治法的确立及其运用力度亦有严格区别或有所差异。张仲景对治法运用的法度也采用了量化性语言予以精确的规定。例如，治伤寒太阳病同用汗法，但中风证当解肌祛风，调和营卫，方用发汗力弱的桂枝汤；伤寒表实证应辛温发汗，宣肺平喘，方用发汗力强的麻黄汤；表寒严重且兼里热，表里俱实证治当辛温解表，兼清里热，以发汗力较麻黄汤更为峻猛的39条“大青龙汤发之”。此处“发之”二字体现了较强的发汗力度；病久邪郁，正气欲抗邪外出，而不得汗解的表郁轻证，如23条“太阳病，得之八九日，如疟状，发热恶寒，热多寒少……一日二三度发……宜桂枝麻黄各半汤”，宜小发其汗；若病情较此方证轻缓者，则以“桂枝二麻黄一汤”（25条）微发其汗；若表郁兼里热轻证，则以“桂枝二越婢一汤”（27条）微发其汗、兼清里热；对于48条太阳表证较轻者，张仲景曰：“可小发汗”，用一“小”字，确切指出治法运用的量度。39条“发之”和48条“小发汗”之间的比较性语言描述，形象表示了张仲景对汗法量度的把握，可使人清晰领会两证之间量值的差异。

252、253、254、320、322条“急”字体现了张仲景对治法（下法）的特殊严格要求，从中不难进一步推断该证证情危重，须当机立断，稍迟疑就会贻误病机。故“急”字属于定量性语言，此处通过修饰治法暗喻病情之严重程度。

三阴之中，少阴阴液之量较少，故张仲景一直强调少阴病要慎用、禁用汗法。如果少阴病变过程中，更要注意保护阴液而避免发汗，否则会使病证转危。如284条和294条均用一个“强”字提示了该患者阴液亏虚的严重程度和汗法这一治法运用的法度失当。从以上语言文字的阐述上，不难看出张仲景对治法程度的精准把握，可为临床认真借鉴。

七、方药煎服方法与调护的量化描述

在辨证论治的过程中，任何一个环节或多或少地都会影响到疗效的高低，制剂、煎药、服药方法与护理措施亦不例外。清代徐大椿曰：“煎药之法，最宜深讲，药之效不效，全在乎此”[6]。张仲景对于煎药用水之量、煮取之量、每次及每日服用之量、间隔时间，无不根据病人情况做出了明确细致的量化说明。这也是对病证程度进行细心体察把握后而在用药调护上的体现。

例如，在12条桂枝汤方后语中，张仲景将其煎煮方法、每次的服用量、服药后何时啜热稀粥及其用量、服药并温覆后汗出程度、据服药后汗出的有无及多少酌定是否继续服药与间隔时间、剂量等，活灵活现地展示在读者面前。在病后调理措施上，如71条太阳病发汗后表证已解而胃津不足，张仲景指出：“欲得饮水者，少少与饮之，令胃气和则愈”，此时胃气尚弱，切忌暴饮多饮，以免伤损胃气，故曰：“少少与饮之”。75条中便曰：“发汗后，饮水多必喘”；38条大青龙汤方后注曰：“煮取三升，去滓，温服一升，取微似汗。汗出多者，温粉粉之”等等，无不生动体现了张仲景把握煎服和调护程度的思想。

综上所述，在《伤寒论》中，张仲景于因机证治、理法方药各个方面广泛地运用了恰到好处的量化语言，以期使辨证论治更加精细化和规范化，从而达到至善至佳的临床疗效。字里行间体现了其丰富的临床经验与良苦用心等大医风范。这些量化性语言在辨证论治各个方面的运用构成了仲景定量辨证理论体系中的精彩华章。

参考文献

[1] 赵天才.《伤寒杂病论》的量化艺术举隅. 中医药学刊，2005，23（9）：1579～1581.

[2] 清·秦之桢. 伤寒大白. 北京：人民卫生出版社，1982：137.

[3] 元·王履. 左言富点注. 医经溯洄集. 南京：江苏科学技术出版社，1985：38.

[4] 明·王肯堂. 证治准绳·伤寒. 上海：上海科学技术出版社，1959：194.

[5] 刘玉良，张文立. 论《伤寒论》定量辨证中的以脉定量. 中医杂志，2011，52（5）：367～369.

[6] 清·徐大椿. 北京市卫生干部进修学院中医部. 医学源流论. 北京：人民卫生出版社，1988：189～190.

［《中华中医药杂志（原中国医药学报）》2012，27（10）：2506］

《伤寒杂病论》药量折算的“神农秤”“大小秤”之说考

郭明章　福建中医药大学中医学院
杨　红　北京中医药大学研究生院
马晓峰　中国中医药出版社

《伤寒论》和《金匮要略》为汉代张仲景所著，其所用的药物度量衡量制是汉制，与现代的度量衡制有很大差异。后世学者对仲景方药物剂量古今折算进行诸多的探讨研究，但至今未有定论。其中一些医家认为仲景方的剂量过大，在汉代存在着用于药物剂量的度量衡制，为此提出了汉代存在“神农秤”“大小秤”之说。笔者认为该观点是因为朝代的更替，度量衡制随之的沿变，一些医家为了解释仲景方的剂量折算与后世的差异而提出的，而不是当时汉代所存在的一种用于药物剂量的度量衡制，该观点有其时代局限性，不能作为仲景方剂量折算依据。具体分析如下。

一、"神农秤"之说考

"神农秤"可见于《备急千金要方》《外台秘要》等，引陶弘景《本草经集注》之观点"古秤，唯有铢、两，而无分名。今则以十黍为一铢，六铢为一分，四分为一两，十六两为一斤，此则神农之称"[1]。而《汉书·律历志》云："黄钟一龠容黍一千二百粒，重十二铢。""一龠容千二百黍，重十二铢，两之为两。"[2] 从《汉书·律历志》可推得一铢为一百二十粒黍。这与陶弘景之十黍为一铢相差近十倍之远。根据北京中医药大学李宇航等的考证，东汉一两为15g，据此推算陶氏一铢为0.052g，一分为0.3125g，一两为1.25g[3]。依照陶氏计量我们做以下推算。

（一）以仲景方桂枝汤为例对药物重量与煎煮水的比例分析

原方：桂枝三两（去皮）芍药三两甘草二两（炙）生姜三两（切）大枣十二枚（擘）上五味，㕮咀三味，以水七升，微火煮取三升，去滓，适寒温，服一升。按一两1.25g折算可得：桂枝3.75g，芍药3.75g，甘草2.5g，生姜3.75g，大枣十二枚（擘）。按东汉一升200mL计，13.75g加上12枚大枣用1400mL的水去煎煮，明显的水多药少。

（二）从汉代煎煮法与现代煎煮法的有效率比较分析

现代对中药煎煮次数的研究认为：一煎煎出率大约为30%，二煎为40%～50%，2次合并可得70%～80%，而三煎、四煎仅占20%[4]。以桂枝汤为例，我们从以上数据推算桂枝汤中桂枝的药效煎出率。现代在桂枝汤中的桂枝常用量分别以9g、10g、12g计，并以现代的一副药煎煮2次服2次，推算桂枝汤中桂枝煎出药效率为：

$9 \times 75\% \div 2 = 3.375$

$10 \times 75\% \div 2 = 3.75$

$12 \times 75\% \div 2 = 4.5$

按陶弘景一两为1.25g计，三两桂枝为3.75g，煎煮1次分3次服，则推算三两桂枝的煎出药效率为：

$3.75 \times 30\% \div 3 = 0.375$

按东汉一两15g计，三两桂枝为45g，煎煮1次分3次服，则推算桂枝的煎出药效率为：

$45 \times 30\% \div 3 = 4.5$

从以上3组数据明显可见，陶弘景认为古方中汉之一两为1.25g，其煎出药效率为0.375，与实际需发挥的药效不符。而以东汉煎煮法及一两15克所得结果与现今用一剂两煎法及桂枝12g的煎出药效率相同，而略高于现今的桂枝9g、10g的用量法。因此，从煎出药效率分析，陶弘景所认为的古方中汉之一两为1.25g不合常理。

陶弘景还提到了"古秤，唯有铢、两，而无分名。"但从1972年出土的武威汉代医简中发现，该医简中用分计的药物有62味之多[5]。《淮南子·天文训》云："十二粟而当一分，十二分而当一铢，十二铢而当半两。"[6] 可见汉代有分之计量，但在《汉书》中无明确记载。分在《淮南子》将其作为重量单位，也有人认为分是一个容量单位，以所容的黍米粒的多少以计量，但在汉代作为度量衡中分是否作为容量或权量的计量单位仍未有明确定论，但可以确定汉代当时已有以分作为计量单位了。

从以上分析可见，汉代不存在"神农秤"，不能将其作为仲景方的剂量折算依据。

二、"大小秤"之说考

唐代苏敬《新修本草》中云："古秤惟有铢两，而无分名。今则以十黍为一铢，六铢为一分，四分成一两、十六两为一斤。虽有子谷秬黍之制，从来均之已久，正尔依此用之。但古称皆复，今南秤是也。晋秤始后汉末已来，分一斤为二斤耳，一两为二两耳。金银丝棉并与药同，无轻重矣。古方惟有仲景而已涉今秤，若用古秤作汤，则水为殊少，故知非复秤，悉用今者耳。"据此而引起后世学者对仲景方剂量折算的"大小秤"之说。

"大小秤"之说的提出与汉代后政权分裂朝代更替频繁，导致度量衡制不统一性和变化性有关。公元3世纪，中国进入三国时代，该时期战争频繁，社会长期处于分裂状态，但度量衡制度仍沿袭汉制。西晋从泰始元年统一中国至建兴四年灭亡，历时51年，之后中国北方又陷入五胡十六国的割据之中。西晋灭亡，东晋勉强维持下来。自东晋之后，南朝五代的宋、齐、梁、陈的度量衡制多为沿袭汉晋之制。在北方鲜卑族建立北魏，因其没有严格的赋税和俸禄制度，各地方官吏任意加大尺斗秤度，导致当时的度量衡单位量值急剧增长，使这一时期的度量衡制再度混乱。除了以上这些原因外，郭正忠在《三到十四世纪中国的权衡度量》提出了天平秤向杆秤的使用过渡也是导致该时期度量衡值剧变的重要原因之一[7]。直到公元581年，杨坚建立隋朝重新统一中国使得度量衡也再次统一起来[8]。而正是这时期政权频繁更替，国家的不统一使得当时的度量衡制发生了剧烈变化。

三国时期的度量衡制基本上沿袭了东汉之制，除其长度量值有明显变化外，在容量和权量值上与东汉一致[9]。

进入南北朝时期，度量衡制变化开始加剧。在史籍记载中多有南朝依古，北朝二、三倍于古之说。《隋书·律历志》云："梁陈依古，齐以古升五升为一斗。""梁陈依古，齐以古称一斤八两为一斤。周玉称，四两当古称四两半。[10]"唐代的孔颖达《左传正义》云："近世以来，或轻或重；魏齐斗称，于古二而为一；周隋斗称，于古三而为一。[11]"唐·杜佑在《通典》中云："自东晋寓居江左……历宋齐梁陈皆因而不改……其度量，三升当今一升秤则三两当今一两。尺则一尺二寸当今一尺。"[12]他在《乐志·权量》中还提到："隋制前代三升当今一升。三两当今一两，一尺二寸当今一尺。"可见杜佑不但认为南朝沿用东晋度量衡制，还指出隋朝时的容量与权量均已三倍于古制。丘光明据《唐六典》《通典》等文献考证，认为唐代随隋之制，其容量和权量亦三倍于古制，即为汉之三倍[9]。

从上文可见，从南北朝到唐朝度量衡制发生了巨大变化，其间的度量衡值已为汉代的二到三倍。为此可以判定是因为这段时期度量衡制的变化，使陶弘景认为"晋秤始后汉末已来，分一斤为二斤耳，一两为二两耳"[1]，孙思邈认为："吴人二两为一两，隋人以三两为一两"。可见"复秤"之说则是源自于此因。因此应该从度量衡的历史沿革变化来正确看待"大小秤"现象，而不能机械将其作为仲景方剂量折算依据。

综上所述，笔者认为"神农秤"在汉代实际计量中存在的可能性不大，"大小秤"是因为汉末到隋朝的度量衡制的变化，而当时医家依据实际药用剂量进行折算而提出的说法。汉代药用度量衡制小于官方度量衡制的情况是不存在的，因此"大小秤""神农秤"不能作为仲景方剂量折算依据。

参考文献

[1] 唐·孙思邈．备急千金要方［M］．北京：人民卫生出版社，1955：65.

[2] 汉·班固．汉书·律历志［M］．北京：中华书局，1965：58.

[3] 李宇航，郭明章，孙燕．仲景方用药度量衡古今折算标准研究［J］．北京中医药大学学报，2010，33（9）：597～600.

[4] 李杰，王媛．中药汤剂煎煮法与疗效关系［J］．现代中西医结合杂志，2009，18（5）：540～541.

[5] 张延昌．武威汉代医简注解［M］．北京：中医古籍出版社，2006：32.

[6] 汉·刘安．淮南子［M］．上海：上海古籍出版社，1989：42.

[7] 郭正忠．三到十四世纪中国的权衡度量［M］．北京：中国社会科学出版社，1993：59.

[8] 顾钦．第四章度量衡的过渡期——汉代到隋代度量衡制度的发展［J］．上海计量测试，2004，（4）：57～59.

[9] 丘光明．中国物理学史大系·计量史［M］．长沙：湖南教育出版社，2002：61.

[10] 唐·魏徵．隋书［M］．北京：中华书局，1973：75.

[11] 唐·孔颖达．春秋左传正义［M］．北京：北京图书馆出版社，2003：35.

[13] 唐·杜佑．通典［M］．北京：中华书局，1984：62.

［《中国中医药现代远程教育》2012，10（15）：7］

北平图书馆《仲景全书》运美历史回顾

钱超尘　北京中医药大学

北京国家图书馆1949年前称"北平图书馆"，该馆《仲景全书》转藏美国过程及拍摄缩微胶卷情况在《中国善本书提要》傅振伦序、杨殿珣序、谢国桢序以及刘修业《后记》中有翔实记载。北京大学王重民教授及其夫人刘修业在保存及拍摄《仲景全书》中起了重大作用。了解此事的人不多。

王重民（1903～1975年），字有三，我国著名目录版本学家。他对目录版本研究的成果主要收集在《中国善本书提要》一书。该书写于1939年～1949年。他的夫人刘修业在《中国善本书提要·后记》中写道：

一九三四年，北京图书馆派有三去法国巴黎国家图书馆编辑伯希和（P·Pelliot）劫去的敦煌卷子的目录，不久我亦随之赴法，帮助他抄录敦煌卷子的材料并搜集现藏于巴黎图书馆的古典小说、戏曲罕见本中的资料，这些书籍大都是来华传教士带回去的。一九三七年，我去英国伦敦大学进修，一九三八年，有三亦赴伦敦辑录藏于伦敦博物院图书馆中的斯坦因（A·Stein）劫去的敦煌卷子。至一九三九年第二次世界大战爆发，我们原拟经美国回国，但由于当时美国国会图书馆远东部主任恒慕义（A·W·Hummel）邀请有三整理鉴定该馆所藏的一批中国善本古书，因之我们就留居美京华盛顿。以后有三撰成《美国国会图书馆藏中国善本书录》，著录了中国古籍一千六百余种。

抗日战争期间，北京图书馆为了保证古籍善本的安全，曾选出馆中所藏珍贵的书籍二千七百二十余种，先运存上海，后又秘密运往美国，寄存于国会图书馆远东部。有三不仅为这批书籍全部照了显微胶卷，而且撰写了提要。一九四六年，有三又应普林斯顿大学图书馆的邀请，去整理鉴定该馆所藏葛思德（G·M·Gest）文库的中国善本书，他又撰写成一千种书籍的提要。总计他在美国的八年之中，所写的善本书提要，约共五千四百馀种。[1]

傅振伦在《中国善本书提要·傅序》中说：亡友北京大学教授王重民（1903 年 1 月 23 日～1975 年 4 月 16 日）同志，自 1929 年毕业于北京师范大学后，即任职于北京图书馆，研究国学，留心古籍。1934 年始历游法国、英国、德国、美国各大图书馆，尝取所见中国古代文献或拍制显微胶卷，或撰写序录、提要，对发扬学术，颇为有功。[1]

杨殿珣在《中国善本书提要·杨序》中说：《中国善本书提要》，高阳王重民有三著。有三博通典籍，精研目录学，自初任河北大学（1928 年）及以后任北京大学教授外，多半在北京图书馆工作。当 1939 年夏，馆中派有三赴法国国家图书馆工作，至 1939 年工作告一段落，而第二次世界大战起。有三遂离巴黎，由大西洋回国。而美国国会图书馆请有三鉴定该馆所藏之中国善本书籍，有三遂留华盛顿。在鉴定美国国会图书馆中国善本书时，有三每阅一书，即写提要一篇，凡写一千六百馀篇，而同时摄制北京图书馆在抗战时皮存于美国之善本书籍。有三每摄照一书，亦写提要一篇。及 1947 年归国，又继续写北京图书馆藏善本书提要。并前所写，共两千一百馀篇。[1]

谢国桢在《中国善本书提要·写序》中说：今修业同志把有三兄的遗著《北京图书馆善本书提要》和《美国国会图书馆善本书书录》及其题记蔚成一编，标点校勘，整理得井井有条，其嘉惠学林，实非浅尠。[1]

综上所述，关于原国立北平图书馆所藏《仲景全书》转移与拍摄过程大致如下：

一、转移时间。杨殿珣说："（有三）摄制北京图书馆在抗战时皮存于美国之善本书"，则《仲景全书》非抗战前转移至美国者，而是在抗战时期转移至美国国会图书馆的。有文章说："在抗日战争期间，为了保存国萃，北平图书馆在 1941 年起将所藏的甲库善本精品近 3000 种从上海运往美国国会图书馆寄存。"[2]

二、从何处起航运美。《仲景全书》首先运达之处为上海，不是南京。刘修业指出："先运存上海，后又秘密运往美国，寄存于国会图书馆远东部。"

三、何人何地拍摄为胶卷。王重民在美国国会图书馆远东部将《仲景全书》拍摄成缩微胶卷。

四、何时运回台湾。谢文仁，苏奕彰《台北故宫馆藏赵开美本仲景全书户页题记作者考》说："1965 年运到台湾，由中央图书馆（1996 年 1 月更名为"国家图书馆"）代为保管。1985 年再转由台北故宫代管。"[2]

五、王重民在美国为《仲景全书》所写提要概况。王重民为《仲景全书》所写提要在《中国善本书提要》里未载。不是遗失，而是收录于《四部总录医药编》。《四部总录医药编》说："北京大学教授王有三（重民）先生专攻目录版本之学，校勘尤精，善本过目，辄有题记，积稿颇富。此次知有《医药编》之刊行，惠然许以《善本医籍经眼录》一稿相贻，颇多为向所未知见之书及各种版本，足资补订。只以未能插入正书中，因列为补遗，附于卷末。"[3]

《仲景全书》提要录载于《四部总录医药编·现存医学丛书总目》附录二。全文如下：

《仲景全书》二十六卷（明万历间刻本，十行，行十九字）。

汉张机撰。明赵开美辑刻。辑刻旨意，均详序文。全书凡四种：张仲景《伤寒论》十卷、成无己《注解伤寒论》十卷、又《伤寒类证》《金匮要略方论》各三卷。其《伤寒论》据宋本翻刻，尤足宝贵。卷端有矩庵题记两则，专论宋本之善。录之如下：

《伤寒论》世无善本，余所藏治平官刻大字景写本外，惟此赵清常本耳。

亡友宗室伯兮祭酒曾悬亶金购此本不可得，仅得日本安政丙辰覆刻本（近蜀中又有刻本，亦从日本本出）。今夏从厂贾魏子敏得此本，完好无缺，惜伯兮不及见矣。坊记。时戊申中秋日戊辰。

北宋人官刻经注，皆大字，单疏皆小字，所以别尊卑也。治平官本《伤寒论》乃大字，经也；《千金方》《外台秘要》皆小字，疏也。林忆诸人深于医矣。南宋已后，乌足知此？矩庵又记（王重民《善本医籍经眼录》）。

六、两枚方章的启示。王重民所阅之《仲景全书》，卷一首页第二行"王叔和撰次"五字上钤盖"姜问岐印"和"秋农"两枚方章，对于考证《仲景全书》在清代之流传极有价值。"姜问岐"事迹在李经纬《中医人物词典》[4]、李云《中医人名词典》[5]、何时希《中国历代医家传录》[6]诸书均有收录。唯何书资料较多，如下：“《隐求堂日记》姜问岐，内科，清。字秋农，疁城人。游曹仁伯之门。推演《内经》《拾遗》《宣明方论》，续为一书。《宝山县志》：著《伤暑全书》。姜问岐本农家子，愤族人为庸医所误，遂究心岐黄，收藏古今医家著述甚富。性狷介，贫者招，辄徒步往，富人或聘以重金，弗顾也。《罗店镇志》：字振扬。幼习医。壮从吴门曹乐山仁伯游。自《素问》《灵枢》及仲景、时珍诸名家，靡不淹贯。及归，僦居疁城二十馀年。所治沉疴，应手辄效。遇歉岁，汇《疗饥良方》刊刻济世。卒年六十馀。著《三经通汇》。”姜问岐，字秋农，又字振扬。生卒年不详。拜曹仁伯为业师。据李经纬《中医人物词典》云：“曹存心（1767～1834），清医学家。字仁伯，号乐山。常熟人。弟子百馀人，每日临诊，亲诊仅二三十人，馀皆由弟子分诊，诊毕一一复核。”[4]曹仁伯与姜问岐同时而稍长，则问岐当为嘉庆、道光时人。著作未传。《仲景全书》由姜问岐承传至今，其价值远胜于其个人著作之传世。姜问岐所藏之《仲景全书》得自何人，已不可考。

章太炎先生《伤寒论单论本题辞》云：“其书传于今者，宋开宝中高继冲所献，治平二年林亿等所校，明赵开美以宋本摹刻，与成无己本并行，至清而逸（按，赵开美《仲景全书序》先以成注《伤寒论》《金匮要略》合刻，命之名《仲景全书》，既刻已，复得宋版《伤寒论》，复并刻之，然清世所传唯成注本，而单论本则清修《四库》时，已不可见）。”[7]《仲景全书》刻于1599年，至嘉庆初方二百年，犹一线单传，若存若亡间，幸赖姜问岐两枚方章为此书在清代之流传架起一座桥梁，在版本史上具有重要价值。

参考文献

[1] 王重民．中国善本书提要·后记［M］．上海：上海古籍出版社，1983：1，3，10～11.
[2] 谢文仁，苏奕彰．台北故宫馆藏赵开美本仲景全书护页题记作者考［J］．中华医史杂志，2007，37（2）：99.
[3] 丁福保，周云青．四部总录医药编［M］．上海：商务印书馆，1955：1.
[4] 李经纬．中医人物词典［M］．上海：上海辞书出版社，1988：463，554.
[5] 李云．中医人名词典［M］．北京：国际文化出版社，1988：661.
[6] 何时希．中国历代医家传录·中册［M］．北京：人民卫生出版社，1991：168.
[7] 章太炎．章太炎全集［M］．上海：上海人民出版社，1994：171.

［《河南中医》2012，32（4）：516］

敦煌遗书《辅行诀脏腑用药法要》外感天行与张仲景伤寒探讨

张永文　鞠　娟　李　芳
南京市中西医结合医院

《辅行诀脏腑用药法要》[1]（以下简称《法要》）是敦煌遗书中保存较完整的著作，经医家探讨及研究认为其具有较高学术价值[2～5]。《法要》卷首指出：“诸凡杂病，服药汗吐下后，邪气虽平，精气被夺，致令五脏虚疲，当即据证服补汤数剂以补之”，又云：“外感天行，经方之治，有二旦、六神大小等汤”，故《法要》中的方剂可分为治疗“诸凡杂病”和“外感天行”两部分，通过对外感天行临床症状、脉象及治疗方剂的分析，认为《法要》中记载的外感天行就是张仲景所称之的伤寒。由于《法要》中记载的60首方剂主要来源于已佚古书《汤液经法》[6]，因此对于《法要》外感天行诊治思想的研究有助于探讨已佚古书《汤液经法》组方规律及基本学术思想，兹参考《法要》，将其中关于外感天行诊治思想分析如下，以冀抛砖引玉。

一、《法要》二旦、六神汤

《法要》中云：“外感天行，经方之治，有二旦、六神大小等汤。昔南阳张机，依此诸方，撰为《伤寒论》一部，疗治明悉，后学咸尊奉之。……若能深明此数方者，则庶无蹈险之虞也，今亦录而识之”，之后作者“录”出了16首方剂，从《法要》可知，二旦及六神大小汤为大小阳旦汤、大小阴旦汤、大小青龙汤、大小白虎汤、大小朱鸟汤、大小玄武汤、大小勾陈汤及大小腾蛇汤，共计16首，那么这16首方剂是作者录自何书呢？“经方”又是指哪本书中的方剂呢？《法要》作者指出：“商有圣相伊尹，依《神农本草经》及《桐君采药录》，撰《汤液经》三卷，其载方三百六十首，上品上药、中品中药及下品毒药，各一百二十首”，“凡共三百六十首也，实万代医家之规范，苍生护命之大宝也。今检录常情需用者六十首，备山中预防灾疾之用耳”，《法要》中共“检录”方剂60首，其中就包括二旦及六神大小汤，《法嬰》还云：“汉晋以还，诸名医辈，张机、卫汜、华元化、吴普、皇甫玄晏、支法师、葛稚川、范将军等，皆当代名贤，咸师式此《汤液经法》，愍救疾苦，造福含灵"，其中张机即为张仲景，由此可见，作者"检录"的二旦及六神汤是出自已佚古书《汤液经法》，所谓"经方"是指《汤液经法》中的方剂。《汤液经法》最早录于《汉书·艺文志》经方类著中，云"《汤液经法》三十二卷"，不著撰人，由于《汤液经法》一书后皆散佚，故其内容难以详知，但《法要》中详细地记载了《汤液经法》中60首方剂的方名、主治、组成及服法等，从《法要》可知《汤液经法》部分原貌[6]。

二、《法要》外感天行与张仲景伤寒

《法要》中记载的二旦、六神汤用来治疗天行热病、天行发热、天行身热、天行发热恶寒及天行表不解等，16首其中有11首方剂用来治疗天行热病、天行发热或天行身热，说明外感天行的临床症状大多有发热。其所列出的外感天行的主要症状及脉象有：自汗出、恶风、鼻鸣、干呕、头目痛、汗出不止、恶风凉、头目眩晕、咽中干、每喜干呕、胸胁支痛、往来寒热、发热恶寒、汗不出而喘、身疼痛、发热、喘咳不已、大汗出不止、口舌干燥、饮水数升不已、渴欲饮水、脉虚大、脉紧、脉洪大等，这些症状与张仲景《伤寒杂病论》中的外感表实证、外感表虚证、伤寒邪在少阳及阳明气分证等伤寒临床症状及脉象皆相同。再考张仲景在自序中云："余宗族素多，向余二百，建安纪年以来，犹未十稔，其死亡者，三分有二，伤寒十居其七"，二旦、六神汤用来治疗"外感天行"，"天行"者，《太平圣惠方》中释曰："如春时应暖而反寒，夏时应热而反冷，秋时应凉而反热，冬时应寒而反温，其气伤人，为病亦头痛壮热，大体与伤寒相似，无问长幼，其病形证略同，言名时气，世亦呼为天行也"，《松峰说疫》亦云："《活人》云：'一岁之中，病无长幼，率相似，此则时行之气，俗谓之天行是也'"，而《法要》作者指出："外感天行，经方之治，有二旦、六神大小等汤"，这就说明在商代已有"外感天行"也就是张仲景称之的"伤寒"流行过，仲景当时的伤寒亦具有流行性，与《法要》中的外感天行相同，而且"商有圣相伊尹"撰写的《汤液经法》中早就提出了治疗伤寒和杂病的方剂，此后张仲景"勤求古训，博采众方"，结合临床实践不断丰富和发展了《汤液经法》中的方剂，最终撰成了治疗伤寒和杂病的专著《伤寒杂病论》[7]。因此可以认为：《汤液经法》是一部最早诊治天行热病（伤寒）及杂病的专著。

三、二旦、六神汤方药组成

二旦、六神汤虽在《伤寒杂病论》及历代医家的著作中可见片言只语，而且医家为其争议不休，但《法要》的作者却将这16首方剂的方名、组成、主治及服法等详细地记载了下来，使后人有幸能见其方之原貌，且《法要》藏于敦煌藏经洞中，未经过流传，未经过校正，1900年才重见天日，因此较完整地保存了其原貌，现将《法要》"录"存的二旦、六神汤记载如下，以还其原貌。

小阳旦汤：治天行发热，自汗出而恶风，鼻鸣干呕者，桂枝三两，芍药三两，生姜二两，炙甘草二两，大枣十二枚，上方，以水七升，煮取三升，温服一升，服已，即啜热粥饭一器，以助药力，稍稍令汗出，不可大汗流漓，大汗之则病不除也。若不汗出，可随服之，取瘥止。日三服。若加饴一升，为正阳旦汤。

小阴旦汤：治天行身热，汗出，头目痛，腹中痛，干呕，下利者，黄芩三两，芍药三两，生姜二两，炙甘草二两，大枣十二枚。

大阳旦汤：治凡病汗出不止，气息惙惙，身劳力怯，恶风凉，腹中拘急，不欲饮食，皆宜此方，若脉虚大者，为更切证也。黄芪五两，人参、桂枝、生姜各三两，炙甘草二两，芍药六两，大枣十二枚，饴一升。

大阴旦汤：治凡病头目眩晕，咽中干，每喜干呕，食不下，心中烦满，胸胁支痛，往来寒热方，柴胡八两，人参、黄芩、生姜各三两，炙甘草二两，芍药四两，大枣十二枚，半夏一升。

小青龙汤：治天行发热恶寒，汗不出而喘，身疼痛，脉紧者方，麻黄三两，杏仁半升，桂枝二两，炙甘草一两半。

大青龙汤：治天行表不解，心下有水气，干呕，发热而喘咳不已者，麻黄、细辛、芍药、炙甘草、桂枝各三两，五味子半升，半夏半升，干姜三两。

小白虎汤：治天行热病，大汗出不止，口舌干燥，饮水数升不已，脉洪大者方，石膏如鸡子大，知母六两，炙甘草二两，粳米六合。

大白虎汤：治天行热病，心中烦热，时自汗出，舌干，渴欲饮水，时呷嗽不已，久不解者方，石膏如鸡子大一枚，麦门冬半升，炙甘草二两，粳米六合，半夏半升，生姜二两，竹叶三大握。

小朱鸟汤：治天行热病，心气不足，内生烦热，坐卧不安，时下利纯血如鸡鸭肝者方，鸡子黄二枚，阿胶三锭，黄连四两，黄芩、芍药各二两。

大朱鸟汤：治天行热病，重下恶毒痢，痢下纯血，日数十行，羸瘦如柴，心中不安，腹中绞急，痛如刀刺方，鸡子黄二枚，阿胶三锭，黄连四两，黄芩、芍药各二两，人参二两，干姜二两。

小玄武汤：治天行病，肾气不足，内生虚寒，小便不利，腹中痛，四肢冷者方，茯苓三两，芍药三两，白术二两，干姜三两，附子一枚。

大玄武汤：治肾气虚疲，少腹中冷，腰背沉重，四肢冷清，小便不利，大便鸭溏，日十余行，气惙力弱者方，茯苓三两，白术二两，附子一枚，芍药二两，干姜二两，人参二两，炙甘草二两。

小勾陈汤：治天行热病，脾气不足，饮食不化，腰痛，下痢方，甘草三两，干姜、人参各二两，大枣六枚。

大勾陈汤：治天行热病，脾气虚，邪热入里，腹中雷鸣切痛，呕吐下利不止者方，甘草、人参各三两，半夏一升，生姜二两，黄芩二两，黄连二两，大枣十二枚。

小腾蛇汤：治天行热病，胃气素实，邪气不除，腹满而喘，汗出不止者方，枳实三两，厚朴二两，甘草二两，芒硝二两（疑方中脱失大黄）。

大腾蛇汤：治天行热病，邪热不除，大腑闕结，腹中大满实，汗出而喘，时神昏不识人，宜此方，急下之方，枳实三两，厚朴、甘草．大黄、葶苈、生姜、芒硝（后下）（疑此脱失剂量）。

当我们分析了以上16首方剂后一切疑惑顿释，所有争议也豁然开朗，原来“小阳旦汤”即为张仲景的“桂枝汤”无疑，张仲景桂枝汤仅是小阳旦汤加大生姜用量而成，其服药法较为小阳旦汤更为周详，桂枝汤服法为：“适寒温，服一升，服已须臾，啜热稀粥一升许，以助药力，温覆令一时许，遍身漐漐微似有汗者益佳，不可令水流离，病必不除，若一服汗出病差，停后服，不必尽剂。若不汗，后服小促其间，半日许令三服尽。若病重者，一日一夜，周时服之，服一剂尽，病证犹在者，更作服，若不汗出，乃服到二三剂，禁生冷、粘滑、肉面、五辛、臭恶等物”。可见医圣张仲景诸多方药及服药后护理法皆以《汤液经法》为基础，在临床中不断地加以丰富和完善，形成了“方书之祖”的《伤寒杂病论》。

四、《法要》与《伤寒杂病论》的关系

《法要》中记载的二旦、六神汤皆见于《伤寒杂病论》，证治皆类同，如小阳旦汤方药组成、主治与张仲景桂枝汤相同（正阳旦汤即张仲景小建中汤）：大阳旦汤即张仲景黄芪建中汤加人参；大阴旦汤与张仲景小柴胡汤相似，只多一味芍药，其主治亦同；小阴旦汤即张仲景黄芩汤加生姜，其证治与黄芩汤相近；小青龙汤主治及方药与张仲景麻黄汤相同；大青龙汤与张仲景小青龙汤主治及方药相同；小白虎汤即张仲景白虎汤，其方药组成、主治及服药法均相同；大白虎汤与张仲景竹叶石膏汤主治相同，仅此方用生姜，张仲景用人参；小朱鸟汤即张仲景黄连阿胶汤；大朱鸟汤即张仲景黄连阿胶汤加人参、干姜；小玄武汤与张仲景真武汤，主治及方药皆相同；因唐避玄宗之讳而改玄武为真武；大玄武汤组成即为张仲景真武汤与理中汤之合方；小勾陈汤为张仲景理中丸，仲景易大枣为白术：大勾陈汤为张仲景甘草泻心汤，仲景易生姜为干姜；小腾蛇汤其证治似同张仲景小承气汤，仲景易芒硝为大黄去甘草（或疑《法要》中脱失大黄）；大腾蛇汤类同张仲景大承气汤，仲景去甘草、葶苈及生姜。此正应《法要》作者提出的“外感天行，经方之治，有二旦、六神大小等汤。昔南阳张机，依此诸方，撰为《伤寒论》一部”之语。法要作者还总结云：“阳旦者，升阳之方，以黄芪为主；阴旦者，扶阴之方，以柴胡为主；青龙者，宣发之方，以麻黄为主；白虎者，收重之方，以石膏为主；朱鸟者，清滋之方，以鸡子黄为主；玄武者，温渗之方，以附子为主；（此处当脱“勾陈者”三字）补寒之方，以人参为主；（此处当脱“腾蛇者”三字）泻通之方，以大黄为主（疑小腾蛇汤中脱失大黄），此八方者，为八合之正精，升降阴阳，交互金木，即济水火，乃神明之剂也。张机撰《伤寒论》，避道家之称，故其方皆非正名也，但以某药名之，以推主为识耳。”也就是作者明确指出张仲景是参考了《汤液经法》而成《伤寒杂病论》，至于方名的改变，是由于仲景为了避道家之讳或突出方剂君药而以药物命名。

五、结语

二旦、六神汤源自《汤液经法》，是用来疗“外感天行”之专方。唐容川在《伤寒论浅注补正》中云：“《神农本草经》明药性也，未尝有配合之方。《灵枢》《素问》明造化阴阳之理，原其得病之由，除鸡矢醴、半夏秫米汤等方外无方。《难经》八十一章，阐明《内经》之旨，以补《内经》所未言，亦无方。至汉张仲景得商伊圣《汤液经》，著《伤寒论》《金匮要略》二书，专取伊圣之方，而立三百九十七法，法以方而行，方以法而定，开千百年之法眼，不可专谓为方。”从《法要》可知，商伊尹依《神农本经》及《桐君采药录》

撰《汤液经法》一书，而张仲景依《汤液经法》而成《伤寒杂病论》，并且在临床实践中不断发展与完善了《汤液经法》中的方剂。可见伊尹与张仲景是一脉相承的，它们之间是继承与发展的关系。《法要》组方规律、五脏生理病理、预防为主等学术思想还有待医家进一步探讨。

参考文献

[1] 马继兴．敦煌古医籍考释．南昌：江西科学技术出版社，1988：115.

[2] 张永文，郭郡浩，蔡辉．敦煌遗书《辅行诀脏腑用药法要》探究．安徽中医学院学报，2003，22（3）：3.

[3] 张永文，沈思钰，蔡辉．再探敦煌遗书《辅行诀脏腑用药法要》煎药及服药规律．中国中医药科技，2008，15（4）：315.

[4] 张永文，沈思钰，蔡辉．敦煌遗书《辅行诀脏腑用药法要》与陶弘景考．河北中医，2010，32（3）：433.

[5] 张永义，沈思钰，蔡辉．以敦煌遗书《辅行诀脏腑用药法要》校《内经》条文．中国中医药科技，2009，16（1）：77.

[6] 张永文，沈思钰，蔡辉．以敦煌遗书《辅行诀脏腑用药法要》考已佚古书《汤液经法》．河北中医，2009，31（6）：926.

[7] 张永文，沈思钰，蔡辉．医圣张仲景生平事迹及《伤寒杂病论》方源考．河北中医，2010，32（2）：270.

[《中国中医药科技》2012，19（5）：480]

桂林古本《伤寒杂病论》的学术价值探讨

吴雪梅　沧州市中医院

田新刚　沧州市食品药品检验所

刘建新　徐　扬

中国人民解放军北京军区北戴河疗养院

《伤寒杂病论》为东汉张仲景所著，桂林古本《伤寒杂病论》是众多古本的其中之一。本书由张绍祖所藏，后传与桂林左盛德，故称《桂林古本伤寒杂病论》[1]。

目前，流行于世的桂林古本《伤寒杂病论》主要有白云阁本（1939 年出版，1980 重印并补刻 3 页勘误表）；广西人民出版社本（1960 年不完全简化的竖排版、1980 年简体横排版）；台湾中医整合小组本（以广西 1980 版为底本的繁体竖排版）。现有民间中医网经典古籍编撰组 2006 年整理校印之新版《桂林古本伤寒杂病论》，内容完备，文字无误，标点正确，条目清晰，且附编方剂索引，极便检索。

一、历代对桂林古本《伤寒杂病论》的研究

（一）黄竹斋对桂林古本《伤寒杂病论》的研究[2]

黄竹斋作为近代治伤寒之学的大家之一，特别是对古本伤寒的发现和推广，所作出的不懈努力，是任何人所不能及的。《伤寒杂病论会通》是黄竹斋综合“宋、桂、湘、涪”四种版本合为一书，又搜辑历代诸注之精华，集各家学说以彰经义，而成此煌煌巨著，泽被医林，功不可没。

（二）平舆蔡德元先生所撰《桂林古本伤寒杂病论校评》

《桂林古本伤寒杂病论校评》1992 年 12 月由河南科技出版社出版。此书是国内第一部专门研究桂林古本《伤寒杂病论》的书，蔡德元先生首重仲景之书，参注各家，细心以求，读桂林古本《伤寒杂病论》后，自觉历代纷争定论，诸本疑文冰解，遂晨夜研习，穷源竟委，遂成此书。先生在所撰《桂林古本伤寒杂病论校评》中说：“古本《伤寒杂病论》浅见认为是圣师原著保存较好的版本，非单因自序是圣师裔孙所珍藏，且卷符十六者，主要是内容全面，章节合理，句无语病，载方无佚。始为按著书规律所应述的辨证基础，即四诊辨证法、伤寒杂病例、运气之主客。其六淫分中脏腑之证治，奇经八脉之隶属，实为本书独见。脏结证治分别五脏，两感之邪各有治法，更是别书未载[3]。阳旦证之治法，诸佚方之存焉，皆切中病机其优点实不胜举……众多疑问，读罢古本，皆瓦解冰释矣”。

（三）叶桔泉重印《康平伤寒论》

叶桔泉对白云阁本《伤寒杂病论》的研究也较为深入，曾引用以证康平本之误[4]。

（四）冉雪峰《冉注伤寒论》

引本书内容 26 处。

（五）《宋本伤寒论校注》

引本书内容 19 处。

（六）姚廷周《新伤寒论校注》

《新伤寒论校注》以桂林古本《伤寒杂病论》中的伤寒部分为底本编写。

研究古本伤寒成就最大者，至今仍属刘仲迈《伤寒杂病论义疏》和黄竹斋《伤寒杂病论会通》。

刘仲迈《伤寒杂病论义疏》为古本详注，探奥发微，足资研究诸本之参考。

二、内难渊源桂林古本《伤寒十二稿·概论》

周岐隐认为“今得古本，千载疑团，一朝大白，瓦釜雷鸣，都成废语。且仲景撰用《内》《难》，无全书可证，今按各卷佚文，与《内经》往往若合符节。而奇经八脉之治，五脏脏结之分，又与《难经》互相阐发，不有古本，何由窥其全豹乎？”（《伤寒汲古·自序》）深入探讨古本内涵，更有助于领会伤寒杂病合论的精神，对进一步完善仲景理论体系有很高的学术价值。

三、桂林古本《伤寒杂病论》佚文价值探讨

桂林古本《伤寒杂病论》所载之佚文部分，学术价值非常高。如《伤寒论·平脉法》云：“病变百端，本原别之，欲知病源，当凭脉变，先揣其本。本之不齐，在人体躬，相体以诊，病无遁情……问曰：其处方奈何？师曰：相体虚实，察病轻重，采取方法，权衡用之，则无失也。”说明从诊断到治疗都必须辨体。这与“必先度其形之肥瘦，以调其气之虚实，实则泻之，虚则补之……无问其病，以平为期”的观点是一致的。其所谓“本”，即体质，不同体质决定着发病性质的不同。刘仲迈对此注曰：“病由体变，固百病之通例也。”所以王叔和说：“仲景明审，亦候形证，一毫有疑，则考校以求验”。（《脉经》）可见张仲景对体质与发病的关系非常注意，早有要论，惜俱散佚，人所未见。

四、桂林古本《伤寒杂病论》的学术价值探讨

正如台湾中医整合研究小组在《伤寒杂病论刊本序》所言：“是书（桂林古本）之重现也，在整个中国医学的研究上具有决定性的意义。其不但令仲景博大精深的医学体系由断简残篇中重现原貌，亦令中国医学的发展由先秦足臂十一脉灸经、五十二病方的初步内容，经黄帝内经、难经的整理，而至东汉伤寒杂病”。

刘仲迈在其《伤寒杂病论义疏》自序一中写道：“先师生当汉末，遭时多故，其书传百余年，至晋太医令王叔和，始显于世。乃典午既东，传习已多讹阙，学者抱残守缺，罕通作者之意。下逮唐宋，治伤寒者，类如外传之例。至元成无已始为治其章句，然师传久失，纵竭审思明辨之勤，亦但随文演义而已。迨有明方有执起而为《条辨》，清初喻嘉言踵而为《尚论》，各以己意妄为删削，有所弗解，辄归咎于叔和。方、喻以还，笺疏颇盛，终清之世，毋虑数十家。本之不明，道以终晦……始知百家有百家之《伤寒》，而非长沙之《伤寒》也。盖本论之晦，使学者钻仰难明者……今幸千载绝学，复明于世，虽以瑞瀜之不肖，亦得感通而与有闻焉。遂乃述其师传，次其编简，举其正义，而百家支离之说，学者自能辨之；曲畅旁通，积疑尽释，使作者立论之旨纲举目张。呿吟之微，条分缕析，而后知或倡治火之谈，或崇脾胃之论，或擅长乎攻伐，或独重乎补养者，皆执一废百之见”。

五、文献学

检读王邈达《汉方简义》后附《汉方补遗》有云：“当编述《伤寒论讲义》，以白云阁本作参考书，见太阳上篇第30条，载有阳旦病见证并汤方二。又太阳中篇第85条，辨太阳病，中风，误被火劫发汗致危，有救逆汤方一。均为通行本所佚者。兹适《汉方简义》将再版，故以此三方急与补释，附刊于后。是则伤寒不止113方，实有116方。因之自惭，见闻未周，贸然著述，抱愧良多。希望阅者同志，藏有秘本，更得遗方见贻，以匡不逮，尤所欣幸”。

钱超尘教授在《伤寒论文献通考》一书中全面考证《伤寒论》传本之后，提出对黄竹斋先生颇为推重的白云阁本《伤寒论》亦应加详考，可惜的是未及加以论述。

六、结语

由于历史上的种种原因，今天已无法准确判断仲景著作的原貌。因此，也就决定了不同版本所具有的不同的历史学术价值。关于桂林古本的真伪问题虽然难以确考落实，但作为仲景书传本之一，因其篇章齐全，内容丰富，载方无缺，错讹较少，并对历来有疑条文都能予以较合理的解决，故可供研读《伤寒论》《金匮要略》时之参考。深入探讨古本内涵，更有助于领会《伤寒杂病论》的精神，对进一步完善仲景理论体系，充实方证内容，指导临床实践等方面，将会起较大的作用。

参考文献

[1] 封泰来，汪荫华．翟冷仙学术思想和临床经验简介［J］．实用中医内科杂志，1997，11（4）：187.

[2] 魏雪舫，陈忠琳．黄竹斋与古本《伤寒杂病论》——《伤寒杂病论会通》述评［J］．中华医史

杂志，1992，22（1）：16～19.
［3］魏雪舫，陈忠琳．桂林古本《伤寒杂病论》研究述评［J］．国医论坛，1997，8（2）：42～44.
［4］李景荣，苏礼．白云阁藏本、木刻版《伤寒杂病论》重印［J］．陕西中医，1980，30（5）：34～35.
［《中医学报》2012，27（8）：948］

桂林古本《伤寒杂病论》学术特点初探

吴雪梅　沧州市中医院
田新刚　沧州市食品药品检验所
刘建新　徐　扬
中国人民解放军北京军区北戴河疗养院

《伤寒杂病论》是中医学四大经典著作之一，为东汉张仲景所著。《伤寒杂病论》全卷问世之后，由于朝代更迭，“几经兵燹，几番播迁，几次增删，几许抄刻，亥豕者有之，杂伪者有之，脱落者有之，错简者有之”。千百年来，每一朝代所能见到的《伤寒杂病论》传本均不尽相同[1]。桂林古本《伤寒杂病论》（《仲景十二稿伤寒杂病论》）是其中之一。本书由仲景第46代孙张绍祖所藏，于光绪二十年传与桂林左盛德，左氏又传于罗哲初。1956年为由罗哲初之子罗继寿献出。由于本书出自广西桂林，1960年3月曾由广西人民出版社出版，故称桂林古本《伤寒杂病论》。

仲景遗著，虽由王叔和搜集编次，后又历经战乱，原书内容，散失甚多，至宋代林亿等整理成《伤寒杂病论》《金匮要略》时，已非其全。关于桂林古本《伤寒杂病论》的真伪问题虽难以考证落实[2]，但作为仲景书传本之一，而且篇章齐全，内容丰富，载方无缺，错讹较少，并对有疑条文，都能予以较合理的解决，故可供研读《伤寒杂病论》《金匮要略》之参考。尤其桂本林古比宋本多出1/3的内容，其学术价值亦不可低估，皆有待于理论研究和实践验证。

一、近代国内发现的古本《伤寒杂病论》

据《伤寒学术史》（叶发正，华中师范大学出版社，1995）介绍，自民国以来，仲景遗书，另有三种发观，俱称古本。

湖南刘崑湘于民国初年在江西得古本《伤寒杂病论》，1933年石印公世，即长沙本亦称湘古本，并与其宗人刘仲迈同撰《伤寒杂病论义疏》在长沙印行。

四川刘镕经于涪陵得传为“王叔和所述，孙思邈所校”之《伤寒杂病论》，1934年在重庆石印公世，即四川本亦称涪陵古本。此书流传较少。

黄竹斋先生1935年抄得桂林名医罗哲初珍藏，其师左盛德1894年所授之白云阁藏本《伤寒杂病论》（《伤寒论十二稿》），1939年在西安校刊公世，称白云阁本。

国内所见三种，涪陵本载文以孙思邈《千金翼方》所收唐本《伤寒杂病论》及宋本《金匮要略》为主，湘古本与白云阁本《伤寒杂病论》部分基本相同，只是缺少个别章节和没有《金匮要略》杂病内容。其中以黄竹斋所刻之白云阁本（后来广西称之为“桂林古本”）内容最全，较为完整。

二、桂林古本《伤寒杂病论》与其他古本《伤寒杂病论》的比较

1939年，黄维翰在《伤寒杂病论会通》的“伤寒杂病论刊本序”中提到：“今世通行仲景《伤寒论》十卷、《金匮要略方论》三卷、《金匮玉函经》八卷，乃宋治平中林亿等奉敕校刻[3]。而金代成无己《注解伤寒论》坚字文皆作鞕，前人断为隋时定本。元代赵以德《金匮玉函经衍义》，实《金匮要略》变名。明、清两代注解《伤寒杂病论》《金匮要略》者数十家，大抵皆以林校及成、赵二书为蓝本。兹取十二稿（后来广西称之为“桂林古本”）本与今世通行之宋刊《伤寒论》《金匮论》各书及近年湖南刘昆湘得于江西张隐君之古本，涪陵刘熔经得于垫江某洞石柜之古本相校，如太阳篇下“伤寒脉浮滑”节，宋本及涪陵本同作“此以表有热，里有寒，白虎汤主之”，脉方乖违，义实难通。湘古本作“表有热，里无寒”，似较优胜。然犹未若十二稿作“里有热，表无寒”即之确切不易也。其余订正诸本脱讹者，不遑枚举，而列黄疸、宿食、下利、吐逆、呕哕、寒疝、消渴等证于阳明、少阴、厥阴诸篇，深契以六经领百病之微旨。若平脉法，杂病证治各篇，条理精密，有非后世所能及。”米伯让也认为“绍祖所授家藏仲景《伤寒杂病论》第十二稿，较诸宋本、湘古本、涪陵古本、康平本，优异甚多”。

（一）桂林古本《伤寒杂病论》与宋本《伤寒杂病论》比较

桂林古本多杂病内容。在伤寒方面，除有宋本辨脉、平脉、伤寒例、六经证治、霍乱、阴阳易等篇名之外，还有六气主客、杂病例、温病脉证、伤暑病脉证、热病脉证、伤燥病脉证等六淫病证内容。全书载方326首，其中有85方（或88方）为

《伤寒杂病论》《金匮要略》所无。此本还有宋本所无的许多条文。如宋本《伤寒杂病论》“脏结证”，条文简单，只有寒证，且无方剂。而此本指出“脏结者，五脏各俱，寒热被分”。分别载有“肝脏结”“心脏结”“肺脏结”“脾脏结”“肾脏结”之条文，每脏脏结条文下附方二首。

（二）桂林古本《伤寒杂病论》与长沙古本《伤寒杂病论》比较

两者皆分十六卷，然长沙本无《金匮要略》条文，仅将可汗不可汗，可下不可下各篇凑合成数。其余《金匮要略》各篇亦分别罗列。其目录卷中之卷四：温病；卷五：暑、热、湿、燥、风、寒六气之病（长沙古本缺风、寒二病）；卷六至十一：辨六经之证治；卷十二至十六：辨杂病证治。周岐隐认为该本“层次井然，有条不紊，虽曰十二稿，俨然已成完书矣”。

三、桂林古本《伤寒杂病论》的特点、优点及各家注评

（一）李景荣先生介绍桂林古本、木刻版《伤寒杂病论》的特点

①该书是合《伤寒论》《金匮要略》为一帙的十六卷本，其书名与卷数与张仲景原序合；②该版本内容之编排，先总论，后各论；先诊断，后治疗，符合一般医学论著撰写体例；③对六淫病邪论述较详尽；④全书以整体观点为指导思想，以三阴三阳为辨证纲领，以脏腑经络学说为理论根据，符合仲景思想；⑤全书首尾呼应，结构严谨；⑥有《伤寒论》《金匮要略》原书所无的88方[4]。

（二）蔡德元先生认为桂林古本《伤寒杂病论》的特点

他在《桂林古本伤寒杂病论校评》自序中写道“宋本《伤寒论》刊行仅116年，郭雍即感其残缺而作《伤寒补亡论》，刘完素继认为：“其间或失仲景本意”，王履亦曰：“惜其遗佚不全，并有重定错简派之云云，可知称宋本有谬误者乃众多之见”。并说“医圣后裔所珍藏的《伤寒杂病论》，与通行的宋本相比，内容多出十分之三，处方88首，其中六淫致病论治是历代医家共认应有部分。依宋本《伤寒论》例之，古本有整章、数条、一条之多出，二者有数句、数字、一字之差异134条400余处，浅见分析后都是该本正确，基本解决了历代争议的所有疑点，其用药不合今意者颇多，但都有奇效。通过考证，不才认为此版本是仲景原著保存较好，没受简编亏替、增删改易之珍本，优于现用的所有《伤寒论》《金匮要略》版本，应给以研究和推广”。

四、桂林古本《伤寒杂病论》的学术特点

由于桂林古本发现较晚，流传不广，未能引起学术界的足够重视，然据以与诸本辨别疑窦，论证是非，补宋本之缺佚，则此书实不可无。如《伤寒杂病论会通》正宋本之谬有云：“太阳篇下、伤寒脉浮滑节（181条），宋本及涪本同作‘此以表有热，里有寒，白虎汤主之’，脉方乖违，义实难通。湘古本作‘表有热，里无寒’似较优胜。然犹未若白云阁本作‘里有热，表无寒’之确切不易也。”又如第25条云：“服桂枝汤，大汗出，脉洪大者，与桂枝汤，如前法。”白云阁本作“太阳病，服桂枝汤后，大汗出，脉洪大者，与白虎汤”则更为合理。如此之类，不胜枚举。

桂林古本《伤寒杂病论》包括六经辨证、杂病辨证、平脉法，特别是载有六气主客，伤暑病脉证并治、热病脉证并治、湿病脉证并治、伤燥病脉证并治、伤风病脉证并治、寒病脉证并治等篇，对六淫病邪风、寒、暑、湿、燥、热等论述较为详尽，这是此版本与其他版本最大不同之处；同时，此版本中还列举了许多病例，并保存了大量有效方剂，内容丰富，理、法、方、药连贯紧凑。借此深入探讨古本内涵，对进一步完善仲景理论体系，充实方证内容，指导临床实践等方面，将会起到很大作用。

参考文献

[1] 封泰来，汪荫华．翟冷仙学术思想和临床经验简介［J］．实用中医内科杂志，1997，12（4）：2～4.

[2] 魏雪舫，陈忠琳，王邈达．翟冷仙与古本伤寒［J］．中医文献杂志，1998，16（1）：32～33.

[3] 魏雪舫，陈忠琳．桂林古本《伤寒杂病论》研究述评［J］．国医论坛，1997，8（2）：42～44.

[4] 李景荣，苏礼．白云阁藏本、木刻版《伤寒杂病论》重印［J］．陕西中医，1980，30（5）：48.

［《中医学报》2012，27（7）：805］

论张仲景《伤寒论》中的“猪肤”

彭　馨　湘南学院

张仲景是东汉著名医学家，也是我国历史上极具影响力的医学家。他在总结汉代以前医学成果的基础上，写成了我国历史上第一部理法方药俱备的

医学著作《伤寒论》，为我国临床医学的发展打下了坚实的基础。

《伤寒论》卷六《辨少阴病脉证并治法第十一》记载了一首猪肤汤方："少阴病，下痢，赵本医统本并作'利'咽痛，胸满心烦者，赵本无'者'字猪肤汤主之。猪肤汤方：猪肤一斤。右一味，以水一斗，煮取五升，去滓，加白蜜一升，白粉五合，熬香，和赵本医统本并有'令'字相得，温分六服。"[1]

猪肤汤仅见于《伤寒论》，猪肤为何物，仲景没有明言。因"肤"与"皮"义近，后世中国医家绝大多数认为"猪肤"即是"猪皮"，至于是什么样的猪皮，各家说法不一。本文着重介绍中外医家对"猪肤"的解释，并叙述自己的理解。

一、中外医家对"猪肤"的解释

《经方方论荟要》[2]汇集了后世名医对仲景方的论述，现将其猪肤汤后所附的"名医方论"摘抄有代表性的医家论述如下：

（一）有对"猪肤"为何物不作解释的，代表医家如：

成无已："猪，水畜也，其气先入肾。少阴客热，是以猪肤解之。加白蜜以润燥除烦，白粉以益气断利。"（《注解伤寒论·卷六》）

许宏："少阴之脉循咽，若阳经之邪传于少阴者，则必咽痛，乃阴虚客热所结也，故胸满心烦而自下利。故与猪肤为君，入少阴之经，而解客热也；以白粉为佐、白蜜为使，润燥除烦而止利也。"（《金镜内台方议·卷十》）

（二）有把"猪肤"解释为猪皮或与猪皮相关的皮层组织的，代表医家如：

方有执："猪肤，本草不载，义不可考，说者不一，用者不同。然，既曰肤，则当以燖猪时所起皮外毛根之薄肤为是。但猪属亥，宜入少阴，肤乃外薄，宜能解外，其性则凉，故能退热，邪散而热退，烦满可除也。白蜜润燥以和咽，咽利而不燥，痛可愈也。白粉益土以胜水，土王水制，利可止也。"（《伤寒论条辨·卷五》）

张璐："但当汤泡刮取皮上一层白腻者为是。"（《伤寒缵论·正方·卷下》）

柯琴："猪为水畜，而津液在肤，取其肤以治上焦虚浮之火。"（《伤寒附翼·少阴方总论》）

徐彬："猪肤者，猪厚皮去肥白油者也。"（《伤寒原方发明·少阴后篇》）

钱潢："盖以猪为北方之水畜，肤近毛根，取其色黑而走肾滋阴。"（《伤寒溯源集·卷九》）

《金鉴》："猪肤者，乃革外之肤皮也。"（《订正仲景全书伤寒论注·卷七》）

张锡驹："肤取其遍达周身，从内而外，亦能从外而内之义也。"（《伤寒直解·卷五》）

文梦香："用猪肤者与阿胶同意，收敛肺肾之阴耳。"（《百一三方解·上卷》）

姜国伊："猪为水畜，补肾阴也。夫三阳主外，肤者阳也。"（《伤寒方经解·上卷》）

陈恭溥："方用猪皮者，猪为水畜，肤近皮毛，为异类有情之品。"（《伤寒论章句·方解·卷下》）

左季云："猪为水畜，諸肤乃革外之肤皮也。"（《伤寒论类方汇参·第十二章杂方类》）

何仲皋："兹以猪肤汤治少阴之水火不交，取其猪为坎畜，肤在表分，有交通之义也，各从其类如此。"（《经方阐奥·少阴方·卷二》）

《日本医家伤寒论注解辑要》[3]辑录了日本江户时期著名医家对《伤寒论》的注解。他们对"猪肤"的认识可分为两派：一派认为"猪肤"是猪皮或与猪皮相关的皮层组织，其看法与中国医家相同；一派认为"猪肤"即为猪肉，中国医家很少有人持此观点。前者，我们略去不谈，后者的代表医家列举如下。

山田正珍《伤寒论集成》："猪肤，即猪肉。郑玄注曰：'肤，切肉也。'《本草》明称。"

杉本良敬《读伤寒论》："诸家纷纷之说皆未妥当。猪肤即猪肉也。郑玄注《仪礼》云：'肤，负革之肉也。'《礼·内则》云：'麋肤鱼醢。'注：'食麋肉以鱼醢配之。'则凡禽兽肉皆可谓之肤。"

多纪云坚《伤寒论述义》："猪肤，诸说不一。按《仪礼·聘礼》：'肤鲜鱼鲜，腊设扃鼏。'注曰：'肤，豕肉也。唯燖者有肤。'疏曰：'豕则有肤，豚则无肤。故《士丧礼》豚皆无肤，以其皮薄故也。'又《礼记·内则》疏曰：'麋肤鱼醢配者，麋肤谓麋肉外肤，食之以鱼醢配之。'今合考之，则肤是为肉之近外多脂者，古义了然，无庸别解矣。又钱氏以熬香属猪肤，误。"

众多学者研究表明仲景药方大部分承自上古流传和使用的药方，由于种种原因，仲景改了一些方剂的名称，但未见改药名。'猪肤汤"亦可能承自上古而没有改名。不改名有两个原因：一是主药名未改方名亦不改。二是"猪肤"这个东西在当时可能仍然名实常用。

认为"猪肤"即为猪肉的日本学者所引用的材料均源于《礼记》或《仪礼》，同时引用郑玄注，多纪云坚还引用了贾公彦疏。《礼记》《仪礼》成书时间均很早，与《诗》《书》《易》《春秋》并为儒家经典，对当时及后世社会产生了巨大而深远的影响。因此，在上古时期，“肤”字的“禽兽的肉”的义项应该是一个常用义项。中古、近古时期，由于《礼记》《仪礼》是儒家的经典著作之一，被历代统治阶级所看重，又是历代科举考试的必读书，因此“肤”字的“禽兽的肉”的义项应该为读书人所熟悉，历代辞书字典亦有收录。

自汉武帝采纳董仲舒的建议“罢黜百家，独尊儒术”后，儒家思想成为汉代的统治思想。仲景是个读书人，史载其曾举孝廉，在学界与王粲等人交游过，在政界依刘表而官至长沙太守。其思想为儒家思想，他在《伤寒卒病论集》中引用孔子的话作为文章的结语：“孔子云：生而知之者上，学则亚之，多闻博识，知之次也。余宿尚方术，请事斯语。”[1]可见，仲景读过孔子的书，他也应该知道“肤”字的“禽兽的肉”义项。据杨天宇先生《郑玄生平事迹考略》[4]，郑玄生于东汉顺帝永建二年(127年）7月5日，卒于东汉献帝建安五年（200年）6月，享年74岁。可见，郑玄与仲景为同时代的人。郑玄为当时名儒，仲景为当时名医，可惜没有史料记载二人是否交往过。从郑玄的注中，我们可以看出郑玄对“肤”字“禽兽肉”义项掌握得很精细。仲景也有可能熟知“肤”字的“禽兽肉”义项。

二、“猪肤”之我见

王力先生《古代汉语》：“［肤］人的皮。诗经卫风硕人：‘肤如凝脂。’孟子告子下：‘饿其体肤。’司马迁报任安书：‘其次毁肌肤断肢体受辱。’杜甫哀王孙诗：‘身上无有完肌肤。’引申为表面的，浮浅的。”[5]“［辨］皮，革，肤。‘皮’、‘革’是兽皮：带毛的叫皮，去了毛的叫革。‘肤’是人皮的专称。在古代，‘皮’和‘革’不能用来指人的皮肤，只有在咒骂所憎恨的人时，才说‘食其肉，寝其皮’，这是把对方当禽兽来看待了。‘肤’也不能指禽兽的皮。”[5]王力先生的分析是十分正确的，他考察的语料属于古代全民日常用语。医学用语源于全民日常用语，但是由于表达需要不同，全民日常用语中的词进入医学领域演变为医学用语后，其内涵和外延会发生一些变化，以适应表达的需要。“皮”作医学用语，很早就可以表示人皮，如《素问·阴阳应象大论篇第五》：“其在皮者，汗而发之。”[6]《内经》中“皮”字凡259见，绝大部分指人皮。“肤”作医学用语亦表示人的皮肤组织，但它与皮所指对象不同，皮在肤外。例如，《备急千金要方·卷第九伤寒上》：“华佗曰：夫伤寒始得，一日在皮，当摩膏火灸之即愈。若不解者，二日在肤，可依法针，服解肌散发汗，汗出即愈。若不解，至三日在肌，复一发汗即愈。若不解者……”[7]我们查遍历来中医药典籍，表示动物的皮都只能用“皮”字，还没有见过用“肤”字的。至于仲景著作中，《伤寒论》中“皮”字凡68见，表示动物皮1例，表示人的皮肤7例，表示植物药的表皮60例。“肤”字凡12见，用在“猪肤”一词中3例，表示人的皮肤9例。《金匮要略》中“皮”字凡75见，用在“皮水”一词中5例，表示人的皮肤16例，表示植物药的表皮54例。“肤”字凡10见，全部表示人的皮肤。以上统计说明在仲景著作中，“肤”字除用在“猪肤”一词中外，其余全部表示人的皮肤。“皮”字使用范围较广，人的皮肤、动物皮、植物药的表皮均可用“皮”字表示。因此，仲景用“猪肤”表示“猪皮”的可能性几乎不存在。

再从医理上考察：

《中药大辞典》猪肉条：“【性味】甘咸，平。【归经】入脾、胃、肾经。【功用主治】滋阴，润燥。治热病伤津，消渴羸瘦，燥咳，便秘。……《千金·食治》：‘宜肾，补肾气虚竭。’……《随息居饮食谱》：‘猳猪肉，补肾液，充胃汁，滋肝阴，润肌肤，利二便，止消渴，起尪羸’”。[8]南京中医药大学已故伤寒大家陈亦人先生在他主编的内部资料《伤寒论教学参考资料》（南京中医学院1983年11月）中指出：“本证咽痛下利，由于少阴真阴虚而液泄于下，火浮于上，所以同时伴有胸满心烦。既不是阳虚，也不是邪热，因此治疗不仅禁用温阳，也非清热所能胜任。治法：滋肾润肺补脾。”据《中药大辞典》，猪肉滋阴，润燥，入脾、胃、肾经，具备滋肾润肺补脾之功效。

综上所述，无论从语言文字学的角度，还是从医理的角度来看，我们认为猪肤实际上就是猪肉，上面列举的三位日本医家的观点正确。

参考文献

［1］（汉）张仲景著，（宋）成无己注．注解伤寒论［M］．北京：人民卫生出版社，2000.

［2］聂惠民，张吉，张宁．经方方论荟要［M］．长沙：湖南科学技术出版社，1999.

［3］郭秀梅，冈田研吉．日本医家伤寒论注解辑要［M］．北京：人民卫生出版社，1996.

［4］杨天宇．郑玄生平事迹考略［J］．河南大学学报（社会科学版），2001，(5)．

［5］王力．古代汉语［M］．北京：中华书局，1981.

[6] 黄帝内经素问［M］. 北京：人民卫生出版社，1998.
[7] 李景荣. 备急千金要方校释［M］. 北京：人民卫生出版社，1998.
[8] 江苏新医学院. 中医药大辞典（缩印本）［M］. 上海：上海科学技术出版社，1986.

［《农业考古》2012，3：283］

《伤寒论》及《金匮要略》用量策略的文本挖掘研究

姬航宇　傅延龄　仇　菲
北京中医药大学
姬航宇　焦拥政　连凤梅　仇　菲
仝小林　中国中医科学院广安门医院
常　柏　天津医科大学代谢病医院

汉代张仲景《伤寒杂病论》之方被后世誉为经方，是经典名方的集中代表，具有药少而精、效专力宏、配伍精良、疗效确切的特点，《伤寒论》《金匮要略》中的方剂，除了有明确的药物组成及剂量外，还有许多关于如何“用量”“变量”的记载，即用量策略，现归纳如下。

一、研究对象

《伤寒论》《金匮要略》原文。版本选择：采用钱超尘、郝万山教授以赵开美版《伤寒论》为底本整理的《伤寒论》[1]，何仨、何若苹整理的《金匮要略》[2]，均由人民卫生出版社出版。

二、方法

1. 标记　标记出《伤寒论》及《金匮要略》中所有描述用量策略的原文。

2. 数据库建立　采用 EpiData 3.1 软件建立数据库，录入标记的原文及相应的处方名称、药物组成、药量、煎服法等。

3. 文本聚类　将不同内容的原文集合分成相似的对象类，对不同对象类进行标号及描述。

4. 关联及总结　分析收集不同对象类中频繁地一起出现的关键词，对关联后的对象类进行整理总结，初步形成若干条《伤寒论》《金匮要略》的用量策略。

5. 焦点小组讨论　由主持人将形成的用量策略逐条提出，经小组成员讨论产生广泛交互作用，丰富及完善用量策略的内容。

三、结果

1.《伤寒论》中共 36 首方剂、《金匮要略》中共 42 首方剂包含了用量策略的描述，涉及相关条文及方后注 79 条。

表 1　《伤寒论》及《金匮要略》药物用量策略原文聚类分析

	类别	处方	原文举例
1	患者体质	四逆汤、白散、十枣汤、桂枝附子汤、去桂加白术汤、通脉四逆汤、通脉四逆加猪胆汁汤、升麻鳖甲汤、小青龙加石膏汤、九痛丸、大黄附子汤、乌头煎、四逆汤	强人可大附子一枚，干姜三两；强人服一升，羸者减之，日三服，小儿服四合；强人服一钱匕，羸人服半钱；顿服之，老小再服，取汗；附子三枚恐多，虚弱家及产妇，宜减服之
2	中病即止	桂枝汤、大青龙汤、栀子豉汤、栀子甘草豉汤、栀子生姜豉汤、栀子厚朴汤、栀子干姜汤、大陷胸汤、大承气汤、桃花汤、牡蛎泽泻散、百合地黄汤、百合滑石散、厚朴三物汤、生姜半夏汤、小承气汤、甘草粉蜜汤、瓜蒂散、瓜蒌瞿麦丸	一服汗者，停后服；得吐者，止后服；得下，余勿服；小便利，止后服；中病，勿更服，大便当如漆；若一服愈，余勿服；差即止
3	不效加量	抵挡汤、抵挡丸、大陷胸丸、瓜蒂散、小承气汤、麻子仁丸、苦酒汤、白头翁汤、理中丸、乌头汤、天雄散、茯苓杏仁甘草汤、乌头赤石脂丸方、赤丸方、乌头桂枝汤、甘草麻黄汤、桂枝茯苓丸、芎归胶艾汤方、矾石丸、瓜蒌瞿麦丸方	不下，更服；不吐者，少少加；不汗，再服；晬时当下血，若不下者更服；渐加，以知为度；不差，更作三服；腹中未热，益至三四丸；不知，稍加服

续表

	类别	处方	原文举例
4	症状变化	小柴胡汤、真武汤、甘草附子汤、厚朴七物汤、白术散、竹叶汤、竹皮大丸、四时加减柴胡饮子	若呕者，去附子，加生姜足前为半斤；若渴，去半夏，加人参合前成四两半；初服得微汗则解，能食，汗止复烦，将服五合
5	季节变	桂枝加桂汤、桂枝加大黄汤、蜀漆散方	今加桂满五两，所以加桂者，以能泄奔豚；太阴病脉弱，其人续自便利，设当行大黄芍药者，宜减之，其人胃气弱，易动故也；温疟加蜀漆半分
6	病情轻重	调胃承气汤、王不留行散、矾石丸	少少温服（胃气不和）/温顿服（阳明病）；小疮即粉之，大疮但服之；内脏中，剧者再内之
7	疾病阶段	蜀漆散方	临发时，服一钱匕（未发前，服半钱）
8	服后加量	乌梅丸、当归贝母苦参丸	饮服十丸，三服，稍加至二十丸；饮服三丸，加至十丸
9	季节变化	四时加减柴胡饮子	注：陈皮、生姜等量在不同季节有变化
10	合方减量	桂枝二麻黄一汤、桂枝麻黄各半汤、桂枝二越婢一汤	

2. 经文本聚类分析，将包含用量策略的原文集合分成10个类别，根据其特点对各类进行了描述，详见表1。

3. 六条经方用量策略　将上述10类原文进行进一步关联及总结，经焦点小组讨论形成6条经方用量策略。

（1）根据患者体质情况调整方药用量　患者体质是影响经方用量的主要因素之一，在《伤寒论》及《金匮要略》原文中出现了14次。张仲景认为，对于毒副作用大或药性峻猛的药物，体质较强的患者用量可大，而体质弱的患者、产妇、小儿就应减量使用。减量的方式除了直接减少单味药物在整方中的剂量，还可以减少“服量”[3]，如小青龙加石膏汤“强人服一升，羸者减之，日三服，小儿服四合”。依据患者体质用量是医生必须遵循的最基本的用量策略。

（2）根据疗效调整方药用量　①中病即止：在《伤寒论》及《金匮要略》原文中共出现24次。使用中病即止策略的方剂多用于治疗急重症，如大陷胸汤治疗的水热互结之结胸证、大承气汤之阳明腑实证，这些方剂具有强力的攻下、逐水或发汗等作用，若方药用量太过，则易过下、过汗，损伤正气甚至导致坏病。因此，中病即止策略提示医生在用药时应密切观察患者病情变化，如大便已通、汗已发，则立刻停药或减量。该用量策略对提高大剂量治疗急危重症的安全性有很高的指导价值。②无效加量：共出现22次。何时加量？张仲景认为“不差”（“不愈”或“不知”）时应加量。“不差”“不愈”“不知”指还未取得预期的最佳疗效，如抵挡汤“不下，更服”，甘草麻黄汤“不汗，再服”等。值得注意的是，不效加量增加的均是“服量”，而非直接加大处方中药物的剂量，如乌头汤“不知，尽服之”，理中丸“腹中未热，益至三四丸”。加量后若达到预期疗效，如何调整药量？在《金匮要略》瓜蒂散和栝楼瞿麦丸方中，不效加量与中病即止的用量策略同时出现，提示处方时应密切关注患者对药物的反应，及时增减药量，既能最快获得疗效又提高了用药安全性。③服药后若病情无明显变化且无明显不良反应可适当加量：如乌梅丸“先食饮服十丸，三服，稍加至二十丸”，通过逐渐加量撼动病势。

（3）根据症状变化调整方药用量　根据症状变化，针对主症调整某些药物的剂量。如真武汤“若呕者，去附子，加生姜足前为半斤”，即真武汤证患者若出现呕吐，可增加原方中生姜的剂量至8两，生姜被称为“呕家圣药”，此时增加其用量可大大缓解呕吐症状。又如甘草附子汤“温服一升，日三服，初服得微汗则解，能食，汗止复烦，将服五合，恐一升多者，宜服六七合为始”，开始服用一升，微汗出，病情缓解，然而汗止后又出现

"烦"的症状，继而调整服量，由一升减至五合以减少发汗，同时提示如果担心发汗过，开始服药时即可由一升减至六七合。

(4) 根据疾病或证候的变化调整方药用量 ①根据疾病的变化调整方药剂量：《伤寒论》中有部分方剂组方完全相同，然而剂量不同，以致其主治各不相同，即根据疾病的变化改变处方药量。如张仲景在桂枝加桂汤中提出了增加桂枝剂量的原因："今加桂满五两，所以加桂者，以能泄奔豚"。《伤寒论》中共6组方剂的组成相同，但药量不同[4]。如：桂枝汤、桂枝加桂汤、桂枝加芍药汤，桂枝加桂汤治疗心阳不足，下焦寒气上冲心之奔豚，在桂枝汤基础上，增加了桂枝和生姜的剂量，同时减少了甘草用量；而桂枝加芍药汤治疗太阳病误下，腹满时痛，增加了芍药的剂量以柔痉止痛。再如四逆汤和通脉四逆汤，治疗疾病严重程度不同，前者治疗少阴病，阳衰阴盛，后者治疗严重的阴盛格阳证，故后者干姜和附子的用量均大于前者。②根据疾病不同阶段调整方药用量：《金匮要略》蜀漆散方"临发时，服一钱匕；未发前，服半钱"，明确指出疾病的发作期与缓解期其药物剂量并不相同。再如抵挡汤和抵挡丸，两方组成完全相同，但剂量和剂型不同，即由于两方治疗的蓄血证处于不同阶段，抵挡汤治疗的蓄血证病势较急，故药物用量大；抵挡丸治疗的蓄血证病势较缓，故剂量偏小。③根据疾病轻重或证候不同调整方药用量。如《金匮要略》王不留行散方"小疮即粉之，大疮但服之"，指出病轻之"小疮"无需口服药物，而"大疮"则需口服药物治疗。调胃承气汤治疗胃气不和证时，嘱患者"少少温服"，与其治疗阳明病时"温顿服"比较，用量较小。可见使用同一首方剂治疗较急、重的疾病或证候，使用的药量可以大于治疗较轻的疾病或证候；可以通过改变给药途径或改变服量等方法调整方药用量。

根据患者症状、疾病、证候的变化调整剂量的策略提示医生，不仅可以加减药物，还可以通过改变原方的整体药量、或方中已有的某些药物的剂量来适应新的病情或症状，以取得疗效。

(5) 合方用药需调整用量 《伤寒论》中，桂枝麻黄各半汤、桂枝二麻黄一汤、桂枝二越婢一汤存在着合方减量的用量特点，提示张仲景在治疗较复杂的疾病时，需要将几个方剂合并使用，其用量并非单纯相加，而是根据病证灵活配比。

(6) 根据季节变化调整用量 四时加减柴胡饮子即体现了该用量策略。早在《黄帝内经》中就有在不同季节采用不同养生方式的记载，可见中医重视季节变化对人体、药物等的影响。如香薷有"夏月麻黄"之称，就是因为夏季炎热，人体毛孔自然张开容易发汗，故使用麻黄等发汗力较强的药物就必须谨慎，可用发汗力稍弱的药物替代。因此，医生在处方用药时也需考虑季节因素，以取"天人合一"之效。

讨论

临床上，方药剂量的变化是十分复杂的，临证用药存在明显的"剂量梯度"——不同医家临证应用同一首经方的剂量可能存在较大差异，甚至同一医家在不同情况下使用同一首方剂的剂量也有所不同。可见，存在着以临床经验为主用量策略。如何理解这种"以人为本体的用量策略"?

"策略"是为了实现某一个目标，首先预先根据可能出现的问题制定的若干对应的方案，并且，在实现目标的过程中，根据形势的发展和变化来制定出新的方案，或者根据形势的发展和变化来选择相应的方案，最终实现目标。"以人为本体的用量策略"即指医生在确定了方药组成后，根据实际情况确定或调整每味药物的剂量和药物间用量的比例，拟在安全前提下获得最快的疗效。

总而言之，从密切观察患者服第1剂药后病情的变化来调整药量等角度而言，现代医生对用量的关注已远不及张仲景，对用量策略的体会也不及张仲景深刻，然而剂量对疗效的重要性却是不容忽视的。在辨证准确前提下，合理用量是提高疗效的重要途径[5]，从原文探索经方的用量策略是对张仲景用量理论的初步探索之一。上述6条用量策略反映出经方临证用量的灵活性和复杂性。患者体质、年龄、性别、疾病、证候、症状、季节等均是药物剂量的影响因素，医生处方时应对其进行充分考虑。

参考文献

[1] 钱超尘，郝万山整理．伤寒论．北京：人民卫生出版社，2005.

[2] 何任，何若苹整理．金匮要略．北京：人民卫生出版社，2005.

[3] 傅延龄，杨琳，宋佳，等．论方药的服量．中医杂志，2011，52 (1)：8～11.

[4] 姬航宇．《伤寒论》本源药物剂量探索．北京：北京中医药大学，2009：30～32.

[5] 仝小林，王跃生，傅延龄，等．方药量效关系研究思路探讨．中医杂志，2010，51 (11)：965～967

[《中华中医药杂志（原中国医药学报）》2012，27 (1)：16]

《伤寒杂病论》序不为仲景所撰

吴忠文　吴学珍　聂　伟
常德市第二中医院
李永贵　湖南省第二人民医院

从《伤寒杂病论》成书至今的1800多年来，学习者或研究者，对于序名及序的学习和研究一般怀揣着3种心态。一是确认为张仲景所作，并且千方百计从历代的经典或文库中寻找其事、考证出处；二是对明显的疑点，采取假设、推测、可能等委婉之词以自圆其说；三是推托因史书遗漏或其他原因，以求不损及张仲景声誉。因此，时至今天，绝大多数业内人士都认定是张仲景自序。一些伤寒学权威则以"宋本"之名先后出版多种《伤寒论》版本，充斥中医学界，且被部分中医院校作为选修课供学生研读，这样不仅有以假乱真之嫌，混淆了中医经典的纯粹性，还有可能把传统中医学引入歧途。笔者认为，学习《伤寒杂病论》，践行张仲景的学术思想和治疗技术，有必要弄清楚该论原序的产生与流传情况，甄别真假，还其本来面目。

一、序名的收集和剖析考释

东汉张仲景撰写的《伤寒杂病论》，首先经西晋王叔和搜遗编辑成《伤寒论》，先后有多种版本在各种渠道传播，从我们搜集的11种版本来看，并非出于王叔和一人之手。其中：有1065年校正的宋本《伤寒论》、1066年校正的宋本《金匮玉函经》；还有孙思邈唐本、高继冲本、成无己本，流传日本以后所获的康治、康平本及湘古本、涪陵本、白云阁本……。除此之外，全国各地先后均以宋本的名义出版了多种"宋本""选读"本。为此，笔者从中选择17种自上世纪50年代至今不同时期的版本，对其"序"名分别命名为：张仲景原序，伤寒卒病论集，伤寒卒病论原序，伤寒论序，伤寒杂病论集，伤寒杂病论序，伤寒杂病论自序，伤寒卒病论，自序。序名中的"杂"或"卒"各有解释，"杂"指包括《金匮》在内；"卒"指其病"急危"而言。序名虽然有多种，经考查这些版本的序文只有两种不同：一是去掉了"论曰"；或保留了"论曰"；有部分版本在其序末增添了"汉长沙（太）守张机撰"八个字；二是康平本以"集论曰"低于"余每览"之下为小字旁注；对"撰用《素问》起至并平脉辨证"23字均列入正序文，"博采众方"后为小字嵌注。

毋庸置疑，考证序名及序文首先要考证与之直接相关的仲景著作的流传演变过程。仲景著作从王叔和搜集整理时起至北宋治平二年（公元1065年）林亿孙奇校正颁行时止，达800多年之久，据《伤寒论文献通考》[1]所云："始著于《隋书·经籍志》，复著录于《旧唐志》与《新唐志》，则称《张仲景方十五卷》为叔和整理。与《秦汉史·自然科学》[2]称《隋志》有其方十五卷。《新唐志》《旧唐志》同。又有《疗妇人方》十二卷，皆不传。其传于后者曰《伤寒杂病论》凡十六卷。"两种说法基本相同。在此，我们可以思考几个问题，在《隋志》《旧唐志》《新唐志》中均称为《张仲景方》，只是《伤寒论文献通考》谓："它保留着《伤寒杂病论》全部或主要内容。"可见《隋志》以前没有《伤寒杂病论》之名称已成史实，因而更可证实其序名及序文非仲景所撰之一。其序之名称为后人随意杜撰，这从无序名的版本敦煌本残卷、康治本、金匮玉函经、高继冲本、唐本，可见一斑。

二、序文中字的剖析与考释

"余"字在序中先后出现5次。余每览；余宗族；向余；寻余；余宿尚。其字意为两种解释；一是有余或剩余之意，序中之"向余二百"为只剩下二百多人。二是人称代词。余字在序文中即是张仲景自称，在"序"中先后4次。一是"余每览"，是张仲景每次阅览太史公所撰《史记》中《扁鹊仓公列传》，其中记述之扁鹊为虢太子救治之诊视。为齐侯望色诊视经历；二是张氏宗族成员素多，在建安十年之间先后因伤寒逝去2/3悲惨现实，激发他勤求古训，博采众方救治百姓，以撰写《伤寒杂病论》；三是指学习和掌握仲景所撰的《伤寒论》可以见病知源，就能理解一大半了；四是说张仲景自己素来就非常重视医学。可是在东汉时期，无论在什么场合之下，都不用"余"字，而是以"吾"代表"我"之称。如当时《王粲传》[3]描述：王粲（公元177～217年）徒长安，蔡邕见而奇之。邕曰："此王公孙也。有异才，吾不如也。吾家书籍之章，尽当与之。"（《秦汉史·经籍》）又如：曹植（公元192～232年）写给杨修[4]（公元175年～219年）的信中就有"若吾志未果，吾道万行。"《（古代汉语·与杨德祖书》）。因此，该序非仲景之所撰之二。

"秀"字在序言中亦有出现，指出众优秀的意思。张仲景《伤寒论》撰写于东汉末年，东汉帝刘秀称光武帝。（范晔所著《光武帝纪》开篇称"世祖光武皇帝讳秀")。因避讳秀，故当时科举制改秀才为茂才，而序中却出现所避讳之"秀"字。显然东汉人不敢冒此天下之大不韪，因此，结论只能是该序非东汉时所作；亦或非汉时之人所撰。

三、序中"词"的剖析与考释

"论曰"一是作为序之开端；二是提示太史公之《史记》中记载秦越人为虢太子诊视和救治之记述；而"集论曰"在《康平本伤寒论》并不是为开端，而是作为与"余每览"平行的小字旁注。如果以第1种解释"集论曰"只是旁注，非正文也。第2种是说张仲景为赞叹扁鹊救治虢太子起死回生的高超医术，为齐侯望色诊病的奇特功能，是从"余每览"《史记》中所得知，也是不可能的。

四、序中"句段"之剖析与考释

"每览越人入虢之诊，望齐侯之色，未尝不慨然叹其才秀也"这句话，本文称为句段。自发现有该序文以来，特别是近几十年中，不泛训诂学家、文学家，以及名人名医、各院校教授以此序作医古文体裁示教讲解，他们中绝大多数人不顾历史史实，随文演义，认定为张仲景的自序。张仲景所在时代现公认为150～219年的东汉末年。可是他们为什么没有细细思考一下，第一：太史公《史记》撰成于公元前90年代初，为自己所收藏（因其《史记》记述了当朝皇帝之事），后经他外甥杨恽约在公元前45年将部分的单篇内容才交当朝政府。连皇帝都没有见到的文章，就更不用说张仲景了。第二：西汉时《史记》当时是写在简牍之上，因为当时不仅没有雕版印刷术，更没印刷纸张，不可能像我们今天这样有白纸激光排版印刷装订出来的《史记》可读。张仲景在1800多年前就能"每览"到"扁鹊仓公列传"吗？张仲景一个河南南阳的乡间中医，距太史公撰《史记》之地，西汉京都咸阳相距约500多公里，更何况简牍收藏在皇宫的藏书阁，张仲景能读得到它简直不可思议，每览则更是天方夜谭，所以说，张仲景既没有看到，更没有读到《扁鹊仓公列传》，故序文开始就以仲景"每览""秦越人入虢之诊，望齐侯之色"，其实不是序之开头语，而是针对《史记》中之《扁鹊仓公列传》而言。既然张仲景没有读过这篇《史记》的论述，就可以肯定是有冒仲景之名而作，且非当朝之作，这个人应是去东汉之后不久，即是当朝宦官，又是当朝为医者且能进入皇宫和藏书阁之人的大作。此不为仲景所撰之三。

按范晔所著之《后汉书》，打开《光武帝记》的第1句就是"世祖光武皇帝讳秀。"其意是皇帝之名是要避讳的，所以自东汉时期的选举制度由秀才而被改为茂才。从考《三国志》之中好像没有发现此记载。汉以后所以不存在其避讳也，故再一次证明此序出自汉后人之笔下生花。

"撰用《素问》《九卷》《八十一难》《阴阳大论》《胎胪药录》，并平脉辨证"，此段版本不同而记述形式不同。《康平本伤寒论》[5]序文对此"23字"是以小字嵌注，出现在序文"勤求古训，博采众方"正文之后间注。因而该版本的校注者对此是持怀疑态度的，一是认为非仲景所撰，因其《伤寒论》所有原文中未见有引用所列经典的内容；二是康平本伤寒论不仅此23字作为小字嵌注，且在各篇中有多处出现小字旁注、间注，且笔者在考证各篇名称时，发现《秦汉史·自然科学》载有："意（谆如意）对诏问所称'大阳'、'少阳'、'阳明'、'厥阴'等名，与《伤寒论》同。"经对照，《秦汉史》与《康平本伤寒论》之称"大阳""大阴"很是吻合，其他版本不见有"大阳"之说，从一个侧面可证实《康平本伤寒论》在未流传到日本之前就是古传本《伤寒论》；三是上述5种古医籍非同一时期成书，且《阴阳大沦》《胎胪药录》早已亡佚。据考南宋官府刻书以国子监刻印（公元1040年）《说文解字》《黄帝内经》等……故张仲景无法作为参考和借鉴。

"余宗族素多，向余二百……伤寒十居其七"，该句段共33字。据《伤寒论文献通考》曰："王粲叙此时之情景云：出门无所见，白骨蔽平原。路有饥妇人，抱子弃草间。"（《七哀诗》），又《三国志·魏志·张绣传》[6]称建安曰"是时天下户口减耗十才一（谓减少十分之九，仅余其一），在诸将封，未满有千户者。"《三国志·魏书·武帝纪》[7]"建安十三年冬，与备战于赤壁 不利，于是大疫，吏士多死，《五行志》亦未载，似可补史之阙……。"且仲景之张氏宗族乃南阳大族，以尊重历史为出发点，伤寒病之惨景与当时当地的史载已成为史实，不管是何人所撰之序，为证实属仲景撰著《伤寒论》。借如此确凿之史料作为佐证是可以理解的。

"上古有神农、黄帝、岐伯、伯高……汉有公乘阳庆及仓公。下此以往，未之闻也"，此句段为43字，可从3个方面剖析：一为自上古至中世到汉，其时间达数千年之久，若不是对中医历史熟悉和对上段已评论的《素问》《九卷》中的黄帝、岐伯对话了解者，是不可如此清楚他们的先后顺序排列的。二是因这些古代名医的经典著作既没有读到也就不应该知道他们的名声；三是张仲景乃东汉末年之人，其下此以往未之闻也，虽没有明言他自己，为什么华佗与他是同时代的名人而他又未提及呢？且依甘伯宗之言，还有他（指张仲景）的师傅以及吴普、他的徒弟卫汛也应列在其中。可见，张仲景明知他所处时代为东汉，而序文是仲景所撰的话，就应称“当代”，或者是以“吾”称，而序中称“汉有公乘阳庆及仓公”。显然这里又露出了马脚，此乃其序非仲景所撰之四。

五、序中“词组”剖析和考释

“怪当今居世之士……危若冰谷，至于是也”，本文无需考证该词组之出处（诸多前辈从《山田氏》《南史》《汉书》《博雅》《说文》等进行考证……），其词出于以上所列部分古籍之中，是对当时社会弊端进行的深刻剖析、揭露当朝的社会陈腐风气，指斥上层宦官的为非作歹；痛批从医之人的学风不正，说他们“竞逐荣势”攀龙附凤，“企踵权豪”，为名利是图；而这些与张仲景之《伤寒杂病论》的文风极不相同、格格不入。再就是联系《伤寒论》原文中巫、凡（庸）医，以致“降志屈节，钦望巫祝”对患民生命造成误诊误治的普遍事实和案例，在《伤寒论》中原文达数十条之多，甚至延误病期而成不可救药之坏病（或六病传变）的实事描述。笔者从另一角度认为罗列此段词组的人应是当时上层人物且能坚持正义而有事业责任心之人，能执笔描述更有可能是知内情者，直言不讳的指出问题所在，担心如果不觉醒将会感到遗害社会，被人民所唾弃，以痛夫！哀乎！发出了“危若冰谷”的呐喊！

“感往昔之沦丧……合十六卷”，此段词组是以建安期间，张氏家族因患伤寒之病而死亡众多，以致张仲景面对伤寒病对宗族造成的灾难无能为力而痛心疾首的史实，记述张仲景从此以悲愤之心而勤求古训，发奋习医而博采众方，既是承上段词组未尽之意的延伸，更是为了本序文的前后连贯而不至于露出破绽，更加油添醋的道出了撰用《素问》《九卷》……等古典医籍，使张仲景之《伤寒论》的理论渊源不至于出现无源之水、无本之木的尴尬局面。所以，成无己就非常灵敏地抓到了这个可乘之机，运筹帷幄地以《内经》的一些基础理论注解了《伤寒论》，所以《注解伤寒论》在明清时代成为被广大学中医之辈的主要读本。说到此，还必须重申序中“为《伤寒杂病论》合十六卷”之说。在序名的收集中已考证说明，《隋志》时只有“张仲景方十五卷”，既不是《伤寒杂病论》之名，也不是“十六卷”而是“十五卷”，足以证实序名及序文非出于仲景之手第五。

“夫天布五行……实为难矣”，此段词组运用阴阳、五行、经络、俞穴的中医学的基础理论知识开始，将步步深入的引出了上古、中世以及汉时的名医，他们都是秉承这些颠扑不破的真理渊源，并联系起现今之医（或是指汉魏晋时代）的墨守成规，各承家技，对待病人潦草塞责，马虎从事的不良医疗作风予以批评。可是我们可以辩证的来看序中所指：按寸不及尺，握手不及足，以及三部、动数发息、不满五十、九候等，可见《伤寒论》《金匮玉函经》原文中虽对脉学已论及 20 多种，还论及趺阳脉所主之病证。可是对人迎、明堂、阙庭尽不见察，因此这种指责已经超出了《伤寒论》所有原文中并无论及的内容，如果是仲景自己所撰序文，他对《伤寒论》中未涉及的内容会有这样的要求吗？而且他本人就是师承于张伯祖，他能批评“各承家技”之当时唯一的传承方式吗？他将自己所学知识和所积累的丰富的临床宝贵经验传授给了弟子卫汛等人，使《伤寒杂病论》传至今日，已经历了 1800 多年，成为当今中医学四大经典中的两种（《伤寒论》《金匮要略》），为历代造就了无数的名医，为中华民族生命息息不止，繁衍昌盛作出了不可磨灭的贡献！可见此段词组并非出于仲景之笔端（之六）。而是一位对中医学之脉学及诊疗技能和对病人极端负责的医者所留下的宝贵遗言。且对脉学的探讨和深究诊察方法，从人迎、三部、九候、曾无髣髴、所谓窥管，实为难矣之语气看来，还有未尽之意、未明之言……。

“生而知之……请事斯语”，这是孔子《论语》中的一段话，当时《论语》同样未刊行面市，仲景哪能读到和引用此语。因此，撰序者代为仲景对所有从医者之谦词，意在哪有天生之才，只有“学而知之”，故用“生而知之者上”以反衬矣！

六、结语

《伤寒杂病论》序名及序文，如果撇开史实，是一篇很好的范文，据我所知，自 20 世纪 50 年代，将赵开美翻刻本启用以来，通过剖析和考释认为存在诸多方面的虚假破绽和非东汉时代的不实之言论，如：一是“序名”可以随着版本的不同，编辑整理者可任意的添加和改写，以致可以说随意杜撰而作，非仲景所撰；二是从序中之重点“字”的考证如“余”“秀”二字为代表来看，并非东汉时所通用之字，亦非出于仲景之笔端；三是以“论曰”一则为例，应是指《史记》而言，从而说明仲景不可能读到《扁鹊仓公列传》，非为序之开端；

四是从序中的重点句段所论之古经典医著，东汉时因既无书写的纸，更无印刷术来出版刊行，仲景不可能作为参考和借鉴或引用，故不为仲景所能撰用的书目，从另一点历史所记载的时间上也不支持，《隋志》《唐志》只记载《张仲景方十五卷》而没有“合十六卷”的《伤寒杂病论》；五是从两大词组（怪当今居世之士、感往昔之沦丧……）的文风、语气与仲景之《伤寒论》和从事临床辨证论治的医疗态度相比是极不相符，故认为仲景绝不会对当代社会风气、某些人的学风说三道四。六是序文中就《伤寒论》原文中完全没有涉及的内容以及张仲景“坚持的各承家技”作法进行指责，而仲景不会自己否定自己，因此断定序非仲景所作。因为仲景本人既是师承张伯祖，又将自己的经验传承给了卫汎等。序虽非仲景所撰写，但仲景为民众救苦救难、尽心尽力撰写《伤寒论》《金匮要略》两部中医经典著作，为中华民族作出的伟大贡献，已经永远载入了华夏文明史册！

参考文献

[1] 钱超尘．伤寒论文献通考［M］．北京：学苑出版社，2007：28～30，57

[2] 吕思勉．秦汉史·自然科学［M］．北京：中国友谊出版公司，2009：598～599

[3] 吕思勉．秦汉史·经籍［M］．北京：中国友谊出版公司，2009：602

[4] 光明中医．古代汉语·与杨德祖书［M］．北京：光明日报出版社，1986：323

[5] 伤寒论版本大传［M］．北京：学苑出版社，2001：61

[6] 陈寿．三国志·魏志·张绣传［M］．北京：中华书局出版发行，2011：219

[7] 陈寿．三国志·魏志·武帝纪［M］．北京：中华书局出版发行，2011：24

［《中医药导报》2012，18（6）：20］

试探“须臾”在《伤寒论》中的含义

张　丽　谷　松　辽宁中医药大学

在《伤寒论》398条原文中，“须臾”一词共出现4次，分别在第338条中出现1次，在桂枝汤、大黄黄连泻心汤、附子泻心汤的煎服法中各出现1次。在古代《伤寒论》的众多注家中，对于这个词未见到更多的注释，只在上世纪80年代起才见到刘福、杨运高等人的专门论作出现。“须臾”作为表示时间的专有词汇，应该怎样理解？笔者试做探究。

一、各时代典籍中“须臾”的含义

查阅相关文献，关于“须臾”的注释大约有如下几种：（1）片刻，暂时。如：《礼记·中庸》：“道也者，不可须臾离也。”（2）48分钟。最早见于《摩诃僧祇律》：“一刹那者为一念，二十念为一瞬，二十瞬为一弹指，二十弹指为一罗预，二十罗预为一须臾，一日一夜有三十须臾。”《一切经音义》载：“二刻名须臾，以子丑等十二时约之，每辰五刻。”（3）刹那，“梵文K－sana的意译，也译作‘一念’、‘须臾’，音译‘乞沙拏’。佛教用以表示最短的时间单位。”见于《俱舍论》卷十二：“何等名为一刹那量？众缘和合去得自体顷，或有动法行度一极微，……如壮士一疾弹指顷，六十五刹那。”另外还有“一念中有九十刹那，一刹那又有九百生灭”，比喻所不能表达的短暂时间。以上几种说法，除了“片刻、暂时”外，均来自佛典。

二、各医家对《伤寒论》中“须臾”的不同理解

在治学《伤寒论》的医家中，以刘福、杨运高[1]为代表认同“四十八分钟”之说，在刘氏认为在桂枝汤的煎服法中“服桂枝汤以后喝热稀粥的时间，对于桂枝汤药力的发挥有很大关系。”[2]且原文中明确“啜热稀粥”的目的是为“助药力”。并且刘氏认为“倘若喝热稀粥太早，药粥相搏，必致药力不能充分发挥作用；若喝热粥太迟，就无充足的水谷之气相接续，必致汗源不足，有伤正气，影响桂枝汤解肌发汗，调和营卫的作用。邪不能随汗而解，造成疾病的传变，其害无穷。”在目前可查阅到的文献中，这种说法占多数。而尤焕文则认为“其应属古汉语原有的‘不定词’一类，而非梵典所指具体为‘一须臾是48分钟’的概念”。[3]尤氏认为：“同一书内的同一词语，应作同一解释。参阅宋本《伤寒论》第338条所载‘蛔厥者，其人当吐蛔。……蛔上入其膈，故烦，须臾复止……。’目前多认为此属胆道蛔虫症，……且呈阵发性，间隔时间不等，但以短暂者居多，却不一定是48分钟”。[3]并且，在桂枝汤煎服法中，“如果进粥时间晚于服药达48分钟之久，当药力早已发生作用时，津液配合不够及时，恐难达到辅助药力的目的，则似嫌过迟”。[3]

三、“四十八分钟”之说值得商榷

笔者认为，在这里将“须臾”释为“四十八分

钟”值得商榷。首先，在东汉以前的著作中，就已有“须臾”一词了。成书于战国时期的《荀子·劝学》中就有：“吾尝终日而思矣，不如须臾之所学也。”在《礼记·中庸》中也有：“道也者，不可须臾离也。”这两句话中的“须臾”都作“片刻，暂时”解。一般说来，语言是社会成员千百年形成的共同习惯，同一时代，同一地域或同一个人的语言习惯是不变的。同是汉代的医学著作《内经》中，也出现过“须臾”，《灵枢·玉版》中有：“能使其民令行，禁止士卒无白刃之难者，非一日之教也，须臾之得也。”这其中的“须臾之得”被翻译为“片刻间的收获”[4]、“短时间可以取得的成效”[5]，从这里可以看出，到《内经》成书时“须臾”作为表时间的专有词汇，一直作“片刻，暂时”理解。

而“四十八分钟”一说源自于外来的佛经著作。自汉代佛教传入我国，对我国的文化、思想等领域都造成了不同程度的影响。“从语言方面说，通过佛经翻译，输入了大量佛教词汇。”[6]“佛经的翻译活动实际上是在用汉语复制原经文，但这并不是简单的复制，因为这两者语言习惯迥然不同，所以，在意译或直译的过程中，就出现了大量的新的汉语词汇。”[7]其中有音译词汇，如“魔”“菩萨”等。有意译词汇，这一部分数量极为庞大，如“色”字，在汉语言中，“色”本指颜色；佛典中，“色”相当于物质的概念，但并非全指物质现象。如此，自两汉开始的佛经翻译，大大丰富了汉语词汇的含义。两晋时期的佛经翻译，为了使其“思想内容切合当时社会的需要”，“多删节移动，并不十分忠实原著”。[9]这类译经多用中国老庄哲学和魏晋玄学的名词、概念去附会解说佛家思想。[8]据任继愈先生考证，《摩诃僧祇律》是东晋时期由高僧法显西去中印度求得的梵本。在《中国佛教史》中也记载：《摩诃僧祇律》是由佛陀跋陀罗与法显于义熙十二年（公元416年）于道场寺中共同译出的。《俱舍论》是由唐代高僧玄奘于印度求得并翻译的。可见，“须臾”一词出现在我国翻译出的佛经中，已经是张仲景辞世近200年，而用后出现的词义解释前代的著作，笔者认为难免会有偏差。

一般说来，同一作者在同一作品中的同一词汇，在同一语法环境下其含义是相同的，可以前后互参以确定其词义，故而完全有理由认为在《伤寒论》中出现了4次的“须臾”为同一含义。除在桂枝汤的煎服法中有“服已须臾，歠热稀粥一升余，以助药力。”在二泻心汤煎服法中也有“……以麻沸汤二升渍之，须臾绞去滓，分温再服。”先不论桂枝汤煎服法中之“须臾”究竟是多久，但可以肯定的是，大黄黄连泻心汤证是“邪热聚于心下，不比结胸之大实大坚，故用沸汤渍绞大黄、黄连、黄芩之汁温服，取其气味皆薄，则性缓恋膈，能泄心下痞热之气……”[10]刘渡舟也认为“……须臾绞去滓”是为“……少顷即饮，取其气而薄其味，则清热消痞的作用限于气分，而不令大泻下。”[11]在这里，姑且认为“须臾”为“48分钟”，那么药物如果在沸汤中一直保持沸腾状态，就变成了“煮”或“煎”，而不能称之为“渍”了；如果药汁不保持沸腾，一般状态下48分钟后药汁早就凉了。假如仅渍“刹那”恐药物的有效成分尚未溶入汤中，谈何发挥药效。可见，在这里“须臾”应理解为“少顷”。

在乌梅丸证中“……蚘上入其膈，故烦，须臾复止，得食而呕……”，本条论述的是脏厥与蛔厥的鉴别与治疗。脏厥的特点是“其人躁无暂安时”，而蛔厥的特点是时发时止，“尤其是蚘虫所致的心烦，是由于蚘虫上犯胸膈，而蚘虫是时动时止的，患者也必时烦时静，……而且蚘虫多是闻到食臭才活动，所以常在进食之后，呕而又烦……”[12]寒就温而“上入膈，故烦”“……很快得温而静，胃中蚘虫闻食味而复出扰动……”[13]，由此，“须臾”应有不久之意。

另外，在《伤寒论·序》中：“观今之医，不念思求经旨，以演其所知，各承家技……相对斯须，便处汤药……明堂阙庭，尽不见察，所谓窥管而已。”是张仲景揭露当时的医生在诊察询问病人病情时不够认真、全面，面对病人片刻就处方用药。其中的“斯须”应理解为“片刻，短时间”。而在《礼记·祭义》中有“礼乐不可斯须去身。郑玄注：斯须，犹须臾也。”[14]这也佐证了“须臾”当为“片刻，短时间”之义。

四、结论

综上所述，无论从文字训诂学的角度探究，还是从疾病的病机变化方面理解，《伤寒论》中的“须臾”都应该理解为“片刻”或“短时间”为宜。这不仅符合语言学规律，更接近《伤寒论》中的学术思想。“四十八分钟”“刹那”等含义，从语言学方面考证，系从《伤寒论》问世后200余年佛经传入的译本演绎而来，从发展时序来看显然不妥；以绝对时间单位来解释症状出现的时间或服药时间也过于绝对化，不符合张仲景原意[15]。

参考文献

[1] 杨运高．伤寒论语言研究新进展［J］．国医论坛，

1998（1）：26～29.
［2］刘福．伤寒论须臾小议［J］．中医杂志，1982（4）：78.
［3］尤焕文．亦谈《伤寒论》“须臾”本义［J］．中医杂志，1983（3）：80.
［4］牛兵占．黄帝内经译注［M］．北京：中医古籍出版社，2009：356.
［5］张登本．全注全泽黄帝内经［M］．北京：新世界出版社，2008：304.
［6］马祖毅．中国翻译史话［J］．安徽大学学报：哲学社会科学版，1978（1）：83～99.
［7］杜爱贤．谈谈佛经翻译对汉语的影响［J］．世界宗教文化，2000（2）：48～49.
［8］袁荻涌．汉魏六朝的佛经翻译［J］．历史教学，1992（2）：50～52.
［9］任继愈．宗教大辞典［M］．上海：上海辞书出版社，1998：112.
［10］关庆增，陆云平．伤寒论古今研究［M］．沈阳：辽宁科学技术出版社，1994：1123.
［11］刘渡舟．伤寒挈要［M］．北京：人民卫生出版社，1983：94.
［12］李克绍．伤寒论语释［M］．济南：山东科学技术出版社，1982：285.
［13］冯世纶．胡希恕讲伤寒杂病论［M］．第2版．北京：人民军医出版社，2009：186.
［14］罗竹风．汉语大词典（第6卷）［M］．上海：汉语大词典出版社，1991：1064.
［15］赵天才，杨景锋．《伤寒论》与《金匮要略》中一词多义举要［J］．辽宁中医杂志，2010，37（1）：73.

［《辽宁中医药大学学报》2012，14（1）：113］

宋代经学学风对宋金元时期伤寒学术研究的影响

谷建军
辽宁中医药大学中医文化研究中心
庄乾竹　中华中医药学会

我国经学的发展，按《四库全书总目·经部总叙》云：“自汉京以后垂二千年，儒者沿波，学凡六变”“要其归宿，则不过汉学、宋学两家互为胜负。”[1]西汉至唐代及清代以汉学为学术主流，宋学则兴盛于宋金元时期和明代。《伤寒论》经北宋校正医书局整理刊行方流传于世，宋金元时期是伤寒学术获得广泛研究的第一个阶段。清人邵辅序《儒门事亲》云：“医家奥旨，非儒不能明。”[2]宋代伤寒学术研究受到经学学风的重大影响，一是宋学经典辨疑思潮的形成与深化，一是汉唐经学余波在宋学中的延续。

一、宋学经典辨疑思潮对伤寒学术研究的影响

宋代是经学变古的时代，宋代儒者治经不再遵从汉学章句训诂的传统方法，探求经典的本意或原意，对经典的研究大多趋向于义理的探索，更重视经典的推说与引申意义。同时，由于经典文本在流传过程中出现了各种复杂变化，宋儒对儒家经典本身的真实性提出怀疑与考辨，以恢复其本来面目。宋学的这种经典辨疑思潮对当时的医学发展产生了重大影响，为宋金元时期伤寒学术研究的主要表现形式。

（一）以己意解经发挥伤寒思想

北宋仁宗庆历（1041～1048）年间，经典辨疑思潮开始全面兴起，宋儒摆脱了汉学的章句之学，从经典的要旨、大义、义理着眼，即阐释微言大义，以探究其丰富的内涵。这种阐释微言大义的方法较少依据传统文献，而是“以己意解经”“议论解经”，采取以“我”为主的态度。尤其王安石在熙宁四年（1071）主持科举改革，进士科考专考经义、论策，要“务通义理”，“对于当时学风产生了广泛而深远的影响”[3]185。

林亿等整理的《伤寒论》《金匮要略》等医籍于熙宁二年（1069）以后陆续刊行，最早的《伤寒论》研究著作为韩祗和的《伤寒微旨论》，刊行于1086年。以此书发端，大多数《伤寒论》研究著作均采用“以己意解经”“议论解经”的方法发挥伤寒思想，基本脱离了仲景《伤寒论》原文，为宋金元时期伤寒学术研究的主流。

其一、篇章结构与内容均脱离仲景原文。如韩祗和《伤寒微旨论》，上下两卷，共15篇，卷上第一篇为“伤寒源篇”，阐述伤寒的病因病机。韩氏认为，伤寒由冬季感受寒毒杀厉之气，阳气内郁，寒冬过后，伏阳得发，至春为温病，至夏为热病。此论完全与《伤寒论》原文无关，为韩氏以已意发挥伤寒之说。又如庞安时《伤寒总病论》，6卷55篇，亦与《伤寒论》10卷22篇相去甚远。其中，多个篇章论述温病与暑病，尤其第五卷，主要论述天行温病，其温毒五大证源自《千金方》，亦非《伤寒论》所载者。

其二、发挥仲景未尽之意，补未备之方。在韩氏以“寒毒”阐释伤寒的病因病机之后，庞安时继承韩氏之论，深入发挥之，将感受寒毒发病扩展为

四时伤寒。冬时即病为伤寒，不即病者至春发为温病，至夏为热病，因八节虚风而变为中风，因暑湿而变为湿病，因气运风热而变为风温，以成“寒毒说”，为伤寒学术发展中的重要学说之一。韩氏论中方药也多非仲景方，如“可汗篇”之调脉汤、葛根柴胡汤、人参桔梗汤等。韩氏之发挥己意，后世有赞誉也有批评，如《四库全书提要》云：“大抵推阐张机之旨，而能变通于其间。其可下篇不立汤液……然当以脉证相参……不宜矫枉过直，竟废古方”[1]862。另庞安时温毒五大证立方八首，如柴胡地黄汤、石膏竹叶汤等，皆非仲景方。

宋金元时期的其他伤寒著作，如朱肱的《伤寒类证活人书》，许叔微的《伤寒九十论》《伤寒发微论》，郭雍的《伤寒补亡论》，杨士瀛的《仁斋伤寒类书》，刘完素的《伤寒标本心法类萃》，马宗素的《伤寒医鉴》，王好古的《阴证略例》等，均表现出这种脱离《伤寒论》条文，以己意解经，发挥仲景未尽之意的特点，使这一时期的伤寒学术研究趋向于多元化和实用性，与当时儒者治经重在自得、发挥义理与经世致用的特点完全一致。

（二）错简重订思潮的滥觞

错简重订派是伤寒学派内部的重要派系之一，发端于明代末年方有执的《伤寒论条辨》，由此展开了错简重订与维护旧论之争，争鸣的焦点在于王叔和整编的《伤寒论》是否为仲景原貌。这种错简重订的思想可以追溯到元代朱丹溪，其《伤寒辨疑》实为错简重订思潮的滥觞。

朱丹溪号称“东南大儒”，受业于金华四先生之一白云山人许谦，为朱熹金华朱学的传人。朱熹所在的南宋时期是经典辨疑思潮的深化时期，其辨疑涉及经史子集诸经典文献近五十种，正是当时疑经改经的代表人物。金华朱学的传人继承了朱熹的经典辨疑思想，如王柏及其弟子金履祥（金传于许）为晚宋时期疑古的代表。这种疑古思想被朱丹溪引入《伤寒论》的研究中，著成《伤寒辨疑》一书。遗憾的是此书已亡佚，无法得见朱氏辨疑的内容与方法，仅在戴良《丹溪翁传》中可见零星记载，现引述于此。

“罗成之自金陵来见，自以为精仲景学。翁曰：‘仲景之书，收拾于残篇断简之余，然其间或文有不备，或意犹未尽，或编次之脱落，或义例之乖舛，吾每观之，不能以无疑。’因略摘疑义数条以示”[4]。从文中可知，朱丹溪对《伤寒论》的看法执错简重订之说，质疑王叔和的整编，认为有错误与脱漏，需重新考订整理。惜其书之不传，不然，以丹溪之学养，必有可称道之处。

晚宋的经典辨疑思潮一直延续到明末，《伤寒论》错简重订与维护旧论的派系之争正是延续了这一思潮的余波，发端于朱丹溪《伤寒辨疑》，终由涓涓细流而致滔滔江河。

二、汉唐经学余波对伤寒学术研究的影响

虽然经典辨疑思潮是宋学的主流，但汉唐经学在北宋早期仍然有很大影响，宋太祖、太宗曾组织学者对《周易》《尚书》《论语》《尔雅》等经典以汉唐经学的校勘注疏方法进行整理。宋初的官方经学大体上沿袭了汉唐注疏之学的传统[3]155，学者多守章句注疏之学。《伤寒论》早期研究均偏向于义理的发挥，著作虽多，尚无人对其进行全面注释，不能不为一大缺憾。因此成无己以两汉经学的注经方法对其进行了第一次全面注释，即《注解伤寒论》，也是宋金元时期唯一一部全面注解《伤寒论》的著作。

两汉经学从注经方法上偏重文字训诂，疏通句意，随文注经，很少偏离经文而随意发挥义理。这种注经方法引入医学，在中医经典注释中比较有代表性的就是王冰注《素问》。成无己的注解方法基本沿袭了王冰注《素问》的形式。

（一）以经证经注释《伤寒论》

经学的注经方法，按《清稗类钞》引清人叶奂彬言：“经有六证，可以经证经，以史证经，以子证经，以汉人文赋证经，以《说文解字》证经，以汉碑证经。”[5]以经证经是经典的注经方法，如以《礼》证《易》，以《春秋》证《易》，以《春秋》证《礼》等。王冰注《素问》引用诸家经典文献40余种，如《易》《尚书》《老子》《庄子》等，医学典籍如《灵枢》《针灸甲乙经》《神农本草经》等。成无己注解《伤寒论》同样采用了以经证经的方法，《伤寒论》本身不称“经”而称“论”，故学术界称之为“以经释论”。

一般谈到《注解伤寒论》引用的经典，首先是《内经》《难经》，因此有“以经释论、以论证经”之说。而成氏并非仅使用《内经》《难经》条文进行注解，除《内经》《难经》外，其书还大量引用了宋以前其他文献。如少阳病提纲“少阳之为病，口苦，咽干，目眩也”[6]277，成氏先引《内经》文：“《内经》曰：有病口苦者，名曰胆瘅”，再引《针灸甲乙经》文：“《甲乙经》曰：胆者中精之腑，五脏取决于胆，咽为之使。”[6]277又如对炙甘草汤方

主治脉结代之注释：《脉经》曰："脉结者生，代者死。"[6]266

成氏注解《伤寒论》还引用了儒家经典，《论语》一条，《易》一条。如阳明病郑声，注曰："郑声者，郑音不正也。《论语》云：恶郑声之乱雅乐"[6]270。辨脉法篇"寸口脉浮而紧，浮则为风，紧则为寒。风则伤卫，寒则伤荣，荣卫俱病，骨节烦疼，当发其汗也"[6]208。成氏注曰："《脉经》云：风伤阳，寒伤阴。卫为阳，荣为阴，风为阳，寒为阴，各从其类而伤也。《易》曰：水流湿，火就燥者是矣"[6]208，以《易》理辅证《脉经》释"风则伤卫，寒则伤荣"。

成氏也引用了部分北宋当代文献，如赤石脂禹余粮汤一方，成氏注："《本草》云：涩可去脱，石脂之涩以收敛之；重可去怯，余粮之重以镇固"[6]261，其中"涩可去脱""重可去怯"文引自唐慎微《证类本草》。

成氏注解《伤寒论》引用的宋以前医学文献有《素问》《灵枢》《脉要》《难经》《金匮要略》《金匮玉函经》《脉经》《针灸甲乙经》《诸病源候论》《千金方》《外台秘要》，北宋当代医学文献有《证类本草》《圣济总录》，儒家经典《论语》《易》，另外还引《正理论》一条，《正理论》是印度婆罗门教哲学著作。

成氏引用的文献，几乎把当时能见到的中医经典搜罗殆尽。宋以前医学典籍11部，北宋医学典籍2部，儒家经典2部，印度经典1部，计16部早期经典文献。正如《清稗类钞》所云："不通群经，不能治一经，此解经第一要义也"[5]，也表明成氏深厚的学术功底，以及何以耗时四十年方完成这样一部著作。

（二）朴实解经申明仲景原意

汉学治经重视训诂，训解字词，解释句意，而后探求文本原义。成氏注解《伤寒论》采用的就是这种朴实解经的方法，完全尊重《伤寒论》原文，清人郑佐新刻《伤寒论》序云："依文顺释，如传大将之令于三军，不敢妄为增易"[7]。

训解字词是训诂学的基本方法。《注解伤寒论》训解字词之处很多，有音训者，有义训者，成氏将生僻字列于每卷之末，称为"音释"。如卷一平脉法第二，"卫气弱，名曰惵"[6]216，关于"惵"字，卷末音释："惵，徒烦切，动惧貌"[6]219，在条文下注："惵者，心中气动迫怯"[6]216。

如条文内容比较简单明了，成氏便随文释义，简单解释句意。如平脉法"荣气盛，名曰章"[6]216一条，注曰："章者，暴泽而光。荣者，血也，荣华于身者也。荣盛故身暴光泽也。"[6]216

若条文内容较难较复杂，则多方引证，探求其内在含义。如卷三辨太阳病脉症并治第六，太阳病中风，火劫发汗，致发黄、欲衄、小便难、但头汗出、喘、谵语、哕、手足躁扰、捻衣摸床等症一条，成氏四处引《内经》条文申明其理，如"《内经》曰：诸胀腹大，皆属于热。腹满微喘者，热气内郁也。《内经》曰：火气内发……若热气下入胃，消耗津液……久则胃中燥热，必发谵语。《内经》曰：病深者，其声哕。火气大甚，正气逆乱则哕。《内经》曰：四肢者，诸阳之本也。阳盛则四肢实，火热大甚，故手足躁扰，捻衣摸床，扰乱也。"[6]249～250

成氏之注释至为经典，后世评价甚高，金本《注解伤寒论》魏公衡序云："张仲景所著《伤寒论》，聊摄成无已为之注解，言意简诣，援引有据，直本仲景之旨，多所发明，非医家余书传释比。"[8]

综上所述，宋金元时期伤寒学术研究受到宋代经学学风的重大影响，呈现出三种学术风格。一为经典辨疑思潮影响下的以己意解经，发挥仲景未尽之意，以韩祗和、庞安时、朱肱、许叔微等为代表，成为当时伤寒学术研究的主流；一为经典辨疑思潮影响下的错简重订思潮的滥觞，以元代朱丹溪为代表，虽然当时其势尚弱，但对后世影响深远；一为汉唐经学影响下的以经证经注释《伤寒论》，朴实解经申明仲景原意，以成无已为代表，其《注解伤寒论》为注释《伤寒论》的经典之作。宋金元时期是伤寒学术研究的第一个高潮期，学术成果极为丰硕，为明末清初第二次学术高潮的兴起打下了坚实基础，宋代经学学风在其中起到了重要作用。

参考文献

[1] 清·永瑢．四库全书总目［M］．北京：中华书局，1965．

[2] 金·张从正．儒门事亲［M］．王雅丽点校．北京：中国医药科技出版社，2011：1．

[3] 杨世文．走出汉学［M］．成都：四川大学出版社，2008．

[4] 王云五．丛书集成：元·戴良．九灵山房集［M］．北京：商务印书馆，1937，(2册)：76．

[5] 清·徐珂．清稗类钞［M］．北京：中华书局，1965：1984．

[6] 文渊阁四库全书：金·成无已．伤寒论注释［M］北京：中医古籍出版社，1986

[7] 金·成无已．注解伤寒论［M］．张立平校注．北京：学苑出版社，2009：1．

[8] 王瑞祥．中医古籍书目提要［M］．北京：中医古籍出版社，2009：150.

［《世界中西医结合杂志》2012，7（10）：834］

张卿子《仲景全书》版本流变简考

胡正刚　浙江中医药大学
陈　莉　中山大学图书馆

1599年，明·赵开美校订版《仲景全书》（以下简称赵版）问世，其中汇编入的有宋本《伤寒论》、成无己《注解伤寒论》、宋云公《伤寒类证》《金匮要略方论》四书，而北宋元佑三年（1088年）刊行的小字本《伤寒论》尤为可贵，以致于赵版《仲景全书》成为研究伤寒之学不可替代的文献资料，一直被中医界视为仲景经典著作标准本。明末清初，张卿子从临床角度考虑，为了便于医生阅读医典，又广参诸家，略述己意，汇订《张卿子伤寒论》，再合上赵版《仲景全书》内的《金匮要略方论》《伤寒类证》而成三书汇集本张卿子手定版《仲景全书》。此书很快流传到日本，后于清末民初又经在上海行医的一日本医家再传入我国，又形成两个修订本的张卿子版《仲景全书》。由于张卿子各版《仲景全书》版本不同，所含书目有别，临床指导价值亦不尽相同，容易混淆，因此有必要理顺各版本之间的流传关系。就文献价值而言，明·赵开美版系列《仲景全书》毋庸置疑尤为突出（现国内研究此版本较为详实）；清末民初版张卿子版《仲景全书》文献价值要逊色得多，但从研究伤寒学的临床指导价值来说却不容忽视。兹就张卿子版《仲景全书》系列版本的来龙去脉和区别考析如下。

张卿子手定版《仲景全书》的刊刻及传播

张遂辰（约1589年～1668年），字卿子，号相期、西农老人，学宗伤寒，为钱塘三张之首。其临床经验十分丰富，学术思想主要反映于《张卿子伤寒论》，是书撰于1624年，又名《集注伤寒论》《伤寒论集解》。其书述多著少，博采众家，增补成注，间或参诸已见，文词简约而多有心得之言。后张氏在原明·赵开美本《仲景全书》基础上，结合临床实际和医生学习仲景著作方便的需要，亲自手定明末清初张卿子本《仲景全书》，该书十六卷，由张卿子《集注伤寒论》十卷、张仲景《金匮要略方论》三卷、宋云公《伤寒类证》三卷三本书组成。

明末清初版张卿子《仲景全书》是以《注解伤寒论》为底本和赵版《（翻刻宋板）伤寒论》为参校本，参以26位医家伤寒解悟心得所成的《集注伤寒论》，加上赵开美本《金匮要略方论》、宋云公《伤寒类证》以及赵开美序·严器之序·未详氏后序（疑为林亿在整理宋本《伤寒论》后所为）·张机序·林亿等序·元佑碟文·医林列传而成的。此书很快传入日本，被日本藏书界和汉方学界所重视，在日本被称为江户版《仲景全书》，其刊印经过如下。

①万治二年（1659年）寺叮弥兵卫等刊本。

②宽文八年（1668年）秋田屋总兵卫藏版本。

③宽文八年（1668年）上村次郎右卫门藏版本。

④宝历六年（1756年）出云寺和泉等京都十书坊再校本。

⑤宽政元年（1789年）芳兰榭藏版·林权兵卫等印本。日本江户时期总共有五版印行，是以此张卿子所手定的3书16卷版本为同一基本底本的。日本研究伤寒的学者小曾户洋和真柳诚氏皆藏有此版书目，反映日本学者对这一时期我国流人日本中医文献的重视程度。

图1

图2

图3

图4

注：上图2，藏本为真柳诚氏所藏川[1]

张卿子手定的《仲景全书》又一次推动了成无己《注解伤寒论》的刊行和普及，历史上成无己《注解伤寒论》确实在一段时期替代了宋本《伤寒论》的流布。这主要因为成无己《注解伤寒论》为最早的全注本，运用《内经》《难经》理论作注，并通过《伤寒论》从临床角度证明《内》《难》理论的正确性，采用阴阳、寒热、虚实、气血、营卫、正邪进退等观点，明辨其义，对《伤寒论》中具体方药，皆以《内经》性味学说为依据，详予解析，以经解经、以论证论而文词简约，义理显彰，便于临床医生查阅玩读。张氏认为：“仲景之书，精入无伦……聊摄成氏引经析义尤称详洽……故悉以旧本不敢去取。他如叔和……东垣、丹溪、安道，近代如三阳、宇泰诸君子，单词片语……实深得长沙精义，急为采入，以补六经未发之旨。”张卿子参考了赵氏宋本《伤寒论》，据成氏原本，增以后贤发明，使成本书益臻完备。因此在临床医生心目中，《张卿子伤寒论》一书在手，便可了解较有代表性伤寒医家之长，反而比原版《伤寒论》便于查阅指导临床。赵开美本《金匮要略方论》、宋云公《伤寒类证》仍保留在张卿子手定的《仲景全书》中，这就形成了3本汇集本《仲景全书》。

张卿子3书16卷汇集本《仲景全书》很快传入日本，如日本宝历六年所刊行的16卷本《仲景全书》即是以之为底本的，清末民初张卿子本的《仲景全书》在国内亦不多见。其文献价值体现在日本江户年间前后五次印刷出版上，江户刊本《仲景全书》对日本汉方医学界学习、研究和传播仲景之学意义重大，而且此版《仲景全书》又经一在上海行医的日本医家再传入我国，时值清光绪年间，后又经两次修订，清末民初4书汇集本、5书汇集本《仲景全书》相继刊行，功在张卿子版。

清末民初《仲景全书》的刊刻及传播

清末民初，张卿子3书16卷汇集本《仲景全书》传回中国，只不过已经过日本医家进行再注释。如《伤寒论集注》十卷医林列传·张机下注有小字“东汉献帝建安中人日本仲哀天皇”；《伤寒类证》三卷终有“万治贰（已亥）历夹钟良日”，“宝历六丙子秋再校京师书坊”，下注人名如：出云寺和泉、村上堪兵卫……中野宗左卫等。今将真柳诚氏所藏及刊发的资料附于下。

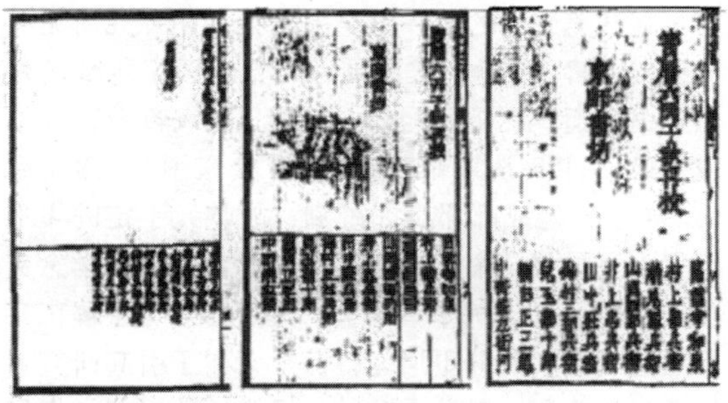

图8　　图7　　图6

注：上图6，藏本为真柳诚氏藏

如果再与清末民初胡乾元手定四书汇集本《仲景全书》和南海何如经修订版五书汇集本《仲景全书》对比，不难看出其中的一脉相承关系。

张卿子十六卷汇集本《仲景全书》何时何地经何人再传入中国？在胡乾元重刊《仲景全书》叙中记载较详：“余幼不知医，因室人产后咳嗽……年余而病益加剧，友人朗然江翁代延曹乐斋先生至舍诊视”，曹乐斋认为属误治，用运气学说断为“尸棺墓已全，毫无生气”，后果如所言，其室人病经曹氏治疗小转后仍无可救药而亡。胡乾元尤为感伤，“乃踵门而请业”于曹乐斋，尽得心要，感慨“……而运气之心法尤罕有言焉，余承师授《运气掌诀录》……四十余年矣。逭余长孙于沪上与日本医人交好，见案头有伊国所刻《仲景全书》，而告余，余曰：噫，此仲圣之原书，中国所传久经窜易，不图完璧尤存于海外……明年吾孙至沪……（日本）医人曰：吾国之书版焚毁已数十年，此吾祖之所遗也。予（胡乾元）孙力借之以归。予欣然展读与予藏运气秘峡正相符合……予幸睹其全，因亟为抄出而归之成。都邓少如氏愿为重刻以公诸世，即举以付，并将《运气掌诀录》一册附列于后，读者得以互相印证，稗先圣遗篇不致失传于东土，斯则医林之大幸矣。大清光绪十八年九月望日，武阳胡乾元子善氏序。”[2]

由这段序言得知：光绪年间江西（武阳属于江西，离南昌不远）胡乾元学医于当地（武阳）曹乐斋先生，得《运气掌诀录》，后其孙结识上海一日本籍医生而有缘得见张卿子16卷汇集本《仲景全书》。胡乾元得此书后尤为重视，及时抄录交于成都邓少如校刻出版，并在原来3本16卷本基础上附上《运气掌诀录》1册，具体时间为光绪十八年九月，即1892年9月（胡乾元此处也犯了一个错误，即误认为张卿子十六卷汇集本《仲景全书》为明·赵开美刊本的《仲景全书》了。胡乾元所见其中运气图解，《运气掌诀录》与日本医生所藏《仲景全书》运气图解相同的，其实只是一部分，即原成无己《注解伤寒论》前面10余张图）。两年后（1894年）经成都邓少如校刻，胡乾元手定的4书汇集本《仲景全书》终于问世。此版的文献学意义在于保存了《运气掌诀录》，使成无己《注解伤寒论》运气图解部分更加完备，意义在于引起研究者从经络学说和运气学说探讨六经辨证的规律，指导临床。诚如曹乐斋在《运气掌诀录·序言》中云："……奈何今之医者全不知运气为何物，反渭泥专执术之方以害人，张子和曰，不读十二经络，开口动手便错，不通五运六气，捡尽方书何剂以投……经曰必先岁气，毋伐天和，又曰不知年之加临，气之盛衰，不可以为工……余兹纂本古今之医统，录《素问》运气六节脏象论、五运五行论、指微要论、至真要论，便知运气之源，详考逐年司天在泉、太过不及、主运客运、天时民病，立局于后，以便取证。"曹乐斋之用心可谓良苦。

光绪二十年（1894年），成都崇文斋邓少如4书汇集本刊行，两年后（1896年），广东文隆阁校刊、南海何如经校字5书汇集版《仲景全书》修订出版。其书21卷书目包括：张卿子《集注伤寒论》10卷；《金匮要略方论》3卷；宋云公《伤寒类证》3卷；曹乐斋《运气掌诀录》1卷；成无己《伤寒明理论·附药方论》4卷。

此版又在邓少如版的基础上增补《伤寒明理论·附药方论》4卷，进一步突出成无己晚年著作对临床的指导意义，其中卷一到卷三论述恶寒、发热等50个伤寒症状，先明确证象及病理病机，然后对此证候进行详细的分析和类证鉴别；卷四对《伤寒论》中桂枝汤、麻黄汤等20首主要方剂，分别析明其君、臣、佐、使，并本《内经》《难经》之理，逐一分辨其药物的性味与功能，鉴别临床复杂症状，对熟悉伤寒之理、经方之妙无疑很有帮助。

中山大学图书馆藏南海何如经修订5书汇集版《仲景全书》一套：书名题为《成注仲景全书》，8册，白口，单黑鱼尾，左右双边，每半叶11行，行22字，行宽13.0cm，行高17.5cm。此书由5种书汇集而成：《伤寒论集注》10卷、《金匮要略方论》3卷、《伤寒类证》3卷、《运气掌诀录》1卷、《伤寒明理论》3卷附药方论。

内封阳面题：仲景全书（篆体大字）；左上附有小字：《伤寒论集注》十卷、《金匮要略方论》三卷、《伤寒类证》三卷、《运气掌诀录》一卷、《伤寒明理论》三卷附药方论。

内封阴面题：丙申二月羊城/文陞阁校刊。

《金匮要略》内封阴面题：广州文/陞书局刊藏

《伤寒类证》三卷、《伤寒明理论》三卷的内封阴面皆题：光绪丙申/文陞阁刻

中山大学图书馆所藏5书汇集版《仲景全书》书中的《运气掌诀录》1卷，实脱胎于成都崇文斋邓少如4书汇集本《仲景全书》，后加《伤寒明理论·附药方论》，其中初版来源于日本，"宝历六丙子秋再校京师书坊"，下注人名如出云寺和泉、村上堪兵卫……中野宗左卫等，仍明晰可见。

此五书汇集版《仲景全书》刊行后，亦得以流传重刊。据笔者调查，此版本之后，还有以下4种版本：

①民国五年（1916年）千顷堂书局石印本。

②民国十八年（1929年）受古·中一书店石印本。

③民国二十一二年（1934年）千顷堂书局再印本。

④民国六十一年（1972年）台湾集文书局影印本

以上4种版本的刊行，皆以广州南海何如经的5书汇集本为底本影印。

图9

图10

图11

图12

清末民初，南海何如经修订5书汇集版《仲景全书》文献价值虽难与赵版《仲景全书》媲美，但清末民初及建国后诸多再刻本《仲景全书》皆从此本出，其文献版本学价值不容忽视，随着时间推移，这种价值将更明显。从临床指导意义而言，由于本版是在张卿子3书16卷汇集本《仲景全书》基础上进行了二次修订和增补，保留了成无己以经解经、以论证论《注解伤寒论》的原貌，参以宋版《伤寒论》和后世25位著名伤寒学家评注，及成无己后期注重类证鉴别和经方解析指导临床的《伤寒明理论·附药方论》、曹乐斋探讨运气与六经辨证之间关系完备至善的《运气掌诀录》，另外保存了赵本《仲景全书》内宋版《金匮要略方论》和宋云公《伤寒类证》等共5书，所以是临床医生研究伤寒学说非常实用而且较为方便的版本，值得后世研究伤寒者研究和借鉴。

参考文献

[1] 真柳诚.《仲景全书》题解[M]. 和刻汉籍医书集成第16样. 1992：3.
[2] 胡乾元. 重刊《仲景全书》叙[M].《仲景全书》成都崇文斋本. 1894.

[《中医文献杂志》2012，1：5]

论张仲景“客气”之意

李宇铭　北京中医药大学
第一临床医学院东直门医院

在张仲景书中，“客气”作为一独特词组多次出现，一般“客气”的解释为“即邪气。因邪从外来，故称客气”，或“即外邪。邪气从外而来，非身体素有，故称客气”。可是，在张仲景书中已有“邪气”一词，为何此处特别用“客气”，而不直接用“邪气”？通过仔细比较各条相关的经文，发现“客气”的原意更为深刻，是张仲景所独创，与《黄帝内经》的用法有所不同。

一、《黄帝内经》中的“客气”

在《黄帝内经》中[1]，“客气”一词只出现过3次，其中两次条文相近。《素问·标本病传论篇》说：“人有客气，有固气，小大不利治其标，小大利治其本。”《灵枢·病本》说：“有客气，有固气，大小便不利治其标。大小便利治其本。”这两条的“客气”与“固气”，一般解释为客气是指外感邪气，固气则是体内本来的病气。可是，这种解释与上下文没有联系，而这段经文在《内经》中出现过两次，错简之误较微。联系后文的讨论小大不利的问题，客气与固气，似乎是指这两种标本的情况：假若病见大小便不利，无论有何旧病皆先治二便不利之标，此情况则称为“客气”；若大小便通，则可治其固有的本病，此则成为“固气”。因此，“客气”的意思是指新病，而且是较重要需要先治的标证。

《黄帝内经》的另一处“客气”，在《素问·六元正纪大论篇》：“有假其气，则无禁也，所谓主气不足，客气胜也。”“客气”相对于“主气”而言，而主气与客气在《素问·至真要大论》中有详细论述，如：“客主之胜复奈何？岐伯曰：客主之气，胜而无复也。帝曰：其逆从何如？岐伯曰：主胜逆，客胜从，天之道也。”主气与客气，是五运六气学说的理论，主气指四时六步之气，客气指每年司天在泉之气。

另外，《黄帝内经》中尚有“邪气客于……”的类似句法，如说“风寒客于人”“邪气之客于身也”“虚邪因而入客”“邪客之则热”“邪气客于风府”“邪气客于头项循膂而下者”“邪气与卫气客于六府”“水气客于大肠”“客于脉外则血少”等等，这些“客”的意思，与“客气”此一固定词组不相同，是“留止”“停留”“侵入”的意思。如《素问·五藏生成篇》所说：“此皆卫气之所留止，邪气之所客也。”这里将“卫气留止”与“邪气所客”相对应，正是指邪气侵入而停留之处。

（一）张仲景“客气”的意义

张仲景的“客气”概念，与《黄帝内经》的截然不同。“客气”在仲景书中凡见六处，分别在《伤寒论》134、158、221条，以及《金匮要略》一篇2条，还有在《辨脉法》与《辨可吐第十九》中各有一条，当中以《伤寒论》的中的三条“客气”论述最为重要（以下简称“客气三条”）。明确客气概念，对理解该三条方证有意重要意义。

除了“客气”一词外，还有“客热”一词，与“客气”概念相近，在仲景书中曾出现三次，分别在《伤寒论》122条、《金匮要略》十七篇3条，以及《辨不可下病脉证并治》中亦有一条，而且该篇尚有一条出现“客阳”一词，意义亦接近，以下一并讨论。

（二）“客气”专指胃虚而虚阳上逆

纵观各条“客气”的条文，明确指出“客气”形成条件必须有“胃虚”。如《伤寒论》134条说：“胃中空虚，客气动膈。”158条说：“但以胃中虚，客气上逆。”221条说：“胃中空虚，客气动膈。”《辨脉法》说：“中焦不治，胃气上冲，脾气不转，胃中为浊……若阴气前通者，阳气厥微，阴无所使，客气内入。”《伤寒论》122条、《金匮要略》十七篇3条均说：“数为客热，不能消谷；以胃中虚冷。”《辨不可下病脉证并治》说：“客热在皮肤，怅快不得眠。不知胃气冷，紧寒在关元。技巧无所施，汲水灌其身。客热应时罢，栗栗而振寒。”又说：“医复以毒药攻其胃，此为重虚，客阳去有期，必下如污泥而死。”以上条文均以“胃虚”或“胃虚冷”为“客气”形成的基础。

由于误下或误用发汗后使胃气受伤，使胃虚或胃中虚冷、胃阳不固，因而虚阳上逆，形成“客气”，故此“客气”是内生之气，非自外来。在《伤寒论》134与221条均说的“胃中空虚，客气动膈”，两者是因果关系，由于胃中空虚，使“客气”上逆而扰动胸膈，客气即是由于胃虚而虚阳上逆所引起的。而在158条更进一步地说：“医见心下痞，谓病不尽，复下之，其痞益甚。此非结热，但以胃中虚，客气上逆，故使鞕也。”本条强调“客气”非“热结”。何谓“结热”？狭义而言，158条是与134条的结胸证作鉴别，强调本条非结胸热实之证，而是单纯胃虚而客气上逆，故说文句强调“但以”胃中虚；广义言之，“结热”指实热证，又称为“热结”，如《伤寒论》30条说“阳明内结”、106条“太阳病不解，热结膀胱”、131条“病发于阳，而反下之，热入因作结胸”、136条“伤寒十余日，热结在里”、168条“伤寒若吐若下后，七八日不解，热结在里……白虎加人参汤主之”、《金匮要略》二十一篇“宜大承气汤主之，热在里，结在膀胱也”。此等条文可证，热结或结热，是外来实热之邪的意思。由于胃虚而是阳气上逆，此阳气已经并非生理之热，有类似邪气的性质。故《伤寒论》122条说：“病人脉数。数为热，当消谷引食，而反吐者，此以发汗，令阳气微，膈气虚，脉乃数也。数为客热，不能消谷；以胃中虚冷，故吐也。”

由于误汗使胃气虚，虚阳上逆，此时即使有热象，亦非生理的胃阳之气，故不能消谷，反而因客气上逆而见呕吐，此与阳明胃热炽盛当消谷引食相鉴别。由于客气属热，所以亦可称作“客热”，“客热”相较“客气”则更强调其热之外象。另在《辨不可下病脉证并治》中说的“客阳”，则是“客气”的重证，与一般“客气上逆”之证相近，见“干烦而不得眠”，但是由于胃气重虚，津液营血耗竭，因而说“客阳去有期”，“客阳”就是强调“客气”的“虚阳”之性。由于生命将绝，因而其虚阳上逆之气亦将自除，最后“必下如污泥而死”。

（三）大陷胸汤证、甘草泻心汤证与栀子豉汤证的比较

在众多“客气”的条文当中，尤以《伤寒论》“客气三条”尤为重要，客气的概念对鉴别三方证的病机有重要意义。

在《伤寒论》134条的大陷胸汤证、158条的甘草泻心汤证，以及221条的栀子豉汤证，三者共同出现“客气”一词，而三证的共同点，同样是因误下之后，使胃气虚，出现客气动膈或上逆。

三证不同点在于，134条大陷胸汤证除了有客气之外，同时有“结热”在胸，即《伤寒论》135条说的“结胸热实”。外来实热之邪在胸，因而出现“膈内拒痛”，同时由于胃虚而客气动膈，故出现心中懊憹，阳气内陷，故见心下硬；由于客气动膈，加上胸中热实，因而出现短气躁烦。158条甘草泻心汤证，则没有胸中实热，单纯因胃虚而客气上逆，客气并未“动膈”，故没有心中懊憹；因脾气虚寒又加上客气，故见“心下痞硬而满”“干呕心烦不得安”，且见下利与谷不化。而221条栀子豉汤证，亦没有胸中实热，但是有胃虚而客气动膈，因此主证见心中懊憹、舌上苔；没有脾气虚一面，因而未见心下痞或硬。

由此可见，“客气”是三证鉴别的重要条件，张仲景特别设立“客气”这一病机理论，以说明三者的区别。再者，甘草泻心汤证出现的“痞硬”，是与“客气”有关，因此多条出现“痞硬”的方证，如小柴胡汤加减法、十枣汤、生姜泻心汤、旋复代赭汤、桂枝人参汤、大柴胡汤等，均要考虑“客气”的关系。

（四）提出“客气”的意义

张仲景刻意提出“客气”一词，有其深刻用意。

首先，“客气”并非外来“邪气”。在《金匮要略》第一篇说：“若五脏元真通畅，人即安和，客气邪风，中人多死。”此条将客气与邪气并排，明显是指两种概念，客气并非邪风之一，不是外来之邪，而且客气与邪风，均是由于五脏元真之气不通畅后所引导致的。在仲景书中，多次出现“邪气”。如《伤寒论》97条说：“血弱、气尽，腠理开，邪气因入，与正气相搏。”这里的邪气，明显有外来入侵的意思，与正气相对而言。又如《金匮要略》第五篇说：“邪在皮肤。浮者血虚，络脉空

虚，贼邪不泻，或左或右；邪气反缓，正气即急，正气引邪……”即是指外风邪气引起的中风之证。在张仲景的论述中，邪气均指外在邪气。《金匮》第一篇说：“五邪中人，各有法度。”由于“客气”并非“外来邪气”，而是由于胃虚而从内生之气，因此不可以邪气名之。再者，客气并非内在“正气”。虽然客气有“阳热”之性，但是其热性并不能消谷，并非生理的胃阳之气，因此又不可以“正气”或“真气”名之。

在这种矛盾情况下，张仲景刻意创造“客气”一词，以表达其特殊意义。

二、结语

实际上，“客气”可理解为后世的“内生邪气”，只要解开邪气必须从“外来”的束缚，将邪气分“外来”与“内生”两大类即可。而两类邪气有其不同特性，值得继续深入研究。

张仲景的“客气”，与《黄帝内经》中的“客气”并不相同，专指由于胃虚而生的阳热之邪，是虚阳上逆所致内生邪气。正确理解“客气”一词，对于理解仲景学说有重要意义。

参考文献

[1] 山东中医学院，河北医学院．黄帝内经素问校释：下册［M］．北京：人民卫生出版社，1982：833.

［《浙江中医药大学学报》2012，36（3）：239］

《伤寒论》与《金匮要略》中非标准度量衡计量单位的考察

何丽清
山西中医学院基础医学院伤寒教研室
傅延龄　北京中医药大学国际教育学院

药物最初的剂量可能主要就是个体数目或估量，如用个、枚、束、把、片等作为量。这种方法适用于形体规格较为一致的药物。而对于形体不规整或细碎不易计数的药物，古人采用了比较的方法，即拟量方法，如拳大、鸡子大、弹子大、梧桐子大，或一杯、一盏等[1]。

《伤寒论》与《金匮要略》以度量衡计量为主，占方药计量的大多数，但也有少部分药物使用非度量衡进行计量。使用的非度量衡有：个、枚、茎、把、鸡子大、梧桐子大、钱匕、方寸匕、博碁子等，这些单位均不属于度量衡计量单位。这种剂量方式从《五十二病方》即可见，非肇始于《伤寒论》与《金匮要略》，一般认为是古代方剂的剂量原始方式，这在当时确有容易取量、容易估计的方便性。这种方式一般都不太精确，只有一个约数而已。为此以现代中药为基础，对《伤寒论》与《金匮要略》方剂中非“衡”计量单位的药物进行实际测量，给《伤寒论》与《金匮要略》方药剂量的确定提供实际依据，可得到经方用药剂量一定程度的认识，对于确定经方整方剂量具有重要意义。

一、《伤寒论》与《金匮要略》中非标准度量衡计量单位

《伤寒论》与《金匮要略》非标准度量衡制的计量单位主要有数量、拟量和估量3种。

（一）数量计量

《伤寒论》中数量单位使用较多，有个、枚、茎、把等，除去重复的方与药，共有74首方剂，16味药物使用了数量单位计量，其中有17首方剂中5味药以“个”为单位；有63首方剂中9味药以“枚”为单位；有2首方剂中1味药以“茎”为单位；有1首方剂中1味药以“把”为单位。

《金匮要略》中数量单位使用也较多，除了有《伤寒论》的个、枚、茎、把外，还有片。除去重复的方与药，共有81首方剂，26味药物使用了数量单位计量，其中有8首方剂中5味药以“个”为单位；有73首方剂中20味药以“枚”为单位；有2首方剂中2味药以“把”为单位；有1首方剂中1味药以“茎”为单位；有1首方剂中1味药以“片”为单位。

（二）拟量计量

拟量，即以实物比拟的重量或容积，古代药物计量中常用到这种方式，如鸡子大、梧桐子大、小豆大、弹丸大、兔屎大、博碁子大等。拟量单位在马王堆古医书有以指、指端、掌、手、枣、酸枣、赤苔、□□豆、黍、牛虮、兰矢等等为比照对象进行估量的。如“大如指”，“大如指端”“大如掌”“大如手”“桃可大如枣”“大如酸枣”“令大如苔”“大如□□豆”“大如黍”“如大牛戒（虮）”“大如羊矢”[2]。武威汉代医简中有以婴桃、羊矢、赤豆心、吾实、酸枣、弹丸等作为比拟单位的。如“大如婴桃”“大如羊矢”“丸大如赤豆心”“大如吾实”“大如酸枣”“大如弹丸”[3]。《伤寒论》《金匮要略》中也有以鸡子、弹丸、梧桐子、鸡子黄、博碁子、弹子、麻子、指、兔屎、小豆、枣等作为拟量工具的。如“加芫花如一鸡子”“如弹丸

一枚”“如梧桐子大”“丸如鸡子黄许大”“大黄如博棊子五六枚”“捣丸如弹子大”“炼蜜丸如麻子大”“甘草如指大一枚”“炼蜜和丸，如兔屎大”“炼蜜丸如小豆大”“和合相得，如枣大”。此外，如杯、盏、碗等也多被用作不规范的称量工具。如“温酒一（杯）”“秋乌（咏）二□□□□□□者二匝”“水盏半”[2]。

在《伤寒论》中出现的有：大青龙汤中石膏“如鸡子大”；麻子仁丸、乌梅丸方中用到“如梧桐子大”；大陷胸丸“如弹丸大”；理中丸“如鸡子黄许大”，共5首方剂。另有枳实栀子豉汤方后提出：“若有宿食者，内大黄如博棊子五六枚。”除大青龙汤中的石膏是用于计量单味药物剂量外，其余4首剂型为丸剂的方中，麻子仁丸、乌梅丸和理中丸是用于计量方剂每一丸的大小，大陷胸丸是用于计量方剂的服用量。

《金匮要略》与《伤寒论》相比，使用的拟量单位更多，有如梧子大、如鸡子大、如弹丸大、小豆大、麻豆大、手指大、三指撮、如麻子大、如兔屎大、枣核大、如枣大等多种。《金匮要略》非标准度量衡制中以拟量计量的方剂有30首，除个别是用于计量单味药物外，大部分是用于计量全方的服用量。

值得一提的还有一个“撮”，在汉代以前使用极为广泛。《黄帝内经》在治疗酒风时使用了“三指撮”的计量方法。“岐伯曰：以泽泻、术各十分，麋衔五分，合以三指撮为后饭。”[4]撮是一种把手指合拢捏取细碎物品的方法。在马王堆古医书里“撮”作“最”，又作“捽”，有不同程度的区分，按不同等级从高到低依次为：三指最（撮）到节、三指大撮、三指撮、三指小撮。如“入三指撮半杯温酒”[5]331“取三指撮到节一”[5]451“并以三指大撮一入杯酒中”[5]532“三指小撮亦可。”[5]763有时三指撮也简化为撮一个字。如“欲二十用七撮，欲十用三撮”[5]669以后三指撮这种计量单位的使用越来越少，武威汉代医简只在冶龙骨时才使用“三指撮”，《伤寒杂病论》在煮散剂风引汤时用到“三指撮”[2]。

（三）估量计量

估量单位，是以方寸匕、钱匕的特殊量器来盛药计量。“方寸匕、钱匕”是一种抄取散药的特殊计量单位，谢鸣主编的《方剂学》[6]认为，“所谓方寸匕者，作匕正方一寸，抄散取不落为度；钱匕者，是以汉五铢钱抄取药末，亦以不落为度”。张同振[7]认为，东汉一方寸匕体积为12cm^3。《中药大辞典》[8]的“一钱匕”合一方寸匕的十分之六七。

《伤寒论》中用估量单位计量主要是针对方剂的服用量而言，是对散剂进行称量，亦有个别粉末类药物使用估量单位计量，如甘遂末。论中有12首方剂用了估量单位，其中6首方以“方寸匕”来计量，为五苓散、桃花汤、四逆散、半夏散及半夏汤、牡蛎泽泻散、烧裈散；6首方以“钱匕”来计量，为大陷胸丸、大陷胸汤、三物白散、十枣汤、瓜蒂散、文蛤散。

《金匮要略》与《伤寒论》中相同，估量单位计量主要是针对方剂的服用量而言，是对散剂进行称量，另有个别粉末类药物如赤石脂、鸡屎白使用估量单位计量。《金匮要略》中除去重复的方，有26首方剂用了估量单位，其中20首方以“方寸匕”来计量，5首方以“钱匕”来计量。此外，《金匮要略》还用到了另一不规范的称量工具——盏，在麻黄杏仁薏苡甘草汤、防己黄芪汤和白虎加桂枝汤3首方剂后均用“盏”来作为加水的计量单位，前两方加“水盏半”，后一方加“水一盏半”。

二、小结

综上所述，《伤寒论》与《金匮要略》中药物计量单位，有标准度量衡和非标准度量衡两大类。这种标准度量衡和非标准度量衡计量方式混用的情况说明东汉时期虽然已经有了较为完善的度量衡制度，但在实际应用中仍有前代不规范用法的遗迹与残留，从中可以看出计量方式传承的历史轨迹。《伤寒论》与《金匮要略》中非度量衡单位的使用呈多样化，主要有数量计量、拟量计量、估量计量3种。①数量计量有枚、个、茎、把、片等，用于少量药物的计量。②拟量计量有如鸡子大、梧桐子大、弹丸大、博棊子大、如小豆大、兔屎大、豆大、麻豆大、手指大等。除个别是用于计量单味药物外，大部分是用于计量全方的服用量。③估量单位计量主要是针对方剂的服用量而言，是对散剂进行称量，另有个别粉末类药物使用估量单位计量。

参考文献

[1] 高晓山．中药药性论［M］．北京：人民卫生出版社，1992：83.
[2] 芦琴，张瑞贤，张慕群．秦汉间药物计量单位的考察［J］．中国中药杂志，2006，31（24）：2074～2077.
[3] 张延昌，朱建平．武威汉代医简研究［M］．北京：原子能出版社，1996：30.
[4] 王冰注．黄帝内经素问［M］．北京：中国科学技术出版社，2000：222.

[5] 马继兴. 马王堆古医书考释［M］. 长沙：湖南科学技术出版社，1992.
[6] 谢鸣. 方剂学［M］. 北京：人民卫生出版社，2002：526.
[7] 张同振.《伤寒论》《金匮要略》用药剂量续考［J］. 吉林中医药，1987，(6)：42.
[8] 江苏新医学院. 中药大辞典［M］. 上海：上海科学技术出版社，1979：762～763.
［《中医杂志》2013，54（4）：298］

北宋校正医书局校定《伤寒论》情况简考

钱超尘　北京中医药大学

北宋治平二年（1065）刊行之大字本《伤寒论》及北宋元祐三年（1088）刊行之小字本《伤寒论》天壤间今已无存。明万历二十七年（1599年）江苏常熟赵开美据元祐本翻刻，以逼近原貌，故今通称为《宋本伤寒论》，实指赵开美翻刻本，崇敬之情无以加也。

一、宋本《伤寒论》校定者

治平二年刊行的《伤寒论》通称林亿所校，不然也，实为孙奇校定。由高保衡、孙奇、林亿三人联名的《伤寒论·序》："国家诏儒臣校正医书，臣奇续被其选，以为百病之急，无急于伤寒。今先校定张仲景《伤寒论》十卷，总二十二篇，证外合三百九十七法，除复重，定有一百一十二方。今请颁行。"观序文，乃孙奇所校，序亦成于孙奇。《金匮玉函经·序》："国家诏儒臣校正医书，臣等先校定《伤寒论》，次校成此经"。文末联署高保衡、孙奇、林亿之名，似3人合校。继读《金匮要略·序》云："国家诏儒臣校正医书，臣奇先校定《伤寒论》，次校定《金匮玉函经》，今又校成此书。"由是观之，《伤寒论》《金匮玉函经》《金匮要略》三书皆由孙奇一人主校之，高保衡、林亿为协校之功。三书序皆有"国家诏儒臣"语，不仅示为荣崇，亦显示甚为重要，故孙奇于《伤寒论·序》《金匮要略·序》皆明书其名，复于《金匮要略·序》中明示《金匮玉函经》之校定亦成于其手，甚委婉有巧思。

《伤寒论》《金匮玉函经》《金匮要略》各为理法方药集于一身之临证经典著作，奇虽以儒臣入选，却以精于医理与临证见称。邵博《河南邵氏闻见前录》卷二云："仁宗初纳光献皇后，后有疾，国医不效。帝曰：'后在家，用何人医？'后曰：'妾随叔父官河阳，有疾，服孙用和药辄效。'寻召用和，服其药果验。自布衣，除尚药奉御，用和自此进用。用和本卫人，以避事客河阳。善用张仲景法治伤寒，名闻天下。二子奇、兆，皆登进士第，为朝官，亦善医。"

《读书后志》云："本朝士人如高若讷、林亿、孙奇、庞安常，皆以善医名世。"

高若讷（997～1055年），字敏之，山西榆次人，官至殿中侍御史。明于医。《宋史·高若讷传》云："若讷强学善记，自秦汉以来诸传记，无不该通，尤喜申、韩、管子之书，颇明历学。因母病，遂兼通医书，虽国医皆屈服。张仲景《伤寒论》、孙思邈方书及《外台秘要》久不传，悉考校讹谬行之，世始知有是书。名医多处卫州，皆本高氏之学也。"

叶梦得《避暑录话》说："本朝公卿能医者，高文庄一人而已。尤长于伤寒。其所以得者不可知矣。而孙兆、杜壬之徒，尤足名于一时。文庄，运州人。至今运州多医，尤工伤寒，皆本高氏。余崇宁、大观间之京师，见董汲、刘寅辈，皆精晓张仲景方术，试之须数验，非江淮以来俗工所比也。"

宋·王洙《王氏谈录》："高文庄，方药精通，聚奇药，价及巨万，雅尚之一也。"

高若讷培养出不少有作为的医学家与中医文献学家。如校订《素问》《伤寒论》《金匮玉函经》《金匮要略》的高保衡是高若讷次子。宋祁《高文庄公若讷墓志铭》说："公（高若讷）娶太宗王氏封某国夫人，生五男：曰彦辅，东头供奉官；曰保衡；曰安石；曰吉甫，大理评事；曰元规，太常太祝。四女子，长适太常博士游奎，仲适度都官员外林亿。"

《宋会要辑稿》选举条："至和二年（1055）七月二十四日学士院试职方员外郎临沂、光禄寺丞刘瑾赋诗三下，诏亿充秘阁校理，瑾充馆阁校勘。亿，枢密使高若纳婿。"

是高保衡为高若讷次子，林亿为高若讷二女婿，史有明文，孙奇是高若讷学生，皆深于《伤寒论》。则北宋校正医书局以此三人校定《伤寒论》与《金匮要略》是为得人。

观《伤寒论·序》《金匮要略·序》又知孙奇于两书之底本来源、校定体例颇为明晰，于校定中做了哪些改动等等，叙述颇详。

二、宋本《伤寒论》十大特征

（一）以高继冲本为底本：荆南国末主高继冲

(942～973)，于北宋开宝（968～976）中进献并经编录的《伤寒论》北校正医书局选为底本。据今所掌握的历史资料考知，此本传自隋本，隋本上承南朝阮孝绪《七录》之“张仲景《辨伤寒》十卷”，阮孝绪《辨伤寒》十卷本上承陈延之《小品方》之张仲景《辨伤寒》九卷本，阮本与陈本皆来自同一祖本——《张仲景方十五卷》。《小品方》据东晋初李充《晋元帝四部书目》而成，则高继冲本可追踪至王叔和编次之《张仲景方》十五卷，其来源堪称悠久矣。此书历代藏于书府，至北宋治平元年选为底本，在中国医学史上，影响深远，意义重大。

（二）卷数篇数与高继冲本悉合：高继冲进献本10卷22篇，治平本亦为10卷之数，内含22篇。林亿序云：“今先校定张仲景《伤寒论》十卷，总二十二篇。”校定者于卷数篇数皆依底本之旧，无所更动。

（三）删除重複之方：林亿序云：“删複重，定有一百一十二方。”进献本重复之方较多，乃删重从简。观序文用“定”字，则112方之数，乃校正医书局孙奇林亿等所定，其先必不止此数。

（四）增加校勘文字与条文辨析：尤当注意者为卷六第十二节“辨厥阴病脉证并治”下小注：“厥利呕哕附”。其意是，将“厥利呕哕”篇与厥阴病篇的内容合并到一起。这是孙奇、林亿等所为。《金匮玉函经》卷四《辨厥阴病形证治第九》与《辨厥利呕哕病形证治第十》尚分为两篇。自成无己删去宋本诸小注及校勘语后，人们多不知宋本厥阴病篇之内容如此不相协的原因。继考孙奇、林亿等合所不当合之原因时发现，将此两篇合为一篇，不始于孙、林，孙思邈《千金翼方》卷十《厥阴病状第三》已经将《金匮玉函经》的两节合为一节。孙奇、林亿校定《伤寒论》时，曾以《千金翼方》为校本，受其影响而合之，但附小注以说明，为后人考证提供依据。

又如卷四《辨太阳病脉证并治下》第141条“寒实结胸无热证者，与三物小陷胸汤，白散亦可服”，此条方证相悖，三物小陷胸汤与三物小白散寒热舛驰，条文必有误文。孙奇、林亿等注云：“一云与三物小白散”。所校甚是。《千金翼方》卷九《太阳病用陷胸汤法》作“寒实结胸无热证者，与三物小白散”，无“陷胸汤”三字，《金匮玉函经》卷六亦作“与三物小白散”。用三物小陷胸汤治疗寒实结胸，古今医家异议蜂起。《伤寒总病论》此条下注云：“小陷胸汤非也”。章太炎《章太炎全集》第8集《医论集·拟重刻古医书目序》指出：其林校《伤寒论》原本，则赵清常影宋所刻，日本安政三年所翻，其异于成无己注本者，卷首独有目录，方下独多叔和按语，又林亿以别本校勘者，成注本亦删去。余昔以《论》中寒实结胸与三物小陷胸汤白散亦可服，寒热互歧，诸家不决。因简《千金翼方》所引，但作三物小白散，而林亿所引别本，正与《千金翼方》同，由是宿疑冰释。今成本删此校语，则终古疑滞矣。信乎，稽古之士，宜得善本而读之也。

（五）新增子目：所谓“子目”，指每卷前统计“证”与“法”的文字。子目对原文文字虽略有压缩，但与经文基本相同。子目价值巨大，可以考证“法数”与“方数”，可以考证宋本刊行后之增补条文等。成无己不明子目作用而删之，是以后人罕见之。

（六）严格区分“证”“法”之别，首次确立397法概念。

“证”者，无方剂之条文为“证”；“法”者，有方剂之条文为“法”。如《辨太阳病脉证并治第五》下小注云：“合一十六法，方十四首。”第1条子目云：“太阳中风，阳浮阴弱，热发汗出，恶寒，鼻鸣干呕者，桂枝汤主之。第一。五味。”其下注云：“前有太阳病十一证。”考宋本太阳上第1条至第11条皆无方，故谓之“证”。凡子目下注明此方有几味药诸条，皆属于“法”。这就为397法概念的确立奠定了理论基础。可用“有方曰法无方曰证”八字概括宋本《伤寒论》“法”与“方”的定义。“法”数与方剂数在理论上应该相等但在实际上却不相等，因为重复出现的方剂不计算在法数之内。如《辨太阳上脉证并治第五》下注云“合一十六法，方十四首。”按照“有方曰法”的概念理解，方数与法术应当是对等关系，但实际不然。这是因为重复出现的方剂不统计在“法数”之中。比如太阳上第五子目：“太阳病，头痛发热，汗出恶风者，桂枝汤主之。”下注云：“用前第一方”，谓使用在第1条子目中出现的桂枝汤方。桂枝汤方无论出现几次，都按照1个方剂计数。今人将“证”与“法”统一标号，成397法，与北宋校正医书局设定“法”的原意不相一致。

（七）将112方分附有关“法”下。《伤寒论》原始结构为“条论于前，方汇于后”，即“前论后方”，至北宋校正医书局孙奇、林亿等校定《伤寒论》时才大规模调整方剂位置。考其来历，与孙思邈《千金翼方》对方剂位置的调整不无关系。《千金翼方》卷九序云：“旧法方证，意义幽隐，乃令近智所迷，览之者造次难悟。中庸之士，绝而不思，故使闾里之中，岁致夭枉之痛，远想令人慨然无已。今以方证同条，比类相附，须有检讨，仓卒易知。”

孙、林受孙思邈的启发影响是无疑的，但其“方证同条”的规模比孙思邈大，所用“以方附法”的方法亦有所不同。

（八）标明证数与法数。从卷二《辨太阳病脉证并治上第五》至卷十《辨发汗吐下后脉证并治第二十二》每节题目之下皆注有“合X法，方X首”，用以统计本节法数及方数，复在每方之下注明方序，如“方九”“方十”等等。

“方”字有时或省略。“方”字之有无，有规律存焉：凡经文有方药组成者标以“方”字，凡经文有证候而无方药组成者，省略“方”字，如第15条：“太阳病，下之后，其气上冲者，可与桂枝汤，方用前法。若不上冲者，不得与之。四。”此条无方剂组成，故只标序号，不写“方”字。这些细微处，显现北宋校正医书局制定校定方案之细密。古人著书之条例隐含于行文中，不像今人写于前言中。这些文字，皆校正医书局所增添。

（九）卷首载国子监牒文。孙奇、林亿《伤寒论·序》后附国子监牒文。署名者除高保衡、林亿、孙奇外，尚有朝廷高官范镇、赵概、曾公亮、韩琦等15人，反映出《伤寒论》之雕版刊行为朝廷高度重视。

（十）方下附王叔和按语。成无已删王叔和按语，造成许多疑滞，如成氏删141条王叔和按语，是为大谬。王叔和按语分为两大类，一类按语表示对《伤寒论》某些方剂是否为《伤寒论》所原有提出疑问，用“疑非仲景方”“疑非仲景方”疑非仲景意”表示之；另一类按语是考察《伤寒论》某些方剂的来源与异同。下分2类简述。

（十一）对某些方剂是否为《伤寒论》原方提出疑问：叔和注语字形大小与经文同，而孙奇林亿等校语皆为小字，因可考见前人对叔和注语视与仲景同。叔和注语见以下4条。

①卷三《辨太阳病脉证并治中第六》第40条小青龙汤方下云：“且荛花不治利，麻黄主喘，今此语反之，疑非仲景意。”②卷三《辨太阳病脉证并治中第六》第68条芍药甘草附子汤方下云：“疑非仲景方。”③卷四《辨太阳病脉证并治中第七》第173条黄连汤方下云：“疑非仲景方。”④卷五《辨阳明病脉证并治第八》第233条蜜煎汤方下云：“疑非仲景意。已试甚良。”

（十二）考察某些方剂来源与异同：见以下7条。

①卷二《辨太阳病脉证并治上第五》第25条桂枝二麻黄一汤方下云：“本云：桂枝汤二分，麻黄汤一分，合为二升，分再服。今合为一方，将息如前法。”②卷二《辨太阳病脉证并治上第五》第27条桂枝二越婢一汤方下云：“本云：当裁为越婢汤、桂枝汤，合之饮一升。今合为一方，桂枝汤二分，越婢汤一分。”③卷三《辨太阳病脉证并治中第六》第103条大柴胡汤方下云：“一方加大黄二两，若不加，恐不为大柴胡汤。”④卷四《辨太阳病脉证并治下第七》第146条柴胡桂枝汤方下云：“本云：人参汤做如桂枝法，加半夏、柴胡、黄芩，复如柴胡法。今用人参作半剂。”⑤卷四《辨太阳病脉证并治下第七》第157条生姜泻心汤方下云：“附子泻心汤，本云加附子。半夏泻心汤、甘草泻心汤，同体别名耳。生姜泻心汤本云理中人参黄芩汤，去桂枝、术，加黄连并泻肝法。”⑥卷四《辨太阳病脉证并治下第七》第162条麻黄杏子甘草石膏汤方下云：“本云黄耳杯。”⑦卷四《辨太阳病脉证并治下第七》第174条去桂加白术汤方下云：“附子三枚，恐多也。虚弱家及产妇，宜减服之。”

“本云”者，“原本云”之意；“原本”者，《伤寒论》原本也。“本云”不可理解为“原来这样说”等等。

由于北宋校正医书局对高继冲进献本的结构、方剂位置诸多方面有所调整，校正医书局的定本《伤寒论》10卷与《辨伤寒》10卷已经不同，不同之处见上。上述宋臣之调整与改动，皆属于《伤寒论》原文与原方剂以外的变动，未改动经文与方剂。综览北宋校正医书局校定的《伤寒论》10卷，自孙奇、林亿等校定《伤寒论》后，传本歧出的局面结束，版本始定于一，成为后人学习《伤寒论》的标准本，故称宋本为“校定”之本。

［《山西中医》2013，29（4）：38］

仲景方“厚朴一尺”剂量考

郭明章　福建中医药大学中医学院

仲景方中以长度计量的方有两个：麻子仁丸、厚朴大黄汤，其方中的厚朴以“一尺”计量。对于厚朴的宽度、厚度后世学者们一直众说不一，导致了对“厚朴一尺”剂量观点的不同，从而影响了后世医家对麻子仁丸、厚朴大黄汤的药物剂量和配伍比例的研究。笔者通过对厚朴的文献考证及实物测量，对仲景方中“厚朴一尺”的剂量进行了探讨研究。

关于“厚朴一尺”在汉代之后最早的具体记载是东晋陈延所撰的《小品方》。根据日本前田育德会尊经阁文库所收藏的《小品方》残卷记载“厚朴一尺及数寸者，以厚三分、广一寸为准”，可知“厚朴一尺”的长度、宽度及厚度。因《小品方》撰于晋朝，作者可能以晋朝的度量衡值进行描述，故笔者认为此所记录的“厚朴一尺”，应以东晋“一尺”的长度值对“厚朴一尺”进行探讨研究更为合适。

一、晋代度量衡制及度量衡值

因汉代的“分、寸、尺、丈”进位合理，使用简单，量值适当，在此之后的几千年中，历经改朝换代，尽管单位量值有所增减，而其单位制度却一直沿用，至中华人民共和国法定计量单位实施以后才被米制所取代[1~2]。因此，晋代的长度单位制和汉代的一致，都为十进制：10 分 =1 寸，10 寸 =1 尺，10 尺 =1 丈

根据丘光明等[1,3~4]考证，东晋一尺为 24.2cm，则东晋一寸为 2.42cm，东汉三分为 0.7cm。

二、“厚朴一尺”药物实测

关于厚朴产地，在《神农本草经校注》中记载为“生交址”[5]。交址，先秦时地名，今越南北部、广西、广东一带[5~7]。另《证类本草》云：“生交址、冤句。三、九、十月采皮，阴干……陶隐居云：‘今出建平、宜都。……今注出梓州、龙州者最佳’。”[8]宛朐即现今山东菏泽一带，建平即现今四川巫县[6~7]，宜都即现今湖北省宜都市，梓州即现今四川三台县，龙州即现今四川江油。

据上述文献，唐以前的厚朴产地为交址，即广西、越南一带；南北朝和唐代其主产地在湖北和四川；宋代则以四川三台和江油一带的厚朴为佳。

现代商品厚朴以产区言，有“川朴”与“温朴”之分。川朴主产于湖北恩施、宜昌，四川万源、石柱、灌县，温朴主产于浙江龙泉、江西铜鼓、安徽、福建等地。川朴与温朴是有区别的，川朴的植物来源为木兰科厚朴落叶乔木，叶大型，先端钝圆或具极短尖头；而温朴为其变种凹叶厚朴，与川朴极相似，但叶片先端凹陷，形成二圆裂为异[9]。

从以上产地考证可知，汉代厚朴应与现代的川朴基源品种一致。笔者从现今四川产的川朴干皮中随机选取两卷作为实测药材，对其长度、宽度、厚度、重量进行测量，取平均值，得出实测厚朴的密度为 0.522g/cm^3。之后将该厚朴密度值乘以《小品方》残卷记载的“厚朴一尺及数寸者，以厚三分，广一寸半”的体积（24.2cm × 2.42cm × 0.7cm），可得出“厚朴一尺”重 21.4g。

另在日本奈良的东大寺正仓院中现存两捆天平胜宝 8 岁（公元 756 年，我国唐朝中期）前的厚朴，这是目前世界上与东汉年代最接近的厚朴实物。该厚朴重量为 1700g，长 35cm，宽 4.3cm，厚 20mm ~ 10mm[10]。古代厚朴来源为野生药材，而现今厚朴为国家二级野生保护植物，因此现代厚朴药材来源均为人工栽培厚朴植物，一般剥取十五年以上厚朴的树皮。因此现代厚朴干皮的厚度在 2mm ~ 7mm 之间，而唐代厚朴厚度为 10mm ~ 20mm，可见现今药用厚朴的厚度远不及古代野生厚朴的厚度[11~12]。因此可以考虑借鉴唐代厚朴的厚度进行推算，而长度和宽度仍依据“一尺”和“一寸”，密度仍按笔者实测厚朴密度进行推算。正仓院唐代厚朴的厚度在 10mm ~ 20mm 之间，其平均厚度为 15mm，按 15mm 的厚度可得出“厚朴一尺”重 45.7g。

三、结合全方的用药比例分析推测“厚朴一尺”的重量值

参考北京中医药大学对汉代度量衡的考证及相关药物实测结果：汉一两为 15g，麻子仁二升实测结果为 179.51g，杏仁一升实测结果为 120.824g[13]。

结合上文实测的“厚朴一尺”的重量值，对麻子仁丸、厚朴大黄汤中厚朴剂量进行分析。麻子仁丸方作为丸剂的大剂量方剂，折算后的全方剂量为：麻子仁 179.51g，芍药 120g，枳实 120g，大黄 240g，杏仁 120.824g。厚朴一尺若为 21.4g，则明显剂量过小，因此在这个方中以厚朴一尺为 45.7g 更为合理。另厚朴大黄汤的组成为厚朴 1 尺、大黄 6 两、枳实 4 枚。本方中大黄 6 两折算后为 90g，而厚朴做为主药，意在以行气为主，由此可见“厚朴一尺”的剂量为 45.7g 比 21.4g 更为合适。

综上，结合度量衡值、厚朴药材的实测及对相关方药的分析推测，笔者认为仲景方中“厚朴一尺”的剂量为 45.7g 较为合适。本文通过对“厚朴一尺”剂量折算探讨研究，为理解仲景方相关方药的用药比例及方义进行有益的探索。

参考文献

[1] 丘光明. 中国物理学史大系 · 计量史 [M]. 长沙：湖南教育出版社，2002.

[2] 邱隆．中国历代度量衡单位量值表及说明［J］．中国计量，2006，21（10）：46～48.
[3] 丘光明．汉代度量衡［J］．中国质量技术监督，2002，10（8）：60.
[4] 丘光明，邱隆，杨平．中国科学技术史・度量衡卷［M］．北京：科学出版社，2001.
[5] 尚志钧．神农本草经校注［M］．北京：学苑出版社，2008.
[6] 徐春波．本草籍常用道地药材考［M］．北京：人民卫生出版社，2007.
[7] 中国历史地图集编辑组．中国历史地图集［M］．上海：中华地图学社，1975.
[8] 宋・唐慎微．证类本草［M］．北京：华夏出版社，1993.
[9] 国家药典委员会．中华人民共和国药典［M］．北京：化学工业出版社，2005.
[10] 朝比奈泰彦．正仓院药物［M］．日本大阪：植物文献刊行会，1955.
[11] 国家中医药管理局中华本草编委会．中华本草［M］．上海：上海科学技术出版社，1999.
[12] 朱圣和．中国药材商品学［M］．北京：人民卫生出版社，1990.
[13] 郭明章．仲景方用药剂量古今折算及配伍比例的研究［D］．北京：北京中医药大学，2009.

［《山西中医学院学报》2013，14（2）：8］

（二）张仲景学术思想理法方药理论研究

从"五脏元真通畅"探讨张仲景证治思想精髓

苏 琛 杨 晗 唐 昊
成都中医药大学

张钟景在《金匮要略·脏腑经络先后病脉证第一》中提出"若五脏元真通畅，人即安和……"这一观点。强调了"五脏元真通畅"是人体达到健康状态的基本条件，也是治愈疾病要达到的最终目的。但大部分医家对其理解过于笼统，如中国中医药出版社第七版《金匮要略》中对其注解为：人体正气具有抗病能力，并且人体各脏腑、经络等组织器官功能协调，则不易感受外邪发病。这只反映了张仲景在疾病的发病学上对人体正气，即对发病内因的重视，而很少强调张仲景在临床治疗疾病过程中对"五脏元真通畅"这一准则的运用。

一、"五脏元真通畅"内在含义

"五脏元真通畅"可以释义为：人体中秉承于先天禀赋的那部分精微物质以及维持人体脏腑生理功能的五脏精气，通过气血津液之通道——三焦，布达循行于全身，内入脏腑，外达肌腠皮毛，其既滋养着人体脏腑经络，又通过气化推动、调节着人体的生理功能，以保证人体正常的生理状态。如心主血脉而藏神，指心气推动血液在脉管中运行以濡养全身，从而为主神志提供了物质基础，涉及了"五脏元真"中的心气、心血充足与否，脉道畅通与否等因素，所以血液运行于经脉之中非通畅无言主血脉而藏神。肝主疏泄而藏血，指"五脏元真"中的肝气可以调畅全身气机，推动血和津液运行，并且肝藏血既可调节血量又可维护肝的疏泄功能，使之冲和条达，涉及了气机畅达、肝血充盈，肝的生理活动非通达无以主疏泄而藏血。脾主运化，指"五脏元真"的脾气将胃纳水谷转化为精微，并将水谷精微物质转输至全身，以充养肌肉四肢，并运化水液以防止水液在体内发生不正常的停滞，而生成病理产物。这一生理功能非三焦通顺则无以言运化。肺主气，司呼吸，指"五脏元真"的肺气通过宣发肃降、升降出入的运动形式，采天地之精，纳水谷之精而合成宗气，旁灌心脉以助心血运行，下降至肾，与先天之精合成元气。涉及了气的升降出入运动，故非通调无以主气、司呼吸。肾主水、纳气而藏精，指"五脏元真"的肾气气化蒸腾，以"后天之精"来充养、培育"先天之精"，接纳五脏之精气而藏化为肾精。唯有肾精充足，溢于心则肾精化血，养神健脑；溢于肝则精血互换，血海充养；溢于脾则脾气健运，生化无穷；溢于肺则呼吸有条，水道通调。人体的水液代谢和五脏之精与肾精的互化，非通运则无以正常运行。

张仲景通过"五脏元真通畅"强调了人体保持健康状态的两个关键，一是人体五脏元真的充沛，一是人体五脏之间气血津液运行通道的通条畅达。这两个关键又是相辅相成、互相影响的，五脏元真的充实影响着气血津液运行的条达通畅，而五脏元真的充实又依赖于气血津液运行的畅通。

二、"五脏元真通畅"的病理机制探讨

张仲景在《金匮要略》中提出："千般疢难，不越三条：一者，经络受邪入脏腑，为内所因也；二者，四肢、九窍、血脉相传，壅塞不通，为外皮肤所中也；三者，房室、金刃、虫兽所伤。以此详之，病由都尽。"对疾病发病原因的内因、外因及不内外因三方面进行了概括。然从疾病的发病机制的角度来看，按照无形之气化和有形之人体组织通道，以"五脏元真"的不充实和人体气血精液运行障碍为基础，可以将所有的疾病按其发病机制分为两类。

（一）由于"五脏元真"的不充实而导致气化功能改变

（1）"五脏元真"绝对性不充实而导致气化不及

《素问·通评虚实论》云："邪气盛则实，精气夺则虚。"当由于各种原因导致人体肾气、元气耗伤，"五脏元真"的量明显减少时，则出现人体气的推动、蒸腾、气化等生理功能减弱，不能推动人体的精微物质以维持人体正常的生理活动，即气化不及，此时人体的"五脏元真"较为虚弱，因而机

体与致病邪气的斗争难以出现较剧烈的病理反映，临床上可出现一系列虚弱、衰退和不足的证候，即病理反映的主要矛盾在于比较单纯的“五脏元真”的绝对性不足，为本虚的方面。

(2)“五脏元真”相对性不充沛而导致气化不利

在疾病的发生和发展过程中，病机的虚和实，并非是单一的、静止的、绝对的，不仅可以出现单纯的虚或实的病理变化，而由实转虚、因虚致实、虚实夹杂更常常是疾病发展过程中的必然趋势和病理反映。“五脏元真”的相对不足是指在“五脏元真”有所虚损的基础上，同时产生的各种病理产物潴留和病理变化，即在正虚的基础上又构成了邪实的一方面，或因外感风、寒、湿热、疮毒，或因运化失司，气化无权，以致湿浊、水气、瘀血等羁留不去，而致三焦不畅、升降失常，即可出现气化不利。

《素问·六微旨大论》曰：“出入废则神机化灭，升降息则气立孤危，故非出入无以生长壮老已，非升降则无以生长化收藏。”因此，气的运动是人体生命活动的基本形式。气机的通畅是人体气化得以正常进行的重要先决条件。如果由于外感内伤、七情六淫、饮食劳倦等因素，导致人体的气机运行不畅，则人体的气化就不能正常进行，而出现气化不利，从而影响人体的脏腑功能和生命活动，发为各种疾病。此时虽然也有“五脏元真”的不足，但其主要矛盾在于“五脏元真”的相对不足所致的正虚和病理产物堆积所致的邪实，即正虚邪实方面，而不再是单一的本虚或者邪实，故称其为“五脏元真”的相对不足。

(二) 由于人体内环境的不畅通而导致疾病的产生

引起五脏不通的病理机制，一是因虚致实，阻闭不通。此多由脏气亏损，失于推动、温煦、气化，以致滞气、水湿、痰饮、瘀血、浊物内生而闭阻，脏气失于通达，出现人体脏腑功能紊乱。二是感受外邪，脏腑气机升降失常，血、津液运行受阻，则气滞、血瘀、痰凝、湿阻等，以致五脏失通，功能障碍，诸病生焉。即如魏念庭所云：“脏腑有实邪积聚，则血脉所有之隧道，气行血走之营卫，津注液输之支系，皆凝滞格阻而为患矣”。

(1) 病理产物的堆积导致气血津液流通障碍

大多的“五脏元真”不畅是由于外邪侵袭、情志郁结、饮食失节等因素造成的病理产物引起的，这些病理产物形成后，又能进一步直接或者间接影响人体气血津液的运行正常，成为致病因素，而出现脏腑气机升降失常；血液流通不畅，阻滞于脉络而出现瘀血停滞；水液代谢障碍，敷布失调导致津凝痰阻。所以一方面痰饮、瘀血作为病理产物影响着气血津液的正常运行，一方面气血津液运行的障碍加重了病理产物的产生，二者相互影响，相互加重而致病。

(2) 气血津液生化无源，推动无力导致气血津液流通障碍

脏腑的元真之畅达无阻，即指脏腑的功能处于正常无碍的状态。无疑这种“通畅”首先是建立在“五脏元真”充沛、充盈基础上的，所以当气血亏虚、津液枯涸时，则出现气血津液生化无源，推动无力而导致气血津液的运动缓慢甚至停滞，从而产生气滞、血瘀、津凝、痰阻等病理现象，导致正常的气血津液流通受阻，三焦不畅，脏气失于通达，而出现人体脏腑功能紊乱，产生疾病。例如血的组成及其生成过程中，均离不开气和气的运动变化——气化功能。因此说，气能生血，气旺则化生血的功能亦强；气虚则血无以生化，血必因之而虚少，并且血得温而行，得寒则凝，气虚则对于推动、温煦血液的功能必然减弱，血必因之而凝滞，出现血瘀。津液的生成，源于摄入的饮食，赖于胃的“游溢精气”和脾的运化水谷之精，唯有脾胃之气健旺，津液化生才能充盛，并且气虚亦会减弱气机对津液的推动、蒸腾气化功能，从而出现津停、痰饮等病理状态。从而出现因气血津液生化无源，推动无力导致气血津液流通障碍的因虚致实的病理反映。

三、“五脏元真通畅”在治法上的运用

(一) 元真不足者，虚则补之

对于“元真”不足的认识有先天欠缺，禀赋不足，身体羸弱所致之虚；饮食不足，后天失养，气血无源所致之虚；久病伤痛、饮食劳倦至损所致之虚；安逸无度、情志失畅，气血失调所致之虚。故所谓虚证，应该包括五脏功能的衰退和维持人体生理活动的精微物质的亏损这两个方面的证候，即为“人体五脏元真”的不足。早在《素问·至真要大论》对虚证的治疗已确立了基本大法，即“衰者补之”“损则益之”，并且《素问·阴阳应象大论》进而指出：“形不足者温之以气，精不足者补之以味。”故阴阳虚者，当补其阴阳，气血虚者，当益

其气血，此乃辨治之常。然而人体之阴、阳、气、血互相资生，互相为用，所以补血者必兼以益气，补气者当助以益血，补阴者应辅扶阳，补阳者当勿忘护阴。正如唐代王冰对《素问·至真要大论》中“诸寒之而热者取之阴，热之而寒者取之阳，所谓求其属也。”注解为“壮水之主，以制阳光；益火之源，以消阴翳”[1]

张仲景的组方遣药处处体现着“虚则补之”的治疗学方法和思想。如《伤寒论·辨太阳病脉证并治》中的小建中汤证，以胶饴、甘草、大枣补中益气，调补气血，故名“小建中”，所谓“建”即是“补”之意。又如《伤寒论·辨太阴病脉证并治》中里寒证，理中汤温补脾胃，方中以人参、白术、甘草补益中气，以达到“五脏元真”的充足、旺盛。在《金匮要略》中的八味肾气丸、薯蓣丸更是体现了“元真不足者，虚则补之”的思想。

（二）正虚邪实者，补而化之

由于“五脏元真”相对不充足而导致的因虚致实、本虚标实者，即以气滞血瘀、津凝痰阻等“实”邪为病机的主要矛盾，当“正虚邪实者，补而化之”，在补虚的同时，以疏通气机，活血化瘀、化湿祛痰来祛除病邪，使“五脏元真通畅”，邪去则病安。

无论气、血、津、液，还是脏腑，当其功能减退到一定程度时，就会产生一系列由虚致实或因虚邪袭的虚实夹杂证候。如就气血而言，气属阳，其性动，推动着脏腑的功能活动与津、液、精、血的代谢输布；血属阴，其性静，其运行输布需要气的推动。气血调畅，气通血达，人才能进行正常的生命活动。若气虚鼓动无力，则血流缓慢，滞涩沉积，而在经脉中形成瘀血。气又可摄血，气虚无力摄血，血溢脉外而为离经之血，瘀积不行，亦可形成瘀血。人之血虚，脉管不充，血行无力也会形成瘀血。正如《景岳全书》所论：“凡人之气血犹源泉也，盛则流畅，少则壅滞。”然虚多夹实者，虚固然是根本，但实的危害也不容忽视。当外来邪气或瘀浊痰水等病理产物成为疾病发展的主要矛盾，若单纯用补不仅不能取得理想疗效，反易助邪，使邪势愈炽，故而径攻其邪，或攻补并用，以消其痰浊瘀滞，使脏腑经脉贯通、气血畅行而诸证皆愈。张仲景书中正虚邪实此类可见最多，当攻补兼施，补而化之。

（三）邪实瘀阻者，通而运之

《素问·热论》云：“荣卫不行，五脏不通，则死矣！”说明五脏不通，则会危及生命，只有如《素问·至真要大论》所言：“疏其血气，令其调达，而致和平。”才能使各个脏腑经络通畅无阻，营卫气血周流不息，气机升降有序，人体健康无恙。如若人体内环境发生壅滞不通，即形成疾病，即如张仲景在《金匮要略·脏腑经络先后病脉证第一》言：“勿令九窍闭塞”，强调了人体内环境的通畅条达对正常新陈代谢的重要作用。在治疗上，《素问·六元正纪大论》提出了“木郁达之，火郁发之，土郁夺之，金郁泄之，水郁折之”的五脏治则，而对于通法的理解当如《医学真传·心腹痛》[2]言：“但通之之法，各有不同。调气以和血，调血以和气，通也；下逆者，使之上升，中结者，使之旁达，亦通也；虚者助之使通，寒者温之使通，无非通之之法也，若必以下泄为通，则妄也。”《灵枢·邪客》篇亦指出：“补其不足，泻其有余，调其虚实，以通其道而去其邪”。后张仲景于《金匮要略·脏腑经络先后病脉证第一》言：“当随其所得而攻之”，均说明有邪实者当驱邪而通之，有本虚者当补而通之，针对不同病邪，应谨守病机，各司其属。例如中医治法中的“塞因塞用”是指通过补益的方法以达到疏通脏腑气血壅滞的目的，主要用于脏腑衰弱，气血不足所致滞塞不通的病证，为“以补达通”之法。

四、结论

“五脏元真通畅”这一思想精髓是张仲景证治思想中的重要内容，对其探讨有助于提高中医学习的理论基础，并为中医临床辨证施治提供一个新的简捷方便的思维模式，值得深入学习。

参考文献

［1］余瀛鳌. 景岳全书集要［M］. 沈阳：辽宁科学技术出版社，2007. 3. 400.

［2］高世栻. 医学真传［M］. 南京：江苏科学技术出版社，1983. 54.

［《中医杂志》2012，53（6），533］

从病机角度探讨《伤寒论》的六种治法

张运红　黄文彪

新疆吉木萨尔县中医医院

学习中医古典医籍，对加强中医基本功训练，继承发扬祖国医学遗产是十分必要的。《伤寒论》

是东汉张仲景的著作，为我国现存第一部理法方药具备的医学典籍。古今注家研究《伤寒论》，几乎一致认为要着眼于“大方大法”。方以法立，法以方传。所以“法”是指导组方的必要前提。一般认为，《伤寒论》在治法上有汗法，如麻黄汤等；吐法，如瓜蒂散等；下法，如承气汤等；和法，如小柴胡汤等；温法，如四逆汤等；清法，如白虎汤等；消法，如五苓散等；补法，如小建中汤等。这是从方药的作用功效归纳出来的治法，即传统的八法。

但是，如从病机病势的角度去认识，则《伤寒论》的治法又不仅如此，而另有一套治法，现探讨如下。

一、顺势法

仲景承袭《内经》要旨：“从阴阳则生，逆之则死；从之则治，逆之则乱[1]。”提出“观其脉证，知犯何逆，随证治之[2]”（16条，以上海科技出版社出版的高等医药院校教材《伤寒论讲义》为据，下同）的原则。意思是要顺从病势治疗，不要逆其病势治疗。怎么叫逆其病势呢？仲景自已有具体解释：“太阳病，外证未解，不可下也，下之为逆”（44条）；“本先下之，而反汗之，为逆，若先下之，治不为逆”（90条）。意思是病位在表，其病势向上向外，就应顺其病势，因势利导，从表而解，若反其病势趋向，误用通里攻下治疗，则为“逆”；同样，如病位在里，病势向下向内，就应顺其病势，因势利导，一下而解，若反其病势趋向，用发汗解表法治疗，也是“逆”。这种顺从病势趋向的治法，我们叫它“顺势法”。治病不顺势，会引起种种逆证，在《伤寒论》中比比皆是。例如：太阳表证误下引起“脉促胸满”的桂枝去芍药汤证；“利遂不止”的葛根黄芩黄连汤证；“遂协热而利，利下不止”的桂枝人参汤证等，都是逆其病势引起的变证，这是一方面。另一方面，虽然顺势治疗，但因汗、吐、下太过而引起不良后果，也叫“逆”。例如：所述过汗“服之则厥逆，筋惕肉瞤，此为逆也”（38条）等都是过汗引起的逆证。所以论中用桂枝汤只取微汗，用承气汤“得下，余勿服”等等都是防其太过，怕超出病势的要求。只有既顺势，又勿过，才能达到“营卫和”（53条）、“胃气和”（71条）、“津液自和”（49条）、“阴阳自和”（58条）的目的。总之，掌握一个“逆”字，注意一个“过”字，达到一个“和”字，是“顺势法”的关键。

二、相反法

“相反法”就是用与病机性质相反的方药进行治疗的法则。如“寒者热之”，用四逆、理中；“热者寒之”，用栀豉、白虎；“虚者补之”，用建中、炙甘草；“实者泻之”，用陷胸、十枣等，反其病因、病性以平调阴阳。仲景的相反治法还有一层巧妙之处，那就是针对病势，用与病势趋向相反的方药进行治疗。例如：五苓散证（74条），其证“中风发热，六七日不解而烦”是病势向外；“水入则吐者，名曰水逆”是病势向上，此时不和胃从上治，不发汗从表解，而用五苓散化气行水，使水气下行，自不上逆，这是上病下取的治法。“太阳与阳明合病者，必自下利，葛根汤主之。”（32条）病势下趋，不用芩连清下治利，而用葛根汤发汗解表，使其表解里自和，这是下病上取的治法。如此等等，都属于反其病势趋向进行治疗的“相反法”。

三、阻断法

就是阻断病机传变的治法。仲景不仅对病机的传变规律、传变征兆，有较深刻的认识，而且处处体现出运用这种规律以阻断其传变。“……欲作再经者，针足阳明，使经不传则愈。”（8条）是典型的阻断治法。“伤寒中风，有柴胡证，但见一证便是，不必悉具。”（101条）就是当太阳病出现传少阳的征兆时，主张就用属少阳的柴胡汤治疗，力图把传变制止在萌芽状态的阻断治法。仲景在太阳病阶段，几乎采用了其他各经的主方，就寓有阻断之义。因为太阳主一身之表，为人体之藩篱，是外邪进入之门户，乃人体第一道防御屏障，也是疾病传变的起点，把好太阳病这一关，必然成为治疗的关键。所以仲景特别重视太阳病的治疗，列汤证76个，占全书汤证总数二分之一。“阻断法”有很大的临床意义，特别是暴急病证，传变迅速，未及治表，已传入里，如按部就班，尾随其后，则始终被动。近年来的传染性疾病就属这一类。

四、先后法

就是当表里同病或两经以上同病时，按其病机缓急分先后顺序的治法。也就是先抓主要矛盾，然后再解决次要矛盾。仲景就是遵循这条原则处理临床病证的。如“先与小柴胡汤”，“后与大柴胡汤下之则愈。”（103条）；“……当先解表，表解乃可攻痞”（164 条）等，属于从外之内而盛于内，先治其外，后调其内的治法。“……续得下利，清谷不止，身疼痛者，急当救里。后身疼痛，清便自调者，急当救表。”（91 条）“下利腹胀满，身体疼痛者，先温其里，乃攻其表……”（372 条）等，属于从内之外而盛于外者，先治其内，后调其外的治法。也有为解决主要矛盾扫清道路，而先解决次要矛盾的。如桃核承气汤证，外有表证，内有少腹急结；十枣汤证，外有表证，内有心下痞硬满，引邪下痛，显然两者的内证是主要的，在这里，仲景采取先表后里的治法，旨在为转化主要矛盾创造条件。

正是仲景治法分先后步骤，所以组方严谨，效用精专。《伤寒论》112 方中，药物在五味以下者占 67%，在七味以下者占 90%，说明药味以少而精为好。实际所见，临床症候常以多因素、多层次表现出来，如遣方用药，不分先后程序，力求面面俱到，必然开出大队药物，结果疗效并不满意。所以成无已深有体会地说：“医人不依次第而治之，则不中病。”

五、试探法

有两层意思，一是无适当方药，试与某方进行治疗；二是探测病势，以辨明证情。如“……若不大便六七日，恐有燥屎，欲知之法，少与小承气汤，汤入腹中，转矢气者，此有燥屎也，乃可攻之；若不转矢气……不可攻之。”（209 条）就是用“试探法”探测病势的典型。《伤寒论》全书共遣方 227 次，其用语提某汤“主之”者 131 次；提“宜”某汤者，55 次；提“与”某汤者，41 次。这些不同的遣方用语包含着不同的意义。某汤“主之”，表明是最适当的主方，即首选方。“宜”某汤，是说较为适宜可用，但非最理想的方剂。“与”某汤，是说无适当方剂，可试与治疗。仲景之书，用词严谨，含义深刻，只有在比较和联系中才能窥测奥秘，领会法度。

“试探法”有很大的实际意义。在临床上，许多不确定因素影响着对证侯的判断。但试探法绝不是盲目的，而是有根据的试探。医生总是不断地通过试探法来摸索经验，总结规律，提高疗效的。

六、待其自愈法

就是根据病机趋势不药而待其自愈的法则。在《伤寒论》中有如下几种情况：①病邪已除，正气未复，不药而待其自愈。如“风家表解而不了了者，十二日愈。”（10 条）“大下之后，复发汗，小便不利者，亡津液故也，勿治之，得小便利，必自愈。”（59 条），前者是表邪已解，正气暂时未复；后者是汗下之后，邪气已去，津液损伤，都可以等待正复津回而自然痊愈。②病虽未除，但出现自愈征象，可不药自愈。如“太阳病……自衄者愈”（47 条），是热盛致衄，邪随衄解之征；“热入血室”（145 条），只须经行不断，热随经去，“必自愈”。如此等等，已出现自愈征象，故可不药而愈。③病邪已去，尚须饮食调理自愈。如“厥阴病，渴欲饮水者，少少与之愈。”（329 条）是津不上承，须缓缓补充水液自愈；“病人脉已解……损谷则愈。”（398 条）是病已解，脾胃弱，只须调理饮食自愈。

上述证侯，分析了邪正消长的趋势，抓住了自愈征象。药物治病，由其气之偏，世上绝无只有利而无弊之药，总是有得有失的。能不药自愈总比用药治愈的好。仲景立待期自愈一法，正是其卓有见识，妙手高人之处。

七、结语

综上所述，本文从病机角度探讨了《伤寒论》的六种治法，这些治法与辨证施治密切相关，现已广泛运用于临床。是否还有其他治法，笔者愿与同道共同进一步整理提高，望能在继承中有所发展创新。

参考文献

［1］王庆其主编．普通高等教育“十一五”国家级规划教材：内径选读［M］．中国中医药出版社，2007.

［2］熊曼琪主编．普通高等教育“十一五”国家级规划教材：伤寒学［M］．中国中医药出版社，2007.

［《中医临床研究》2012，4（18），51］

从当归生姜羊肉汤看《金匮要略》对中医食疗的贡献

张立君　王兰书　武梦琳

吉林省吉林市中西医结合肛肠医院

“当归生姜羊肉汤”是一首由汉代医圣张仲景创制并沿用了 2000 余年的中医名方，适用于寒性的疝气、腹痛、两胁疼痛以及妇女产后的调理。如仲景在《金匮要略·腹满寒疝宿食病篇》第 18 条指出："寒疝腹中痛，及胁痛里急者，当归生姜羊肉汤主之。"在《金匮要略·妇人产后病篇》第4条指出："产后腹中痛，当归生姜羊肉汤主之，并治腹中寒疝，虚劳不足"。方中当归性温味甘、辛，入肝、心、脾经，具有补血活血，调经止痛，润肠通便的作用，与羊肉同用，可以增强羊肉补虚温肝之力。生姜温中散寒，既助羊肉散寒暖胃，又可祛除羊肉的膻味。羊肉不仅味道鲜美，而且有很好的滋补作用。羊肉性味甘温，补虚补血，温中止痛，《本草纲目》记载：羊肉"能补中益气，主治虚劳寒冷、丈夫五劳七伤"。羊肉就好像动物中的"人参"，对人体的各种虚证都有一定的治疗效果。唐代的名医孟诜曾说"凡与羊肉同煮，皆可补也。"三药相合共收温养血脉、补虚散寒、行滞止痛之效。如《金匮要略论注》解释说："寒疝至腹痛胁亦痛，是腹胁皆寒气所主，无复界限，更加里急，是内之荣血不足，致阴气不能相荣，而敛急不舒，故以当归、羊肉兼补兼温，而以生姜宣散其寒。然不用参而用羊肉，所谓'精不足者，补之以味'也。"

食疗是中国人的传统习惯，食疗文化由来已久，源远流长。食疗又称为食治，是通过食物五行属性、性味特点的相互配伍，有针对性的用于某些病症的治疗或辅助治疗，调整阴阳，强身健体，从而起到防病治病的作用。祖国医学的形成、发展与饮食文化密不可分。早在上古时期，我们的祖先就在与自然界共存竞争中，逐步认识到充饥的食物，因其性味不同，对人体也会产生不尽相同的影响与作用，进而发现部分食物不仅能充饥饱腹，维持生命，同时也具有较明显的调理人体脏腑功能的效用，并提出"五谷宜为养，失豆则不良；五畜适为益，过则害非浅；五菜常为充，新鲜绿黄红；五果当为助，力求少而数"的膳食原则，这种功效就是食物的"养"和"疗"方面的作用。早在商代就出现了专门负责饮食营养保健的"食医"，而《内经》也对饮食疗法做了充分的概括说明，如《素问·五常政大论》说："大毒治病，十去其六；常毒治病，十去其七；小毒治病，十去其八；无毒治病，十去其九。谷肉果菜，食养尽之，无使过之，伤其正也。"唐代孙思邈也主张先食而后药，他认为"为医者，当晓病源，知其所犯，以食治之，食疗不愈，然后命药"。随着社会的发展，现代人越来越重视养生，崇尚绿色疗法，而食疗更是作为首选日益受到人们的青睐。因为"民以食为天"，我们每日都离不开食物的供养，食物能给人以感官上、精神上的享受，使人们在享受食物美味之中，不知不觉达到防病治病的目的。食物疗法适应范围较广泛，主要针对亚健康人群，其次才是患者，作为药物或其他治疗措施的辅助手段，与服用苦口的药物相比，它不像药物那样使人容易厌服而难以坚持，随着日常饮食生活自然地被接受，可长期运用，对于慢性疾病的调理治疗尤为适宜。如近代医家张锡纯在《医学衷中参西录》中曾指出：食物"病人服之，不但疗病，并可充饥；不但充饥，更可适口，用之对症，病自渐愈，即不对症，亦无他患"。

而中医则更重视食物在"养"和"治"方面的特性，进而也就有了"医食同源""药食同根"，更有"药补不如食补"之说。《金匮》中十分重视食物对疾病的影响与作用，认为"凡饮食滋味，以养于身，食之有，反能为害，疾疢竞起，若不因食而生，苟全其生，须知切忌者矣。所食之味，有与病相宜，有与身为害，若得宜，则益体，害则成疾，以此致危（《金匮·禽兽鱼虫禁忌并治第二十四》）"。又如《金匮·脏腑经络先后病篇》第16条说："师曰：五脏病各有所得者愈，五脏病各有所恶，各随其所不喜者为病。病者素不应食，而反暴思之，必发热也。"《金匮要略》共用药150味，使用食用性中药29种，共198方，具有食用性中药配伍组方达141方，占71%，其中广泛的应用了生姜、大枣、粳米、百合、鸡蛋黄、獭肝、赤小豆、小麦、蜀椒、羊肉、桔梗、葱、盐、酒、薤白、豆豉、饴糖、山药等食物。

仲景十分重视对脾胃的调养。脾胃为后天之本，气血生化之源。脾胃受损，必会引起气虚血亏，从而引发各种疾病。对于病已成者而言，又谓之"三分治病七分养"，调养者，不外乎劳作、情志、饮食三方面。情志过极可伤脾胃，饮食不节亦可伤及脾胃，故而，仲景在《金匮·脏腑经络先后病脉证治第一》提出"四季脾旺不受邪"这一基本原则，所以，顾护脾胃是仲景的根本大法，在治疗疾病时，处处以脾胃为本，驱邪而不伤正，善于以食物协助药物发挥效力，既能治愈疾病，而又不损伤脾胃，如《金匮》在栝楼桂枝汤煎服法中说："右六味，以水九升，煮取三升，分温三服，取微汗。汗不出，食倾，啜热粥发之"；治疗悬饮用十枣汤的服法中"…不下者，明日更加半钱，得快下后，糜粥自养"，都是顾护胆胃的方法。

仲景也非常注意饮食的禁忌，如在《金匮·百合狐惑阴阳毒病篇》第6条指出："百合病一月不解，变成渴者，百合洗方主之。"百合洗方中"洗已，食煮饼，勿盐豉"。并单独设有《禽兽鱼虫禁忌并治》及《果实菜谷禁忌并治》两篇对饮食禁忌加以说明之，如"肝病禁辛，心病禁咸，脾病禁酸，肺病禁苦，肾病禁甘。春不食肝，夏不食心，秋不食肺，冬不食肾，四季不食脾…""鲤鱼不可合犬肉食之""生葱不可共蜜食之，杀人…""食冷物，冰人齿"。其中多数禁忌原则是有一定科学道理和实用价值的，如："诸肉食鱼，若狗不食，鸟不啄者，不可食"，"六畜自死，皆疫死，则有毒，不可食之"，再如："羊肉其有素热者，不可食之"，"梅多食坏人齿"，"梨不可多食，令人中寒，金疮、产妇亦不宜食"，"果子落地经宿，虫蚁食之者，人大忌食之"等，对食疗养生、营养保健都有一定的指导意义。

总之，医圣张仲景在食疗方面不仅发展了"其知道者，法于阴阳，和于术数，饮食有节，起居有常，不妄作劳，故能形与神俱，而尽终其天年，度百岁乃去（《内经》）"的理论，还开创了药食结合治疗疾病之典范。仲景《金匮要略》充分体现了"保胃气""因人施治""随证治之""天人合一"的思想原则，不仅为临床辨证用药之典范，也为后世食疗的发展做出了巨大的贡献。

［《中国民族民间医药》2012，(22)，79］

从概念隐喻角度探讨《金匮要略》黄汗病病因病机

林佑益　贾春华
北京中医药大学基础医学院

一、认知语言学概念隐喻的历史背景

自上世纪90年代以来，认知科学已成为一股强大的学术潮流，直接影响着哲学、心理学、语言学、逻辑学、神经科学、计算机科学、人类学等众多学科的研究方向。认知语言学作为认知科学研究中的一个重要分支，是一门研究语言的普遍原则和人的认知规律之间关系的语言学流派，是认知心理学与语言学相结合的边缘学科[1]。

两千多年以来，语言中的隐喻现象一直为人们所关注和研究。在相当长的一段时间里，隐喻被作为修辞手段来对待，只限于研究文学作品这一领域。1980年，莱可夫（George Lakoff）和约翰逊（Mark Johnson）两人合著了《我们赖以生存的隐喻》一书，标志着认知观的隐喻研究全面开始，也把隐喻的认知研究推上了高潮。莱可夫把隐喻看作是人们思维、行为和表达思想的一种系统方式，即概念隐喻（conceptual metaphor）。概念隐喻在一定的文化中会成为一个系统的、一致的整体，即概念隐喻体系，在人们认识客观世界的过程中起着主要和决定性的作用，概念隐喻普遍存在于人们的认知过程中[2]。当前概念隐喻是认知语言学的热门研究领域之一。学术界普遍从认知的角度研究隐喻，认为隐喻不仅是一种语言现象，也是人类思维的一种方式，更是一种重要的认知模式。隐喻渗透语言中，是人类智慧的结晶。作为一种浓缩的语言形式，它是人类思想高度凝练的产物[3]。

二、从概念隐喻角度探讨《金匮要略》黄汗病病因病机

（一）《金匮要略》黄汗病概述

汉代医家张仲景所著的《金匮要略》[4]是中医学第一部诊治杂病的临床专著，在书中《水气病脉证并治篇》首次记载了黄汗病。张仲景结合临床实践，对黄汗病的病因病机、临床表现和分证论治做了较详细的记载，开创了黄汗病辨证论治之先河，其理法方药至今仍然有效地指导着中医临床实践。如"黄汗之为病，两胫自冷……若身重，汗出已辄轻者，久久必身瞤，瞤即胸中痛，又从腰以上必汗出，下无汗，腰髋弛痛，如有物在皮中状，剧者不能食，身疼重，烦躁，小便不利，此为黄汗，桂枝加黄芪汤主之。""黄汗之为病，身体肿，发热汗出而渴，状如风水，汗沾衣，色正黄如柏汁，脉自沉，从何得之？师曰：以汗出入水中浴，水从汗孔入得之，宜芪芍桂酒汤主之"等论述。黄汗病是水气病的一种，主要由于汗出入水中，表虚受邪，水湿郁遏，流于肌肉经脉，阻碍营卫运行，使卫郁不能行水，营郁而热，湿热交蒸于肌肤。病机为表虚湿阻，卫郁营热，湿热内郁。治宜用桂枝加黄汗汤或芪芍桂酒汤调和营卫，益气散水除湿。

（二）"以汗出入水中浴，水从汗孔入得之"运用了容器和管道隐喻

张仲景在说明黄汗病产生的原因时，用较直观和形象的思维描述出"以汗出入水中浴，水从汗孔入得之"的病因病机。从概念隐喻理论角度可以发

现，仲景对黄汗病病因病机的解释中蕴含了概念隐喻常见类型之一“实体隐喻”中的“容器隐喻”和“管道隐喻”，即把容器概念和管道这两种具体的实体概念投射到其他抽象概念。在古代，人们会有意识或无意识地（更多地应该是无意识）把人体本身想象成一个三维的、立体的容器，有“吃进”“吸入”“呼出”“排泄”等一系列的生理现象，如吸入和呼出空气，吃进营养物质，排泄新陈代谢废物，认为疾病是由于人体容器之外的致病因素侵犯人体内部而导致的。皮肤的汗孔则可看作人体容器的进出管道，能够让各种物质和能量进行正常交流，疾病状态下就成为致病因素侵入的途径。当人体出汗的时候，皮肤的腠理会变得疏松，毛孔被打开，管道失于控制，容器之外的病邪因素容易乘机进入到机体内部，从而导致黄汗病发生。因此“以汗出入水中浴，水从汗孔入得之”这句话蕴含了“人体是一个容器，汗孔是管道”的概念隐喻。

对于黄汗病，张仲景认为“水”是其病理因素，即病因。“水”从中医角度来看应该是“水湿之邪”，但从现代科学角度看依然是一种相对笼统和模糊的病因概念。这种无形的病因让今人不容易理解和把握。其实通过一些历代中医临床医案可知，并不是所有黄汗病的产生都有“入水中浴”的事实。何况“水”真的可以从人体的汗孔里进入吗？这些疑惑很容易对中医的病因病机理论产生误解。现代医学气象学的相关研究已经发现了对人体较为适宜的各种气象因素的具体范围，如对人体最适宜的气温为15～27℃、相对湿度30%～60%，如果超过上述界限就容易导致人体的各种病理反应。气温适中时，大气中的相对湿度变化对人体的影响较小。只有在气温处于偏高或偏低时，才会对人体产生影响。在高温和高湿度的情况下，会妨碍汗液的蒸发，从而使机体的热平衡遭到破坏。在高温条件下，随着空气中相对湿度的增高，人体体温会升高，脉搏加快[5]。一些动物模型实验已表明，几乎所有高湿度组的动物均出现进食、饮水量的减少，体重增长缓慢。因为感受外湿，易伤在表之形体，濡渍肌肉，气血运行不畅，肌肉失养而消瘦。《素问·阴阳应象大论》篇中所云的“湿伤肉”具有科学意义[6]。我们通过简单的实验观察可以进行说明：将一空玻璃瓶慢慢覆盖水中，使水渐渐充满瓶内，此时水把空气挤出，能看到气泡从瓶内渐渐地往瓶外冒出。由此可知，当一个人运动或劳动后出现了汗液外排，或者这个人本身素体比较虚弱，皮肤毛孔比较疏松，对外界环境的抵御能力较差时，此时浸入到水中，可以见到极微小的气泡从皮肤不断往上冒出水面，这是由于水进入皮肤的毛细孔，把毛细孔的气体挤出而产生气泡。结合这些现代研究，我们可以这样理解黄汗病的病因：即所谓的“水湿之邪”就是容器外部相对湿度较高的周围环境。当人体容器外界的湿度相对偏高，加上容器管道（即汗孔）打开的时候，水湿的致病因素会从容器外部侵犯到容器内部，阻碍汗液正常的蒸发，人体无法与外部环境得到很好的对流和交换，多余的热量会散发不出去从而与湿的致病因素相互郁积在肌肤部位，从而导致了黄汗病的发生。

（三）黄汗病因病机概念隐喻的建构基础－体验性

产生于几千年前的中医理论为什么要从独特的隐喻角度来阐述黄汗病的病因病机呢？这可以从隐喻建构的哲学和认知基础－体验性来解释。

认知语言学认为，基于体验（embodied）的经验主义（experientialism）哲学观是隐喻和认知研究的哲学基础，认为人类的经验是隐喻产生的基础。体验哲学所包含的内容十分丰富，其核心思想总结为三条基本原则：心智的体验性、认知的无意识性和思维的隐喻性。这种体验哲学的核心观点是：人类的范畴、概念、推理和心智是基于身体经验形成的，其最基本形式主要依赖于对身体部位、空间关系、力量运动的感知而逐步形成，归根结底，认知、意义是基于身体经验的[7]。因此隐喻不是任意的，而是基于经验。

空间作为物质的存在形式之一，是人类赖以生存的第一要素。首先，人类身体内部的空间环境包容着空气的吸进、饮食的吃进、排出，从而维持机体内在的稳定平衡等。人们还有一系列与外部世界相互作用的物理空间关系，天地宇宙的环境即是人类生存的大空间，房子、格子、盒子、杯子等一系列的空间建构可以容纳人体和各种物体。可以说，这些空间意象在人们的日常生活中广泛存在，虽然不会时刻注意和觉察到，但在人们的潜意识中根深蒂固。所以，人们语言中的很大一部分隐喻来自于空间概念，容器隐喻的产生在很大程度上就是基于人类共同的空间概念。这是古人认为黄汗病的产生是由于容器外的水湿之邪通过汗孔这一管道侵犯到人体容器内的理论基础。

《金匮要略》是汉代医家张仲景的临床病例集汇。我们可以假想张仲景是如何认识黄汗病的。现在出现在仲景面前的这个病人有身体出汗为黄色、发热恶寒、身体肿，腰髋弛痛、四肢面目浮肿或汗出黄色、发热肿痛、心烦不安的症状，问这个病人曾经有哪些经历，类似于现代医学问诊的现病史和既往史。这个病人回忆到在发病前曾经有过出汗后就去冲凉，或是到池塘洗澡的身体经历。由于古代受到历史条件的限制，没有先进的科学仪器，不能从微观的角度深入了解导致黄汗病真正的致病因素和病理机制。在没有微观仪器测量病人身体的各项指标的前提下，仲景根据审证求因的中医诊疗原则和因果关系，推测出导致黄汗病的病因应该是“汗出入水中浴”，即水湿之邪。在黄汗病的病机方面，人们在日常生活中会有这样的体验：将白色的衣服储存在湿气相对较高的密闭环境中，过一段时间后就会发现，白色衣服会有发黄的情况发生，这说明湿久郁热，会产生黄色的物质。古人会将汗出产生黄色与衣服发黄的具体体验联系起来，从而想到黄汗病产生的病机是湿与热互结而产生。

（四）中医病因病机概念隐喻的意义

不可否认的是，人类的认知能力受到时空和自身感官的诸多限制。人类要认知周围的世界，探索未知的领域，就必须借助隐喻这种普遍认知方法，将已知的、熟悉的概念系统投射到未知的、陌生的领域，从而获得新事物的认知。从人类发展的历史来看，人类首先认识到的应该是自己能够感知的、熟悉和具体的事物，并在大脑中形成这些事物的经验。在认知未知领域、无法感知到的、陌生和抽象的事物时，往往会通过相似性的联想，把已知事物与它们联系起来，进而找到它们之间的相关点，这样就产生了两个认知域之间的映射，由此而产生抽象意义。所以我们是通过某一领域的经验去理解另一领域的经验，也就是隐喻。隐喻是我们理解抽象概念、进行抽象推理的主要机制。许多主题，从最世俗的东西到最深奥的科学理论，只有通过隐喻来理解[8]。现代隐喻理论观已经普遍认识到，隐喻在科学理论的阐释过程中发挥着不可或缺的作用。

中医学是一门研究人体生理和疾病产生、发展规律的学科，具有较系统和独特的理论体系。通过上述分析，认为张仲景对黄汗病病因病机的认知主要来源于对病人身体经历的观察和临床经验。古人在日常生活体验的基础上，往往通过概念隐喻的方式对疾病的致病因素和病理机制进行解释和说明，即用具体事例或概念去解释抽象的病因病机，充分显示了古人认知世界和人体的独特智慧。

三、结论

认知语言学概念隐喻理论认为，隐喻是一种认知现象，是人们对抽象范畴进行概念化有力的认知方法，在日常生活和科学理论中普遍存在。中医是一门古老的医学理论体系，产生发展于科学水平和语言概念相对匮乏的远古时代。在“天人合一”“远取诸物，近取诸身”“取象比类”等一系列思想指导下，古人会自然而然地采用隐喻的方式来进行中医概念及理论的构建，对人体各种疾病病因、病机的认知过程中大量运用了隐喻的方法进行解释和说明。通过对黄汗病病因病机概念隐喻的研究，不仅可以更好地理解黄汗病，而且进一步印证了中医语言是基于隐喻认知的语言，中医理论是一种以身体经验感知为基础的关于解释的理论体系。

参考文献

[1] 李福印．认知语言学概论［M］．北京：北京大学出版社，2008. 14.

[2] 顾红．英、汉语“喜悦”概念隐喻的认知研究［J］．浙江大学学报（人文社会科学版），2008，38（2）：198～200.

[3] 曾侨骄，于善志．论汉语“水”的概念隐喻［J］．宁波教育学院学报，2009，11（5）：28～32.

[4] 王新佩．金匮要略［M］．北京：中国中医药出版社，2011，76.

[5] 郭蕾，乔之龙．论开展六淫现代研究的重要意义［J］．辽宁中医杂志，2004，31（7）：548～549.

[6] 章敏，陈刚，张六通，等．六淫湿邪动物模型研究［J］．湖北中医杂志，2007，29（9）：5～7.

[7] 王寅．再论语言的体验性—认知语言学的语言体验观［J］．山东外语教学，2005（2）：3～8.

[8] 曾小逦．概念隐喻·经验主义·体验动因［J］．邵阳学院学报（社会科学版），2007. 6（3）：85～88.

［《中医药学报》2012，40（6），1］

从麻桂剂看仲景“杂病”内涵

毕国伟　卢政男

高雄长庚纪念医院长庚大学

江　泳　成都中医药医药人学

医圣张仲景于东汉撰《伤寒杂病论》一书，后因战乱等因素散佚，又自晋朝王叔和整理出《伤寒论》，宋代林亿校注出《金匮要略》后，一书终变两书。自此《伤寒论》作为《伤寒杂病论》的前半部分，被诸多医家作为了外感病的典范，《金匮要略》作为《伤寒杂病论》的后半部分，被后学推为杂病诊治的现存最早的代表作。提到杂病，人们自然想到的就是《金匮要略》，而不再提《伤寒论》，但事实上，笔者从仲景《伤寒论》所论的诸多外感病的汤证发现，医圣当年将全书取名为《伤寒杂病论》，并非意在外感、内伤的区分，而是旨在提醒后学，疾病都是“杂病”，无论外感、内伤皆为杂病，《伤寒杂病论》一书虽已成两书，但其辨治的思维实仍为一脉相连，密不可分，均体现了杂病的辨证论治思想。若能理清这一思路，就能更好的认识仲景全书精髓，更能很好的指导中医临床，提高疗效。以麻黄汤、桂枝汤为例（此文中简称为麻桂剂），结合麻桂剂的几个变化方（如桂枝麻黄各半汤、桂枝二麻黄一汤等），揭示仲景辨治疾病（包括外感、内伤）疾病的杂病内涵。

一、麻桂剂体现的病机内涵

（一）麻黄汤、桂枝汤皆为实证而立

一说到《伤寒论》中的麻黄汤、桂枝汤病机，大家会毫不犹豫地说：麻黄汤是太阳伤寒表实，桂枝汤是太阳中风表虚。那么，这个表实、表虚到底指的是什么呢？从八纲定性来讲，虚实又何如呢？对于麻黄汤的表实病机，基本没有争议，世医皆认为表实的形成是因风寒束表，毛窍闭塞，证属实证。但对于桂枝汤表虚的病机，却似乎没有一个很中肯的认识。大多数的教材解释表虚，皆用表卫亏虚，或营阴亏虚来解释，但既提到亏虚，那此处所言之“虚”，如果用八纲解释就隶属于虚实的分类范畴，那么既然如此，桂枝汤所体现的证候到底是虚证还是实证呢？我们将此问题询问过中医药院校高年级已学习过中基、中诊、中药、方剂、内经课程的中医及相关专业学生，也询问过多年中医临床的基层医生，也询问过一些中医教学工作者，得到3个答案：“虚证”“实证”“虚实夹杂证”，实在让人不知做何感想。那为什么会出现这样的分歧呢？笔者认为就是没有理解二方证的病机内涵，没有理解仲师立方之意，没有去理解仲景所言“太阳伤寒”“太阳中风”的真知，更没有用仲景杂病的观点去理解太阳病病机特点，乃至整个《伤寒论》所论六经病证病机特点。

从本质来讲，麻黄汤、桂枝汤二方所针对的病都是太阳病，即属今之表证；从病机上讲，都是外感风寒，侵袭卫表；从虚实来看，这二者都不存在正气亏乏的问题，自然都是实证。既然隶属同一疾病、同一病机，何以设两方治疗，甚至你再看看《伤寒论》太阳病篇中，相似的还有麻黄桂枝各半汤、桂枝二麻黄一汤等，从表面看，都是针对太阳病而设，都是治疗外感风寒的方，仲景怎么就那么费劲列了这么几个方出来，而不是以一方统领呢？不得不让人深思。

（二）外感风寒是太阳麻桂汤证的病机根本，但需明辨寒邪风邪孰重孰轻

正如上述所言，麻桂剂本现的病机为外感风寒，这4个字看似简单，实际复杂。复杂在哪呢？通常的理解，这4个字提示了病因为“外感”，也就提示了病位在表，“风寒”代表邪气，也就蕴涵了邪气在表，根据《内经》因势利导，就近驱邪的原则，自然应该使用汗法为主要治法，因此用麻黄、桂枝等辛温发汗的药物组合成方进行治疗。但事实上，这4个字的核心还在于“风寒”，因为“风寒”二字代表着两个邪气，是复杂的病因病机，而非单一的病因病机，换而言之，外感风寒的病机就是在提醒后学，外感的是风邪和寒邪的杂合，既然是杂合的病机，就应该根据仲景“随证治之”的原则，有什么样的病机，就要纠正什么样的病机，也就是针对外感风寒，既要祛风又要散寒。但是这又产生问题，既然治疗针对是杂合的邪气，那么到底是祛风为主，还是散寒为主，还是二者皆重呢？众所周知，治法是根据病机确立的，因此就外感风寒而言，祛风为主，还是散寒为主，就得根据风寒这个杂合病机到底是风重还是寒重来确立相应的治法孰轻孰重。回到麻、桂剂来，仲景明确指出麻黄汤针对“太阳伤寒表实”证而立，那也就是说，麻黄汤所针对的虽然是外感风寒证，但明显是寒邪重于风邪，寒主收引，风性开泄，但由于是寒邪外袭为主，所以收引大于开泄，自然毛窍肌肤密实不疏，患者自然表现出恶寒为主，无汗，脉浮紧的特点，是谓“表实”证。外感风寒，当疏风散寒，但因为寒邪重于风邪，仲师才会选择长于散寒发汗的麻黄为主药来散寒为主，配桂枝既可加强麻黄散寒力量，桂枝本身也擅长祛风，又驱除外感所受之“风”。所以麻黄汤的病机准确的应该表述为：外感风寒，寒重于风。治法当为：散寒发汗，祛风解表，散寒摆在第一位，强调以散寒为首务。

而桂枝汤针对的是“太阳中风表虚”证，也不难看出，医圣在此意在强调桂枝汤的病机虽然也是外感风寒，但本质是风邪重于寒邪，开泄就大于收

引，导致毛窍肌肤疏散不密，自然以恶风、汗出，脉浮缓，或伴随瘙痒（如鼻痒、身痒）为特点。正由于桂枝汤腠理疏松开泄，汗出津泄，相对麻黄汤的腠理闭实而言，自然属于“表虚”，所以此处表虚并不是指表卫气虚，更不是指虚证，而是强调风邪外袭为主，导致汗出而腠理疏松空虚的意思，是指相对麻黄汤证而言腠理的密疏程度，开闭状态，桂枝汤汗出后腠理开张不闭，相对麻黄汤腠理密实不开，当然属空虚了。由此可见桂枝汤针对的也是实证、表证，自然当需以解表发汗为要，使邪从表散，但因为以风邪为主，治疗自当祛风重于散寒，所以仲师取擅长祛风解肌的桂枝为主药，而去麻黄不用（因为麻黄散寒为主，且散寒力强），再配白芍养血和营，这与后世所谓“治风先治血，血行风自灭”异曲同工，也是为了强化祛风的力量。由于寒邪不重，杀鸡自不用牛刀，所以仅用散寒解表之生姜即可解决桂枝汤证所兼之寒。因此，桂枝汤的病机准确应该描述为外感风寒，风重于寒。治法当为：祛风解肌，散寒解表，祛风是摆在散寒的前面的，意在强调孰重即重点治谁。所以后世为什么多用桂枝汤治疗一些过敏性、瘙痒性疾病，因为过敏性疾病多有痒症，而中医认为有痒就有风，风胜则痒，就更进一步验证了桂枝汤的病机是以风邪为重。

应该理解了上述含义，也就知道为何仲景还设桂枝麻黄各半汤了，针对的自是外感风寒，风寒俱重的情况，意在强调疏风散寒并重，但由于感受的风寒之邪整体而言不重，所以桂枝汤、麻黄汤各取一半为方，意在强调风寒皆重，平分秋色时，治法也当半斤八两，既重疏风，又重散寒。所以桂枝麻黄各半汤的病机为：外感风寒，风寒皆重。而桂枝二麻黄一汤虽也是指外感风寒，风重于寒，但更在强调风邪偏重的程度。

总之，由此可见，仲景麻、桂剂揭示的病机本质就是外感风寒杂合，不仅应当知道外散风寒，祛邪外出，从汗而解这一基本相同的治疗方向，还必须分清杂合的病机孰重孰轻，从而指导临床根据轻重侧重不同设立选择相应的治法方药，所谓“大同小异”是也。

二、何谓杂病

理清了仲景设麻黄汤、桂枝汤的内在含义后，其实也就理解了仲景所云杂病内涵，明白了医圣将所撰之书取名《伤寒杂病论》的苦心，也就更能很好的发挥仲景医书的临床价值。我们一直认为杂病就是指内伤杂病，所以《金匮》才会被赞誉为“治疗杂病的专书”，因为《金匮》处在《伤寒杂病论》的后半部分，而书名叫《伤寒杂病论》，前已有《伤寒论》，《金匮》自然就指的“杂病”了，而由因《金匮》所载病证多为内科、妇科疾病，自然也就使杂病成了“内伤杂病”的代名词。其实仲师所言“杂病”，立《伤寒杂病论》一书之名，就是告诫后学，“杂病”既包含外感、也囊括内伤，所谓杂病就是指的“病机错杂的疾病”，这就是杂病的病机本质和特点。正因为病机错杂，四诊合参进行辨证的时候就要尊重病人所表现的症状、体征，有是证辨是证，存在多少错杂的病机就要辨出多少，无论是寒热错杂，还是虚实错杂，还是多邪为病，还是多病位波及（如表里错杂、脏腑同病、多脏紊乱等），这都是复杂病机的体现；而辨出了复杂的病机后，更重要的是要根据病症舌脉，辨出错杂的病机中，是孰重孰轻，还是几者皆重，以及各自的轻重程度，从而设立治法，侧重的一面，重点治，偏轻的一面，兼顾治，这才能更深层次的体现辨证论治，即除了通常理解的同病异治，异病同治外，只要是病机错杂的病机，即便病机相同，但因错杂的病机有偏重不同，大同的治法之中必然存在小异，如前述麻黄汤、桂枝汤、桂枝麻黄各半汤虽皆为外散风寒，解表发汗，但却有散寒为主，祛风为辅的麻黄汤和疏风为主，散寒为辅的桂枝汤，以及疏风散寒皆重的桂枝麻黄各半汤的不同，是谓“同病同机，也当异治”。以此推之，外感、内伤皆然，伤寒、温病莫不相同，如吴鞠通之银翘散、桑菊饮，皆为外感风热，既有风邪，又有热邪，自然是为“病机错杂的杂病”，虽然都以辛凉解表为法，但却同中有异，才会成为同中有异的两首名方。银翘散取擅清热解毒质轻之银花、连翘为君，意在强调清热为主，疏风为辅，因此银翘散的病机实为外感风热，热重于风，所以才会以发热，咽喉肿痛，口渴，舌红等热重表现为临床主症；桑菊饮选擅疏风的桑叶、菊花为主，意在强调疏风为主，清热为辅，所以桑菊饮的病机为外感风热，风重于热，故以恶风、咳嗽为主症（因为风性开泄，内应肝木，正常生理情况下肝升肺降，二者相协为助，但风性开泄，肝升太过，必使肺气不降反升，从而出现咳嗽的症状）。

由此可见，杂病的概念不仅是指内伤杂病，或涵盖内妇外诸系统的复杂病证，更是强调疾病多存在复杂的病机，单一为患的病机临床少见。临证若能铭记仲景此训，必然更能理清治疗思路，避免茫然无措。

[《成都中医药大学学报》2012，35（4），75]

从明代医家临床用药剂量谈经方剂量变化趋势

宋 佳 傅延龄

北京中医药大学基础医学院

近些年来，越来越多的学者开始关注中药临床剂量的研究，尤其是对经方剂量的研究。被奉为“医门之规绳”的《伤寒杂病论》，创造性地将理、法、方、药、量融为一体，以其立法精当，组方严谨，施量巧妙，被学人奉为圭臬，其方亦被尊为“经方”而广泛流传。遗憾的是，经方在近1800年的传承过程中，剂量失传，以至到明代，李时珍在《本草纲目》中提出的“古一两今用一钱”成为后世应用经方最为广泛的折算标准，古今差异可见一斑。本文立足明代，旨在通过揭示明代医家的用药剂量规律，并与张仲景时代及当代剂量情况进行对比，试图寻找经方的剂量变化趋势，并探讨其演化原因。

一、资料与方法

（一）研究内容

根据《中国临床医学流派》[1]、《中医各家学说》[2]、《中国历代名医图传》[3]、《中国历代医名术》[4]4书中均收录的明代医家共筛选出13位，并选取了各自医家最有代表性的医案或医话进行方药剂量统计，所筛选的13部明代医著如下：《石山医案》（汪机）、《孙一奎医案》（孙一奎）、《里中医案》（李中梓）、《先醒斋医学广笔记》（以下简称《广笔记》，缪希雍）、《医验大成》（秦昌遇）、《奇效医述》（聂尚恒）《景岳全书·古方八阵》（张景岳）、《医学正传》（虞抟）、《明医杂著》（王纶）、《内科摘要》（薛己）、《寿世保元》（龚廷贤）、《瘟疫论》（吴又可）、《古今医统大全·伤寒门》（徐春甫）。

（二）研究方法

采用Excel表格数据处理功能及基本统计学方法（百分位数、方差、标准差、离散度、相关性、算术平均数等概念）来统计所选明代医著中的用药剂量情况，包括药物出现频次、药物的常用剂量、平均剂量、剂量分布区间等概念，分述如下。

①平均剂量：即统计学上的“算术平均数”$X=\sum X/n$（n为总频数）。②最常用剂量：即某味药物出现频次最高的剂量值，反映出某味药物在该剂量值点上分布最为密集。它与平均剂量共同影响着某味药剂量分布的态势。③剂量分布区间：指某药的最小剂量值与最大剂量值之间的范围。剂量分布区间可反映出某种药物临床用量的灵活性。④常用剂量范围：引入统计学百分位数的概念 Px，$Px=L+i/fx\ [n.X\%-\sum fL]$（公式中代表 Px 所在组的下限，i 代表 Px 所在组的组距，fx 代表 Px 所在组的频数，n 代表总频数，$\sum fL$ 表示小于L的累计数频数），用 Px 与 P_{100-x} 之间的差值来表示一定范围，本研究选用 $[P_{25}-P_{75}]$ 的区间范围来表示某药的常用剂量范围。

（三）录入标准

①采用Excel表格录入数据：将所选13部明代医著中所载方剂的剂量值录入。②只录入汤剂中的药物剂量，丸、散、丹、膏等其他剂型中的剂量概不录入。③在医案类著作中出现的多次复诊的病例一律按新方录入。④外用处方及儿科病案概不录入。⑤折算标准：明代度量衡标准较为统一，本研究采用《中国科学技术史·度量衡卷》[5]中所考证的结论，明代1斤=16两，约合今596g，按明1两=1钱=10分≈37g将明代方剂中的剂量值统一换算成现代剂量“克”。在与张仲景方药剂量进行比较时，仲景方药剂量则依据吴承洛主编的《中国度量衡史》中的折算标准，东汉1斤≈220g，1两≈13.9g，换算成现代剂“克”，这一折算标准是目前中医界较为认可、并被广泛采纳的折算标准，故按此折算。

二、研究结果

（一）出现频次

在所录入的1405首明代方剂中，出现频次最高的20味中药分别是甘草（925次）、生姜（768次）、人参（587次）、芍药（430次）、白术（400次）、当归（354次）、黄芩（270次）、麦冬（257次）、黄芪（243次）、半夏（228次）、桂枝（212次）、地黄（208次）、柴胡（202次）、黄连（181次）、川芎（171次）、知母（152次）、升麻（141次）、石膏（131次）、葛根（130次）、五味子（127次）。

（二）平均剂量

在所录人的1405首方剂中，把出现频次最高的20味药物按平均剂量值从高到低排列，如表1所示。

表1　20味药物平均剂量值（g/方）

药物	平均剂量	药物	平均剂量
石膏	17.6	葛根	5.6
生姜	10.4	半夏	5.5
麦冬	9.9	柴胡	5.2
黄芪	9.1	黄芩	4.8
人参	8.7	黄连	4.8
地黄	7.6	桂枝	4.4
知母	7.4	川芎	4.1
芍药	6.4	升麻	3.6
白术	6.3	甘草	3.3
当归	5.6	五味子	3.1

（三）最常用剂量值

统计发现，在录入的明代1405首方剂中，出现频次最高的20味药物中有16味药物的最常用剂量值为1钱（≈3.7g），最常用剂量值最高的药物为石膏11.1g，最低的药物为甘草与五味子，均为1.9g，详见表2所示。

表2　20味药物最常用剂量值（g/方）

药物	最常用剂量	药物	最常用剂量
石膏	11.1	葛根	3.7
知母	7.4	半夏	3.7
生姜	3.7	柴胡	3.7
麦冬	3.7	黄芩	3.7
黄芪	3.7	黄连	3.7
人参	3.7	桂枝	3.7
地黄	3.7	川芎	3.7
芍药	3.7	升麻	3.7
白术	3.7	甘草	1.9
当归	3.7	五味子	1.9

本文另统计了上述20味药物在张仲景方中的最常用剂量，二者对比如下表3所示。

表3　20味药物在明代及张仲景方中的最常用剂量值比较（g/方）

药物	最常用剂量		药物	最常用剂量	
	张仲景方	明代		张仲景方	明代
石膏	220	11.1	葛根	55.6	3.7
知母	83.4	7.4	半夏	—	3.7
生姜	41.7	3.7	柴胡	111	3.7
麦冬	—	3.7	黄芩	41.7	3.7
黄芪	41.7	3.7	黄连	13.9	3.7
人参	41.7	3.7	桂枝	41.7	3.7
地黄	41.7	3.7	川芎	27.8	3.7
芍药	41.7	3.7	升麻	—	3.7
白术	27.8	3.7	甘草	27.8	1.9
当归	41.7	3.7	五味子	—	1.9

注：上表中“—”表不该药在仲景方中使用“升”“合”“枚”“个”等非衡量单位而不便计算出其准确剂量值，故省略。

（四）常用剂量范围

根据统计学百分位数计算法 $Px = L + i/fx[n.X\% - \sum fL]$，取 $[P_{25} \sim P_{75}]$ 的区间范围作为该药的常用剂量范围，将该常用剂量范围与其在《中华人民共和国药典（2010年版）》（简称《中国药典》）中规定的剂量范围进行比较，发现部分药物在明代的常用剂量范围与现行《中国药典》中规定的剂量范围较为接近，如生姜、柴胡、黄连、人参、半夏、黄芩、五味子等药，二者区间范围的重合程度较高；而有些药物在明代的常用剂量范围与《中国药典》中的剂量范围差异较大，如石膏、黄芪、芍药等，二者区间范围的重合程度较低，如表4所示。

（五）剂量分布区间

剂量分布区间表示该药最大剂量（Max）与最小剂量（Min）之间的范围，它能反映出该药临床用量的灵活度。统计得出明代医家最常用的20味药物在明代1405首方剂中的剂量分布区间，并与其在张仲景方中的剂量分布区间进行对比，发现绝大多数药物在明代与其在张仲景方中的剂量分布区间差异甚为显著，二者区间范围的重合程度较低，说明很多临床常用药物自张仲景时代发展至明代，剂量分布区间已发生较大变化，详如表5所示。

表4　20味药物在明代及《中国药典》中的常用剂量值范围比较（g/方）

药物	常用剂量范围		药物	常月剂量范围	
	明代	张仲景方		明代	张仲景方
石膏	7.4～18.5	15～60	人参	3.7～11.1	3～9
知母	3.0～7.4	6～12	地黄	3.7～11.1	6～12
生姜	3.7～11.1	3～9	芍药	3.7～7.4	6～15
麦冬	3.7～11.1	6～12	白术	3.7～7.4	6～12
黄芪	3.7～11.1	9～30	当归	3.7～7.4	6～12
葛根	3.7～7.4	9～15	半夏	3.0～7.4	3～9
柴胡	3.0～7.4	3～9	黄芩	3.0～7.4	3～9
黄连	2.6～5.6	2～5	桂枝	1.9～5.6	3～9
川芎	2.6～5.6	3～9	升麻	1.92.6～3.7	6～12
甘草	1.9～3.7	1.5～9	五味子	1.9～3.7	1.5～9

表5　20味药物在明代及张仲景方中的剂量分布区间比较（g/方）

药物	常用剂量范围		药物	常用剂量范围	
	明代	中国药典		明代	中国药典
石膏	1.9～111	3.5～222.7	人参	0.6～11.1	13.9～62.6
知母	1.1～55.5	10.4～83.5	地黄	1.1～11.1	41.8～55.7
生姜	1.5～37	13.9～111.4	芍药	1.1～7.4	3.5～83.5
麦冬	1.1～185	—	白术	1.5～7.4	3.5～62.6
黄芪	1.1～111	17.4～69.6	当归	1.1～7.4	13.9～41.7
葛根	0.7～22.2	41.7～111.4	半夏	1.1～7.4	11.6～111.4
柴胡	0.7～37	21.4～111.4	黄芩	1.1～7.4	10.4～41.7
黄连	0.7～18.5	13.9～55.7	桂枝	0.4～5.6	3.5～69.6
川芎	0.7～18.5	—	升麻	0.7～3.7	17.4～27.8
甘草	0.4～37	3.5～55.7	五味子	0.7～3.7	—

注：上表中“—”表示该药在张仲景方中使用“升”“合”“枚”“个”等非衡量单位而不便计算出其准确剂量值，故省略。

三、探讨与思考

通过本研究可以发现，明代医家临床用药剂量多分布在张仲景方药剂量1/10～1/3的范围内，从表5可见，二者剂量分布有着显著的落差。相比之下，明代医家临床常用剂量范围与现行《中国药典》规定的剂量范围较为接近，说明很多临床常用药物自张仲景时代发展至明代，剂量分布情况已发生较大变化，而自明代发展至现代，方药剂量似渐趋于稳定，变化幅度不大。这一现象提示自东汉至明代，方药临床剂量曾发生过较大的变化，而导致这一变化发生的原因又是多方面的，我们通过分析相关文献，总结出有以下几方面的原因：①宋代散剂盛行是导致经方剂量下降的关键因素；②地域—气候—体质—中药耐受性差异假说；③哲学—文化—用药心理学的影响。针对这三方面因素，将另行撰文阐述。

参考文献

[1] 陈大舜，易法银，袁长津．中医临床医学流派［M］．北京：中医古籍出版社，1999，39～54，165，285.

[2] 严世芸．中医各家学说［M］．北京：中国中医药出版社，2003：1.

[3] 陈雪楼．中国历代名医图传［M］．南京：江苏科学技术出版社，1987：129～189.

[4] 刘祖贻，孙光荣．中国历代名医名术［M］．北京：中医古籍出版社，2001：56～849.

[5] 卢嘉锡，丘光明．中国科学技术史·度量衡卷［M］．北京：科学技术出版社，2001：447.

［《中医杂志》2012，53（18），1531］

从三泻心汤谈仲景重视调理脾胃气机的思想

王捷虹　沈舒文　刘　力　殷　群

陕西中医学院附属医院脾胃病科

《内经》是脾胃气机升降理论的渊源。张仲景在《伤寒论》《金匮要略》著作中首创辛开苦降法，以调理脾胃气机升降。张仲景重视调理脾胃气机升降治疗脾胃病的学术思想，为后世脾胃气机升降理论的形成与发展起到了重要作用。

一、仲景遵循《内经》，重视脾胃升降理论

脾胃气机升降理论是中医学“气机升降学说”的重要组成部分，也是治疗脾胃病的重要理论之一。气机是人体生命活动的基本形式，中医认为“脾胃是气机升降之枢纽”。《内经》是脾胃气机升降理论的渊源[1]，全文虽未明确提出脾胃气机升降之词，但却将其有机地贯穿于人体气、血、津液的生成、转化以及代谢过程的论述之中。如《素问·经脉别论》云：“饮入于胃，游溢精气，上输于脾。脾气散精，上归于肺，通调水道，下输膀胱。水精四布，五经并行。”说明脾胃通过升降纳运的作用，共同维持食物的消化、吸收和输布功能，具有枢纽之意。脾胃升降相因、出入有序，才能维持人体各种生理功能活动。

脾胃升降功能一旦失常，则诸证变生。脾气不升，影响胃的受纳和降，而见纳呆、脘腹胀痛等症状；若胃气不降，则影响脾的升清和运化，易发生腹胀、泄泻等症。正如《素问·阴阳应象大论》所云：“寒气生浊、热气生清。清气在下，则生飧泄；浊气在上，则生月真胀。此阴阳反作，病之逆从也。”此概括说明了脾胃升降失常所致的病理及临床特征。

二、首创辛开苦降，创立脾胃调理之法

脾胃病的鼻祖张仲景将《内经》脾胃气机升降理论具体运用于脾胃病的施治中，仲景创三泻心汤，以调理脾胃气机升降。药物的配伍善用辛开苦降法，即根据一苦一辛，一升一降的药物性味，配伍成有升有降的药式，并作用于脾胃，使其升降功能恢复正常，这体现了张仲景脾胃升降学说的独到之处。脾胃同居中焦，为气机升降之枢纽；脾升胃降，枢纽运转，清阳上升，浊阴下降，共同维持人体气机之运行。若太阳病误下苦寒药物损伤脾阳，或素体脾胃虚弱，正气抗邪无力，热由外陷而寒自内生，寒热错杂于中焦，脾胃升降失和，从而出现一系列气机逆乱、阴阳不和之症，如胃失和降而见恶心呕吐；脾不升清而有泄泻肠鸣；寒热互结心下，更见心下痞满之证等[2]。

张仲景《伤寒论》针对脾胃升降失常、寒热错杂的痞证而设半夏、生姜、甘草3个泻心汤。半夏泻心汤为三泻心汤之基础方，以干姜、半夏辛散脾寒、降逆止呕；以黄芩、黄连苦寒泄降胃热，使脾胃升降功能复则气结除；同时以甘味之参、枣、草调补中焦之气，补脾胃助运化以复其升降之职，寒温并用而治寒热错杂之痞。邪入少阳，胃中不和，寒热之结于心下，又见“胁下有水气，腹中雷鸣，下利”之下利重症，则治以生姜泻心汤，即半夏泻心汤减干姜用量，重用生姜辛散水饮之邪，主治水气互结的心下痞硬，水气停留于胁肠间见胁下胀

痛、肠鸣下利之症，以达和胃降逆、散水消痞之效；若一再攻下，脾胃俱虚，邪热内陷而客气上逆出现“其人下利日数十行，谷不化，腹中雷鸣，心下痞硬而满，干呕心烦不得安”之痞、呕、利均较重、较急之痞者，治以甘草泻心汤，即半夏泻心汤加重甘草用量，本方用以治疗误下后脾胃更虚，痞利俱甚，干呕心烦，寒热错杂的重证。据临床报道提示，以寒热并用、辛开苦降法治疗慢性胃炎、胃癌前病变、消化性溃疡、功能性消化不良、肠易激综合征、溃疡性结肠炎等消化道疾病，均取得理想疗效。由此可见，辛开苦降法不仅适用于寒热错杂之痞证，对于其他原因导致的脾升胃降功能失常之证，也可以用此方随症加减治疗。

仲景三泻心汤，是治疗脾胃升降失常、寒热错杂所致病证的基本方药。其方药是以辛热祛寒、苦寒清热这两类性质、功能截然不同的药物为主方，配以甘温益气之品。寒热并用，攻补兼施，或散结消痞，或清上温下，总之以调理脾胃气机、恢复中焦升降机能为目的，体现了仲景重视调理脾胃气机升降的学术思想。

三、仲景重视脾胃调理，为后世脾胃升降理论奠定了基础

张仲景的辛开苦降甘调法是其脾胃升降学说的一大特点，除三泻心汤外，还有三承气汤等，体现了张仲景治疗脾胃病注重调理脾胃、脏腑气机的特点。仲景重视调理脾胃气机的学术思想为后世脾胃气机升降理论的形成和发展奠定了理论和临床基础。

李东垣深受上述思想的启发，重视脾胃升降功能，提出“脏腑的升降浮沉，以脾胃为枢纽”之论点。他认为只有脾气升发，六气才能充沛，故特别强调升的一面，因此李东垣首创补中益气汤等升补阳气之剂，但李东垣在强调升发的同时，并不忘沉降，以升发为主，苦降阴火为次，升中阳与降阴火相辅相成，其创立的名方升阳益胃汤，就体现了升降并存的思想。自李东垣具体论述脾胃气机升降理论后，这一理论才得到后世医家的重视，并在后世的临床应用中得以发展。

参考文献

[1] 焦卫东．脾胃气机升降理论的探讨及应用．中医研究，2010，23（2）：20～22.

[2] 魏玮．辛开苦降法与脾升胃降．中医杂志，2004，45（9）：715～716.

［《世界科学技术（中医药现代化）》2012，14（1），1263］

从现代中药药理研究分析张仲景应用细辛的合理性

曹魏敏　胡　雨　王惠君

天津中医药大学

细辛，《神农本草经》载：“细辛味辛温。主咳逆，头痛，脑动，百节拘挛，风湿，痹痛，死肌。久服明目，利九窍，轻身长年。一名小辛，生山谷。”在《伤寒杂病论》中，张仲景对细辛的应用较为广泛，使用细辛的方剂共有20首。随着现代中药药理研究的发展，对细辛的药理作用了解得更加深入。笔者拟从现代中药药理角度对仲景应用细辛的情况进行分析探讨，为仲景应用细辛的合理性提供现代理论基础。

一、细辛止咳逆与松弛支气管平滑肌

在仲景应用细辛的20首方剂中，止咳平喘的方剂占9首。其中，“咳而上气，喉中水鸡声”用射干麻黄汤；“咳而脉浮者”用厚朴麻黄汤；“伤寒表不解，心下有水气，干呕，发热而咳，或渴，或利，或噎，或小便不利，少腹满，或喘者”用小青龙汤；“肺胀，咳而上气，烦躁而喘，脉浮者，心下有水”用小青龙加石膏汤；尤其是“冲气即低，而反更咳、胸满者用桂苓五味甘草汤去桂加干姜、细辛，以治其咳满”以及其后的桂苓五味甘草去桂加姜辛夏汤、苓甘五味加姜辛半夏杏仁汤、苓甘五味加姜辛半杏大黄汤，真武汤方后加减中“若咳者，加五味子半升，细辛、干姜各一两”等，均全面而深刻地反映出仲景擅用细辛以止咳逆的用药思路。现代药理研究表明，细辛能松弛支气管平滑肌，对支气管痉挛有明显的对抗作用[1~2]。其挥发油中的甲基丁香油酚对豚鼠离体气管亦有显著松弛作用[1~2]。由此，细辛对支气管平滑肌的松弛作用可作为仲景应用细辛以止咳逆的现代中药理论基础。

二、细辛止疼痛与局部麻醉

治疗蛔厥的乌梅丸中，细辛与乌梅、川椒等相配以制蛔止痛。治疗胁下偏痛的大黄附子汤中，细辛与大黄、附子相配以温阳通便止痛，尤其是《金匮要略·妇人妊娠病脉证并治第二十》妊娠养胎的主方白术散方后加减中“心烦吐痛，不能食饮，加细辛一两，半夏大者二十枚”，更反映出仲景应用细辛止痛的专属性。有资料表明，细辛可以通过产

生局部麻醉以达到止痛的作用。局部麻醉的作用机制，一是在神经细胞膜内侧阻滞 Na^+ 通道，干扰神经冲动在神经纤维上的传导而发挥作用。有药理实验表明，浓度50%的细辛煎剂的麻醉效价与1%普鲁卡因接近，细辛具有阻滞蟾蜍坐骨神经冲动传导的作用，起阻滞作用的时间大多数在7～8min，而且其作用是可逆的[3]。二是可能与含有阿片样物质有关，通过阿片受体发挥镇痛作用。通过应用热板法对小鼠进行阿片受体阻断试验表明，阿片受体阻断剂纳络酮可阻断细辛水煎液的镇痛作用，表明细辛水煎液的镇痛作用可能有阿片受体的参与[4]。三是可能与缓激肽和组织胺的抑制有关[5]。有现代中药药理学者认为，细辛具有强效的镇痛作用，其毒副作用小，作用时间长，有可能替代吗啡等镇痛剂而成为新型镇痛药剂[6]。

三、细辛散寒邪与扩血管

《金匮要略·腹满寒疝宿食病脉证治第十》"寒气厥逆，赤丸主之"，细辛与附子、乌头相配以祛散寒邪治疗厥逆。"手足厥寒，脉细欲绝者，当归四逆汤主之"，细辛配当归、桂枝以通利血脉，温散寒邪以治疗手足厥冷。《金匮要略·痉湿暍病脉证治第二》篇防已黄芪汤方后加减法中明确指出"下有陈寒者加细辛"，是仲景应用细辛专以散寒的有力证据。

现代医学认为，手脚冰凉可能是血液循环系统疾病征兆，例如血栓闭塞性脉管炎、闭塞性动脉硬化症、雷诺氏病、心血管疾病等，也可能是甲状腺功能低下、贫血等内科疾病所引起。当人体处于寒冷环境时，会产生一连串的生理反应以保持体温恒定。首先藉由皮肤及脑中枢的温度感觉接受器感受外界温度变化，随即将信息传递至下视丘和脑干中枢，造成自律交感神经亢奋，使得周边血管收缩，以减少体热流失，同时也增加新陈代谢速率以产生热量。如果此时周边血管收缩太过，导致四肢所获得的血液灌流过低，会造成四肢末端冰冷现象。因此，需要扩张血管以保持血液流量，以治疗手足冰凉。现代药理实验表明，细辛可以扩张血管，与其他药配伍，治疗手足冰冷[7~8]。由此显示出，细辛是通过扩张血管以达到祛散寒邪温暖手足目的。

四、细辛解表邪与解热

《伤寒论》301条中麻黄附子细辛汤治疗"少阴病，始得之，反发热，脉沉者"，《注解伤寒论》认为："反发热者，病在表也"，故"当温剂发汗以散之"，即辛温解表之意。现代药理研究表明，细辛具有显著的解热作用。细辛挥发油口服或复方煎剂灌肠给药，均有显著的解热作用[7]。对异物注射引起的发热，以及伤寒疫苗和细菌内毒素引起的发热，均有良好的降温解热作用[9]。辽细辛挥发油对正常小鼠的体温有降低作用且持续时间长[9]。由此，细辛良好的解热退热作用可从一定角度上作为仲景应用细辛以解表散邪的药理依据。

综上所述，张仲景遵循中医辨证论治的理念，在应用细辛的过程中把握细辛止咳逆、止疼痛、散寒邪、解表邪4个作用，用药精当，直达病所。科学技术日益先进的今天，结合现代中药药理的研究成果，为仲景应用细辛的合理性提供良好而适当的药理佐证，对临床应用细辛提供更多的用药思路，乃吾辈之所幸。

参考文献

[1] 胡月娟，周弘，王家国，等．细辛挥发油的解痉抗炎作用［J］．中国药理学通报，1986，2（1）：41～42.

[2] 梁学清，李丹丹．细辛药理作用研究进展［J］．河南科技大学学报：医学版，2011，29（4）：319.

[3] 张美莉．细辛煎剂对离体神经传导阻滞作用的初步观察［J］．中药通报，1984，9（6）：36.

[4] 熊玉兰，荆宇尚，明英，等．细辛非挥发性提取物抗炎镇痛作用研究［J］．中国中药杂志，2009，34（17）：2256.

[5] 袁晓琴，孙莲芬．细辛的镇痛作用及作用机制［J］．辽宁中医药大学学报，2008，10（10）：70～72.

[6] 杨浩，王磊，魏景莉，等．细辛替代吗啡镇痛可行性实验研究［J］．中国临床研究，2010，23（7）：570.

[7] 王宗先，田洪海，王贵文，等．细辛煎剂对动物心血管的作用［J］．滨州医学院学报，1990，13（1）：82.

[8] 程黎晖．细辛的鉴别及药理作用［J］．海峡药学，2008，20（5）：69.

[9] 孙建宁，徐秋苹，王风仁，等．三种细辛属植物挥发油对中枢神经系统的作用［J］．中国药学杂志，1991，26（8），470～472.

［《湖南中医杂志》2012，28（5），125］

从小建中汤探究甘温除热法

张　铖　北京京煤集团总医院

"阴火"一词最早由李东垣提出，用来解释内伤发热的发病机制，并提出了"甘温除热"的治疗法则以及代表方———补中益气汤[1]。笔者于临证中亦见部分患者属于内伤发热证，故遍查资料，欲求“甘温除热”之究竟。小建中汤出自东汉张仲景《金匮要略·血痹虚劳病脉证治》，该方虽无甘温除热之名，却有甘温除热之实，笔者从小建中汤汤证机理入手探究，认为脾胃枢机不利、三焦升降失调是其病机要点，而用甘温之剂健运脾胃，恢复枢机，使三焦升降得通则为“甘温除热”的原理之一。

小建中汤由饴糖、桂枝、芍药、生姜、甘草、大枣组成，主治“虚劳里急，悸，衄，腹中疼，梦失精，四肢痠疼，手足烦热，咽干口燥”。《金匮要略心典》中有一段注释颇为经典：“中者，四运之轴，而阴阳之机也，故中气立则阴阳相循，如环无端，而不极于偏。是方甘与辛和而生阳，酸得甘助而生阴，阴阳相生，中气自立，是故求阴阳之和者，必求于中气，求中气之立者，必以建中也[2]！”该段论述认为，中气不足，阴阳失和是病机所在。然而中气不足，为何导致阴阳失和的病机？又为何出现手足烦热、咽干口燥诸症？

君相二火相互交合，如环无端，而脾胃为其枢纽。心为君主之官，五脏六腑之大主，居上焦，内寄君火；肾为先天之本，居下焦，内寄相火。然君火为离火，其性偏阳；相火为坎中之阳，其性偏阴，二者虽均为火，毕竟有阴阳之偏。君火下交于肾，相火上济于心，周而复始，心肾相交，阴阳相和，乃人身立命之本，生命之动力。二者彼此协调，互相配合，共同推动着全身脏腑的功能活动。正如《医理真传》中讲到：“君火，凡火也；相火，真火也。凡火即心，真火即肾中之阳。凡火居上以统乎阳，阳重而阴轻也，故居上为用；真火居下以统乎阴，阴重而阳轻也，故居下为体。二火虽分，其实一气，诚阴阳之主宰也[3]。”

君相二火相和，则需中焦脾胃交通斡旋。脾气主升，为机体化生精微，胃气主降，为机体传化糟粕，脾胃的升降出入运动调节着其他四脏的升降出入，自然也调节者君相二火的往来运动，而君相二火又推动着脾胃的枢机运动。《医理真传》中讲到：“顾二火不可分，而二火亦不胜合，所以一往一来，化生中气，遂分二气为三气也。”又曰：“天气下降于地，由地而入水；水气上升于地，由地而至于天。故曰：地也者，调和阴阳之枢机也[3]。”由此可知，君相二火往来熏蒸，化生后天脾胃，而脾胃之升降又调节着二火的往来运动，所以心、脾胃、肾虽居上中下三焦，然其生理功能相互依存，相互调节，三焦之气分则为三，合则为一。

若脾胃枢机正常，则三焦气机通畅，君相二火各得其位。《黄帝内经素问·阴阳应象大论》曰：“壮火之气衰，少火之气壮。壮火食气，气食少火。壮火散气，少火生气。”王冰注释该段曰：“以壮火食气，故气得壮火而耗散；以少火益气，故气得少火则生长[4]。”故在生理状态下，通过脾胃的调节，君相二火各得其位，不衰不亢，往来熏蒸，行使温煦机体、推动脏腑活动的职责，热证无由而生，寒证亦无由而生；反之，若脾胃枢机不利，则三焦气机逆乱，君相二火不当其位，则升者不升而下陷，降者不降而逆上，则乖而生热[5]。《圆运动的古中医学·古方上篇》讲小建中汤时，有一段论述手足烦热之症，颇耐玩味：“手足心烦热者，甲木不降（上逆之肝火），心包相火逆行，故手心热。乙木不升（下陷之胆火），郁生下热，故足心热也。……手心，乃心包经穴道，……心包相火不降，手心即能作热。足乃肾经穴道，肝木生于肾水，肝木之气不升，下陷于肾水之位，故足心即能作热[6]。”《黄帝内经素问·五运行大论》又有“五气更立，各有所先，非其位则邪，当其位则正[4]”的论述。由此可知，中气亏虚，不能行使枢机之作用，故三焦通道失调，脏腑的升降出入功能难以协调，故君相二火俱失其位。君火不降则上焦阳气郁而化热，相火不升则下焦阳气郁而化热，因此才会出现手足烦热、咽干口燥诸症。而君相二火不行，无法温煦机体，则又会出现“里急”“腹中疼”等寒证。

因此，“甘温除热”就是用甘温之药恢复中焦脾胃之枢机，俾三焦气机条畅，君火得降，相火得升，阴阳相合，不极于偏，则寒热之证皆除。正如《金匮要略心典》中言“惟以甘酸辛药和合成剂，调之使和，则阳就于阴而寒以温，阴就于阳而热以和，医之所以贵识其大要也，岂徒云寒可治热、热可治寒而已哉[2]！”故小建中汤用甘草、大枣、胶饴之甘温建中而缓急；姜桂之辛温以通调卫气；重用芍药之酸甘，滋阴敛营。目的在于建立中气，调补脾胃，则寒证自消，热证自除[2]。推而广之，临床但见发热，辨证属中气亏虚、三焦气机逆乱者，便可用“甘温除热”法。

以上是笔者通过查阅文献，对“甘温除热”法的阐述，管窥之见，尚请专家指正。

参考文献

[1] 傅骞．从阴火的病机解析补中益气汤甘温除热之理［J］．浙江中医药大学学报，2006，(6)：595～596

[2] 李克光．金匮要略［M］．北京：人民卫生出版社，1989，163

[3] 唐步祺．郑钦安医书阐释［M］．成都：四川出版集团巴蜀书社，2006，16.28

[4] 王冰．黄帝内经素问［M］．北京：人民卫生出版社，2002，33.385
[5] 林荣杰，姜良铎．从中焦“动能”不足看甘温除热［J］．吉林中医药，2010，30（6）：19～21
[6] 彭子益．彭子益医书合集［M］．天津：天津科学技术出版社，2008，34
［《中医药导报》2012，18（5），108］

从阴阳大法初探太阴欲解时

沈丽莲　福建中医药大学

《伤寒论》以阴阳为纲立六经辨证论治大法，在六经诸篇各有专门条文提及欲解时，对六经病欲解时文献记载不尽相同，历代医家也存在不同理解。今笔者从阴阳大法的角度考究太阴欲解时本义，以期启发今后对仲景学说的学习。

一、太阴病欲解时文源

各经欲解时在现今《伤寒论》流通的各个版本记载有所不同。据考，至宋后版本才出现此段文字。通行版本[1]对太阴病欲解时记载如下：“太阴病，欲解时，从亥至丑上。”《说文解字》对句中，“从”释义为“随行也”，“至”释义为“鸟飞从高下至地也”，“上”释义为“高也”。故而此句可解释为太阴病欲解时当顺亥时下推到丑时，病愈可在亥、子、丑三个连续时间段任意时段发生。在《千金翼方》中载“太阴病，欲解时，从亥尽丑”。“尽”释义为“器中空也”，此句可解为太阴病欲解时顺亥时到丑时结束，即病愈需要持续长达三个时段时间。亦有解释为太阴病欲解时以子时为中心，早不前于亥时，晚不晚于丑时。此两句三字之别引发多方思考，至今仍无定论。

二、太阴病释义

（一）太阴病之体、相、用

《伤寒论》中六经病变的论述范围与经络关系密切，往往手足二经并论，但太阴虽包括手太阴肺与足太阴脾，但太阴病篇之太阴病则仅是脾的病变，不包括手太阴肺，手太阴肺的病变列入太阳病篇讨论，诚如李时珍谓：“麻黄乃肺经专药，故治肺病多用之。张仲景治伤寒无汗用麻黄……是则麻黄汤虽是太阳发汗重剂，实为理脾救肺之药也”[2]。在《素问·咳论》中言“皮毛者，肺之合也，皮毛先受邪气，邪气从其合也”，且无论太阳中风或是太阳伤寒，都常常关系到肺，而又鼻鸣、咳嗽、喘逆等出现，故《伤寒论》将肺的病证纳入太阳兼变证中，这是符合临床实际的。太阴脾肺母子同气，以湿气为本而脾主湿为至阴之脏，因此太阴病的主要病变在脾，其病性则如刘渡舟所说：“太阴病主要是脾家阳气不足，运化失司，寒湿内盛，升降紊乱的病证，以脾虚脏寒证为主，……治当温中散寒”[3]。因而可以总结出太阴病其体为阴中至阴之脾家，相为阳虚脏寒，用为太阴病诸外侯症状。

（二）阴阳相参释太阴

在《伤寒论》如前所述太阴是为太阴脾，土分戊己，脾为己土，为生血之本，其性喜燥而恶湿。“阴阳之间，是为中气。中气即中土，位居中央，处阴阳之交，清浊之间，为气机升降之枢轴。土分戊己，中气左旋，则为己土，在脏为脾；中气右旋，则为戊土，在腑为胃。脾属足太阴而主升清阳，胃属足阳明而主降浊阴。脾土左旋，则阴升而化清阳，清阳升于左，则为肝与胆，肝属足厥阴乙木，胆属足少阳甲木；清阳升于上，则为心与小肠，心属手少阴丁火，小肠属手太阳丙火”[4]。《伤寒论》太阴病篇仅八条原文，主要论述了里虚寒证，太阴病的治疗散见于《伤寒论》各篇。太阴病，多因脾阳不足，不能运化水湿（或水谷精微）所致，也有三阳病失治误治，损伤中阳，脾胃受损而转为太阴病。因太阴为阴中至阴，其发展是阴生化清阳，故而太阴病有从燥而化，转属阳明的可能，也有脾阳虚进一步发展，导致肾阳虚的可能。

三、时间阴阳大法与太阴病欲解时的关系

已故名医麻瑞亭老先生在遗作《医林五十载》中有言水、火、金、木，名日四象，四象即阴阳之升降，阴阳即中气之浮沉。分而言之，则日四象，合而言之，不过阴阳；分而言之，则日阴阳，合而言之，不过中气升降浮沉之所变化耳。此言与《黄帝内经》对阴阳的定义：“阴阳者，天地之道也，万物之纲纪，变化之父母，生杀之本始，神明之府也，治病必求于本”有异曲同工之妙。地球围绕地轴的自转而出现日升月落就犹如气之升降出入。古法据此现象对于一日时间的划分大致有两种：十二时和十二辰。两种时间的不同划分方式，十二时的划分始于汉朝太初年改朔之后，十二时即：夜半、鸡鸣、平旦、日出、食时、隅中、日中、日昳、哺时、日人、黄昏、人定。十二时主要依据自然界之阴阳消长变化，太阳一天位置变动及人、动物活动情况划分。符合《周易》“与时俱进”“与时消息”

"与时偕行"之说，也与《素问·上古天真论》云："上古之人，其知道者，法于阴阳，和于术数，食饮有节，起居有常，不妄作劳……"之古法不谋而合。《道德经》有云"人法地，地法天，天法道，道法自然"，自然界的阴阳变动大法指导人类生活与天地相参，同气相求合化出入维持生物界稳态。

十二辰源于历法干支，相传为天皇氏所创。十二辰与24小时关系见表1。

表1　十二辰与24小时关系

十二辰	子	丑	寅	卯	辰	巳	午	未	申	酉	戌	亥
24小时	23~1	1~3	3~5	5~7	7~9	9~11	11~13	13~15	15~17	17~19	19~21	21~23

十二辰的时间位置固定不变，但各时辰所在昼夜期间因自然界四季更迭、昼夜长短改变而有不同。一般在春分、秋分前后，昼夜长短大致相等时，十二辰中约有六辰主昼、六辰主夜。至夏至前后，昼长夜短，十二辰中约有八辰主昼，四辰主夜，冬至前后则相反，由此可见十二辰时间虽然固定但所属阴阳属性却是随着四季轮转而不断发生微妙变化，定中有变。

十二时各时时阈变化随自然而动，在一日中的位置不固定。如日出在夏日可为5~6时，冬日则可为7~8时。十二辰则不因昼夜长短，日升月落，寒暑更替之改变而受影响，每辰在每日的时间位置基本固定不移。十二辰在使用和计算上更具优势，且干支用于中医学，不仅可取其计时作用，还可利用其阴阳五行配属，说明脏腑气血变化、疾病的发生发展及其诊断治疗等。因而《伤寒论》对六经欲解时以十二辰划分，亥、子、丑为夜间21点到3点。按照五脏太阴属脾，脾为阴中至阴，刘渡舟对太阴欲解时的解释是：亥之时，阴气虽然盛了，但升了阳，阴极阳升，阳气升，阴气就要退了。因为太阴病是个中寒之证，得阳则喜，得阴则恶。因而在亥到丑时阴极阳升之时即是太阴病至阴欲解时。

随着四时变化，十二辰所主阴阳属性发生变化，人身之阴阳枢机亦发生着变化，《素问·四气调神大论》有记载春、夏三月，宜夜卧早起，秋三月宜早卧早起，冬三月则需早卧晚起。又有"夫四时阴阳者，万物之根本也"，这是四时阴阳、万物变动之常法，治病仍需"谨察阴阳，以平为期"，国学大师南怀瑾先生在谈到中医对十二辟卦在人体上的应用时提出"每人的身体不同，所发动生命阳能的子时也不同"[5]，除了定法外仍需知其变法，《素问·金匮真言论》："合夜至鸡鸣，天之阴，阴中之阴也"，可见非为十二辰，十二时亦有其至阴之时，太阴病欲解时亦可从合夜至鸡鸣。《周易》有云"生生之谓道"，阴阳是为屡迁之道，非为不变之道，仲景著《伤寒论》不但设病之常法，亦有变法、兼夹法，虽不免受董仲舒"阳为阴纲谓之道"的汉朝大统思想影响，但不碍临床实践所得经验。

邵康节有笔墨"冬至子之半，天心无改移，一阳初动处，万物未生时"，夜晚11：00整到11：39分为初子时，11：40分到12：19分为正子时，12：20分到凌晨1：00。整为末子时。按照邵康节之说正子时，当时为寂然不动，感而遂通之际，作为阴阳枢纽的太阴脾气，以左旋阴生化清阳，在亥、子、丑三时段所组成的太阴小阴阳图里按阴阳消长规律，阴极于亥，阳生于子，至丑时阳气渐增。足太阴脾之气旺于亥、子、丑时，此时脾气来复，阳气渐增，正胜邪却，则疾病有欲解之机。许多医家便也局限于亥时、子时、丑时归属十二辰的思想，无疑犯了阴阳术数定法不定时的基本错误，从亥至丑上，无疑是指太阴所旺之时，但天地有阴阳偏盛之时，人亦有本体阴阳胜负不同，太阴所旺应当也是各有不同，就如陈无择的三因极一病证方论应因人、因时、因地而异。

四、体会

祖国医学无不重视实践对疾病发生、发展、转归及预后等的影响，在大量前人对于自然界和人体阴阳周期性变化认识和著论中，仲景根据临床实践结合理论总结出六经病自愈时效性。虽至今三阴三阳的时序性无有定论，对于太阴阴中至阴的理解也各执一词，本文仅就个人理解浅谈对于太阴欲解时的体会。太阴欲解时虽与自然界和人身阴阳枢机流转有关，正子时当为海底轮发动之时，正是为机体驱邪提供了一种有利条件，虽有可能成为疾病转归的决定因素，但仅在充分认识和把握欲解时的规律性灵活看待与应用，方能获取事半功倍的效果。

参考文献

[1] 熊曼琪. 伤寒学 [M]. 北京：中国中医药出版社，2008，236.

[2] 顾武军.《伤寒论》太阴病篇评述 [J]. 南京中医药大学学报，2004，20 (3)：129～130.

[3] 熊曼琪. 中医药学高级丛书·伤寒论 [M]. 北京：人民卫生出版社，2000，544.

[4] 麻瑞亭. 医林五十年 [M]. 陕西：陕西科技出版社，1986，2～3.

[5] 刘俊堂. 我说《参同契》[M]. 北京：东方出版社，2009，44～46.

[《亚太传统医药》2012，8 (8)，191]

从张仲景“辨病脉证并治”看中医脉学在睡眠研究中的作用与地位

陈燕萍　闪增郁

中国中医科学院医学实验中心

张仲景在《伤寒杂病论》中采用的“辨病脉证并治”的治病模式，是其思想的集中体现。他在开篇的第一二卷中专门论述“平脉法”，其重视“脉”的程度与今天中医科研、教学、临床形成了鲜明的对比。中医学对于睡眠障碍的研究，同样需要重视“脉”在疾病分类中的独特作用。

一、“辨病脉证并治”是张仲景临证思维精华

“辨病脉证并治”的诊疗思路与方法，贯穿于《伤寒杂病论》的始终，是张仲景临床的经典模式。从这个模式中可以看出，“脉”在张仲景临床体系中占据了相当重要的地位，在临床疾病分类过程中起到了重要作用。台湾学者黄丽慧认为，《伤寒杂病论》的脉证思想主要包括凭脉辨病因、凭脉辨病位、凭脉辨病性、凭脉确定病证和阐释病机、凭论治凭脉判断预后几个方面[1]。

二、重视疾病分类等级概念是张仲景智慧体现

分类方法是人类认知世界的一种方法，它通过比较认知对象间的相似性，把具有某些共同点或相似特征的对象进行归属，把具有相异特征的对象归入不同的种属。人类对疾病的分类也是如此，它可以使大量繁杂的临床表现条理化、系统化，可以发现和掌握疾病发展的普遍规律，可为人们认识疾病提供向导。

等级（或分层）是分类的一个关键概念。不同等级的分类单位之间，有子分类与母分类的关系，构成一个树状分类结构。分类中的等级概念可以使分类条理化、精细化。《伤寒杂病论》对疾病分类的贡献正在于此。张仲景在1800年前提出的“辨病脉证并治”的诊疗思路与方法，就是在对疾病分大类后据脉再分类，并在精细分类后讨论治疗方法。因此，张仲景的临床思路方法得到后人的高度评价，并被尊称为医圣。

不论中医学还是现代医学，其临床诊断过程都是对疾病进行分类的过程，分类过程出现错误就是误诊。分类的精细程度，直接影响治疗的针对性；分类思维的混乱，则直接导致分类的混乱，临床疗效下降是其必然结果。

三、“辨证论治”丢掉了“病”和“脉”两个分类的关键

近现代提出“辨证论治”是中医学的特色后，去掉了“病”和“脉”这两个关键元素，丢掉了母分类，混淆了子分类的所属关系。

首先，去掉“病”字后，使得人们将注意力转移到“证”。而张仲景“辨病脉证并治”的临床思维逻辑，是把对病的分类放在第一位，在此基础上才进行“证”的分类。若将“病”称为母分类，则“证”属于子分类。“病”与“证”是属于不同等级的概念，严重影响了现代中医学的健康发展。

而“辨证论治”的提法，使得本属于不同母分类子分类被放在了一起。分类逻辑思维的混乱，必然导致分类结果的混乱，随之而来的必然是临床疗效的下降，而临床疗效是医学体系的生命线。这种混乱从已发表的论文题目中可见一斑。如试论辨因论治、中医临床中的辨证与辨病之管见、用审机定治取代辨证论治、中西医结合看辨证论治和辨病论治概念的误区[5]等。其次，去掉“脉”字后，就使得辨“病”“证”时，丢掉了一个重要的分类工具。

图1显示，张仲景在“辨太阳病脉证并治上”，“脉”在太阳病定义及其子分类“中风”“伤寒”的分类过程中，其临床思维模式发挥了重要作用。

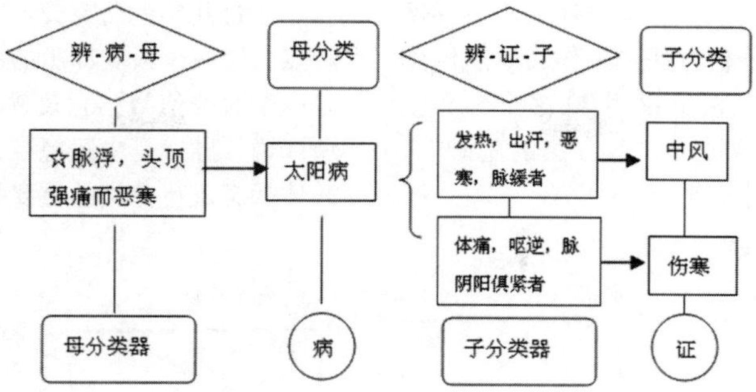

图1 "脉"在分类中作用和疾病分类等级关系

而"辨证论治"的提法，丢掉了"病"和"脉"这两个分类的关键因素后，不但使中医脉学逐渐淡出临床诊疗主流，也在去掉"病"这一级分类后，人们的思维逻辑发生混乱，严重影响了临床对疾病分类的精细程度，使临床疗效受到影响，使中医基础研究陷入混乱，最终阻碍了中医学的现代发展。

四、中医脉学在睡眠障碍研究中的作用和地位

随着社会、环境的变化，失眠的发生率越来越高，有报道说全世界约有 1/3 的成年人遭受各种睡眠障碍的折磨，失眠可引起一系列的疾病和社会问题。面对失眠，现代医学还没有更好的疗法，中医学则有针对性较强的有效方药，但目前中医药治疗失眠上并不占优势，问题出在中医诊断上，或者说问题出在对失眠人的分类方法与技术上，也就是"辨病脉证治"的"辨"上。只要解决分类的方法和技术问题，就可以发挥出中医药治疗失眠"针对性较强有效方药"的优势。

可见，"辨"的方法与技术是失眠治疗中发挥中医药作用的瓶颈所在。脉诊是中医四诊中唯一接触人体所获得的生命信息，在对"病－睡眠障碍"分类明确的前提下，"辨脉"就成为关系到"证"这一级分类的关键方法和技术。

徐丽伟总结出失眠的 5 种证型，并根据其证型给出不同的治则治法和方剂。其治疗失眠症的体会是，如果辨证得当并辅以心理行为疗法，中医药治疗失眠会有非常满意的疗效。表 1 显示，根据舌象和脉象，中医可以将失眠症细分为至少 5 种证型加以治疗；同时，肝郁化火型与痰热内扰型的舌象基本相同，而脉象则明显不同。说明中医脉象在鉴别诊断中具有独特的作用[6]。

表1 失眠的 5 种证型所对应的舌、脉、治法与方剂

证型	舌象与脉象	治则治法	方剂
心脾两虚	苔薄白，脉缓弱	补益心肺，养血安神	归脾汤
阴虚火旺	舌红少苔，脉细数	滋阴降火，清心安神	六味地黄丸黄连阿胶汤
肝郁化火	舌红苔黄，脉弦数	疏肝、泄热、安神	龙胆泻肝汤
心脾胆怯	舌质正常或淡，脉弦数	益气镇惊，安神定志	安神定志丸合酸枣仁汤
痰热内扰	舌红苔黄，脉滑数	化痰清热，和中安神	温胆汤加减

五、我们的脉学研究工作

我们研制的"高精度智能机械手中医脉诊信息采集分析系统"，采用计算机数字控制及激光定位指示技术，实现了自动控制传感器三维立体定位功能，使系统的稳定性和可靠性与手动系统相比有了明显进步。根据中医同身寸原理定位寸、关、尺，较好地解决了脉诊定位标准化与个体化的矛盾。我

们还建立了基于每个脉图的多周期整体最小二乘回归的三角函数脉图谐波分析方法，来作为所观测到脉象信号的数学模型。该模型仅用20多个参数就可以逼真地重现原始脉搏波。在该方法的基础上，我们还开发了脉诊信息分析平台。

经过几年的研究我们看到，每个人的脉图各有特点，同一个人6部脉的脉图也不同，且脉诊信号是一个时变信号，它反映的是该时刻人体的状态。所以说，脉诊是中医窥视人体状态的窗口，将是对人体状态进行分类的重要技术手段。

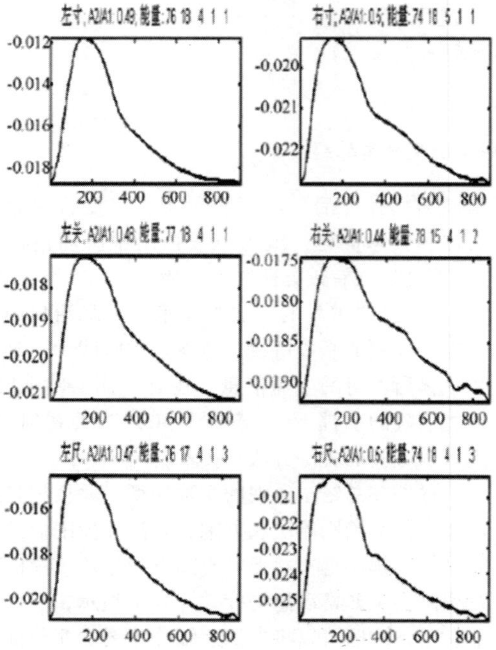

图 2 弦脉脉图

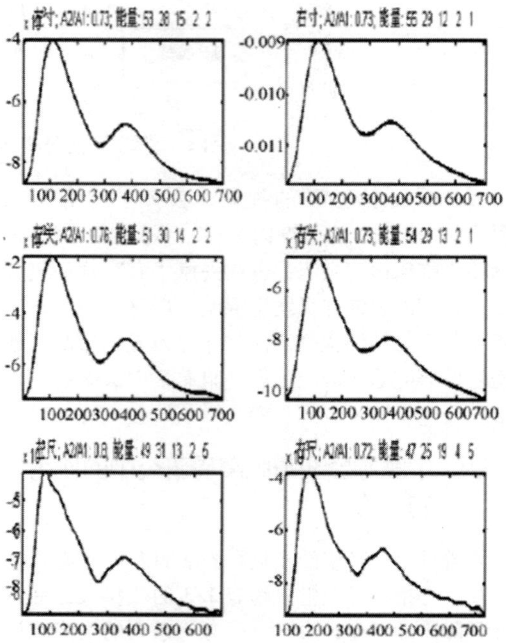

图 3 滑脉脉图

现在我们已经能够通过传感器获得稳定可靠的脉诊信号，如左右手、寸、关、尺六部脉的弦脉和滑脉。从图2、3可以看出，弦脉和滑脉的脉图波形明显不同；两手六部脉的波形也各有特点，说明中医通过寸口切脉判断人体内部脏腑功能是有根据的。目前，我们正在开展对“平人四时脉”的研究，相信我们的系统能在中医睡眠研究中发挥应有的作用。

参考文献

［1］黄丽慧，程传浩，马龙，等．《伤寒杂病论》脉证辩证思维探析［J］．辽宁中医杂志，2009，36（3）：362.

［2］毕京峰，段俊国，孙巍巍．试论辨因论治［J］．江苏中医药，2008，40（12）：105.

［3］张延群．中医临床中的辨证与辨病之管见［J］．湖北中医杂志，2001，23（12）：11.

［4］成肇智．用审机定治取代辨证论治［J］．山东中医药大学学报，1999，23（6）：408.

［5］赵洪钧，刘延伶．中西医结合看“辨证论治”和“辨病论治”－论“证”概念的误区［J］．中国中医基础医学杂志，2005，11（1）：14.

［6］徐丽伟．失眠证治心悟［J］．吉林中医药，2007，27（2）：15.

［《中国中医基础医学杂志》2012，18（12），1323］

从中药药理及临床探讨张仲景应用厚朴的合理性分析

黎潭辉　罗淑芳　惠东县中医院

中药厚朴是木兰科的植物厚朴以及庐山厚朴的干燥树皮和根皮以及枝皮，是一味芳香化湿的中药，临床主治：气滞、食积、腹胀、便秘、湿阻中焦、脘痞、吐泻、痰壅气逆和胸满喘咳等症，最早出现在《神农本草经》中。目前中药厚朴的原植物是国家的Ⅱ级重点保护野生植物。当植物厚朴生长20年以上即可进行砍树并剥皮，要在4～8月份的生长盛期操作进行。厚朴的根皮以及枝皮要直接进行阴干或者卷筒后进行干燥，临床称为根朴以及枝朴；厚朴的树皮可环剥或者条剥之后，卷成筒状放置在沸水中先烫软后，再埋置在阴湿处进行发汗处理。等到皮内侧或者横断面成为紫褐色或者棕褐色时，并且出现油润或者光泽时，可将每段树皮卷为双筒，使用竹篾将其扎紧，并削齐两端，进行曝晒干燥成为临床所用的中药厚朴。本文通过对医圣张仲景[1]应用厚朴的七个临床常用方剂，对厚朴的临床应用合理性进行分析，现报告如下。

一、资料与方法

（一）一般资料

张仲景所应用到厚朴的中药方剂大承气汤、小承气汤、厚朴七物汤、桂枝加厚朴杏子汤、半夏厚朴汤、厚朴温中汤、鳖甲煎丸[2]

（二）方法

对方剂的主要药味、方剂的功效、厚朴的功效、厚朴的药理作用进行逐一分析。

（1）大承气汤

主要药味有厚朴、大黄、枳实、芒硝；方剂的功效是：峻下热结；厚朴在方剂中起到的功效是下气除满、通降胃气；厚朴的中药药理作用是通过抑制肠肌的兴奋作用起到破气、除满、降逆的作用[3]。

（2）小承气汤

主要药味有厚朴、大黄、枳实；方剂的功效是：轻下热结；厚朴在方剂中起到的功效是行郁气、下气除满、通降胃气；厚朴的中药药理作用是通过抑制肠肌的兴奋作用起到破气、除满、降逆的作用。

（3）厚朴七物汤

主要药味有厚朴、甘草、大黄、大枣、枳实、桂枝、生姜；方剂的功效是：行气通便、解肌发表；厚朴在方剂中起到的功效是行郁气、下气除满；厚朴的中药药理作用是通过厚朴挥发油的刺激作用，使胃肠的蠕动增快。

（4）桂枝加厚朴杏子汤

主要药味有桂枝、芍药、厚朴、生姜、甘草、大枣；方剂的功效是：解肌发表、降气平喘；厚朴在方剂中起到的功效是宣气平喘、苦温下气；厚朴的中药药理作用是通过抗菌作用和对支气管的抑制作用达到平喘、解肌发表的作用。

（5）半夏厚朴汤

主要药味有厚朴、半夏、茯苓、生姜、苏叶；方剂的功效是：行气散结、化痰降逆；厚朴在方剂中起到的功效是下气除满、散结降逆；厚朴的中药药理作用是通过抗抑郁的作用治疗由于气郁导致的痰阻咽喉的症状。

（6）厚朴温中汤

主要药味有厚朴、陈皮、甘草、茯苓、草豆蔻仁、木香、干姜；方剂的功效是：温中燥湿、行气除满；厚朴在方剂中起到的功效是温燥辛苦、行气除胀、除满燥湿；厚朴的中药药理作用是通过抑制肠肌的兴奋作用起到行气、除满、燥湿的作用。

（7）鳖甲煎丸

主要药味有厚朴、鳖甲、乌扇、黄芩等；方剂的功效是：行气、活血、祛湿、化痰、软坚、消癥、活血；厚朴在方剂中起到的功效是行郁气、消痰弊；厚朴的中药药理作用是通过抗血小板的凝聚作用达到活血行气的作用。

二、结果

通过分析、总结发现张仲景在临床用药上，立法严谨，使用药物精当，在临床应用厚朴主要运用的是厚朴化湿除胀，通降胃气；行气解郁，平抑肝逆；宣肺平喘，苦温下气；活血利气，通阳行滞的功效。在药理作用上具有抑止细菌的作用；对横纹肌的松弛作用；抗抑郁的作用；降血压的作用；抗血小板凝集的作用。

三、讨论

（一）厚朴的主要化学成分

厚朴中主要含挥发油，挥发油中的主要成分是β-桉油醇以及厚朴酚。除挥发油外还含有一些少量的厚朴碱、木兰箭毒碱、鞣质等成分[4]。

（二）临床药理作用

（1）对胃肠道的药理作用

厚朴的挥发油味比较苦，可以刺激到患者的味觉，并反射性导致人体的唾液和胃液的分泌，并会使胃肠的蠕动加快，具有健胃助消化和促进排便的作用，本文中提到的厚朴七物汤，就具有行气通便的作用。厚朴的生品护姜炙品在临床上均被证实有抗胃溃疡的临床作用，当经过姜炮制后厚朴的抗胃溃疡药理作用会加强，而清炒品的抗胃溃疡药理作用并不明显。厚朴中的厚朴酚为抑制人体胃黏膜溃疡的药理活性成分。并且厚朴酚对人体出现幽门结扎和水浸的应激性而所致的胃溃疡，均在临床上有明显的抑制效果，并对组胺所导致的十二指肠痉挛也有一定抑制作用。

（2）对真菌的抑制作用

厚朴的煎剂对临床常见的肺炎球菌、溶血性链球菌、白喉杆菌、志贺氏、枯草杆菌、施氏痢疾杆菌、炭疽杆菌、金黄色葡萄球菌以及若干的皮肤真菌都有明显的抑制作用，本文提到的桂枝加厚朴杏子汤，就利用厚朴的这一药理特性对患者出现的西医感冒症状起到治疗的作用，起到解肌发表、降气平喘的临床功效[5]。

（3）对中枢性肌肉的松弛作用

厚朴中的厚朴碱和异厚朴酚具有明显的对中枢性肌肉的松弛作用。并且其中的厚朴碱和木兰箭毒碱可以松弛人体的横纹肌。并对肠管，在小剂量时会出现兴奋的药理作用，在大剂量时则会体现抑制的药理作用。

（4）活血的药理作用

厚朴还具有活血的药理作用，可以有效抑制患者血小板聚集的发生，主要是厚朴酚、和厚朴酚都能明显地通过抑制胶原和花生四烯酸引起的血小板的血浆聚集，并且抑制 ATP 的释放，起到降压的作用。本文提到的鳖甲煎丸，通过厚朴的抗血小板凝聚的作用，起到了整体更好的活血作用，并通过行解郁的药理作用，治疗了由于郁气导致的痰聚集，起到了消痰的作用。

本文通过对中国伟大医学家张仲景在应用厚朴的几个典型方剂的分析、总结，从中药药理学的角度肯定了临床应用的合理性，对厚朴的化湿除胀，通降胃气；行气解郁，平抑肝逆；宣肺平喘，苦温下气；活血利气，通阳行滞功效在方剂中的应用进行了详细的分析，总结出在这些方剂中厚朴所起到的药理作用：抑止细菌的作用；对横纹肌的松弛作用；抗抑郁的作用；降血压的作用；抗血小板凝集的作用等。为更好地继承祖国的中医中药文化，从现代的中药学角度更好的对方剂的功效进行科学的阐述是十分必要的，可以帮我们更好地总结中医、中药的临床应用合理性，推进中医药的现代化进程，让现代医学界对中医药的临床应用更为肯定。

参考文献

［1］陆维承．《伤寒论》和《金匮要略》方中厚朴功效之探讨［J］．中药天地，2001，10（3）：50～51.

［2］庞素银，梁健．从中药药理及临床探讨张仲景应用厚朴的合理性［J］．中国中医急症，2010，19（9）：1568～1569.

［3］胡军平．浅谈张仲景对厚朴的运用［J］．甘肃中医，2008，20（5）：3.

［4］汤利萍，姚宝清．张仲景应用厚朴经验探讨［J］．山东中医杂志，2007，26（11）：791～792.

［5］王建康．张仲景运用厚朴功效探讨［J］．中医药通报，2004，3（4）：57～58.

［《亚太传统医药》2012，8（4），182］

读伤寒，重医理——浅析“寒”字

田瑞曼　河南中医学院

《伤寒论》作为中医四大经典之一，对于中医临床的实用价值是公认的。笔者从事《伤寒论》教学六年余，认为只是让学生简单的背诵《伤寒论》原文或理解每一条文的含义不能充分体现其价值。要使学生“学会”，不如“会学”，老师课堂讲授的内容是有限的，学生掌握了方法则能青出于蓝而胜于蓝。笔者通过教学及临床实践，体会到仲景在《伤寒论》中更重视“医理”。本文通过浅析“寒”字，探讨读伤寒如何“重医理”。

《伤寒论》中多个条文中的“寒”字，指寒、冷而言，如《伤寒论》第 1 条曰：“太阳之为病，脉浮，头项强痛而恶寒”；《伤寒论》第 352 条曰：“若其人内有久寒者，宜当归四逆加吴茱萸生姜汤”等。然《伤寒论》中“寒”字有时不指寒、冷，指邪气的部位、邪气的发展趋势、判断疾病的预后等。现据原文浅释其“医理”之所在，重在使学生“会学”《伤寒论》。

一、邪气的转归、病情的趋势

《伤寒论》第 41 条云：“伤寒心下有水气，咳而微喘，发热不渴；服汤已渴者，此寒去欲解也，小青龙汤主之。”“寒”指寒邪吗，分析本条之重点，服小青龙汤之前不渴，服后反见口渴，临床易认为是病情的加重，探究不渴和渴的病机，不渴乃用药前内饮所致，此时正常的津液受水饮的影响不能布散于口，但水饮为阴邪，若上泛于口腔，则对口腔有潮润作用，故不渴。而服小青龙汤后，由于水饮已去，口腔得不到水饮阴邪的潮润，而正常的津液需要一定时间才能布散于口腔，故口渴。因此，张仲景用“此寒去欲解也”揭示疾病非加重而是痊愈，不说“水饮”而用“寒”字指邪气，意在此处的重点不是邪气的属性而在强调邪气的转归。“口渴”一般乃病理反映，仲景本条将疾病的痊愈与之形成强烈对比，提示临床上阳性体征不一定都是病理反映，要注意把握疾病的动态变化。

二、邪气的部位，治法的依据

《伤寒论》第 166 条云：“病如桂枝证，头不痛，项不强，寸脉微浮，胸中痞硬，气上冲喉咽，不得息者，此为胸有寒也。当吐之，宜瓜蒂散。”本条“寒”也指邪气，重在指明部位在胸中，《素问·阴阳应象大论》曰：“其高者，因而越之。”从而指导治法，张仲景若用“痰”字，恐只重邪之性质，而忽视邪之病位了。

三、症状相同，病位已变

《伤寒论》第176条云：“伤寒脉浮滑，此以表有热，里有寒，白虎汤主之。”后世对此条多持错讹说。笔者认为若从“医理”认识此条，本无疑问可谈。患者原是太阳病，发热自然是邪气在表所致，脉当浮，现脉变浮滑，虽外证仍是发热症状，但邪气已由表入里，仲景用“寒”指邪气，提示要重视邪气病位的变化，若用“热”字，读者容易局限于白虎汤是里热证这一简单问题，忽视疾病的动态变化。通过此条，可以看出病机是不断变化的，病位是逐渐深入的，病性是可由寒化热的。仲景将此诸多问题均蕴含其中，远不止白虎汤证是一里热证这么局限。

综上所述，张仲景用“寒”字，属狭义的寒、冷时，强调邪气的性质；属广义的邪气时，则意义更为深刻，强调病情的发展趋势、邪气的部位等。

“寒”字本有广义、狭义之分，如《难经》说：“伤寒有五：有中风，有伤寒，有湿温，有热病，有温病”，前一个“寒”字指邪气，包括风、寒、暑、湿、燥、火等，而后一个“寒”字指寒邪。徐喆等[1]认为“寒”字可以作为一切能对人体能造成伤害的邪气的代表。可见，并非独有张仲景将“寒”指邪气。

“读伤寒，重医理”是学习《伤寒论》的重要方法，一可为学生终生学习《伤寒论》打下基础，二可使学生将来更好的“读经典，做临床”，三可有效提高临床水平。教学中应提倡。

参考文献

[1] 徐喆，王兴华.《内经》中伤寒之“寒”义[J].世界中西医结合杂志，2011，6（2）：159～160.

[《河南中医》2012，32（4），400]

对《中国药典》所载仲景方若干制剂内容商榷

邵家德　南京中医药大学附属医院

《中国药典》2010年版（一部）（以下简称《药典》）收载了张仲景《伤寒论》中小青龙汤、小建中汤、小柴胡汤、葛根黄芩黄连汤等方剂经改变剂型的制剂，但一些制剂分别在处方、配比、用量、功能主治、鉴别或含量测定等相关项下有可商榷之处，笔者就此进行了分析和探讨。

一、小青龙汤

方为“麻黄（去节）、芍药、细辛、干姜、甘草（炙）、桂枝（去皮）各三两，五味子半升，半夏（洗）半升”，其煎服法为“以水一斗，先煎麻黄减二升，去上沫，内诸药，煮取三升，去滓，温服一升”[1]。

《药典》所载小青龙合剂处方为麻黄、桂枝、白芍、干姜、炙甘草、五味子各125g，细辛62g，法半夏188g；小青龙颗粒处方为麻黄、桂枝、白芍、干姜、炙甘草、五味子各154g，细辛77g，法半夏231g[2]。

仲景方中，细辛与麻黄、白芍、桂枝、干姜、炙甘草比例相等，而《药典》所载小青龙合剂、小青龙颗粒处方中，细辛的比例减少为前者的一半，从服用量（细辛在合剂60mL中含3.72g/日，颗粒剂3袋中含3g/日）推测，可能是受“辛不过钱”的影响；两制剂中五味子与麻黄等量，法半夏的量是麻黄的1.5倍。仲景方中五味子半升、半夏（洗）半升合当今多少质量？若一升按198.1mL换算[3]，经试验，不同药房取的药材可能因来源不一，半升法半夏52.3～54.2g，平均约53g；半升五味子43.5～50.7g，平均约47g。若东汉时期一两合今之13.92g[4]，则全方为：麻黄（去节）、芍药、细辛、干姜、甘草（炙）、桂枝（去皮）各41.76g，五味子约47g、半夏（洗）约53g；若服1/3量为1次或1日量，则为麻黄（去节）、芍药、细辛、干姜、甘草（炙）、桂枝（去皮）各约14g，五味子约15.7g、半夏（洗）约17.7g。若以柯雪帆先生考证东汉时期一两合今之15.625g或一升按200mL换算[5]，量会更多。对于古今量衡制换算问题这里列出来仅作参考，暂且不作讨论。只是原处方用半夏（洗）（相当于现在漂洗后的生半夏）而现处方改成法半夏值得推敲。方中干姜散寒化饮，兼可制半夏之毒性，若不用生半夏，也应该用姜半夏降逆化饮，不宜用燥湿为主的法半夏。对于指标成分定量，推测两个制剂中含麻黄生物碱总量的最低限度大体相当，但规定合剂每1mL（含白芍0.125g）以芍药苷计，不得少于0.30mg；颗粒剂每1袋（含白芍2g）以芍药苷计，不得少于9.0mg。合剂与颗粒剂处方及其比例一致，提取方法相同，颗粒剂工艺因有干燥过程，整个制剂加热时间明显高于合剂，何以合剂含芍药苷的最低限量反而会大大偏低于颗粒剂（约为其53.3%）？若以饮片含量推测，提取或转移率可能低了。是制剂工艺问题还是指标成分含量定得偏低？

二、小建中汤

方为“桂枝三两（去皮）、甘草二两（炙）、大枣十二枚（擘）、芍药六两、生姜三两（切）、胶饴一升”，其煎服法为“以水七升，煮取三升，去滓，内饴，更上微火消解，温服一升，日三服”。引《医宗金鉴》曰“伤寒二三日，未经汗下，即心悸而烦，必其人中气素虚，虽有表证，亦不可汗之。盖心悸阳已微，心烦阴已弱，故以小建中汤先建其中，兼调荣卫也”。其方即桂枝汤倍重芍药加饴糖而成，“桂枝汤中桂枝、芍药等量以解肌祛风，调和营卫；本方则以饴糖为君，芍药倍于桂枝，以甘守酸敛之性，使通营卫之品而补益中州，以昌盛气血生化之源”[1]。

《药典》所载小建中合剂处方为“桂枝111g，白芍222g，炙甘草74g，生姜111g，大枣111g”，另加饴糖370g，制成1000mL；用法用量为“口服，1次20～30mL，1日3次”[7]，若以90mL一日计，合芍药20g，桂枝10g，炙甘草6.7g，生姜10g，大枣10g，饴糖33g。这里对“仲景所称桂枝即今之肉桂”之议[8]及东汉使用的芍药“是白芍还是赤芍”等问题暂且搁下勿论，若以“东汉一升折合公制198.1mL”计，饴糖1升折合成33g的用量也委实偏低了，而将原方的12枚大枣折成10g（颗粒剂中折合成9g，1枚大枣不足1g），可能是用了残次的小瘪枣。

小建中颗粒处方为“白芍400g，桂枝200g，炙甘草133g，大枣200g，生姜200g”，制成1000g，用法用量为“口服，1次15g，1日3次”[9]，若以45g一日计，合芍药18g，桂枝9g，炙甘草6g，生姜9g，大枣9g。处方删去了饴糖，在功能与主治中比合剂增加了“心悸及腹泻与便秘交替症状的慢性结肠炎”，不知是否因为去掉了饴糖的缘故？小建中汤温中健脾、调补气血为主，亦即上述引《医宗金鉴》“以小建中汤先建其中，兼调荣卫也”之论，如果说本方“即桂枝汤倍重芍药加饴糖而成，以饴糖为君，芍药倍于桂枝，以甘守酸敛之性，使通营卫之品而补益中州，以昌盛气血生化之源”，则此颗粒剂仍冠以“小建中”，也许称“芍药倍桂枝颗粒”更为恰当。笔者认为，饴糖作为小建中汤方中君药，若要剔除，根据一方一药的命名原则，不宜再称“小建中”颗粒。

从制法上看，合剂中将桂枝蒸馏提取挥发油，药渣与炙甘草、大枣加水煎煮，滤液与蒸馏后的水提液合并，白芍、生姜用稀乙醇渗漉提取，回收乙醇后与水提液合并，加入饴糖后浓缩至近1000mL，加入苯甲酸钠与挥发油制成；颗粒剂则把桂枝、生姜蒸馏提挥发油，药渣与白芍、炙甘草、大枣加水煎煮，滤取药液，与蒸馏后的水溶液合并，浓缩后用乙醇处理，回收乙醇后浓缩成稠膏，加入适量蔗糖及糊精，制粒，干燥后喷入挥发油即得。两个剂型制法不同。在规定成品内指标成分含量中，合剂每1mL含白芍0.222g，以芍药苷计，不得少于0.60mg；颗粒剂每1袋含白芍6g，以芍药苷计，不得少于30.0mg。如此看来，若同样以最低限量推算，合剂中所含芍药苷大约是颗粒剂中的一半略多（54%）。制法上，白芍在合剂中使用稀乙醇渗漉提取，颗粒剂则用水煎煮，白芍用稀乙醇渗漉对所含芍药苷得率远不及用水煎煮方法？推测提取或转移率太低，还是定量偏低？

三、小柴胡汤

方为“柴胡半斤，黄芩三两，人参三两，半夏半升（洗），甘草（炙）、生姜（切）各三两，大枣十二枚（擘）”，其煎服法为“以水一斗二升，煮取六升，去滓，再煎取三升，温服一升，日三服”[1]。

《药典》所载小柴胡片处方为“柴胡445g，黄芩167g，党参167g，姜半夏222g，甘草167g，生姜167g，大枣167g”，制成1000片；用法用量为“口服，1次4～6片，1日3次”[2]，若以18片一日计，合柴胡8g，黄芩3g，党参3g，姜半夏4g，甘草3g，生姜3g，大枣3g。

小柴胡颗粒处方为“柴胡150g，黄芩56g，党参56g，姜半夏56g，甘草56g，生姜56g，大枣56g”，可制成1000g（含糖），或400g（含糊精，甘露醇等），或250g（含乳糖）；规格每袋10g（含糖），4g（含糊精、甘露醇等），2.5g（含乳糖）；用法用量为“口服，1次1～2袋，1日3次”[2]，若以6袋一日计，合柴胡9g，黄芩3.36g，党参3.36g，姜半夏3.36g，甘草3.36g，生姜3.36g，大枣3.36g。

小柴胡汤证重用主药柴胡，能疏解少阳之郁滞，黄芩苦寒以清胸腹蕴热而除烦满，两药相配，可解半表半里之邪[1]。该方寒温并用，升降协调，本是1副重剂，可两个制剂的服用量值得生疑。制剂处方中柴胡与姜半夏的配比也不一致，片剂中为

2∶1，颗粒剂中为2∶0.75，（比片剂中少1/4）。古方中半夏一天用量为半升，经试验，如一升按198.1mL计，半升姜半夏饮片约为46.5g，而今在片剂中折合为4g，颗粒剂中为3.36g；大枣一日用量12枚，在片剂、颗粒剂中分别折成3，3.36g，此种折算方法是否合理？另外，即使以党参易人参、姜半夏易漂洗的生半夏，两处方中不知何故均将炙甘草更改为甘草？

大枣1枚究竟选多重？根据古今用药习惯，"可选较大者"[6]。由于红枣产地、品种不同，差异较大。今以市售山东红枣为例，2次各选30个较大者，称得173，188g（未测定水分），若以173g计，则平均1个为5.76g。红枣国家标准（GB5835—86）中分小红枣与大红枣，大红枣品种繁多，各品种间个头大小差异较大，每公斤果数不作统一规定。小红枣中若以金丝小枣为例，则每1000gAAA级不超过300粒，AA级不超过360粒，A级不超过420粒。按此推测，就算是中等质量的金丝小枣，平均1个约3g，12枚也会约36g。若将《伤寒论》中小柴胡汤方折合成当今公制（按东汉时期一两合今之13.92g），约为柴胡111.36g，黄芩41.76g，党参41.76g，姜半夏46.5g，甘草（炙）41.76g，生姜41.76g，大枣12枚约在36～70g，平均50g左右。

且不论古今量衡制换算是否准确，仅以大枣一日的用量12枚为例，将其折合成3g或3.36g，竟然不到实重的1/10，服用量显然太低了。张仲景为"南阳人"，《伤寒论》成书于东汉末年，经过1700多年的进化，12枚大枣退化到3～3.36g，也难合物种进化自然规律。作为中药粗制剂，量效关系非常明显，不达到一定的用量是难以见效的。

《药典》规定小柴胡片1片（含黄芩0.167g）以黄芩苷计，不得少于2.0mg；小柴胡颗粒1袋（含黄芩0.56g）以黄芩苷计，不得少于20.0mg。推算片剂中黄芩苷含量最低限度约为颗粒剂的1/3。黄芩同样用水煎煮方法，何以相差这么大？这种定量低限已无价值，反而给偷工减料者留下可乘之机。这究竟是提取工艺还是定量方法上的问题？或许还有投料的黄芩质量问题？

四、葛根黄芩黄连汤

方为"葛根半斤、甘草二两（炙）、黄芩三两、黄连三两"，其煎服法为"以水八升，先煎葛根减二升，内诸药，煮取二升，去滓，分温再服"[1]。

《药典》所载葛根芩连丸、葛根芩莲片[2]的处方均为："葛根1000g，黄芩375g，黄连375g，炙甘草250g"，配比与汤方同。葛根芩连丸的制法为：黄芩、黄连分别用50%乙醇渗漉提取，其渣再与葛根、炙甘草用水提取，制成浸膏粉后用乙醇泛丸，制成300g。用法用量为"口服。1次3g；小儿1次1g，1日3次；或遵医嘱"。葛根芩莲片的制法为：取葛根225g，粉碎成细粉，剩余的葛根与炙甘草用水提取；黄芩、黄连分别用50%乙醇渗漉提取（其渣弃去），收集渗漉液与上述水提取液制成稠膏，加入葛根细粉和适量辅料，制成1000片。用法用量为"口服。1次3～4片，1日3次"。

《药典》规定丸剂每1g（含葛根3.33g）以葛根素计，不得少于4.5mg；片剂每片（含葛根1.0g）以葛根素计，不得少于9.6mg，含黄连以盐酸小檗碱（$C_{20}H_{17}NO_4 \cdot HCl$）计，不得少于2.7mg。若以片剂推算，丸剂要求葛根素的含量低限何以只有片剂的14.06%，相差7.1倍？丸剂所用的究竟是葛根（野葛）还是粉葛（甘葛藤）？同时，片剂中除去225g葛根用于粉碎外，剩余的775g葛根若按饮片含量推算，提取或转移率可能也低了。

两个制剂的鉴别中，片剂用黄连与盐酸小檗碱作对照，丸剂单用盐酸小檗碱对照，应加黄连药材作对照，可防止单用盐酸小檗碱造假。同时，丸剂也应作小檗碱含量测定，两制剂在定量方面应增订黄芩苷含量。

两者处方相同，配比相同，工艺上丸剂中黄芩、黄连分别用50%乙醇渗漉提取，其渣再与葛根、炙甘草用水提取，制成全浸膏丸，片剂与之工艺相仿（只是未将醇提后的黄芩、黄连药渣水提，同时又取近1/4量的葛根打粉兼作赋形剂），功能与主治却不相同，丸剂为"解肌透表，清热解毒，利湿止泻。用于湿热蕴结所致泄泻腹痛，便黄而黏，肛门灼热；及风热感冒所致的发热恶风、头痛身痛"；而片剂则为"解肌清热，止泻止痢。用于湿热蕴结所致的泄泻、痢疾，症见身热烦渴、下痢臭秽、腹痛不适"。令人难以理解的是，丸剂能治疗的"风热感冒所致的发热恶风、头痛身痛"，片剂就不能治？片剂能"解肌"就不能"透表"，"清热"而不能"解毒，利湿"片剂可"止痢"，而丸剂则拐弯抹角地称其"便黄而黏，肛门灼热"的症状，就不能直接明写？等等。纵然是因为服用总量的多寡而可能出现不尽相同的治疗作用，难道丸剂减少到片剂的服用量就无片剂的疗效？反之，片剂增加服用量，也不能用于"风热感冒所致的发热恶风、头痛身痛"？两者功能与主治应一致。

五、理中丸

仲景方是人参、干姜、甘草（炙）、白术等量，而《药典》理中丸（党参理中丸）[2]不知何故将干姜改用炮姜？且用量减为 2/3。若功能与主治为"温中散寒，健胃。用于脾胃虚寒，呕吐泄泻，胸满腹痛，消化不良"，则干姜温中散寒，回阳通脉，温肺化饮；炮姜温经止血，温中止痛；也应该用干姜而非炮姜。干姜习称泡姜，饮片干姜在炮制加工过程中有"除去杂质，略泡，洗净，润透，切厚片或块"[2]的操作方法，因此，习惯上也有称淡干姜或泡姜者。此方恐非炮姜而是泡姜。从张仲景理中汤方的辨证论治加减上如"吐多者，去术加生姜……寒者，加干姜足前四两半"[1]等条文，也可印证均用干姜而非炮姜。

六、四逆汤

《药典》四逆汤 1 天的用量为 30～60mL[2]，内含附片 9～18g；而作为毒性中药附子，《药典》规定炮制品附片的入药用量是 3～15g[2]。制剂中的用量超过饮片的高限，两者用量不一致。作为法典，若遇到临床用药事故在刑事判定时会造成矛盾而发生偏差（笔者接触过此类咨询），类似问题应予注意。

另外，《药典》五苓散[22]的组方药物、配比与仲景方相合，并因古今名称与入药部位的变化而将"桂枝（去皮）"正为肉桂[7]，但其他如上述小青龙合剂及其颗粒剂、小建中合剂及其颗粒剂、乌梅丸等制剂中的类似问题却没有得到相应变更，作为法典，应设法统一。

七、小结

上述制剂归结起来存在下列问题。

1. 组方药物更替欠妥　小青龙合剂及其颗粒剂处方以法半夏更换漂洗的生半夏，功用欠合理；理中丸处方以炮姜易干姜，小柴胡片及其颗粒剂处方将党参易人参、姜半夏替代漂洗的生半夏，甘草不经炙制，药效不一；小建中颗粒剂处方剔除君药饴糖，却依然冠以"小建中"，名实不符。

2. 品种变动药名依旧　从指标成分含量变化分析，新版药典将旧版中的葛根（野葛）与粉葛（甘葛藤）来源分列，而葛根芩连丸的入药品种名称未作改变，造成定量下限偏低。

3. 古今量衡换算失当　小青龙合剂及其颗粒剂处方中细辛比例减少一半；小建中合剂中将饴糖一日用量 1 升折合成 33g，12 枚大枣折算成 10g（颗粒剂中折为 9g），小柴胡片及其颗粒剂处方中将一日用量 12 枚大枣折合成 3g 或 3.36g，不到实重的 1/10，半升洗半夏折合成姜半夏 4g 或 3.36g，全方用量偏低，同时片剂与颗粒剂处方间柴胡与姜半夏比例不同（片 2：1；颗粒 8：3）。

4. 功能主治同方异效　葛根芩连丸与葛根芩莲片处方及其配比相同，工艺相仿，功能与主治项下却描述不一致，应当统一。

5. 指标定量下限偏低　小青龙合剂与其颗粒剂、小建中合剂与其颗粒剂相比，指标成分芍药苷定量下限合剂均约为颗粒剂的 16/30（一半略多）；小柴胡片与其颗粒剂相比，指标成分黄芩苷定量下限约为其颗粒剂的 1/3；葛根芩连丸指标成分葛根素定量下限不及片剂的 1/7，定量下限奇低。对于指标成分的定量，上述一些制剂定量下限偏低，已无实际意义，反而给偷工减料者提供可乘之机，或者也反映出制剂工艺失当。

关于制附片的用量，当前一些医师临床用 60g 以上甚至 250g/日，认为不用重剂难起沉疴。这是个值得研究的课题，一方面是古今度量衡制换算问题国家应作统一规定，另一方面应加强毒性中药药理[9]、用法用量等[10～11]方面的研究以及加工炮制的规范化管理[12]方能挖掘祖国医学遗产的精华所在。笔者一向认为解决一些疑难杂症的关键在于对毒性中药使用的突破，不能因噎废食，砒霜的研究应用即是明例。

八、展望

《药典》对本文所及仲景方制剂内容在总体上是严谨规范的，但作为国家药品标准的最高法典和药物生产、供应、检验、使用的法定依据，建议编纂 2015 年版《药典》时对收载经典古方制剂在组方、配比、剂量换算、古今名称与入药部位及炮制方法的变更等方面应作出统一规定，组方、给药途径相同而剂型不同的制剂，其功能主治范围应一致，同方不同制剂中的检测品种、指标成分定量应相近，制剂和组方中相关饮片的用量范围应一致，毒性中药管理品种的常用量、极量应一一规定明确，以利于临床准确、规范、合理地使用，保障用药安全有效。

参考文献

[1] 李培生，梅国强，王俊槐，等，伤寒论讲义［M］．长沙：湖南科学技术出版社，1986，48. 82. 199. 71.
[2] 中国药典．一部［S］．2010，504．507．508．509．1146．1063．13．680．177．533.

[3] 江克明，包明蕙．简明方剂辞典［M］．第2版．上海：上海科学技术出版社，2002，1424.
[4] 柯雪帆，赵章忠，张玉萍，等．《伤寒论》和《金匮要略》中的药物剂量问题［J］．上海中医药杂志，1983（12）36.
[5] 彭怀仁．张仲景所用桂枝之我见［J］．南京中医药大学学报：自然科学版，1984（3）35.
[6] 中医大辞典编辑委员会．中医大辞典·方剂分册［M］．北京：人民卫生出版社，1983：605.
[7] 宋立人．桂的考证［J］．南京中医药大学学报：自然科学版，2001，17（2）：73.
[8] 宁康健，张永虎，吕锦芳，等，四逆汤对离体蛙心收缩性能的影响［J］．中国实验方剂学杂志，2008，14（9）：38.
[9] 邓家刚，范丽丽，郝二伟，等，附子的回阳救逆量效关系研究［J］．中国实验方剂学杂志，2010，16（9）：150.
[10] 陈东安，易进海，黄志芳，等，附子煎煮过程中酯型生物碱含量的动态变化［J］．中国实验方剂学杂志，2011，17（3）：64.
[11] 黄志芳，易进海，陈东安，等，附片质量标准研究［J］．中国实验方剂学杂志，2011，17（14）：49.
［《中国实验方剂学杂志》2012，18（5），269］

对小柴胡汤方证的认识

汪正於　成都军区机关第二门诊部

仲景对小柴胡汤的应用非常广泛，包括太阳、少阳、阳明、厥阴、差后劳复、呕吐哕下利病、妇人产后病、妇人杂病等。中医治疗疾病主要着眼于“证”。相同的证，代表着疾病在该横断面，具有相同的主要矛盾，可以用相同或者基本相同的治疗方法；不同的证，提示其本质特点不同，就须用不同的治疗方法，即“证同治亦同，证异治亦异”。所以当不同的疾病，在其发展过程中，出现了相同的“证”，就应“异病同治”。因此认识小柴胡汤证，把握方药适用的病理基础，是灵活应用小柴胡汤的前提。笔者从《伤寒论》及《金匮要略》中小柴胡汤条文，结合前人对“胆腑”及“膜原”的认识，对小柴胡汤证的因、位、性、势等要素及病机进行辨析，以探求仲景应用小柴胡汤的本意及本质，以探索小柴胡汤应用的理法基础。

一、小柴胡汤证病因——正虚邪实

（一）“外邪”是形成小柴胡汤证的必要条件

《辅行诀脏腑用药法要》载录《汤液经》方约60首，其云：“外感天行经方之治，有二旦、四神、大小等汤。昔南阳张玑，依此诸方，撰为《伤寒论》一部，疗治明悉，后学咸尊奉之……今亦录而识之”，“大阴旦汤……方。柴胡八两，人参、黄芩、生姜各三两，甘草（炙）二两，芍药四两，大枣十二枚，半夏一升（洗）”[1]。有学者认为小柴胡汤源于《汤液经》，为大阴旦汤去芍药而成，本意是治疗外感邪气[2]。张仲景对小柴胡汤的应用体现了这一本意，并在小柴胡汤的应用中显示“外邪”是不同疾病之小柴胡汤证形成的必要条件。

在《伤寒论》及《金匮要略》中，应用小柴胡汤的情况，归纳起来不外如下几种：

（1）外邪是直接致病因素。如：96条之“伤寒五六日、中风”；97条之“血弱气尽，腠理开，邪气因入”；99条之“伤寒四五日”；100条之“伤寒”；101条之“伤寒中风”；148条之“伤寒五六日”，寒邪乘虚侵袭[3]368之“亡血复汗、寒多，故令郁冒”（《金匮要略·妇人产后病脉证并治》），皆伤寒或中风而形成小柴胡汤证。

（2）外邪迁延而致病。如：37条之“太阳病，十日已去……设胸满胁痛者”；104条之“伤寒十三日，不解”；106条之“太阳病，过经十余日……柴胡证仍在者”；144条之“妇人中风七八日”，231条之“阳明中风……病过十日，脉续浮者”；266条之“本太阳病不解，转入少阳者”，是感受外邪后或正气不足、或治疗失误，病邪内传而成小柴胡汤证。

（3）余邪未尽，或瘥后复发而致小柴胡汤证。如：394条之“伤寒瘥以后更发热”便是或因大邪已去而余邪未尽，或因病后体虚，不慎调理而复感外邪[4]396。

（4）未明确表述，但其病理显示“外邪”是其致病因素。如：229、230条之阳明病“发潮热”与“大便溏”，“不大便”和“舌上白苔”等是寒热虚实错杂病变的临床征象[5]；379条及《金匮要略·呕吐哕下利病脉证并治》之“呕而发热者”为少阳邪热迫胃而胃气上逆[3]365,[4]369，其邪既可能是厥阴阳气来复，邪出少阳，也可能是外邪侵入少阳[4]369；《金匮要略·妇人杂病脉证并治》第1条之“妇人中风，七八日续来寒热”亦为外邪乘行经之虚而侵入血室[3]383。

通过上述分析可见，“外邪”是《伤寒论》及《金匮要略》中小柴胡汤条文所共有的致病因素，因此笔者认为“外邪”是不同疾病之小柴胡汤证形成的必要条件。此“外邪”或伤寒、或中风、或感受外邪后迁延而致，但无论哪种情况，都有“外感天行”的痕迹。

（二）“血弱气尽”是小柴胡汤证的内在基础

分析张仲景应用小柴胡汤的四种情况，可见“外邪”总与“血弱气尽”并存。其中外邪迁延及余邪未尽、瘥后复发两种情况，以及妇人产后、妇人杂病等，“血弱气尽”是显而易见的，在此不再赘述。而“感受外邪直接导致小柴胡汤证”及“未明确表述，但实邪是其致病因素”两种情况中，亦总见正气不足。

如：96 条之“伤寒五六日、中风”；99 条之“伤寒四五日”；148 条之“伤寒五六日”。伤寒几日而成小柴胡汤证，一方面在邪正相争的过程中总有正气的耗损，邪气或不衰而深入，或虽衰而仍可深入而成小柴胡汤证；另一方面诚如《金匮要略·脏腑经络先后病脉证》所论“经络受邪，入脏腑，为内所因也”——正气不足则邪能深入。229、230 条的阳明病之小柴胡汤证与此同理，正是由于内有气血不足，而病邪才能深入与正气结滞胁下而致气津郁滞。97 条则直接指出小柴胡汤证是在“血弱气尽，腠理开”的基础上，“邪气因入，与正气相搏”而成。

379 条及《金匮要略·呕吐哕下利病脉证并治》之“呕而发热者”，其病邪无论是厥阴阳气来复，邪出少阳，还是外邪侵入少阳，总是气血不足于内而外邪深入。

100 条之“伤寒，阳脉涩，阴脉弦，法当腹中急痛，先与小建中汤；不瘥者，小柴胡汤主之”，结合 102 条之“伤寒二三日，心中悸而烦者，小建中汤主之”可见：小柴胡汤与小建中汤具有近似的病理基础——气血不足于内而外伤于寒。不同之处在于前者是邪气深入与正气搏结胁下，气机内滞所致，后者是寒伤于太阳而气血双亏，心脾无主所致。由此亦可见小柴胡汤证较之小建中汤证，前者气血不足的程度较轻，亦无心脾不足的表现，是邪正搏结胁下；后者是寒伤于太阳而引动脏腑宿疾。

由上可见《伤寒论》与《金匮要略》中，“血弱气尽”是不同疾病形成小柴胡汤证的内在基础。正气不足，病邪方能深入而与正气搏结于胁下，进而导致小柴胡汤证的诸多临床表现。值得注意的是：此“血弱气尽”在临床上，并不一定表现为典型的“气血不足”。

笔者曾治一女患者，23 岁，素无他疾，亦非经期及经后，春夏初交之季，阴雨天凉，薄衣出行，郁怒而归。次晨以口苦、眼胀、胸胁不舒就诊，无表证，舌红，脉左关弦细而寸濡，小柴胡汤原方 2 剂而愈。该案因郁而不舒，表外之气相对不足而受寒邪，并深入与正气搏结胁下而成小柴胡汤证。此案并无气血不足之征，而有外邪因虚而入之实。所以所谓“血弱气尽”者非定为“气血不足”等虚弱表现。此种病例在临床中并不少见，谨举此例以资为鉴。

二、小柴胡汤证病位——少阳之胆腑与膜原

（一）“胁下”是核心病位

《伤寒论》97 条云：“腠理开，邪气因入，与正气相搏，结于胁下……脏腑相连，其痛必下。”指出小柴胡汤证的病理基础是“邪正相搏，结于胁下”，并指出“胁下”外通腠理，内联脏腑。综观《伤寒论》与《金匮要略》中小柴胡汤的应用条文，小柴胡汤证在此病理基础上涉及如下病位：

（1）“胁下”之下而内，如：胁下（或满、或痞硬、或硬满、或痛），腹中（或满、或痛），胃（或不欲食、或呕），血室（瘀热结滞，经水不行），及阳明（大便硬、大便溏、潮热）。（2）“胁下”之下而外，如：下焦（小便利、或难）。（3）“胁下”之上而内，如：肺（咳），心下（悸），心（烦、或嘿嘿、或神魂不安、或神魂扰动），胸（满），口（渴）。（4）“胁下”之上而外，如：身（往来寒热、有微热、热、恶风，黄），颈项（强），头（汗出），目（黄），手足（冷、温），上焦（不通），腠理。

小柴胡汤证的病位所涉，外至肌表腠理，内及脏腑神魂；上从胸至头，下从心下至足，但不外乎“胁下”内联外通之所涉。进一步分析所涉病位的临床症状，可见其内在的病理基础是——“邪正相搏，结于胁下”所致的气血津液及火气的郁滞。所以无论从病位关系，还是从病理来看“胁下”都是小柴胡汤证之核心病变所在。但胁下是一个部位概念，其实质究竟是什么呢？

（二）“胁下”的实质是“胆腑”与“膜原”

前面笔者对小柴胡汤证所涉病位的探讨显示，“胁下”的病理改变，除导致双侧胁肋之下的病变之外，还导致腠理、上焦、肺、胸、胃、腹部及下焦等部位的病变。所以“胁下”所指部位：并非“足少阳之脉”所循之“胁里”，也不单指两侧胁肋之下，而应是胸膈、两胁及两胁肋之间这一范围。“胁下”位于少阳，其生理病理的基础是位于

此范围的少阳脏腑。显然位于“胁下”，又位于少阳者，不外胆腑和三焦之膜原，但“胁下”与后二者在生理病理上是否具有同一性呢？

《伤寒论》266条提示“胁下”位于少阳（本太阳病不解，转入少阳者，胁下硬满……与小柴胡汤）；37条指出小柴胡汤所治之胸胁，相对于太阳而言，位于“里”（太阳病……外已解也，设胸满胁痛者，与小柴胡汤）；104条提示小柴胡汤所治之胸胁满而呕，相对于阳明而言是为外证（伤寒十三日不解，胸胁满而呕，日晡所发潮热……此本柴胡证……潮热者，实也。先宜服小柴胡汤以解外，后以柴胡加芒硝汤主之）。前之所述，显示“胁下”位于少阳，在太阳之内之里，在阳明之“外”。结合97条所论之——邪气因腠理开而入结胁下，进而因“脏腑相连”而“其痛必下……故使呕”，可见“胁下”是外通内联之关键。而小柴胡汤证在“邪正相搏，结于胁下”这一病理基础下，致气血津液火气郁滞，从而致“胁”之上的心、胸、肺、上焦、头、颈、目，“胁”之下的胃、肠腑、血室、下焦等，出现相应的临床病理改变。230条更指出小柴胡汤的治疗作用是使“上焦得通，津液得下”而“胃气因和”，由此看来“胁下”还是上下交通之关口。

再看“膜原”及“胆腑”的病理生理意义。首先应明确，这里的“膜原”是狭义的“膜原”，是形上功能医学层次的膜原[6]，是“将脾、胃、肠之间的膜原，从原本形态上的部位观念，升华成为调达表里气机之关口”[7]的膜原。薛生白云“膜原者，外通肌肉，内近胃腑，即三焦之门户，实一身之半表半里也”（《湿热病篇》）。膜原之开阖升降及转输失常，直接导致三焦气化、决渎水道、通会元气，以及五脏六腑诸气、营卫、宗气、清阳、秽浊、阴火等，升降出入与转输的失常。少阳胆腑，外属足少阳经脉，内寄相火而藏精汁为“中精之府”。少阳经脉介乎表里之间，连通表里经气，即《内经》之“少阳为枢”。《医学求是》说：“阳之初生而始发则从胆，胆为转阴至阳之地，为少阳，是阳之枢。”有学者[8]认为少阳之胆腑“可激发一身阳气行于太阳以司开，走于阳明以司阖，能奉心阳而下达，领肾气而上贯，可外通肌表内及脏腑，从而握上下升降之机，掌内外出入之途，为人身表里上下气机升降之枢纽”。《素问·六节藏象论》亦云：“凡十一脏，取决于胆也。”

综上，胆腑与膜原乃一身表里之门户，是气血津液、脏精腑气出入的关口。若胆腑枢机与膜原门户失常，则气机的表里内外之升降出入与转输失常，而太阳不开，阳明不合以及气血津液内滞于脏腑，横连于膜原而流散于三焦。这与“邪正搏结胁下”致气血津液及火热郁滞所体现的“胁下”的生理病理是一致的。所以“胁下”病位的实质即少阳之“胆腑”与“膜原”。所以“胁下”能为上下升降、内外出入、表里沟通之门户，为气血津液敷布、脏腑功能运转之枢纽。其与少阳为枢的内涵[9]是一致的，因此“胁下”是少阳枢机的关键。正因为此，小柴胡汤是少阳病方、非少阳病方在历史长河里聚讼不已，而当今仍以同样的焦点对峙着。但就“胁下”病位实质被明确所显示的意义而言，不仅仅是明确了这种“对峙”的根结所在，其更使小柴胡汤证之诸多临床表现，及发展转归的内在机理明晰可见。

可以进一步推想，在人体的三维度空间里，属手少阳三焦之膜原与属足少阳之胆腑，如手足少阳之一上一下，一阴一阳，形成膜原偏上、胆腑偏下的空间构位。二者在阴阳属性上，因空间构位的上下有别而胆腑偏阴、膜原偏阳。从而二者在生理功能上动静有偏，在病理上寒温有别。其动静有偏，如周尔文[10]所论：“胆主枢之启动运转，三焦继以路径畅达，形成枢路一体，枢运机转，即：启枢在胆，沟通枢机与脏腑器官的联系，维持枢运之恒定在三焦。”膜原作为三焦之门户，是维持三焦枢运恒定的关键。在病理上的寒温有别，体现在湿热之邪致病以三焦及膜原病变为主，而伤寒致病以胆腑病变为主。但“膜原”之与“胆腑”，如手足之少阳，一上一下，一阴一阳二者相辅相成，“启枢在胆”而“恒定在三焦”，所以无论湿热之三焦、膜原病变，还是伤寒之胆腑病变，虽其强调各有所偏，但二者必然同时受病。后世之温病论治三焦及邪伏膜原，对仲景学说中“胁下”所包含的“三焦膜原”进行了明晰和发挥，其强调膜原功能之开阖升降，以使上、中、下三焦气化有序。但就其本质而言，仍是少阳枢机不利，不同之处在于其病邪以温热、湿热、戾气为主，病位偏于膜原及三焦。

三、小柴胡汤证病机探讨

（一）小柴胡汤证的基本病机

综上小柴胡汤证的基本病机是：邪正搏结“胁下”，致少阳胆腑之启枢转输及三焦膜原之开阖升降失常，进而形成气血津液及少阳之少火生气的郁滞，与脏腑的运转失常。《素问·天元纪大论》云：“少阳之上，相火主之；阳明之上，燥气主之；太阳之上，寒气主之。”所以其基本病机的基础上，气郁少阳又兼火化，气郁阳明而见燥化，气津郁于太阳而见寒化。

（二）小柴胡汤证核心病机——少阳枢机不利

在疾病过程中，小柴胡汤证的诸多病理改变，无论是邪正盛衰所致之寒热往来，还是诸般壅滞所反映的气血津液之郁滞，和脏腑机能之滞碍，都是因为“少阳不枢”这一核心病变而展开的。只不过在这些病理改变的基础上，更兼阳明燥化、少阳火化、太阳寒化而使诸多临床表现显的扑朔迷离。

如正衰邪盛时，邪气漫于太阳至少阳之胁下，气血津液之郁较轻，而表现为寒甚热轻；当正气渐复而邪气不衰，邪正搏于胁下，正气不能出敷太阳而郁于少阳、阳明，则郁甚而热甚寒轻；随邪正交争而俱衰则寒热相若而不彰。若“少阳不枢”这一核心病变没有解除，正气不能出敷太阳以卫外，则外邪复盛而上述病变过程重复而表现为“寒热往来”。

如少阳不枢而血滞，则可见心失气血之养及瘀热扰动所表现出的，或心烦，或嘿嘿，或神魂不安，或神魂扰动；下见血室瘀热结滞，经水不行。又如“少阳不枢”而气郁，则见胸胁满、苦满、硬满、痞硬、满痛、痛等；如“少阳不枢”而水津郁于上焦、中焦、三焦、心下而有阳明燥化、湿化，小便不利或利及水气凌心等不同的临床表现。而在少阳火化、阳明燥化作用下，病邪及诸多郁滞的病理改变均有向热、燥转化的趋势，而表现出水热、瘀热、燥实、燥热、火热致病等临床表现。

由此可见“少阳枢机不利”是对小柴胡汤证病机的本质概括和提炼，其内涵是少阳之“胆腑”与“膜原”的启枢和开阖失常。在临床中，抑或先有“少阳不枢”而致太阳失于气血津液之资，进而“血弱气尽，腠理开，邪气因入”；抑或先有“邪气因入，与正气相搏，结于胁下”而致“少阳不枢”，这已不重要，重要的是少阳之“胆腑”与“膜原”的启枢和开阖失常，是小柴胡汤证诸病变的内在决定因素。

四、小柴胡汤证病性——虚实相杂，寒热相错并向热转化

综观上之所述，小柴胡汤证是“血弱气尽”，“邪气因入”所致，其见实邪与气机内郁并见，或与气郁并见，与火郁并见，与阳明燥热并见，与水津不敷并见，与血行迟滞并见，甚或见水停、血结。所以小柴胡汤证的病性可归纳为：虚实相杂，寒热相错。

其病性之“实”体现为“邪实”与“气血津液郁滞”以及由有形之质，无形之气壅滞脏腑所形成的“实证”。“邪实”即入于少阳胁下与正气搏结之“实邪”，无论此实邪是风、是寒以及其他致病因素，入于胁下后，均向“热”性转化。这是病邪在入里过程中的转化趋势，是在少阳“火化”作用下的必然。“邪实”又是“少阳不枢”而“气血津液郁滞”的直接原因。“气血津液郁滞”是“邪实”导致“少阳不枢”的结果，是小柴胡汤证形成与发展的必然。如气滞则见胸胁之满、苦满、硬满、痞硬、满痛、痛等，并可见阳明燥化、热化；血滞则可见瘀热结滞而神魂扰动，经水不行；水津郁滞则可见上焦水郁，水气凌心等病理改变。病性之“实”还体现在胆腑不枢而少火生气被郁而化火。

其病性之“虚”体现在“血弱气尽”与“气血津液郁滞”所致的失濡失养。正如前面所探讨，其“血弱气尽”所体现的“虚”必然程度较轻，所以邪气能入而正气能搏之于“胁下”。气血郁滞而失濡养，外可见太阳不固，内可见心神失养，而心烦、心悸、嘿嘿、嗜睡，甚或神魂不安。津液郁滞而失濡养，可见肠腑失濡、阳明燥化，或渴，或小便不利等。

其病性之“寒热相错”，体现在病邪之性质或寒或热，外受风寒与邪气入里化热和少火生气被郁而化火并存，疾病过程中之寒热往来，以及气血郁滞与水津停滞的并见。但随疾病的发展，其总向“热”性转化，这是病邪入里、滞郁的转化趋势，是在少阳“火化”作用下的趋势，同时也是气血津液郁而化热的必然。

五、小柴胡汤证之病势

小柴胡汤证是诸“病”在发展过程中，形成了“邪正搏结胁下，而少阳不枢，气血津液郁滞”的病理改变。不同疾病有着不同的发展变化规律，但共同的病理基础决定了诸病之小柴胡汤证有其特殊的发展趋势。邪正结滞少阳胁下而枢机不利，则外可致三阳诸病，内可致胸腹脏腑诸病。如：

水郁上焦、气滞阳明均有阳明燥化之机。如230条之水郁上焦而不大便者，97条之“服柴胡汤已……属阳明”者。更吐下伤津则阳明热实，如103条之大柴胡汤证、104条之柴胡加芒硝汤证，甚或成107条之阳明燥实、水津停滞及心阳虚浮之柴胡加龙骨牡蛎汤证。

水津停滞者，有水饮为病之机。水饮为病，或

水热相合而成水气凌心、结胸、黄疸等。如147条之柴胡桂枝干姜汤证，149条之“柴胡汤证……下之……若心下满而硬痛者，此为结胸”，231条湿热郁阻之“一身及目悉黄”。气血结滞者，易致瘀热结滞、经水不行及神魂扰动。如妇人杂病之热入血室。

少阳不枢，气机内郁可致三阳之合病、并病。如太阳不固则易受外邪而成146条之柴胡桂枝汤证；若郁甚太阳失养，阳明燥热势彰，可致不同程度，不同临床表现之“三阳合病”，其轻证如99条之“伤寒四五日，身热恶风，颈项强，胁下满，手足温而渴”的小柴胡汤证，重则如219条之“三阳合病，腹满、身重，难以转侧，口不仁、面垢、谵语、遗尿。发汗，则谵语；下之，则额上生汗、手足逆冷”，或如268条之“三阳合病，脉浮大，上关上，但欲眠睡，目合则汗”，甚或可致少阳火化与太阳失敷不固，阳明燥热同见之病情更重的三阳合病。

胆腑及膜原枢机不利，气血津液郁滞日久则瘀热痰饮，水湿秽浊内生，而脏腑气机滞碍不运则杂病丛生。如气血津液郁滞日久，瘀热痰饮内积而成脏结，如167条所云“病胁下素有痞，连在脐旁，痛引少腹，入阴筋者，此名脏结”；如气血津液郁而不敷则太阳失养，而成160条之“久而成痿”；如水津停滞可致水气为病，水郁心下甚或可致惊悸怔忡；如气血郁滞可致胸满腹痛、呕吐哕、瘀热内伤及神志病变等；若兼少阳火化，而燔灼气血津液则或见惊痫咳衄、疮疡内发等。

总之“少阳枢机不利”而“胆腑”与“膜原”的启枢和开阖失常，导致气血津液郁滞是小柴胡汤证发展转归的病理基础。正是基于此病理基础，不同疾病的小柴胡汤证，表现出纷繁复杂而又有章可循的临床转归。

六、小柴胡汤方解

（一）小柴胡汤的本义是透邪

小柴胡汤方中，柴胡苦、辛、微寒，升举少阳气机而能辛透少阳胁下之邪，与辛温解表之生姜相合而透解邪气；黄芩苦、寒，清热泻火，以制火热之化；人参味甘，益气生津与大枣、甘草共资气血津液，以制阳明燥化，以使“血弱气尽”复常；半夏辛、温，化浊降逆，以化郁滞之水津，以降胃腑之逆气。全方立足于小柴胡汤证之因、位、性、势，针对根本病机兼顾次要矛盾而清透消补并用，以透邪为根本，以制少阳火化、阳明燥化为辅。邪去则正安，所以“服小柴胡汤以解外”（《伤寒论》104条），如是则邪去结解而胆腑及膜原枢机得复，进而气血津液之郁滞得畅，脏腑之功能得运，由此可见仲景应用小柴胡汤的本意是“透邪”。

（二）小柴胡汤的本质作用是启复枢机

小柴胡汤中，柴胡轻清疏达，能升举少阳之气而使少火生气畅达外敷；黄芩苦寒降泄，能清泄少阳之火热而复其“中精”，二者合用，升降相合，举泄并治，能启复胆腑气机之升降出入，能使胆腑精气清净精明。而何秀山认为“柴胡疏达膜原之气机，黄芩苦泄膜原之郁火”（《重订通俗伤寒论·六经方药》）。半夏味辛能开能散，又能降逆化浊；生姜味辛性温，能“下一切结气”（《药性论》），二者合用能温散膜原寒郁浊结。与黄芩相合能降化膜原之热逆痰火，而使元气通会，水道通调。人参、大枣、甘草更资少火生气而使升举有源，资中州而降泄无虞，助开散而浊化正复。全方具启复胆腑、膜原之枢机，从而以敷少火生气，以复膜原门户，以畅气血津液，以“决脏腑”气机。诚如刘渡舟教授之论：“小柴胡汤擅开肝胆之郁，故能推动气机而使六腑通畅，五脏安和，阴阳平衡，气血调谐。[11]”因而小柴胡汤之本意虽是“透邪”，但其本质作用却是启复少阳枢机，枢机一利则气血津液之敷布得畅、脏腑之功能得运。

（三）小柴胡汤应用的内在依据探讨

在《伤寒论》及《金匮要略》中还有以柴胡命名的一系列组方。如柴胡加芒硝汤、大柴胡汤、柴胡桂枝汤、柴胡加龙骨牡蛎汤、柴胡桂枝干姜汤等。从前面对小柴胡汤证的转归及演变的探讨可见，这一系列组方是针对小柴胡汤证的不同转归而制定。其展现了在“少阳枢机不利”这一内因驱动下，小柴胡汤证的转归和演变规律，亦体现了临证灵活加减化裁的根本依据——“证”的演变转归。

“证”是疾病的因、位、性、势等要素及病机的概括，是方药配伍得以成立的病理基础，亦是仲景在不同疾病中使用小柴胡汤而“异病同治”，在“证”的不同的演变转归中灵活化裁应用的内在依据。因此凡抓住“少阳枢机不利”这一核心病机，以“启复少阳枢机”为要务，根据疾病之因、位、性、势的不同及表里寒热虚实的偏兼而加减化裁，都是对小柴胡汤“谨守其法”而又“圆括机法”的应用。所以小柴胡汤的历代化裁应用遍及八法、兼涉六经；后世柴胡达原饮、蒿芩清胆汤（《重订通俗伤寒论·六经方药》），更据“证”之因、位、性、机及表里寒热虚实之偏兼，“谨守病机”而将小柴胡汤加减化裁拓展应用于温病之半表半里证。诚如刘英锋[12]所说“其中的奥妙全在‘少阳为枢’治以‘疏利转机’为先”。

七、结语

仲景对小柴胡汤的应用非常广泛，其对不同疾病之复杂而扑朔迷离的临床表现，进行审证求因，抓住“少阳枢机不利”这一核心病机而“异病同治”，又在“证”的不同演变转归中灵活化裁，彰显了其“谨守病机”而治病求本和辨证施治的精神。同时也昭示“证”和“病机”，是经方在临床不同疾病中灵活应用和加减化裁的病理基础。这对解读经典和临证施治具有指导意义，在应用经方时应据此深思。

参考文献

[1] 王雪苔．辅行诀脏腑用药法要［M］．北京：人民军医出版社，2009：53.

[2] 胡正刚，侯永春，刘英锋，等．小柴胡汤原义考析［J］．江西中医药，2003，34（7）：34～35.

[3] 范永生．金匮要略［M］．北京：中国中医药出版社，2003.

[4] 熊曼琪．伤寒学［M］．北京：中国中医药出版社，2003.

[5] 高霖雨，赵鸣芳．赵鸣芳教授对小柴胡汤的解读及临床运用经验［J］．现代中医药，2009，29（3）：3～4.

[6] 苏云放．再论系统膜原论的功能层次［J］．浙江中医药大学学报，2008，32（1）：1～7.

[7] 高嘉骏，王洪图．膜原部位初探［J］．北京中医药大学学报，2005，28（5）：14～16.

[8] 林士毅，吴修符．小柴胡汤在柴胡类方中的作用机理探讨［J］．福建中医药，2007，38（4）：3～5.

[9] 孙秀娟，周春祥．少阳为枢内涵探讨［J］．南京中医药大学学报，2008，24（3）：153～155.

[10] 周尔文．少阳枢机与五脏［J］．天津中医学院学报，1991，12（2）：35～36.

[11] 刘渡舟．小柴胡汤解郁功效例举［J］．中医杂志，1985，（05）：12～13.

[12] 刘英锋，刘敏．论小柴胡汤的历代化裁规律［J］．江西中医药，2004，35（8）：50～53.

［《环球中医药》2012，5（6），436］

甘温除热机理之浅析

葛喜贵

山西省阳泉市第一人民医院中医科

甘温除热，即是用甘温的药物治疗因虚而致身大热的方法，为中医治则的重要组成部分之一。笔者一从医30载，临床上每每用之，受益匪浅，就自己对其机理管窥之见，略述于下。

甘温除热属中医补法之一，临床上发热的原因很多，大多采用具有清热作用的寒凉药物治疗，但气虚或血虚发热，则用益气和养血的为主，若罔用苦寒，恐怕损阳。每多用黄芪、党参、当归等，近世常称的“阴虚内热”是指阴液亏损，水不制火和精血不足，阴不和阳的内热虚火，然《素问·调经论》所称的“阴虚则内热”“阴虚生内热”是脾气虚损之内热虚火含意不同。前泛指阴分亏损，后专指足太阴脾气不足。甘温除热的主要精神，在于扶阳以济阴，使阳生以阴长，阴长以维阳。因此李东垣提出“脾胃既虑……营血大亏……阴火炽盛，日渐煎熬，气血亏少……，故当加辛温甘温之剂生阳，阳生则阴长……阳旺则能生阴血……”。其所制之补中益气汤中之人参、黄芪味甘气温，味甘能生血，气温能助阳。他又以当归补血汤治疗肌肤燥热，困渴引饮，面红目赤，昼夜不息，脉来洪大而虚，重按无力。重用黄芪，其量五倍于当归，不名补气而名补血。可见“阳旺则能生阴血”、扶阳可以救阴，救阴用以配阳。

张景岳说：“凡治火法，有日升阳散火者，有日滋阴降火者。夫火一也，而日升日降堪治火，然升则从阳，降则从阴”。“从阳以引阴，从阴以引阳，各求其属而衰之”。张氏在具体用药上提出“人参、黄芪、白术、甘草除气虚气脱阳分散失之火；熟地黄、当归、枸杞子、山萸肉滋心肾不交阴分无根之火”。其言简意赅，立论精当。使笔者心中豁亮，茅塞顿开。体会到阴火可以引发，宜取肉桂、附子之辈；虚热可以温补；可凑人参、黄芪之属。依之用在临床，安有不显其效？

阴与阳在人体当中是处在相对的动态平衡状态，也是机体维持正常机能的必要条件。内热的发生，是这一阴阳平衡被打破的结果。阴虚之机理，有直接受损者或间接受损者，直接者如血虚、精亏、津乏等，间接者如命门火衰、脾阳不振、元气亏损等均可导致阳损及阴。直接的阴分受损自然有“营阴不足”机理，而阳损及阴的间接阴分受损亦有“营阴不足”的病理趋势，故此“营阴不足”是不同原因而形成、多种因素作用的结果。所以，后世所称的“阴虚则内热”和《素问·调经论》的“阴虚则内热”虽然含义不同，可二者在理论上存在着相互沟通的一元性。在治疗上就拓宽了甘温除热不仅只限于阴分直接受损者，亦涵盖了本于阳不足，阳损及于阴，致阴阳两虚者。它与《素问·

至真要大论》中“诸寒之而热者取之阴”的以寒治热而热愈盛，当取法于扶阴的精神吻合。这样就寓意了在临床上对于某种发热疾病一定要认识疾病的机理，详细的辨证，千万不可单就“热者寒之”“寒者热之”。就会犯“实实虚虚”之弊。甘温类药多为扶阳益气之品，故由于阳气虚所引起间接的阴分受损是甘温除热法的主要治疗对象，但甘温药也不乏养血补阴之辈。补中益气汤虽被后世称为甘温除热的代表方，笔者认为只是扶阳育阴的一种具体方法的运用，很难统括甘温除热的全部治则精神。

甘温除热是一种独特治则，是治疗内伤发热的主要途径之一。内伤虚证发热大致可以分为三类：阳虚发热、阴虚发热、血虚发热。阳虚发热包括气虚、脾肾二经阳虚的发热。滋阴降火适用于肾水不足、肾精亏损，不能制火，其虚火上炎的病证，方如知柏地黄丸补其水而制其火，大补阴丸滋其阴而降其火；而甘温除热可用于各种阳气虚损或下陷之发热，方如保元汤补益元气，右归饮温补肾阳，补中益气汤补气升阳，亦用于脾虚气陷、中焦虚寒、虚阳外越之发热；用于脾胃虚衰、谷气下流蕴为湿热，致使下焦阴火上冲之发热；用于气虚卫外不固，复感邪气，正邪相搏所致之发热；用于脾胃气虚，健运失职，不能生化气血，血虚引起之发热。又如当归补血汤补气生血，左归饮养阴补肾，龟鹿二仙丹填精补髓，生脉散补气生精等，皆可治疗内在的虚热或假热。可以看出甘温除热与滋阴降火两法存在着滋肾益精的内在交叉关系，两者均可治疗其虚热、假热。寓含着“营阴不足”是其共同的病理机转。

甘温所除之热，是由多种原因引起，这些原因，在一定条件下，颇此联系与相互影响，甚至在多种病理机转中，有趋于较重的倾向，这是由于阴阳难于维系。如命门火衰难温脾土，而致脾阳虚，脾虚又令营阴不足，终致阴不维阳而虚火燃炽，进而使元气大损或阴津益耗，至此反过来又使营阴更加亏乏；同样元气不足可令中土虚，中土虚又使元气更损……如此等，看似复杂，实“营阴不足”之故也。

因此，甘温除热是以治其源头的治法，要引济虚火，究其病理机转，剖析“营阴不足”之源。如脾阳虚，则温补脾阳，使脾气健运，生化有源，营阴得以充足，以维其阳，则虚火自可伏兮。笔者认为，对于发热一证，虽然用苦寒清热之品颇多，但逢证一定辨其证，究其源。邪盛固可为热，而正虚也可为热，运用“甘温除热法”亦非一偏之见，而是中医学宝贵的理论与经验，“甘温除热法”具有很好的临床应用价值，值得我们继续加以发扬。

[《光明中医》2012，27（8），1501]

古代名医运用桂枝汤概况

余　翔

广州中医药大学第三临床医学院

桂枝汤原方载于《伤寒论》[1]第20条：“阳浮而阴弱，阳浮者，热自发，阴弱者汗自出，啬啬恶寒，淅淅恶风，翕翕发热，鼻鸣干呕者，桂枝汤主之”。组方药为：桂枝三两（去皮）芍药三两甘草二两（炙）生姜三两（切）大枣十二枚（擘），服用本方尤需啜热稀粥以助药力。全方外可发汗解肌，温通经脉而和卫气；能化气温阳。临床实践证明，桂枝汤经证加减可以广泛地治疗内科、妇科、儿科、皮肤科和杂病等多种疾病。现将古代主要医家运用情况作详细论述。

一、桂枝汤之仲景本身运用范围

《伤寒论》[1]中见有本方的条文共有19处，主要论述了桂枝汤的应用。运用包括中风证、自汗证/时发热自汗证、阳明表证、热痞兼表证、厥阴表证、太阴表证、霍乱病等。现分述如下。

（一）用于太阳中风证

太阳中风，由平素卫阳较弱，防护失固，风邪外袭，致营卫不和而成。临床以发热、恶风、汗出、头痛、脉浮缓为其特点，治法当疏风解表，调和营卫。方用桂枝汤。如原文1、2、12、13、24、42、44、45条所述。原文1：“太阳之为病，脉浮，头项强痛而恶寒。”原文2：“太阳病，发热，汗出，恶风，脉缓者，名为中风。”原文12：“太阳中风，阳浮而阴弱，阳浮者，热自发，阴弱者，汗自出，啬啬恶寒，淅淅恶风，翕翕发热，鼻鸣干呕者，桂枝汤主之。”原文13：“太阳病，头痛，发热，汗出，恶风，桂枝汤主之。”原文24：“太阳病初服桂枝汤反烦不解着，先刺风池风府，却与桂枝汤则愈。”原文42：“太阳病外证未解，脉浮弱者，当以汗解，宜桂枝汤。”原文44：“太阳病外证未解，不可下也，下之为逆。欲解外者宜桂枝汤。”原文45：“太阳病先发汗不解，而复下之，脉浮者不愈。浮为在外，而反下之，故令不愈。今脉浮，故在外，当须解外则愈，宜桂枝汤。”

（二）用于营卫不和的自汗证

由某种原因而使营卫失和的自汗症或发热自汗症，可以使用桂枝汤。自汗主要是由于卫气失去卫外固守之职，不能与营气相互协调，致使毛窍开泄，营阴外越所致。如原文 53 条："病常自汗出者，此为荣气和，荣气和者，外不谐，以卫气不共荣气谐和故尔。以荣行脉中，卫行脉外，复发其汗，荣卫和则愈，宜桂枝汤。"所述。

（三）用于脏无他病，时发热自汗证

凡脏腑无他病，仅表现出发热阵作，自汗出者，可以使用桂枝汤治疗。如原文 54 条："病人藏无他病，时发热自汗出而不愈者，此卫气不和也，先其时发汗则愈，宜桂枝汤。"原文 56："伤寒，不大便六七日，头痛有热者，与承气汤，其小便清者，知不在里，仍在表也，当须发汗；若头痛者，必衄，宜桂枝汤。"所述。

（四）用于伤寒已解，半日许复烦，脉浮数者

伤寒发汗后，表证已解，本应该脉静身凉，但半日后又烦，脉浮数。此乃余邪未尽；或汗出肌腠疏松，将息失宜，复感外邪所致。因已发汗，再汗不宜太过，以免损伤正气而生它病，可使用桂枝汤，通阳解表，微发其汗，使邪去正安。如原文 57 条："伤寒发汗已解。半日许复烦，脉浮数者，可更发汗，宜桂枝汤。"原文 95 条："太阳病发热汗出者，此为荣弱卫强，故使汗出，欲救邪风者宜桂枝汤。"所述。

（五）用于太阳病误下后表证未解者

太阳病，理应从汗解，如误用下法，往往可导致邪气内陷。若下后正气未衰，邪尤在表，可以使用桂枝汤微微发汗解肌，祛除表邪，如原文 15 条："太阳病，下之后，其气上冲者，可以桂枝汤，方如前法。"原文 91："伤寒医下之，续得下利清谷不止，身疼痛者，急当救里。后身疼痛清便自调者，急当救表。救里宜四逆汤；救表宜桂枝汤。"所述。

（六）用于热痞兼表证者

桂枝汤用于治疗热痞兼表证。如原文 164："伤寒大下后复发汗，心下痞恶寒者，表未解也，不可攻痞，当先解表，表解乃可攻痞。解表宜桂枝汤，攻痞宜大黄黄连泻心汤。"所述。伤寒为病在表，治当发汗解表，若先行攻下而再行发汗，此汗下失序，必致表邪化热内陷，结于心下，滞塞气机，形成热痞。今表未解，必伴发发热、头痛，脉浮等表证。此里有痞证，外有表证，为表里同病，法当先解表，解表乃可攻痞。故先用桂枝汤先发汗解其表，解表后再用大黄黄连泻心汤治疗其痞证。

（七）用于阳明表证

阳明病，表证未解者，可先用桂枝汤发汗解表，待表证解除后再考虑用下法。若未先解表，直接用下法可能引邪入里，加重病情。如原文 234 条："阳明病，脉浮，汗出多，微恶寒者，表未解也，可发汗，宜桂枝汤。"

阳明病，发汗后又如疟状发热，日晡发热者。需根据脉相来决定用方，如脉实说明病在里，故因先救里，宜下之；若脉浮虚者，说明邪在表且正虚，此时用桂枝汤微发汗。如原文 240 条："病人烦热，汗出则解，又如疟状，日晡所发热者，属阳明也。脉实者，宜下之；脉浮虚者，宜发汗。下之与大承气汤，发汗宜桂枝汤。"所述。

（八）用于太阴表证

桂枝汤可用于太阴兼表证者。此证以太阳中风证为主，伴有轻度太阴病症候，辨证要点是：脉浮，发热恶寒，下利等。是由于素体脾阳不足伴风邪袭表，营卫不和所致，治予桂枝汤调和营卫、温阳和里。如原文 276 条："太阴病，脉浮者，可发汗，宜桂枝汤。"所述。

（九）用于厥阴表证

桂枝汤用于治疗厥阴病虚寒下利兼表证。如原文 372："下利腹胀满，身体疼痛者，先温其里，乃攻其表。温里宜四逆汤；攻表宜桂枝汤。"所述。本条论虚寒下利重症兼表证的治疗原则与主方。仲景治疗表里同病的原则有三，一是先表后里，二是先里后表，三是表里同治，本条属先里后表的治疗原则。结合 91 条："伤寒医下之，续得下利清谷不止，身疼痛者，急当救里。后身疼痛清便自调者，急当救表。救里宜四逆汤；救表宜桂枝汤。"来看，本条之"下利"亦当是下利清谷，属脾肾阳微的虚寒下利重症。腹胀满，为里阳不足，温运无力所，气机不畅所致。此时，虽有身体疼痛的表证，亦当先温其里，方用四逆汤，待里阳恢复，清便自调后，才能治其表证，方用桂枝汤。否则先表后里，表证未必能去，而里阳更因用汗更用损伤，易生亡阳之变。

（十）用于霍乱病

桂枝汤用于治疗霍乱里和而表未解的证治。如原文 387 条："吐利止，而身痛不休者，当消息和解其外，宜桂枝汤小和之。"所述。吐利是霍乱的

主证，此言吐利止，说明里气已和，脾胃升降之机已复，病自向愈。吐利止，身痛不休是表邪未罢。此证吐下之后，阳气大伤，津液未复，故不可乱投发汗峻剂，以免大汗亡阳，变证再起。然既有表证未罢，亦需解表，宜用桂枝汤微发汗解肌表之邪，且内和脾胃而外调营卫。

总之，桂枝汤在《伤寒论》中的应用十分广泛，此方虽主要用来治疗太阳中风证，然而其应用范围显然已远远超过这个范围。我们应该深入研究桂枝汤的组方特点、原则，进一步挖掘桂枝汤的应用范围，灵活将其运用于临床。

二、其他医家的运用

桂枝汤是《伤寒论》的名方，在《伤寒论》113首方中，应用桂枝汤随证加减共70方，约占63%。临床应用颇为广泛，疗效卓著，为历代医家所重视。

古代医家对桂枝汤无不推崇备至，尤其是唐宋以来，各医派逐渐形成较系统的理论，各派医家都宗以本方理法结合自己的临床经验进行化裁，丰富与发展了本方的理法及应用。

明·王肯堂以桂枝汤，随证加减化裁的有三方。其一，桂枝加川芎防风汤，治发热自汗出而不恶寒的柔痉。其二，桂枝加芍药汤（桂枝、芍药、石膏、黄芪、知母）治寒热大作等阳盛阴虚之疟证。其三，桂枝加芍药防风防己汤（桂枝汤加防己、防风），治发热脉沉细之太阴腹痛[2]。

清·柯琴谓："桂枝汤为伤寒中风杂病解外之总方，凡脉浮弱，汗自出而表不解者，咸得而主之也。"清初喻嘉言《尚论后篇·春温论治大法》中亦列为众方之首，有桂枝加生地黄，余外十二法中大部分以变通桂枝法。温病最忌辛温药发汗，但风温、温热、温疫、冬温之初期若有恶风寒者，温病学家吴瑭宗桂枝汤解肌之理，以之导邪外出，使营卫调和，自然得汗而解。故在《温病条辨》[3]一书中，把本方列为众方之首。陈氏从叶氏《临证指南医案》[4]中探讨桂枝汤运用，认为无论风寒、温热及各种杂病，凡是病机上具有卫阳受伤，营气虚寒，或在里的阴阳不和，在外的营卫失调等都可以用本方化裁治疗。这对掌握运用桂枝汤具有一定的启发性。

近代医家张锡纯认为邪伤营卫，皆因大气虚损致卫气漫散，邪得越卫而侵营，故立加味桂枝代粥汤[5]。在桂枝汤原方加黄芪、知母、防风，治中风有汗。加黄芪补大气，以代粥补益之力；加防风宣通营卫，以代粥发表之力，服后啜粥固佳，即不啜粥，亦可奏效；加知母以制黄芪之温。综观张氏运用桂枝汤时，每每加黄芪以补胸中大气，固表抗邪；加薄荷以助其速于汗出；加花粉助芍药以退热。若遇干呕甚者，加半夏以止呕，诚属经验之谈。

经方家曹颖甫《经方实验录》[6]记载：谢先生，应友人宴，享西餐，冰淋气水，畅饮鼓腹。当夜即发热恶寒汗出，不吐而下利频作，腹痛后重，小便短赤，脉不沉而浮。拟桂枝汤治疗，服药后表解利减，调理瘥。此即"太阳病，脉浮者，可发汗，宜桂枝汤"之意。综观曹氏六则桂枝汤验案有其特点：一是审证求因，审因论治精神；二是三伏之天不避桂枝；三是不分南方与北方之偏见。可见曹氏深研于桂枝汤而有所收获，正可作为借镜。

三、总结

桂枝汤配伍严谨，发汗而不伤正，止汗而不留邪，刚柔并济，表里同治。营属血属阴，卫属气属阳，换而言之即调和阴阳。综上可见，桂枝汤临床应用应颇为广泛，阴阳气血失调，营卫不和，阳气不振之症皆可加减应用。利用此方可以加减化裁出许多方，如桂枝加葛根汤、桂枝加厚朴杏子汤、桂枝加桂汤、桂枝加芍药汤等，使用频率很高，绝不仅限于治疗外感，着实体现中医"同方异病""同病异方"的神奇。

参考文献

[1] 熊曼琪. 伤寒学［M］. 北京：中国中医药出版社，2006：21～22.

[2] 王肯堂. 证治准绳［M］. 北京：人民卫生出版社，2005：512～520.

[3] 吴鞠通. 温病条辨［M］. 北京：中国中医药出版社，2011：12.

[4] 张锡纯. 医学衷中参西录［M］. 太原：山西科学技术出版社，2009：321～325.

[5] 曹颖甫. 经方实验录［M］. 北京：人民军医出版社，2010：4.

［《光明中医》2012，28（6），1276］

桂枝汤"调和营卫"机理初探

李长乐　安岳县中医医院

桂枝汤为张仲景《伤寒论》首方，由桂枝、芍药、甘草、生姜、大枣5药组成。它具有"调和营卫""解肌发汗""滋阴和阳""祛风固表"的作用。在临床上可以一用、再用、三用。

桂枝汤是治疗太阳中风表虚证的主方，并不是取其发汗祛邪的作用，而是利用该方“调和营卫”的功能。服用汤药之后，患者营卫调和了，气血运行正常了，能鼓舞正气驱邪随汗而出，腠理之邪亦随之而解，不和调之营卫，得以调和而疾瘥。

太阳中风表虚证，是“营卫不和”证，营卫怎么会不和呢？服桂枝汤后营卫是怎样被调和的？我们知道，营“属阴”，卫“属阳”；营行脉中，卫行脉外；营主内守，卫主固外。没有卫气的固表卫外，营阴就不能安居于内，势必渗泄外出。反之，如没有营阴的内守，卫气即无所依而散越，散越则卫弱，卫弱则卫外不固。此时营阴则乘卫外不固密（腠理疏松）遂外泄而汗出。又如卫气是正常卫外，而营阴衰弱，相对的亦成为“卫强营弱”。这卫强不能密，营弱不能藏，汗亦能自出，均为“营卫不和证”。《内经》说：“阴在内阳之守也”“阳在外阴之使也”。可见“营卫”“阴阳”是相互依存、相互协调，此时卫才能固护于外，营才能安守于内。也就是营卫要和谐，阴阳要协调，要阴平阳秘，腠理方能固密。否则会导致阴弱不能内守，阳弱、阳强都不能卫外而产生汗出的病变。欲知桂枝汤之能调营以和卫、调卫以和营，当先理解：①卫气能开能合，营气有强有弱；②卫受邪风而强，营因汗出而弱；③阴在内阳之守也，阳在外阴之使也；④阳强不能密，卫弱不能合；⑤阴（营）弱不能藏，阴虚者阳必凑之；6、阳强不能密，阴气乃绝。

因太阳所主营卫在人体无病时呈现：“营行脉中、卫行脉外”的正常状态，是相互为用，步调一致的。但在病理状态下，营或卫一方受邪扰或不足，则会导致营卫不和谐，步调不一致。不是营阴不正常，就是卫阳不正常，这两者其中一方有变化，都称营卫不和。

桂枝汤之所有能调和营卫，其制方机理是：方中以桂枝为君，桂枝辛温，辛能发散，温能通阳，又得横散有力的生姜辛温之佐助，则桂枝驱邪之效能即达于全身之表，表邪则尽可解；但桂姜均为辛温之品，当防其热化伤阴，故用芍药酸寒为臣以助君不足，以补偏救弊。利用芍药的收敛，防汗出过多伤阴，且桂甘合用，有辛甘化阳而护阴之能，芍甘同施有酸甘化阴之功。况芍药有“逐血痹，开阴结”的作用。肌表受邪，未有不影响于血脉，用芍药可以助血行流畅。大枣、甘草甘温补中，资助中胃，培养汗源。且服桂枝汤后，大口大口，快速啜热粥以充实谷胃助药力，一则陪汗源，二则补偿汗出的损失。同时甘草甘平，能调和诸药，有安内攘外之力，使辛者不过辛、温者不助热为佐药。还得注意的一点是服药后“温覆取微似汗，漐漐然肌肤有湿润为度，不可令汗出如水淋漓，病必不除”，因此，桂枝汤之能治太阳表虚证，并不是取其发汗的作用，而是在于它具有“调和营卫”的功能。营卫调和能自汗祛邪，肌肤之邪亦随之而解。以下举《伤寒论》95 条、54 条、53 条所述的“营卫不和证”，并结合临床病例以阐述之，以证明其正确性。

《伤寒论》95 条：太阳病，发热汗出者，此为营弱卫强，故使汗出，欲救邪风者，宜桂枝汤。

此条说明由于营弱不能与卫和而所致的营卫不和证。95 条营弱卫和（强）证示意图：

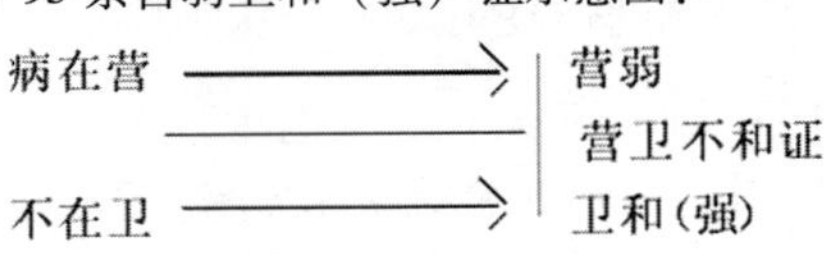

营弱为营阴不足，卫和是卫气正常。相对而言即为“营弱卫和（强）”的“营卫不和证”。以“营弱不能藏”“阳（卫）强不能密”，则为阴不胜阳，“阴虚者阳必凑之”，而阴则不安居于内，故证见“发热汗自出”。正因发热汗出，知此病为营弱卫和（强）的“营卫不和证”。服桂枝汤后，必须啜粥温覆取微似汗，去其强阳以和营，使营卫步调一致而阴阳和谐，发热汗出可愈。

病例 1：某男，65 岁，2003 年 4 月，每次进餐时全身出汗，头面多于躯干，轻微活动亦见出汗。总之汗出较常人多，历时一年多，甚为烦恼，曾经数名医生治疗无效。服过补中益气汤、玉屏风散、牡蛎散等方，均无明显疗效。求治于余，据其脉证诊断为“营弱卫强”的营卫不和证，用桂枝汤原方以治之，遵法连服 4 剂，4 天后痊愈。

病例 2：某男，28 岁。1999 年 10 月感冒后，出现：发热、出汗，历时 2 月不愈。除发热汗出外，不伴恶寒、鼻塞、咳嗽等证，看似症状较轻，但防日久生变。查其舌淡红少苔、脉浮缓，正和《伤寒论》95 条描述“发热汗出者，此为营弱卫强，故使汗出”的桂枝汤证。遂予桂枝汤，因病久正虚加党参 15g。遵桂枝汤服法，1 剂病减，3 剂痊愈，未见复发。

《伤寒论》53 条原文：病常自汗出者，此为营气和，营气和者外不谐，以卫气不共营气和谐故尔。以营行脉中，卫行脉外，复发其汗，使营卫和则愈，宜桂枝汤。

此条说明卫弱不与营和所致“病常自汗出”的营卫不和证。53 条营和卫弱证示意图：

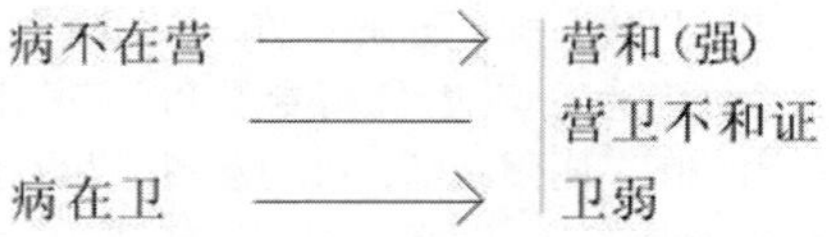

本条“病常自汗出者”，说明此病人“常病自汗出”已不是短时间了。这常病自汗出的原因是“营气和”，即营气无病。汗出为营阴外泄。何言“营气和”，因本条只言“病常自汗出者”，未言发热，可知是卫气不强，是卫外阳虚表不固密，“卫弱不能合”，腠理开，无热常自汗出，就不足为奇了。

从示意图看，本条是卫弱表不固腠理开，故常自汗出的所谓“阳虚自汗”。营和卫弱仍为阴阳不平衡的营卫不和证。故仍用桂枝汤，使营卫和谐，阴平阳秘，“病常自汗出”自愈。

病例3：某男，63岁。2004年11月初诊，患者因发热恶寒身重痛，先服麻黄加术汤，继服九味羌活汤等驱风散寒之剂，3天后症状缓解。但一周后出现汗出、恶风，且延医数人予以治疗，效不明显，甚以为苦。来我处就诊时检鹑前医之方用玉屏风散、当归六黄汤等，服后无效。诊其脉浮大无力，予桂枝汤加人参、黄芪，调和营卫以固表止汗，连服四剂而愈。

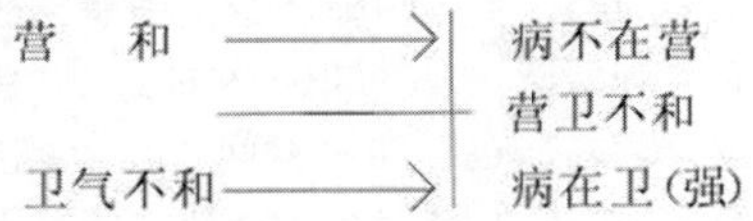

《伤寒论》54条“病人藏无他病，时发热自汗出，而不愈者，此卫气不和也。先其时发汗则愈，宜桂枝汤”。此条说明卫强不与营和所致的“营卫不和证”。54条：卫强营和证示意图

此条是营和卫强证，病在卫（强）不在营，仍为营卫不和证。营和卫强，即等于95条的营弱卫和证。相对的是阴弱，“阴弱者阳必凑之”“营弱不能藏”。故“时发热自汗出者”的营卫不和证。用桂枝汤先于发热自汗出之前服之，挫其发热汗出之势，助正以驱邪，使卫不强以和营。

病例4：某女，40岁。1999年2月，患阵性发热汗出，日2～3次，经2～3月不愈。且热势不甚，体温基本正常，汗出亦不多，自觉无明显伴随症状。前医均考虑阴虚发热，但治疗无效。求治于余。细查此证伴舌质淡，舌苔薄白而润，脉浮缓。正合《伤寒论》54条营和卫强的“营卫不和证”，用桂枝汤原方，遵啜粥温覆取微汗法，1剂病减，2剂痊愈。半年相逢告之未再复发。

结束语：综上所述，桂枝汤能“调和营卫”，有赖于桂枝汤方中五药的精辟配伍，且服药时啜稀粥温覆取微似汗出的方法，故能调营以和卫，调卫以和营，使营卫和谐，阴阳协调，则病自愈。故古圣今贤称桂枝汤为群方之冠。

参考文献

[1] 南京中医学院医经教研组．黄帝内经素问译释［M］．上海：上海科学技术出版社　1958：45.

[2] 南京中医学院．伤寒论教学参考资料［M］．江苏人民出版社，1959：14～16.

［《内蒙古中医药》2012，(1)，82］

桂枝汤和营调卫法之探析

张　敏　纪立金　福建中医药大学

桂枝汤是《伤寒论》的第一方，柯韵伯赞其“为仲景群方之魁，乃滋阴和阳、调和营卫、解肌发汗之总方也”。然而对于桂枝汤的作用机制，教材只是以调和营卫以概之，对如何调和营卫却没有系统而深入的探讨。

一、和营调卫之理

（一）卫病伤营是营卫不和的重要病机

太阳主一身之表，方中行言“太阳者，六经之首，主皮肤而统营卫”，而“统营卫”，就是把太阳的功能，概括为荣、卫的功能[1]，可见太阳的作用是通过分布于肤表的营卫体现出来，太阳受病，营卫亦病。卫气主卫外而属阳，为人身之“蕃篱”，具有“温分肉，充皮肤，肥腠理，司开合”（《灵枢·本藏》）的功能。营在卫之里而属阴，营气能滋养周身、化生血液以及组成津液。

外邪侵犯人体，肤表首先受邪，卫气开阖正常，则能使阳气固密。卫气亢奋与不足均可导致开阖失常。风寒外袭，卫气首当其冲，“风邪中于卫则卫实，实则太过，太过则强”[2]。卫阳被外邪所引而外浮，但开不合，导致卫气病理性亢奋，失去固外之职。营阴虽未受邪，但由于卫开太过，营不内守而外泄。或为卫气素虚，不耐邪侵，使得邪气越卫扰营，卫病伤营，营卫不和而为病。

（二）滋营化卫是和营调卫的前提条件

营卫同源于水谷精微，营属阴，卫属阳，“阳为气，阴为味”（《素问·阴阳应象大论》）。因此营偏于有形之味，卫偏于无形之气。有形之营与无形之卫可相互转化，阴在内　为阳之守也。营为卫

之基，营气可以滋养、化生卫气，卫气需要靠营气不断的支援才能发挥其生理功能。

在卫病营弱的情况下，若直接治卫，由于卫气但开不合，营阴外泄。营阴本不足，越发汗营越弱。营本行脉内，更与卫气不谐，则其气愈内弱，阴主血，汗为血液，阴弱则液易泄，故阴弱者汗自出也[3]。因此桂枝汤的作用核心在营不在卫，滋营化卫当是和营调卫的前提条件。

二、和营调卫之法

（一）调营治卫是辨治思路

卫气亢奋与不足均可伤营，无论泄卫还是补卫，均应以调营为基础。营卫同源而异质，互用互化，“如何泄卫，必须根据营卫气化关系为理论依据，在营弱的情况下泄卫，治在营”[4]，治疗上当调营以治卫。

1. 恢复营气的生理功能　营气是卫气的物质基础，营气不断充养卫气，协助卫气抗邪。外邪侵袭肤表，卫气病理性亢奋，但开不合，营阴外泄而不足，不足则营气活力下降，营弱则无以化生、滋养卫气。若营气不足或活力下降，则营阴失护而不守，或为卫阳浮盛于外，或为卫气不足功能失调而为病。正如《平脉法》云：“营为根卫为叶，营卫俱衰，则根叶枯槁矣”。因此，要恢复营气的生理功能，一则需要补充营气在量上的不足，二则需要调动营气的活力。

2. 促使营气化生卫气　恢复营气生理功能的同时，还应当促营化卫。营中有卫，卫中有营，营卫之间通过脉相互渗透，相互转化。卫入于脉则为营，营出于脉则为卫。行于脉中的营气附丽于血而循行布达周身，卫气慓疾滑利，不受脉道制约，可浮越于脉外，由营气化生而来，因此营气的病变会导致卫气的病变。营气泌津液化血，卫气济泌别汁。营卫之气化必以血、津液为气化基础[5]。营气可以调节脉内津液向脉外运转，使汗出营卫自和而愈。

（二）建中调营是关键环节

气血是人体生命活动的根本，而脾胃为气血生化之源。脾运化水谷，化生营气。《灵枢·营卫生会》云：“营出于中焦”，因此建中调营是和营调卫的关键环节。

1. 营卫一体，以营为基营气与卫气均以水谷精气为物质基础，皆由脾胃运化功能所化生，与自然界清气相合，以血脉为中心，出入脏腑，流布经络。正如《灵枢·营卫生会》曰：“人受气于谷，谷入于胃，以传与肺，五脏六腑，皆以受气，其清者为营，浊者为卫。”营气精专柔和，卫气剽疾滑利，一阴一阳，阴阳相随，外内相贯，相互协调维持正常的生理功能。营行脉中，卫行脉外，相互渗透，相偕而行。营气内守为卫之根，卫气固外为营之护。营卫一体，“营中有卫，卫中有营”[6]，相互资生，可分不可离。

卫为阳，营为阴，卫主气，营主血，血为气之母，阴为阳之基。卫气需要营气的营养、滋润才能发挥其生理功能。营气来源于饮食物经脾胃消化吸收而生成水谷精微，是血液的组成部分。营与血同行脉中，脉为血之府，而脉又“壅遏营气，令无所避”（《灵枢·决气》），营气“泌其津液，注之于脉，化以为血”（《灵枢·邪客》）。可见，营气既可以推动血的

运行，也可以化生血液存于脉中，是脉的物质基础，故常“营血”并称，滋养周身。正因为营行脉中，随十二经脉和任督二脉循行全身，因此只要是脉到的地方，营气就到，就能化生血液、滋养卫气、贯五脏而络六腑。

2. 建中化源，助营化卫《素问·痹论》云：“营者，水谷之精气也。”水谷精微是营气的化源，而水谷精微又由中焦脾胃化生；同时，营气的运行始于手太阴肺经，手太阴肺经始于中焦，故称营出中焦。而“脾藏营”（《灵枢·本神》）、“脾胃……仓廪之本，营之居也”（《素问·六节藏象论》），说明了营不仅为脾所制造化生，并被储存蓄藏于脾脏之中，故脾有“营之居也”之称[7]。脾胃化生的水谷精微是营卫气血的物质基础，因此营气的盛衰与水谷的关系密切。先天之元气、水谷之精气与自然界之清气是化生营卫气血的基础，而先天之元气来自于父母，自然界之清气来自天气，唯有水谷之精气是可以调节的，因而生命以水谷为本。

营气行于脉道之内，由中焦化生而藏于脾；卫气行于皮肤之内，脉道之外，敷布广泛，无所定居。营卫同源于中焦脾胃，化演于上焦心肺。胃乃卫之源，脾乃营之本，营卫和则脾胃自不失其常度耳[8]。脾胃居中央而灌四旁，脾胃功能正常，则营卫化生有源，营卫和谐而玄府通畅。“中焦不治，胃气上冲，脾气不转，胃中为浊，营卫不通，血凝不流”（《辨脉法》），因此，营卫运行不和或气化不和而导致卫病伤营，其本于中焦脾胃化源不足。

三、和营调卫之药

桂枝汤由桂枝、芍药、生姜、大枣、甘草 5 味药组成，是基于脾胃居中央灌四旁的内力，建中化

源，助营化卫，燮理阴阳。

（一）芍药

芍药和营益阴，兼通阳之机，通调血脉，有助营阴和血液的流通。正如《本经逢原》[9]云：“白芍药酸寒敛津液而护营血……故仲景以为补营首药……于桂枝汤中用于护营血使邪不得内犯”。同时合甘草以敛阴和营，养血调中。

（二）桂枝

桂枝助营化卫，宣通卫阳，固卫而善走阴。脾为中土，能化营养卫，通行津液，须用辛甘之药以温中健脾。桂枝之辛佐甘草、大枣之甘同用，可安中益气。桂芍等量相配，“一以汗解其卫邪而卫气和，一以救其营弱而汗液收矣”[10]。二者共奏协调阴阳，和营调卫之功，使营卫自和而驱邪外出。

（三）生姜、大枣、甘草

生姜辛甘化阳，佐桂枝发汗调卫。大枣甘平，助白芍和营。甘草安内兼有调卫之功，通调表里阴阳，调和中气，调和诸药。生姜、大枣合用，振奋脾胃，正如成无已云：“桂枝用姜枣，不特专于发散，以脾主为胃行其津液，姜枣之用，专行脾之津液而和荣卫者也”。三者合用，乃调理脾胃之圣药。

（四）热稀粥

药后啜热稀粥，益胃气以助药力，恢复脾胃运化水谷精微的功能，一使汗液生成有源，二助营化卫，振奋卫阳，通过汗法鼓动阳气，驱邪于外，使得邪去而不伤正。

四、和营调卫之用

桂枝汤的主要药理作用是养营阴之气，作用点在营弱，因此凡太阳病不论外证如何，只要能说明营弱者，就可以用桂枝汤养营化卫[11]。故云桂枝汤“外证得之，解肌和营卫；内证得之，化气调阴阳”。

（一）通阳化气

桂枝汤建中化源，滋营化卫而使人体由里及表的阳气充足。通过促营化卫补充虚损的卫气，祛邪于外，通阳化气，恢复卫气的开阖功能，以通达表里。如《伤寒论》117条，烧针发汗后伤心阳，心阳虚不能制约肾水，加之卫外不固，寒邪内侵而为病，方用桂枝加桂汤。方中加重桂枝的用量，温通心阳，化气制水，壮心阳治肾水而平冲逆。

（二）解肌发汗

《素问·阴阳别论》曰：“阳加于阴谓之汗”。卫阳是汗的动力，营阴是汗的物质基础。只有卫气开阖正常、营阴充足才能透汗于表。二者均根于脾胃居中央灌四旁的内力。桂枝汤借助汗法，振奋卫阳，驱邪于外，改变卫病伤营的病理状态，使得营卫自和汗出而愈。桂枝汤解肌发汗的目的，一则使汗出而驱邪于外，一则畅通三焦，调和阴阳使疾病向愈。

营气附丽于血而行于脉中，随十二经脉及任督二脉运行周身。因此，只要是脉到的地方，营气就到，桂枝汤就能发挥作用，如喉痹、反复感冒、冠心病心绞痛、荨麻疹、失眠等。临床广泛用于内、外、妇、儿等疾患，体现了“异病同治”的辨治思想。

综上，桂枝汤和营调卫的内涵体现在桂枝汤是以治疗营弱为作用点，基于卫病伤营的重要病机，通过建中调营、滋营化卫而达到营卫自和的目的。

参考文献

[1] 李克绍．伤寒解惑论．山东：山东科技出版社，1978：78.

[2] 方有执著．伤寒论条辨．储全根，李董男校注．北京：中国中医药出版社，2009：9.

[3] 李培生，成肇仁．伤寒论·第2版．北京：人民卫生出版社，2006：32.

[4] 纪立金．伤寒析变．北京：中国中医药出版社，2006：84.

[5] 徐培平．营卫及其气化浅论．光明中医，2000，15（3）：1～4.

[6] 喻昌．医门法律．张晓梅　校注．北京：中国中医药出版社，2002：16.

[7] 郑雪君．《内经》“营”之探析．中医文献杂志，1995，2，14～16.

[8] 张秉成．成方便读．南京：江苏科学技术出版社，1990：49.

[9] 张璐．本经逢原．第2版．北京：中国中医药出版社，2007：57.

[10] 钱潢．伤寒朔源集．周宪宾，陈居伟．校注．北京：学苑出版社，2009：27.

[11] 纪立金．伤寒析变．北京：中国中医药出版社，2006：120.

［《中华中医药杂志（原中国医药学报）》2012，27（7）：1745］

桂枝汤及其类方在中医妇科中的应用

傅慧群　浙江省金华市第二中医院妇科

桂枝汤由桂枝、芍药、生姜、大枣、炙甘草5味药组成，用药虽少，但结构严谨。主治营卫不和证。主要表现为：头痛发热，汗出恶风，苔白不渴，脉浮缓或浮弱者。营卫不和通常指体质偏弱之人，或因风寒伤及营卫，以致营主内卫主外的功能失调。殊不知，桂枝汤“立法，从脾胃以达营卫，周行一身。营表里，调阴阳，和气血，通经脉，非攻伐，非补助，而能使窒者通，逆者顺，格者和。是故无论内伤外感，皆可取法以治之，要在因宜制裁……由此权衡变化而推而广之，则全论诸方之法，皆可一意贯之，而治之之法，亦不外乎此矣”（《伤寒本旨》)。方本解肌，不是发汗剂。《伤寒论》中，用桂枝汤解表的条文共21条。若仔细读之，便可省悟到，张仲景用桂枝汤解表时，在服药方法上有特殊的要求：一要“服已须臾，啜热稀粥一升余，以助药力”；二要“温覆令一时许”（适当地加盖衣被，约2小时）。如此而达到“遍身漐漐，微似有汗”之目的。诸如《金匮要略》治柔痉的栝楼桂枝汤、治黄汗的桂枝加黄芪汤等方皆同，这是因为桂枝汤不是发汗剂而是解肌剂。解肌与发汗不同，两者不能混为一谈，这直接关系到如何正确认识桂枝汤。

方中桂枝辛甘而温，透营达卫、解肌散寒为君；芍药酸苦而凉，益阴养血、敛营止汗为臣；两味相合，散邪敛汗，调肌表之营卫。生姜辛温，既助桂枝解肌散邪，又能暖胃止呕为佐；大枣甘平，益气和中，滋脾生津；生姜大枣相合，升腾脾胃之气津而益营助卫，调脾胃之营卫。炙甘草甘温，健脾益气，和中调药，合桂枝、生姜扶卫气，合芍药、大枣助营气，且两调于表里营卫之间。本方虽为“风寒表虚证”之主方，但与专于发汗之方有所不同，因其主治在脾胃，配伍上采用辛散、甘补、酸收合用，有“辛甘化阳”“酸甘化阴”资助营卫、解肌散邪、补益脾胃、调和阴阳等多种功效。与麻黄汤以麻黄为君，伍杏仁之制迥然有别。麻黄汤开泻皮毛而峻汗无补，桂枝汤调和营卫而解肌。李时珍言：“麻黄通彻皮毛，故专于发汗而寒邪散，肺主皮毛，辛走肺也。桂枝透达营卫，故能解肌而风邪去。脾主营，肺主卫，甘走脾，辛走肺也。”李时珍对麻黄桂枝之辨，亦可见麻黄汤发汗与桂枝汤解肌之一斑。

本方可振奋脾胃，《金匮要略·妇人妊娠脉证并治第一》曰：“妇人得平脉，阴脉小弱，其人渴，不能食，无寒热，名妊娠，桂枝汤主之。于法六十日当有此证。”这是用桂枝汤原方来调和脾胃，以治妊娠恶阻的实例。张仲景在文中注明“无寒热名妊娠”6字，以说明本证并没有发热恶寒等表证，而是用桂枝汤治妊娠恶阻。还可通过资助营卫，达到调和表里内外、阴阳上下等多种作用。故桂枝汤广泛应用于妇科病。如月经病、妊娠病、产后病、更年期综合征等。

在《伤寒论》和《金匮要略》中，张仲景取桂枝汤之意而进行加减变化之方，大约26首之多。其中桂枝麻黄各半汤、桂枝二麻黄一汤、桂枝二越婢一汤、柴胡桂枝汤、桂枝加葛根汤、葛根汤、桂枝加黄芪汤、栝楼桂枝汤用以解表；桂枝加桂汤、桂枝加厚朴杏子汤用以补虚降逆气；桂枝去芍药汤、桂枝去芍药加附子汤、桂枝去芍药加蜀漆牡蛎龙骨救逆汤、桂枝加附子汤用以补阳；桂枝加芍药汤、桂枝加大黄汤、当归四逆汤、温经汤用以调血治血；新加汤、桂枝龙骨牡蛎汤、小建中汤、黄芪建中汤、当归建中汤、桂枝黄芪五物汤用以调补阴阳气血；桂枝去桂加茯苓白术汤、桂枝去芍药加麻黄细辛附子汤用以治水气病。由桂枝汤的加减变化之方，体现了桂枝之用，可表可里，可气可血，实为良方。张仲景将其加减变化，所涉甚广，然仍有其规律可循：一是桂枝汤加减变化，关键在于桂枝与芍药之变；二是除用于解表外，凡治里证，终不离温、补之情。《金匮要略·妇人杂证脉证并治》第9条的温经汤（当归、阿胶、川芎、桂枝、芍药、生姜、甘草、人参、吴茱萸、半夏、牡丹皮、麦门冬），以治妇人血虚且瘀所致之崩漏证，亦可看作桂枝汤加用血分药而来。

经过近10年的中医妇科临床实践研究，结合对桂枝汤及其类方的认识，笔者认为桂枝汤对治疗妇科病也同样有着不可小觑的作用，现将笔者粗浅的认识略作表述。

一、月经稀发

患者往往初潮偏迟，肾气不足，阳虚血亏。加之行经冒雨、受寒等则更伤冲任，血为寒凝，经脉不通，故见月经后错稀发，量少色黯，腹痛期短。治宜补肾养血，温经调冲。可用桂枝汤解肌和营卫，化气和阴阳，且能温经散寒；四物汤养血活血调经；菟丝子、仙灵脾、熟地黄暖宫温肾填冲任；加黄芪、桃仁益气活血，以加强行血之力。营卫调，阴阳和，寒散宫暖，血脉通畅，则经水自下。医嘱经前及行经期忌食生冷瓜果、禁洗头，这点很重要。如果不禁忌，则易发生月经不调、痛经、甚至不孕，易患子宫肌瘤、卵巢囊肿等妇科疾病。

二、经行头痛

经行头痛，不外虚实两端。实者多痛于经前或经期，且多呈刺痛或胀痛；虚者多痛于经后或将净之时，其势较缓，或伴头晕。前者多寒多瘀，或肝火上扰；后者多气血不足，或阴虚阳亢。前者寒凝血瘀，络脉不通，不通则痛。治宜温经散寒祛风，化瘀通络止痛。可用桂枝汤合细辛、白芷、吴茱萸祛风散寒温经以止痛，配川芎、当归、牛膝活血祛风以止痛。尤其是川芎一味，“秉升散之性，能上行头目，为治头痛之要药”。用蔓荆子者，一方面其本身有清头目而止痛的作用，另一方可协助芍药、甘草、大枣以监制温辛诸药，以避免辛散太过。诸药共同起协调作用，使气血调和，清窍得养，则痛自止。

三、经行眩晕

虚者居多，所谓“无虚不作眩”。但亦多挟痰挟瘀，故亦有“无痰不作眩”和“无瘀不作眩”之说。《金匮要略》云：“心下有痰饮，胸胁支满，目眩，苓桂术甘汤主之。”“短气有微饮，当从小便去之，苓桂术甘汤主之”。方中党参补气健脾，振奋清阳，配白术、茯苓、甘草为四君子汤，健脾除湿，而布运水津；半夏、干姜化饮降逆温中；泽兰、益母草化瘀利水调经；尤以桂枝一味，温经散寒通阳，最能推动三焦气化流行，既助党参布张阳气，又助苓术化浊散饮，更佐泽兰、益母草利水调经。故阳气升，浊阴降，则眩晕自愈。

四、经行腹痛

大抵出现在经前多为实，得热痛减多为寒，瘀块紫暗、下则痛缓多为瘀。可用当归、芍药、延胡索和血化瘀止痛；桂枝、吴茱萸、细辛、白芷、生姜温经散寒止痛；金铃子散、芍药甘草汤理气缓急止痛。瘀血痛经：月经愆期，经来挟有黑紫血块，腰腿、小腹疼痛等，用桂枝汤合桃红四物汤通阳行气、活血化瘀。

五、妊娠恶阻

头晕，厌食，恶心呕吐等，主要是冲气上逆，胃失和降所致。治疗原则健脾和胃，降逆止呕，一般可用桂枝汤和脾胃调阴阳，亦可用二陈汤、竹茹理气和中，化痰止呕；藿香、苏梗、生姜行气宽胸止呕，又能助桂枝汤散寒解表；诸药合用，营卫调，胃气和，逆气降，则呕吐自止。若证属脾胃虚寒，可合用《金匮》干姜人参半夏丸；若证属胃热，本方不宜

六、妊娠咳喘

妊娠期中，久咳不已，称为“妊娠咳嗽”，或称“子嗽”。一般由痰热上扰，肺失清肃所致。但亦有外感风寒，未能及时疏解，挟痰挟湿，内蕴于肺，肺失肃降而致咳嗽者，临证当辨别之。治疗则以化痰止咳，宣肃肺气为主，但要顾及安胎。可予桂枝汤疏风解表，厚朴、杏仁止咳平喘；僵蚕、蝉蜕、牛蒡子、浙贝母，一方面协桂枝汤解外邪，一方面助厚朴、杏仁止咳喘；白术、藿香、苏梗、苎麻根健脾醒胃安胎。

七、妊娠自汗

患者多素体虚弱，妊娠后更需气血养胎。气虚则卫阳不固，血虚则营阴不守，风邪乘虚而入，致使营卫不调，故形寒微热、汗自出。可予人参、白术、黄芪益气健脾，培后天之本以生血养胎；桂枝汤调和营卫以止汗；玉屏风散益气固表以止汗；砂仁、生姜、藿香、苏梗和胃止呕以安胎。

八、妊娠小便不通

妊娠小便不通（古称转胞），一般出现在妊娠后期。主要是孕妇素体较弱，中气不足之故。胎居母腹，全赖气以载之，若中气不足，气虚下陷，随着胎儿的增大，不能上举其胎，胎重下坠，压迫膀胱，致使气化不行，导致小便不得出。可用人参、白术、黄芪益气健脾，升麻、桔梗助其升举大气；“四苓”利尿；更用桂枝一味，既能助人参、白术、黄芪、升麻、桔梗补气升陷以举胎，又能助“四苓”通阳化气以利水。胎举水利，故诸症除。

九、产后发热

产妇由于分娩时体力消耗及产创出血，产后的生理特点表现为阴血骤虚，阳气易浮，故产后 1 ~ 2d 可出现微热，自汗，恶风等症状。一般不需要治疗。若低热、自汗数日不解，经检查无明显原因时，应考虑产后卫气不和所致。《伤寒论》第 54 条曰：“病人藏无他病，时发热汗出而不愈者，此卫气不和也，先其时发汗则愈，宜桂枝汤。”指出当患者既无阴虚发热，又非阳明腑实，但反复治疗无效，究其原因乃因卫气不和所致。由于卫气具有防御外邪，温养全身，调节控制腠理的开合，促进汗液正常分泌，并使体温维持相对恒定的作用，故当卫气不和，腠理开合失司时，容易出现发热自汗出而屡治不愈。对于产后卫气不和发热的患者，笔者以《伤寒论》第 54 条为辨证治疗的依据，以桂枝汤调和营卫，疏风解表；加用藿香、佩兰、青蒿、黄芩芳香祛湿清热；当归、泽兰养血化瘀止痛；通草清热通乳。营卫调，外邪祛，恶露畅，乳汁通，

故热退而愈。

十、产后关节痛

产后气血虚弱，百脉空虚，百节空虚，风寒之邪乘虚而入，以致脉络阻滞，气血不畅，营卫不和，不能荣养筋脉，故不荣则痛。治当顾及正气，用桂枝汤解肌调和营卫为主；配党参益气以助血行；更加四物汤、益母草、鸡血藤以补血活血，取其“治风先治血，血行风自灭”之理；姜黄、羌活、秦艽疏筋通络；附子、炮姜、细辛温经散寒，遵“勿拘于产后补虚，勿忘于产后多瘀”之训。诸药合用，使气血得复，营卫得和，筋脉得荣，风寒得散，则病愈而症消。

十一、更年期综合征

常自汗出，或阵觉低热、自汗、恶风等，叠用滋阴、助阳、清热、敛汗等法无效，若改用桂枝汤可愈。遵《伤寒论》“……畏风自汗出，桂枝汤主之”的古训，用于治疗更年期自汗症取得了良好的疗效。实践证明，临床应用桂枝汤不必拘泥于外感表证，依“畏风自汗出，桂枝汤主之”的古训，可用于一切自汗症。根据临床辨证，可有所加减，剂量依患者的体质量按比例增减。《伤寒论》中就有桂枝加桂汤、桂枝附子等变方，为后人提供了范例，只要合理使用，必获良效。临证时偶可出现不适反应，主要为胃脘不适，甚则泛泛欲呕。究之原因在于患者胃气亏乏，或虚实兼杂之证用量偏重。酌情减轻剂量，或在饭后服药或温覆“以助药力”以减轻不适反应。标本兼治，善后巩固，也很必要。临床若认证不真，不能把握，当避免滥用。

参考文献

[1] 周小平．桂枝汤证营卫不和病机再认识［J］．光明中医，2006，22（6）：5～6.
[2] 李飞．方剂学［M］．北京：人民卫生出版社，2002：22.
[3] 聂惠民．伤寒论析义［M］．北京：中医古籍出版社，1987：17～34.

［《天津中医药》2012，29（1）：54］

桂枝汤适应症解析

张红霞　毛兴兵
甘肃省临夏州人民医院

桂枝汤是《伤寒论》中的第一首方，被后世誉为仲景众方之冠。桂枝汤是张仲景为伤寒太阳中风证所设的方剂，在阳明病兼有表证、太阴病兼有表证、厥阴病兼有表证、霍乱病兼有表证以及经汗、吐、下等治疗后仍有表证的情况下也多有运用，是和解阴阳、调和营卫的常用方剂，由桂枝、芍药、甘草、生姜、大枣五味药组成，可谓药简力宏。现将桂枝汤证的适用范围分析总结如下，以供同道指正。

一、太阳中风证

“太阳病，发热，汗出，恶风，脉缓者，名为中风（2）。”[1]本条示“太阳中风证”的主要症状，是由外邪侵袭，腠理疏松，邪正交争，卫失外固，营阴外越所致，亦称太阳表虚证，为桂枝汤主证。“太阳中风，阳浮而阴弱，阳浮者，热自发，阴弱者，汗自出，啬啬恶寒，淅淅恶风，翕翕发热，鼻鸣干呕者，桂枝汤主之（12）。”论述桂枝汤证的主症、病机及治法，即风寒外袭，腠理疏松，营卫不和，治当解肌祛风，调和营卫，以桂枝汤主之。“太阳病，发热汗出者，此为荣弱卫强，故使汗出，欲救邪风者，宜桂枝汤（95）。”本条症候虽不典型，但无明显里热之征，不是里证，仍属表证，当解表邪；虽有发热，但口不渴、无热象，非温病可知，症有汗出，亦非伤寒之无汗。究其病机，仍属“荣弱卫强”，故投以桂枝汤解肌祛风、调和营卫。

二、太阳病，无论已治未治，只要症见头痛、发热、汗出、恶风寒者

“太阳病，头痛发热，汗出恶风，桂枝汤主之（13）。”[1]是述方、证对的，不需顾虑，可放胆用之。“太阳病，初服桂枝汤，反烦不解者，先刺风池、风府，却与桂枝汤则愈（24）。”太阳中风证，用桂枝汤乃为正确疗法，今病不但不解，反增烦闷不舒，是因为太阳中风邪气较重，服桂枝汤后正气得药力相助，欲驱邪外出，但力尚不足，正邪交争，邪郁不解所致，当属太阳中风的较重症，治疗之法宜先刺风池、风府，疏通经脉以泄风邪，再服桂枝汤，针药并施，驱邪之力倍增，病可速愈。

三、表证兼里实，先解表者

“太阳病，外证未解，不可下也，下之为逆，欲解外者，宜桂枝汤（44）。”[1]外有太阳病不解，即发热、恶风寒、头痛等症仍在，内有不大便之症。此时虽有不大便，但不甚急，治疗宜先解表后治里，不可颠倒，只宜桂枝汤缓发其汗，以除表邪，不用麻黄汤，恐其峻汗伤津，更增胃燥，故曰：“欲解外者，宜桂枝汤”。

四、表证汗、下后，正气受损，表邪未解者

“太阳病，下之后，其气上冲者，可与桂枝汤，方用前法。若不上冲者，不得与之（15）。”[1]太阳病本当汗解，误用下法，则表邪不解，徒伤里气，所幸患者正气充足，不因误下而邪陷，太阳经气仍有向上向外抗邪之力，邪仍留太阳，未能下陷，故仍当解表，相反，若下后正气受损，邪气内陷，则不当再用发汗解表之法，桂枝“不得与之。”“太阳病，先发汗不解，而复下之，脉浮者不愈。浮为在外，而反下之，故令不愈；今脉浮，故在外。当须解外则愈，宜桂枝汤（45）。”太阳病理应汗解，而一汗不愈，应仔细分析原因，是否汗不如法，或病重药轻，或为病人体质关系，或诊断有误，找出未效的原因，然后确定药方。从“浮为在外，而反下之，故令不愈”看，病仍在表，仍应发汗解表，而医者不解，误用下法，损伤里气，发生变证。所幸虽经攻下，而脉仍见浮，说明病仍在表，仍当汗解，故“今脉浮，故在外。当须解外则愈，宜桂枝汤。”“伤寒，发汗已解，半日许复烦，脉浮数者，可更发汗，宜桂枝汤（57）。”说明太阳伤寒发汗后，余邪未尽，仍宜汗解，但不可峻汗，只需桂枝汤解肌祛风，轻度发汗，使邪去而不伤正。

五、表证兼轻度里虚者

“太阳病，外证未解，脉浮弱者，当以汗解，宜桂枝汤（42）。”[1]“太阳病，外证未解”，说明发热、恶风寒、头痛等表证仍在，从用桂枝汤来看，当属风寒可知，治当辛温解表。若无汗、脉浮紧，当以麻黄汤发汗解表。今见“脉浮弱”，无论其有汗、无汗，均宜桂枝汤。若汗出、脉浮弱，桂枝汤为正用，即使无汗、脉浮弱，提示正气不足，亦不可用麻黄汤峻汗，恐有大汗亡阳之变，只宜桂枝汤解肌祛风。

六、外邪所致的营卫不和者

“病常自汗出者，此为荣气和，荣气和者，外不谐，以卫气不共荣气谐和故尔。以荣行脉中，卫行脉外。复发其汗，荣卫和则愈，宜桂枝汤（53）。”[1]本条冠以“病”字，其范围相当广泛，既包括外感病也包括杂病。患者只有“自汗出”，而无恶寒、头痛、风热等症，则知非为外感，而是杂病。杂病自汗，亦有病在表营卫不和者。营卫不和的主导方面是卫气发生了病理变化，因卫行脉外，敷布于表，司开阖、固外之职。营行脉内，有濡养脏腑及身体各部之功，二者密切配合，共同维持着人体的生理功能，称营卫协调。今卫气病变，失其固密护卫之职，致营不内守，流泄于外，而发自汗之症，营卫不和之机已成，故曰“以卫气不共荣气谐和故尔。”这种营卫不和的自汗，治当用桂枝汤“复发其汗，荣卫和则愈。”“病人脏无他病，时发热自汗出而不愈者，此卫气不和也，先其时发汗则愈，宜桂枝汤（54）。”患者汗出的同时伴见有发热，颇难判断是外感抑或杂病，是否为阴虚发热？或属于阳明燥实？又为何时发热？论中提出了两点：首先是“病人脏无他病”，这就排出了阴虚发热和阳明燥实；其次交代了“而不愈”，一则表明屡医乏效，足见以往治法之不妥，再则表明病程较长。究其病机，实乃“卫气不和”所致，由于卫气司开阖功能发生障碍，阖时阳郁而发热，开时腠疏而汗出，开阖失常，故见时发热而自汗出。治以桂枝汤发汗驱邪、调和营卫。治疗上“先其时发汗则愈”，是指尚未发热汗出之时，提前用药，此时营卫较为平衡稳定，易于调节，服用桂枝汤可加速愈期。

桂枝汤以主药桂枝而命名，方中桂枝辛温，温经通阳，疏风散寒。芍药酸苦微寒，敛阴和营。二者等量相配，一辛一酸，一散一敛，一开一合，于解表中寓敛汗养阴之意，和营中有调卫散邪之功，调和营卫。生姜辛散止呕，助桂枝以调卫；大枣味甘，补中和胃，助芍药以和营；姜、枣合用，亦有调和营卫之功；炙甘草补中气且调和诸药，与桂枝、生姜等辛味药相合，辛甘化阳，可增强温阳之力；与芍药等酸味药相配，酸甘化阴，能增强益阴之功。诸药相伍，不仅能外调营卫，而且内和脾胃，滋阴和阳。临床除主治太阳中风，发热恶风，头项强痛，自汗脉浮缓的风寒表虚证外。还可用于内伤营卫不和，阴阳失调的诸多疾病，只要抓住发病机制是卫外不固，营卫不和者，使用桂枝汤皆有良效。

参考文献

[1] 熊曼琪．伤寒学［M］．北京：中国中医药出版社，2007：15，22，25，27.

［《实用中医内科杂志》2012：16］

桂枝汤属和法之依据

陈锦伦
广州中医药大学第一临床医学院

一、依据:“和”字之本义

“和”是中医传统的常用单音词，《辞源》注释：“‘和’，顺也、谐也、平也”；《谥法》云：“不刚不柔曰和。”；又《中庸》云：“发而皆中节，谓之和。”原义是指喜怒哀乐的情感表现出来而符合法度常理的就叫作和，引申为天下一切事物只要合乎节度便可谓之和。“和”字作为名词时，有和谐、和顺、平和、适中的意思，如“音声相和”（《老子》），“颜色愈和”（《史记·魏公子列传》）；其作为动词时，有调和、调治、调适、和解之义，如“与楚以和”（《史记·屈原贾生列传》）。清·柯韵伯在《伤寒论附翼》评价桂枝汤曰：“仲景群方之魁，滋阴和阳，调和营卫，解肌发汗之总方也。”尤在径在《金匮要略心典》说：“桂枝汤，外证得之，为解肌和营卫，内证得之，为化气调阴阳也。”[1]可见桂枝汤的功用关键在于调和营卫、气血、阴阳、脾胃等，其深刻体现了“和”字的含义。

二、依据二:《内经》对“和”的阐释

《内经》对“和”的含义有五。一是指人体与自然环境的协调，如“和于阴阳，调于四时”（《素问·上古天真论》）；二是人体整体系统的协调，如“血气不和，百病乃变化而生”（《素问·调经论》）；三是饮食起居情绪的协调，如“和喜怒而安居处”（《灵枢·木神》）；四是饮食精微吸收和气化功能的协调，如“味有所藏，以养五气，气和而生”（《素问·六节脏象论》）；五是指治疗原则，如“必先五脏，疏其气，令其调达，而致和平”（《素问·至真要大论》）。此处所言之“和”是指通过调和表里寒热虚实、脏腑气血阴阳的偏盛偏衰，使之归十平复协调的治法。桂枝汤方中，桂枝为君药，解肌发表、外散风寒；白芍为臣，益阴敛营；桂、芍相合，相须为用，有调和营卫之功。生姜辛温，既助桂枝解肌，又能暖胃止呕；大枣甘平，既能补中益气，又能滋脾生津；姜、枣相配，可以生发脾胃之气而调和营卫。炙甘草与桂枝相配，辛甘化阳，与白芍相合，又能酸甘化阴。全方共奏解肌发表，调和阴阳、脏腑、营卫、气血的功效，切实反映出了“和”法的内涵和精髓。

三、依据三

现代药学家对桂枝汤中单味药到复方的药理均作了大量分析与研究，发现本方具有双向调节作用，其双向调节作用是基于营卫不和这一特定病机前提及桂枝汤三对药物配伍的科学性。通过调和营卫、畅通血脉、调理脾胃、复建中气的途径，实现五个方面的双向调节作用。

（一）营卫不和所致体温升高和降低的病理状态

早期研究证实，本方具有解热作用，并存在着剂量——效应和时间——效应之间的关系。[2]认为其降温作用除促进汗腺分泌外，还与镇静作用和体温调节系统有关。研究表明，本方可通过作用于体温调节中枢发热介质前列腺素 E_2（PGE_2）和cAMP、神经递质（NEDA、SHT）、神经降压素（NT）以及第二信使三磷酸肌醇（IP_3）和钙调蛋白（CaM）等，影响下丘脑热休克蛋白（HSP）含量及中枢神经递质5—羟色胺、去甲肾上腺素和多巴胺水平来发挥其双向调节体温的作用。[3]

（二）既能发汗又能止汗

本方能促进大鼠汗腺的分泌，其发汗作用具有维持时间短、起效快的特点。现代药理研究证明，桂枝中的主要成分桂皮醛、桂皮酸钠可使皮肤血管扩张、散热增加，促进发汗[4]；生姜所含挥发油能够兴奋血管运动中枢、呼吸中枢，促进血液循环，有助于发汗[5]。对于以阿托品及安痛定肌注大鼠分别造成其汗腺分泌受抑和亢进的病理模型，应用桂枝汤能分别增加和抑制汗腺分泌。[6]由此可以看出，桂枝汤能根据人体不同的病理状态，起到既可发汗，又能止汗的双向调节作用。

（三）对心脾阳虚所致血压异常

桂枝汤类方常用于治疗心脾阳虚所致血压异常。心阳不振，心脾亏虚，或失血、耗气过多，均能导致低血压，临床上常见于风心病、久泻久痢等慢性疾病的后期或者产后气血两虚。治疗上可选用以桂枝汤为基础的建中汤之类。另因心脾虚衰，中气不足而阴阳不相维系所导致高血压，也可运用桂枝汤加减治疗，通过甘温建中，由阴引阳，由阳引引，恢复阴阳的平衡。

（四）对大肠功能失调所致久泻与便秘

据研究[7]，桂枝汤对胃肠功能运动机能具有双向调节作用，其机制可能与调节中枢下丘脑、血

液、胃肠局部组织血管活性肠肽（VIP）、胃泌素、胃动素、P 物质及生长抑素的含量有关。例如，在中气亏虚、里气失和的病机前提下，桂枝加白芍汤既可治疗脾气不足，运化不利之久痢，又可治疗邪气在表，肺气失宣，腑气不降所致便秘。症虽不同，但脾虚里气不和的病机则一，通过调理脾胃，疏通气机，调动大肠功能的双向调节作用，故能一方两用。

（五）对免疫功能的双向调节作用

研究表明，在桂枝汤的组成药物中，桂枝能抑制嗜异性抗体反应中的补体活性；白芍可提高免疫低下小鼠抗体生成量，促进小鼠腹腔巨噬细胞的吞噬能力[8]；甘草能抑制过敏介质的释放；大枣能抑制反应性抗体产生。卢长安等[9]报道桂枝汤不影响正常小鼠的循环抗体水平和 T、B 淋巴细胞比率，但对偏亢或受抑的动物，有调节使之正常的作用。

四、依据四：张仲景对“和”的阐述

（一）作为症状描述《伤寒论》第 54 条：“病人脏无他病……此卫气不和也……宜桂枝汤。”第 157 条：“伤寒汗出解之后，胃中不和……生姜泻心汤主之。”第 304 条：“少阴病……口中和……附子汤主之。”

（二）作为具体的治法《伤寒论》第 53 条：“病常自汗出者……营卫和则愈。宜桂枝汤。”第 250 条：“太阳病……与小承气汤和之愈。”第 265 条：“伤寒，脉弦细……少阳不可发汗……胃和则愈，胃不和，烦而悸”；《金匮要略·痰饮咳嗽病脉证治第十二》云：“痰饮者，当以温药和之。”其中，第 53 条、265 条原文中的“营卫和”“胃和”虽就生理病理状态而言，但是却间接体现出了调和营卫、调和胃气的治疗方法。从另外一个角度理解，仲景对于“和法”含义的阐释，是指汗剂、下剂、温剂诸方治疗作用较为缓和者而言。

（三）仲景对“和”的原则性论点　一是《金匮要略·脏腑经络先后病脉证》指出：“五脏元真通畅，人既安和。”二是《伤寒论》云：“凡病，若发汗、若吐、若下、若亡血、亡津液、阴阳自和者，必自愈。”由此可见，“和”的关键是恢复人体的自稳、调节机制，使阴阳、气血、脏腑的系统功能平衡协调而维持正常的生理活动。

五、依据五：尤在泾与蒲辅周对“和”法的理解

尤在泾·《医学心悟》云：“清而和者，有温而和者。有消而和者，有而和者，有燥而和者，有闷而和者。有兼表而和者，有兼攻而和者。和之义则一，而和之变化无穷焉。”当代名医蒲辅周说：“和解之法，具有缓和疏解之意。使表里寒热虚实的复杂证候，脏腑阴阳气血的偏盛偏衰，归于平复。寒热并用，补泻合剂，表里双解，苦辛分消，调和气血，皆谓和解”。这都说明和解之法是调和之法，是指一切能通过调和的作用，使表里、营卫、阴阳、脏腑间的失调不和，重新归于和谐协调、阴平阳秘这一目的的治法。

六、讨论

和法，有狭义和广义的区别。狭义之“和法”是仅指和解少阳而言，主要用于治疗少阳病症；广义之“和法”是指运用寒凉、温热、辛散、补益等不同功效的药物配合使用，以达到疏通表里，和解寒热，调理脏腑、气血、阴阳、营卫等作用的治法，其在中医方法论上，有相应、配合、互补互济、对立统一等方面的意义。“和”既是治法，同时也是目的。桂枝汤是《伤寒论》的首方，方由桂枝、白芍、生姜、大枣、炙甘草组成。5 味药可以分为两组，桂枝、炙甘草为温通阳气的一组药；白芍、炙甘草为滋阴养血的一组药；配以生姜、大枣共达调和营卫、气血、阴阳之效。桂枝汤药味精练，结构严谨，内涵丰富，疗效广泛，堪称“和”法经典之作。

参考文献

[1] 陈纪藩．金匮要略［M］．北京：人民卫生出版社，2000：654.

[2] 李沛清，吴红彦，席时燕．谈桂枝汤的双向调节［R］．甘肃中医学院学报，2001，18（1）：45～47.

[3] 腾晶．桂枝汤双向调节作用药理研究及临床应用概况［R］．山东中医药大学学报，2004，28（5）：394～397.

[4] 赵建一．桂枝的药理研究及临床新用［J］．光明中医，2010，25（8）：1546.

[5] 胡锡琴，韩晓凤．姜不同制品的药理及临床配伍应用［J］．陕西中医函授，1996（2）：30.

[6] 富杭育，贺玉琢，周爱香，等．桂枝汤功能的药理研究［J］．中医杂志，1990，31（12）：41.

[7] 殷越，刘威．桂枝汤双向调节作用的研究（二）［R］．中医药信息，2009，26（6）：67～68.

[8] 魏文树，汪又琦，王玉山，等．白芍总甙对免疫应答的调节作用［J］．中国药理学通报，1987，3（3）：148.

[9] 卢长安，富杭育，田甲丽，等．桂枝汤的药理学研究六．对免疫功能的双向调节作用［J］．中药药理与

临床，1990，6（1）：2.

［《光明中医》2012，27（7）：1456］

桂枝汤药物规律性组合及其类方系统结合病机理论探讨“证”内涵（一）

郭文娟　山西中医学院
烟建华　北京中医药大学

当前，中医基础理论研究的首要任务，是通过内涵建设，促进中医基础理论总体学术水平的提高[1]。“证”内涵则是中医理论研究的重点之一。

张仲景在《伤寒杂病论》中将理、法、方、药一脉贯通，体现了辨证论治思想。二三个或多个药物固定组合起来，完成固定的任务，即调节最小的功能失调单元，因其具有规律性，称规律性组合，也称药物组合[2]。组合的研究可首先从分析文献的方法起步。为减少偏差，规律性组合的发现应该由分析经方中多首同类方的组成而来，亦即其组合必须具备在多首不同的具体方剂中都有稳定的重复出现的性质。有共性的用药，说明其主治病证中有着共性的病机属性与相同（相似）的证候表现[2]。“证”是对病机的高度概括[3]。

数据挖掘要实现的一个重要目标就是寻找关联规则。桂枝汤为“群方之冠”，有“外证得之，解肌调营卫；内证得之，化气调阴阳”的作用，我们统计发现，在《伤寒杂病论》中桂枝汤的药物规律性组合构成的方剂，涉及大部分篇章，故用文献和数据挖掘的方法，从桂枝汤的药物规律性组合构成的方剂与其证机的相关性来探讨“证”概念的内涵。

一、研究方法

（一）数据来源

《伤寒论》《金匮要略》中的含有桂枝汤药物规律性组合的原文及方剂系统。重点选择对后世影响深远、学术价值高、切合实际的历代伤寒注家、金匮注家的论著分析。

（二）数据选取

桂枝汤中2味药组合到5味药组合及与其他药物形成的方剂系统。

（1）方剂入选标准：对以上方剂，根据注家解释进行分析，凡把以上药物组合的意义放在一起进行论述的，为入选标准，否则为剔除对象。

（2）数据整理：只有规范的数据才能被计算机识别。药物规范参考2005年《中药大辞典》；组合剂量规范采用仲景书中剂量比进行；病机规范和药物组合功效规范立足于原著。然后在数据规范的基础上建立相应的数据库。处理后的数据库保留“药物组合、剂量比、病机、功效”的格式，而这四个方面的数据有着密切的相互制约关系。运用关联规则，进行统计运算和项目关联，得出数据处理结果。

二、桂枝汤中所含的药物规律性组合与其病机、功效

（一）桂枝汤原文

太阳中风，阳浮而阴弱。阳浮者，热自发；阴弱者，汗自出。啬啬恶寒，淅淅恶风，翕翕发热，鼻鸣干呕者，桂枝汤主之（12）。

太阳病，头痛，发热，汗出，恶风，桂枝汤主之（13）。

药物组成：桂枝（三两，去皮），芍药（三两），甘草（二两，炙），生姜（三两），大枣（十二枚，擘）。

在《伤寒杂病论》中桂枝汤还应用于以下几种情况：太阳病，发热汗出者，荣弱卫强者（《伤寒论》第95条）。

太阳病治不得法后，营卫不和或正气已伤者（《伤寒论》第15、24、25、42、45、57条）。

表邪不解，营卫不和，兼里虚寒者（《伤寒论》第91、372、276、387条，亦见于《金匮要略》呕吐哕下利病脉证治第十七第36条）。

表里同病，属营卫不和，兼里实热证（《伤寒论》第44、56、240、164、234条）。

营卫不和，内伤杂病汗出异常者（《伤寒论》第53、54条）。

妊娠恶阻，阴阳失和，脾胃失调或产后气血不足，营卫皆虚者（《金匮要略》妇人妊娠病脉证并治第二十第1条、妇人产后病脉证治第二十一第8条）。

通过以上条文可以看出，桂枝汤用于治疗属于营卫不和为病机的外感病汗出恶风寒，头痛发热，鼻鸣干呕；误下之后气上冲；烦不解；身疼痛等；杂病自汗出，脉浮数或浮虚、浮弱。不论是太阳病，阳明病，太阴病或是产后气血虚损，霍乱吐利之后符合脾胃受损，营卫不和的病机，均可用桂枝汤，五药组合，具有调和营卫气血，益脾胃，和阴阳之功。

（二）桂枝汤证机、功效选注

（1）桂枝汤证机选注《注解伤寒论》曰：“阳

以候卫，阴以候营。阳脉浮者，惟中风也；阴脉弱者，营气弱也。风并于卫，则卫实而营虚，故发热汗自出也。经曰：太阳病，发热汗出者，此为营弱卫强者是也。啬啬者，不足也，恶寒之貌也。淅淅者，洒淅也，恶风之貌也。卫虚则恶风，营虚则恶寒，营弱卫强，恶寒复恶风者，以自汗出，则皮肤缓，腠理疏，是亦恶风也。与桂枝汤和营卫而散风邪也。”

《伤寒贯珠集》曰：“太阳中风者，阳受风气而未及乎阴也，故其脉阳浮而阴弱，阳浮者，不待闭郁而热自发，阴弱者，不必攻发而汗自出。所以然者，风为阳邪而上行，卫为阳气而主外，以阳从阳，其气必浮，故热自发；阳得风而自强，阴无邪而反弱，以弱从强，其气必馁，故汗自出。啬啬恶寒，淅淅恶风，肌腠疏缓，卫气不谐，虽无寒苦不能御，虽无风而常觉洒淅也。翕，越也，动也，盛也，言其热时动而盛，不似伤寒之一热至极也。鼻鸣干呕，不特风气上壅，亦邪气暴加，里气上争之象。是宜桂枝汤助正以逐邪，抑攘外以安内也。”

综合以上注家，本方病机为风邪外袭，卫阳不固，营阴外泄。《灵枢·营卫生会》云：“外伤于风，内开腠理，毛蒸理泄，卫气走之，此气慓悍滑疾，见开而出，名曰漏泄。”卫属于阳，营属于阴，卫行脉外，营行脉中，卫主固外，营主内守。没有卫气的外固，营阴就不能安居于内，势必渗泄；没有营气的内守，卫气即无所依而散越。当体表受到风邪的侵袭，卫阳必然浮盛于外，因而呈现为发热，这是卫强的缘故。另一方面，卫因风邪而强，则腠理疏而不密，营气失去外卫，因而汗出，汗是营气所化，汗出则营阴外泄，自然相对的不足，这是营弱的原因。因此，治疗首先应驱散风邪，桂枝汤助卫益营，解肌驱风。

（2）桂枝汤功效选注　成无己《伤寒明理论》曰：“盖发散风邪，必以辛为主，故桂枝所以为君也。芍药味苦酸微寒，甘草味甘平，二物用以为臣佐者，《内经》所谓风淫所胜，平以辛，佐以苦甘，以甘缓之，以酸收之。是以芍药为臣，而甘草为佐也。生姜味辛温，大枣味甘温，二物为使者，《内经》所谓风淫于内，以甘缓之，以辛散之，是以生姜大枣为使者也。姜枣味辛甘，固能发散，而此又不特专于发散之用。以脾主为胃行其津液，姜枣之用，专行脾之津液而和荣卫者。”

尤在泾《伤寒贯珠集》：“此方用桂枝发散邪气，即以芍药摄养津气，炙甘草合桂枝之辛，足以攘外，合芍药之酸，足以安内。生姜、大枣，甘辛相合，补益营卫，亦助正气去邪气之用也。”

陈念祖《伤寒真方歌括》：“桂草辛甘化阳，助太阳融会肌气，芍草苦甘养阴，启少阴奠安荣血，姜佐桂枝行阳，枣佐芍药行阴，此方本不发汗，藉热粥之力，充胃气以达于肺，令风邪从皮毛而解，不伤气血，为诸方之冠。”

陈蔚《长沙方歌括》：“桂枝辛温，阳也，芍药苦平，阴也。桂枝又得生姜之辛，同气相求，可恃之以调周身之阳气。芍药而得大枣、甘草之甘，苦甘合化，可恃之以滋周身之阴液，师取大补阴阳之品，养其汗源，为胜邪之本，又啜粥以助之，取水谷之津以为汗，汗后毫不受伤，所谓立身于不败之地，以图完全也。”

章楠《伤寒论本旨》：“……夫药之功用，全在气味，辛甘化阳，酸甘化阴，必由脾胃生化，上归于肺，达于周身，故脾胃为营卫之本，营卫为脾胃之标，凡治营卫之病，必从脾胃立法也。此方姜桂之辛配甘枣之甘以化阳，芍药之酸，配甘枣之甘以化阴，阳走表而入胃，阴走里而入营，阳胜则阴从阳，阴盛则阳从阴，阴主收摄，阳主疏通，以其姜桂之辛多，芍药之酸少，则阳胜于阴，阴从阳而疏通者也。”

沈明宗《伤寒六经辨证治法》：“桂枝行阳化气，芍药收阴敛汗，姜枣得桂，则宣和营卫，得甘草补中而散邪。然药味俱是一阴一阳，相合成方，调和营卫，俾微汗出而肌表自解，与麻黄汤开鬼门驱寒迥殊。”

吴谦《医宗金鉴》：“以桂芍之相须，姜枣之相得，借甘草之调和，阳表阴里，气卫血营，并行而不悖，是刚柔相济以相和也。”

三、桂枝汤中所含有的药物规律性组合及其证机、功效相关性

从以上对桂枝汤的选注中，得出桂枝汤中含有以下药物规律性组合。

2味药规律性组合：桂枝芍药组合、桂枝甘草组合、芍药甘草组合、桂枝生姜组合、生姜大枣组合5种组合。

3味药规律性组合：桂枝芍药甘草组合、桂枝生姜大枣组合、芍药甘草大枣组合。

4味药规律性组合有：桂枝生姜甘草大枣组合。

现将上述药物规律性组合在桂枝汤中的功效与病机关联性分别表述见表1～3。

表1　桂枝汤2味药规律性组合、量比、病机、功效关联

组合（比例）	病机	功效
桂枝芍药（1：1）	风邪外袭，卫强营弱	发散风邪，调和营卫
桂枝甘草（3：2）	风邪外袭，阳气郁遏于肌表	辛甘化阳，通阳祛风
芍药甘草（3：2）	风邪外袭，营阴外泄	酸甘化阴，养阴和营
桂枝生姜（1：1）	风邪外袭，卫气失和	疏通阳气，以调卫气
生姜大枣（3/12枚）	风邪外袭，营卫不和	升腾脾胃之气，调和营卫

表2　桂枝汤3味药规律性组合、量比、病机、功效关联

组合（比例）	病机	功效
桂枝芍药甘草（3：3：2）	风邪外袭，营卫不和	解肌祛风，和营卫，调阴阳
桂枝生姜大枣（1：1/12枚）	风邪外袭，营卫不和	通阳祛风，宣和营卫
芍药甘草大枣（3：2/12枚）	风邪外袭，营阴外泄	酸甘化阴，养阴和营

表3　桂枝汤4味药规律性组合、量比、病机、功效关联

组合（比例）	病机	功效
桂枝生姜甘草大枣（3：3：2/12枚）	风邪外袭，卫阳趋表，营卫不和	疏通阳气，调和营卫

四、桂枝汤类方与其证机相关性

桂枝汤因药味不变而用量改变、药味变化而用量不变或者药味、用量均变化，使得整个方剂结构以及证治呈现一定的规律性。这便是桂枝汤类方与其证机的关联。

（一）桂枝汤原方量变之类方与其证机相关性

在《伤寒杂病论》中，有些桂枝汤类方是在桂枝汤原方中某药加量而形成，使得药物组合比例发生变化，功效随之而变，变化是以病机变化为主线的。有：桂枝加桂汤、桂枝加芍药汤。

表4　桂枝汤原方量变之类方与其病机、功效关联

桂枝汤原味类方（比例）	病机	药物组合功效
桂枝加桂汤 5：3：3：2：12枚	汗后伤心阳， 肾之寒邪乘机上冲	温通心阳，平冲 降逆，和营卫
桂枝加芍药汤 3：6：3：2：12枚	误下伤脾，气血不 和而脾络瘀滞	缓急止痛、 温通脾络

从上表中可以看出：在桂枝汤药物组成不变的情况下增加桂枝用量，其病机由风邪外袭，营卫不和的太阳表虚证变到表证误汗伤阳所致心阳虚，肾水寒邪上冲的“奔豚证”，在调和营卫基础上，加桂枝2两，桂枝：甘草为5：2，辛甘化阳，温通心肾平冲降逆之力得以加强。病机为太阳病误下所致的脾络郁滞之腹痛证，加芍药3两，芍药倍用，《本草经》云：“芍药主邪气腹痛，除血痹。”芍药：甘草为3：1，柔肝缓急、通络止痛之力得以加强，本方具有缓急止痛、除痹通络、温阳散寒的功效。

（二）桂枝汤原方加味之类方与其证机相关性

在《伤寒杂病论》中，桂枝汤原方用量不变，药味增加的类方有：桂枝加附子汤、桂枝加厚朴杏子汤、栝楼桂枝汤、桂枝加龙骨牡蛎汤、乌头桂枝汤、桂枝加黄芪汤6个方。

表5　桂枝汤原方加味之类方与其病机、功效关联

桂枝汤加味类方	病机	药物组合功效
桂枝加附子汤	过汗致阳虚漏汗，表证不解	调和营卫，温经复阳，固表止汗
桂枝加厚朴杏子汤	新感引发宿喘或误治，肺气上逆	调和营卫，降气平喘
栝楼桂枝汤	津液不足，复感风邪，营卫不和，筋脉失养	清热生津，滋养筋脉，调和营卫
桂枝加龙骨牡蛎汤	精亏血少，阴阳两虚	调和阴阳，安肾宁心
乌头桂枝汤	阴寒内盛，营卫不和	祛寒止痛，调和营卫散表寒
桂枝加黄芪汤	湿盛阳郁，阻遏营卫	益气除湿固表，调和营卫

以上桂枝汤类方中均有桂枝汤原方，其基本病机均涉及营卫不和和（或）阴阳失调，具体因其他的功能单元失调关系不同而出现不同的临床表现，仲景审机施治，将桂枝汤药物规律性组合灵活加味化裁，如在桂枝汤中加栝楼根二两，名栝楼桂枝汤，不仅方名改变，而且治法也变，从《伤寒论》第一方，变为《金匮要略》第一方，方药一味之差，证治迥异。由此可见药物组合后发生的关系与其证机密切相关性，药物之间发生复杂的作用关系，以调节新的功能失调单元关系的变化，不但可以治表证，又可治疗表里同病，而且还可治疗内伤杂病，从而扩大了桂枝汤的应用范围。

（三）桂枝汤原方量变及加味之类方与其证机相关性

桂枝汤原方用量变化，同时加味，药物组合作用发生变化，针对的证机不同，随之桂枝汤类方的适应证变化。这样的桂枝汤类方在《伤寒杂病论》中有：桂枝加葛根汤、葛根汤、葛根加半夏汤、桂枝新加汤、桂枝加大黄汤、小建中汤、内补当归建中汤、黄芪建中汤、当归四逆加吴茱萸生姜汤。

表6　桂枝汤原方量变及加味之类方

类方名（剂量为两）	桂枝	芍药	生姜	甘草	大枣	人参	大黄	饴糖	葛根	麻黄	半夏	当归	黄芪	通草	细辛
桂枝新加汤	3	4	4	2	12枚	3									
桂枝加大黄汤	3	6	3	2	12枚		2								
桂枝加葛根汤	2	2	3	2	12枚				4						
葛根汤	2	2	3	2	12枚				4	3					
葛根加半夏汤	2	2	3	2	12枚				4	3	半升				
小建中汤	3	6	3	2	12枚			1升							
内补当归建中汤	3	6	3	2	12枚							4			
黄芪建中汤	3	6	3	2	12枚								1.5		
当归四逆加吴茱萸生姜汤	3	3	8	2	25枚							3		2	3

表 7　桂枝汤原方量变及加味之类方与其病机、功效关联

桂枝汤加味类方	病机	药物组合功效
桂枝新加汤	汗后气阴两伤，营卫不和	益气养阴补血，和营通脉止痛
桂枝加大黄汤	脾络瘀滞过重，腐秽积滞于肠	缓急止痛，通络导滞
桂枝加葛根汤	太阳中风兼太阳经输不利	解肌祛风，升津舒经
葛根汤	伤寒表实证兼太阳经气不输或表寒不解下趋大肠；外邪阻滞太阳阳明，营卫三焦气机不畅	发汗解表，升津舒经或升阳止痢
葛根加半夏汤	风寒之邪内迫阳明，胃气上逆	发汗解表，和胃降逆止呕
小建中汤	中气虚弱，营卫失调，阴阳两虚	温中补虚缓急，和营卫调阴阳
内补当归建中汤	产后气血亏虚，脾胃虚弱	建中温补气血，散寒止痛
黄芪建中汤	气血阴阳俱虚损更甚	补中益气，调补阴阳
当归四逆加吴茱萸生姜汤	血虚寒凝兼肝胃虚寒已久	养血通脉，温散久寒

以上桂枝汤类方其病机可分为两大组，其一，营卫不和兼经气不舒或邪犯阳明。其二，突出的表现为气血亏虚或阴阳两虚或血虚寒凝，营卫不和。前者桂枝汤加疏通经气，升津舒经之药，就可调节营卫不和及经气不舒的功能失调关系。如桂枝加葛根汤与葛根汤、葛根加半夏汤，以上 3 方均用到葛根为主药，葛根性味甘辛微凉，一药三能：有出表解肌退热之功，常与解表剂发挥协同效应；通经脉有治项背拘急之能，升津液，舒经脉，以疗项背拘；能入脾胃，升发清阳而止泻痢。葛根在方中发挥哪种功效是由病机决定的，与其他药物组合后相互作用共同产生的。后者因为气血阴阳营卫皆来源于中焦脾胃，更突显出桂枝汤的温健脾胃，调和阴阳、营卫气血之功，加一些补中益气，温阳养血之药，则中焦健运，阴阳营卫气血功能失调关系就得以调理。以上内容说明病机变化，不同的功能关系失调单元重组，以药物组合的量、味变化之整体效应去调节新的功能失调关系以适应其证机变化。由此可见，中药和方剂的本质特征，是在中医基本理论的指导下，为辨证论治服务，通过功能性调理产生对“证”的治疗效应来认识和论定其功效，即“因证论效”[4]。

（四）以合方形式存在的桂枝汤类方与其证机相关性

当病机复杂，非单一方剂能解决问题时，仲景依据病机特点创立了合方。《伤寒论》中有桂枝麻黄各半汤、桂枝二麻黄一汤、桂枝二越婢一汤、柴胡桂枝汤等合方。

表 8　桂枝汤合方之类方与其病机、功效关联表

桂枝汤合方	病机	功效
桂枝麻黄各半汤	太阳病正气略虚、邪微郁表	调和营卫、疏表达邪
桂枝二麻黄一汤	太阳病正虚邪微更轻	调和营卫、疏表达邪
桂枝二越婢一汤	太阳病外有小邪闭表，内有微热郁生	调和营卫，发越郁热
柴胡桂枝汤	太少并病，表邪未解，邪入少阳	和解少阳，调和营卫

桂枝汤合方在伤寒论中，均以桂枝汤为基础，基本病机为太阳病日久未解，营卫不和，兼有邪郁较轻或邪入少阳。前3个合方，均属桂枝汤证之变局，故三方皆以桂枝汤为基础，其机理如尤在泾所说："桂枝汤不特散邪气，亦能补助正气，以其方甘酸辛合用，具生阳化阴之妙。与麻黄合剂，则能尽麻黄之力而并去其悍。与石膏同用，则能资石膏之益而不扰乎权。是虽麻石并行，而实以桂枝为主。盖非滋养营卫，则无以为发汗散邪之地耳。凡正气不足，邪气亦微，而仍须得汗而解者，宜于此三方取则焉。"当病机为太少并病，表邪未解，邪入少阳时，由小柴胡汤和桂枝汤合方形成柴胡桂枝汤，既能和解少阳，又可调和营卫。

合方中每个方相当于一个大的药物规律性组合，病机不同，仅取所用方的用量比例不同，就证治攸分，足见合方组合之严谨，实寓遣药组方中之量效与构效原理，体现了方药组合与病机密切相关性。合方的功效决非两首或两首以上相合方剂功效简单的相加，其间必有协同、拮抗、新药效的产生，必然产生犹如中药配伍后出现的类"七情"关系[5]。正是这些关系使得合方功效能更加适应病证变化的需要。

以上4种桂枝汤药物规律性组合的类方情况均表明：桂枝汤类方病机变化，不同的功能失调单元关系进行重组，以药物组合的量变和（或）味变组合之整体效应去调节新的功能单元失调的关系，从而扩大了桂枝汤的证治范围。体现了方药与证是一脉相承的，即通过因证论效、整体取效、组织调理、恒动化裁共同作用来实现对证的调理关系[6]。

（未完待续）

参考文献

[1] 潘桂娟．关于中医基础理论研究的若干思考［J］．中国中医基础医学杂志，1998，4（10）：3～5.

[2] 郭文娟，烟建华．药物组合结合病机理论探索证内涵的新思路［J］．北京中医药大学学报，2009，32（6）：374～375.

[3] 王洪图．内经［M］．北京：人民卫生出版社，2000.

[4] 郭文娟，烟建华．从《内经》对"证"内涵的认识看方药与证的关系［J］．中华中医药学刊，2008，26（10）：2252～2253.

[5] 贾春华，庞宗然，魏晓芬，等．桂麻合方发汗作用的实验研究［J］．中国中医基础医学杂志，2004，10（12）：19～21.

[6] 郭文娟，烟建华．基于《内经》对"证"内涵的认识解读方药与证的关系［J］．北京中医药大学学报，2008，31（8）：519～521.

［《中华中医药学刊》2012，30（5）：1039］

桂枝在《伤寒论》中运用刍议

高连印　张秋云　耿建国

首都医科大学中医药学院

桂枝为樟科植物肉桂的干燥嫩枝，多产于广西、广东等地，其味辛甘，其性温，归心、肺、膀胱经。《伤寒论》载方112首，其中药物使用次数最多的是甘草68方，其次即为桂枝达43方，可见桂枝的使用范围十分广泛，而且其功效随配伍的不同，也有一定区别及变化。正如邹润安《本经疏注》[1]所云："用桂枝之道有六：曰和营、曰通阳、曰利水、曰下气、曰行瘀、曰补中。"仲景用桂枝既治疗外感表证，又治疗内伤杂病，现就《伤寒论》中桂枝运用特点浅析如下。

一、桂枝配伍及其功效

（一）桂枝配麻黄，解表发汗

《伤寒论》第35条："太阳病，头痛发热，身痛腰痛，骨节疼痛，恶风，无汗而喘者，麻黄汤主之。"本方中麻黄宣散开肌腠，为发汗之峻药，桂枝温通调营卫，二药相须为用，使发汗解肌散寒之力更强；同时桂枝之甘可缓麻黄发汗之猛。桂枝配麻黄，一发卫气之郁以开腠理，一透营分之郁以行营滞，发汗解表，祛除外邪，主治卫郁营滞之风寒表实证。其他如治风寒表实兼内热烦躁之大青龙汤、风寒表实兼水饮内停之小青龙汤、太阳表郁证的桂枝二麻黄一汤、桂枝麻黄各半汤、桂枝二越婢一汤，亦取此意。

（二）桂枝配芍药，和营温经平冲

《伤寒论》第12条："太阳中风，阳浮而阴弱，阳浮者热自发，阴弱者汗自出，啬啬恶寒，淅淅恶风，翕翕发热，鼻鸣干呕者，桂枝汤主之。"桂枝汤不仅能够治疗因感受外邪所致的营卫不和的太阳中风证，对于机体自身的阴阳失去平衡，营卫不能协调所致的自汗，也有较好疗效。方中桂枝与芍药等量配伍，桂枝辛、甘、温，温经通阳，疏散风寒；芍药酸苦、微寒，敛阴和营。两药配伍，一辛一酸，一散一敛，一开一合，解表中寓敛汗养阴之意，和营中有调卫散邪之功。发中有补，散中有收，使辛散而不伤阴，酸敛而不碍邪[2]，营卫和则汗自出，肌腠之邪亦随之而解。此外，桂枝加厚朴

杏子汤亦用桂、芍解肌祛风，调和营卫。《伤寒论》第279条：“本太阳病，医反下之，因而腹满时痛者，属太阴也，桂枝加芍药汤主之……”方中重用芍药，则桂枝走表之功尽去而重在温通阳气，芍药则以益阴柔肝，活血和络取胜，如此配伍共奏温阳散寒，柔肝缓急，益阴和络之功，用于治疗脾络不和之腹满时痛；小建中汤治疗肝旺脾弱之虚劳里急腹痛，方中芍倍于桂，亦取此意。《伤寒论》第117条：“烧针令其汗，针处被寒，核起而赤者，必发奔豚。气从少腹上冲心者，灸其核上各一壮，与桂枝加桂汤更加桂二两也。”本方是《伤寒论》中桂枝用量最大的方剂，以藉其辛散温通之性，温少阴寒水之脏，促使阴寒之气下降，寒水则无以上逆。取其温阳平冲降逆之功，伍芍药酸甘化阴，共收调和阴阳、平冲降逆之效，用治心阳虚致发奔豚。

（三）桂枝配柴胡，太少双解

《伤寒论》第146条：“伤寒六七日，发热微恶寒，支节烦痛，微呕，心下支结，外证未去者，柴胡桂枝汤主之。”本方中桂枝辛散走表为太阳经圣药，柴胡亦辛散发表为少阳圣药经，桂枝性温，柴胡性凉，桂枝配柴胡，寒热并用，双解太阳、少阳两经。和中有散，散中有和，故常用于治疗太阳、少阳同病者。其他如柴胡桂枝干姜汤。

（四）桂枝配炙甘草，温通心阳

《伤寒论》第64条：“发汗过多，其人叉手自冒心，心下悸，欲得按者，桂枝甘草汤主之。”本方中桂枝色赤入心，温通心阳，甘草味甘，补益心气，二者合用，辛甘化阳，温通心阳，补益心气，制动悸，用于治疗过汗损伤心阳之证。

（五）桂枝配附子，固表通络止痛

《伤寒论》第20条：“太阳病，发汗，遂漏不止，其人恶风，小便难，四肢微急，难以屈伸者，桂枝加附子汤主之。”方中桂枝辛散祛风，温经通脉，解肌散在表之风寒；附子大辛大热，秉性纯阳，温经扶阳，散寒凝而止痛，助卫阳而固表，补阳祛深伏于里之寒邪。二者合用能增强温通经脉、散寒止痛作用，用于治疗阳虚漏汗证。二者合用也能治疗外感风寒湿邪的周身骨节疼痛，方如桂枝去芍药加附子汤、甘草附子汤。

（六）桂枝配当归，温经散寒

《伤寒论》第351条：“手足厥寒，脉细欲绝者，当归四逆汤主之。”方中桂枝辛甘温，散寒通脉，当归辛甘温，养血补血，二药相须使用，全方以温为主，以通为要，立足养血，有利血脉以散寒邪之功，调营卫以通阳气之效，用于治疗血虚感寒，寒凝经脉之血虚寒厥证。若其人内有久寒则选用当归四逆加吴茱萸生姜汤。

（七）桂枝配茯苓，助气化蠲痰饮

《伤寒论》第51条：“太阳病，发汗后，大汗出，胃中干，烦躁不得眠，欲得饮水者，少少欲饮之，令胃气和则愈。若脉浮，小便不利，微热消渴者，五苓散主之。”方中茯苓淡渗利水驱湿，甘平补脾益胃；桂枝辛温透达，温阳化气，平冲降逆，土强自可制水，阳健则能御阴，二者相伍则温阳利水，兼散表邪，表里同治，主治太阳蓄水证。桂枝配茯苓还可温胃散水，治疗水饮内停，胃阳被阻之证，方如茯苓甘草汤[3]。《金匮要略心典》曰：“桂枝得茯苓则不发表而反行水。”从这个目的看，桂枝与茯苓相须相使，缺一不可。有桂枝无茯苓，则不能利水渗湿以助气化，有茯苓无桂枝则难以通阳化气以行津液。二者相伍，中阳得运，脾健湿除，是通阳利水的绝佳配伍，后世的反复实践也充分说明了这一点[4]。

（八）桂枝配桃仁、大黄，通经活血

《伤寒论》第106条：“太阳病不解，热结膀胱，其人如狂，血自下，下者愈。其外不解者，尚未可攻，当先解其外，外解已，但少腹急结者，乃可攻之，宜桃核承气汤。”本方以桃仁为君，桃仁活血化瘀、大黄破瘀泄热；桂枝辛温，通行血脉，助桃仁活血行瘀，配于寒凉破泄方中，亦可防止寒凉凝血之弊，用于治疗瘀热互结之下焦蓄血证。诚如《医方考》中吴昆所言“血寒则止，血热则行，桂枝之辛热，君以桃仁、硝、黄，则入血而助下行之性矣，斯其制方之意乎！”

二、小结

仲景桂枝运用之妙，独具匠心，不仅注重桂枝本身的功效，而且其功效随剂量和配伍的不同，相去甚远，达到了一药多能的效果。《伤寒论》经方具有卓著的疗效，与其注重辨证论治，选方用药精当，配伍使用合理是密不可分的，由桂枝的应用可窥见一斑，因此需要我们深入学习，在继承中创新和发展。

参考文献

［1］邹澍．本经疏证［M］．上海：上海卫生出版社，1957：82.

［2］王惠君．伤寒论桂枝的配伍应用规律探讨［J］．辽宁中医学院学报，2005，7（3）：217.

[3] 郭延东．张仲景运用桂枝对药探析［J］．中国中医基础医学杂志，2011，17（4）：430～431.
[4] 叶进．经方中桂枝的配伍规律［J］．中医杂志，2007，48（11）：1043～1044.
［《北京中医药》2012，31（12）：906］

和解少阳内寓“治未病”大法

赵　宇　尹新鑫　饶向荣
中国中医科学院广安门医院

《内经》所谓“治未病”是指未病之前，护形体而养精神，顺四时而适寒暑，和喜怒而安居处，节阴阳而调刚柔，旨在“正气存内，邪不可干”；既病之后，达邪出表，防其传，不覆“千里之堤溃于蚁穴”之辙。古之圣人，治未病乃为上工。张仲景之小柴胡汤体现出“治未病”的精髓，现就此作一初步探讨。

一、张仲景“治未病”理论概述

张仲景禀承《内经》“治未病”思想，以整体观为指导，立足临床，创立了系统的辨证论治体系，并赋予了“治未病”新的内涵。《金匮要略》首篇即提出了预防性治疗和早期治疗的思想，这是在《内经》摄生防病理论上的提高和升华，并最终发展成为我国预防医学中重要的组成部分。

（一）治其未生

张仲景提出人若能内养正气，外慎风寒，与自然界四时气候相适应，就可抵御外邪侵袭，避免疾病的发生。《金匮要略·脏腑经络先后病脉证》指出：“夫人禀五常，因风气而生长，风气虽能生万物，亦能害万物，如水能浮舟，亦能覆舟，若五脏元真通畅，人即安和。”

（二）治其未传

张仲景明确了已病防变的思想，强调疾病应早期及时治疗，以防深入传变，促进疾病早日向愈。《金匮要略·脏腑经络先后病脉证》曰：“适中经络，未流传脏腑，即医治之。四肢才觉重滞，即导引、吐纳、针灸、膏摩，勿令九窍闭塞。”具体而言，在杂病中，即治其未病之脏，以防其变。所谓“见肝之病，知肝传脾，当先实脾，四季脾旺不受邪”。而在外感病时，重视六经的传变，《伤寒论·辨太阳病脉证并治》云：“若欲作再经者，针足阳明，使经不传则愈。”

二、小柴胡汤内寓“治未病”大法

张仲景既病防变的思想在小柴胡汤的理法方药上有着最集中的体现。小柴胡汤作为和解少阳之剂，具有和解退热、益气健脾、和胃止呕等功用。其立法和组方都体现出张仲景“治未病”的思想。

（一）重视扶助正气

《伤寒论·辨太阳病脉证并治》云：“血弱气尽，腠理开，邪气因入，与正气相搏，结于胁下，正邪分争，往来寒热，休作有时，嘿嘿不欲饮食，脏腑相连，其痛必下，邪高痛下，故使呕也。”即指出因正气不足，营卫失于固护，导致“邪气因入”，乃用参、草、姜、枣。方中柴胡、黄芩、半夏、生姜调理胃气、降逆平呕、调畅中焦气机；人参、炙甘草、大枣益气和中、匡扶正气，或正邪相搏，达邪出表，又可防柴、芩之苦寒伤脾胃之气。故参、草、姜、枣四药的使用堪称“治未病”的用药典范，其义亦在调益脾胃，令胃气复振，正气充裕，防邪入里又达邪外出。正如张璐所云：少阳主治“全赖胃气充满，其用人参、甘草补中者，以少阳气血皆薄，全赖土膏滋养，则木气始得发荣，即是胃和则愈之意”。

（二）重视邪气出路

少阳证可由太阳失治、误治，或由阳明病转入。少阳证在伤寒病机变化中，可外达出表，亦可内陷入里。但无论其来路如何，总以邪在半表半里的病机、主证为临床特征，便可投以小柴胡汤治疗，使病邪透达于外，不致内陷入里。《伤寒论·辨阳明病脉证并治》指出“阳明病胁下硬满，不大便而呕，舌上白苔者，可与小柴胡汤”，使“上焦得通，津液得下，胃气因和”。小柴胡汤在治疗邪入半表半里的少阳病时，功能疏散少阳郁滞、调畅少阳气机，使伤寒在少阳经“濈然汗出而解”，不至于再入里化燥而成阳明里实，或内陷三阴。因此，小柴胡汤在外感热病中所起外达透邪、阻断病邪内陷的功效，其中扭转枢机作用是举足轻重的。另外，临床使用小柴胡汤宜早不宜迟，所谓“但见一证便是，不必悉具”，是指少阳证只需见到一部分主症，即可用小柴胡汤，不必待症悉具而用之，以争取治疗时机，防止病邪深入，贻误时机。

（三）治肝胆病寓“治未病”大法

小柴胡汤乃疏肝利胆、调和脾胃之剂。张锡纯、恽铁樵等认为“凡得少阳之病，其未病之先，肝胆恒有不舒，木侮土，脾胃亦恒先受其扰”。因“肝胆皆主消化，邪高痛下，肝胆皆病，胃气无有不上逆者，逆则作呕，故云：邪高痛下，故使呕也。是以肝胆为正病，胃为副病也。”古人“以慢性之肝病属之脏，急性之少阳病属之腑也”。用小柴胡汤除可畅达气机、调理肝脾外，又能健脾益胃，以助消化，恢复肝脾升降气机之功能，防邪深入。中医在论治疾病过程中，非常重视正气在防病传变中的作用，认为任何疾病的发生发展，都是机体正气与致病邪气之间相互斗争的结果。邪胜则病进，正胜则病退，故组方施治首应扶助正气。而脾胃为后天之本、生化之源，人体内的水谷精微，及病变过程中所消耗的物质，均有赖于脾胃的生化，制方投治的任何药物都需中焦“受气取汁”以发挥疗效。内而脏腑经脉，外至皮毛筋肉，皆赖其养。脾胃之气的充盈与否，与保持机体的正常生理活动及抗病御邪能力有密切关系。

三、对后世治疗湿热病的影响

张仲景治疗伤寒病“和而解”使疾病不再传变的思想对后世温病学派产生了重大的影响。

叶天士《温热论》曰：“气病有不传血分，而邪留三焦，亦如伤寒中少阳病也。”叶天士把温病与伤寒比较而论，认为伤寒从“横”看，故谓邪在半表半里，温病从“竖”看，故谓邪留三焦，三焦为表里之气升降出入的道路，三焦不通，会导致气机不利，津液流通受阻。两者均为枢机不利。

伤寒少阳病病位在足少阳胆，也涉及手少阳三焦，主要病机为外邪侵袭半表半里，正邪相争，少阳枢机不利。张仲景用小柴胡汤疏调足少阳胆经经气的表里出入，兼顾手少阳三焦经气机的上下升降，以期“上焦得通，津液得下，胃气因和，身濈然汗出而解”。温病多为湿热蕴结，氤氲弥漫，阻滞气机，常见三焦气化失司，水道不利，治疗当用“宣上，畅中，渗下”之“杏、朴、苓”，或分消走泄之温胆汤。其目的是祛除湿邪，宣通上中下三焦气机，因势利导，使弥漫三焦的湿热之邪分道而消。湿热之邪外达，可以通过分消走泄使正气奋起抗邪，正邪激争，战汗而解。在叶天士分消走泄治疗湿热气分证思路的影响下，后世温病学家进一步发展成了清泄少阳、分消走泄和开达膜原的和解三法，并创制出蒿芩清胆汤、三仁汤、黄芩滑石汤等名方，使湿热温病的治疗更加丰富。

另外，当代医家在长期实践中又丰富了和解少阳与分消走泄治法的内涵。如中国中医科学院广安门医院肾内科赵金铎、戴希文等老中医认为慢性肾功能衰竭多属湿热蕴浊，其中虽有正气不足、脏腑虚衰，但湿热内蕴化浊、少阳枢机不利、浊阴弥漫三焦则为疾病进展的主要病机，故应以和解法治疗慢性肾功能衰竭，并结合小柴胡汤之和解少阳与温胆汤之分消走泄，创立了清肾胶囊。方以姜半夏燥湿化痰、开结平逆、和胃降浊为主药；陈皮辛散，黄芩、黄连苦降，合则辛开苦降，宣达结气，以泻气降浊，体现了舍性取用的配伍特点；人参、茯苓以补气健脾；当归养血活血；牡丹皮活血护阴；柴胡、大黄，一升一降，共奏益气活血降浊之功。研究表明，该方在消除慢性肾功能衰竭浊阴弥漫症状、延缓其进展方面有着卓越的疗效[1]。这是经典理论在重大疑难疾病既病防变方面运用成功的范例。

参考文献

[1] 饶向荣，周静媛，霍保民，等．清肾胶囊延缓慢性肾功能衰竭不全进程的实验研究［J］．中国实验方剂杂志，1999，5（4）：26.

［《中国中医药信息杂志》2012，19（9）：103］

基于《伤寒论》的 IBS 辨证规律探析

李东明　陶汉华　山东中医药大学
李东明张俊龙　郭　蕾　山西中医学院

IBS（irritable bcuel syndrome），最早于 1820 年由 Powell 报告，后在 1946 年由 Dolhart 等命名，其全名是肠易激综合征。所谓综合征，即是症状群之意，具体包括腹痛、腹胀伴排便习惯改变（腹泻、便秘）、粪便性状异常（稀便、黏液便）等临床表现。然而它并不仅仅是现代疾病，在古代也有，只不过古代医家并未注意上述症状之间的相关性，也没有把它们联系起来加以命名。但对于每一个症状相关病证的治疗，中医古典医籍记述颇丰，如《伤寒论》中记录了大量关于腹痛、腹胀、腹泻及便秘等病证的辨治。本文便拟以《伤寒论》为资料来源，研究 IBS 的辨证规律。

目前 IBS 的诊断，全世界较为公认的是罗马诊断标准，在全国第一届肠易激综合征会议上我国也制定了符合国内实际情况的诊断标准，其要点包括：过去 12 个月至少累计有 12 周（不必是连续的）腹痛或腹部不适，并伴有如下 3 项症状中的 2 项：①腹痛或腹部不适在排便后缓解；②腹痛或腹部不适发生伴有排便次数的改变；③腹痛或腹部不适发生伴有粪便性状的改变。同时需要排除器质性疾病引起的腹痛、便秘、腹泻等症状。倘若严格按照以上诊断标准筛选，在《伤寒论》中几乎很难找到典型的 IBS，但如前述，书中分散地记录了很多与 IBS 主要症状相关病证的辨治。在特定的病理阶段，不同的疾病会有相同的证候表现，根据同证异病之原理，便可了解未知疾病的证候类型。所以，本文选择《伤寒论》中的“腹胀”“腹痛”“下利”等病证的辨治为研究对象。分而述之，合而论之，以期探索 IBS 的辨证规律。

一、《伤寒论》中有关腹泻的证治

腹泻，或称之为泄泻，相当于《伤寒论》中的“下利”，其相关条文 80 多条，涉及 30 多首方。这些条文散落在各篇之中，初览之，不免有杂乱之嫌，但若细细斟酌，便可发现其中还是有规律可循的。总体上，六经病均可发生下利，分述如下。

（一）三阳病下利证治

与太阳表证相关的下利有太阳之邪不解，内迫阳明，下趋大肠而见下利（葛根汤证）；有表证不解，邪热内陷，热迫大肠，传导失职而致下利（葛根芩连汤证）；有太阳病误下，伤及脾阳，外证尚在而利下不止者（桂枝人参汤证）。此外，还有小青龙汤证、诸泻心汤证、赤石脂禹余粮汤证和十枣汤证等均有下利之表现。少阳病会有下利之表现，如少阳枢机不利，邪郁化热，内迫阳明而下利者（黄芩汤证）；如少阳枢机不利兼阳明里实而见下利者（大柴胡汤证、柴胡加芒硝汤证）。阳明病之下利为利证之变者，其为燥屎内结而成热结旁流之证，是典型的热利，方证如大承气汤证、小承气汤证等。

（二）三阴病下利证治

太阴病见下利者实为脾阳受伤，不足以温化水谷，太阴留滞中焦不得运行，直趋下行，内迫大肠而成利，如理中丸（汤）证。少阴病下利为肾阳不足，不能化气行水，水液下注大肠所致，因其阳衰著且阴寒盛，容易形成阴阳格拒的状态，所以可以见到肾阳虚水泛之真武汤证，阳虚便脓血滑脱不禁之桃花汤证，以及阴盛格阳于外的通脉四逆汤证（格阳证）和阴盛格阳于上的白通汤证（戴阳证）。上述均为少阴寒化证，少阴还有热化证——阴虚有热兼水气之猪苓汤证。厥阴病下利以寒热错杂为特征，以阴阳进退为病机，临床上可表现为阳复无力之寒利和阳复太过之热利[1]，方证如乌梅丸证（寒热错杂之久利），四逆汤证（寒利），干姜黄芩黄连人参汤证（寒利且格阳于上），白头翁汤证（热利）。

二、《伤寒论》中有关腹痛的证治

关于腹痛证候，《伤寒论》阐述甚详，有言“腹痛”“腹中痛”“腹满痛”“腹满时痛”“时腹自痛”“心下至少腹硬满而痛不可近”“腹痛便脓血”“少腹硬痛”“少腹满按之痛”“少腹里急”等等，涉及到的条文有 20 条之多，六经病均可出现腹痛，分述如下。

（一）三阳病腹痛证治

太阳病篇内容丰富，相关的腹痛条文也较多，有胸胁满痛累及腹部的大陷胸汤证；有下焦蓄血导致的“少腹硬满”“少腹急结”之桃核承气汤证、抵挡汤（丸）证；有脏气大衰，阴寒凝结而痛引少腹的脏结证，其实为难治之沉疴旧疾；有寒热错杂，热邪在上，寒邪郁于下而见“腹中痛，欲呕吐”的黄芩汤证；有肝木乘脾土，腹痛绵绵，按之则止的芍药甘草汤证，虽然论中未明言芍药甘草汤能治疗腹痛，然酸甘化阴之剂必定是止痛之良方，诚如《医学心悟》所言：“芍药甘草汤止腹痛如神”（该方证或更接近 IBS 证候）。少阳病之腹痛，主因是枢机不利，气郁所致，有小柴胡汤证（或去黄芩加芍药，以缓急止痛）、大柴胡汤证（少阳火郁兼邪入阳明，化燥成实）。阳明病之腹痛当为其主症之一，腹痛明显者可见于大承气汤证，而小承气汤证和调胃承气汤证的相关条文虽未提到腹痛，但验之于临床，可常常见到腹痛，且较接近便秘型 IBS 的证候。

（二）三阴病腹痛证治

太阴病腹痛为脾阳不足，太阴不行而郁滞中焦所致。如其提纲证之“时腹自痛”者用四逆辈；若阴寒内盛加之中阳虚损而见“腹中痛者”，则为理中丸（汤）证；若中焦虚寒，化源不足，络脉失养致筋脉拘挛而见腹痛者，当为小建中汤证；另有桂枝加芍药汤证和桂枝加大黄汤证，可见到“腹满时痛”，寒瘀郁甚则“大实痛”。少阴病腹痛多因肾阳不足所致，一则阳虚阴盛，寒凝气滞，发为腹痛（通脉四逆加芍药汤证）；一则阳虚水泛，气机郁滞，发为腹痛（真武汤证）。此外，寒湿内郁，络脉受损，日久成脓，可伴见腹痛，乃为桃花汤证。厥阴病腹痛之原因较杂，有因寒凝，有因气滞，亦有因虫扰，其实为郁滞不通所致，如 340 条的“小腹满，按之痛”，此处少腹疼痛的病机为下焦寒凝气滞，很多注家认为和当归四逆加吴茱萸生姜汤证相似，可投之取效；四逆散证中的“或腹中痛”实为该方主治之症；而因虫患致腹痛者，则属乌梅丸证。

三、《伤寒论》中有关腹胀的证治

腹胀，即《伤寒论》中所言之“腹满”，涉及条文20多条，具体而言，有“腹满痛”“腹满时痛”“腹微满”“腹大满不通”“腹胀不大便”“心下满”“心下逆满”“少腹满”“小腹满”“小腹硬满”等之不同，但总以腹部胀满为特征。多见于阳明病和太阴病。这是因为中焦为人身气机升降之枢纽，如若邪热壅滞甚至化燥成实阻于胃肠或者脾胃阳气衰弱、气运受阻，便可见到“腹满”一证。

（一）阳明病腹满证治

阳明病腹满最常见于承气汤系列证，此为有形邪热化燥成实、腑气不通所致；然尚有无形邪热壅阻中焦，亦可见腹满，如白虎汤证——《伤寒论》中194条：“阳明中风，口苦咽干，腹满身重……白虎汤主之。”

（二）太阴病腹满证治

太阴病病机为脾阳不足，寒湿壅滞中焦。其提纲证中即云：“腹满而吐”，验之当属理中汤（丸）证。而279条中“本太阳病，医反下之，因而腹满时痛者……”，此又属桂枝加芍药汤证。

（三）太阳病、少阴病腹满证治

太阳病腹满主要见于其变证中，如太阳病过汗所致的“腹胀满者”见于脾虚气滞之厚朴生姜半夏甘草人参汤证。又如太阳中风误用火劫，而见“腹满微喘”者为津伤化燥，燥热内结，腑气不通所致。而少阴病少见腹满，但是当寒凝气滞时，可见腹满之象，如371条“下利，腹胀满，身体疼痛者，先温其里，乃攻其表，温里宜四逆汤，攻表宜桂枝汤”即是。

四、《伤寒论》中有关便秘的证治

关于便秘，在《伤寒论》中涉及60余条，有“大便难”“不大便”“大便坚”“大便乍难乍易”等之不同。最常见于阳明病，少阳、太阳病篇。

（一）阳明病便秘证治

阳明病之“不大便”或“大便难”，均由燥热成实，腑气不通所致。若邪热初入阳明，腑实未盛，可见调胃承气汤证；若以腑气不通为主者，则见于小承气汤证；若热实均盛，见痞满燥实俱备或至热结旁流者，则为大承气汤证。

（二）太阳、少阳病便秘证治

太阳、少阳之“不大便”，都是由津液亏损所致。太阳病“若吐，若下，若发汗后”，必致水液大量损耗，津亏肠燥而致便秘；少阳为枢，是三焦气化之场所，若邪热耗津阻气，虽燥实不甚，亦可因下焦不通而大便难，此为小柴胡汤证。

综上所述，虽然《伤寒论》中并未提及与IBS相似之病名，但对于IBS主要症状的论述颇多，且方药俱备，故而，临证时，便可根据具体的症状表现，灵活辨证。值得一提的是，某些证与IBS的契合度较低，如桃花汤证，若是有明显的脓血便，则应排除IBS之可能。相反，某些证与IBS契合度较高，如理中丸（汤）证、四逆散证等，临证时，可多加考虑。再者，IBS病程相对较长，以2～10年最多见[2]，在病程中可能会有虚实寒热之转变更迭，而且四个主要症状可交替反复发作或同时并存。但总的来看，腹泻型IBS最为常见，多伴有腹痛，也可伴腹胀；便秘型IBS相对较少，伴见症状以腹胀为主；腹泻便秘交替型IBS最为少见。所有这些都增加了辨证的复杂程度，但只要谨遵仲景的教诲——“观其脉证，知犯何逆，随证治之”，临床IBS辨证便会清晰、明朗起来。

参考文献

[1] 陈荣铨．《伤寒论》下利证治规律研究［D］．武汉：湖北中医学院硕士学位论文，2009：5.

[2] 龙艳芹，侯晓华．肠易激综合征患者临床症状特点分析［J］．胃肠病学，2007，12（1）：23.

［《时珍国医国药》2012，23（6）：1485］

基于周仲瑛教授“瘀热”学说探析张仲景瘀热病理思想

吴　洁　南京中医药大学基础医学院

周仲瑛教授认为瘀热，是指瘀和热两种病理因素互相搏结，胶结和合所形成的具有新的特质的病理因素，是多种外感及内伤疾病可能出现的共同病理基础。瘀热病机在临床所表现的证候为瘀热相搏证[1~2]。溯其源，瘀热的病机概念首见于《伤寒杂病论》，其含义有二：一指瘀血与血分之热相互搏结为病；一指郁结在里之热。而前者更具临床指导意义。这一病机概念及其思想方法和方药运用，对后世产生了深远的影响。笔者试就张仲景所述作一分析探讨，以开拓思路。

一、瘀热相搏证机理及证治

（一）瘀热酿脓，治以清热解毒、活血行瘀

《灵枢·痈疽篇》：“营卫稽留于经脉之中，则血泣而不行，不行则卫气从之而不通，壅遏而不得行，故热。大热不止，热胜则肉腐，肉腐则为脓”。

《金匮·肺痿肺痈咳嗽上气病》篇：“热之所过，血为之凝滞，蓄结痈脓”。俱表明痈脓形成的机制为热毒壅结，血被熏灼而瘀凝，热与血蓄结，使血败肉腐酿成痈脓。肺痈患者可吐出如米粥样的脓臭痰。这种因热所致之瘀也可见于同为痈脓病的肠痈及狐惑病酿脓者。其治多以清热解毒、活血行瘀为法，以直折病势。从治疗肠痈的代表方大黄牡丹汤及后世创制的《千金》苇茎汤的功效、组成来看，二方皆为治痈主方，均以桃仁、冬瓜仁祛瘀排脓；“六腑以通为用”，故大黄牡丹汤方中还有大黄、芒硝以攻下通腑，荡涤瘀热从肠道而出，并以牡丹皮凉血活血。《千金》苇茎汤则配以苇茎、薏苡仁清泄肺热。王志英等[3]指出：肺化脓性疾病、支气管扩张、慢性阻塞性肺病、肺结核等在病变过程中存在着瘀热蕴结的病机特点。治疗以凉血化瘀为大法，常可收到较好疗效。《金匮要略》治狐惑病“目赤如鸠眼”进一步发展，湿毒不化，瘀热蓄结，成痈化脓，酿于眼部用赤小豆当归散清热渗湿，活血排脓。本方亦用于近血的治疗，故狐惑又有蚀于肛部酿脓之说。

（二）瘀热发黄，治以清化湿热、瘀毒退黄

瘀热发黄证是指瘀热郁于血分，导致发生黄疸或促使黄疸进一步加重的证候。张仲景认识到瘀热内阻血分是黄疸的重要病机之一。《伤寒论》238条：“阳明病，发热汗出者，此为热越，不能发黄也；但头汗出，身无汗，齐颈而还，小便不利，渴饮水浆者，此为瘀热在里，身必发黄，茵陈蒿汤主之”，表明热瘀血分可致黄疸。《金匮·黄疸病》篇则言：“脾色必黄，瘀热以行”。同时，还指出了肾虚有热夹有瘀血的表现，曰：“黄家，日晡所发热而反恶寒，此为女劳得之，膀胱急，少腹满，身尽黄，额上黑，足下热，因作黑疸”。清代医家唐宗海在《金匮要略浅注补正》中指出：“一个瘀字，便见黄皆发于血分，凡气分之热不得称瘀。小便黄赤短涩而不发黄者多矣。脾为太阴湿土，主统血，热陷血分，脾湿郁遏，乃发为黄，故必血分湿热乃发黄也”，进一步阐明了瘀血、脾湿、湿热三者与黄疸之间的密切关系。现代治疗肝病大家关幼波亦强调：“若湿热仅停留在气分，一般多不会出现黄疸。而湿热瘀阻血脉才会出现黄疸”[4]。并进而得出“治黄必治血，血行黄易却”的经验之谈。姚东坡[5]综合文献发现茵陈蒿汤有清利瘀热的功效。张仲景治疗“伤寒瘀热在里，身必黄”的麻黄连翘赤小豆汤，治疗湿热阳黄、热盛里实的大黄硝石汤等亦为清利瘀热之剂。周仲瑛教授治重型病毒性肝炎，方选《备急千金要方》犀角地黄汤和《金匮要略》茵陈蒿汤加减，常用水牛角、茵陈、大黄、生地黄、赤芍、山栀子、牡丹皮、甘中黄、紫草等药取效[1]，则是对张仲景理论与实践的进一步发挥。

（三）瘀热发斑，治以清热解毒，活血散瘀

《金匮·百合狐惑阴阳毒病》篇中云：“阳毒之为病，面赤斑斑如锦纹”。由“阳毒”之名，不难得出火毒是致病的主因。因感染疫毒，侵犯血分，热毒壅盛而致，以发有赤斑为其证候特点，治以清热解毒，活血散瘀，用升麻鳖甲汤化裁。方中升麻、甘草清热解毒；鳖甲、当归滋阴散瘀；雄黄、蜀椒解毒，以阳从阳，欲其速散。现一般认为雄黄、蜀椒性温，且雄黄有毒，热毒胜者当去之。阴阳毒与现代医学的系统性红斑狼疮表现颇为相似。周学平等[6]指出系统性红斑狼疮总由先天禀赋不足、复加外感六淫、内伤七情所致，进而化生火毒而酿成瘀热。张谷才教授用升麻鳖甲汤去雄黄、蜀椒加露蜂房、土茯苓、生地黄等药滋阴清热、凉血解毒，治疗本病瘀热互结者疗效满意[7]。凉血化瘀法临证亦可用治血小板减少性紫癜、过敏性紫癜等病证。

（四）瘀热蓄血，治以攻下瘀热

《伤寒论》128条：“太阳病六七日，表证仍在，脉微而沉，反不结胸，其人发狂者，以热在下焦，少腹当硬满，小便自利者，下血乃愈。所以然者，以太阳随经，瘀热在里故也，抵当汤主之”。129条：“太阳病身黄，脉沉结，少腹硬，小便不利，为无血也；小便自利，其人如狂者，血证谛也，抵当汤主之”，说明外邪循经入里，深入下焦，与瘀血相搏而致“蓄血”证。张仲景治瘀热蓄血总以攻下瘀热为法。须据瘀热程度及病情缓急不同相应而治。蓄血轻证，选用桃核承气汤；蓄血重证，选用抵当汤；蓄血缓证，选用抵当丸。其治均以祛除瘀血为要，兼以清热。《金匮·妇人产后病》篇治产后瘀血内结腹痛的下瘀血汤亦为攻下瘀热之剂。

另外，张仲景治疗妇女月经期间感受外邪，乘势内陷，邪热与血互相搏结于血室的热入血室证，用小柴胡汤及刺期门法，后世多主张方中加入凉血活血之品，如牡丹皮、赤芍、桃仁等药，亦是治瘀热为病之例。

二、瘀热相搏证治疗用药特点

（一）热壅血积，当攻下瘀热，善用大黄

《金匮要略》首篇中言：“夫诸病在脏，欲攻之，当随其所得而攻之。如渴者与猪苓汤。余皆仿此”，提示诸病邪在里痼结不解，往往与体内有害物质（痰、水、瘀血、宿食等有形之邪）相结合。故医当随其所合，审因论治，攻其有形实邪。若热与瘀血相结，表现为发热，少腹满，大便黑等症，治当下其瘀热，可选用桃核承气汤等方。

《金匮·惊悸吐衄下血胸满瘀血病》篇：“病者如热状，烦满，口干燥而渴，其脉反无热，此为阴伏，是瘀血也，当下之”。言明瘀血阻滞日久，郁而化热，伏于血分，纯为实证者，治当但去其瘀，热自可退。《金匮要略》立“当下之”之法，《医宗金鉴》《金匮要略释义》等均认为可用抵当汤、下瘀血汤之类攻下瘀热。

大黄一药苦寒清热泻火，凉血化瘀，通腑泄热。《神农本草经》言：“主下瘀血，血闭，寒热，破癥瘕积聚、留饮宿食，荡涤肠胃，推陈致新，通利水谷，调中化食，安和五脏”。张仲景治疗瘀热内留，首推大黄，取其入血分，消瘀活血，攻逐瘀热。用于大黄牡丹汤、大黄甘遂汤、桃核承气汤、抵当汤、抵当丸、下瘀血汤、大黄䗪虫丸、鳖甲煎丸、茵陈蒿汤、栀子大黄汤、大黄硝石汤、泻心汤等方。

（二）其他活血、凉血药的运用

张仲景运用的其他活血、凉血药主要有牡丹皮、桃仁、赤芍、生地黄、栀子、鳖甲等。牡丹皮寒凉辛散，既能清热凉血，又能活血行瘀。《本草经疏》称其：“味苦而微辛，辛以散结聚，苦寒除血热，入血分，凉血热之要药”，故凉血而不凝瘀，活血而不动血，最适用于血热血瘀者，用于大黄牡丹汤、桂枝茯苓丸、鳖甲煎丸等方。桃仁辛苦平，活血化瘀，消癥破结，润肠通便。能泄降导下以破瘀，为行瘀通经常用之品。且善于治疗内痈，如肺痈、肠痈每用为要药。用于大黄牡丹汤、桃核承气汤、抵当汤、抵当丸、下瘀血汤、大黄䗪虫丸、桂枝茯苓丸、鳖甲煎丸等。赤芍苦微寒，善走血分，清热凉血，活血祛瘀，通经脉。有考证云仲景时代芍药本无赤、白之分。用于活血化瘀方中的，一般认为可用赤芍，如当归四逆汤、黄芪桂枝五物汤、奔豚汤、大黄䗪虫丸、桂枝茯苓丸、当归芍药散等。生地黄甘苦寒，滋阴清热，凉血消瘀。治心肺阴虚内热之百合病的百合地黄汤中就用生地黄汁益心营而清血分之热。栀子苦寒，清热泻火除烦，凉血止血，且能利小便。用于热病心烦、湿热黄疸，如茵陈蒿汤、栀子柏皮汤、栀子大黄汤、大黄硝石汤等。鳖甲味咸，性微寒，滋阴清热，软坚散结消癥。用治瘀热发斑、疟母，如升麻鳖甲汤、鳖甲煎丸。

此外，应据瘀与热两者的轻重不同选方配药。若见瘀结较著或有癥积为患治以破血逐瘀，张仲景多以善行瘀滞的大黄、桃仁与活血逐瘀，破积通经的虫、水蛭、虻虫等虫类药合用组方，如抵当汤、下瘀血汤、大黄䗪虫丸等。若见热邪重的，可选用黄连、黄芩、黄柏、石膏、知母、连翘等药加强清热作用，如治瘀热血溢可合以泻心汤，见阳明热盛者可合以白虎汤，热重于湿的发黄可合以栀子柏皮汤等。

参考文献

[1] 周仲瑛，吴勉华，周学平．瘀热相搏证中医辨治指南．中华中医药杂志，2010，25（9）：1411～1414.

[2] 吴勉华，过伟峰，周学平，等．研究周仲瑛“瘀热”学说的思路与方法．中华中医药杂志，2009，24（10）：1319～1321.

[3] 王志英，李向荣，金路．肺系病证瘀热病机探讨．河南中医，2010，30（11）：1047～1048.

[4] 关幼波．关幼波临床经验选．北京：人民卫生出版社，1979，2.

[5] 姚东坡．茵陈蒿汤清利瘀热作用发微．江苏中医药，2009，41（12）：66～67.

[6] 周学平，吴勉华，潘裕辉，等．周仲瑛从瘀热辨治系统性红斑狼疮的临证思路与经验．中国中医基础医学杂志，2010，16（3）：232～234.

[7] 张谷才．张谷才临证集．石家庄：河北科学技术出版社，2004：376，558.

［《中华中医药杂志（原中国医药学报）》2012，27（10）：2509］

剂型对经方量效关系的影响

余秋平　航天中心医院

刘　阳　中国中医科学院

广安门医院　北京中医药大学

仝小林　中国中医科学院广安门医院

在中医临床过程中，同样的药物组方选用不同的剂型，往往能起到不同的作用。比如选用汤剂意在荡涤其邪，采用丸剂多取缓攻之意，使用散剂则既能保留药物刚猛之性以取速效，又能降低对正气

的损伤。张仲景在《伤寒杂病论》中共拟336首方，包括了汤剂、丸剂、散剂、蜜膏等不同剂型。其对不同剂型之间不同的量效关系有着明确的认识，在临证过程中对不同剂型的使用有着精准的把握。具体体现在如下几个方面。

一、据病位、治疗的难易程度灵活选择剂型

临床上即使是相同的病证，但如果病邪的深浅不同，病证的缓急不同，有时是需要通过改变方药的剂型，来达到临床疗效的最大化。一般说来，对病邪易于速去者，张仲景多采用汤剂以荡涤其邪；如果病邪部位较深，正气受损较明显的，或者难于速去的病证，则多采用丸剂以缓攻之，并做到不伤损正气。

如张仲景在治疗痰热结胸病时，对于症见心胸硬满、疼痛拒按、脉沉紧有力、舌苔黄腻者，认为是痰热结胸之急重证者，选用大陷胸汤以荡涤心胸中的痰热，速速荡以除之。如果其结胸的病位高，症见胸中硬痛拒按、项强、头汗出等，则认为其病位较高，难于以汤剂急速涤除者，则改汤为丸剂，缓缓涤除之，以免邪未去而正气已伤，方用大陷胸丸[1]。

再如，对瘀热深入血络之病重者，症见少腹硬满拒按、脉沉结、其人发狂或发黄、血自下、小便自利者，治以抵当汤，从速荡涤其瘀血。但瘀血结聚下焦之病证较轻者，症见少腹满，并且无血自下、小便利者，难于速除其瘀血者，则改用抵当丸以缓攻之，并且攻而不伤。如瘀血新结而不深者，张仲景则改用桃核承气汤治之。不必用水蛭、虻虫等，深入血络，攻瘀之峻药。

临床上还有些病证，使用汤、丸剂均不宜，最宜用散剂，其实际用量虽轻，而临床疗效反而更显著。《伤寒杂病论》共有336首方，其中散剂36首。归纳用散剂的经验有如下几点：一是有些病证的特点决定了使用散剂更有效，而且能最大程度地兼顾体质等方面，因此副作用也最小。

如《金匮要略》天雄散主治男子失精滑精日久，病机以阴阳两虚，而以阳虚失摄为特点的病证，此时当务之急是温补阳气，摄精止遗。但因为久遗久滑，肾精必亏，若用汤剂极易造成温补不当，温而太猛，劫烁阴精，反而内火暗起，而加重遗精。此时不如改用散剂，量小，温而能摄，温而不燥，反而能更好地达到治疗目的。待到滑精遗精止后，多可不药而精血随着饮食调养而渐渐自复。

再如薏苡附子败酱散治疗慢性阑尾炎，病灶局部有炎性包块，迁延不愈[2]。究其因，一是局部有炎症渗出久不吸收，二是机体阳气不足，导致无力清除吸收其炎性分泌物。此时的治疗，如用汤剂很难做到清补两者恰到好处。温补量稍过，则加重炎症，清热消炎量太过，则损伤阳气，不利于病灶的吸收。此时最稳妥的办法就是改汤为散，反而更有利于包块处的慢性炎症病灶的吸收消散，因为这种炎症病灶，具有局部粘连，血运循环不好，汤剂药力相对迅猛，不利于渗透到组织深处，所以散剂更适宜，效果也更好。土瓜根散可治疗妇人胞宫、阴部的慢性炎症病灶，如用汤剂很难渗透到包裹粘连的慢性炎症病灶中，而改用散剂，则正好能发挥散剂的消散和渗透作用，更有利于炎症病灶的彻底消散吸收。此方中瓜蒌根消炎，而桂枝配合白芍、土鳖虫，则可改善病灶局部血运循环，这样才能彻底消散慢性炎症病灶。

二、某些肝经病证使用散剂疗效更好

四逆散，《伤寒论》原治“少阴病，四逆，其人或咳、或悸、或腹中痛、或小便不利、或下利后重者”。从此方的药物组成和所主治的病证来看，完全是肝经病证。因为肝血不足，则肝气易郁，肝阳易亢。如再兼有素体的脾阳不足，则肝木极易乘克脾土而有腹中痛；肝旺本易克土，致脾胃不运不化，易于生痰饮，如肺气本弱，则肝木易于反克肺金，而见咳嗽频仍；肝旺下迫大肠，易于见下利而不爽；肝气郁则三焦也易不调，而见小便不利；肝木本生心火，但肝郁也可致心火受抑，心阳不振而见心悸。总之，四逆散证的种种病证，均是因于肝血不足，肝气郁逆所致。此种病证，如用汤剂，气滞气郁的病证能很快见效，但汤剂荡涤迅捷，更伤损气血，加重气虚，加重肝血的损伤，反而导致肝气再郁再亢，则病证难以完全治愈，而肝气肝血反见日损。如用散剂，则可以避免这些弊端的出现，做到补肝血而不滞，疏肝气而不伤，反而有捷效。

当归芍药散也是养肝调肝的妙方。此方主治的病机特点是肝血亏虚，肝阳亢郁，肝血瘀滞，木旺则乘克脾土，可致腹痛，水湿内停等诸多病证。因为肝血虚肝血瘀，故用当归、川芎、白芍养血活血平肝开瘀，肝气调达，则不再乘克脾土。茯苓、白术、泽泻健脾利水，则脾健水湿去。但此方如用汤剂，一是茯苓、泽泻、白术等利尿药的利尿作用大增，变成利水太过了，反伤肝阴肝血；二是汤剂过于迅捷，活血稍过则反而伤损肝血，对于肝血虚损较重者，不太适宜。此时用散剂则能完全避免以上弊端，而且能更好地达到补益与疏通两者兼顾的良

好效果。

又如枳实芍药散治疗产后恶露不畅而导致的腹痛。因为孕妇产后有自行排出恶露的机能，今因为某种原因导致恶露排泄不畅，此种瘀血内留的病证，病情病位较轻浅，只需用枳实芍药散行气活血养血，因势利导，助其瘀血下出即可。故此种病证，散剂较汤剂更安全有效。当然如果瘀血内留久而深，可以改用汤剂荡涤之，如下瘀血汤。

三、药物特性决定了使用散剂力量大于汤剂

通过对张仲景用方用药的方法研究及长期的临床经验体会到，某些药物用散剂时疗效更好，药力更大，如果入煎剂后则药力会显著下降。其中比较有代表性的有：利尿药如茯苓、猪苓、泽泻等；逐水药如甘遂、商陆、大戟、芫花等；泻下药如大黄、芒硝等；涌吐药如瓜蒂等。

利尿剂的代表方如五苓散，其主治的病机为脾胃虚损，水气不化。其证候上见消渴、燥渴而烦、眩晕、或癫痫等，中见吐涎沫、水入即吐、或胃脘痞胀等，下见小便不利、脐下悸动、或少腹满等。五苓散证的病机之中，并无肾阳不足，只是因中阳不足，兼表邪未解，气化严重受阻，致水液气化不周。针对此种病证，张仲景的经验是不用汤剂，而是采用散剂。优点是散剂通阳化气兼利水，使得水津能够四布而诸症自除。而汤剂会因患者体内停聚的水液本多，三焦气化又不通利，如再服用汤剂，必有加重体内水液内停，不利于阳气之气化布达等弊端，而且猪苓、茯苓、泽泻这些利尿药，因为入煎剂后其利尿作用会大大减弱[3]，这对于水饮内停较重，气化不利的病证来说是不利的。但如果是因阳气虚弱而产生水湿停留的病证，则应适当减弱利尿药的作用，加强温补阳气药的作用。因为利尿药作用太大，反而会削弱阳气的生长，所以真武汤、苓桂术甘汤等用汤剂而不用散剂，道理就在于此。

猪苓汤用汤剂也是因为猪苓汤证兼夹有肾阴亏虚的病机。如用散剂利尿作用太强，反而再伤肾阴。再者湿热之邪，本难速愈，不如用汤剂适当减弱利尿药作用的同时，加强方中补益肾阴的作用，两者并行不悖，更有利于湿热和阴虚的恢复。再如猪苓散，其治疗的病证，是胃中有水饮内停，口渴呕吐并见，但病人的中阳尚未至虚损，其气化也未严重受阻，故采用猪苓散散利水饮，不加温化通阳之药病自愈。但如兼有中阳虚损者，仍宜加入桂枝、生姜以温阳气化诸药，并且改散为汤剂更妥。

逐水药如甘遂，入煎剂经过煎煮后其逐水之力锐减，不如散剂药力迅捷[4]。正因为甘遂入散剂药力峻猛，所以用量甚少，如大陷胸汤中甘遂用一钱匕，冲服，得快利则止后服。十枣汤也是用散剂，三种逐水药打散，并用大枣煮水冲服，强人一钱匕，弱人半钱匕。此类药用散剂不仅力量迅捷，而且药物用量容易控制。同样，大黄甘遂汤是治疗妇人产后瘀水互结于血室。此种情况既有产后体质虚弱，不耐峻攻，又见瘀水互结之患，不得不从速剔除。故用甘遂入煎缓其峻猛之性，大黄入煎缓其泻下之力，留其祛瘀之力，复加阿胶养血扶正，从而做到峻药而缓投，攻邪不伤正。此方如改用散剂则药力十分峻猛，于产后体虚的患者非常不宜。有些药物则本身不宜入煎剂，例如矾石，其味过酸，患者实难下咽，而且其酸味久留于口难去[5]。有些药入煎剂后，其主治功效被破坏，所以也不宜入煎剂。由此看来，药物并不是药量越大，疗效就越好，而是依据病证的病机特点或者药物本身的特性来决定的。有时候用散剂量虽小，反而更容易显效。由此可见，中药汤剂，常因其一次服用的剂量较大，功力大而且迅速，故宜施于病情急重者，而丸剂因其每次服用的剂量较小而功效较缓，故宜施于病缓和病轻者，或难于一鼓作气将病邪祛除者。

四、病位深伏的血瘀或慢性虚损多施以丸药缓缓收功

《伤寒杂病论》有20首丸方，归纳其所适应的病证大致有三类。第一类是病位深伏而顽固的血瘀大积症，应该使用攻伐之剂，但非短期可以治愈的，必须缓攻缓消，才能做到攻不伤正，缓消缓磨，最终治病于无形之中。方如大黄䗪虫丸、鳖甲煎丸、桂枝茯苓丸、抵当丸、大陷胸丸、皂荚丸等。第二类是病情难以速已，宜用丸药调补，疾病必须经过由量变到质变的修复过程，才能痊愈的病证，也宜用丸剂治疗。方如理中丸、肾气丸、薯蓣丸、栝蒌瞿麦丸、干姜人参半夏丸、硝石矾石丸、麻子仁丸、竹皮大丸等。第三类是病情急重，必须立即用药救急，立即见效，又要易于保存，药效不易损失，随用随取，而在古代只有丸药最为合适，方如乌头赤石脂丸、九痛丸、赤丸、半夏麻黄丸等。

五、病灶在局部，内服药难以直达病所，须局部用药才能根治

《伤寒杂病论》有外用丸方12首，均是局部用药。如有些习惯性便秘，机体本无大的异常，只是长期便秘，其根本原因是因为肠蠕动长期缓慢所

致。因此，这种便秘的治疗，是必须改变这种大肠蠕动慢的习惯，故可以采取蜜煎导方、土瓜根方、猪胆汁方等润肠通便剂外用塞入肛门，刺激大肠蠕动，久而久之，大肠蠕动规律，便秘即可痊愈。再如外阴和肛周的炎症，局部用药熏洗，药物直接作用于病灶，局部用药量虽少，但可以完全作用到病灶，所以效果更好。妇人阴部炎症，也宜局部用药，方如狼牙汤、矾石汤、蛇床子散等。同样小儿牙疳、浸淫疮的外治方也是属于药物直接作用于局部，药力直达病所，所以效果更好，且不伤内脏。

参考文献

[1] 余秋平，韩佳瑞，焦拥政.《伤寒杂病论》中经方的用量策略探讨［J］. 中医杂志，2011，52（20）：1720～1722.

[2] 炊积科. 薏苡附子败酱散治疗慢性阑尾炎 93 例［J］. 内蒙古中医药，1992，(3)：26～27.

[3] 陈华. 茯苓服用方法的建议［J］. 中药材，1996，19（3）：157.

[4] 黄海燕，束晓云，丁安伟，等. 甘遂和醋甘遂醇提物及其不同极性部位的药效和毒性研究［J］. 中国药业，2008，17（17）：3～4.

[5] 崔仲君. 白矾治疗肝胆疾病相关临床药学文献荟萃及分析［J］. 中西医结合肝病杂志，2010，20（6）：371～373.

［《中医杂志》2012，53（21）：1805］

加强《金匮要略》教学，强化经典临床功底

张晓军　刘兰林

安徽中医学院中医临床基础教研室

《金匮要略》是我国东汉著名医学家张仲景所著《伤寒杂病论》的杂病部分，也是我国现存最早的一部诊治杂病的专书，被誉为中医经典著作而流传至今，虽年代久远，但其具有很强的临床指导意义和作用，因此长期以来一直是学习中医的必读之书，在中医教育中占有非常重要的位置，因此也是目前高等中医院校所开设的必修课之一。笔者结合教学实际和学科特点，对提高《金匮要略》教学质量提出一些不成熟的想法。

一、师承教育与院校教育相结合，优势互补

中医的师承教育是数千年中医药学专门人才培养的基本模式，是以老师的言传身教为主，学生进门要先在药房认药，并背诵药性赋、频湖脉学、汤头歌诀及《金匮要略》《伤寒论》等经典著作，有了一定的理论基础后跟随老师进行抄方学习，最后独立诊断处方。师承教育具有“在学中做，在做中学，边做边学，教、学、做合一”的特点[1]，其实质就是理论教学与实践教学密切并有机结合的教学模式。朱春良老先生曾提出这样个观点：“经典是基础，师承是关键”，道出了中医学习的大法。“医不能活人，虽熟读《金匮》《石室》无益也；药不能中病，虽广搜橘井、杏林之品无当也”（《理瀹骈文》）。有疗效是中医得以数千年长盛不衰的根本，而疗效需要临证经验的传承。师承教育的这种强读、强记的教学方法和模式非常值得我们学习。

而现代中医教育采取的是通用的院校科班教育，其培养模式目前有五年制和七年制，学生在校期间系统学习中西医两套理论，毕业后学生能拿到国家承认的本科或硕士文凭，然而大多数“科班”出身的学生毕业后不会处方看病，许多“科班”毕业生中医诊疗水平不如一个乡村师承教育培养出来的“土医生”，不仅不能熟练背诵《伤寒论》《金匮要略》，甚至连简单的方歌也背不下来多少，还谈何临床？这说明我们的院校理论教学与临床教学已严重脱节，一年的实习期只是使学生走马观花式的了解医院的就诊流程，而并不能够学到多少真正的临床知识，尤其是中医的临床知识。

众所周知，中医是一门实践性很强的科学，单凭理论教学而脱离临床是培养不出真正的中医的，而师承教育恰能弥补院校教育的不足，学校应该在全校范围内选拔一批临床实践经验丰富的教师，选拔一批对中医真正有兴趣并立志于此的学生，采取跟师带教的方式进行学习，学生应定期跟随导师上门诊，并书写相关医案医话，在老师的指导下进行临证拟诊，并最终自己独立诊断处方。使学生在临床实践的过程中加深对中医理论的理解，避免使《金匮要略》教学成为纸上谈兵。师承教育作为古代教育的一种教学模式，在继承导师学术思想、传承名老中医经验、洞悉名老中医专家的学术底蕴等方面具有院校教育不可比拟的优势。

二、结合现代教学手段，提高课堂教学效果

《金匮要略》的教学同样要与时俱进，同样需要现代教学手段和方法。传统的“一支粉笔一张嘴”的教学模式需要更新，需要从教学手段和方式上入手。

多媒体教学目前是较为普遍的教学方法，是将

教学内容通过文字、声音、图片、音像甚至动漫等形式表现出来的教学方法，其主要表现形式为多媒体课件[2]。由于在视觉、听觉上的优势，多媒体课件为学生所喜闻乐见，有利于激发学生学习的主动性，使《金匮要略》的教学形式现代化，提高学生学习兴趣及课堂教学效果。

PBL是基于问题的教学新方法，是近年来从国外引进的一种新型的教学模式，是以问题为基础，以学生为中心的小组讨论式教学。PBL教学模式是把传统的以教师为中心改变为以学生为中心，给学生提供了思考、分析、推理的机会，使原本枯燥、呆板的课堂变得有趣、生动，充满生机和活力，不仅有利于激发学生的求知欲，更有利于学生创新思维和创新能力的培养。

在《金匮要略》的教学过程中，适当的采取PBL的教学手段，拿出专门的篇章和时间，交给学生自由的讨论和发挥，有助于锻炼学生独立思考和自主学习的能力，培养学生的创新思维，激发学生学习兴趣，提高课堂教学效果。但受我国目前教育资源不足、PBL教材建设落后、学生自学能力较弱等限制，这种教学方法尚不能够完全普及，因此不完全适合《金匮要略》的教学，教师在教学中可以考虑与传统教学模式相互配合，在教学中进行适当课时的穿插，目的是让学生了解PBL教学，培养其以后继续学习和自主学习的能力。

三、结合案例教学方法，强化学生临床思维

案例教学是一种以教师为主导，学生为主体的研究式教学方法，案例教学法既可以是采取医案医话的案例，也可以是教师在临床诊疗过程中比较典型的案例。医案可以挑选古今名医医案，大多名家都有自己独特诊疗风格及理论建树，他们的学术思想从临证的角度得到验证，如《临证指南医案》《朱良春用药经验集》《蒲辅周医案》《刘渡舟医案》等，通过这些典型的案例，加深对所学知识的记忆，加强辨证论治能力的培养，提高综合分析的能力。

教师也可以总结自己在临床诊疗中的典型案例，可以将病人请到课堂，参与教学过程，通过观察患者舌苔、脉象及临床症状等，让学生通过具体生动的病例体会病与证的区别，获得直观的疾病信息，提高对疾病的感性认识，以及中医治疗后药到病除的临床疗效。在这个过程中，教师和学生的互动性、学生和患者间的互动性大大的增强，也会让学生觉得这种教学方法耳目一新，学生看到了使用《金匮要略》经方的效果，会对其以后从事临床工作产生不可忽视的影响。

四、教师参与临床实践，提高自身临床功底

《金匮要略》作为一门临床基础课，是基础课与临床课之间的桥梁。只重视理论教学，不重视临床实践，会在一定程度上限制《金匮要略》教学的效果。学习《金匮要略》的目的就是为了更好的利用其理论指导临床实践，因此《金匮要略》的教学必须有效的和临床相结合，然而目前《金匮要略》的教学处于青黄不接的边缘，高年资的临床经验丰富的教师大多都已退休，而刚刚走出校门的青年教师正承担主要的教学任务，青年教师缺乏一定的临床经验，甚至临床机会很少，毕业后经过短期的培训就开始为学生授课，在教学的过程中不能做到有效的理论联系实际，难免会出现照本宣科的情况，对重点难点部分解释不透，这样不仅影响学生的学习兴趣，更会影响学生学习《金匮要略》的信心，因为他们看不到实在的临床效果，加之《金匮要略》本身晦涩难懂，这样的境况难免会让学生觉得学习《金匮要略》枯燥无味，最后只是为了应付考试而学习。

事实上，中医强调“熟读王叔和，不如临证多”，中医学的灵魂在于临床，临床教学是中医院校学生学习过程的重要环节，关系到学生的质量和培养目标的实现。[3]学校应该给青年教师提供多方位的培训机会，鼓励青年教师上临床，启动“一带一”带教活动，即一名老教师带一名青年教师，从临床教学、理论教学各个方面给予指导，青年教师要定期跟随老教师从事临床工作，参与查房及门诊等工作。教师的临床实践是为了更好的教学，只有教师亲身体验到《金匮要略》在临床上应用所取得的效果，看到了真正的临床疗效，在课堂上就会有足够的信心把知识传授给学生，只有这样才能真正做到理论与实践相结合，提高课堂效果。

五、根据不同教学对象，更新教材满足需求

针对不同层次的学生编写不同的教材，一些条件允许的院校可以尝试自编教材，教材应注重新颖、实用，针对不同层次的学生选取《金匮要略》中内容，突出重点难点，以提高学生临床辩证思维和辨证能力为重点，追求学生能利用《金匮要略》中的经方进行处方用药为目的，使学生在校期间能扎实掌握临床常用的一些方剂，为以后从事临床工

作打下扎实的基础。

总之，《金匮要略》是学习中医的一门重要课程，不仅在目前而且在将来仍将发挥指导临床的重要作用。如何教好《金匮要略》，让学生更好掌握《金匮要略》的辨证论治的精髓，仍是教学工作者需要长期探索的问题，以上是笔者在《金匮要略》教学中一些粗浅的想法，有些想法实施尚有一定困难，有些想法还需其他方面的密切配合，但相信通过大家的不懈努力，《金匮要略》的教学质量会越来越高。

参考文献

[1] 卢训丛．引进师承教育模式培养学生专业特长．中医教育，2009，41（5）：62.

[2] 岳云强．论多媒体技术在教学中的应用．天中学刊，2006，21（2）：120.

[3] 韩捷，赵丽．中医临床教学点滴体会．中医学报，2009，24（5）：115.

［《中医药临床杂志》2012，24（6）：553］

结合制方医家学术思想，探讨“火郁发之”在方剂学教学中的应用

赵　黎　安徽中医学院方剂教研室

“火郁发之”出自《素问·六元正纪大论》，即对于火郁病证要采取因势利导的治疗原则。关于火郁病证的内涵及其治法“发之”，向有不同见解，如王冰曰“发谓汗之，令其疏散也”，而张景岳则发挥为“发，发越也，故当因势而解之，散之，升之，扬之，如开其窗，如揭其被，皆谓之发，非独止于汗也”。可见“发之”有所谓“邪有去路”之意，包括清透、散结、行气、活血、利湿、消导等治法，使得气血调畅、透达、疏导、宣通。究其所论之火郁病证，既包括外感之邪，又涵盖内伤因素，如气滞、血瘀、痰饮、食积、痈疡、七情内郁等，但凡出现气血运行不畅，郁而化火之证，均可用“火郁发之”来指导治疗。

可见“火郁发之”的运用并不限于清热剂，在解表剂、和解剂、祛湿剂、活血化瘀剂、补益剂等章节均有涉及，涉及到的制方医家包括张仲景、李东垣、刘完素、朱丹溪、吴鞠通、王清任等。本文试结合制方医家学术思想，以探讨“火郁发之”理论在方剂学教学中的应用。

一、外感六淫，透邪外出，寒温并用

（一）解表剂

吴鞠通之“辛凉平剂”银翘散，主治温病初起之发热咽痛，微恶风寒。方中金银花、连翘辛凉透邪、清热解毒、芳香辟秽；荆芥穗、淡豆豉辛温升发皮毛以逐邪，寓有“发汗不远热”之意。用此四味透达升宣，正如王孟英在《温热经纬·叶香岩外感温热篇》云：“邪在卫分，汗之宜辛凉轻解，清气热不可寒滞，反使邪不外达而内闭，则病重矣。”

张仲景之麻杏石甘汤，其证为邪热郁闭较重、热壅于肺之证，治疗固用清泄，但仍重在宣开肺气，发肺经火郁。以麻黄宣肺透邪，辛甘大寒之石膏用量倍于麻黄，清泄肺火。麻黄得石膏，宣肺平喘而不助热；石膏得麻黄，清解肺热而不凉遏，俱能透邪于外。

不仅辛凉解表剂可用“火郁发之”之法，辛温解表剂也可用之，如大青龙汤。其证属于火郁重证之烦躁，乃寒邪郁闭于表，阳气不得宣泄，郁而化热所致，重在阳郁而不汗出，故仲景之意重在发越阳气。有学者指出，大青龙汤组方重在麻黄、桂枝、生姜之辛温发散，而不在石膏之清泄里热，故方后云“取微似汗”，以汗出邪解取效，犹龙升雨降[1]。且大队辛温发汗药中配伍少量辛凉之石膏，既可疏散阳郁之热，又能制约麻黄之辛温，其“寒温并用”之意即在于此。

（二）清热剂

关于清热剂中“火郁发之”的理论运用，有学者指出，邪热壅盛于里，此时不疏邪外达，“血受热则煎熬成块”（《医林改错》）。又过用寒凉重镇，气血为之凝滞不畅，邪热犹如笼中困兽，伤阴耗液更甚，即所谓恐有“凉遏”“冰伏”之弊，“发之”则郁开气达，火热自散[2]。

在介绍该章节方剂时，亦可结合制方医家学术思想，如李东垣亦重“发”火，普济消毒饮选升麻、柴胡固可引诸药上行以治头面热毒，个中又寓散热毒外出之意，即所谓“火郁发之”[3]。后世善治火者莫若刘河间，有“热病宗河间”之说。刘氏提出“六气皆从火化”，认为“阳热易为郁结”，临证每顾“发散”，并创制表里双解名方防风通圣散。在温病学家卫气营血理论中，亦可结合“火郁发之”理论的运用，可结合相关方剂介绍王孟英、叶天士等温病大家所倡“邪在卫分，汗之宜辛凉轻解”“到气才可清气”“入营犹可透热转气”等治法。

李东垣之普济消毒饮，主治风热疫毒之邪入于血分，上攻头面的大头瘟。全方以清热解毒为主，因病位在上，治宜因势利导，故以疏散上焦风热为辅，配以升麻、柴胡升阳散火、疏散风热。黄芩、黄连得升麻、柴胡可引药上行，以清头面热毒；升麻、柴胡配黄芩、黄连可防其升发太过。汪昂《医方集解》曰："升麻、柴胡苦平行少阳、阳明二经之阳气不得伸"，亦取"火郁发之"之意。

刘完素之防风通圣散，其证乃表寒已化热，却又投麻黄、荆芥、防风等辛温之品，意在佐薄荷、滑石、栀子等寒凉药驱热邪外出，发火郁而清里热。

张仲景之栀子豉汤，其证乃邪热怫郁于胸膈之上，郁而不宣，而致"反复颠倒"，"心中懊憹"，"烦热胸中窒者"。方中豆豉辛甘、微苦，微寒，其性升浮，以之透表宣热解郁；栀子苦寒清热除烦。火郁之证，当清之、发之，栀子取其清之功，豆豉取其发之用，两药宣降相因，寒温并用，清透并举。药仅两味，立意独精。其煎法为先煮栀子，后纳香豉，取香豉轻清宣透气机，而畅胸膈、开达气郁[4]。

至于《兰室秘藏》之清胃散，以小量升麻与黄连相伍，升清降浊，宣达郁遏之火邪。《伤寒论》之白虎汤以辛甘大寒的石膏配伍苦寒之知母，清透气分之热。《温病条辨》之青蒿鳖甲汤以鳖甲搜透血分郁热，以苦辛而寒的青蒿清热透络；清营汤以银花、连翘、竹叶"入营犹可透热转气"，更得"火郁发之"深意。

可见清热剂中关于"火郁发之"的运用，常以辛散之品配以苦寒泻火药，寒温并用，内清外透。正如王绵之先生所言，"既是火郁，单用'发之'为治，若少有不当，反易挑动郁伏之火四扰，不如与苦寒相配为妥。所谓'清中有散'，可散郁伏之火热于无形"。

二、邪郁化火，调畅气血，升降同施

（一）活血化瘀剂

王清任之血府逐瘀汤活血祛瘀行气，适用于血瘀胸中，气机阻滞，气郁化热。方中用桔梗、枳壳、牛膝、柴胡四味升降同施，调畅气机，既能升达清阳，又可降泄下行，使气血和调，则郁热自清。

《金匮要略》温经汤，病证为冲任虚寒，血凝气滞，而瘀血不去，新血不生，并致血虚生热、瘀血化热，即瘀、寒、虚、热错杂。治宜温、清、补、消并用，以当归、川芎、丹皮活血祛瘀，养血调经；半夏、生姜辛开散结、通降胃气，助祛瘀调经，使全方成一温补、温通之剂。

（二）消食剂

暴饮暴食，损伤脾胃，饮食停滞，"脾湿闭塞其下"，以致酿生湿热，脾胃气滞，升降失常。治宜消食理气化滞，方用《丹溪心法》保和丸。以山楂、神曲、莱菔子消食，莱菔子并能下气消食除胀；茯苓健脾渗湿止泻，陈皮、半夏理气化湿，既可除胀，又利于消食化积；连翘性苦微寒，既可散结以助消积，又可清解食积所生之热。

（三）祛湿剂

对于湿热病，热处湿中，湿蔽热外，湿热交混，处方遣药，较为困难，有学者提出若不用通阳开疏三焦气机之品，则湿无去路而热无由达；若开以通阳之药，则不远于温，以温治温又助其热，故有"通阳最难"之说[5]。而自古即有"通阳不在温，而在利小便"的经验，用《温病条辨》三仁汤之属通利小便，使湿去热透且不伤阴。方中以杏仁、白蔻仁、薏苡仁宣上、畅中、渗下，三焦分消，令气畅则湿行；并配以通草、滑石、竹叶甘寒淡渗，加强利湿清热之功；半夏、厚朴行气化湿、散结除满，令三焦通畅，诸症自除。

关于《温热经纬》甘露消毒丹，有学者提出，方中所选木通、滑石、茵陈，岂非以其清利而泄热外出？薄荷一味，有人释为偕藿香芳香化浊悦脾，如是以佩兰、木香代之岂不更佳？实则用其凉助芩、翘清热解毒，以其辛"发"热邪外出是也[3]。"火郁发之"，祛邪外出，更有善以温药为之者。

（四）理气剂

《丹溪心法》越鞠丸主治气血痰火湿食六郁证，而以气郁为主。"气者，人之根本也"，气机冲和条达，升降出入有序，周流运行不息，则脏腑功能协调，肢体百骸舒畅；若喜怒无常，忧思过度，或饮食失节，寒温不适均可引起气机失调。丹溪治之以行气解郁为主，常以香附配川芎、苍术，升降相因，令郁散而气行。

（五）开窍剂

安宫牛黄丸、至宝丹、紫雪，其证为温热之邪内陷心包，蒙蔽清窍，神昏谵语，以凉开三宝清心开窍。方中使用了麝香、丁香、安息香等多种香窜药，芳香透达，行气化浊，亦取其"发"之意，如吴鞠通所说："使邪火随诸香一齐俱散也"[4]。

（六）和解剂

四逆散之证，若素有脾虚，加之阳邪传里，阳气难以布达四肢而致阳厥。方中用柴胡透邪升阳以舒郁，阳邪外泄则手足自温。故火郁之证首当宣郁，郁升热透则愈[6]。

小柴胡汤，见《伤寒论》149条："伤寒五六日，呕而发热，柴胡证具，而以他药下之，柴胡证仍在者，复与柴胡汤，……必蒸蒸而振，却发热汗出而解"，从"汗出而解"，可领悟到小柴胡汤虽为和解剂，然亦寓有火郁发之而汗解之功[1]。

三、正虚邪郁，阴平阳秘，补散结合

（一）补益剂

过度劳倦，饮食失调或病后失养，耗伤脾胃之气，正气虚馁，无力升降出入，气机因虚而滞，阳气内郁生热；或由阴血虚损，阳气失其依附，逼迫浮郁于外而变生火郁[2]。

东垣之升阳散火汤，其主治证缘于脾胃之气虚弱、阴火乘其脾土所致之"阴火"，其治仍遵"火郁发之"之旨，以风药为主发散郁火，并配伍甘温益气敛阴之品固其元气。以柴胡发散少阳之火为君；升麻、葛根入阳明发散中焦之火；防风、羌活发散太阳之火；独活发散少阴之火为臣。此凡辛散味薄气轻上行之品，升举中焦之清气，发散脾土郁遏之火，使上中下三焦畅通，火散则热退。全方补散结合，共奏益中气、升清阳、疏郁火之效[4]。

另有东垣之补气升阳的补中益气汤，养血散血的当归补血汤，丹溪之滋阴散火的大补阴丸，温补肾阳、引火归原的金匮肾气丸，以及实卫气、散郁热的玉屏风散等，均可采用"火郁发之"理论予以阐发其方解。

有学者总结道，对于实火的发汗一法，多指升太阳之阳以发越卫气，使汗出热散，即《素问·生气通天论》中所说的"体若燔炭，汗出而散"。而对于虚证火郁，虽在一些情况下也可发汗，但总体上不以汗出为主要途径，而是通过升散药物的透发之性，顺应火热的外出之势，给热以出路[7]。即"实火"之"火郁"当寒温并用，而"阴火"之"火郁"当补散结合[4]。

（二）温里剂

"太阳病，外证未除，而数下之，遂协热而利，利下不止，心下痞硬，表里不解者，桂枝人参汤主之"。对本证为太阳病表邪未解而误下，清阳下陷，浊阴上逆之脾虚寒证。桂枝加人参汤由为理中汤加桂枝而成，桂枝通经而解表，理中汤温中以转升降[1]。

此外，"火郁发之"理论还可用于治疗痈疽，以托毒消散为"发"，如仙方活命饮、荆防败毒散、凉膈散、阳和汤；另如治燥剂中桑杏汤润燥透表，祛暑剂中新加香薷饮透表清暑，均寓有"火郁发之"的治疗思想，正如张从正所云"使上下无碍，气血宣通，并无壅滞"。

在方剂学的教学中，笔者认为，结合制方医家学术思想，深入阐发"火郁发之"理论运用，可更好地促使学生加强对相关方剂的掌握，指导临证遣药组方的思路，以提高方剂学教学质量，仅作一抛砖引玉。

参考文献

［1］薛伯寿，薛燕星."火郁发之"的运用［J］.中医杂志，2004，45（11）：862～864.

［2］朱梅，许昕.防"冰伏"思想在妇科临床上的重要意义［J］.北京中医，2004，23（5）：273～275.

［3］由凤鸣，谢春光."火郁发之"浅议［J］.河北中医，1999，21（1）：56～57.

［4］袁红霞，曹丽霞.论火郁发之［J］.辽宁中医杂志，2008，36（8）：1143～1144.

［5］杨淑坤."凉遏冰伏"一得［J］.云南中医学院学报，1993，16（3）：26.

［6］蒋燕.略论火郁发之［J］.中医杂志，1995，36（4）：203～204.

［7］李德顺."火郁发之"的基本内涵［J］.湖北中医学院学报，2008，10（1）：25～26.

［《山西中医学院学报》2012，13（3）：120］

经方本原剂量问题研究的意义

傅延龄　宋　佳　张　林

北京中医药大学

经方本原剂量问题是一个以经方本原剂量大小为基本内容的科学问题。经方本原剂量问题研究的主要内容包括：经方本原剂量大小考证，经方本原剂量的有效性及安全性研究，经方本原剂量应用经验传承等。其中最为基本的内容是经方本原剂量大小的考证，亦即经方药物计量单位的量值问题。有人认为经方本原剂量是一个伪问题；经方本原剂量大小问题用不着研究，它大也罢，小也罢，临床医生按照具体病例的实际需要确定剂量即可。笔者认为，经方本原剂量不仅仅是一个还历史和文献本来面目的事；确定经方本原剂量的大小，它具有重要的科学意义。

一、明确经方的本原剂量

经方本原剂量研究的意义首先就是明确经方的

本原剂量的大小。经方本原剂量是多少，对于这样一个千年疑问，中医学应该有一个明确的答案，应该还历史一个原貌。这不是一个简单的医学史问题，它关系到中医学的方方面面[1]。如果没有一个明确的答案，一系列与之相关的问题，如后文即将提到的方药剂量历史轨迹、方药临床常用剂量范围与剂量流域等，都不会获得完整的结论。这个问题的解决对于当前中医界关于临床用药量大小的讨论，亦具有十分突出的参考价值。

二、明确方药剂量历史轨迹

所谓“方药剂量历史轨迹”是指方药在不同历史时期的用量水平所形成的一条历史脉络。比如某一个方，某一味药，它在汉代的用量是多少，在唐宋时期的用量是多少，这就是它们的历史轨迹。研究方药剂量历史轨迹具有重要的意义。因为方药剂量的轨迹是方药发展历史的一部分，而且是较为重要的一部分。在中医发展的历史进程中，方药的剂量有没有变化，方药的剂量是如何变化的，这不仅是一个医学史的问题，而且也是一个重要的学术问题。因为剂量的变化轨迹反映着医学、药学等方方面面的问题，如药材质量的变化，药材的生长和生产、运输方面的变化，医家对药材品质等方面的认识，疾病的流行病学特点，政府对医药的管理情况等，都有可能在方药剂量的历史轨迹上得以反映。宋代政府重视医药推行煮散，导致临床方药用量很小。从东汉上至西汉，医药家计算方药重量使用的是基本相同的标准，那么从东汉到隋唐，医药家对方药重量的计算是不是仍然沿用汉秤？从西汉至于今天，方药剂量轨迹的运行大约2200年，它是怎样的一条轨迹？我们对宋代以后至于今天的的半段还有一些了解，而对于宋代以前的半段却不很清楚。无论从哪个角度来讲，这都是说不过去的事。我们应该对宋代以前那一段历史时间里的方药剂量轨迹有一个清晰的描绘，这对于中医学术的发展具有不可低估的意义。若不探明方药剂量轨迹，许多与之相关的医史问题和学术问题都将被模糊过去。

三、明确方药常用剂量范围

方药常用剂量范围与临床疗效密切相关，所以它是一个十分重要的问题。进行经方本原剂量研究，进而在此基础上明确方药临床用量轨迹，这对于确定合理的方药临床常用剂量范围是有帮助的。我们已经完成的研究表明，自宋代以来至于今天的一千多年间，方药临床常用剂量范围是比较狭窄的。宋金元之际，医家多采用煮散方式，每服仅取药末3～5钱，每天服药2～3次，方药用量较小，剂量范围较窄[2~3]。明代以来，虽然煮散逐渐减少，传统的汤剂应用逐渐回归，重新成为主流的剂型，但方药临床用量的增长幅度并不大，大多数药物的临床用量为每日约1～5钱（1钱=3.75g），多数为3钱[4]。我们可以把这一时期的方药临床用量范围描述为“小剂量窄范围”。方药临床应用的小剂量窄范围状况一直维持到现代。假如经方对药物重量的计量使用的是东汉官秤，隋唐因之，其1两约为13.8g，那么该时期的方药常用剂量范围就是明清以来方药常用剂量范围的3～5倍，我们可以描述为“广剂量宽范围”。一个是“小剂量窄范围”，一个是“广剂量宽范围”，哪一种剂量范围更为合理？这是一个值得深入思考、深入研究的科学问题。

四、揭示方药剂量流变化的原因

我们的研究表明，就方药常用剂量范围来讲，汉唐时期为“广剂量宽范围”，明清时期为“小剂量窄范围”，方药剂量在历史上出现过巨大的变化。这是我们对经方本原剂量问题进行全面研究获得的认识，这种认识必然引导出另一个有着十分重要意义的课题，即方药剂量变化原因的探讨。汉唐时期临床使用的剂型主要为汤剂，而宋金元时期临床使用的剂型主要为煮散。宋代乃至于金元时期，煮散十分盛行，传统汤剂的使用大大减少，这就是导致方药临床用量大幅下降的最为关键的原因。明代虽然逐渐恢复了传统汤剂的应用，然宋金元医家使用煮散的时间有三、四百年，不少于15代人，在这么漫长的时间里，医家“常行煮散，古方汤液存而不用”[5]，以至于到了明代，汤剂应用逐渐恢复的时候，人们再也无法回归到汉唐时期的剂量水平。当然，这里也引出来一个问题，同样是与经方本原剂量密切相关的问题：宋金元时期方药剂量的缩小是医学的突破和创新，是医学的一种进步，还是一种退步？而随后到了明清时期，临床方药应用仍然是一个小剂量窄范围的状况，这是对宋代医学新观念新方法的坚持，还是一种既不明历史、又不敢突破的苟且？

我们的研究结果还表明，除了上述主要的原因以外，另外也有一些原因在某种程度上是宋代方药临床用量下降的重要推手。这些原因包括：①宋、元、明时期的医家认为古人今人的体质不同，古强壮而今孱弱，古人能耐受大剂量的药物，今人对药量的耐受性下降。②宋明以来，用药安全性越来越受到人们（包括医家和病家）的重视，临床医家对方药用量的控制较之以往更加小心、谨慎。③汉唐及汉唐以前医家多自采药材，因此他们对药物的认识很直接，对其安全性有较多把握；而宋明以来，医家多不自采药，他们对药物的认识逊于古人，对其安全性的把握不足。④宋代以来，自学成才的医家大量增加，由儒而医的医家大量增加，由师承授受而成为医家的人相对减少。

五、更好地发挥、提高经方作用效力

药物剂量关乎方剂的效力，可以说药物的剂量在很大程度上决定着方剂的效力。剂量也是方剂最具科学价值的重要内容。此外，剂量是中医临床处方变化最为复杂的内容。“中医的不传之秘在于剂量。”剂量是药方隐含着最多奥秘的方面。然而中医对剂量的研究又是方药研究领域里面最为薄弱的一个环节。

近年来人们在思考中医临床疗效的时候，对剂量亦有较多关注。不少人认为目前的中医临床用药剂量偏小，这直接导致了中医临床疗效的显著下降。所以应该提高临床药物用量，在保证安全性的前提下，根据具体病情，适当增加用量，这将有可能显著提高中医药临床疗效。而另一方面，也有不少人对目前临床上较为普遍存在的超药典大剂量使用中药的现象提出尖锐批评，认为应该重视用药安全，要以药典的规定为准，不可随意增加方药用量。不少人指出，不合理大剂量用药还会浪费药材资源。笔者在就经方本原剂量的课题进行了较为全面、深入的研究以后，越来越清楚地认识到，那种认为今日临床应该提高药物用量的观点，以及那种今日临床应该坚持小剂量用药的观点，都有失片面，都不甚恰当。真正适应临床需要的方药剂量并不一定是一个大剂量，也不一定是一个小剂量。为了提高临床疗效，我们现在要采取的措施并不是简简单单的增大剂量，也不是维持和坚守现在普遍使用的剂量。我们应该充分认识到，“小剂量窄范围”的方药应用并不适应临床情况的复杂性，并不适应现实的需要；中医临床需要“广剂量宽范围”。所以，关于经方本原剂量问题的研究，并非仅仅是一个医学史的问题，并非仅仅是为了寻找一个历史的本来面貌，更重要的是为了寻找一个最佳的临床方药用量范围，为了保证方药的疗效和疗效的提高。

晋太医令王叔和说，他搜采整理的张仲景方，是“对病真方，有神验者”。后世医家也评价经方“效如桴鼓”“其效如神”。不过，明清以来也出现过另外一种声音，认为“古方今病不相能也”，张仲景的方剂不适用于明清时期的疾病，用起来效果并不好。二种声音都来自于临床一线的医家。如果经方疗效是一些医家评价的那么好，寻找经方本原剂量自然就是一个具有重要价值的探索；如果经方疗效不怎么好，我们也应该研究到底是什么原因。

参考文献

[1] 傅延龄，蔡坤坐，宋佳．方药量效关系文献与理论研究思考［J］．北京中医药大学学报，2012，35（9）：601～606.

[2] 丁毅．经方50味常用药物在宋朝用量研究［D］．北京：北京中医药大学，2012.

[3] 宋延强．金元四大家对经方50味常用药物的临床用量研究［D］．北京：北京中医药大学，2011.

[4] 宋佳．经方50味药物在明代13位医家中的用量规律研究［D］．北京：北京中医药大学，2011.

[5] 庞安时．伤寒总病论［M］．北京：人民卫生出版社，2007：131.

［《北京中医药大学学报》2012，36（4）：221］

经方常用药物在韩国韩医中用量分析

张　林　北京中医药大学基础医学院
安相佑　韩国韩医学研究院
车雄硕　赵城焄　庆熙大学校韩医科大学
李丙旭　釜山大学校韩医学专门大学院
朴持炫　傅延龄
北京中医药大学国际学院

本文是973计划项目“以量—效关系为主的经典名方相关基础研究”的子课题“基于文献及临床经验挖掘的中医方药剂量理论研究”的研究内容之一。本课题特邀韩国韩医学研究院传统医学情报研究本部、庆熙大学校韩医科大学、釜山大学校韩医学专门大学院四位教授参与此次课题的研究工作，收集当代韩医师用量资料。

本课题是以经方50种常用中药为主要研究对象，分析韩国当代韩医师对于该50味药物的临床用药频次、平均剂量及最大、最小剂量、剂量分布区间有一个整体的直观认识；并对韩医的50味药物与《伤寒论》《金匮要略》方剂中的药物剂量以及中国明代20位著名医生临床用量进行比较，以期对这些临床常用药物在仲景时以及韩国医生的剂量范围变化有一个总体的把握。

一、材料与方法

（一）资料来源

1. 韩医资料来源：研究采取了临床病例收集的方法，由韩国多位教授共同收集了713首韩医处方数据。其中127例的数据是手记的处方笺，40例是电子版输出的处方笺，546例是文本档案。

2. 经方药物选择：研究所选取的“经方常用50味药物”是973计划课题组“基于文献及临床经验挖掘的中医方药剂量理论研究”共同选择的研究对象[1]，这50味药物是对《伤寒杂病论》方剂中所有药物出现的频次从高至低做排序之后的结果，选择了出现频次最高的前50味药物，并根据研究的实际用药情况略作调整[2]，具体药物名称请参见表1。“经方常用50味药物”在本文后面简称为“Top50”。

3. 明代医生资料：明代医生资料主要选择了明代20位主要医家的1405首方剂数据，主要来源于影响较大的医案类著作6部，著名医家的医话类著作7部。本部分的数据研究结果借鉴了本课题组研究人员已发表的科研成果[3]。

（二）资料处理方法

1. 对于所收集的韩医资料，仅选择有实际用量信息的处方。由于其中有41个处方未注明用量，故予删除。

2. 因药量计算需要精确到单日服量，故删除没有明确一次服用量的处方29张，最终进入计算的处方为643个。

（三）数据计算方法

1. 分别计算药物使用频次、平均剂量、最大剂量、最小剂量。

2. 对药物不同计量单位进行归类，对重量、容量、数量和长度单位分别统计。

3. 以“升”“合”等量值单位或“枚”“个”等非衡量单位表示的药物剂量暂不予以折算，统一把重量单位（分、钱、两、斤）折算成克（g）。

4. 折算率说明：1分=0.4g，1钱=4g，1两=40g。

5. 平均剂量计算方法：即统计学上的“算术平均数” $X=\sum X/n$（n为总频数）。平均剂量可以反映剂量的集中分布趋势，是描述某一药物剂量集中分布在某一位置水平的变量值，亦反映某种药物剂量的平均水平。但平均剂量并不表示该药的常用剂量值，因在众多的剂量数据中，个别数据的明显增大或减小会影响平均剂量的统计结果。

6. 最小剂量值与最大剂量值之间的范围反映某药的剂量分布区间。剂量分布区间可反应药物临床用量的灵活性。

二、结果

643首方剂总共用到药物有228味，其中绝大多数亦都是中国医生临床常用药物，本文重点对228味药物中的Top50进行研究。具体数据见表1。表1是经方常用药物在韩医643首方剂中的出现频次、平均剂量及最大、最小剂量表，其中最后一列标明了该药在总体228味药物中的排序情况，便于了解韩医整体用药概貌。

在此需要说明的是，张仲景著作中记载为一味的部分药物，在后世由于炮制品与用药部位的不同，分为2味或3味药物，在统计时为了保持韩医的用药原貌，按照所收集时的不同药名处理，这使得药味数有所增加。如：桂分为了桂枝、桂心、肉桂；茯苓分为茯苓、茯神、赤茯苓；术分为白术、苍术；当归分为当归、当归尾；芍药分为白芍药、赤芍药；地黄分为熟地黄、生地黄、干地黄。

（一）用药频次

由上表最右两列的Top50用药物频次排序及韩医整体228味药物中用药频次排序中可以看出：

1. 将Top50常用药物在韩医643首方剂中出现的频次由高到低进行排序，其中出现频次超过100次的药物共有15味，参见表1前15味。

《伤寒杂病论》中干姜、附子、石膏、麻黄、大黄等药性峻烈之品较为常用，而韩医方剂中则以当归、麦冬、地黄、川芎、黄芪等补益气血之品为多，与中国明代医生的用药更为近似[3]。因此，可以看出随着历史的变迁，中、韩两国医生的用药特点都有从峻烈之品向平和补养药物变化的趋势。

2. 经方常用50味药物与韩医常用药物频次相近。比较韩医643方中与《伤寒杂病论》方剂中出现频次最高的前15味药，发现有9味药物相同，分别是甘草、生姜、桂枝、芍药、半夏、人参、茯苓、黄芩、白术。有趣的是，这9味药物也正好出现在中国明代医生1405首方剂出现频次最高的前15味药物中[3]。前15味药物在《伤寒杂病论》、明代医家及韩医家方剂出现频次参见表。

3. 韩医处方中频次最高的前15位药物竟与中国明代医家用药频次最高前15位药物有14相同，只是排序不同，参见表2。唯一不同的一味药物是韩医多用川芎，排在第9位，而明代医家常用者为黄连，排在第15位。（在表中用斜体标出）

4.《伤寒杂病论》中干姜、附子、麻黄、大黄、石膏、杏仁等药较为常用，但在韩医方剂中出现频次很低，附子、大黄、石膏、杏仁均排在40位之后。而在韩医方剂中当归、川芎、熟地、黄芪、麦冬、柴胡等6味药较为常用，但在《伤寒杂病论》中出现频次并不高。

表 1　韩医方剂中 Top50 使用频次、平均剂量及最大、最小剂量表

药名	使用频次	平均剂量（g）	最小剂量（g）	最大剂量（g）	在 Top50 中排序	韩医整体 228 味药物中排序
甘草	407	3.1	0.7	16	1	1
茯苓	276	4.8	2.0	20	2	3
当归	256	4.6	1.5	48	3	4
白芍药	237	5.5	1.8	20	4	5
白术	225	5.0	1.4	30	5	6
半夏	203	5.3	2.0	32	6	7
人参	201	4.0	1.0	15	7	8
生姜	195	5.4	1.2	12	8	9
川芎	190	4.0	0.5	20	9	10
熟地黄	148	9.7	0.4	24	10	12
黄芪	147	5.0	2.0	30	11	14
麦门冬	120	4.9	2.0	20	12	15
柴胡	116	4.4	0.7	16	13	16
黄芩	107	4.1	0.8	8	14	19
桂枝	105	5.8	1.6	15	15	20
茯神	96	5.0	2.0	30	16	21
肉桂	94	3.0	1.2	8	17	22
苍术	88	5.0	2.0	15	18	25
桔梗	85	3.5	1.2	12	19	26
泽泻	83	6.7	2.0	15	20	28
防风	82	3.5	1.8	6	21	29
牡丹皮	77	5.9	1.2	9	22	30
厚朴	70	4.2	1.2	16	23	33
栀子	68	3.7	1.4	20	24	35
酸枣仁	65	6.0	2.0	30	25	36
五味子	60	4.0	2.0	12	26	39
枳实	54	4.3	2.0	16	27	42
干姜	53	3.4	1.2	8	28	44
升麻	52	2.6	1.0	12	29	45
麻黄	46	6.6	1.2	30	30	47
黄柏	44	2.3	0.8	5	31	49
知母	41	3.9	2.0	12	32	54
葛根	38	7.3	2.0	16	33	55
黄连	38	3.3	1.0	8	34	58
生地黄	31	5.1	0.4	16	35	68
干地黄	31	4.9	2.4	16	36	69
赤茯苓	28	4.0	2.0	8	37	71
赤芍药	28	3.5	2.0	6	38	72
细辛	28	3.0	1.2	6	39	73
石膏	27	18.6	2.0	60	40	74
连翘	25	3.8	2.0	8	41	76
桃仁	25	3.1	1.5	6	42	78
大黄	22	4.8	1.8	20	43	81
吴茱萸	21	4.1	1.2	20	44	82

续表

药名	使用频次	平均剂量（g）	最小剂量（g）	最大剂量（g）	在 Top50 中排序	韩医整体 228 味药物中排序
杏仁	20	5.8	2.0	15	45	84
附子	14	2.6	1.0	6	46	93
川贝母	11	3.6	4.0	4	47	102
当归尾	11	5.8	1.0	9	48	104
牡蛎	10	9.0	4.0	20	49	107
龙骨	10	7.6	2.0	20	50	108
瓜蒌仁	9	8.4	4.0	12	51	109
桂心	9	4.5	2.0	8	52	112
猪苓	9	5.0	3.0	9	53	114
防己	7	4.8	2.8	8	54	122
滑石	7	6.8	6.0	8	55	124
天花粉	5	6.0	4.0	8	56	134
茵陈蒿	5	14.2	10.0	16	57	135
浙贝母	4	4.0	4.0	4	58	146
木防己	1	6.0	6.0	6	59	213

表 2　在《伤寒杂病论》、明代医家及韩医家方剂出现频次前 15 味药物

排序	《伤寒杂病论》用药频次	明代医生用药频次	韩医用药频次
1	甘草	甘草	甘草
2	生姜	生姜	茯苓
3	桂枝	人参	当归
4	芍药	芍药	白芍药
5	半夏	茯苓	白术
6	干姜	白术	半夏
7	人参	当归	人参
8	附子	黄芩	生姜
9	茯苓	麦冬	川芎
10	麻黄	黄芪	熟地黄
11	大黄	半夏	黄芪
12	黄芩	桂枝	麦门冬
13	白术	地黄	柴胡
14	石膏	柴胡	黄芩
15	杏仁	黄连	桂枝

注：以方框标识的中药为三者共有的 9 味药物。

5. 在韩医应用频次中位于全部药物第 2 位的陈皮，由于不在《伤寒杂病论》常用 50 味药物之列，因此表中没有予以分析。但陈皮作为韩医名列第 2 位的常用药，其对于该药的喜用可见一斑。排名在第 11 位的为大枣，因未在研究之列，未予收录。可以看出，陈皮和大枣使用频次很高，是当今韩医的常用药物。韩医用药中排名 13 的为香附、17 位为砂仁、18 位为紫苏，以及排名 23、24、27 等的药物，因均未在 50 味常用药物之内，故予删除。

因此，可以看出部分韩医的常用药物并非为经方常用 50 味药物，同样的，经方常用 50 味药物中秦皮与射干 2 味药在所有韩医 643 首方剂中也都并未出现过。

6. 如前所述，由于在进行药物统计时，对于同一味药物有不同名称的划分问题。如韩国医生将桂分为了桂枝、桂心、肉桂分别统计，不同于《伤寒杂病论》中仅有桂枝一种。因此，若将桂枝的出现频次 105 次，与肉桂 94 次、桂心 9 次相加，则共出现 208 次，其排序将出现巨大变化，从第 15 位上升到第 6 位，与《伤寒杂病论》药物使用频次中桂枝的第 3 位排序近似。

（二）平均剂量

平均剂量是一组可以较为客观地反映药物用量的数据。韩医运用 Top50 的平均剂量分布在 2.3g/日～18.6g/日之间，剂量范围相差 16.3g。所有韩医方剂药物中，仅有 2 味药平均剂量在 10g/日以上，为石膏（18.6g/日）、茵陈蒿（14.2g/日）。其次平均剂量值较高的药物有熟地黄（9.7g/日）、牡蛎（9g/日）、瓜蒌仁（8.4g/日）、龙骨（7.6g/日）、葛根（7.3g/日）、滑石（6.8g/日）、泽泻（6.7g/日）、麻黄（6.6g/日），这10味药物平均剂量均在6g/日以上；平均剂量最低的3味药分别是黄柏（2.3g/日）、附子（2.6g/日）、升麻（2.6g/日），平均剂量均小于3g/日。

虽然平均剂量最高的药物石膏达到了18.6g/日，但是除了用量最大的10味药物及最小的3味药物以外，所有药物的平均用量均在3g/日～6g/日之间，用量在3g/日～6g/日之间的药物接近所有药物的80%。

（三）剂量分布区间

剂量分布区间表示该药最大剂量与最小剂量之间的范围，能反映出该药临床用量的灵活度。

药物的剂量分布区间最大者为石膏，从2g/日至60g/日，剂量差值为58g/日；其次为当归，剂量分布区间从1.5g/日～48g/日；再次为半夏，剂量分布区间为2g/日～32g/日；另有5味药（麻黄、白术、黄芪、茯神、枣仁）的剂量分布区间下限值在1～2g/日之间，最大值均为30g/日。熟地黄剂量区间为0.4～24g/日。除以上这9味药物之外，其余药物的剂量差值均不超过20g/日。

1. 最小量　通过研究韩医经方常用药物最小剂量可以看到，韩医的经方常用药物的最小剂量普遍偏小，其中有7味药物最小量均在1g/日以下，所有纳入研究的59味药物中有近50味药物最小量均≤2g/日。

最小剂量中用量最小的两味药物是生地黄和熟地黄，均为0.4g/日。而生熟地黄作为养阴药物，往往是被中国医生所重用。地黄在《伤寒杂病论》中的最小剂量是3两，按照东汉1两≈13.8g进行折算，则地黄的最小量为41.4g/日，是韩医最小剂量的100倍。

在所有59味药物中，仅有1味药物茵陈蒿最小量为10g/日，其余药物的最小量均在6g/日以下。以两国医生均十分常用的一些药物为例：韩医使用甘草的最小用量仅为0.7g/日；当归最小量为1.5g/日；白芍最小量1.8g/日；白术最小量为1.4g/日。这些常用药物的使用频次都在200次以上，因此，统计结果足以代表韩医的普遍用药趋势，可以充分体现韩医的用量小的特点。

2. 最大量　经方常用药物在韩医643首方剂中最大剂量表显示，只有3味药物最大量在30g/日以上，为石膏60g/日，当归48g/日，半夏32g/日。其余药物的最大用量均小于等于30g/日，亦即85%的经方常用药物最大量小于等于30g/日。

从以上对于剂量区间、最小量和最大量的分析，可以看出韩医方剂药物用量明显偏小。很多药物与《伤寒杂病论》中药物用量范围几乎没有重叠。

三、结论

以上是本文通过对韩医713首处方的数据研究，探讨了经方常用50味药物在韩医方剂中的应用情况。通过本文分析，可以得出以下结论：

1. 韩医用药频次位于前15味的药物有9味药物与《伤寒杂病论》相同，而与明代医生位于前15位的药物有14味完全相同。如甘草、茯苓、芍药、白术等皆为不同时期、两国医生共同普遍的常用药物。

2. 在用量方面，韩医临床用量与中国医生相比普遍明显偏小。从文中对于韩医平均剂量、最小量和最大量及剂量区间的分析，可以充分显示韩医的小用量特点。

3. 韩医80%的药物平均剂量范围是在3g/日～6g/日之间；83%的药物最小量小于等于2g/日；85%的经方常用药物最大量小于等于30g/日。

四、讨论

本文根据韩医现今用药剂量的客观情况，对经方常用药物在韩医中的药量运用做了归纳总结。通过较为详实的处方资料，对两国的用药特点做以比较。目前国内这方面的研究较少，对于韩医的研究还仅局限于基本情况的客观介绍[4]或韩医学基础理论的阐述[5]。文献中虽然有对中韩两国中药药膳的比较研究[6]，但临床药物用量与用法的比较研究较为少见。

韩医用药剂量与中国医生的不同特点主要应与历史变迁与文化差异有关。虽然韩医对于经方常用药物的运用与《伤寒杂病论》在用药频次、用量方面有较大差异，但是与我国明代医生的用量较为相近。因此，可以得出结论，两国近现代的传统医学在药物用量方面都呈现出了小剂量的特征，韩医的剂量比我国医生更小，是韩医临床药物应用的鲜明特点。

参考文献

[1] 何丽清，傅延龄．《伤寒论》与《金匮要略》常用药物剂量比较与分析［J］．中医杂志，2011，52(22)：1954～1955.

[2] 吴翠珍，陶汉华，张宗圣．《伤寒论》《金匮要略》

方药统计及相关研究［J］．山东中医药大学学报，1996，20（2）：125~128.
［3］宋佳．经方50味药物在明代13位医家中的用量规律研究［D］．北京：北京中医药大学，2011.
［4］朴敏哲．韩医韩药［J］．长春中医药大学学报，2008，24（2）：235~236.
［5］车基凤．韩医辨象辨证与中医六经辨证［J］．吉林中医药，2008，28（5）：318~319.
［6］金贤姬．中韩两国对药膳原料监管和运用的比较［J］．扬州大学烹饪学报，2010，27（3）：47~51.
［《环球中医药》2012，5（6）：417］

经方大黄煎煮与用量

王　付　河南中医学院经方研究所

张仲景在《伤寒杂病论》中用大黄共32方，根据《伤寒论讲义》[1]一升按60~80ml，平均值为70ml计算，先用大火将药煎沸腾，再以小火煎煮，约5分钟减少70ml药液，即每减少一升按5分钟计算。再则，张仲景用大黄有生用、有酒制，有先煎、有后下，有汤剂、有丸剂，有汤丸合剂，有汤散合剂，其中汤剂用量最少三分（一两的3/4），最多六两，丸剂用量最少一两，最多一斤，丸剂有水剂、有蜜制。试将临床应用大黄的体会介绍于下。

一、煎煮时间

生大黄：张仲景用生大黄共28方（用水煎煮的有26方），其中煎煮10分钟的有大黄甘草汤，即“上二味，以水三升，煮取一升，分温再服。”治胃热气逆，即“食已即吐者”。又如大黄甘遂汤，即“上三味，以水三升，煮取一升，顿服之”，治“水与血俱结在血室也”，即“少腹满如敦状”等。煎煮15分钟的有茵陈蒿汤，即“上三味，以水一斗二升，先煮茵陈减六升，内二味，煮取三升，去滓”，治湿热黄疸，即“身黄如橘子色”。又如大黄附子汤，即“上三味，以水五升，煮取二升，分温三服”，治寒气凝结，即“胁下偏痛”。又如厚朴大黄汤，即“上三味，以水五升，煮取二升”。煎煮20分钟的有大黄硝石汤，即“上四味，以水六升，煮取二升，去滓”。治湿热夹瘀，即“黄疸，腹满，小便不利而赤”。又如大陷胸汤，即“上三味，以水六升，先煮大黄，取二升，去滓。内芒硝，煮一两沸，内甘遂末，温服一升。得快利，止后服”。治痰热结胸，即“膈内拒痛，胃中空虚，客气动膈，短气躁烦，心中懊”。煎煮25分钟的有大黄牡丹汤，即“上五味，以水六升，煮取一升，去滓”，治肠痈瘀热，即“少腹肿痞，按之即痛如淋”。煎煮30分钟的有厚朴三物汤，即“上七味，以水一斗，煮取四升，温服八合，日三服”，治热结气滞，即“痛而闭者”，又如厚朴七物汤，即“上七味，以水一斗，煮取四升，温服八合，日三服”，治表里兼证，即“病腹满，发热十日，脉浮而数”。

（酒）大黄：张仲景用（酒）大黄共4方：其中煎煮时间10分钟的有调胃承气汤，即“上三味，以水三升，煮取一升，去滓”，治热结夹气虚，即“腹胀满者”，又如抵当汤，即“上四味，以水五升，煮取三升，去滓。温服一升，不下，更服”，治“瘀热在里故也”，即“身黄，脉沉结，少腹硬”。煎煮15分钟的有大承气汤，即“上四味，以水一斗，先煮二物，取五升，去滓，内大黄，更煮取二升，去滓”，治热结阻滞，即“不大便五六日，上至十余日，日晡所发潮热”。又如小承气汤，即“上三味，以水四升，煮取一升二合，去滓”，治热结郁滞，即“谵语，发潮热，脉滑而疾者”。

（水渍）大黄：服用大黄不需煎煮，只需沸水浸渍的共2方，如大黄黄连泻心汤，即“上二味，以麻沸汤二升，渍之，须臾，绞去滓。分温再服”，治郁热扰胃，即“心下痞”。又如附子泻心汤，“上四味，切三味，以麻沸汤二升渍之，须臾，绞去汁，内附子汁，分温再服”，治郁热夹阳虚，即“心下痞，而复恶寒汗出”。煎煮大黄，时间最短约10分钟，最长约30分钟。运用经方大黄可辨治诸多病证，特别是煎煮时间必须因疾病属性及病变证机而确定长短，且不可一概而论，不及则无济于病，太过则适得其反。

二、丸剂用量

经方中大黄入丸剂的有7方：其中用一两的有1方，如己椒苈黄丸；用十分（即一两为四分，十分即二两半）的有1方，如大黄䗪虫丸；用三两的有1方，如抵当丸；用半斤的有1方，如大陷胸丸；用一斤的有1方，如麻子仁丸；用三分（一两为四分）的有1方，如鳖甲煎丸，还有三物备急丸。丸剂主治病变证机有燥屎内结、或水气内停、或痰饮壅滞、或瘀血阻滞等。其7方中除了三物备急丸未直言用量外，其余6方均明确论述用量。最少三分，如鳖甲煎丸；最多一斤，如麻子仁丸。其中己椒苈黄丸、大黄䗪虫丸、麻子仁丸、大陷胸丸、三物备急丸，均是以蜜为丸，用蜜者以缓和药物泻下峻猛之性；鳖甲煎丸因用大黄量比较小，故未以蜜制为丸；抵当丸以水制丸，取其峻猛之性，且用量不可太过，太过必戕伐正气。

经方丸剂7方中只有抵当丸用量标注为4丸，即“上四味，捣，分四丸，以水一升，煮一丸，取七合服之。晬时当下血，若不下，更服”。其余均未明确标注制作多少，故无法推算每丸的重量。现以抵当丸用量［水蛭（熬）二十个（经实物考证1个约2g），虻虫（去翅足、熬）二十个（经实物考证二十个约4g），桃仁（去皮尖）二十五个（经实物考证二十五个约5g），大黄三两］为例，若以丁沛等[1]研究经方用量一两按14g折算，大黄用量应为42g，再将水蛭、虻虫、桃仁、大黄用量相加为91g，4丸；每丸重量约22.75g。若以经方用量一两按3g折算[3]，大黄用量应为9g，再将水蛭、虻虫、桃仁、大黄用量相加为58g，4丸中每丸重量约14.5g。可见，用大黄量一两按3g计算，比较符合当今丸剂临床用量。

三、汤剂用量

经方中大黄入汤剂的有25方：其中用一两的有1方，如栀子大黄汤；用二两的有7方，如大黄黄连泻心汤、附子泻心汤、大柴胡汤、柴胡加龙骨牡蛎汤、桂枝加大黄汤、下瘀血汤、泻心汤；用三两的有5方，如抵当汤、茵陈蒿汤、大黄附子汤、苓甘五味加姜辛半杏大黄汤、厚朴七物汤；用四两的有10方，如大承气汤、大黄甘草汤、大黄甘遂汤、大黄牡丹汤、大黄硝石汤、小承气汤、风引汤、厚朴三物汤、桃核承气汤、调胃承气汤；用六两的有2方，如大陷胸汤、厚朴大黄汤。汤剂主治病变证机是燥屎内结，或水血蕴结，或湿热壅滞，或痰饮胶结，或郁热内盛，或瘀血阻滞等。25方中用量最少的为一两，如栀子大黄汤，最多为六两，如厚朴大黄汤。

经方用大黄有一两、二两、三两、四两、六两之别，其中用四两的10方，二两的7方，三两的5方。可见大黄基本用量应在二两与四两之间，若一两为14g折算，大黄基本用量应在28～56g之间，经查阅大黄用量相关文献报道，未发现有如此基本用量。仝小林等[4]认为，大黄黄连泻心汤（大黄二两、黄连一两、黄芩一两）是治疗糖尿病中焦火热内盛证的基础方，其用大黄黄连泻心汤等方治疗糖尿病周围神经病变伴大便干只用大黄6g。如张仲景设栀子大黄汤是辨治湿热酒疸（多数患者并没有大便干结症状，少数部分病人常常有大便溏泄）的基础方：“酒黄疸，心中懊 或热痛，栀子大黄汤主之。”（第15条）病变部位在上中二焦，在中上者，治当清热燥湿而非泻下，若用大黄一两按14g计算，药后不仅无济于病，更会引起泻下不止；若用大黄一两按3g计算，则能达到清泻中上焦湿热之目的。再如大陷胸汤是辨治实热结胸证的基础方：“伤寒六七日，结胸热实，脉沉而紧，心下痛，按之石硬者，大陷胸汤主之。”（第135条）方中用大黄量若一两按14g计算，六两即84g，药后未必能治病，更会因泻下而大伤正气；若一两按3g计算，则能达到泻热涤实愈疾之目的。复如大黄附子汤是辨治寒结证的基础方，方中用大黄量若一两按14g计算，三两即42g，药后不仅寒邪仍在，且还会加重寒邪；若一两按3g计算，则能达到通下愈疾且不助寒之目的。

辨治病证时选择经方用量若能恰到好处，则药到病解；若未能切中病变证机，不仅无益于病，还会加重病情或导致其他变化。临证只有遵循张仲景经方用量，即一两按3g计算，才能取得最佳治疗效果。

参考文献

［1］李培生．伤寒论讲义［M］．上海：上海科学技术出版社，1985：228.

［2］丁沛，袁红霞．从桂枝汤推测经方之用量［J］．中医杂志，2011，52（10）：892～894.

［3］王付．亦从桂枝汤推测经方之用量［J］．中医杂志，2011，52（19）：1704～1705.

［4］仝小林，刘文科，徐国良，等．黄连治疗糖尿病的临床剂量及用药经验［J］．中医杂志，2011，52（18）：1604～1605.

［《中医杂志》2012，53（7）：617］

经方的理论特点

李宇铭　北京中医药大学东直门医院

经方的概念古今有别，古代认为经方是“经验之方”，即临床验证有效的方剂，而现代则一般认为经方是“经典之方”，其概念范围局限在张仲景的《伤寒论》与《金匮要略》中所载之方，换言之经方即等于“仲景方”。自经方的概念提出以后，形成了经方与时方相对的局面，经方以外的其他方剂则称为时方。

由于经方的概念只是以所收载之书为其范围，并未从理论上指出其组方特点，因此造成了后世“经方与时方之争”。争议问题如：时方之中较为组方精炼的方剂，是否亦可称为经方？由于经方的理论不清，面对这种问题，一直以来未有清晰回答，经方与时方之间的界限模糊。本文尝试从仲景方的组方理论，回答经方的概念特点，并说明经方与时方的区别。

一、经方与时方的争论

经方与时方的争论，源于经方的概念不清。对于经方的理论特点，过去亦有一些共识，主要可分为两方面：药少精炼，功专力宏。

先说“药少精炼”。在仲景书中确实大部分方剂药味数较少，但是这并非经方的专有特点。据统计，“经方221首方中的药味数平均在（4.81±2.28），而相较现代北京、河南与上海等不同地区的3509个临床处方，药味数平均在（15.52±4.16）”[1]，亦即说经方的平均药味约在2.53～7.09之间，而现代临床处方药味则在11.36～19.68之间，此一比较确实反映了经方的药味数较少，用药相对现代临床精炼。可是，这只是以经方与现代临床处方作对比后的总结，假若以经方与时方相比较，例如现在《方剂学》教材之中所收载的方剂，不少药味数量亦与经方相约，典型的如时方中的三拗汤是从经方麻黄汤减味而来，六味地黄丸是肾气丸的减味，四物汤亦是从胶艾汤减味而成，这些时方的药味数比经方还要少，明显可知“药少精炼”并非经方的专利；另一方面，经方之中亦有药味数较多的方剂，如麻黄升麻汤共有14味药，鳖甲煎丸用23味，薯蓣丸21味等，虽然这几方属个别例子，但足证经方并非以“药味少”为其定义。

再说“功专力宏”，这亦不能说明经方与时方之别。关于“功专”，如上所述，假若是以经方与现代处方习惯作对比，由于现代临床药味数多，则反映其功“不专”，实际上“功效专一”是对应于“药少精炼”的效果而言，由于经方一般药味偏少，故说其功较专。可是，时方亦有不少药味少的方剂，可肯定这些时方亦有良好疗效。至于“力宏”所指的，是指其力猛而效果迅速，多有“一剂知，两剂已”的临床疗效，不少人认为这是由于经方中药物的剂量甚重，若按现代考证汉代一两约折合现代的14～16g[2]，则如桂枝汤中桂枝三两约为42～48g，其剂量较现代处方习惯为重。显然，处方剂量的确是经方与现代临床的差别，但是这亦未能说明经方的特点，尤其将经方与时代相近的方书作比较，如《千金方》《外台秘要》等书中所用剂量均与经方基本相同，可知剂量特点所达到的“力宏”，亦非经方的专利。

若按上述讨论，目前对于经方的理论认识，似乎未能仔细分清经方与时方的界线，故此现在一般倾向认为：某些时方亦具有经方的特点，可属于“经典之方”的范围。这是由于对经方的特点认识不够深入所致，由于未能清晰阐述经方的理论特点，造成了经方与时方的争论，故此欲化解此矛盾，仍需先从经方的概念入手。

二、经方的理论特点

通过对经方组方的特有理论，从药味加减以及剂量变化的角度，说明经方的独特性。

（一）加减严谨，一药变化即成新方

众所周知，经方的加减变化严谨，加减一药即另名新方。其中最典型的是桂枝汤演化出许多方剂，如桂枝加葛根汤、桂枝加附子汤等；又如小青龙汤与小青龙加石膏汤；芍药甘草汤与芍药甘草附子汤；干姜附子汤与四逆汤以及白通汤等四逆汤类方；苓桂术甘汤与茯苓甘草汤、茯苓桂枝甘草大枣汤以及茯苓桂枝五味甘草汤等苓桂剂；栀子豉汤及其类方；白虎汤及其类方；半夏泻心汤及其类方；麻黄细辛附子汤与麻黄附子甘草汤等等。这种方药加减的严谨性，在经方之间普遍出现。

加减一药即成新方的思想，反映了方药功效与所针对的病机紧密联系，药随机变，体现了张仲景对于病机诊断要求的严谨性，即使是细微的变化仍需以新方名作强调。

比较后世的时方，实际上亦有类似思想，但是相对而言较少出现。如逍遥散与丹栀逍遥散；人参败毒散与荆防败毒散；白虎汤与白虎加苍术汤；理中汤与附子理中汤；四君子汤与异功散、香砂六君子汤；六味地黄丸与知柏地黄丸、杞菊地黄丸等。时方药物加减即成新方的思想，虽与经方相近，但相对较少出现加减一药即成新方的情况，多为加减数药才成新方。再者，后世方书中出现这种情况的方剂为数不多，相较经方在《伤寒论》与《金匮要略》之中则有大量且密集的例证，这一点亦反映了时方对于病机的要求相对宽松。

（二）比例严谨，加减一药方中剂量亦变

除上述加减一药即成新方的特点外，张仲景在加减一药时，亦有考虑到加减药物之后，对原方本身药物剂量的影响。例如在葛根汤中，生姜用三两，这是桂枝汤中生姜的用量，但在葛根加半夏汤中，生姜的用量则减少为二两，正常来说在《伤寒论》34条见“呕吐”应加大生姜的用量，为什么反而减少？这是因为增加了半夏，其辛散之性强，因此生姜作为助药则可减少用量，以作助药配伍。

再如在桂枝汤中，甘草用量为二两，但在桂枝

加附子汤中，甘草用量增加到三两，目的显然而见，就是因为增加了附子而需要增加甘草。一般认为加甘草原因有二：可加强附子温阳作用，也可缓减附子的烈性。可是，再比较桂枝去芍药加附子汤，其中的甘草剂量仍用二两，没有因加上附子而加量，为何本方中不增加甘草用量？比较方药组成，可知方中去掉了芍药，因此不用增加甘草用量，也足够达到温通阳气的效果。由此也进一步论证，在桂枝加附子汤中增加甘草用量，主要目的是加强温阳之力，而非缓减烈性。

这些例子还有不少。例如桂枝汤中桂枝用三两，但是在麻黄汤证中表气郁滞更重，桂枝反而减轻为二两，显然是由于配伍辛温更强的麻黄所致；在甘草干姜汤中甘草用四两、干姜用二两，到了四逆汤中加上生附子一枚，则两药剂量亦可减轻为甘草二两、干姜一两半；芍药甘草汤中两药各用四两，但是到了芍药甘草附子汤中加上了炮附子一枚，则两药剂量减轻为各三两；桃核承气汤中本用大黄四两、桃仁五十个，但到了抵当汤中蓄血更重的病情，因为加用了水蛭与虻虫，则可减轻大黄为三两与桃仁为二十个；附子汤中白术用四两，但是到了水停更重的真武汤证之中，白术却只用二两，这与配伍生姜三两有关；瓜蒌薤白白酒汤中薤白本用半升（实测称重约为54g），但到了瓜蒌薤白半夏汤病证更重之时，因加用了半夏以及增加了白酒剂量，则薤白剂量减轻为三两（约为46g）；从苓甘五味姜辛汤加上半夏而演变为茯苓五味甘草去桂加姜辛夏汤，因为加上半夏，方中的干姜细辛甘草剂量各减轻一两为二两，其后到了苓甘五味加姜辛半夏杏仁汤方，因加上杏仁，则三药的剂量又恢复到三两；甘草麻黄汤中麻黄用四两，但到了麻黄附子甘草汤中因加上炮附子一枚，则麻黄剂量减轻为二两。

从此可见，张仲景对药量的掌握精确、变化丝丝入微，剂量随药物之间的加减配伍关系而变化，用药法度非常严谨。这种加减一药方中剂量亦变的理论，在其他方书上甚少出现。

（三）剂量严格，比例不同亦为新方

除了药物加减严谨外，经方对于全方的剂量要求十分严格，其中最为突出的是“同药异方”的现象。所谓“同药异方”，即是指两方的药物组成相同，但是由于剂量不同，则命名为不同方剂。其中最为典型的例证，在《方剂学》教材中常用《伤寒论》的小承气汤与《金匮要略》中的厚朴三物汤为例，两方同由大黄、厚朴、枳实组成，但因药物比例不同，功效以及所针对的证候亦转变。

其实，这种现象单在《伤寒论》中已有不少例证。例如桂枝汤与桂枝加桂汤、桂枝加芍药汤；桂枝麻黄各半汤与桂枝二麻黄一汤；桂枝去芍药加附子汤与桂枝附子汤；半夏泻心汤与甘草泻心汤；四逆汤与通脉四逆汤等等。除此以外，尚有三对方剂是在剂型上变化的“同药异方”，剂型变化亦使全方药物剂量有所改变，包括抵当汤与抵当丸；半夏散及汤的散剂与汤剂；还有理中丸以及其方后注的作汤剂之法等。

单是在《伤寒论》112首方剂之中，已经有17首方、9对方剂出现同药异方现象，而这一种剂量变化即成新方的情况，基本上可以说是在经方中所独有，是经方与时方的明显差异，可证经方对于剂量要求严谨，方中药物的剂量变化，亦对应着病机的转变，再次反映张仲景对于病机诊断要求的严谨性。

除了同药异方的情况外，一般经方的药物配伍比例亦仔细入微。例如干姜与细辛的配伍，虽然在不少经方中使用，但是各方中剂量有所不同，如小青龙汤与苓甘五味姜辛汤中干姜细辛各三两；在射干麻黄汤与茯苓五味甘草去桂加姜辛夏汤中，两药则各用二两；真武汤加减法一之中，则干姜与细辛各只用一两。又如桂枝配甘草的配伍有五种常用比例，最多的是桂枝三两配甘草二两的3∶2比例，还有如桂枝附子汤、小青龙汤中桂枝甘草各三两的1∶1比例，但1∶1比例还有如葛根汤、大青龙汤中的桂枝甘草各二两的轻量情况，另外亦有两种2∶1的比例，分别为桂枝附子汤、甘草附子汤的桂枝四两配甘草二两，还有麻黄汤、茯苓甘草汤中的桂枝二两配甘草一两，各种配伍比例反映针对病机有所不同。由此可知，经方的剂量考虑了药物之间的配伍，随着药物增减而需要调整方药剂量，这一种配伍比例的严谨态度，在时方中甚少出现。

三、经方与时方区别的进深讨论

（一）经方的特点在于“方与方之间”

从上述三点论述，可知经方的特点，并非在于每一个药方的药味精炼，而是在于“经方与经方之间”的关系密切，随着病机的细微演化，从而加减药味与剂量成新方。方与方之间具有联系，或许在一些时方之中亦有体现，可是经方的联系则更显得紧密、严谨，当中尤其对方药剂量的重视程度，则更是经方的独到之处。经方的特点，并不能割裂在某一首经方上所能体现，而必须要透过方与方之间

的比较，发现方药的演变关系。故此，经方的理论特点，重点体现在方与方、药与药之间的“理论关系”。

（二）经方的价值在于“整体的理论”

更进一步的说，经方的价值在于整体的理论体系。经方与《伤寒杂病论》中的理论体系一脉相承，经方虽然是张仲景“博采众方”而来的，但却是在“勤求古训”的前提之下，将各种验效之方收载于张仲景建立的理论体系之内，透过理论将各种方剂联系起来，使之成为一个有机整体。

相较于时方而言，在后世的方书之中，各种方剂之间并非在同一理论体系的前提下组成的。这情况在现代《方剂学》中尤为明显，由于各首方剂的出处不一，假若每一首方均回到该组方医家的本源思想上作解释，则整个《方剂学》成为了“方剂各家学说”，每一位医家有各自的理论，难以互通。

因此，当今中医界呼吁重视经方的意义，本质是强调了学习经方的理论体系，回归中医经典，透过理论统摄方药，而并非学习各种零碎的片段。这如《素问·六元正纪大论篇》说：“故知其要者，一言而终；不知其要，流散无穷，”经方方药的加减与剂

量变化严谨，与其病机变化的系统理论紧密对应，这是在时方之中所未能体现的，故此掌握一套理论体系，相对于学习各种零散验方偏方，知其要理则显得更为重要。

（三）何谓“使用经方”的问题

明白了经方与时方的区别后，最后讨论临床实践中，如何才算使用经方的问题，亦即怎样的处方才算是经方？对此问题，一般回答较为模糊。参照现代许多“经方医案”来说，一般方中含有主要的药物组成，即使有所加减，甚至药物的剂量比例不同，亦可称为经方之列。但实际上，不少时方亦是从经方加减化裁而成，假若经过加减的经方，则当称为时方更为合适。按照张仲景对于经方的要求，经方加减一味药亦非常严格，经方是不允许随便加减的，尤其在“同药异方”的现象来看，由于药物比例的变更即成另一新方，抑或药物的剂型不同亦可成另一新方，因此，假若临床中需要称之为经方而与时方作区别，仍必须要严格按照原方的要求，对于药物组成以及剂量比例有所遵从。

当然，这并非指经方不能加减化裁，而是需要遵照经方的严谨加减化裁方式。如桂枝汤的十多首变化类方，又如小柴胡汤的方后注加减法等等，由于经方的概念本身是强调对于细微病机的把握，再对方药进行准确的加减，因此，能够严格的运用经方原方及其加减法，实际上是对于中医经典理论的高级水平的掌握，坚持“一味药能治好病，决不能用两味药”的精神，是处方用药的科学态度。

使用经方除了要坚持使用原方之外，更重要是使用原意，就是按照方中所针对的“病机”“证候”（临床表现），对于理法方药的一线贯穿。经方的价值在于其系统的理论，在于方与方之间的演化关系，经方的价值重点不在于使用个别方剂而获效，而是对于整套经典理论的把握，继而在理论指导的前提下灵活选方用药。临床上使用经方治病，虽然可以扩大应用在不同的疾病上，但是仍必须要保持其病机的统一性，使运用经方的理论能够联系《伤寒杂病论》中的整体理论，以达到“一言而终”的结果。

四、结语

本文目的，在于讨论严格意义上的经方概念范围，过去对于经方的概念模糊，是造成经方与时方争论的原因。本文指出了经方的理论特点，主要在于加减药物与剂量上的严谨性，继而指出经方的特点在于“方与方之间”的联系，以及经方与经典理论的系统性。明确了经方的理论特点，对于认清经方与时方的区别，以及明确学习经方的价值均有重要意义。

参考文献

［1］范吉平，程先宽．经方剂量揭秘［M］．北京：中国中医药出版社，2009，38～39.

［2］李宇铭，姜良铎．经方药量衡重折算刍议［J］．中医杂志，2010，51（S2），7～9.

［《环球中医药》2012，5（1）：29］

经方方证对应的六大误区

鲍艳举　中国中医科学院
广安门医院感染疾病科
花宝金　中国中医科学院
广安门医院肿瘤科

方证对应，是张仲景所著《伤寒杂病论》的一大特点，亦是运用经方的一大原则，是寻找方药与其主治适应证之间特殊对应关系的学说[1]，临证时，有是证则用是方，方证紧密结合，成为临床取效的关键。但在临床上，一些医者总感觉临床疗效与自己的预期相差甚远，分析其原因，笔者认为，是在运用经方以及实施方证对应的过程中存有一些

误区。

一、误区一：只重局部，忽略整体

刘渡舟[2]曾提出，使用经方的关键在于抓主证，不仅提高了辨证的有效率，而且也扩大了经方的使用范围。但很多人往往片面地认为，只要抓住了患者某一个主证，用上了针对这个主证的方剂，便是做到了“方证对应”，就会有效，其实不然。临床上患者的症情复杂，有时会包含六经中多经的主证，也会包含多个方剂的主证，这时必须“照顾”到患者的整体情况，才会有效。

有些医者在学完经方后，也懂得了方证对应的原则，记住了一些常用经方的适应证，但在临床上使用时往往把自己记住的一些方剂适应证与患者的整体症状体征对比，假如该患者某些症状与自己记住的某个方剂适应证“吻合”了，就直接用了该方，往往没有考虑患者的其他症状，因此，虽然这个医生亦用了经方，也是遵循了“方证对应”的思想，但因忽略了

患者的整体情况，而收效甚微，或者无效，有时甚至会加重病情。

有位初学经方的医师曾咨询过笔者一个病例。李某，男性，23岁。主诉：低热3d。3d前，患者无明显诱因出现发热，体温最高达38.2℃，伴有恶寒、头痛等症状，自服瓜霜退热灵胶囊后热势逐渐退去，遂就诊于该医师。患者就诊时症有发热、汗出、恶风、头痛、鼻塞，诊脉脉象浮而缓。该医师考虑为典型的太阳表虚证，予桂枝汤原方2剂，水煎服，日1剂。服后患者仍低热不退，仍伴有汗出、头痛等症状，遂咨询于笔者。

若患者的症状确实是发热、汗出、恶风、头痛、鼻塞，脉象浮而缓，而无其他症状，根据《伤寒论》第13条：“太阳病，头痛、发热、汗出、恶风，桂枝汤主之。”第42条：“太阳病，外证未解，脉浮弱者，当以汗解，宜桂枝汤。”该医师辨证为太阳表虚证应该不会错，理应服用桂枝汤原方后症情缓解。然而患者服用后症状未明显减轻，何解？笔者分析，该医师可能忽略了患者的其他症状和体征，例如舌象等。

其实，临床上见到诸如“发热、汗出、恶风、头痛、鼻塞，脉浮而缓”并不一定都是单纯的桂枝汤证，必须结合患者的其他症状从整体上进行辨析。若患者伴有口干或口干渴，或舌红苔薄黄，则辨证为太阳阳明合病，可以用桂枝汤加生石膏或桂枝二越婢一汤。《伤寒论》第27条：“太阳病，发热恶寒，热多寒少。脉微弱者，此无阳也，不可发汗，宜桂枝二越婢一汤。”《伤寒论》条文中桂枝二越婢一汤的脉象为微弱脉，是由于津液亏虚所致，又加之表不解，亦可表现为脉浮弱，与桂枝汤的脉浮缓极相似，这时就得根据患者的临床症状进行鉴别，即前者是太阳阳明合病，而后者是单纯的太阳病。若患者伴有口苦，则应辨证为太阳少阳合病，可以用柴胡桂枝汤；若患者再伴有口干渴，则应辨为太阳少阳阳明合病，可以用小柴胡汤合桂枝汤、白虎汤或用小柴胡汤合麻杏石甘汤。

后来该医生又仔细地询问了该患者，患者除上述诸症外，还有晨起口苦、干呕，故笔者考虑还有少阳合证，综合辨证为太阳少阳合病，建议给该患者予以柴胡桂枝汤原方，3剂，水煎服，日1剂。结果，患者服完1剂后恶寒、发热、头痛、鼻塞症状消失，继服2剂，口苦、汗出消失，无明显不适，病告痊愈。

笔者亦曾治疗一位感冒患者。徐某，女，23岁，学生，初诊日期为2007年1月20日。主诉：低热8d。患者8d前受凉后出现发热、恶寒等症状，就诊于某医院急诊科，给予退热抗感染等对症治疗后，热势减退，但仍有低热，晨起干呕明显，伴有咽痛、口干渴、饮水较多。他医予小柴胡颗粒治疗5d后无效，请笔者诊治。刻下症见低热，自测体温37.6℃，乏力，口干渴欲饮，咽痛，咳黄痰，晨起刷牙时干呕明显，无恶寒，口苦，二便调，食纳不佳，眠可，舌质淡红、苔薄白，脉弦细。

该患者是外感发热，由于误治而出现低热不退，其最主要的症状之一就是晨起干呕、口干明显。干呕是小柴胡汤证的四症之一。《伤寒论》第10条：“伤寒，中风，有柴胡证，但见一证便是，不必悉具。”见“干呕”这一证便可给予小柴胡汤，但仍然要结合患者的整体情况而用药。患者由于“血弱气尽腠理开”，外感病邪不解，传入半表半里，而出现干呕、乏力、咽痛、纳呆、低热不退。患者咽痛、口干渴欲饮，偶咳黄痰，是邪陷里证之阳明病。

临床上常见半表半里实热证的少阳病，常合并有阳明病。假如不以“釜底抽薪”之法治疗里实热之阳明病，半表半里实热之少阳病就不能从根本上解决。

综上所述，该患者六经辨证为少阳阳明合病，其方证为小柴胡汤加生石膏、桔梗、生薏苡仁证。方中加用桔梗，取桔梗汤之意，祛痰排脓、化痰止咳；生薏苡仁亦有祛痰排脓之功。笔者治疗兼有咽痛、咳嗽的少阳病，常在柴胡剂的基础上加用桔

梗、生薏苡仁以加强祛痰排脓之功，算是相对固定的“药对”。处方：柴胡12g，黄芩10g，清半夏12g，党参10g，炙甘草6g，生石膏（同煎）45g，桔梗10g，生薏苡仁18g，生姜10g，大枣10g。方中小柴胡汤和解少阳，生石膏清解阳明里热，又用生薏苡仁、桔梗清热化痰，排脓利咽。结果，患者服用1剂后低热症状消失，咽痛亦明显减轻，又服用1剂，诸症消失，病告痊愈。

前医给患者服小柴胡颗粒，说明该医已辨出患者病位在少阳，但忽略了患者的咽痛、口干渴欲饮、偶咳黄痰等阳明里热。少阳阳明合病，单纯用小柴胡汤和解少阳是不够的，和解少阳的过程中，必须兼清阳明里热，病方能解。

类似的例子，还有不少。比如，一般的医生，都知道“咽之不下，咳之不出”之痰气互结型的梅核气，用半夏厚朴汤治疗。但如果忽略患者的其他症状，如咽痛、吐黄痰、口干渴欲饮等阳明病，恶寒、汗出、低热等太阳病，腹泻、腹痛、腹部怕冷等太阴病，而仅仅用半夏厚朴汤是不行的，必须重视患者的整体状况，把握经方的整体观念，予以随证加减治疗。

二、误区二：只重方“证”对应，忽略病机

“方证”就是使用方剂的证据、依据、凭证，或者说是方剂的应用指征。这里的证据，主要是指患者的临床症状反应，也即疾病的症状及体征。

清代伤寒家柯韵伯说：“仲景之方，因证而设，非因经而设，见此证便与此方，是仲景活法。”岳美中在《岳美中论医集》中说张仲景的《伤寒论》《金匮要略》“察证候不言病理，出方剂不言药性，从客观以立论，投药石以祛疾。其质朴之实验学术，实逼近科学之堂奥，真是祛疾之利器。”[3]

以上两位医家之言给人感觉是：张仲景在《伤寒杂病论》中只讲“方证”，不讲“医理、病机”。因此，有的人误认为：用经方只要记住一些方药和其适应证就行了，不必学习其理论；有的甚至认为：经方不辨证，只要套用《伤寒杂病论》条文，什么方治什么病“对号入座”就行了。还有人把方证对应理解为辨析方剂所对应的症状体征与疾病表现出的症状体征是否相对应而进行治疗的过程。

其实，《伤寒杂病论》中处处体现了方剂—病机—症状体征的思辨过程，只不过这种病机的思辨形式不同于我们常见的脏腑经络、五行及运气学说等医经家的理论。因为《伤寒杂病论》与《神农本草经》《汤液经》同为经方体系[4]，经方家与《黄帝内经》的医经家不同，主要采用八纲辨证[5]。《汉书·艺文志·方技略》记载：“经方者，本草石之寒温，量疾病之浅深，假药味之滋，因气感之宜，辨五苦六辛，致水火之齐，以通闭解结，反之于平。”从班固对经方的描述可知，经方治病，是用药物的寒热温凉，治疗疾病的寒热阴阳。量疾病的浅深，即注意到疾病的病位在表（外）在里（内）。看《伊尹汤液经》有关“大青龙汤，治天行、表不解”“小泻脾汤，治……里寒外热”等方证记载可知，已用八纲即阴、阳、寒、热、虚、实、表、里进行辨证论治。对照《伊尹汤液经》和《伤寒杂病论》的方证，二者皆体现了八纲辨证。因此，《伤寒杂病论》中的医理及方剂与疾病症状体征的病机主要为八纲、六经、营卫、气血津液、食积等，我们读原文及用经方时绝对不能忽略客观的病机分析，特别是一些细微病机的分析，这样不但会影响中医辨证的疗效，而且有时也是非常危险的。

其实，“方证对应”中以方名证即包含有该方剂的病机内涵。比如，《伤寒论》原文第378条：“干呕，吐涎沫，头痛者，吴茱萸汤主之。”我们常将“干呕，吐涎沫，头痛”概括为吴茱萸汤证，其前提是辨出了寒饮上冲或肝寒犯胃、浊阴上逆的病机，不是说只要见到“干呕，吐涎沫，头痛”就认为是吴茱萸汤证，这就陷入了机械地“对号入座”了。

笔者先举一例曹颖甫先生的医案[6]来加以说明。《经方实验录》第三十案：若华（若华，人名，为曹颖甫之女）忽病头痛，干呕。服吴茱萸汤，痛益甚，眠则稍轻，坐则满头剧痛，咳嗽引腹中痛，按之，则益不可忍，身无热，脉微弱，但恶见火光，口中燥。曹颖甫先生分析后认为，该患者不类阳明腑实症状。盖病不专系肠中，而所重在脑，此张隐庵所谓“阳明悍热之气上循入脑”之证也（即西医所谓脑膜炎之类）。及其身无热、脉微弱之时，而急下之，所谓釜底抽薪也。若身有大热、脉大而实，然后论治，晚矣。处方：生大黄9g（原书剂量为三钱，一钱折合现在的3g，下同），芒硝9g，枳实12g，厚朴3g。结果若华女士服本方后约3h，即下，所下非燥矢，盖水浊也，而恙乃悉除，不须再诊。

笔者按语：该患者初诊时主症为头痛、干呕，前医根据《伤寒论》原文第378条：“干呕，吐涎沫，头痛者，吴茱萸汤主之。”认为是“方证对应”，简单机械地把患者的主症与经方的适应证对照，一看与吴茱萸汤的条文基本类似，就认为是吴

茱萸汤证，结果不但没有效，反而加重了症状。分析原因，还是医者忽略了辨证，既没有把《伤寒论》原文中吴茱萸汤证的病机搞清楚，也没有对患者头痛、干呕的病机辨明白，最终使患者症状加重。事实上，该患者的头痛、干呕为阳明腑实之热上冲所致，故曹颖甫先生予大承气汤通腑泄热、釜底抽薪而愈。

我们在学习《伤寒杂病论》方证的过程中，会学到很多公认的近乎“真理”的方证对应的例子，但绝对不能忽略病机的思辨而简单机械地对号入座。比如：我们通常把“咳而上气、喉中水鸡声”称为射干麻黄汤证，但绝对不能将“咳而上气、喉中水鸡声”与射干麻黄汤划等号，见到咳嗽、气喘、喉中痰鸣所谓的“咳而上气、喉中水鸡声”就用射干麻黄汤，因为“咳而上气、喉中水鸡声”还见于痰热内蕴证、水热互结证、单纯的寒饮内停证等，而射干麻黄汤证中此证包含有外寒内饮的病机。此外，我们常把“其人叉手自冒心、心下悸、欲得按者”称为桂枝甘草汤证，而其前提是患者有心阳不足的病机，因为临床上胸闷、心悸、气短所谓的“其人叉手自冒心、心下悸、欲得按者”还可见于水饮上冲之苓桂术甘汤证、心气阴两虚之炙甘草汤证，以及肝气上冲之小柴胡汤证等。《伤寒杂病论》是一部理论与实践密切结合的辨证论治之书，临证时必须时时联系临床实际，要把“抓主证”与“辨病机”两法结合起来，以加深对原文的理解，并开拓其临床应用。

我们知道，并不是说某人喜用经方，讲究方证对应，其临床水平就高，关键还要看临床辨证的能力。刘渡舟教授[7]曾说：“中医学以辨证为先，惟《伤寒论》一书，祖述岐黄之学，发明汤液之旨，对于辨证论治，独领风骚，高出人表，而为中医之魂。”因此，学习经方的方证体系及方证对应的思想，除了记住经方的药物组成及适应证，更重要的是要加强临床辨证之功夫，只有这样才能够做到“圆机活法”。

三、误区三：只重症状体征，忽略脉诊

脉诊，又称切脉、按脉，属切诊范畴，是中医诊察疾病、收集病情资料的重要方法之一。仲景十分重视脉诊的地位及作用，几乎在各篇目均冠以“脉证并治”字样，提出了脉证合参的诊断原则，而且也在《伤寒论》自序中即责怪了那些“不念思求经旨，以演其所知；各承家技，始终顺旧，省疾问病，务在口给；相对斯须，便出汤药；按寸不及尺，握手不及足；人迎趺阳，三部不参；动数发息，不满五十”等忽视脉诊的医生。

从《伤寒杂病论》所创立的辨证施治及方证对应思想中，虽然不直接讲述脉法，但脉学确是诊断的主要依据之一，并多次提到“观其脉证，知犯何逆，随证治之”。如“脉浮者，病在表，可发汗，宜麻黄汤”，“太阳病，先发汗不解，而复下之，脉浮者不愈，浮为在表，而反下之，故令不愈，今脉浮故在外，当须解外而愈，宜桂枝汤”。这些都是凭脉用药的具体运用。

目前有人用经方辨证的依据多是通过问诊获得的症状，这也是比较直接的途径。而脉诊往往比较主观，比如：某一患者的脉象是紧脉，但是有些医者就是诊不出来，结果或是弦脉，或是滑脉，便与患者的症状出现不符，此时，多数医者往往就舍弃了脉诊，或仅仅做样子摸一下而已，而不能把脉诊与症状作为一个整体的辨证依据来对待，继而影响了临床辨证的有效性。下面笔者试举例说明脉诊在方证对应中的作用不容忽视。

笔者曾治疗一位银屑病的患者。刘某，男，38岁，曾患银屑病8年余。当时患者症见：口干苦，渴欲饮水，胃脘部胀满，大便偏稀，周身乏力，头昏沉，时有胸闷心悸，食纳可，眠差，舌淡、苔白厚腻。分析认为：患者口干苦、渴欲饮水考虑为上热证；但患者的大便偏稀、胃脘部胀满就一定是下寒吗？不一定，这时需要通过脉诊才能决断。若脉沉滑无力，则考虑为里不足之证，说明大便偏稀为下寒，考虑为上热下寒，可用柴胡桂枝干姜汤。若脉象弦滑有力，则大便偏稀就是里热所致，就应该用小柴胡汤加减了。因为小柴胡汤也可以治疗大便稀溏。《伤寒论》第229条：“阳明病，发潮热，大便溏，小便自可，胸胁满不去者，与小柴胡汤。”柴胡桂枝干姜汤和小柴胡汤虽然表面上很容易区分，但在临床上，特别是有腹泻或大便偏稀的患者，有时症状很类似，这时脉诊起着很重要的鉴别作用。而这位患者的脉象是沉细滑无力，故笔者辨证为上热下寒证，用柴胡桂枝干姜汤加减，服药7付后，大便就正常了，其他的症状也明显减轻了，善后调理了2个月，病情稳定，未再复发。

很多时候，我们在临床上可见到脉与症不符合的情况，有人称之为“脉症分离”现象，或有人干脆取其中的一方面处方，称之为“舍脉从症”或“舍症从脉”。其实，我们这时不能只看到表面的冲突，而要细查患者深层次的细微病机是否一致。一般情况下都是一致的，因为人是一个整体，有什么样的脉就对应什么样的症状，至于医者自己觉得冲突，大多是由于辨证不够精确，一些细微的病机没

有看出来。

笔者曾治疗一位多发性骨髓瘤的患者，刘某，男，65 岁。初诊日期：2012 年 5 月 4 日。主诉：间断咳嗽、咳痰 2 周。患者 1 个月前确诊为多发性骨髓瘤；2 周前，患者于北京某医院行化疗，化疗后出现咳嗽、咳痰，服用复方甘草片、复方鲜竹沥及止咳糖浆后，疗效欠佳，经人介绍前来诊治。刻下症见：咳嗽、咳痰，痰色白量多，咽痛，口干苦，乏力，面色苍白，纳少，大便偏干，两日一行，舌红、苔少，脉沉细滑，重按无力。

初次看到病人，患者面色苍白，周身乏力，动则咳嗽气喘，声音低弱，给人第一感觉是一派虚弱之象。但在脉诊及询问患者的症状后，笔者发现，该患者为典型的“大实有羸状”。患者口干苦、咽痛、纳少、大便偏干，考虑为少阳阳明合病，方选大柴胡汤和解少阳、清解阳明里热；咳嗽、咳痰、痰色白量多、舌红、脉滑，考虑为痰热内蕴之阳明病，方选麻杏石甘汤合半夏厚朴汤清热化痰止咳，并加用桑白皮、黛蛤散、款冬花、紫苑加强清热化痰、止咳平喘之功。

或许会有人会问：你的辨证与舌脉符合吗？少阳阳明合病挟有痰热内蕴能见到舌红、苔少的舌象吗？能见到脉沉细、重按无力的脉象吗？这些疑问也是笔者在当时临证时考虑到的，因为临床上确实存在脉象与症状在表面上不“符合”的情况。笔者考虑患者当时刚化疗结束，在化疗期间用了很多激素还有化疗药等所谓大热大毒之药，导致体内实热之证增剧，实热会急剧耗伤人体津液，故出现舌红、少苔；此外，实热之邪会煎灼津液形成痰湿，痰湿之邪会阻滞经络，而且实热之邪耗伤人体津液，而出现脉沉细、重按无力的脉象。虽然患者有津液亏虚的一面，但目前的主要矛盾还是实热之邪，故而以祛邪为先，正所谓“祛邪即为扶正”。

处方：大柴胡汤合麻杏石甘汤、半夏厚朴汤加桑白皮、黛蛤散、款冬花、紫苑。柴胡 25g，黄芩 10g，清半夏 9g，枳实 10g，生大黄 8g，白芍 20g，厚朴 15g，生姜 10g，大枣 10g，茯苓 20g，紫苏子 15g，桑白皮 15g，紫苑 15g，款冬花 15g。7 剂，水煎服，日 1 剂。嘱饮食清淡，忌食生冷、辛辣、甘甜之品。患者服完 7 剂后，大便通畅，1 日 1 行，纳食增，咳嗽、咳痰及体力较前明显好转，后以柴胡剂合上半夏厚朴汤、增液汤相继调理了 1 个月，诸症减轻，舌淡红，苔薄白，脉细滑，重按有力。

脉象和症状，同为疾病本质反映于外的表象。因此，我们在临床上必须脉症合参、脉症统一，分析病症有脉可凭，查脉有症可参，从纷乱的现象中，抓住疾病的本质，才能达到辨证有据，脉一证一方对应，才能不断提高临床疗效。

四、误区四：只重单方，忽略合方

《伤寒杂病论》原书中大多以方剂的单方形式记录，重在阐述单个方的方证特点及其辨证要点。但仲景亦举例了合方的应用，比如桂枝麻黄各半汤、桂枝二麻黄一汤、桂枝二越婢一汤、柴胡桂枝汤等，意在通过合方形式以启迪后人，在复杂多变的临床诊疗中，根据患者的具体症状及病机合方运用。值得注意的是：仲景在书中仅仅是举例说明了合方的思想，没有把所有的合方情况都举例，事实上也不可能都列举完。因此，临床上合并运用经方时，并不是说仲景没用过的合方我们就不能用，只要符合患者的病机、主证的，均可以合而用之。特别是目前患者受各种影响因素比较多，病机往往比较复杂，经方合用的机会比较多，值得同行注意。

笔者亦曾治疗 1 例银屑病的患者，李某，男，28 岁。初诊日期：2008 年 6 月 12 日。患银屑病 7 年余，经中西医结合治疗均效果欠佳，反复发作，精神低靡，对本病已几乎失去信心，后来想服某种保健品，咨询于笔者，笔者建议其服用中药一试，答应。当时症见：周身皮肤散在皮疹，瘙痒，搔抓后有血痂，口干苦，渴欲饮水，胃脘部胀满，大便偏稀，周身乏力，头昏沉，时有胸闷心悸，食纳可，眠差，舌淡苔白厚腻，脉沉滑。

该患者口干苦、渴欲饮水为上热；大便偏稀、胃脘部胀满，为下寒；周身乏力、苔白厚腻、脉沉，为有水饮内停之象；头昏沉、时有胸闷、心悸、脉沉滑为水气上冲心胸之证。上热下寒，属于半表半里寒热错杂之证，即六经的厥阴病。厥阴病属于半表半里，因为邪无出路，故不能采用汗吐下法，当治以和解之法，方用柴胡桂枝干姜汤清上温下治疗上热下寒厥阴病之根本；针对患者的头昏沉、时有胸闷心悸之水气上冲心胸之证，合用苓桂术甘汤、茯苓杏仁甘草汤，因苓桂术甘汤擅长治疗水气上冲导致的“心下逆满、气上冲胸、起则头眩、脉沉紧”等症，茯苓杏仁甘草汤亦治疗水饮所致的“胸痹，胸中气塞，短气”。此外，因患者口干渴等上热症状明显，加用生石膏加强清上热之力。综合处方：柴胡桂枝干姜汤合苓桂术甘汤、茯苓杏仁甘草汤加生石膏。柴胡 16g，桂枝 10g，干姜 5g，天花粉 12g，生龙骨、牡蛎各 15g，黄芩 5g，炙甘草 6g，茯苓 30g，白术 10g，杏仁 10g，生石膏 10g。7 剂，水煎服，日 1 剂。患者服完 7 剂后，胃脘部胀满、大便偏稀、头昏沉、胸闷心悸、周身乏力较前明显好转，周身皮疹瘙痒亦好转，部分已脱落消失，后间断用本方合其他方药善后调理 1 个月后停药，至今 1 年余未再复发。

或许有人会问：患者有大便偏稀的虚寒症状，为何还敢用寒凉之石膏？笔者认为，患者虽有下寒之证，也有口干渴等上热之证。因为上热症状明显，故加用生石膏。见寒治寒，见热治热，寒热错杂则寒热并投，寒热之药绝非相互抵消，而是分途治之，各得其所，正合仲景“方证对应”“有是证用是方”的精神。

五、误区五：只重经方，忽略时方

有人认为，只有经方才有方证对应，时方是根据疾病病机选择治法，再根据治法选方用药，往往不需要方证对应。其实不然，临床上无论是经方派、还是时方派，无论运用哪种辨证方法，最后处方时大多都会选择与证相符的方剂，或不经意间运用方证对应的思想。

目前大多数人认为，时方是后世医家根据《内经》理论及在《伤寒杂病论》的基础上发展而来的，为仲景之后无数医家临床经验之总结，是对经方的继承与发展。时方取法于经方，又不同于经方，乃后世医家根据时代特点，因时因地因人因病制宜，主用五行六气、经络脏腑、病因等辨证，具有灵活多变的特点。

后世医家有重经方而轻时方者，亦有厚时方而薄经方者，皆不可取。须知，经方时方，皆乃古代医家历经无数临床实践而得的宝贵经验，无数次活人于危难之际，不可轻视之。经方时方各有特色，经方示人以规矩准绳，而时方在严守经方法度的同时又示人以巧，使用恰当，二者皆乃活人之利器。方有古今之异，格调不尽相同，但它们具有不可分割的内在联系。《伤寒论》为方书之祖，时方乃是方之流，有源才能有流，有流才能取之不尽用之不竭。用经方不效者，用时方不效者，其罪非在于方，而在于人。用方取效之关键不在方剂之古今，而在于医生辨证准确与否。因此，医家不宜心存经方时方之偏见，而须以临床实效为标准，如此方可不悖中医发展之目的。

刘渡舟教授[8]亦认为“后世之方剂，也与仲景的经方有着必然的内在联系，它们本是同气连枝的，从古到今是一条道相通的”，倡导经方与时方的合用，称之为“古今接轨”，而不是简单地叫作合方，也是考虑到经方与时方本来同轨，分之则成为两个时段，合用则如同铁路之轨相接，若经名医巧匠之手，使其巧妙结合，则古今之方浑然一体。刘老提出的“古今接轨论”，充分体现了古方与今方之间的必然联系。比如，后世有逍遥散、丹栀逍遥散、柴胡疏肝散、龙胆泻肝汤，在一定程度上弥补了少阳病兼证的治疗空白；后世的三仁汤、八正散、甘露消毒丹、连朴饮、藿朴夏苓汤等方剂，丰富了湿热内蕴阳明病的治疗；后世的当归拈痛汤、加味苍白散、宣痹汤、四妙散扩大了湿热下注痹证的治疗范围。临床上可以根据患者的具体脉症，只要方证对应，均可加减运用。

因此，我们在学习经方的方证对应思想时，切不可只专注于经方，而忽略时方。临床上只要与患者病机、主证相吻合的方剂，只要方证对应，无论是经方还是时方，均可运用，或单用，或合用皆可。

六、误区六：只重方证，忽略药量

很多医者在临床诊疗运用方证对应时，仅仅是注重了方剂与脉症、病机的相应，却忽略了药物剂量与脉症、病机的严格对应。其实，后者在一些情况下对治疗效果起着至关重要的作用，笔者试举两例说明之。

笔者曾治疗 1 例腰及双膝关节疼痛的患者，刘某，女，46 岁。初诊日期：2012 年 4 月 12 日。主诉：腰及双膝关节疼痛半年余。半年前，患者无明显诱因出现腰痛及双膝关节疼痛、恶寒，就诊于某医院。行腰椎 X 线检查示：重度腰椎退行性病变；腰椎核磁共振成像提示：腰椎间盘突出症。服用强骨胶囊、盘龙七片等中成药，疗效欠佳，医院建议患者手术治疗，患者因惧怕手术风险，想用中医保守治疗，经人介绍，前来治疗。刻下症见：腰痛，双膝关节疼痛，单独不能行走，须有人搀扶，腰以下恶寒、恶风，轻微吹风后腰痛加重，口干渴欲饮水，纳可，二便调，舌红苔薄黄腻，脉沉细滑，以双尺为甚。

患者腰痛、双膝关节疼痛、口干渴欲饮水、舌红苔薄黄腻，脉滑，考虑为湿热下注之阳明病，方选四妙散清热利湿止痹痛，并合上白虎加人参汤以加强清热生津之功；腰以下恶寒、恶风，脉沉细，考虑为少阴病，方选麻黄附子细辛汤散寒止痛。综合辨证为阳明少阴合病，处方：四妙散合白虎加人参汤、麻黄附子细辛汤：苍术 10g，黄柏 10g，川牛膝 15g，生薏苡仁 30g，生麻黄 5g，附子 10g，细辛 6g，生石膏 30g，知母 15g，党参 10g，炙甘草 5g，粳米 10g。5 剂，水煎服，日 1 剂。

患者服完 5 剂后，仍然恶寒、疼痛如故，笔者认为辨证无误，然为何会无效呢？进一步考虑，患者恶寒疼痛等下寒证较重，而处方中的生麻黄、附子、细辛量小而致，即所谓“病重药轻”，于是笔者逐渐将麻黄、附子、细辛分别增加至18、30、20g，服用7剂后下半身恶寒、疼痛大减，已能自己活动，不需别人搀扶了，而且口干、渴欲饮水症状亦好转，舌象转为舌淡红，苔薄白。继服上方7剂，诸症大减，现能正常活动。

笔者亦曾治疗一例消渴患者。夏某，女，53岁。初诊日期：2011年4月13日。主诉：腰痛、乏力2月余。近2个月来，患者无明显诱因出现腰痛、乏力，口干，晨起尤甚，自认为是“肾虚”，自服六味地黄丸2个月，症状未见明显改善，为求中医系统治疗前来诊治。既往有高血压病史5年，现服用硝苯地平缓释片30mg，1次/d，血压不稳定，晨起收缩压140～160mmHg，舒张压80～100mmHg；空腹血糖在7～8mmol/L，餐后血糖10～11mmol/L，患者曾服用降糖药，但血糖时高时低，空腹血糖有时下降至4mmol/L，有明显不适，遂停用。刻下症见：腰痛，左侧膝关节疼痛，乏力，眼干，口干，渴欲饮水，以晨起尤甚，无口苦，双下肢轻度浮肿，纳可，二便调；舌红，苔白，少津，脉滑数。

患者口干、眼干、渴欲饮水、舌红、脉滑数，考虑为里实热之阳明病，与白虎加人参汤清热生津止渴；患者腰痛、左侧膝关节疼痛、双下肢轻度浮肿、乏力、苔白，考虑为湿热内蕴，下注至腰部及关节所致，方选四妙散清热利湿。因患者腰痛及膝关节疼痛，加一味鸡血藤活血通络止痛。因患者双眼干涩，加一味菊花疏散风热明目。

处方：白虎加人参汤合四妙散加鸡血藤、菊花。生石膏30g，知母20g，炙甘草5g，粳米15g，苍术10g，黄柏10g，川牛膝15g，生薏苡仁30g，鸡血藤30g，菊花30g。7剂，水煎服，日1剂。嘱忌食辛辣、刺激、甘甜、生冷之品。

二诊：患者服完7剂后，口干、腰痛及膝关节疼痛较前好转，舌质红，苔白，仍少津，脉滑。考虑上方有效，继用上方，但清热力量稍弱，继续加大生石膏及知母量，生石膏用量增至60g，知母增至30g。上方继服7剂。

结果：患者继服7剂，诸症减轻，但舌质红，苔白，少津，感觉清热力量还是不够，于是将生石膏的量增加至100g，知母量增加至50g，继服7剂后，诸症大减，口干、乏力、下肢水肿已不明显，腰痛及膝关节痛消失，高血压基本正常，硝苯地平缓释片30mg，1次/d，改为10mg，1次/d，晨起收缩压110～130mmHg，舒张压60～80mmHg；空腹血糖5～6mmol/L，餐后血糖7～9mmol/L。继用上方调理，无明显不适。

笔者上述两例医案，都是在方证对应的情况下，疗效欠佳，究其原因是由于药量不足所致。因此，我们在用经方时，除了讲究“方”与“证”对应外，药物的剂量亦必须与证对应。

综上所述，方证相应的思想不仅可以拓展经方辨证的思路，而且也可以提高中医辨证论治的诊疗规范及有效率。因此，笔者认为在临床上运用经方以及方证对应时不仅要重视患者的脉症等临床症状反应，同时将“抓主证”与“辨病机”结合起来，更要注意患者整体情况综合辨证，不能顾此失彼，同时不能忽略时方、合方及药物剂量，避免临证误区，以提高临床疗效。

七、利益冲突

所有作者声明不存在与本文相关的任何利益冲突。

参考文献

[1] 王阶，熊兴江，何庆勇，王师菡．方证对应内涵及原则探讨．中医杂志，2009，50（3）：197～199.

[2] 刘渡舟．使用经方的关键在于抓主证．北京中医学院学报，1981，22（4）：76.

[3] 岳美中，陈可冀．岳美中医学文集．北京：中国中医药出版社，2000：441.

[4] 冯世纶，张长恩．解读张仲景医学．北京：人民军医出版社，2006：4～11.

[5] 冯世纶．经方的辨证论治体系．中国医药学报，2002：17（9）：554～557.

[6] 曹颖甫．经方实验录．北京：学苑出版社，2008：64.

[7] 刘渡舟．方证相对论．北京中医药大学学报，1996，19（1）：3～5.

[8] 刘渡舟，刘燕华．古今接轨论．北京中医药大学学报，1995，18（3）：8～10.

[《中西医结合学报》2012，10（12）：1363]

经方合方辨治身疼痛

苗小玲　王　付　河南中医学院

一、阳虚寒湿证

阳主温煦肌肉关节。若阳气虚弱，不能温煦，寒湿乘虚侵袭，凝滞于肌肤骨节，故身疼痛。如《伤寒论》第305条：“少阴病，身体痛，手足寒，骨节通，脉沉者，附子汤主之。”临床上可见于骨质增生、腰椎间盘突出、风湿性关节炎等，其表现主要有身疼痛、骨节疼痛、手足寒冷、口中和、脉沉等，治当温暖肾阳、驱逐寒湿，可选用附子汤与麻黄附子细辛汤合方[1]：附子10g，茯苓9g，人参6g，白术12g，白芍9g，麻黄6g，细辛6g。若关节疼痛者加大麻黄、细辛用量，以散寒通络止痛；若湿盛者加羌活、川芎，以行气化湿通络；若经气不通加桂枝、当归，以通经调经止痛等。

二、气血虚痹证

气血主滋养肌肤关节。若气血不足，肌肤不得所荣，筋脉肌肉挛急，故身疼痛。如《伤寒论》第62条："发汗后，身疼痛，脉沉迟者。"临床上可见于肌肉风湿、关节炎、神经性肌肉痛等，其表现主要有身疼痛、肌肉疼痛、因劳累加重、面色不荣、头晕目眩、或发热、汗出、头痛、关节活动不利、舌淡、苔薄、脉沉迟等，其治当益气生血、调和营卫，可选用桂枝新加汤与当归补血汤合方：桂枝9g，白芍12g，生姜12g，炙甘草6g，人参9g，大枣12枚，黄芪30g，当归6g。若血虚身痛者加大当归、白芍用量，再加川芎以补血行血、调理经脉；若气虚明显者加大黄芪用量，再加山药以益气荣脉；若汗出多者加五味子、牡蛎，以益阴敛阴止汗等。

三、风寒湿痹证

太阳职司营卫筋脉。若风寒湿浸淫，导致经气经脉阻滞不通，故身疼痛。如《金匮要略》痉湿暍病脉证治第二20条："湿家，身烦疼，可与麻黄加术汤，发其汗为宜；慎不可以火攻之。"临床上可见于风湿性关节炎、类风湿性关节炎、坐骨神经痛等，其表现主要有身疼痛剧烈而烦扰不宁、无汗，遇风寒湿则加剧，关节疼痛、舌淡、苔薄、脉浮或紧等。其治当解表散寒、除湿止痛，可选用麻黄加术汤与乌头汤合方[2]：麻黄9g，桂枝6g，炙甘草9g，杏仁12g，白术12g，白芍9g，黄芪9g，川乌10g。若夹血瘀者加当归、川芎，以温经散寒、通络止痛；若疼痛明显者加乳香、威灵仙、独活，以活血行气、通络止痛；若湿阻经气者加羌活、独活，以祛风胜湿止痛等。

四、风湿热痹证

风湿热浸淫肌肤经脉关节，导致经气经脉阻滞不通，故身疼痛。如《金匮要略》痉湿暍病脉证治第二21条："病者一身尽疼，发热，日晡所剧者，名风湿。此病伤于汗出当风，或久伤取冷所致也。"临床上可见于风湿性关节炎、骨质增生、坐骨神经痛等，其表现主要有一身尽疼痛，发热甚于晡时，四肢沉重、头昏、疼痛游走不定、舌质红、苔薄黄、脉沉等。其治当发表祛风、利湿清热，可选用麻杏薏甘汤与白虎加桂枝汤合方：麻黄9g，杏仁12g，薏苡仁9g，知母18g，石膏48g，粳米18g，桂枝9g，甘草18g。若郁热明显者加大薏苡仁用量，再加秦艽、桑枝，以清热通络止痛；若舌质红甚者加生地黄、赤芍、当归，以清热凉血活血；若关节拘急不利者加川芎、白花蛇，以行血祛风通络；若关节疼痛明显者加乳香、没药、穿山甲，以活血通络止痛等。

五、阳虚肌痹证

阳虚不得温煦肌肤筋脉，寒气乘虚侵袭，导致经气经脉阻滞不通，故身疼痛。如《金匮要略》痉湿暍病脉证治第二23条："伤寒八九日，风湿相搏，身疼痛，不呕不渴，脉浮虚而涩者。"临床上可见于糖尿病神经病变、风湿性关节炎、骨质增生、坐骨神经痛等，其表现主要有身疼痛、不能自转侧，遇风寒加剧，不呕、不渴、大便溏、小便不利或水肿、舌淡、脉浮虚而涩等。其治当温阳通经、祛风散寒，可选用桂枝附子汤与黄芪桂枝五物汤合方：桂枝12g，附子15g，生姜18g，炙甘草6g，大枣12枚，黄芪9g，白芍9g。若关节疼痛明显者加川乌、细辛，以散寒温经止痛；若夹瘀血者加当归、桃仁，以活血止痛；若气虚者加黄芪、白术，以益气固表等。

六、太阳伤寒证

寒为阴邪，寒主收引、主凝滞。风寒侵袭筋脉，导致经脉凝滞不利，故身疼痛。如《伤寒论》第3条："太阳病，或已发热，或未发热，必恶寒，体痛，呕逆，脉阴阳俱紧者，名为伤寒。"又如第35条，"太阳病，头痛，发热，身痛，腰痛，骨节疼痛，恶风，无汗而喘者，麻黄汤主之。"临床上可见于风寒感冒、风湿性关节炎、肌肉风湿等，其表现主要有身痛、腰痛、骨节疼痛、筋脉挛急、无汗或发热，或恶风寒，或头痛，或咳嗽，或气喘、呕逆、口不渴、舌淡苔白、脉浮紧等。其治当散寒解表、通利关节、宣肺平喘，可选用麻黄汤与葛根汤合方[3]：麻黄9g，桂枝6g，杏仁12g，葛根12g，生姜9g，白芍6g，大枣12枚，炙甘草6g。若项背痛者加桃仁、威灵仙，以活血舒筋；若肌肉关节疼痛者加当归、川芎、羌活，以活血行气止痛；若疼痛如针刺者加水蛭、虻虫，以破血逐瘀；若筋脉拘急者加羌活、栝楼根，以通达经气、滋荣筋脉；若气虚者加黄芪、白术，以健脾益气固表等。

七、营卫不和证

营卫主滋荣温煦筋脉。营卫不和，筋脉不得温煦筋脉，故身疼痛。如《伤寒论》第387条：“吐利止，而身痛不休，当消息和解其外。”临床上可见于肌肉风湿、风湿性关节炎、肠胃型感冒或反复感冒等，其表现主要有肢体疼痛、因劳加重或咳嗽、干呕、鼻鸣、发热或恶风寒、头痛、口不渴、舌淡苔白、脉浮缓或浮弱等。其治当解肌发汗、调和营卫，可选用桂枝汤与当归四逆汤合方：桂枝9g，白芍9g，生姜9g，炙甘草6g，大枣25枚，当归9g，细辛9g，通草6g。若疼痛甚者加大白芍、桂枝、炙甘草用量，以和营卫止痛；若多汗身痛者加大白芍用量，再加五味子，以敛阴止痛；若恶风寒甚者加附子、细辛，以温阳通经散寒；若气虚者加黄芪、白术、防风，以益气固表等。

参考文献

[1] 王付．伤寒杂病论增补用方［M］．北京：学苑出版社，2007：230.
[2] 王付．伤寒杂病论释疑解惑［M］．北京：人民军医出版社，2009：485.
[3] 王付．伤寒杂病论字词句大辞典［M］．北京：学苑出版社，2005：633.

［《中国中医基础医学杂志》2012，18（2）：187］

经方用量探索与实践

王　付　河南中医学院经方研究所

研究经方剂量目前虽有诸多不同见解与认识，但争论的焦点主要有汉代一两等于3g和15.625g两种说法。笔者认为，从历代文献考证研究经方剂量必须以结合当今临床实际为切入点，若脱离临床运用的文献考证即使有充分的理论根据，也是无法指导临床实践的，于此试将研究、探索、运用经方剂量体会介绍于此。

一、思辨经方用量

医生运用经方治病，为何有的用之有良好的疗效，有的用之未能取得疗效，有的用之不仅没有疗效且有弊端，从用方角度究其主要原因并非不会用药，而是忽视经方中用量调配，因治病用药比较容易，确定剂量则比较难。再则，治病用药究竟选用多少最为合适，仅凭某一个人在临床中摸索、探索、积累与总结，既花费大量精力又难以得出确切结论，对此只有借鉴历代医家治病用药经验，才能更好地运用经方辨治病证。经方是张仲景在“勤求古训，博采众方”的基础上进行提炼、归纳、总结而成，亦即经方用量是对前人经验认识与临床实践的总结与结晶。又如用柴胡多少量在方中能发挥升举阳气作用，用多少量能发挥解表透邪作用，用多少量能发挥疏肝解郁作用，用多少量能发挥清热解毒作用，对此只有借鉴历代医家治病的成功经验，才能提升理论认识水平与临床应用能力。

（一）经方用量与13.8g或15.625g

张仲景在《伤寒杂病论》中设方260首，用量分别是两、分、铢、钱匕，升、合，以及几枚、几个等，目前争议较大的是一两有多少克。柯雪帆等[1]研究经方用量得出一两为15.625g；仝小林等[2]研究经方也得出《伤寒论》经方1两约合今称15.625g；李赛美等[3]认为《伤寒论》的一两等于13.8g。据此推算张仲景《伤寒杂病论》麻黄汤中麻黄三两约41.4g～46.8g之间，大承气汤中大黄四两约55.2g～62.4g，大青龙汤中用麻黄六两约82.8g～93.6g，大陷胸汤中用大黄六两约82.8g～93.6g。

（二）经方用量与3g

根据明代李时珍《本草纲目》“今古异制，古之一两，今用一钱可也。”清代程知于《伤寒经注》“大约古用一两，今用一钱足也。”的论述，“古”当指东汉时期，“今”当指其所处的时代，故将《伤寒杂病论》方药剂量单位折算为一两3g[4]。据此推算张仲景《伤寒杂病论》麻黄汤中麻黄三两即约9g，大承气汤中大黄四两即约12g，大青龙汤中用麻黄六两约18g，大陷胸汤中用大黄六两约18g。笔者认为：“如大黄附子汤是辨治寒结证的基础方，方中用大黄量若一两按14g计算，三两即42g，药后不仅寒邪仍在，且还会加重寒邪；若一两按3g计算，则能达到通下愈疾且不助寒之目的。”[5]选用经方剂量，若能恰到好处，则药到病解；若未能切中病变证机，不仅无益于病，还会加重病情或导致病情发生其他变化。

二、实践经方用量

桃核承气汤是辨治瘀热证的基础方，方由桃仁五十个（约10g），大黄四两，桂枝二两，炙甘草二两，芒硝二两所组成。潘永年[6]在应用桃核承气汤中：①治疗斑秃用桃仁10g，桂枝12g，大黄6g，芒硝4g（冲服），炙甘草6g；②治疗男性早秃用桃仁 10g，桂枝 6g，大黄 3g，芒硝 4g（冲服），炙甘草 3g；③治疗慢性荨麻疹用桃仁 10g，桂枝 6g，大黄 6g，芒硝 4g（冲服），炙甘草 6g；④治疗左肩胛下慢性皮炎用桃仁 10g，桂枝 12g，大黄 6g，芒硝 4g（冲服），炙甘草 6g；⑤左小腿慢性皮炎用桃仁 10g，桂枝 12g，大黄 6g，芒硝 4g（冲服），炙甘草 6g；⑥治疗黑甲用桃仁 10g，桂枝 12g，大黄 6g，芒硝 4g（冲服），炙甘草 6g。潘永年用桃核承气汤中炙甘草、芒硝用量基本符合一两 3g，桂枝用量加大一倍，大黄用量减少 1/2；黄志荣等[7]应用桃核承气汤预防全髋关节置换术后深静脉血栓形成中，桂枝、炙甘草、芒硝符合一两 3g，大黄略大于一两 3g。

小陷胸汤是辨治痰热证的基础方，方由黄连一两、半夏半升、瓜蒌实大者一枚所组成。余秋平等[8]报道仝小林用小陷胸汤中黄连量是一两 15.625g 的近 2 倍。

葛根芩连汤是辨治湿热证的基础方，方由葛根半斤、炙甘草二两、黄芩三两、黄连三两所组成。余秋平等[8]报道仝小林用葛根芩连汤中葛根量是一两 15.625g 的近 1/3，黄连、黄芩量是一两 15.625g 的近 2/3。

干姜黄连黄芩人参汤是辨治寒热夹杂证的基础方，方由干姜三两、黄连三两、黄芩三两、人参三两所组成。余秋平等[8]报道仝小林治疗糖尿病末梢神经病变经验中干姜量是一两 15.625g 的近 1/3，黄连、黄芩量是一两的近 2/3，用西洋参量是一两 15.625g 的近 1/8。可见仝小林用经方药量既有不足一两 3g 的，又有接近一两 15.625g 的 2 倍。

桂枝汤是辨治营卫不和证的基础方，方由桂枝三两，芍药三两，生姜三两，大枣 12 枚，炙甘草二两组成。许庆友[9]介绍谢海洲用桂枝汤加味治疗癫痫，其中用桂枝 10g，白芍 15g，生姜 3 片，甘草 6g，大枣 5 枚，茯苓 15g，地龙 10g，僵蚕 10g，石菖蒲 10g，谢海洲用桂枝汤中桂枝、甘草量基本接近于一两 3g，白芍量大于一两 3g 的 1/2。龚鹏[10]运用瓜蒌薤白半夏汤合桂枝汤加减治疗心前区压榨性疼痛，桂枝汤中桂枝、赤芍量基本接近一两 3g。安乐君等[11]治疗单臂不遂 5 年，用桂枝汤，桂枝、赤芍、甘草量基本接近一两 3g。

桂枝去芍药加麻黄附子细辛汤是辨治寒凝夹虚证的基础方，方由桂枝三两，生姜三两，甘草、大枣、麻黄二两，细辛二两，（制）附子一枚（约 5g）组成。杨晨光等[12]运用桂枝去芍药加麻黄附子细辛汤治疗：①“结肠癌术后肝转移”用桂枝、（炙）麻黄、（制）附子（先煎）各 6g，细辛、吴茱萸各 3g，党参、（炒）白术各 30g，生姜 12g，大枣 3 枚。方中麻黄量一两 3g。桂枝、细辛量均小于一两 3g。②“肺癌癌性发热”用桂枝、生姜各 12g，（炙）麻黄 6g，细辛 3g，（制）附子（先煎）、杏仁、炙甘草各 9g，（炮）干姜 3g，大枣 3 枚。方中麻黄量一两 3g，桂枝、生姜量大于一两 3g 的 1/3，用细辛量小于一两 3g 的 1/2，炙甘草量大于一两 3g 的 1/2。

小青龙汤是辨治肺寒饮证的重要代表方，方由麻黄三两，芍药三两，细辛三两，干姜三两，炙甘草三两，桂枝三两，五味子半升，半夏半升组成。杨荣源等[13]用小青龙汤中麻黄、桂枝、干姜、芍药量接近一两 3g，细辛量是一两 3g 的 1/3，甘草量是一两 3g 的 2/3。麻黄附子细辛汤是辨治寒郁证的基础方，方由麻黄二两，细辛二两，附子一枚所组。赵展荣等[14]介绍李文瑞治疗：①李某，女，18 岁，用麻黄 5g，（制）附子 10g（先煎），细辛 3g；②张某，女，53 岁，（制）附子 30g，（炙）麻黄 10g，细辛 6g，人参 25g，黄芪 25g。麻黄附子细辛汤中麻黄量接近一两 3g，细辛量是一两 3g 的 1/2。

《中医杂志》“名方应用”栏目 2012 年第 1 期《小柴胡汤治验实录》中介绍刘渡舟[15]治疗午后长期发热医案，用柴胡一两 3g 的近 2/3，黄芩接近一两 3g，人参、甘草、生姜量是一两 3g 的 1/3。第 2 期《四逆汤治验实录》中介绍胡希恕[16]治疗慢性肝炎医案，用甘草量是一两 3g 的 2 倍，干姜量是一两 3g 的近似 2 倍。第 4 期《桂枝汤治验实录》中介绍夏仲[17]治疗经后腹痛医案，用桂枝、白芍、甘草量一两 3g 的 1/2。第 6 期《当归芍药散治验实录》中介绍岳美中[18]治疗慢性盆腔炎、腹痛带多医案，当归量是一两 3g，川芎量是一两 3g 的近 1/4，白芍量是一两 3g 的 1/8，泽泻量是一两 3g 的 1/4，白术量是一两 3g 的近 1/2。

大黄附子细辛汤是辨治寒结证的基础方，方由大黄三两，附子三枚，细辛二两所组成。李燕敏等[19]以大剂量和小剂量相比，大剂量组疗效更明显。大剂量组大黄 30g 是三两 9g 的近 3 倍，（制）附子（3 枚）30g，细辛 3g 是二两 6g 的 1/2。若按一两 15g 计算，大黄量 30g 是三两 45g 的 2/3，细辛量 3g 是二两 30g 的 1/10。

笔者运用麻黄汤与小柴胡汤合方治三叉神经痛中用麻黄、黄芩、生姜、炙甘草各 10g，桂枝 6g，党参、杏仁、川芎各 10g，柴胡 24g，半夏、薄荷各 12g，大枣 12 枚。又如用四君子汤、海蛤汤与真武汤合方辨治糖尿病酮症酸中毒中用红参 15g，白术

15g，茯苓15g，炙甘草15g，海马10g，蛤蚧1对，白芍10g，生姜10g，（制）附子5g，山药15g，杜仲12g，牛膝24g[20~21]。治病用经方量与一两3g相同。

综上所述，运用经方辨治疾病欲取得最佳疗效，遴药定量的基本原则是遵循一两3g左右，而按一两15.625g辨治病证的则是极少数，但在临床实际中因病变证机差异可酌情调整经方用药剂量，以使方药能够更好地切中病变证机，达到预期治疗目的。

参考文献

[1] 柯雪帆，赵章忠，张平萍，等.《伤寒论》和《金匮要略》中的药物剂量问题[J].上海中医药杂志，1983，21（12）：36~38.

[2] 仝小林，穆兰澄，姬航宇，等.《伤寒论》药物剂量考[J].中医杂志，2009，50（4）：368~372.

[3] 李赛美，邓烨，方敛锋.汇聚国际资源，经方扬帆世界[J].中医药通报，2012，11（1）：16.

[4] 王付.经方学用解读[M].北京：人民军医出版社，2005：4.

[5] 王付.经方大黄煎煮与用量[J].中医杂志，2012，53（7）：617~618.

[6] 潘永年.桃核承气汤在皮肤病治疗中的应用[J].中医杂志，2012，53（6）：523~524.

[7] 黄志荣，张强，胡湘洪，等.桃核承气汤预防全髋关节置换术后深静脉血栓形成[J].中医杂志，2010，51（11）：975~977.

[8] 余秋平，仇菲，周源，等.仝小林治疗糖尿病末梢神经病变经验[J].中医杂志，2012，53（2）：160~162.

[9] 许庆友.谢海洲巧用经方治顽症[J].中医杂志，2008，49（5）：402~403.

[10] 龚鹏.桂枝汤治疗胸痹病的机理探讨[J].中国中医基础医学杂志，2011，17（6）：644~645.

[11] 安乐君，刘佰林.跟师刘继祖学习经方偶得[J].中国中医基础医学杂志，2011，17（10）：1160.

[12] 杨晨光，许鹏，曹永康，等.桂枝去芍药加麻黄附子细辛汤治疗恶性肿瘤心得[J].中医杂志，2012，53（3）：253~254.

[13] 杨荣源，林燕凤，李际强.小青龙汤加减治疗慢性阻塞性肺病急性加重期临床观察[J].新中医，2009，41（1）：43~44.

[14] 赵展荣，黄飞，李秋贵.李文瑞治疗心动过缓验案3则[J].中医杂志，2007，50（7）：592~593.

[15] 小柴胡汤治验实录[J].中医杂志，2012，53（1）：89.

[16] 四逆汤治验实录[J].中医杂志，2012，53（2）：179.

[17] 桂枝汤治验实录[J].中医杂志，2012，53（4）：359.

[18] 当归芍药散治验实录[J].中医杂志，2012，53（6）：539.

[19] 李燕敏，占永立，连凤梅，等.不同剂量大黄附子细辛汤治疗慢性肾功能衰竭疗效对比观察[J].中医杂志，2011，52（24）：2106~2108.

[20] 王付.麻黄汤合方应用札记[J].新中医，2010，42（2）：82~83.

[21] 王付.经方时方合用辨治糖尿病及其合并症[J].辽宁中医杂志，2011，38（11）：2253~2254.

[《中医杂志》2012，53（22）：1899]

经方中胶饴应用辨析

马新童　狄　红
新疆和田市人民医院中医科
杨　栋　北京中医药大学
张广中　首都医科大学附属北京中医医院

应用经方治疗疾病往往可取得如风吹云、立竿见影之效。然而，医圣张仲景在经方的论述过程中可谓字字珠玑，对其中诸如药物的选择、炮制、剂量、配伍比例、煎法、服法、药后反应等每一个细节都做了明确的交代。医者在经方的应用过程中要真正地做到如理、如法，才能取得经方之神效。笔者在多年的临床过程中对此体会深刻，经方中药物选择偏差、药物配伍比例不如法、煎服方法不恰当都可能带来天壤之别的临床效果。为此，笔者就胶饴在临床上的应用体会来探讨经方的正确应用。

一、胶饴在经方中的应用

（一）胶饴的经方来源

胶饴在经方中主要见于建中类方剂，即小建中汤、大建中汤和黄芪建中汤。其中，小建中汤在《伤寒论》和《金匮要略》中均有论述。如《伤寒论·辨太阳病脉证并治中》的“伤寒，阳脉涩，阴脉弦，法当腹中急痛，先与小建中汤，不差者，小柴胡汤主之”和“伤寒二三日，心中悸而烦者，小建中汤主之”；《金匮要略·血痹虚劳病脉证并治》中的“虚劳里急，悸，衄，腹中痛，梦失精，四肢酸疼，手足烦热，咽干口燥，小建中汤主之。”《金匮要略·黄疸病脉证并治》中的“男子黄，小便不利，当与虚劳小建中汤”；《金匮要略·妇人杂病脉证并治》中的“妇人腹中痛，小建中汤主之。”大建中汤见于《金匮要略·腹满寒疝宿食病脉证并治》："心胸中大寒痛，呕不能饮食，腹中寒，上冲皮起，出现有头足，上下痛而不可触近者，大建中汤主之"；黄芪建中汤见于《金匮要略·虚劳病脉证并治》："虚劳里急，诸不足，黄芪建中汤主之。"此外，在《千金要方》中尚记载当归建中汤，治妇人产后虚羸不足，腹中刺痛不止，吸吸少气，或苦少腹中急，摩病引腰者，不能食饮。产后一月日，得服四五剂为善，令人强壮宜。

在以上方剂中，胶饴所用剂量均为一升，煎服方法是在将其他药物煎煮完毕去滓后，"内饴，更上微火消解"。在小建中汤的煎服法后有"呕家不可用建中汤，以甜固也"的说明，而在大建中汤后则有"如一炊顷，可饮粥二升，后更服，当一日食糜，温覆之"的交代。

（二）胶饴在经方中的功用

胶饴在《伤寒论》中首次应用见于条文："伤寒，阳脉涩，阴脉弦，法当腹中急痛，先与小建中汤，不差者，小柴胡汤主之。"人患伤寒之后，出现了阳涩阴弦的脉象，阳主表、主寸，阴主里、主尺。涩为阳气有余之象，而弦应东方肝胆之经。黄元御曰："甲乙同气，甲木不降，则寸脉涩，乙木不升，则尺脉弦。[1]"肝木生发不利则克犯脾土，此即"乘其所胜"之理，太阴病本病有"时腹自痛"之病情，此处由于受肝木所克，法当出现"腹中急痛"，一个"急"字体现出并非脾脏自病，而是由于受厥阴风木之克伐，而"邪之所凑，其气必虚"，脾之精气薄弱是"腹中急痛"的内在原因。针对此病情，张仲景给予小建中汤，即桂枝汤倍芍药加胶饴。方中桂枝色紫赤而条达肝木、交通水火，倍用白芍之色白性敛以佐金治木，大枣12枚以补充脾及十二经之血气，生姜色黄而和降阳明，炙甘草斡旋中州、调和升降，以上五药可以调整气机之升降，而又用胶饴一升，一则可以补充"邪之所凑，其气必虚"之处，使得土气敦厚而能耐受肝之克犯，体现肝病实脾之理；二则可以缓腹痛之急，为救急之药，即《素问·脏气法时论》所谓"脾欲缓，急食甘以缓之"。若脾气得以补充之后，病情未差，此时当从肝胆上做文章，以小柴胡汤枢转少阳之气，使之不再克犯脾土，则病自愈。方后张仲景提示呕家不可用建中汤，以其甜固也，而在《伤寒论》中，酒客亦不可服桂枝汤，无论是酒客还是呕家，其中焦多有湿气弥漫。《素问·奇病论》所谓"甘者，令人中满"，呕家服用小建中汤有助长湿气之嫌，所以不用。

在大建中汤的方证中，患者有"心胸中大寒痛，呕不能饮食，腹中寒，上冲皮起，出现有头足，上下痛而不可触近"的表现。"胸为阳，腹为阴"，心胸居阳位却表现为大寒而痛，此必胸阳不宣、阴寒凝聚所致。"呕不能饮食，腹中寒"为脾胃虚寒之象，而"上冲皮起，出现有头足"则有小建中汤"腹中急痛"之"急"象，黄元御先生称此因寒水与风木合邪，肆行无畏，排挤冲突所致。而对于上下痛不可触近之证，陈修园先生曰："寒从下上，彻上彻下，充满于胸腹之间，无分界限，阳气几乎要灭绝。[2]"由此可见，患者上、中、下三焦阳气虚弱，阴寒弥漫，张仲景主以大建中汤，方中重用干姜温散中焦寒气，用二升蜀椒散下焦之寒，人参二两以固中焦之气，而一升胶饴则用以大补脾之精气，使得土气敦厚，中气固守，耐受风气之克伐，配合其他三药合用可大建中气，使得中阳四补，上下交泰，诸证平复。

由以上分析可见，小建中汤有调金木、和阴阳、补脾精之效，大建中汤有大建中焦之气，震慑群阴之功。两者同为建中汤，虽有大小之别，但均有建立中气之妙。清代医家钱天来在《伤寒溯源集》中曰："建中者，建立中焦之脾土也。盖脾为五行之主，四脏之本，即《洪范》建中立极之义也。"而在大、小建中汤中，同时用到1味药物即胶饴，可见胶饴在建立中焦之气、补益脾之精微方面起到了至关重要的作用。

二、胶饴的现代应用

（一）饴糖在现代临末上的应用

《神农本草经》中并没有关于胶饴的论述，后世本草著作根据自身的认识对胶饴的功用从不同的角度进行了阐述。《本经疏证》曰："饴糖之柔润芳甘，正和脾之土德。"《名医别录》指出："饴糖，味甘，微温，主补虚乏，止渴，止血。"《千金药方·食治》将胶饴的功用总结为："补虚冷，益气力，止肠鸣，咽痛，除唾血，却咳嗽。"《长沙药解》则根据胶饴在经方中的应用认为饴糖功在"补脾精，化胃气，生津，养血，缓里急，止腹痛"。

通过对经方的分析可见，胶饴的最大作用在于建中焦之气、补脾之精微，对于因脾之精气大虚所导致的虚劳、心悸、衄血、腹中痛、四肢酸痛、手足烦热、男子黄、妇人腹中痛等病证，处方中辨证应用胶饴既有治标之效，又蕴治本之意。笔者在多年的临床实践中，多以建中汤系列方加减的方式来应用胶饴。如临床应用小建中汤加减治疗小儿发热；用大建中汤加减治疗肠胃病证；用大阳旦汤，即小建中汤加人参三两、生黄芪五两来治疗虚劳；用当归建中汤，即小建中汤加当归三两来治疗妇科病证；用黄芪建中汤来治疗虚胖证等，均取得了良好的效果，兹举一临床验案，以供同道品评。

张某，男，45岁，2010年7月就诊，患舌衄5年余，夏天为重，晨起明显，不喜食辛辣之物，形体偏瘦，舌红有细裂纹，舌易出血，苔少，脉双手三部略有弦象。西医理化检查均正常，辨证属虚劳里急、肝不藏血。《素问·脏气法时论》曰："肝苦急，急食甘以缓之。"处小建中汤原方如下：桂枝15g，白芍30g，生姜15g，炙甘草10g，大枣4枚，高粱饴60g，5剂，水煎服，每日3次。每次服药后吃高粱饴2个，约20g。患者服药1剂，舌衄即有好转，3剂之后，病已痊愈。

（二）胶饴的药材辨别

陶弘景曰："方家用饴糖，乃云胶饴。[3]"邹澍曰："如蜜而稀，色如胶，所谓胶饴是也。"根据现代研究，饴糖为米、大麦、小麦、粟或玉蜀黍等粮食经发酵糖化制成的糖类食品。饴糖有软硬之分，软者为黄褐色浓稠液体，黏性很大。硬者系软饴糖经搅拌，混入空气后凝固而成，为多孔之黄白色糖冰[4]。软、硬饴糖虽成分相同，但软饴糖质软性黏腻，滋阴效果更胜一筹，因而入药宜选软饴糖。

由于种种原因，现在临床上所用胶饴缺乏足够的药材来源，大多数中药店并未准备胶饴这味药，长此以往，从医者在临床上应用胶饴就有一定的混乱现象，甚至用白砂糖、红糖、蜂蜜等糖类物质代替。然而，胶饴味甘、色黄，专入脾经，其在建中汤中的功用是其他糖类所无法代替的，饴糖所取得的临床效果也是其他糖类所无法比拟的。陈亦人曾说：用小建中汤必须使用胶饴，若不用则失掉了张仲景立方的精义[5]。笔者临床应用建中汤类方剂多年，亦有相同的感受。虽然专供入药的胶饴并不多见，然而可以用现在的麻糖或高粱饴代替，麻糖和高粱饴的主要成分均为麦芽糖，与经方中所用胶饴的主要成分相一致，因而可以在最大程度上弥补不能应用胶饴所带来的疗效损失。

三、总结

郑钦安曰："医学一途，不难于用药，而难于识症；亦不难于识症，而难于识阴阳。[6]"辨证识象是处方遣药的前提，却不一定意味着效若桴鼓的产生。医圣张仲景勤求古训，博采众方，为《伤寒杂病论》对辨证识象、处方遣药整个过程的描述做到了极致，后学者应恪守遵照医圣之义，规矩运用经方，严格考究药物，如此方能取得经方应有的效果。

参考文献

[1] 黄元御．黄元御读伤寒——《伤寒悬解》《伤寒说意》［M］．北京：人民军医出版社，2011：171.

[2] 陈修园．陈修园医学全书［M］．北京：中国中医药出版社，2006：334.

[3] 吕志杰．伤寒杂病论研究大成［M］．北京：中国医药科技出版社，2010：551.

[4] 马家猛，刘子良．饴糖的药用前景［J］．中国医药科学．2011，1（9），53～54.

[5] 陈亦人．伤寒论译释［M］．上海：上海科学技术出版社，1992：545.

[6] 郑钦安．中医火神三书［M］．北京：学苑出版社，2007：1.

［《中国中医基础医学杂志》2012，18（2）：210］

桔梗汤的研究进展

单进军　徐建亚　俞晶华　汪受传
南京中医药大学第一临床医学院
邹葭霜　狄留庆　南京中医药大学药学院

"桔梗汤"由桔梗和甘草两味药组成，最早出自张仲景《伤寒论》，后世名甘桔汤，为治疗咽喉痛的基本方，治疗咽喉痛诸方大多由此方加味而成。通过对目前有关桔梗汤的组方原理、临床应用和药理研究等作一介绍，以期对今后有关该方的研究提供一定的参考。

一、组方原理和临床应用

桔梗汤最早出自张仲景《伤寒论》311条："少阴病，二三日，咽痛者，可与甘草汤。不瘥者，与桔梗汤"，后世又称"甘桔汤"（《小儿药证直诀》卷下）。桔梗辛苦而平，辛则散，苦则降，有宣肺止咳，祛痰排脓之功；甘草甘平，泻火解毒，润肺祛痰，并能缓急止痛。二药伍用，相得益彰，甘草泻火解毒以治本，桔梗宣通肺气祛痰排脓，标本兼顾，故其宣肺止咳，利咽解毒，祛痰排脓之功增强。

后世在使用桔梗汤时，往往进行加味使用。《御药院方》卷九：桔梗、杏仁、甘草，主治胸中结气，咽喉不利。《万氏家抄方》卷六：桔梗、甘草、防风、牛蒡子、玄参、升麻、射干，主治后咽喉肿痛。《幼科类萃》卷二十五：人参、桔梗、甘草，主治小儿感冒风热，火气熏逼，痘疹蕴毒上攻，咽喉肿胀，痰气不顺，咳嗽失音。桔梗汤的多味方虽主治各异，但异中有同，同疗于咽喉疾患；且方中桔梗无疑是主药，如《内台方议》："用桔梗为君，桔梗能浮而治上焦，利肺痿，为众药之舟楫也；以甘草为臣佐，合而治之，其气自下也"。又《伤寒大白》："以桔梗开发肺气，同甘草泻出肺中伏火。因此，悟得欲清肺中邪结，必要开肺清肺，二味同用，则肺中之邪始出"。

桔梗汤作为治疗咽痛、咳嗽的基本方，广泛见于内、外、儿各科医著方剂中，尤其在各类解表方剂中[1]。如《温病条辨》的"银翘散""桑菊饮"；《伤寒六书》的"柴葛解肌汤"；《通俗伤寒论》的"葱豉桔梗汤"；《小儿药证直诀》中的"败毒散"等。方中桔梗浮而治上，引诸药上行，甘草解毒祛痰，调和诸药，故历代医家在各类解表方剂的配伍中选用桔梗、甘草二味颇多，不同方剂中桔、甘二味的有机结合及他药的相互配伍则产生不同的功效，这便是古方配伍中的精粹。此外，据《金匮要略》中《肺痿肺痈咳嗽上气篇》曰："咳而胸满振寒，脉数、咽干、不渴，时时出浊唾腥臭，久久吐脓如米粥者，为肺痈，桔梗汤主之，亦治血痹。"可见，桔梗汤除常用作治疗肺痈外，还可治疗血痹证[2~3]，但相关记载却少见。

桔梗汤在中医临床尤其是儿科使用频率较高。来自于中国中医科学院承担的国家科技基础条件平台项目"中药饮片用法与用量标准研究"的研究报告显示，在对全国18个省市的21家医院的269882张中医内科临床处方分析和统计后发现，甘草、桔梗的使用频次列300味中药的第1和21位，分别为42.6%和11.3%[4]；而对38736张中医儿科临床处方的分析则显示，甘草、桔梗的使用频次列所有中药的前2位，分别为55.6%和32.6%[5]。2010年版《中国药典》一部中收载含桔梗、甘草两药的成方制剂达62种，而仅含桔梗的成方制剂只有16种，桔梗、甘草配伍合用的比率达79.5%；《卫生部药品标准》中药成方制剂（共21册）收载含桔梗、甘草两药的成方制剂248种，仅含桔梗的成方制剂98种，桔梗、甘草配伍合用的比率达71.7%。

二、配伍比例研究

《伤寒论》的桔梗汤中桔梗、甘草的配伍比例为1：2，《小儿药证直诀》卷下中桔梗、甘草的配伍比例为1：2，《千金翼方》中桔梗汤两者比例则为5：3。2010年版《中国药典》一部和《卫生部药品标准》中药成方制剂收载的成方制剂中，桔梗、甘草的比例以1：1居多。由此可见桔梗、甘草药用剂量的比例尚无定论，使后学者难以遵循。实验研究表明，桔梗汤口服后，能通过肺和呼吸道的排泄量增加使脓液稀释而易于排出，桔梗和甘草用量为1：1时，该作用更显著[6]。宋杨等研究了桔梗、甘草主要活性部位桔梗皂苷和甘草皂苷不同配比对酪氨酸酶的抑制活性，结果发现随着配比中甘草皂苷含量的增多，两者对酪氨酸酶的抑制活性从拮抗、相加到协同，桔梗皂苷、甘草皂苷合用比例小于1：10时，两者具有较好的协同作用[7]。

三、药效学研究

从现代医学的角度来看，桔梗汤的宣肺止咳、利咽解毒、祛痰排脓之功与抗炎、祛痰等作用有关，其主要活性成分为桔梗皂苷和甘草皂苷[8]。研究表明，桔梗皂苷和甘草皂苷对多种急性非特异性炎症有明显抗炎作用，机制与抑制多种组织源性炎症介质（组织胺、磷脂酶A2、PGE2、细胞因子IL-1和TNF等）密切相关；桔梗皂苷和甘草皂苷祛痰作用明显，可使呼吸道分泌增加，而致痰液稀释易于排出[5]；桔梗皂苷、甘草皂苷合用在祛痰与抗炎方面具备时间协同特点，协同性质与两药配比、剂量有关[9]。急性毒性研究表明，预防性口服给予甘草皂苷可部分缓解口服桔梗皂苷所引起的中毒及死亡[10]。甘草还能减轻桔梗对动物血液引起的溶血反应，随着甘草用量的增加，溶血情况减轻，红细胞膜更加稳定[6]。

四、存在问题与展望

作为治疗咽痛、咳嗽的基本方，桔梗汤在中医临床尤其是儿科使用频率较高，因此有必要研究其组成结构、配伍效应和物质基础，以提高中医临床用方用药的安全性和有效性，从而指导临床合理用药。从文献研究来看，该方的研究还存在以下一些问题。

（一）未见有关桔梗汤化学成分分析的报道

到目前为止，未见有关桔梗汤化学成分分析的报道，这可能是受制于桔梗中皂苷类成分的结构复杂多样，性质不稳定，且处于末端吸收。可靠的分析方法对桔梗汤的物质基础和配伍机制的研究非常重要，可采用LC-MS等先进的分析检测手段开展桔梗汤的指纹图谱或有效成分的定量分析研究。

（二）桔梗汤的物质基础需进一步深入研究

近年来，一些辅助成分或"无效"成分的作用正逐渐被重视[11~12]。如银杏中其余成分对黄酮苷类及萜类内酯活性的影响[13]；大黄酸广谱抗菌的作用依赖于多药耐药抑制剂成分的存在[14]。皂苷和黄酮是桔梗汤抗炎、祛痰的主要有效组分[8,15]，此外还含有多糖、甾醇、蛋白质、鞣质等。已有研究表明这些物质可能是一些转运体或代谢酶的底物[16~19]，它们是否会影响桔梗汤中皂苷和黄酮的ADME/T，最终导致药效学的变化？如果此假说成立，这些辅助或“无效”成分也是桔梗汤物质基础的一个重要组成部分。

（三）有关桔梗汤的配伍机制研究相对较少

有关桔梗汤配伍机制的研究目前主要集中在药效学方面，除此之外，尚需开展以下几个方面的研究。

1. 配伍后共煎过程中是否产生化学成分或溶出变化桔梗含有大量的皂苷，而桔梗皂苷具有较强的助溶作用，共煎后是否导致甘草有效成分溶出的增加？此外，共煎后是否会产生一些新的成分或原有成分的结构发生变化？这些都需要进一步研究探讨。

2. 配伍是否改变相关成分的体内过程：近年来，“基于药物间体内相互作用探讨方剂配伍规律”这一研究思路正成为热点[20~23]。甘草黄酮、甘草酸及其代谢产物可能CYP450酶和MRP2的底物[24~27]，桔梗皂苷受肠道菌丛酶和CYP450酶的影响[28~29]，这为开展桔梗汤有效成分间的相互作用奠定了基础。四逆散配伍规律的研究[30]提示作者在开展桔梗汤配伍机制研究时，同样需重视辅助或“无效”成分与有效成分间的相互作用。

（四）桔梗汤其他药理作用的研究

桔梗汤除了抗炎、祛痰作用外，是否还有其他一些药理作用？如桔梗汤可介导胆囊收缩素从而促进胰腺外分泌[31]；桔梗汤“亦治血痹”（《金匮要略》）的现代药理学基础是什么，这些问题值得进一步研究探讨。

解决上述一系列问题，将为桔梗汤更好地运用于临床提供实验基础和理论依据。

参考文献

[1] 程淑娟．甘桔汤及甘桔二药配伍运用规律浅析［J］．深圳中西医结合杂志，2000，10（4）：180.

[2] 杨霞．《金匮》桔梗汤“亦治血痹”浅探［J］．中医杂志，1994，7（2）：15.

[3] 杨玲．桔梗汤治血痹证案探［J］．河南中医，2001，21（4）：8.

[4] 唐仕欢，杨洪军，黄璐琦，等．中医临床处方饮片用量调研报告（内科）［J］．中国中药杂志，2008，33（19）：2257.

[5] 杨洪军，唐仕欢，黄璐琦，等．中医临床处方饮片用量调研报告（儿科）［J］．中国中药杂志，2008，33（20）：2395.

[6] 李茯梅，曹清平，卢新华．仲景“桔梗汤”的药理研究［J］．湖南中医学院学报，1993，13（3）：46.

[7] 宋杨，齐云，刘彬，等．甘草桔梗皂苷对酪氨酸酶抑制的合并效应研究［J］．中国实验方剂学杂志，2007，14（1）：7.

[8] 刘彬．甘草、桔梗“药对”药效学环节之配伍机理研究（Ⅱ）［D］．北京：中国医学科学院，2006.

[9] 刘彬，齐云，宋杨，等．甘草皂苷与桔梗皂苷合用的时间协同研究［J］．中国实验方剂学杂志，2007，13（4）：28.

[10] 王敏，刘彬，齐云，等．甘草皂苷对桔梗皂苷急性毒性的影响研究［J］．中国实验方剂学杂志，2007，14（1）：59.

[11] 郭立玮，潘林梅，朱华旭．中药提取物伴生物质的生物药剂学特性及其制剂学意义［J］．中草药，2007，38（9）：1281.

[12] 贾晓斌，陈彦，李霞，等．中药复方物质基础研究新思路和方法［J］．中华中医药杂志，2008，23（5）：420.

[13] 谢培山．中药现代化的取向与质量控制模式［J］．中药新药与临床药理，2007，13（4）：201.

[14] George Tegos，Frank R Stermitz，Olga Lomovskaya，et al. Multidrug pump inhibitors uncover remarkable activity of plant antimicrobials［J］．Antimicrob Agents Ch，2002，46（10）：3133.

[15] 管燕，谢强敏．甘草黄酮对肺部炎症小鼠细胞因子表达和氧化反应的调节作用［J］．中草药，2009，40（8）：1254.

[16] K Sandy Pang，A David Rodrigues，Raimund M Peter. Enzyme - and Transporter - Based Drug - Drug Interactions：Progress and Future Challenges［M］. Springer NewYork，2010.

[17] Lambert J D，Sang S，Lu AY，et al. Metabolism ofdietary polyphenols and possible interactions with drugs［J］. Curt Drug Metab，2007，8（5）：499.

[18] Wang Y F，Yang X F，Cheng B，et al. Protective effect ofAstragalus polysaccharides on ATP binding cassette transporter A1 in THP - 1 derived foam cells exposed to tumor necrosis factor - alpha［J］．Phytother Res，2010，24（3）：393.

[19] Kirat D，Kondo K，Shimada R，et al. Dietary pectin up - regulates monocaboxylate transporter 1 in the ratgastrointestinal tract［J］. Exp Physiol，2009，94（4）：

422.
[20] 王喜军，张宁，常存库，等．方剂配伍规律的研究现状和未来发展［J］．世界科学技术——中医药现代化，2006，8（4）：13.
[21] 景欣悦，彭蕴茹，王新敏，等．基于药物代谢酶探讨中药“十八反”配伍致毒/增毒机制［J］．中国实验方剂学杂志，2012，18（7）：281.
[22] 闫广利，王喜军．基于药物代谢酶和转运蛋白的中药方剂配伍规律研究［J］．世界科学技术——中医药现代化，2008，10（5）：25.
[23] 宿树兰，段金廒，李文林，等．基于物质基础探讨中药“十八反”配伍致毒/增毒机制［J］．中国实验方剂学杂志，2010，16（1）：123.
[24] 王宇光，杨明会，马增春，等．18β－甘草酸和18α－甘草酸对大鼠原代肝细胞 CYP3A 酶表达的影响［J］．中国中药杂志，2009，34（3）：307.
[25] 高凯，余伟，杨静，等．大鼠肝微粒体 CYP3A1/2 和 CYP2C9/10 参与甘草次酸羟化代谢［J］．中国临床药理学与治疗学，2007，12（11）：1255.
[26] Toshiaki Makino, Nobuhiro Ohtake, Akito Watanabe, etal. Down－regulation of a hepatic transporter multi-drugresistance－associated protein 2 is involved in alteration of pharmacokinetics of glycyrrhizin and its metabolites in a rat model of chronic liver injury［J］. Drug Metab Dispos, 2008, 36（7）：1438.
[27] Takayuki Asano, Kazuhisa Ishihara, Takashi Morota, etal. Permeability of the flavonoids liquiritigenin and its glycosides in licorice roots and davidigenin, a hydrogenated metabolite of liquiritigenin, using human inteatinal cell line Caco－2［J］. J Ethnopharmacol, 2003, 89：285.
[28] Young Wan Ha, Yun－Cheol Na, In Jin Ha, et al. Liquid chromatography / mass spectrometry－based structural analysis of new platycoside metabolites transformed by human intestinal bacteria［J］. J Pharmaceut Biomed, 2010, 51（5）：202.
[29] 武佰玲，刘萍，高月，等．酸枣仁、远志和桔梗水提液对大鼠肝 CYP450 酶活性及 mRNA 表达的调控作用［J］．中国实验方剂学杂志，2011，17（18）：235.
[30] 徐强．中药成分在方剂中的作用及其研究思路［J］．中国天然药物，2005，3（5）：327.
[31] 徐如堂．桔梗汤介导 CCK 促进胰腺外分泌的作用：对意识存在大鼠及健康人的研究［J］．国外医学：中医中药分册，1997，19（2）：42.
［《中国实验方剂学杂志》2012，18（19）：304］

柯雪帆教授《伤寒论》学术思想辑要

周毅萍　何新慧
上海中医药大学柯雪帆名师工作室

柯雪帆（1927～2009），江苏常熟人，教授，上海中医药大学名师。17 岁即从师学医，其后就读于上海中医学院，1964 年又师从中医名家金寿山教授。历任上海中医药大学伤寒论教研室主任、专家委员会委员等职；为国家中医药类规划教材编审委员，中华中医药学会仲景学说专业委员会顾问，上海市中医药学会副理事长兼内科分会主任。2005 年受聘上海中医药大学名师工作室导师。一生勤于笔耕，出版学术专著 10 余部，主要有《中医学基础》《医林掇英》《中医辨证学》（日文版《证的辞典》）、《中医外感病辨治》《疑难病证思辨录》（日文版《老中医诊察室》）、《疑难病证思辨录·增订评释本》《伤寒论临证发微》及《伤寒论选读》（全国规划教材）等，发表学术论文 60 余篇。其著作曾获部级科学技术进步二等奖、全国新长征优秀科普作品二等奖。

柯雪帆教授从医执教 60 余载，自师从中医名家金寿山教授后一直致力于《伤寒论》研究，历时 40 余载，在“伤寒”界享有盛誉。其所著章回体医籍《医林掇英》不仅受到国内读者的普遍好评，在日本刊行后受到日本汉方医学界的高度重视。柯师还以《伤寒论》辨证论治精神为基础，主编了我国第一本《中医辨证学》教材；晚年在病榻之上又完成了《伤寒论临证发微》一书，将生平研究《伤寒论》的心得尽抒书中。笔者通过认真拜读柯师的生平著作，同时结合柯师生前授课《伤寒论》的讲稿，将主要学术思想总结如下，以期能诱掖后学，同时也表达对恩师的深切缅怀！

一、注重《伤寒论》临床经验总结，善于提出新见解

《伤寒论》是中医临床辨证论治的典范，柯师认为学习、研究《伤寒论》应避免空谈理论，要将其内容与临床实际相结合。柯师教学之余，坚持临证，在临证中反复研读《伤寒论》，善于将自己的临证经验进行总结，发现规律，提出自己的新见解。

（一）阴阳胜复是《伤寒论》的理论基础

关于《伤寒论》的理论基础，历来有不同看

法。多数学者倾向于脏腑、经络，柯师认为[1]，伤寒六经病证固然离不开脏腑、经络，但其传变是由邪正斗争、阴阳胜复所决定的，《伤寒论》中所叙述的主要证候是阴阳消长胜复的具体表现。在外感热病发展过程中，邪与正两个方面都在不断地变化着。人体正气由正常而亢盛，由亢盛而衰竭，由衰竭而恢复；病邪由寒化热，由热变寒。这是阴阳胜复的临床基础。用阴阳胜复解释伤寒六经辨证，是从整体出发，从动态变化看问题，比较符合外感热病是全身性疾病、外感热病发展有阶段性这两个特点。因此，伤寒六经辨证的理论基础是阴阳消长胜复。太阳病是外感病的早期，阳气逐步亢盛；阳明病是阳气极盛的阶段；少阳病则是阳气略有衰退的表现，病势有从阳证向阴证转化的征兆，是由阳转阴的关键阶段。太阴病是阴胜阳衰的早期，寒象不严重，一般也无热象。少阴病阴邪伤阳，阳衰阴盛，但是其发展过程中，频繁的呕吐、汗出、下利清谷也要耗伤阴液，耗伤到一定程度就会出现阳损及阴，邪正斗争激烈，阳气势将来复，可见热象；少阴阳虚，气机不利，运化迟缓，促使肠胃实邪结聚、化热，可产生阳明证，出现少阴阳明同病的少阴急下证。厥阴病是人体正气由衰弱转向恢复，病邪由寒化热，于是出现厥热胜复的证候。同样理由，热邪亢盛到了极点，阻遏气机或损伤正气，也会转向其反面，而出现四肢厥冷；待其气机通达或正气来复，则又可出现热证，即所谓复之太甚。在胜复转化过程中，颇多厥与热同时出现的情况。

（二）应重视仲景原方的药物剂量

柯师认为仲景方药在临床上运用，许多情况下大剂量才能有效。如“炙甘草汤”中生地黄，相当于现在的鲜地黄，仲景用量为1斤，相当于现行公制的250g。由于药店没有鲜地黄，可用生地黄（干生地黄）代替，但是必须用大量才有效，一般50～120g，用10～18g的小剂量难以达到纠正心律失常的效果。桂枝，仲景用3两，合现在公制约47g，桂枝温通心阳，对纠正心律失常能起重要作用，用量应该大一些，柯师在炙甘草汤中一般甘草用20～30g，且短期服用未发现副作用。

二、遵循《伤寒论》条目的编次意义，尊重宋版的编次顺序

《伤寒论》自王叔和首次编次整理，经林亿等校订，赵开美翻刻以来，历代医家对其编次褒贬不一，或持错简观点重新编次，或维护叔和编次而驳错简之说，或立足于临床实际从不同角度对《伤寒论》分类编次。不同的编次方法在《伤寒论》研究中各自做出了一定的贡献，丰富了伤寒学说的研究内容。柯师根据自己多年的《伤寒论》教学和临床心得，对《伤寒论》的编次也形成了自己的观点[2]，认为诸多的编次方法虽各有特色，但忽略了宋本《伤寒论》为现存最早、最基本的编次，失去了宋本《伤寒论》编次的许多意义。宋本《伤寒论》的编次体例首先体现了“六经各篇，首立概论”的特点。如太阳病篇第1～11条讨论了太阳病概论，系统概述了太阳病的主要脉证（诊断标准）、分类、传与不传、辨阴阳的要点、病程变化、欲解时以及寒热真假的辨析。整个编排层层递进，如果打乱，将失去对太阳病整体情况的一个初步映像。其次，能完整反映某些病证的发生发展过程及采取的相应治疗措施。如原文第301～303条：301条“太阴病，始得之”，病属初起，表证稍急，正气尚可，故用麻黄细辛附子汤温经解表；302条“得之二三日”，表证稍缓，故甘草易细辛；303条“得之二三日以上”，邪从阳化热，肾水亏于下，心火亢于上，用黄连阿胶汤清热兼顾滋阴，这样的顺序体现了少阴病发病的阶段性特点。再次，前后条文联系有利于对比和病证鉴别。此外，能体现内容的专题性。《伤寒论》常将一些看似毫无联系而实有一定关系的条文编在一起，针对某一专题反复讨论，前后参杂，相互比较补充。

三、提倡逐字研读《伤寒论》，深入发掘其经典价值

柯师认为[3～4]，研究《伤寒论》必须从原文着手，逐条逐字地进行，才能领悟仲景辨证精神。如原文第177条“伤寒，脉结代，心动悸，炙甘汤主之”，一般认为炙甘草汤能治脉结代、心动悸，即心律不齐，而忽略本条经文中冠首的“伤寒”二字。柯师最初亦未曾重视，用炙甘草汤泛治多种心脏病引起的心律不齐，但疗效或佳或不佳，往往从心律不齐之程度、病程之长短、患者年龄、工作等因素探析。有一年，病毒性心肌炎发病较多，其后遗症大多为心律不齐，用炙甘草汤治疗往往取效，效之速者1剂即愈。思之，病毒性心肌炎必由外感病所引起，乃病毒感染侵犯心脏所致。因此，认为“伤寒”二字绝非可有可无，而是十分重要。炙甘草汤用于病毒性心肌炎后遗症之心律不齐疗效最佳，对于风湿性心脏病之心律不齐有小效，对冠心病及高血压性心脏病引起的心律不齐几乎无效。

柯师还强调一字一句读《伤寒论》不等于机械

地去读，孤立地去看，而要灵活变通、前后联系地去理解。①忠实于原文，不任意删改原文。②紧扣原文，不离开原文任意发挥。③对原文的解释要有一定的灵活性，不要受个别字眼的拘束。如第4条“伤寒一日，太阳受之”，“一日”应理解为“初期”。④注意条文与条文之间的对比，不要孤立地理解。如第39条大青龙汤证，不少人认为无法解释，如与第38条联系对比，就可以看出脉虽不是浮紧而是浮缓，身虽不痛而是身重，病虽时轻时重，只要发热、恶寒、不汗出而烦躁等主症不变，又不出现脉微弱等少阴证，仍可用大青龙汤。进一步明确了大青龙汤证的主症与禁忌症，是一条很重要的条文。⑤从整部《伤寒论》看问题，不要局限于一条一句。如第40条小青龙汤的证候中有“喘”，而方后又有“若喘去麻黄”的记载，局限于这一条条文来看，前后两个“喘”是矛盾的，如果从整部《伤寒论》来看，喘有适宜于用麻黄的，如小青龙汤证、麻黄汤证和麻杏石甘汤证，喘也有不宜用麻黄的，如桂枝加厚朴杏子汤证、葛根芩连汤证等。由此可见，第40条中的两个“喘”，非但不是矛盾，而是反映了中医辨证施治的精神。

四、立足于仲景腹诊内容，发掘中医腹诊体系

腹诊是中医诊法的一个重要组成部分，在《内经》《难经》《伤寒论》《金匮要略》中有着丰富的腹诊内容，可惜后世未能重视。中医腹诊传入日本之后有所发展，现在日本汉方医大多应用腹诊，有的还作为主要的诊断方法。柯师在长期的《伤寒论》教学、临证实践以及与日本汉方医的交流中，意识到腹诊对于中医临证的重要性，立足于仲景腹诊内容，开展了腹诊的相关研究。一方面，明确了仲景腹诊的部位和主要腹候的性质。柯师认为[5]，仲景腹诊的部位大多与现在的体表定位相同，如胸、腹、少腹等；但是有一些部位名称需要区别，如：心下，根据《说文解字》所说是“在身之中”，指剑突下的中上腹部，即鸠尾到中脘的部位；胁下，指左上腹或右上腹；胸下，结合病情，可理解为心下等。腹诊的主要腹候有：胸胁苦满、胁下痞硬、心下痞、心下满、心下痞硬、心下痞坚、心下石硬、腹满、腹胀、少腹硬满与少腹急结等。

五、考证度量衡史及临床效用，总结仲景药物剂量换算规律

柯师认为[6]，《伤寒论》与《金匮要略》中的药物剂量问题长久以来一直存在着许多不同的看法，如：有根据临床常用量估计的，有根据某种药物单位体积的比重推算的，有根据古代货币、嘉量核算的。各种说法都是采用了间接的方法来考证《伤寒论》和《金匮要略》中的药物剂量问题，虽然有一定根据，但都不太精确。因此，从20世纪80年代开始对《伤寒论》与《金匮要略》中的药物剂量进行了深入研究。柯师认为，要弄清剂量问题，最好的方法是通过考古发现，直接用当时的衡器进行核算。经过考证，认为用“权”作为称量的依据，比较可靠。通过对现藏中国历史博物馆东汉“光和大司农铜权”的考证，认为该权是汉灵帝刘宏时期（时间上与张仲景为同年代）的中央政府为统一全国衡器而颁布的标准铜权；同时，根据中国历史博物馆考证，汉承秦制，大量出土的秦汉铜、铁权证明，秦汉衡制每斤在250g左右，据此折算每斤合249.7g，即东汉的1斤应折合为250g，1两折合为15.625g。东汉的容量问题，各方面所测得的数据比较接近。现藏在上海博物馆的商鞅铜方升，其容最为200ml，东汉“元初大司农铜斗”容量为1970ml，现藏南京博物院东汉“永平大司农铜合”容量为20ml。据此，东汉1升为200ml，这是可以基本肯定。

柯师通过史料、实物核算出数据后仍不满足，认为所得结果必须接受医药科学实践的验证。从临床来看，如果按1两=15.625g、1升=200ml换算，仲景方药与水的比例是适当的，方剂中药与药之间的比例是适当的；某些药物的一日用量比目前临床常用量大3~4倍，但是这些药物的一次服用量却与常用量近似或略高；一张方剂中所有药物的总量与常用量近似，但有些药物的用量比常用量大10倍左右，如炙甘草汤中的生地黄用1斤（250g），小柴胡汤中的柴胡用半斤（125g），而恰恰是这些药物近年来的药理实验和临床实践所证明，用大剂量时有明显疗效。根据从度量衡史以及临床的双重考证，柯师最后确认《伤寒论》和《金匮要略》的药物剂量问题应按1斤=250g，1两=15.625g（或缩简为15.6g），1升=200ml计算。这一成果得到了学术界的认可，并被编入第6版全国普通高等教育中医药类规划教材《伤寒论选读》中。

六、善于剖析《伤寒论》蕴含的医德信息，重视仲景医德研究与教育

要成为一名合格的医生，首先要有医德。柯师十分重视对仲景医德的研究和学习，认为《伤寒杂病论》中体现的仲景医德，是我国最早、最全面的

医德楷模，具体体现在三方面[7]：①行医的目的：首先在于为大众百姓服务，其次在于“卫生”和“护生”。柯师在对《伤寒论》原文的细致研读中体会到其间蕴含着重要的医德内容。如阳明病篇的编排，在论述三承气汤证具体应用前，用18条原文叙述阳明中寒、大便初硬后溏、胃中虚冷与不可攻之等问题。即在掌握三承气汤的用法之前必先掌握承气汤证的疑似症与禁忌症，避免因误治而给人体健康带来损害。②医生的行为品格：首先需要仔细认真，如在第12条桂枝汤方后煎服法中仲景指出需要24小时持续观察，服药方法、剂量因人施宜，随证变化，同时注意药后适当的护理、患者的饮食宜忌等。其次要沉着冷静，如第315条告诫医者不要因病情加重而乱了方寸，丧失信心，虽“厥逆无脉”仍需积极治疗。同时不要因病情稍有好转而轻忽，细心分析“脉暴出”可能存在的危险。再次，需要关爱体恤，包括对患者的心理关怀。如《伤寒论·平脉法》：“师曰：病家人来请云，病人发热、烦极。明日师到，病人向壁卧，此热已去也。设令脉不和，处言已愈。设令向壁卧，闻师到，不惊起而盻视，若三言三止，脉之嚥唾者，此诈病也。设令脉自和，处言此病大重，当须服吐下药，针灸数十百处乃愈。”此乃仲景对两种不同病况作不同的处理，前者病已基本痊愈，但患者以为未愈而担忧，医者当对其作解释，消除疑虑；后者乃“诈病”，则当作暗示治疗，以平其疾。最后需要克服私念，包括不求功名，实事求是，不患得患失等。整本《伤寒杂病论》均反映了仲景的这种精神。如实事求是的精神，仲景有较多经验的出方，没有经验的不出方或提出一些辨证施治应注意之点，不炫耀偶得的不成熟的疗效。③当好医生的基本要求：首先需要博采众方、不陋已见。如《伤寒杂病论序》中仲景提倡“勤求古训，博采众方”，融合自己的医疗实践经验，撰成《伤寒杂病论》。其次，需要辨证论治，精益求精。要当好高级中医师，必须掌握中医学的精华——辨证论治。辨证论治虽非中医诊病的唯一方法，却是具有特色的最重要的方法，因此，柯师将此提高到医德的角度加以论述。再次，需要通晓药剂、杜绝误用。仲景在许多方药的煎服法后会预先告诉患者可能有的药后反应，如《伤寒论》第174条桂枝附子汤和去桂加白术汤方后云“初一服，其人身如痹，半日许复服之，三服都尽，其人如冒状，勿怪”，这是服附子后的药性反应，从现在来看已是附子轻度中毒的反应，应仔细观察，不可轻忽。因此，学习仲景学说，不仅要认真学习张仲景的医疗技术，更要永远铭记躬身履行张仲景的高尚医德。

七、勇于融汇新知，注重与日本汉方医的比较研究

柯师认为日本汉方医由中国传去，对汉药的认识基本上与中医的认识相同。但是，汉药在日本应用已数百年，在理论上进行了大量研究，临床上积累了丰富的经验，角度独特，而且在近代较早将汉方治疗与现代医学诊断结合。日本汉方医对汉药的认识与中医的认识相比，同中有异。发现并研究这些不同之处，可以使我们对中药的认识更加全面，并且可以领悟更多。以石膏为例：该药是公认的寒凉药，中医教科书认为石膏“药性大寒，为清热泻火之首药”；而日本汉方医认为石膏是“寒性解热止渴剂”。中医认为石膏的首要作用是清热；而汉方医认为石膏的主治是烦渴，旁治有谵语、烦躁、身热。《伤寒论》白虎加人参汤方后，有“此方立夏后、立秋前乃可服，立秋后不可服”的文字，但实际临床上已经没有应用石膏季节性的严格禁忌；而日本吉益东洞在《药徵》中却指出石膏并非峻药，可以连续应用2月余。陶弘景《名医别录》有石膏能“解肌、发汗”的记载，吉益东洞则明确否定，并认为服白虎汤或小柴胡汤之后，有汗出而解的临床现象，这不能作为发汗剂的依据[8~10]。

柯师对汉方的深入研究，获得了日本同行的广泛赞誉，深得尊重，所著著作也译为日文，为中国的仲景学说继续在日本推广作出了贡献。

柯师业医60余年，终身从事《伤寒论》的研究、学习、教学、临床，病榻之上又续献余温10余年，章回体著作天下尽知，是后学者的楷模，诚需后学认真学习、研究，促进仲景学说不断地服务于广大病患，传于后学。

参考文献

[1] 柯雪帆．阴阳胜复是《伤寒论》的理论基础［J］．上海中医药杂志，1980，14（4）：14~16.

[2] 陈文照，柯雪帆．《伤寒论》原文编次特点之研究［J］．浙江中医学院学报，1989，13（6）：3~5.

[3] 柯雪帆．一字推敲读伤寒［J］．上海中医杂志，1983，17（3）：38~41.

[4] 柯雪帆．《伤寒论》研究札记［J］．中医药学刊，2002，20（4）：398~406.

[5] 柯雪帆．仲景腹诊初探［J］．中医研究，1992，5（1）：15~19.

[6] 柯雪帆，赵章忠．《伤寒论》和《金匮要略》中的药物剂量问题［J］．上海中医药杂志，1983，17（12）：36~38.

[7] 柯雪帆，何新慧．仲景医德研究和学习［J］．天津中医药大学学报，2008，27（3）：147～150.
[8] 柯雪帆．略述中医与日本汉方医对中药认识的异同（一）［J］．天津中医药，2005，22（4）：265～268.
[9] 柯雪帆．略述中医与日本汉方医对中药认识的异同（二）［J］．天津中医药，2005，22（5）：355～358.
[10] 柯雪帆．略述中医与日本汉方医对中药认识的异同（三）［J］．天津中医药，2005，22（6）：444～446.
［《上海中医药大学学报》2012，26（4）：3］

栝楼瞿麦丸治疗糖尿病理论探讨

俞思羽　黑龙江中医药大学

栝楼瞿麦丸源自《金匮要略》，方由栝楼根、茯苓、薯蓣、附子、瞿麦5味药组成，用于治疗肾阳不足所致的小便不利。随着现代医学的发展，此方剂被运用于糖尿病后期合并肾病的治疗。笔者从中医理论、实验及临床学研究等角度对栝楼瞿麦丸在糖尿病中的应用进行论述，以期为传统方剂的现代扩展应用提供新的思路。

一、中医基础理论认识

《金匮要略》原文云："小便不利者，有水气，其人若渴，栝楼瞿麦丸主之。"其制方之理在于肾阳虚，不能蒸化津液，津不上承，上焦反生燥热，故其人口渴，饮水不止。阳虚不化，水滞不行，故小便不利，也可以出现腰以下有水肿的现象。常用于下寒上燥的小便不利证治。糖尿病属中医"消渴病"范畴，消渴病久，阴伤气耗，阴损及阳导致的阴阳俱虚，阴阳两虚及命门火衰出现合并小便不利，水肿等一系列肾阳不足的临床症状，故肾阳不足是消渴病之常见病理基础。应用栝楼瞿麦丸治疗糖尿病可谓古方新用。

栝楼瞿麦丸的组成有：栝楼根、茯苓、薯蓣、附子（炮）、瞿麦。功效：温阳益肾，除热生津，方中栝楼根润燥生津而止渴；山药甘淡益脾而制水；茯苓、瞿麦淡渗以利水；附子温肾阳而化气，使肾阳复而气化有权，气化行则水道通，浸液上达，诸症即平。本方配伍特点是寒凉温燥，淡渗补益相互并用，虽寒凉滋燥不伤阳气，温阳暖寒不损阴津，淡渗利水助阳不伤津气，诸药相合攻补兼施，阴阳同调，各达病所。成无己曰："津液不足则为渴。栝楼根味苦微寒，润枯燥而通行津液，是为渴所宜也。"杨玉兰[1]等认为瓜蒌瞿麦丸治疗糖尿病肾病，既能利水消肿，又能缓解消渴症状，其根本在于针对其主要病机而施治。方中天花粉不仅能解决阴虚燥热造成的消渴，也解决脾肾两虚，气化失常，津液不能上乘造成的口渴，可治疗糖尿病肾病合并症。《药性赋》云："栝楼根疗消渴解痰之忧。"故冉雪峰[2]认为天花粉在瓜蒌瞿麦丸治疗糖尿病肾病中起到清热化痰，消肿，润燥的作用。对糖尿病合并肾气虚衰，气化失常，开阖不利，水液聚癖体内而成水肿效果甚佳。

二、栝楼瞿麦丸在糖尿病中应用的实验及临床学研究

近年来关于栝楼瞿麦丸治疗各糖尿病合并肾病的临床观察已经非常成熟，然而针对2型糖尿病的动物实验研究和临床研究报道仍相对较少。动物实验研究方面，马晓峰[3]等认为，栝楼瞿麦丸能减少蛋白尿的丢失，从而延缓DN的进程对24h尿；降低Ccr的趋势，明显降低BUN，Scr含量。其采用左肾切除、尾静脉注射链脲佐菌素（STZ）的方法造模后，依不同剂量分别给药共6周。结果证实，栝楼瞿麦丸可减少尿蛋白排泄，降低血肌酐、尿素氮水平，对糖尿病肾病大鼠肾功能有一定的保护作用。

赵林华[4]等用3%戊巴比妥钠腹腔注射麻醉大鼠，2周后按$35mg \cdot kg^{-1}$尾静脉注射链脲佐菌素（STZ）建立单侧肾切除链脲佐菌素（STZ）诱导的糖尿病模型，测定24h尿蛋白，空腹血糖，尿素氮，血肌酐；肾组织切片，用免疫组化方法测定肾组织CTGF蛋白表达，结果发现栝楼瞿麦丸方可不同程度的改善肾脏的病理损伤，抑制糖尿病肾病大鼠肾脏CTGF蛋白表达，各治疗组间无明显差异（$P > 0.05$）。说明栝楼瞿麦丸方对DN大鼠肾脏有一定的保护作用，其机制部分与抑制CTGF蛋白表达相关。

临床研究发现栝楼瞿麦丸对糖尿病肾病尿中微量白蛋白有降低的作用，在给与氯沙坦治疗糖尿病肾病过程中联合瓜蒌瞿麦丸在可使疗效加强和优势互补，可以协同降低尿微量白蛋白、调节血脂代谢，并且可以防止肾小球进一步硬化，保护肾功能同时增强患者抵抗力，值得研究和运用。[5]陈志刚[6]等通过对治疗糖尿病肾病蛋白尿临床研究，在经胰岛素控制血糖的基础上以瓜蒌瞿麦丸对其合并肾病蛋白尿取得较好的临床疗效。

三、方剂中单味药物对糖尿病的药理及临床学作用

动物实验和临床研究表明，栝楼瞿麦丸方剂中

的栝楼根、茯苓、薯蓣、瞿麦的单味药及其有效成分对于改善糖尿病及其并发症的各种症状具有明显效果。

在古方中，消渴论治中最常用之药物，有地黄、麦冬、玉竹、山药、干葛、栝楼根等，其中引用之次数最多，一药而有多种服法者，又首选栝楼根，唐代孙思邈的《千金方》中，治疗消渴的方共有52方，其中用栝楼根者23方，麦冬16方，地黄11方，其中单用栝楼根一味而服法不同者有4方。20世纪50年代周玉麟[7]根据古人对于消渴病的用药逻辑，以栝楼根为主药，在临床工作中应用，效果明显。岳瑞[8]采用胰岛细胞膜色谱法模型筛选的活性部位THF3具有降低正常小鼠、四氧嘧啶高血糖小鼠血糖的作用，表明THF3是天花粉中降糖有效部位。乔玉峰[9]运用腹腔注射天花粉蛋白明显减轻NOD鼠胰岛炎的严重程度，并明显降低其糖尿病的发病率。据报道，褐苞薯蓣预防或治疗给药均能降低四氧嘧啶引起的高血糖，并能对抗肾上腺素引起的血糖升高和降低正常小鼠的血糖值，从而说明褐苞薯蓣有降糖作用。[10]郑彩云[11]通过实验证明茯苓多糖茯苓多糖具有降血糖和抗脂质过氧化作用。

四、问题与展望

综上所述，栝楼瞿麦丸虽然作为《金匮要略》经方，用于肾阳不足所致的小便不利。以传统的"异病同治"的思想为指导，治疗糖尿病及其合并症，其可行性从中医基础理论、现代药理及临床研究角度均被证实。韩晶教授临床常将本方用于治疗2型糖尿病合并肾病，临床取得明显疗效。国内许多临床及药理研究者在继承传统的基础上不断创新，将其用于糖尿病及其并发症的治疗，从中医理论和现代药理及临床学角度为其治疗2型糖尿病及其并发症提供了有力证据，从而扩展了传统经方的应用范围，对提高中医临床治疗糖尿病及其并发症的疗效具有重要意义。然本方治疗糖尿病及其并发症的系统药理药效学研究开展较少，作用机制以及方剂整方及配比变化仍不清晰，有待通过从药效学物质基础实验，及临床评价等角度进行系统深入的研究，探讨方剂及其有效成分群的的关系，在治疗2型糖尿病及其并发症方面能够合理、安全、有效的运用其中，提供指导和借鉴。

参考文献

[1] 杨玉兰．糖尿病肾病与经方瓜蒌瞿麦丸［J］．河南中医2007，27（4）：11～12.

[2] 林兰，倪青，黄彦敏．糖尿病肾病的病因学研究述评［J］．医学研究通讯，2000，29（2）：16.

[3] 马晓峰，张建梅，周霞继，吕娟，王伟．栝楼瞿麦丸对糖尿病肾病大鼠肾脏保护作用的实验研究［J］．天津中医药，2008，25（3）：220.

[4] 张建梅，马晓峰，张国骏，李瓦里，巴建全．栝楼瞿麦丸对糖尿病肾病大鼠肾脏结缔组织生长因子表达的影响［J］．陕西中医，2009，30（4）：494.

[5] 罗试计．栝楼瞿麦丸合氯沙坦对糖尿病肾病早期尿微量蛋白影响的研究［J］．新中医，2007，39（4）：83.

[6] 陈志刚．栝楼瞿麦丸治疗糖尿病肾病蛋白尿的临床观察［J］．长春中医药大学学报，2009，25（2）：1.

[7] 周玉麟．用栝楼根煎剂治疗糖尿病6例报告［J］．中医杂志，1957，6（9）：475.

[8] 岳瑞．天花粉降糖活性部位的筛选及其药效学研究．西南大学［D］．2002，1.

[9] 乔玉峰．天花粉蛋白对NOD鼠糖尿病的影响．山西医科大学［D］．2003，5.

[10] 覃俊佳，庞声航，周芳，刘业广，黄正荣，何报作，聂琼嵘．褐苞薯蓣对正常小鼠和糖尿病小鼠血糖水平影响的实验研究［J］．中国中医药科技，2003，30（5）：158.

[11] 郑彩云．茯苓多糖抗糖尿病作用的实验研究［J］．中国医疗前沿，2010，14，（7）：12.

［《黑龙江中医药》2012，（4）：15］

李翰卿研究《伤寒论》学术特点初探

赵怀舟　山西省中医药研究院

李翰卿（1892～1972）名希缙，号华轩，以字行，山西省灵丘县上沙坡村人。1922年于山西省立医学传习所毕业，后悬壶并州，以精于仲景之学享誉省城。1956年，山西省中国医学研究所（今山西省中医药研究院）成立，李翰卿任第一任所长。1959年，撰成《伤寒论113方使用法》一书，内部印刷。今笔者即主要以此为讨论的基础，初步勾勒李翰卿研究《伤寒论》的学术特点。

李翰卿服膺仲景之学始于烧裈散一证临床实践的成功，《李翰卿伤寒讲义集要》中记载："我在开始行医时，曾遇到一个妇人，症状除'膝胫拘急'不甚显著外，其余诸症都和本节所述者相同，治疗就是用烧裈散治愈的。这一病例，可以说是我信服仲景方的第一个推动力量。"[1]177

一、从临床角度研究《伤寒论》

李翰卿研究《伤寒论》的出发点和落脚点都是

临床治病，这从他对尚有争议之仲景条文的处理态度看得最为清楚。《伤寒论》28条“服桂枝汤，或下之，仍头项强痛，翕翕发热无汗，心下满微痛，小便不利者，桂枝去桂加茯苓白术汤主之。”历来争论甚多，如有的主张去桂，如陈念祖、徐大椿等；有的主张去芍，如吴谦、陆渊雷等，辩论甚繁，意见分歧。李翰卿认为，“应该根据证候来决定，例如证偏寒性的，就可去芍，偏热性的就可去桂，因为本方的关键，在于心下停饮，小便不利，桂、芍二药，是用在辅佐地位。”[1]29这种观点相当冷静、客观。他认为在这个地方，没有必要纠缠于去桂、去芍何者为仲景原文，要从临床实际出发。因为二药在方中处于辅佐地位，所以两种选择的处方形态各有使用的范畴和空间。这要看临床证候，偏寒者苓桂术甘姜枣（去芍）治之，偏热者苓芍术甘姜枣（去桂）治之。

李翰卿这种完全从临床出发的思辨方法，有时候反过来启迪人们解决一些文献问题。比如：至少从宋本《伤寒论》开始103条大柴胡汤方中就无“大黄”一味。以至于前人在方下注曰：“一方加大黄二两，若不加，恐不为大柴胡汤。”[2]77这一现象多数人熟视无睹，以为不过是临时抄录的疏忽而已。唯独李翰卿不这样认为，他在《伤寒论》165条“伤寒发热，汗出不解，心中痞鞕，呕吐而下利者，大柴胡汤主之。”之下的解说中说：“有的认为是大柴胡去大黄，这是针对下利而言，但有的仍主张使用原方，他们以为不大便用大黄，是人所易晓，只有下利而用大黄，才是需要谆谆告诫的。”[1]77李翰卿的这段话，完全从临床出发讨论问题，但它事实上给出了宋本《伤寒论》（甚至宋本之前的《伤寒论》流通本）中大柴胡汤中原阙“大黄”的可能原因。那是因为有临床医家考虑到大柴胡汤主治条文中有“下利者”3字而人为地予以删削，还不一定是临时抄录的疏忽而已。

二、重视疑似病证的鉴别诊断

辨病、辨证准确是临床得效的第一步，李翰卿于此甚下工夫。重视疑似病证的鉴别诊断是李翰卿研究《伤寒论》尤其注重的特点之一。

李翰卿研究《伤寒论》非常重视鉴别诊断。鉴别诊断的目的，还是要求准确地辨证。其《伤寒论113方使用法》一书，每方均设有“禁忌证”和“类似方剂参考”两个栏目，就是出于这样的目的。其中“禁忌证”举出与主治病证相反的关键证，是为了从反面进一步审查应用方剂是否正确，以避免看法片面的错误；而“类似方剂参考”是为了加强用方的准确性，这里边又介绍了两种情况：一系有关禁忌证的类似方剂，一系有关主治证或轻或重的类似方剂。

举例而言：柴胡加龙骨牡蛎汤方主治伤寒误下后神识失常，烦惊，谵语，胸满身重，小便不利等证。但必须兼有寒热往来，或发热恶寒等太少两阳的表证现象，及大便不利，口苦，吐痰，脉虚等虚实错杂现象。而单纯神经失常，或脉不虚，或大小便通利者均忌之。李翰卿罗列的“类似方剂参考”为：①小柴胡汤：此柴、芩、半夏和人参同用，治少阳虚证之方。②大柴胡汤：此柴、芩、半夏和大黄同用，治少阳兼阳明实证之方。③桂枝甘草龙骨牡蛎汤：此桂枝和龙、牡同用，治心阳虚，镇心安神之方。

上述这种分析归纳的方法，是希望读者通过认真思考，从正面、反面和侧面等多角度、全方位地了解每一张《伤寒论》处方的适用范围和使用标准。事实上，也只有通过这种接近临床实践的反复对比，不断重复，才能使医生认清每一首仲景处方的真实含义。

三、重视兼夹病证的判断处置

“兼夹病证”是“兼证”和“夹杂证”或简称为“夹证”或“杂证”的统称，二者有所联系，但不完全相同。

要了解李翰卿对于“兼证”的认知，应当首先了解其对主证和副证的认知。从李翰卿相关存留文献的分析判读可知。所谓其方之主证是指使用该方时必须具备之证（证是证据的意思，此处的意义相当于“症状”），主证的表现，不论轻微或显著，都必须具备，否则便不可轻易使用原方，应随证加减，或改用他方。副证是其方治疗范围内可有可无之证。副证不是在于效果之大小，也不是说副证在疾病过程中给人体带来的痛苦小不严重，而是说在使用或掌握某一方剂时，它不是关键性问题。就是说有了主证以后，无论有无副证，都可使用该方治疗，不必加减。对于需要加减之证，叫作兼证。不仅仅是伤寒之病、伤寒之方，事实上“李老治疗任何疾病，都善于抓主证与兼证的治疗。对主证设有主方，对兼证按照中医急则治其标，缓则治其本，寒者温之，热者清之，虚者补之，实者泻之的理论，从整体着眼，重点着手，进行辨证论治。”[3]综上所述，“兼证”是在明确主证、正确选方的前提下，提示医家如何通过适当调整治疗方案，使之更加合理、有效和周到的临床证据。换言之，判断“兼证”的直接目的在于指导加减用药这个层面上。

而“夹杂证”虽然也有“兼见”的含义在其中，但更多的时候，它的存在是慢性病和危重病之所以难治的一个重要原因。如果辨清“夹杂”的具体情况了，有可能对应使用的是一张不需要加减化裁的处方。那么可以初步认为，判断“夹杂证”的重点还在于指导辨证择方这个层面上。李翰卿自己讲：“一般来讲慢性病、危重病夹杂证多，急性病、轻微病夹杂证少；身体素质较好的急性病患者夹杂证少，素质差或有慢性病的急性病患者夹杂证多。在夹杂证中有表里夹杂、寒热夹杂、虚实夹杂、阴阳夹杂，脏病兼腑，腑病兼脏，还有数脏之病同见，数腑之病共存，数经之病同现，数络之病共生等等。”[4]8山西省中医药研究院已故著名中医朱进忠回忆说：“李老为了阐述这些观点在临证时常常以具体实例阐述辨杂证的重要性。例如：患者李某，口苦口干、痞满、纳呆数年，余以半夏泻心汤治之不愈。邀李老诊视，云：脉弦涩不调，寒证为多，宜黄连汤，后果愈。而患者葛某，证与李某同，余以黄连汤治之，不效。邀李老治之，云：脉滑，热证为多，宜半夏泻心汤，后亦愈。他说：脾胃病寒热虚实的多少以脉为准，不可不予注意。”[4]9李翰卿常说：张仲景是辨夹杂证，治夹杂证的模范，应仔细钻研《伤寒论》《金匮要略》的辨证论治方法。很多医家认为《伤寒论》谈救误尤多，李翰卿认为仲景是在谈如何根据误治去辨证分析病情，从而进一步分析夹杂之证。如下之后（仲景原文是“发汗后”）腹胀满是夹杂寒邪而确定用厚朴生姜半夏甘草人参汤。

至于判断“夹杂证”的方法，李翰卿并未局限于《伤寒论》原书明文记载的脉证、腹诊。1974年9月，李汉卿在为山西医学院中医教研组提供的中医进修班讲稿中说：“临床每见脉证夹杂模糊难于分辨者专以舌苔为据：初起舌苔薄白或无苔而润病在表；白苔厚或微黄或中黄边白或中黄尖白或二三色邪在半表半里；黄苔舌绛或黑者属在里；舌若燥不论何色皆属里证屡经汗下；苔润而发热者属阳虚；无苔而燥者属阴虚。依此辨之，对临床帮助很大。”

四、重视经方药精量当的特点

认真考虑经方药量的轻重缓急也是李翰卿研究《伤寒论》的特点之一。四逆汤是《伤寒论》中“温中回阳方”的代表方，专治阳虚内虚之证，李翰卿酌定的方药剂量为：“炙草（一至二钱）干姜（一至三钱）生附子（一至五钱）”[5]。如果按照这个算法推衍李翰卿使用四逆汤的最低剂量是全方三钱（9g），最高剂量是全方一两（30g）。那么，李翰卿全方三钱的剂量，在今天几乎仅仅相当于一张普通处方中一味中药的剂量，或者约略相当于一袋板蓝根冲剂的分量。我们不能草率地认为，这个剂量不过是李翰卿据《伤寒论》原方“甘草（二两炙）干姜（一两半）附子（一枚，生用，去皮脐，破八片）”[2]117剂量，约略统筹以“钱”易“两”的简单转换。

李翰卿在1962年5月为太原市西医学习中医班讲授《中医八纲的概说》中保留了四逆汤治愈斑疹医案1则，其中全方汤药份量，每剂仅重三钱，且每天仅服药1次，三日证遂好转。这则病案不仅为我们提供了李翰卿辨别阴阳的实例，也提供了其实践中使用经方的药量情况。其案如下：“在西缉虎营街，一中年男子，全身密密层层的斑疹，脉洪大，要冷水喝，狂饮不止，但是，看其舌苔，与平时正常健康人的一样。因而，心起怀疑，这不是热极阳盛的舌苔，细细检阅以往所服过的药方，前一医生的药方差不多方方都有生石膏，每天若服用生石膏而还能有这样大的火吗？但是，周身密斑，这又是因何缘故呢？恐怕是起初没有表散，一直是寒凝滞于里了，稍用干姜、附子、甘草，每剂不过三钱重，每天一次，连服了三天，证遂安静好转，以后调理逐渐而愈。”

另一则风湿性心脏病、二尖瓣狭窄术后心衰病案，同样说明了这个问题。其案由朱进忠整理，较早见载于《山西名老中医经验汇编》[4]9一书。其文约略如下：一女性患者，患风湿性心脏病，行二尖瓣狭窄分离术后，心力衰竭现象一直不能控制。察其气短而喘，浮肿尿少，紫绀，心悸，不得平卧，口渴喜饮，某医见其舌黯无苔，发热口渴，脉数而时止，诊为心阴不足，予炙甘草汤加减治之而加剧。后邀李翰卿诊视，云：阴虚之证有之，阳虚之证亦有之，《脉诀》曰：“七疾八急九至为脱”，《伤寒论》云：“脉促胸满者，桂枝去芍药汤去之。”促脉为阳虚，促脉者数而时止之脉也，水肿者阳虚不化也。法宜温阳利水为主，佐以养阴敛阴。予真武汤加减。处方：附子、厚朴各1g，白芍、白术、人参各2g，茯苓、杏仁各1.5g。

全方总量不过11g，服之则效。他医为求速效，原方10倍量为之，诸证俱加。改用原量，后又效。李翰卿解释如此重病用此微量小剂的理由是：本病属于虚实寒热夹杂为患，稍予温热必热甚，稍以补益必邪炽，故以此小方轻剂治之。我们再进一步分析可知，此方用《伤寒论》附子汤（即真武汤易生姜为人参）而药量极轻，是考虑到本病以阳虚为主，同时虚实寒热夹杂的整体情况，故以《内经》少火生气、壮火食气之法治之。加厚朴、杏仁者乃为治疗兼证之“气短而喘”而设，此系借用《伤寒论》18条“喘家作桂枝汤加厚朴杏子佳”一法而来。

五、重视伤寒方剂的临床广用

柯韵伯《伤寒论翼·自序》中说：“原夫仲景之六经，为百病立法，不专为伤寒一科，伤寒、杂病治无二理，咸归六经之节制。六经各有伤寒，非伤寒中独有六经也。”[6]这是柯韵伯“六经钤百病说”的出处。李翰卿亦同意柯氏该种观点，他在中医进修班讲稿中说：“伤寒是百病的基础，善治伤寒杂证易，确实如此，例如承气汤不是单纯治伤寒的，当归四逆汤也不是单纯治伤寒的，日人以当归四逆汤治冻疮，我曾用桃仁承气治宫外孕……等，这都是证明，关键是在完全掌握每一方、药的功能和应用规律，所以应用时才会得心应手。”

笔者2001年6月30日往忻州访寻李翰卿长子李映淮（1919—2003）时，听众人谈起过李翰卿不仅治外感伤寒，就连治妇科病也用经方小剂……。惜不能完全记忆，就李翰卿遗存的相关病案而言：曾治1例因注射洒尔佛散（第606号化合物）后发热者，午前热盛，午后热渐减，舌也不干，考虑砒为辛苦热毒之剂，给以白虎汤而愈。一人月经闭止，用大承气汤而愈；一人神昏谵语，亦以承气汤而愈，以上二者均是认定病源在肠胃所以取效如响。消化性溃疡一般采取芍药甘草汤加减治疗，曾治一例因其遇冷即发者，用芍药甘草附子汤好转……。

笔者虽无缘与李老对面切磋，但有幸得见其部分遗文手泽，每阅其文字不禁为其勤奋和认真而感动，对比自身之懒惰和愚钝不禁汗涔涔下。

参考文献

[1] 李翰卿．李翰卿伤寒讲义集要［M］．北京：人民卫生出版社，2010.

[2] 日本东洋医学会伤寒金匮编刊小委员会编．善本翻刻伤寒论·金匮要略［M］．东京：日本东洋医学会，2009.

[3] 朱进忠．山西省中医药研究院中医精萃汇集［M］．太原：山西科学技术出版社，1995：85.

[4] 山西省卫生厅．山西名老中医经验汇编［M］．太原：山西科学技术出版社，1992.

[5] 王象礼，赵通礼主编．中国百年百名中医临床家丛书·李翰卿［M］．北京：中国中医药出版社，2001：418.

[6] 清·柯琴．伤寒来苏集·伤寒论翼［M］．上海：上海科学技术出版社，1986：158.

［《山西中医》2012，28（5）：1］

立足《伤寒论》探析扶阳派医案中姜附剂之服药反应

徐姗姗　成都中医药大学
基础医学院伤寒研究室
郑丰杰　北京中医药大学
基础医学院伤寒教研室
窦维华　广西中医学院
第一附属医院神经内科

《伤寒论》对服药反应的记载，如服用辛温方剂后出现烦躁、衄血、口渴、下利等，看似症状加重，病情加剧，实则为服药后的正常反应。扶阳派医家深得张仲景辨治之妙，对服用姜、桂、附等温热药物的药后反应体会深刻，积累了丰富经验，临证之际应对自如，胆识过人。笔者立足《伤寒论》，就扶阳派医案中姜附剂之服药反应探析如下。

一、《伤寒论》与扶阳派皆重视药后反应

《伤寒论》对服药后反应的记载，简明精要，但有的看似症状加重，病情加剧，实则为服药后的正常反应，是对初诊辨证论治的进一步延伸，充分体现了张仲景严密的辩证思维、精准的用药法度、细致的临床判断力及预见力。从某种程度上讲，医家结合病人的药后反应，对疾病进行再辨证、再论治，比初诊时的辨证论治意义更为重大，是医家掌握患者病情，提高临床疗效的关键环节。对药后反应了然于心，临证时方不足为怪。

扶阳派医家精研《伤寒论》学术，对服用姜、桂、附等温热药物的药后反应体会深刻，临证时应对自如。如《吴佩衡医案》中记载常见的药后反应为呕吐涎痰或涎水、大便泄泻或水泻、烦躁、出血（包括吐血、衄血、痰中带血、便血）、周身浮肿等，以及原有的症状如腹痛、肢体胀痛、面足浮肿等加重。范中林[1]同样强调：“阳虚阴盛之人，初服辛温大热之品，常有心中烦躁、鼻出黑血、喉干、目涩或赤、咳嗽痰多、面目及周身浮肿、或腹痛泄泻、或更加困倦等，此并非药误，而是阳药运行，阴去阳升，邪消正长，从阴出阳之佳兆。”这些见解丰富充实了郑寿全在《医法圆通》[2]中所总结的“阳药运行，阴邪化去”的经验认识。

二、《伤寒论》辛温方剂药后反应与扶阳派医案中姜附剂药后反应对比分析

（一）烦躁

1.《伤寒论》服桂枝汤后“反烦不解”《伤寒论》原文第24条曰：“太阳病，初服桂枝汤，反烦不解者，先刺风池、风府，却与桂枝汤则愈。”本条即服用桂枝汤后出现的一种服药反应。由于太阳中风病情较重，服桂枝汤后病不解而反增烦躁。此时须仔细分析，除反增烦躁外，若其他太阳中风的典型证候如发热、汗出、恶风等仍在，则知疾病未发生传变，药后烦躁的出现并非药不对证，而是病重药轻，正邪相争所致，确认辨证无误后，配合针刺加强疏散风邪，再服桂枝汤解肌祛风，针药并用，病即痊愈。临证中常会出现辨证用药并无差错，但有病重药轻，药病相争的现象，此时不必畏惧，可大胆坚持治疗。

2. 扶阳派医案中服姜附剂后出现烦躁《吴佩衡医案》：伤寒病少阴阴极似阳证。患者服药后（第二诊方，方中附子300g，干姜30g，肉桂15g）当晚整夜烦躁不宁，不能入睡。详查病情，脉稍有力，热较前稍降，神情淡漠，不渴饮。断定此为阴寒太盛，阳气太虚，虽得阳药之助，然病重药轻，药力与病邪相攻，药不胜病，虽见烦躁不宁，为药病相争之兆，不必惊疑，需加重药力始能克之。用大剂四逆汤加味治之（第三诊方，方中附子400g，干姜150g，肉桂20g）。服后病势大松，烦躁平定。

3. 扶阳派医案中药后烦躁误辨误治举例：扶阳派医家对药后反应的误辨误治同样在其医案中予以客观分析，启发后学良多，彰显了大家风范。举《吴佩衡医案》：病后体弱出麻疹变证严重案。患儿出麻疹，发热，涕清咳嗽，目赤多泪，耳指冷，面部隐隐现红点，曾患慢脾风，体质尚未复元，治以桂枝汤加附子、细辛（方中生姜10g，桂枝6g，附子15g），服药1剂，麻疹渐出，2剂透齐，3剂渐瘥。但微见烦躁，因当时经验不足，疑为服温热药后之燥象，认为阳热偏重，以前方去细辛、附子，倍用白芍，加当归补阴血、麦冬滋阴清热。服后患儿脉反紧急，发热烦乱，喘挣痰鸣，鼻翼煽动，唇色青乌，舌苔白滑，指纹青黑出二关，有欲作惊风之状，此为阴盛格阳之变证，当即以四逆汤加肉桂、茯苓（方中附子24g，干姜10g，肉桂6g）扶阳抑阴，服后手足抽掣，角弓反张，再以药饮之，则涌吐涎沫，泄泻绿粪，症状颇危笃，但诊其脉象，已较前缓和，身热减退，知为药病相争之瞑眩反应，遂加大剂量（方中附子50g，干姜15g，肉桂6g）服用，后脉静身凉，喘平，泄泻止。

（二）衄血

1.《伤寒论》服麻黄汤后发烦、目瞑、鼻衄：《伤寒论》原文第46条曰：“太阳病，脉浮紧，无汗，发热，身疼痛，八九日不解，表证仍在，此当发其汗，麻黄汤主之。服药已微除，其人发烦目瞑，剧者必衄，衄乃解。所以然者，阳气重故也。”太阳伤寒表实证，虽经八九日之久，但脉浮紧、无汗、发热、身疼痛等典型的太阳伤寒脉证仍在，说明病邪尚未传变，仍以麻黄汤治疗。因本证病在太阳迁延日久，邪气郁闭较重，服用麻黄汤后，常会引起一定的服药反应。药后反应轻者，可见心烦、目睛畏光，为久郁之阳得辛温发汗药力鼓动，祛邪外出，正邪交争，欲解未解之象，待正胜邪退，则汗出病解。本条之“发烦，目瞑”，与24条药后“反烦不解”的桂枝汤证，机理一致，均属正邪相争。反应剧烈者则见鼻衄，为阳郁太甚致阳络损伤。仲景自注曰：“所以然者，阳气重故也”，说明发烦、目瞑、流鼻血，皆为阳气郁闭太甚所致。因“血汗同源”，虽不得汗解，但一衄之后，郁热得除，外邪得泄，所谓汗不解，衄乃解，故后世医家将此种衄血称之为“红汗”。

2. 扶阳派医案中服姜附剂后流鼻血《范中林医案》：服通脉四逆汤后流鼻血，少阴证下利虚脱案。本案为少阴阴寒极盛，阳气欲脱之险证，以大剂量通脉四逆汤灌服急救。处方：附子（久煎）、干姜各120g，炙甘草60g。以该方连夜频频灌服，翌日凌晨，患儿鼻中出血，再诊时，患儿外形、病状虽与昨日相似，但呼吸已稍转接续、均匀，初露回生之兆。继守原法，以通脉四逆汤加倍用量再服。处方：附子（久煎）、干姜各500g，炙甘草250g。以肥母鸡一只熬汤，另以鸡汤煎附子1.5h，再入姜、草。药后约2h，患儿忽从鼻中流出紫黑色凝血2条，约3寸长，口中亦吐出若干血块，神志开始清醒，并开口说话。遂遵原方，再进4剂。此案初诊服药后患儿鼻中出血，为大剂量通脉四逆汤回阳返本之效，阳药运行，冰伏凝聚之血脉为之温通，血从上窍而出，且患儿呼吸已稍见接续、均匀，为起死回生之兆，绝非误服姜附之变证。二诊紧抓阳气回复转机，在初诊基础上干姜、附子用量翻倍，回阳通脉，峻逐阴寒，寒邪随衄血、吐血而去，患儿转危为安。

药后衄血一症，既可能是邪有出路之表现，亦可能是药后阳复太过、迫血妄行所致，只有根据病

人的舌、脉象及其他症状综合分析，方能得出正确的判断。

（三）口渴

《伤寒论》服小青龙汤后口渴。《伤寒论》原文第41条曰：“伤寒心下有水气，咳而微喘，发热不渴，小青龙汤主之。服汤已渴者，此寒去欲解也。”讲述小青龙汤的药后反应。表寒与里饮相合为病的小青龙汤证，未服药之前的症状除了主证“咳而微喘”，还见“发热不渴”“发热”为表邪不解，“不渴”为里有寒饮。“服汤已渴者”，服了小青龙汤后，由之前的“不渴”转为“口渴”，并非误治，而是药物的正常作用。小青龙汤方中以麻黄、细辛、干姜、桂枝、半夏等辛温之药温化寒饮，这种口渴是服用小青龙汤后出现的反应，虽渴而不甚，提示服药后寒饮得以温化，在温解之余，津液一时不足便会出现口渴。因此，张仲景在条文的自注中明确指出：“此寒去欲解也。”说明口渴是寒饮得以温化，寒饮消退的表现。

笔者研究发现，在扶阳派医家医案的复诊记录中，虽少有涉及“口渴”这一药后反应，但在临床上同样不可忽视。如前所述，范中林就指出：“阳虚阴盛之人，初服辛温大热之品，常有心中烦躁，鼻出黑血，喉干”，说明喉干或口渴是服用姜、桂、附辛热药物后的常见反应。

（四）下利

1.《伤寒论》阳气恢复之“脾家实”下利：脾家实的概念见于《伤寒论》太阴病篇第278条曰：“伤寒，脉浮而缓，手足自温者，系在太阴……至七八日，虽暴烦下利，日十余行，必自止，以脾家实，腐秽当去故也。”脾家实即正气充实，脾阳恢复之义。

“虽暴烦下利，日十余行”，太阴病，病至七八日，突然出现烦热、下利，甚至一天中下利十余次，此非脾阳虚衰，寒湿下注之下利，而是“脾家实，腐秽当去”，突发烦热为阳气来复，祛邪外出，正邪剧争的表现；此处下利则是脾阳恢复，正气得以驱邪外出的表现。脾阳恢复，传导运化的功能恢复正常，清阳得升，浊阴得降，所以腐秽自下。这种“下利日十余行”，腹泻次数虽多，而泻出物皆为滞留肠中的寒湿浊邪，待邪气排出，腹泻自止，其病随之而愈。“脾家实，腐秽当去”这种阳气恢复之下利是对《伤寒论》“扶正以祛邪”治疗思想极佳的阐释。可见，下利也可以是人体正气驱邪外出的一种方式。

2. 扶阳派医案中服姜附剂后大便泄泻：扶阳派医家治病着眼于阳气这一根本，治疗虚寒性疾病从温扶阳气入手，通过姜、桂、附的温阳作用，使脾阳得以恢复，常能收“脾家实，腐秽当去”之效。如《吴佩衡医案》：伤寒病少阴阴极似阳证（药后烦躁案）。患者服药（第三诊方，方中附子400g，干姜150g，肉桂20g）后，烦躁平定。照原方连进，大便始通，泻出酱黑稀粪3次，发热退去大半，烦乱谵语已不再作。于三诊方基础上加砂仁、苍术各10g，吴茱萸8g。服后24h内大便共泄泻十余次，色仍酱黑，身热退净。此由寒湿阴邪内盛，腹中有如冰霜凝聚，今得阳药温化运行，阴邪溃退，真阳返回而使冰霜化行。所拟方药，均非泻下之剂，排出物皆为内停之寒湿污秽，系病除佳兆，邪去正自安。继续用姜附大剂治疗（第五诊方，方中附子400g，干姜80g，肉桂20g），服后大便又泻十余次，色逐渐转黄，食欲恢复。第六诊方姜、桂、附用量同第五诊方，服药后大便仅泻2次，色黄而溏，脉静身凉，大病悉退。善后调理用四逆汤加参、芪，后体质健康如常。

综上所述，“观其脉证，知犯何逆，随证治之”，这种具体问题具体分析处理的临床辩证思维方法是《伤寒论》的突出成就，张仲景熟悉药性，动态观察，具体分析，将这种辩证思维贯穿于对药后反应的辨析之中。姜、桂、附等辛热药物药性大多峻猛，附子、乌头本身还具有一定毒性，误用确实易致剧烈反应。这些原因令无数医家视姜附剂如虎狼，不敢轻易使用。而临床上见服药反应，需要仔细分辨，不能以药物的毒副作用笼统概括之。扶阳派医家深得仲景辨治之妙，对姜、桂、附温热药物的药后反应积累了丰富经验，临证之际进退自如，胆识过人，气魄非凡。

参考文献

[1] 范学文，徐长卿．范中林六经辨证医案选［M］．北京：学苑出版社，2007：115～116.

[2] 清·郑寿全．医法圆通［M］．北京：中国中医药出版社，1993：111～112.

［《新中医》2012，44（3）：135］

临床用药剂量差异的文化心理探讨

宋　佳　傅延龄　北京中医药大学

自古至今，中药临床用量发生了较大变化，以仲景方为例，按近现代考据学的研究结果，东汉一两约合今13.9克，而今临床则普遍按一两约合3克来折算经方，剂量差可达数倍之多。笔者曾在

《从明代医家临床用药剂量概况谈经方剂量变化趋势》一文中概述了仲景本原剂量的演变情况，并分析了几种导致变化发生的原因。笔者拟从传统文化心理入手，从另一角度分析古今剂量差异的原因。

一、“实用理性”的文化内核

“实用理性”是由中国当代著名哲学家、美学家李泽厚先生在上世纪 80 年代提出的一个用以解读中国传统文化、传统思维方式和中国人文化心理结构的重要概念[1]，他认为：“所谓‘实用理性’就是它关注于现实社会生活，不作纯粹抽象的思辨，也不让非理性的情欲横行，事事强调‘实用’‘实际’‘实行’，满足于解决问题的经验论的思维水平，主张以理节情的行为模式，对人生世事采取一种既乐观进取又清醒冷静的生活态度。”并进一步解释这种实用理性不同于美国现代的实用主义，它是中国人认识世界、解释世界和指导自己实践行动的基本心态，是中国整个物质文明和精神文明在文化心理结构上的积淀表现[2]，也是中国传统文化在自身性格上所具有的鲜明特色。

由于中医学自诞生之时起就与传统文化互相渗透、彼此磨合，因此实用理性也渗透在中医学领域。数千年来中医临床剂量的调整变化也更多以个人经验为准，缺乏建立规范和标准的热情与动力。只要当前所使用的剂量折算标准可以满足临床与社会需要，便不再探求其他剂量区间所可能产生的临床功效。虽然中药剂量分布区域较为宽泛，无论从《伤寒杂病论》还是近现代文献中均可发现，方药用量的“重剂起沉疴”与“四两拨千斤”这两种临床剂量的选择倾向历来有之，但这仍是建立在实践经验的基础之上，而且这两种相对极端的剂量选择从来就不是中医临床用药的主流。讲究整体配合，讲究安全有效，讲究动态平衡，一直都是中医临床组方用药的重要指导思想，而这些指导原则在一定程度上维持了中药剂量分布水平的稳定，而对过大或过小的剂量（尤其是超大剂量应用）具有一定的排斥作用。虽然历史上，包括今日，擅长超大剂量用药的名家不乏其人，但这多通过个人经验实践进而有所体悟方敢于投剂，而对于多数没有相应经验的临床大夫来说，这种偏离主流剂量水平的用药方式一直较难普及并推广，究其根本，正是缘于这种讲求“实用理性”的心理结构特点。也正是如此，恢复仲景本原剂量（1 两约合今 13.9 克）的愿望颇难实现。

宋政府推行散剂是仲景本原剂量出现较大下降的重要前提，散剂的盛行使得药量普遍减少，而在宋金之后，随着散剂的式微，汤剂饮片逐渐取代煮散成为用药主要剂型，以原来散剂的用量及服法为基准进行调整变化也就不难理解了。正是这种实用理性的用药心理特点，使得以汤代散时，在用药剂量增加到普遍具有确切疗效的剂量水平之后，便难以再有所突破。宋明以来，众多医家在经过考证之后，明知仲景本源剂量与当时普遍使用的剂量存在较大落差，仍遵循当时普遍的用量水平，而不贸然恢复至仲景的剂量水平，原因正在于最常用的剂量区间是建立在经验与实践的基础之上，甚至可以说是经验与实践的直接产物，在没有实际应用仲景本源剂量的经验前提下，以“实用”“实际”“实行”为目的，讲求实用理性的医家想抛弃建立在数百年经验之上的剂量水平，而直接恢复至仲景时代的剂量，简直是件不可能的事情。

二、“医者意也”的思维模式

如果说“实用理性”用药心理特点导致用药剂量的相对保守，那么“医者意也”的思维模式使得医家更为注重对病因病机、治则治法等宏观把握，而对剂量的准确性与规范性却不甚关注（如以“钱匕”“指撮”等约量法给药久已有之），或者关注程度不够，这在一定程度上导致了中医剂量理论的贫乏，临床控制剂量多停留在经验论水平。宋金之后医家对《伤寒杂病论》在医理、治法、组方等各方面进行了全面继承与发展，而唯独对仲景本原剂量却不敢遵循，这一现象的产生与“医者意也”不无关系。

“医者意也”一语最早见于《后汉书·郭玉传》：“医之为言意也。”[3]后来常被历代医家所引用。以一个“意”字来统概医学理论的深奥、治则治法的灵活以及为医者的悟性[4]，有人认为“医者意也”正是中医直觉思维与创造性思维的集中体现[5]。梁启超曾言“中国凡百学问都带有一种‘可以意会不可以言传’的神秘性”，而“医者意也”也正具有这样一种“言不尽意”[6]“只可意会不可言传”的韵味。

宋金之后，虽然医学界尊经崇古的风气盛行，但在对待经典医著尤其是《伤寒杂病论》的态度上，很多医家仍认为最重要的是要师法仲景之“意”，而非拘泥不变，其中也当然包括方药剂量的控制。如明代医家缪希雍曾言：“南北地殊，厚薄不侔，故其（仲景）意可师也，其法不可改也……其药则有时而可改，非违仲景也。实师其意，变而通之，以从时也。如是则法不终穷矣。”[7]这里再三强调对仲景之“意”的领会，而由于地域气候差异、古今体质不同对仲景方药有所改动，并不违背仲景原意，乃变通之法。又如张景岳对《伤寒论》研究多年，备极推崇，但也不是通盘接受，而是认为当有所变通，同样强调对仲景之“意”的领会。清代医家许宣治认为“会意”是“用古”的先决条件与重要前提，“医者，意也。临证要会意，制方要有法，法从理生，意随时变，用古而不为古泥，是真能用古者。”[8]正是这种强调对医“意”的追求，使后世医家对仲景之理、仲景之法、仲景之证、仲景之方、仲景之药等方方面面作了丰富的补充与发挥，使《伤寒论》研究的热潮此起彼伏，经久不衰，而唯独对仲景之量，多以古今体质不同、气候温度变迁等理由一笔带过，不再多作深究。个中原因，恐怕与建立在经验实践基础之上的“实用理性”精神与重视形而上之医理医法胜于形而下之剂量剂型的“医者意也”思维模式不无关系。

总之，或许正是这种“实用理性”的文化内核与“医者意也”的思维模式，使得中药剂量理论长久以来难以规范与系统，使得中药量效关系的研究复杂多变，也使得仲景本原剂量1700余年来发生了显著变化。虽然医学属自然科学的范畴，然而无论患者还是医者，既然作为社会体系中的一分子，就不能不受社会文化的冲击与影响，而这种影响常常是渗入骨髓的。因此笔者以为在研究方药剂量的相关问题，文化心理的研究不容也不能忽视。

参考文献

[1] 曾宇航．“实用理性”思想研究述评［J］．学理论，2010（22）：55～56.
[2] 李泽厚．漫说“西体中用”［J］．孔子研究，1987（1）：15～28.
[3] 南朝·范晔．后汉书［M］．北京：中华书局，1999：2205.
[4] 廖育群．医者意也——认识中医［M］．桂林：广西师范大学出版社，2006：42.
[5] 邢玉瑞．中医直觉思维方式研究［J］．山东中医药大学学报，2009，33（6）：473～475.
[6] 张家玮．“言不尽意”与中医学思想方法［J］．中华中医药学刊，2009，27（2）：269～271.
[7] 明·缪希雍．先醒斋医学广笔记［M］．北京：人民卫生出版社，2007：5.
[8] 邢玉瑞．医者意也——关于《思考中医》的思考之二（续一）［J］．陕西中医学院学报，2006，29（1）：10～12.

［《中医文献杂志》2012，（5）：38］

陆渊雷对《伤寒论》的继承与创新

徐立思　上海中医药大学

“海派中医”是清末民初在上海以一大批享誉海内外的名医为代表，中西医学交融并举，在特定地域环境下形成的医学文化现象，具有“开放、兼容、吸纳、变化”的鲜明特征[1]。陆渊雷先生是其中的佼佼者，拜师于恽铁樵门下，后又任教于上海国医学院，在学术上参汇中西医学，提倡“中医科学化”，为近代中西医汇通学派代表人物之一，其著有《伤寒论今释》和《伤寒论概要》二书，对仲景《伤寒论》的继承和创新贡献良多。

一、中西汇通，病证结合

陆氏是近代中医界倡导“中医科学化”并坚持始终的一位中医学家，在坚持中医实有疗效的同时，对西医学的各种基础课程都有详细研究，陆氏在他的《金匮要略今释·自序》中提出：“方术则中土，理法则远西。”在强调运用中国传统医疗技术和西方说理研究方法相结合的同时，也指出了辨病与辨证相结合的重要性。中医强调“辨证”，西医侧重“辨病”，这是两个医学体系在疾病分类上的差异，陆氏在《伤寒论今释·卷一》中言：“学者须知病之与证，实不相蒙。研究病理当从病，或从其病灶，或从其病菌，或从其所中之毒，西医所论详矣。商量治疗当从证，有自觉证，有他觉证，望闻问切，及按腹所得，仲景所论是矣。中医多以证候为病名，其病名既不当，故古医书之以病分类者，其说愈烦，则其失愈远，以其不知病灶病菌，而谈病理故也。西医近日之趋势，似欲每病得一特效药。然药之特效于病者，至今绝少，以其轻视审证，而必欲治疗原因故也。”[2]陆氏明确指出了西医辨病明确诊断与中医辨证确定治疗的有机结合来指导临床治疗。中医是通过望闻问切等直观方法搜集资料，在中医理论指导下并结合实践经验加以条理化、系统化，说明病位、病性、病因、病机以及正邪交争情况，反映出中医对各种疾病的认识，并指导临床治疗。因此，陆渊雷对于中西结合的模式有着深刻的见解，也为当今中医临床的发展指明了方向。

二、诠释六经，新解《伤寒》

（一）《伤寒论》六经之名

陆氏在《伤寒论概要》中对于六经的名义作了

详尽的论述。他反对用《内经》的理论来诠释《伤寒论》的各种理论，称其为“针刺家言”，而认为经方的起源来自于《神农本草经》和《伊尹汤液经》，此观点与杨绍伊先生的观点相一致[3]。故六经之名，“乃汤液家言，其六经沿‘热论’之名，不袭六经之实。”

陆氏从三个方面来详细论述《素问·热论》六经与《伤寒论》六经的不同之处[4]8~15：一是罗列《素问·热论》的六经之证与《伤寒论》六经提纲证相比较，认为“‘热论’六经之范围狭，《伤寒论》六经之范围广”。如“热论”之阳明证，身热，目疼而鼻干，不得卧，与《伤寒论》之阳明病胃家实，相去甚远；又如在治则治法上，“热论”云：前三日为三阳病，可汗而已；后三日为三阴病，可泄而已。与《伤寒论》三阴病不可下实属不同。故陆氏认为：“‘热论’之三阳皆《伤寒论》之太阳，皆可汗也；‘热论’之三阴皆《伤寒论》之阳明，故皆可下也。”二是六经日数与周环与否的不同，认为“‘热论’一日传一经，六日遍六经，周而复始；《伤寒论》则六七日传一经，传至若干经后，不愈则死，绝无周环”。三是六经传变顺序的不同，陆氏认为《伤寒论》为太阳传少阳，少阳传阳明，亦有太阳直传阳明者，变化多端，并非“热论”太阳一阳明一少阳的单一传变方式。

因此，陆氏对于六经本质的研究有自己独到的见解，对理清《素问·热论》与《伤寒论》六经概念的不同，颇有启示。

（二）证候群是六经病证的本质

陆氏认为用《素问·热论》的观点解读《伤寒论》有失偏颇，更反对用经脉或气化学说来附会《伤寒论》，是为误之又误。其认为：“中医之药治法凭证候，故六经也者，六种证候群，而治之以六大类之药方者也，故欲定六经之界说，当从其证候上研讨。”而证候主要由三种因素共同组成：一为抗病现象，如太阳病提纲证的“脉浮、头项强痛”，为病毒侵袭人体，正气欲达出汗排毒之目的，所产生的向上外达的趋势。二是病毒所直接造成，如脑脊髓膜炎之头项强痛、角弓反张及痉挛，陆氏认为是病毒侵袭脊髓导致炎症所造成。三是他证候之结果，即是某些因主要病机而出现的伴随症状。而三种因素中，抗病现象最为重要，六经证候群主要由此确立。

对于六经病证的具体证候群，陆氏作了详尽的论述，尤其是三阳病，认为“三阳为热病之正型，视其抗病力之趋势分为三种证候群，以施用三种治疗法者也”。太阳病是气血上趋、外趋以达到汗出驱毒的目的；阳明病是热病的极期，“是病毒与抗毒力两俱极盛之候”；少阳病则病之时期和部位介于太阳与阳明之间。对于三阴病的认识，陆氏有“特殊之意见”，谓“成为热病经过中之一种证候群者，惟有少阴一经。其太阴为独立之病，当属《金匮》杂病，不在伤寒之范围，厥阴则出自拼凑，完全不能成立”。陆氏认为太阴病是为肠炎，与太阳病中诸泻心汤之病，实为一种杂病，只是有实热和虚寒的差别。只有少阴病为热病之变型，“少阴病者，热病过程中心脏之机能的衰弱也”，因此治疗需用四逆辈等强心药。对于六经证候的具体论述，虽有陆氏自己的独特观点和历史局限性，但对于临床仍具有一定的启示作用。

（三）《伤寒论今释》对仲景学说的继承和创新

《伤寒论今释》是陆渊雷中医科学化的代表性著作。如对太阳病的解释，从微生物学的理论，把太阳病的发病机制解释为机体抗毒力量之体现。同时，该书对中医某些理论进行了科学化的厘定，如“亡阳者，体温被蒸散过多，细胞之生活力因而衰退也”，关于脉浮的解释，“脉管有结缔组织，固定于一定部位，太阳轻浅之病，岂能移脉管而浮向外表?”

陆氏认为，仲景学说的核心是在六经辨证系统下所建立的方证与药证。他说：“大论精粹，在于证候方药。”其在《日本人研究中医药之趋势》一文中，就高度评价了吉益东洞师法仲景“凭证候以用药方，就药方以测证候”的观点[4]80。陆氏还认为“《伤寒论》为经方之冠，治疗之极，为学医所必由”。他说：“统观仲景书，但教人某证用某方，论中有桂枝证、柴胡证之名，可知意在治疗，不尚理论。中医之治疗有特长，理论则多凭空臆造，仲景不尚理论，正是识见胜人处，后人斤斤于风邪寒邪伤卫伤营之辨，而不于病证药方上著眼对勘，皆非读仲景书者。”“余以为理论当从西医之病名，治疗当宗仲景之审证为宜也。”

《伤寒论今释》最突出的特点就是坚持实证。章太炎先生在《伤寒论今释·序》中，在指出诸“伤寒”注家得失的同时，高度评价了日本汉方医学“其随文解义者，颇视我国为审慎，其以方术治病，变化从心，不滞故常者，又往往多效。令仲景而在，其必曰：吾道东矣”。陆氏受其影响，在条文之下，广征博引，在其著作中大量引用日本历代医家对张仲景学说研究的论述。据统计，《伤寒论今释》中引用日本医家的论说达674处之多，而且引述的日本医书种类繁多，所涉近40家[5]。同时，在方法上“主以汉唐训话，远西科学”。因汉唐义疏之例，注不破经，疏不破注。往往随文敷饰，终致学术沉翳不进，陆氏力破陈规，悉为辨正。陆氏认为医经之论，其义可闻，其效不可得见，尤其是金元以后，医家固守《内经》，骛空言而不守实效，而经方所载，皆为行之比验之事实，必有科学之理，必持科学之理以求大论之旨，正如陆氏所言：“凡理合，事实亦合，当以科学证明之；凡理合而事实不合，或理论不合而事实合者，当存以待考；凡理论事实俱不合者，即当剪辟，勿使徒乱人意。”

陆渊雷对张仲景学术的研究具有很深的造诣。陆氏在其著作中，不拘门户，研究西洋医学知识，倡导中西医结合的思想溢于言表，在历代有关张仲景学说的著述中，如陆渊雷如此广泛深入研究众多国外医学资料的，在医学史上是少有的。

三、善用经方，屡起沉苘

陆氏不仅专注于对中医的研究和教学工作，还长期在上海从事临床诊治工作，临证常以西医方法诊断，运用仲景经方治疗，擅治外感病、慢性肝病、肿瘤等。他对外感疾病中的中医与现代医学的关系独具只眼，认为部分中医理论暗合现代科学，许多中医治疗方剂可以灵活运用，异病同治。

陆氏对于许多仲景经方的临床运用深有研究。以四逆汤为例[7]，仲景用附子回阳救逆，干姜温中散寒，甘草和中益气。陆氏认为“仲景于亡阳虚脱之证，必用生附子配干姜，甚或依证更配以人参”“四逆汤为强心主剂”，又谓：“干姜与附子俱为纯阳大热之药，俱能使机能亢进。惟附子之效遍于全身，干姜之效限于局部，其主效在温运消化管而兼及于肺。故肺寒、胃寒、肠寒者，用干姜；心脏衰弱，细胞之生活力退减者，用附子”“仲景于阳虚证，心脏衰弱不甚者，则用炮附子，量亦不大”。陆氏不仅将四逆汤用于外感伤寒，还用于内科杂病。如对患有胸闷心悸、纳呆、脉迟细，属心脏衰弱者，四逆汤加别直参、白术、茯苓等补气之品，以温阳补气；若心悸易醒，脉细弱而有歇止，四逆汤合生脉饮及平肝安神之品，以补气养阴安神。至于咳嗽气喘，日久阳虚脉弱，陆氏常以四逆汤加参须、蛤蚧尾（二味另煎冲）及止咳化痰之药，以扶正祛邪。对于中焦脾胃之病，凡脾胃虚寒、腹胀暖气、口腻苔垢、脉微弱，合旋覆代赭汤加减；若见洞泄肢冷、完谷不化、肠鸣腹痛、腹胀背寒，脉迟细，则合四君子汤加减以温补脾肾。慢性肾炎见阳虚水泛、手足浮肿、腰背酸痛、脉弱苔白者，四逆汤加桂枝、泽泻、猪苓等，以温阳化气利水。对于周身风湿疼痛，伴消化不良，脉细苔薄者，以四逆汤合白术、蕲蛇、全蝎、薏苡仁、羌活、独活等同用。由此可见，陆氏对于《伤寒论》经方的善于灵活应用和化裁，辨证用药，推陈出新。

综上所述，陆渊雷先生对《伤寒论》的继承与创新，有着自己独特的理解，虽然由于时代的局限性，其主张的中医科学化，在今天看来仍有弊端，但其运用中医学的理论，立足于中医的治疗原则，用中医的思维方式来解释现代医学的病理现象，及其丰富的临床经验和创新精神，仍值得现今所借鉴。

参考文献

[1] 陈沛沛，季伟苹。“海派中医”特征及上海中药老字号［J］. 中医药文化，2007，2（6）：27～29.

[2] 陆渊雷. 伤寒论今释［M］. 北京：学苑出版社，2008，39～40.

[3] 冯世纶. 解读伊尹汤液经［M］. 北京：学范出版社，2009，20～25.

[4] 陆渊雷. 陆渊雷医书二种［M］. 福州：福建科学技术出版社. 2008，8～15，80.

[5] 陈沛沛，杨杏林. 陆渊雷医案［M］. 上海：上海科学技术出版社，2010，25.

[6] 上海市中医文献馆，上海市医药大学医史博物馆. 海派中医学术流派精粹［M］. 上海：上海交通大学出版社，2008，279～280.

［《中医文献杂志》2012，（6）：28］

论《金匮要略》对内伤杂病辨证方法的贡献

曲丽芳　上海中医药大学金匮教研室

辨证是中医治病特色之一，其理论体系和辨证方法随中医临床治疗学的发展而不断充实和完善。按发展年代分，中医辨证方法大致由《内经》八纲辨证、《伤寒论》六经辨证、《金匮要略》脏腑经络辨证、《温病学》卫气营血辨证和三焦辨证等五大经典辨证方法组成，其中张仲景前无古人、后无来者地一人独创两大法——外感病的六经辨证和内伤杂病的脏腑经络辨证，对后世中医辨证思路、辨证方法和中医临床治疗学都产生了深远的影响，张仲景因此被后人赞誉为医中圣人，《金匮要略》被赞誉为方书之祖、医方之经、治疗杂病之典范。其实，张仲景对中医辨证治疗学的贡献远不止于此，他在《金匮要略》一书中还创造了病证结合、汤方证结合的辨证治疗方法以及病脉证合参和以方测证的学习训练方法。

一、首创脏腑经络辨证方法

《金匮要略》首篇名为《脏腑经络先后病脉证第一》，其寓意当有六：（1）内伤杂病的病位在脏腑经络；（2）内伤杂病的产生是脏腑经络病理变化的反应；（3）内伤杂病的辨证方法是脏腑经络辨证方法（《伤寒》外感病是六经辨证方法）；（4）内伤杂病辨证必须明确脏腑经络病变产生的孰先孰后，借以明辨传变规律，病变趋势及预后；（5）杂病辨证应辨病为先，病证结合；（6）杂病辨证应病、脉、证三参合一。

《金匮要略·脏腑经络先后病脉证第一》相当于全书的总纲，书中对内伤杂病诊治过程的方方面面都作了原则性指导。该篇首条提出“肝病先实脾”的治未病（已病防变）原则和最后一条“病在脏，攻邪当随其所得”的驱邪原则，都立足于脏腑经络辨证方法。《金匮要略》各篇皆冠以“病脉证治”字样，无论是独立成篇还是数病合篇，不仅充分体现了脏腑经络辨证思路，而且还显现出按脏腑系统进行辨病和辨证的雏形，前者如《金匮要略·水气病》，除专论水液代谢失调病证外，还特别提出了五脏水辨证及水分、血分、气分等不同层次和不同角度的辨证方法。后者如“肺病肺痈咳嗽上气病”，以肺（呼吸）系病变为主，“呕吐哕下利病”，以脾胃（消化）系病变为主；而“中风历节病”的“邪在于络，肌肤不仁；邪在于经，即重不胜；邪入于腑，即不识人，邪入于脏，舌即难言，口吐涎”则更是直截了当地指明了脏腑经络辨证方法。可以说没有《金匮要略》的脏腑经络辨证方法就不可能有内伤杂病治疗学。

二、首创病证结合的辨证论治方法

张仲景《伤寒杂病论》原为一书，后经战乱等多种原因分为《伤寒论》和《金匮要略》两部医典流传于世。现从书名上虽看不出病的字样，但绝不可因此否认张仲景原著以论病为先、辨证为后的病证结合辨证方法，因为无论是《伤寒论》的六经病，还是《金匮要略》的各科杂病，每篇篇名均以病冠名。如《伤寒论》的“太阳病脉证治”“少阴病脉证治”等，《金匮要略》的“中风历节病脉证治”“黄疸病脉证治”等。篇名定为“某某病脉证治”，彰显张仲景的用心良苦，目的在于告诫后人，杂病的学习方法和辨证规律是先识病，再以脉象识病因病机，继而识证辨证，最后论治并遣方用药。此特点在《金匮要略·胸痹心痛短气病》体现得最为充分。该篇第一条先以“脉太过不及，阳微阴弦”总论胸痹病的病因病机：上焦胸（心）阳不振，下焦阴邪（水饮、痰浊、瘀血等）过甚，阴乘阳位，脉络痹阻而发病。继而以第三、四、五、六、七条出方7首，分论辨证施治。胸痹发作期：典型证候（喘息咳唾、胸背痛、短气）栝楼薤白白酒汤，重证（胸痹不得卧、心痛彻背）栝楼薤白半夏汤，胸痹缓急薏苡附子散。胸痹缓解期，症见“胸痹心中痞，留气结在胸，胸满，胁下逆抢心”，偏实用枳实薤白桂枝汤，偏虚用人参汤。症见“胸痹胸中气塞，短气”，偏于饮邪者茯苓杏仁甘草汤，偏于气滞者橘枳姜汤。病有共性，病因病机可相类。症证有异，因个人体质有差异，故遣方用药必有所不同。今人但知中医辨证施治，孰不知医圣张仲景原创杂病治疗时，是辨病为先、病证同重、无所偏颇的。

三、首创汤方证辨析和以方测证的学习方法

汤方证辨析和以方测证既是《伤寒论》《金匮要略》辨证方法之一，又是张仲景教学方法之一。汤方证辨析作为辨证方法，因其针对性强、疗效显著、易于学习和掌握，已广为临床所用。如《伤寒论》中桂枝汤及其系列方的汤方证，以及由桂枝汤倍芍药加饴糖而成的小建中汤系列汤方证，不仅见于《伤寒论》，也见于《金匮要略》。再如《金匮要略》中的肾气丸系列汤方证，一治脚气病，脚气上冲，少腹不仁；二治肾虚虚劳病，虚劳腰痛，少腹拘急，小便不利；三治痰饮病，短气有微饮，当从小便去之；四治肾虚消渴病，男子消渴，小便不利，以饮一斗，小便一斗；五治妇人转胞、烦热不得卧，饮食如故，转胞不得溺。上述五病名不同，证也异，然同用肾气丸主治，基于病机相类：肾虚气化功能不利。单个病证病机可纵向发展，多个病证病机可横向相类。因此，只要病机相类就可使用相同方药，不必强求证、症相同。汤方药物紧扣病机，汤方证辨析实际上是病机辨证，此法表明张仲景辨证思路呈多元化，辨证方法呈多样性。

以方测证法由汤方证辨析演变而来，与其说它是辨证方法，不如说它是学习方法，因其识病过程是汤方证辨析的逆向思维过程，并包含了逻辑推理法：证是一组症状，或一个症候群，统领于一定的病机，病机反映深层次的病变本质，遣方用药针对病机，汤方功效紧扣病机。以方测证是汤方证辨析过程的逆向思维学习，即方指汤方，证是病机指

向。汤方功效由药物组成，任何一个汤方都有一定的病机指向，这个指向就是以方测证的病机、症状和辨证的依据。《金匮要略·黄疸病》“黄疸病，茵陈五苓散主之”和“男子黄，小便自利，当与虚劳小建中汤”便是典型的以方测证学习方法，前者表示湿重之阴黄黄疸，后者表示脾虚之虚劳萎黄。张仲景以方测证，教人学医悟道之法。

四、首创病脉证结合的思维方式训练方法

《金匮要略》的基本论病模式是先以脉象阐述病因病机，后列出症状并提出治疗大法。如《金匮·历节病》的第四条：“寸口脉沉而弱，沉即主骨，弱即主筋，沉即为肾，弱即主肝，汗出入水中，如水伤心。历节黄汗出，故曰历节。”本条相当于历节病的总纲，借脉象全面阐释历节病：“寸口脉沉而弱”，一示诊脉部位在寸口，二示所得脉象沉而弱。“沉即主骨，弱即主筋，沉即为肾，弱即主肝”，示历节病位在筋骨，脏腑定位在肝肾。此时脉象已远远超出脉象本身，而上升到认识病机的高度，即沉与弱互文见义，沉主病在里且病位较深，弱主正气不足。肾主骨藏精，肝主筋藏血，肝肾精血不足，使其所主之筋骨失养而成为历节的发病之本。认为“历节病是以肝肾气血不足为内因”[1]的观点显然病机认识不够到位，因为养筋骨的是肝肾精血，而非肝肾气血。“汗出入水中”表明历节的诱发因素为调摄不当，寒湿入浸筋骨，虽与《内经》痹证外因相类，但病变本质完全不同。张仲景以“如水伤心”，提示历节病损可波及心及其所主的血脉。现代研究认为，历节与西医的类风湿性关节炎相似，部分类风湿性关节炎患者可出现风湿性心脏瓣膜病、风湿性心肌梗塞或风湿性大动脉炎病变。“历节黄汗出，故曰历节”，指明历节急性发作时的主症，即病变关节溢出黄水（此与痛风相关）。另如虚劳病的“男子平人，脉大为劳，极虚亦为劳”，胸痹病的“阳微阴弦”，黄疸病的“脾色必黄，瘀热以行”等，张仲景皆以脉象为纲，寥寥数语，点到为止，其中既蕴含了中医辨识疾病的思考方式，又包含了对初学者的思维训练方法。若凡病皆以大白话的形式一一详加阐明，不仅令人读之索然无味，也未给学者留下思考的余地和空间，又从何谈起学医者先悟道呢。

参考文献

[1] 范永升．新世纪全国高等中医院校规划教材·金匮要略［M］．北京：中国中医药出版社，2003：92.

［《中国中医基础医学杂志》2012，18（2）：127］

论《金匮要略》养阴护津思想的体现

桑红灵　湖北中医药大学

后世医家对仲景扶阳气、益阴液两大学术思想的研究，多详论前者，对后者尤其《金匮》所论甚少，而书中养阴保津的思想其实贯穿在对杂病的病因病机认识、诊治调护等方面，为后世温病学派、朱丹溪养阴学说发展奠定了基础，故现对原文分析整理，以加强对其理解和重视。

一、对阴津亏虚产生的原因分析

首篇对杂病发病原因的认识，包括外邪、五脏元真不畅、饮食、房劳、虫兽灾伤等方面，阴津亏虚产生的原因自然也涵盖其中。包括：

热盛伤阴：热性病邪，耗伤阴津。如：第11篇第19条详细描述了三焦热盛伤阴的不同临床表现；情致久郁化火伤阴：如：百合病、脏躁病、肝热奔豚病、虚劳酸枣仁汤证；饮食不当伤阴：如历节病第9条论过食酸咸，内伤肝肾精血。徐彬曰：“此论饮食伤阴，致营卫俱痹…”（《金匮要略论注》）；房劳伤肾阴精：如女劳疸；病久消耗伤阴：久患下利、呕吐、小便频多、失血、汗出、失精等；治法不当伤阴：包括过汗、过下等。如肺痿病第1条专论虚热型肺痿产生的原因、又如湿病的治法除谈外湿、里湿外，强调里湿若非化燥成实，不可用下法，在第17条专论湿病误下致阴脱阳亡危候；其他还有因外伤（金疮）、产伤（产后病）等导致出血过多伤阴者。

二、阴津亏虚是杂病总病机的重要部分

仲景认为阴阳失衡是杂病的总病机。首篇第10条，引内经“厥阳独行”，释为“有阳无阴，故称厥阳”，即阴亏虚于下，阳亢于上。从文字上强调了阴津亏虚不足是阴阳失衡中重要的方面。

在相关的词汇描述上，特选用了“无阴”“亡津液”“重亡津液”“亡阴血虚”“血虚下厥”“阴气孤绝”等描述疾病的病机。统计全书各篇所论杂病，除少数外均涉及到阴津亏虚病机。

另外其与疾病的发展、变化、预后密切相关。如“痉病有灸疮难治”（脓血久渍，津血本亏）；百合病篇除在第1条根据阴伤的程度不同判断预后外，共用6条描述其失治、误治以后病情加重及发生变化的辨治；黄疸病“疸而渴者，其疸难治，疸而不渴者，其疸易治。”以口渴辨热之轻重判断预

后；第17篇第5、14、25～30、35条均论预后，第14条、45条描述了呕吐、下利阴伤阳亡重证的证治；第16篇第6条论吐血重证气随血脱危候。

三、阴津亏虚的诊治和调护

（一）诊断

《金匮》是一部丰富的诊断学课本。其中关于阴津损伤的症状、体征描述非常丰富。主要包括：阴虚脏腑组织失却荣养，功能失调及阴虚内热、阴虚及阳，虚阳上浮之象等。如：

望面色“色白者，亡血也”“微赤非时”“色黑为劳”“额上黑”（女劳疸）、“面色黧黑”（木防己汤）、“面翕热如醉状”（小青龙过汗伤阴，虚阳上浮）；望皮肤“身甲错”（如：黄汗病的汗出太过伤阴）；脉诊“脉微数”（百合病）、“脉大为劳，极虚亦为劳”（虚劳病）、“脉虚弱细微”（盗汗）、“革脉”（妇人半产漏下，男子亡血失精）、“尺中自涩”（热利下脓血，阴血不足）、“脉浮者在后”（肾阴虚，虚阳上浮）、“浮之虚，按之弱如葱叶，下无根者死”（肺死脏脉，阴精亏孤阳上出）等。

相关的主症如：口渴、口苦、大便坚、两目正圆、直视不能眴、目眩、目瞑、小便短黄不利或赤涩灼痛、悸、衄、头眩、头痛、发落、梦失精、手足烦、手足不仁、盗汗、咳逆、手足心热、痹侠背行、酸削不能行、羸瘦、烦热、虚烦不得眠、情绪异常、郁冒、月经失调等。

其中尤其对口渴、小便不利、大便干结等重要症状，进行详析并注重鉴别诊断，用以阐明疾病的不同病因，提示疾病的程度及发展变化。

比如论“口渴”，产生的原因有津伤、气不化津、水停、瘀阻气滞的不同，需要鉴别。除了有消渴病专论外，作为很多疾病中的一个症状其描述有程度、特点、伴随症状的不同。如有“口中辟辟燥”“其人渴”“苦渴”“烦渴”“渴欲饮水”“口舌干燥”“渴欲得饮而不能饮”“渴欲饮水不止”“渴欲饮水而贪饮”“思水”“口燥，但欲漱水不欲咽”“咽燥不渴”“口干燥而渴”等。其与伴随症状的辨析，典型的如口渴与呕吐的辨析，在书中共有6（第12篇的28、41条、第17篇的2、18、13、19条）。同样小便不利赤涩产生原因有：阴伤内热下迫（百合病）、湿热下注膀胱（淋病、黄疸病）、水热互结伤阴（猪苓汤证）之不同；大便干结产生原因有亡血失津，大肠津亏（产后病）；胃强脾弱，脾津不足（脾约病）；脾胃阴阳两虚，寒重生燥（胃反病）；饮结成实阻于肠间（痰饮病）；肠中实热内结伤津、寒实内结之不同。

（二）相关疾病的辨治

以养阴顾津思想为主，《金匮》中创制了许多养阴之剂，如百合地黄汤、酸枣仁汤、麦门冬汤等名方。尤其情致病、虚劳病等辨治最多。

《金匮》中与情志有关疾病金匮共有七处，除梅核气、妇人热入血室外，其病机皆与五脏阴伤有关，总以养阴安神立法。百合病心肺阴虚内热，谨守“滋阴”原则；防己地黄汤证，病位在心肝，心血不足，虚火扰神，风气太甚肝魂不安，治以补阴血，清虚热，散风邪；奔豚汤证，肝郁化热伤阴，配当归、白芍养肝阴血；脏躁甘麦大枣汤证，为情致久郁耗伤脏阴，以心脾为主；虚烦不得眠，酸枣仁汤证，为心肝阴血亏虚。

虚劳证治亦重养阴。仲景论治虚劳首重脉象，“夫男子平人，脉大为劳，极虚亦为劳。”揭示了虚劳病阴虚和阳虚的两大纲领。本篇除第11条外，全部条文或在症状描述或在治法中涉及到阴虚。本篇证治的特点注重甘温助阳，表面看来，似乎不注重扶阴，但实际上补阴是其中重要的兼治法。小建中汤针对脾胃阴阳两虚，偏于阳虚者，在重用饴糖同时倍用芍药；肾气丸中六味以养阴涵阳，可助化气行水。况且对虚劳病范围的理解本不应该局限于此篇，应纵观全书。比如肺痿病、消渴病、血痹病、历节病、中风病等均可归为虚劳病范畴，而这些疾病的病机都与阴伤密切相关。肺痿病“重亡津液”，治用麦门冬汤；消渴病上消为气阴两虚，“寸口脉浮而迟，浮则为虚，迟即为劳，虚则卫气不足，劳则营气竭”，治用白虎加人参汤，清热益气生津；血痹病“脉阴阳俱微”，为阳气、阴血亏虚兼感外邪；血虚历节病“少阴脉浮而弱，弱则血不足，浮则为风”；中风病“浮者血虚，络脉空虚，贼邪不泻”病机为阴血虚风中。

《金匮》中还对一些本身具有阴液丢失症状的疾病，进行了专篇论述，如：出血病、呕吐病、下利病、消渴病、产后病篇。在这些篇章中，仲景则重点强调审因论治，即不能机械的见血止血，见呕止呕，也隐含了养阴法的运用要掌握好时机的用意。如出血病篇治疗重点在审因论治，引血归经。选用4方中，仅在虚寒性出血黄土汤中，考虑病久伤阴血，配用地黄、阿胶养阴血止血；另如产后病第一条总论强调产后多阴血亏虚，故要勿忘于产后，而在其后的方证中则是侧重于勿拘于产后，果断的解表、攻下。

更加可贵的是，在与阴津损伤机制相反法的痰饮水湿类相关疾病中，仲景仍然注重养阴护津。如水气病篇重点强调汗法的运用，但在第4条论“然诸病此者，渴而下利，小便数者，皆不可发汗。”说明特殊情况下阴伤与水湿可同时存在，需注意辨析。全书中体现如：风湿历节病久伤阴，桂枝芍药知母汤，芍药配知母清热养阴；溢饮表实热重、风水夹热、皮水夹热者重用石膏清热保津；水热互结伤阴，小便不利猪苓汤证；下寒上燥瓜蒌瞿麦丸证等。

（三）防治和调护

1. 防治

汗法、下法等的运用不当会耗阴损液，变证丛生。尤其是淋病、疮家、亡血家、下利病、痉病等阴血虚津亏之人。全书共有20余条原文论及汗下法的不当运用会损伤阴津。尤其在第2篇就有10条，并且对因治法不当导致阴津损伤的不良后果予以明示，如第7条“发其汗已，其脉如蛇。”即为过汗竭其津液，出现真脏脉提示预后不良。

就汗法而言，发汗顾津的观点与《伤寒论》一致，《金匮》中再次强调凡汗法均不可使其大汗，典型的论述如论湿病当取微汗。方证运用方面，如风湿表虚防己黄芪汤益气固表与发汗除湿并举；阴虚兼表证痉病瓜蒌桂枝汤、葛根汤；黄汗病芪芍桂酒汤发汗解表散中有收，芍药配苦酒，摄营益阴等。

至于攻下和利小便法，仲景在运用承气汤类攻下时提出“得下止服、得下余勿服”的原则、创润下法用麻子仁丸养阴润燥通便，泻下而不伤阴；痰饮病中利水要防止太过，如甘遂半夏汤中配芍药利水育阴、水热互结伤阴者用猪苓汤，中配阿胶滋阴生津。

2. 调护

首篇论述了未病先防的观点，即谨慎的调养，外避外邪、合理的饮食起居、劳作等令“五脏元真通常，人即安和”。既病以后要及时的治疗，护理方面，如过汗后止汗之法“温粉扑之”；食疗养胃阴之法如白饮送服、食煮饼、勿以盐豉、麦粥、啜热稀粥等。

[《中医药信息》2012，29（1）：123]

论《伤寒论》58条“阴阳自和”之意

李宇铭　香港中文大学中医学院

《伤寒论》58条说：“凡病，若发汗，若吐，若下，若亡血，亡津液，阴阳自和者，必自愈”，本条的“阴阳自和”，一般解释为“通过饮食调补，休息疗养，通过人体阴阳自我调节，达到新的平衡，即可自愈”[1]，或解释为“促使阴阳之气趋于新的平衡统一，阴平阳秘”[2]。此等说法要以“阴平阳秘”的角度解释“阴阳自和”，虽然在理论上是合理的，可是《伤寒论》中的“阴阳”多有具体指涉，可指脉象、证侯、营卫等，此处指的是什么？

另外，在59条说：“大下之后，复发汗，小便不利者，亡津液也，勿治之，得小便利，必自愈”，此条与58条病情类似，当中强调“勿治之”，即“自愈”包括不需要治疗的含义。本条以小便利为度，以观察是否需要治疗，然58条则如何辨别是否需要治疗？回答以上问题，需要对“阴阳自和”再作考证。

一、“自和”之意在脉证相符

“自和”一词，在《伤寒论》中只见五处（当中两处见《平脉法》《辨脉法》），均是用在形容脉证的调和与否。如在211条：“发汗多，若重发汗者，亡其阳，谵语，脉短者死；脉自和者不死”，本条的“自和”明显是指脉象，脉短是不和的脉象，相反并非脉短的其他脉象则称为自和。另《平脉法》中亦有“脉自和”的文字。

再如245条：“脉阳微而汗出少者，为自和也；汗出多者，为太过；阳脉实，因发其汗，出多者，亦为太过。太过者，为阳绝于里，亡津液，大便因硬也”，脉阳微是指寸脉微，侯上焦心肺，若寸脉微同时见汗出少，则是脉证相符，可称作“自和”，但若寸脉微而汗出多，或寸脉实而汗出多，此均是属于太过，即“脉证不和”。

在49条说：“浮数者，法当汗出而愈。若下之，身重、心悸者，不可发汗，当自汗出乃解。所以然者，尺中脉微，此里虚。须表里实，津液自和，便自汗出愈”，此条虽然表面写的是“津液自和”，但如何诊察津液是否“和”？则是要看“须表里实”，而里虚是从“尺中脉微”的诊察而来的，故此津液是否自和，需要诊察寸尺脉象是否调和而定。

张仲景除了说“自和”外，在《伤寒论》中亦有一处说“调和”，其意亦指脉象。在105条：“伤寒十三日，过经，谵语者，以有热也，当以汤下之。若小便利者，大便当硬，而反下利，脉调和者，知医以丸药下之，非其治也。若自下利者，脉当微厥，今反和者，此为内实也，调胃承气汤主之”，这里的脉调和，是相对于后文“脉当微厥”，假若脉没有出现“微厥”，则属于脉调和。

二、“阴阳自和”专指寸尺脉调和

在《伤寒论》中另一处直接列明“阴阳自和”的条文，是在《辨脉法》中：“问曰：病有不战、不汗出而解者，何也？答曰：其脉自微，此以曾经发汗、若吐、若下、若亡血，以内无津液，此阴阳自和，必自愈，故不战、不汗出而解也”，本条内容基本上包含了58条的内容，同时加上了以战汗与否来作是否自愈的判断，这与59条诊察“小便利”的目的相近。

本条的“阴阳自和”，指的是脉象。一者在文句开首写“其脉自微”，与49条说的“尺中脉微”相近。再者脉的阴阳，在《伤寒论》中一般专指寸尺，而不指浮沉，如在《伤寒论》第6条说：“风温为病，脉阴阳俱浮”、94条“阳脉微”、245条“脉阳微”、290条“脉阳微阴浮者”等等，假若以沉浮来解释阴阳，则明显出现矛盾。再参《平脉法》：“寸脉下不至关，为阳绝；尺脉上不至关，为阴绝”，关脉以上的寸部属阳，关以下的尺部属阴，是仲景常用的脉法。

三“阴阳自和”目的在判断预后

再看上述《辨脉法》“阴阳自和”的后一条条文，说：“问曰：病脉欲知愈未愈者，何以别之？答曰：寸口、关上、尺中三处，大小、浮沉、迟数同等，虽有寒热不解者，此脉阴阳为和平，虽剧当愈”，这条进一步解释，如何诊察病愈与否，即以脉象的三部作为诊察，主要诊候三部的“大小、浮沉、迟数”是否同等，若同等则为脉阴阳和平。

再参《辨脉法》：“问曰：脉有阴阳者，何谓也？答曰：凡脉大、浮、数、动、滑，此名阳也；脉沉、涩、弱、弦、微，此名阴也。凡阴病见阳脉者生，阳病见阴脉者死”，本段再指出，阴阳脉象的另一种分类，除了以寸尺区分，亦与具体脉象有关。

因此，“阴阳自和”，具体指的是在寸尺部位上的脉是否阴阳脉相等同，若脉象等同则为调和，病欲自愈，不等同则病未愈。

四、脉“阴阳自和”诊候营血津液的病机

虽然“阴阳自和”是指寸尺脉象的相互比较，实际上重点是诊察尺脉，以尺脉跟寸脉作比较。因为在58条的病因，是“凡病，若发汗、若吐、若下，若亡血、亡津液”，本条当理解为汗吐下是原因，而亡血、亡津液则是结果，再看49条“尺中脉微，此里虚”、50条“假令尺中迟者，不可发汗。何以知然？以营气不足，血少故也”，可知诊候是否亡血、亡津液，主要在尺脉，因此自愈的脉象，当是尺脉“不微”，尺脉恢复与寸脉同等，则反映表里、营卫、气血调和，当可自愈。

五、结语：“阴阳自和”的意义

将“阴阳自和”理解为“阴平阳秘”，当属于引申意义，而在58条原文的本义，所强调是如何得知“阴阳自和”，即辨证论治、见病知源的思想，指出如何透过诊察证候表现，以得知病机的方法。以诊脉的角度理解58条的“阴阳自和”，对于临床判断疾病预后，有重要意义。

参考文献

[1] 熊曼琪．伤寒学［M］．北京：中国中医药出版社，2003：172.
[2] 梅国强．伤寒论讲义［M］．北京：人民卫生出版社，2003：167.
［《浙江中医药大学学报》2012，36（12）：1281］

论《伤寒论》第29条与第30条方证原意

李宇铭　北京中医药大学
第一临床医学院东直门医院

《伤寒论》第29与30条是太阳病篇中最长的条文，内容繁杂，论述了太阳中风兼阴阳两虚证，其中第29条开篇的“脉浮，自汗出，小便数，心烦，微恶寒，脚挛急”之证，属于胃热炽盛而阴液耗伤，且表证已除或表证轻微，当选用小承气汤治疗。笔者对《伤寒论》第29条的四个方证重新研究，以期探索张仲景的原意。

一、《伤寒论》第29条的变证证治分析

在《伤寒论》第29条的初见证后，列出了四种变证的诊治，用了四首方剂，实际上是包括了两种误治证，即误用桂枝汤发汗以及经过重发汗再加上烧针两种。而误用桂枝汤发汗之后，分别列出三

个方证，实际上是对同一种疾病治疗的先后缓急。以下分别论述两种变证的成因，以及选用四方的意义。

（一）误汗后的变证29条“初见证”

后误用发汗之法，是由于误诊为单纯浮脉，而未能诊断出脉浮而大，加上“自汗”“微恶寒”等证“证象阳旦”，误以为是桂枝汤证，于是以桂枝汤治疗，加重了病情。值得说明的是，初见证所误用的并非单纯桂枝汤，30条说“因加附子参其间，增桂令汗出，附子温经，亡阳故也”，即所用的是桂枝汤加附子，当属桂枝加附子汤。

然则为何加附子，这亦为误诊之故。在《伤寒论》第20条桂枝加附子汤证可见“发汗，遂漏不止，其人恶风，小便难，四肢微急，难以屈伸者”，这与第29条出现的“自汗出、微恶寒、小便数、脚挛急”均十分相似，因此误诊不足为奇，说明辨证不准可造成恶果。

误用桂枝加附子汤发汗后，由于汗多伤阳，就像第20条即误汗后卫阳受伤而出现漏汗等证，但结合第29条的初见证，由于本身已胃热内盛而阴液受伤，再加上误汗，则类似于《伤寒论》第111条所说的“两阳相熏灼……阴阳俱虚竭”，使病机更加复杂。

1. 甘草干姜汤证：误汗后所出现的变证，在第29条说：“得之便厥、咽中干、烦躁吐逆者，作甘草干姜汤与之，以复其阳”，可是再看第30条的内容，可知其症状不但包括以上情况，还有“厥逆、咽中干、烦躁、阳明内结、谵语烦乱”等，说明误治后除了见四肢厥冷、咽干，烦躁、呕吐等证外，尚有谵语烦乱，亦即含有阳明胃热证在内。运用甘草干姜汤，明显不能解决胃热的问题，而是针对其中一方面的病机。

此处应用甘草干姜汤之意，参《金匮要略》第7篇第5条的肺痿病，亦用了甘草干姜汤，原文说：“肺痿吐涎沫而不咳者，其人不渴，必遗尿，小便数。所以然者，以上虚不能制下故也。此为肺中冷，必眩、多涎唾，甘草干姜汤以温之”，此条明确指出，甘草干姜汤所治疗的是“肺中冷”，是由于“上虚不能制下”而引起的一系列证候，包括吐涎沫、遗尿、小便数、眩等，故此在29条的“吐逆”，可表现为“吐涎沫”，而29条初见证的“小便数”，在误治后当仍在。

再参《金匮要略》第7篇第1条：“肺痿之病，从何得之？师曰：或从汗出，或从呕吐，或从消渴，小便利数，或从便难，又被快药下利，重亡津液，故得之”，实际上第29条初见证经过误汗之后，重伤肺中津液，已经属于肺痿病。

为何此证需要先急用甘草干姜汤以温肺，而不先清胃热或养阴液？因为误汗而阳气虚甚，属于急危重证，如在少阴病篇第295条说：“少阴病，吐、利、躁烦、四逆者，死”，此条与第29条的误汗后见证相仿，差别只是下利未见，而烦躁尚未至躁动的程度，故此反映阳气虚衰已经接近少阴死证的程度，必须急救其阳。阴阳两虚而先复阳气的思想，在《伤寒论》中经常出现，如前述第20条的桂枝加附子汤证，漏汗本属阴液亏虚，可是张仲景却选择加上附子，阳气充足则阴液自复；又如第58、59条的“亡血”与“亡津液”的证情，张仲景亦无直接补阴，只需等待其自愈。均见张仲景重视阳气的思想。

使用甘草干姜汤之意，目的在于“以复其阳”，重点恢复上焦肺中阳气，以治疗厥逆、咽干、吐逆、小便数等证。

2. 芍药甘草汤证　第29条说：“若厥愈足温者，更作芍药甘草汤与之，其脚即伸”，使用芍药甘草汤，是在四肢厥冷的问题解决之后，候阳气恢复，则可开始治疗的次要病情。四肢厥冷的病情得以解决，除了因为服用了甘草干姜汤外，亦因为随着自然界阳气恢复，“夜半阳气还，两足当热”，人亦应之，故四逆得以缓解，“夜半阳气还”的思想，亦与“少阴病欲解时，从子至寅上”的时间吻合。

芍药甘草汤的主治证，并非治疗第29条初见证的“脚挛急”，而是治疗经过阳气恢复之后的“胫尚微拘急”，两者有虚实的差异。“脚挛急”的主要成因是热盛而阴伤，而“胫尚微拘急”则主要由阴虚所致，热象较微。是故在第29条初见证中见“脚挛急”，亦不当用芍药甘草汤以治之。

3. 调胃承气汤证　按第29条的原文说：“若胃气不和谵语者，少与调胃承气汤”，这条是与前文“若厥愈足温者，更作芍药甘草汤与之”的“若”字作对举，表示此处出现胃气不和，并非服用芍药甘草汤之后的变化，而是在服用甘草干姜汤之后的一种转归。故本方与芍药甘草汤证并无先后之分，并非必须要服用芍药甘草汤后才能用此方。

假若阳气恢复后，见谵语，则属胃气不和。实际上“谵语”在使用甘草干姜汤之前已经出现，第30条说的“烦躁、阳明内结、谵语烦乱，更饮甘草干姜汤”，只是当时由于上焦阳虚较重，因而先急救阳气，而尚未解决“阳明内结”的胃气不和问题，因此在阳气恢复后，可进一步解决谵语等证。

值得一提的是，调胃承气汤所服用的方法，与阳明病篇不同，虽然两者方药用量与煎药法一样，可是服用法则差异甚大，第29条用的是“少少温服之”，而阳明病篇所用的是“顿法”，顿服起效甚速，而“少少温服之”则如少阴咽痛证“少少含咽之”之理相仿，能缓慢起效，且缓慢服用可控制服药用量，勿使过之。

调胃承气汤在阳明病篇属于“下胃热”之法，用于胃热炽盛证，但由于病者刚刚阳气恢复，假若用重剂调胃承气汤顿服，犹恐再伤阳气，倒戈而行。在如此矛盾之下，仲景改用少少温服之法，目的是第30条说的“以承气汤微溏，则止其谵语，故知病可愈”“少少温服之”的服法目的是取“微溏”，轻微通下便结以清热和胃气，而不是攻下胃热，是调胃承气汤使用的变法，透过服法改变以取轻下之意。

（二）重发汗及烧针后的变证：四逆汤证

第29条说：“若重发汗，复加烧针者，四逆汤主之”，本条先经过了“重发汗”，再加上烧针，导致阳虚严重，因此需要用四逆汤急治之。此处先理解发病原因。“重发汗”的“重”，当解作重复、再次，如《伤寒论》第210条说：“夫实则谵语，虚则郑声。郑声者，重语也”，重语即反复说话的意思。又如《金匮要略》滑石代赭汤方后注说：“别以泉水二升煎滑石、代赭，取一升去滓，后合和重煎取一升五合”，重煎即再煎的意思。再参《可发汗病脉证并治》篇说：“凡发汗……不可令如水流漓，若病不解，当重发汗。汗多必亡阳，阳虚，不得重发汗也”，重发汗即指再次发汗，是前一次发汗不解，再次发汗之意。（顺带一提，第29、第30条说“更饮”甘草干姜汤、“重与”芍药甘草汤，当是指再次的意思，按原方煎服法可以分服两次，说明原文用意是服一次药即使未效，当再服第二次。）

《伤寒论》中多次强调，假若病本身已经有自汗，或者病不在表，不当再次发汗。如第87条“汗家，重发汗，必恍惚心乱”，第211条“发汗多，若重发汗者，亡其阳，谵语”，而第29条本见“自汗出”，重发汗使阳气虚损，张仲景称之为“亡阳”。

“烧针”亦是一种“发汗”方法，第117条说“烧针令其汗”，但烧针所用的是属于“火法”，是用火热之性逼迫汗出，如第118条说：“火逆下之，因烧针烦躁者”，参《辨脉法》说：“荣气微者，加烧针，则血流不行，更发热而躁烦也”，烧针后出现烦躁，原因是“血流不行”，血郁而生内热所致。

故第29条经过了重发汗后，阳气虚甚，亡阳实质已经达到少阴病的程度，第286条说：“少阴病，脉微，不可发汗，亡阳故也”，此时再加上烧针，一方面再逼汗重虚，另外内热亦生，当出现烦躁，即如少阴病出现“躁烦”“心烦”等热化证相仿。第153条说：“太阳病，医发汗，遂发热、恶寒；因复下之，心下痞。表里俱虚，阴阳气并竭，无阳则阴独。复加烧针，因胸烦、面色青黄、肤瞤者，难治”，在误治之后，使阴阳气俱虚，此时再用烧针，则出现内热之证。

烧针后出现的内热，与第29条初见证本身有胃热炽盛的情况相似，可是由于阳气虚甚，因此即使有内热亦不当先治，当如前法，先以四逆汤“以复其阳”。

值得注意的是，四逆汤实际上是甘草干姜汤加上附子而成，虽然甘草干姜汤的甘草与干姜用量较大，可是由于四逆汤中配上了温阳功效更强的生附子，故此甘草与干姜用量即可减轻。此属仲景用药法，每在配伍功效更强的药物后，功效相近而力量较弱的药物即可减轻用量。例如葛根汤中用生姜用三两，在葛根加半夏汤中即减轻为二两，是由于配上了辛温力量更强的半夏后，生姜即可减轻用量。

在使用四逆汤后，假若阳气恢复，则如前使用甘草干姜汤之后的情况一样，可以继而兼顾其他病情，再以芍药甘草汤或调胃承气汤等治疗其他症状。故此在第30条中，并未继续提到四逆汤的治疗，实际上四逆汤即甘草干姜汤的重证，无需重复。

二、第29、第30条的写作意义

第29与30条的写作体例特殊，在《伤寒论》中少见，是太阳病篇中最长的条文，亦作为《辨太阳病脉证并治上》篇的结束，有其独特意义。

（一）第29条的意义

第29条的初见证属胃热阴伤，病本从太阳而来，而第29、第30条在太阳病上篇的最后，以提醒桂枝汤证亦可传入阳明，具体展示如何“辨证”，辨别何时的脉浮、自汗、恶寒不能发汗。同时亦提醒小心误治，误治所带来变证诊治复杂。

本条示范了面对复杂病机时的诊治先后缓急，以防误治后的再误治，教导在出现矛盾病情时，寒热虚实错杂并见的诊治思路。在祛邪与扶正之中，若正虚严重必须先以扶正；而在扶正之中，扶阳与养阴之间，则以阳气为本。

第29条的内容，实际上是第16条坏病“观其脉证，知犯何逆，随证治之”的具体示范。病情本属太阳病可用桂枝汤发汗，可是随着病情转变，从太阳传入阳明，已经不可再用桂枝汤治之。病情经过了误治之后，不能再以常规方法预测其传变，故此必须要“随证治之”，观察其变化后再选方用药。第29条随着误治及服药后的变化、随着病情轻重而选择对应方剂，是张仲景灵活变化的体现。

（二）第30条的意义

第30条一开篇强调辨证准确的重要性，由于第29条先见“脉浮”，错误点在于脉诊不全，本该是脉浮大，若误认为脉浮，则会得出“病形象桂枝”的误诊结果，亦提示张仲景对于脉象在辨证中的重视。

虽然坏病的变化难以预测，但是对于疾病向愈之机还是能够判断。第30条强调“师曰：言夜半手足当温，两脚当伸……夜半阳气还”的天人相应思想，与病机判断相结合，以测知疾病预后，含有“治未病”的思想，争取顺应时势以治病。第30条对第29条的诊治方法，以问答形式逐一回答，解释其发病机理，具体阐释了张仲景强调“见病知源”的思想，辨证之准确、精细，值得学习。

三、结语

《伤寒论》第29条本是由于胃热炽盛阴伤却经过误汗，使阳气更虚，以致阴阳两虚证，因此在治疗上，需要考虑阳虚、阴虚，以及胃热三方面，故仲景选用了多首方剂，以示范复杂病机治疗的先后缓急。正确理解第29、第30条的内容，对于认识仲景学说思想有重要意义。

［《河南中医》2012，32（5）：531］

论《伤寒论》“脾约”之意（上）

李宇铭　北京中医药大学
第一临床医学院东直门医院

“脾约”一词在《伤寒论》中只出现一次，一在179条：“太阳阳明者，脾约是也。”而因为247条说“其脾为约，麻子仁丸主之”，故此过往在解释179条“脾约”的时候，多以麻子仁丸证互参。但在《伤寒论》中，这种提纲式的条文，多不局限于一证一方，例如各经的“之为病”条文，抑或如太阳病的中风、伤寒、温病（2、3、6条），明显不是某一方能直接对应，而是在于揭示某种典型病机。再看正阳阳明与少阳阳明，也不是专指用某一方来对应治疗，因此单以麻子仁丸解释脾约证，则显得相对局限，更未能解释为何脾约称为“太阳阳明”。欲知脾约的机理，先从脾的生理功能说起。

一、脾的生理功能

《素问·经脉别论篇》云“饮入于胃，游溢精气，上输于脾，脾气散精，上归于肺。通调水道，下输膀胱。水精四布，五经并行，合于四时五藏阴阳，揆度以为常也”，这条解释了饮入胃之后的传输过程，饮入胃之后，先在胃中转化为“精气”，精气从胃上输到脾，再由脾将精气在上输到肺。而据考证“‘通条水道，下输膀胱’8字不能与上文连读……‘通调水道’即‘水道通调’，其本义是说下焦的功能正常，水液（包括津液）归于膀胱”[1]，其意即指水饮并非上归于肺之后再下输膀胱，而是饮入于胃之后可以直接下输膀胱。

从这段经文看，水饮入胃之后，能否走上归肺，抑或走下至下焦膀胱，主要在乎胃与脾的功能。若胃气充足，则能“游溢精气”，使水饮能上输于脾，相反若胃气偏虚，则难以“游溢精气”，水饮只能透过“通调水道”而下输膀胱。

二、脾约解释的商榷

过去在解释“脾约”和麻子仁丸证时，多解释为“脾之转输功能为胃热所约束，不能为胃行其津液，以致肠燥便结者”[2]，或“胃肠燥热，损伤津液，使脾不能为胃行其津液，以致大便秘结”[3]，两者意思基本相同，均是指由于胃中燥热，制约了脾，而脾不能传输津液至胃中以滋润胃燥，故便秘。

此一说法，虽然像似来自《黄帝内经》，实与《内经》的思想相悖。“脾不能为胃行其津液”一句，语出《素问·太阴阳明论篇》，原文云：“帝曰：脾病而四支不用，何也？岐伯曰：四支皆禀气于胃，而不得至经，必因于脾，乃得禀也。今脾病不能为胃行其津液，四支不得禀水谷气，气日以衰，脉道不利，筋骨肌肉，皆无气以生，故不用焉”，此条说的脾不能为胃行其津液，是胃中无病，胃腐熟水谷而产生水谷精气后，由于脾病，脾不能将精气输布至四肢，因而生病。同篇继续解释：“帝曰：脾与胃以膜相连耳，而能为之行其津液，何也？岐伯曰：足太阴者三阴也，其脉贯胃属脾络嗌，故太阴为之行气于三阴。阳明者表也，五藏六府之海也，亦为之行气于三阳。藏府各因其经而受气于阳明，故为胃行其津液”，此条明确的指出，是脾藏受气于阳明胃，“脾为胃行其津液”的意思是指脾将胃的津液输布至四肢。

再看《素问·厥论篇》云：“帝曰：热厥何如而然也？岐伯曰；酒入于胃，则络脉满而经脉虚，脾主为胃行其津液者也。阴气虚则阳气入，阳气入则胃不和，胃不和，则精气竭，精气竭，则不荣其四支也”，酒入胃之后，出现“络脉满而经脉虚”，是由于“脾主为胃行其津液”，加上“酒气盛而慓悍”，酒入胃后迅速被脾为其散布精气，因而出现“络脉满而经脉虚”。

以上三段《内经》原文，均非指“胃燥而需要脾传输津液至胃”，而是与前述《经脉别论篇》的“饮入于胃，游溢精气，上输于脾，脾气散精”的过程一样，是“脾不能为胃行其津液”的本义，指脾病而使胃中所产生的精气、津液不能透过脾而输布。进而言之，从生理上是胃的精气传到脾、脾再散精，而不是脾将津液反过来传给胃，胃中本身有水谷津液，根本不需要脾再返传滋润。主流对“脾约”的解释，虽然运用了《内经》的文字，却意义相反，是对《内经》思想的误读。

三、葛根汤等方属太阳阳明脾约证

《说文解字》云：“约，缠束也”，引申即约束之意，因此“脾约”即指“脾气散精”的功能受到约束。然则为何会受到约束？由于“脾气散精”的下一步是“上归于肺”，假若肺气宣降出现问题，则会影响脾气散精往上。这一点在《伤寒论》中可找到不少证据，典型者莫如葛根汤证。

（一）葛根汤证

属脾约下利的机理《伤寒论》31条说：“太阳与阳明合病者，必自下利，葛根汤主之。”为何太阳与阳明合病，会出现下利？一般认为是“下利，则病涉及阳明胃肠，故称太阳、阳明合病……风寒之邪束于肌表不得外解，而内迫大肠，致传导太过所致……下利由于风寒内迫肠道而自然发生”[3]，风寒之邪未解是正确的，但为何会内迫大肠？假若以此种先因风寒束表，继而导致内迫大肠的解释，在《伤寒论》中称作“并病”，而非“合病”，与仲景之意不合，并且未能完满解释“合病”与“下利”的联系。

下利的原因，需要从太阳病和阳明病的病机特点作分析。太阳主表、主皮毛，而肺与皮毛相应；阳明的特点是“胃家实”，除了指胃实热证外，亦指胃气盛实，因而正邪交争激烈。太阳与阳明合病，是两经俱病，而正气盛实，由于表气郁滞较重，上焦肺气不通，因而脾气不能上升；同时胃气亦盛实，胃中“游溢精气”所产生的津液，由于不能透过脾而往上归肺，于是逼迫趋下而下利。此即脾的功能受到约束。这一种下利的机理，在《伤寒论》356条亦有相关论述：“伤寒厥而心下悸，宜先治水，当服茯苓甘草汤，却治其厥，不尔，水渍入胃，必作利也”，这里明确指出下利的成因可以由“水渍入胃”所导致，可证明脾气散精受到约束，使胃中津液停滞则可出现葛根汤证的下利。

故此，阳明病篇179条的“太阳阳明者，脾约是也”，主要指的是32条“太阳与阳明合病”的葛根汤证，下利的原因，除了是风寒外束的因素，亦必须要考虑胃气实的关系。

（二）其他太阳阳明脾约证

除了葛根汤外，还有其他条文亦当属脾约。如33条的“太阳与阳明合病，不下利但呕者，葛根加半夏汤主之”，本条见不下利而呕，可知津液上有出路，因而无逼迫下利，反映脾气欲散精于上，可是上焦肺气仍有郁滞，因此需要以葛根汤解除表郁，同时以半夏、生姜的辛温走上以助脾气散精。

34条的葛根黄芩黄连汤证，由于在太阳中风证误下而见下利，若见“喘而汗出”，即代表病仍在上，下利的原因是因为热郁在肺，肺气不利；而中风误下后病仍未进入他经，可知胃气充实，尚未传经。因此本条此当属太阳与阳明的并病，亦因肺气郁滞兼胃气实而下利。

36条“太阳与阳明合病，喘而胸满者，不可下，宜麻黄汤”，太阳伤寒见“喘”，当用麻黄汤，而此处强调“胸满”，即是病仍在上焦，亦是由于太阳阳明合病，可是并不能像32、33条能够有下利或呕的出路，气机郁滞在上，虽然病亦在阳明可是表未解则不可下，于是使用权宜之计，以麻黄汤宣降肺气。

以上数条，亦当属“脾约”之列，均由于上焦肺气不利，使脾气受到制约，视乎上焦郁滞情况，因而选择不同方剂治之。从张仲景原文的写作手法推测，32条葛根汤证强调“必自下利”，当属太阳阳明脾约的典型类型，而33、34、36条则属于脾约的变证。

参考文献

[1] 张效霞．脏腑真原［M］．北京：华夏出版社，2010：265～271.

[2] 熊曼琪．伤寒学［M］．北京：中国中医药出版社，2003：200～201.

[3] 梅国强．伤寒论讲义［M］．北京：人民卫生出版

社，2003：189，64.

[《辽宁中医杂志》2012，39（1）：84]

论《伤寒论》“脾约”之意（下）

李宇铭　北京中医药大学
第一临床医学院东直门医院

一、再论麻子仁丸机理

麻子仁丸，出自《伤寒论》247条：“趺阳脉浮而濇，浮则胃气强，濇则小便数；浮濇相搏，大便则鞕，其脾为约，麻子仁丸主之”，证中全无太阳病之象，因此并非是179条“太阳阳明”的脾约，属另一种原因而造成的。

（一）趺阳脉浮主胃气虚

从条文的证情来看，“浮则胃气强”，趺阳脉浮的原因是“胃气强”，主流观点多解释为“胃热”，但假若是胃实热证，为何不用其他承气汤？此必与承气汤的胃热有所不同。

从《伤寒论》的角度看，“强”多指“亢盛”“太过”，用在贬义，例如95条说桂枝汤证的“荣弱卫强”，卫气“强”不是真正的强，而是因为正邪交争，卫气亢奋于外；《金匮要略》十四篇2条：“风气相搏，风强则为隐疹……气强则为水”，这里的风强、气强，都是太过之意；又例如葛根汤证见“项背强几几”，这里的“强”也不是强壮，而是过于亢奋的僵紧状；又如285条的“以强责少阴，汗也”、294条的“无汗，而强发之”，398条的“人强与谷”“强”均是指“勉强”，属于“太过”之意。因此“胃气强”不是指真正的“胃气壮实”，而是胃气亢奋，因胃虚而亢盛虚浮。

趺阳脉浮主胃气虚，有不少条文可证。如《金匮要略》十七第5条：“趺阳脉浮而濇，浮则为虚”，这里浮则为虚，即指胃气虚；再如五篇第5条：“趺阳脉浮而滑……浮则汗自出”，自汗出则如营弱卫强的自汗相约，胃气相对偏虚则亢奋自汗；再如《辨脉法》中对云：“今趺阳脉浮而濇，故知脾气不足，胃气虚也”“趺阳脉浮而数，浮则伤胃”，此等条文均明确表示仲景脉法之中，趺阳脉浮主胃气虚。另浮脉的相反为沉脉，《平脉法》云：“趺阳脉沉而数，沉为实”，亦证趺阳脉浮主虚。

假若是胃实热证，趺阳脉当见“数”，如《金匮要略》十三篇2条：“趺阳脉浮而数……数即消谷而大坚”，十三篇8条：“趺阳脉数，胃中有热，即消谷引食，大便必坚，小便即数”，十四篇第7条：“趺阳脉当伏，今反数，本自有热，消谷，小便数”，此三条的脉数，均同时见“消谷”，而麻子仁丸证虽然有大便硬、小便数，可是无消谷与脉数，表示其热不实，属胃虚而有热。

（二）趺阳脉濇主脾胃气虚

麻子仁丸证见趺阳脉“濇”（同涩，属异体字），涩脉之意，如前述《金匮要略》十七第5条云：“濇则伤脾”、《辨脉法》云“脾气不足，胃气虚也”，再如《平脉法》中云：“趺阳脉伏而濇……濇则食不得入”，均是指脾胃气虚而言。

另外，涩脉是相对于滑脉，在《金匮要略》五篇第5条云：“趺阳脉浮而滑，滑则谷气实”，另外《平脉法》云：“趺阳脉滑而紧，滑者胃气实”，这两条的“谷气实”与“胃气实”意思相同，可是实的意思并非生理的胃气充足，而是病理的太过之意，因为《金匮要略》十四篇6、7条云：“趺阳脉当伏”，《辨脉法》又云：“趺阳脉迟而缓，胃气如经也”，足阳明胃经的趺阳脉属里，常脉当见迟缓或伏，若见脉滑，则属于太过。趺阳脉滑，即由于胃气过盛，于是见脉滑，相反脉涩即代表胃气虚弱。胃气充足时，能腐熟水谷，水谷精气能充盈脉道，故脉滑利，但若胃虚则精气不足，脉道不荣，故脉涩不畅。

从以上趺阳脉的论述，浮脉主要反映胃气虚，涩脉则反映脾气虚。由于食气入胃，胃虚不能化生精气，缺少精气上输于脾，因此脾气虚是由于胃气虚而来，可理解为脾受到胃虚而约束。

（三）麻子仁丸证证候分析

麻子仁丸证见小便数与大便硬，两者属于因果关系，是由于小便数才导致大便硬。在《伤寒论》203条云：“以亡津液，胃中干燥，故令大便鞕。当问其小便日几行，若本小便日三四行，今日再行，故知大便不久出。今为小便数少，以津液当还入胃中，故知不久必大便也”，244条又云：“若小便数，津液偏渗大便则硬”，若小便数，津液偏渗大便则硬。

为何出现小便数？是因为虚则小便数。如《伤寒论》29条、203条、《金匮要略》第七篇5条肺痿肺中冷，十四篇5条云“小便数者，皆不可发汗”，小便数均属虚证。由于脾胃气虚，津液不能上输于肺，而直接从胃透过“通调水道，下输膀胱”而往下走，因此小便出现小便数而大便硬。

再参《金匮要略》十四篇7条：“趺阳脉当伏，今反数，本自有热，消谷，小便数”，小便数之因，亦可因为有热，再结合麻子仁丸以方测证，方中包含了小承气汤药物，可知本方证亦当有热，而属于胃虚而生热，胃虚则小便数，热则使小便数少，津伤大便则硬。

（四）麻子仁丸属脾胃虚热而便结

麻子仁丸证，当与小承气汤证鉴别。《伤寒论》250条云：“微烦，小便数、大便因鞕者，与小承气汤，和之愈”，本条与麻子仁丸证同见小便数、大便硬，可是本条用小承气汤，是因为胃气未虚，见“微烦”，若是麻子仁丸证，参考244条：“小便数者，大便必鞕，不更衣十日，无所苦也”，虽然仍是小便数大便硬，可是患者当无特殊不适，亦无微烦的胃热见证，可知麻子仁丸证比小承气汤证的胃虚更重，胃热相对较轻。相对于小承气汤，麻子仁丸证的脾虚较轻，无见腹胀、大便初鞕后溏等脾虚见证，麻子仁丸证的脾虚是由于胃虚进一步而成的。

由于胃虚较重，因此不可单以小承气汤，恐其清热力量过猛；另由于便结已成，若此时以补胃气之法，则虑其加重胃热，转变成阳明腑实的大、小承气汤证。在这种矛盾情况下，改以麻子仁丸，以图缓治。

（五）麻子仁丸方义

麻子仁丸中含有小承气汤的大黄、厚朴、枳实，其意相同，意在清热行气通便。

方中主药是麻子仁，质润能通便，在《神农本草经》云：“麻子，味甘，平，无毒，主补中益气”[1]，用麻子仁目的除了是润肠外，更重要的是其甘平之性能补胃气，而非甘温能助热，缓补不使太过。

杏仁虽然亦能润肠，但由于其味甘温能宣降肺气，帮助脾气散精而上归于肺，使津液能往上输布，而不偏渗膀胱，缓解小便数之根源，使大便不硬。因此麻仁与杏仁均是作用在脾气散精的前后脏腑，是本方组成的重要部分。

芍药之意，在《伤寒论》316条真武汤加减法中：“若下利者，去芍药”，即指芍药有通利大便之功，再参279条“腹满时痛、大实痛”用桂枝加大黄汤，方中芍药用量较桂枝汤加倍，可知芍药配伍大黄的目的，在于解除气滞腹满，用于脾虚气滞腹满证，目的是加强通下力量。《神农本草经》载芍药能“治邪气腹痛……破坚积……益气”[1]，若使用麻子仁丸后，胃气得恢复，可是大便仍坚硬，则可出现腹满而痛，芍药则能行腹中气滞止痛，且芍药有益气之功，用于此脾胃虚弱的腹满便结，尤为合适。

纵观全方，改用丸剂，每服药量甚轻，张仲景称小承气汤为“和胃”法，清热祛邪则和胃，则麻子仁丸更重润肠通便以缓和胃气。

（六）麻子仁丸的“脾约”机理

麻子仁丸证的“脾约”，是由于胃气虚，不能“游溢精气”，即胃虚无法腐熟水谷，津液不足于以上输于脾，于是脾气散精的功能受到制约。此与太阳阳明脾约的机理正好相对，从《经脉别论篇》水液输布是从胃→脾→肺的过程，太阳阳明是肺气郁滞而使脾气不能上升，而麻子仁丸则是胃气虚而不能输布于脾，两者正好在一前一后的角度约束了脾的散精功能。

麻子仁丸证中，全无涉及“太阳病”，故此不属于179条“太阳阳明”的脾约。按原文之意，张仲景在麻子仁丸证上写的是“其脾为约”，而不是写“脾约”，似乎亦表达了此证并非可用“脾约”命名，但是与脾受到约束的机理有相似之处，故此特作提示。

二、其他脾约证

假若麻子仁丸不是太阳而来，亦可称作“脾约”，那么其他因为上焦郁滞，或胃虚而下利或便结证，亦当可称作脾约，只是与太阳阳明的脾约有所不同。脾约而下利的其他见证，例如十枣汤证见下利，属于水停在上焦胸中；165条“心中痞鞕、呕吐而下利”而用大柴胡汤，是由于邪在上焦且影响胃气；172条的太阳与少阳合病用“黄芩汤”，亦因为胃虚与上焦郁滞而下利，若胃虚较轻，则可见呕吐而用黄芩加半夏生姜汤，与葛根汤和葛根加半夏汤之理相约；生姜泻心汤、甘草泻心汤证见下利，是因为胃虚而水气停滞所致。

脾约而便结的其他见证，如110条因“胃中水竭”而见“大便硬，小便当数，而反不数及不多”；137条大陷胸汤证见“不大便五六日”；148条“阳微结”的大便硬；233的蜜煎导、土瓜根或大猪胆汁；245条的亡津液而大便硬；还如279条的桂枝加芍药汤、桂枝加大黄汤见便结，在280条云：“太阴为病，脉弱，其人续自便利，设当行大黄、芍药者，宜减之，以其人胃气弱，易动故也”，可知其大便不通亦与胃虚有关。以上方证的下利或便结，按其机理均可称为“脾约”。

三、结语

以脾胃的生理功能，正确理解“脾约”的含义后，对于《伤寒论》中的诸种下利与便结的成因，能有更深入的认识。本文对阳明病的“太阳阳明”进行了正本清源，对揭示太阳传入阳明的来路有重要意义。

参考文献

[1] 马继兴．神农本草经辑注［M］．北京：人民卫生出版社，1995：203，298.

［《辽宁中医杂志》2012，39（2）：269］

论张仲景的针刺法属治未病

李宇铭　北京中医药大学东直门医院

在仲景书中，有少数应用针刺治病的条文，在《伤寒论》与《金匮要略》中具体论述针刺治病（不包括误治、灸法）的条文共约17条，究竟张仲景在何种情况下用汤药？何种情况下用针刺？逐一分析原文，可发现针刺均是用在“治未病”，就是在病情尚浅时，或能因势利导使病自愈，属于有病早治、预防传变的思想。

明确指出针刺用在“治未病”的，是在《金匮要略》第一篇，在第1条讨论“见肝之病，知肝传脾”之后，紧接第2条即说“若人能养慎，不令邪风干忤经络，适中经络，未流传腑脏，即医治之；四肢才觉重滞，即导引、吐纳、针灸、膏摩，勿令九窍闭塞”，本条说的“四肢才觉重滞”，即是前文“适中经络，未流传腑脏”的具体表现，在此时及早医治，可以用“导引、吐纳、针灸、膏摩”等方法，是已病防传。

逐一分析仲景书中各条针刺的条文，可发现张仲景运用针刺法包括了以下三个方面。

一、针刺治浅病

上文将“导引、吐纳、针灸、膏摩”四类并排，当中的“导引、吐纳、膏摩”在现代的角度来看，可理解为养生的方法，多用在未病或浅病的情况下，可知张仲景把针灸理解为一种相对简便的疗法，用在病初浅的阶段。

《伤寒论》8条说“太阳病，头痛至七日以上自愈者，以行其经尽故也。若欲作再经者，针足阳明，使经不传则愈”，此条明显指出针刺的目的，是以防传变，用在病情尚浅的阶段。

《伤寒论》24条说“太阳病，初服桂枝汤，反烦，不解者，先刺风池、风府，却与桂枝汤则愈”，此条针刺的目的，是疏解表郁，治疗服桂枝汤后的烦而不解。另一方面，参看后文25、26条，假若没有进行针刺而继续使用桂枝汤，使表气郁滞加重，可出现各种变证，如大汗出、脉洪大；或若形似疟，一日再发；或大烦渴不解，脉洪大；甚至如后文的麻黄汤证、大青龙汤证均可以见烦。由于病情加重，则不一定能以桂枝汤治疗，因此，在“烦”初起、病浅之时，即用针刺治之，是有病早治的思想，假若病更深一层，则针刺亦不能解。

《金匮要略》四篇1条说“师曰：疟脉自弦，弦数者多热，弦迟者多寒。弦小紧者，下之差，弦迟者，可温之；弦紧者，可发汗、针灸也”，脉“弦紧”是同类脉象，均是感受寒邪所致，若“脉弦而紧”则寒邪在表，如《金匮要略》十篇17条与十四篇9条均说“脉弦而紧，弦则卫气不行，即恶寒”，即感受寒邪，使卫阳之气不行，又如《伤寒论》113条说“形作伤寒，其脉不弦紧而弱”，文中说“形作伤寒”，就是说实际上并非伤寒，假如真是伤寒的话，当见弦紧之脉。本条将“发汗”与“针灸”法并列，可知针灸亦能宣散在表之邪，用在病位浅表之证。再者，疟疾发作有时，在发作之前即用针灸治之，亦有治未病思想。

《金匮要略》六篇1条说“问曰：血痹病从何得之？师曰：夫尊荣人，骨弱肌肤盛，重因疲劳，汗出，卧不时动摇，加被微风，遂得之。但以脉自微濇，在寸口、关上小紧。宜针引阳气，令脉和紧去则愈”，此条相较于后一条，血痹病用黄芪桂枝五物汤，明显是病情较浅，因素体偏虚而“加被微风”，感受风寒，因而在表之经络不通，故只需以针刺通行阳气则愈。

二、针刺治乘传

针刺亦用在五脏相乘病证的初浅阶段，以防疾病传变。《伤寒论》108条说“伤寒，腹满、谵语、寸口脉浮而紧，此肝乘脾也，名曰纵，刺期门”，此条见“腹满、谵语”，属于中焦脾胃之证，可是从脉象上看，按《辨脉法》“脉浮而紧者，名曰弦也”，脉浮紧即是属于肝病之脉，从脉证比较，可知“腹满、谵语”的成因是“肝乘脾”所致，即木乘土，与《金匮要略》说的“见肝之病，知肝传脾”的思想相符，可是这里并非“当先实脾”，由于脾病已经显露，其因在肝，因此先针刺期门，以治肝病。

再看《伤寒论》109条“伤寒发热，啬啬恶寒、大渴欲饮水，其腹必满，自汗出、小便利、其病欲解，此肝乘肺也，名曰横，刺期门”，此条与前条相近，亦有肝乘脾之象的“腹满”，同见“大渴欲饮水”的阳明胃热之象，还见其他表证，病情除有肝乘脾之外，还加上了肝乘肺，故此曰“横”，是横逆放纵之意。从这两条病情比较，可知若108条肝病乘脾的病情日益发展，肝病加重，可继而乘脾犯肺，因此108刺期门的意思，也是已病防传。到了109条仍继续用刺期门，是因为病的核心没有转变，因此仍用此法治之。

《伤寒论》142条说“太阳与少阳并病，头项强痛，或眩冒，时如结胸，心下痞硬者，当刺大椎第一间、肺俞、肝俞，慎不可发汗；发汗则谵语、脉弦；五日谵语不止，当刺期门”，本条“并病”是指有先后之分，先病太阳，后病少阳，由于刚传入少阳，即以针刺治之，或有自愈之机，如前文第八条“针足阳明”的情况相约，而且这里还用到“肺俞”与“肝俞”，明显考虑到“肝乘肺”的关系。再看《伤寒论》171条“太阳、少阳并病，心下硬、颈项强而眩者，当刺大椎、肺俞、肝俞，慎勿下之”，亦属此例。若病情较重，如在172条的“太阳与少阳合病”，则需要用汤药治疗。

《金匮要略》二十篇11条说“妇人伤胎，怀身腹满，不得小便，从腰以下重，如有水气状，怀身七月，太阴当养不养，此心气实，当刺泻劳宫及关元，小便微利则愈”，此条虽然说是“心气实”，但从其证所见的“腹满”“腰以下重”，则与“肾着”中的“腰以下冷痛，腹重如带五千钱”相近，差别只在小便利与不利。肾着与《伤寒论》109条所说的“横”病机理相约，是肾气虚，阳虚寒盛，肾气停滞而干犯中焦脾气，属水乘土之证。因此，《金匮要略》此条的病机，亦是肾气乘脾，故说“太阴当养不养”，是肾不能养脾；可是又因“妇人伤胎”，肾气受伤，所以出现小便不利，故此针刺关元以通下焦肾气；由于肾更进一步乘心，是水乘火，针刺劳宫以泻心气。本条所用的针刺治法，亦是在五脏相乘之间作考虑，若能使“小便微利”，则肾气不乘心脾而自愈。

三、针刺助下血

在仲景书中，多次使用针刺以助下血，属于因势利导的方法。《伤寒论》143条说“妇人中风，发热恶寒，经水适来，得之七八日，热除而脉迟、身凉、胸胁下满，如结胸状，谵语者，此为热入血室也，当刺期门，随其实而取之”（本条在《金匮要略》二十二篇3条亦有类似条文），本证用刺期门的方法来治病，与前108条的“肝乘脾”之证相约，是由于肝血郁滞，热入血室，因而刺之。比较后面144条，同样是热入血室，可是却用小柴胡汤而不用针刺之法，是因为两者病情有轻重之别，后者是“其血必结……发作有时”，病情相对较重，因此用刺期门的治法，有早治防变的思想。仔细比较两条，143条是“经水适来”，而144条则是“经水适断”，143条用针刺治疗，实际上是因势利导，随着经水来潮、下血之际，正是自愈的好机会，再参看145条亦是热入血室而“经水适来”，可是却强调“无犯胃气，及上二焦，必自愈”，正是指经水得下则血室之热能自愈，而143条证情相对145条较重，145单见“谵语”，143更见“胸胁下满，如结胸状”，是气血不畅，病更深一层，因此配上针刺期门以疏散肝气，能助血室之热得以自下，故说“随其实而取之”，意思即是随月经来潮时血室充实而下，因而配合针刺泻法。到了144条因“经水适来”，则无下血自愈之机，故此不能用单用针刺治法，而需改用汤药。

另在《伤寒论》216条：“阳明病、下血、谵语者，此为热入血室，但头汗出者，刺期门，随其实而写之，濈然汗出则愈”（在《金匮要略》二十二篇4条亦有类似条文），本条与上述刺期门治热入血室之机理相同，只是其来路不同，前条是妇人病，而本条则是阳明病，男女均可得，而同样是由于有“下血”之机，因此亦以刺期门的方法，随着下焦血的充实而下行之际，针刺以泻其热。假若不在下血之势，则不能用刺期门之法，如后一条217条的“汗出谵语”，需要改用大承气汤强行攻下。

还有在《伤寒论》308条说“少阴病，下利便脓血者，可刺”，这需要与前条作比较，307条说“少阴病，二三日至四五日，腹痛，小便不利，下利不止，便脓血者，桃花汤主之”，308条证情相对简单，由于病在少阴，属于下焦阳虚寒盛，此时见下利而便脓血，代表脓血在下焦，亦可像前文热入血室之理，以针刺因势利导，使脓血下行则愈。307条的病情相对更深一层，除了下利便脓血外，更见腹痛、小便不利，因此不能单以针刺治法，而改用汤药治之。

四、结语

综合全文，张仲景运用针刺法在于三大类病情，分别是预防传变、治疗相乘病证以及因势利导而助下血，三者均属于病证的初浅阶段，体现了针刺目的为治未病中未病先防、已病防传的思想。

张仲景并非所有病证皆可运用针刺，未有见张仲景在病情深重时针刺的记载，若病证已经进一步深入则选用汤药。这符合中医理论“汤者荡也”，取汤剂能荡涤脏腑之意，是故仲景书中仍以讨论汤药“治已病”为主要目的，治未病的内容则相对较少。

在《黄帝内经》中主要以针灸为治疗方法，及至《伤寒杂病论》则以汤药为主，在治法思想与治疗手段皆有演变发展，明确张仲景对于针刺法运用的思想，对于理解两书学术思想的异同，以及对于临床应用针刺的时机把握皆有重要意义。

[《环球中医药》2012，5（4）：273]

论张仲景之“因势施治”

赵 泉 李晋宝 三门峡黄河医院
赵 珂 三门峡市中心医院

势者，趋势也，趋向也。因势施治早见于《黄帝内经》。《黄帝内经》认为人体生命活动与天地相应，其物质运动，生理活动，有一定的趋向，表现出势。《素问·六微旨大论》认为“非出入，则无以生长壮老已；非升降，则无以生长化收藏。是以升降出入，无器不有。”《素问·阴阳应象大论》言：“清阳出上窍，浊阴出下窍；清阳发腠理，浊阴走五脏。”升降出入，其势“贵守常，反常则灾害至矣，出入废则神机化灭，升降息则气立孤危。”具体到气的升降反常，《素问·举痛论》指出：“怒则气上，喜则气缓，悲则气消，恐则气下，寒则气收，炅则气泄，惊则气乱，劳则气耗，思则气结。”针对势之反常，《内经》提出因势而治的基本原则，如主张：“其慓悍者，按而收之”（《素问·阴阳应象大论》），“散者收之，抑者散之”（《素问·至真要大论》）等。然《黄帝内经》未出治势方药。至汉代，仲景承《内经》之说而光大之，将其运用于具体病症，并提出治势之相应具体方药，给后人以规范，有承前启后之功。

一、逆势而治与顺势而治

仲景治势法，多遵《黄帝内经》，大致有二，一者顺势而治，二者逆势而治。而其具体实施，又灵活多变。下面分别述之。

病态之势常与生理之势相逆、相悖、相反，故仲景治之常针对其势，逆而治之，折缓其势，其上者下之，其下者上之，以复其正，此种治法仲景用之颇多。如肺痈之喘不得卧，肺胀之咳而上气，皆为肺不肃降。治肺胀，仲景用葶苈大枣泻肺汤泻水逐饮，下气平喘；治肺痈，仲景以越婢加半夏汤泻热逐饮，降逆平喘。旋覆代赭汤证之噫气不除，黄连汤证之欲呕吐，是胃气不顺下而上逆。前者治以旋覆代赭汤和胃降逆，化痰下气；后者治以黄连汤清上温下，和胃降逆。诃梨勒散证之气利肠滑，赤石脂禹余粮证之滑脱不禁，为病势趋下。前者仲景治以诃梨勒散，温涩固脱，后者治以赤石脂禹余粮汤，涩固脱止利。

如上所言，逆势而治固然为治势之常用有效之法，然病情复杂，未可执一而治之。对于病势，仲景常视具体情况而区别对待，未必见病势趋向则逆之折之。对于呕吐者，仲景曾言：“夫呕家有脓，不可治呕，脓尽自愈”“病人欲吐者，不可下之”。仲景更对某些疾病，顺病之势以治之。《伤寒论》76条：“发汗吐下后，虚烦不得眠，若剧者，必反复颠倒，心中懊，栀子豉汤主之。”此为热郁上扰，病势趋上，仲景顺势而为，以栀子豉汤顺其势以涌其热，使郁热得除，则其神得安，其烦自止。同类者如166条：“病如桂枝证，头不痛，项不强，寸脉微浮，胸中痞硬，气上冲咽喉，不得息者，此为胸有寒也，当吐之，宜瓜蒂散。”对于病势趋下者，仲景亦视其情形，治不执一，可因势利导者则顺势攻下。如《金匮要略》之甘遂半夏汤证之“欲自利，利反快”，是留饮有欲去之势，仲景以甘遂半夏汤下而去之，以绝病根。

此类顺势而治体现了仲景就近便捷祛邪，邪祛势消的治疗思路。

二、直接治势与间接治势

前所言以旋覆代赭汤治病势上逆，以诃梨勒散温涩固脱，大致是选取与作用趋势与病理趋势相反之药——如旋覆花、代赭石下气镇逆，诃梨勒收涩固脱——逆其势而治之。而间接治势有两法，其一是针对造成病势的病邪，如痰饮、邪热等，视邪停何处，何邪为害，选取祛邪之药治之。虽然这些药没有明显的或上或下的作用趋势，但病邪去则其势可衰，如釜底抽薪，其沸自止。《金匮要略》中之皂荚丸证，肺气上逆，为痰浊阻肺，阻碍肺之肃降，故仲景以除痰最猛之皂荚，涤痰以祛邪，邪去则其势自消。再如《伤寒论》中大黄黄连泻心汤证，是为无形之邪结于心下阴阳气机升降之部位，气之升降被阻，而见心下痞满，以大黄黄连泻心汤清其邪热，邪热去则气机之升降可复，痞满自消。后所言治静势之诸法，亦多兼祛邪以治势。

另一法是针对虚损所致之病势，察何者虚损，何脏不足，补其虚则其势可缓。如《金匮要略》中治虚寒下血之黄土汤，方中以附子、白术温阳健脾，有助止血。

三、动势之治与静势之治

病势固有趋上趋下而见呕吐、喘咳、泻利之类，表现为动势者，如前所述，可逆其动而复其常。而病势不单表现为动势，尚有停滞凝聚之属，表现为静势者。典型者如《金匮要略》中以“着”命名之病症，“着”者，欲动而被抑制，停着不行之谓也。其“肝着”证，肝为病位，着为病势，经脉气血郁滞，不得舒展流动，与肝之正常疏泄之势相反，是为病势。于是仲景逆其静而治之以动，以旋覆花行气、新绛活血、葱白通阳，气动血行，则其病愈。它如《伤寒论》中太阳蓄水，为水蓄膀胱；阳明腑实，为燥矢在肠；宿食停滞，为食停不运；太阳表实，为寒凝于经。凡此之类，病势停滞而抑制正常之升降出入，流动输布，皆为着而凝聚之为害。治宜逆其静势而动之，而具体又须视其停着部位及病邪分别治之，未可一律。治水蓄不行者，仲景用五苓散化气行水；治燥矢在肠者，仲景选承气辈攻之泻之；宿食在上，仲景以瓜蒂散涌之；寒凝于经者，仲景组麻黄汤宣之散之——虽其方药各异，均体现静以动之，逆势而治之法。此与《内经》“其实者，散而泻之”“抑者散之”之旨吻合。

四、单独运用与兼合运用

仲景治势虽然有单独运用某法者，如以皂荚丸涤痰治喘，只是祛邪；以诃梨散收涩治利，仅是逆势。更多的是将各治势之法结合运用，以标本兼顾，势邪合治。如以旋覆代赭汤治病势上逆，除以旋覆花、代赭石作用趋下之药对抗病势之上逆外，并用人参、甘草、大枣补胃气之虚，半夏、生姜祛痰饮，使其邪去正复则噫气可除。再如以桂枝加龙骨牡蛎汤治阴阳两虚之男子失精，以桂枝汤酸甘化阴，辛甘生阳，两补阴阳，配合龙骨、牡蛎涩精固敛，则遗精可止。

[《中医研究》2012，25（11）：5]

略论《伤寒杂病论》的救急理法

赵　文　成都中医药学会
赵苑岑　成都中医药大学成人教育学院

张仲景《伤寒杂病论》，全部113方，用药98味，世有“方书之祖”的美誉。全书既立志补偏救急，不离生命健康本旨，又六经一贯，辨析各经差异，条分缕析，谴方组药，直中病源，发人深省。

一、《伤寒》全书立论，旨在救急

（一）救医之急

中医之道，是生命健康的生生不息之道。故医家必须对天地运行的法则和人类生死规律作不懈的探求；需将终极关怀的理念转化为济世的情怀，使医人与治病统一；更需自然科学与人文科学结合，完成医技到医艺的超越。若无高尚医德，没有对医道的不懈追求乃至献身精神，对社会与广大病患而言，就是大“急难”！这是中医人文关爱的精华所在。《伤寒论·序》言：“论曰：余每览越人入虢之诊，望齐侯之色，未尝不慨然叹其才秀也。怪当今居世之士，曾不留神医药，精究方术，上以疗君亲之疾，下以救贫贱之厄，中以保身长全，以养其生。但竞逐荣势，企踵权豪，孜孜汲汲，惟名利是务。崇饰其末，忽弃其本，华其外而悴其内。皮之不存，毛将安附焉？”这是何等声情激烈？“痛夫！举世昏迷，莫能觉悟，不惜其命，若是轻生，彼何荣势之云哉？”又说：“观今之医，不念思求经旨，以演其所知，各承家技，终始顺旧，省疾问病，务在口给，相对斯须，便处汤药，按寸不及尺，握手不及足，趺阳三部不参，动数发息，不满五十，短期未知诀诊，九候曾无仿佛，明堂阙庭，尽不见察，所谓窥管而已。夫欲视死别生，实为难矣。”这是张仲景著作《伤寒论》的重要原因，既要救人急，更要救医急。

（二）救世之急

《伤寒论·序》说：“余宗族素多，向余二百。建安纪年以来，犹未十稔，其死亡者，三分有二，伤寒十居其七。感往昔之沦丧，伤横夭之莫救，乃勤求古训，博采众方，撰用《素问》《九卷》《八十一难》《阴阳大论》《胎胪药录》，并平脉辨证，为《伤寒杂病论》，合十六卷。虽未能尽愈诸病，庶可以见病知源。若能寻于所集，思过半矣。”

由此不难看出，张仲景专题“伤寒”，是要让天下更多的医生，勇敢承担社会的责任，掌握人文关爱的特别理法，对“伤寒”各病特别是其中旦发夕死的“急症”治疗，有充分的理法方药的支撑。

二、《伤寒论》以六经立论，旨在救人六经之急难

十二正经，分手三阴三阳，足三阴三阳，三阴三阳合为六经，经络又内联脏腑，故《伤寒论》即从此六经入手，统治脏腑三焦，展现出精妙的救急理法。

（一）救汗

《伤寒论》提为："太阳（小肠、膀胱）之上，寒气主之，中见少阴（心、肾）。"人外感风寒，若汗不出，小之久咳不愈，严重者高烧不退，再者小便不通，则会变症为尿毒症，危及病患生命。但若大汗则伤人正气（如老年病患，突然汗出如珠，多半就归于死亡一途了），到变症心衰，亦会危及生命，故《伤寒论》救汗一法，列为"汗""吐""下""和""温""清""消""补"证治八法的第一法。恩师李仲愚先生曾嘱曰："外感风寒，临床的关键，是看有无汗出。"故《伤寒论》述太阳证，主方用发汗的麻黄汤（对症无汗）、止汗的桂枝汤（对症自汗）及肩颈背痛（寒气凝于肌肉）的葛根汤。理法的关键是出汗与止汗。到麻辛附子汤：麻黄10～30g，细辛10g，附子30g（另包，先煎两小时），则对寒邪侵人体表，或麻疹不能发汗，心肾呈现衰竭，可迅速导致患者死亡之症，通过发汗透表，可迅速救人危难，对急救技术而言，意义重大。

（二）救燥

《伤寒》题为："阳明（大肠、胃）之上，燥气主之，中见太阴（肺、脾）"。大肠与胃经燥热，临床表现为不恶寒而恶热，烦渴又蒸蒸自汗而常伴高烧的情况。故临床关键是清热退烧，主方为白虎汤：生石膏30g，知母30g，生甘草10g，粳米15～30g。对今天辨证治疗各类烧热，仍有十分重要的指导作用。阳明病有潮热、自汗、腹满、大便秘结或心烦躁说胡话，或目睛直视，或寻衣摸床，或昏迷不省人事等，以现代医学视之，均属危急之症（以笔者调查，区县医院甚至有不敢收治而转省市医院者），以"八法"中的下法，选大承气汤下之可迅速改善症状，大承气汤方：厚朴10g，枳实10g，大黄酒制3g，芒硝3～10g。若有神昏、幻视幻听，则可以大承气汤与白虎汤合用（体虚加人参），真正可谓效如桴鼓。

（三）救火

《伤寒》题为："少阳（胆、三焦）之上，火气主之，中见厥阴（肝、心包）。"主要对治胆与三焦火热不降诸病，表现有口苦、耳聋、目眩、胸胁满、甚者有寒热往来的情况。以小柴胡汤主之：柴胡10g，黄芩10g，半夏10g，生姜10g，人参10g，炙甘草6g，大枣15g。临床将此方扩大，随证加减，即可治重症的寒热往来（因热久必冷）与急性疟疾。如先冷后热，而烧热时间长，又有定时者，属温疟，以小柴胡汤加白虎汤（生石膏30g，知母30g，粳米30g或神曲30g）主之；若冷多热少，甚至冷得打寒颤，则属实疟，用小柴胡汤加干姜10～30g，桂枝10～15g主之，临床疗效都很显著。

（四）救湿

《伤寒》题为："太阴（肺、脾）之上，湿气主之，中见阳明（大肠、胃）。"太阴病，表现为腹部胀满、腹痛、腹泻、呕吐（泻、吐之物并无腐臭），或上吐下泻、食欲不振、舌苔厚腻等，为各种脾胃虚寒而肺气不足的症状，以温法对治，以理中汤主之：人参10～30g，炙甘草3～10g，白术10～30g，炮姜15～30g。对症阳虚之人的寒症。若扩展此方，加入附片30g（另包，先煎两小时）则对一切脾胃虚寒重症，均有极佳的疗效。1945年，成都爆发霍乱期间，恩师李仲愚先生在彭州家乡救灾，虽霍乱菌相同，但因临床证候不同，而将其分为阴霍乱（大吐大泻，吐泻之物并无腐臭并显清冷），阳霍乱（手脚不冷吐泻之物或腐臭，或酸臭），而阴阳夹杂者，定位阴阳夹杂霍乱。对治阴霍乱症状较轻者，以理中汤主之；清冷严重者，即以附子理中汤主之；对其阴霍乱而小便短少者，变通用理苓汤主之，均能起立竿之效。

（五）救寒

《伤寒》题为："少阴（心、肾）之上，热气主之，中见太阳（小肠、膀胱）。"所谓"得阳者生，失阳者死；草木皆然，况于人乎?"故心、肾两经之病，表现为脉细微、精神疲乏，小便不利，常欲眠、四肢冷、全身畏寒，为现在的心衰、肾衰、肺心病等重症，临床死亡率极高，以四逆汤主之：附片30g（另包，先煎两小时），干姜15～30g，炙甘草10～30g此方为《伤寒》回阳救急的代表方剂，对治阳气衰微，四肢厥冷诸症是特效（现代的扶阳理论即从此来），此方可大补西医输液抢救的不足（如输液虽是补充体液，但畏寒之人，遇冷的液体输入血液，刚好损伤心肾正气，不能救人更会将病治坏）。年老体虚者，可加入人参30g；肝肾久病致虚者加山茱萸30～50g；腹痛甚者，可加白芍15～30g以缓挛急；呕吐重考，可加生姜30g，或再加法半夏15～30g以降逆止呕；阳气外越者加牡蛎30～50g。另外，《伤寒》用附子是生用，每枚约20g重，用两枚则40g，生用药性更烈，故救急选制附子30～60g，只要配伍得当如重用炙甘草与山茱萸，二者本身即抑制附子之毒性），煎制得法，绝不会产生中毒反应的。四川历史上峨眉山一医僧，每让人吃久炖附片一碗（当不下于100g），再辅以他药，疗效都非常显著。四川江油历来盛产附片，或当属地利之宜。

（六）救风

《伤寒》题为："厥阴（心包、肝）之上，风气主之，中见少阳（三焦、胆）。"临床上心包和肝的病变，多表现为厥热往来的情况。冷时长，表病盛。凡热厥，有唇干舌干，唇红指甲红等，应大清大下，选白虎汤、大承气汤或三黄解毒汤为基础方；若寒厥，有唇舌润、鼻孔润等，则应用四逆加人参汤了。临床上以厥逆为主的症状，往往伴有剧烈疼痛，如小腹痛、缩阴，以伤寒回阳救急方义，可选回阳救急汤，均能留人治病。中医外伤疾病（内伤归于情志不调，不内外伤为自然灾害、车祸等）致病因素可分为"风、火、暑、湿、燥、寒"六方面，对于火、暑所致疾病，以西医大输液及抗生素药物多半有效，但风、湿、寒所致诸病，并不一定是细菌、病毒所致，若随意使用大输液及抗生素，不但不能治病，更会将病治坏。

三、结论与启示

综上所述，《伤寒论》的救急方略，源自《内经》《本草》，法起长桑、扁鹊，继之公乘阳庆及仓公，归于救医之急与救世之急。具体理法，就以六经分类辨证，突出重点，直中病源，确保临床疗效。故中医理法方药全面融入急救领域，不仅对提高现有急救水平，造福民众具有重要的现实意义，亦"溯源"的价值所在。启示有三：（1）立志大医，方有大行。孙思邈有"大医精诚"，而后有《千金方》；张仲景敢辞去长沙太守，潜心医学，方有《伤寒杂病论》。若无医家基本品德，哪能有医道济生的悲心，何来"患者至上"呢？这是值得今天的中医、中西医结合工作者深入思考的，亦张仲景救医之急的苦心。（2）太和为体，保和为用。《易》云："保和太和乃利贞，首出庶物，万国咸宁。"即既要有对"太和（健康）"的追求，又要有"保和"（保证健康）的手段。这便是《伤寒论》的救人之急。具体而言，还有两层意思：一是明确救急的方向。《伤寒论》分述六经病变，均属"伤寒"，但所伤部位与经络不同，故明辨伤寒途径，临床救急的方向才不会错。二是掌握传变规律。如太阳（小肠、膀胱）经受寒感冒，需防传变于心、肾（如感冒引发的风湿性心脏病与肾衰竭）。六经传变皆然，这样救急，才能确保病不治坏，并切实提高临床疗效。（3）天行常健，汤盘日新。"乾道天行常健运，汤盘铭曰日新知"。《伤寒论》出世，是因为疾病谱改变，"伤寒"危害甚烈的结果。亦提示今天的中医、中西医结合工作者，一方面，应坚持《伤寒》救急方略，综合继承中医急救理法，丰富临床急救手段，不断提高急救水平。另方面，要改变"慢郎中"和"抓抓匠"的形象，敢于面对当世当时的各类急难重症，将人文关爱落实到具体的理法当中；更从疾病谱改变及灾难医学发展的情况，改进给药手段，如配方颗粒、滋膏等，已具智能雏形，可用在救灾与疾控，诚能方便世人，造福民众。

[《四川中医》2012，30（9）：17]

略述《伤寒杂病论》角药应用

李剑颖　河南省漯河市第二人民医院
吴大真　中国保健协会

所谓"角药"是指以中医基本理论为基础，以辨证论治为前提，以中药气味、性能、归经、七情为配伍原则，三味中药联合使用、系统配伍、配成一组，为三足鼎立，互为犄角，这种配伍，比起"药对"作用就比较复杂一些，名之曰"角药"。初看"角药"像是由三组"药对"组成，但实际上它的组方意义远比"药对"广泛深厚。"角药"介于中药与方剂之间，在方剂中起主要或辅助作用，或独立成方，其在配伍应用中颇多巧妙，在临床应用中可起到减毒增效的作用，对于我们认识药物的性能功效也很有帮助。"角药"是三种中药的有机组合应用，而非简单的药物。这种配伍应用方式最早始见于张仲景著的《伤寒杂病论》，以后一直被历代医家所推崇，并加以充实发展。现就《伤寒杂病论》中"角药"应用特点分析如下。

一、干姜、细辛、五味子

具有温化寒痰，调畅气机之功效。干姜与细辛相配，干姜温暖脾胃以化饮，细辛宣降肺气以化饮，合用温肺散寒，温阳化饮。干姜与五味子相配，一散一收，司开合之机，合用干姜辛散不致太过而耗气，五味子酸敛不致壅塞而留痰。五味子酸收敛肺，细辛辛散开肺，五味子与细辛合用，开无耗散肺气之弊、合无敛邪之害。蕴含于《伤寒论》里小青龙汤中的"干姜、细辛、五味子"，小青龙汤是治外有表邪而内有痰饮的痰喘咳嗽之证的要方，而"姜、辛、味"是方中温肺化饮、止咳平喘的主药。《伤寒论》第40条："伤寒，表不解，心下有水气，干呕，发热而咳，或渴，或利，或噎，或小便不利、少腹满，或喘者，小青龙汤主之。"

《金匮要略痰饮咳嗽病篇》论痰饮咳嗽服青龙汤后的几种变局，俱以“姜、辛、味”为主药，或减桂枝，或加姜半夏、杏仁、大黄，而这三味药却不变，成为治疗痰饮咳嗽症的“角药”。陈修园曾论小青龙汤说：“干姜以司肺之开，五味以司肺之合，细辛以发动其开合活动之机。小青龙汤中当以此三味为主，故他药皆可加减，此三味则缺一不可。”此三味诚司肺开合枢之要药也，张仲景治疗咳喘之方如射干麻黄汤、厚朴麻黄汤均含有干姜、细辛、五味子三种中药。

国医大师周仲瑛教授应用案例：何某，女，65岁。有慢性咳喘病史，旬前冬夜野行，触冒风寒而致发作。咳嗽频剧，气急作喘，不能平卧，喉中痰鸣，咯痰量多，质稀而有泡沫，脚房闷塞，微有寒热，有汗不解，舌苔白腻，舌质润，脉细滑。X线检查：两肺透亮度增强，横隔位置低，活动度减小。辨证施治：风寒外袭肺卫，引触寒痰伏饮，肺气失于宣畅。治拟发散风寒，温化寒饮，仿小青龙汤意：药用炙麻黄3g，桂枝3g，白芍10g，细辛1.5g，干姜2g，五味子2g，姜半夏6g，炙苏子10g，炙白前6g，炙甘草3g。经治3日，寒热解，但仍咳而气急，痰鸣量多，舌苔浊腻。

上方去五味子加白芥子5g，莱菔子10g，紫菀10g，以加强宣化痰浊之力。

再服3日，喘平，咳嗽阵作亦止，痰量减少，胸闷得宽，巩固近月出院。肺卫素弱，夏感风寒，引动内饮，相互搏结，故呈典型的小青龙汤证。外寒内饮，法当外散风寒，内镯寒饮，以小青龙汤治之。痰浊阻肺，可配三子养亲汤、二陈汤等化痰止咳平喘。

二、当归、川芎、芍药

具有散寒活血，补养冲任之功效。当归补血活血，为血中之气药，且能调经止痛，补中有动、行中有补。芍药酸苦，敛阴养血，散瘀止痛，主静而缓急迫。当归与芍药配伍，动静结合，养血理血。川芎辛温，活血行气，祛风止痛。

《金匮要略·妇人杂病脉证并治》：“妇人年五十所，病下利，数十日不止，暮即发热，少腹里急，腹满，手掌烦热，唇口干燥，温经汤主之”。“温经汤”中的“当归、川芎、芍药”是妇人调理经血的主药，后世加地黄变为“四物汤”，成为妇科祖方，在临床广泛应用。

三、柴胡、黄芩、姜半夏

具有和解少阳，解肌退热，宣通上焦，下行津液，疏肝和胃，清胆截疟之功效。此三味为小柴胡汤主药，方中柴胡疏肝解郁，得黄芩苦寒同用，清散肝胆郁火；柴胡配姜半夏，疏肝和胃，治肝气犯胃之呕恶；黄芩和姜半夏能调和肠胃。三药同用，不仅是小柴胡汤的主药，而且还是柴胡剂类方中不可缺少的一组“角药”。

《伤寒论·辨太阳病脉证治》：“伤寒五六日，中风，往来寒热，胸胁苦满，嘿嘿不欲饮食，心烦，喜呕，或胸中烦而不呕，或渴，或胁下痞硬，或心下悸、小便不利，或不渴、身有微热，或咳者，小柴胡汤主之”。后世的柴胡四物汤、柴胡陷胸汤、柴胡枳橘汤，皆由此三味为主药。著名中医学家刘渡舟教授，在三味药的基础上加茵陈、土茯苓、凤尾草、草河车，名为柴胡解毒汤。主治肝胆湿热，久之成毒，蕴郁不解而见肝区疼痛，厌油喜素，多呕，体瘦少气，小便黄短，舌苔厚腻。

国医大师任继学教授应用案例：李某，女，26岁。扶余三岔河人。既往无任何疾患。主诉：眩晕、头胀，夜卧多梦，时有整夜不寐、胸腹不畅，多怒心烦，时有口苦，胃呆欲吐，时有欲哭，溺黄便燥，月经失常，色泽紫黑，量中等。检查：体格与营养一般，精神烦闷状，面红，两目淡青色、有神采，鼻头色泽无异常变化，口唇青白，舌红苔薄白而滑，胸腹与四肢均正常，呼吸平匀，声音正常，脉象沉弦有力，诊断为不寐。取疏肝镇逆之法，以达枢机之用。方用小柴胡汤加减，药用：醋柴胡10g，黄芩10g，姜半夏10g，生龙骨50g，生地黄30g，夜交藤30g，陈皮10g。水煎服。以此方加减出入治疗1个月左右而告愈。本证实属郁怒不解而动肝。肝郁气滞而木气不达，少阳枢机不发，肝魂不潜，魂离其宅而成。法取疏肝镇逆，以达枢机之用。以柴胡、黄芩、姜半夏、陈皮疏肝解郁以达其枢机，龙骨镇其冲逆，生地黄、夜交藤滋其阴体、安其魂宅。诸药合用共达气机通利、本固魂归之目的。

四、黄连、姜半夏、瓜蒌

具有清热化痰，宽胸散结之功。此三味药的伍用首见于《伤寒论》小陷胸汤，方中之黄连、姜半夏、瓜蒌，治痰热聚于膈上，形成胸脘痞痛之结胸证。用黄连清热、姜半夏化痰、瓜蒌开胸。其中瓜蒌伍姜半夏，涤痰利膈之力增强，其散结开痞之功益著；姜半夏伍黄连，一辛一苦，辛开苦降，清热化痰效能加大；瓜蒌伍黄连，涤痰泄热之功更著，三药相伍，分则各有其长，合则互借其能，形成组合最佳的“角药”，配伍成清热涤痰散结的名方。

本方三药，缺一则偏缺，黄连则苦降泄热之力不足；缺姜半夏辛开化痰降逆之力损；缺瓜蒌则利气润下之力弱。

《伤寒论》："小结胸病，正在心下，按之则痛，脉浮滑者，小陷胸汤主之"。《医宗金鉴》载"黄连涤热，姜半夏导饮，栝楼润燥下行，合之以涤胸膈痰热，开胸膈气结，攻虽不峻，亦能突围而入，故名小陷胸汤。"吴鞠通对本方十分赞赏，并在此基础上加枳实，名小陷胸汤加枳实汤。

五、茵陈、栀子、大黄

具有清热利湿退黄之功。此三药的伍用见于《伤寒论》的茵陈蒿汤，三味均为苦寒药，寒能清热，苦能燥湿，其中茵陈疏肝利胆，为清热除湿退黄之药；栀子能除烦清热，清泄三焦而通调水道，导湿热下行，引湿热从小便而出；大黄泻热除瘀，通利大便，推陈致新，使湿热壅遏瘀滞之邪下泻。栀子与茵陈相伍，既能增强清热作用，又能增强利湿作用，善于治疗湿热蕴结发黄证；大黄与茵陈相伍，使湿邪从大便而去；大黄与栀子，一泻一清，相互为用，既能增强清泻作用，又能增强燥湿作用，更能解酒毒湿热，以治疗湿热或酒毒疸证，成为治疗湿热黄疸（热重于湿）的一组著名"角药"。

《伤寒论》："阳明病，发热，汗出者，此为热越，不能发黄也；但头汗出，身无汗，齐颈而还，小便不利，可引水浆者，此为瘀热在里，身必发黄，茵陈蒿汤主之。"《证治准绳》之茵陈蒿汤由角药茵陈、栀子、大黄加芒硝、木通、寒水石组成，主治小儿发黄，身黄如橘色，或有发热，大便干结之症。

六、附子、干姜、炙甘草

具有温中祛寒，回阳救逆之功效。此三药相伍首见于《伤寒论》之四逆汤，具有回阳救逆之功效。症见四肢厥逆，恶寒倦卧，呕吐不渴，腹痛下利，神衰欲寐，舌苔白滑，脉象微细。《素问·厥论》曰："阳气衰于下，则为寒厥。"《素问·至真要大论》曰："寒淫于内，治以甘热，佐以苦辛，以咸泻之，以辛润之，以苦坚之。""寒淫所胜，平以辛热，佐以苦甘，以咸泻之。"用大辛大热之附子为君药。附子纯阳有毒，为补益先天命门真火之第一要剂，通行十二经，生用尤能迅达内外以温阳逐寒。干姜温中焦之阳而除里寒，助附子伸发阳气，为臣药。生附子有大毒，与干姜同用，其性峻烈，故又用益气温中之炙甘草为佐药，既能解毒，又能缓解姜、附辛烈之性，合而回阳救逆，又不致有暴散之虞，故方名"四逆"。此三味药，若加重干姜用量，则为通脉四逆汤。

《伤寒论》："伤寒，医下之，续得下利清谷不止，身疼痛者，急当救里；后身疼痛，清便自调者，急当救表。救里，宜四逆汤；救表，宜桂枝汤。"张锡纯《医学衷中参西录》：干姜为温暖脾胃之主药，伍以甘草，能化其猛烈之性使之和平，更能留其温暖之力使之常久也。然脾胃之温暖，恒赖相火之壮旺，附子色黑入肾，其非常之热力，实能补助肾中之相火，以厚脾胃温暖之本源也。方名四逆者，诚以脾主四肢，脾胃虚寒者，其四肢常觉逆冷，服此药后，而四肢之厥逆可回也。

国医大师张灿玾教授应用案例：张某，男，老年。患者年事已高（80余岁），阳气已衰，时值寒冬，保暖条件不足，两下肢厥冷，左大趾端冷尤甚，色紫黯，木肿，尖端破溃，有一小脓头，脓液极少，身体衰老，脉沉迟。此因年老，阳气久衰，又值冬季，寒气凝聚，气血阻滞不行，故化为脓疡。当予温经通阳之法，少佐以解毒之药以治之。处方：当归五钱，白芍三钱，通草二钱，桂枝三钱，细辛一钱，金银花五钱，炙甘草二钱，生姜三片，大枣（去核）三枚，水煎温服。服上方二剂后，两腿稍温，大趾肿疡亦见消。可继服前方。继服上方三剂后，两腿温暖，脓头亦已收口，瞩以保温护理，遂愈。

此外，独立成方的"角药"还有由大黄、芒硝、甘草组成的调胃承气汤，由大黄、厚朴、枳实组成的小承气汤，由赤石脂、干姜、粳米组成的桃花汤，由瓜蒌、薤白、白酒组成的瓜蒌薤白白酒汤，由甘草、小麦、大枣组成的甘麦大枣汤等。《伤寒论》113方中有20个方剂是由三种药物组成，占17%。

七、人参、甘草、大枣

人参、炙甘草、大枣三药相伍为用见于《伤寒论》的炙甘草汤，由人参、炙甘草、大枣加生姜、生地、桂枝、阿胶、麦门冬、火麻仁组成，《伤寒论》云：伤寒脉结代，心动悸，炙甘草汤主之；人参、炙甘草、大枣亦见于《伤寒论》的甘草泻心汤，由该组"角药"人参、炙甘草、大枣加黄芩、黄连、姜半夏、干姜组成，《伤寒论》曰："伤寒中风，医反下之，其人下利……甘草泻心汤主之"；《伤寒论》的小柴胡汤，由该组"角药"人参、炙甘草、大枣加生姜、柴胡、黄芩、姜半夏组成；《金匮要略》的麦门冬汤，由该组"角药"人参、炙甘草、大枣加麦门冬、姜半夏、粳米组成。此“角药”临床使用要点为面色萎黄，食欲不振，纳后腹胀，倦怠乏力，少气懒言，大便溏薄，舌淡、苔薄，脉软弱。人参合大枣，益气养血，补脾生津，大枣甘缓善补脾胃虚弱，人参大补气血，相配大补气血之功更佳；人参和大枣相须为用，增强补气之力；大枣与甘草相配，则甘缓益气、补养心脾。三药相伍为用，共奏益气养胃之效。此三味药为张仲景习用的补益脾胃之剂，涉及的方剂达 14 首，其配伍运用得的意义却各不相同。如用于柴胡剂，助正祛邪，治未病；用于泻心剂，益气安中；用于降逆剂，重在益气升清。

国医大师郭子光教授应用案例：汪某某，女，48 岁，家庭妇女。1993 年 10 月 27 日初诊。病史：有长期吸烟史，1 周前自觉心悸、心慌、心空，头晕，失眠，气短、乏力。随即去当地县医院诊治，心电图检查结果：“频发室性期前收缩、下壁心肌缺血”。服用心律平、丹参片等无效而来求治。现证：仍觉心悸、心慌，心空、胸闷塞，心烦，气短乏力，时时太息，头晕，眠差，饮食尚可，二便正常．察其形体偏瘦，精神欠佳，舌质淡有瘀点，苔薄白少津，脉促细而无力。血压 12/skPa。辨治：气虚血弱，心失滋养而夹瘀滞。用炙甘草汤加味：红参 15g，炙甘草 10g，麦冬 30g，阿胶 15g（烊服），生地黄 20g，桂枝 10g，生姜 10g，酸枣仁 15g，大枣 15g，黄芪 30g，丹参 20g。上方服 4 剂，诸证缓解，又自配原方再服 2 剂后，去原医院复查心电图，结果正常。诊其脉率数（80 次/分）细而有力，脉律正常。以上方与服 6 剂善后。随访 2 年余未复发。

《伤寒杂病论》成书近 2000 年的时间里，一直拥有很强的生命力，它被公认为中国医学方书的鼻祖，唐宋以后《伤寒杂病论》一书被分为《伤寒论》和《金匮要略》。临床运用“角药”最早的是医圣张仲景的《伤寒论》，《伤寒论》对“角药”的形成和应用有独到之处，《金匮要略》对“角药”的贡献可谓承前启后，进一步扩展《伤寒论》所用“角药”的临床应用范围，创新许多 3 中药组成的成方，为日后“角药”的出现奠定了基础。“角药”的应用，可以达到药物相互辅佐或相互制约，提高疗效。

参考文献

[1] 汉·张仲景著，张新勇点校．仲景全书之伤寒论．金匮要略方论［M］．北京：中医古籍出版社，2010：07.

[2] 杨发贵．“角药”启微［J］．河南中医，1999，19（2）：55.

[3] 楼友根．试论温病方中“角药”的配伍应用［J］．河南中医，2005，25（2）：54～65.

[4] 朱富华，杨志春，樊平．中医中药角药研究［M］．西安：陕西科学技术出版社，2009：07.

[5] 周仲瑛，周光．辨证治疗咳喘的体会［J］．江西中医杂志，1984，（1）：19～21.

[6] 南征，任喜尧．任继学教授医案选［J］．吉林中医药，1987，2，5.

[7] 张灿玾．张灿玾医论医案纂要［M］．北京：科学出版社，2009：8，1，324.

[8] 郭子光．心律失常的凭脉辨治［J］．成都中医药大学学报，1996，19（1）：8～13.

［《中国中医药现代远程教育》2012，10（1）：20］

麻杏石甘汤药理研究

黄贵华　王庆高　韦义展
广西中医学院第一附属医院
周　衡　林华胜　广西中医学院

麻杏石甘汤，方出东汉张仲景所著的《伤寒论》。其组成仅为麻黄、杏仁、石膏、甘草四味药，但其组方精炼，效果可靠，一直被沿用至今。《伤寒论》第 63 条言：“发汗后，不可更行桂枝汤，汗出而喘，无大热者，可与麻黄杏仁甘草石膏汤。”第 162 条言：“下后，不可更行桂枝汤，若汗出而喘，无大热者，可与麻黄杏仁甘草石膏汤”，由上述 2 条中可以看出麻杏石甘汤主要治疗肺热喘咳。适用于外感风邪、风热袭肺，身热不解，咳逆气息，有汗或无汗，舌苔薄白或黄、脉滑而数者。在临床的使用中被广泛地应用于外感发热的疾病，其解热镇咳效果肯定。本文将就麻杏石甘汤的作用机理进行探讨，希望对临床有一定的指导意义。

一、单味中药研究

（一）麻黄

麻黄在《神农本草经》中有“伤寒头痛，温疟。发表出汗，去邪热气，止咳逆上气，除寒热”的记载。现代研究发现，麻黄中所含的生物碱和挥发油是其有效物质，主要活性成分 1－麻黄碱[1]。麻黄含麻黄碱、伪麻黄碱，其可解除支气管痉挛，松弛支气管平滑肌，且作用较缓而持久[2]。有研究发现，当人体暴露于高温 1.5～2h 后，给予麻黄碱 50～60mg，出汗量比未暴露于高温者快而多，提示麻黄对人有中等度的发汗作用，这种作用可能是由于麻黄阻碍了汗腺导管对钠的重吸收而导致汗腺分泌增加[3]。

（二）石膏

石膏自古有“白虎”之称，以说明其清热力猛。作为传统的清热药，被广泛应用于实热症的治疗。汪昂《本草备要》云：“石膏甘辛而淡，体重而降，足阳明胃大寒之药，色白入肺兼入三焦，诸经气分之药。寒能清热降火，辛能发汗解肌，甘能缓脾益气，生津止渴（淡而下行，消炎利尿）。”石膏成分为含水硫酸钙，石膏具有抑制体温调节中枢的亢进而产生有力的解热作用，同时发汗中枢也被抑制，故解热而不发汗，无伤津之弊[4]。其次石膏溶出度，对作为体温调节关键的钙离子浓度有影响[5]。

（三）杏仁

杏仁中的有效成分是苦杏仁甙。苦杏仁甙经酶水解后产生氢氰酸；氢氰酸可镇咳及祛痰，而达到润肺止咳的效果[6]。杏仁的主要药理作用还有：抗炎、镇痛、润肠、降血糖，而无解热的作用[7]。

（四）甘草

甘草主要含甘草酸及甘草次酸。现代药理研究显示甘草具有抗病毒[8]、调节免疫[9]、抗肿瘤[10]等作用。这也佐证了，传统认识对甘草在方中的作用不仅为调和药性，对疾病也起到很好的治疗作用。甘草解热的作用轻微，在麻杏石甘汤中不是解热的主要药物。

二、不同配伍研究

麻杏石甘汤水煎液中主要有 Ca、Mg、Fe、Cu、Mn、Zn 等 6 种无机元素，以可溶态的 Ca 为主成分元素，其他多种元素形态共存的复杂水溶体系[11]。不同的配伍对麻杏石甘汤水煎液的离子析出有影响[12,13]。古今对麻杏石甘汤的配伍有许多不同的看法，以麻、石比为例，仲景原方为 1：2。柯氏[14]认为在治疗大热的情况下应为 1：5～20，张锡纯则明言“用此法，石膏之分量恒为麻黄之十倍”。虽然就配伍的比例问题还有许多值得探讨的地方，但是在治疗发热性外感病，石膏用量必大于麻黄已成定论。

三、复方研究

单味药的研究，为我们提供的是组成药物在方中的作用趋向和效用，使我们对麻杏石甘汤的组成和作用有更进一步的认识。复方的研究更突出麻杏石甘汤的作用和药理认识。

（一）解热作用

沈俊海[15]把 110 例急性呼吸道感染患儿，随机分成治疗组和对照组，两组均予病毒唑 10～15mL/（kg·d）静脉滴注，治疗组在入院当天加用麻杏石甘汤。结果治疗组平均退热时间 2.8 天，对照组 3.7 天，两组退热时间比较，差异有非常显著性意义（$P<0.01$）。马以泉等[16]用麻杏石甘汤对高剂量组、低剂量组灌胃，对照组生理盐水灌胃，观察对酵母致大鼠发热的解热作用。结果表明麻杏石甘汤具有较好的解热作用。

（二）免疫调节作用

卢芳国等[17,18]观察麻杏石甘汤对 A 型流感病毒感染小鼠 IL－2、IL－4 蛋白表达水平的影响，发现麻杏石甘汤通过调节一些 IL－2、IL－4 的蛋白表达水平，对机体抗感染免疫发挥一定调节作用。赵武能等[19]研究麻杏石甘汤及其加味对 A 型流感病毒感染小鼠 T 细胞亚群的影响，发现麻杏石甘汤能明显调整流感病毒感染小鼠 T 细胞亚群的百分率。

（三）镇咳平喘作用

经鑫爱等[20]探讨加味麻杏石甘汤对卵清蛋白所致实验大鼠支气管哮喘血清及肺组织中 NO、ET－1 的调节作用。发现麻杏石甘汤可以通过下调血浆和肺组织 NO、ET－1 的合成和释放，从而减轻哮喘气道炎症及气道上皮重建，降低气道高反应性。佟波[21]将咳嗽变异性哮喘 60 例，随机分为两组。对照组：服用氨茶碱，0.1g/次，3 次/d；盐酸丙卡特罗，25mg/次，2 次/d；酮替芬 1mg，睡前服用；2 周为 1 个疗程。治疗组：在西药治疗的基础上，加用麻杏石甘汤加减治疗。结果对照组临床控制 8 例，显效 9 例，好转 5 例，无效 8 例，总有效率 73.33%。治疗组临床控制 17 例，显效 8 例，好转 3 例，无效 2 例，总有效率 93.33%。经检验 $\chi^2=4.32$，$P<0.05$，两组对比，差异有统计学意义。张永平等[22]对 26 例支气管哮喘急性期患者单纯用麻杏石甘汤治疗 28 天后，取得满意疗效。

（四）抗病毒作用

麻杏石甘汤通过调整流感病毒感染的 MDCK 细胞的细胞周期，降低细胞凋亡百分率；麻杏石甘汤可以直接杀伤病毒、干预病毒吸附、抑制病毒增殖、保护宿主细胞而发挥抗流感病毒作用[23～24]。

（五）抗炎、抗过敏作用

王伟光等[25]观察麻杏石甘汤合剂治疗小儿感染性全身炎症反应综合征（SIRS）的临床疗效及对

患儿血液中相关细胞因子 TNF－α，IL－6，IL－1 和 C 反应蛋白浓度的影响。发现麻杏石甘汤治疗后，SIRS 患儿血清 TNF－α，IL－6，IL－1，CRP 浓度显著降低。表明麻杏石甘汤有明显抗炎作用。黄丰等[26]探讨麻杏石甘汤抗 I 变态反应的作用机制。通过大鼠被动皮肤过敏反应（PCR）实验，用比色测定法检测麻杏石甘汤在体内对 Ⅰ 型变态反应的影响；体外实验先制备麻杏石甘汤的含药血清，然后将其加入致敏的 RBL－2H3 细胞中，观察麻杏石甘汤对 RBL－2H3 细胞脱颗粒及其他炎性物质的影响。结果麻杏石甘汤药物血清能明显抑制 RBL－2H3 细胞脱颗粒，并能抑制 RBL－2H3 细胞释放组胺、肿瘤坏死因子 α 及白细胞因子 4。表明麻杏石甘汤的抗过敏作用与抑制肥大细胞的脱颗粒及炎性物质释放有关。

四、结语

麻杏石甘汤近年的药理研究基本围绕其抗炎、抗病毒、镇咳平喘等方面进行，对麻杏石甘汤的药物剂量配比与药效关系、煎服方法与药效关系缺乏深入研究。对于经方而言剂量和煎服方法是经方取效的关键之一，希望今后能对此进行深入探讨。本方虽然已经广泛应用于临床，但是对麻杏石甘汤的认识很多也只停留在传统的药性、治法范畴上。通过对麻杏石甘汤现代药理的整理，加深我们对其药理作用的认识，为更好地使用于临床提供参考。

参考文献

［1］郑汉臣，蔡少青．药用植物学与生药学［M］．北京：人民卫生出版社，2007：229.

［2］石学敏．中医纲目［M］．天津：人民日报出版社，1993：1528～1534.

［3］闫兆君，林学军，于华．小儿疾病临床常用中药指南［M］．北京：科学技术文献出版社，2006.

［4］亢志兰．略谈石膏之药理作用及其临床应用［J］．光明中医，2006，21（5）：16～17.

［5］柳诗全．不同比例石膏知母配伍对 Ca^{2+} 浓度关系［J］．医药坛杂志，2007，26（14）：24～26.

［6］秦增祥．麻杏石甘汤的药理作用与应用［J］．中成药杂志，1991，（13）：36.

［7］夏丽英．中药毒性手册［M］．赤峰：内蒙古科学技术出版社，2006：230.

［8］王岳五，张海波，史玉荣，等．甘草多糖 GPS 对病毒的抑制作用［J］．南开大学学报，2001，34（2）：126～128.

［9］闵静，敖敏章，胡菁，等．甘草多糖对小鼠细胞免疫的影响［J］．湖北职业技术学院学报，2009，12（2）：106～108.

［10］胡菁，敖明章，崔永明，等．甘草多糖的抗肿瘤活性及对免疫功能的影响［J］．天然产物研究与开发，2008（20）：911～913.

［11］吕培，李祥，陈建伟，等．ICPICP－OES 用于麻杏石甘汤中的无机元素分析［J］．现代中药研究与实践，2010，24（6）：66.

［12］马强，李晓晶，丁海东，等．不同配伍条件下麻杏石甘汤中钙离子溶出规律［J］．中国实验方剂学杂志，2011，17（8）：67.

［13］郭怀忠，温倩，冉瑞雪，等．不同配伍对麻杏石甘汤中钙镁溶出量的影响［J］．中国中药杂志，2010，35（22）：2985.

［14］柯雪帆．伤寒论选读［M］．上海：上海科学技术出版社，1996：47.

［15］沈俊海．麻杏石甘汤佐治小儿急性呼吸道感染高热［J］．浙江中西医结合杂志，2006，16（12）：785.

［16］马以泉，王仁忠，曹灵勇．麻杏石甘汤药理作用研究［J］．药物研究，2005，14（4）：32.

［17］卢芳国，张波，严杰，等．麻杏石甘汤对 A 型流感病毒感染小鼠 IL－2、IL－4 蛋白表达水平的影响［J］．中华中医药学刊，2011，29（3）：475.

［18］李玲，卢芳国，熊兴耀，等．麻杏石甘汤对 A 型流感病毒感染小鼠的免疫保护作用［J］．中医药学报，2010，38（2）：25.

［19］赵武能，卢芳国，朱应武，等．麻杏石甘汤及其加味对 A 型流感病毒感染小鼠 T 细胞亚群的影响［J］．实用预防医学，2007，14（2）：278.

［20］经鑫爱，孙桂芳．加味麻杏石甘汤对哮喘大鼠平喘作用的实验研究［J］．包头医学院学报，2010，26（2）：12～13.

［21］佟波．麻杏石甘汤加减治疗咳嗽变异性哮喘的疗效观察［J］．中国民康医学，2011，23（8）：966.

［22］张永平，袁维真．麻杏石甘汤石膏五倍于麻黄治疗支气管哮喘急发期 26 例的疗效观察［J］．贵阳中医学院学报，2011，33（2）：115.

［23］卢芳国，何迎春，肖子曾，等．麻杏石甘汤对 A 型流感病毒感染的犬肾传代细胞凋亡的影响［J］．医学研究生学报，2009，22（2）：185.

［24］卢芳国，何迎春，肖子曾，等．麻杏石甘汤体外抗 A 型流感病毒作用靶点的研究［J］．湖南中医药大学学报，2008，28（2）：5.

［25］王伟光，施旭光，王沛坚，等．麻杏甘石汤治疗小儿感染性全身炎症反应综合征［J］．广东医学，2007，28（6）：1004.

［26］黄丰，童晓云，张荣华，等．麻杏石甘汤对肥大细胞脱颗粒的影响［J］．中成药，2008，30（11）：1582.

［《亚太传统医药》2012，8（3）：181］

浅论唐容川治吐血四法对仲景方的发挥

陈烨文　浙江中医药大学基础医学院

《血证论》专为血证而作，在血证的辨证论治领域学术价值极高，备受后人推崇。治血四法又为“通治血证之大纲”，兹就此四法并其所阐微的仲景方浅析之，作为学习心得。

一、止血

出血之初，“存得一分血，便保得一分命”，治标救急，实证为多，实邪与正气相抟，本自潜藏之血借势奔涌。所谓“止血”者亦是为祛邪立法，“祛邪即是安正”，“治病必求于本”。

1. 仲景泻心汤亟夺其实，釜底抽薪。降气止逆之主方，顾及兼症而加减，总以不失泻心汤之本旨。救治急症，主药大黄，推陈致新，损阳以配阴，有降胃气、凉血之功。“亢则害，承乃制”，方名泻心实为泻胃火亢逆立法，并称赞“大黄一味，既是气药，又是血药，止血不留瘀，尤为妙药”。

2. 甘草干姜汤主阳不摄阴，致阴血漫溢之中焦虚寒证，或失血过多之真虚寒假热证。中焦阳气在大量失血情况下理应急固，然阴汁伤损应避用刚燥之品，但又有不得不用以和阳运阴之证，纵是姜、附亦随证使用，盖有是证即用是药。二方一寒一热均从中焦脾胃论治，是止血独取阳明，胃气以下行为顺，脾气以固摄为妙。

二、消瘀

减少变证发生。瘀血去则新血生，二者非割裂的两个过程，而是一个整体，如月之圆缺。此承止血法，故止血不留瘀是重点。

1. 仲景柏叶汤是从治之法。《金匮》：热伏，是瘀血也，当下之。瘀血潜伏于血分郁而化热，屡用寒凉药不效，此时寒凝血滞则柏叶汤以从治之法引邪从阴分出，或合四物汤或合泻心汤，柏叶汤为反佐，揭示了反佐法治疗血瘀久郁妙用。

2. 从肾着汤揭治带脉以治血，从脾论治瘀血。当瘀血滞于带脉管辖之分野，亦属于脾经所主，干姜甘草相配温养脾胃阳气，使血得温而行；茯苓白术为伍治水，盖“治水之邪即是治气，气行即是血行”。

3. 仲景逐瘀大剂示人从肝论治瘀血。肝在下焦，如腰以下、小腹、季肋痛，血室胞中瘀血，便闭。则有抵挡汤、桃仁承气汤，二者皆寒凉之剂，仲景方逐瘀无过于此，唐氏评二方：为治瘀血之能事。

总之，血瘀应活血祛瘀防其变化干血，杂生它病。

三、宁血

血既止，瘀已消。人体生机残破，倘气逆而复动，血循熟路而驱轻车，屡屡为患，难以巩固。立宁血法使血得安养。

1. 师白头翁汤意，从肝论治。《金匮》热利下重此方主之，妇人产后下利虚极加甘草阿胶投之。肝藏血，阴血损伤，肝木不得涵养而动风，血不安而火偏亢。白头翁入肝经凉血，芩连清亢热，阿胶甘草补血疗养根本，庶可平肝虚之动风。

2. 治冲脉则有麦门冬汤、桂苓甘草五味汤。仲景降冲脉逆气以治阳明为要务。麦门冬汤重用麦冬入胃经，滋胃阴并降亢逆之气。又冲脉丽于阳明，降胃气即是降冲气，冲脉宁静则一身之气不上逆。降冲治逆仲景有桂枝加桂汤，唐氏恐桂枝辛温有阳盛下咽之弊，代桂枝以四磨汤之沉香，降冲脉所夹持之肾气。此又是唐氏临床体悟，对仲景方的发挥。

3. 治冲温肾，肾气丸引肾中雷龙之火归宅，温肾即是平冲。

上述又是治血重在调气之大概。

四、补血

所去之血已然亡失，延日已久未有不虚怯者，故立补血之法。

1. 炙甘草汤去桂枝加白芍，润养肺胃为要。寸冬阿胶清火，白芍生地人参润脾阴，去桂枝之宣心火，重用炙甘草大补中焦，中焦受气取汁，化赤归肝充养百脉，为补血第一方。

2. 从仲景建中汤专意填补悟出重浊、轻清制方之法。归脾汤是重浊之意，补心肝之血使得归脾统摄；补中益气汤是轻清之意，升清阳而使脾胃运转生化阴血。

3. 桂甘龙牡汤敛浮阳以助肝阳，重镇去怯。以其纯用气分药，当加血分药方始合宜，即引气药入血分，亦是引浮阳入血分收敛之，使其不得浮越为患，如枣仁知母云苓阿胶等。

4. 仲景附子汤力量雄厚专为补阳而设。血家忌用刚燥，若元阳受损，则以补肾阳为优。肾阳为一身阳气之根。肝肾同居下焦，肾阳温助肝阳以行血滞；脾肾互为先后天，肾阳暖脾阳，物化血盈。

5. 仲景治干血有大黄䗪虫丸缓中补虚化血。此汤证缘不识消瘀之用而横投滋补，致留邪日久内有干血，成为虚痨之证。若体虚不著者不废祛瘀之法，若日久体虚羸瘦则用本方缓攻。

总之，体不虚峻药犹需，虚证也不可忘记治疗血证属实者的治法，盖恐留瘀为患也。

四法各有区别，一法之中含四法，只有善于运用四法来论治血证，才能够立于不败之地。从此可见，唐氏无疑是继承与发展仲景学说的佼佼者。

参考文献

[1] 清·唐宗海，著．魏武英，李佺整理．血证论（中医临床必读丛书）［M］．北京：人民卫生出版社，2005.

[2] 汉·张仲景，著．何任，何若苹整理．金匮要略（中医临床必读丛书）［M］．北京：人民卫生出版社，2005.

［《内蒙古中医药》2012，(6)：133］

浅论运用阴阳对应性思维研读《伤寒论》

刘玉良　浙江中医药大学
基础医学院中基教研室

学习中医需要悟性，尤其对于经典理论，其蕴义深奥，千古难尽，更需灵悟之心法。其中中医学善于运用一分为二的方法将疾病分成截然不同相互对立的两种性质，以此来认识和掌握疾病变化的规律，这恰是阴阳理论中阴阳对应性（对立统一）思维方式的应用。现将《伤寒论》中阴阳对应性思维浅析如下。

一、《伤寒论》中阴阳对应性思维的体现

（一）六经辨证即是阴阳辨证的泛化

《伤寒论》中以阴阳对应性方式进行表述的例证随处可见。首先，六经辨证概括起来便是阴阳辨证，是最典型的阴阳对应性思维的表达。三阴与三阳对应，其中太阳与少阴相表里，阳明与太阴互为阴阳，厥阴与少阳成双配属。三阳主表，三阴主里；三阳证多表现为表、热、实，三阴证多表现为里、虚、寒。在病因、脉症阐述、病机演变和方药应用方面无不体现了阴阳对应性思维的表达方式。

六经辨证之所以有如此深刻的蕴义、广泛的应用范围和重大价值，笔者认为，其根本原因便是阴阳辨证魅力的体现。正如古人所谓“察色按脉，先别阴阳”；“医道虽繁，但从阴阳上讨消息，思过半矣”。最初之一阴一阳，不足以阐释复杂的生命现象和千变万化的病理征象，便衍生出二阴二阳和三阴三阳。即《黄帝内经》所谓：“阴阳者，数之可十，推之可百，数之可千，推之可万，万之大，不可胜数，然其要一也”。任何疾病都可用阴阳去分析和辨治。所以任何疾病也可用三阴三阳（即六经辨证）思维去辨治，因其不离阴阳之大法则。正是因为用阴阳统领外感内伤诸病的因机证治，所以后世医家才发出了“六经钤百病”和“废六经则百病失传”的感慨，这正是对六经辨证广泛适用性的写照。也正是用阴阳对应性思维研究《伤寒论》的依据和奥妙所在。

（二）脉象、症状和证候的阴阳对应性阐述

首先，《伤寒论》注重对脉象的阴阳对应性描述，其开篇辨脉法第一句话，便以阴阳统分脉象：“脉有阴阳，何谓也?”接下来便论述脉的阴阳两大类表现。正常脉有阴阳之分，异常脉亦有“阴结”“阳结”之病变，如辨脉法曰：“其脉浮而数……名曰阳结也……其脉沉而迟……名曰阴结也”“脉蔼蔼如车盖者，名曰阳结也。脉累累如循长竿者，名曰阴结也”。另如“阳盛则促，阴盛则结”和“阴脉不足，阳往从之，阳脉不足，阴往乘之”亦是以阴阳对应性方式来表述脉象。

《伤寒论·平脉法》据寸口脉论述荣卫的盛弱：卫主气为阳，荣主血为阴，卫气盛则脉气浮盛，名为高。荣气盛则脉形充满，名为章。高章相搏名为纲。所谓“高、章、纲”是对荣卫太过特征的概括。卫气出于上焦，卫气弱则上焦虚，所以心中恐惧怯弱；卫气虚弱叫作惵，荣气虚弱叫作卑。荣气弱则血虚而神失养，因而羞愧自卑，惵卑相搏，则荣与卫俱虚，而气血亏乏减损，所以名曰损。所谓“惵、卑、损”是对荣卫不足特征的概括[1]。这些均是对脉象采用阴阳对应性描述的例证。

其次，在症状的描述上，《伤寒论》亦多展现对应性思维。如同为太阳表证，12 条“太阳中风……汗自出”和 35 条“太阳病……无汗而喘者”是中风表虚有汗和伤寒表实无汗的对应性表述；同为太阳病经输不利证，14 条“项背强几几，反汗出恶风”和 31 条“项背强几几，无汗恶风”也是虚实证的阴阳对应性表达。另如 70 条“发汗后，恶寒者，虚故也；不恶寒，但热者，实也”。73 条“伤寒，汗出而渴者，五苓散主之；不渴者，茯苓甘草汤主之”。190 条“阳明病，若能食，名中风；不能食，名中寒”。7 条“病有发热恶寒者；发于

阳也；无热恶寒者，发于阴也”。均是在症状描述上的阴阳对应性思维的表达方式的典型代表。

另外，在证候的描述上，《伤寒论》中亦不失对应性思维的阐述。149条同为心下症状，“满而硬痛者，此为结胸也，”和“但满而不痛者，此为痞，”运用心下症状的对应性表达，描述了结胸（偏实证）和痞（偏虚证）的对应性证候关系。太阳表热内传膀胱之腑，再分为热与水结之“蓄水证”和热与血结之“蓄血证”之水与血的对应。阳明有实热证，从阴阳对立统一的观点出发，就一定存在虚寒证，如243条吴茱萸汤证；又如同是阳明寒证兼表，234条“阳明病，脉迟、汗出多、微恶寒者……宜桂枝汤”是自汗表虚证，而235条“阳明病，脉浮、无汗而喘者……宜麻黄汤”为无汗表实证，恰是相似证候之中的虚实阴阳对应性体现，张仲景也将此两条相继列出，以示此意。同是黄疸病，张仲景指出有259条寒湿证和260条湿热证，是黄疸病中湿热与寒湿证候的阴阳对应性表述。太阴以里、虚、寒为一般规律，诸如人参汤证、四逆辈证。然而“太阴篇”中也论及了与之对立的麻子仁丸证。这种实热与虚寒、一般与特殊的对应，充分反映了阴阳对立统一思维方法的科学性[2]。

（三）病因的阴阳对应性思维表达

《伤寒论》在病因的阐释上，亦十分注意对应性思维的表达方法。太阳病外感有寒湿之阴邪，也有风温等阳邪。有中风与伤寒之阴阳对应，也有伤寒和温病之阴阳对应。典型例证还有《伤寒论·伤寒例》“脉盛身寒，得之伤寒；脉虚身热，得之伤暑”。同是阳明寒证兼表，234条是自汗表虚，而235条为无汗表实，恰是阳明病病因的虚实阴阳对应。阳明病虽然以热证为主，但也有阳明虚寒证与其相对应，另外，还有189条阳明中风与191条阳明中寒相对应。少阳病有264条中风证，紧接着有265条少阳伤寒证与之相对应。太阴病以虚寒证为主，但也有276条太阴中风之属于阳者。另外，少阴病和厥阴病也均有寒热虚实的阴阳对应性病因。更为明显的是，《伤寒论》有些原文直接指明疾病有发于阴和发于阳的不同，如7条“病有发热恶寒者；发于阳也；无热恶寒者，发于阴也”，131条“病发于阳，而反下之，热入因作结胸；病发于阴，而反下之，因作痞也”是对病因采用阴阳对应性表述的最典型例证。

（四）病机与方证的多层次的对应性规律

六经病均有表里、寒热、虚实之阴阳病证，正是阴阳不可或缺的对应性表现。如太阳有寒热错杂，少阳有寒热往来，阳明以实热为主，但也有虚寒证，太阴以虚寒为主，却亦不乏实热证，少阴有热化亦有寒化，厥阴有厥热胜复。结胸有热实结胸，亦有寒实结胸，黄疸有湿热和寒湿，痞证有热痞和寒痞、虚痞和实痞，厥证有寒厥和热厥等等。

同为太阳表寒兼里证，既有太阳表寒兼内火（郁热）的大青龙汤证，又有太阳表寒兼内水（寒饮）的小青龙汤证，正是水火寒热的阴阳对应。同为少阳兼证，既有少阳兼阳明里实热的大柴胡汤证，又有少阳兼太阴里（脾）虚寒的柴胡桂枝干姜汤证，也是实热与虚寒的阴阳对应。

同为水饮内停证，五苓散证仅为气化不利而无明显的偏寒偏热的变化，而猪苓汤证为阴虚有热，水热互结，是水饮兼有热（虚热）证。与之相对应，真武汤证为阳虚水泛，是水饮兼有寒（虚寒）证。与这三个方证相似的是，同为太阴经脉不和的腹痛病证，桂枝加芍药汤证是太阴经脉气血失和，腹中时痛，无明显的偏虚偏实的病机，此证候若向虚的方向发展，则成为气血两虚，筋脉失养，腹中急痛的小建中汤证（桂枝加芍药汤再加饴糖）；与之相对应，如病机向实的方向发展，则成为气滞血瘀的大实痛证，是桂枝加大黄汤证，其对偶统一的阴阳对应性思维可谓表现得淋漓尽致。

（五）病机演变的对应性

《伤寒论》中病证的病机转化亦表现了阴阳对应性规律。首先，六经病中相为表里的两经之间往往出现表里病证的兼夹。如92条“病发热，头痛，脉反沉，若不瘥，身体疼痛，当救其里，宜四逆汤”为太阳表证兼有少阴阳虚。301条“少阴病始得之，反发热，脉沉者，麻黄细辛附子汤主之”为少阴病兼有太阳表证。其次，六经病中相为表里的两经之间往往出现表里病证的转化。既可以表证阳证入里转阴，也可以里证阴证出表转阳。阴证转阳的情况在三阴三阳中均有例证。如187条“伤寒脉浮而缓，手足自温者，是为系在太阴……至七八日，大便硬者，为阳明病也”为太阴湿浊不化，日久从阳明燥化而外出阳明，称为太阴外薄阳明证，是太阴脏邪还腑、阴病出阳的表现。293条“少阴病，八九日，一身手足尽热者，以热在膀胱，必便血也”是少阴移热于太阳之腑膀胱，被称为少阴外出太阳证，是少阴脏邪还腑、阴病出阳的表现。379条“呕而发热者，小柴胡汤主之”为厥阴病转出少阳之证，是厥阴脏邪还腑、阴病出阳的表现。可见《伤寒论》病机转化中阴阳对应性例证亦不胜枚举。

二、运用对应性思维研习《伤寒论》的几处重要发现

运用对应性思维研习《伤寒论》，不仅仅可以明晓以上这些基本内容，更为重要的是，运用此思维细心体悟，时间一久，便会发现一些非常深邃奥妙的弦外之音，而探索出很多令人豁然开朗和惊喜欣慰的重要发现。

（一）由桂枝汤加葛根推知张仲景“重津液”的思想

太阳病外感风寒表证，表虚汗出者用桂枝汤，与之相对应，表实无汗者用麻黄汤。按照仲景一贯的阴阳对应性思维来推断，太阳表寒兼经输不利“项背强几几”证，表虚自汗出者治宜桂枝加葛根汤（14条），表实无汗者则应用麻黄汤加葛根，而仲景却异于常规地用桂枝汤加麻黄、葛根，即31条葛根汤。这种违背对应性思维常规的做法，尤其值得深思，从中可以体会到张仲景的另一番良苦用心和宝贵学术思想。

因为“项背强几几”一证，是太阳经输失却津液濡养所致。麻黄汤作用在于宣开肺气，发汗力强，易致津液外泄过度，则经输更失濡养而加重“项背强几几”之症；桂枝汤能内调脾胃而外和营卫，有利于葛根升发津液外达经输。虽另加麻黄，却与芍药姜枣相伍，酸甘化阴，发中有收，散中有补。不会过汗伤津，亦能滋助津液，受其功而免蹈其弊。体现了张仲景明察秋毫，重视保护津液的精神。《伤寒论》中极度重视保护津液，如陈修园概括贯穿《伤寒论》的学术思想为“保胃气、存津液”，如此例便可于细微之处见其一斑。

（二）由苓桂术甘汤引发苓芍术甘汤之发现

《伤寒论》中桂枝汤为调和营卫的代表方剂，其中桂枝温经通阳、芍药养阴和营，为阴阳相对应的一对代表性药对。在张仲景对桂枝汤的加减变化中，也不难看出二者之间的阴阳对应性的思维光华：如既有去芍药方（21条），也有去桂枝证（28条）；既有加桂枝方（117条），也有加芍药证（279条）。这种桂枝与芍药之间的阴阳对应并非仅仅为了对应格式而设，而是这种对应性确实符合临床上疾病的阴阳变化的客观规律和要求，是阴阳无处不在理论的反映。

那么在治疗阳虚水饮内停的病证中，张仲景运用茯苓（利水化饮）与桂枝（通阳利水）配伍，组成了以苓桂术甘汤为代表的利水通阳的一类方剂，如苓桂术甘汤、茯苓甘草汤（苓桂姜甘汤）、苓桂枣甘汤等，《金匮要略》尚有苓桂味甘汤。从阴阳对应性的思维来思索的话，张仲景既然用属阳的桂枝和茯苓来配伍以通阳利水，就应该也会用属阴的芍药和桂枝来配伍以和阴利水。所以应该还有苓芍术甘汤之方。如果缺少苓芍术甘汤的存在，似乎违背了上述阴阳对应性的规律，也违背了张仲景一贯阴阳兼顾的用方特点。

据此问题反复思索，一直未找到结论，后阅刘渡舟老师的《伤寒论临证指要》，遂豁然开朗，更加证实了阴阳对应性思维的重要性和科学性。刘老在该书中曰：“如果没有苓芍术甘汤与苓桂术甘汤相互对应，在治疗水证方面，只有通阳而无和阴，从仲景一贯体例来看，是失于偏颇的。似乎违背了仲景一贯阴阳兼顾的用方特点。”刘老认真探索后发现：28条桂枝去桂加茯苓白术汤便是苓芍术甘汤。苓桂术甘汤旨在通阳而治胸满心悸；苓芍术甘汤旨在和阴利水而治心下满微痛，小便不利。茯苓、白术必须得芍药才能发挥去水气，利小便之作用。桂枝走表利于上，芍药走里利于下。上为阳，下为阴，正体现张仲景桂、芍对应作用在水气病中各显身手，以尽发汗利小便之能事也[3]。

（三）由解三阳枢机之方推论解三阴枢机之方

《黄帝内经》开阖枢理论指出：三阳之中，太阳为开，阳明为阖，少阳为枢；三阴之内，太阴为开，厥阴为阖，少阴为枢。三阳之中，少阳为枢，调和太阳之开与阳明之阖。与之相对应，三阴之中，少阴为枢，调和太阴之开与厥阴之阖，对此历代医家也多有阐述。如柯琴[4]曰：“少阳为阳枢，阳稍虚，便入于阴，故不得妄下，以虚其元阳。少阴为阴枢，阳有余，便伤其阴，故当急下以存其真阴”。

尤在泾[5]曰：“少阴为三阴之枢，犹少阳为三阳之枢也。其进而入则在阴，退而出则就阳。邪气居之，有可进可退、时上时下之势。故其为病，有或咳，或悸，或小便不利，或腹中痛，或泄利下重之证”。梁华龙[6]认为，少阳“枢”以及少阴“枢”，皆为半表半里，颇有相似之处，少阳为阳枢，侧重于表，少阴为阴枢，侧重于里；少阳为病，多寒热往来，少阴为病，多寒化、热化；少阳心烦喜呕，少阴心烦欲寐，呕主出，为阳，主于外，寐主入，为阴，主于内，都为枢机不利之象。

众所周知，小柴胡汤为少阳病证的主方，也为和解三阳枢机之方，临床应用十分广泛且有效。那

么本着阴阳对应性思维推论，则必有一方为和解三阴枢机之功用而设。而且因为少阴为三阴之枢机，所以这个方剂一定在“少阴篇”中。通过认真研读原文和历代注疏，加以用心思悟，逐渐找到了这个与小柴胡汤相对应的神秘方剂，便是“少阴篇”318条四逆散。如尤在泾[7]曰：“其制方大意，亦与小柴胡相似。四逆之柴胡、枳实，犹小柴胡之柴胡、黄芩也。四逆之芍药、甘草，犹小柴胡之人参、甘草也。且枳实兼擅涤饮之长，甘、芍亦备营卫两和之任，特以为病有阴阳之异。故用药亦分气血之殊，而其辅正逐邪、和解表里，则两方如一方也”。梁华龙[6]认为，少阳病的阳微结，与少阴病的纯阴结有疑似之处；少阳病的柴胡证与少阴病的四逆散证，病机又多类同。

三阳之枢机调解三阳之开阖运转，此处病证既可影响到太阳之开，又可影响到阳明之阖，还可影响少阳之枢机本身，所以此证临床变证很多。正是因为小柴胡汤为解三阳枢机之方，故小柴胡汤的7个“或然证”为《伤寒论》中最多。同样三阴之枢机调解三阴之开阖运转，此处病证既可影响到太阴之开，又可影响到厥阴之阖，还可影响少阴之枢机本身，所以此证也是很多变证。正是因为四逆散为解三阳枢机之方，故四逆散的四个或然证为《伤寒论》中较多者。这种或然证较多的方证特点亦是枢机证候容易影响多方面病机变化的特征性表现。此中奥妙，不可不知。

总之，阴阳理论是中医学理论体系的重要内容，人体生理病理等生命现象均可用阴阳予以阐释。阴阳对应性思维符合张仲景的思维方式，近代吴佩衡便十分赞誉六经辨证中的阴阳对立统一观，他在著作中反复强调了辨阴阳的重要性及可操作性[2]。这恰恰也是中国传统文化的思维方式的特点，当然也是中医学思维方式的典型代表，具有执简驭繁、提纲挈领的作用。所以用阴阳对应性思维研读《伤寒论》，不但可以逐层解析原文基本知识，更重要的是，可以由此及彼，由阴（阳）及阳（阴），探索领悟出很多更深层的玄理奥旨、仲圣心机等重要发现。还可以提高学习《伤寒论》的兴趣与效率，不失为极佳的学习思路和途径，亦是学习和运用整个中医学理论知识体系的重要指导思想和思维方法。

参考文献

[1] 刘玉良．论《伤寒论》定量辨证中的以脉定量［J］．中医杂志，2011，52（5）：367～370.

[2] 吴文笛，吴荣祖．六经辨证与阴阳对立统一观［J］．云南中医中药杂志，2000，21（1）：40～41.

[3] 刘渡舟．伤寒论临证指要［M］．第2版．北京：学苑出版社．2003：81～82.

[4] 柯琴．伤寒来苏集［M］．第2版．北京：中国中医药出版社，2006：214.

[5] 尤在泾．伤寒贯珠集［M］．太原：山西科学技术出版社，2006：121.

[6] 梁华龙．六经开、阖、枢学说的渊源及应用［J］．河南中医，1998，18（2）：5～6.

[7] 尤在泾．伤寒贯珠集［M］．太原：山西科学技术出版社，2006：121～122.

［《中医杂志》2012，53（1）：12］

浅论仲景伤寒杂病合论的必须性

邓森涛　温　博　成都中医药大学

东汉末年，战火纷飞，疾病丛生，张仲景“感往昔之沦丧，伤横夭之莫救，乃勤求古训，博采众方，撰用《素问》《九卷》《八十一难》《阴阳大论》《胎胪药录》，并平脉辨证，为《伤寒杂病论》合十六卷”，可见张仲景著书之初已注意到伤寒与杂病之间有着密切的关系，因而伤寒杂病合一而论，其立法和方药亦是为伤寒、杂病合论而设，有着自己完整的证治思想体系。惜由于各种原因，其原书未传，在历史流传过程中逐渐形成《伤寒论》和《金匮要略》两书，以致后人亦分而论之，言《伤寒论》为治疗外感病之专书，《金匮要略》为治疗杂病之专书；《伤寒论》之六经辨证为外感病辨证方法，《金匮要略》之脏腑辨证为杂病辨证方法。笔者认为这种说法割裂了伤寒与杂病之间的关系，也没有注意到两书原本为一书，更没有注意到仲景在立论之初就有着伤寒、杂病合论的完整的证治思想体系。因此，分论伤寒杂病之言恐有违仲景“为《伤寒杂病论》合十六卷”之初衷，虽然有个别医家已经注意到了其间的联系，但未能深入阐述仲景伤寒与杂病合论的意旨，大多只言片语，缺乏深入的讨论，因此仲景伤寒杂病合论的完整的证治思想体系有待于进一步的研究。

一、伤寒、杂病的概念

伤寒有广义与狭义之分。《素问・热论》“今夫热病者，皆伤寒之类也”及《难经》“伤寒有五”之伤寒，即为广义伤寒，而《伤寒论》书名之伤寒也是广义伤寒，指一切外感热病；狭义伤寒，指《难经》五种伤寒之中与中风等并列的伤寒。而杨殿兴等[1]针对历史文献中伤寒概念指代不清的情况，进一步把伤寒严格分为四个层次：第一层为广义伤寒，第二层为寒性外感疾病的总称，第三层为狭义伤寒，第四层为冬令感受寒邪、感而即发的外感疾病。这种分类方法对阅读古医籍，清楚认识伤寒的概念确实有帮助。对于杂病，正如戴锦成[2]所说："所谓杂病，又名'杂症'，通常指外感以外的疾病。"由此可见，如果单从词义上区分，即伤寒与杂病之间有着明显的界限，但事实上伤寒与杂病之间却有着密切的联系，而这些密切联系就决定了伤寒与杂病合论的必须性。

二、伤寒与杂病合论的必须性

（一）伤寒与杂病常相似

无论是伤寒还是杂病，其病理变化皆是人体的外在反应，而这些人体反应出来的临床特征，在伤寒和杂病往往具有相似的表现，这在李东垣的《内外伤辨惑论》中可以清晰地看出。正如杨泽君[3]所说："《伤寒》与《金匮》中相同的原文达40余条。这些条文所列举的证例在伤寒和杂病中皆可见到，所提出的辨证论治方法对伤寒杂病均有普遍的指导意义。"

（二）伤寒与杂病常相兼

《内经》说"邪之所凑，其气必虚"，又说"风雨寒热，不得虚，邪不能独伤人。卒然逢疾风暴雨而不病者，盖无虚，故邪不能独伤人。此必因虚邪之风，与其身形，两虚相得，乃客其形"，还说"正气存内，邪不可干"。这些论述都强调了人体正气作为内因在疾病发生过程中的主导地位。因此，由于杂病者，多有脏腑气血阴阳失调，所以易致伤寒，而伤寒又易引发杂病，形成杂病与伤寒常相兼的局面。在《伤寒论》中，论述伤寒与杂病相兼而发的情况很多，比如平素有喘疾的患者，平素有水气的患者等等。另一方面，若杂病迁延不愈，势必损伤人体正气，正气伤更易感伤外邪，诚如《伤寒论》所说"血弱气尽，腠理开，邪气因入"。正是由于伤寒、杂病常相互影响，因此临床上常形成伤寒杂病相兼而发的情况。刘渡舟先生[4]在分析仲景为何将伤寒与杂病杂揉于一书之中时说道："殊不知伤寒之中每多杂病，杂病之中也多兼伤寒，伤寒与杂病本有内在不可分割的联系……①因伤寒单纯发病者少，而与杂病相兼者多，故伤寒与杂病合而论述，则为全面之著。②人分男女，体有强弱，感邪虽一，发病则异，而且内因是变化的根据，故不明杂病，不明脏腑的寒热虚实，则不能明辨伤寒为病。所以，只论伤寒，不论杂病，则不能曲尽辨证之长。③有的病人先患他病，后感外寒，内伤外感，病情杂沓，难求一致，无法用伤寒一种发病方式而统摄诸病。"因此我们认为伤寒和杂病不宜对立看待，学《伤寒论》不可弃杂病，治杂病不可无视伤寒。

（三）因人制宜要求伤寒杂病合论

三因制宜是中医临床辨证论治的重要原则，其中尤以因人制宜最为重要。外邪伤人，每乘人体阴阳之虚而犯，或在上或在下；外邪着人，亦每随人体阴阳之质而变化，或化热或化寒；再者，其人素有之疾，亦对伤寒的传变有着影响。因此，对于伤寒的研究必须与杂病相合，方能确立正确的治疗原则，这正如著名经方大师江尔逊[5]所说："若同一病人，既患伤寒，又兼杂病，其伤寒也按六经辨证，其杂病也不按六经辨证，各自辨证立法遣方，如此各立门户，而又施治同一病人，亦必凑合杂糅矣。又六淫着人，从阳化热，从阴化寒，每随病体而异。故伤寒与杂病，可分而不可分者也。"若治伤寒者但拘伤寒而不究其人素有杂病之根，治杂病者以为伤寒无关于杂病而置之不顾，则是见病治病，不识人之整体。因此伤寒与杂病必须合而论之。

（四）伤寒日久不愈可转为杂病

伤寒迁延不愈，往往会产生诸多变证，给临床治疗带来困难。但日久不愈的伤寒，亦可留于一经形成杂病，因此讨论杂病的治疗离不开对伤寒的讨论，而对伤寒的治疗分析也并非不能用于对杂病的分析。所以，深刻理解仲景合论伤寒杂病的思想，有助于我们临床上解决一些日久不愈疾病的治疗问题。

三、小结

通过以上分析，笔者认为伤寒与杂病虽然在概念上有着明确的区分，但是杂病与伤寒的临床症状常常十分相似，杂病与伤寒又常相兼而发病。再者，因人制宜的治疗原则也要求伤寒杂病合论，再加上伤寒日久不愈可转为杂病等，这些因素都注定了伤寒与杂病合论的必须性。

参考文献

[1] 杨殿兴，傅元谋．伤寒论读本［M］．北京：化学工业出版社，2005：3.
[2] 戴锦成．中医杂病论治［M］．福州：福建科学技术出版社，1995：1.
[3] 杨泽君．伤寒与杂病的关系［J］．湖北中医杂志，1983，(3)：20.

[4] 陈明．刘渡舟伤寒临证指要［M］．北京：学苑出版社，1998：6.
[5] 江尔逊．学习仲景理法广开临证思想［J］．成都中医学院学报，1985，(1)：16.
［《国医论坛》2012，27（3）：3］

浅述葛根在《伤寒论》中的应用

徐 艳 刘学芬
天津市武清区中医医院

葛根始载于《神农本草经》，其性味甘、辛、平，无毒。入脾、胃、肺、膀胱经，有发表解肌、升阳透疹、解热生津之功效。汉代医家张仲景在《伤寒论》用葛根同他药配伍，组方四首，功效显著，方随法变，药因证异，值得进一步的推广和应用。本文就葛根在《伤寒论》中之配伍应用浅述如下。

一、配桂枝、麻黄，发表解肌，生津舒经

《伤寒论》辨太阳病脉证病治云："太阳病，项背强几几，反汗出恶风者，桂枝加葛根汤主之(14)。""太阳病，项背强几几，无汗恶风者，葛根汤主之（31)。"桂枝加葛根汤证与葛根汤证：二者均有项背强几几，不同的是，桂枝加葛根汤证，有汗出，属表虚而兼经腧不利；而葛根汤证无汗，属表实而兼经腧不利。表虚证兼项背强几几，用桂枝汤加葛根，乃取桂枝汤解肌祛风，调和营卫，加葛根以解肌发表，且能鼓舞胃气上行，升津液，润濡经脉，项背拘急而解；而表实证兼项背强几几，不用麻黄汤加葛根，盖因麻黄汤乃发汗之峻剂也。有过汗伤阴之虞，伤其阴，而筋脉更失其所养，故更用桂枝汤加麻黄、葛根，既可治无汗之表实，又不致过汗而伤阴，使表邪得解，津液得升，经脉得舒，诸症自愈。近贤张锡纯氏云："陈古愚曰：桂枝加葛根汤与此汤，俱治太阳经腧之病，太阳之经腧在背，经云：'邪入于腧，腰脊乃强'师于二方皆云治项背强几几，几几者，小鸟羽短，欲飞不能，而伸颈之象也。但前方治汗出，是邪从肌腠而入腧，故主桂枝；此方治无汗，是邪从肌表而入腧，故主麻黄。然邪既入腧，肌凑亦病，方中取桂枝汤全方加葛根、麻黄，亦肌表两解之治，与桂枝二麻黄一汤同意，而用却不同，微乎，微乎。"

二、合半夏，解散表邪，降逆止呕

《伤寒论》辨太阳病脉证并治曰："太阳与阳明合病，不下利，但呕者，葛根加半夏汤主之(33)"。太阳与阳明合病，外邪未解，内迫阳明，会有两种病情出现，太阳之邪不得外解，扰阳明，迫大肠，致使大肠传导功能失司，水谷不别，混杂而下，泄利自然而作。另者，不解之邪直迫阳明，扰动气机，致使胃气不降，胃之运化功能失调，逆而上行，其呕乃作。方加味辛，气平之半夏，辛则开结，平则降逆。葛根既有解肌发表之功，又能升发清阳，鼓舞胃气升腾，二药相伍，降中有升，升降调，胃气和，表邪解，呕逆止，诸证自愈。

三、伍黄芩、黄连，轻清透邪，坚阴止利

《伤寒论》辨太阳病脉证病治云："太阳病，桂枝证，医反下之，利遂不止，脉促者，表未解也；喘而汗出者，葛根黄芩黄连汤主之（34)。"太阳病误下，致伤胃肠，因而下利不止。"脉促者"句，张锡纯氏认为："凡此等脉，多因外感之热内陷"所致。"喘而汗出者"，因肺与大肠相表里，里热壅盛，上蒸于肺则喘，外蒸于肌表则汗出，邪热内传，热邪扰乱胃肠，致使大肠传导失职，故下利。故方中重用芩、连，化其下陷之热，而即用葛根之轻清透表者，引其化而欲散之热，尽达于外，则表里俱清矣。张氏云："陆九芝曰：温热之与伤寒所异者，伤寒恶寒，温热不恶寒耳。恶寒为太阳主证，不恶寒为阳明主证，仲景于此分之最严。恶寒而无汗用麻黄，恶寒而有汗用桂枝，不恶寒而有汗且恶热者用葛根。阳明之葛根，即太阳之桂枝也，所以达表也。葛根黄芩黄连汤中之芩、连，即桂枝汤中之芍药也，所以安里也。桂枝协麻黄治恶寒之伤寒，葛根协芩、连治不恶寒之温热，其方为伤寒，温热之分途，任后人审其病之为寒为热而分用之。尤重在芩、连之苦，不独可降可泻，且合苦以坚之之义，坚毛窍可以止汗，坚肠胃可以止利，所以葛根黄芩黄连汤又有下利不止之治，一方面表里兼清，此则药借病用，本不为专下利设也。乃后人视此方若舍下利一证外，更无他用者何也"！张氏誉"轻清解肌之品，最宜于阳明经病之发表"。葛根者，藤蔓之属也，气味薄，质轻清，其性善于解肌，解肌而热自退，汗自收。阳明虽病，而余邪未尽，病邪犹留太阳者，用之最宜。此可见仲师组方之精当，配伍之巧妙，用药之深奥也。

综上所述，葛根药用历史悠久，汉代医家张仲景在其所著《伤寒论》一书中，在桂枝汤中加葛根（桂枝加葛根汤）；桂枝汤加麻黄、葛根、半夏（葛根汤）；桂枝汤加麻黄、葛根、半夏（葛根加半夏汤）；葛根伍以黄芩、黄连即葛根黄芩黄连汤。方

随法变，药因证异，值得进一步的推广和应用。

[《内蒙古中医药》2012，(20)：109]

浅谈《金匮要略》对“治未病”的贡献

张利元 鄂尔多斯市中医院

“治未病”是中医一贯强调的预防思想，代表着中医学的特色和精髓。“治未病”概念的提出，首见于《黄帝内经》，书中有三处直接提及“治未病”。归纳起来大致有4层意思：一是未病先防，《素问·四气调神大论》曰：“是故圣人不治已病治未病，不治已乱治未乱，此之谓也。夫病已成而后药之，乱已成而后治之，譬犹渴而穿井，斗而铸锥，不亦晚乎。”从正反两方面强调了治未病的重要性，告诫医生和患者，应重视未病先防。二是治病萌芽，《素问·刺热》云：“肝热病者，左颧先赤；心热病赤，颜先赤；脾热病赤，鼻先赤；肺热病赤，右颊先赤；肾热病者，颐先赤。病虽未发，见赤色者刺之，名曰治未病。”就是说，疾病初发，苗头初露，就要及时采取措施，积极治疗。三是待衰而刺，《灵枢·逆顺》说：“方其盛也，勿敢毁伤，刺其已衰，事必大昌。故曰：上工治未病，不治已病，此之谓也。”在针刺治病时，对于病势猖獗的病症，要避其猖獗之势，选择适当时机。四是既病防变，《素问·玉机真藏论》指出：“五脏有病，则各传其所胜。”既病之后，防止疾病传变，亦谓之“治未病”。

汉代，张仲景发展了《黄帝内经》《难经》中“治未病”的思想。在《金匮要略·脏腑经络先后病脉证》中列“上工治未病”于首条，告诫人们平时就应注意“房室勿令竭乏，服食节其冷热苦酸辛甘”。只有“五脏之真通畅，人即安和”；“若人能养慎，不会邪风干忤经络”；“不遣形体有衰，病则无由入其腠理”，均说明如果能内养正气，外慎风邪，疾病是可以预防的。《金匮要略》治疗杂病的最大特点，则是注意扶助机体正气，而扶正之中，又首重调理脾胃。明确指出“四季脾旺不受邪”，认为脾气健旺是人体抗病的基础。其一，未病须防损伤。脾主运化，胃主受纳，脾胃为水谷之海，后天之本，其损伤多由饮食不当所致；其二，体现在虚证中强调补脾胃的观点，无论因脾胃虚弱而致生他病，或病后脾胃功能不复使病程缠绵不愈，总以脾胃功能不足为主。故立建中、温脾及脾与他脏并调等法。

医圣张仲景最突出的贡献是实现了对“既病防变”思想的具体应用，在《金匮要略·脏腑经络先后病脉证》中遵《难经》之意，曰：“夫治未病，见肝之病，知肝传脾，当先实脾。”并列“四季脾旺不受邪，即勿补之”，所以“防变”还当根据临床具体情况具体对待，成为既病防变灵活运用的经典论述。书中处处蕴含着既病防变的思想，如《金匮要略·痉湿暍病脉证并治》曰：“太阳病，无汗而小便反少，气上动胸，口噤不得语，欲作刚痉，葛根汤主之。”太阳病虽在表，有里传之势，为发痉先兆，若不加治疗，将发展成角弓反张、窝不着席的痉病，故选用葛根汤以生津养筋。张仲景的“治未病”思想还包括“病后防复”，即病后通过采取各种措施，防止疾病的复发。如《金匮要略·脏腑经络先后病脉证》中谓：“五脏病各有所得者愈，五脏病各有所恶，各随其所不喜者为病。”强调适其所喜，避其所恶，选月适当的治疗药物和护理方法。并在《伤寒论》中于六经病篇之后，设有《辨阴阳易瘥后劳复病脉证并治》，指出伤寒新愈，若起居作劳，或饮食不节，就会发生劳复，食复之变，从而示人疾病初愈，应慎起居、节饮食、勿作劳，做好疾病后期的善后治疗与调理，方能巩固疗效，防止疾病复发，已收全功。

[《内蒙古中医药》2012，(5)：145]

浅谈《金匮要略》方治疗发热性疾病的思路与体会

陈 宏 尹 钢 魏冬梅
黑龙江齐齐哈尔市中医医院

发热是常见临床症状，它可以是多种疾病的外在表现，从现代医学角度分析主要分为感染性发热、免疫性发热、肿瘤性发热及不明原因发热。现就临床运用《金匮要略》方辨治发热性疾病谈谈思路与体会。

一、分型论治

（一）太阳表证或兼太阳表证

本证见于外感风寒、风热，或素有病疾兼感外邪，两者发热的病机相同，均因外邪袭表，遏抑卫阳所致，故临床表现相似。症见：恶寒发热，头痛咽干，周身酸楚，鼻塞咳嗽，关节肿痛，活动屈伸不利，或汗多或无汗，脉或浮紧、或浮缓、或浮数。感风寒者舌象如常，感风热者舌红苔薄黄。因邪在太阳，故其发热起病急，病程短，热势轻重不一，而与恶寒并见则为其辨证关键。治则方药需依据感邪性质而定，属风寒者宜祛风散寒、调和营卫，可予桂枝汤、麻黄汤之类，常用药物如：麻黄、桂枝、北杏仁、赤芍药、生姜、甘草等。其中桂枝汤被认为是仲景群方之冠，历用不衰，现代研究显示该方对体温有双向调节作用，同时可以抑制病毒及抗炎。属风热者宜清热解表，可予银翘散、桑菊饮加味，常用药物如：银花、连翘、桑叶、菊花、淡竹叶、荆芥、桔梗、薄荷等。若治疗及时得当，每能迅速退热。

（二）邪在少阳证

少阳证有从表而来者，有自发于少阳者，亦有里病向外者，因病在半表半里，故见证变化多端。其病患者因正气虚弱，邪入少阳，枢机不利，正邪分争，正胜则热，邪胜则寒，故恶寒发热交替出现。除此之外尚见：口苦咽干，神情默默，不欲饮食，心烦喜呕，关节烦疼，头晕目眩，或咳嗽痰黄，或小便黄，舌红苔黄，脉多弦细。本证治从和解少阳，可用小柴胡汤，药物包括：柴胡、半夏、黄芩、党参、生姜、甘草、大枣。方中柴胡长于和解退热，疏肝解郁。《药性论》谓其“主时疾内外热不解”。实验研究更表明该方有较显著的解热效果。

（三）阳明里热证

若外邪未从外解，反传入阳明，则出现里热亢盛之候。阳明热证多为邪正相争极剧，邪盛而正不衰。故临床多表现为身大热，不恶寒，反恶热，面赤，心烦，口干欲饮，汗多，尿短赤，大便尚调，骨节疼痛甚，局部发热潮红，舌红苔黄燥，脉洪大或滑数。本证治以清热生津，方拟白虎汤、白虎桂枝汤、白虎加人参汤。白虎汤为清泄阳明里热之主方，如欲加强清热之力，可加银花、黄芩等；如热盛津伤尤甚，见口干舌燥，大渴引饮不解，可加人参、麦冬、石斛以益气生津。本方中石膏性味甘寒，既能扶正祛邪，又能顾护胃气，即使用量较大，亦能去邪而不伤正。

（四）阳明腑实证

若外邪传里化热，津液受伤，燥屎成实，或湿邪郁久化热，热与肠中糟粕相结，即成为阳明腑实证。因里热偏盛，则见发热，此外最突出的表现为大便秘结。或素有便秘，后见发热；或先见发热，后见便秘。发热多表现为潮热，不恶寒，并见口干咽燥，口臭，纳呆腹胀，甚则腹痛拒按，小便黄，关节触痛，局部发热潮红，舌淡红苔黄厚腻，脉沉实。治疗则根据病情轻重缓急，选用承气汤类加减，如调胃承气汤泻热去实，调和胃气；小承气汤泻热去实，利气消满；大承气汤峻下实热，涤除燥结。主要药物有：大黄、枳实、厚朴等，其中大黄为各方之主药。有人总结仲景对大黄的运用规律，归纳出：和血祛瘀，攻下热结，消气止痛，和解热痞，清热退黄，降胃止呕，温通寒积，消饮逐水，荡实止利，泻火凉血 10 个方面。实验研究也显示大承气汤对于多种革兰氏阳性及阴性细菌有抗菌效应。

（五）瘀血久郁证

久病入络及妇人产后常见瘀血郁久化热，热入血分，症见：身有痛处，口唇青紫，两目黯黑，口干不欲饮，胸腹满，烦躁，肌肤甲错，舌暗苔黄，脉虚缓。本证多与体虚并见，故治疗时矛盾重重，祛瘀恐伤正气，补虚又恐留邪助邪。仲景对此提出缓中补虚法、下法、活血化瘀法等多种治疗大法，可供临床应用。治方可选大黄䗪虫丸、大承气汤、红蓝花酒、抵当汤、桂枝茯苓丸等，药物可选桃仁、红花、水蛭、大黄、茯苓、丹皮、桂枝等。

（六）阴虚内热证

本证多因热病之后余热未尽、慢性疾病久病伤阴、情志不畅郁热伤阴。临床多表现为午后潮热，兼见盗汗，手足心热，心烦，颧红，腰膝酸软，咽干舌燥而不欲饮，舌红少苔，脉细数。辨治中，不可只顾祛邪，不顾固本，当详加鉴别，不可见发热则一概以外感或湿热论治。治疗则当养阴清热，方药可依证选用百合地黄汤、百合知母汤、百合滑石散、小建中汤、酸枣仁汤、麦门冬汤等，药物包括：百合、地黄、知母、滑石、酸枣仁、太子参、麦冬等。

（七）阴盛格阳证

素体虚寒或过食寒凉的病人，脉证呈一派寒凉，却见发热，屡施辛散、清热等法但发热难退，此乃阴盛于内，格阳于外，虚阳浮越所致，若一味施以攻，必难奏效。此类病人虚寒表现尤为显著，如畏寒肢冷，喜温喜按，关节冷痛，手足不温，腰酸喜温，纳呆脘闷，大便稀溏，小便清长，夜尿频，舌淡苔白，脉沉细。治当温阳除热，常用四逆汤、通脉四逆汤，药物包括附子、干姜、麻黄、芍药、甘草等。四逆汤擅长强心、抗休克、改善微循环，但其退热的机理则鲜有报道，有待进一步探讨。

二、思路与体会

1. 临床中一些慢性病病情复杂，病程长，表现变化多端，因正邪交争，或湿郁化热，或阴虚内热、阴盛格阳均可合并发热。辨治过程中，应遵循中医辨证的基本原则，整体考虑，审证求因，详辨虚实，抓住辨证的要点，对症下药，如果一概而论，滥用解表清热之法，对于虚证的病人，过用寒凉只能伤正，对于无表证的病人，过分发汗也会耗气伤阳。因此，准确辨证，合理用药，才能获得满意疗效。

2. 若病情失治误治，热邪深入营血分，则病情较重，预后较差。临床表现除发热外，还见热灼营阴及热盛迫血的症状，如：口干不欲饮，心烦，不寐，或吐血、衄血、下血，或皮肤斑疹密布，甚者谵语、昏狂、躁扰，舌多红绛，脉细数，证属难治。因此在治疗各种类型的发热证时，应力求迅速控制病情，防止传变，也可以在治疗过程中，适当加用血分药，如丹皮、赤芍、丹参、三七等凉血活血。若已发生上述变证，则治疗重在清营凉血，可用犀角地黄汤加味求治，犀牛角常代以水牛角，酌加竹叶、银花，紫草、玄参等。

3. 50%以上的发热常常与感染关系密切，因此在明确病因后需根据病情合理使用抗生素。特别是那些体质差，抗病能力弱的病人，和那些脾胃虚弱，对口服药吸收能力差的病人，如果一味片面强调纯中药治疗，易致病情难以控制，同时也使病人体质更加虚弱，容易发生其他变证。所以一切治疗方案都应该以病人为中心，以有效为目的，充分发挥中西医结合的优势，扬长避短，快速有效。

4. 发热性疾病多数是由饮食起居不慎引起的，是可以预防的。首先要增强抗病能力，鼓励病人多参加户外活动，吸收新鲜空气，注意饮食的均衡营养；其次要防止外邪的侵犯，特别是那些长期卧床的病人，因缺少锻炼，体质很差，容易感受外邪，导致发热，因此需注意居住环境空气的流通，避免接触带菌人员；再次，在初患发热时，要尽快就医，找出病因，彻底治疗，防止传变。

[《江西中医药》2012，43（359）：3]

浅谈《伤寒论》中的“扶阳法”

方统念　广东省第二中医院重症医学科

《伤寒论》是一部阐述外感热病辨证论治的专书，这部经典名著奠定中医临床坚实的基础。其“扶阳气”的精义则贯穿全书，对扶阳法的运用匠心独运，可谓创前贤之未发，诚为后世学者所敬仰，通过学习《伤寒论》一书，对此颇有体会，不揣浅陋，总结心得以供探讨。

一、对于“扶阳气”的认识

（一）扶阳的涵义

扶阳法的理论源于《黄帝内经》，经云：“凡阴阳之要，阳密乃固”，说明扶阳在阴平阳秘中的重要地位。至张仲景对扶阳法又有了进一步的阐述，纵观《伤寒论》一书，可以发现扶阳气是贯穿于六经病中的基本思想之一，如宋·庞安时《伤寒总病论》讨论摄生时言：“君子春夏养阳，秋冬养阴，顺天时之刚柔”，春夏之养阳当通过扶阴气而实现，这种通过保阴以养阳的摄生方法，其含义就是扶阳气。尔后医家对《伤寒论》扶阳气的问题续有阐发，如明·赵献可《医贯》认为高明的医生“每寓扶阳抑阴之微权”。目前，中医院校《伤寒论》教材明确提出扶阳气贯穿于《伤寒论》六经证治之始终，这一说法不仅摆正了扶阳气在《伤寒论》中的位置，而且使我们对扶阳气概念的认识更加彻悟。总的来说，扶阳气包括保护阳气、资助阳气、调理阳气等多方面，其概念并非局限性的温阳。《经籍篡诂》解释“扶”为护也、助也、治也，有保护、帮助、调理之义。多数医家常常因阳气易伤而把扶阳气片面理解为温阳，这是对扶阳法的片面看法。

（二）扶阳的意义

《伤寒论》中“扶阳”包含预防思想和治疗思想。在阳气未虚之前，治宜顾护阳气，当阳气已伤则应用扶阳的药物扶助阳气，使疾病痊愈。所以“扶阳气”是贯穿全论的重要指导思想之一，与“存阴液”具有同等重要的意义。扶阳法的立足点在于阴阳辨证，其意义在于通过：①扶助阳气达到扶阳生津：阴阳互根互用，阳虚阴不足之证，扶助阳气使津液自生。②扶助阳气而祛邪：阳气不足则抗病能力减弱，故扶阳气能增加抗病能力，更好的祛邪。③扶助阳气治未病：邪气侵犯人体，通常由表入里，由浅入深，阳气也随着邪气的强弱而变化，通过扶阳气达到驱邪外出的目的。④扶助阳气达到平衡阴阳：人之阴阳，贵在平衡，通过扶阳气抑制较盛的阴气，逐步趋向阴阳平衡，达到“阴阳自和者必自愈”。

（三）扶阳气在《伤寒论》中的体现

首先，《伤寒论》证治中有多种扶阳气的手段，如开篇之桂枝与麻黄二方，桂枝汤解肌祛风、调和营卫而和阳气，麻黄汤解散风寒以保护阳气，其宗旨都是在扶阳气。其次，《伤寒论》扶阳气重视保护人体阳气的充盛，贯彻“治未病”的思想，非常注意消除各种伤阳因素以达邪去正安的目的。如为了避免失治误治损伤阳气，《伤寒论》中列举了很多条文，告诫医者要正确辨治，以免伤正而邪陷。《伤寒论》398 条中因汗、吐、下等法误治者共 123 条，其中明显伤阳的就有 75 条，占误治者一半有余。后人有云《伤寒论》为一部救误之书，其中实以救阳为主。又如为了消除损伤阳气的因素，仲景又特别强调要把好太阳少阴两关。因太阳主表，治之失当则邪易伤阳而内传。太阳少阴为表里，少阴阳气蒸化而敷布于太阳，使之卫外为固，故《伤寒论》治太阳病处处慎防伤及少阴之阳。同时也列举了不少太阳病治之不当伤及少阴阳气之例，如 29 条太阳病迭经误治，遂致肾阳虚衰汗大出而亡阳。而一旦病人少阴，仲景又以大量的条文告诉我们少阴病是生死关，“阳存则生，阳亡则死”，扶阳治疗必须积极果断。再次，仲景把宣通与温补作为调治阳气的两大法门，一方面注意保持阳气运行的宣畅，从而使其温壮功能得以实现；另一方面对阳气虚损则大力温补。三阳病，务使阳气宣通。因三阳为三阴之表，阳气在抗邪过程中，常因邪阻而郁。三阴病，则重在温补扶正。病至三阴机体抗力已衰，多表现为阳虚证。一旦病至少阴，则“阳存则生，阳亡则死”。仲景创制的关于扶阳的方剂，如四逆汤、麻黄附子细辛汤、附子汤等，后世医家一直奉为经典，在临床上广泛应用，收效甚捷。温病学家吴鞠通曾指出“伤寒一书，始终以救阳气为主”。

二、“扶阳法”在《伤寒论》中的具体运用

在扶阳法的具体运用上，《伤寒论》中以养阳、温阳和通阳三法为主。实际上三法是针对病机，有主有次，交错结合，灵活运用的，三者不能截然分开，大部分方剂都是从这个角度看为养阳，从另一个角度看则可能是通阳或温阳。因此，虽为行文方便，将三者分开阐述，我们却不能割裂地看待或运用它们，而应像《伤寒论》中所示一样综合运用，这才算得其扶阳法之真髓。

（一）养阳法

①养阳以祛寒：《伤寒论》中对寒邪束表而伤表阳者用麻黄剂发表散寒以养阳，主方有麻黄汤、大小青龙汤、葛根汤、麻杏石甘汤等。如第 55 条：“伤寒，脉浮紧……麻黄汤主之。”“伤寒”是病因，“脉浮紧”是寒邪束表，表阳被伤，腠理闭塞，筋脉紧缩，阳气欲达表攻邪之象，故用麻黄汤开泄腠理，宣发阳气，以因势利导，祛除寒邪，邪去正安，阳自得养。②养阳以止汗：汗出不但有津液的消耗，也伴随阳气的丧失。因此，对汗出不能自止者，须止汗以养阳。《伤寒论》根据汗出的不同病机采取不同的措施。对荣卫不和者用桂枝汤调和荣卫。对阳虚不能固表而汗漏者，用桂枝加附子汤温通阳气，固表止汗。对里热炽盛，热迫汗出者，用白虎汤清肃炽热以止汗。对枢机不利而汗出者则以柴胡汤调理枢机以止汗。③敛阳以救逆：阳气鸱张则必外泄而耗阳，甚者亡阳，此宜潜敛阳气以养阳。《伤寒论》中用桂枝甘草龙骨牡蛎汤，或桂枝去芍药加蜀漆牡蛎龙骨救逆汤治之。如第 112 条：“伤寒脉浮，医以火迫劫之，亡阳……桂枝去芍药加蜀漆牡蛎龙骨救逆汤主之。”④养阳防过汗：发汗是重要的治病方法之一，但汗法必须有阳的鼓动才能完成，这就必然伴随阳的消耗。因此，在运用汗法时一定要注意。当病人阳虚较重，不能承受汗法的消耗时应禁用，二要注意不可过汗。《伤寒论》中对此有详细训示，并立有专篇论，还指出了过汗、误汗可能导致的不良后果。如原文第 23 条：“此阴阳俱虚，不可更发汗……”。《辨可汗病脉证篇》：“凡服汤发汗，中病即止，不必尽剂也。”⑤养阳防过下：攻下法也能导致阳的损耗，故过下、误下亦当防止。《伤寒论》中也多有论述，且立有专篇。第 23 条：“……脉微而恶寒者，此阴阳俱虚，不可更发汗、更下、更吐也。”《辨不可下病脉证篇》：“阳微则不可下，下之则心下痞硬。”

（二）温阳法

《伤寒论》中温阳法常与养阳法结合运用。温阳之药多用附子。附子有生用、炮用之分，生用可走，炮用能守，但温阳之性则同。在《伤寒论》中运用附子 23 方（次），或以之为主药，如附子汤、四逆汤、通脉四逆汤等；或以之为辅药，如桂枝加附子汤、小青龙汤加减法等，但均为温阳之用。如桂枝、干姜、细辛虽可温阳，但实则其主以通达透散，乃通阳之品。①温阳以散寒：对寒邪人里伤阳者，用四逆辈温阳散寒，回阳以养阳，主方有四逆汤、通脉四逆汤、理中汤等。如第 225 条：“脉浮而迟，表热里寒，下利清谷者，四逆汤主之。”寒邪入里，阴寒内盛，格阳外浮，气乏不热能鼓动，食无热不能温化，所以“脉浮而迟，表热里寒，下利清谷”，当用四逆汤温化阴寒。②温阳以防寒凉：

热者寒凉之法是清肃邪热的重要手段，但若过用或误用则亦为寒邪。《伤寒论》对防过用或禁误用寒凉虽无明训却有暗示。如第81条：“凡用栀子汤，病人旧微溏者不可与服之。”第323条：“少阴病，脉沉者，急温之。”第324条：“若膈上有寒饮……当温之。”无论是虚寒还是寒饮都应当用温法。

（三）通阳法

当体内阳的布散不正常时就会发生局部的阳虚。通阳就是调节阳的分布，从而纠正局部阳虚的方法。《伤寒论》中根据不同病机采取相应的通阳措施来达到扶阳的目的。①通阳开腠理：如寒伤表阳，腠理郁闭者用麻黄汤和宣发来通表阳；②通阳以利水：有水气者，有苓桂术甘汤化水以通心阳；阳虚饮停者，用五苓散、猪苓汤利水以通脾阳；阳虚水泛者，以真武汤温阳利水以通肾阳；外受寒邪，肺有停饮者，以小青龙汤散寒蠲饮以通肺阳；③通阳以解郁：气郁而阳不展者，用四逆散理气以通郁阳；中寒不运者，用理中汤温运以通中阴；痰涎壅塞胸膈，胸阳被遏者，用瓜蒂散涌吐逐邪以通遏阳。

三、扶阳的影响及启示

总之，张仲景受《黄帝内经》理论的影响，重视阳气在疾病发展过程中的支配作用，认为存之则脏腑气血津液经络功能旺盛，亡之则功能衰竭，故顾护阳气在治病保健中具有重要意义。这一观点对后世诸多学派有很大的影响，张景岳在此观点指导下，结合实践经验写出了“大宝论”，提出“阳非有余”的观点，并指出：“天之大宝，只此一丸红日；人之大宝，只此一息真阳。”特别是清代医家郑钦安开创“火神派”以来，关于扶阳法的临床应用达到了一个较高的层面。其火神派学术上以《黄帝内经》为宗，突出阴阳辨证，如郑氏所云：“功夫全在阴阳上打算”。临床上宗仲景之法，选方用药以温补阳气为主。如四逆汤、白通汤、麻黄附子细辛汤等，用药则多为附子、干姜、肉桂等，附子常用至100g以上，尊附子为“百药之长”，这是火神派最鲜明的特点。尤其是近年来根据自然界和人体阳气消长变化的规律，一些医者运用“春夏养阳”的理论，采用冬病夏治的方法，防治老年慢性支气管炎，确实获得一定的临床效果。因此，临床着重研究扶阳法对防病治病具有十分广阔的前景和意义。

［《光明中医》2012，27（8）：1509］

浅谈《伤寒论》中毒性药物的方药剂型

张小勇　李　祯　刘丹彤　吴　舒
李　涛　陶晓华　北京中医药大学

《伤寒论》[1]确立了中医辨证论治体系的基本框架，是我国第一部理法方药完备、理论联系实际的临床著作，也是中医药学术发展史上具有辉煌成就与重要价值的一部经典著作，被称为“启万世之法程，诚医门之圣书”[2]。两千年来，对于《伤寒论》的研究已发展成为一个重要的学术流派，涉及理法方药的各个领域。笔者在学习和研究《伤寒论》的过程中，体会到张仲景对毒性药物的运用极其讲究，在毒性药物的炮制、配伍、剂量、剂型、煎法、服法、善后及禁忌等多个方面均有独到之处，本文对《伤寒论》中毒性药物的方药剂型方面加以归纳、分析，探讨仲景运用毒性药物的规律和特点，进一步指导临床用药，提高疗效。

一、《伤寒论》中的毒性药物

中药药性是对中药性质和功能的高度概括，毒性是最早总结出的药性内容之一。[3]本草类专著将毒性作为药性提出，最早见于《神农本草经》，其序中曰：“药有酸咸甘苦辛五味，又有寒热温凉四气及有毒无毒。”[4]明确指出，有毒无毒与四气、五味一样，属药性之一，并将中药毒性分为大毒、有毒、小毒三级。《本草纲目》则又增加微毒一级，同时在毒性的中药数量上也有增加。古代常常把毒药看作是一切药物的总称，而把药物的毒性看作是药物的偏性，并提出了使用毒药治病的方法。[5]

《伤寒论》全书载方113首，含有毒性药物者55方，占总数的48.7%，共用药物84味，其中毒性药物16味，占总数的19.1%。其毒性药物分别为大戟、巴豆、水蛭、半夏、瓜蒂、甘遂、杏仁、芒硝、附子、芫花、虻虫、商陆、蜀椒、蜀漆、吴茱萸、铅丹。[6]其中附子使用的频率最高，达19方，其次是半夏16方，杏仁9方，芒硝3方，甘遂、吴茱萸、蜀漆、水蛭、虻虫各2方，余皆1方。[7]进一步正确认识仲景对毒性药物的运用，让毒性药物服务于临床，确保临床用药安全，具有重要的意义。

二、《伤寒论》中的方药剂型

《伤寒论》中113方对药物剂型的运用，包括汤剂、散剂、丸剂和栓剂。仲景对汤剂的应用非常广泛，在《伤寒论》113 个方剂中，汤剂有 98 个。汤剂制备工艺简单，临方制剂药材加水按照一定方法煎煮即可，只要辨证准确、组方合理，汤剂便能充分发挥药物的综合疗效，达到最大功能，表现出极大的灵活性。仲景在运用汤剂的过程中，还创制了“煮散”。“煮散”是汤剂的一种用药形式，与汤剂相比，具有节省药材，能在短时间内煎出有效成分，具有节省能源、人力和物力等优点。[8]《伤寒论》的方剂中共有散剂 8 个，都为内服散，既有单味散剂，又有复方散剂。散剂为粉末状，具有易分散、奏效快的特点，常用来治疗急性病。《伤寒论》的方剂中共有丸剂 5 个，仲景主要利用了“丸者缓也”的特点，使峻药缓攻。丸剂是固体剂型，口服后在胃肠道中要经过湿润、崩解、溶解等过程而逐渐释放药物，因此作用缓慢而持久，多用于慢性病和体虚患者的治疗。《伤寒论》中的栓剂仅蜜煎导一方，只有蜂蜜一味中药。虽只有一味蜂蜜，但既可作为栓剂的适宜基质，又兼作栓剂的药物刺激肠黏膜产生通便作用。

三、《伤寒论》中毒性药物的方剂剂型

《伤寒论》中含有毒性药物的 55 方的方药剂型中，主要有汤、丸、散 3 种剂型，其中汤剂 47 方，丸剂 4 方，散剂 4 方，仲景根据药性、病情、体质等确定使用恰当的剂型。

（一）汤剂

汤剂是中医临床应用最为广泛的剂型，吸收快，药效发挥迅速，便于调整加减，还可以通过煎煮药物方法的不同降低药物的毒性，为适应急危重症和疑难杂症的需要，应用毒性药物经常使用此种剂型。《伤寒论》使用毒性药物的汤剂共有 47 方，使用附子的汤剂有 19 方，使用半夏的汤剂有 15 方，使用杏仁的汤剂有 6 方，使用甘遂和吴茱萸的汤剂各 2 方，余者使用水蛭、虻虫、蜀漆、芫花、大戟、铅丹之汤剂各 1 方。虽然同为汤剂，但是也有些许细小的差别，如煎煮毒性药物的用液，毒性药物的使用方法，煎煮毒性药物时药液剂量的控制等等。

（1）煎药用液：仲景通过实践经验，体会到了汤剂用水的重要性，对煎煮毒性药物的用液非常讲究，主要有水、麻沸汤、潦水、苦酒、清酒等。如条文第 155 条曰：“心下痞，而复恶寒汗出者，附子泻心汤主之……上四味，切三味，以麻沸汤二升渍之，须臾，绞去滓，内附子汁，分温再服。”方中大黄、黄连、黄芩 3 味药皆苦寒，长时间煎煮，厚味俱出，药液中有效成分浓度增大，服药后必下走大肠而致泻下，所以用“麻沸汤渍之须臾”，不必煎煮，仅用开水浸泡短时，取其轻清之气以泄心下热壅而消痞，同时，附子则要求另煮久煎，取其药力醇厚以温经扶阳，且降低其毒性，将两种药汁混合服下，各司其职，发挥泄热消痞、扶阳固表之效。

（2）毒性药物的使用方法：仲景在汤剂中使用毒性药物时，根据毒性药物各自不同的特性，采用不同的使用方法，应用灵活多变，既充分发挥了药物的治疗作用，也保证了用药安全。如条文第 112 条曰：“伤寒，脉浮，医以火迫劫之，亡阳必惊狂，卧起不安者，桂枝去芍药加蜀漆牡蛎龙骨救逆汤主之……上七味，以水一斗二升，先煮蜀漆，减二升，内诸药，煮取三升，去滓，温服一升。”方中蜀漆为常山幼苗，味苦辛，性温有毒，具有涤痰开窍之效，先煮蜀漆，可以缓解毒性，减轻其毒副反应。条文第 134 条曰：“太阳病，脉浮而动数……大陷胸汤主之……上三味，以水六升，先煮大黄取二升，去滓，内芒硝，煮一两沸，内甘遂末，温服一升，得快利，止后服。”本方要求最后纳入甘遂末，是因为甘遂峻泻逐水之有效成分难溶于水，必须冲服甘遂末才能充分发挥药效。

（3）药液剂量的控制：仲景使用毒性药物，在制作汤剂时，通过控制药液剂量的变化，一方面能够达到减少或降低药物毒性的目的；另一方面来达到控制煎煮药物的时间，克服了古代计时不方便的困难。《伤寒论》使用毒性药物的 47 方汤剂中，煮取小部分的方剂有 31 方，煮取一半的方剂有 3 方，煮取大部分的方剂有 7 方，去渣再煎的方剂有 6 方。煎煮药物时药液剂量煮取小部分的方剂占了很大的比例，如原文第 35、23、25、43、20 条等，煎煮药物时药液剂量煮取一半的方剂有第 175、104、107 条，煎煮药物时药液剂量煮取大部分的方剂有第 124、69、173、152、312、155、397 条，煎煮药物时去渣再煎的有第 161、149、157、158、96、103 条。

（二）丸剂

《伤寒论》使用毒性药物的丸剂有抵当丸、大陷胸丸、麻子仁丸和乌梅丸，仲景应用毒性药物使用丸剂的主要目的是为了峻药缓攻、顾护胃气。《伤寒论》中关于丸剂的制作方法阐述的非常清楚，同时，对于丸剂的体积大小和服法也有论述。如原文第 131 条曰：“病发于阳，而反下之，热入因作

结胸；病发于阴，而反下之，因作痞也。所以成结胸者，以下之太早故也。结胸者，项亦强，如柔痉状，下之则和，宜大陷胸丸……上四味，捣筛二味，内杏仁、芒硝，合研如脂，和散，取如弹丸一枚；别捣甘遂末一钱匕，白蜜二合，水二升，煮取一升，温顿服之。一宿乃下，如不下，更服，取下为效。禁如药法。”白蜜甘缓顾正，本方药力虽然峻猛，但是采用加蜜煮丸法，可以使邪祛而不伤正，属于峻药缓攻之剂。

（三）散剂

《伤寒论》中散剂同丸剂一样，虽然所占数量并不多，但是仍然有着不可替代的作用，使用毒性药物的散剂有白散、瓜蒂散、半夏散和牡蛎泽泻散。这些散剂一般都是将药物分别捣筛后混合均匀而成，通过米汤或豆豉煎汤调服，既可缓解药物之毒，又可顾护胃气。第141条曰：“寒实结胸，无热证者，与三物小陷胸汤，白散亦可服……上三味为散，内巴豆更于臼中杵之，以白饮和服。”本方药力峻猛，需要根据患者的体质确定用量，用米汤调服，既可以顾护胃气，又可以缓解巴豆之毒。因药物毒性较强，只能服用极少量，所以制成散剂，便于控制用量。第166条曰：“病如桂枝证，头不痛，项不强，寸脉微浮，胸中痞硬，气上冲喉咽，不得息者，此为胸有寒也。当吐之，宜瓜蒂散……上二味，各别捣筛，为散已。”本方有毒，涌吐之力峻猛，临床使用时必须用法得当，瓜蒂熬黄，与赤小豆各等分，分别研细末，混合均匀，用豆豉煎汤冲服，从小剂量开始，逐渐加量，中病即止。

仲景对《伤寒论》中毒性药物的方药剂型选择对于临床安全用药具有十分重要的意义，使所选用的方药针对所治疾病的主证准确发挥其预期功效，体现了仲景遣方用药的严谨法度。综上所述，仲景对毒性药物的方药剂型有着深刻的认识和体会，他的实践经验对于我们现代医务工作者在临床应用毒性药物时仍然有很高的指导价值。

参考文献

[1] 熊曼琪．伤寒学［M］．北京：中国中医药出版社，2003（本文后出现的《伤寒论》引文均出自该版本）．

[2] 清·吴谦．医宗金鉴［M］．北京：中医古籍出版社，1995：5，86．

[3] 凌一揆．中药学［M］．第4版．上海：上海科技出版社，1985：24．

[4] 曹元宇．本草经［M］．上海：上海科学技术出版社，1987：9．

[5] 熊丽娟．中药毒性理论探讨［J］．云南中医学院学报，2007，30（3）：20～23

[6] 胡小玲．《伤寒论》药物的毒性问题研究［D］．北京：北京中医药大学基础医学院，2006．

[7] 王绪前．《伤寒论》运用毒药浅析［J］．国医论坛，1995，10（1）：6～7．

[8] 张须学，程晓卫．浅析仲景对剂型的运用及特殊给药途径［J］．国医论坛，2006，21（5）：3～4．

［《江西中医药》2012，43（357）：12］

浅谈《伤寒论》中毒性药物的炮制

张小勇　陶晓华　刘丹彤　吴　舒
李　涛　北京中医药大学

《伤寒论》确立了中医辨证论治体系的基本框架，是我国第一部理、法、方、药完备、理论联系实际的临床著作，也是中医药学术发展史上具有辉煌成就与重要价值的一部经典著作。两千年来，对于《伤寒论》的研究已发展成为一个重要的学术流派，涉及理、法、方、药的各个领域。我们在学习《伤寒论》的过程中，体会到张仲景对毒性药物的运用极其讲究，在毒性药物的炮制、配伍、剂量、剂型、煎法、服法、善后及禁忌等多个方面有许多独到之处，本文对《伤寒论》中毒性药物的炮制方面加以归纳、分析，探讨张仲景运用毒性药物的规律和特点，进一步指导临床用药，提高疗效。

一、《伤寒论》中的毒性药物

中药药性是对中药性质和功能的高度概括，毒性是最早总结出的药性内容之一[1]。本草类专著将毒性作为药性提出，最早见于《神农本草经》，其序中曰：“药有酸、咸、甘、苦、辛五味，又有寒、热、温、凉四气及有毒无毒……。”明确指出有毒无毒与四气、五味一样，属药性之一，并将中药毒性分为大毒、有毒、小毒三级。《本草纲目》则又增加微毒一级，同时在毒性的中药数量上也有增加。古代常常把毒药看作是一切药物的总称，而把药物的毒性看作是药物的偏性，并提出了使用毒药治病的方法[2]。

《伤寒论》全书载方113首，含有毒性药物者55方，占总数的48.7%，共用药物84味，其中毒性药物16味，占总数的19.1%。其毒性药物分别为大戟、巴豆、水蛭、半夏、瓜蒂、甘遂、杏仁、芒硝、附子、芫花、虻虫、商陆、蜀椒、蜀漆、吴茱萸、铅丹[3]。其中附子使用的频率最高，达19方，其次是半夏16方，杏仁9方，芒硝3方，甘遂、吴茱萸、蜀漆、水蛭、虻虫各2方，余皆1方[4]。进一步正确认识张仲景对毒性药物的运用，让毒性药物服务于临床，确保临床用药安全，具有重要意义。

二、《伤寒论》中药物的炮制

张仲景十分重视药物的炮制，其著作中所用药品虽不多，但大多数药物均根据需要，严格注明炮制方法。《伤寒论》中有药物84味，经过加工的有50多味，占药物总数的一半以上，经过炮制的药物在其中占很大的比例。其炮制目的或为消除或者降低药物毒副作用，或为改变药物性能，或为增强药物疗效，或是去除杂质、非药用部位，或便于调剂、制剂和服用。其炮制方法多达20余种，包括净制、切制、水制、火制、水火共制等。净制包括去皮、去心、去节、去翅足、去皮尖、去皮心等，切制有㕮咀、切、擘、破、碎、捣、杵等，水制有水渍、酒洗、汤洗等，火制有熬法等，其他炮制方法有食蜜、猪肤、发酵的豆豉、制霜的巴豆等[5]。张仲景对毒性药物的应用更是如此，其虽非药物学专著，但可谓总结了后汉以前的药剂学成就，对于了解古代毒性药物炮制颇有帮助。

三、《伤寒论》中毒性药物的炮制方法

《伤寒论》中对毒性药物的炮制方法按现代炮制学分类可分为净制、切制、水制、火制、水火共制等炮制法。

（一）《伤寒论》中毒性药物的净制法

净制法是区分不同的药用部位、将药物大小分档、除去泥沙杂质和除去非药用部位的过程。净制是药材制成饮片或制剂前的基础工作，是中药炮制的第一道工序。具体的净制法包括去根、去茎、去皮壳、去毛、去心、去头尾足翅等等。《伤寒论》中毒性药物使用净制法的有：①“去皮”：所对应药物有附子。②“去皮尖及两仁”：对应药物有杏仁。③“去翅足”：所对应药物有虻虫。④“去皮心”：所对应药物有巴豆。

（二）《伤寒论》中毒性药物的切制法

切制法是将净选后的药物进行软化，再切成一定规格的片、丝、块、段等的过程。切制有利于有效成分的煎出，有利于提高煎药质量，有利于调配和储存，是中药炮制的重要工序之一。“㕮咀”“削”“捣”等都属于早期饮片切制用语。《伤寒论》中毒性药物使用切制法的有：①“破”：所对应药物有附子、半夏。其中附子常要“破八片”；半夏要“破如枣核”。②“捣”：所对应药物有甘遂。③“剉”：所对应药物有瓜蒂。④“研”：所对应药物有巴豆。⑤“㕮咀”：所对应药物有半夏。

（三）《伤寒论》中毒性药物的火制法

火制法就是指将药物用火加热处理，达到去除其毒性成分的炮制方法。主要适用于所含毒性成分易被高温改变或破坏结构的一类毒性药物。具体的炮制方法主要包括：炒法、煨法、煅法等。《伤寒论》中毒性药物使用火制法的有：①“炮”：所对应药物有附子。②“熬”：所对应药有水蛭、虻虫、巴豆、瓜蒂。③“炒”：所对应药物有杏仁。

（四）《伤寒论》中毒性药物的水制法

水制法是指用水处理药物，使其所含的毒性成分溶于水中，降低毒性成分的含量，以除去药物毒性的方法。具体的炮制方法包括：浸泡法和水飞法。《伤寒论》中毒性药物使用水制法的有：①“汤洗”：所对应药物为吴茱萸。②“洗”：所对应药物有半夏、蜀漆、海藻等，其中蜀漆是用“暖水洗去腥”。

四、《伤寒论》中毒性药物炮制的作用

（一）去掉药物的有毒部分

药物中所含毒性成分的部位易与其他部位分离的，则可直接将该非药用部位除去，直接分离去除毒性成分，减少毒性。用于植物药的炮制，方法有去皮、去皮尖、去皮心等；用于动物药的炮制，方法有去头、足、翅等。《伤寒论》中附子、厚朴等注明去皮，杏仁、桃仁则去皮尖。附子不去皮，则易产生毒性。杏仁、桃仁等为种子类生药，宜去皮尖。《伤寒论》中抵当汤、抵当丸所用虻虫均注明了“去足翅”。

（二）降低药物毒性，增强临床疗效

张仲景对于毒性药物的炮制，其目的更多的是降低药物毒性，增强临床疗效。如《伤寒论》141条三物小白散中的巴豆，要求“去皮心，熬黑研如脂”。古人早就认识到巴豆毒副作用较强，且将其致毒原因归纳为3个方面[6]：①巴豆皮、心、膜、壳有毒；②毒性在其油；③生温有毒，熟寒无毒。针对其致毒原因，张仲景运用“熬”制法进行加热以减毒。《伤寒论》131条大陷胸丸中的葶苈子、395条牡蛎泽泻散中的葶苈子，均要求“熬”制，其生用力速而较猛，降泄肺气作用较强，长于利尿消肿，宜于实证，熬制后其药性缓和，免伤肺气，可用于实中夹虚的患者。《伤寒论》152条十枣汤

中的芫花，要求“熬”制，其熬制可以降低其毒性，缓和泻下作用和腹痛症状。《伤寒论》中附子、乌头等药物使用时均注明“炮”用。附子在《伤寒论》中有“炮，去皮，破八片”之用，有“炮，去皮，破，别煮取汁”之用，有“生用，去皮，破八片”之用。附子炮用，意在去其毒性并缓和药力；乌头炮用，其意亦在于减轻其毒性。枳实在《伤寒论》方药中注明“水浸”的318条四逆散和79条栀子厚朴汤，前者要求“破，水渍，炙干”，后者要求“水浸，炙令黄”。其水渍原因应该是为了使其中所含的挥发油更多地析出，以便使炙用后的枳实挥发油降低，减低对人体胃肠的副作用。

张仲景《伤寒论》毒性药物的炮制包含多方面的内容，目的是为了减轻或消除其毒性，使所选用的药物方剂能够针对所治疾病的主证准确发挥其预期功效，体现了张仲景遣方用药的严谨法度。中医临床工作者应注重毒性药物的炮制，科学合理的使用，以期提高使用《伤寒论》经方的疗效。

参考文献

[1] 凌一揆．中药学［M］．第4版．上海：上海科学技术出版社．1985：24.

[2] 熊丽娟．中药毒性理论探讨［J］．云南中医学院学报，2007，30（3）：20～23.

[3] 胡小玲．《伤寒论》药物的毒性问题研究［D］．北京：北京中医药大学，2006.

[4] 王绪前．《伤寒论》运用毒药浅析［J］．国医论坛，1995，（1）：6～7.

[5] 赵娟，周春祥．《伤寒论》药物炮制研究［J］．河南中医，2011，31（3）：209～210.

[6] 王宁．论巴豆的炮制［J］．中成药，1996，18（7）：18～19.

［《中医杂志》2012，53（21）：1808］

浅谈《伤寒论》中清热法

沈正龙　郑学刚　湖北民族学院医学院

《伤寒论》是东汉末年伟大医学家张仲景所著，它涵盖了广泛的内容，涉及中医学从理论到临床各个方面，对整个中医学术的发展产生了重要的影响。书中详细地介绍了热证的临床表现，并相对应的给出了治疗方法。全面、系统地掌握书中记载的清热方法对于中医清热法在临床的运用有着很大的理论和实践指导意义，本文就《伤寒论》中有关清热的方法作一个简单的总结和介绍：

一、解表清里

外邪袭表，正气奋起抗邪，正邪交争于体表。致使外邪束表，卫阳被遏，汗孔闭塞，阳气无从发越，内郁益甚。所谓阳有余便是火，此即出现发热等症状。于此，要想解除发热诸证，必须解除外闭，方使内热有宣泄之路。原文：太阳中风，脉浮紧，发热恶寒，身疼痛，不汗出而烦躁者，大青龙汤主之。若脉微弱，汗出恶风者，不可服之。服之则厥逆，筋惕肉瞤，此为逆也。（38）太阳病，发热恶寒，热多寒少。脉微弱者，此无阳也，不可发汗，宜桂枝二越婢一汤。（27）太阳病，桂枝证，医反下之，利遂不止，脉促者，表未解也；喘而汗出者，葛根芩连汤主之。（34）发汗后，不可更行桂枝汤，汗出而喘，无大热者，可与麻黄杏仁甘草石膏汤。（63）伤寒瘀热在里，身必黄，麻黄连轺赤小豆汤主之。（262）介绍了大青龙汤、桂枝二越婢一汤、葛根芩连汤、麻黄连轺赤小豆汤、麻黄杏仁石膏甘草汤等诸方。诸方所对应的症状都有表不解而出现的发热，均用解表之药和清里热之品共奏解表邪清里热之效。而收表邪得解，里热得清之良效。[1～4]

二、苦寒直清里热

阳明病，燥热之邪未与肠中积滞相结，而弥漫于全身，表现以身大热、口大渴、大汗出、脉洪大等里热症状为主。原文有：伤寒，脉浮滑，此以表有热，里有寒，白虎汤主之。（176）白虎汤辛寒清里热，方中取石膏辛甘大寒，配以知母辛苦寒滑，同用二药，内清阳明大热，并可外退肌肤之热。书中除此方外有：发汗后，不可更行桂枝汤，汗出而喘，无大热者，可与麻黄杏仁甘草石膏汤。（63）麻黄杏仁石膏甘草汤中大剂量用石膏直清宣肺热，而达清热

平喘之功。太阳与少阳合病，自下利者，与黄芩汤；若呕者，黄芩加半夏汤生姜汤主之。（172）中的黄芩汤；少阴病，二三日，咽痛者，可与甘草汤。不差，与桔梗汤。（311）中的甘草汤二方中也体现了寒凉直清里热的理论。黄芩汤利用黄芩苦寒清泄少阳郁火，甘草汤利用甘草清热解毒，以少阴客热而收利咽止痛之效。[1,3,6]

三、逐瘀清热

太阳病，表邪不解，邪气化热入里，循经深入下焦，与瘀血相结于少腹，而出现蓄血诸证。本证因邪热与瘀血互结而成，解除蓄血诸证，必须使瘀

血、邪热同时得以解除。原文：太阳病不解，热结膀胱，其人如狂，血自下，下者愈。其外不解者，尚未可攻，当先解其外；外解已，但少腹急结者，乃可攻之，宜桃核承气汤。(106) 中的桃核承气汤用桃仁活血逐瘀；大黄苦寒，荡除实热；芒硝更助桃仁导热下行。全方配伍共奏逐瘀邪热之效，使瘀血与邪热互结之证得以解除。[2,7]

四、解郁除热

太阳表证，经汗吐下后，余热未尽，邪热郁于胸膈，而出现心中烦闷等热郁胸膈等症，火郁当发之、清之。故原文：发汗后，水药不得入口为逆，若更发汗，必吐下不止。发汗吐下后，虚烦不得眠，若剧者，必反复颠倒，心中懊憹，栀子豉汤主之；若少气者，栀子甘草豉汤主之；若呕者，栀子生姜豉汤主之。(76) 中以栀子豉汤清宣胸膈郁热。方中栀子苦寒，具有清透郁热，导火下行之功；豆豉功能宣透解郁，和降胃气。二药配伍为清宣胸膈郁热之良方，以达解郁除热之良效。在此理论上仲景还根据不同症状创立了栀子甘草豉汤、栀子生姜豉汤等方用于治疗邪郁致热诸证。[1,2,4]

五、逐水泻热

太阳病，当用汗法解表，而误用下法致使表邪化热内陷，与水饮之邪相结。无形热邪与有形水饮相结，阻滞不通而表现出胸膈疼痛，硬满拒按等症。当以逐水泻热之法祛除停聚于胸膈之无形热邪与有形水饮。原文：伤寒六七日，结胸热实，脉沉而紧，心下痛，按之石硬者，大陷胸汤主之。(135) 中的大陷胸汤为泻热逐水之峻剂，专为清除结胸实热而设。方中甘遂峻逐水饮，破其结滞；大黄荡实泻热；芒硝软坚泻热。三药合用，功在泻热破结，以达逐水泻热之效。原文：若脉浮发热，渴欲饮水，小便不利者，猪苓汤主之。(223) 中的猪茎苓汤；大病差后，从腰以下有水气者，牡蛎泽泻散主之。(395) 中的牡蛎泽泻散方中逐水泻热之药同用，具有泻热逐水之功效。[1,2,5]

六、祛痰泻热

太阳之为病，失治或误治，致使太阳表邪入里化热，与心下之痰饮互结而成。痰热互结而出现心下痞满等不适之证，只有祛痰清热之法才能去除痞满等诸证。原文：小结胸病，正在心下，按之则痛，脉浮滑者，小陷胸汤主之。(138) 中的小陷胸汤专为逐痰泻热而设，方中黄连苦寒，以清泄心下热；半夏辛温，化痰散结；栝楼实甘寒滑润，清热荡痰。全方配伍具有化痰清热之功，使得痰热得清，诸症得解。[2,4]

七、通里邪热

胃家实是阳明病的本质所在，阳明病诸证皆由胃家实所形成。燥热之邪与肠中糟粕相结，形成燥屎，阻塞于肠道，故出现潮热、谵语、手足濈然汗出等症，出现这些发热的症状均由于邪热与燥屎相搏结而致，只有排除肠中燥屎与清除肠中邪热同时进行才能消除潮热、谵语等由热而引起的症状。根据临床症状的轻重不同，原文：二阳并病，太阳证罢，但发潮热，手足絷絷汗出，大便难而谵语者，下之则愈，宜大承气汤。(220) 阳明病，其人多汗，以津液外出，胃中燥，大便必硬，硬则谵语，小承气汤主之。若一服谵语止者，更莫复服。(213) 太阳病三日，发汗不解，蒸蒸发热者，属胃也，调胃承气汤主之。(248) 三条中仲景运用了大承气汤、小承气汤和调胃承气汤进行通里泻热。诸承气汤中均用大黄苦寒泻热，推陈致新以去实，结合临床症状的不同进行加减芒硝、枳实、厚朴等药物，但纵观诸方皆是在通里泻热的理论基础上进行的，共奏里实得排，里热得清之功效。[1,8]

八、除湿泻热

湿热蕴结在里，邪热胶结不解，致使湿热熏蒸于上，出现发热、但头汗出等；湿热蕴结于下，阻滞膀胱气化，出现小便不利；湿热蕴结于肠则出现下利等症状。湿热蕴结表现出的症状较多，但是只要抓住湿热这一本质，就可以通过清利湿热而取效。书中原文：阳明病，发热汗出者，此为热越，不能发黄也；但头汗出，身无汗，齐颈而还，小便不利，渴饮水浆者，此为疲热在里，身必发黄，茵陈蒿汤主之。(236) 中的茵陈蒿汤中栀子、茵陈、大黄均为苦寒之品，苦能泄实，寒能清热，三药合用为清热泻实之剂，专为湿热蕴结发黄而设。还有原文：伤寒瘀热在里，身必黄，麻黄连轺赤小豆汤主之。(262) 麻黄连轺赤小豆汤中连轺苦寒清热，赤小豆有利湿之功，二药在方中有除湿泻热的功效。白头翁汤中白头翁、黄连、黄柏均苦寒，苦能燥湿，寒能胜热，合用以达除湿泻热之效。以上三方都是在除湿泻热的理论指导下而立，且在临床中有着明显的疗效。[1,2,9]

九、和解清热

往来寒热是少阳病的主要热型，其病机是由于外邪内传，侵入少阳，枢机不利，木郁化火而致。

清此热只能采用和解少阳之法，原文：伤寒五六日中风，往来寒热，胸胁苦满，默默不欲饮食，心烦喜呕，或胸中烦而不呕，或渴，或腹中痛，或胁下痞硬，或心下悸，小便不利，或不渴，身有微热，或渴者，小柴胡汤主之。(96) 中的小柴胡汤为和解少阳之代表方，方中柴胡味苦平，气质轻清，能助胆气之升发，疏散胆火之郁滞；黄芩苦寒，气味较重，善清里热，二药合用则少阳之火，郁于半表者得以从外疏，郁于半里者得以内清。如此其热可解，由热而致的诸证均可解除。伤寒八九日，下之，胸满烦惊，小便不利，谵语，一身尽重，不可转侧者，柴胡加龙骨牡蛎汤主之。(107) 中的柴胡加龙骨牡蛎汤中运用柴胡和黄芩也具有相同的作用。[2,4,10]

十、通阳泻热

伤寒时间较长而未解，误用攻下，致使邪气弥漫，旁溢他经，表里同病，虚实互见，阴阳错杂，诸证纷起。于此出现少阳胆火与胃中燥热一同上扰而致的心神不宁，肝魂不安等症，治宜和解少阳，通阳泻热，重镇安神。伤寒八九日，下之，胸满烦惊，小便不利，谵语，一身尽重，不可转侧者，柴胡加龙骨牡蛎汤主之。(107) 中柴胡加龙骨牡蛎汤中利用桂枝、茯苓、半夏通阳化气，祛痰行饮，而达邪热得解之功。[1,3,4]

十一、滋阴清热

正常情况下，肾水上济于心，则心火不亢；心火下交于肾，则肾水不寒。如果真阴不足，肾水竭于下，则心火亢于上，水火不相既济，而出现心中烦等诸热症状。治宜滋阴和清热同时进行，原文：少阴病，得之二三日以上，心中烦，不得卧，黄连阿胶汤主之。(303) 中黄连阿胶汤中黄连、黄芩苦寒直折心火，阿胶、芍药、鸡子黄滋补肾阴，诸药合用，滋肾水而降心火，心肾交泰而水火既济。原文中的若脉浮发热，渴欲饮水，小便不利者，猪苓汤主之。(223) 猪苓汤也是滋阴清热的代表方。[2,5]

十二、寒热并用

厥阴肝为风木之脏，相火寄内，寓阴尽阳生之机，喜条达而主疏泄。病人厥阴则木郁化火，风火相搏，上灼心胸胃脘，肝火犯胃，则出现消渴等因热引起的症状。又因其人内有蛔虫寄生，则因其喜温避寒，复闻食臭而上窜，引起剧痛故可出现蛔厥证，蛔厥证因上热下寒、蛔虫内扰而成，因上焦有热，肠中虚寒，蛔虫不安其位为其病变本质，原文有：伤寒，脉微而厥，至七八日肤冷，其人躁而无暂安时者，此为脏厥，非蛔厥也。蛔厥者，其人当吐蛔。令病者静，而复时烦者，此为脏寒。蛔上入其膈，故烦，须臾复止，得食而呕，又烦者，蛔闻食臭出，其人常自吐蛔。蛔厥者，乌梅丸主之。又主久利。(338) 中乌梅丸寒热并用治疗寒热错杂。方中黄连、黄柏清上热而下蛔，细辛、蜀椒、干姜、桂枝温下寒而伏蛔。如此配伍即可清上温下、辛开苦降，可出寒热错杂的病因。书中除了乌梅丸是寒热并用，还有原文：伤寒五六日，呕而发热者，柴胡汤证俱，而以他药下之，柴胡汤证仍在者，复与柴胡汤。此虽已下之，不为逆，必蒸蒸而振，却发热汗出而解。若心下满而硬痛者，此为结胸也，大陷胸汤主之，但满而不痛者，此为痞，柴胡不中与之，宜半夏泻心汤。(149) 伤寒汗出，解之后，胃中不和，心下痞硬，干噫食臭，胁下有水气，腹中雷鸣，下利者，生姜泻心汤主之。(157) 伤寒中风，医反下之，其人下利日数十行，谷不化，腹中雷鸣，心下痞硬而满，干呕，心烦不得安，医见心下痞，谓病不尽，复下之，其痞益甚，此非结热，但以胃中虚，客气上逆，故使硬也，甘草泻心汤主之。(158) 伤寒胸中有热，胃中有邪气，腹中痛，欲呕吐者，黄连汤主之。(173) 伤寒六七日，大下后，寸脉沉而迟，手足厥逆，下部脉不至，喉咽不利，唾脓血，泄利不止者，为难治，麻黄升麻汤主之。(357) 中三泻心汤、黄连汤、麻黄升麻汤也是寒热并用的典型代表。三泻心汤、黄连汤中均用半夏、干姜温中散寒，黄芩、黄连苦寒泻热通降，如此配伍专作用于胃肠寒热错杂之痞证。麻黄升麻汤以知母、黄芩、葳蕤、天冬、石膏、芍药、甘草等清金润肺，滋阴解毒；以白术、干姜等温阳助脾。全方配伍严谨，具有清上温下之功，可治疗上热下寒，寒热错杂之厥阴病证。[1,4,11]

《伤寒论》中有关发热的治疗方法较多，而且其方药配伍严谨、精妙。总结其中的清热方法理论对中医的临床有着深远的指导作用，全面、深入的理解书中所用清热方法，并把这些千古名方运用于临床，对于继承和发扬张仲景的中医学思想具有很大意义。

参考文献

[1] 程昭寰．伤寒心悟［M］．北京：学苑出版社，1989：51～458.

[2] 王有奎．张仲景用药特色赏析仁［M］．北京：人民军医出版社，2009：32～58.

[3] 张长恩．张仲景用药解析［M］．北京：人民军医出版社，2007：55～328.

[4] 石玮．小议《伤寒论》清法［J］．国医论坛，2006，21（1）：1～2.
[5] 丁世幸．《伤寒论》清法评述［J］．实用中医药杂志，2005，21（4）：238.
[6] 李灵辉．论《伤寒论》中苦寒药的运用特点［J］．中医研究，2005，18（1）：14～15.
[7] 杨运高．《伤寒论》活血化瘀法初探［J］．中医函授通讯，1998，17（5）：1～3.
[8] 刘驯．《伤寒论》大承气汤及类方刍议［J］．医学信息，2011，1：330～331.
[9] 刘华东．《伤寒论》茵陈篙汤方证探析［J］．国医论坛，2005，20（4）：1～2.
[10] 柴瑞震．《伤寒论》小柴胡汤证治研究［J］．中医药通报，2010，9（1）：8～11.
[11] 刘华东，黄仕文，张卫华，等．《伤寒论》乌梅丸方证探析［J］．浙江中医药大学学报，2010，34（1）：7～8.
［《现代中医药》2012，32（4）：54］

浅谈《伤寒论》中治疗咳喘的方法

沈正龙　郑学刚　湖北民族学院医学院

《伤寒论》是中医经典著作，是中医学史上第一部理法方药完备、理论联系实际的临床医学著作，奠定了中医辨证论治的原则与方法，其不仅为外感热病立法，同时也兼论内伤杂病及其他疾病，并在此基础上创立了六经辨证论治体系。虽无咳喘专篇，但随着病证的变化，有不少涉及肺系而表现为“咳喘”“上气”“气逆”的症候，并确立了相应治法与组方[1]。一千多年以来，一直对中医临床各科起着重要的指导作用，被后世医家视为“众法之宗，群方之祖”。探寻《伤寒论》治咳学术思想及理法方药规律，对于提高临床辨治水平具有重要的指导价值。（注：以下括号中标注的数字为《伤寒论》原文条文编次）。

一、化痰降逆、降气平喘止咳：桂枝加厚朴杏子汤

“喘家作，桂枝汤，加厚朴杏子佳（18）。”“太阳病，下之微喘者，表未解故也，桂枝加厚朴杏子汤主之（43）。”素有喘病，又患新感，或是太阳病误下，表未解者，以致出现发热汗出兼有气喘之病。肺为呼吸之门，其气不利而不能流通宣布，肺气上逆则出现咳喘。本方于桂枝汤调和营卫、解肌发汗之中加厚朴杏子以下气消痰，达到平喘止咳的效果[2]。

二、温经通阳、散寒止咳：桂枝去芍药加附子汤

“若微寒者，桂枝去芍药加附子汤主之（22）。”本条是在前几条表证未除而误下之后出现的微恶寒，据其脉证可知是因为阳虚较重，不能温煦肌表，又无力鼓动气血。表邪欲入里，肺卫奋起抵抗，正邪交争于肺，致使肺气不利则声咳嗽。本方在桂枝汤解表基础上，去除芍药，以防其敛邪不散。桂枝、生姜仍具解表祛风通阳之性，加用附子以增强温阳散寒之功。使得阴寒邪气得散，胸阳得通。如此，咳嗽自止[2,3]。

三、散寒解表、宣肺平喘止咳：麻黄汤

“太阳病，头痛，发热，身痛，腰痛，骨节疼痛，恶风，无汗而喘者，麻黄汤主之（35）。”肺主气，外合皮毛，风寒之邪侵袭太阳，肺卫之气受损并受束缚，影响肺气的宣降功能，肺气上逆则咳嗽。麻黄汤四味药成方，配伍严谨，是为发汗之峻剂。正合《内经》“寒淫于内，治以甘热。”具有辛温发汗，宣肺平喘止咳功效[2,4]。

四、解表散寒、温肺化饮止咳：小青龙汤

“伤寒表不解，心下有水气，干呕，发热而咳，或渴，或利，或噎，或小便不利、少腹满，或喘者，小青龙汤主之（40）。”“伤寒，心下有水气，咳而微喘，发热不渴。服汤已渴者，此寒去欲解也。小青龙汤主之（41）。”寒邪袭于表，水饮停于里。水饮为外感之风寒相激，内饮与外寒相搏结，致使气逆水升，水气上犯致肺寒，肺寒与外寒合邪上逆则咳。小青龙汤意在辛温解表，以散外感之风寒；辛散温化，以内停之水饮。如此诸证可愈，咳嗽自止[5,6]。

五、解表清里、平喘止咳

（一）喘而无汗

大青龙汤“太阳中风，脉浮紧，发热恶寒，身疼痛，不汗出而烦躁着，大青龙汤主之。若脉微弱，汗出恶风者，不可服之。服之则厥逆，筋惕肉瞤，此为逆也（38）。”寒邪袭表，腠理闭塞，肺卫奋起抗邪，正邪交争，阳气内郁而发热，出现表寒里热。肺主皮毛，外受寒邪侵袭，内有热邪郁结。致使肺气不利，进而为咳。大青龙汤是在麻黄汤基础上倍用麻黄，增大其发汗功效，同时用石膏清里

热。散表寒与清里热同步进行，外寒内热皆去，可达平喘止咳[2,3,4]。

（二）喘而有汗

麻黄杏仁甘草石膏汤“发汗后，不可更行桂枝汤，汗出而喘，无大热者，可与麻黄杏仁甘草石膏汤（63）。”“下后，不可更行桂枝汤，若汗出而喘，无大热者，可与麻黄杏仁甘草石膏汤（162）。”邪不在表，而误用汗下，使邪热内传，肺热壅盛，邪热迫于肺，肺气不得宣降，故见咳喘。方中石膏辛甘大寒，麻黄辛热。石膏倍用于麻黄，则石膏辛寒之性可制麻黄之辛温，而麻黄辛温之性转而为辛凉之用，二者相配，清宣肺热而定咳喘[2,3,4]。

六、通里泄热、平喘止咳

（一）湿热壅盛

葛根芩连汤“太阳病，桂枝证，医反下之，利遂不止，脉促者，表未解也；喘而汗出者，葛根芩连汤主之（34）。”太阳中风证，当以汗解，而误用下法，以致邪气内陷，表邪化热入里，表里之热逼迫于肺，肺失清肃则咳喘。本证为热邪下迫大肠，兼以犯肺，以下利为主，咳喘为兼见。葛根芩连汤四药配伍，既清里热以止利，又能解表邪而退热，是为表里双解之剂。清热止利，兼以透表，不专治咳喘而咳喘自止[7]。

（二）实热结聚

大承气汤“二阳并病，太阳证罢，但发潮热，手足漐漐汗出，大便难而谵语者，下之则愈，宜大承气汤（220）。”本条虽未直接论及咳喘，但是肺与大肠相表里。肠腑不通必影响肺脏的宣降功能，肺气不利则为咳喘。治之当以泄肠腑实热，实热去则咳嗽自止。大承气汤专为痞满燥实而设，具有攻下实热涤荡燥结之功效[2,7]。

七、健脾利水止咳：茯苓桂枝白术甘草汤

“伤寒若吐、若下后，心下逆满，气上冲胸，起则头眩，脉沉紧，发汗则动经，身为振振摇者，茯苓桂枝白术甘草汤主之（67）。”脾具有吸收、输布水液，防止水液在体内停滞的作用。脾在人体水液代谢过程中的推动和调节作用能防止水液在体内发生不正常的停滞。脾失健运，则水液运化无力，犯于肺则生咳嗽。只有恢复脾的运化功能才可使咳嗽停止[8]。方中白术甘温，有补气健脾，燥湿利水之功。茯苓甘、淡，有健脾利水渗湿之功。白术与茯苓均有健脾除水渗湿的作用，白术健脾益气的功能强，茯苓利水渗湿的功能强，二者合用，相须为伍，相互促进，增强其健脾利水、消痰化饮的作用。因水饮而咳者，水饮消散，咳嗽自止[3,7]。

八、滋阴清热、利湿止咳：猪苓汤

少阴阴虚、水热互结迫于肺则咳嗽。书中有：“少阴病，下利、六七日，咳而呕渴，心烦不得眠者，猪苓汤主之（319）。”方中猪苓，茯苓，泽泻皆淡渗利水。猪苓导热下利而不伤阴。泽泻利水之中，又补阴之不足。阿胶味厚而甘，既滋真阴，又能济心火以下交于肾，是以共成育阴利水之法。使结于肺部的水热得以化解。从而治疗咳嗽[3,4]。

九、和解少阳、调畅气机：小柴胡汤

“伤寒五六日中风，往来寒热，胸胁苦满，默默不欲饮食，心烦喜呕，或胸中烦而不呕，或渴，或腹中痛，或胁下痞硬，或心下悸，小便不利，或不渴，身有微热，或咳者，小柴胡汤主之（96）。”肝胆互为表里，同主疏泄，调畅气机。同时少阳属三焦，三焦气化而为水道，故肝胆气机郁滞而致三焦气机不利，三焦不能通调水道，气机壅滞，进而水停为患，阳气不宣可致水停，水寒射肺则生咳嗽。小柴胡汤和解少阳，疏解少阳枢机，全方配伍严谨，具有升清降浊，通调经腑，和解表里之功。使少阳气机顺畅，咳嗽可止[6]。

十、调畅气机、温肺散寒：四逆散

“少阴病，四逆，其人或咳，或悸，或小便不利，或腹中痛，或泄利下重者，四逆散主之（318）。”本条为肝胃气滞，气机不畅，而致阳郁于里，不能通于四末。若肺寒气逆则咳。四逆散全方有宣畅气机，透达郁阳的作用，使肝气条达，郁阳得伸。更加五味子、干姜以温肺而收气逆，共奏止咳之功[3]。

十一、温肺化饮、利水止咳：真武汤

“少阴病，二三日不已，至四五日，腹痛，小便不利，四肢沉重疼痛，自下利者，此为有水气。其人或咳，或小便利，或呕者，真武汤主之（316）。”脾肾阳虚，运化无力，导致水液滞留体内，水邪变动不居，可随气机升降而到处为患，其中水邪上凌心肺，则生咳嗽[3]。真武汤用熟附子辛热，温补肾阳，使水有所主；白术甘温，燥湿健脾，使水有所制；生姜辛温，宣发肺气，使水有所散。茯苓淡渗，走膀胱，佐白术健脾，是于制水中有利之用。芍药敛阴和营，既可制姜附之辛燥，又

可于温阳利水中发挥其固护阴液之功，以防过利伤阴之弊。更加用干姜、细辛以散寒水，如此肾阳得复，寒水得去，咳嗽得止[9]。

十二、清热化痰、宣肺止咳：桔梗汤

“少阴病，二三日，咽痛者，可与甘草汤。不差，与桔梗汤（311）。”风热之邪犯肺，肺气不利，上逆于肺则生咳嗽。桔梗汤药虽二味，能起到宣开肺气，清利咽喉的作用，则咳嗽自止。

参考文献

[1] 李赛美.《伤寒论》治咳特色与临床运用［J］.新中医，2006，38（8）：5～7.

[2] 程昭寰.伤寒心悟［M］.北京：学苑出版社，2003：49.

[3] 王有奎.张仲景用药特色赏析［M］.北京：人民军医出版社，2005：72.

[4] 张长恩.张仲景用药解析［M］.北京：人民军医出版社，2003.

[5] 赵岩，林庶茹，李斌.论《伤寒论》中小青龙汤与喘证［J］，辽宁中医学院学报，2005，7（3）：205.

[6] 张杰，李秋明，张雷.小青龙汤的临床运用［J］，社区中医药·医学专业半月刊，2008，21（10）：132.

[7] 尚学瑞，赵世运.简析《伤寒论》论治咳嗽［J］，中医研究，2002，15（2）：12～13.

[8] 李坤.《伤寒论》咳嗽浅析［J］.四川中医，1994，（5）：17～19.

[9] 余国俊.真武汤治咳嗽［J］，中国社区医师，2008，8（24）：40.

［《现代中医药》2012，32（3）：74］

浅谈经方治疗心悸

董　明　马秀波

吉林省长白朝鲜族自治县中医院

心悸是患者自觉心中悸动，是一种自觉症状。发生时，患者自觉心跳快而强，并伴有心前区不适感。属祖国医学“惊悸”和“怔忡”的范畴。本病症可见于多种疾病过程中，多与失眠、健忘、眩晕、耳鸣等并存，凡各种原因引起心脏搏动频率、节律发生异常，均可导致心悸。汉代张仲景在《金匮要略》及《伤寒论》中正式提出“心悸”之名。现将经方治疗心悸按照辨证类型总结如下。

一、心阳不足

（一）桂枝甘草汤证

原文：《伤寒论》64条：“发汗过多，其人叉手自冒心，心下悸，欲得按者，桂枝甘草汤主之”。症状：“叉手自冒心，心下悸，欲得按”，面色苍白，自汗气短，形寒肢冷，舌淡苔白，脉虚无力等。病机：汗为心之液，发汗过多，内伤心阳，心脏失去阳气的庇护则空虚无主，所以心中悸动不安[1]。心虚则喜按，故其人常以双手按其心胸以安心悸。正如尤在泾所说“叉手自冒心，里虚欲作外护，悸，心动筑筑然不宁，欲得按而止”。治法：温心阳，益心气。方剂：桂枝甘草汤。桂枝辛甘性温，入心助阳；炙甘草甘温，益气和中。二药相伍，辛甘化阳，使心阳复则心悸可愈。注意：本方须浓煎，顿服，使药物快速显效。

（二）桂枝甘草龙骨牡蛎汤证

原文：《伤寒论》118条：“火逆下之，因烧针烦躁者，桂枝甘草龙骨牡蛎汤主之”。症状：心悸，烦躁，舌淡苔白。病机：火法取汗，迫津外泄，心阳耗损，医者又妄投攻下之剂，一误再误，使心阳受损。心阳虚而见烦躁，心神不敛，非热邪所为，还当见舌淡苔白。治法：温通心阳，潜镇心神。方药：桂枝龙骨牡蛎汤。桂枝温通心阳；龙骨、牡蛎潜阳安神，除烦。

（三）桂枝去芍药加蜀漆牡蛎龙骨救逆汤证

原文：《伤寒论》115条：“伤寒脉浮，医以火迫劫之，亡阳，必惊狂，卧起不安者，桂枝去芍药加牡蛎蜀漆龙骨救逆汤主之。”；《金匮要略·惊悸吐衄下血胸满瘀血第十六》12条：“火邪者，桂枝去芍药加蜀漆牡蛎龙骨救逆汤主之。”症状：心悸，惊恐不安，甚而狂乱。病机：这两条均为心阳虚惊恐的证治。伤寒误用烧针等火法强取其汗，汗多亡阳，心阳外散，神不潜藏，故惊恐不定，狂乱不安；心阳不能安位，神明无主，故卧起不安，悸动难宁。此为阳虚心悸之重症。治法：温通心阳，潜镇安神。方药：桂枝去芍药去蜀漆牡蛎龙骨救逆汤。桂枝汤温复心阳，去芍药减轻其敛阴之功，加蜀漆祛痰；龙骨、牡蛎潜阳安神，使阳回神敛，狂乱自宁。

二、心阴阳两虚

（一）炙甘草汤证

原文：《伤寒论》177条：“伤寒，脉结代，心动悸，炙甘草汤主之。”症状：心悸，其动应衣，面色苍白，气短、心胸憋闷、四肢不温，舌红少苔，脉结代。病机：由于心脏本虚，复感外邪致心阴阳气血俱虚，心阴不足，心血亏少，心失所养，而引起的“心动悸”；心阴虚则脉无以充盈，心阳虚则鼓动无力，故可见“脉结代”[2]。治法：益气滋阴，通阳复脉。方药：炙甘草汤。炙甘草补中益气，以充气血生化之源，合人参、大枣补中气，滋化源，补气生血；生地、麦冬、阿胶、麻仁养心阴，补心血，以充血脉；桂枝、生姜宣阳化阴，且桂枝甘草相合辛甘化阳，以温通心阳，加清酒振奋阳气，温通血脉。

三、心脾两虚

（一）小建中汤证

原文：《伤寒论》102条：“伤寒二三日，心中悸而烦者，小建中汤主之。”；《金匮要略·血痹虚劳病脉证并治第六》13条：“虚劳里急，悸，衄，腹中痛，梦失精，四肢酸疼，手足烦热，咽干口燥，小建中汤主之”。症状：心悸怔忡，面色不华，头晕失眠，神疲乏力，食欲不振，腹胀便溏，舌淡，脉细弱。病机：里气先虚，心脾不足，气血双亏，里虚邪扰，气血不足，心无所主则悸，神志不宁则烦。如尤在泾所言：“伤寒里虚则悸，邪扰则烦。二三日悸而烦者，正虚不足邪欲入也。是不可攻其邪，但与小建中汤温养中气，中气立，则邪自解”。治法：建中补虚，调和营卫。方药：小建中汤。本方为桂枝汤倍芍药加胶饴组成。方中重用饴糖温中补虚，和里缓急；桂枝温阳散寒；芍药和营益阴；炙甘草调中益气。诸药合用，共奏温养中气，平补阴阳，调和营卫之功。

（二）茯苓甘草汤证

原文：《伤寒论》356条：“伤寒，厥而心下悸，宜先治水，当服茯苓甘草汤”。症状：“厥而心下悸”并兼有口不渴，小便不利，脘痞，苔白滑，脉沉迟。病机：为胃阳不足，饮停中焦，由于脾胃阳虚，水停中焦，脾胃运化水湿功能失职，水气上犯于心，故必见心下悸动。困阻心阳，清阳不得四布，水津内停，故悸兼见厥逆。厥与悸皆因水饮为患，宜先治水，水饮得去，阳气得通，厥逆可愈[3]。治法：温中化饮，通阳利水。方药：茯苓甘草汤。方中茯苓、甘草以通心阳，桂枝通阳化气，茯苓、生姜以化水邪，水去阳复则悸可定矣。

（三）小半夏加茯苓汤证

原文：《金匮·痰饮咳嗽病脉证并治第十二》30条：“卒呕吐，心下痞，膈间有水，眩悸者，小半夏加茯苓汤主之”。症状：眩悸，呕吐，心下痞满不舒，小便不利，脉白滑，脉迟。病机：饮邪逆膈，病变重在中焦脾胃。内有痰饮，扰动胃室，而致胃不降反升，发为呕吐；中焦脾胃受累，运化受阻，故见心下痞满；痰阻心阳，清阳失布，故见眩悸；水停中焦，纳运失司，则见心下痞。治法：通阳降逆，利水健中。方药：小半夏加茯苓汤。方中半夏辛走而散，涤痰除垢，为开窍利湿之药；辛开上焦之痰，以清水之上源；苦燥中焦之湿痰，而脾自健；辛通则液化，湿去则肾燥得润而小便通利；茯苓淡渗利水除湿，水去则胸膈自宽痞满得除，心宁神安而心悸亦平；生姜辛以入肺，逐阴行阳以开血痹，则心脉得通气营以行，元神得养而三焦生化有序。

四、心肾两虚

（一）茯苓桂枝甘草大枣汤证

原文：《伤寒论》65条及《金匮·奔豚气病脉证并治第八》4条：“发汗后，其人脐下悸者，欲作奔豚，茯苓桂枝甘草大枣汤主之”。症状：惊悸不安，奔豚，小便不利，舌淡苔白，脉弱。病机：病机为心阳由汗而伤，则下焦阴霾水聚，盛则逆而上冲，故见悸始于脐下，如作奔豚之势，上冲心胸，亦可见心中悸动不安。治法：温阳健脾，行水定悸。方药：茯苓桂枝甘草大枣汤。茯苓健脾利水而制其泛滥；桂枝振复心阳而助膀胱气化；甘草、大枣培土抑水。心阳复，水湿去，则下积之阴因暖而消，全方共达温阳健脾，行水定悸之效。

（二）真武汤证

原文：《伤寒论》82条：“太阳病发汗，汗出不解，其人仍发热，心下悸，头眩，身瞤动，振振欲擗地者，真武汤主之”。症状：心悸喘咳、不能平卧，头目眩晕，筋惕肉瞤，小便不利，腹胀身肿，舌淡胖，苔白，脉沉细。病机：由于太阳病误汗而致脾肾阳虚，肾阳虚衰不能制水，水气上凌于心[4]。《医宗金鉴》云：“……大汗出，仍热不解，阳亡于外也。”柯韵伯说：“……仍发热而心下悸，坎阳外亡，而肾水凌心耳。”治法：温阳利水。方药：真武汤。白术、茯苓，补脾以制水，生姜、附子，温肾以化水，芍药以活血脉、利小便，并兼制姜、附燥烈之性。

五、心肝同病

（一）小柴胡汤证

原文：《伤寒论》96条：“伤寒五六日中风，往来寒热，胸胁苦满，嘿嘿不欲饮食，心烦喜呕，或胸中烦而不呕，或渴，或腹中痛，或胁下痞硬，或心下悸、小便不利，或不渴，身有微热，或咳者，小柴胡汤主之”。症状：心下悸，寒热往来，胸胁苦满，不欲饮食，心烦喜呕，小便不利，脉弦等。病机：邪入少阳，枢机不利，三焦为之阻滞，故令水道不畅，水饮内停，饮邪凌于上而心下悸。此“悸”乃邪郁少阳，疏机不利，水气不化凌心所致。治法：和解少阳，调达枢机。方药：小柴胡汤。黄芩，导水逐邪，宁心安神。少阳邪解，三焦通畅，悸可定矣。

（二）四逆散证

原文：《伤寒论》318条：“少阴病，四逆，其人或咳，或悸，或小便不利，或腹中痛，或泄利下重者，四逆散主之”。症状：心悸，胁肋胀闷，脘腹疼痛，脉弦。病机：肝气不舒，少阴阳气被郁，不达于四肢则见四逆证，影响心胸阳气之宣通，则或见心悸。治法：疏肝理脾；理气解郁。方药：四逆散。方中柴胡既可疏解肝郁，又可升清阳以使郁热外透，芍药养血敛阴，佐以枳实行气散结，炙甘草缓急和中，加桂枝温通心阳以定悸；小便不利者，加茯苓，以保心气，通水道。阴阳之气相互顺接，阳气通畅，则“悸”症自除。

六、心肺同病

半夏麻黄丸证：原文：《金匮要略·惊悸病》13条：“心下悸者，半夏麻黄丸主之”。症状：惊惕，心悸，胸脘满闷，呼吸急促，呕吐泛恶，恶寒，咳逆，舌苔白腻厚浊，脉滑或弦紧。病机：痰饮不化，滞留中焦，上不能通过肺气之通调，中不能借助脾胃之输转以升降，寒痰搏结，阻遏气机，气滞血瘀，则见心悸及脘。治法：通阳化饮。方药：半夏麻黄丸，一宣一降，以蠲饮邪，取麻黄宣发阳气，半夏蠲饮降逆。但阳气不能过发，停饮不易速消，故用丸剂小量缓缓图之。且蜜与米饮皆为补正益气生津之品，令邪去而正不伤。

七、讨论

总之，仲景对心悸的证治，不独着眼于心之本脏，以“五藏相通，移皆有次。”它脏阳虚或阳郁，病及于心者，皆可发为心悸。张仲景治疗心悸方药，在辨证求因前提下，组方严谨，遣药恰当，笔者遵旨施用，每获良效。

参考文献

［1］李素清.《伤寒论》“悸”的辨治规律探讨［J］. 中医药研究，1998，14（4）：1.

［2］刘渡舟，傅世垣. 伤寒论诠解［M］. 天津：天津科学技术出版社，1983：40.

［3］顾宁，陈红锦.《伤寒论》心悸证治浅析［J］. 中医药研究，2002，16（1）：3～4.

［4］马群力. 仲景论悸考辨［J］. 中医药学刊，2004，22（7）：1306～1307.

［《中国医药》2012，10（6）：231］

浅谈俞根初对《伤寒论》伤寒阳明证治的发挥

张宏瑛　天津南开圣仁门诊部

俞根初（1734～1799年），名肇源，清代名医，“绍派伤寒”的创始人。俞氏在《通俗伤寒论》一书中，从广义伤寒立论，以仲景六经辨证为本，融气化学说于六经辨证之内，全面论述四时外感病的辨证治疗规律，且在仲景《伤寒论》伤寒阳明证治的基础上多有引申发挥，其主要体现如下。

一、引入气化学说，以水化火化归类阳明证侯

明清期间，气化学说在江南地区比较流行，如张志聪、高世栻等钱塘医家就大力倡导运用“六经六气标本中见理论”研究仲景《伤寒论》奥义，深入阐发经旨。俞根初受当时医学学风的影响，对气化学说用心较多，对其运用也驾轻就熟，他从六经气化学说入手，深入探讨六经病证的传变规律，把阳明气化传变归为火化和水化两类，其中从火化者为热证，从水化者为寒证。从火化和水化传变与其人禀赋、脏气盛衰有着密切的关系，若其人素体阳盛，胃气实，则邪传阳明易从火化；若其人素体阳虚，胃气虚，则邪传阳明易从水化。他通过临证经验总结阳明病证的特点：“阳明之为病，实证多属于火，虚证多属于水，暴病多属于食，久病多属于血。”[1]俞氏把阳明病证按照标、本、中见以及兼证加以归类，其中，阳明经络为标居表，阳明胃腑为本居里，表里两经维络相通，故彼此互为中气。故阳明标证多见经络体表巡行部位的症状，本证多见阳明胃腑所主功能性的症状，中见证多表现为相表里经的症状，兼证则多以阳明里实热证为主，同时又兼有它经的症状。阳明气化传变有燥则从本，热则从标，湿则从中见三端。其中，从本、从标而化多为火化证，从中见太阴之湿而化多为水化证。

二、以水火二化为纲，纲举目张补充阳明证型

俞根初以水化、火化为纲，把伤寒阳明证归纳

为火化证和水化证两类。阳明火化证分为：阳明经证、阳明腑证及阳明变证。阳明经证，为邪传阳明，无形邪热炽盛之证。阳明腑证则包括太阳阳明、正阳阳明、少阳阳明、太阴阳明、少阴阳明、厥阴阳明。太阳阳明证有别于《伤寒论》太阳阳明之脾约证，而为太阳转属阳明之热结证。正阳阳明证为太阳表邪未解，而入阳明，邪热结于胃腑之证。少阳阳明证，为仲景所讲发汗、利小便之后，津液损伤，少阳之邪传入阳明，化燥成实，胃中燥烦实，大便难之证。三阴阳明证仲景在《伤寒论》中并未明确指出，而俞氏把此证补入。太阴阳明证其证有二：一是手太阴与阳明合病，为其人痰热素盛，复感伤寒，邪结阳明，而致肺热腑实之证。二是足太阴与阳明合病，为其人湿热蕴脾，兼有食滞，复感伤寒，邪传阳明，脾湿与胃热相结，湿火化成燥火之证。少阴阳明证轻证为阳明经证误用下法，损伤中气，胃中空虚，客热之气乘虚内陷心包、胃络之间，而成邪热郁于包络之闷证。重证为少阴病，由于阳气回复，邪从火化，使脏邪还腑，入阳明燥化而成下证。危证为少阴病，少阴之邪化火，少火悉成壮火，合阳明燥热而成下证。厥阴阳明证轻证为其人平素肝郁，复感风寒，热陷在里，厥阴肝郁合阳明热结而成下证。重证为厥阴肝火亢盛，合阳明热结，成热陷于里，阳气不能外达，四肢厥逆之证。危证为厥阴肝经郁火，深伏于肝脏血络之中，邪热直透于胃肠，出现热深厥深之危侯。阳明水化证有两类，①太阳表证未罢，顺传阳明，而成表热里寒之证；②中阳素虚，猝为表寒所侵，触动阳明里结之水气，累及脾阳不能健运之证[2]。

三、六经证治尤重阳明，清除实邪取道阳明

伤寒证治虽应六经并重，而俞氏尤重阳明。他说：“凡勘外感病，必先能治伤寒；凡勘伤寒病，必先能治阳明。”“暑热燥火，治在阳明。”“风寒、暑湿、湿温、温热，一经传到阳明，皆成燥火重病，其生其死，不过浃辰之间，即日用对病真方，尚恐不及，若仅视同他病，力求轻稳，缓缓延之，而病多有迫不及待者。”（何秀山《通俗伤寒论·六经总诀》按）俞氏认为：“逐邪以发表攻里为先”，“未入于腑者，可汗而已。已入于腑者，可下而已。”“六经实热，总清阳明。”[1]阳道实，三阳之邪内结，而成燥热实邪，须借道阳明，宜使用苦寒攻下之品以驱除内实之邪；而三阴证由于阳气的回复，由虚转实，使三阴脏邪还腑，应主以清通阳明，亦宜借阳明为排除邪气之通路。在外感病证中，热既入里，邪从火化，而火必就燥，则宜急下存津，不使胃中津液为实火燔灼枯槁而死。至于邪结阳明，里邪壅塞，气机郁滞，又宜以开郁通下为先导，开其郁皆所以通其气机之郁滞也。对于外感病兼夹痰浊水饮、宿食积滞、虫积瘀血、蓄水败精等，宜使用导痰、蠲饮、消食、去积、通瘀、杀虫、利小便、逐败精等法，而这些治疗方法俞氏亦归于攻里法之列，其中许多驱除里邪的方法，多借道阳明胃腑为邪之出路。

四、发挥清下二法，对治阳明兼证常多法合用

俞氏认为，伤寒阳明证主以清、下二法，阳明证治应以寒凉泻热为主。阳明火化证，以攻下剂、清凉剂治之。病在阳明之经，宜用黄芩、黄连、石膏、知母苦寒之剂清解泻热；病在阳明之腑，则宜用芒硝、大黄、枳实、厚朴苦辛之剂通腑泻热。俞氏根据阳明腑证证情的缓急轻重，法用承气，而治分缓峻。针对阳明燥邪初结胃腑，以调胃承气汤益胃和中，缓下胃腑结热；针对阳明热炽，热蕴于小肠火腑，以小承气汤苦辛通降，直下小肠结热；针对阳明腑实，痞满燥实坚俱甚，以大承气汤苦寒泻热，润燥软坚，泄满消痞，峻下大肠结热。对邪热传入阳明胃经，热邪散漫，而尚未结实，证见烦渴、热汗，皮肤隐疹，尿热短赤，甚则咳血昏狂，用新加白虎汤清解表里三焦之邪热。俞氏以仲景经方为本，参以许多医家的心得，针对有气郁、血瘀、痰火、食滞、正亏兼夹证的伤寒阳明证，常把它法与清法、下法合用，拟定若干方剂。

五、阳明亦有虚寒证，治法主以温脾和胃

阳明证虽以里实热证为主，火化证居多，然而阳明证亦可见里虚寒证，这类证在《伤寒论》条文中也有述及。俞氏把阳明里虚寒证称为水化证，这类证病机为：其人胃弱脾虚，胃不受纳腐熟水谷，脾不运化水湿，水湿停于体内，复有太阳表邪传入阳明，胃虚邪扰，而使中阳更虚，中焦斡旋失司，脾胃功能失常，出现呕吐、不能食、脘腹满、小便不利，下利完谷不化等症，由于阳明里虚寒证与太阴里虚寒证在症状上有相似之处，因此二者容易混淆。太阴里虚寒证，脾阳更为虚衰，由于脾阳虚、脾气虚，运化失司，寒湿内盛，气机阻滞，故还可见腹满时痛时止、隐痛、喜暖喜按、得温得按则减、周身乏力、下利、大便清冷稀溏等表现，如失治、误治，日久亦会累及肾阳虚损，形成脾肾两

虚，出现肢冷、肢厥。治疗伤寒阳明罩虚寒证，俞氏旌以温中祛寒，和胃降逆。若中寒胃中虚冷，太阳表证未罢，顺传阳明，而成表热里寒之证，证如头身无汗，但手足濈然汗出，下利清谷，小便不利，舌苔白滑浮涨，脉浮而迟。先以桂枝橘皮汤解表调营，再以香砂二陈汤温运脾阳，燥湿和中，终以白术和中汤温脾和胃培中以善后。若中阳素虚，猝为表寒所侵，触动阳明里结之水气，累及脾阳不能健运之证，证见胃中寒，不能食，食谷欲呕，饮水即哕，脘腹满，小便难，大便自利，甚则吐水肢厥，下利完谷不化，舌苔淡白，白滑而嫩，脉沉弦而迟。若呕甚者，先以吴茱萸汤止其呕；利甚者，与胃苓汤温中化水止利；继以香砂理中汤温健脾阳，升发胃气[2]。

六、结语及讨论

由于仲景把“阳明之为病，胃家实是也”作为阳明病提纲证，以及后世根据阳明、太阴病证相互转化规律提出“实则阳明，虚则太阴”之说，于是把阳明虚寒证归入太阴病，错误地认为阳明病只是单纯的实热证[3]。俞氏从六经气化传变、阳明与太阴证外证表现和病证的治疗用药原则等角度把阳明与太阴虚寒证做了明确地界定，提示阳明病实热证与里虚寒证都不能忽视。俞氏还提出伤寒阳明证以里实热证居多，以火化证为主。中清、下夺、从温为俞氏伤寒阳明证治主要方法。若阳明热炽于内外，以辛寒之品大清气分亢热；阳明热结肠腑，以苦寒之品攻逐肠腑燥结；阳明虚寒吐利，以甘温之品温脾调中。阳明气分实热证阶段，正不示弱，邪亦较盛，正邪交争激烈，使用恰当的清凉剂、攻下剂即可把病邪驱除，如果临证失治、误治，而使病邪突破了阳明气分关隘，病邪得以向内深传，侵入三阴或深入营血分，往往会造成机体气血津液的受损，以及实质脏器的损害，使变证蜂起。因此，临证一定要牢牢地把住阳明气分关，在治疗中权衡好扶正与祛邪的关系，采用灵活的方法，精准地分消病邪，及时地削弱病势，适时地扶补正气，设法激发正气奋起御邪的能力，最终把病邪歼灭于阳明气分阶段，使邪去正安。这是笔者的一些临证体会，望同道指正。

参考文献

[1] 清·俞根初原著，连建伟订校．三订通俗伤寒论［M］．北京：中医古籍出版社，2002：29～225.
[2] 民国·何廉臣．增订通俗伤寒论［M］．福州：福建科学技术出版社，2004：211～219.
[3] 陈亦人．《伤寒论》求是［M］．上海：上海科学技术出版社，2008：53～55.

［《浙江中医杂志》2012，47（11）：793］

浅谈张仲景组方用药的动态平衡

王　玄　北京中医药大学东方学院

《黄帝内经》是我国现存最早的医学典籍，其中包含着丰富的哲学思想。历代医家非常重视《内经》，尊之为“医家之宗”。《素问·生气通天论》云：“阴平阳秘，精神乃治”“阴阳离绝，精气乃绝”，这提示了阴阳平衡的重要性，揭示了疾病发生、发展和转归的机体内部矛盾的作用。《内经》所说的阴阳平衡是动态平衡，是阴阳在相互对立斗争，依存互根，消长转化的运动发展中取得的平衡。医圣张仲景继承了《内经》的哲学思想，确立了六经辩证的治疗原则。其所著《伤寒杂病论》中记载大量有效方剂，后世中医学家称《伤寒杂病论》为“活人之书”“方书之祖”。

《金匮心典·徐序》：“惟仲景则独祖经方，而集其大成，惟此两书，真所谓经方之祖。”后世医家把《伤寒杂病论》中记载的方剂称为“经方”，不无道理。纵观《伤寒杂病论》之方药组成，仲景严谨且简练的用药中处处体现了组方的动态平衡规律[1～4]。本人认为主要体现在以下七个方面，简要归纳。

一、阴阳调和

肾气丸：疾病的产生，从根本上说是阴阳的相对平衡遭到破坏，故调整阴阳则是临床治疗的根本原则之一。本方以桂附各一两温经暖肾，总督诸阳，二药相合，补肾阳之虚，助气化之复，振奋阳气以上贯腰肾，使膀胱气化水行，所谓“阴得阳升则源泉不竭”。然肾为水火之脏。内寓元阴元阳，阴阳一方的偏衰必将导致阴损及阳或阳损及阴。若单补阳而不顾阴，则阳无以附。肾气丸以肾气虚为主，肾气的生成依赖肾阴肾阳的同时存在，肾的元阴元阳又互为其根。今肾之阴阳两虚，故其治疗当以振奋肾中元气为主，不可单纯纯补肾阳。故以干地黄八两，山药、山茱萸各四两，丹皮三两滋养肝肾精血，所谓“阳得阴助则生化无穷”。阴阳二药相合，不仅可藉阴中求阳而增补阳之力，而且阳药得阴药之柔润则温而不燥，阴药得阳药之温通则滋而不腻，二者相得益彰。《景岳全书》曰：“善补阳者，必于阴中求阳，阳得阴助，则生化无穷；善补阴者，必于阳中求阴，阴得阳升，则泉源不竭。”

肾气丸通过大量滋阴之品配伍少许温阳之药，能够使阴化阳，使阳助阴，阴生阳长，最后达到阴阳平衡，是补肾之祖方。

二、寒热并用

半夏泻心汤：本用药方面适用于寒热错杂证，用药时既保留了药物的功效，又缓解了药物性味的弊端。半夏泻心汤主治寒热错杂之痞证。本方由七味药组成，实际上是小柴胡汤减去柴胡，加上黄连，生姜变成干姜而成。本方有三组药，一个是辛味药，半夏、干姜是辛味药；一个是苦味药，黄芩、黄连是苦味药；一个是甜味药，人参、甘草、大枣是甜味药，用之为调和之法。本方用半夏、干姜之辛热，以降逆止呕、温中散寒；用黄芩、黄连之苦寒，以泄热开痞。以上四位同用，寒热互用以和其阴阳，辛开苦降以调其升降。纵观本方，组方配伍严谨，用药精炼，体现仲景寒热并用的组方思想。

三、攻补兼施

鳖甲煎丸：在本方面的组方用药中都体现了攻不伤正，补不助邪的原则。鳖甲煎丸合清酒、灶下灰共 25 味药，本方为寒热并用，攻补兼施，行气化瘀，除痰消积的方剂。方中鳖甲为君，软坚散结消积，合灶下灰、清酒以祛痰消积。以大黄、赤硝、桃仁、蜣螂、蟅虫、鼠妇、蜂窝、牡丹皮、紫葳等攻逐之品、攻逐血结、逐瘀化积。其中虫类药物，攻逐化瘀之力强，又因其为血肉有情之品，故其又兼补益之效。半夏、厚朴、乌扇、葶苈子、石韦、瞿麦以利水道，黄芩、干姜以调和寒热阴阳，桂枝、柴胡以通调营卫。最后，人参、阿胶、芍药以补气养血。清代医家张璐在《千金方衍义》中曾对此方有如此评价："药虽峻而不骤伤元气，深得峻药缓攻之法。"纵观全方，所用之药虽多而杂，但体现了仲景攻补兼施、气血津液同治的组方思想，成为治疗疟母的主方，为后世医家在活血化痰治法的方剂奠定了基础。

四、散敛相合

桂枝汤：仲景常把辛散药和酸敛药合用，相互为用，相互制约，使散而不伤正，敛而不留邪。桂枝汤为仲景群方之魁，具有解肌发表，调和营卫之功。桂枝汤由五味药组成，包括桂枝、芍药、甘草、生姜、大枣。方中桂枝为君，助卫阳，通经络，解肌发表而祛在表之邪。芍药为臣，益阴敛营，敛固外泄之营阴。仲景组本方桂枝芍药等量合用，体现相制相成，散中有收，汗中寓补。桂枝加生姜，借辛散之力发汗解肌，能祛卫分之邪。芍药加大枣，借酸敛滋养之力补脾生津，调和营卫。炙甘草调和药性，合桂枝生姜辛甘发散充实卫阳，合芍药大枣酸甘化阴调和营阴。柯琴在《伤寒来苏集·伤寒附翼》卷上中赞誉桂枝汤"为仲景群方之冠，乃滋阴和阳，调和营卫，解肌发汗之总方也。"曹颖甫称外感风寒表虚证之汗出为"病汗"，谓服桂枝汤后之汗出为"药汗"。本人认为，桂枝配芍药，一辛一酸，一散一敛，一开一合，于发汗之中寓有敛汗之意，芍药敛"病汗"，桂枝发"药汗"。此为仲景配伍桂枝汤精妙所在，被后世尊为"群方之魁"。

五、升降有序

旋覆代赭汤：升降出入乃气机运行的基本形式，仲景在组方中，很重视调理气机的降中寓升，使因升降失常而出现的非平衡状态得到调整。旋覆代赭汤治疗痰气痞证，方中旋覆花消痰下气，代赭石质重沉降、重镇降逆。生姜用量五两，意在和胃降逆、宣水祛痰并制约代赭石的寒凉之性。半夏祛痰散结，人参、炙甘草、大枣补益脾胃。本人认为，气机的升降对于人体的健康状态有着重要的维持及促进作用。气机的郁滞会导致化热、瘀血等病理状态，进而出现脏器的功能性失调。纵观旋覆代赭汤全方，诸药相合，以降气为主，实则降中寓升，升降有序，气机调畅。使升降失常、气机痞塞的非平衡病理状态得到纠正。

六、动静结合

炙甘草汤：动与静是相对的，也是辨证的，所谓"动中有静，静中有动"。仲景在组方用药中体现了"阴主静，阳主动，阴在内阳之守也，阳在外阴之使也。"本方治疗心动悸、脉结代。方中重用生地黄滋阴养血，合炙甘草、人参、大枣补益心脾，资气血生化之源；阿胶、麦冬、麻仁滋养心血，充实血脉。以桂枝、生姜辛温，温通心阳血脉，诸厚味滋腻之品得姜、桂则滋而不腻。以辛热之性的清酒煎服，温通血脉，以行药力。岳美中先生曾云："炙甘草汤整个配方，阴药约重二斤半，阳药仅重半斤，阴药为阳药的 5 倍，道理何在？阴药非用大量，则仓卒间何以生血补血。然而阴本主静，无力自动，必须凭借阳药动力，使阳行阴中，催动血行，致使脉复。动静相伍，一般静药量大，动药量小。阴主静，阳主动，阴在内阳之守也，阳在外阴之使也。重用静药，因为阴为阳之基，无阴则阳无以生；轻用动药，由于阳生则阴长，阴得阳则化。凡补养之静药必重用方能濡之守之，而疏调之动药虽轻用已可煦之走之。”本人认为，炙甘草汤中除动静结合外同时暗合阴阳平衡之道。仲景使用本方，诸药合用，阳生阴长，共补阴阳，滋而不腻，温而不燥，阴阳调和，则心动悸、脉结代，皆得其平。

七、燥湿相济

麦门冬汤：仲景在用药中常常辛燥药与滋润药同用，正所谓燥可去湿，湿可润燥，刚柔相济，相得益彰。麦门冬汤治疗虚热肺痿及胃阴不足证，皆由气火上逆所致。仲景用本方滋阴清热，降逆下气。方中重用麦门冬为君，滋肺胃之阴液，又清肺胃之虚热。以人参、大枣、甘草、粳米益气养胃，取“培土生金”之法。本证为虚火上炎，上逆之痰无法下降，仲景以少量半夏降逆下气，开结祛痰。少量半夏燥能制约麦门冬的滋腻之性，使麦门冬滋而不腻，相反相成。《金匮要略心典》中记载此方：“火热挟饮致逆，为上气，为咽喉不利，与表寒挟饮上逆者悬殊矣。故以麦冬之寒治火逆，半夏之辛治饮气，人参、甘草之甘以补益中气。盖从外来者，其气多实，故以攻发为急；从内生者，其气多虚，则以补养为主也。”本方不仅用“培土生金”之法，更体现了仲景燥湿相济的组方思想，于大量润剂中少量使用辛燥之品，燥湿相济，滋而不腻，燥不伤津。

综上，张仲景所著《伤寒杂病论》之方药组成，处处体现了组方用药之间的动态平衡规律，本人只是针对七大方面各分析了其中一个代表方。《伤寒杂病论》以六经辩证，记载的方剂周详而实用，后世医家多在此的基础上随症加减，并广泛用于临床。掌握张仲景用药组方的动态平衡规律，是理解仲景辨证论治思想及灵活运用“经方”进行临床治疗的关键。如有不及之处，还望同道斧正。

参考文献

[1] 刘渡舟．刘渡舟伤寒论讲稿［R］．2008.

[2] 杨丽．仲景方剂配伍的对立统一性［J］．国医论坛，2002，17（3）：3.

[3] 徐发彬．浅谈方剂配伍中动态平衡观［J］．福建中医药，2004，35（2）：47.

[4] 唐雅琴．浅谈仲景组方的辩证法思想［J］．辽宁中医杂志，2008，35（9）：1339.

［《中医中药》2012，10（26）：608］

浅谈仲景《金匮》方中桂枝的妙用

陈美萍

南京市下关区小市社区卫生服务中心

《金匮要略》为汉·张仲景所著，载方205首，用桂枝者55首，占26.8%。今就仲景应用桂枝之意阐明其后，以供参考。

一、随辨证讲配伍

《金匮要略》方中用桂枝者计55首，其中用于汗法者16首，和法者4首，温法者18首，补法者8首，消法者9首。桂枝用于发汗常与大枣、甘草、生姜、白芍相配伍。如桂枝汤。《名医方论》：“此方为仲景群方之冠乃滋阴和阳解肌发汗调和营卫之第一方也。凡中风、伤寒、杂症脉浮弱、汗自出而表不解者、咸得而之。”《本草纲目》曰：“桂枝辛热……，上行而发表，入足太阳经……，去伤风头痛，开滕理，解表发汗。”仲景治产后正虚，风邪外袭，其病在表，虽然迁延日期很长，但太阳表证未解，而见恶寒时有热，头微疼，干呕，汗出者，以阳旦汤为主，也即桂枝汤。方中桂枝解肌表而通阳气，辅白芍敛阴和营，使桂枝辛散风寒而不致伤阴两药同用一散一调和营卫使表解里和更配姜枣草加强桂、芍调和之功，以达辛温解表之目的。

桂枝用于补法，多与胶饴、白术、人参、薯蓣阿胶等配伍。如治阴阳两虚的虚劳病。“虚劳里急悸衄，腹中痛，梦失精，四肢酸疼，手足烦热，咽干燥，小建中汤主之。”此方用义，是建立中焦脾胃之气，所以重用芍药，更加胶怡，甘酸合化，平肝木，抑阴制亢，恢复气津游溢。而桂枝的辛温已化为温暖，只从暖土建中着力，而不复起解肌作用。再以生姜、大枣、甘草振卫滋荣，调和肝脾，以除里急、烦躁各候，则中气复健，荣卫复振，虚劳自愈。

桂枝用于温法，多与茯苓、白术等药配合。因中阳不运水停为饮，脾气不升，胃气不降，见心下逆满，起则头眩者以苓桂术甘汤主之。方中茯苓淡渗利水，桂枝辛温通阳，白术健脾，甘草和中，以达温阳、健脾、利水之目的。

二、视病情立炮制

仲景用桂枝有去皮与不去皮之别。均视病情而立。55首方中，去皮者16首，除五苓散无甘草外，其余均与炙甘草配伍。未去皮者39首，其中20首与生甘草配伍，16首无甘草，3首与炙甘草配伍。《本草思辨录》曰："甘草味至甘，性至平，故能由心脾以及于他脏他腑，无处不到，无邪不祛。其功能全在于甘，甘则补、甘则缓。凡仲圣方补虚缓急，必以炙用，泻火则生用，虽泻亦兼有缓意。"

分析桂枝去皮16首方之病机，或有寒邪在表，或有湿邪阻络或有饮邪上盛，但体内多先有津液不足，心脾气虚或阳气大衰之象，也即正虚为主，邪胜为辅，治疗上恐过用辛散，耗津伤气，所以桂枝去皮减轻辛燥，留以温通，甘草蜜炙甘补脾心，桂、草相合既能祛邪又不伤正。

桂枝与生甘草配伍之20首方中，虽有营卫不足，阴阳气虚表现但多以风湿、内热偏胜、瘀血、痰饮内停为主。故取桂枝辛散通阳，甘草泻火调诸药。

如茯苓泽泻汤是治疗胃有停水，脾气不运，津气不上达之胃反，呕吐与口渴并见。用苓、泽、术健脾燥湿利水，恐诸药力缓，下焦气化不宣，故加桂枝未去皮者辛宣气化，助通利，挟生姜散寒温行，甘草生用以调和诸药之燥烈。而葛根汤所治无汗、小便少、口噤不得语。虽为寒湿所困，但主要仍在经络的津血先亏，风热内郁，灼烁筋脉，故用葛根泄风热，麻黄祛寒湿，桂枝去皮更起温通水液，畅行小溲的作用，佐芍药平肝，甘草蜜炙滋养津液，姜枣调营卫，运用之巧妙，为深明药理也。

三、据证候定剂

徐灵胎云："善医者，善于遣方用药，亦祛邪疗疾之重要一端。"《金匮要略》用桂枝方55首，用6两者2首，5两者1首，4两者5首，3两者26首，2两者8首，1两半者1首，1两者4首，半两者1首10分者1首，3分者3首，2分者1首，1分者、半分者各1首。

桂枝用半两之方，名蜘蛛散。"阴狐疝气者，偏有大小，时时上下，蜘蛛散主之。"方中桂枝仅用半两，势不能入下焦，但妙在以蜘蛛14枚炒焦引之，故蜘蛛得桂而升，桂得蜘蛛而降，狐疝时上时下，蜘蛛协桂亦时上时下，所以能泄肝邪而治狐疝。

若膀胱蓄水与正气相搏；或水泛脾位，积水上溢；或下焦水气浸淫，循督脉上升巅顶，出现脐下悸、吐涎沫、癫眩者，可用五苓散。方中茯苓、猪苓、泽泻甘淡渗湿，使游溢于内的水从膀胱排泄。但膀胱气化多靠阳气蒸化，因此加桂枝辛温，温化膀胱之力，辅助前者加速利溺，并合白术健脾燥湿，防治水气上溢，则诸证俱除。

四、审治行煎煮

汤剂的煎服方法，与疗效关系甚大。对火力大小，水量多少，何药先煎，何药后下，何水煎服，效力多大，仲景均有记载。还对服药的温度、时间、次数加以阐述，均可根据不同的治法而变通。如对湿家有表证微发其汗的麻黄加术汤，其煎法为："右五味，以水九升，先煮麻黄，减二升，去上沫，内诸药，煮取二升半，去滓，温服八合，复取微似汗"。"先煮麻黄，去上沫"是去除麻黄峻猛之力，又重用白术和缓麻黄的发散，使其微发汗而不伤正气，达到燥化里湿，表里兼治之目的。仿此煎法者尚有大、小青龙汤等。

抵当乌头汤驱寒止痛以治寒疝。乌头一味，"以蜜二斤，煎减半，去滓，桂枝汤五合解之，令得一升后，初服二合，不知，即服三合，又不知，复加至五合。其知者，如醉状，得吐者为中病"。"其知者"是有效的意思。"如醉状"是服乌头的药物反应，说明药力已够，表证已解。"得吐者"说明里寒已去，为"中病"，亦即用药对症的意思。二合、三合、五合皆指药量多少。此方重用乌头，先以蜜煎，则乌头毒性大解，仅存温经散寒之性，且以蜂蜜之甘甜固守，散腹中寒痛。桂枝汤功能和营解肌，治表证，两者相合，表里兼治。

综上所述，仲景对桂枝的使用不但范围广泛，而且灵活，法度严谨。我们探讨仲景在对桂枝的使用，对指导临床有着重要的意义。

[《中医临床研究》2012，4（12）：22]

浅谈仲景的护理思想

王婷婷　江苏省昆山市中医院肛肠科

张仲景是中医临床医学的奠基人，被后世尊称为"医圣"。他在系统总结了汉以前的医学成就和人民群众同疾病做斗争的丰富经验的基础上，结合自己的临床实践，撰写出我国第一部融理法方药于一体的辨证论治的专书——《伤寒杂病论》。该书的思想在今天的临床实践方面依然具有广泛的指导意义，被称为"方书之祖"。后因战乱等原因，目前分为以六经辨证论治伤寒为主的《伤寒论》及以脏腑辨证论治杂病的《金匮要略》。仲景书中虽未立单篇阐述护理方法，甚至未出现"护理"二字，但通过对全书条文的仔细领悟，不难看出其中处处透露出护理的思想，能够指导我们的护理工作，从而取得更好的护理效果。

一、密切观察病情变化

“观其脉证，知犯何逆，随证治之”是中医辨证施治的重要思想，可以将其理解为临床诊疗之总则，并将其视为临床诊疗之“公理”[1]，亦贯穿于护理中。《伤寒论》在论述疾病发展演变和预后的过程中，十分重视对病情观察，其注重对危重病情的密切观察，及时掌握病机转化，采取相应的抢救措施，为后世中医护理学奠定了基础。

（一）观察汗液情况

《伤寒论》在解表药服药后汗出的情况与如何护理有着详细的描述。如论述桂枝汤服后“服已须臾，啜热粥一升余，以助药力。温覆令一时许，遍身漐漐微似有汗者益佳，不可令如水流漓，病必不除”[2]。说明发汗不可太过，否则易伤津耗气亡阳，成为逆证。如服大青龙汤后“汗出多者，温粉粉之”[3]以免过汗伤阳。“一服汗出者，停后服。”[3]若复服过汗，乃致亡阴亡阳，出现恶风、烦躁、不得眠等变证者，应及时救治。

（二）观察二便情况

仲景常用下法通利二便，以达到祛邪愈病的作用。凡服用泻下、利水之类方药，须密切观察二便。

1. 观察小便：观察小便以了解药效，如内有水饮外有表证的桂枝去桂加茯苓白术汤服后“小便利则愈，如不利而无效”[4]；如阳明发黄变证中的茵陈蒿汤方后“小便当利，尿如皂荚汁状，色正赤，一宿腹减，黄从小便去也。”[5]这说明服药后观察小便是否通利以及小便的颜色是判断药物是否起效的一个重要指标。

2. 观察大便：服用泻下药物后只有观察大便是否通畅以及大便的次数、性状，才能了解泻下药是否起效，从而决定是否需要继续服药。具体来说如药后大便仍不通，则可酌加服量，以通为度。如药后泻利不止，须立即停药，并采取相应的医护措施。盖因药不可不及，但亦不可太过，不及则无法起到应有的药效，太过则药过于病而反伤正气，变生他病。因此，观察大便情况是泻下药使用过程中极其重要的护理环节。

（三）观察呕吐情况

呕吐既是疾病的一种表现，也是使用涌吐剂后药物起效的标志。《伤寒论》用瓜蒂散涌吐胸膈痰实，服药后当观察呕吐与否。药后未见呕吐，可适当增加药量，或用洁净翎毛探喉，以助其呕吐；药后呕吐，应立即停药，以免过吐伤正；药后呕吐不止，可服姜汁、冷粥或丁香末以解之。另，呕吐亦是药物格拒的表现，如治疗寒证当以热药，此时如热药热服，则可见药物格拒之呕吐，当以热药寒服，反之亦然。因此，当发现服药后出现呕吐现象，当辨别呕吐的原因，是治疗需要，还是药物服用方法不当。

二、饮食调护

脾胃为气血生化之源，如果饮食不当，脾胃受损，气血生化乏源，且后天生化受到影响，所进药物亦难施化，所以要重视饮食调护。强调饮食调护亦体现了仲景保卫气的治疗学思想[6]。

（一）粥的使用

仲景特别注重饮食的调护，特别是粥的使用，主要有以下作用：①辅助药力：如服桂枝汤后啜热粥，取其助药力以外散；理中汤药后饮热粥，取其助药力以内温；三物白散方进热粥增强泻下作用，以进冷粥抑制泻下之力。②固养胃气：苦寒之品常有伤胃之虑，如白虎汤、竹叶石膏汤，均为苦寒泻火之品，苦寒太过，损伤胃气，不但邪不得去，反致病邪留滞，病不得解。故用此类方药，仲景均强调以粥固护脾胃，以起养胃和中之作用。

（二）饮食宜忌

饮食宜忌亦是仲景相当重视的一个方面。如《伤寒论》要求服桂枝汤后“禁生冷、粘滑、肉面、五辛、酒酪、臭恶等物”，服乌梅丸后“禁生冷、滑物、臭食等”，说明服药后应禁饮食生冷、油腻、辛辣刺激性食物。太阳病服解表药后，汗出过多，以致胃中津液受损，出现烦躁不得眠，口渴欲饮等症，应少少与饮之，令胃气和，津液复，则病自愈。如若暴饮，易致水停为患，如《金匮要略》所言：“夫病人饮水多，必暴喘满。凡食少饮多，水停心下。甚者则悸，微者短气。”

（三）固养胃气

中医治疗讲究顾护胃气，所谓“有胃气则生，无胃气则亡”，是中医学对胃气重要性的高度概括。所谓“胃气”，其实就是脾胃功能的总称，而脾胃乃后天之本，气血生化之源，人体的生长发育，维持生命的一切营养物质都要靠脾胃供给，如果脾胃功能减弱，人体的生长发育、新陈代谢都会受到严重影响，因而，古代医家特别强调“胃气”的重要性。仲景遣方用药时刻注意顾护中焦脾胃，如白虎汤、竹叶石膏汤，均为苦寒泻火之品，苦寒太过，损伤胃气，不但邪不得去，反致病邪留滞，病不得解。故用此类方药，仲景均强调以粥固养中土，以起养胃和中之作用[7]。又如十枣汤中，因芫花、甘遂、大戟三药均有毒性，用之往往损伤正气，故用肥大枣煎汤调服，以顾护胃气，缓和峻药之毒，且“得快下利后，糜粥自养”使邪去而不伤正。而糜粥易于消化，相当于现代医学的流质、半流质，意在养胃。

三、用药法度

（一）服药温度

中药大多以汤剂的形式存在，而大多数汤剂均为温服，但在相当一部分情况下，应当根据病情及药物属性决定服药温度，如治疗寒证之热性药物，服用时当热药寒服，反之，则可出现格拒药物不纳反呕的现象，影响药效。《金匮要略》中提到的服药温度有温服、小冷服、适寒温服等之分[8]。

（二）服药变化

仲景对服药后出现的症状变化，是否应当继续服药，何时当停止服药等也有详细叙述。如使用汗法时汗之程度要恰到好处，不可无汗，亦不可大汗。因汗之太过，不仅表证不解，反而营阴受损也。故曰：“病必不除”。又如攻下之剂，为祛除体内有形之食积、瘀血、水饮、燥屎而设。然攻下之剂，攻之过甚，则损正气。十枣汤之“得快利后，糜粥自养”，三物白散服之“不利，进热粥一杯，利过不止，进冷粥一杯”，均强调中病即止，勿使过剂，以免伤正耳。

四、药物煎煮

《伤寒论》每一方剂均注明药物的煎煮方法，如所用何水、用水多少、煎取多少、下药顺序等。如所用之水有甘澜水、清浆水、潦水、清酒、苦酒、麻沸汤等；药物有先煎、后下之分，还有去滓更再煎之别；用火文、武火之异；药物有烊化之分等，临床护理不可不知，如是方能收到事半功倍之效。

五、药后护理

病人服药后的起居调护，亦有讲究。《伤寒论》主张服药后注意保暖，扶助正气以祛除邪气。桂枝汤方后云：“温覆令一时许”；葛根汤方后云：“温服一升，覆取微似汗。”说明服解表药后应加盖衣被，使周身温暖，以助汗出。理中丸方后云：“服汤后如食顷，饮热粥一升许，微自温，勿发揭衣被。”说明服温中散寒药后须覆被静卧，保暖以助温中之力而散阴寒之邪。

综上，在仲景《伤寒论》及《金匮要略》中虽未明确提出“护理”一词，但从内容上看，其中蕴含有丰富的护理学思想。病情的密切观察、饮食的调护、药物的煎服法、药后的调摄等均是仲景垂示后人中医护理学中的主要方面，对于提高疗效意义现实而深远。

参考文献

［1］王永炎，贾春华，黄启福，等．《伤寒论》临床诊疗实质公理集［J］．江苏中医药，2006，27（10）：75～77.

［2］熊曼琪．伤寒论［M］．北京：中国中医药出版社，2003：30.

［3］熊曼琪．伤寒论［M］．北京：中国中医药出版社，2003：62.

［4］胡慧．《伤寒论》煎药服药方法及药后护理初探［J］．湖北中医杂志，2003，25（1）：54.

［5］熊曼琪．伤寒论［M］．北京：中国中医药出版社，2003：244～245.

［6］阎艳丽，宋晓宇．浅谈《伤寒论》护理思想［J］．四川中医，2002，20（3）：17.

［7］张炳填，杨宏宝．论仲景肥药法的学术价值［J］．中国医药学报，2002，17（10）：593.

［8］姚会艳．《金匮要略》服药护理浅析［J］．医学研究与教育，2009，26（2）：69.

［《光明中医》2012，27（2）：227］

浅析《金匮要略》杂病治疗中汗法的运用

王庆苗　王庆胜　甘肃中医学院

汗法，指通过开泄腠理　宣发肺气，以促进发汗，使邪气随汗而解的一种治疗方法，是中医治法之一。早在《内经》中就提到“其有邪者，渍形以为汗，其在皮者，汗而发之”。而张仲景更是善用汗法，在所著的《伤寒论》及《金匮要略》大量的使用到汗法，不仅在外感表证，且在杂病的治疗中亦有较多运用，诚如刘渡舟教授所言：“发汗为治表病之法，对风寒湿三气为病是一种先决之条件。最后需要指出的是，发汗之法并非只治表证，而且也能治疗脏腑等病。”[1]本文将《金匮要略》中有关杂病治疗中汗法的运用作一总结探讨。

一、汗法涉及的病证及方药

（一）湿病疼痛

湿病以发热身重、骨节疼烦为主症，对其治

疗，《痉湿暍病脉证治》第18条提出：“风湿相搏，一身尽疼痛，法当汗出而解”。

（二）痉病

仲景对于柔痉及欲作刚痉者均于治疗中要求取汗。在《痉湿暍病脉证治》中第11条指出：“太阳病，其证备，身体强，几几然，脉反沉迟，此为痉，栝蒌桂枝汤主之……分温三服，取微汗。汗不出，食顷，啜热粥发之。”同篇第12条言：“太阳病，无汗而小便反少，气上冲胸，口噤不得语，欲作刚痉，葛根汤主之……覆取微似汗，不须啜粥，余如桂枝汤法将息及禁忌。”

（三）痰饮病

《痰饮咳嗽病脉证并治》中第23条提出：“病溢饮者，当发其汗，大青龙汤主之，小青龙汤亦主之。”此外本篇中第31条言：“假令瘦人脐下有悸，吐涎沫而癫眩，此水也，五苓散主之……多饮暖水，汗出愈。”

（四）水气病

《水气病脉证并治》第18条提出水气病的治则为：“诸有水者，腰以下肿，当利小便；腰以上肿，当发汗乃愈。”可看出汗法主要用于风水，皮水，其证多兼表证，表现为浮肿，按之没指，身重而酸，恶风，脉浮，或见骨节疼痛，发热，口渴，汗出等。此外，黄汗因气虚湿盛阳郁，证见汗出色黄，身疼痛，腰以上汗出，下无汗，腰髋驰痛，不能食，用桂枝加黄芪汤取汗治之。

（五）其他

如黄疸、肺胀、小便不利等，如《黄疸病脉证并治》篇第16条指出：“诸病黄家，但利其小便；假令脉浮，当以汗解之，宜桂枝加黄芪汤主之。”《肺痿肺痈咳嗽上气病脉证治》篇中第4条言：“上气喘而躁者，属肺胀，欲作风水，发汗则愈。”膀胱气化不行而致的小便不利，《消渴小便不利淋病脉证并治》第4条言：“脉浮，小便不利，微热消渴者，宜利小便，发汗，五苓散主之。”

二、汗法在杂病中的应用

（一）发汗祛湿止痛

湿病多由于湿兼风、寒等邪气客于肌肉血脉，导致气滞血瘀，不通则痛。通过发汗可以达到祛湿逐邪的作用，在逐邪外出的同时，又可使卫阳周行全身，与阴血和，以使营卫流行、气血通调，通则不痛。寒湿在表见身烦痛者用麻黄加术汤以发汗散寒祛湿；风湿在表有化热倾向而一身尽疼，发热，日晡所剧者，用麻杏苡甘汤宣肺解表通络化湿；风湿兼表虚见脉浮，身重，汗出，恶风，治以防己黄芪汤祛风化湿固表。兼表阳虚有桂枝附子汤、白术附子汤助阳解表以散风湿。表里俱阳虚有甘草附子汤温阳补中，散风除湿。

（二）发汗行水化饮

《水气病脉证并治》篇指出：“水，发其汗即已。”通过汗法既能直接发越在表之水气，又能宣通肺气，间接达到通调水道，布散水液的作用。风水兼内热用越婢汤发越水气兼清里热。皮水兼热，证见面目红肿，脉沉，小便不利，则用越婢加术汤。皮水，内无热者，则用甘草麻黄汤发汗行水。正水肾阳不足而脉象沉细者，用麻黄附子汤以温经助阳发汗行水。溢饮水饮盛于表而兼有郁热者，身疼痛，发热恶寒，不汗出而喘、烦躁，浮紧，宜大青龙汤发汗兼清郁热，表寒里饮俱盛者，除身疼痛，发热恶寒外，尚兼咳喘，痰稀量多，胸脘痞闷，脉弦紧或弦滑，则宜小青龙汤发汗兼温化里饮。

（三）发汗和营，益气固表

黄汗病初起，湿热郁于卫表，见身疼重，腰髋弛痛，不能食，腰以上有汗，下无汗，为营卫不和，表虚而祛邪乏力，故以桂枝加黄芪汤主之。方中以桂枝汤解肌调和营卫，啜热粥出微汗，再加黄芪走表逐湿，使阳郁得伸，则热可外达，营卫调和而病自解。而黄疸病，虽以“利小便”为治疗之常法，但若病之初起，发热恶寒，脉浮自汗。病邪尚在表者，仍当发汗解表，治以桂枝加黄芪汤调和营卫以解表邪。

（四）发汗升津濡筋

痉病的发生为津液不足，筋脉失养，复加外感之邪，阻滞经脉，津液不得输布，致筋脉拘急。外邪是一个重要的诱发因素。治当发汗祛邪通络，升提津液，濡养筋脉，如是营卫流畅，筋脉得养，则痉病自愈。治疗柔痉以栝楼桂枝汤去除风邪，调和营卫，濡养筋脉。欲作刚痉者以葛根汤辛温发散，通络疏筋。

（五）发汗以通阳化气

表邪不解，热不得泄，以致膀胱气化不利下焦蓄水的小便不利、消渴，用五苓散以通阳化气。肺合皮毛，为水之上源，膀胱为州都之官。汗出腠理开，表邪得去，则肺之通调水道功能亦得以恢复，从而有助于膀胱气化，通调水道功能的正常运行。汗出则玄府通畅，利水则气化通行，表里气机俱畅，蓄水得除，故曰：“汗出愈。”

三、汗法的宜忌及调护

（一）发汗的程度

仲景治疗杂病的发汗，亦多用微汗，如“若治风湿者，发其汗，但微微似欲出汗者，风湿俱去也”。“温覆令一时许，遍身微似有汗者益佳，不可令如水流漓”。只有适度发汗，才能使邪从汗解，而正气不伤，如过度发汗，不仅不能祛除在表之邪，且会徒伤正气，“盖发其汗，汗大出者，但风气去，湿气在，是故不愈也”。在方剂配伍中亦有所体现，如大青龙汤中用麻、桂伍以重镇辛寒之石膏，既清泄郁热，又变峻汗为微汗。再如麻黄加术汤中麻黄与白术相伍，麻黄得术虽发汗而不致过汗。

（二）服药后的调护

张仲景非常重视服药后的反应及护理，使用汗法时文中多提及应注意温服、温覆、避风以助汗出。若服药后汗不出者，啜热粥以助药力；若汗出多者，温粉粉之。如风湿兼气虚以防己黄芪汤治疗的调护，“服后当如虫行皮中，从腰下如冰，后坐被上，又以一被缠腰以下，温，令微汗，差”。治风湿表里阳虚服甘草附子汤，“初服得微汗则解，能食，汗出复烦者，服五合”。下焦饮逆以五苓散治疗，调护法云：“多饮暖水，汗出愈。”多饮暖水是助药力以行津液而散表邪，温行水气以发汗而达到下窍利而外窍通的目的。

（三）汗法禁忌

杂病治疗中，通过汗法，可达到祛邪外出，畅通气血，调和营卫，发越阳气等作用。但若汗法用之不当，误汗或过汗，均能损伤津液，以致变证百出。如《痉湿暍病脉证治》言：“太阳病，发汗太多，因致痉。”又言：“疮家虽身疼痛，不可发汗，汗出则痉。”《水气病脉证并治》第3条：“渴而下利，小便数者，皆不可发汗。”《消渴小便不利淋病脉证并治》第10条：“淋家不可发汗，发汗则必便血。”《惊悸吐衄下血胸满瘀血病脉证并治》第9条：“亡血不可发其表，汗出即寒慄而振。”《呕吐哕下利病脉证治》第25条：“下利清谷，不可攻其表，汗出必胀满。”以上都是仲景提示我们在临床运用汗法时应当注意的。

由以上可见，仲景在湿病、痉病、风水、皮水、黄汗、黄疸等病证治疗中均运用汗法。《内经》中提出“其在皮者，汗而发之”，上述疾病临床表现虽有不同，但可以看出均为邪在肌表或兼有表邪，治当因势利导，故皆可使用汗法治疗，而仲景在原文中也明确提出，当辨是否“邪近在表”。临证在使用汗法时还应当详辨虚实寒热，配合其他治法，随证治之，这样才能灵活正确的使用汗法。

参考文献

[1] 陈明，刘燕华，张保伟. 刘渡舟伤寒临证指要［M］. 北京：学苑出版社，2000：236～239.

［《中医研究》2012，25（5）：6］

浅析《金匮要略》中下利的证治

张瑞卿　山西中医学院

《金匮要略》全书共二十五篇，论述下利者，主要见于《呕吐哕下利病》篇，其他散见于《腹痛寒疝宿食病》《痰饮咳嗽病》及《妇人产后病》等篇。仲景所论之下利，包括泄泻和痢疾。其内容颇为丰富，泄泻有实热、湿滞、留饮、虚寒、气虚、肾虚湿热瘀滞之分，痢疾亦有湿热、虚寒之别，体现了其辨病识证、立法处方的特点。笔者学习之余，将其所述下利的证治浅析如下。

一、泄泻

泄泻者，排便次数增多，粪便稀溏，甚至泻出如水样，多伴有腹痛。《金匮要略》中论述泄泻的主要有以下几种。

（一）实热利

实热证的下利可分两种，一种是无形的邪热下迫大肠者，可用黄芩加半夏生姜汤。如原文11条曰：“干呕而利者，黄芩加半夏生姜汤主之。”干呕伴见下利，是胃肠俱病，由邪热内犯胃肠所致，热迫于肠则下利，热扰于胃则干呕，如症见下利为主，其病变重点在肠，多伴见腹痛，利下臭秽，治用黄芩加半夏生姜汤。黄芩汤清热止利，半夏、生姜和胃降逆止呕，肠清胃降，诸症自除。如病人只有热利而没有干呕者，可参考《伤寒论》中原文172条，单用黄芩汤治疗。

另一种是邪热和肠中糟粕相结，则可形成腑实证。腑实证多为大便干结难下，可当实热积滞搏结于肠道，逼迫津液从旁流出而出现下利的表现，谓之“热结旁流”。这种下利当采用“通因通用”法，《金匮要略》中用大、小承气汤攻下实热，使实邪祛而利自止。如原文第37条曰：“下利三部脉皆平，按之心下坚者，急下之，宜大承气汤”；第38条曰：“下利脉迟而滑者，实也，利未欲止，急下之，宜大承气汤”；第39条曰：“下利脉反滑者，当有所去，下乃愈，宜大承气汤”；第41条曰：“下利谵语者，有燥屎也，小承气汤主之”；《腹满寒疝宿食病》篇第23条曰：“下利不欲食者，有宿食也，当下之，宜大承气汤”。以上各条，实积内阻、燥屎内结是其病因。下利属实可攻下者，必有脉证可凭，查其原因，或有燥屎，或有积滞，或有宿食，必有可下之物。如文中所述，下利，按之心下坚者，必是中有积滞；三部脉皆平，是虽利未虚，故当急下积滞，宜用大承气汤。下利脉滑是里有积滞；脉迟为邪实内阻，气滞不行之象；利欲未止，虽利犹快，是邪祛未尽之征，故当因势利导，急用大承气汤通腑祛实，实祛则利止。下利日久，必伤气阴，脉应细弱，今下利而脉反滑，是邪气未尽之故，故云“当有所去”，宜用大承气汤急祛未尽之邪，邪实一祛，利即自愈，故“下乃愈”。

下利谵语有虚有实，如伴见潮热汗出，腹满拒按，下利臭秽不畅，溲黄，舌红苔黄燥，脉滑等，此为胃肠实热、燥屎内结而热结旁流之证，故用小承气汤通腑泄热，使实热祛而燥屎除，谵语止而下利愈。

（二）湿滞利

原文31条曰：“下利气者，当利其小便。”文中“下利气”，即下利而又矢气之意。本证多由脾虚不运，湿滞气阻，郁于肠道所致。多伴有肠鸣、腹胀、小便不利等症。即《内经》所谓“湿盛则濡泄”，故治当利小便，使湿祛气畅，下利已而矢气除。此治湿滞下利的又一法则。条文中未提出治疗的具体方药，但根据其治则可以选用五苓散、苓桂术甘汤等方。

（三）留饮利

《痰饮咳嗽病》篇中原文18条曰：“病者脉伏，其人欲自利，利反快，虽利，心下续坚满，此为留饮欲去故也，甘遂半夏汤主之。”此条为水饮内停于胃，下走大肠。由于水饮久留心下，闭郁血脉，阳气不通，所以病者脉伏。因其正气未虚，有逐饮外出之力，故其人欲自利，利后反觉爽快，此为留饮有欲去之势。但虽然下利，留饮未能去尽，去者虽去，而新饮仍然日积，故其人心下继续痞坚胀满。此时，当因势利导，攻逐水饮，以绝病根。主方用甘遂半夏汤，方中甘遂攻逐留饮，驱水从大便而去，佐以半夏散结除痰，降浊下行，芍药和阴散结，甘草护液调中，白蜜缓中解毒，共奏开破利导而不伤正之功。

（四）虚寒利

原文第36条曰：“下利腹胀满，身体疼痛者，先温其里，乃攻其表。温里宜四逆汤，攻表宜桂枝汤”；第33条曰：“下利清谷，不可攻其表，汗出必胀满”。此两条均是表里同病。表里同病一般应先表后里，或表里同治，但条文中论述的里证尤急，因里气不充，必外攻无力，且攻邪更伤其正，故当先救里，后攻其表。救里用四逆汤，攻表用桂枝汤，从选用的方药可知其下利为肾阳虚衰所致，故下利的特点为下利清谷，伴见手足厥冷、脉沉微等，故急当先治里。原文33条实际上提出了虚寒利的治禁，下利清谷，属脾肾虚寒之证，此时虽有表证未解，亦当急温其里，若误攻其表，必汗出伤阳，使里阳愈虚，阴寒更盛而变生胀满。

若阴寒更甚，可见寒厥下利阴盛格阳证，如原文第45条曰：“下利清谷，里寒外热，汗出而厥者，通脉四逆汤主之”。本条乃内真寒而外假热，阴盛于内，格阳于外，身微热、汗出、面色如妆等假热之象，更见汗出而厥，此乃阴从下利而下竭，阳从汗出而外脱，阴阳将有离决之势，急破阴回阳救逆，方用通脉四逆汤阳回则利自止。

（五）气虚利

原文47条曰：“气利，诃梨勒散主之”。本证所述之利，当属久利气虚，固摄无权，故下利，滑脱不禁，大便随矢气而出，治当用诃梨勒散温涩固脱。方中诃梨勒敛肺涩肠、止利固脱；粥饮和服，能益肠胃，建运中气，二者相合，治气虚滑脱下利疗效甚佳。

（六）肾虚湿热瘀滞利。《黄疸病》篇中原文14条曰：“黄家日晡所发热，而反恶寒，此为女劳得之；膀胱急，少腹满，身尽黄，额上黑，足下热，因作黑疸，其腹胀如水状，大便必黑，时溏，此女劳之病，非水也。腹满者难治。硝石矾石散主之。”此条论述的是女劳疸病，其因为肾虚而兼有瘀血湿热，诸多症候表现中可见下利，其病机为瘀血湿热下行肠道，利下特点为大便色黑而溏薄，此外尚有日晡发热恶寒、膀胱急、少腹满、额上黑、足下热等肾虚内热的表现。治当用硝石矾石散消瘀化湿，硝石能入血分，消瘀除热；矾石能入气分，化湿利水，以大麦汁调服，意在和胃而减少二石药的副作用。

二、痢疾

痢疾以腹痛、里急后重、便下脓血为主症，其痛便后不减。《金匮要略》中论述的痢疾主要有以下几种。

（一）湿热痢

原文第43条曰：“热利下重者，白头翁汤主之。”本条论述较简略，但内容较丰富，文中提出了下利的性质属热，伴见的临床表现是里急后重，主治方是白头翁汤。根据伴见症和所用方药的分析可知，此为湿热蕴结大肠、传导失职所致。火性急迫，湿性黏滞，故欲便急迫，便下不畅，呈里急后重。因热蕴肠腑，蒸腐血络，壅滞气机，故还可见发热、口渴、腹痛、肛门灼热、下利兼有脓血、赤多白少、舌红苔黄、脉数等。治以白头翁汤清热燥湿，凉血止利。方中白头翁清热凉血，黄连、黄柏清热燥湿而厚肠胃；秦皮清热涩肠止痢。

热痢如兼阴血虚者，可用白头翁加甘草阿胶汤。如《妇人产后病》篇第11条曰：“产后下利虚极，白头翁加甘草阿胶汤主之。”此条为产后气血已虚，又兼下利脓血，更伤其阴，故云“虚极”。此证仲景用白头翁汤，说明此利为湿热痢，考虑到阴血虚，则加阿胶、甘草养血滋阴，是祛邪不忘扶正。临床上素体阴血亏虚，病热利下重者，亦可酌情选用本方。

（二）虚寒痢

原文第42条曰：“下利便脓血者，桃花汤主之。”此证亦为下利便脓血，但未用白头翁汤而用桃花汤治疗，以方测证可知。本证是由中焦虚寒，大肠失约，络脉不固所致。其所下脓血，多色暗不鲜，白多红少，并伴见神疲乏力，腹痛绵绵，喜温喜按，舌淡苔白，脉细而微等症。方用桃花汤温中涩肠以固脱，方中重用赤石脂涩肠固脱。干姜温中散寒，粳米调中护胃。全方共奏温中补虚、涩肠止利之功。赤石脂一半需筛末冲服，起到局部治疗，增强涩肠固脱之功效。

综上所述，《金匮要略》中论述的下利病的证治，不仅包含了现代临床的泄泻和痢疾两种疾病，而且各自有寒、热、虚、实之分，又有湿滞、留饮、瘀血之别，并指出了具体的治法和方药。此为我们在临床治疗多种急慢性腹泻、痢疾等病提供了很多经验方，其辨证思路和选方用药的精神很值得我们学习和研究。

注：本文引用之条文序号以范永升主编《金匮要略讲义》2006年版为准。

［《中国民间疗法》2012，20（9）：5］

《金匮要略》痹证探析

吴晋英　山西中医学院

痹证是以肌肉、筋骨、关节疼痛、酸楚、麻木、重着、肿胀、关节屈伸不利，甚至关节僵硬、畸形为主要表现的一种病证。张仲景《金匮要略》对痹证进行了详尽论述，主要见于湿痹、历节、肾着等病，其理法方药至今仍有效地指导着临床实践，现就其病因病机及辨证论治解析如下。

一、病因病机

《素问·痹论篇》云：“风寒湿三气杂至，合而为痹”，仲景在继承《内经》学术思想的基础上，进一步认识到痹证的形成除与外邪有关外，更与正气亏虚密切相关。

（一）肝肾亏虚，外感寒湿

《金匮·中风历节病》篇云：“寸口脉沉而弱，沉即主骨，弱即主筋，沉即为肾，弱即为肝。汗出入水中，如水伤心，历节黄汗出，故曰历节”；又云“味酸则伤筋，筋伤则缓，名曰泄，咸则伤骨，骨伤则痿，名曰枯，枯泄相搏，名曰断泄”。因肝藏血、主筋，肾藏精、主骨，肝肾亏虚，精血不足，筋骨失养，一旦感受风寒湿邪，便易形成痹证，因此，肝肾亏虚是形成痹证的首要条件。

（二）阴血不足，外感风邪

《金匮·中风历节病》篇云：“少阴脉浮而弱，弱则血不足，浮则为风，风血相搏，即疼痛如掣”。由于阴血不足，风邪乘虚外袭，风血相搏，使经脉痹阻，气血不畅，不通则痛，形成历节。

（三）阳（气）虚湿盛，外受风邪

《金匮·中风历节病》篇云：“盛人脉涩小，短气自汗出，历节疼不可屈伸，此皆饮酒汗出当风所致。”阳气不足而痰湿偏盛之人，由于卫外功能低下，极易饮酒汗出受风，外风内湿相合，流注筋骨关节，致气血凝滞而形成历节。

从以上论述可以看出，仲景认为痹证的病因归纳起来不外乎内因、外因两方面，内因责之于正虚不足（包括肝肾亏虚、阴血不足、阳气虚弱），外因责之于风寒湿入侵。内因以肝肾亏虚为重，外因以湿邪痹阻为主：正虚不足是痹证发生的根本原因，外邪入侵是痹证形成的重要条件，二者常相合为患，使痹证缠绵难愈而成顽疾。

二、分型施治

由于痹证外因以湿邪为主，湿为阴邪，其性粘滞，常兼风、挟寒入侵人体，故仲景将痹证主要分为风湿证与寒湿证两大证型，并指出风湿日久可以化热伤阴。湿痹的传变及病位的深浅是由邪正力量对比决定的，亦即在邪盛正虚情况下，病邪极易由皮肤达肌肉，进而深入关节，甚至波及脏腑。其具体证治如下：

（一）风湿

1. 风湿表气虚证　本证是因表虚之人，外感风湿，风湿痹阻肌表所致，症见：脉浮、身重，汗出恶风，治用防己黄芪汤益气固表，祛风除湿。

2. 风湿表阳虚证　本证是因表阳不足，外感风湿，风湿痹阻肌表所致，症见：身体疼烦，不能自转侧，脉浮虚而涩，治用桂枝附子汤温助表阳，祛风除湿；服药后，若风去湿减，身疼减轻，改用白术附子汤温助表阳，去除残湿。

3. 风湿表里阳虚证　本证是因表里阳气不足，外感风湿，风湿痹阻关节所致，症见：骨节疼烦掣痛，不得屈伸，近之则痛剧，汗出短气，小便不利，恶风不欲去衣，或身微肿，治用甘草附子汤温阳祛风除湿。

4. 风湿化热证　本证由风湿化热，痹阻肌表所致，症见：一身尽疼，发热，日晡所剧，治用麻杏苡甘汤轻清宣化，祛风除湿。

5. 风湿化热伤阴证　本证由风湿日久，化热伤阴，痹阻筋骨关节所致，症见：诸肢节疼痛，身体魁羸，脚肿如脱，头眩短气，温温欲吐，治用桂枝芍药知母汤祛风除湿，温经散寒，滋阴清热。

（二）寒湿证

1. 寒湿在表证　本证由外感寒湿，痹阻肌表所致，症见：身烦疼，及恶寒发热、无汗，治用麻黄加术汤发汗散寒，除湿止痛。

2. 寒湿袭腰证　本证由外感寒湿，痹阻腰部肌肉所致，仲景名曰“肾着”，症见：身体肿，腰中冷，如坐水中，腰以下冷痛，腰重如带五千钱，即以腰部冷、痛、重为主要表现，治用甘姜苓术汤温中散寒，健脾除湿。

3. 寒湿痹阻关节证　本证由外感寒湿，痹阻关节所致，症见：关节剧痛，不可屈伸，无关节红热表现，治用乌头汤温经散寒，除湿止痛。

三、治法用药特点

（一）善用辛温通阳行痹

痹证是因风寒湿邪侵袭肌肉、关节，致使阳气痹阻不通而致肌肉、关节疼痛，辛温之品能够振奋宣达阳气，可使阳气内蒸于肌肉、关节里之间，缓缓发汗而驱除风寒湿邪，故仲景云：“但微微似欲出汗者，风湿俱去也”，常用药物有：麻黄、桂枝、防风、生姜等，如桂枝附子汤、白术附子汤、甘草附子汤、麻黄加术汤、麻杏苡甘汤、桂枝芍药知母汤、乌头汤等。

（二）祛邪勿忘扶正

《内经》云：“邪之所凑，其气必虚”，痹证是在正气亏虚情况下，风寒湿邪才得以入侵。倘若正虚不复，单用祛邪之品，不但邪气不去，反会徒伤正气，致使病情缠绵难愈，故治疗时应注意祛邪勿忘扶正，常用药物有黄芪、甘草等，如防己黄芪汤、乌头汤等。

（三）重视健脾利湿

痹证以湿邪为主，湿有内湿、外湿之分，外湿困脾则滋生内湿，素有内湿之人极易招致外湿，可见内湿与外湿常相合为患，互为因果，故治疗痹证应在祛风散寒除湿时，配合健脾利湿之品，常用药物有白术、苡仁、茯苓等，如麻黄加术汤、麻杏苡甘汤、甘姜苓术汤。

（四）痛甚宜用乌附

乌头、附子为一本所生，均有温阳止痛之功，但乌头止痛作用强于附子。因寒湿痹痛较风湿痹痛重，故乌头多用于寒湿痹证，附子多用于风湿痹证。此外，芍药、甘草具有缓急止痛之效，与乌附同用可增强止痛效果，如桂枝芍药知母汤、乌头汤。

［《全国第二十次仲景学说学术年会论文集》：108］

《金匮要略》脾系病证治法探析

李云海　湖北中医药大学

《金匮要略》中脾系病证内容十分丰富，全书前22篇40余种病证中，涉及的脾系疾病就有17个篇章20余种，可见仲景对脾系疾病极其重视。由于脾脏自病，或他病累及脾，均可致脾的运化失常。因此，本文在治法方面，立足脏腑相关，从脾脏自病、多脏腑调治两方面阐述了《金匮要略》脾系疾病的治疗方法，从而极大地充实了后世脾系病证的辨治理论。

一、脾脏自病治法

（一）益气健脾法

主要适用于脾气亏虚证或脾失健运证。《金匮·虚劳病》："虚劳里急，诸不足，黄芪建中汤主之"，本证为阴阳两虚而偏于阳气亏虚，临床辨证除条文所述症状外，当有自汗、面色不华、舌质淡，脉虚等症。治以黄芪建中汤补气健脾，甘温建中。又如同篇："虚劳诸不足，风气百疾，薯蓣丸主之"，本证病久气虚阴阳皆不足，抗病力减弱，进而兼挟风邪而引起多种疾病。治以薯蓣丸健脾益气，扶正祛邪。该方既可治疗虚劳挟风的头眩、瘾疹、体痛或麻木等症，又能益卫实表，预防虚劳病人风气百疾的发生。

（二）温中健脾法

主要适用于脾胃阳虚证，或脾胃虚寒证。《金匮·虚劳病》："心胸中大寒痛，呕不能饮食，腹中寒，上冲皮起，出见有头足，上下痛而不可触近，大建中汤主之"，本证系脾胃阳衰，阴寒肆虐于脏腑经络。其证可见心胸中大寒大痛，腹部出现头足样块状物，上下攻冲作痛，以至反感他人触摸。呕吐不能饮食，四肢厥冷，头眩，脉沉细迟等证。治以大建中汤温阳建中，祛寒止痛。

（三）健脾摄血法

主要适用于脾气虚寒，气不摄血证。《金匮·惊悸吐衄下血胸满瘀血病》："吐血不止者，柏叶汤主之"，同篇"下血，先便后血，此远血也，黄土汤主之"，本证系中焦脾气虚寒，血溢脉外所致。其证可见吐血便血，伴随面白消瘦，短气，食少倦怠，腹胀便溏，舌淡齿痕，脉沉细弱等证。治以柏叶汤方、黄土汤方温阳散寒，健脾摄血。

（四）健脾滋阴法

主要适用于脾阴不足证。《金匮·呕吐哕下利病》："趺阳脉浮而涩，浮则为虚，涩则伤脾，脾伤则不磨，朝食暮吐，暮食朝吐，宿谷不化，名曰胃反。脉紧而涩，其病难治"，"胃反呕吐者，大半夏汤主之"。本证系中焦脾阴亏虚，胃气虚寒所致。其证可见呕吐完谷不化，口咽干燥，大便干结，舌红少津，脉象细数等症。治以大半夏汤滋阴健脾，和胃止呕。

（五）健脾化饮法

主要适用于脾气虚寒，水饮内停证。《金匮·痰饮病》："心下有痰饮，胸胁支满，目眩，苓桂术甘汤主之"，本证系中焦脾胃阳虚，水停心下所致。其证可见头目眩晕，胸胁支满，食欲不振，小便不利，舌淡苔白，脉缓等证。治以苓桂术甘汤温阳化饮，健脾利水。

二、多脏腑调治法

中医五行学说认为，在生理情况下，脾脏与其余四脏存在着生我、我生、克我、我克的关系。生我者为母，我生者为子，克我者为所不胜，我克者为所胜。就脾土而言，生我者心火，为母；我生者肺金，为子；克我者肝木，为所不胜；我克者肾水，为所胜。这种五行生克关系维系着五脏之间的协调平衡，四脏有病皆可影响脾脏，为从脏腑相关入手间接对脾系疾病多脏腑调治奠定了基础。

（一）健脾补心法

主要适用于心脾阳虚证。《金匮·胸痹心痛短气病》："胸痹，心中痞，留气结在胸，胸满，胁下逆抢心，枳实薤白桂枝汤主之，人参汤亦主之"，本证系心脾阳气虚弱，寒气交阻心脉所致。其证可见四肢不温，语声低微，大便溏泄，舌淡，脉沉无力等证。治以人参汤健脾益气，温阳散寒。

（二）补脾益肺法

主要适用于肺脾两虚证。肺病及脾，子盗母气，则脾气亦虚，脾虚失运，聚湿生痰，上渍于肺，肺气壅塞，气津失布，可形成痰浊，此时病机以邪实为主，或邪实正虚互见。《金匮·肺痿肺痈咳嗽上气病篇》："火逆上气，咽喉不利，止逆下气者，麦门冬汤主之"，本证系肺阴不足，脾虚失运所致。其证可见咳喘，咽喉干燥不清爽，痰粘难咳，口干欲得凉润，舌红少苔，脉象虚数等证。治以麦门冬汤养阴润肺，健脾益气。

（三）调和肝脾法

脾土虚弱，其"所不胜"肝木则相对偏亢，故其受到肝木的过度制约而出现土虚木乘，《素问·气交变大论篇》云："岁土不及，风（肝木）乃行……，民病飧泄霍乱，体重腹痛，筋骨摇复，肌肉瞤酸"。《金匮·妊娠病》："妇人怀娠，腹中㽲痛，当归芍药散主之"，本证系肝血不足，脾虚不运所致。其证可见面色萎黄，腹胀眩晕，肢体麻木，便溏倦怠，唇舌淡白，脉象弦细等证。治以当归芍药散补血养肝，健脾助运。《金匮·腹满寒疝宿食病》："趺阳脉微弦，法当腹满，不满者必便难，两胠疼痛"，"胁下偏痛，发热，其脉紧弦，此寒也，以温药下之，宜大黄附子汤"，趺阳脉候脾胃，脉微提示中阳不足，脾胃虚寒。弦脉属肝，主寒主痛。肝脉现于趺阳，为肝气上逆，传病于脾胃，故腹满、便难；肝经不利故两胠疼痛。治以大黄附子汤温阳散寒，泻下通便。

（四）温补脾肾法

《金匮·血痹虚劳病》："脉沉小迟，其人疾行则喘喝，手足逆寒，腹满，甚则溏泄，食不消化也"，脉沉小迟是脾肾阳虚之象。肾虚不纳故疾行气喘，脾阳虚失于温煦则手足逆冷。脾胃阳虚则不能消化水谷，运化失职故腹满、便溏治以附子理中汤温补脾肾阳气。

三、结语

综上所述，《金匮要略》中关于脾系疾病的治法极为丰富，临床运用时，可一法单用，或两法相参，或多法并用，随证施之。并且立足脏腑相关，对其余四脏分别进行调治，组方配伍精当，用药灵活，疗效显著，对临床脾系疾病的治疗具有重要的指导意义。

［《全国第二十次仲景学说学术年会论文集》：110］

《金匮要略》医案研读与教学探讨 基础医学院中医临床基础教研室

严余明　浙江中医药大学

《金匮要略》作为诊治杂病的中医经典专著，其论言简意赅，内涵博大精深，以脏腑经络论内伤杂病，有机地整合了中医基本理论与临床医学。作为论治杂病的临床思维方法学专著，为后世中医学树立了光辉典范，被历代医家奉为圭臬。历代医家或从理法方药、或从版本、或从文史、或从临证发挥等不同角度对《金匮要略》进行了不断深入的研究。特别是在医案、医话、医论及文史笔记小说等文献中记载了大量有关运用《金匮要略》理法方药治疗疾病的医案。它不仅是历代中医运用仲师理法方药诊治疾病的宝贵原始记录，且在不同体例、不同风格、不同内涵的医案中反映了杂病动态变化和医家随证运用经方的临床思维全过程。正如近代国学大师章太炎所说："中医之成绩，医案最著。"

由于历代及近现代有关《金匮要略》的医案是不同历史时期、不同地域环境的医家对仲景学术在临证具体运用的范例，所以学习有关《金匮要略》的医案，对深化仲景辨治杂病的学术思想研究、更有效地指导临床实践和科学研究，具有重要价值。在教学过程中，强化案例教学，通过具体案例（即个案）的启发性、实践性、真实性、动态性使辨病与辨证的原则性与灵活性紧密结合。通过比较、鉴别、综合、分析、概括、归纳、示范，尤有助于理论与实践有机结合，深化已获得的理论知识，有助于开启拓展学生诊治思路，活化思维，训练辨证，以翼医术。学习《金匮要略》医案就是间接的向众多历代名医学习其临床经验，这无疑对提高临床疗效大有裨益。笔者认为，对《金匮要略》医案的研读与教学应注意以下几方面。

一、《金匮要略》医案的发展史

中医医案的起源，最早可追溯至殷代，至春秋《左传》已载秦国医生医缓为晋景公诊病的记录，但这些只能视为医案起源之萌芽，而真正有明确指导医疗、内容完整，尤其对辨证论治有着重要指导意义的医案则首推东汉医圣张仲景《金匮要略·痰饮咳嗽病》篇中第35～40条，这6条原文是叙述服小青龙汤出现的各种变化和随症而变的各种治法。此案复诊5次，药物变化5次，而温化大法却贯穿始终，充分体现了仲景辨治杂病的原则性和灵活性。除此较为明确的医案外，《金匮要略》的399条原文，可以说每一条均是从大量个案中提炼出的辨证论治规律。如某某病、某某证、以某某汤主治之类的原文，多是成功案例经验的概括及理论升华。而"淋家""汗家""亡血家"等不可汗之类的条文，则是从误治医案中总结出的教训。其后，成书不久，《伤寒杂病论》之杂病部分即因战乱隐于世，此时鲜见有关《金匮要略》医案的记载。到宋代，钱乙《小儿药证直诀》载案23则，其中用经方"白虎汤治吐泻案"1则，其传世名方"六味地黄丸"是以"八味肾气丸"化裁而成。许叔微《伤寒九十论》，以医案为单位编序，可以说是医案发展史上第一个运用仲景《伤寒杂病论》方治疗的专题医案，并对仲景论杂病多有阐发。

金元时代出现了各派争鸣的学术局面，各家在各自著述中引录了大量治验，其中亦有运用《金匮要略》理法方药的验案。

到明代已开始把医案作为专门的学问来加以研究。在数量上大大超过了宋代，据《中国分省医籍考》统计，仅江浙两省医案专辑就达39种，随着临床书写医案的普及，明代开始对医案的内容、格式进行探讨，把医案作为一个专门学问。

至清代，名医辈出，医案著作也进入鼎盛时期，不仅数量激增，总体质量亦明显提高，且形式多样化。如个人医案大量涌现，实录医案逐渐盛行，医案汇编也不拘一格。其方式主要有合编、合刊、专科、专题等。医案研究日趋活跃，如各种医案评注、评按、批注等。19 世纪后半叶，随着西方医学在我国传播与发展，医案书写也向病历式过渡，并日趋完善。明清时期有关《金匮要略》医案亦较丰富，特别是现代有关《金匮要略》医案专著也不断问世。从医案的发展脉络上看，研读有关《金匮要略》医案，注意力主要应侧重在宋以后，特别是明清以后的医案、医论、医话方面。

二、《金匮要略》医案研读方法与技巧

不同的医生有不同的病案记录风格，现代医案一般都按照西医病历的格式记录，即按照姓名、性别、年龄、一般症状、特有检查、证治用药、按语的顺序记录。近代或古代病案则记录要简略些，有些仅记录有临床辨证价值的内容，如章次公医案，用药简练，写案不拘一格，有时连舌脉都省去不写。当时的国学大师章太炎非常欣赏其医案，谓之“笔短如其人”（章次公身材矮小），一时传为佳话。所以对不同风格的医案，可以根据读案需要，灵活选读。以下列出平时常用的指导学生读案的方法——顺读法。

所谓顺读法，即按照病历记录顺序从病人的主诉、临床表现，然后到医生诊断、处方的顺序研读，也就是模拟真实情况下实人来门诊时的过程来读。这种读案方法符合人类认知的一般规律。运用这一方法，有利于在校生了解门诊流程，熟悉辨证论治的思维方法。在读案过程中，应该要时刻注意培养学生的思维能力，读医案不同走马看花，看过就算，而是需要时时停下，驻足细评。如《经方实验录》中桂枝汤案例有六，每一案针对不同发病情况记录，从浅到深，从中风本证到内科杂病。针对初学者尤其是本科生，重点放在前三案。案一讲述桂枝证营卫不和，感受风寒本证，大大激发了学生的学习兴趣。案二、案三为案一另一发病诱因 - 睡眠中受凉、饮食生冷之物等，以示学生临床不论发病诱因如何，只要出现中风证主证，即符合桂枝汤证，用桂枝汤治疗即有效。而对于七年制学生，重点即放在案 4 ~ 6。当指导学生系统地研读此六案，学生就会对辩证思维方法有较深刻的认识，理解桂枝汤不仅可以治疗外感伤寒病，更可以治疗内伤杂病。学生在这样的学习过程中，不仅学到一定的知识，还可以坚定中医专业思想。

面对古今大量医案，以课时为单位的《金匮要略》案例教学毕竟是有限的，所以让学生掌握读案技巧是十分必要的。在读案时，通过横向纵向的思考，前后左右的对比，将课本知识与医案内容连贯起来，学生的医学知识将会得到很大的提高。除了读案时要培养脏腑经络辨证与六经辩证思维方法外，读案时还应注意医案中的“异常”字词，也就是要注意医案中记录的不寻常的字词。其中有些字词直接点明了医案中阅读重点，如注明为各种治疗经验，药物服用法，按语等。有些则未直接说出的，需要读者自己去发掘，如药物用量异常，像附子、黄芪用量达百克之多，再如药物炮制异常，生用制用之别，以及引经药、药对、和验方等的运用。

三、《金匮要略》医案教学要点

第一，结合《金匮要略》原文及医家学术思想阅读。大凡名医不仅有丰富的临床经验，且有高深的理论建树，特别是对《伤寒杂病论》理法方药掌握纯熟，在所著医案中常常反映运用经典的思维及其学术观点。反推之，熟悉各名家的学术见解，亦有助于理解其医案的内涵和底蕴。故结合《金匮要略》原文，并对照读医家医案以外的医书医论，有助于参透其理论思维。

第二，掌握辨证的关键点。即明晰反映病证本质特征的症状和体征，特别是通过了解医家在虚实寒热疑似情况下，掌握如何识证的思维和技巧。此法多见于追忆式医案，亦见于实录式医案。反映病证本质特征的关键点或见于案首，或用“虽”“惟”“但”等虚词，通过语言的转折，示人病证的真象。

第三，揣摩转方心法。对多次复诊病案，每诊都存在随病情而采取“效不更方”或“中病即止”或“效亦更方”或“不效亦不更方”，从而反映出医家运用仲景理法对杂病证候演变规律的把握和随证施治的应变能力。故学者对转方过程中医家的临床思维方法尤应细加揣度。正如清代陆九芝《世补斋医书》言“书本不载接方，以接方之无定也，然医则全在接方上见本领”。秦伯未亦言“凡医案观其变化处，最耐寻味”。

第四，体悟治则治法处方用药精义。在历代有关《金匮要略》医案中记载的多是疑难复杂重症治例或用不同于常规的治法验案。徐灵胎在《临证指南医案·咳嗽门》批语中云：“凡述医案，必择大症及疑难症，人所不能治者数则，以立法度，以启心思，为后学之所法”。教学时，还需对医案中体现特点的剂型、服法、剂量、单方验方及医家经验等详细交代。以帮助学生掌握医家运用《金匮要

略》理法方药的案中精义。

[《2012年浙江省医学教育学学术年会论文集》2012：356]

《金匮要略》中肺系疾病的辨证论治特点

陶汉华 山东中医药大学
张福林 吴翠珍
黑龙江省齐齐哈尔市人民医院

《金匮要略》一书对肺系疾病的论述丰富而系统，开创了肺系疾病辨证论治之先河，在理法方药上具有鲜明的特点和规律，至今对临床肺系疾病的证治仍具有指导意义。

一、首辨虚实，论治以实证为主

《金匮·脏腑经络先后病》首条原文即提出："虚虚实实，补不足，损有余。"指出杂病辨治要首辨虚实。

《金匮·肺痿肺痈咳嗽病》首条原文即论述了肺痿与肺痈的虚实鉴别，曰"寸口脉数，其人咳，口中反有浊唾涎沫者何？师曰为肺痿之病。若口中辟辟燥，咳即胸中隐隐痛，脉反滑数，此为肺痈，咳唾脓血。脉数虚者为肺痿，数实者为肺痈。"提出肺痿病多虚证，肺痈病多实证。在论述了肺痿、肺痈病因病理后，又紧接着论述了咳嗽上气的虚实鉴别。"上气面浮肿，肩息，其脉浮大，不治；又加利尤甚。上气喘而燥者，属肺胀，欲作风水，发汗则愈。"上气而颜面浮肿，呼吸困难，脉象浮大无力，此为肺肾之气衰竭，病情危重，故曰"不治"。若再见下利，乃阳气脱于上，阴液竭于下，阴阳离决，病情尤为险恶。上气喘逆，烦躁不安，兼有发热恶寒之表证，此为素有饮邪内伏，外感风寒而诱发的肺胀病。属于实证。仲景开篇即强调辨证肺病，要首辨虚实，虚实方异治。

根据肺的生理特性可知，肺不耐寒热燥湿，易受外邪侵袭，如风、寒、燥、热等六淫之邪侵袭致肺失清肃，故肺气上逆而生咳、喘、痰等一系列肺系疾患。所以仲景在治肺病初期，在未见脏腑虚衰之前，均把祛邪作为第一要义。如治疗咳嗽上气病所选用的6首方剂射干麻黄汤、皂荚丸、厚朴麻黄汤、泽漆汤、越婢加半夏汤、小青龙加石膏汤均以祛邪为主。

二、开创"肺阳虚"证治先河

《金匮·肺痿肺痈咳嗽上气病》："肺痿吐涎沫而不咳者，其人不渴，必遗尿、小便数。所以然者，以上虚不能制下故也。此为肺中冷，必眩，多涎沫，甘草干姜汤以温之。"此论述了虚寒性肺痿的辨证治疗。仲景以甘草干姜汤治疗确立了温补肺阳之大法，其中炙甘草用量倍于干姜，重在健脾益气。通过健脾达到补肺气的目的。用干姜温肺散寒化饮。

《中医基础理论》脏象学说对五脏的阴阳属性及其生理病理多有准确而详细的叙述，唯独没有论及肺阳及其生理病理内容，其相关论述多以肺气统之。有人指出"肺在病理上有其一定的特殊性，如肺阳的升散作用，概括于肺气的宣发功能，肺的阳气不足即指肺气虚，而不再单论肺阳虚。"[1]还有人指出历代文献少提甚至不提肺阳，实出于前贤的自觉选择，并认为因肺脾同属太阴，肺为人体后天之"天"，脾为人体后天"地"，脾土生肺金，二者关系密切，以脾阳即可概言肺阳[2]。而对于肺阳，后世一家多持"功能论"，杨氏[3]认为肺阳属于功能活动，肺气是从属于肺阳的；孙氏[4]认为气分阴阳，肺阳是肺气的组成部分，是肺气中具有温煦、宣发和兴奋性质的那部分阳气；陈氏等[5]认为肺阳是指肺的功能活动及其功能活动中起温煦作用的阳气，是人体阳气在肺功能方面的反映。诸学者的认识比较统一，均认为是肺阳不足，机能衰退及一系列温煦失职的临床表现的概括。

归纳以上论述，"肺气"可以看作是"肺的生理功能"，肺气虚兼有寒象时即为"肺阳虚"

三、创立"益气养阴"治法

《金匮要略·肺痿肺痈咳嗽上气》篇第10条："火逆上气，咽喉不利，止逆下气者，麦门冬汤主之。"肺中郁热，久必耗伤阴津，虚火上炎，则咽干，咳嗽，喘憋等。用麦门冬汤养阴清热，降逆止咳。方中重用麦冬，甘寒润肺养胃，既养肺胃之阴，又清肺胃虚热；辅以人参、甘草、粳米、大枣益气生津，以滋胃阴，中气充盛，则津液自能上归于肺，肺得其养。佐以少量半夏降逆下气，并化痰利咽，因其味辛温与麦冬同用，滋而不腻，起到相反相成的作用。此方开创了益气养阴法之先河，于是喻昌言："凡肺病有胃气则生，无胃气则死。胃气者，肺之母气也。……熟知仲景有此妙法，于麦冬、人参、甘草、粳米、大枣，大补中气，大生津液，此中增入半夏之辛温一味，其利咽下气，非半夏之功，实善用半夏之功，实古今未有之奇矣。”

总之，肺气是否充盛，依赖后天脾胃化生气血的功能，此方补肺气养肺阴，实际是通过健脾胃而达到补肺的目的。所以后世将治疗虚寒肺痿的甘草干姜汤与此方谓之“培土生金”法。此法对后世影响颇大，温病学家叶天士之养胃汤、吴鞠通之沙参麦冬汤均由此方发展而来。

四、用药宣发肃降并施

“肺主宣发肃降”，当肺的宣发肃降失常时，可出现呼吸失常及水液代谢障碍，所以仲景针对病机选择药性可升、可降的药物相配伍，以恢复肺的宣发与肃降的协调，使呼吸均匀通畅，从而水液得以正常的输布代谢。如“咳而脉浮者，厚朴麻黄汤主之”。脉浮可知其病主表，从《千金要方·咳嗽》中“咳而火逆上气，胸满，喉中不利，为水鸡声，其脉浮者，厚朴麻黄汤方”得知，此咳喘还有胸满等重要症状。此病为寒饮挟热上迫，肺失宣降，致咳喘，仲景立方厚朴麻黄汤以宣降肺气，清热化饮止咳。方中厚朴降气除胸满，为主药；麻黄宣肺平喘；生石膏清热除烦；杏仁利肺止咳；半夏祛痰降逆；干姜、细辛温肺蠲饮；五味子敛肺止咳，并防麻黄、细辛宣散太过。方中厚朴、五味子敛降，麻黄、干姜、细辛主宣发，诸药相配，一升一降，恢复肺的宣发肃降功能，故而取得疗效。

其实许多药物本身即有宣发肃降功能，如麻黄、桂枝、生姜等既能解表主宣发，义能利水主肃降。

五、寒热并用取长补短

根据病情选择药性相反的寒热异性之药物，合理配伍，以达到寒热并施、取长补短、增强疗效的作用。如“肺胀，咳而上气，烦躁而喘，脉浮者，心下有水，小青龙加石膏汤主之”。肺为“娇脏”感受风寒之邪，又内有饮邪郁而化热所致肺胀，寒饮内停，肺失肃降，又外感风寒，至肺气壅滞，水饮不化，郁而化热，则发咳而上气，无汗而喘，兼有烦躁。因心下有寒饮，非温药不能化之；表有风寒，非辛温不能散之，故仲景运用小青龙加石膏汤以解表化饮、清热除烦。方中麻黄、桂枝发汗解表，宣肺平喘；半夏、细辛、干姜温化水饮，散寒降逆；芍药、五味子收敛肺气，以防麻、桂宣散太过；甘草培土制水，调和诸药；石膏既能清热除烦，又能制约麻黄副作用。张仲景用麻黄量最大有两方，即大青龙汤和越婢汤，均为6两，但两方都配石膏，意义即在于此。

六、消补兼顾扶正祛邪

仲景在《金匮要略》首篇中即提出“若五脏元真通畅，人即安和，客气邪风，中人多死，千般疢难，不越三条：一者，经络受邪，入脏腑，为内所因也：二者，四肢九窍，血脉相传，壅塞不通，为外皮肤所中也；三者，室、金刃、虫兽所伤。”归纳出疾病的病因不越三条，其中强调人体正气充盛与否，是疾病发生和发展的关键。肺系疾病初期多表现实证，中后期多表现虚实夹杂。治疗当消补兼顾，扶正祛邪。如《金匮·痰饮咳嗽病》：“膈间支饮，其人喘满，心下痞坚，面色黧黑，其脉沉紧，得之数十日，医吐下之不愈，木防己汤主之。”此为饮邪停留在胸肺，心肺阳气已衰之支饮重证。此证相当于现代医学中的肺心疾混风心病出现慢性心衰，既有心力衰竭表现，又有水饮积聚的症状。治疗用木防已汤，方中人参、桂枝益气助阳强心，木防已利尿除饮。石膏清郁热。虚实并治，扶正祛邪。

以上《金匮要略》中肺系疾病的辨证论治规律和特点，对现今临床肺系病证的辨证治疗思路和组方用药，仍有很大的启发和指导作用。

参考文献

[1] 印会河．中医基础理论［M］．上海：上海科学技术出版社，1984：122.

[2] 李如辉．历代文献少论“肺阳”的原因再发现［J］．河南中医，1998，18（3）：140～141.

[3] 杨容青．肺阳虚说略［J］．辽宁中医杂志，2005，32（7）：664～665.

[4] 孙广仁．肺阳、阳虚饮停与小青龙汤当议［J］．安徽中医临志，1999，11（1）：51～52.

[5] 陈燕，陈伟．肺阳虚辨治体会［J］．山西中医，2004，20（4）：64.

［《中华中医药学会第四次中医学术流派交流会论文集》2012：293］

浅析寒热错杂证

曹惠彬　内蒙古呼伦贝尔市

满洲里市中医院

寒热错杂证是指寒证与热证交错在一起同时出现[1]。早在《内经》已经提出“寒热理论”，有学者[2]就此归纳了《内经》中寒热治疗学理论内容，总结出《内经》寒热治疗学理论奠定了中医学外感病的基础。医圣张仲景不但继承了《内经》的寒热理论，并在实践中发扬光大。在《伤寒论》中，处处可见“寒”与“热”。

寒热错杂证在临床上较为多见，根据数据显示《内经》所载13方中用治寒热错杂证的就有3方；《伤寒杂病论》中亦创有19方、分别治疗多种寒热错杂证[3]。另外分别对《伤寒论》《金匮要略》的寒热并用统计显示：《伤寒论》113方中（缺一方），寒热并用者约占53首[4]；《金匮要略》所列205首（其中四首只列方名而未载药味），药物有寒热并用之意的（不含有服法）组方，达98首之多[5]。这就证明瞭仲景对寒热错杂证的辨证、治疗贡献极大。

一、寒热错杂证的病因病机

（一）体质因素

体质就是脏腑经络、形体官窍固有素质的总体体现，是因脏腑经络，精气血津液的盛衰偏颇而形成的个体特征。中医学强调和重视正气在发病中的主导作用，认为“正气内存，邪不可干”“邪之所凑，其气必虚”而正气的强弱，实际上也就是体质的强弱。体质与发病的关系可表现为两方面：一是决定着发病。二是决定着对某种或某些病邪的易感性与疾病的倾向性。就体质的阴阳分类法来说，章虚谷在《医门棒喝》中将体质分为四种类型，即阳旺阴虚、阴阳俱盛、阴盛阳虚、阴阳两弱。这四种不同体质对疾病的反映是各不相同的。如阳旺阴虚质“每病多火”；阴阳俱盛者“平时少病，每病多重”；阴盛阳虚质“目有精神，尚可无妨；如无精神，寿多不永，或未到中年而得中风之病”；阴阳两弱质“常多病，却不甚重”。常言道“瘦人多火，肥人多痰”，这就是阴阳多少不同体质的人对受病倾向的表现。《内经》中的“阴胜则阳病，阳胜则阴病”“阳虚则外寒，阴虚则内热；阳盛则外热，阴盛则内寒”等，均以阴阳之间的偏盛偏衰来阐释“寒”和“热”临床现象的内在机制。这就说明寒热错杂证的形成是机体内阴阳失调的结果，而导致阴阳失调的是机体体质的影响。如阳热之体感受风寒之邪表现为表寒里热证；平素脾胃虚寒，又感风热，形成表热里寒证。

（二）感邪因素

中医学的发病学说，既强调人体正气是疾病的内在根据，又不排除致病因素的重要作用，并强调致病因素在一定的条件下，也是发病的根据。感受病邪之后，机体的“阴平阳秘”正常生理平衡被破坏，从而发生“阴阳失调”的情况。邪气亦有阴阳之别：“阳胜则热”，感受阳邪，易致阳偏盛而出现实热证，如心火炽盛，见面赤舌疮、心烦失眠、小便短赤等；“阴胜则寒”感受阴邪，易致阴偏盛而出现实寒证，如寒邪直中，伤及脾胃，见吐泻清稀、脘腹冷痛、小便清长等。在一定的条件下，机体寒热不调的病机亦可以同时存在。如伤寒五六日，因误下损伤脾胃之气，使邪热乘机内陷，寒热之邪犯于中焦，致脾胃升降失常，气机痞塞，故出现“但满而不痛”的寒热错杂之痞证。

（三）脏腑生理病理因素

有研究[6]显示寒热错杂证与脾胃病有十分密切的关系：若氏对《千金要方》等6部具有代表性古籍中筛选出的700余首寒热并用方剂进行统计，发现其适应症状出现频次最高的是以脾胃肠道症状为主体的症状群。

1. 脾胃：脾胃一阴一阳、一脏一腑、一化一纳，相互谐调，共同完成饮食物的消化和吸收。脾病多见虚证，脾气虚衰，往往是引起“寒化”的病理基础；胃病多见实证，胃气壅实，往往是引起“热化”的病理基础。脾喜燥而恶湿，胃喜润而恶燥。脾胃可受其所恶的湿或燥邪损伤，引起脾阳衰弱，寒自内生；或胃阴不足，热从中生，而分别导致寒、热之证。若脾胃同病，因脾、胃各自特性而产生的寒证和热证自然会同时存在，表现为寒性症状与热性症状交互错杂的复杂局面，即寒热错杂证。

2. 肝脏：脾主运化，胃司受纳，为气血生化之源，其升降有序，离不开肝的正常疏泄功能。肝的生理特点是主升、主动，这对于气机的疏调、通达、升发，是一个很重要的因素。肝之疏泄功能关系到全身气机的流畅，对各脏腑组织之间的平衡协调起重要作用，若肝失疏泄，极易延及他脏。肝与脾胃共处中焦，其气相通，肝失疏泄，脾胃首当其冲，肝气横逆，影响脾胃，克脾则泻，犯胃则吐，还常出现胸胁苦满、嗳气、饥而不欲食、心下痞满、腹痛、弦脉等寒热错杂证的特征性症状。有学者[6]在收集现代杂志发表的寒热错杂证证治验案，主治以伤寒论中寒热并用方剂或其加减剂获效者300余首，得出结论：寒热错杂证是以脾胃肠等脏腑功能失调为主所派生的一类证候群，并与肝的疏泄功能紊乱有重要关系。

二、寒热错杂证的症状特点

有学者[6]以《伤寒论》中10个寒热错杂方证为基础，筛选出历代医着中此类方案及现代寒热错杂证治验案140余首，以统计学方法为主，对寒热错杂证的证候特点、构成及确立规范进行研究。从中得出结论：主要证候表现多以自觉症状为主，但有几个特征性症状对于诊断有重要意义，即："饥而不欲食""心下痞闷""四肢厥逆""脐腹动悸""久利及大便长期异常"等，临证需要注意；"脉弦、舌苔黄腻"是寒热错杂证的舌脉特征。而"虚损"也是寒热错杂证的重要表现之一，说明寒热错杂证的出现可能是以机体功能状态低下为前提的。

由于寒热错杂证的临床表现常常似是而非，难以辨认，真假之辨尤为要紧。有学者[7]提出了关键的诊断方法：一、在于舌苔的干燥与否；二、在于口渴喜冷与否。如山西已故李翰卿老中医对此即主张舍症察舌，观舌苔之干燥与否、口渴之喜冷与否。见舌苔干燥，口渴喜冷，为热证无疑，若身兼寒证，是为真热假寒；舌苔多润滑，口虽渴而不喜冷饮，则为寒证无疑，若身兼热证，是为真寒假热。

三、寒热错杂证治法的分类

寒热错杂证就是寒邪与热邪分别存在于人体的不同的位置、不同的脏腑以及不同的层次。因此，我们在治疗上应先辨清寒热、表里、上下病位分部。临床上大致表现为上热下寒、上寒下热、表寒里热、外热内寒等。而"寒热并用"，是针对寒热错杂证而设的一种用药方法，是阴阳互根原理下中药配伍的运用方式，如《灵枢·官能》："寒与热争，能合而调之?"指出寒热错杂之证治宜寒温并用，调其阴阳。

（一）寒热错杂证治法的分类——证候表现

1. 不同部位的寒热错杂证

（1）上热下寒

①黄连汤《伤寒论》："伤寒论，胸中有热，胃中有邪气，腹中痛，欲呕吐者，黄连汤主之。"(173条)[8]其因邪热上犯胸膈胃脘，胃失和降故呕吐，脾肠虚寒，寒邪凝滞故腹中痛。方中主药黄连苦寒，泄热以清胃中之邪热；干姜、桂枝辛温散寒以祛肠中之寒邪。

②栀子干姜汤《伤寒论》："伤寒，医以丸药大下之，身热不去，微烦者，栀子干姜汤主之。"(80条)[8]因误下而使中焦虚寒，则见下利、腹满疼痛；误下邪热内郁胸膈故身热不去。方中用栀子苦寒，清上焦之邪热；干姜辛热，温中焦之虚寒，则中阳可复。

③连理汤：《证治要诀类方》：主治脾胃虚寒而内有湿热内蕴，见久泻便溏、大便不爽、腹痛里急、手足不温者。方中用黄连清除肠中湿热余邪；以理中汤益气健脾，化湿止泻；干姜辛热，温中散寒以助阳。

④交泰丸：《韩氏医通》：主治肾失气化之常，肾水不能上济，阳无阴制，心火偏亢，而致怔忡不宁、夜寐不安、口舌生疮。方中用黄连大苦大寒，主入心经，清心降火除烦；肉桂辛甘大热，主入肾经，引火归元。

（2）上寒下热

①黄芩汤：《外台秘要》："伤寒六七日，发汗不解，呕逆下利，小便不利，胸胁痞满，微热而烦。"（深师方）主治胃寒肠热所致的干呕下利。方中桂心温胃散寒，黄芩清肠而止利。

②黄芩加半夏生姜汤《金匮要略·呕吐哕下利第十七篇》："干呕而利者，黄芩加半夏生姜汤主之。"(11条)[9]此因胃寒而干呕，肠湿热而下痢。方中用生姜、半夏暖胃散寒降逆以治上寒，黄芩清热燥湿以治下热。

（3）表寒里热

①大青龙汤：《伤寒论》："太阳中风，脉浮紧，发热，恶寒，身疼痛，不汗出而烦躁者，大青龙汤主之……"(38条)[8]因溢饮邪盛于表而内有郁热，其主症为发热烦喘。方中用麻、桂、姜、杏辛温宣泄，发汗解表；石膏甘寒而清郁热。

②小青龙加石膏汤：《金匮要略·肺痿肺痈咳嗽上气病脉证并治第七篇》："肺胀，欬而上气，烦躁而喘，脉浮者，心下有水，小青龙加石膏汤主之。"(14条)为外寒内饮，饮郁化热的咳喘证。方中用麻、桂宣散表寒；细辛、干姜化水气，少佐石膏以清郁热。

③石膏汤：《外台秘要》："伤寒病已八九日，壮热无汗，身体沉重拘挛，鼻干口渴，烦躁不眠，神志昏愦，或时呼呻，脉滑数。"（深师方）[10]主治伤寒表证未解，里热炽盛证。方中石膏清热除烦；麻黄、豆豉发汗解表。

（4）外热内寒

①阴旦汤：《千金要方》：主治"伤寒肢节疼痛，内寒外热，虚烦"，治宜温阳解肌，发表除烦。方中干姜、桂心以温中散寒；黄芩清热除烦。

2. 同部位的寒热错杂证

（1）乌梅丸：《伤寒论》："伤寒，脉微而厥，至七八日肤冷，其人躁无暂安时者，此为藏厥，非蚘厥也。蚘厥者，其人当吐蚘。今病者静，而复时烦者，此为藏寒。蚘上入其膈，故烦，须臾复止，得食而呕，又烦者，蚘闻食臭出，其人常自吐蚘。蚘厥者，乌梅丸主之。又主久利。”（338条）：专治寒热夹杂的蛔厥证及久利。乌梅、蜀椒杀虫驱蛔；黄连、黄柏清热燥湿；桂、附、姜、辛，温中散寒。

（2）三泻心汤：《伤寒论》：是指半夏泻心汤、生姜泻心汤、甘草泻心汤。三者均见心下痞满、干呕或呕吐、噫气食嗅、腹中雷鸣、食谷不化下利等症状；均因误下伤中，邪犯于胃，胃失和降，寒热互结所致；故三方用药基本相同，实为一法之加减。辛温开结用半夏、干姜；苦寒清热用黄连、黄芩。

（3）枳实消痞丸：《兰室秘藏》：“治右关脉弦，心下虚，痞，恶食懒倦，开胃进饮食”（消痞满方）主治脾虚气滞，寒热互结证，见心下痞满，不欲饮食，倦怠乏力，大便不畅。方中半夏降逆和胃，黄连苦寒清热，干姜辛热温中，三药相合，辛开苦降，平调寒热。

3. 格阳证、戴阳证——反佐法

反佐法是指病重邪甚以及拒药不受的情况下，加入与君药药性相反而在治疗中起相成作用的药物。格阳证与戴阳证皆为寒热错杂证的特殊类型。格阳证与戴阳证的治疗应用反佐法，原因是在阴寒内盛，格阳于外或上的情况下，最容易出现药不受纳的现象，此时采取反佐最为恰当。

“少阴病，下利清谷，里寒外热，手足厥逆，脉微欲绝，身反不恶寒，其人面色赤，或腹痛，或干呕，或咽痛，或利止脉不出者，通脉四逆汤主之。”(317条)

“吐利，汗出，发热，恶寒，四肢拘急，手足厥冷者，四逆汤主之。”(388条)。

“既吐且利，小便复利而大汗出，下利清谷，内寒外热，脉微欲绝者，四逆汤主之。”（389条）这三条是指阴盛于内，虚阳浮越于外，阴阳格拒的“真寒假热”证。治宜破阴回阳，通达内外。

“少阴病，下利，白通汤主之。”（314条）及“少阴病，下利，脉微者，与白通汤。利不止，厥逆无脉，干呕，烦者，白通加猪胆汁汤主之……”（315条）这两条是指阴寒内盛，格阳于上的“戴阳证”，治宜破阴回阳，宣通上下。315条“利不止……白通加猪胆汁汤主之”论述阴盛戴阳证服热药后发生格拒，这是病重药轻的原因，所以服药未能奏效，反而格拒增甚，以致厥逆无脉，干呕而烦，乃阳药被阴邪所格拒的缘故，并非药不对证，故加入苦寒滑下之猪胆汁、咸寒下走之人尿，一借其性寒，引姜、附大辛大热药物入阴，以制盛阴对辛热药物之格拒不受，具有“甚者从之”之意；二借其苦润以润燥滋液，既可补益吐下后之液竭，又可制约姜附辛热伤阴劫液之弊，此所谓益阴和阳之法。

（二）寒热错杂证治法的分类——中药配伍

1. 辛温解表与辛凉解表并用：本法用于外感初起，寒热境界不十分清楚时的应变治法。银翘散《温病条辨》治疗风温初起，就是在辛凉药中加用了辛温的荆芥、豆豉，而并非单纯辛凉之剂。麻杏石甘汤《伤寒论》用于肺热壅盛证，麻石相合，温寒相制，而石膏用量大于麻黄，有清泄肺热而无凉遏之虑。

2. 温阳与清热并用：本法多用于邪热炽盛，又有阳气虚寒的寒热错杂证。椒梅汤《温病条辨》：“暑邪深入厥阴，舌灰，消渴，心下板实，呕恶吐蛔，寒热，下利血水，甚至声音不出，上下格拒者，椒梅汤主之。”方以黄连、黄芩清热；干姜、川椒温阳，具有祛寒泄热之功。

3. 辛温与酸寒并用：桂枝汤《伤寒论》及其类方，其病机为卫强营弱，营卫不和，纯用辛温，易泄汗伤营，故方中以桂枝、生姜性味辛温，解肌发表，祛风散寒；芍药酸寒，酸能收敛，寒走阴营，以治营弱。二药同用，可使发汗而不耗伤营血，止汗而不致留邪。温、补八法尽之。其中温（热）清（寒）两法是八法中两种截然不同的治疗方法，但就病机复杂的寒热错杂证来说“寒热并用法”是治疗“寒热错杂证”的理想方法。

参考文献

[1] 李经纬，邓铁涛，等．中医大辞典［M］．北京：人民卫生出版社，1989：1579.

[2] 许良银，程宜福．《内经》寒热治疗学理论的探讨［J］．皖南医学院学报，2003，22（3）：226～228.

[3] 马继松，谢祖俭，朱华，等．寒热错杂证的辨证论治［J］．皖南医学院学报，1984，3（2）：49.

[4] 陈剑．《伤寒论》寒热并用方证临床应用规律研究．湖北中医学院硕士学位论文［D］. 2008，4.

[5] 钟瑜，董艺，朱妤．由《金匮要略》方看“寒热并用”的临床意义［J］．浙江中医学院学报，2004，28（3）：10.

[6] 若秋．寒热错杂证之研究．陕西中医［J］1991，12（1）：23.

[7] 张新义，傅文录．虚实寒热夹杂证临床辨析［J］．上海中医药杂志，2007，41（7）：24～25.

[8] 李培生．伤寒论讲义［M］．上海：上海科学技术出版社，1985：34～217.

[9] 范永升．金匮要略［M］．北京：中国中医药出版社，2003：127，308.

［《内蒙古中医药》2012，（1）：137］

浅析《伤寒论》之微脉

陈　鑫　山东中医药大学
滕　晶　山东中医药大学附属医院

《伤寒论》证治体系中最重要的一点就是辨脉法，398条中有148条论及脉象，并通过诊脉来确定证候性质。《伤寒论》论述脉象24种，其中论述最多的脉象之一就是微脉，对微脉有了初步的认识。

一、微脉的特征描述

微脉是一种极细极软，按之欲绝，若有若无的脉象[1]，脉象特点是脉形极细小，脉势极软弱，以致轻取不见，重按起落不明显，似有似无。对于微脉的解释，清·周学海《脉简补义》有云："脉之微有二，形之微小也，力之微小也，此皆作实字（真微）解；其作虚字（假微）解者，不甚之谓也。仲景书中微紧微缓诸文，皆不甚之义"。这种见解，是符合《伤寒论》的实际情况的。有些"脉微"的"微"是作副词用的，用以修饰其他脉象，翻译成现代汉语就是"稍微"的意思，《伤寒论》有这种写法，如第166条："寸脉微浮，胸中痞硬，……此为胸有寒也"。其中的"微"为副词，作微解。

关于微脉，有人受其他医书的影响，认为微脉一般都是极细极软到一定程度，代表的都是危重病，比如《脉诀》说："微者阴也，指下寻之，征来极微，冉冉寻之，若有若无"。《察病指南》说："指下寻之，若有若无，极细而浮软，片来如秋风吹毛而无力。"《诊家枢要》说："微，不显也。依稀轻微，若有若无。"《难经集注》引杨玄操说："按之短小，不动摇，若有若无，轻手乃得，重手不得，谓之微也。"《脉诀刊误》说："欲绝非绝，又曰按之如欲绝。"《医经小学》说："微来如有又如无。"《医学入门》说："微似蛛丝容易断。"《医宗必读》说："无力，似有若无，模糊难见矣。"《诊宗三昧》说："似有若无，欲绝非绝，而按之稍有模糊之状。"以上各家之说，都只见于危重病，而《伤寒论》对于微脉又有了新的看法，认为微脉不仅仅见于危重病，也可见于疾病向愈的时候，如《伤寒论》第23条说："太阳病，得之八九日，如疟状，发热恶寒，热多寒少，其人不呕，清便欲自可，一日二三度发，脉微缓者，为欲愈也"。此条所论脉微缓，是微脉与缓脉相兼，病虽八九日，其病并不危重，脉微缓是"欲愈"的表现。

关于微脉的脉形，《伤寒论》之外的医书见解都很相似，如《脉经》："极细极软，或欲绝，若有若无"。《千金翼方》说："按之短小不至，动摇，若有若无，或复浮薄而细急　轻手乃得，重手不得，名曰微。"而张仲景除此之外又有独特的看法，微脉的形象，《辨脉法》有云："脉瞥瞥如羹上肥者，阳气微也；脉萦萦如蜘蛛丝者，阴气衰也"，可知微脉是极细极薄，而又无力，颇与散脉相似。他又同时指出，微脉的形象也不一样，有浮而极薄，却不是极细，象肉汤上漂浮的油脂，应指无力而模糊者。有沉而极薄，且又极细，旋绕为蜘蛛丝一般，应指无力，但不很模糊。

张仲景又从独特的视角把微脉看作是一种阴脉，正如万事万物都分阴阳，凡是热、光亮、向上、向外、兴奋、进行性、亢进等都属阳。凡是寒、阴暗、向下、向内、抑制、退行性、衰退等都属阴。脉学也如此，张仲景把大、浮、数、动、滑的脉象定义为阳脉，把沉、涩、迟、弦、微定义为阴脉，这都是根据其属性与功能判断的。在开篇的辨脉法中就提到："问曰：脉有阴阳者何谓也。答曰：凡脉大、浮、数、动、滑，此名阳也；凡脉沉、涩、迟、弦、微，此名阴也，凡阴病见阳脉者生，阳病见阴脉者死。"

二、微脉的主治病机

《伤寒论》中微脉有单一脉的主治病机，也有相兼脉的病机，兹分述如下。

（一）微脉单脉病机概述

在书中微脉的单脉病机有气血两虚、表里两虚、元阳衰微、阳虚阴盛、阳回自愈等5种。如原文第160条："伤寒吐下后发汗，虚烦，脉甚微。"这里的脉微指太阳病误治后，既伤阳气又伤津液，阴阳俱伤，气血两虚，故见虚烦脉微。关于表里两虚，原文23条："太阳病得之八九日，如疟状，发热恶寒，热多寒少，……脉微而恶寒者，此阴阳俱虚，不可更发汗更下更吐也"。本条讲太阳病八九日微转归之时，如出现恶寒之表虚，脉微之里虚，表里俱虚，不可更行汗、吐、下之法。元阳衰微原文第343条也有描述："伤寒六七日脉微，手足厥冷，烦躁，灸厥阴，厥不还者死。"脉象病机为元阳衰微，真阳欲脱，导致脉微。而原文第315条：

"少阴病，下利脉微者，与白通汤。"由病证可知此处微脉为阴寒内盛，阳气衰微，并见戴阳于上，故下利而脉微，用白通汤破阴回阳，宣通上下。此处脉微是阳微阴盛。而原文第317条有云："少阴病，下利清谷，里寒外热，手足厥冷，脉微欲绝，身反不恶寒，其人面色赤。"本证病机为里寒外热，本条脉微欲绝的出现说明真阳衰竭、脉气不继。关于阳回自愈，原文第287条云："少阴病，脉紧，至七八日，自下利，脉暴微，手足反温，脉紧反去者，为欲解也，虽烦下利必自愈"。此处微脉示寒邪已去，阳自回，故手足温，此处微脉是与紧脉相比较而言，故非阳衰之微脉。

（二）微脉相兼脉

微脉相兼脉也有各种意义，分述如下。

微弱脉：微弱脉常由阳气不足所致。原文第38条："太阳中风，脉浮紧，发热恶寒，身疼痛，不汗出而烦躁者，大青龙汤主之。若脉微弱，汗出恶风者，不可服之。"此处脉微弱示里虚，汗出而恶风为表虚，所以不可用大青龙汤。

微涩脉：微涩脉为血少津虚之象，多见于阳明或少阴病。如原文第214条："阳明病，谵语发潮热，脉反微涩，里虚也，难治。"阳明病主脉本来是洪大脉，而今脉象反微涩，微脉代表阳气虚，涩脉是血少之象，所以难治。少阴病第325条："少阴病，下利，脉微涩，呕而汗出，必数更衣，反少者，当温其上，灸之。"此处微涩脉示津伤阴虚之象，呕而汗出则更伤津液，导致气阴两虚，所以当温之。

微浮脉：示阴阳俱虚或有邪退之征。第290条："少阴中风，脉阳微阴浮者，为欲愈。"少阴脉寸脉当浮，今不浮而微，为风邪欲解，尺脉当沉，今反浮为阳气渐回之象。

微缓脉：是邪退正复的征兆。原文第23条："太阳病，得之八九日，如疟状，发热恶寒，热多寒少，其人不呕，清便欲自可，一日二三度发，脉微缓者，为欲愈也。"太阳病脉象由浮紧脉转为微缓之象，而无症状，说明是邪退正复的病机转化。

微数脉：微主虚，数主热，微数脉多主阴虚有热或阴血不足。如114条："微数之脉，慎不可灸。"阴虚内热，则不可灸，否则温阳助热。

综上所述，微脉的病机主要是亡阴亡阳、气血衰微。

三、结语

微脉作为《伤寒论》中出现频率较高的一种脉象，对于《伤寒论》病证的研究具有很大的指导作用，同时，微脉也是现代临床常见的一种脉象。因此，必须很好的掌握微脉，从而更深入的研究微脉，提高中医临床诊治疾病的效果。

参考文献

[1] 朱文峰．中医诊断学［M］．北京：中国中医药出版社，2007：115.

［《中医药学报》2012，40（3）：188］

浅析《伤寒论》中扶阳气思想

罗试计　百色市中医医院

扶阳气是贯穿在《伤寒论》六经病中的基本思想之一，故温病学家吴鞠通指出"伤寒一书，始终以救阳气为主"，《伤寒论》中"扶阳气"包含预防思想和治疗思想。在阳气未虚之前，治宜顾护阳气，当阳气已伤则应用扶阳的药物扶助阳气，使疾病痊愈。所以"扶阳气"是贯穿《伤寒论》的重要指导思想之一，与"存阴液"具有同等重要的意义。在扶阳方法上，仲景把宣通与温补作为调治阳气的两大法门，一方面注意保持阳气运行的宣畅，从而使其温通功能得以实现；另一方面对阳气虚损则大力温补。具体说来，三阳病务必使阳气宣通，因三阳为三阴之表，阳气在抗邪过程中，常因邪阻而成郁滞，故赵献可云"凡外感病俱从郁看"。如《伤寒论》中的温散法、调枢法、承气法、通阳化气法、利水法等，都可以使阳气通畅，邪去而阳气通达。三阴病重在温补扶正，因病至三阴机体抵抗力已衰，多表现为阳虚证。故《伤寒论》扶阳气的含义就不完全是单一的温补阳气。

一、"扶阳气"的依据

（一）根据体质差异

体质的强弱是发病与否的内因。《汤本求真》认为："外因虽有作用，若不与内因结合，则不能成立，此千古不易之铁案也。"仲景反复强调体质差异是伤寒发病的内因，其中阳气不足，尤为重要，如70条："发汗后，恶寒者，虚故也，不恶寒，但热者，实也，当和胃气，调胃承气汤。"太阳病发汗本属正治，但由于体质差异，故出现两种不同的转归，素体阳虚，汗虽表解，但阳气外泄，而致阴阳两虚证，而阳盛体质，汗后胃中津液受伤，阳明邪热燥结，故不恶寒而反恶热，以调胃承气汤微和胃气。再如同为热痞，一用大黄黄连泻心汤泄热消痞，一用附子泻心汤泄热消痞，扶阳固表，究其原因均是由于体质的差异所致，前者阳气不虚，故呈现实证，用纯寒之剂泄热消痞，而后者为表阳虚而患热痞，故泄热消痞的同时兼以扶阳。

（二）根据寒邪的性质

寒为阴邪，易伤人阳气，寒邪愈重阳伤愈甚，寒邪愈久阳气愈伤，阳气耗伤则寒更甚，进而复伤阳气。如感受寒邪，损伤脾阳，则可见到“腹满而吐，食不下，自利益甚，时腹自痛”的太阴虚寒证。损伤肾阳则可见一“下利清谷”“手足厥冷”“恶寒蜷卧”“脉微欲绝”的少阴寒化证。由于寒邪是阳虚的致病因素，故《内经》云：“寒气客于皮肤，阴气盛，阳气虚。”所以说，“扶阳气”就在于祛除寒邪纠正已虚之阳气，使机体从病理状态下恢复到正常的生理状态。

（三）根据失治、误治的变证

在《伤寒论》中汗、吐、下为常用治法，用之不当，则耗伤阳气，变证蜂起。如汗法以遍身微微汗出为佳，不可如水流漓，若发汗不得法，汗之太过，常使阳气随汗液而泄致阳虚证发生。如“发汗过多，其人叉手自冒心，心下悸，欲得按”（64条），“烧针令其汗，针处被寒，核起而赤者，必发奔豚，气从少腹上冲心”（117条）的心阳虚证则是例证，故用桂枝甘草汤为主温通心阳。再如误下所致的变证，太阳病本应汗解，而禁用下法，故仲景告诫说：“太阳病，外证未解，不可下，下之为逆”（44条），若误用下法常使阳气耗伤，病由太阳之表，内传于里，致阳气不足，变证复杂。如93条和163条两者均是太阳病误下后，致阳气不足兼表证，故以四逆汤、桂枝人参汤扶阳气。若误用吐法则可致“腹中饥，口不能食……不喜米粥，欲食冷食，朝食暮吐”（120条），胃阳损伤之证。

二、“扶阳气”的意义

《内经》曰：“阳气者，若天与日，失其所则折寿而不彰。”可见阳气犹如天之一轮红日，一身之大宝，具有抵御外邪侵袭机体，温煦及温运脏腑的功能。“扶阳气”的意义主要在于以下四点。

（一）扶阳津生

阴阳是相互依存，相互转化，均以对方的存在而存在。因此，在伤寒的发生发展过程中，阳虚可致阴液不足，阴液受伤，也可致阳气耗伤，所以仲景对于阳虚阴不足之证，常扶助阳气，使津液自生。如20条之桂枝加附子汤则是明证。仲景不急于生津养液，而先固阳气，其意就在于扶阳则可摄阴，阳生阴长，阳不走泄则津液自复。正如陆渊雷所云：“津伤而阳不亡者，其津自能再生，阳亡而津不伤者，其津亦无后继。是以良工治病，不患津之伤，而患阳之亡；阳明病之津液干枯，津伤而阳不亡也，撤其热则津自生。少阴病之津液干枯，阳亡而津不继也，回其阳则津自生……桂枝加附子汤之证，伤津而兼亡阳也，仲景则回其阳而已，不养其津，学者当深长思之。”

（二）扶阳祛邪

祖国医学认为疾病的过程，是正气与邪气相互斗争的过程。“正”主要指人体的抗病能力，包括阳气，所以在伤寒的发病过程中阳气不足抗病能力减弱，病情严重，故扶阳气，增加抗病能力，就能更好的祛邪。因此对一些暴寒骤中，阴寒内盛，阳气虚衰的证候，常用扶阳剂回阳散寒，阳复则邪祛。如“少阴病阳虚寒盛，四肢厥冷者，宜四逆汤主之”。故尤在径曰：“阳虚阴胜，则生厥逆，虽无里急下利等证，亦必救阳驱阴为急。”可见仲景扶阳的意义在于扶阳祛邪。

（三）防微杜渐

在伤寒的发病中，邪气侵犯人体，通常由表入里，由浅入深，而阳气也随着邪气的强弱而变化，故仲景强调早期诊断，早期治疗，以防止疾病发展而致亡阳。如323条曰：“少阴病，脉沉者，急温之，宜四逆汤。”通常应用四逆汤当见“下利清谷”或“四肢厥冷”或“恶寒蜷卧”等少阴虚寒证方可使用，今仅见脉沉为何用四逆汤“急温之”，细细玩味则是仲景提示我们对阳虚证要及早治疗，以免延误病机。尽管上述诸证未必悉具，但脉沉是表明阳气大虚，阴寒极盛。少阴虚寒，本质已经毕露，若不急温，那么吐利厥逆、烦躁等危急证，就会接踵而至，所以仲景提出“急温之”不但可以提高疗效，而且有防止病势增剧的积极意义。

（四）平衡阴阳

人之阴阳，贵在平衡，反之则病。伤寒虽阳虚不固，治法各殊，但扶阳气旨在平衡阴阳，达到“阴阳自和者必自愈”。如阴虚厥逆烦躁证，是发汗或下后阴阳两虚，但以阳虚为主，故治宜回阳益阴，用茯苓四逆汤平衡阴阳。再如少阴寒化证，由于阳气的虚衰反映阴邪的偏盛，而扶阳气又在于抑阴，使机体阳虚阴盛的状态逐步趋向阴阳平衡，所以采用四逆汤类方根据阳衰阴盛的轻重缓急分别使用，达到阴阳平衡目的。

三、小结

扶阳气是《伤寒论》的重要学术思想之一。由于阳气在六经发病、传变、生死预后等方面具有重要作用，因而就决定了《伤寒论》必然要通过各种方法和手段去保护、调理、强壮、振奋阳气以达正胜邪去、阴阳平秘的目的，《伤寒论》扶阳气的含义不完全是单一的温补阳气。

[《四川中医》2012，30（1）：39]

浅析《伤寒论》中温法的运用

管胥伯　甘肃中医学院

《伤寒论》是从古至今受人推崇的医学经典，其中的温法也是医学者学习的主要内容。温法主要依据了“寒者热之”的立法原则，它主要是运用温热性质的药物来补充阳气，祛除病者的寒气，是一种补阳驱寒的治疗方法[1]。这种治疗方法非常独特，依据病者寒症的不同，我们可以把温法分为常规温法及权变温法。本文通过探讨温法的运用特点，了解温法的运用价值，希望对《伤寒论》温法的研究起到一定的借鉴意义。

一、温法的常规运用法

（一）回阳救逆法

主要运用于阳气微弱、寒症较强的病症。患者主要病症为外热内寒、四肢无力、下利清谷及脉搏微弱。病理主要是脾肾阳气衰弱，寒气盛行[2]。依据病因，运用回阳救逆法来治疗，选择干姜、甘草等温性药物驱寒、温阳、补虚。回阳救逆法，可以加强心脏功能，改善循环系统。现在临床常用于治疗心肌梗塞、心力衰竭等疾病。

（二）温中散寒法

主要运用于焦脾胃虚寒证。其中的理中汤主要治疗呕吐、自利、腹痛及脉沉弱等病症。病理主要是由于肝脏有寒症，根据中焦虚寒的原因，使用温热性的药物来温脾阳，祛除寒症。温中散寒法，可以强化肠胃消化系统，补充人体能量。现在临床医学上用来治疗消化不良、慢性胃肠炎等疾病。

二、温法的权变运用法

（一）温经散寒法

主要运用于阴寒凝滞经脉并发疼痛证。主要用于治疗关节疼痛、四肢无力等病症。病理主要是血虚寒滞症[3]。根据不同的病症，我们可以选用不同的温性药物进行治疗。例如关节疼痛，可选用桂枝、麻黄、附子等温性药物，可以温经祛寒。药物用量要依据病情而定。现在临床常用于月经不调、小儿麻痹等疾病。

（二）温中固涩法

主要运用于虚寒久泻久痢症。主要病症为腹痛、干呕、下利不止等。主要病理是脾肾阳气衰弱。依据病因，选用干姜、附子等温性药物治疗，病情严重者，可以添加猪的胆汁，加强功效。现在临床常用于肠胃炎、痢疾等疾病。

（三）温中健脾法

主要运用于中焦脾胃虚寒，脾虚肝盛症。主要病症为腹胀、干呕、舌淡苔白、脾虚气血不调等。病理是脾胃阴阳失调[4]。选用桂枝、甘草、干姜、白术等温性药物，可以健脾益气，祛除寒气，是健脾暖胃的好配方。现在临床常用于神经衰弱、胃溃疡等疾病。

（四）温阳解表法

主要运用于阳虚外感风寒症。主要症状为虚寒发热、疼痛、脉浮等。病理是阳虚并发外寒。当病者体内阳气虚弱，又受到外寒入侵时，不能单纯地解表发汗，要用温阳解表法治疗。如果病者出现头痛、发虚汗等症状时，选用辛温桂枝药剂治疗；当病者出现无汗恶寒时，用温性药物调理，用辛温麻黄附子解其表。

（五）温阳利水法

主要运用于肾阳水泛症。主要症状为腹痛、四肢疼痛、小便失利，病者出现时咳时呕等现象。病理是脾肾阳虚水泛。这个方法主要是以壮肾阳，化气行水为主，选择用白术、生姜等药物，温胃驱寒，渗湿利水。这个方法运用范围较广，临床用于水肿、咳嗽、心痛等疾病。

（六）温通心阳法

主要运用于心阳不足症。主要病症为病者发汗过多、心悸、烦躁不安等。

选用桂枝、甘草等温性药物，可以温通心阳，补充益气，令病者心悸安宁。如果病者为烦躁不安症状者，可以添加龙骨、牡蛎，可以镇压浮躁之气。除此之外，还有桂枝加桂汤、桂枝甘草大枣汤、炙甘草汤等。这个温法，可以温通心阳，滋阴养血，镇定心神。临床常用于治疗心血管疾病。

（七）温肺化饮法

主要运用于肺寒多饮症。主要病症为发热、干呕、咳喘等。病理肺寒咳喘症。选用桂枝、麻黄散寒气，干姜、细辛、五味子温肺化饮，这种温法可以止咳化饮，平复喘息。临床常用于治疗支气管炎哮喘和慢性支气管炎疾病。

（八）寒热并用法

主要运用于寒热错杂症。主要的病症为腹痛、呕吐等。病理是寒腹中痛，胃寒。选用甘草、大枣、人参等治疗，祛除寒气。寒热并用的药汤有黄连汤、生姜泻心汤、甘草泻心汤等九种。临床常用于腹痛呕吐、胃寒等疾病。

三、结语

张仲景的《伤寒论》为著名的医学典范，其中的温法是重中之重。在《伤寒论》中，温法的运用十分广泛，每个温法都有不同的特点，具有不同的临床价值。本文对温法的常规用法及其权变法进行了简单的分析，了解了其立法原则、治疗原理及临床价值。温法治疗具有许多优点，值得中医学者学习和借鉴。

参考文献

[1] 赵克华．温涩法治疗脾肾阳虚型溃疡性结肠炎 19 例［J］．河南中医，2010（1）：45～48.

[2] 刘爱民．运用温法、散法治疗寻常型银屑病体会［J］．中医杂志，2009（9）：45～47.

[3] 徐陆周．刘沈林运用温法治疗慢性胃病经验［J］．中国中医药信息杂 2009（10）：67～73.

[4] 杨涛，刘丽宁，张重州，等．张仲景温法临床应用及对现代扶阳派的影响［J］．河北中医，2012（2）：87～90.

［《亚太传统医药》2012，8（9）：187］

浅析《太平惠民和剂局方》对《伤寒论》方的剂量处理

丁　毅　傅延龄　北京中医药大学

一、关于《太平惠民和剂局方》

《太平惠民和剂局方》是我国历史上第一部由政府颁布的成药药典。此书源于宋代朝廷下设太医局之熟药所配方集结蓝本《太医局方》[1]，当时太医局分为“熟药所”和“修合药所”，后“熟药所”改称“太平惠民局”，“修合药所”改称“和剂局”，才有了《太平惠民和剂局方》[2]。但原书错误很多，遂经陈师文、裴宗元等组织专人整理校订，后来又经多次重修、增补、调整，才有了现行的《太平惠民和剂局方》（以下简称《局方》）。《局方》的整理与应用几乎是贯穿宋朝的始终，且得到当时政府的大力支持与推广。《郡斋读书志》著录有《太医局方》三卷：“元丰（1078～108 年）中，诏天下高手医，各以得效秘方进，下太医局验试，依方制药鬻之，仍模本传于世。”其在宋代确立了不可动摇的法律地位，恰如朱丹溪在《局方发挥》所描述：“自宋迄今，官府守之以为法，医门传之以为业，病者恃之以立命，世人习之以成俗。”可见《局方》对后世临床用药产生了深远而广泛的影响，其中有许多疗效显著的方剂至今仍被广泛应用。

二、《局方》中经方的变化

（一）剂型的变化

据统计[3]，《局方》中实际制成的剂型只有 7 种，散、丸分别占 49.41% 和 47.72%，余为膏、饼、锭、灸、香剂仅占 2.86%。在 788 首方中，散剂就有 329 方，约占总方的 1/3。《局方》共选《伤寒论》方剂 15 首，其中汤剂 12 首，丸剂 3 首，而 12 首汤剂都经过散剂的处理。从中可以看出，宋朝煮散十分盛行，已构成给药方式的主要方法，这与《伤寒论》方剂以汤剂为主有很大的区别。宋政府非常重视医药，再加上对散剂的推广，三大官修方书的普及，散剂及煮散得到了很好的发展，并最终达到鼎盛时期[4,5]。

（二）权衡量值的变化

宋代时期对张仲景时期药物剂量的折算以“古之三两，准今之一两”为主导，持此观点的有当时政府及庞安时、朱肱、陈无择等医家，这种换算比例与当时的官方权衡量值和汉末之间的换算比例一致。《太平圣惠方·论合和》曰：“古方药味，多以铢两，及用水皆言升数。年代绵历浸远，传写转见乖讹……今则加减合度，分两得中。削旧方之参差，洽今时之行用。其方中凡言分者，即二钱半为一分也；凡言两者，即四分为一两也；凡言斤者，即十六两为一斤也。”《指南总论·论合和法》与其论述一致，只是在此基础上有“凡言等分者，非分两之分，即诸药斤两多少，皆同为等分也”的表述。朱肱《类证活人书》“古之三两，即今之一两也，二两即今之六钱半也。”当时医家在运用经方时亦多遵循这一换算比例。

宋代医家对张仲景时期的度量衡考证以及张仲景书中药物剂量的折算均有探究，其中官方度量衡值的考证结果以“古三两，准今一两”的 1∶3 比值为多，这与现代学者运用考古学方法对历代度量衡值考证的结果大致相符，此外还有1∶3.69、1∶3.75等考证结果，比值的差异与医家所处年代的不同有关。而结合官方衡定量值之比与当时流行的药剂服法，将张仲景方药剂量折算成医用处方的剂量，“古之三两，准今之一两”影响最大。

三、对《局方》所选《伤寒论》方剂的统计

分析《局方》处理《伤寒论》方剂的方法，可以从侧面了解当时官方医药界对古方剂量的折算考量，如何把握“古之三两，准今之一两”及散剂与汤剂之间的换算方式。

宋朝的度量衡较之以往朝代有了很大的变化，多了“钱”“字”而少了“铢”。为了比较方便，我们把《伤寒论》及《局方》的衡量单位都换算成“两”，但是要注意宋朝的“两”值是汉朝“两”值的3倍，体积单位都换算成“升”，亦要注意宋朝的“升”值也比汉朝的“升”值多2倍。

（一）每剂药量

（1）除去生姜、大枣、竹叶，剂量完全相同的有干姜附子汤、理中汤、麻黄汤和乌梅圆；（2）对实物折算的有小柴胡汤、大柴胡汤、四逆汤、小青龙汤、竹叶石膏汤、脾约麻仁圆和术附汤，（3）对整方变动的是桂枝汤、五苓散、白虎汤和理中圆。①桂枝汤：《局方》：桂枝1.5两，芍药1.5两，炙甘草1两；《伤寒论》：桂枝3两，芍药3两，炙甘草2两；②五苓散：《局方》：泽泻25两，白术15两，猪苓15两，赤茯苓15两，肉桂10两；《伤寒论》：泽泻1.25两，白术0.75两，猪苓0.75两，茯苓0.75两，桂枝0.5两；③白虎汤：《局方》：知母75两，炙甘草37.5两，石膏200两；《伤寒论》：知母6两，炙甘草2两，石膏16两；④理中圆：《局方》：白术20两，干姜20两，人参20两，炙甘草20两；《伤寒论》：白术3两，干姜3两，人参3两，炙甘草3两。

药物	枳实	生附子	炮附子	半夏	五味子	麦门冬	杏仁	麻仁	厚朴
局方	0.5两	0.5两	1.5两	2.5两	2两	5.5两	5两	5两	8两
伤寒论	4枚	1枚	3枚	0.5升	0.5升	1升	1升	2升	1尺

（二）每服药量

去掉每服量为“大钱”的大小柴胡汤和无法估算每服量的“白虎汤”与“竹叶石膏汤”，还有无法从数据推出70枚杏仁重量的麻黄汤、1方寸匕的五苓散。

方剂	伤寒论	局方	变化比例（%）
姜附汤	0.5两（7g）	0.3两（12g）	71.43↑
理中汤	4两（56g）	0.3两（12g）	78.57↓
四逆汤	2两（28g）	0.3两（12g）	57.14↓
小青龙汤	7.5两（105g）	0.3两（12g）	88.57↓
术附汤	2.5两（35g）	0.3两（12g）	65.71↓
桂枝汤	2.7两（37.8g）	0.2两（8g）	78.84↓
理中圆	1丸如鸡子黄许大	0.1两1丸	—
脾约麻仁圆	10丸圆梧桐子大	20圆梧桐子大	100↑
乌梅圆	10~20圆梧桐子大	15圆梧桐子大	—

注：宋朝剂量按1两≈40g，汉朝剂量按1两=13.8g≈14g（《中国科学技术史·度量衡卷》，丘光明主编）

四、分析

《局方》将《伤寒论》方中某些药物换成当时习用的药物，如桂枝大多时候换成肉桂，大柴胡汤的芍药换成了赤芍，五苓散用赤茯苓替代了茯苓，可见宋朝对张仲景方所用药味有自己的见解。此外，宋代散剂盛行，导致主要药物剉成散单独计算服用量，而生姜、大枣却是按片、枚另外计算。

（一）每方药量

每方剂量是指1首方剂书面的剂量。我们可以明显发现，《局方》中的《伤寒论》方剂量大多数与《伤寒论》原方一致，也就是说《局方》几乎用的是《伤寒论》的原方，如姜附汤为干姜一两、附子一枚，理中汤为人参、甘草、白术、姜各三两。

按照上述思路推算则得出：1升半夏=5两，1枚枳实=0.125两，1枚附子=0.5两，这些换算结果与《本草经集注·序录上》的表述完全相符："凡方云半夏一升者，洗竟，秤五两为正"；"枳实如干枚者，去核竟。以一分准二枚"；"附子、乌头如干枚者，去皮竟，以半两准一枚"，而《本草经集注》又深深影响着后世的本草著作，如与《局方》同时代的《本草衍义》《新修本草》《证类本草》等。

同等方式按照《局方》的折算结果，可以推导出另外一些药物的折算方法，如1尺厚朴=8两，1升麻仁=2.5两，1升麦门冬=5.5两，1升五味子=4两，1升杏仁=5两。

上述推导方式的标准是以《本草经集注》的内容为依据，距离《局方》已有660多年的历史，这种古老的折算方式没有改变是非常奇怪的事情，且这种折算方式没有导致临床疗效的降低。正如《局方·进表》写到："然自创局以来，所有之方或取于鬻药之家，或得于陈献之士。未经参订，不无舛讹。虽尝镂板颁行，未免传疑承误，故有药味。脱漏铢两过差。制作多不根据经。祖袭间有伪妄。至于贴榜，谬戾尤多。殆不可以一二举也。"宋政府在近200年的时间内对其多次修订、增补刊刻，许多方剂至今仍广泛用于临床，这就奠定了《局方》是宋朝官方和剂局所使用的成药处方范本的基础。

当然《局方》不是一味照搬《伤寒论》的方药剂量，而是在保证其临床疗效的前提下进行有原则的选择，如桂枝汤、五苓散、白虎汤、理中圆都进行了剂量的调整。桂枝汤从《伤寒论》的桂枝、芍药3两，甘草2两，换算成《局方》的桂枝、芍药1.5两，甘草1两；《伤寒论》中理中圆诸药都是3两，换算成《局方》中诸药都是20两。可见，《局方》对《伤寒论》方剂的诸药剂量有的是按比例换算，有的是按非比例换算。《伤寒论》方药味简、量精，而宋朝在保持临床疗效的前提下，方药单位没有明显变化，我们也可以推测其剂量也许与术数有关。因为任何一本著作的诞生，都明显带有时代的烙印，更何况汉朝是黄老学说、方术流行的朝代。

（二）每服药量

因为《局方》的每日服时间多数是"不计时候"，也就是说，这个方子1d服几次要视情况而定，所以无法统计其日服量，即在1d的时间里服用的药量、日服量等于一服量乘以日服次数[5]，日服次数欠明，也就无法与《伤寒论》方作比较。只能做每服量的比较，每服量是指一次服用的药量[6]。因为《伤寒论》的方药大部分是煮汤，而《局方》没有煮汤，只有煮散或丸剂，所以导致最后每服量是不一样的。我们可以进行对比分析，了解和剂局方是如何处理散剂与汤剂的换算问题。另外《局方》中出现了大钱的概念，因为学术上见解不同在此不做专门论述，暂不把每服量含有大钱的方剂纳入统计范围之内。

《伤寒论》的方剂用量范围较为宽广，从姜附汤的0.5两（7g）到小青龙汤的7.5两（105g），《局方》每服量大幅度下降，剂量范围也明显缩小，且每服量的单位都是"钱"。如桂枝汤的2钱（0.2两/8g）到其他方剂的3钱（0.3两/12g）。也就是说，除姜附汤以外，《伤寒论》的每服量是《局方》每服量的4.725～8.75倍，下降幅度约在57.14%～88.57%之间。当然这种推导是基于正常服用的情况下，如果是急症等特殊情况，需要缩短服药周期，增加服药次数就要另外统计了。

从以上分析我们可以看出，剂量幅度的下降及范围缩小的方式，主要是因为对方药剂型的处理，《伤寒论》的汤剂都变成了《局方》中的散剂，而剂型的变化又直接导致每服量、服法的变化。

为什么《局方》这么处理《伤寒论》的方剂，我们推测大概有以下几种可能性：

（1）药材的短缺。宋·庞安时在《伤寒总病论》一书对此曾有记载："唐自安史之乱，藩镇跋扈，至于五代，天下兵戈，道路艰难，四方草石，鲜有交通，故医家省约，以汤为煮散"；"汤液之制，遭值天下祸乱之久，地脉薄产之时，天灾众多之世，安得不吝惜而为煮散乎。"可见战争太多也是造成散剂盛行的原因之一。

（2）群众的习惯。唐末蔺道人《仙授理伤续断秘方》中就大量出现了煮散的方剂，书中共载方46首，散剂载15首，而汤剂仅有8首。可见，在宋朝之前散剂就已深入人心，在临床上得到良好的应用。而煮散的处理也不是宋朝政府临时制定的政策，是顺应百姓的习惯使然。

（3）政府的推动。《宋史·职官》记载："和剂局、惠民局，掌修合良药，出卖以济民疾"[7]，药局专设文武官员各一名以监督成药的制造与出售，并刊刻药局的印记，总局刻"和剂局记"四字，作为出售药品的图记，这是我国最早的药品标签上规格标准的法定标记，足见当时官府制备药材之规范与严格[8]，形成"民有疾，咸得赴局就医，切脉给药以归的局面"[9]。

从以上观点来看，煮散由唐末五代十国军阀混战等诸多原因而应运而生，经历近百年的百姓应用，最后到宋朝统一全国，在当时政府的推动下，散剂得到全面的普及并取代了汤剂，可见煮散的盛行有其历史必然性。

另外我们从现代科学分析的角度来看，正如某学者[10]查阅《中华人民共和国药典》（2000版）及卫生部《药品标准·中药成方制剂》第1～20册，收集散剂处方近200个，分析发现多数药物的散剂使用剂量为汤剂剂量的9.6%～16.6%之间，即前后之比大约在1∶10至1∶6之间；以及其他研究人员[11]对古今8本具有代表性的医学著作煮散进行抽样研究，发现历代煮散常用量有固定的波动范围，常用量波动与组方药味无正相关关系，可见煮散是节约药材的可行之路。

我们从以上分析可以得出"古之三两，准今之一两"是针对每方量而不是针对每日量和每服量。《局方》是针对宋朝当时历史背景下的大气候、人群体质和人群疾病而设。古人云："古方不能治今病"，这句话虽然欠妥，但我们应该灵活看待其剂量问题。《局方》是集宋以前及当时临床行之有效的成方于一册的精选方剂汇编，其对《伤寒论》方剂量的处理有一定的规范性，又有一定的灵活性，这肯定有其合理之处。这也为我们当今研究和使用古方提供了一种参照思路。

参考文献

[1] 章健，李洪涛．《太平惠民和剂局方》成书考略［J］．中医文献杂志，2001，4：11～12.

[2] 叶显纯．《太平惠民和剂局方》初探［J］．中成药研究，1980，6：7～9.

[3] 章健，李洪涛．《太平惠民和剂局方》方剂特点分析［J］．中国医药学报，2002，17（4）：212～215.

[4] 袁冰，石东平，宋延青．略论宋代的煮散［J］．中华中医药杂志，2005，20（10）：585～587.

[5] 穆兰澄，曹京梅，李冀湘．中药煮散的历史沿革与现代研究概述［J］．中国实验方剂学杂志，2008，14（7）：74～75.

[6] 傅延龄，杨琳，宋佳，等．论方药的服量［J］中医杂志，2011，52（1）：8～11.

[7] 宋史［M］．北京：中华书局，1977：3908.

[8] 冯汉镛．宋代在杭州的和剂局与和剂局方厂［J］．浙江中医杂志，1958，（1）：35～36.

[9] 宋·高斯得．耻堂存稿（卷四）［M］．上海：商务印书馆，1935：79～80.

[10] 蔡光，胡学军，刘芳．26味常用中药散剂中的用量研究［J］．中国实验方剂学杂志，2005，11（1）：63～64.

[11] 张玉芳，琚玮，李雁，等．煮散常用量标准化研究［J］．河南中医，1996，16（4）：253～255.

［《中国中医基础医学杂志》2012，18（8）：892］

浅析新安医家程杏轩经方运用特色

万四妹　张玉才
安徽中医学院中医临床学院
王　健　安徽中医学院

清代新安医家程杏轩，不仅辑有320余种历代医籍的类书《医述》，还有反映其学验丰富、特色鲜明的临证医案《杏轩医案》。《杏轩医案》中载运用张仲景经方治验24则，包含程杏轩对经方的独到理解和体会，是新安医学著作中典型的经方医案代表。现将程杏轩经方运用特色浅析如下。

一、凭证用方，不拘体质与时令

张仲景《伤寒论》113方和《金匮要略》262方，多以"某某病，某某症，某某方主之／宜某某方"等形式表述。《伤寒论》317条有"病皆与方相应者，乃服之"。另有"病如桂枝证"（166条）"如柴胡证不罢者，复与柴胡汤"（101条）的提法。孙思邈以"方证同条，比类相附"编次、研究《伤寒论》后，方证相应便受到后世诸多医家的重视。近现代方证相应说已成为众多医家临证用方的指导思想。

《杏轩医案》之经方医案中，程杏轩运用经方收效后，多次论述运用张仲景经方当凭证用方的思想，强调运用张仲景经方，只有当"病皆与方相应者，乃服之"，才能效如桴鼓。

《杏轩医案初集·曹近轩翁感后食复》[1]22 中载：治近翁同道外感复发，服消导药和白虎汤不效后，程杏轩抓住患者“热盛口渴，舌黄便闭”的主症，诊断为“此食复也”“投以枳实栀豉汤加大黄，一剂和，二剂已”。并强调“仲景祖方，用之对证，无不桴鼓相应”。

《杏轩医案续录·鲍宗海风寒喘嗽误补肺胀欲绝治验》[1]60~61 案，载患者因风寒客肺，气阻痰凝，因而喘嗽，前医不开解，反投敛补，以致闭者愈闭，壅者愈壅，酿成肺胀危证。程杏轩遵《金匮要略》“咳逆倚息不得卧，小青龙汤主之”，以小青龙汤化饮开解获效。

《杏轩医案初集·许生母伤食腹痛》[1]44~45 治许生咏堂母病，其腹痛拒按，大便一日未解，脉沉细，苔黄燥，下证悉具，但虑其素体亏虚未敢下法施治，连用温消诸剂不验后，反思总结“仲师云：腹满不减，减不足言，当下之”，且“今痛满拒按，舌黄焦燥，下证悉具，夫复何疑?”遂以大承气汤加减“服头煎后便行一次，其痛略定，随服复煎，夜半连下三次，痛势大减，舌干转润，易以调中和胃，旬后起居如常”。

《杏轩医案初集·蒋某阴暑》[1]48~49 治蒋某夏月伤暑时，程杏轩据其身虽热而反近衣，口虽渴而喜热饮，沉细脉和舌白面青，诊断为“此阴暑证也，非姜附莫治”。患者家属疑虑天时酷暑而用姜、附不当，程杏轩果断回答：“若云夏月不可服热药，则冬月不可服凉药矣，何仲景治冬月伤寒，每用石膏芩连耶？舍时从证，自古有之。乃投附子理中汤，一服热退，再服病却”。程杏轩用经方强调凭证用方，舍时从证的思想跃然纸上。

二、医贵变通，知常达变

面对错综纷纭的复杂病症，医家贵在变通活泼。《伤寒论·辨阳明病脉证并治》中即有阳明腑实的真假辨识，“阳明病，潮热，大便微硬者，可与大承气汤。不硬者，不可与之。若不大便六七日，恐有燥屎，欲知之法，少与小承气汤，汤入腹中转矢气者，此但燥屎也，乃可攻之；若不转矢气者，此俱初头硬，后必溏，不可攻之。攻之必腹胀满不能食也”。即因腑实与否难确定，张仲景为避免失下与误下，藉小剂量缓下以试探之。

程杏轩临证遇舌证不符及脉证相左时，亦继承仲景探病法。《杏轩医案初集·李某阴证伤寒见纯红舌》[1]50 案，病人阴寒脉证悉具，药当从温无疑，但其舌色朱红，与证不符，程杏轩“先用小剂理中汤探之，无碍，随用重剂六味回阳饮，数剂病痊，舌色亦退”。

探证不唯于药，亦有用其他物者。《杏轩医案初集·胡某乃媳感证》[1]47~48 案，程杏轩“冷水即是妙药，饮之无伤。盖欲观其饮水多寡，察其热势之轻重耳”。胡妇冷水一碗一饮而尽，饮后觉水甘甜如饴糖，心地顿快，便断为重感热结，邪居阳明，以大承气汤退热除病收效。

三、艾灸与方药并用

《伤寒杂病论》载张仲景针灸与方药并用的条文数处，如（304 条）“少阴病，得之一二日，口中和，其背恶寒者，当灸之，附子汤主之”是张仲景艾灸与方药并用之实例。程杏轩处理复杂危重证时，亦针、灸、药合用，发挥各所长，达到最佳治疗效果。

《杏轩医案初集·方理三翁中寒脱阳殆证救苏》[1]25~26 案，程杏轩先艾灸气海、关元数壮，并煎姜汤灌之，呻吟出声后，方订参附汤回阳救逆，后温补肾元而愈。

《杏轩医案初集·方氏妇目疾误治变证》[1]52 案，病人阳气暴脱，药热不能下咽，程杏轩“令取艾火，灸气海、关元数壮，身始动，舌始收。忙灌药一盅，移时又厥，仍令再灸，厥回复进前药，守至黎明始苏，续进左归饮及滋肾生肝诸剂，病痊目亦明矣”。

四、医者经方、经典皆应熟读活用

程杏轩在运用张仲景经方时，非常注重剖析临证思辨过程，用方无效亦真实记录。对无效病例记之颇详，有分析，有看法，意在启示后人，提高医术，颇有教益。《杏轩医案初集·庄炳南兄素禀火体病治与众不同》[1]30 案，患者禀质多火，患阴暑证后附子理中汤不应，再强服之，病反加重，竟然得汗病却。杏轩特予详细记述，感叹“人病体质之殊若此，则南北地土不同，风气各异，其人其病又何如耶？《素问·异法方宜论》，不可不玩索也”，认为治病应注意人的体质差异，选用经方亦当参合经典理论，方可万全。

五、熟读深研经典，尤需临证积累

程杏轩主张，作为医者既要深研经典、广读医书、穷研医理，但更要多临证以增长见识和才干。《杏轩医案初集·胡某妇脏躁面论证治方法》[1]61~62 案，前医以逍遥散解郁、温胆汤化痰无效后，程杏轩精确辨证为燥脏，以张仲景甘麦大枣汤服之而愈，并指出：“病名脏躁，方乃用甘麦大枣汤，详载《金匮玉函》中。未见是书，不识病名，焉知治法，宜乎目为怪证也”。强调医家当潜心研究仲景原著，方能用好经方。

《杏轩医案初集·汪木工感证舌苔变易之奇》[1]49~50案，程杏轩舍脉从证，以白虎汤加减治愈其伤暑证后，坦言“生平历治伤寒瘟疫诸候，曾未见此舌苔之异。且诊视五日，变幻出五人，前贤诸书亦鲜言及，真匪夷所思也。谚云：读尽王叔和，不如临证多。洵非妄语”。坦言治疗失败，强调临证病情的复杂性。

《杏轩医案初集·潘氏室女经闭成痨不治之证》[1]26案，程杏轩结合个人临床经验，认为“历见妇人咳嗽寒热，脉数经闭者，多不可治，若室女更无一生。任用补虚清热，解郁调经诸法，总无灵验。求诸古训，鲜有良法，惟《金匮要略》载有大黄䗪虫丸及百劳丸二方”，但“当其初起，血痹不行，痨瘵将成未成之际，即以此药投之，祛旧生新，或能图功，亦未可料。倘迁延时日，元气已衰，则无及矣”。主张临证需早期运用经方，否则日久元气衰败后治疗效果亦不佳。又如《杏轩医案辑录·汪舜赓翁令爱肿》[1]133~134治疗汪舜赓翁令爱水肿，《黄帝内经》云：诸湿肿满，皆属于脾，因服五苓、五皮。张仲景从肾为胃关，以肾气丸主之。皆是治疗水肿的常规思路。但程杏轩临证体会到，肾气壮则水还于肾，肾气虚则水散于皮的差异，提出肾气丸合健脾益气剂治水肿的宝贵经验，即“此病（指水肿）单用肾气丸不效，单用补中益气汤亦不效，须用补中益气汤，吞《金匮》肾气丸”。

综上，笔者始学张仲景之说，常茫然其医理之深。自读新安医家程杏轩《杏轩医案》后，深感其经方运用之特色，确有助于加深理解张仲景辨证论治之精神，树立运用经方之信心。

参考文献

[1] 程杏轩. 储全根，李董男点校. 杏轩医案 [M]. 北京：中国中医药出版社. 2009.

[《中医杂志》2012，53 (20)：1793]

浅析张仲景治疗阴虚证思路

亓永祯　山东中医药大学
王明三　山东中医药大学基础医学院

阴虚，主要是指阴液亏少而无以制阳，滋润、濡养等作用减退，临床上主要以五心烦热、口燥咽干、潮热、盗汗、小便短黄、舌红少津或少苔、脉细数等为主要表现的虚热证候。阴液在人体内的运化输布，有赖于胃肠的受纳吸收、脾的运输、肺的肃降通调、肾的蒸化、膀胱的存储排泄和三焦的通调，因此，造成阴虚证的原因众多。后世对阴虚证的治疗大多以“热者寒之”和“虚则补之”作为指导思路。医圣张仲景在其著作中对阴虚证的治疗思路与近代有很大的差异，笔者试从以下三方面对张仲景治疗阴虚证的思路进行探讨。

一、注重在动态中对阴液的虚损进行调补

《金匮要略·痉湿暍病脉证第二》：“太阳病，其证备，身体强，几几然，脉反沉迟，此为痉，栝蒌桂枝汤主之。”“太阳病，无汗而小便反少，气上冲胸，口噤不得语，欲作刚痉，葛根汤主之。”又云：“太阳病，发汗太多，因致痉。夫风病，下之则痉，复发汗，必拘急。疮家，虽身疼痛，不可发汗，汗出则痉。”故从痉的解释及症状来看，是一种典型的阴液被耗而造成的阴虚证，张仲景采用葛根汤以及瓜蒌桂枝汤对这种阴虚证进行治疗，二方补阴的共同特点，即在桂枝汤的基础上加葛根或者瓜蒌。由此可以看出仲景并不是单纯的滋阴，而是在桂枝汤发中有补、散中有收、阴阳并调的基础上配伍滋阴润燥药物，达到在动态中调补阴液虚损的目的。

名医张锡纯善用黄芪配知母治疗虚热，曾论：“凡遇阴虚有热之证，其稍有根柢可挽回者，于方中重用黄芪、知母，莫不随手奏效。黄芪温升补气，乃将雨时上升之阳气也；知母寒润滋阴，乃将雨时四合之阴气也，二药并用，大具阳升阴应，云行雨施之妙，膏泽优渥烦热自退，此不治之治也。”[1]由此可知，知母的滋润是在黄芪这味动态运行的气药中对人体阴液进行滋补的，也体现了仲景在动态中调补阴液的思想。

二、调畅气机，使阴液畅达全身，消除阴虚症状

阴虚从根本上说是阴液的运行受到阻碍，从而导致一些阴虚症状的出现。《伤寒论》云：“太阳病，发汗后，大汗出，胃中干，烦躁不得眠，欲得饮水者，少少与饮之，令胃气和则愈。若脉浮，小便不利，微热，消渴者，五苓散主之。”“发汗已，脉浮数，烦渴者，五苓散主之。”仲景运用辨证论治思想，认为此种阴虚是水停三焦、气不化津所致，故治以五苓散以利水化气、畅达气机，消除阴

虚症状，并没有用滋阴的药，但却达到了滋阴的效果。《伤寒论》第223条云：“若脉浮，发热，渴欲饮水，小便不利者，猪苓汤主之。”陈明[2]在对猪苓汤治疗阴虚病的统计分析后认为，其病机特征是阴虚水热互结，且以肾阴虚为关键。

此外，通过阳明、少阴“三急下”病变的辨析，我们可认识到仲景用“程顺气机，急下存阴”的方法对热邪伤阴病证的辨证论治思想，尤其是对阴竭津枯“亡阴”证，主以大承气汤祛邪扶正，以防止热邪伤阴，津枯阴亡危及生命，是用非急下热邪方以保存将亡之阴津，故可知仲景也是师承《内经》思想。正如张晶等[3]所说：“大承气汤虽为攻下祛邪的良方，但其实又为养阴生津的补方，寓攻于补，祛邪扶正，‘急下’旨在存阴，此可见仲景医心之深，治法之妙。”

三、调理阴阳，健运中气，从脾胃中化生阴液

《内经》曰：“脾胃者，仓廪之官，五味出焉。”《伤寒论》亦云：“阳明居中，主土也，万物所归。”由此可知阴液的化生皆从脾土中得来，治疗阴虚应以培补脾胃、健补中焦为要。《医学实在易》也指出：“千古滋阴皆误解，太阴脾土要扶持。”“血虽为阴，取汁必在中焦；肾虽为阴，而精生于谷。”阐述了在治疗阴虚证时，应以培补脾胃为主。阴虚证中的手足心热源于张仲景《金匮要略·血痹虚劳病脉证并治第六》：“虚劳里急，悸，衄，腹中痛，梦失精，四肢酸疼，手足烦热，咽干口燥，小建中汤主之。”《伤寒论》第102条云：“伤寒二三日，心中悸而烦者，小建中汤主之。”此言伤寒病早期没有少阳、阳明症状，而出现心中悸而烦。本证乃平素营卫不足，难以御外抗邪，营虚于里，心气失养，卫气不足欲作汗而不能，所生为烦。此时，可用调理脾胃的小建中汤治之，从脾胃中化生阴液，治疗阴虚所致手足心热、虚劳烦热。方有执云：“芍药者，酸以收阴，阴收则阳归附也。胶饴者，甘以润土，土润则万物生也。”[4]李心机[5]称之为“补中焦，滋化源，温而不燥，调理阴阳，补气生血。中气健运，则生生不息。”调补脾胃，使其功能健旺，是治疗阴虚证的一个重要方法，所以陈修园也力推小建中汤为治虚劳烦热第一方。

近世有一见阴虚证便开出一派滋阴寒凉之药者越来越多，这既失去了中医辨证论治的核心思想，同时对患者也是一种伤害。对于阴虚妄用寒凉药之误，清·俞根初曾说：“近世多有以四物加知柏治劳。不知四物皆阴，行秋冬之令，非所以生万物也。且血药常腻，非痰多食少者所宜；血药常润，久则必致滑肠。况知柏苦寒，能泻实火。名曰滋阴，其实燥而损血；名曰降火 其实苦先入心，久而增气，反能助火。至其败胃 固不待言，亦不可不知也。”[6]由八味肾气丸化简而来的六味地黄丸，近代得到广泛的应用，更有甚者认为此药可长期服用，而究其源头，在《小儿药证直诀》中说：“仲阳意中，谓小儿阳气甚盛，因去桂附而创立此丸，以为幼科补肾专用之药。”[7]可知其应用于阳气旺盛之时，现代成年人服用此药，其疗效值得商榷。按《内经·上古天真论》所云，人体在成年以后阳气开始逐渐衰退，因此，长期服用六味地黄丸滋阴的同时难免会更加伤及阳气，不利于患者康复。

综上所述，仲景在补阴方面采取的方式是多方面的，但其核心思想还是辨证论治。仲景临证时不仅着眼于局部征象，而是更加注重辨证立法，审证求因，其法度严谨，内容详实，堪为后世医家之典范。本文论述的仲景补阴思想正是对《内经》中“阴平阳秘，精神乃治”的具体应用。对于仲景补阴思想的学习，还应当在临床中进一步深究探讨，以便更好地提高临床疗效，服务于广大患者。

参考文献

[1] 张锡纯．医学衷中参西录［M］．北京：学苑出版社，2007：163.

[2] 陈明．刘渡舟运用猪苓汤的经验［J］．山东中医药大学学报，2000，24（1）：41～42.

[3] 张晶，张宗明．《伤寒论》‘三急下”益阴护津疗法探析［J］．甘肃中医，2006，19（5）：21.

[4] 王琦．伤寒论研究［M］．广州：广东高等教育出版社，1988：54.

[5] 李心机．伤寒论通释［M］．北京：人民卫生出版社，2003：67.

[6] 俞根初．三订通俗伤寒论［M］．北京：中医古籍出版社，2011：47.

[7] 钱乙．小儿药证直诀［M］．北京：人民卫生出版社，2006：17.

［《山东中医杂志》2012，31（9）：630］

浅析仲景积聚、癥瘕证治特色及其对后世的影响

陈 宏 尹 钢 齐齐哈尔市中医院
魏冬梅 黑龙江中医药大学博士后流动站

积聚、癥瘕是中医学的主要病证之一。积聚之名在《内经》中已有记载，如《灵枢·五变》曰：

"皮肤薄而不泽，肉不坚而淖泽，如此则肠胃恶，恶则邪气留止，积聚乃伤。脾胃之间，寒温不次，邪气稍至，蓄积留止，大聚乃起。"《难经》亦有对积聚的论述，如《难经·五十五难》曰："积者，阴气也，其始发有常处，其痛不离其部，上下有所终始，左右有所穷处；聚者，阳气也，其始发无根本，上下无所留止，其痛无常处，谓之聚。"张仲景在《伤寒论》和《金匮要略》中对积聚、癥瘕的病机、表现等论述更为中的，且较接近临床，尤其是对积聚、癥瘕的治疗，创立了治则、治法与方药，对后世影响很大，至今仍有极大的指导作用。笔者旨在对此作简要的剖析。

一、仲景积聚、癥瘕证治思想与特色

（一）积聚、癥瘕的辨证

《伤寒论》《金匮要略》中提到的与积聚、癥瘕相关的病证有称"脏结"，有称"癥瘕"或"癥"；积聚亦将其分称为"积"和"聚"。积聚的辨证要点及预后，如《金匮要略·五脏风寒积聚病脉证并治》所说："积者，脏病也，终不移；聚者，腑病也，发作有时，展转痛移，为可治。"此说与《难经·五十五难》之论有相似，即积病属阴，病在脏，肿块、疼痛固定不移，预后较差；聚病属阳，病在腑，肿块、疼痛时隐时现，不固定，预后较好。具体表现则根据病变脏腑不同而有异处，如脏结可见："病胁下素有痞，连在脐旁，痛引少腹入阴筋者，此名藏结，死。"（《伤寒论》167条）又云："何谓藏结？答曰：如结胸状，饮食如故，时时下利，寸脉浮，关脉小细沉紧，名曰藏结。舌上白胎滑者，难治。"（《伤寒论》129条）"藏结无阳证，不往来寒热，其人反静，舌上胎滑者，不可攻也。"（《伤寒论》130条）由此可知，脏结属正虚邪实之证，以胁下或腹部出现肿块、疼痛为主症，可伴有恶寒、神萎、下利、脉细沉紧等症。此种表现多见于腹部的恶性肿瘤。

又如癥瘕可见："病疟以月一日发，当以十五日愈。设不差，当月尽解。如其不差，当云何？师曰：此结为癥瘕，名曰疟母，急治之，宜鳖甲煎丸。"（《金匮要略·疟病脉证并治》）癥病可见："妇人宿有癥病，经断未及三月，而得漏下不止，胎动在脐上者，为癥痼害。妊娠六月动者，前三月经水利时，胎也。下血者，后断三月衃也。所以血不止者，其癥不去故也，当下其癥，桂枝茯苓丸主之。"（《金匮要略·妇人妊娠病脉证并治》）从文中可见，此处癥瘕可指脾肿大，亦可指妇科肿瘤，然基本特征同积聚，即腹部可摸到肿块。其病机与瘀血、气机阻滞密切相关。

仲景对积聚的论述，体现在辨证方面的，一是论述了积聚的临床特征，腹部摸到肿块，并伴疼痛，尤其是对积与聚的辨别，前者固定不移，后者展转移动；二是提出了积聚的基本病机是正虚邪实，气滞血瘀。

（二）积聚、癥瘕的治疗

仲景对积聚的治疗原则，从书中的论述可知有扶正、祛邪两方面。当阳气亏虚，邪气虽实，但不可攻之。如"藏结无阳证，不往来寒热，其人反静，舌上胎滑者，不可攻也。"（《伤寒论》130条）当正气尚可，邪气壅滞时，则可攻之，或急祛其邪。如"……所以血不止者，其癥不去故也，当下其癥，桂枝茯苓丸主之。"（《金匮要略·妇人妊娠病脉证并治》）又如"……此结为癥瘕，名曰疟母，急治之，宜鳖甲煎丸。"（《金匮要略·疟病脉证并治》）然积聚属正虚邪实之证，故仲景在祛邪的同时多兼顾扶正，如鳖甲煎丸中的人参、阿胶、芍药等，桂枝茯苓丸中配以茯苓、芍药。而这些药物在方中的作用不仅仅是扶正，亦有协同祛邪的作用，或既扶正又祛邪，如人参补气以行气，气行则血行，血行则瘀去；芍药在东汉时不分赤白，故既可养血又可活血；鳖甲既滋阴又散结；茯苓健脾养心，利水渗湿，与桂枝相配消瘀化水，标本兼顾。此外，仲景治积聚、癥瘕多用丸药，且丸药做成梧子大，或兔屎大，每天持续分吞，此乃缓图法。

由此可知，在积聚的治疗中，标本兼顾，消积祛邪是十分重要的。仲景所用祛邪方法及相应药物，主要有活血化瘀，药物有桃仁、牡丹皮、桂枝、芍药、䗪虫等；软坚消痞散结，药物有鳖甲、半夏、蜣螂等；清热解毒，药物有蜂房、黄芩、乌扇（射干）等；攻逐泻下，药物有大黄、赤硝等；疏肝行气，药物有柴胡、厚朴；利水渗湿，药物有茯苓、石韦、瞿麦、葶苈子等；散寒，药物有干姜、桂枝等。

可见，仲景治积聚、癥瘕所用祛邪的方法多样，其中以活血、行气、散结等法为基本，其他如解毒、泻下、散寒、利水等法均有创立。

二、仲景积聚、癥瘕证治思想对后世的影响

仲景积聚、癥瘕证治思想对后世的影响主要有四方面。

（一）积聚、癥瘕的诊断

仲景认为，积聚的临床特征是腹部摸到肿块，

并伴疼痛，尤其是对积与聚的辨别，前者固定不移，后者展转移动，后世医家诊断癥瘕、积聚大多以此为据。患者有肿块出现，且医者能摸到体内肿块，除了体表部位如颈部、乳房、肌肤等外，以腹部肿块最易摸到。由于颈部肿块大都称瘿瘤，乳房肿块有称乳癌、或乳岩，因此，积聚、癥瘕主要是指腹内肿块，腹内摸到肿块，尤其是肿块坚硬、固定，经统计，此种情况占36%，因此可认为积聚、癥瘕与现代医学的肿瘤相关。从统计中可见，其他伴有症主要有纳呆、腹痛、憔瘦、腹胀、呕吐、发热等，其中，腹痛、腹胀、呕吐可能因腹部肿瘤所致，如胃、肝、胆、胰、肠等部位的肿瘤，而纳呆、憔瘦、发热等症常见于各种恶性肿瘤中，且往往是恶性肿瘤的后期阶段。可见，中医学历代古籍文献中的积聚、癥瘕证有相当一部分属于腹部恶性肿瘤的晚期。

（二）积聚、癥瘕的病因病机

仲景认为，积聚、癥瘕的基本病机是正虚邪实，气滞血瘀。从仲景用药中可见亦考虑到寒邪、水饮、热毒等致病因素或病理产物。后世医家对积聚、癥瘕的认识基本宗仲景。从统计看，积聚、癥瘕病机有虚有实，实证中以宿食、瘀血、寒邪内结为主，其次为气机阻滞、痰饮内结、湿热内结等。虚证中有虚劳、虚寒、气虚、血虚、气血亏虚、阴虚，其中虚寒证出现的频率较高，主要有脾肾虚寒、脾胃虚寒、肝肾虚寒。由此可见，积聚、癥瘕是一种虚实夹杂的疾病，后世医家较注重寒邪导致气滞血瘀，进而阳气虚衰，脏腑亏损的病因病机。

（三）积聚、癥瘕的治则、治法

仲景治疗积聚、癥瘕的原则主张扶正祛邪，重视祛邪，但祛邪不忘扶正，扶正中寓意祛邪，标本兼顾，缓图消积。祛邪的方法多样，其中以活血、行气、散结等法为基本，其他如解毒、泻下、散寒、利水等法均有创立。这些治法，尤其是扶正祛邪兼顾的治疗思想，对后世影响很大。从统计看，后世医家对癥瘕、积聚的治疗方法主要有补法、消法、活血化瘀法、温法、理气疏肝法，此外，还有攻下法、和法、吐法、清法及外治法、灸法、刺法等。由于癥瘕、积聚是虚实夹杂的疾病，攻之太过则正气愈衰，补之过早，又容易导致邪气更甚。故后世医家常采用多种方法治疗，如消补兼施，或内服药、与外敷药一起用，或内服时辅以针刺法和灸法。总之，较注重散寒化瘀，温补消积的治法。

（四）积聚、癥瘕的选方用药

仲景创立的桂枝茯苓丸、鳖甲煎丸等方，及其所用药物是后世治疗癥瘕、积聚选方用药的基本思路。从统计分析得知，后世医家所用药物主要有温药、活血药、理气药、攻下药、散结药、补益药等等。温药，如肉桂、附子、炮姜、干姜、吴茱萸、乌头、硇砂等；活血药，如当归、三棱、莪术、桃仁、干漆等；理气药，如木香、槟榔、陈皮、青皮等；攻下药，如大黄、巴豆、芫花等；散结药，如鳖甲；补益药，如人参、甘草、白术、当归、白芍、茯苓等。总之，具有基本沿袭，但有拓展，更有众多演化方、验方产生。仲景积聚、癥瘕证治思想为后世相承，并得到发展，使中医学在积聚、癥瘕的辨证论治中发挥了巨大的作用。如现有报道，在我国每年新发生的癌症患者超过100万人，有超过半数的患者接受中医药治疗，在接受中医药治疗的患者中，大约有1/3的减轻了痛苦，延长了寿命。当然，积聚、癥瘕证不能与癌症划等号，但不可否认，中医学历代古籍文献中的积聚、癥瘕证中包含了相当一部分恶性肿瘤病症。因此，仲景积聚、癥瘕证治思想的基本内核影响历代医家，乃至现代，仍是临床积聚、癥瘕证治，或肿瘤证治的指导思想。

［《新中医》2012，44（10）：145］

浅议脾约与麻子仁丸

李亚楠　天津中医药大学

“脾约”首载于仲景所著《伤寒论》，历代注家与医者对脾约证与麻子仁丸证之病机、病位、病性等众说不一，各抒己见，唯有胃家实为共识。余之浅见有别于他者，望同仁指正。

一、“脾约”与“其脾为约”

“脾约”首见于《伤寒论》第179条，原文曰：“病有太阳阳明，正阳阳明，少阳阳明，何谓也？答曰：太阳阳明者，脾约是也；正阳阳明者，胃家实是也；少阳阳明者，发汗利小便已，胃中燥烦实，大便难是也”从原文中不难看出，“脾约”即太阳阳明，为阳明病的一种，由于太阳病误治，发汗、利小便太过，或误用攻下，损伤津液，以致胃中干燥，大便秘结。故第179条原文中的“脾约”应该是脾约证而非症。

《伤寒论》第247条曰：“趺阳脉浮而涩，浮则胃气强，涩则小便数，浮涩相搏，大便则硬，其脾为约，麻子仁丸主之。”此条首揭脉象以言麻子仁丸证的病机，浮兼往来不流利谓涩，浮主胃热，涩主阴不足，脾转输受胃热约束，胃肠自燥。原文中提到“其脾为约”的意思是脾被约束，“其脾为约”应为麻子仁丸证的主症之一。由此可见，179条原文中的“脾约”与247条原文中“其脾为约”不应等同。

“脾约”应有广义和狭义之分，广义“脾约”[1]为太阳阳明、正阳阳明、少阳阳明是对阳明病不同发展阶段的区分，“脾约”还可表现为白虎汤证、白虎加人参汤证、调胃承气汤证、小承气汤证和大承气汤证；狭义“脾约”即为《伤寒论》第179条中的太阳阳明，即脾约证。

二、脾约证与麻子仁丸证

肖氏[1]和刘氏[2]等认为“脾约”是太阳阳明，不是麻子仁丸证。医家通常所云之“脾约”，应指脾约证，而并非“其脾为约”。那“脾约”、脾约证、麻子仁丸证三者是什么关系呢？第247条原文中，麻子仁丸证的表现为趺阳脉浮而涩、小便数、大便硬和其脾为约。第179条原文中太阳阳明者为脾约，此处应为脾约证，即太阳阳明。脾约为麻子仁丸证和脾约证的共有症状，脾约证并非麻子丸证。

三、麻子仁丸证与麻丸证

很多医者将麻子仁丸简称为麻仁丸，殊不知一字之差，其义大相径庭，麻子仁丸并非麻仁丸，麻子仁丸证也就不是麻丸证。据史氏[3]归纳，《伤寒论》中名为“麻子仁丸”：麻子仁二升，芍药半斤，枳实半斤（炙），大黄一斤（去皮），厚朴一尺（炙，去皮），杏仁一升（去皮尖，熬，别作脂）。上六味，蜜和丸，如梧桐子大，饮服十丸，日三服，渐加，以知为度。而唐宋以后之称为麻仁丸。

四、脾约病性

丁[4]氏认为太阳阳明实者发展为承气汤类病证，虚者则发展成五苓散、麻子仁丸，甚至桂枝附子等诸证。仲景所论脾约，是以脾虚为主的一类证型，实因脾虚；杨氏[5]认为脾约证是实不是虚，实则阳明，虚则太阴，属阳明病的脾约证是实而不是虚；成无己、柯韵伯等认为脾约证的病机为“胃强脾弱”；后世很多医者也较推崇此观点，如林氏[6]认为《素问·经脉别论》中“饮入于胃，游溢精气，上输于脾，脾气散精，上归于肺，通调水道，下输膀胱，水津四布，五经并行”为脾约证的理论依据，是理解脾约证治的精髓。且本草云：“润可去结，是以麻子仁为君；杏仁为臣；枳实苦寒，厚朴苦温，破结者必以苦，故以为佐；芍药酸寒，大黄苦寒，酸苦涌泄为阴，故以为佐”明确了胃强脾弱的阴阳消长关系；庄氏[7]认为脾约之病机在于脾运化水湿功能正常，津液得以输布，但由于阳明燥化太过，津液耗散过多而大量排出体外，故见小便数。

五、脾约的病位

正常生理状态下，脾为胃行其津液，胃在受纳水谷后，还需通过脾的运化功能，将水谷精微、津液等输送到其他脏腑和器官。根据原文第247条，由于阳明燥化太过，脾受其约，脾主运化的功能受到影响，津液不能很好地在体内输布，肠内津液不足，致大便硬，但津液偏输注于膀胱，出现小便数。脾约的病位并非只在一脏或一腑，主要在胃、脾，涉及膀胱、大肠。

六、麻子仁丸新用

蒋健[8]用麻仁丸治疗夜尿数；杨弋[9]等用本方加减治疗胃炎、腰椎间盘突出症术后、糖尿病、急性支气管炎；唐宗宣[10]用本方治疗大便难、噎膈、哮喘、烦躁。

七、结语

关于脾约证与麻子丸证、脾约的病性及病位，众医者论述颇多，以仲景之理法方药更好的指导临床实践，治脾约证不拘泥于麻子仁丸，用麻子仁丸不只治脾约证，临证发挥，才不失仲景本意。

参考文献

[1] 肖相如．脾约不是麻子仁丸证．河南中医，2009，29（11）：11～12.

[2] 刘丽军．脾约与麻子仁丸证辨析．山西中医学院学报，2011，34（2）：69～70.

[3] 史仁杰．脾约证及麻仁丸考析．江苏中医药，2008，40（5）：12～14.

[4] 丁伟亮．脾约证议．江西中医药，2011，42（343）：12～13.

[5] 杨广同．脾约实质刍议．湖南中医药报，2004，10（1）：10.

[6] 林俊．脾约证治．云南中医学院学报，1997，20（4）：35～37.

[7] 庄海峰．脾约之病机辨析．贵阳中医学院学报，2003，9（25）：1～2.

[8] 蒋健．麻仁丸主夜尿数．上海中医药报，2010，07.

[9] 杨弋，叶琳．麻子仁丸新用．新中医，2009，41

(1)：90～91.
[10] 唐宗宣．唐宗宣运用麻子仁丸治疗疑难杂症举隅．湖南中医杂志，2010，26（4）：84～85.

［《中国现代药物应用》2012，6（23）：75］

浅议《伤寒论》汗法使用之禁忌

李朝喧　山西中医学院中医临床学院

《素问·阴阳应象大论》言："其有邪者，渍形以为汗，其在皮者，汗而发之。"[1]因此，汗法是使在表之邪从汗而解，是表证的主要治法。表证是指六淫外邪侵犯人体皮毛、经络、肌肉而引起的恶寒发热、头痛、脉浮为主证的疾病总称，六淫皆可引起表证，但《伤寒论》犹重风寒之邪，论中汗法以辛温为主。发汗是手段，不是目的。汗法用之得当，其效若桴鼓，病从汗而解；用之失宜，往往会导致胃中虚寒、伤津生热、伤阴、伤阳、阴阳俱虚等变证。因此，虽然汗法为临床常用之法，但《伤寒论》对其使用是有严格禁忌的，笔者根据原文归纳总结为以下六个方面。

1. 阳虚者禁汗。凡阳气虚者不宜发汗，误汗则更伤阳气，而有亡阳之虑。因"阳加于阴谓之汗"[1]，汗为阴液所化生，赖阳气蒸化而成。阳虚误汗重伤其阳，不唯表证难解，且阳气亦危。27条："脉微弱者，此无阳也，不可发汗"，汗出则亡阳。286条："少阴病，脉微不可发汗，亡阳故也。"汗出伤阳，故阳虚者禁汗。

2. 里热证禁汗。阳明经证和热盛于里的热厥证，不可汗，汗之则助热生变。如原文211条和335条。因邪热在里，里热炽盛，有时可出现寒战高热，若医者认为表证而发其汗则属误治。邪热在里，治当清解为法，若误用汗法，必加重病情。因热邪本易耗伤阴津，误汗则重伤阴液。阴虚则热更盛，邪热盛则阴更伤，危害无穷。

3. 里虚者禁汗。表证误用下法，正气已虚，出现身重心悸者，虽有表证，亦不可发汗。49条论述误下致里虚者禁汗。"脉浮数者，法当汗出而愈"，浮数之脉，与太阳可汗之证并见，如此则发汗解表，驱邪外出，方为合拍。若医者失察，一见脉浮数而忽略证候，误以此脉为在里之实热，盲目用下，是药过病所，不唯表证不解，而且徒伤正气，甚至发生变证，下后身重、心悸、尺脉微等，说明正气损伤，病机重在阳虚。盖清阳之气不能充实肢体，加之表未解，内外困顿，故身重；阳虚心神无所主持，故心悸；尺脉候里，微主阳气虚。本条文以尺中脉微，指出误下后导致里虚变证，可以推测出仲景警示医者脉微里虚者禁用汗法之意。

4. 阴血不足及阴虚有热者禁汗。如85条："疮家……不可发汗"；86条："衄家，不可发汗"；87条："亡血家，不可发汗"。汗血同源，误用汗法，阴血更亏，则会发生多种变证。阴虚阳亢之咽喉干燥者，或肾阴不足、膀胱有热之淋家，误用汗法，则阴更伤，热愈炽，故禁用汗法。如83条："咽喉干燥者，不可发汗"；84条："淋家，不可发汗，发汗必便血。"

5. 少阳证禁汗。太阳病本当汗解，但若与少阳并病（142条），既有"头项强痛"太阳之症，又有"眩冒，时如结胸，心下痞硬"之少阳枢机不利之症，则应当遵少阳三禁，不宜发汗。发汗可能耗津生热，有谵语之变。少阳病邪在半表半里，和解为其正治之法。汗法与吐下并列为少阳三禁之一，仲景言之甚明。盖因少阳为手少阳三焦与足少阳胆经受病，胆火有上炎之势。误用汗法则助长热势，更伤津液，促使邪气内传阳明，化燥成实而浊热之邪上扰心神，多有谵语。

6. 病已入里禁用汗法。汗法适用于表证，若病已不在表而在里，应禁汗。汗之则津液越出，大便难。218条："伤寒四五日，脉沉而喘满。沉为在里，而反发其汗，津液越出，大便为难，表虚里实，久则谵语。"病传至少阴，心肾机能受损，阴阳失衡，病位在里，病性属虚。故少阴病提纲首揭其脉，以"微细"概之，意在表示少阴病为阴阳俱虚之病。此等病证，发汗是为所忌。仲景在少阴篇连用285、286两条告诫"脉细沉数，病为在里，不可发汗""脉微，不可发汗，亡阳故也"。

表证用汗法原属正治，但凡辨证准确，方药得当，多能汗出邪解，若外邪未尽，再缓发其汗即可。若发汗太过或不及，均为失误，这是变证产生的原因之一；素体有阴阳虚实、脏腑盛衰之别，个体有体质差异，是变证出现的原因之二；感邪有轻重程度的不同，这是变证出现的原因之三。如太阳主表而统领营卫，又与少阴相表里，若太阳虽病，而少阴不虚，运用汗法得当，则太阳之表邪得以解除，病变亦不会累及少阴。若素体少阴不足，或妄汗伤阳，则发汗之后，太阳之邪未除，而少阴阳虚已见，即所谓"虚故也"。又如平素胃气实或胃阳偏盛者，发汗后常能使邪从热化，常可转属阳明，即所谓"实也"。可知正是由于人体脏腑、阴阳、气血之盛衰存在的差异，才在发汗后所出现的变证各有不同。

参考文献

[1] 郭霭春．黄帝内经素问校注．北京：人民卫生出版社，1992：104～125.

[《中国民间疗法》2012，20（5）：5]

伤寒营卫之营与温病营血之营辨析

岳　妍　天津中医药大学第一附属医院
孟晓辉　高广龙　天津中医药大学

清代叶天士《温热论》[1]云："温邪上受，首先犯肺，逆传心包。肺主气属卫，心主血属营，辨营卫气血虽与伤寒同，若论治法则与伤寒大异也。"又云："卫之后方言气，营之后方言血。"并且指出邪入营分的病机与表现就是"营分受热，则血液受劫，心神不安，夜甚无寐，或斑点隐隐"。在治疗上其代表方为吴鞠通《温病条辨》[2]的清营汤，清营汤主要是以犀角、生地清营凉血，玄参、麦门冬养阴清热，金银花、连翘、黄连、竹叶清热解毒，使入营之邪透出气分而解，全方主要体现了清营凉血之法。显然这里对"营卫气血"的认识已经与伤寒不尽相同了，不同点就在于对于"营"的认识有了变化。温病所讲的营分病特点是神志变化加上"斑点隐隐"，并且温病学家往往"营血"并称。

而先秦两汉时期的医家往往"营卫"并称。众所周知，营卫是《伤寒论》太阳病的物质基础，如太阳中风证的"阳浮者，热自发，阴弱者，汗自出"即"卫强营弱"、太阳伤寒证的"卫闭营郁"，都涉及到营卫的问题，太阳中风表虚证与太阳伤寒表实证均属于太阳表证，有共性亦有区别，共性就是太阳病提纲所云"太阳之为病，脉浮，头项强痛而恶寒"，区别在于前者有汗，后者无汗，患者感受寒邪后，可能会出现哪种证候，主要取决于营卫二者之间的关系是"卫强营弱"，还是"卫闭营郁"，这是针对外感疾病而言的。

对于内伤疾病的自汗一症，同样取决于营卫二者的状态，《伤寒论》[3]如第53条云："病常自汗出者，此为荣气和，荣气和者，外不谐，以卫气不共荣气谐和故而。以荣行脉中，卫行脉外，复发其汗，荣卫和则愈，宜桂枝汤。"第54条云："病人藏无他病，时发热自汗出而不愈者，此卫气不和也。先其时发汗则愈，宜桂枝汤。"可见，对于内伤疾病的自汗症也是营卫失调所致，治疗上均选用桂枝汤以调和营卫。

可见在《伤寒论》中，无论外感还是内伤，出不出汗的问题是由营卫关系决定。在两者中，营为阴，卫为阳，阴主静，阳主动，所以卫气具有主动性，是否汗出，关键是看卫气的功能状态。卫气浮盛于外者，毛蒸理泄，则汗出；卫气不足，卫外不固，同样也会出汗；卫气郁闭者，营气亦同郁闭，故无汗。换言之，营阴外泄，表现出来的是汗症，这与清代的温病学家认为营阴扰动后出现的"斑点隐隐"显然不同。

何谓"营气"？要想深入理解营气的概念，必正本清源。首先是其来源，《灵枢·营卫生会》篇讲："人受气于谷，谷入于胃，以传与肺，五脏六腑皆以受气，其清者为营，浊者为卫，营在脉中，卫在脉外，营周不休，五十而复大会。"可见，营卫来源于脾胃运化的水谷精微。

至于营气的概念及营气与血的关系，此篇又云："中焦亦并胃中，出上焦之后，此所受气者，泌糟粕，蒸津液，化其精微，上注于肺脉乃化而为血，以奉生身，莫贵于此，故独得行于经隧，命曰营气。黄帝曰：夫血之与气，异名同类。何谓也？岐伯答曰：营卫者，精气也，血者，神气也，故血之与气，异名同类焉。故夺血者无汗，夺汗者无血，故人生有两死而无两生。"

何谓经隧？笔者分析为经脉，此处如果认为是血脉，那么营气与血液就是共行的，这与"独得行于经隧"矛盾，所以前文的"营行脉中"的脉也应理解为经脉，以和血液运行于血脉的脉相区别。此处的"血之与气，异名同类"中的"气"很明显是前一句的"命曰营气"的营气，而岐伯回答时，是把"营卫"作为整体，和有形之血相对应的，前者反应的是"精气"，后者反应的是"神气"。营气与血是异名同类，同类是指来源相同，均化生于水谷精微，不同的是，营分有问题出的是汗，血分有问题出的是血，所以讲"夺血者无汗，夺汗者无血"，血之与汗，酿自水谷，损其一者，必损其二，故"人生有两死而无两生。"张仲景认为卫外不固，营阴不能内守，表现为汗出，并认为"亡血家，不可发汗"，与此是一致的。

笔者认为血脉和血液均可见，属"形而下"范畴，古人是可以通过各种渠道了解到血液是在血脉中运行的，也能认识到皮肤发斑、吐血、咯血、便血、尿血等所谓动血证是血溢脉外的表现。而出汗则不同，汗出可见，汗出自哪，又不可见，于是就把汗出之源称为"营气"，以便和"血"区分，这样就为有形可见的汗液找到了物质基础，营气行于经隧是不可见的，但营阴外越的汗症又是可见的，所以"营气"的概念介于"形而上"与"形而下"

之间。

实际上，温病讲的营分证（神志改变加上斑点隐隐）就是血分证，只是比较轻，清营汤归根到底用的就是清热凉血解毒之法，温病学家借用了“营气”一词，把血分证的轻证称之为“营分证”，认为营分证是血分证的先兆。细细体会，温病“营血”之“营”与伤寒“营卫”之“营”的概念已经发生了变化。通过对营气概念的解析，将更好地研读《内经》《伤寒论》和《温热论》，体会经典的韵味，了解传统医学的发展历程。

参考文献

[1] 叶天士．温热论［M］．北京：人民卫生出版社，2008.

[2] 吴鞠通．温病条辨［M］．北京：人民卫生出版社，1963.

[3] 张仲景．伤寒论［M］．北京：人民卫生出版社，2005.

［《天津中医药》2012，29（6）：562］

试论麻黄汤和桂枝汤乃为壮人和虚人外感而设

耿　良　花宝金
中国中医科学院广安门医院
吕　静　冯培勋　郑州市卫生学校

仲景所创之麻黄汤和桂枝汤为中医治疗太阳伤寒的基本方剂，麻黄汤辛温发表，宣肺平喘，主太阳中寒；桂枝汤解肌祛风，调和营卫，主太阳中风。这些功效乃千百年来无数医家总结而成，为众人所认同。然本人每感于一点，即麻黄汤证太阳中寒的病机中难道不包括营卫不和，为何独言桂枝汤调和营卫而不言麻黄汤有此效耶？本人认为，其原因在于麻黄汤和桂枝汤为仲景分为壮人和虚人外感而设，适用麻黄汤的患者平素身体壮实、营卫充盛、卫外正常，感受较重之风寒才发病，正邪关系以邪盛为主，寒邪郁遏卫阳明显，外寒去而营卫自和，不需调补营卫；适用桂枝汤的患者平素体质虚弱、营卫不足、卫外低下，稍感风邪即发病，正邪关系邪实与正虚并存，须同时调和营卫，疏散表邪[1]。这是仲景针对不同体质患者的病理特点而在临床上加以灵活对待的方法，是中医体质学思想的体现，现将理由叙述如下。

一、原文的对比分析

我们先来看《伤寒论》关于两方证的原文第35条载“太阳病，头痛，发热，身疼，腰痛，骨节疼痛，恶风，无汗而喘者，麻黄汤主之”和第12条载“太阳中风，阳浮而阴弱，阳浮者，热自发，阴弱者，汗自出，啬啬恶寒，淅淅恶风，翕翕发热，鼻鸣干呕者，桂枝汤主之”。通过对比可以发现，桂枝汤证主要伤于风邪却有啬啬恶寒，淅淅恶风，麻黄汤伤于寒邪却仅有恶风。恶风的特点是遇风则恶，无风不恶；恶寒的特点是有风无风均恶寒凉，恶寒的程度重于恶风，而且桂枝汤证的恶寒和恶风前还加上啬啬、淅淅来形容程度之甚。明明寒重于风，为何桂枝汤证感邪较轻而症状重，而麻黄汤正好相反？原因就在于桂枝汤证本身即有营卫虚弱，正气不足的基础，感邪虽轻但症状反重。如方有执所言：“啬啬言恶寒由于内气馁，不足以担当其渗逼，而恶之甚之意。”相较之下，麻黄汤证虽感邪较重，但由于营卫充盛，没有里虚的病机，故只在外有风寒时感到寒冷，处于温度适宜的环境下则不会感到不适。此外，桂枝汤证的内虚还体现于其汗出、翕翕发热、干呕、脉缓。汗出是由于营卫不和，卫阳不能顾护于外，营阴不能内守所致，这一点无甚疑义[2]。但关键在于桂枝汤证的翕翕发热和麻黄汤证的发热程度之差异。翕翕，和顺之意，形容如羽毛覆盖之温和发热，方有执说“翕为温热而不蒸蒸大热也”。为何桂枝汤证之发热较麻黄汤证为轻？也因为其卫气不足，被外邪郁遏则蓄积不多，故虽热而不甚。麻黄汤证则卫气充盛，感受寒邪则卫阳郁于肌表较甚，故热势较高。两者之区别，犹如大江之于小溪，大江被阻一旦溃堤则一泻千里，势不可挡，小溪受阻则虽有积水而水势不大。此点还有《伤寒论》第46条可以佐证：“太阳病，脉浮紧，无汗，发热，身疼痛，八九日不解，表证仍在，此当发其汗。服药已微除，其人发烦目瞑，剧者必衄，衄乃解。所以然者，阳气重故也。麻黄汤主之。”此处服麻黄汤后出现的两种情况，不管是心烦、目瞑，还是鼻衄，都是充足之卫阳被郁遏太过之故，即“阳气重故也”。柯雪帆[3]亦认为，太阳表实证体质感受风寒之邪后，多出现高热、无汗，这说明太阳表实证其卫气足，感受外邪后能够积极防御和调节汗孔的开合。外邪侵袭，汗孔闭，则引起高热，无汗。太阳表虚证体质卫气不足，所以机体感受风寒之邪后虚弱之卫气不能关闭汗孔，多引起汗出，低热。至于桂枝汤之干呕与脉缓，亦由内虚所致。外感风寒何有干呕，由肺经还循胃口，外邪干胃，胃气上逆所致。桂枝汤证之营卫不足与其平素胃气不足有关。当然，呕逆也可见于麻黄汤证，如伤寒论第3条曰：“太阳病，或已发热，或未发热，必恶寒，体痛，呕逆，脉阴阳俱紧者，名为伤寒”。但此处之呕逆，与35条之喘原因相同，是由卫阳郁闭较甚，肺气失于肃降，进而影响胃之和降所致。

二、方药及药后调养的对比

除了两方证相关的原文，两方的药物组成、煎服方法和药后调养也能说明麻黄汤的营卫充盛和桂枝汤的营卫不足。正是由于麻黄汤证没有正虚，而以卫气郁遏为主，所以可以用麻黄伍桂枝峻发其汗以开宣卫阳而无伤阳耗阴之虑，煎法与平常解表剂相同，服后亦不需啜粥。而桂枝汤因内有营阴不足且外在风邪不甚，故不用辛温峻汗之麻黄，而以桂枝、生姜疏散风邪，同时用大枣、芍药、甘草三味补益药益阴和营。治疗太阳表证的方剂补益药却如此之多，患者内虚之体质岂不明矣！更有桂枝汤的煎煮方法舍解表剂之武火急煎而用微火煮取，服后啜热稀粥，使患者遍身漐漐微汗为佳，不可令如水流离，一服后病瘥停后服，不汗则小促其间等，说明文字数倍于麻黄汤，殷殷之意务在提醒医者不可伤患者阴精阳气，何也，因其本身即有内虚之机而恐有“虚虚”之误也[4]。

三、类方的对比

最后，还可以从两方的类方加减来加以证实。桂枝汤后有桂枝加葛根汤、桂枝加厚朴杏子汤、桂枝加附子汤、桂枝去芍药汤、桂枝去芍药加附子汤、桂枝新加汤等加减方，除桂枝加葛根汤外，其余诸方均为治疗表证兼虚的方剂[5]；而麻黄汤后的葛根汤、葛根加半夏汤、大青龙汤和小青龙汤，均为针对邪实而立方。尤其值得一提的是桂枝加厚朴杏子汤与麻黄汤治喘之异。桂枝加厚朴杏子汤治疗喘证为何选用燥湿下气消痰之厚朴，且将其置于祛痰下气、平喘止咳之杏仁之前？是由于厚朴不但可以降气而平喘治其标，更可以行气化湿消痰、厚肠胃而治其本。喘不离痰，而痰之源在于脾胃，仲景将厚朴置于杏仁之前，正是由于患者体质较弱，脾胃多不足，厚朴标本兼治，作用重于杏仁[6]。因此就像仲景分为壮人和虚人外感而设麻黄汤和桂枝汤一样，对于外感兼喘，壮人用麻黄汤，虚人用桂枝加厚朴杏子汤。

综上所述，麻黄汤和桂枝汤为仲景分为壮人和虚人外感而设。可见人的体质不同，对病邪的反应亦不相同，临证时要时刻注意观察患者体质的差异，以求更好地做到因人制宜，个体化治疗。

参考文献

[1] 张广梅．张仲景应用麻黄汤经验探讨［J］．河南中医，2010，30（8）：731~732.

[2] 李国栋．桂枝汤证病发机理浅析［J］．河南中医，2010，30（1）：14~15.

[3] 柯雪帆．伤寒论选读［M］．北京：中国中医药出版社，2001：22.

[4] 韩志毅，董正华．从桂枝汤及方后将息法谈《伤寒论》的保胃气思想［J］．河南中医，2010，30（9）：837~839.

[5] 姜勋，韩延华．浅析《伤寒论》中桂枝汤及其类方［J］．河南中医，2010，30（7）：630~633.

[6] 郝万山，李赛美．伤寒论理论与实践［M］．北京：人民卫生出版社，2009：15.

［《中医学报》2012，27（165）：156］

谈“桂枝汤”的平衡思维

龚　坚　江西省荣军医院

“桂枝汤”出自古代名医张仲景的伤寒论，原文为“太阳中风，阳浮而阴弱，阳浮者，热自发，阴弱者，汗自出，啬啬恶寒，淅淅恶风，翕翕发热，鼻鸣干呕者，桂枝汤主之”。提出了桂枝汤主要用于治疗营卫不和的太阳中风表虚证，并可用于阴阳失调的杂病治疗。其方剂配伍在遵循君、臣、佐、使总则之下，具有两种作用趋势或性质完全相反的药物同处一方，形成相反而相承，达到动态中平衡的制方思想。

一、桂枝汤证病因病机的平衡思维

伤寒论第95条：“太阳病，发热汗出者，此为荣弱卫强，故使汗出，……。”提出了基本病机是“营弱卫强”，所谓的卫强，并非是指卫气的正常强盛而是由于风寒袭表，卫气浮盛于外，与邪相争，导致病理性“卫强”的表现，亦即“阳浮者，热自发”之意。所谓营弱，亦不是营阴真正的虚弱，而是指卫外不固营不内守而外泄所致的汗出而言，由于汗出营伤与卫强相比呈现相对不足，营卫失去正常的平衡状态，故称营弱卫强。

又如伤寒论第53条指出：“病常自汗出者，此为，荣气和，荣气和者，外不谐，以卫气不共营气谐和故尔，以荣行脉中，卫行脉外……。”本条所论的“病常自汗出”，其病机乃因“卫气不共荣气谐和”即荣卫失去平衡所致，从文中“荣气和者，外不谐”分析，导致荣卫失调的原因不在于荣气，而于卫气，亦即在内之荣气未病，而在外的卫气由于受风邪的侵袭而失于固护开合，以致腠理疏松，荣阴外泄而汗出。在生理情况下，芝行脉中为卫之守，卫行脉外为荣之使，荣滋卫而使卫气不亢，卫护荣而荣阴不泄，二者相互维系、相互协调，处于一个正常生理平衡之中共同完成其生理功能，由于各种原因一旦打破荣卫和的生理平衡，就导致了疾病的发生，而“热自发，汗自出”。

二、桂枝汤在治疗中的平衡思维

伤寒论第42条：“太阳病未解，脉弱者，当以汗解，宜桂枝汤。”第53条：“……复发其汗，营卫和则愈，宜桂枝汤”。第95条：“太阳病，发热汗出者此为荣弱卫强，故使汗出，欲救邪风者，宜桂枝汤。”第54条：“病人脏无他病，时发汗出而不愈者，此卫气不和也。先其时发汗则愈，宜桂枝汤。”综合以上几条的论述，提出了其治疗原则：解表发汗，调和荣卫。

三、桂枝汤组方的平衡思维

桂枝汤为治疗太阳病中风表虚证的主方，方中由桂枝为君，助卫阳，通经络，散风邪，芍药为臣，益阴敛营，敛固外泄营阴。桂芍等量合用，寓意有三：一为对卫强营弱，体现营卫同治，邪正兼顾；二为相辅相成，桂枝得芍药使汗而有源，芍药得桂枝则滋郁能化；三为相制相成，散中有收，汗中寓补。生姜辛温即助桂枝辛散表邪，又兼和胃止呕；大枣甘平，即能益气补中，合桂枝甘化以实卫，合芍药酸甘化阴以和营的常用组合[1]。综观全方，药虽五味，但结构严谨，发中有补，散中有收，邪正兼顾，阴阳并调，驱邪不忘扶正，发汗不可过汗，固卫不忘滋营，和阴亦要强阳，无疑是一付平衡协调周密的组方典范。

四、桂枝汤在服药与护理中的平衡思维

1. 药后啜稀粥一碗，一则谷气以充汗源，一则借助热力以鼓舞卫气，使汗出表和，祛邪不伤正，平衡营卫。

2. 温覆微汗：服药后，覆被保温，取遍身微微的汗为佳，不可大汗淋漓。因汗多伤正，邪反不去，而加重营卫的不和。

3. 见效停药：如一服汗出病愈，即应停服，意即中即止，以免过剂伤正，密切关注营卫的平衡。

4. 不效继进：如一服无汗，继进后服，又不汗，后服可缩短给药时间，半日内把三服服完。若病重服一剂汗不出者，须昼夜给药，可连服至二到三剂。总之，以达到营卫和为目的。

五、桂枝汤作为“群方之魁”，在伤寒论中确立了平衡组方的典范

1. 在麻黄汤中，麻杏相使，宣降相因，升降平衡，则宣肺平喘之效甚著。

2. 在小青龙汤中，麻黄、桂枝、干姜、细辛辛温解表化饮，五味子、芍药酸收和营养血，酸收与辛散相配，一散一收，即类化，即它参与了体内多种物质的代谢调节（如糖类、蛋白质、脂肪和维生素等)，包括它们的生成、储存和转化，这些都是一个动态的过程。所以说一旦各种原因造成的肝脏疏泄功能的失调，就会破坏糖元的动态平衡，使之输出过多，造成血糖过高，最终形成糖尿病。

六、治疗

由此我们可以看出消渴一病与肝脏的密切关系，故在临床上我们可以从肝论治消渴。著名医家张锡纯提出：“肝气不升，则先天之气化不能由肝上达，胃气不降，则后天之饮食不能由胃下输”。故在治疗消渴时，降胃并佐以升肝疏肝之品，以求其升降平衡。虽然消渴多分为上、中、下三消，但根据五行相生相克的理论，都可以从滋阴、降火，使肝木条达为切入点，实则泻之，虚则补之，可选用老师经验用方为基础，方中用药山萸肉、天花粉、地黄、黄连、桑枝等，并随症加减，久病多瘀，血瘀重者加桃仁、红花；平时体弱者加党参、红景天；气有余便是火，燥热甚者加石膏；疏肝气可加麦芽；肝火上炎造成目赤肿痛者加蝉蜕、菊花；心烦失眠者加用首乌藤、合欢花；四肢麻木者加鸡血藤；有热毒者加金银花、蒲公英、紫花地丁等以脱毒排痈。

七、讨论

综上可知，糖尿病的发病归根结底与肝有关。肝主疏泄，性喜条达。只有其疏泄功能正常，才能保证心情舒畅而不抑郁。反之，七情皆可伤肝，如果情志不畅，伤及肝木，则肝郁化火伤阴，上灼肺金导致口渴多饮，中耗脾土可致消谷善饥。又乙癸同源，肝郁化火致使肾的封藏功能失职而见尿多，即糖尿病临床常见的“三多一少”：多饮、多食、多尿和消瘦。根据老师经验临床上常以滋阴、降火为治则，其经验方由山萸肉、天花粉、地黄、黄连、桑枝等，并随症加减。地黄、黄连、天花粉为《丹溪心法》中“消渴方”的主要组成药物，方中黄连泻心火，以防其灼津耗液，地黄滋阴以免阴虚

燥热，天花粉生津润燥，又予山萸肉加强滋补肝肾之阴，现代药理研究表明桑枝有生津之功，故可加强天花粉之功效，通过临床可以发现，不少糖尿病患者发病前后都有担心多虑、抑郁等情志不畅、肝失疏泄的表现[5]。而人的情绪又对其内环境的稳定造成影响[6]，现代医学研究[7]也表明情绪活动与胰岛素的分泌密切相关，而胰岛素是影响人体血糖的重要因素之一，故在平时生活、工作中要保持一个积极乐观的健康态度，以防止机体向疾病状态的转变。

参考文献

[1] 陆再英，钟南山．内科学［M］．第7版．北京：人民卫生出版社，2008：770.

[2] 张伯臾．中医内科学［M］．上海科学技术出版社，1983：249.

[3] 谭曦然，傅延龄．消渴病从肝论治的理论探讨［J］．吉林中医药，2008，28（6）：403～404.

[4] 刘剑，方朝晖，李中南，等．历代医家从肝论治糖尿病探析［J］．中医药临床杂志，2012，24（2）：148～151.

[5] Gavard J A，Lustman P J，Clouse R E. Prevalence of depression in adultswith diabetes. An epidemiological e-valuation［J］．Diabetes Care，1993，16（8）：1167～1178.

[6] 米佳，杨世忠，张景洲．肝主疏泄与心理免疫的关系初探［J］．长春中医药大学学报，2006，22（3）：6～7.

[7] 李利阳，朱本章，李筠，等．焦虑情绪障碍对胰岛素抵抗的影响［J］．医学综述，2009，15（9）：1427～1429.

［《中医临床研究》2012，4（23）：60］

谈《伤寒杂病论》之方药特点

郭文娟　山西中医学院基础部

后世医家赞《伤寒杂病论》为“活人之书”“方书之祖”。《黄帝内经》之组方理论为张仲景撰写《伤寒杂病论》奠定了坚实的基础，并以此构建了特有的方药配伍理论体系。经方组成，精明简练，配伍恰当，药少效宏，其理法方药具有很高的实用性、科学性，现将其方药特点概括如下。

一、《伤寒杂病论》用药特点

虽然现在看到的是《伤寒论》和《金匮要略》两书，但张仲景用药特点具有共性。

（一）针对病机，注重药物组合，发挥协同作用

通过对类方的归纳分析可以发现，一些药物总是规律性地以相对固定的配伍关系出现在不同的方剂中，如桂枝甘草汤、桂枝去芍药汤、桂枝甘草龙骨牡蛎汤、茯苓桂枝甘草大枣汤等。在这些方剂中，桂枝与甘草为其唯一相同的药物组成，显示出这二者之间存在着稳定的配伍关系，这个配伍是针对主治病证中心阳虚的病机而设的，并且这种配伍关系并不是由同类功效药物单纯地、任意地叠加构成，具备一定的规律性，我们称这种配伍关系为规律性组合（简称为组合）[1]。在《伤寒论》和《金匮要略》中，有些药物常与其他药物以组合方式出现，发挥多种协同功能。如桂枝汤、桂枝加厚朴杏子汤等方中，桂枝、白芍组合，调和营卫；桂枝甘草汤、桂枝甘草龙骨牡蛎汤等方中，桂枝、甘草组合温通心阳；五苓散、苓桂术甘中，桂枝、茯苓组合化气行水等。又如附子的组合应用，配干姜回阳救逆，配白术温散寒湿，配大黄温阳通便等，不胜枚举。上述药物，经过组合，既可增强疗效，又能扩大应用范围，从而形成许多“药对”，是张仲景用药的一大特长，为后人揭示了用药规律。

（二）针对病机，灵活进行药物加减

张仲景用药既有按法立方，又依病化裁。唐容川在《金匮要略浅注补正》说：“仲景用药之法，全凭乎证，添一证则添一药，易一证亦易一药”。这正是在辨证论治、治病求本的前提下，当证候发生变化时，随证用药的范例。对药物的变化采用如下方法：其一，药味增减：如太阳中风证，用桂枝汤调和营卫，解肌祛邪；若阳虚漏汗者，加附子，成桂枝加附子汤；若兼项背拘急不舒者，加葛根，成桂枝加葛根汤；若太阳病下后，脉促胸满者，桂枝汤去芍药；若微恶寒者，桂枝去芍药加附子汤等。其二，药量增减：如桂枝加桂汤，加重桂枝用以平冲降逆；小建中汤倍芍药以缓急止痛，健运中气；通脉四逆汤重用干姜温阳散寒等，均是通过药物剂量的增减而增强或扩充了方剂的功用。此外，张仲景在《伤寒杂病论》中还有专病使用专药，充分发挥单味药的功效。如茵陈退黄、百合治百合病等。但这种专病专药的情况少之又少，单味药的加减多在整体方阵中发挥作用，更多的还是依据病机，运用药物组合成方。

二、《伤寒杂病论》方剂特点

方剂组成是在辨证立法的基础上，选择适当的

药物组合成方。

（一）审机辨证，立法选方

张仲景运用方剂是以审机辨证为前提，依据辨证结果，作为论治标准，以此选用方剂。如风寒表证，风寒袭表，肺卫郁闭之表实证当发汗用麻黄汤；风邪袭表，营卫不和之表虚证当解肌用桂枝汤；里证热实，当攻下清里则用承气剂；里证虚寒，当建中温里，则用建中、理中剂；表寒里饮、表寒里热，当表里双解则用青龙剂等，皆是先行辨证，继而立法，然后用方，这是固定不变的原则。同时在方剂加减变化时，亦严格遵守“方随证变”的原则，即在辨清主要病机的基础上，查明兼症，根据主方加减变化，如太阳中风证兼喘，治以解肌祛风，兼以平喘用桂枝加厚朴杏子汤；少阴病阴盛戴阳证，服白通汤；发生格拒之象，治以破阴回阳，宣通上下，兼以咸寒反佐用白通加猪胆汁汤；“产后下利虚极”证，治以清热止利，养血补中，用白头翁加甘草阿胶汤等。

（二）立法组方，综合药效

张仲景组方的一大特点，是以“凭脉辨证”为基础，根据四诊所获得的具体资料，严格依据病证病机而确定立法组方的原则。张仲景指出：“病皆与方相应者，乃服之”，可见组方要以调和病机整体功能关系失调，恢复机体正常的功能关系为标准和依据。处处体现“观其脉证，知犯何逆，随证治之”的严谨的组方宗旨。张仲景遵循《黄帝内经》所载的组方法则和治则，在辨证立法组方的基础上，通过选择功能恰当、疗效卓越的药物并组合使之成为组方的基本功能单元，如《伤寒论》与《金匮要略》开篇第一方均为桂枝汤，是在辨清基本病机为“营卫不和”的基础上，遵《黄帝内经》“辛甘发散为阳、酸苦涌泄为阴”“风淫所胜，平以辛，佐以苦甘，以甘缓之，以酸收之”“风淫于内，以甘缓之，以辛散之”的药物性味配伍原则，选择以桂枝、芍药、甘草、生姜、大枣5药组合，辛甘化阳，酸甘化阴，共奏疏风散邪、解肌和营卫，化气调阴阳功效。张仲景所组之方，结构层次分明，配伍协调，功能明确，充分发挥药物组合后的整体综合药效。也有两味药物组合成方的，如桂枝甘草汤，辛甘化阳，针对心阳虚的病机；芍药甘草汤，酸甘化阴，针对肝阴血虚的病机而设，是最简明的药物组合方式。

此外，张仲景组方中还有一方之中包括不同治疗途径的药物组合，与复杂病机相适应，达到综合药效的目的。①开阖相济法：桂枝汤治太阳中风证，病机为风邪外袭，营卫不和，方中桂枝通阳解肌祛风，芍药和营养阴固表　桂枝、白芍相配，一开一阖，相济而彰。②寒热并用法：半夏泻心汤治疗寒热错杂之痞满证，方中黄芩、黄连苦寒以泄热，干姜、半夏辛热以散寒　寒热并用。③阴阳两补法：炙甘草汤治阴阳气血皆不足，以阴血不足之“脉结代、心动悸”为主，方中炙甘草、人参、桂枝益心气，壮心阳；生地黄、阿胶、麦冬、麻仁养心血，滋心阴，甘温壮阳，甘寒滋阴，阴阳互根，两补皆受益。④攻补兼施法：十枣汤治悬饮，方中甘遂、芫花、大戟逐水攻邪，大枣甘温益气而扶正，乃收攻补兼施之效。⑤滋利共用法：猪苓汤治阴虚之小便不利证，方中猪苓、茯苓、泽泻、滑石淡渗清热利水，阿胶益阴润燥，而收利水不伤阴、滋阴不碍湿的效果。⑥润燥同治法：柴胡桂枝干姜汤治疗少阳病兼气化失常证，方中干姜、天花粉，具有润燥同治之功。诸如上述，张仲景组方往往使用一方多途，综合调节以适应错综复杂的疾病中存在着的相互矛盾的病理机转而收卓效。这一组方法，开拓了临床辨证和治疗用方的思路[2]。

（三）依据病机，创立合方

“合方”之词，始见于林亿等校注《伤寒论》的按语中。合方是指两首或两首以上固有的方剂（经方或时方）相合而组成的方剂。《伤寒论》中合方之用有两种命名，一是以合方之名直接标出者，如桂枝麻黄各半汤等；二是重新命名者，如厚朴七物汤、大柴胡汤、黄芩加半夏生姜汤等，此虽无合方之名，但行合方之实[3]。合方的产生，基于审机辨证的需要，合方的依据，须从两方面考虑。其一，病机病证的转化是合方的前提，如《金匮要略·水气病脉证并治》的桂枝去芍药加麻辛附子汤，是《伤寒论》桂枝去芍药汤与麻黄附子细辛汤的合方。若仅从主证上去分析，两方无相同的主证，但于病机上却更多接近，皆有阳虚阴凝的病机要点。其二，方剂功效的对应是合方的条件。由此合方也可以看作是两方或多方各自作为一个大的药物规律性组合，针对具体适应的证机而用。此为将复杂的病机条理化、复杂的问题简单化的有效途径。合方的优势在于将不同的药物规律性组合后的方剂依据病机进行再组合，能扬长避短，既有原方功效的协同，又可产生新的功效。故合方是一种独到的药物规律性组合论治方法和对药物组合的灵活运用，发挥着很大的作用。

综观张仲景临床施治，始终从全局出发，而不是追寻每一个症状去处理，说明经方在选用药物配伍的时候确实是“审机求属”，而立法组方用药灵活加减、恒动化裁，发挥药物有机组合的综合药效，达到整体综合调节人体功能关系失调的目的。

参考文献

［1］郭文娟，烟建华．药物组合结合病机理论探索证内涵的新思路［J］．北京中医药大学学报，2009，32（6）：374～375.

［2］聂惠民．论《伤寒杂病论》的组方特色与经方创研优势［J］．中医杂志，2006，47（11）：806～808.

［3］聂惠民．聂氏伤寒学［M］．北京：学苑出版社，2002：14.

［《中医杂志》2012，53（6）：461］

外国学生看《伤寒论》及对教学的启示

李赛美　广州中医药大学

笔者于2011年上学期担任09境外班《伤寒论》主讲。该班共有学员87名，2/3来自香港、台湾地区，其余来自15个国家；多数为华人，其中有2名日本学员和1名以色列学员。通过阅读平时作业，感到外国学生对《伤寒论》的认识有些“特别”，反映了文化背景与认识角度上的差异，对改进《伤寒论》教学有一定启示。

一、关于仲景

在日本不是学医的人也认识《伤寒论》这部著作，表明日本对中医经典的认同与普及。

他们怀疑这部书出自张仲景一人之手，奇怪当时他是如何想出来的！持怀疑的态度，独立思考，是他们学习的方式和态度，并给我们留下较深印象。

他们善于推理比较，在人均寿命只有22岁的东汉，张仲景在世66岁，是人均寿命的三倍。相当于现代人210岁，这不是一般的长寿。从另一个角度证实张仲景杰出的医学知识和技术。对仲景将其诊治经验、有效方剂毫无保留的写下来，给后世以指导，表现了他伟大而无私的人格。

二、关于《伤寒论》书名

他们很在乎“经”与“论”的区别。四大经典《黄帝内经》《神农本草经》《难经》《伤寒杂病论》之中，只有《伤寒杂病论》敢用“论”。在古代可以用“经”字的著作都是开山祖师的东西。比如佛家，只有释迦牟尼所讲述的能够称“经”。又如儒家的学问，只有孔子的著作诗、书、礼、乐能够称“经”。然后开山祖师亦称圣人。上述经典的作者灭度以后，后人便要对其经典进行诠释，进行发挥，相关著述就称之为“论”。不过看中医著作挺奇怪，把造“论”的作者当成了医圣，反而作“经”的黄帝，岐伯没有称圣。道理很简单，张仲景对中医的贡献太大了，他于急难之中拯救了中医，并延续至今。正是张仲景的功绩，他被称为医圣，他的论变成了“经”，但是仲景并没有将他的著作称为《伤寒杂病“经”》，仲景的人格是谦虚的。平时我们讲解时不太注意这些方面概念，此认识有一定启示作用。

三、关于六经辨证

他们不理解为何这部专讲外感病的著作如此受捧。通过学习纠正了此看法。《伤寒论》拥有丰富的变证内容，这些变证都是自表而起。每个病证都有一定的规律可循，邪气自外界侵害人体，或人体机能不顺自内发病。由此分出外感与内伤大两类，并演化出诸多复杂病症。这一认识是正确的。他们认为，《黄帝内经》和现代的《中医基础理论》相似，相比之下，《伤寒论》是现代的《中医诊断学》。持此观点实在不简单，善于对所学知识进行前后关系梳理。

他们还认为，如果医生只读丰富的医学书籍，没有足够的临床经验，是很难成功治疗病人的，书面的知识无法与临床实际相比较。而对此类缺乏经验的学医的人来说，《伤寒论》提供了机会，可充分弥补其经验与辨证论治能力不足的缺陷。《伤寒论》不仅详细阐述一般疾病发生、发展、演变的规律，以及处理的方法与原则。还提供了许多误治的教训。《伤寒论》当中的误治部分，对于学医者相当宝贵，像每种机器都有其说明书一样，《伤寒论》是对人体基本诊断与治疗的一种说明书。学好《伤寒论》是中医的临床入门的要求，更是面对各种病变，避免或减少误诊与误治发生的必读书。此认识贴切而到位。

四、关于时代背景

他们认为，2000年前的汉朝，是一个农业为主，重农轻商，文人至上的年代，大多数的人日出而作，日落而息。可以推断，当时人际关系，相对于今天而言，应当是淳朴一些。他们发现《伤寒论》并没有特别记载关于精神官能疾病的论治。即算有阳明腑实证引起的狂乱、谵语，少阳病变证中的柴胡加龙骨牡蛎汤证，但都非精神压力所致。反而是兵荒马乱，瘟疫流行，民不聊生，老百姓为了逃避战祸与疫病，离乡背井。在千里漂泊中，身无片瓦，风餐露宿，以致容易遭受风、寒、暑、热等邪气侵袭而患伤寒或温病；或食不果腹，脾胃受损，容易导致表证转里，形成太阴病、少阴病。从《伤寒论》方中最常用甘草、大枣、生姜等入脾胃之品得到印证。

五、关于现代运用

他们不否认《伤寒论》是“空前绝后”之作。但现代归现代，古代还古代。他们十分有兴趣，时代不同，今非昔比。虽然战祸与疫病减少了，然而环境污染，化学药品滥用，人际关系复杂，精神压力所带给人类的影响，与以前的天灾人祸相比，孰轻孰重，一时难以说清。

尤其在意，把2000年前的方拿来治现代人的病，好比带刀骑马跟装甲车厮杀一样滑稽。关于《伤寒论》与现代人的沟通还是有障碍的，若有朋友某天问中医是古代医，现代还有用吗？我们知道中医实际上治好了许多难治性疾病，但若讲些古代理论解释好像给马念佛一样没用。表明中医理论的理解、普及与推广还有漫长的路要走，对于古方能否治今病还有很大疑问。古今如何接轨、当今经典学习面临两大障碍：一是文字梳理与现代解析；二是现代运用思路与方法。这些问题也是学习《伤寒论》价值与兴趣所在。我们在此方面投入了大量精力，创建了基于临床查房与讨论视频的“伤寒论临床教学案例库”，也是作为国家精品课程重要特色与优势，受到同学普遍好评。

六、关于方证剂量

他们对量化的方药非常敏锐。按能量代谢、消化系统、泌尿系统、血液循环及内分泌类5大类，对伤寒六经病中组方用药、剂量、溶剂及比例等进行了探讨，得出各病证用方与剂量，及与5类系统的相关性。平均每方取药容量494mL，药材213g，药液比率15%。10大中药依次是：甘草69方2274g，生姜37方1828g，桂枝38方1544g，芍药28方1233g，大枣40方1202g，石膏7方925g，人参20方688g，干姜18方669g，半夏17方605g，黄芩15方591g。从而认为，《伤寒论》以论述外感病为主，太阳经药占66%；能对应万病，是因其方重用消化系统药材，占总量37%以上。

（一）体现批判精神，善于怀疑思考

批判性学习、鉴赏性学习，成为当今世界先进国家教育的潮流，也是培养创新人才重要思维方式。中医历史悠久、积淀厚重，继承是硬道理，但批判精神不能淹没。仲景本人即是否定式学习的楷模。他在自序中写道：“怪当今居世之士，曾不留神医药，精究方术……痛夫！举世昏迷，莫能觉悟…观今之医，不念思求经旨，以演其所知，各承家技，始终顺旧…”可以想象，若不是仲景的批判精神，何来《伤寒论》？何来中医发展的里程碑？其原文中大量描述的失治、误治之变证，既真实反映了病证的复杂性及失败的案例，也无处不体现仲景的批判与否定精神。

日本属于东方岛国，强调传统与现代并存，善于批判性接受人类文明成果并不断创新，可能是驱使日本进入世界强国因素之一，日本同学在心得中提出《伤寒论》可能非出自一人之手，是集汉以前临床医学之大成者，在学术界确有相同见解。另，关于六经实质的见解就达43种之多，关于仲景学术渊源，也有不同认识，或源自《内经》，或源于《汤液经》。总之，学术争鸣，是学术延续发展的核心动力。在教学中，我们比较注重对《伤寒论》正面讲解，较少提出怀疑和批判性学习引导，忽略了对同学进行全面分析问题的思维培养，值得思考与改进。

（二）体现创新精神，善于寻找规律

《伤寒论》在《内经》六经概念基础上，结合当时伤寒病的特点，创造性提出了六经辨证体系，阐述了疾病由表及里，发生、发展、变化的一般规律，不仅于外感病，对于疑难杂病、危急重症均具有普遍的指导价值。其保留并创制的大量疗效卓著的方药，紧密结合当时伤寒疫病的社会命题，借鉴《汤液经》，移植脏腑用药于六经体系，是创新精神最好的体现。日本学生撰写心得，采用了与众不同思维方式，通过对方、药、剂量统计分析，归纳出各经病用方比例，各系统病用方比例，用药剂量与排序，从而得出仲景重太阳、重脾胃、强调清除外邪、固护中焦的学术思路。尽管部分数据有误，但细化量化，以客观数据为依托，善于寻找和总结规律，反映了现代思维方式在经典研究中的特点，也是自主学习、创造性学习的体现，值得借鉴。

（三）体现实践精神，善于操作运用

善于实践，是经典与理论学习重要方法。本境外班尤为突出。以日本同学为主，他们形成了良好的学习团队，相互提供病案线索，或以自身作为观察对象，描述症状、辨舌诊脉、提出辨证思路，包括病因、病位、六经辨证，并拟定方药，记录在册。随后请老师再背靠背地诊治一遍，并进行对

比，提出质疑，最后进行辨证修改和方药调整。

对于《伤寒论》七方“去渣再煎”问题，同学将半夏泻心汤按原量配方、煎煮，分装于玻璃瓶中，一是便于观赏，二是让大家品尝其味道差异，加深印象；日本同学还让老师指明20首常用经方，按剂量、溶量如法炮制，并品尝体验。他们说，喝麻黄汤后出现头晕、心慌、欲吐。老师解释，因为是平人，不是麻黄汤证患者，故服之无效且有不良反应，《伤寒论》强调的是“方证对应”。

同学较强的操作能力与实践精神，让我们看到了外国学生较独特的学习方法和思维角度，通过实践，培养兴趣、加深理解，获取知识，值得提倡。

[《中华中医药学刊》2012，30（2）：234]

王庆国谈经方运用的五项原则

闫军堂　刘晓倩　王雪茜
马小娜　刘　敏　北京中医药大学

“经方”一词首见于西汉刘向父子编撰的《汉书·七略·方技略》。“经方”的传播与发展历经数千年，关于其概念范围，有以下几种认识：其一指经验之方，即经过长期实践而证明有效的经验药方，并经广泛传抄而流传后世，包括民间应用的方剂；其二指《黄帝内经》《伤寒论》《金匮要略》等中医经典著作中收载的方剂；其三特指张仲景之方，即张仲景《伤寒论》与《金匮要略》中的方剂，这是与宋元以后的“时方”概念相对而言，第三种定义基本为中医界所公认。经方历经两千余年，为无数次医疗实践证明有卓著疗效，成为“众法之宗，群方之祖”。北京中医药大学王庆国教授曾师从著名伤寒学家刘渡舟教授，在其40余年的教学、科研、临床实践中，善用经方，不拘时方，对多种内、妇、儿科病种有丰富的治疗经验，疗效显著。本文拟将王老师多年运用经方体会总结为五项原则，介绍如下。

一、熟谙经旨，打牢基础

成无己曰：“自古诸方历岁浸远，难可考详，唯仲景之书，最为群方之祖。”张元素曰：“仲景药为万世法，号群方之祖，治杂病若神。后世医者，宗内经法，学仲景心，可以为师矣。”经方之所以备受推崇，经久沿用，是因其配伍严谨，用药精简，主辅安排之恰当，君臣佐使之驱遣，分量多寡之裁定，煎法服法之规矩，无不斟酌精蕴，体现了“方以法立，法以方传”的特点。但用好经方，则需下一番坚实功夫，王老师经过长期的体悟学习、临证实践，认为学用经方，首先必须熟读原文，打牢基础。《伤寒杂病论》是一部东汉时期的古典医著，距今已有1800多年的历史，汉代文字与现代文字已有不少区别，有其鲜明的时代特点。比如一些词句，如“更衣”“哕”等词义与当今已有很大不同。在写作方面，张仲景书中的几种重要笔法，如倒装、省笔、插笔、互文见义等均应当有所熟悉，否则很难弄通原文之意。因此，要从文字词句入手，掌握好古汉语基础知识，弄清原文的涵义。然后熟读熟诵，领会书中主旨大意，记住辨证中的证候要点，以及方剂的宜忌、剂量大小和煎服方法等。因张仲景的学术思想涵载于字里行间，若不能熟记辨证论治要点及治疗方药，也就谈不上临床上的正确运用。

二、紧扣病机，抓住关键

众所周知，《伤寒杂病论》是一部理论密切联系实际的医学巨著。张仲景在书中以六经论伤寒，脏腑论杂病，将脉因证治融为一体，理、法、方、药一线贯穿，从而构成一个以辨证论治为核心的诊疗体系，对临床具有重要的指导作用。因此，要运用张仲景之方，若不明张仲景书中之理，那就必然会失去理论指导。王老师体会，张仲景在论中一再强调“平脉辨证”“辨某某病脉证并治”“观其脉证，知犯何逆，随证治之”，即为明例。这里的“证”是由相互联系的症状、体征构成，它是疾病某一阶段病理状态的综合反映，所以“证”是运用经方的一个关键问题。王老师认为，“证”其实是表象，它的后面隐藏着病机。所谓“凭证立法”，实际上是据病机立法；“方从法出”，实际上是据病机立法的基础上进行选药制方，这正是张仲景能够做到方证相应的一个重要原因。张仲景著书时明写方证，暗寓病机，立法制方之理涵蕴其中，只要能抓住这一内在联系，临证时对经方既能运用自如，又可触类旁通。辨证析机，因机立法，因法施方是中医诊疗的一般程序，而抓住病机，就抓住了拓展经方运用的关键。正如《伤寒分经》言：“然古今元气不同，南北禀受各异，其间有宜师其意而遵用其法，有宜师其意而不尽泥其方，学者惟能神明于规矩之中，变通于法度之外，斯为善读仲景书尔。”王老师强调，盖以症状为表象，病机为实质，抓住病机即为扩大《伤寒论》方运用范围之重要途径。王老师反对日本汉方医家拘泥于“方证相对”，惟重症状，不求病机的做法。不仅强调“方证相对”，更重视病机分析，探求脏腑经络、气化等病理改变，故而灵活有度，大大拓展了经方运用。例如麻黄连翘赤小豆汤原治湿热在表之黄疸，若师其法而不泥其症，抓住本方证属湿热内蕴，兼以外泛于表之病机，本方可灵活用于治疗皮肤瘙痒症、荨麻疹、湿疹、痤疮等病证，临床收效明显[1]。又如薏苡附子败酱散本治肠痈，但王老师不为所拘，抓住本方"下焦阳虚兼有湿热"之病机，临床施治慢性盆腔炎、溃疡性结肠炎、肠易激综合征等病证，亦收佳效[2]。再如柴胡桂枝汤原用于治疗太阳少阳并病，本方由桂枝汤与小柴胡汤合方组成，王老师认为，桂枝汤外调营卫、内和脾胃，小柴胡汤外转枢机、内和肝脾，二方合用，于外感热病则为太少二阳双解之轻剂，于内伤杂病则是调和肝胆脾胃、气血营卫之良方。柴胡桂枝汤能起到调和脏腑气血、阴阳之作用，故可用于治疗经前期紧张症、更年期综合征、月经不调、慢性盆腔炎等妇科诸病，收效颇佳[3]。以上皆为王老师紧抓病机，扩展经方运用之实例，凡此种种，不胜枚举，读者当明辨之。

三、病证结合，适应需求

病证结合即辨病辨证相结合，是一种既重视对病的诊断又注重辨证论治的临床诊疗体系。辨病是对疾病的病因病机、病情的发展、预后等从整体上的把握，辨证则注重根据病情某一发展阶段的病理特点而做出阶段性判断。病证结合的实质是将疾病概念与证候概念相结合，研究疾病的发生发展规律，揭示中医药学基础理论的科学内涵，指导疾病防治[4]。王老师指出，病证结合，辨病为先，辨证为主的诊疗模式，张仲景早有示范。张仲景首创了以病为纲、病证结合、辨证论治的临床诊疗体系，其确立的以病为纲，以证相辅的医学模式，促进了中医临床医学的丰富和发展。病证结合的医学模式是中医整体恒动观的生动体现，二者如同中医认识疾病的经纬线，缺一不可。因此，经方作用中的病证关系研究是诠释经方现代临床应用科学内涵的关键环节之一。在"病证结合，方证相应"研究思路的指导下，王庆国教授率领的科研团队将经方作用机理研究与现代科技手段接轨，进行了大量的实验和探索。通过建立"病证结合，方证相应"的经方作用机制研究方法，以柴胡桂枝干姜汤、加味桂枝芍药知母汤和加味桃核承气汤等为模板[5]，针对相应的病证结合动物模型，探讨干预作用的现代科学内涵，提供经方临床应用的科学依据，丰富了经方现代研究的传统理论内涵。

王老师同时指出，时代不同，需求在变化，中医在诊断分析、药物剂量、疗效评判等方面应更加注重引入现代医学的诊断、疗效评价体系，以现代医学的生化、病理指标来判断中医临床疗效等[6]。坚持病证结合、辨病辨证并重，有利于明确诊断、有利于判断疗效、有利于医患沟通、有利于患者依从，并最终有利于中西医交流。

四、科学评价，有利交流

经方组方严谨，疗效确切，但过去囿于时代、条件所限，对其功效、配伍规律的阐述，大多停留在临床经验所得的模糊认识，难以揭示其组方配伍的奥妙。而当今采用现代实验研究、数理统计等方法，为探讨经方药物组成之间的相互关系和配伍的科学内涵，揭示经方的内在物质基础，科学评价经方疗效，推广经方临床应用等提供了重要支撑。自20世纪60年代开始，随着中医药现代研究的开展与深入，对传统方剂药理药效与配伍规律的研究越来越引起人们的重视。近年来，从分析中药复方的作用机理和药效物质基础的研究入手，探索经方配伍的研究已成为中医药研究的热点[7]。研究表明，单性味药物经配伍成为多性味药物组合后，产生了新的药理药效，不同性味药物间产生了新的关系，从而为性味配伍理论提供了实验支持[8~9]。以半夏泻心汤为模板，在"方从法立，以法统方"的组方理论基础上，提出"法依病机，拆方依法"的经方配伍研究新方法[10]；以半夏泻心汤及其类方为模板，通过中医性味理论拆方实验研究及分子水平物质基础研究，创建并应用了"优化拆方－数据挖掘－知识发现"（OD－DM－KD）的经方配伍理论分析新方法。王老师强调循证医学、统计学、流行病学等现代方法，都要为中医所用。循证医学并非只强调随机、对照、双盲的临床试验，中医个案病例、医家学术经验等均是循证医学评价体系的一部分，它们作为层级较低的证据，也有其重要意义。在当今科学技术条件下，对经方的应用不能仅仅停留在传统的经验和理论上，而必须采用现代科学方法予以阐明。

五、掌握规律，有的放矢

（一）方证对比，明晰差别

王老师体会，张仲景著书言简意赅，许多内容，或详于前而略于后，或详于后而略于前，或一方的适应证见于多条，或多条综合才能构成完整的一个病证，或数证临床表现近似，或多方药物组成雷同。这就需要对全书内容前后归纳，上下对比，才能从总体上把握证候的鉴别和方剂的应用。王老师常以半夏泻心汤与黄连汤举例，两方仅一味药之差，即黄芩易为桂枝，则功用主治大异。半夏泻心汤治疗寒热错杂之心下痞，而本方证则是寒热上下阻隔，寒自为寒，热自为热，并无心下痞主症，故以黄芩易桂枝，以交通上下，协调上下之寒热阴阳，则阻隔自消。又如真武汤与附子汤，亦仅一味药之差，加人参去生姜即为附子汤，但真武汤证以少阴阳气不足，在里之水邪泛滥为主，所以用生姜配附子温阳宣散水邪；而附子汤证以少阴阳气不足，在外之寒湿凝滞于肌肤骨节为主，所以用人参配附子，且附子用量倍于真武汤，其温补元阳元气之旨，显然可见。

（二）适宜禁忌，不可不知

经方药重力雄，作用明显，用之得当，常有覆杯之效，但用之不当，势必带来不利后果。故而张仲景对服药将息法，诸如煎药事宜、服药方法、药物宜忌以及护理方法等，交待颇为详明，对后世有重要启迪。以桂枝汤服用方法最具典型意义，如药后啜粥、温覆取汗、见效停药、不效继服及药后禁忌等，堪为垂法后世的典范。又如服用调胃承气汤，少少温服之，少与以和胃气，恐伤正气。大陷胸汤方则“得快利止后服”，恐过剂损人之正气，用时宜注意。三物小白散方及十枣汤则“羸者减之”，大、小承气汤则“得下利勿服”“若更衣者，勿服之”。皆提示用药须中病即止，勿伤正气，特别要注意患者体质，斟酌用药。

（三）加减化裁，皆是心法

唐容川言：“仲师选方用药全凭乎证，添一证则添一药，易一证亦易一药”，可谓慧眼独具。王老师常以《伤寒论》中7经方的加减法举例，强调这是张仲景用药的精华所在。如小柴胡汤后加减法：“若胁下痞硬，去大枣，加牡蛎四两”即具有典型性。此乃邪郁少阳之经，阻遏较重，故去大枣之壅滞，加牡蛎以咸寒软坚。故而后世医家承继仲景心法，凡见胁下痞硬，必加煅牡蛎以软坚消痞，王老师多用之，每收良好效果。又如《伤寒论》第280条：“太阴为病，脉弱，其人续自便利，设当行大黄芍药者，宜减之。”王老师指出，此条太阴经脉受邪，气血失和的证候，伴见脉弱，提示患者尚有中气不足。设当行大黄芍药者，宜减之，这是因为其人中气较弱，容易被苦寒阴柔的药物所伤动而引起下利。由此体悟到芍药可通利大便，此发前人所未发，临床中常以当归30g、芍药30g、瓜蒌30g、牛膝15方，以养血润肠立法治疗习惯性便秘，常收显效。

六、结语

经方不仅历经筛选，具有确切的临床有效性和实用性，而且是后世方剂发展的典范，不仅最能反映中医组方理论之原始面貌，而且具有扎实的现代药理实验研究基础。因此，经方集中体现了中医药理论和实践的精华。王老师对经方理解深刻，临床应用广泛，只要病机相符，主证明确，用之必有效验。《伤寒论》是一部辨证论治的临床巨著，总结了六经病证的基本规律，将理、法、方、药融为一体，对于每一经病证以及每一个方证都厘定出了主证、兼证、变证以及夹杂证的层次，为正确地运用辨证论治提供了必要的条件。在这一辨证层次中，应该说抓主证是最重要的。主证是纲，纲举则目张，随之兼证、变证、夹杂证等也就可以迎刃而解。

参考文献

[1] 闫军堂，刘晓倩，刘敏．王庆国治疗湿疹经验［J］．中医杂志，2011，52（18）：1606～1608.

[2] 程发峰，王雪茜，刘敏，等．王庆国治疗溃疡性结肠炎经验［J］．中医杂志，2011，52（2）：166～167.

[3] 闫军堂，刘晓倩，刘敏，等．王庆国教授治疗更年期综合征经验［J］．北京中医药大学学报，2011，34（6）：421～423.

[4] 刘丽梅，陈琳，王瑞海，等．病证结合方证相应基础研究的现状［J］．中国中医基础医学杂志，2009，15（5）：45～46.

[5] 顾立刚，郭学志，王庆国，等．疏肝健脾方对溃疡性结肠炎肝郁脾虚证大鼠结肠溃疡的影响［J］．北京中医药大学学报，2000，23（4）：24～26.

[6] 陈茂盛．病证结合理论及发展趋势探讨［J］．中医杂志，2007，48（10）：943～944.

[7] 赵琰，王庆国．经方配伍研究在中药复方配伍研究中的地位［J］．北京中医药大学学报，2001，24（6）：10.

[8] 李宇航，王庆国，牛欣，等．半夏泻心汤配伍意义的拆方研究－调节胃分泌作用的实验观察［J］．北京中医药大学学报，1999，22（5）：49～52.

[9] 王庆国，李宇航，牛欣，等．半夏泻心汤及其拆方对慢性胃溃疡大鼠表皮生长因子的影响［J］．中国中西医结合急救杂志，2001，8（3）：137～139.

[10] 祝小惠，钟相根，程发峰，等．谈“法依病机、拆方依法”的经方拆方研究思路及其优势［J］．辽宁中医杂志，2011，38（5）：857～859.

[11] 闫军堂，刘敏，王雪茜，等．王庆国教授运用经方“泻心剂”经验［J］．中华中医药杂志，2011，26（11）：2610～2613.

［《中医杂志》2012，54（1）：69］

《吴鞠通医案》对《伤寒论》的继承与发展

童　浩　董兴鲁　李经纬
郭　华　北京中医药大学

吴鞠通是明清医学家中最有影响力的人物之一，其专著《温病条辨》是温病学发展的里程碑。吴鞠通在"凡例"篇中写道，"是书仿仲景《伤寒论》作法，文尚简要，便于记诵。""是书虽为温病而设，实可羽翼伤寒。"正因为此，使得后世针对吴鞠通和《温病条辨》对于《伤寒论》的继承与发展做了大量研究。然《吴鞠通医案》作为吴鞠通临证经验的总集，与其理论专著《温病条辨》互为呼应，尚无完整的研究。故本文通过《吴鞠通医案》（以下简称《医案》）中温病医案部分，探讨吴鞠通本人临证实践所想所为，以证明吴鞠通治病思想继承自仲景，又能有所发挥。

一、理："温病桂枝汤证"研究

《温病条辨·上焦篇》第4条记载："太阳风温、温热、温疫、冬温，初起微恶风寒者，桂枝汤主之。"将桂枝汤作为温病开篇第一方，后世争论极多，至今尚无定论。之前有刘完素"如表热当发汗者，用辛甘热药。苟不中其病，尚能加害，况里热郁结，不当发汗，而误以热药发之不开者乎？"[1]后民国何廉臣有"奈吴鞠通，温病初起恶风寒者，主用桂枝汤解肌。岂知桂枝辛热灼营，温病忌用。洄溪批叶案云：风温证服桂枝生姜，必吐血，甚则失音。"[2]笔者比较了《温病条辨》《医案》以及其他温病学家的说法，以期还原吴鞠通治温病初起桂枝汤法的本来面目。

《伤寒论》原文之中，桂枝汤证表现为"发热、汗出、恶风、脉浮缓。"[3]脉象上与《温病条辨》"太阴风温，脉不浮不紧而动数"有较大的区别，而"恶风寒"症状相似。《医案》中用桂枝汤及其加减方不下数十次，但将收于伤寒以及杂病病案中病人偶感风寒所用桂枝汤除外之后，真正用于治疗温病的只有4次，如《温病条辨》所述的风温、瘟疫、温热、冬温门下所用方，桂枝汤类的方剂一次也没有。反而在冬温及风温下，各有一则恶寒用银翘散加减治愈的案例。有人据此认为《温病条辨》桂枝汤一说，纯属背离实际之空论[4]。此种说法，看似有说服力，但仔细推敲吴鞠通思路仍然能发现，吴鞠通不用桂枝汤是有原因的。

先看《医案·冬温》案：张，六十八岁。舌黄口渴，头不痛而恶寒，面赤目赤，脉洪，热甚，形似伤寒，实乃冬温挟痰饮，与伏暑一类。连翘六钱，苦桔梗八钱，荆芥穗五钱，金银花六钱，广郁金三钱，广皮三钱，半夏八钱，藿香梗五钱，甘草三钱，杏仁六钱，白通草三钱。共为粗末，分七包，一时许服一包。芦根汤煎。[5]21

《伤寒论》有"若酒客病，不可与桂枝汤，得汤则呕，以酒客不喜甘故也。"尤在泾注："凡服桂枝汤吐者，不必尽是酒客。此其脾胃素有湿热蕴蓄。可知桂枝汤其甘足以酿湿，其温足以助热，设误服之而致吐，其湿热之积。"[6]病人舌苔黄，明显是胃中素有湿邪，吴鞠通也已经发现病人"挟痰饮"，故用银翘散并在此基础上加藿香梗、陈皮等化痰利湿药，而并不是一味地"桂枝汤主之"。湿热乃是桂枝汤的禁忌症，不用桂枝汤，不如说是吴鞠通对何时用桂枝汤之适应范围及禁忌症了如指掌。

《医案·风温》案：赵，二十六岁。六脉浮弦而数，弦则为风，浮为在表，数则为热，虽头痛、身痛、恶寒甚，不得误用辛温，宜辛凉芳香清上。香清上，盖上焦主表，表即上焦也。桔梗五钱，豆豉三钱，银花三钱，人中黄二钱，牛蒡子四钱，连翘三钱，荆芥穗五钱，郁金二钱，芦根三钱，薄荷五钱。煮三饭碗，先服一碗，即饮白开水，热啜一碗，覆被令微汗佳。得汗后，第二三碗不必饮热水。服一帖而表解，又服一帖而身热尽退。初七日身热虽退，喉痛未止，与代赈普济散，日三四服，三日后痊愈。[5]21

病人除发热恶寒之外，还有一个症状，即咽喉痛，而且咽痛不随热退而减轻，需要用代赈普济散治愈，则可以说明病人除风温外还夹杂有温毒。《温病条辨》桂枝汤条后有"温毒、暑温、湿温、温疟，不在此例。"[5]103温毒禁用桂枝汤，虽未出现在《伤寒论》中，而吴鞠通在《温病条辨》中将其作为桂枝汤的禁忌症之一。此处不用桂枝汤，也是吴鞠通多年临证经验的总结。

之前医家批评的主要着眼点在于温病在"发热不恶寒"的情况下忌用桂枝汤等辛温发散的方药，一日误用，往往后果严重。如王叔和《伤寒例》："桂枝下咽，阳盛则毙。"而这与《温病条辨》认为"太阴风温、温热、温疫、冬温，初起恶风寒者，桂枝汤主之。但热不恶寒而渴者，辛凉平剂银翘散主之。"并不矛盾。温病用桂枝汤不同伤寒，并不存在"温病桂枝汤证"的独立发病阶段，而只是在温病发热汗出、恶热不恶寒的典型症状之前的早期表现。吴鞠通在自注中也说："仲景所云不恶风寒者，非全不恶风寒也。其先亦恶风寒，迨既热之后，乃不恶风寒耳。”[5]208 由于温病初起恶风寒阶段出现早，传变快，可能在患者就诊之前已经结束，与中医传统认识，即《素问·热论》中“一日太阳受之……二日阳明受之”[7] 的“一日一传变”不完全相同，因而难免会被之前众多医家误认为温病“恶热而不恶寒”。即便恶寒，会在极短的时间内变为不恶寒，用辛温发散药治疗风险太大。如戴天章言：“总之风寒以恶寒为重，时疫以恶寒为轻。多有初起恶寒，一二日不治，邪气传变，而恶寒自已者。与其误治，毋宁俟之，若误认恶寒为真寒，用辛温之药发散，未有不增其病势者也。”[8]

温病用桂枝汤并非简单地从《伤寒论》中照搬，而是吴鞠通将伤寒桂枝汤证与吴鞠通自己的见解和经验相结合之产物。近几年临床上发现，外感病人就诊前自服感冒药导致“寒包火”的情况上升，桂枝汤等辛温解表药治愈外感温病的情况增多[9]，说明桂枝汤为温病首方是有临床疗效为依据的。

二、法：温病下法

吴鞠通下法源自《伤寒论》中的三承气汤。下法具有通腑泻热、荡涤积滞的作用，在治疗外感温热病中有重要作用。《温病条辨》认为温热病所致大便不下，有可能是《伤寒论》中的阳明热结腑实证，则以承气汤通腑泻热，泻下攻积；也有可能虚人素来津液衰少，兼加外感，或不该下而误下，津液亏虚而致大便燥结之不大便证，妄投承气只会更伤阴液。吴鞠通不仅继承了张仲景下法的精髓，更能结合病人的身体状况，发展出大量加减承气汤。除以攻下为主的承气汤类方之外，吴鞠通又独创“增水行舟”一法，立增液汤治疗肠燥津枯便秘，丰富了下法的内涵。《伤寒论》中虽有缓下的麻子仁丸，但用药仍然没有离开通腑攻下的大黄、枳实、厚朴。增液汤不用下药之下法，可以算吴鞠通对下法的创举。《吴鞠通医案》中治疗温病使用下法一共 13 例。其中用大承气汤 4 例，增液汤 4 例，互相对比可以看出吴鞠通对于 2 种不大便辨证选方的思路。

4 例大承气汤，1 例因用调胃承气汤通下无效，3 例属病重急下存阴。值得一提的是，有 1 例系病人怀孕，仍然使用大承气汤泻下。

《医案·瘟疫》案：史氏，二十七岁。癸丑年七月初一日，温热误汗于前，又误用龙胆芦荟等极苦化燥于后，致七月胎动不安。舌苔正黄，烂去半边。目睛突出眼眶之外，如蚕豆大。……初五日大便不通，小便数滴而已，溺管痛，舌苔黑，唇黑裂，非下不可。虽有胎，经云：有故无殒，故无殒也。生大黄六钱，元明粉四钱，川朴一钱，枳实一钱，煮两杯，分二次服，得快便即止。[5]

妊娠用药应时刻注意固护胎气，慎用辛香走窜、峻下滑利、祛瘀破血、耗气散气、大辛大热之品。此处吴鞠通意识到病人情况严重，仍然采用通腑能力最强的大承气汤，只略减导气降浊之厚朴、枳实，而疗效的确如之前推测“有故无殒”。吴鞠通对于病情轻重缓急把握得当，又有敢于逾越禁忌的卓越胆识，都是吴鞠通长年经验积累的结果。

4 例用增液汤通下，病人病情分别为小承气汤下后病减。七十岁老人，温病误汗 7 次，腹满，大便虽通略难。可以看出，增液汤所治疗患者或是年老肠燥津枯，或者久病真阴不足，或者大便能下而下之不利，并不单纯是《温病条辨》所说之“津液不足，无水舟停者，间服增液，再不下者，增液承气汤主之。”[5]211 真阴亏损、津液干涸、无水舟停之大便燥结证。增液汤还能用于普通的大便困难，既能通导大便，又避免了滥用承气汤攻下的危害。

三、方药：复脉类方的继承与发展

伤阴是伤寒与温病发病过程中容易出现的情况。吴鞠通《温病条辨》就有“若留得一分正气，便有一分生理”“泻阳之有余，即所以补阴之不足。”《伤寒论》没有明确提到“养阴”，但已经在治疗伤寒过程中创立了不少具有养阴作用的方剂。如芍药甘草汤、黄连阿胶汤、炙甘草汤等都是后世公认的养阴方剂。吴鞠通在张仲景的基础上，以《伤寒论》治疗“脉结代，心动悸”的炙甘草汤为基础，创造性地发展了养阴法的运用范围，并创制了一系列复脉类方，使得“养阴”成为治疗温病当中必不可少的重要环节。吴鞠通所创制之养阴法、养阴剂与《伤寒论》养阴法最大的区别在于，《伤寒论》中炙甘草汤主证是“阴阳两虚”，[4] 补阴的基础上，还有温阳的桂枝和生姜，这与寒邪易伤阳气的作用是有联系的。吴鞠通的养阴是单纯滋阴，去掉炙甘草汤中的温药，再以大队甲壳类血肉有情之物峻补真阴，使之完全不再有清热、驱邪的作用。温热邪气最易伤阴，然而浓浊厚味之剂如三甲复脉汤、大小定风珠等往往有滋腻恋邪之弊。因而吴鞠通特别强调，邪气尚盛之时，应以祛邪为先，邪去方可填阴。如《温病条辨·下焦篇》17 条：“壮火尚盛者，不得用定风珠、复脉。”18 条：“痉厥神昏，舌短，烦躁，手少阴证未罢者，先与牛黄、紫雪辈，开窍搜邪，再与复脉汤存阴，三甲潜阳。临证细参，勿致倒乱。”[5]226 并自注：“痉厥神昏，舌謇烦躁，统而言之为厥阴证，然有手经足经之分。在上焦以清邪为主，清邪之后，必继以存阴；在下焦以存阴为主，存阴之先，若邪尚有余，必先以搜邪”[5]。至此，阴伤由《伤寒论》时代外感病兼证之一，变成《温病条辨》中外感热病日久的必然转归。《医案》之中所用养阴案例数不胜数，用复脉类方多至25处，而且在多种温热类疾病当中都能见到。其中应用最多为瘟疫，几乎一半病人都经过峻补肾阴的过程，这与温疫起病急，发病快，发热汗出、阴伤明显，经过适当治疗之后，病邪容易彻底清除有关。而湿温、冬温等病邪潜伏日久，病程迁延日久不愈，伤阴不明显或者困脾成湿久久不化，单纯养阴的方法一次都没有出现。《温病条辨》之中不断强调之“有邪先清邪”，在医案中也能找到填阴过早导致病情反复的例子。

《医案·风温》案：二月十八日，某男风温误汗，邪归心包血分，谵语神昏，右脉空大，舌苔干燥，不渴，津液消亡。……廿一日，热退神清，余邪有限，大便溏。与一甲复脉汤二帖。紫雪丹五分，大生地五钱，甘草三钱，丹皮三钱，生白芍三钱，阿胶三钱，麻仁二钱，生牡蛎五钱，麦冬三钱。廿八日，温疹未十分清，即不服药，七八日后，饮食进早，复受秽浊之气，右脉洪大有力，舌苔白厚，先清秽浊。[5]此处即余邪不尽而过早补阴，以致病情反复的误治。《温病条辨》反复强调存阴之前必先祛邪，不光出于慎重，也有吴鞠通自身不慎失误的经验教训。复脉汤在仲景时仅有一句阐述用途，到吴鞠通时不仅发展成数种不同的加减方，更能明确复脉类方在实际运用时的适应证、不适应证与禁忌证。这一系列发展都是吴鞠通反复临床试验得出的结论。

四、结语

从医案中不难看出，吴鞠通虽然被称为温病大家，然而在临证中时常可以看见《伤寒论》的理法方药。吴鞠通在《温病条辨》中自称“羽翼伤寒”，并非将《伤寒论》条文视为金科玉律，而能以《伤寒论》为本，融合自身临床观察与亲身实践，大胆革新。《医案》又以实录吴鞠通本人诊病所见、所想、所为，以医学实践与临床疗效为《温病条辨》和《伤寒论》理论做了验证。

参考文献

[1] 刘完素．素问玄机原病式［M］．北京：中国中医药出版社，2006：92.
[2] 俞根初．徐容斋．重订通俗伤寒论［M］．北京：中国中医药出版社，2008：82.
[3] 熊曼琪．伤寒学［M］．北京：中国中医药出版社，2003：35.
[4] 李刘坤．凌泽奎．从《吴鞠通医案》看温病初起恶寒的实际治疗［J］．新疆中医药，2006，24（5）：9.
[5] 李刘坤．吴鞠通医学全书［M］．北京：中国中医药出版社，1999.
[6] 尤在泾．伤寒贯珠集［M］．北京：中国中医药出版社，2008：9.
[7] 黄帝内经素问［M］．北京：人民卫生出版社，2005：62.
[8] 戴天章．瘟疫明辨［M］．北京：学苑出版社，2003：24.
[9] 陈津生．试析《温病条辨》以桂枝汤开篇的意义［J］．

［《吉林中医药》2012，32（3）：217］

五年制本科《伤寒学》课程分专业教学的构想

徐姗姗　鲁法庭　刘　锋
成都中医药大学
郑丰杰　北京中医药大学

作为辨证论治的经典之作，《伤寒论》对中医各学科具有普遍指导意义。而《伤寒学》作为中医本科教学高年级综合性提高课程，在当前中医药院校中是以五年制本科各专业（包括中医学专业、中西医结合专业、骨伤专业、外科专业、五官专业、针灸推拿专业等）必修课的形式开设的。例如我校，五年制本科所有专业采用统一的教材、教学目标、教学大纲，这样的设置可以实施统一的教学内容，统一的考核方式，确保学生的知识达到一个统一水平。但显然存在一定的弊端，一刀切的教学模式，忽视“个性”，追求“均衡”，不利于满足各类专业学生不同的学习需求，削弱了人才的发展潜力。

随着专业设置和课程体系的细化，中医本科教学如何服务于专业教学目标成为一个值得关注的问题。在以往的教学过程中发现，不同专业的学生对《伤寒学》课程向专业化方向靠拢极为赞同，多数学生更关心与自己专业有密切关联的知识。前期的教学实践也证明，在课程的组织、内容的选取、讲授的深度上，不同专业的《伤寒学》课程教学可以有不同的标准，教学内容与学生所学专业的联系越密切，教学效果就越好。分专业教学模式改革的必要性显而易见，拥有广泛的支持度。分专业教学是在讲授《伤寒学》课程基本知识的基础上，结合各专业学生的专业需求，针对学生学以致用的学习心理，授之以相应的教学内容，在教学中体现专业特色，让学生掌握更多与专业相关的知识，认识到学好《伤寒学》与学好各门专业课的重要关系，引发学生对本门课程的学习积极性和听课兴趣，减少凑合应付心态及厌学情绪的产生，同时促进教师专业水平和教学能力的提升，用师生的共同成长推进学校教育的持续发展。本文试从教学大纲设计、教学内容安排、授课教师能力提升三个方面，对《伤寒学》课程分专业教学进行探讨。

一、针对不同专业设计相应的教学大纲

教学大纲是课程教学的总体规划。在整个教学活动中，教学大纲随着教学理念的更新，教学计划的调整需要不断推陈出新。一方面，教师积极主动地学习和接受各专业相关知识，将其贯穿到大纲的制订及实施过程中，同时紧扣人才培养计划，围绕相应的专业方向进行协调安排，充分体现学科发展和教学改革的新成果。在教学大纲初步形成之后，组织教学经验丰富的或具有高级职称的高年资教师进行审核并提出修改意见。根据各专业的特点，科学、合理、有针对性地制订相应的《伤寒学》课程教学大纲，是实现专业人才培养目标和分专业教学模式改革成功的基本前提。

二、结合专业特点选择合理的教学内容

教学内容如果总是一个固定模式，与各专业缺乏交流，容易导致思维方式固化。分专业教学要求教师用心探索，尽可能根据不同专业的特点和需求，寻求《伤寒学》课程与各专业的有机结合点，选择接近学生专业以及将来所从事职业需要的知识，对课程内容及深度进行合理取舍，使其具有较强的针对性和适用性。在重视共性基本知识的同时，也突出专业的特殊性质，如此既能体现“少而精”的原则，又利于促进学科的创新，还有助于解决《伤寒学》课程内容多而学时少的矛盾，在有限的学时内达到教学效果的最优化。

例如对针灸推拿专业的学生授课，可以重点讲解《伤寒论》中与针灸有关的条文，如 24 条针药并用：“太阳病，初服桂枝汤，反烦不解者，先刺风池、风府，却与桂枝汤则愈”；117 条灸药并用治疗误用火针引发的心阳虚奔豚证：“烧针令其汗，针处被寒，核起而赤者，必发奔豚。气从少腹上冲心者，灸其核上各一壮，与桂枝加桂汤更加桂二两也”。《伤寒论》中关于针灸疗法的内容至今具有重要的实践价值和指导意义，其在辨证的基础上，将针刺、艾灸、药物合理搭配，灵活运用，达到优势互补，增强疗效的目的，为后世针灸学科的建立和发展奠定了坚实基础。

对骨伤专业的学生授课，可以详细介绍《伤寒论》条文与伤寒经方在临床骨科疾病方面的运用，例如《伤寒论》第 146 条：“伤寒六七日，发热微恶寒，支节烦疼，微呕，心下支结，外证未去者，柴胡桂枝汤主之”，即是对“少阳主骨”理论的临床运用，“支节烦疼”也是柴胡桂枝汤的适应证之一，该方临床上用于治疗颈项部疼痛（颈椎病）、肩背酸痛（肩周炎）、腰腿痛（关节炎）等“诸节痛”的疾病。小柴胡汤同样常用于治疗一些骨科常见病症，如腰椎间盘突出症、肋软骨炎等。治疗太阳伤寒兼经输不利的葛根汤在临床上也广泛用于颈椎病、颈肌劳损等骨伤科病证的治疗。对五官专业的学生讲《伤寒论》，可以突出其中与耳鼻喉科疾患相关的内容。

《伤寒论》关于耳病的论述如原文 231 条“耳前后肿”，75 条“两耳聋无闻”，264 条“两耳无所闻”等。鼻病如原文 12 条“鼻鸣”、231 条“鼻干”、227 条“鼻燥”“鼻衄”（46、47、55、56、111、202、86 条）等。值得指出的是，《伤寒论》中记载的“鼻衄”在疾病过程中呈动态发展趋势，须从伤寒六经证治的整体出发，予以全面、正确的认识。治疗鼻衄不能见血止血，而要辨证求因，审因论治，根据不同病机立法处方。论中关于咽喉疾患的内容颇丰，如原文 312 条“咽中伤”，313 条、334 条“咽中痛”“咽痛”（310、311、317、283、140 条），111 条“咽烂”，334 条“其喉为痹”，357 条“喉咽不利”，各类咽喉疾病病因病机不同，以及治疗咽痛的经方和服用方法对现今临证中咽喉疾患的诊治都极具启发意义。

其他如中西医结合专业，《伤寒学》的讲授重在强化培养学生的中医辩证思维，减少西医思维模式对学生思维的过度影响。在某些知识点上也可着眼于中西汇通的观点，参西而绝不背中。总之，教师在讲授《伤寒学》课程时，要注意联系各类专业需要用到的相关知识，专业不同，教学侧重点不同，才能有效提升《伤寒学》课程的实用价值。

三、从各专业角度提升教师的授课技能

教师是教育的第一资源，教师队伍的建设，关键在于教师的专业发展，分专业教学模式对教师提出了更高的要求。《伤寒学》知识在各专业中应用的类型和深度是不一样的，同样的教学内容在面向不同的专业讲授时可以实现不同的教学功能。因此，要求教师将专业需求融入到《伤寒学》教学中，教

师除了具备《伤寒学》课程知识之外，还需要深入授课对象（学生）的专业去了解并掌握一定的专业知识，虽然不可能对其全面掌握，但应有意识地加以关注和收集整理，逐渐熟悉和积累各专业的相关知识，对自身的知识结构不断予以完善，并进行创造性发挥，从各专业角度全方位提升授课技能，用教师的专业发展引领学生的专业发展及全面发展。

以上提出并分析了实行《伤寒学》课程分专业教学模式的初步构想。分专业教学模式与不分专业的教学模式相比，专业针对性强，以学生为中心，以专业为背景，以培养能力为目的，充分考虑学生的学习需求，在教学过程中更能彰显专业特色，利于提高学生的专业素质，让不同专业的学生各得其所。分专业教学模式的实行，使《伤寒学》课程与专业课程相互促进，相得益彰，从而更好地服务于专业教学目标。当然，在具体的教学实践中不可避免会遇到各种问题和困难，我们将进行不断尝试和探索，更好地完善分专业教学模式，针对不同专业的学生设计出优质高效的《伤寒学》课程。

[《成都中医药大学学报（教育科学版）》2012，15（1）：10]

现代“辨证论治”与张仲景“辨病脉证并治”的思辨模式

闪增郁　陈燕萍
中国中医科学院医学实验中心

《伤寒杂病论》“辨病脉证并治”的思辨模式，体现了仲景中医学的思维逻辑，是医圣的精华所在。而现代业界则高举“辨证论治”的旗帜，将其称之为中医的特色和优势，且认为“辨证论治”是医圣张仲景在《伤寒杂病论》中所创。我们认为，去掉了“病”和“脉”这两个关键分类元素，今天的“辨证论证”已远离仲景“辨病脉证并治”的思辨模式，扰乱了中医科研和临床思维逻辑，影响了中医学的健康发展。

一、“辨病脉证并治”是仲景对疾病“逐级分类”的治病模式，“病”的等级高于“证”

在仲景的《伤寒论》和《金匮要略》中，“辨病脉证并治”的中医思维逻辑贯穿始终。“辨病脉证并治”的高明之处在于重视疾病分类中的等级概念。

医圣采用的“辨病脉证并治”的治病模式，说明其在临床诊病时，首先区分的是“病”，在辨清“病”这一级母分类的基础上，再据脉、症进行细分类（子分类）——辨证，正是这种逐步分级分类的模式，体现了医圣在诊断上的大局观和精准度，也是疗效可靠的重要基础。其思维逻辑为“病→脉→证→治”。逐级分类是仲景智慧的集中体现。例如：在“辨太阳病脉证并治上”中，母分类是对太阳病的定义，而“中风”“伤寒”则是太阳病的子分类，见图1。

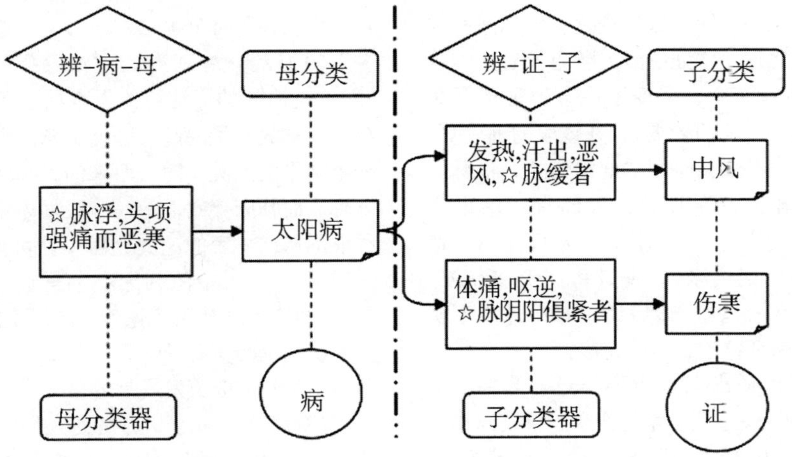

图1　张仲景对疾病按等级进行分类的诊病模式图示

二、"辨证施治""辨证论治"提法的由来和本意

"辨证施治"的最早提法，见于明代医家周慎斋（约公元1508～1586年）《周慎斋遗书》的卷二内，有一节用"辨证施治"作为标题[1]。

我们查阅该书后发现，周氏所倡导的辨证施治，同样是在病的基础上的辨证，如对于泄泻的辨证："凡泄泻属脾宜燥，脾恶湿也。属肾宜润，肾恶燥也。肾之泄泻，失闭藏之令，不能收摄二便也。"周氏在泄泻的基础上，进一步（辨证）细分类为属脾（宜燥）、属肾（宜润）。

周氏之所以提出"辨证施治"，是针对当时医生"见病医病"不再继续辨证（细分类）的状况而提出的。周氏指出"见病医病，医家大忌"。周氏"辨证施治"的本意是强调治病求本，"惟见一证，而能求其证之所以然，则本可识矣"。而这个本，则是以"因"为分类条件的："本必有因，或因寒热，或因食气，或因虚实，或兼时令之旺衰，故治寒者温之，热者清之，食者消之，气者通之，实者平之，虚者补之，再兼时令之味，而病已矣。"说明周氏在"辨病"的基础上，根据"寒、热、虚、实及时令"等对"病"进行再分类——辨证。

可见，"辨证施治"一词的发明者，仍然是在仲景《伤寒杂病论》"辨病脉证并治"的思辨模式框架范畴之内的。

至于"辨证论治"专门术语，现今见载的最早文献是清代《医门棒喝》（1825年著）。在周氏提出"辨证施治"200多年后，章楠在此书卷三"论景岳书"中提出的。原文为："凡治伤寒、瘟疫，宜温补者，为其寒邪凝滞，阳不胜阴，非温不能行，非温不能复也……即此数则观之，可知景岳先生不明六气变化之理，辨证论治，岂能善哉?"[1]这是针对张景岳治疗伤寒、瘟疫不注意辨证而写到的。我们又查阅了《医门棒喝》，在该段的前一页，有"伤寒瘟疫，俱外侮之证""此欲辨之，惟脉为主。"以及在"虚损论"篇首，章氏有"治虚损者，先辨阴阳，次分上下"的论述。章氏先说"伤寒瘟疫，俱外侮之证"，然后说景岳"竟将伤寒、瘟疫同作一病而用补法"，最后说"景岳先生不明六气变化之理，辨证论治，岂能善哉?"

由此我们可以得出两点重要结论：第一，由"伤寒瘟疫，俱外侮之证""竟将伤寒、瘟疫同作一病"，说明章氏时代的"证"和"病"是同义词，可互相替代。其次，说明章氏诊病思辨模式同样遵循了仲景对疾病"逐级分类""辨病脉证并治"的治病模式。由此可见，"辨证论治"提法的本意是强调要遵从仲景"辨病脉证并治"的治病模式。

三、现代的"辨证论治"已远离仲景"辨病脉证并治"的诊疗模式

现代中医学则认为："辨证论治"是中医认识疾病和治疗疾病的基本原则，是中医学对疾病的一种特殊的研究和处理方法。又称辨证施治。包括辨证和论治两个过程。"辨证"就是把四诊（望诊、闻诊、问诊、切诊）所收集的资料、症状和体征，通过分析、综合，辨清疾病的病因、性质、部位，以及邪正之间的关系，概括、判断为某种性质的证。中医临床认识和治疗疾病，既辨病又辨证，但主要不是着眼于"病"的异同，而是将重点放在"证"的区别上，通过辨证而进一步认识疾病。

从上述论以及目前的教学、临床、科研现状可以看出，现代中医学已经将"辨证"放在比"辨病"更重要的位置上了。问题也是由此产生的，因为这样就忽略了"病"这个第一级分类背景，过分强调了"证"这个二级分类，背离了仲景"病→脉→证→治"的诊疗逻辑。这一点从中医诊断学（第七版）教材上也可看出。教材上篇为"诊法"，中篇为"辨证"，下篇为"诊断综合运用"。最大的问题是，没有在"辨病"这个主干基础上进行"辨证"。从仲景的《伤寒杂病论》可以看出，"辨证"的前提和基础是首先"辨病"，"病"是主干，"证"是主干上的分支。分不清主干的分支，必定给有针对性的治疗造成巨大障碍。对"辨证论治"理解上的偏差，导致了中医临床诊疗逻辑上的思维混乱，造成了目前中医临床思维能力不强。

丢掉了"病"和"脉"这两个分类的关键因素，则去掉了母分类这一级分类，造成子分类所属关系的混乱，是"辨证论治"提法的问题所在。"辨证论治"的提法，使得本属于不同母分类的子分类，被放在了一起。分类逻辑的混乱，必然导致分类结果的混乱。随之而来的，必然是临床疗效的下降。而临床疗效，是一个医学体系的生命线。这种混乱从已发表的论文题目中就可见一斑，"试论辨因论治""中医临床中的辨证与辨病之管见""用审机定治取代辨证论治""中西医结合看辨证论治和辨病论治概念的误区"等。思维逻辑的混乱对于一个学科的健康发展是致命伤。

"辨病脉证并治"提法使人们的注意力顺序为"病→脉→证→治"，所以仲景将"病→脉→证→治"作为思辨逻辑顺序和重点。而"辨证论治"的提法，使得人们的注意力变成了"证→治"，所以

现代中医将“证→治”作为研究重点显然是有问题的。结论是：现代的“辨证论治”已远离仲景“辨病脉证并治”的诊疗模式。

四、中医脉学的现代发展受到严重影响与过度强调“辨证论治”有关

中医脉诊面临失传困境的现状，与过分强调“辨证论治”有直接关系。“脉”本来是仲景“辨病脉证并治”诊疗体系中的一个关键分类因素。在强调“辨证论治”的今天，中医师则强调“四诊合参”来弱化脉诊，或掩饰自己在脉诊能力上的不足。而若遵循仲景的“辨病脉证并治”诊治模式，则必须直面“脉”这个关键分类元素。

在今天的中医科研立项中，我们查阅了近3年国家自然科学基金招标指南，“证”的研究始终是资助的重点，却见不到“脉”的踪迹。在中医现代化的大背景下，多年来，在中医科研单位开展基因组学、蛋白质组学成为热门，而开展中医脉学研究反倒成为非主流的工作。不过，这也与目前业界及管理层对中医学的认识相符合。

五、我们在脉学研究方面的努力

国医大师陆广莘先生曾表示，中医利用现代科技的能力太低。其实，近30年来，中医科研和临床，已购买了大量先进的仪器设备，但却对中医学自身的发展所起的促进作用有限。

我们分析，原因在于阴阳不配套。即：现代设备的设计思想和目的是为了满足现代医学的需求，在中医科研中便会处于“孤阴不生”的状态。中医学有着丰富的诊疗思想和方法（中医——阳），却急需为自己需求而制作的现代工具（中医——阴），导致了“独阳不长”的局面。

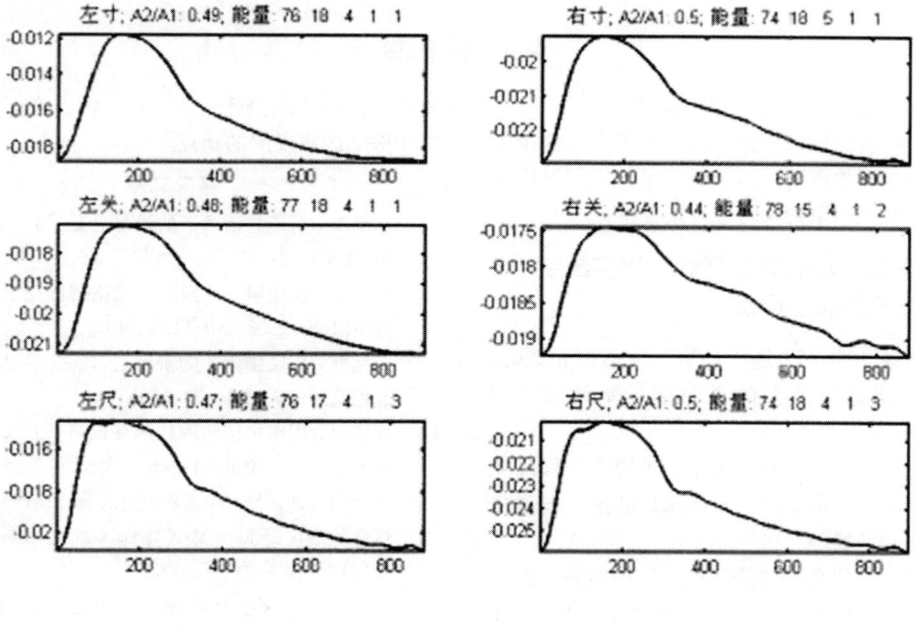

图2　弦脉脉图

因此，缺乏源于中医学思想与方法，遵循“病→脉→证→治”逻辑，融入现代技术的诊疗仪器，是目前制约中医发展的一个关键所在。

近年来，在国家“十一五”科技支撑计划的资助下，我们在中医脉诊信息采集与分析技术方面开展了一些工作，建立了较完善的工作平台。我们自主研制的“高精度智能机械手中医脉诊信息采集分析系统”还获得了全国发明专利博览会银奖，根据中医同身寸原理定位寸、关、尺。较好地解决了脉诊定位标准化与个体化的矛盾，实现了“动态标准化定位”。

现在，我们已经能够通过传感器获得稳定可靠的脉诊信号，左、右手，寸、关、尺六部脉的弦脉和滑脉的脉图见图2、图3。从图中可以看出：1）弦脉和滑脉的脉图波形明显不同，2）无论是图2，还是图3，两手六部脉的波形也各有特点，说明中医通过寸口切脉判断人体内部脏腑功能是有根据的。也说明张仲景将“脉”作为一个在“病”下

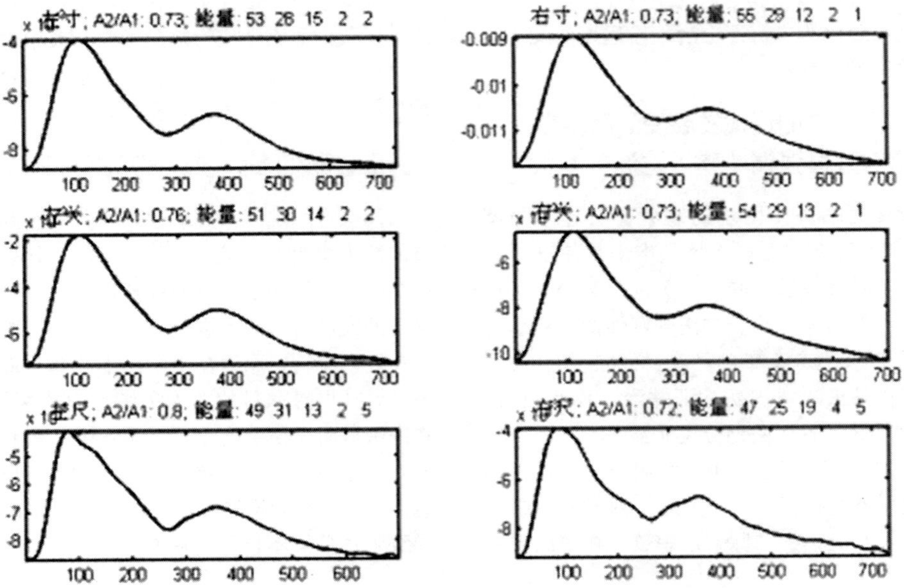

图 3　滑脉脉图

细分类（证）的关键，是合理有据的。

以我们研制的脉诊研究仪器作为平台，获得了北京市自然基金的资助，将开展“平人四时脉图特征的研究，研究结果将及时进行报告。

六、重提“辨病脉证并治”是中医学健康发展的拐点

现在常说“辨证”是“论治”的前提和基础，却忽视了“辨证”的大前提和重要基础是“辨病”，有舍本求末之嫌。

仲景被历代中医尊称为医圣，被视为中医临床的楷模，其临床思辨模式“辨病脉证并治”同样应该得到尊重和弘扬。

而现代中医却高举“辨证论治”的旗帜，造成业界和管理层过度关注“证”而忽视了“病”。在各类科研立项中对“证”研究投入了大量的经费和人力物力，但由于忽视了“病”这个大前提，背离了仲景“辨病脉证并治”的诊疗规律，“证”的研究60年来必然不会有明显进展。也不会为临床治病提供有效的科技支撑，起到促进作用。在现代医学快速发展的今天，中医学却在过分强调“辨证论治”的背景下原地踏步，使得二者发展的差距不断增大。“辨病脉证并治”代表了中医临床诊疗规律，1800年来一直指引着中医的临床实践，发挥了不可替代的作用。因此，重新提倡“辨病脉证并治”，可以理顺现代人的中医思维，可以使人们将注意力重新回归到“病→脉→证→治”的思维逻辑，这将是中医学健康发展的拐点。

参考文献

[1] 傅维康. 辨证施治术语的最早见载 [J]. 医古文知识，2003，2：25.
[2] 毕京峰，段俊国，孙巍巍. 试论辨因论治 [J]. 江苏中医药，2008，40（12）：105.
[3] 张延群. 中医临床中的辨证与辨病之管见 [J]. 湖北中医杂志，2001，23（12）：11.
[4] 成肇智. 用审机定治取代辨证论治 [J]. 山东中医药大学学报，1999，23（6）：408.
[5] 赵洪钧，刘延伶. 中西医结合看辨证论治和辨病论治概念的误区 [J]. 中国中医基础医学杂志，2005，11（1）：14.

[《世界中医药》2012，7（6）：532]

小柴胡片中柴胡和党参的薄层鉴别

薛吉利　丁　红　杜　艳　孙　川
山西医科大学药学院药剂学教研室

小柴胡汤方出自东汉张仲景的《伤寒论》，由柴胡、黄芩、人参、党参、甘草、半夏等7味药材组成，具有解表散热、疏肝和胃的作用。用于外感病、邪犯少阳证，症见寒热往来、胸胁苦满、食欲不振、心烦喜呕、口苦咽干等症［1］。目前，小柴

胡片的质量标准中有用薄层色谱法（TLC）鉴别黄芩和甘草。为了更好地控制小柴胡片的质量，保证用药安全有效，本试验对方中的柴胡、党参两味中药分别进行了薄层色谱定性鉴别，现报告如下。

一、材料与仪器

1. 材料：小柴胡片（广东环球制药有限公司，批号：110301）；柴胡对照药材（中国药品生物制品检定所，批号：0992～0301）；党参对照药材（中国药品生物制品检定所，批号：121057～200303）；乙醇（新乡市三伟消毒试剂有限公司，分析纯）；乙酸乙酯（天津市风船化学试剂科技有限公司，分析纯）；丁酮（天津市科密欧化学试剂有限公司，分析纯）；甲酸（天津市东丽区天大化学试剂厂，分析纯）；正丁醇（北京北化精细化学品有限责任公司，分析纯）；甲醇（天津市科密欧化学试剂有限公司，分析纯）；D101 大孔吸附树脂（上海科兴商贸有限公司）；聚酰胺（上海金瑞化工产品有限公司）。

2. 仪器：HH－2 电子恒温水浴锅（苏州威尔实验用品有限公司）；CP114 分析天平（奥豪斯仪器有限公司）；硅胶 G 薄层板（青岛海洋化工厂分厂）。

二、方法和结果

1. 小柴胡片中柴胡的 TLC 鉴别

（1）柴胡对照药材溶液：取柴胡对照药材 1g，加水适量，煎煮 1.5h，滤过，滤液浓缩至约 10ml，加在聚酰胺柱（100～200 目，4g，内径 2cm，湿法装柱）上，分别用水 100ml 和 50% 乙醇 150ml 洗脱，收集 50% 乙醇洗脱液，蒸干，残渣加甲醇 1ml 使溶解，作为对照药材溶液。

（2）供试品溶液：取小柴胡片 2 片，研细，加水 20ml，搅拌使溶解，离心，取上清液，加在聚酰胺柱（100～200 目，8g，内径 2.5cm，湿法装柱）上，分别用水、20% 乙醇、50% 乙醇各 100ml 洗脱，收集 50% 乙醇洗脱液，蒸干残渣加甲醇 1ml 使溶解，作为供试品溶液。

（3）缺柴胡阴性对照溶液：取自制缺柴胡的小柴胡片阴性样品 2 片，研细，按供试品溶液的制备方法制成阴性对照溶液。

（4）薄层色谱法试验：吸取供试品溶液、阴性对照溶液 4μl 与对照药材溶液 2μl，分别点于同一硅胶 G 薄层板上，以乙酸乙酯－甲醇－水（12∶2∶1）为展开剂，展开，取出，晾干，喷以 5% 对二甲氨基苯甲醛的 10% 硫酸乙醇溶液，热风吹至斑点显色清晰。供试品色谱中，在与对照品色谱相应位置上，显相同颜色的斑点（图 1），阴性对照液色谱相应的位置无此斑点。

2. 小柴胡片中党参的 TLC 鉴别

（1）党参对照药材溶液：取党参对照药材粉末 1g，加甲醇 25ml，超声处理 30min，滤过，滤液蒸干，残渣加水 15ml 使溶解，通过 D101 型大孔吸附树脂（内径为 2.5cm，柱高为 10cm），用水 50ml 洗脱，弃去水液，再用 50% 乙醇 50ml 洗脱，收集洗脱液，蒸干，残渣加甲醇 1ml 使溶解，制成对照药材溶液。

（2）供试品溶液：取小柴胡片 2 片，研细，按（1）项下的制备方法制成供试品溶液。

（3）缺党参阴性对照溶液：取自制缺党参的小柴胡片阴性样品 2 片，研细，按“（1）”项下的制备方法制成阴性对照溶液。

（4）TLC 试验：吸取供试品溶液、阴性对照溶液 4μl 与对照药材溶液 2μl，分别点于同一硅胶 G 薄层板上，以正丁醇－冰醋酸－乙酸乙酯－水（7∶1∶1∶0.5）为展开剂，展开，取出，晾干，喷以 10% 硫酸乙醇溶液，在 100℃ 加热至斑点显色清晰，置日光灯下检视。供试品色谱中，在与对照品色谱相应位置上，显相同颜色的斑点或荧光斑点（图 2），阴性对照液无此斑点。

1：柴胡标准药材；2～4：小柴胡片供试品；5：缺柴胡阴性对照

图1 柴胡的TLC鉴别

1：党参标准药材；2～4：小柴胡片供试品；5：缺党参阴性对照

图2 党参的TLC鉴别

三、讨论

在柴胡的 TLC 鉴别中，本试验曾采用 5% 香草醛盐酸溶液显色，结果供试品溶液中斑点显色不明显。当改用5%对二甲氨基苯甲醛的10%硫酸乙醇溶液喷雾，热风吹至显色时，供试品溶液中，在与对照药材色谱相应的位置上，显相同颜色清晰斑点，效果较好。

在党参的TLC鉴别中，本文参照文献[2~4]方法分别以正丁醇-冰醋酸-水（7∶1∶0.5）、三氯甲烷-乙酸乙酯-甲酸（20∶4∶0.5）、甲苯-丙酮（9∶1）为展开剂，但展开效果均不理想。通过考察选择正丁醇-冰醋酸-乙酸乙酯-水（7∶1∶1∶0.5）为展开剂，结果显示，斑点均匀，展开分离效果较好。

小柴胡片中的柴胡为方中君药，柴胡性味苦，微寒，归肝胆实经，有驱散退热、疏肝解郁、升阳举气之功效，用于治疗寒热往来，胸满肋痛，口苦耳聋，头痛目眩、镇咳抗炎等。党参也为小柴胡片中的一味主要药材[5]，具有增强机体免疫功能、抗氧化、镇咳等作用。本试验采用薄层色谱法对柴胡和党参两味药材进行定性鉴别，方法简便可行，结果可靠，为进一步控制小柴胡片的质量提供了科学依据。

参考文献

[1] 刘晓帆，柴逸峰．液质联用技术应用于小柴胡汤药效物质基础研究．中药材，2009，32（3）：444.

[2] 国家药典委员会．中华人民共和国药典（2010年版一部）：北京：中国医药科技出版社，2010：509.

[3] 王贤英．参芪颗粒中党参的薄层鉴别．重庆中草药，2009，6（1）：8~9，13.

[4] 王淑红，宋潇潇，熊英．党参固本丸的薄层鉴别．今日药学，2008，18（5）：16.

[5] 杨静，苏强，刘恩荔，等．党参多糖滴丸中党参多糖的含量测定．中国药物与临床，2010，10（5）：515~516.

［《中国药物与临床》2012，12（11）：1445］

小柴胡汤治疗肝病的现代药理研究

任小宁　宝鸡职业技术学院中医药学系

小柴胡汤见于《伤寒论》，由柴胡、黄芩、半夏、人参、甘草、生姜、大枣七味中药组成。小柴胡汤属和解剂，动物实验研究反映它对实验性肝损伤的作用，与祖国医学认为它具有“调肝散邪”的提法相符。现代研究证实小柴胡汤对各种肝病有较好的预防和治疗作用。

一、保护肝细胞

小柴胡汤对实验性肝损伤模型（D-半乳糖胺、异氰酸α-萘酯）的作用显示，本方能通过增加肝蛋白质、RNA和DNA的含量，从而刺激肝细胞的再生。药理学实验表明：柴胡皂甙有稳定肝细胞的细胞膜、保护肝细胞免受因子的损害，并可以减轻D-半乳糖胺引起的肝损害。由此可见，小柴胡汤对肝细胞的保护作用主要有两方面：通过加速细胞周期，主要作用的是细胞周期中的G1期，进而促进肝脏再生；另一方面，也是肝再生调节因子如胰岛素、高血糖素等诸多因素协同作用的结果[1]。

二、抑制肝炎

病毒学研究提示，小柴胡汤能升高乙肝患者的辅助T细胞和B细胞，增加抗体产生；由于体液免疫的加强，血清转换也随之提高。通过双盲试验：小柴胡汤组HBeAg阳转阴、HBeAb阴转阳较对照组高一倍。小柴胡汤能显著地增加抗体产生，增强抗体依赖细胞介导的细胞毒性（ADCC）。

小柴胡汤对26例乙型、丁型肝炎重叠感染患者治疗结果表明，对HBeAg、HBV-DNA阴转及抗HBe阳转均有价值[2]。朱惠芳[3]通过对102例肝炎患者治疗48个月的疗效观察，有效率7.5g/d大于5g/d；80例HBeAg阳性的乙型肝炎中，经6个月的治疗，自觉症状改善率62.5%，肝功能改善率50%，e抗原效价和转氨酶在给药2个月后下降，且无副作用。

三、预防肝癌

小柴胡汤可以降低癌症的发生率，有直接抑制癌细胞增生的作用。实验动物表明：小柴胡汤对乳头状瘤起抑制作用，可明显降低琥珀酸脱氢酶和胸苷酸合成酶的活性，抑制乳头状瘤的发病与生长[4]。李江等通过动物实验研究表明小柴胡汤高、中、低3个剂量组对小鼠H22肝癌实体瘤均有明显抑制作用，抑瘤率分别为49.66%，48.52%，36.91%；并且各剂量组小鼠脾脏指数显著升高（$P<0.01$），小鼠NK细胞、T细胞增殖及IL-2活性均明显升高（$P<0.001$）。

在血行转移癌动物实验中，发现小柴胡汤增进抗癌药对癌细胞的杀伤作用，抗癌药抑制机体免疫功能，而小柴胡汤对此有拮抗作用，并显示出轻微的抗转移作用。同时发现小柴胡汤促使小鼠腹腔巨噬细胞的增加，在机体免疫防御抑制方面有其重要作用。

四、抗酒精肝和脂肪肝

动物实验表明：小柴胡汤能够保护肝细胞的膜

系统，提高其稳定性；促进肝细胞内糖、蛋白质的合成，增强肝细胞对有害因子的抵抗能力，从而抑制酒精肝和脂肪肝的发生。研究表明在酒精饮料中加入500mg小柴胡汤能降低肝脂质过氧化物的水平，抑制脂肪肝的发生。

五、抗肝纤维化

陈廷玉等[5]经实验证实，小柴胡汤有明显的改善肝功能和抗纤维化的作用。大鼠肝胆系统障碍模型（石胆酸）显示小柴胡汤可以改善胆汁酸代谢以及抑制组织学上的肝纤维化。小鼠肝胆系统损害模型显示：本方可以明显改善汇管区的单管增生、炎细胞浸润、肝内胆管扩张、胆管上皮的增生及胆汁代谢，并可以抑制肝脾肿大、减轻肝纤维化、改善肝功能。

参考文献

[1] 唐已婷，陈家旭．小柴胡汤实验研究进展［J］．中国医药学报，2000，15（6）：59～61.

[2] 陈乃玲等．小柴胡汤对26例乙型丁型肝炎治疗的探讨［J］．中华内科杂志，1990，29（3）：144.

[3] 朱惠芳．中日对小柴胡汤的药理研究及临床应用近况［J］．福建中医药，1991，22（5）：51.

[4] LiuLH. 小柴胡汤对7、12－二甲基苯并蒽引起的乳头状瘤的抑制作用［J］．国外医学．中医中药分册，1995，17（4）：35.

[5] 陈廷玉，王景涛，张波．小柴胡汤抗纤维化的形态学和血清学实验研究［J］．黑龙江医药科学，2003，26（4）：48.

［《科技信息》2012，（22）：112］

小议小陷胸汤“按之则痛”

李登岭　水启盛
山东省莘县中西医结合研究所
李　娟　甘肃中医学院

《伤寒杂病论》是一部理、法、方、药、煎、服、禁俱备且理论联系实际的医学名著，笔者认为对其原文的诵记和理解甚为重要，尤其注释其意时要忠于原著，深思熟虑，万不可妄加评说，曲解本意。但是，《伤寒论讲义》（李培生主编，上海科学出版社1985年5月第1版）小陷胸汤证的〔释义〕及〔参考资料〕项目中就出现了类似问题，兹小议如下。

一、问题的提出

小陷胸汤证〔参考资料〕项目中载有这样一个验案：“老年妇人，五十余岁。王在心下胃脘部疼痛……心疑为癌，在等待钡透期间，因疼痛加剧不可忍而请中医诊治……遂辨为小结胸证。服小陷胸汤2剂后，大便泻下黄涎甚多，痛止而包消。后作X线钡透，查无异常。”而小陷胸汤证〔释义〕项目中将小陷胸汤证的病痛定为“心下硬满，按之则痛，不按则不痛”。假定病案中正在心下胃脘部疼痛是“按之则痛，不按则不痛”亦即是体征而非胃脘痛之症状，那么由“因疼痛加剧不可忍”则可以肯定地讲是“按之则痛，不按也一定痛”了，因为患者是不可能将“不按则不痛’说成是“痛不可忍”而来就医的。由此看来，病案中的患者并非“按之则痛，不按则不痛”，亦就是说患者并非小陷胸汤证。更巧的是患者仅服药2剂，就“痛止包消”“X线钡透查无异常”了。这无疑是糊涂医治糊涂病。

二、问题的症结

由问题的提出使我们清楚地看到，小陷胸汤证的〔释义〕与〔参考资料〕中的验案出现了悖义，可以肯定地说，二者至少有其一是出现了错误。我们先看一下小陷胸汤原文：“小结胸病，正在心下，按之则痛，脉浮滑者，小陷胸汤主之。”短短22字，将小陷胸汤证的症状、体征及治疗汤方已交待的非常清楚，语言极其质朴，说理极其清楚。而〔释义〕中却说：“其证心下硬满，按之则痛，不按则不痛。”仲景原文中只有“按之则痛”，〔释义〕中却又加上了“不按则不痛”。“按之则痛”的内涵是“按，于是就痛”，其外延由两层意思，即“按，于是就痛，不按则不痛”和“按，于是就痛，不按亦痛”。如果非要把“按之则痛”限定为“按，于是就痛，不按则不痛”，那就缩小了小陷胸汤证的外延，错解了“按之则痛”这一概念，犯了外延过窄的错误。也就是说“不按则不痛”属画蛇添足之笔，这大概就是〔释义〕和〔参考资料〕出现悖义的症结。

三、解决的办法

笔者认为“按之则痛”含有上述两层意思，而《伤寒论讲义》〔释义〕中认为“按之则痛”只有“其证心下硬满，按之则痛，不按则不痛”这一层意思。曾经有辩友问，假若仲景的本意含有另外一层意思即“不按也痛”，那么他还有必要再说一句“按之则痛”吗？既然不按之前就痛，那就没有必要用“按之则痛”来限定“小陷胸汤证”了。但要知道，言行甚微、惜墨如金的仲景为何不把此条写成“小结胸病，正在心下，痛，脉浮滑者，小陷胸汤主之”呢？由此看来，仲景“按之则痛”这句话是另有其意和有所偏指的。似乎更偏指“按之则痛，不按则不痛”这一层意思，但偏指并不是特指，结合临床实际来看，痛势若轻不按则不痛，痛势若重不按亦痛，此证在此条文处，多见痛势较轻、不按则不痛者。这样看来，《伤寒论讲义》〔参考资料〕项目中所载之验案并非糊涂案，问题的症结在于小陷胸汤证〔释义〕项目中将小陷胸汤证的病痛定为“心下硬满，按之则痛，不按则不痛”。此处的解释属多余之笔，实当去之。

[《国医论坛》2012，27（1）：9]

小议仲景方中“石膏如鸡子大”

李登岭　莘县中西医结合研究所

《神农本草经》载：“石膏，味辛微寒。主中风寒热，心下逆气，惊喘，口干，苦焦，不能息，腹中坚痛，……产乳，金创”。生石膏功擅清透阳明热邪，故为治疗阳明热证的圣药。《伤寒杂病论》诸汤方中，约有18个方剂用到石膏，其中大青龙汤、木防己汤（石膏十二枚鸡子大，属错签）、厚朴麻黄汤三个汤方以“石膏如鸡子大”计量。现代研究者认为，这3个汤方的石膏剂量以实物为例类比计量，影响了后世学者对相关方剂药物剂量和配伍比例的研究。近年来，《仲景方中“石膏如鸡子大”的折算研究》得出结论，“石膏如鸡子大”的重量厘定为90g为宜（“厘定”，整理规定。厘，即整理、治理；定，即规定）。笔者颇有微词，现不揣愚陋，略述如下。

一、“‘石膏如鸡子大’的重量厘定为90g为宜”是一个错误的命题

2006年，北京中医药大学立项，国家“十一五”科技支撑计划（2006BA121B03－12）资金援助，郭明章、孙燕、李宇航、钟相根、刘晓辉、林亭秀、王毅等主持研究的“仲景方中‘石膏如鸡子大’的折算研究”。“选用河南省固始县的鸡蛋”，实测“鸡子大”的体积；其次对石膏的品种、产地进行考证，选用山东石膏实测其密度；最后用“鸡子大”的体积与石膏的密度乘积得出“鸡子大”的石膏的重量。并以大青龙汤为例对“石膏如鸡子大”的重量的合理性进行了讨论。结论认为“石膏如鸡子大”的重量厘定为90g为宜。要知道如鸡子大一块石膏的重量，首先要知道鸡子的体积有多大。要说出一个鸡蛋大小的标准数据，单就一个具体的鸡蛋而言比较容易，就不同的鸡蛋而言，大小没有标准数据，只有一个取值范围。这样看来，《仲景方中“石膏如鸡子大”的折算研究》中，“‘石膏如鸡子大’的重量厘定为90g为宜”，本身就是一个错误的命题。不同的鸡下不同的蛋，相同的鸡所下的蛋亦不同。不同疾病的患者所需的药物不同，同病同证的患者所需药物剂量亦不同（譬如若良医，病万变，药也万变。病变而药不变，向之寿民，今为殇子矣）。仲景如此以实物类比，来界定石膏的用量，若非仲景撰写、辑录失误，似乎另有用意。

仲景方中含有石膏的汤方及条文，容我简列于下：一、《伤寒论》中有：①白虎汤（石膏半斤）。②白虎加人参汤（石膏半斤）。③竹叶石膏汤（石膏一斤）。④大青龙汤（石膏如鸡子大）。⑤桂枝二越婢一汤（石膏半斤）。⑥麻黄杏仁甘草石膏汤（石膏半斤）。二、《金匮要略》诸篇中有：①疟病脉证并治第二，白虎加桂枝汤方中，石膏一斤，诸药“上剉，每五钱，水一盏半，煎至八分，去滓，温服，汗出愈。②中风历节病脉证并治第五，a.《古今录验》续命汤方中，石膏三两，煮取四升，温服一升，当小汗……；b. 风引汤方中，石膏六两，诸药“取三指撮，井花水三升，煮三沸，温服一升。③肺痿肺痈咳嗽上气病脉证治第七，a. 厚朴麻黄汤方中，石膏如鸡子大，煮取三升，温服一升；b. 越婢加半夏汤方中，石膏半斤，煮取三升，分温三服；c 小青龙加石膏汤中，石膏二两，煮取三升，强人服一升，羸者减之，日三服，小儿服四合。④水气病脉证并治第十四，a. 越婢汤方中，石膏半斤，煮取三升，分温三服；b. 越婢加术汤方（又见于中风历节病脉证并治第五）中，石膏半斤，煮取三升，分温三服。⑤痰饮咳嗽病脉证并治第十二，a. 大青龙汤方中，石膏如鸡子大，煮取三升，去滓，温服一升；b. 木防己汤方中，石膏剂量属错签。⑥呕吐哕下利病脉证并治第十七，文蛤汤方中，石膏五两，煮取二升，温服一升，汗出即愈。⑦妇人产后病脉证并治第二十一。竹皮大丸方方中，石膏二分，枣肉和丸弹子大，以饮服一丸，日三夜二服。这些汤方中，仲景多标出了药物剂量的实际数值。这样看来，仲景在每一方中以当时的度量衡标准标注各方药的剂量为其常，而以实物类比标注方药的剂量取值范围为其变。以度量衡标准标注方药剂量并不难，难的是仲景想出了以实物类比来动态的把握药物剂量的方法。

在这里，仲景善用石膏，石膏用量之张弛幅度

大而有度。其用量，量小至二分（枣肉和丸分次吞服），大至一斤。以实物类比来界定石膏的用量，不确指“石膏如鸡子大”的“准确”剂量，恰恰体现了仲师弛张灵活而法度井然的、动态把握药物剂量的用药准则。

二、“石膏如鸡子大”是对石膏用量范围的界定，体现了用药个体化原则

通观仲景使用石膏的十八个汤方，绝大多数给出了石膏的具体剂量。然而，大青龙汤、厚朴麻黄汤中，石膏用量用“如鸡子大”来界定，鸡子有多大呢？可以猜想，汉代一枚鸡子，即鸡蛋、土鸡蛋，应该比现代的杂交洋鸡蛋略小。现在的一个鸡蛋约50～80g，当时的应该更小些。也就是50g左右。这种研究，无需耗材，推理简单，数据不够精当。但我认为，这种不精当，恰恰是仲景思想所蕴含的精义所在。仲景用这种特殊的药物计量方法，结合了药物使用的个体化取向，从而使药物计量更符合临床实际，尤其是更符合当代的临床实际，使用以实物比度测量的方法，使临床用药更为严谨。在大青龙汤、厚朴麻黄汤中如此界定石膏的用量，也提示大青龙汤证、厚朴麻黄汤证中对石膏用量的具体要求，要动态把握药物剂量的个体化使用。

三、要动态把握石膏的用量

在大青龙汤的方药中，仲景用石膏的量为“石膏如鸡子大”。作者认为，以“石膏如鸡子大”界定剂量，而不用度量衡单位，是仲景对石膏剂量范围的界定，不是一个计量数值的点，而是一个取值范围的线段。是对用药剂量范围的形象类比表达，是示人以活法。《伤寒杂病论》中，含有石膏的汤方有大青龙汤、小青龙加石膏汤、白虎汤、白虎加人参汤、竹叶石膏汤、厚朴麻黄汤、木防己汤、越婢汤、越婢加术汤、越婢加半夏汤、越婢二麻黄一汤等，其中大青龙汤、木防己汤（属错签）、厚朴麻黄汤中石膏的剂量以“石膏如鸡子大”计量，其他均以斤两计算。以斤两计算者和以实物为例类比计量者，其不同在于，以斤两计者剂量恒定，而以实物为例类比计量者剂量不是一个恒定值。诸汤方中，石膏量小者二分、二十四铢，量大者半斤、一斤。细思之，以“石膏如鸡子大”计者，应有其弦外之音。“石膏如鸡子大”，一般的，小鸡蛋小不过一两，大鸡蛋大不过一斤。有计量单位而不用，仲景以“石膏如鸡子大”计量，是说这里的石膏剂量没有定值，而是以示和患者病证相适合的剂量，才是最恰当的剂量，显然这是一个变量，是一个取值范围。此示人以活法，是说剂量在此时，因人因病而个体化。在此时此病，对经方的绝对量没有规范考量的定论，更应注重相对量的确定。关于经方剂量的考证研究及度量衡的考古研究不可穿凿。有时候强调确切地计量，恰恰失去了仲景本意。仲景在方后注中，多次提到“渐加”“以知为度”“汗后余勿服”“若不汗更服”“衄乃解”“不吐者少加之得快吐乃止”，无不是为了动态的把握用药剂量的科学性和准确性。

四、要在科学指导下和临床实践中摸索药物的使用剂量

大宗研究表明，古今度量衡的考证，结论不太一致，或者说太不一致，临床运用各执一词、各行其是，治疗效果据说都有效。强调根据病情、体质等因素而定用药剂量，仍未逃出经验值藩篱。观其著述，同一药物，其计量单位亦不尽一致，如厚朴有一尺、半斤之异，石膏有如鸡子大、一斤之别，竹叶有一把之量等，即可知其计量单位不一。时至今日仲景方之剂量，日本惯以一两折合1.3g，国内习于一两折算为3g（五版教材《伤寒论》讲义如是），近代柯雪帆教授首倡一两即为15.6g，到底哪一个更接近经方原来用量，古今折算众说纷纭、莫衷一是，从一两折算为1.3g到15.6g，12倍的跨度，一定不是误差，而是显见的错误，谬误范围之大，堪称“医学奇迹”。奇迹不在处方剂量差别之大，而在用之临床“比比皆效”！至今亦无标准可信的参考解答。有鉴于此，相关专家认为，今后的研究，不宜过分强调计量之考，而应以临床为基础，以实验研究、临床观察、应用体会为手段，注重总结不同剂量、不同比例的方药疗效。也可以以动物模型为实验对象，进行量效比较研究、古今剂量的对比研究、方药配比研究，或不同地域、不同气候条件等因素影响的相关研究等，以期获得对临床有意义的剂量标准及量效关系的结果。

五、正确的、经典的理论指导和有效的、充足的用药剂量是中医药回归的必由之路

时下的“中医理论”，任由各媒体的各“某某堂”的医学泰斗、武林至尊扇风造势，中医的思想理论鱼龙混杂、泥沙俱下。中医经典理论的研究还远远不够或背道而驰，中医经典的地位还远远没有体现出来。必须进一步重视仲景学术学说的研究和传播，才有利于中医学术的发展、中医影响的壮大。没有正确的、经典的理论指导，中医不可能复兴。

医学的魅力最终体现在临床上，临床用药的疗效在一定程度上体现在药量上。但药物剂量的研究和规范还很不够。笔者注意到，《伤寒论讲义》（统编五版）末页的古今剂量折算表，汉代剂量“一方寸匕”指米制克剂量“6克至9克”。“一方寸匕”是容量单位，“一方寸匕”烧裈散的质量会是“6克至9克”吗？“一方寸匕”烧裈散和“一方寸匕”五苓散的质量会一样吗？大学教材且尚如此，遑论其他书籍。

盖自时珍“古之一两，今之一钱”以来，伤寒诸方之用，剂量错，药效失。药效既失，只有责怪古方余欺，遂求诸时方，抑或医者临床靠嘴。没有它医挤兑，倒还罢了，清末以来，渐渐西学东渐，西医侵来。学术出现对立，是学术的幸运，应该促进医学的发展，但中医失去了太多的机会，也没能和近现代科学相结合。在中西医融合交锋的过程中，中医又渐渐迷失了方向，其所没落，势为必然。

《绍奇医话》中有这么一段“……如石膏的用量，……大清气热的白虎汤中石膏用量为一斤，照现在这样的药量折算则为一两，……为30克。鸡子大一块石膏，今日实秤为50多克，……用石膏不过是清其郁热的厚朴麻黄汤，却用鸡子大一枚，比白虎汤的石膏还多，有是理乎？……今人于急性热病，当用石膏者，远不止30g之量，张锡纯治‘脑膜炎’用至每剂120g；蒲辅周治“乙脑”暑热型，虽9岁儿童亦用至60g。因此，按汉1两约等于今1钱即3g的折算法，1斤等于16两，则仲景白虎汤之一斤只合今30g就恐怕是‘病重药轻’了”。可见有见地的医家，早已经发现了这个问题，可是几百年来，以如此小的剂量应对临床，疗效只能在嘴上，以如此小的剂量治病无异于隔靴搔痒！仅靠少数人难以唤醒中医界的沉睡。在这样的形势下，难怪中医的主导地位已经无力回天啦！中医令人痛惜的没落，原因之一盖源于此吧。

[《河南中医》2012，33（8）：1201]

学伤寒，用甘草

肖辉煌　福建中医药大学
郑立升　福州市中医院

《神农本草经》中将甘草归为上品，谓甘草“味甘平，主五脏六腑寒热邪气，坚筋骨，长肌肉，倍力，金疮，解毒。久服轻身延年。”《药性论》云：“甘草，君，忌猪肉，诸药众中为君。治七十二种乳石毒，解一千二百般草木毒，调和使诸药有功，故号国老之名矣。”在《伤寒论》112个方当中运用到甘草有70个，《金匮要略》中有54方。其中以甘草为君的方有甘草汤、甘草干姜汤、甘草泻心汤、炙甘草汤、甘草附子汤等10方；以甘草为臣的方有芍药甘草汤、桂枝甘草汤、茯苓甘草汤、桔梗汤、栀子甘草豉汤等11方。可见甘草之功绝非“调和诸药”而已[1]。甘草在《伤寒论》70方中担当君臣佐使，发挥不同的作用，其功效及主治随剂量的变化及配伍的不同而有所不同，下面就甘草在《伤寒论》中用法用量进行探讨。

一、《伤寒论》中甘草的作用

（一）益气和中、养正补虚

代表方：桂枝汤、旋覆代赭汤、炙甘草汤、白虎汤等。“正气存内，邪不可干；邪之所凑，其气必虚”，人体与外界正常情况下是处于正邪平衡，阴阳调和的状态，当阴阳失和，邪气处于上风，人体的正气无力抵抗，就出现了疾病，邪气在伤人过程中，必然竭夺人体精气，“精气夺则虚”，无疑雪上加霜。因甘“能补、能和、能缓”，在《伤寒论》中含有甘草的方子，甘草在方中大多被冠以益气和中、养正补虚之作用。如桂枝汤证，其病机为营卫失和，卫强营弱，在以桂枝解肌发表的同时，佐以甘平之甘草，调阴阳，和中州，安内以攘外。又以《伤寒论条辨》[2]中方解为例，旋覆代赭汤和胃降逆，化痰下气，治疗胃虚痰阻痞，谓“人参、甘草，养正以益新虚”；炙甘草汤治疗气血两虚，心脏失养，脉搏不续的心动悸、脉结代的“益虚以复结代之脉”；再如白虎汤，辛寒折热，清中焦之热，治疗里热炽盛，谓“甘草粳米，甘平而温，甘取其缓，温取其和”。可知张仲景处方，常常体现着顾护人体正气的思想，对我们临床具有重要的指导意义。

（二）补气通阳

代表方：炙甘草汤、桂枝甘草汤、桂枝加桂汤、茯苓甘草汤、甘草干姜汤等。《素问》云：“气味辛甘发散为阳。”在《伤寒论》中与甘草合为辛甘化阳药对的有桂枝、干姜等。

《伤寒论》177条：“伤寒，脉结代，心动悸，炙甘草汤主之。”外感病出现脉结代，系外邪累及心，炙甘草汤用治屡试不爽。清代喻嘉言曰：“炙甘草汤，仲景伤寒门治邪虚多、脉结代之圣方也。”方中炙甘草为主药，补中益气，通肠经脉，而行气血，与人参、大枣相配，则补益中焦，以强气血生化之源。桂枝与甘草相合辛甘化阳，通阳而行血脉。共奏甘温益气，滋阴补血，通阳复脉之功[3]。又如，伤寒过汗导致心阳虚，症见病人叉手自冒心，心下悸，欲得按等，用桂枝甘草汤，方用桂枝、甘草二味，一辛一甘，温助心阳。

甘草干姜汤为温中复阳之方。方中干姜辛热，温中复阳；炙草甘温，益气和中，二药配合，辛甘化阳，可回复中焦阳气。中阳振奋则肺冷可温，即所谓“培土生金”之法，故可用此方治疗肺疾[4]。

（三）缓急止痛

代表方：芍药甘草汤、小建中汤。

张仲景根据“急者缓之”的原则，用芍药甘草汤治伤寒汗出伤阴出现脚挛急之症，酸甘化阴，柔筋缓急。后世临床用此方为缓急止痛之基础方，用于多种痛证及筋脉拘挛诸症。小建中汤治疗气血两虚，腹中肌肉失养引起的腹中拘急疼痛，甘草在里面同样是与芍药相配伍，起到酸甘化阴，缓急止痛的作用。

（四）调和诸药

代表方：麻黄汤、附子甘草汤、四逆汤、调胃承气汤等。甘草还具有调和药性的作用，首先最基本的是表现在调和药味上，甘草的甘既和药性有关，也和药味有关，甘草吃起来本身就有甘甜的味道在里面，相当于在药里加了糖，现代研究发现，甘草中的主要成分之一甘草甜素，单纯提取，其甜味百倍于蔗糖，无怪乎欧美等一些国家都将其用于增甜的食品添加剂中。另一方面，它可以缓和药物的偏性或者毒性，孙思邈云：“甘草解百药毒，如汤沃雪，有中乌头巴豆毒，甘草入腹即定，验如反掌”，比如说大黄，攻下作用很强，加一点甘草缓和一些；麻黄发汗的作用比较强，加一点甘草减缓强度；附子辛温燥烈，加一点甘草，使其受到一定制约。它有很好的调和药性的作用。在峻烈的方药之中加上甘缓的药物可以使药效作用时间延长，使药物作用温和。比如说《伤寒论》中的调胃承气汤，目的是为了泻热，大黄与芒硝并用的话可以直下肠胃，当热邪未清多少时，药已随从肠胃排出，用甘草来缓和其药性，使其作用时间长久，达到更好的泻热作用[5]。

（五）清热解毒，止咳祛痰

代表方：甘草汤、甘草桔梗汤、半夏散及汤。仲景用甘草治咳嗽的方剂甚多，如甘草干姜汤治“肺痿吐涎沫”，麦门冬汤治“火逆上气、咽喉不利”，麻黄杏仁甘草石膏汤治邪热壅肺咳逆气急，小青龙汤治外寒内饮之咳喘，麻黄汤治太阳伤寒表实之咳喘等。后世有《太平惠民和剂局方》三拗汤、二陈汤，《温病条辨》有桑菊饮、沙参麦冬汤等，皆续仲景之绪余。现代实验研究证实，甘草中含有甘草次酸、甘草黄酮均有镇咳化痰作用[1]。据《本草要略》载，甘草“生用性寒，能泻胃火，解热毒，诸痛疽疮疡，红肿而未溃者宜用”。仲景立甘草桔梗汤治“少阴病，二三日，咽痛者”，为后世治疗咽喉肿痛方之鼻祖。在《伤寒论》中甘草有两种炮制规格，生用及炙用。《药性切要》谓甘草“性味甘平，生用缓中气、泻火；炙用温元气补中，和药解毒，中满忌之。”《伤寒论》中仅有甘草汤和桔梗汤用的是生甘草，余皆用炙甘草，生甘草有清热解毒的作用，仲景用它来清解少阴经毒热，足少阴肾经它的分支“循喉咙，挟舌本”，少阴经被毒热所伤，出现了咽喉疼痛，用一味生甘草煮水喝便可，甚者可加桔梗。

二、《伤寒论》中甘草的禁忌

《药品化义》云：“炙甘草因味厚而太甜，不宜多用，恐恋膈不思食也。”有的认为甘草，甘味较重，容易壅中，助湿，但凡湿浊内盛，气机阻滞，脘腹痞闷这样的一些方当中，可以不用炙甘草。但仲景在泻心汤类中却用了炙甘草，而且量也比较多。徐灵胎谓：“凡泻心诸法，皆已汗、已下、已吐之余疾。”以甘草泻心汤为例，徐灵胎谓：“两次误下，故用甘草以补胃，而痞自除，俗医以甘草满中，为痞呕禁用之药，盖不知虚实之义者也。”可知这是泻心汤误治后造成脾胃运化失常的虚痞，予炙甘草益气而和中，则脾气得运，胃气得化，痞证自除。因此仲景不因患者出现腹部痞硬胀满而忌用炙甘草，可见其用甘草是在识得病机，辩证准确的情况下才用的。甘草功用较多，仲景在不欲其缓、不需其补时就坚决不用。如小柴胡汤中有甘草甘补调中，当里实已成时，则改用大柴胡汤下之，这时就不用甘草以免助邪生热，只是借用生姜上行来和胃，以牵制大黄速降的力量[5]。白头翁汤也恐甘草之缓而不用甘草。又有抵当汤治太阳蓄血证，不入甘草因甘缓不利逐血[7]。常须识此，勿令误也。

在中药十八反中，甘草反甘遂、芫花、大戟、海藻，因此张仲景十枣汤中，未用甘草而用大枣。但历代医家也有应用者，如东垣治瘰疗结核与海藻同用，丹溪劳察莲心饮与芫花同用。故对十八反不可机械对待[8]。

三、《伤寒论》中甘草的用量

关于《伤寒论》中剂量问题，各个医家皆有不同的看法，兹列举如下，以供参考。

按柯雪帆教授的观点，东汉之1两折合15.625g（9）；王伊明（10）认为《伤寒论》中的1两相当现在1.6g；熊曼琪[11]认为《伤寒论》中的1两相当现在6.96g。其真实剂量，目前还不得而知，但多数学者研究认可1两折合15.625g。《本草备要》曰："后人益气、补中、泻火、解毒诸剂，皆以甘草为君，必须重用，方能见效，此古法也。奈何时师每用甘草不过二、三分而止，不知始自何人，相习成风，牢不可破，附记于此，以正其失"。有人用重剂炙甘草汤原方，按每两15.625g（精简为15g），原方治疗病毒性心肌炎24例，服药1～4剂，有效率达87.5%。其中部分患者曾经用常规量的炙甘草汤治疗2～3月，而且加服多种中西药无效，停止使用其他一切中西药，处以重剂炙甘草汤原方，服完1剂药后自觉症状即缓解，早搏消失；服完二剂药后，心电图恢复正常[12]。由此可知，甘草用量并非今时之人，每开一方便信手拈来，稍稍与之，而是须参合经方，寻求古训，根据疾病的需要足量用之。

《伤寒论》中的46个方子甘草的用量在2两（约30g），左右，基本上都是"日三服"，就是每天三次，每次接近1两（约15g），这与现代用量基本接近。在个别方中用到了4两（约60g），如炙甘草汤、芍药甘草汤、甘草干姜汤、甘草泻心汤。用量在1两的有茯苓甘草汤、栀子柏皮汤、柴胡桂枝汤、麻黄汤、桂枝麻黄各半汤。用量最小的是麻黄升麻汤，仅6铢（约4g）。用作散类的有四逆散、半夏散及汤，其中半夏散及汤全方每次散剂的服用量为方寸匕，即相当于现在的1克左右，日三服，所以甘草每日的量约1克左右，作汤剂全方每次两方寸匕，相当于每次2g。

仲景在不同方中甘草所用量略有不同，量多量寡，皆各有所用，每每能获得良效。因而在临床处方，辩证准备的前提下，尽可能按仲景原方的剂量及比例用之以提高疗效。

四、结语

甘草乃张仲景在《伤寒论》处方中用得最多的一味药，其主要取其"能补、能和、能缓"的作用，让它在不同的方中起着不同效用。《伤寒论》中除甘草汤和桔梗汤用的是生甘草，余皆用炙甘草，生甘草药性偏凉，长于泻火解毒，化痰止咳，相对于炙甘草性平而温来说不利于脾胃的顾护，炙甘草善温补，调补，我们在临床上要根据不同作用正确使用生甘草或炙甘草，不断领悟其用量与疗效关系，以不断提高临床疗效。

参考文献

[1] 王庆其．学习仲景用甘草的临床体会［J］．上海中医药杂志，2008，42（2）：11～13.

[2]（明）方有执．伤寒论条辨［M］．太原：山西科学技术出版社，2009.

[3] 孙燕．浅谈甘草在《伤寒论》中的应用［J］．辽宁中医杂志，2006，33（9）：1173.

[4] 张智华．从"伤寒方"看甘草在临床中的应用［J］．湖北中医学院学报，2007，9（3）：18～19.

[5] 郝万山．郝万山伤寒论讲稿［M］．北京：人民卫生出版社，2008.

[6] 祝小惠．试论《伤寒论》《金匮要略》中甘草的应用［J］．河北中医，2001，23（10）：789～790.

[7] 清．邹澍．本经疏证［M］．上海：上海人民卫生出版社，1958.

[8] 宋克诚、张昇平．浅谈《伤寒论》甘草之用［J］．中医药动态，1995，1：6.

[9] 柯雪帆．医林辍英［J］．上海中医药杂志，1983，12：36.

[10] 王伊明．为古方权量正本清源［J］．北京中医学院学报，1986，9（2），10～12.

[11] 熊曼琪．伤寒学［M］．北京：中国中医药出版社，2003：439～441.

[12] 周龙妹．炙甘草汤治疗病毒性心肌炎24例［J］．上海中医药杂志，1989，5：3.

［《江西中医学院学报》2012，241（3）：3］

学用大青龙汤方证应重视的若干问题

王　付　河南中医学院经方研究所

大青龙汤由麻黄去节、六两（18g），桂枝去皮、二两（6g），甘草炙、二两（6g），杏仁去皮尖、四十枚（7g），生姜切、三两（9g），大枣擘、十枚，石膏碎、如鸡子大（48g）所组成。其用法及注意事项是"上七味，以水九升，先煮麻黄，减二升，去上沫，内诸药，煮取三升，去滓，温服一升。取微似汗，汗出多者，温粉敷之。一服汗者，停后服。若复服，汗多亡阳，遂虚，恶风，烦躁，不得眠也。"主治①太阳伤寒证与里热证相兼，如《伤寒论》第38条："太阳中风，脉浮紧，发热，恶寒，身疼痛，不汗出而烦躁者，大青龙汤主之。若脉微弱，汗出恶风者，不可服之。服之则厥逆，筋惕肉瞤，此为逆也。"②太阳营卫湿郁证，如《伤寒论》条39条："伤寒，脉浮缓，身不痛，但重，乍有轻时，无少阴证者，大青龙汤发之。"③

溢饮夹热证，如《金匮要略》第十二23条："病溢饮者，当发其汗，大青龙汤主之；小青龙汤亦主之。"结合多年运用大青龙汤治病体会，现将学用大青龙汤的若干问题探讨于次。

一、麻黄与石膏用量比例

张仲景设大青龙汤主治表寒里热证，即太阳伤寒证与里热证相兼，运用大青龙汤除了辨证、用方准确外，还必须重视调配麻黄与石膏用量比例，麻黄用量为六两约18g，石膏用量如鸡子大约48g，比例关系是3∶8。若石膏用量偏大则直接影响麻黄发汗透达，若麻黄用量偏大则直接影响石膏清热，运用大青龙汤只有按比例调配用量，才能取得最佳治疗效果。再则，石膏既能制约麻黄发汗太过伤津，又能生津益汗源。

二、大青龙汤与"太阳中风"

辨识"太阳中风"的临床意义有二：①以"风"代风寒之邪侵人；②以"风"代里有阳热之邪，即里热证。可见，张仲景论"太阳中风"，不是辨太阳中风证，而是辨表里兼证。

三、大青龙汤与"脉浮缓"

辨识"脉浮缓"的辨证精神有二：①大青龙汤主治因人不同而有"脉浮紧"与"脉浮缓"；②辨"脉浮缓"是重点论大青龙汤既能主治表寒里热证，又能主治太阳营卫湿郁证。因湿邪浸淫太阳，郁滞营卫，太阳之气奋起抗邪则脉浮；湿邪壅滞经气则脉缓。可见，运用大青龙汤，既是主治表寒里热证的重要代表方，又是主治太阳营卫湿郁证的重要基础方，以此才能学好用活大青龙汤。

四、大青龙汤与太阳营卫寒湿证

张仲景设大青龙汤方药组成，解表散寒药以麻黄等为主，清泻里热药以石膏为主，方药组成决定功效是解表散寒，清泻里热，主治表寒里热证。大青龙汤为何又能主治太阳营卫湿郁证？因太阳营卫寒湿证，非用发汗药则不能治疗寒湿，用发汗药量小又不能达到发散寒湿的目的，而用量大又有发汗太过而损伤阴津，所以大青龙汤重用麻黄为18g，大发其汗以除湿散寒，又重用石膏为48g，制约麻黄大发汗而不致大出汗，且达到微微汗出以除湿散寒。

五、大青龙汤与"无少阴证"

张仲景论大青龙汤主治与"无少阴证"之间的辨证重点有二：①辨太阳营卫寒湿证之身重与少阴阳虚寒湿证相类似，应与少阴阳虚寒湿证相鉴别，即辨少阴阳虚寒湿证，身虽重但以疼痛为主；而大青龙汤证身虽痛但以重为主；②运用大青龙汤，既有适应证又有禁忌证，以此学用才能更好地辨治病证。

六、服用大青龙汤与注意事项

运用大青龙汤主治表里兼证，在表不是太阳伤寒证而是太阳中风证，则不能用大青龙汤；在里是郁热夹气虚或为阳虚证，也不能选用大青龙汤，若逆而用之，则会导致病证发生变化。

七、大青龙汤与"服之则厥逆，筋惕肉瞤"

运用大青龙汤，①张仲景论"服之则厥逆"的目的是强调运用大青龙汤主治太阳中风证与里热证相兼，必定会损伤阳气，导致阳虚不能温煦则演变为厥逆；②张仲景论"筋惕肉瞤"的目的是强调误用大青龙汤而损伤阳气阴津，导致筋脉既不得阳气温煦，又不得阴津滋养。

八、服大青龙汤与大汗出

运用大青龙汤，既有主治证，又有禁忌证。根据病证表现不能用大青龙汤，一定不能用；若逆而用之，则会导致大汗出而损伤阳气。常用补救方法有二：①选用桂枝加黄芪汤内服，以益气固表止汗；②选用黄芪牡蛎粉（即黄芪、牡蛎各等分，研为细粉）外用，以益气敛阴固表，也可选用内服药与外用药相结合。

九、大青龙汤与"烦躁"

运用大青龙汤主治里热以"烦躁"为主，其病变证机是郁热内扰心神，治当清泻里热；而误用大青龙汤而出现烦躁，其病变证机是阳气受损而不能守护心神。若阳虚误用大青龙汤则可引起的阳虚烦躁证，其病证表现比较轻者，可用干姜附子汤；若病证表现比较重者，可用茯苓四逆汤、或用吴茱萸汤。总之，辨治烦躁，若病变证机是内热肆虐，则舌红苔黄；若病变证机是阳虚不固，则舌淡苔薄白。

十、运用大青龙汤思路与方法

运用大青龙汤主要有三：①主治表里兼证即太阳伤寒证与里热证相兼，类似于受凉感冒而诱发慢性支气管炎急性发作（咯黄痰），或因受凉而诱发慢性鼻炎急性发作（黄鼻涕），或因受凉而诱发神经性头痛急性发作（舌红苔黄）等；②太阳营卫寒湿证，类似于肌肉风湿，或关节风湿；③溢饮热证，类似于肺气肿或肺源性心脏病以及肾病等所引起水肿。

十一、合方应用大青龙汤

运用大青龙汤，若以胃热为主，可与白虎汤合方应用；若以肺热为主，可与葶苈大枣泻肺汤、桔梗汤合方应用；若是肌肉风湿，可与白虎加桂枝合方应用等。学用大青龙汤既要辨证准确，又要用方无误，更要深入研究运用大青龙汤的若干问题，以此才能学好用活大青龙汤以辨治诸多疑难杂病。

[《中医药通报》2012，11（4）：29]

学用麻黄汤的探索与实践

王　付　河南中医学院经方研究所

麻黄汤是《伤寒杂病论》中著名治病方之一，方由麻黄三两，桂枝二两，杏仁七十个，炙甘草一两所组成，因张仲景将麻黄汤设在太阳病篇，所以长期以来将麻黄汤局限于解表用方。笔者结合多年临床治病用方体会，运用麻黄汤不仅能辨治太阳伤寒证，更能辨治诸多疑难杂病，于此试将理论探索与临床应用介绍于此，以抛砖引玉。

一、解读方药

（一）诠释用药要点

方中麻黄辛温宣肺散寒；桂枝辛温通阳发汗；杏仁肃降肺气；甘草益气和中。

（二）剖析方药配伍

麻黄与桂枝属于相须配伍，辛温发汗，温肺散寒；麻黄与杏仁属于相使配伍，麻黄治咳喘偏于宣散，杏仁治咳喘偏于肃降；麻黄与甘草属于相反相使配伍，相反者，麻黄宣发，甘草补益，相使者，甘草助麻黄宣肺益肺，麻黄助甘草化痰祛痰；杏仁与甘草属于相使配伍，益肺降逆；桂枝与甘草属于相使配伍，辛甘益气温通。

（三）权衡用量比例

麻黄与桂枝为3∶2，提示宣发与温通间的用量关系，以治风寒；麻黄与杏仁为3∶4，提示宣发与肃降间的用量关系，以治咳喘；麻黄与甘草为3∶1，提示宣发与益气间的用量关系；桂枝与甘草为2∶1，提示温通与益气间的用量关系。

二、应用指征

本方以辛温发汗，宣肺降逆为主，主治太阳伤寒证，或风寒犯肺证。常见症状有：身体疼痛，腰痛，骨节疼痛，发热，或未发热，恶寒，或恶风，呕逆，无汗而喘者，喘而胸满者，衄血，脉浮，或脉浮紧，或脉浮而数，脉阴阳俱紧者。

三、运用须知

1. 煎煮服用　张仲景设麻黄汤用法，先以水煎煮麻黄约10分钟，去麻黄沫，再纳入其余药煎煮25分钟，根据病情而决定服药方法。若药后病除，止后服；若病证仍在，当继续服药。

2. 注意事项　服用麻黄汤，应适当加衣取暖，以助药力发汗；若病重者，可酌情加大药量，或针药并用，但不需饮热稀粥。

3. 临床应用　运用麻黄汤既是主治太阳伤寒证的基本代表方，又是主治肺寒证的重要基础方，还能主治关节寒湿疼痛证，不能将麻黄汤主治仅仅局限于太阳伤寒证。

4. 合方应用　临证若仅用麻黄汤辨治诸多疾病则有其一定局限性，若能合方应用，即能明显提高治疗效果，如夹内热者，可与白虎汤合方应用；若夹气虚者，可与四君子汤合方应用；若夹寒湿甚者，可与乌头汤合方应用；若夹气郁者，可与四逆散合方应用，若夹血虚者，可与四物汤合方应用；若夹阴虚者，可与百合地黄汤合方应用等。

四、方证辨病

1. 感冒、流行性感冒等　辨证要点为发热恶寒，头痛，舌质淡，苔薄白。

2. 慢性支气管炎、阻塞性肺疾病、支气管哮喘等　辨证要点为咳嗽，气喘，痰多色白，舌质淡，苔薄白。

3. 神经性皮炎、过敏性皮炎、日光性皮炎、药物性皮炎等　辨证要点为皮肤瘙痒，手足不温，舌质淡，苔薄白。

4. 风湿性关节炎、类风湿关节炎、骨质增生等　辨证要点为关节疼痛，因寒加重，舌质淡，苔薄白。

5. 神经性头痛、血管神经性头痛、面神经炎、末梢神经炎等　辨证要点为头痛，麻木，恶寒，舌质淡，苔薄白。

五、临床应用

（一）末梢神经炎案

沈某，女，64岁，郑州人。有多年末梢神经炎病史，近因脚趾脚心麻木加重前来诊治。刻诊：脚趾脚心麻木冰凉，行走似脚踩棉花感，舌质淡，苔薄白，脉沉弱。辨为寒浸筋脉，气血不荣证，治当温经散寒，益气补血，给予麻黄汤、四逆汤与当归补血汤合方加味，麻黄10g，桂枝6g，杏仁12g，生川乌10g，干姜10g，当归6g，黄芪30g，白芍15g，炙甘草12g。6剂，每天1剂，水煎服，每日分3服。二诊：脚趾脚心冰凉好转，以前方6剂。三诊：脚趾脚心冰凉又有好转，以前方6剂。四诊：脚趾脚心麻木减轻，以前方6剂。五诊：脚趾脚心冰凉止，行走似脚踩棉花感减轻，以前方6剂。六诊：诸证较前减轻，以前方6剂。之后，以前方治疗120余剂，脚趾脚心略有麻木，行走如常人。随访1年，一切尚好。

用方体会：根据脚趾脚心冰凉辨为寒，再根据脚趾脚心麻木、脉沉弱辨为气血虚，以此辨为寒浸筋脉，气血不荣证。方以麻黄汤辛温散寒通阳；四逆汤益气壮阳散寒；当归补血汤补益气血；白芍补血缓急。方药相互为用，以奏其效。

（二）鼻窦炎案

安某，女，21岁，新乡人。4年前因感冒引起鼻窦炎，屡经中西药治疗，鼻塞、头痛反复不愈，近因鼻塞、头痛加重而前来诊治。刻诊：鼻塞不通，流黄稠鼻涕有异味，受凉加重，头痛，头晕，口渴不欲饮水，舌质红，苔薄白，脉沉紧。辨为风寒外束，郁热内扰证，其治解表散寒，清泻内热，给予麻黄汤与白虎汤合方加味：麻黄10g，桂枝6g，杏仁15g，石膏45g，知母18g，粳米15g，辛夷15g，川芎12g，冰片（冲服）2g，薄荷12g，炙甘草10g。6剂，第1次煎30分钟，第2次煎20分钟，每日1剂，每天分3服。二诊：鼻塞缓解，头痛好转，又以前方6剂。之后，又以前方治疗30剂，诸证悉除。半年随访，鼻窦炎未再复发。用方体会：根据鼻塞、头痛受凉加重辨为寒，再根据流黄鼻涕，舌质红辨为热，以此选用麻黄汤与白虎汤合方。方中麻黄发汗散寒；桂枝通经止痛；杏仁降泄浊逆；石膏、知母清泻郁热；辛夷通鼻窍；冰片开鼻窍；川芎理血行气通窍；薄荷清利鼻窍；粳米、甘草益气和中。方药相互为用，以取得治疗效果。

（三）小儿支气管炎案

刘某，男，5岁，中牟人。4个月前原因不明出现咳嗽，西医诊断为小儿支气管炎，曾静脉用药2周，多次服用中西药，可咳嗽未见明显好转，作血细胞分析，没有发现明显异常。刻诊：咳嗽，痰少色白，咯之不爽，受凉加重，口淡不渴，大便溏泄，舌质淡，苔薄白，脉浮弱。辨为风寒犯肺夹虚证，其治当温肺散寒，降逆止咳，给予麻黄汤与苓甘五味姜辛汤合方加味：麻黄6g，桂枝4g，杏仁10g，茯苓10g，五味子6g，干姜6g，细辛6g，陈皮10g，党参10g，白前10g，炙甘草6g。6剂，第1次煎30分钟，第2次煎20分钟，每日1剂，每天分6服。二诊：咳嗽不明显，又以前方6剂。三诊：咳嗽基本消除，为了巩固疗效，又以前方治疗3剂，病为痊愈。

用方体会：根据咳嗽受凉加重辨为寒，再根据大便溏泄，脉浮弱辨为肺气不收，以此选用麻黄汤与苓甘五味姜辛汤合方。方中麻黄发汗散寒；桂枝温肺化饮；杏仁降肺止咳；党参、茯苓益气健脾补肺；干姜、细辛宣肺温肺，散寒化饮；五味子收敛肺气，兼防温散伤气；陈皮理气化痰；白前宣利肺气；甘草益气固本。方药相互为用，以取得治疗效果。

（四）湿疹案

党某，男，27岁，郑州人。1年前原因不明两腋下至肘关节出现湿疹，经中西药等方法治疗，都未能有效控制病证，近因瘙痒加重而前来诊治。刻诊：腋下至肘关节多处湿疹，大的成片状，小的呈针点，疹呈红色，遇风瘙痒加重，抓挠流黄水，大便不畅，口淡，不欲饮水，舌红苔薄黄，脉浮。辨为外寒内热证，其治当发汗散寒，清泻内热，给予麻黄汤加味：麻黄6g，桂枝4g，杏仁10g，大黄6g，黄连12g，黄芩12g，苦参12g，生地15g，当归15g，花椒3g，茯苓24g，炙甘草6g。6剂，第1次煎30分钟，第2次煎20分钟，每日1剂，每天分3服。二诊：湿疹瘙痒减轻，又以前方6剂。三诊：湿疹明显好转，又以前方6剂，之后，累计服用20余剂，湿疹痊愈。

用方体会：根据湿疹遇风瘙痒加重，口淡，不欲饮水辨为风寒，再根据湿疹呈红色，抓挠流黄水辨为湿热，以此选用麻黄汤加味。方中麻黄发汗散寒；桂枝温经通脉；杏仁降泄湿浊；大黄、黄连、黄芩、苦参清热泻热，燥湿止痒；生地、当归凉血活血补血；茯苓渗利湿浊；花椒温化止痒；甘草益气缓急止痒。方药相互为用，以取得治疗效果。

（五）面肌神经炎案

罗某，女，46岁。半年前出现面肌抽搐，渐渐加重，曾诊断为面肌神经炎，几经中西药治疗，可面肌仍然抽搐，近因病证加重而前来诊治。刻诊：面肌抽搐，甚于中午，无汗，口淡不渴，舌质红，苔薄略黄，脉无变化。辨为风寒表实夹郁热证，给予麻黄汤加味：麻黄10g，桂枝6g，杏仁15g，白附子10g，黄芪15g，防风10g，知母15g，炙甘草6g。6剂，1日1剂，水煎2次合并分3服。二诊：面肌抽搐减轻，又以前方治疗20余剂，诸证悉除。

用方体会：根据面肌抽搐甚于中午辨病变部位在太阳，因无汗辨为表实证，口淡不渴辨病变证机是寒，舌红、苔薄黄辨为夹郁热。此选用麻黄汤发汗解表，通达经脉，开泄腠理；防风祛风止痉；黄芪益气固表；白附子祛面风，化痰解痉；知母清泻郁热，兼益阴和筋。方药相互为用，以发汗通经，散寒祛风，益气清热功效。

［《中医药通报》2012，11（5）：19］

也说阳明病白虎汤、白虎加人参汤证

李登岭　赵红霞
山东省莘县中西医结合研究所

白虎汤、白虎加人参汤出自《伤寒杂病论》。林亿校本《伤寒论》凡有八条提及，原为“热结于里，里实未成”而设，用以治疗外邪由表入里化热化燥，无形燥热炽盛及真热假寒之热厥。仲景《伤寒论》中从未提及阳明经证，更未将阳明病分为阳明经证（阳明病热证）和阳明腑证（阳明病实证）。白虎汤、白虎加人参汤证属阳明经证一说，概属后世医家附会杜撰而成。本文就白虎汤、白虎加人参汤证是否隶属阳明病做如下分析，以与同道交流。

一、白虎汤、白虎加人参汤证非专属阳明经证

（一）宋本《伤寒论》中白虎汤、白虎加人参汤证的条目编次及相关医家阐述

在宋本《伤寒论》中，关于白虎汤和白虎加人参汤证，第26、168、169、170、176、219、222、350条均有专述。其中第26、168、169、170、176条见于太阳病篇，第350条见于厥阴病篇，第219、222条见于阳明病篇。由此可见，至少林亿诸君校勘《伤寒论》时，并未把白虎汤、白虎加人参汤与阳明病勾画对等关系。有些医家将阳明病分成阳明经证和阳明腑证，认为白虎汤、白虎加人参汤证不在阳明之腑，而在阳明之经，似系臆断而来。细考《伤寒论》六经病证分腑证、经证，始源于王叔和《伤寒例》（此篇多认为非仲景之作），他说“此三经皆受病，未入于腑……此三经皆受病，已入于腑，可下而已”，自此以后，便有腑证、经证一说。《伤寒论》中“行其经尽……欲作再经……使经不传……”“过经不解”“太阳随经”等“经”字，与“经证、腑证”之“经”风马牛不相及，《伤寒论》通篇更无一处提及阳明“经”证。《和剂局方》《三因方》《医学入门》等书，无一将白虎汤、白虎加人参汤证和阳明病证对等。直至《方函口诀》，始载“白虎汤之邪热散漫于肌肉之间，发大热大渴，脉洪大，或滑数者，是故白虎与承气为表里之剂，同属阳明之位表里俱热，与三阳合病，皆用此方，皆胃不实而近于表者也”。后世温病学家进一步用之治疗温病，视其为辛凉重剂，主治气分阳明热盛证，至此“白虎汤、白虎加人参汤证和阳明病证对等”之说几成定势。现代《伤寒论》教材，亦将白虎汤、白虎加人参汤证编入阳明病篇讲解。而著名伤寒学家刘渡舟教授则认为“白虎汤证并非阳明经络之热”，看来白虎汤、白虎加人参汤证和阳明病证混为一谈值得商榷。

（二）《伤寒论》阳明病的辨识标准

《伤寒论》179条载：“问曰：病有太阳阳明，有正阳阳明，有少阳阳明，何谓也？答曰：太阳阳明者，脾约是也；正阳阳明者，胃家实是也；少阳阳明者……胃中燥烦实，大便难是也。”由此推导，不管太阳阳明、正阳阳明、少阳阳明，“正”阳明、“偏”阳明，不论脾约、胃家实、大便难，均有内实之证。此和白虎汤、白虎加人参汤证的“热结而里实未成”相比，泾渭分明。白虎汤、白虎加人参汤证属于现在通行的所谓阳明经证的概念，概非仲景本意。

退一步讲，即便阳明病有阳明经证，那么我们知道，《伤寒论》182条有“问曰：阳明病外证云何，答曰：身热，汗自出，不恶寒，反恶热也”，168条有“伤寒若吐若下后……时时恶风……白虎加人参汤主之”，169条又有“伤寒无大热……背微恶寒者……白虎加人参汤主之”。其中182条明确指出了阳明病外证的标准表象是“不恶寒，反恶热”，而168、169条反而清楚地注明了白虎加人参汤证具有“时时恶风”“背微恶寒”之症，可见白

虎加人参汤所见症状不符合阳明病的外证辨识标准，因而可以断定168、169条白虎加人参汤证不属于阳明证。

（三）白虎汤、白虎加人参汤证证候分析

进一步分析“时时恶风”“背微恶寒”甚至350条“厥”之症状，无不可见白虎汤、白虎加人参汤证不属于阳明病证。169条的“背微恶寒”，系伤寒后寒邪入里化热，热结在里，卫阳失司所致。卫阳与热纠结，阳气外达于背受扰，故见“背微恶寒”。关于168条“时时恶风”和169条“背微恶寒”，有解释为汗出表疏故觉时时恶风，有解释为表证不解故背微恶寒，后者解释为表证不解终归不妥，因其和170条互参不能自圆其说，170条言“……其表不解，不可与白虎汤……无表证者，白虎加人参汤主之”，若解释为表证不解，则不为白虎汤、白虎加人参汤证，当然也不能用白虎汤、白虎加人参汤方。168条和169条通解，以卫阳与热纠结，阳气外达受扰，故“时时恶风”“背微恶寒”更合医理、文理。在厥阴病篇350条，热结于里，阳郁则厥；太阳病篇168条，热结于里，卫阳与热纠结，阳气外达于背受扰，故“背微恶寒”；太阳病篇169条，热结于里，卫阳与热纠结，阳气外达受扰，故“时时恶风”。三者均是“热结而里实未成”所致的症状，既然这样，其和胃家实所致之症状当然不同。看来，只要承认“阳明之为病，胃家实是也”统领阳明病全篇，那么白虎汤、白虎加人参汤的症状就都不符合阳明病的症状标准。笔者认为，白虎汤、白虎加人参汤证不独在阳明，更可在太阳、少阳，甚或见于厥阴病证中。白虎汤、白虎加人参汤可用于治疗“热结而里实未成”之证，非独治疗“阳明经证”。

（四）白虎汤、白虎加人参汤证和阳明病证的病机比较

进一步考究白虎汤、白虎加人参汤证的病机，可以发现阳明病证的基本病机是“胃家实”，180条即明确指出“阳明之为病，胃家实是也”。而26条白虎加人参汤证，讲的是太阳病过汗化热伤津所致变证的治疗，此证虽有里热，但终未形成阳明胃家实之证。168、169条虽均热结在里，但结而未实，终亦未形成阳明胃实家之证。由170条“其表不解，不可与白虎汤……无表证者，白虎加人参汤主之”来看，可以推断，白虎汤、白虎加人参汤证一定不属于太阳表证。据此，既然二方证不是太阳病表证，又不是阳明病胃家实，当属医之变证无疑。有医家认为白虎汤、白虎加人参汤证不在阳明之腑，而在阳明之经，实属牵强。

二、认定白虎汤、白虎加人参汤证非属阳明经证的意义

（一）可还原仲景对白虎汤、白虎加人参汤证的认识

通过对《伤寒论》所见八条关于白虎汤、白虎加人参汤证的分析，可以得出这样的结论：26、168、169、222条，侧重对伤寒误治后变证的论述，详于津液耗伤、热结于里；170、176条，侧重论述白虎汤、白虎加人参汤证的病机及治禁；219、350条，侧重对热结三阳合病及热结致厥症状的论述。通篇看来，白虎汤、白虎加人参汤的病因、病机、症状清晰可见。其病因多因于伤寒后演变、误治而伤津液，或三阳合病；其病机为津伤或热结而里实未成；其脉可见浮滑、滑、洪大；症状有渴、燥渴、烦渴、渴欲饮水，发热，烦、心烦，背微恶寒，时时恶风，手足厥冷甚或厥，以及三阳合病的腹满、身重、难以转侧、口不仁、面垢、谵语、遗尿。

（二）可更准确地把握白虎汤、白虎加人参汤的主治范围

潘雪在《方剂辨证论治方法体系之建立——白虎汤证的辨证论治方法研究》中，运用现代统计学方法对所收集的310例白虎汤验案归纳、整理，发现白虎汤脉证较多，而并见“大热、大汗、大渴、脉洪大”四大症的患者不足1/10。由潘雪的结论我们可以这样认为，白虎汤、白虎加人参汤的临床运用，不必拘泥为必见四大症，而是只要见到主要症状，且有“热结于里而里实未成”的病机，便可使用。其主治范围也不要受阳明病的局限，应摒弃白虎汤、白虎加人参汤证和阳明病的对等关系，这样就能够拓展白虎汤、白虎加人参汤的主治范围。

（三）可更灵活化裁变通白虎汤、白虎加人参汤的治疗方药

研读《伤寒论》之后可以看见，麻黄汤、桂枝二越婢一汤、大青龙汤、白虎汤、白虎加人参汤所治的表证、表里同病、里热证，是一个渐进过程。太阳、少阳、阳明甚至厥阴病，均可见到白虎汤、白虎加人参汤证，非独属于阳明病的“阳明经证”。基于这种认识，我们在临床上就可清晰、灵活地掌握仲景遣方用药精神，诸如170条“伤寒，脉浮……其表不解，不可与白虎汤……无表证者，白虎加人参汤主之”，其意应为伤寒有表证者，不宜独

行白虎汤，而应解表清里共投，可考虑桂枝二越婢一汤、大青龙汤。只有认识到白虎汤、白虎加人参汤证非属阳明经证，并能将其汤证和麻黄汤证、大青龙汤证进行对比分析，就能了然于心，灵活运用。白虎汤、白虎加人参汤证属热结于里，其症状前文已详，不再赘述。麻黄汤证与大青龙汤证皆在表或兼表，皆有脉浮、发热，麻黄汤证发热、恶寒，大青龙汤证发热、烦躁，此二证皆有“表实”。烦躁一症见于大青龙汤证、白虎汤证、白虎加人参汤证，此三证又皆有“里热”。也就是说，麻黄汤证纯属表；大青龙汤证除有表寒外，尚有里热（故见烦躁）；白虎汤、白虎加人参汤证纯属里热。逐条由表及里，逐渐过渡，用方化裁进退，条理分明。可见在《伤寒论》中，解表、解表清里、清里各有偏重，表述得非常清楚。

三、小结

《伤寒论》对各经病的认识条理清晰，太阳病就是脉浮头项强痛而恶寒，阳明病必待胃家实已成，少阴病定有脉微细但欲寐之虚，不必再谬加白虎汤、白虎加人参汤证属“阳明经证”的论述。很多问题，按仲景本意理解，即能由博返约，心领神会，执简御繁；若任人教唆，迷失自我，反而偾事。

[《国医论坛》2012，27（3）：5]

叶氏卫气营血理论与对仲景学说的继承和发展

孙晓光　赵　艳　北京中医药大学
彭　越　中日友好医院

根据目前文献研究，营卫学说最早起源于《内经》，其中《营卫生会》《营气》等篇对营卫的生成、循行、生理、病理都进行了论述，奠定了营卫学说的基础[1]。张仲景所著《伤寒论》将营卫学说和六经辨证体系有机结合，在生理、病理、病机、治法、方药方面对营卫学说的颇多阐发，丰富了营卫学说的内涵，创立了宣发营卫的麻黄汤，大、小青龙汤，调和营卫的桂枝汤，充养营卫的小建中汤，养营清热的黄连阿胶汤等一些著名方剂。其中小建中汤的创立是《内经》营卫之气出于中焦水谷变化这一理论的直接体现，而桂枝汤以及黄芪桂枝五物汤等一系列方，是补充了《内经》当中营卫之气不平衡或不和谐所出现的一系列病理问题的解决思路，以抵当汤、桃核承气汤、甘麦大枣汤、黄连阿胶汤为代表的方剂提出了瘀血证、营阴内伤证对神智方面的影响，为营卫学说在后世的发展，特别是温病学派卫气营血辨证的提出打下了基础。叶天士创立卫气营血辨证，是对《伤寒论》中营卫学说的继承和发展，并汲取了前代医家对营卫的理解和阐发，结合温热病的临床实际使卫气营血辨证得以成熟完善。

一、营卫学说的发展概述

要理解卫气营血辨证离不开营卫学说的发展过程。唐代孙思邈指出：“夫伤寒病者，起自风寒入于腠理，与精气分争，营卫否隔，周行不通。”[2]指出了外邪侵袭可以导致营卫运行不畅，出现一系列症状，并指出营卫的运动是“周行”的，这一点与《内经》相同。成无己在《注解伤寒论》中指出：“阳以候卫，阴以候营。阳脉浮者，卫中风也；阴脉弱者，营气弱也。风并于卫，则卫实而荣虚，故发热汗自出也。经曰：太阳病，发热汗出者，此为营弱卫强者是也。啬啬者，不足也，恶寒之貌也。淅淅者，洒淅也，恶风之貌也。卫虚则恶风，营虚则恶寒，营弱卫强，恶寒复恶风者，以自汗出，则皮肤缓，腠理疏，是亦恶风也。翕翕者，熇熇然而热也，若合羽所覆，言热在表也。鼻鸣干呕者，风壅而气逆也。与桂枝汤和营卫而散风邪也。”[3]成氏又注曰：“《内经》曰：辛甘发散为阳。桂枝汤，辛甘之剂也，所以发散风邪。《内经》曰：风淫所胜，平以辛，佐以苦甘，以甘缓之，以酸收之。是以桂枝为主，芍药甘草为佐也。《内经》曰：“风淫于内，以甘缓之，以辛散之。是以生姜大枣为使也。”[3]这是对桂枝汤的最早注释，也是对《伤寒论》营卫说的基本阐发。金元四大家之一的李东垣在《脾胃论》中论述道：“血不可不养，卫不可不温，血温卫和，营卫乃行。”“盖人受水谷之气所生，所谓清气、荣气、运气、卫气，春升之气，皆胃气之别称也。”[4]指出了营卫以胃气为滋养、运行通畅为关键的宗旨。

到了明清时期喻嘉言在继承前人观点基础上认为：“至伤寒六经中，又以太阳一经为大纲，而太阳经中，又以风伤卫、寒伤营、风寒两伤营卫为大纲。”[5]即著名的三纲鼎立之说。《医宗金鉴·订正仲景全书伤寒全书论注·辨太阳病脉证并治上篇》提出：“太阳主表，为一身之外藩，总六经而统营卫。凡外因百病之袭人，必先于表。表气壮，则卫固荣守，邪由何入！经曰：虽有大风苛毒，勿之能害是也。若表气虚，则荣卫之气不能御外，故邪得而乘之。”[6]吴谦等人对营卫的论述侧重于营卫的卫外功能，而不涉及《内经》中营卫的滋养功能，因而侧重于主表的太阳经，而不太强调营卫之气对脏腑的滋养作用，从表里而言认为营卫都属“表气”，这种观点在营卫学说中影响很大。黄元御则曰“卫秉肺金之气，其性清降而收敛”“营秉肝木之气，其性温升而发散”[7]，黄氏从营卫气化的角度说明营为阴、卫为阳，营主发散和卫主收敛，这一观点和《素问》中“阴者，藏精而起亟也，阳者，卫外而为固也”的论述如出一辙，但更加具体和实用，它为研究《伤寒论》中桂枝汤、麻黄汤等药物的作用机制提出了升降出入方面的理论依据，同时也指出卫气和肺、营气和肝具有密切关系。柯琴认为：“人皆知太阳经络行于背，而不知背为太阳之所主；竟言太阳主营卫，而不究营卫之所自；只知太阳主表，而不知太阳实根于里，而不知心肺是太阳之理……营卫行于表，而发源于心肺，故太阳病则营卫病，营卫病则心肺病矣。”[8]柯琴的这段论述指出了将营卫之气侧重于太阳经的观点是有偏颇的，而且明确指出了营卫与心肺的生理病理联系，他的观点与叶天士的营卫观相近似，事实上从《临证指南医案》中可以看出叶天士读过柯琴的著作，而且对其褒赞有加。

二、叶天士卫气营血辨证对《伤寒论》营卫学说的继承和发展

这里的卫气营血主要指的是邪气传变的浅深层次，也就是表里次序。

（一）肺主气属卫，心主血属营

《温热论·温病总纲》：“温邪上受，首先犯肺，逆传心包。肺主气属卫；心主血属营。辨营卫气血虽与伤寒同；若论治法，则与伤寒大异。”[9]这篇温病大纲，起手便言“温邪上受，首先犯肺，逆传心包。肺主气属卫；心主血属营。”指出了卫与肺、营与心的关系，与《难经·三十五难》讲：“心者血，肺者气。血为荣，气为卫；相随上下，谓之荣卫。”[10]以及《伤寒论翼》：“营卫行于表，而发源于心肺，故太阳病则营卫病，营卫病则心肺病矣。”[8]所表达的意思是一致的。

再看仲景《伤寒论》：“太阳病，头痛发热，身疼，腰痛，骨节疼痛，恶风，无汗而喘者，麻黄汤主之。”“太阳病，下之微喘，表未解故也。桂枝加厚朴杏子汤主之。”从以上两条可知在外的营卫不论是郁闭不行还是营卫不和，都可影响到肺气的宣降失常，从而出现咳喘等肺气上逆的病证。《伤寒论》中“太阳中风，脉浮紧，发热恶寒，身疼痛，不汗出而烦躁者，大青龙汤主之。”此条文烦躁症是属心神范畴，同样可以由于营卫郁闭，阳热内郁所致。而“伤寒脉结代，心动悸，炙甘草汤主之”条文中的心神表现是由于营血亏虚、卫气不行所致，只是此营卫涉及到里而不同于前条之表。从《临证指南医案》中对复脉汤的运用可以看出来叶天士对此是心中了然的。

综上可以看出，关于心肺与营卫的关系，无论张仲景还是叶天士对此都是观点一致的，只是由于叶天士讲的是感受温热之邪，所以叶氏云：“辨营卫气血虽与伤寒同；若论治法，则与伤寒大异。”

（二）叶天士在温病治法上对仲景的继承与发展

《温热论》中温病的治法：“温邪则化热最速，未传心包，邪尚在肺。肺合皮毛而主气，故云在表。初用辛凉轻剂，挟风加薄荷、牛蒡之属，挟湿加芦根、滑石之流，或透风于热外，或渗湿于热下，不与热相抟，势必孤矣。”这是温邪上受首先犯肺治法，叶氏观察到温病与伤寒的感邪性质不同，所以在这里不再适用伤寒的辛温解表剂，所以在治法上有所创新，所选之药与伤寒有所区别，主要借鉴了河间学说。刘河间对火热病的治疗采取表里分治的，在表证采用的就有辛凉解表法，如《素问玄机原病式·热类》中说：“且如一切怫热郁结者，不必止辛甘热药能开发也，如石膏、滑石、甘草、葱、豉之类药，皆能开发郁结。以其本热，故得寒则散也。夫辛甘热药，皆能发散者，以力强开冲也。然发之不开者，病热转加也……是故善用之者，须加寒药。不然，则恐热甚发黄、惊狂或出矣。”[11]《素问玄机原病式·火类》中还进一步指出：“大法破伤中风，风热燥甚，怫郁在表而里气尚平者，善伸数欠，筋脉拘急，或时恶寒，或筋惕而搐，脉浮数而弦也。宜以辛热治风之药，开冲结滞，荣卫宣通而愈。犹伤寒表热怫郁，而以麻黄汤辛热发散者也。凡用辛热开冲风热转甚也；犹《伤寒论》热药发表不中效，则热转甚也。故发热用麻黄、桂枝汤类热药发表，须加寒药，不然则热甚发黄或斑出矣。故发表诸方，佐以黄芩、石膏、知母、柴胡、地黄、芍药、栀子、茵陈、葱白、豆豉之类寒药消息用之。如世以甘草、滑石、葱、豉寒药发散甚妙，是以甘草甘能缓急，湿能润燥，滑石淡能利窍，滑能通利；葱辛甘微寒；豉咸寒润燥，皆散结，缓急、润燥、除热之物。因热服之，因热而玄府郁结得通，而怫热无由再作，病势虽甚，而不得顿愈者，亦获小效，而无加害耳！此方散结，

无问上下中外，但有益而无损矣。散结之方，何必辛热而已耶!”[11]《温热论》中“初用辛凉轻剂，挟风加薄荷、牛蒡之属，挟湿加芦根、滑石之流，或透风于热外，或渗湿于热下，不与热相抟，势必孤矣。”这段条文，就是刘完素六气皆能化火说中“风与火热”“湿与火热”论治的具体体现。

《临证指南医案》中有治温热门谢某案：“积劳伤阳，卫疏。温邪上受，内入乎肺，肺主周身之气，气窒不化，外寒似战栗，其温邪内郁，必从热化。今气短胸满，病邪在上，大便泻出稀水，肺与大肠表里相应，亦由热迫下泄耳，用辛凉轻剂为稳。方用：杏仁、桔梗、香豉、橘红、枳壳、薄荷、连翘、茯苓。”这条医案明确提出温邪上受由于影响肺气的周身运行，可以出现由于营卫之气窒闭不行的“外寒似栗”的表现，这一点与《温病条辨》中首方用桂枝汤之意相同，而且可以从叶天士的这则医案可以看出，用辛凉轻剂不一定要拘于《温病条辨》中“但热不恶寒而渴者”的条文。但由于此医案“温邪内郁，必从热化”是趋势，所以用辛凉解表法展化气机发郁火于外，这就是河间火热论精神的具体实践。

《温热论》云：“若其邪始终在气分流连者，可冀其战汗透邪，法宜益胃，令邪与汗并，热达腠开，邪从汗出。”讨论这一条时我们首先要先搞清为何邪留气分不去？无外乎两点，从正邪盛衰角度，此时所受温邪本身的力量，以及患者内在身体条件都没有给温邪逆传入营的机会，但同时正气也不甚强，不能鼓邪外出，所以此时叶氏提出“益胃气，令邪与汗并，热达腠开，邪从汗出”是气分治法，结合后文《卫、气、营、血看法》中“到气才可清气”，此时温邪到了气分，笔者认为已经与伤寒邪入阳明极为相似了，甚至可以说没有本质的区别，无论是白虎汤、白虎加人参汤、竹叶石膏汤，都是白虎类方，都是仲景方，也都能符合叶氏“法宜益胃”和“到气才可清气”的观点，这一点也得到了大家的普遍认可。

《温热论》中讲邪留三焦与《伤寒论》的关系更为密切。“再论气病有不传血分，而邪留三焦，犹之伤寒中少阳病也。彼则和解表里之半；此则分消上下之势。随证变法：如近时杏、朴、苓等类；或如温胆汤之走泄。因其仍在气分，犹有战汗之门户，转疟之机括也。”明确指出温邪留于三焦与伤寒少阳病相似，治法不同。《伤寒论·平脉法》云：“寸口脉微而涩，微者卫气不行，涩者荣气不逮。荣卫不能相将，三焦无所仰，身体痹不仁。荣气不足，则烦疼，口难言；卫气虚，则恶寒数欠。三焦不归其部，上焦不归者，噫而酢吞；中焦不归者，不能消谷引食；下焦不归者，则遗溲。”仲景描述的营卫不能正常轮转使三焦功能异常，与叶氏的“分消上下”有异曲同工之妙。

《温热论》逆传入营一段，叶天士也继承和发展了仲景的学术思想。叶天士在逆传入营的辨证和立法中主要借鉴了张仲景学术中心营与神智症状关系的理论，其核心源自复脉汤和黄连阿胶汤两方。他把握住伤寒传变、误治等多种因素最终导致伤及心营的问题，紧紧抓住两方中养心营的组方核心为己所用。同时借鉴了河间心火暴亢，肾水枯竭的卒中致死问题，在处理热入营血问题中时时不忘养营救阴。同时叶氏也注意到了仲景的方药中对热入营血时清热凉血的药物运用不充分、对入营之邪仍可透达于外阐述不够的不足，于是叶天士又从孙思邈的犀角地黄汤、《局方》至宝丹以及河间学派的诸多思想中汲取精华，结合自身实践，完善了营血阶段的辨证论治法则和方药。除此之外，在《临证指南医案·温热门》中叶天士还大量使用了仲景的方药和立法，例如：透达温热邪气时借鉴栀子豉汤；温病误治成下利证时，宗仲景少阴下利篇堵塞阳明法，用桃花汤；温病后期营卫交损用小建中汤。

综上所述，我们可以看出叶天士卫气营血辨证体系的创立和完善，继承了仲景《伤寒论》中的诸多内容，同时又通过对孙思邈、刘河间以及诸多医家学术思想的借鉴，最终融为一炉，成为温病学派的定鼎之作，在中医学史上写下了光辉灿烂的一页。

参考文献

[1] 徐信义.《伤寒论》营卫学说研究［D］. 广州：广州中医药大学，2009.

[2] 张印生. 孙思邈医学全书［M］. 北京：中国中医药出版社，2009：182.

[3] 张国骏. 成无己医学全书［M］. 北京：中国中医药出版社，2004：64.

[4] 张年顺. 李东垣医学全书［M］. 北京：中国中医药出版社，2006：43～44.

[5] 陈熠. 喻嘉言医学全书［M］. 北京：中国中医药出版社，1999：8.

[6] 吴谦. 医宗金鉴［M］. 北京：中医古籍出版社，1998：2.

[7] 孙洽熙. 黄元御医学全书［M］. 北京：中国中医药出版社，1999：430.

[8] 柯韵伯. 伤寒来苏集［M］. 北京：中国中医药出版社，2006：27.

[9] 叶桂. 温热论［M］. 北京：人民卫生出版社，2007：1.

[10] 秦越人．难经［M］．北京：科学技术文献出版社，2010：52.
[11] 宋乃光．刘完素医学全书［M］．北京：中国中医药出版社，2006：92，103.
［《世界中西医结合杂志》2012，7（5）：374］

叶天士《临证指南医案》应用建中汤方证辨析

韩顺平　杨幼新　王富雄
天津中医药大学

小建中汤及其类方均出自东汉张仲景所著《伤寒杂病论》。《伤寒论·辨太阳病脉证并治中》第102条记载："伤寒，阳脉涩，阴脉弦，法当腹中急痛，先与小建中汤，不瘥者，小柴胡汤主之。"第105条记载："伤寒二三日，心中悸而烦者，小建中汤主之。"《金匮要略·血痹虚劳病脉证并治第六》第13条说："虚劳里急，悸、衄、腹中痛，梦失精，四肢酸疼，手足烦热，咽干口燥，小建中汤主之。"叶天士《临证指南医案》[1]继承并发展了张仲景学术思想，运用建中汤具有鲜明的学术特点。

张仲景阐述建中汤类方基本病机："伤寒二三日，心中悸而烦。"伤寒二三日属外感寒邪初期，当有发热恶寒无汗等见症，而脾胃乃营卫气血化生之源，心脾气虚，风寒外感则心中悸而烦。里虚则悸，邪扰则烦，当以小建中汤温中健脾、补虚缓急、调和气血、建中而攘外，中气建则化源充足，里虚得补，外邪自解，悸而烦等症自除。"虚劳里急，悸，衄，腹中痛，梦失精，四肢酸疼，手足烦热，咽干口燥"；"虚劳里急，诸不足"。本证当属正气不足，邪欲入里。脏腑劳损，精气亏虚，内生寒邪导致阴阳俱虚。本证是由虚劳病发展而来，张仲景之建中在于用甘温之药温养中气，中气立则邪自解。

叶天士《临证指南医案》中有两处出现"建中法"的字样，一处出现"当以甘温"的字样，观其建中法之药物为黄芪建中汤去姜，某案"当以甘温"之药物为黄芪建中汤。黄芪建中汤是在小建中汤基础上加黄芪而成，主治"虚劳里急，诸不足"[2]。由此可见，建中法是在张仲景建中汤组方基础上加减化裁，灵活运用之法，而小建中汤由桂枝、甘草、大枣、芍药、生姜、胶饴组成[3]。"当以甘温"实为当用黄芪、甘草、大枣、胶饴之甘以建中，用生姜温以通阳之建中法[4]。

《临证指南医案》建中汤案例共有24例，其中，虚劳门6例、咳嗽门12例、吐血门4例、汗门1例、调经门1例，主症常见形寒、饮食减少与自汗出，具体情况如下。

一、劳倦过度，损伤阳气

许案：劳倦伤阳，形寒，失血咳逆，中年不比少壮火亢之嗽血，黄芪建中汤。

张案：馆课诵读，动心耗气，凡心营肺卫受伤，上病延中，必渐减食，当世治咳，无非散邪清热，皆非内损主治法，黄芪建中汤去姜。

汪案：此劳力伤阳之劳，非酒色伤阳之劳也，胃口消惫，生气日夺，岂治嗽药可以奏功，黄芪建中汤去姜。

医案中，许案劳倦伤阳，阳伤气不摄血而致失血咳逆，故以黄芪建中汤，甘以建中，温以通阳，是张仲景之建中法的具体应用。张案、汪案虽明咳嗽，然皆劳倦内伤，胃口消惫，土惫金损，治内损之法，上病中治，以黄芪建中汤旨在建中气、益肺气，去辛温之生姜，意在防其辛散，耗肺气，伤胃阴。

二、内损不复，阴阳俱虚

严案：脉小右弦，久嗽晡热，着左眠稍适，二气已偏，即是损怯，无逐邪方法，清泄莫进，当与甘缓，黄芪建中去姜。

华案：此劳怯损伤不复之病，已经食减，便溏，欲呕，腹痛，二气交伤，然后天为急，舍仲景建中法，都是盲医矣，建中汤去糖加人参。

杨案：内损，阴及阳分，即为劳怯，胃弱少纳，当以建中汤加人参。

医案中，严案内损不复，阴阳二气已乏，叶天士以黄芪建中汤旨在建中气、益肺气，去辛温之生姜，意在防其辛散，耗肺气，伤胃阴。华案、杨案内损，阴阳俱虚，以建中汤加人参，重在补益中气。可以看出叶天士运用张仲景建中汤非常灵活，根据临床，或重在建中气、益肺气，顾护胃阴，或重在补益中气。

三、久嗽不已，虚损不复

许案：久嗽不已，则三焦受之，一年来病，咳而气急，脉得虚数，不是外寒束肺，内热迫肺之喘急矣，盖馁弱无以自立，短气少气，皆气机不相接续，既曰虚症，虚则补其母。黄芪建中汤。

郑案：脉来虚弱，久嗽，形瘦食减，汗出息短，久虚不复谓之损，宗内经形不足，温养其气，黄芪建中汤去姜加人参五味。

以上医案均为久咳虚损，用黄芪建中汤治疗，旨在虚则补其母，元气受损，甘药调之，健脾生气以补益肺气。其中，许案久嗽、短气少气之虚主，但用黄芪建中汤即可；郑案有胃伤食减之表现，故于黄芪建中汤去生姜，以防生姜之辛散，耗伤肺气，损伤胃阴；郑案除上述症状外尚有汗出息短，故于黄芪建中汤中加人参、五味子增强益气收敛之作用。

四、阳微卫薄，病在营卫

某案：脉细弱，自汗体冷，形神疲瘁，知饥少纳，肢节酸楚，病在营卫，当以甘温。生黄芪、桂枝木、白芍、炙甘草、煨姜、南枣。

李案：久嗽经年，背寒足跗常冷，汗多，色白，嗽甚不得卧，此阳微卫薄，外邪易触，而浊阴挟饮上犯，议和营卫，兼护其阳，黄芪建中汤去饴糖加附子茯苓。

医案中，某案营卫不和而致的自汗体冷、知饥少纳、肢节酸楚，当以甘温之黄芪建中汤治疗。李案营卫不和兼有阳虚浊阴挟饮上犯，用黄芪建中汤调和营卫，加附子护其阳、茯苓健脾以去其湿。

五、体虚外感，误治伤阳

某案：色白肌柔，气分不足，风温上受而咳，病固轻浅，无如羌防辛温，膏知沉寒，药重已过病所，阳伤背寒，胃伤减谷，病恙仍若，身体先惫，问谁之过欤，小建中汤。

本案为体虚复感温邪，而致咳嗽，误治损伤胃阳，胃纳减少，以小建中汤治之，旨在温养中气，中气立则邪自解。

尤怡《金匮要略心典》谓："欲求阴阳之和者，必于中气，求中气之立者，必以建中也。"[5]小建中汤用以治疗虚人外感和阴阳两虚的虚劳病变。其病机特点为中焦虚寒，内伤虚损，气血双亏，心脾不足，复感外邪；或中焦虚寒，复被少阳邪乘；或中气不足，阴阳失和，寒热错杂。该证核心在于中气虚寒。辨证要点是：心中悸动，虚烦不宁，面色无华，虚怯少气，脉细无力；或腹中急痛，温按痛减，舌淡苔白，脉弦细而缓；或四肢酸楚，手足烦热，咽干口燥，鼻衄、梦失精，腹中拘急，舌淡苔白，脉细或涩等[6]。叶天士在《临证指南医案》中谨遵张仲景建中汤之病机，指出："理阳气当推建中，顾阴液需投复脉，乃邪少虚多之治法。"叶天士使用建中汤、黄芪建中汤治疗的案例中，或于建中汤中减去辛温之生姜，以防姜之辛散耗伤肺气、伤及胃阴，或于建中汤中加人参，突出其重视补益中气。特别在治疗劳伤所致咳嗽，或久咳伤中时，主张治内损之法，上病中治，强调法当建中，大忌清寒理肺，突出其损其肺者益其气、虚则补其母的治疗思想。叶天士认为："从来久病，后天脾胃为要。咳嗽久，非客症。治脾胃者，土旺以生金。"故叶天士对于久病，多从脾胃论治，灵活运用建中汤。

参考文献

[1] 叶天士．临证指南医案［M］．北京：中国中医药出版社，2008.

[2] 柯雪帆．伤寒论选读［M］．上海：上海科学技术出版社，1996.

[3] 秦庆福，年莉．肘后备急方的方剂学成就［J］．天津中医药大学学报，2008，27（1）：9～10.

[4] 彭草云，郝瑞福．临证指南医案老年病探析［J］．天津中医药，2007，24（1）：41～42.

[5] 尤在泾．金匮要略心典［M］．上海：上海卫生出版社，1965.

[6] 任应秋．运气学说［M］．上海：上海科学技术出版社，1983：90～109.

［《天津中医药》2012，29（5）：450］

叶天士《临证指南医案》应用仲景泻心汤方证辨析

韩顺平　王富雄　天津中医药大学
马　啸　天津市南开医院

泻心汤出自张仲景《伤寒论·辨太阳病脉证并治》篇，为治疗痞证而设立，其中，大黄黄连泻心汤由纯系苦寒之大黄、黄连组成，用于热痞；附子泻心汤是在大黄黄连泻心汤基础上加黄芩、附子而成，主治大黄黄连泻心汤证兼见阳虚；半夏泻心汤由半夏、黄芩、黄连、干姜、人参、甘草、大枣组成，用于寒热错杂痞；生姜泻心汤是在半夏泻心汤基础上加生姜而成，用于寒热错杂兼有水气之痞证；甘草泻心汤是在半夏泻心汤基础上减人参再加大甘草用量而成，用于寒热错杂兼有气虚之痞证。清代医家叶天士在临床使用张仲景方剂时忠于原意，重视抓住，主证主药，其他增损由人，故能兼顾其原方的原则，不失其灵活性[1]。叶天士《临证指南医案》中，泻心汤（法）案例共有22例，其中，肿胀门1例、痞门3例、呕吐门4例、吐蛔门1例、暑门1例、湿门1例、噎膈反胃门1例，疟门8例、痢门1例、胃脘痛门1例。具体应用情况如下。

一、热邪里结　升降失调

某案：舌赤，浊呕，不寐不饥，阳邪上扰，治以苦辛，进泻心法。黄芩、黄连、炒半夏、枳实、姜汁。

某案：脉不清，神烦倦，中痞恶心，乃热邪里结，进泻心法。炒半夏、黄芩、黄连、干姜、枳实、杏仁。

以上两个泻心法案例，叶天士将其归为热邪里结，并宗仲景泻心汤证邪陷热结，气机升降失职，寒热互结的病机特点，针对患者舌赤、浊呕、神烦倦、中痞恶心等症，用仲景之泻心法。即以仲景泻心汤中半夏下气开结，干姜辛散痞结，黄芩、黄连苦降泄热，辛开苦降，减去仲景泻心汤中人参、炙甘草、大枣等甘补之品，且加入枳实、杏仁苦泄降气，行气消痞，体现了叶天士半夏、黄芩、黄连、干姜、枳实、杏仁等苦寒与辛温相配，以达辛开通阳，苦降泻浊的治疗目的。其泻心法的应用，正如尤在泾《金匮要略心典》“中气既痞，升降失常，于是独阳上逆而呕，独阴下走而肠鸣，……黄连、黄芩苦以降阳，半夏、干姜辛以升阴，阴升阳降，痞将自解”对张仲景经旨阐述[2]。

二、热邪内陷　正虚邪留

项案：阳气最薄，暑入为疟，先由肺病，桂枝白虎汤。气分以通营卫为正治，今中焦痞阻，冷冻饮料不适，热邪宜清，胃阳亦须扶护，用半夏泻心法。半夏、黄连、姜汁、茯苓、人参、枳实。

毛案：又寒热由四末以扰中宫，胃口最当其残害，热闷不饥，胃伤邪留，清热利痰。固为要法，但有年气弱，兼之病经匝月，清邪之中，必佐辅正，议用半夏泻心法。人参、半夏、黄连、黄芩、枳实、姜汁。

孙案：阳虚之体，伏暑成疟，凉药只宜少用，身麻属气虚，用生姜泻心法，半夏、生姜汁、茯苓、炙甘草、南枣肉。

从以上两个半夏泻心法的案例中，项案阳气最薄，暑入为疟，热邪宜清，胃阳亦须扶护，毛案胃伤邪留，有年气弱，清邪之中，必佐辅正，药用半夏、黄连、姜汁、枳实苦寒与辛温相配，辛开通阳，苦降泻浊，又用人参甘温补中，由此推测此半夏泻心法的病机为热邪内陷，正气已虚，其半夏泻心法实为仲景半夏泻心汤的具体体现，但全方只用仲景半夏泻心汤中的人参而无炙甘草、大枣，并加入枳实，表明其用仲景半夏泻心汤之法，而不拘于其方。

生姜泻心法案例伏暑成疟，且气虚明显，药用生姜、半夏温中散结，炙甘草、南枣肉益气，去黄芩、黄连之苦寒之品，表明叶天士生姜泻心法之用，重在温中补虚，并用茯苓易人参，健脾利湿，以突出其暑疟的用药特点。

三、胃阳大伤　浊阴上逆

吴案：寒热邪气扰中，胃阳大伤，酸浊上涌吐出，脘痛如刺，无非阳衰，阴浊上僭，致胃气不得下行，高年下元衰惫，必得釜底暖蒸，中宫得以流通，拟用仲景附子泻心汤，通阳之中，原可泄热开导。人参、熟附子、淡干姜、黄连、炒半夏、枳实、茯苓。

江案：脉弦迟，汤水不下膈，呕吐涎沫，此阳结，饮邪阻气，议以辛热通阳，反佐苦寒利膈，用泻心法。人参、附子、干姜、生姜汁、黄连、黄芩、半夏、枳实。

以上两个医案，叶天士将其归为胃阳虚，浊阴上逆。其中吴案阳衰，阴浊上僭，胃气不得下行，用仲景附子泻心汤，旨在以附子温肾阳、暖脾阳，以助中宫；干姜、半夏温中散结；人参补益中阳，黄连苦降泻浊，枳实行气消痞。江案用仲景泻心法之用药是吴案中附子泻心汤之药物去茯苓，加姜汁、黄芩而成。旨在辛热通阳，反佐苦寒利膈，以大辛大热之附子通阳，干姜、半夏温中散结，以通中阳；反佐苦寒之黄连、黄芩苦降泻浊以利膈，枳实行气消痞，人参补益中阳。江案泻心法实为仲景附子泻心汤的灵活应用。

四、暑湿伤中　痰热阻气

席案：脉右歇，舌白渴饮，脘中痞热，多呕逆稠痰，曾吐蛔虫，此伏暑湿，皆伤气分，邪自里发，神欲昏冒，湿邪不运，自利黏痰，议进泻心法。半夏泻心汤。

胡案：不饥不食不便，此属胃病，乃暑热伤气所致，味变酸浊，热痰聚脘，苦辛自能泄降，非无据也。半夏泻心汤去甘草、干姜，加杏仁、枳实。

以上两个应用半夏泻心法的案例为暑湿伤中，热痰聚脘，所致中焦不运，故叶天士采用半夏泻心汤治疗，以其苦以清热，苦以燥湿，使热去湿除，辛以通阳，辛以散结，使阳运湿散。叶天士认为半夏泻心汤“药取苦味之降　辛气宣通”“苦可去湿，辛以通痞”“苦降能驱热除湿，辛通能开气宣浊”“苦辛泻降痰热”，这些观点继承了张仲景的学术思想，并且在临证实践中进行发挥。《临证指南医案》中治疗湿热最常用的药物黄芩、黄连、半夏、干姜、枳实、杏仁就是从半夏泻心汤方组成药物搜集而来。半夏泻心汤所体现的主要治法苦辛通降法也是温病学派治疗湿热证的基本方法[3]。

五、肝邪乘胃　邪陷厥阴

马案：疟半月不止，左胁下已有疟母，寒热时，必气痞呕逆，乃肝邪乘胃，有邪陷厥阴之象，拟进泻心法。黄连、黄芩、干姜、半夏、人参、枳实。

陈案：宿病冲气胃痛，今饱食动怒痛发，呕吐，是肝木侵犯胃土，浊气上踞，胀痛不休，逆乱不已，变为先寒后热，烦躁面赤汗泄，此为厥象，厥阴肝脏之现症，显然在目，夫痛则不通，通字须究气血阴阳，便是看诊要旨矣，议用泻心法。干姜、黄连、人参、枳实、半夏、姜汁。

以上两个应用泻心法的案例，叶天士将其归为肝邪乘胃，邪陷厥阴。叶天士采用泻心法治疗，以黄芩、黄连清热，干姜、半夏辛散温中散结，人参之甘补益胃，枳实调理气机，主要合用苦辛并进，以解厥阴寒热之邪，泄肝安胃。半夏泻心汤本来用以治疗中焦痞结、升降失常，寒热错杂之证。叶天士发挥了此方辛苦合用的特性，用苦以泄肝清热，用辛以散痞通胃，在原方上略为加减，而成了泄肝和胃之方[4]。《临证指南医案》中叶天士依据张仲景理法总结出治肝的思路如：治肝体、治肝用；治肝不应、取之阳明；畅肺气以疏肝气，以肺主一身之气之故，这两例体现了叶氏“和胃以疏肝”的学术思想[3]。

六、寒热错杂　阴阳逆乱

卢案：阴阳逆乱，已成关格，议用附子泻心汤，为上热下寒主治。

阴阳逆乱，已成关格，叶天士用附子泻心汤，以黄芩、黄连清热，附子辛散温中散结，苦辛并进，以达清上热，温下寒，调整气机，将仲景附子泻心汤灵活运用到关格治疗。

叶天士《临证指南医案》临床应用泻心汤（法），其病机特点可归纳为：1）热邪里结，升降失调。2）热邪内陷，正虚邪留。3）胃阳虚，浊阴上逆。4）暑湿伤中，痰热阻气。5）肝邪乘胃，邪陷厥阴。6）寒热错杂，阴阳逆乱。其泻心法之用，对邪热里结者，升降失调，去其补益药，加入理气药，重在调理气机，开散郁结，以达邪热清，气机调的治疗目的；对正气已虚，热邪内陷者，其清邪之中，必佐辅正，并加入枳实，以达清补之中兼以行气的治疗目的；对胃阳虚、浊阴上逆者，旨在辛热通阳，反佐苦寒利膈，以达通阳泄热开导之作用；对暑湿伤中，痰热阻气者，旨在以其苦以清热，苦以燥湿，使热去湿除，辛以通阳，辛以散结，使阳运湿散；对肝邪乘胃，邪陷厥阴者，旨在苦辛并进，开痞散结，以解厥阴寒热之邪；阴阳逆乱，已成关格者，其将仲景附子泻心汤灵活运用到关格治疗，旨在以黄芩、黄连清热，附子辛散温中散结，苦辛并进，以达清上热，温下寒。

以上表明，叶天士将仲景泻心法运用于温热类疾病的临证治疗，以泄热、扶中、舒展气机为要法，张仲景所设5个泻心汤除大黄黄连泻心汤纯系苦寒并用，余皆熔寒温于一炉，苦辛并进，补泻兼顾，用于寒热夹杂，虚实互呈之痞证。叶天士深得张仲景辨证论治之精髓，根据泻心法之组方特点，从临床实际出发，知常达变，师古而不泥古[5~6]。叶天士认为“苦降能驱热除湿，辛通能开气宣浊”，结合自己的临证体会指出“湿热非苦辛寒不解”，从而将泻心法广泛地运用于湿热、暑湿、痰热阻痹之众多病证中，诸如肿胀、痞证、呕吐、吐蛔、暑湿热证、湿热证、噎膈反胃，疟疾、胃脘痛、下痢、脾瘅、肢厥、神识如蒙等，发展了泻心法的使用范围，堪称善师张仲景之典范[7]。叶天士继承了张仲景《伤寒论》的精髓，并且在《伤寒论》基础上发展了外感热病的治疗思想和方法，《临证指南医案》体现了叶天士用张仲景之法，而不拘于张仲景之方，巧妙运用并深入发展张仲景学术思想，灵活运用辛开苦降法于临床具有鲜明的学术特点[8]。

参考文献

[1] 孙孝洪．论经方在叶案中的运用和发展［J］．浙江中医杂志，1980，15（11）：552.

[2] 尤在泾．金匮要略心典［M］．上海：上海卫生出版社，1965.

[3] 李耀辉，马战平，曹利平．叶天士运用半夏泻心汤［J］吉林中医药，2012，32（7）：747~748.

[4] 赵川荣．泄肝和胃法在叶案中的运用［J］．中医杂志，1968，27（1）：17~18.

[5] 柯雪帆．伤寒论选读［M］．上海：上海科学技术出版社，1996.

[6] 吴仕骥．简析叶天士对《金匮要略》的运用与发挥［J］．天津中医学院学报，1995，14（1）：8~9.

[7] 黄金玲陈澄．叶天士运用泻心法经验探析［J］安徽中医学院学报，1999，18（5）：26~27.

[8] 叶天士．临证指南医案［M］．北京：中国中医药出版社，2008.

［《天津中医药》2012，29（6）：556］

叶天士对张仲景脾胃学说的继承和发展

孙晓光　北京中医药大学

脾胃学说是中医理论体系的重要组成部分。从《内经》中提出“五脏六腑皆禀气于胃”“人以胃气为本”的基本脾胃理论，至仲景《伤寒论》形成其雏形，再到李东垣《脾胃论》形成较完整的体系，直至清代著名医家叶天士的补充发挥，形成了完整的中医脾胃学说理论体系。易水学派的著名医家李东垣著《脾胃论》一书，阐发脾胃的生理、病理及辨证论治法则，倡导补脾胃升清阳泻阴火之法，特色鲜明、疗效卓著。而仲景《伤寒论》和《金匮要略》中所体现出的仲景脾胃学说却没有得到我们足够的认识，事实上张仲景继承《内经》脾胃理论，将顾护脾胃的学术思想贯穿于整个六经辨证理论体系之中，故《古今医统大全》曰：“汉仲景著《伤寒论》，专以外伤为法，其中顾盼脾胃元气之秘，世医鲜有知之者。”[1]仲景脾胃学说当中论述了脾胃分治观、阳明胃腑宜通宜降、时时顾护胃气、脾无阳不运、注意保存胃津、土虚木乘论、胃气资助营卫、药后饮食调摄等诸多理论，这些理论对后世影响很大，本文通过《临证指南医案》浅谈叶天士对仲景脾胃学说的继承和发展。

一、对仲景脾胃分治理论的继承和发展

脾胃虽同居中焦，但一脏一腑，一阴一阳，具备表里关系，但功能各有特点，病理表现亦有差异。仲景认为脾胃当分析而论，在《伤寒论》六经辨证中，将其分属阳明和太阴二经。在太阴和阳明病脉证并治篇，首条即以提纲形式揭示出太阴病与阳明病所表现出的虚寒与实热的不同证候。“太阴之为病，腹满而吐，食不下，自利益甚，时腹自痛”“阳明之为病，胃家实是也。”太阴病总的证候特征是脾气虚寒，治宜温中健脾，宜服“四逆辈”，阳明胃属阳燥之土，其病多表现为热证、实证，采用清下二法，其主方为白虎汤、承气汤之类。

叶天士认为，脾与胃虽同属中土，但其功能有别，喜恶不同，故提出了“胃喜润恶燥”的观点。他指出：“太阴湿土，得阳始运，阳明燥土，得阴自安，以脾喜刚燥，胃喜柔润也”“阳土喜柔，偏恶刚燥，若四君、异功等竟是治脾之药。腑宜通即是补，甘濡润，胃气下行亦有效验。”华岫云在评述中讲到：“今观叶氏之书，始知脾胃当分析而论。盖胃属戊土，脾属己土。戊阳己阴，阴阳之性有别也。脏宜藏，腑宜通，脏腑之体用各殊也。若脾阳不足，胃有寒湿，一脏一腑，皆宜于温燥升运者，自当恪遵东垣之法。若脾阳不亏，胃有燥火，则当遵叶氏养胃阴之法。观其立论云：纳食主胃，运化主脾，脾宜升则健，胃宜降则和。又云：太阴湿土，得阳始运。阳明阳土，得阴自安。以脾喜刚燥，胃喜柔润也。仲景急下存津，其治在胃。东垣大升阳气，其治在脾。”这些论述指出了脾与胃的不同特性，也奠定了叶天士脾胃分治的理论基础。纵观叶天士医案中的脾胃论治受张仲景和李东垣影响最大，胃阳虚治以仲景大半夏汤、附子粳米汤为主，脾阳虚治以附子理中汤、四逆汤，脾虚气陷治以东垣补中益气汤，在加减变化和立法上多取法仲景之说。

二、对仲景顾护胃气思想的继承和发展

仲景《伤寒论》中顾护脾胃的思想随处可见，笔者认为胃气不同于胃阳，它本身的属性略偏于阳而藏阴。充实胃气的药物，在仲景《伤寒论》中首推“参、草、枣”。根据邪王的多寡，或三药同用，或配用其中一二味，灵活多变。《伤寒论》所载112方中，用顾护胃气之药甘草、生姜、大枣之一、二味的方剂就有69首，约占61.6%；同用甘草、生姜、大枣配伍组成的方剂有28首，约占25%[2]。如仲景《伤寒论》中：“伤寒，发汗，若吐、若下，解后，心中痞硬，噫气不除者，旋覆代赭汤主之。”叶天士对此方的理解是“夫噫嗳一症，或伤寒病后，及大病后，多有此症。盖以汗、吐、下后，大邪虽解，胃气弱而不和。三焦因以失职，故清无所归而不升，浊无所纳而不降。是以邪气留连，嗳酸作饱，胸膈不爽，而为心下痞硬，噫气不除。乃胃阳虚而为阴所格阻，阳足则充周流动，不足则胶固格阻矣。仲景立旋覆代赭汤，用人参、甘草养正补虚，姜、枣以和脾养胃，所以安定中州者至矣。更以旋覆花之力，旋转于上，使阴中格阻之阳升而上达。又用代赭石之重镇坠于下，使恋阳留滞之阴，降而下达。然后参甘大枣，可施其补虚之功。而生姜半夏可奏其开痞之效。而前贤治噫嗳一症，无出仲景右矣。”从以上论述可以看出叶天士对仲景顾护脾胃的思想是吃得很透的，对于参、草、枣的认识也与张仲景是一致的。《伤寒论》中在顾护胃气方面与旋覆代赭汤相类似的方子还有半夏泻心汤、厚朴生姜甘草半夏人参汤，其中厚朴生姜甘草半夏人参汤证中由于出现了“发汗后，腹胀满”的症状，故去大枣。叶天士把握住了仲景顾护胃气的思

想，并且灵活运用，师古而不泥古。如对半夏泻心汤的运用，由于叶天士所治疗的痞满案中涉及到中虚的较少，更多的是解决由于湿滞、痰阻、气郁、阳虚浊阴上逆、气火失调等原因导致的中焦痞满，所以去掉滋腻守中的甘草、大枣，而在兼有中虚的病案中保留了人参。而且在保留辛开苦降的半夏、芩、连、干姜的基础上根据肝虚乘胃、痰热内阻、暑湿伏邪夹食、湿热内阻、阳结阴衰等不同病机随证化裁。

三、对仲景脾胃之气资助营卫思想的继承和发展

在《伤寒论》中体现脾胃之气资助营卫思想的代表方剂是桂枝汤和小建中汤，如成无己在《注解伤寒论》中指出："生姜味辛温，大枣味甘温，二物为使者，《内经》所谓风淫于内，以甘缓之，以辛散之……姜、枣味辛甘，故能发散，而此又不特专于发散之用，以脾并为胃行其津液，姜、枣之用，专行脾之津液而和荣卫者也。"这里的生姜、大枣不仅仅体现辛甘发散为阳的规律，而有资助脾胃之气而化生营卫的思想。而对小建中汤的注释中明确指出："建中者，建脾也。"《内经》曰："脾欲缓，急食甘以缓之。胶饴、大枣、甘草之甘以缓中也。辛润散也，荣卫不足，润而散之，桂枝、生姜之辛，以行荣卫。"反映了脾气对营卫之气的资助作用。

叶天士在《临证指南医案》中体现了对仲景这一思想的继承，在虚劳门、汗门及诸多涉及到营卫交损病机的医案中都使用小建中汤化裁。如治虚劳门汪某案："脉左小右虚，背微寒，肢微冷，痰多微呕，食减不甘。此胃阳已弱，卫气不得拥护。时作微寒微热之状，小便短赤，大便微溏，非实邪矣。当建立中气以维营卫。"在虚损门的评释中其门人指出："虚损之症，经义最详，其名不一。考《内经》论五脏之损，治各不同。越人有上损从阳，下损从阴之议。其于针砭所莫治者，调以甘药。《金匮》遵之而立建中汤，急建其中气，俾饮食增而津血旺，以致充血生精，而复其真元之不足，但用稼穑作甘之本味，而酸辛咸苦在所不用。"这些都体现了叶天士对脾胃之气资助营卫思想的继承和发展。

四、对仲景存胃阴思想的继承和发展

《伤寒论》中就体现了张仲景注意保存胃阴的思想，如阳明热盛立白虎汤，方中以石膏、知母清阳明亢盛之热，佐以粳米健脾益胃、生津血，为资养阴津生化之源。再如阳明腑实证，治用三承气汤，其中调胃承气汤中佐以甘草和中，以达护胃存阴之目的。尤其是阳明急下之证，胃津枯竭急用大承气汤，力挽竭阴，充分体现了仲景顾正护胃之学术观点。

叶天士继承了张仲景护胃阴的思想，而且考虑到东垣补气升阳的治法适用于脾阳不足气虚下陷证，而对于脾阳不虚，胃有燥火的患者应该另辟治疗途径。正如《临证指南医案》中描述的："故凡遇禀质木火之体，患燥热之症，或病后热伤肺胃津液，以致虚痞不食。舌绛咽干，烦渴不寐，肌燥熇热，便不通爽。此九窍不和，都属胃病也，岂可以芪、术、升、柴治之乎？"于是叶天士从仲景麦门冬汤中领悟发挥，创立胃阴学说。

叶天士的胃阴说针对的患者群体是"脾阳不虚，胃有燥火"，或病后伤及肺胃之津液，以致虚痞不食、舌绛咽干、烦渴不寐、便不通爽。叶氏强调不宜苦降或苦寒下夺之品，而应以甘平或甘凉濡润之品，以养胃阴，使津液来复，通降自行。其治法和方药脱胎于仲景的麦门冬汤。张仲景的麦门冬汤本身是针对肺胃作为主脏的。对于原文："大（火）逆上气，咽喉不利，止逆下气者，麦门冬汤主之。"一直有两种争议，一种是认为"大逆"，一种是认为"火逆"，明代以后的文献"火逆"的观点占了上风。两派学者的观点各有所长，并不矛盾。持"大逆"观点的医家认为：此证胃气先虚，脾不能生肺，气不能归原，故而大气上逆而喘鸣。持"火逆"观点的医家认为：此证系胃中津液干枯，虚火上炎，麦门冬汤为治本之良法也。于麦冬、人参、甘草、粳米、大枣，大补中气、大生津液队中，增入半夏之辛温一味。其利咽下气，非半夏之功，实善用半夏之功，擅古今未有之奇矣。从《临证指南医案》当中可以看出，叶天士对于麦门冬汤的认识是倾向于"火逆"的，把用麦门冬汤的重要指征放在养胃阴上。最有说服力的证据在于，叶天士应用麦门冬汤最基本的化裁之一是去半夏。

由于麦门冬汤原方治疗的是胃中津液枯竭，虚火上炎犯肺，所以叶天士应用麦门冬汤最多的病证为咳嗽和吐血，占应用麦门冬汤总病例的90%，而以胃阴虚为主要证候的医案也接近90%。叶天士对麦门冬汤的第二个重要突破就是以北沙参替换人参，将原来治疗肺阴虚的麦门冬汤演变为清养肺胃阴的方剂。《临证指南医案·脾胃门》云："所谓胃宜降则和者，非用辛开苦降，亦非苦寒下夺以损胃气，不过甘平或甘凉濡润，以养胃阴，则津液来复，使之通降而已矣。"叶天士在麦门冬汤的基础

上加减化裁分别创立：甘凉濡润法：主要适宜于燥热或木火升腾，灼烁胃阴的病证。常用麦门冬汤去半夏，以沙参易人参加石斛、玉竹、甘蔗汁。清养胃阴法：主要适用于温病后期胃阴不复、胃气不醒。常用麦门冬汤去半夏，以沙参易人参加生扁豆、佩兰叶，养阴之中兼化湿醒胃。滋胃益气法：对于在胃阴虚的基础之上，由于久嗽、气泄、热伤元气等原因导致卫气不固的，可加生黄芪。肺胃气虚的患者，往往北沙参与人参同用。通降阳明法：阳明胃腑以通降为顺，麦门冬汤原方有半夏一味降药、燥药，目的是为了解决阴虚火逆问题。而纵观叶天士《临证指南医案》应用麦门冬汤涉及到胃阴虚胃阳上逆证，出现如“食物不下”“脘中阳逆”“热上冲咽”，每加茯苓以降之，或是半夏、茯苓并用。通补阳明是叶天士治胃的大法，常由小半夏汤、大半夏汤加减变化，其通补的核心药对即是半夏、茯苓、人参。金水同治法：对于胃阴、肾阴兼虚者，用金水同治之法，以摄纳肾阴、滋养柔金。在麦门冬汤去半夏的基础上可加生地黄、熟地黄、天门冬、阿胶，如出现少阴咽痛者加鸡子黄。滋水清热：对于肺胃阴虚内有伏热的病证，医案中也有法可循。热伏于心下，出现心烦、暮热、咳血等症时可加生鸡子白、地骨皮、知母。上述加减变化都是对仲景存胃阴思想的进一步发展，对后世影响巨大，在临床上疗效显著。

五、通补阳明法对仲景脾胃学说的继承和发展

通补阳明法是叶天士脾胃分治的重要理论之一，其学术地位可与胃阴说相媲美。所谓通补阳明是指通过补胃气、温胃阳、建中气等手段，治疗胃失和降，达到通降胃气的目的[3]。叶氏通补阳明的思想来源于仲景的大半夏汤，原方以半夏为主，人参为辅，佐以白蜜之柔润，治疗中虚胃反。叶天士指出：“大凡脾阳宜动则运，温补极是，而守中及腻滞皆非，其通腑阳间佐用之”，所以去腻滞的白蜜，加茯苓淡渗通阳，这种巧妙的变化使原方变为辛温淡渗的通降之剂，成为叶氏通补阳明的基本方药。

以化裁后的大半夏汤为基本方，《临证指南医案》中又展现给我们多种变化，典型的变化如胃阳虚加生姜、姜汁、益智仁；寒凝于胃加川椒通破；热壅于上，故少佐姜、连以泻心；肝木来犯，参入白芍、乌梅以柔之；胃弱肝强，见肝风肝热上扰，加钩藤、霜桑叶清降；胃阴不足，加麦冬、石斛、粳米；脾液外越，去半夏加山药、扁豆、薏苡仁；兼见气逆血瘀，可加桃仁、当归、柏子仁；如肾阳虚衰，可加附子；如肾阳督脉虚损，可与鹿茸、补骨脂、巴戟天等药间隔服用。各种变化均切中病机，别开生面。

叶天士在脾胃分治中还有一个经典的化裁，就是把理中汤和附子理中汤中的白术换成茯苓，这一变化充分反映叶天士脾胃分治和通补阳明的思想，他认为术是脾药而苓是胃药，以茯苓之“走”易白术之“守”，正是阳明宜通降的体现。

六、对仲景土虚木乘理论的继承和发展

在《伤寒论》和《金匮要略》中始终贯穿着张仲景治肝必先安胃的思想，如《金匮要略·脏腑经络先后病脉证并治》中就明确提出：“见肝之病，知肝传脾当先实脾……脾实，则肝自愈。”《伤寒论》：“伤寒，阳脉涩，阴脉弦，法当腹中急痛，先与小建中汤，不瘥者，与小柴胡汤主之。”此方中仲景先以小建中汤温中健脾，建立中气，重用饴糖，佐以甘草、大枣之甘缓以补中，意在使脾气充实则肝气不犯，重用芍药，与芍药甘草汤同意，缓肝之急，益肝体泻肝用，体现治肝先治脾的思想，如邪仍不解，再以小柴胡汤主之。小柴胡汤本身也是肝胃同治之方，少阳枢机不利，疏泄失常，以柴胡、黄芩解少阳之热，佐以参、草、枣补中益气，则脾气实，三焦和。再如柴胡桂枝干姜汤证，既有胸胁满微结、但头汗出等肝气郁证，又有小便不利、渴而不呕的水饮内停之证，用柴胡桂枝干姜汤以柴胡、黄芩和解少阳的同时，用桂枝、干姜温通脾阳以化水饮。此外，吴茱萸汤、乌梅丸等都是肝胃同治的名方。

《临证指南医案》中的肝胃相关理论也体现的相当明显，从生理上认为肝体的柔和，肝用的畅达，离不开“中宫敦阜之土气以培之”，从病理上指出：“阳明胃土，独挡木火之侵辱”“胃土大虚，中无砥柱，俾厥阴风木之威横冲震荡”“胃是阳土，以阴为用，木火无制，都系胃汁之枯”等。在治疗上胃阳大虚肝逆犯胃证，叶天士多以吴茱萸汤为底方加减；胃阴虚肝木不用荣而犯胃以麦门冬汤加减或酸枣仁汤去川芎加人参滋水平肝；脾阳虚衰，中土不足用参、术、芪，或加白芍、乌梅、木瓜，或用理中汤、附子理中汤加白芍；柔肝安胃、清肝安胃、平肝安胃、泻肝安胃等法这些都是对仲景学说的继承和发展，对后世影响极深，王旭高治肝之法多本于此。

中医脾胃学说发展到叶天士，已经成为一个比较完整的理论体系。叶天士的脾胃学说是对前代脾

胃学说的继承和发展，与仲景脾胃学说关系密切，不但用其理、法，也采其方药，其对仲景之学理解之深、运用之活，通过本文的梳理或可以一孔以窥其全貌。

参考文献

[1] 徐春甫．古今医统大全［M］．北京：人民卫生出版社，1991：235.

[2] 刘美荷．浅谈《伤寒论》中顾护胃气的学术思想［J］．中国中医药信息杂志，2003（S1）：103～104.

[3] 王邦才．叶天士“通补阳明”法初探［J］．江西中医药，1998（2）：38～40.

［《世界中西医结合杂志》2012，7（7）：556］

叶天士运用小建中汤规律

孙晓光　北京中医药大学

赵　艳　彭　越　中日友好医院

叶天士是清代著名医家，对后世影响极大。《临证指南医案》中选用了《伤寒论》方42首及《金匮要略》方27首，明确提出用仲景方或仲景法印迹明显的病例在500例以上。通过分析可以看出叶氏善于活用仲景方，是师古而不泥古的典范。

小建中汤是张仲景的重要方剂，《伤寒论》第100条载：“伤寒，阳脉涩，阴脉弦，法当腹中急痛，先与小建中汤。不瘥者，小柴胡汤主之。”第102条载：“伤寒二三日，心中悸而烦者，小建中汤主之。”《金匮要略》载：“虚劳里急，悸，衄，腹中痛，梦失精，四肢疼，手足烦热，咽干口燥，小建中汤主之。”

叶天士在《临证指南医案》中大大扩展了小建中汤的使用范围，用于治疗虚劳、咳嗽、吐血、汗证、脾胃、喘证、伤风、温热、泄泻、便血、调经、产后诸多病种，相关医案有57首。今从叶氏医案人手分析其运用小建中汤的规律。

一、小建中汤证的病因

（一）劳力所伤，非酒色所伤

虚劳案汪（三九）。此劳力伤阳之劳，非酒色伤阳之劳也。胃口消惫，生气日夺，岂治嗽药可以奏功。（中虚）

黄芪建中汤去姜。

咳嗽案　任（五六）。劳力伤阳，自春至夏病加。烦倦神羸不食，岂是嗽药可医。《内经》有劳者温之之训，东垣有甘温益气之方，堪为定法。（中气虚）

归芪建中汤。

按：以上两则医案为代表叶氏阐明小建中汤治疗的虚劳为劳力所伤阳气，重在脾胃，与酒色所伤之阳不同，治法也异。

（二）外感误用辛散、苦寒

咳嗽案　某。色白肌柔，气分不足，风温上受而咳。病固轻浅，无如羌防辛温，膏知沉寒，药重已过病所。阳伤背寒，胃伤减谷，病恙仍若，身体先惫，问谁之过软？（中气虚）

小建中汤。

按：此案“色白肌柔”反映患者素体阳虚表不固。风温上受而咳，误用羌防表散，耗泄阳气，又用石膏知母败伤脾胃。出现“阳伤背寒、胃伤减谷”，故予小建中汤培补脾胃之气，亦是培土生金之法。

（三）思虑劳烦，久虚不复

咳嗽案　张（二九）。馆课诵读，动心耗气。凡心营肺卫受伤，上病延中，必渐减食。当世治咳，无非散邪清热，皆非内损主治法。（中气虚）

黄芪建中汤去姜。

吐血案　杜（二八）。积劳思虑，内损失血，久病秋季再发。乃夏暑气泄，劳则气愈泄不收，络空动沸，此与阴虚有别。色脉胃减，凉降非法。（劳伤中气虚）

人参建中汤。

按：上两则医案系思虑劳烦耗伤心脾肺阳气，肺卫气虚可见嗽、汗泄，心脾两虚，不能统血，劳烦振动阳气，血络沸溢而吐血。叶氏统以建中汤加减治其本。

（四）素体不足，产后亏虚

产后案　冯（四二）。产后两月，汗出身痛。（营卫兼虚）

归芪建中汤。

产后案　金（三八）。经后即背寒不热，逾月不愈，嗽痰有血。自秋令产蓐，屡屡若伤风咳嗽，正月至谷减。思产后不复是下虚，形寒减食，先调脾胃，即和营卫法。（中虚）

人参建中汤。

按：以上两则医案均为素体不足，加之产后气血两亏而发病。叶氏指出“产后不复是下虚”，但因出现“形寒减食”，所以先以人参建中汤调理脾胃，助其营卫之气。叶氏的这种临证权变之法非常值得我们学习。

二、小建中汤证的病机

（一）营卫交损，表虚不固

虚劳案　汪。脉左小右虚，背微寒，肢微冷，痰多微呕，食减不甘。此胃阳已弱，卫气不得拥护。时作微寒微热之状，小便短赤，大便微溏，非实邪矣。当建立中气以维营卫。东垣云：胃为卫之本，营乃脾之源。偏热偏寒，扰非正治。（营虚）

人参，归身（米拌炒），桂枝木，白芍（炒焦），南枣。

按：营卫交损，表虚不固是小建中汤的主要病机，临床表现为畏寒、肢冷、纳食减少，急以小建中汤建立中气以维营卫。

（二）脾胃虚衰，土不生金

喘案　姜。劳烦哮喘，是为气虚。盖肺主气，为出气之脏，气出太过，但泄不收，则散越多喘，是喘症之属虚。故益肺气药皆甘，补土母以生子。若上气散越已久，耳目诸窍之阻，皆清阳不司转旋之机，不必缕治。（中气虚）

人参建中汤去姜。

按：脾胃气衰，导致土不能生金，肺气亦虚，或咳或喘。叶氏以小建中汤补母生子。

（三）上损及中

虚劳案　仲。久嗽，神衰肉消，是因劳倦内伤。医不分自上自下损伤，但以苦寒沉降。气泄汗淋，液耗夜热，胃口得苦伤残，食物从此顿减。老劳缠绵，拒能易安。用建中法。（上损及胃）

黄芪建中汤去姜。

按：肺卫受邪，或因辛温耗散，或因苦寒败胃，导致上病损及中。叶氏从扶正祛邪的角度用建中汤建立中气，以图复原。

（四）下损及中

虚劳案　某。由阴损及乎阳，寒热互起，当调营卫。（下损及中）

参芪建中汤去姜糖。

按：下焦虚损日久，损及中焦脾胃阳气，叶氏用建中汤权变立法，中气建立，下虚亦可稍回。

三、小建中汤证的主要症状

对叶天士《临证指南医案》中应用小建中汤（包括黄芪建中、归芪建中）的医案进行统计分析，全部57个医案当中，排在前三位的主症分别是：饮食减少、畏寒、汗出。这充分说明叶天士应用小建中汤抓住的是中虚以及营卫交损这两个要点。

四、小建中汤的加减变化

小建中汤的常见化裁如气虚加黄芪、人参，血虚加当归，这些在《临证指南医案》中都有体现。这里着重探讨一下叶氏独特的加减规律。

（一）关于姜的使用

从《临证指南医案》中可以总结出以下规律：叶氏使用小建中汤多去姜或易生姜为煨姜。张山雷《本草正义》曰："干姜（注：附生姜、煨姜、姜炭），味辛、微苦，性温、热。生者能散寒发汗，熟者能温中调脾，善通神明，去秽恶，通四肢关窍，开五脏六腑，消痰下气，除转筋霍乱，逐风湿冷痹、阴寒诸毒、痞胀满、腰腹疼痛、扑损瘀血、夜多小便。孙真人曰：'呕家圣药是生姜。'故凡脾寒呕吐，宜兼温散者，当以生姜喂熟用之；若下元虚冷而为腹疼泻痢，专宜温补者，当以干姜炒黄用之……若阴虚内热、多汗者，皆忌用姜。"[1]从《临证指南医案》小建中汤去姜的医案中可以发现基本上包含汗出、咳喘、动血、营虚干血劳几个症状，这几个症状或有内热，或为阴虚，都忌姜之表散、动阳、耗阴的特性，故叶氏弃之不用。

用煨姜代替生姜，最典型的是治疗汗证的三个医案，应用黄芪建中汤为底方，生姜全部代以煨姜，就是要避生姜辛散之性，而要用煨姜取义"劳者温之"，与诸甘味药同用，甘温以补营卫之虚。

（二）加茯苓或茯神

从医案中总结出小建中汤加茯苓或茯神的目的在于缓解中虚，增强脾胃运化，消除痰饮。

（三）关于饴糖的去留

仔细分析叶天士在运用小建中汤时对于饴糖的处理有三种态度：第一是明确要用，如泄泻门中虚腹痛案、吐血门劳伤中虚案，取甘能缓急意。虚劳门营虚案、调经门营虚干血劳案，均用饴糖甘味助营血。第二是明确不用的，如虚劳门中虚案及咳嗽门中气虚案，两案的共同特点是出现了"食减"的症状，咳嗽门案还出现痰多证，此时减糖为了避免"甘以助痰湿"，腻治中焦。第三是不明确去留的。这类医案也很多，只要不涉及上面所谈的宜忌问题，对于饴糖的使用叶天士还是非常灵活的。

参考文献

[1] 张山雷．本草正义［M］．福州：福建科学技术出版社，2006.

［《中医文献杂志》2012，（1）：40］

从妇科病论治谈吴鞠通对仲景学术的继承与发展

董兴鲁 童浩 李经纬 文玉敏
韩笑 魏震 王亮 郭华
北京中医药大学

张仲景在《金匮要略》中首次对“妇人病”加以论述，开妇科病辨证论治的先河。及至明清温病大兴之际，妇人诸病或有更易，当如何治之？淮阴吴鞠通师宗仲景，从仲景“妇人三篇”出发，将其三焦温病理论加以完善，形成以《温病条辨》“解产难”一篇为核心，《吴鞠通医案》为印证的妇科论治体系。今就吴氏对仲景妇人产后病论治的继承和发展论述如下。

一、完善产后三大病

张仲景于《金匮要略》“妇人产后病脉证并治”中提出新产妇人的3大病“痉、郁冒、大便难”。对此3病，仲景以产后血虚而津亏，营卫不合，自汗多出，当易中风，故病痉；阴血不足，阳亢于上，复感于寒则生郁冒；产后津伤，而胃中燥，则易于新入饮食相结，以成“胃家实”之大便难。而在治疗上，对此3证，仲景未言及痉病的治疗，而后世《南阳活人书》参“痉湿暍病”篇分刚、柔痉治之；郁冒，仲景与小柴胡汤；大便难，则是大承气汤。总的来说，便是“为汗出中风一偏证而设”。不难发现，仲景对于“痉、郁冒、大便难”这3大病的辨证与论治均依其本虚而受外邪侵犯所生病。但实际中，常有未受邪而生此3大病的患者，如吴鞠通在实际临证中遇到的王氏虽“痉、郁冒、大便难”3大症具备，却见“因血极虚而身热发厥，六脉散大”，与百氏“产后郁冒，一日厥四五次”却无外伤等案，非仲景所提出的病因所能解释，故3大病应有仲景未述之病因。

及至明清之际，叶天士提出“阳化内风学说”，即肝乃东方风木之脏，易生风而升扬。肝阳之所制，“全赖肾水以涵之，血液以濡之”，产后津血俱亏，心肾之阴不能制约肝阳，进而出现肝风内动引发内风而导致“内中风”，从而出现产后3大病的表现。

于此，吴鞠通在治疗产后3大病时，不仅继承了仲景“产后气血虽虚，然有实证，即当治实，不可顾虑其虚，反之病剧”，有外邪先祛邪的思想。在治疗丁氏“产后恶露不行，腹坚大拒按”与文氏“得饮胸满，大便溏泄，身萎不起”2案中，见有外邪先处之，予丁氏以抵挡法、文氏以化浊除湿法，以祛邪为先；更是在审查病症浅深层次等的不同后，参尤在泾《金匮要略心典》中总结产后3病的实质为“筋病”“神病”和“液病”后，对无外邪所致的产后3大病，以润筋、守神、增液为大法，提出了一、二、三甲复脉汤，大、小定风珠，专翕大生膏和增液汤7方，用此法治疗上文所及王氏、百氏2案，无不应验。

对于这7方我们可以看出，吴氏的三甲复脉汤方，其根源是仲景的炙甘草汤；而大、小定风珠类方虽是叶天士于《临证指南医案》中治顾某的方子，亦可看作有仲景的与炙甘草汤的加减；专翕大生膏虽以血肉有情之品为主，然依旧是以大定风珠为立方之根本；增液汤则是从调胃承气汤护阴以行舟的方法中发展而来的。

二、癥瘕瘀血论治

癥瘕瘀血作为妇科多种疾病的共同病因，可以说是妇科诊疗的着眼点之一。对于癥瘕瘀血的治疗，张仲景在“妇人三篇”之中均有所涉及，包括“妇人妊娠病篇”的宿有病，“妇人产后病篇”的瘀血腹痛，“妇人杂病篇”的月经过多、至期不来、闭而不下等病症；而与之对应的方剂，即鳖甲煎丸、下瘀血汤、温经汤、抵挡汤，等等。观仲景诸方，虽多用大黄、水蛭等攻伐之药，却可以发现仲景在治疗癥瘕瘀血时用大黄，多以酒治之，用虫类药亦经熬制，可知仲景于祛邪之时不忘癥瘕瘀血之人多是久病，不可破气伤血。吴氏对于这一思想有着充分的集成，他在《医医病书》“癥瘕论”中指出：“今人治癥瘕，概以三棱、莪术、归尾、红花攻瘀之阳药治之，断不能见效，不但不效，攻之过急，且有癥散为瘕之患。”

因此，吴鞠通在治疗癥瘕的时候，仿仲景鳖甲煎丸，以鳖甲守神入里，专入肝经血分，能消瘕，领带诸虫药，取其走者降之意，合桃仁、红花、益母草等味行血，苏木、香附、麝香等味行气，气血二分同运之意，和大黄虫丸缓中补虚、攻补结合的方式，创制了化癥回生丹。

在论及瘀血时，吴鞠通对于仲景学术从2个方面加以继承与发展。在论及败血上冲犯及他脏时，由下瘀血汤的瘀血冲胃进行引申，指出：“败血上冲有三，或歌舞谈笑，或怒骂坐卧，甚则逾墙上屋。此败血冲心多死，用花蕊石散，或琥珀黑龙丹，如虽闷乱，不至癫狂者，失笑散加郁金；若饱闷呕恶腹满胀痛者，此败血冲胃，五积散或平胃加姜、桂、不应，送来复丹，呕逆腹胀，血化为水者，《金匮》下瘀血汤；若面赤呕逆欲死，或喘急者，此败血冲肺，人参、苏木，甚则加芒硝汤荡涤之。”全面地将瘀血结于下所引起的诸证的诊断治疗加以完善。另一方面，吴鞠通在临证中多次遇到寒凝瘀血的病案例，如满氏先“难缠五日不下”后“产后腹中癥痛甚”，见其“呼吸定息脉再至”，诊为“阳气不充，里寒，且有癥瘕”，吴氏运用仲景温经汤和胶艾汤加减，多获良效。

三、阴吹论治

阴吹一病，第一次被提出便是在张仲景《金匮要略》的“妇人杂病篇”中，仲景以之因胃肠津亏而内生燥结，或有合并瘀血从而导致腑气不畅，从而浊气下泄，迫及前阴而发生排气，且急促有声，连续不断。治疗上，自然以润腑消瘀通便为核心，使浊气得肠道而出，阴吹自解。然自仲景以后千余年，阴吹一疾，不像它病被后世医家多家论述，医籍中鲜有记载，治疗上也是或有效，或不甚满意。至吴氏，思仲景脾胃津伤的阴吹应是“阴不足者，阳必有余，脉当数，面与唇舌当赤，口当渴”，而非他所见到的英氏一案中“面青，脉弦而迟，不食不饥，不便不寐”的寒痰滞中之象，方知阴吹不只有胃肠津伤一因，饮家因素有痰饮蓄聚，蟠聚中焦，浊邪相干，谷气不能上升清道，反然而下泄，亦可导致阴吹。对于这类患者，再用补阴的猪膏发煎，中焦浊邪更甚，故吴鞠通反用《金匮要略》法，设橘半桂苓枳姜汤以治之。

可以看出，在阴吹的治疗上，吴鞠通灵活的从仲景学术中寻找思路，以证师仲景，而非以病师仲景，从理论的高度传承仲景学术，一正一反，组成了我们现代中医诊断治疗阴吹病的基本思路。

四、药味取舍

仲景经方用药，可谓是据病因证，味味精妙，后世诸家多因药性或惧而避之，如白芍、桂枝又有因大家多言其为要药而妄用之，如川芎、当归，多致误治。吴鞠通在“产后不可用芍辨”与“产后误用归芎亦能致瘛论”中引仲景用药之法，论而驳其世诸医家。

自朱丹溪提出“产后不可用白芍，恐伐生生之气”后，医家皆从之。于此，吴氏指出：“但视其为虚寒虚热耳。若系虚寒，虽非产后，亦不可用。”如仲景设有桂枝汤去芍药法和小青龙去芍药法。但是“若系虚热，必宜用之收阴”，如仲景在“产后病”中的枳实芍药散中变用芍药以治产后实热内烦之证。再论当归、川芎2药，确是妇科补虚祛瘀之要药，仲景方中亦多见，如当归散、当归芍药散、胶艾汤等妇科要方。然观其证，多是血寒而瘀滞，再有热阴伤之时多避而不用。吴鞠通言：“当归止能运血，急走善窜，不能静守”“川芎其性更急于当归”，故致瘛，甚则脱证[1~2]。

参考文献

[1] 马剑云．鳖甲煎丸治愈双侧卵巢囊肿［J］．中医杂志，1982（7）：65.

[2] 周复生．应用“化回生丹”治愈子宫瘤两例报告［J］．中医杂志，1956（4）：95～197.

［《吉林中医药》2012，32（5）：534］

营气在外感病治疗中的作用

郭建辉　广州医学院第三附属医院

《内经》指出：“卫气者，所以温分肉，充皮肤，肥腠理，司开合者也……卫气和则分肉解利，皮肤调柔，腠理致密矣，”“营气者，泌其津液，注之于脉，化以为血，以荣四末，内注五脏六腑，以应刻数焉，”“阴者藏精而起极也，阳者卫外而为固也”。似乎已明确地言

明行于脉外的卫气具有护卫肌表的防御作用，是人体内固表抗病的正气；而行于脉内的营气则只具有濡养身体的功能。但医圣张仲景在治疗伤寒时，不只重视卫气，更重视营卫和谐对治疗的重要性。仲景在治疗外感病时为何提及营气，在他看来，营气在外感病治疗中起何作用？明析营气的这些作用对治疗外感疾病有何启发？笔者试对此进行探讨。

一、营气在外感病治疗中的作用辨析

（一）营气在外感病中具有祛邪的作用

卫气有固表的作用，“卫气不营，邪气居之”，其功能失常是导致病邪入侵的原因。此时，由于“上焦不通利，则皮肤致密，腠理闭塞，玄府不通，卫气不得泄越，故外热”，卫气成为引起病证原因的一个方面。这时的治疗，《内经》明示：“今风寒客于人，使人毫毛毕直，皮肤闭而为热。当是之时，可汗而发也，”“其有邪者，渍形以为汗；其在皮者，汗而发之”。通过发汗，可达到祛邪愈病的目的。而对于汗的认识，《素问·评热病论》有：“人所以汗出者，皆生于谷，谷生于精，今邪气交争于骨肉而得汗者，是邪祛而精胜也。精胜则当能

食而不复热；复热者邪气也，汗者精气也”。这里说明，汗不是病理产物，也不是与邪交争后的代谢产物，它是一种精气，汗出邪祛则表明这种精气的胜利。很明显，由于汗血同源，营气生血，故营血汗是异名同类，“汗者精气也”也就是说这个使邪祛的“精气”——“汗”就是营气了。除了出汗，营气的祛邪形式还有其他方式，如马莳曰：“取血于营也，刺营者出血，出邪气也”，仲景也有“太阳病，脉浮紧，发热，身无汗，自衄者愈”的论述，说明通过出汗或放血皆可泻热，表明营出可祛邪外出，确立了营气在外感病中具有祛邪作用的地位。

（二）营气又具有“使阳在外”的作用

营气和卫气在护卫肌表和与邪气斗争中，营气的作用更为重要。这是因为“阴在内，阳之守也，阳在外，阴之使也”，即阳之守，守阴在内，阴之使，使阳在外，说明卫阳护卫着体内的营阴，而得到营阴的差使，卫阳得以固护于表。营阴就像统帅发号施令，卫阳就像卫兵听从命令。由于阳在外，要阴之使，故卫阳不振时，要营阴驱动才能使卫阳外出以固表。因此，营气除了具有祛邪的作用，又具有“使阳在外”的作用，从而能主动祛邪外出，又促卫气固表，以达到使肌体恢复健康的目的。

通过对营气在外感病中既具有祛邪又具有“使阳在外”的这两个作用的分析，不难理解医圣张仲景通过调和营卫以达到祛邪达表，振奋卫阳的用意了。

二、营气的祛邪促阳作用对治疗外感疾病的启发

第一，对于外感疾病，只有达到营阴外出，才能“邪祛而精胜”。故除了太阳中风、太阳伤寒要发汗外，暑病、温病也应从汗而解。《素问·生气通天论》：“因于暑，汗，烦则喘喝，静则多言。体若燔炭，汗出而散”。运用银翘散时，也不能因怕辛温发散动血而弃用荆芥、豆豉，失去营出祛邪的本意。第二，要重视放血疗法在外感治疗上的应用。特别在紧急及应急的情况下，采用十宣、耳尖、大椎穴的放血，可以有效达到“出邪气”的功效。第三，建议对时常易外感的虚人，应从补益营血方面调理，使营阴内盛，外泄而不乏源，卫气得其资助及驱动使“分肉解利，皮肤调柔，腠理致密而卫外为固”。

［《长春中医药大学学报》2012，28（3）：449］

张仲景“结”病机溯源

杨莎莎　王庆国
北京中医药大学基础医学院

《伤寒论》和《金匮要略》有“结”字的条文共55条，大致可分为四类：症状（如少腹急结）、脉诊（如脉沉结）、病证名（如藏结）和病机（如水与血俱结在血室）。其中涉及病机者最多：从气血津液辨证来看有结气、血结心下、水结在胸胁等；从八纲辨证来看有热结在里、结寒微动、阳微结、纯阴结等；从邪正盛衰来看有邪结在胸中、正气却结于脏等；从病位来看散布于全身，从病势来看有轻重缓急。由此可见，“结”是张仲景医学体系中一个重要的病机概念。对“结”病机的溯源有助于深化对张仲景医学理论的认识。

一、表肿物形成

“结”现存最早的字形为小篆体，出自《说文解字》，属“糸”部，从“吉”声，与缔、縎互训，意为“将丝或绳索曲折过来，呈纵横相交状”[1]。

结在医学著作中常被用来表示肿物的形成。如《素问·骨空论》云“任脉为病，男子内结七疝，女子带下瘕聚”，这里疝、瘕、聚都是通过触诊能发现肿块的疾病；《灵枢·刺节真邪》认为“瘤”是“结”的恶化，是人体正气、津液长久停聚于斯而成，如“有所结，气归之，卫气留之不得反，津液久留，合而为肠瘤”；《难经·五十六难》提出五脏之积，并以五行乘侮理论来说明成因。以肝之积为例：“肺传于肝，肝当传脾，脾季夏适王，王者不受邪，肝复欲还肺，肺不肯受，故留结为积。”《金匮要略》指出疟病日久不愈则“结为癥瘕”，治以鳖甲煎丸。方中多祛瘀利水消痰之药，推知仲景以此种痞块的形成，为疟邪假血依痰而成。

二、谓闭与不通

结的形成预示着一种凝聚、凝固、不畅通的状态。如《庄子·在宥》以“天气不和，地气郁结，六气不调，四时不节”来解释疾病的发生。《素问·三部九候论》“索其结络脉，刺出其血以见通之”，意为脉络之结是因血行不畅而为瘀导致的，当以针刺出血的方法疏通治疗。《素问·汤液醪醴论》“夫病之始生也，极微极精，必先入结于皮肤”，反映了早期人们将有形外物的侵入即外因作

为基本病因的认识。《伤寒论》中也提到“血弱气尽腠理开，邪气因入，与正气相搏，结于胁下”。这反映了张仲景从人体自身变化及受外界因素（包括情志异常）影响而致病来解释疾病发生的理论。

结常与闭并列以示疾病之本。《汉书·艺文志》谓：“经方者，本草石之寒温，量疾病之浅深，假药性之滋，因气感之宜，辩五苦六辛，致水火之齐，以通闭解结，反之于平。”这表明经方家把“通闭解结”作为基本的治疗原则，也说明闭结被视为关键病机。《灵枢·九针十二原》曰：“今夫五脏之有疾也，譬犹刺也，犹污也，犹结也，犹闭也。”考《吕氏春秋·达郁》“水郁则为污”，污在这里应理解为停水。这说明当时认为疾病的本质是（气、血、津液的）停滞闭结，治疗也以解除这种不通的状态为要务，即“善用针者，取其疾也，犹拔刺也，犹雪污也，犹解结也，犹决闭也”。

结还常和不通同用，如《灵枢·根结》“枢折则脉有所结而不通”，《灵枢·九宫八风》“脉闭则结不通”，《灵枢·周痹》“大络之血结而不通”等。《难经·三十七难》也说：“五脏不和，则七窍不通；六腑不和，则留结为痈。”《金匮要略》提出“若五脏元真通畅，人即安和”，不仅反映了张仲景的正常人体观，还表明了他以不通为疾病发生内在基本因素的观点。

森立之《伤寒论考注》曰：“凡云结者，谓邪气与物相结聚也。物者何？水血是也。”卢氏指出他继承了《素问·至真要大论》“结者散之”的治疗原则，并将其体现在具体治法中，如五苓散通阳利水散结，大陷胸汤、三物白散荡实逐水开结，桃核承气汤、抵当汤泄热逐瘀散结等，他总结为八法[2]。金钟斗等[3]认为《伤寒论》针对伤寒结证阳郁的特点建构了一个完整的散结治法体系。

由结的外形联想到心理，古人借此表达情感上的郁闷不舒，如《史记·报任安书》“此人皆意有所郁结”；《素问·疏五过论》认为“离绝菀结”等不良情绪可令血气离守，五脏空虚；《素问·举痛论》则以“气结”说明情志致病的机理：“思则心有所存，神有所归，正气留而不行，故气结矣。”张仲景所论情志异常多为疾病的外在表现，如“其人如狂”“喜悲伤欲哭”等，多因瘀热痰气，或因脏腑虚衰。

三、结气可诊见

《释名》也多处以气结释病：其一，“脴，否也，气否结也”，《伤寒论》对痞证的认识与此相同；其二，“痈，壅也，气壅否结，里而溃也”。《金匮要略》亦以“热之所过，血为之凝滞，蓄结痈脓”来解释肺痈酿脓期的病机。其三，“小儿气结曰哺……哺而寒露，乳食不消，生此疾也”。结在《神农本草经》出现了四十余次，如“痰结”“心下结痛”“热结”等，与《伤寒论》《金匮要略》中的用法类似。其中含“结气”的条目占一半以上，多与症瘕积聚、伤食不化、痈肿疽疮等相关。

《释名》还提到：“疹，诊也，有结气可得诊见也。”这表明精气虽不可见，但通过诊察却能得查结气之所在。如就脉诊而言，《史记》中仓公治疗疝病谓：“厥阴有过则脉结动，动则腹肿。”《素问·平人气象论》“结而横有积矣”，指脉有间歇者主（腹中）有积。《难经·十八难》指出脉结提示胁下积气，伏而结者主积聚，浮而结者主痼疾。《脉经·辨三部九候脉证》也说“中部脉结者，腹中积聚。若在膀胱两胁下，有热”。不同的是，《金匮要略》以“脉来细而附骨”主积病，且《伤寒论》以阳结、阴结均主燥屎内结；脉结代、心动悸者属虚，脉乍结而心下烦满、不能食者为实；脉沉结而少腹硬者主下焦蓄血。可见《史记》中扁鹊“尽见五藏癥结”并非由于饮用了“上池之水”，而是因为他善于诊病。张仲景还非常重视其他诊法，如《伤寒论》151条以“按之自软，但气痞耳”提示通过触诊可区分气痞和结胸；《金匮要略》又结合问诊，以“终不移”为积，“发作有时，展转痛移”为聚，“胁下痛，按之则愈”为磬气。

回顾“结”在秦汉时期重要医学著作中的运用不难看出，它的广泛使用并非偶然，而是与当时的病因病机认识密切相关。张仲景继承了前人的理论并结合临证经验不断发展：就诊法而言，他强调四诊合参；在病因方面，更多地考虑人体自身的变化；病机认识上，所论致病因素更加明确；从治法体系看，他将治疗原则融合在了具体的治法中。这充分体现了张仲景的创新精神，也是当下发展中医学不可或缺的。

参考文献

[1] 黄易青．上古汉语同源词意义系统研究［M］．北京：商务印书馆，2007：177.

[2] 卢月英．“结者散之”在《伤寒论》中的运用．河北中医，1986：（1）：41～42.

[3] 金钟斗，陈萌，王庆国．《伤寒论》伤寒结证演变规律．中华中医药杂志，2007，（22）10：679～681.

［《世界中医药》2012，7（3）：255］

张仲景《伤寒论》中的医学人文精神

刘丽军　河南大学淮河医院

医学人文精神是一种坚持以人为本，关爱生命，以人的身心健康的可持续发展为价值理想的伦理观[1]。医学人文精神既是对生命的神圣、生命的质量、生命的价值和人类未来的健康与幸福的关注，也是对人类的身心健康与自然、社会及人之间的和谐互动和可持续发展的关注[2]。医学人文精神在中国传统医学中早已存在，因其具有关爱生命的人文精神本质内涵，医学才能成为真正的人的医学。

张仲景所著《伤寒论》理法方药完备，不仅是我国现存第一部体现辨证论治精神的著作，而且是一部体现我国独特医学人文精神的重要著作，蕴含着广博的伦理学、哲学、社会学等人文学科知识，具有丰富的人文理论和临床实践内容。

一、生命为本，仁爱救人

《周易·条辞传》曰："天地之大德曰生。"这句话的意思是："天地之间最伟大的道德是爱护生命。"人的生命健康存在是人类任何价值体现的第一前提条件，关爱生命既是医学的基本价值，也是医学人文精神的核心理念。

《伤寒杂病论》序中言："曾不留神医药，精究方术，上以疗君亲之疾，下以救贫贱之厄，中以保身长全，以养其生。"明确指出医生的根本职责在于保护人的生命。《金匮要略·脏腑经络先后病脉证》也提出了"养慎"的思想，要求注意调摄养生，谨慎地善待生命，体现了张仲景以生命为本、仁爱救人的伟大人文精神品格。

医生在社会专门职业中具有特殊意义，它肩负着人们对健康的渴望，承载着患者的"性命相托"，必须具有高尚的思想道德品质，尤其是要具备对人类健康事业高度的责任感和无私的奉献精神。

二、治学精勤，医风严谨

要当一名出色的医生，必须先学习和掌握好医术，只有具备了高明医术，才能做好诊治疾病的工作。"治学精勤"的同时，医者还要"医风严谨"。救死扶伤者若无严谨的医风，同样难以担此重任。

张仲景"感往昔之沦丧，伤横夭之莫救"，知"经络府俞，阴阳会通；玄冥幽微，变化难极。自非才高识妙，岂能探其理致哉!"于是奉行孔子"学则亚之，多闻博识"之语，遂"撰用《素问》《九卷》《八十一难》《阴阳大论》《胎胪药录》，并平脉辨证""勤求古训，博采众方"，结合其临床实践，总结经验教训并加以升华，撰写出被后世奉为辨证论治圭臬的《伤寒论》，足见仲景治学之精勤。

为了更好地救治病人，张仲景养成了严谨认真、一丝不苟的医疗作风。如在《伤寒论》第12条桂枝汤方后论述煎煮及服用方法时说："……微火煮取三升……服一升。服已，须臾啜热稀粥一升余，以助药力。温覆令一时许，遍身漐漐，微似有汗者益佳，不可令如水淋漓，病必不除。若一服汗出病差，停后服，不必尽剂……"由此可见，张仲景在治疗疾病时，观察极其细致，不仅能够24小时持续观察，而且在实践中总结出桂枝汤的服用方法和剂量要因人而宜，足见其医风之严谨。

又如《伤寒论·伤寒例》曰："夫阳盛阴虚，汗之则死，下之则愈。阳虚阴盛，汗之则愈，下之则死。夫如是，则神丹安可以误发，甘遂何可以妄攻？虚盛之治，相背千里，吉凶之机，应若影响，岂容易哉！况桂枝下咽，阳盛即毙，承气入胃，阴盛以亡。死生之要，在乎须臾，视身之尽，不暇计日。此阴阳虚实之交错，其候至微。发汗吐下之相反，其祸至速。"这段文字是告诫后人在处方用药时须慎重，辨证识病时切忌自恃妄断，不能为求速效而过用猛烈之药以免酿成恶果。

三、关爱体恤，注重责任

医学终极关怀既是医学人文精神的精髓，也是医学人文精神发展的最高形态，更是对生命价值的高度体认。医学终极关怀将生命健康视为最终目的，而医学本身则仅仅是达到这一目的的手段，是实现医学人性化境界的手段[3]。

仲景对患者的关爱体恤之情，体现在其注重保护胃气的思想上，如瓜蒂散证应用吐法："不吐者，少少加。得快吐，乃止。诸亡血虚家，不可与瓜蒂散。"下法之十枣汤用甘遂、芫花、大戟攻逐水邪，大枣10枚先煎汤后送药末服之，以达到固脾胃、缓峻毒，兼以制水袪邪而不伤正的目的。服十枣汤后"得快利后，糜粥自养"，服理中丸后"饮热粥一升许"等以饮食自调来促胃气来复。不仅如此，在疾病的判断上仲景更是本着对患者负责的精神，当机立断，抓准病机，救人于生死之间。如《伤寒论》第252条："伤寒六七日，目中不了了，睛不和，无表里证，大便难，身微热者，此为实也，急下之，宜大承气汤。"《伤寒论》第323条："少阴病，脉沉者，急温之，宜四逆汤。"从里实急下和里虚急温两个鲜明对比的例子可以看出，面对急重病证，张仲景心无患得患失的杂念，果断地应用急下或急温方法治疗，救人于危亡。

张仲景在《伤寒论》序中痛斥“孜孜汲汲，惟名利是务”之“趋世之士”，严厉批评当时医学界“不念思求经旨，以演其所知……省病问疾，务在口给；按寸不及尺，握手不及足，相对斯须，便处汤药”的草率行为。见张仲景对社会的高度责任感及其对医学事业的执著追求和对民众的拳拳爱心。

我国传统中医学是人文主导型医学，其中蕴含着丰富的医学人文精神。从以上论述中可以看出，张仲景所著《伤寒论》中就有很多能够体现人文精神的内容。在医学人文精神缺失和呼唤医学人文精神与科学精神相统一的时期，深入研究和分析传统中医学著作中的人文精神，特别是体现仲景学术思想的《伤寒论》中的人文精神，对于进一步增强我国医学生人文素质教育和人文精神重塑，具有十分重要的现实意义。

参考文献

[1] 朱贻庭．伦理学大辞典［M］．上海：上海辞书出版社，2002：179.

[2] 张大庆．论医学的人文精神［J］．山西大学学报：哲学社会科学版，2003，26（4）：20～24.

[3] 刘虹，张宗明．关于医学人文精神的追问［J］．科学技术与辩证法，2006，23（2）：30.

［《河南中医》2012，32（6）：661］

张仲景的法与方

邓校征　湖南中医药大学

《伤寒论》[1] 397条，113方是中国医学临床经验总结的典型病例及用方。

仲景论阴、阳是举的相对名词，即隐与显或正与负之义。太阳、少阳、阳明、太阴、少阴、厥阴是疾病发展过程阶段，是符号，也可说是6种典型病例。阴阳是中医学的纲领，是古人在实践的认识过程假定正反两个面的省词。稍有错，全盘错。

仲景法是疾病时所表现之症状，体征，脉象，稽诸外景而推之内景活动的变化以识别疾病属性与病位。根据属性，病位变化分析证候特征，判断其类型，轻重，依据各方面的诊断识别去认识疾病。

所谓属性：即阴、阳、寒、热、虚、实。寒热是生理活动改变的一种表现，阴阳，虚实为意识而定，它们之间存在互通性。例：《伤寒论》第7条“病有发热恶寒者，发于阳也。无热恶寒者，发于阴也”就是对病变属性划出一个概念。属性中存在辩证法，阴非专对寒对虚，反之阳也非对热对实。虽热乃虚，虽寒乃实。如：“里寒外热”“发热恶寒”就如此。急性传染病初发期在一定时间内无任何根据证明有热迹象，这就需要辨证恶寒之状态，发于阴：只有寒冷而不战栗。发于阳：无论发热与否势必战栗恶寒。

虚，实是据疾病症状，体征来鉴别身体机能抗病力的强弱以定其属性。日医汤本求真[2]说：“虚，空虚之义，病毒未去，精力已虚；实，充实之义，病毒充实于机体，而体力猛，能抵抗”。正好映证《内经》所云：“邪气盛则实，精气夺则虚”[3]。综上之说可知机能亢进抗病力充实者为实，机能衰退抗病力不足者为虚。

病位指内外，表里。表即表面，外表。里即内里。凡在内皆曰里。可见《伤寒论》文中内外即表里互词，从字义看，外表当皮肤，从生理机能上分，应包括上呼吸道，气管，支气管，肺泡，凡人体不由传递机转直接与空气接触者为外为表。里不专指消化系，盖表以外统为里。病变于内，稽诸外而推之内景，如；“心下有水气”“胸中有热”“胃中有邪气”“胁下有水气”“胃中有燥屎”“热入血室”“热结膀胱”“热在下焦”等。还有部位难定或整体性的，如：第140条大柴胡，大陷胸，第168条白虎加人参曰：“热结在里”，第176条白虎证“里有寒”[1]，第238条“瘀热在里”，第388条“内寒”，第317，368条通脉四逆证“内多久寒”。需注意：通脉四逆汤证为整体性虚寒，下利清谷不过是证候群中的一候，若析“里”字以为专指消化器官（部位）诊病为肠疾患是错误的。

病位转变不必是前位证罢始显后位，往往是后位证候逐增而前位证候逐减，在转变过程中二三位证候并显即并病，合病，事实上是病之进行过程中之环节，此种现象较之纯三病位证候群在临床多见。在转之已纯或停而不变（二三位），仲景只治主位，不用合方，又有非正型转变以其形似或属性而言者如黄芩汤以利为主证而旁现形似二阳合病迹象，葛根汤之下利以部位属性而言太阳阳明合，皆属例外。

三阳，三阴宛如列车行驶，经有大站，有小站，各个站点不是孤立的，而是有铁路网联系着，车的列次不同，载用的人和物不同，交错点也不同，有同处又多异点，仲景言其纲而已。

疾病的发生传播或沿着阴阳传变，或不沿其传变，或转为杂病，是与时间、气候、环境、年龄、体质及其治疗过程等因素有关，转变各异。

仲景用方，“博采众方”。《伤寒论》所载113方不是集医一家处方，有巫医的，如：白虎汤，大小青龙汤，十枣汤，小柴胡汤又名黄龙汤。有来源命名的如：越婢汤。有以作用命名的如：泻心类。有以证候命名如：四逆类。以主药命名如：桂枝汤，麻黄汤，竹叶石膏汤等。由此可见仲景是传方人而非制方人。张仲景博集前世众方，施之当时，临床观察方药丝丝入扣者以传后世。其经方特点：味简量适，幅度大，涵盖广，可加减成新义，可真增损量以易主辅，可调煎法，服法，病变方亦变，变化无穷，应用无穷。

试举2例处方观其涵盖与幅度。

大青龙汤：麻黄、桂枝、甘草、杏仁、生姜、大枣、石膏。组方分析：本方有5个成方组成。1）甘草麻黄汤；2）麻杏甘石汤；3）桂枝去芍汤；4）麻黄汤；5）越婢汤。看单方各有证治，合一可为两解（内、外）而设，“内有热，外有寒”。太阳与阳明合病发热恶寒，热多寒少而无汗出者适用此方。

小柴胡汤：柴胡、黄芩、人参、半夏、生姜、甘草、大枣。小柴胡汤虽在临床上以“胸胁苦满”为主症，但以往文献及报道还划不出一个比较明确的应用范围，几乎中医各科都涉及本方，《伤寒论》条例所举主证只是其一小部分，一些杂病也以小柴胡为主剂。如：淋巴疾患，月经失调，精神失常及诸多炎症。血证都在其治疗范围。若再加减和变量应用所涉及面就更广泛了。有医用于肺结核，有医用于治耳、喉患。有用于治肿痛，治肝病肾病。在古方中使用频率最高，涉及面最广。

仲景论脉，可分为2形：1）状脉；2）势脉。

状脉中有分经、纬、反宜3项。浮、沉、迟、数、弱、弦、细、微、疾、促、洪、大为状脉。浮为三阳的经脉，沉为三阴的经脉。迟、数、弱、弦、细、微为三阴三阳（沉、浮）的纬脉。疾、促反应表里，洪、大宣示内外。

缓、紧、滑、涩通称为势脉，这4种脉势以病变不同常与经或纬脉交织出现，以示病程的转化[4]。

缓、紧是标志着病邪（邪指刺激机体生理活动改变的动因）侵入力量大小的2个脉象，通常初病时脉现缓，可知病邪力量尚微或未发展。病向愈，脉亦转缓。紧脉是病在发展中出现的脉象，发展趋向呈两面性。滑、涩是机体抗病力强弱的2个脉势，出现涩脉精力（能量）已经枯槁，机体所储能量已近耗尽，即所谓“虚证”病现危境。滑脉则象征抗病力尚强，病邪亦不弱，惟机体的代谢产物堵塞机体代谢过程通道，即所谓“实证”。伤寒高峰期大热大实证常有此脉。

诊断上以脉对证，以辨病位，如浮脉，病在表或向表。沉脉，病应在里或向里。再看之纬脉是迟是数、弱、弦、细、是微。反宜虽分4形，而实际上洪与大分不开，疾与促又颇近似。

无论何种疾病，没有2个经脉或2个纬脉也没有2个势脉同时并现于1个病体。《伤寒论》中多是一经一纬，凡浮就不会沉，迟则不能数，如：浮缓，浮紧，滑疾，沉紧，微涩，不是一经一势，即是一状一势，一纬一势的交叉显示疾病过程、阶段、形势。有必要了解的是白虎汤证“脉洪大”不是二脉同出，更不能视为同项并现之例，还有微细，微弱同是。洪作大，疾作促，亦无大差。或行文之便洪与大可视同一脉，洪：脉来大而鼓，洪与大相类。医家都熟之。论中有只举一脉的如滑脉，涩脉，促脉，浮脉，结脉，代脉。或为简称不一而定。脉诊是中医诊断的重要手段，《伤寒论》列出了几乎所有脉象。可见在汉以前祖国医学在此领域已形成正规化，理论化，系统化了。

读《伤寒论》可以清楚地体会到中医精辟的方，明晰的法。如何应用祖国医学的法与方，不是听说或搬书抄几个验方就能应战，而是要认真学习研究，“方法”一词就来源于中医理论与实践的结合。

参考文献

[1] 李培生，成肇仁．伤寒论［M］．第2版．北京：人民卫生出版社，2006.

[2] 汤本求真．皇汉医学［M］．北京：中国中医药出版社，2007.

[3] 刘毅．黄帝内经［M］．北京：北京燕山出版社，2010.

[4] 川越衡山，陈存仁．伤寒论脉式［M］．上海：世界书局，1936.

［《长春中医药大学学报》2012，28（1）：185］

张仲景对大黄的配伍运用及煎服炮制

刘斌江　辽宁中医药大学

徐月英　辽宁中医药大学附属第二医院

大黄是临床常用药，已有2000多年的使用历史，始载于《神农本草经》，《证类本草》载《神农本草经》将其列为下品药，“下瘀血，血闭，寒热，破癥瘕积聚，留饮，宿食，荡涤肠胃，推陈致新，通利水谷，调中化食，安和五脏”。[1]张仲景在

《伤寒杂病论》中含有大黄的方剂共31首，几乎涉及了大黄的所有用法。

一、配伍功用

（一）下瘀血、血闭

大黄具有很强的活血化瘀作用，仲景用大黄治疗蓄血证。《伤寒论》106条“太阳病不解，热结膀胱，其人如狂……宜桃核承气汤”[2]133。蓄血证大多是素体下焦血行不畅，内有瘀滞，当太阳病不解，表热内陷，邪热与瘀滞结于膀胱，形成蓄血证。在桃核承气汤中，桃仁与大黄为主药，桃仁活血化瘀；大黄攻逐瘀血，导热下行；芒硝软坚；桂枝温通经络；甘草调和药物。全方共奏活血化瘀，通下热邪之功。《金匮要略》中的代表方是治疗产妇瘀血内结腹痛的下瘀血汤。方中大黄荡瘀逐血，桃仁润燥活血化瘀，䗪虫破结逐瘀，三药相合，破血之力峻猛。

（二）破癥瘕、积聚

代表方是《金匮要略》中的鳖甲煎丸、大黄䗪虫丸。鳖甲煎丸治疗疟母，大黄与鳖甲、蜣螂、䗪虫、桃仁、丹皮等配伍，消痞化积，破癥瘕积聚。大黄䗪虫丸用来治疗虚劳干血。书中云“五劳虚极羸瘦，腹满不能食……内有干血，肌肤甲错，两目黯黑。缓中补虚，大黄䗪虫丸主之”[4]24，方中大黄为主药，配伍䗪虫、桃仁、虻虫、水蛭等活血药，搜络化瘀；再加上地黄、芍药养血；杏仁理气润肠；黄芩清热；甘草、白蜜益气和中，共奏扶正祛瘀之功。

（三）逐留饮

大黄有较强的泻下逐水作用，仲景用大黄与逐水药相配伍来泻下逐水。《伤寒论》中代表方剂是治疗结胸证的大陷胸汤、大陷胸丸。结胸证是邪气与痰水相结于胸中，治疗上应当泻热逐水。大陷胸汤用甘遂攻逐水饮，大黄、芒硝，泄热，软坚散结。三药合用为逐水峻剂。大陷胸丸是大陷胸汤加杏仁、葶苈子、白蜜组成。方子为丸剂，佐以甘缓白蜜，变峻泻为缓攻，徐徐祛除高位之痰饮邪气。《金匮要略》中的代表方剂是治疗肠间饮聚成实的己椒苈黄丸。“腹满，口舌干燥，此肠间有水气，己椒苈黄丸主之”[3]47，此乃脾胃运化失职，肺气不能通条水道，导致水饮滞留肠间。方中防己渗透肠间水气、椒目除心腹留饮，二药合用使水气从小便而解。葶苈子开宣肺气，大黄泻下，二药合用使水气从大便而解。此方前后分消，共奏逐饮之功。

（四）荡涤肠胃、推陈出新

张仲景的大承气汤、小承气汤、调胃承气汤是涤荡肠胃的经典方。大承气汤治疗阳明里热实证。《伤寒论》有多条论述大承气汤，如217条“汗出谵语者，以有燥屎在胃中，……下之愈，宜大承气汤”[2]222。220条“二阳并病，……大便难而谵语者，下之则愈，宜大承气汤”[2]222。大承气汤方中重用枳实、厚朴，以气药为君，行气破滞；大黄泻热荡实，推陈出新；芒硝软坚润燥。四药合用，攻下实热，荡涤燥结。用于阳明腑实重证。小承气汤、调胃承气汤中的大黄，功用也是泻热荡实，推陈出新。

（五）通利水谷

裴永清教授认为“通利水谷”四字，即言大黄即可通小便以利水，又可利大便以泄谷[4]。张仲景的代表方剂是茵陈蒿汤，全方只有三味药：茵陈蒿，栀子，大黄，三药合用，清热利湿退黄。方后注明：“去滓，分三服，小便当利，尿如皂荚汁状，黄色正赤。一宿腹减，黄从小便去也”[2]245。对于大黄既通大便，又利小便的功能描述的明白无误。

（六）调中化食

《金匮要略》呕吐哕下利病脉证治第十七篇云“食已即吐者，大黄甘草汤主之”[3]66。此条论述胃肠实热呕吐的证治，用大黄清泻胃热，甘草缓急和胃以免大黄苦寒伤胃。

（七）安和五脏

《伤寒论》154条“心下痞，按之濡，其脉关上浮者，大黄黄连泻心汤主之”[2]151，155条“心下痞，而复恶寒汗出者，附子泻心汤主之”[2]154。这两条均是治疗痞症的，154条治疗热痞，用麻沸汤渍大黄、黄连，取大黄泄热，和胃开结之功，避免大黄的苦寒泻下。黄连清胃泻热，二药合用，热自泄痞自消。155条属于痞症兼有表阳虚。用麻沸汤渍大黄黄连黄芩，取其气之清以泄热消痞。正如《素问·阴阳应象大论》所谓“味厚则泄，薄则通”[5]。附子另煎取汁，取其辛热厚味以扶住阳气。两方取大黄之气，不在泻下，而在和胃。

（八）清热解毒

《金匮要略》疮痈肠痈浸淫病脉证并治第十八篇中云“肠痈者，少腹肿痞，按之即痛如淋，小便自调，……大黄牡丹汤主之”[2]71。肠痈多发于右下腹，热毒内聚，气血腐化。大黄牡丹汤用大黄、芒硝泻热通腑以解热毒；丹皮、桃仁凉血化瘀；冬瓜子排脓消痈，诸药合用，清热解毒，化瘀排脓。

二、煎服炮制

生大黄泻下力量强，攻下时仲景多生用，且人汤剂多后下，如大承气汤；麻沸汤渍可泄热消痞，如大黄黄连泻心汤，“本方之妙，在于煎法。麻沸汤渍之，取其气之轻清上行，如此运用，既能清泄心下无形之热以消痞，又避免大黄苦寒泻下之弊”[6]。笔者认为麻沸汤渍大黄也属后下范畴，只是比后下作用弱；先煎可减轻大黄泻下功力，如大陷胸汤；活血化瘀仲景多用酒制大黄。“酒是辛甘大热之品，能通血脉，升提发散，仲景用酒制一则引入血分，加强大黄活血化瘀之力，如抵挡汤（酒浸）；二则缓和其峻烈之性，如抵挡丸（酒洗）”[7]。

参考文献

[1] 宋·唐慎微．重修政和经史证类备急本草［M］．北京：人民卫生出版社，1982：246～247.

[2] 熊曼琪．伤寒学［M］．北京：中国中医药出版社，2003.

[3] 何任，何若苹．金匮要略［M］．北京：人民卫生出版社，2005.

[4] 裴永清．伤寒论临床应用五十论［M］．北京：学苑出版社，2005：9.

[5] 王庆其．内经选读［M］．北京：中国中医药出版社，2003：40.

[6] 姜建国．伤寒论讲义［M］．济南：山东大学出版社，2002：106.

[7] 张慧珍，杜耀战，屈秀炳．仲景应用大黄规律初探［J］．中医研究，2001，14（4）：15～16.

［《实用中医内科杂志》2012，26（8）：26］

张仲景对霍乱的辨治

陈宁勇　南京中医药大学基础医学院

霍乱是指暴发吐泻的急性胃肠病。霍为挥霍，是时间概念；乱为撩乱，是病变特点，挥霍之间便致撩乱。因其发病急而病变剧，故名霍乱。兹就张仲景《伤寒论》有关霍乱病的辨治阐述如下。

一、继承并发展了《内经》的霍乱理论

霍乱之名始见于《内经》《素问·六元正纪大论》：“太阴所至，为中满霍乱吐下。”[1]《灵枢·经脉篇》：“足太阴厥气上逆则霍乱。”[2]从病变所属脏腑看，与足太阴脾密切相关，且多为里证。《伤寒论》霍乱病篇总共有10条条文，前三条（382～384）论述了霍乱病的脉证特点、预后转归及其与伤寒的主要鉴别点，后六条（385～390）论述了霍乱病及其并发症的辨证论治，最后一条（391）强调霍乱初愈的慎养之法，在《内经》的基础上又有了发展。例如382条：“问曰：病有霍乱者何？答曰：呕吐而利，此名霍乱。阐述了霍乱的主要证候为“呕吐而利”，霍乱的特点是吐泻交作，挥霍变乱于仓卒之间。与《灵枢·五乱篇》“清气在阴，浊气在阳，营气顺脉，卫气逆行，清浊相干，乱于肠胃，则为霍乱”[3]的认识是一致的，因霍乱是由于胃肠功能紊乱，清气不升，浊气不降，清浊相干，升降失常，故吐利交作。383条：“问曰：病发热头痛，身疼恶寒，吐利者，此属何病？答曰：此名霍乱。……”是论霍乱病中常见的一种证型，即霍乱兼表证，而非表证兼吐利。外兼表证而见发热、头痛、身疼恶寒，病从内发而不是受表邪的影响，故以里证为主。此为霍乱病中的一种证型，而非唯一证型，霍乱病亦有不兼表证者。后世对霍乱病的分类逐步细化，除有干霍乱、湿霍乱外，还有寒霍乱、热霍乱等。此外，《内经》对霍乱的治疗只论及了刺法（“……气在于肠胃者，取之足太阴、阳明不下者，取之三里。”[3]），张仲景在《伤寒论》霍乱病篇中首次论述了霍乱的具体治法与方药（385～390），从而奠定了霍乱辨证论治的理论基础。

二、霍乱与伤寒的区别

霍乱与伤寒有类似的地方，两者需要鉴别。383条：“……霍乱自吐下，又利止，复更发热也。”“霍乱自吐下”表明下利由内而发，非为表邪内传影响脾胃而升降失常所致。“又利止，复更发热也”是里和表未和，与伤寒太阳阳明合病下利不同：太阳与阳明合病，是二阳俱受邪，邪盛于表，而影响及里，升降失常，以致或必自下利，或不下利但呕，表邪解则里自和而吐利止；霍乱兼表证，是脾胃不和，胃肠功能紊乱，清浊相干，升降失常，而又兼外邪束表，其里不和之吐利并非由表邪所引起，亦不受表邪所影响，故表邪虽解，而里气仍可不和，或吐利虽止，而寒热表证仍可存在。384条：“伤寒，其脉微涩者，本是霍乱，今是伤寒，却四五日，至阴经上，转入阴必利；本呕，下利者，不可治也。欲似大便，而反失气，仍不利者，此属阳明也。便必硬，十三日愈。所以然者，经尽故也。下利后，当便硬，硬则能食者愈。今反不能食，到后经中，颇能食，复过一经能食，过之一日当愈；不愈者，不属阳明也。”一般认为本条

是辨病霍乱后又病伤寒的转归，但也有认为是霍乱与伤寒的鉴别辨证，如《医宗金鉴》："此承上节辨发热、头痛、身疼、恶寒、吐利等证，为类伤寒之义也。若有前证而脉浮紧，是伤寒也。今脉微涩，本是霍乱也。然霍乱初病，即有吐利，伤寒吐利，却在四五日后，邪传入阴经之时，始吐利也。此本是霍乱之即呕吐，即下利，故不可作伤寒治之，俟之自止也。若止后似欲大便，而去空气，仍不大便，此属阳明也。然属阳明者，大便必硬，虽大便硬，乃伤津液之硬，未可下也，当俟至十三日经尽，胃和津回，便利自可愈矣。若过十三日大便不利，为之过经不解，下之可也。下利后，肠胃空虚，津液匮乏，当大便硬，硬则能食者，是为胃气复至，十三日津回，便利自当愈也。今反不能食，是为胃气未复，俟到十三日后，过经之日，若颇能食，亦当愈也。如其不愈，是为当愈不愈也。当愈不愈者，则可知不属十三日过经便硬之阳明，当属吐利后胃中虚寒不食之阳明，或属吐利后胃中虚燥之阳明也。此则非药不可，俟之终不能自愈也，理中、脾约择而用之可矣。"[4]刘渡舟[5]认为霍乱与伤寒有以下几点不同：①病因：霍乱多是六淫与饮食杂揉之邪干于肠胃，伤寒则是邪客于表，由皮毛而入，逐渐传里。②病机：霍乱是脾胃升降失常，清浊相干，其病由内而外；伤寒则是皮毛受邪，营卫失和，其病从外而内。③脉证：霍乱初起即见吐利交作，脉来微涩；伤寒则是数日后，邪传入阴，方见吐利，病初起，邪在表，脉来浮紧。从仲景将霍乱证治专列一篇与六经病篇并列，亦可看出与伤寒鉴别之意。

三、霍乱的辨治

1. 热多用五苓散，寒多用理中汤 386 条："霍乱，头痛，发热，身疼痛，热多欲饮水者，五苓散主之。寒多不用水者，理中丸主之。"太阴阳虚，中焦虚寒，寒湿内盛而不得运化，热多者非指疾病之性质，而是指其发热的症状，表明里寒尚轻，而不是表热偏甚；欲饮水者，是脾失健运，不能散精，水津不布。水邪内蓄，内渍肠胃可见呕吐下利，用五苓散温运脾阳，化气利水为主，兼和肌表。寒多不用水，是指里寒较甚，寒湿既盛，必口不渴而不用水，此亦"自利不渴者，属太阴也"的互文，即使有表证亦当先治里。故曰"理中丸主之"。

2. 里虚寒盛用四逆汤 388 条："吐利，汗出，发热，恶寒，四肢拘急，手足厥冷者，四逆汤主之。"本证恶寒发热汗出为表未解，吐利，四肢拘急，手足厥冷是阳虚寒盛，表里同病，里虚寒甚，治宜先里后表，用四逆汤。389 条："既吐且利，小便复利而大汗出，下利清谷，内寒外热，脉微欲厥者，四逆汤主之。"本条"内寒外热"指内真寒而外假热，吐利之证，津伤液耗。小便本应短少，今"小便复利"，说明非为津亏，而是阳亡，"下焦虚有寒，不能制水"，汗出则为阳亡于外，用四逆汤似嫌不足，似应加重姜附的剂量，以通脉四逆汤为妥。

3. 阳亡阴竭用通脉四逆加猪胆汁汤 390 条："吐已下断，汗出而厥，四肢拘急不解，脉微欲绝者，通脉四逆加猪胆汁汤主之。"吐已下断临床上可有不同的病理机转，既可是病欲解的佳兆，也可能是阳虚液竭的表现，当结合其他脉证综合分析。本条吐已下断且伴有汗出而厥，四肢拘急不解，脉微欲绝等脉证，是阳亡液竭的临床表现，用通脉四逆汤破阴回阳，加猪胆汁的目的主要有两个方面，一是取其滋液；二是取其反佐，恐寒邪太甚，阳药被格拒不受，加之以为向导。

4. 阳虚阴盛兼液脱用四逆加人参汤 385 条："恶寒，脉微而复利，利止，亡血也，四逆加人参汤主之。"恶寒，脉微而复利乃阳虚阴盛；亡血液脱，无物可下，故见利止。用四逆加人参汤回阳救逆，益气生津。方中人参与附子同用以回阳固脱，后世广泛应用于临床多种原因所致的阴阳气血暴脱证的急救。四逆加人参汤证与通脉四逆加猪胆汁汤证，皆为吐利而致阳亡液竭的证候，但有轻重之别。四逆加人参汤证病情较轻，仅见恶寒，脉微而利无可利；通脉四逆加猪胆汁汤证则病情甚重，吐下皆断，汗出而厥，四肢拘急不解，脉微欲绝，大有阴阳离绝之势。

5. 表重身痛可用桂枝汤 387 条："吐利止而身痛不休者，当消息和解其外，宜桂枝汤小和之。"本条所述霍乱吐利后，脾胃大伤，虽吐利止而里和，但正气未复，又兼有表证身痛，即使是用解表剂亦当斟酌慎用，可用既能调和营卫，又可调理脾胃的桂枝汤。前谓"消息"，后谓"小和"，谆谆告诫，不使过剂。

6. 病后节食重调理 391 条："吐利发汗，脉平，小烦者，以新虚不胜谷气故也。"吐利，发汗而脉平，说明大邪已去，阴阳调，表里和，升降复，逐渐向愈。小烦者，脾胃气尚弱，饮食水谷不得消化（以新虚不胜谷气故也），据 398 条"损谷则愈"，示人病后要注意调理，节其饮食，既不要进食太多，还需注意进食易消化之物，也可使用益胃消食之剂。

综上可见，仲景所论霍乱性质多属寒湿，治疗以温热为主，强调辨证施治，虽不全面，但却条理分明，为后世辨治霍乱奠定了基础。

参考文献

[1] 王冰（注）：内经［M］．北京：科学技术文献出版社，1996：155.

[2] 李生绍，陈心智（点校）：黄帝内经灵枢［M］．北京：中医古籍出版社，1997：31.

[3] 苏颖．黄帝内经灵枢译注［M］．哈尔滨：黑龙江人民出版社，2003：238.

[4] （清）吴谦（撰），石学文，等（点校）：医宗金鉴［M］．沈阳：辽宁科学技术出版社，1997：129.

[5] 刘渡舟，傅世垣．伤寒论诠解［M］．天津：天津科学技术出版社，1983：198.

［《时珍国医国药》2012，23（4）：1043］

张仲景风水病辨治思想浅析

冷治文　安徽省阜南县中医院

风水病，即因感受风邪而致的一种水肿病。属于水肿病的一种。其水肿常起于眼睑及头面，亦可延及下肢，重者可致胸水、腹水等，相当于现代医学之急、慢性肾炎，肾病综合征等病。《金匮要略·水气病脉证并治》曰："寸口脉沉滑者，中有水气，面目肿大，有热，曰风水。视人之目窠上微拥，如蚕新卧起状，其颈脉动，时时咳，按其手足上，陷而不起者，风水。"历代医家对风水病的病因证治，皆有阐述和探讨，但皆不出《内经》和仲师之规矩。现代诸多医家应用仲师风水病的方药，治疗相对应的一些现代医学的难治性疾病，如慢性肾炎（包括慢性肾功能不全早中期），取得了较好的临床效果。对于仲师风水病理法方药的研讨，具有较为实际的临床意义。

一、对仲师风水病病因病机的探讨

在自然界，风能行水，水随风动。应之于人，当机体主水或调节水的功能下降时，若感受风邪（或夹寒、夹热），亦会出现风水相激，水随风动，水气上泛外溢头面、眼睑，严重者可致全身上下内外皆为水气所充。《灵枢·水肿》曰："水始起也，目窠上微肿，如新卧起之状，其颈脉动，时咳，阴股间寒，足胫肿，腹乃大，其水已成矣。以手按其腹，随手而起，如裹水之状，此其侯也。""正气存在，邪不可干"，风水之起常为内外之因相合所致。《金匮要略·水气病脉证并治》曰："寸口脉浮而迟，浮脉则热，迟脉则潜，热潜相搏，名曰沉。趺阳脉浮而数，浮脉即热，数脉即止，热止相搏，名曰伏。沉浮相搏，名曰水。沉则脉络虚，伏则小便难，虚难相搏，水走皮肤，即为水矣。"风水相激，形盛于外，正虚于内。肺脾肾三脏亏虚，其主水或调节水的功能下降，即为风水病发生之内因。

（一）肾气亏虚

肾为水脏，内寄元阳，主蒸腾气化。肾阳为全身阳气之根本，位处下焦。水本为阴，其性趋下，赖肾中元阳气化，方能形成氤氲之气，蒸蒸而上。《素问·水热穴论》曰："勇而劳甚则肾汗出，肾汗出，逢于风，内不得入于脏腑，外不得越于皮肤，客于玄府，行于皮里，传为胕肿。本之于肾，名曰风水。"肾阳不足，失于气化，主水不利，津液运行则不循常道，此乃发生风水的根本内因所在。若风邪来袭，水气被激，则风水成矣。

（二）肺气亏虚

肾为水之下原，肺为水之上原。肾主气化，蒸腾津液上行，肺主宣肃，敷布津液于头面、皮腠、四肢，并通过肃降，使津液下行，滋润脏腑。肺肾相合，一上一下，水气互化，俾津液之升降出入循于常道。《素问·水热穴论》曰："肾者，至阴也；至阴者，盛水也。肺者，太阴也。少阴者冬脉也。故其本在肾，其末在肺，皆积水也。"肺主皮毛，肺气亏虚，失于宣发，则津液有停留肌腠之势，若遇风邪激荡，必致水饮泛滥头面肌肤。

（三）脾气亏虚

脾主肌肉，肺主皮毛。脾为肺母，脾主升清，上达于肺，脾气一虚，肺气先绝。脾肺亏虚，不仅是形成皮水的关键因素，亦是形成风水的重要环节。水唯畏土，土能制水。脾气不足，水失于制，则有泛溢之势。脾居中州，为后天之本，气机斡旋之枢纽和动力，水化于气，气能行水，水随气转。若脾气不足，则气机紊调，升降出入失于燮理，则水气或停于上，或停于下，或停于中，或停于外，逢于风邪，则充斥肤表。

二、对仲师风水病方药的探讨

风水病的治疗原则为祛风散水。《金匮要略·风水病脉证并治》曰："脉浮而洪，浮则为风，洪则为气……风气相击，身体洪肿，汗出而愈。"即应用辛性风药，走于肌表，发汗解表以散邪，宣通阳气以行水。但风水病常兼脏虚内因，故宜虚实兼治，依据脾虚、肺虚、肾虚之不同，采用相应的方药。

（一）实证方药

实则治其标。若为虚实兼夹证，水肿较重而虚证不显者，亦可但治其标，水气散则正气自复。仲师常以麻黄辛温发散风邪和水气作为治疗风水病的主药。仲师治疗皮水病亦常用麻黄，但意义不同。风水病用麻黄意在发散风邪，宣阳行水。皮水病用麻黄意在宣发阳气以行水。仲师治疗风水病实证最简单的方剂为甘草麻黄汤。风水病因风邪外袭，气机不得出入，致内热渐蕴，仲师加用辛寒之石膏即为越婢汤。石膏之寒而辛者，可发散内郁之热，麻黄石膏同为辛性，故石膏虽寒而不碍麻黄之发散功能，亦不致壅塞气机，阻遏津液之运行。若风水病由于内热迫泄，汗出过多，则应用越婢加术汤，祛风散水又不致汗出过多。麻黄乃仲师治疗风水病实证的通用药和特效药，无论是风邪，或是风邪夹寒、夹热，皆可用之。若为风热外袭，亦可用越婢汤，因为石膏之辛寒可解肌热，协麻黄即祛风热并散水气。若外感风寒而致风水，可以甘草麻黄汤加桂枝、杏仁，共奏散寒宣肺行水之功，此即麻黄汤也。兼郁热者再加石膏即为大青龙汤，《金匮要略·痰饮咳嗽病脉证并治》曰："病溢饮者，当发其汗，大青龙汤主之。"病因有所变，用药自当随之而变也。

（二）虚证方药

若正虚较甚，而病邪较轻者，则应用扶正为主的方药。仲师风水病之虚证，主要为肺气虚、脾阳虚、肾阳虚。《金匮要略·水气病脉证并治》曰："风水，脉浮身重，汗出恶风者，防己黄芪汤主之。""防己黄芪汤：治风水，脉浮为在表，其人或头汗出，表无他病，病者但下重，从腰以上为和，腰以下当肿及阴，难以屈伸。"此方治疗虚证为主的风水病，既可补脾，又能益肺，虽无祛风之药，该方既可实表而御风，又能行水而复阳，水去阳自复，令风邪无所藏也。《金匮要略·水气病脉证并治》曰："皮水为病，四肢肿，水气在皮肤中，四肢聂聂动者，防己茯苓汤主之。"脾主四肢、主肌肉，脾阳不振，则"四肢肿，水气在皮肤中。"此方主治皮水病属脾阳虚者，固然亦可用于风水病之脾阳虚者，即异病同治。该方益气固表，温脾行水，水去正复，风邪自散。肾阳不足既可形成里水、正水、石水，亦可形成风水。仲师应用附子温补肾阳，以恢复肾阳的主水功能，如麻黄附子汤。若肾阳虚衰较甚而风邪较轻者，宜真武汤以温肾化气行水，水去阳复，邪自不容。

（三）虚实夹杂证方药

在正邪相持阶段，则须扶正与祛邪并治。疏风散水则正气可复。正气复原则邪不能容。《金匮要略·水气病脉证并治》曰："里水者，一身面目黄肿，其脉沉，小便不利，故令病水。越婢加术汤主之。"此方主治脾虚而面目甚至全身浮肿之皮水病，方中麻黄宣发阳气并能行水。此方若用于风水病之面目甚至一身上下悉肿者，则麻黄之功能即为发散风邪并行水。《金匮要略·水气病脉证并治》曰："水之为病，其脉沉小，属少阴……水，发其汗即已。脉沉者宜麻黄附子汤。"此方适于肾阳虚之风水病，但若肾阳亏虚较甚，则不应再用麻黄，以免阳气散绝。《金匮要略·水气病脉证并治》曰："脉浮而紧……此为风水。恶寒者，此为极虚发汗得之。"谓之此也。仲师在以麻黄祛风散水的同时，常根据脾虚、肺虚、肾虚之具体情况伍以黄芪、桂枝、白术、附子等药。

此外，在《金匮要略·水气病脉证并治》中，仲师亦涉及到水与血的关系，有"先病水，"而后血瘀者，亦有先病血瘀而后水停者，即"血不利而为水。"此法适于各种水肿病。现代医家治疗风水病亦常常加入活血化瘀之剂以增强疗效。

三、讨论

对于仲师风水病病因病机和方药的探讨，是治疗现代医学中相应疾病的理论基础。后人既要继承仲师的风水病理论和经验，更要进一步研究和开发风水病的病因病机和治疗方药，以便更有效、更宽泛地治疗相应的一些现代疑难病证。如仲师风水病之虚证为肺气虚、脾阳虚、肾阳虚，并设立相应方药。临床上风水病尚有其他虚证，如脾阴虚、肾阴虚、气阴两虚、阴阳两虚等，因此需要探索更多的有效的相应方药。仲师发越风水主要用麻黄，但麻黄性烈力雄，对于病邪轻浅，病情演化为慢性经过，需长期服药者，则宜应用一些性味平和的方药。诸如此类，有待长期摸索和反复验证。

[《中医临床杂志》2012，24（12）：1217]

张仲景寒热并用之法解析

贾海燕　山西省阳泉市
阳煤集团第三医院中医科

《伤寒论》《金匮要略》为后汉张仲景所作，是一部辨证论治的书，治法包括了汗、吐、下、和、温、清、补、消八法，其中寒热并用之法应用广泛，所谓寒热并用，是指将寒热异性的药物合并使用，在八法中属温清两法，亦称温清并用。病机属于寒热错杂者，可应用，少数也可用于反佐，我根据临床常见病种总结如下。

一、感冒

1. 38 条“太阳中风，脉浮紧，发热恶寒，身疼痛，不汗出而烦躁者，大青龙汤主之。”

2. 27 条“太阳病，发热恶寒，热多寒少，脉微弱者，此无阳也，不可更汗，宜桂枝二越婢一汤。”

上两条病机均为伤寒表实，阳郁化热。前一条较后一条表寒里热均严重。表寒当用辛温药发散之，里热当用寒凉药清泻之，是故寒热并用，治以外散表寒，内清里热。因此皆用麻黄、桂枝辛温解表，生石膏辛大寒以清里热，共奏表里双解之功。此种配伍方法，对外寒入里化热的诊治，极具指导意义。

3. 厚朴七物汤　病机为胃肠积滞化热，外感风寒。方中大黄苦寒泻下攻积，清热泻火，桂枝、生姜辛温发散风寒，也属表里双解之法。

4. 柴胡加桂枝汤　治疗太阳少阳并病，柴胡加桂枝汤即柴胡桂枝各半汤，小柴汤中的柴胡、黄芩与桂枝汤中的桂枝、生姜并用，也是寒热并用之法，非常有效。

5. 柴胡桂枝干姜汤　用于治疗少阳之邪不解而有脾寒和气阴受伤，一方面和解少阳，用小柴胡汤，柴胡辛寒疏散退热，黄芩苦寒清胆热，一方面加桂枝、干姜温阳助气化，加天花粉生津液，寒热并用，药到病除。

6. 357 条麻黄升麻汤　病机为上热下寒，上热则唾脓血，下寒则泄利，清上用寒凉之黄芩、石膏、知母、升麻，温下用辛温之桂枝、干姜，临床遇外感热病，阳郁于肺咽，而下焦又有寒的，可用这个方子，上清肺咽，下温脾阳。

二、肺胀、喘证

小青龙加石膏汤，病机为外寒内饮，寒饮日久郁而化热，所以用麻黄、桂枝辛温发汗解表，干姜、细辛辛温温肺化饮，因郁久化热，导致烦躁，故加石膏辛大寒清热泻火除烦，全方温清并用，紧扣病机。

三、痫证

风引汤，病机为肝火偏旺，肝风内动，故用风引汤重镇潜阳，清热熄风。方中汇集了六种金石类药来清热重镇熄风，有石膏、寒水石、滑石清热泻火，赤石脂、白石脂、紫石英重镇潜阳，大黄苦寒泻热外出，龙骨、牡蛎重镇潜阳安神，又恐金石类药寒凉伤胃，所以反佐以干姜、桂枝温中。

四、痞证，呕吐，下利

1. 359 条干姜黄芩黄连人参汤　病机为火热郁胃，发生格拒，以黄连、黄芩苦寒清热，干姜辛温反佐顺其热性而使黄芩、黄连有清热下降的作用，也属寒热并用之法。

2. 附子泻心汤　治疗热痞兼表阳虚，病机为上焦有热，下焦有寒，下焦阳虚有寒，阳气不能温肌表、固摄阴液，所以恶寒、汗出，用大黄、黄连、黄芩清热泻火，附子辛热温阳固表。

3. 149 条“伤寒五六日，呕而发热者，柴胡汤证具，而以他药下之……但满而不痛者，此为痞，柴胡不中与之，宜半夏泻心汤。”此乃误用下法，伤及脾胃，寒热错杂中焦，脾胃升降失司而致心下痞满。以半夏、干姜辛温燥湿，能够散脾气之寒；黄芩、黄连苦寒降泄，能够清胃气之热；人参、大枣、甘草甘温补脾胃之虚。如此寒热并用，辛开苦降，则脾升胃降，痞满自愈，临床用于功能性消化不良、胃食管反流、慢性胃炎、胃溃疡、肝炎之痞满属于寒热错杂者，屡用屡效。

4. 157 条“伤寒汗出，解之后，胃不中和，心下痞硬，干噫食臭，胁下有水气，腹中雷鸣，下利者，生姜泻心汤主之”，治疗水气痞，病机为寒热互结、脾胃虚弱、挟食停饮，生姜泻心汤即半夏泻心汤减干姜用量，加生姜而成，生姜辛温温中散水气。

5. 158 条甘草泻心汤　是治疗误下后脾胃俱虚，寒热错杂，痞利俱盛者。以半夏泻心汤加重甘草用量，以增强补中益气之功。

6. 80 条“伤寒，医以丸药大下之，身热不去，微烦者，栀子干姜汤主之。”此乃邪热内陷胸膈致微烦，兼中寒下利，以苦寒之栀子清热除烦，辛热之干姜温中止利，药虽二味，最能体现仲景寒热并用之法。

7. 338 条乌梅丸　治疗厥阴病的寒热错杂证，由于寒邪伤内，肝的阳气在寒邪的抑郁下，木火之气上冲而发“消渴，气上撞心，心中疼热，”用黄连、黄柏苦寒以清热泻火，泄肝之用；久利，用附子、细辛、干姜、桂枝、川椒之辛温散经中之寒邪止利。

五、腹痛

1. 桂枝加大黄汤　病机为脾胃虚寒，升降失司，郁久化火，临证常见腹痛，大便不畅，用大黄苦寒清热泻积，桂枝、生姜辛温温中散寒。

2. 173 条“伤寒胸中有热，胃中有邪气，腹中痛，欲呕吐者，黄连汤主之”。方以黄连苦寒清胸中之热，干姜、桂枝辛温以温下寒，桂枝还能宣通上下，半夏辛开结气、降逆和胃，人参、甘草、大枣补益脾胃以调升降。

3. 大黄附子汤　病机为寒积体内，阳气被郁，所以用大黄苦寒清热泻积，附子、细辛辛热温中散寒。

六、痹证

桂枝芍药知母汤，病机为风寒湿邪郁久化热，用麻黄、桂枝、防风、生姜、附子辛温及辛热之品祛风散寒除湿，郁久化热，临证见舌红苔黄、口干，用知母苦甘寒清热泻火滋阴润燥。

七、肠痈

薏苡附子败酱散，病机为阳气不足，痈脓已成，治以振奋阳气，化瘀解毒排脓，用附子辛热振奋阳气，败酱草、薏苡仁化瘀解毒排脓，寒热并用。

总之，寒热并用之法是张仲景辨证论治的具体体现，是对“观其脉证，知犯何逆，随证治之”的法则作了典型示范，启发意义很大，在临床诊治过程中，凡遇病机属寒热错杂者，寒热并用之法的应用确能提高疗效，值得继承与发展。

参考文献

[1] 刘渡舟，王庆国，李宇航，等．刘渡舟伤寒论讲稿［M］．北京：人民卫生出版社．

[2] 连建伟．连建伟金匮要略方论讲稿［M］．北京：人民卫生出版社．

［《光明中医》2012，27（3）：434］

张仲景量效用药经验探析

李兴军　黎忠民

蓬安县锦屏中心卫生院

量效用药是药物的药理效应随着剂量或浓度的增加而增加，中药的科学合理用量，不仅对中医临床疗效至关重要，而且与中药资源的可持续利用，中药用药的安全性紧密相关，故合理、安全、有效乃是中医量效用药的体现。东汉医家张仲景集《内》《难》之精华，参以己验，撰著《伤寒杂病论》，凡十六卷，论述详尽，辨证精辟，被后世誉为方书之祖，医方之经，治疗杂病的典范，是中医药最能体现实用价值和得能流传千古的精华，特别是辨证论治，量效用药最为独特。故笔者不揣浅陋，试就其量效用药的经验析要于后，以期就正。

一、辨证用量

叶天士尚谓：“医道在于识证、立法、用方，此为三大关键。往往有证既识，却立不出好法者。有法既立，却用不出至当不易的好方者。”说明临证必须理法方药一气贯通，辨证给药，辨证用量，才能提高中医药的疗效。是故仲景在《伤寒杂病论》中，定量辨证，量化给药独具特色，其每结合病症的深浅轻重缓急给予不同剂量。如大黄通腑泻热，活血化瘀，其根据病证最多用一斤，最少用十分。若水饮结胸而见“支饮胸满者”，则用大黄六两配枳实四枚、厚朴一尺开痞满，通大便，方如厚朴大黄汤；阳明腑实，燥热内结，或下利谵语，或食入即吐，或腹痛而闭者，则用大黄四两配枳实三枚、厚朴二两泄热通腑以承顺胃气，方如小承气汤；瘀血、水饮、湿热内聚，不需急攻者，则用大黄二两，或配茵陈六两、栀子十四枚泄热退黄，使阳明瘀热从二便而出，或配桃仁十枚、虫二十个荡逐瘀血，方如茵陈蒿汤、下瘀血汤。若饮留肠中，漉漉有声，则用大黄一两配防己、葶苈子、椒目各一两攻坚决壅，逐水从大便而去，方如己椒苈黄丸。若邪热与痰水结胸，心胸痞硬而痛者，则用大黄半斤配葶苈、杏仁、芒硝各半升，以白蜜作丸泄热破结，荡涤实邪。再如麻黄具有发散风寒、宣肺平喘、利水消肿之功，若用于风寒表证，或水肿者多在三至六两发越阳气；喘咳者，则用三至四两宣肺平喘；体虚、风湿、湿热等病证，剂量常常偏小，每在十分至二两之间。如治风湿之麻杏苡甘汤，取麻黄半两（汤泡），甘草一两（炙），薏仁半两，杏仁十个（去皮尖炒），每次“四钱，水半盏，煮八分，去渣，温服，有微汗，避风”。充分体现了“其治风湿者，发其汗，但微微欲似汗出者，风湿俱去也”的基本精神。

二、据病给量

病有新久，证有深浅。病、证、症三位一体，病由证聚，症由证统，临床当别病之轻重，证之缓急而量药多少。综观《伤寒杂病论》，仲景常按病给药用量，据统计《金匮要略》中桂枝的用量，其常用为三两，用于解表、温阳、健中，其次为二两，专用于表邪不太重或方中已用麻黄，或用于温经、温化阳气；四两多用于痹证、历节，一两多用于阳虚外感，或与大剂滋阴药相伍，阴中求阳，五两用于平冲降逆。所以其在《伤寒例第三》中专门列举伤寒表证的按病给药用量方法，曰：“凡作汤药不可避晨夜，觉病须臾，即宜便治，不等早晚，则易愈矣”。“凡服发汗温暖汤药，其方虽言日三服，若病俱不解者，当促其间，可半日尽三服”。说明临床用药当据病情的需要而施量。其治内科杂病，常将中药制成丸、散分次煎服，以翼缓图之。如在《金匮要略》中，治温疟的白虎加桂枝汤，“剉散，每五钱，水一盏半，煎至八分，去渣，温服。”治水饮结胸之大陷胸汤，由于其峻下攻逐之力太强，其内杏仁、芒硝研如脂和散，取如弹丸一枚，与甘遂末、白蜜，水煎温顿服，其变汤为丸，制小其服，取缓攻为和之意。

三、按法拟量

临证用药要随证拟法，按法给量，方能收到较好效果。在《伤寒杂病论》中，其用药给量处处以法为准绳，曰：“知犯何逆，以法治之。”充分体现了中医学的整体观念，辨证施治的思想。如小承气汤、厚朴三物汤，厚朴大黄汤，三方均由厚朴、大黄、枳实组成，但因病证不同，病机各异，故拟法有别，给量亦殊。若热邪与燥屎内结于阳明之腑，上蒸下迫，致热结旁流之下利谵语证，法以泄热承阴为主，故药用大黄四两，炙厚朴二两，炙枳实三枚，旨取大黄为君通下邪热燥屎为主；若水饮结胸，支撑胸胁，致胸满之证，病因饮阻气滞，苦于满胀，故法以理气通下并进，故给厚朴一尺，枳实四枚，大黄六两，意在重用大黄、厚朴疏导荡涤，开通胃肠，令实邪从大便而去；若实热内积，气滞不行，致腹痛而闭之证，证因胀重于积，法以理气除满为主，故药用厚朴八两，枳实五枚，大黄四两，意在以厚朴为君，行气泻满。由是观之，药同量不同，所治病证各异，突出了证变法变，法变量变的量效用药特色。

四、因药异量

病有表里新伏之分，证有寒热虚实之别，药有补散攻和之异，体有阴阳壮弱之殊，故临证用药必须根据药物性能，区别病证，认清寒热与虚实，因药配伍给量。在《伤寒杂病论》中，其因药异量的经验有三：一是正治给量：即以寒治热，以热治寒，以补治虚，以泻治实，直接给予治疗剂量，如大黄苦寒通下，用治阳明腑实之证则以四至六两，方如大、小、调胃承气汤。又如麻黄辛温发散风寒，用治风寒之证，则以三至六两，方如麻黄汤、大青龙汤。二是从治给量：即以热治热，以寒治寒，利用药物的牵制、诱导作用给量，以去性存用，如治疗肺热喘咳以辛温发散风寒之麻黄，与辛甘大寒，清热泻火之石膏 1：3 配伍运用，令石膏得麻黄清热而不凉遏，麻黄得石膏温性减而肃肺之功尚存，二药相合，相得益彰，共奏清肺平喘之功。再如治疗“火逆上气，咽喉不利”之麦门冬汤，其以辛苦温，功能和胃降逆止呕、温化寒痰之半夏，配甘凉滋阴之麦冬，1：7 配合，令麦冬得半夏滋阴而不滞腻，半夏得麦冬燥性减而降逆之性存，合而用之，彰显滋阴降逆之功，收“止逆下气”之效。三是协同给量：利用药物的主治和协同作用，治疗病机复杂，症状繁多的病症，具体言之有寒热并用法、补泻兼施法、燥润同治法、滋利共用法、升降结合法、阴阳两补法，开合相济法，令药切病机，量中证机，各施其责，共建其功。如黄连一两配干姜三两调和寒热；石膏一斤配人参三两攻补兼施；生地三两配附子三两温阳滋阴，方如白虎加人参汤、黄土汤、半夏泻心汤等。

五、因人施量

因人用药，因人给量，乃是中医辨证施治的重要组成部分，以人有年龄之长幼，体质之壮弱，性别之男女。故用药给量，当随年龄、体质、男女的不同而给以不同剂量，《伤寒杂病论》部分方后有“强人服一钱匕，羸人半钱”“强人服一升，羸人减之，日三服，小儿服四合”的论述，意在示人用药给量要随时顾护正气，“以正气存内，邪不可干”故也。同时强者气旺，任受其攻；羸者气衰，弱不任泻；小儿生长旺盛，不任攻伐，若临证不别正气衰旺，药量过大，反伤正气，病难起矣，由是仲景因人用药给量于此可见一斑。

六、量化煎药

煎药须量化，因药在煎煮时溶出的有效成分与加水的多少，火力的大小，煎煮的时间相关联。所以《伤寒杂病论》于每方之后均说明加水几升，煎煮几升，分几次服用。具体量化方法有先煎后下，再煎浓缩，分煎和煮，煎渍合汁，煎丸煮散等，如小柴胡汤方后云：“以水一斗二升，煮取六升，去渣，再煎取三升，服一升。”又如滑石代赭汤“先以水洗百合，渍一宿，当白沫出，去其水，便以泉水二升，煎取一升，去渣，便以泉水二升，煎滑石、代赭石，取一升，去渣，后合和重煎，取一升五合，分温服。”如此乃是令各药煎出的成分能适合病症的需要，仲景的量化煎药方法，深启后学。清吴鞠通所著的《温病条辨》均在方后一一注明，以水多少，煎煮多少，如何分服，每次服量。现代儿科根据小儿服药困难的特殊情况，运用仲景量化煎药方法，采取用药大剂量，煎药浓缩，少量多次服用，临床收到较好效果，且无副反应。可见其影响深远。

七、量化服药

药物的效果，与服药量的多少，每次服药的间隔时间，服药的方法直接相关。仲景云：“服药不如方法，纵意违师，不须治之。”故其在《伤寒杂病论》中均一一言明服药的方法。其具体量化服药有五：一是顿服：适用于病情危急重笃，将药煎成后一次饮尽，属中医急救治疗的方法之一，如干姜附子汤，“以水三升，煮取一升，去渣，顿服。”二是分次服：用于普通病和慢性病，便于掌握给药剂量，如甘草附子汤“温服一升，日三服”，麦门冬汤“日三夜一服”，桂枝附子汤“分温再服”，大黄附子汤“分温三服，服后如人行四，五里，进一服”等。三是少少含咽：适用于咽喉诸疾及阳明燥热之证，其是将药煎好后少量频含，缓缓咽下，使药物充分接触患病部位，以提高疗效，旨在缓缓图之，如苦酒汤“内半夏、苦酒中，以鸡子壳置刀环中，安火上，令三沸，去渣，少少含咽之，不差，更作三剂。”四是小量试服：即从小剂量始服，以防止药物的猛烈之性，或诊断性用药。如为了诊断肠中是否有燥屎，其曰：“预知之法，少与小承气汤，若转矢气者，有燥屎，乃可攻。不转矢气，初头鞭后必溏，不可与也。”此法比西方医学中的诊断性治疗用药要早几百年。再如乌头桂枝汤，“初服二合，不知，服三合。”目的是防止乌头碱中毒。五是定时服药：旨在控制药量，防止药毒蓄积，如治风湿的术附汤，“煮取一升，分温三服，一服觉身痹，半日许再服，三服都尽，其人如冒状。”再如十枣汤，“平旦服。若下少病不除者，明日更服半钱。”强调峻药不可一日再服。由是观之，仲景的量化服药方法于后学临证无不小补，足资吾侪鉴之。

[《四川中医》2012，30（3）：46]

张仲景临证护理浅识

陶智玲　乌鲁木齐市中医医院外科

《伤寒杂病论》是张仲景在其临证经验基础上总结而来，并贯穿了丰富的护理学思想。鉴于堪称有益可补已缺，今粗辑其相关论述，浅析于此。

一、注重临床观察

辨证论治是中医学的灵魂，证是疾病在其发展、变化过程中某一阶段中的病理概括。病房护理人员密切地接触病人起居和生活等内容，可以掌握并提供很多详实、准确的辨证资料，为医生制定合理有效的治疗方法大有裨益。张仲景十分注重对复杂、危重病人以及药后的效果观察。如：“阳明病，法多汗……其身如虫行状者，此以久虚故也”；“阳明病口燥，但欲漱水，不欲咽者，此必衄”；“少阴病……手足自温，脉紧反去者，为欲解也”。又如诸多可下、可不下，可汗、可不汗等等，均是张仲景在临证中所注重的，其未言护理，但理俱在其中。由奔豚气病脉篇中可知奔豚、吐脓等病皆从惊恐得之；在痉湿暍篇中用麻杏苡甘后有微汗，当避风，表明仲景注重发病中多方面的病因防护。

二、饮食运用精当

张仲景突出饮食调护，不损正气以达预期疗效，并防止疾病转复。在防护正气方面体现为桃花汤中煮米令熟；十枣汤用法为煮水服药，得快下后又以糜粥自养；小建中汤入饴糖；硝石矾石中以大麦汁送服；大陷胸丸以白蜜二合水而升煮去一升；桂枝汤药后啜热稀粥一升；疟疾篇中“风发也，以饮食消息止之”等。以上用饮食或扶已虚之病体，或防峻烈之药邪，但总以顾护正气之大要。在中医发病学中，食复是很重要的一方面。仲景于此别有论述。乌梅丸用法中“先食饮服十丸……禁生冷、滑物、臭恶等物”；妇人产后篇中“不食，食则谵语”；痉湿暍篇中“此为久伤取冷所致也”等，均提示对患者初愈病人的饮食护理宜温热、清淡、容易消化的食物，否则可能是未愈者转剧，几愈者转复。

三、护理体现治疗

在护理为治疗服务的同时，也是中医临床中具体施治的重要组成部分。仲景在其临证中均有体现。如“苦参汤外洗”“雄黄烧薰患处”；头风摩散的使用："在头中寒湿，故鼻塞，纳药鼻中愈"等，在护理工作中都可易行施用。

在桂枝汤和大青龙汤的将息法中，处处由护理体现着治疗，二者密不可分。如桂枝汤要令汗出便遍身手足俱周，但取微汗，如此风邪得去，不可大汗，并忌不易消化的食物。又如大青龙汤一服汗者，止后服。若服后汗出多者，易伤阴阳二气，恐生脱证，以"温粉扑之"，表明仲景细致周全的护理方法。还有越婢加术汤的"重复汗出"、防己黄芪汤的"后坐被上，又以一被绕腰以下，温令微汗，差"。可见，如果不注重以上护理方面的内容，疾病也不易速愈。

对于肠燥津亏的便结，仲景独有慧心，具体描述以蜜煎导法或土瓜根方或猪胆汁方以通导大便。这一方法可谓最早有文字记载的灌肠方法，即使在今天仍具有使用安全、疗效持久的优点，曾有文献报道：蜜煎导法疗效优于开塞露。

四、小结

通过对《伤寒杂病论》中护理内容的学习，认识到细致入微，善于观察是做好护理工作的前提，也是开展优护病房的先决条件。仲景护理思想以扶正祛邪，服务治疗为目的，考虑周到细密，需要在临床工作中不断地应用和总结。祖国医学文献关于中医护理学内容十分丰富，值得探究发掘，以适应以病人为中心，满足人们对健康意识不断提高的需要，也是促进中医保健和护理发展的需要。

[《新疆中医药》2012，30（1）：66]

张仲景论"平人"

姜　侠　闫方杰
山东中医药高等专科学校

"平人"一词出自《黄帝内经》。《灵枢·终始第九》有"形肉血气必相称也，是谓平人"之说。《素问·平人气象论篇第十八》："平人何如……平人者，不病也。"故而《内经》认为凡健康无病的人，在脏腑功能上是"五脏元真通畅"和"四季脾旺不受邪"；在阴阳气血上是"阴阳和平""气血和调"；在体态上是"肥瘦适中"，因而能抗御外邪入侵，"病则无邪入其腠理"，形成"人即安和"的无病体质。

张仲景在《伤寒论》中承袭了《黄帝内经》的这一说法。《伤寒例》中："平人四息，病人脉一至，名曰四损。"这里的"平人"也是指健康无病之人。

但在《金匮要略》中出现的"平人"，却非绝对不病之体："夫男子平人，脉大为劳，极虚亦为劳""男子平人，脉虚弱细微者，善盗汗也"（《血痹虚劳病脉证并治第六》）。"平人无寒热，短气不足以息者，实也"（《胸痹心痛短气病脉证治第九》）。

胸痹心痛短气病篇中的"平人"可因一时性痰饮内阻胸中而胸膈痞塞短气。另一些"平人"，脉象上表现出"脉大""脉虚"，故平人是其假象，实为人体内脏气血早已亏耗之体，多见于盗汗、虚劳病证，日久必成阴阳两虚体质[1]。

在《金匮要略》中，张仲景不再局限于《内经》中"平人"的内涵，而是将其涵义进一步扩大化。"平人"不再是单纯的健康无病之人，不再是绝对不病之体，根据"平人"表现出来的舌苔和脉象，我们可以推测出其可能的病证。在《针灸甲乙经·序》中记载："仲景见侍中王仲宣时，年二十余，谓曰：君有病，四十当眉落，眉落半年而死，令服五石汤可免。仲宣嫌其言忤，受汤勿服，居三日见仲宣谓曰，服汤否？仲宣曰已服。仲景曰色候固非服汤之脉，君何轻命也！仲宣犹不言。后二十年果眉落，后一百八十七日而死，终如其言。"在一般人看来，王仲宣是平常人，甚至他本人也不信自己有病，但张仲景一眼看出"君有病"，而且连40岁时将落眉也已望而知之。这就是张仲景眼中的"平人"，平常所见的人，外表看来无病之人，内里是否有病，外表一时还看不出来的人。但此人此时在"上工"眼里可能已经看出有病。《史记·扁鹊仓公列传》所载秦越人望齐桓公的事亦属同一类情况。

匡调元认为，张仲景在《金匮要略》中所谓的平人就是将病未病的病理体质："平人者，形如无病之人。经云：脉病，人不病也。"由此可见，"平人"是指的从外形看好像无病，实则内脏气血已经失调或亏损。病理体质者往往可于神、色、形、态上望而知之[2]。

这对现代中医体质学有很重要的意义。张仲景在《金匮要略》中所论之"平人"，类似于现代所讲的"亚健康状态""无症状疾病"等。病人没有明显的自觉症状，通过实验室检查或是现代科技手段可能查出异常，比如慢性乙型肝炎患者，通常自身没有不适，可称为"平人"。查体时查出转氨酶升高，才知已经得了疾病。这时可采用张仲景的治未病思想，"见肝之病，知肝传脾，当先实脾"，防止疾病再作他传。由上可知，张仲景所说的"平人”当别眼相看，不能一概理解为健康人。

参考文献

[1] 崔伟政．浅谈《金匮要略》中的体质分类［J］．山西中医学院学报，2007：5.6.

[2] 匡调元．中医体质病理学［M］．上海：上海科学普及出版社，1996：1.260.

［《中国中医基础医学杂志》2012，18（7）：706］

张仲景论治不寐探略

陈少玫　韦启志

福建中医药大学附属厦门市中医院

《伤寒杂病论》以完善的辨证论治体系，融理、法、方、药为一体，奠定了中医临床辨证论治的基础，系统揭示了外感热病、内伤杂病的临床诊治规律，其对中医不寐类病证的论述亦十分详尽，笔者将其整理，探略如下。

一、理论升华

不寐类病证在《黄帝内经》中称为“不得卧”“卧不安”“卧不得安”“不得安卧”“不卧”“不能卧”“少卧”“目不瞑”“夜不瞑”“不夜瞑”和“不能眠”等，上述称谓有两个含义，即不能安卧和不能安眠。不能安卧之义宽，可指他病所苦不能安卧之症，又指各种原因导致的不寐病证，《黄帝内经》中诸多有关不寐的论述都存在上述两种含义的混用。

《黄帝内经》以“营卫失度，阴阳失衡”为理论体系的核心解释睡眠的生理病理，如《灵枢·营卫生会篇》曰：“营在脉中，卫在脉外，营周不休，五十而复大会，阴阳相贯，如环无端。卫气行于阴二十五度，行于阳二十五度，分为昼夜，故气至阳而起，至阴而止。夜半而大会，万民皆卧”。《灵枢·口问》曰：“卫气昼日行于阳，夜半则行于阴。阴者主夜，夜者卧，阳气尽，阴气盛，则目瞑；阴气尽而阳气盛则寤矣”。《灵枢·大惑论》曰：“卫气不得入于阴，常留于阳。留于阳则阳气满，阳气满则阳盛，不得入阴则阴气虚，故目不瞑矣”。可见卫气的正常运行是正常睡眠的基础，当“卫阳不得入于营阴”“营卫失度，阴阳失衡”时，则会产生睡眠障碍，发生不寐类病证。

张仲景对不寐类病证的认识源于《黄帝内经》，在《伤寒杂病论》中对于不寐类病证主要以“不得眠”相称，由于他病所苦而引起的不能卧眠者，如大承气汤证的“喘冒不能卧”等，张仲景均以“卧”称。虽然其中仍然有“卧”与“眠”的混用，但不得眠或不能眠的指向性则较为准确清晰。

《伤寒杂病论》对不寐类病证的认识以阴阳为纲，更以六经为辨证体系，从失治误治伤及气血阴阳，及除邪未尽、余热扰神等方面加以论述，认为导致失眠的原因不外虚实两方面：虚者为五脏精伤、营血虚少；实者为邪气为扰，可由外邪侵入或内邪相干。注重阴阳平衡，把握阴阳消长，和脏腑、经络联系更加紧密。与《黄帝内经》对不寐病证的广泛抽象论述相比，《伤寒杂病论》对不寐类病证的认识更加详尽准确。此外，其创制多首有效方剂，理法方药完备，更具临床指导性。

二、治则治法

张仲景对不寐类病证的治疗以辨证论治为核心，重视整体观，注重情志致病。其治则主要有调整脏腑气血阴阳、补虚泄实；治法则根据气血阴阳失调而随证治之，如安神定志，补益虚损，清热降火，祛湿化浊，疏肝解郁，化痰去实等。

三、方证应用

（一）阳虚不寐，温阳安神

张仲景用温阳安神法治疗阳虚不寐的方剂主要有干姜附子汤、桂枝甘草龙骨牡蛎汤类。

《伤寒论》第61条：“下之后，复发汗，昼日烦躁不得眠，夜而安静，不呕，不渴，无表证，脉沉微，身无大热者，干姜附子汤主之”。此为论述因或下或汗等误治致阳气亡失所致的不寐。现代因失治误治导致的阳虚不寐不多，但因熬夜等不健康的生活方式导致的阳虚不寐逐渐增多，长期熬夜使阳气得不到修养，阳气不断消耗，日久阳气虚浮于外而不归元，阴不交阳，发为阳虚不寐者，可考虑采用此方治之。

《伤寒论》第112条：“伤寒脉浮，医以火迫劫之，亡阳必惊狂，卧起不安者，桂枝去芍药加蜀漆牡蛎龙骨救逆汤主之”；第118条：“火逆下之，因烧针烦躁者，桂枝甘草龙骨牡蛎汤主之”。此两条均为论述误用火法发汗，亡失心阳，心阴不敛，心神不潜，神浮于外而不寐之病证。方用桂枝甘草龙骨牡蛎汤摄纳浮阳，引阳归元，镇静安神，阴阳交则能寐。现代研究表明，桂枝甘草龙骨牡蛎汤有抗应激作用[1]，而今常用其治疗植物神经功能紊乱导致的一系列疾病，如更年期自汗症、神经衰弱、眩晕等属心阳亏虚，心神浮动之不寐。若心阳虚损，复被痰扰，可用桂枝甘草龙骨牡蛎汤合温胆汤加减治之。

（二）心肾不交，交通心肾

张仲景采用交通心肾法治疗心肾不交而不寐的主要方剂是黄连阿胶汤。

《伤寒论》303条："少阴病得之二三日以上，心中烦，不得卧，黄连阿胶汤主之"。此方证论述阴虚火旺不寐的证治，邪犯少阴，加之患者素体阴虚，肾水不能上济于心，心火独亢于上，心肾不交则心烦，不得卧。治当泻心火，滋肾阴，交通心肾。本方与栀子豉汤皆以心烦不得眠为主证，然彼乃无形邪热扰于胸膈，属实火；此乃肾水不能上滋于心，属虚火，因不同治亦不同。现代研究表明，此方有明显镇静抗焦虑作用[2]，临床常将其合甘麦大枣汤治疗各种失眠症，如神经衰弱，神经官能症，焦虑症，甲亢等证属阴虚火旺，心肾不交之不寐者；若证兼心血虚损者，可改合用酸枣仁汤。此外，也可用其治疗心律失常、肺结核、支气管扩张、功能性子宫出血等证属心肾不交而出现神经精神症状者[3]。

（三）阴血不足，滋养阴血

张仲景用滋养阴血法治疗阴血不足之不寐的方剂主要是酸枣仁汤。

《伤寒论》第86条："衄家，不可发汗，汗出必额上陷，脉急紧，直视不能眴，不得眠"。因血汗同源，亡血误汗，阴血更伤，血不养心则不得眠。

《金匮要略·血痹虚劳病脉证并治》："虚劳虚烦不得眠，酸枣仁汤主之"。此方证的核心病机为肝阴血不足，虚火上扰，故虚烦不眠。曹颖甫在《金匮发微》中论此方证："胃不和者卧不安，故用甘草、知母以清胃热；藏血之脏不足，肝阴虚而浊气不能归心，心阳为之不敛，故用酸枣仁以为君。夫年少血盛，则早眠而晏起，老年血气衰，则晚眠而晨兴，酸枣仁能养肝阴，即所以安魂神而使不外驰也，此其易知者也。惟茯苓川芎二味，殊难解说，盖虚劳之证，每兼失精亡血，失精者留湿，亡血者留瘀，湿不甚，故仅用茯苓，瘀不甚，故仅用川芎，此病后调摄之方治也"。药理研究表明，酸枣仁汤具有镇静催眠、抗抑郁焦虑作用，其抗抑郁作用机制与增加脑组织中的5-HT、NE含量有关。临床广泛用本方化裁治疗失眠症、抑郁焦虑症、甲状腺机能亢进症等证属血虚者，但临证需注意兼顾血、火、津、液的偏颇。

（四）郁热扰神，清宣郁热

张仲景用清宣郁热法治疗郁热扰神而不寐的方剂主要是栀子豉汤类。

《伤寒论》第76条："发汗后，水药不得入口为逆，若更发汗，必吐下不止。发汗吐下后，虚烦不得眠，若剧者，必反复颠倒，心中懊憹，栀子豉汤主之；若少气者，栀子甘草豉汤主之；若呕者，栀子生姜豉汤主之"。《伤寒论》第79条："伤寒下后，心烦腹满，卧起不安，栀子厚朴汤主之"。《伤寒论》第221条："阳明病，脉浮而紧，咽燥口苦，腹满而喘，发热汗出，不恶寒反恶热，身重。若发汗则躁，心愦愦，反谵语。若加温针，心怵惕，烦躁不得眠。若下之，则胃中空虚，客气动膈，心中懊侬，舌上胎者，栀子豉汤主之"。该类方证病机为热郁胸膈从而出现一系列心烦不得眠，心中懊恼，反复颠倒，或胸中窒，或胸中痛等神经精神症状，法当清宣郁热。栀子苦寒，既清透郁热，解郁除烦，又导火下行；淡豆豉气味俱轻，既能清表宣热，又能和降胃气。两药相伍，降中有宣，宣中有降，实为清宣胸膈郁热，治疗虚烦懊恼之良方。现代将此方用治失眠、郁证、绝经前后诸症、各种原因导致的抑郁或焦虑症[4]，有报道用本方合小柴胡汤治疗高考综合征[5]效佳。但本方药味简练，稍嫌力薄，临证可酌情加减，如合用酸枣仁汤、温胆汤、小柴胡汤或甘麦大枣汤等。

（五）湿热扰神，化湿和胃

张仲景用化湿和胃法治疗湿热扰神之不寐的方剂主要是甘草泻心汤。

《金匮要略·百合狐惑阴阳毒病脉证治第三》："狐惑之为病，状如伤寒，默默欲眠，目不得闭，卧起不安，蚀于喉为惑，蚀于阴为狐，不欲饮食，恶闻食臭，其面目乍赤、乍黑、乍白，蚀于上部则声喝，甘草泻心汤主之"。此乃湿热郁蒸，化腐生虫，虫毒腐蚀咽喉、二阴等人体外窍之病证。湿热扰神，故见不寐，治以甘草泻心汤为主方，解毒和中，清热除湿。本方重用甘草四两为主药，清热解毒、安中和胃；配黄芩、黄连苦寒清热解毒；干姜、半夏辛燥开郁化湿；人参、大枣甘温扶正和胃。诸药共用，合奏清热燥湿、和中解毒安神之功，故可治湿热郁蒸、虫毒腐蚀之狐惑病。现代常用本方治疗风湿类疾病、失眠症、白塞氏病、肠易激综合征、胃肠神经官能症等证属湿热郁蒸者。

（六）阴虚内热，滋阴清热

张仲景用滋阴清热法治疗阴虚内热之不寐的方剂主要是百合地黄汤类。

百合地黄汤证源于《金匮要略·百合狐惑阴阳毒病脉证治第三》卷上，原书云："百合病者，百脉一宗，悉致其病也。意欲食复不能食，常默然。欲卧不能卧，欲行不能行，饮食或有美时，或有不用闻食臭时，如寒无寒，如热无热，口苦小便赤，诸药不能治，得药则剧吐利，如有神灵者，身形如和，其脉微数”。观其病机，主要由外感热病或气郁化火导致心肺阴虚内热，热邪散浸于百脉，百脉失和所致。《金匮要略·百合狐惑阴阳毒病》篇有治疗百合病的百合知母汤、百合地黄汤等类方。虽原文未言及治疗不寐，但历代医家用于治疗不寐者不乏其例。其因有二，一是百合病的症状就有“欲卧不能卧”；二是百合味甘性平，本是一味清心润肺，益气安神良药。现代临床常用治抑郁症、甲状腺功能亢进、干燥综合征、失眠症、更年期综合征、卒中后抑郁、焦虑、肿瘤等证属阴虚内热者。

（七）水热互结，滋阴利水

张仲景用滋阴利水法治疗水热互结所致之不寐的方剂主要是猪苓汤。

《伤寒论》第319条：“少阴病，下利六七日，咳而呕渴，心烦，不得眠者，猪苓汤主之”。猪苓汤利水不伤阴，滋阴不助湿，使水热得清，阴亏得养，而睡眠自安，实为治疗阴虚水热互结不寐之良方。目前临床上常用本方治疗尿毒症、肾病综合征、膀胱结石、急性肾盂肾炎等病，如刘渡舟曾用猪苓汤治疗热淋、血淋、水肿、腰痛、癃闭等下焦病属阴虚水热互结者[6]，尚未见用其治疗失眠的临床报道。

此外，张仲景对痰浊、水饮、寒湿、瘀血等扰神而致不寐，均有直接或间接的论述，临床诊疗中可以参考。

四、小结

随着现代社会的发展，生活节奏明显加快，失眠症（不寐）发病率逐年升高，严重影响人们的工作、学习和生活，中医药在防治此类疾病方面具有明显的优势。对于不寐类病证的论治，张仲景承袭《黄帝内经》的相关理论，并加以弘扬光大，源于《黄帝内经》而高于《黄帝内经》。张仲景在《伤寒杂病论》中论述了不寐病机为或虚（气血阴阳脏腑亏虚）、或实（热邪、水湿、痰瘀、腑实），辨治从虚实两端入手，注重标本缓急，分别施以补益气血阴阳，或清宣郁热，或滋阴清热、或化浊逐痰、或水热并治等法，创制多首治疗不寐之效方，开拓不寐辨证论治之先河，吾侪须以继承发扬，但古方今用应注意灵活变通。

参考文献

[1] 童瑶，邹军，倪力强，等. 化痰、温阳法对慢性应激大鼠IL-1、IL-2及下丘脑CRH mRNA、垂体ACTH mRNA基因表达的影响. 中国中医基础医学杂志，2005，11（7）：501~502.

[2] 李彦冰，耿慧春，李庭利，等. 黄连阿胶汤抗焦虑作用的药效学研究. 中医药学报，2004，32（5）：21~22.

[3] 张德超，张荣春. 黄连阿胶汤新用. 北京中医，2005，24（6）：363~364.

[4] 袁胜. 李孔定临床应用栀子豉汤经验. 实用中医药杂志，2005，21（11）：685.

[5] 刘殿池. 加味小柴胡合栀子豉汤治疗高考综合征32例. 广西中医药，2004，27（3）：22~24.

[6] 陈明. 刘渡舟运用猪苓汤的经验—76例验案分析. 山东中医药大学学报，2000，24（1）：41~42.

[《中华中医药杂志（原中国医药学报）》2012，27（2）：407]

张仲景“痰饮学说”对妇产科学的指导意义

何江华　温惠霞　马玉琴

广州市黄埔区中医医院

《内经》言“饮”不言“痰”，论述了脏腑在水液代谢中的生理机能，而张仲景在《内经》五运六气学说及“饮”论的基础上，吸纳了脏腑经络学说的内涵，对人体水液输布运化失常产生痰饮的病理表现、发病机制和辨证治疗，特别是对痰饮致病的流动性、多样性探索研究，对“痰饮学说”作了比较详细的阐述和发展，其代表著作为《伤寒杂病论》，并收录运用这一学说治疗妇产科疾病的实例。现就其“痰饮学说”主要的学术思想及其对妇产科临床的指导意义逐一论述。

一、张仲景“痰饮学说”的物质性、流动性及随气升降出入的运动形式

《素问·经脉别论篇·第二十一》说：“饮入于胃，游溢精气，上输于脾，脾气散精，上归于肺，通调水道，下输膀胱。水精四布，五经并行。”[1]是谓“饮论，寓意有二：一谓水液的正常流行情况；二谓相关各脏腑担当的生理功能。《金匮要略·痰饮咳嗽病脉证并治第十二》“问曰：夫饮有四，何谓也？师曰：有痰饮，有悬饮，有溢饮，有支饮。问曰：四饮何以为异？师曰：其人素盛今瘦，水走肠间，沥沥有声，谓之痰饮；饮后水流在胁下，咳唾引痛，谓之悬饮；饮水流行，归于四肢，当汗出而不汗出，身体疼重，谓之溢饮；咳逆倚息，短气

不得卧，其形如肿，谓之支饮”。[2] 传承《内经》的精髓，张仲景明确提出“痰饮”学说，承前启后有五：一是首次提出“痰饮”这一病名；二是明确了“痰饮”这一证型；三是阐述了痰饮是人体水液输布运化失常的病理产物，体现了痰饮的物质性；四是“痰饮”致病使得各脏腑功能失调不同临床表现，说明其具有无处不在的流动性和随气升降出入的运动形式；五是阴阳为纲，明确痰饮属阴邪的病理特点。

二、张仲景“痰饮学说”阐述了痰饮的病因、病理、病机及辨证治疗，形成了完整体系

（一）痰饮的病因

《金匮要略·脏腑经络先后病篇第一》“千般灾难不越三条：一者，经络受邪，入脏腑，为内所因也；二者，四肢九窍，血脉相传，壅塞不通，为外皮肤所中也；三者，房室、金刃、虫兽所伤。”[2] 阐述病因的总纲。痰饮系由外感六淫，内伤七情，导致脏腑功能失调，水液输布运化失常而产生。所以后人有“百病皆生于痰”的说法。

《金匮要略·痰饮咳嗽病脉证并治第十二》：“水在心，心下坚筑，短气，恶水不欲饮。水在肺，吐涎沫，欲饮水。水在脾，少气身重。水在肝，胁下支满，嚏而痛。水在肾，心下悸。[2] 是五脏受痰饮的影响，出现了不同病变部位反应的特有的症状，更加突出了水液输布运化失常的本质内涵。

（二）痰饮的病机为水液输布运化失常

《金匮要略·水气病脉证并治第十四》“师曰：病有风水、有皮水、有正水、有石水、有黄汗。”[2] 脏腑功能失调，肺失宣降，不能通调水道；脾失健运，不能运化水湿；肾失开阖，不能化气行水，水液输布运化失常逐渐形成痰饮，痰饮阻络，反之更加剧了脏腑功能失调，形成了本虚标实之势。因此，张景岳曰：“盖痰即水也，其本在肾，其标在脾。在肾者，水不归源，水泛为痰也。在脾者，以饮食不化，土不制水也。”[3] 所以，后人有“脾为生痰之源，肺为贮痰之器”的说法。

（三）痰饮病的治疗以“温药和之”为总则

因痰饮为阴邪，最能伤人阳气，故有《金匮要略·痰饮咳嗽病脉证并治第十二》说：“病痰饮者，当以温药和之”治本之法。更有“心下有痰饮，胸胁支满，目眩，苓桂术甘汤主之。”“夫短气有微饮，当从小便去之，苓桂术甘汤主之；肾气丸主之。”[3] 治脾、治肾有所不同，审证缜密，可见一斑。

三、张仲景“痰饮学说”对妇产科学的指导意义

（一）“痰饮学说”是认识妇产科常见病、疑难病的辨证思维方法

由于女性的生理特点，五脏六腑十二经脉的气血通过冲任督带四脉作用于胞宫、胞络、阴道、阴户，而有经、带、胎、产的生理功能。而女性在月经、带下、胎孕、产育的生理过程中，体阴用阳，以血为用，如果失去督脉的温化和带脉的约束，阴精、津液就变为痰饮，痰饮阻络，气血不畅，冲任阻滞而为病，如顽固性闭经，PCOS 等；尤其妊娠之时，气血下聚养胎，易致气机为胎所碍，升降失和，水液输布运化失常，痰饮内生，如妊娠卵巢囊肿、妊娠剧吐、妊娠咳嗽等。痰饮直接损伤胞宫、胞络、阴道、阴户致病，比如子宫肌瘤、宫颈癌、卵巢囊肿、外阴癌等。《金匮要略·妇人妊娠病脉证并治第二十》：“妇人宿有癥病，经断未及三月，而得漏下不止，胎动在脐上者，为癥痼害。妊娠六月动者，前三月经水利时，胎也。下血者，后断三月衃也。所以血不止，其癥不去故也，当下其癥，桂枝茯苓丸主之。”论述癥胎互见，孕后下血不止，实为临床较难处理的病证。张仲景巧妙利用“血水同源”，利水即是祛瘀，首开利水祛瘀之先河，因此，也取得了令人称羡的疗效。“痰饮学说”因此成为妇产科学辨证思维方法的重要内容。单从气血入手，有时难以取效，故而将“痰饮学说”运用于妇产科是应时之需，应变之道。

（二）“痰饮学说”指导了妇产科常见病、疑难病的辨证用药

妊娠用药难免有碍胎之嫌，张仲景灵活应用“温药和之”，以达到疗效。《金匮要略·妇人妊娠病脉证并治第二十》：“妊娠呕吐不止，干姜人参半夏丸主之。”是治疗胃虚寒饮而妊娠呕吐不止的要方，选用“半夏”涤饮降逆，配人参增强益气化痰之力。“妇人咽中如有炙脔，半夏厚朴汤主之。”论述咽中痰凝气滞的证治，合用苏叶顺气解郁，气顺痰消。“妇人吐涎沫，医反下之，心下即痞，当先治其吐涎沫，小青龙汤主之。涎沫止，乃治痞，泻心汤主之。”先温化上焦寒饮，再治疗痞证，先用麻黄、桂枝、干姜、细辛、半夏温化寒饮，再用大黄、黄芩、黄连直折其热。选方用药独具匠心，紧扣水液输布运化失常的本质，谨守温药和之的原则；妊娠不忘养胎，不拘于此，使病去而胎自安；

不拘泥于产后禁忌，又照顾产后的特点。《景岳全书·痰饮》说："治痰知求本，则痰无不清，若但知治痰，其谬甚矣，故凡痰因火动者，宜治火为先；痰因寒生者，宜温中为主；风痰宜散之，非辛温不可也；湿痰宜燥之，非渗利不除也；郁痰有虚实，郁兼怒者，宜抑肝邪；郁兼忧者，宜培肝肺；饮食之痰，亦自不同，有因寒者，有因热者，有因肥甘过度者，有因酒色伤脾者，此皆能生痰，而其中各有虚实，辨之不可不慎也。"后世医家就此发挥：痰湿下注任带，带脉失约而致带下病，萆薢[5]胜湿汤主之；痰湿下注冲任，冲任不畅而致月经后期，芎归二陈汤主之；闭经，丹溪治湿痰方主之；经行之际，冲气夹痰湿上逆，痰蒙清窍而经行头痛，半夏白术天麻汤主之；痰热上扰，发为子烦、子晕，竹沥汤主之；痰湿凝聚胞宫、胞络、胞脉而生肿瘤，散聚汤主之；痰瘀互结胞宫、胞络、胞脉导致不孕，启宫丸主之。[6]可见"痰饮"是历代医家重视的病证，"痰饮学说"一直指导着妇产科常见病、疑难病的辨证用药。

四、张仲景"痰饮学说"在妇产科的应用举隅

病例1　多囊卵巢综合征，不孕

患者，女，25岁，2004年初诊。主诉：月经稀发3年，停经2月余。同居2年，没有避孕，从未孕育。形体肥胖，毛发浓密，性格开朗。舌体胖、边有齿痕、舌质黯淡、舌苔薄白，脉沉。月经量少，色黑，每日仅需一片护垫。查女性内分泌提示：LH / FSH = 3.0；T = 29ng / mL，B超检查子宫、双附件无异常．妇检白带少，余无异常。曾使用达英—35，螺内脂治疗半年，停药后，仍为月经稀发。诊断：多囊卵巢综合征，不孕。为素体脾虚湿盛，痰湿阻于冲任，占据血海，经血不能按时满溢；久则气血生化乏源，血海不足，而为月经稀发。舌黯淡胖、苔薄白，脉沉均为痰湿中阻之证。方药用苓桂术甘汤合桃红四物汤加北芪、续断各3g，杜仲、王不留行各20g，路路通15g。以健脾温阳，活血通经。10日后，月经来潮，量多，色鲜红。后断续来诊，仍以上方加减续服，月经渐渐规律，2006年产一子．

按：《石室秘录》曰："肥人多痰，乃气虚也，虚则气不能运行故痰生，则治痰必须补气兼消其痰耳。然补气又不可纯补脾胃之土，当兼补其命门之火。盖火能生土，而土自生气，气足而痰自消，不治痰而所以治痰也。"

病例2，妊娠恶阻

患者，女，29岁。2009年4月初诊。主诉：停经1月余，呕吐痰涎2周，加剧3天。刻诊：曾在外院输液治疗1周，自行出院，来我院要求中药治疗。形体消瘦，口唇干裂，烦躁易怒，时而抑郁哭啼，头晕乏力，难以入眠。口淡不欲饮食，大便已数日未解。舌体瘦小、舌质黯红、苔少、苔根厚而白腻，脉细数。床边有一盆，内为呕吐的痰浊、涎沫、黄水、少许血丝。尿KET（+）胆红素、肝功、肾功、电解质均正常。目前诊断："妊娠恶阻"为素体脾虚，中阳不化，痰饮内生，孕后随冲气上逆，呕吐痰涎，久则气阴亏损。舌体瘦小，舌质黯红、苔少、苔根厚而白腻，脉细。为痰饮内停，气阴两亏之本虚标实证。宜苓桂术甘汤加党参10g、苏梗20g、黄芩15g、砂仁6g，以温脾化饮，和胃止呕．2剂3日服完．呕吐减少，每日可进三餐，下床活动，大便每日一解．上方加减续服，致孕10周余，舌质淡红、舌苔薄白，脉象平和．经腹多普勒可闻及胎动活跃、胎心率160次 / min，患者欢喜不已。按《石室秘录》曰："气虚痰多之证，痰多本是湿也，而治痰之法，又不可徒去其湿；必须补气为先，而佐以消痰之品。"

五、结语

张仲景创立了"痰饮学说"，明确水液输布运化失常的病机，及辨证治疗的总则"当以温药和之"，形成完整的基础理论体系，对中医妇产科学的基础理论创立和辨证用药及全面发展有着重要的指导意义。随着现代医学和科技的发展，不断提高对"痰饮学说"的理论认识，既是"抛砖引玉"，以唤起同道研讨的一个课题　更是希冀借此拓展视野，提升对中医妇产科疑难病例的诊治疗效。

参考文献

[1] 程士德，等．内经讲义附［M］．上海：上海科学技术出版社，1984：54.
[2] 李克光，等．金匮要略讲义［M］．上海：上海科学技术出版社，1985：129，130，132，133，159.
[3] 清·陈梦雷，等．古今图书集成医部全录［M］．第六册．诸痰上（卷二一七至二八七）北京：人民卫生出版社，1962：469.
[4] 李克光，等．金匮要略讲义［M］．上海：上海科学技术出版社，1985：159.
[5] 江苏新医学院．中药大辞典［S］．上册．北京：人民卫生出版社，1977：4120～4122.
[6] 马宝璋，等．中医妇科学［M］．上海：上海科学技术出版社，2006：8，225.

［《新疆中医药》2012，30（2）：1］

张仲景文化及其价值

包飞建　张胜忠
河南省南阳市中医中药研究所

中医中药的发展，文化是不容回避的话题。考察张仲景的文化价值，正确评价医圣对社会、对人类、对医学、对历史的价值贡献，能够更清晰地了解中国传统医学的成就业绩，认识中国医学核心代表人物的历史地位，把握中医学的发展轨迹、文化脉络和社会影响，进而为中医学未来的发展积累认知元素和文化价值判断的基础，为中医学在中国乃至在世界医学发展历史进程中的地位、作用提供综合规划、科学评价、整合发展的依据。

医圣张仲景，作为中国古代十大圣人之一，具有中国中医药文化遗产的“神圣性”和“唯一性”；作为人类历史发展进程的“闪光医学符号”，其医学价值内涵、文化价值魅力尤为彰显耀眼；具备了文化的基本属性特征，诠释了“文化符号”的意义象征，已经成为中国历史文化乃至世界医学文化的璀璨明星。以下试从两个方面来认识张仲景的文化及其价值。

一、从文化特征认识张仲景文化

文化，是和自然相区别的、人所创造的一切活动成果，是物质成果和精神成果的总和。文化具有四个基本特征。

（一）创造性

文化的本质是一种创造，是人对自然进行加工改造所产生的，而不是纯粹的自然状态。张仲景，创造性的总结出中医临床诊疗规律体系，撰著《伤寒杂病论》，其间所蕴含的创造智慧，赋予了张仲景文化具有创造性的本质特征。

（二）继承性

文化是继承和传播的结果，是由个别现象逐渐发展转化为群体或普遍现象的过程。文化的继承性表现在人类社会的传播过程，有同一时代人际群体间进行的横向传播，还有跨越时代、跨越历史而进行的纵向传播。所谓的纵向传播就是文化的继承性。张仲景距今一千八百余年，其《伤寒杂病论》巨著跨越历史、跨越社会、跨越人群，成为后世传习诵读之经典，文化继承性有目共睹。

（三）地域性（民族性）

文化具有地域性或民族性特征。地域的不同，会造成传播过程中的文化变异，出现文化差别，形成地域文化或民族文化。张仲景文化是中国中医药文化的优秀典范式代表，具有旗帜性、象征性、标志性、符号性意义。它根植于中国古代精气、阴阳、五行哲学思想，创立的辨证论治中医学诊疗体系，体现出东方医学文明思辨智慧，成为构建中国传统医学理论体系的重要基石。并有别于西方微观、逻辑、解剖、分析的医学思维文化体系。

（四）价值性

文化的价值性，可以从两个方面来理解。一方面从功用角度来说，文化作为人类创造的产品，能够满足人们物质和精神生活的需要，如文学、艺术等，有实用功利价值；另一方面，从意义上来说，文化通过不断地传播和继承，对每一代人都可能产生作用，每一代人都要重新面对，思考、学习、思想、成果，这种价值已远远高于其功用价值，具有永不磨损的价值意义。张仲景文化，既有现代社会物化实用的价值，中医、健康、产业、教育之应用价值，又有继承传播、弘扬发展、超越时代、不可磨损的精神价值。

综上，张仲景文化，具备了文化的基本特征，是中国中医药文化重要组成部分和核心内容之一，是中华民族传统文化的优秀代表，是中华文化中体现张仲景内质与特色的物质成果和精神成果的总和。研究张仲景文化，以中国哲学、史学、科学、医学为基础，以古代、现代、中医、中药、典籍、医家、物质成果、精神创造为依据，研究张仲景理论与临证发展规律、张仲景学术思想与行为规范、张仲景人文传承与价值观念、张仲景经济载体与物化表现，从而发掘张仲景文化的价值内涵、社会贡献，为中华民族的文化复兴、为中医药事业的建设发展提供特色支持和借鉴帮助。

二、从社会的发展应用认识张仲景文化的价值

从社会发展应用方面考量，张仲景文化的价值应涵盖包括历史人文价值、现代应用价值和社会传承价值三大方面。具体有如下基本价值特征。

（一）历史人文价值

张仲景，东汉南阳人，所著《伤寒杂病论》名震中外，流传千古，为方书鼻祖，为万世医宗，为医中之圣。传承至今，历史悠久，文化厚重，价值巨大。

（二）生命科学价值

作为“医中之圣”，张仲景为民解救疾苦的高

尚医德和精神风范，至今为后人颂扬。《伤寒杂病论》以其完整、系统的理论性和准确、有效的实践性，奠定了中医临床诊疗医学的基础，促进了中药方剂治法的应用发展，具有极高的生命科学价值。是中医临床医学实践研究取之不尽、用之不竭的源泉动力。

（三）哲学指导价值

《伤寒杂病论》开创中医辨证论治之先河，应用中国古代阴阳、五行、六经、八纲哲学辨证思想体系，对中医临床诊疗有着划时代的、高瞻远瞩式的指导作用，至今仍然是中医界万世景仰的经典巨著。哲学智慧蕴含其间，思辨指导意义非凡。

（四）国粹珍稀价值

中医为中华文明文化的四大国粹之一，是民族精神、民族文化的特征表现和精髓所在。张仲景济世活人，为万民景仰，为中医之“圣”，其珍稀价值不言而喻。只有民族的文化，才是世界的文化。

（五）民间艺术价值

张仲景是中国中医药文化的优秀代表，民间传说、崇尚医圣的文化表达形式不胜枚举。在南阳、长沙医圣张仲景诞辰和民俗纪念祭祀活动中，有众多来自民间的艺术表演、求医问药、焚香祭祀、曲艺演唱等独有的文化形式，具有很高的民间艺术价值，更是张仲景文化的表现载体、价值写真。

而这种民俗崇拜、祭祀文化，发端于民间，传播于民众，代代相传，已成为南阳乃至全国中医界重要的民俗风情文化内容，并影响及全国各地。这种自发性、广泛性、民俗性、特色文化性，具有非物质文化遗产的诸多特性，有着保护和传承的价值。

（六）现代应用价值

张仲景《伤寒杂病论》，体现了中医学天人相应、脏腑相关、生克制化、燮理阴阳、辨证论治的独特科学认知体系。它来源于实践，回归于临床，千百年来对内、外、妇、儿等临床各学科均有着巨大实践应用指导价值。时至今日，张仲景“经方”依然可以治疗常见病、多发病，对现代疑难危重病症的救治也屡见奇功、每每奏效。

由于张仲景在中国中医药学中的特殊地位，其著作、其人物、其学术成为中医药文化的一面旗帜和典型代表，对振兴、促进、发展中医药学有着极其重要的象征意义和精神价值。不仅如此，中医药学知识产权现代保护应用，也使张仲景方药临床价值体系跃升一个新的台阶。经济利益、实用价值，与时代共振呼应；文化魅力、意义成效，在社会不同凡响。

（七）经典认知价值

《伤寒杂病论》重要的经典意义，一方面表现在它所提出和阐述的问题对中医学理论和临床所具有的深远而普遍的影响；另一方面是它所包涵的思维方法体现出中国文化的传统思维特征。《伤寒杂病论》是历史的产物，代代相传。重读经典，实际上意味着对经典的认知在历史还原、医学还原、文化还原与多元解读上还具有广袤的阐释空间。这种非物质的内在本质是一个民族得以延续的生命依托和精神支撑，是经典的魅力所在、文化的价值所在。

三、结语

张仲景文化的价值体现了中华民族传统文化所具有的天人合一思想特征、博大兼容智慧特征、以人为本生命特征、一脉相承民族特征。张仲景文化深深根植于此，发扬光大于此，并由此成为中华民族之医学魂帜、文化脊梁。研究张仲景的文化价值，分析张仲景文化体系、范式、特色所形成的社会文化根源，揭示张仲景文化与其他医学文化的差异区别，发掘张仲景文化所形成发展的社会机制和内在规律，对当今中医药文化之发展、中医药经济之建设、中医药政策之制订均有着积极的推动作用，进而为和谐社会的中医药事业发展提供服务和帮助。

[《环球中医药》2012，5（9）：695]

张仲景用药心法

黄海芹　姜堰市中医院

张仲景所著《伤寒论》《金匮要略》，不仅论述了伤寒、杂病的辨证论治，而且极其重视影响疾病疗效的各个环节，包括药物的加工炮制、服药护理、药后反应观察等，本文兹就此综合阐释如下。

一、药物的加工炮制

药物的加工炮制具有提高药物的纯度、消除毒副作用、改变药物性能、增强疗效等作用。张仲景十分重视药物的加工炮制，常于药后加注说明，其加工炮制的目的明确，方法多样，使用广泛，归纳之有修制、水制、火制等。

（一）修制法

修制是对中药材进行纯净、粉碎、切制等加

工。《伤寒论》《金匮要略》对药物修制的方法主要有以下几种情况：一、去除非用药部分。如桂枝汤桂枝“去皮”；桂枝茯苓丸，方中牡丹皮注“去心”；防己黄芪汤之用黄芪，则注明：“去芦”。又如猪苓汤之猪苓要“去皮”等，皆为去其非用药部分的净制。二、去除有副作用部分。如温经汤的麦冬要“去心”，因为麦冬心可引起心烦。三、去其与用药相违部分。如仲景凡用麻黄多云“去节”，皆强调要“先煮去上沫”，乃因麻黄节有止汗作用，不利于发散；先煮去上沫，因上浮之沫易使人心烦，故去之。又如其用蜀椒，多云“去目及闭口”。“去闭口”，其实也是去椒目，因闭口者内含椒目。椒目气味苦寒，与川椒之热性相反，故用时要将椒目去掉。仲景在升麻鳖甲汤、乌梅汤、白术散中，均有如此注明。四、将药物破碎。目的在于使药物的药效易于煎出，充分发挥药物的治疗作用。《伤寒论》《金匮要略》中的碎制方法有切、擘、捣、杵、碎、研等8种。

（二）水制法

是用水等液体来处理药材的方法。《伤寒论》《金匮要略》中除以用水洗渍为主之外，尚有用酒渍、醋渍之法。主要有以下几方面的作用：一、减轻药物的毒性副作用。如洗半夏，旨在去除其毒性和刺激咽喉的副作用。洗蜀漆，旨在去其腥味以防引起恶心呕吐。二、改变药物的性能及增强药效，如酒渍大黄，《金匮要略》于“产后病”篇对抵当汤中之大黄注明用酒渍，主要是取其活血之力并改变其苦寒下走的药性。又如醋渍乌梅，该书于乌梅丸后云：“以苦酒渍乌梅一宿，去核。”苦酒即醋，乌梅味酸，用苦酒渍一宿，令其益酸，以增强效用。

（三）火制法

有炙、炒、烧、炮、熬、煨6种。如蜀椒去油用炒，附子去毒用炮，矿石类药用烧，烧之使其易碎，如去母、矾石。枳实芍药散中枳实入血分用烧，鳖甲煎药丸中之阿胶用炙，炙则可使其膨起焦酥，否则不易研末制丸用。皂夹去燥性用酥炙，巴豆去油用熬等。

二、服药的调护

（一）服药温度

《金匮要略》对服药方法十分讲究，因病证不同，则用药亦异，故而服药的温度亦有不同，在《伤寒论》《金匮要略》中，服药温度大致可分为温服、小冷服和适寒温服。一、温服：这类服法为最常见，也可称为常规服用方法。单《金匮要略》中明文记载温服的方剂总计118方。如瓜蒌桂枝汤、甘草泻心汤、瓜蒌薤白白酒汤等。二、小冷服，如生姜半夏汤。该方适用于寒饮结于胸中，阻碍气机的病证。恐寒饮固结于胸中，格拒热药而不纳反致呕吐，是从治之法，分四服者为徐徐服之也。三、适寒温服：如《伤寒论》中桂枝汤。

（二）服药时间与次数

1. 顿服　《金匮要略》中顿服者可见15处。虽有顿服、顿服之、顿服尽、顿服一半之不同，但顿服之义明确，如桂枝甘草汤、干姜附子汤、大陷胸汤、升麻鳖甲汤、麻黄醇酒汤、红蓝花酒方等。

2. 昼日服　昼日服者分为平旦温服、日一服、不可一日再服、日二服、日三服、日再服等。记载一日三服者共计36方，如白虎加人参汤温服一升，日三服。黄芪桂枝汤温服三合，日三服。五苓散日饮服三寸匕，多饮暖水，汗出愈等等。日一服者或不可一日不可再服者有三，如侯氏黑散、排脓散为日一服；大乌头煎不可一日再服；平旦服之者为十枣汤。

3. 昼夜服　昼夜服分为日三夜一服、日再夜一服、日三夜二服、至夜尽等。日三夜一服者如皂夹丸、麦门冬汤、奔豚汤、生姜半夏汤、白术散、半夏厚朴汤；日再夜一服者如赤丸、黄芩加半夏生姜汤；日三夜二服者如竹皮大丸；至夜尽者如泽漆汤。

4. 二次服（未定时）　分温二服者如黄土汤、小承气汤。

5. 三次服（未定时）　《金匮要略》中记载的分温服者计32方，如枳实薤白桂枝汤、大黄附子汤等。

6. 再服　《金匮要略》中记载再服、更服、二次服或重服一次者共31方，如大建中汤、桂枝加黄芪汤。

7. 先食服（饭后服）　《金匮要略》中记载的先食服有五，如乌头赤石脂丸、赤丸、已椒苈黄丸、茵陈五苓散、乌梅丸。

8. 食前服　如鳖甲煎药丸、薯蓣丸、桂枝茯苓丸。九、常服：如当归散。十、因病服：如蜀漆散末发前以浆水服半钱。温疟加蜀漆半分，临发前服一钱匕。

三、药后反应观察

药后反应观察是仲景用药十分重视的重要环节。如《伤寒论》15条“太阳病，下之后，其气上冲者，可与桂枝汤，方法同前。若不上冲者，不得与之。”《金匮要略·痉湿暍病脉证并治第二》白术附子汤方后云：“一服觉身痹，半日许再服，三服都尽，其人如冒状，勿怪，即是术、附并走皮中，逐水气，未得除故尔。”防己黄芪汤方后云：“服后当如虫行皮中，从腰下如冰，后坐被上，又以一被绕腰以下，温令微汗，差。”《金匮要略·百合狐惑阴阳毒病证治第三》百合滑石散方后云：“当微利者，止服，热则除。”《金匮要略·腹满寒疝宿食病脉证治第十》乌头桂枝汤方后云：“初服二合，不知，即取三合；又不知，复加至五合。其知者，如醉状，得吐者，为中病。”《金匮要略·痰饮咳嗽病脉证并治第十二》大青龙汤方后云：“温服一升，取微似汗，汗多者，温粉粉之。”《金匮要略·妇人妊娠病脉证第二十》白术散方后云：“若呕，以醋浆水服之，复不解者，小麦汁服之。病虽愈，服之勿置。”根据服药后的反应采取不同的救治措施，防止新的疾病发生。

此外，张仲景还十分重视随方而异进行饮食调护。如桂枝汤服法“服已须臾啜稀粥一升，以助药力”；瓜蒌桂枝汤“取微汗，汗不出，食顷，啜热粥发”。张仲景善用粥来协助药物发挥药力，既能治愈疾病，又不损伤脾胃。又如十枣汤“得快下之后，糜粥自养”，缓其药势，顾护胃气，攻补兼施，祛邪扶正，药到病除。在饮食禁忌上，《金匮要略》有三篇专门讨论食物禁忌及杂疗方，提出了许多食物禁忌及调护原则，其中多数禁忌原则都有一定科学道理和实用价值，对疾病的调护有一定的指导作用。如“羊肉其有宿热者，不可食之”。百合洗方“勿以盐豉”，防其损伤津液，加重口渴症状。

综上所述，张仲景用药心法内容丰富，学习和掌握之对于指导我们今天的临床实践，不无裨益。

[《中医研究》2012，25（3）：56]

张仲景治疗痹证思想初探

张晓军　湖北中医药大学

张仲景《伤寒杂病论》在继承汉以前医学成就的基础上，发展了中医学的理论，大大提高了中医学辨证论治的水平，建立了完整的辨证论治体系[1]。其中，治疗风湿痹证是较有特色的内容。

痹证是由于风、寒、湿、热等邪气闭阻经络，影响气血运行，导致肢体筋骨、关节、肌肉等处发生疼痛、重着、酸楚、麻木，或关节屈伸不利、僵硬、肿大、变形等症状的一种疾病。轻者病在四肢关节肌肉，重者可内舍于脏[2]。痹证病名首见于《素问·痹论篇》：“风寒湿三气杂至，合而为痹也”。张仲景在此基础上对痹证的认识有了进一步的发展，不仅论述痹证的病因病机，更有诊断及治疗。

一、提出痹证内因外因说

仲景认为痹证发病病因病机颇多，外因有外感风寒湿邪，如冒雨涉水、久居潮湿之地、汗出取冷等；内因有肝肾不足、筋骨虚弱、阴血不足、气虚湿盛等。

《伤寒论·辨太阳病脉证并治》曰：“伤寒八九日，风湿相搏，身体疼烦，不能自转侧。”《金匮要略·痉湿暍病脉证治》曰：“此病伤于汗出当风，或久伤取冷所致也。”两者均强调外来风湿之邪是痹证产生的重要因素。

《金匮要略·中风历节病脉证并治》曰：“寸口脉沉而弱，沉即主骨，弱即主筋，沉即为肾，弱即为肝。汗出如水中，如水伤心，历节黄汗出，故曰历节”；“少阴脉浮而弱，弱则血不足，浮则为风，风血相搏，即疼痛如掣”；“枯泄相搏，名曰断泄……三焦无所御，四属断绝，身体羸瘦，独足肿大”。这些均强调痹证发病的内在因素。

可见，仲景不仅重视痹证产生的外来致病因素，更强调正气不足在发病中的作用，“邪之所凑，其气必虚”，痹证产生是内外因共同作用的结果。

二、证型分类

（一）麻黄加术汤证

“湿家身烦疼，可与麻黄加术汤发其汗为宜”，汗出当风、气候变化、体虚劳累、冒雨涉水等均可导致风湿侵袭肌表，正邪交争，卫阳被遏，气机不利，故有“湿家身烦疼”。以麻黄汤发其汗，祛其风，加白术祛其湿、解痹痛。病机特点当为寒湿袭表，病性属实。结合临床该证当处于风湿病急性发作期，临床表现以骨节疼痛剧烈及骨节酸胀重着为主，并伴有发热、恶寒、无汗等表证，治以祛风解表除湿。

（二）麻黄杏仁薏苡甘草汤证

“病者一身尽疼，发热，日晡所剧者，此名风湿。此病伤于汗出当风，或久伤取冷所致也。可与麻黄杏仁薏苡甘草汤。”由汗出当风或久伤取冷，风湿之邪袭表，气机不利，“发热，日晡所剧者”提示风湿相合，风湿之邪渐已化燥化热。麻黄杏仁薏苡甘草汤以麻黄、杏仁宣肺祛风，薏苡仁利湿，兼制麻黄之温。病机特点当为风湿袭表化热，病性属实。结合临床该证当有骨节疼痛，伴发热，治以轻清宣化、解表祛湿。

（三）桂枝附子汤证

“伤寒八九日，风湿相搏，身体疼烦，不能自转侧，不呕不渴，脉浮虚而涩者，桂枝附子汤主之。”痹证初起，表现为风寒湿邪外袭，多有恶寒发热之表证，而实非太阳伤寒或中风之候。风寒湿邪侵袭肌肉关节，从而出现“身体疼烦，不能自转侧”“不呕不渴”提示病邪处于浅表阶段，尚未对内脏有明显影响；营卫气血运行受阻，导致营卫不利，从而出现“脉浮虚而涩”。桂枝附子汤以桂枝配附子，甘草为佐使，从而达到振奋阳气、驱散风寒湿邪之功效。本证病机特点为风湿在表（以风为主）兼表阳虚，病性属虚实夹杂。结合临床该证当处于关节炎的早期，除有身体关节疼烦外，尚有四肢厥冷，关节冷痛等阴寒表现，治以助阳解表、祛风胜湿。

（四）白术附子汤证

“若其人大便硬，小便自利者，去桂枝加白术汤主之。”此证多见于痹证中期，外感肌表之邪已罢，邪气已进一步入里，从病位来说当以肌肉关节为主，病人尚有“大便硬，小便自利”之体内水液代谢紊乱的表现，此时当去桂枝，同时加白术以祛除在里之湿邪。白术附子汤以白术和附子相配，既能除寒邪又能去湿邪。本证病机特点为风湿在表（以湿为主）兼表阳虚，病性属虚实夹杂。结合临床该证当有关节酸痛重着，伴有身倦乏力、大便不调等，治以温经祛湿。

（五）甘草附子汤证

“风湿相搏，骨节疼烦，掣痛，不得屈伸，近之则痛剧，汗出短气，小便不利，恶风不欲去衣，或身微肿者，甘草附子汤主之。”患者疼痛剧烈，“骨节疼烦，掣痛，不得屈伸，近之则痛剧，”并且有“汗出短气，小便不利，恶风不欲去衣，或身微肿”正气亏虚之表现。甘草附子汤以桂枝、甘草温振阳气，以附子、白术祛除寒湿之邪，攻补兼施，扶正以驱邪，驱邪以扶正。病机特点为风湿并重表里阳虚，病性属虚实夹杂。结合临床患者当处于关节炎的后期，不仅风寒湿邪偏盛在外，更有正气不足于内。除有关节局部疼痛症状，尚有汗出、恶风不欲去衣、小便不利、身体微肿等表现，治以辛温扶阳，表里同治。

（六）桂枝芍药知母汤证

“诸肢节疼痛，身体尪羸，脚肿如脱，头眩短气，温温欲吐，桂枝芍药知母汤主之。”此证当属“历节病”范畴，患者“诸肢节疼痛”，表现为周身关节疼痛；湿邪在内，阻遏气机运行，导致清阳不升，浊阴不降，故有“头眩短气”，湿邪停胃，气机升降失常，故有“温温欲吐”，病程日久，肝肾亏虚，故有“身体尪羸，脚肿如脱”。桂枝芍药知母汤以麻黄、防风祛其风，附子、桂枝祛其寒，白术、附子驱其湿，芍药、知母清其热。病机特点为风湿日久化热伤阴，病性属虚实夹杂。结合临床，该证多见于类风湿关节炎，症见关节疼痛灼热、肿胀变形，伴发热恶寒，或全身虚寒症状，治以祛风除湿、温经宣痹，兼以滋阴清热。

（七）乌头汤证

“病历节，不可屈伸，疼痛，乌头汤主之。”“历节”实乃疼痛遍历关节之义。此证不仅遍历关节疼痛，而且疼痛剧烈程度为所有证型之最，达到“不可屈伸”之程度。“寒主收引，寒主疼痛”，沉寒痼冷程度之深，非乌头不足以除其寒。乌头汤以乌头除寒止痛为主药，配以麻黄祛风散寒，芍药、甘草解痉止痛，黄芪益气固表。病机特点为寒湿外侵，经脉闭阻，病性属实。结合临床该证有关节剧痛，伴有恶寒、肿痛处无发红发热等症状，治以温经散寒、除湿止痛。

（八）防己黄芪汤证

“风湿，脉浮，身重，汗出恶风者，防己黄芪汤主之。”此证特点是“汗出恶风”，患者素体肌腠疏松，表（卫）阳虚弱，不耐风寒，感受风湿之邪，而出现“脉浮，身重，汗出，恶风”等症状，虽与伤寒中风症状相似，但实为一派表卫亏虚、湿邪在内之象。方中防己逐周身之湿，黄芪、白术、甘草益气固表，甘草、生姜、大枣调和营卫。病机特点为外有风湿之邪，内有卫气不足，病性属虚实夹杂。结合临床该证当有四肢关节酸痛沉重感，伴有自汗、怕风等，治以益气扶表、祛风逐湿。

三、治疗特色

（一）善用汗法

“风湿相搏，一身尽疼痛，法当汗出而解，值天阴雨不止，医云此可发其汗，汗之不愈者，何也？盖发其汗，汗大出者，但风气去，湿气在，是故不愈也。若治风湿者，但微微似欲出汗者，风湿俱去也。”风湿侵袭肌表，邪气在表当以汗法而解，却不可过分发汗。汗法的禁忌是“汗大出者”，因为“汗大出者”有伤阴亡阳之弊，只能导致“风气去，湿气在”。正确的汗法应该是“微微似欲出汗"，"不可令如水流漓"，因风为阳邪，其性清扬，皮毛开则汗出，风邪可随汗泄而尽去；然湿为阴邪，其性黏滞，非大汗能除，"故欲湿之去者，但使阳气内蒸而不骤泄，肌肉关节之间充满流行，而湿邪自无地可容矣。"（《金匮要略心典·痉湿暍病脉证治第二》）

仲景善于运用麻黄治疗风湿病。历代医家也有麻黄治疗风湿病的论述："麻黄，主中风、伤寒头痛、温疟，发表出汗，去邪热气，止咳逆上气，除寒热，破坚积聚"（《神农本草经》）；"麻黄以轻扬之味，而兼辛温之性，故善达肌表，走经络，大能表散风邪，祛除寒毒"（《景岳全书·本草正》）。

风湿病多因汗出当风，或汗后取冷，外感风湿之邪，卫气郁闭，汗液不得外出，阻于皮肤，郁而成湿，侵犯肌表、肌肉、关节，其病位仍不出在肌表皮肤。《素问·阴阳应象大论》云："其在皮者，汗而发之。"仲景宗其意，以麻黄甘草汤加减治之，病邪初起，予麻黄加术汤，以麻黄配桂枝发其汗，使郁积体内水湿之邪得以表散；加白术以祛除在里之湿邪；若病邪日久化热，当去辛热之桂枝，加清热之薏苡仁，方以麻黄杏仁薏苡甘草汤。

（二）善用温法

痹证病机特点以寒邪为主要致病因素，"寒主收引，寒主疼痛"，痹证以疼痛为主要临床特点，与寒邪关系密不可分。然"寒邪不独伤人"，常与其他邪气相合而成风寒、寒湿之邪，因此治疗上当以温法为主，兼以散风除湿止痛之品。若病邪为风湿并重兼表里阳虚，当以温养为主，予甘草附子汤；若病邪为风湿在表（以风为主）兼表阳虚，当以温散为主，予桂枝附子汤；若病邪为风湿在表（以湿为主）兼表阳虚，当以温运为主，予白术附子汤；若病邪为风湿日久化热伤阴，当以温清为主，予桂枝芍药知母汤；若病邪属沉寒痼冷，当以温通为主，予乌头汤。

仲景运用温法多用附子，附子作为"益火之源，以消阴翳"之首药，以温经散寒止痛见长，被历代医家称为"回阳救逆第一品药"，《神农本草经》云"主风寒咳逆邪气，温中，金疮，破癥坚积聚，血瘕，寒湿，痿躄拘挛脚痛，不能行步。"仲景宗其意，把附子作为治疗痹证之主药，针对不同的病机特点而予以不同的配伍变化，若病邪属风寒湿邪三气，则附子、桂枝、麻黄、白术同用，方以桂枝芍药知母汤；若病邪属寒湿之邪，则乌头、麻黄同用，方以乌头汤。

但附子为大辛大热有毒之品，用之不当，则有伤阴动血之弊，甚则中毒。故仲景在方后告之"其人如冒状，勿怪，此以附子、术并走皮内，逐水气未得除，故使之耳"。"如冒状"指头晕目眩，是附子轻度中毒的表现，出现此种情况当减量或停服。而乌头汤中乌头与白蜜同煎，旨在发挥乌头的治疗作用而减轻其毒性和不良反应。

（三）重视脾胃

脾胃为后天之本、气血生化之源。脾主运化，主肌肉，主四肢。脾胃功能正常，则运化有功，气血生成充足，滋养人体脏腑经络，则四肢百骸运动有节。若脾胃功能失常，则运化无功，体内水液代谢失于正常，水湿之邪停留于关节、肌肉，发为风湿痹证。

因此，重视脾胃功能，"刻刻顾护胃气"尤为重要，该思想集中体现在仲景遣方用药过程中。其用健脾益气开胃之生姜、甘草、大枣、白术，根据病情需要时或合用，或分用，其中甘草为必用之药。《神农本草经》云："甘草，味甘平。主五脏六腑寒热邪气，坚筋骨，长肌肉，倍力，金创肿，解毒。久服轻身延年。"甘草诸多功能正是通过健运中焦之气而实现的。仲景选用甘草意在顾护胃气，培补中焦，使土筑而湿自去，即为"土旺则能胜湿，而气足自无顽痰也"。生姜、大枣亦为开胃健脾益气之品，更有白术健脾祛湿，随证选择用之，仲景此举用药当为重视脾胃，顾护胃气之典范，对后世医家治疗风湿病有重要的启迪作用。

综上，张仲景在治疗风湿病方面具有独到的经验，无论是在治疗方法还是用药方面，都值得后人不断地继承学习。

参考文献

[1] 刘渡舟．刘渡舟伤寒论讲稿［M］．北京：人民卫生出版社，2008：3.

[2] 周仲瑛．中医内科学［M］．北京：中国中医药出版社，2003：481.

［《安徽中医学院学报》2012，31（3）：5］

张仲景治疗表里同病的5种方法

张永宜　陕西中医学院

纵观《伤寒论》，张仲景治疗表里同病大体有5种方法，即表里双解之法，只解表而里自和之法，只和里而表自解之法，先治表而后治里之法，先治里而后治表之法。现总结如下，冀对指导临床有所裨益。

一、表里双解之法

此法是治疗表里证的常用之法，应用较为广泛，但在处方用药时要有所侧重，或以解表为主辅以和里，或以和里为主辅以解表，或表里用药相当。

如《伤寒论》第163条：“太阳病，外证未除，而数下之，遂协热而利，利下不止，心下痞硬，表里不解者，桂枝人参汤主之。”太阳病，表证不解而多次使用下法，误下后损伤脾阳，则运化失职，升降反作。气机阻滞，浊阴不降，壅塞胃脘，则心下痞硬；清阳不升，故见下利不止。这种里虚寒兼表不解的表里证，以太阳里虚寒为主，故用桂枝人参汤温中解表。这种治疗表里证的方法就是表里双解之法。再如《伤寒论》第34条：“太阳病，桂枝证，医反下之，利遂不止，脉促者，表未解也；喘而汗出者，葛根黄芩黄连汤主之。”太阳病，有桂枝证，当用汗法，医者误治而用下法。医反下之必伤及胃肠，因而出现下利不止。此时有两种情况，若脉来急促或短促，知胃肠虽伤，但正气仍能抗邪，病机并不因下而内陷，仍欲还表而外出，这种重在表证未解、外邪内陷肠道之下利，则宜以解表为主，表解而利自止。如果误下后病邪入里化热，热邪下迫大肠，则出现利遂不止。里热壅盛影响肺胃之气，肺气不得清肃下降，则上逆而喘；外蒸于表则有汗出。这种表里同病而以里热为主的下利，治宜解表清里，和中止利，仲景先师给出了表里双解之剂葛根黄芩黄连汤。

二、只解表而里自和之法

此法对于表里证是只解表，表解而里证自除之法。应用此法应权衡机体正气的强弱和邪气的轻重，掌握疾病发展的阶段，把握病机的主次。

如《伤寒论》第276条：“太阴病，脉浮者，可发汗，宜桂枝汤。”本条论述了太阴兼表证的治疗。病属太阴，当有太阴病提纲证之表现，即腹满而吐，食不下，自利益甚，时腹自痛。既然病属太阴，脉当缓弱，今脉不缓弱而反浮，说明里虚不甚，且病机有向外之势，此时不可治里，应顺其病机向外的趋势，用解表之法，故仲景用桂枝汤微发汗解表，使表解而太阴里证自除。

三、只和里而表自解之法

在表里证的疾病过程中，若正气不足不能抗邪，而病机又以里证为主时，则可用这种方法和里扶正以抗邪外出，使里和而表证自解。

如《伤寒论》第225条：“脉浮而迟，表热里寒，下利清谷者，四逆汤主之。”本条论述了用只和里而表自解之法治疗少阴兼表证。脉浮为病在表，迟为在脏，浮中见迟是表虚而藏寒之象。本方证未经妄下而下利清谷，知为表有虚热里有真寒，故仲景用四逆汤独和其里，里寒得除，正气来复，表证自解。

四、先治表而后治里之法

此法在表里证的应用过程中，需分清表里之缓急，明辨病机的主要矛盾。若疾病过程中以表证为主兼以里证，病机以表证为主要矛盾，治疗时应先解表，表解之后里证仍不去者才可治里。

如《伤寒论》第164条：“伤寒，大下后，复发汗，心下痞，恶寒者，表未解也。不可攻痞，当先解表，表解乃可攻痞。解表宜桂枝汤，攻痞宜大黄黄连泻心汤。”此条给我们指出了热痞兼表证的治法。伤寒为病在表，治当发汗解表，若先行攻下后再发汗，此汗下失序，必致表邪化热内陷，结于心下，滞塞气机，形成热痞而见心下痞闷。若表邪尽陷于里，则恶寒罢，表证解。今仍见恶寒者，是表邪未解。此里有痞证，外有表证，为表里同病，治法当先解表，表解乃可攻痞。若先行攻痞，不仅有郁遏表邪之弊，亦易引邪深入，致生变证。故先用桂枝汤解表，表解后再用大黄黄连泻心汤攻痞。

五、先治里而后治表之法

若疾病的发展以里证为主兼有表证，病机以里证为主要矛盾，此时就要用先治里而后治表之法。

如《伤寒论》第91条：“伤寒，医下之，续得下利清谷不止，身体疼痛者，急当救里；后身体疼痛，清便自调者，急当救表。救里宜四逆汤；救表宜桂枝汤。”本条论述了伤寒误下后表里缓急的治法。伤寒表证当先解表，若使用下法则为误治，误下之后，不仅导致脾阳衰惫，运化无权，而且会累及下焦肾中真阳，使得釜底无焰，火不生土，因见下利清谷不止。此时虽有身疼痛的表证，亦无暇顾及，因脾肾阳虚，若再强行解表，必然导致虚脱之变证，故必须急救其里，回阳救逆，补火燠土，方用四逆汤。服四逆汤后若大小便恢复正常，是里阳已复，阳回利止，这时身疼痛仍在，为表证未罢，则又当急与桂枝汤调和营卫，以解其表。

[《国医论坛》2012，27（2）：7]

张仲景“治未病”思想浅析

吴　鸿　高水波
河南中医学院第二附属医院

简单来讲，中医“治未病”理论主要是指提前采取措施，预防疾病的发生、发展或复发[1]，其思想发端于《内经》之《素问・四气调神大论》：“圣人不治已病治未病，不治已乱治未乱，此之谓也。夫病已成而后药之，乱已成而后治之，譬犹渴而穿井，斗而铸锥，不亦晚乎。”汉・张仲景承前启后，在《伤寒杂病论》中形成了完整的“治未病”学术思想体系，并将“治未病”思想率先应用于临床，对现今的医疗卫生保健工作有着重要的指导意义。张仲景之“治未病”思想有狭义和广义之分，狭义之“治未病”即是养生调摄、未病先防；广义之“治未病”包括未病先防、养生调摄之“治未病”；将病防发、防微杜渐之“治欲病”；早期诊断、既病防变之“治已病”；初瘥防复、调摄复元之“治愈病”等几个方面。

一、未病先防、养生调摄是“治未病”之精髓

在《伤寒杂病论》中，“不治已病治未病”的思想贯穿始终，首先从人体生长衰老及发病规律出发，提出在机体未病时应重视养生之道。如《金匮要略・脏腑经络先后病脉证》记载：“若人能养慎，不令邪风干忤经络……更能无犯王法，禽兽灾伤；房室勿令竭乏，服食节其冷热苦酸辛甘，不遗形体有衰，病别无由入其腠理”，明确提出“养慎”，即“内养外慎”“内养”是指保养正气、提高机体抗病能力；“外慎”是指谨慎饮食起居、适寒温、勿房劳、顺应四时等。具体来讲，“养慎”是养生的根本，可从以下几点理解：（1）顺应天地，顺应四时阴阳，“天人合一”。依据春温、夏热、秋凉、冬寒四季时令变化。“君子春夏养阳，秋冬养阴，顺天地之刚柔也”，充分调养“精、气、神”，使人体脏腑气血旺盛；（2）注意气候的变化，“不令邪风干忤经络”，远离一切影响脏腑功能活动的不正之气和不利因素，营卫通调，减少疾病发生；（3）“房室勿令竭乏”。节制房事，起居有常，保全肾精、肾气，阴阳平衡，预防并发“血痹”“虚劳”“黄疸”“消渴”等疾病；（4）强调合理饮食对预防疾病的重要性，“所食之味，有与病相宜，有与身为害，若得宜则益体，害则成疾”，饮食上“节其冷热苦酸辛甘”，合于形体。因脾胃为后天之本、气血生化之源，脾胃运化功能正常，则正气充足，气血俱荣，抗邪有力，故重视调理脾胃，提出“四季脾旺不受邪”，否则气血化生不足，百病丛生；（5）重视养心调神，内外协调，尽享天年，批驳“竞逐荣势，企踵权豪，孜孜汲汲，唯名利是务”之人，不注重精神方面的调摄；（6）避免虫兽、外伤等致病因素的伤害。

通过“养”“慎”并重，抵御一切外来有害因素对身体的侵害，达到预防疾病的效果，符合《内经》“正气存内、邪不可干”之养生要诀。相反，若不注重身体摄养，则如《伤寒论》原序所言：“崇饰其末，忽弃其本，华其外而悴其内。皮之不存，毛将焉附？”

二、将病防发、防微杜渐是“治欲病”之核心

张仲景根据外感热病的病理变化及其传变规律，开创性地提出了六经辨证理论，指出六淫之邪侵袭人体，由表及里、由外而内，始从皮毛、腠理渐循经络，进而传至脏腑。警示后人若不慎感受外来之邪，需未雨绸缪，及早干预病邪于萌芽之时，以防病邪深入体内。《伤寒论》中用了大量的笔墨阐述了太阳病的证治规律和要点，因为太阳经主一身之表，为诸经之藩篱，统领营卫，外邪入侵人体，太阳首当其冲，提示病邪尚在浅表之时治疗疾病的重要性，即了解疾病的病理变化特点及传变规律，把握治疗疾病的时机，及时去除在表之邪气，以防疾病进一步发展，防微杜渐。以《伤寒论》中应用小柴胡汤为例，“伤寒中风，有柴胡证，但见一证便是，不必悉具”，意即在太阳病发病过程中，争取早期治疗时机，不必等到具备所有柴胡证候才始用小柴胡汤。“以时治之，罕有不愈者”。相反，若贻误病情，“患人忍之，数日乃说，邪气入脏，则难可制”。张仲景还提到了治疗“将病”的具体方法，如《金匮要略・脏腑经络先后病脉证》云：“适中经络，未流传脏腑，即医治之；四肢才觉重滞，即导引、吐纳、针灸、膏摩，勿令九窍闭塞。”在四肢初觉不适，尚未发作或加重之际，通过非药物疗法，如导引、吐纳、针灸、膏摩，使机体气血“五脏真元通畅”，提高抗病能力，保持身体健康。也可采用药物疗法，“病人脏无他病，时发热自汗出而不愈者，此卫气不和也，先其时发汗则愈，宜桂枝汤”，当病邪在卫不在营、在表不在里时，“先其时发汗”，则邪去卫和，脏腑平安无事。

六经辨证的指导思想不限于外感热病，也用于

内伤杂病。如《金匮要略·痰饮咳嗽病脉证并治第十二》曰："夫短气有微饮，当从小便去之，苓桂术甘汤主之，肾气丸亦主之。"设置两方治疗"短气微饮"之轻微之证，亦体现出张仲景掌握疾病传变规律，行早期治疗的重要性。并能指导疾病预后，如《金匮要略·肺痿肺痈咳嗽上气病脉证治第七》曰："始萌可救，脓成则死。"

三、早期诊断、既病防变是"治已病"之主旨

张仲景十分重视疾病的传变和转归，患病以后，早期诊断，积极施治，其主旨是治在发病之初，预防疾病加重。可以分为"既病防变""病盛防危"及"施治防误"等几方面。

根据阴阳五行理论，脏腑之间在生理上相互滋生、相互依存，在病理上相互影响、互为因果。所以张仲景提出，在治疗时要掌握病势传变，先安未受邪之地，预防疾病传变。《金匮要略》首篇经文即以肝病传脾为例，阐述了脏腑病变传变规律，"见肝之病，知肝传脾，当先实脾"，此即"治未病"学术思想的具体体现，从整体观出发，取类比象，遵循脏腑病变"肝木克脾土"之传变规律，罹患肝病，则"补土以御木之克伐"，通过预防性用药，调补脾土，使脾脏正气旺盛，防止肝木之病蔓延。若唯独治肝，恐难收全效。《金匮要略》中还有大量的经文阐述了类似于这种肝病治脾的思想，它开启了后世治未病的临床思维，至今仍对中医临床有指导意义。

对于病邪较盛者需采取积极救治措施，控其病势，防其逆变，避免发展为急重病证。医生对疾病的认知是一个过程，疾病本身的发展也是一个过程，是一个由量变到质变的过程。《金匮要略·百合狐惑阴阳毒病脉证治第三》描述："阴毒之为病，面目青，身痛如被杖，咽喉痛，五日可治，七日不可治，升麻鳖甲汤去雄黄蜀椒主之。""阴毒"是指病位已深，病情已重，"身痛如被杖"，身痛的厉害像被杖刑那么剧烈，说明病情危急。5 日可治而 7 日不可治，就提示疾病经历了关键期，从量变发展为质变。因此，需要在疾病发展的关键阶段，给予及时救治，泄除邪气，否则易迅速发展为危急重症，甚至危及生命。张仲景创立了扶阳抑阴法用于"少阴病，脉沉者，急温之，宜四逆汤"，也是"病盛防危"的重要体现。张仲景认为，作为医者不仅要树立"未病先防""既病防变"之思想，还需全力谨守医理，谨慎遣方用药，减少"失治""误治"，以免给疾病转归带来不利影响。医者的"失治""误治"，很容易使病情复杂化，甚至会出现"医者杀人"之情形。张仲景对误汗、误下、误吐有着极为深刻的体会，总结出诸多"不可汗""不可下"情形，以示后人谨慎从事。如《伤寒论·辨厥阴病脉证并治第十二》记载："诸四逆厥者，不可下之，虚家亦然。"在用药上，亦须审慎，譬如服大承气汤时，"得下，余勿服"，以免伤正助邪，加重病情。以上得知，"施治防误"是张仲景"治未病"思想的学术延伸。

四、初瘥防复、调摄复元是"治愈病"之关键

"初瘥防复"之"复"含义有二：一为原病复发，二为复患它病。在疾病恢复期，即大病初愈，余邪未尽，元气尚虚，气血未充，人体阴阳平衡还没有完全恢复，若调理不慎容易导致病情反复或并发新的疾病，常需采取一定措施，防止复发，促进人体痊愈。(1) 调养脾胃[2]。脾胃为后天之本，气血生化之源，病后脾胃尚弱，"不能消谷"，无以化生气血，濡养全身，因此需要特别注意饮食调养，注意少食、清淡、适时而为之。如《伤寒论》中服用十枣汤，服药"得快下利后"，宜"糜粥自养"以调护脾胃、补养正气，促使脏腑阴阳气血平稳恢复。此外，张仲景还善用药引（生姜、大枣等）药食结合（粳米、豆豉等）或细嘱服药之法等，进一步巩固疗效；(2) 整体调摄。张仲景在《伤寒论·辨阴阳易差后劳复病脉证并治》中专门论述了初瘥防复的思想，提出了食复、房劳复、伤神复、阴阳复等多种易引起病情复发的因素，阐明了治疗瘥后劳复诸病的辨证论治方法，启示医者和患病之人在大病初愈及余邪未尽的情况下，宜调摄心神，谨慎起居，饮食适宜，恢复元气，加速身体完全康复。

总之，张仲景在继承前人"治未病"学术思想基础上，结合自己的临证经验将中医"治未病"思想内容完备起来，并推向一个全新的高度，影响着后世预防医学的发展，指导着当前广泛的临床实践活动。作为中医医务工作者，我们应该继承、总结、提炼、升华张仲景宝贵的"治未病"学术思想，结合我们国家当前卫生工作战略前移的政策方针，拓展中医"治未病"的学术价值和应用空间。

参考文献

[1] 吴鸿，高水波．浅析中医"治未病"理论及其现实意义［J］．中国中医基础医学杂志，2011，17(11)：1196～1197.

[2] 国华，张雪亮．试论《金匮要略》对《内经》"治未病"思想的发展［J］．中国中医基础医学杂志，

2008，14（3）：166～167.

［《中国中医基础医学杂志》2012，18（5）：468］

张仲景“治未病”学术思想探微

刘　奇　陈靖雯　广州中医药大学
李赛美　广州中医药大学伤寒教研室

张仲景在《伤寒杂病论》中阐释了很多种中医学术思想，其中“治未病”便是诸多学术思想之一，它以六经辨证论治为载体，贯穿于《伤寒杂病论》始终。“治未病”之学术思想始见于《内经》，《素问·四气调神大论》言：“是故圣人不治已病治未病，不治已乱治未乱，此之谓也。夫病已成而后药之，乱已成而后治之，譬犹渴而穿井，斗而铸锥，不亦晚乎！”《素问·刺热》曰：“肝热病者左颊先赤，心热病者颜先赤，脾热病者鼻先赤，肺热病者右颊先赤，肾热病者颐先赤，病虽未发，见赤色者刺之，名曰治未病。”《灵枢·逆顺》云：“上工，刺其未生者也。其次，刺其未盛者也。其次，刺其已衰者也。下工，刺其方袭者也，与其形之盛者也，与其病之与脉相逆者也。故曰：方其盛也，勿敢毁伤，刺其已衰，事必大昌。故曰：上工治未病，不治已病。此之谓也。”这些都体现了“未病先防，既病防变”的思想。

所谓“治未病”，指的是未病先防，既病防变，病盛防危，新愈防复。仲景撰用《素问》《九卷》《八十一难》《阴阳大论》《胎胪药录》，并《平脉辨证》，良好地继承和发展了“治未病”的学术思想，形成了完备的预防医学观。

一、未病先防

仲景在《金匮要略·脏腑经络病脉证第一》指出：“若人能养慎，不令邪风干忤经络”“更能无犯王法、禽兽灾伤，房室勿令竭乏，服食节其冷热苦酸辛甘，不遗形体有衰，病则无由入其腠理”，正合《内经》“夫上古圣人之教下也……恬淡虚无，真气从之，精神内守，病安从来”。仲景非常注重疾病预防的重要性，内养真气，外辟邪气，“四季脾旺则不受邪”，可见修养自身正气是防病的关键，正如《内经》云：“正气存内，邪不可干”。

二、既病防变

《金匮要略·脏腑经络先后病脉证第一》载：“问曰：上工治未病，何也？师曰：夫治未病者，见肝之病，知肝传脾，当先实脾，四季脾旺不受邪，即勿补之；中工不晓相传，见肝之病，不解实脾，惟治肝也。”仲景提出人是有机整体，一脏有病，可影响他脏，故上工除治已病之脏外，应注意调治未病之脏腑，以防止疾病传变。《素问·五运行大论》有“气有余，则制己所胜而侮所不胜”的理论，上工知晓肝病实证易传脾的规律，故在治肝的同时，即注意补未病之脾，以防肝病及脾。

在《伤寒论》的诸法中，仲景便将此理论应用于方剂中，无处不体现“治未病”的思想。

如小柴胡汤证，在宋·林亿《伤寒论》中第100条：“伤寒，阳脉涩，阴脉弦，法当腹中急痛，先与小建中汤，不差者，小柴胡汤主之”，说的就是对于中焦气血不足的患者，应该先建其中，固护后天之本，气血生化有源，才可用小柴胡汤驱邪。后世医家称此治法为“虚人伤寒建其中”。小柴胡汤的组方同样体现了这一思想：柴胡、黄芩、半夏、人参、炙甘草、生姜、大枣。斯方寒温并用，升降协调，攻补兼施，有疏利三焦、调达上下、宣通内外、和畅气机之作用。最妙乃参、草、枣三药，一则益气和中，扶正祛邪；二则使中土健旺，不受木邪之害，正合“见肝之病，知肝传脾，当先实脾”之意。

同样是太阴为病，在《伤寒论》第277条中便有“自利不渴者，属太阴，以其脏有寒故也，当温之，宜服四逆辈”。太阴病篇的方药主要是桂枝加芍药汤、桂枝加大黄汤，或者用理中之辈，而此处却用了少阴寒化的四逆汤之类的方剂，可见仲景预测到太阴虚寒，脾阳不振，久则可导致肾阳不足，故用四逆辈温元阳，起沉疴。《伤寒论》第117条：“烧针令其汗……更加桂二两也。”此条文论述强行发汗，心阳受损，阳虚阴乘，下焦水寒之气乘虚上犯，欲作奔豚。加重桂枝汤桂枝用量，旨在平冲降逆，温通心阳。

针灸方面，仲景也围绕着“防病于变”这个思想展开，如《伤寒论》第8条防太阳表邪入里可以针足阳明，加强中焦的正气，使邪不能入里。第108、109条的肝乘脾、肝乘肺证，可以刺期门，使肝疏泄正常，病得以解。第117条的心阳虚奔豚证亦用灸法“灸其核上各一壮”，温灸散寒，使心阳得复。第343条、349条厥阴寒证，患者元阳欲脱，用灸法可回阳救逆，仲景虽未指明穴位，后世医家多认为可灸气海、关元等[1]。

三、病盛防危

如果说仲景根据疾病走向防微杜渐，使其转复的话，那么对急危重症的防变可以说是“挽狂澜于即到，扶大厦之将倾”。

（一）扶阳气

《内经》云：“阳气者，若天与日，失其所则折寿而不张”，说明有一分阳气在，病者就有一分生机，仲景在治疗急危重症时，尤其注意固护阳气。干姜附子汤证、四逆汤证、通脉四逆汤证、白通汤证、白通加猪胆汁汤证、通脉四逆加猪胆汁汤证、四逆加人参汤证，都体现了仲景保阳气的学术观点。患者出现“手足厥逆，脉微细，但欲寐”等少阴寒化表现时，四逆辈便有用武之地，生附子、干姜、炙甘草，仅3味药，但是药少力专，直达病所，效如桴鼓。

后世医家对仲景的扶阳理论进行了淋漓尽致的发挥，很多人认为固护阳气不但可以缓解病情，更是疾病向瘥的最佳治疗思路。所以，扶阳理论的发展可以看成是仲景“治未病”思想的一个分枝。金元时期的王好古，提出“五脏阳虚证”，他认为五脏病皆阴证，五脏均为阳虚，对伤寒三阴证有独到的见解，著有《阴证略例》《医垒元戎》等[2]。

清·郑钦安更是勤求仲景之所集，思过半矣，认为温阳乃治愈诸疾之根本，并结合《易经》理论探讨温阳的重要性，著有医书《医法圆通》《伤寒恒论》《医理真传》等，他也是当今中医“火神派”的创始人，为“火神派”的发展奠定了基础。

（二）存津液

《伤寒论》中第252、253、254、320、321、322条称为阳明、少阴三急下。邪入阳明，万物所归，无所复传，邪深热伏，热结于腑，出现“目中不了了，睛不和”“发热汗多”“腹满痛”等危象，用大承气汤急下阳明燥结，以护阴液。素体阴虚，感邪迅速伤阴化燥，真阴将劫，故当急下，用大承气汤峻泻燥实，以救将劫之阴。无论是少阴还是阳明三急下，都是为了存津液，肾水得存，则诸危证有可愈之机。白虎汤证、白虎加参汤证、猪苓汤证、竹叶石膏汤证等，都是仲景针对热邪伤津、水热互结或大病后余热未清、气阴两伤所作。第6条中主要论述了风温为病的临床表现，但仲景并未列出治法，可能是由于当时感受疫气以伤寒为多，由“余宗族素多……伤寒十居其七”可见一斑，不过这就为后世温病学派的发展留下了更广阔的空间，使得温病与伤寒互补短长，相得益彰。温邪侵袭机体，入里化热最速，故存津液，既是驱邪外出，也是防止病邪内传生变的良策。正所谓“务在先安未受邪之地，恐其陷入易易耳”（《温热论》）。叶天士的《温热论》、薛生白的《湿热条辨》、吴塘的《温病条辨》等[2]，他们都为温病学的发展点燃了明灯，假仲景之长，熟悉经典，加以发挥，使得温病学说成为了中医学发展里程碑上的又一经典。

四、新愈防复

仲景对新愈疾病的调摄非常重视，他在《伤寒论》辨阴阳易差后劳复病脉证并治中论述了新瘥疾病的调护。原文第393条：“大病差后，劳复者……”，第398条：“以病新差，人强与谷，脾胃气尚弱，不能消谷”，这些都说明病后预防复发的重要性，这也是仲景“治未病”学术思想的重要体现。

五、结语

仲景发挥和完备了《内经》“治未病”的理论，并对后世医家产生了深远的影响，这种“未病先防，既病防变，病盛防危，新愈防复”的思想仍然适用于今天，这与现代预防医学的思想相一致。

参考文献

[1] 熊曼琪. 伤寒学［M］. 北京：中国中医药出版社，2003：368.

[2] 任应秋. 任应秋中医各家学说讲稿［M］. 北京：人民卫生出版社，2008：126～128.

［《新中医》2012，44（4）：145］

知母百合药对的化学成分分析

谢晓燕　长春中医药大学附属医院

药对，常被叫作对药、对子，是指临床上相对固定的、常用的两味药的中药配伍方式。虽然它作为方剂中最小的组方单位，是最基本、最常见、最简单的中药复方配伍形式，但它却是方剂的核心和精华所在，其配伍符合中医“七情和合”理论和组合原则，是连接单味中药和方剂的桥梁，起到了复方的基本药理作用，是中国历朝历代医学家对于临床用药经验的升华和总结。知母百合药对记载于东汉张仲景所著的《金匮要略》：“百脉俱朝于肺。百合能治邪气之实，而补正气之虚；知母入肺金，益其水源，下通膀胱，使天水之气合，而所伤之阴转，则其邪从小便出矣。”笔者采用飞行时间质谱分析了知母百合药对的化学成分，现报告如下。

一、知母的化学成分

知母，始载于汉代《神农本草经》：“味苦寒。

主消渴，热中，除邪气，肢体浮肿，下水。补不足，益气，生川谷。”它是百合科植物知母的根茎，具有清热泻火、止渴除烦、滋阴润燥、滑肠、利大小便的功效，是中医历代本草传统药物。临床上，主治肺热咳嗽气喘、肠燥便秘、怀胎蕴热、胎动不安、虚烦不眠、梦遗、消渴淋浊等症。

采用飞行时间质谱对知母进行测定，在比对完测定出的化合物精确分子量和知母化学成分数据库之后，共鉴定出21个化合物，分别是：3个双苯吡酮类成分和18个皂苷类成分。

双苯吡酮类成分主要为芒果苷，在根茎中的含量约为0.7%，而叶中的双苯吡酮类化合物是异芒果苷，此外还有新芒果苷[1]。

皂苷类成分包括：知母皂苷AⅢ、知母皂苷BⅠ、知母皂苷BⅡ、知母皂苷BⅢ、知母皂苷BⅣ、知母皂苷BⅤ、知母皂苷BⅥ、知母皂苷E、知母皂苷E1、知母皂苷E2、知母皂苷F、知母皂苷H1、知母皂苷H2、知母皂苷Ⅱ、知母皂苷I2、知母皂苷Ia、知母皂苷K、知母皂苷N。知母皂苷类化合物的结构母核所连接基团的种类和数目不同构成了皂苷类成分化学结构上的主要区别，大部分结构母核所连接的基团是－OH，－CH3，－O－nG，－OCH3等，这造成了皂苷类化合物在碎裂电压下裂解时，［M＋H－n＊162］＋、［M＋H－15］＋、［M＋H－18］＋、［M＋H－31］＋的碎片离子很容易形成。

二、百合的化学成分

百合，《神农本草经》曰：“味甘，平。主治邪气腹胀，心痛，利大、小便，补中益气。”它是百合科植物卷丹、百合或山丹百合的干燥肉质鳞叶，具有清心安神、养阴润肺的药物功效，是民间的传统中草药。临床上，主治虚烦惊悸、精神恍惚、失眠多梦、阴虚久咳、痰中带血等症。

采用飞行时间质谱对百合进行测定，在比对完测定出的化合物精确分子量和百合化学成分数据库之后，共鉴定出5个化合物，分别是：1个蒽醌类成分、2个生物碱类成分和2个皂苷类成分。

蒽醌类主要有大黄素，生物碱类主要有秋水仙碱和新太白米苷，皂苷类成分主要有百合皂苷1和百合皂苷2。百合皂苷类化合物的结构母核的不同构成了皂苷类成分化学结构上的主要区别[2]，百合皂苷1的结构母核是替告皂苷元，百合皂苷2的结构母核是薯蓣皂苷元。这造成了皂苷类化合物在高电压下裂解时，产生了不同的碎片离子。生物碱类化合物裂解过程中，产生了［M＋H－28］＋、［M＋H－28－59］＋等裂解碎片。

三、知母百合药对的化学成分

知母百合药对是由知母和百合两味中药组合而成，具有清热养阴的药物功效。临床上，主治喘证、消渴、胃脘痛、盗汗等症。

采用飞行时间质谱对知母百合药对进行测定，共鉴定出30个化合物，分别是：1个蒽醌类成分、2个生物碱类成分、3个双苯吡酮类成分和24个皂苷类成分。由于知母和百合两味中药的相互影响，新发现了4种新的知母皂苷类化合物，分别是：知母皂苷AⅠ、知母皂苷D、知母皂苷G、知母皂苷I。通过分析大量特征碎片离子的结构，获取了它们的裂解规律。对于百合皂苷类化合物，其结构母核的C－5和C－6位置上有一个双键，C－3位上连接有－H基团。因为连接－OH的C都是饱和烃形式，所以很容易失去一分子水形成共轭双键。而对于蒽醌类化合物，其裂解方式是典型的C16、C20并合吡啶5－孕甾烯类化合物的裂解模式，基本是通过失去－CH3和侧链糖基后产生特征碎片离子。

四、小结

知母百合药对是常用的中药方剂，其所含化合物复杂多样。不同的化学成分起着不同的药理作用，对于化学成分的分析是研究知母百合药对这一复方的基础。笔者采用飞行时间质谱的方法分析了它的化学成分，共鉴定出30种化合物，同时发现了部分化合物的裂解规律，以期对知母百合药对的进一步研究有所裨益。

参考文献

［1］王颖异，郭宝林，张立军．知母化学成分的药理研究进展［J］．科技导报，2010，28（12）：110～115.

［2］彭程，周晓琛，敬黎，等．百合化学成分及其提取方法研究进展［J］．西北民族大学学报，2011，32（4）：40～42.

［《中国中医药现代远程教育》2012，10（23）：112］

中医《伤寒论》教学中方证教学的应用

何大群　襄阳市护士学校

一、《伤寒论》方证的渊源及特点

“方证”亦称为“汤方辨证、方证相应”，即每个汤方都有相应的证，只要有此证即可用此汤方，称为“某某汤证”。方证首见《伤寒论》，原文为“病皆与方相应者，乃服之”。书中113枚方均是“证以方名，方由证立，方证一体”。唐代医家孙思邈提出了研究《伤寒论》的方法为“方证同条，比类相附”，也是第一次提出了《伤寒论》方证辨证的特点。刘渡舟先生指出：“认识疾病在于证，治疗疾病在于方。方与证是伤寒学的关键[1]。”中医的辨证方法有多种，八纲、六经、脏腑、病因、三焦、卫气营血等辨证，这些方法在临床应用时各有所适从与侧重，但最后都要落实到方证上[2]。方证辨证的客观性和通用性，使它成为中医辨证论治的基本单位。

《伤寒论》成文结构层次清晰，有明显的病、证、方证分类，如将疾病分为伤寒和杂病；太阳病可分为中风证、伤寒证；而中风证又可根据主证兼证分为主证之桂枝汤证和兼证之桂枝加厚朴杏子汤证、桂枝加附子汤证。其中以方名证的例如麻黄汤证、桂枝汤证、白虎汤证、柴胡汤证等，均以方名命名病证名，即称方证。每个方证都有其具体的病因、病机、证候、治法、方药，所以方证具有相对的独立性，成为《伤寒论》六经病辨治的基本单位。

二、方证教学的运用

（一）方是基础

诸多学者认为《伤寒论》是古代“经方派”的代表，源于古代已亡佚的《汤液经》[3]。书中113方，被后世称为“经方”，其配伍严谨，疗效显著，为后人加减化裁应用广泛，是中医临床的常用方。方证教学的前提就是认真讲解经方的组成用量、组方理论、药物配伍规律，由于《伤寒论》中许多经方被收录入《方剂学》中，还应注重《伤寒论》和《方剂学》的内在联系。在《方剂学》中重点教授经方的组成、配伍和历代临床应用及化裁，而《伤寒论》中重点讲授其与“证”的密切联系，做到各有侧重的同时又相互补充。

（二）首抓主证

“证”是疾病过程中某一具体阶段或某一类型的病理概括，在宏观上表现为特定的症状、体征的有机组合。所谓“有诸内必形诸外，有诸外必根诸内”，形象的揭示了证候与病机的关系。在一个复杂的方证中，常常有多种脉证表现，这时就需要提炼出主要的脉证表现。只有抓住方证的主证，才能明确其基本病机，有利于掌握并灵活地应用该方证。所以在组织教学时，要引导学生在理解原文的基础上首先抓主证。例如通过分析涉及麻黄汤的数条原文后，可知发热恶风寒、体痛、无汗而喘、脉浮紧是麻黄汤证的主证。当临床上出现上述脉证，即可酌情投以麻黄汤。又如脉结代、心动悸为炙甘草汤证之主证，往来寒热、胸胁苦满、默默不欲饮食、心烦喜呕等是小柴胡汤证的主证等等。

（三）方证结合，灵活掌握

方与证，乃是《伤寒论》的核心，方是药组成的，而药又是证所产生的，但是证受到客观影响，又有灵活多变的特点[4]。在教学中应以方证为中心，首先全面讲解相关条文内容，让学生掌握各个方证独立的应用指征。再针对每个方证的纵向发展以及方证之间的横向演化关系，依据六经传变、条文次序，对每个方证加以推演论证，使学生从纵横两方面建立起各个方证的内涵和外延概念。同时要求学生树立方证一体的观念，方不离证，证不离方，在实践中能够以方测证，以证测方。

（四）归纳概括，全面总结

培养学生的归纳总结能力，有利于将学习任务化繁为简，且这种系统化的提炼更有助于记忆与应用。在《伤寒论》中关于方证的总结可以从很多方面进行。例如一方证涉及多经病的情况，如桂枝汤证在《伤寒论》中涉及太阳病、太阴病、霍乱病篇等，小柴胡汤证涉及太阳病、少阳病、阳明病、厥阴病、阴阳易差后劳复病篇等，大承气汤证涉及阳明病、少阴病篇等。将这些条文进行集中归纳后，更加便于全面地掌握这些方证的病因病机、治则方药。另外还有一些看似相同的主证，治则方药却迥异，可以通过同中求异分析其病因病机。例如五苓散证和猪苓汤证，两个方证皆以发热、口渴、小便不利、脉浮为主证，但前者属太阳蓄水证，系太阳表邪不解，邪气循经入腑，导致膀胱气化不行，水蓄膀胱所致，为表里同病；而后者为阴亏水热互结证，系阳明病误下伤津，邪热深入下焦，热郁水停所致。故前者治以通阳化气行水解表，后者治以滋阴润燥，清热利水。

《伤寒论》方证治法是中医学的核心，也是《伤寒论》的特色和优势所在。将方证教学应用于《伤寒论》的教学中，通过对比概括、提炼总结等方法，使复杂枯燥的条文化繁为简，纲举目张。不仅便于学生系统掌握经方，从而更好地学习其辨证论治的精神本质，为今后的临床打下坚实的理论基础，而且不失为行之有效的教学方法，已经得到推广应用。

参考文献

[1] 刘渡舟. 方证相对论 [J]. 北京中医药大学学报, 1996, 19 (1): 3.

[2] 黄煌. 论方证相应说及其意义 [J]. 中国中医基础医学杂志, 1998, 4 (6): 11.

[3] 沈自尹. 从《伤寒论》与《内经》的不同学术渊源来研究"证"的本质 [J]. 中医杂志, 1984, 30 (1): 70.

[4] 陈明, 刘燕华, 张保伟. 刘渡舟伤寒临证指要 [M]. 北京: 学苑出版社, 1998: 53~203.

[《中国医药指南》2012, 10 (31): 393]

仲景辨证论治体系探析

何新慧

上海中医药大学基础医学院伤寒教研室

《伤寒论》《金匮要略》创立了六经辨证和脏腑经络辨证，然而，两书中蕴含大量辨证论治内容，并自成体系。当今常用的诸多辨证方法，如八纲辨证、脏腑辨证、经络辨证、病因辨证、气血津液辨证、卫气营血辨证、三焦辨证等，均源于仲景的辨证思想和方法，六经辨证和脏腑经络辨证有其独到的内涵和价值。

一、《伤寒论》六经辨证反映疾病发生发展之共性

《伤寒论》六经辨证是以六经病的辨证为基本，包含丰富的临床辨证论治内容和法则，呈现疾病发生发展变化的六个阶段，完整地反映了疾病发生发展的一般规律。

（一）六经辨证是基于六经病证的辨证论治

六经病每经证[1]包括六经病及每经病中所出现的诸多病证和汤方证。六经病依性质不同可分为两大类：三阳病和三阴病。三阳病为阳证、实证，正气抗邪有力，预后较好；三阴病为阴证、虚证，正气抗邪无力，预后较差。

每经病又有各自的概念和基本性质，如太阳病为病外邪侵犯人体的初期，病位在肌表营卫，正气奋起抗邪，欲祛邪于外。阳明病为病邪已化热入里，正气积抗邪，邪正斗争激烈，病位是以肠胃为中心的全身性病变。少阳病为里有邪热，但不及阳明病亢盛，正气能抗邪，但略有不足，故以正邪分争为特征，病位是以胆经、胆腑为中心的全身性病变。太阴病为阳气不足，里有经寒湿，病位在脾胃。少阴病有寒化证和热化证，主要为寒化证，乃阳气虚衰、阴寒内盛、正气不敌邪气；热化证是阴虚内热证，病位是以心肾为中心的全身性病变。厥阴病为阳气虚，但有阳气来复而与邪抗争，是人体正气与邪气作激烈较量，表现为阴经病与阳经病反复交替出现，故又称为阴阳胜复，此过程中易见寒热虚实夹杂证。

每经病依其特定表现，仲景佐以相应的治疗大法和代表方剂，然临床上可因不同的病邪属性和兼夹症、患者体质，而出现同中有异的表现。因此，每经病可有多个病证或汤方证。如太阳病有太阳中风证、太阳伤寒证，分别用桂枝汤和麻黄汤治疗，此外还有太阳温病，《金匮要略》中的太阳中暍、湿病初起等，亦属太阳病范畴；阳明病有白虎汤证和承气汤证；小柴胡汤证属少阳病；太阴病是理中汤证，根据患者表现及体质差异，小建中汤亦是可选之方；少阴病有寒化证和热化证，主要的寒化证以四逆汤为代表，厥阴证的厥热胜复过程中，阳气衰退，遵少阴病治疗；阳气来复，病邪化热，遵阳明病或少阳病治疗。如见寒热虚实夹杂证，可遵乌梅丸证治疗。可见，这些六经病的代表方证赋予了六经病诊治的具体内容和辨证方法。

（二）六经病证的辨治和传变规律反映了疾病发生发展的共性

六经病证的各自性质反映了疾病变化的六个阶段，其依次传变顺序反映了疾病发生发展的规律。六经病证的辨治既有原则性、概括性的一面，又有具体、灵活的一面，此为疾病发生发展的共性。

从疾病发生发展的一般规律分析，从太阳病始到厥阴病终。然在《伤寒论》中，亦描述了疾病不是从太阳病起始，如始于阳明病，即称作本经自发。或太阳病兼其他经病，如《伤寒论》原文所论述的太阳阳明合病、太阳少阳合病、太阳少阳并病等。此类疾病发生发展的各种情况与外感病的演变规律尤为相合，故有《伤寒论》创立了外感病的辨证论治体系之说。然从临床看又不仅仅如此，除太阳病阶段外，其他五经病各阶段的病况在内伤杂病中均可见到，且几乎可涵盖，此从《金匮要略》中可见一斑。

尤其值得临床借鉴的是一些有基础疾病的患者新感外邪，此时患者表现可能与典型的太阳病不同，《伤寒论》称作阳明中风、阳明中寒、少阳中风、太阴中风、少阴中风、厥阴中风等。如原文189条说："阳明中风，口苦咽干，腹满微喘，发热恶寒，脉浮而紧。若下之，则腹满小便难也。"此

多见于原有病证属实证、热证者。新感风寒外邪，而呈现既有发热恶寒、脉浮而紧的表证，又有口苦咽干、腹满的里热证。此种病况只要里证不重不急，仲景认为可先解表，如234条说："阳明病，脉迟，汗出多，微恶寒者，表未解也，可发汗，宜桂枝汤。"如基础疾病较重，患者正气亏虚，则可表现为太阴中风，甚至为少阴中风、厥阴中风，这时外感病可加重原有疾病病情，严重者导致生命危险。因此，仲景对此类病证十分重视人体正气，尤其是阳气的胜衰变化，如《伤寒论》274条所描述："太阴中风，四肢烦疼，阳微阴涩而长者，为欲愈。"290条："少阴中风，脉阳微阴浮者，为欲愈。"327条："厥阴中风，脉微浮为欲愈，不浮为未愈。"此为通过诊脉了解阳气存亡及正邪相争的状况，从而推断疾病预后。可见疾病的发生发展既有一般规律，又有特殊情况，此亦是疾病发生发展的共性。

二、《金匮要略》脏腑经络辨证揭示了疾病发生发展之个性

《金匮要略》专论杂病，其论述对象是具体病证，脏腑经络辨证是某一十分重要的辨证方法，其能首先明确某一病证的具体病变部位，此为一个病证区别于其他病证的重要特征，亦是一个病证所具有的主要个性。

（一）脏腑经络辨证基于某病证的辨治

并反映其个性具体的一个病或病证可属于某脏，或某腑，或某经络，亦可涉及多个脏腑，或多条经络。《金匮要略》和《伤寒论》中的诸多疾病均有此特点，如肺痿肺痈咳嗽上气病属肺脏病；胸痹心痛短气病篇中所论述的病让可涉及心、肺、脾胃等脏腑病证；《伤寒论》中的结胸证，其表现可涉及肺、胃、肠、胆、胰等脏腑；痞证可涉及胃经、脾、胃、肠等经络和脏腑。

对一个病或某一病证的辨证论治除须辨明病位外，还须明确此病证的性质、特点及其发生发展的规律，这些均构成了此病证的个性，亦是区别于其他病证的要素。如：中风属本虚标实之证，《金匮要略·中风历节病》曰："寸口脉浮而紧，紧则为寒，浮则为虚；寒虚相搏，邪在皮肤；浮者血虚，络脉空虚；贼邪不泻，或左或右；邪气反缓，正气即急，正气引邪，㖞僻不遂。"气血亏虚，邪气乘之是中风的主要病因病机。又言："邪在于络，肌肤不仁；邪在于经，即重不胜；邪入于腑，即不识人；邪入于脏，舌即难言，口吐涎。"此言中风有中经络和中脏腑之分，中经络包括面瘫、身痒瘾疹、痹证等；中脏腑相当于脑血管事件，包括脑梗死、脑出血等。对中风证的治疗，以处方而言，有侯氏黑散，可祛风通络、益气活血；风引汤，具平肝潜阳、活血下瘀之功；还有头风摩散，以药末摩头上，是为外治法。可见，通过脏腑经络辨证，揭示了中风证的辨证论治特点，亦明确了中风证的基本性质与发生发展规律。

（二）疾病的个性发展中遵循六经辨证规律

每个病证有其自身的辨治特点和发生发展规律，但其个性中必定含有和遵循六经辨证的共性规律。如《金匮要略》中的痉病、湿病、咳嗽上气病、疟病、痰饮病等病证虽各有辨治特点，但它们均有六经辨证的共性规律。首先从病因看，它们均与外邪侵犯有关，故初起可见太阳病的表现，均用发汗治疗，然后从疾病发展看，太阳病未愈可向阳明病进展，病久则转为虚证，或虚实夹杂证，即三阴病表现。如痉病，初起症见发热、恶寒，证属太阳病，据汗出的有无而分别用葛根汤和瓜蒌桂枝汤，病进不愈则用大承气汤。又如风湿病初起用麻黄加术汤，后病邪化热人里，用麻黄杏仁薏苡甘草汤，方中麻黄的量由麻黄加术汤的三两减为半两，发汗力明显减小，汤方的辛温性亦减弱，此符合阳明病阶段用药的宜忌，但苦寒清热攻下之药物则不宜多用，此遵循湿病攻下不能太早、用药不宜太猛的特点。疟病初起脉弦紧，可发汗针灸，后发展到阳明病阶段，但热不寒用白虎加桂枝汤，寒多热少用蜀漆散，病久则虚实夹杂，寒热瘀血交阻，用鳖甲煎丸。

再如痰饮病虽分为痰饮、支饮、悬饮、溢饮四种，但综观全篇，饮证的发生发展有其相同之处，可分为四个阶段：一是病初起为太阳病阶段，取发汗法，如原文所说："病溢饮者，当发其汗，大青龙汤主之；小青龙汤亦主之。"二是进入阳明病阶段，正盛邪盛，可据证候表现分别采用厚朴大黄汤、甘遂半夏汤、十枣汤、己椒苈黄丸等方。三是病邪未去，阳气损伤，则进入阴证阶段，首先是太阴病脾胃虚寒证，可用苓桂术甘汤、桂苓五味甘草汤、苓甘五味姜辛汤。四是证情进一步发展，则病入少阴，出现心肾阳虚的证候，可用肾气丸、木防己汤治疗，如原文："膈间支饮，其人喘满，心下痞坚，面色黧黑，其脉沉紧，得之数十日，医吐下之不愈，木防己汤主之。"而泽泻汤、五苓散、小半夏汤等是痰饮病各病证阶段据病况均可配用的汤

方，可为辅助治疗。

三、仲景辨证论治的思想和方法贯穿两书

疾病的共性发展中涉及诸多辨证论治思想和方法，这些思想和方法在辨疾病的个性中得到充分应用。

（一）《伤寒论》辨证论治的思想、方法在《金匮要略》中体现

《伤寒论》共计原文398条，论述了六经病与113个汤方证，不仅反映了疾病发生发展变化的共性，其中包含了丰富的辨证论治思想和方法。

如16条："观其脉证，知犯何逆，随证治之。"经望、闻、问、切所收集到的疾病信息，接下来如何分析，如何辨证。7条："病有发热恶寒者，发于阳也；无热恶寒者，发于阴也。"此条寓意首辨阴阳，病有发热，为阳经病；无发热，但恶寒，为阴经病；发热同时伴恶寒，为表证，属阳证，除此均为里证，属阴证；辨表里，是辨病位；辨阳经病抑或阴经病，是辨病性。阳经病属实证，阴经病属虚证，阳经病多热证，阴经病多寒证，热、实属阳，寒、虚属阴。由此可见，发于阳，发于阴，此阴阳乃包含表里、寒热、虚实的辨证内容。

此外，辨疾病所涉及的脏腑、经络、上焦、中焦、下焦；辨病所损伤气、血、津液；辨致病的病邪类别；辨疾病的主要表现和鉴别要点；辨汤方的适应证和禁忌证；辨治疗疾病的步骤和把握要领；辨判断疾病顺逆转归和预后要点等，在《伤寒论》和《金匮要略》中均有体现，可以说仲景的中医理论、临床辨证的指导思想和方法，包括对疾病的认识和治疗用药在两本书中是贯穿的。

《伤寒论》中的辨治内容在《金匮要略》中有反映[2]，有时甚至是非常雷同的，尤其是在以症状归类的病证中，如腹满寒疝宿食病篇中的腹满证："腹满不减，减不足言，当须下之，宜大承气汤。""腹满时减，复如故，此为寒，当与温药。"此证实者属阳明，虚者属太阴。

又如，呕吐哕下利病篇中的内容与《伤寒论》各篇中对呕吐、下利的辨治思路基本相同。实热者用大黄甘草汤、小柴胡汤、小承气汤、大承气汤、白头翁汤；虚寒者用吴茱萸汤、桃花汤、四逆汤、通脉四逆汤；虚实寒热夹杂者用半夏泻心汤。

（二）《金匮要略》辨证论治的思想、方法在《伤寒论》中蕴含

《金匮要略·脏腑经络先后病》中提出诸多辨证论治思想和方法，其中许多内容在《伤寒论》中均有体现。

"夫治未病者，见肝之病，知肝传脾，当先实脾，此为治未病思想在五脏相克传变影响中的体现和应用。《伤寒论》100条："伤寒，阳脉涩，阴脉弦，法当腹中急痛，先与小建中汤，不差者，小柴胡汤主之。"条文中蕴含了"知肝传脾，当先实脾"思想。

观《伤寒论》六经病证的病因病机亦不外乎此三条："千般疢难，不越三条：一者，经络受邪，入脏腑，为内所因也；二者，四肢九窍，血脉相传，壅塞不通，为外皮肤所中也；三者，房室、金刃、虫兽所伤。以此详之，病由都尽。"即首先是太阳病，足太阳膀胱经受邪，邪在肌表营卫，病不愈，则传变入里，邪犯脏腑，这是诸多病证的产生和传变方式。另一类是邪犯筋脉、四肢关节的痹证，即所谓外皮肤所中。还有一类病证，如阴阳易、金疮伤、蛔厥等。

"病人脉浮者在前，其病在表；浮者在后，其病在里，腰痛背强不能行，必短气而极也。"浮脉在疾病的不同阶段有不同的辨证意义，如初得病时见，即在太阳病中出现，是主表证；在太阳病阶段以后见到，可为里有热邪，如138条："小结胸病，正在心下，按之则痛，脉浮滑者，小陷胸汤主之。"176条："伤寒脉浮滑，此以表有热，里有寒，白虎汤主之。"还有在病危时亦可见浮脉，然应是浮而无力，如132条："结胸证，其脉浮大者，不可下，下之则死。"

"病有急当救里救表者，何谓也？师曰：病，医下之，续得下利清谷不止，身体疼痛者，急当救里；后身体疼痛，清便自调者，急当救表也。""夫病痼疾，加以卒病，当先治其卒病，后乃治其痼疾也。"这些表里同病，采取先表后里，或先里后表，或表里同治的内容，在《伤寒论》中论述十分详尽，与《金匮要略》的思想和方法颇多相同。

总之，六经辨证和脏腑经络辨证是《伤寒论》《金匮要略》中辨证论治方法的纲领，两者相辅相成，其丰富的内涵构成了完整的辨证论治体系，无论外感病抑或内伤杂病均可遵照辨治，并为后世中医辨证论治奠定了基础，值得深入研究探讨。

参考文献

[1] 张再良．思考《伤寒论》和《金匮要略方论》—读《解读伊尹汤液经》有感［J］．上海中医药大学学报，2011，25（3）：19－22.

[2] 姜宏军，徐蓉娟．徐小圃、徐仲才伤寒学术思想述要［J］．上海中医药杂志，2012，46（1）：1，3.

［《上海中医药杂志》2012，46（9）：27］

仲景方药量重于今方的原因探析

郭晓东　辽宁中医药大学

学习《伤寒论》与《金匮要略》的人，无不会问同一个问题，那就是《伤寒》与《金匮》中最常用的药量单位“两”是多少，也就是说汉代的一两到底相当于今天的多少克。对此，虽有多种不同的考证之说，但上海柯雪帆根据“光和大司农铜权”考证得出一两约合今之15.6g、吴承洛在《中国度量衡史》中认为一两约合今之13.9g之说，还是被大多数学者公认为具有坚实证据的、符合科学的结论。仲景方的单味药量大多在三到四两之间，所以，不管是柯氏的一两合15.6g，还是吴氏的一两合13.9g，这样的药量都远远高于当今临床中常用的用药剂量。因此，也给人们留下了诸多疑问。本文将探讨仲景方药量重于今方的主要原因，并归结为以下8个方面。

一、体质差异

这里所说的体质差异是指生活条件、劳动条件的差别造成的体质差异。从物质生活条件的角度看，无论是抵御严寒酷暑的衣着和居住条件，还是饮食卫生条件，现代人都要远远优于汉代之古人。正是由于这样的差别，现代人对外环境的要求较高，适应能力较差，耐受力较弱；而古人对外环境要求相对较低，适应能力较好，耐受力较强。这种较强的耐受力不仅表现在对气候、饮食方面，当然也会表现在对药物的剂量上。另一方面，古人的体力劳动强度较大，也会增加体质强度并提高耐受力。

二、煎煮方式

在《伤寒论》和《金匮要略》中，药物通常的煎煮方式都是这样的，如人参汤（即理中汤）：“上四味，以水八升，煮取三升，温服一升，日三服。”。其中“以水八升，煮取三升”就是说药物由八升水煮至剩三升，然后就取汁服用，不再加水进行第二次煎煮。而今人煎药多在第一煎取汁后，再加水行第二煎甚至第三煎。由于煎煮时间的限制及药液饱和度等原因，第一煎中药物的析出量仅占其可析出量的百分之六七十。那么，古人为什么会做如此浪费的事情呢？主要是考虑方中药物质地等差异，首煎过程中各药物可以相互协同或制约，复煎时有些药物已全无药性，起不到君臣佐使间的协同或制约作用，这样会破坏方剂的平衡，所以仲景方剂皆作一煎。相比之下，今人的煎法，一是增加了药物的析出量，一是破坏了方剂的整体和谐。增加了析出量，需要的剂量就要小；破坏了方剂的平衡，负面的反应就会凸现出来。所以现代临床药量自然就小于汉代之用量。

三、药材质量

今之药材几乎都是源自批量的商业生产，除草剂、杀虫剂、生长剂、催熟剂、保鲜剂无处不在，激素、农药、化肥皆有残留。往往是长的快、质量差，药效低、副作用大。古之药材，多为采自田野山林的天然药物，即使有种植，亦绝无农药、化肥、生长激素之类。所以古之天然野生药物的药效要好于今之人工种植者。既然如此，天然药物的用量要小于人工的才对，古方的用量就更没有大于今方的道理。然而，中药材的用药剂量，往往不取决于他的正作用，而更多的是取决于它的副作用。应该讲，绝大多数药在很多情况下就是因为它的副作用而没有达到它的有效剂量极限，否则，很多病是可以大大缩短疗程的。所以，副作用大的药物，其用药剂量和疗程都会受到极大限制。

四、药材湿度

药材湿度差异很大，其对药材用量的影响也是很大的。现代大规模的药材储运，要求药材必须保持相当的干燥度，以防发霉变质。目前药局、药店的中药饮片，绝大多数都是相当干燥的。古人限于社会分工和技术设备的限制，是很难使药材达到今天的干燥程度的。所以其用药剂量较大也是自然的。

五、服药次数

仲景之方虽有泻心汤的“顿服之”、四逆汤的“分温再服”（即日二服）、小柴胡汤的“日三服”、奔豚汤的“日三夜一服”等等服法，但最常见的还是日三服。今人由于工作及生活节奏关系，服药多取日二服的方式。一剂药由日三次服改为日二次服，每次药量要增加50%。日服2次，间隔为十多个小时。日服3次，间隔为六七个小时。六七个小时的时间已足够将大多数药物代谢完毕。如果一次服药量不发生副作用，日3次服就不太可能由于累加效应而发生副作用。所以一剂药分3次服就可以比分两次服容忍更大剂量。

六、疾病程度

仲景之书所以历千年而不衰，不仅在于其有疗效，也在于它可以起沉疴大病。岳美中先生就曾说过，起沉疴大病要靠仲景方。因为在当时的历史条件下，中医是治病和保命的唯一手段，所以某些仲景方本该就是重剂。而今天中医日常临床所见多不是沉疴大病，真正的沉疴大病多已到西医的急诊病房或重症监护室去了。近几年有很多投重剂收著效的临床报道，如重用酸枣仁治失眠（酸枣仁汤中的原量即为2升）、重用生地治心律不齐（炙甘草汤中的原量即为1斤）、重用半夏治呕吐（大半夏汤中原量即为2升）、重用乌头治风湿（大乌头煎中原量即为5枚）、重用细辛除陈寒痼冷（小青龙汤中原量即为3两）、重用泽漆治咳喘（泽漆汤中原量即为3斤）、重用石膏清内热（白虎汤中原量即为1斤）、重用泽泻治美尼尔氏综合征（泽泻汤中原量即为5两）。上述报道中的所谓重用其实都没有超出仲景方原量。

七、加工精度

中药材的加工精度是影响药物有效成分析出的重要因素。古人的加工器具与技术是根本无法达到现代的药材加工精度的。而药材加工的精度一方面与前述的药材湿度相关（即精细的加工可以使药材更干燥），另一方面越精细的加工越能提高饮片有效成分的析出量。这一点也是今方古方的明显区别之一。

八、方中药味

仲景方药味都比较少，多在4～7味间。而今天的处方，由于种种原因，少则十几位药，多则二三十味，其中多会出现同类功用药物的重叠罗列。如果以一首方剂各味药物的总重量来计算的话，古方单味药物的药量为今方单味药的三四倍时，其全方的总重量才与今方相当。从这一角度看，古方的药量并不算大，只是药专力宏而已。

通过以上8个方面的分析，仲景方药量重于今方的事实，也就很容易理解了。而且这些都是指使用饮片时的剂量。如果我们去看丸散剂的药量时会发现，由于剔除了煎煮方式、药材湿度、服药次数、加工精度的主要差异，仲景方与今方的药量差别并没有那么大。

［《辽宁中医药杂志》2012，39（8）：1531］

仲景方治疗“不寐”探析

缑燕华　江西中医学院附属医院
皮　敏　广州中医药大学
附属深圳市中医院

不寐散见于张仲景的《伤寒论》《金匮要论》多处条文中，以“不得眠”“不得卧”被提及，相关方药10余剂[1]。其中论及不寐病机有正虚、邪实及虚实夹杂，如阴虚火旺、阳虚上越、阴阳两虚或热邪扰心等，以虚证为多。精研仲景方，领悟其辩证思维和遣方用药之妙，才能在临床中针对失眠的不同原因，做到审因辨证，明辨阴阳气血、虚实寒热，熟练灵活应用。

一、阴虚不寐

因人体五脏阴精不足，或津血亏虚，阴虚火旺，虚火上犯，而心神受扰之不寐在临床最为常见。

（一）黄连阿胶汤证

《伤寒论》第303条曰：“少阴病，得之二三日以上，心中烦，不得卧，黄连阿胶汤主之。”少阴者，心肾二脏。肾阴亏虚于下，心火独亢于上，故而心烦不能眠。方中芍药、鸡子黄、阿胶滋肾养阴，黄连、黄芩清泻心火，除烦热。主治病机为阴虚阳亢，心肾不交，肾水不足，真阴不升，心火独亢，不得安眠之症。此方为清热养阴之剂，临床使用当掌握有口燥咽干、舌红绛、脉细、心烦等心火亢盛之征，如虚多火少，不宜用之。如吕氏等[2]治疗1例因工作压力致失眠3个月患者：心烦致难以入睡，甚至彻夜难眠，口干少津，手心出汗，舌红少苔，脉细数。予黄连6g、黄芩6g、生白芍12g、阿胶12（烊化）、鸡子黄2枚（入药汁服）。服药3剂后，可入睡5小时，尿热　加知母、黄柏。继服22剂后愈。

（二）百合地黄汤、百合知母汤证[3]

《金匮要略·百合狐惑阴阳毒病脉证治第三》曰：“百合病者……欲卧不能卧。”对于心阴不足，虚热内扰，不能安卧。此方用百合养阴润肺，清心安神；佐生地黄、知母滋阴生津，清热泻火。尤适用于心肺阴虚，热扰心神之证，症见：入眠困难，五心烦热，发热，或易汗出，舌红苔薄，脉细数之不寐。

（三）酸枣仁汤证

《金匮要略·血痹虚痨病脉证治第六》曰："虚劳虚烦不得眠，酸枣汤主之。"对于久病体虚，或老年人肝血不足，心失所养之失眠症，临床常运用此方。方中酸枣仁养肝血，安心神；川芎解郁养肝；茯苓宁心安神；知母滋阴清热；甘草调和诸药。共治心肝阴虚，心神受扰之不寐。此外津亏，血耗亦可致不得眠。如：《伤寒论》第 71 条曰："太阳病，发汗后，大汗出，胃中干，烦躁不得眠，欲得饮水者，少少与饮之，令胃气和则愈。"胃中津液亏虚，胃不和而卧不安之轻证，只需少量饮温开水可解。《伤寒论》第 86 条曰："衄家，不可发汗，汗出，必额上陷，脉急紧，直视不能眴，不得眠。"为营血受损，心神失养致不得眠。此证未见方药，可依辨证予健脾养血安神方药。

二、虚阳上扰

肾阳亏虚，阳虚气化失职，水湿停聚，虚阳外越，心神受扰而不寐。或阴液下竭，阳气失守。如《伤寒论》第 300 条曰："至五六日，自利，复烦躁不得卧者，死。"或下焦阴寒盛极，真阳受迫，使阴阳格拒，不相顺接。如《伤寒论》第 344 条曰："伤寒发热，下利厥逆，燥不得卧者，死。"

（一）干姜附子汤证

《伤寒论》第 61 条曰："下之后，复发汗，昼日烦躁不得眠，夜而安静，不呕，不渴，无表证，脉沉微，身无大热者，干姜附子汤主之。"此方为表证误治后，肾阳亏虚，阴寒内盛，虚阳外越，上扰心神。因日间阳气盛，虚阳得助，上犯神明，故昼日烦躁而夜间安静。方用干姜、附子温肾回阳。此方适用于素体肾阳不足，或失治误治，久病伤阳，肾阳不足，虚阳上浮之烦躁失眠。

（二）肾气丸证[4]

《金匮要略·妇人杂病脉证治第二十二》曰："问曰：妇人病，饮食如故，烦热不得卧而反倚息者，何也？……宜肾气丸主之。"肾阳虚衰，易致下焦水聚不化，虚阳上浮，扰动心神。方用干地黄、山茱萸、淮山药滋肾阴补肝脾，少用桂枝、附子温补肾阳，阴中求阳，配合泽泻、茯苓、丹皮利湿清热，在于补而不腻，温补肾阳，虚阳得助，其病自去。如门诊一慢性前列腺炎伴失眠患者，表现为入眠难，梦多，心烦，易醒，怕冷，小便频。舌淡苔薄，脉沉缓。予中成药金匮肾气丸，服半月后入眠改善，可睡 5 小时，尿频明显缓解。

（三）桂枝救逆汤证

《金匮要略·惊悸吐衄下血胸满瘀血病脉证治第十六》及《伤寒论》第 112 条曰："伤寒，脉浮，医以火迫劫之，亡阳，必惊狂，卧起不安者，桂枝去芍药加蜀漆牡蛎龙骨救逆汤主之。"（即桂枝救逆汤证）对于心阳虚衰，痰浊内生，神明失守之不寐，宜用此方。方中桂枝、甘草辛甘化阳，姜枣温中益气，龙牡潜阳，蜀漆化痰，使心阳得以恢复，心神安定。

（四）桂枝甘草龙骨牡蛎汤证

《伤寒论》第 118 条曰："火逆下之，因烧针烦躁者，桂枝甘草龙骨牡蛎汤主之。"即对于心阳虚衰，心神不安之心悸怔忡不寐，以桂枝、甘草辛甘化阳，补益心阳；龙骨、牡蛎重镇潜阳，安神定志。临证应用时，需注意上两方均为阳气受损，但因两方桂甘用量比例不同，前者较后者温阳之力更强，并有涤痰化浊之效。因此后者只是治疗心阳虚烦躁不寐，而前者在辛甘化阳、顾护脾胃的同时祛痰潜阳安神。

三、阴阳两虚

阴亏则无以制阳，阳弱无以扶阴，最终出现阴阳俱损，虚阳上犯心神，或阴阳失和，神无所居。

1. 茯苓四逆汤证《伤寒论》第 69 条曰："发汗，若下之，病仍不解，烦躁者，茯苓四逆汤主之。"此论及太阳病误治后，阴阳俱伤的证治。此方为四逆汤加茯苓、人参化裁而来，功在回阳益气，益阴宁心安神。主治心阴亏，肾阳受损，阴阳两虚烦躁失眠。

2. 桂枝加龙骨牡蛎汤证《金匮要略·血痹虚痨病脉证治第六》曰："夫失精家少腹弦急……男子遗精，女子梦交，桂枝加龙骨牡蛎汤主之。"论及阴精亏失于下，心阳受损，虚阳上浮，扰动心神之失眠，宜用桂枝汤补虚调阴阳，加龙骨牡蛎收敛浮越心阳。

3. 炙甘草汤证《伤寒论》第 177 条曰："伤寒，脉结代，心动悸，炙甘草汤主之。"心阳虚致心阴亏，气血阴阳俱虚，心失所养，神无所依。在桂甘配伍基础上，加人参、阿胶、地黄、麦冬等益气养阴之品，滋阴养血复脉，达温阳益气、滋阴养血安神。

4. 小建中汤证 《伤寒论》第 102 条曰："伤寒二三日，心中悸而烦者，小建中汤主之。"《金匮要略·血痹虚痨病脉证治第六》曰："虚劳里急，悸衄，腹中痛，梦失精，四肢酸疼，手足烦热，咽干，口燥，小建中汤主之。”虚劳里急乃阴阳失和，阴寒独行则里急，阴病不能与阳和，阳热浮越上扰则悸、衄、手足烦热。桂枝汤倍芍药加饴糖，健脾和胃，补中缓急，和调气血，中气自立，诸症自去。

5. 黄芪建中汤证[5]《金匮要略·血痹虚痨病脉证治第六》曰：“虚劳里急，诸不足，黄芪建中汤主之。”为小建中汤加黄芪，在虚劳里急，营卫气血两伤基础上更甚，出现眩、悸、喘、咳、失精、亡血等阴阳俱虚损不足之征，方中加黄芪奏温中、补虚、调气血之功。

四、邪热扰心

心主神明，五行属火。痰浊、水饮、痰湿、气郁等病邪热化或与热邪相结，致邪热（余热、郁热、痰热、湿热）攻心，心神受扰而不寐。

1. 栀子豉汤证 《伤寒论》第76条曰：“发汗吐下后，虚烦不得眠……栀子豉汤主之。”方中栀子苦寒清热除烦，豆豉解郁宣透。主治表证误汗吐下后或热病失调，阴液受损，余热陷于胸膈，扰及心神之心烦失眠。

2. 柴胡加龙骨牡蛎汤证《伤寒论》第107条曰：“伤寒八九日，下之，胸满烦惊，小便不利，谵语……柴胡加龙骨牡蛎汤主之。”原方由小柴胡汤加桂枝、茯苓、龙骨、牡蛎、大黄、铅丹化裁而来，取小柴胡汤和解少阳，并兼化气行津，疏肝宁心潜阳，健脾清热化痰，主治邪入少阳，兼表里三焦俱病，痰热扰心，肝失疏泄之失眠，胸闷，易惊。

3. 甘麦大枣汤《金匮要略·夫人杂病脉证治第二十二》曰：“妇人脏躁，喜悲伤欲哭……数欠伸，甘麦大枣汤主之。”此方中小麦养心护阴，大枣，甘草甘润益气缓急，共治素体阴虚，肝郁化火，心神不宁之心烦抑郁不寐。

4. 大承气汤证《伤寒论》第242条曰：“病人小便不利……冒喘不能卧者，有燥屎也。”宜大承气汤，大黄、芒硝清泻阳明热邪，枳实、厚朴行气消痞助热结排泄。主治阳明实热内盛，浊邪攻心，上扰神明之不寐。

5. 猪苓汤证《伤寒论》第319条曰：“少阴病，下利六七日，咳而呕渴，心烦不得眠者，猪苓汤主之。”方用猪苓、茯苓、泽泻利湿清热，阿胶育阴，滑石清热祛湿，主治阴虚兼见湿热或水饮热邪互结于下焦，热邪扰乱神明之心烦不眠。临床中多见于素体阴虚，糖尿病患者兼下焦湿热者之不寐。

6. 小陷胸汤证《伤寒论》第139条曰：“太阳病，二三日，不能卧，但欲起，心下必结。”此结胸证，痰浊结于心下，热邪扰于胸膈，予半夏、栝蒌化痰降气消痞，黄连清泻热邪，调畅气机，祛邪通络，使阴阳和顺，疾病自除。

7. 半夏泻心汤证 此方见于《伤寒论》第149、150条。本为伤寒误下成痞，辛开苦降，寒温并用，调脾胃之方。但取其方中半夏、干姜辛温散寒；黄芩、黄连苦寒清热；甘草、人参、大枣补气健脾。既有升有降，调和气机，又寒温并用，调和阴阳，亦可用于病属脾胃不和，痰热壅胃，“胃不和则卧不安”之失眠[6]。

不寐是指以不易入睡或睡后易醒，多梦，醒后入睡困难，严重者彻夜难眠为主要表现，日间常伴有头痛、头昏、心悸、健忘、焦虑、抑郁、易激惹等，为现代常见的神经精神科疾病之一。不寐病因复杂，总的病机为脏腑阴阳气血失衡，阳不入阴。病位在心脑，与肝脾肾关系密切。

张仲景为中医辨证论治，循证遣方的鼻祖。其处方精妙，一直被历代医家学者研习并运用于临床各科。纵观张仲景之不得眠病机，不外乎为阴阳虚损，阴阳失和，以及邪浊、火热上犯心神。运用经方治疗失眠症，需透彻领悟仲景辨证及组方用药精髓，才能做到灵活变通，举一反三，获得药到病除的疗效。

参考文献

[1] 李赛美. 伤寒论临床精要 [M]. 北京：科学出版社，2010.

[2] 吕富荣，王晓燕. 经方辨治失眠的临床体会 [J]. 现代中医药，2007，23（5）：60~61.

[3] 林洁，辛宝. 金匮要略笔记图解 [M]. 北京：化学工业出版，2010.

[4] 李玉玲. 张仲景治疗失眠之证治 [J]. 光明中医，2008，（23）5：583~584.

[5] 张凤岭，蒋士卿. 张仲景辨证论治不寐六法 [J]. 中医研究，2009，（22）10：8~9.

[6] 黄勤. 半夏泻心汤临床新用 [J]. 河南中医，2009，（29）7：642~643.

[《江西中医药》2012，7（43）：30]

仲景活血化瘀法所治病证分析

杨文喆 上海中医药大学基础医学院

《金匮要略方论》（以下简称《金匮》）中首次提出瘀血的病名，而有关活血化瘀的治法方药则在书中各处多有涉及，张仲景开活血化瘀法辨证论治之先河，为后世瘀血学说的形成奠定了坚实的基础。

仲景活血化瘀法内容丰富，所涉病证相当广泛，其方药证治散见于各篇。为了进一步理解活血化瘀治法，本文对相关的病证分析如下。

一、病证梳理

（一）瘀血

《金匮·惊悸吐衄下血胸满瘀血病脉证治第十六》云：“病患胸满，唇痿舌青，口燥，……为有瘀血。”“病者如热状，烦满，口干燥而渴，其脉反无热，此为阴伏，是瘀血也，当下之”。（本文所引《金匮要略》原文，均出自《金匮要略》人民卫生出版社2007年版）

瘀血的脉证为胸满，唇痿，舌青，口燥，但欲漱水不欲咽，脉微大来迟。瘀血化热证，病人可自觉有热，心烦胸满，口干燥而渴，脉伏。治疗当以攻下瘀血为主，《金匮》有法无方。瘀血涉及病证广泛，故仲景对它的具体证治散于各篇中。

（二）蓄血证

1. 太阳蓄血证。《伤寒论》106条：“太阳病不解，热结膀胱，其人如狂，血自下，下者愈。……宜桃核承气汤。”124条：“太阳病，六七日，表证仍在，脉微而沉，……下血乃愈。所以然者，以太阳随经，瘀热在里故也。抵当汤主之。”125条：“太阳病，身黄，脉沉结，少腹硬，……抵当汤主之”及126条。（本文所引《伤寒论》原文，均出自《伤寒论》人民卫生出版社2005年版）太阳在表之邪不解，化热随经深入下焦，与血结于少腹而成太阳蓄血证。若蓄血较轻，“血自下，下者愈。”若蓄血重证则非攻下逐瘀不可，方用桃核承气汤或抵当汤、抵当丸诸方。

2. 阳明蓄血证。《伤寒论》237条：“阳明证，其人喜善忘者，必有蓄血。所以然者，本有久瘀血，……宜抵当汤下之。”阳明蓄血证的病因是内有宿瘀，症状除了该条文提及的喜忘、燥屎虽硬但大便反易，其色必黑外，还可见少腹急结或硬满疼痛、谵语躁烦或口干鼻燥、衄血、咳血、吐血等症。

（三）疟母

《金匮要略·疟病脉证并治第四》云：“病疟以月一日发，当以十五日愈……名曰疟母，急治之，宜鳖甲煎丸。”疟母是疟病迁延不愈，血行不畅，疟邪假血依痰，结成痞块。治疗用鳖甲煎丸破瘀化痰，扶正消癥。

（四）虚劳干血

《金匮·血痹虚劳病脉证并治第六》云：“五劳虚极，羸瘦，腹满，不能饮食，食伤，忧伤，饮伤，房室伤，……，内有干血，……大黄䗪虫丸主之。”五劳七伤是导致虚劳干血的原因。羸瘦、腹满不能食，肌肤甲错，两目黯黑是虚劳干血的症状。本条因虚致瘀，因瘀血不去新血不生，故治宜祛瘀生新。

（五）血痹

《金匮·血痹虚劳病脉证并治第六》云：“血痹，阴阳俱微，……黄芪桂枝五物汤主之。”阴阳俱微是素体营卫气血的不足，血痹的症状，主要以局部肌肤麻木不仁为特征，治疗以黄芪桂枝五物汤振奋阳气，温通血脉，调畅营卫。

（六）肝着

《金匮·五脏风寒积聚病脉证并治第十一》云：“肝着，其人常欲蹈其胸上，先未苦时，但欲饮热，旋覆花汤主之。”肝着以胸胁痞闷不舒、喜按为主症。因本病初起尚在气分，得热饮可使气机通畅而证情缓解，故常欲饮热。病久血瘀气滞，治用旋覆花汤以行气活血、通阳散结。

（七）积聚

《金匮·五脏风寒积聚病脉证并治第十一》云：“积者，脏病也，终不移；聚者，腑病也，发作有时，展转痛移，为可治。”积和聚均是指腹内结块，或痛或胀的病证。《金匮》中指出了积和聚的区别，应注意早期治疗。

（八）石水

《金匮·水气病脉证并治第十四》云：“……石水，其脉自沉，外证腹满不喘……”。石水以腹满如石状，不喘，脉沉为主症。《素问·阴阳别论》云：“阴阳结斜，多阴少阳曰石水，少腹肿。”[1]石水是因阳气大衰，阴寒太盛，气结血瘀而成。石水的病机除肾阳衰微外，当还包括瘀血相结的情况[2]。

（九）黑疸

《金匮·黄疸病脉证并治第十五》：“酒疸下之，久久为黑疸，目青面黑，……其脉浮弱，虽黑微黄，故知之。”“黄家日晡所发热，……少腹满，身尽黄，额上黑，足下热，因作黑疸。其腹胀如水状，大便必黑，……硝石矾石散主之。”酒疸误下可变为黑疸，黑疸也可由女劳疸日久不愈转变而来，属女劳疸兼瘀血之证。“如水状”是指其外形水胀，其实不是水，而是瘀引起，大便黑、目青面黑、皮肤不仁亦为瘀热内着所致。

（十）阴阳毒

《金匮·百合狐惑阴阳毒病脉证治第三》云："阳毒之为病，面赤斑斑如锦文，咽喉痛，唾脓血。……升麻鳖甲汤主之。""阴毒之为病，面目青，身痛如被杖，……升麻鳖甲汤去雄黄、蜀椒主之。"阴阳毒为感受疫毒所致。阳毒者，热毒壅盛于血分，面红斑斑如锦纹；阴毒者，疫毒侵犯血脉，阻塞不通，则遍身疼痛如被杖。治疗以清热解毒、活血化瘀的升麻鳖甲汤随证加减。

（十一）肺痈

《金匮·肺痿肺痈咳嗽上气病脉证并治第七》云："《千金》苇茎汤治咳有微热，烦满，胸中甲错，是为肺痈。"肺痈见有咳而微热，烦满，胸中甲错等症，属痰热壅肺，血瘀肉腐，业已成脓。治疗选用千金苇茎汤以清肺化痰，活血排脓。

（十二）肠痈

《金匮·疮痈肠痈浸淫病脉证并治第十八》云："肠痈之为病，其身甲错，腹皮急，按之濡，……薏苡附子败酱散主之。""肠痈者，少腹肿痞，按之即痛如淋，……脓已成。不可下也。大黄牡丹汤主之。"肠痈的证治，以脓已成和脓未成分为两类。脓未成者因热毒内聚，营血瘀滞，肠腑气机失调，方用大黄牡丹汤以清热解毒，逐瘀攻下。脓已成者，因痈脓内结于肠，气血郁滞于腹，其身如鳞甲交错之粗糙。治以薏苡附子败酱散排脓消痈。

（十三）妇人相关病证

1. 热入血室证。《伤寒论》中143条云："妇人中风，发热恶寒，经水适来，……谵语者，此为热入血室也……"；144条云："妇人中风，七八日续得寒热，……此为热入血室，其血必结，故使如疟状，……小柴胡汤主之"；145条云："妇人伤寒，发热，经水适来，……如见鬼状者，此为热入血室"。本证主要是指妇女感受外邪发热，而适逢月经来潮，血热相结于血室的病证。泻热行血是热入血室的基本治法。

2. 妇人癥病。《金匮·妇人妊娠病脉证并治第二十》云："妇人宿有癥病，经断未及三月，而得漏下不止，……下血者，后断三月衃也。所以血不止者，其癥不去故也，当下其癥，桂枝茯苓丸主之。"本有癥病后受孕成胎，经停未到三月，又漏下不止，这是癥病妨碍胎的生长，如癥积不去，漏下不会停止，故治当去其宿癥，才能使新血得以养胎，漏下得止。故以桂枝茯苓丸消癥祛瘀安胎动，取有故无殒之旨。

3. 妇人腹痛。《金匮·妇人产后病脉证治第二十一》云："产后腹痛，烦满不得卧，枳实芍药散主之。""师曰：产妇腹痛，法当以枳实芍药散，假令不愈者，此为腹中有干血着脐下，宜下瘀血汤主之。亦主经水不利。"《金匮·妇人杂病脉证并治第二十二》云："妇人六十二种风，及腹中血气刺痛，红蓝花酒主之。"

4. 崩漏。《金匮·妇人杂病脉证并治第二十二》云："问曰：妇人年五十所，……曾经半产，瘀血在少腹不去。何以知之？其证唇口干燥，故知之，当以温经汤主之。"病因为"曾经半产，瘀血在少腹不去"引起，妇人年五十许，冲任皆寒，经水应该停止，今反下血，病乃瘀血内停；正气驱瘀外出，故下血不止；瘀血不去，则新血不生。治当去其瘀血，以温经汤温补冲任，养血祛瘀，使瘀血去而新血生。

5. 水血并结血室。《金匮·妇人杂病脉证并治第二十二》云："妇人少腹满如敦状……此为水与血俱结在血室也，大黄甘遂汤主之。"妇人少腹满，有蓄水、蓄血及水与血俱结于血室的不同，蓄水应口渴而小便不利；蓄血则小便自利。本条出现小便微难而口不渴的症状，病又出现于产后，故属于水血俱结于血室。

6. 经水不利。《金匮·妇人杂病脉证并治第二十二》云："带下，经水不利，少腹满痛，经一月再见者，土瓜根散主之。""妇人经水不利下，抵当汤主之。"此二条均描写了因瘀血而导致的经水不利。第1条由于瘀血内阻，月经行而不畅，以土瓜根散行血散瘀。第2条以方测证，属于瘀血重证，经闭不行，并伴少腹硬满结痛拒按，以抵当汤攻瘀破血通经。

二、瘀血诊断标准

由于瘀血证候复杂，其症状往往由病因、病机、以及病变的部位、病邪的性质与强弱、体质的差异等因素所决定，因而表现不一，故可将仲景原文的描述作如下归纳。

1. 疼痛。瘀血内阻，血流不畅，经络不通，不通则痛。《金匮·五脏风寒积聚病脉证并治第十一》云："积者，脏病也，终不移；聚者，腑病也，发作有时，展转痛移，为可治"，说明了瘀血和气滞疼痛的差异。固定疼痛是瘀血疼痛的重要特征。《金匮·妇人产后病脉证治第二十一》云："产后七八日，少腹坚痛，此恶血不尽""产妇腹痛，腹中有干血”，《金匮·妇人杂病脉证治第二十二》云：“妇人少腹满如敦状”“带下，经水不利，少腹满痛”“腹中血气刺痛”等均指瘀血作痛。

2. 肿块。瘀血日久，凝聚而成，固定不移，在体表呈青紫色，在体内为癥瘕积聚。《金匮》所论“疟母”“癥痼害”“干血着于脐下”均指此类证候。

3. 发热。瘀血停滞，阻碍气机，气分郁而化热。瘀血发热属于内伤发热，热型多样。如《伤寒论》“发热七八日，……至六七日不大便者，有瘀血”；《金匮·惊悸吐衄下血胸满瘀血病脉证治第十六》“病者如热状……此为阴伏，是瘀血也”；《金匮·妇人产后病脉证治第二十一》“产后……少腹坚痛，此恶露不尽，不大便，烦躁发热”；《金匮·妇人杂病脉证并治第二十二》“暮即发热，少腹里急，腹满，手掌烦热，……瘀血在少腹不去”。

4. 面目黧黑。面色如土，尤以眼眶周围暗黑较常见。临床见于有干血劳之证，系血瘀不能上荣于面所致。

5. 肌肤甲错不仁。前者是皮肤粗糙干枯，如披鳞甲，见于虚劳、肠痈、肺痈。后者是肌肤麻痹不仁，见于血痹。均系瘀血内停，肌肤失养。

6. 自觉腹满。病人自感腹内胀满，此属血病碍气，气滞不宣。如《伤寒论》“伤寒有热，少腹满，……为有血也”。《金匮·惊悸吐衄下血胸满瘀血病脉证治第十六》“腹不满，其人言我满，为有瘀血”。

7. 少腹硬满急结。硬满不仅为病人的感觉，医者按之有坚硬感。《伤寒论》云：“少腹当硬满，……下血乃愈。”“太阳病，……少腹硬，……小便自利，……血证谛也。”“太阳病不解，热结膀胱，……血自下，下者愈，……但少腹急结者乃可攻之。”《金匮·妇人杂病脉证治第二十二》云：“妇人少腹满如敦状，……此为水与血俱结在血室也。”下腹部有抵抗与压痛，称之为少腹硬满急结，也可作为瘀血的一个症状表现。

8. 精神症状。心藏神而主血脉，瘀血阻滞，心窍不通，心神遂闭塞昏蒙而健忘、如狂、发狂、谵语。《伤寒论》云：“其人如狂，血证谛也。”“其人喜忘者，必有蓄血。”

9. 出血。各种出血既是瘀血的病因，也是瘀血的一种症状，瘀血内积，致血不循经故出血，而瘀血阻滞，新血又不得归经，可导致出血。《伤寒论》太阳病蓄血发狂“下血乃愈”，“血自下，下者愈”。《金匮·妇人妊娠病脉证治第二十》妇人宿有癥病，“漏下不止”。

10. 燥、渴。《金匮·惊悸吐衄下血胸满瘀血病脉证治第十六》“但欲漱水不欲咽”、《金匮·妇人杂病脉证并治第二十二》“妇人少腹满，……而不渴。”津为瘀阻，不能上润，故口燥不渴。这也是区别病在气分还是血分的重要症状，病在气分，津液消耗，故口渴欲饮水自救；而瘀血阻滞，阻碍气机不能输布津液，故口中燥，但由于无里热，津液又未耗伤，故不渴、不欲嚥。

11. 黄疸。《金匮·黄疸病脉证并治第十五》：“脾色必黄，瘀热以行。”发黄亦是血瘀的一种表现。

12. 痈脓。瘀血内阻，气血凝滞，蕴久化热，腐灼血肉，化为痈脓。《金匮》所论肺痈、肠痈均是。

13. 妇人经带胎产诸证。《金匮》所载月经不调、经漏、经闭、痛经、带下、妊娠及产后腹痛、恶露不尽等，多与瘀血有关。

14. 二便。大便色黑而小便自利者为有瘀血。《伤寒论》124 条：“小便自利者，下血乃愈。”125 条：“小便不利者，为无血也，小便自利，其人如狂者，血证谛也。”237 条：“屎虽硬，大便反易，其色必黑者。”《金匮·黄疸病脉证治第十五》：“大便必黑，时溏。”

15. 唇痿舌青。瘀血阻滞，新血不荣所致。《金匮·惊悸吐衄下血胸满瘀血病脉证治第十六》云：“病人胸满，唇痿舌青，……为有瘀血。”

16. 脉象。瘀血之证脉象多为细涩。《金匮·惊悸吐衄下血胸满瘀血病脉证治第十六》云：“……脉微大来迟，……为有瘀血。”此“微大来迟”即指细涩脉而言，乃瘀血阻脉，血行不畅之故。

上述仲景所提到的症状特点，即使在今天也仍作为运用活血化瘀法的主要指征。根据中国中西医结合研究会活血化瘀专业委员会制定的血瘀证的诊断标准，主要依据有：①舌质紫暗或舌体瘀斑、瘀点，舌下静脉曲张瘀血；②固定性疼痛，或绞痛，或腹痛拒按；③病理性肿块，包括内脏肿大、新生物、炎性或非炎性包块、组织增生；④血管异常，人体各部位的静脉曲张、毛细血管扩张，血管痉挛，唇及肢端紫绀，血栓形成、血管阻塞；⑤瘀血、黑粪、皮下瘀斑等，或血性腹水；⑥月经紊乱、经期腹痛、色黑有血块、少腹急结等；⑦面部、唇、齿龈及眼周紫黑者；⑧脉涩、或结、代或无脉。其他依据有肌肤甲错、肢体麻木或偏瘫、精神狂躁、腭黏膜征阳性。实验室依据有微循环障碍、血液流变性异常、血液凝固性增高或纤溶活性降低、血小板聚集性增高或释放功能亢进、血流动力学障碍、血管阻塞等[3]。由此可见，诊断标准的主要依据和其他依据中，只有少数内容为新添入，其余皆与《伤寒论》《金匮》的描述相吻合。

以上可见，仲景对瘀血的认识及活血化瘀法论述，至今仍具有重要的指导价值。

参考文献

[1] 黄帝内经素问［M］. 北京：人民卫生出版社，1978：56.

[2] 张再良. 金匮指要［M］. 上海：上海中医药大学出版社，2000：161.

[3] 中国中西医结合研究会活血化瘀专业委员会. 血瘀证诊断标准［J］. 中国中西医结合杂志，1987，7（3）：129.

［《南京中医药大学学报》2012，28（5）：409］

仲景灵活用方遣药规律之探析

李朝喧　山西中医学院

医圣张仲景将理法方药一线贯连，其对方药的运用形式多样，化裁巧妙，或以《伤寒论》和《金匮要略》中的某些原方治疗多种不同的病证，扩大其治疗范围；或就某些原方化裁组成新方，以适应不同病证的治疗需要，这对中医的临床治疗产生了深远的影响，至今仍具有重要的指导意义。笔者现仅从《金匮要略》与《伤寒论》的比较方面，探析仲景灵活用方的规律。

《金匮要略》和《伤寒论》均脱胎于《伤寒杂病论》，所以在内容的联系、方药的运用等方面密切相关。就《金匮要略》所用某些方药及与《伤寒论》的比较来看，仲景对方剂的灵活运用主要体现在以下几个方面。

一、以《伤寒论》中的原方治疗杂病

《金匮要略》和《伤寒论》中的同名方共计三十九首，其中十余首所治病证两书基本相同。如桂枝加桂汤治疗发汗后心阳虚之奔豚气病、桃花汤治下利便脓血、小青龙汤治咳喘等。另外二十多首虽两书所载方名、药物及用量相同，但主治病证则异。如桂枝汤，《伤寒论》中用于太阳中风表虚证及营卫不和的自汗证，而在《金匮要略》中用于阴阳不调的妊娠恶阻证。大承气汤，《伤寒论》用于阳明燥结里实见腹满痛不大便或下利证，而《金匮要略》用之治疗里热痉病、腹满里实、热结下利、宿食在肠、妇人产后热结腑实等。其他如《金匮要略》大、小青龙汤治溢饮，抵当汤治妇人经水不利等等。

二、以《伤寒论》方经化裁治疗杂病

此即是以《伤寒论》中某些方剂为基础方随证加减药味、药量、或改变剂型，从而组成许多新方以治疗杂病。

1. 加减药味　如在麻黄汤中加白术即成麻黄加术汤，其目的在于监制麻黄汤过汗之性，并行表里之湿，把一个峻汗解表之剂仅因一味药之别，便改制成微汗之剂，用于湿病寒湿在表证，以符合“若治风湿者，发其汗，但微微似欲出汗者，风湿俱去也”[1]之旨。《金匮要略》中以桂枝汤加减药味化裁的有：加清热生津养筋的栝楼根即为栝楼桂枝汤，治外感风寒之柔痉；加黄芪则为桂枝加黄芪汤，以治疗湿重阳郁之黄汗病、表虚而内热不显的黄疸病；加潜镇摄纳之龙骨、牡蛎即成桂枝加龙骨牡蛎汤，可治“男子失精、女子梦交”；去性寒碍阳之芍药并与麻黄细辛附子汤相合，则为桂枝去芍药加麻黄细辛附子汤，治阳衰阴凝，水饮痞结的气分病。

2. 增减药味与药量　如去麻黄汤中去桂枝且减麻黄、杏仁、甘草用量并加薏苡仁，则为麻杏苡甘汤，以治风湿在表。因此病得之于“汗出当风，或久伤取冷所致也”[1]，不宜峻汗，故去辛温发汗之桂枝，加甘淡微寒利湿之薏苡仁，变辛温发汗解表而为辛凉解表除湿之法。去调胃承气汤中之芒硝，并以生甘草一两易炙甘草二两，即成大黄甘草汤，以治实热塞聚胃肠的“食已即吐”之证。

3. 变更剂型　不同的剂型药力大小各不相同。如《伤寒论》理中丸治“大病差后，喜唾，久不了了，胸上有寒”[2]；或治太阴脾虚下利、呕吐腹痛。仲景指出，效不显时可加大服用量，但丸“不及汤”。若中阳虚而痰饮内盛，胸阳不足使饮邪上乘而致胸痹，此时用丸剂力缓不及，故在《金匮要略》中仲景将理中丸不变药味而改为汤剂称作人参汤。

三、以《金匮要略》原方治疗不同的杂病

某些方剂数次见于《金匮要略》的不同篇章，用于治不同的病证，或同一方剂之下列举数种病证，这些均属异病同治之例。如肾气丸可治虚劳腰痛，少腹拘急，小便不利；短气有微饮；消渴病下消证饮一溲一，妇人转胞不得溺等。十枣汤攻下逐水，既治悬饮，亦可治支饮亘证而正气未虚者。胶艾汤用于妇人冲任虚损之妊娠腹痛下血，又治漏下、伴产后下血不止。温经汤既治“妇人年五十

所，病下利数十日不止"，"亦主妇人少腹寒，久不受胎；兼取崩中去血，或月水来过多，及至期不来"[1]。以上所列各方所治病证虽不同，但其病机相同，故可用相同方剂治疗。

四、以《金匮要略》方化裁治疗不同的杂病

1. 加减药味　即以《金匮要略》某些方剂为基础方S加减药味组成新方治不同的病证。如虚劳病脾气虚较甚者以小建中汤加黄芪即为黄芪建中汤，其他如小青龙加石膏汤、越婢加术汤、小半夏加茯苓汤等均属加味组方。加减药物组方者如膈间支饮用木防己汤之后，肺胃郁热得清而饮邪结聚较甚者，则以该方去辛寒之石膏，加软坚散结的芒硝和利水化饮之茯苓，即成木防己去石膏加茯苓芒硝汤；又如治百合病的百合知母汤等五方亦属此类。

2. 加减药量　如小承气汤的组成是大黄四两、厚朴二两、枳实三枚，以大黄为君药，具有泻热通便，消滞除满作用，治热结里实的下利；上三药的用量若依次为四两、八两、五枚则为厚朴三物汤，其以枳实、厚朴为君，治腹满里实胀重于积之证；若用量依次为六两、一尺、四枚，则成厚朴大黄汤，是以厚朴为君，用以治疗支饮兼腹满便秘之证。

总之，仲景对方药的运用可谓灵活自如，还有更多的特点，有待我们在今后的临床工作中进一步总结。

参考文献

[1] 郭霭春．金匮要略方论校注语译［M］．北京：人民卫生出版社，1999：28.

[2] 陈亦人．伤寒论译释［M］．上海：上海科学技术出版社，1992：1159.

［《时珍国医国药》2012，23（5）：1311］

仲景所用溶媒探析

范铁兵　杨志旭

中国中医科学院西苑医院

影响中医临床疗效的因素是多方面的，也是十分复杂的。辨证是否准确，治法是否得当，组方配伍是否严谨，药量比例是否合适，煎药溶媒选取是否合适，饮食与所服之药是否相宜等，均对中医临床疗效有重要影响。但现今对药物溶媒的选择不够重视，故对仲景所用溶媒进行浅探，以引起大家的重视，提高中医临床疗效。

一、水类溶媒

（一）普通用水

这里的水是指仲景没有严格限制的水，相当于现今的自来水、纯净水等。这里的水是最常用的溶媒没有过多深意，其目的只是将各种药物的有效成分溶解于水中，以治疗疾病。

（二）泉水

泉水是从地下或山石中涌出之水。味甘，性寒凉，功善"下热气，利小便"，有清热养阴之效。《伤寒论》百合地黄汤、百合知母汤、滑石代赭汤均用泉水，取其下热气，利小便之功，如徐中可说："加之泉水以清其热，而阴气自调也"。现代研究发现，泉水中含丰富矿物质盐，具有补充人体所需矿物质及安神定志之功效。现在我们可以选用瓶装矿泉水代替。

（三）甘澜水

甘澜水又名甘烂水、劳水、千里水。仲景云："甘澜水法：取水二斗，置大盆内，以杓扬之，水上有珠子五六千颗相逐，取用之。"仲景治阳虚饮动欲作奔豚证，即以甘澜水为溶媒煎药，意在去水寒阴凝之性，温阳利水而无助水恋邪之弊。《注解伤寒论》云："煎用甘烂水者，扬之无力，取不助肾气也。"[1]《金匮要略心典》："甘澜水者，扬之令轻，使不益肾邪也。"[2]《刘渡舟伤寒论讲稿》："由于是水气为患，故用甘烂水而非普通水煎药，以防助邪之弊。"[3]现代科学认为，用机械手段将水高速搅动就可以得到分子呈自由浮动状态的活化水，活化水有利于生物的生长[4]。

（四）潦水

潦水又名无根之水，是指积于地面的雨水。《中国医学大辞典》云："潦水，地上所积之雨水也。甘、平，无毒。治伤寒蓄热在里，身发黄。并宜煎调脾胃，去湿热之药，此水味薄而不助湿热。"《伤寒论》262条用潦水取其味薄，调脾胃，而不助湿热之功。麻黄连轺赤小豆汤证为湿热发黄兼有表证，用潦水之意，此处当为中医药学中的取类比象之法，因其自天而降，在地面流动，内含天地之气，用于煮麻黄连轺赤小豆汤，正可助宣通表里，使表解里和，瘀热得除。[5]现代研究认为，潦水中所含矿物质及无机盐较少，与中药植物药中的有机成分较少产生沉淀，能提高药物溶解率。

（五）东流水

即江河溪涧中之流水，其源远流长，性主直

达。《金匮要略》泽漆汤中泽漆一味“以东流水五斗煮，煮取一斗五升”然后入它药。泽漆汤有温阳利水之功，治水饮内停，上迫于肺，脉沉之喘咳，用东流水取其从肺引饮下行之意。现代可以选用具有泻肺平喘之功用的药物代替，如葶苈子、桑白皮等。

（六）井花水

井花水又称井华水，指清晨自井中汲取的第一桶水，此时之水味清气凉。《伤寒论》中治疗阳热内盛，风邪内动的病症所选取的风饮汤，即取其滋阴潜阳，通窍解热之效。《医学正传》云：“清晨井中第一次汲者，其天一真精之气浮结于水面……今好清之士，每日取以烹春茗，而谓清利头目最佳，其性味同于雪水也。”现代研究证明，井花水有改善局部血液循环调节末梢神经消肿止痛的作用。[4]临床中可以加用冰片、菊花、茶叶、薄荷等清利头目之品，以取代井花水。

（七）浆水

浆水：浆，酢也，又名清浆水，《本草纲目》称浆水又名酸浆。嘉谟云：“浆，酢也，炊粟米熟，投冷水中，浸五六日，味酸，生白花，色类浆，故名。”《金匮要略》中赤豆当归散用浆水取其增强清热解毒之功；半夏干姜散中用浆水，《金匮要略心典》云：“浆水甘酸，调中引气止呕哕也。”[2]《刘渡舟伤寒论讲稿》：“清浆水带一点酸味，它能清热除烦，理气宽中，帮助消化，对于肠胃的凝滞还有一点作用。清浆水煎药能够助消化，推动肠胃的蠕动。”[3]故用浆水作为溶媒取其清热除烦、调中化滞之效。现代研究证明，浆水含有大量的维生素和有机酸，有助于胃肠对食物的消化和酵解，清浆水多用于热性疾病、消化不良、消渴等[4]。

（八）泔水

泔水就是淘米水，是一种洗过米的水。《金匮要略》：“治啖蛇牛肉食之欲死方，以泔洗头，饮一升，愈。”《本草纲目》云：“淅二泔，亦曰米渖，即淘粳米汁，第二次者可用，善解热毒兼能助胃。”本方用之即取其清热解毒、顾护胃气之功。泔水中含有一定的蛋白质、维生素和微量元素，特别是头一两次淘米水含有钾且呈弱酸性，具有清火、凉血、解毒的功效。

（九）麻沸汤

麻沸汤即滚沸的水。《伤寒论》154条、155条用麻沸汤浸泡少顷，“以取其气之清扬，薄其味之重浊，使之利于清心下热结而消痞，而不在于泻下燥结以荡实。”[6]《刘渡舟伤寒论讲稿》对154条用麻沸汤释为“取其气而保其味，就是取大黄、黄连的寒凉之性而保其味。”[3]故用麻沸汤旨在取其气，薄其味，清心下之痞。

二、煎汤取汁

（一）白饮

白饮又作白米饮，即白米汤。《伤寒论》71条用白饮以滋胃燥，和胃气。313条用白饮意在使药物留恋于胃，药效持久。柯琴对141条白饮解释为“白饮和服者，甘以缓之，取其留恋于胸，不使速下耳”；对318条中的白饮解释为“白饮和服，中气和而四肢之阴阳自接，三焦之热自平矣。”[7]现代研究表明，米汤能刺激胃液的分泌，有助于消化，可使酪蛋白形成疏松而又柔软的小凝块，对脂肪的吸收亦有促进作用。

（二）白汁

白汁又名甜汤、白汤。指将面粉放入水中搅拌均匀，煮熟后所得的白色液体。《金匮要略》附方外台走马汤治中恶心痛腹胀，大便不通。“巴豆二枚，杏仁二枚，上二味，以绵缠，搥令碎，热汤二合，捻取白汁饮下，当下。”方用白汁取其性温，和胃气，顾护脾胃之用，此外尚能缓和巴豆的峻烈之性，缓解巴豆和杏仁的毒性。面粉中富含蛋白质、碳水化合物、维生素和钙、铁、磷、钾、镁等矿物质，能补充人体所必须的蛋白质及各种矿物质。

（三）香豉汁

香豉汁即香豉水煮取汁。《伤寒论》《金匮要略》中的瓜蒂散方用香豉汁送服，取其开郁结、和胃气、轻清宣泄、载药上行、有助涌吐之功。现代研究表明，淡豆豉含脂肪、蛋白质和酶类等成分，有微弱的发汗作用，并有健胃、助消化作用[8]；淡豆豉含有生物活性物质大豆异黄酮[9]，其具有植物雌激素样作用，可以降低人体多种雌激素依赖型疾病的发病率。淡豆豉发酵过程中糖苷型大豆异黄酮在β-葡萄糖苷酶的作用下部分转化为游离型大豆异黄酮，更易被人体所利用[10]。

（四）麦粥汁

麦粥汁指麦粥的稀薄部分。《金匮要略》硝石矾石散、枳实芍药散用麦粥汁送服，取其缓和药性，保养胃气的作用。《金匮要略注释》：“用大麦粥汁和服，以缓解两药的副作用，并能和胃”[11]。现代研究表明，小麦具有抗氧化、清除自由基、抗菌、抗病毒等作用。欧仕益等在麦麸膳食纤维离体发酵试验中发现，结肠微生物通过发酵作用能释放出结合在麦麸膳食纤维上的阿魏酸，而阿魏酸是一种优良的羟自由基清除剂，在癌症的预防中有重要作用[12]。

（五）黄土汁

黄土汁即《金匮要略》中仲景治疗虚寒便血之煎煮伏龙肝的上清液。伏龙肝为烧木柴或杂草的土灶内底部中心的焦黄土块。通过煎煮使其有效成分溶解于水中，然后静置沉淀取上清液，用上清液煎煮其他药物，从而避免药物混浊无法使用。治疗虚寒便血用伏龙肝，取其温中涩血之功以止血，配它药增强止血之力。现代研究表明，本品有缩短凝血时间，抑制纤维蛋白溶解酶及增加血小板第三因子活性等作用，尚能减轻洋地黄酊引起的呕吐，有止呕作用[8]。

三、特殊溶媒

（一）人乳汁

人乳汁顾名思义是指健康哺乳期妇女的乳汁，又名奶汁。《金匮要略》："治啖蛇牛肉食之欲死方，饮人乳汁一升，立愈"。性甘平，无毒，入心、肺、胃经，取其补血润燥、宁心安神之效。《千金·食治》载乳汁"甘，平，无毒。"《本草再新》云："补心益智，润肺养阴，除烦止渴，清热利水，止虚劳咳嗽，治眼目昏红"。现代药理研究表明，人乳中含有多种酶类和所有类型的免疫球蛋白及重要的活体细胞等，具有营养、抑菌、消炎等作用。

（二）猪胆汁

猪胆汁性味苦寒，入肺、肝胆经。《伤寒论》蜜煎方用之，与蜂蜜相伍功能清热润燥，兼以解毒；白通加猪胆汁汤证、通脉四逆汤加猪胆汁证用之，取其咸寒苦降，引阳药入阴中，滋阴养液，补阴和阳，解阴阳格拒之效，取"甚者从之"之意。此外，通脉四逆汤加猪胆汁证中用猪胆汁尚有制约姜附辛热伤阴燥血之弊。现代研究表明，其成分主要为胆汁酸类，猪胆内的多种成分均有较好的镇咳平喘祛痰作用，解除组织胺引起的支气管痉挛；同时还具有抗炎、抗过敏、解毒及降压作用。

（三）生姜汁

生姜汁即将生姜压榨所得的液体。《金匮要略》论及寒饮搏结胸肺的证治时重用生姜汁，意在散饮去结，降逆止呕。故《金匮要略心典》云："生姜用汁，则降逆之力少，而散结之力多，乃正治饮气相搏，欲出不出者之良法也"[2]。现代研究显示：生姜的主要成分生姜醇与胡椒的辛辣成分辣椒素的作用十分相似，可促使神经末梢某些活性物质释放[13]。对生姜的吸收促进作用进行了实验，利用大鼠小肠还流法对磺胺脒的吸收促进作用进行研究，结果表明，生姜的水提物有显著的吸收促进作用，增强其生物利用度，充分发挥疗效[14]。

（四）马通汁

马通汁即马粪加水过滤取汁而成，性微温，引血下行以止血。《金匮要略》中治疗虚寒吐血"上三位，以水五升，取马通汁一升，合煮取一升，分温再服"，《金匮要略心典》："马通引之使下，则妄行之血顺而能下，下而能守矣"[2]，故临床可以用其治疗虚寒出血。由于其制作是马粪加水过滤取汁而成，细菌较多，不卫生，现代没有应用。临床上可根据具体辨证加入温热性的止血药，如艾叶、伏龙肝等。

（五）人尿

仲景所言人尿是指十岁以下的健康儿童的小便，又名童便。其味咸，性寒，能滋阴降火、凉血散瘀，并有治疗阴虚火旺引起的咳嗽、吐血、鼻出血及产后眩晕之功效。《金匮要略》治马坠及一切筋骨损伤，即用童便煎药，取其凉血散瘀之效。《伤寒论》白通加猪胆汁汤证用人尿，旨在取其咸寒苦降，引阳药入阴中，以解阴阳格拒之势，此外尚有滋阴养液、补阴和阳之用。现代研究发现，小便中含有一百多种复杂成分，其中富含"褪黑素"，具有镇静、催眠、止痛、解除疲劳等功效，童便中"褪黑素"含量较成人高。

（六）醋

醋即食用米醋，又名苦酒。魏念庭说："古人称醋为苦酒，非另有所谓苦酒也。"《伤寒论》苦酒汤用之，意在消肿散结敛创；乌梅丸之乌梅用苦酒渍，以增强其酸性，加强安蛔而缓急止痛之用，此外尚有引药入肝经之意。《金匮要略》黄芪桂枝苦酒汤用之，以泄营中郁热。现代研究发现，醋可作为较好的有机溶媒，能使药物中所含的生物碱等成分发生变化，同时可以增强植物中所含游离生物碱的溶解度。如乌头、附子等含生物碱的药物易溶于酸性的醋中。瞿燕发现，与生艾叶相比，醋艾炭能明显缩短止血、镇痛作用[15]。杨长江等研究发现醋艾叶不仅能增强温经止痛作用，还可增强止血作用。[16]耿婷等比较了生甘遂和醋甘遂各极性部位的刺激性和泻下作用，甘遂的刺激性成分主要集中在乙酸乙酯和二萜部位，泻下成分主要集中在石油醚和二萜部位，炮制后作用均显著下降[17]。这说明醋制具有增效、减毒作用。

（七）蜜

蜜指蜂蜜。《金匮要略》中用乌头的方剂均以蜂蜜做溶媒，如乌头桂枝汤取其缓急补虚，延长药效，制约乌头毒性之效。猪肤汤加白蜜煎煮，用之甘寒润燥、清咽止痛之功。薯蓣丸治疗风气百疾，炼蜜和丸，取其补益中焦，以滋后天之本之功。现代研究发现，蜂蜜中含葡萄糖、果糖混合物较高，利于吸收，具有提高人体抵抗力、保持精力充沛以及调整脾胃的功效[18]；蜜等糖类食品可间接影响大脑神经递质的生成与传递，从而降低大脑对疼痛的感觉，提高痛阈；蜂蜜可以治疗便秘、胃十二指肠溃疡等胃肠道疾病[19]。

（八）酒

酒有清酒、白酒之别。性味：辛甘苦，大热。功效：散寒邪，通血脉，行药势，矫臭矫味。仅《内经》所存13首方中即有4个酒剂，后世有“酒为百药之长”之说。仲景之瓜蒌薤白白酒汤、瓜蒌薤白半夏汤均用白酒煎煮药物，取其通阳宣痹，载药上行，以助药势之效。炙甘草汤用清酒，旨在振奋阳气，温通血脉。现代研究认为，酒是良好的有机溶媒，药物的多种成分，如生物碱及其盐类、苷类、鞣质、苦味质、有机质、挥发油、树脂、糖类及部分色素等，皆易溶于酒中[20]。此外，酒还可以扩张血管，促进血液循环，加速药物吸收。

总之，仲景所用溶媒与辨证论治有着密切的联系，也是仲景遣方用药的重要组成部分。现今临床中溶媒选择的单一化，在一定程度上影响了临床疗效的提高。通过对仲景所选溶媒的探讨，以明晰各种溶媒的作用，有利于指导临床，提高临床疗效。

参考文献

[1] 成无己．注解伤寒论［M］．北京：人民卫生出版社，2009：73.

[2] 尤怡．金匮要略心典［M］．北京：中国中医药出版社，2009：67，152，142，153.

[3] 刘渡舟．刘渡舟伤寒论讲稿［M］．北京：人民卫生出版社，2008：73，186，382，383.

[4] 张再重，魏雅娜．张仲景《伤寒杂病论》中煎药用水浅谈［J］．河北北方学院学报：医学版，2005：22（3）：70.

[5] 李庭凯．试述《伤寒论》的药物煎煮溶剂［J］．中医药研究，1997，13（1）：31～32.

[6] 熊曼琪．伤寒学［M］．北京：中国中医药出版社，2003：120.

[7] 柯琴．伤寒来苏集［M］．上海：上海科学技术出版社，1986：120，216.

[8] 高学敏．中药学［M］．北京：中国中医药出版社，2002：88，362.

[9] 高秀芝，刘慧，丁雪莲，等．大豆异黄酮的研究和应用进展［J］.

[10] 张敏，高秀丽，鲍鹏．大豆与豆豉中游离氨基酸总量测定［J］．贵阳医学院学报，2006，10（5）：418～419.

[11] 吕志杰．金匮要略注释［M］．北京：中医古籍出版社，2003：390.

[12] 欧仕益，高孔荣，黄惠华．麦麸膳食纤维抗氧化和OH自由基清除活性的研究［J］．食品工业科技，1997，5：44～45.

[13] 刘庆增，王金兰．近年来日本对中药药理作用研究的一些进展［J］．中药药理与临床，1988，4（5）：50.

[14] 彭平建．生姜的药理研究和临床运用［J］．中国中药杂志，1986，106（10）：947.

[15] 瞿燕，秦旭华，潘晓丽．艾叶和醋艾叶炭止血、镇痛作用比较研究［J］．中药药理与临床，2005，21（4）：630～632.

[16] 杨长江，田继义，张传平，等．艾叶不同炮制品对实验性炎症及出血、凝血酶时间的影响［J］．陕西中医学院学报，2004，27（4）：60～64.

[17] 耿婷，黄海燕，丁安伟，等．甘遂炮制前后各部位刺激性和泻下作用研究［J］．中南药学，2008，6（4）：385～386.

[18] 翁维健．中医饮食营养学［M］．上海：上海科学技术出版社，1992：102.

[19] 郭芳彬．蜂蜜对消化性溃疡的疗效与机理浅析［J］．中国养蜂，2004，55（1）：19.

[20] 柴可夫．《金匮要略》汤液溶媒的选择、运用及意义［J］．国医论坛，2000，15（5）：8.

［《辽宁中医药大学学报》2012，14（7）：133］

仲景温法探析

杨　涛　刘丽宁　张重州　黄玉剑

李新莉　冯兴志　李　浩

渭南职业技术学院

仲景所著《伤寒杂病论》被后人整理成《伤寒论》与《金匮要略方论》。《伤寒论》全书共有10卷，22章，397法，113方。该书以六经辨证为提纲，针对伤寒各个阶段，辨脉审证，从治法到组方用药规律都以条文形式作了全面而详细的论述，奠定了中医临床辨证论治的理论基础，被后世医家尊崇为“医方之祖”。自宋代之后，医家对其注释、发挥者颇多，400 家有余。《金匮要略方论》，现简称为《金匮要略》，共有 3 卷，25 篇，608 节条文。该书中详述了内、外、妇等各科杂病，并以内伤杂病为主体，充分总结了东汉以前的丰富临床实践经验，故和《伤寒论》一样为学习中医之必读经典。

《伤寒论》一书奠定了中医临床辨证论治理论基础，其所创立之经方将理、法、方、药有机地结合，并形成了一个完整的系统，开创了中医临床辨证论治之治疗体系。《伤寒论》的核心部分即为六经辨证，然而该书又以“固护阳气”贯穿始终，透彻把握此思想将有利于提高临床辨证治疗的疗效。仲景在《伤寒论》中运用温扶阳气法治疗病证之条文比比皆是。如现代临床常用的理中汤证、干姜甘草汤证、白通汤证、真武汤证、四逆汤证、茯苓四逆汤证、干姜附子汤证、苓桂术甘汤证等。单是用附子即涉及条文 30 余条，有方证 20 条之多，治疗各种病证。仲景用温扶阳气法治疗疾病，或单法应用，或配合其他治疗方法，法随证变，意境无穷。由于寒邪所在部位、程度等不同，因而又有辛温解表、温阳散寒祛湿、温中补虚、温化痰饮、温胃止呕、温下寒实、温肾助阳、温阳利水、回阳救逆、温阳固涩、温经化瘀、温阳止痛、温补血脉等不同的治疗原则。

《金匮要略》运用温法的原则主要是协调阴阳，恢复人身五脏之阳气，促使气血调和，元真通畅，以及祛除寒邪、水湿、痰饮、瘀血等，使机体阳气振奋，表里上下气血周流。纵观全书，言及温者达 40 条之多，立方 30 余首。如《妇人妊娠病脉证并治》载：“妊娠呕吐不止，干姜人参半夏汤主之。”“妇人怀娠六七月，脉弦发热，其胎愈胀，腹痛恶寒者，少腹如扇。所以然者，子脏开故也，当以附子汤温其脏。”“妇人有漏下者，有半产后因续下血都不绝者，有妊娠下血者，假令妊娠腹中痛，为胞阻，胶艾汤主之。”

现代医家研究仲景温法主要从其源头、分类及温法与其他治法的搭配应用为主，并报道了很多用温法治愈疑难病证的实例。从源头看，罗试计[1]认为，《内经》有“凡阴阳之要，阳密乃固”重要思想，仲景《伤寒论》则充分体现了该思想，且极重视保护人体原有之阳气。《伤寒论》运用温扶阳气法治病辨证准确，用药精当，配伍严谨，为后来医者的模范，充分显示了阳气对于人体各种功能运动的主导作用。《内经》曰：“失其所则折寿而不彰。”后来医者认真揣摩探究《内经》和医圣之理论精髓，不少医家对温法进行分类研究，再与其他治法合用研究。如温法与健脾法，通过温补药治疗脾胃虚寒，症见食不消化、呕吐清水、大便清稀、舌淡苔白、脉沉细等，常用理中丸、附子理中丸。曹远礼[2]认为，理中（丸）汤是温法与健脾法之主方。方中甘草、人参健脾益气，干姜散寒温中，白术燥湿健脾。脾阳正常健运，寒湿得化，中焦升降气机自然协调，则吐利自止。如果脾气先虚，运化失职，而导致心脾不足，血气两亏，又被邪扰，则将出现“心中悸而烦”，倦怠神疲，亦或土虚木乘，腹中急痛者，则当用小建中汤，调和气血，补脾建中。方中所含桂枝汤，既可和阴阳，调脾胃，又兼祛邪气之功；倍芍药补益营血，又缓急止痛；饴糖为君，温健脾胃。如若伤寒误治导致阴阳两虚，出现脚挛急、心烦、吐逆、手足不温等证者，则当根据病情之轻重缓急，合甘草干姜汤，以复其阳。复阴，则需等到厥愈足温，吐逆止后方可再议。本方中干姜温中复阳，炙甘草和中益气，两药合理配伍，辛甘化阳，为温补脾阳之佳方。

清末郑钦安创立了扶阳派，是中医学中一个比较年轻的流派，理论上推崇扶阳，临床上善用附子、姜（生姜、干姜、炮姜）、桂（肉桂、桂枝）等辛热药物。郑钦安用药上讲究精纯不杂，其用扶阳之品主要为附子、干姜、炮姜、生姜、桂枝、肉桂、吴茱萸等，辅助用药主要有甘草、半夏、砂仁、丁香、茯苓等，药味颇精。扶阳派源于《伤寒杂病论》，又脱出于《伤寒杂病论》，将仲景温法的思想发挥得淋漓尽致。就仲景温法和扶阳派的源流关系以及扶阳派之于仲景学说的地位为看，张存悌[3]认为，郑钦安推崇医圣仲景，穷其一生精力钻研伤寒，熟谙六经，尤其善用经方治疗疾病，并将六经提纲演绎成“六经定法贯解”，著成《伤寒恒论》，被赞誉为近代著名的伤寒大家。其对伤寒研究深精之程度，无需多论。其学术思想继承了伤寒派，而又有所发展变化，个别临床经验超出仲景。可以说其理论源于伤寒，而又稍高于伤寒，独树一帜，创立了扶阳派。但是这丝毫无损于仲景之医圣成就，只能说是更好地发展和促进了伤寒学说。这是毫无疑义的问题。

在现代社会，由于生活习惯的改变，大众在饮食上多冰冷清火之品，加之工作压力大，过于劳累，心情紧张，睡眠不足，且现代的中医诊疗又受到中医西化及其某些医家滥用苦寒流弊的影响，大量使用抗生素、激素、苦寒中药治疗各种疾病，致使临证所见的病证呈现出阴盛阳衰的基本态势。而仲景温法和扶阳派重在温补阳气，可防苦寒伤阳之弊，利用阳气卫护肌表，保护阴精，濡养筋脉之功，达到补偏救弊的作用。

参考文献

[1] 罗试计. 浅议《伤寒论》中温阳法的运用 [J]. 中外医疗，2008，28（25）：89.

[2] 曹远礼.《伤寒论》温法运用规律浅释 [J]. 中医药学刊，2002，20（2）：200.

[3] 张存悌. 火神派何以自成一派（上）[J]. 辽宁中医杂志，2007，34（4）：514.

[《吉林中医药》2012，32（8）：759]

仲景下法在《仙授理伤续断秘方》中的发挥

孙　奇　童培建
浙江中医药大学附属第一医院
俞欣伟　朱胜良　浙江中医药大学

《仙授理伤秘方》（以下称《秘方》）是唐代骨伤学家蔺道人所著，成书于公元 841 ~ 846 年间，是我国现存最早的骨科学专著。全书共一卷，分三节，篇幅不长，但内容丰富。它以气血理论为立论依据，详细论述了骨折、内伤、伤筋等骨伤科疾病的分类和治疗。《秘方》创造性地发展了气血学说，主张"凡肿是血作"[1]，认为跌仆损伤引起的肿痛主要和瘀血有关，故治法以活血化瘀为主。

一、仲景下法及其代表方药

仲景下法中以大黄使用为代表。仲景方中与大黄配伍常见方主要有：大黄配芒硝，大黄配厚朴、枳实，大黄配桃仁，大黄配栀子，大黄配黄连，大黄配甘遂，大黄配附子。以上七个药对中大黄配芒硝在仲景下法中较为常见。而大黄配桃仁则常出现在治疗伤科之瘀血疾病。其中仲景方中治疗瘀血相关的方剂有桃核承气汤、抵当汤、抵当丸、大黄牡丹汤、大黄䗪虫丸、下瘀血汤。此六方中皆可见大黄配伍桃仁。桃仁苦甘平，破血祛瘀。可见仲景下法亦可用于瘀血之证，下瘀泄热的大黄，配伍破血祛瘀的桃仁，如此可使瘀血早日随大便而下。现代医家临床经验大黄剂量不同有不同的功效：大量（18g 以上）攻下，中量（10 ~ 12g）活血通经，小量（3 ~ 6g）除痞退黄[2]。可见大黄在广为人知的攻下通腑外亦有活血逐瘀之良效，临床也有比较广泛的应用。

二、《秘方》攻下逐瘀法及其方药

《秘方》中以大黄通腑泻下的方为紫金汤和大小承气汤。《秘方·又治伤损方论篇》："如伤重者，第一用大承气汤，或小承气汤。或四物汤，通大小便去瘀血也；唯妇人，别有阴红汤通下。"可见蔺氏对大小承气汤在辨证上属于血脉受损，二便不通，恶血留滞，腑气不通。《秘方》之大小承气与仲景的大小承气汤虽同名而异方。大承气汤又名大成汤，蔺氏在仲景的基础上加了甘草、陈皮、红花、当归、苏木、木通；小承气汤则在仲景基础上上添了芒硝。二方皆可见大黄芒硝药对，但在仲景下法上配伍更多活血化瘀药，以适用于骨伤科之瘀血见症。可见，蔺氏在治疗瘀血损伤早期的瘀血重证，不仅仅是单纯地使用活血化瘀之法，他从仲景下法进行推演，开创性地以攻下逐瘀立法。其中大成汤峻下，用于伤重病急者；小承气汤缓下，用于伤轻病缓者。以上二方皆重用大黄，以其苦寒泻下之性与活血化瘀药之辛温宣透相结合，在化瘀的同时达到泻下导滞的效果，如此，使瘀血消除更为快速有效。《秘方》中紫金散用于"整骨续筋生肌止痛。内伤肝肺，呕血不止，或在心腹胀痛，四肢无力，左右半身风痪，并宜服之。[3]"紫金散方用紫金藤皮、降香、续断、骨碎补、无名异、琥珀、牛膝、当归、桃仁、蒲黄、大黄、芒硝，方中可见仲景下法中大黄、芒硝和大黄、桃仁两个药对，共谋攻下和逐瘀之效，并配伍当归、续断、牛膝等加强了理气活血、补益肝肾的作用。此方在仲景下法基础上强调肝肾的作用，标本同治，对骨伤科瘀血内伤疾病能获更好的临床效果。由此可见，《秘方》中攻下逐瘀三方组方思路与仲景治瘀血诸方基本一致，即活血化瘀药配合大黄之泄热祛瘀，则血瘀可去，新血可生。同时蔺氏对仲景下法的组方思路加以创新和推广，配伍理气活血、补益肝肾之药，使仲景下法更适用于骨伤科之瘀血诸证。

三、小结

《秘方》中下瘀血方在仲景的基础上加上理气导滞，治疗范围从仲景治疗蓄血扩展到骨折早期的气机闭塞、瘀血阻滞者，或者骨折后期肝肾不足者。攻下逐瘀法早期在仲景著作中已见雏形，蔺氏作为"中医创伤骨科"的奠基人，将仲景思想在骨伤科加以实践，创立了大小承气汤和紫金散，立攻下逐瘀之说，开创了后世伤科治瘀攻下逐瘀之法，值得后人借鉴。

参考文献

[1] 曹晓光. 浅议仙授理伤秘方中的气血理论 [J]. 四川中医，2009，27（1）：40 ~ 42.

[2] 黄煌．张仲景50味药证［M］．北京：人民卫生出版社，2007：164.
[3] 胡晓峰．中医必读百部名著伤科卷［M］．北京：华夏出版社，2008：15～16.
［《浙江中医杂志》2012，47（8）：552］

仲景用药组方之规律原则探讨

郭文娟　山西中医学院

《内经》之组方理论为仲景撰写《伤寒杂病论》奠定了坚实的基础，透过经方配伍可以看出仲景对《内经》所述“君臣佐使”“七方”“气味阴阳配伍”“升降浮沉”“反佐”等经旨进行了全面的实践，并以此构建了特有的方药配伍理论体系。经方组成，精明简练，配伍恰当，药少效宏，经过千百年的实践验证，其价值永盛不衰。

一、仲景用药规律

综观仲景临床施治，始终从全局出发，而不是追寻一个个症状去处理。

1. 针对病机，注重药物组合。仲景用药有专病使用专药，充分发挥单味药的功效。如茵陈退黄、百合以治百合病等均含有专病专药的意义。但这种专病专药的情况少之又少，单味药的加减多在整体方阵中发挥作用，更多的还是依据病机，运用药物组合成方。

在《伤寒论》和《金匮要略》中，由多首类方分析发现，有些药物常与其他药物以组合方式出现，发挥多种协同功能。如桂枝甘草汤、桂枝去芍药汤、桂枝甘草龙骨牡蛎汤、茯苓桂枝甘草大枣汤等，在这些方剂中，桂枝与甘草为其唯一相同的药物组成，显示出这二者之间存在着稳定的配伍关系，这个配伍是针对主治病证中心阳虚的病机而设置的，并且这种配伍关系并不是由同类功效药物单纯地、任意地叠加构成，具备着一定的规律性[1]。再如桂枝汤、桂枝加杏仁厚朴汤等方中，桂芍组合，调和营卫；五苓散、苓桂术甘汤，桂苓组合，化气行水等。又如附子的组合应用，配干姜回阳救逆；配白术温散寒湿；配大黄温阳通便等，不胜枚举。如上述，药物的原有功能经过组合既可增强疗效，又能扩大应用范围，从而形成许多“药对”，是仲景用药的一大特长，为后人揭示了用药规律。

2. 针对病机，灵活化裁药物。唐容川在《金匮要略浅注补正》说：“仲景用药之法，全凭乎证，添一证则添一药，易一证亦易一药。”这正是在辨证论治、治病求本的前提下，当病机发生变化时，随证用药的典范对药物的变化采用如下方法：其一，药味增减：如太阳中风证，用桂枝汤调和营卫，解肌祛邪；若阳虚漏汗者，加附子，成桂枝加附子汤；若兼项背拘急不舒者，加葛根，成桂枝加葛根汤；若太阳病下后，脉促胸满者，桂枝汤去芍药；若微恶寒者，桂枝去芍药加附子汤等。其二，药量增减：如桂枝加桂汤，加重桂枝用以平冲降逆；小建中汤倍芍药以缓急止痛，健运中气；通脉四逆汤重用干姜温阳散寒等，均是药物剂量的增减而增强或扩充了方剂的功用，体现了仲景用药既有按法立方，又有据病机化裁的灵活性。

二、仲景组方的原则

仲景是在辨证立法的基础上，选择适当的药物组合成方。

1. 审机辨证，立法用方。仲景组方的一大特点，是以“凭脉辨证”为基础，根据四诊所获得的具体资料，严格依据病证病机而确定立法组方的原则。仲景指出“病皆与方相应者，乃服之”，可见组方要以调和病机整体功能关系失调，恢复机体正常的功能关系为标准和依据。处处体现“观其脉证，知犯何逆，随证治之”严谨的组方原则。如风寒表证，风寒袭表，肺卫郁闭之表实证当发汗，用麻黄汤；风邪袭表，营卫不和之表虚证当解肌，用桂枝汤；里证热实，当攻下清里，则用承气剂；里证虚寒，当建中温里，则用建中、理中剂；表寒里饮、表寒里热，当表里双解，则用青龙剂等等，皆是先行审机辨证，继而立法，然后用方，这是固定不变的原则。同时，在方剂加减变化时，亦严格遵守“方随证变”的原则，即在辨清主要病机的基础上，查明兼症，根据主方加减变化，如太阳中风证兼喘，治以解肌祛风，兼以平喘，用桂枝加厚朴杏子汤；少阴病阴盛戴阳证，服白通汤发生格拒之象，治以破阴回阳，宣通上下，兼以咸寒反佐，用白通加猪胆汁汤等。诸如此类，充分说明运用方剂及其加减变化，均以审机辨证为用方的恒定原则。

2. 综合药效，组合成方。仲景尊重《内经》组方理论，在辨证立法组方的基础上，通过选择功能恰当，疗效卓越的药物并组合使之成为组方的基本功能单元。如被誉为“群方之冠”的桂枝汤，是在辨清基本病机为“营卫不和”的基础上，尊《内经》“辛甘发散为阳，酸苦涌泻为阴”，“风淫所胜，平以辛，佐以苦甘，以甘缓之，以酸收之”，“风淫于内，以甘缓之，以辛散之”的经旨和治则，选择以桂枝、芍药、甘草、生姜、大枣五药组合，辛甘化阳，酸甘化阴，共奏疏风散邪、解肌和营卫、化气调阴阳功效。仲景所组之方，结构层次分明，配伍协调，功能明确，充分发挥药物组合后的整体综合药效。也有两味药物组合成方的，如桂枝甘草汤，辛甘化阳，针对心阳虚的病机；芍药甘草汤，酸甘化阴，针对肝阴血虚的病机而设，是最简明的药物组合方式。

此外，仲景组方中还有一方之中包括不同治疗途径的药物组合，与复杂病机相适应，达到综合药效的作用。如：①开合相济法：桂枝汤治太阳中风证，病机为风邪外袭，营卫不和。方中桂枝通阳解肌祛风，芍药和营养阴固表，桂芍相配，一开一阖，相济而彰。②寒热并用法：半夏泻心汤治疗寒热错杂之痞满证，方中黄芩、黄连苦寒以泄热；干姜、半夏辛热以散寒，寒热并用。③阴阳两补法：炙甘草汤治阴阳气血皆不足，以阴血不足为主之“脉结代，心动悸”，方中炙甘草、人参、桂枝益心气壮心阳；生地黄、阿胶、麦门冬、麻仁养心血滋心阴，甘温壮阳，甘寒滋阴，阴阳互根，两补皆受益。④攻补兼施法：十枣汤治悬饮，方中甘遂、芫花、大戟逐水攻邪，大枣甘温益气而扶正，乃收攻补兼施之效。⑤滋利共用法：猪苓汤治阴虚之小便不利证，方中二苓、泽泻、滑石淡渗清热利水，阿胶益阴润燥，而收利水不伤阴、滋阴不碍湿的效果。⑥润燥同治法：柴胡桂枝干姜汤治疗少阳病兼气化失常证，方中干姜、天花粉具有润燥同治之功。诸如上述，仲景组方往往使用一方多途，综合调节以适应错综复杂的疾病中存在着的相互矛盾的病理机转，而收卓效。这一组方方法，开拓了临床辨证和治疗用方的思路[3]。

3. 合并病机，创立合方。“合方”之词，始见于林亿等校注《伤寒论》时的按语中。合方是指两首或两首以上固有的方剂（经方或时方）相合而组成的方剂。《伤寒论》中合方之用有两种命名，一是以合方之名直接标出者，如桂枝麻黄各半汤等；二是重新命名者，如厚朴七物汤、大柴胡汤、黄芩加半夏生姜汤等，此虽无合方之名，但行合方之实[3]。

合方的产生，基于审机辨证的需要，合方的依据，须从两方面考虑。其一，病机病证的转化是合方的前提，如桂枝去芍药加麻辛附子汤，是桂枝去芍药汤与麻黄附子细辛汤的合方。若仅从主证上去分析，两方无相同的主证，但于病机上却更多接近，皆有阳虚阴凝的病机要点。其二，方剂功效的对应是合方的条件。由此，合方也可以看作是两方或多方各自作为一个大的药物规律性组合，针对具体适应的证机而用。此为将复杂的病机条理化、复杂的问题简单化的有效途径[4]。

合方的优势在于将不同方剂依据病机进行再组合，能扬长避短，既有原方功效的协同，又可产生新的功效。仲景合方论治堪称创举，是仲景组方的一大特色，对后世医学的发展影响深远。

三、结语

仲景用药组方的规律、原则，始终是遵循“审机求属”，药物有机组合成方来调整人体脏腑使之臻于平衡协调。在临证中如能“审机求属”准确辨证后，注重仲景的用药组方规律和原则去论治，能更好地为中医临床服务。

参考文献

[1] 蒋明. 药物的规律性组合研究及其方剂学意义. 中医杂志，2006，47（4）：243～246.

[2] 聂惠民. 论《伤寒杂病论》的组方特色与经方创研优势. 中医杂志，2006，47（11）：806～808.

[3] 聂惠民. 聂氏伤寒学. 北京：学苑出版社，2002：14.

[4] 赵厚睿，姚建平. 论方证之证的特点. 中国医药导报，2007，4（32）：74～75

［《中国民间疗法》2012，20（3）：8］

仲景治痞（心下痞）证方评述

李　飞　南京中医药大学基础医学院

痞证是以胃脘部痞塞满闷为主证的证候名称，是临床常见的病证。不管外感内伤，不论寒热痰水、正虚邪实，只要是胃气壅滞，都可以发生痞证。

《伤寒论》所指的痞证，主要是指病人自觉心下痞满不舒，按之或濡或硬，成因尽管不同，而总的病机都是胃气壅滞。论中对痞证的原因，大多责之于误下，如“病发于阴，而反下之，因作痞也”（131条）；“脉浮而紧，而复下之，紧反入里，则作痞”（151条）；“伤寒中风，医反下之，……心下痞硬而满”（158条）（本文所引《伤寒论》原文均出自上海科学技术出版社1985年版）误下致邪陷于里而成痞证者有之，但也不是绝对的，因此，这些论述只能作为参考。

痞证的病位不在膈上，而在心下。“心下”是部位概念，从五泻心汤的主治原文来看，“心下痞”“心下痞硬”“心下痞硬而满”，仅是心下痞的程度不同而已。现在分析，“心下”实际是指胃脘部，所以生姜泻心汤证的“胃中不和”，也是所有痞证的病位、病机。

痞症有寒热虚实之分。从五泻心汤的主治证分析，大黄黄连泻心汤主治的是热实痞证，病机为热聚于胃，胃气壅滞。由于不是实邪内结，所以虽然心下痞满，按之却濡软不硬。但这仅是与结胸证有形邪实的心下痞硬比较而言，若使胃气壅滞的程度严重，也可能见心下痞硬。

治疗热实痞证，宜用苦寒之品，而不宜辛寒、甘寒，因苦主燥，能直折实火，清泄内聚之热。该方黄连与大黄性味均为苦寒，功能清热泄痞。然此方原书无黄芩，孙思邈《千金翼方》谓此方必有黄芩，林亿等亦然。但与《金匮要略》泻心汤联系分析则有黄芩的三味方，名泻心汤，用量比例均相同，因此大黄黄连泻心汤未必有黄芩。

药物用量的比例及用法，很有意义。首先，大黄与黄连的用量，前者为二两，后者为一两；其次，用法以麻沸汤二升渍之，须臾绞去滓，分温再服。应用大黄并渍之须臾的目的，是变苦寒沉降为轻扬清泄，取其气而弃其味，既可避免药过病所，又可提高清热泄痞之力。徐大椿对此赞曰：“此法之最奇者，不取煎而取汤，欲其轻扬清淡以涤上焦之邪”[1]，值得效法。

与上述主治证相反的是虚寒痞证，由于中焦脾胃虚寒，阳气损伤，寒凝气滞，以致心下痞硬。治宜补气健脾，温中祛寒，以理中丸、汤（人参汤）为代表方。《伤寒论》谓：“理中者，理中焦”，即是指中焦脾胃虚寒证而言。关于理中丸主治的痞证性质如何？仲景虽未具体论述，但从桂枝人参汤证“太阳病，外证未除，而数下之，遂协热而利，利下不止，心下痞硬”来看，桂枝人参汤即理中汤加桂枝，里寒挟表邪，故云：“协热而利”，“表里不解”，用桂枝和表以祛表邪，理中温里以治里寒痞证与下利。如果只着眼于理中治利，而忽视了它的治痞作用，是不全面的。

旋复代赭汤所治的痞证，亦属于虚寒性质，但是兼有痰饮，胃虚气滞而上逆，所以“心下痞硬，噫气不除”，治以温中降逆，化痰和胃。该方即小柴胡汤去柴胡、黄芩，加旋复花、代赭石，其中，补气健脾，降逆和胃的配伍是相同的。

痞证在临床比较多见的，还是邪实正虚，寒热夹杂之证，所以《伤寒论》既用附子泻心汤主治热痞兼卫阳虚证，又用半夏、生姜、甘草三泻心汤，主治寒热夹杂痞证。所不同的，附子泻心汤证是“邪热有余，正阳不足”，故一方面用三黄苦寒清泄痞热，一方面用附子辛热温经助阳。然而苦寒有碍于阳虚，辛燥不利于胃热，如何发挥协同作用而并行不悖，该方的剂量、用法颇有深意。大黄与芩、连的量比为 2∶1∶1，3 味“以麻沸汤二升渍之，须臾绞去滓，附子取汁纳之，分温再服”。

半夏、生姜、甘草三泻心汤所治的寒热夹杂痞证，为热痞而兼中焦脾胃气（阳）虚，所以在用芩、连清泄痞热的同时，配伍人参、甘草、大枣以补益中气，更佐半夏、干姜降逆下气，辛开散结，以加强治痞的作用。因为临床表现寒热夹杂，既有脘痞，畏寒，不能饮冷，甚则便溏，又有泛酸、嗳气，胸闷灼痛，舌红苔黄。由于胃主纳谷，脾主运化；脾为阴土，喜温而恶寒，胃为阳土，喜凉而恶热，故脾胃病证，临床多见寒热夹杂，用药也多温清兼施。

至于三泻心汤的区别，从组成分析，药味并无多大差异，生姜泻心汤中的甘草用量略增（4 两），而甘草泻心汤干姜的用量减少（1 两），再加入生姜（4 两）即生姜泻心汤。从主治来看，三泻心汤的主症心下痞，或心下痞硬而满相同外，其余干呕或呕吐，干噫食臭，肠鸣不利等均大同而小异。

在现代临床分析，仲景所谓的痞证，实即慢性胃肠病，而以慢性胃炎为主，包括溃疡病、胃肠易激综合征。从病理分，包括浅表性胃炎（糜烂性胃炎）、萎缩性胃炎；从病因分，包括自身免疫性、感染性（幽门螺杆菌为主）、混合性以及其他原因引起 4 类。西药的应用，于 1910 年发现胃酸过多是慢性胃炎、溃疡病的主要原因，所以过去称胃、十二指肠溃疡为消化性溃疡，以后研究出制酸药质子泵抑制剂（PPI）（商品药为奥美拉唑、兰索拉唑、雷贝拉唑之类，沿用至今）。1983 年发现幽门螺杆菌（HP）是此类疾病以及胃癌的主要病因。由此，抗生素的应用，成为慢性胃肠病的常用药物。余如胃黏膜保护剂、促胃肠动力药等亦多常用。但随着应用的进展，其缺点与副作用亦逐步显现，尤其是幽门螺杆菌（HP）对常用抗生素的耐药，以及 HP 根除率低而复发率高。而对 HP 阴性者，由于患者自身免疫功能异常引起的胃炎，疗效亦不理想。据文献报道，中药及中西医结合疗法对此具有一定的优势，具体表现在：①提高 HP 的根除率，降低其复发率。②提高溃疡病的愈合率，及其愈合的质量，从而降低溃疡的复发率。③提高症状的缓解率，降低不良反应的发生率。④提高病变病理治愈率，促进胃黏膜损伤修复，特别对萎缩性胃炎及肠化生等癌前病变也有一定效果[2]。

一、泻心汤类方化裁的配伍

（一）配清热化湿药

如黄连、黄芩之类。由于痞证以里热为主，此类药常作为方中的君药。柯琴《伤寒附翼》指出："仲景泻心无定法，正气夺则为虚痞，杂用甘补辛散苦泄寒温之品以和之；邪气盛则为实痞，用大寒大热大苦大之味以下之。和有轻重之分，下有寒热之别，同名泻心，而命剂不同如此。然五方中诸药味数分两，各有进退加减，独黄连定而不移者，以其苦先入心，中寒外坚，能疏通诸药之寒热，故为泻心之主剂"[3]。后世常加用清热解毒、清热凉血药，如栀子、青黛、银花、连翘、蒲公英、白花蛇舌草、大青叶、板蓝根、丹皮、丹参之类。此类药既能加强芩、连清热化湿之功，又具有泻火凉血解毒之效，对胃肠道幽门螺杆菌，它具有一定的杀菌根除效果。

（二）配温里祛寒药

如干姜、附子、桂枝之类。对于痞证属寒热夹杂者，在清热为主的前提下，适当配伍温里药，可以起到温脾止泻，温里降逆，以及祛寒止痛之效。半夏、生姜、甘草三泻心汤主治均为寒热夹杂之痞，故以芩、连苦寒之品，配干姜苦温，以温中祛寒止痛。黄连汤去黄芩加桂枝以宣通上下之阳气故治胸中有热，胃中有邪气，腹中痛，欲呕吐者。至于附子泻心汤所治心下痞，是兼有阳气不足而"复恶寒汗出者"，故以附子温经助阳。

（三）配降逆止呕药

如半夏之类。痞证常见干呕、呕吐、干噫食臭等痰湿内阻，胃气上逆之症。方中半夏辛温，功能燥湿化痰，降逆止呕，并有辛开散结之功，故半夏、生姜、甘草等三泻心汤均配半夏。生姜泻心汤并伍生姜，以增强温降之效。旋复代赭汤又加旋复花、代赭石以消痰软痞，降逆止噫，故为"心下痞硬，噫气不除"之证的常用方剂。余如治疗呕吐的小半夏类方，如小半夏加茯苓汤、半夏干姜散、生姜半夏汤、大半夏汤、干姜黄芩黄连人参汤、吴茱萸汤等，均是此类配伍的应用加减之法。

（四）配泻火通便药

如大黄之类。痞证属于热实之证，而见心下痞硬，大便秘结，眼目赤肿，口舌生疮，甚者吐血、衄血者，此时除清热降火外，应配苦寒的大黄以泻火解毒，清肠通便，并增强芩、连清热泄痞之功，大黄黄连泻心汤为其代表方。对于病情轻浅者，用枳实、瓜蒌以清热理气，润肠通便，此亦小陷胸汤之意。对于内热重，并有气滞便秘者，大黄配枳实、厚朴，以加强行气通便泄痞之效，小承气汤为其常用方，如腹满痛而闭者，可用厚朴三物汤治之。

（五）配补气健脾药

如党参、甘草、白术、大枣之类。痞证的成因，有因外邪引起，有因误治所致。如《伤寒论》谓："伤寒大下后，复发汗，心下痞"；"伤寒中风，医反下之，……心下痞硬而满"。亦有因饮食不节，正虚使然。清·王子接《绛雪园古方选注》说："泻心汤有五，总不离乎开结，导热，益胃。然其或虚或实，有邪无邪，处方之变，则各有微妙"[4]。临床所见，由于饮食不节，正气不足，免疫功能低下，或感受外邪，是痞证（慢性胃肠病）的重要原因。因此，补气健脾，扶正祛邪，是治疗此类疾病的重要原则，也是中医药治疗慢性胃肠病的特点之一。后世临床常用的四君子汤、六君子汤、补中益气汤等，均是这种配伍方法的衍化之方。

二、泻心汤类方治疗痞证（慢性胃肠病）的临床运用

（一）加理气止痛药

如枳壳实、厚朴、广木香、川楝子、延胡索、制香附、青陈皮、砂蔻仁之类。痞证由于胃气壅滞，多见脘腹胀满，甚则疼痛等症，故常配理气止痛之品，以行气导滞，并能促胃肠动力，对气滞而致大便不畅甚或便秘的患者，又能增加通便排毒作用。此外，对肝郁气滞，气郁化火，以致胁腹胀痛，胆汁反流者，宜加柴胡、茵陈、虎杖、金钱草以疏肝清热利胆，加强疗效。

（二）加健胃消导药

如焦楂曲、谷麦芽、炙鸡金、炒莱菔子之类。对于痞证而见胃纳不振，食后作胀，干呕嗳气者，应配健胃消导之品，以增加脾胃运化动力，消积导滞。

（三）加制酸药

如炙乌贼骨、煅瓦楞子、海蛤壳之类。痞证多见嗳气、泛酸、嘈杂等胃酸过多或胃食管反流之症，此类药物性味咸涩，能收敛止血，制酸止痛。与西药的制酸药比较，药化和药理虽不同，但有异曲同工之妙。另外，白及一药，苦甘而涩，能收敛止血，消肿生肌，保护胃肠黏膜，对慢性胃肠病之糜烂、出血、溃疡，有较好的治疗效果。

（四）加活血化瘀药

如丹参、赤白芍、失笑散、桃仁、红花之类。痞证病情之时久者，由气分入络，而致血分瘀阻者，往往脘痛部位固定，舌质瘀紫者，应配伍活血化瘀之品，以通络止痛。《时方歌括》卷下之丹参饮，即重用丹参1两，伍檀香、砂仁各1钱；《证类本草》卷22引《近效方》之失笑散，以五灵脂伍蒲黄各2钱，即是该类配伍的代表方剂。痞症而加用活血化瘀之品，是后世的重要发展。

（五）加补气养血药

如人参、黄芪、当归、白芍之类。胃主纳谷，脾主运化。痞证之时久不愈者，或反复发作者，往往食欲不振，脘腹或胀或痛，嗳气吞酸，面色萎黄，倦怠无力，舌淡脉弱，治宜补脾益胃，以增强脾胃受纳和运化的功能。从现代医学来讲，不论自身免疫功能异常或感染幽门螺杆菌引起的慢性胃炎和溃疡病的治疗，都很有必要。至于归、芍的养血活血，一般慢性病由于病久，气虚不能生血而致血虚者，亦须顾及。东垣名方补中益气汤中配伍当归，其理亦是如此。

此外，《金匮要略·肺痿肺痈咳嗽上气篇》的麦门冬汤，虽列于呼吸系统咳嗽上气中，但实际是治疗消化系统慢性胃炎、胃食管反流病之方。原文强调“火热上气”，过去，有的注释家认为“火热”不易理解，因而改为“大热上气”，不然，“火热”者，胃部、食道、咽喉有似火一样的烧灼感，与前述“咳嗽上气，喉中水鸡声，射干麻黄汤主之”者有异，一属呼吸科病证，一属消化科疾病。此证可能也有咳嗽，甚至咳喘，但一般咳而无痰，口干欲得凉润，舌光红少苔。方剂配伍中，重用麦冬7升，以养阴清热，以半夏1升，下气降逆，其比例为7∶1，其余人参、甘草、粳米、大枣均为益气养阴扶正之品。

此证从现代认识，应为胃食管反流病（GERD），其主要症状是反流，胃灼热及胸骨前后疼痛。由于反流物刺激，可引起食管和食管外合并症。食管合并症主要包括反流性食管炎、巴雷特（Barrett）食管，以及食管腺癌。食管外合并症则分为与反流相关的，包括咳嗽、哮喘、喉炎、声嘶、清嗓、龋齿，以及可能与反流有关的，包括咽炎、鼻窦炎、特发性肺纤维化以及复发性中耳炎等。对此病的治疗，质子泵抑制剂对酸反流而言疗效比较好。但对弱酸与非酸反流（胃蛋白酶、胆汁反流）则效果不显著，而当胃内pH值≥4，则易引起感染性疾病。另外对反流性食道炎，咽喉炎的症状缓解，效果不理想。应用时久，影响铁剂与维生素C的吸收，可产生贫血。

麦门冬汤从清火养阴的角度来说，是很有意义的，但从临床来看，由于清火的作用不大，因此疗效并不显著，必须加强清火药物的力度。如何在临床工作中找到一个既能清热泻火，又能止酸，治疗胃食管反流的良药，很长时间内，作为临床研究的节点。

余在5年前发现青黛具有这样的作用。青黛为蓼科植物蓼蓝、十字花科植物菘蓝与爵床科植物马蓝茎叶中的干燥色素制靛时的加工副产品。于夏、秋二季采摘上述植物的茎叶，置缸中，加水浸至叶腐烂，茎脱皮时，将茎枝捞去，加入适量石灰，充分搅拌，至浸液由乌绿色转为深紫红色为度，采集液面泡沫，于阳光下晒干即成。

青黛性味咸寒，能凉血解毒。常用于时病热毒发斑、吐血、衄血、咯血以及小儿疳积发热等症。外敷有吸湿作用，又常用于湿疮、湿疹、口舌咽喉溃疡。

关于咳嗽，《内经》咳论篇有“五脏六腑皆令人咳”之说，其中“心咳之状，咳则心痛，喉中介介如梗状，甚则咽肿，喉痹”，比较符合胃食管反流病的临床表现。

因此，应用青黛粉治疗此病，对胃食管反流引起的胸背痛，反流灼烧感，确实有效。此外，海蛤壳（帘蛤科动物青蛤或文蛤的贝壳）性味亦为咸寒，功能清火化痰，软坚散结，制酸止痛，煅过碎成粉剂。即海蛤粉，对胃食管反流病引起的胸部灼热疼痛，泛酸，亦很适宜。

青黛与海蛤粉合而成方，即黛蛤散。该方见于《中药成方配本》，为清·《医匮六书》卷22“粉黛散”之异名，临床用于肝火犯肺之咳嗽，为清热泻火，化痰止咳之名方。由此观之，黛蛤散对《内经》所述之心咳，现代临床由胃食管反流引起的慢性胃炎、反流性食管炎、咳嗽、咽炎、哮喘等，是确有疗效并有理论根据的。

参考文献

［1］徐大椿. 伤寒论类方［M］. 南京：江苏科学技术出版社，1984：64.

［2］张万岱. 中医中药治疗HP研究现状和展望［N］. 中国医学论坛报，2011-09-15（D2）.

［3］柯琴. 伤寒附翼［M］. 上海：上海科学技术出版社，1978：30.

［4］王子接. 绛雪园古方选注［M］. 上海：上海科学技术出版社，1982：10.

［《南京中医药大学学报》2012，28（2）：101］

《金匮要略》活血化瘀法论治特色

杨文喆　上海中医药大学基础医学院

活血化瘀治法肇始于《内经》，奠基于仲景，发展于后代，研究和广泛应用于当代，而仲景发挥了承前启后的重要作用。仲景在《金匮要略》中首次提出“瘀血”的病名，有关活血化瘀的治法方药则在此书中多处有涉及。现就仲景活血化瘀法的论治特色作浅探如下：

一、辨病辨证结合，抓住症状特点

仲景在《金匮要略·惊悸吐衄下血胸满瘀血病脉证治篇》中首提瘀血病名，并指出了瘀血的诊断要点，瘀血留滞上焦，气机痞塞可致胸满；瘀血不去，新血不生，可见舌紫唇青；瘀血停留血脉，以致气机运行不畅，故患者自觉腹胀满；血液津液不能上濡，故口干，脉大来迟，往来涩滞迟缓。

以上皆是瘀血病的脉证，可认为瘀血虽以病名形式提出，但究其本质并非为“病”的概念，而是作为病理概念伴随于其他各种疾病中，故仲景对于瘀血论治散在于不同篇章。如疟病日久，结为癥瘕、疟母，用鳖甲煎丸消其癥结；血脉痹阻，身体不仁，成血痹之证，则用黄芪桂枝五物汤养血活血；内有干血，虚实互见，用大黄䗪虫丸缓中补虚；热盛肉腐，发为肠痈，按之即痛，脉象洪数，脓未成者，以大黄牡丹汤下之；病疮而伤之刀斧，王不留行散主之；至于妇人妊娠的腹中㽲痛，妇人产后干血著脐下，妇人杂病的神志异常，水血结于血室，经水停闭，带下经水不利，曾经半产，瘀血结于少腹等，仲景皆处以不同方药。

同为瘀血病机，其症状常由病因、病位、病性、体质的差异等因素所决定，故表现不一，其关键在于对每一症状的出现当严格分析、综合、归纳、判断，最终为审因论治提供依据，所以牢牢把握瘀血的一些固有症状特点显得尤为重要。从中可见，病、证、症辨是仲景论治疾病的主要手段，它不单为瘀血病证而设，同样适用各种内科、外科疾病。

二、详审寒热虚实，强调随证治之

辨证论治是中医学术之精髓，“寒者热之、热者寒之、虚者补之、实者泻之”为中医临床辨证最基本的治则，寒热虚实是辨证贯穿始终的轴线。而仲景对于活血化瘀方药的运用，亦贯彻此宗旨，对后世医家产生了深远影响。

（一）寒者热之

《素问·调经论》云：“血气者，喜温而恶寒，寒则泣而不能流，温则消而去之。”血属阴，有得寒则凝、得温则行之特点，血病为瘀时，仲景能每于活血化瘀方中配伍温散之品，常用药物有桂枝、干姜、厚朴、蜀椒、当归、川芎、吴茱萸、黄芪、人参、甘草等。在20余首活血化瘀方中用桂枝辛温通阳行血者达6方，如黄芪桂枝五物汤、桂枝茯苓丸、土瓜根散、桃核承气汤、鳖甲煎丸、温经汤。而用当归甘辛苦温、补血活血者计有3方，如温经汤以当归、桂枝、吴茱萸、生姜温经通阳，鳖甲煎丸用桂枝、厚朴、干姜温阳行气以活血等。各方主治不同，其证也无明显偏寒或偏热的表现，但均可用辛温之品以温散瘀血，以助血行。

（二）热者寒之

《金匮要略》于肺痈病中提出“热之所过，血为之凝滞”的致病特点，揭示出瘀血的另一种病理过程。从书中同为痈脓病的肠痈治疗可见，此因热所致之瘀常与局部壅结热毒之邪交结，使其血败肉腐，而成痈化之，因起病急骤，病势急迫，故多以清热解毒、活血行瘀为法，以直折病势。另《金匮要略》又提出“病者如热伏，烦满，口干燥而渴，其脉反无热，此为阴伏，是瘀血也”，可知瘀血化热，除了因伤阴动血，虚阳外浮而生外，也可因瘀血蓄积而生，与阴伤之热不同，而纯为实证，治当求本溯源，但去其瘀，热可自退。仲景此法使后人认识到血欲畅和，并不总以一“温”字为度，所以致瘀除过寒血凝外，过热血瘀亦为一因，为后世治瘀别辟一途。如李东垣疗热瘀经闭，主用活血泻火法[1]；清代王清任宗本法拟加味止痛没药散，用治“眼疼白珠红，后起云翳”等[2]70。

（三）虚者补之

对于久病体虚或病久入络之患者，仲景采用补虚化瘀之法，补攻兼施。如久病而成干血痨，用大黄䗪虫丸，以地黄、芍药、甘草等补益之药配伍大量活血化瘀之品，丸以图缓。妇科调经祖方温经汤用桂枝、吴茱萸、当归、川芎温经通脉，活血调经，伍以阿胶、芍药、麦冬、人参等补养气血。对于气虚血瘀者，仲景用黄芪桂枝五物汤。至王清任，对补气活血法阐理之彻，运用之精，可谓前无古人，他认为医病之要务乃明气血、调气血，并详释半身不遂、痿证源于气虚之理[2]108。王氏对运用本法和黄芪尤殚精纯熟，所创补气活血诸方，几乎均以重用黄芪为主药，其中最著者当推补阳还五汤[2]109。

（四）实者泻之

瘀血既是病理产物，又是致病因素，瘀血停蓄，脉络闭阻而致经水不利、闭经、痛经、产后恶露不下及肠痈腹痛、积血、干血等病证。瘀血结滞，留而不去，非攻坚破积之品不能出，故仲景遵《内经》“血实者宜决之”[3]之旨，在《金匮要略》中提出“是瘀血也，当下之”，组方常用善于“下瘀血，血闭……推陈致新”[4]的大黄与活血化瘀的桃仁相伍。如气滞而成血瘀，仲景用旋覆花汤，体现理气化瘀之法。对于其他实证血瘀，如水血同源，痰饮同病，《金匮要略》针对瘀血夹湿者处以当归芍药散；对妇女少腹满如敦状，水与血俱结在血室，以大黄甘遂汤下之。

第25次日本东洋医学总会上有学者归纳仲景治疗瘀血证的经验，认为属阳（热）者，用桃仁、牡丹皮、大黄等；属阴（寒）者，用当归、川芎、芍药等；属陈旧（宿瘀）者，用水蛭、虻虫、䗪虫、蛴螬、干漆等；属实证者，宜桂枝茯苓丸、桃仁承气汤、大黄牡丹汤、抵当汤、下瘀血汤；属虚证者，当归芍药散、温经汤、大黄䗪虫丸等[5]。日本学者的归纳分析的确值得借鉴。

三、把握病程长短，区别轻重缓急

仲景对于活血化瘀法的运用，依病程长短不同而诊治不同，笔者认为可将其分为初期、中期、晚期三阶段进行讨论。

（一）初期

瘀血论治，新邪宜急散，宿邪宜缓攻。故新瘀多行逐瘀之法，药性峻猛。如太阳病，邪热与瘀血结于下焦，其人如狂，外证已解，但少腹急结者，宜用桃核承气汤。

（二）中期

瘀血中期，病机已非单纯，各种病理因素相互纠缠，故论治须重视血行相关因素，组方多治气、治水之法。

1. 治气　仲景对瘀血证的治疗，非常注重调气。《素问·调经论》云：“五脏之道，皆出于经隧，以行气血，气血不和，百病乃变化而生，是故守经隧焉。”血为气母，气为血帅，气行（旺）则血行，气滞（虚）则血瘀，二者互为因果，密不可分。《金匮要略·血痹虚劳病》中血痹病即气虚致瘀，谓治血痹“宜针引阳气令脉和”强调瘀血应先治气，气得宣通，则血可行，而不可专治其血。血痹重证乃阴阳气血营卫俱虚，风寒侵袭，致局部肌肤阳气痹阻，血行瘀滞，方用黄芪桂枝五物汤益气温阳，行消瘀血，以黄芪补气推动血行。另如，旋覆花汤中旋覆花配新绛、鳖甲煎丸中大黄、地鳖虫、桃仁等配柴胡、厚朴，均取气行则血行之意。

2. 治血　津之与血，同源而异类，可相互转化，相互影响。《灵枢·邪客》云：“营气者，泌其津液，注之于脉，化以为血。”若津液不布，变为水湿，阻遏脉道，则致血行不畅；若血行不畅，脉络瘀滞，水积脉中而外渗，使水气停聚或泛滥为患。仲景在《金匮要略·水气病脉证治》中谓：“妇人则经水不通，经为血，血不利则为水，名曰血分。”对此治疗仲景常血水兼顾，活血化瘀方中配以渗利水湿之品。所用治血药既有药性平和的桃仁、芍药、牡丹皮，亦有药性峻猛的大黄、水蛭、虻虫、䗪虫等。治水之法有渗利水湿与攻逐水饮之不同，仲景每据证情寒热、虚实、缓急之不同而辨证选用。如对于肝虚血滞、脾虚湿阻的妊娠腹痛，仲景所用之当归芍药散，以养血擅长兼能活血的当归、芍药为主。至于治湿药物，选用渗湿健脾之品，如茯苓、泽泻、白术。大黄甘遂汤所治之证，虽得之于生产之后，正气不足，然水血互结，腹大如敦，病属牢坚，故用大黄破血结，甘遂逐积水，以冀峻猛之药迅速祛除病邪，急存正气。另外还根据瘀与水的先后主次，权衡药量多少。如桂枝茯苓丸，因癥积日久，血瘀及水，但血病在先，以瘀为主，故用桃仁、牡丹皮、芍药活血化瘀，桂枝温通经脉，以一味茯苓渗湿利水。

（三）晚期

久虚致瘀，或瘀久致劳，瘀血与虚劳并存，可见肌肤甲错、两目黯黑、腹中癥块、形体消瘦、腹满乏力等症。因其多病势缠绵，病程久长，瘀血凝结，留而不去，新血无以化生，为虚实夹杂之证。瘀血内结阻遏血行，法当祛瘀，然久病其正气已不足，而活血化瘀之品性多破泄，仅用攻邪之药，更为损伤其正，故仲景在祛瘀之中兼以扶正，攻补兼施，使瘀消而正不伤，瘀去则生新，其方多取丸剂，小量久服，以冀缓缓取效。如治干血劳之大黄䗪虫丸，以大黄、干漆配䗪虫、水蛭、虻虫等攻逐瘀血、活血通络，重用生地黄及芍药、甘草滋养补虚，丸以白蜜，缓和诸药破泄之力，且用量极轻，每日服兔屎大1丸，不知加至3丸。尤在泾称本方为“濡以润其干，虫以动其瘀，通以祛其闭，而仍以地黄、芍药、甘草和养其虚”[6]。仲景谓之“缓中补虚”。

四、结语

仲景开活血化瘀法辨证论治之先河，精髓之处在于其对活血化瘀方药的运用细审寒热，明辨虚实。在活血化瘀的总法则下又视其寒、热、虚、实，察其兼证、变证，把握病程长短，区别轻重缓急，采取不同证治。可谓仲景开创了较为完整的活血化瘀理法方药的辨证论治体系。

参考文献

[1] 李东垣. 东垣医集·兰室秘藏[M]. 北京：人民卫生出版社，1993：203.

[2] 陕西省中医研究所.《医林改错》评注[M]. 北京：人民卫生出版社，1976：70.

[3] 黄帝内经素问[M]. 北京：人民卫生出版社，1978：48.

[4] 马继兴. 神农本草经辑注[M]. 北京：人民卫生出版社，1995：338.

[5] 中国人民解放军一五七医院西学中班. 活血化瘀资料选编[M]. 北京：人民卫生出版社，1982：5.

[6] 尤怡. 金匮要略心典[M]. 北京：中国中医药出版社，2001：53.

[《上海中医药杂志》2012，46（9）：30]

《伤寒论》注释“阳明为阖”的学术浅探

刘　军　孙果香

内蒙古乌兰察布市商都县中医院

《伤寒论》是东汉张仲景《素问》及《八十一难》的理论，结合自己的临床经验撰写而成。其文辞简古，义味深玄，诚为千古医宗[1]。它的伟大成就举世瞩目，为中医学树立了辨证论治的典范。今从《伤寒论》原文反复互勘，可知仲景之大法最合乎《内经》中的“阴阳离合论”。论中三阳之离合，太阳为开，阳明为阖，少阳为枢。三阴之离合，太阴为开，厥阴为阖，少阴为枢。《伤寒论》六经在功能上是相互协调的，在病理上是相互影响的。但其中无不贯以“阴阳离合”之义。而且六经在功能上的协调及在病理上的影响是相当复杂的，故此处仅对“阳明为阖”的学术特点进行浅述。

《灵枢·五味》篇记载：黄帝曰：愿闻谷气有五味，其入五脏，分别奈何？伯高曰：胃者，五脏六腑之海也，水谷皆入于胃，五脏六腑皆禀气于胃。五味各走其所喜，谷味酸，先走肝；谷味苦，先走心；谷味甘，先走脾；谷味辛，先走肺；谷味咸，先走肾。谷气津液已行，营卫大通，乃化糟粕，以次传下。黄帝曰：营卫之行奈何？伯高曰：谷始入于胃，其精微者，先出于胃之两焦，以溉五脏，别出两行于营卫之道。其大气之抟而不行者，积于胸中，命日气海，出于肺，循喉咙，故呼则出，吸则入。天地之精气，其大数常出三入一，故谷不入，半日则气衰，一日则气少矣。

谷化为气，计有四道：精微营卫，以为二道；化为糟粕及浊气并尿，其与精下传，复为一道；抟而不行，积于胸中，名气海，以为呼吸，复为一道，合为四道也，愚自认为此四道即是阳明之通路[2]。

“阳明为阖”一指上论中“谷气津液已行，营卫大通”及“乃化糟粕，以次传下”。一指阳明经之气化而言。

水谷化为津液，清气犹如雾露，名营卫，行脉内外无所滞碍，故曰大通。其沉浊者，名为糟粕。泌别汁入于膀胱，故曰以次传下也。“谷气津液已行”则水谷化为精微周流全身而不致外泄，“营卫大通”则真气流行，自然无邪停留。“乃化糟粕，以次传下”则浊气逐渐下行而不致停居成邪。

又由《伤寒论》条文：太阳病，头痛至七日已上自愈者，以行其经尽故也。若欲作再经者，针足阳明，使经不传则愈[3]。可以看出如若阳明经充盛，则可以防止外邪入于阳明经，故阳明为阖亦指“防邪入里之屏障”也。

如太阳之风寒邪气初入阳明，若阳明之阖太过，营卫不能大通，真气难以流行。加之太阳之开不及，阳气无从宣泄而使“不汗出而烦躁者”。故大青龙汤中用麻黄、桂枝祛风寒以复太阳之开，用石膏泻邪热以复阳明之阖。若阳明之阖不及，则水谷尚未化为精微而外泄，如“太阳与阳明合病者，必自下利者”。故葛根汤中用麻黄、桂枝祛风寒以复太阳之开，用葛根升阳止泻以复阳明之阖。如太阳病误用下法，阳明之“防邪入里之屏障”受损，太阳之邪气尽入于阳明，从其气化而化为阳热之邪。阳热之邪逼迫阳明而使阳明之阖不及，水谷尚未化为精微而外泄，而致利遂不止。阳热之邪随阳明之通路逼迫营卫，玄府大开，阴营外泄而致汗出。阳热之邪随阳明之通路抟于胸中，致肺逆作喘。故葛根黄芩黄连汤中用黄芩、黄连清泻阳热之邪以复阳明之阖，用葛根升阳止泻并复阳明之阖。如阳明邪热随营卫之道抟于胸膈则心中懊侬、烦躁不得眠。如阳热之邪逼迫阳明而使阳明之阖不及，谷气津液大行而为汗大出，谷气津液大行而津液大伤而为口大渴，谷气津液夹并邪热周流全身而为身大热、脉洪大。故白虎汤用石膏、知母清泻阳明气分之热以复阳明之阖。如阳明邪热内藏阳明而使阳明之阖太过，阳明则不能“乃化糟粕，以次传下”，而致糟粕停居成邪。阳明邪热与糟粕浊气相结而成为阳明腑实证。故承气类方必用大黄推陈出新，甚则加用芒硝软坚泻下以复阳明之阖。

从六经之气化看，阳明之上，燥气治之，燥亦亢矣，而中见太阴湿土。既能生金，亦能治燥也……太阴之上，湿气治之，中见阳明，前以湿治燥，兹以燥胜湿也[4]。由是观之，阳明与太阴为表里，阳明为燥金，太阴为湿土。燥与湿对化，使金不燥土亦不湿。金不燥而润化，润则生水，以生真阴真水。土不湿而燥化，燥则无水，以绝水饮痰湿。若阳明邪热或医者误治均可致阳明之燥金与太阴之湿土不能正常运化。若阳明燥化不及（即阳明之阖不及），则太阴之湿土不得阳明之燥化而生水饮痰湿。此水饮痰湿与阳明之燥热之气相合皆能为病。如若阳明热盛津伤本应以白虎加人参汤治之，而医反下之，伤其阳明燥化之功而生水饮，由此则出现津伤水热互结证（猪苓汤证）。如若阳明内有结聚之热（阳明之热已与肠中糟粕相结），太阴之湿土不得阳明之燥化而生湿气。此结聚之热与湿气相合则出现湿热发黄伴腑气壅滞证（茵陈蒿汤证）。如若阳明内有游离之热（阳明之热未与肠中糟粕相结），太阴之湿土不得阳明之燥化而生湿气。此游离之热与湿气相合则出现湿热发黄证（栀子柏皮汤证）。如若阳明内有游离之热，加之外有表邪使太阳之开不及则出现湿热发黄证伴腠理闭塞证（麻黄连翘赤小豆汤证）。若阳明燥化太过（即阳明之阖太过），则阳明燥金难得太阴湿土之湿化，真阴真水难生，而致津液枯竭，无水行舟，由此则出现脾约证，脾不得为胃行津液即是此理。

若胃中虚冷，饮水则哕、食谷欲呕皆与厥阴、少阴有关，故此处不作论述。

由上可知，“阳明为阖”无论从“谷气津液已行，营卫大通”或“乃化糟粕，以次传下”而言，还是从六经之气化而言，均是研究《伤寒论》阳明病篇的有力手段。需要我们在学习和研究中推广和发掘，也需要我们在临床应用中不断总结和验证。

参考文献

[1] 珍本医书集成（伤寒类）：上海：上海科学技术出版社，1985：8.

[2] 隋·杨上善．黄帝内经太素．北京：人民卫生出版社，1983：14~15.

[3] 李培生，成肇仁．伤寒论．第2版．北京：人民卫生出版社，2006：21.

[4] 裘吉生．珍本医书集成（医经类）：上海：上海科学技术出版社，1985：17.

[《中国民间疗法》2012，20（9）：8]

《伤寒论》水气辨析

高凤芹　徐月英

辽宁中医药大学基础医学院

“水气”始见于《内经》，后世诸医家均有论述，然各医家笔下的水气却有水肿、水湿、痰饮、肾水等不同称谓。“水气”在仲景《金匮要略》和《伤寒论》中均有提到，但含义不尽相同。各医家对水气的注解也是仁者见仁、智者见智。本人通过阅读《伤寒杂病论》的有关资料，对《伤寒论》水气的涵义、致病特点及治疗颇有所感。

一、含义

1. 张仲景之水气《金匮要略·水气病脉证并治第十四》篇中详细论述了水气病的分类、发病机理、治法。该水气病类似于今之所说的水肿，指肺脾肾阳虚、水代谢障碍、水潴留，泛溢于肌肤而致的以颜面肢体浮肿为主症的疾病。《金匮要略·妇人妊娠病脉证并治第二十一》说：“妊娠有水气，身重，小便不利，洒淅恶寒，起即头眩，葵子茯苓散主之。”《痰饮咳嗽病脉证并治第十二》又说：“饮水流行，归于四肢，当汗出而不汗出，身体疼重，谓之溢饮”，将水饮停于四肢而使肢体肿重归为溢饮[1]。

《伤寒论》明确提及水气的条文共有四处，有“伤寒，表不解，心下有水气”的小青龙汤证；有“伤寒汗出解之后，胃中不和，心下痞硬，干噫食臭，胁下有水气”的生姜泻心汤证；有“少阴病，二三日不已，至四五日，腹痛、小便不利、四肢沉重疼痛，自下利者，此为有水气”的真武汤证；有“大病瘥后，从腰以下有水气者”的牡蛎泽泻散证。因《伤寒论》有“详于前而略于后”及“详于后而略于前”的特点，水气致病隐含于很多条文当中，如第65条茯苓桂枝甘草大枣汤证，第67条茯苓桂枝白术甘草汤证，第71、73、74条五苓散证等等。

同样是张仲景的著作，同一名却有不同的含义。《金匮要略》中水气即为水肿病，《伤寒论》中的水气却是可流于身体各部的“水邪”“湿邪”，是有形的变动不居的实邪，类似于病理产物或致病因素。

2. 古代医家之水气 古典医籍中，多有提及水气，然意义亦有不同。《素问·评热病论》“诸有水气者，微肿见于目下也”意指水肿；《意林》卷五引汉·任奕《任子》“木气，人勇；金气，人刚；火气，人强而躁；土气，人智而宽；水气，人急而贼”，概指五行中的精气；宋·张虙《月令解》卷九：“鼽嚏之疾，亦水气所成”，概指寒的水气；汉·华佗在《华氏中藏经·卷中·论水肿脉证生死候第四十三》中有“十水”的病名。“水有十名具于篇末。一曰青水。二曰赤水。三曰黄水。四曰白水。五曰黑水。六曰玄水。七曰风水。八曰石水。九曰里水。十曰气水。”此指一种水肿病；隋·巢元方在《诸病源候论·水肿病诸侯》中多次提到水气如“脾胃虚弱，使水气流溢，盈散皮肤，故令遍体肿满，喘息上气，目裹浮肿，静脉急动，不得眠卧，股间冷，小便不通”令有“水气不散，流溢肠外”“水气结聚于内，乃腹大而肿”“肾主水，肾虚则水气妄行，水气溢于皮肤”“水气停聚，在于心下”，此指体内因各种原因所致水湿，有水肿，有腹水，有肾水等[2]。

3. 近现代医家注解 刘渡舟在《伤寒论临证指要》中指出：古人对水气的概念，有认为水气是水之寒气，如成无己注水气上冲：“水寒相搏，肺寒气逆”；也有人认为，水气即是水饮，如钱天来注“水气，水饮之属也。”我认为他们似乎各自说对一半，因水与寒，往往统一发病，水指其形，寒则指其气，如影之随形，不能分离。所以水气的概念，既有水饮，也有寒气[3]。

喻嘉言在《尚论篇·太阳经下篇》对小青龙汤之水气注曰“风寒不解，心下有水气，水即饮也，水寒相搏，必……”[4]；柯琴在《伤寒来苏集》注小青龙汤之水气有“水气者，太阳寒水之气也。太阳之气在天为寒，在地为水”[5]。可见喻嘉言之水气即为水饮，柯琴之水气为寒水之气。

4. 广义狭义水气 笔者认为，水气有广义和狭义之分。广义之水气包含单纯的水饮和水饮与寒、热气的结合。水气当“水饮”解时，本身为中性的，无寒性与热性之别，如《伤寒论》第28条的外感水湿、停留中焦之桂枝去桂加茯苓白术汤证。如果水气与寒气相合则为水寒之气，如小青龙汤证、真武汤证、生姜泻心汤证等，均为“水气乘寒气而动之故也”（尤在泾在《伤寒贯珠集·少阴篇》对真武汤证的话）；水气与热邪相合为水热之气，如水热结于膀胱的五苓散证、虚热与水结于下焦的猪苓汤证、湿热滞留下焦的牡蛎泽泻散证、少阳热邪与水气结于胸胁的柴胡桂枝干姜汤证。

狭义之水气即为寒水，也就是水寒之气、阴寒之水。如小青龙汤证、真武汤证、生姜泻心汤证等的水寒之气为患就属于狭义之水气。

《伤寒论》中的水气大多为阴寒之水气，少部分不是寒水，这在张仲景的利水治则上亦可证明。《伤寒论》中利水的方剂有许多，按其功能有温振肾阳以利水的、有温通脾阳以利水的、有疏肝理气以利水的，但同时亦有宣肺清热以利水的、滋阴以利水的和泻下实热以利水的。另外还有综合性的及和平轻缓利水方。总不外乎温阳，清热，和平利水，恰似针对于寒性、热性、中性水气而设的。笔者认为，和平轻缓的利水之剂桂枝去桂加茯苓白术汤为利水之基本方，为治广义之水气的总方。其中的白术、茯苓、芍药，这三味药可以与其他药物配伍，组成不同性质的利水方剂。

二、成因

《伤寒论》中水气的成因主要有：①素体虚弱，卫外不固，复感寒邪、水湿，水寒相搏，津气不能畅行，则水液代谢失常；②风湿邪气入侵，痹阻筋脉；③太阳病误用汗法、吐法，伤及人体津液、阳气，致使津液不布、代谢失常或误用下法伤及中阳致使肠鸣腹泻；④久病迁延不愈，正气日渐虚损，脾肾阳虚终致水饮停聚；⑤大病后，正气未复，气化不能畅行，胃气不胜新谷，致使水湿壅滞；⑥少阴受邪，不能主水，致少阴寒化，肾水上泛。水气的形成，主要与肺、脾、肾、膀胱及三焦功能失常有关，在经则主要涉及太阳经、太阴经和少阴经等。总的来说，水气的产生由各种原因引起体内水液运化失常所致。水液在体内不能进行正常的运化，导致水停气阻或气阻水停，聚而为邪则形成水饮邪气。

三、致病特征

《素问·逆调论篇第三十四》中有“夫不得卧，卧则喘者，是水气之客也。夫水者，循津液而流也，肾者水脏主津液，主卧与喘也”[6]，可见水气是循着津液运行的道路而流动的。水气作为机体内部产生的一种病理产物及致病因素作用于人体可有不同的临床表现：寒水射肺，则为咳有微喘、发热不渴；停于胸胁，则干呕、引胁下痛；上干清阳，则气上冲胸、起则头眩；上凌于心，则为脐下悸，欲作奔豚；阻滞于胃，则为呕逆、心下满微痛、水入即吐之水逆、伤寒水厥；下注大肠，则腹中肠鸣下利；蓄于膀胱，则腹满胀痛、小便不利；泛溢肌肤、骨节，则身体痛、骨节痛、腰以下肿。在脉象上则有脉沉、脉沉紧、脉浮、脉浮数。另外还有兼症、或然症，如水气停聚，致使津液、阳气敷布失常引起的口渴、肢冷、痞满、眩晕等症状。

四、治疗

水气作为致病因素（病理产物）可以与寒邪、热邪等相合而引起各种不同的病变，继之产生不同的临床症状，因而又有不同的治疗原则和治疗方法。

1. 张仲景治水之法　张仲景在《金匮要略·水气病脉证并治第十四》指出：“诸有水者，腰以下肿，当利小便，腰以上肿，当发汗乃愈”，“夫水病人，目下有卧蚕，面目鲜泽，脉伏，其人消渴。病水腹大，小便不利，其脉沉绝者，有水，可下之。”在《痰饮咳嗽病脉证并治第十二》指出：“病痰饮者，当以温药和之。”可见“发汗，利小便”“攻逐水饮”“以温药和之”是张仲景祛除水邪的常用之法，现在临床应用亦屡屡显效。

《伤寒论》对水气的治疗分散六经病各条文中，其治疗方法看去虽未明言，实则更为详备。如解表蠲饮法，温阳（心阳、脾阳、肾阳）利水法，温胃利水法，育阴利水法、化气解表利水法、辛热逐水法，和胃消痞法，调畅气机法、攻逐水饮法、温阳止利法等等。

2. 治疗上、中、下三焦水的方剂与应用　《伤寒论》中治疗上焦水的方剂有小青龙汤、十枣汤、麻杏石甘汤等。此类证型多为实证、表里同病，治疗上用麻黄、桂枝发汗解表，姜枣、芫花、大戟化湿、逐水，既可外解表邪又可内化水饮，通过汗法、下法使水气排出。现代多用于治疗痰饮、哮喘。

治疗中焦的有桂枝去桂加茯苓白术汤、生姜泻心汤、茯苓桂枝白术甘草汤、茯苓甘草汤、柴胡桂枝干姜汤等，此类方证多为中焦阳虚，阳虚气化不利，水液停聚。治疗上张仲景善用生姜配附子温通肾阳、健运脾气，白术、茯苓、芍药健脾柔肝、淡渗利水，桂枝、姜、甘草温通阳气、助阳气化，通过药物之间的协同作用以壮心阳、健脾气、复胃气、温肾阳，使人体正气恢复、阳气充盛。阳气盛则能治水，体现了“病痰饮者，当以温药和之”之意。现代多用于治胃脘痞痛、腹痛、痰饮咳喘、心悸、胸痹、水肿、眩晕、胁痛。

治疗下焦水有茯苓桂枝甘草大枣汤、真武汤、甘草附子汤、猪苓汤、附子汤、牡蛎泽泻散等。下焦水多为脾肾阳虚，水气内停，或蓄于膀胱或归于四肢或下迫大肠。用药上多用附子、白术健脾温肾，正所谓“通阳不在温，而在利小便”，茯苓、猪苓、泽泻渗湿利水，治疗以温肾阳、治肾水为主，使膀胱气化、小便通利，水邪从二阴排出或涩肠止利。现代多用于下痢、淋证、癃闭、水肿、腹胀、痹证。

三焦水气不利则以五苓散为主。五苓散中桂枝通阳利水，白术健脾利水，茯苓、猪苓淡渗利水，泽泻清热利水，集多种作用和缓的利水药于一方，从而达到通阳化气、输布三焦津液之目的。现代应用：五苓散主要用于外感病中汗出或下利，大量水分丧失，轻度脱水的同时又有气化失司，局部停水的疾病。

综上，水有形，气无形；水随气走，气附于水。两者相合通过三焦水道可致全身疾病，正如小青龙汤证所云：“干呕，发热而咳，或渴，或利，或噎，或小便不利，少腹满，或喘。”水气致病繁多，临床常见，故对其深入研究以便更好地指导临床应用是非常有价值的。

参考文献

[1] 范永升. 金匮要略［M］. 北京：中国中医药出版社，2003：187～193.

[2] 丁光迪. 诸病源候论校注（上）［M］. 北京：人民卫生出版社，2000：634～647.

[3] 刘渡舟. 伤寒论临证指要［M］. 北京：学苑出版社，1993：40.

[4] 清·喻嘉言. 尚论篇［M］. 北京：学苑出版社，2009：5，105.

[5] 清·柯琴编撰，张海鹏，陈润花校注. 伤寒来苏集［M］. 北京：学苑出版社，2009：58.

[6] 孟景春，王新华. 黄帝内经素问译释［M］. 第4版. 上海：上海科学技术出版社，2009：318～319.

［《实用中医内科杂志》2012，26（8）：21］

《金匮要略》治疗黄疸

许文君　首都医科大学
附属北京佑安医院

“黄疸”病名，首见于《内经》，但治法尚缺，而张仲景在《金匮要略》中则立“黄疸”为专篇，且将汗、吐、下，和、温、清、消、补八法灵活运用，其对黄疸病的治疗原则及方药一直沿用至今。

一、清法

张仲景认为黄疸病的病因多由阳明胃热与太阴脾湿相蒸而成，若湿无热蒸，热无湿郁，就不会发黄。因此，张仲景提出了“诸病黄家，但利其小便”的重要思想。通过清利小便之法，祛湿外出，以达到退黄之目的。其治疗当清其热，利其湿，以茵陈蒿汤最具代表性，为治疗阳黄的基本方剂。方中重用茵陈（先煎），清热利湿，为退黄之要药，大黄通便，栀子清热泻火，引热下行，三药合用，前后分消，湿热从两便而去。

二、消法

消者，消散，去其壅滞积聚，适用女劳黑疸。《金匮要略·黄疸病脉证并治第十五》篇曰：“黄家日晡所发热，而反恶寒，此为女劳得之。膀胱急，少腹满，身尽黄，额上黑，足下热，因作黑疸。其腹胀如水状，大便必黑，时溏，此女劳之病，非水也。腹满者难治，硝石矾石散主之。”由于房劳伤肾，或黄疸日久，转而伤肾，脾失健运，湿热与瘀血互结所致，方用硝石矾石散清湿热，化瘀血，以达活血化瘀，清热利湿之目的。

三、汗法

外感时邪初犯肺卫，湿热熏蒸溢于肌肤发为黄疸。《金匮要略·黄疸病脉证并治第十五》篇曰：“假令脉浮，当以汗解之，宜桂枝加黄芪汤主之。”针对黄疸病兼有表虚、营卫不固者用桂枝加黄芪汤。用桂枝汤调和营卫，黄芪补脾益气，助桂枝汤以解表，兼利水湿，服法如桂枝汤，微汗为佳，不宜过汗，恐伤其正。若表实无汗者，证见恶寒发热，无汗，身黄色鲜明，小便不利等，用麻黄连翘赤小豆汤以解表发汗，清利湿热[1]。

四、吐法

《金匮要略·黄疸病脉证并治第十五》篇曰：“酒疸，心中热，欲呕者，吐之愈。”[2] 这体现了《素问·阴阳应象大论》的观点“其高者，因而越之。”上焦之处，痰饮酒食停留，法当吐之。附方提出用瓜蒂汤，用一物瓜蒂20个，水煎顿服，取瓜蒂苦寒之性，能吐能下，使酒食湿热上下分消而愈。

五、补法

《金匮要略·黄疸病脉证并治第十五》篇曰：“男子黄，小便自利，当与虚劳小建中汤。”此处所指发黄，为虚劳萎黄。黄疸之人，多有小便不利，今小便自利，病属里虚，乃脾土之色外现，其色黄而不泽。《临证指南》有“阳黄治胃，阴黄治脾”之说，小建中汤甘温建中，中阳恢复，黄色自退。另外，仲景既言“虚劳”，其治疗亦可按虚劳而治。

六、温法

适用于太阴脾虚，内生寒湿，外感寒邪，内外相合，或初为湿热，然泻下太过，损伤中阳，内热转寒之黄疸。治宜温阳化湿，可选用《医学心悟》茵陈术附汤以温化寒湿退黄。

七、下法

下者，攻也，攻其邪也。《金匮要略·黄疸病脉证并治第十五》篇曰：“黄疸腹满，小便利而赤，自汗出，此为表和里实，当下之，宜大黄硝石汤。”即热盛里实之黄疸，表现为黄色鲜明，腹满，小便短赤，大便干结，或发热汗出者，可用大黄硝石汤以通腑泄热退黄。同样《金匮要略·黄疸病脉证并治第十五》篇曰：“诸黄，猪膏发煎主之。”此为黄疸经久不愈，湿热结于肠胃，煎熬津液，引起胃肠燥结，兼血疾所致，用猪膏润肠通便，乱发消疾滞、利水道，使大便通利，湿热从小便而出。

八、和法

在表可汗，在里可下，半表半里，当用和法。《金匮要略·黄疸病脉证并治第十五》篇曰：“诸黄，腹痛而呕者，宜柴胡汤。”由于肝疏泄功能失常，少阳枢机不利，胆热内郁，发为黄疸，故用小柴胡汤以和解少阳退黄。

黄疸的治疗，自张仲景《金匮要略》始至今有两千余年的历史，就其病因病机，治疗主方看，《金匮要略》治黄一证，八法备焉，其详如此，可谓尽矣。

参考文献

[1] 郑炜宏，陈秋铭．试述仲景对黄疸病的治疗方法及现代临床运用［J］．国医论坛，2009，24（3）：7～8.

[2] 黄仰模．金匮要略讲义［M］．北京：人民卫生出版社，2003：201.

［《中华中医药学会第十五届内科肝胆病学术会议暨国家中医药管理局专科专病协作组（肝胆病、传染病组）会议》］

《金匮要略》胸痹篇第6条引发的思考

马　杰　天津中医药大学

《金匮要略·胸痹心痛短气病》篇中第6条云：“胸痹，胸中气塞，短气　茯苓杏仁甘草汤主之，橘枳姜汤亦主之。”联系原文第2条：“平人无寒热，短气不足以息者，实也。”有医家认为这两条论述的均是胸痹之短气里实者，第2条以解释病机为主，第6条以提出证治为主，短气表现上有轻重缓急之分，遂将其列入胸痹下；亦有医家根据篇名胸痹心痛短气与原文所列症状，以方测证，合而谈之，形成短气独立的病机治法，与胸痹心痛并列而立。笔者认为，张仲景的目的并不在于两者之间的鉴别，而是强调胸痹与短气的关系，提出了短气在胸痹整个过程的重要作用，真正从临床出发，示后学以法。对此笔者冒昧提出以下认识，只求抛砖引玉，望同仁斧正。

一、诸家之言

1. 胸痹之轻证

历代医家多主张本条是论胸痹之轻证。其中，吴谦认为“胸中气塞，胸痹之轻者也”，七版教材中亦云此为胸痹之轻证。周扬俊在《金匮玉函经二注》中云：“胸痹既有虚实，又有轻重，故痹之重者，必彻背彻心者也，轻者不然，然而何以言痹？以其气塞而不舒，短而弗畅也。然一属手太阴肺，一属足阳明胃”。吴谦、周扬俊等人将此处胸痹理解为胸中闭塞不通之意，属广义胸痹，无一般胸痹之喘息咳唾，胸背痛，却见胸中气塞短气，故而言轻。

2. 白成之短气

陆渊雷在《今释》中谓：“茯苓方所主，病变在呼吸器，橘皮汤所主，病变在消化器”。赵桐在《金匮述义》中言：“短气不足以息者，实中之甚者也，胸中气塞短气，实中之轻者也”。张璐在《张氏医通》亦云：“夫短气不足以息者，实也，故二方皆利气之剂，一以疏利肺气，一以疏利胃气也”。陆渊雷等人则避开了胸痹病这一前提，与第2条相联系，以方测证，认为此为白成之短气。

3. 胸痹以短气明显者

张苏颖[1]认为此条并非胸痹之轻证，而是仲景为胸痹伴有明显胸中气塞短气者出示相应治法。另外，《金匮要略译释》[2]认为本条冠以胸痹，说明仍可出现喘息咳唾、胸背痛的症状，但以胸中气塞短气证较为明显而已。张苏颖等人结合临床情况进行了分析，但不免过于静止与片面，而终未能将胸痹与短气的关系明辨。

二、原文辨析

1. 证候之辨

痹者，闭也。胸痹指因胸中闭塞不通，凝滞不行而产生的痞结短气、喘息咳唾、甚或胸背疼痛的一类疾病。短气，是病人自觉气短而不能续的一种症状。仔细分析，发现二者病机，皆以宗气内虚为本，气滞饮停血瘀为标。气为阳，故上焦阳虚当指胸中宗气而言，宗气虚，不足以行呼吸，故见气促短气，气机不畅而气滞气塞；影响及肺之宣布，津液失于敷布而饮阻水停，无力推动营血则气血瘀滞，血脉不通而痛。即以气滞饮停血瘀为标，而三者往往又相兼致病。

在《伤寒论》与《金匮要略》中，张仲景所述短气各因其病而发，均是作为各病的伴发证存在，如在《伤寒论》152条十枣汤证中短气是饮邪上壅、气机受阻之实证。《金匮要略》痰饮病篇中短气多属实证，多由痰饮所诱发，虚劳病篇中短气多属虚证，与诸虚劳损伴见。因此笔者认为，第6条中所述短气是胸痹的一种伴发症状无疑，但它并不局限于胸痹之轻证，既可以是胸痹伴有明显的气塞短气，也可以是胸痹突然卒发的短气表现。由此可知，短气实际上伴随胸痹发病的整个阶段。

可见，张仲景在编写原文的时候非常注意疾病的动态发展和内在联系，真正来源于临床的。

2. 短气之辨

笔者认为，此条仲景写短气主要用于指导临床，用意有三：一为引起后学对短气的重视。二为强调发病之急迫而明显。三为指明疾病预后及调护时间的把握。

首先，胸痹初起，病将发而未发，病势缓，短气常作前驱症状出现，应该高度重视，趁气滞饮停尚为轻浅，及早祛除，甚不可大意；其次，凡胸痹病已发，或初起病势较急者，短气为伴发症状，一般表现为明显的或是急性剧烈的短气不足以息证，急则治其标；最后，胸痹后期，或胸痹心痛虽以缓解，然壅滞之邪气未能尽除，表明短气一证仍在，作为疾病向愈，停饮瘀血得散的标志，提示善后。可以进行后期调理，理气化饮，清除余邪。

立足全篇，仲景这种思想也是一以贯之的。在原文第2条中，既可以理解短气先于其他症状出现，也可以理解为短气证明显而剧烈，提示为实证加急证。原文第3条“胸痹之病，喘息咳唾，胸背痛，短气，寸口脉沉而迟，关上小紧数，栝楼薤白白酒汤主之”。其短气就属于胸痹的一个伴发症状出现。所以在本篇提及的三处短气中，恰好组成一个较为完整的胸痹动态层次图。因此可以看出，第6条中短气的用意就是立足于全篇整体，将胸痹划分不同的层次以区别治疗。

3. 方药之辨

同为胸痹气塞短气，为何此处又分两法治之？如《正义》所言："是病机有虚实上下之分，治法也有轻重缓急之异，果其上焦不开也，则宜用茯苓杏仁甘草以宣泄之，果其中焦痰滞也，则宜用橘枳生姜以降泄之"。此仲景同为疏利化浊之方而根据作用病位和病邪性质的侧重不同，一宣一降，一气一饮，取因势利导则病邪速去之意。

笔者认为，结合全篇整体来看，本条又构成了胸痹从气分、水分、血分论治一环。仲景在胸痹本证以通阳宣痹为正治，多用栝楼、薤白、桂枝、白酒之品，治气多加枳实以下气，橘皮、厚朴以行气，人参、甘草以补气；治水多加茯苓、薏苡以化饮，半夏、生姜以祛痰；选附子、乌头、蜀椒等大辛大热之品，盖取其温通血脉之意。用药之法，全凭乎证，添一证则添一药，易一证则易一药。然诸方药虽有偏气、偏饮、偏癖之不同，实际上三者病发常相兼为患，在临床运用中不可偏执。如日本医家山田业广认为茯苓杏仁甘草汤亦可以治血分，论本方"盖治胸中有癖血之胸痹，何以言之，《本草经》：杏仁，主产乳金疮，是杏仁有治血之功。……又《千金方》被打门，治有癖血者，其人喜忘，不欲闻人声，胸中气塞短气方，即本方"。[3]有一定参考意义。

综上，张仲景在编写原文的时候是极其留心疾病的动态发展和内在联系，真正来源于临床的。疾病的发生发展，始终是处于恒动状态的，证候本身也必处于运动变化之中。[4]从胸痹与短气两者关系的辨析可得，短气实属胸痹的一个症状，伴随在胸痹发病的整个阶段，并不局限于胸痹之轻证，更多的是起到一种先驱预警和提示善后的作用。从本篇中短气的用意可推第6条与全篇的思想统一，为划分胸痹轻重层次提供了依据，从而指导临床治疗的侧重选择。从茯苓杏仁甘草汤与橘枳姜汤的设立可知，仲景胸痹用药规律不离治气治水治血，以羽翼通阳宣痹之法。

参考文献

[1] 张苏颖．茯苓杏仁甘草汤辨析［J］．山东中医药大学学报，2010，25（6）：194－196.

[2] 李克光，张家礼．金匮要略译释［M］．第2版．上海：上海科学技术出版社，1991：195.

[3] 山田业广．金匮要略集注［M］．北京：学苑出版社，2009：113.

[4] 张国骏．伤寒论临床教程［M］．北京：人民卫生出版社，2009：58.

［《浙江中医药大学学报》2012，36（12）：1366］

"脾虚外感"论治

杨　双　权隆芳　遂宁市中心医院

中医认为，脾主运化，具有把水谷（饮食物）化为精微，并将精微物质供养全身的生理功能，这对整个人体的生命活动起着至关重要的作用，因此，脾被称为"后天之本"。脾气虚弱，运化失司，气血生化不足，则人体的整个免疫能力也会随之下降，所以容易感受外邪，而成脾虚基础上的外感病。临床上，这一情况极为常见。本文就脾虚外感的相关问题作一探讨。

一、李东垣论脾虚外感

金元四大家之一的李东垣倡导"百病皆由脾胃衰而生也"[1]之论，认为脾胃内伤是各种疾病的病理基础。李东垣所谓的"百病"，当然也包括外感病在内。

1. 脾虚外感的病机

关于脾胃不足而得外感病的机理，李东垣是这样论述的[2]"脾胃之气下流，使谷气不得升浮，是生长之令不行，则无阳以护其荣卫，不任风寒，乃生寒热，皆脾胃之气不足所致也"。简单地说，就是：脾胃虚弱，中气下陷，正气不足，卫外不固，所以容易感受风寒，而得外感病。

2. 脾虚外感的辨治

关于其辨治，李氏在《内外伤辨惑》"（补中益气汤）四时用药加减法"中指出[2]："以手扪之而肌表热者，表证也。只服补中益气汤一二服，得微汗则已。非正发汗，乃阴阳气和，自然汗出也。"他认为，患者如果本身有脾胃内伤的病理基础（如症见少气懒言，四肢无力，困倦少食，饮食乏味等），又见外感病之初的表现（如初起发热、恶寒等症）；这个时候，应当用手触诊患者的肌肤，如果肌表发热，则为脾虚外感之"表证"，可用补中益气汤治疗。李东垣认为，补中益气汤之所以能够治疗脾虚外感，其机理不在解表发汗，而在鼓舞正气，正气充足，自然就能够驱除外邪，达到"自然汗出"的效果。

二、张仲景论脾虚外感

由于在中医史上，李东垣独重脾胃，其学术思想影响深远。所以，关于脾虚外感的论治，后世多以东垣为宗。然而，据笔者研究，在后汉张仲景所著的《伤寒论》中，脾虚外感的证治已经初见端倪。

1. 小建中汤证

《伤寒论》第102条："伤寒二三日，心中悸而烦者，小建中汤主之。"《伤寒学》教材[3]认为，"心"即为五脏之"心"，所以将"心中悸而烦"解释为"心中悸动、神烦不宁"。笔者认为，此处"心中"当解释为"胃脘"。其理由如下：1）小建中汤既然是"建中"，其主证的病位应在中焦脾胃；2）《伤寒论》中，在很多地方，"心中"一词，都是指胃脘，如"心中则饥""心中温温欲吐""心中饥烦"等[4]。所以，本证不仅有外感初期的症状，还有胃脘部悸动而烦的表现，且以后者为主。因此，其病机为：中焦虚寒，气血不足，复被邪扰。用小建中汤温中补虚，安内攘外。

2. 桂枝人参汤证

《伤寒论》第163条："太阳病，外证未除，而数下之，遂协热而利，利下不止，心下痞硬，表里不解者，桂枝人参汤主之。"本证的形成是由于太阳表证误用下法，导致脾阳受损，故见"利下不止，心下痞硬"，此外，原有之表证仍在，所以，原文称之为"表里不解"。其病机为脾胃虚寒兼有表邪不解，治疗以桂枝人参汤温中解表。桂枝人参汤由人参汤（即理中汤）加桂枝而成，用理中汤温补脾胃之阳气，加桂枝以驱散在表之风寒。笔者常用此方治疗脾虚外感风寒之证，疗效可靠。

三、病案举例

刘某，女，38岁，病起于某日外出劳作，到晚上8点才回家，途中汗出当风。第2天便觉得头晕，恶风寒，不欲食。就诊于当地医疗站，医生诊为伤暑感冒，用祛暑解表法治疗，效果不佳。刻下症见：面色苍白，语音低微，恶寒（时值炎夏，却必须用毛毯盖身），四肢发凉，近日饮食锐减，每天只能勉强喝点稀粥，头晕，体倦乏力。舌淡胖、苔白略厚，脉沉细。综合分析病人目前症状和体征，结合其发病原因及治疗经过，诊为脾虚（中焦虚寒）外感，用桂枝人参汤加黄芪、山楂、陈皮之类。药服1剂，患者恶寒减轻，开始有饥饿感，乃嘱其不要暴食。服完2剂，患者恶寒已不明显，饮食已趋正常，体力有增，但有时还觉疲乏，即以补中益气汤原方善后。药进2剂，病人已一切如常，可以下地劳作了。

李东垣在《脾胃论》中说"形体劳役则脾病"[1]，由上述病例可知，病人首先是过劳伤脾（也可能是原本就有脾虚的病理基础），进而又复感风寒，而成脾虚外感之证，用桂枝人参汤和补中益气汤进行治疗，取效明显。

参考文献

[1] 李东垣．脾胃论［M］．北京：人民卫生出版社，2006：15.

[2] 李杲．内外伤辨惑论［M］．北京：人民卫生出版社，1959.

[3] 熊曼琪．伤寒学［M］．北京：中国中医药出版社，2003：112.

[4] 张仲景．伤寒论［M］．北京：人民卫生出版社，2011.

［《长春中医药大学学报》2012，28（6）：1031］

《金匮要略》妇人妊娠病方"药对"配伍规律理论研究

武建设　东南大学医学院博士后流动站

连建伟　南京同仁医院博士后工作站

张仲景在《金匮要略》妇人病三篇中，从理论、辨证论治、药物等方面系统地论述了妇科疾病，形成了对妇女经、带、胎、产、杂病的辨证论治体系，对后世影响很大。其中对《内经》"有故无殒"思想的临床运用，不同剂型和治疗手段的灵活选取，是张仲景治疗妇人病的特色，值得我们进一步研究[1]

一、桂枝茯苓丸

（一）方药组成：桂枝、茯苓、丹皮、桃仁、芍药，（蜜）。

（二）主治病证：瘀血内阻，留结胞宫所致的胎动不安，漏下不止，痛经等症。

（三）配伍分析：

1. 桂枝配茯苓：阳化气，阴成形，无阳则阴无以化，水湿弥漫，瘀血停留，结聚为癥；癥痼又致气滞血瘀，血不行则为水。桂枝辛甘温，和营通阳，"升举阳气以止漏血之下"，配以甘淡渗泄之茯苓，通阳利水，消其本寒。《得配本草》谓桂枝"得茯苓御水气之上犯以保心"，尤在径曰"桂枝得茯苓，则不发表反行水"。经方中二味配伍应用者颇多，后人称为"苓桂剂"，尊为水剂代表方，用于各种水气上冲之证，但总不离通阳化水，平冲降逆之旨，如苓桂术甘汤、茯苓桂枝甘草大枣汤、防己茯苓汤、茯苓泽泻汤、五苓散、桂苓五味甘草汤等方。

2. 桂枝配芍药：辛酸相合，一散一敛，在桂枝汤中为调营卫、和阴阳之重要药对。本方证妇人为癥痼害而见漏下不止，故取桂枝温经通脉，芍药“主邪气腹痛，除血痹，破坚积”，二味相配，功在通血脉，散恶血，缓挛急。桂枝芍药知母汤中取此药对，功在行气利关节，非为解表剂也。温经汤等方中亦有此配伍。

3. 茯苓配芍药：茯苓渗利下行而益心脾，芍药敛肝血而扶脾，一气一血，健脾养血，祛邪而不伤正，既有利于行瘀血，亦有利于安胎元。盖内伤病之所由成，多由肝脾不和，气滞血瘀而致，尤其妇人月经带下诸病，又多与肝脾二经有关。二味配伍，土中疏木，组成调理肝脾之经典药对。当归芍药散、真武汤、附子汤等方中二味配伍意义同此。

4. 茯苓配丹皮：茯苓甘平，《本经》云其“主治胸胁逆气”，淡渗脾湿；丹皮辛寒，凉血清肝，一气一血，有补有泻。二味配伍，乃调理肝脾之制。肾为水火之脏，肾阳虚则不能化气行水，故肾气丸中以二味与温补肾阳药相配，意在补中寓泻，以使补而不腻。

5. 丹皮配桃仁：为相须之用，同入血分，破血行滞，兼润肠燥。丹皮苦辛微寒，《本经》谓其能“除癥坚、瘀血留舍肠胃”；桃仁苦平，《本经》谓其“主瘀血，血闭瘕”，《名医别录》谓其能“破癥瘕，通月水，止痛”。大黄牡丹汤、鳖甲煎丸方中二味配伍意义同此。

6. 芍药配丹皮：妇人宿癥未去，漏下不止，离经之血残留成瘀，瘀血不散，必气滞作痛。《名医别录》谓芍药“散恶血，逐贼血”，本方中芍药（赤芍）能祛瘀缓急，丹皮清热凉血破血以逐其瘀，二味同入血分，凉血柔肝，缓急止痛。温经汤中二味配伍意义同此。

（四）小结：本方配伍特点[2]：

1. 活血药与祛湿药同用，瘀血与水湿兼顾，但以活血为主；

2. 活血之中寓有养血健脾之功，消补并行，寓补于消；

3. 用量极轻，以蜜为丸，渐消缓散。濑户隆子[3]通过对本方中10种指标成分（肉桂醛、肉桂酸、三油酸甘油酯、苦杏仁苷、茯苓酸、苯甲酸、芍药苷、没食子酰芍药苷、五没食子酰葡萄糖及丹皮酚）进行定量分析，表明改变剂型会使本方成分发生变化。张英泽和阎小萍[4]采用本方加减化裁治疗妇女风湿症，获得良效。张金喜和王强等[5]灵活运用本方加味辨治前列腺增生症、慢性前列腺炎、附睾炎、精液不液化症等男科病症，颇有效验。

二、芎归胶艾汤

（一）方药组成：川芎、阿胶、甘草、艾叶、当归、芍药、生地，（清酒）。

（二）主治病证：阴血亏虚，冲任损伤所致的崩漏、胞阻或胎动不安等症。

（三）配伍分析：

1. 当归、川芎、芍药与生地相配：当归辛甘温，入肝心脾经，功能补血活血，又善治血虚血瘀之痛；川芎辛温，辛香行散，温通血脉，既能活血祛瘀以调经，又能行气开郁而止痛，为血中之气药；芍药养血敛阴，调经止痛。生地甘苦寒，清热凉血，养阴生津，并能补血。“考仲景方调理血分常取芎、归、芍三味，而此用地黄亦专为妊娠下血而设。”[6]“其妙在血液被诅，不能不去，乃不禁其去，而惟生且长之，使夫受病之故者不留，方生之新者不去。斯则有病遂为无病，此黄土汤、芎归胶艾汤一治脾不统血，一治肝不藏血，佐使虽殊，用地黄之理则一也。”[7]共同配伍，养血活血，止痛止血，乃仲景血剂之代表方，为营虚血滞，冲任虚损之妇人病著名药对。正如李培生教授[8]所云：“以上四味寒温互济，刚柔相合，功能入肝养血活血，调整冲任机能而兼行气舒郁之效。”又说[9]：“四味相合，温而不燥，寒而不腻，最是调经和营、养血理气之通用效方。《金匮》胶艾汤、温经汤、当归芍药散等方主治，可以窥其大义。”

2. 阿胶配甘草：阿胶乃血肉有情之品，以味为用，补血止血，《本经》谓其能治“女子下血，安胎”；甘草甘平，缓急止痛。血统于脾，藏于肝，阿胶又能补肝血，甘草又能补脾气，故可相须为用。黄土汤、白头翁加甘草阿胶汤中亦以此二味配伍，不寒不热，养血补气，则血不妄行矣。

3. 阿胶配艾叶：阿胶甘平，补血止血，养血安胎；艾叶苦辛微温而气香，能温经止血，为调经安胎之专品。本方运用之巧，实在胶艾，以阿胶入手太阴为气中之阴，艾叶入肝脾肾三经为血中之阳，如此则静中有动，升降有序，开合互济，阳生阴长。

4. 阿胶配芍药：阿胶与芍药均能养血滋阴，同入阴分，为相须之用。但阿胶性偏滋润凝滞，芍药苦寒酸敛，又能除血痹，疏郁结，行营气。此又为经方配伍静动结合之例。黄连阿胶汤中二味配伍之奥妙，亦在于此。

5. 芍药配甘草：即芍药甘草汤。妊娠胞阻，下血不绝，血不养脏，则腹中痛。二味配伍，酸甘化阴，以复阴液，调理肝脾，缓急止痛。小建中汤、桂枝芍药知母汤中配伍意义相同。

（四）小结：本方配伍特点[10~11]：标本兼顾，以养为要，用阿胶、艾叶止血以治标，四物调肝养血以治本，全方以养血固冲为主要手段，而达止血固崩之目的；补中寓温，寓活于养，全方于养血止血之中配性温暖宫的艾叶，使补中寓温，归、芎行血活血，寓活于养。肝脾同调，以肝为主；气血同调，以血为主；寒温并用，以温为主。药理实验表明该方有明显促进凝血作用故而可达到止血目的，岩渊慎助[12]就该方治疗妇女子宫出血的临床疗效与西药凝血酸、维生素 K_1 的止血效果作了对比观察，发现该方对虚证及虚实夹杂症疗效较好，在子宫内膜增生期及单纯增生期疗效好。动物实验[13]提示该方确可用于治疗贫血及出血性疾病，同时该方有升高白细胞作用。

三、当归芍药散

（一）方药组成：当归、芍药、川芎、茯苓、白术、泽泻，（酒）。

（二）主治病证：肝脾失调，气血瘀滞所致腹痛等症。

（三）配伍分析：

1. 当归、芍药、川芎相配：三味配伍，补血活血，通脉止痛，治在调肝理脾，养血利湿。方中重用芍药，泻肝木以安脾土；风气通于肝，配以归、芎养血调肝行瘀。“川芎号为补肝之气，白芍号为敛肝之液，气之盛者，必赖酸为之收，而令气不妄行，二药并用，肝得以平。”[14]张仲景对当归与白芍药之配伍应用灵活，可归纳为以下用途：滋阴养血，调补冲任；养血和血，柔肝止痛温经祛瘀，调经止血；养血柔肝，清热安胎[15]。

2. 茯苓/泽泻配白术：茯苓补土行水，泻中有补，有益于脾肺；泽泻消水，《本经》谓其“养五脏，益气力”；白术健脾益气，燥土化湿，三味配伍，旨在补脾泄浊，化气行水，并能培土生金。泽泻汤中白术燥土湿，泽泻泻水饮，导之入肾，自膀胱而泄。其他经方如此配伍者甚众，盖亦为仲景治水剂组方之常用药对，如：五苓散、茯苓泽泻汤、茯苓饮、茯苓戎盐汤、真武汤、附子汤、茯苓桂枝白术甘草汤、肾气丸等。

3. 芍药配茯苓、白术：为调理肝脾之用。芍药酸寒入肝，善治厥阴风木之病，但病风木而脾胃虚弱者，宜稍减之，与苓、术并用，土木兼医。

4. 茯苓配川芎：亦为土木兼医之治。茯苓补土，川芎养肝；一行水道，一行血道；又可同入气分，一补一行。酸枣仁汤中配伍意义相同。

（四）小结：本方配伍特点[16]：补泻兼施，泻中寓补；津血并调，治血为主；肝脾同治，调肝为要。本方中芍药用量最大，其配伍意义在于：缓急止痛；活血通经；养血柔肝；通利小便。历代医家皆认为妇人以血为本，以肝为先天，经、带、胎、产皆与血、肝密切相关。当归、白芍药配伍，补血和血之力强，且肝、血同治，药性平稳，为妇科常用之品。江西省中医院周士源教授，尤其在运用当归芍药散治疗妊娠病中颇有心得，如用来治疗妊娠腹痛、妊娠恶阻、妊娠水肿及妊娠期坐骨神经痛等病[17]。

四、干姜人参半夏丸

（一）方药组成：干姜、人参、半夏，（生姜汁）。

（二）主治病证：胃虚寒饮，胎气上逆所致的妊娠恶阻，呕吐不止等症。

（三）配伍分析：

1. 干姜配人参：干姜辛热，温中焦脾胃而祛寒饮；人参甘温，大补元气，补益脾肺，脾能运化，肺能通调，则水饮之邪无处可遁。二味配伍，温补中焦，以正升降，中焦之寒得辛热而去，中焦之虚得甘温而复，清升浊降，气不上逆，呕吐自止。理中汤、大建中汤、乌梅丸、半夏泻心汤、甘草泻心汤、生姜泻心汤、茯苓四逆汤、干姜黄芩黄连人参汤等方中二味配伍意义相同。

2. 人参配半夏：妇人妊娠期间出现胃虚寒饮，呕吐不止，则虑其伤胎，且半夏性燥，有一定毒性，故用人参相制，不仅可补脾肺之气，且留取其和胃之功。所谓：“半夏得人参，不惟不碍胎，且能固胎。”[18]二药配伍，补中有散，降中有敛。大半夏汤、小柴胡汤、半夏泻心汤、泽漆汤、竹叶石膏汤、麦门冬汤、厚朴生姜甘草半夏人参汤等方中均取其和胃生津之功。

3. 半夏配干姜、生姜：姜性辛温，和胃化饮；

夏性温燥，降逆止呕。二味配伍，辛开苦降，斡旋中宫，蠲饮行水。经方中同以姜夏二味成方者，或为小半夏汤，或为半夏干姜散，或为生姜半夏汤，为仲景治疗眩悸、心下满及呕吐之重要药剂。“实者佐以走而不守之生姜，虚者佐以守而不走之干姜。又夏之性烈于姜之性，然姜适足以制夏之烈。故实者夏倍于姜，虚则夏姜相等。”[19]半夏配干姜者，如半夏干姜散、厚朴麻黄汤、半夏泻心汤等。半夏配生姜者，即小半夏汤，为“治中宫气水相忤，欲逆于上之剂”，多首经方中以之配伍，如半夏厚朴汤、小半夏加茯苓汤、厚朴生姜甘草半夏人参汤等。

（四）小结：本方配伍特点：温中益气之中，而寓辛开宣降之妙[9]。谢鼎苏[20]及马大正[21]均报道了用此方治疗妊娠呕吐不止的验案。周步君[22]用此方改汤加味，治疗反胃（虚寒吐逆）、虚寒性腹痛甚则痰饮眩晕等症。

五、当归贝母苦参丸

（一）方药组成：当归、贝母、苦参，（蜜）。

（二）主治病证：妊娠血虚热郁所致的小便不利等症。

（三）配伍分析：当归甘温，《本经》谓其主“咳逆上气，温疟，寒热洗洗在皮肤中，妇人漏下绝子”；贝母苦寒，《本经》谓其“主伤寒烦热，淋漓邪气”，《别录》谓其疗“咳嗽上气，止烦热渴”；苦参苦寒，《本经》谓其“主心腹气结……溺有余沥，逐水”。三味配伍，均可入肺，而用治妊娠小便难者，“提壶揭盖”、下病上取之法也，以肺为水之上源，上窍一开，则下窍通利；又，三味均可入肝，肝血得养，肝郁得解，肝火得清，则诸症向愈，因肝主疏泄故也。

（四）小结：本方配伍特点：苦甘寒温并用，肺肝同调，上下共治；半清半调，以补为通，以清为泄[15]。王三虎[23]用本方治疗妇科肿瘤，杨中平[24]用本方治疗心血管疾病证属气血亏虚、水饮内停，往往收到良好的疗效。陈野等[25]发现本方对小鼠良性前列腺增生有一定抑制作用。黄晓春[26]近年来将本方用于治疗慢性前列腺炎、尿道炎、尿频症等病，取得较好的疗效。

六、当归散

（一）方药组成：当归、黄芩、芍药、川芎、白术，（酒饮服）。

（二）主治病证：血虚湿热所致胎动不安等症。

（三）配伍分析：

1. 当归、芍药、川芎相配：人参当归芍药散中三味配伍分析。

2. 黄芩、白术相配：清热燥湿以安胎。“妇人之病，多半涉血，妊娠尤赖血气之调，方得母子均安。初妊之时，胎元未旺，吸血不多，则下焦血旺，致气反上逆，是为恶阻，恶阻则中焦之气不变赤而为水，是白术在所必需矣；血盛能致气盛，气盛能生火，黄芩泄气分之火而不伤胎者也。”[27]

（四）小结：本方配伍特点：温清并进，以清为主；补利同施，以补为主；润燥并用，以润为主；肝脾同调，以肝为主。本方不单祛病保胎，在现代临床中还可用于月经病、产后恶露内停等其他妇科、生殖等疾病[28]。葛付存等[29]从现代药理学角度，分析了当归散的药效。研究结果证实，该方具有明显的镇痛作用、免疫作用。这与方中川芎、白芍、当归均具镇痛作用，黄芩、当归、白术具有免疫增强作用的研究结果是相佐的。

参考文献

[1] 孟延兵. 试论《金匮要略》妇人病治疗特色［J］. 中医药导报，2009，15（1）：10－12.

[2] 李飞. 方剂学［M］. 北京：人民卫生出版社，2002：1335.

[3] 濑户隆子. 改变剂型使桂枝茯苓丸的成分发生变化［J］. 国外医学中医药分册，2001，23（3）：175－176.

[4] 张英泽，阎小萍. 桂枝茯苓丸治疗妇女风湿症的临床体会［J］. 中医研究，2010，23（11）：55－57.

[5] 张金喜，王强. 桂枝茯苓丸加味治疗男科病验案举隅［J］. 江苏中医药，2010，42（11）：54－56.

[6] 何任. 金匮要略校注［M］. 北京：人民卫生出版社，1990：204.

[7] 清·邹澍. 本经疏证［M］. 上海：上海卫生出版社，1957：30.

[8] 李培生.《金匮》妇科方研讨（上）［J］. 湖北中医杂志，1983，（3）：2.

[9] 李培生.《金匮》妇科方研讨（下）［J］. 湖北中医杂志，1983，（4）：48.

[10] 李飞. 方剂学［M］. 北京：人民卫生出版社，2002：1440.

[11] 傅衍魁，尤荣辑. 医方发挥［M］. 沈阳：辽宁科学技术出版社，1984：568.

[12] 岩渊慎助，杜顺福. 芎归胶艾汤对功能性子宫出血止血疗效的观察［J］. 日本医学介绍，2001，22

(1)：44.
[13] 黄世领，贾卫，管喜文，等．芎归胶艾汤对小白鼠血细胞及纤维蛋白原的影响［J］．临床军医杂志，2000，28（2）：47.
[14] 陈可冀．岳美中医学文集［M］．北京：中国中医药出版社，2000：204.
[15] 张爱菊．试谈《金匮要略》妇人病篇中当归白芍药的配伍应用［J］．河北中医，2007，29（11）：1031－1032.
[16] 李飞．方剂学［M］．北京：人民卫生出版社，2002：1350.
[17] 方家，刁军成，李林．周士源运用当归芍药散治疗妊娠病举隅［J］．江西中医药，2010，41（11）：11－12.
[18] 清·陈修园．金匮要略浅注·卷九［M］．北京：中国书店，1985：2.
[19] 清·邹澍．本经疏证［M］．上海：上海卫生出版社，1957：256.
[20] 谢鼎苏．干姜人参半夏丸治疗妊娠呕吐不止［J］．湖南中医学院学报，1989，(3)：58.
[21] 马大正．经方治疗妊娠、产后呕吐验案5则［J］．河北中医，2006，28（9）：677.
[22] 周步君．干姜人参半夏汤加味的临床运用［J］．北京中医杂志，2002，21（6）：358－359.
[23] 石彧，范先基．王三虎用当归贝母苦参丸治疗妇科肿瘤的经验［J］．中医杂志，2006，47（5）：344.
[24] 杨澄．当归贝母苦参丸新用［J］．内蒙古中医药，2008，(2)：25－26.
[25] 陈野，温得中，蔡淼，等．当归贝母苦参丸对小鼠良性前列腺增生的抑制作用研究［J］．中国药物警戒，2010，7（1）：4－6.
[26] 黄晓春．当归贝母苦参丸临床新用［J］．浙江中医杂志，2011，46（1）：60.
[27] 清·邹澍．本经疏证［M］．上海：上海卫生出版社，1957：36.
[28] 刘秀萍，张建英，楚更五．当归散考释［J］．云南中医学院学报，2011，34（1）：57－60.
[29] 葛付存，王爱武，段义焕，等．山东医药工业［J］．2002，21（6）：43.

［《世界中西医结合杂志》2012，7（10）：896］

《金匮要略》腹满寒疝辨微

郭晓东　辽宁中医药大学

“腹满”“寒疝”“宿食”是《金匮要略》第十篇中讨论的3个病。三病既然同列一篇，按照仲景通常的布篇原则，这三种病一定有相近之处要鉴别。从表面看，三者的区别是显而易见的；腹满以胀满为主，有寒有热；寒疝以腹痛为主，完全属寒；宿食乃饮食经宿不消而致的腹胀、腹痛之病。如此看来，好像是已将三者清晰的区别开了。宿食确实是很容易区分开的，因为它源于伤食。而腹满与寒疝的区别并没有那么简单，如此从原文来看，腹满虽以胀满为主，也有兼明显疼痛的，如大柴胡汤的“按之心下满痛”、小承气汤的“痛而闭”，但均属于热证，与寒疝也易区别。然而腹满兼痛者又确有属寒的情况，如大建中汤的“心胸中大寒痛”、附子粳米汤的“腹中寒气、雷鸣切痛”即是。如此一来，腹满病伴有剧烈疼痛又属于寒的，与性属阴寒表现为剧烈腹痛的寒疝就没有了区别的依据。本文将从病因病机、疼痛部位、主治药物三方面详细讨论两者的区别。

一、病因病机

有关寒性腹满的病因病机，篇中主要涉及以下几条原文，如第1条言“趺阳脉微弦，法当腹满，不满者必便难，两胠疼痛，此虚寒从下上也，当以温药服之”。可以看出，微弦之脉反应阳虚于内、寒自内生，腹满、便难、两胠疼痛是里阳不足的见证。第3条言“腹满时减，复如故，此为寒，当与温药”。腹满所以时减是因为阳气盛时则阴霾自散，阳气弱时则又腹满如故，这是体内阳气在脏腑经络间的动态变化情形，皆体现为阳虚内寒之特征。第6条的“夫中寒家，喜欠，其人清涕出，发热色和者，喜嚏”和第7条的“中寒，其人下利，以里虚也，欲嚏不能，其人肚中寒”。两条文中的“中寒”皆应读作“中（zhōng）寒”而不是“中（zhòng）寒”，即由于脾胃虚寒，土不生金，肺气受累而导致下利、清涕出、喜嚏、欲嚏不能等症。从上述条文可以看出，腹满中的寒皆源于内，其病因是阳气自虚。

而寒疝的病因病机集中体现在第17条原文“腹痛，脉弦而紧，弦则卫气不行，即恶寒，紧则不欲食，邪正相搏，即为寒疝。绕脐痛，若发则自汗出，手足厥冷，其脉沉弦者，大乌头煎主之”。“弦则卫气不行，即恶寒”，言卫气不足于内；“紧则不欲食”，言畏寒发源于外。“邪正相搏，即为寒疝”，更明示内有阳气不足（正）、外有寒邪入侵（邪），邪正相搏即是外寒乘内在胃肠阳气之虚而进入。对此，前有《金匮要略》第5篇中风病机中

"寒虚相搏，邪在皮肤"之条文为证。所以，邪正相搏是寒疝发生的真正原因，文中且以定义的句式出现。第8条原文言"夫瘦人绕脐痛，必有风冷"，进一步明确寒疝的病机为自外而来的风冷邪气。

二、疼痛部位

腹满的疼痛有第1条的"两胠疼痛"、第5条的"胁下拘急而痛"、附子粳米汤的"腹中寒气、雷鸣切痛"、大建中汤的"心胸中大寒痛""上下痛不可触近"、大黄附子汤的"胁下偏痛"，可见，腹满病中的疼痛多不在腹部，只有附子粳米汤的腹痛笼统的称为"腹中"；而寒疝的疼痛部位则非常明确，就在腹中。乌头桂枝汤和当归生姜羊肉汤皆言"寒疝腹中痛"，大乌头煎更明言"绕脐痛"，说明疼痛的位置不仅在腹部，而且其核心是绕脐之周围。何以如此，盖脐为腹部最薄弱之处，外寒之邪本自脐而入并纠结于脐周。除疼痛部位以外，寒疝与腹满之痛还有一明显区别，即寒疝之腹痛具有发作性，如原文言"若发则自汗出，手足厥冷"。腹满则没有这样的特征。

三、主治方药

寒性腹满诸症，多用（1）干姜、人参、饴糖（大建中汤）；（2）附子、半夏、粳米、甘草、大枣（附子粳米汤）；（3）茯苓、半夏、细辛（赤丸）；（4）附子、细辛（大黄附子细辛汤），以上药物的主要功效在于补益脾胃、温中散寒、化饮降逆，针对的是脾胃虚弱、阳虚内寒、水饮内停的内寒内饮而设。

仲景治疗寒疝的方剂有大乌头煎、乌头桂枝汤和当归生姜羊肉汤3方。大乌头煎中仅乌头1味，量用5枚。乌头桂枝汤是乌头与桂枝汤合方，方中乌头虽无药量记载，但根据其主治寒疝兼表来看，理应是大乌头煎与桂枝汤相合，故其用量亦当为5枚。乌头性本大辛大热，刚爆燥烈，走而不守，故擅驱寒止痛，逐外入之寒，主要为外寒而设，《金匮要略》第5篇主治历节的乌头汤即是例证。与大乌头煎同篇治腹满的赤丸和《金匮要略》第9篇"胸痹心痛短气病"中的乌头赤石脂丸则并非为外寒而设。但赤丸所治的腹满的"寒气厥逆"，可见内在寒气之盛；乌头赤石脂丸症见"心痛彻背，背痛彻心"，更见其内寒之猖獗。如此寒凝重症，非乌头难以破其阴霾。但毕竟属于阳虚而生的内寒，故乌头在两方中都不是主药。赤丸中化饮降逆的茯苓、半夏各用四两，而乌头用量为二两；乌头赤石脂丸中扶助阳气的附子用半两、干姜一两，而乌头（炮用）仅用一分，而且方中伍用了具有收涩作用的赤石脂一两之多。可见这与治疗寒疝时以乌头为主药的组方原则是有明显区别的。第三首治疗寒疝的方剂当归生姜羊肉汤，乃为血虚寒疝而设。当归养血，羊肉补虚，生姜专散外寒，为治此类寒疝之主药。在"妇人产后病"中亦有当归生姜羊肉汤，用治产后腹痛。很多版本的教材皆言其病机为血虚内寒，其实是不符合实际情况的。我们知道，生姜辛温，颇具发散之力，"血痹"篇中黄芪桂枝五物汤为祛风邪，不用甘草而重用生姜六两，"呕吐哕下利"篇为治寒饮搏结胸中的"似喘不喘，似呕不呕，似哕不哕"，生姜半夏汤中以大量的生姜汁（一升）来发散结聚胸中的寒饮，都是生姜性用的良好注解。而当归生姜羊肉汤中生姜用至五两之多，且在方后煎服法中明言"若寒多者，加生姜成一斤"，如果作为阳气不足的里虚而生内寒之人，如此使用生姜是不可想象的。所以，能够用当归生姜羊肉汤治疗产后的腹痛，一定也是血虚感受外寒而来。

[《湖南中医杂志》2012，28（1）：79]

《金匮要略》寒热同治法探讨

刘艳萍　何开明　黄小艳
新都区中医医院

《金匮要略》是我国东汉著名医学家张仲景所著《伤寒杂病论》的杂病部分，也是我国现存最早的一部论述诊治杂病的专书。《素问·至真要大论》曰："寒者热之，热者寒之。"这是临证立法处方用药的基本原则。仲景在《伤寒论》针对外感病复杂的病因病机而采用不同的治法，除了热证用清法，寒证用温法，还有寒热并用，其运用自如，见解独到，其也存在于《金匮要略》。现对《金匮要略》中有寒热并用的汤证条文做以分析归纳。

一、寒热同治的证治特点

（一）寒多热少

1. 素体阳虚，复因疟邪痰阻之牝疟蜀漆散主治"疟多寒"。蜀漆散祛痰通阳截疟，方中云母、龙骨助阳扶正，镇逆安神。柴胡桂姜汤治疟寒多微有热，或但寒不热。

2. 外感风寒，内有郁热的痰饮咳嗽病病溢饮者，当发其汗，大青龙汤主之。方中麻黄配桂枝、杏仁、生姜发汗解表，宣肺散饮；麻黄配石膏清泄郁热；又如支饮，若面热如醉，加大黄以利之。方

用苓甘五味加姜辛半杏大黄汤方，论述支饮未尽兼胃热上冲的证治。谓咳嗽、胸满、眩冒、呕吐、形肿诸症悉具，又兼面热如醉的症状。治当温肺化饮，再加大黄一味清泄胃热，使邪从肠而散。

（二）寒少热多

1. 里热炽盛，表有寒邪的温疟温疟者，其脉如平，身无寒但热，骨节疼痛，时呕，白虎汤加桂枝汤主之。里热盛则身无寒但热，邪热犯胃，故时而呕吐；表有寒则骨节疼烦，治用白虎汤清在里之邪热，加桂枝解在外之寒邪。

2. 热结饮阻的呕吐篇吐后，渴欲得水而贪饮者，文蛤汤主之；兼主微风，脉紧，头痛。此乃吐而阴伤，热郁于内，故其吐而贪饮，并不复吐，这种吐后饮热互结于中者，治用文蛤汤发散祛邪，清热止渴。若水饮停聚，里气不和，表气不畅，外感风寒，见头痛，脉动紧等症，方中文蛤咸寒，利水消饮，配以石膏清热止泻；麻黄，杏仁宣肺发汗以行水；生姜、大枣、甘草健脾温胃，化饮生津，调和营卫。

（三）真寒假热

1. 虚阳上越，复感风寒之中风　侯氏黑散治大风，四肢烦重，心中恶寒不足者，由于患者气血亏损，虚阳上越，阳热炼液为痰，所以常见面红、眩晕、昏迷。阳气不足，风寒邪气向内，渐欲凌心，故心中恶寒。该方清肝化痰，养血祛风。方中菊花、牡蛎、黄芩清肝潜阳；人参、茯苓、当归、川芎、白术、干姜温补脾胃，补气养血，活血通络；温通阳气，散风寒之邪，则用防风、桂枝、细辛。

2. 阴盛格阳之呕吐　呕而脉动弱，小便复利，身有微热，见厥者，难治，四逆汤主之。阴寒上逆，阳气虚弱，故呕而脉弱；阴盛于下，肾气不固，故小便自利；阴格阳于外，故身微热而四肢冷。治用四逆汤回阳救逆。又如寒厥下利清谷，里寒外热，汗出而厥者，通脉四逆汤主之。

（四）寒热错杂

虚劳里急，悸，衄，腹中痛，梦失精，四肢酸疼，手足烦热，咽干口燥，小建中汤主之。此为阴阳两虚出现寒热错杂之证。脾胃为先天之本，气血生化之源，阴阳升降之枢，脾胃虚弱，中虚失运，则阴阳失调，偏于热则为衄，为手足烦热，为咽干口燥，治当调和阴阳，小建中汤，方中饴糖、甘草、大枣之甘以建中缓急；桂枝、生姜之辛以通阳调卫。寒热错杂之呕吐篇，呕而肠鸣，心下痞者，半夏泻心汤主之，症见上有呕吐，下有肠鸣，中有痞阻，乃因寒热互结于中焦，升降失调所致。胃气上逆则呕。脾失健运则肠鸣、泄泻，因其病变在中焦，故“心下痞”为其主要特征。方用半夏泻心汤散结除痞，和胃降逆。方中半夏、干姜散寒降逆；黄芩、黄连苦降清热；人参、甘草、大枣补益中气。蚘厥者，当吐蚘，令病者静而复时烦，此为脏寒，蚘上入膈，乌梅丸主之。蛔厥是因蛔虫扰动，腹痛剧烈而致的手足厥冷证。由于患者脏腑寒热错杂，以致蛔虫窜动，上扰胸膈，蛔动则痛作，静则痛止；气机被扰，逆乱不续，故手足逆冷，烦扰不宁；治宜寒温并用，杀虫安蛔。故方中重用乌梅，并用醋渍，以安蛔止痛，并能敛肝泄热为君药；黄连、黄柏味苦性寒，清心肝之热，苦能安蛔；用大辛大热之蜀椒、细辛、附子、干姜、桂枝以温脏祛寒，使脏温蛔安。妇人中风，七八日续来寒热，发作有时，经水适断，此为热入血室，其血必结，故使如疟状，发作有时，小柴胡汤主之。

（五）寒从热化

里实兼表寒证之腹满，病腹满，发热十日，脉浮而数，饮食如故，厚朴七物汤主之。条文以“脉浮而数”提示所兼表证邪已化热，以“发热十日”点明病程较长而作为风寒化热的另一佐证，方用厚朴七物汤行气除满，疏表散寒。方中厚朴三物汤行气除满以去里实，桂枝汤调和营卫以解表寒，因脾阳亏虚而下利者，去大黄以免再伤脾阳；风湿化热之风湿历节，诸肢节疼痛，身体魁羸，脚肿如脱，头眩短气，温温欲吐，桂枝芍药知母汤主之。身体逐渐消瘦，痛久不解，正气日衰，邪气日盛，湿无出路，渐次化热伤阴，流注下肢，则两脚肿胀且麻木不仁。该方祛风除湿，温经散寒，佐以滋阴清热。诸药相伍，表里兼顾，且有温散而不伤阴，养阴而不碍阳之妙。寒饮郁久化热之咳嗽上气篇，如咳而脉沉者，泽漆汤主之。饮邪偏里，治以逐水消饮止咳。饮邪内结，阳气郁久可化热，故用黄芩苦寒以清泻肺热。方中紫参清热去湿，治咳喘；桂枝、生姜、半夏、白前温阳化饮，止咳平喘；又如肺胀，心下有水，小青龙加石膏汤主之。饮邪郁而化热，热扰心神，故烦躁；风寒袭表，故脉浮；病机为外寒内饮夹热，治当解表化饮，清热除烦。麻黄、桂枝解表散寒；干姜、细辛、半夏温肺化饮，加石膏清热除烦。水郁于内而化热之水气篇，恶风，一身悉肿，脉浮而渴，续自汗出，无大热，越

婢汤主之。口渴，则示郁而化热，故治疗用越婢汤散邪清热，发越水气。方中重用麻黄，配生姜以宣散发越，石膏辛凉以清内郁之里热，又如里水者，越婢加术汤主之，水郁于内而化热，故用越婢汤发汗散水，兼清郁热，配白术以加强除湿之效。

（六）上热下寒

上燥下寒水停小便不利者，有水气，其人若渴，瓜蒌瞿麦丸主之。以小便利，腹中温为知。肾阳虚者，不能蒸化津液，津不上承，上焦反生燥热，故其人口渴，饮水不止。从方后“以小便利，腹中温而知”及“有水气”三字来看，推知本病有腹中冷，小便少，或腰以下浮肿等下焦虚寒之证。治以瓜蒌瞿麦丸润燥生津，温阳利水。瓜蒌根润燥生津而渴；山药甘淡益脾而制水；附子温肾阳而化气，使肾阳复而气化有权，气化行则水道利，津液上达，诸症即平。本症的特点虽寒凉滋燥不伤阳气，温阳暖寒不损阴津，淡渗利水助阳救阴不伤津气。

二、寒热并用的用药特点

（一）详辨缓急与虚实，恰当选择温药及凉药

综观仲景《金匮》用药，既有药性平和之山药、茯苓、甘草、白术、人参等，又有大辛大热之蜀椒、细辛、附子、干姜、桂枝等，既有微寒之菊花、牡蛎、柴胡、天花粉，又有大苦大寒之大黄、石膏、知母、黄芩、黄连、黄柏。如侯氏黑散，既有菊花、牡蛎微寒，虚阳上越，又配防风、桂枝、细辛散风寒之邪，温通阳气。寒凉不伤阳气，温阳不伤阴津。

（二）细察寒热主次，权衡药物的多少

寒热并治中，活血药与治水药的药量比例，并非随意分配，而是有一定规律可循的。即通过细察寒与热的孰先孰后，孰主孰次，然后确定二者的剂量比例。

1. 寒偏重，寒邪夹热者，或寒从热化者，则以温阳药为主，寒凉为辅。大青龙汤中麻黄配桂枝、杏仁、生姜发汗解表，宣肺散饮；麻黄配石膏清泄郁热；炙甘草、大枣和中实脾，以资汗源；越婢汤中，麻黄、生姜祛在表之寒，石膏兼清内郁之里热。

2. 热偏重者，以清热药为主，散寒为辅。如白虎汤清在里之邪热，加桂枝解在外之寒邪，知母四两、石膏一斤，而桂枝则用三两。

（三）寒热并重，据病性而择药

乌梅丸中用大苦大寒之黄连、黄柏，也用大辛大热之蜀椒、细辛、附子、干姜、桂枝。则取蛔之特性：“蛔得苦则下，得辛者伏。”

（四）审证度势，兼以权变

小建中汤治疗虚劳里急，脾胃为后天之本，治病求于本，脾胃虚弱为其本，治则补其脾气，本方甘温补脾，酸甘化阴，甘温可以助阳，则调和阴阳。寒厥下利篇，下利清谷，里寒外热，汗出而厥者，通脉四逆汤主之。由于脾肾阳虚，阴寒内盛，水谷不化，故下利清谷，阴盛于内格阳于外，故有身微热、面赤、自汗出等“外热”之象。里寒是真，为病之本；外热是假，为病之标，当急以通脉四逆汤回阳救逆。

综上可见，《金匮》寒热同治法的适应范围：一是具有寒热同在病机特点的病证。其中有的可见寒热同在的证候，有的却有某一方面证候明显，而另一方面的表现不突出。但在病机上都存在互为因果的条件。至于药物的选择与药量的比例分配，既有常法又有变法，关键在于辨证入微，治病求本，抓住主要矛盾。知常达变，方可获得满意的临床疗效。

参考文献

[1] 范永升．金匮要略［M］．第2版．北京：中国中医药出版社，2007，6.

[2] 张崎．《金匮要略》瘀水同治法探讨［J］．国医论坛，1997，12（1）：4.

［《四川中医》2012，30（8）：19］

《金匮要略》历节病“过食酸咸，筋缓骨痿”辨析

唐　瑛　成都中医药大学中医临床基础教研室泸州医学院

赖　宇　万　鹏　张　绮

成都中医药大学中医临床基础教研室

徐　慧　四川国际标榜职业学院健康美容系

《金匮要略·中风历节病脉证并治第五》说：“味酸则伤筋，筋伤则缓，名曰泄；咸则伤骨，骨伤则痿，名曰枯。枯泄相搏，名曰断泄。荣气不通，卫不独行，荣卫俱微，三焦无所御，四属断绝，身体羸瘦，独足肿大，黄汗出，胫冷。假令发热，便为历节也。”本条文的主要精神，是指过食酸咸食物，内伤肝肾，从而导致历节病。其中，某

些词义颇难索解，如“泄”“枯”“枯泄相搏”“四属”等，注家意见亦不一致。笔者参伍《黄帝内经》，试图从传统词义的角度，揣度本条文的含义。

一、“泄”因湿盛

本条文可分三段解释，第一段从开头至“名曰断泄”。《素问·六节藏象论》云：“天食人以五气，地食人以五味。五气入鼻，藏于心肺，上使五色修明，音声能彰；五味入口，藏于肠胃，味有所藏，以养五气，气和而生，津液相成，神乃自生。”说明人之所以生成，离不开天地阴阳之化，而五味地之所化，为阴。《素问·阴阳应象大论》说：“阴为味，味归形……形食味……味伤形……气伤于味。”人之形体，离不开五味长养，但须适量，若偏嗜太过，致阴阳失调，反能伤人。五味虽都入口，藏于肠胃，但又各有所属。《素问·至真要大论》说：“夫五味入胃，各归所喜，故酸先入肝，苦先入心，甘先入脾，辛先入肺，咸先入肾，久而增气，物化之常也，气增而久，夭之由也。”酸入肝，本能养肝，若食之过量，反伤肝。《金匮要略·脏腑经络先后病脉证并治》亦云：“服食节其冷热苦酸辛甘，不遗形体有衰，病则无由入其腠理。”故过食五味，先伤形体。五体合于五脏，肝主筋，偏嗜酸则筋伤。《说文》说：“筋，肉之力也。”筋伤则缓，《说文》说：“缓，绰也。”即放松、松弛之意。筋缓即是筋松弛无力。《素问·五藏生成论》说：“诸筋者，皆属于节。”筋伤则缓，表现为关节活动无力，类似于晨僵的表现。“名曰泄”，“泄”本义泄水。作为中医病名，主要指的是泄泻[1]。如《难经·五十七难》说：“泄凡有五，其名不同。”然“泄”在《内经》中也有其他意思，如“金郁泄之”“可泄而已”“泄风”等，分析其词性为动词，是发泄、发散的意思。本条文“泄”为名词，与本义泄水更符合。再分析其病机，五脏六腑皆令人泄泻，但只有影响到脾胃的健运，才能导致泄泻。《景岳全书·泄泻》说：“泄泻之本，无不由于脾胃。”古有“无湿不成泄”之说，《杂病源流犀烛·泄泻源流》说：“湿盛则飧泄，乃独由于湿耳。不知风寒热虚，虽皆能为病，苟脾强无湿，四者均不得而干之，何自成泄？是泄虽有风寒热虚之不同，要未有不源于湿者也。”那么，过食酸，酸之收敛之性，制约肝气之疏泄，肝郁气滞，横逆犯脾，脾虚不能制湿则泄。《素问·生气通天论》说：“味过于酸，肝气以津，脾气乃绝。”因此，笔者认为此处言“泄”在于强调肝脾失调致湿盛。

二、“枯”为精血不足

“咸则伤骨，骨伤则痿”，“痿”为肢体软弱无力，不能随意运动。“名曰枯”，《说文》说：“枯，槁木也。”也指肉已烂尽的骸骨。如《吕氏春秋》说：“泽及髊骨。”东汉高诱注：“骨有肉曰髊，无曰枯。”《素问·痿论》说：“肾气热，则腰脊不举，骨枯而髓减，发为骨痿。”过食咸，咸能软能下，抑肾之封藏，故精耗而肾气热，而发骨痿。肾气热，水克火，而抑心气，则血行不畅，故《素问·五藏生成篇》曰：“多食咸，则脉凝泣而变色。”血行不畅，精血不能濡养形体，则无肉，故《素问·生气通天论》说：“味过于咸，大骨气劳，短肌，心气抑。”“枯泄相搏”，枯，精血不足，血行不畅；泄，湿盛。虚实夹杂，瘀血寒湿胶结，阻断经脉运行，故名曰断泄。旨在强调经脉气血运行不畅。

三、“四属”指四肢

第二段从“荣气不通”至“四属断绝”。瘀血寒湿阻滞，经脉不畅，故“荣气不通，卫不独行”。营卫之气不能运输到肢体，濡养肢体，则“荣卫俱微”。三焦通行元真，现元真不能运行于三焦，肢体失去营养，则身体消瘦。关于“四属”，历代医家主要有三种认识：一是四属为上下内外，如清代高学山[2]的认识；二是四属为皮、肉、脂、髓，如明代赵以德[3]的认识；三是四属为四肢，如清代尤怡[4]的认识。《说文解字》说：“属，连也。从尾蜀声。”清代段玉裁注：“从尾，取尾之连于体也。”从字的本义看，笔者认为人之四肢为尾，连于身，故四属为四肢。“断绝”乃连绵字，字义相同。强调四肢经脉阻滞，气血运行不畅。

四、“历节”为病在关节

第三段，由“身体羸瘦”至句末。这段论述了历节病的典型症状表现及历节病与黄汗病的鉴别。经脉阻滞，气血不能濡养肢体，则身体羸瘦；湿浊内生，下注于足，则独足肿大，一个“独”字强调了历节病主要症状见于下肢。仲景《金匮要略·水气病脉证并治第十四》说：“黄汗之为病，身体肿，发热汗出而渴……黄汗之为病，两胫自冷，假令发热，此属历节。”两文互参，此发热非全身发热，独指两胫发热。《说文解字》说：“胫，胻也。”清代段玉裁注：“胻也，膝下踝上曰胫。”故胫为小腿。因此，黄汗病，全身发热而小腿冷；历节病，则为腿发热。从而可以看出，仲景这样叙述重在强调历节为病在四肢关节，而黄汗为病在肌腠。故仲景治疗黄汗病，用桂枝汤解肌，黄芪固表。正如徐忠可[5]所说："黄汗历节皆是湿郁热成，逡巡不已，但历节之湿邪流注关节，黄汗之湿邪聚隔间，故黄汗无肢节病，而历节少上焦证也。"

综上所述，本条文重在指出，历节病在四肢关节，病理机制为虚实夹杂，内有肝肾不足、气血虚弱，外有关节瘀血寒湿胶结，易于化热。体现了张仲景重视"五脏元真通畅，人即安和"（《金匮要略·脏腑经络先后病脉证第一》）的思想。故本条文后接乌头汤，重在辛散以通经脉，使气血营卫调达。

参考文献

[1] 李经纬．中医大辞典［M］．第2版．北京：人民卫生出版社，2004：1115.

[2] 清·高学山．高注金匮要略［M］．上海：上海卫生出版社，1956：64.

[3] 明·赵以德．金匮方论衍义［M］．北京：中国中医药出版社，1993：63.

[4] 清·尤怡．金匮要略心典［M］．沈阳：辽宁科学技术出版社，1997：13.

[5] 清·徐忠可．金匮要略论注［M］．北京：人民卫生出版社，1993：83.

［《山东中医杂志》2012，31（5）：307］

《金匮要略》呕吐辨证细节谈

郭晓东　辽宁中医药大学

《金匮》第17篇专论呕吐哕下利病，全篇共载方24首，其中12首源于《伤寒论》，是与《伤寒论》方剂重复最多的一篇。其中治疗呕吐的方剂共13首，有5首源自《伤寒论》，包括：吴茱萸汤、半夏泻心汤、黄芩加半夏生姜汤、四逆汤、小柴胡汤，而且有些是原文照搬，另有1首源自《金匮》痰饮篇，即小半夏汤。这种情形在《金匮》全书中是非常特别的。那么，仲景为什么要把如此多的伤寒论中以及《金匮》其他篇中的方剂和原文放到这一篇中来呢？其目的也很简单，就是要把具有呕吐、下利症状的条文归集在一起，以便鉴别。所以，本篇的症状鉴别诊断之用意极为突出，症状之间的细微差别成为辨证的主要依据。充分体现了仲景辨证论治的精髓和中医经典的本来面目。

下面就以呕吐为例，探讨如下。

首先，有关呕吐的病因，原文云"先呕却渴者，此为欲解。先渴却呕者，为水停心下，此属饮家"，一"呕"一"渴"两个症状，只因其出现的顺序不同，代表的临床意义就截然不同。前者示饮随呕去，胃阳来复而思水；后者示阳虚气化失职致渴在先，饮邪渐积、胃逆致呕在后。其辨证之精细由此可见一斑。

另外，全篇在呕吐证型的分辨上更是处处体现在细节之中。

一、根据食物在胃内的停留时间来辨证

大半夏汤证曰："趺阳脉浮而涩，浮则为虚，涩则伤脾，脾伤则不磨，朝食暮吐，暮食朝吐，宿谷不化，名曰胃反。脉紧而涩，其病难治"。"胃反呕吐者，大半夏汤主之"。明确提出因脾胃虚弱，胃气无余，不能消磨水谷，故呕吐物中"宿谷不化"。同时更因胃中阳气太弱，尽管宿谷内停，胃气无力上逆，亦不能尽快将宿谷吐出，而只能积郁阳气，蓄势而发，故见"朝食暮吐，暮食朝吐"之象。大黄甘草汤证曰"食已即吐者，大黄甘草汤主之"。明示饮食物入胃即吐，而没有停留之机。说明胃肠有实热壅滞，阳明腑气不得下行，只能逆而上冲。因胃气不虚，故上逆极速，正合《内经》"诸逆冲上，皆属于火"之旨。而小半夏汤证曰"诸呕吐，谷不得下者，小半夏汤主之"。前二者虽有食物入胃久暂之别，但毕竟可以入胃。而小半夏汤证则不同，"谷不得下者"乃饮食物无法下咽，言其胃气上逆之剧烈。凡呕吐中有如此特征的，必以小半夏汤之大剂半夏生姜降逆止呕。

二、根据呕吐物的性质来辨证

吴茱萸汤证曰"干呕，吐涎沫，头痛者，茱萸汤主之"，半夏干姜散证曰"干呕，吐逆，吐涎沫，半夏干姜散主之"。从原文可以看出，其呕吐的共同特征是"干呕，吐涎沫"，由于胃气虚寒、寒饮内生，胃气因之上逆，故以呕吐涎沫为主，而非吐食物、宿谷为主。而在此二者之间，半夏干姜散证尚有"吐逆"，以示单纯脾胃虚寒；吴茱萸汤证尚有"头痛者"，以示胃寒更夹肝气上逆。同时，原文"呕而胸满者，茱萸汤主之"之"胸满"症，提示肝气逆行、浊阴凝滞于胸，此亦区别于半夏干姜散证。

三、根据伴随发热的情况来辨证

四逆散证曰"呕而脉弱，小便复利，身有微热，见厥者难治，四逆汤主之"，小柴胡汤证曰"呕而发热者，小柴胡汤主之"。二者虽均有发热，前者仅"身有微热"，且脉弱而小便多，甚至见厥，

显属阴寒内盛、虚阳外浮；后者仅言“呕而发热”不言其他，发热乃其主要见症，为少阳郁热外发之象。

四、根据大便的情形来辨证

黄芩加半夏生姜汤证曰“干呕而利者，黄芩加半夏生姜汤主之”，半夏泻心汤证曰“呕而肠鸣，心下痞者，半夏泻心汤主之”。二者虽均有大便异常表现，前者明言“下利”，后者则曰“肠鸣”。“下利”更强调便稀水泻，“肠鸣”则强调便溏矢气，有程度上的明显区别。此外，前者仅有干呕而利，属邪热内迫肠胃所致；后者更兼心下痞满，突显寒热错杂中焦、脾胃升降失常之象。

五、根据呕吐后口渴的情形来辨证

茯苓泽泻汤证曰：“胃反，吐而渴欲饮水者，茯苓泽泻汤主之”，猪苓散证曰：“呕吐而病在膈上，后思水者，解，急与之。思水者，猪苓散主之”。文蛤汤证曰：“吐后，渴欲得水而贪饮者，文蛤汤主之；兼主微风，脉紧，头痛”。茯苓泽泻汤证之渴与吐并见，互为因果，因气化失职而停饮，津不上承而口渴，愈渴愈饮，愈饮愈吐，循环往复，胃气反行，故首言胃反。猪苓散之渴，乃吐后而思水，是饮随呕去，胃阳复而思津液的反应，渴因饮止，不会往复；文蛤汤之渴亦发于吐后，但以贪饮为特征，只有阴伤、热淫者方可见之。所以，上述三证虽皆有吐后口渴之症，但其口渴之程度、性质及与呕吐的逻辑关系是不同的。

六、根据呕吐症状的自身特征来辨证

如生姜半夏汤证曰：“病人胸中似喘不喘，似呕不呕，似哕不哕，彻心中愦愦然无奈者，生姜半夏汤主之”。患者疾病发作时，症状表现为似喘、似呕又似哕，仔细观察又都不是。主要因为寒饮之邪搏结胸胃，阳气欲逐饮外出，肺胃之气有上逆之势，但因寒饮结聚，阳气被遏，肺胃之气终不得发越而成喘、成呕、成哕。

上述就是《金匮要略》有关呕吐辨证的内容，其特色十分鲜明，使临床认证变得非常简洁而具有操作性。

[《辽宁中医药大学学报》2012，14（8）：152]

《金匮要略》网络课程的构建

王忠山　吴　洁　袁晓琳　周　欣
南京中医药大学金匮教研室

《金匮要略》是中医学四大经典著作之一，也是我国现存最早诊治杂病的专著，历来是中医院校主干课程之一。多年来，作为中医经典课程教学多以课堂讲授为主，随着多媒体技术的进步以及网络的普及，《金匮要略》教学的多媒体化及网络化正日益成为发展趋势。正是在这种背景下，作为省级精品课程建设内容之一，我们在《金匮要略》网络课程方面进行了一些探索。

一、《金匮要略》网络课程的教学设计

《金匮要略》网络课程教学对象是中医学专业、中西结合专业、针灸推拿学专业五年制本科生和七年制本科段的研究生。课程教学目标是在理解原文的基础上，掌握《金匮要略》的基本理论、基本观点和基本技能；掌握杂病证治的规律及理论与实践的运用，拓宽临床思路，提高对常见病、多发病、疑难杂病的综合分析与处理能力，为提高临床各科辨证论治水平打下坚实基础，以适应21世纪中医药高素质人才需要及社会发展需求。充分考虑《金匮要略》教学客观存在难度[1]。如原书年代久远，书中文字深奥，抄漏脱误，医理难懂等，还有原著内容、教材、教学时数等方面因素。教学内容重点、难点主要把握《金匮要略》杂病的辨证要点、病因病机、治法、方药、方义、临床应用、现代研究等。参考材料选用《新世纪全国高等中医药院校规划教材·金匮要略》第2版。教学内容的建设形式直接依托网络教学平台进行。

二、《金匮要略》网络课程总体结构

见图1。

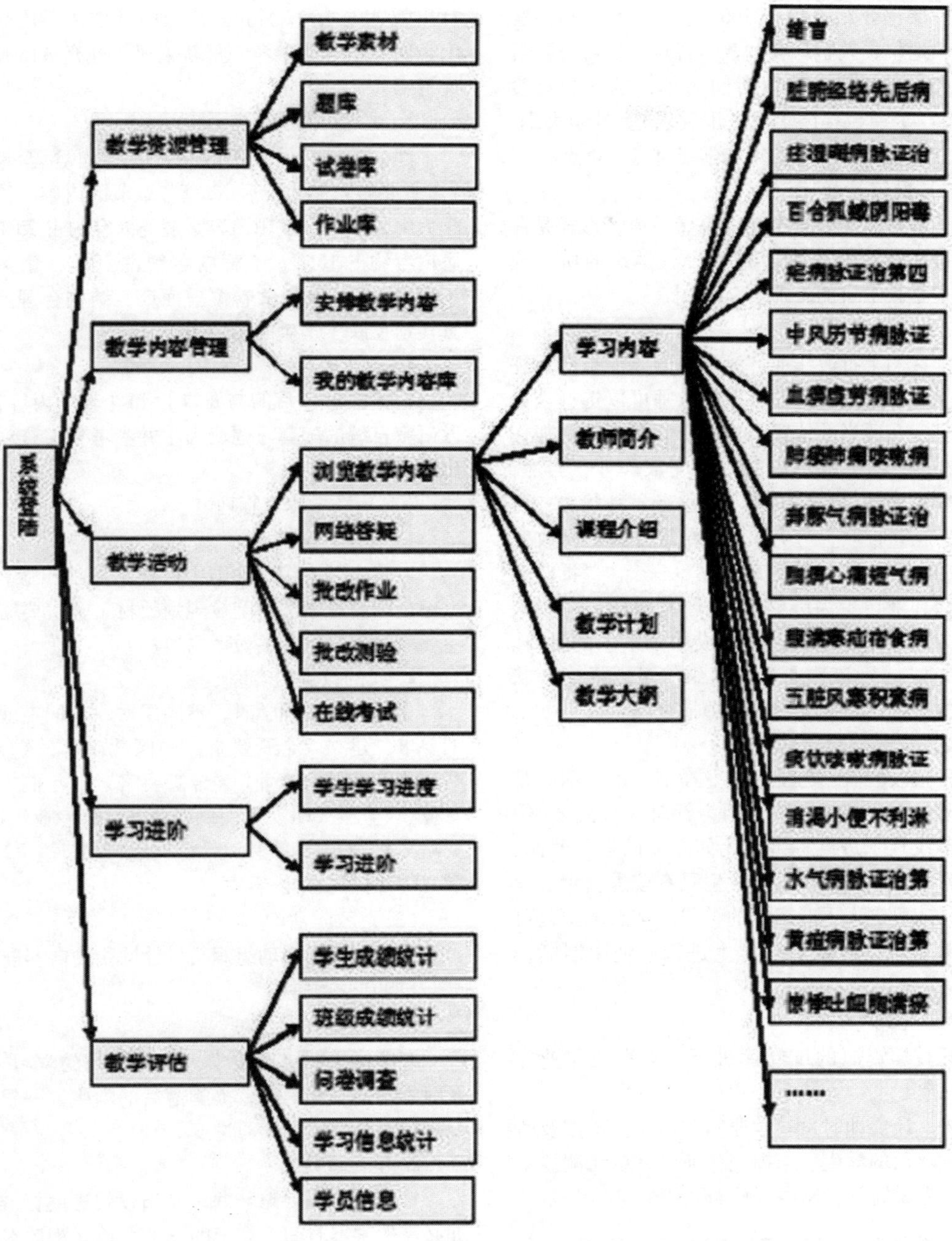

图 1

三、教学活动组织与设计

教学活动的组织与设计主要分为浏览教学内容、网络答疑、批改作业、批改测验和在线考试这五方面。

（一）浏览教学内容

主要包括学习内容、老师简介、课程介绍、教学计划和教学大纲。其中学习内容是重点，教师可以从学生的视角察看所布置的《金匮要略》计 22 篇的教学内容。具体内容应包括【目的与要求】和【教学内容】两方面。其中【目的与要求】分为掌握、熟悉和了解 3 个层次。教师简介不少于 500 字，讲明教师的基本简历、获得的职业荣誉、头衔、职称、研究方向、研究特色、教学成果、教学特色等。课程介绍不少于 1000 字，主要包括课程的性质、地位、教学内容、教学特点、学习方式等基本信息。教学计划：以时间为单位的学习进度（以“节”为单位提出学习进度要求）。教学大纲：以知识点为单位的学习要求和学习重点、难点。

（二）网络答疑

是教师对学生的异步在线答疑手段，形式是一个讨论版，讨论版参加者是一个教学班的所有成员，版主是教学班的教师。

（三）批改作业

教师在网上批改作业，为学生的作业打分写评语。学生可以看到教师的批改。教师可以选择当前教授的班，在适当的位置布置作业（教材项附加作业），该班的学生就可以看到并完成作业，当然，老师必须先完善“作业库”。作业有 3 种状态：可以提交，正在批改，历史作业。结果分为“批改完成”，“批改作业”，“补交作业”三个。“批改完成”后将作业设置为历史作业。“批改作业”填入学生的分数，填写评语，即完成单个学生的批改。“补交作业”，则该作业重新回到“可以提交”状态，即学生可以再次提交供老师批改。

（四）批改测验

教师批改测验，与批改作业类似。单元测验是学生进阶的重要标准之一。因为针对《金匮要略》每一章节设置了进度标准，比如必需的学习时间、规定的作业、单元测验等，学生只有按进度标准学习完了，才可进入下一章节的学习。当然教师也可以根据需要对所有或部分学生进行取消限制的操作。

（五）在线考试

依托教学资源的试卷库进行，与批改作业类似。

此外，还要即时发教学通知和消息。比如及时提醒进度落后的学生、未提交作业的、单元测验不及格的，考试时间，网络开放与关闭的时间等等。

四、《金匮要略》网络课程内容提纲

本项目建设主要分为教学资源管理、教学内容管理、教学活动、学习进阶、教学评估五方面来进行。

（一）教学资源管理

1. 教学素材管理

与《金匮要略》课程有关的历史背景资料，如与作者张仲景有关的视频资料，人物传记，中药图片、临床应用、现代研究资料等。

2. 题库管理

主要以本教研室人员主编上海中医药大学出版社出版 2006 年 12 月正式出版的《中医考研必读伤寒金匮要略》为参考，重新整理并补充现已有的题库资料。

3. 试卷库管理

建立不少于 10 套试卷。试卷内容基本涵盖《金匮要略》绪言及后 22 篇各章节的内容，符合教学大纲的要求，试题内容掌握的内容约占 75%，熟悉内容约占 15%，了解内容约占 10%，超纲内容不超过 1%，做到试卷覆盖面广，结构合理。能较真实地反映了学生的学习情况。

4. 作业库

根据教学【目的与要求】和【教学内容】，以教研室自编的配套习题册为主并参考相关资料精选出题。

（二）教学内容管理

1. 安排教学内容

以范永升主编，中国中医药出版社出版，《新世纪全国高等中医药院校规划教材·金匮要略》为主要教材来安排相关教学内容。

2. 我的教学内容库

尽量满足不同学时、不同层次、不同专业学生的要求，建立《金匮要略》中医学专业、《金匮要略》中西医结合专业、《金匮要略》七年制中医学专业、《金匮要略》七年制中西医结合专业、《金匮要略》针灸推拿专业，36 课时、54 课时、72 课时和 90 课时等教学内容库。

（三）教学活动

参照前教学活动组织与设计的相关内容进行。

（四）学习进阶

1. 学生的学习进度

老师要了解自己教学班全体学员的学习进度，及时发出通知和消息，提醒落后的学生，并根据需要加以调整全体的学习进度。

2. 学习进阶

针对《金匮要略》每一章节设置进度标准，比如必需的学习时间、规定的作业、单元测验等，学生只有按进度标准学习完了，才可进入下一章节的学习。当然教师也可以根据需要对所有或部分学生进行取消限制的操作。

（五）教学评估

1. 学生学习成绩统计

教学班全体学员的成绩。

2. 班级学习成绩统计

包括测试章节、班级名称和平均分等项信息。

3. 调查问卷

发布问卷调查，学员可网上投票，收集学员在学习过程中的建议与意见，以及对教学效果以及教师本人评价等信息。

4. 学习信息统计

主要针对学员学习情况的统计信息，如总登录时间、总登录次数、平均每日在线时间、平均每日登陆次数、最后一次登陆时间和在线时间等信息。

五、结语

《金匮要略》网络课程的建设，本着以现代教育教学理念为指导，以现代信息技术为基础，以网络学习平台为支撑，以数字化教学资源开发利用和教师信息素养提高为重点，以信息化带动《金匮要略》课程教学工作的现代化与教学内容、教学手段和教学方式的改革，这对于全面提高《金匮要略》课程的教学工作水平和人才培养质量有着积极的意义。随着教学工作的不断推进，我们对构建《金匮要略》网络课程的一些初步探索，还有待进一步的实践检验和经验总结。

参考文献

[1] 庞鹤，苏宝刚，尉中民．《金匮要略》教学难度刍议[J]．中医教育，1998，17（1）：22.

[《中国中医药现代远程教育》2012，10（5）：69]

《金匮要略》虚劳治法析要

李兴军　蓬安县锦屏中心卫生院

虚劳是由多种原因所致的以脏腑亏损、气血阴阳不足为主要病机的多种慢性衰弱性证候的总称，其特点是因虚成损，积损成劳，表现复杂，病势缠绵，故非朝夕可治。历代医家对其病因病机、辨证论治颇多发挥，特别是汉代医家张仲景在《金匮要略》中对其辨证论治尤为独到，其以脉大和脉极虚概括虚劳脉证病机，并确定补虚、祛风、活血三法为虚劳病的根本治法，为后世医家研治虚劳奠定了坚实的基础。兹不揣浅陋，试就张仲景对虚劳病的治法探讨于后。

一、补虚法

补虚法是治疗虚劳病的基本法则。仲景将虚劳的临床表现概括为阴虚、阳虚、阴阳两虚三类证候，且以阳虚为重点，其根据《内经》“劳者温之，虚者补之”的原则，治疗侧重扶阳，扶阳又尤以脾肾为关键，故分别拟建中、温肾、补肝三法作为补虚法的主要内容。

（一）建中

仲景认为虚劳与脾胃关系密切，其发生有阴阳虚实之别，发展变化往往是阴损及阳，或阳损及阴，从而导致阴阳两虚的证候。其治疗既不可以寒治热，以热治寒，又不可纯于补阴补阳，当宗《灵枢》“阴阳俱不足者，补阳则阴竭，泻阴则阳脱，如是者可将以甘药”之旨。综观《金匮要略》，仲景依据劳之虚损程度，病之轻重和不同的临床证候，予以建中之法，并在此基础上参以调营、益卫、涩阴之法。如中阳不足，阳损及阴，导致阴阳两虚之证，其轻者为“虚劳里急，悸，衄，腹中痛，梦失精，四肢酸疼，手足烦热，咽干口燥，小建中汤主之”，重者为“虚劳里急，诸不足，黄芪建中汤主之”，此二条均属阴阳两虚之证，表现出寒热错杂之候，治必求阴阳之和以调寒热。所以前者以大枣、甘草、饴糖之甘以建中缓急，配桂枝、生姜之辛以通阳调卫，伍芍药之酸以敛阴和营，诸药合伍，令辛甘化阳、酸甘化阴，俾使阴阳调和而寒热自除；后者由于气虚较甚，故以黄芪之甘温，旨在补中气以缓急迫。后世李东垣创立补中益气汤，确立甘温除热之法乃导源于此。再如肾精不足，阴虚及阳而致阴阳两虚者，证见亡血失精，梦交，少腹弦急，阴头寒，目眩发落，脉极虚芤迟或芤动微紧，其治用调阴阳、和营卫之法且兼固涩之辈，方以桂枝加龙牡汤主之，一资生化之源，二涩外泄之精。方中桂枝汤补虚调阴阳，更加龙骨、牡蛎涩阴，敛其浮阳，合而用之，令阳能固涩，阴能内守，则精不外泄，其病可已。由是观之，仲景治虚劳乃是本《内经》“调以甘药”之旨，以桂枝汤损益，无往而不利，真是奇妙无穷。

（二）温肾

肾虚是虚劳病的常见证型，但有阳虚、气虚之别，故治疗亦各有异。仲景视其证候，分别于补阳之中或兼滋阴或兼涩阴，令其阴中生气，或阳中生阴。若肾阳亏虚，固摄失职，见阳痿、腰痛、失精，以天雄散治之。方中取天雄壮命门之阳以补先天之本为君；白术养后天之脾胃以培精气之源，桂枝助天雄以补阳虚，且能助推气化功能，俾气化正常则精可不断化生，合而为臣；龙骨、牡蛎敛浮越之气，固涩外泄之阴精为佐。如此则精气能得以固密内守，宗筋腰膝得以温养，诸症自除。若虚劳属肾阳不足，气化功能失职而见腰痛、少腹拘急、小便不利者，治若纯以补阳，恐其辛燥劫伤肾阴，故必阴阳兼顾，令其平调，方无偏颇之虑，仲景以八味肾气丸主之。方中附、桂温补肾阳，蒸发津液于上；地黄益肾，滋培肾阴于下；山萸肉涩肝肾之精血；山药补脾肾之气；泽泻泻肾火，以防地黄之滋腻；丹皮泄火并制山萸肉之温；茯苓淡渗利湿助山药之健运。八味合之，补阴之虚可以生气，助阳之弱可以化水，实乃补下治下之良方。后世医家钱乙创补肾阴之祖方六味地黄丸，即导源于此。

（三）补肝

肝藏血舍魂，若肝之阴血虚损，则上不养心，下不濡脉。仲景视肝阴、肝血虚损之不同而分治之。一是肝阴不足，虚热内生，上扰心神，魂不归肝，神不守舍，见虚烦不得眠之证，方以酸枣仁汤主之。因人寐则魂寓于目，虚劳之人见此之证，往往是由精液去多，五内枯燥所致，治若潜阳则难复耗损之阴，唯补肝敛阴以安神，方为治本之策。故以酸枣仁之酸甘既养肝阴，又安心神，功治两脏为主；茯苓宁心以协枣仁安心神；川芎辛散理血，与枣仁之酸相反相成，更能发挥养心阴、安心神之效；更以知母之甘苦以制川芎之辛燥，同时养阴以清热，可收除烦之功；甘草味甘和药而清热。诸药合之，颇合“夫肝之病，补用酸，助用焦苦，益用甘味之药调之”之旨。二是肝血虚兼寒之虚劳证，由于肝血不足，一不能生气，二不能载气，必致肝之气血衰少，温煦濡养失职，倘久虚不复，积渐成劳，治以当归生姜羊肉汤温养气血。方中当归养血，生姜散寒，羊肉性热温中，以此血肉有情之品温养补虚，形精兼顾，正合《内经》“形不足者温之以气，精不足者补之以味”之意。

二、祛风法

风为百病之长，寒暑湿燥热常依附于风袭人为病。虚劳本属内虚，抗病力弱，风易乘之，故常反复感冒。所以《内经》云：“邪之所凑，其气必虚。”治疗当御风邪。仲景于此别出心裁，不着意于风，乃于扶正之中伍入祛风之药，意在正气旺而风自去。如仲景曰：“虚劳诸不足，风气百疾，薯预丸主之。”方中取山药补肺脾肾三脏之气阴，重用甘草合大枣专理脾胃，四君子培土益气、资生化之源以御风，神曲、干姜消滞散寒，四物、麦冬、阿胶滋养阴血以达“治风先治血，血行风自灭”之旨，柴胡升少阳之气以散风，白蔹化营中之风，桂枝、防风散邪祛风，杏仁、桔梗开提肺气。诸药合而用之，补虚而不恋邪，祛风而不伤正，实寓祛风于补虚之中，成为后世预防虚人感冒之良方。

三、活血法

血贵流通，不宜瘀滞。若五劳虚极羸瘦，腹满不能食，食伤、忧伤、饮伤、房室伤、饥伤、劳伤、经络营卫气伤，致血行瘀滞，血滞日久，乃形成干血。干血不去则新血不能化生，令血外不养肌肤，上不荣眼目，内不濡脏腑，则出现腹胀食少、消瘦、肌肤甲错、两目昏暗之症。对此，治若纯于活血，则必伤正气，若纯用补虚则瘀血不去，故仲景采取缓攻瘀血而不伤正气，缓扶正气以图攻瘀，用缓攻缓补之法以收“缓中补虚”之效，方以大黄虫丸主之。方中大黄、桃仁、水蛭、虻虫、蛴螬、虫、干漆活血化瘀，芍药、地黄养血补虚，杏仁理气，甘草、白蜜益气缓中，合而制丸缓服，攻补兼施，令瘀血去，新血生，劳自已。后世医家喻嘉言受此启迪，在治营血瘀积于胃中诸症时，益入琼玉膏，并指出这样做的目的是“以润剂润其干血，以蠕动行血之物行死血……导去胃中之血，以纳谷而流通营卫也”，诚属经验之谈。

[《国医论坛》2012，28（3）：5]

《金匮要略》孕育优生学探析

牛　锐　陕西中医学院

《金匮要略》是我国最早诊治杂病的专著，被誉为“经方之祖，医方之经”，治疗杂病的典范，对中医学发展起着至关重要的指导和影响作用。其中对于孕育优生有着独到的见解，提出大量有关孕育优生学的理论和施治，其学术思想和临床价值值得后人深思。现略述如下。

一、孕育双方考

仲景从临床治疗角度首次论及女子不孕症关乎男女双方。《金匮要略·血痹虚劳病脉证并治》提出：“男子脉浮弱而涩，为无子，精气清冷”，首次从男子角度提出“精气清冷”是男子不育症的主要原因，即从另外一个方面反映了对女子不孕，应从男子角度考虑。《金匮要略·妇人杂病脉证并治》提出：“妇人少腹寒，久不受胎”，方用温经汤，乃女子冲任虚寒血脉瘀滞致不孕。二者结合来看，仲景已经能从男女双方考虑孕育疾病，这种观点对于古代封建制下妇人不妊，女性是唯一治疗对象起到了极大的冲击作用，是我国孕育治疗学上的里程碑。

二、养胎学

《金匮要略·妇人妊娠病脉证并治》提出养胎学。所谓养胎，是指用药物调护或饮食调养，以保证胎儿健康发育，这其中包括祛病、安胎之精神。如"妊娠养胎，白术散主之"，方后云："服之后，更以醋浆水服之。若呕，以醋浆水服之；复不解者，小麦汁服之。已后渴者，大麦粥服之。病虽愈，服之勿置。"并提出"妇人妊娠，宜常服当归散主之"。方后云："妊娠常服即易产，胎无疾苦"。白术散和当归散调肝健脾，既能调治母疾，亦可养护胎儿。肝藏血，脾统血，为气血生化之源，若母体肝脾调畅，气血旺盛，湿热不生，则胎无疾苦，还能防止早产。体现了仲景治妇人病时重视肝与脾，着眼气血[1]。方中小麦汁、大麦粥的运用则更是体现仲景"四季脾旺不受邪"的预防学思想。故仲景提出"养胎""服之勿置""常服"等学术观点。

《金匮要略》当论及伤胎时，提到"怀身七月，太阴当养不养"，此七月太阴养胎说为北齐名医徐之才的逐月养胎方奠定了基础。

《金匮要略·禽兽鱼虫禁忌并治》云："麋脂及梅李子，若妊娠食之，令子青盲"；"妇人妊娠，食雀肉令子淫乱无耻"；"妇人妊娠，不可食兔肉、山羊肉、鳖、鸡、鸭，令子无声音。"《金匮要略·果实菜谷禁忌并治》云："妊妇食姜，令子余指。"以上这些记载从妊娠饮食角度禁忌，目前已无科学依据，但就从1800年前仲景时代的局限性来说，东汉末年已能注重怀孕时饮食可能会导致伤胎而勿食的预防伤胎的养胎学，已属难能可贵。对后世《诸病源候论》"欲令子贤良盛德……食无到脔……思欲果瓜，啾味酸葅，好芬芳，恶见秽臭，是谓外象而变者也。"的胎教学思想形成有着指导和借鉴作用。

三、优生考量

我国公元前7世纪就有了"娶妻不同姓"的遗传学考量，但一直未有优生学的具体记载和治疗。《金匮要略》除从妇人怀孕后提出了优生学外，还提出了祛劣质胎儿已达优生具体记载。《金匮要略·妇人妊娠病脉证并治》："师曰：妇人得平脉……于法六十日当有此证，设有医治逆者，却一月加吐下者，则绝之。"关于"则绝之"的理解，《金匮要略补正》解释为"断其妊娠也"。即妊娠出现严重上吐下泻，脾胃重伤，化源枯竭，胎失所养，故终止妊娠。这与现代医学妊娠剧吐所致的水电解质严重紊乱，甚至肝肾功能衰竭、Wer－nicke脑病等严重的后遗症而终止，有着惊人的相似。

四、《金匮要略》孕育优生特点

（一）妊娠无禁忌

仲景创立了大量妊娠无禁忌之方，且效果甚佳。《金匮要略》中附子汤、干姜半夏散、葵子茯苓散等方中出现附子、半夏等妊娠期慎用或禁用之品。特别是附子大辛大热之品，医家多认为"胎前不宜热之"而被认为系堕胎百药之长[2]。而仲景独为安胎之品，以附子汤温子脏，达到暖宫安胎之效。看来只要临床辨证准确，鉴于此症而用此药，方能"有故无殒"。

（二）巧用活血药

《金匮要略·妇人妊娠病脉证并治》共记载方剂10首，其中8首见川芎、芍药、当归等活血和血之品。而活血祛瘀之品是临床上慎用的。仲景通过精妙配伍、灵活剂型，使得这些活血药物不仅对妊娠没有损害，反而能够达到攻邪而不伤正效果。如当归芍药散，因芍药倍用，加之配伍白术、茯苓，用当归、川芎而无动胎之弊。桂枝茯苓丸以其丸剂的缓功作用，使瘀去而胎安[2]。

总之，《金匮要略》在阐述孕育优生学等方面对后世有着巨大的影响，其"有病治病，去病安胎"的思想对妇科优生学起着奠基作用，对于注重优生优育的今天，能够启迪思维，扩展视野，指导临床，益于研究。

参考文献

［1］吴洁．《金匮要略》妇人病治疗特点探要［J］．南京中医药大学学报，2011，27（6）：504－506.

［2］杨利侠，朱西．《金匮要略》安胎养胎法探讨［J］．四川中医，2005，23（7）：28－29.

［《中医药导报》2012，18（10）：9］

《金匮要略》中胸痹、心痛内涵新释

唐　瑛　泸州医学院

汪　剑　云南中医学院

胸痹、心痛病名分别始于《内经》与马王堆古汉墓出土的《足臂十一脉灸经》。《金匮要略》将二者合为一篇而论，各版教材都认为其合篇而论在于两者病位相近，皆胸膈；两者病机相类，皆阳虚阴盛，两者主症上均有疼痛。但关于胸痹心痛的内涵，古今文献论述颇丰，众说纷纭。本文参古词义及《内经》《伤寒论》等文献，考证《金匮要略》胸痹心痛内涵，以探讨仲景胸痹心痛合篇意义。

一、胸痹

1. 概念　新世纪全国高等中医药院校规划教材《金匮要略》定义胸痹[1]，痹者，闭也，不通之义，指胸膺满闷窒塞甚至疼痛，影响及肺，则喘息咳唾。然而，《说文解字》："痹，湿病也"。《素问·痹论篇》"风寒湿三气杂至，合而为痹也。"所谓痹者，各以其时重感于风寒湿之气也。由此可见，在秦汉时期，痹的含义是强调风寒湿邪气侵袭机体，导致营卫气血闭塞不通。其证候表现为痹或痛，或不痛，或不仁，或寒，或热，或燥，或湿。再者，胸，说文解字胸，膺也。膺，胸也。参医宗金鉴#刺灸心法要诀[2]：胸者，缺盆下，腹之上，有骨之处也。即身前肋骨和胸骨包围的身体部分。因此，胸是指人形体的一个部分。故仲景认为的胸痹概念可能是风寒湿邪气侵袭胸部，导致胸部营卫气血闭塞不通，而出现痛、满、痞、气塞、短气等症状的疾病（症状参原文）。

2. 胸的生理病理分析中医的整体观念，认为人体是一个以心为主宰、五脏为中心的有机整体。就形体结构而言，人体是由若干脏腑器官等组织构成的，这些脏腑器官都通过经络系统内属于脏腑，外络于肢节的作用而联系起来，最终形成以五脏为中心的五大系统。胸作为形体结构的一部分，也通过经络系统联系，内属于脏腑。据灵枢经脉所论，人体十二经脉除足太阳膀胱经外，循行皆过胸部；足太阳经虽行于背部，其经别则散布于心。其意义强调了局部与整体的联系。就其所属内脏而言，灵枢本脏肺大则多饮，善病胸痹喉痹逆气。指出肺和胸的联系。素问金匮真言论南风生于夏，病在心，俞在胸胁。指出心与胸的关系。通过上面分析，胸痹是外之形体病变，但内属于心肺系统的病变，而通过经络系统，其他系统病变也可以影响到胸痹的发生。

3. 金匮要略中胸痹的证治特点　原文第1条就指出胸痹的病机主症/阳微阴弦，即胸痹而痛阳虚知在上焦。即胸痹基本病机为阳虚阴盛，全篇方10首，7首论胸痹的证治。首治实证，重在通畅经脉，以消痹痛。瓜蒌薤白白酒汤宽胸化痰，通阳化瘀；加半夏之瓜蒌薤白半夏汤，降气以化痰饮；加枳实、厚朴，桂枝之枳实薤白桂枝汤重行气以散结；茯苓杏仁甘草汤重化饮轻调气，橘枳姜汤重调气轻化饮；薏苡附子散温阳化湿止痹痛。纵观众方，仲景采用了通阳，行气，降气，化痰，化湿，化瘀的治法以恢复胸阳之宣畅。一首人参汤为塞因塞用之变法，健脾以增强营卫气血之源，达到增强气血运行的目的。也说明胸痹之病，阳虚阴盛，偏于阴盛，故治疗上以通阳条达经脉为关键。对于胸痹治疗，仲景善用瓜蒌、薤白。参伤寒论，瓜蒌还见于小陷胸汤及小柴胡汤加减法/若胸中烦而不呕者，去半夏、人参，加栝楼实一枚。可见，仲景用瓜蒌多有胸胃不适感。又朱丹溪本草衍义补遗[3]栝楼实，本草言治胸痹，以味甘性润，甘能补肺，润能降气。胸有痰者，以肺受火逼，失降下之令，今得甘缓润下之助，则痰自降，宜其为治嗽之要药也。又洗涤胸膈中垢腻，治消渴之神药也。故瓜蒌善治肺病。综上所述，仲景用瓜蒌意在润肺化痰，以解胸胃痛满不适。关于薤白，灵枢五味篇就谓心病者，宜食，薤。参伤寒论薤白还见于四逆散加减法泄利下重者，先以水五升，煮薤白三升，后世医家均强调薤白辛温，能通阳散结。叶天士临证常用薤白，并赞气宣阳疏滞而不伤胃气。本草求真[4]也云：薤，味辛则散，散则能使在上寒滞立消；味苦则降，降则能使在下寒滞立下；气温则散，散则能使在中寒滞立除；体滑则通，通则能使久痼寒滞立解。是以下痢可除，瘀血可散，喘急可止，水肿可敷，胸痹刺痛可愈，胎产可治，汤火及中恶卒死可救，实通气、滑窍、助阳佳品也。功用有类于韭，但韭则入血行气及补肾阳，此则专通寒滞及兼滑窍之为异耳。可见，薤白善治心病，更重在通阳散结以畅经脉。目前瓜蒌薤白常用于治疗痰浊痹阻之胸痹（冠心病）[5]，体现其化痰散结，畅经脉的作用。

综上所述，仲景对于胸痹的证治，轻阳虚，而重阴盛，选药不离心肺二脏，但更强调具有宣散功能，意在打通胸部营卫气血运行，治外而不伤内。

二、心痛

1. 概念　金匮要略67版教材[1]认为心痛与胸痹密切相关，以心痛彻背为主要特点。该概念没有清楚阐述心痛和胸痹两病本质区别，对于心痛发生的部位也表述得模糊不清。据素问金匮真言论篇云：肝、心、脾、肺、肾，五脏皆为阴。金匮要略脏腑经络先后病脉证第一阳病十八，何谓也？师曰：头痛，项、腰、脊、臂、脚掣痛。阴病十八，何谓也？师曰：咳、上气、喘、哕、咽、肠鸣、胀满、心痛、拘急。该条说明仲景对疾病的分类以脏腑、经络分阴病、阳病。心痛病在脏，属阴病。又金匮要略五脏风寒积聚病脉证并治心中寒者，其人苦病心如啖蒜状，剧者心痛彻背，背痛彻心，譬如蛊注素问#脏气法时论云：心病者，胸中痛，胁支满，胁下痛，膺背肩胛间痛，两臂内痛，虚则胸腹大，胁下与腰相引而痛。故心病可导致多部位出现疼痛。但素问标本病传论篇夫病传者心病，先心痛。综上，心痛当是心病最先，最主要的症状表现。因此，心痛是以症状为命名的疾病，属于心病的范畴，其病因病机当是寒邪侵袭心脏而致。综上可知，心痛不等于胸痛。

2. 心痛的部位　灵枢邪客说：心者，五脏六腑之大主也，精神之所舍也。其脏坚固，邪弗能容也。容之则心伤，心伤则神去，神去则死矣。故诸邪之在于心者，皆在于心之包络。表明心受邪，首先反应在心包部位。灵枢胀论膻中者，心主之宫城也。膻中为心包募穴，常代指心包。故心痛当反应在形体的部分为膻中，即当前正中线上，平第4肋间，两乳头连线的中点，也就是说胸骨之后。又仲景在伤寒论和金匮要略中论及胃脘部位时，多用心下代之。如大黄黄连泻心汤证心下痞，按之濡，其脉关上浮者。胃脘正好在胸骨剑突下，也说明心在形体所指代的部位为胸骨后。故心痛主要是指胸骨后的疼痛。后世医家将心痛指胃脘痛，似为不妥。

人体是一个整体，心痛作为一个胸骨后疼痛的症状，它脏病变可波及于心脏而引发心痛。此与素问#咳论五脏六腑皆令人咳，非独肺也之意。而古之厥心痛[6]也强调了这一点，肾、胃、脾、肝、肺有病，病气上逆乘心所致的心痛，为厥心痛。

3. 金匮要略中心痛的证治特点　素问举痛论重点讨论了五脏卒痛的病因经脉流行不止，环周不休。寒气入经而稽迟，泣而不行，客于脉外则血少，客于脉中则气不通，故卒然而痛。又素问至真要大论篇寒淫所胜，血变脉中，民病厥心痛素问六元正经大论篇故民病寒客心痛，腰椎痛均说明寒邪侵袭，心脉痹阻是发心痛的基本病机。仲景继承了内经的思想，提出心痛与胸痹的基本病机一样为阳微阴弦。但心痛病在脏，属阴，仲景治疗心痛的三方（桂姜枳实汤，乌头赤石脂丸，九痛丸），体现了重阳虚，轻阴盛，选药上用桂、姜、附、乌头为主药，以温阳散寒，恢复气血运行而止痛。九痛丸更是加入人参增强温补的力量，以疗阳虚。

三、结语

张仲景继承了内经的学术思想，提出胸痹、心痛共同的基本病机为阳虚阴盛，主症都为剧烈疼痛，治疗上都要宣畅经脉营卫气血运行而止痛。并强调胸痹病在形体经络，属阳，疼痛部位为胸；病机上与心肺二脏相关；治疗重阴盛，法用行气、化痰湿、活血化瘀为主，以宣通胸中之阳气。心痛病在脏，属阴；心痛是心病最先，最主要的症状，疼痛部位在膻中胸骨后；治疗上亘阳虚，法用温阳散寒为主。全篇体现了仲景重预防和早期治疗，病当分阴阳轻重的学术思想。正如他在开篇金匮要略脏腑经络先后病脉证第一就指出：若人能养慎，不令邪风干忤经络。适中经络，未流传藏府，即医治之，四肢才觉重滞，即导引、吐纳、针灸、膏摩，勿令九窍闭塞；更能无犯王法、禽兽灾伤，房室勿令竭乏，服食节其冷热苦酸辛甘，不遣形体有衰，病则无由入其腠理。

参考文献

[1] 范永升．金匮要略［M］．北京：中国中医药出版社，2003：136.

[2] 清吴谦．医宗金鉴［M］．刘国正，校．北京：中国古籍出版社，1995：947.

[3] 国家中医药管理局《中华本亘》编委会．中华本草（第5册）［M］．上海：上海科学技术出版社，1999：581.

[4] 清黄宫绣．本草求真［M］．王淑民，校．北京：中国中医药出版社，1997：174－175.

[5] 李敬孝，韩超，焦赢君．从痰论治冠心病［J］．长春中医药大学学报，2009，25（5）：685－686.

[6] 李柳骥，严季澜．厥心痛古今文献述要［J］．吉林中医药，2006，26（11）：1－3.

［《吉林中医药》2012，32（7）：749］

《内经》五味理论在《金匮要略》历节病中的运用

唐　瑛　万　鹏　赖　宇　张　绮

成都中医药大学

王科闯　沈宏春　泸州医学院

张仲景在《伤寒杂病论·自序》中云其“勤求古训，博采众方，撰用《素问》《九卷》《八十一难》”等医籍，编撰了《伤寒杂病论》，可见《黄帝内经》为《伤寒杂病论》的形成奠定了重要的理论基础。《金匮要略》是《伤寒杂病论》中的杂病部分，《内经》学术思想始终贯穿其间。

五味是中药药性理论的核心之一，目前，对于五味理论存在废存争议[1]，有些学者认为五味理论已不能很好的指导临床，当放弃五味理论。《内经》在阴阳及五行学说的指导下，建构起比较系统的五味理论，涉及到病因病机、治则、食疗等方面。《金匮要略》继承了《内经》的五味理论。笔者择

《金匮要略·中风历节病脉证并治第五》的历节病中五味理论的运用，浅述五味理论的临床指导意义。

一、阐述病因病机

《说文》：“味，滋味也。”强调人口尝饮食物的直观感觉。五味，古人用辛、甘、酸、苦、咸五种对滋味进行了归纳。而这种归纳的实质，是木、火、土、金、水的五行哲学理论的一种运用。在《内经》中，按照五行的框架，五味与自然界众多的事物、属性联系起来了。首先，五味与脏腑相配属，《素问·至真要大论》云：“夫五味入胃，各归所喜。故酸先入肝，苦先入心，甘先入脾，辛先入肺，咸先入肾。”说明五味对于五脏的影响是不一样的，各有所偏嗜，各有所喜归。再者，五味和形体各部也有相应的联系，《灵枢·九针论》曰：“酸走筋，辛走气，苦走血，咸走骨，甘走肉，是谓五走也。”

五味对于人体又起什么作用呢？《素问·六节藏象论篇》云：“天食人以五气，地食人以五味。五气入鼻，藏于心肺，上使五色修明，音声能彰；五味入口，藏于肠胃，味有所藏，以养五气，气和而生，津液相成，神乃自生。”说明人之所以成，离不开天地阴阳之化。天之气为阳，地之味为阴。五味能养五脏之气，以化生精，精足则神旺。另《素问·生气通天论篇》云：“是故谨和五味，骨正筋柔，气血以流，腠理以密，如是则骨气以精。”五味调和，则形体强健。

同时，《内经》也指出，人之形体，离不开五味长养，但须适量，若偏嗜太过，致阴阳失调，反能伤人。《素问·阴阳应象大论篇》云：“阴为味。味归形……形食味……味伤形……气伤于味。”故五味，既能养形也能伤形，既能养气又能伤气。还有《素问·生气通天论》云：“阴之所生，本在五味；阴之五宫，伤在五味。”《素问·至真要大论》亦云：“久而增气，物化之常也；气增而久，夭之由也。”均强调了五味太过或者不及，都会影响人体发生疾病，关键在于一个度的把握。

关于五味偏嗜导致人体的病理变化，《内经》也有丰富地论述。《素问·五脏生成》并根据五行相克原理，论述了五味太过伤及五体的情况，指出：“是故多食咸，则脉凝泣而变色；多食苦，则皮槁而毛拔；多食辛，则筋急而爪枯；多食酸，则肉胝皱而唇揭；多食甘，则骨痛而发落，此五味之所伤也。”《素问·生气通天论篇》又云：“是故味过于酸，肝气以津，脾气乃绝。味过于咸，大骨气劳，短肌，心气抑。味过于甘，心气喘满，色黑，肾气不衡。味过于苦，脾气不濡，胃气乃厚。味过于辛，筋脉沮弛，精神乃央。”《灵枢·五味论》也云“酸走筋，多食之，令人癃；咸走血，多食之，令人渴；辛走气，多食之，令人洞心；苦走骨，多食之，令人变呕；甘走肉，多食之，令人心。”从不同角度论述偏嗜五味对人体的影响。

接下来，我们看张仲景对五味理论的灵活运用。《金匮要略·脏腑经络先后病脉证》云：“服食节其冷热苦酸辛甘，不遗形体有衰，病则无由入其腠理。”故过食五味，先伤形体。故仲景在《金匮要略·中风历节病脉证并治第五》阐述历节病病因病机就用了五味理论，“味酸则伤筋，筋伤则缓，名曰泄；咸则伤骨，骨伤则痿，名曰枯。枯泄相搏，名曰断泄。荣气不通，卫不独行，荣卫俱微，三焦无所御，四属断绝，身体羸瘦，独足肿大，黄汗出，胫冷。假令发热，便为历节也。”偏嗜酸，则筋伤。《说文》云：“筋，肉之力也。”筋伤则缓，《说文》云：“缓，绰也。”即放松、松弛。筋缓即是筋松弛无力。《素问·五藏生成论》云：“诸筋者，皆属于节。”筋伤则缓，表现为关节无力活动。偏嗜咸，则骨痿。“痿”肢体软弱无力，不能随意运动。《素问·痿论》“肾气热，则腰脊不举，骨枯而髓减，发为骨痿。”过食咸，咸能软能下，抑肾之封藏，故精耗而肾气热，而发骨痿。肾气热，水克火，而抑心气，则血行不畅，故《素问·五藏生成篇》曰：“多食咸，则脉凝泣而变色。”血行不畅，精血不能濡养形体，则无肉。故《素问·生气通天论篇》：“味过于咸，大骨气劳，短肌，心气抑。”仲景用过食酸咸，筋伤骨痿，说明历节病在四肢关节，且关键病机在于关节气血运行畅。体现了仲景重视“五脏元真通畅，人即安和”（《金匮要略·脏腑经络先后病脉证第一》）的思想。故治疗历节病，关键在于畅通关节经脉气血运行。这一关于历节病病因病机的论述，充分运用了《内经》偏嗜五味，外伤形体，内伤脏腑的理论。

二、指导组方原则

《内经》对于五味功效已有了较为全面的认识，《素问·脏气法时论》较为集中地论述到：“辛散，酸收，甘缓，苦坚，咸耎……此五者，有辛酸甘苦咸，各有所利，或散或收，或缓或急，或坚或耎，四时五藏，病随五味所宜也。”

邢玉瑞[2]总结了《内经》五味的临床应用，从中看出涉及组方原则，主要有以下几个方面：

一为六淫为病的治则。《素问·至真要大论》

指出："风淫于内，治以辛凉，佐以苦，以甘缓之，以辛散之。热淫于内，治以咸寒，佐以甘苦，以酸收之，以苦发之。湿淫于内，治以苦热，佐以酸淡，以苦燥之，以淡泄之。火淫于内，治以咸冷，佐以苦辛，以酸收之，以苦发之。燥淫于内，治以苦温，佐以甘辛，以苦下之。寒淫于内，治以甘热，佐以苦辛，以咸泻之，以辛润之，以苦坚之。"针对风、热、湿、火、燥、寒等病因，提出了很详细具体的五味调治方案。

二为五脏苦欲补泻治则。《素问·脏气法时论》指出："肝苦急，急食甘以缓之"；"心苦缓，急食酸以收之"；"脾苦湿，急食苦以燥之"；"肺苦气上逆，急食苦以泄之"；"肾苦燥，急食辛以润之，开腠理，致津液通气也"。"肝欲散，急食辛以散之，用辛补之，酸泻之"；"心欲耎，急食咸以耎之，用咸补之，甘泻之"；"脾欲缓，急食甘以缓之，用苦泻之，甘补之"；"肺欲收，急食酸以收之，用酸补之，辛泻之"；"肾欲坚，急食苦以坚之，用苦补之，咸泻之"。根据五脏苦欲，提出补泻的五味调治方案。

三为五味配伍应用原则。从五味配伍应用的关系角度而言，大致可分为相辅相成与相反相成两种情况。如《素问·至真要大论》论五味之阴阳相辅相成说："辛甘发散为阳，酸苦涌泄为阴，咸味涌泄为阴，淡味渗泄为阳。"而《素问·阴阳应象大论》根据五行相克规律论五味相反相成说："辛胜酸"，"咸胜苦"，"酸胜甘"，"苦胜辛"，"甘胜咸"。

张仲景在《金匮要略·中风历节病脉证并治第五》篇治疗历节病的方剂也充分运用上面五味组方理论。具体来看两首方剂，桂枝芍药知母汤和乌头汤。因为古今药物的五味有差异，如芍药，始载《本经》中品，陶弘景始分赤、白二种，白芍味苦酸，赤芍味苦[3]。本文分析其五味，根据《神农本草经》。其理由是，张仲景在《伤寒杂病论·自序》中未提到《神农本草经》，但北宋林亿《伤寒论序》指出《伤寒论》是在《伊尹汤液》一书基础上撰成的，"伊尹以元圣之才，撰用《神农本草》以为《汤液》，汉·张仲景论广《汤液》为十数卷，用之多验。近世太医令王叔和撰词仲景遗论甚精，皆可施用。是仲景本伊尹之法，伊尹本神农之经，得不谓祖述大圣人之意乎？"[4]伤寒大家刘渡舟先生[5]晚年叹曰："我从'仲景本伊尹之法，伊尹本神农之经'两个'本'字中，悟出了中医是有学派之分的，张仲景乃是神农学派的传人。"故本文根据《神农本草经》药物的五味进行分析，见表1

表1 《神农本草经》药物的五味

性味	桂枝芍药知母汤	乌头汤
辛	附子、桂枝、生姜	乌头
苦	芍药、麻黄、白术、知母	麻黄、芍药
甘	甘草、防风	黄芪、甘草、蜂蜜

而从整个方剂中可以看出，仲景两首治疗历节病的五味调制方案，都是"辛、苦、甘"的原则。符合《素问·至真要大论》"风淫于内，治以辛凉，佐以苦，以甘缓之，以辛散之。"的原则。风为木气，主用辛味，旨在恢复肝木调达之性，以利于通畅气血。正所谓《素问·藏气法时论》云：肝欲散，急食辛以散之，用辛补之，酸泻之。恐过辛，反伤肝气，故佐以苦甘，苦胜辛，甘益气也。"也体现了"肝苦急，急食甘以缓之"，《难经》更有"损其肝者缓其中"之明训。再者两方主药，为辛温之附子和乌头，何绍奇[6]就曾云"姜春华老师曾经指出：桂枝芍药知母汤对风湿性、类风湿性关节炎有卓效，关键在于附子，不用则无效。笔者在这里还要补充一点自已的体会就是附子用量不足亦不效。"从而看出两方重用辛，是非常契合病机，"辛之散"能畅通历节病筋脉气血阻滞，达到"通则不痛"的目的。现今，麻黄为辛、微苦；防风为辛、甘，则强调该两药具有祛风，开泄腠理的作用，恢复气血运行方面的作用，并不违背上述原则。芍药现在因分白、赤芍，但根据其味，笔者认为用赤芍药之苦，更能体现仲景原义。

通过以上分析，可以得出，《内经》五味理论指导了仲景组方原则。《伤寒杂病论》被后世尊为方书之祖，五味阴阳调和之道尽蕴其中。虽然中医临床实践中，遣药开方不仅是五味，还有四气、功效、主治，但辛味的能行能散、甘味的能补能和、苦味的能泄能燥、酸味的能收能涩、咸味的能软能下，这种高度精炼出来的药效特点，时时刻刻影响着医师的选药和组方。理解《内经》的丰富的五味理论，把握方剂的五味调和之道，运用于临床实践，是具有重要的指导意义。

参考文献

[1] 秦旭华，金沈锐．"五味"理论废存浅议［J］．时诊国医国药，2007，18（3）：732.

[2] 邢玉瑞．《内经》五味理论及其临床应用［J］．现代中医药，2007，27（1）：15－17.

[3] 国家中医药管理局《中华本草》编委会．中华本草［M］．上海：上海科学技术出版社，1999：515，518，526.
[4] 钱超尘．伤寒论文献通考［M］．北京：学苑出版社，1993：7.
[5] 朱章志，李赛美．经方临床应用与研究［M］．广州：广东经济出版社，1997：3.
[6] 何绍奇．绍奇谈医（四）———仲景风湿三方之我见［J］．中医药通报，2005，4（5）：12.
［《辽宁中医杂志》2012，39（4）：641］

《伤寒论》“保阴液”思想探析

轩丽勇　谢忠礼　河南中医学院

阴液是人体的重要物质，包括精、血、津、液气《内经》首先指出，精、血、津、液是人体物质基础，为自身生命活动提供必要的物质。如《素问·评热病论》指出：“复热者邪气也，汗者精气也，今汗出而辄复热者，是邪胜也”，说明了汗出为抵抗热邪的基础[1]。但是暑热、秋燥、汗、吐、泻太过等均可损耗人体阴液，致使机体阴阳失调，发生病变，即“精气夺则虚”。既而，揭示出疾病防治过程中保津液非常重要。仲景撰《素问》《九卷》等而成《伤寒论》，深得《内经》“保”津液之要旨，并在《伤寒论》中详加论述。

一、未伤先防

1. 微汗防伤津《素问·评热病论》提出：“人之所以出汗者，皆生于谷……汗者，精气也。”汗为水谷之精，从玄府排出乃为汗。汗的排出尚需卫气的温煦充养功能正常，卫气循皮肤之中可温分肉、肥腠理、充皮肤、司开合，其功能正常则玄府开合有序，开则汗出，合则无。汗正常排出，则发挥其滋养皮肤等功能。但是六淫为病，卫气常伤，导致汗出异常。尤其感受风寒，卫气被遏，皮肤腠理闭，使汗不出，身体痛，恶寒发热。此时，邪气所伤在肌肤，病位表浅，用汗法，使邪随汗出病可痊愈。然汗需有法，当为微汗。微汗，是以全身湿润，汗出极微为《伤寒论》第35条：“太阳病，头痛，发热，身疼，腰痛，骨节疼痛，恶风，无汗而喘者，麻黄汤之。”此为太阳伤寒证，风寒外束，卫阳被遏，营阴郁滞，需辛温发汗。但是仲景恐人汗出而生他变，于麻黄汤中加入炙甘草调和诸药之余缓解麻桂之性，以防发汗太过伤津；药后护理，温覆令微汗出、不可吸热粥等共奏微汗解表而不伤津之效。微汗解表，也被后世医家所重视并作为治外感病的准绳。

2. 禁汗下防伤津

汗、下为医生临床治病常用的方法，发汗可解表、解肌、透疹、消散痈肿等，下法可用于攻逐燥屎，瘀血、水饮等。但发汗多用辛温燥烈之剂，下法多用苦寒攻下之剂，用之不当常会伤阴液，临床用之当慎。仲景详论汗下法的同时，也详述了误汗下后的辨证治疗。对于误治原因仲景论述不多，但对于有些病指出了治疗禁忌，以此避免误治伤阴，对临床治病意义重大。如原文第142条：“太阳与少阳并病，头项强痛，或眩冒，时如结胸，心下痞硬者，当刺大椎第一间，肺俞、肝俞，慎不可发汗，发汗则谵语，脉弦。五日谵语不止，当刺期门。”再如原文第171条：“太阳少阳并病，心下硬，颈项强而眩者，当刺大椎、肺俞、肝俞，慎勿下之。”二者均属太阳和少阳并病，以经脉为患，而病不纯在表或在里，治法当取刺法，泻太少之热。仲景警示医家此病虽有太阳表证但尚有里证不可妄汗下，否则徒伤津助阳，变生他证。

二、既伤防变

1. 固阳以摄阴太阳为六经藩篱，统摄营卫，一身之表，固护于外，邪气所凑，自一伤太阳。正气奋起抗邪于表发为太阳病，是外感病的初期，据《内经“其在皮者，汗而发之”的原则，法当用汗。然汗之太过，病必不除，易致阴阳俱伤，卫气不固，汗出阴伤严重，四肢失养，筋脉挛急《伤寒论》第20条曰：“太阳病，发汗，遂漏不止，其人恶风，小便难，四肢微急，难以屈伸者，桂枝加附子汤下之。”这是发汗太过，致真阳败损于内，阴液亡失于外。阳气虚气化无力，阴液伤则膀胱少津，出现小便少而不畅，故见“小便难”；阳虚失于温煦，阴液伤而濡润功能失常，则筋脉失养，故日“四肢微急，难于屈伸”。证属阳虚阴伤“凡阴阳之要阳密乃固”，故其治疗于桂枝汤中加一附子固阳摄阴，以固阳为下，阳生阴长，阳复诸症可安。陈修园解释为：“方中取附子固少阴之阳，固阳即所以止汗，止汗即所以救阴，其理微矣。”

2. 补气温中，扶阳以救阴

下法，为攻伐之术，用之当慎。太阳病误用苦寒攻下，表证未除，可损伤中焦脾胃，出现下利不止，表证转变成表里同病。原文第163条：“太阳病，外证未除，而数下之，遂协热而利，利下不止，心下痞硬，表里不解者，桂枝人参汤主之。”外证未除，一误下，导致脾阳损伤。脾阳既伤，则不能祛邪外出致使热邪内陷。中阳虚竭，气机升降失常，浊阴不降，壅滞胃脘，可见心下痞硬。因中气虚不能内受，津液随热邪循攻下之势，故利下不止。利不止，阴液不断耗损，脾阳愈虚；脾阳愈虚，则利更难，从而形成里阳虚兼表不解的表里同病，法当用桂枝人参汤补气温中解表，扶阳以救阴。方中以桂枝甘草为君药解卫分之邪气，以除表邪。参术为臣药补正气之虚，救下利不止但是脾胃虚寒，中焦痞结，下利不止，必需温热守中的干姜辅助，才能建奇功。

3. 清热生津挽阴液

邪在表时，顺应“病势”，宜用汗法。但汗不如法，病入于里，从阳化热。原文第26条云：“服桂枝汤，人汗出后，人烦渴不解，脉洪大者，白虎加人参汤下之。”太阳中风，服桂枝汤法中，令白漐漐微似汗，则邪气能解。若使如水流漓，则病必不除。此处因人汗出，遂致胃中津液耗竭，阳邪乘虚入里，热盛津伤致人烦渴而不解。后又见脉洪大，说明邪不在太阳，已传入阳明，表里俱热，气津亡失。汗多阴液已伤，里热燔灼，阴液更伤。治疗时独养阴，则热愈炽；独清热，津难复。法当辛寒清热，益气生津。故用白虎加人参汤，自虎汤能解胃中烦热、保存阴液。用石膏、知母清热养阴；加人参益气生津，补大汗所致气津两伤，挽救阴液。

4. 通阳养血保阴液

患者素体虚弱，正气亏乏，津不载气，气无力行津，则脏腑阴阳不足，功能日渐衰退。原文第177条曰：“伤寒脉结代，心动悸者，炙甘草汤主之。”伤寒见结代脉，说明真气已虚，经血枯涩。气虚则流行失度，血涩则脉道不利，故脉结代。脉为血之府，其合在心。心藏神主血，因气血虚衰则心神摇动，气馁而悸动。此为阴阳两虚，当以炙甘草汤通阳养血，调气血以复脉。方中重用炙甘草补中益气，充气血生化之源。生地黄、阿胶、麦冬养血补血滋阴，以充脉道。桂枝、生姜温通心阳，更加清酒温通血脉，流行气血。诸药平和，但用药剂两重，且为大量的滋养阴血药，故程知曰：“观炙甘草汤，而后知伤寒有补阴之法也。”

5. 阴伤禁汗

《内经》讲“夺汗者无血，夺血者无汗”，因其同源，均为水谷精微化生和充养，故伤彼即伤此。原文第83条谓：“咽喉干燥者，不可发汗。”咽喉为肺肾门户，赖肺肾的滋养。咽喉干燥，为阴液不足之象，尤其是肺肾阴亏。阴液不足，发汗乏源，强行发之，更伤阴助阳邪，变证迭起，故阴虚咽燥者发汗不可不戒。原文尚有淋家、疮家、衄家、亡血家、汗家等禁忌辛温发汗。因为阳加于阴，谓之汗。且血汗同源、津血同源，气血结，阴伤者重汗必伤及气血阴阳。

6. 急下救阴

治病求本，本于阴阴“阴阳者，天地之道也，万物之纲纪，变化之父母，生杀之本始，神明之府也，治病必求于本。”二者互根互用，在疾病状态下会发生阳损及阴、阴损及阳，但常有偏颇，或先阴竭或先阳亡。人体孤阴不长，独阳不生，故阴竭阳亡之时则生命危矣，阴伤不可轻视，其亦有危重病候。原文第252条、第253条、第254条为阳明急下三证，三者临床表现不同，但本质相同，燥热亢盛于内，阴液耗损欲绝。病情危重，应当机立断，迟则不救，急投大承气汤泻热实以保阴液。如不速下，亡阴之势必难遏制，终致阴阳离决。

三、结语

“凡阴阳之要，阴平阳秘，精神乃治”，阴液不伤，才有利于人体阴阳的平衡，人体才能“正气内存，邪不可干”。《伤寒论》中，汗吐下太过等多见阴伤证候，如胃中干，脚挛急，小便不利、日中不了了等，治疗时阴已伤应及时“保”阴液，但是不可见到阴伤即用上大量的滋阴补液药，应根据不同症状，“观其脉证，知犯何逆，随证治之”。另外阴未伤时也要注重预防伤阴，尤其在运用汗吐下等法时。

参考文献

[1] 王勇，王翔燕．保精血护津液观念源流考释[J]．中医药学刊，2004.22（12）：2270－2276.

[《河南中医》2012，32（8）：951]

《伤寒论》“导法”探析

马新童　狄　红
新疆和田市人民医院中医科
杨　栋　北京中医药大学
张广中　首都医科大学附属
北京中医医院皮科

“导法”出自于《伤寒论》“辨阳明病脉证并治第八”篇，其原文为“阳明病，自汗出，若发汗，小便自利者，此为津液内竭，虽硬不可攻下之，当须自欲大便，宜蜜煎导而通之。若土瓜根及大猪胆汁，皆可为导。”其中的“蜜煎导”及土瓜根、猪胆汁灌肠“导法”开启了“导法”之先河，堪称灌肠治法之始祖。随着现代医学科技的发展和人们思想观念的转变，以“蜜煎导法”、土瓜根及猪胆汁为代表的传统灌肠导便之法在临床上已十分少见。然而中医传统导法所体现出的医学智慧和学术价值却值得思考，因此挖掘“导法”等中医传统治疗方法对中医学传承和发展有深远意义。笔者结合多年临床应用传统导便之法的体会，将该治疗方法探讨如下。

一、《伤寒论》中“导法”机理

（一）“导法”治证

“导法”出自于《伤寒论》中的阳明病篇，是“胃家实”的一种表现形式，但又不同于阳明病篇的承气汤证。从原文的表述可以看出，“导法”所治便秘的病因是在患者自汗出的前提下，误用汗法，伤及肠胃中津液所致，且患者小便自利，肠胃中津液渗利至极，肠道干涸，无水行舟，所以导致大便干硬秘结。此种便秘的本质在于津液亏虚，不在于火热内结，因而虽大便硬但不可用承气类方剂峻下热结，须待肠胃中津液恢复，患者自欲大便而大便干硬难下之时，采用“蜜煎导法”或土瓜根、猪胆汁以导便外出。

（二）《伤寒论》“导法”治证与承气汤证的区别

清代医家陈修园总结承气汤诸法时说：“承气各法，无非使气机之旋转也。至于下法之穷，又有导法以济之。“导法”治证和承气汤证的区别主要体现在病因、病机、临床表现和治疗上。就病因而言，承气汤证是由于误治等原因使得邪热入于阳明腑，与燥屎相合，搏结而成；“导法”治证则由于误用汗法、利小便法等，造成津液内竭，肠道干涸失润所致。就病机而言，两者有虚实之别，承气汤证属邪实，体现为热结；而“导法”治证属正虚，体现为水亏；就临床表现而言，承气证主要表现为阳明热结证，除大便秘结外，尚有潮热、谵语、腹满、小便黄赤等临床表现。“导法”治证主要表现为津液亏虚证，虽然大便干硬难下，但“小便自利”，因而热像并不明显。就治疗而言，遵循“虚则补之，实则泻之”之大法，承气证以峻下热解为原则，以保津液；“导法”治证则须待患者津液恢复，自欲大便而难以排便之时，采用“导法”以导便外出。

（三）《伤寒论》“导法”的现代应用

在论及《伤寒论》导法的应用时，张路玉曰：“凡系多汗伤津，及屡经汗下不解，或尺中脉迟弱，元气素虚之人，当攻下而不可攻者，并宜导法。”[1]柯韵伯曰：“此为小便自利，津液内竭者设，而老弱虚寒，无内热证者最宜之。”王晋三曰：“胃无实邪，津液枯涸，气道结塞，燥屎不下，乃蜜煎导之，虽曰外润魄门，实导引大肠之气下行也。”[2]由以上论述不难看出，凡属阴液亏少、体质虚弱无力排便而致大便秘结者，如无明显热像，均可采用“导法”[3]，此类便秘患者多见于形体瘦小、体质偏弱的老人及慢性消耗性疾病患者，如恶性肿瘤、糖尿病患者等。笔者将“蜜煎导法”应用于老年人习惯性便秘的治疗中，临床效果令人满意。

二、《伤寒论》中“导法”使用方法

《伤寒论》原文对蜜煎导剂做了详细说明，“右一味，纳铜器中，微火煎之，稍凝如饴状，搅之勿令焦着。可执时，并手捻作梃，令头锐，大如指，长二寸许，当热时急作，冷则硬，纳谷道中，以手紧抱，欲大便时乃去之”。《金镜内台方议》将其稍作改进：“将蜜于铜器内，微火煎之，稍凝似饴状，搅之勿令焦，滴水中坚凝可用，蘸皂角末捻作梃，以猪胆汁或油润谷道，少顷，欲大便乃去之。”[1]笔者根据多年来临床应用经验，常以如下方法制作蜜煎导剂：取白蜜250mL入砂锅或搪瓷盆中，文火加热至微沸冒泡，用筷子缓缓搅动待起珍珠黄泡（此时称为“中蜜”），关火待蜜冷却至双手可耐受温度时，取蜜制作成长约2寸（约三横指）的子弹头状备用。

蜜煎栓剂应用时，患者应采取截石位或侧卧位，肛周涂少许甘油以起到润滑作用，由自己或他人帮助将蜜煎导剂塞入肛门，患者双手紧抱大腿后侧，维持肛管的坡度，待肛管内温度将蜜煎融化后，白蜜沿肛管流向直肠，起到润滑作用，直到患者产生便意而顺利排便。

除“蜜煎导法”外，《伤寒论》原文中尚提及“若土瓜根及猪胆汁皆可为导”，关于土瓜根具体为何种药物，历代医家众说纷纭。因笔者在临床上未使用过土瓜根及猪胆汁导法，故暂且存疑。

三《伤寒论》“导法”的优点

（一）护津液，保正气

现代医学灌肠治疗便秘主要以“开塞露”等药物为主，开塞露等药物的主要成分是甘油或者甘露醇，其主要作用原理为依靠甘油或者甘露醇的高浓度而产生高渗作用，使得水分从大肠中渗出而软化大便，然后借助甘油等油脂的润滑作用而使得大便排出。显而易见，对于那种以“津液内竭”为主要病机的便秘而言，开塞露虽然短时间内通过高渗作用产生了较好的排便效果，但是因为在其发挥疗效的过程中更加伤及机体的津液，故长期使用则疗效越来越差。而“蜜煎导法”则不存在这样的弊端，蜂蜜本身性平，有润肠燥之效，柯韵伯认为蜂蜜酿百花之英，所以有助太阴之开之功，因而“蜜煎导法”长期应用并无伤津之嫌。

此外，水液亏少而导致的习惯性便秘多见于老年人，老年人本身阳气虚弱，若长期使用开塞露等现代灌肠药物，势必会损伤机体阳气，影响体质。而“蜜煎导法”则不存在此弊端，白蜜本身性平，煎煮后性偏温，有保阳气之效而无伤正气之虞。

（二）简、效、廉

相对于开塞露等现代灌肠疗法，“蜜煎导法”等传统导便之法具有简、效、廉的特点。简，即简单方便“，蜜煎导法”不必借助任何医疗器械，患者及家属可自行操作；效，即效果甚佳，不仅短期效果较好，对于习惯性便秘患者长期使用亦不会降低其效用；廉，即经济实惠，每斤蜂蜜10元左右，能做20~30个蜜煎导剂，每个不足0.5元。

四、总结

仲景“蜜煎导法”不单纯是一种“姑息”治疗方法，更是一种“观其脉证，随证治之”的医学智慧，其法简，其意深。研习《伤寒论》，重在把握仲景精神实质，若尊重古方古法，则能从中领会仲景深意。在临床中推广古方古法的应用，不仅有利于提高临床效果，更有助于古圣先贤心法的传承。

参考文献

[1] 陈亦人．伤寒论译释［M］．上海：上海科学技术出版社，1992：847-848.

[2] 吕志杰．伤寒杂病论研究大成［M］．北京：中国医药科技出版社，2010：311.

[3] 杨卫真，方玲．试论导法的治疗机理和作用［J］．中国外治杂志，1998，8（2）：3.

［《北京中医药》2012，31（3）：187］

《伤寒论》辨证思想之解析

何赛萍　浙江中医药大学基础医学院

《伤寒论》创立的六经辨证，奠定了中医辨证论治的基础。《伤寒论》全书字数不到3万，但充满了丰富的哲理和中医治病的辨证思想，前人称其为“启万世之法门，诚医门之圣书”，因而成为中医学者必读之书。由于该书言简意赅，隐含玄机，其中的意境难以领悟，特别是中医的治病思想和理念。笔者从事《伤寒论》研究30年，对其中的精华略有体会，择要者如下，供同道借鉴。

一、方证相应

“方证相应”出于《伤寒论》原文[1]317条的方后：“病皆与方相应者，乃服之。”“证”是中医学中特有的概念。证，是在中医理论的指导下，对通过四诊所收集的症状、体征进行综合分析，得出的诊断性结论，是对疾病发展到某一阶段的病因、病位、病性、正邪关系及病势等所作的高度概括。方证相应观的基本内涵包括方为证立、方随证转二个要素，具有增强辨证论治能力，扩大辨证论治范围，提高中医药临床疗效等实用意义。

（一）方为证立

方为证立，即方随着“证”的出现而产生。如同为风寒表实证的太阳病由于腠理的疏松和致密不同，有桂枝汤、麻黄汤、桂麻各半汤、桂二麻一汤之分，腠理疏松容易出汗者用桂枝汤缓汗，腠理致密不宜汗出者用麻黄汤峻汗，腠理致密而病邪不重则用桂麻合方小汗之。《伤寒论》113方是为10病（六经病加霍乱，阴阳易，差后，劳复）113证而设，确定了方剂辨证的“理”与“法”。

林亿在《金匮要略·序》中说：“若对方证对者，施之于人，其效如神。”说明了方证对应是取得疗效的关键。随着时代的发展，疾病谱的变化，临床上表现的症候与《伤寒论》所描述的典型症候有一定的差距，关键在于我们对“证”的认识，认真辨析“证”的病因、病性、病位、病机，才能实现《伤寒论》方运用的原则性以及灵活性。如目前小柴胡汤的应用范围大大超越了“往来寒热，胸胁苦满，默默不欲饮食”的范畴，广泛运用于内伤杂病，原因就是服药后能达到“上焦得通，津液得下，胃气因和”的疗效，反过来说凡是三焦不畅，气机不利，胃气不和的病证都可以选择小柴胡汤加味治疗。

（二）方随证转

方剂的加减变化即方随证转之意。

《伤寒论》原文96条，针对柴胡证的7个或然证，在小柴胡汤的基础上，根据病情变化，随证加减治之，被誉为“法中之法．方中之方。”既充分发挥了小柴胡汤的运用机理，又适应了病情不断发展，治疗不断变化的需要。97 条“服柴胡汤已，渴者，属阳明，以法治之。”少阳之邪燥化，转属阳明，方随证转，不宜继用小柴胡汤，当以阳明治之，白虎汤、承气汤皆可随证选用。

二、同中求异

同中求异是中医常用的辨证思想，即在相同的症候中找出不同的病机，给予不同的治疗。临床上常有病人头痛，但是医生治疗的方药有的养血、有的活血、有的平肝、有的化痰，这就是同中求异的典型案例。原文“少阴病，饮食入口则吐，心中温温欲吐，复不能吐。始得之，手足寒，脉弦迟者，此胸中实，不可下也，当吐之。若膈上有寒饮，干呕者，不可吐也，当温之，宜四逆汤（324）。”少阴病虚寒证，可以发生饮食入口则吐，心中温温欲吐，复不能吐的症候，是少阴阴寒上逆，胃中无物可吐的表现。但是胸中实邪阻滞，同样可以发生这些症候。本条用同中求异的辨证方法加以鉴别诊断，提出不同的治疗方法。为便于理解将条文整理，见图 1。

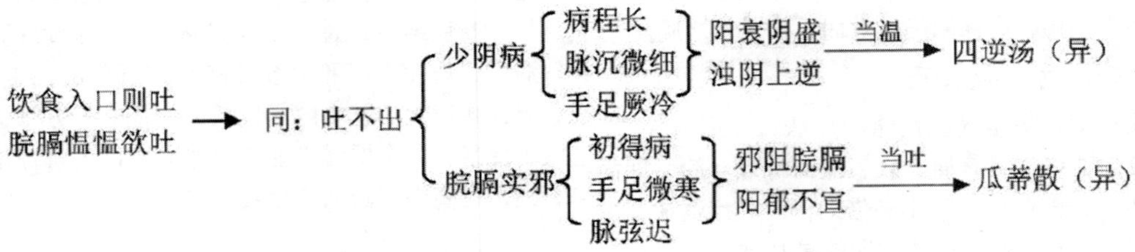

图 1

手足冷是临床上常见的症候之一，但是有阳虚和阳郁不同，阳虚治以温法，阳郁治以宣散，《伤寒论》有四逆汤和四逆散之不同。曾遇一病人手脚发冷，服用温热药物症候不仅不改善，反而口舌生疮、大便干结。这就是辨治的错误，将阳郁当成了阳虚。同中求异的关键就是通过症候，辨别病性，诊断病机，为施以正确的治疗奠定基础。

三、治病求本

“治病求本”出于《黄帝内经·阴阳应象大论篇第五》：“阴阳者，天地之道也，万物之纲纪，变化之父母，生杀之本始。神明之府也。治病必求于本。”《黄帝内经》之“本”即“阴阳”也，所以研究仲景学术者将“治病求本”作为伤寒的基本治则，“《伤寒论》继承与发扬了《黄帝内经》治病求本、本于阴阳的精神，对每一病证，均遵照审证求因的原则，辨其病因之阴阳、病性之阴阳、病位之阴阳，然后按照病因、病性、病位的阴阳属性确定其相应的治法，提出了一系列论治的方法与规律”[2]。《内经》的“本”是广义的、纲领性的，但是《伤寒论》将“本”具体化了，蕴涵着中医治病的哲理，及辨证的治病思想。具体地说，“本”即疾病的本质，抓主要矛盾，迎刃而解。体现在两个方面：第一，找出主要病机予以治之。如原文356 条“伤寒厥而心下悸，宜先治水，当服茯苓甘草汤，却治其厥。不尔，水渍入胃，必作利也。”本条主要说明胃虚水停，胃阳不布亦可出现手足逆冷的症候，“厥证”的病因有阳郁和阳虚之分，本证之厥为水停阳郁所致，治应化饮通阳，饮去厥回。若作为阳虚而投以温补之剂，水停阳郁之状不但不解，反而引起下利等变证，真正体现了治病求本，随应病机的原则。第二，在众多的症候中找出主要症候予以治之，原文 229 条“阳明病，发潮热，大便溏，小便自可，胸胁满不去者，与小柴胡汤”，少阳阳明同病，可用大柴胡汤、柴胡加芒硝汤少阳、阳明同治，但本条选用小柴胡汤治疗的关键是“大便溏”，反映了阳明里实未盛的本质，故治疗不从阳明，求少阳之本。

四、表里缓急

病有表里，证有缓急，故治有先后。《伤寒论》是论述外邪侵犯人体后产生的各种病证，太阳表证出现在外感病的初期阶段，即《伤寒论》中所有病证的原始证候，故称为“表”，由于病人的体质不同，将患有的宿疾，称为“里”，所以外感病初期有时不是单纯的表证，而是表里同病、虚实错杂。故有“先表后里为常法，先里后表为变法，表里兼治为权宜之法”之治疗原则。一般情况下先表后里，尽快地祛邪，否则表邪内陷，产生变证。原文106条“太阳病不解，热结膀胱，其人如狂，血自下，下者愈。其外不解者，尚未可攻，当先解其外，外解已，但少腹急结者，乃可攻之，宜桃核承气汤”。因为血结较轻，病人仅仅表现为少腹部不舒，未到大满痛实，而外邪随时都有化热入里之机，故当先解表，待表解后再治里证。临床上常常会碰到一些患有慢性疾病的人感冒了，如我在治疗妇科病时，病人感冒了，一般遵循先表后里的治疗原则，先治其表。当里证较重，危及生命，就当先里后表，力挽狂澜。原文92条“伤寒，医下之，续得下利清谷不止，身疼痛者，急当救里；后身疼痛，清便自调者，急当救表。救里宜四逆汤，救表宜桂枝汤”。阳气衰微，阴寒内盛，下利清谷不止，必须先里后表。若先用发汗的方法，不仅无汗可发，反致阳气更虚，所以必须先温其里，俟阳气恢复，才能争取邪气外解之机。一旦人体阳气恢复，抗病能力增强，外邪可不治而解。当表里同病，表证、里证相互影响、相互牵扯时，多采用表里同治的方法，这是一种权衡之法。具体应用时可根据表、里证的孰轻孰重或偏重于表，或偏重于里。《伤寒论》中诸桂枝汤、麻黄汤加减方证，皆是表里同治的范例，大青龙汤偏治于表，小青龙汤偏治于里。

总之，研究张仲景的辨证思想，有助于学习、领会《伤寒论》的精神，提高临床的辨治水平。

参考文献

[1] 李培生，刘渡舟．伤寒论：高等医药院校教材［M］．上海：上海科学技术出版社，1985：165.

[2] 熊曼琪．伤寒学［M］．北京：中国中医药出版社，2003：17.

［《浙江中医药大学学报》2012，36（9）：965］

《伤寒论》表郁轻证三方研究（上）

李宇铭　北京中医药大学第一临床医学院东直门医院

《伤寒论》表郁轻证三方之中，桂枝麻黄各半汤与桂枝二麻黄一汤（下称桂麻各半汤与桂二麻一汤）主流观点认为是桂麻各半汤的表郁较重，可是对两方的服用量作比较，却发现桂二麻一汤证的表郁程度原来更重，如何理解这一现象？再者，桂枝二越婢一汤（下称桂二越一汤）的条文明言不可发汗，可是却属于小发汗之剂，如何解释这个问题？以下详予探讨。

一、表郁轻证三方药量分析

从方药的原方用量比较，一般认为桂麻各半汤的用量总体相较比桂二麻一汤为大，可是由于两方的煎服方法不一样，桂麻各半是分3次服，而另外两方则分2次服，因此以每次具体服用量作比较，更能反映实际方药功效。《伤寒论》表郁轻证三方的药物用量，具体情况详见表1：

方名	用量分类	药物用量							
		桂枝	芍药	甘草	生姜	大枣	麻黄	杏仁	石膏
桂麻各半汤（分3服）	原方量	1两16铢	1两	1两	1两	四枚	1两	二十四个	/
	折算量	26.0g	15.6g	15.6g	15.6g	10g	15.6g	9.6g	/
	1次量	8.7g	5.2g	5.2g	5.2g	3.3g	5.2g	3.2g	
桂二麻一汤（分2服）	原方量	1两17铢	1两6铢	1两2铢	1两6铢	五枚	16铢	十六个	/
	折算量	26.7g	19.5g	16.9g	19.5g	12.5g	10.4g	6.4g	/
	1次量	13.3g	9.8g	8.5g	9.8g	6.3g	5.2g	3.2g	/
桂二越一汤（分2服）	原方量	18铢	18铢	18铢	1两2铢	四枚	18铢	/	24铢
	折算量	11.7g	11.7g	11.7g	16.9g	10g	11.7g	/	15.6g
	1次量	5.9g	5.9g	5.9g	8.5g	5g	5.9g	/	7.8g
桂枝汤	1次量	15.6g	15.6g	10.4g	15.6g	10g	/	/	/

先对桂麻各半汤与桂二麻一汤进行比较，由上表可见，桂麻各半汤的折算量除了麻黄与杏仁较桂二麻一汤用量为大之外，而桂二麻一汤的整个桂枝汤方药组成用量无论其折算量还是1次量均较桂麻各半汤用量要大，且两方麻黄的1次量是一样的。由此可知，桂二麻一汤总体用量较桂麻各半汤用量大，且1次量最为接近桂枝汤的用量。

再与桂二越一汤比较，方中桂枝汤药物组成的用量，是三方中用量最轻的。因此，若要以表郁轻重程度作排列，则以桂二麻一汤为最重、桂麻各半汤次之、桂二越一汤最次。

二、表郁轻证三方因机证治考析

（一）桂麻各半汤

1. 原文分析

桂麻各半汤出自《伤寒论》23条，原文载：太阳病，得之八九日，如疟状，发热恶寒，热多寒少，其人不呕，清便欲自可，一日二三度发。脉微缓者，为欲愈也；脉微而恶寒者，此阴阳俱虚，不可更发汗、更下、更吐也；面色反有热色者，未欲解也，以其不能得小汗出，身必痒，宜桂枝麻黄各半汤。”

此条中脉微缓者……更吐也”一段属于插文，是仲景自注句。前段“脉微缓者，为欲愈也”，既然欲愈则不用治疗；后段则说“不可更发汗”，可是最后却说“似其不能得小汗出”，因此“微而恶寒者”亦非桂麻各半汤的证候。

2. 证候与病机分析

原文指出病已经“得之八九日”，按《伤寒论》第8条所说“太阳病，头痛至七日以上自愈者，以行其经尽故也”，太阳病一般可在七日自愈，若未能自愈，说明素体正气较弱，难以抗邪，因此得病八、九日是病情较长，表示正气较弱。

23条的证候见“如疟状，发热恶寒，热多寒少……一日二三度发”，一日发作二三次的发热恶寒且以发热为主、恶寒较少，就像疟病一样，这是由于邪气郁滞在表，邪气轻微，因而每当正气恢复、正邪抗争之时，则见发热恶寒。原文说“其人不呕，清便欲自可”，意指没有传入少阳、阳明，病仍在太阳之表。

“面色反有热色”身必痒”，则是本条的重点。参《伤寒论》48条性阳并病，太阳初得病时，发其汗，汗先出不彻，因转属阳明，续自微汗出，不恶寒。若太阳病证不罢者，不可下，下之为逆；如此可小发汗。“设面色缘正赤者，阳气怫郁在表，当解之熏之”，此条的证情，是先在太阳，及后发汗不彻，因而逐渐转入阳明，且表证未罢。由于阳气郁滞在表，因而见面色缘缘正赤”，实际上与“面色反有热色”当为同一表现，同样以小发汗能够解决。

再看“身痒”一症，《金匮要略》第五篇第3条说“邪气中经，则身痒而瘾疹”《金匮要略》第十四篇第2条云“脉浮而洪，浮则为风，洪则为气。风气相搏，风强则为隐疹，身体为痒，痒为泄风，久为痂癞”，此条在《伤寒论·平脉法》中亦有类似的记载，云“脉浮而大，浮为风虚，大为气强，风气相搏，必成瘾疹，身体为痒。痒者名泄风，久久为痂癞”。这三段条文中第一段的身痒，是由于阳邪气中经”，经是指经络，相对脏腑而言，即病位在肌表而不在里。后两条所指的“脉浮而洪”与“脉浮而大”，意思相近，在《伤寒论》中多处以“脉洪大”并列，洪即大，均指脉搏幅度较大的意思。“浮则为风”，亦即病在表，而“洪则为气”及“大为气强”，即是指正气亢盛，这里的“强”，就如《伤寒论》95条“荣弱卫强”的强，本身不是正气足的强，而是正邪交争、卫气亢奋于外的强盛。因此，这种身痒、瘾疹，是由于邪气中经与风气相搏而引起的。

因此，若要替《伤寒论》第23条补充脉象，则可能是脉浮洪大，虽洪大却重按无力。正是由于正气偏虚而邪气在表，正邪交争则见身痒，若本证继续发展，还可见瘾疹甚或痂癞。可是，仲景并未将脉洪大列为本条见症，似乎脉象并非本证鉴别要点，而且在《伤寒论》第23条原文中强调“脉微缓者，为欲愈”那么在表郁轻证到欲愈之间，由脉洪大演变至脉微缓的过程，均可以属于此证的脉象，故仲景并不把脉洪大作为诊断依据。另外，本证或当见脉浮而迟，详见拙文下篇桂二越一汤之病机分析。

3. 治法与方义分析

《伤寒论》第23条属于正气偏虚而邪留在表，因而需要以小发汗之法治之。可是，为何选择“小”发汗而不再用一般发汗之法？这是因为本身正气偏虚；或如《伤寒论》第48条因前已发汗，发汗能伤阳气，而且病情在发汗后仍不解反有所转变，因此不能再用一般发汗之法了。

不发虚人之汗，在《伤寒论》中多有强调，例如第49条云“若下之，身重心悸者，不可发汗”；50条“假令尺中迟者，不可发汗”；86条“衄家，不可发汗，汗出必额上陷脉急紧，直视不能眴，不得眠”；87条“亡血家，不可发汗，发汗则寒栗而振”。可是在这种正气偏虚却又有微邪在表的情况下，又不能不发汗，因此仲景采取了“小发汗”的方法，以轻剂使汗出邪散。

看桂麻各半汤的方药组成，整体用量很轻，其中桂枝汤的5味药物用量只是原方桂枝汤的三分之一，复配以麻黄汤，则使全方专一走表。需要留意的是，麻黄汤证是太阳伤寒表实证，由于表气壅滞，因而肺气亦闭郁，所以方中除了麻黄配桂枝之外，尚配杏仁入里，以达宣降肺气之功。所以桂麻各半汤用桂枝汤配以麻黄汤，亦有助于引药入里。

桂麻各半汤是一天服用3次，实际上是对应着本证“一日二三度发”，但是由于正气偏虚，不能承受大发汗，因此每次服用量较轻。

（二）桂二麻一汤

1. 原文分析　桂二麻一汤出自《伤寒论》第25条，原文载“服桂枝汤，大汗出，脉洪大者，与桂枝汤，如前法。若形似疟，一日再发者，汗出必解，宜桂枝二麻黄一汤。”此条是在第24条的基础上继续探讨服桂枝汤后的演变。24条说“太阳病，初服桂枝汤，反烦不解者，先刺风池、风府，却与桂枝汤则愈”，同是服用了桂枝汤后，因体质及病情因素而转归不同，24条先见烦，而25条则见大汗出、脉洪大，因此采取不同的治法。

2. 证候与病机分析

桂二麻一汤的证候，与桂麻各半汤类似，其中的“形似疟，一日再发”，就是相对于23条的“如疟状，发热恶寒，热多寒少……一日二三度发”，因此“形似疟”当指发热恶寒，而且一天发作两次。二者的不同点是，25条没有明确指出面赤与身痒，此二症或许不是必然症。再者，25条前文言“大汗出、脉洪大”，而该条又属于接续讨论，因此还应当包括自汗、脉洪大之症。这就像《伤寒论》22条“若微寒者，桂枝去芍药加附子汤主之”，文中的“若微寒”，也包括了前条21条“太阳病，下之后，脉促胸满者，桂枝去芍药汤主之”的证候。

25条服桂枝汤后出现脉洪大，治疗还继续用桂枝汤，说明此处脉洪大并非转变为白虎汤的阳明热证，而是因为邪正交争于表，阳气浮盛。这与前述23条当有的脉象一致，在表的时候，脉象当见浮洪大。

在病机上，桂二麻一汤与桂麻各半汤基本相同，只是在轻重上有别：桂麻各半汤病程较长，正气较虚，邪气较轻而留于肌表；桂二麻一汤则症见白汗、脉洪大，表郁较重，治需发汗以解除表郁。

在表郁的轻重程度上，桂二麻一汤的表郁较桂麻各半汤为重。从证候反映来看，桂二麻一汤是“一日再发”，桂麻各半汤是“一日二三度发”，过去一般认为“一日再发”反映病情较轻，实际上却刚好相反。从桂枝汤、麻黄汤证来理解，太阳病在表，当整天发热恶寒或稍有轻时，说明当正气足能够抗邪的时候，是不会间断发作的；假若间断发作的时间越长、越多，说明正气相对较弱无力抗邪，只有待正气恢复或自然界阳气较盛的时候，才能正邪交争、抗邪于外而发热恶寒。这一点在治法上也得到了助证：桂麻各半汤必须要“小发汗”；而桂二麻一汤则是“汗出必解”，即需要正常的发汗法。

25条用了桂枝汤后出现脉洪大，既然是正邪交争较盛，病仍在表，为何不继续用桂枝汤发汗？这是由于用了桂枝汤发汗后，已经出现了“大汗出”，汗出则正气受伤，且《伤寒论》88条言“汗家，重发汗，必恍惚心乱”，因而不可继续以前法发汗，需要改用较桂枝汤为轻的桂二麻一汤再行发汗。

3. 治法与方义分析

桂二麻一汤中的桂枝汤用量比桂麻各半汤中的桂枝汤用量大，从桂二麻一汤中桂枝汤药物用量来看，实际上只比桂枝汤原方药物用量稍轻，各药1次服用量稍轻1/3左右，较之与桂麻各半汤，桂二麻一汤是比桂枝汤发汗力量稍低一层次的药方，而桂麻各半汤再更次之。

桂二麻一汤和桂麻各半汤中，都有麻黄与杏仁，可是桂麻各半汤中的桂枝汤药物组成用量较轻，使麻、杏的配伍作用较强，亦即是杏仁入里的作用相对突显，使得全方发汗功效减弱。而桂二麻一汤则麻、杏用量相对较弱，这样就更突显桂枝汤的发汗功效。再与桂枝汤比较，桂枝汤专门发汗，而桂二麻一汤由于是在桂枝汤减量的基础上再加麻、杏，因此发汗力量稍缓。

因此在治法上，桂二麻一汤属于介乎桂枝汤的“发汗”与桂麻各半汤的“外发汗”之间。既然仲景在《伤寒论》第25条说“汗出必解”，因此当属于一般汗法。

桂二麻一汤虽然表郁程度较桂麻各半汤重，但实际上是病情较轻，即正气较足，能够抗邪，因此服药上不用多次频服，而是“日再服”。之所以这样服药，一方面是因为病情较轻，另一方面亦是针对“一日再发”而考虑的。（未完待续）

［《国医论坛》2012，27（3）：1］

《伤寒论》表郁轻证三方研究（下）

李宇铭　北京中医药大学
第一临床医学院东直门医院

（三）桂二越一汤

1. 原文分析

桂二越一汤出自《伤寒论》27条，原文载："太阳病，发热恶寒，热多寒少，脉微弱者，此无阳也，不可发汗，宜桂枝二越婢一汤。"本条需要与多条经文前后互参。

先看26条，"服桂枝汤，大汗出后，大烦渴不解，脉洪大者，白虎加人参汤主之"，27条与26条的关系，与桂二麻一汤的25条前后文相似，26条是服桂枝汤后，出现大汗出，与25条情况相约，不同的则是26条见"大烦渴不解"，可知病已经入里化热，成阳明热证而津液耗伤，故以白虎加人参汤治之。27条亦在此基础上，当是"服桂枝汤，大汗出后"，因而见"发热恶寒，热多寒少，脉微弱"，目的是与26条作鉴别，类似于桂二麻一汤证，以桂枝汤发汗后仍表证未除，欲再解表则需用他法。

再比较23条桂麻各半汤，其中"发热恶寒，热多寒少"的表现一样，可是这里凸显的是"脉微弱"，这与23条列出的脉象并举，从"脉微缓者，为欲愈"，到"脉微而恶寒者，此阴阳俱虚"，再到本条的"脉微弱"，脉象逐步严重，表示证情较重，较桂麻各半汤证正气更虚。

本条疑难点在于"此无阳也，不可发汗"。主流解释一般认为"无阳"为"阳气虚"，而"不可发汗"则指在阳气虚弱的时候应禁用本方[1]，或发汗轻剂不可轻易使用[2]。可是在《金匮要略》第九篇第1条却说"今阳虚知在上焦"，既然仲景亦有用"阳虚"一词，为何此处突然改用"无阳"？无阳当另有用意。再者，既然不可发汗，又何以认为桂二越一汤是小发汗法？

参《辨脉法》有云："脉浮而迟，面热赤而战惕者，六七日当汗出而解；反发热者差迟。迟为无阳，不能作汗，其身必痒也。"[3] 此条是对27条的重要补充，文中说"迟为无阳"，为可叫无阳？因为在《辨脉法》的第1条提到"问曰：脉有阴阳者，何谓也？答曰：凡脉大、浮、数、动、滑，此名阳也；脉沉、涩、弱、弦、微，此名阴也"，因此27条的"无阳"，是指"脉微弱"，均是阴脉，无阳脉的意思。《辨脉法》又说："寸口脉浮为在表，沉为在里，数为在腑，迟为在脏。假令脉迟，此为在脏也。"因此脉微弱是指病不在表、在腑，而是在里、在脏。既然病已经在里、在脏，当然不可以发汗方法治之。

不可发汗亦在23条得到助证，23条云"脉微而恶寒者，此阴阳俱虚，不可更发汗、更下、更吐也"，在脉微尚未到脉微弱时，已经属于"阴阳俱虚"，当然不可再行汗、吐、下等攻法，到了27条的证情，肯定不可再用发汗之法，由此可知桂二越一汤并非发汗之剂。

2. 证候与病机分析

27条证候描述简略，只描述了"发热恶寒，热多寒少，脉微弱"的表现，其详细证候可以在上述《辨脉法》中得到启发。《辨脉法》中载"脉浮而迟，面热赤而战惕者，六七日当汗出而解；反发热者差迟"，病人见脉浮而迟，阴阳之脉俱见且面赤，这种面赤与23条桂麻各半汤证的"面色反有热色"义同，假若见"战汗"，则或许能自愈，但若见发热，则病愈时间推迟。这种战汗在《伤寒论》中十分多见，如94条"太阳病未解，脉阴阳俱停（一作微），必先振栗，汗出而解"；101条"若柴胡汤证不罢者，复与柴胡汤，必蒸蒸而振，却复发热汗出而解"；149条"此虽已下之，不为逆，必蒸蒸而振，却发热汗出而解"等等。战汗的机理，在《辨脉法》中有记载："此为本虚，故当战汗而汗出也。其人本虚，是以发战。"战汗就是因为正气本虚，而在正气恢复时则能与邪气交争，若正胜邪退，则出现一阵汗出而病解。

所谓"反发热者差迟"，是指若正邪交争持续，正气未能胜邪，则持续发热，而且病愈之期则推迟。这正解释了23条桂麻各半汤证见面赤、发热恶寒、热多寒少、身痒的机理，就是因为正邪交争在表，在表则见面赤，而正气较虚，未能战汗而愈，因而仍见发热。

回头看27条，脉见微弱，纯阴脉而无阳，且仍见"发热恶寒、热多寒少"，则比桂麻各半汤证情更虚，亦是"反发热者差迟"之意，仍见发热表示正气虚，邪仍在表，因此27条亦当见面赤、身痒等证候。进一步说，"脉微弱"代表病已在少阴，这一点在后文"表郁轻证当有汗无汗"一节再议。

27条是与26条相对举的，是大发汗后，化热用白虎加人参汤，假若在服桂枝汤与白虎加人参汤后，仍见发热恶寒、热多寒少，这是表证仍在，且阳气较虚，兼有里热未尽。由此可测，桂二越一汤亦当见口渴或心烦，只是程度相较白虎加人参汤证为轻。

桂二越一汤证与大青龙汤证的病机有相似之处，两者均有郁热在里，可是大青龙汤证的正气壮实，引起正邪交争较激烈，而桂二越一汤证则正气虚甚，正气不能抗邪，而微邪在表，久久不愈。

3. 治法与方义分析

此证不可发汗，一方面是因为正气太虚，不发虚人之汗；另一方面是由于余热在里，里热非发汗能解。若发汗，则更伤阳气，且加重热郁，这样会根据正气虚的程度而转入三阴，或转属阳明。由于邪仍在表，且兼见里热，仲景则采取非常轻量的桂枝汤以宣通在表气机，再合上越婢汤以助达表兼清里热。

桂枝汤素有“外证得之，解肌和营卫；内证得之，化气调阴阳”的美誉，桂枝汤中的姜枣草配伍，可助脾胃营卫化生，以助正气抗邪。仔细考察桂二越一汤的方药组成，其中以“生姜”用量最大，说明本方是从脾气散精、宣散中上二焦阳气为主要目的；麻黄、桂枝与芍药则助生姜引药出表，调和在表之营卫；大枣、甘草亦助脾胃化生营卫之气；石膏则专清里热。因此全方重点在于扶正祛邪，治从中焦脾胃入手，使在表的郁滞得以宣通。

桂二越一汤虽然同桂二麻一汤在方名上来讲都是2比1，但是两方中桂枝汤的方药用量不一样；桂二越一汤更是表郁轻证三方中用量最轻的，其中桂枝汤方药组成的用量只有原方的约三分之一。

本方煎服法采取“日再服”，这与桂二麻一汤的日再服意义不同。桂二麻一汤是因为正气不甚虚，因而不需多次服用；桂二越一汤则正气虚甚，不能猛攻发汗，若多服则恐发散太过而伤正。

三、讨论分析

在分析了表郁轻证三方的机理之后，这里再对主流的误解作出进一步澄清，以厘清三方之间的关系。

（一）表郁轻证并非病情轻微

以往在解释表郁轻证时，多从邪气的角度出发，由于邪气轻微在表，于是误以为表郁轻证病情轻微。假如仔细分析，若邪气轻微，理当能正气抗邪而自愈，如《伤寒论》第8条说“太阳病，头痛至七日以上自愈”；又59条说“凡病，若发汗，若吐，若下，若亡血，亡津液，阴阳自和者，必自愈”。可是表郁轻证虽然微邪在表，却久久未能自愈，说明本身正气较虚，无力抗邪。

若太阳病初起，以桂枝汤能治愈，当属病情较轻。假若如《伤寒论》16条所说“太阳病三日，已发汗，若吐、若下、若温针，仍不解者，此为坏病，桂枝不中与之也”，太阳病经过了各种汗、吐、下，可是表仍未解，张仲景把这种情况称为“坏病”，意指被治坏了，不容易解决，那么，表郁轻证三方，均属“坏病”范畴。若从正邪两方面考虑，则更能全面理解表郁轻证的机理。表邪郁滞是正邪交争的结果，若微邪在表、邪气郁滞越轻，则代表正气亦虚。

以上三方若从表气郁的轻重上排列，当以桂二麻一汤证为最重，桂麻各半汤证次之，桂二越一汤证则最次。

（二）表郁轻证不等于“小发汗”

一般解释表郁轻证三方时，直接等同于小发汗之剂，这并不符合仲景原意。三方之中，只有桂麻各半汤属于小发汗；桂二麻一汤亦可归纳为小发汗法，其与一般桂枝汤的汗法接近而稍弱，但从其方后注中没有“覆取微似汗”一句，以及煎服法一天只服两次，可知其与桂枝汤的发汗不可同日而语；桂二越一汤则不属于发汗或小发汗之剂，但可理解为宣通之剂。

（三）表郁轻证到底有汗无汗

桂麻各半汤与桂二麻一汤中，均是以桂枝汤与麻黄汤减量而合方，因此有观点认为，表郁轻证则是因为“营卫不和而微邪郁表的证候，此非单用桂枝汤或单用麻黄汤所能为力，因此无汗不宜桂枝汤，邪微不宜麻黄汤，于是仲景合两方为一方……”[4]，这里说“无汗不宜桂枝汤”，但是在表郁轻证的三方证中，均没有写明“无汗”一症，“无汗”的推测主要从23条的“不能得小汗出”而来，可是“小汗出”当指服药后的反应，而非指病情上的汗出与否。

由于三方证均是正气不足，不可能像麻黄汤证的正邪交争激烈而表郁无汗。桂二麻一汤与桂二越一汤，均是在大汗出后，表气偏虚，理当见自汗出，而桂麻各半汤属于两方之间类型，则亦可见汗出。桂枝汤治疗太阳中风当见自汗，若服桂枝汤后汗出病不解，而转归为表郁轻证，由于病机仍是表虚而营卫不和，表仍不解，仍当可见自汗。

可是，由于表郁轻证属正气偏虚，或发汗后误伤阳气与阴液，因其化源不足，亦可见到无汗或汗少。如阳明病篇196条说“阳明病，法多汗，反无汗，其身如虫行皮中状者，此以久虚故也”，阳明病当见自汗，而久虚则可见无汗；又如294条“少阴病，但厥，无汗，而强发之，必动其血”，少阴病气血阴阳已虚，因而无汗，此种无汗并非表郁而引起的，因此不可发汗。再如286条“少阴病，脉微，不可发汗，亡阳故也”，而27条桂二越一汤证见“脉微弱”，实际上已经符合少阴病提纲的“脉微细”的特点，故此亦可见无汗。

表郁轻证或见的无汗，与太阳伤寒的无汗完全相反，前者为虚，后者属实，表郁轻证的“郁”，亦与太阳伤寒“郁”的概念完全不同，前者是正虚兼微邪在表、“不荣则郁”；后者是正气实与邪气抗争、“不通则郁”。两者应仔细鉴别。

（四）表郁轻证并非中风与伤寒之间类型

由于表郁轻证的桂麻各半汤与桂二麻一汤均是以桂枝汤与麻黄汤合方组成，或会让人联想这是太阳中风与太阳伤寒之间的类型。实际上，若表气郁滞的程度介乎桂枝汤和麻黄汤之间，从《伤寒论》的理论来说，当选用桂枝加葛根汤或葛根汤以治之。表郁轻证三方均以桂枝汤作为组方核心，因此表郁轻证应理解为太阳中风以下的类型，以表虚证的虚更重，逐渐演化成里气虚的过程。

从方药组成的角度看，为何轻证不采用桂枝汤减量，而改用合方治之？这是张仲景的药法，急证则药味少而剂量重，如桂枝甘草汤、干姜附子汤、大承气汤等；缓证则药味多而剂量轻，这种现象贯穿在整部《伤寒论》中。表郁轻证三方以合方使用，乃是增加方剂中的药物数量，使药性更趋平和。

（五）“桂枝越婢各半汤”与表郁轻证3方的用量制定问题

既然有桂麻各半汤、桂二麻一汤，可是桂枝汤与越婢汤的合方则只是桂二越一汤，是否可以有桂越各半汤的可能？假如从病机的理解上，若是正气不虚甚，脉未见微弱，微邪在表兼见里热，应当可以有桂越各半汤的必要。

可是需要注意，组方用量的法度，并非固定的1：1或2：1的比例。林亿在校对表郁三方时，曾计算过三方的比例：桂麻各半汤是两方各取三分之一；桂二麻一汤则是桂枝汤用十二分之五、麻黄汤用九分之二；桂二越一汤是用桂枝汤的四分之一、越婢汤的八分之一。由此可知，桂二麻一汤与桂二越一汤的比例，不是相同的2：1比例。

从表郁轻证组方所得到的启示，是张仲景用药非常灵活，他常是根据病情来组方制量的。表郁轻证三方，不应看成是以数学方式机械推算出来的用量，而是直接按照病情来制定药物用量，与其他经方的组方法则是一致的。

（六）表郁轻证属虚人外感

从现代临床角度理解，表郁轻证该属于“虚人外感”。桂二麻一汤可理解为气虚外感；桂麻各半汤可理解为气虚外感而中气虚较重；桂二越一汤则是气虚外感较重，且兼有里热。因此三方均属于“扶正解表”的方剂学范畴。

临床灵活应用时，除了需要注意药味多少、剂量轻重外，更要考虑配伍关系。例如桂麻各半汤、桂二麻一汤中配伍杏仁的比例不同，桂二越一汤中生姜用量偏大，这些细微的配伍，将改变全方用意。

在考虑虚人外感的同时，需要考虑病情的来路，如是否已经过发汗？发汗后正气有否受损？变成坏病？发汗后病机有无转变？谨记仲景在解表时，若已发汗但表仍未解，则会选用发汗力量较弱的方剂再行发汗，以免误汗伤正。故此在表证阶段能否以发汗方式解除，必须要考虑到体质因素，以及邪正之间的关系。

四、结语

《伤寒论》表郁轻证三方，本属三种独立的病情，是由不同来路而引起的。主流观点认为“桂麻各半汤比桂二麻一汤的表郁为重”及“桂二越一汤属小发汗法”，均非仲景原意。表郁轻证三方的重点，在于揭示太阳中风证在服桂枝汤后的病情演化，是张仲景对16条坏病“随证治之”的具体示范。（续完）

参考文献

［1］梅国强．伤寒论讲义［M］．北京：人民卫生出版社，2003：77～78.

［2］熊曼琪．伤寒学［M］．北京：中国中医药出版社，2003：12～13.

［3］成无已．注解伤寒论［M］．北京：人民卫生出版社，1963：1～14.

［4］陈亦人．伤寒论译释［M］．第3版．上海：上海科学技术出版社，1992：13.

［《国医论坛》2012，27（4）：1］

《伤寒论》喘证辨证研究

宫成军　辽宁中医药大学附属医院

《伤寒论》以阐述辨证论治法则为著名，其理、法、方、药地运用独具特色，有力的指导着临床实践。论中，对喘的论述较为详尽。为了弄清其实质，作了初步整理。现就喘的涵义、临床意义及其分类等方面，作一归纳和讨论。

一、喘的涵义

喘是证的名称。它既是自觉证，又是他觉证。古称上气、喘息。一般通称气喘。指以呼吸急促为特征的一种病症。简称“喘”，亦称“喘逆”，“喘促”。《黄帝内经》最早记载了喘的名称，有“喘息”“喘呼”“喘喝”“喘咳”“上气”等称谓。《灵枢·五阅五使篇》云：“肺病者，喘息鼻张”，《灵枢·本脏篇》云：“肺高，则上气肩息”。提示喘证以肺为主病之脏，并认为致喘的病因，既有外感，也有内伤。其临床特征，成无已在《伤寒明理论》中云：“伤寒喘者，何以明之。肺中气，形寒饮冷则伤肺，故其气冲逆而上行，冲冲而气急，喝喝而息数，张口抬肩，摇身滚肚，是为喘也。”描绘得可谓生动。但《伤寒论》对喘证则有“喘满”“喘冒”“喘促”“不得息”等不同的提法，其主要的还是根据喘的程度及所出现的兼证来区分。总之，论中所指的喘，是许多疾病的外候，并非一个孤立的病证。

二、喘的临床意义

（一）诊断依据

如36条：“太阳与阳明合病，喘而胸满者不可下，宜麻黄汤。”此为二阳合病，表寒外束，肺气被阻，而对阳明腑实之证只戒不可攻下，提示病证以太阳伤寒为主。其胸满者，因胸中之气营卫闭塞，不能宣通而生胀，不同于心下硬满之里实证，故不可下，宜用麻黄汤，来开其太阳而使阳明初生之热随汗而解，以达宣肺祛邪定喘。“汗出而喘仁头痛，发热，恶风，脉浮缓者，是太阳中风所致。以桂枝加厚朴杏子汤，解肌祛风，降气定喘。“喘而汗出”若身热，下利，脉促者，是太阳中风误用下法，表邪不解，邪热内陷，肠道失司，肺气不利所致，以葛根黄芩黄连汤解表清热。若“汗出而喘”无大热，不恶寒亦不恶热，是太阳病误用汗下，致表邪入里，邪热壅肺，肺失清肃所致。可予麻黄杏仁甘草石膏汤。

（二）探测病机

论中所述之喘，病位有表里之别，病性有寒热之分，病证有虚实之异，而发病的机理主要在肺与肾，因肺为气之主，司呼吸，外合皮毛，为六脏华盖；肾为气之根，主摄纳，与肺同司气之出纳，所以喘证的发生，既可源于肺，又可因于肾，或由已脏病变累及于肺而致。喘在六经病证中，既可见于外感，亦可见于杂病。许多有关喘的条文，既是对症状的描绘，又是对证候的陈述，但更重要的是阐明了病机。如“阳明病，脉浮无汗而喘者，发汗则愈，宜麻黄汤”（235条），“发汗后，不可更行桂枝汤，汗出而喘，无大热者，可与麻黄杏仁甘草石膏汤”（63条）等。这种对疾病演变规律的揭示，开拓了我们的认识范围，也是其书2000多年来一直有效地指导着临床实践的靖义所在。

（三）判断预后

如第212条：“伤寒，若吐、若下后……若剧者，……惕而不安，微喘直视，脉弦者生，涩者死……”为伤寒用吐下之法，病仍不解，因津液劫夺，邪从燥化，热极津竭而出现微喘直视等危重证候，此时如脉见弦长，为阴液未至全竭，正气犹存，尚有生机，当急予攻下以泻阳救阴。若脉见短涩，则是正虚邪实，热极津竭，预后不良。又见362条的微喘：“下利、手足厥冷无脉者，灸之、不温，若脉不还，反微喘者，死。”肺主呼气，肾主纳气，少阴病六七日，出现呼吸浅表，是肾气绝于下，肺气脱于上，故为死侯。足见在临床上喘证对判断病变预后的重要意义。

三、喘的分类

（一）风寒外束

原文第19条“喘家作，桂枝汤加厚朴、杏子佳。”第43条“太阳病，下之微喘者，表未解故也，桂枝加杏子厚朴汤主之。”两条均属太阳中风作喘。太阳中风是前提，当有头痛、发热、汗出恶风、脉浮缓等证。不同点是前条乃新感寒邪引动宿疾，肺寒气逆作喘。后条系太阳病虽经误下，表证仍在，肺气不得宣降作喘。发病原因虽异，风寒客邪引动肺气上逆之病机相同，故均以桂枝加杏子厚朴汤施治。笔者临床体会到，外感风寒作喘，若见有汗，即可施用本方，痰涎稀薄量多者，与二陈汤合方，效果甚佳。原文第35条“太阳病，头痛发热，身疼腰痛，骨节疼痛，恶风无汗而喘者，麻黄汤主之。”本条乃风寒表实证提纲所论作喘的病机是风寒束于肌表，致气不宣，无汗而喘。本条与风寒表虚作喘相比较，共有喘证。但此为无汗，身痛重，脉浮紧之表实证彼为自汗，身痛轻，脉浮缓表虚证，可资鉴别。以此两喘证相比较，一为汗出而喘，一为无汗而喘。但总的病机都是风寒外束，肺寒气逆，所以攘外以安内之意相同。

（二）表寒内热

如表里同病的麻杏石甘汤证、葛根芩阴曹连汤证的喘。原文第63条“发汗后，不可更行桂枝汤，汗出而喘，无大热者，可与麻黄杏仁甘草石膏汤。”第167条“下后，不可更行桂枝汤，汗出而喘，无大热者，可与麻黄杏仁甘草石膏汤。”两条共同指出太阳病误汗误下，邪热内传，肺热壅盛，热盛气逆作喘的病机。汗出乃肺热蒸迫津液所致，并无恶风、脉浮缓，知非太阳中风的汗出，故不可再用桂枝汤。因其邪热内传，故表无大热。热邪既已传里，故用石膏清之。既有汗出，用麻黄并非解表，意在配石膏清热透邪，引邪外达，宣肺定喘。尤在径注曰：“发汗后，汗出而喘，无大热者，其邪不在肌腠，而入肺中，缘邪气外闭之时，肺中已反壅热，发汗后，其邪不从汗而出之表者，必从内而并于肺耳。

（三）外寒内饮

原文第40条“伤寒表不解，心下有水气，干呕，发热而咳，或渴，或利，或噎，或小便不利，少腹满，或喘者，小青龙汤主之”，41条“伤寒，心下有水气，咳而微喘，发热不渴，服汤已渴者，此寒去欲解也，小青龙汤主之”。两条均明确提出“伤寒”“心下有水气”，揭示了外寒内饮，相互搏结，壅塞于肺，致使肺失肃降，咳嗽喘息的病机。故用小青龙汤外散寒邪，内化水饮，表里两解。大少寒邪外束，内迫于肺，肺寒气上，逐邪外出，或咳或喘，往往单独出现惟饮邪搏击，壅塞于上，肺失清肃，阻塞气机，每易咳喘并见。合析上两小青龙汤证条文，其理可明。在《御药院方》《和剂局方》等方书中，论及小青龙汤时，大都咳喘并提，这是一个很好的佐证。本证与太阳中风作喘相较，此为表实兼寒饮作喘，无汗而有水饮内停彼为表虚作喘，有汗而无水饮内停。可见，无汗与有汗，有饮与无饮是辨证论治之关键。

（四）邪热迫肺

原文第34条曰：“太阳病，桂枝证，医反下之，利遂不止，脉促者，表未解也，喘而汗出者，葛根黄芩黄连汤主之”。这段条文讲的是表证当汗不当下，如误下，而致邪气内陷入里，里热偏盛，下利不止。若脉象由原来浮缓而变为急促的，说明其人阳气盛，有抗邪外达之势，则表邪未能全部内陷。既然表邪未解，又有里热下利，表里之热迫肺，肺气不利故作喘。热邪逼迫精液外越，故汗出。宜葛根黄芬黄连汤表里双解，清热止利，热解则喘自平。成无已曰：“病有汗出而喘者……若喘而汗出者，谓因喘而汗出也。是里热气逆所致，故与葛根黄芬黄连汤，散表邪除里热也。”本条与麻杏石甘汤证均为误下所致，喘而汗出，其病机邪热内传是其同，内传部位有别是其异。此为邪热传入阳明，故下利为主而兼喘而汗出；彼为邪热传肺，肺热壅盛，故以汗出而喘为主证。病位不同，治疗各异，此为重治在肠，兼顾解表，彼为专清于肺，而宣肺定喘。

（五）腑实气熏

本证为邪气入里，阳明热盛所致。因肺与大肠相表里，故病变虽在阳明，但因大肠传导失职，邪热与移浊之气上冲，使肺气不得下降而上逆则作喘。临证时，又须根据病人的表现不同而分别治之。原文第218条曰：“伤寒四五日，脉沉而喘满，沉为在里，而反其汗，津液越出，大便为难，表虚里实，久则谵语。”本条喘满为里实误汗而成。“大便难”“久则谵语”是主证，喘满是兼证换言之，阳明里热是本，喘满汗出是标，所谓“表虚里实”仅为相对之间。表虚是指“津液越出”，里实则谓“大便为难”非里实之外，另有表虚之证。表证之喘满，宣发为先；里证之喘满，攻下为急。本条里热实证，误汗则阴液更趋耗竭，里热更加煎熬故愈汗愈结，愈结愈满。警示后学，阳明喘满禁汗，急下存阴，喘满自除。原文第213条曰：“阳明病，脉迟，虽汗出，不恶寒者，其身必重，短气，腹满而喘，有潮热者……止大便已硬也，大承气汤主之。”本条进一步明确因实热壅滞，气机不得通降而致短气，腹满而喘。脉迟，渐热，手足濈然汗出，阳明里热俱备，腑实已成。故用大承气汤攻下。燥屎得除，喘满自解。需要提及的是，本条脉迟，必迟而有力，脉迟乃气机壅塞所致。一般来说，阳明里热实证，当见沉实洪数之脉。此条所言迟脉，宜与证合参。

（六）阴竭阳衰

阳明里热结实日久，损伤正气，灼伤阴精，则出现神明被扰及喘满之证。其喘为热极，真阴被劫，肾不纳气，阳无所附，肺气上脱所致，邪盛正虚，预后不良，属阳明危重证。如212条：“伤寒若吐若下后不解，不大便六六日，……若剧者，发则不识人，微喘直视，脉弦者生，涩者死……。”210条：“夫实则谵语，虚则郑声。……直视谵语，喘满者死，下利者亦死。”喻嘉言注曰：“喘满者，邪聚阳位而上争，正不胜邪，气从上脱，故主死也”。又如299条：“少阴病，六七日，息高者死。”肺为气之主，肾为气之根。少阴病日久，肾阳虚衰，肾不纳气，肾气衰于下，肺气脱于上，故呼吸表浅。又由于阳气虚衰，病从寒化，阴寒内盛，真阳溃散，肺肾两竭而致。因病情危笃，有阴阳离绝之势，故预后不良。比较两者，一为阴精先枯，一为真阳先衰，但至现喘证，则同属阴阳离决，气壅上脱，命在遗巡，其候险恶。

综上所述，《伤寒论》中的喘，辨证上，既言证候，又指病机；既示鉴别，复断预后。施治上，既有法则可依，更有方药可绳，内容颇为丰富，确有精义可寻，值得研究。

［《辽宁中医药大学学报》2012，14（3）：101］

《伤寒论》喘证探究

宫成军　辽宁中医药大学附属医院

《伤寒论》是中医经典著作，奠定了中医辨证论治的原则与方法，书中虽无咳喘专篇，且论喘的条文也仅20余条，但对于喘证病因、病机、证候、治法和方药的论述已较为系统和全面，深为后世医家所遵崇。探寻《伤寒论》治疗咳喘学术思想及理法方药规律，对于提高临床辨治咳喘疗效具有重要的指导价值。

一、细微鉴别　求本治喘

仲景鉴别喘证，至细至微。其以特有脉证为依据，以别表里、寒热、虚实之喘，其论之精辟堪称独运匠心。

（一）无汗而喘

“无汗而喘”若发热恶寒，身痛，头痛，脉浮紧，是外感风寒，卫阳被遏，肺气不宣之太阳伤寒所致。故以麻黄汤辛温发汗，宣肺平喘。“无汗而喘”若恶风发热，胸满或腹满，恶热，脉浮者，为太阳阳明合病或阳明太阳合病。对此证仲景用异病同治之法亦以麻黄汤辛温发汗，宣肺平喘治之。仲景深恐后学者对是证误用下法，强调235条“阳明病，脉浮，无汗而喘者，发汗则愈，宜麻黄汤”。“无汗而喘”若发热恶寒，咳嗽，痰多而稀，脉浮者乃40条“伤寒表不解，心下有水气，干呕，发热而咳，……，或喘者，小青龙汤主之。”此为伤寒表证未解，外有表寒实邪，内有阳气不足，里饮内停，饮随气机升降，无处不到，壅于上者，则水寒射肺，肺气上逆所致之喘。故用小青龙汤外解风寒，内散水饮。

（二）汗出而喘

原文第18条“喘家作，桂枝汤加厚朴、杏子佳。”第43条“太阳病，下之微喘者，表未解故也，桂枝加杏子厚朴汤主之。”两条均属太阳中风作喘。头痛，发热，恶风，脉浮缓者并“汗出而喘”，是太阳中风所致。故以桂枝加厚朴杏子汤，解肌祛风，降气定喘。原文第63条“发汗后，不可更行桂枝汤，汗出而喘，无大热者，可与麻黄杏仁甘草石膏汤。”第167条“下后，不可更行桂枝汤，汗出而喘，无大热者，可与麻黄杏仁甘草石膏汤。”两条共同指出太阳病误汗误下，邪热内传，肺热壅盛，热盛气逆作喘的病机。汗出乃肺热蒸迫津液所致，并无恶风、脉浮缓，知非太阳中风的汗出，故不可再用桂枝汤。因其邪热内传，故表无大热。热邪既已传里，故用石膏清之。既有汗出，用麻黄并非解表，意在配石膏清热透邪，引邪外达，宣肺定喘。

（三）喘而汗出

“喘而汗出”是指呼吸急促而见汗出者。如34条：“太阳病，桂枝证，医反下之，利遂不止，脉促者，表未解也，喘而汗出者，葛根芩连汤主之。”表证当汗不当下，如误下，而致邪气内陷入里，里热偏盛，下利不止，且见喘而汗出者，需投葛根芩连汤清其里热。既然表邪未解，又有里热下利，表里之热迫肺，肺气不利故作喘。热邪逼迫津液外越，故汗出。宜葛根黄芩黄连汤表里双解，清热止利，热解则喘自平。成无己曰：“病有汗出而喘者……若喘而汗出者，谓因喘而汗出也。是里热气逆所致，故与葛根黄芩黄连汤，散表邪除里热也。”

（四）喘而胸满

是指呼吸急促而伴见胸满者。如36条：“太阳与阳明合病，喘而胸满者不可下，宜麻黄汤。”此为二阳合病，表寒外束，肺气被阻，而对阳明腑实之证只戒不可攻下，提示病证以太阳伤寒为主。其胸满者，因胸中之气营卫闭塞，不能宣通而生胀，不同于心下硬满之里实证。故不可下，宜用麻黄汤，来开其太阳而使阳明初生之热随汗而解，以达宣肺祛邪定喘。《医宗金鉴》说：“太阳阳明合病，不利不呕者，是里气实，不受邪也，若喘而胸满是表邪盛，气壅于胸间也……故不可下，以麻黄汤发表通肺，喘满自愈矣。”

（五）喘而腹满

“喘而腹满”若发热汗出，不恶寒反恶热，身重，脉浮紧者，是阳明热证所致。如221条“阳明病，脉浮而紧，咽燥口苦，腹满而喘，发热汗出，不恶寒反恶热，身重……”。对此证，仲景未予立方，但以证测方，当以白虎汤辛寒清热，使热清气畅则喘平。“腹满而喘”若潮热，汗出而不恶寒反恶热，身重，脉迟者，是阳明腑实所致。如208条“阳明病，脉迟，虽汗出，不恶寒者，其身必重，短气，腹满而喘，有潮热者，此外欲解，可攻里也。……大承气汤主之。”本条进一步明确因实热壅滞，气机不得通降而致短气，腹满而喘。故用大承气汤攻下。燥屎得除，喘满自解。又如189条：“阳明中风，口苦咽干，腹满微喘……”，本条是三阳合病，但以太阳和阳明证最重，所以称作阳明中风。重点在于阳明，邪热在经，禁用下法，否则引邪深入。又里热未盛，腑未成实，故腹满微喘，当观其表里，审其兼伤，然仲景并未出方治，笔者认为三阳经症同见，即以三阳之方治之，一举祛邪外出，桂麻各半汤加柴、葛、苓、夏主之。

（六）微喘

是指呼吸不甚急促轻度气喘者。如41条：“伤寒，心下有水气，咳而微喘，……小青龙汤主之。”本条喘为主症，特点是咳而微喘，痰多清稀。为外有表寒未解，里有水饮内停，水寒射肺，肺气上逆所致。故用小青龙汤外解风寒，内散水饮。又如第43条：“太阳病，下之微喘者，表未解故也，桂枝加厚朴杏子汤主之。”本条指出误下后表证不解，又见微喘，为误下致肺气上逆，证属太阳病兼气逆作喘，故用桂枝加厚朴杏子汤以辛温解表兼降逆定喘又如第212条：“伤寒，若吐、若下后……若剧者，……惕而不安，微喘直视……”为伤寒用吐下之法，病仍不解，因津液劫夺，邪从燥化，热极津竭而出现微喘直视，此时如脉见弦长，为阴液未至全竭，正气犹存，尚有生机，当急与攻下以泻阳救阴。又见362条的微喘：“下利、手足厥冷无脉者，灸之、不温，若脉不还，反微喘者，死。”肺主呼气，肾主纳气，少阴病六七日，出现呼吸浅表，是肾气绝于下，肺气脱于上，故为死侯。

（七）喘冒

是指呼吸急促气喘而头目昏眩。如242条：“病人小便不利，大便乍难乍易，时有微热，喘冒不能卧者，有燥屎也。宜大承气汤。”此为阳明腑实，津液未至枯竭程度，故燥屎内结。又大便乍易，时有微热，喘冒不能卧者，均是邪热深伏于里而不发泄于外，燥屎阻结于中而又攻冲于上所致，故宜用大承气汤，以泻热去实。

二、设置喘禁　告诫后学

仲景恐后人见喘滥汗或应汗而反下等误治，故特置喘禁之训，以示喘有表里，寒热，虚实之分。现援引原文，简述其理。

1. 原文221条“阳明病，脉浮而紧，咽燥口苦，腹满而喘，发热汗出，不恶寒，反恶热，身重。若发汗，则躁，心愦愦，反谵言。……若下之则胃中空虚，客气动膈，心中懊憹，舌上生苔者……。”此乃阳明热证之腹满而喘，若将脉浮紧，发热汗出等误认为伤寒表证，妄用辛温发汗，则津液愈伤，里热愈盛，使阳明热结成实，故致躁且心中愦愦，反谵言；若将腹满而喘误认为腑实而误用下法，则下后胃中空虚，邪热乘虚郁于胸腹之间，故致心中懊憹不安，舌上生苔。法当辛寒清热，而汗下之法均为斯证所忌。仲景深恐后学见喘之证，只知太阳，不晓阳明，故在其论之中重申是证之禁，以告诫后学，218条“伤寒四五日，脉沉而喘满，沉为在里，而反发其汗，津液越出，大便必难，表里虚，久则谵语”。本证原是阳明热证致喘满。阳明病本已汗出，今反发其汗，使津液越出，汗出而阳伤，燥热互结而成阳明腑实之证。

2. 原文36条“太阳与阳明合病，喘而胸满者，不可下，宜麻黄汤。”“喘而胸满”是风寒外束，肺气被遏所致。此证是太阳表邪未解，即将入里而犹未入里之二阳合病，表未解，故不可下。仲景恐未学对斯证误用下法，故又指出235条“阳明病，脉浮，无汗而喘者，发汗则愈，宜麻黄汤”即阳明病，外证未解，发汗则愈，不可下。

3. 原文189条“阳明中风，口苦咽干，腹满微喘，发热恶寒，脉浮而紧，若下之则腹满小便难也”。此是三阳合病。仲景虽未言其治法，但已明言“禁下”。有人认为，邪在三阳未全入胃腑，治宜和解少阳，少阳为三阳之枢，枢机一转，邪可从表而解。

《伤寒论》中所论喘证，不论是正局，还是变局均为外感所致。并提出从表到里，从寒到热，由实到虚，从五脏到六腑都可引起喘证的发生。若脏腑功能失调，致使气机不顺而上逆，使肺清肃之令被扰，气急气促则喘亦可随机而作，治喘者，自当不可见喘治喘而忽略治病求本的意义。同时应牢记治喘之禁，审证求因，审因论治，要治法严谨灵活，药量随证施用

［《中华中医药学刊》2012，30（3）：648］

《伤寒论》第28条证治探微

刘玉良　浙江中医药大学基础医学院

关于《伤寒论》第28条：“服桂枝汤，或下

之，仍头项强痛，翕翕发热，无汗，心下满微痛，小便不利者，桂枝去桂加茯苓白术汤主之。”历代医家争论颇多，主要围绕该证有无表证和方中究竟是去桂还是去芍两个问题。笔者纵观各家观点，认真研读原文，似有所体悟，在此提出对本条文整体蕴义的理解，望同道指正。

一、本条无表证应为“去桂”而非“去芍”

对于本条之证情，几乎所有的注家都认同这样一个观点，即本证具有水饮内停的病机，但对于有无表证问题，争论颇大。笔者同意有学者[1]提出的以下论断：既言本证兼有表邪，那么为什么服桂枝汤而不解；倘若本证中真有表邪未解，那么仲景所用本方中，何药能任其解表之功？明代医家张兼善以肯定的口气说：“此非桂枝证，仍属饮家也。”他用设问的方式提出：“或问上条（指28条）所云，头项强痛，此邪气仍在表也，虽经汗下而未解，犹宜解散之，何去桂加茯苓白术汤主之，是无意于表也？”可见本方证中是没有表证的。

关于“去桂”和“去芍”问题，本证中有“无汗”之证，张仲景用药有“无汗不可与桂枝汤之禁”，如果意在解表，不用麻黄单用桂枝能否胜任？再者本条“无汗”虽似麻黄证，但并无“恶寒、骨节疼痛、脉浮紧”等脉证，故本证非太阳伤寒、中风表证。从条文分析，“无汗，小便不利”当是辨证眼目，加茯苓白术运脾利水，更是表明里有水饮阻滞。水饮阻滞于内，则在外阳气被遏，故发热无汗，在外经腧不畅，故头项强痛（131条“结胸者，项亦强，如柔痉状”说明水饮结胸可以发生项强，此可作佐证），在内有饮邪阻滞，胃气阻塞，则心下满为痛，水液不得下行则小便不利，因此，可以确定发热并非表证，所以非桂枝汤所能治也。有人认为胸满忌用芍药，而本条之“心下满”与“胸满”不同，另外，桂枝去芍药汤中胸满病机为误下损伤胸阳，表邪内陷胸中，邪正相搏，胸阳失运，气机不畅而致。与本条相比，病位不同，病机相异。且仲景治水饮为患，不避芍药，因芍药本身尚有利小便之功，《神农本草经》言芍药：“主邪气腹痛，除血痹，破坚积寒热症瘕，止痛，利小便，益气。”《名医别录》云其能“去水气，利膀胱”，仲景治水饮之名方小青龙汤和真武汤也皆用有芍药。所以，笔者认为本证当为“去桂”。

二、“去桂”原因不是“无表证”而是“汗下后伤津液”

虽然本证确无表证，但是这并不是“去桂”的原因。有人认为本证为水饮内停之里证而无表证，用桂枝会引药外行，不利于药物趋里散饮，如曹颖甫说：“去桂枝者，则以本病当令水气内消，不欲令阳气外张故也。”既然欲令“水气内消”，岂可去桂？仲景治水气病的许多名方（如五苓散、苓桂术甘汤、苓桂甘枣汤以及茯苓甘草汤等）皆用桂枝。桂枝并非专门解表，纯粹里证而无表证的情况下用桂枝并不会引药外行，如桃核承气汤、苓桂术甘汤等纯粹里证等亦用桂枝。难道就不担心桂枝令阳气外张吗？可见认为用桂枝会引药外行这一观点是经不起推敲的。正如桂枝之功效并非仅仅解表一样，桂枝汤也绝非单纯用于表证。正如柯琴所言：桂枝汤“外证得之，解肌调营卫；内证得之，化气和阴阳。”伤寒有表证可用桂枝，但是无表证亦不禁用桂枝，如原文67条苓桂术甘汤证和65条苓桂甘枣汤证便无表证，而仲景同样用桂枝。也就是说，在28条的证候中完全可以用桂枝。因本证确切病机为水饮内停，加茯苓、白术健脾利水已无疑义。桂枝亦可温经通阳，化气行水，自然非常适用于本证。

既然如此，为何此处“去桂”？笔者认为：其关键原因和机理当从“服桂枝汤，或下之”这七个字所提示的误治过程着眼，历代医家多从本条文的证候和方药方面争执，却很少有人整体动态性地从这七个字所言明的误诊误治的经过和所提示的病机变化用心体悟。本条从文字表述来看，具有医案的性质，是治疗过程，清楚的记录了治疗的先后顺序，并对治疗前后的症状进行对比，这个对比过程就是诊治本病的临床思维过程。“小便利则愈”则是记录了治疗后的结果，它包含有讲座和总结病情之意，整个治疗过程既有正确的治疗也有误诊误治。张仲景对疾病的认识也有一个从肤浅到深刻的过程，在诊治疾病的过程中也有一个修正诊断、调整治法、不断总结经验的过程，若无先前服用桂枝汤这一环，那么就不可能有后来的桂枝去桂这一思维。而此处恰恰正是本证“去桂”的关键原因和根源所在。原文说“仍头项强痛，翕翕发热，无汗，心下满微痛，小便不利”一个“仍”字，明确提示本证患者在初诊时即已有“仍头项强痛，翕翕发热，无汗，心下满微痛，小便不利”诸证。此时（即尚未“服桂枝汤、或下之”的初诊之时）医家若能正确辨证，则应温阳利水，可用桂枝汤加茯苓白术，即桂枝汤不去桂枝而加茯苓白术。因为此时没有误诊误治，故自然可以用桂枝汤不去桂而直接加茯苓白术。正如已故伤寒名家陈慎吾及刘渡舟等在论及此方时，认为在临床实践中可以不用去桂（指桂枝去桂加茯苓白术汤），以茯苓与桂枝同用，于化气行水有益无害。笔者认为，陈刘二老之所以认为遇到此证可以不去桂枝，正是因为此时尚未存在“服桂枝汤，或下之”的误治而损伤津液的过程。津液损伤的情况不存在，自然就不必去桂。此时用桂枝配合茯苓白术则通阳化气行水之功更佳，而不必顾虑桂枝伤损津液之弊。诚如喻嘉言云：“去桂枝者，以误不可复也，然桂枝虽不可用，其主下诸属，皆可必需，倘不用芍药以敛阴，甘草姜枣以益虚而和脾胃，其何以定误汗误下之变耶？”

但问题是，初诊时医生未能正确辨证，而错误地运用了桂枝汤解表，或攻下之法，此二法对于此证不但不能起到救治作用，反而损伤津液，《伤寒论》多处论述到了误汗误下最易于损伤津液。既然此时由于误治津液已伤，而桂枝温燥伤津耗液。所以此处仲景“去桂”，这便是本条文关键机理所在。陈（亦人）老[2]注释174条曰：“若其人大便硬，小便自利”表明津液偏渗，因而于上方（桂枝附子汤）中，去化气利水的桂枝，加用既能运脾布津又能健脾燥湿的白术。本证之分析便提示，不仅桂枝之发汗解表作用可伤耗津液，而且其化气行水之功亦有伤津液之弊。另如五苓散证津液损伤不显，仲景便用桂枝，而猪苓汤证为阴虚协饮，仲景便未用桂枝，从中可见仲景用与不用桂枝之原意。

关于去桂之理由，徐灵胎认为“此证乃亡津液而有停饮也，有学者[1]认为“亡津液”一语值得商讨，虽然“服桂枝汤或下之”可能会伤及津液，但尚无口渴、脉细等症，故“亡津液”之说主观性太强。笔者认为本证虽然未达到徐灵胎“亡津液”之说的严重程度，但确实存在轻微损伤津液的病机，不像有学者所言的完全不考虑津液损伤的状况。即便本证尚未见到津液伤耗之征，以仲景一贯高度重视保护津液的学术特色来推论，也不难想到他会考虑这种汗下的误治对津液的伤损，况且如后所论可见仲景对保护津液的重视程度。故忽视津液损伤的观点值得商榷。

古今一定数量的医家已经认识到了这一机理，如方有执[3]曰：“如小便不利，下后亡津液而水饮停也。去桂枝用芍药甘草者，收重伤之阴而益里伤之虚也。姜枣健脾胃而和中，下后用之更宜，故二物仍其旧也。茯苓淡渗以利窍，术能益土以胜水。本其有停饮之故。所以加之，以为拯前治之误也。”陈（亦人）老[2]指出：本条误用汗下，津液徒伤，致成津已伤而饮仍停的局面，饮停必须利水，津伤当兼益阴，所以用桂枝去桂加茯苓白术汤。这样的化裁，既加强了利水治饮作用，又具有益阴功能，庶利水而不伤津，水饮去则诸证自除，所以说：“小便利则愈。”陈老尚曰：徐灵胎“亡津液而有停饮”之说最得要领，津伤有热，故去桂；饮邪内停，故加苓术以利水。《伤寒论》五版教材也持此观点：“所以去桂枝者，因汗下之后津液有伤。仍用芍药甘草可以益阴；生姜大枣可以调和营卫。”《伤寒论》六版七版教材亦均认为：“去桂枝理由有二：一是表邪已解，二是汗下后津液受损。”

三、《伤寒论》重视津液思想的体现

《伤寒论》中极度重视保护津液，如陈修园用六个字概括贯穿《伤寒论》的思想便是“保胃气、存津液”。仲景重视津液的思想随处可查，可谓精细入微，如下面一例，便可于细微之处见其一斑。太阳表寒兼经腧不利证，表虚自汗出者治宜桂枝加葛根汤（14条），表实无汗的治宜葛根汤（31条）。二方均能治疗太阳病兼项背强几几证，应用区别只在有汗无汗上分，有汗表虚用桂枝加葛根汤，无汗表实用葛根汤。按常理来讲，表虚有汗的项背强用桂枝汤加葛根，表实无汗的项背强则应当用麻黄汤加葛根，仲景何以不用麻黄汤加味，却用桂枝汤加麻黄、葛根，这是因为项背强几几一证，是太阳经腧失却津液的濡养所致。麻黄汤作用在于宣开肺气，发汗力强，津液外泄过甚，则经腧更失濡养而更加不利；桂枝汤能内调脾胃而外和营卫，有利于葛根升发津液外达经腧，虽另加用麻黄，却与芍药姜枣相伍，发中有收，散中有补，而不会过汗伤津，受其功而免蹈其弊。体现了仲景明察秋毫，重视保护津液的精神。另如在桂枝汤等发汗方的应用中，仲景提出“若一服汗出病瘥，停后服，不必尽剂”。旨在避免伤损津液；桂枝汤解肌发汗以疏表，养胃扶正以安内，再啜热稀粥以助药力，谷气内充鼓舞胃气以酿汗，同时保护津液过失。

四、本证关键要随证情而灵活变化

各种不同观点有时并不矛盾，其精神实质均是根据证候在临床上的不同情况而出现了所谓的分歧。我们若本着辨证论治（即观其脉证，知犯何逆，以法治之）的精神，则会认识到许多观点在与其相符的特殊病机下均有其合理之处。关键在于临证当认真辨证，具体采用哪一种观点和治法当根据不同的证情和患者体质而定。若孤立地看待桂枝去桂加茯苓白术汤之方证则多见疑惑，若把本条所论之全部治疗过程联系起来看，则充分显示出仲景临床思维之轨迹，关键是要领会其证机之本质。正如陈、刘二老所主张的临证可以不去桂枝一样，我们临床见到该证候，若未经过误汗、误下等误治，或者患者不存在津液损伤的病机，则完全可以不去桂枝；另外，即使患者未经误治，但是确实有津液不足的状况，则也要去掉桂枝，或者再适当加以养阴增液之药。这也符合仲景的“观其脉证，知犯何逆，依法治之”的辨证论治的精神内核与实质。

总之，对于本条文证治的探讨提示了我们一个非常重要的原则和方法：即在学习和运用《伤寒论》的过程中，要密切结合临床实际，深入探究临证中患者的具体情况，紧守辨证论治的思维和原则，灵活理解和应用原文的理法方药，才是最为科学客观的做法。

参考文献

[1] 陈英兰．小论桂枝去桂加茯苓白术汤［J］．四川杂志，2007，25（3）：31～32.

[2] 陈亦人．伤寒贯译释［M］．第3版．上海：上海科学技术出版社，1992：727，372.

[3] 方有执．伤寒论条辨［M］．北京：人民卫生出版社，1957：67.

［《中华中医药学刊》2012，30（2）：434］

《伤寒论》第29条“初见证”研究

李宇铭　北京中医药大学

第一临床医学院东直门医院

过去在解释《伤寒论》第29条的初起见证时，多认为“脉浮，自汗，微恶寒，显系太阳中风证，又兼有小便数，心烦，脚挛急是阴阳两虚”[1]，或“由于有此三症，说明本证属太阳表证兼阴阳两虚，当以扶阳益阴解表”[2]，两者观点相同，但若是阴阳两虚，为何后文突然用了调胃承气汤？再者，第30条又说“阳明内结，谵语烦乱”，却用了甘草干姜汤，该如何解释？回答如此矛盾，需要对原文重新考证。

一、第29条“初见证”本属何病？

条文开首出现的证候：“伤寒脉浮，自汗出，小便数，心烦，微恶寒，脚挛急”（简称为“初见证”），该如何诊断？“脉浮、自汗出、微恶寒”，乍看上去像太阳中风，当用桂枝汤治疗，可是后文却说“反与桂枝，欲攻其表，此误也”，即表示不可以桂枝汤治疗，此非表证。欲分析本证，宜先从仲景书中，考“小便数，心烦，脚挛急”之意。

二、“小便数，心烦，脚挛急”三证分析

先看“小便数”。这在《伤寒论》中，多条文均作传入阳明之特征。如第244条说：“此转属阳明也。小便数者，大便必鞕”；又如麻子仁丸证见小便数、第250条“小便数，大便因鞕者，与小承气汤”，可是在《金匮要略》的肺痿病亦见小便数用甘草干姜汤，可知上虚不能制下，亦可见小便数。因此小便数有一寒一热之别，仍需要继续鉴别。

再看“心烦”。此证在《伤寒论》中十分多见，如栀子厚朴汤、小柴胡汤、柴胡桂枝干姜汤、甘草泻心汤、白虎加人参汤、调胃承气汤、猪肤汤、猪苓汤等证皆可见，可知心烦成因繁多，但均由于热邪引起，虚实皆可见，是热扰心神所致。

“脚挛急”，在仲景书中，另仅一处出现此证。《金匮要略》第13条说：“痉为病，胸满口噤，卧不着席，脚挛急，必龂齿，可与大承气汤”，即知“脚挛急”属痉病，此证用大承气汤，必然是胃热炽盛且阴液耗伤，因而肌肉失养而脚挛急，故第30条说“虚则两胫挛”，此处的“虚”是从阴液耗伤而言，若单纯为肝血虚而筋肉失养所造成的脚挛，则不当出现其他如脉浮、微恶寒等证候。第29条单见脚挛急，尚未出现此条痉病用大承气汤的其他证候如口噤、卧不着席、龂齿等，则其阴液耗伤较浅，尚未严重至周身肌肉失养。

以上三证，共同病机是“热证”，是热盛而伤津，并且有虚象。由此角度反观“脉浮，自汗出，微恶寒”三证，是否仍然属表证？以下再深入分析。

三、“脉浮、自汗出、微恶寒”三证分析

先说脉象。本条脉浮，实际上并非单纯脉浮，在第30条说：“寸口脉浮而大，浮为风，大为虚”，是脉浮而大。仲景在书中多次提到此脉，如：“若脉浮大者，气实血虚也”，又说：“寸口脉浮大……浮则无血，大则为寒”；“寸口脉浮而大，浮为虚，大为实”；“脉浮而大，浮为风虚，大为气强”，还有《辨不可下病脉证并治》篇说：“脉浮而大，浮为气实，大为血虚。血虚为无阴，孤阳独下阴部者，小便当赤而难……”纵观以上条文，似乎可归纳为脉浮主风、虚、无血、风虚、气实，而脉大则主虚、实、寒、气强、血虚，但这其实是仲景常见的“互文”笔法，脉浮与大的解释看似分开，实际上是合起来解释的一种浮大脉象。

再参《金匮要略》第21条："寸口脉浮而大，按之反濇，尺中亦微而濇，故知有宿食，大承气汤主之"，另《辨脉法》说："脉浮而大，心下反鞕，有热，属藏者，攻之，不令发汗"，可知脉浮而大是"有热"之象。脉浮为风，实际上指的是热，在阳明病篇第217条："汗出谵语者，以有燥屎在胃中，此为风也"，大承气汤证张仲景亦称为"风"，因风为阳邪，为百病之长，故名之。

综合而言，脉浮大当是指热盛而阴虚，由于邪热炽盛、邪正交争激烈而出现脉浮，由于热盛伤阴而出现脉虚大，与脉洪大的机理接近。相反，在仲景书中未见有脉浮大主表证之说。

"自汗出"一证，除太阳中风证可见自汗外，邪热炽盛亦可见自汗，如《伤寒论》第6条的风温、阳明病第203条、第233条、第219条三阳合病、《金匮要略》的越婢汤证、大黄消石汤证、肠痈证等等，均可见自汗出，而182条阳明病外证亦强调了"汗自出"一证。

"微恶寒"一证，虽然病在表当见恶寒，但在仲景书中强调"微"恶寒的，则多是热证，如柴胡桂枝汤证、第148条阳微结证、第169条白虎加人参汤证，第234条阳明病兼表证等，均写成"微恶寒"，相反其他寒证中，则不用"微"来表述。

四、第29条"初见证"证候与病机分析

综上所言，可知第29条的"初见证"已经不在表，或表证轻微，是逐渐传入阳明、入里化热的征象。由于病的重点已经不在表，故不可用发汗之法治之。

阳明病篇第183条说："病有得之一日，不发热而恶寒者，何也？答曰：虽得之一日，恶寒将自罢，即自汗出而恶热也。"阳明病初起亦可见恶寒，可是随着病情逐渐入里化热，脉象从浮转成浮大、恶寒转为微恶寒再到不恶寒，热盛表里而自汗出，邪热扰心则心烦，热盛津伤则小便数，阴液耗伤则脚挛急。综合而言，病机属胃热炽盛，热盛伤阴，津液耗伤之证。

五、第29条"初见证"本当如何治疗？

本证病机复杂，一方面病不在表，不可误用汗法，又因为阴液耗伤，即使胃热亦不可妄用下法。

初见证见"小便数"，从《伤寒论》第244条而言，已经可以判定大便已硬，但大便硬的程度如何？能否自行排出？则如第203条说："阳明病，本自汗出，医更重发汗，病已差，尚微烦不了了者，此必大便鞕故也。以亡津液，胃中干燥，故令大便鞕。当问其小便日几行，若本小便日三四行，今日再行，故知大便不久出。今为小便数少，以津液当还入胃中，故知不久必大便也。"本条与第29条互参，同见自汗出、微烦、小便数、大便硬，此时张仲景则静观小便次数，假若小便次数较少，则大便仍有自行排出之机，或能自愈。

由于小便数与自汗出并见，表示"亡津液"，津液耗伤较重，不可乱用攻下治法。又如第132条说："结胸证，其脉浮大者，不可下，下之则死。"《辨脉法》又说："寸口脉浮大，而医反下之，此为大逆。"由于脉浮大反映了阴血津液耗伤，实不可承受攻下之法，故此不可像痉病用大承气汤以急下存阴。再参阳明病篇，出现小便数而大便硬之时，张仲景有两种方治：一是第247条的麻子仁丸，其见证当如第244条说："小便数者，大便必鞕，不更衣十日，无所苦也"，除了大便硬与小便数，麻子仁丸证则无其他见证，故非第29条初见证所宜。另一种方治则是第250条，云："太阳病，若吐、若下、若发汗后，微烦，小便数、大便因鞕者，与小承气汤，和之愈"，小承气汤在张仲景的治法中并非"攻下"之剂，而是属于"和法"，适合用于正虚（脾虚、津液与阴气耗伤）而胃热腑实之证，与第29条之证最为接近，故第29条当用小承气汤主之。

六、结语

《伤寒论》第29条的初见证并非太阳中风兼阴阳两虚，而是胃热炽盛阴伤证，本当以小承气汤治之，却经过误汗使阳气更虚，才造成阴阳两虚之证。正确认识第29条病情的来路，对于解释其后第29条、第30条的四个方证有重要意义。

参考文献

[1] 熊曼琪．伤寒学［M］．北京：中国中医药出版社，2003：121.
[2] 梅国强．伤寒论讲义［M］．北京：人民卫生出版社，2003：128.

［《河南医药》2012，32（7）：793］

《伤寒论》对防治猪冬季外感热病的指导意义

李双锋　陕西省洛南县古城镇畜牧兽医站
魏　鸿　山阳县元子街镇农牧综合服务站

《伤寒论》成书于东汉末年，作者张仲景。该书系统地总结了汉代以前中医学治疗外感热病的方

法，是中医学外感热病理论的专著，至今仍对中医学临床具有广泛的指导意义。《伤寒论》的寒字是病邪的意思，伤寒即是为病邪所伤，它包含了传染性疾病的防治方法。笔者认为常见的发热性疾病也在《伤寒论》范畴之内，应用《伤寒论》的理法方药防治，才能取得成功。

一、冬季气候特点

冬季气候寒冷，特别是我国长江以北地区，冬春季气温处在零度以下的时间达3月之久。猪的最适宜气候是18～25℃，低于0℃对猪的生长极为不利。长期处于这种环境，使猪的抵抗力下降，更容易遭受各种病原菌的侵袭。近几年来，冬季猪发热性疾病频频发生，在无特效药预防的情况下，研究中医药防治冬季猪疫病的大面积发生、传播和流行，减少生猪死亡，对养猪业有着极其重要的现实意义。

气候在疫病的传播过程中并不具有决定性作用，它只是疾病发生的诱因，是外因，决定疾病性质的根本还是猪的体质，现今的猪是经过人工选育的优良品种，适应自然界风寒酷暑的能力越来越差。这在中医学上属于阳虚体质。西医所讲的免疫力低下，抵抗力差，属于中医学上的阳气虚，不耐寒，稍有不适就感冒。清代医家黄元御在《四圣心源》中说：“夫纯阳则仙，纯阴则鬼。阳盛则壮，阴盛则病。病于阴虚者，千百之一，病于阳虚者，尽人皆是也。后世医术乖讹，乃开滋阴之门，率以阳虚之人，而投补阴之药，祸流今古，甚可恨也。”阳气旺盛则身体强壮，阴寒之气太盛，则易生病。

二、阳气

地球适宜于人类居住，是因为有阳气的存在。地球的阳气来源于太阳，太阳源源不断地输送给地球光和热，是地球保持合适的温度，才孕育了万紫千红的生命世界。在疾病上，寒证是因阳气不足，热证是因为阳气过于亢盛，所以热证要用寒凉的清热解毒药清泻过于亢盛的阳气。但对发热病就要辨别是寒证还是热证。

三、冬季风寒外感的机理

机体以出汗的方式排出体内多余的热量，汗腺是人体的散热系统。当机体感受风寒以后，汗腺会自动关闭，阳气郁积在体内就会发热。此时用麻黄汤打开汗孔，通过排汗的方式散发体内积聚的热量，体温就会恢复正常，头痛、身体痛诸多症状即可解除。这就是用发汗法治疗风寒表证的机理。这一方法在中医上叫作发汗解表。

机体出汗散热，表面上看排出去的是汗液，实际上带走的是阳气。腹泻也是如此，所以严重腹泻在体液不断丢失的同时，阳气也大量消亡，当急用四逆汤（生附子、干姜、炙甘草）固护阳气。

冬季猪的发热性疾病也是风寒表证。寒性收引，使猪的皮毛闭塞，而肺主皮毛，表闭引起肺气郁闭。肺闭则使肺的宣发肃降功能失常。肺合皮毛，开窍于鼻，肺的宣发功能是向外，肃降功能是向下。体表阳气的外达和津液的输布都是肺的宣发功能在起作用；肺的肃降功能主要是调节水液代谢，津液由脾上输于肺，由肺下输肾脏和膀胱。

风寒束表，肺失宣降，咳嗽、鼻塞或者鼻流清涕，津液积聚于皮肤腠理之间，则引起头痛、体痛。这是外感病初期，属于《伤寒论》的太阳病或者少阴病。

四、《伤寒论》论述

《伤寒论》以阴阳分证，将外感热病分为太阳病、阳明病、少阳病、厥阴病、少阴病、太阴病六大类。阳代表正气强盛，阴代表正气虚，阳证要用汗、吐、下等攻邪的方法来治疗，阴证要用温补法。

（一）太阳病

“太阳之为病，脉浮，头项强痛而恶寒”。曹颖甫在《伤寒发微》中说：“盖无论所受何等外邪，始病必在肌表，皆当见此浮脉……外邪束于肌表，内部阳气被遏，则上冲头项，于是有头项强痛之证……”猪感冒初期四肢僵硬，畏寒蜷卧，鼻流清涕，打喷嚏，有的鼻塞，呼吸时发出“夫夫”的声响。这就是风寒外感的种种表现。治用麻黄汤，见于刘渡舟《伤寒论》讲稿之36条：太阳病，头痛发热，身疼，腰痛，骨节疼痛，恶风，无汗而喘者，麻黄汤主之。

猪虽然没有汗腺，但也可以应用麻黄汤解除表证。赵锡武在《古今名医临证金鉴咳喘肺胀卷》中说：“麻黄功能宣肺发汗，通过汗出，肺气宣达而腠理开，发汗之目的在于泄热、泄水、排毒。……若不汗出则尿增多，而又下泄……”对猪用麻黄汤以发散风寒，使皮毛腠理气机畅通，疼痛解除。

“表寒不解郁而化热”，解表犹如打开门窗，让室内的热散发出去。表寒不解，里热加重，就会转成大青龙汤证：太阳中风，脉浮紧，发热恶寒，身疼痛，不汗出而烦躁者，大青龙汤主之。

大青龙汤方：麻黄六两，（去节），桂枝二两，

（去皮），甘草二两，炙杏仁四十个（去皮），尖、生姜三两（切），大枣十二枚，石膏如鸡子大（碎）。大青龙汤与麻黄汤相比较，麻黄用量由三两增加到六两，又加入生姜，增强解表发汗；杏仁减少了三十个，关键是增加了清里热的石膏，解“不汗出而烦躁”之患。汉代1两折合成现在的剂量是巧克，在大青龙汤方中麻黄的用量是90“石膏如鸡子大”大约有40余，麻黄用量是石膏的2倍，而麻杏石甘汤与此相反，石膏是麻黄的2倍。从剂量的变化可以看出方剂作用的改变。

《伤寒论》第58条：伤寒发汗，解半日许，复烦，脉浮数者，宜桂枝汤主之。这种发汗后病情的反复或者说是变证，不是每一个病例都会出现。在正常情况下，使用发汗法后，汗出热退，脉静身凉。张仲景介绍的是特殊情况。发过一次汗以后，即使病情有反复，也不能再用麻黄汤或者大青龙汤。如果再用发汗药，会造成大汗亡阳或者汗漏不止，可以用桂枝汤微发汗即可。

《伤寒论》第71条：发汗后，恶寒者，虚故也；不恶寒，但热者，实也。当和胃气，与调胃承气汤。这是《伤寒论》中的一个重点条文。发汗后，恶寒者，是患者平素阳气虚的原因。猪没有汗腺，不会出现这种恶寒加重的情况，但对阳气不足的猪，误用麻黄汤会导致鼻衄。

“不恶寒，但热者”。表证是恶寒发热，这时表证已除，纯属里证。这是因发汗药用量过大，汗出太多，胃中燥热太盛，“当和胃气，与调胃承气汤”。调胃承气汤由大黄、芒硝、炙甘草组成，加甘草使大黄、芒硝缓缓地滞留于胃中，“微和胃气”，作用部位主要在胃，非攻大肠末端的燥粪。该方是清热泻下剂，其清热之力比白虎汤更强，可将胃中火热邪气从肠道清泻而出。

（二）少阴病（麻黄附子细辛汤证）

《伤寒论》第315条：少阴病，始得之，反发热，脉沉者，麻黄附子细辛汤主之。

麻黄附子细辛汤也是一个发汗剂。“始得之”是指阳虚之体刚发病的情况，“脉沉”与太阳表证的浮脉不同，阳虚发热是一个异常情况，一般情况下阳虚之人患外感病不发热。脉象是沉脉，主病在里，沉脉提示在里的阳气不足，所以要用附子温肾阳，细辛既能解表又能温里，起连通表里的作用。

《伤寒论》第316条：少阴病，得之二三日，麻黄附子甘草汤微发汗。以二三日无里证，故发微汗也。

这一条是指阳虚之人病情发展到两三天的情况。经过两三天的正邪相争，阳气越来越不足，只能用“麻黄附子甘草汤”微发汗，去辛温的细辛，防止汗出太多，令阳气更虚。可见，张仲景制方用药之细致入微。

第96条：病发热，头痛，脉反沉，若不症，身体疼痛，当救其里，宜四逆汤。

如前述，用麻黄附子细辛汤、麻黄附子甘草汤治疗，病情未好，不能再用发汗法，用急救阳气的四逆汤治疗（四逆汤：生附子、干姜、炙甘草）。

这三条颇为连贯，是随着病程的延长，阳气在抗击寒邪的过程中越来越处于不利的地位，应当辨证论治。

五、麻黄附子细辛汤证与大青龙汤证的鉴别诊断

第40条：伤寒脉浮缓，身不疼，但重，乍有轻时，无少阴证者，大青龙汤发之。

“身不疼，但重”，是提示要与表证初起的麻黄汤证的“身疼，腰痛，骨节疼痛”相比较，说明里热增加，病情有化热的趋向。

“无少阴证者”是提示要与少阴病做鉴别诊断，是这个条文的关键所在。少阴病是在里的阳气不足，要用附子温振阳气，而大青龙汤要用石膏清除里热，附子大热，石膏大寒，二者针对的病证截然相反。如果用错，将加重病情。少阴病真阳衰微，应该有脉微细、四肢厥冷、精神萎靡、畏寒蜷卧、尿清长、便溏等症状。诊治时要注意观察。

六、伤寒与温病

以上所讲的伤寒病习惯称风寒外感。从《伤寒论》的行文章法来看，外感病起病之初，要么是麻黄汤的证候，要么就是麻黄附子细辛汤的证候。黄元御所讲“尽人皆是”阳虚，说明麻黄附子细辛汤的证候较多。

《伤寒论》第6条：太阳病，发热而渴，不恶寒者，为温病。若发汗已，身灼热者，名曰风温。……

这是张仲景对温病的相关论述，温病不能用发汗法治疗。“若发汗已，身灼热者，名曰风温”，这里的风温是温病，误用辛温发散的麻黄汤，使得风助火势，热势更盛，与后世所说的风温、风热的概念不同。此证当用调胃承气汤治疗，调胃承气汤证是《伤寒论》里的大热之证。麻杏石甘汤条文里的“无大热者”实际上是要其与调胃承气汤证相鉴别。

“发热而渴”（温病），是胃热伤津，当用白虎汤清热生津。

《伤寒论》一统温病与伤寒。吴鞠通的《温病条辨》斗胆羽翼《伤寒论》，其实是犯了陆九芝所说的“误把胃热当肺热”的错误。在中医理论中，肺胃是相关的，肺热可以传胃，胃热可以传肺，肺热的风寒表证被归入《伤寒论》的太阳病篇，实热证被归入阳明病篇，吴鞠通单列一个手太阴肺的病，实属多此一举。可以说，温热病就是阳明病。温病学派所说的“温邪上受，首先犯肺”，就是太阳病，“逆传心包”就是《伤寒论》的调胃承气汤证，即“不恶寒，但热”的大热证。

[《中国兽医医药杂志》2012，(5)：71]

《伤寒论》反成用药经验析要

唐忠涛　蓬安县相如中心卫生院
黎忠民　蓬安县锦屏中心卫生院

相反相成是中医制方用药的重要方法之一。汉张仲景“勤求古训，博采众长，撰用《素问》《九卷》《八十一难》《阴阳大论》《胎胪药录》，并平脉辨证为《伤寒杂病论》，合十六卷”。其中伤寒部分共载397法，112方，用药87味，所及六经辨证40余种，合理运用相反相成的配伍方法，制方用药，充分体现了中医辨证施治的基本精神，是中医的精华，被后世誉为方书之祖，医方之经，为临床用药奠定了坚实的基础，故不揣浅陋，试就其反成用药的经验析要于后，以期就正。

一、辨证用药

辨证论治是中医治病的重要指导思想和精华部分，它既是医疗方法，也是临床具体用药过程。汉张仲景集前人用药经验之大成，结合自己的临床体会，在整体观念指导下进行辨证用药。故以其在《伤寒论》中论治六经病证均冠以“辨××病脉证并治”之文，且在条文中非常重视应用辨证论治理论来指导反成用药，如《伤寒论》359条云：“伤寒本自寒下，医反吐之，寒格更逆吐下，若食入口即吐，干姜芩连人参汤主之。”是文乃为素体中阳不足，因受寒邪，脾气下陷，而医者不审下利之虚实，冒然投以吐下之剂，致里气益虚，阳气益陷，寒盛于下，阳格于上而不得入，所以不但下利反甚，并增吐逆之证。设以寒治逆，则寒下转增，若仅投温剂（如四逆汤扶阳抑阴），则必格拒而不入，然虑其“食入即吐，是有火也”，证属下焦有寒，上焦有热，故于祛寒之中加入清热之品，取大苦大寒之芩连泄去阳热，配辛热之干姜为向导，开通阴寒，三药并用，苦辛开泄，调和寒热而泻止。但因误吐亡阳，误下亡阴，中焦之气索然矣，故配以人参补中益气养阴，俾使肾阳得转，并可助干姜之辛冲开阴格而吐止，诸药相伍，反成结合，寒热并调，补泻兼用，令气机升降有序，吐泻乃愈。后世医家汪石山借以此方，师法变制，用以治平素过劳好饮，年逾六十的老人，病膈，食至膈下，化脓痰吐出，食肉过宿亦吐，初卧则气壅不安，稍卧则定，多医以发热证而用凉药，则愈助其阴而伤其阳，用二陈香燥痰液，则愈耗其气而伤其胃，病益甚，其思忖本病伤于酒与劳，酒性酷烈，耗气伤血，又加劳伤其胃，且年岁已高，血气已衰，寒热虚实夹杂，故以本方加白术、当归、麦冬、白芍、陈皮、香附，虚实寒热气血同治，五帖病减，饮食进矣。可见仲景反成用药的经验于后学临证无不少补。

二、以法统药

病有千变，药有千变，有是证用是药，故法由证出，药以法统乃千古不变之理。所以仲景在《伤寒论》中提出：“知犯何逆，以法治之”，“病皆与方（药）相应乃能服之”的方药证对应思想，且在论治六经病证的过程中，以八纲统证，以八法统药，选药配方处处燥润结合，升降相因，寒热并投，攻补兼施，莫不以汗、吐、下、和、温、清、消、补八法相参，为中医临床立法用药确立了准绳。

（一）表里同治

既解散表邪，又治疗里证。由于机体受邪之后或因体质差异，或因失治误治，致邪气稽留或内陷而见六经合病、并病、直中、变证，其依据病位深浅，病邪性质，正气强弱等不同情况，采取表里同治。其在《伤寒论》中常选用麻桂配石膏、栀子配豆豉、柴胡配黄芩、葛根配芩连，解表清里，桂芍配大黄解表攻里，麻辛配附子解表温里，如“太阳与阳明合病，不下利，但呕者，葛根加半夏汤主之，”此乃二阳合病，其以麻桂之辛散解表散寒，芍药之酸敛和里缓急，葛根胃气上行，姜夏和胃降逆，合而用之，散敛结合，升降相因，令清升浊降，表解呕止。

（二）寒热并用

寒热是反映疾病性质的两个方面，临证寒者热之，热者寒之，若寒热夹杂者，则寒热并调之。其在《伤寒论》中常以干姜配芩连调和寒热，附子配芩连温阳清热，栀子配干姜温中除烦，黄连配桂枝温上清下，石膏配麻黄解表清里。如伤寒因证失治误治，损伤中阳，外邪乘陷，致寒热夹杂结于胃肠之间，而成脘闷下利之证，其取苦寒之芩连降泄清热，配辛温之姜夏开结散寒，二者合之，苦辛开泄，寒温并治，升降自调，呕利痞满诸证悉除，方如半夏、生姜、甘草泻心汤是也。

（三）虚实兼治

虚实是反映正邪盛衰的纲领，仲景治疗六经病证，随时不忘“虚实”二字，常依据正气的盛衰，邪气的强弱，或偏于泻实，或偏于补虚，或攻补兼施，《伤寒论》中清补、消补、散补、温补，以泻代补的反成用药方法比比皆是，其常选人参配石膏清热补气、栀子配炙草益气除烦、柴芩配参枣和解扶正、黄连配阿胶育阴清热、桂姜配参术散寒补虚、附子配参姜回阳救逆。如“服桂枝汤大汗出后，大烦渴不解，脉洪大，白虎加人参汤主之。”此属太阳病汗后邪热传里，致阳明热盛，气阴两伤，其取石膏知母直清阳明里热，配人参益气生津，粳米汤煎药以扶胃气，合之共成清补之剂。

（四）调和阴阳

内经云：“阴者藏精而起亟也，阳者卫外而为固也。”扶阳气、固阴津是仲景论治伤寒的经验之一，其在《伤寒论》中，每用白芍、生地、麦冬配附子、桂枝等物滋阴补阳，如“伤寒发汗后不解，反恶寒者，虚故也，芍药甘草附子汤主之”，本条系误用汗法，既伤阴液又伤阳气，致阴阳两虚之候，故其既用草芍酸甘化阴，又用附子辛热温经复阳，三药配合，并调阴阳。再如“伤寒，心动悸，脉结代，炙甘草汤主之”，此属阴阳两伤之证，其以参枣草补气，麦地阿胶滋阴，配辛温之桂、姜、酒振奋心阳，温通血脉，合之则补阴阳，调气血，复血脉。后世医家在此法基础上化裁，广泛用于温病、肺病和心血管疾病，疗效显著。

三、权衡药量

临床辨病、识证、立法、用方（药）是方证对应的关键，但是用药给量是反应方剂功能和提高临床疗效的重要因素，故《伤寒论》中用药特别重视处方用量。其中辨证用量，据病给量、按法拟量、因药异量、因人施量、量化煎药，量化服药均可反应出仲景反成用药的特色，如桂枝辛甘温，发汗解肌，活血通络，通阳化气，其从整体观念出发，结合病症的机因和药物的性能特点，随证权衡给药用量，广泛用于伤寒诸病。若外感风寒，营卫不和而见恶风汗出者，则以桂枝三两配芍药三两，重在辛散解肌以调卫，酸敛养血以和营；若脾伤气滞络瘀而见腹痛者，则以桂枝三两，配芍药六两，重在温阳益脾、活血和络；若太阳病误下伤脾，腐秽积滞者，则以桂枝三两配大黄二两，重用芍药六两温通活络、解表泻实；尚伤寒上热下寒，腹痛欲呕者，则以桂枝三两配黄连三两重在温上清下、调和寒热；若伤寒发汗过多，损伤心阳，见其人叉手自冒心，则以桂枝四两配甘草二两，重在温补心阳；若风湿相搏，身体疼痛，则以桂枝四两配附子三枚，重在温阳除湿；若表证不解，误下损伤心阳，则以桂枝三两配附子一枚，解肌祛风、温经复阳；若伤寒误用吐下，脾胃气虚，水气上冲，则以桂枝三两配茯苓四两，白术二两，重在通阳健脾、利水降冲；若心阳虚损，寒水气上犯心胸，则重用桂枝五两，配芍药三两以平冲降逆；若下后脾气虚寒，表邪不解，则以桂枝三两，配人参三两益气解表；若伤寒误用火疗，损伤心阳，而见烦燥者，则以桂枝一两配甘草二两，龙牡各二两补益心阳，镇潜安神。可见证变药变，量变效变，仲景如此反成用药，充分体现了方药的量效关系，可谓其独具匠心。

四、量化煎服

中药的疗效与原生药在煎煮过程中的用水量、火候、煎煮时间、煎煮方法和服药冷热、多少等均相关联。在《伤寒论》中，其按不同方法将药液煎成之后，嘱服若干升，这既是临床的治疗用量，也是用药的有效量和安全量，故其于每方之后注明上x味，以水×升，煎取×升，或再煎×升，分×次煎服，或顿服，或少之咽含之，服药效与不效，还分别说明“止后服，不必尽剂”“以知为度”等字样以示病家，其反成煎服方法主要是分煎合汁，热药冷服，从而保证了反成用药的安全性和有效性，如附子泻心汤以附子“炮、去皮、破，别煮取汁”，再“切三味以麻沸汤二升渍之，须臾绞去渣，内附子汁分温再服”，旨取芩连大黄气味轻薄，以清泻上部之邪热，达到消痞之用。更用附子另煎，别取汁，使辛热之药发挥扶阳固表之功，如此配伍，生熟异其性，寒热异其气，药虽同行，而功效各异，乃先圣之妙用也[1]。再如四逆汤，将药煎成之后，嘱其冷服[2]，取寒热反佐之意。

综上，《伤寒论》反成用药的经验被历代医者奉为典范，具有很强的科学性和实用性，对其进行深入学习和研究，于后学者无论是在学术上，还是在临床实践中尚有重要指导价值和现实意义，是故经典当孰玩焉。

参考文献

[1] 李培生，刘渡舟．伤寒论讲义［M］．上海：上海科学技术出版社，1985：81.

[2] 许济群，王锦之．方剂学［M］．上海：上海科学技术出版社，1985：82.

［《四川中医》2012，30（1）：40］

《仲景伤寒补亡论》的疫病发病理论探讨

黄玉燕

中国中医科学院中医基础理论研究所

《仲景伤寒补亡论》[1]为宋·郭雍所作，共二十卷，其中卷十六已佚。郭雍鉴于当时所见《伤寒论》已有残缺，遂取《内经》《难经》《诸病源候论》《千金方》以及朱肱、庞安时、常器之等诸家学说予以辑佚补充，并参合个人见解作为羽翼，在“补亡”的基础上创立新说，充实并发展了外感热病辨治体系。本文从疫病及相关概念辨析以及疫病发病方式、发病轻重、传变规律等几方面对其进行梳理与解析，以彰显其在外感热病研究方面的学术价值与意义。

一、疫病概念及辨析

（一）疫病概念

《仲景伤寒补亡论》将疫病称为时行，又称疫、天行。对于时行病郭氏首先引《伤寒例》之论，认为“人感非时之气，是以一岁之中，长幼之病，多相似者，此则时行之气也”。又引《金匮要略》“气候有应至而不至，或有未应至而至者，或有至而太过者，皆成病气”，认为“亦时行之一也”。可见，郭氏认为疫病的判断标准有两点，一是具有流行性，二是发病的直接因素为非时之气。如《卷十八·温病六条》指出：“况一岁之中，长幼疾状相似者，即谓之疫。如疟利相似，咽喉病相似，赤目相似，皆即疫也。皆谓非触冒自取之，因时行之气而得也。”

在各类疫病中，郭氏对于时行寒疫的认识有别于前人。自《伤寒例》提出时行寒疫以来，前人都认为其为“从春分以后至秋分节前，天有暴寒者”，即在时令温暖之时而有反常的寒冷气候所致。而郭氏认为，时行寒疫发病于冬季，发病机理是在感寒伏留的基础上再感四时不正之气而发。即《卷十八·伤寒温疫论一条》所说：“设在冬寒之日，而一方一乡一家皆同此病者，亦时行之寒疫也。大抵冬伤于寒，经时而后发者，有寒毒为之根，再感四时不正之气而病，则其病安得不亘。”这个认识不但在发病季节方面与前人完全不同，而且在发病方式方面亦有差异。前人认为是新感，仅感受非时之暴寒所致，而郭氏则认为是伏发，先感寒邪再感非时之气。

（二）相关概念辨析

郭雍在《仲景伤寒补亡论》中，对伤寒、热病、温病等疫病相关概念进行了辨析，其观点可以用《卷一·伤寒名例十问》中的一句话来概括，即“伤寒冬也，时气疫也，温病春也，热病夏也”。“伤寒冬也”，即郭雍认为伤寒是冬季感寒即病者[2]，而在讨论前人广义伤寒概念时，郭氏将其解释为“伤于寒”。“热病夏也”，指暑病、热病、暍病为同病，都是夏季发作者。三者可根据感邪季节再行分类，即“如夏月之疾，由冬感者为热病，不由冬感者为暑为暍”（《卷十八·温病六条》）。

温病包括以下3种情况：“冬伤于寒，至春发者，谓之温病”；“冬不伤寒，而春自感风寒温气而病者，亦谓之温”；“及春有非节之气，中人为疫者，亦谓之温”（《卷十八·温病六条》）。这3种温病的共同点是它们发于春季，故曰“温病春也”。其中，由“非节之气”导致的温病实际上是发于春季的疫病。郭氏对此进一步论述说：“春天行非节之气中人，长幼病状相似者，此则温气成疫也，故谓之瘟疫。”可见，伤寒、热病、温病三类疾病为季节性疾病，而疫病则是感受非时之气且具备流行性，故曰“时气疫也”。同时，由于疫病四时皆有，因此与其他病概念有交叉之处，如温病中有温疫，暑病中有暑疫。

（三）疫病分类

《仲景伤寒补亡论》认为，四时不正之气均可致疫，因而有春温、暑疫、秋瘟、寒疫之别。如《卷十八·温病六条》曰：‘此谓春温成疫之治法也，若夏暑成疫、秋瘟成疫、冬寒成疫，皆不得同治，各因其时而治之。”郭氏尤其重视疫病的寒温之别，在《卷十八·风温温毒四条》中强调“大抵治疫尤要先辨寒温，然后用药”。

二、疫病发病方式

郭雍之前，中医学对疫病发病方式的论述不够系统与明确，至庞安时《伤寒总病论》方明确提出，冬温既有即时发病又有至春发为温毒的发病方式。郭氏认为，从时间上说疫病发病形式包括即发、经时（本季节）而发与其他季节发作。从感邪方面而论，大体有新感与伏发两类，新感是感受单一邪气，即时发病；而伏发则是先感一邪，邪气伏留至再感受另一邪气引发。郭氏认为，外感病新感发病包括仅伤于本时令邪气的“自感自致”，不属于疫病，如冬寒、春温；伤于不正之气属于疫病，如温疫。伏发，包括先伤于本时令邪气而不即发，伏留至其他时令，由该时令邪气引发，不属于疫病，如伏邪温病、暑病；先伤于本时令邪气而不即发，伏留一段时间又为不正之气引发，属于疫病，如时行寒疫；还包括郭雍所论冬温（温毒）的发病方式，乃冬季先伤于非节之暖（“冬温不正之毒”），又伤于本时令邪气（“表尝感寒”），因腠理郁闭而使温毒伏留，至“天气暄热，去其外寒”方能发病，以发斑烂疮的形式“而后可出”，每为疫病。较之前人，郭氏对疫病发病方式的论述，不仅更为明确而系统，而且补充了本时令经时而发的类型，更为符合临床实际。

三、疫病发病轻重

基于对发病方式的辨析，郭氏在《卷十八·伤寒温疫论一条》中还对伤寒、温病、时行等发病的轻重、预后的不同进行了细致的讨论。首先，同一疾病中，判断发病轻重的原则是“盛强者感之必轻，衰弱者得之必重”，也就是说发病轻重与人体正气强弱有关。其次，新感发病病势轻而伏发病势重，亦即“大抵其病往往有一种即时发者，必轻；经时而发者，必重也”。郭氏以有无“蕴积之毒气”为依据，判断病势轻重。他指出，初感“毒气”无积蓄，故病势轻；寒毒伏留因春夏温热之气而发者，一方面毒盛深伏难以发越，另一方面日久毒深，两邪叠加，病情更重。因此，伤寒与伏邪温病、暑病三者，病情严重程度递加，而新感温病较伏邪温病要轻。这个原则也可以理解为邪重毒深则发病重。可以看出，疫病所感之邪为“不正之气”（非时之气），其发病较伤于本时令邪气的伤寒、春温要重，伏发疫病较新感疫病要重，体弱者较体强者病重。

四、疫病传变规律

在疫病传变规律上，郭氏有自己的创见。自《诸病源候论》以降，医家多认为疫病传变规律类似伤寒，逐日六经传变。庞安时虽取《诸病源候论》中另一种疫病传变规律，即“一日在皮，二日在肤，三日在肌，四日在胸，五日入胃”，突破了六经传变，但亦拘于日数。郭氏认为，疫病在传变规律上与伤寒有别，没有明显的逐日传经规律，其治疗也不泥于日数。如其在《卷十八·温病六条》中指出：“瘟疫之病，多不传经，故不拘日数，治之发汗吐下，随症可施行。”

综上所述，郭雍在《仲景伤寒补亡论》中，将疫病称为时行，将流行性和气候失和致病作为判断疫病的标准，论及寒温两类疫病强调寒温分治。指出疫病的发病方式多种多样，既有即发又有经时而发，以及其他季节发病；既有新感又有伏发，可单纯感非时之气而发，也可感他邪由非时之气引发，或感非时之气伏留至他邪引发。郭氏还提出疫病的传变规律有别于伤寒，不逐日传经，这对于疫病与伤寒的鉴别用药是很有意义的。

参考文献

[1] 宋·郭雍撰次．仲景伤寒补亡论［M］．上海：海科学技术出版社，1959.

[2] 李董男．郭雍疫病学术思想浅析［J］．中国中医基础医学杂志，2011，17（6）：612 ~ 613.

［《中国中医基础医学杂志》2012，18（5）：481］

“病痰饮者，当以温药和之”的认识与运用

陈　凡
浙江中医药大学第一临床医学院
宣丽华　浙江省中医院

“病痰饮者，当以温药和之。”语出张仲景《金匮要略方论》。它非常精辟地揭示了痰饮的病因病机、治疗原则和方法，并成为后世医家治疗广义痰饮病的总则。但后世对张仲景本意理解多有不同。对此，笔者亦有自己的看法，具体简述如下。

一、痰饮的病因病机

《素问·经脉别论篇》曰：“饮入于胃，游溢精气，上输于脾。脾气散精，上归于肺，通调水道，下输膀胱。水精四布，五经并行。”这是人体水液正常的输布与代谢过程，是肺、脾、肾、三焦、膀胱等脏腑相互协调配合的结果。肺气的宣化，可以通调水道；脾气的运化，可使津液上行，濡养心肺，水湿下行，渗入膀胱；肾气的温化，既可助脾运化水湿，又可加强膀胱气化功能。若阳气衰微，肺不能通调水道、脾不能运化水湿、肾不能温化水液，水湿停留于局部则形成痰饮病。其中尤以脾阳不运为病之关键。脾病既不能助肾以治水，又不能散精以归肺，中州失运，则升降失常；清浊相混，

则湿聚为饮；饮发于中，随处留积，而成痰饮。如《素问·汤液醪醴论》所说“五脏阳以竭也，津液充郭，其魄独居。”

二、《金匮要略方论》中痰饮的含义及分类

“痰饮”的病名最早见于《金匮要略方论》，古时“痰”字本作“淡”，在晋唐时，如《脉经》《千金翼》中，均作“淡饮”。唐·玄应《一切经音义》云：“淡饮，谓膈上液也。”淡与澹通，是水液摇动的意思。《说文》云：“澹，水摇也。”[1]故丹波元坚《杂病广要·痰涎》谓“痰本作淡，淡，澹动，澹水动也，故水走肠间，名为淡饮。今之痰者，古之云涕、云唾、云涎云沫是也。”不可不知。直到宋·杨仁斋《直指方》，将饮与痰的概念做了明确区分：饮清稀而痰稠浊。东汉末年所著的《金匮要略方论》中的“痰饮”即饮邪为病，且偏于寒饮，“痰”仅作“饮”的修饰语。

痰饮有广义和狭义之分，广义的痰饮是指《金匮要略·痰饮咳嗽病脉证并治》篇所划分的四饮：痰饮、悬饮、溢饮、支饮。狭义的痰饮是指四饮之中的痰饮。

“以温药和之”适用于广义的痰饮还是狭义的痰饮，医家们有不同的理解。有学者[2]认为“病痰饮者，当以温药和之。”中的痰饮指狭义痰饮。《金匮要略·饮咳嗽病脉证并治》提出：“病痰饮者，当以温药和之”的同时，还提出了“病溢饮者，当其发汗，大青龙汤主之，小青龙汤亦主之”“病悬饮者，十枣汤主之”，故“温药和之”乃狭义痰饮的治疗大法。这样就得出在此篇中一种病对应一种治疗大法的结论。但通观《伤寒论》和《金匮要略》，仅此一例，因此可能不符张仲景本意，也不太符合辨证论治的基本原则。同时从“温药和之”的对象上来看，饮邪是肺脾肾功能失常致体内水液运行障碍所引起，其性属阴，遇寒则凝，得温则行，且最易伤阳。“寒者热之，热者寒之”，故当用温药，以达到治病求本。虽然四饮之为病，各有不同，但基本病因病机是一致的。故笔者认为“病痰饮者，当以温药和之”中的“痰饮”应该是指广义的痰饮。

三、“当以温药和之”中“温”的内涵

痰饮的形成总由人体阳气虚弱或受遏，运化失司，气化无力所致，而痰饮多属阴邪，易伤阳气。所以治疗痰饮，须从根本出发，而温药恰有振奋阳气，开发腠理，通行水道之作用，使人体恢复正常的水液运化状态，则痰饮的生成自然减少，此乃求本之法，是对本虚而创，故用温药是其治本大法。正如秦伯未老先生所谓：善治痰饮者，首先当使痰饮不生或少生，此其一。对于已成之饮邪，用温药使人体阳气得以振奋，三焦得以通利，大气得转，水精四布，五经并行，痰饮自然得消，饮不复聚，则病证自愈。故此“温”亦是针对饮邪性质所提出的治则，使饮邪得化，而达到祛除邪气的目的，此其二。温药属四性中的温性，但不一定局限是温性的药物，辛温、苦温、甘温等温性方剂也当包括在内。且按照饮停部位的不同，可选用不同的温性方药。如饮停上焦胸胁，可用桂枝、细辛等；饮停中焦肠胃，可用生姜、干姜、半夏、白术；饮停下焦，可用附子、肉桂、细辛，此其三。因此，“温”字既揭示了饮邪的性质和致病特点，又简练的概括出了治疗饮邪的基本原则和根本大法，对后学者的启示极大。

四、对“和之”的理解

关于“和”在此句中的理解，无论是以前，还是现在，争论都很多。有学者[3]研究表明：《伤寒论》中使用“和”字50多处，《金匮要略》中所用的“和”字，除了表示混合药物的意思之外，还有13处。有用作形容词，表示身体处于一种健康状态，如“口中和、表和、自和、胃和、津液自和”等词汇。如果人体某处阴阳平衡失调，出现疾病表现，就称为不和，如“里未和、睛不和、胃不和”等词汇；有用作动词，表示用药物使身体不和之处归于“和”的状态，共有5处。“可与小承气汤，微和胃气”；“以小承气汤和之”；“与小承气汤，和之愈”；“以小承气汤，少少与，微和之”；“当和胃气，与调胃承气汤”。“病痰饮者，当以温药和之”中的“和”应该属于后面一种。

“和之”言下之意有三：（1）温药虽能温脾复阳，振奋全身阳气，运化水湿，但过用亦燥烈伤阴，因此切勿攻之太过，补之太急。攻之太过则更伤人体阳气，致旧邪虽去，痰饮复生；补之太急则标实太盛，犯实实之诫，反致留邪。因此治痰饮不可过用大辛燥烈之品，只宜用药性较平和之温药，以病去为度，这也是张仲景在治疗痰饮时常用桂枝，干姜，白术，而少用附子、肉桂大辛大热之品的原因。（2）在温阳的同时，还有行、消、开、导之意，从而使温而不燥，温而不腻，而水有出路。正如魏念庭在《金匮要略方论本义》中论述：“言和之则不专事温补，即有行消之品，亦概其例义于温补之中，方谓之和之，而不可谓之补之益之也。

盖痰饮之邪，因虚而成，而痰亦实物，必可有开导。总不出温药和之四字，其法尽矣。”（3）治疗痰饮的目的是使人体阴阳平衡，脏腑功能恢复正常。虽然温法是治疗此疾的治疗大法，但只要能使人体达到和的状态，根据具体情况，其他的治疗方法也可应用。

“和”字不仅体现出一种治病的方法，更重要的是它在强调一种中医思想。《素问·生气通天论》中云：“凡阴阳之要，阳密乃固，阳强不能密，阴气乃绝。故曰阴在内，阳之守也，阳在外，阴之使也，两者不和，若春无秋，若冬无夏，因而和之，是为圣度。”从这可以看出，处于一种和谐平衡的状态对于五脏六腑来说最为重要。只有他们各守其位，各司其职，人体才能有“阴平阳密，精神乃治”的健康状态。而当人体处于疾病状态时，这种和谐就不复存在。在痰饮中运用“温”法治本，“行、消、开、导”四法治标，使肺、脾、肾、三焦、膀胱等脏腑恢复到相互协调配合的“和”的状态，而使病愈。《金匮要略方论》中论述了根据痰饮的标本虚实、表里寒热、病变部位、病情趋势得出相应的治法，以及用药和服药后的护理中均可体现出了“和”的思想，其目的都是尽快让患者恢复至健康时阳气振奋，三焦通利，大气得转，水精四布，五经并行的阴阳平衡状态。因此“和”不仅高度概括了仲景治疗疾病的组方原则，而且集中体现了中国传统的天人合一、中庸之道的思维方式和他的辨证论治思想，可以说“和”是张仲景学术思想的核心。

五、临床应用

“病痰饮者，当以温药和之”一直以来是后世治疗痰饮病的准绳。仲景先师不仅在痰饮的形成和性质上给后人以指示，在治疗方法上也提示我们，治疗痰饮要以“温药和之”。故“痰饮”治法重在温化，所有开肺行气、涤痰、祛饮、攻下逐饮、发汗等“行、消、开、导”之法均属治标之法，两者既要区别，又要联系，不可偏废。同时，治标治本之法的应用既要有度，又不能局限。临床上要根据病情的轻重缓急，辨证论治，根据具体情况采用不同的治法以祛除疾病。中药方剂治疗痰饮内容丰富，著述繁多，各有特色，同时针灸治疗痰饮疾病时也有其独特疗效。针灸在温补治本时，可选用足太阳膀胱经、任脉和督脉以及临近经脉上的腧穴，如气海、关元、足三里、中院、阴陵泉、水分、天枢、命门、腰阳关、脾俞、气海俞、关元俞、大肠俞、肾俞等腧穴，祛痰治标时可取足阳明胃经和足太阳膀胱经中化痰穴位，如人迎、水突、气舍、缺盆、气户、梁门、归来、足三里、丰隆、内庭、膈俞、脾俞、胃俞、三焦俞、委中等，其他“行、消、开、导”之法均能取相应的穴位而达到较好的治疗作用。因此，只要能准确辨证论治，灵活取穴，针灸并用，治疗痰饮的疗效亦十分显著。

如上所述，兹举案例如下：

齐某，女性，67岁，退休，浙江人。患者16年前因感冒出现咳嗽咳痰，经中西医治疗后好转。此后每遇气候变化，患者容易感冒，咳嗽咳痰，反复发作，日久不愈，经多方治疗效果欠佳，遂来针灸治疗。患者症见咳嗽痰多，晨起痰量尤甚，痰色白黏稠，易咳出，夜间受冷后症状加重，甚则不能入睡，自觉胸闷气短，面黄无光泽，语声低微，精神萎靡，形体肥胖。平素怕冷恶风，需着厚衣方觉温暖，易汗出，动则尤甚，纳食差，稍食生冷油腻即腹泻，大便清稀，小便清长。舌质淡红，苔白滑厚，舌体胖有齿痕，脉沉细。综合患者症状舌脉，中医诊断为：痰饮一脾肾阳虚证。法当健脾温肾，祛痰止咳。采用针灸疗法。拟方：针刺足三里、丰隆、三阴交、太渊、太溪，留针30分钟。二诊：经上述3次治疗后，患者咳嗽咳痰稍有好转，其他症状无明显改善。遂改针方为：针刺大椎、身柱、神道、命门、腰阳关，留针30分钟；背俞穴拔火罐疗法。三诊：经上述5次针灸治疗后，患者自诉精神状态明显好转，咳嗽明显减轻，痰多易咳，恶风寒减轻，睡眠好转，大便较前正常，仍偶有腹泻，无其他不适反应。舌质淡红，苔薄白，舌胖略有齿痕，脉沉而有力。续上针方加太溪深刺，余治疗同前，继续1月后患者咳嗽基本消除，偶咳白黏痰，量少易咳，畏寒消失，衣着与常人无异，诉病情时声音洪亮，睡眠好转，胃口较前好转，二便正常。

按语：本医案是针灸治疗痰饮的典型案例。此案中初期使用足三里、丰隆、太渊等穴，直接化痰止咳，肃理肺气，结果疗效不显。后调整治法，尤重“温”法，所用大椎、身柱、神道、命门、腰阳关为督脉之穴。督脉其一身之阳气，总督一身之阳经，六条阳经都与督脉交会于大椎，有调节阳经气血的作用，故称“阳脉之海”。取督脉上诸穴，能温补元阳，鼓舞一身之阳气，命门与腰阳关同用可益气温阳补肾，二穴同用，使阳气得复，身柱、神道亦为督脉之穴，位于脊柱胸段，可调上焦之气，与上两穴合用，起温阳益气之效。使痰饮得消，待痰饮之邪消去大半后，加太溪，配合命门，更补肾阳，起“益火之源，以消阴翳”之效，促进身体的进一步恢复，也即“和”的体现。纵观此针方，在治疗患者的前阶段，仅针对痰饮症状治疗，以治标为主，结果疗效不显。调整针方后，时时以温阳为主，既促进了阳气的恢复，又避免了留邪之弊。此处既体现出“病痰饮者，当以温药和之”之精髓，更是中医辨证论治思想的精彩体现。因此虽取穴少，但疗效甚著。可见临床上只要是针对痰饮的基本病因病机，根据患者病程之长短，观其体质之虚实以及察其舌、脉后辨证论治，都能效若桴鼓。

六、总结

综上所述，痰饮总属阳虚阴盛、本虚标实之候。其本为脾肾虚寒，其标为饮邪充斥肺胃，治疗应以“温药”温补脾肾，益气化饮，以“和”为度，强调在痰饮治疗过程中对邪正双方“度”的动态把握，以及祛除痰饮、恢复机体生理功能的调和要领。“温药和之”既包括治本之原则，又涵盖了治标之法度。在临床上运用时，应辨别其标本缓急及兼夹证，详审病机，分辨饮停部位，抓住痰饮本虚标实这一特点，结合患者的具体情况，灵活运用。

参考文献

[1] 许慎．文解字［M］．段玉裁，注．上海：上海古籍出版社，1981：691.

[2] 刘胜．浅谈病痰饮者当以温药和之［J］．陕西中医，2006，27（12）：1546～1547.

[3] 汤川安，樊巧玲．“病痰饮者，当以温药和之”论［J］．天津中医药，2009，26（4）：306～307.

［《江西中医学院学报》2012，24（5）：6］

从《伤寒论》中的“蛔”看中医的象思维

马新童　狄　红
新疆和田市人民医院中医科
刘亚男　北京中医药大学
张广中　首都医科大学附属
北京中医医院

象思维是中国传统医学的特点之一，也是中西医理论差异的重要标志之一，无论是中医的理论体系还是临床实践，都包含着“象”的概念与认识，没有“象”就不能称之为“中”医。

一、象思维的内涵

（一）象思维的概念与形成

象思维是一个现代名词，由20世纪80年代哲学家王树人提出。王先生提出“象思维是人类最早产生的思维方式，也是最富于原创的思维方式，是中国先哲经过对宇宙本真、本然内涵及意义的体悟而提炼出来的。‘大象无形’之‘原象’或‘道’，儒家的‘仁’，禅宗的‘自性’都是这种体悟的结晶。这些基本范畴均为非实体性范畴……只可‘体’而不能‘言’”[1]。至于什么是“象”，《易经·系辞传下》云：“象者，像也”[2]，是指事物的外在形象和征兆。宇宙万物的组成及运动变化万千，其中的规律以及相互的关系错综复杂，

若清晰的描述每一种组成事件的条件实属不易。这也印证了逻辑分析思维在当代医学领域的研究中所遇到的困境。我国先哲在《易经·系辞传上》中曾经这样论述“子曰：书不尽言，言不尽意。然则圣人之意其可见乎？子曰：圣人立象以尽意，设卦以尽情伪，系辞焉以尽其言，变而通之以尽利，鼓之舞之以尽神。”可见先哲立象是为“尽意”。“意”就是王树人先生所说的，是一种通过体悟而提炼出来的非实体性的范畴，而不是实体性的知识或是内容。中国古代医家所说的“医者，意也”，用现代语言表达，即中医医者应具备的象思维。

（二）中医与象思维的密切关系

古代先哲尤其是古代医家把象思维的活动用两个概念来圈定，使“象”和“取象”在实际生活中得以应用。这两个概念即阴阳和五行。当我们今天站在学习、总结、归纳的角度来看《黄帝内经》的时候，不难发现，《黄帝内经》中对活体的描述，是以取象思维为核心，以阴阳五行为原则来进行的。阴阳是划分事物大象的一对范畴，《黄帝内经》中广泛的应用阴阳来阐释事物的属性，如：“阴阳者，血气之男女也；左右者，阴阳之道路也；水火者，阴阳之征兆也……”。《阴阳应象大论》等篇章将人之脏腑应象于五方、五时、五色、五味、五声等，简而言之，通过应象的方式将五脏归属于五行，为中医学正确认识和理解脏腑之间的关系奠定了基础。《素问·金匮真言论》中将各个脏腑比喻为朝廷的官员，以便说明各脏腑的功能。“膀胱者，州都之官”，即形象的说明了中医藏象体系中的膀胱为调节全身水液代谢的直接力量（根本力量为肾）。

二、从象思维的角度认识“蛔”

《伤寒论·辨厥阴病脉证并治》第338条曰：“伤寒脉微而厥，至七八日肤冷，其人躁，无暂安时者，此为脏厥，非蛔厥也。蛔厥者，其人当吐蛔。令病者静，而复时烦者，此为脏寒。蛔上入其膈，故烦，须臾复止，得食而呕，又烦者，蛔闻食臭出，其人常自吐蛔。蛔厥者，乌梅丸主之”。对于本条所论述的“蛔”的内涵，历代伤寒医家争议颇多。

（一）“蛔”即为“蛔虫”说

诸多医家对本条中的“蛔”进行注解。黄元御在《伤寒悬解》中指出“蛔厥者，内有蛔虫而厥，其人当吐蛔……”；陈亦人先生在《伤寒论译释》中针对本条文指出“由于胃肠虚寒，蛔虫内动，动则烦扰不安，静则安宁如常。蛔虫时动时静，所以患者一刻儿烦扰，一刻儿安宁。”尤在泾说“……蛔性喜温，脏寒则蛔不安而上膈……”[3]。

吕志杰在《伤寒杂病论研究大成》中针对此条文指出“就蛔虫为肠道寄生虫来说，胃应该是指肠道。‘蛔上入其膈’的‘膈’，才是胃，应包括胆道在内。蛔厥颇似胆道蛔虫病。”[4]可见，从古至今，对于本条的解释，医家多认为“蛔”为“蛔虫”。

（二）“蛔”为“蛔虫”之象

站在中医象思维的角度分析，笔者认为《伤寒论》中第338条的“蛔”为“蛔虫”之象，而绝非单纯意义上的蛔虫病。因而，对“蛔”的理解为：当患者的疾病处于厥阴病的状态时，疾病发作所表现出来的症状如有蛔虫在体内一般，时发时止、变化多端、动无定时。

厥阴病篇的提纲证为：“厥阴之为病，消渴，气上撞心，心中疼热，饥而不欲食，食则吐蛔”。《伤寒论》中六经提纲证分别提示了六经病的基本病理变化，即无论六经病如何变化，都应该符合其提纲证的最基本特征，如太阳病的“脉浮，头项强痛而恶寒”、阳明病中的“胃家实”、少阳病中的“口苦、咽干、目眩”、少阴病中的“脉微细，但欲寐”等。对于厥阴病篇也不例外，其提纲证理应总括厥阴病的基本特征。然而，从临床来看，符合厥阴病特征的疾病极少有“呕吐蛔虫”的症状，因而，将厥阴病中的“吐蛔”简单的理解为呕吐蛔虫是不全面也是不符合伤寒论的体例风格的。

从更深一层的角度进行分析，厥阴病中虽然极少出现呕吐蛔虫的症状，但厥阴病较之于少阴病，呕吐、下利、心烦的症状更多。厥阴为阴极阳生之所，在五行中与风木对应，阴极生阳之时，阳气发动迅速，具有变动不居的特性，若风木生发不利，木气便上逆克伐胃土而产生呕吐，黄元御先生在《伤寒悬解》中也有这样的论述“顾厥阴阴极之藏，阴极则阳生，挟母气之寒以贼土者，厥阴也，孕子气之热以生土者，亦厥阴也……厥阴之于趺阳，或为罪魁，或为功首”[5]；风木之气不从上冲逆，则从下盗泄而表现为下利；阳气生发不利，产生郁热，循肝经上冲胸口，则心烦。此外，《伤寒论》中关于“蛔”的描述多与进食相关，从厥阴病的特点和食物的性质来分析并不难理解，厥阴病患者多阳气微弱且易动而生风，食物属阴质之物，进入体内需要阳气的消化，而阳气的来源正是厥阴木气的升达，因而，在厥阴病的状态下，进食容易引动厥阴风木，导致木气上冲而产生呕吐的症状。所以，从厥阴病的机理分析，厥阴病变化多端的表现正如有一蛔虫藏于腹内不安，或动、或静、或食、或呕、或热扰心胸。“蛔虫”之象体现于疾病的症状、患病的形态以及患者的感受之中。从象思维的角度来理解，不乏感到此取象的生动活泼。

从用药的角度分析，若将“蛔”仅局限理解为实体的蛔虫，乌梅丸的灵活应用就有了局限性。虽然古今医家几乎皆视乌梅丸为治疗蛔虫病的主方，疗效也颇显著，但是多有名家将乌梅丸或是乌梅丸加减演变为汤剂，治疗各种危重病症、杂症屡显其效。柯韵伯的《伤寒来苏集·伤寒附翼》厥阴方总论说：“太阴以理中丸为主，厥阴以乌梅丸为主。”“仲景此方，本为厥阴诸证之法，叔和编于吐蛔之下，令人不知有厥阴之主方，观其用药，与诸症符合，岂只吐蛔一症耶?”“厥利发热诸症，诸条不列方治，当知治法不出此方矣。”

三、病案举例

笔者在临证中对乌梅丸的化裁应用，多注重取患者“蛔”之象，往往取得良好效果，试举3例以说明问题。

例1：患者，男，40岁，2006年8月初诊。患者自诉绕脐痛、腹泻10余年，每于紧张、劳累、饮食不适，绕脐部位即疼痛，患者指其疼痛部位，呈盘曲状，有如虫状。喜热饮或冷饮，不喜温水，纳眠可，时有腹泻，小便调。形体瘦高，面色萎黄中夹有青灰之色。舌色略紫暗，脉象沉弦。西医诊断：慢性浅表型胃炎、溃疡性结肠炎，曾接受相关治疗，效果不明显。中医辨证：脏寒蛔厥证。治则：温脏安蛔。处方：乌梅30g，黄连6g，黄柏

10g，花椒10g，桂枝10g，附子10g（先煎），当归10g，党参10g，细辛6g，干姜10g。5剂，水煎服。患者第2日来述，服药后未再发生腹痛、泄泻，自觉腹中温暖舒缓。随予上方加减，共服20剂病愈。

按：患者指腹痛部位，呈盘曲状，如蛔虫一般。考虑喜极热或极寒之饮判定为寒热错杂；患者发病时刻迅速，有风木易动之象；常年泄泻跌阳气弱，加之面为阴色，综上考虑，其为厥阴病的范畴。病发部位盘曲似长虫，取象于“蛔”，因而，对此杂病，予以厥阴病之主方乌梅丸化裁治疗。

例2：患者，女，45岁，2000年10月15日初诊。患者自述：头痛多年，尤以巅顶痛为甚，时作时止，渐有加重趋势，痛时剧烈难忍，有热气上冲感，伴乳房胀痛，月经紊乱，自觉上半身燥热，下半身寒冷，劳累生气时加重，舌质淡，尖红，苔白黄腻，脉虚弦。诊断：

厥阴头痛、围绝经期综合征。治以乌梅汤合二仙汤加减。处方：乌梅30g，党参15g，当归10g，黄连10g，黄柏10g，黑附片5g（先煎），细辛5g，巴戟天15g，仙灵脾10g，仙茅10g。5剂，水煎服。药后头痛立减，继服10剂头痛未再犯，热气上冲感消失，同时上热下寒症状渐减，乳房胀痛消失。后以自拟更年养脏汤善后30余剂，头痛未再发作，月经正常，乳房胀痛偶发。经过1年随访，未再复发。

按：患者为中年女性，患多年巅顶头痛，巅顶为厥阴肝经所过之处，因而可将病位定位于厥阴风木，患者头痛时发时止，并有热气上冲感，应象于“蛔”在体内，或动或静，动则病发，静则病止，动则“上入其膈”使人心烦，并有热气上冲感，热气上冲与“吐蛔”均为气机上逆之象，又考虑到患者年近绝经，阴阳俱亏。因而，据此给予乌梅丸化裁乌梅汤合二仙汤。

例3：患者，男，42岁，2000年4月10日初诊。患者自诉：患高血压8年，血压不稳定，常在180~140/120~90mmHg间波动，经中西医治疗多年疗效欠佳，自述家族有高血压病史，血压波动时情绪不稳定，脸色时红时黑时白，口渴时喜饮或热或凉而不喜温饮，睡眠不佳，多梦，大便时秘结时泄泻，小便时涩短时清长，舌质淡红，边尖较红，舌中后苔腻，脉时弦时涩。西医诊断：高血压病。中医诊断：厥阴病。治以乌梅丸化裁乌梅汤加减。处方：乌梅30g，沙参15g，当归10g，黄连10g，黄柏10g，黑附片10g（先煎），肉桂5g，炮姜10g，茯神10g，远志10g。5剂，水煎服。服用此方后，患者血压趋于稳定，自身症状亦有明显改善，后随症加减30剂后，患者血压稳定，余症状消失，随访1年，未见复发。

按：患者患高血压病多年，血压不稳定，脸色乍赤、乍黑、乍白，口渴时而喜热饮、时而喜冷饮，大便时而秘结、时而糖稀，小便时而涩短时而清长，病情多变之象与“风性善行而数变”的特性相符合，因而可以将病位定位于厥阴风木，故投以厥阴病之主方乌梅丸化裁乌梅汤。

四、小结

传统中医的思维模式是值得中医工作者深入思考和探讨的问题，它关系着中医的理论体系的挖掘和对古方的灵活应用。取类比象是中医人应具备的基本能力，如此则要求中医工作者具有对自然、社会的较为细致的观察和体悟。只有从象的高度上把握事物和问题的属性，才有可能接近事物的本质，也更有可能获得解决问题的方法。

参考文献

［1］李梦漪，张瑞贤．《本草纲目》象思维研究概况［J］．江西中医学院学报，2011，23（1）：9~11.

［2］吴润秋，杨绍华．《黄帝内经》象思维研究［J］．湖南中医杂志，2007，23（1）：57~58.

［3］陈亦人．伤寒论译释［M］．上海：上海科学技术出版社，1992：1045~1046.

［4］吕志杰．伤寒杂病论研究大成［M］．北京：中国医药科技出版社，2010：401~402.

［5］李玉宾．黄元御读伤寒［M］．北京：人民军医出版社，2010：214.

［《北京中医药》2012，31（1）：35］

从“卫出下焦”探讨《伤寒论》对附子的运用

徐姗姗　叶俏波　成都中医药大学

郑丰杰　北京中医药大学

一、卫气根于下焦

“卫出下焦”首见于《灵枢·营卫生会》，云：“营出于中焦，卫出于下焦”。《灵枢·邪客》云：“地有泉脉，人有卫气。”天为上，地为下，水自地出为泉，《黄帝内经》用取类比象的方法，用泉脉之出地下来比喻人之卫气源于下焦。

肾属下焦，为元阴元阳之根，卫气属阳，又称卫阳，阳生于精，精藏于肾，所以卫气的源泉在足少阴肾。卫气作为阳气的一部分，本源于先天，由肾中阳气经气化而产生，肾气是人体卫气之原发动力，卫气在肾气的推动下，正常运行而敷布周身。郑钦安云："先天之真阳，原寄于肾，肾与膀胱相表里，真阳之气机发动，必先于太阳经，而后行于诸经，昼夜循环，周而复始。"卫气生成后通过三焦和太阳经向体表输布，从而发挥温养肌表、调节汗孔开阖和防御外邪的作用。如《灵枢·本脏》言："卫气者，所以温分肉，充皮肤，肥腠理，司关（开）阖者也。"由此可知，卫气根于下焦，卫气的生成、循行、发挥功能皆不离肾。

二、肾气盛衰影响卫外功能

卫气有阳悍之性。《素问·痹论》言："卫者，水谷之悍气也，其气慓疾滑利，不能入于脉也，故循皮肤之中，分肉之间，熏于肓膜，散于胸腹。"因此，卫气能保护人体不受外来六淫之邪的入侵。而卫外失固之人，临床上常见于阳虚气弱者，多易感触风寒之邪，且客邪缠绵难解，或刚愈旋即复患。《素问·生气通天论》云："阳者，卫外而为固也。"说明人体肌腠全赖卫阳充布密固，由此发挥防御固摄之能。

《素问·上古天真论》指出，男女从少"天癸至""肾气实""肾气盛"始，到壮"肾气平均"，至老而"肾气衰"，随着肾气盛衰的体质变化，人体抵御外邪、护卫肌表的能力也相应地经历这样一个弱、强、盛、衰的变化。可见肾气的盛衰影响着人体防卫功能即抗病能力的强弱，说明肾气与卫气有着直接的关系。肾气盛，则卫气功能强，肾气衰，则卫气功能弱[1]。卫气的分布亦须肾阳之蒸腾鼓动，肾阳的盛衰，蒸腾鼓动能力的强弱，直接影响到卫气的运行。肾阳充盛，卫气则升而运行有序，能够发挥其正常功能。反之，如果肾阳虚衰，蒸腾鼓动无力，卫气不得上升，则卫外失固[2]。卫阳不固则肌表疏松，易感外邪，各种疾病由此而生。

三、太阳底面，即是少阴

《伤寒论》六经病中，处于六经病理层次最浅的太阳病和处在层次最深的少阴病，两者关系极为密切。吴佩衡云："太阳与少阴，如人之掌背与掌心，太阳之底即是少阴，常则相通相用，变则相恶相干。"因太阳与少阴既有经络的相互络属，又有脏腑的表里关系，表里互通。外邪致病，太阳首当其冲，太阳是外邪损伤阳气的起始点，而卫气根于下焦，肾阳不足则卫气御邪能力减弱，故少阴阳虚患者极易感受外邪。卫气虚弱，如治不及时，进一步发展则会导致肾阳虚衰，甚者出现"四肢厥冷，脉微欲绝"之亡阳病变。因此，太阳病若发生传变，极易传至少阴，出现表里相传的肾阳虚衰变证，此即"实则太阳，虚则少阴"。

所以对于太阳病的治疗，须时时慎防伤及少阴的阳气。诚如郑钦安在《医理真传·六经定法贯解》中所言："凡病邪出人，必由太阳。……太阳如天之日，……所以主皮肤，统营卫，为一身之纲领。然太阳底面，即是少阴肾经。若太阳病，过发汗则伤少阴肾经中之真阳，故有亡阳之虞。"太阳底面，即是少阴，少阴真阳，蒸化太阳经气，此为太阳少阴二者内在联系之核心。把握好太阳、少阴两关，可以说是张仲景的核心思想，惟有把好外感病的太阳关，方可固护少阴之真阳，正所谓"善治者，治皮毛"。

四、《伤寒论》基于"卫出下焦"理论对附子的运用

（一）太阳篇之卫气虚弱证

《伤寒论》详细论述了外邪侵袭机体后疾病的发生、发展及传变规律，其中不少病证的病机与卫气的病理状态密切相关。太阳病篇多处论及卫气虚弱证的证治，太阳病治疗大法为汗法，但如果治疗失当，或发汗过多，或误用下法，伤及人体卫气，则导致卫气虚弱证。张仲景对卫气虚弱证的治疗，皆使用温肾助阳之（炮）附子。

1. 桂枝加附子汤证　《伤寒论》原文第20条："太阳病，发汗，遂漏不止，其人恶风，小便难，四肢微急，难以屈伸者，桂枝加附子汤主之。"本条即后世所谓"扶阳解表"之法，阳虚汗漏而表不解，其证阴阳两虚而治疗重在扶阳，令阳生阴长，表固汗止，此为火神派"阳主阴从"思想之源。桂枝加附子汤以生姜、桂枝调和营卫，（炮）附子一枚复阳固表。条文述及的漏汗不止、恶寒或恶风等俱与卫气虚弱、卫外不固有关。黄元御谓："此汗泄而阳亡也，……宜桂枝加附子汤，以培阳根也。"郑钦安论："按发汗而至漏不止，其伤及肾阳也明甚。太阳底面，即是少阴，……此际理应以扶阳为是，原文取桂枝加附子汤，意在用附子，取内以固其根蒂，得桂枝，外以祛其未尽之邪"。

2. 桂枝去芍药加附子汤证　《伤寒论》原文第22条："若微寒者，桂枝去芍药加附子汤主之。""微寒"即"脉微而恶寒"，点明阳虚程度较重，治当辛温宣通，温经复阳。桂枝去芍药加附子汤即为生姜、桂枝、（炮）附子同用，生姜、桂枝宣通

卫阳，加（炮）附子一枚温肾助阳。柯琴《伤寒论注》云："桂枝汤阳中有阴，去芍药之酸寒，即扶阳之剂矣。若微恶寒，则阴气凝聚，恐姜桂之力不能散，必加附子之辛热。"郑钦安《伤寒恒论》谓"方中桂枝、甘草温通心胸之阳，生姜宣通卫阳，甘草、大枣补中益气而滋荣阴，四味皆属辛甘温之品，组成专事辛甘化阳之方。去芍药者，为其阴药，恐益阴而减辛甘化阳之力也。……加附子温肾阳，合之成温补心肾之剂，正可治阳虚较重"。

3. 芍药甘草附子汤证　《伤寒论》原文第68条："发汗，病不解，反恶寒者，虚故也，芍药甘草附子汤主之"。本条论汗后阴阳两虚之证治，恶寒为阳虚失温之明证，故方中用（炮）附子一枚，补火助阳，得甘草辛甘化阳，合芍药复阳益阴。《伤寒论集注》云："夫发汗所以解病，今病不解；发汗所以散寒，今反恶寒者，里气本虚而太阳之表阳复虚故也。芍药甘草附子汤主之，芍药、甘草资中焦之血气，熟附补内外之阳虚。"成无己注："芍药之酸，收敛津液而益荣；附子之辛温，固阳气而补卫。"郑钦安论："按发汗病不解，与发汗后恶寒者，皆里阳不足，因汗而阳更伤也，故见畏寒。原文以芍药附子甘草汤，使其收纳元气归根，而恶寒自已"。

4. 附子泻心汤证　《伤寒论》原文第155条："心下痞，而复恶寒汗出者，附子泻心汤主之"。本条论热痞兼阳虚之证治，阳虚卫外不固故恶寒汗出，以三黄泻热消痞，用（炮）附子一枚，扶阳固表。《医宗金鉴》谓："心下痞而复恶寒汗出者，非表不解，乃表阳虚也。故以大黄、黄连、黄芩泻痞之热，附子温表之阳，合外寒内热而兼治之。其妙尤在以麻沸汤渍三黄，须臾绞去滓，内附子别煮汁。义在泻痞之意轻，扶阳之意重也。"钱潢《伤寒溯源集》谓："伤寒郁热之邪，误入而为痞，原非大实，而复见恶寒汗出者，知其命门真阳已虚，以至卫气不密，故玄府不得紧闭而汗出，阳虚不任外气而恶寒也。人但知卫气行于皮肤，而不知乃下焦之真阳蒸谷气而达皮肤，乃为卫气。……以热邪痞于心下，则仍以大黄黄连泻之，加附子以扶真阳，助其蒸腾之卫气，则外卫固密矣"。

（二）少阴篇之阳虚外感证（太少两感证）

太阳与少阴相表里，太阳卫外之阳根源于少阴肾中真阳。肾阳素虚之人感受外邪，往往在出现太阳表证的同时，兼见少阴虚寒之证。其基本病机为阳虚感受寒邪，既有少阴阳虚证，又有太阳表证，属表里同病，习惯上称为"两感"。

《伤寒论》原文第301条："少阴病，始得之，反发热，脉沉者，麻黄细辛附子汤主之"。《伤寒论》原文第302条："少阴病，得之二三日，麻黄附子甘草汤微发汗。以二三日无里证，故微发汗也。"

与前述四证不同，以上二方虽然也用（炮）附子一枚，但皆与麻黄二两配伍，喻嘉言谓："脉沉为在里，证见少阴，不当复有外热，若发热者，乃是少阴之表邪，即当行表散之法者也。但三阴之表法与三阳迥异，三阴必以温经之药为表，而少阴尤为紧关，故麻黄与附子合用，俾外邪出而真阳不出，才是少阴表法之正也。"说明麻黄与附子相配，能够温经解表，扶正祛邪。邪入少阴本不易发热，本证始得之而反发热，是寒入少阴之经而兼太阳之表，虽见少阴里寒之脉象，而尚未至下利清谷，四肢厥冷，且寒邪闭束，表里同病故反发热而脉沉，治疗若单纯温少阴里寒，则太阳表寒无以解而热不退，若以麻桂发汗解太阳之表，又恐汗出伤阳而引邪内陷。故予麻黄细辛附子汤，麻黄开腠理而解太阳之表寒，附子温肾阳以驱少阴之里寒，细辛通达表里，既走太阳，又入少阴　外助麻黄解表，内协附子温阳，令太阳少阴两经之寒邪从汗而解。

若汗出较多，表阳虚证明显，也可选用桂枝加附子汤治疗太少两感证。凡桂枝汤证而见卫阳不足或肾阳虚者，皆可配伍附子。现代中医临床工作者对此也颇有体会，如赵昆霞[3]对卫气虚弱外感久治不愈者，按"卫出下焦"的理论，用麻黄附子细辛汤或再造散，治疗肾阳虚之外感，取得满意疗效。在用药上，皆师张仲景之法，随证加用附子以温少阴，肾阳一振，寒邪即解。荣加和[4]以"卫出下焦"理论为指导，采用益气固表、温补肾气的方法治疗反复呼吸道感染，疗效较好，达到治病求本之目的。

可见张仲景治疗以上卫气虚弱证或阳虚外感证，均不离温肾助阳之（炮）附子，且用量均为一枚，历代注家的论述虽各有特色，但在重视阳气这一点上是高度一致的，此张仲景之妙用附子法。郑钦安谓："熟附子大辛大热，足壮先天元阳"，正是"卫出下焦"理论将附子之温肾阳与卫气虚弱证联系起来。因卫气之虚，实由肾中火弱，温阳益肾，以实卫气，乃为正治。卫气为肾阳所化，属于阳气的一部分，通过温助肾阳，使肾阳充盛，虚弱之卫阳得以恢复，卫固则邪自去。张仲景据此创立温肾助卫、扶阳固表之治法，将附子置于相应方药中温肾扶阳，充卫阳而固肌表。

《素问·生气通天论》云：“阳气者，若天与日，失其所则折寿而不彰。”张仲景遵经，重视温阳，治病立法，首重扶阳，善用附子是其所长，其对附子的运用，组方严谨，用药精练，在权衡病势和审度病情的轻重缓急，以及功效、用量、配伍、炮制上，为后世树立了典范，因此，被誉为善用附子第一人。《伤寒论》处处贯穿扶阳的指导思想，后世扶阳派医家大都精研伤寒学术，继承发扬了张仲景的扶阳思想与用药风范，造就了扶阳派广用、重用、善用附子的鲜明特色。

参考文献

[1] 杨殿兴．试论卫气源于下焦［J］．四川中医，1989，7（3）：2～4.

[2] 薛武更．谈卫气与五脏的关系［J］．辽宁中医药大学学报，2006，8（4）：13～14.

[3] 赵昆霞．论“卫出下焦”［J］．云南中医学院学报，2005，28（2）：24～25.

[4] 荣加和．用“卫出于下焦”理论防治反复呼吸道感染40例［J］．四川中医，2008，26（10）：90.

［《中医杂志》2012，53（10）：817］

“肝胆郁热，脾胃虚寒”病机理论发微

徐经世　安徽中医学院第一附属医院
郑勇飞　浙江中医药大学硕士研究生
李　艳　安徽中医学院硕士研究生

关于“肝胆郁热，脾胃虚寒”病机理论，虽然我们可以从前贤所立诸方中找到相关的内容，如仲景半夏泻心汤、黄芩黄连干姜人参汤、黄连汤，以及后世黄连温胆汤，都是寒热并用、肝脾同治之例，但明确提出“肝胆郁热，脾胃虚寒”病机并且加以系统论述者甚少。近年来，笔者通过对中医学肝胆脾胃相关病症以及诸多慢性疑难杂病发病机因的探求，发现很多疾病在其发生、发展的过程中，表现出兼具“肝胆郁热，脾胃虚寒”之寒热交错并存的病理状况，期间或肝胆郁热较甚，或脾胃虚寒为重。有鉴于此，今就“肝胆郁热，脾胃虚寒”病机理论做系统的整理和研究，使期能够更好地指导中医临床实践。我们将通过以下几点内容对此病机理论进行具体的阐述。

一、肝胆脾胃四者之间的内在联系

（一）肝胆脾胃四者的生理功能及特性

肝以血为体，以气为用，有“体阴而用阳”之特点，“体”者为根本“用”者为功能，肝体为肝用之物质基础，而肝用是肝体的功能体现，肝体喜润喜柔以阴为主，肝用则细疏细达以阳为用，此阴阳互用，动静相依，是肝脏生理特性中最为独特之处。肝的生理功能有二，一主疏泄，二主藏血。肝主疏泄是指肝脏具有疏通畅达气机、促进全身气机升降出入运动的功能，而肝主疏泄又并非仅限于气机调畅而言，还可涉及血液的运行、物质代谢、精神活动、月经动态等一系列的生理机能。肝藏血则指肝具有贮藏血液和调节血流量的功能《素问·五脏生成篇》云：“故人卧血归于肝。”脏者属阴，腑者属阳，肝为厥阴之脏，胆为少阳之腑，肝胆互为表里，联系甚密。胆为奇恒之腑，内藏胆汁，而胆汁来源于肝《脉经》谓：“肝之余气泄于胆，聚而成精”，故胆藏泄胆汁的功能受肝的疏泄功能的影响。而胆主决断，《素问·灵兰秘典论》云：“胆者，中正之官，决断出焉。”肝主谋虑，却需胆之决断。此外，从胆的生理特性来看，胆附于肝，秉性刚直，主决断，胆气宜升，而胆为腑，胆汁宜泄，故胆具升降之特性。

脾胃亦互为表里，从二者生理功能及特性来看，脾胃各有所能，各有所主。脾为“仓禀之官”，主司运化；胃为“水谷之海”，主司受纳。脾主升清，胃主通降；脾喜燥而恶湿，胃喜润而恶燥，脾胃之间纳运相关，升降相合，燥湿相济，为五脏六腑之枢纽，合称为“后天之本”。胃主受纳，有受纳水谷、腐熟水谷的作用。脾主运化，其气主升，能使胃中水谷精液输布于周身，以营养机体脏腑组织，所谓“饮食入于胃，游溢精气，上输于脾。”脾主运化还包括运化水湿，其运化水湿的功能在人体水液代谢中又起到极为关键的作用。若脾失健运，水液的输布代谢障碍，可出现各种水湿潴留的症状。再者脾亦有生化、统摄血液的功能，但仍不出其运化之能，升清之用。

（二）肝胆脾胃四者之间的病理制化

肝胆脾胃四者之间，生理相用，病理相因，而非各自为用，各自为病，独立存在。肝主疏泄，脾主运化，胃主受纳，脾胃的纳运功能有赖于肝气疏泄作用的协调，如唐容川云：“木之性主于疏泄，食气入于胃，全赖肝木之气以疏泄之，而水谷乃化。”若肝气郁结，失其疏泄，必病及脾胃，影响脾胃纳运而出现各种肝脾不调、肝胃不和之症。反之，肝木又有赖于脾土的滋培。脾胃为后天之本，一有损伤，不能生气化血，气血不足，阴阳失衡，五脏六腑皆受影响，肝脏亦不例外。故赵羽皇指

出："盖肝胃木气，全赖土以滋培，水以灌溉，若中土虚则木不升而郁"，出现土不荣木、土衰木横之象。

此外，胆腑藏泄胆汁的功能与脾胃升降关系密切，胆气的升发疏泄，有利于脾胃升清降浊，而脾胃升降纳运有常，胆气才能升清，胆腑才能藏泄有度，排泄胆汁，所谓"土气冲和，则肝随脾升，胆随胃降"。若胆胃升降失于协调，则可出现胆胃同病的病理变化。肝胆脾胃四者之间不仅在生理上联系密切，而且病理制化亦互为相关，故临床上出现肝胆脾胃四者同病的状况甚为常见。

二、"肝胆郁热，脾胃虚寒"病机的形成及影响因素

在"肝胆郁热，脾胃虚寒"的病理状态中，二者并不是单独存在，互不相干的，而是相互影响，相互制化所形成的复合的病理因素。但寒热犹如冰炭，二者又如何会同时兼存，而非寒随热化、热随寒化？从以上肝胆脾胃之间的生理特性及病理制化来看，肝为刚脏，喜条达而恶郁滞，且体阴而用阳，临床多郁而易热。脾为阴土，喜燥而恶湿，其病多湿而易寒。而胆胃与肝脾互为表里，其病理变化亦多如此。期间或因胃为阳明燥土而出现腑实不通的情况，但多为外感热病使然。而对于诸多内伤杂病而言，肝胆脾胃四者之间的病理则多从"肝胆郁热，脾胃虚寒"的性质转变，出现寒热交集，寒热各居其位、相互格拒的状态。今从临床实际来看，形成"肝胆郁热，脾胃虚寒"病机不但有责于肝胆气机郁结，亦可由中焦脾胃受损而致。

（一）肝胆郁结

在诸多内伤杂病中，气机郁滞首当其因。朱丹溪谓："气血冲和，万病不生，一有怫郁，诸病生焉，故人身诸病多生于郁。"而"郁"者，又先责于肝胆。肝主疏泄，喜条达而恶抑郁。且肝主谋虑，胆主决断，人的精神情感、思维决策多受其左右，故肝胆之气多郁滞。肝为将军之官，体阴而用阳，其性急而动，若郁滞日久必从火化，耗血劫阴，而见口中干苦、心烦易怒、失眠多梦、头痛眩晕等郁火内炽、肝阳上亢之候。而肝胆郁滞，失于疏泄，必影响脾胃的纳运功能，脾胃纳运失健，升降失宜，寒湿内生，阻遏气机而胀、满、呕、痛、泄诸症丛生，最终出现肝胆郁热、脾胃虚寒，寒热交杂并存之势，正如叶氏所言"肝为起病之源，脾胃为传病之所"。

（二）脾胃损伤

东垣有云："内伤脾胃，百病由生，百病皆由脾胃衰而生也"。脾胃乃后天之本，气血生化之源，五脏六腑之枢纽。若脾胃受损，寒湿内生，纳运失常，气血化生不足，肝体失其柔养，肝木条达之性有失，则郁而为病。再者，脾胃受伤，升降失权，清阳无以升，浊阴无以降，从而影响肝胆的升发疏泄，肝随脾升、胆随胃降的生理无以运转，则出现肝胆郁滞，气郁化火，而形成"肝胆郁热，脾胃虚寒"的病理机制。

（三）影响因素

1. 疾病谱的改变随着时代的变迁，生活习惯、生活环境及自然气候的改变，人类的疾病亦发生了很大的变化，许多疾病如糖尿病、冠心病、肥胖、肿瘤等诸多现代疾病，虽在古代亦有见之，但远非如今之普遍。沿流溯源中医学发展的历史，上从张仲景《伤寒论》以辛温回阳为主导，下则李东垣的"脾胃论"，朱丹溪的"阴常不足，阳常有余"，张景岳、薛立斋之"温补脾肾"，以及叶、薛、吴、王的"温热理论"，皆是根据当时具体的人文、地理、社会、生活环境的改变而相继出现的不同的医学流派理论和观点。而从当今社会来看，人们生活的环境、生活方式、精神状态都发生了较大的变化，诸多新的病种开始出现，疾病的致病机因亦出现新的变化，其中"肝胆郁热，脾胃虚寒"病机则成为引起临床诸多疾病最为主要的致病机因，故笔者对"肝胆郁热，脾胃虚寒"病机作以系统的整理和研究，正是为了适应这一新变化而进行的。

2. 饮食、情志的影响饮食、情志对于疾病的发生、发展具有较大的影响，不论是外感还是内伤，都与人的饮食、情志有着密切的关联。正如《素问·热论》说："病热少食，食肉则复，多食则遗，此其禁也"《伤寒论》曰："病患脉已解，而日暮微烦，以病渐差，人强与食，脾胃气尚若，不能消谷，故令微烦，损谷则愈"，皆揭示了饮食对于疾病转归预后的影响。而《素问·痹论》"饮食自倍，肠胃乃伤"及《脾胃论》"饮食五味，常则养人，异则为邪"之说，则说明疾病的发生与饮食相关。当今社会，随着人们生活水平的提高，人无节制，纵饮多食，且无规律，而瓜果冷食、肥甘辛辣更以为常，终使脾胃受损而化湿、生寒。此外，情志对于疾病的影响较之饮食则更为显著。古人早有"百病皆生于气""喜怒不节则伤脏"的记述。在临床上因情志改变而引起的病症举不胜举，而当前人们生活、工作的节奏不断加快，个人的精神压力亦逐渐增加，渴求欲壑而不遂者甚多，因病而郁，因郁而病，病患多郁，久则五志过极而皆化为火。故饮

食、情志对“肝胆郁热，脾胃虚寒”病机的形成有着最为直接的影响。

3. 个人体质的差异体质即“禀质”“禀赋”，是表明人体生命特征的差异性的一个概念，个人体质在中医学理论中占有重要的地位，个人体质的情况对于疾病的发生、发展以及转归都起有重要的作用。张景岳指出：“当识因人因证治辨，盖人者本也，证者标也，证随人见，成败所由，故当以因人为先，因证次之。”影响个人体质形成的因素有先天、性别、年龄、生活环境、地域差别等多个方面，其中先天、性别及年龄对个人体质差异的影响较大。而从体质的内涵来看，体质并非单指人的身体素质，亦包括人的心理素质，有时人的心理素质在疾病发生、发展的过程中作用更为明显。今从临床实际来看“肝胆郁热，脾胃虚寒”病机在某一类人群中更为易见，如妇女、老人、小孩，这一类人多性情好强或抑郁寡欢，其对事物的感知能力、思维方式较为敏感。所以，凡具有这种体质的人群，在疾病发生、发展过程中每有肝气郁结的病理表现，而随着疾病发展到一定阶段，又将影响脾胃的纳运功能，最终形成“肝胆郁热，脾胃虚寒”的病理状态。

三、病理演化

随着“肝胆郁热，脾胃虚寒”病机的发展，亦可产生相应的病理产物，且多相因为病，导致疾病的进一步发展而影响疾病的转归。

（一）生痰

痰之所生有二，一由外感，二因内伤。外感责之于肺，内伤则究之于肝脾。肝主疏泄，气机调畅，脏腑功能正常，则水道通利，津液得行而无生痰之理。若肝郁气滞，津液运行不畅，遂聚而生痰。亦有郁久化火，炼液为痰，叶天士《临证指南医案》云：“其余诸痰，皆由湿而生，虽有风、火、燥痰之分，亦皆因气化，非风、火、燥自能生痰也。”诚属经验之谈。而脾主运化，除运化水谷精微之外，亦能运化水湿，对维持水液的正常代谢起到关键的作用。若多食甘腻肥腥茶酒，或肝气郁结不舒，每使脾胃阳气受遏，不得转枢而致中州湿滞，痰疾萌生，故前贤有“脾为生痰之源”之说。而痰之为物，随气升降，无处不到。肝胆郁热，夹痰上扰则为头痛、眩晕；痰蒙心窍则神昏、癫狂、厥脱；痰火阻塞于咽部则状如梅核；痰火扰心则心悸、怔忡、不寐。古人所谓“百病皆因痰作祟”，即是言此。

（二）化瘀

导致人体出现瘀结的病因众多，气滞、气虚、寒凝、热灼、外伤、痰阻等皆可为患。今就“肝胆郁热，脾胃虚寒”病机而言，气滞、气虚、痰阻则是成为化生血瘀的关键。气为血帅，气行则血行，若肝胆郁滞，气行不畅则血瘀；郁久化热，郁热灼伤营阴，血涩不畅，滞而为瘀，故叶天士云：“气滞久则必化热，热郁则津液耗而不流，升降之机失度，初伤气分，久延血分。”而脾胃为气血生化之源，脾胃受损，运化失司，气血化生不足，气弱则无力推动血液的运行，血脉涩滞，瘀血内阻。又营阴亏虚，血枯不荣，脉道泗涩而日久成瘀。此外，痰浊阻于脉络，脉络不通则血滞为瘀。

（三）痰瘀互结

痰浊、瘀血相继而生，痰瘀之间相因为病，并搏结为患，且随肝胆郁火升窜而出现诸多病证。痰瘀搏结于胁下则成瘀积；痰瘀留于膈间，管腔受阻狭窄而成噎膈；痰瘀蒙闭脑窍而致癫狂、痴呆、痫病、厥证；郁火挟痰瘀上窜脑窍脉络则见中风偏瘫，肢体麻木；痰瘀阻于四肢关节，深入骨骱而成顽痹；痰瘀留于肌肤则皮痹；阻于胞络而成癥。其他如肿瘤、痰核、瘿瘤、瘰疬、乳癖等皆是痰瘀互结所致，而“肝胆郁热，脾胃虚寒”病机则是引起痰阻、瘀滞的症结所在。

四、临床症状及常见病证

“肝胆郁热，脾胃虚寒”病机所表现的症候较为繁杂，但从临床所见，主要表现为胃脘胀满冷痛，饮食不振，多食，饮冷即胀，嗳气吞酸，口中干苦，但喜热饮，或口舌生疮，口中秽臭，或胁满刺痛，或烦躁易怒，不寐多梦，或面部烘热，易发痘疹，或头晕口痛，或咽部不利，似有痰阻，或月经紊乱，经前腹痛腹泻，乳房胀痛，或手足不温，或大便稀溏、干稀不一，小便偏黄，舌偏红、苔薄黄微腻，脉细弦或数等。临床但见一二症便是，不必须悉具。

其常见病证则包括：胃脘痛、呕吐、痞满、胁痛、泄泻、吞酸、呃逆、黄疸、积聚、鼓胀、眩晕、头痛、厥证、不寐、郁证、梅核气、惊悸、瘿瘤、乳癖、乳核、痤疮、风疹、湿疹、女子不孕、小儿疮积等，故临床涉及“肝胆郁热，脾胃虚寒”病机的病证极为广泛。

五、诊疗原则及古方新用

（一）诊疗原则

针对临床诸多疾病所表现的"肝胆郁热，脾胃虚寒"之寒热交错并存的病理特点，若单以苦寒之药清解郁热，则恐伤脾胃阳气，有碍纳运；而独以辛温之品健脾暖胃则又惧助热伤阴，以生他患，临床用药较为棘手。唯有寒热并用，方为得法，故古人辛开苦降之法是治疗"肝胆郁热，脾胃虚寒"病机的基本法则。叶天士指出："辛可通阳，苦能清降"。其中"通阳"即温通胃中阳气，宣化寒湿；"清降"即清泻肝胆郁热，降逆和胃。但就"肝胆郁热，脾胃虚寒"病机而言，此法却另有新急"辛"者，有辛温、辛香之别，辛温可健脾暖胃，燥湿散寒；辛香则可疏肝理气，行气解郁。而"苦"者，有酸苦、苦寒之分，苦寒既可清泻肝胆郁热，亦可通降胃腑；酸苦则能直折肝胆郁火且养肝阴。从具体的临床实践来看，用辛开苦降之法治疗具有"肝胆郁热，脾胃虚寒"病的诸多疑难杂病，其疗效多较为显著。

（二）古方新用

在中医学古籍文献中，具有辛开苦降用药特点的方剂为数众多，而仲景半夏泻心汤则群冠诸方，历来为医家所推。本方原为仲景治疗"伤寒下之早，胸满而心下痞者"而设，后世许多伤寒注家解释其所治痞证，乃脾胃虚弱、寒热互结之痞。但寒热似如水火，不可能同结于一处，或同时存在于某一脏腑，而"肝胆郁热，脾胃虚寒"之寒热交错同时并存的情况，却符合临床实际。从肝胆脾胃之间的病理制化来看，"肝胆郁热，脾胃虚寒"的病理状况可使四者之间的气机升降失常，该升不升，该降不降，以致气机壅滞，浊邪内生而出现心下痞结的症状。故柯韵伯认为："半夏泻心汤名为泻心，实则泻胆也。"此说虽不尽其然，却已窥得其中寓意。但"古方不能尽后世之病，后人不得尽泥古人之法"，故后世医家亦根据当时具体情况，创立了许多辛开苦降、寒热并用，独具疗效的方剂，如李东垣枳实消痞丸，朱丹溪越鞠丸、左金丸、小温中丸，以及陆延珍的黄连温胆汤，皆具辛开苦降之法，是临床治疗"肝胆郁热，脾胃虚寒"行之有效的方剂。

笔者基于当今国人体质状况、发病因素以及症候表现，吸取古人制方特点并结合个人临床体会，拟定治疗"肝胆郁热，脾胃虚寒"病机的基本方药：竹茹、陈皮、霍香梗各10g，炒白术、枳壳、石斛各15g，清半夏12g，绿梅花、白芍各20g，炒黄连4g，煨姜5g，谷芽25g。基本方义：此方取半夏泻心汤、黄连温胆汤之意，以枳壳、陈皮、半夏、煨姜、霍香辛温燥湿、健脾暖胃。其中霍香芳香辟秽，临床与石斛、黄连等清热养阴之药相伍，可除口中秽臭；而煨姜温而不燥，既不若生姜辛温宣散，又不如干姜温热伤阴。于脾胃虚寒、肝胆郁热者用之最宜；炒白术、谷芽以健运脾胃；石斛养阴生津而无寒中碍胃之弊；黄连、白芍合用，酸苦涌泄，直折肝胆郁火；竹茹清泻肝胆，降逆和胃，脾胃寒甚者可以姜制；绿梅花芳香悦脾，疏肝解郁，较之柴胡有升无降则更切合病机。全方用药体现了温燥有度、苦寒适宜、寒不犯中、温不助热的用药特点。

（三）随证化裁

就"肝胆郁热，脾胃虚寒"病机而言，其临床表现多端，且同时可伴有其他诸多变证，故临症时须识同辨异，用药应"活泼泼的，如盘走珠"。

1. 辨兼证化裁肝气犯胃、胃脘疼痛者，加檀香、丹参、蒲公英；嗳气吞酸、呃逆呕吐者，加代赭石、红豆蔻；肝火内炽、心烦易怒、不寐多梦者，加酸枣仁、合欢皮、琥珀、淮小麦、甘草；肝气不舒、胁满刺痛者，加金铃子散；肝胆郁滞、升降失常、胃腑不通、大便不畅者，加杏桃仁、瓜蒌仁；肝胆郁滞、脉络不通、手足不温者，加桂枝、白芍；肝强脾弱、大便痛泄者加防风、薏苡仁、扁豆花；胆热脾湿相互胶着而见全身黄疸者，加茵陈、车前草、赤茯苓、赤小豆；郁火上扰、头晕口痛者，加天麻、炒菊花、珍珠母；咽部不利、似有痰阻者，加甘青果、木蝴蝶等等。

2. 辨变证化裁临床上"肝胆郁热，脾胃虚寒"病机常致痰阻、癖滞而引起其他诸多变证，故亦当详辨用药。如痰甚者加胆南星、贝母、白芥子、竹沥、天竺黄、僵蚕、白蒺黎等，癖甚者加红花、赤芍、丹参、川芎、王不留行、益母草、三棱、莪术、土鳖虫、地龙、穿山甲等。以上诸化痰、活血之药，可视脏腑病位、寒热、虚实而选用，但最终不能离开了"肝胆郁热、脾胃虚寒"这个总的病机。此外，肝胆郁热、耗伤肝阴者，加熟女贞、甘枸杞、北沙参等。

3. 辨寒热轻重化裁"肝胆郁热，脾胃虚寒"病机所表现的临床症候寒热轻重不一，其用药亦需细辨。如肝胆郁热较重者，应以苦降为主，温通为辅，可去煨姜，加黄芩、焦山栀、龙胆草等；若脾胃虚寒较著者，则以温通为主，苦降为辅，方中去石解，加吴茱英、砂仁，甚则熟附亦可入用。

4. 辨因果关系化裁导致“肝胆郁热，脾胃虚寒”病机形成的因果关系不同，其用药亦各有侧重。如由肝胆郁滞，木乘土位，而使脾胃纳运失健，虚寒内生者，应着重治疗肝胆，木平则土自健，柴胡、郁金、香附、沉香、合欢皮、玫瑰花等皆可选用，此类药同具舒肝悦脾之功，于病情最符；若脾胃受损，纳运失健而致土壅木郁者，又需以扶土为主，参、芪、枣、草、茯苓、山药、焦三仙（炒麦芽、炒山楂、炒神曲）皆可选入，所谓土旺则木荣。

六、“肝胆郁热，脾胃虚寒”病机理论的临床意义

对于“肝胆郁热，脾胃虚寒”病机，前贤仅根据相关方剂提出“寒热互结，上热下寒”等较为笼统的概念，并没有明确其所涉及的脏腑、形成的机制、影响因素以及由此引起的其他变证，今从临床实际出发，根据临床诸多病证所表现的具体症候，脏腑之问的生理病理以及临床用药特点，对“肝胆郁热、脾胃虚寒”病机进行详细、系统的阐述。近年来“肝胆郁热，脾胃虚寒”病机已逐渐成为临床诸多病证最为主要的致病机因之一，特别是在许多慢性内伤杂病中，其临床表现多有寒有热，夹虚夹实，而辨证则如千丝万缕，毫无头绪，但以“肝胆郁热，脾胃虚寒”病机理论来指导临床用药，却多能取效，这对于解决中医诸多疑难杂病开辟了新的思路“肝胆郁热，脾胃虚寒”病机理论的提出，不仅丰富了中医学理论，而且对于指导中医临床实践，提高中医临床疗效，具有重要的实际意义。

［《中医药临床杂志》2012，24（9）：820］

TBL 在《伤寒论》本科教育中的优势

何新慧　周毅萍　孔祥亮
上海中医药大学基础医学院

以团队为基础的学习（team - based learning，TBL）是 2002 年由美国俄克拉荷马州大学 Michaelsen 教授等提出的一种有助于促进学习者团队协作精神的新型教学模式。通过构建学习团队，充分挖掘每名学生的潜力，使学生在认知、心理、情感上都与学习联系起来，有利于提高学习效率[1~2]。TBL 教学法已经应用于国外一些著名医学院校的主要课程和医学专业教育中，但在国内医学院校中的应用与推广尚处于起步阶段[3]。《伤寒论》是一门理论与临床紧密结合的课程，对学生辨证论治思维能力的培养是《伤寒论》教学的目标和中心任务。要实现这一目标，仅仅依靠课堂上老师解释原文 - 学生听 - 课后背的模式是不够的。因此，临床案例的学习和分析是重要的教学环节。然而，如何在有限的时间内取得良好的教学效果，同时又不增加学生的学习负担？我们首次在《伤寒论》本科生教学中开展了 TBL 教学，进行了一次有益尝试。

一、教案适度引导，学习有的放矢

《伤寒论》TBL 教学是以临床案例讨论为中心内容。由于本科生《伤寒论》专业理论和实践均较缺乏，对课本内容虽看得懂，但认识肤浅，实际应用能力较差，故初次接触案例，有无所适从的感觉。因此，教师围绕教学大纲要求，给予学生适当的引导尤为重要。这也是用较少的时间，实现和完成教学目标和任务的关键举措。在每次组织 TBL 教学前 1 ~ 2 周，需将学习要求、案例及思考题交给学生。学习要求中包括学习内容，主要是教材内容，即涉及到的未讲解过的原文以及已讲过的相关原文，要掌握的内容以及学习中的注意点。每个学生独立思考，解决问题和提出疑问，并写出第一次书面报告。在这个过程中，不考核学生答案的正确与否，而是要求学生记录思考分析过程，大胆提出问题。由于自学内容范围清楚，要求明确，并带着问题去分析医案，不理解处就提出问题，留待团队讨论。因此，学生学习目标明确，易抓住学习重点和难点，而且占用课外的时间也不多，学生的学习积极性、自信心和学习兴趣容易激发和保持。

二、自学与交流互补，学习事半功倍

在自学的基础上开展团队学习交流讨论，TBL 教学提供机会让学生充分发表意见。如自己的观点，存在的疑问，其他相关的思考等，均可在团队讨论中提出，求得共识。一个班级为一个团队，如人数较多，可分组，一般以 6 ~ 8 人为佳，既可让每个学生有发言机会，又可互相取长补短。讨论时间以 1 ~ 2 个学时为宜，既可达到共同目标的解决，又在这一过程中得到新的提高和启示。每个学生在第一次书面报告上补入讨论收获和体会，并可提出新的问题，形成第二次书面报告。小组讨论的结果和疑点，经组长整理后再作大组交流，别组学生可提问或解答，由此引起第二次团队的学习讨论，学生的知识广度和深度可获得较好的提升。

三、师生互动，教学相长

经过两个层面的团队讨论后，学生对相当部分的内容能达到共识，但会存在一些没法解决的问题和一时不能达到共识的问题，学生希望得到教师的帮助。而教师在学生讨论过程中也了解了学生的情况和存在的问题，并能从学生的思路中受到启示，这时教师将对各小组汇报作点评，同时谈谈自己的看法。尤其是《伤寒论》原文论述结合临床的切身体会，学生会十分感兴趣，对知识的掌握和问题的进一步思考均十分有益。对学生提出的某些疑问，如一时不能达到共识，可在课后进一步探讨后再次交流。这些过程对学生和教师均受益匪浅。

四、占用课时少，掌控灵活

我校《伤寒论》课程的教学课时为 56 学时，一般安排 TBL 教学 3 次左右，每次占用课时 2 学时，但对教学进度影响不大，这 2 学时如不进行 TBL 教学，也需课堂讲解这些原文内容。因此，只要组织好，时间掌控好，安排的次数可以增加。

我们经过 2010 年度和 2011 年度两个班次的本科生教学实践，显示 TBL 教学法受到学生的欢迎。75% 的同学认为此种方法对学习《伤寒论》，掌握辨证论治精神和思维方法有帮助或非常有帮助；87.8% 的同学认为 TBL 与传统授课相结合的教学方式较好。亦有希望次数多些，可得到更多的训练。

2004 年以来，我们也在部分本科生中进行了 PBL（problem－based learning）教学[4]，得到了学生的认可。对比 TBL 教学，学生普遍认为进行 PBL 教学，需要花费很多的课外时间。因此，从教学节奏来讲，占用课时少的 TBL，对于总体课时的安排更容易掌控。

至于 TBL 教学的评价方法，我们认为其理念是团队学习，重在讨论过程，而不特别关注具体结论的正确与否。所以，我们主要从以下几个方面进行评价：出席占 50%；第一次书面报告占 20%；第二次书面报告占 20%；小组汇报占 10%。数次 TBL 的成绩累加，形成平时成绩，计入总分。

总之，TBL 教学方法对提高学生辩证思维能力、分析能力有帮助；能提高学习兴趣，激发学习欲望；能增强同学、师生间的交流；能促进自主学习和团队合作精神，共同提高，共同进步的作用。利用团队的力量，群策群力，互补有无，无疑是较好的方法，TBL 教学就具有这样的优势，较适合本科阶段学生的教学。当然，目前的 TBL 教学还刚起步，有待进一步推广，教学效果还需要学生经过实践阶段的进一步检验。今后还要在教学细节、评价方法、评价手段方面进一步完善，使 TBL 教学成为提高学生学习效果的不可或缺的教学方法。

参考文献

[1] Michaelsen LK，Parmelee DX，McMahon KK，etal. Team－basedlearning for health professions education：A Guide to Using Small Groups for Improving Learning［M］. Sterling（VA）：StylusPublishing，2008，9～31.

[2] Hunt DP，Haidet P，Coverdale JH，etal. The effect of using teamlearning in an evidence－based medicine course for medical students［J］. Teach Learn Med，2003，15（2）：131～139.

[3] 彭彬，郭洋. TBL 教学模式在组织学教学中的应用初探［J］. 四川解剖学杂志，2011，19（4）：76～77.

[4] 何新慧. 本科生《伤寒论》PBL 教学法的开展与体会［J］. 上海中医药大学学报，2007，21（4）：9～10.

［《上海中医药大学学报》2012，26（6）：12］

白虎汤临证应用综述

张学林
河北省石家庄长城中西医结合医院
王素平　河北省石家庄市高新区
长江社区卫生服务中心

白虎汤出自汉代张仲景的《伤寒论》，用于治疗阳明表里俱热，热邪郁遏于里或三阳合病，邪热偏重于阳明的证治。经后世逐渐发展和完善，广泛应用于外感温病及内伤杂病的治疗。

一、白虎汤命名的来源

关于白虎汤的命名说法很多，一般认为白虎为二十八宿星中奎、娄、胃、昴、毕、觜、参七宿，以此七宿合看其形象像虎而得名。春分之日黄昏，此七宿位于正西，而西方在季节应属于秋，其色曰白，故名曰白虎。白虎乃四象之一，西方之金神，象秋气之凉降肃杀以退烦暑。

二、白虎汤的药物组成、用法及功效

白虎汤方：知母六两，石膏一斤（碎），甘草二两（炙），粳米六合，上四味，以水一斗，煮米熟，汤成，去滓。温服一升，每日 3 服。

白虎汤的功效与主治：清热生津，用于阳明气分热盛。壮热面赤，烦渴引饮，汗出恶热，脉洪大有力，或滑数。本方石膏为君，取其辛甘大寒，以清阳明气分之热。以知母苦寒质润为臣，一助石膏清肺胃之热，一借苦寒润燥以滋阴。用甘草、粳米，既能益胃护津，又可防止大寒伤中之偏。白虎为西方金神，乃以秋金肃杀之气而退炎热烦暑之意。

三、白虎汤脉证分析

（一）白虎汤证主症

白虎汤用于伤寒阳明经证胃热弥漫、充斥内外的治疗，那么身热、汗自出、不恶寒、但恶热等阳明外证应为其主证，同时腹满，身重，难以转侧，口不仁，面垢，谵语，遗尿，手足厥冷亦为常见。如《伤寒论》219 条记载“三阳合病，腹满身重，难以转侧，口不仁，面垢，谵语，遗尿。发汗则谵语，下之则额上生汗，手足逆冷，若自汗出者，白虎汤主之”[1]。350 条记载：“伤寒脉滑而厥者，里有热，白虎汤主之”[1]。清代名医吴鞠通继承并灵活应用白虎汤在温病中，《温病条辨》中将太阴温病、暑温、伏暑等病证，凡具阳明气分热盛而见舌黄或老黄，甚者黑有芒刺，渴甚，大汗，面赤，身热，或语声重浊，或汗出而喘，大便闭，小便涩等里实热证者，均以白虎汤主之。如上焦篇第 7 条说：“太阴温病，脉浮洪，舌黄，渴甚，大汗，面赤恶热者，辛凉重剂，白虎汤主之”[2]，上焦篇第 22 条记载：“形似伤寒，但右脉洪大而数，左脉反小于右，口渴甚，面赤，汗大出者，名曰暑温，在手太阴，白虎汤主之……”[2]。上焦篇第 26 条：“手太阴暑温，或已经发汗，或未发汗，而汗不止，烦渴而喘，脉洪大有力者，白虎汤主之……”[2]。中焦篇第 1 条记载：“面目俱赤，语声重浊，呼吸俱粗，大便闭，小便涩，舌苔老黄，甚则黑有芒刺，但恶热，不恶寒，日晡益甚者，传至中焦，阳明温病也。脉浮洪躁甚者，白虎汤主之……”[2]。对于渴甚、汗大出在《伤寒论》为白虎加人参汤证，但在《温病条辨》中只要脉不洪大而芤、芤甚或散大者，皆以白虎汤主之，已发展拓宽了《伤寒论》白虎汤的使用范围。张友堂等收集整理白虎汤古今医案 214 例，运用统计方法对白虎汤证的脉证进行归纳，结果发现发热、口干渴、汗出、大便干结、烦躁、小便短黄等症状在各主要病种中分布无明显差异[3]。

（二）脉象方面

《伤寒论》指出脉浮滑或滑为其主要脉象，如《伤寒论》：“伤寒，脉浮滑，此以表有热，里有寒，白虎汤主之”[1]。滑为里有热，浮为热盛于外，而脉洪大为白虎加人参汤的主要脉象。吴鞠通认为白虎汤脉象为脉浮洪、脉洪大而数、脉洪大有力。张锡纯认为“此脉象浮而且滑，夫滑则为热入里矣，乃滑而兼浮，是其热未尽入里，半在阳明之府，半在阳明之经也”[4]，并指出“白虎汤所主之病……然即太阳篇之脉浮而滑及厥阴篇之脉滑而厥，推之其脉当为洪滑无疑，此当用白虎汤之正脉也”[4]。张友堂收集整理白虎汤古今医案 214 例，记录脉象的病案共 142 例，结果发现复合脉象中滑数脉共计 37 例占 28.7%，洪数脉 28 例占 21.7%，洪大脉 18 例占 13.9%，浮数脉 14 例占 10.8%，弦数脉 11 例占 8.5%。还有部分病案中的脉象记录为单一的数脉共计 10 例。此外尚有浮大脉、弦细脉、浮脉、洪滑脉等，由于出现频次较低，未做具体分析[3]。

四、白虎汤的常见类方分析

临床使用白虎汤时根据阳明气分热炽的轻重，患者的体质，津气耗损的轻重，兼夹证的不同，以及对不同疾病的治疗形成了多个有效方剂，其主要方剂如下。白虎加人参汤，《伤寒论》用于伤寒误吐、误下、误汗后，出现阳明热炽，津气两伤或未经吐下阳明气热伤津的治疗，其主要表现为口燥渴、大烦渴不解、欲饮水数升、背微恶寒者等症，用白虎汤以解其热，加人参益气生津以复其津液，其津伤程度较白虎汤证更为明显，临床以大渴、大汗出为其特征。可用热、烦、渴、汗四个字概括。热表现为热结在里，表里俱热；烦表现为心烦，舌上干燥而烦；渴表现为渴欲饮水、大烦渴不解、口干舌燥、口燥渴、大渴欲饮水数升；汗表现为大汗出。如 26 条“服桂枝汤，大汗出后，大烦渴不解，脉洪大者，白虎加人参汤主之”[1]，168 条“伤寒若吐、若下后，七八日不解、热结在里，表里俱热，时时恶风，大渴，舌上干燥而烦，欲饮水数升者，白虎加人参汤主之”[1]，169 条：“伤寒无大热，口燥渴，心烦，背微恶寒者，白虎加人参汤主之”[1]，170 条“伤寒，脉浮，发热，无汗，其表不解，不可与白虎汤，渴欲饮水，无表证者，白虎加人参汤主之”[1]。吴鞠通将阳明气分温热伤阴或暑热耗气伤阴而出现脉洪大而芤或散大者，使用白虎加人参汤，吴鞠通说：“白虎退邪阳，人参固正阳，使阳能生阴，乃化源欲绝之妙也”[2]。如上焦篇第 8 条说：“太阴温病，脉浮大而芤，汗大出微喘，甚至鼻孔扇者，白虎加人参汤主之，脉若散大者，急用之，倍人参”[2]。上焦篇第 22 条记载：“形似伤寒，但右脉洪大而数，左脉反小于右，口渴甚，面赤，汗大出者，名曰暑温，在手太阴，白虎汤主之；脉芤甚者，白虎加人参汤主之”[2]。上焦篇第26条：“手太阴暑温，或已经发汗，或未发汗，而汗不止，烦渴而喘，脉洪大有力者，白虎汤主之。脉洪大而芤者，白虎加人参汤主之”[2]。张锡纯认为：“独是白虎加人参汤宜用于汗、吐、下后证兼渴者，亦有非当汗、吐、下后，其证亦非兼渴，而用白虎汤时亦有宜加人参者。其人或年过五旬，或气血素亏，或劳心劳力过度，或阴阳府热虽实而脉象无力，或脉搏过数，或脉虽有力而不数，仍无滑象，又其脉或结代者，用白虎汤时皆宜加人参”[5]，并指出“白虎汤中加人参，不但能生津液，且能补助气分以助津液上潮，是以能立建奇功也”。

白虎加桂枝汤用于表邪未解，热伤胃气的治疗。以白虎汤清热、生津、止呕，加桂枝以解表邪。《金匮要略》：“温疟者，其脉如平，身无寒但热，骨节疼烦，时呕，白虎加桂枝汤主之”[6]。《温病条辨》：“骨节疼烦，时呕，其脉如平，但热不寒，名曰温疟，白虎加桂枝汤主之”[2]。

白虎加苍术汤用于暑温夹湿、身重的治疗。上焦篇第26条：“……身重者湿也，白虎加苍术汤主之……。”

五、对吴鞠通提出白虎汤禁忌的认识

吴鞠通指出：“白虎本为达热出表，若其人脉浮弦而细者，不可与也；脉沉者，不可与也；不渴者，不可与也；汗不出者，不可与也；常须识此，勿令误也”[2]。后世医家认为：其四禁的提出有一定的片面性。张锡纯说：“然其四条之中，显有与经旨相反之两条，若必奉之为金科玉律，则此救颠扶危挽回人命之良方，几将置之无用之地”。应在白虎汤之加减之中，渴者加人参，那么不渴者，继服白虎汤原方。石膏具有透表之性，汗不出者正可借以发其汗。有医家认为白虎汤不必四大症俱悉，但见一症，或者具备二三症即可放心使用[7]；也有部分医家不赞同“四大症”[8]，指出其与伤寒论原文不符，实有悖于伤寒论原意[9]；还有少数医家认为“四大症”实为白虎加参汤证。后世医家认为，此四禁的提出有一定的片面性，其每一禁的提出均针对一项症状，而症状并不能够完全反映疾病本质[10]。郭纪生老师指出：只要抓住阳明气分里热炽盛的本质，口干、小便赤便是其适应症。

六、白虎汤现代药理研究

白虎汤在解热、抑菌、抗炎、镇痛、增强免疫、抗痛风、降血糖及降脂作用方面均有研究。施旭光[11]考察了白虎汤对酵母液致热小鼠体温的影响，显示大白鼠在发热情况下，灌服1h体温明显下降，且持续4h以上，实验组与对照组比较差别有高度显著性意义（$P<0.01$）。夏怡[12]等人以干酵母及2，4二硝基苯酚复制大鼠发热模型，对石膏、白虎汤、去石膏白虎汤，以及煅石膏和$CaSO_4 \cdot 2H20$分别代替石膏入白虎汤的退热作用进行药效学观察，以证实石膏及白虎汤的清热功效；以伊文思蓝为指示剂，根据伊文思蓝在小肠内的推进率，观察单味石膏对小鼠肠蠕动的影响，以证实石膏促进肠蠕动的作用。结果：白虎汤有显著退热作用；去石膏的白虎汤退热作用不明显，单味石膏、煅石膏或$CaSO_4 \cdot 2H20$入方剂均无退热作用。单味石膏具有明显的促进小肠蠕动的作用。结论：石膏具有清热的功效，在复方中效果显著。单味石膏具有促进肠蠕动的作用。白虎汤对多种病菌有不同程度的抑制作用，对繁殖期的支原体可引起细胞膜通透性和形态改变，因而起到抑制作用[13]。施旭光[11]研究了白虎加桂枝汤对大鼠炎症模型的影响，显示本方对蛋清致大白鼠足跖肿、对大白鼠棉球肉芽肿、对巴豆油致小鼠耳肿胀均有抑制作用，能降低小白鼠腹腔毛细血管通透性。在免疫方面白虎汤能增强腹腔巨噬细胞吞噬功能，提高血清溶菌酶的含量，促进淋巴细胞转化，对再次免疫的抗体形成有促进作用，能显著减轻幼鼠脾脏的重量[14]。在血糖及血脂方面，罗学娅[15]等以白虎汤加减方40、10g/kg分别给糖尿病模型灌胃，连续21d，结果发现该方对小鼠有明显的降糖作用，且呈现出良好的量效关系。同时还显示本方有一定的降低血清总胆固醇和甘油三酯的作用。洪迅[16]等观察白虎汤加人参（JGD）对四氧嘧啶（ALX）大鼠血糖和血脂的影响，结果显示高（32.0g/kg）、低（16.0g/kg）剂量JGD对ALX大鼠高血糖均有较明显的降低作用（$P<0.01$），同时还能明显降低模型大鼠血清中胆固醇、甘油三酯、低密度脂蛋白胆固醇，使糖尿病大鼠血清HDL－C明显回升（$P<0.01$或$P<0.05$）。

七、白虎汤在临床中应用广泛

临床常以白虎汤为主方随证加减或与它方合用，用于外感及内伤杂症治疗，涉及内、外、妇、儿等领域。如外感发热、高热、脓毒症、肺炎、病毒性脑炎、呼吸道感染、扁桃体炎、钩端螺旋体病、关节炎、银屑病、烧伤、口腔并发症、口腔溃疡、急性牙源性感染、SARS、甲型H1N1流感、流行性出血热、麻疹逆证、重症药物性皮疹、小儿高热、风湿热、Ⅱ型糖尿病、婴幼儿病毒性肠炎、三叉神经痛、老年性痴呆、精神病食欲亢进、癌性发热等病症[17]。

八、结论

白虎汤出自《伤寒论》，经近代医家特别是吴鞠通、张锡纯等医家不断发展完善，白虎汤在临床中应用更加广泛，但对白虎汤及加减制剂的药理药效学研究仍较少，临床多用于单个病种的疗效观察，缺乏完善的临床脉证标准和系统的加减用药原则。吴氏提出白虎四禁是混淆了症与证的关系，单一症状不能反映疾病的本质，临床只需抓住阳明里热炽盛而不必拘泥于"四大禁忌证"。因此系统研究白虎汤文献资料，并进行归纳总结其临床应用规律，将对近年来突发温病、瘟疫的治疗有着深远的影响。

参考文献

[1] 李培生，刘渡舟．伤寒论讲义［M］．上海：上海科学技术出社，1987：49～198.

[2] 清·吴瑭．温病条辨［M］．北京：人民卫生出版社，2010：20～62.

[3] 张友堂，潘雪．白虎汤的脉症研究［J］．中国中医基础医学杂志，2007，13（11）：858～858.

[4] 张锡纯．医学衷中参西录（下）［M］．石家庄：河北科学技术出版社，1990：26～28.

[5] 张锡纯．医学衷中参西录（中）［M］．石家庄：河北科学技术出版社，1990：360.

[6] 李克光，杨百茀．金匮要略讲义［M］．上海：上海科学技术出版社，1991：52.

[7] 绍才康．浅析白虎汤证不必"四大"悉俱［J］．江苏中医杂志，1983，(5)：23～24.

[8] 胡连玺．论白虎汤证不为"四大"症［J］．山西中医，1992，2（8）：5.

[9] 苑景春．谈白虎汤四大症［J］．北京中医杂志，1986，(4)：38.

[10] 余文君．白虎汤证治探要［J］．广州医学院学报，2002，30（2）：62～64.

[11] 施旭光．白虎加桂枝汤治疗痹证的药理探讨［J］．广州中医学院学报，1991，8（1）：23.

[12] 夏怡，李祥，陈建伟．石膏及白虎汤清热泻火功效的实验研究［J］．现代中药研究与实践，2009，23（2）：48～51.

[13] 周友红，苗明三．白虎羚退热散抑菌作用研究［J]．中华中医药学刊，2007，(6)：5.

[14] 吴贺算，李秋平．白虎汤对免疫功能的影响［J］．中成药，1984，(12)：43.

[15] 罗学娅，高卫，张学梅．白虎汤加减方作用研究［J］．山东医药，2006，46（22）：26.

[16] 洪迅，李群，付云．加味人参白虎汤对四氧嘧啶大鼠血糖和血脂的影响［J］．广东医学院学报，2003，19（1）：30.

[17] 张保国，程铁锋，刘庆芳．白虎汤药效及现代临床研究［J］．中成药，2009，31（8）：1272～1274.

［《中国中医药》2012，10（11）：57］

半夏泻心汤证病机初探

王小溪　王丽　寇姗

中国中医科学院广安门医院

半夏泻心汤为仲景名方，被历代医家广泛应用，且疗效卓著。对半夏泻心汤证之病机，一直百家争鸣，莫衷一是。笔者拜阅古今文献，结合临床实践，试对半夏泻心汤证的病机做一初步探讨。

一、半夏泻心汤溯源

半夏泻心汤是仲景所创"辛开苦降法"的代表方剂，见于《伤寒论》第149条："伤寒五六日，呕而发热者，柴胡汤证具，而以他药下之，……但满而不痛者，此为痞……，宜半夏泻心汤。"《金匮要略》中也有该方相应论述："呕而肠鸣，心下痞者，半夏泻心汤主之。"方由半夏、干姜、黄连、黄芩、人参、甘草、大枣组成，组方配伍具有辛开苦降、寒温并用、补泻兼施的特点，功效补虚祛邪、消痞散结，为辛开苦降法的代表方剂。

二、半夏泻心汤证病机的各家之言

半夏泻心汤在临床广为应用，疗效显著，历代医家对其病机多有论述。首位注解《伤寒论》的金代医家成无己，在其所著的《伤寒明理论》中提出半夏泻心汤证之病机为"胃气空虚，客气上逆"。此后历代医家对其"胃虚"之言多无异议，但对"客邪"的属性却众说纷纭，主要有以下几种观点：①寒热互结。"寒热互结"是一种被很多医家认同的半夏泻心汤证病机。清代医家柯琴首先在《伤寒附翼》[1]中提出半夏泻心汤证的病机是"寒热之气互结心下"。认为半夏泻心汤所治之"痞"，乃误下损伤脾胃之阳而生寒，外邪内陷而为热，寒热错杂互结于中焦，导致气机痞塞。这一观点为众多医家所接受，影响深远，全国高等中医药院校统一教材《方剂学》也是根据"寒热互结"的病机，分析半夏泻心汤的组方原理。②湿热为病。李时珍曾指出："泻心者，亦即泻脾胃之湿热，非泻心也。"清代医家汪琥《伤寒论辨证广注》认为半夏泻心汤是治疗"湿热不调，虚实相伴之痞"的方剂。《成方便读》[2]中说："所谓彼坚之处，必有伏阳，故以芩、连之苦以降之，寒以清之，且二味之性皆燥，凡湿热为病者，皆可用之。"许多温病医家认为半夏泻心汤证的病机是"湿热为病"。清代是温病学发展的鼎盛时期，加之该时期流传至今的医书、病案较多，故而温病学家对经方的观点、运用引起了广泛的关注。如吴鞠通在《温病条辨·中焦篇》[2]中就提出了用半夏泻心汤治疗湿热证，例如"阳明温病……呕而痞甚者"用方半夏泻心汤加减；又如叶天士在《临证指南医案》中提出"湿热……用泻心法"[3]。③胃虚有热。成无已认为半夏泻心汤具有"中气得和，上下得通，阴阳得位，水升火降，痞消热已"之功。清代医家王旭高也认为张仲景诸泻心汤的功效"总不离乎开结、导热、益胃"。④热挟水饮。持这类观点的医家认为半夏泻心汤病证是由于热邪与水饮相互搏结于心下所致。如清代医家程应旄认为半夏泻心汤是"热邪挟水饮，尚未成实"。"清初三大家"之一的喻昌也在《尚论篇》[3]提出"泻心诸方，用以涤饮"。⑤痰涎为病。秦之祯在《伤寒大白》[4]中说："泻心汤皆用半夏，而独以此方命名者，因痞满呕吐，皆是痰涎作祸。故即以此汤重加半夏，此以泻心方中，化出重治痰涎之法。"⑥胃热肠寒。有些医家认为半夏泻心汤证是由于"胃热肠寒"所致，如郭子光《伤寒论汤证新编》[5]认为半夏泻心汤的基本病理是"胃热肠寒，虚实夹杂"。当代著名医家刘渡舟也认为半夏泻心汤具有"清上温下"的作用[6]。古今诸多医家对半夏泻心汤的病机各持己见，其中更以"寒热互结"及"湿热为重"两种观点最具代表性。

三、半夏泻心汤证病机之我见

由上述可见，历代对半夏泻心汤证病机持以"寒热互结"和"湿热为病"观点的医家最为多见。笔者认为，这两种观点皆是由半夏泻心汤组方药性着手分析的。方中黄芩、黄连性苦寒，干姜、半夏药性温热，从药性上看确是"寒热并用"，然寒热两性相悖，势如水火，怎可同时、同位而见。由此将半夏泻心汤证的病机理解为"寒热互结"，是对原方旨意的误读。同样，半夏泻心汤方中黄连、黄芩清热，干姜、半夏可祛湿邪，此方用药确有清热利湿之效，但并不说明该方证病机便是湿热。此两种观点均是从泻心汤用药的药性着手分析，从芩、连性寒判断出来此证病机必有热象，这却违背了仲师"泻心汤"用药"舍其性、取其味"的原意。

笔者拜读各医家对泻心汤病机的研究，重温经典，结合导师临床经验，认为将"脾胃阳虚、湿浊中阻"作为半夏泻心汤证的病机较为恰当。《伤寒论》并未对泻心汤证病机之或寒、或热做出直接论述，但半夏泻心汤重在治痞，对该证之痞《伤寒论》条文158中言："医见心下痞，谓病不尽，复下之，其痞益甚。此非热结，但以胃中虚，客气上逆，故使硬也。"这说明半夏泻心汤证中并无明显热象，"正虚"是病因的由来，同时也是其主要病机。患者脾胃本虚，复因误下，损伤脾胃阳气，邪气内陷，痞塞于中，阻碍气机形成本虚标实之痞证。半夏泻心汤临床常用以治疗痞、呕、利诸症，与脾胃阳虚病机吻合。

"正虚"由来或因《伤寒论》中所述"误下"所致中焦脾胃阳虚；临床中还可见到先天禀赋不足，肾气亏虚，后天失养，而致脾肾阳虚；或因久病迁延难愈，失治误治，及药毒之邪，耗伤后天之本，损伤脾阳。脾阳不足，水液无以为制，故而湿邪内生；湿为阴邪，其性重着，缠绵难愈，郁阻中焦，日久后或化热，或不化热；脾主升清，胃主降浊，气机调和则清浊分消井然，而今脾胃升降失司，湿浊内生，中焦气机不利，终致心下痞满。"痞"通"否"，为《周易》六十四卦之一：坤下乾上，否卦之义，天气不降，地气不升，天地不交，升降失调，痞塞不通。由此可见，痞之由来并非有热结在里，而是正虚为本，脾胃阳气不足，从而湿浊内生、气机壅滞所致。对于治痞，《内经》中提出："散痞者必以辛为劫"，仲景用干姜之意便是取其辛散之味为主，助半夏以散结消痞；取其温热之性为辅，以温中散寒。痞证"客气上逆"，气机升降失常，若只辛宣开散，虽助气机宣发，却难制上逆之邪，故降逆之法尤为重要。《临证指南医案》亦提出"治痞以苦为泻"。黄连、黄芩性寒而味苦，在半夏泻心汤方中仲师之意乃是"舍其性而用其味"——舍二药寒凉之性，重用芩连"苦降"之势，以肃气降逆，荡涤汩邪；仲师并非用寒凉药性清肃里热。在临床上细心观察也不难发现，"痞证"患者多无明显湿热之象，反多见畏寒肢冷、大便溏稀等阳虚表现。仲师舍干姜、芩连热寒之性，独取其"辛苦"之味，辛以散结消壅，苦以下气降逆；病因里虚，又恐苦辛开泄之药过当，故当助其正气，故用人参、甘草、大枣补养中气，以除病源；诸药合用，共成大法，此即"辛开苦降法"之真谛。

四、结语

半夏泻心汤方中用药"补泻兼施""寒热并

用”，但本证病机却并非以热象为主——其重点在于脾胃阳虚为本，因而湿邪内生，气机壅滞，中焦之枢升降失司故成痞证。湿邪中阻，久之或化热、或不化热，但无论邪之寒热，均赖此方，乃因仲师之意在“舍其性，取其味”——取其“苦、辛”之味，调达气机，消痞散结，合用参、枣扶固正气断其病源。

参考文献

[1] 柯琴．伤寒附翼［M］．北京：学苑出版社，2009：217.

[2] 张秉成．成方便读［M］．北京：学苑出版社，2010：95.

[3] 喻嘉言．尚论篇［M］．北京：学苑出版社，2009：11.

[4] 秦之桢．伤寒大白［M］．北京：中国中医药出版社，2011：31.

[5] 郭子光，冯显逊．伤寒论汤证新编［M］．上海：上海科学技术出版社，2010：188.

[6] 刘渡舟．刘渡舟临证验案精选［M］．北京：学苑出版社，1997：42.

［《现代中西医结合杂志》2012，21（36）：4062］

辨析《伤寒论》六经病呕吐的证治

王松耀　漯河医学高等专科学校第三附属医院
王松雅　河南省漯河市郾城区疾病控制中心

《伤寒论》六经病论治中，呕吐一证散见于各条，而呕吐同中有异，仲师辨证准确，论治精密、立法严谨、用药简练，不治呕吐而呕吐可止，诸症得以悉解。这对学习研究和发展仲景学术思想大有裨益。

一、太阳病呕吐

太阳为六经之藩篱，统摄营卫，主一身之表，外邪侵袭人体，太阳首当其冲，太阳受邪，营卫不和，卫外失职，正邪交争，出现脉浮，头项强痛而恶寒，为外感表证，同时内犯于胃，失于和降而发生呕吐。“太阳病，或已发热，或未发热，必恶寒，体痛，呕逆，脉阴阳俱进者，名为伤寒”；“太阳中风，阳浮而阴弱，阳浮者，热自发，阴弱者，汗自出，啬啬恶寒，淅淅恶风，翕翕发热，鼻鸣干呕者，桂枝汤主之”。以上两条“体痛呕逆”的是麻黄汤证，“鼻鸣干呕”的是桂枝汤证，其病机统属外感风寒表证呕吐，但同中有异，其主要区别点是前者无汗、脉浮紧是表实证，后者是汗出、脉浮缓是表虚证。仲师以表实证宜辛温解表，宣肺平喘的麻黄汤；表虚证宜辛温解肌，调和营卫的桂枝汤，外邪得解，其呕不治而自可止。若太阳在经之邪不解，邪又可循经入腑，影响膀胱气化功能，水道不利，邪与水结而称蓄水证。“中风发热，六七日不解而烦，有表里证，渴欲饮水，水入则吐者，名曰水逆，五苓散主之”。水逆证的吐，是膀胱与胃均有蓄水，水入不能纳所致，其症是“渴欲饮水，水入则吐”。且兼见小便不利，治则以化气行水的五苓散主之。又如风寒表实而兼水饮咳喘的小青龙汤证，其证亦是有干呕，但多与咳喘并见，仲师治以外解风寒，内散水饮的小青龙汤，其意在治寒饮喘咳，不治呕而呕可止。

二、阳明病呕吐

病邪侵袭阳明，多从燥化，而化燥成实，证候以胃肠之燥热实为特点，即所谓“胃家实是也”。因邪热内炽于胃肠，升降失常上逆而为呕吐，此种性质属里热实呕吐。如“伤寒发热，无汗，呕不能食，而反汗出濈濈然者，是转属阳明也”。此为实热积于胃肠，腑气不通，胃气不降所致，其特点是痛、满、闭、呕相兼。“发汗吐下后，虚烦不得眠，若剧者，必反复颠倒，心中懊憹……若呕者，栀子生姜豉汤主之”。此呕由热扰胸，胃气因热扰而上逆为呕，仲师治则而用清宣郁热，方用栀子生姜豉汤主之，郁热清而呕得除。“食欲呕，属阳明也，吴茱萸汤主之，得汤反剧者，属上焦也”。本条是仲师辨呕证的寒热，如属胃气虚寒、浊气上逆所致的呕，吴茱萸汤能获良效。得汤反剧者，是上焦有热，胃失和降而致，盖用吴茱萸汤以热治热，必拒而不受，故反使呕吐增剧。临床要明辨寒热，不致贻误。

三、少阳病呕吐

外邪侵袭少阳，胆火上炎，枢机不运，经气不利，进而影响脾胃，出现口苦咽干目眩，往来寒热，胸胁苦满，默默不欲食，心烦喜呕，脉弦等证，称之为少阳病。少阳居于太阳、阳明之间，因病邪既不在太阳之表，又未达阳明之里，故少阳病的性质为半表半里证。由于外邪客于胆，导致胆热犯胃，胃失和降，气逆于上则喜呕，少阳之呕而属热。如“伤寒五六日，中风，往来寒热，胸胁苦满，默默不欲饮食，心烦喜呕……小柴胡汤主之”。表明“心烦喜呕”为少阳病主证之一，这种喜呕的特点为欲呕或干呕，并与口苦咽干目眩证同时并见。

少阳兼太阳证，也称少阳与太阳合病，亦常出现呕证。如“伤寒六七日，发热，微恶寒、支节烦疼，微呕，心下支结，外证未去者，柴胡桂枝汤主之”。本条即是少阳兼太阳证，乃太阳证未罢而入少阳，既有发热，微恶寒，支节烦疼的桂枝证，复有微呕心下支结的小柴胡汤证。微呕是心烦喜呕而微，宜属少阳兼太阳之呕，太少之证具微，故仲师取小量之柴胡桂枝复方，和解与发表兼施之，其证可一药而疗。少阳兼里实证，也称少阳阳明合病，亦皆出现有呕吐和呕不止，少阳病喜呕为重，其呕为少阳兼阳明里实之呕吐，这种呕吐，乃胆热犯胃，加之热结阳明，里热壅实，升降失常，则呕吐必然更加突出。本条可与原文第106条“之呕不止”互参，下利当属热结旁流之类，虽下利而阳明之燥结仍存，故仲师用大柴胡汤主治之。

四、太阴病呕吐

太阴包括手太阴肺，足太阴脾，并与手阳明大肠，足阳明胃相表里，脾以升为常，肺以降为顺。脾主运化，升清阳代胃行津液。大肠赖肺气的肃降和津液而能传导排泄。脾与胃，肺与大肠的功能协调，则清阳升、浊阴降、津液布、水液行，以维持人体正常生理功能活动而健康无病。否则，运化失职，寒湿内停，导致腹满而吐食不下。如“太阴之为病，腹满而吐，食不下，自利益甚，时腹自痛，若下之，必胸下结鞕”。故仲师以此条为太阴病的提纲，而吐为主证之一，性质为里虚寒证。治法自宜温补的理中四逆辈。如“霍乱，头痛，发热，身疼痛，热多欲饮水者，五灵散主之。寒多不用水者，理中丸主之。”（霍乱：指挥霍撩乱，乃大吐大泄的肠胃病，非现代医学所称的霍乱。）本证若自利较重而口不渴者，乃“自利不渴者，属太阴以其脏有寒故也”。其证当有舌苔白质淡，脉缓无力。此时虽兼有头痛发热等表证，但病邪以在里之虚寒为重且急，仲师以表里证同时并见，里急先治里的原则，宜温中散寒，不宜走表，故以理中丸主之。

五、少阴病呕吐

少阴包括手少阴心，足少阴肾，并与手太阳小肠，足太阳膀胱互为表里。足少阴经肾，肾属水主藏精，真阴真阳（水、火）寄寓其中，为先天之本。病邪侵及少阴，多为心肾机能衰弱，阳气衰微，抗病力减弱。因少阴本阴标阳而感邪后，邪气既可从阴化寒，也可从阳化热，所以在见证上分寒化证和热化证，从寒化乃阴寒内盛，阳气衰微，阴盛不能温土，脾胃纳运功能失权，因而可出现吐证，其特点多是吐利并作，伴见脉微细，但欲寐也。是属阴盛于内，阳亡于外的虚寒吐利，在治则上仲师采用回阳救逆，温中散寒。如“吐利汗出，发热恶寒，四逆拘急，手足厥冷者，四逆汤主之”。本条主要是辨吐利、汗出、亡阳的证治，乃属阴盛阳亡液竭的重证，因阴寒气盛，阳气衰微，所以既吐且利，恶寒而四肢厥冷，方敢用四逆汤回阳救逆，阳回阴自消，则诸症可除。我们再从通脉四逆汤证及白通加人尿猪胆汁汤证辨析，二者皆有“干呕”，均属阴寒盛而格阳，但同中有异。前者证见“身反不恶寒，其人面赤”的内有真寒外有假热，形成阴阳格拒之势，而为格阳于上的戴阳证。后者其病理机制非但真阳不能固守，而且阴液随之内竭、干呕心烦乃阴寒极盛，逼阳外越所致。所以仲师改四逆汤破阴回阳，反使咸寒苦降之猪胆汁人尿引阳入阴，取其反阴阳格拒之势。少阴热化证，多由心肾阴液不足，虚热内生，病从热化，以致肾阴虚于下，心火亢于，出现心烦不得眠，口燥咽痛少苔脉细数等一系列阴虚热证。阴虚水热互结，水热犯胃，因而出现咳而呕渴。如“少阴病，下利六七日咳而呕渴，心烦不得眠者，猪苓汤主之”。本条的下利与咳而呕渴，心烦不得眠并见，是为阴虚水热互结之证，阴虚热扰心神，故见心烦不得眠；水热互结津不上承，故渴欲水，水渗大肠则下利，上逆犯肺则咳，犯胃则呕。说明本条之主证仍为有小便不利，二者发病经过不同，彼为阳明病误下后余热未清，津液受伤又引起水热互结。此为少阴病从阳化热，既耗伤津液又影响水道之通利，然二者病机主证相同，故论中治法则一。

六、厥阴病呕吐

厥阴包括手厥阴心包，足厥阴肝，并与手少阳三焦，足少阳胆互为表里。肝居右胁，其经脉络胆，主藏血，主疏泄，性喜条达，病入厥阴多出现寒热错杂、肝胃不和之呕，在治法上亦应随机而辨，寒者温之，热者清之，寒热错杂则寒温并用。如“伤寒脉微细而厥，至七八日肤冷，其人燥无暂安时者，此为脏厥，非蛔厥也。蛔厥者，其人当吐蛔，今病者静而复时烦者，此为脏寒，蛔上入其膈，故烦，须臾复止，得食而呕，又烦者，蛔闻食臭出，其人常自吐蛔。蛔厥者，乌梅丸主之。又主久利”。本条主要辨脏厥与蛔厥，及蛔厥的证治，其呕因病者上焦有热，脾胃虚寒，迫使蛔虫窜动而上扰，胃气因而上逆故呕吐，心烦，甚则腹痛，得食则蛔动更甚，故心烦呕吐腹痛加剧。蛔厥者，仲师施以寒温并用，安蛔止痛的乌梅丸，得药蛔安则诸症即可随之而解。呕吐的伴见证不同，其致呕的原因也不一，如“伤寒本自寒下，医复吐下之，寒格，更逆吐下，若食入口即吐，干姜黄芩黄连人参汤主之”。本条是寒热格拒而形成上热下寒证。上热则胃气不降，故呕吐或食入口即吐。下寒则脾气不升，故见下利，仲师用干姜黄芩黄连人参汤主之，寒温并用，辛开苦降，调理脾胃功能，则吐利俱可止，足可见其立法之妙。厥阴肝寒亦可致吐，如“干呕，吐涎沫，头痛者，吴茱萸汤主之”。此即由肝寒犯胃，浊气上逆所致之呕。以上可知凡肝寒犯胃浊气上逆，就可出现呕吐证。如“手足厥寒，脉细欲绝者，当归四逆汤主之。若其人内有久寒者，宜当归四逆加吴茱萸生姜汤”。剧此本条为血虚寒凝及兼有久寒的证治。我们以药测证，久寒可知有呕吐，故仲师于四逆汤加吴茱萸生姜，其意在温中降逆止呕。

但亦有郁热在上，胃失和降而呕吐者。如“伤寒，胸中有热，胃中有邪气，腹中痛，欲呕吐者，黄连汤主之”。本条今是邪热在上，逼使胃气上逆，胃失和降，故欲呕吐；寒盛于腹，脾与肠皆寒，寒凝气滞，经脉不和故腹中痛。以药测证而为少阳、太阴二经病变，即少阳未解而并病太阴，出现上热下寒，寒热错杂之呕吐，所以仲师方用黄连汤，寒热并用，清上温下，和胃降逆而止呕。

总之，伤寒论六经病证中，均可出现呕吐。以病机而言，有表里虚寒之分；以立法而论，有汗下和，寒温并用之异。仲景之立法精密乃以证论法，以法立方，依方用药，理法方药，一线贯串。如太阳病呕吐、麻黄、桂枝汤主之，二方无止呕之药，可达表解而呕止；水逆证用五苓散主之，以达化气行水故呕止。肝寒犯胃温中散寒降浊，清升浊降呕自除。并有太阳少阳病误治而成之痞证，亦有出现呕、干呕，干噫臭，腹中雷鸣下利等症，仲师审证求因，各随其症而治之，不再加详辨。

综上述，可见《伤寒论》中六经病呕吐，张仲景先师辨证准确，立法严谨，以常达变，非见呕治呕，头痛医痛者可比。而充分体现了中医学的整体观念，辨证施治的基本点，从而有效地指导着一切外感和杂病的临床实践。故被誉为医方之祖，治疗杂病的典籍。

［《中国中医急症》2012，21（1）：87］

从《金匮要略》反思《伤寒论》伤寒之含义

蒋　明　香港浸会大学中医药学院

关于《伤寒论》伤寒的含义，一直广有争议。纵观既往的研究，多是着眼于具体内容而论述。本文试从《金匮要略》探讨之。

一、伤寒含义可从张仲景疾病观入手

《伤寒论》的伤寒是病名。六经病证篇中有伤寒字样者90余处，多作病名解，且有直接出现伤寒病一词者。关于伤寒病，书中述及到作为疾病所具有的全部临床环节，显示张仲景是将伤寒作为一个病种来处理的。

因为伤寒是病名，伤寒的含义问题也就可以理解为是伤寒病的概念问题。针对从《伤寒论》具体内容的角度无法明确伤寒病概念的现状，笔者认为尚可以尝试通过研究张仲景的疾病观这一角度进行。

临床医学一切活动的终极目标在于疗效的提高。设置疾病、诊断疾病亦莫不如此。那么张仲景的疾病观是否实现及如何实现对临床治疗的指导意义？这一问题不仅研究较少，且因当今中医学强调绝对的、不带限制条件的异病同治观，整个中医界对此问题一直忽视。此思维定势又被折射进《伤寒论》的研究中，产生“《伤寒论》是一部阐述多种外感疾病及杂病辨证论治的专书”[1]，其临床意义“既适用于外感热病，也适用于内伤杂病”[2]1的认识。认识中伤寒与杂病关系的模糊，反映的正是对于病的意义认识的模糊。

二、《金匮要略》是张仲景疾病观研究的素材库

伤寒病与《金匮要略》中的诸病是对等关系。据《伤寒论》自序推算，当时伤寒病病例众多。这使医家对该病的认识、治法累积迅速。加之该病高死亡率所致的高危害性，故将伤寒从一切病中独立出来强调。可以说伤寒与杂病是伤寒病种与非伤寒病种的关系。因非伤寒者涵盖了伤寒之外的多种疾病，病种芜杂，故名杂病。鉴于学术思想的一致性，张仲景在杂病中所体现的疾病观应当与其对待伤寒病具有一致性，故张仲景在《金匮要略》中的疾病观可借鉴于伤寒含义的研究中。

这是因为从数量上看，伤寒是一个病，张仲景

的疾病观仅由一个事例很难得到判断结果，且即便得到也很难判断这个结果的信度。另一方面，张仲景所著为《伤寒杂病论》，杂病部分即今之《金匮要略》。它包含了数十种病，且其中的相当一部分至今仍在袭用，这为研究张仲景的疾病观提供了众多的素材与例证。

三、张仲景疾病观由临床客观所抉择

《伤寒论》与《金匮要略》间存在着相当数量重复的证、重复的方。证是诊断，方是治疗，区别的只有病，提示着病对诊断、治疗所具有的指导作用与辨病的重要性。

在《金匮要略》中，辨病对治疗的指导性主要体现在两个方面：①间接指导：通过揭示每病常见证，以缩小治方的选择范围，提升用方的重复性，从而达到疗效的稳定。如胸痹病的常见证为痰浊痹阻证，主方是瓜蒌薤白类方。而胸痹是使治疗进入此通道的关键要素。没有胸痹病的诊断，仅凭胸部的疼痛很难确定其常见证是痰阻证；即便诊为痰阻证，因化痰类方极多，也很难清晰地指向瓜蒌薤白类方。②直接指导：指即便证相同，但因为病不同，使所治不同。亦即不异病同治。这个问题既往认识不够。如《金匮要略》对以咳嗽为主症的疾病，在症见咳嗽、吐黄痰、胸痛、发热时，若是咳嗽病，则辨为痰热蕴肺证；但如诊为肺痈，则于痰热蕴肺之外，尚强调有瘀血。如果没有肺痈病的诊断，病变早期确定有瘀困难。肺痈病的设立，既是得以揭示其特有病变规律（病分表证期、酿脓期、溃脓期，痰瘀热为其主导病机）的前提，也是使用苇茎汤（内含活血药桃仁）的保证。

就肺系病种而言，《黄帝内经》只有咳嗽病种，《金匮要略》则增设了肺痿、肺痈、肺胀、支饮等病，这些增设的病种也以咳嗽为主症，它们是从咳嗽病中分离出来的。分出这些病种，正是为了实现病对临床治疗的指导性。因为病对临床治疗的意义，故《伤寒杂病论》在结构上以病为论述对象，于临床的第一环节即是这些病的辨别，即病的诊断。这些内容在《金匮要略》中反复出现。这一围绕疾病构建的临床医学模式，虽然有张仲景主观上权衡的因素，但其更主要的，还是由为满足临床疗效的要求所抉择，选择这种模式的客观要求非常值得重视。今天如果试图走将伤寒向杂病回归、模糊其与杂病差别的途径，将此路不通。

四、特病种疾病观与伤寒含义

中医学所设的病种之间，就病因、病机、病程三个因素，存在不同的重叠性。如肺痨与肺癌完全不重叠，咳嗽与肺胀可重叠。前者姑且称为特（特有病理变化）病种，后者称为非特病种。非特病种可涵盖多个特病种。那么张仲景的疾病观对这两类的倾向性如何？

（一）特有病种的疾病观

与当今中医学的现状一样，张仲景所厘定的病种也存在着特有（如肺痈）与非特有（如咳嗽）两类。那么在这两种情况里，张仲景是否有所推崇？

在前期的论文中[3~6]，我们曾反复探讨过这一问题，认为《金匮要略》鲜明地体现出追求特有病种设置的倾向性，或者说设置特有病种是张仲景的主导思想。以什么设置病种，看似好像是人为主观取舍的结果，其实决定性的因素还在于客观的要求，这个客观要求即临床疗效，诊断是为治疗服务的。辨病即是为满足提高疗效的要求而产生的必然选择。但由于客观条件的限制，医学对所有疾病的认识不可能都处在同一个水平上。而因为临床的需要，医学又不能对了解未深之疾病采取摒弃不述的态度。所以在张仲景的书中也有许多的非特病种。这里需要注意的是，张仲景在病种设置上的这种倾向性，并未形成如西医学般对抗性的治疗观，也并未形成西医学般单一性的治疗观。说明选择什么治疗观不是由是否辨病决定的。因为病是客观存在，而治疗观则有主观选择性[6]。这一点最为重要。

（二）特有病种与广、狭义伤寒观

广义伤寒观指一切外感热病的总称[2]9。与之相对者为狭义伤寒观，即外感风寒之邪，感而即发之病。因《伤寒论》中有伤寒、中风、温病、风温的内容，故对其含义多持广义伤寒观[2]9。由于最初起源状态时的有关文献已经无从获得，故以下的观点主要是基于对人类认识从粗到精，由浅入深的一般规律的推断。

从构词关系看，伤寒即伤于寒，亦即被寒所伤。寒表病因。类似的例子还有如伤暑、伤食等。这时的伤寒是一个与字面内容等同的普通名词。即凡被寒邪所伤（致）之病皆名曰伤寒。这个病因的认定可能相当早，甚至早于《黄帝内经》。推测或许与中国历史上所经历的寒冷气候阶段有关。《殷墟卜辞综类》搜集卜辞，其中记“祸风有疾”共四例。四例系时均在一月、十二月[7]。竺可桢《中国近五千年来气候变迁的初步研究》表明，“周孝王时，长江一个大支流汉水，有两次结冰，……表示公元前第十世纪时期的寒冷”[8]。此可以视为对伤寒认识的第一阶段。它的含义主要指向致病原因。

随着观察的累积，发现同是感受寒邪（即伤于寒）之病，在病程中，有部分会转变为热病。这个热病在病势病程、传变方式、转归等方面都呈现出一些可循的规律，并且有着极高的致死率，引起了医学的重视，故医学上将这一类伤于寒但会演变成热病的病命名为伤寒病。伤寒病名的确立，标志着从此“伤寒”一词已从普通名词转变为专用名词。作为专用名词的伤寒，其含义已经与字面意思不完全相等，有了人为规定的内容，即寒邪致病，但必须有转为热病性质的病理过程，也即《素问·热论》所谓“今夫热病者，皆伤寒之类也”。

专用名词的出现标志着认识的深入，即已注意到伤于寒邪之病不尽为伤寒病（寒邪也可以导致伤寒之外的其他病）。如果说部分的寒邪与热病之间是存在着必然关系的话，那么也就意味着病因寒邪里有着此寒（导致伤寒病）与彼寒（不导致伤寒病）的不同内容，这就有了关于此寒与彼寒的分辨与指认的要求。它较之之前作为普通名词阶段模糊笼统泛称的伤寒更加深入。这一阶段可视为现在所谓狭义伤寒说的成形阶段。之后随着对伤寒病认识的再加深，发现不但是寒邪，还有温邪、热邪等也可导致类似病变过程的发生，继而出现了著名的《难经》“伤寒有五”说，形成了广义伤寒论。这时伤寒的含义已经转变为仅热病性质一个关键要素，即伤寒病的本质是热病，而无论其所感病邪是否为寒邪。此可以视为对伤寒认识的第三阶段。

持广义伤寒说的代表性著作是《难经》。《难经》与《黄帝内经》一样，属理论性的著作，在理论上，随着对疾病原因认识的逐步深入，不囿于成见，将新认识的内容不断置换进去是可以理解的，也是可行的。

现存最早的医方书《五十二病方》中未见有治伤寒的方剂。《居延汉简》[9]《武威汉简》[10]《敦煌汉简》[10]中皆载有治伤寒方1～2首。虽然这些文献的成书年代无法精确认定，但早于《伤寒杂病论》应该是无讹的。从内容来看，相较于对伤寒已多有理论阐述的《黄帝内经》《难经》，这些文献所载的治方无疑少得多，说明其时经验积累尚有限。理论如果不是来源于对经验的总结与升华，说明《黄帝内经》《难经》对伤寒的认识应该是一种带有假说性质的理论探讨。到了张仲景的时代，因为治疗方法的极大丰富，这些假说必然会经受临床实践的检验与修正，从而可使对伤寒的认识进入一个新阶段。至少张仲景在《伤寒杂病论》落笔之前，对伤寒的含义问题有过深思熟虑应该是肯定的。

从可能性来说，张仲景可以有三个选择：或是从广、狭义伤寒中任取其一，或是用自己的新认识。如果张仲景持同意广义伤寒的态度，因为广义伤寒是一切外感热病的总称，这就意味着除伤寒之外再无其他外感热病病种。则伤寒病里应该再包含数十个小病种。此时伤寒的结构也就应该像杂病部分一样，也是以病分篇。但《伤寒论》是以三阴三阳分篇。且在论述三阴三阳病之前，有一篇“辨痓湿暍第一”。此痓湿暍病，《伤寒论》的《金匮玉函经》、唐本、宋本、及日本《康平本伤寒论》四个古传本文字虽然略异，但都有目的在于与伤寒作鉴别之内容：“伤寒所致痓湿暍三种宜应别论，以为与伤寒相似，故此见之。”痓湿暍、霍乱、疟病等都可在广义伤寒范畴，但张仲景却将其与伤寒分设，故知张仲景不可能同意广义伤寒观。另一方面，由痓、湿、暍、霍乱等亦可由伤于寒邪所致却被从伤寒中分立出去可知，张仲景亦不可能同意狭义伤寒观。

由此认为，张仲景对伤寒的含义应该是树立了自己的认识，但这个认识未在书中亲自说明。以张仲景所持推崇特有病种的疾病观推测，因为伤寒一病的高发病率与高致死率，张仲景一定主张将该病与其他外感热性病分设，并且其分设的着眼点是在试图以该病特有的病理变化来把握。如此，以确切的诊断，构筑将研究引向深入筛选有效治法的稳健平台。所以才会在书中反复出现伤寒与痓湿暍等病鉴别的内容。

但是主观态度是一回事，现实条件是否具备实现的可能则是另一回事，张仲景的这一主观态度在现实中将会受到什么制约？结果又如何？

五、可辨识性与伤寒含义

（一）辨识疾病的三个传统条件

张仲景虽倾向于特有病种，但其书中非特有病种亦甚多。这应该是受限于认识条件的缘故。在张仲景所处的环境里，将设置的病种纯化到特有病种的地步，应该至少需要满足以下三个客观条件：其一，有特别的临床表现，且只出现于一种特有病种时，如肺痈病吐特别气味的脓血痰。否则只能是非有特病种，如咳嗽、水肿。其二，必须在较短的时间内完成其病变的全部病程。历史上的中医多是以民间医生个体行医的方式，缺乏大的协作团队，加之资讯不发达，信息欠畅通，病程较短暂的病被医生观察到完整病程的机会，要远远大于病程漫长的病，这还不仅是一个认识速度的问题，一个甚至不能全程跟踪到的疾病，其认识的难度无疑要大得多。其三，充分的病例数。因为疾病有时会以不典型的表现方式出现，新病种的确认唯有依赖不断重复出现的病例累积，才有可能从诊断、病变过程、治疗、预后判断等疾病的诸环节中，将其准确完整地辨识出来，并且通过临床疗效的反馈来确认认识的正确性。

只有在较短的时间内，根据特有的体表表现，重复多次地观察到其病程的演变情况，才有可能确认出一个特有病种。可以想见，以张仲景所处的历史条件，要能全面实现这一点是不现实的。因多数疾病不能同时符合这三项条件，所以在虽然主观希望，但因客观条件不够、无法实现的情况下，就必然有其他形式的病种出现。以非特有的症状（如胃痛）、病机（如痰饮）等所形成的病种即是最常见的辅助病种形式。

（二）伤寒不可能是特有病种

伤寒是感受外邪急性起病的疾病，意味着不感受此外邪则不发此病。说明邪在伤寒病中地位重要。但观察手段的原因，其邪无法亲见亲识。鉴于寒邪是多种疾病的致病因素，虽然特别的病因才是导致特有病种的决定因素，但中医学无法通过对寒邪的辨识以满足伤寒病特有病种的诊断要求。

因张仲景无法围绕病因予以确认、鉴别，在临床表现方面又不能见到一个病独有的脉症，故只能凭短时间内大量出现长幼皆相类似的病情与病理过程进行诊断，使伤寒不可能是特病种，也使张仲景主观上希冀以特有病理变化设置伤寒病种的夙愿止步于半途。诊断上的模糊性，为后世广义、狭义伤寒之争埋下了伏因。

根据张仲景的疾病观推测，伤寒是其所深刻认识到的外感热病之一，该病的典型特征为感受寒邪、急性起病、过程中化热。但若病以痉、或吐利（霍乱）、或黄疸、或水肿、或一身剧痛（湿病）持续疾病全程；或是暑邪所致者，则即便符合此典型特征，亦必须从伤寒病中排除。以排除法而不是相反的方法进行伤寒的规定与诊断是由于可辨识性的限制。注意排除法虽然是有欠完整的认识，但仍具有其积极意义。如传染性非典型肺炎（SARS）的最初病例是按照肺炎认识的，治疗过程中发现了与普通肺炎的不同，于是提出了“非典型性肺炎”的诊断，“非”即是“排除”。将其从典型肺炎中排除的意义在于，使该病从一般肺炎中隔离了出来，获得了揭示其特殊规律的机会。直至终于认识SARS。所以排除法是使认识提升的一个过渡性方法。

另外，张仲景将感受热邪而致者排除在外不是因为对狭义伤寒观的赞同，而是为了治疗的原因。因为其时辛凉解表剂尚未出现。同意把热邪致病者包含在内即等如同意以辛温的方法治疗，这是原则问题。

参考文献

[1] 李培生．伤寒论讲义［M］．上海：上海科学技术出版社，1985：1.

[2] 熊曼琪．伤寒学［M］．北京：中国中医药出版社，2003.

[3] 蒋明．《金匮要略》以病为纲模式对现行中医学的理论示范作用［J］．河南中医，2006，26（1）：17～19.

[4] 蒋明．中医学发展有赖于对病证关系的再认识［J］．中医杂志，2004，45（12）：889～891.

[5] 蒋明．论以辨病为前提之《金匮要略》病证结合模式［J］．南京中医药大学学报，2003，19（2）：65～68.

[6] 蒋明．病是事实，岂因医有中西而不同［J］．中国中西医结合杂志，2010，30（4）：423～425.

[7] 温少峰，袁庭栋．殷墟卜辞研究——科学技术篇［M］．成都：四川省社会科学院出版社，1983：322～324.

[8] 竺可桢．中国近五千年来气候变迁的初步研究［J］．考古学报，1972，（1）：2～23.

[9] 裘锡圭．居延汉简中所见疾病名称和医药情况［J］．中医药文化，2008，3（6）：16～19.

[10] 张延昌，孙其斌，杨扶德，等．《武威汉代医简》与《伤寒杂病论》方药渊源［J］．中华医史杂志，2006，36（2）：72～74.

［《中医杂志》2012，53（16）：1435］

从《金匮要略方论》肾气丸的运用论异病同治

刘中勇　江西中医学院附属医院

张腾云　江西中医学院硕士研究生

肾气丸为补肾名方，出自东汉医家张仲景所著《金匮要略方论》，后世称之为金匮肾气丸、八味地黄丸、崔氏八味丸、附桂地黄丸等，其方配伍严谨、构思独特，具有补肾助阳的功效。该方由干地黄八两、山药四两、山茱萸四两、茯苓三两、泽泻三两、丹皮三两、桂枝一两、附子（炮）一两，八味药物组成。方剂的组成体现了《金匮要略》辨证论治的基本原则，《金匮要略》中仲景运用一首肾气丸对五个不同的病证进行了论治，更是异病同治的典范。所谓“异病同治”，指几种不同的疾病，在其发展变化过程中出现了大致相同的病机，大致相同的证，故可以用大致相同的治法和方药来治疗[1]。中医治病的法则，不是着眼于病的异同，而是着眼于病机的异同。异病可以同治，既不决定于病因，也不决定于病证，关键在于辨识不同疾病有无相同的病机。病机相同，即可采用相同的治法。正如《简明中医辞典》说：“不同的疾病，若促使发病的病机相同，可用同一种方法治疗，即证同治同，证决定治疗关键。”

一、金匮肾气丸的药物组成及功效

金匮肾气丸由附子（炮）一两、桂枝一两、干地黄八两、山茱萸四两、山药四两、泽泻三两、茯苓三两、丹皮三两，八味药物组成；其药物剂量比例为1∶1∶8∶4∶4∶3∶3∶3；纵观整个方剂其性温，味以甘酸辛为主，具有甘温、酸温、辛温而微淡微苦的特点，有温补下元、壮肾通阳、化气行水、消肿止渴、引火归元、纳气固本等功用，方中附子大辛大热，为温阳诸药之首；桂枝为辛甘而温，乃温通阳气要药，二药相合，补肾阳之虚，助气化之复，共为君药[2]。肾为水火之脏，内寓元阴元阳，阴阳一方的偏衰必将导致阴损及阳，或阳损及阴，若单补阳而不顾阴，则阳无以附，无从发挥温升之能，正如张介宾在《景岳全书·新八阵图》所言：“善补阳者，必于阴中求阳，则阳得阴助而生化无穷。”故重用干地黄滋阴补肾配山萸肉、山药补肝脾而益精血，共为臣药。君臣相伍，补肾填精，温肾助阳，不仅可藉阴中求阳而曾补阳之功，而且阴药得阳药之柔润则温而不燥，阴药得阳药之温通则滋而不腻。方中补阳之品药少量轻而滋阴之品药多量重，可见其立方之旨乃为：“少火生气“之意。正如柯琴所云：“此肾气丸纳桂附于滋阴剂中十倍之一，意不在补火而微微生火．即生肾气也。”[3]赵养葵亦认为“水火得养则肾气复矣”。再以茯苓、泽泻利水渗湿，丹皮泻肝火，三阴并补并泻。整方补中有泻，寓泻于补，故补而不滞，是补通开合之剂；阴中求阳，阳中求阴，实为阴阳双补之剂。一方面发挥滋补肾阴、温补肾阳的作用，同时又照顾到肾主水，参与水液代谢方面的功能。张景岳曰：“肾气丸能使气化于精，即所以治肺也；补火生土，即所以治脾也；壮水利窍，即所以治肾也。”复肾之气，助肾化气，补脏腑之精，泄体内之浊。除补肾外，还益脾、育肝、通络等作用。

二、仲景对肾气丸的应用

仲景以金匮肾气丸为通治之方，异病同治，治疗多种疾病。本方通治五种病：一主寒湿脚气，二主虚劳腰痛，三主痰饮，四主消渴，五主女子转胞。笔者兹结合原方，对其分析如下。

（一）寒湿脚气

《金匮要略·中风历节病脉证并治第五》曰：“崔氏八味丸（即肾气丸）治脚气上入，少腹不仁。”此处的脚气当指在下的寒湿之气，而少腹不仁是为膀胱气化不利。《灵枢·经脉》曰：“肾足少阴之脉，起于小指之下，邪走足心，出于然谷之下，循内踝之后，别入跟中，以上踹内，出腘内廉，上股内后廉，贯脊，属肾，络膀胱；其直者，从肾上贯肝膈，入肺中，循喉咙，挟舌本；其支者，从肺出络心，注胸中。”肾气虚衰，寒湿之气，循经上入，聚于少腹，以致少腹不仁；既然肾气已虚，病已入腹，单用祛散寒湿之剂，是谓不治，故用肾气丸补肾中亏乏之气，以生阳化湿，水湿得化，脚气得除之。诚如尤在泾所说：“肾之脉，起于足而入腹，肾气不治，寒湿之气，随经上入，聚于少腹为之不仁，非驱湿散寒之剂所可治者，须以肾气丸补肾中之气，以生阳化湿之用也。”

（二）虚劳腰痛

《金匮要略·血痹虚劳病脉证并治第六》篇中第15条曰：“虚劳腰痛，少腹拘急，小便不利者，八味肾气丸主之。”所谓虚劳，是指多种原因所致的，以脏腑亏损，气血阴阳不足为主要病机的多种慢性衰弱症候的总称。[4]《金匮要略直解》说：“腰者，肾之外候，肾虚则腰痛，肾与膀胱为表里，不得三焦之阳气以决渎，则小便不利而少腹拘急，州都之官亦失其气化之职，水中真阳已亏，肾间动气已损，是方益肾间之气，气强则便溺行而小腹拘急亦愈矣。”腰为肾之府，肾阳不足，腰失温煦，则腰痛绵绵。肾阳虚弱，不能化气利水，水停于内，则小便不利、少腹拘急。曹颖甫老先生说：“肾脏虚寒则水湿不能化气，膨急于上则腰痛，膨急于下则少腹拘急。”[5]尤在泾认为：“虚劳之人，损动少阴肾气，是以腰痛，少腹拘急，小便不利，以八味肾气丸补阴之虚，可以生气；助阳之弱，可以化水；乃补下治下之良剂也。”故用金匮肾气丸助肾阳之弱以化水，滋肾阴之虚以生气，使肾阳振奋，气化复常，则诸症自除。此乃王冰所谓：“益火之源，以消阴翳”之理。

（三）痰饮病

《金匮要略方论·痰饮咳嗽病脉证并治第十二》篇中第13条曰："夫短气有微饮，当从小便去之.苓桂术甘汤主之；肾气丸亦主之。"微饮是水饮之轻微者。微饮之病外证不明显，仅见短气，饮邪虽轻微，但水饮内阻，阳气不化，其本在于脾肾，必须早为图治。痰饮是因阳气不化，水饮内停，而脾肾阳虚为停水留饮为患之根。肾气虚弱，气化失司，不能化气利水，水饮内停，水气上泛心下而为短气。肾气不足，气化不行，则可见小便不利。"欲引其气，必蠲其饮"，故"当从小便去之"为本证治法，宜化气利小便，气化水行，饮有出路，则短气自除。故用肾气丸温肾蠲饮，化气利水，以增强肾的气化功能，从而达到小便利、微饮去、短气平的目的。

（四）消渴病

《金匮要略方论·消渴小便不利淋病脉证并治第十三》篇中第3条曰："男子消渴，小便反多，以饮一斗，小便一斗，肾丸主之。"消渴病以口渴多饮、多食易饥、小便频多，久则形体消瘦为主要特征，临床上根据其症状及病理变化分为上、中、下"三消。"[6]本条所论是下消的证治。《医宗金鉴》曰："饮水多而小便少者，水消于上，故名上消也。食谷多而大便坚者，食消于中，故名中消也。饮水多而小便反多者，水消于下，故名下消也。上、中二焦属热，惟下焦者寒热兼之，以肾为水火之脏也。饮一溲一，其中无热消耗可知矣。故与肾气丸从阴中温养其阳，使肾阴摄水则不直趋下源，肾气上蒸则能化生津液，何消渴之有耶?"肾为水火之脏，内寓元阴元阳，所以肾阳虚、肾阴虚、肾阴阳两虚，均可导致本病发生。本条所论是属于肾阳虚而致的下消证，阴无阳而不升，阳无阴而不降，肾虚阳气衰微，既不能蒸腾津液以上润，又不能化气以摄水，水尽下趋，因而"以饮一斗，小便一斗。"故用肾气丸补肾之虚，温养其阳，真阴益则不弱，少火壮则阳自生，恢复其蒸津化气之力，则消渴自解。[7]《医观·消渴论》对本方在消渴病中的应用作了较好的诠释："盖因命门火衰，不能蒸腐水谷，水谷之气，不能熏蒸上润乎肺，如釜底无薪，锅盖干燥，故燥。至于肺亦无所禀，不能四布水谷，并行五经，其所饮之水，未经火化，直入膀胱，正谓饮一升溲一升，饮一斗溲一斗，试尝其味，甘而不咸可知矣。故用附子、肉桂之辛热，壮气少火，灶底加薪，枯笼蒸溽，槁禾得雨，生意维新。"

（五）女子转胞

《金匮要略方论·妇人杂病脉证并治第二十二》篇第18条："问曰：妇人病饮食如故，烦热不得卧，而反倚息者，何也？师曰：此名转胞不得溺也，以胞系了戾，敞致此病，但利小便则愈，宜肾气丸主之。"转胞的病因病机及其复杂，此条所述妇人转胞之证的病机是肾气不举，膀胱气化不行所致。由于病在下焦，中焦无病，故饮食如故；病在膀胱，故脐下拘急，小便不通；由于小便不通，水气不得下行，浊气上逆，虚阳上扰，故烦热不得卧，只能依靠着呼吸。治以肾气丸振奋肾阳，恢复膀胱气化功能，蒸化水气，使小便通利，则妇人转胞之证随之而解。

三、《金匮》肾气丸异病同治的临床应用

仲景运用肾气丸对五种不同病症论治的出发点都是补肾中之精气，调肾中之阴阳。其组方之精、意理之深、治病之广、效用之显，《金匮》肾气丸异病同治为后世"证同治同"树立了典范，临床上除运用肾气丸治疗原方之五大疾病外还得到更为广泛的发挥。现代很多医家根据辨证论治、异病同治的原则对金匮肾气丸加减运月治疗很多疾病。

通过对金匮肾气丸加减运用，陈科[8]用其治疗膀胱过度活动症（证属肾气不足、膀胱失约），男性乳腺增生症（证属肾阳亏虚，气阻痰凝），ABO血型不合（证属肾气不足，湿热内涵），泌尿系结石（证属肾气亏虚，湿热下注）；景常林[9]用其治疗胸腔积液（证属脾肾阳虚，水气凌心射肺），眩晕（证属肾虚，髓海不足）；董坚、蔡敏[10]用其治疗盗汗（证属阳气虚衰，阴寒内盛），高热（肾气亏耗，虚阳外越），均取得了很好的疗效。金匮肾气丸之所以能治疗这些疾病，尽管这些疾病的病名不同，症状不同，但是探究这些疾病的病机均与肾气虚衰有关，病机基本相同，根据"异病同治"的理论，通过用肾气丸温补肾阳，滋补肾阴以化生肾气来治疗疾病，这便是"异病同治"具体临床应用。

四、结语

肾气丸在《金匮要略方论》中所治之五种病证，病名不同，症状亦异，但同一方剂何以既治寒湿脚气、虚劳腰痛、痰饮、消渴，又治妇人转胞，究其原因，上述病证的临床表现虽不尽相同，但症候所反应的病因病机无异，其病位在肾，病性属虚，病因都是肾气不足，病机均为肾气虚衰、气化

失司、水失摄纳、小便蓄泄无常。可以认为其症候相同，故均以肾气丸补肾助阳，温阳化水，意在使肾气充盈，肾阳振奋，气化复常，取“异病同治”之效。由此可见，病机相同是异病同治的重要依据。

由张仲景对肾气丸的应用到现今临床上在多系统多疾病的治疗过程中，应用肾气丸获效的大量的案例，充分体现了“异病同治”的理论价值和实践意义，体现了“异病同治”拓展应用的广大空间。辨证论治是中医治疗学的基本指导思想，方证对应是临床选方用药的基本思维模式。由于不同种疾病在各自发生、发展过程中可能表现出某种相同的证候，而采用异病同治之法。针对不同疾病的相同证候而施用同一处方又常常能收到令人满意的治疗效果，可以预见，源远流长的金匮肾气丸的临床应用，由于中医“异病同治”原则的精妙运用，在今后的临床实践中，将在临床医疗实践中得到更为广泛的拓展。

参考文献

[1] 孙广仁．中医基础理论［M］．北京：中国中医药出版社，2002.

[2] 邓中甲．方剂学［M］．北京：中国中医药出版社，2003.

[3] 清·吴谦．《医宗金鉴．删补名医方论》［M］．北京：人民卫生出版社，1957.

[4] 李淑英，黄振强．从《金匮要略方论》肾气丸的运用论异病同治［J］．中国医药指南，2008，20（6）．

[5] 曹颖甫．《曹氏伤寒金匮发微合刊》［M］．上海：上海科技出版社，1990.

[6] 范永生．金匮要略［M］．北京：中国中医药出版社，2002.

[7] 马文全．《金匮》肾气丸义理及衍变［J］．河南中医，2003，23（9）．

[8] 陈科．金匮肾气丸临床新用举隅［J］．四川中医，2008，28（5）．

[9] 景常林．金匮肾气丸应用举隅［J］．世界中医，2007，5.

[10] 董坚，蔡敏．肾气丸临床新用［J］．《海南医学》2001，12（5）：68.

［《江西中医学院学报》2012，24（2）：4］

从“热证忌灸”到“热证贵灸”

杨孝芳　贵阳中医学院针推系
吴　丽　贵阳中医学院研究生

灸法的应用起源于人类掌握用火以后，时间在石器时代[1]。“灸”字在现存文献中以《庄子》最早提及，汉代许慎《说文解字》曰：“灸，灼也，从火”。灸法是一种温热刺激，主要通过经络的传导，温通气血、扶正祛邪，达到治病和保健目的的一种外治方法。中医有“六气皆从火化”之说，认为疾病多因“火”“热”等外邪所致；可造成表热、里热、虚热、实热等多种热证。有学者认为，中医所指的“热证”，包括现代西医学的各种炎症、感染、传染病和免疫性疾病等[2]。热证可否用灸，古今一直倍受争议。灸法用于热证大致经历了“可灸—忌灸—可灸—贵灸”的发展历程。

一、“热证可灸”的萌芽

湖南长沙马王堆三号汉墓出土的帛书《足臂十一脉灸经》《阴阳十一脉灸经》是现存记述灸法最早的中医文献，两书都以“灸”来命名。《黄帝内经》中亦有记载热证可灸的例证，如《素问·骨空论》明确提出了热病二十九灸：“灸寒热之法，先灸项大椎，……凡当灸二十九处”。再如《素问·至真要大论》云：“逆者正治，从者反治”。且有“火郁发之”“以热治热”的理论。因此，“热证施灸”是符合中医学治病基本原则的，而《黄帝内经》可谓是“热证可灸”的萌芽[3]。

二、“热证忌灸”的提出

东汉末年张仲景在《伤寒论》中首先提出“热证不可灸”，并且反复强调“三阳宜针，三阴宜灸”。张仲景还在书中反复提出“火劫”“火逆”等危害的告诫，认为灸法多适用于阴盛阳虚的寒证而不宜用于阴虚阳盛的热证，并强调若误用可引起阴伤亡阳之弊。如《伤寒论》118条：“脉浮热盛，而反灸之，此为实，实以虚治”。指出热证施灸，可致火邪上越，热伤阳络而导致“因火而动，必咽燥吐血”。又如《伤寒论》119条：“微数之脉，慎不可灸，因火为邪，则为烦逆，追虚逐实，血散脉中，火气虽微，内攻有力，焦骨伤筋，血难复也”。提出灸法火力虽微，但对于阴虚之人也易使其津液受损，从而加重阴虚，出现枯槁之形或导致病情恶化。张仲景提出“热证不可灸”是依据《素问·至真要大论》“寒者热之，热者寒之”的中医理论，故一直被后人所推崇。明代张景岳对热证用灸也持反对态度，如《类经图翼》云：“其有脉数、躁烦、口干、咽痛、面赤、火盛、阴虚内热等证，俱不宜灸”。明确指出无论是实热还是虚热都不宜用灸法。清代医家王孟英亦提出“灸可劫阴”之说，竭力反对阴虚热证用灸。后世的很多医家仍沿前人所言，认为“热证忌灸”，因而在临床中视灸法不宜用于热证由来已久。

三、“热证可灸”的论证及其临床运用

“热证可灸”以东晋葛洪为代表，葛洪认为灸法对于虚实寒热，无所不宜；其在《肘后备急方》中云：“诸痈疽发背即乳方，比灸其上百壮”。用灸法治疗外科热证。唐代孙思邈临证更加重视热证用灸法，如《千金翼方》卷28：“凡卒患腰肿附骨肿痈疽节肿风游毒热肿，此等诸疾，但初觉有异，即急灸之，立愈”。用灸法治疗痈疽；又如《千金要方》卷10：“巨阙穴，在心下一寸，灸七壮，主马黄、黄疸、急疫等病”。将灸法用于治疗温热症。孙思邈将灸法用于热证，每获良效，故其在《千金要方》云：“其有须针者，即针刺以补泻之；不宜针者，直灸之，此为良医”。以此强调灸法在临床应用中的重要性与可行性。历代医家大多支持“热证可灸”的观点，如《外台秘要》云：“小儿下血身热，口噤不乳，反张脊强，汗出身热……如此非复汤所不能救，便当时灸之妙”。此为灸法治疗儿科热证的例证；《神灸经论》曰：“聤耳，灸听宫、颊车、合谷”。此为灸法治疗五官科热证；《神灸经论·外科证浩》亦有：“凡疮疡初起七日以前，即用灸法，大能破结化坚，引毒外出，移深就浅，功效胜于药力”的论述。对于“热证可灸”机制的探讨，明代汪石山认为：“实者灸之，使实邪随之而发散也；热者灸之，引郁热之气外发，火就燥之义也”。指出艾灸的温热刺激可发散实邪和以热引热，从而达到温热泻实的目的。吴师机《理瀹骈文》亦有：“若夫热症亦可以用热者，一则得热则行也，一则以热行热，使热外出也……”；而《医学入门》更是明确指出“虚者灸之，使火气助元气；实者灸之，使实邪随火气而发散也；寒者灸之，使其气复温也；热者灸之，引郁热之气外发，火就燥之义也”。由此可知，历代医家对“热证可灸”的支持不仅保存了灸法，更在临床应用中扩大灸法的使用范围。

四、“热证贵灸”的产生

现代研究表明，灸法不但可以用于治疗热证，还适用于一些热象明显的疾病。有学者认为，感冒用温灸治疗能有效地缩短病程且可阻断某些不良传变[4]。现代医学实验研究及临床经验亦表明，灸疗可以提高人体白细胞数量，促进单核巨噬细胞的吞噬作用，促进抗体形成，以增强人体的防御功能[5]。例如，肠痈属阳明实热证，用艾灸治疗后取得良好疗效[6]。再如，痄腮属于热毒壅滞型，灸法可使疾病快速向愈[7]。有学者提出艾灸治疗热证其机制为：以艾叶通利经络为前提，借助火力的帮助，以腧穴为施灸点，以经络为途径来实现的[8]。此外，还有学者认为，灸法具有解热、抗炎、杀菌、抗病毒[9~11]，调整免疫功能和促进血液循环[12~13]等作用。并且有学者提出灸疗具有双向免疫调节功能，可稳定机体内环境，从而起到抗炎免疫作用[14]。临床应用中，有学者将艾灸用于类风湿性关节炎[15]和干眼症伴有烧灼感、眼痛感、眼红等症状[16]均取得较好的疗效。我国现代著名老中医、一代灸学大师周楣声尤其推崇热证施灸，周教授认为热证不但“可灸”，而且“贵灸”。对于热证贵灸之说，周教授在《灸赋》中明确阐明为：“药有反佐，火能艾投。虚热用灸，元气周流；实热用灸，郁结能瘳；表热可灸，发汗宜谋；里热可灸，引导称优。热能就燥，寒以温酬。火郁宜发，早有嘉猷。同声相应，同气相求，开门逐贼顺水行舟”[17]。

综上所述，灸法是针灸医学的重要组成部分，同时也是传统医学中最古老的外治法之一；灸法对百余种疾病有较好的疗效，广泛应用于临床。对于热证是否可灸，历代医家经过长期的论证与临床实践，提出不同的观点。我们在临床实践中，既要关注“热证禁灸论”顾护阴液的重要性；又要清楚“热证用灸”符合中医反佐法的治疗原则，且被大量临床实践和机制研究所证实。临床应用时如辨证准确、选穴恰当、灸量足，往往能达到较好的效果。因此，不必拘泥于“热证禁灸”或“热证可灸”之说，应在实践过程中加强与重视灸法的研究，继承和发扬这种独具特色的传统疗法，为人类的健康造福。

参考文献

[1] 林昭庚．针灸医学史．北京：中国中医药出版社，1995：9～10.

[2] 唐照亮，宋小鸽．“热证可灸与贵灸”机制研究．安徽中医学院学报，2008，2（1）：27.

[3] 赵中亭．论“热证忌灸”与“热证可灸”的文献研究．河南中医学院学报，2009，7（4）：24.

[4] 欧阳八四．灸法的起源与发展运用．针灸临床杂志，1998，14（12）：1～4.

[5] 秦臻．小议热证可灸．遵义医学院学报，2007，7（3）：30.

[6] 韩慧，李杰．艾灸法治验案5则．陕西中医，2011，32（2）：216.

[7] 池志勇．灸法治疗热性病临床应用举隅．浙江中医杂

志，2010，45（9）：674.
[8] 周美启，吴生兵，曹健．熏器灸法的作用及其机制探讨．安徽中医学院学报，2008，4（2）：27.
[9] 诸毅晖．艾灸的微创效应与灸法退热机理探讨．中国自然医学杂志，2001，3（1）：57～58.
[10] 王宇华，杨长森，汪一定．艾柱灸对大肠杆菌内毒素致热家兔体温及微循环影响．中西医结合杂志，1988，8（9）：541.
[11] 王振琴，徐兆芳．艾熏灸治疗褥疮42例．上海针灸杂志，1991，10（3）：22.
[12] 路玫．穴位敷灸治疗白细胞减少症的临床研究．针刺研究，1997，22（3）：210.
[13] 邓柏颖，谢感共，罗敏然．化脓灸法对血液流变学指标近期影响的观察．中医药学刊，2003，21（3）：372.
[14] 唐照亮，宋小鸽，李俊，等．艾灸抗炎免疫作用中松果腺褪黑素高位调节的研究．中国针灸，2001，21（7）：429.
[15] 何悦硕，梁维超．麦粒灸治疗类风湿性关节炎疗效观察．上海针灸杂志，2010，29（7）：449.
[16] 宋立，张南，矫红，等．雷火灸治疗干眼症的临床观察．中华中医药杂志，2007，22（10）：726.
[17] 周楣声．灸绳．青岛：青岛出版社，2006：194.
［《中华中医药杂志（原中国医药学报）》2012，27（1），146］

从《伤寒论》六经理论看糖尿病的辨证施护

陈泳如　广州中医药大学第一附属医院
樊毓运　广州中医药大学

糖尿病作为一种终身代谢性疾病，目前尚无根治办法，其治疗时间长，医疗费用高，且容易并发多种并发症，是威胁人类身心健康的主要公共卫生问题和重大疾病[1]。糖尿病患者常以“多饮，多尿，多食伴消瘦”为主要临床症状，祖国医学称之为消渴病。“消”，意为消耗气血津液及肌肉筋骨等；“渴”为此病诸多症状中具有代表性的症状。祖国医学治疗消渴病已有两千多年的历史，积累了丰富的辨证论治经验。医圣张仲景在其著作《伤寒杂病论》中明确给予了辨证分型并予疏方，其方为历代医家所遵从，称之为“经方”。张仲景不仅开创了中医学辨证论治的先河，同时建立了中医辨证施护的典范。

一、病情有“痼”有“猝”，常规施护宜分宜别

张仲景指出：“夫病痼疾，加以猝病，当先治其猝病，后乃治其痼疾也”。糖尿病目前尚无根治之法，故为“痼疾”，但患者常因各种急性并发症如糖尿病酮症酸中毒、高渗性昏迷等而入院，这些急性并发症可以称之为“猝病”。故而入院观察患者是否具有危急的主症，对于护理工作来讲非常重要。

患者入院后首先观察病情轻重，执行相应级别的内科护理，然后根据患者情况，评估患者的辨证分型，因证施护；遵医嘱监测患者血糖的情况，并做好记录；观察血糖变化，出现头晕、面色苍白、四肢无力、大汗淋漓、脉数等低血糖症状时，应立即对症处理，并报告医师。患者如有恶心、呕吐、神志改变、呼吸加速、呼气有烂苹果气味等症状，可能发生糖尿病酮症酸中毒，立即报告医师。

二、四诊摘要合并相参，注意察观“神”“纳”“二便”

祖国医学的辨证论治模式，建立在望、闻、问、切等临床诊断的基础上，患者的症状、声音、面色、精神意识状态以及舌象、脉象等方面，所搜集来的资料复杂多样，需要进行归纳综合，整理成摘要，并以“神”“纳”“便”为主线，形成规范护理模式，根据医嘱予以相应治疗。

（一）观察“神”

《说文》指出：“神，天神引出万物者也。”《易经·系辞》提出：“阴阳不测谓之神。”由此可以看出，神之作用是万物之母，引伸到中医领域，指的是阳气运行人体各部，统摄器官诸窍的作用，这种作用难以用具体指标来量化，因此被称为“不测”。具体来说，神有广义狭义之分。广义之神指的是“人体一切生命活动及其外在表现”，相当于“引出万物者”；狭义之神则专指“人的精神、意识、思维情感等活动”。对于多数糖尿病患者而言，将血糖控制达标并非难事，但是良好血糖下的生活质量尤为重要，有的病人血糖好，但精神状态极差，尤其是老年患者更是如此。《内经》云：“得神者昌，失神者亡”。因此糖尿病患者的一个工作重点，即是注意观察其神志及精神状态，及时予以疏导、交流，促使其精神状态的好转。

（二）观察“纳”

纳指的是胃口。糖尿病患者的一个多发症状即是极好的胃口。经过口服降糖药物或注射胰岛素后患者的胃口会变化：或者更强（胰岛素过量），或者变差伴随腹胀嗳气等不适（如口服二甲双胍及阿卡波糖等药物引起），从而造成患者不适。患者常

常因血糖控制不佳而无所适从，不知道如何进行饮食结构的调整，此时护理应以营养治疗为工作的核心，兼顾患者的生活质量。正如有些患者所抱怨的那样，与其什么都不能吃，活着也没有意义了。因此，观察患者饮食情况，每周定时测体质量则显得尤其必要。根据血糖控制情况及患者年龄、性别、体质量等为其制订一个合理的饮食谱，使得胃口控制在正常范围内，对患者来说是极有意义的。

（三）观察“便”

张仲景所创制的辨证论治体系经后世医家概括为“汗、吐、下、和、温、清、补、消”八法，其中“汗、吐、下”三法为驱邪之法。因为二便是机体排除邪气或垃圾废物的通道。保障两大通道的畅通，对于保持身体的健康具有非常重要的意义。但是大便次数过多则可能导致机体液体的过分丢失，甚至造成亡阴失水、阴阳两脱的危重证候。从整体观来看，同样是排烂便，但临床意义，可以截然不同。例如，张仲景在《伤寒论》第278条中指出：“伤寒脉浮而缓，手足自温者，系在太阴……至七八日，虽暴烦下利日十余行，必自止，以脾家实，腐秽当去故也”。此时，因为脾胃中气复原，在正气作用下，机体通过排出烂便的方式，将寒湿浊邪赶出机体。但仲景也指出：“恶寒，脉微，而复利，利止亡血也，四逆加人参汤主之”，此时患者因为阳虚津液不固，而出现过多大便（水样便）时，则属危重病预兆。因此，临床上护理工作应重视二便的次数、形状、规律、数量等情况，及时做好医患之间的沟通，予以相关处理。

三、情志属性细分为五，生克制化宜互参导

祖国医学认为五脏六腑与情志有着密切的关系。《素问·阴阳应象大论》曰：“人有五脏化五气，以生喜怒悲忧恐”“脾在志为思，肝在志为怒，心在志为喜，肺在志为忧，肾在志为恐”；《灵枢·本神》曰：“肝气虚则恐，实则怒，心气虚则悲，实则笑不休”；《素问·调经论》曰：“血有余则怒，不足则恐”。

而仲景《伤寒论》理法方药一脉贯通，六经辨证体系是融经络、脏腑、阴阳、邪正、气化、疾病发展阶段、治法、方药、调护在内的综合性临床辨证论治体系[2]……因此临床护理工作可以六经辨证体系中的情志观为指导，先辨其有余不足，再根据五行生克制化规律，进行有的放矢的情志疏导，方能事半功倍。

四、方药性味各有不同，根据冷温频度服用

1. 根据病人体质与病情，决定服药的频度和数量　张仲景的医学时代是医护一体的时代，因此仲景的著作中，积累有丰富的服药护理经验，比如泻心汤的顿服法，瓜蒌薤白白酒汤的再复法，奔豚汤的四服法，以及治“妇人乳中虚，烦乱呕逆”之证，一次进药，恐有吐逆，故采用多次少量给药的五服法等等。

2. 根据用药目的，决定服药时机　如果目的是攻下通便，则建议清晨空腹服用，以直达病所；如果以养胃为意，且有对胃肠道刺激的药物，则主张饭后服；若用桂枝汤之类以取发汗为目的，则建议加被饮粥，但注意监测血糖；如果病人恐惧中药或者身体较差则要先小量频服，再逐渐加量；若以温阳为法，则主张平旦服用，以顺应天地阳气运行规律。

五、辨证施护具体方法

（一）阳证

1. 太阳表虚证　当以解表散寒为法，适当选择桂枝、麻黄、辛夷花等食材搭配食用，并指导患者常按摩太阳、风池、风府穴；中药宜温服。

2. 阳明胃热证　当以清热养阴为法，适当选择葛根、生地黄、绿豆、苦瓜等食材搭配食用，并指导患者常按摩足三里、中脘等穴；中药宜少量多次温凉服下。

3. 少阳枢机不利证　以和解少阳为法，建议患者注意保持情志舒畅，适当选择芦荟、夏枯草等解郁化火的食材搭配食用，指导患者常按摩太冲穴及敲胆经。

（二）阴证

1. 太阴、阳明虚寒证　以温中散寒、健脾燥湿为法，可适当多食用生姜、胡椒等，并指导患者按摩三阴交、中脘等穴。

2. 少阴阳虚寒湿证　以温补元阳、散寒除湿为法，可适当选择鹿茸、肉苁蓉、杜仲、羊肉等食材搭配食用，教导患者常按摩腰肾部及气海、关元穴等。

3. 少阴阴虚证　以滋阴泻火、交通心肾为法，可适当选择阿胶、何首乌、百合等食材搭配食用。指导患者常按摩神门、涌泉穴。

4. 厥阴经脏虚寒证　以暖肝祛寒、温通经络为法，适当选用枸杞子、当归、肉桂等食材搭配食

用，并指导患者常按摩太冲、期门等穴位，注意保持情志舒畅。

综上所述，糖尿病具有病程长、变化多、并发症多等特点，且临床上因为治疗不当或患者平素饮食不节、情志失调等原因，会导致症状复杂多变。六经辨证理论可以体现出糖尿病及其并发症发生和转变的动态过程，以此指导糖尿病患者护理，可以体现出阶段性和多样性的特点，更能适应临床护理的需要，对糖尿病患者的治疗和预后具有重要的临床意义。

参考文献

[1] 迟家敏．实用糖尿病学［M］．北京：人民卫生出版社，2010：1.

[2] 柯雪帆．伤寒论选读［M］．上海：上海科学技术出版社，1997：4.

［《河南中医》2012，32（8）：954］

从《伤寒论》太阳病篇浅探张仲景伤寒杂病合论思想

邓森涛　成都中医药大学博士研究生

伤寒与杂病虽然在概念上有着明确的区分，但是杂病与伤寒的临床症状常常十分相似，杂病与伤寒又常相兼而发病，因人制宜的治疗原则也要求伤寒杂病合论，再加上伤寒日久不愈可转为杂病等等，这些因素都注定了伤寒与杂病合论的必须性。有鉴于此，笔者特以《伤寒论》太阳病篇的部分条文为主，撰文揭示《伤寒论》中所蕴含的伤寒杂病合论思想及其应用。文中所引《伤寒论》条文均以重庆中医学会新辑宋本《伤寒论》[1]为准，《伤寒论》条文后标注的数字，亦本该书。

一、《伤寒论》中公认治疗杂病的条文

“病常自汗出者，此为荣气和，荣气和者，外不谐，以卫气不共荣气谐和故尔。以荣行脉中，卫行脉外。复发其汗，荣卫和则愈，宜桂枝汤。”（53）

“病人藏无他病，时发热，自汗出而不愈者，此为卫气不和也。先其时发汗则愈，宜桂枝汤。”（54）

此二条开首浑言病、病人，称“常自汗出”“时自汗出而不愈”，只言营卫，只言疗法，并未拘定于太阳中风，可见其既包括外感也包括杂病。如程应旄[2]说“此不必太阳中风，而桂枝汤可主治一切”，占主流学术思想的高等中医学教材《伤寒学》[3]，对于此二条的解释是“本节原文论述了桂枝汤在杂病中的应用”。可以说这是公认的在《伤寒论》中讨论杂病的两个条文。

53条冠以“病”字，其范围相当广泛，既包括外感也包括杂病。此二条，诸医家多有注意，也多认同其为伤寒、杂病合论。事实上《伤寒论》中还有很多伤寒、杂病合论的条文，如第239条“病人不大便五六日，绕脐痛，烦躁，发作有时者，此有燥屎，故使不大便也”，第240条“病人烦热，汗出则解，又如疟状，日晡所发热者，属阳明也。脉实者，宜下之，脉浮虚者，宜发汗。下之与大承气汤，发汗宜桂枝汤”，第242条“病人小便不利，大便乍难乍易，时有微热，喘冒不能卧者，有燥屎也，宜大承气汤”，第257条“病人无表里证，发热七八日，虽脉浮数者，可下之。假令已下，脉数不解，合热则消谷喜饥，至六七日不大便者，有瘀血，宜抵当汤”等。这些条文皆出自阳明病篇，冠首皆浑称病人，见其症，则曰“此有燥屎”“有燥屎也”“属阳明也”，而无分其伤寒、杂病，这些都是伤寒杂病合论的条文。

二、张仲景为伤寒杂病共同立法

“太阳之为病，脉浮，头项强痛而恶寒。”（1）

此条为太阳病的提纲，是对病在太阳所呈现脉证的高度概括。笔者认为对于本条的理解，不可拘于风寒作解，否则就会局限地理解为是太阳伤寒或太阳中风的提纲，要知道太阳伤寒和太阳中风自有其提纲。脉浮是人体正气向上向外抗邪的表现，不必必须是风寒邪气侵袭，亦不必必须是外邪侵袭。头项强痛乃正邪交争于太阳专位的表现，恶寒乃是人体卫气失去卫外温煦之职，显出太阳本气。“之为”和“而”三字，前人已有注意，陈伯坛阐于前，冉雪峰释于后，皆有其妙，今人作释时多忽略不问，直若无此三字，简化为“太阳病，脉浮，头项强痛恶寒”，无怪乎多作为风寒病的总纲，而非太阳病的总纲，未免义狭。前人陆懋修[4]说：“张仲景书本为《伤寒杂病论》，六经提纲，伤寒如此，杂病亦如此。”徐大椿[5]亦说：“脉浮头项强痛恶寒八字，为太阳一经受病之纲领，无论风寒湿热，疫疠杂病，皆当仿此，以分经定证也。”由此可见，后人将张仲景伤寒与杂病割裂开来，实失仲景伤寒杂病合论之旨。又如吴坤安[6]在《伤寒指掌·厥阴新法》中说到：“六经主病，张仲景非专为伤寒立言，如厥阴所述气冲吐蛔等证，乃厥阴风木自病，不拘伤寒杂病，但见呕逆吐蛔者，即是肝邪犯胃，宜兼厥阴而治。”前人于此发微之处，因未进行深

入阐释，以致于后学对于张仲景伤寒杂病合论的完整证治思想体系未能深刻理解。

三、张仲景为伤寒杂病共同立方

“太阳病，头痛，发热，汗出，恶风，桂枝汤主之。”（13）

此条紧接12条而来，粗观之，似乎与上条同，并无深意，好似重出，无怪乎《医宗金鉴》疑其为衍文。然细审之，本条为太阳病冠首，其下既无中风字，亦无伤寒字，可见桂枝汤既不单主中风，又不兼治伤寒，推而广之，是扩大桂枝汤之用，是为伤寒杂病共同立方，非浅止于中风一端也。柯韵伯先生曾将其列为桂枝汤证的第一条，他在《伤寒论翼》[7]中对此条注释到：“此条是桂枝本证，辨证为主，合此证即用此汤，不必问其为伤寒、中风、杂病也。今人凿分风、寒，不知辨证，故张仲景佳方置之疑窟。”而陈修园[8]也注意到其中精妙并说到：“凡中风伤寒杂证，审系太阳之为病，医者必于头痛发热等共同证中，认为汗出一证，为大主脑。汗出则毛窍空虚，亦因而恶风者，桂枝汤主之，不必问其为中风伤寒杂病也。”唐容川[9]更是在前人基础上推广开来，他说道：“《浅注》言凡中风伤寒杂病，又曰不问其为中风伤寒杂病，但见此病，即用此方，将张仲景立方之通例于此揭出，真善读张仲景书者，张仲景全书皆作如是观。”由此可知，作为《伤寒论》第一方的桂枝汤，张仲景对其应用的本来意义就是为伤寒杂病合论而设，笔者认为张仲景所创方剂都应作如是观。

四、如何通过条文合参理解张仲景伤寒杂病合论的思想

“喘家作，桂枝汤加厚朴、杏子佳。”（18）

既言喘家，可见其人素有喘疾，不可谓与杂病无关。此条与43条“太阳病，下之微喘者，表未解故也，桂枝加厚朴杏子汤主之”合参，更可见张仲景伤寒杂病合论的微旨：第一，其人素有喘疾，本次患太阳中风证，引动宿疾，予桂枝加厚朴杏子汤；第二，其人素有喘疾，本次患太阳中风证虽未引动其宿疾，但亦应予桂枝加厚朴杏子汤，以顾其宿疾；第三，其人无喘之宿疾，此次患太阳中风证，喘之兼症突出，故用桂枝加厚朴杏子汤；第四，其人素无喘疾，医者治疗太阳中风证时，予桂枝加厚朴杏子汤，加厚朴、杏子的目的旨在加强桂枝汤发散力量。由此合参，可揭示出张仲景伤寒杂病合论的思想。

五、张仲景在伤寒杂病合论思想下所提出的治疗原则

“太阳病三日，已发汗，若吐、若下、若温针，仍不解者，此为坏病，桂枝不中与之也。观其脉证，知犯何逆，随证治之。”（16）

太阳病误治之后的坏病，变化多端，错综复杂，其治疗原则是随着脉证的变化而决定的，故张仲景说道“观其脉证，知犯何逆，随证治之”。这一辨证论治的思想，具有广泛的指导意义，此非仅仅是太阳病变证或坏病的治则，也是对伤寒杂病合论的统一治则，正如裴永清[10]所说：“我们在学习时，绝不能读书死于句下。仔细推敲张仲景之书，伤寒杂病诸多证治，无一不是在‘观其脉证，知犯何逆，随证治之’，这是医圣在为后人创立‘坏病的治则’的同时，又为后人演义了辨证论治的程序和步骤，也可以说是辨证论治一切疾病的总方法。”笔者认为，只有充分理解张仲景完整的证治思想体系，才能真正做到“观其脉证，知犯何逆，随证治之”。

六、张仲景在伤寒杂病合论思想下对百病的预后

“凡病，若发汗，若吐，若下，若亡血，亡津液，阴阳自和者，必自愈。”（58）

此条首冠“凡病”二字，可见其论非仅指伤寒，而是指伤寒杂病合论，也就是说无论伤寒或是杂病，其“阴阳自和者，必自愈”之理是相同或相通的，百病皆然。故张隐庵[11]说：“自此以下十三节，首二节言津液虽亡，而阴阳自和者愈。三四五节，言汗下而脉微细，脉沉迟，脉沉微，是为虚寒亡血之证。六七八九十节，言发汗不解，致伤五脏之气，而阴阳不和。十一、十二节言太阳少阴之神气虚微。至末第十三节，乃言胃实之证以结之，此言发汗吐下后，虽亡血亡津液，若阴阳和者，必自愈。凡风寒暑湿燥火之病皆然，不独伤寒已也。”由此观之，自58条起至70条止，实亦合论杂病，非仅为伤寒立法也。且这几条强调指出了无论是伤寒或杂病，其预后是“阴阳自和”者病愈，反之病不愈。

七、张仲景在伤寒杂病合论思想下对复杂疾病的治疗

“大下之后，复发汗，小便不利者，亡津液故也。勿治之，得小便利，必自愈。”（59）

上已说明，自58至70各条，实际上是伤寒杂

病合论。此条先里后表，不特先下，且大下，实有违伤寒一般疗法之常规。前人汪琥[12]为我们说明了其中之旨，他说："先汗后下，治伤寒之正法也。今病未曾发汗，而先大下之，即下之后，复发其汗，是为汗下相反，津液重亡……按此条论必病人表里悉具，以故汗下相反。但小便不利，无他变也，设使无里证而先下，无表证而复汗，则病人变证蜂起，岂特小便之不利哉。"而冉雪峰[13]则更深刻地揭示到："此是就疗法深层言，汗下均耗津液，但只小便不利，未至真正亡阴，不幸之幸，这也是汗下不大错误，才有此邪正俱衰的收场。得小便利，得字宜重视。倘汗下果错果误，其何能得之有，即这个得字，就可看出非疗法的疏漏，而是病机的复杂，伤寒可治杂病，常法变法，定法活法，神而明之，存乎其人。"由此可见，张仲景通过伤寒杂病合论，不仅为我们揭示了对于一些病机复杂的疾病的治疗原则，更为我们在临床中判断疾病的预后作了提示。

八、小结

通过以上讨论，可以看出张仲景《伤寒论》太阳病篇的诸多条文都是为伤寒杂病合论而设，在太阳病篇中不但有明显的杂病条文，而且太阳病提纲亦是为伤寒杂病共同立法，而具有群方之首的桂枝汤是为伤寒杂病共同立方，除此之外，张仲景还为我们展示了伤寒杂病合论思想下的治疗原则、预后以及对复杂疾病的处理方法等等。事实上，以伤寒杂病合论思想观之，则《伤寒论》太阳病篇中与杂病有涉的条文还有很多，他如"病人旧微溏"不可用栀子汤的81条，又如诸"家"禁汗的84～87条，再如汗下先后的90条等等，笔者只是举其纲领性者以揭示张仲景伤寒杂病合论的思想。笔者认为，只有充分理解伤寒杂病合论的思想，才不会简单地将《伤寒论》理解为是治疗外感疾病或是风寒疾病的专书，实际上《伤寒论》中也涉及诸多杂病，诚如柯韵伯[14]所说："伤寒之中最多杂病，内外夹杂，虚实互呈，故将伤寒杂病而合参之。"

参考文献

[1] 重庆市中医学会．新辑宋本伤寒论［M］．重庆：重庆市人民出版社，1955：5.

[2] 程应旄．伤寒论后条辨［M］．北京：中国中医药出版社，2009：1.

[3] 熊曼琪．伤寒学［M］．北京：中国中医药出版社，2003：37.

[4] 王王景．陆懋修医学全书［M］．北京：中国中医药出版社，1999：8.

[5] 徐大椿．徐大椿医书全集［M］．北京：人民卫生出版社，1996：4.

[6] 吴坤安．伤寒指掌［M］．上海：上海卫生出版社，1957. 35.

[7] 柯韵伯．伤寒论翼［M］．北京：中国中医药出版社，2003：12.

[8] 陈修园．伤寒论浅注［M］．北京：北京市中国书店，1985：2.

[9] 王咪咪．唐容川医学全书［M］．北京：中国中医药出版社，1999：198.

[10] 裴永清．伤寒论临床应用五十论［M］．北京：学苑出版　社，2005：220.

[11] 张隐庵．伤寒论集注［M］．北京：学苑出版社，2009：37～38.

[12] 汪琥．伤寒论辨证广注［M］．上海：上海科学技术出版社，1959：76.

[13] 冉雪峰．冉注伤寒论［M］．北京：科学技术文献出版社，1982：153.

[14] 柯韵伯．伤寒论翼［M］．北京：中国中医药出版社，2003：1～2.

［《国医论坛》2012，27（4）：4］

从《伤寒论》咽痛方谈咽痛之寒温异治

王　玲　湖北中医药大学

咽痛，是临床常见的一个症状，见于多种外感及内伤疾病。外感病中，无论感受风寒之邪还是温热之邪，均可出现咽痛。《伤寒论》6次提到咽痛一症。140条：太阳病，下之，其脉促，不结胸者，此为欲解也。脉浮者，必结胸。脉紧者，必咽痛。脉弦者，必两胁拘急。脉细数者，头痛未止。脉沉紧者，必欲呕。脉沉滑者，协热利。脉浮滑者，必下血。198条：阳明病，但头眩，不恶寒，故能食而咳，其人必咽痛。若不咳者，咽不痛。310条：少阴病，下痢，咽痛，胸满心烦，猪肤汤主之。311条：少阴病，二三日，咽痛者，可与甘草汤。不差者，与桔梗汤。312条：少阴病，咽中伤，生疮，不能语言，声不出者，苦酒汤主之。313条：少阴病，咽中痛，半夏散及汤主之。在140条和198条中，咽痛只作为一个兼症，治疗上抓住主症，兼症即可得解。在310、311、312、313条中，咽痛是作为少阴病中的一个主要症状，所以，张仲景在此4条中给出了治疗的方药。

以方测证，我们可以通过对猪肤汤、甘草汤、桔梗汤、苦酒汤、半夏散及汤的分析，来了解《伤寒论》中咽痛一证的病机实质。猪肤汤组成：猪肤，白蜜，白粉。甘草汤方：甘草。桔梗汤方：桔梗、甘草。苦酒汤方：半夏、鸡子清、苦酒。半夏散：半夏、桂枝、炙甘草。五方之中，猪肤、白蜜清金而止痛，润燥而除烦，白粉涩滑溏而收泄利也。半夏性味：辛、温，功效为燥湿化痰，降逆止呕，消痞散结。桔梗性味：苦、辛，平。功效：宣肺祛痰，清咽开音，排脓。桂枝性味：辛、甘，温。功效：发汗解肌，温阳利水，温经通络。甘草性味：甘，平。功效：补脾益气，润肺止咳，清热解毒，缓急止痛，调和药性。诸药中，除了甘草生用可清热解毒外，其他药物以辛、温、平、润为主。在《中药学》教材中，即使甘草也是放在补气药中，而非在清热解毒药之中。由此可知，《伤寒论》咽痛方所主治之咽痛或因阴虚虚火上炎、或因风寒兼痰客于少阴，咽虽痛，但仅有或无轻微红肿疼痛。因此，治疗以滋肾润肺、敛疮消肿、散寒通阳为主。从《伤寒论》全文来看，再结合仲景建安纪年“白骨露于野，千里无鸡鸣”之现状，更可知仲景所言咽痛必当以寒、以虚为主。

在临床上，众多医家以《伤寒论》之咽痛方为主，治疗慢性咽炎，疗效显著。慢性咽炎是临床常见病、多发病。祖国医学统称之为“喉痹”。局部病理变化主要为咽黏膜层充血，黏膜下结缔组织及淋巴组织增生，黏液腺肥大，分泌亢进[1]。其主要临床表现为咽部不适感，如干燥、发痒、灼热、微痛及异物感等。慢性咽炎病变部位特殊，病因复杂，症状顽固，西医大多采用抗生素类药物治疗或辅以地塞米松及复方硼砂溶液、呋喃西林漱口液等。但疗效不佳，而且易反复发作。谢瑞丰[2]治疗慢性咽炎用：1. 化痰祛痰利咽法；2. 养阴安神利咽法；3. 和胃降气利咽法；4. 疏肝解郁利咽法；5. 补中益气利咽法，取得良好效果。牛庆瑞等[3]将慢性咽炎通过辨证分为，肾阴虚血热型，肺阴虚血燥型，肾阴虚痰浊型，肝气郁滞型，治愈率77.6%，总有效率98.4%。李彤等以半夏汤[4]、李权英以甘草干姜汤[5]治疗慢性咽炎均获得良好疗效。

咽痛一症除见于慢性咽炎外，临床还多见于急性扁桃体炎，其中以热、以实为主者十占八九，中医学称之为乳蛾。南宋·严用和在《济生方·咽喉门》说：多食炙煿，过饮热酒，致胸膈壅滞，热毒之气不得宣泄，咽喉为之病焉。金代张子和《儒门事亲》卷三中正式提出“乳蛾”之名。《景岳全书》卷二十八中说：盖肿于咽之两旁者为双蛾，肿于一边者为单蛾。清·高秉钧《疡科心得集》说：夫风温客热，首先犯肺，化火循经，上逆入络，结聚咽喉，肿如蚕蛾，故名乳蛾。《中华人民共和国中医药行业标准·中医病证诊断疗效标准》指出：“乳蛾是因邪客喉核（扁桃体），核内血肉腐败所致，以咽痛、喉核红肿或化脓为特征的咽部疾病。分急乳蛾和慢乳蛾两类，相当于急、慢性扁桃体炎。”现代医学认为扁桃体炎为腭扁桃体的非特异性炎症。乙型溶血性链球菌为其主要致病菌，亦可见细菌和病毒混合感染。它是一种很常见的咽部疾病，可分为急性扁桃体炎和慢性扁桃体炎。急性扁桃体炎多发于儿童及青年，在春秋季节气温变化时最易发病。急性扁桃体炎反复发作可演变为慢性扁桃体炎，其可发生于任何年龄，但又随年龄的增长而减少，一般以小学至初中的少年儿童最多见，青年人次之，中年人较少，老年人很少见。男女发病差异不大。亦无明显季节间之差异。

乳蛾也好，扁桃体炎也好，我们似乎很难用《伤寒论》之咽痛方来治疗。《伤寒杂病论》中张仲景谆谆告诫我们要辨证论治，其五首咽痛方所治疗皆寒、虚之咽痛，我们当然不能用以治疗现今乳蛾之咽痛。《易经》云：穷则变，变则通，通则达。《吕氏春秋》云：世易时移，变法宜矣。金代张元素亦云：古方不能尽治今病。是故，后世医家对咽痛一证的探讨从未间断。纵观历史，自仲景之后，不乏有专论咽痛者。明朝时期，政府开始设有咽喉专科。薛立斋所著《口齿类要》一卷，略有记述。喉科专著之传者，无过于郑梅涧之《重楼玉钥》四卷。又有《咽喉脉证通论》一卷，相传为宋异僧所遗。书中认为，喉证之中，尤以风、痰、火为主。凡遇此症，不论缓急，只以下气消痰为主，次则清火凉血。书中指出，桔梗、甘草、升麻、半夏、生姜为喉证禁忌之药。清代萧山人陈根儒所著《喉科要旨》一卷，对喉科之症颇多研究，而又学有本源，其所发议论，每有卓识。除论述喉证内外用药之法外，陈氏尤其强调喉证之防护。“今欲防喉证，莫如使血勿热，欲血勿热，当慎其居处，节其饮食，时其药饵而调之，无病之时，常如有病，则病无自入也矣。”实可谓真知灼见也。

对于急性扁桃体炎，中医多以清热凉血化痰等论治[6~8]。李照高[6]用清热解毒汤治疗小儿化脓性扁桃体炎。治疗方法：84 例患儿予清热解毒汤口服。治愈56例，好转25例，无效3例，总有效率96.43%。李建新[7]用普济消毒饮加味治疗急性化脓性扁桃体炎26例。结果26例患者中显效17例，有效7例，无效2例，总有效率为92.3%。李小梅[8]以具有清热解毒、解表退热功效的咽痛方（银翘散基础上加玄参、青天葵组成），将126例外感发热患者随机分为治疗组和对照组，治疗组65例，采用咽痛方治疗，对照组61例，采用利巴韦林片治疗。结果：治疗组治愈率高于对照组（$P<0.05$），其咽痛、流涕、鼻塞症状的改善亦优于对照组。

现代医学对化脓性扁桃体炎的治疗，强调抗炎，预防感冒。究竟如何预防，现代医学中的防护措施显然是非常有限的。一般认为，6岁以下的儿童扁桃体有重要的生理功能，任意切除将降低机体免疫力，一般不实行手术。

综上所述，咽痛可见于临床上多种疾病，其证是寒、是热，还是要参照临床症状，不能一概而论。所谓实者泻之，虚者补之，寒者热之，热者寒之，仲景以《伤寒论》为例，告诫我们要辨证论治，有是证则用是药。正如《素问·示从容论》："夫圣人治病，循法守度，援物比类，化之冥冥，循上及下，何必守经"。

参考文献

[1] 黄选兆．耳鼻咽喉科学［M］．第4版．北京：人民卫生出版社，1995：85～86.

[2] 牛庆瑞，王立芹．慢性咽炎的辨证治疗及体会［J］．中国实用乡村医生杂志，2006，13（1）：40.

[3] 谢瑞丰．慢性咽炎辨治举隅［J］．新中医，2005，37（4）：80.

[4] 李彤，张智伟．半夏散及汤治疗慢性咽炎临床应用体会［J］．吉林中医药，2009，29（10）：881.

[5] 李权英．甘草干姜汤治验举隅［J］．长春中医药大学学报，2009，25（3）：359.

[6] 李照高．清热解毒汤治疗小儿化脓性扁桃体炎［J］．山西中医，2009，25（2）：23.

[7] 李建新．普济消毒饮加味治疗急性化脓性扁桃体炎26例［J］．当代医学，2009，15（1）：150.

[8] 李小梅．咽痛方治疗外感发热疗效观察［J］．长春中医药大学学报，2008，24（3）：304～305.

［《吉林中医药》2012，32（2）：211］

从《汤液经法》初探《伤寒伦》三阴三阳辨证论治体系构架

梁　栓

现学界普遍认为陶弘景《辅行诀脏腑用药法要》所载《汤液经法》即为《汉书·艺文志》所载《汤液经法》，《辅行诀》以道家思想为指导，以五行体用制化图为核心，融合阴阳五行学说，将理论与临床相结合，全面论述了经方的组织制度，形成了一套完整的临床诊疗方法。《辅行诀》所载外感天行疾病用方有阴旦、阳旦、青龙、朱鸟、白虎、玄武六名，且各有大、小汤之分。阴阳二旦与四神不同，二旦补体即为助用，助用即可补体，而四神补体即为泻用，泻用即可补体，此阴阳调和，阴平阳秘之妙要也。如此，阴阳五行相合，而成六合学说，易五行辨证为六合辨证。1、阳旦汤证：小阳旦汤，仲景重命名为桂枝汤。大阳旦汤证较小阳旦汤证病情深重，外感内伤皆可使用，故在小阳旦汤中加入并重用黄芪、人参。仲景则去人参取名为黄芪建中汤。2、青龙汤证：小青龙汤证病在表，属太阳病，无汗表实，仲景重命名为麻黄汤。大青龙汤证病情深重，因此以小青龙汤加辛味之干姜、细辛、半夏，酸味之五味子、芍药，仲景重命名为小青龙汤。3、朱鸟汤证：小朱鸟汤即《伤寒论》黄连阿胶汤。大朱鸟汤即小朱鸟汤中加人参、干姜，但《伤寒论》未载此方。4、阴旦汤证：仲景认为，小阴旦汤证病在里，可辨为少阳病热郁胆腑证，故去生姜，取名为黄芩汤。而大阴旦汤枢机郁结，病在半表半里，属少阳病，方中芍药酸收，不利于表邪疏散，故去之，取名小柴胡汤。5、白虎汤证：小白虎汤即《伤寒论》白虎汤。大白虎汤即小白虎汤去知母，加麦冬、生姜、竹叶、半夏。仲景则去生姜，加人参，取名为竹叶石青汤。6、玄武汤证：小玄武汤，仲景易干姜为生姜走表，取名真武汤。大玄武汤即小玄武汤中加人参、炙甘草，《伤寒论》中未载此方。综上所述，《汤液经法》与《伤寒论》之间存在明显的对应关系。《汤液经法》强调天人相应，主要从人体正气、生理的角度来探讨疾病诊疗规律，将理论与实践相结合中，全面论述了经方的组方规律。《伤寒论》则从临床的角度出发，收集了大量的临床病案，综合人体正气和外感邪气两方面的因素，创造性地提出三阴三阳辨证论治体系，将外感天行病分为太阳病、阳明病、少阳病之三阳病，以及太阴病、少阴病、厥阴病之三阴病，认为三阴三阳不是一个生理概念，而是一个病理概念。同时撰用《素问·热论》的相关内容，把三阴三阳表里分证，太阳为三阴三阳之表，其他五经为三阴三阳之里。仲景继承了《汤液经法》的阴阳五行思想及阴阳二旦汤的使用，除频繁地使用桂枝汤和小柴胡汤外，更对古方进行了加减化裁，创制了大量的桂枝系列方剂和柴胡系列方剂。仲景还创制了小建中汤，且留有阳旦汤名而未见其方，作者认为，小阳旦汤即小建中汤。

［《安徽中医学院学报》2012，31（1）；3］

《伤寒杂病论》中药物的服用方法的探析

钱荣军　江苏省丹阳市儿童医院

中药服用的方法与疗效有着颇为重要的关系，准确的服用方法有助于疾病的康复，甚至可起到事半功倍的效果，古人依据天人合一的理论在这方面积累了很多经验。《伤寒杂病论》为东汉末年张仲景撰写，是一部指导中医临床实践的巨著，笔者阅读后发现其在处方后的服用方法上亦有独到之处。常常因病因证各有不同。现就《伤寒杂病论》中的一些服用方法浅述一二。

一、服药的剂量

一般方剂药物都是温服一升，日三服，合计为三升。记载一日三服者共计 36 方，如白虎加人参汤（温服一升，日三服）。黄芪桂枝汤（温服 3 合，日 3 服）。

唯大柴胡汤和大黄香蒲汤方在该书中等服用量是最大的，日服用量达六升，如：大黄香蒲汤方，“……温服二升，日三服……”，大柴胡汤（……温服二升，日三服。）因有攻下之效，为免脱水，补充水分也。

白蜜煎方和奔豚汤方的日服用量是五升，白蜜煎方（……取五升，每服一升，日三夜二）和奔豚汤（……煮取五升，温服一升，日三服，夜二服）。

柴胡加龙骨牡蛎汤方、半夏厚朴茯苓生姜汤和桂枝加附子当归细辛人参干姜汤方的日服用量是四升（……去滓，温服一升，日三服，夜一服）。

猪肤汤方（……熬香，和令相得，分温六服……）。

不拘时服用的有泽漆汤方（……纳诸药，煮取五升，温服五合，日夜服尽）。

日服用二升的有 25 方，如：桂枝茯苓白术细辛汤方（煮取二升，去滓，温服一升，日再服）。

一顿服用八合的主要有麻黄汤、麻黄加术汤、厚朴七物汤等。如麻黄汤（去滓，温服八合，日三服）。

一顿服用七合的主要有黄连阿胶汤、猪苓加人参汤、茯苓四逆汤等。如真武汤（温服七合，日三服）。

一顿服用五合的主要有栀子汤方（煮取一升，分温再服）、黄连黄芩泻心汤方（煮取一升，分温再服）。

二、服用的时间

1. 顿服　就是把一帖煎好的整碗药汁，一口气全部喝完的意思。更为明确的是指立即服药，但不是只服一次药，而是应药后依据病情慎重服药，或不拘时服药之意。有顿服、顿服之、顿服尽、顿服一半之不同，但顿服之义明确。书中十几次之多，如升麻鳖甲汤、甘遂半夏汤、葶苈大枣泻肺汤、、大黄硝石汤、薏苡附子败酱散、大黄牡丹皮汤、大黄甘遂汤、红兰花酒等。

2. 先食服即饭后服　先食服者有六，如乌头赤石脂丸、赤丸、己椒苈黄丸、茵陈五苓散、乌梅丸、桃仁承气汤方。

3. 食前服　食前服有三方，鳖甲煎丸、薯蓣丸、桂枝茯苓丸。

4. 昼日服　昼日服者分为平旦温服、日一服、不可一日再服、日二服、日三服、日再服等。记载一日三服者共计 36 方，如白虎加人参汤（温服一升，日三服）。其他有黄芪桂枝汤温汤、五苓散等。日一服者或不可一日再服者有三，如排脓散为日一服；大乌头煎不可一日再服。平旦服之者一处，为十枣汤。日二服者有一，为柴胡去半夏加栝楼根汤。

5. 常服　常服者一处，为当归散。因病服：蜀漆散未发前以浆水服半钱。温疟加蜀漆半分，临发时服一钱匕。

6. 昼夜服　昼夜服分为日三夜一服、日再夜一服、日三夜二服、至夜尽等。日三夜一服者有六，如皂荚丸、麦门冬汤、奔豚汤、生姜半夏汤，白术散，半夏厚朴汤；日再夜一服者有二处，为赤丸、黄芩加半夏生姜汤；日三夜二服者有竹皮大丸；至夜尽者有泽漆汤。

三、和服的液体

和服的液体有白饮、大麦粥、酒、沸汤等。

1. 白饮　白米汤，以粳米汤为上。白散、四逆散、五苓散、半夏散及牡蛎泽泻散。五苓散方“捣为散，以白饮和服方寸匕”。

2. 大麦粥汁　大麦甘咸而凉，功能和胃宽畅利水[1]。硝石矾石散方“……比二味，为散，大麦粥汁和服方寸匙……”，还有治疗产后腹痛，烦满不得卧的枳实芍药散方“……比二味，杵为散，服方寸匙，日三服，麦粥和下之”。

3. 酒　天雄散方“……杵为散，酒服半钱匙，日三服，不知稍增，以知为度”。肾气丸方“……末之，炼蜜和丸，如梧子大，酒下十五丸……”。

大黄䗪虫丸方"……炼蜜和丸小豆大，酒饮服五丸，日三服"

4. 沸汤　文蛤散方"……为散，以沸汤和一方寸匙，汤用五合，调服……"

四、服药时的调理

仲师对病人服药后的反应及起居调护，亦极为重视。最为经典的就是桂枝汤后的嘱咐，如："服以须臾，啜热稀粥，以助药力"，"温覆令时许，遍身微似有汗"，"禁生冷、粘滑、肉面、五辛、酒酪、臭恶"。余如：桂枝加葛根汤、桂枝加附子汤、葛根汤、葛根加半夏汤等皆，"如桂枝汤法将息及禁忌"。

阳明病病人药后有无矢气，腑气通否是关键。"阳明病、谵语、发潮热、脉滑而疾者，小承气汤主之。因与承气汤一升，腹中转气者，更服一升；若不转气者，勿更与之……。"阳明病见脉象流利急疾，外邪虽炽而病人正气不足，以小承气汤和中寓攻。服药后，腹中若转矢气（病人排气）为肠中燥屎移动，此时可再进汤药加服，若腹中未转矢气则尚无燥屎内阻，则要中止服药，以免泻下伤津。

在用竹茹半夏汤之前要先灌热水，如"伤暑，发热，无汗，水行皮中故也，脉必浮而滑，先以热水灌之，令汗出"。用五苓散方时必多饮暖水，汗出愈。

对于小建中汤则提出"呕家不可用"。

而用白散方则很细心地根据病人的体质及病邪的部位用了不同的服用方法："以白饮和服，强人半钱匙，羸者减之。病在膈上必吐，在膈下必利；不利进热粥一杯，利不止进冷粥一杯"。

五、讨论

笔者在中药房工作二十余载，看到大多数人对中药的服用方法不了解也不重视，即使少部分病人询问，药房工作人员往往敷衍了事。清代著名医学家徐灵胎就曾讲："病之愈不愈。不但方必中病，方虽中病而服之不得其法，则非特无功，反而有害……。"就指出了正确的服用汤剂可以加速病情的好转，而错误的服用方法会使病情恶化。

如何正确服用中药是我们中药工作者展开药学服务的一项重要内容。由于现今在中药的特殊服用方面，从医师处方到药房调剂，都不同程度地存在忽略、摒弃现象。通过对《伤寒杂病论》的学习，体会到仲师对待病人非常细心、认真——准确用药、正确的剂量、适当的煎熬方法，恰如其分的给药途径。使我们开展中药药学服务时更加注重个体化、人性化。

参考文献

[1] 叶树星．硝石矾石散治疗慢性活动性肝炎的理论基础浅识［J］．内蒙古中医药，2009，28（10）：42～43.

［《淮海医药》2012，30（1）：59］

《伤寒杂病论》中活血化瘀方药的选药及用量策略

余秋平　航天中心医院
刘　阳　中国中医科学院广安门医院
仝小林　北京中医药大学

中医古籍里最早系统而深入论述血分证的治疗，首推张仲景的《伤寒杂病论》。张仲景针对血瘀证的不同证候特点，因势利导地选用不同特点的活血化瘀方药进行治疗。为了更深入地掌握张仲景对活血化瘀方药的选药及用量策略，现对《伤寒杂病论》里有关血瘀证的证治特点，归纳分析如下。

一、久瘀癥积，治宜缓攻渐消

癥积之病，由于其病变的脏腑在初病之时，病损隐匿，不易发现和重视，待到病证出现时，由于病损为时已久，五脏的气血多已虚损较甚，不仅其脏腑的经脉已有瘀血阻滞，而且其络脉也已经大多闭塞，已是攻补两难。针对这种正气大虚，久病入络，难以速攻去瘀的病证，张仲景多以虫类药配合其他活血祛瘀药等复方制成丸药，采取缓攻缓消的策略，尽量做到消不留瘀，攻不伤正。

（一）疟母肝脏瘀积，治以鳖甲煎丸

《金匮要略·疟病脉证并治》[1]15云："病疟以月一日发，当以十五日愈，设不差，当月尽解。如其不差，当云何？师曰：此结为癥瘕，名曰疟母，急治之，宜鳖甲煎丸。鳖甲煎丸方：鳖甲十二分，蜣螂六分，䗪虫五分，蜂巢四分，鼠妇三分，大黄三分，桃仁二分，牡丹五分，紫葳三分，柴胡六分，黄芩三分，桂枝三分，芍药五分，干姜三分，葶苈一分，半夏一分，厚朴三分，瞿麦二分，石韦三分，赤硝十二分，乌扇三分，人参一分，（炙）阿胶三分。上二十三味为末，取锻灶下灰一斗，清酒一斤五斗，浸灰，候酒尽一半，着鳖甲于中，煮令泛烂如胶漆，绞取汁，内诸药，煎为丸，如梧子大，空心服。"

疟母是由于疟疾迁延不愈，因致肝脾肿大的病

症。由于其癥积初成，故须急治之，否则到五脏气血大亏，脏腑经脉闭阻之时，其治则甚难，半死半生。疟母虽是疟邪初结，但毕竟疟邪已经入阻脏腑经脉，故张仲景以鳖甲领蜣螂、䗪虫（土鳖虫）、蜂巢、鼠妇等虫类药入肝经血分之络脉中，入络搜剔，搜剔肝络中的死血疟邪，合大黄、桃仁、牡丹皮、紫葳等草本类药入经脉之中，以活血逐瘀；配伍柴胡领黄芩、乌扇等入肝经气分，清热透邪；同时肝经因癥积瘀阻，肝郁甚必然克伐脾土，致使脾土虚损而不运水湿，故以桂枝、芍药、干姜、人参，温运建中，佐以葶苈子、半夏、厚朴、瞿麦、石韦、芒硝等消除水湿之邪；因方药中攻逐伤正药较多，故加人参、阿胶等补益气血，以求攻补两兼。

本方虽是肝脾两调，攻补兼施之方，但毕竟是攻逐瘀血为主的方剂，如是肝硬化，或者肝硬化并发肝腹水的病症，此方虽然也可使用，但其补益之力仍显不够，必须配以汤药调补并用，方为妥当。

（二）干血虚劳，治宜大黄䗪虫丸

《金匮要略·血痹虚劳病脉证并治》[1]24云："五劳虚极羸瘦，腹满不能饮食。食伤、忧伤、饮伤、房室伤、饥伤、劳伤、经络营卫气伤，内有干血，肌肤甲错，两目黯黑。缓中补虚，大黄䗪虫丸主之。大黄䗪虫丸方：水蛭百枚，虻虫一升，蛴螬一升，䗪虫半升，（蒸）大黄十分，桃仁一升，干漆一两，地黄十两，芍药四两，杏仁一升，黄芩二两，甘草三两。上十二味末之，炼蜜和丸小豆大，酒饮服五丸，日三服。"

干血劳病的病因是五脏内有干血，阻闭经络，营卫气血因此不能充养周身。五脏气血大亏，全身虚极羸瘦，腹满不能饮食，补药不能受，攻药不能耐。张仲景认为，患者之虚，是因实致虚，不去其瘀，则脏腑经络不通，气血难以敷布周身，正虚难复。故设立此丸，以缓攻而收补虚之效。全方以水蛭、虻虫、蛴螬、䗪虫等入络搜剔，合大黄、桃仁、干漆等攻逐瘀血，同时配伍以地黄、白芍、杏仁等滋养阴血，以滋五脏经络之干，黄芩以清久郁之热。甘草、蜂蜜以缓其峻，制以丸则更是峻药缓投之策，总之，务求攻补两宜。

（三）妊娠期胞宫癥积，治宜桂枝茯苓丸

《金匮要略·妇人妊娠病脉证并治》[1]77云："妇人宿有癥病，经断未及三月，而得漏下不止，胎动有脐上者，为癥痼害。妊娠六月动者，前三月经水利时，胎下血者，后断三月下血也。所以血不止者，其癥不去故也。当下其癥，桂枝获苓丸主之。桂枝茯苓丸方：桂枝、桃仁、牡丹、芍药、茯苓各等分。右五味末之，蜜和丸如兔屎大，每日食前服一丸。不知，加至三丸。"

此方原治妇人因胞宫宿有癥痼之积，而致妊娠期不到三月就有胎动，漏下血不止等流产先兆的病症。不去其癥，则癥积阻于胞宫，妨碍胎儿生长，攻下其癥积，又恐伤及胎儿。故张仲景仍采用丸药缓攻缓消之法。

上述三方之中，显然，桂枝茯苓丸方的攻逐瘀血的力量较轻而平缓，因为是孕期用药，必须照顾到胎儿和孕妇的安全，所以选药较平和。大黄䗪虫丸是治疗脏腑经络瘀血日久，致人虚劳羸瘦，其瘀血更深重，而鳖甲煎丸证其瘀血癥积虽结，未致经络脏腑干涸，病人羸瘦的程度。从组方和选药等来看，大黄䗪虫丸其攻逐之力胜于鳖甲煎丸，同时也可见，虫类药的攻逐瘀血之力，远峻猛于本草类活血化瘀药。由上述三方证可见，瘀血癥积之病也应据病机特点，而相应选取不同攻逐瘀血的方药。

二、新瘀积血，治疗宜急攻速消

瘀血初留，阻碍局部经脉气血运行，造成局部疼痛或炎症渗出；稍久则瘀阻经脉，形成癥积；癥积日久则闭塞五脏的大经与小络，致人五脏气血亏虚，经脉营卫不通或不畅，形成脏结虚劳，此时极难施救，其治也是半死半生。

因此，对于血分瘀阻的病症，张仲景是极其重视的，治疗也是十分积极的。尤其是对于新瘀积血，一旦形成，张仲景多是采用活血逐瘀作用峻猛之药，施以汤剂，从速涤除。但在选用逐瘀药时，则因证因势而选用不同特点的逐瘀药。

（一）下焦血瘀夹热证

1. 瘀热新积，结于下焦，治宜桃核承气汤《伤寒论》[2]48 106条："太阳病不解，热结膀胱，其人如狂，血自下，下者愈。其外不解者，尚未可攻，当先解其外，外解已，但少腹急结者，乃可攻之，宜桃核承气汤。桃核承气汤方：桂枝二两，大黄四两，桃仁五十个，芒硝二两，炙甘草二两。水七升，煮取二升半，去滓，内芒硝，更上火微沸，下火，先食温服五合，日三服。当微利。"外感热病过程中，当出现尿血，其人神志如狂，甚至伴有小腹拘急有块时，必是由于太阳表邪入里化热，邪热随经由气分陷入下焦血分所致。因为心主血脉，当热邪入于血分，势必循血分二入心经，而出现热扰心神的症状。如此时热邪能随尿血而彻底外泄，则必能自愈。若虽有尿血，但尿血较少，或贸然以凉血止血之法，则血分之热，必致内留，此时热邪与血相合，瘀热互结，下可见少腹急结，上可见神志如狂。此时当务之急是速去血分之瘀热结邪，则诸症自除，否则后患无穷。由于瘀热初结，且有下血之机，故张仲景选温通血脉之桂枝合桃仁、大黄、芒硝，以从速降泻瘀热，恐芒硝、大黄峻泻太快，不利于血瘀下出，且反伤胃肠，故加甘草以缓其峻猛，变峻泻为缓泻之剂。此类病证，如按温病的卫气营血辨证，当属血分证，当用清营益阴，凉血化瘀法。张仲景则采用因势利导的方法，泻热逐瘀，是远胜于凉血消瘀法的速战速胜之法。另外，《金匮要略·妇人产后病脉证并治》[1]80~81云："产后七八日，无太阳证，少腹坚痛，此恶露不尽。不大便，烦躁发热，切脉微实，再倍发热，日晡时烦躁者，不食，食则谵语，至夜即愈，宜大承气汤主之。热在里，结在膀胱也。"从全篇的文意来看，此病也属于下焦瘀热互结的病症，只不过是兼有阳明的结热在里，据证当用桃核承气汤治疗。该篇用大承气汤，去不了血分的瘀血，因此，必是桃核承气汤之误。

2. 瘀热结于下焦，病深入络，治宜抵当汤《伤寒论》[2]51 124条："太阳病六七日，表证仍在，脉微而沉，反不结胸，其人发狂者，以热在下焦，少腹当硬满，小便自利者，下血乃愈。所以然者，以太阳随经，瘀热在里故也。抵当汤主之。"《伤寒论》[2]52 125条："太阳病，身黄，脉沉结，少腹硬，小便不利者，为无血也。小便自利，其人如狂者，血证谛也。抵当汤主之。抵当汤方：水蛭30个，虻虫30个，桃仁20个，大黄3两（酒洗）。以水五升，煮取三升，去滓，温服一升。不下，更服。"

外感热病过程中，邪热与血互结于下焦血分，如是邪热初结，尚在经脉者，治宜桃核承气汤峻下其瘀热即可。但若是邪热深结，已经深入络脉之中，难以普通的活血祛瘀药驱逐其瘀血，针对此类病症，张仲景特选用虫类祛瘀药如水蛭、虻虫等，深入络脉，搜剔其瘀，与桃仁、大黄等下瘀血药配伍，合力搜剔脏腑络脉至深之处的瘀热毒邪，使其下行外出。此种下焦血分瘀热病的特点是，小腹硬满拒按，小便自利，脉沉，其人神志发狂，或伴黄疸，弥散性血管内凝血（DIC），出血等血热见症。《金匮要略·妇人杂病脉并治》云："妇人经水不利下，抵当汤主之（亦治男子膀胱满急有瘀血者）。"妇人月经不利下者，常见痛经，经血有块，色暗，病久者也有瘀血深结入络的，由于其瘀血深入络脉，常规的祛瘀药难以为功，故借抵当汤下其坚结之瘀血。

3. 瘀热结于下焦，病深入络，难以速去者，治宜抵当丸《伤寒论》[2]52 126条："伤寒有热，少腹满，应小便不利，今反利者，为有血也，当下之，不可余药，宜抵当丸。抵当丸方：水蛭20个，虻虫20个，桃仁25个，大黄3两。上四味，捣分四丸，以水一升煮一丸，取七合服之。晬时当下血，若不下者，更服。"同样是下焦瘀血深结，但如果患者并无自下血之机，用汤剂难以荡涤速去其瘀血，只能改用丸药缓磨缓消之，故张仲景针对这样的下焦瘀血病症，治以抵当丸。此是急病而缓治之法，因为难以求得速效，如以汤剂强攻之，必致正气伤而瘀血更难以去除。由此可见，从抵当汤和桃核承气汤两方所主治的病症和选药来看，抵当汤的峻猛之力，是远胜于桃核承气汤，而虫类的活血化瘀作用也是远峻猛于草本类活血化瘀药，而抵当丸则是急病缓治之方。但是干血劳病，也是瘀血深入脏腑络脉的病证，为什么张仲景不用这三个方剂来治疗呢？主要是因为干血劳病，是宿瘀干血，深入络脉日久，人已虚劳羸瘦，而且并无下血之机，难以用抵当汤类速去其瘀，故只好用大黄䗪虫丸，以缓磨缓消其瘀血，立足于缓消之中而收补虚损之效。可见同是具有活血化瘀作用的方剂，桃核承气汤、抵当汤、抵当丸和大黄䗪虫丸，其力量有大小峻缓之别。临证时，当据证恰当选用。

（二）肝经或胞宫留瘀

1. 胞宫瘀血新积，治宜枳实芍药散《金匮要略·妇人产后病脉证并治》[1]80云："产后腹痛，烦满不得卧，枳实芍药散主之。枳实芍药散方：枳实（烧令黑，勿太过），芍药等分。右二味，杵为散，服方寸匕，日三服，并主痈脓，以麦粥下之。"妇人产后如因某种原因致使胞宫的恶露未排尽，患者出现腹痛，烦满不得卧。其治疗虽应下其瘀血，但因产后机体多有逐瘀下出之机，故一般只用枳实芍药散行气活血即可下排其瘀，不必用峻药攻瘀。枳实炒炭去其性偏寒之弊，且炒黑后能入血分，加强排瘀血之力，白芍养血以补产后之血虚。

2. 胞宫瘀血久积，治宜下瘀血汤《金匮要略·妇人产后病脉证并治》[1]80云："师曰：产妇腹痛，法当以枳实芍药散，假令不愈者，此为腹中有干血着脐下，宜下瘀血汤主之（亦主经水不利）。下瘀血汤方：大黄二两，桃仁二十枚，䗪虫二十枚（熬，去足）。上三味，末之，炼蜜和为四丸，以酒一升，煎一丸，取八合，顿服之，新血下如豚肝。"产后的恶露，正常情况下大多能自行排出。即便胞宫的恶露未排尽而留瘀，一般治以枳实芍药散。但也有少数患者仍有瘀血久留胞宫，难以普通祛瘀药除出的。此时多是恶露久留，血瘀入络，病位转深，此时必须借用虫类药以入络搜剔才能排尽。但新产妇人，虽有瘀血留阻胞宫，但多体虚不耐攻伐，故选虫类攻瘀较和缓的土鳖虫，合大黄、桃仁以攻下其瘀血，而且用量也较抵当汤为轻。由此可见，下瘀血汤的活血化瘀之力是远胜于枳实芍药散的。从下瘀血汤用于治疗产后恶露留瘀腹痛，而抵当汤治疗下焦瘀热深入络脉，致人发狂下血少腹硬满，和妇人月经不利属于顽固而深的瘀血内结的病症来看，抵当汤攻逐瘀血之力，是峻猛于下瘀血汤的。从选药来看，水蛭、虻虫，攻逐瘀血之力也优于土鳖虫。

3. 胞宫瘀血水饮新积－大黄甘遂汤《金匮要略·妇人产后病脉证并治》[1]85云："妇人少腹满如敦状，小便微难而不渴，生后者，此为水与血俱结在血室也，大黄甘遂汤主之。大黄甘遂汤方：大黄四两，甘遂二两，阿胶二两。上三味，以水三升，煮取一升，顿服之，其血当下。"如产后不仅恶露未尽，而且有水饮留阻于胞宫，致使其人小腹满如敦状，小便微难而不渴，张仲景采用速战速决的治疗方法，以大黄下瘀，甘遂泻水，阿胶补血，一剂顿服，务使血水速去，而正气得以保全。确是背水一战的妙招。

4. 肝经血瘀轻症，治宜旋覆花汤《金匮要略·妇人杂病脉证并治》[1]85云："寸口脉弦而大，弦则为减，大则为芤，减则为寒，芤则为虚，寒虚相搏，此名曰革，妇人则半产漏下，旋覆花汤主之。"

《金匮要略·五脏风寒积聚病脉证并治》[1]41云："肝着，其人常欲蹈其胸上，先未苦时，但欲饮热，旋覆花汤主之。旋覆花汤方：旋覆花三两，葱十四茎，新绛少许。上三味，以水三升，煮取一升，顿服之。"妇人半产后得漏下、脉芤、贫血的病证，治用旋覆花汤，可见是胞宫留瘀，致血难归经而出血不止，因为是少量出血不止，其瘀必不太重，否则必会大崩出血，西医常须手术清宫，中医则宜下瘀血汤或抵当汤等以活血祛瘀。因为肝经下连血海胞宫，肝经有瘀阻，可致胸胁疼痛，故此时也可借用此方疏肝络通经化瘀以治之。旋覆花入肝经，通经降痰，青葱温通经脉，新绛（茜草或红花）活血祛瘀。全方入肝经而通经活血，对肝经或胞宫瘀血较轻者有良效。

5. 胞宫留瘀兼血虚－当归建中汤《备急千金要方》[3]内补当归建中汤："治妇人产后虚羸不足，腹中刺痛不止，吸吸少气，或苦少腹中急，摩痛引腰者，不能食饮。产后一月日，得服四五剂为善，令人强壮宜。当归建中汤方：当归四两，桂枝三两，芍药六两，生姜三两，甘草二两，大枣十二枚。右六味，以水一斗，煮取三升，分温三服，一日令尽，若大虚，加饴糖六两。汤成内之，于火上暖令饴消。若去血过多，崩伤为衄不止，加地黄六两、阿胶二两，合八味，汤成内阿胶。若无当归，以芎䓖代之；若无生姜，以干姜代之。"如患者产后血虚较显著，同时有胞宫留瘀，则治疗宜攻补兼施，补益为主，攻逐瘀血的药，也宜选用当归、川芎、白芍等温和且有补血作用的祛瘀药。代表方如当归建中汤。

6. 宫寒血瘀，兼阴血亏虚，治以温经汤《金匮要略·妇人杂病脉证并治》[1]84云："问曰：妇人年五十所，病下血数十日不止，暮即发热，少腹里急，腹满，手掌烦热，唇口干燥，何也？师曰：此病属带下。何以故？曾经半产，瘀血在少腹不去。何以知之？其证唇口干燥，故知之。当以温经汤主之。温经汤方：吴茱萸三两，桂枝二两，生姜二两，半夏半斤，人参二两，甘草二两，当归二两，芎䓖二两，芍药二两，阿胶二两，丹皮二两，麦冬一升。以水一斗，煮取三升，分温三服。亦主妇人少腹寒，久不受胎；兼取崩中去血，或月水来过多，及至期不来。"妇人曾经小产，瘀血留驻胞宫，小腹拘急，是为肝经寒凝血瘀之据，至年五十岁左右，病下血数十日不止，并其他阴血亏虚有热之症见。此证病机之本是陈寒宿瘀阻滞于肝经胞宫，病机之标是出血日久，阴血亏虚有热。故桂枝入肝经温通血脉，加吴茱萸、生姜以祛肝经的陈寒，治其本；当归、川芎、白芍、牡丹皮等养血活血以化瘀，阿胶、麦冬、人参等以滋阴养血兼补气，半夏以和降阳明，防止温肝太过而致倒经，并有助于冲脉之血下行。由此可见，温经汤，既能温肝散寒以化瘀，又能滋阴养血兼清虚热。尤其适于肝寒有瘀，出血日久伴有阴血亏虚者。

7. 阴虚血热，兼胞宫留瘀，治以胶艾汤《金匮要略·妇人妊娠病脉证并治》[1]77~78云："师曰：妇人有漏下者，有半产后因续下血都不绝者，有妊娠下血者，假令妊娠腹中痛，为胞阻，胶艾汤主之。胶艾汤方：阿胶二两，干地黄六两，当归三两，芍药四两，芎䓖二两，艾叶三两，甘草二两，以水五升，清酒三升，合煮取三升，去滓，内胶，令消尽，温服一升，日三服。不差，更作。"从原文内容及方药组成来看，芎归胶艾汤主要治疗阴虚血热，兼胞宫留瘀所致的各种崩漏下血不止的病症。故该方用四物汤加阿胶以滋阴养血，清血分虚热，养血又活血，艾叶以温经止血，并防止血寒反有留瘀之弊，不利于祛瘀。全方滋阴清热止血之力较强且不留瘀。

8. 肝经寒瘀，兼血虚，治以当归四逆汤《伤寒论》[2]95第351条："手足厥寒，脉细欲绝者，当归四逆汤主之。当归四逆汤方：当归三两，芍药三两，大枣二十五枚，桂枝三两，细辛三两，通草二两，炙草二两。以水八升，煮取三升，去滓，温服一升，日三服。"此证的病机特点是，肝经寒凝而致血脉不畅，同时兼有肝血亏虚。此证虽有血脉瘀滞，但其主要矛盾是寒凝肝脉加血虚。所以本方重在温通血脉，化瘀只取当归、白芍即可。

9. 肝血虚夹瘀乘脾，脾虚水停－当归芍药散《金匮要略·妇人妊娠病脉证并治》[1]78云："妇人怀娠，腹中痛，当归芍药散主之。"

《金匮要略·妇人杂病脉证并治》[1]86云："妇人腹中诸疾痛，当归芍药散主之。当归芍药散方：当归三两，芍药一斤，芎䓖半斤，茯苓四两，白术四两，泽泻半斤。右六味，杵为散，取方寸匕，酒和，日三服。"妇人妊娠后，因血聚胞宫以养胎，故肝血不足，肝血虚则肝阳易亢，肝阳亢则血易瘀，同时必乘脾土，故腹痛。脾土受克，则不能运化水湿，故水湿易于内停。从药物的组成来看，同样可以发现，当归芍药散证的病机，是血虚水停，夹肝血瘀滞。方中当归养血兼能活血，川芎活血兼行气，白芍养血兼平肝，三药合用，养血活血兼平肝。肝旺克土，水湿内停，故加白术、茯苓、泽泻，健脾利水。同理因为妇人有生产和每月行经，故常易致肝血亏虚夹瘀滞，肝木易于亢逆而乘克脾土，而致血虚夹瘀水停的病机出现。所以妇人的腹痛，多为当归芍药散证。之所以当归建中汤、温经汤、胶艾汤、当归四逆汤、当归芍药散等方选用活血化瘀药时，均以当归、白芍、川芎为主，主要是因为这五个方证的血瘀证的病机，均有明显的血虚，不适宜桃仁、大黄等峻猛的活血化瘀药，否则反有瘀血不化而新血更伤的弊端。

10. 瘀血内阻－红蓝花酒《金匮要略·妇人杂病脉证并治》[1]86云："妇人六十二种风，及腹中血气刺痛，红蓝花酒主之。红蓝花酒方：红蓝花一两，以酒一大升，煎减半，顿服一半，未止，再服。"原方治疗妇人因单纯的血瘀内阻致使腹中刺痛，单用一味红花加酒煎内服，活血祛瘀。今多用于外伤瘀血身体刺痛的治疗。

（三）瘀血夹痈毒内留

1. 肺痈－千金苇茎汤《备急千金要方》云：苇茎汤"治咳有微热，烦满，胸中甲错，是为肺痈"。苇茎汤方："苇茎二升，薏苡仁半升，桃仁五十枚，瓜瓣半升。以水一斗，先煮苇茎得五升，去滓，内诸药，煮取二升，服一升，再服，当吐如脓"。

此方根据肺痈具有瘀热内结，化脓欲出的病机，选用桃仁活血祛瘀散结下走，配合芦根瓜蒌薏苡仁清涤肺中痰热脓血，从大肠而出。因肺与大肠相表里，故肺痈的脓毒痰瘀，可借大肠为出路，荡涤而去。

2. 肠痈－大黄牡丹皮汤 《金匮要略》[1]71云："肠痈者，少腹肿痞，按之即痛，如淋，小便自调，时时发热，自汗出，复恶寒。其脉迟紧者，脓未成，可下之，当有血。脉洪数者，脓已成，不可下也。大黄牡丹汤主之。大黄牡丹汤方：大黄四两，牡丹皮一两，桃仁五十个，瓜子半升，芒硝三合。以水六升，煮取一升，去滓，内芒硝，再煎沸，顿服之，有脓当下；如无脓，当下血。"肠痈的病机主要是因肠道积滞瘀结，蕴而化毒，致使肠腐化脓，所以该方选用桃仁配合大黄丹皮，活血祛瘀凉血解毒，合芒硝大黄荡涤肠中积滞，加冬瓜子去肠中积脓。由此可见，虽然都是血热蕴结，肉腐成脓，但病位不同，病机特点不同，其选用与活血化瘀相配伍的药物有很大的不同，因此，其治疗的病症特点也不同，其作用的力量也有差别。

3. 胞宫热毒夹瘀，治以土瓜根散《金匮要略·妇人杂病脉证并治》[1]84~85云："带下经水不利，少腹满痛，经一月再见者，土瓜根散主之（阴㿉肿亦主之）。土瓜根散方：土瓜根、桂枝、䗪虫、芍药，各三两。杵为散，酒服方寸匕，日三服。"从此方主治病证有经行不利，伴小腹疼痛，月经一月来两次，并阴部㿉肿亦主之，此证乃胞宫有热毒夹瘀阻，故方以土瓜根清热解毒消炎，桂枝合土鳖虫、芍药、酒等以温行血脉消瘀，因此，本方对妇科炎症引起的月经不调伴炎症者，有良效。

三、小结

由上可知，张仲景对活血化瘀方药的选择具有灵活性与原则性。虽然都是针对血瘀证的治疗，但如果是血虚夹瘀血证，或者血瘀不重，仅仅表现为血分瘀滞者，张仲景多选用当归、川芎、赤芍等养血活血药；对于一般的血瘀证，常多选用大黄、桃仁、红花之类活血逐瘀药；而针对久病血瘀入络而络脉瘀闭者，则多选用水蛭、虻虫、土鳖虫等虫类药，以活血通络开闭。

同时由于瘀血证形成的病因和兼夹的病邪不

同，其治疗时也必须相应照顾。如血瘀证兼夹有水停者，仲景或用白术、茯苓、泽泻健脾利水，或用甘遂逐水；如兼有阳虚或寒邪凝滞者，加桂枝、细辛等温通散其寒；如兼有热邪蕴结者，或加大黄、牡丹皮等以清泻热邪；兼阴虚者，则加生地黄、阿胶等，以滋阴清热。

总之，张仲景在具体选用活血化瘀方药时，常常会根据瘀血形成的病因，瘀血的轻重、新久，部位的深浅，血分的虚实等不同，而因势利导，恰到好处地选用具有不同作用特点的活血化瘀方药，从而做到攻而不伤。再者，只有恰当的配伍，才能最大程度地发挥其活血祛瘀的疗效。临床实践也充分地证实，并不是活血化瘀药的大量堆砌就能有很好的疗效，只有根据该病症的病机、病位、病性等特点，恰当的配伍，才能发挥出该方剂的最大疗效。

参考文献

[1] 张仲景．金匮要略［M］．北京：人民卫生出版社，2005.

[2] 张仲景．伤寒论［M］．北京：人民卫生出版社，2005.

[3] 孙思邈．备急千金要方［M］．沈阳：辽宁科学技术出版社，1997：39.

［《中医杂志》2012，53（19）：1621］

《伤寒论》厚朴生姜半夏甘草人参汤解析

张天星　北京市房山区中医医院

厚朴生姜半夏甘草人参汤来源于《伤寒论》，原文中主治发汗后脾虚气滞证。笔者通过熟读原文，研究分析其组方配伍用药规律、特点，药用剂量特点，以期指导于临床。

一、厚朴生姜半夏甘草人参汤来源

《伤寒论》原文第66条言：“发汗后，腹胀满者，厚朴生姜半夏甘草人参汤主之。”

二、厚朴生姜半夏甘草人参汤方证

从上述66条文可知厚朴生姜半夏甘草人参汤证是脾虚气滞证。发汗可以去邪，若不当发汗而发汗，或发汗太过均可损伤人体正气而出现变证。发汗后脾虚，阳气外泄，或病人脾气素虚，发汗太过，脾气进一步损伤，脾司运化转输而主大腹。汗后脾虚，运化功能失调，湿浊阻滞，气机壅滞不通，则腹胀满。故本条乃汗后中虚气滞不运之腹胀满，虚实夹杂，与腹胀满之属实者不同。

三、厚朴生姜半夏甘草人参汤证治

厚朴生姜半夏甘草人参汤证病机是脾气虚弱，运化失健，气机阻滞。“发汗后，表邪虽解而腹胀满者，汗多伤阳，气滞不行也，是不可以徒补，补之则气愈窒，亦不可以径攻，攻之则阳益伤。”[1]故治疗上当消补兼施、补泄并行。脾气恢复，运行功能正常，则腹胀满可消。因此，本方以健脾温运，宽中除满为法。

四、厚朴生姜半夏甘草人参汤方论

（一）组成及用法

本方药物组成：厚朴半斤（炙，去皮），生姜半斤（切），半夏半升（洗），甘草二两（炙），人参一两，上五味，以水一斗，煮取三升，去滓，温服一升，每日三服。

（二）组方配伍特点

《内经·藏气法时论篇》曰：“脾欲缓，急食甘以缓之，用苦泄之。”方中君以微苦性温之厚朴，善于下气行散，除胃中滞气而燥脾，泄满消胀最宜。生姜味辛性温，宣散通阳，行胃中之滞气；半夏辛温，降逆开结涤痰，降胃中逆气；两者与厚朴为伍，辛开苦降，温阳行气，使泄满消胀之力更强。本方腹胀满因脾虚气滞而致，若只消不补，则脾气难复，邪气易于复聚。故佐以甘平之甘草补气健脾，并兼有调和诸药之。然甘草补中之力尚弱，使以少量人参增强其作用。诸药配合，补而不滞，消而无伤，消补并行而不悖，法颇完密。正如清代医家缪遵义所说“立方大意，泄胀满之心，偏多于辅正，方中叙药之次第，即可见也。首用厚朴，苦温以泄中焦之胀满，阳微则饮聚，此用生姜、半夏，辛通开泄，浊阴自散，三味用至半斤，重其权也，继用甘草二两、人参一两，以稍助其止气，是意不在补，不过为厚朴之佐使耳”（《伤寒方集注》）。

（三）组方剂量特点

在《伤寒论》原方中，厚朴半斤，生姜半斤，半夏半升，三者用量均较大，而用甘草二两，人参仅一两，行气消补之力明显大于健脾益气之功，即以消为主，以补为辅，对脾虚气滞之症，寓有治标宜急，治本宜缓之意。故本方之用，贵在药物用量的比例上。当代经方大家胡希恕论本方曰“厚朴半斤姜半斤，一参二草亦须分，半夏半升善除满，脾虚腹胀此方真”，既是对本方较为深刻的认识。要想掌握经方之用，仲景治方之理，不可不究。

五、厚朴生姜半夏甘草人参汤应用讨论

（一）临床应用不必拘泥于发汗后

本方在《伤寒论》中本为汗后脾虚，运化无权，湿浊内生，气机壅滞之腹胀满而设。仲景言“汗后”一以提示表邪已解，一以示发汗后损伤脾气而进一步导致腹胀满。如成无己所言：“发汗后，外以解也。腹胀满知非里实，由脾胃津液不足，气涩不通，壅而为满，与此汤和脾胃而降气。”[2]本方为消补兼施之良剂，仲景虽为“发汗后，腹胀满”而设，然有是证则用是方，故临床应用本方，不必局限于汗后，凡是脾虚气滞所致之腹胀满皆可用之。

（二）腹胀满之虚实寒热的问题

仲景在《金匮要略》云：“病者腹满，按之不痛为虚，痛者为实”，“腹满时减，复如故，此为寒，当与温药”。腹胀满一证有虚实之分，寒热之别。皆可因失治或误治产生。《伤寒论》中下后满实证者，为阳明腹实、燥实内结证，其腹满特征是腹满持续不减，按之不濡，兼伴有大便燥结，腹痛，苔厚脉实等临床症状，治之宜承气汤之类泄热通腑。如论中第249条“伤寒吐后，腹胀满者，与调胃承气汤”等。虚者，为太阴寒湿证，其腹满特征为腹满时减，喜温喜按，按之濡软，兼伴有大便不利，口淡不渴，苔白舌淡等，治之宜四逆汤之类温中散寒。如论中第372条“下利，腹胀满，身体疼痛者，先温其里，乃攻其表。温里四逆汤，攻表桂枝汤”等。本证脾气虚弱为本，痰湿阻滞，气机不利为标，虚实夹杂，故腹胀满一症最为重要，它症则不甚突出，治之宜攻补兼施。故临床上须分清腹胀满之虚实寒热。

（三）临床上应辨明“虚”与“滞”的主从

本方证属虚实夹杂之证。而虚与实，孰多孰少，又当斟酌而用之。故临床上运用本方时须辨明“虚”与“滞”的主从。对于脾虚气滞之腹胀满，以虚为主者，多微满而不胀，治疗上应以补虚为主，佐以理气；以滞为主者，多满而且胀，治疗上又当以消佐以补虚为主。明乎此，宗其义，效其法，则可得心应手地扩大本方的应用范围，且常收到“一剂知，二剂已”的效果。

参考文献

[1] 尤在泾．伤寒贯珠集［M］．上海：上海科学技术出版社，1978：37.
[2] 成无己．注解伤寒论［M］．北京：人民卫生出版社，1963：78.

［《亚太传统医药》2012，8（9）：10］

《伤寒论》疾病自愈机制与临床征兆

徐立思　孔祥亮　何新慧
上海中医药大学基础医学院

疾病自愈是机体不经过治疗，或通过辅助治疗使机体达到自我调节、自我修复而痊愈的一种能力，是人体健康组成的一部分。《伤寒论》中对于疾病自愈特征的论述内容详尽，涉及六经病证，其文字表述有“自愈”“欲愈”“欲解”“自解”“自止”等，涉及条文共有47条，占条文总数的11.8%，揭示了某些疾病自愈倾向的机制，可防止不必要的治疗或过度治疗，对临床有一定指导意义。

一、《伤寒论》疾病自愈机制探析

《伤寒论》涉及疾病自愈的条文分别载于太阳病、阳明病、少阳病、太阴病、少阴病、厥阴病、霍乱病、瘥后劳复病等篇中，可见六经病皆有可能自愈，其自愈机制主要分为以下几个方面。

（一）自然转归

疾病有着自身发生发展的规律，尤其在外感疾病中，若致病因素并非十分强大，正气相对充盛，则经过一个病程阶段后，病可自行痊愈，正如张仲景所言：“以行其经尽故也。”如第8条“太阳病，头痛至七日以上自愈者”，第10条“风家，表解而不了了者，十二日愈”，第384条亦言“所以然者，经尽故也”。由此可见，《伤寒论》的“七日自愈”之说也是对《内经》周生物钟认识的进一步发展[1]。若太阳病未愈，则传至阳明病。又如第184条：“阳明居中，主土也，万物所归，无所复传。”提示大部分外感疾病在发展到阳明病阶段的极期，正气战胜邪气，疾病可告愈，一般不向三阴病发展。第23条言太阳病若得之八九日后，“其人不呕，清便欲自可”，未见向阳明、少阳传变，今见脉浮缓，为阳复病邪欲去之佳兆，故可自愈，亦是疾病自然转归的表现。

（二）顺势祛邪

在疾病的发展过程中，人体正气与邪气抗争，最后战胜邪气，驱邪外出，则可使疾病得以痊愈。

给邪气以出路是人体顺应病势、抗邪外出的方式和途径，亦是疾病向愈的保证。《伤寒论》中人体正气顺势祛邪而自愈的方式有多种，如汗出、小便利、大便通、出血等，此与《内经》“开鬼门”“洁净府”“去菀陈莝”等治法，有异曲同工之妙。第110条、116条、192条均言通过战汗的方法，使病邪随汗出而解。又如第47条言“自衄者，愈”，因血汗同源，衄血以达到汗出的目的，故曰“衄乃解”，使邪随血去，则阳郁得解。第145条妇人热入血室，因经水适来而血不断，邪热有随血而去的转机，病有可能自愈。此外，《伤寒论》中还有一种特殊的出路，即第376条“呕家有痈脓者，不可治呕，脓尽自愈”。治当因势利导，排脓解毒，脓尽则呕证自愈。切不可见呕止呕，阻碍邪气出路，闭门留寇。

另外，六经病皆有“欲解时”，如第9条、193条、272条、275条、291条、328条，三阳经病解于昼，三阴经病解于夜，顺应天时以强调自然界的阴阳消长可以对人的机体发生有利的影响，这种“天人相应”的作用有助于人体正气的强盛以及邪气的衰退，从而能更有利地驱邪外出。

（三）阴阳平衡，脏腑和调

1. 阳气来复

张仲景在治疗过程中首重阳气的盛衰，阳气充盈是正气能抗邪外出的根本条件。因此，阳气的盛衰决定着疾病的严重程度和机体的自愈倾向。第140条言太阳病误下之，若其人正气强盛，脉促则有外达抗邪之势，虽经误下，邪未内陷，故不作结胸，为欲解。第278条：“伤寒脉浮而缓，手足自温者，系在太阴；太阴当发身黄，若小便自利者，不能发黄；至七八日，虽暴烦下利日十余行，必自止，以脾家实，腐秽当去故也。”此言若阳气存，气化功能尚好，则小便通利，湿有出路，不能发黄，待脾阳渐渐恢复，即能抗邪外出，则利自止而痊愈。若阳复太过，则如第187条“至七八日大便硬者，为阳明病也”，依法治之。

三阴病的本质是阳气虚衰，无热恶寒，所以在三阴病中若出现阳气来复的转机，则可借此自愈。如第287条、361条、365条、367条，均言在下利的过程中出现脾肾阳气恢复，脉象由大转为微弱而数者，则阳气回复，邪气将退，病情好转。又如第331条、332条、334条、336条、341条中论及厥热胜复的预后，若出现热多厥少的征象，则提示正进邪退、阳长阴消，病可自愈。

2. 胃气自和

《伤寒论》胃气的涵义甚为丰富，不仅仅局限于胃腑的气机与功能，还包括整个胃肠或脾胃的功能，甚至还包括足阳明胃经。胃气和的生理表现包括能食、大便通畅、口不渴、不烦躁而安眠，提示肠胃之气顺降通畅，病解时脏腑气机通达，正气不亏，有能力祛除邪气，是功能恢复的表现之一，故胃气的有无，关系到全身正气的存亡。如71条言误治后出现“胃中干，烦躁不得眠，欲得饮水”，此乃胃中津液不足，则需“少少与饮之，令胃气和则愈”，第329条厥阴病亦是如此。第332条：“凡厥利者，当不能食，今反能食者，恐为除中。食以索饼，不发热者，知胃气尚在，必愈，恐暴热来出而复去也。”此处胃气提示正气尚在，可以与病邪抗争，故可转危为安。第398条强调“损谷则愈”，大凡疾病初愈时脾胃运化功能较弱，尚未恢复，故宜适当减少饮食，这是保护胃气的方法，也是疾病新瘥的自愈方法。

3. 津液自和

津液既是构成人体的精微物质，又是人体功能活动的物质基础，起到滋润濡养、化生血液、调节阴阳和排泄废物的作用。凡经误汗、误下后亡其津液者，若病情严重，需药物以复其津；若体质尚佳，则如第59条所言“勿治之，得小便利，必自愈”，即若津液有回复之象，待其自复，病可自愈。第49条：“脉浮数者，法当汗出而愈。若下之，身重心悸者，不可发汗，当自汗出乃解。所以然者，尺中脉微，此里虚，须表里实，津液自和，便自汗出愈。”结合第59条可以断定，津液自和的临床表现当从小便通利、汗出顺畅、口不干燥等症来判别。

《伤寒论》中津液自和也是阴阳自和的表现和前提，如第58条：“凡病若发汗、若吐、若下、若亡血、亡津液，阴阳自和者，必自愈。”此处经过误治后气血津液丢失，如果人体阴阳自和能力尚可，津液相对充盛，则即使人体受到病邪的侵袭，也有自愈的可能。正如《素问·生气通天论》言：“阴平阳秘，精神乃治，阴阳离决，精气乃绝。”

4. 气机通畅

在太阳病初期或经过误治后，寒邪郁遏气机，影响正常的生理功能，如第93条“太阳病，先下而不愈，因复发汗，以此表里俱虚，其人因致冒”，导致“冒”的主要原因在于气机不畅，气血流行受阻，而“汗出表和”是气机通畅的表现。尤在泾更是在《伤寒贯珠集》中点出了冒家及其汗出的特点[2]：“冒，昏冒也，以邪气蔽其外，阳气被郁，欲出不能，则时自昏冒，如有物蒙蔽之也。若得汗出，则邪散阳出，而冒自愈……然亦正气得复，而后汗自出耳。”强调的是正气得复，气机通畅而后出汗，并非药物强发其汗。第 109 条则言肝木乘肺则气机不畅，而见腹满等症，若刺期门，得“自汗出，小便利”等症，则肝气调畅，其病欲解。

二、《伤寒论》疾病自愈的征兆与表现

临床上的疾病千变万化，症状多种多样，如何能根据疾病过程中出现的一些征兆，见微知著，正确判断疾病的自愈倾向，相当重要。《伤寒论》中对于疾病自愈的征兆和表现主要从病程时间、出血、汗出、口渴、大便、小便、脉象等方面，并结合其伴有症状来把握。

（一）病程与时间

外感病初期若没有出现其他变证，病程一般经过 7～13 天即可康复；若在疾病的中期，无他经症状，一般 14～21 天才可痊愈，如第 384 条“十三日愈，所以然者，经尽故也”。疾病痊愈与时间有着密切的联系。如“太阳病欲解时，从巳至未上”，从上午 9 时至下午 3 时，阳气最旺之时有助于正气抗邪外出；又如“阳明病欲解时，从申至戌上”，从下午 3 时至晚上 9 时，是自然界阳气消退的时候，阳明病的本质是阳热亢盛，此时可借助自然界阳气下降的时候，邪热消退，病可自愈；又如三阴病，欲解时多为阴尽阳升的子夜或凌晨，如精神好转，脉象和缓有力，没有其他症状，正气相对充盛，疾病可在特定时间痊愈。

（二）衄血或下血

对于病程中出现血证的情况，需结合其伴有症状，审明是在何种病证中出现血证，才能判断是否需要药物或其他治疗。如第 46 条、47 条，表证阶段如见衄血，此与随汗而解类似，又谓之“红汗”，若无身热、汗自出、畏寒等传里症状，则为欲愈。另一种情况如第 145 条，适逢女子经水，则发热恶寒等症亦可随经而泄。第 124 条论述蓄血证，里热证伴有出血，出血后症状好转，小便自利，则机体三焦功能尚可，蓄血自下，瘀热得去而病情可缓解。

（三）汗出或口渴

《素问·阴阳别论》云：“阳加于阴，谓之汗。”《伤寒论》中论及汗出自愈的条文共有 7 条，分别为第 49 条、93 条、94 条、109 条、116 条、192 条、361 条，主要分为两种情况：一是自汗出后气机通畅，身体舒缓，口不干燥，小便通利，则阴阳表里自和，和则自愈；另一种是通过战汗的方法鼓舞正气，祛邪外出，战汗后出现热退、身凉、脉静，则病自愈。

口渴是指口中干燥而欲饮水的自觉症状，常提示胃中津液不足，常伴有小便不利、大便不通等症，如第 71 条、329 条，只须少少饮之，补充必要的水液，令胃气和则愈，切忌大饮，更忌饮冷。口渴另一种情况常伴有热象，如发热、脉数等症，提示阳气回复，如第 360 条、367 条。

（四）大便

张仲景通过大便性状的改变来观察疾病是否将愈也有许多条文。下利自止的主要原因归咎于阳气的恢复，无论是第 278 条症见手足温、心烦等见症后出现“脾家实”，还是辨厥阴下利时，出现发热口渴、脉微数等热象，则脾阳恢复，运化得健，下利自止。第 110 条言：“十余日振栗自下利者，此为欲解也。”此与上述通过战汗的方法驱邪外出相类似。另外，第 23 条言“清便欲自可”是为了起到鉴别诊断的意义，无发热汗出，脉象微缓，意为未传阳明，则病自除。

（五）小便

小便是体内水液排泄的主要通道，若体内津液不足，首先从小便不利反映。若经误治后体内津液不足，但未尽亡，此时不需治疗，待正气来复，便化源渐充，小便得利，病告自愈，如第 59 条、109 条皆是如此。故章虚谷《伤寒论本旨·卷五·汗吐下后并误治诸证》言：“下多亡阴液，汗多亡阳津，故小便不利勿妄治之，以饮食调理，得津液生而小便利，必自愈也。”而第 187 条、278 条言“小便自利，不能发黄”，小便必不短赤，即第 339 条“色白者，此热除也”之意，故易于痊愈。

（六）脉象

《伤寒论》中对自愈脉象的描述最为详细，有 15 条之多，借脉言病机是张仲景治疗的特点之一。如第 23 条“脉微缓者，为欲愈也”，此是阳气有力抗邪之表现。而在三阴病中，若出现脉长、脉浮、脉数等症，均是正气奋起抗邪，阳气有所恢复的征兆，故可自愈。值得注意的是，第 192 条言“脉紧则愈”，此处脉紧可结合本条“濈然汗出而解”而理解为一个战汗的过程，正能胜邪而自愈。总之，其描述遵循《素问·离合真邪论》“大则邪至，小则平”之意。

此外，还有学者对《伤寒论》中疾病自愈过程中出现瞑眩的机制和意义进行探讨，认为自愈过程中出现瞑眩的机制主要分为邪有出路为主和正气得复为主两大类，瞑眩的发生预示邪气已经开始或即

将开始被驱出体外，亦预示疾病将迅速地好转或痊愈[3]。

综上所述，张仲景对于疾病自愈的规律有着深刻和详细的揭示，在整个六经病阶段均有可能出现自愈，只要能善于把握病程中出现有自愈倾向的征兆，就可了解疾病的转归，避免不必要的治疗或过度治疗，其中蕴含的中医理论和经验值得我们学习和深入研究。

参考文献

[1] 孟庆云．《伤寒论》中的七日自愈［J］．中医杂志，2004，45（12）：948.

[2] 尤在泾．伤寒贯珠集［M］．北京：中国中医药出版社，2008：74.

[3] 罗勇．小议《伤寒论》中疾病自愈而出现瞑眩的机制及其意义［J］．河南中医，2009，29（12）：1148～1149.

［《上海中医药大学学报》2012，26（6）：27］

《伤寒杂病论》中半夏应用探析

杨清高　刘绍能
中国中医科学院广安门医院

半夏之名来源于《礼记·月令》记载“五月半夏生，盖当夏之半，故名”。早在西汉《五十二病方》就已有入药记载。《神农本草经》记载半夏“主治伤寒寒热，心下坚，下气，喉咽肿痛，头眩胸胀，咳逆，肠鸣，止汗”。张仲景所著《伤寒杂病论》中共载方剂375首，用半夏的方剂除去重复方共计43方，其中以半夏命名的就有21方。诸多方剂至今仍为临床常用之方，可见仲景善于灵活应用半夏，笔者集合原著及本草论述，归纳半夏用药特色，浅析如下。

一、功效及应用

（一）降逆止呕

在43方中，有21方用于降逆止呕，此外在多方后注有“呕者加半夏”。小半夏汤为“止呕祖方”，治疗单纯水饮停于心下隔间，引起阴阳升降不利，发为呕吐，病重伴有眩悸者加茯苓利水降逆。

然而引起呕吐有寒热虚实各种原因；对于中阳不足、寒饮内盛引起的，以“干呕，吐逆，吐涎沫”为主症者，用半夏干姜汤，半夏降逆止呕，干姜胃中散寒。对于邪热内犯肠胃引起的“干呕而利”或“太阳少阳合并……若呕者”，用黄芩加半夏生姜汤，以半夏生姜降逆止呕，黄芩清解少阳里热。对于寒热错杂而致“呕而肠鸣，心下痞满”为主症者，以三泻心汤为法，半夏为君药降逆止呕之效果速，佐苦寒之芩、连，辛散之干姜辛开苦降，则痞消呕止，水饮重者，加重生姜；胃虚显者，重用甘草。以胃气虚甚所致的胃反呕吐者，用大半夏汤，半夏加白蜜、人参补虚润燥和中降逆；胃阳虚明显而致“腹中寒气……呕吐者”之症，用半夏降逆止呕，合附子、粳米等温中补虚散寒，如附子粳米汤。对于“伤寒解后，气逆欲呕”之症，用竹叶石膏汤，方中取半夏降逆止呕之功。再如妊娠所致呕吐不止之证，用干姜人参半夏丸，寓有通补止呕之意。半夏配伍人参，既可补益中气，又可监制半夏，不致坠胎。正如陈修园谓“半夏得人参，不唯不碍胎，且能固胎”[1]。对于伤寒邪入少阳引起胆热犯胃的诸实症之呕，以半夏合柴胡、黄芩和解少阳，降逆止呕，如小柴胡汤、大柴胡汤、柴胡加芒硝汤、柴胡桂枝汤、柴胡加龙骨牡蛎汤、黄芩加半夏生姜汤等。太阳阳明合病引起呕吐者，用葛根加半夏汤，配伍半夏宣通降逆。正如林大勇等[2]说：呕吐之乃因于痰饮者，遂审因以图治，用半夏化痰逐饮，使痰饮除则胃气自降。

（二）蠲饮降气

饮邪内停，上犯与肺可以引起咳逆、上气等症，半夏辛温，善于温肺化饮止咳。如外寒内饮而致“心下有水气，咳而上气”之证，用小青龙汤；寒饮伏肺而致“咳而上气，喉中水鸡鸣”之症，用射干麻黄汤，此二方皆用半夏和麻、桂等温肺化饮，降气止咳；邪热明显者，配伍石膏增加清热化饮之功，如小青龙加石膏汤、厚朴麻黄汤。外邪内饮伴有里气不和所致咳而脉浮之症，用泽漆汤，伍半夏有降逆气止咳之意。另外，半夏还能降脏腑之气，肝气上逆所致“气上冲胸”之奔豚证，用奔豚汤，以半夏降肝气；肺胃之气上逆所致“火逆上气”之证，用麦门冬汤，以半夏降肺胃之气。

（三）散结消痞

外邪未解，内陷于里，痞结不散，半夏之辛能散结消痞。如寒热互结于中焦而致“心下痞硬”之症，用三泻心汤，均取半夏散结除痞之功。对于痰热互结而致“心下结痛，按之则痛”之小结胸证，用小陷胸汤，半夏配合瓜蒌、黄连以清热化痰，降气散结。对于痰湿内阻而成“心痛彻背”的胸痹之症，用瓜蒌薤白半夏汤，辛燥之半夏合薤白、瓜蒌以化痰除湿，散结消痹。对于饮停心下，阻遏阳气，气机不舒而致“脉伏，心下坚满”之证，用甘遂半夏汤，甘遂配半夏，取其相激而成，一战而留饮尽去，化饮除满。正如对于寒热与饮邪搏结于胸而致“似喘不喘、似呕不呕、似哕不哕，彻心中愦愦然无奈”之症，用生姜半夏汤，半夏伍生姜汁化饮散结。在鳖甲煎丸治疗胁下瘕及温经汤治疗冲任虚寒瘀阻中，少用亦取半夏化痰散结之意。

（四）化痰利咽

半夏能化咽喉之痰，散咽喉之结，为治疗咽部病症常用之药。如气滞痰阻于咽部而致“咽中如有炙脔”的吐之不出、咽之不下的梅核气，用半夏厚朴汤，半夏化痰利咽，散结下气。少阴病寒痰闭阻而成“咽中痛”之证，用半夏汤及散，方中半夏利咽化痰、止痛散结。少阴病痰火上犯咽喉而致“咽中伤，生疮，不能语言，声不能出”之证，用苦酒汤，半夏化痰利咽散结，合鸡子以清热开音。

（五）其他功效

仲景在黄芪建中汤方后亦明确指出：“补气加半夏三两”。半夏之性能燥脾之痰湿，痰湿去则脾健，故运化中气也。如汗后伤脾气，痰湿内阻引起“腹胀满”之症，用厚朴生姜半夏甘草人参汤，半夏燥湿行气，健脾和胃，合厚朴消胀除满。正如《脏腑药式补正》称：“半夏和胃健脾，亦脾胃家燥湿健运之专药”[2]。

二、用量及煎煮法

在仲景配伍半夏的43方中，用量也多有讲究，剂量大者，如治胃反“朝食暮吐，宿食朝吐”的大半夏汤，用半夏二升；剂量小者，如治“微呕”柴胡桂枝汤，半夏用二合半；如柴胡加芒硝汤、鳖甲煎丸，半夏用二十株或一分。大多时候仲景用半夏半升，如治疗“心烦喜呕”的小柴胡汤、治“呕不止”的大柴胡汤，半夏均用半升。据《金匮要略》附录《汉代度量衡与张仲景方药剂量》中半夏半升即为60g[3]。当然半夏用这么大量，会不会有毒呢？参其仲景诸方，其用半夏之时，多与姜配伍，无论是生姜或干姜，姜夏配伍、既可协同增效，又可相杀为用，解除半夏之毒性。吐陶氏云“半夏有毒，用之必须生姜，亦以之制其毒故也”[5]。或者加白蜜，白蜜可制半夏之毒性、也缓半夏之燥性。

仲景在使用半夏时均脚注“洗”，书中记载：“以水一斗二升，和蜜扬之二百四十遍”，这是一种水漂浸泡冲洗的方法，这种方法可使其水溶性成分损失88.1%，醇溶性成分损失87.5%，氯仿甲醇浸出成分损失76.6%，生物碱损失50%[4]。关于煎煮时间，要求半夏久煎，如小半夏汤“以水七升，煮取一升半”，用大量的水以延长煎煮时间。仲景还在大、小柴胡汤，三泻心汤和旋覆代赭汤六方中均采用了“去滓再煎”之法，可减轻其毒性。在生姜半夏汤中采用“以水三升，煮半夏取二升，内生姜汁煮取一升半，小冷分四服”的先煎的方法，亦可减少半夏的毒性。

三、小结

张仲景运用半夏十分灵活，治疗病症十分广泛，多用其降逆气、止呕吐、化痰饮、散痞结等作用，对于半夏用量和煎煮方法也十分讲究，其配伍治疗之妙，运用之巧，为后世树立典范，对于现代临床仍有十分重要的借鉴意义。

参考文献

[1] 林慧光．陈修园医学全书［M］．北京：中国中医药出版，2010：280.
[2] 林大勇，李海波．论吴鞠通之用半夏［J］．吉林中医药，2009，29（4）：355~357.
[3] 张山雷．张山雷全集－脏腑药式补正［M］．北京：人民卫生出版社，1995：770.
[4] 张家礼．金匮要略［M］．北京：中国中医药出版社，2004：490~501.
[5] 郭晓庄．有毒中草药大辞典［M］．天津：天津科技翻译出版社，1992：194，19.
[6] 梁·陶弘景．本草经集注（卷5）［M］．北京：人民卫生出版社，1994：354.

［《吉林中医药》2012，32（3）：293］

《伤寒杂病论》中“角药”应用分析

李剑颖　河南省漯河市第二人民医院

所谓“角药”是指以中医基本理论为基础，以辨证论治为前提，以中药气味、性能、归经、七情为配伍原则，三味中药联合使用、系统配伍、配成一组，为三足鼎立，互为犄角，这种配伍，比起“药对”作用就比较复杂一些，名之曰“角药”。初看“角药”像是由三组“药对”组成，但实际上它的组方意义远比“药对”广泛深厚。“角药”介于中药与方剂之间，在方剂中起主要或辅助作用，或独立成方，其在配伍应用中颇多巧妙，在临床应用中可起到减毒增效的作用，对于我们认识药物的性能功效也很有帮助。“角药”是三种中药的有机组合应用，而非简单的药物。这种配伍应用方式最早始见于张仲景著的《伤寒杂病论》，以后一直被历代医家所推崇，并加以充实发展。现就《伤寒杂病论》中“角药”应用特点分析如下。

一、方剂主要部分之“角药”

（一）干姜、细辛、五味子

蕴含于《伤寒论》里小青龙汤中的“干姜、细辛、五味子”，可说是“角药”之先河，小青龙汤是治外有表邪而内有痰饮的痰喘咳嗽之证的要方，而“姜、辛、味”是方中温肺化饮、止咳平喘的主药。《金匮要略·痰饮咳嗽病篇》论痰饮咳嗽服青龙汤后的几种变局，俱以“姜、辛、味”为主药，或减桂枝，或加半夏、杏仁、大黄，而这三味药却不变，成为治疗痰饮咳嗽症的“角药”。陈修园曾论小青龙汤说：“干姜以司肺之开，五味以司肺之合，细辛以发动其开合活动之机。小青龙汤中当以此三味为主，故他药皆可加减，此三味则缺一不可。”此三味诚司肺开合枢之要药也，张仲景治疗咳喘之方如射干麻黄汤、厚朴麻黄汤均含有干姜、细辛、五味子三种中药。

（二）当归、川芎、芍药

《金匮要略·妇人杂病篇》“温经汤”中的“当归、川芎、芍药”是妇人调理经血的主药，后世加地黄变为“四物汤”，成为妇科祖方，在临床广泛应用。

（三）柴胡、黄芩、半夏

此三味为小柴胡汤主药，方中柴胡疏肝解郁，得黄芩苦寒同用，清散肝胆郁火；柴胡配半夏，疏肝和胃，治肝气犯胃之呕恶；黄芩和半夏能调和肠胃。三药同用，具有和解少阳，解肌退热，宣通上焦，下行津液，疏肝和胃，清胆截疟之功效。它不仅是小柴胡汤的主药，而且还是柴胡剂类方中不可缺少的一组“角药”。后世的柴胡四物汤、柴胡陷胸汤、柴胡枳橘汤，皆由此三味为主药。著名中医学家刘渡舟教授，在三味药的基础上加茵陈、土茯苓、凤尾草、草河车，名为柴胡解毒汤。主治肝胆湿热，久之成毒，蕴郁不解而见肝区疼痛，厌油喜素，多呕，体瘦少气，小便黄短，舌苔厚腻。

二、独立成方的“角药”

（一）黄连、半夏、瓜蒌

此三味药的伍用首见于《伤寒论》小陷胸汤，方中之黄连、半夏、瓜蒌，具有清热化痰，宽胸散结之功，治痰热聚于膈上，形成胸脘痞痛之结胸证。用黄连清热、半夏化痰、瓜蒌开胸。其中瓜蒌伍半夏，涤痰利膈之力增强，其散结开痞之功益著；半夏伍黄连，一辛一苦 辛开苦降，清热化痰效能加大；瓜蒌伍黄连，涤痰泄热之功更著，三药相伍，分则各有其长，合则互借其能，形成组合最佳的“角药”，配伍成清热涤痰散结的名方。本方三药，缺一则偏缺，黄连则苦降泄热之力不足；缺半夏辛开化痰降逆之力损；缺瓜蒌则利气润下之力弱。吴鞠通对本方十分赞赏，并在此基础上加枳实，名小陷胸汤加枳实汤。

（二）茵陈、栀子、大黄

此三药的伍用见于《伤寒论》的茵陈蒿汤，具有清热利湿退黄之功，三味均为苦寒药，寒能清热，苦能燥湿，其中茵陈疏肝利胆，为清热除湿退黄之药；栀子能除烦清热，清泄三焦而通调水道，导湿热下行，引湿热从小便而出；大黄泻热除瘀，通利大便，推陈致新，使瘀热壅遏瘀滞之邪下泻。栀子与茵陈相伍，既能增强清热作用，又能增强利湿作用，善于治疗湿热蕴结发黄证；大黄与茵陈相伍，使湿邪从大便而去；大黄与栀子，一泻一清，相互为用，既能增强清泻作用，又能增强燥湿作用，更能解酒毒湿热，以治疗湿热或酒毒疸证，成为治疗湿热黄疸（热重于湿）的一组著名“角药”。

（三）附子、干姜、炙甘草

此三药相伍首见于《伤寒论》之四逆汤，具有回阳救逆之功效。症见四肢厥逆，恶寒倦卧，呕吐不渴，腹痛下利，神衰欲寐，舌苔白滑，脉象微细。《素问·厥论》曰：“阳气衰于下，则为寒厥。”《素问·至真要大论》曰：“寒淫于内，治以甘热，佐以苦辛，以咸泻之，以辛润之，以苦坚之。”“寒淫所胜，平以辛热，佐以苦甘，以咸泻之。”用大辛大热之附子为君药。附子纯阳有毒，为补益先天命门真火之第一要剂，通行十二经，生用尤能迅达内外以温阳逐寒。干姜温中焦之阳而除里寒，助附子伸发阳气，为臣药。生附子有大毒，与干姜同用，其性峻烈，故又用益气温中之炙甘草为佐药，既能解毒，又能缓解姜、附辛烈之性，合而回阳救逆，又不致有暴散之虞，故方名“四逆”。此三味药，若加重干姜用量，则为通脉四逆汤。

此外，独立成方的“角药”还有由大黄、芒硝、甘草组成的调胃承气汤，由大黄、厚朴、枳实组成的小承气汤，由赤石脂、干姜、粳米组成的桃花汤，由瓜蒌、薤白、白酒组成的瓜蒌薤白白酒汤，由甘草、小麦、大枣组成的甘麦大枣汤等。《伤寒论》113 方中有 20 个方剂是由三种药物组成，占17%。

三、方剂次要部分之“角药”

人参、甘草、大枣、人参、炙甘草、大枣三药相伍为用见于《伤寒论》的炙甘草汤，由人参、炙甘草、大枣加生姜、生地、桂枝、阿胶、麦门冬、火麻仁组成，《伤寒论》云：伤寒脉结代，心动悸，炙甘草汤主之；人参、炙甘草、大枣亦见于《伤寒论》的甘草泻心汤，由该组“角药”人参、炙甘草、大枣加黄芩、黄连、半夏、干姜组成，《伤寒论》曰：“伤寒中风，医反下之，其人下利……甘草泻心汤主之”；《伤寒论》的小柴胡汤，由该组“角药”人参、炙甘草、大枣加生姜、柴胡、黄芩、半夏组成；《金匮要略》的麦门冬汤，由该组“角药”人参、炙甘草、大枣加麦门冬、半夏、粳米组成。

此“角药”临床使用要点为面色萎黄，食欲不振，纳后腹胀，倦怠乏力，少气懒言，大便溏薄，舌淡、苔薄，脉软弱。人参合大枣，益气养血，补脾生津，大枣甘缓善补脾胃虚弱，人参大补气血，相配大补气血之功更佳；人参和大枣相须为用，增强补气之力；大枣与甘草相配，则甘缓益气、补养心脾。三药相伍为用，共奏益气养胃之效。此三味药为张仲景习用的补益脾胃之剂，涉及的方剂达14首，其配伍运用得的意义却各不相同。如用于柴胡剂，助正祛邪，治未病；用于泻心剂，益气安中；用于降逆剂，重在益气升清。

小结：《伤寒杂病论》成书近2000年的时间里，一直拥有很强的生命力，它被公认为中国医学方书的鼻祖，唐宋以后《伤寒杂病论》一书被分为《伤寒论》和《金匮要略》。临床运用“角药”最早的是医圣张仲景的《伤寒论》，《伤寒论》对“角药”的形成和应用有独到之处，《金匮要略》对“角药”的贡献可谓承前启后，进一步扩展《伤寒论》所用“角药”的临床应用范围，创新许多三种中药组成的成方，为日后“角药”的出现奠定了基础。“角药”的应用，可以达到药物相互辅佐或相互制约，提高疗效。

参考文献

[1] 杨发贵．“角药”启微［J］．河南中医，1999，19（2）：55.

[2] 楼友根．试论温病方中“角药”的配伍应用［J］．河南中医，2005，25（2）：64～65.

[3] 朱富华，杨志春，樊平．中医中药角药研究［M］．西安：陕西科学技术出版社，2009：07.

［《中医临床研究》2012，4（4）：32］

《伤寒杂病论》于IBS证治研究之价值

李东明　陶汉华　山东中医药大学
张俊龙　郭　蕾　山西中医学院

一、《伤寒杂病论》于疾病证治研究之天然优势

（一）《伤寒杂病论》是临床实践之产物

《伤寒杂病论》是东汉末年张仲景所著，后自唐宋始，注家不断，逾四百之多。时至今日，仍被奉为中医临床之经典，有“医门之规绳，治病之宗本”的称谓。为何其临床价值历经千载而不衰？这只能充分说明一个问题，张仲景是真正的临床实干家。我们知道，“绝知此事要躬行”——任何真知灼见都是来源于脚踏实地的实践，医学知识也不例外，而中医学更是建立在实践的基石之上。诚如《伤寒杂病论》自序中提到的“勤求古训，博采众方”，张仲景是在前人积累的大量临床经验和理论知识基础上，参透《内经》《难经》之理，借鉴《治百病方》和《神农本草经》的用药经验，同时结合自己多年的临床实践而最终成书的。

然而，特别需要提及的是仲景之实践乃临床病状真实之记录。正如日本人和田正系所云：“汉方医学的经典著作，为内经、伤寒论金匮要略等，但其最有价值者，惟伤寒论也。……是项著作，虽系古代文献，但是数千年间医疗实践之真实记录”。所谓“真实记录”，意味着对疾病本来面目的认识，而不附加任何主观成分，因此能正确地反映疾病的自然特性和药物配伍的规律性，而不带一点神秘的因素[1]。故而可以说，《伤寒杂病论》中对于疾病辨治规律的认识是基于长期的、大量的临床经验，是中医药治疗疾病的历史经验总结。

（二）《伤寒杂病论》是辨证论治之典范

古代方术，有“医经”家和“经方”家之不同。而皇甫谧称“仲景垂妙于定方”，可见张仲景是经方家。他之所著摈弃空谈玄学，而注重实践。纵观《伤寒杂病论》，充分体现了仲景书的这一特点。然而，仲景也并非只是一个尊重客观的临床材料收集者，更为重要者，他汇总历代“验方”，结合前人之经验成果，并且通过长期观察，考虑到因人而异、因时而异、因环境而异，创造性地建立了“辨证论治”的理论体系。其实，“辨证论治”是成就仲景之第一功臣。这是因为中国医学因此而向

前迈进了一大步，后世中医临床医学更是以此为基础。概之，《伤寒杂病论》全书理法方药俱备，以六经论伤寒，以脏腑论杂病，开“辨证论治”之先河，对于疾病证治规律的研究具有不可替代的地位。

（三）《伤寒杂病论》论病多而难全载法精却极致

尽管《伤寒杂病论》记述了多种疾病的证治，但却未将所有病种尽收书中。这是因为人类社会在发展，人类疾病也在发展，这是一个无穷无尽的过程。而人的一生是何等短暂，怎能与无限的疾病发展过程相比较？所以，东汉张仲景做不到写尽天下之病，其他任何时代的人也不可能做到。但是仲景却另辟蹊径，做到了以不变应万变，以有限论无限。病人既至，且不论什么病，自当悉心诊察其脉其证，客观断为什么证候（最理想的是方证），之后便可依证而施治。正所谓“观其脉证，知犯何逆，随证治之”。我们知道，疾病谱不断发展变化的原因在于致病因素的发展变化，而人体的一些反应——基本证候是不变的，如八纲证候、脏腑证候。不管什么病，总有阴阳、表里、虚实、寒热之分和五脏六腑病位之别。只要正确辨证，就可以无视病种之差别，仅依据证候之表现，来遣方用药。其实这也就是异病同证，异病同治的道理所在。如此观之，可以毫不夸张的说，仲景以一人之力虽未写尽天下之病，但若以其治病之法却可尽医天下之疾。概之，《伤寒杂病论》论病多而难全，载法精却极致。此法即为辨证之法，万病之辨皆赖于此法。

二、肠易激综合征辨证规律亦当求之于《伤寒杂病论》

（一）《伤寒杂病论》中肠易激综合征的主要症状论述颇丰

肠易激综合征（IBS）最早于1820年由Powell报告，后由Dolhart等1946年命名。由于IBS无特异性，故其命名周期很长，曾经用名有“过敏性结肠炎”，“结肠痉挛”，“黏液性结肠炎”，“易激性结肠”等。但是这些均未能指出是肠道的哪一部分易激或引起易激的刺激是什么，而综合征则表明有多种症状，即症状群之意，具体包括腹痛、腹胀伴排便习惯改变（腹泻、便秘）、粪便性状异常（稀便、黏液便）等临床表现。

很明显，本文所论之IBS，是一千八百多年前仲景未论及的。但其所涉及的主要症状——腹痛、腹胀、腹泻以及便秘，在《伤寒杂病论》中论述颇多。面对如此之情况，我们不竟会有疑问。为什么仲景在详知病状表现的情形之下，却没有提出类似的病名？暂且可以做出这样的设想：也许仲景真的忽略了这些症状之间的联系，而与之擦肩而过。又或者他早已知晓了此病的存在，却漠然置之。要知道他所处之东汉末年，战乱频频，瘟疫横行，其宗族亡者十之八九，所以仲景所关注的多为病重者，IBS便自然被忽略了。当然，设想终归是设想，现实是《伤寒杂病论》中的确大篇幅的论及IBS的主要症状，如腹胀称之为腹满，腹泻称之为下利，便秘称之为不大便或大便坚等。其至关重要的是所论证候丰富、方药俱备。比如下利者有表证里证、阴证阳证，亦有虚证实证、热证寒证，而葛根芩连汤、桂枝人参汤、黄芩汤、理中丸（汤）、乌梅丸等均为治利止泻之良方。再如腹痛者，三阴三阳经病均可见到，且也可分阴阳虚实寒热之证候，治疗腹痛之名方有芍药甘草汤、小建中汤、通脉四逆汤加芍药等。而且腹胀、便秘者也是方、证、药均有详细的论述。总而言之，IBS的主要症状在《伤寒杂病论》中论述甚详，所涉及的证候、方药也都面面俱到，而这些对于研究疾病辨证规律而言是必不可少的条件。

（二）IBS辨证研究当借助于《伤寒杂病论》

目前，研究疾病辨证规律的方法很多，比如临床调查研究和相关期刊文献数据统计分析研究等，另外还有学者以证候要素为辨证研究之基本单元。这些方法均可用于IBS辨证规律的研究，但若脱离了《伤寒杂病论》，其必成无水之源，而求之无果。比如文献研究，可以毫不夸张的讲，任何古代文献在辨证成就方面均无法与《伤寒杂病论》相提并论，更不用说什么近代文献和现代期刊文献了。再比如采用临床调查研究辨证规律，我们可以假设各种研究条件足够好，能完成足够大的样本调查任务而获得最客观的原始资料。但有一点是无法保证的，那就是今人的研究态度绝对无法与当年之仲景同日而语，要求每一个调查员都具备脚踏实地的求真态度几乎是不可能的事情。而且，《伤寒杂病论》是历史经验的总结和升华，一般性的临床调查研究怎能与其相比？而以证候要素为基本单元开展辨证研究是最近才开展的，其与现代统计学和计算机技术相结合，可谓先进、新颖，但能有多少研究价值还待进一步证实。

综上所述，《伤寒杂病论》具备研究IBS辨证规律的必要条件，与其他研究方法相比具有较为稳定的优势。因此，研究IBS辨证还应借助于经典的力量，力求发现隐藏在其中可循之规律。

参考文献

［1］郭子光.《伤寒论》证治规律的探讨［J］.中医杂志，1979，12：2～8.

［《辽宁中医杂志》2012，39（6）：1028］

《伤寒杂病论》腹诊与腹证探讨

王　凌　卫生部北京医院中医科

中医学的腹症和腹证，是通过循、扪、按、推之腹诊手法得出的，有关内容在《内经》《难经》和《伤寒杂病论》中有大量记载，后世医家亦有继承和发扬，在他们撰写各种医籍中亦有诸多描述，说明中医学的腹诊自古就已用于临床。日本史学家富士川游所著《日本医学史》也印证了中国古医学已有腹诊术，书中“中医诊科”记述：“按腹之法，观察疾病，最为重要者……中国医籍中有《上古黄帝》《岐伯经》《按腹十卷》等腹诊书籍，均已佚，未传于后世”。这些古籍腹诊之佚，非常可惜。

据有关文献考证，中医学腹诊法始于《内经》《难经》，发展于《伤寒杂病论》。宋以前由于封建礼教的束缚，医者以手直接触摸腹部，尤其对女性，似有失节之弊，致使腹诊难以提倡和实施，使其逐渐萎缩，未能发扬光大。据文献记载，清末民初有学者重新整理腹诊有关资料，如清末1888年张振鋆完稿之《厘正按摩要术》和1916年俞根初之《通俗伤寒论》重新提倡腹诊，书中列有专门论述腹诊之证治和临证应用之条目。“腹诊”一词，在古医籍中未曾出现，直至1776年清·俞根初著《通俗伤寒论》第一次出现腹诊法之阐述，书中以胸、膈、大腹、脐划分脏腑位置；提出切诊先按胸膈、胁肋，次按腹满、虚里、脐间等。

张仲景所著《伤寒杂病论》在《内经》和《难经》诊胸腹症状论述的基础上，采用六经辨“伤寒”与脏腑辨“杂病”的辨证方法，创造性地发挥和发展了腹诊学，并将其应用临证，藉以指导临证诊断和治疗。综合考证，《伤寒杂病论》之腹诊、腹证，大致有：（1）诊胸胁：胸胁苦满，胁下硬痛……；（2）诊心下：心下痞、心下痞硬……；（3）诊腹：腹满、腹微满、呕而不能饮食、腹中空、上冲皮起有头足、上下痛不可触近……；（4）诊腹水：肝水，其腹大，不能转侧，胁下腹痛，时时津液微出，小便续通……；（5）诊积聚：积者，脏病也，终不移，聚者，腑病也，发作有时，辗转痛移……；（6）诊少腹：少腹里急、少腹满……；（7）诊脐：脐凹、脐凸……。

一、腹诊与腹证的概念

（一）腹诊

腹诊乃指医者应用按、摸、扪、循、寻、揣、推、探等手法，对胸腹部临证出现的各种症候进行判断，腹诊属于切诊的一个内容，即腹诊法，从而直接参与指导临证施治。腹诊的临证意义体现在诊断疾病，分析病证、病情、病位，推测预后等方面。腹诊是具有自身特点的另一诊断疾病的方法，藉以补充四诊之不及。

（二）腹证

腹证乃指医者通过腹部的癥象和症状，综合其发生的病因和病机，由医者经过腹诊之后综合分析得出的结论，是疾病发生和发展的癥结之处，包括病因、病位、病性和病势等多个方面，是脏腑异常反映于腹部的全面、客观的体现，即所谓“有诸于内必形之于外”。

二、腹诊在《伤寒杂病论》中的发挥与应用

（一）腹证的证名及方名

仲景临证中以《内经》《难经》腹诊为依据，将胸腹的各种征象、症状与病因病机进行综合分析，得出内脏疾病反映于外在腹部的客观实质征象，从而直接指导临证施治。即把患者腹部的症状、体征结合起来，冠以特有的证名，与治疗、方药相结合。其“证名”是在腹诊的辨证指导下产生的，其方药又各自代表了某一种腹证的病名和方名。如狐惑病、中风历节病、血痹虚劳病……；桂枝汤证、大承气汤证、五苓散证……。这些亦可谓是仲景教导的“随证治之”之一。“随证治之”不是单纯某一个“证”或“病”，而是仲景创立以六经辨伤寒、以脏腑辨杂病之辨证论治的“证”或“病”。因此，仲景所谓的“腹证”，是通过六经辨证和脏腑辨证，并以腹诊与四诊相参而得出腹证。

（二）腹证的辨证

仲景腹证的辨证，是以《内经》“以外揣内，以内揣外”之经旨要义为指导进行的。如《灵枢·揣外》曰：“五脏波荡，若是则内外相袭，若鼓之应桴，响之应声，影之应形。故远者司外揣内，近

者司内揣外，是谓阴阳之极，天地之盖”。这里“司”者伺也，察之、谓之也。人体外在表现如症状、体征、证候、证型等谓之“远”，可以言外也，即从外以揣五脏在内之变化；人之五脏，在胸腹之内，谓之“近”，可以言内也，即从内可以揣五脏在外之变化。

（三）腹证的证名和方药结合以及对日本汉方医学的影响

仲景之腹证与方药相结合，可谓其特有的腹诊模式。以腹诊诊病，据腹诊指导临证遣方选药，为后世开辟了腹诊辨证施治之先河。其不仅为历代医家所遵循，而且影响了日本汉方腹诊之发展。在日本江户时代（1603～1868），日本汉方医家宗《内经》《难经》和《伤寒杂病论》经旨，发展了中医学的腹诊，形成难经派、伤寒派和折衷派等3个腹诊学术派别。不仅如此，日本汉方医家还尊仲景为医圣。仲景的学术思想渗透至日本汉方医各个学科之中，成为著书立说和临证所宗之学术圣旨。名医奥田宽1846年著《腹证考》，其中完全领会了仲景腹诊“理”和“法”之内涵。如“仲景曰：‘随证治之’，凡从事古疾医者，必先明腹证，腹证明，而后药能详；药能详，而后方法正；方法正，则无病不愈矣”。日本汉方医学腹诊，尤以伤寒派腹诊家，宗仲景腹诊之理论和诊法为据，在临证应用的基础上有所发挥和发展，如濑丘长圭的《诊极图说》、稻叶克文礼的《腹证奇览》、曲直濑玄朔增补而成《百腹图说》、后藤艮山的《艮山腹诊图说》、和久田寅叔虎的《腹证奇览翼》等40余部书籍中均有阐述。

三、《伤寒杂病论》中腹诊与腹证举例探讨分析

我们曾试举《伤寒杂病论》（后世将其分为《伤寒论》和《金匮要略》）原文120余条，考证了35个腹诊或腹证，其内容首先概述各腹诊或腹证的名称及含义，然后根据《伤寒论》和《金匮要略》原文条目，从病因病机、诸家论证逐一述之。本文仅摘录其中10个腹诊或腹证，且各以1条原文考证如下。

（一）胸中痛

指胸部或胸前区疼痛，属于腹诊，亦是腹证。既是他觉症状，如医者触摸之胸部，按之痛，或有轻微痛感之腹诊结果；又是自觉症状，即自觉胸部或胸前区有疼痛感之腹证。

《伤寒论》123条：“太阳病，过经十余日，心下温温欲吐，而胸中痛，大便反溏，腹微满，郁郁微烦。”

【病因病机】脾胃热证，表邪渐次入里，胸膈气滞不通，而致之胸中痛。

【诸家论证】方有执曰：“胸中痛，邪在膈也”。汪琥曰：“胸中痛者，膈以内实也。胸痛当责邪热结于胃中，而大便应硬”。程应旄曰：“胸中痛者，从前津液被伤，欲吐则气逆而并及之，故痛。着一‘而’字，则知痛从欲呕吐时见，不呕亦不痛。凡此之故，缘胃有邪畜而胃之上口被浊薰也”。

（二）胸中窒

指胸中闭塞懑闷，属于腹诊，亦是腹证。既是他觉症状，如医者触摸之胸部，按之稍满，或有轻微痛感之腹诊结果；又是自觉症状，即自觉胸中有闭塞懑闷之感。

《伤寒论》：“发汗、若下之而烦热，胸中窒者。”

【病因病机】热扰胸膈，壅滞气机，而致之胸中窒。

【诸家论证】张锡驹曰：“窒，窒碍而不通也。热不为汗下而解，故烦热；热不解而留于胸中，故窒塞而不通也”。王肯堂曰：“阳受气于胸中，发汗若下，使阳气不足，邪热客于胸中，结而不散，故烦热而胸中窒塞”。柯琴曰：“窒者，痞塞之谓。烦为虚烦，则热亦虚热，窒亦虚窒矣。此热伤君主，心气不足而然”。

（三）胸胁苦满

指胸胁、季肋部痞塞充满，即所谓胸胁处有填满、困闷之感觉。属于腹诊，亦是腹证。既是他觉症状，如医者触摸之两肋有抵抗压痛，一般以指押肋弓下缘，有抵抗感之腹诊结果；又是自觉症状，即自觉胸胁苦于痞满，医者押之有窒息喘不上气之苦痛感之腹证。

《伤寒论》96条：“往来寒热，胸胁苦满，嘿嘿不欲饮食，心烦喜呕……”

【病因病机】邪客少阳，肝胆气郁，经气不利，而致之胸胁苦满。

【诸家论证】成无己曰：“邪在表，则心腹不满；邪在里，则心腹胀满。今只言胸胁苦满，知邪在表里之间，未至于心腹满，言胸胁苦满，知邪在表里也”。方有执曰：“胸协苦满者，少阳之脉循胸络胁，邪凑其经，伏饮专聚也”。丹波元坚曰：“苦满者，言有物填满，而苦恼难忍，此病人自觉之情，非外则所得”。

（四）胁下痞硬

指胁肋部胀闷不适，亦作胁下硬满。属于腹诊，亦是腹证。既是他觉症状，如医者触摸之胁肋部硬满，按之有支撑感之腹诊结果；又是自觉症状，即自觉胁肋部有胀闷而似有物堵塞支撑之感。

《伤寒论》266条：“本太阳病不解，转入少阳者，胁下硬满，干呕不能食，往来寒热，尚未吐下，脉沉紧者。”

【病因病机】邪郁少阳，气机壅滞，而致之胁下硬满。

【诸家论证】方有执曰：“少阳之脉，其支者下胸中，贯膈，络肝，属胆，循胁里。其直者，从缺盆下腋，循胸过季肋，故病则硬满”。舒诏曰：“胃中留饮，旁流入胁，则胁下硬满”。

（五）心痛

指心胸或胃脘部疼痛。属于腹诊，亦是腹证。既是他觉症状，如医者触摸之心胸部或胃脘部，按之痛或不痛之腹诊结果；又是自觉症状，即自觉心胸或胃脘部有疼痛感。

《伤寒论》231条：“阳明中风，脉弦浮大而短气，腹都满，胁下及心痛，久按之气不通。”

【病因病机】风热壅于少阳，阻滞经脉，心胸气机不通，而致之心痛。

【诸家论证】成无己曰：“浮大为阳，风在表也；弦则为阴，风在里也。短气腹满，胁下及心痛，风热壅于腹中而不通也”。汪琥曰：“胁下及心痛者，以本胁痛而连接于心胸之分，此为少阳经主病”。

（六）心下痞

指心下即胃脘部痞塞而似有物堵。属于腹诊，亦是腹证，“心下痞”，既是他觉症状，如医者触摸之胃脘部，按之痞满之腹诊结果；又是自觉症状，即自觉胃脘部痞塞不适而似有物堵之感。

《伤寒论》154条：“心下痞，按之濡，其脉关上浮者。”

【病因病机】脾胃热痞证，无形邪热，壅聚心下，气窒不通，而致之心下痞。

【诸家论证】成无己曰：“心下痞，按之痛，关脉沉紧者，实热也。心下痞，按之濡，其脉关上浮者，虚热也”。钱潢曰：“心下者，心之下，中脘之上，胃之上腕也，胃居心之下，故曰心下也。痞者，天地不交之谓也，以邪气痞塞于中，上下不通而名之也”。

（七）心下痞硬

指心下即胃脘痞塞不舒而硬。属于腹诊，亦是腹证。“心下痞硬”，既是他觉症状，如医者触摸之心下，按之痞满而硬，或有轻微痛感之腹诊结果；又是自觉症状，即自觉心下痞闷而有硬满之感。

《伤寒论》157条：“胃中不和，心下痞硬，干噫食臭，胁下有水气，腹中雷鸣下利者”。

【病因病机】脾胃虚弱，湿热内结，气机壅滞，而致之心下痞硬。

【诸家论证】尤在泾曰：“汗解之后，胃中不和，既不能运行真气，并不能消化饮食。于是心中痞硬，干噫食臭，《金匮》所谓中焦气未和，不能消谷，故令人噫是也，噫，嗳气也。胁下有水气，腹中雷鸣下利者，及而水邪为殃也”。汪琥曰：“胃不和，则脾气困而不通，以故心下痞硬。痞硬者，湿与热结也”。

（八）腹满

指腹中胀满不适。属于腹诊，亦是腹证。“腹满”，既是他觉症状，如医者触摸之腹部，按之胀满之腹诊结果；又是自觉症状，即自觉腹中有胀满不适感。

1.《伤寒论》79条：“伤寒下后，心烦腹满，卧起不安者。”

【病因病机】热扰胸膈，累及脘腹，气机壅滞，而致之腹满。

【诸家论证】柯琴曰：“如妄下后，心烦腹满，卧起不安者，是里热已入胃”。成无己曰：“下后，但腹满而不心烦，即邪气入里为里实；但心烦而不腹满，即邪气在胸中为虚烦。既烦且满，则邪气壅于胸腹之间也。满则不能坐，烦则不能卧，故卧起不安”。

2.《伤寒论》189条：“阳明中风，口苦咽干，腹满微喘，发热恶寒，脉浮而紧。若下之，则腹满，小便难也。”

【病因病机】阳虚不化，寒气内结，气机壅滞，而致之腹满。

【诸家论证】成无己曰：“脉浮在表，紧为里实。阳明中风，口苦咽干，腹满微喘者，热传于里也；发热恶寒者，表仍未解也。若下之，里邪虽去，表邪复入于里，故使腹满而小便难”。尤在泾曰：“下之则邪气尽陷，脾内不化，腹加满而小便难矣”。

3.《伤寒论》208条：“阳明病脉迟，虽汗出，不恶寒者，其身必重，短气腹满而喘，有潮热者，此外邪欲解，可攻里也。”

【病因病机】邪实内结，腑气不通，而致之腹满。

【诸家论证】成无己曰："阳明病脉迟，若汗出多，微发热恶寒者，表未解也；若脉迟，虽汗出而不恶寒者，表证罢也。身重，短气腹满而喘，有潮热者，热入府也"。舒驰远曰："阳明病脉迟者，其人里寒盛多阴也，虽见汗出不恶寒之实证，尚不可下，然以脉迟，终非阳明胃实者比，其身必重也。假如呼吸被阻而短气，里邪搏聚而腹满，浊气上干而喘逆，如是而更验其有潮热者，方为外邪欲解，则虽脉迟身重，亦可攻其里也"。

4.《伤寒论》219条："三阳合病，腹满身重，难以转侧，口不仁而面垢，谵语遗尿。"

【病因病机】阳明热盛，壅滞气机，而致之腹满。

【诸家论证】成无己曰："腹满身重，难以转侧，口不仁，谵语者，阳明也。《针经》曰：少阳病甚则面微尘，此面垢者，少阳也。遗尿者，太阳也"。柯琴曰："胃气不通，则腹满"。

5.《伤寒论》221条："阳明病，脉浮而紧，咽燥口苦，腹满而喘，发热汗出，不恶寒，反恶热，身重。"

【病因病机】阳明热盛，壅滞气机，而致之腹满。

【诸家论证】成无己曰："脉浮发热，为邪在表；咽燥口苦，为热在经；脉紧，腹满而喘，汗出，不恶寒，反恶热，身重，邪在里"。

6.《伤寒论》232条："脉但浮，无余证者，与麻黄汤；若不尿，腹满加哕者，不治。"

【病因病机】胃气衰竭，气机窒塞，湿无去路，而致之腹满。

【诸家论证】成无己曰："若其脉但浮而不弦大，无诸里证者，是邪但在表也，可与麻黄汤以发其汗；若不尿腹满加哕者，关格之疾也，古云不治。《难经》曰：关格者，不得尽其命而死"。柯琴曰："若脉但浮而不弦大，则非阳明少阳脉。无余证，则上文褚证悉罢，是无阳明少阳证，惟太阳之表邪未散，故可与麻黄汤以解外……。若不尿腹满加哕，是接耳前后肿来，此是内不解，故小便难者，竟不尿，腹痛满者竟减时时哕者，更加哕矣，非刺后所致，亦非用柴胡麻黄后变证也"。

7.《伤寒论》255条："腹满不减，减不足言。"

【病因病机】邪实内结，腑气不通，而致之腹满。

【诸家论证】成无己曰："腹满不减，邪气实也。经曰：大满大实，自可除下之。大承气汤，下其满实。若腹满时减，非内实也，则不可下。《金匮要略》曰：腹满时减复如故，此为寒，当与温药。是减不足言也"。陈尧道曰："腹满者，腹中胀满也。腹满不减者为实，腹满时减者为虚；以手按之坚硬而痛，不可按者为实。可按可揉而软者为虚"。

8.《伤寒论》273条："太阴之为病，腹满而吐，食不下，自利益甚，时腹自痛。若下之，必胸下结硬。"

【病因病机】太阴虚寒，升降失司，中气凝滞，而致之腹满。

【诸家论证】成无己曰："太阴之为病，阳邪传里也。太阴之脉，布胃中，邪气壅而腹满。上不得降者，呕吐而食不下；下不得升者，自利益甚，时腹自痛。阴寒在内而为腹痛者，则为常痛；此阳邪干里，虽痛而亦不常痛，但时时腹自痛也。若下之，则阴邪留于胸下为结硬。经曰：病发于阴，而反下之，因作痞"。黄元御曰："太阴，脾之经也。脾主升清，胃主降浊，清升浊降，腹中冲和。是以不满。脾病则清阳不升，脾病累胃，胃病则浊气不降，中气凝滞，故腹满也"。

（九）腹满痛

两次见于《伤寒论》属于腹诊，亦是腹证。此乃指腹部胀满而疼痛。"腹满痛"，既是他觉症状，如医者触摸之腹部，按之稍硬满而疼痛之腹诊结果；又是自觉症状，即自觉腹部有胀满而疼痛之感。

1.《伤寒论》241条："大下后，六七日不大便，烦不解，腹满痛者，此有燥屎也。"

【病因病机】阳明热实，燥屎内结，腑气不通，而致之腹满痛。

【诸家论证】程应旄曰："腹满痛，指六七日不大便后之证。从前宿食经大下而栖泊于回肠之处，胃中尚有此，故烦不解，久则宿食结成燥屎，挡住去路，新食之浊秽总蓄于腹，故满痛"。程知曰："大下之后，宜乎病解矣，复六七日不大便，烦不解而腹满痛，此必有燥屎未尽而然。盖宿食因热复为之结硬也"。

2.《伤寒论》254条："发汗不解，腹满痛者。"

【病因病机】阳明热结重证，腑气不通，而致之腹满痛。

【诸家论证】方有执曰："腹满痛者，胃不和也"。程应旄曰："发汗不解，津液已经外夺，腹满痛者，胃热遽而迅攻，邪阳盛实而弥漫不得下之，热毒里蒸，糜烂连及胲胃矣，阴虚不任阳填也"。

吴谦等曰："今发汗后表不解，腹满大痛者，乃腹满不减，减不足言之实满也"。

（十）少腹满

《伤寒论》《金匮要略》各见两次，属于腹诊，亦是腹证。此乃指少腹部胀满不适，亦作小腹满。"少腹满"，既是他觉症状，如医者触摸之少腹，按之满之腹诊结果；又是自觉症状，即自觉少腹部有胀满感。

1.《伤寒论》40条："伤寒表不解，心下有水气，干呕发热而咳，或渴，或利，或噎，或小便不利，少腹满，或微喘者。"

【病因病机】水停下焦，气化不行，而致之少腹满。

【诸家论证】成无己曰："伤寒少腹满者，何以明之？少腹满者，脐下满是也"；又曰："水蓄下焦不行，为小便不利，少腹满"。陈尧道曰："小腹满，小便不利，溺涩也，五苓散渗利之。小便自利者，蓄血也。轻者，犀角地黄汤；重者，桃仁承气汤。小腹满，手足厥冷，真武汤主之。不结胸，小腹满，按之痛，厥逆，脉沉迟，冷结也，灸关元穴"。

2.《伤寒论》126条："伤寒有热，少腹满，应小便不利；今反利者，为有血也。"

【病因病机】热入下焦，与血相结，经气不利，血气不调而瘀于少腹，而致之少腹满。

【诸家论证】成无己曰："伤寒有热，少腹满，是蓄血于下焦。如热蓄津液不通，则小便不利，其热不蓄，小便自利者，乃为蓄血"。汪琥曰："伤寒有热者，谓里有热，热入下焦，故少腹作满形也。夫曰满，比急结稍甚，比硬稍轻。欲审其畜血之证，亦须于小便验之。据病人小腹满，应当小便不利，今反利者，为有蓄血也"。柯琴曰："有热即表证仍在，少腹满而未硬，其人未发狂，只以小便自利，预知其为有蓄血"。

综上概述，摘录《伤寒论》和《金匮要略》原文30余条，略述10个腹诊、腹证之征象和临床所见，同时也阐明其各诊条目之病因病机和诸家之论。如此考证《伤寒杂病论》之腹证与腹诊者，只能言之为初试。迄今尚未见有关类似文章，为国人医者临证应用腹诊做参考。

参考文献

[1] 孙中年，陈选平，主编. 中医学腹诊［M］. 西安：陕西科技出版社，1991：1～267.

[2] 朱文锋，主编. 中医学腹诊［M］. 上海：上海科学技术出版社，1995：1～115.

[3] 李文瑞，主编. 伤寒派腹诊［M］.（日本汉方腹诊选编之一）：北京：学苑出版社，2010：15～196.

［《北京中医药》2012，31（9）：668］

《伤寒杂病论》方药中特殊煎药方法

朱桂花　张友林　武威市凉州区中医院

《伤寒杂病论》之方剂不仅总结了汉代以前各个时期的煎药方法，而且发展性地运用于临床实践，值得医务人员在学习中借鉴与继承。根据笔者学习体会，现列举以下8种煎药方法，供同道中人商榷[1]。

一、微火煎药法

微火煎药法也称文火煎药，煎药状态俗称"鱼沸眼"，先以猛火使之沸，水沸之后，则当用微火（文火）煎之。微火煎药法首推桂枝汤、桂枝加厚朴杏子汤。因桂枝、生姜、厚朴等多含有挥发油，是药物的有效成分之一，如果用武火急煎，容易使它的有效成分挥发，影响方药疗效。此法用火过急会使汤液溢出，不仅造成药材浪费，还造成药物变性而有害于身体。微火慢煎是对一般汤剂的煎药要求，其目的是将有效成分更多地煎煮出来。但微火煎药法也有不易掌握煎药用水量和煎药时间的缺点。煎药时先用适量水将药物浸泡在容器内，以淹没药物为度，加水过多，则煎煮时间势必过长，部分成分被破坏；加水过少，药物有效成分不易煎出[2]。

二、去滓再煎法

去滓再煎法是指将药物加一定量的溶媒后，置于火上加温煮沸至一定时间后去滓取得药液，而后将所得药液重新置于火上加温煮沸，使其容量减少、浓度提高的方法。《伤寒杂病论》中，小柴胡汤、柴胡桂枝干姜汤、大柴胡汤、半夏泻心汤、生姜泻心汤、甘草泻心汤及旋覆代赭汤在煎煮时便采用了去滓再煎法，经过研究发现，柴胡系列方证中本身有默默不欲食，心烦喜呕之症，不宜再进大量汤液，故必须去滓再煎以浓缩其量，便于患者服药。

以上7方均寓辛、苦、甘于一炉而寒热并用，攻补兼施；欲使其效显者，定要和合其力。去滓再煎可和合其力而专其功，使药效增强。去滓再煎法虽然有以上优点，但此煎药方法耗费时间过长，不适合现代人快节奏的生活。

三、先煎后下法

煎药方法中的先煮与后下法，《伤寒论》与《金匮要略》两书中记载尤详，如麻黄汤，“以水九升，先煮麻黄减二升，去上沫，内诸药，煮二升半”，所以先煮麻黄，是因其麻黄煮出之沫有“令人烦”的副作用。仲景用麻黄诸方，如大青龙汤、小青龙汤、麻杏石甘汤、桂二麻一汤、越婢汤、麻黄加术汤、麻黄附子甘草汤等，都注明“先煮麻黄，去上沫”。葛根汤中应先煎麻黄与葛根，后入其他药物。经过研究发现，是因为葛根中淀粉先溶于水成胶状，能防止麻黄碱的挥发。适当先煮麻黄、葛根，使麻黄、葛根药性趋平和以达到祛邪舒筋、生津而不伤正之效应[3]。大小建中汤、炙甘草汤之饴糖之所以后下，因为其具有黏性，需要烊化服用。如同它药一起煎煮，它药均被其黏住，不易煮透，且容易焦糊。先煎与后下的煎药方法能增效减毒、趋利避害，且被现代中医药学在临床中广泛应用[4]。但这种煎药方法需要一定的专业技能，不易被群众所掌握。且在目前密闭式电煎中药机中很难被使用[5]。

四、分煮合服法

分煮合服法是把一方中的多种药物分别煮成汤液，然后再把分煮的汤液混合在一起温服。《金匮要略·腹满寒疝宿食病篇》之乌头桂枝汤，“乌头以蜜二斤，煎减半，去滓，以桂枝汤五合解之”，合和服之，使营卫和而表里双解。这种方法能最大限度地减少乌头的毒性，保持桂枝汤的有效成分不被挥发，提高乌头桂枝汤的整体疗效；缺点是不易为患者所掌握，需要一定的专业人士指导。

五、酒煎与水酒合煎法

酒煎与水酒合煎法即单用酒煎药或水酒同煎药物的一种方法。医圣仲景所用酒主要有清酒、白酒2种。仲景亦称美酒、无灰清酒，考之即今之米酒。功擅通经温阳、补益心肝，尤以色近赤而入血，功善行血养血，常用作煎药、洗药、浸渍、送服药。白酒即初熟的米酒，因色白，曰白酒，常用作治疗胸痹的主药，现代可用黄酒或少量的高粱酒代替[6]。

古人以酒入药，以行药势。仲景治疗胸痹、心痛彻背，如瓜蒌薤白白酒汤，以瓜蒌实一枚（捣），薤白半斤，白酒七升。三味同煮，取二升，分温再服；瓜蒌薤白半夏汤，以瓜蒌实一枚（捣），薤白三两，半夏半斤，白酒一斗。四味同煮，取四升，温服一升。当归四逆加吴茱萸生姜汤，以水六升，清酒六升，和煮，取五升，以温通血脉、散其久寒。在中药的煎煮过程中加酒煎或水酒同煎，有利于药物有效成分的充分释出，使药力彰显[7]。但酒为大辛大热之品，张仲景在两部经典方药中对表证、内热、实证、痒疹、阳亢、津伤等证均禁用之，诸证饮之则无异于火上加油，病势必加重，而对呕、利、湿病、痰证、饮证、咳喘证、眩晕等证亦均未用酒，因酒为甘热之品，能厚肠胃、酿湿化热。

六、蜜煎与蜜水合煎法

此法主要是指单用蜂蜜为溶媒煎煮中药或单以水为溶媒加中药久煎后，再加蜜煎煮的方法[8]。《金匮要略》中，乌头的煎法有二：其一，单用乌头以水久煎，再加蜜煎。曰：“乌头大者五枚，以水三升，煮取一升，去渣，内蜜三升，煎令水气尽。”其二，复方使用者，先以蜜另煎乌头，再将蜜煎与其他药同煎取汁，如乌头汤，先将川乌“以蜜二升，煎取一升，即出乌头”，再将川乌蜜煎与其他四味药同煎取汁。上述2种煎法旨在消除乌头之毒性，并充分发挥其药效。蜜煎与蜜水合煎法也有一定缺点，主要是：煎药时间长（40～60min），加水量不易掌握，蜂蜜容易粘锅、焦糊，普通患者不易掌握操作要领等缺点，需要专业中药师认真指导[9]。

七、蜜酒合煎法

蜜酒合煎法主要是指以酒煎煮，而后制成中药大蜜丸的方法。《金匮要略》之下瘀血汤方记载：“大黄二两，桃仁二十枚，䗪虫二十枚（熬，去足）。上三味，末之，炼蜜和为四丸，以酒一升，煎一丸，取八合，顿服之，新血下如豚肝。”方以大黄、桃仁、土鳖虫炼蜜为丸，约束其勇猛之性，以保护其中焦胃气，又以酒引药入于血分，破血逐瘀。蜜酒合煎法虽以炼蜜缓和其药性，但终究是剽悍之剂的煎药方法，并不适用于气血虚弱的患者。

八、醋与水煎法

醋与水煎法即单用醋煎煮中药或以醋水相和煎煮中药的方法。苦酒，现代称醋。《伤寒论》之苦酒汤，半夏十四枚，鸡子一枚（去黄，内上苦酒，着鸡子壳中），其用法，纳半夏苦酒中，以鸡子壳置刀环中，安火上，令三沸，去滓，少少含咽之，不差，更作三剂，主治少阴病，咽中伤，生疮，散结祛痰，消肿止痛[10]。《金匮要略》之黄芪芍药桂枝苦酒汤，以苦酒一升，水七升，相和，煮取三升，温服一升，当心烦，服之六七日乃解。主治黄汗症。明代医学家龚廷贤所著《药性歌括四百味》用四言句概括了醋的功效："醋消肿毒，积瘕可去，产后金疮，血晕皆治。"醋与水煎法，因其味酸，有收敛之性，不适用于煎煮解表发汗药及治疗胃酸过多症的中药方剂。

九、小结

汤剂的煎煮是一个看似简单却又十分复杂的问题，由于药物及病情的差异，所采取的煎煮方法也不尽相同。煎煮方法是否得宜，对中药汤剂疗效有很大的影响，历代医药学家对此颇为重视。对中药汤剂的制备应从多方面进行更深入的研究，在古为今用、增强疗效的前提下，加快实现古代传统煎药方法与现代中药制剂的完美结合[11]。

参考文献

[1] 占传汉，罗序华．张仲景煎药法初探［J］．江西中医药，2002，33（2）：49.

[2] 张再重，魏雅娜．张仲景《伤寒杂病论》中煎药用水浅谈［J］．河北北方学院学报：医学版，2005，22（3）：70～71.

[3] 郑相颖，郑相梅．金匮要略煎药方法探讨［J］．现代中西医结合杂志，2010，19（14）：1763～1764.

[4] 李学林，李文雅．中药后下药物的分类及其煎煮方法［J］．中医研究，2010，23（1）：16～17.

[5] 李学林，唐进法．应用电煎机煎煮后下药物的方法［J］．中医研究，2008，21（5）：20.

[6] 郝万山．经方中的白酒与清酒［J］．中医杂志，1991，32（5）：59.

[7] 张炳善．医圣仲景用酒规律浅谈［J］．青海医学院学报，1999，22（4）：18.

[8] 陈树森．张仲景煎药所用溶媒析［J］．浙江中医，1998，33（7）：323～324.

[9] 尚炽昌．经方配伍用药指南［M］．北京：中国中医药出版社，1998.

[10] 张存龙．伤寒论中特殊煎药方法［J］．中华养生保健，2010，28（2）：34.

[11] 寇惠蓉，邵思琴．中药汤剂煎煮及服用方法对疗效的影响［J］．陕西中医，2011，32（8）：1063～1064.

［《中医研究》2012，25（1）：71］

《伤寒论》仲景用药加减探微

李荣群　黄少华　浙江中医药大学

伤寒论中小青龙汤、小柴胡汤、真武汤、四逆散、通脉四逆汤方后有药物加减应用。分析这些加减对于了解仲景的配伍思想有着重要的意义，本文拟分析这些配伍以起到窥豹一斑、探寻规律的作用。刘渡舟先生说："我们学《伤寒论》不仅是学桂枝汤、麻黄汤这些方子，更重要的是学它认识事物的方法，这样才能够提高水平"，所以分析仲景认识分析这些药物加减深层的内涵是我们提高临床辨证用药水平的捷径。

一、相关条文

1. 第40条 《伤寒论》（宋版，下同）"伤寒表不解，心下有水气，干呕发热而咳，或渴，或利，或噎，或小便不利，少腹满，或喘者，小青龙汤主之。""……若渴，去半夏，加栝楼根三两；若微利，去麻黄，加荛花，如一鸡子，熬令赤色；若噎者，去麻黄，加附子一枚，炮制；若小便不利、少腹满者，去麻黄，加茯苓四两；若喘，去麻黄，加杏仁半升，去皮尖。"

2. 第96条 "伤寒五六日中风，往来寒热，胸胁苦满，嘿嘿不欲饮食，心烦喜呕，或胸中烦而不呕，或渴，或腹中痛，或胁下痞硬，或心下悸、小便不利，或不渴，身有微热，或咳者，小柴胡汤主之。""……若胸中烦而不呕者，去半夏、人参，加栝蒌实一枚；若渴，去半夏，加人参合前成四两、栝楼根四两；若腹中痛者，去黄芩，加芍药三两；若胁下痞硬，去大枣，加牡蛎四两；若心下悸、小便不利者，去黄芩，加茯苓四两；若不渴，外有微热者，去人参，加桂枝三两，温覆微汗愈；若咳者，去人参、大枣、生姜，加五味子半升、干姜二两。"

3. 第316条 "少阴病，二三日不已，至四五日，腹痛，小便不利，四肢沉重疼痛，自下利者，此为有水气。其人或咳，或小便利，或下利，或呕者，真武汤主之。""……若咳者，加五味子半升、细辛一两、干姜一两；若小便利者，去茯苓；若下利者，去芍药，加干姜二两；若呕者，去附子，加生姜，足前为半斤。"

4. 第317条 "少阴病，下利清谷，里寒外热，手足厥逆，脉微欲绝，身反不恶寒，其人面色赤，或腹痛，或干呕，或咽痛，或利止脉不出者，通脉四逆汤主之。""……面色赤者，加葱九茎；腹中痛者，去葱，加芍药二两；呕者，加生姜二两；咽痛者，去芍药，加桔梗一两；利止脉不出者，去桔梗，加人参二两。"

5. 第318条 "少阴病，四逆，其人或咳，或悸，或小便不利，或腹中痛，或泄利下重者，四逆散主之。”“……咳者，加五味子、干姜各五分，并主下利；悸者，加桂枝五分；小便不利者，加茯苓五分；腹中痛者，加附子一枚，炮令坼；泄利下重者，先以水五升，煮薤白三升，煮取三升，去滓，以散三方寸匕内汤中，煮取一升半，分温再服。”

上五方是仲景伤寒论中仅有的在方后注明加减应用的方剂，在伤寒论中，其他方剂虽亦有加减应用，但皆是另立条文，别起新方，比如桂枝汤、葛根汤的加减。仲景以仅在此五方中注明加减应用，并非偶然，而是有其深刻的涵义蕴藏其中，分析这些条文的加减变化，我们可以发现，这是由仲景对于伤寒六经传变和临床经验的深刻把握所决定的。

二、加减方产生的原因

仲景以或然证的形式，扩大了五方的临床适用范围，如柯韻伯所言“小青龙与小柴胡，俱为枢机之剂，故皆设或然症，因各立加减法”[1]，“小青龙设或然五症，加减法内即备五方；小柴胡设或然七症，即具加减七方。要知仲景有主治之方，如麻桂等方是也；有方外之方，如桂枝汤加附子加大黄辈是也；有方内之方，如青龙真武之有加减法是也。此仲景书法中有法，方外有方，何得以三百九十七，一百一十三方拘之耶”[2]。分析五方主证与或然证之间的联系，不难发现，虽然每一方中的或然证变化多端，似乎无规律可循，但是究其病机，全都统一于太阳、少阳、少阴的六经辨证体系当中，且除通脉四逆汤证外，其余各方或然证的产生，莫不与水饮这一病理因素息息相关。

（一）或然多因水饮停

小柴胡汤、小青龙汤、真武汤、四逆散证中众多或然，究其缘由皆与水饮息息相关，水邪虽云变动不居，然六经既辨，水邪致病的特点亦可与六经生理特点相联系，是以仲景虽云“或”，亦有其偶然中之必然存在。

1. 太阳伤寒兼水饮　水邪趋外[3]

小青龙汤证中，由于外有表邪，内有水饮，而主证是太阳伤寒在表，所以水邪作祟，大多趋于向外，向上，故见干呕而咳，或渴，或噎，或喘等中上焦症状，而小便不利，少腹满是水邪中阻，气机不畅，影响太阳膀胱气化所造成的，虽属下焦症状，但膀胱为太阳之腑，为表，且或利证亦然，因肺与大肠相表里，饮邪犯肺则亦常浸渍肠腑，见于下利之证。可见水邪所涉病位，皆以表以上为主，并非仅如某些注家笼统所注“水邪变动不居”，无规律可循，因此水邪，乃叶天士所言“外寒引动内饮”之水邪，必是素无症状，仅于天气转冷时而发的发作性疾病，如慢性支气管炎急性发作，过敏性哮喘等，与水饮内停的茯苓甘草汤证，五苓散证大不相同。因此，本证中或然证虽缘起于水邪变动不居的特性，但却统一于太阳表证在表在上的病机特点之中，不可与太阳病分离开来而论。

2. 少阴少阳　开阖之枢　枢机不利　水饮内生[4]

少阴少阳病位皆处于中间地带，少阳为太阳阳明之间，少阴为太阴厥阴之间，所以病势不定，变化多端，小柴胡汤与四逆散证主证虽各有不同，但分析其或然证，却有众多相似之处。这是因为枢机不利则三焦决渎失职，致使水饮内生，故无论小柴胡汤还是四逆散，其或然证皆有或咳、或悸、或小便不利、或腹中痛等水饮为患证侯，又因少阳属表，表证未罢，入少阳多从阳化热，所以可见或身有微热之表邪未尽，或胸中烦的热扰心神症候；邪入少阴则多从阴化寒，而见中寒气滞之泄利下重。

3. 少阴阳虚　水邪循经泛滥

少阴病四五日间，邪气从阴化寒，导致肾阳衰败，不能治水而出现水邪泛滥之证。水邪泛滥，主要侵及手少阴心经和足少阴肾经，足少阴肾经属肾，络膀胱，肾阳稍虚，水邪稍有则有小便不利，水邪泛滥则可见小便清长，此一证而可出现小便利与不利两种情况，所以仲景将“或小便利”列于条文之后，提醒读者此处症状不同，但病机相同。肾司二便，肾阳虚而不能固摄，所以下利加重；手少阴心经起于心中，出属心系，水饮循经泛溢，则可见或咳或呕上焦症状，本证中或然症侯，皆是少阴经脉循行之处，水邪浸渍而成，不可纯视为偶然而不加分析。

（二）格阳重症　证势危笃　复杂多变

通脉四逆汤证属于真阳衰微之危侯，病情处于生死之间，病情发展迅速多变，阴寒凝结于脾胃之间故见或腹痛或干呕，虚阳上浮故见或咽痛，利止脉不出与前所述“下利清谷”“脉微欲绝”虽然症状不同，但病机皆是真阳衰微，阴盛格阳，只是前者程度重于后者，下利至无物可下故利止，脉微甚至于不出，此一证而数症，足见仲景辨证细微之处。

三、加减方中凭症状辨证用药

仲景立方有是证而用是药，所谓“观其脉证，知犯何逆，随证治之”，这五条方证所涉及或然症状26个，对于每一或然症状仲景都有其独到的用药经验，分析仲景这些用药的规律和习惯，对于我们更好的理解仲景对于这些或然症状的辩证原则有很好的帮助，也有着很现实的临床意义，笔者就五方中部分或然症状浅析一番，庶有益于临床，抛砖引玉之用。

（一）水饮内停可见小便不利、少腹满、心悸茯苓主之

原文40条中“若小便不利、少腹满者，去麻黄，加茯苓四两”，96条中“若心下悸、小便不利者，去黄芩，加茯苓四两”316条“若小便利者，去茯苓”可见小便不利、少腹满、心悸是水饮内停的三大主证，但仅见心悸尚不足为水饮之明证，318条中“悸者，加桂枝五分，小便不利者，加茯苓五分”说明心悸亦有心阳不足的证型，仲景以桂枝温补心阳治之；另一方面水饮内停慎用苦寒之药，故仲景去黄芩而不用，可为后世垂法也。

（二）邪热伤津可见口渴人参、栝楼根主之

伤寒论中的口渴可在很多条文中见到，但口渴并不作为辩证的一个特异性指标存在，而需要与其他症状结合观之，作为一个辅助性指标供参考，所以临床上遇见口渴症状需要仔细辨证。在小青龙汤和小柴胡汤中，口渴皆是作为邪热伤津的症状，用药以清热生津为主，仲景习惯以人参、栝楼根治疗此类口渴，如小青龙汤“若渴，去半夏，加栝楼根三两”小柴胡汤“若胸中烦而不呕者，去半夏、人参，加栝楼实一枚；若渴，去半夏，加人参合前成四两、栝楼根四两……若不渴，外有微热者，去人参，加桂枝三两”。栝楼根即天花粉，具有清热生津的功效，人参可以益气生津，是热证后期的常用药物，后世温病学派继承了仲景的这一用药习惯，如后世的玉液汤，生脉饮等方。另一方面，此类口渴津液不足，故应慎用温燥类药物，以免助热伤阴，使津液更虚，所以去半夏之辛温不用。此外，在伤寒论中，口渴还可以在多种证型中看到，如湿热郁蒸之口渴可见于白头翁汤证和茵陈蒿汤证，水热互结之口渴可见于大陷胸汤证和猪苓汤证，阳虚不能化津液之口渴[5]，如282条“少阴病……五六日自利而渴者，属少阴也，虚故饮水自救”，临床应该仔细辨别。

（三）下利分证　水饮重者用芫花　阳虚不固者用干姜　五味子

下利在伤寒论中多有论述，其主证亦多有不同，临证应该仔细辨别，在此五条方论中，下利分别主水饮和阳虚，其治疗大法分别为泄水止利和温阳收涩止利。原文40条中“若微利，去麻黄，加荛花，如一鸡子，熬令赤色”这是通因通用之法，宋版《伤寒论》林亿在小青龙汤后注“又按《本草》，芫花下十二水，若水去，利则止也”。十枣汤又以芫花甘遂大戟峻下逐水之品治疗此类下利“太阳中风，下利呕逆……十枣汤主之”。可见仲景治利，逐水消饮为一治疗大法。又316条：“若下利者，去芍药，加干姜二两”318条“咳者，加五味子、干姜各五分，并主下利”说明五味子干姜配伍不仅能温肺止咳，亦能温收大肠而止利，此因肺与大肠相表里，温肺正所以温大肠也，阳虚下利重者，也可用附子、吴茱萸温阳固脱，如四逆汤、吴茱萸汤之下利。另外伤寒论中尚有表又实邪而导致里气不和之下利，主药为葛根如葛根汤、葛根岑连汤等；里有热邪之热利，治之以白头翁、芩、连之类如白头翁汤，黄芩汤等；里有实邪，热结旁流者治之以大承气汤，下利滑脱不禁[6]者以收敛固涩之赤石脂、乌梅为主药，如桃花汤、赤石脂禹余粮汤、乌梅丸等。

（四）咳嗽以温为法　五味子、干姜、细辛主之

在伤寒论中仲景几乎每见咳嗽则必用五味子、干姜和细辛，如原文316条“若咳者，加五味子半升、细辛一两、干姜一两”，318条“咳者，加五味子、干姜各五分，并主下利”。《内经》云：“肺欲收，急食酸以收之，用酸补之，辛泻之”，故加五味子之酸，以收逆气，与细辛相伍一收一散，配合干姜之辛温，以祛肺寒，逆气收，肺寒解，则咳嗽自愈。譬如有制之师，整整有法，去实邪以细辛，收肺气以五味子，干姜培土生金之用也。若实邪不重者，可去细辛而不用。如原文96条中“若咳者，去人参、大枣、生姜，加五味子半升、干姜二两”。仅用五味子干姜，温收为法。要注意的是，咳嗽若兼有外邪的，应慎用参枣之补品，以免闭门留寇，剑阁苦拒，而成都已失矣。

（五）腹痛应温阳缓急止痛　附子、芍药主之

寒凝脾络乃是腹痛的一个重要病机，在这五条方论中，仲景以缓急止痛之芍药来治疗此类腹痛，如原文96条“若腹中痛者，去黄芩，加芍药三两”，317条“腹中痛者，去葱，加芍药二两”若寒气重者，可以以附子大补元阳，温通经络。如原文318条“腹中痛者，加附子一枚，炮令拆”。此类腹痛应该慎用苦寒，所以仲景“去黄芩”，以黄芩苦寒，不利温阳故也。

（六）呕吐——生姜为止呕圣药

历代医家都以生姜为止呕要药，无论胃寒胃热都可以适量加用，又因其性温，尤其适合于阴寒内盛之呕吐，如原文316条“若呕者，去附子，加生姜，足前为半斤。”317条“呕者，加生姜二两”两条条文皆是少阴病，所不同者，以316条为肾阳虚水邪泛滥，所以可以大量使用生姜不仅止呕，而且发散水气，用量“足前为半斤”，317条阴盛格阳，应该以通脉四逆汤破阴回阳，通达内外，呕吐仅为或见证，所以只“加生姜二两”。主证不同，则同一药物剂量不同，可见仲景方不仅在用药选择上有独到之处，药物剂量的斟酌应用也是经方能取到良好疗效的重要原因。

临床脉象和症状是中医辨证的根本，我们在临床上要能做到见症知证，就必须仔细学习伤寒论的辨证精神，从理论到实践，把仲景书中的经验总结切实应用于临床。同样，在用方遣药上，如果能够抓住每一证的治疗主药与用药禁忌，临床上对于经方的加减运用，自能熟谙于心，运用自如，这也是我们今天仍然要学习与研究伤寒论的现实意义之所在。

参考文献

[1] 清·柯琴．伤寒来苏集·伤寒论注［M］．上海：上海科学技术出版社，1959：52.

[2] 清·柯琴．伤寒来苏集·伤寒论翼［M］．上海：上海科学技术出版社，1959：55.

[3] 章浩军，杨福龙，陈力槟．《伤寒论》或然症的证治规律探析［J］．福建中医学院学报，2005，15（1）：41.

[4] 龙治平．《伤寒论》五个或然方证辨证论治规律探讨［J］．1985，11（6）：25.

[5] 魏仲德．浅析《伤寒论》中之口渴［J］．中医药学报，1989，6（1）：6.

[6] 吴炳岳．《伤寒论》下利论治七法［J］．天津中医，1993，4（1）：37. 2340.

［《中华中医药学刊》2012，30（10）：2338］

《伤寒论》中毒性药物的服法

张小勇　赵　慧　刘丹彤
吴　舒　李　涛　陶晓华
北京中医药大学

《伤寒论》[1]确立了中医辨证论治体系的基本框架，是我国第一部理法方药完备、理论联系实际的临床著作，被称为“启万世之法程，诚医门之圣书”[2]。笔者在学习和研究《伤寒论》的过程中，体会到仲景对毒性药物的运用极其讲究，在毒性药物的炮制、配伍、剂量、剂型、煎法、服法、调护及禁忌等多个方面均有独到之处。本文拟对《伤寒论》中毒性药物的调护加以归纳、分析，探讨仲景运用毒性药物的规律和特点，进一步指导临床用药，提高疗效。

一、《伤寒论》中的毒性药物

本草类专著将毒性作为药性提出，最早见于《神农本草经》，其序中曰：‘药有酸咸甘苦辛五味，又有寒热温凉四气及有毒无毒……。”[3]明确指出，有毒无毒与四气、五味一样属药性之一。《伤寒论》全书载方113首，含有毒性药物者59方，占总数的52.2%，共用药物84味，其中毒性药物16味，占总数的19.1%。其毒性药物分别为大戟、巴豆、水蛭、半夏、瓜蒂、甘遂、杏仁、芒硝、附子、芫花、虻虫、商陆、蜀椒、蜀漆、吴茱萸、铅丹。[4]其中附子使用的频率最高，达19方，其次是半夏17方，杏仁9方，芒硝6方，甘遂、吴茱萸、蜀漆、水蛭、虻虫各2方，余皆1方。[5]进一步正确认识仲景对毒性药物的运用，让毒性药物服务于临床，确保临床用药安全，具有重要的意义。

二、《伤寒论》中的服药方法

《伤寒论》中各方药多因剂型、药物用量、药物毒性、病情缓急、病势轻重、治法原理的不同，在服用方法上也多有不同。主要体现在服药次数、服药剂量、服药时间和服药温度4个方面。《伤寒论》中对于服药次数有一定的讲究，有日服、日再服、日3服、分温再服、分温3服、分5、6次服、更服等不同的情况，完全是按照病人的反应来决定服药的，这样才能使药物发挥好的效果。[6]多数方药为每日2、3服，2服者多早晚分服，3服者多取早午晚3次服用，这与现今的服药次数基本一致。《伤寒论》中汤剂的最常规服法是温服1升，但仲景用药从不会拘泥一法，多数方药的服用剂量是可以灵活变化的。为使药效得到最大发挥又不致过用伤正，张仲景小心谨慎地采取试探性给药方法，如服药后没有明显效果，则逐渐增加服药剂量。服药时间间隔越短，越可以使药物持久发挥疗效。多数药方采用每日早晚2次服或是早中晚3次分服的方式，有些方药则对服药时间有特殊要求，如昼夜连服等等。根据方药的作用和特点，应选择寒温不同的服药温度。《伤寒论》中除少数方药后没有明确要求外，多数都要求温服。此外，另有要求“适寒温”“小冷服”的方药。

三、《伤寒论》中毒性药物的服法运用

（一）服药次数

对于毒性药物来说，服药次数直接关系到病患摄入的毒性药物成分在体内累积药量。因此，服药次数要根据重要的毒性大小以及所治病症的不同而有所变化。

1. 频服

频服是指少量多次服用药物。含有毒性药物的方药采用频服的方法多是因为药物毒性小，而病势较重，需要连续服药以达药效。如麻黄连绍赤小豆汤中杏仁的毒性相对缓而弱，因此在治湿热发黄兼表证时“煮取三升，去滓，分温三服，半日服尽。”以使药效持续作用，药力更强。治疗血虚寒厥，内有陈寒痼冷的当归四逆加吴茱萸生姜汤则“去渣，温分五服”。苦酒汤治疗咽痛，病位偏上，“少少含咽之”意在是药物作用于局部，设法延长药物作用于咽部的时间，使药物的功效得以充分发挥。

2. 顿服

顿服是指一次性服完1剂药，其特点是药量大，往往用于病势较急或者较重，能够迅速发挥药效。大陷胸丸虽含杏仁略有小毒，但主治病证为病势较重且病位偏上的水热互结证，当急投之，以破邪安正，方后附“煮取一升，温顿服之。”瓜蒂散“温顿服之”，涌吐出胸中痰涎实邪，实邪得祛，胸阳畅达，气机通利。干姜附子汤“顿服”，用于急救回阳。

3. 昼夜不同次服

黄连汤中用半夏半斤，用量如此之大，当谨慎服用，避免中毒。张仲景明“昼而正气充，夜而邪气盛”的道理，独具匠心的运用了“昼三夜二”的服用方法。不仅使药效得到保障，也避免过用毒性而伤正助邪。同时，黄芩加半夏生姜汤“日再服夜一服”也含有相同之意。

服用毒性药物时需小心谨慎，但不可拘泥于以上服用次数，应结合病患实际情况进行调整，灵活运用。如大青龙汤“一汗出者，停后服”，大陷胸汤方“得快利，止后服”，牡蛎泽泻散方“小便利，止后服”，抵当丸方“晬时当下血，若不下者，更服”等等，皆为张仲景在观察病人病情变化之后灵活调整服用次数的经验总结。强调药物之用，应中病即止，不必尽剂，尤其毒性药物，更不可妄自使用，损伤正气。

（二）服药剂量

在临床实践中，毒性药物的有效剂量往往与其中毒剂量十分相近。在服用含有毒性药物的方药时，服药剂量须认真考量。服药剂量小则药效不能得到发挥，服药剂量大则可造成中毒。同时，由于个人体质强弱、对药物的耐受程度各异，为了将药效充分发挥又不致中毒，在临床上应用毒性药物时，就必须采用“因人而异，小量渐加”的原则，充分分析各种可能导致中毒的因素，调整服药剂量。

1. 个人体质因素导致剂量差异

张仲景在用三物小白散方时，方中用巴豆一分，熬黑去毒后，研磨以白饮和服，在服法上指出“强人半钱，羸者减之”的服药剂量原则，其意即是要根据病人的体质特点合理服用含毒性药物，充分体现了张仲景“因人而异，辨证论治”的理论科学性。类似还有十枣汤方，方中重用甘遂、大戟2味毒性药物，因此，张仲景在此方的服用剂量中强调“强人服一钱匕，羸人服半钱。”可见仲景十分注重根据个人体质因素来考量服用药物的剂量。

2. 小剂量试用，逐步加量

在附子甘草汤后所附服法为“温服一升，日三服。初服得微汗则解，能食，汗止复烦者，将服五合。恐一升多者，宜服六七合为始”；十枣汤“若下后，病不除，明日更服加半钱”，实是张仲景恐发生中毒反应，因此试探性的予以少量汤剂，看是否达到药效，在逐渐加量。类似方药还有麻子仁丸方“日三服，渐加，以知为度”，乌梅丸“服十丸……稍加至二十丸。”苦酒汤方“少少含咽之。不瘥，更作三剂。”柴胡加芒硝汤方“分温再服，不解更作。”半夏散及汤方“少少咽之”，均体现了服用毒性药物时宜从小量逐渐增大之原则。

（三）服药时间

常规服药法一般是2次早晚分服或3次早中晚分服，但对于含有毒性药物的方药来说，由于机体对药物的毒性反应具有昼夜耐受性，仍有一些特殊的严格规定。如十枣汤虽含有甘遂、大戟等毒性药物，仍须“温服之，平旦服。”一则甘遂、大戟的毒效同时也是其药效，为快速而彻底地逐出水邪和瘀血，要在空腹时服用，加快药物成分吸收；二则可以减少对胃壁的刺激，避免产生不良反应。乌梅丸“先食饮服十丸，日三服”，也是为了在蛔病发作之前就服用药物控制发作，以达到最大药效。桃核承气汤“先其食温服”以使药力直达病所，药效

则更加直接。

（四）服药温度

多数药物“分温再服”即可，防止脾胃正气受损，病情不易恢复。半夏汤服药温度需要“小冷服”，一来半夏汤是治疗热性咽痛的方药，服用热药可能会使咽部更加损伤，李东垣《用药心法》云：“若太热即破人咽喉，务在用意”。二来半夏、桂枝皆为温燥之药，冷服则可引药达所，防止寒病客药。

张仲景在使用毒性药物的服法时综合考量了病人的体质、病情、病势等综合因素，在防止中毒的基础之上，充分利用毒性药物中的有效成分，使药效得到最大的发挥。在临床实践中，讲究毒性药物的服法，灵活运用各种减毒增效的方法，将会使得毒性药物在疾病的治疗过程中发挥更大作用。

参考文献

[1] 熊曼琪．伤寒学［M］．北京：中国中医药出版社，2003.

[2] 清·吴谦．医宗金鉴［M］．北京：中医古籍出版社，1995：86.

[3] 曹元宇．本草经［M］．上海：上海科学技术出版社，1987.

[4] 胡小玲．《伤寒论》药物的毒性问题研究［D］．北京：北京中医药大学，2006，1～89.

[5] 王绪前．《伤寒论》运用毒药浅析［J］．国医论坛，1995，10（1）：6～7.

[6] 陈利平，王发渭，刘萍．《伤寒论》之药物煎服法［J］．中华中医药学刊，2009，27（6）：1327～1329.

［《长春中医药大学学报》2012，28（6）：950］

《伤寒论》中“阴”“阳”含义探讨

李德辉　刘玉斌　张素燚
谭碧珠　廖　锐　马　民
暨南大学医学院中医系
张桂娟　暨南大学附属第一医院

近日拜读了冯世伦教授等整理的《胡希恕讲伤寒杂病论》一书，受益匪浅。笔者以前读《伤寒杂病论》遇到的许多问题和疑惑，读这本书后如拨云见日，茅塞顿开。本文结合胡希恕老先生的经验认识，就伤寒论中“阴、阳”二字的具体含义做一探讨。《素问·宝命全形论》曰：“人生有形，不离阴阳。”阴阳学说作为中医学特有的思维方法，它不仅用以说明人体的生理功能、病理变化，而且也用以指导临床的诊断和治疗，成为中医学理论体系中的重要组成部分。张仲景继承了阴阳学说并结合临床实践，使之又有了新的发展。因阴阳是对立统一的，所以张仲景常阴阳同论。因天地万物皆可谓阴阳，故阴阳在《伤寒论》不同的条文中又有不同的具体含义。有时在一则条文内的前后语句间，涉及到的阴阳含义就有数种。

一、“三阳病、三阴病”中之阴阳

（一）对三阳、三阴的认识

历代医家对《伤寒论》三阳、三阴的含义具有不同的认识，大多数医家认为是指手足三阳经和三阴经。其实三阴、三阳不是六经，与经络学说没有联系，而是以之概括6种证候类型。《伤寒论》的六经，虽称“之为病”，其实质是证，而且来自八纲，因为表、里、半表半里三者都是病位的反映。阴、阳、寒、热、虚、实六者，都是病情的反映。临床实践说明病情势必反映于病位，而病位也必因有病情的反映而反映。所以，无病情则无所谓病位，无病位也无所谓病情。这样所谓表、里、半表半里等证，同时必伴有或阴、或阳、或寒、或热、或虚、或实的为证反映。同理，所谓阴、阳、寒、热、虚、实等证，同时也必伴有或表、或里、或半表半里的为证反应。由于寒、热、虚、实是从属于阴阳的，这样无论表、里、半表半里就都有阴阳两类不同为证的反映，三而二之为六，即病之见于证的6种基本类型，也就是《伤寒论》中所谓的“三阴病、三阳病”。所以太阳病为表阳证，少阴病为表阴证；阳明病为里阳证，太阴病为里阴证；少阳病为半表半里之阳证，厥阴病为半表半里之阴证。

（二）阳指太阳、阴指少阴

《伤寒论》第7条：“病有发热恶寒者，发于阳也，无热恶寒者，发于阴也。发于阳者，七日愈。发于阴者，六日愈。”此处阳指太阳病，阴指少阴病，本条讲表证中不仅有太阳病，还有少阴病，发热恶寒的为太阳病，而少阴病偏虚偏寒，无力作热，故一味恶寒而不发热的为少阴病。如张隐庵《伤寒论集注·辨太阳病脉证》曰：“此言太阳少阴之标阳标阴为病也。以寒邪而病太阳之标阳，故发热恶寒发于阳也。以寒而病少阴之标阴，故无热恶寒而发于少阴也”。131条“病发于阳”也是指发于太阳病，“发于阴”是发于少阴病。读者可细细品味。

（三）对“阳微结、纯阴结”的认识

《伤寒论》第148条曰：“伤寒五六日，头汗出，微恶寒，手足冷，心下满，口不欲食，大便硬，脉细者，此为阳微结，必有表，复有里也。汗出为阳微。假令纯阴结，不得复有外证，悉入在里，此为半在里半在外也。”本条阳微结即阳明的微结，即还未至热实于里的胃家实。纯阴结指寒实结胸证。伤寒五六日，头汗出，微恶寒为表证未罢；胃虚津液不达四末而手足冷，心下满，口不欲食为柴胡证；大便硬为里有所结，微结于里则脉沉，结而不出则脉细，此为阳微结，即阳明的微结。但微恶寒，手足冷，大便硬又当与纯阴结（寒实结胸）相鉴别。阳微结证，既有表证，又有里证，其汗出，则因于表未解而气上冲，是阳微结的特征之一，若纯属阴结的寒实结胸证则不会有汗出这一外证，而病皆在里。

二、脉诊之阴阳

（一）寸为阳、尺为阴

《伤寒论》第3条：“太阳病，或已发热，或未发热，必恶寒体痛，呕逆，脉阴阳俱紧者，名曰伤寒。”本条中“脉阴阳俱紧”之阴阳分别指尺脉和寸脉而言。阴阳俱紧就是上下脉都紧，即泛指寸关尺三部之脉皆呈紧象。紧主寒邪盛，这是由于寒主收引，使筋脉拘挛所致。如方有执《伤寒论条辨·辨太阳病脉证并治》中曰：“阴为关后，阳为关前，俱紧，三关通度而急疾，寒性强劲而然也。”第6条：“风温为病，脉阴阳俱浮，自汗出，身重，多眠睡，鼻息必鼾，语言难出。”中阴、阳也是指尺脉和寸脉而言。指寸关尺三部脉俱浮盛有力。为邪热充斥内外，鼓动气血，加速血行所致。290条：“少阴中风，脉阳微阴浮者，为欲愈。”脉阳微即寸脉微，寸以候表，寸脉微为表邪已衰。脉阴浮即尺脉浮，尺以候里，尺脉浮为里气渐充，此为邪退正复之象，故少阴中风见此脉者，为欲愈。另外第283条“脉阴阳俱紧”中的阴、阳也是指尺脉和寸脉，学者可举一反三。

（二）浮取为阳、沉取为阴

《伤寒论》第12条：“太阳中风，阳浮而阴弱，阳浮者，热自发，阴弱者，汗自出。啬啬恶寒，淅淅恶风，翕翕发热，鼻鸣干呕者，桂枝汤主之。”本条阳浮阴弱是指脉言，张仲景脉法中“阴、阳”有时指上下尺寸而言，寸为阳，尺为阴；也有时指浮沉而言，浮为阳，沉为阴。阳浮而阴弱指脉有浮于外而弱于内之象，即为浮弱，脉虽浮出，但沉取软弱无力。阳浮为发热之应，阴弱为汗出之应，脉证相应。245条：“脉阳微而汗出者，为自和也；汗出多者为太过；阳脉实，因发其汗，出多者，亦为太过。”本条脉阳微指脉浮按之微，即太阳中风的脉浮弱。阳脉实指脉浮按之不微而实，即太阳伤寒的脉浮紧。中风则自汗出，若汗出少者则津液无大损伤，故谓为自和。若汗出多者，则津液大量亡失，故谓太过。太阳伤寒当发汗，但发汗宜取微似汗出者佳。若汗出多着，亦为太过。此外第94条：“太阳病未解，脉阴阳俱停，必先振栗，汗出而解；但阳脉微者，先汗出而解；但阴脉微者，下之而解。”100条“阳脉涩，阴脉弦”中的“阴、阳”也是指浮沉而言。

（三）阳指阳脉，阴指阴脉

《伤寒论》第178条：“又脉来动而中止，更来小数，中有还者反动，名曰结，阴也。脉来动而中止，不能自还，因而复动者，名曰代，阴也。得此脉者必难治。”此条中的“阴”是指阴病之脉即阴脉。结、代脉均为缓而中止的脉象属于阴脉。如《伤寒论·辨脉法》曰：“问曰：脉有阴阳，何谓也？答曰：凡脉大、浮、数、动、滑，此名阳也；脉沉、涩、弱、弦、微，此名阴也。”246条“浮为阳，芤为阴”也属此类。

三、津为阳、液为阴

《伤寒论》第245条：“脉阳微而汗出者，为自和也。汗出多者，为太过。阳脉实，因发其汗，出多者，亦为太过。太过者，为阳绝于里，亡津液，大便因硬也。”此条“阳绝于里”之阳指津液，再确切的说阳指津。若以津液分阴阳则津为阳，液为阴。因汗属津为阳，发汗太过，亡津即为亡阳。如《灵枢·决气》曰：“何谓津？岐伯曰：腠理发泄，汗出溱溱，是谓津。何谓液？岐伯曰：谷入气满，淖泽注于骨，骨属屈伸，泄泽，补益脑髓，皮肤润泽，是谓液。”《类经·藏象类》曰：“津液本为同类，然亦有阴阳之分。盖津者，液之清者也；液者，津之浊者也。津为汗而走腠理故为阳；液注骨而补脑髓，故属阴。”由于津液二者同属于一类物质，且可以互补转化。故亡津必导致亡液，故张仲景曰：“为阳绝于里，亡津液”。本条“太过者，为阳绝于里，亡津液”已明确阳绝于里为亡津液。无论自汗或发汗，若汗出太过，则亡津液，其结果必使阳绝于里，大便因而成硬。如喻嘉言曰：“阳绝，即亡津液之互辞。张仲景每于亡津液者，悉名无阳。玩本文阳绝于里，亡津液，大便因硬，甚明。”第27条“此无阳也”、30条“亡阳故也”、46条“阳气重故也”、48条“阳气怫郁在表”、112条“亡阳”、122条“阳气微”、134条“阳气内陷”、211条“亡其阳”、246条“其阳则绝”、283条“亡阳”、286条“亡阳”、29条“复其阳”中的阳皆为津液的意思。《伤寒论》[1]所述“阳气”“阳”是指津液，是经方于古代出现的独特理论概念。

四、奇数为阳、偶数为阴

《伤寒论》第7条：“……以阳数七，阴数六故也。”在本条中，阳数指奇数，阴数指偶数。阳数七，阴数六之说出于伏羲氏河图生成数之词，生成数为“天一生水，地六成之。地二生火，天七成之。天三生木，地八成之。地四生金，天九成之。天五生土，地十成之。”[2]其大意为孤阴不生，独阳不长，必阴阳合而后物方能生。以天地代阴阳，水、火、木、金、土代天地间一切物质；一、二、三、四、五代水、火、木、金、土之数。自一至五等于孤阴、孤阳，不起变化。自五加一乃起生化作用，其意为阳生者阴成，阴生者阳成。从五算起，以万物生于土的缘故，五加一为六，六为偶数，偶为阴，故为阴数六。五加二为七，七为奇数，奇为阳，故为阳数七。病为阳证，当在阳数之期愈，故云“七日愈”。病为阴证，当在阴数之期愈，故云“六日愈”。

五、表为阳、里为阴

《伤寒论》第23条：“太阳病，得之八九日，如疟状……脉微而恶寒者，此阴阳俱虚，不可更发汗，更下，更吐也。”阴阳俱虚，在本句指表里俱虚，阴指里，阳指表。即《素问·金匮真言论》所说：“夫言人之阴阳，则外为阳，内为阴。”脉微为里虚，恶寒为表虚，以此表里俱虚，故不可更发汗，更下，更吐也。成无己《注解伤寒论》注曰：“脉微而恶寒者，表里俱虚也。阳，表也。阴，里也。脉微为里虚，恶寒为表虚，以表里俱虚，故不可更发汗，更下，更吐也。”269条：“伤寒六七日，无大热，其人躁烦者，此为阳去入阴故也。”伤寒六七日，多由表传里，热结于里而外无大热，其人表邪未解，里热又结，故躁扰不宁，烦乱不安，外为阳而内为阴，故云“阳去入阴”。如柯韵伯云：“此条是论阳邪自表入里证也。”

六、阳指阳热之邪

《伤寒论》第111条：“太阳病中风，以火劫发汗，邪风被火热，血气流溢，失其常度。两阳相熏灼，其身发黄。阳盛则欲衄，阴虚小便难。”此条中的两阳指风邪和火邪。太阳病中风多以桂枝汤安中养液而解热，不可用麻黄汤发汗，此处反以火劫，迫使大汗出，风邪本为热性阳邪，再加以火劫之热，邪热因火而盛，其势如焚，血流散于脉内，气溢失于脉外而为汗，失去气血存在的一般状态。风邪、火攻，两阳熏灼人身筋骨肌肉，而发身黄，此处身黄非指黄疸，乃指前文第6条火攻发黄之意。火热亢于上而鼻衄，水竭于下而小便难。如喻嘉言曰：“风，阳也，火，亦阳也，邪风更被火热助之，则血气沸腾，所以失其常度。”

七、卫气为阳、营血为阴

《伤寒论》第153条：“太阳病，医发汗，遂发热恶寒，因复下之，心下痞。表里俱虚，阴阳气并竭，无阳则阴独。”此条“阴阳气并竭”中之阴指营血，阳指卫气。古人认为饮食入胃，经过消化精微物质进入血管，变化而赤者为血，血管之外为气，气、血均来源于饮食产生的精气，如雾露之溉，遍及全身。血的作用称为荣（营），气的作用称为卫，作用上言营卫，本体上言气血。正如《医宗金鉴·订正伤寒论注》中所言：“营卫二者，皆胃中后天之谷气所生，其气之清者为营，浊者为卫，卫即气中慓悍者，营即血中精粹者也。以其定位之体而言，则曰气血；以其流行之用而言，则曰营卫。营行脉中，故属于阴也；卫行于脉外，故属于阳也。”太阳病发汗后，更加发热恶寒，此指桂枝汤证误用麻黄汤这类重剂发汗，大汗流漓，病必不除，大夫一见汗之不除，辄用下法，表邪内陷而作心下痞。发汗虚其表，下之虚其里，故云“表里俱虚”，脉内营气及脉外卫气俱伤，故云“阴阳气并竭”。第111条“阴阳俱虚竭，身体则枯燥。”此条阴阳指气血，气血俱虚竭，则身体失去气血的濡养而枯燥。

八、正气为阳、邪气为阴

《伤寒论》第346条：“伤寒六七日，不利，便发热而利，其人汗出不止者，死，有阴无阳故也。”此条太阳伤寒，六七日前不下利，六七日时便发热而下利，为正败邪盛之候，其人汗出不止，更伤津液，汗下亡津液，即是亡阳，精气外脱，必死。有邪而无正，即为“有阴而无阳”。第153条“无阳则阴独”中阴阳也是此意，正气大虚而邪气独存，名之“无阳则阴独”。除上述外，在《伤寒论》中阴阳还有其他一些含义。如30条的“阳旦”指桂枝汤，167条的“阴筋”指外生殖器，247条的“趺阳脉”指足背动脉等。因其义易明，兹不赘述。

九、结语

本文结合胡老经验认识就《伤寒论》中阴阳的具体含义作了初步分析、整理、归纳，以冀对读者有所启发，为临床、教学提供参考。《伤寒论》继承和发展了阴阳理论，并运用于临床实践，为后世树立了榜样。我们理解阴阳理论的关键是要懂得其思维方式属意象思维，而不能把阴阳视为某种固定的物质形态。如《素问·五运行大论》曰：“天地阴阳者，不以数推，以象之谓也。”《灵枢·阴阳系日月》曰：“阴阳者，有名而无形。”只有这样我们才能更准确地理解伤寒论中阴阳的具体含义。

参考文献

[1] 冯世伦．阳气为经方独特理论概念［N］．中国中医药报，2008-10-10.

[2] 熊曼琪主编．伤寒论［M］．北京：人民卫生出版社，2000：36.

［《中国中医基础医学杂志》2012，18（1）：10］

《伤寒论》中“序贯给药”方法及意义

黄贵华　罗媛媛

广西中医学院第一附属医院消化内科

中医学对中药的服药方法有较多记载，但目前临床普遍采用每日早、晚2次服用的方法。中药服药方法的特殊性和重要作用在临床实践中逐渐被淡化、遗忘。有人曾对105例中药汤剂无效的原因进行调查分析，其中服法不当10例[1]。由此可见，中药的服药方法对药物疗效的发挥有着重要的影响。《伤寒论》被后世医家尊为“众法之宗，群方之祖”，奉为圭臬，不仅其理、法、方、药为后世所推崇，其中的服药方法也有其特殊的理论基础及实践指导意义，特别是“序贯给药”法为后世医家奉为经典。

一、“序贯给药”的实质

1987年，QuintilianiR等[2]提出了抗生素“序贯疗法”的概念，其含义为临床应用抗生素治疗感染性疾病时，初期因病情严重，为迅速控制感染，先采用静脉途径滴入抗生素，待体温下降、临床症状改善后转为口服抗生素的一种治疗方法。“序贯疗法”的指导思想是病情危重时，要以最快的给药途径使药物在体内达到最大浓度，以发挥最大的疗效；待病情控制后，以低强度的给药方式，使药物在体内维持恒定的药效浓度。“序贯给药”模式主要涉及到药物的量效与时效关系，根据病情的发展来决定服药的剂量、时间及次数，其目的是促使药物发挥最大的效能，即量效与时效最大化，这一思想符合了《伤寒论》中的给药思想。“序贯给药”模式既能保证提高临床疗效，又可以明显降低医疗费用，减少药物不良反应，减轻患者痛苦及减少药物的耐药性。因此，研究中药“序贯给药”模式，特别是经方的“序贯给药”模式，对当今中药的合理运用具有重大的临床意义。

二、《伤寒论》中“序贯给药”模式

《伤寒论》中的方药服用方法是张仲景学术思想的特色之一，提倡的服药方法一般是一剂药煎后分次服，而服药的时间、间隔时间根据情况有所不同。后世医家得其精髓，用之临床，疗效显著。任才厚[3]对40例体虚感冒患者严格遵循《伤寒论》中桂枝汤的煎服法服用。结果：40例患者服药1～3剂，平均2剂，治愈39例，无效1例，总有效率97.5%。由此可见，中医汤剂服用方法尤为重要。

（一）顿服

顿服是指一次较快地将药物服完。顿既指速度，又指数。突发疾病，病情危急的情况下，需要集中药力，速挽残局，以遏制病情蔓延和发展。多用于体质壮实，邪气壅盛，病势危重急迫之时。顿服的特点是药量大，药效专一，收功迅速，常一服中病，即刻扭转病势。《伤寒论》中明确指出采用顿服方法服用的方剂有6首，分别为桂枝麻黄各半汤、干姜附子汤、桂枝甘草汤、大陷胸丸、瓜蒂散及调胃承气汤。

（二）每日一服

每日服一服，少次多量，使药力较迅速作用于病位，亦有中病即止之意。《伤寒论》中每日一服的方剂有4首：抵当丸“以水一升，煮一丸，取七合服之，晬时当下血，若不下者更服”，“丸者缓也”，是取峻药缓攻之意，服药后以下血为度，中病即止，以免过剂伤正，其不效者，方可再次服用；文蛤散“汤用五合”；十枣汤“强人服一钱匕，羸人服半钱，温服之，平旦服。若下少，病不除者，明日更服，加半钱。得快下利后，糜粥自养”；

另有三物小白散“强人半钱匙，羸者，减之。病在膈上，必吐，在膈下，必利。不利，进热粥一杯；利不止，进冷粥一杯”。

（三）频服

多次频服意在缩短给药时间，使药力持续不断，更好发挥药效。《伤寒论》要求多次频服的方剂有10余首。如桂枝汤“若一服汗出病差，停后服，不必尽剂；若不汗，更服，依前法；又不汗，后服小促其间，半日许令三服尽”；苦酒汤方“少少含咽之，不差，更作三剂”；半夏汤“少少咽之”；柴胡加龙骨牡蛎汤“煮取四升，内大黄，切如棋子，更煮一两沸，去滓，温服一升”；当归四逆加吴茱萸生姜汤“煮取五升，去滓，温分五服”；猪肤汤“温分六服”；调胃承气汤“少少温服之”；黄连汤“煮取六升，去滓，温服，昼三夜二”；理中丸“以沸汤数合，和一丸，研碎，温服之，日三四，夜二服。腹中未热，益至三四丸”。昼夜服药正如《养生必用方》所云：“世人服药，多只日间服之，往往夜间不服，致药力不相接续，药不胜病，而冬日夜永，尤非所宜。”桂枝附子去桂加白术汤“煮取二升，去滓，分温三服。初一服，其人身如痹，半日许复服之，三服都尽，其人如冒状，勿怪，此以附子、术，并走皮内，逐水气未得除，故使之耳”；麻黄升麻汤“煮取三升，去滓，分温三服。相去如炊三斗米顷令尽，汗出愈”；麻黄连轺赤小豆汤“煮取三升，去滓，分温三服，半日服尽”。

（四）中病即止

对中病即止类的10余首方剂张仲景常将一剂药分作二服或三服，先饮一服，得效余勿服。此类方剂多药性峻烈，攻邪迅速，能力挽病势，应中病即止防伤正气。如大陷胸汤“煮取二升，温服一升，得快利，止后服”；大青龙汤“煮取三升，温服一升，一服汗者，停后服”；大承气汤“得下余勿服”；栀子豉汤、栀子甘草豉汤、栀子生姜豉汤、栀子厚朴汤、栀子干姜汤“得吐者，止后服”；小承气汤原文指出“若一服谵语止者，更莫复服”，煎服法中“初服汤当更衣，不尔者尽饮之，若更衣者，勿服之”；白头翁汤“不愈，更服一升”；桂枝汤“若一服汗出病差，停后服，不必尽剂”；抵当汤“不下更服”，即使用时中病即止；桃花汤“若一服愈，余勿服”；牡蛎泽泻散“小便利止后服”。

三、疗效评判研究

对于“序贯给药”模式的临床疗效是肯定的，但对其药效评价存在一定困难。目前文献所报道的中药药效评价方法主要是采用数学模型的方法对中药的多项药效参数进行综合评价，涉及的模型有简单的加减乘除、矩阵法及模糊数学方法等，在评价参数的选择方面亦各有不同。王欣等[4]采用国际上通用的焦虑动物模型—高架十字迷宫模型，从行为学角度观察了酸枣仁汤的抗焦虑作用，研究发现，酸枣仁汤在7.5～15g/（kg·d）剂量范围内有明显的抗焦虑作用，超过此范围后，效应不随给药剂量的增加而增强。曹宇华等[5]研究麻杏甘石汤治高热喘嗽时，每日需药2剂，只取头次煎服药液，每日用2剂者疗效明显优于1剂者。上述研究均是针对单个因素而建立中药药效评价方法，或者只是单纯性的临床验证，并无定量评价方法，更缺乏系统性研究。而对中药及复方的多成分体系，虽然贺福元等[6]提出了总量统计矩法，一定程度上兼顾了中医宏观要求（宏观量化可算）和现代科学微观可测（可按目前单个成分药动学方法进行研究）的要求，但是这些研究尚处于初始阶段，诸多问题尚待解决。

小结《伤寒论》中“序贯给药”模式是张仲景宝贵经验的结晶，具有重要的科学价值，所以在处方用药时，不仅要辨证正确，“有是证用是方”，而且应该交待患者正确的服药方法，才能使药物发挥良好的疗效。但中药特别是复方药效的评价方法的研究尚处于初始阶段，有待于进一步研究。

参考文献

[1] 焦金发. 对105例中药汤剂服用无效原因的调查分析［J］. 新中医，1989，(4)：23～24.

[2] Quintiliani R, Cooper BW, Briceland LL, et al. Economic impact of streamlining antibiotic administration［J］. Am J Med, 1987, 82 (4A): 391～394.

[3] 任才厚. 桂枝汤治疗体虚感冒应重视煎服法：附40例临床报道［J］. 河南中医，2011，31（6）：585～559.

[4] 王欣，谢鸣. 酸枣仁汤对高架十字迷宫大鼠行为学影响的量效关系评价［J］. 中国实验方剂学杂志，2004，10（1）：35～37.

[5] 曹宇华，谢凤英. 麻杏石甘汤新用与煎服法研究［J］. 湖南中医杂志，1992，(5)：49～50.

[6] 贺福元，罗杰英，邓凯文，等. 中药（复方）药动学研究现状及研究方法探讨［J］. 中草药，2005，36（10）：1582～1586.

［《河北中医》2012，34（4）：599］

《伤寒论》治疗禁忌思想与辨证论治关系刍议

陈宁勇　范欣生　凌云等
南京中医药大学基础医学院
李　芸　南京中医药大学
中医文献研究所

一、治疗禁忌的理论源自于临床实践

医学是应用性很强的科学，医学理论的不断完善，源自于对临床实践的不断总结。从中医学发展的历史看，中医的许多理论知识，都是通过临床实践不断完善和总结出来的。早期人类对某一疾病的诊治有一个认识模糊→逐渐感受→慢慢领悟→有所认识→真正掌握的过程。因为有时患者证情比较复杂，如“病人身大热，反欲得衣者，热在皮肤，寒在骨髓也；身大寒，反不欲近衣者，寒在皮肤，热在骨髓也”（《伤寒论》第11条）。有时医者粗心大意，“不念思求经旨，以演其所知，各承家技，终始顺旧，省疾问病，务在口给，相对斯须，便处汤药。按寸不及尺，握手不及足；人迎趺阳，三部不参；动数发息，不满五十”[1]。对疾病的诊断发生了失误，采取了不当的治疗方法，使得患者病情加重甚至导致死亡。据《左传》记载，周景王二十二年（公元前523年）夏，许悼公患疟疾，服药后没有治愈，反而中毒身亡。这是2500多年前因使用药物不当而导致死亡病例的记载。后世经过对临床实践的不断总结，提出了治疗禁忌（治法禁忌、针刺禁忌、药物禁忌等）、防止误治的理论。《黄帝内经》当中就有许多关于这方面的论述，如《素问》中的刺禁论、四时逆从论、疏五过论、徵四失论，《灵枢》中的逆顺、五禁等篇均有相关的论述。《素问·移精变气论》曰：“……治不本四时，不知日月，不审逆从，病形已成，乃欲微针治其外，汤液治其内，粗工凶凶，以为可攻，故病未已，新病复起”[2]193。

张仲景生活于东汉（公元150～219年）时期，他所撰写的《伤寒杂病论》系统总结了东汉以前的医学成就，将医学理论与临床实践有机地结合起来，在治疗上上承《黄帝内经》，下启后世，汇集了中医治则、治法之大成，开创了中医各种疗法之先河。在治法的运用上除汗、吐、下、和、温、清、补、消八法外，还汇集了多种不同的疗法，如药物疗法、针刺疗法、艾灸疗法等。药物疗法又有汤剂、散剂、丸剂之别，有外用、内服之分。同时尚有药针并用法、针灸并用法、药灸并用法等等。在具体运用这些治疗方法的时候，根据患者不同的体质，感邪的性质，曾经使用了何种误治及误治后的不良反应等临床实践，明确提出了治疗禁忌的理论。例如，辛温发汗治疗太阳伤寒表实证，但峻汗能伤及气血阴阳或辛温助热，故虚人外感、火旺阳亢、风热外感者禁汗（条文83，84，85，86，87，88，89，49，50等）。攻下法多为驱邪而设，治疗阳明肠腑燥热结实证，因泻下药物除了能够驱邪之外，往往亦会损伤正气或使疾病由表入里，故《伤寒论》中对下法提出了诸多禁忌，如病在表不可下（条文44，45，48等），阳明病腑实未成者不可下（条文204，205，206，209，221，233，238等），脾胃虚寒者不可下（条文195，209，259，273等），阴血亏虚者不可下（条文286，347等），阳气虚衰者不可下（条文130，330等），下后慎用攻下（条文159，214等）。吐法亦属逐邪之法，作用峻猛，伤津耗气，易于伤正，故张仲景在使用中提出阴阳俱虚禁吐（条文23），病在少阳禁吐（条文264），亡血虚家（条文166）和脾肾阳虚、浊阴上逆（条文324）不可用吐法。火法是古人运用温针、艾灸、熨、熏等综合手段，治疗寒湿痹证的常用方法。用之得当，往往疗效显著，若误用于其禁忌证，亦会导致各种变证，张仲景称为“火逆”（条文110，111，114，116，118，119等）。疾病后期，《伤寒论》对于瘥后诸证（条文392～398），强调慎起居、节饮食、禁劳作、忌房事等调摄法，重视病后调养。一旦出现了瘥后劳复等诸病证，又当以脉证为依据而随证施治，不妄投温补或滋腻。在服药过程中，张仲景还提出了服法禁忌。如第12条服桂枝汤后，“温覆令一时许，遍身微似有汗者益佳，不可令如水流离。若一服汗出病差，停后服，不必尽剂。……禁生冷、黏滑、肉面、五辛、酒酪、臭恶等物”。第17条“若酒客病，不可与桂枝汤”。第81条：“凡用栀子汤，病人旧微溏者，不可与服之。”第280条：“太阴为病，脉弱，其人续自便利，设当行大黄、芍药者，宜减之，以其人胃气弱，易动故也。”第224条：“阳明病，汗出多而渴者，不可与猪苓汤，以汗多胃中燥，猪苓汤复利其小便故也。”第174条桂枝附子汤方后强调，“附子三枚，恐多也。虚弱家及产妇，宜减服之”。另外，《金匮要略》侯氏黑散治大风，四肢烦重，心中恶寒不足者，“禁一切鱼肉大蒜”；小青龙加石膏汤治肺胀，咳而上气，烦躁而喘，脉浮者，心下有水，“强人服一升，羸者减之，日三服，小儿服四合”；大承气汤治腹满不减，减不足言，“得下，余勿服”；大乌头煎治疗手足厥冷，白汗出，其脉沉弦者，“强人服七合，弱人服五合。不差，明日更服，不可一日再服”；十枣汤治悬饮，“强人服一钱匕，羸人服半钱，平旦温服之，不下者，明日更加半钱。得快下后，糜粥自养”；甘草麻黄汤和越婢加术汤治里水，应“慎风寒”等，都是在服药过程中须根据患者的体质、药物的毒性和自然界气候的变化而应当注意的服药禁忌。可以认为，这些治疗禁忌，都是源自于对临床实践的总结。

二、治疗禁忌的思想贯穿于辨证论治的全过程

《伤寒论》通过分析误治后出现的伤阴、伤阳、阴阳两伤、正虚邪陷等不良反应，认为辨治疾病要“治不为逆”（第90条）。逆即是误治，为了达到“治不为逆”，避免误治，必须重视辨证论治过程中的治疗禁忌。

（一）辨表里，汗下有先后

《素问·阴阳应象大论》云：“其有邪者，渍形以为汗，其在皮者，汗而发之。”[2]106病邪在表，当以解表发汗，祛邪外出。如“脉浮者，病在表，可发汗，宜麻黄汤”（第51条）。“太阳病，脉浮紧，无汗，发热，身疼痛，八九日不解，表证仍在，此当发其汗”（第46条）。若病在里，“阳明病，本自汗出，医更重发汗”，则会导致“大便硬”，此“以亡津液，胃中干燥，故令大便硬”（第203条）。第218条：“伤寒四五日，脉沉而喘满，沉为在里，而反发其汗，津液越出，大便为难，表虚里实，久则谵语。”误用发汗则伤津（津液越出），大便为难因肠燥，久则谵语是热扰神明。误汗则虚其表，津伤肠燥而大便难，是为里实，故谓“表虚里实”。病在半表半里，张仲景用小柴胡汤和解枢机。程国彭说：“夫病当耳聋胁痛，寒热往来之际，应用柴胡汤和解之，而或以麻黄、桂枝发表，误矣。或以大黄、芒硝攻里，则尤误矣。又或因其胸满胁痛而吐之，则亦误矣。盖病在少阳，有三禁焉，汗、吐、下是也”[3]。“少阴病，脉细沉数，病为在里，不可发汗”（第285条）。尤在泾说：“病在里而汗之，是竭其阴而动其血，故曰不可发汗”[4]。如果是表里同病，通常也应循着先表后里的原则，以防疾病由表入里发生传变。“阳明病，脉迟，汗出多，微恶寒者，表未解也，可发汗，宜桂枝汤”（第234条）。“阳明病，脉浮，无汗而喘者，发汗则愈，宜麻黄汤”（第235条）。这两条虽谓阳明病，实为太阳与阳明同病，而以太阳病为主，所以治当先解表。至于是用桂枝汤还是用麻黄汤，临证时当视阳明病的寒热属性和程度而化裁，故张仲景用“宜”字而不曰“主之”。“太阴病，脉浮者，可发汗，宜桂枝汤”（第276条）。此是太阴里虚寒不明显，即无下利等脾虚寒证，兼有发热恶寒、无汗等表证，病机为素体脾阳不足而感风寒之邪，故先治表，解肌祛风，调和营卫。诚如90条所言：“本发汗，而复下之，此为逆也；若先发汗，治不为逆。本先下之，而反汗之，为逆；若先下之，治不为逆。”应先发汗而用下法者为误治；应先下而发汗者亦为误治。表里同病的治疗，当据病情之表里轻重缓急而确定先表后里还是先里后表，即汗下之先后。此处之“下”是治里的意思，非专指下法。

（二）察寒热，温清不可反

表证使用汗法应辨清所感之邪的寒热属性。寒邪袭表宜辛温发汗，温病早期则应辛凉解表。第6条：“太阳病，发热而渴，不恶寒者，为温病。若发汗已，身灼热者，名风温……。”此是温病早期感受风热之邪误用辛温发汗，以温治温，致使邪热充斥表里内外，热盛气津两伤，张仲景将此命为“风温”。早期可用辛凉解表，误治成“风温”后可考虑用清热保津的白虎汤治疗。王叔和所说：“桂枝下咽，阳盛即毙……”[5]，就是指外感风热（温热）之邪禁用辛温发汗。第26条与第25条都是“服桂枝汤，大汗出，脉洪大”，一则服桂枝汤，如前法，一则白虎加人参汤主之，一温一清，天壤之别。鉴别要点是“大烦渴不解”一证，胃热津伤严重则“大烦渴不解”，必须用白虎加人参汤；如果没有大烦渴不解，其大汗出，脉洪大，是服桂枝汤不如法所致，大汗淋漓则阳气外浮，所以脉洪大，仍当服桂枝汤，但须注意温覆、啜粥等方法，切勿误用白虎加人参汤。第219条三阳合病，证情复杂，由于阳明胃热炽盛，热蒸津液外泄则汗出，因此，强调“自汗出”作为辨证参考而用白虎汤主治，阳明胃热得解，则诸证自除。阳明胃热炽盛，热蒸于外，并非真正表证，所以不可发汗，误汗则津更伤而热更炽，因而谵语更甚（《金匮玉函经》作“谵语甚”）；胃热而非大肠燥结，故亦不可攻下，误下则热内陷，熏蒸于上则额汗，阳不外达则肢冷。由此可见，治法各有所擅，热而未结，只宜清法，误用汗法固然不对，治以下法也同样是错误的。白虎汤的禁例，据第170条所述，主要有两点：一是表不解者不可用，二是口不大渴者不可用[6]。第396条：“……胸上有寒，当以丸药温之，

宜理中丸。”第259条：“伤寒发汗已，身目为黄，所以然者，以寒湿在里不解故也。以为不可下也，于寒湿中求之。”伤寒发汗，损伤中阳致寒湿中阻，影响肝胆疏泄，导致身目发黄。“以为不可下也，于寒湿中求之”，告诫医者不可误认为是阳黄而用泄热之剂，应以温中散寒除湿法治之，张仲景未出方剂，后世认为茵陈术附汤、茵陈五苓散等可供选用。

（三）明虚实，攻补当有序

《黄帝内经》曰：“有余不足，当补则补，当泻则泻，毋逆天时，是谓至治。”[7]439《伤寒论》针对邪正虚实，既重视攻邪，又注重扶正。如“伤寒有热，少腹满，应小便不利，今反利者，为有血也，当下之，不可余药，宜抵当丸”（第126条）。血热结于下焦，证重势缓，见发热，少腹满而不硬，小便利，治以攻下瘀血，峻药缓图，用抵当丸。不可余药有两种含义，一为不可用其他药物；一为连药滓并服下[8]，皆强调当攻则攻。再如燥热伤阴，腑实不通，《伤寒论》中以大承气汤急下以存阴（条文252，253，254，320，321，322），但若患者大便初硬后溏，多为脾虚之证，是以不可攻下，妄用攻下，必会使脾胃之气更伤，发生腹胀满、不能食，甚至饮水则哕等变证（第209条）。第214条：“谵语、发潮热”，说明阳明腑实较甚，当用大承气汤。但脉见“滑疾”，说明里实尚未至燥坚程度，或有里虚之虞。张仲景以一升小承气汤试服，服汤后若腹中转气者，为肠中燥屎得药物推动而使浊气下趋之征，可再服一升以增强药力，攻下燥实；若腹中不转气者，则并非燥屎内阻，多为大便初硬后溏，故不可再服。如第二天仍未大便，脉反见微涩，微为气虚，涩为血少，这是正虚之征。邪实正虚，攻补两难，故曰“难治”。第273条：“太阴之为病，腹满而吐，食不下，自利益甚，时腹自痛。若下之，必胸下结硬。”由于脾阳虚弱，运化失职，寒湿停滞。胃肠气机不畅则腹满时痛；升降机能失常，浊气上逆则吐，清阳不升，脾气下陷则利；脾失健运，食入不能运化，是故食不下。若误用攻下，则脾胃之气更伤，运化无力，水停食阻，寒凝气滞更甚而见“胸下结硬”。第279条：“本太阳病”，治当解表（汗法），“医反下之”，邪陷入里因而腹满时痛（重者大实痛），属太阴脾气阻滞，络脉不和（脾络瘀滞），轻证用温阳和络（桂枝加芍药汤），重证用温阳化瘀泻实（桂枝加大黄汤）。是证“腹满时痛”与提纲证中（第273条）“腹满”“时腹自痛”虽然都属太阴病，但性质不同。提纲证中不但腹满时痛，而且自利益甚，一派虚寒征象，治疗必须温脾祛寒，宜理中汤；本证没有自利等其他虚寒证，只有脾伤气滞络瘀的腹满时痛，所以治以桂枝加芍药汤以温阳和络，至于大实痛之加大黄，则取其祛瘀泻实导滞。若其人脉弱（第280条），甚或见下利者，是中气虚弱，不耐苦寒，易被损伤，大黄、芍药的剂量宜减之。说明大黄、芍药相伍，性偏破泄，为避免苦寒损伤胃气，脾胃虚弱者用量就不可太重。第195条：“阳明病，脉迟，食难用饱。饱则微烦头眩，必小便难，此欲作谷瘅，虽下之，腹满如故。所以然者，脉迟故也。”此因寒湿中阻，胃阳不足，腐熟无权，故进食不能过饱，过饱则水谷不化，湿郁食滞，清阳不升。不可用下，“虽下之，腹满如故”。第330条：“诸四逆厥者，不可下之，虚家亦然”。从“虚家亦然”看，“诸四逆厥者”当指阳气虚衰所致的虚寒性质的寒厥证，不包括热厥在内。

临证当随着病情的变化而采取相应的治疗，如第394条伤寒瘥后发热，如邪在少阳（脉弦），宜用小柴胡汤扶正祛邪；若病邪在表，脉浮者，当以汗解；如病属阳明里实者（脉沉实，里有积滞），又当以下解。《伤寒论》中小青龙汤、小柴胡汤、理中丸等方后的增减药物，亦是根据病情的不同而归纳出的相应的宜忌。总之，应切合病机，随证施治。“实则泻之，虚则补之”；“泻其有余，补其不足”[7]45，若不能正确运用补泻法则，就如《灵枢·邪气脏腑病形》所说：“补泻反则病益笃”[8]。

（四）审阴阳，调和是关键

《黄帝内经》云：“善诊者，察色按脉，先别阴阳”，“审其阴阳，以别柔刚……”[2]103。外感六淫之邪，正气与邪抗争，此时正气未衰，较早表现为三阳证候，若及时正确地治疗，较易治愈。如果三阳病失治或误治，正不胜邪而病入三阴，或正虚为主，或正虚邪实，较为难治。第58条曰：“凡病，若发汗，若吐，若下，若亡血，亡津液，阴阳自和者，必自愈。”凡病是指一切疾病，汗、吐、下等法，为祛邪而设，若辨证准确，施治得当，自能邪去正安而趋于康复。否则均能损伤正气，而致津液虚耗，阴阳失调。“阴阳自和”是中医治疗学上的一个重要法则，“其有邪者，渍形以为汗，其在皮者，汗而发之”；“其高者，因而越之；其下者，引而竭之；中满者，泻之于内”；“形不足者，温之以气；精不足者，补之以味”[2]103等，皆是在辨治疾病的过程中，使阴阳自和的重要治法。如第387条霍乱吐利后，脾胃大伤，虽吐利止而里和，但正气未复，又兼有表证身痛，即使是用解表剂亦当斟酌慎用，张仲景用既可调和脾胃，又能调和营卫的桂枝汤“小和”之。“发汗后，恶寒者，虚故也。不恶寒，但热者，实也，当和胃气，与调胃承气汤”（第70条）。“……若胃气不和，谵语者，少与调胃承气汤”（第29条）。“……里未和，然后复下之”（第93条）。“……若欲下之，宜调胃承气汤”（第94条）。“此为内实也，调胃承气汤主之”（第105条）。“太阳病，若吐，若下，若发汗后，微烦，小便数，大便因硬者，与小承气汤，和之愈”（第250条）。当阳明燥热结实，腑气不通，出现腹胀满、大便硬等里热实证时，此时以承气汤泻热通便，使胃肠气机得以调和通畅则病可愈[9]。

机体阴阳功能之状态，是根据机体自我调节的能力而不断变化的。为使机体之阴阳在新的条件下趋于新的平衡统一，若邪实者，应以驱邪为主；正虚者，应以扶正为主；虚实夹杂者，应补泻兼施。随病情变化，或随证加减，或饮食调养，善自珍摄，总以“阴阳自和”为目的，这对辨治一切疾病都具有指导意义。

说明：本文所引《伤寒论》原文，以明代赵开美复刻的宋本《伤寒论》为据，上海中医学院伤寒温病教研组校注，上海科学技术出版社，1983年4月第1版。

参考文献

[1] 王琦．伤寒论讲解［M］．郑州：河南科学技术出版社，1988：1.
[2] 程士德．素问注释汇粹上册［M］．北京：人民卫生出版社，1982.
[3] 程国彭．医学心悟［M］．北京：中国中医药出版社，1996：15.
[4] 尤在泾．伤寒贯珠集［M］．张立平校注．北京：学苑出版社，2009：140.
[5] 南京中医学院伤寒教研组．伤寒论译释（上册）［M］．上海：上海科学技术出版社，1959：264.
[6] 陈亦人．伤寒论求是［M］．上海：上海科学技术出版社，2008：67～69.
[7] 张新渝，马烈光点校．黄帝内经灵枢［M］．成都：四川科学技术出版社，2008.
[8] 河北医学院．灵枢经校释［M］．北京：人民卫生出版社，1982：117.
[9] 刘渡舟，傅世垣．伤寒论诠解［M］．天津：天津科学技术出版社，1983：145.

［《中医杂志》2012，54（5）：361］

《伤寒论》之针灸心扉浅谈

孟　蚺

天津中医药大学中医学院传承班

《伤寒论》是医圣张仲景的重要名著，被誉为“众法之宗，群方之组”。用其针灸理法方药治病，只要辨证准确，多立竿见影，效如桴鼓。针灸是中医学的重要组成部分。《伤寒论》中载有条文398条，方药113首，涉及针灸约有32条，用于针灸防治疾病的有16条。虽然论述不多，但语言精练、高深，涉及面广，对临床应用大有裨益。笔者经反复学习《伤寒论》中关于针灸方面的论述，经细心的琢磨、潜研、探讨，受益匪浅。现将学习《伤寒论》中有关针灸的学术思想，针灸临床应用及禁忌等的一些认识，叙述如下。

一、针灸治病的理论基础

古人云：“不懂脏腑经络，开口动手便错”。学习针灸，必须要弄懂弄通中医基础理论知识，如脏腑经络的功能，经络的走行分布，以及其相关疾病的症状表现及传变等。《伤寒论》第8、108、109、114条中，有“经尽”，“再经”“使经不传”“到经不解”“肝乘脾”“肝乘肺”等论述。说明针灸治病，不但要知道经络的分布、走向、主病，还应知道经络的流注，根结，标本，盈亏等。只有这样，才能避免“开口动手便错”，力争做到“而无惑于天下”。再者，还要熟练掌握中医“望闻问切”四诊方法。《伤寒论》之中曾言“微数之脉，慎不可灸”。如果我们不知切脉之法，遇到微数之脉的患者不能辨别，又怎知慎灸与否。又如《伤寒论》讲：“阳明病……若发汗则躁，心愦愦反谵语。若加温针，必怵惕烦躁不得眠……。”如果我们没有熟练的掌握阳明病的辨证要点，妄施温针，从而使患者出现“怵惕烦躁不得眠’的情况，耽误了患者的诊治，与庸医有何两样？这又提醒医者，一定要刻苦钻研医术及针灸技术，医者要知道，“既不深究其道，何以为医者哉”。医圣张仲景在这一点上堪称医者之楷模。

二、针灸的临床应用

（一）针灸治病

医圣张仲景善于针灸，精于汤药。提倡“三阳经病宜针，三阴经病宜灸”等，体现出辨证施治的思想。《伤寒论》中以针刺为主的共9条，其中三阳病篇的8条均为泻邪而设。少阴病中的1条，也是泻邪为主，如《伤寒论》中第171条言：“太阳、少阳并病，心下硬，颈项强而目眩者，当刺大椎，肺俞、肝俞、慎无下之”。“颈项强”是因太阳经邪未解。“心下硬”与“眩”是因少阳受邪，经气不和。故在治疗上应以针刺之法疏通太阳、少阳经脉，刺大椎、肺俞以解太阳之邪，刺肝俞以泻少阳之邪，经脉通畅则疾病而愈，但要慎施用针法。又如《伤寒论》第24条言：“太阳病，应服桂枝汤，反烦不解者，先刺风池风府，却与桂枝汤则愈”。本文意思是：太阳中风证，服桂枝汤后，本应病愈，但反而出现心烦，其余症状仍存在，说明此非传见之烦，而是恶邪太盛，郁于经络，药不胜病，示太阳中风证较重。此时可先刺风池、风府，再予桂枝汤乘胜追击，使药力畅达，解肌祛邪，病可治愈。因风池是少阳胆经穴，可祛风清热解表。清利头目；风府是督脉经穴，可清热散风化痰开窍。《伤寒论》中以针灸治病的论述共有6条，厥阴，少阴病各有3条，第362条言：“下利手足厥冷，无脉者灸之……。”此为阳衰阴盛，肺肾衰竭之证，脉治微不出。张仲景先以迅捷之温灸，壮元阳，待脉出后，再用药物治疗。《伤寒论》第292条曰：“少阴病，吐利，手足不逆冷，反发热者不死；脉不至者，灸少阴七壮”。少阴虚寒之吐利，临床常见手足逆冷，如无吐证，反而发热者，则非虚阳外越，而是阳气渐复之先兆，患者不会死亡；“脉不至”，是吐利后，阳气内闭，脉气一时不相续，所以用灸少阴七壮之法，以温阳通脉，可缓解病情，直至病痊愈。

（二）针灸防病

《伤寒论》中，张仲景还指明了一些运用针灸预防疾病发生及避免其传变的方法。《伤寒论》第8条指出：“太阳病，头痛至七日以上自愈者，以行其经尽故也。若欲作再经者，针足阳明，使经不传而愈”。经文指：太阳病经过六七日，邪气渐退，正气渐复，正胜邪却，即可自愈；但若邪盛，就有不愈而传变的可能。这时针刺是阳明经穴，不但能调和阴阳经气，先安未受邪之地，而且对太阳欲传之邪迎而夺之，以削弱和消除邪气，增加正气抗病能力，使正能胜邪，并可截断沿经络传变。这里阳明经穴，常指足三里、合谷等穴。现代人常用针足三里，合谷穴强身健体，针合谷、曲池、足三里等穴预防感冒等，即来源于此。《伤寒论》中，张仲景还应用灸法，根据灸法的治疗效果，判断疾病的吉凶，预后。如《伤寒论》第362条云：“下利，手足厥冷，无脉者灸之不温，若脉不还，反微喘者死。少阴负趺阳者，为顺也”。就是说：临床上厥阴病和下利并见。又加无脉者，示病情轻重，可急用灸法，通阳复脉。医者施灸后，如厥阴脉复还示胃气尚存，病情可转危为安；若灸后厥冷依然存在，仍无脉反而增加气短气喘、吐表示肺气上脱，肾气下绝，示病情危重，预后不佳，严重的可死亡。现观后人常用灸气海、神阙、膏肓等穴，以期养生之功，也是受张仲景针灸保健观点的启发而盛行起来的。

三、针灸的临床禁忌

《伤寒论》中，张仲景不但对针灸的临床应用进行了论述，还着重指明了一些针灸的临床禁忌。如遇阴阳俱虚证，要忌火针。《伤寒论》第153条云：“太阳病，医发汗，遂发热恶寒，因复下之，心下痞，表里俱虚，阴阳气并竭，天阳则阴独，复加烧针，因胸烦，而色青黄，肤瞤者，难治”。就是说：“阳虚阴也竭，阴虚阳也微，治当阴阳双补，气阴双调，如用烧针火攻，可耗气伤阴，使病难以医治。此外，张仲景还指出“表证忌用火灸，温针”。《伤寒论》116条曰：“脉浮，实以汗解，用火灸之，邪无出处，因火而盛，病重腰以下，必重而痹，火逆也”。《伤寒论》112条曰：“伤寒脉浮，医以火迫劫之，亡阳，必惊狂”，伤寒脉浮，气血向外抗邪，若误用火法，劫夺逼迫，致使大汗淋漓，心阳外脱，神气向外浮越，必然出现“惊、狂”等症状。张仲景还进一步强调，临床热证也忌温针，火灸，因热证及阴虚内热之证，当治以清热泻火及宜甘寒滋润，清热养阴，若以火灸，如同加油救火，使火毒更甚、阴血更伤，使病情进一步加重。

综上所述，《伤寒论》是一部不朽的古典医学巨著，其论针灸的条文虽然不多，但言语简练，其法精微，对针灸的基础理论，治疗原则，临床应用及禁忌等方面的论述极为精辟，有着重要的指导意义，堪称“针灸心扉”。学习《伤寒论》，不仅要学习它的一条一方，更要弄清弄通它的原理，学习它的辨证施治的思维方法，研究其理、法、方、药、穴的临床应用。这是针灸及中医医师，提高理论和临床水平的重要途径。在临床学习及工作中，要深刻领会《伤寒论》的学术思想，灵活运用“热因热用”“通因通用”等正反治法，辩证地运用针灸技术，做到“知常达变”，才能使针灸这一古老的医疗技能得到更好的发展，在临床治疗领域展现出更为耀眼的光芒。

参考文献

[1] 顾武军. 简明伤寒论讲解 [M]. 北京：学苑出版社，2009：22，120，128.

[2] 高德强. 伤寒论诊治思想浅识 [J]. 河南中医，2011，31（4）：317.

[3] 沈蓉蓉. 伤寒论中针灸的应用及禁忌 [J]. 河南中医，2011，31（9）：962.

[《中国城乡企业卫生》2012，（6）：125]

《伤寒论》阳虚阳郁证辨治规律探析

郑丰杰　北京中医药大学

重阳气是贯穿《伤寒论》六经辨证中的重要学术思想之一，从三阳病到三阴病，从经表证到脏腑病，仲景对因阳气之体或阳气之用的病变均有论述，在治则治法上因六经病证之不同而有补阳和通阳之别，但总的原则仍不离恢复阳气生理功能为要，正如著名温病学家吴鞠通所云："伤寒一书，始终以救阳气为主"。本文拟对仲景对阳虚阳郁证的辨治规律进行梳理与探析，以冀为临床选方用药提供参考。

一、承《内经》之旨，阐发阳气之要义

《素问·生气通天论》云："阳气者，若天与日，失其所，则折寿而不彰""阳气固，虽有贼邪，弗能害也""阳气者，精则养神，柔则养筋"。李中梓在《内经知要》中注曰[1]："天之运行，惟日为本，天无此则昼夜不分，四时失序，晦暝幽暗，万物不彰矣。在于人者，亦惟此阳气为要，苟无阳气，孰分清浊？孰布三焦？孰为呼吸？孰为运行？血何由生？食何如化？与无天日等矣。"这种"阳主阴从"的"重阳气"理念对后世医家产生了深远的影响。

医圣张仲景，师法《内经》，在《伤寒论》中常以阳气盛衰作为决定疾病顺逆的标准。如太阳病一误再误，"手足温者，易愈"；对于在少阴病和厥阴病则谓"吐利躁烦，四逆者死""脉不至，不烦而躁者死""寒多热少，阳气退，故为进也""脉微，手足厥冷，烦躁，灸厥阴，厥不还者，死""下利，厥逆，躁不得卧者，死""下利至甚，厥不止者，死"，此乃"有阴无阳故也"。治则遵"损者益之""劳者温之""寒者热之""形不足者，温之以气"之旨，用辛温之品如干姜附子汤、桂枝甘草汤、甘草干姜汤"顿服"或"分温再服"以"急温之"。药后若"脉暴出者死，脉续者生""脉还，手足温者死""时自烦，欲去衣被者，可治"等，皆体现了"阳复者生，阳亡者死"的原则，始终将"以阳为本，时时固护阳气"的思想贯穿其中。

二、辨脏腑之别，彰显补阳之层次

《伤寒论》中，补阳法主要体现在三阴病的辨证论治中。但根据三阴之脏的生理特点及脏腑阳气亡失的情况不同，补阳用药之法又有不同。若太阴脾阳虚衰、运化失司、寒湿内阻，证见腹满时痛、食不下、食难用饱、自下利等，仲圣以甘草干姜汤、桂枝人参汤、理中丸、苓术姜甘汤，或"宜四逆辈"，但总以干姜配炙甘草辛甘化阳，为温扶脾阳之基本药对。如素体心阳虚衰或发汗太过，损伤心阳，证见心悸欲得按、胸闷、烦躁、惊狂、卧起不安者，以桂枝甘草汤、桂枝甘草龙骨牡蛎汤、桂枝去芍药汤、桂枝去芍药加蜀漆龙骨救逆汤、桂枝加桂汤主之，此类方药均桂枝甘草合剂为基本药对，以复心阳。

若病程日久，累及肾阳，证见四肢厥逆、恶寒蜷卧，或下利清谷、大汗亡阳、脉沉微、但欲寐者皆为阴盛阳衰，真阳竭绝，生死反掌易辙之时，则以大辛大热之四逆汤、四逆加人参汤、通脉四逆汤、通脉四逆加人参汤、茯苓四逆汤、干姜附子汤、白通汤、白通加猪胆汁汤，但总不离附子配干姜，以回阳救逆，使阴霾消散，阳气复用；若少阴阳虚兼水气上泛下渍，心悸头眩、下利、四肢沉重，又以真武汤、附子汤以温阳利水除湿。其他如若厥阴寒滞肝脉，血虚寒凝，手足厥寒、脉细欲绝者，又以当归四逆汤、吴茱萸汤、当归四逆加吴茱萸汤主之；肺阳虚衰，寒饮蕴结，咳吐白色泡沫痰者，以干姜细辛五味子散寒蠲饮。

三、分表里上下，构建通阳之法度

《素问·六微旨大论》篇云："非出入，则无以生长壮老已；非升降，则无以生长化收藏。是以升降出入，无器不有"，即谓升降出入是阳气布运流行的方式，如此阳气方能发挥温熏、营养、气化、防御、固摄等之用；反之，若阳气郁遏，则百病丛生，故岐伯曰："四者之有而贵常守，反常则灾害至矣"。治当"谨守病机，各司其属，有者求之，无者求之，盛者责之，虚者责之，必先五胜，疏其

血气，令其调达，而致和平”（《素问·至真要大论》）。因“血为气之母，气为血之帅”“阳为动力，阴为物质”，故通阳无疑是“疏其血气、令其调达”，保持“五脏元真通畅”的第一要务。

“通阳”一词，首见于金·成无己《注解伤寒论》，成氏谓通脉四逆汤“散阴通阳”，白通汤以“葱白之辛，以通阳气”，乃仲景针对阴盛于内，格阳于外之治法。在《伤寒论》中，仲景虽未明确提出“通阳”二字，却承《内经》的重阳气的思想，除顾护阳气、温补阳气外，处处围绕着恢复人体阳气的升降出入，辨表里上下，以温散、调枢、通腑、利水、导痰等法，不升者升之，不降者降之，不出入者出入之，使邪去而阳气通达。正如火神派鼻祖郑钦安所云：“医圣仲景，立方立法，皆出三阳三阴，是明真气充周运行之道。”

论中三阳病证，重在阳气之用，通行受阻。仲景在辨治时，分表里内外、正邪虚实，处方用药处处以畅通阳气为主。阳郁在表者，以麻黄汤、桂枝汤、越婢汤、桂枝麻黄各半汤、桂枝二越婢一汤、麻黄连轺赤小豆汤、大青龙汤等散之以通；血弱气尽、腠理开泄、邪气滞阳于表里之间者，和之以通，以柴胡剂群枢转气机，则“上焦得通，津液得下，胃气因和，身濈然汗出而解”；寒邪束表、日久化热或因延治误治，阳气陷于里者，以麻黄杏仁甘草石膏汤、栀子豉汤、大黄黄连泻心汤、白虎汤等辛寒或苦寒之品，清宣郁热。以上诸法，虽分阳气郁滞表里内外，但终归为于无形，故总以宣通为要。如无形邪热陷于有形病理产物如水、血、燥屎、宿食、痰等，蕴结其中者，仲圣总以消导之法统之，用桂枝去桂加茯苓白术汤、五苓散、茯苓甘草汤、桃核承气汤、抵挡汤、承气汤、瓜蒂散等，“随其实而取之”，则邪实去而阳气通。

论中三阴之病，固以阳气之体不足，阳气之用不彰为要，故仲景多以姜附桂等辛温之品，温补阳气为先。但阳气不足，亦常伴有阳气郁滞，即阳气流通有助于阳气生成，而阳气充足也有助于阳气流通，二者相辅相成，相互促进，相互影响，如四逆散证、吴茱萸汤证等即属此列。因此，仲景在温补阳气之时，常针对阳气郁滞在上、下、表、里部位之别，伍以桂枝、葱白（或配升麻）、生姜、细辛（或薤白）等味辛之品，注意温阳与通阳两法相结合，共同实现扶阳气之目的。正可谓“真阳既虚，阴邪复深，姜附之性，虽能益阳，而不能使阳气必入于阴中”“盖大辛大热之药，原非吾身真阳，不过藉以益吾阳气，非有以通之，能令真阳和会”[2]。在仲景这种“通阳”治法思想的启迪下，后世温病大家叶天士提出了“凡病宜通”的治学思想。如在《临证指南医案》中，他善用“通阳”来治疗杂病，将药物气味配伍理论灵活应用到“通阳法”中，分通阳泄浊法、通阳化饮法、宣通气血法、通补阳明法、通腑利尿法、泄肝通胃法、温柔通补奇经法等，使“通阳法”更趋于完整与规范，并且留下了“通阳不在温，而在利小便”的名言。

四、结语

由于阳气在六经发病、传变及预后等方面均具有重要作用，因而仲景在组方用药时，着眼于阳气之体用、留意于正邪之强弱、用心于气机之升降、落脚于阴阳自合，通过补阳与通阳两大法门，保护、调理、强壮、振奋阳气，以达正胜邪去、阴阳平秘之目的。后世有云“伤寒法在救阳”，可谓一语中的，意义深远。

参考文献

［1］包来发（校注）：李中梓医学全书·内经知要［M］．北京：中国中医药出版社，1999：15.

［2］闫志安（校注）：医宗金鉴·订正仲景全书伤寒论注［M］．北京：中国中医药出版社，1998：106.

［《时珍国医国药》2012，23（4）：982］

《伤寒论》阳明病病机传变规律探讨（上）

李凯平　香港中文大学中医教研中心

仲景云：“伤寒二三日，阳明少阳证不见者，为不传也”（《伤寒论·第5条》），提示太阳病与阳明病之间，存在着病机传变的关系。仲景又云：“伤寒一日，太阳受之”（《伤寒论·第4条》），也就是说，太阳病是在外感病发生的最起始阶段。“太阳之为病，脉浮，头项强痛而恶寒”（《伤寒论·第1条》），《伤寒论》45及51条分别指出脉浮是“为在外”及“病在表”；而由于在表之经络受邪，故出现“恶寒，发热，身疼腰痛，骨节疼痛，无汗”（35条麻黄汤）或“发热汗出，头痛”（12及13条桂枝汤）等营卫郁滞或营弱卫强的情况。而由于外邪犯肺，故可见鼻鸣、喘（12、18、43条）等肺气不宣或肺失和降的证候。故太阳病在病机上有在初、在表（外）、在营卫的属性，而病的所在脏腑为肺。

在《伤寒论》第181、183、184、185、212、

249、250 等条文里，提及若太阳病失治、误治（如没有得到治疗、发汗不当、吐、下等），太阳病可发展成阳明病。关于阳明病的病机属性，可从《伤寒论》里以下 3 个条文理解：

180 条：阳明之为病，胃家实是也；

181 条：不更衣，内实，大便难者，此名阳明也；

182 条：阳明病外证云何？答曰：身热，汗自出，不恶寒反恶热也。

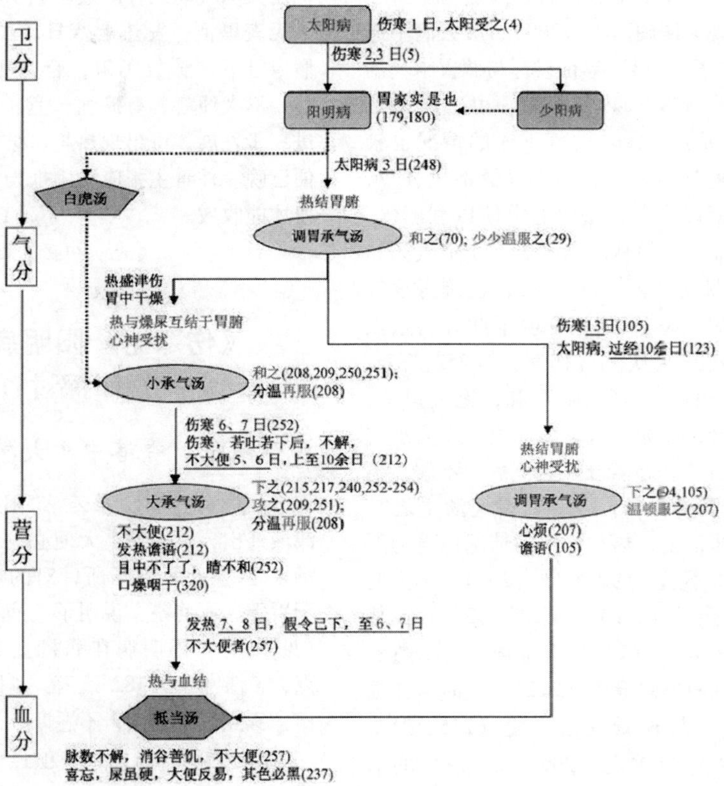

由以上条文可见，阳明病在病机上有里、实、热的特点，所涉及的主要脏腑是胃。仲景云："阳明病，不吐不下，心烦者，可与调胃承气汤"（《伤寒论 207 条》），又云："太阳病三日，发汗不解，蒸蒸发热者，属胃也，调胃承气汤主之"。（248 条）。"阳明病"及"太阳病三日"等语，提示着阳明病病发的初期，可出现调胃承气汤所针对的病机。为了进一步说明此病机，仲景又云："伤寒十三日不解，过经，谵语者，以有热也，当以汤下之……，此为内实也，调胃承气汤主之。"（105 条）及"发汗后……不恶寒，但热者，实也。当和胃气，与调胃承气汤"（70 条）。以上 2 个条文，明示了此病机是热结胃腑，可出现蒸蒸发热（248 条）、腹微满（123 条）或腹胀满（249 条）及心下温温欲吐（123 条）等证候。《伤寒论》105 条云："伤寒十三日不解，过经，谵语者……，调胃承气汤主之"，而 123 条云："太阳病，过经十余日……，郁郁微烦，……与调胃承气汤"。可见随着胃腑实热愈炽盛，可扰及心神，而出现心烦（207 条）及谵语（105 条）等证候。在此情况下，仲景提出和之（70 条）与下之（94、105 条）2 个治则，少少温服（29 条）或温顿服此方，令此方 3 味药的一次服用量随着热邪的强弱做以下的调整：

大黄：少少 – 4 两

芒硝：少少 – 半升

炙甘草：少少 – 2 两

方以大黄清热泻火；芒硝助大黄泻火之力；炙甘草缓和大黄泻下之力，令其力专于泻火，而非通便。若疾病进一步发展，热邪伤及血分，而出现"屎虽硬，大便反易，其色必黑"（237 条）时，仲景提出了下血的治则，认为在泻火之余，应凉血散血，运用抵当汤，方仍以大黄为君，清热泻火，配以桃仁，则能入血分而凉血，水蛭、虻虫散血。

《伤寒论》251条云："得病……，烦躁，心下硬；至四五日，虽能食，以小承气汤少少与，微和之，令小安"，又213条云："阳明病，其人多汗，以津液外出，胃中燥，大便必硬，硬则谵语，小承气汤主之"。可见随着胃腑热邪炽盛，除了可扰及心神，也可伤津，令胃中干燥，而导致热与燥屎互结于胃腑，并出现大便硬而少（209）、腹大满不通（208）、潮热、谵语（214）等证候。与调胃承气汤的腹（微）胀满（123、249）相较，由于燥屎形成，故小承气汤所见（胃）腑气不通的情况也较重，此时应以通腑气为要，故小承气汤不用甘草，且以厚朴、枳实配以大黄，藉由通大便以利腑气，令热邪亦随大便而去。另从服法来看，小承气汤一次服大黄最大的量是2两（208条），较调胃承气汤的4两为少（207条），这也证明了此方的重点是以通便为主、泻火为次。《伤寒论》252条云："伤寒六七日，目中不了了，睛不和，无表里证，大便难，身微热者，此为实也。急下之，宜大承气汤"；又212条云："伤寒若吐、若下后，不解，不大便五六日，上至十余日，……大承气汤主之"。随着病机的进一步演变，热与燥屎的情况也更为严重，一来腑气愈加不通，见大便硬（209）、不大便五六日，上至10余日（212）、腹满痛（254）或甚至腹满不减，减不足言（255）等证候；二来热邪加重，心神受扰，故发热谵语（212）。此时需加强通腑与泻火之力，故仲景提出下之（215，217，240，252～255条）与攻之（209，251条）的治则，并运用大承气汤。与小承气汤的（微）和之（208，209，250，251条）不同，在两方均是分温再服的情况下，大承气汤加大了厚朴、枳实的药量（厚朴2两→半斤；枳实3大枚→5枚），如此都大大地加强了大黄通大便之力；且用芒硝3合，以加强大黄泻火之力。随着热邪伤阴愈重，病人口燥咽干（320）的情况也会更加明显，甚至可见目中不了了，睛不和（252）的情况，此时仲景在《伤寒论》的少阴篇里主张急下（320～322条）的治则，仍用大承气汤以存阴液。《伤寒论》257条云："病人无表里证，发热七八日，虽脉浮数者，可下之。假令已下，脉数不解，合热则消谷善饥，至六七日，不大便者，有瘀血，宜抵当汤"。随着病情的进一步发展，可出现热与血结的情况，此时泻火通便已晚。仲景主张应运用抵当汤，藉由泻火凉血散血才能收效。

［《光明中医》2012，27（6）：1071］

《伤寒论》阳明病病机传变规律探讨（下）

李凯平　香港中文大学中医教研中心

《伤寒论》213条云："阳明病，其人多汗，以津液外出，胃中燥，大便必硬，硬则谵语，小承气汤主之"。小承气汤所针对的病机是热与燥屎互结于胃腑，而此条文说明了此病机形成的另一条途径（见图一）。阳明病在病机上具有里、实、热的特点，《伤寒论》182条云："阳明病外证云何？答曰：身热，汗自出，不恶寒反恶热也"。第1条云："太阳之为病，脉浮，头项强痛而恶寒"，不恶寒，代表病已不在太阳；身热，反恶热，是因为里热所致。《伤寒论》168条云："热结在里，表里俱热……白虎加人参汤主之"；

219条又云："三阳合病……若自汗出者，白虎汤主之"，可见汗自出，是由于里热炽盛，迫津液外出所致。热结在里，表里俱热，指的是邪在里，出现表里俱热的证候。故虽背微恶寒（169条），但脉洪大（2条）或滑（350条）（而不是脉浮），可见此恶寒并非由于表邪引起的，而是里热炽盛，汗出多所致，而《伤寒论》170条的白虎加经人参汤条文里的"无表证"，也证明了此点。从脏腑上来看，此热邪与肺胃有关，肺主表，胃主里，热在肺胃，故可见身热、汗自出，不恶寒，反恶热等证候。从《伤寒论》麻黄杏仁甘草石膏汤、大青龙汤、竹叶石膏汤、竹皮大丸等方所针对的病机可见，张仲景用石膏，多针对肺胃有热，见喘、汗出、呕逆、欲吐，或肺胃有热，热扰心神所致的烦躁等证候；配以知母，以加强石膏清肺胃热之力；佐以粳米与甘草，以顾护胃气。随着汗出多，可出现大烦渴不解（26条）、大渴，欲饮水数升（168条）、口燥渴（169条）、渴欲饮水，口舌干燥（222）等津液受伤的证候。此时除了清肺胃之热邪以外，尚须补津液，故仲景在白虎汤的基础上，加人参益胃气以生津。《伤寒论》233条云："阳明病，自汗出，若发汗，小便自利者，此为津液内竭，虽硬不可攻之，当须自欲大便，宜蜜煎导而通之。若土瓜根及与大猪胆汁，皆可为导"，若与213条相联系，可见若津液受伤较甚，会导致胃中干燥，而出现燥屎。若热邪或胃中干燥较轻，虽有燥屎，但自欲大便者，可藉由导法，以外用（纳或灌药于肛内）的方式，运用蜜导煎方（润肠）、土瓜根或猪胆汁方（泻

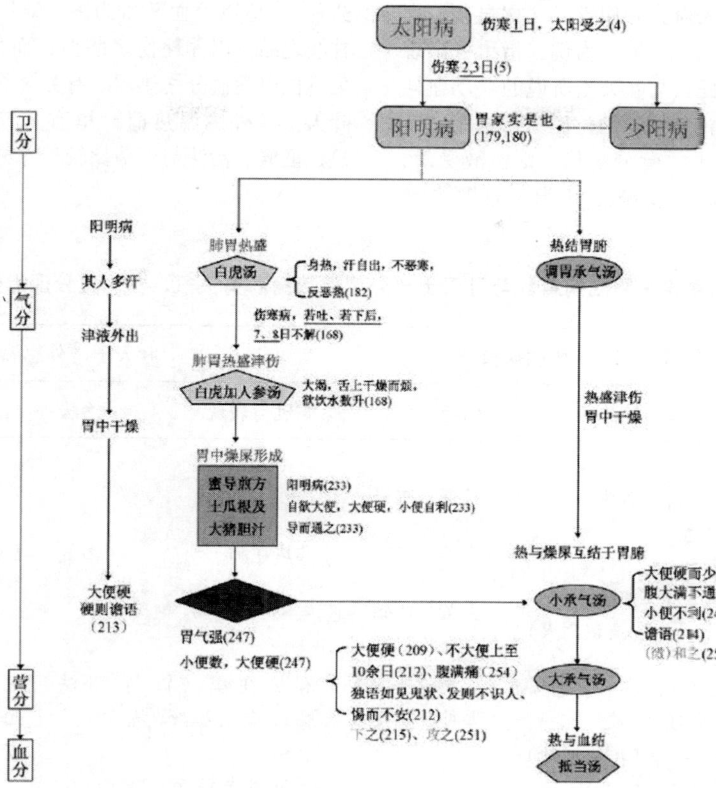

热）通便。若胃中热邪较重，热迫津液从小便而出，见趺阳脉浮而涩、小便数、大便难者（247条），此时应以润肠为主，辅以泻火通便为法，以麻子仁丸为方。此方在组成上以麻子仁为君，辅以杏仁、蜜以润肠；白芍清热；大黄、枳实、厚朴，此3味药即小承气汤的组成，意在泻火通便，方以蜜丸服用，以缓和其泻火通便之力，可见其力虽较蜜导煎方、土瓜根及猪胆汁方强，但却较小承气汤为轻。若病情进一步发展，胃中热邪较重，邪热与燥屎互结，出现大便硬而少（209）、腹大满不通（208）等腑气不通或谵语（214）等热扰心神的证候，此时应和胃气（209、251），加强泻火通便之力，以通利腑气为要，用小承气汤。

叶天士云："温邪上受，首先犯肺，逆传心包，肺主气属卫，心主血属营。卫气营血虽与伤寒同，若论治法，则与伤寒大异也"[1]，又云："大凡看法，卫之后方言气，营之后方言血。在卫汗之可也；到气方可清气；入营犹可透热转气，如犀角（水牛角）、元参、羚羊角等物；入血就恐耗血动血，直须凉血散血，加生地黄、牡丹皮、阿胶、赤芍等物"[1]。可见温热之病在发展的过程中，有卫分、气分、营分、血分的传变规律，而此规律亦存在于伤寒病。在阳明病的传变过程里，无论是肺胃热盛，或是热结胃腑，都具有里、实、热的特性，这点与叶天士所言温热之病的气分是相同的。《伤寒论》206条云："阳明病，面合色赤，不可攻之"，又170条云："伤寒，脉浮，发热无汗，其表不解，不可与白虎汤。渴欲饮水，无表证者，白虎加人参汤主之"，可见病在表，是不宜用白虎汤，而病在气分，燥屎未成之时，则不宜用下法。此时应该用清热之法，除肺或胃之火，此治则与叶天士所言的"清气"相合，而在用药上张仲景与叶天士都主张以石膏、知母为主，但若热结胃腑（较甚），见腹胀满、心下温温欲吐等证候，仲景认为应该用和法，运用大黄、芒硝等药清热泻火以和胃气。"再论三焦不得从外解，必致成里结，里结于何在？阳明胃与肠也，须用下法，不可以气血之分，就不可下也。惟伤寒邪热在里，劫炼津液，下之宜猛"[1]。若病发展至热与燥屎互结于胃，与仲景相同，叶天士都认为应该用下法或攻法，运用大黄、芒硝（元明粉）、厚朴、枳实等药泻火通便。气分的进一步发展是营分，由于热扰心神，出现心烦、谵语、夜甚无寐等证候，仲景此时仍是运用下（攻）法，以除里之热邪为务；叶天士则主张运用犀角（水牛角）、元参、羚羊角等物，清营血分之热，并运用连翘（心）、竹叶（心）、银花露等，透热邪于外；若热邪入血分，仲景以"屎虽硬，大便反易，其色必黑"（237条）为例，指出可出现热迫血妄行的情况，此点与叶天士所说的"动血耗血"是一致的。而在治疗上，两位医家都主张应凉血散血，但叶天士认为"营分受热，则血液受劫，心神不安，夜甚无寐，或斑点隐隐，即撤去气药"[1]，应以凉血散血为主，兼用阿胶、生地黄等甘润之品，以养耗伤之阴血；而仲景则仍用大黄，配桃仁以泻血分之热邪。有关《伤寒论》阳明病与叶天士《外感温热篇》里有关气、营、血分的病机、证候、治法与用药比较，详见表1。

表1 《伤寒论·阳明病篇》与叶天士《外感温热篇》有关气、营、血分证治整理表

	张仲景《伤寒论·阳明病篇》			叶天士《外感温热篇》		
	病机与表现	治法	用药	病机与表现	治法	用药
气分	肺胃热盛 身热，汗自出，不恶寒，反恶热	清热	石膏、知母	邪热在肺	清气	石膏、知母、竹叶
	热结胃腑 腹胀满、心下温温欲吐	和法（清热泻火）	大黄、芒硝			
气分（或兼营分）	热与燥屎互结于胃腹满痛，大便硬，不大便	和法、下（攻）法（泻火通便）	大黄（芒硝）、厚朴、枳实	邪热在里（胃与肠），劫炼津液，有燥粪 舌黄或老黄色，或中有断纹	下法	大黄、厚朴、枳实、元明粉、槟榔、青皮、生首乌
营分	热扰心神 心烦，谵语	下（攻）法（泻火通便）	大黄、芒硝、（厚朴、枳实）	营分受热，血液受劫，心神不安 夜甚无寐，舌色必绛	透热转气	犀角（水牛角）、元参、羚羊角、连翘、竹叶、银花露
血分	热与血结 屎虽硬，大便反易，其色必黑	下血（泻火凉血散血）	大黄、芒硝、水蛭、虻虫	动血耗血、瘀血	凉血散血	生地黄、牡丹皮、阿胶、赤芍

《伤寒论·阳明病篇》共有84条条文，20首方剂。其中有36条条文，是具有时间性的。这些条文，或以治疗后表示（如"若吐若下后""发汗不解""发汗利小便已""下之"，等等），或以天数表示（如"伤寒三日""得病二三日""至七八日""发热七八日"，等等），或以叙述病机的演变表示（如"阳明病，其人多汗，以津液外出，胃中燥，大便必硬""二阳并病，太阳证罢"等），或以证候的演变表示（如"本小便日三四行，今日再行"），当中有25条条文牵涉到阳明病主要病机演变的叙述，所涉及的方剂有9首之多，而且反映了阳明病的病机具有气分→营分→血分的演变规律，这与叶天士《外感温热篇》所提及的气分、营分、血分的病机特性与演变规律相合。

《伤寒论》在2、3、6条条文里，就提及伤寒、中风、温病等外感疾病，且在4、5条指出这些外感疾病随着时间的推进可以发生传经（病机上的演变），故整理与时间性相关的条文有助于我们理解这些外感疾病的演变规律。另一方面，从阳明病的病机演变规律来看，张仲景所提及的外感疾病，与后世温病学家所言的温病是否存在着一定的关系呢？是值得进一步探讨的。

参考文献

[1] 王士雄．温热经纬－叶香岩外感温热篇［M］．第2版．北京：学苑出版社，2004：52～82.

［《光明中医》2012，27（7）：1297］

《伤寒论》血分病证辨治探析

徐立思　孔祥亮　何新慧
上海中医药大学基础医学院

张仲景《伤寒论》对于血分病证的叙述内容详尽，辨证细致，治法精要，对后世医家启迪甚多，影响甚大。《伤寒论》太阳病篇第125条中提出了“血证”一词，并详细论述了其证治规律，由此开创了血分病证辨治的先河。《伤寒论》涉及血分病证的条文共有43条，占条文总数的10.8%[1]，分载于太阳病、阳明病、少阳病、少阴病、厥阴病等篇中，较为完整地反映了血分病证的发生发展机制、规律及辨治特点。本文结合《伤寒论》原文和方药，对其作一探析，为进一步深入研究和运用提供借鉴。

一、《伤寒论》血分病证与六经传变的关系

《伤寒论》涉及血分病证的条文分别载于太阳病、阳明病、少阳病、少阴病、厥阴病等篇中，可见血分病证与六经病的发展关系密切，对血分病证的正确辨证和治疗，对于疾病的预后和转归有着举足轻重的作用。

（一）太阳蓄血证

“蓄血”一词仅出现在《伤寒论》阳明病篇237条：“阳明证，其人喜忘者，必有蓄血。”对于蓄血证与瘀血证的概念，两者既有相融合的部分，又有各自独特的内涵。蓄血证是在外感疾病的过程中，出现外邪入里，侵入血分，形成瘀热互结的证候[2]。而瘀血证则内容更为宽泛，凡因血液运行阻滞而出现的病变均称为瘀血证。因此，蓄血证亦是瘀血证范畴中的一个证候。

《伤寒论》中有关蓄血证的描述，还可见于106条、124条和125条。如106条曰：“太阳病不解，热结膀胱，其人如狂，血自下，下者愈。其外不解者，尚未可攻，当先解其外，外解已，但少腹急结者，乃可攻之，宜桃核承气汤。”124条曰：“太阳病六七日，表证仍在，脉微而沉，反不结胸，其人发狂者，以热在下焦，少腹当硬满，小便自利者，下血乃愈。所以然者，以太阳随经，瘀热在里故也。抵当汤主之。”125条曰：“太阳病身黄，脉沉结，少腹硬，小便不利者，为无血也。小便自利，其人如狂者，血证谛也，抵当汤主之。”后世医家将此三条称为太阳蓄血证，并根据疾病的轻重，区分为轻证和重证，即106条和124条。两者都可由表证误治后出现变证，但里证程度有轻重之分，精神症状由“如狂”变为“发狂”，少腹部症状由“但少腹急结”变为“少腹当硬满”，都兼有下血，病情由轻到重，虽兼有表证，但前者里证不急，故“尚未可攻，当先解其外，外解已，但少腹急结者，乃可攻之。”治宜桃核承气汤；而后者虽言“表证仍在，脉微而沉，反不结胸，其人发狂者，以热在下焦，少腹当硬满”，但里证更重，故急当救里，治宜抵当汤。126条抵当丸证的病机与抵当汤证相似。

《广瘟疫论》云：“时疫入里，瘀血最多。”《温热论》云：“热传营血，其人素有瘀伤，宿血在胸膈中……瘀血与热为伍，阻遏正气，遂变如狂发狂之症。”太阳蓄血证是外感疾病的早期阶段，表证尚在，但部分病邪已迅速化热入里，并侵入血分，出现瘀热互结的证候，因血热扰心而出现神志症状。这是疾病不循常规而发展，须引起临床辨治的高度重视。正如叶天士所言“温邪上受，首先犯肺，逆传心包”，两者有异曲同工之妙。

（二）阳明蓄血证

疾病进入阳明病阶段，病邪已化热入里，此时如病邪由气分进入血分，则发为阳明蓄血，如237条言：“阳明证，其人喜忘者，必有蓄血。所以然者，本有久瘀血，故令喜忘。屎虽硬，大便反易，其色必黑者，宜抵当汤下之。”阳明蓄血证可见“喜忘”的精神症状，此乃胃中瘀热熏心所致。而阳明血热妄行，胃肠道出血致使瘀血积于肠道，硬结之大便因而润滑，故曰“屎虽硬，大便反易，其色必黑。”仲景认为阳明蓄血证的发生乃因“本有久瘀血”，提示患者素有中焦瘀血证，使外邪更易侵入血分，引起蓄血证候。此种证候尚循常规，即病邪由表入里，由气分入血分，这亦是与太阳蓄血证的不同之处，但瘀热互结于里则同，故治以同法，用抵当汤下其瘀热。

（三）热入血室证

对于血室的概念，历代医家认识不一，大体有三：一说子宫，二说肝脏或肝经，三说冲任二脉。但从143、144、145三条原文来看，所述皆为妇人经水适断适来，邪热因之而入，仲景著作中与血室有关的论述又见于《金匮要略·妇人产后篇》，因此可认为热入血室为妇人病，血室指子宫，然其治疗又与冲脉和肝有关。

热入血室证的成因，多为“妇人中风”，逢“经水适来”，血室空虚，邪热乘虚内陷血室，继之

血室之热上扰神明则“暮则谵语，如见鬼状”；瘀阻肝脉，气血不利，则“胸胁下满，如结胸状”；或邪热内陷，与血相结，则“经水适断”；热扰少阳，枢机不利，正邪分争，则寒热往来。因热及肝经，轻者当刺期门，以泻肝热；重者可治从少阳，治以小柴胡汤，使血室之热枢转向外（143 条、144 条）。或热迫血泄，虽热扰神明，暮则谵语，但因经水不断，热随血去，邪有出路，故云“必自愈”（145 条）。由此可见，热入血室证的发生，乃与正气略有不足，邪热乘虚入里，与血互结有关，临床多见往来寒热、正邪纷争之象，此与少阳病病机颇为相合，故可认为是少阳病阶段的血分病证。

（四）少阴动血证

少阴病系外感疾病的后期，有寒化、热化之分。少阴病阶段的血分病证属寒化的如 306 条云：“少阴病，下利便脓血者，桃花汤主之。”307 条云：“少阴病，二三日至四五日，腹痛，小便不利，下利不止，便脓血者，桃花汤主之。”此二条叙证简要，仅从“下利便脓血”而言，很难断定其寒热虚实属性，虽下利便脓血多属热证，但治以桃花汤，以方测证，证由脾肾阳虚，肠胃虚寒，火不暖土，运化失司而致下利。日久下焦失于固摄，滑脱不禁，甚则由气及血，气不摄血，而致便脓血。294 条“少阴病，但厥无汗，而强发之，必动其血，未知从何道出，或从口鼻，或从目出者，是名下厥上竭，为难治。”本条为少阴病阳衰阴盛证而强发其汗，不但重伤阳，而且伤阴，阴阳两竭，气不摄血，而血循清窍而出。此乃危重证候，故仲景言“难治”。

少阴血分病证属热化的如 293 条云：“少阴病，八九日，一身手足尽热者，以热在膀胱，必便血也。”系属热化证之变证，“一身手足尽热”是其辨证要点，热涉膀胱血分，热伤血络，络伤则血不循经，故可发生“便血”的变证。

（五）厥阴动血证

厥阴病的本质为正气与邪气在交相抗争过程中出现厥热胜复。依据中医理论，邪进正退，阴盛阳衰则为厥冷；正进邪退，阳长阴消则为发热。但若阳复太过，矫枉过正，寒邪化热，则可产生新的变证。若热势趋下，郁于血分，则耗伤津液而无汗，腐灼肠络而便脓血。如 334 条“伤寒先厥后发热……发热无汗，而利必自止，若不止，必便脓血，便脓血者，其喉不痹。”341 条“伤寒……厥少热多者，其病当愈。四日至七日，热不除者，必便脓血。”而 339 条之“便脓血”，则因厥阴热邪不能透达，阳郁加重，损伤阴络，迫血下行所致，故属热厥之轻证。若大下后阴阳两伤，阴伤则热势上炎，灼伤脉络，形成上热下寒之厥，故如 357 条“唾脓血”。

另外，371 条、373 条白头翁汤证中言：“热利下重者”或“下利欲饮水者”，虽未言及大便脓血，但以方测证，该厥阴热利乃肝经湿热毒邪下迫，壅滞于肠道所致，湿热腐破血络，故见赤多白少之脓血便。故治以清热凉肝，解毒止利。

厥阴病阶段在正邪交争的最后过程中，如正不胜邪，阳衰不复而出现寒厥证，亦可因阴阳两竭，病重不治而出现如 294 条出血危候的血分病证。

二、《伤寒论》血分病证症状与病机的特点

（一）症状特点

《伤寒论》中血分病证最主要的辨别症状是出血。出血证是指各种病因所导致的血液不循脉道，溢于脉外的证候。根据不同的出血部位可分为鼻衄、齿衄、肌衄、咯血、吐血、紫斑、便血和下血等。《伤寒论》中所提及的“便血”，一般指小便出血，如 293 条云：“少阴病，八九日，一身手足尽热者，以热在膀胱，必便血也。”而“下血”则是指大便出血或妇女崩漏，如 124 条抵当汤证或 216 条阳明热入血室证。而 46 条曰：“服药已微除，其人发烦目瞑，剧者必衄，衄乃解。”其中“衄”不单指某部位的出血，还可能包含鼻衄、齿衄、肌衄等出血证。

张仲景所谓的“便脓血”，即指大便脓血秽物，常伴有腹痛、里急后重等症。《内经》中称之为“肠澼”“泄注赤白”，《伤寒论》中又称为“清脓血”“热利”等，主要为邪犯肠络，其属性有寒、热、虚、实之不同，主要见于少阴病和厥阴病。

另外，黄疸的病因是与湿邪密切相关的，其病位深达血分，故病机的关键在于血分的瘀滞[3]。《灵枢·论疾诊尺》篇首先提出黄疸的脉象为“脉小而涩”，涩脉提示血脉不畅、血液瘀滞的病理机制。《伤寒论》125 条“太阳病身黄，脉沉结，少腹硬，小便不利者，为无血也。小便自利，其人如狂者，血证谛也，抵当汤主之。”也说明了瘀血发黄的病理机制。因此，黄疸亦是血分病证的症状之一。

（二）病机特点

《伤寒论》血分病证形成的病机特点主要有两方面。首先是阳热亢盛，热盛迫血妄行，导致血证。《伤寒论》中大部分血分病证均属此类。如太

阳病火逆变证，本应用汗法，而以火疗取汗或艾灸温里，以致邪气入里化热，如此则烦躁口渴、脉数舌红，咽喉干燥，诸多火热征象，纷然迭现。如114条“太阳病，以火熏之，不得汗，其人必躁，到经不解，必清血，名为火邪。”115条“脉浮热盛，而反灸之，此为实，实以虚治，因火而动，必咽燥吐血。”若邪热化火，伤肠络者，大便下血；伤胃络者，血溢而出。若111条太阳病中风证，误用火法，两阳相得，阳邪亢盛，迫血上行而为衄血。其证虽有不同，然皆可以清营凉血治之。又如阳明病气分大热证，由于热盛伤津，故欲饮水，但欲嗽而不咽，为热入营分之特征。若营热炽盛，进一步波及血分，血热妄行，灼伤脉络，必衄血，如202条。而227条脉浮发热而能食，见衄者，必知热在血分。同样46、47条的阳郁出血的证候亦是仲景所云“所以然者，阳气重故也。”由此可见，邪热亢盛则可迅速化热入里，并侵入血分，太阳蓄血证亦是如此，此类病机常提示病变凶险。

其次是下焦虚寒，固摄无权所致的便脓血。主要就是少阴病306条、307条桃花汤证，此脓血便，其色必晦暗不鲜，其气腥冷不臭，病属下焦虚寒，失于固摄，滑脱不禁，气不摄血，而致便脓血。严重者则为阳衰阴竭，气不行血，血脉瘀阻，气不摄血，瘀血外溢，此乃死证，如294条。

总之，无论是热盛致瘀还是气虚致瘀，血分病证的病机关键不离“瘀”。瘀血既是血分病证的病理产物，又是其病因。

三、《伤寒论》血分病证的治疗原则与特色

张仲景对于血分病证的治疗审证求因，辨证论治，以大力祛邪，或温补里虚，或扶正祛邪兼顾为原则。在《伤寒论》中治疗血分病证共有8张汤方：麻黄汤、桂枝汤、桃核承气汤、抵当汤（丸）、小柴胡汤、桃花汤、麻黄升麻汤和白头翁汤。

（一）虚实分治

对于实邪所致的出血患者，仲景的治法特点必首重祛邪为主，重视病因治疗，以使邪有出路为宗旨。如太阳蓄血证，若瘀热实邪不去，轻者用桃核承气汤活血化瘀，重者用抵当汤破血逐瘀。方中皆有大黄一味，取其活血通瘀、荡涤邪热之意，故有“将军”之名。又如46条，麻黄汤发汗后，汗出不畅，因血汗同源，故曰“衄乃解”，使邪随血去，则阳郁得解。但如衄后而病邪仍未解者，则仍当以发汗解外治之，如55条言：“伤寒脉浮紧，不发汗，因致衄者，麻黄汤主之。”

对于虚证或虚实夹杂证患者，仲景治疗分清主次轻重。轻者调其脏腑功能，扶正以祛邪，如用桃花汤治疗虚寒性便脓血，用小柴胡汤治疗热入血室证。病情严重者，如294条“少阴病，但厥无汗，而强发之，必动其血，未知从何道出，或从口鼻，或从目出者，是名下厥上竭，为难治。”仲景明言难治，故不出方。

（二）针刺止血

张仲景在运用药物治疗的同时，还提出针刺止血的治疗方法[4]。如143条：“妇人中风，发热恶寒，经水适来，得之七八日，热除而脉迟身凉。胸胁下满，如结胸状，谵语者，此为热入血室也，当刺期门，随其实而取之。”月于治疗热入血室，216条亦是如此。血室即胞宫，为冲任所主而隶属于肝，肝主藏血，期门乃肝脏之募穴。针刺期门，可以疏达肝胆气机，转运枢机，使邪热从少阳而解，故曰“濈然汗出而愈”，刺期门可泻血室之热，从而达到热泻血止的目的。而对于虚寒证，亦有“少阴病，下利便脓血者，可刺”之法。此为《伤寒论》中治疗血分病证的又一大特点。

（三）强调禁忌

张仲景还强调了临床对于出血证的治疗禁忌：禁汗、禁吐、禁下[5]。对于衄家或亡血家，不可发汗，发汗则“额上陷脉急紧，直视不能眴，不得眠”或“寒栗而振”（86条、87条）。而166条方后明言：“诸亡血虚家，不可与瓜蒂散。”因此，成无己言：“以瓜蒂散为驶剂　重亡津液之药。”至于下法，张仲景则灵活多变，审证求因，145条虽言“必自愈”，347条言“此亡血，下之死”，皆因或徒伤正气，或证属亡血虚证。但对于实热或瘀热所致出血，张仲景亦用大黄、芒硝、桃仁等药，以下其瘀血，如106条、124条之蓄血证。

综上所述，张仲景对于血分病证的辨治，重视辨别血分病证出现在疾病的哪个阶段，辨别瘀热的轻重，辨别患者正气之盛衰，并据此施以相应的治疗方法。其治疗重视祛邪逐瘀，同时亦顾护正气。其丰富的临证经验和特色及其蕴含的学术思想，对于当今的临床诊治和研究仍具有重要的指导意义。

参考文献

[1] 严毅．《伤寒论》血证证治初探［J］．重庆医学，2007，36（12）：1226～1227.
[2] 柯雪帆．伤寒论临证发微［M］．上海：上海科学技术出版社，2008：197.
[3] 郭丽屏．论黄疸从血分论治［J］．江西中医药，2009，40（3）：15～16.

[4] 刘亚光．仲景止血十二法［J］．中医研究，1994，7（2）：13～14.
[5] 李灵辉．《伤寒论》血证三禁浅析［J］．光明中医，2009，24（8）：1433～1434.

［《上海中医药杂志》2012，46（5）：31］

《伤寒论》蓄血证辨治探析

何新慧　上海中医药大学

蓄血二字出自《伤寒论》阳明病篇第237条："阳明证，其人喜忘者，必有蓄血。……"这里蓄血应指病机，然后世有将蓄血为患所导致的病证称为蓄血证，并有诸多阐述，众说纷纭。为明确仲景原意，更好地为临床所用，本文试作探讨，以抛砖引玉。

一、蓄血的涵义

蓄血，《辞海》释："在伤寒热病过程中，热邪入里，积于血分，留蓄下焦，或宿有瘀血，与热相结。"此说乃依据《伤寒论》原文，如第124条："太阳病六七日，表证仍在，脉微而沉，反不结胸，其人发狂者，以热在下焦，少腹当硬满，小便自利者，下血乃愈。所以然者，以太阳随经，瘀热在里故也。抵当汤主之。"第237条："阳明证，其人喜忘者，必有蓄血。所以然者，本有久瘀血，故令喜忘，屎虽硬，大便反易，其色必黑者，宜抵当汤下之。"两条原文所述病证或发于太阳病阶段，或发于阳明病阶段，均因外邪化热入里，或部分外邪化热入里，与血互结而成。可见，蓄血有两个特定含义，一是在外感病过程中产生，二是热入血分，瘀热互结。

仲景著作中关于血分病变的说法除蓄血外还有热入血室、干血、瘀血等。如《伤寒论》第143条："妇人中风，发热恶寒，经水适来，得之七八日，热除而脉迟身凉，胸胁下满，如结胸状，谵语者，此为热入血室也，当刺期门，随其实而取之。"此乃外邪化热侵犯血室所致，当属蓄血范畴。

《金匮要略·血痹虚劳病》云："五劳虚极羸瘦，腹满不能饮食，食伤，忧伤，饮伤，房室伤，饥伤，劳伤，经络荣卫气伤，内有干血，肌肤甲错，两目黯黑。缓中补虚，大黄蟅虫丸主之。"此证为阴血亏虚，瘀血内阻，故用补虚活血法治疗。《金匮要略·妇人杂病》云："问曰：妇人年五十所，病下利数十日不止，暮即发热，少腹里急，腹满，手掌烦热，唇口干燥，何也？师曰：此病属带下。何以故？曾经半产，瘀血在少腹不去。何以知之？其证唇口干燥，故知之。当以温经汤主之。"温经汤具有补虚、散寒、活血功效，故此瘀血当属虚寒所致。

《伤寒论》第257条："病人无表里证，发热七八日，虽脉浮数者，可下之。假令已下，脉数不解，合热则消谷喜饥，至六七日不大便者，有瘀血，宜抵当汤。"此瘀血属实热，可见于外感病中，亦可见于内伤病中。

可见，瘀血是统称，其辨证有寒、热、虚、实之分，有外感、内伤之别，蓄血是其中之一种，是指外感病过程中瘀热互结的病变。

二、蓄血证的辨治

由于《伤寒论》治疗蓄血用抵当汤，因此原文所述抵当汤证的症状可看作蓄血证的临床表现，载于太阳病篇中者称为太阳蓄血证，又因太阳病篇中桃核承气汤证的主症、病机与抵当汤证相似而程度较轻，故后世有太阳蓄血轻证和太阳蓄血重证之分；载于阳明病篇者称为阳明蓄血证，两者的辨证论治有相同之处，但因病发阶段不同，故临床表现有所不同，治疗原则及预后亦有差异。

（一）太阳蓄血证的辨治特点

太阳蓄血证的相关条文主要有3条，如《伤寒论》第106条："太阳病不解，热结膀胱，其人如狂，血自下，下者愈。其外不解者，尚未可攻，当先解其外。外解已，但少腹急结者，乃可攻之，宜桃核承气汤。"第124条："太阳病六七日，表证仍在，脉微而沉，反不结胸，其人发狂者，以热在下焦，少腹当硬满，小便自利者，下血乃愈。所以然者，以太阳随经，瘀热在里故也。抵当汤主之。"第125条："太阳病身黄，脉沉结，少腹硬，小便不利者，为无血也。小便自利，其人如狂者，血证谛也，抵当汤主之。"从以上条文可知，太阳蓄血证发生于外感病的早期阶段，表证未罢，但病邪已化热侵入血分，由于邪热较盛，易扰乱神明，故临床多见精神神志异常的症状，如原文所说，轻者"如狂"，重者"发狂"，因血热妄行，故常见出血症状。瘀热互结在外感病中当是全身性的病变，但病邪侵犯所聚之脏腑是病变的中心，因此，据脏腑所在病位当有相应的局部症状表现。从原文描述看，病位在下焦，如"热结膀胱"，"热在下焦"云云，故轻者"少腹急结"，重者"少腹当硬满"，并见"下血"，可视作大便出血，或阴道出血。蓄血重证还可见身黄，脉沉结，此种发黄属危重证。

太阳蓄血证属表里同病，如蓄血证轻者，治当遵一般原则，先解表，表邪外散后再用桃核承气汤以活血化瘀，通下瘀热；对于蓄血重证，则急当先治里，用抵当汤破血逐瘀，通下瘀热。

（二）阳明蓄血证的辨治特点

阳明蓄血证见于外感病热盛期，病邪由气分入血分，其病因可以是疾病发展而来，亦可因原有瘀血病证，邪热与之相合而成。如《伤寒论》第237条："阳明证，其人喜忘者，必有蓄血。所以然者，本有久瘀血，故令喜忘。屎虽硬，大便反易，其色必黑者，宜抵当汤下之。"第216条云："阳明病，下血谵语者，此为热入血室，但头汗出者，刺期门，随其实而泻之，濈然汗出则愈。"故阳明蓄血证的主症可有身热、喜忘，或谵语、出血，如柏油样黑大便，或阴道出血。由此可见，精神神志改变，出血症及病变中心部位的局部症状等表现与太阳蓄血证有相同处。

阳明蓄血证的治则亦同太阳蓄血证，以祛邪为主，取破血逐瘀、通下瘀热法，方用抵当汤。对于热入血室的治疗除采用针刺期门穴，以疏肝泄热，据原文第144条还可用小柴胡汤，提示热入血分早期，病情不重，可首先采取疏气、泄热的治法，而不宜过早采用逐瘀通下法。

三、后世医家对蓄血证辨治的继承与发挥

（一）后世医家对蓄血证的认识

自《伤寒论》以后，历代医家对蓄血证论述颇多，争议较多的问题主要有二：一是瘀热互结在哪里？有遵原文说，即瘀热互结于下焦，如成无己《伤寒明理论》说："留于下而瘀者，谓之蓄血。"有认为瘀热可结于三焦，如王好古《医垒元戎》卷四论阳明证，其中蓄血例有衄血，属蓄血上焦；心下手不近，属蓄血中焦；脐腹小肿大痛，属蓄血下焦的说法。还有认为瘀热结于腑，或膀胱，或肠胃，或血室，如吴又可《温疫论》："伤寒，太阳病不解，从经传腑，热结膀胱，其人如狂，血自下者愈。血结不行者，宜抵当汤。今温疫，起无表证，而惟胃实，故肠胃蓄血多，膀胱蓄血少。"喻昌《尚论篇》卷二将《伤寒论》第216条、第237条、第257条列为"阳明经上篇"，认为："合三条，总是热入血室，故随下血与不下血而异治也。"可见，蓄血证的病变部位不限于下焦，可涉及上、中、下三焦，全身经脉及其相对应、相络属的脏腑。二是蓄血证应症见小便利或不利。有医家认为当小便利，如钱潢《伤寒溯源集》太阳上篇："热在阴分血分，无伤于阳分气分，则三焦之气化仍得运行，故小便自利也。"然亦有医家认为不能拘泥于小便利才是蓄血证，如陈修园《伤寒论浅注》卷三说："虽然辨蓄血者，既以小便利为断矣。然不详审其主证，而并辨其兼证，恐专执小便利之一说，概认为血证，亦非辨证之法。"吴又可《温疫论》中论及蓄血："小便不利，亦有蓄血者，非小便自利，便为蓄血也。"可见蓄血证不应以小便利作为诊断要点。

值得注意的是《伤寒论》提到蓄血证与小便的关系是在太阳蓄血证的重证中，如第124条："太阳病六七日，表证仍在，脉微而沉，反不结胸，其人发狂者，以热在下焦，少腹当硬满，小便自利者，下血乃愈。所以然者，以太阳随经，瘀热在里故也。抵当汤主之。"第125条："太阳病身黄，脉沉结，少腹硬，小便不利者，为无血也。小便自利，其人如狂者，血证谛也，抵当汤主之。"外感病处于瘀热互结重证时，如小便不利往往提示病情危重，或为脏腑功能衰竭，或津血严重亏损，属难治证或死证，仲景一般不出方治疗。两条原文讲了两种情况，一是小便通利，说明三焦气化功能尚可，津血未竭，正气能够抗邪，邪去则病愈，如"下血乃愈"，不能自愈，则可用药治疗，即抵当汤主之。二是外感病早期见发黄，如小便不利，或属湿热发黄，或属蓄血发黄危证，津血严重亏损。此两种情况都可认为是"无血"病机，均不宜用抵当汤治疗，前者可用茵陈蒿汤治疗，后者为不治之证。

（二）蓄血证治与卫气营血辨证

《伤寒论》六经辨证从太阳病始至厥阴病终，反映了疾病发展变化的过程和规律，其中包含了邪入血分，瘀热互结病变的演变规律。这些内容对后世医家影响很大。清代温病学家叶天士创立卫气营血辨证，可以说是继承和发展的成果。如阳明蓄血，病变规律是表邪化热入里，传入阳明病阶段，邪热先侵犯气分，然后入血分，与血互结，因正气不亏，为里实热证，故仍属阳明病范畴，而叶天士将此分为两个阶段，即气分证和营血分证，其中初入血分称为营分证。对于太阳蓄血证，表邪未解，邪已入血分，此种情况正如叶天士《外感温热篇》所说："温邪上受，首先犯肺，逆传心包。肺主气属卫；心主血属营。"

仲景对邪入血分早期，病情较轻者取先发汗透邪，或疏气泄热法。叶天士《外感温热篇》认为："入营犹可透热转气，如犀角、玄参、羚羊角等物，

入血就恐耗血动血，直须凉血散血，如生地、丹皮、阿胶、赤芍等物。”对蓄血证的治疗，后世诸多医家主张加入养阴凉血之品，代表方为犀角地黄汤。叶天士《外感温热篇》还认为热传营血，当加入散血之品，如琥珀、丹参、桃仁、丹皮等，不尔瘀血与热为伍，阻遏正气，遂变如狂、发狂之证。叶氏的诸多论说既继承了仲景蓄血证治思想，又丰富了治疗选方用药。

总之，《伤寒论》蓄血证的辨证论治思想、原则与方法以及后世医家在此基础上的发挥，对当今中医临床辨治外感病邪入血分病证，无论在理论方面，还是临床实践方面，均有极大的指导和借鉴作用，值得进一步研究探讨。

[《河南中医》2012，32（8）：949]

《伤寒论》下法禁忌探析

陈宁勇　李　芸　范欣生

南京中医药大学基础医学院

下法是八法之一，多为驱邪而设，力专药猛，对某些危、重、急症患者疗效显著。因泻下药物除了能够驱邪之外，在攻邪的同时往往容易使病邪传里并损伤正气，《伤寒论》中对其运用既果断、又慎重，并提出诸多禁忌。

一、病在表不可下

48条明确提出“若太阳病证不罢者，不可下，下之为逆”，（本文所引《伤寒论》原文出自上海科学技术出版社1983年版）44条有“太阳病，外证未解，不可下也，下之为逆”的论述。所谓“逆”，就是误治。即使如45条“太阳病，先发汗不解”，也不应用攻下，“而复下之，脉浮者不愈。浮为在外，而反下之，故令不愈”。

表证误用下法，应根据不同情况采用相应治疗。如15条“太阳病，下之后，其气上冲者，可与桂枝汤，方用前法；若不上冲者，不得与之”。是误用攻下，患者正气尚充足，太阳经气仍有向上、向外抗邪之力。因病仍在太阳，而误下毕竟伤正，不耐麻黄汤峻汗，故可考虑桂枝汤解肌祛风，调和营卫。若误下正伤较重，无力抗邪而表邪内陷，则不当再用解表之桂枝汤。21条“太阳病，下之后，脉促、胸满者，桂枝去芍药汤主之”。是误下之后，胸阳受挫而未至大虚，仍能与邪相争，故治当解肌祛风，温通心胸阳气。34条“太阳病，桂枝证，医反下之，利遂不止，脉促者，表未解也；喘而汗出者，葛根黄芩黄连汤主之”。表证误下，虽见下利不止，但脉象急促或短促，表明正气仍能抗邪，胃肠虽伤，病仍在表；若误下后，病邪入里化热，出现喘而汗出者，用葛根黄芩黄连汤解表清里，和中止利。43条“太阳病，下之微喘者”，是误下伤肺，肺气上逆。因其表未解，所以用桂枝汤解肌发表，加厚朴杏子降气平喘。163条“太阳病，外证未除而数下之，遂协热而利，利下不止，心下痞硬，表里不解者”，是屡用攻下，表证未罢，损伤脾阳，故用桂枝人参汤温中解表。若太阳病误下导致脾伤气滞络瘀，出现腹满时痛或大实痛的，可分别用桂枝加芍药汤或桂枝加大黄汤治疗（279条）。误下之后，根据素体是否有痰水，可以推测结胸和痞证的形成。如131条结胸证与痞证的成因基本相同，皆为误下所致。然结胸证是由于胃阳旺盛，素有痰饮停滞，误下后，邪热内陷与痰水互结。痞证乃因体内素无痰水留滞，表证误下之后，使中焦升降失常，以致胃气壅滞，气机痞塞，遂形成痞证。若是结胸证，可用陷胸汤（131条、134条、137条、149条、150条），若是痞证，可用泻心汤（149条、158条）。但“结胸证，其脉浮大者，不可下”，（132条）脉浮为表邪未全入里，脉大为里未成实，误下必伤正气，引邪入里，正气先衰，邪气复结，正虚邪实，攻补两难，预后不佳，故曰“下之则死”。若“太阳与阳明合病”，以表证为主，阳明次之，出现喘而胸满者，不可下，宜麻黄汤（36条）。若“太阳病，过经十余日（已病入少阳）”，也应审慎用下法，“反二三下之，后四五日，柴胡证仍在者，先与小柴胡汤；呕不止，心下急，郁郁微烦者，为未解也，与大柴胡汤下之则愈”（103条）。171条“太阳少阳并病，心下硬，颈项强而眩者，当刺大椎、肺俞、肝俞，慎勿下之”。此证属太阳与少阳并病，太阳之经脉不利则颈项强，少阳胆气郁滞，胆火上炎，则心下硬、头目昏眩。其治当用刺法，取大椎、肺俞以解太阳之邪，取肝俞以解少阳之邪，病在太、少，不在阳明，是以慎勿用下法。189条“阳明中风，口苦咽干，腹满微喘，发热恶寒，脉浮而紧。若下之，则腹胀，小便难也”。表邪未解，故不可攻下。

二、阳明病腑实未成者不可下

下法主要用来治疗阳明腑实之有形实邪，若阳明病腑实未成者，则不可下。

如238条“阳明病，下之，心中懊憹而烦，胃中有燥屎者，可攻。腹微满，初头硬，后必溏，不可攻之。”209条“阳明病，潮热，大便微硬者，可与大承气汤，不硬者，不可与之。若不大便六七日，恐有燥屎，欲知之法，少与小承气汤，汤入腹中，转矢气者，此有燥屎也，乃可攻之。若不转矢气者，此但初头硬，后必溏，不可攻之。攻之必胀满不能食也。欲饮水者，与之则哕。其后发热者，必大便复硬而少也，以小承气汤和之。不转矢气者，慎不可攻。”“不硬者，不可与之”是攻下禁忌，若因误下而致津液受伤，邪热复结成实，大便复硬而少，此时当以小承气汤和下之。233条“阳明病，自汗出，若发汗，小便自利者，此为津液内竭，虽硬不可攻之，……”此大便硬结干涩难解，乃误汗导致阴血亏虚，津液内竭，肠道干燥，与阳明腑实证自有区别，故当须自欲大便时，用外导法就近滋润，因势利导。“虽硬不可攻之”，强调腑实未成者不可下。206条“阳明病，面合色赤，不可攻之”，乃邪热怫郁于经，肠腑没有燥结，故不可攻下。“若下之，则胃中空虚，客气动膈，心中懊憹，舌上苔者，栀子豉汤主之”。（221条）“胃中空虚”指损伤胃气，邪气乘虚而入，无形之热留于胸膈之间，热扰胸膈，故出现心中懊憹，“舌上苔”是指舌苔薄黄，或黄白相兼，为热扰胸膈而邪热不甚的表现。由于证属热扰胸膈，郁而不宣，因而用栀子豉汤清宣胸膈之郁热。虽有阳明证，但无形邪热偏结于上部（205条“心下硬满者”），或病机趋向向上者（204条“伤寒呕多”，《金匮要略·呕吐哕下利病脉证治第十七》“病人欲吐者，不可下之”[1]），不可攻之。

三、脾胃虚寒者不可下

209条大便初硬后溏，多为脾虚之证，是以不可攻下，妄用攻下，必会使脾胃阳气更伤，发生腹胀满、不能食，甚至饮水则哕等变证。“太阴之为病，腹满而吐，食不下，自利益甚，时腹自痛。若下之，必胸下结硬”（273条）。由于脾阳虚弱，运化失职，寒湿停滞。胃肠气机不畅则腹满时痛；升降机能失常、浊气上逆则吐，清阳不升、脾气下陷则利；脾失健运，食入不能运化，是故食不下。若误下，则脾胃之气更伤，运化无力，水停食阻，寒凝气滞更甚而见“胸下结硬”。195条“阳明病，脉迟，食难用饱。饱则微烦头眩，必小便难，此欲作谷瘅，虽下之，腹满如故。所以然者，脉迟故也”。此因寒湿中阻，胃阳不足，腐熟无权，故进食不能过饱，过饱则水谷不化，湿郁食滞，清阳不升。不可用下，“虽下之，腹满如故”。259条若发汗太过，损伤中阳，或脾阳素虚致寒湿中阻，影响肝胆疏泄，出现身目为黄，黄色晦暗，“以为不可下也，于寒湿中求之”。

四、阴血亏虚者不可下

“伤寒五六日，不结胸，腹濡，脉虚复厥者，不可下，此亡血，下之死”。（347条）“脉虚复厥”，“此亡血”，说明厥逆为血虚所致，此时不可误认为是热厥而攻下，误用下法则营血更伤，病情会进一步恶化，甚至会导致严重变证，故曰“下之死”。286条“少阴病，脉微，不可发汗，亡阳故也。阳已虚，尺脉弱涩者，复不可下之。”脉微是阳虚之证，误汗会有亡阳之变，故曰“不可发汗，亡阳故也”“尺脉弱涩”则阴血虚，此证既有阳虚，阴血亦虚，不但不可发汗，也不可攻下，故谓“复不可下之”。意在告诫后人须防止误治的发生，以免延误病机，加重病情。《素问·离合真邪论》说：“……血气已尽，其病不可下……”[2]。

五、阳气虚衰者不可下

130条“脏结无阳证，不往来寒热，其人反静，舌上胎滑者，不可攻也”。脏结是脏气虚衰，阴寒凝结的一种病证，多为正气不足，脏气极虚，又有寒实病邪内结，属虚中挟实。因为邪结于脏，阳气大虚，邪气伏而不发，正气弱而不振，误用攻下则正气不支，故郑重提出“不可攻也”的治禁。330条“诸四逆厥者，不可下之，虚家亦然”。从“虚家亦然”看，“诸四逆厥者”当指阳气虚衰所致的虚寒性质的寒厥证，不包括热厥在内。《灵枢·邪气脏腑病形》说：“补泻反则病益笃”[3]。

六、下后慎用攻下

“阳明病，谵语，发潮热，脉滑而疾者，小承气汤主之。因与承气汤一升，腹中转气者，更服一升；若不转气者，勿更与之。明日又不大便，脉反微涩者，里虚也，为难治，不可更与承气汤也”。（214条）脉见滑疾，一则说明里实尚未至燥坚程度，二则示人有里虚之虞，是以仲景以小承气汤试服，且观察之。与小承气汤一升后，若腹中转气者，为肠中燥屎得药物推动而使浊气下趋之征，可再服一升以增强药力，泻下燥实；若腹中不转气者，则并非燥屎内阻，多为大便初硬后溏，故不可再服。如第二天（明日）仍未大便，脉反见微涩，微为气虚，涩为血少，这是正虚之征，故不可下。159条“伤寒服汤药，下利不止，心下痞硬，服泻心汤已，复以他药下之，利不止，医以理中与之，利益甚。理中者，理中焦，此利在下焦，赤石脂禹余粮汤主之”。本条以伤寒误下以后，邪陷表解，脾胃气虚，寒热错杂，升降失常，气机痞塞，心下痞硬，下利不止者，用泻心汤和胃消痞；若复以他药下之，更加损伤脾胃，表解邪陷，中焦虚寒者，则宜理中汤温中散寒；若属下元不固，滑脱下利者，当以赤石脂禹余粮汤涩滑固脱而止利；若见大便泻利不止而小便不利者，是脾运失职，水湿偏渗于大肠，清浊不分，水道不利，泌别失职，当治以利小便，分清浊而实大便。

了解以上《伤寒论》下法禁忌以及误下以后的辨治，对提高临床辨证论治的水平有重要意义。

参考文献

[1] 张仲景．金匮要略［M］．北京：人民卫生出版社，2005：54.

[2] 程士德．素问注释汇粹：上册［M］．北京：人民卫生出版社，1982：404.

[3] 河北医学院．灵枢经校释［M］．北京：人民卫生出版社，1982：117.

［《南京中医药大学学报》2012，28（4）：309］

《伤寒论》“时”与“机”浅探

张　瑞　湖北中医药大学临床医学院

一、天时与人时

1.《伤寒例》中有云：“春气温和，夏气暑热，秋气清凉，冬气冰冽，此四时正气之序也”。其思想继承了《内经》的“天人相应”这一朴素的哲学观念，认为人与自然界的变化存在相互联系，自然界的不同变化能够引起人不同性质的疾病产生。《金匮要略》亦言：“有未至而至，有至而不至，有至而不去，有至而太过”，即是指自然界气候的异常变化对人所产生的病理影响。此乃天时也。

2.《内经》中谈到男女有七七、八八之异，昼夜阴阳有动态消长变化。《伤寒论》第30条亦有云：“……夜半阳气还，两足当热，胫尚微拘急……”；第61条：“下之后，复发汗，昼日烦躁不得眠，夜而安静……。”人体阴阳的变化受自然界的影响、以及随之而变的正邪此消彼长的动态病理现象，此乃人时也。

由此可知，人与自然相应，天时与人时密切相关。须把人放在自然界的整体中来观察，才能从根源上分析疾病的发生、发展、变化及预后。

二、辨疾病之时

（一）疾病自愈之时

《伤寒论》中提出，六经皆有“欲解时”。如：“太阳病，欲解时，从巳至未上。”言风寒伤于太阳病者，一般从9点～15点为祛邪之时，此时是一天中自然界阳气最为旺盛之时，人体太阳经气最为旺盛。风性开泄，寒为阴邪，如患者体内正气充足，则可自行祛邪外出，疾病得解；此时给与治疗，则药力得自然之力相助，其效更佳。

由上可见，仲景在分析疾病的时候，将患者，疾病，自然三者联系起来，以动态发展的角度分析疾病的向愈，将自然界的四时、节气、昼夜节律与人体六经经气盛衰相结合，强调阳气的盛衰变化，是疾病发展变化的关键。

（二）疾病传经之时

《伤寒论》太阳病篇有云：“伤寒一日，太阳受之，脉若静者，为不传；颇欲吐，若燥烦，脉数急者，为传也。”脉静，指脉象未变，无入里化热之症，病变仍在太阳阶段，仲景称之为不传。颇欲吐，若燥烦，脉数急者，为邪从太阳转入阳明之征，仲景称之为传经。相同的论述可见于第5条、第8条原文。此外，六经传变的思想观点亦散见于分经论述的各篇章中。

仲景在继承前人经验同时，进行了伟大的理论创新。首先，他将外感热病归纳为六大症候群，即“六经病”。“六经”不单指经络，它还包括脏腑及其相关病理表现的总和；其次，将分疾病为六经证。每一经证，是相对稳定且相互联系的六个病程时段之一。仲景提出，伤寒传经可不拘时日；可顺经传，也可越经传、逆经传和直中；还可产生两经合病、并病的复杂情况。要判断疾病归属何经，处于何种发展阶段，则必须以临床症状为依归。

（三）误治变化之时

仲景十分重视误治。如150条：“太阳少阳并病，而反下之，成结胸，心下硬，下利不止，水浆不下，其人心烦。”提到“太少合病误下后”形成了结胸。又279条：“本太阳病，医反下之，因而腹满实痛者，属太阴也，桂枝加芍药汤主之。”论述了太阳病误下后邪入太阴的变证，以桂枝汤加芍药为方，充分体现了仲景应对误治的治疗思路。条文虽言“属太阴”，然本太阳病，即邪在太阳，病属表证，治当用桂枝汤，又医误下之后，腹满实痛，邪入太阴，太阴气血为之不和则痛，故用芍药。此法正是：“知犯何逆，随证治之”的具体范例。

临床中面对误治，必须对误治前后的病证变化仔细观察，知其误因，才能正确施治。否则病情继续变化，更加难治。因此，判断是否误治，把握误治变化之时，是阻断疾病恶化的关键之一，此即后世的截断疗法。

三、寻用药之机

（一）寻破冰之机

仲景开篇言道："虽未能尽愈诸病，亦可以见病知源。"所谓"见病知源"，非仅指病因。病情的发展百端，且有凡医妄治产生误治、坏病。疾病是时刻变化发展的，这里的源，是以"源"寓"流"，实则说的是疾病发展的过程。患者就医之时，可能经过自己或其他医生的治疗，若不问经过，仅以现证、现病草率处方，不知疾病是否传变、误治，则会以误为因，贻误治病时机。诚如仲景所言："省疾问病，务在口给，相对斯须，便处汤药……所谓窥管而已。"

由上可知，准确把握病程的变化时机，对疾病的诊断和治疗具有十分重要的临床指导意义。

（二）护病愈之机

仲景重视患者的症状变化，对病情向愈观察入微，如第8条："太阳病，头痛至七日以上自愈者，以行其经尽故也。若欲作再经者，针足阳明，使经不传则愈"此条体现了仲景对治未病的重视，即所谓截源断流，釜底抽薪。太阳病七日行其经尽自愈者，是言邪气与正气战斗了七天，邪气衰败故而自愈，从侧面体现了疾病发展的时间规律，即第7条的"发于阳，七日愈"。邪在太阳七日已过仍未自愈，则会传经阳明。此时采取针刺足阳明经上补益之穴，如足三里等，是既有治疗意义且有预防意义的妙招，"邪之所凑，其气必虚"。这是把握了疾病向愈之机，先邪气发病之时而治。

四、结语

综上所述，我们可以得到这样的启示：《伤寒杂病论》中关于"时"与"机"的论述，具有极高的临床指导价值；同时，仲景所言的时机概念以病症为基础，以病程为表现，是辨证施治的重要参考指标之一，充分体现了中医的整体观念和辨证论治特色。近年来时间医学倍受世界医学界的关注，中医的择时治疗有着悠久的实践经验和丰富的理论基础，其内涵亦大于时间治疗学，在临床中继承和发展仲景的这一思想，将更加有效的指导临床工作。

参考文献

[1] 李家庚.《周易》时空数理与《伤寒论》[J]. 国医论坛，1991（3）：9.

[2] 徐旭英，等. 关于《伤寒论》中"六经病欲解时"与"阴阳自和必自愈"的探讨[N]. 中国医药学报，2003（18）增刊：13.

[3] 李杰.《伤寒论》"欲解时"与择时疗法[J]. 四川中医，2006（5）：29.

[4] 张淑贤. 浅谈中医择时服药的疗效[J]. 中国当代医学，2007（2）：57.

[《中医临床研究》2012，4（6）：51]

《伤寒论》三阴病篇对肿瘤治疗的启发

潘宗奇　邓　宏　广东省中医院
蔡陈浩　广州中医药大学

《伤寒论》其开创了辨证论治先河，创造性地提出六经辨证，即三阳病症（太阳、阳明、少阳）和三阴病症（太阴、少阴、厥阴），内涵丰富，体系完备，辨病与辨证相结合，有理有法。六经辨证在后世医家看来，是仲景辨外感病的方法，但临床实践中，各科疾病均常出现病机病证与六经病相符的情况，根据"有是证用是方"和"异病同治"原则，《伤寒论》六经体系是疾病共性规律的概括，以六经生理为基础，阐释其病理变化，可以内通于六经（脏腑经络气化），外应于六气，不单是外感，实可以统万病，故有"六经钤百病"之说。六经辨证中，三阳病证多属热，属实；三阴病证多属寒，属虚。李可老中医认为，肿瘤患者多因久病耗损、化疗药毒损伤而导致体内阴阳失调，其病机十有八九均为阴盛阳虚，因此投以温肾补阳法多可取效，此也印证了肿瘤尤其是晚期肿瘤患者多属阴证之义[1]。笔者在肿瘤临床治疗研究中发现，晚期肿瘤病机病证表现与三阴病证颇多吻合之处，处以相应方药，往往能取得满意疗效，兹抛砖引玉，探讨如下。

一、太阴病证

太阴，亦称至阴，为三阴之屏障，属脾土，多虚寒。太阴为后天之本，与阳明同为中气，统胃气，禀生之后，脾土太阴之气则为最重，先天之气，非胃气不能滋之，故《素问·平人气象论》云："平人常禀气于胃，胃者，平人之常气也。人无胃气曰逆，逆者死。"

笔者根据临床观察，消化道肿瘤尤其胃癌的病机多属于阳衰湿盛，水寒土湿。脾胃为后天之本，气血生化之源。若不慎摄生，肾精耗散，脾胃受伐，中气虚衰，湿浊内生，湿盛则脾胃升降失常，清阳下陷，浊阴上逆，湿盛则阳微火衰，水寒土湿，则百病从生。故胃癌的形成归咎于中气脾胃的衰败，太阴不足，土湿水寒。晚期肿瘤患者，往往已经历手术、放化疗等，加之很多医者常喜用一些现代中药药理研究提示有抗癌作用如半枝莲、鱼腥草、苦参等寒凉败胃的中药，却往往不顾护脾胃，而致脾胃中气受损，正气亏虚，升降失常。常见虚寒下利、腹胀腹痛、喜温喜按、纳差、恶心呕吐，舌淡、苔白腻及脉弱等太阴病证。

所以，治疗晚期癌症，以保护脾胃为第一要义。脾胃一败，生机顿灭。李东垣虽专创脾胃论，但仍以仲景太阴病证治为宗法，大小建中汤为太阴之轻剂，理中人参汤则为太阴之中剂，理中合四逆的附子理中汤才堪称建中之重剂。补中、健中、温中、理中，皆一理也，程度不同而已。

二、少阴病证

少阴病的提纲为“少阴之为病，脉微细，但欲寐也。”病至少阴，邪在心肾，而心肾为身体君主之官，《素问·灵兰秘典论》中有言：“主明则下安，主不明则十二官危。”少阴之上，热气治之，乃坎中一点真阳。坎阳乃命火也，为一身之生机所在，故少阴病机重在阳气衰虚，少阴病实为危急之证，若处理不善，则恐有生命之虞。少阴之邪，既可从阴化寒，又可从阳化热，晚期肿瘤患者以寒化证居多，常出现恶寒蜷卧，神疲欲寐但难寐、手足厥冷、舌淡、苔白、脉微细等症，甚者更有下利清谷、呕不能食、或食入即吐、或身热反不恶寒、甚至面赤等见证。此是因为肿瘤晚期患者瘤邪羁聚日久，真阳消散殆尽，再加上肿瘤治疗过程本身对身体的攻伐，阳气已浮如游息。此时若不峻补元阳，回阳救逆，则真阳散，命堪虞。

少阴是三阴的基础，为一身之根基，三阴阳亏，皆可补少阴；三阴阳衰，终要累及少阴。三阴浊阴寒凝久伏不化者，皆可加用四逆辈。笔者常在临床中应用李可老中医在四逆汤基础上变化而成的破格救心汤于肿瘤尤其肺癌晚期出现虚阳浮越、上实下虚的呼吸衰竭患者，每每可挽救生机。另外，对于肿瘤骨转移，出现身体疼痛，临床常辨为少阴寒化证之阳虚身痛证，治用附子汤温阳散寒，补虚止痛，亦可获一定疗效。

三、厥阴病证

《素问·阴阳离合论》中指出，厥阴名曰阴中之绝阴，厥阴为阖。厥阴从阴阳论，为两阴交尽，一阳初生之经。厥阴病为三阴病之末，是六经病证传变发展的最后阶段。同时厥阴代表也是阴尽阳生的转折点，厥阴病则阴阳出入之机不相顺接，阴阳不和，而见寒热错杂、正虚邪恋之证。

《诸病源候论·积聚候》云：“积聚者，由阴阳不和，脏腑虚弱，受之风邪，搏于脏腑之气所为也。”将积聚的产生归于阴阳不和、脏腑虚弱、感受外邪、内外合邪。恶性肿瘤是一种全身性疾病，乃全身属虚、局部属实的病变，其特点在于因虚致实，又因实致虚，病因病理复杂，变化多端。在同一种病的变化过程中，患者所处的病理阶段不同，正邪力量对比和阴阳消长状况各异，往往可见寒热错杂、正虚邪恋及本虚标实之证，这与厥阴主证病机类同。笔者在临床中常见肝癌、胰腺癌等肿瘤患者，表现出口干口苦、舌红苔腻之实证，同时又存在四肢不温，脉微细等本虚之象，饥不欲食、胸闷不适等寒热错杂之证，当属厥阴病范畴。

三阴之寒凝皆赖厥阴以疏之，厥阴乌梅丸是主方正治，附姜桂俱全也。厥阴经证，血分寒凝，当归四逆汤主之；若厥阴脏寒犯胃证，吴茱萸汤主治，若剧者，可加附子或加四逆或理中类以治之。若肿瘤患者出现少阴厥阴同病，阳衰欲散，则一身之气血阴阳皆欲亡，故赖厥阴以收之，应在大剂四逆汤基础上，加用乌梅、山茱萸之类。

四、病案举例

患者，男，56 岁。2010 年 1 月因反复便血，于外院行肠镜示：降结肠腺癌；全腹部 CT 提示：肠癌合并腹腔多发转移。后行多程 XELOX 方案（奥沙利铂注射液加希罗达）化疗，病情进展合并不完全性肠梗阻。2012 年 2 月 15 日初诊。精神萎靡不振，面色萎黄，左下腹部绞痛，日夜均发作，遇寒加重，喜温喜按，形寒肢冷，畏寒，恶心呕吐清涎，进食少许流质，大便不通，寐差，小便清长，舌淡暗偏紫、苔白，脉弦细。辨证为厥阴脏寒犯胃，并及少阴，寒凝经脉。治法：扶阳温脏，散寒止痛。以吴茱萸汤和四逆汤加减，处方：吴茱萸 15g，生晒参、大枣各 20g，生姜 45g，炮附子、干姜、生半夏各 30g。煎服法：加水 2000mL，泡 30min，以武火煎沸后再以文火久煎 2h，煎至 600mL 左右，每天 1 剂，早晚分服。3 剂后腹痛呕吐明显减轻，可解烂便。

五、小结

对于肿瘤尤其是晚期肿瘤患者，中医病机往往为本虚标实、寒热错杂、脾胃败坏，甚或出现一派孤阳不生之象，多属《伤寒论》三阴病范畴。同时在实际临床中，多见合病及并病表现。用文中方药辨证论治，对于抑瘤、改善患者临床症状、延长生存期都能起到很好的作用。

参考文献

[1] 邓宏，孙良生，张晓轩，等．扶阳法治疗胃癌探讨[J]．新中医，2011，43（3）：142～143.

[《新中医》2012，44（8）：198]

《伤寒论》痞证研究概况

符标芳　黄家诏　闫国跃等
广西中医学院

痞，其病名首见于《内经》，称为“否”“痞”“痞满”“痞塞”。如《素问·五常政大论》曰：“备化之纪……其病痞。”《素问·至真要大论》曰：“太阳之复，厥气上逆……心胃生寒，胸膈不利，心痛否满。”指出了本病胸膈满闷、心下痞塞的症状，故又称心下痞。乃无形之气结于心下，自觉胃脘部有痞闷不舒之感，可见于多种证候之中。对于痞满证治的认识源于《内经》，辨证论治奠基于仲景，在《伤寒论》中关于痞证的病因、病理变化及证候的特征都有了简要的记载。由于其病因繁异，病程缠绵，时轻时重，影响人们健康和生活质量，应予重视。现就关于痞证的病名、临床表现、病因病机、分型论治、临床治疗的相关文献做综述如下。

一、定义内涵及与现代医学相关病名关系

赵天才等[1]认为痞证主要有两层意思，一为痞满，甚则痞硬，如158条之“心下痞硬而满”，157条：“胃中不和，心下痞硬，干噫食臭……”；一为痞块，即腹中痞块，癥积之疾，如167条：“病胁下素有痞，连在脐旁”。蒋森等[2]将痞证的临床表现归纳为“心下痞，按之濡”，“胃中不和、心下痞硬、干噫食臭、胁下有水气、腹中雷鸣、下利”“完谷不化、腹中雷鸣、心下痞硬而满、干呕、心烦不得安”，与现代医学中急性无黄疸型肝炎的症状和体征颇相吻合。而肖雪等[3]则总结认为，同意诸多医家对于痞证的主要症状为心下满闷不通的观点，但是对于部分观点如“按之柔软”“按之也濡软而不结硬”等，他持否定意见，认为痞为结病而不同于虚证之柔软，而是有一定硬度的，只是较结胸病之“按之石硬”而言，“濡”稍柔软些。另外，他还反驳了痞证“但满而不痛”的观点，通过痞证的适应方三泻心汤，以方测证，痞证应该是会出现疼痛的，只是较结胸证的疼痛来得轻缓。姜彤伟等[4]认同了肖雪关于痞证会出现“痛”这一症状的观点，并提出可伴有压痛等，另外，还进一步说明痞证相当于现代医学的慢性胃炎、消化性溃疡、功能性消化不良、胃下垂等以上腹满闷为主要表现的疾病。王德华等[5]也认为其主要相当于现代医学的消化系统疾病，但也同时广泛涉及到呼吸、泌尿、心血管、内分泌、神经等系统。

二、病因病机

郭天禄等[6]分析了痞证形成的原因，主要有太阳病误下致痞，少阳误下致痞，脾胃虚弱、外邪内陷致痞。其病机多为脾胃虚弱，外邪内陷，以致无形之气结于心下，从而脾胃运化失职，升降失常。杨兆林[7]认为痞的成因，虽主要来自太阳病误治之后，里虚邪陷所成，但也有见于饮食所伤，或肝胃不和，或情志影响，非皆来自误下。王驰[8]总结了痞满的病因病机，主要有饮食不节、起居不时、寒气侵犯、表邪内陷、湿热所侵、情志不和、痰气搏结以及脾胃内伤等方面，所涉及脏腑有肝、脾、胃等，并充分考虑到了患者的体质在发病中的影响。王如茂[9]认为痞证虽病因繁异，却与脾胃亏损、热壅、痰湿、食滞、气郁等相关，其病位在胃脘，关键在脾胃。病性不外虚实两端，初起多为实痞，久则耗气伤阴，形成虚实夹杂痞或虚痞。而痞证的基本病机则是脾胃功能失调，升降失职，气机痞塞不利。脾胃失调、升降失常、气机不利为本，热、痰、湿、食、气等邪气壅滞为标。

三、分型论治

王德华等[5]根据痞证的病机特点将其分型为：实痞，热痞兼表阳虚，少阳兼里实而致痞证，水湿停聚而致心下痞证，悬饮而致痞证，痰涎阻于胸膈的痞证，脾胃虚弱、寒热错杂致痞，胃虚水饮食滞致痞，太阳病误下而成太阴虚寒兼表的痞证，痰浊内阻、胃虚气逆所致痞证等等。孙露亚[10]对痞证的辨证论治提出：辨治胃痞，首分虚实；治实痞，重在疏理兼扶脾；治虚痞，补益脾胃兼疏导；虚实夹杂，消补兼施，苦降辛开。对于痞证的治则治

法，常东[11]认为主要有：消补兼施、益气养阴、宣畅气机、活血化瘀。而肖雪等[3]则认为痞证应以调和脾胃、协调阴阳、降逆消痞为治疗大法。另外，高欣铎[12]列举了心下痞的具体治法，如先表后里法、表里同治法等治法。黄勤等[13]具体对辛开苦降法治疗痞证进行了分析，认为此法治痞主要从两方面着手，消除主证和调理脾胃，其主要方剂为半夏泻心汤。

四、临床治疗

陆喜荣等[14]对痞证5种证型提出了相关治疗：火热痞，治以大黄黄连泻心汤；寒热痞，方用附子泻心汤；痰气痞，治以半夏泻心汤；饮气痞，治以生姜泻心汤；客气上逆痞，以甘草泻心汤治疗。朱绯[15]对痞证进行了辨证论治，把痞证分为3种证型，虚寒痞证，病机为中阳受损、胃寒伤中，治以旋覆代赭汤和桂枝人参汤；实热痞证病机为胃气壅滞、邪热内阻，其治疗不用辛寒、甘寒，而选择苦寒类药物，代表方为大黄黄连泻心汤、大柴胡汤；邪实正虚痞证，病机一为阳虚热痞，方用附子泻心汤，达到温经扶阳，苦寒泻痞的作用，一为气虚而寒热互结，其中对于胃虚寒热互结之痞，治疗用三泻心汤方，即半夏泻心汤、生姜泻心汤、甘草泻心汤。另外，还总结了《伤寒论》有形之病邪所致痞证的治疗：十枣汤、五苓散可治疗有形之水饮结聚为患者；大陷胸丸，大、小陷胸汤，可用于治疗痰热结胸、心下痞硬、按之疼痛；而瓜蒌散则针对胸有寒痰，胸阳被遏者，以涌吐法治之。王彦如[16]以3种方法治疗胃痞，皆取得一定疗效，其中辛开苦降法方用甘草泻心汤治疗，补中益气法以补中益气汤治疗，疏肝解郁法则以越鞠丸治之。李粉萍等[17]提出痞证的治疗主要以半夏泻心汤为主，临床可随症加减。如痞塞气滞重者加枳壳、厚朴、木香；肝气郁结，胸胁疼痛者加柴胡、白芍、郁金以柔肝理气止痛；湿盛不运，舌苔厚腻，口中粘腻者加藿香、佩兰、沉香、甘松以芳香化湿，醒脾和胃；呕多者加旋覆花、代赭石，或以生姜易干姜以和胃降逆止呕；食滞、干噫食臭者加神曲、鸡内金、山楂以消食和胃；胃脘隐痛者加蜈蚣、延胡索以通络止痛；痰结重者，重用半夏，加瓜蒌以除痰消痞散结；寒多者加桂枝、良姜，并酌情调整干姜与黄连之用量温中散寒；泄下重者加葛根、升麻、柴胡以升提止泻；反酸、胃中有烧灼感加海螵蛸、煅瓦楞以制酸止痛。张纾难[18]提出了痞满的中医治疗禁忌：邪热内陷证型，多以大黄黄连泻心汤为方，但在苦寒清胃泄热同时，要注意加入辛香之品，且苦寒之品不可过剂，以免伤及中阳。饮食停滞证型，多以保和丸为治，若有口干便秘，舌红苔黄腻时，应加制大黄、黄连苦寒清热；然见疲乏、便溏、舌淡胖等脾虚证时，应以枳实消痞丸论治，不能一味消导攻伐。痰湿内阻证型，一般以平胃散合二陈汤为治，但土病必致木郁，若合四逆散，则效果更好；若见口苦咽干、夜寐不实时，则属痰热为患，应改以黄连温胆汤为治；有嗳气不除、心下痞满者，当以旋覆代赭汤为治。肝郁气滞证型，应以四逆散合小陷胸汤为方，若有肝郁化火，证见口苦咽干、心烦易激，或有反酸者，可合用左金丸、锻瓦楞子等。中虚气滞证型，当以香砂六君子汤为方，若纳差、进食则痞满者，宜加入鸡内金、焦三仙以加强消导除痞作用。痞满重者，可加枳术丸以消虚痞。承伯钢等[19]治疗以痞满为主证的慢性胃炎从气血论治，以调气、化瘀、清热、益气为治则，临床观察能同时取得病证两治的疗效。王志军等[20]以补中益气汤合香砂六君子汤加减治疗以痞满症状为主的慢性胃炎，经服3～5剂后，10例患者上腹饱胀不舒的自觉症状开始减轻；服用30余剂后，饱胀不舒的症状基本消失。刘承德等[21]用加减半夏枳实厚朴汤治疗胃脘痞满38例，结果总有效率为91.8%。

五、结语

综上所述，对于痞证的病因病机和辨治的理论及相关临床研究，已经有深入的探索，为进一步开展实验研究本病证打下了坚实的理论基础。随着科学的进步和发展，中医学现代化的进程需要中医工作者，尤其是从事中医脾胃病研究的人员，在新的历史条件和环境因素下，紧密结合临床，不断探索和总结，从更深层次揭示痞证的本质，为丰富和完善痞证的辨证论治内容和提高痞证的临床疗效而努力工作。

参考文献

[1] 赵天才，杨景锋《. 伤寒论》与《金匮要略》中一词多义举要［J］. 辽宁中医杂志，2010，37（1）：73～75.

[2] 蒋森，蒋芳莉. 论伤寒柴胡证、发黄、痞证、结胸与急性肝炎［J］. 山西中医，1997，13（6）：1～3.

[3] 肖雪，朱同刚. 小议《伤寒论》中的痞字［J］. 长春中医药大学学报，2009，25（5）：798.

[4] 姜彤伟，金东明. 论痞［J］. 长春中医学院学报，2001，17（2）：4～5.

[5] 王德华，李幼勋.《伤寒论》痞证病因病机及其证治

评析［J］. 实用中医内科杂志，2003，17（1）：26~27.
［6］郭天禄，郭宇琪.《伤寒论》“痞证”浅识［J］. 成都中医药大学学报，2011，34（2）：7~9.
［7］杨兆林. 仲景治痞特色［J］. 河南中医，2009，29（12）：1511.
［8］王驰. 古代医籍对痞满的病因病机论述［J］. 浙江中医杂志，2009，44（9）：682.
［9］王如茂. 痞证及辨治浅议［J］. 辽宁中医药大学学报，2007，9（2）：21~22.
［10］孙露亚. 从《内经》《伤寒论》谈胃痞中医辨治规律［J］. 浙江中医药大学学报，2009，33（4）：465~466.
［11］常东. 中医古代文献“胃痞”病因证治考［J］. 辽宁中医学院学报，2005，7（4）：334~335.
［12］高欣铎. 心下痞在《伤寒论》中的辨证与治疗［J］. 河南中医，2003，23（3）：1~2.
［13］黄勤，刘少晶. 浅析辛开苦降法治痞［J］. 河南中医，2008，28（11）：15~17.
［14］陆喜荣，徐进康，吴坚芳，等. 泻心汤治痞证之我见［J］. 吉林中医药，2010，30（5）：455~456.
［15］朱绯.《伤寒论》痞证辨治规律探讨［J］. 上海中医药杂志，2005，39（7）：53~54.
［16］王彦如. 胃痞同病异治三则举隅［J］. 实用中医内科杂志，2003，17（6）：502.
［17］李粉萍，惠振亮. 痞证的分类及治疗探讨［J］. 陕西中医学院学报，2002，25（4）：3.
［18］张纾难. 中医临床禁忌系列讲座：痞满［EB/OL］.（2003-05-29）［2011-12-17］http://www.100md.com/html/Dir/2003/05/29/3479.htm.
［19］承伯钢，施红. 慢性胃炎从气血论治［J］. 新中医，2000，32（9）：6~7.
［20］王志军，戴明洪. 以痞满论治慢性胃炎10例［J］. 现代中西医结合杂志，2008，17（25）：3912.
［21］刘承德，李萍，童凤兰. 胃脘痞满38例临床疗效观察［J］. 中医药信息，2000，17（1）：33.

［《广西中医学院学报》2012，15（1）：81］

《伤寒论》脾约证浅论

聂 云 安徽中医学院
尚莉丽 安徽中医学院第一附属医院

“脾约”始见于仲景《伤寒论》阳明病篇，共2条。第179条：“问曰：病有太阳阳明，正阳阳明，少阳阳明，何谓也？答曰：太阳阳明者，脾约是也；正阳阳明者，胃家实是也；少阳阳明者，发汗利小便已，胃中燥烦实，大便难是也。”第247条：“趺阳脉浮而涩，浮则胃气强，涩则小便数，浮涩相搏，大便则硬，其脾为约，麻子仁丸主之。”前言病因病机，后谈脾约主证和治疗。

一、历代对脾约的认识

“其脾为约”显然以病机言证，故称脾约证，后世注家对“脾约”理解历有分歧，众说纷纭。

（一）胃强脾弱

代表医家成无己，其最先对“脾约”进行注释且对后世影响最大。他在《伤寒明理论》中说到：“趺阳者，脾胃之脉，浮脉为阳，知胃气强；涩脉为阴，知脾为约。约者，检约之约，又约束之约。《内经》曰：‘饮入于胃，游溢精气，上输于脾，脾气散精，上归于肺，通调水道，下输膀胱。水精四布，五经并行，’是脾为胃行其津液者也。今胃强脾弱，约束津液，不得四布。但输膀胱，致小便数，大便难。”

（二）燥热灼伤津液

以张锡驹为代表，其《伤寒论直解》论述：“约，穷约也。阳明之上，燥气治之，本太阳病不解。太阳之标热合阳明之燥热，并于太阴脾土之中，脾为孤脏而主津液，今两阳相灼，阴液消亡，不能灌溉，困守而穷约也，所谓太阳阳明者是也。”

（三）脾阴虚

如新安医家程应旄在《伤寒论后条辨》中说：“脾约者，脾阴外渗，无液以滋，脾家先自干槁，何能以余阴荫及脾胃？所以胃火盛而肠枯，大肠坚而粪粒小也。”

（四）胃强脾亦强

如喻嘉言《尚论篇》所说：“仲景说胃强，原未说脾弱，况其所谓胃强者，正是因脾之强而强。盖约者，省约也。脾气过强，将三五日胃中所受之谷，省约为一二弹丸而出，全是脾土过强，致令肠胃中之津液日渐干枯，所以大便为难也。设脾气弱，即当便泄矣，岂有反难之理乎？”且“脾弱即当补矣，何为麻子仁丸中反用大黄、枳实、厚朴乎？此脾土过燥，使肠胃津液枯槁，致中消便难。”[1]

综上述代表观点，各家皆同意脾约的病机之一是胃腑津亏，肠燥大便硬而难，而争论的重点在于脾脏是否强弱或者说虚实。简而言之，众说纷纭关于脾约的分歧焦点在于脾是实是虚。反观“脾约”一词来源，仲景《伤寒论》被后世誉为“方书之主”，以方论证，言简意赅。故研究脾约的病机不仅要研究其原文条辨，同时还要研究仲景对于脾约的主治方。

二、病机辨析

（一）脾约来源及主症分析

“太阳阳明者，脾约是也。”这条原文明确的告诉我们“脾约”就是太阳阳明。“阳明之为病，胃家实是也”，即阳明病的共同病机是“胃家实”。如果病人表现为发病即是阳明病，这种阳明病就是正阳阳明，即“胃家实”；如果病人表现为先有太阳病的过程，然后出现阳明病的表现，这种阳明病就是太阳阳明，也就是太阳与阳明的并病，即“脾约”[2]。再说脾约主症，“大便硬，小便数，腹无所苦”，“然二便者，水谷分行之道路，此通则彼塞，此塞则彼通，小便出少，则津液还停胃中，胃中津液足，则大便润，润则软滑，此其所以必出可知也。”[3]至此说明脾约病机只有胃实而未言及脾之虚实，说明脾之虚实不在仲景脾约的病机范畴。

（二）以方论证

1. “脾约”当为脾受困　“趺阳脉浮而涩，浮则胃气强，涩则小便数，浮涩相搏，大便则硬，其脾为约，麻子仁丸主之。”仲景之后，胃强脾弱、脾气虚、脾阴虚等对“脾约”的多种解释，大多由此条而来。现今大多数人把脾约理解为“脾弱不能为胃行津液”，然尚师认为此应理解为脾受津液匮乏之困扰而无法为胃行津液，即脾受约束、脾受困扰，而非“脾弱”。如嘉言云：“脾弱即当补矣，何为麻子仁丸中反用大黄、枳实、厚朴乎？仲景说胃强，原未说脾弱，设脾气弱即当便泄矣，岂有反难之理乎？相传谓脾弱不能约束胃中之水，何以反约束胃中之谷耶?”此言甚为中肯。《伤寒论》以脉代证说明“脾约”应为胃肠津液亏耗，脾受约束，运化失司。脾不能为胃行其津液，实为胃强所致，而非脾弱也，即脾受胃津液亏乏的限制，无法发挥其运化、输布津液的功能，导致肠道津亏，津液但输膀胱，故见便秘和尿频等临床表现。麻子仁丸方意在缓下，大便通则津液恢复，于是脾得以为胃行其津液，倘若“脾约”为“胃强脾弱”而设，麻子仁丸应“扶脾抑胃”，然则脾虚之人，怎能受小承气汤（下文论述）之攻下[4]。

2. 麻仁丸方证并非虚证　麻仁丸方主干是小承气汤，再合麻仁、杏仁、芍药、白蜜而成。小承气汤有泻下燥热之功，麻仁、杏仁有润燥之力，芍药有敛阴之效，白蜜有润燥滑肠之功，统属下剂范畴，适用于实证、热证、阳证大便硬者。再从方后的服法来看，说是“饮服十丸，日三服，渐加，以知为度”，可知对本方初始不得刚猛应用。虚证、阴证、寒证自非所宜，即使阴亏之便秘尚有攻下伤津之嫌，也不建议使用，所以丹溪说：“此方唯热甚察实者可用，热虽盛而虚者，愈至燥涸之苦矣。”凡此种种都支持本方方证应为阳明燥结轻证之实证，并非虚证，应属仲景承气类方。

病机辨析由上可知，仲景无论在脾约的病机、主症，还是脾约的主治方中皆只言“胃实”而未及脾，医者以治病为宗旨、以疗效为目的，三因制宜，随证变化，临床应用中应广义理解脾约证治，不拘泥于“胃强脾弱”“脾阴不足”或者“胃强脾亦强”等，方能扩大其主治范围、圆机活法，把握仲景用药的真正含义。

三、临床运用

经多年的经验总结，尚师认为脾约者，指脾之输布津液的功能为胃热所约束，脾不得为胃行其津液，津液不能下行肠道，肠道失润而传导失司，大便硬结而停留于肠中。脾之运化水津不能还于肠道而偏走水道，肠道失润而致大便硬结，小便频数。根据小儿脏腑娇嫩，脾常不足特点，加之多饮食喂养不当或者其他疾病影响脾胃正常的运化功能，致脾运失健，大肠传导乏力，糟粕留滞肠道，燥屎内结而便秘。长久则积而化热，所以选方麻子仁丸加减。麻子仁丸具有润肠泄热、行气通便的功能，方中火麻仁益脾胃之阴而润肠通便，苦杏仁肃肺润肠，白芍养血敛阴，大黄、枳实、厚朴三药合用以小承气汤之轻下热结而除胃肠之燥热。上药蜜而为丸，旨在缓缓润下以通便，开结泄热以复脾之运化功能。同时临床配伍推拿以导滞通便为原则，既可缩短病程，又无不良反应，小儿亦易接受。

四、验案举例

一男孩，2 岁半，2009 年 4 月 4 日初诊。患儿素患便秘，大便常 3～4d1 次，色褐，呈羊粪状，在外院检查大便常规正常，隐血（－），诊断为便秘，曾服四磨汤、双歧杆菌四联活菌好转，但药停便秘又同前。后长期使用开塞露通便，近 3d 未便，腹不适，胃纳差，口气臭，来我院就诊。察其面红气粗，烦躁哭闹，诊其脉滑数，舌红，苔黄厚腻，此乃燥热内结肠道，易致津液不足，肠道干涩，传导失常，大便干结，故用润肠泄热，行气通便之品，拟用麻子仁丸。方用火麻子仁 9g，枳实 6g，大黄 3g，炒白芍 9g，厚朴 6g，炒杏仁 6g，延胡索 6g，炙甘草 6g。颗粒剂，每日 1 剂，水冲 90ml，分 3 次服，共4剂。另每日配合小儿推拿，摩腹、逆揉龟尾、推下七节骨1次。

复诊：服药后，现无烦躁，大便日行1次，偏干，饮食一般，口臭减轻，小便微黄，舌红苔微黄，此腑气通，燥热之邪减，因其便秘已久，余热未尽，续用原方4剂。药后舌淡红苔白。诸症消失，大便每日一次，食欲可，随访半年未见复发。

按本案所系便秘，大便3～4d1次，面红气粗，烦躁哭闹，脉滑数，舌红苔黄厚腻，曾服四磨汤、双歧杆菌好转，但药后便秘同前，此谓燥热内结肠道，导致津液不足，肠道干涩，传导失常，此乃里实证，治当从里，燥者润之，留者功之，治疗以润肠泄热、行气通便之剂，故用麻子仁润肠通便；厚朴、枳实加强行气通便之功；枳实、大黄消导通便；更加杏仁开宣肺气，使上下气机通畅，大便顺利排出；白芍敛阴，使通下泄热而不伤正，热去便通而津液得以保存；配以延胡索疏肝理气，缓急止痛。并配合外推法。摩腹是根据现代医学解剖位置，从小儿盲肠部位开始沿升结肠、横结肠、降结肠、乙状结肠推动，使支配腹内器官的神经兴奋，胃肠蠕动明显加快，促使粪便下行，排出肛外；龟尾穴为肛门之锁，逆时针为开，推下七节骨有助便外出之用。此案仅用药8剂治愈，疗效显著。由此可知中医治疗小儿便秘重在分清虚实，小儿脏腑娇嫩，实则功润结合，勿独用攻伐之剂，外配推拿，助便外出。本案此治便秘之常法，宗润肠通便之旨，是谓辨证施治知常达变矣。

参考文献

[1] 郑雨，万幸．略论喻嘉言《尚论篇》的学术思想．福建中医药，2003，34（6），46.

[2] 肖相如．脾约不是麻子仁丸证．福建中医药，2009，29（11）：1044.

[3] 方有执．伤寒论条辨．北京：人民卫生出版社，1957. 84.

[4] 牛学恩，高稀言．《伤寒论》“脾约证”探析．中医杂志，1999，（6）：380.

［《中医药临床杂志》2012，24（9）：826］

《伤寒论》脉诊思路分析

尹绍峰

天津中医药大学附属武清中医院

《伤寒论》是一部阐述多种外感疾病辨证论治的专著，是我国第一部理、法、方、药比较完善，理论联系实际的重要医学著作。关于脉诊的原文共有146条，约占全文的1/3。宋本《伤寒论》中尚有“辨脉法”（34条）和“平脉法”（42条）两篇脉法的专论，可见张仲景对脉诊十分重视。再检阅《伤寒论》每篇的命题来看，又均以“辨某某病脉证并治”为篇名，说明其诊疾论病乃是以脉、证、治三者相结合的。由此可知《伤寒论》诊察疾病的方法是以“四诊合参”进行凭脉辨证，因证择方。这个有机联系的全过程自然地形成了一套完整的“辨证论治”理论体系。虽然《伤寒论》提到几种脉法，如趺阳诊脉法、少阴诊脉法等，但重点在寸口诊脉法。下面讨论脉诊限于寸口诊脉法。

《伤寒论》辨证的特点为以阴阳为总纲，而脉诊不当例外。张仲景的脉法以脉的部位分阴阳、以脉的深浅分阴阳等。《伤寒论》中脉象有很多用法，如推测病史、判定预后、定病位和病情，而有时代表症状或病机。如柯琴云：“六经虽各有表证，惟太阳主表，故表证表脉，独太阳得其全。如脉浮为在表，太阳象三阳，其脉浮而有力，与阳明之兼长大，少阳兼弦细，三阴之微浮者不体矣。”

一、《伤寒论》辨脉之总纲

我们知道其他中医经典的脉法是以脏腑或者病情当总纲。但是《伤寒论》的重点是阴阳[1]。大概与《伤寒论》对疾病的态度有关，因为六经辨证也以阴阳为总纲。脉之阴阳在《伤寒论》有几个彼此相应但不同的意义。

（一）以阴阳为脉象之总纲

《伤寒论》有阴证和阳证，有三阳病和三阴病，所以有阴脉与阳脉。张仲景用阳代表热、实、急；阴代表里、寒、虚等。如“辨脉法”第一条：“问曰：脉有阴阳，何谓也？答曰：凡脉大、浮、数、动、滑，此名阳也；脉沉、涩、弱、弦、微，此名阴也。凡阴病见阳脉者生，阳病见阴脉者死”。阳脉即是浮浅、过大、迅速、有余、流利等。阴脉反而是深沉、不足、过小、无力、滞涩不畅等。后续的条文举例：“问曰：脉有阳结阴结者，何以别之。答曰：其脉浮而数，能食不大便者，此为实，名曰阳结也，期十七日当剧。其脉沉而迟。不能食，身体重，大便反硬名曰阴结也，期十四日当剧。”这条用脉与证候彼此解释。脉有阳象（浮数），证候也有阳象（能食、大便秘结）就等于阳病。脉有阴象（沉迟），证候也有阴象（不能食、大便反硬）就等于阴病。张仲景是写“脉有阳结阴结者”不是“病有……”，说明在《伤寒论》脉象有时代表证或者病机。故阳脉多为阳证、实证，阴脉多为阴证、虚证。

（二）以脉的部位分阴阳

“伤寒，阳脉涩，阴脉弦，法当腹中急痛，先与小建中汤，不差者，小柴胡汤主之。”此处“阳脉”指寸，“阴脉”指尺，可从《脉经·分别三关境界脉候所主第三》中找到答案：“从鱼际至高骨，却行一寸，其中名曰寸口。从寸至尺，名曰尺泽，故曰尺寸。寸后尺前名曰关，阳出阴入，以关为界。阳出三分，阴入三分，故曰三阴三阳。阳生于尺动与寸，阴生于寸动于尺。寸主射上焦，出头及皮毛竟手。关主射中焦，腹及腰。尺主射下焦，少腹至足。”再有《脉经·辨尺寸阴阳荣卫度数第四》篇又解：“脉有尺寸，何谓也？然，尺寸者，脉之大要也。从关至尺是尺内，阴之所治也。从关至鱼际是寸内，阳之所治也。故分寸为尺，分尺为寸。故阴得尺内一寸，阳得寸内九分，尺寸终始一寸九分，故曰尺寸也。”“阴脉弦，法当腹中急痛”，是因为尺主下焦，弦为气机不利之象，故从脉知证，必腹急痛，以应邪结在里。王叔和说：“尺脉弦，小腹疼，小腹及脚中拘急。宜服建中汤、当归汤，针气海，泻之。”阳寸阴尺，张仲景脉法中的阴阳脉法指谓皆当以此类解。

二、《伤寒论》以脉象言病机

凭脉言病机是指借脉象阐释疾病发生发展变化的机理，这是《伤寒论》一书中脉学的主要特点。无论是内因，还是外因或不内外因，造成机体损害时，皆可致脏腑功能紊乱。机体表现为邪正斗争、阴阳消长、升降失常等全身的病理反应，必然会反应到脉象的变化。《伤寒论》讲脉的条文虽多，其中一部分是通过论脉以解释病机[2]。《伤寒论》中凭脉言病机的条文共68条，如“太阳中风，阳浮而阴弱，阳浮者，热自发，阴弱者，汗自出，啬啬恶寒，淅淅恶风，翕翕

发热，鼻鸣干呕者，桂枝汤主之”（12）。阳浮（脉浮）为外邪犯表，卫阳浮盛，抗邪于外；阴弱（脉缓）为卫外不固，营不内守，营对浮盛之卫而言相对不足，可称营弱。病机为营卫不和。

三、《伤寒论》以脉象推测病史

“伤寒十三日，过经，谵语者，以有热也，当以汤下之。若小便利者，大便当硬，而反下利，脉调和者，知医以丸药下之，非其治也。若自下利者，脉当微厥，今反和者，此为内实也，调胃承气汤主之”（105）。

伤寒13天以《伤寒论》来讲已经过太阳经。病人发热、谵语时应该同时有小便利大便硬，而用攻下的汤药泻内热。反大便溏有3个理由：①患者已经经过攻下药而使脾胃受伤，所以便溏。如此脉应该微弱；②医生误用力量不够的丸药而内实还在；③丸药留中所以有较长期的作用。如此脉象是相合腑实而沉实。这条文是张仲景用脉测知以前疾病的过程。

四、《伤寒论》以脉象判定预后

如“少阴病，脉微细沉，但欲卧，汗出不烦，自欲吐，至五六日自利，复烦躁不得卧寐者死”（300）。此条脉是比少阴典型脉增加沉象，并且有典型的少阴证，“但欲卧”，但未接受治少阴病的治法。几天后阴寒加剧，自利，而阳欲脱于上，所以烦躁而不能够睡觉，阳亡而死。“太阳病，得之八九日，如疟状，发热恶寒，热多寒少，其人不呕，清便欲自可，一日二三度发。脉微缓者，为欲愈也；脉微而恶寒者，此阴阳俱虚，不可更发汗，复下，复吐也；面色反有热色者，未欲解也，以其不能得小汗出，身必痒，宜桂枝麻黄各半汤”（23）。这一条描述像疟疾的证候，但知道不在少阳，因不呕，也不在阳明，因大小便正常，所以还在太阳经。在此脉象甚重要。太阳病应该有浮紧脉，若变稍微缓而不紧说明邪气已解：如果脉变微而恶寒表示邪虽去但阴阳都虚所以不应该用较强烈的治法。

“少阴病，脉紧，至七八日自下利，脉暴微，手足反温，脉紧反去者，为欲解也，虽烦下利，必自愈”（287）。在《伤寒论》有时脉从实变虚是欲愈之兆。譬如在此条少阴病脉紧为内寒盛。脉突然变微但手足还是温暖乃是邪去正复现象。

“发汗多，若重发汗者，亡其阳。谵语脉短者死。脉自和者不死”（211）。发汗多常阳气随汗外泄；若再发汗则会大汗亡阳。在此谵语脉短俱为因心神无所主而死。如果脉调和，说明心阳未竭，则病人不死。

“少阴病，脉微细沉，但欲卧，汗出不烦，自欲吐，至五六日自利，复烦躁不得卧寐者死（300）”。此条脉是比少阴典型脉增加沉象，并且有典型的少阴证，“但欲卧”，但未接受少阴病的治法。过了几天阴寒加剧，自利，而阳欲脱于上，所以烦躁而不能睡觉，阳亡而死。

五、《伤寒论》以脉象定病位和病情

《伤寒论》中脉象也会当作指导治病的决定因素，如：“太阳病，先发汗不解而复下之，脉浮者

不愈。浮为在外而反下之，故令不愈。今脉浮故在外，当须解外则愈，宜桂枝汤”（45）。

太阳病应该发汗，若发汗而病仍不解有很多原因：汗不如法、汗出不彻、病重药轻等。如果发汗不解而立刻改用下法是误治。在此条“脉浮”是代表病邪还在体表所以应该还用解表剂，如桂枝汤。

“太阴为病，脉弱者，其人续自便利，设当行大黄芍药者，宜减之，以其人胃气弱，易动故也”(280)。在此条张仲景用脉象描述病人的体质和变更药方。太阴病人若脉弱则中气不足会经常便溏或泻。如果其人兼有积滞，应该用大黄、芍药等药，但应该减少用药份量。

脉的部位和病位常有密切的关系。脉与三焦部位有关系。如“心下痞，按之濡，其脉关上浮者，大黄黄连泻心汤主之”（154）。关部主中焦，浮是阳脉，但没有燥屎的热结那么充实。在此条心下按起来柔软，所以脉象同样为关上浮脉。为中焦有无形之热的现象。

六、《伤寒论》脉、证、方的关系

《伤寒论》的一个特点是脉象与证候、治疗方法有密切的关系。每篇标有“辨某某病脉证并治”，说明张仲景是把这三方面都结合在一起。张仲景谈脉偏重临床，《伤寒论》里大多数关于汤证的条文着重脉象。“太阳中风，阳浮而阴弱，阳浮者热自发，阴弱者汗自出，啬啬恶寒，淅淅恶风，翕翕发热，鼻鸣干呕者，桂枝汤主之”（12）。在这条，脉象的阳浮与阴弱代表营卫不调的病机，也描述本证的发病过程。有时张仲景用脉象描写病机并根据这个病机处方。

“脉浮而迟，表热里寒，下利清谷者，四逆汤主之”(225)。这是真寒假热的现象。脉浮在此条是因为里寒盛而虚阳浮于体表。迟脉反映内寒。温里法才能够使浮阳回归于里。但是《伤寒论》脉与证都是疾病反映于外的客观征象，即所谓“病生于内，则脉色必见于外”。而两者在一般情况下，又是相适应的，也就是“有是证，即有是脉”。当然疾病的发生是错综复杂的，临床上切不可一概以脉象来确定疾病，尚应脉证合参，辨证而定[1]。譬如：“太阳病三日，已发汗，若吐，若下，若温针，仍不解者，此为坏病，桂枝不中与之也。观其脉证，知犯何逆，随证治之”（16）。张仲景确切地说“观其脉证”才可以知道怎样继续治疗。因此，仅按照脉象是不够用的，需脉、证方面对疾病做出诊断，最后落实到主治之方，即凭脉知证，见脉知病，通过脉证合参，实现方证对应。

脉诊作为《伤寒论》的一个有力地说理工具，可以更好地理解原文的含义，理解张仲景言脉的目的，为更好地学习《伤寒论》提供一条途径。通过以上几个方面的探讨，希望能对《伤寒论》中有关脉诊的资料作一个整理、归纳、总结，并由此找到一些规律。这对于系统地继承和掌握张仲景的脉学思想，指导临床应用，进一步深化对张仲景脉学理论的认识，更加全面地评价张仲景的历史功绩都有着十分重要的意义。

参考文献

[1] 闫妍．《伤寒论》脉症合参的辨证思维［J］．时珍国医国药，2007，18（9）：231～232.

[2] 刘冠军．脉诊［M］．上海：上海科学技术出版社，1979：4.

［《中医杂志》2012，53（11）：909］

《伤寒论》六经发热特点浅释

许　华　张雪丽
广州中医药大学第一附属医院儿科
张　静　广州市黄埔区中医院

发热是多种疾病的常见临床表现，而发热特点却因疾病、疾病发展的时期或个体差异而各不相同。病因和诊断明确是控制发热和改善疾病整体预后的必要条件，然实际临床中存在大量查因不明的“发热待查”[1]病例，给诊断与治疗带来困难。中医认为小儿体属纯阳，热病最多。如何采取更多样有效的干预措施治疗热性疾病，是临床医师面临的关键问题。《伤寒论》继承并发展了《内经》《难经》等经典著作中的医学基础理论，在《素问·热论》六经分证理论的启发下，首次全面论述外感热病及其诊治规律，创造性地把外感疾病错综复杂的证候，及其演变的规律加以总结，形成较为完整的六经辨证体系[2]；高度概括了外感热病纷繁复杂的临床病证，长期以来有效指导着历代医家的临床实践。

一、《伤寒论》六经及六经辨证体系

六经理论渊源于《黄帝内经》，《素问·热论》将外感热病临床症状的部位分布同六经循行路线联系起来，提出了外感热病发病后依太阳、阳明、少阳、太阴、少阴、厥阴顺序依次相传的规律。而仲景《伤寒论》的六经范畴则是在借鉴了其六经相传的思路基础上发展而来，包含了六经所属经络及其脏腑的生理功能，有着双重内涵。发热作为外感热病的主要症状，在《伤寒论》的六经疾病过程中因病位、病时之不同而各有特点。《伤寒论》具有深厚的理论基础，丰富的临床实践，详尽的症状描述对比，精准的临床辨证施治，被后人广泛用于外感热病的诊治中。

二、发热的六经辨证

（一）太阳经发热

太阳者，巨阳，统摄营卫，主一身之表，为人体之藩篱，外邪侵犯，太阳首当其冲。太阳病均自外感，发热为表热，多兼表证。《伤寒论》太阳病提纲言："太阳之为病，脉浮，头项强痛而恶寒。"虽未提及发热，应为省文法。第2条"太阳病，发热，汗出，恶风，脉缓者，名为中风。"第3条"太阳病，或已发热，或未发热，必恶寒，体痛，呕逆，脉阴阳俱紧者，名为伤寒。"前者为太阳中风证，后者为太阳伤寒证。中风者，营阴内弱，腠理舒张，发热汗出，伴见恶风或恶寒，宜桂枝汤。伤寒者，腠理致密，营卫气足，风寒之邪袭表，卫阳被遏，不得伸展，则恶寒，正邪交争，所以必见发热；而发热或未发热，必有恶寒，治宜麻黄汤。太阳经两大证型的发热特点为与恶寒并见，前人言："有一分恶寒，即有一分表证"，治以解表。而23条、25条太阳病发热恶寒如疟状，为太阳病表邪未解，邪郁肌表之症，治疗仍需发汗，选方桂枝二麻黄一汤，用药仍不出桂枝麻黄之外。太阳经发热临床最为多见，结合其他外感症状不难鉴别。

（二）阳明经发热

阳明者，胃与大肠也，其病多由它经传入和阳明自病。182条"阳明病外证云何？答曰：身热，汗自出，不恶寒，反恶热也。"可见发热为阳明经病的常症、主症，性质为里实热证。总病机为"胃家实"。阳明初病，充盛之气血运行受阻，愤而发热，病在气分，治宜清解；气机受阻日久影响推陈出新，饮食糟粕停滞，发为积热，治宜通腑。前者多称经证，后者多言腑证，腑证多由经证发展而来。

1. 阳明经证　185条"发热无汗，呕不能食，反汗出濈濈然"，188条"伤寒转系阳明者，其人濈然微汗出也。"阳明发热，微汗连绵不绝。其发热汗出为炽盛之邪实内郁，破鬼窍而出，是邪气自寻出路，机体自我调节的正常反应。治宜清解里热兼以益气生津。然汗出连绵不绝，携热外出，可致热势不高；汗出久则伤阳损阴，而见口渴，恶寒等症。如168条"表里俱热，时时恶风，大渴"，169条"无大热，口燥渴，心烦，背微恶寒者"，类似太阳经证，需注意与太阳表证相鉴别。太阳病必见表证，发热汗出而愈，阳明病则不见表证，且汗出连绵不止。

2. 阳明腑证　248条"太阳病三日，发汗不解，蒸蒸发热者，属胃也，调味承气汤主之"，213条"其人多汗……大便必硬，硬则谵语，小承气汤主之"，215条"阳明病，谵语有潮热，反不能食者，胃中必有燥屎五六枚也，……宜大承气汤下之。"肠腑实热燥结的程度由调胃承气汤、小承气汤到大承气汤依次增重。蒸蒸发热指热从内达外，热出急迫，较之阳明气分发热明显加重。小承气汤发热似潮汐，按时而致，虽未提及热的程度，但有多汗，大便必硬，谵语，可见伤津更重，肠腑实结已成，甚或热浊上攻，扰动心神。大承气汤直言七八日不大便，腹满痛，必有燥屎五六枚。而调胃承气汤虽蒸蒸发热，但并未明确提及便干，便秘，便难等，只言"腹满而喘……身重。"刘渡舟在《伤寒论全解．阳明篇》[3]中说："调胃承气汤治燥热在胃"可见肠腑之实结尚未形成，只是胃肠积热，气机不畅。

阳明经热乃大热，实热，伴自汗出，邪热由轻到重，由经到腑，并一步步形成燥屎内结，腹痛，谵语，不能食等。208条"其热不潮，未可与承气汤。"明言阳明腑证的热型必是潮热。病初发热与太阳病可借汗出不解而甄别。

（三）少阳病发热

少阳者，一阳也，居于阴阳表里之间，转枢内外。少阳为病或自经受邪，或太阳传入，或为三阴病转出。少阳病提纲："口苦，咽干，目眩也。"虽历来惹人争议，但亦可对少阳病症状特点窥见一斑。口苦为少阳胆腑郁热上蒸，而眼目则为少阳经脉起始之处，说明少阳病的临床症状经、腑证均为常见。少阳治疗最易和法，代表方剂为小柴胡汤。96条"伤寒五六日，往来寒热，胸胁苦满，……小柴胡汤主之。"101条"有柴胡证，但见一证便是，不必悉具。"266条"太阳病不解，转入少阳者，……往来寒热……。"少阳发热的特点为往来寒热，且伴见症状多样，无一定之规，这与少阳经本身的生理特点有关。人体六经以阴阳相分，由阳到阴，少阳经阳气最弱，处于阴阳过渡阶段，成为由阳入阴，由阴出阳的必经之路。少阳受邪，其正气与邪相争，时正气强而出于阳，正盛则发热；时正气弱而入于阴，邪盛则恶寒；邪正相争，互有胜负，寒热交替，休作有时。其伴随症状或为少阳气盛，胆热舒张之胸胁苦满、心烦喜呕等。除此尚有264条“少阳中风，两耳无所闻，目赤，胸中满而烦者”，265条“伤寒，脉弦细，头痛发热者，属少阳。”三阳经均有头痛发热，头痛连项背，发热恶寒，脉浮，则在太阳之表，汗解；头痛前额，发热脉大，阳明，清下；头痛居两侧，发热而脉弦病在少阳，和解。少阳发热的特点为寒热往来，多伴见少阳经腑证候。

（四）三阴经发热

外邪侵袭人体，病性会因体质不同而转化，六经病亦如此。邪入于阳，合阳经多气多血的特性，多从热化；邪入于阴，合阴经特性多从寒化。因此三阳经多见热病，而三阴经多见寒病。269条“伤寒六七日，无大热，其人烦躁者，此为阳去入阴故也。”可见阴经即使有热也热势不高。

1. 太阴经　太阴为阴中之至阴，属湿土，多为寒湿之证，但寒无热；倘若太阴有温热之象则为疾病向愈的表现，如187条“伤寒脉浮而缓，手足自温者，系在太阴。”此为太阴阳气来复，脾主四肢，散布阳气于四末。

2. 少阴经　少阴病提纲证：“脉微细，但欲寐也。”一派内敛之象。301条“少阴病，始得之，反发热”，说明少阴病正常无发热现象，发热则无外3种情况：（1）阴寒极盛，虚阳外越：如317条“少阴病，下利清谷，里寒外热，手足厥逆，……通脉四逆汤主之。”（2）脏病转腑：如293条“少阴病，八九日，一身手足尽热者，以热在膀胱，必便血也。”（3）阳气来复，阴寒渐退，疾病向愈：如287条“少阴病，……手足反温，……必自愈。”288条“少阴病，……手足温者，可治。”292条“少阴病，吐利，手足不逆冷，反发热者，不死。”以上3条和317条可鉴别少阴发热的真寒假热及疾病向愈证，前者手足逆冷，后者手足温。无论少阴病其他症状如何，但手足温，便可救。少阴病热证为阴虚内热，无条文记载，可兼见发热症状。

3. 厥阴经　厥阴为六经中最后一经，同少阳类似，具有阴尽阳生，极而复返的特性。故临床发病多易寒易热，然无论其寒证热证均无发热，只有当正邪较量，疾病欲有转归之时方见。335条“伤寒一二日至四五日厥者，必发热，前热者，后必厥，厥深者，热亦深。”331条“伤寒先厥，后发热而利者，必自止”，336条“厥五日，热亦五日，……不厥者自愈。”341条“厥少热多者，其病当愈。”342条“寒多热少，阳气退，故为进也。”可见发热和寒厥相继出现为其特点，热、厥相当或热多厥少疾病向愈；热少厥多，则病进。

三、讨论

发热是儿科临床最常见的证候表现之一。中医认为发热是正邪交争的结果。现代医学认为一定程度的发热可以调动机体免疫系统，增强体质，清除病原体，促进疾病的痊愈。但小儿为稚阴稚阳之体，具有“肺脾肾常不足，心肝常有余”“易寒易热”的生理病理特点，外邪侵袭或内伤杂病都可表现为发热，且易出现高热惊厥、抽搐等心惊和肝风病症；更因正不胜邪或大热后耗伤气阴、阴阳双损，形成虚证，重证，甚至危及生命。对于小儿发热，可根据外感六淫、内伤不同病因进行辨证治疗。

太阳经发热多在疾病初期，与恶寒并见，热势高低不定，伴见鼻塞、流涕、头痛等外感症状，治宜解表，儿科常见病初期大多可依此辨证。阳明经发热多在病程的中后期，潮热汗出，伤津则烦热，口渴；热势汗出不解，发展为阳明腑实内结，腹满，腹痛，屎硬，肠腑不通，肺气肃降失常而致咳喘等，治宜清解气分实热或通腑泻热。少阳为阴阳转枢之经，病于半表半里之位，多处于病程中期，往来寒热为其特点，恶寒与发热交替出现，可伴见口苦、咽干、目眩等胆经和胆腑证候。少阳病多兼夹太阳表证和（或）阳明腑实，称“三阳合病”“太阳阳明合病”“少阳阳明合病”，治疗上应注意解表、和中和泻下的先后次序与侧重点。太阴阴中之至阴，纯寒无热；少阴为阴阳水火之脏，病可从热化，为阴虚内热之证。《伤寒论》虽未提及此二经发热，但结合临床实际，太阴可有气虚发热证，其热不甚，时发时止，手心热于手背等；少阴可有五心烦热，口渴喜冷饮、脉细数等阴虚内热；多见于内伤或外感热病后期。厥阴病为六经病的最后阶段，热厥和寒厥相继出现，互相转变。有人认为“厥”实际上是现代医学多种感染性疾病的急性发热发展至最后阶段，出现感染性休克而致微循环障碍的一种表现[4]。高排低阻型休克即暖休克，低排高阻型休克即冷休克，与厥阴病的热厥和寒厥极为类似[5]。热厥向寒厥转化过程中往往出现寒热错杂的复杂情况，辨证要慎重，治疗当遵循仲景“观其脉证，知犯何逆，随证治之”的原则。

《伤寒论》的某些发热描述，与现代医学的热型有相似之处，如：不规则热与太阳病发热，间歇热与往来寒热，双峰热与热多寒少、日再发，弛张热与潮热，稽留热与蒸蒸发热等[6]。现代医学的不同热型多有温度限制，但《伤寒论》的发热并无量化描述，而以个体主观感觉为基础，更多的是对疾病整体情况的评估。运用中医辩证思维诊断病证，应准确认识六经病的各自发热特点，伴见症状，整体思考，而不能简单套用现代医学的某些检查或测量结果。清朝伤寒名家何秀山曾言："病变无常，无出六经之外，《伤寒论》之六经，乃百病之六经，非伤寒所独也。"深入认识《伤寒论》的六经辨证体系，不仅可以指导发热的诊治，同时对临床各科疾病亦有裨益。

参考文献

[1] 胡亚美，江载芳．诸福棠实用儿科学［M］．第7版．北京：人民卫生出版社，2002：253.

[2] 李云．《伤寒论》之六经辨证浅议［J］．甘肃中医，2008，21（4）：3.

[3] 刘渡舟，傅士恒．伤寒论诠解［M］．天津：天津科学技术出版社，1983.

[4] 齐静．厥阴病理论对急性热病的指导意义［J］．北京中医，2001，20（5）：8～9.

[5] 时振声．时门医述［M］．北京：中国医药科技出版社，1996：119～141.

[6] 陈官培．《伤寒论》发热特点及病机分析［J］．甘肃中医，2001，14（6）：1～3.

［《中国中西医结合儿科学》2012，4（1）：13］

《伤寒论》临证护理刍议

张秀芬　马　斌　乌鲁木齐市中医医院

《伤寒杂病论》一书是张仲景经多年临证实践经验的基础上总结而来，其中贯穿了丰富的中医护理学思想，即使在当前中医医院的病房护理中仍有一定裨益，今粗辑其相关论述浅析于此。

一、注重临床观察

辨证论治是中医学的灵魂，证是疾病在其发展、变化过程中某一阶段的病理概括。病房护理人员比较密切的接触病人起居和生活等内容，可以掌握并提供很多有用的辨证资料，为医生制定合理有效的治疗方法大有裨益。张仲景十分注重对复杂、危重病人以及药后的反应观察。如："阳明病，法多汗……其身如虫行状者，此以久虚故也"。"阳明病口燥，但欲漱水，不欲咽者，此必衄""少阴病……手足自温，脉紧反去者，为欲解也"。又如诸多可下、可不下，可汗、可不汗等等，均是张仲景在临证中所注重的，其虽未言护理，但护理俱在其中。由奔豚气病脉篇中可知奔豚、吐脓等病皆从惊恐得之；在痉湿暍篇中用麻杏苡甘后有微汗，当避风，表明仲景注重发病中多方面的病因防护。

二、饮食运用精当

张仲景突出饮食调护，不损正气以达预期疗效，并防止疾病转复。在防护正气方面体现为桃花汤中煮米令熟；十枣汤用法为大枣煮水服药，得快下后又以糜粥自养；小建中汤入饴糖；硝石矾石散中以大麦粥汁送服；大陷胸丸以白蜜二合水二升煮取一升；桂枝汤药后啜热稀粥一升；疟病篇中"风发也，以饮食消息止之"等。以上用饮食或扶已虚之病体，或防峻烈之药邪，但总以顾护正气为大要。

在中医发病学中食复是很重要的一方面。仲景于此别有论述。乌梅丸用法中"先食饮服十丸……禁生冷、滑物、臭恶等物"；妇人产后篇中"不食，食则谵语"；痉湿暍篇中"此为久伤取冷所致也"等，均提示对患病初愈病人的饮食护理宜温热、清淡、容易消化的食物。否则可能使未愈者转剧，几愈者转复。

三、护理体现治疗

护理为治疗服务的同时，也是中医临床中具体施治的重要组成部分。仲景在其临证中均有体现。如"苦参汤外洗"；"雄黄烧熏患处"；头风摩散的使用；"病在头中寒湿，故鼻塞，纳药鼻中愈"等，护理人员都可易行施用。

在桂枝汤和大青龙汤的将息法中处处由护理体现着治疗，二者密不可分。如桂枝汤发汗要令汗出遍身手足俱周，但取微汗，如此风邪得去，不可大汗，并忌不易消化的食物。又如大青龙汤一服汗者，止后服。若服后汗出多者，易伤阴阳二气恐生脱证，以"温粉扑之"表明仲景细致周全的护理方法。还有越婢加术汤的"重复汗出"；防己黄芪汤的"后坐被上，又以一被绕腰以下，温令微汗，差。"可见如果不注意以上护理内容，疾病非但不能速愈，甚则会出现其他变证。

对于肠燥津亏的便结，仲景独有慧心，具体描述以蜜煎导法或土瓜根方或猪胆汁方以通导大便。这一方法可谓世界最早有文字记载的灌肠方法，即使在今天仍具有使用安全、疗效持久的优点，曾有文献报道蜜煎导法疗效优于开塞露。

四、小结

仲景护理思想总以扶正祛邪，服务治疗为目的，考虑周到细密，已经具备了中医护理学雏形，需要在具体工作中加以应用和总结。祖国医学文献关于中医护理学内容十分丰富，值得探究发掘，以适应“以病人为中心，以提高医疗服务质量为宗旨”的新的卫生工作要求，同时也突出中医医院的病房护理特色和优势。

[《新疆中医药》2012，30（6）：73]

《伤寒论》临床辨治思路探略

李赛美　广州中医药大学

经过望闻问切之后，临床落脚点关键在识证、立法、选方、用药，即理法方药，辨证论治，简称为“辨治”，其运用过程是一项系统工程。笔者立足于《伤寒论》，并结合临床与教学所得，将辨治过程归纳为辨证、论治、预测、调护4个阶段；提出从宏观“博与约、远与近”把握临证思路，现分述如下。

一、辨证由博而约

从收集资料、寻找特征、逐一鉴别，到确立病位、病机、病性，是一个由博而约、由宽泛逐步收窄的思路过程。

（一）归纳特征

归纳，即指对纷繁复杂的事物进行理性抽提概括的过程。此为四诊后，辨证过程启动的第一步。验之于当今临床，复杂病证比比皆是，甚至有患者从头到足，从里至外无一安好之处。唯恐遗漏，就诊时还带上几页文字材料来补充。可谓错综复杂，不知所云。如何抓住头绪，这就是对临证者归纳能力的考验。或是从主诉入手，或是从病证特征切入，每能抓到要领。

《伤寒论》大量运用了此方法。如六经辨证提纲证，为六经病诊断标准，仲景通过反复临床观察，自觉或不自觉地运用了循证医学模式，是对病证核心与要领进行反复提炼与概括的结果。如太阳病“脉浮，头项强痛而恶寒”，阳明病“胃家实是也”，少阳病“口苦，咽干，目眩也”等等，或从主要临床症状，或从病机特点，或从病证特征入手进行归纳与表述。在《伤寒论》中，方证运用表述有“主之”“宜”“可与”，语气由肯定到斟酌，也是一种方、证、效关系的归纳。

《伤寒论》除了方证，还有一些纲领性条文，如辨阴阳以寒热为要，原文第7条：“病有发热恶寒者，发于阳也；无热恶寒者，发于阴也。”论厥之病机，第337条言：“凡厥者，阴阳气不相顺接，便为厥。”无一不是从大量临床实践中归纳出来的要点、关键，具有重要的临床指导价值。

（二）鉴别类症

同病异治，异病同治是辨证论治的具体体现，其关键点在于透过现象，捕捉“蛛丝马迹”，进而抓住疾病病机本质与核心。此为辨证第二步。

《伤寒论》中有大量鉴别示范。如原文第14条：“太阳病，项背强几几，反汗出恶风者，桂枝加葛根汤主之。”原文第31条：“太阳病，项背强几几，无汗恶风者，葛根汤主之。”两证同有项背强几几，均为营卫不和，经脉失养所致；但一为汗出，一为无汗，腠理开闭有别，病机虚实之异彰然。

其论“胸满”，原文第21条：“……脉促胸满者，桂枝去芍药汤主之。”第22条：“若微寒者，桂枝去芍药加附子汤主之。”第36条：“太阳与阳明合病，喘而胸满者，宜麻黄汤。”还有小柴胡汤证之“胸胁苦满”，柴胡桂枝干姜汤证之“胸胁满微结”，柴胡加龙骨牡蛎汤证之“胸满烦惊”，热入血室之“胸胁下满”。同是“胸满”，病位有心、肺、少阳胆经之别，病机有心阳不足，太阳邪气内陷，或肺气不利，或少阳经气受阻之异。贵在佐症不同，必有可鉴别之所。

关于麻杏甘石汤证，原文第63条：“发汗后，不可更行桂枝汤，汗出而喘，无大热者，可与麻黄杏仁甘草石膏汤。”其病证特点是“汗出而喘”。究其病机，有太阳病桂枝加厚朴杏子汤证，阳明病白虎汤证、承气汤证、葛根芩连汤证，但原文否定句前置，已排除了太阳病桂枝汤证系列；无大热，排除了阳明病系列；由于是“汗出而喘”，排除了伤寒表实之麻黄汤证与小青龙汤证之喘；故定位为邪热壅肺证。所谓同中求异，善用排除法，非对临床辨证有素，对病位病机把握分寸入微者难以至此。

原文第25条：“服桂枝汤，大汗出，脉洪大者，与桂枝汤如前法。”第26条：“服桂枝汤，大汗出后，大烦渴不解，脉洪大者，白虎加人参汤主之。”尽管脉症相似，但一用桂枝汤解表，一用白虎加人参汤清热益气生津，关键点是“大烦渴不解”，为热盛津伤，此为阳明病辨证眼目。

（三）探究本源

探究力，即透过现象看本质，善于寻找疾病的病位、病性、病机，也是洞察力表现，此为辨证第三步。

《伤寒论》原文第11条：“病人身大热，反欲得衣者，热在皮肤，寒在骨髓也；身大寒，反不欲近衣者，寒在皮肤，热在骨髓也。”此以患者喜恶来判断寒热之真假。

原文第75条：“未持脉时，病人手叉自冒心，师因教试令咳，而不咳者，此必两耳聋无闻也。所以然者，以重发汗，虚故如此。”“手叉自冒心”的表现反映出由于发汗太过，损伤心阳，心寄窍于耳，心虚故耳无闻。此为从证候推其病位、病机所在。

少阴病篇第282条：“少阴病，欲吐不吐，心烦，但欲寐。五六日自利而渴者，属少阴也。虚故引水自救。若小便色白者，少阴病形悉具。小便色白者，以下焦虚有寒，不能制水，故令色白也。”又“自利不渴者，属太阴”。故本条所述病证病位在少阴，证属虚证，而少阴虚衰有寒化、热化之别。进一步探究，根据小便色白，辨为虚寒证，至此辨证确立。

又324条：“少阴病，饮食入口则吐，心中温温欲吐，复不能吐。始得之，手足寒，脉弦迟者，此胸中实，不可下也，当吐之。若膈上有寒饮，干呕者，不可吐也，当温之，宜四逆汤。”前者之吐烦，脉必弦迟有力，无但欲寐，为胸中痰湿阻滞所致；后者之吐烦，定有但欲寐，且脉微细，为少阴病阳虚寒饮内生所致，一实一虚，一攻一补。尤其少阴病寒饮之吐，病证表现在上，而病位病根在下，故宜四逆汤温肾阳，治其下。这是从整体观探究病机的结果。

还有阴盛格阳证、阴盛戴阳证、以及“除中”，均是在病情较危重时出现的一种真寒假热、真虚假实，临床尤当辨识清楚，否则“一逆尚引日，再逆促命期”。第281条：“少阴之为病，脉微细，但欲寐也。”临床要善于见微知著，把握时机，方能立于不败之地。原文第323条：“少阴病，脉沉者，急温之，宜四逆汤。”非一定洞察力，莫能至此境地。

二、论治由约而博

由于古今时空差异，人的体质、疾病谱、自然与社会环境均有改变，临床典型方证再现不在多数。对于复杂病证，要善用中医复方之组合并变通。从《伤寒论》之“活”，到临床经典之“和”，再到中西医之“合”，拓展思路，古为今用，体现了由约而博的思路进程，也是当今中医立法处方思考的真实写照。

（一）活用伤寒

随着时空的移行，任何学问均显露出一定局限性。不变是相对的，变是永恒的。善于变通运用仲景学说，与时俱进，从病机或从治法切入，经方可运用于现代西医多种疑难疾病的治疗。此乃论治之第一步。

《伤寒论》的精髓在于“辨”“变”“活”三字。我们学《伤寒论》，若将其方证作为案例来研读，视其为仲景临证模式与思路的示范，并循其思路轨迹进行演绎与拓展，将是临床有效的学习方法。

从《伤寒论》看到了临床论治的4种模式：一是方证对应，如“某某方主之”，证、治、效高度吻合；二是主方加减，如小青龙汤、小柴胡汤、四逆散、通脉四逆汤、理中丸、真武汤、枳实栀子豉汤，均体现了主症不变，随症加减之思路；三是合方运用，如桂枝麻黄各半汤、桂枝二麻黄一汤、桂枝二越婢一汤、柴胡桂枝汤等；四是“方元”衍化，如由桂枝甘草汤、桂枝甘草龙骨牡蛎汤到桂枝去芍药加蜀漆牡蛎龙骨救逆汤，均在温补心阳之桂枝甘草汤基础上，随着心悸、烦躁、惊狂之症情演变，方药随之调整，以更加贴近病机，方证对应，临床也显示出一定规律性。

在治法方面，对于阴阳两虚证，仲景有3种处理思路：一是扶阳以固阴，如桂枝加附子汤治疗阳虚漏汗证；二是先扶阳，后养阴，如“先予甘草干姜汤”治肢厥，“后予芍药甘草汤”治脚挛急；三是阴阳双补，如芍药甘草附子汤、炙甘草汤等。

表里同病，有4种处理原则：一是表证急，先表后里，如桃核承气汤证兼表者；二是里证急，先里后表，如抵当汤证兼表者；三是病势较缓，表里之证相当，则表里双解，如太少两感之麻黄细辛附子汤证、麻黄附子甘草汤证，太阴兼表之桂枝人参汤证，少阳兼太阳之柴胡桂枝汤证；四是扶正以祛邪，所谓“虚人外感建其中”，用小建中汤治疗“伤寒二、三日，心中悸而烦者”。具体变通方法则取决于临证者之中医理论根底与经验积累，也取决于对治疗技巧的把握。

（二）融会经典

临床典型方证似可见到，但大多为复杂病证，故不可拘泥一方一法、一种学说，而多学科、多方法交融，尤其临床经典互参，伤寒、金匮、温病方合用，为当今临床治疗重要趋势，此乃论治第二步。仲景之学秉岐黄之道，其方书又承伊尹《汤液》之法。学贯古今，博采众长，故成就了《伤寒论》作为汉之前临床医学巅峰之作。如《内经》之阴阳学说，在《伤寒论》中运用较多，或概括病机，如第337条：“凡厥者，阴阳气不相顺接，便为厥。”或病证分类，如第7条：“病有发热恶寒者，发于阳也；无热恶寒者，发于阴也。”或为治法大要，如第58条：“凡病，若发汗，若吐，若下，若亡血、亡津液，阴阳自和者，必自愈。”或表病机与脉象，如第12条：“太阳中风，阳浮而阴弱，阳浮者，热自发，阴弱者，汗自出。”第274条：“太阴中风，四肢烦疼，脉阳微阴涩而长者，为欲愈。”

《伤寒论》与《金匮要略》，均出自于《伤寒杂病论》一体之作，也是仲景之本意，外感与内伤不分家。由于历史的原因，后为宋代分别刊行而为两部经典。然而，从临床实际出发，外感病与内伤杂病常共生共存；且方证相互通用，所论详略有别，临证当互为补充。六经辨证离不开脏腑经络辨证，为所有辨证体系之基础，且具有脏腑经络辨证之雏型，反映了疾病由表而里、由寒化热，再由热转寒，由实转虚、由轻转重的纵向发展过程，因而具有普遍的指导价值。而《金匮要略》强调了杂病辨治方法，以类相论，尤重鉴别诊断。

《内经》作为中医“大基础”概念，是中医理论之根和源。从预防、保健到治疗、康复，提出了大法和准则。学《伤寒论》，更须问仲景治学之道。四大经典课程，也是中医学发展史上的里程碑。《内经》问世，代表着中医理论体系的完成；《伤寒论》《金匮要略》问世，代表着中医学由“理”到“治”的飞跃；温病学形成，标志着中医外感病辨证体系的完成；还有金元四大家、以及各家学说等，学术传承，不断超越，代有新人，是仲景之道，也是中医学术发展之道。

（三）把握禁例

熟悉方药适应证、禁忌症为临证之必需，此又为论治第三步。

医学是最复杂的科学。上工治未病，不用药的医生才是最好的医生。是药三分毒，药可以治病，也可以致病。故任何方药有其适应证，必有其禁忌症。

《伤寒论》中方药禁例值得重视。如桂枝汤为《伤寒论》第一方，在外调营卫、解肌发汗，在里补气血、调阴阳。用以治疗太阳中风表虚证及杂病中营卫不和自汗证。但有4个禁忌症：“其气上冲者，可与桂枝汤，方用前法。若不上冲者，不可与之”；“若酒客病，不可与桂枝汤”；“凡服桂枝汤吐者，其后必吐脓血也”；“若其人脉浮紧，发热汗不出者，不可与之也”。

麻黄汤为辛温发汗、宣肺平喘之方，主治伤寒表实证，但有9个禁忌症：咽喉干燥者、淋家、疮家、汗家、衄家、亡血家、胃中冷者、尺中脉微者、尺中脉迟者。小柴胡汤对于脾虚寒饮者不宜服之。栀子豉汤对于“病人旧微溏者，不可与服之”。

仲景没有回避中药的毒副作用，在《伤寒论》中有大量原文描述，如麻黄汤之“衄血”，桂枝汤服后“反烦不解”，小柴胡汤服后出现“战汗”等。关键是方证对应，紧扣病机，因势利导，化害为利，避害趋利，时时刻刻以维护患者健康为己任。

（四）汇通中西

特指当今医院之现实——中西医结合，从诊断标准到治疗方案，中医与西医比肩。尽管《伤寒论》本身无此概念，但临床不可回避，如何有效配合值得关注，此为论治第四步。

从临床言，为节约资源，防止过度治疗，减少副作用，宜对西药进行中医药性归类探讨，以避免重复用药。如激素类西药类似于中医温阳剂，抗生素类类似于中医清热剂，维生素及支持疗法类似于中医补法，手术、放疗、化疗类似于中医攻法。在中、西药合用过程中，尽量减少同类药相加，并在中医理论指导下进行整体设计。如肿瘤患者，已上了放疗、化疗与手术疗法，则中医治疗重心不应在清热解毒，而应放在扶正固本、减少西药相关治疗对人体的毒副作用上。

三、预测由近而远

从时空分析，疾病发生、发展和变化是有规律可循并可预测的。了解疾病发展转化进程，并对其施行早期干预，阻止发展，以获取最大的社会效益，此为辨治过程的延伸，也是中医整体观之体现。有关理念，在《伤寒论》中运用得淋漓尽致。如太阳病辨证纲要中，原文第4、第5、第8条，特别提出“辨太阳病传变与否”，并指出：“太阳病，头痛至七日以上自愈者，以行其经尽故也。若作再经者，针足阳明，使经不传则愈。”第10条：“风家，表解而不了了者，十二日愈。”第37条：“太阳病，十日以去，脉浮细而嗜卧者，外已解也。”尤其对疾病提前干预，是其预测力最好的体现。如太阴病之治疗，提出“以其脏有寒故也，当温之，宜服四逆辈”，而非理中汤。由于肾和脾，为先、后天之本，肾阳虚必然导致脾阳不足，而脾阳虚将进一步发展为肾阳虚。四逆汤用干姜配附子，脾肾双补，补火生土，是从源头上解决脾阳虚问题。

小柴胡汤为少阳病代表方，方中人参、甘草、大枣同用，寓意深刻。一是扶正以祛邪，解决“往来寒热，休作有时”，正气不足，难以与邪一战到底之困境；二是阻止病传太阴，“见肝之病，知肝传脾，当先实脾”。

“少阴病，脉沉者，急温之，宜四逆汤”，在少阴病尚未出现典型危候“手足厥逆，下利清谷，脉微欲绝”之前，见微知著，提前干预，运用扶阳法阻止病情进一步恶化。

关于厥阴病之预后，通过观察患者四肢厥逆程度与发热时间长短之比较来判断；服小承气汤转矢气，以对大承气汤证进行判断；服黄芩汤对“除中”进行判断，均为后人提供了宝贵的临床经验。其预测方法，还包括六经病欲解时，仲景或从脏腑相关、经络相贯，或从五行生克，或运用运气理论，从天、地、人“大宇宙”中进行探索，对疾病进行预测和预防，也是仲景治病一大特色。正如其所言：“夫天布五行，以运万类，人禀五常，以有五脏，经络府俞，阴阳会通，玄冥幽微，变化难极，自非才高识妙，岂能探其理致哉!”

四、调护由远及近

善后调护是不可忽略的问题，也是辨治过程最后环节。《伤寒论》各方证后有调护内容，如原文第12条在桂枝汤调护法中，强调中病即止，药后戒口：“禁生冷、黏滑、肉面、奶酪、臭恶等物”，以防止脾胃受伤，影响药物吸收和疾病康复。

而《阴阳易差后劳复篇》，更是直击疾病的康复问题，是临床治疗过程中不可或缺的重要组成部分。余热未清者用枳实栀子豉汤；复发热者，或汗、或下、或和解；下焦湿热者用牡蛎泽泻散；中寒饮停用理中丸；余热未清，气阴损伤者用竹叶石膏汤；日暮微烦兼食滞者，“损谷则愈”。并非一味用补，仍强调辨证施治，重在调理，通补、清补结合。结合“阴阳易”病，及第398条“脾胃气尚弱，不能消谷”，可以看出，仲景调护之法因病证、方药、体质、体型不同有异，但其重心仍是围绕顾护先天之本的肾与后天之本的脾展开，值得借鉴。

《伤寒论》既是一本“活人书”，也是一部最经典的临床“教科书”，辨证论治的原则与方法贯穿其中，辨治过程与思路无一不揽，既传术，又载道。正如《张仲景原序》所言：“虽未能尽愈诸病，庶可以见病知源。若能寻余所集，思过半矣。

[《北京中医药大学学报》2012，35（4）：233]

《伤寒论》课堂教学要素分析

徐姗姗　高　原　成都中医药大学
郑丰杰　北京中医药大学

《伤寒论》立足临床，被誉为“经典临床学”，是中医临床辩证思维的载体。如何引导学生学习研究贯穿于其中的辨证论治思维，把握条文所揭示的病机及其演变，是《伤寒论》课堂教学中最重要、最值得探索的问题。现从教学目标、教学内容、教学方法三个方面对《伤寒论》课堂教学要素进行分析。

一、教学目标的有效定位——培养中医临床辩证思维

教学目标是教学活动的指南和方向标，对教学活动具有指向和检测作用。教学目标的有效定位，是实现课堂教学有效性的重要前提。教学目标的设计和生成必须体现学科特点，教学目标明确，教学针对性强，才能避免教学的随意性、盲目性。

中医临床辩证思维立足宏观整体，强调辨证论治，重视和谐平衡，是中医治疗疾病的特色和优势。在当前形势下，建立和强化中医思维是中医学术发展的关键。《伤寒论》作为中医本科教学的后期提高课程，课堂教学的核心目标是培养、巩固、强化、提高学生的中医临床辩证思维能力。笔者将核心教学目标分为三个分项目标，分项目标与核心目标方向一致，保证核心目标的实现。

（一）调动学生的学习兴趣

兴趣是学习的最佳动力，在讲解《伤寒论》时，无须刻意对学生强调其重要性，而应设法将学习与兴趣真正融合，寓教于乐。《伤寒论》成书年代久远，文简意赅，教与学皆有难度，教师授课时首先要让学生听得懂，课堂用语可不拘泥于教材内容，代以通俗的语言来讲解深奥的条文，用现代语言诠释经典，使学生能够真正理解和掌握。《伤寒论》中很多条文实为张仲景临床治病过程的真实记载，在课堂教学时可以将条文场景化、生动化，还原张仲景辨证论治的过程，调动学生的想象力和好奇心，使学生产生身临其境之感，在学习中形成乐趣。

（二）树立学生对中医的信心

《伤寒论》教学必须与临床实践结合。作为本课程的授课教师，在课堂教学中引导学生树立信心

是一方面，而帮助学生解决临床实际问题才最具说服力。教师要靠自身的临证水平去提升学生对中医的信心。例如学生课后请教师看病，教师可以用课堂上讲授的知识现场示范教学，真正为学生治好病，让学生切身感受运用《伤寒论》理法方药诊治疾病的过程与效果，从而令书本知识得以强化、深化、活化，学生自然会以积极的心态和更高的热情投入学习，进一步增强学好中医的信心。

（三）培养学生独立思考能力

是否善于独立思考，是衡量学生智力发展水平的重要标志。良好的课堂教学应该是充满智力挑战的思维漫游，知识传授与思维训练并重。教师要善于挖掘促进学生积极思维的因素，创设独立思考的情境，结合教学内容设计多种形式的练习，充分发挥引导、激励、解惑的作用，对学生进行思维训练，促使学生在学习过程中养成独立思考的习惯，改变学生学习的被动状况，自觉建立分析病机的意识，强化学生的中医思维，建立起直觉思维之上的“悟性”。

二、教学内容的合理选择——分析病机突出辨证思路

合理选择教学内容，是提高课堂教学质量的关键。教材的知识点多而杂，教师在备课时要有“求简”意识，简约但不简单，合理选择，分清主次，能整合则整合，该舍弃则舍弃。与其面面俱到，不如重点突出，以小见大，保证教学内容的吸引力，注重知识的综合运用及深化拓展，培养学生中医思维能力的深刻性、广阔性和创造性，需要注意以下四个方面：

（一）避免与前期课程内容重复

《伤寒论》作为中医本科学生的后期教学课程，要尽量避免与前期课程讲授内容的重复。尤其在讲授《伤寒论》方药时，要避免与方剂学、中药学课程内容不必要的重复。学习《伤寒论》要精于求理，精于立法，精于组方，精于择药，而根本是精于辨证，培养学生“理法方药”综合运用能力。虽然临床治病最终要落实在方药上，但用好方与药必须紧抓其对应的病机变化。

本课程与方剂学、中药学的讲授既有联系也有区别。例如，方剂学的讲授重点在分析方义，阐述治法、组方原则等方面，这些内容在《伤寒论》的讲授中应一笔带过，讲授重点要放在分析病机，启发思路，结合六经辨证灵活用于临床等方面。张仲景随机应变的临证思维特点还体现在经方的随证加减化裁中，或同一处方随着药量的增减，剂型的不同，服法的改变而针对的病机各异，这些也可以作为重点讲授内容。但切记不能以方药为中心来学习《伤寒论》，不能使《伤寒论》的教学成为“经方方剂学”“经方药物学”，关键要看到病机的演变，让学生在原有的基础上得到提高。

（二）强化学生对概念定义的理解

中医学植根于博大精深的中国传统文化，是自然科学、人文科学的统一体，其理论基础更具人文特点。这就决定了学习中医学，理解其中的概念要在中医学深厚的人文内涵中去发掘，去还原，不能简单照搬或混用今天其他学科的概念。常常有学生在考试答题时出现以下情况。例如：把《伤寒论》的太阳中风概念当成西医学的中风先兆，答成“手脚麻木”；或者望文生义，把小柴胡汤证的“嘿嘿”答成“病人的笑声”；甚至由于前期基础薄弱，将桃核承气汤答成“核桃承气汤”等等。因此教师对概念定义的讲授必须准确，要强化学生对概念定义的理解，帮助其牢固掌握《伤寒论》的重要概念及专有名词，避免中西医概念混淆，望文生义胡乱猜测。

（三）条文讲解突出辨证论治思路

《伤寒论》的基本精神是辨证论治，论中不少条文是通过对证候的描述来进行病机推理，教学中可以选择这类条文作为精讲内容，在讲解条文时要分析病证的前后发展过程，反映病机的相应变化，知常达变，探寻张仲景的辨证论治思路。

（四）按专业特点有针对性地教学

在授课时要尽量按专业特点进行有针对性的教学，寻求《伤寒论》课程内容与各专业的有机结合点。例如，对于针灸专业的学生，《伤寒论》的讲授重点可以放在将六经辨证思维模式与针灸经络的结合应用上；对于临床各专业的学生，讲授重点应围绕临床实际运用来阐述六经辨证。专业不同，教学侧重点不同，才能有效提升《伤寒论》课程的实用价值。

三、教学方法的优化组合——综合教学模式探索运用

教学内容确定之后，要取得好的教学效果，还需要引入恰当的教学方法。PBL教学法、案例式教学法、易位式教学法、讨论式教学法各有优势和不足，教师在教学中要结合各阶段教学内容，灵活掌握、相互渗透、优势互补，将各种教学方法优化组合以达到更理想的教学效果，这就是综合教学模式

的探索运用。

（一）PBL 教学法

PBL 教学以问题为基础，将学习任务与有意义的问题挂钩，通过学习者的自主探究和合作来解决问题，形成自主学习的能力。PBL 教学法对教师的自身素质和教学技巧有很高要求，首先教师要善于提问，设计出足以引导和刺激学生思维的问题，既要让大多数学生通过积极思考能够受到启发并有所收获，也要为少数优秀学生留有进一步发挥思维的空间。其次是在分析和解决问题的过程中，教师要恰当引导学生思考，逐步化解难点。例如，《伤寒论》原文云："伤寒，脉结代，心动悸，炙甘草汤主之。"在学习炙甘草汤方证时，提问让学生思考："炙甘草汤为治心病之名方，而甘草为补中益气之品，炙甘草汤为什么以炙甘草作为君药？"学生们通过资料查阅、思考讨论，方能进一步理解经方的用药思路，认识到中医辨证论治处方用药的整体性。

（二）案例式教学法

在《伤寒论》这样一门临床实践性极强的课程教学中，采用案例式教学法引入临床病例进行课堂教学，从临床角度讲解条文，能够显著提高教学效果，不但令条文的讲授变得更直观易懂，而且学生在分析讨论病案的过程中，会不断获得成就感，由此培养学生独立探索，理论联系实际的能力。课堂教学中对案例一定要精选，讲授目的必须明确，病例难度要有伸缩性，所选病例的难度要与大多数学生的现有能力接近，同时适当安排针对高水平学生的疑难病例。例如，在讲解葛根汤证时，可以例举葛根汤在临床上治疗以腹泻为主要表现的胃肠型感冒的有效病例，来加深学生对该方所体现的"逆流挽舟"治法的理解。

（三）易位式教学法

易位式教学法是指在课堂教学中师生换位，变学生被动听讲为主动学习的教学方法。通过师生课堂上角色的互换，锻炼学生的表达能力，提高学生自学能力，对知识的归纳能力，还能有效调动全体学习者的积极性。例如在少阴病篇的学习中，教师在讲完少阴病概说及本证后，学生对少阴病的生理病理特点已有一定认识，此时可将少阴咽痛证的内容分配给学生，学生认真备课，登台讲授，教师则仔细听讲，随后对其讲述不足之处进行补充完善。这种体验能大大加深学生对知识的理解。尤其咽痛一证，临床上习用清热养阴，而《伤寒论》少阴篇就记载了以辛温之剂治疗咽痛的明证，学生通过亲自讲授能够更深刻地体会中医辨证论治的重要性。

四、讨论式教学法

讨论式教学法目的在于为学生提供思考和讨论问题的机会，教师紧扣教学目标，经过精心组织与周密设计，拟出好的讨论题目，让学生经过自学思考，并在教师引导下发表自己的见解，主动探寻并获取知识。教学具有开放性，无唯一的答案，有助于拓宽视野，开阔思路，促进新旧知识的整合，鼓励协作学习，活跃课堂气氛。在《伤寒论》教学中，可以根据教学进度及教学内容的需要，适当引入讨论式教学法。例如，"如何理解小青龙汤方后5个加减中有4个去掉了麻黄？""如何看待176条白虎汤证的'里有寒'？"这些问题尚无定论，历代医家也存在争议，这就要求学生独立思考，结合讲义及参考书进行分析，提出自己的看法和见解，促进创造性思维的发展。

总之，《伤寒论》课堂教学是培养学生中医思维的重要途径，是其他教学环节的基础，对课堂教学的关键要素进行分析探讨，对于提高本课程的教学质量有积极意义。

[《成都中医药大学学报（教育科学版）》2012，14（3）：23]

《伤寒论》厥证浅析

张天星　北京市房山区中医医院

《伤寒论》具有"察证候而罕言病理，出方剂而不言药性，视当前之象徵，投药石以祛疾"的质朴学术思想[1]。仲景论及厥证者共46条，其论述言简精辟，辨证准确，对于临床实践很有指导作用，现就《伤寒论》有关厥证的条文浅析如下。

一、厥证的概念

厥逆之论，渊源于《内经》，但《伤寒论》所述之厥与《内经》所论之厥证有所不同。《内经》之厥主要有两大类：一是猝然昏倒，如昏厥，煎厥，薄厥，尸厥等。二是作为一种症状，如寒厥手足冷，热厥手足热。《伤寒论》之厥，通言四肢厥冷为厥。其特征为手足逆冷，重则手冷过肘，足冷过膝，它不是单独的疾病，而是出现在多种疾病过程中的一种证候。

二、病因病机

引起厥证的原因很多，有因热邪深伏，阳郁不达所致者；阴寒内盛，阳气虚弱所致者；血虚寒凝所致者；痰食阻遏胸阳所致者；胃中停水，阳不外达所致者；蛔虫内扰，阳气受阻所致者；肝胃气滞，气机不畅所致者；阳虚阴寒结关元所致者；肾脏真阳衰微所致者。但其病机总是阴阳气失去相对的平衡，不能相互贯通的结果。正如《伤寒论》337条所述“凡厥者，阴阳气不相顺接，便为厥。厥者，手足逆冷者是也。”陈平伯曰“盖阳受气与四肢，阴受气与五脏，阴阳之气相贯，如环无端，若寒厥则阳不与阴相顺结，热厥则阴不与阳顺结也。”

三、辨证论治

（一）热厥

热厥主要是因邪热深伏，阳气内郁，不能外达四肢所致。“厥者必发热，前热者后必厥，厥深者热亦深，厥微者热亦微”。程郊倩说：“伤寒毋论一二日至四五日，而见厥者，必从发热得之，热在前，厥在后，此为热厥……”（《伤寒论后条辨·辨厥阴病脉证并治》），多见于热病高期。针对郁热内伏，阳不外达所致的无形热厥，治以白虎汤。如351条所述“伤寒，脉滑而厥者，里有热，白虎汤主之。”滑为阳脉，主热，热邪遏于里，阳气不达四肢，则手足厥逆。《医宗金鉴》说：“今脉滑而厥，滑为阳脉，里热可知，是热厥也。然内无腹满痛，不大便之证，是虽有热而里未实，不可下而可清，故以白虎汤主之。”本证除身热（胸腹部为甚），肢厥外，当有舌质红，苔黄，口渴引饮，小便黄赤等里热证。白虎汤辛寒清解里热。里热清则阳气通达，而肢厥可愈。如热邪深入与肠中糟粕相结，阳不外达所致的有形热厥，证见腹满硬痛，致厥外，还可见口干、舌红苔黄、大便不通等实热燥结之证，甚者可见患者出现神昏谵语的表现。《伤寒论》未明确给出具体的条文说明，但从患者的临床表现及其舌脉不难看出非承气类方剂所属。承气汤攻下泻热通便，使里热实邪得下，此法符合335条所谓“厥应下之”的治疗原则。当然，所谓“下之”应包括清泄、清解等法在内，而不是专指攻下之法。《伤寒论》中不但论述热厥的具体治法和方剂，还进一步探讨了热厥的转归及治疗禁忌。如339条：“伤寒热少微厥，指一作稍头寒，嘿嘿不欲食，烦躁。数日，小便利，色白者，此热除也。欲得食，其病为愈，若厥而呕，胸胁烦满者，其后必便血。”论述了热厥轻证的两种转归。热少微厥，即是热厥轻证。仅表现为指头寒，阳郁而胃气不醒，故默默不欲食，阳郁而求深，故见烦躁。若数日之后，小便色白畅通，说明热邪尽除，胃气亦和，从而可知其病转相愈。若四肢厥冷加重，并伴有呕吐，胸胁发满等证，表明热邪转甚，肝胃气滞，若进一步发展则热邪损伤阴络，其后必便血。335条指出热厥不可发汗，假使误发其汗，势必劫夺津液，导致热邪更重，发生口伤烂赤等变证。如条文中所说“伤寒，一二日至四五日，厥者，必发热……而反发汗者，必口伤烂赤。”

（二）寒厥

阴寒内盛，阳气虚弱，不能温养四肢，则为寒厥。多由汗、吐、下或寒邪直中误损心肾之阳所致。其临床表现为四肢厥冷，身无热，恶寒，但欲寐，小便清白，下利，口不渴饮，舌苔嫩，脉微细欲绝或沉迟等阳衰阴盛的特点。针对这种阳虚阴盛的寒厥证，仲景提出治以四逆汤。如353条所论：“大汗出，热不去，内拘急，四肢疼，又下利厥逆而恶寒者，四逆汤主之。”陈平伯说：“仲景辨阳经之病，以恶热不便为里实，辨阴经治病，恶寒下利为里虚。”可知病机属阳虚阴盛，自应以回阳祛寒为急务，即使发热为表证未罢，也要先救其里。又如354条曰“大汗若大下利而厥冷者，四逆汤主之。”大汗则阳亡于外，大下则阳亡于内，汗下太过，阳气衰微，阴寒内盛则四肢厥冷。当用四逆汤急温。针对寒厥阴盛阳衰的程度应及时投以四逆、白通类，回阳救逆为主，可挽救于万一。仲景同时又告诫后世，禁汗、禁下，如330条“诸四逆厥者，不可下之，虚家亦然。”说明属于正虚的寒厥，应知凡属攻邪之剂，如发汗、促吐、清热等均在禁例。又如294条曰：“少阴病，但厥无汗，而强发之，必动其血。”张令韶说：“少阳病，但厥无汗者，是气微也……仅少阴主阳衰微，不能蒸发，故发汗，强发之，不能作汗。反动其经隧之血，从空壳而出也。”可知寒厥证禁汗。

（三）血虚寒凝厥

血虚感寒凝滞，气血运行不畅，四末失养所致。其临床表现除手足厥寒脉细欲绝外，可伴眩晕，头痛，怕冷，肢体少腹疼痛，在妇女可致月经不调，经来腹痛，舌淡白等虚寒之象。针对血虚寒凝厥证，仲景提出当归四逆汤或当归四逆加吴茱萸生姜汤治疗。由于营血不足，寒凝经脉所致的“手足厥寒，脉细欲绝者，当归四逆汤主之。”脉细欲绝，是由于血虚感寒，寒邪凝滞，气血运行不畅，四肢失于温养所致。若血虚寒凝兼有肝胃沉寒，352条文有明确说明。即“若其人内有久寒者，宜当归四逆加吴茱萸生姜汤”。久寒不但滞在经络，而更滞在脏腑，故用吴茱萸、生姜，直走厥阴经脏，以散其久滞之沉寒也。

（四）痰厥

痰厥是由于痰食阻遏胸阳，不能外达四肢所致。临床表现除四肢厥冷外，还有气上冲喉咽，欲吐不得吐，胸中痞鞕，心下满而烦，或饥不能食，手足厥冷；脉乍紧或弦迟等。针对痰食阻遏胸阳所致的痰厥证，仲景治以瓜蒂散。涌吐痰实。如166条“……胸中痞鞕，气上冲喉咽，不得息者，此为胸有寒也，当吐之，宜瓜蒂散”。355条“病人手足厥冷，脉乍紧者，邪结在胸中，心下满而烦，饥不能食者，病在胸中，当须吐之，宜瓜蒂散”。又如324条“饮食入口则吐，心中温温欲吐，复不能吐，始得之手足寒，脉弦迟者，此胸中实，不可下也，当吐之”。痰厥证邪实结于胸中，病位偏高，病势向上，故用瓜蒂散因势利导，涌吐胸中之邪，正如《内经》所论“其高者，因而越之”也。邪除而阳气得通，厥冷可回。

（五）水厥

水厥是由于胃中停水，阳不外达所致。导致水厥产生的原因是水饮内停。临床表现除厥逆之外，还有心下悸，口不渴，小便不利等证。针对水停所致的水厥，仲景治以茯苓甘草汤。如356条文所述：“伤寒厥而心下悸，宜先治水，当服茯苓甘草汤，却治其厥，不尔，水渍入胃，必作利也”。心下悸为水气的主证之一。水气凌心则悸。《金匮要略·痰饮咳嗽篇》曰：“水停心下，甚者则悸”。厥与心下悸同见，可知厥也有水气所致。胃阳不足，水饮内停，阳气被遏，不能外达四末则手足厥冷。厥与心下悸均为饮邪所致。故当先治水气，故用茯苓甘草汤温化水饮，水饮去则阳气布达，厥逆可回。水渗入肠，将会加重其下利病情，出现严重的变证。

（六）蛔厥

蛔厥是由于蛔虫内扰，阳气受阻所致的四肢厥逆证。蛔厥的临床表现除四肢厥冷外，当有呕吐、或吐蛔，心烦，甚则腹痛，得食后蛔虫扰动更甚，故心烦、呕吐、疼痛等症状加剧。若蛔虫安则诸症随减，若蛔虫窜扰，痛甚则气血流行不畅，阴阳气不相顺接，导致四肢厥逆。仲景治以乌梅丸。正如338条所论：“蚘厥者，其人当吐蚘……蚘上入其膈，故烦，须臾复止，得食而呕，又烦者，蚘闻食臭出，其人常自吐蚘。蚘厥者，乌梅丸主之”。本方酸甘辛苦复法，刚柔并用，滋阴泻热，温阳通降，安蛔止痛，使气血畅流，寒热调和，阴阳互济，则厥证可愈。

（七）气郁厥

气郁厥是由于阳气内郁，气机不畅所致。仲景曰：“少阴病，四逆，其人或咳，或悸，或小便不利，或腹中痛，或泄利下重者，四逆散主之”。本证四逆不同于阳虚阴盛证，而是肝气郁结，气机不畅，不能通达四肢而致。临床表现为手足厥逆、腹痛、泄利等证。故宜四逆散舒肝和胃，透达郁阳，畅通气机。又如胃阳不足，浊阴上逆，中阳受阻，气机不畅，手足厥逆的吴茱萸汤证，309条“少阴病，吐利，手足逆冷，烦躁欲死者，吴茱萸汤主之”。由于中虚胃寒生浊，升降失司，故见吐利，中阳虚加之寒浊中阻，阳难外达，致手足不温，治以吴茱萸汤温降肝胃，泄浊通阳，宣通阳气，手足转温，厥证自止。

（八）冷结关元厥

冷结关元厥是由于阳虚寒结关元，阳不外达四末所致。仲景云：“病者手足厥冷，言我不结胸，小腹满，按之痛者，此冷结在膀胱关元也”。手足厥冷，小腹满，按之痛，是由于厥阴阳气衰微，阴邪独盛，寒邪结于下脚关元所致。此证虽然未出方治，但根据病情，可以用灸法或四逆汤，当归四逆汤温阳散寒。寒邪去，则手足厥逆自止。

（九）脏厥

脏厥由于肾脏真阳衰微，四末失其所温导致的，其临床特点为肤冷，手足躁扰，躁无暂安时。338条“伤寒脉微而厥，至七八日肤冷，其人躁无暂安时者，此为脏厥”。从本条可知脏厥属于真阳大虚，阴寒内盛，脏气垂绝之的征象，表明病情恶化，预后极为不良，这是脏厥的危候。又如343条“伤寒六七日，脉微，手足厥冷，烦躁，灸厥阴，厥不还者死”。从其阳不胜阴的方面看，可知病证发展到极其危险的时刻，若再用汤药扶阳抑阴，恐缓不济急，故用灸法急救回阳。若阳气来复，则手足当转温；若灸后厥冷仍不见好转，表明阳气衰绝，所以为死证。

四、结语

纵观《伤寒论》关于厥证的论治，是仲景通过长期的临床实践而得的。既继承于《内经》，又对厥证的辨证和治疗有更加深入的认识。九种厥证的辨证论治言简意赅，论述精详，反映了仲景质朴的学术思想。同时也对后世有关厥证的临床辨证论治有很大的启迪和指导作用，值得进一步学习和研究。

参考文献

[1] 岳美中．岳美中医话集［M］．北京：中医古籍出版社，1981：16.

［《现代中西医结合杂志》2012，21（5）：524］

《伤寒论》《金匮要略》药物煎煮法中“沸”字探析

徐 静 张 慧 傅延龄
北京中医药大学

古代医籍关于药物煎煮法的叙述，常常提到“沸”。如在《伤寒论》《金匮要略》方后注关于药物煎煮法的文字中，“沸”字共出现27次，其中《伤寒论》19次，《金匮要略》8次，如麻沸汤、沸汤、微沸、一二沸、再沸等。沸的意思是沸腾。《简明古汉语词典》中对“沸”的解释为水涌起的样子，沸腾，冒气泡。现代物理学对沸腾的定义是：液体的一种汽化现象，在一定压强下加热液体达到某一温度时，液体内部和器壁上涌现出大量的气泡，整个液体上下翻滚剧烈气化的现象。所以“沸”指药物煎煮过程中，液体被加热到的沸腾状态。古代医药文献中，“沸”还作为一个计算单位名称，如《伤寒论》云：“以水五升，先煮麻黄一二沸”；“先煮大黄取二升，去滓，内芒硝，煮一两沸”。《伤寒论》和《金匮要略》中以“沸”作为计算单位的文字有“一沸”“再沸”“一二（两）沸”“三沸”“三五沸”“五六沸”“七沸”，等。后世医学文献中还有“重汤燉十余沸”等记述[1]。沸如何计次？作为计算单位的“沸”的含义是什么？是指煎煮次数，还是反映煎煮时间长短的单位？

唐代陆羽《茶经》中亦有对于“沸”的相关描述：茶水，“其沸，如鱼目，微有声，为一沸；缘边如涌泉连珠，为二沸；腾波鼓浪，为三沸”。显然《茶经》讲的一沸、二沸、三沸指的是茶水的沸腾程度，微沸称“一沸”，大沸为“三沸”，介乎二者之间者为“二沸”。可见《茶经》讲的一沸、二沸、三沸指的是茶水温度高低，而不是指的沸腾次数，无关沸腾时间长短。金淑珍[2]通过实验测得同样在标准大气压下，此“一沸”时的温度约为89～92℃，“二沸”约92～95℃，“三沸”约95℃以上。由于《伤寒论》既有“一沸”“二沸”和“三沸”的说法，也有“五六沸”“七沸”的说法，所以《伤寒论》讲的沸，其意思与《茶经》所云并不相同。

我们曾经撰文提出关于药物煎煮“沸”的解释：煮药过程中，当水烧开时，药液沸而腾起。由于是微火煮药，药液仅有小沸，一阵沸腾后，药液温度稍有降低，液面又归于相对平静，这一过程就是张仲景所说的“一沸”。继续加热，则出现二沸、三沸，……一沸时间有多长，这要视室温、火力、药材量、容器的口径及其质地等因素而定。根据实际情况，粗略估计一沸大约30秒[3]。

据此我们做了一个简单的试验：依据《伤寒论》半夏汤方后“若不能散服者，以水一升，煎七沸，内散两方寸匕，更煮三沸”的方法，在室温20℃和湿度为50%的环境下，用容量为3000Ml的广口陶罐，加水200Ml（东汉1升），分别用不同的火力加热，寻找突出的沸腾起伏现象。结果发现，在火力稳定的情况下，液体沸腾状态变化很小，没有特别突出的液面起伏或气泡疏密现象。接着往液体里面加入半夏散5g（约2方寸匕），继续加热煎煮，发现在火力稳定的情况下，液体沸腾状态依然变化很小。虽然可以观察到较小的波浪式起伏，但其幅度甚小，起伏之间的时间界线不甚清晰，而且单次起伏时间很短，少则3～5秒，多不过5～7秒。《伤寒论》关于煮药时间常有“一二沸”的要求，如果“一沸”时间仅仅数秒，那么煮药时间未免太短，这似乎不符合药物煮药对时间的要求。

《伤寒论》苦酒汤制法值得特别注意，“上二味，内半夏著苦酒中，以鸡子壳置刀环中，安火上，令三沸，去滓，少少含咽之”。将苦酒注入去掉鸡蛋黄、留有鸡蛋清的鸡蛋壳中，放进14粒如枣核一样大小的半夏，用刀环架着，置火上加热。这样一种特殊的制法，如何计算三次沸腾？由于蛋壳里面的液体是含有半夏成分的苦酒与鸡蛋清的混合液，其中蛋白质成分很多，极容易沸腾起来，溢出狭小的蛋壳。这时如果不减火降温，液面是不可能下降的，不可能回到非沸腾或小沸微沸的水平。所以用平常的煎煮方法做不到原文所要求的“三沸”，当然也无法计算沸腾的次数。由上述讨论可见，对《伤寒论》《金匮要略》等古代医药文献中关于药物煎煮过程中“沸”的计算，难以依据药液沸腾状况的变化去实现。或许有人认为，张仲景讲的多少沸，不过是约略之词，在阅读时不用严格看待，不必细究，在实际煎煮过程中估摸着操作便可。我们认为，如果张仲景讲的多少沸是约略之词，那完全可以用“须臾”的说法，而不必“一二沸”“三沸”“五六沸”“七沸”分别作细致的要求。应该寻找另外的更加合理的解释。

那么古代医家如何计算药物煎煮过程中药液沸腾的次数？我们设想，可能是采用火力控制的方法控制沸腾次数。火力控制的可能方法有二：一为炉下减火，一为药罐离火。炉下减火比较麻烦，药罐离火比较方便。当药液达到沸腾水平以后，将药罐从火源移开，药液温度下降，液面恢复平静，然后将药罐重新上火加热至沸腾。如此按要求的次数重复操作。这样沸腾一次即为“一沸”，二次即为“二沸（再沸）。《伤寒论》苦酒汤唯有如此操作，才能够做到三沸；鸡蛋壳放在刀环上，移动起来十分方便。再看《伤寒论》半夏汤的煎服方法：“上三味，等分，各别捣筛已，合治之，……以水一升，煎七沸，内散两方寸匕，更煮三沸，下火，令小冷”也是如此操作。古人言词省约，所以没有用文字说明。

上述方法可以称为“离火控温”药物煎煮方法。“一沸”时间是多少？在实际操作中，随着离火时间和加热时间的长短不同，以及药材量、用水量、容器、环境温度和湿度的不同，“一沸”的时间长短也将随之不同。古代药物煎煮容器是陶罐（瓦罐），保温好，散热慢，所以在离火后能使较高的药液温度维持一定时间。根据这些情况，可以把“一沸”的时间估为5～10分钟。

采用离火的方式控制药液的沸腾次数，这样一种特殊的药物煎煮方法，是有其科学意义和实用价值的。这种煎煮方法使药液较长时间维持在85～100℃的温度范围，而不是维持在100℃的沸点水平。首先，这是药物煎煮的一个理想的、合理的“临界”温度范围，既能满足提取药物功效成分对温度的要求，也能减少水分的挥发，减少与水分挥发相伴随的药物挥发性物质的丢失。同时水分在100℃时挥发最快，而水分挥发越多，药液浓缩越多，所以这种煎煮方法还能够避免由于水分过快过多的挥发带来的药液浓缩。在过滤之前，药液的过多过快浓缩对于药物功效成分的提取是不利的，因为药液的浓度越低，药物中功效物质向药液的转移越容易；药液的浓度越高，药物中功效物质向药液的转移越困难。此外，还应该看到，药液浓度越高，过滤以后在药渣里残留的药物功效成分也越多。其三，这种通过离火控制火力的煎煮方法也一定程度上延长煎煮时间，从而有助于尽可能多地提取药物功效成分。

结合《伤寒论》和《金匮要略》来看“离火控温”药物煎煮方法。在《伤寒论》和《金匮要略》中，麻黄多要求先煮。研究表明[4]，麻黄挥发油具有解热、镇痛、抗炎等作用，对高热患者，特别是流感患者有很好的治疗作用，但长时间的加热沸腾，会使挥发油的成分过多损失，不利于其药理作用的发挥。另有研究表明[5]，在煮含有麻黄的方药时，宜先煮麻黄约20分钟，这样麻黄碱的溶出率最大。或“先煮麻黄，减二升”，或“先煮麻黄一二沸”，此一二沸可按10～20分钟计算。

参考文献

[1] 何廉臣．重订全国名医医案类编［M］．上海：上海科学技术出版社．

[2] 金淑珍．关于陆羽《茶经》中饮茶观点的研究［D］．浙江大学，2005.

[3] 傅延龄，陈非，李东一，等．《伤寒论》方的煮药时间［J］．北京中医药大学学报，1998，21（6）：8～11.

[4] 周重楚，王桂芝．麻黄挥发油的药理作用研究［J］．中成药研究，1982，（11）：38～39.

[5] 马爱华，张俊慧，陆晓和，等．煎煮时间对麻黄碱溶出率的影响［J］．中国实验方剂学杂志，1995，1（2）：44～45.

［《中医杂志》2012，53（19）：1073］

《伤寒论》教学灵魂在“活”字
——赴新加坡教学体会

李赛美　广州中医药大学

在快乐中学习，从学习中找到快乐，是学习的最佳境界。本人于2011年4月赴新加坡中医学院讲授《伤寒论》，一月的教学，时时处于快乐之中，书本“活”，老师“活”，同学“活”，整一个“活生生”“活泼泼”。现将心得与同道分享。

一、鲜活的案例

此次赴新加坡，我们带去了广州中医药大学伤寒论病区拍摄的临床教学查房视频，包括查房与讨论两部分。病案介绍电子版打印后交同学，人手一册，让其预习。一般安排在每次教学近尾时，进行视频案例讨论。首先针对病案提出辨治思路；观看查房视频后进行讨论；随后观看讨论视频，同学们发表见解；最后老师点评。直观而鲜活的案例，让大家如同来到广中医伤寒论病区，聆听老师们的见解，分享伤寒论临床运用心得。

此外，同学们时常将个人、朋友以及家庭成员相关案例带到课堂上，大家结合《伤寒论》共同讨论。体验式教学，让同学们兴奋不已。兹举1则

（案例由同学自己整理）：

杨女士，本班学员，47 岁，口干，咽干咽痛 3 个月。

近来因感身体虚弱而饮人参水，不到 2 个星期即感咽干咽痛口干，现已停饮。目前常感疲倦，白天上课常打瞌睡，每天需午休 2 小时以上，醒时浑身酸痛，晨起身体困重，活动后缓解，稍遇劳累既感子宫和肛门下坠，手足热，睡觉开冷气需放于被外。前后二阴有冷风吹的感觉。需坐厚的棉椅垫。偶觉胸闷，心悸，胆小怕动静，眼干耳鸣，右小腿晚间常常抽筋。右手臂睡觉醒后时有麻痹。胃脘及腹部很凉，喜温喜按，喜热饮，饮后大汗淋漓，额头黄豆大汗珠不断落地。由于咽干，喜不断饮水，不多时即频频如厕。咽干不见缓解。夜尿多，一晚三次以上，小便清长，色白，总有排不净的感觉。大便一日一行，不成形，有时粘腻难冲，有时先干后稀，里急后重，便后不适，晨起痰多，色白，易咯出，口中有辛辣味，喜食生姜等辛辣调料，如丁香、肉桂等。舌苔厚腻，自觉有辛甘浊气自喉中不断蒸腾而出。吞食面食下咽时感到咽部非常舒服。月经每月提前 2～7 天，有血块。腰稍酸，纳眠可。曾做过西医全面检查，一切指标正常。

查体：右侧咽部肿大，颜色如常，两手掌发黄，面色萎黄发暗。舌淡红苔白厚腻中部黄，舌体胖大，边有齿痕，舌有瘀斑，唇周暗，讲话时嘴唇微微颤动，脉沉略涩。中医辨证为阴阳两虚，兼夹湿浊、郁热、瘀血，少阴与厥阴同病。茯苓四逆汤合吴茱萸汤加味：熟附片 10g（先煎），白术 30g，生姜 15g，干姜 10g，边条参 10g（另炖），大枣 15g，肉桂 3g（冲服），炙甘草 10g，山萸肉 30g，茯苓 20g，吴茱萸 10g（洗），淮牛膝 10g，乌梅 15g，柴胡 8g，黄芩 6g。3 剂。

1 剂后自觉口中有津液涌出；2 剂后夜尿减至 1 次；3 剂后口干有很大改善，白天饮水量明显减少，尿量也减少，厚腻苔有改善。继守原方，去乌梅，加苍术 30 克，3 剂。诸症显著改善。案例真实而贴切，整个辨治过程，体现了临床证候之复杂多样性，同时也观摩了经方合用的思路与疗效。

二、活泼的讲授

在课堂教学中，包括原文朗读、互动讨论，谈临床思路、辨治心得、用药及护理细节，每章节强调重点，并有归纳小结，大量细活融入其中，使课堂轻松、愉悦，同学们对《伤寒论》学习充满着期盼，尽管是夜班，同学白天工作，但到课率高，尤其不少旁听生，部分兼职老师也来听课。大家反映，学伤寒，临床能开窍，《伤寒论》是一本实实在在的临床经典。

老师甲儿子 12 岁，身本壮实，但鼻敏感，每晨起床喷嚏连连，清涕不断，服了大量益气固表方，甲老师听课后深受启发，改用真武汤合桂枝加附子汤，不但儿子不上火，且鼻敏感及睡眠明显改善。在此之前，既不可想象用经方温阳，更不敢用姜附桂之类。

旁听生乙，是位资深的临床医师。他有位中年糖尿病患者，空腹血糖 22mmol/L，坚决抗拒西药。根据脉症，心烦失眠、大便秘结、口臭干苦，舌红苔黄厚，脉弦滑有力。建议用柴胡加龙牡汤与大柴胡汤合方；5 剂后，空腹血糖为 12mmol/L；再服 5 剂，空腹血糖降至 8mmol/L，这位医师倍受鼓舞。

女同学丙，面赤多年，面部皮肤干燥、脱屑、瘙痒，少汗，舌淡苔薄白，脉细涩。先前服用过大量凉血熄风之品，效果不明显。学习《伤寒论》后，辨证为表郁内热轻证，用桂枝二越婢一汤，诸症明显减轻。

女同学丁，3 天前高热，现热退，双下肢疼痛，肿胀如藕，皮肌紧张拘急，行走困难，勉强夜间来上课，伴口苦心烦、二便不畅。课后问老师，处方用小柴胡汤合芍药甘草汤。当夜服 1 剂，二便通，肿消大半，疼痛轻，第二天能快步走。同学为经方疗效大大折服。

上述教学互动，让同学大开眼界，每天沉浸在伤寒学习快乐之中。

三、灵活的形式

在教学中，结合《伤寒论》特殊方药的配制，尤其与日常生活密切相关的方，开展实验教学，让同学通过亲自动手，参与制作过程，品尝经方，加深印象，完善细节，学以致用。讲伤寒，用伤寒，吃伤寒。教学全程，着实品尝到经方大宴。如猪肤膏、苦酒羹、酒醪饮、黄连阿胶饮等。猪肤汤、苦酒汤均是少阴病咽痛方，一般教学中易忽略，原文中描述较多，似操作较复杂。但制作一遍，过程简单，易学易记。同学还对原方进行改良，加入黑芝麻、红豆，制成膏糊状，给大家当夜宵；有同学从家中提来了苦酒羹，从苦酒汤“微量”改良为“大量”制作，免去了用鸡蛋壳“煮药”之不便；《伤寒论》中有两方用清酒，炙甘草汤、当归四逆加吴茱萸生姜汤。为加深理解，同学特将母亲酿制的“娘酒”煮上鸡蛋，红枣、龙眼，香喷喷呈上来，温阳通络，又滋补气血；因新加坡禁用黄连，有同学从马来西亚家中制作好黄连阿胶汤，带给大家品尝，那种苦、酸、腥之“风味”让人难忘。尽管本方滋阴降火，对于顽固性失眠疗效奇特，但不宜多用，口感着实不敢恭维。

四、生活的体验

同学得知老师是中国湖南人，特邀请老师共进家乡宴。餐后有同学发来照片并寄语：“湘菜话伤寒，师生聚一堂。”在吃饭中，我从药食同源，大谈湘菜特点，一方水土养一方人，天人相应，民俗、饮食、起居、文化都是一脉相承的。湘菜有椒（胡椒、辣椒）、姜、蒜、葱、茴，香菜等，辛散温中、芳香化湿，与湖南地处中原地带，方位属土，潮湿偏寒地理环境有关，除辛辣外，常用食物如竹笋、萝葡行气消胀；八宝饭、糯米甜酒，放胡椒、红枣暖胃又润脾；吃完湘菜，又上西瓜，并饮菊花茶，可谓理中汤配白虎汤，寒温并用不上火。在《伤寒论》寒温并用是一种组方原则，而在餐饮方面，则是考究搭配，平衡阴阳，是一种养生技巧。一顿饭的功夫，大家在不知不觉中对《伤寒论》重阳气，固中焦、寒温并用特色又温习了一遍。

五、活跃的氛围

为了让所有同学积极性都“活跃”起来，平时作业，采取以小组为单位，案例讨论，将综合结论制成 PPT，由组长上台汇报。通过组间竞赛，老师点评，决出成绩 1 ~3 级，集体成绩也是个人成绩。竞赛共 4 个小组，各组认真组织讨论，无论从深度与广度，均显示出集体的力量与优势。引经据典，从病因、病位、六经辨证、处方用药、调护，有板有眼，娓娓道来，忘却了自己是个学生，那架式好一个资深教授！个个都表现得非常棒！最后得分，因差异微细，均获 A 分。同学们欣喜不已，感受到了集体的智慧和威力，大大增强了凝聚力和学习兴趣。

新加坡是天堂般国度，有花园国家、幸福国家之美誉。华人、马来人、印度人多民族和睦相处，具有多元文化、语言、饮食参合、包容的特点；地处热带，海洋气候，但空调盛行，一日两季，“一雨知秋”，室内外温差大，人们普遍寒热适应力强；同时社会与自然环境良好，安全、安定、有序、快节奏，人们守规矩。诸多因素，造就了新加坡人具有较强适应能力、包容心态和进取精神。而本人主讲的班种为七年制夜班（兼读班），学员特点是：年龄偏大，机械记忆力较差，但理解力较强，由于白天工作，晚上精神状态欠佳。要求教学：一是时间不能过长，二是必须有兴奋点，三是教学形式多样化。

《伤寒论》虽然距今 1800 余年，但源头活水，仍是中医之根和魂所在。跨越历史鸿沟，分享人类文明；释放经典能量，彰显中医魅力，是我们中医人、伤寒人的责任与使命。让“经典”活起来，赋予现代活力与气息，我们将不断努力。

［《中医药通报》2012，11（4）：26］

《伤寒论》煎服法启示

俞　洁　福建中医药大学

现代中医由于忽视中药的煎服方法，导致煎服中药简单化、公式化，严重影响了临床疗效。焦金发[1]对 105 例中药汤剂无效的原因进行调查后发现，煎煮不得当者 25 例，服法不当 10 例，煎服法造成的汤剂无效居然占无效总数的 33. 3%。正确煎服的重要性可见一斑。历代医家对中药的煎服法都非常重视，特别是医圣张仲景，其在《伤寒论》中对中药煎服的论述尤为详尽，论述如下。

一、方剂概况

《伤寒论》载方 112 首，内服方剂 110 首，外用方剂 2 首，用药 90 余种。内服方剂剂型可分为汤剂、散剂和丸剂。其中汤剂最为常用，110 方中有 97 首汤剂方，汤剂能迅速发挥疗效，及时祛邪外出并易于随症加减，如桂枝汤的加减和类方。散剂有 8 方，大多具有通利祛邪的作用。散剂的吸收较汤剂慢，但较丸剂迅速，可以预先制备以应急需；峻药作散剂用，还可稍缓其性。丸剂有 5 方，其特点是药力缓慢，药效时间长，多作慢性病补虚之用，亦可用于攻邪之峻药，如抵当丸因药性猛烈故用丸剂。

二、煎法

（一）去滓再煎

《伤寒论》共有 7 方采用了去滓再煎之法，一为柴胡剂类：小柴胡汤、大柴胡汤、柴胡桂枝干姜汤；二为泻心剂类：半夏泻心汤、生姜泻心汤、甘草泻心汤、旋覆代赭汤。此 7 方多用于治疗少阳疏机不利，寒热错杂，中焦升降失职所引起的病证。其后皆注：“煮取六升，去滓，再煎取三升……”仲景的“再煎”之法除了可浓缩药液，避免药渣吸收药液造成有效成分的过多损失，最重要的在于去滓再煎可使药性调和，促进胃纳，避免服后胃部不适及嘈杂感，而更好发挥药效。如小柴胡汤中柴胡祛邪之功与人参扶正之效，通过去滓再煎，才能祛邪不伤正，扶正不留邪。

（二）先煎久煎

仲景《伤寒论》中，采用先煎、久煎、后入等不同煎法的方剂很多，意义各不相同。运用先煎久煎方法可减轻药物毒性和不良反应，防止药物伤及正气。麻黄先煮去上沫，共有15方。如麻黄汤、大青龙汤、麻黄升麻汤等，煎服法中均注明“先煮麻黄……去上沫”。陶弘景认为，麻黄其气轻清上浮，能引动胃气上逆而致呕吐，去其沫则可免除呕吐之弊。巢元方认为，麻黄为发汗之峻药，去其沫则可减轻其发汗之烈。张锡纯《医学中参西录》云：“古方中使用麻黄，皆先将麻黄煮数沸吹去浮沫，然后纳他药，盖以其所浮之沫发性过烈，去之所以使其性归平和也。”现代研究亦表明麻黄先煎去沫可减少麻黄碱的不良反应。而在桂枝去芍药加蜀漆龙骨牡蛎救逆汤中“先煮蜀漆”，因蜀漆味恶腥而有小毒，先煎蜀漆可除其腥味、减低毒性、防止不良反应。

三、服法

（一）服药剂量

仲景在药物剂量的选择上重视根据病邪性质、病势缓急和体质强弱决定药量。体质强而病情重者，用量重，祛邪力猛，邪去则正安；体虚、孕妇及病缓者，药量可减少，祛邪而不伤正。汤剂的常规服法是温服一升，但含附子的方剂及麻黄汤、桃核承气汤一类峻汗和攻逐性方剂，单次药量多不超过8合（1升=10合），有的仅为普通方剂剂量的1/2，反映出仲景对此类方剂的谨慎使用，以免药量过大、过汗或过下伤及正气。如逐水猛剂之十枣汤，方内有芫花、甘遂、大戟等攻逐峻猛之药，为防药物伤正，故服药量“强人服一钱匕，羸人服半钱”，三物白散方中有辛热有大毒之巴豆，故服药量“强人半钱匕，羸者减之”，以使正气不受巴豆之伤。桂枝附子去桂加白术汤中“附子三枚恐多也，虚弱家及产妇，宜减服之”，附子系性猛有毒之品，易伤正气，故体虚者宜减量用之。而对于危及正气存亡的急危重症，宜一剂顿服，量大力专，取效迅速，如干姜附子汤，“煮取一升，去滓，顿服。”一次性服用一升药液，急救回阳。再如调胃承气汤，用于太阳初入阳明时，“胃气不和，谵语者，少少温服之”，少量温服，和胃气而泄燥热，取其泄热润胃存津之功；而用于燥热内结“太阳病三日，发汗不解，蒸蒸发热”时，取“顿服”，药量大，乃求其峻泄实热以存津液之效。

另有根据药后疗效决定渐加量或不再服。凡催吐、泻下、有不良反应的方药，《伤寒论》主张从小剂量开始，逐渐加量。如润肠通便的麻子仁丸，“饮服十丸，日三服，渐加，以知为度”；催吐的瓜蒂散，若服后“不吐者，少少加”；泻下的小承气汤“当更衣，不尔者，尽饮之”；逐水的十枣汤“若下少病不除者，明日更服，加半钱”。这些皆是从小剂量开始，若未见疗效，则增加药量，中病即止，以免伤正。更有“获效后，不必尽剂”。如大承气汤“得下，余勿服”，小承气汤“若更衣者，勿服之”，瓜蒂散“得快吐，乃止”，均为中病即止、不伤正气之义。

（二）服药次数

《伤寒论》中的服药次数有顿服、日二服、日三服、频服（或称连服，日四服及以上）等。其中顿服往往用于病情较急者，一剂药一次服完。《伤寒论》中顿服者仅6方，即干姜附子汤，桂枝麻黄各半汤、桂枝甘草汤、瓜蒂散、大陷胸丸和调胃承气汤。如《伤寒论》肾阳虚61条，由于汗下失序，肾阳骤虚，出现昼日烦躁不得眠、脉沉微、身无大热之证，因病情发展迅速，常为虚脱之先兆，故急用干姜附子汤，“煮取一升，去滓，顿服。”以救欲脱之阳。正如前言，顿服者量大力专，取效迅速，药力集中，即刻扭转病势以急救正气。而频服一方面顾及患者正气，另一方面可缩短给药时间，以增强药力。如《伤寒论》少阳病兼变证107条的柴胡龙骨牡蛎汤，“胸满烦惊，小便不利，一身尽重，不可转侧”，因本证为邪热弥漫全身，虚实夹杂，病情危重，故采用分服四次之法，攻其邪而不伤正，邪不复燃，正气得复，病即可愈。

（三）服药时间

张仲景重视正气，在《伤寒论》所载服药时间上也有所体现。如上述攻逐水饮的十枣汤于“平旦服”，此时人体经过一夜的休息，体力较充足，且白天人体阳气比较充盛，能够更好地耐受峻烈之十枣汤。再如桂枝汤证之严重者可用昼夜服药的方法，“若不汗，更服依前法；又不汗，后服小促其间，半日许，令三服尽。若病重者，一日一夜服，周时观之。服一剂尽，病证犹在者，更作服。若汗不出者，乃服至二三剂。”依据病情调整服药方法可顿挫病势，防邪深入。

四、药后调护

（一）啜稀粥

啜即大口而喝之意，有啜热粥与进冷粥之分。药后啜热粥有桂枝汤、理中汤、十枣汤等。桂枝汤“服已须臾，啜热稀粥一升余，以助药力”。热粥振奋胃气，“益谷气内充，外邪勿复入”，帮助桂枝汤发汗。理中汤“服汤后，如食倾，饮热粥一升许，微自温”，以水谷之气辅助胃阳，祛除寒邪。十枣汤“得快下利后，糜粥自养”，饮热粥固护脾胃以养胃气。上三方均以药后啜热粥，虽然目的有所差异，但总以益胃助正气为主。根据病情先啜热粥后进冷粥见于三物白散，“不利进热粥一杯；利过不止，进冷粥一杯”。三物白散治疗寒实结胸之证，实寒与痰水相结于胸，应将寒痰水饮迅速祛除，以防伤及阳气。故用巴豆之热性峻泻之品，病在膈上者服后不下利，进热粥，得热则力猛。如利过不止，进冷粥，得冷则性缓，以防泻下不止造成气血阴阳伤亡之弊。一热一冷，均体现了仲景之重视正气的思想。《伤寒论》中甚至亦有“不须啜粥”之嘱，见于麻黄汤、桂枝葛根汤，因方中有麻黄，发汗力较强，故告诫药后不须啜粥，特示人不可过汗，以防伤正。

（二）药后观汗

仲景善用汗法祛邪治病。但汗法尤应注意不可过汗，否则正气亦会受损，从而变生他证。因此《伤寒论》很重视药后观察出汗的情况。如桂枝汤，“遍身漐漐微似有汗者益佳，不可令如水流漓”，麻黄汤、瓜蒌桂枝汤、大青龙汤等方，药后均宜遍身“微似汗”，其汗不可“如水流漓”，否则易伤津耗气亡阳，成为逆证。“一服汗出病瘥，停后服，不必尽剂”，病愈后立即停药，以免过汗。若仍不出汗，宜继续服药，并配合进食热粥和加衣盖被，以助药力。

（三）药后饮食

仲景十分重视药后调养和顾护胃气，强调饮食护理。如桂枝汤后要禁生冷、黏滑、肉面、五辛、酒酪、臭恶等物，服药期间刺激性和不易消化的食物不利于胃气的恢复，应当避免食用，而当进清淡饮食，以助桂枝汤滋阴和胃、调和营卫之功；十枣汤“得快下利后，糜粥自养”，药后用糜粥以养胃气；再如“病人脉已解，而日暮微烦，以病新差，人强与谷，脾胃气尚弱，不能消谷，故令微烦，损谷则愈。”此乃大病新瘥，脾胃之气尚弱，故应节制饮食，无须药物治疗，更勿妄投攻克之剂。

总之，《伤寒论》在注重方剂精妙配伍的同时，在药物的煎服方法及药后调护方面亦有细致、严谨的法度，对现代中医临床具有重要启示。

参考文献

[1] 焦金发. 对105例中药汤剂服用无效原因的调查分析[J]. 新中医，1989（4）：23~24.

[《山东中医药大学学报》2012，36（1）：23]

经方本原剂量问题源流

傅延龄　宋　佳　张　林
北京中医药大学

所谓经方本原剂量，指的是张仲景在撰写《伤寒杂病论》时，为书中的各个方剂给出的原始剂量。经方本原剂量不是指后世医家为经方新给出的剂量，也不是后世医家在临床上应用经方时所使用的剂量。经方本原剂量的研究不是一个简单的医学史问题，而是关系到中医学方方面面的重大问题。此问题如果没有一个明确的答案，一系列与之相关的问题都不会获得完整的结论。这个问题的解决对于当前中医界关于临床用药量大小的讨论，亦具有重要的参考价值[1]。那么，在确定经方本原剂量的同时，笔者认为有必要对此问题的发展源流进行厘清。

一、经方本原剂量迷失溯源

（一）经方本原剂量迷失始于唐

经方本原剂量是多少？在1000多年前的唐代，医药学家们对这个问题似乎就有些不太清楚了。关于这一点，我们从唐代苏敬一句话即可看出。苏敬在《新修本草》[2]里说，“但古秤皆复，今南秤是也。晋秤始后汉末以来，分一斤为二斤耳，一两为二两耳。金银丝绵，并与药同，无轻重矣。古方唯有仲景，而已涉今秤，若用古秤作汤，则水为殊少，故知非复秤，悉用今者尔。”从苏敬说的这一段话的语气可以看出，他虽然倾向于认为张仲景方计量用的是“今者”，而不是“复秤”，但他对此也不是十分肯定。他不过是根据张仲景方在煮药时用水量的多少，做了一种推测。苏敬的这句话似乎还透露出这样一条信息，即经方本原剂量是多少的问题在当时并不仅仅只有他苏敬一人关注；而是一个受到较多人普遍关注的问题。因为苏敬的这句话既是在回答他自己的问题，也好似在回答人们关于经方本原剂量的疑问。

苏敬《新修本草》中的这段话是对梁代陶弘景《本草经集注》中的一段“古秤”论述的按语。陶弘景在《本草经集注·序例》[3]中说：“古秤唯有铢、两，而无分名。今则以十黍为一铢，六铢为一分，四分成一两，十六两为一斤。虽有子谷秬黍之制，从来均之已久，正尔依次用之。”陶弘景是梁代很有成就的养生家，对医药很有研究，曾为晋代葛洪《肘后备急方》增补了不少内容。陶弘景提出“古秤”的问题，这似乎显示出他已经注意到当时医家对古方药物计量标准已有疑惑。

苏敬是唐代著名的药物学家，他主持编撰了我国第一部由国家正式颁布的药典《新修本草》，又称为《唐本草》。他并不是一位普通的药学专家，而是一位药学界的权威。可是，他对于经方药物重量计量单位的斤、两，它们的量值是多少，他也不是十分的肯定。由此而论，经方本原剂量问题最迟在唐代就已经被提出来了。因此，经方本原剂量的迷失始于唐代。

（二）经方本原剂量迷失延续于宋

到了宋代，医药学家对于经方药物重量计量单位的量值就更加不敢肯定了。关于这一点，我们从宋代林亿的一段话可以看出。林亿是宋代的医药大家。嘉祐二年（公元1057年），政府设立“校正医书局”，组织一批学者校正古代医籍。林亿与掌禹锡、苏颂等人校定多种医药古籍。林亿是一位治学十分严谨的学者。他在《备急千金要方》[4]“新校备急千金要方例”中说：“凡和剂之法，有斤、两、升、合、尺、寸之数，合汤药者不可不知。按吴有复秤、单秤，隋有大升、小升。此制虽复纷纭，正惟求之太深，不知其要耳。陶隐居撰本草序录，一用累黍之法，神农旧秤为定。孙思邈从而用之。孙氏生于隋末，终于唐永淳中，盖见隋志唐令之法矣。则今之此书（指《备急千金要方》）当用三两为一两，三升为一升之制。”

林亿的这段话反映出这样几方面的意思：首先，三国、晋、隋时期的权衡制度比较复杂，甚至可以说有些混乱。“吴有复秤、单秤；隋有大升、小升”。林亿只提到吴、隋，没有提到汉代，没有提到张仲景的权衡，这是因为汉代的权衡制度是明确而统一的。这一点要特别值得注意。权衡之乱不是出现在张仲景《伤寒杂病论》成书之前，而是出现在此后的三国魏晋年间。其次，宋代有一些人注意到古方剂量是不很明白的，他们开展对古方（主要是经方）药物剂量的研究，探求古方药物剂量的大小。他们的研究很深入，但是未能形成统一的认识。经方本原剂量问题也是林亿等人在校对古籍时面对的一个问题。不过，林亿等人认为，对于古方药物计量单位的量值不可“求之太深”；倘若“求之太深”，那反而有可能“不知其要”。其三，林亿等人虽然对古方剂量的大小不是十分清楚，但他们还是倾向性地认为，陶弘景、孙思邈对方药的计量，使用的都是“三两为一两、三升为一升之制”。唐代权衡制度是大小制并存，小制是大制的1/3，大制是小制的3倍。如大秤的1斤约合今660g，小秤的1斤约合今220g。

宋代医家对于经方本原剂量不是很清楚，关于这一点，我们从宋代陈无择的著作中可以清楚看出。陈无择在《三因极一病证方论》[5]中说：“汉方汤液，大剂三十余两，小剂十有余两，用水六升或七升，多煎取二升三升，并分三服。若以古龠量水七升，煎今之三十两，未淹得过；况散末药只服方寸刀圭匕，丸子如梧桐子大，极至三十粒，汤液岂得如此悬绝。又如风引汤，一剂计五十五两，每两只用三指撮，水三升，煮三沸，去滓，温服一升。观其煮制，每两只三指撮，未应料剂如此之多，此又可疑也。今以臆说，汉方当用半两钱二枚为一两。”从这段论述可以看出，陈无择对张仲景方的药物计量感到十分迷惑：汤液的用量很大，丸、散的用量很小，丸、散与“汤液岂得如此悬绝”？陈无择猜想经方的药物计量使用的不是官制权衡，而是以一种“半两钱”为一两的标准。

（三）经方本原剂量迷失加重于明清

到了明代，经方本原剂量到底是多少的问题就更加不清楚了。回顾明清有关文献，我们可以说人们对于经方药物计量的权衡标准问题，进入到了一个众说纷纭的时期。尤其是在明代李时珍提出“古之一两，今用一钱可矣”以后，由于李时珍《本草纲目》影响深远，所以接受他这一观点的人很多，对经方本原剂量问题感兴趣的人越来越多，不同的观点也越来越多。如张介宾提出“古一两为六钱”，王朴庄提出“古一两，今七分六厘”，陈修园提出“古一两折今三钱”，汪昂提出“古用一两，今用一钱”，徐灵胎“仲景一两合今二钱”，不一而足。人们提出的观点越多，经方本原剂量的迷失越深。

（四）经方本原剂量迷惑于当代

纵观历史，在唐宋医家苏敬、林亿、陈无择以后，众多的医药学家、文史专家、度量衡史专家对经方的权衡度量进行了深入而仔细的考证。当时正好应了林亿等人的话：“求之太深”，反而“不知其要”，令人莫衷一是。到了当代，人们对经方本原剂量的考证结果，有一些不仅重复了前人的提法，更是增加了一些新的观点。如《伤寒论语译》提出东汉“药秤”为“普通秤”的1/2，1979年高等医学院中医教材的《方剂学》提出“汉一两约合现在9g”，彭怀仁主编的《中医方剂大辞典》则提出经方“一两折合16.13g”，柯雪帆提出东汉“1两=15.625g”，各家观点五花八门。究其原因，是因为各家掌握的文献和文物不同，思考问题的途径和方式不同，所以考证出来的结果各不相同。如此多的不同观点，令人感到前所未有的迷惑。

归纳古今学者和医药学家的各种考证结果，经方1两的量值，从最小的1两=1g，到最大1两=16.875g，不同的考证结论可达有15种之多，最小数值与最大数值之差将近16g。这种状况，我们可以用3个字加以概括：迷、乱、惑。所谓“迷”，即经方计量单位“两”的量值是不明确的；因此经方的本原剂量也是不清楚的，是迷失的。所谓“乱”，即古往今来各家考证的观点和结论是不一致的，是混乱的，差别很大。所谓“惑”，即迷惑，人们在关于经方本原剂量的问题上，面对着混乱的各家观点，感到十分的困惑。

目前，似乎有较之以往更多的人们倾向于接受经方1两的量值为15.6g或13.8g的结论。不过，无论是过去还是现在，对经方1两的量值为15.6g或13.8g这种结论持怀疑态度的人，或者不接受的人还是很多。绝大多数的临床医生，包括那些接受这种结论的人和不接受这种结论的人，包括习惯用经方的医家和较多使用时方的医家，他们在临床上并不按照这种结论的剂量去使用经方，并不按照这种结论的剂量去使用药物。这的确是耐人寻味的一种现象。

二、为何人们不认可经方计量采用东汉官秤

如上所述，为何还有很多人不能接受经方1两为13.8g的结论呢？笔者认为主要有以下3个方面的原因。

首先，如果经方药物计量单位的1两为13.8g或15.6g，那么经方的剂量与宋代以来的医家在临床上使用的药物剂量将会有巨大差别，这是宋代以来的医生不能接受，也不敢接受的。在仲景著作中，约80%的药物的用量在1两~4两之间，也就是13.8g~65.2g之间；而在宋代以后至今的1000多年中，它们的用量只不过是几克到十几克，相差数倍甚至十几倍。举麻黄、桂枝二味药物为例，在仲景著作中，麻黄、桂枝的日服量范围分别为13.8~82.8g、13.8~69g；而在宋代医家的临床应用中，麻黄、桂枝的每服量范围分别只有0.08~40g、2.06~40g[6]。如果按1两约相当于13.8g计算经方本原剂量，那么在后世医家看来，经方剂量将是人们无法接受的“超大”剂量。自宋代以来，在大约六、七百年的时间里，绝大多数医家的临床处方平均用量，若以单味药物的平均用量计，大概只相当于上述“经方本原剂量”的1/5~1/4，甚至仅仅只有其1/10。宋金元间盛行煮散，所以宋金元时期的临床方药用量更小。如以桂枝汤为例，明清以来的日服量通常不过40~50g。而如果按1两相当于13.8g计算，《伤寒论》中桂枝汤的日服量一般约为207g，是宋金元时期的4~5倍。再如《伤寒论》中麻黄汤，麻黄的日服量为3两，若按1两相当于13.8g计，重41.4g。而自明清以来，麻黄的临床日服量通常仅为5g左右，较大量亦多为9~10g。又如《伤寒论》中小柴胡汤，柴胡的用量为8两，若按1两相当于13.8g计，重约110.4g。而自明清以来，柴胡的临床日服量通常仅为6~15g左右，较大量亦不过30g上下[7]。所以今天的人们在看待经方权衡时，认为其量值若1两相当于今13.8g，甚至15.6g的话，那么其用量实在太大，很难让人接受。那样大的用量甚至可是说是人们不敢想象的。

其次，从汉唐时期的医药文献看来，当时也有少数文献和文物提示汉晋时期可能存在某种较小的医药权衡，某种不同于官制的权衡。人们“觉得”张仲景方的药物计量或许用的正是这种权衡，而不是当时的官制。魏晋时期的较小权衡主要是梁代陶弘景在《本草经集注》中提到的“十黍为一铢”的“神农秤”。这种神农秤，从现有的文字叙述看来，其量值仅为汉秤的1/10。另外，也有一些人认为，唐代药物学家苏敬在《新修本草》中提到的“分一两为二两”的“晋秤”也可能是汉魏时期的一种小秤，这种秤的量值似乎可以理解为仅有“汉秤”的1/2。如果经方计量用的是“晋秤”，或者用的是“神农秤”，那么经方的剂量就要小得多。不过这里需要说明的是，“神农秤”的量值太小，它不可能是经方药物计量采用的标准。而苏敬所说的“晋秤”，其量值其实是东汉秤的2倍，而不是东汉秤的1/2。

最后，人们之所以不能，或者说不愿接受经方计量单位“两”的量值相当于今13.8g或15.6g的观点，还有另外一个很重要的原因，这就是现在大多数临床医生都认为，他们在临床上实际使用的剂量，虽然与张仲景经方的“本原剂量”相比是“很小的”一个剂量，但是这样“很小的”一个剂量却

不是无效用量。今天的临床医生长期使用这个“很小的”剂量，事实上能够取得较好的甚至是很好的疗效。不仅如此，今天的临床医生发现，有时他们把药物的剂量用得大了一些，反倒可能会引起不良反应，比如附子用量大了，有可能引起心律失常；大黄、芒硝用量大了，有可能引起过度腹泻；麻黄用量大了，有可能引起大量出汗，或者烦躁、心悸、失眠。按照现在医生习惯使用的“小剂量”用药，能够取得疗效；超过这个量常常可能出现安全问题，在这样的情况下，人们当然不会接受经方的大剂量。

三、小结

综上可见，经方本原剂量的迷失始于唐，延续于宋，加重于明清，迷惑于当代。人们对于经方本原剂量到底是多少，千百年来一直是不明白的。人们对这个问题研究不止，争论不休；各种研究结果的出入甚大，其核心还是围绕着经方本原剂量到底是多少这个问题。通过梳理经方本原剂量问题源流可以看出，造成该问题迷、惑、乱的重要原因是人们不能也不愿接受经方本原剂量使用东汉官制衡量。而经方本原剂量与东汉官制衡量是否一致？如果一致的话，中医临床方药用量在历史上是否真的骤然大幅下降？如果是，那么下降的原因是什么？中医临床方药用量下降到底是科学的进步，还是有效临床经验的失落？这些问题，均有待进一步探讨。

参考文献

[1] 傅延龄，宋佳，张林．经方本原剂量问题研究的意义［J］．北京中医药大学学报，2013，36（4）：221～223.

[2] 苏敬．新修本草［M］．合肥：安徽科学技术出版社，1981：31.

[3] 陶弘景．本草经集注［M］．上海：群联出版社，1955：33.

[4] 孙思邈．备急千金要方［M］．高文柱，沈澍农，校注．北京：华夏出版社，2009：12.

[5] 陈无择．三因极一病证方论［M］．北京：人民卫生出版社，1957：16～17.

[6] 丁毅．经方50味常用药物在宋朝用量研究［D］．北京：北京中医药大学，2012.

[7] 宋佳．经方50味药物在明代13位医家中的用量规律研究［D］．北京：北京中医药大学，2011.

［《北京中医药大学学报》2013，36（5）：293］

经方柴胡药对探索与实践

王　付　河南中医学院经方研究所

柴胡为伞形科多年生草本植物柴胡（北柴胡）和狭叶柴胡（南柴胡）的根或全草。研究与探索柴胡药对既要深入剖析药对功效之间的相互作用关系，又要研究药对用量之间的调配关系，以此才能用活经方柴胡药对，才能更好地辨治诸多常见病、多发病与疑难病。于此试将柴胡药对配伍及用量探讨于次，以抛砖引玉。

一、柴胡药用

柴胡苦、辛，微寒；归肝、胆经；具有辛凉解表，疏散风热，疏肝理气，调和气血，宽胸解郁，升举阳气等作用；主治症状有发热恶寒，头痛身痛，或汗出或无汗，咳嗽，心烦急躁，口苦咽干，头晕目眩，胸胁苦满，饮食不佳，胁痛腹痛，耳鸣耳聋，乳房胀痛，心下支结，大便不调，小便不利，胸中气逆等；治疗病种主要有感冒，流行性感冒，冠心病心绞痛，室性心动过速，过敏性鼻炎，支气管肺炎，病毒性肺炎，病毒性肝炎，慢性胆囊炎，慢性胰腺炎，过敏性支炎，神经性皮炎，结膜炎，中耳炎，扁桃体炎，风湿性关节炎等。早在《神农本草经》就说“主心腹，去肠胃中结气，饮食积滞，寒热邪气，推陈致新。久服轻身，明目，益精。”在临床中对于夙体阴血虚弱及虚寒者应慎用。张仲景用柴胡最小量为二两十六铢即8g，如柴胡加芒硝汤，用最大量为半斤即24g，如小柴胡汤等。

二、药对配伍

（一）柴胡配枳实

配伍关系：柴胡理气解郁，偏于升举；枳实行气破滞，偏于降泄。柴胡与枳实为药对，一升一降，既能调理肝胆气机，又能调理脾胃气机，从而达到升举而不助逆，降泄而不戕伐，以治疗气机郁滞证，代表方如四逆散等。

用量调配：柴胡与枳实相用，其用量最好是相等，如四逆散用柴胡与枳实为相等，临证只有如此调配药对用量，才能达到升举与降泄以切中病变证机，既不太过，又无不及。

运用药对配伍特点辨治常见疾病有：急性、慢性胰腺炎，急性、病毒性肝炎，肋间神经痛，冠心病，高血压，高脂血症等。

（二）柴胡配黄芩

配伍关系：柴胡既能清少阳胆热，又能疏达少阳气机；黄芩清肝胆之热，可使肝胆之热从内而彻。《长沙药解》曰“黄芩苦寒，并入甲乙，泄相火而清风木，肝胆郁热之证，非此不能除也。”柴胡与黄芩为药对，一清一泄一疏，以使少阳胆气得疏，邪热得清得泄，治疗少阳胆热气郁证，代表方如小柴胡汤，柴胡加芒硝汤等。

用量调配：柴胡与黄芩相用，其用量比例关系是8∶3，如小柴胡汤用柴胡半斤即24g，黄芩3两即9g，药对重用柴胡既能清热，又能疏达肝胆，假若用黄芩量偏大，则会引起寒凝气机，既不利于邪热向外透达，又不利于气机畅通。因此，用柴胡与黄芩一定要重视剂量调配。

运用药对配伍特点辨治常见疾病有：急性、病毒性肝炎，肝硬化，免疫功能低下，精神抑郁证，急性、慢性胆囊炎，胆结石，急性、慢性胰腺炎，急性、慢性胆汁反流性胃炎，胃及十二指肠溃疡，急性、慢性中耳炎等。

（三）柴胡配牡蛎

配伍关系：柴胡清解少阳胆热，偏于疏散与升达；牡蛎软坚溃结消块，偏于收敛与固藏，并能潜阳安神。《长沙药解》曰牡蛎“降胆气而消痞，敛心神而止惊。”柴胡与牡蛎相用，一疏一散，一升一降，相互为用，以调理气机，和畅血脉，治疗少阳胆热，心神不安证，代表方如柴胡桂枝干姜汤，柴胡加龙骨牡蛎汤等。

用量调配：柴胡与牡蛎相用，若是治疗少阳胆热水气证，其用量比例关系是8∶3，如柴胡桂枝干姜汤用柴胡半斤即24g，牡蛎3两即9g；若是治疗心胆热证，其用量比例关系是近3∶1，如柴胡加龙骨牡蛎汤用柴胡4两即12g，牡蛎1两半即4.5g。

运用药对配伍特点辨治常见疾病有：急性病毒性肝炎，肝硬化，急性、慢性胆囊炎，急性、慢性浅表性胃炎，慢性萎缩性胃炎，内分泌失调，心律不齐，冠心病等。

（四）柴胡配大黄

配伍关系：柴胡清热，偏于清少阳胆热；而大黄泻热涤实，偏于泻阳明热。柴胡与大黄相用，既能清少阳胆热，又能泻阳明邪热内结，以治疗少阳阳明热证，代表方如大柴胡汤等。

用量调配：柴胡与大黄相用，其用量比例关系是4∶1，如大柴胡汤用柴胡半斤即24g，大黄2两即6g。又，大黄用量虽没有柴胡量大，但不能认为大黄主治阳明热证是比较轻，因用大黄2两则有明显的泻下作用，故认识药对剂量调配，既要重视药对用量调配，又要重视药用主治功效，只有如此，才能认清柴胡与大黄药对之间的调配关系，才能对柴胡与大黄之间应用关系有比较全面、客观的认识、了解与掌握。

运用药对配伍特点辨治常见疾病有：急性、慢性浅表性胃炎，慢性萎缩性胃炎，急性、病毒性肝炎，慢性胰腺炎，急性、慢性结肠炎，脂肪肝，精神狂躁症等。

（五）柴胡配甘草

配伍关系：柴胡疏肝理气，偏于辛散；甘草缓急止痛，偏于甘补。柴胡与甘草相用，辛散之中而不耗气，甘补之中而不壅滞，即散中有补，补中有行，以治疗气机郁滞证，代表方如四逆散，小柴胡汤，柴胡桂枝汤等。

用量调配：柴胡与甘草相用，其用量比例关系是1∶1，如四逆散用柴胡与甘草剂量为相等，提示药对只有用量为相等，才能达到既疏散与又甘补，既理气又缓急。

运用药对配伍特点辨治常见疾病有：冠心病，风心病，急性、慢性浅表性胃炎，慢性萎缩性胃炎，急性、病毒性肝炎，脂肪肝，精神狂躁症等。

（六）柴胡配桂枝

配伍关系：柴胡清胆除热，调理气机；桂枝发汗解表，调和营卫。柴胡与桂枝相用，柴胡以清泻少阳胆热，桂枝以发汗解表散寒，二者相互为用，以治疗太阳中风证与少阳胆热气郁证相兼。又，桂枝与柴胡相用，桂枝既可解表散寒，又可温化水气，柴胡既可清解少阳胆热，又可疏达气机，二者相互为用，以少阳胆水气证。代表方如柴胡桂枝汤，柴胡桂枝干姜汤等。

用量调配：桂枝与柴胡相用，其用量比例关系是3∶8，如柴胡桂枝汤用桂枝1两半即4.5g，柴胡4两即12g，又如柴胡桂枝干姜汤用桂枝3两即9g，柴胡半斤即24g，提示药对因病变证机而调整用量。

运用药对配伍特点辨治常见疾病有：急性、慢性胆囊炎，急性、慢性胰腺炎，急性、慢性浅表性胃炎，慢性萎缩性胃炎，肋间神经痛，内分泌失调，更年综合征等。

（七）柴胡配芍药

配伍关系：柴胡既能疏肝解郁，又能升举阳气；芍药敛阴柔肝，泻肝缓急，和血通痹，固藏肝血。芍药与柴胡相用，一疏一敛，疏则治肝气郁滞，敛则护阴气内守，相互为用，则疏肝而不伤阴血，敛肝而不郁滞气机。又，芍药缓急止痛，泻肝利胆；柴胡清胆疏肝，调理气机。芍药与柴胡为药对，既能清胆，又能清肝，更能调理肝胆气机，以治疗肝胆气机郁滞。代表方如四逆散，柴胡桂枝汤等。

用量调配：芍药与柴胡相用，若是治疗肝气郁滞证，其用量比例关系是1∶1，如四逆散用芍药与柴胡为相等，提示只有用量相等，才能达到疏不耗散，敛不壅滞；若是治疗太阳中风证与少阳胆热证相兼，其用量比例关系是近1∶3，如柴胡桂枝汤用芍药1两半即4.5g，柴胡4两即12g，只有如此定量，才能治疗表里兼证。

运用药对配伍特点辨治常见疾病有：急性、病毒性肝炎，肝硬化，急性、慢性胆囊炎，胆结石，急性、慢性胰腺炎，肋间神经痛，急性乳腺炎，淋巴结肿大，乳腺增生，痛经，月经不调，精神抑郁证等。

［《中医药通报》2013，12（3）：17］

经方合方辨治身沉重

苗小玲　河南中医学院
王　付　河南中医学院经方研究所

身体沉重是临床中比较常见的症状表现，也是比较难治病证之一。结合临床诊治体会，仅用1个经方辨治身沉重则有其一定局限性，临证合用经方则能明显提高治疗效果。根据张仲景《伤寒杂病论》中辨治精神，并结合王付教授运用经方合方辨治经验，于此试将身沉重分型辨治介绍于此，以抛砖引玉。

一、阳明热盛证

阳明热盛证之身体沉重的病变证机是阳明邪热既壅滞气机，又损伤正气。如《伤寒论》第6条："脉阴阳俱浮，自汗出，身重，多眠睡，鼻息必鼾，语言难出。"又如《伤寒论》第219条："三阳合病，腹满，身重，难以转侧，口不仁，面垢，谵语，遗尿。"《医宗金鉴·伤寒论注》："太阳主背，阳明主腹，少阳主侧，今一身尽为三阳热邪所困，故身重难以转侧。"《伤寒内科论·辨阳明病脉证并治》："身重乃热郁加气伤。"临床上多见于甲状腺功能亢进症、糖尿病、急性肠胃炎[1]等，常见表现有身热，汗自出，不恶寒，反恶热，腹满，身重，或难以转侧，口不仁，面垢，口渴，欲饮水，舌红，苔薄黄，脉数或大等。其治当清泻盛热，以白虎汤与竹叶石膏汤合方：石膏48g，知母18g，粳米18g，甘草6g，竹叶20g，半夏12g，麦门冬24g，人参6g。若心烦者，加大竹叶用量，再加栀子，以清心除烦；若口渴者，加天花粉、芦根、生地，以生津止渴；若热毒盛者，加连翘、金银花，以清热解毒。

二、心气虚证

心气虚证之身体沉重的病变证机是心气虚弱，不能和调主持于外。如《伤寒论》第49条："若下之，身重，心悸者，不可发汗，当自汗出乃解。"临床上可见于冠心病，风湿性心脏病，心功能不全，心力衰竭等，常见表现有心悸不宁，心烦，气短，身重疲倦，四肢无力，面色不荣，头目昏沉，或汗出，舌淡，苔薄白，脉虚等，其治当益气养心，以小建中汤合黄芪桂枝五物汤合方：桂枝9g，白芍18g，饴糖70ml，生姜18g，甘草6g，大枣12枚，黄芪9g。若倦怠乏力者，加人参或西洋参，以益气补虚；若头晕目眩者，加当归、阿胶，以补血养血；若失眠者，加酸枣仁、茯苓，以补血安神；若胸膈痞闷者，加柴胡、枳实，以行气宽胸；若腹痛者，加延胡索、川楝子，以活血止痛；若腹泻者，加茯苓、白术，以益气健脾止泻等。

三、阳明热郁证

阳明热郁证之身体沉重的病变证机是邪热侵袭阳明，胃气被遏，胃气与邪热相互搏结，壅滞气机。如《伤寒论》第221条："阳明病，脉浮而紧，咽燥口苦，腹满而喘，发热，汗出，不恶寒，反恶热，身重。"临床上可见于慢性胰腺炎、慢性胆囊炎、急慢性胃炎、反流性食管炎等，常见表现有咽燥，口苦，饥而不欲食，腹满而喘，身热，或潮热，盗汗，不恶寒，反恶热，身重，或心中懊憹，舌红，苔黄，脉数或浮紧等。其治以栀子豉汤与泻心汤合方：栀子15g，香豉10g，大黄6g，黄连10g，黄10g。若邪热伤气者，加甘草、山药，以补益中气；若热扰胃气上逆者，加生姜、陈皮，以和胃降逆；若口渴者，加石膏、知母，以清热生津；若心烦者，加大栀子用量，再加竹叶，以清热除烦等。

四、太阳风水或风湿表虚证

太阳风水或风湿表虚证之身体沉重的病变证机是水气或水湿壅滞经脉之中，气机不利而滞涩。如《金匮要略》痉湿暍病脉证治第二22条，"风湿，脉浮，身重，汗出，恶风者，防己黄芪汤主之。"

又如《金匮要略》水气病脉证并治第十四22条："风水，脉浮，身重，汗出，恶风者，防己黄芪汤主之。"临床上可见于慢性肾小球肾炎、肾源性水肿、风湿性关节炎、类风湿性关节炎等，常见表现有肌肉关节疼痛，汗出，恶风寒，舌淡，苔白，脉浮或沉或缓等。其治当益气散邪，以防己黄芪汤与甘草附子汤合方：防己3g，黄芪5g，白术12g，炙甘草6g，附子10g，桂枝12g，生姜4片，大枣2枚。若腹痛者，乃水气内淫于脾，脾络不和而肝气相乘，加芍药、桂枝，以通脾络，柔肝气；若气喘者，乃水邪射肺，肺气不降而上逆，加麻黄、杏仁，以利水降逆平喘；若水气浸淫胃脘，加芍药、茯苓，以利水化瘀通络；若水寒之气上逆冲胸或咽者，加大桂枝用量，再加茯苓、泽泻，以化饮温阳，平冲降逆；若寒水浸淫于下而久居不除者，加细辛、干姜，以温阳散寒，化饮通阳等。

五、脾虚水饮证

脾虚水饮证之身重的病变证机是水饮淫脾，遏制脾气，气机为水气所遏而壅滞。如《金匮要略》痰饮咳嗽病脉证并治第十二5条："水在脾，少气，身重。"临床上可见于慢性肾小球肾炎水肿蛋白尿，心源性水肿，肝硬化腹水，营养不良性水肿等，常见表现有四肢水肿而沉重，手足不温，体倦，四肢肌肉跳动，甚则面目水肿，舌淡，苔白滑，脉沉等。其治当运脾利水，化饮和中，以防己茯苓汤与五苓散合方：防己9g，茯苓18g，黄芪9g，桂枝9g，甘草6g，白术10g，泽泻15g，猪苓10g。若小便不利者，加大猪苓、泽泻用量，以增强利水化湿；若大便溏者，加大腹皮、薏苡仁，以利湿实大便；若恶寒者，加大桂枝用量，再加附子，以通阳化湿等。

六、寒湿黄汗证

寒湿黄汗证之身重的病变证机是寒湿阻滞气机，经气不得畅通[2]。如《金匮要略》水气病脉证并治第十四29条："若身重，汗出已辄轻者，久久必身瞤，瞤即胸中痛。"临床上可见于甲状腺功能异常、胸腺分泌失调、激素分泌失调等病，病证表现有汗出黄色，两胫自冷，身重，腰以上必汗出，以下无汗，腰髋弛痛，如有物在皮中状，病甚者不能食，身疼痛，烦躁，小便不利，舌淡，苔白腻，脉濡或缓等。其治当通阳益气，温化湿邪，以桂枝加黄芪汤与平胃散合方：桂枝9g，白芍9g，生姜9g，大枣12枚，黄芪6g，甘草12g，陈皮15g，苍术12g，厚朴9g。若寒甚者，加大生姜、桂枝用量，以温阳散寒；若湿甚者，加茯苓、通草，以通脉利湿；若腹胀者，加枳实、青皮，以行气除胀等。

七、膀胱阳郁水气证

膀胱阳郁水气证之身重的病变证机是膀胱阳气内郁，气不化水，水气内攻外溢，肆虐上下而充斥于肌肤。如《金匮要略》妇人妊娠病脉证并治第二十8条："妊娠有水气，身重，小便不利，洒淅恶寒。"《医宗金鉴·金匮要略注·妇人妊娠病》："水盛贮于肌肤，故身重。"临床上可见于膀胱炎、尿道炎、肾盂肾炎、脂肪肝、妊娠高血压综合征等，临证表现有小便不利，洒淅恶寒，起即头眩，少腹胀满，身重或水肿，舌淡，苔薄，脉沉等。其治当利水通阳化气，以葵子茯苓丸与真武汤合方：葵子48g，茯苓9g，附子5g，白术6g，白芍9g，生姜9g。若小腹胀满者，加小茴香、砂仁、通草，以温阳化气利水；若夹瘀血者，加当归、川芎、瞿麦，以活血行血利水；若小便不利者，加猪苓、泽泻，以化湿行水等。

参考文献

[1] 王付. 经方药症与方证 [M]. 北京：人民军医出版社，2007：321.

[2] 王付. 伤寒杂病论思辨要旨 [M]. 北京：人民军医出版社，2006：55.

[《中医药通报》2013，12（1）：36]

经方原方剂量应用临床体会

李宇铭　北京中医药大学第一临床医学院东直门医院

经方是中医方剂中的经典药方，具有"药少精练、功专力宏"之美誉，《伤寒论》与《金匮要略》中所载的方剂习称经方，至今仍为医家所推崇。现代使用经方的医案报道及研究甚多，如《经方实验录》一类的经方验案医著至今亦不断出版。但是，大部分医家运用经方均是"灵活加减"，甚少严格按照原方的剂量与比例处方。为了证明"古方能为今用"，笔者近年在临床上作了一些尝试，坚持使用经方原方及原方剂量治病，以期体验经方的本来效果。

一、经方原方与剂量的争议

（一）关于"原方"

笔者在"经方的理论特点"[1]一文中指出：

“经方在加减一药甚至相同药物但不同剂量时，就会成为新方……假若临床中一定要称之为经方而与时方作区别，必须要严格按照原方的要求，对于药物组成以及剂量比例应严格遵从。”但实际上，现代临床中很少有中医单纯使用经方原方药物组成，更少有使用原方剂量处方，可是仍自称是使用了经方。且有医者认为“古方不能今用”，强调使用经方是必须按病情灵活加减。

因此，本研究所收载的病例，主要以符合原方药物组成并谨遵原书的加减法而处方为目标，以临床运用获效为收录条件，未愈或误治病案亦收录以作为参考对照。

（二）关于“原方剂量”

近代对于经方药物剂量的衡重折算，已渐有共识，剂量折算应当偏大。代表者如柯雪帆[2]根据文物考古，认为汉代一两当为15.625g；近期研究如范吉平等[3]考证，认为经方一两折合今制约13.8g[3]；而笔者在“经方药量衡重折算刍议”[4]一文中指出，经方药量折算，一两当在今之14～16g的较大剂量范围。这些考证认识，与过去“古之一两，今之一钱（3g）”的说法大相径庭，现在临床实践中亦甚少有医家运用这一较大剂量，形成了理论与实践的鸿沟。

经方的衡重折算，现在普遍认为是较大的重量。例如桂枝三两，按上述一两折合13.8g抑或15.6g计算，则桂枝的量分别为41.4g或46.8g，两者之间只相差5.4g，这一剂量差距，在剂量偏大的情况下，对药物功效影响较低，在临床上可忽略不计。

因此，本研究采取一个简约的方法，以汉代一两约等于15g折算，以便于处方换算计量。另一方面，由于经方每一首方剂的煎服法各异，有“日X服”的不同次数，因此，经方除了药物的“折算量”外，还有“一次量”和“一天量”的不同剂量，本研究强调原方剂量，并讲究原方的煎服法及方后医嘱。

（三）“原方剂量”并非等于“大量”

现代医家很少使用经方原方剂量的原因，是觉得一两折算15g的方法剂量甚重，实际上并非如此。由于经方一般分多次服用，较多为“日三服”，如桂枝汤中桂枝三两，按3次服计算，则桂枝的一次量为15g，现代不少中医临床处方也基本是这一剂量，不同点是经方的“一天”服用量较多。

另一方面，经方药味数很少，“平均在4.81±2.28，而相较现代北京、河南与上海等不同地区的3509个临床处方，药味数平均在15.52±4.16”[3]，若从全方的总剂量来看，现代临床处方的剂量与古代不相上下。

二、经方原方的临床应用

（一）病案来源与收录时地

本研究收载了笔者亲自诊治的250例经方病案，其中83例是笔者在香港以及中国内地的亲友，其余167例则是笔者到菲律宾一处偏远农村义诊时的案例。患者的年龄与疾病比较宽泛，包括了2岁到86岁的男女患者，主要为内科和妇科疾病，亦有个别儿科、外科病证。

病案收录时间从2005年至2011年，其中2005年1例、2008年2例、2009年3例、2010年138例、2011年106例，以2010年至2011年最为集中，占244例，亦是笔者逐渐熟练运用原方的时期。实际上这期间使用经方并不只250例，因于病案记录不全、复诊不完整等因素，使得一些病案难以收载统计。

（二）药物来源与法规问题

药物来源方面，香港与中国内地的患者均是开出处方后由患者自行到药店抓药；而在菲律宾的义诊患者，则为赠医施药，由笔者直接从中国购买药物，以确保药物质量。

由于经方原方剂量处方偏大，一般远超《中国药典》之规定，难以在一般中医诊所开出处方，故本研究的病案均为免费诊治，医生与患者建立互信关系后，患者自愿接受治疗。每次处方时，均核对原书，以确保方药以及剂量准确。

（三）疗效评价

由于当前应用原方剂量的医案报道甚少，且单纯研究一首经方不能体现对所有经方原方剂量应用的可行性，故本研究以广泛使用多首经方为目标，而不局限在某方某病，病案所涉及的病种以及所用经方很多，这是对经方原方剂量应用的研究初探，可作为日后进一步临床研究的基础。

在评定疗效时，本研究创制了两项特色评价方法：以“主诉治愈”与“主诉减半”的服药剂数作为疗效判断依据。以患者主诉的治愈或好转与否以说明疗效，这是传统中医判断疗效的方法，类似于《素问·邪气藏府病形》篇中“上工十全九、中工十全七、下工十全六”的疗效统计思想。

所谓的“主诉治愈”，是指患者自诉病情完全消失或显效，抑或使用该方取得了阶段性效果，仍有一些兼症未完全消失而改用其他方药或疗法。所谓的“主诉减半”，是指患者自诉病情减轻50%或50%以上，患者复诊时，笔者刻意询问主诉减轻的百分比程度，以患者自我感觉为准。

（四）本研究的局限性

本研究并非严谨的科学研究，而属于个人临床体会总结。由于大部分病案是在义诊中获得，只能以短期疗效为收录条件，难以进行治愈后的长期疗效追踪。另外，以患者主诉为疗效判断标准，很大程度上会受到患者的主观性影响，只因笔者能力所限，未能以其他客观指标作为评价方法，这只能在日后的研究中进一步完善。

三、结果统计

（一）运用经方数量统计

在250例病案之中，一共运用了75首经方，包括《伤寒论》方46首，《金匮要略》方29首。其中部分经方使用频次较多，如桂枝汤及其类方共约有40余例，小柴胡汤及其类方约37例，小建中汤与黄芪建中汤10例，苓桂术甘汤18例，苓甘五味姜辛汤9例，真武汤及其加减法14例，附子汤13例，栝楼薤白白酒汤及其类方8例，当归芍药散10例等。这与笔者所能遇到的病种、用方习惯有关，亦可侧面反映某一类经方较为常用。

个别病案还运用了一般认为功效峻烈之方，如大青龙汤、小青龙汤、麻黄汤、麻黄杏仁甘草石膏汤、越婢汤、白虎汤、大承气汤、抵当汤、桂枝芍药知母汤、乌头汤等。250例病案之中，有217例只用1首经方，27例先后用了2首经方，5例用了3首经方，1例用了4首经方。

（二）“主诉治愈”者疗效统计

250例病案中，有238例治愈；10例未完全治愈，或义诊结束未能继续跟踪追访；另有2例误治病案。所有病案之中，基本没有因药物剂量过大而出现不良反应者，只有个别因为药物质量差、炮制不当而见副作用，也有因辨证不准而使病情恶化者。

在238例治愈的病案中，有5例因使用两方以上难以判断效果属谁，另有6例并非使用汤剂，因此只有227例汤剂病案能够统计出一共服用了多少剂数，详见表1。

表1　227例验案中“主诉治愈”服药剂数统计表

主诉治愈剂数	病例（%）	累计病例（%）
1	16.7	16.7
2	45.4	62.7
3	10.6	72.7
4	7.9	80.6
5	8.8	89.4
6	4.4	93.8
7或以上	6.2	100.0

由表1可以看出，227例中2剂药内治愈者占了六成，五剂药内治愈者约占九成，需用7剂药以上的只占少数。

（三）“主诉减半”的疗效统计

在前述10例未完全治愈的患者之中，有3例是服药后主诉减半，因此共有230例可作统计，详见表2。

表2　230例验案中“主诉减半”服药剂数统计表

主诉减半剂数	病例（%）	累计病例（%）
1	24.8	24.8
2	55.2	80.0
3	12.6	92.6
4	1.7	94.3
5	2.7	97.0
6	1.3	98.3
7或以上	1.7	100.0

由表2可以看出，230例中服药后2剂内主诉减半者约占八成，3剂内能够使主诉减半的病例占九成多。

但是，由于部分病案无法清晰记录减半剂数，上述数据未能完全反映实况。一些病案中初诊即直接处方两剂药物，患者服药后即愈，未能告知减半服药剂数，则该例病案的减半剂数与治愈剂数等同。因此，实际上1剂即能减半的案例应当更多，部分1剂减半的病案被归纳到2剂减半的案例之中。

（四）菲律宾义诊病案统计

在250例病案之中，对167例菲律宾义诊病案作了特别统计。这类病案一共分两次义诊：第一次是2010年9月的3周义诊，共149名患者，99%使用经方原方剂量（其中有1名患者另行组方外洗），有82例能收录在案，其余患者未有复诊。82例中有75例完全治愈或显效，7例病情减半未能痊愈。第二次是2011年7～8月的4周义诊，共169名患者，100%使用经方原方剂量，有85例能收录在案，其余患者未有复诊。85例中有3例未完全治愈，2例误治。另对于未有复诊的患者，进行电话随访，结果在能够接触到的24位病人之中1位患者服药后病情加重，1位患者无服药，2位患者效果不显因在外地无法复诊，其余20位患者皆因治愈而不再复诊。若按这一数据推算，治愈率达83.0%。

四、临床体会与讨论

（一）古方能为今用

笔者临床尝试用经方原方以及原方剂量的结果说明，大部分情况下均能取得佳效，未见因剂量过大而出现不良反应，至于个别出现副作用的病案，皆属辨证不准或药物质量问题所致。由此可以初步证明，经方原方剂量能够应用于今天，而从在菲律宾义诊的情况来看，亦说明经方可用于中国以外的热带地区。

（二）“一剂知、两剂已”之速效

以上数据明显反映出经方效如桴鼓。虽然疗效是随着病证的复杂程度、医生所接触的病种而有所变化，但综合大量使用经方原方剂量的案例来看，经方大多能获“一剂知，两剂已”之速效，只是个别病案获效较慢，这或许与患者正气偏虚、药物质量欠佳以及医者水平有限等因素有关。

（三）经方并非不能长期服用

过往一些医家认为经方必须“中病即止”，不能长期使用，但在笔者的病案之中，亦有9例坚持服用7剂以上（2例服用10剂、1例12剂、1例15剂、1例17剂、1例19剂、2例20剂、1例30剂）才获效的，这说明使用经方后效与不效亦并不是或必然是“一剂知，两剂已”，而是根据实情也可以长期服用的。

对于经方可否长期服用的问题，笔者认为，由于经方一般获效迅速，因此只能说是“不需”长期服用而非“不能”。另一方面，所谓“中病即止”，是指某些较为猛烈的经方而言，这些经方服后一旦取效即可停服，以防伤正，而非所有经方的运用都按此要求。

（四）原方剂量拉伸范围很大

在仲景原著中，确实部分经方剂量很重，但亦有一些经方剂量甚轻。例如小柴胡汤运用柴胡八两约120g，即使一次量计算亦为40g；大青龙汤中麻黄用六两约90g，即使一次量亦为30g。但是，亦有剂量甚轻的时候，例如表郁轻证三方，桂枝麻黄各半汤中芍药一次量为5g，麻黄升麻汤中桂枝一次量为1.3g。总而言之，应当这样理解，经方的剂量拉伸范围很大，多是随着病情而变化，亦有因煎服法不同而使剂量多变的。

（五）运用经方并非必须“灵活加减”

根据笔者运用原方治病的体验，并非只是在遇到典型、简单的病情时才使用经方原方，即使面对多病机共存的复杂病证，仍然可以选择使用经方原方，这种情况下分清先后缓急，集中击破某一核心病机，这亦是上述案例中常能获得速效的原因。笔者认为临床运用经方，并非必须“灵活加减”，使用原方亦能治病。

（六）经方煎服法方便患者

人们对中医有“慢郎中”的称谓，这除了指服中药获效慢之外，还由于煎服法的不便，例如煎药时需要“浸泡”药物，煎药需要煎第二次（翻煎），因此服中药不如西药方便。但是，假若按照经方的煎服法，并没有浸泡药物的要求，而且煎药一次能分服多次，这给患者带来极大便利，加上经方疗效迅速，因此用经方治病可一改中医“慢郎中”的形象。

（七）翻煎破坏方剂配伍关系

所有经方的煎药法并没说要“翻煎”，若从理论上仔细考虑，“翻煎”并不符合仲景学术思想，这会破坏方剂学的配伍理论。由于张仲景加减一味药即另名新方，例如桂枝汤在煎煮第一遍后，各种药物释出的药性多少不同，生姜为生药当已煎出大部分药汁，第二次煎煮时已成为“桂枝减桂枝芍药甘草大枣去生姜汤”，假若将第二次煎煮的药物与第一煎相合再分开，实际上也破坏了第一煎的药物配伍关系。

在笔者的病案之中，为了珍惜药物资源，一些病案中亦会嘱咐患者翻煎药物，但是翻煎汤药显然味道较淡，且部分患者反馈，服翻煎药后有不适感觉，这可理解为药物之间失去了原方配伍关系而出现的不良反应。

（八）使用经方必须注意药物质量

使用经方原方时，必须同时注重药物的质量。

由于经方药味少，假若其中一药出现问题，即对方药疗效造成明显影响。笔者在运用大青龙汤治病时，曾用90g麻黄患者却无任何不适，而有时只用30g麻黄反而出现心悸失眠的副作用，这是由于麻黄质量问题，假若能做到“去上沫”而且“去节”的麻黄，则效果缓和，就不会出现副作用。又如笔者曾给患者运用20剂附子汤治疗关节疼痛未愈，其后嘱咐患者到另一药店购买炮附子，结果服1剂即告病情大减，显然前服无效的原因是由于附子质量问题所导致。

（九）打破“常用量”的局限

由于《中国药典》对中药进行了“常用量”的规定，导致在中国内地运用经方原方剂量十分困难，在药店或医院中难以抓到处方。实际上，《中国药典》的规定当理解为“安全量”而非“常用量”，且现代处方多为“一次剂量”而言，而非经方一天多次服用的剂量。由于《中国药典》限制了一天服用量，与历代中医处方模式有所违背，缩窄了中医处方的灵活范围，这亦是中医临床疗效下降的原因之一。因此，打破“常用量”的限制，提倡经方原方剂量的应用，或许可为提高中医临床疗效的一种途径。

（十）使用原方必须重视原意

经方有“药少力专”的美誉，对于病机诊断的要求非常严格，假若辨证不准即不能获效，甚至加重病情。因此，运用经方原方时不可随便草率，而是要从证候（临床表现）、病机、治法、方药、剂量等方面综合考虑，做到“证机法方药”环环相扣，亦即使用原方要讲求原意，这才是对仲景学术思想的高水平发挥。

参考文献

[1] 李宇铭．经方的理论特点［J］．环球中医药，2012，5（1）：29～32.

[2] 柯雪帆．现代中医药应用与研究大系：伤寒与金匮［M］．上海：上海中医药大学出版社，1995：139～142.

[3] 范吉平，程先宽．经方剂量揭秘［M］．北京：中国中医药出版社，2009：98，38～39.

[4] 李宇铭．经方药量衡重折算刍议［J］．中医杂志，2010，51（增刊2）：7～9.

［《国医论坛》2013，28（1）：3］

经方中“角药”的配伍应用特点

闫军堂　刘晓倩　马小娜　梁永宣
刘敏　王庆国　北京中医药大学

“角药”是3种中药的有机组合，它以中医基本理论为基础，以辨证论治为前提，以中药气味、性能、七情为配伍原则，3种中药联合使用，系统配伍而成。角药介于中药与方剂之间，在方剂中起主要作用或辅助作用或独立成方，以达减毒增效之目的。它并非简单的药物堆积，而是历史悠久、博大精深的祖国医学长期临床实践的积累和沉淀。“角药”一词，虽未见诸中医典籍，但医生却自觉不自觉地运用此药物配伍规律进行着长期的医疗实践，如临床中常用的“三仙”“三黄”“三仁”“三子”“三草”“三金”“三石”等诸药，对临证有重要指导价值。《道德经》云：“道生一，一生二、二生三、三生万物。万物负阴而抱阳，充气以为和。”从文字的六书可知，一人为一，二人为从，三人为众。《素问·至真要大论》言：“君一臣二，制之小也，君一臣三佐五，制之中也，君一臣三佐九，制之大也。”从上可知，“三”成众、成体、生万物，在药物组合中，“三”有着不可忽略的重要意义。

医圣张仲景勤求古训，博采众长，系统总结汉代以前的医学成就，结合自己的临床实践撰写了《伤寒杂病论》一书，该书融理法方药于一体，奠定了中医辨证论治的理论基础，创立了六经辨证，被后世誉为“方书之祖”。仲景对于角药的形成和应用有独到之处，不仅首创角药之雏形[1]，而且《伤寒论》《金匮要略》中蕴含大量独立成方的角药，如《伤寒论》：大陷胸汤、小陷胸汤、小承气汤、十枣汤、四逆汤、茵陈蒿汤、调胃承气汤、通脉四逆汤、麻黄细辛附子汤，《金匮要略》：三物备急丸、干姜人参半夏丸、大黄附子汤、大建中汤、大黄甘遂汤、小半夏加茯苓汤、桂枝生姜枳实汤、甘麦大枣汤、三黄泻心汤、猪苓散、当归贝母苦参丸、当归生姜羊肉汤等等，不胜枚举。经方还为以后角药的出现奠定了坚实基础，以《金匮要略》中肾气丸为例，后世从中衍生出六味地黄丸，方中可见三补三泻两组角药。三补为地黄、山药、山萸肉，三泻为泽泻、茯苓、牡丹皮。地黄补肾、山药补脾、山萸肉补肝。泽泻泻肾、茯苓泻脾、牡丹皮泻肝。由三补之药衍生出左归丸、左归饮、右归丸和右归饮补肾之方。再由六味地黄丸衍生出知柏地黄汤、杞菊地黄汤、麦味地黄汤、参芪地黄汤等[2]。由此可见仲圣经方为日后角药的形成奠定了坚实基础。本文拟对经方中“角药”的配伍应用特点进行系统梳理，以期对临床有所裨益。

一、同类相须

所谓同类相须，是指具有相同性质的药物，为同一目的和作用而联合配伍，犹如吹起“集结号”一样，以达到集团作用之目的。经方中如：三黄（大黄、黄连、黄芩）角药，由大黄、黄连、黄芩组成的泻心汤，具有清热泻火止血之功。方中黄连长于清心火，黄芩泻上焦之火，大黄苦寒降泄，泻火解毒。三药合用，药少精专，直折其热，使火降则血亦自止。又如大黄、桃仁、䗪虫角药，具有破血逐瘀之功。其中大黄荡逐瘀血，桃仁活血化瘀，䗪虫逐瘀破结，三味相合，破血之力颇猛。再如甘遂、芫花、大戟角药，其中甘遂善行经隧水湿，大戟善泄脏腑水湿，芫花善消胸胁伏饮痰癖，三药峻烈，各有专攻，合而用之，其逐水饮、除积聚、消肿满之功甚著，经隧脏腑胸胁积水皆能攻逐。诸如此类，皆属本法。

二、异类相使

异类相使，是指在性能、功效方面有某些共性，或性能功效虽不相同，但治疗目的一致的药物，或作用环节关联的药物配伍应用，其中以一类药物为主，另一类药为辅，通过辅药对主药的协同或互补作用而提高疗效，或产生新的作用。经方中如大黄、枳实、厚朴角药，由大黄、枳实、厚朴组成的即为小承气汤，具有泄热通便，消滞除满之功。小承气汤、厚朴三物汤、厚朴大黄汤三方均由大黄、厚朴、枳实组成，虽然药物组成完全一样，但用量及比例不同，故而功用主治大异。由大黄、枳实、厚朴角药化裁而成的方剂颇多，如加芒硝为大承气汤；增麻仁、芍药、杏仁为麻子仁丸；兼有表证合桂枝汤去芍药，则为厚朴七物汤。后世有攻补兼施的黄龙汤和现代创制的复方大承气汤等[3]。又如半夏、生姜、茯苓角药，方中半夏辛温而燥，为燥湿化痰、温化寒痰之要药，且和胃降逆而止呕；生姜辛热，温中祛寒，温肺化饮，既能温散肺中寒邪而利肺气之肃降，使水道通调而痰饮可化，又能温脾胃去湿浊而绝生痰之源。配以茯苓甘淡而平，利水化饮，宁心定悸。三药相伍，虽不同类，但治疗目的一致，共奏降逆止呕，化饮利水之功。

三、阴阳配伍

由于阴阳互根，“阴在内，阳之守也，阳在外，阴之使也”。滋阴同时应兼顾扶阳，温阳同时须兼顾滋阴。通过3味角药配伍，可以达到滋阴温阳，阴阳双补之功效。经方中如附子、茯苓、白芍角药（出自真武汤）。其中附子、茯苓温阳利水，白芍敛阴和阳，附子、茯苓温燥，配白芍敛阴，使附子温阳不致过燥，茯苓利水而不致伤阴，刚柔相济，阴阳相伍，共奏其功。再如当归、川芎、白芍角药（出自当归芍药散、胶艾汤、温经汤等），其中当归、川芎活血行血主动属阳，为活血调经之要药；白芍酸收养血主静属阴，长于养血敛阴，调经止痛。三药合用，阴阳相伍，开合相济，使其补血而不滞血，行血而不耗血，养血活血之功最良。

四、气血配伍

“气为血之帅，血为气之母。”气主温煦和运行，血主荣养和滋润，二者相互依存，相互为用。在病理情况下，气虚则引起血虚，气滞则引起血瘀，反之亦然。因此气血病变，补气药和养血药，行气药与活血药往往相须为用。盖气行则血行，气滞则血滞，故仲景在治疗气血病变时，常常补气药和补血药并用，行气药和活血药并用，清气分药和凉血分药并用。经方中如柴胡、白芍、枳实角药（出自四逆散）。其中柴胡疏肝理气，枳实行气散结，白芍养血柔肝。三药合用，气血并治，疏肝之中以敛肝，升散之中以敛阴。白芍之酸敛以制约柴胡之辛散，体阴用阳，刚柔相济，气分药与血分药相伍，故收佳效。又如人参、当归、甘草角药（出自温经汤、薯蓣丸、续命汤等），其中人参味甘微苦，性微温，补气生津，益智安神。甘草味甘性平，气薄味厚，可升可降，阴中有阳，既能补脾胃之不足，益三焦之元气，又能调和诸药。当归辛苦甘温，质润性温，润则补血之虚，温则通血之滞。三药相配，相须为用，气得阴血之助而生，血得阳气之力而长，共使气壮血旺，阴平阳秘，机体得康。

五、寒热并用

寒热挟杂、虚实相兼是临床常见证侯，常需采用寒热并用，攻补兼施的方法治疗，通过寒热药物的配伍应用，一寒一热，寒热同施，达到兼顾治疗寒热病症的目的。经方中如大黄、附子、细辛角药，治疗由于素体阳气不足，运化无力，阴冷寒邪，凝滞肠胃，腹气不通所致的腹满疼痛拒按，大便秘结不通之证。方中附子和细辛温经散寒止痛，并制约大黄苦寒之性，以防伤阳；大黄泻下通便，攻下积滞。诸药合用，祛寒散结通便。寒热相伍，以热制寒，舍性取用，用其泻下之功。再如薏苡仁、附子、败酱草角药，方中薏苡仁、败酱草皆甘而微寒，重用清热解毒排脓为主；少用二分辛热之附子反佐于十分薏苡仁、五分之败酱草苦寒药中，振奋阳气，并“假其辛热，以行郁滞之气尔”。三药合用，具有温阳利湿，活血消肿之功，以排脓消痈。

六、升降相因

升降是人体气机运行的形式。正常升降运行的形式被破坏，就会产生疾病。药物也有升降之性，所谓升降配伍，就是利用药物的这一作用纠偏，通过升浮药物与沉降药物的配伍，以恢复人体正常的气机运行。经方中如防己、黄芪、白术角药（出自防己黄芪汤），其中黄芪具升发之性，能补气升阳，固表止汗，利水消肿，又善走肌表，是治疗表虚及虚性水肿的要药。白术味甘性温，长于健脾补中，燥湿止汗。防己能利水消肿，使水湿下行，味辛能散，功可祛风，以驱外袭之风邪。黄芪、白术以升为主，偏重扶正，防己以降为要，重在祛邪。三药参合，一升一降，一补一泻，升降调和，补泻兼顾，相得益彰，祛风除湿而不伤正，益气固表而不恋邪，使风湿俱去，表虚得固，共奏益气祛风、健脾利水之效。

七、开阖并施

开阖升降是脏腑功能活动的表现，在病理情况下，应采用调和的治疗方法，通过药物配伍，一开一阖，相反相成，使其恢复正常。经方中如干姜、细辛、五味子角药，其中干姜辛热，温肺化饮；细辛辛散温通，温肺气、散肺寒、化肺饮、平喘逆；五味子酸甘温，敛肺止咳，养阴生津，敛汗涩精。干姜与细辛相配，干姜温暖脾胃以化饮，细辛宣降肺气以化饮，合用温肺散寒、温阳化饮。干姜与五味子相配，一散一收，司开合之机；二药合用干姜辛散不致太过而耗气，五味子酸敛不致壅塞而留痰。五味子与细辛相合，五味子酸收敛肺，细辛辛散开肺，二药合用，开无耗散肺气之弊，合无敛遏邪气之害。陈修园曾论干姜、细辛、五味子在小青龙汤中的作用：“干姜以司肺之开，五味以司肺之合，细辛以发动其开合活动之机”。陈修园又在《医学三字经》中概括为：“姜细味，一齐烹”，对于本组角药的配伍妙处独具卓识。总之，干姜、细辛、五味子三药合用，共奏温化寒痰，调畅气机之效。

八、散敛兼顾

散敛兼顾配伍，是取相反作用的药物结合起来，一方面收敛正气，一方面解散邪气，同时并进，取相反相成之意，以治正虚邪恋的病证的一种配伍形式。当患者素体亏虚或病程中正气已伤，复感外邪时，单纯使用辛散苦泄之品祛邪，则有耗散阳气与阴液之弊，邪去正愈伤，只宜散敛同用，方可中病之的，采用辛散苦泄之品与酸涩收敛之药并施，才能散不伤正，敛不碍邪，相反相成，达到解除病疾的目的[4]。经方中如麻黄、桂枝、五味子角药，方中麻黄味辛性温，开宣肺气，发汗解表而止咳；桂枝辛温浮散，透达于肌腠之间，长于宣阳气于卫分，畅营阴于肌表，长于温通心阳；五味子味酸性温且润，“专收肺气而滋肾水”，且生津敛汗。三药伍用，一散一敛，开合相济，肺肾同治，开敛肺气而止咳喘，发汗解表而不致失津液。

九、润燥相随

“燥者润之”，燥证需用润法，湿证宜用燥剂。燥剂易伤津，润剂易碍湿。故宜相伍为用，以纠偏制弊。本法即以辛香苦燥药物与阴柔滋润药物相配伍，通常以一种药物为主，另一种药物为辅，为痰湿内停和阴液损伤的复杂病情所设，利用药物间的监制作用，达到较平和的燥湿化痰或润燥滋阴作用。经方中如半夏、麦冬、人参角药（出自麦门冬汤），其中重用麦门冬，以其甘寒之性，滋养肺胃之阴，且清虚火。臣以半夏，意在降逆化痰，其性虽燥，但与大量麦门冬配伍，则燥性减而降逆之性存，独取其善降肺胃虚逆之气，且又使麦门冬滋而不腻。佐以人参补益中气，与麦门冬配伍，大有补气生津之功。三药合用，主从有序，润降相宜，既滋肺胃，又降逆气。

十、攻补同施

攻为祛邪，补为扶正。若病属正气已虚，邪气又盛，则应攻补兼施，通过祛除邪气药物与扶助正气药物的配合，以达到扶正不碍邪、祛邪不伤正之目的。经方中如附子、干姜、甘草角药，其中附子纯阳有毒，为补益先天命门真火之第一要剂，通行十二经，生用尤能迅达内外以温阳逐寒，干姜温中焦之阳而除里寒，助附子伸发阳气。生附子有大毒，与干姜同用，其性峻烈，故又用益气温中之炙甘草为佐药，既能解毒，又能缓姜、附辛烈之性，合而回阳救逆，又不致有暴散之虞，故名“四逆”。又如大黄、甘遂、阿胶角药，方中大黄攻瘀，甘遂逐水；因产后所得，故配阿胶养血扶正，使邪去而不伤正。诸药合用，共奏破血逐水之功。

十一、动静结合

动静结合，即动性（如发表、通阳、行气、行血）药物与静性（如收敛、止呕、补益）药物的配对，它使动中有静，静中有动，动而不过，静而不凝，起到调畅气血营卫的作用，既可防走药伤正之弊，又可防守药留邪为患。经方中如桂枝、白芍、甘草角药，其中桂枝辛甘而温，解肌调卫，发散风寒；白芍苦酸而寒，敛阴和营；甘草调和诸药。桂枝配芍药，一收一敛，和营卫，调阴阳；桂枝配甘草辛甘助阳；芍药配甘草酸甘化阴。三药相伍，一动一静，一散一收，一气一血，开合相济，调和营卫、畅通血脉、调理脾胃、复建中气。

十二、刚柔相济

刚柔相济，主要是指秉性刚烈药物与秉性柔润药物的配对，这类药物起着刚柔相济、相互调节的作用。经方中如桃仁、大黄、䗪虫角药，方中桃仁苦甘而平，性柔润，为血分之品，最善破血行瘀，又可润肠滑肠；大黄苦寒，性刚燥，既善于泄热毒、破积滞，治实热便秘，也能入血分，活血通经，破一切瘀血，治疗血热互结之蓄血。配以䗪虫峻烈之品，活血破瘀，三药配伍，刚柔相济，大黄、䗪虫得桃仁，专入血分，共奏破血积、下瘀血之功；桃仁得大黄、䗪虫，破积滑肠之力增强，对瘀热停积不行兼见大便秘结不通者，用后一通肠腑，使瘀热与大便并下，共收活血祛瘀，泻热通腑之功。

十三、表里兼顾

表里为八纲辨证的主要内容之一，言其疾病的位置。若正不胜邪，邪气可从表入里，以致表里同病。由于疾病的复杂性，常需表里同治，即通过药物配伍，既能治表，又能治里，以达到表里兼顾的目的。经方中如麻黄、附子、甘草角药，方中麻黄辛微苦温，发汗解表；附子辛热，温阳散寒。麻黄解表，附子温里，按表里相对关系配伍，表里同治，两药峻烈，故用炙甘草以调和，共奏助阳解表之效。又如麻黄、附子、细辛角药，方用麻黄发汗以解太阳之表，附子扶阳以温少阴之里，细辛则既能解在表之寒，尤能散少阴之邪，与麻黄、附子相伍，可兼有表里两治之功。三药合用，温少阴之经而发太阳之表，具有扶正祛邪、温阳解表的作用。

十四、气味配伍

气味配伍是指以系统多维哲学理论为指导，依据药物四气五味的配伍原则，以药物气味配伍制方来调整阴阳表里寒热虚实之偏。药有四气，寒、热、温、凉。五味，即辛散、甘缓、酸收、苦坚、咸软。如合而用之，七情相制，四气相和，则变化无穷[5]。《黄帝内经》云：“诸气在泉，风淫于内，治以辛凉，佐以苦甘，以甘缓之，以辛散之……”阐述的即是气味配伍的制方原则和规律。经方中如半夏、干姜、黄芩角药，辛开苦降以消痞除满。《内经》云：“辛走气，辛以散之”，散痞者，必以辛为助。方中半夏醒脾燥湿，和胃降逆，调理气机；干姜既能温暖脾胃，温阳散寒，又能温肺化饮，止咳散寒，二药合用，辛温开结以散寒。《内经》云：“苦先入心，以苦泄之。”苦能燥湿，寒能清热。黄芩苦寒清热燥湿。半夏、干姜与黄芩合用，辛开苦降，善于调理中焦脾胃气机，半夏、干姜性温，黄芩性寒，黄芩清热受半夏、干姜制约而不寒凉，半夏、干姜受黄芩制约而不温燥，三者相互为用，寒热并用，辛开苦降，以治疗寒热错杂之心下痞证。又如乌梅、川椒、黄连角药（出自乌梅丸），酸辛苦并用，温脏安蛔。柯琴曰：“蛔得酸则静，得辛则伏，得苦则下。”本组角药重用乌梅，味酸安蛔，蛔静痛止；川椒味辛性温，以辛治蛔；黄连味苦性寒，以苦驱蛔。酸辛苦并用，共奏温中补虚，清热安蛔之效。

十五、结语

总之，从以上14个方面的探讨，可以看出经方中蕴含着丰富的角药配伍知识，仲景在前贤医家基础上，结合自己的临床实践，将相关药物有机的进行组合，形成了经方独特的药物配伍风格，尤其由三味药物组合而成的角药，风格独特，颇具巧思。角药是对药的扩展，但它绝不是药物数量的简单增加，而是有着更为复杂意蕴的药物配伍组合。角药的临床应用，可以减毒增效，扩大药物的临床使用范围，执简驭繁，开发新药，准确辨证，为运用中医药诊疗疑难疾病提供新思路和新方法，以达到提高中医药临床疗效之目的。角药组合而成的方剂大多配伍合理，疗效确切，被历代医家广泛使用，为我们今天学习、应用与研究，留下了极为丰富和宝贵的资料，故我们应当深入发掘经方角药配伍知识，以期对提高临床疗效有所裨益。

参考文献

[1] 杨发贵．“角药”启微［J］．河南中医，1999，19

(2)：55.

[2] 朱富华，杨志春，樊平．中医中药角药研究［M］．西安：陕西科学技术出版社，2009：4～7.

[3] 楼友根．试论经方中“角药”的配伍应用［J］．河南中医，2003，23（8）：3～4.

[4] 谭同来．中药配伍十法［M］．太原：山西科学技术出版社，2006：275.

[5] 魏文浩．姜良铎教授论角药的理论基础及配伍特点［J］．环球中医药，2009，2（2）：137，366.

［《中华中医药学刊》2013，31（2）：364］

论张仲景对方药的计量只能用东汉官制

傅延龄　宋　佳　张　林

北京中医药大学

经方本原剂量研究是一个具有重要意义的科学问题。经方本原剂量是多少，东汉官秤1两的量值肯定是在13.8～15.6g之间，而最有可能的就是13.8g。那么，经方计量单位的量值与东汉官秤是否一致？或者，东汉在官秤以外是否还存在不同于官秤的用于药物计量的权衡？我们经过全面和细致的文献分析、研究，认识到经方的计量使用的是东汉官秤。

一、汉代以前的斤、两量值

原始人类已有对数和量的认识。夏、商、周以至春秋战国的权衡度量是复杂而混乱的。自秦国变法，到秦始皇统一中国，全国的度量权衡得到基本的统一，尺度1尺为23.1cm，度量1L约为198mL，权衡1斤约为253g。16两为1斤，1两约等15.6g。

汉朝建立以后，其权衡度量沿袭秦制，经过200余年，至王莽立国，全面恢复周礼，改革权衡度量。不过王莽的改制也不过是对秦制的进一步完善，秦汉之制度并无大的改变，西汉、新莽和东汉时期，其长度、容量单位的量值均沿用秦制，四、五百年的传承，没有出现大的变化。其重量单位的量值似乎有所下降，西汉每斤约为250g，新莽每斤约为245g，东汉每斤约为220g。

《中国科学技术史·度量衡卷》说：“从度量衡史来看，汉代无论是文献记载之翔实、理论之完备，器物数量之众多，还是度量衡标准器的设计、制造之精美，都为历代之冠。”[1]由此可见，汉代度量权衡的量值是明确可考的。

在衡制方面，应该说是西汉、东汉，两汉同制，新莽将斤重减轻，不过是一个短时间的历史插曲，东汉220g的权可能是新莽之制遗存下来，用于“小以出之”的场合。东汉1斤约为220g，1两约为13.8g，这是史学界的一个定论。

二、经方重量计量用的是东汉官秤

张仲景著作成书于东汉末年，它使用的应该是东汉官秤。

（一）东汉、魏晋在官秤以外不存在别的权衡制度

大量文献及文物表明，东汉时期官定权衡的量值是明确的，1斤为220g，1两为13.8g。此量值较之西汉和新莽1两约15.6g有所下降，相差约1.8g，可见是新莽制的延续。三国、魏、晋都沿用这种制度。《后汉书·历律志》《晋书·历律志》都没有记载另外的权衡制度。充分说明三国、魏、晋几个历史时期的权衡制度也没有出现大的变化。如果出现大的变化，那么在《后汉书·历律志》或《晋书·历律志》等文献上一定会反映出来。近代度量衡史学家吴承洛在《中国度量衡史》中说：“后汉度量衡承莽之制。”“后汉于度量衡之设施及制作，既无记录，即其制度亦莽之制也。”他还说：“三国全代，对于度量衡之制，无有规定，其时所行使度量衡之器，乃为新莽之制，经后汉增替，以至其世实际之结果者。”“晋承魏国之初，制无改革，即魏世之器。”[2]既然官定权衡1两的量值约为13.8g，而在此以外不存在别的官定标准，所以，经方计量用的只能是1斤为220g、1两为13.8g的标准。

不过，也有少量文献及文物显示，东汉时期可能存在另外两种权衡制度。一种为始见于梁·陶弘景《本草经集注》，后来在唐·孙思邈《备急千金要方》中提到的“神农秤”，它的量值仅为官秤的1/10，1两仅重约1.38g。但是，神农秤的量值实在太小，它不可能是经方的计量标准。以桂枝汤为例，《伤寒论》桂枝汤全方在大枣以外重11两，如果1两重1.38g，仅有15.18g，分3次服，每次服量仅5g。再以麻黄汤为例，麻黄、桂枝、甘草总重6两，仅8.28g，分3次服，每次服量仅2.76g；而且杏仁70枚的重量超过20g，这样大一个用量与麻黄、桂枝、甘草3物的用量也甚不相称。从这两个例子可以看出，如果按照1两重1.38g的标准，将上述经方用于外感热病的治疗，显然是不合适的。病重药轻，杯水车薪，何以治病？神农秤可能是起自于东汉，主要是在魏晋时期使用，到了隋代逐渐终止使用的一种精细小秤，它主要是由东汉、魏晋

南北朝的炼丹家和服食家使用的一种特制小秤，只用于称取散药，而不用于汤剂药物的称取。

另一种为"晋秤"。晋秤的记录始见于唐·苏敬的《新修本草》。晋秤虽然被称为"晋秤"，但它并非晋朝的官秤，《晋书·历律志》没有提到这种秤。按照苏敬的说法，这种所谓的晋秤在东汉末年就出现了。晋秤的量值是多少？一种观点认为它的量值是东汉官秤的二分之一，但是这种观点缺乏足够的文献和文物支持，这种观点的出现是由于持这种观点的人错读了苏敬的那段话。另一种观点认为它的量值是东汉官秤的2倍，也就是所谓的"复秤"。由于它的量值2倍于东汉官秤，所以它也不会是经方使用的权衡。历代医家对于经方1两的量值为13.8g尚且不能接受，怎么会转而认为经方1两的量值为27.6g？魏晋时期的度量衡制，史籍记载很少，未见有新的规定。从《晋书·历律志》看，魏晋时期使用的仍然是新莽度量衡制。不过，孙思邈说"吴有单秤、复秤"，应该不是空穴来风，大概在三国、魏晋时期出现过1种2倍于汉秤的秤两。但是，由于这种2倍于汉秤的秤两并不见于《晋书·历律志》等史籍，所以它并非官定制度。

（二）医药家无力在官制以外创建另外一种秤两

虽然医药是一个重要的领域，医药家是一个不小的群体，医药家分布在全国各地，但是，在国家颁布的权衡标准以外，当时的医药家根本没有能力另外实行一套独立的计量标准，他们只能按照国家颁布的权衡制度去进行方药的计量。即使在已经建立起全国性的医师行业协会和药师行业协会的今天，医药家们若要在构建颁布的权衡标准以外另外实行一套标准也是困难的。

方剂是有剂量的，方剂自它诞生之日起就有剂量。现有文献资料表明，方剂在先秦时期就出现了。到了西汉，方剂得到较多的发展，方剂的数量更多，已经为医家在临床广泛应用。1973年12月，在湖南长沙马王堆三号汉墓出土了一批帛、简书，其中有不少是医学和养生方面的著作，包括《足臂十一脉灸经》《阴阳十一脉灸经》《脉法》《阴阳脉死候》《五十二病方》《却谷食气》《导引图》《养生方》《杂疗方》《胎产书》《十问》《合阴阳》《杂禁方》《天下至道谈》等。另外，在现今已知的汉代书简中，内容涉及医药学的还有《治百病方》和《居延汉简》等。

《五十二病方》是现知我国最早的医学方书，是1973年湖南长沙马王堆三号汉墓出土的西汉文物，全书涉及病名100多个，方剂280余首，药物240多种，其中不少方剂含有剂量方面的内容。

《治百病方》是1972年在甘肃武威旱滩坡一座墓葬中发现的，经研究鉴定，墓主人可能是一位年长的医生，其时代当是东汉早期。《治百病方》共有92枚手写的医药简牍，最开始被命名为《武威汉代医简》，由于简牍中有"治百病方"的字样，于是后来被改名为《治百病方》。《治百病方》的内容相当广泛，包括内、外、妇、儿、五官各科的疾病，记录了近100种药物，36首方剂，如"治风寒逐风方""治久咳逆上气汤方""治金创止痛方""治妇人膏药方""治目痛方""公孙君方""建威耿将军方""东海白水侯所奏男子有七疾七伤方"等。简文对药物的炮制、剂型以及用药方法、服药时间等都有详细的记载。

《居延汉简》是20世纪中外学者在我国内蒙古自治区额济纳旗的居延地区和甘肃省嘉峪关以东的金塔县破城子发现的汉代简牍。《居延汉简》收录英籍考古学家A·斯坦因在中国盗掘的敦煌汉简、罗布泊汉晋简牍及少量纸本、帛书等，共计588枚(件)，其中有不少医药方面的内容。

《五十二病方》《治百病方》《居延汉简》等汉简、帛书反映了医学在西汉和东汉早期的基本面貌。从这些帛、简可以看出，该时期的方剂处于相对早期的阶段，方药计量方法比较粗糙，官定度量衡标准有一些使用，但使用不多，容量单位的升、合、斗有一些应用，长度单位的尺、寸也用于方药计量，而重量单位的斤、两只有很少的使用，铢的单位没有出现。

西汉甚至东汉早期的方药计量具有粗糙、约略的特点，较多地使用的是一些诸如撮、束、把、握、垒、挺、枚、果等估量、拟量单位和自然个数。如："芫花一撮""萆薢、牛膝各五束""续断根一把""黄芩五挺""乌喙十果""茯苓大者一枚"等。该时期的方药计量多用容量单位，如刀圭、方寸匕、杯等单位就较为常用。该时期的医药家必定会直接采用政府颁布和推行的度量衡制度。创造一套新的制度很难，而推行一套新的制度更难。此外，该时期的政府颁布和推行的度量衡标准完全能够满足医药之用，合、升、斗，铢、两、斤等单位一应俱全，容量最小单位"合"的量值为20mL，重量最小单位"铢"的量值为0.65g，可以满足方药的精小计量，无任何应用上的不便。所以，医药家根本没有必要在官定的度量衡制度以外另搞一套标准，或者只是另外搞一套权衡标准。而且，他们也没有能力那样去做，更没有能力向全国全行业推行。任何医药家离开政府的力量都做不到。

汉代的方书很多。《汉书·艺文志》记载有经方十一家。张仲景《伤寒杂病论·自序》里有“勤求古训，博采众方”的话，这也说明当时的方剂和方书已经不少。中央政府可以政令天下，所以当中央政府要改革度量衡制的时候，它可以发布政令，通过全国各级地方政府通令全国，天下响应。医家可没有这么大的力量。那个时候的医生没有全国性的行业组织，没有向全国全行业发布改革度量衡制的渠道。医家只能沿用前代和前辈医家长期使用的权衡。任何一位医生、一位药师、一个地区，他们都不可能特立独行，采用一个不同于官定权衡的计量制度，他们不具备改变医药用秤的能力，他们只能沿用古秤，遵循官制。

“铢”这个重量单位在汉代医简中没有出现，这种现象也是值得思考的。可能是“铢”的量值太小，其量值仅约 0.6g，当时的医药计量不甚精密，对于多为树皮草根的药物，医药家使用斤、两、升、合计量即可，或者就用枚、颗、寸、尺、本、束、三指撮、方寸匕、刀圭等单位计量，不需要用到“铢”这么小这么精确的计量单位。后来随着方剂的发展，散剂应用的增多，医药计量更为精确，铢的单位才逐渐出现在医药计量之中。

（三）医药家不敢另行官秤以外的任何秤两

还有更为重要的一点，也是至今较少为人们提及的一点，这就是不唯在官制以外，医药家要创造和推行另外一套度量衡制度是极难的，而且其风险也是很大的。因为这将被认为是性质严重的犯罪，可能被以对抗诏书、违背政令、欺诈人民的理由而处以刑罚。秦汉及秦汉以前的政治家、思想家都把度量衡看作权力和社会公正力的象征。史籍记载，传说帝舜在行使公共权力的时候，“协时月正日，同律度量衡”。国家征收赋税，发放俸禄，水利工程，城楼建造，物质分配与交换，都需要严格的度量衡制度。所以，历代统治者都把计量作为行使统治权利来认真对待的。《礼记·明堂位》说：“周公朝诸侯于明堂，制礼作乐，颁度量，而天下大服。”由此可见，颁布国家度量衡制度是行使统治权力的一件大事。《管子·明法解》说：“明主者一度量，立仪表而坚守之，故令下而民从。”《管子·七法》又说：“尺寸也，绳墨也，规矩也，衡石也，斗斛也，谓之法。”《论语·尧曰》：“谨权量，审法度，修废官，四方之政行焉。”《淮南子·本经训》说：“谨于权衡，审乎轻重，足以治其境内矣。”显然，历朝都把颁行度量衡制度作为治国方略，强调度量衡的准确一致，体现着法律的公正，如此则天下遵守国家法令，服从君王的统治。

秦始皇在统一全国度量衡制度时，就向全国发布统一度量衡的诏书：“廿六年，皇帝尽并兼天下诸侯，黔首大安，立号为皇帝，乃诏丞相状、绾，法度量则不壹歉（嫌）疑者，皆明壹之。”规定凡“舟舆所载，日月所照”都要遵照执行。由此可见秦皇的决心之大，广而告之天下，要求家喻户晓。此外，政府还监制大量度量衡标准器发至全国各地，订立严格的度量衡管理和检定制度。度量衡制度是以皇帝诏书形式发布的，禁止私造度量衡器。所以人民必须坚决不折不扣地遵行，不敢违背，不可改易。

秦以后的各个朝代在建立伊始，都要考校度量衡制度，颁布标准器，昭告天下，使民众听命于新王朝的统治。如西汉立国之初，汉高祖刘邦令张苍定历法及度量衡程式规章。王莽也颁布过统一度量衡的诏书，制造了一大批度量衡标准器，莽制度量衡标准器制作之精细及准确度都有很高的水平，颁发天下，使天下尽遵而用之。王莽统一度量衡制诏书 81 字铸刻在新莽铜丈、新莽铜衡杆和新莽铜嘉量等器物上，其中有一句说：“初班天下，万国永遵，子子孙孙，亨传亿年。”天子诏令具有无尚的权威，任何人都不得违抗。

秦商鞅整顿秦国的度量衡时下令，“步过六尺者罚”。《秦律》严格规定使用度量衡器允许的误差范围，超过规定的范围就要对主管人员罚以兵器铠甲或盾牌。西汉规定，如果使用不合标准的秤钱衡器，当事者必须到乡官里正那里接受处罚，服徭役十天。《唐律》是我国现今保存最古老、最系统的封建法律著作，由长孙无忌主撰的《唐律疏议·杂律门》中专有校斛斗秤度一节，规定度量衡事务由太府寺管理，每年八月校准度量衡器具，地方上使用的器具则由所在州县官校，并加盖印署方准使用。凡执行者不按规定校验，私造不合规定的器具而在市上使用，用以称量出入官府财物的器具，量值有所增减等，都要分别受到杖刑，打五十至七十大板。监校者没有发觉或知情不报者，都要治罪。唐朝初期，度量衡管理即实现了法制化，这对于统一度量衡和促进封建经济的发展起到了一定作用。后来宋元明清各代都依唐典，把度量衡制列为本朝法典，颁发标准器，并定期检定。

或者有人会问，按照古代文献记载，吴有单秤、复秤，隋有大斤、小斤。唐朝官方权衡的量值是汉秤的3倍。那么，医药家们不是仍然按汉秤的标准使用，没有使用官制吗？前面已经说过，三国时期的权衡仍然沿用汉制，2斤为1斤的复秤可能并非吴国的官秤。所以，医家沿用汉秤是合乎国家法律的。至于隋唐，官秤的量值虽然增至汉秤的3倍，但政府仍然允许医药沿用小秤，也就是汉秤。《旧唐书·食货志》有说明："以北方秬黍中者，八黍之广为一分，容千二百黍为龠，二龠为合，十合为升，十升为斗，三升为大升，三斗为大斗，十大斗为斛，百黍为铢，二十四铢为两，三两为大两，十六两为斤。调钟律，测晷影，合汤药，及冠冕制，用小升、小两，自馀公私用大升、大两。"[3]

（四）医药计量具有高度的历史稳定性

医药是一个特殊的行业，医药计量具有高度的历史稳定性，不会出现大的改变。如果发生改变，医疗经验的传承将发生混乱，前人传下来的方药用量经验，特别是记载在帛简中的方药用量经验，将会变成陌生，被错误地理解、应用，其后果将是十分严重的。唐代的大秤、小秤对方药计量是有影响的，而到了宋代、明代，方药计量标准出现了较大的变化，结果就引起了不小的混乱，这就是证明。在所有的行业中，大概只有医药行业要求其计量标准的历史稳定性；对于所有物质的计量，大概只有方药的计量要求其标准的历史稳定性。无论是普通物质还是贵重物质，其计量问题与方药的计量相比都是简单的。正是由于这个道理，一代一代医家临床经验的传承，包括书本所载经验和师徒、父子口耳授受经验，对于方药计量方法和标准的稳定性起到很好的维持作用，因而方药的计量标准就会保持历史的延续和一致，不会出现大的变化。所以，即使到了唐代，官秤量值增大到古秤的3倍，古3斤为1斤，但是药物计量仍然沿用古秤，原因就在于医药的计量要维持在一个相对稳定不变的状态。从西汉到唐末，这种相对稳定的状况维持了大约1000年。宋金元时期，中药在临床的应用改为主要采用煮散的方式，一般是每服取3~5钱，这就可以基本上脱离古方权衡的绝对剂量，医药家对于前人的经验，前人传下来的方剂，只需要知道各药用量比例即可，至于古方权衡的量值是多少就不再是十分重要的，直接用宋秤计量不会出现差误。可以设想，如果不是因为宋代盛行煮散，那么由汉代传承下来的方药权衡制度，在政府出面实施改革之前，可能仍然不会出现太大的变化。

（五）两汉权衡标准相差不大

张仲景方主要来自于《汤液经》，所以张仲景方的计量可能保留一些《汤液经》内容。由于《汤液经》成书于西汉前期，因此人们会认为，《伤寒论》方的剂量可能沿用西汉的权衡标准，1两为15.6g。经过深入的思考，我们认为，首先，除了上述由"张仲景撰用《汤液》"产生的设想，目前还没有另外更充分的历史文献能够证明张仲景方用的是西汉权衡；其次，虽然张仲景在撰写《伤寒杂病论》时选录了许多《汤液经》的方剂，但他可能已经按照东汉权衡进行了折算；再次，西汉权衡与东汉权衡的量值相差较小，15.6g与13.8g，相差仅1.6g，医药家可能不会对这样小的差异有特别的留意。由西汉权衡过渡到东汉权衡是一个渐变的过程，是一个不易为医药家察觉的过程。张仲景时代的医家，包括张仲景本人，他们对于流传下来的《汤液经》的方剂，在临床实际应用中，就是按照东汉秤计量使用。

（六）晋代权衡沿用东汉制度

张仲景《伤寒杂病论》曾经散失，后经晋太医令王叔和的整理。王叔和说："今搜采仲景旧论，录其症候、诊脉、声色、对病真方有神验者"[4]，编成《伤寒论》。这样就出现了一种可能：王叔和在整理张仲景遗著，编辑《伤寒论》的时候，对张仲景方的剂量按照晋代的权衡标准进行过折算。研究亦表明，王叔和在整理、编辑《伤寒论》时并没有按晋秤进行权衡折算。一个最为重要的证据是，直到宋朝翰林学士王洙于蠹简中发现张仲景《金匮要略方论》之前，《金匮要略》没有经过晋唐任何人整理，所以应该说它保持着张仲景的原貌。到宋代才被发现的《金匮要略》与经过王叔和整理形成的《伤寒论》在方药剂量上保持着高度的一致，那些既见于《伤寒论》也见于《金匮要略》的方剂，如桂枝汤、桂枝加葛根汤、半夏泻心汤、小柴胡汤等药物剂量都是相同的。所以，张仲景方的剂量仍然是用东汉权衡计量，其量值为1两重13.8g。

（七）隋唐方药计量仍用汉制

较多文献表明，隋朝的1斤已经增至汉秤的3倍。孔颖达在注《左传·定公八年》时疏："魏、齐斗秤，于古二为一；周隋斗秤，于古三而为一。"度量衡经过南北朝的变迁，到隋代得到统一。孙思邈说："吴以二两为一两，隋以三两为一两。"公元581年，隋文帝即位后，政府在统一货币和校定音律的同时，对度量衡制也进行了确定，以北周市尺为隋开皇（隋文帝年号）官尺，其长度为新莽尺度的1尺2寸8分1厘，以汉制的3斗为1斗，3斤为1斤。清·顾炎武《日知录》说："三代以来，权量之制，自隋文帝一变。”这个大变革，在推行时比较顺利，民间没有出现显著的反对，这是因为汉代度量衡值经过魏晋南北朝三百多年的变迁，逐渐增大，隋文帝不过是把已经增大的量值以官定的形式确定下来。后来到了隋大业年间（605年~618年），政府虽拟恢复古制，但终因与经济发展不相适应而未能实现，以致在事实上大、小两种制度并存，小制即汉制，大制即3倍于小制的隋制。唐秤与隋秤相比变化不大。颁行于唐初永徽四年（653年）的《唐律疏议》和《唐六典》明确记载大、小制，小制1尺2寸为大制1尺，3升为1大升，3斤为1大斤。官民通用大制，小制只限于测日影、调音律和太常、太史、太医使用。根据实物和文献记载推算，唐代大制的1尺合29.5cm，1升合600mL，1斤合640g。这也从一个角度说明东汉秤1斤重220g，1两重13.8g的观点是比较正确的。《中国科学技术史·度量衡卷》将东汉秤1斤定为220g，1两为13.8g。将经方1两的量值确定为13.8g，这较之将其认定为15.6g更加合适。

综上所述，可以将经方计量若采用汉代官秤以外的权衡，归纳为“四不”：不必、不能、不敢、不通。不必，即对于方药计量没有必要；不能，即医药家没有号令全国、普及推行的能力；不敢，即要冒很大刑事风险；不通，即在常识、医理、历史、文物和文献等各个方面都说不过去。所以，可以十分肯定地将经方剂量1两的量值确定为13.8g，1斤确定为220g。

参考文献

[1] 卢嘉锡，邱隆，丘光明．中国科学技术史．度量衡卷［M］．北京：科学技术出版社，2001.

[2] 吴承洛．中国度量衡史［M］．上海：上海商务印书馆，1957：37，46.

[3] 刘昫．旧唐书［M］．北京：中华书局，1973：2089.

[4] 张仲景．述．王叔和．撰次．伤寒论［M］．北京：人民卫生出版社，2005：19.

［《北京中医药大学学报》2013，36（6）：365］

浅述《伤寒论》以病机为核心的辨证观

徐姗姗　成都中医药大学基础医学院

郑丰杰　北京中医药大学基础医学院

姜冬云　四川省中医药科学院

近几十年，诸多学者将证候作为辨证论治的研究重点，取得了一定成果，但未有重大突破。国医大师周仲瑛教授早在20世纪60年代即提出“‘审证求因’的实质当为‘审证求机’，临证辨证应首重病机”，周学平等倡导以病机为核心、以病机证素为单元构建辨证论治新体系，从病机层次解析中医辨证过程[1]。当前，越来越多的中医学者也认识到以病机为核心进行辨证的优势，指出应以病机作为中医辨证的核心和关键[2~4]，实际上，这正是《伤寒论》的精髓所在。

《黄帝内经》最早谈到“病机”，《素问·至真要大论篇第七十四》云“谨候气宜，无失病机”“谨守病机，各司其属。有者求之，无者求之……”“至真要”意为“最重要、最关键”，《内经》将病机置于最关键的篇章中探讨，可知中医临证谨守病机之重要。《伤寒论》以“观其脉证，知犯何逆，随证治之”12字概括变证的治疗法则，将12字简化为4字，其实就是“辨证论治”，是中医学辨证论治精神在《伤寒论》文字描述上的集中体现，也是中医对于一切疾病的治疗原则。“随证治之”的“证”，是对疾病当前状态的概括，证可以分为初级形式与高级形式，证的初级形式主要以临床表现来反映，而证的高级形式则是由病机来体现。病机的含义有二：一是疾病发生、发展、变化的机理；二是指病理的关键环节。中医临床诊病辨证对于病机的掌握主要是针对病机的第二个含义，即病理的关键环节而言[5]。病机是中医对疾病状态概括的核心，确立病机也就确定了证候。“随证治之”强调始终围绕病机论治，深刻体现了《伤寒论》以病机为核心的辨证观。

辨证是运用中医理论辨析疾病资料确立证候的过程、方法与思维方式。疾病的资料主要是临床表现，即通常所说的脉症，辨证在《伤寒论》中可概括为“凭脉症，识病机”，即运用中医理论分析脉症，综合归纳，进而认识病机。刘渡舟先生提出的“抓主证，识病机”正是这样，在《伤寒论十四讲》[6]中刘老专列一讲，名为“使用经方的关键在于抓住主证”，指出临床辨证一定要抓主证，尤其运用经方时，抓住主证更是取得最佳疗效的关键。刘老认为主证之所以重要，在于主证最能反映病机。抓主证即是通过掌握主证来认识疾病的证候病机本质，随之确立方证关系，最终达到辨证论治的目的。

作为中医辨证论治的奠基之作，《伤寒论》尤其重视疾病发生发展过程中的病机变化，诊病辨证无不以病机为核心，举《伤寒论》原文为例说明：

一、小青龙汤证　叙证紧扣病机

小青龙汤证原文见于《伤寒论》第（40）条"伤寒表不解，心下有水气，干呕发热而咳，或渴，或利，或噎，或小便不利、少腹满，或喘者，小青龙汤主之"，（41）条"伤寒心下有水气，咳而微喘，发热不渴。服汤已渴者，此寒去欲解也。小青龙汤主之"。

（40）条"伤寒表不解，心下有水气"与（41）条"伤寒心下有水气"在条文开头即点明小青龙汤证的基本病机为外寒内饮。水饮为病，流动不测，表里内外无处不到，临床表现复杂，证候变异性大，因此小青龙汤的适应证中，除了干呕、发热、咳喘三个主症之外，还常因水邪所到之处不同而出现众多或然症：或渴，或利，或噎，或小便不利、少腹满，或喘等各种症状。可见，在相同的病机之下，会出现各类差异很大的临床表现，因此在《伤寒论》中，病机才是辨证的核心。

小青龙汤证病机为表寒里饮，偏于里饮，治以外散表寒，内化水饮，重在温化寒饮。（40）条主症为"干呕发热而咳"，干呕、发热、咳喘均提示正气有向上向外抗邪之势，水饮之治当因势利导以温化温散为主，故小青龙汤原方在辛温解表的同时，重用温散之品以化水饮。小青龙汤方后随或然症的不同作相应加减，仔细分析，方后加减均是据病机变化来决定药物选取，其中"若小便不利、少腹满者，去麻黄，加茯苓四两"，与主症"干呕发热而咳"不同，或然症"小便不利、少腹满"则提示水饮停聚之部位偏下，所以兼用渗利之法，加入药性平和之茯苓健脾利水，祛邪而不伤正。又如"若微利，去麻黄，加荛花，如一鸡子，熬令赤色"，结合本证水饮为患的病机，则知下利的出现为正气祛邪外出的方式之一，治当因势利导，乘势泄水下行，令水去则利止。本证水饮为患，饮为阴邪，易伤人阳气，水饮内生表明人体阳气已经不足，麻黄发汗伤阳，因而"去麻黄"。

（41）条未服药之前见"发热不渴""发热"因表邪不解，"不渴"指里有寒饮而非热邪。又言"服汤已渴者，此寒去欲解也"，服小青龙汤后，由之前的"不渴"转为"口渴"，说明寒饮得以温化。这与（40）条或然证"或渴"不同，（40）条是寒饮不化，津液不得上承导致口渴。临证中可见到一些患者，其所服方药已经取效，寒饮消退，但一时间津液还未完全恢复而出现暂时性口渴，实为药物的正常作用，并非误治或病情加重。所以为医者在治疗疾病的过程中，对疾病的进退要时刻了然于心，虽然对病机的探求通常以症状作为向导，疾病的临床表现可以帮助分析病机，但临床症状的轻重不能与病情的轻重等同，关键在于灵活识别病机变化，从病机的角度准确而全面地把握病证。

二、太阳中风证　借脉象论病机

（12）条："太阳中风，阳浮而阴弱，阳浮者，热自发，阴弱者，汗自出……桂枝汤主之。"本条言"阳浮而阴弱"，一指脉象，阳即浮取，阴即沉取。阳浮即轻取见浮，阴弱即重按不足，实际上就是脉浮缓。二指病机，因为脉证是相对应的，因此，亦可以借脉象来释明病机，这在仲景书中颇为常见。风为阳邪，侵袭太阳之表，表卫之气闭郁不甚，卫阳能及时浮盛于外，与邪气抗争而见发热，故云："阳浮者，热自发"。风性主疏泄，卫阳浮盛于外与风邪抗争，卫外失固，致使营阴不能内守而汗自出，故云："阴弱者，汗自出"。由此，"阳浮而阴弱"可以看作是对太阳中风证脉证病机的一个总的概括。"阳浮而阴弱"也就是"卫强营弱"。卫强指卫气受邪气侵犯，卫阳浮盛于外，营阴不能为其后盾，导致卫外不固；反之，卫外不固，又使营阴外泄受损。病机清楚后，方可根据病机进行有针对的治疗。本来太阳中风证作为风寒表证，自当用辛温解表法，但由于本证具有卫气开泄兼正气受损的病机特点，峻猛的辛温发汗法显然不合适，应该用发汗力和缓且兼有扶正作用的解肌祛风法，所谓解肌，即是指通过调和营卫来达到和缓解表的一种辛温解表法，因此要用桂枝汤去实现这样的治疗目的。

三、阳明病提纲　直接点出病机

（180）条为阳明病提纲证："阳明之为病，胃家实是也"，一语道出阳明病的主要病机，揭示了阳明病的"病位"所在，"病性"所属，"病势"所向。从"病位"来看，《灵枢·本输》云："大肠小肠皆属于胃"，举胃该肠，胃家包括了胃与大肠。从"病性"来看，"实"即里热实之意，指正邪剧争，邪气盛实，既可以反映无形燥热弥漫气分的胃热炽盛经证（也称阳明热证），又能够反映燥热与有形积滞相结于肠道的腑证（也称阳明实证）。从"病势"来看，无论胃或大肠，其气机均以通降下行为顺，胃主受纳，大肠主传导，二者虚实更替，使胃肠之气得以正常通降，共同完成"传化物而不藏"的生理活动。如果邪入阳明，胃肠燥热亢盛，津伤化燥成实，导致肠实胃满，正常的虚实更替不能进行，上下不得通顺，阳明病由此形成。

“胃家实”高度概括了阳明病以胃肠邪热盛实为主的病机特点，故阳明病之治以祛邪为要，清、下二法是主要治法。

可见，以病机为核心的辨证观在《伤寒论》中随处得以体现。辨证论治的整个过程是理、法、方、药的统一，其中“理”最为重要，诚如刘渡舟先生所言“要做到抓主证，第一要明伤寒之理，理明则能辨证论治”，而“理”的核心就是病机。

参考文献

[1] 周学平，叶放，郭立中，等．以病机为核心构建中医辨证论治新体系——国医大师周仲瑛教授学术思想探讨［J］．中医杂志，2011，52（18）：1531.

[2] 严石林，于宏波，刘锋，等．诊病辨证的核心是辨识病机［J］．辽宁中医杂志，2009，36（7）：1090.

[3] 于宏波，严石林，鲁法庭，等．论以病机为核心的中医辨证观［J］．辽宁中医杂志，2009，36（5）：720.

[4] 于宏波，张胜，陈为，等．以病机为核心进行辨证的优势浅析［J］．辽宁中医杂志，2009，36（11）：1883.

[5] 杨殿兴，傅元谋．伤寒论读本［M］．北京：化学工业出版社，2006：24.

[6] 刘渡舟．伤寒论十四讲［M］．天津：天津科学技术出版社，1982：10.

［《时珍国医国药》2013，24（2）：455］

浅谈《伤寒论》三阴三阳

范铁兵　杨志旭

中国中医科学院西苑医院

《伤寒论》中的三阴三阳辨证论治体系为东汉张仲景所创，是其在继承《黄帝内经》三阴三阳的基础上，通过自己多年临床实践及思考后所创立的，《伤寒杂病论》是一部承前启后、继往开来的巨著，总结并发展了汉以前的医学理论和治疗方法，直到现在也有着广泛的指导意义，是中医学治疗体系的一次伟大变革。后世诸多医家将三阴三阳辨证体系称为六经辨证体系，但是在《伤寒论》原文中并没有六经之名，只有太阳病、阳明病、少阳病、太阴病、少阴病、厥阴病的提法。现在笔者试做以下探讨，以还仲景所创辨证论治体系之原意。

一、三阴三阳的不同认识

宋代朱肱《南阳活人书》中指出三阴三阳就是经络。强调“治伤寒先须识经络”。成无已《注解伤寒论》也是以经络为立足点来解释三阴三阳的，如“伤寒之病，一日太阳，二日阳明，三日少阳，四日太阴，五日少阴，六日厥阴。至六日为传经尽，七日当愈。七日不愈者，谓之再传经。”清代张志聪《伤寒论集注》曰：“世医不明经气，言太阳变曰膀胱，言阳明变曰胃……迹其有形，亡乎无形”。认为“太阳、阳明……乃人身之经气，而各有分部”。此外尚将肺气与心火纳入太阳病范畴。

清代柯琴《伤寒论翼》综合脏腑、经络、气化、地域等各种观点来解释三阴三阳，认为“六经是分区地面，所该者广。虽以脉为经纪……不为经络所拒”。同时提出“以心为太阳，故得外统一身之气血”。

清代周学海等直接将六经理解为部位、范围的代称。周学海《伤寒补例》中指出：“经也者，分野之谓也……三阴三阳分经，只是人身分野之空名，非如筋脉之有专物也”。

日本学者喜多村认为：“所谓三阴三阳，不过假以表里寒热虚实之义，固非脏腑经络相配之谓也”。也就说三阴三阳只是一种分证的方法，没有太多深意。甚至有些医家指出三阴三阳只是个名称而已，叫作“太阳病、阳明病、少阳病”可以，叫作“A、B、C”也可以，只是名字而已。

当代医家苏庆民认为《伤寒论》是以三阴三阳来构建临床病症诊疗体系的概念与方法，形成了太阳病、阳明病、少阳病、太阴病、少阴病、厥阴病为核心内容的病症诊疗体系。由于《伤寒论》直接以三阴三阳概括疾病分类，形成了较为完整的病症结构和方药体系，奠定了中医临床基本诊疗模式，成为影响中医临床发展的重要理论方法。

可以看出自宋代至明清，大多数医家认为三阴三阳就是六经，只是或多或少的弥补了这种立足点的缺陷。清代，开始有一些医家否定三阴三阳、六经、经络间的关系，认为都只是名称而已。当代有些医家，如苏庆民等从仲景角度来认识三阴三阳，触及了仲景所创立的三阴三阳辨证体系的本质。

二、三阴三阳的内涵

三阴三阳本来是我国古代哲学的概念，老子云：“道生一，一生二，二生三，三生万物”。确立了“三”的重要地位。三阴三阳的内涵源于《易·系辞》“六爻之动，三极之道也”。《系辞》曰：“生生之谓易。”又曰：“易有太极，是生两仪，两仪生四象，四象生八卦”。两仪生四象是一个分裂过程，在两仪阶段，阴阳初判，到四象产生，有了生长收藏，新的生命就有可能产生。再次分化后就变为三阴三阳，乃生万物，所以是古人认识世界万物阴阳消长规律的代名词。如一年四季的阴阳消长顺序为少阳、阳明、太阳、厥阴、少阴、太阴。我国传统中医学将三阴三阳引入医学领域以解释人体生命现象。本着“学术争鸣”的精神，笔者认为三阴三阳是具有物质性的。中医学是建立在朴素辩证法和唯物主义之上的，正是由于建立在这样的哲学基础之上，使中医学没有物质性是不可能的。而三阴三阳是用来解释中医学的问题的，也必然存在者相应的物质性，否则没有物质性的三阴三阳怎么能够指导我们解决临床中复杂多变的疾病呢，仲景所创立的经方及辨证治疗体系怎能流传千古呢。没有物质性的三阴三阳则没有办法论治疾病；没有物质的运动，辨证从何谈起？如果离开三阴三阳的物质性谈辨证，无异于天方夜谭，痴人说梦，是不可思议的。正是基于三阴三阳的物质性，才能将人体有机的联系在一起，才能进一步的分析疾病的发展变化情况，才能知晓疾病的病变部位，才能知阴阳、达表里、知寒热、分虚实，才能针对性的应用各种方法进行辨证施治。

三、三阴三阳辨证的实质与转化

仲景之《伤寒论》以三阴三阳为核心，中医学的八纲辨证分为阴阳、表里、寒热、虚实八个方面相互对立，相互依存，以阴阳为总纲。我们要掌握辨证论治，首先就应该抓住阴阳；

然后将疾病分为阴证与阳证；在此基础上区分阳证之太阳病、少阳病、阳明病，区分阴证之少阴病、厥阴病、太阴病。正如《医宗金鉴》云：“漫言变化千般状，不外阴阳表里间。”《景岳全书》曰：“医道虽繁，而可一言以蔽之，曰阴阳而已”。

三阴三阳辨证体系中包含有气化的特点，这是中医学特有的理论内涵。大自然有风、寒、暑、湿、燥、火的气化，人体内也包含风、寒、暑、湿、燥、火的气化，在机体有病变的时候也会体现这一点。如阳明之气为燥，故阳明病多见痞满燥实的燥病证候，可予承气辈；少阳之气为火，故少阳病大多会出现口苦等火病证候，可予柴胡辈。

此外，我们还应该知道，三阴三阳辨证也是各有各的界限和范围的，对于疾病的治疗要根据各自的证候特点，宗仲景之本意来继承与发展三阴三阳辨证论治体系及疾病的诊疗规范，以更好的治疗疾病，充分发挥中医药的特色疗法，切实减轻病人的痛苦。

凡是发病，不外乎阴阳两个方面。“实则太阳，虚则少阳”“实则阳明，虚则太阴”，这就看正气抗邪能力的盛衰。如果正气虚衰，疾病往往会由阳转阴；如果正气恢复，疾病往往由阴转阳。仲景在《伤寒论》原序中说：“人禀五常，以有五脏，经络府俞，阴阳会通，玄冥幽微，变化难极”，就是说阴阳是变化的、运动的，有转化之机的，这些问题和三阴三阳的物质性是密不可分的。

四、结语

面对当今对仲景《伤寒论》“三阴三阳”内涵及实质认识的混乱，有必要重新考证仲景对三阴三阳用于治疗疾病的本意，确立宗仲景之意的辨证论治体系以有效地指导临床实践。笔者认为三阴三阳是伤寒辨证论治的核心，其内涵在于物质性。

[《河南中医》2013，33（4）：481]

我国经方常用药物在日本汉方医学中的用量探析

冯　青　柳　井　杜　莎

黄一珊　傅延龄　北京中医药大学

日本的“汉方医学”又称“和汉医学”，其是以中国汉代建立起来的医学和方术为基础，故称之为“汉方医学”[1]。日本医药专家将其定义为“日本化了的中国医学”[2]。公元5世纪前后，中国医药经朝鲜半岛传入日本。以此为基础，日本民族经过总结长期同疾病做斗争的经验，创造了日本传统的医药学。那么究竟日本汉方医学的用药特点与我国经方用药特点有怎样的区别和联系？本文通过研究具有明确剂量的日本汉方处方685首，以期明确我国经方常用药物在日本汉方中的使用特点。

一、资料与方法

（一）资料来源

（1）日本汉方资料来源：手工检索日文期刊《汉方の临床》（1990年1月~2012年8月）、《中医临床》（1994年1月~2012年8月）、《汉方研究》（1990年1月~2012年8月）和日文译著《汉方诊疗三十年》《汉方临床治验精粹》《汉方辨证治疗学》，共检索到汉方处方823首。

（2）我国经方药物选择：研究所选取的经方常用50味药物是国家“973”计划项目“以量-效关系为主的经典名方相关基础研究”的子课题“基于文献及临床经验挖掘的中医方药剂量理论研究”共同选择的研究对象，这50味药物是对《伤寒杂病论》方剂中所有药物出现的频次从高至低做排序之后的结果，选择了出现频次最高的前50味药物（简称Top50），并根据研究的实际用药情况略作调整[3]，具体药物名称见表1。

（二）资料处理方法

文中所搜集的日本汉方资料，仅选择有明确使用剂量的处方。其中68首处方未标注明确用药剂量，故予以删除。

对于所搜集的日本汉方资料，仅选择方剂剂型为汤剂的处方，对于散剂、丸剂等其他剂型处方均不纳入研究范围。最终进入计算范围的处方共685首。

（三）评价指标及计算方法

分别计算药物的使用频次、最小剂量、最大剂量、平均剂量。最小剂量值与最大剂量值之间的范围反映该药的剂量分布区间。剂量分布区间可反映药物临床用量的灵活性。

采用算术平均数计算平均剂量，即 $X = \Sigma X/n$（n为总频数）。平均剂量可以反映剂量的集中分布趋势，是描述某一药物剂量集中分布在某一水平的变量值，亦反映药物剂量的平均水平。但平均剂量并不表示该药的常用剂量值，因在众多的剂量数据中，个别数据的明显增大或减小会影响平均剂量的统计结果。

二、结果

在685首日本汉方处方中，来源于《伤寒论》《金匮要略》所载的经方约占60%。一部分处方来自《外台秘要》《千金方》《和剂局方》《万病回春》等著作；另有一小部分为日本汉方医生的经验用方。这685首处方共用到药物232味，其中绝大多数药物亦是中国医生临床常用药物。本文重点针对这232味药物中的Top50进行研究。具体数据见表1。表中最后一列标明了该药在总体232味药物中的排序情况，便于了解日本汉方医学的整体用药情况。

（一）用药频次

由表1Top50用药频次排序及日本汉方整体232味药物用药频次排序中可以看出：（1）将Top50常用药物在汉方685首方剂中出现的频次由高到低进行排序，其中出现频次超过100次的药物共有13种，分别是甘草、生姜、芍药、茯苓、桂枝、人参、当归、半夏、黄芩、白术、川芎、柴胡、附子。在《伤寒杂病论》中干姜、附子、麻黄、大黄等药性峻烈的药物较常用，而在日本汉方出现频次超过100次的13味药物中，除了附子药性峻烈之外，其他12味药物大多药性平和，以补益气血为主，可以看出随着历史的变迁，日本汉方医生的用药特点有趋向于以补养药物为主的趋势，这和现代中医的临床用药规律相似。（2）Top50与日本汉方常用药物大部分相同。从表1可见，82%的Top50药物与日本汉方232味药物频次排列前50位的药物相同。只有9味Top50药物排在232味药物的前50味之外，分别是瓜蒌、猪苓、贝母、防己、茵陈蒿、滑石、秦皮、射干和天花粉。这种情况，可能与日本汉方医生在使用经方时，喜好原方，很少加减变化的用药习惯有关[4]。（3）日本汉方中排列第7位的大枣和第14位的陈皮，用药频次也均在100次以上，可见日本汉方医生对这两味药也是喜爱有加。由于它们不在Top50之列，因此表中没有予以分析。另外，日本汉方中较为常用的药物如木香、红花、延胡索等，因均未在Top50中，故不做讨论。可以说明，经过近千年的发展，日本汉方医生在结合本国临床经验的基础上，用药已具有其自身特色。

表1　Top50在日本汉方中用量情况

药名	使用频次	最小量/g	最大量/g	平均量/g	经方平均剂量/g	Top50中排序	汉方排序
甘草	483	0.4	6	1.9	31	1	1
桂枝	217	1	6	3.2	38	2	5
生姜	271	1	6	3.3	45	3	2
芍药	256	1	10	6.4	46	4	3
干姜	86	0.5	5	2.2	35	5	18
附子	102	0.2	4	1.5	20	6	15
人参	209	1	8	2.8	33	7	6
半夏	164	1	9	4.7	48	8	9

续表

药名	使用频次	最小量/g	最大量/g	平均量/g	经方平均剂量/g	Top50 中排序	汉方排序
黄芩	152	0.5	6	2.7	32	9	10
茯苓	220	1	10	4.4	43	10	4
地黄	93	0.5	6	3.4	222	11	16
麻黄	77	0.5	6	3.6	38	12	20
大黄	72	0.3	5	1.8	62	13	21
黄连	93	0.5	5	2.5	28	14	17
杏仁	55	1.5	7	3.9	35	15	26
黄芪	84	1	10	3.7	33	16	19
白术	150	1.5	6	3.6	36	17	11
枳实	62	1	6	2.2	24	18	22
细辛	38	0.5	3	2	27	19	35
石膏	51	2	20	9.4	143	20	29
当归	193	0.5	9	3.4	42	21	8
厚朴	52	1	5	2.9	42	22	28
柴胡	119	0.5	8	4.1	56	23	13
牡蛎	30	1.5	10	4.2	47	24	41
桔梗	30	1.5	10	4.2	47	24	41
栀子	49	0.5	3	2.1	20	26	30
五味子	24	1	3	1.9	45	27	44
桃仁	46	1	5	3.5	17	28	31
瓜蒌	4	2	4	2.9	34	29	80
川芎	124	1	6	2.8	34	30	12
泽泻	40	1.5	5	2.9	42	31	33
龙骨	23	1.5	10	4.5	42	32	45
麦门冬	56	1.5	10	4.9	73	33	25
吴茱萸	21	0.5	2.5	1.4	25	34	46
猪苓	15	2	4	2.8	14	35	61
苍术	60	1	6	3.3	45	36	23
防风	54	0.5	6	2.7	32	37	27
牡丹皮	36	1	4.5	3	37	38	38
升麻	32	0.5	3	1.2	21	39	40
贝母	14	1	4	2.6	28	40	66
连翘	28	0.5	5	2.5	28	41	42
酸枣仁	35	2	10	4.5	47	42	39
黄柏	43	1	5	3	60	43	32
知母	29	1	5	3.1	55	44	43
防己	12	1.5	5	2.5	27	45	68
茵陈蒿	9	1	4	2.8	55	46	79
滑石	7	3	6	4.5	32	47	81
秦皮	1	2	2	2	41	48	228
射干	3	2	6	4.3	41	49	182
天花粉	1	1.5	1.5	1.5	25	50	231

（二）药物用量分析

1. 最小剂量　通过研究日本汉方中 Top50 的最小剂量可以发现，日本汉方中我国经方常用药物的使用剂量普遍偏小，其中有 16 味药物的最小剂量不足 1g/d，约占 33%。在纳入研究范围的 50 味药物中，仅有石膏（3g/d）的最小剂量大于 2g/d。

以两国医生均常用的一些药物为例：日本汉方医生使用甘草的最小用量仅为 0.4g/d，桂枝的最小用量为 1g/d，芍药的最小用量 1g/d，茯苓的最小用量为 1g/d，人参的最小用量为 1g/d。这些常用药物的使用频次都在 200 次以上，因此，统计结果足以代表日本汉方医生的普遍用药趋势，可以充分体现日本汉方用量小的特点。

2. 最大剂量由表 1 可以看出最大使用剂量≥10g/d 的药物共有 8 味，其中使用剂量最大的药物是石膏（20g/d）。在《伤寒杂病论》中，石膏的最大剂量是 1 斤，按照东汉 1 两≈13.8g 的折算比例计算，石膏的最大剂量是 220g，是日本汉方最大剂量的 11 倍。除 8 味药物的最大剂量≥10g/d 外，其余 42 味药物的最大剂量均 < 10g/d，即约 84% 的药物最大剂量 < 10g/d。

3. 剂量分布区间由表 1 可以看出，剂量分布区间最大者为石膏，从 2～20g/d，剂量差值为 18g/d；其次为芍药、茯苓、黄芪，都是从 1～10g/d，剂量差值为 9g/d。有两味药物（瓜蒌、猪苓）的剂量差值为 2g/d。在这 50 味药物中，有超过 50% 的药物剂量差值≤5g/d。

从以上对于最小剂量、最大剂量和剂量区间的分析，可以看出日本汉方方剂中药物的用量明显偏小。很多药物与《伤寒杂病论》中药物用量范围几乎没有重叠。

（三）平均剂量

1. Top50 在日本汉方中的平均剂量平均剂量可以较为客观地反映药物剂量。日本汉方中 Top50 的平均剂量分布在 1.2～9.4g/d，剂量范围相差 8.2g。在日本汉方 232 味药物中平均剂量超过 5g 的药物只有 2 味，分别是石膏（9.4g/d）和芍药（6.4g/d）。其余 48 味药物中平均剂量在 4～5g 的药物共有 9 味，平均剂量在 3～3.9g 的药物共有 12 味，平均剂量在 2～2.9g 的药物共有 20 味，平均剂量小于 2g 的药物共有 7 味。可以看出，虽然日本汉方药物中平均剂量最高的石膏为 9.4g/d，但是除了平均剂量大于 5g 和小于 2g 的 9 味药物外，超过 80% 的药物平均剂量在 2～5g。

2. Top50 在经方中的平均剂量新中国成立以来，对张仲景时期药物剂量的考证途径主要有以下几个方面：①东汉货币；②东汉衡器；③《汉书·律历志》所载累黍之法；④水的比重；⑤黄金比重；⑥药物实测。在这些方法中，又以文物考古学的方法为主导，而且以文物考古学方法得出的结论较为权威。

吴承洛在《中国度量衡史》中提出的观点[5]是将刘复测得的“新莽嘉量”一两所得的新莽一两为 14.1666g，与清代吴大澄考据新莽货币所得的一两等于 13.6746g，二者相加取平均值得出新莽一两为 13.9206g。这一观点在近现代中医界被广泛引用，如历版《方剂学》教材、《中药大辞典》《中医方剂大辞典》等权威著作均采用此算法。支持这一观点的医家也有很多，如中国中医科学院范吉平教授撰写的《经方剂量揭秘》一书，书中运用文献分析法与实验研究法以及结合目前中医临床处方用量调查对这一观点进行佐证，并建议目前临床应用经方时按照一两为 13.9g 进行折算[6]。另有王笑青[7]、赵国强[8]等采用累黍法测定 1200 粒黍子的质量，再乘以 2，得出的数值与 13.92g 所差无几。本文亦采用此比例进行剂量折算，折算后的 Top50 在《伤寒杂病论》中的平均剂量见表 1。Top50 在《伤寒杂病论》中的平均剂量最小的是桔梗（14g），最大的是地黄（222g），大部分药物的平均剂量在 30～50g。

3. 将 Top50 在《伤寒杂病论》中的平均剂量与在日本汉方中的平均剂量进行比较分析可以发现，平均剂量比值最大的是地黄，达到 65/1，其次是大黄 34/1；比值最小的是桔梗、桃仁和猪苓，数值均是 5/1。60% 的药物平均剂量比值在 10～15。由以上平均剂量比较情况不难看出，日本汉方医生施用中药的剂量比较统一，用量是普通较小的。

三、讨论

本文通过对日本汉方 685 首具有明确使用剂量的处方进行数据分析，主要探讨了我国经方常用 50 味药物在日本汉方处方中的应用情况。通过分析可以得出以下结论：（1）我国经方常用 50 味药物中有 82% 的药物与日本汉方 232 味药物中频次排列前 50 位的药物相同，如甘草、桂枝、生姜、芍药等。亦有部分汉方的常用药物并非为我国经方常用 50 味药物，如陈皮、大枣、木香等。（2）在剂量方面，日本汉方医生的临床使用剂量明显偏小。对于日本汉方处方单味药的最小剂量、最大剂量、剂量分布区间、平均剂量的分析，可以充分显示日本汉方的小剂量特点。日本汉方医生处方的平均剂量相当于张仲景时期的1/10~1/15，大约相当于中国现代中医临床处方用量的1/3~1/5。（3）日本汉方处方中有超过80%的药物的平均剂量在2~5g；约有33%的药物最小剂量不足1g/日；约84%的药物最大剂量<10g/d；超过50%的药物剂量差值≤5g/d。

四、结语

本文根据日本汉方医学现今用药剂量的客观情况，对我国经方常用50味药物在日本汉方医学中的用量做了归纳。通过较为详实的处方资料，对日本汉方医学应用我国经方常用药物的特点予以总结，充分印证了日本汉方医学小剂量的处方特点。笔者通过查阅文献，认为这一特点的出现与日本医家对经方本源剂量的考证结果有关。他们普遍认为，经方1两为今1~1.6g，如矢数道明在《临床应用汉方处方解说》中认为张仲景方按1两≈1.33g折算[9]。日本医家采用如此之小的折算标准，其文献依据是陶弘景在《本草经集注》中所言“十黍为一铢”的“神农秤”，其量值仅相当于汉秤“百黍为一铢”的十分之一。

日本汉方医学的历史有1500年的历史，一直是日本民族医疗保健的重要措施和方法，其临床疗效应该是肯定的。然其临床用量大约仅相当于中国中药临床用量的1/3~1/5。由此不难思考一个问题：是中国的中药用量过大，还是日本汉方医学中药用量过小？然而，近年来中国中医药界还出现了一种声音，就是中药临床用量偏小，在一定程度上影响了中医的临床疗效。而且，有资料表明，中国中医的中药临床用量有增大趋势［10］。本文的研究结果对于思考这些问题将有较大的参考价值和启发意义。

参考文献

［1］王际莘．汉方医学的特点［J］．山东中医药大学学报，2005，29（6）：481.

［2］刘延州．日本传统的汉方医药在复兴［J］．中医杂志，1980（7）：75.

［3］吴翠珍，陶汉华，张宗圣．《伤寒论》《金匮要略》方药统计及相关研究［J］．山东中医药大学学报，1996，20（2）：125~128.

［4］贾波．试论汉方医学对仲景方研究的特点［J］．成都中医学院学报，1988，12（4）：9.

［5］吴承洛．中国度量衡史［M］．上海：商务印书馆，1957.

［6］范吉平，程先宽．经方剂量揭秘［M］．北京：中国中医药出版社，2009.

［7］王笑青，林大勇，时红磊．《伤寒论》中药物剂量的折算［J］．中华中医药学刊，2007，25（3）：591~592.

［8］赵国强．古经方用量之我见［J］．光明中医杂志，1995，(1)：55~56.

［9］矢数道明．临床应用汉方处方解说［M］．北京：人民卫生出版社，1983.

［10］何学艳，张梅．浅谈中药处方用量增大的原因［J］．黑龙江中医药，2004（5）：49.

［《中草药》2013，44（9）：1211］

张仲景论治不寐探析

张永宜　陕西中医学院

不寐是以经常不能获得正常睡眠为特征的一类病证，临床表现为睡眠时间、深度的不足，轻者入睡困难，或寐而不酣，时寐时醒，或醒后不能再寐，重则彻夜不寐，经常影响人们的身心健康及工作、学习和生活。张仲景所著的《伤寒杂病论》，以完善的辨证论治体系，融理、法、方、药为一体，奠定了中医临床辨证论治的基础，其中对不寐的论述甚为详细，并给出了大量治疗不寐的方药，为后世辨治不寐提供了思路。现将其治疗不寐之法总结如下。

一、温阳安神法

本法适用于因阳气虚弱而导致的不寐。

（一）肾阳虚之不寐

《伤寒论》第61条：“下之后，复发汗，昼日烦躁不得眠，夜而安静，不呕，不渴，无表证，脉沉微，身无大热者，干姜附子汤主之。”此条所述之不寐因失治误治（下后复汗）损伤阳气（肾阳）所致。阳气暴伤，阴寒内盛，阴阳失调而致不寐。张仲景用大辛大热之干姜附子汤破阴回阳，阳长阴消，阳气归根，则阴气自敛，阴阳平衡则寐安。当今因失治误治导致的阳虚不寐者并不多见，但多数疾病后期由于阳气损伤而致的不寐常常有之，可考虑运用此法治之。

（二）心阳虚之不寐

《伤寒论》第112条“伤寒脉浮，医以火迫劫之，亡阳必惊狂，卧起不安者，桂枝去芍药加蜀漆牡蛎龙骨救逆汤主之。”第118条：“火逆下之，因烧针烦躁者，桂枝甘草龙骨牡蛎汤主之。”此两条均为论述误用火法发汗，损伤心阳，心阴不敛，心神不潜，神浮于外而导致的不寐之病。均用龙骨、牡蛎，一为固脱，二为安神，如《本草备要》[1]所云："龙骨，甘涩，微寒。如心肝肾经，能收敛浮越之正气，安魂镇惊"，《施今墨对药》[2]云："牡蛎，质体重坠，功善收敛固脱。"诸药合用，共凑摄纳浮阳、引阳归元、镇静安神，使阴阳相交则寐可安。

二、养心安神法

此法适应于各种原因导致心阴不足，虚热躁扰心神，神志不安而致的不寐。

《金匮要略·妇人杂病脉证并治第二十二》云："妇人脏躁，喜悲伤欲哭，象如神灵所作，数欠伸，甘麦大枣汤主之。"本条论述了因妇人心阴亏虚，虚热躁扰所致的脏躁；虽未明确提到"不得眠""不得卧"等不寐的症状，但由其病机和所用方药不难推断凡脏躁患者必然有夜寐不安之患。脏躁失眠由于心阴亏虚，虚热躁扰心神，神志不安导致不寐，治当养心安神，用甘麦大枣汤。该方由甘草、小麦、大枣组成，清·尤在泾《金匮要略心典》[3]曰："小麦为肝之谷，而善养心气；甘草、大枣甘润生阴，所以滋脏气而止其躁也。"故在临床应用时小麦为君药，用量宜大，成养心安神之功。

三、清心滋肾、交通心肾法

本法适应于心肾不交而致的不寐。

《伤寒论》303条："少阴病得之二三日以上，心中烦，不得卧，黄连阿胶汤主之。"此方证论述不寐的病机为阴虚火旺。少阴属心肾，心属火，肾属水，患者素体阴虚，复感外邪，邪犯少阴，邪入少阴二三日以上，为化热之时也，热邪伤及肾阴，肾水亏虚不能上济于心，心火独亢于上，心肾不交则心烦，不得卧。治当泻心火，滋肾阴，交通心肾。方用黄连阿胶汤。本方由黄连、黄芩、芍药、阿胶、鸡子黄组成。方中黄连、黄芩清心火、除烦热；芍药、阿胶滋肝肾之阴血、填精固肾；鸡子黄养血润燥，擅长养心滋肾，需生用；阿胶、鸡子黄二味系血肉有情之品，入心、肾，如《本草备要》[4]所云"鸡子，甘平，镇心，安五脏，益气补血，散热定惊""阿胶甘平，色黑入肾，养肝滋肾，和血补阴，清火润燥"。从而实现滋阴泻火、交通心肾之目的。水火既济，心肾交通，烦除而卧安。后世医家王士雄根据此法创立治疗失眠之名方交泰丸，与本方具有异曲同工之妙。

四、滋养阴血法

本法适用于阴血不足之不寐。

《金匮要略·血痹虚劳病脉证并治》："虚劳虚烦不得眠，酸枣仁汤主之。"本条论述了肝阴血不足的虚劳不寐证治。由于肝阴血不足，虚热内生，虚火上扰神明，故虚烦不得眠。方用酸枣仁汤补虚养血、养阴清热、除烦安神。方中重用酸枣仁为君，养血补肝、宁心安神；臣以茯苓宁心安神，知母滋阴润燥、清热除烦；佐以川芎调肝血而疏肝气，与大量酸枣仁相伍，辛散与酸收并用，具有养血调肝之妙；甘草和中缓急，调和诸药为佐使。诸药相伍，标本兼治，养中兼清，补中有行，共奏养血安神、清热除烦之效。正如曹颖甫在《曹氏伤寒金匮发微合刊》[5]中论此方证："胃不和者卧不安，故用甘草、知母以清胃热；藏血之脏不足，肝阴虚而浊气不能归心，心阳为之不敛，故用酸枣仁以为君。夫年少血盛，则早眠而晏起，老年血气衰，则晚眠而晨兴，酸枣仁能养肝阴，即所以安魂神而使不外驰也，此其易知者也。惟茯苓川芎二味，殊难解说，盖虚劳之证，每兼失精亡血，失精者留湿，亡血者留瘀，湿不甚，故仅用茯苓，瘀不甚，故仅用川芎，此病后调摄之方治也"。

五、清宣郁热法

本法适用于热郁胸膈，扰乱心神的不寐。

《伤寒论》第76条："发汗后，水药不得入口为逆，若更发汗，必吐下不止。发汗吐下后，虚烦不得眠，若剧者，必反复颠倒，心中懊，栀子豉汤主之；若少气者，栀子甘草豉汤主之；若呕者，栀子生姜豉汤主之。"《伤寒论》第79条："伤寒下后，心烦腹满，卧起不安者，栀子厚朴汤主之。"《伤寒论》第221条："阳明病，脉浮而紧，咽燥口苦，腹满而喘，发热汗出，不恶寒反恶热，身重。若发汗则躁，心愦愦反谵语。若加温针，必怵惕烦躁不得眠。若下之，则胃中空虚，客气动膈，心中懊，舌上胎者，栀子豉汤主之。"上述三条方证论述了因热郁胸膈、扰乱心神从而导致不寐的证治。法当以栀子豉汤清宣郁热。栀子苦寒，既能清透郁热，解郁除烦，又能引热下行；淡豆豉气味轻薄，既能清表宣热于上，又能和降胃气于中。两药相伍，清中有宣，宣中有降，实为清宣胸膈郁热，治疗虚烦懊不得眠之良方。本方与黄连阿胶汤皆以心烦不得眠为主证，然彼乃肾水不能上滋于心、心肾不交而致不寐，属虚火；此为无形邪热扰于胸膈、扰乱心神而致不寐，属实火，因不同治亦不同，这充分体现了张仲景辨证论治的主要特色。

六、除湿和胃法

本法适用于湿热扰神之不寐。

《金匮要略·百合狐惑阴阳毒病脉证治第三》："狐惑之为病，状如伤寒，默默欲眠，目不得闭，卧起不安，蚀于喉为惑，蚀于阴为狐，不欲饮食，恶闻食臭，其面目乍赤、乍黑、乍白，蚀于上部则声喝，甘草泻心汤主之。"此条论述湿热郁蒸，化生虫毒所致狐惑病的临床表现及治疗。湿热内蕴，烦扰心神，则默默欲眠，但又目不得闭，卧起不安，治以甘草泻心汤为主方，清热解毒，除湿和中。本方重用甘草四两为主药，清热解毒、和胃安中；配黄芩、黄连苦寒清热解毒；干姜、半夏辛燥开郁化湿；人参、大枣甘温扶正和胃。诸药共用，合奏清热燥湿、和中解毒安神之功，故既可治湿热郁蒸、虫毒腐蚀之狐惑病，又可治因湿热内蕴、烦扰心神之不寐。

七、滋阴清热法

此法适用于阴虚内热之不寐。

《金匮要略·百合狐惑阴阳毒病脉证治第三》："百合病者，百脉一宗，悉致其病也。意欲食复不能食，常默默。欲卧不能卧，欲行不能行，饮食或有美时，或有不用闻食臭时，如寒无寒，如热无热，口苦小便赤，诸药不能治，得药则剧吐利，如有神灵者，身形如和，其脉微数。"本条主要论述了百合病的临床表现，其主要病机为心肺阴虚内热。原文虽未明确言及治疗不寐，但百合病的症状就有"欲卧不能卧"，病机为阴虚内热，热扰心神而致不寐，且百合味甘性寒，功善清心润肺，养阴安神，故历代医家用于治疗不寐者不乏其例。

八、清热育阴利水法

本法适用于阴虚水热互结所致的不寐。

《伤寒论》第319条："少阴病，下利六七日，咳而呕渴，心烦不得眠者，猪苓汤主之。"本条论述了少阴病阴虚水热互结的证治。心烦不得眠为少阴热化证特征，少阴热化，阴虚为本，阴虚内热，扰乱心神，则心烦不得眠。方用猪苓汤以清热育阴利水，邪去正复而夜寐安。方中以猪苓、茯苓渗湿利水为君；滑石、泽泻通利小便、泄热于下为臣，君臣相配，既能分消水气，又可疏泄热邪，使水热不致互结。更以阿胶滋阴为佐，滋养内亏之阴液。诸药合用，利水不伤阴，滋阴不恋邪，使水气去，邪热清，阴液复而睡眠自安，实为治疗阴虚水热互结不寐之良方。

九、阴阳双调法

本法适用于阴阳不调之不寐。

《金匮要略·血痹虚劳脉证并治第六》："夫失精家，少腹弦急，阴头寒，目眩，发落，脉极虚芤迟，为清谷，亡血，失精。脉得诸芤动微紧，男子失精，女子梦交，桂枝加龙骨牡蛎汤主之。"本条所论述的不寐由于虚劳失精梦交而致。久患失精之人，阴精亏损难复，久而久之，导致阴损及阳，阴阳失调，则梦交、失精。方用外和营卫，内调阴阳之桂枝加龙骨牡蛎汤，使阴阳调，营卫和而夜寐安则失精、梦交自愈。故治疗此失精、梦交之病主要在于治疗不寐。该方由桂枝汤加龙骨、牡蛎组成，方中桂枝温阳气、助气化、通营血；芍药味酸性寒，调营和血、养肝敛阴；桂芍合用，温阳和阴；生姜、大枣助桂芍以和营卫、调气血；甘草调药和中，助芍药化阴养营。桂枝汤外可解肌调和营卫，内则补虚调和阴阳，加龙骨、牡蛎重镇安神固涩、潜纳浮越之阳气，潜阳入阴，则阴阳相交而寐安，诸症自除，故本方为治疗遗精、滑脱、不寐、梦交、惊悸、虚劳诸疾属于阴阳两虚证之要方。

以上仅仅归结了张仲景辨治不寐的常用基本方法，临床应用更是灵活多变，既可单独使用也可由此相互组合应用，如后世用炙甘草汤、柴胡桂枝干姜汤等治疗不寐，均在临床上屡试不爽。通过对以上方法的分析，足见张仲景辨治不寐法度严谨、内容翔实，堪称后世医家治不寐之典范，也充分体现了审证求因、治病求本、辨证论治的精神。

参考文献

[1] 清·汪昂撰，郑金生整理. 本草备要［M］. 北京：人民卫生出版社，2005：234.

[2] 吕景山. 施今墨对药［M］. 北京：人民军医出版社，2010：67.

[3] 清·尤在泾纂著，上海中医学院中医基础理论教研组校注. 金匮要略心典［M］. 上海：上海人民出版社，1975：153.

[4] 清·汪昂撰，郑金生整理. 本草备要［M］. 北京：人民卫生出版社，2005：219，228.

[5] 曹颖甫著，顾瑞生校点. 曹氏伤寒金匮发微合刊［M］. 上海：上海科学技术出版社，1990：335.

［《河南中医》2013，33（4）：475］

《伤寒论》喘证辨治探微

宫成军　辽宁中医药大学附属医院

"喘"是一种症状，是呼吸急促的表现，与

"肺"有关。凡是能引起肺的机能失调，气机不顺而上逆的各种因素都可导致喘证的发生。因此说喘不离肺，但亦与其他脏腑有关。在《伤寒论》中涉及与喘证有关的条文20余条，其中部分条文有论无方，大部分条文有方有药，而且各具特色，现根据病因病机及邪结的部位不同，归纳如下。

一、风寒外束

这种喘证，多见于伤寒表实证。临床除咳喘外，每与风寒外袭，卫阳被遏，营阴郁滞之发热，恶寒，无汗，头、身、骨节疼痛，脉浮紧等并见。如原文第35条"太阳病，头痛发热，身疼腰痛，骨节疼痛，恶风，无汗而喘者，麻黄汤主之"[1]。(以下《伤寒论》条文出处与之相同)。本条乃风寒表实证提纲，所论作喘的病机是风寒束于肌表，致肺气不宣，无汗而喘。故用麻黄汤发散风寒，宣肺平喘。故沈明宗说："太阳之邪，从皮毛而入，郁逆肺气，以故作喘，且寒主收敛，伤营则腠理闭密，故用麻黄汤发之"。至于原文第36条曰："太阳与阳明合病，喘而胸满者，不可下，宜麻黄汤"。与原文第235条曰："阳明病，脉浮，无汗而喘者，发汗则愈，宜麻黄汤"。虽云太阳阳明合病，但病情以太阳伤寒为主，当有发热恶寒，头项强痛无汗等证，更兼喘而胸满，故仍用麻黄汤解表定喘。因病位在上，偏重表证，故不可用下法，表解里自和。

二、营卫失和

原文第19条曰："喘家作，桂枝汤加厚朴、杏子佳"。原文第43条又曰："太阳病，下之微喘者，表未解故也，桂枝加厚朴杏子汤主之"。两条均属太阳中风作喘。太阳中风是前提，当共有头痛、发热、汗出恶风、脉浮缓等证。不同点是前条乃新感寒邪引动宿疾，肺寒气逆作喘。后条系太阳病虽经误下，表证仍在，肺气不得宣降作喘。发病原因虽异，风寒客邪引动肺气上逆之病机相同，故均以桂枝加杏子厚朴汤施治。因此，除喘外，以方测证，当有发热，恶风，汗出与脉浮缓等中风表虚之表现。故用桂枝汤解肌祛风，调和营卫，加厚朴、杏仁宽中下气而定喘。笔者临床体会到，外感风寒作喘，若见有汗，即可施用本方，痰涎稀薄量多者，与二陈汤合方，效果甚佳。

三、外寒里饮

原文40条曰："伤寒表不解，心下有水气，发热而咳，或渴，或利，或噎，或小便不利、少腹满，或喘者，小青龙汤主之"。原文第41条曰："伤寒，心下有水气，咳而微喘，发热不渴，服汤已渴者，此寒去欲解也，小青龙汤主之"。两条均明确提出"伤寒""心下有水气"，揭示了外寒内饮，相互搏结，壅塞于肺，致使肺失肃降，咳嗽喘息的病机。故用小青龙汤外散寒邪，内化水饮，表里两解。正合《金匮要略》"病痰饮者，当以温药和之"[2]之意。本证与太阳中风作喘相较，此为表实兼寒饮作喘，无汗而有水饮内停，彼为表虚作喘，有汗而无水饮内停。可见，无汗与有汗，有饮与无饮是辨证论治之关键。

四、邪热壅肺

此证共两条。一为原文第63条曰："发汗后，不可更行桂枝汤，汗出而喘，无大热者，可与麻黄杏仁甘草石膏汤"。一为原文第167条曰："下后，不可更行桂枝汤，若汗出而喘，无大热者，可与麻黄杏仁甘草石膏汤"。两条共同指出太阳病误汗误下，邪热内传，肺热壅盛，热盛气逆作喘的病机。汗出乃肺热蒸迫津液所致，并无恶风、脉浮缓，知非太阳中风的汗出，故不可再用桂枝汤。因其邪热内传，故表无大热。热邪既已传里，故用石膏清之。既有汗出，用麻黄并非解表，意在配石膏清热透邪，引邪外达，宣肺定喘。麻杏石甘汤确系肺热咳喘之良方，笔者体会到，若热与痰结，痰黄稠厚，可酌加贝母、瓜蒌等清化痰热药。若肺热太甚、身热燔灼者，宜加鱼腥草、黄芩、双花等清热解毒药更佳。

五、邪热迫肺

原文第34条曰："太阳病，桂枝证，医反下之，利遂不止，脉促者，表未解也，喘而汗出者，葛根黄芩黄连汤主之"。这段条文讲的是由于误下之后，造成胃肠受伤，中气受损，虽有中气受损，但正气不虚，仍能抗邪，外邪尚未完全陷于里，而表证仍在，还可见到患者有喘而且多汗，知邪热已经内传，影响了大肠传导功能，更由于肺与大肠相表里，里热壅盛，上蒸于肺则喘逆。也就是说其病为表里同病，治法亦用表里两解之法，葛根芩连汤治疗，热清利自止，喘自平。本条与麻杏石甘汤证均为误下所致，喘而汗出，其病机邪热内传是其同，内传部位有别是其异。此为邪热传入阳明，故喘而汗出兼下利彼为邪热传肺，肺热壅盛，故以汗出而喘为主证。病位不同，治疗各异，此为清里为主，兼顾解表，彼为清热透邪，而宣肺定喘。

六、腑实气熏

本证为邪气入里，阳明热盛所致。因肺与大肠相表里，故病变虽在阳明，但因大肠传导失职，邪热与秽浊之气上冲，使肺气不得下降而上逆则作喘。原文第213条曰："阳明病，脉迟，虽汗出，不恶寒者，其身必重，短气，腹满而喘，有潮热者，此大便已鞕也，大承气汤主之"。本条进一步明确因实热壅滞，气机不得通降而致短气，腹满而喘。脉迟，渐热，手足濈然汗出，阳明里热俱备，腑实已成。故用大承气汤攻下。燥屎得除，喘满自解。需要提及的是，本条脉迟，必迟而有力。脉迟乃气机壅塞所致。一般来说，阳明里热实证，当见沉实洪数之脉。此条所言迟脉，宜与证合参。然肺与大肠相表里，通肠腑即可以泻肺热，温病学家吴又可曾谓"承气非专为结粪而设"，吴鞠通在《温病条辨》中更有"宣白承气汤"肺与大肠同治之法，可看作是对仲景这一治法在临床应用上的发展。原文第218条曰："伤寒四五日，脉沉而喘满，沉为在里，而反其汗，津液越出，大便为难，表虚里实，久则谵语"。本条喘满为里实误汗而成。本条里热实证，误汗则阴液更趋耗竭，里热更加煎熬故愈汗愈结，愈结愈满。警示后学，阳明喘满禁汗，急下存阴，喘满自除。

七、饮停胸胁

此证又可分为3种，备4方。一属"伤寒六七日，结胸热实，脉沉而紧，心下痛，按之石鞕者，大陷胸汤主之"（135条）。大结胸证由阳热内陷与痰水互结于胸胁所致，水热互结，气不得通，故亦可见肺气不利之短气。治当以大陷胸汤泻热逐水，胸中水热得去，则肺气通利，短气之症自除。

一属水饮内停，胸阳不宣，气机阻滞，肺气因而不利之悬饮证。临床见"其人漐漐汗出，发作有时，头痛，心下痞硬满，引胁下痛，干呕短气，汗出不恶寒者，此表解里未和也，十枣汤主之"（157条）。悬饮一证，为水饮停于胸胁之间，饮为阴邪，阴遏阳气，气机壅滞，肺气不利，故而见有短气，当用十枣汤，峻下逐水治之。

一属痰壅胸膈，阳气郁结，气机不畅之胸膈痰实证。以胸中痞硬，气上冲咽喉不得息为其主证，属痰实阻于胸膈，气机不畅。《黄帝内经》曰："其高者，因而越之"[3]170。病在上焦，当因势利导，用瓜蒂散涌吐痰实，吐后上焦得通，中焦得畅，则取效甚捷。如原文第171条曰："病如桂枝证，头不痛，项不强，寸脉微浮，胸中痞鞕，气上冲咽喉不得息者，此为胸有寒也。当吐之，宜瓜蒂散"。

八、寒痰饮邪射肺

此证表现有：心下悸，头眩，腹痛，小便不利，四肢沉重疼痛，下利，咳喘，脉沉微等。如原文第316条曰："少阴病，二三日不已，至四五日，腹痛，小便不利，四肢沉重疼痛，自下利者，此为有水气，其人或咳，或小便利，或下利，或呕者，真武汤主之"。真武汤是少阴寒化证的主要方剂之一，主要反映出脾肾阳虚，内脏虚寒，阳虚不能制水，水饮内停。由于水饮内停，随气机升降，无所不到。水气上逆，干犯于肺，就可出现水寒射肺的咳喘之证。治疗时可在真武汤的基础上加用五味子、细辛、干姜等，以温散水饮，收敛逆气而平喘。

从以上所阐述的喘息一证不难看出，从表到里，从寒到热，由实到虚，从五脏到六腑都可引起喘证的发生。《黄帝内经》云："五脏六腑皆令人咳，非独肺也"[3]112。那么是否也可引证，肺为五脏六腑之华盖。若脏腑功能失调，致使气机不顺而上逆，使肺清肃之令被扰，气急气促则喘亦可随机而作，治喘者，自当不可见喘治喘而忽略治病求本的意义。据此，我们应该从《伤寒论》对喘息一证的辨治中得到启示，喘不只是肺的问题，它是全身的问题，喘只是肺部病变的外在表现，它的内因却是与脏腑功能失调密切相关。因此笔者认为这启示对指导临床实践，对张仲景学术思想的探讨更有其重要意义。

参考文献

[1] 李培生，刘渡舟．伤寒论讲义．上海：上海科学技术出版社，1994.

[2] 李克光，杨百茀．金匮要略讲义．上海：上海科学技术出版社，1993：132.

[3] 程士德，孟景春．内经讲义．上海：上海科学技术出版社，1992：170，112.

[《中华中医药杂志》2013，28（1）：47]

《伤寒论》定量辨证中量化性语言文字特色探析

刘玉良　浙江中医药大学基础医学院

《伤寒论》辨证论治中的定量思想非常丰富，抛开其辨证识病和处方用药中隐晦的定量辨证思想不提，单就原文中直观显见的能够体现定量思维的量化性语言文字，便可谓全面丰富。笔者对此进行初步探索，一窥张仲景定量语言之光华。并藉此对《伤寒论》中定量辨证理论等专题进一步地予以总结，请同道指正。

一、《伤寒论》量化性语言文字描述概述

《伤寒论》中存在着丰富的量化性语言文字。最常见的是各种词类的应用，既有直观显见表量化的数词、量词和形容词，也有表示程度、范围、时间、频率等量化涵义的副词。还有既能体现量化概念、又能展示病证动态变化过程的动词。另外，善运用比喻等修饰方法传达量化涵义。这些语言具体运用到了辨证论治的各个方面，如对寒象分出微寒、恶寒、身大寒等量级；对症状的发作有“一日再次”“二三度发”等频率描写等；对脉象有迟、缓、数、疾等量级差别描述。这种对症状的量值描述的语言，直观简朴，虽属朴素的模糊数学概念方法，但无疑体现了中医学量值辨证的合理内核[1]。

在这些丰富多彩的量化语言中，既有如“大、小、多、少”等直观显见的“显性量化语言”；又有诸多表面无量化意义，须根据其所在的语言环境认真剖析医理后方可探其量化涵义的语言，笔者称其为“隐性量化语言”。

二、量化性词语解析

1. 数词、量词——最为直观显见的量化性语言数词、量词是张仲景量化性语言中最典型和多用的词性，首先是对方药剂量、煎服量、间隔时间等量的规定。另外，张仲景对症状、脉象和证候也频频使用数、量词予以精确描述。如35条、23条和25条同为风寒表证，不同在其感邪程度，张仲景从量变的尺度进行辨证，已用贴切的数词体现了外邪的定量。35条麻黄汤证寒邪较重，恶寒持续存在；23条用“如疟状”“二三度发”说明外感风寒症状只是一天发作2、3次，表明寒邪较轻，定量较少。25条进一步用“再”字表明病情一天只发作2次，提示寒邪在定量上较23条更为减少。又如341条和342条均为据“厥”“热”症状持续的日期（数词）表示寒邪与阳气的量值大小。由此可见，数词构成了张仲景量化性词语的主体。

2. 形容词——直接大致性定量的代表性词语“大小多少”是《伤寒论》中最具代表性的量化性形容词。张仲景对于病机基本相似且有明显的轻重不同的一组病证常采用这4个字进行直接定量。如大、小承气汤证均为阳明腑实证，因燥热的轻重不同分别以大、小命名。其他如大小柴胡汤证和大小陷胸汤证等皆是以“大、小”来表示量的区别。毋庸置疑，其“大、小”的核心涵义均是针对病证轻重而言的。另外，341条“厥少热多”和342条“寒多热少”，均用“多、少”表示阳气与阴寒之气的量值。

《伤寒论·平脉法》曰：“寸口脉弱而缓，弱者阳气不足，缓者胃气有余”。此中“有余”“不足”是非常直观的量化性语言。该篇尚且据寸口脉对荣卫的盛、弱与平和等量值涵义采用了一些特殊的形容词。如“高、章、纲”“惵、卑、损”和“缓、迟、沉”分别是对荣卫之气太过、不足与平和特征的概括；可见形容词也是张仲景量化性词语中应用广泛的代表性词性。

3. 副词——进一步精确描述病证及论治的量化意义《伤寒论》量化性语言中，副词的应用十分丰富，如程度副词（轻、重、微、甚、剧）、时间副词（始、久）、范围副词（尽、悉、俱）等等。与形容词所不同的是副词亦用来形容治法的量度。

“轻、重、微、甚、剧”是直观显见的量化性副词。如166条张仲景在“浮”之前加一“微”字，与160条之“甚”字均表示浮脉的轻重程度。335条指出“厥深者热亦深，厥微者热亦微”，揭示了四肢厥冷程度的微甚与里热轻重的正比关系。148条阳郁与厥冷程度均很轻微，故名之曰“阳微结”。又如厥阴病篇355条的“脉乍紧”和辨可吐篇的“脉乍结”，张仲景都用一“乍”字来形容脉象，表明是暂病而邪结未深的轻微程度的病证。

301条“少阴病，始得之”和352条“若其人内有久寒者”中，“始”表病证刚刚发生、证轻量微，“久”表示患病时间长久，病情较重。此处“始、久”为典型的具有量化意义的时间副词。另外，如“尽、悉、俱”字表示了症状范围之广和病证之重，如107条“一身尽重”、283条“一身手足尽热”、133条“结胸证悉具”和282条“少阴病形悉具”。足见副词在张仲景量化性语言中的广泛性和丰富性。

4. 动词——形象展现病证量值的动态性变化过程张仲景量化性语言中，最为精彩生动的当属动词的应用，因为动词不仅描述了病证的量值大小，更重要的是展示了病证量值的动态性消长变化过程。

《伤寒论·辨脉法》曰：“趺阳脉浮而数”，浮表胃气受伤，数因脾气被扰。在此张仲景明确指出了脉数的程度是“其数先微”，即数的程度较轻微。而这种轻微的数脉自然表示轻微的脾气受损。“脉反但浮”，又体现了张仲景体察浮脉之程度的思想。此处“但浮”是指浮脉显著，所以病人必然大便硬结，噫气始觉爽适。因为趺阳脉数本与脾病有关，

根据数脉动脾的经验，趺阳脉见微数，故知脾的转输功能失常，而见“大便硬结，噫气始爽”等证，此时的病情尚轻。接下来，张仲景又体察到数脉和浮脉的程度发生了变化。原文曰：“今脉反浮，其数改微，邪气独留”，即现在脉浮数转甚，为邪气独留，里热津伤转甚。陈亦人指出“其数先微”与“其数改微”二个“微”字，不是指脉微，而是对数脉程度的形容，“其数先微”，意谓脉不甚数，也就是微数；“其数改微”，意谓改掉了微，不是微数而是数甚了，即数脉的程度加重了[2]。在这一段原文中，“改”字形象深刻地体现了病证动态变化中量的增减。以上动词的量化性描述生动体现了张仲景定量辨证中的动态观念。

三、比较式量化性语言描述

张仲景对基本病机相同的病证、症状、脉象等巧妙采用对比的思辨方式和描述方法，可以使人从中清晰地体会到其中细微的量值差别。

对于病机基本相同但有轻重缓急差别的证候类型，如太阳病蓄血证，其轻证见106条“其人如狂……少腹急结”或126条“少腹满”，且无“如狂”或“发狂”之症；重证病势急者为124条“其人发狂……少腹当硬满”。在此基本病机相同的前提下，“少腹硬满”显然比“少腹急结”或“少腹满”为重；“发狂”肯定较“如狂”为重。

张仲景尚且通过症状范围大小比较证情轻重，如对手足厥的范围大小和程度轻重的描述有305、324条“手足寒”，351条“手足厥寒”，219、295、309条“手足逆冷”，340、343、362、388条“手足厥冷”，296、298、330条“四逆”等。明代王肯堂[3]曰：“言四者，四肢之省文也。四肢者，自指至肘，足至膝是也，其邪为深。凡言手足者，自指至腕、足至踝而已，其邪为浅。仲景下字不苟，得之则轻重浅深一览了然矣”。

对于表寒兼里热，表里俱实证治当辛温解表，兼清里热，以发汗力较麻黄汤更为峻猛的39条“大青龙汤发之”；太阳病发汗不彻而形成的轻度表邪，如48条“如此可小发汗”。“发之”和“小发汗”的比较性描述，形象表示了张仲景对治法量度的把握，可使人清晰领会两证之间量值的差异。这些巧妙精确的比较式方法成为了张仲景量化性语言描述中颇具特色的一个方面。

四、修饰方法——形象性、艺术性的定量描述手法

张仲景量化性语言中不乏比喻等艺术性表达方法。《伤寒论·平脉法》用实物之重量贴切地表述指力轻重进而指明不同内脏脉象的正常量度：“脉者，人以指按之，如三菽之重者，肺气也”。

《伤寒论·辨脉法》中运用形象比喻描述脉象及其所寓病证之程度，判定人体正气的盛衰盈亏：脉象虚浮好象菜汤上漂浮的油脂，标志着阳气虚微；以瞥瞥如羹上肥，喻肪浮泛在上，不任寻按，可见阳气虚微之严重程度；脉象微弱如同旋绕的蜘蛛丝，标志着阳虚程度较前进一步加重。“衰”较“微”表示虚少的程度更进一步，已达衰竭的境地[4]。

显性与隐性量化语言——显性易见但不绝对、隐性难察却极重要。

在张仲景丰富的量化语言中，笔者将“大小轻重”等直观显见具有量化意义的语言称为“显性量化语言”。显性量化语言虽然显而易见，但绝非都是定量性涵义，如大与小有时表示的是一种假象，如11条“病人身大热，反欲得衣者，热在皮肤，寒在骨髓也；身大寒，反不欲近衣者，寒在皮肤，热在骨髓也”。因此，临床上还要具体分析。

对于隐蔽不显、表面无量化意义，须根据其所在的语言环境认真剖析后方可探其量化涵义的“隐性量化语言”。虽然其不易被察觉，但认真分析后，可见张仲景定量辩证思维规律。如252、253、254、320、322条“急”字体现了张仲景对治法（下法）的特殊严格要求，从中不难进一步推断该证证情危重，须当机立断，稍迟疑就会迨误病机，故“急”字属于定量性语言。三阴之中，少阴阴液之量较少，故张仲景一直强调少阴病要慎用、禁用汗法。如284条：“以强责少阴汗也”。294条：“而强发之，必动其血”。张仲景运用一个“强”字提示了该患者阴液亏虚的严重程度和汗法这一治法运用的法度失当。可见“急”“强”字是典型的隐性量化语言。

总之，在《伤寒论》中，张仲景于诸多方面广泛的运用了量化语言，以期使辨证论治更加准确化和精细化，字里行间体现了其丰富的辨治经验与良苦用心，构成了张仲景定量辨证理论体系里的精彩华章。不仅可见张仲景定量思维的精华，更可喜的是使我们看到了在以质朴精奥为主的仲景文风中生动形象的一面。可以使我们学习《伤寒论》时，在玄奥难申的感觉中多了一份难得的轻松愉悦的欣赏心情。

参考文献

[1] 鲜光亚.《伤寒论》量值辨证探讨.江西中医学院学

报，1999，11（4）：147～148.
[2] 陈亦人．伤寒贯译释．第3版．上海：上海科学技术出版社，1992：129.
[3] 明·王肯堂．证治准绳·伤寒．上海：上海科学技术出版社，1959：194.
[4] 刘玉良，张文立．论《伤寒论》定量辨证中的以脉定量．中医杂志，2011，52（5）：367～369.
[《中华中医药杂志》2013，28（2）：315]

“项背强几几”如是说

李登岭　冯洪生
莘县中西医结合研究所

《伤寒论》第14条载：“太阳病，项背强几几，反汗出恶风者，桂枝加葛根汤主之。”《伤寒论讲义》（李培生主编，上海科学技术出版社，1985年5月第1版，以下简称《讲义》）讲到本条时，因其证有“汗出恶风”，故认为本条之“项背强几几”为太阳中风兼证，并举宋本《伤寒论》（林亿校本）亦认为本条为太阳中风证。这样一来，因其所用方剂桂枝加葛根汤中有麻黄一味，由此又推演说太阳中风证用麻黄不妥。也就是说，《讲义》采纳了宋·林亿等的两个观点，一是本条项背强几几证为太阳中风兼证，二是用于治本条项背强几几证的方药（桂枝加葛根汤）不应当使用麻黄。《讲义》所引用林亿的这两个命题究竟是假命题还是仲景接连出现了两个“错误”？试辨析如下。

一、“项背强几几”为太阳中风兼证是错误的命题

假若太阳病“项背强几几”为太阳中风兼证这一命题正确，众所周知，太阳中风证“汗出恶风”是其常理，“汗出恶风”为太阳中风证的特征症状，那么本条仲景何言“反汗出恶风”，“反”从何来，难道“汗出恶风”不是太阳中风证的特征症状，所以仲景本意是在指出本证不是太阳中风，更不屈就太阳中风兼证。“项背强几几”为邪在太阳经脉，邪客于表，经气不舒，无汗为其常，有汗是其变，在这里仲景的弦外之音，是在谈“证”，即谈“项背强几几证”，这是仲景的着眼点。如果非要说是在谈“兼”证，也不是谈什么兼“项背强几几证”，而是在谈“项背强几几证”兼什么，至少是在谈“项背强几几证”兼有汗或无汗。

二、桂枝加葛根汤中无麻黄同样是假命题

桂枝加葛根汤中无麻黄是林亿等的第二个命题，这个命题是在假定第一命题（本条项背强几几证为太阳中风兼证）成立的前提下而提出的，林亿等发现仲景所用方药和本条文所具症状不相吻合，便认为仲景又错了，于宋本《伤寒论》中解释道：“臣亿等仅谨按仲景本论，太阳中风自汗用桂枝，伤寒无汗用麻黄，今证云汗出恶风，而方中有麻黄，恐非本意也。第三卷有葛根汤证，云无汗恶风，正与此方同，是合用麻黄也。此云桂枝加葛根汤，恐是桂枝中但加葛根耳。”《讲义》也人云亦云道：“此说为是，当无麻黄。”桂枝加葛根汤方中有麻黄三两，药物组成和葛根汤完全一样。这个“麻黄三两”难道是传抄之误？假定为传抄之误，各种版本的《伤寒论》著作仍在如此传抄，足见读书人抄书之风有余，独立思考欠缺！

事实上，桂枝加葛根汤方后注和麻黄汤方后注一样，都是“不须啜粥”，这种注解，说明桂枝加葛根汤中当有麻黄，也显有桂枝葛根汤非为桂枝汤类方、非为太阳中风而设之意。

鉴于仲景“太阳中风自汗用桂枝，伤寒无汗用麻黄”，所以宋刻本林亿等加按语，认为方中有麻黄恐非仲景本意，这是在首先默认第一命题（第14条之“项背强几几”为太阳中风证）成立的基础上所加的按语。而“此云桂枝加葛根汤者，恐是桂枝中但加葛根耳”，则是对桂枝加葛根汤的进一步演义。总而言之，林亿等是说仲景本人的医学论著中，方证论述自相矛盾，以至于难以自圆其说，因而猜测说这不是仲景原意。试想，一个严谨慎密的“医圣”级大师会在同一个论述中出现如此截然相反的用药取向吗？值得深究！

三、就仲景本论不能推断桂枝加葛根汤中无麻黄

“太阳中风自汗用桂枝，伤寒无汗用麻黄”之言，并不是说太阳中风之后见自汗或有汗之症就绝对不能用麻黄，比如麻黄杏仁甘草石膏汤一证，虽然不是太阳中风，亦非太阳伤寒，因其表已无寒邪，又兼汗出，故其治疗汤方中仍用麻黄。这是自汗也可用麻黄之证据。麻黄汤中有桂枝一味，也是伤寒无汗仍可用桂枝的明证。仲景本论“太阳中风自汗用桂枝”不是指太阳中风自汗用桂枝这味药，也不是指太阳中风自汗用桂枝汤这个方；“伤寒无汗用麻黄”不是指伤寒无汗用麻黄这味药，也不是

指伤寒无汗用麻黄汤这个方，仲景本论的意思是说太阳中风自汗用桂枝汤法，伤寒无汗用麻黄汤法。因此从仲景本论“太阳中风自汗用桂枝，伤寒无汗用麻黄”一语来讲，不能推断桂枝加葛根汤中无麻黄，更不能臆断桂枝加葛根汤“恐是桂枝中但加葛根耳”。

四、以方测证第14条也不为太阳中风证

单就方药组成对比，第14条桂枝加葛根汤和第31条葛根汤完全相同，既然林亿等及《伤寒论》5版教材的编辑将第31条定为太阳伤寒、第14条定为太阳中风，那么两证均用葛根汤（桂枝加葛根汤）治疗确有不妥。窃以为表证见汗，似是体虚。先不分“项背强几几”之太阳伤寒、太阳中风，其所用方药虽一，而服法实有不同。第14条桂枝加葛根汤服法中有和麻黄汤方后注一样的“不须啜粥”，也就是不必借助米粥的补益，此方之组成中和桂枝汤相比桂枝、白芍、甘草均已减量，和麻黄汤相比麻黄量相等，方中之葛根甘平之性（《神农本草经》）量大力专，正治项背强几几证。参考桂枝汤的用法中“啜热稀粥一升余”，本条“不须啜粥”是明示后人此法不是桂枝汤法，虽有汗出也并不是太阳中风证。

五、“项背强几几”证是独立的太阳病证

《伤寒论》第31条载：“太阳病，项背强几几，无汗恶风，葛根汤主之。”《伤寒论》5版教材称此条为太阳伤寒兼太阳经气不舒证，葛根汤方释为桂枝汤加麻黄、葛根。此释笔者认为存在三点疑问：一. 既为伤寒，为何还要用桂枝汤法？实际上此方中麻黄用量和麻黄汤中药量相等，倒是桂枝用量减少了三分之一，这样就不成为桂枝汤法，可是《伤寒论》5版教材还是强扯本方是用桂枝汤化裁。二. “项背强几几”，即项背拘急不舒俯仰不利（似介于“强”和“痉”之间），这虽和太阳病提纲证的“脉浮，头项强痛而恶寒”中的“强”字相类（而程度略别），但和太阳伤寒证的主要脉证“或已发热，或未发热，必恶寒，体痛，呕逆，脉阴阳俱紧”不符，故本条（第31条）是否属太阳伤寒兼证亦值得商榷。三. 就算本条（第31条）为太阳伤寒，第14条为太阳中风，亦即“项背强几几”分伤寒、中风，那么桂枝加厚朴杏子汤证分不分伤寒、中风？桂枝加桂汤证分不分伤寒、中风？桂枝加附子汤证分不分伤寒、中风？大青龙汤证分不分伤寒、中风？笔者认为不是所有的汤证都需分中风、伤寒。综合以上三点疑问及粗略的分析，可以断言，第31条、第14条“项背强几几”不一定非要分出个中风、伤寒，更不必臆断出一个太阳伤寒证治法却用桂枝汤法。笔者认为，“项背强几几”证是一个独立的病证，其方中解表、疏表药用量之重不亚于麻黄汤。

综上所述，“项背强几几”是一个独立的太阳病证，将其划归为太阳中风属误读误解，而进一步推论“桂枝加葛根汤中无麻黄”则是因错就错。

[《国医论坛》2013，28（1）：7]

《伤寒论》中桂枝汤应用范围

余翔　广州中医药大学第三临床医学院

桂枝汤原方载于《伤寒论》中第20条：“阳浮而阴弱，阳浮者，热自发，阴弱者汗自出，啬啬恶寒，淅淅恶风，翕翕发热，鼻鸣干呕者，桂枝汤主之”。组方药为：桂枝三两（去皮）芍药三两甘草二两（炙）生姜三两（切）大枣十二枚（擘），服用本方尤需啜热稀粥以助药力。全方外可发汗解肌，温通经脉而和卫气；能化气温阳。在《伤寒论》113首方中，应用桂枝汤随证加减共70方，约占63%，其重要性可见一斑。

一、桂枝汤之仲景本身运用范围

《伤寒论》[1]中见有本方的条文共有19处，主要论述了桂枝汤的应用。运用包括中风证、自汗证/时发热自汗证、阳明表证、热痞兼表证、厥阴表证、太阴表证、霍乱病等。现分述如下。

1. 用于太阳中风证　太阳中风，由平素卫阳较弱，防护失固，风邪外袭，致营卫不和而成。临床以发热、恶风、汗出、头痛、脉浮缓为其特点，治当疏风解表，调和营卫。方用桂枝汤。如原文1、2、12、13、24、42、44、45条所述。原文1：“太阳之为病，脉浮，头项强痛而恶寒。”原文2：“太阳病，发热，汗出，恶风，脉缓者，名为中风。”原文12：“太阳中风，阳浮而阴弱，阳浮者，热自发，阴弱者，汗自出，啬啬恶寒，淅淅恶风，翕翕发热，鼻鸣干呕者，桂枝汤主之。”原文13：“太阳病，头痛，发热，汗出，恶风，桂枝汤主之。”原文24：“太阳病初服桂枝汤反烦不解者，先刺风池风府，却与桂枝汤则愈。”原文42：“太阳病外证未解，脉浮弱者，当以汗解，宜桂枝汤”原文44：“太阳病外证未解，不可下也，下之为逆。欲解外者宜桂枝汤。”原文45：“太阳病先发汗不解，

而复下之，脉浮者不愈。浮为在外，而反下之，故令不愈。今脉浮，故在外，当须解外则愈，宜桂枝汤。”

2. 用于营卫不和的自汗证　由某种原因而使营卫失和的自汗症或发热自汗症，可以使用桂枝汤。自汗主要是由于卫气失去卫外固守之职，不能与营气相互协调，致使毛窍开泄，营阴外越所致。如原文53条：“病常自汗出者，此为荣气和，荣气和者，外不谐，以卫气不共荣气谐和故尔。以荣行脉中，卫行脉外，复发其汗，荣卫和则愈，宜桂枝汤。”所述。

3. 用于脏无他病，时发热自汗证　凡脏腑无他病，仅表现出发热阵作，自汗出者，可以使用桂枝汤治疗。如原文54条：“病人藏无他病，时发热自汗出而不愈者，此卫气不和也，先其时发汗则愈，宜桂枝汤。”原文56：“伤寒，不大便六七日，头痛有热者，与承气汤，其小便清者，知不在里，仍在表也，当须发汗；若头痛者，必衄，宜桂枝汤。”所述。

4. 用于伤寒已解，半日许复烦，脉浮数者　伤寒发汗后，表证已解。本应该脉静身凉，但半日后又烦，脉浮数。此乃余邪未尽；或汗出肌腠疏松，将息失宜，复感外邪所致。因已发汗，再汗不宜太过，以免损伤正气而生它病，可使用桂枝汤，通阳解表，微发其汗，使邪去正安。如原文57条：“伤寒发汗已解。半日许复烦，脉浮数者，可更发汗，宜桂枝汤。”原文95条：“太阳病发热汗出者，此为荣弱卫强，故使汗出，欲救邪风者宜桂枝汤。”所述。

5. 用于太阳病误下后表证未解者　太阳病，理应从汗解，如误用下法，往往可导致邪气内陷。若下后正气未衰，邪尤在表，可以使用桂枝汤微微发汗解肌，祛除表邪，如原文15条：“太阳病，下之后，其气上冲者，可以桂枝汤，方如前法。”原文91：“伤寒医下之，续得下利清谷不止，身疼痛者，急当救里。后身疼痛清便自调者，急当救表。救里宜四逆汤；救表宜桂枝汤。”所述。

6. 用于热痞兼表证者　桂枝汤用于治疗热痞兼表证。如原文164：“伤寒大下后复发汗，心下痞恶寒者，表未解也，不可攻痞，当先解表，表解乃可攻痞。解表宜桂枝汤，攻痞宜大黄黄连泻心汤。”所述。伤寒为病在表，治当发汗解表，若先行攻下而再行发汗，此汗下失序，必致表邪化热内陷，结于心下，滞塞气机，形成热痞。今表未解，必伴发发热、头痛，脉浮等表证。此里有痞证，外有表证，为表里同病，法当先解表，解表乃可攻痞。故先用桂枝汤先发汗解其表，解表后再用大黄黄连泻心汤治疗其痞证。

7. 用于阳明表证

（1）阳明病，表证未解者，可先用桂枝汤发汗解表，待表证解除后再考虑用下法。若未先解表，直接用下法可能引邪入里，加重病情。如原文234条：“阳明病，脉浮，汗出多，微恶寒者，表未解也，可发汗，宜桂枝汤。”

（2）阳明病，发汗后又如疟状发热，日晡发热者。需根据脉相来决定用方，如脉实说明病在里，故因先救里，宜下之；若脉浮虚者，说明邪在表且正虚，此时用桂枝汤微发汗。如原文240条：“病人烦热，汗出则解，又如疟状，日晡所发热者，属阳明也。脉实者，宜下之；脉浮虚者，宜发汗。下之与大承气汤，发汗宜桂枝汤。”所述。

8. 用于太阴表证桂枝汤可用于太阴兼表证者。此证以太阳中风证为主，伴有轻度太阴病症候，辨证要点是：脉浮，发热恶寒，下利等。是由于素体脾阳不足伴风邪袭表，营卫不和所致，治予桂枝汤调和营卫、温阳和里。如原文276条：“太阴病，脉浮者，可发汗，宜桂枝汤。”所述。

9. 用于厥阴表证桂枝汤用于治疗厥阴病虚寒下利兼表证。如原文372：“下利腹胀满，身体疼痛者，先温其里，乃攻其表。温里宜四逆汤；攻表宜桂枝汤。”所述。本条论虚寒下利重症兼表证的治疗原则与主方。仲景治疗表里同病的原则有三，一是先表后里，二是先里后表，三是表里同治，本条属先里后表的治疗原则。结合91条：“伤寒医下之，续得下利清谷不止，身疼痛者，急当救里。后身疼痛清便自调者，急当救表。救里宜四逆汤；救表宜桂枝汤。”来看，本条之“下利”亦当是下利清谷，属脾肾阳微的虚寒下利重症。腹胀满，为里阳不足，温运无力所，气机不畅所致。此时，虽有身体疼痛的表证，亦当先温其里，方用四逆汤，待里阳恢复，清便自调后，才能治其表证，方用桂枝汤。否则先表后里，表证未必能去，而里阳更因用汗更用损伤，易生亡阳之变。

10. 用于霍乱病桂枝汤用于治疗霍乱里和而表未解的证治。如原文387条：“吐利止，而身痛不休者，当消息和解其外，宜桂枝汤小和之。”所述。吐利是霍乱的主证，此言吐利止，说明里气已和，脾胃升降之机已复，病自向愈。吐利止，身痛不休是表邪未罢。此证吐下之后，阳气大伤，津液未复，故不可乱投发汗峻剂，以免大汗亡阳，变证再起。然既有表证未罢，亦需解表，宜用桂枝汤微发汗解肌表之邪，且内和脾胃而外调营卫。

二、结语

桂枝汤乃千古明方，古今为很多医家所运用，其具有优质悠久的历史，临床疗效显著[2]。随着人们对其研究的逐步深入，桂枝汤的运用范围[3]也逐渐在扩大，其治疗的病种越来越多。桂枝汤为医圣张仲景一手所创，因此回归经典，深入挖掘和研究仲景对桂枝汤的运用对现代[4]运用桂枝汤治疗各种疾病有着积极的意义，对中医方药理论和中医临床也有着重要的作用。桂枝汤临床疗效显著[5]，对其进一步研究具有很大的价值。

总之，桂枝汤在《伤寒论》中的应用十分广泛，此方虽主要用来治疗太阳中风证，然而其应用范围显然已远远超过这个范围。我们应该深入研究桂枝汤的组方特点、原则，进一步挖掘桂枝汤的应用范围，灵活将其运用于临床。

参考文献

[1] 熊曼琪．伤寒学［M］．北京：中国中医药出版社，2006.

[2] 柴瑞震．《伤寒论》桂枝汤运用研究［J］．中国中医药现代远程教育，2008，6（6）：560～561.

[3] 徐漫远．桂枝汤的临床运用与研究概况［J］．辽宁中医药大学学报，2010，12（5）：147～148.

[4] 杨莉．桂枝汤临床应用拾零［J］．甘肃中医学院学报，2005，22（1）：31～32.

[5] 朱开琼．桂枝汤运用之我见［J］．四川中医，2001，19（5）：77.

［《中国民族民间医药》2013，3：53］

张仲景研究集成

增订版

（下　卷）

钱超尘　温长路　主编

中医古籍出版社

目　录

（下　卷）

第三篇　已公开发表的研究张仲景及其著作的文章

（三）张仲景学术思想临床与实验研究 …………（2723）
《金匮要略》所论肺痿与肺间质纤维化关系的研究进展 ………… 肖　娜　周贤梅（2723）
《金匮要略》泻下法类析及临床应用 ………… 刁吉祥（2726）
《金匮要略》杂疗方在消渴病证中的运用 ………… 王忠山（2728）
《金匮要略》中桂枝汤类方治疗风湿痹病初探 ………… 吴德鸿　谢志军等（2730）
《伤寒论》栀子豉汤的临床作用 ………… 于　策（2731）
《伤寒杂病论》柴胡药对配伍作用探析及临床运用举隅 ………… 张　影　罗银星（2732）
《伤寒杂病论》脾胃病相关论述及临床意义 ………… 沈立炜　柴可夫（2735）
《伤寒杂病论》瘙痒辨治规律探析 ………… 郑丰杰（2736）
3 种白头翁汤对兔离体肠管运动的影响 ………… 郝景鋒　王　哲等（2738）
百合知母汤防治精神神经性疾病的述评 ………… 李　竞　王振华等（2739）
半夏厚朴汤的临床应用举隅 ………… 林　田（2744）
半夏厚朴汤临床应用举隅 ………… 张新霞　谢春光（2745）
半夏泻心汤加减治疗胸腔积液 36 例总结 ………… 张建平　王焕玲（2746）
半夏泻心汤加味治疗胸痹临床体会 ………… 于卉莉（2748）
半夏泻心汤治疗消化系统疾病概况 ………… 聂　鲲（2749）
半夏泻心汤治妊娠泻痢举例 ………… 韩　娟（2752）
奔豚气病验案 2 则 ………… 迟　伟　曲秀娟（2753）
补阳还五汤治疗和护理缺血性中风 ………… 范月友　赵　云（2754）
蔡文就教授运用甘草泻心汤治疗糖尿病并皮肤瘙痒症验案 2 则 ………… 谭宏韬　蔡文就（2756）
柴胡加龙骨牡蝠汤加减治验三则 ………… 王　斌　张　谈（2757）
柴胡加龙骨牡蛎汤临证应用举隅 ………… 贾跃进　王　艳等（2758）
柴胡加龙骨牡蛎汤应用体会 ………… 房　昌（2759）
柴胡加龙骨牡蛎汤治疗颈椎病验案 ………… 马云飞（2761）
陈津生应用柴胡加龙骨牡蛎汤验案 4 则 ………… 刘　茹　陈津生（2762）
陈正平黄芪桂枝五物汤验案举隅 ………… 沈金花　陈正平（2764）
承气汤治疗中风研究进展 ………… 刘福华（2766）
从《金匮要略》痰饮“当以温药和之”谈四逆汤对痰饮病的治疗 ………… 刘晓晖（2767）
大承气汤加味治疗胸腰椎压缩性骨折致腹胀痛 45 例临床观察 ………… 孟庆刚　周肆华等（2769）
大黄黄连泻心汤浸渍剂与煎煮剂治疗幽门螺杆菌阳性胃炎的临床观察 ………… 徐国荣（2770）
大黄黄连泻心汤配伍争议的研究现状 ………… 高静雯　黄　萍等（2772）
大黄䗪虫丸在络病治疗中的临床应用 ………… 李静华　李占永等（2775）
当归芍药散治疗内科病方证治药规律的探讨 ………… 臧海洋　杨晓慧（2777）

当归四逆汤的应用和实验研究进展 …………………………………………………… 王国明　张永健（2780）
当归四逆汤临床治验举隅 ………………………………………………………… 吴　钢　陈　轼等（2784）
当归四逆汤验案举隅 ……………………………………………………………………… 曾德祥（2785）
当归四逆汤治验五则 ……………………………………………………………………… 鄢卫东（2787）
仿仲景方证治疗男科疾病举隅 …………………………………………………………… 唐兵役（2788）
附子泻心汤临床应用概况 ……………………………………………………… 谢　静　周大津（2789）
甘草小麦大枣汤为主治疗抑郁症体会 …………………………………………………… 钱荣江（2791）
肝病实脾验案 ……………………………………………………………………… 王　磊　李　勇等（2793）
高忠英教授应用乌梅丸加减治疗慢性溃疡性结肠炎的临床经验 …………………………… 李　燕（2795）
葛根芩连汤治疗糖尿病理论探讨 ……………………………………………… 赵林华　宋　军等（2798）
归脾汤的异病同治临床举隅 …………………………………………………… 曾贤杨　何本阳（2800）
桂枝茯苓鳖甲汤治疗肝硬化腹水 68 例临床观察 …………………………………………… 武步涛（2801）
桂枝茯苓汤配合外治法治疗妇科病验案举隅 ……………………………………………… 苗晓燕（2802）
桂枝茯苓丸的抑瘤作用研究进展 ……………………………………………… 许瑞青　曹保利（2804）
桂枝加葛根汤对组胺致大鼠毛细血管通透性的影响 ………………………… 赵玉堂　许士奇（2807）
桂枝加葛根汤抗 I 型变态反应的研究 ……………………………………………………… 赵玉堂（2808）
桂枝加龙骨牡蛎汤临床运用举隅 ……………………………………………… 李　东　张国江（2811）
桂枝麻黄各半汤异病同治皮肤病临床应用探讨 …………………………………………… 何志明（2812）
桂枝去芍药加麻黄附子细辛汤治疗恶性肿瘤心得 …………………………… 杨晨光　许　鹏等（2814）
桂枝汤加味治验 2 则 ……………………………………………………………………… 李学勇（2815）
桂枝汤类方在糖尿病治疗中的应用 …………………………………………… 徐　志　勇杨军（2816）
桂枝汤类方治疗心脏病临证举隅 …………………………………………………………… 孙　媛（2817）
桂枝汤临床新用探索 …………………………………………………………… 姬水英　牛　菲等（2819）
桂枝汤临床应用心得 ……………………………………………………………………… 付朝红（2821）
桂枝汤在艾滋病无症状期治疗中的应用 ……………………………………… 周根锋　崔伟锋（2822）
寒温辨证并用治皮疹 1 例 ………………………………………………………………… 田瑞曼（2824）
厚朴生姜半夏甘草人参汤证误治案 ………………………………………………………… 田瑞曼（2824）
四逆法应用浅析 …………………………………………………………………………… 吴　巍（2825）
探寻张仲景下利证治规律兼谈应用体会 …………………………………………………… 章浩军（2826）
小柴胡汤加减临床应用体会 ……………………………………………………………… 韩五九（2828）
小柴胡汤加减临床应用研究 …………………………………………………… 张瑞明　武鹏飞（2829）
小柴胡汤临床妙用 ………………………………………………………………………… 李桂玲（2836）
小柴胡汤临床应用概况 ………………………………………………………… 周春以　章作朋（2837）
小柴胡汤临床应用研究 ………………………………………………………… 姬水英　马娟娟等（2838）
小柴胡汤临床应用之探析 ………………………………………………………………… 任小宁（2839）
小柴胡汤验案举隅 ………………………………………………………………………… 郭秀平（2841）
小柴胡汤在老年病中的应用 ……………………………………………………………… 张　蕴（2843）
小柴胡汤治验举隅 ………………………………………………………………………… 张书琴（2844）
小青龙汤的临床应用 ……………………………………………………………………… 张凤琴（2845）
小青龙汤加减治疗重症哮病 48 例疗效观察 ……………………………………………… 马永红（2846）
小陷胸汤临床应用举隅 …………………………………………………………………… 杜贵传（2847）
小陷胸汤治验举隅 ……………………………………………………………… 杨锦国　杨　涣（2848）
小议《伤寒论》中刺期门的应用 ……………………………………………… 王彩悦　苑　婷等（2849）

心病治肝发微兼谈小柴胡汤加减治疗心绞痛 …… 韩五九（2851）
心悸、惊悸的中西医研究进展 …… 穆志明　樊娟娟（2853）
眩晕病的经方诊治思路 …… 郭进财　刘雪娜等（2856）
薛一涛教授应用四逆散治疗胸痹举隅 …… 刘　阳（2858）
学用小柴胡汤的探索与实践 …… 王　付（2859）
学用炙甘草汤的体会 …… 王　付（2861）
研透“小柴胡”，熟解“柴胡剂” …… 席中原　蔡鸿彦（2863）
茵陈蒿汤方加减的临床应用 …… 唐红梅（2864）
应用仲景方辨治糖尿病临证心得 …… 任存霞　许俊平（2865）
运用《伤寒论》理论治疗急腹症的体会 …… 胡德富　郭赞秋（2867）
运用经方治疗肠炎病案三则 …… 周瑞群（2869）
运用经方治验二则 …… 许向明（2871）
运用芍药甘草汤治疗皮肤瘙痒症探析 …… 万　鹏　陈云慧（2871）
运用仲景法辨证论治椎动脉型颈椎病的临床体会 …… 孙西霞　杨　芳（2873）
运用仲景法辨治颈椎病体会 …… 孙西霞　杨　芳（2874）
张锡纯应用石膏的经验 …… 刀云勇（2876）
张聿青运用瓜蒌薤白半夏汤之经验 …… 连暐暐（2877）
张仲景《金匮要略》中针灸疗法初探 …… 任少辉　席鹏飞等（2879）
张仲景《伤寒论》护胃养生理论治疗消化性溃疡疗效的临床实践 …… 包　芸　魏雨霏（2880）
张仲景《伤寒杂病论》喘证治法探微 …… 刘建新　吴雪梅（2883）
张仲景“阴伏，是瘀血也，当下之”理论在皮肤病中的应用 …… 韦章进　江　泳（2885）
张仲景除湿热方法浅谈 …… 彭伟兵（2888）
张仲景分型辨治“头汗出”的临床意义 …… 苗小玲　王　付（2889）
张仲景蜂蜜治便秘 …… 康佳莉（2891）
张仲景甘草泻心汤运用发微 …… 刘云霞（2891）
张仲景桂枝应用浅谈 …… 于　海　李秀文（2893）
张仲景酸甘化阴辛甘化阳治则研究进展 …… 陈爱梅　刘德军（2895）
张仲景温法临床应用及对现代扶阳派的影响 …… 杨　涛　刘丽宁等（2897）
张仲景运用麻黄经验析要 …… 唐忠涛　黎忠民（2899）
张仲景正邪理论观在肿瘤临床中的指导意义 …… 齐元富　李慧杰（2901）
真武汤加味临床验案 …… 余在先　贾丽丽（2902）
真武汤加味治疗顽固性心衰两则 …… 王　平（2904）
真武汤临床治验 …… 姚世宏（2905）
真武汤与临床验案举隅 …… 张青山（2906）
真武汤在泌尿外科的应用 …… 马光旭　何礼涛（2908）
真武汤证浅析 …… 李　岩（2909）
真武汤治疗美尼尔氏综合征240例疗效分析 …… 贾　澜（2911）
枳实薤白桂枝汤方证探索与实践 …… 王　付（2913）
炙甘草汤辨治心律失常的临床用药规律探析 …… 郑丰杰　李宇航等（2915）
炙甘草汤临床新用 …… 姬水英　牛　菲等（2919）
炙甘草汤新解 …… 张卫国　赵　丽等（2921）
炙甘草汤治疗虚证心悸 …… 张　宁（2923）
中药大黄止呕诸证的临床应用 …… 袁　方（2924）

仲景辨治小便不利浅析 …… 杨文喆 (2926)
仲景治便秘方探析 …… 吴喜华 魏志军 (2930)
白长川教授石膏与附子同用经验 …… 闫若庸 (2934)
褚玉霞运用经方治疗妇科病经验举隅 …… 孙 红 (2935)
冯世纶教授从六经论治男科病经验 …… 谢作钢 (2937)
冯世纶运用经方治疗男科疾病的经验 …… 谢作钢 (2939)
江顺奎主任运用泻心汤类方经验介绍 …… 杨春艳 范 平等 (2941)
高荣林教授关于失眠的学术观点以及调理脾胃治疗失眠的经验 …… 章 波 卢建新 (2942)
何泽云教授运用猪苓汤治疗肾系疾病经验举隅 …… 符杨浠 (2948)
黄连阿胶汤的临床观察和实验研究进展 …… 高辉耀 (2950)
黄芪建中汤在消化系统疾病中的应用 …… 张卫平 (2951)
己椒苈黄丸在慢性心力衰竭热瘀水结证中的应用 …… 许艳伶 张 斐等 (2954)
加减乌头汤治疗腰椎间盘突出症 49 例 …… 唐小儒 (2956)
加减应用仲景方治验 4 则 …… 盛梅笑 (2957)
加味芍药甘草汤合头针滞针法治疗卒中后小脑共济失调 83 例 …… 唐学敏 石景洋等 (2959)
加味茵陈蒿汤治疗黄疸 30 例 …… 李荣玲 (2960)
姜春华运用茵陈蒿汤的经验 …… 戴克敏 (2961)
金匮肾气丸临证举隅 …… 葛 亮 高 鸣等 (2963)
经方合方辨治神经性头痛札记 …… 王 付 (2965)
经方临床活用举隅 …… 马鸿斌 (2966)
经方临床验案 3 则 …… 马倩倩 (2967)
经方临证治验 4 则 …… 岳建华 (2968)
经方桃核承气汤治验 3 则 …… 梁 铨 (2970)
经方小柴胡汤运用体会 …… 陈建芳 (2971)
经方应用 3 则 …… 覃家浪 (2972)
经方在精神疾病中的应用 …… 覃家浪 (2974)
经方治疗出血性疾病 …… 陈建芳 (2978)
经方治疗慢性胃炎举隅 …… 余 翔 (2980)
经方治疗哮喘的临床应用进展述评 …… 李 卿 秦 剑 (2982)
经方治疗杂症验案 3 则 …… 袁红旗 王会丽等 (2985)
经方治验 3 则 …… 石伟平 (2986)
经方治愈脑囊虫病案 …… 王 付 (2987)
厥阴病寒热错杂危重证救治体会 …… 沈艳莉 何 力 (2988)
李官火主任医师应用桂枝汤临床经验介绍 …… 蒋旭宏 (2989)
李萍运用麻黄连翘赤小豆汤加味治疗皮肤病医案举隅 …… 吴林辉 (2991)
连建伟教授运用经方治疗二便病证验案 6 则 …… 张卓文 (2993)
苓桂术甘汤临床运用举隅 …… 厉金华 (2995)
苓桂术甘汤治疗眩晕体会 …… 刘俊沛 王春宇 (2996)
六经辨治皮肤病临床体悟 …… 鲍艳举 孙婷婷等 (2996)
六味地黄汤治疗肝病验案 3 例 …… 郭秀平 (2999)
六味地黄丸的药理分析及科学应用 …… 吕宏训 赵 杰 (3000)
麻黄附子细辛汤活用 3 则 …… 马 妍 张连城 (3002)
麻黄附子细辛汤治疗呼吸系统疾病探讨 …… 李 磊 朱益敏等 (3003)

麻黄连翘赤小豆汤治验举隅 …… 刘芙蓉　李　靖（3004）
麻黄汤加味治疗肩周炎验案2则 …… 秦玉珍（3005）
麻黄在张仲景治哮喘诸方中的应用浅析 …… 严兴海　蔡基鸿（3006）
麻杏石甘汤治疗呼吸系统疾病研究近况 …… 黄贵华（3008）
麦门冬汤功效初探 …… 侯俊丽　赵廷浩（3010）
麦门冬汤合方临床应用札记 …… 王　付（3012）
麦门冬汤临床应用举隅 …… 娄　勍　谢　君（3014）
梅核气治疗经验谈 …… 张世安　王雪梅（3015）
彭万年教授运用经方治验糖尿病性心脏病验案三则 …… 陈氏秋云　彭万年（3016）
浅论桂枝汤化裁辨治不寐 …… 缑燕华　皮　敏等（3018）
浅析当归四逆汤证的从肝论治法 …… 袁　勇　戴永江（3019）
浅析桂枝汤治疗不寐 …… 孔红英（3021）
浅议《金匮要略》在类风湿关节炎预防方面的影响 …… 唐　瑛　王科闯等（3023）
邱明义教授运用小陷胸汤验案3则 …… 陈倩云（3026）
芍药甘草汤对大鼠中风后痉挛模型神经递质的影响 …… 杨　敏（3027）
芍药甘草汤临床应用综述 …… 蒋　娜　许　岩（3030）
芍药甘草汤治疗消化性溃疡的药理作用 …… 党　莉　张　虹（3032）
邵金阶运用半夏泻心汤经验举隅 …… 张勇前　邵智谦等（3034）
肾气丸在肾阳虚病症治疗中的应用 …… 林淑梅（3035）
肾气丸组方特点及临床用药经验 …… 王　付（3036）
试述小柴胡汤在耳鼻喉科疾病中的应用 …… 柳林霞（3038）
薯蓣丸的临床应用与研究概述 …… 冯　莎（3039）
四逆散临床应用3则 …… 李欣红（3042）
四逆散在消化系统疾病治疗中的应用进展 …… 公培强（3043）
四逆散治验举隅 …… 徐松喜（3047）
谈《金匮要略》中眩晕病症方证辨治 …… 马小娜　闫军堂等（3047）
谈小建中汤临床应用 …… 孟淑辉　刘　轲（3050）
糖尿病消化系统并发症经方治验举隅 …… 崔明忠（3053）
田玉美教授运用经方治疗杂病医案2则 …… 杨志刚（3055）
王付教授运用经方辨治高血压 …… 苗小玲（3056）
乌梅丸临床应用札记 …… 王　付（3057）
乌梅丸配合针刺法治疗慢性溃疡性结肠炎体会 …… 邵礼晖　周则旺等（3059）
乌梅丸治验久病头痛1则 …… 黄志庆（3060）
吴茱萸汤临床及实验研究进展 …… 万　清　马宗华（3060）
五苓片（散）的临床应用新进展 …… 景　汇　李金玲等（3063）
五苓散抗高血压机理探析 …… 钱林超　周叔平等（3064）
五苓散临床应用三则 …… 吴玉仙　刘书珍（3067）
小半夏汤止呕临床体会 …… 魏长江（3068）
小柴胡颗粒的儿科临床应用 …… 赵　瑜（3068）
小柴胡汤的临床应用体会 …… 刘兴旺　刘芳琴（3070）
《金匮要略》腹诊腹证之针灸推拿运用规律 …… 骆仲达（3072）
《伤寒论选读》第6版半夏泻心汤病机释义之我见 …… 霍炳杰（3074）
从仲景经方看“潜在病机”在制方中的作用 …… 吕翠霞（3075）

经方治疗糖尿病临床探讨 …… 温兴韬（3077）
小柴胡汤在皮肤科的临床应用 …… 柴　勇　高宏艳等（3078）
仲景“治未病”学术思想在痹症护理中的应用体会 …… 张改云（3080）
仲景经方在寒热错杂证中的临证运用思路 …… 张北华　唐旭东（3081）
仲景论治胸痹探析 …… 张艳丽（3084）
仲景系列方治疗慢性肾衰41例 …… 蔡　文　王志甫（3085）
仲景治疗黄疸病特色探析 …… 廖成荣　赵天才（3088）
仲景治未病与尿路结石的防治 …… 袁　芬　李成银（3089）
猪苓汤治疗肝癌癌性腹泻 …… 陈　曦　高　蕾（3091）
竹叶汤方证探析 …… 唐　瑛　赵　庆（3092）
转“阴枢”名方四逆散临床运用体会 …… 胡正刚（3094）
柴胡桂枝汤加味治疗体虚感冒73例观察 …… 赵世新（3097）
小陷胸汤方证思考与探索 …… 王　付（3098）
张仲景《伤寒论》中桂枝汤运用规律探讨 …… 余　翔（3100）
张仲景辨治“下利”证浅析 …… 陈烨文　陈一江（3102）
姜春华运用芍药甘草汤的经验 …… 戴克敏（3104）
廖世煌用经方治疗类风湿关节炎医案3则 …… 余　翔（3106）
王付论学用小青龙汤的基本功 …… 苗小玲（3107）

第四篇　有关张仲景研究的重要学术会议及论文选辑

A. **重要学术会议情况简介** …… （3113）
全国首次张仲景学术讨论会 …… （3113）
中华全国中医学会仲景学说学术讨论会 …… （3113）
1985仲景学术讨论会 …… （3113）
张仲景学术国际研究会 …… （3114）
’99仲景学术论坛 …… （3114）
21世纪张仲景学术思想研讨会 …… （3114）
全国第六届仲景学术研讨会 …… （3114）
国际张仲景学术思想研讨会 …… （3114）
全国张仲景学术思想暨第六届中医药文化研讨会 …… （3115）
2003年国际仲景学说学术研讨会 …… （3116）
其他有关张仲景学术研究的专门会议 …… （3116）
B. **主要学术会议情况简介** …… （3116）
C. **学术会议论文选辑** …… （3122）
·1981年－2003年· …… （3122）
（一）对张仲景生平事迹的考证和研究 …… （3122）
南阳产生伟大医学家张仲景的历史背景和社会基础 …… 廖国玉（3122）
论仲景学说形成的社会基础 …… 唐明华（3127）
张仲景和他的《伤寒杂病论》 …… 赵清理　王安邦（3129）
关于张仲景生平一些问题的探讨 …… 杜雨茂（3131）
张仲景官居长沙太守的考证 …… 廖国玉（3134）
张仲景长沙太守考 …… 李浩澎（3138）
张仲景任长沙太守事迹考 …… 韩　奕（3142）

张仲景“长沙太守”考 …………………………………………………… 刘道清（3144）
张仲景“长沙太守”的几个问题 …………………………………………… 刘道清（3148）
张仲景里贯考 ……………………………………………………………… 李浩澎（3151）
东汉大医学家张仲景故里涅阳考 …………………………………………… 廖国玉（3152）
南阳医圣祠之沿革 ………………………………………… 王昆山　毛光骅（3154）
南阳医圣祠肇建由来 ……………………………………………………… 秦恩甲（3156）
南阳名胜医圣祠的肇建与沿革 ………………………………… 秦恩甲　周世英等（3160）
历代仲景造像考 …………………………………………… 刘世恩　毛绍芳（3164）
张仲景与中日医学交流 …………………………………………………… 张　娜（3165）
（二）对《伤寒杂病论》文献理论的研究 ………………………………………… （3167）
研究《伤寒论》的流派 …………………………………………………… 任应秋（3167）
《伤寒杂病论》分合隐现简介 ……………………………………………… 米伯让（3174）
关于康治本《伤寒论》 …………………………………………………… 杨维益（3178）
白云阁藏本《伤寒杂病论》述评 …………………………………………… 李景荣（3180）
桂林古本《伤寒杂病论》研究概况 ……………………………… 魏雪舫　陈忠琳（3184）
宋版《伤寒论》之新知见 ………………………………………… 真柳诚　梁永宣（3186）
《伤寒论》日本内阁本与中国北图本互勘研究 …………………… 钱超尘　梁永宣（3189）
关于唐本与宋本《伤寒论》的比较研究 …………………………………… 卫云英（3196）
《张仲景方》图经本释例 ………………………………………………… 郭君双（3199）
《伤寒论·序》的学术价值 ………………………………………… 沙　涛　刘维庆等（3202）
王叔和时仲景原著是否已毁于战火 ………………………………………… 陈道纯（3204）
《伤寒论》“三阴三阳”时空生命模型探源 ………………………………… 张其成（3205）
宋金元时期伤寒学的原因、特点及地位 …………………………………… 张瑞贤（3208）
伤寒、杂病相关论 ………………………………………………………… 杨麦青（3216）
《伤寒论》第39条机理浅释 ……………………………………………… 张保伟（3219）
试论《伤寒论》汤方辨证的源与流 ………………………………………… 程磐基（3220）
论《伤寒论》的辨证体系 ………………………………………… 傅廷龄　丁晓刚等（3222）
“损阳伤正”是《伤寒论》的病理基础 ………………………… 韦绮性　麻仲学等（3225）
试论《伤寒论》的“扶正固本”思想 ……………………………………… 张　磊（3227）
试论《伤寒论》中保胃气的学术思想 ……………………………………… 赵清理（3230）
浅谈《伤寒论》祛邪法中对气津的保全 ………………………… 时兴善　白建民（3233）
张仲景是针灸辨证施治的典范 …………………………………………… 邵经明（3235）
《伤寒论》六经初探 …………………………………………… 秦进修　李浩澎（3237）
六气与六经证漫谈 ………………………………………………………… 黄天锡（3241）
试析《伤寒论》的辨证法思想 …………………………………………… 蔺雪帆（3248）
谈伤寒和温病的关系 ……………………………………………………… 李致重（3252）
《外台秘要方》“伤寒”考 ……………………………………… 毛绍芳　刘世恩（3256）
《周易》六爻和《伤寒论》六经辨证的关系 ……………………… 石应轩　康淑香（3257）
《伤寒论》治略与兵法三十六计举隅 ……………………………………… 陈　明（3262）
论《伤寒论》八法纲目 …………………………………………………… 聂惠民（3265）
《伤寒论》时间医学浅探 ………………………………………………… 梁晓平（3273）
试析仲景医学气论的形成 ………………………………………… 陈　萌　王庆国（3275）
略论《伤寒论》的恒动辨证观 …………………………………………… 姜建国（3278）

考察关于张仲景的六经和经络的关系 …………………………………………… 稻村正治（3280）
论《伤寒论》的六病分类辨证体系 ………………………………………………… 王宗柱（3281）
以六经学说及其方法论构建仲景学术思想综合体系的研究和发展战略
……………………………………………………………………………… 王庆国　畅洪昇（3284）
《伤寒论》望诊探略 …………………………………………………………………… 王　历（3289）
张仲景舌诊规律初探 …………………………………………………………………… 杨　俊（3291）
仲景目诊初探 ……………………………………………………………… 李孟章　李云飞（3292）
仲景脉学的体系 ………………………………………………………………………… 陈连顺（3293）
《伤寒杂病论》脉法浅谈 ………………………………………………… 柏红阳　王　伟（3295）
研究《伤寒杂病论》与辨治疑难杂病 ………………………………………………… 王　付（3296）
《伤寒论》"脏腑辨证"思想在中医诊断学中的价值………………………… 钱　峻　杨亚萍等（3298）
《伤寒论》中的导法对医学的贡献 ……………………………………… 宋跃彬　周　琳（3300）
《伤寒论》几种重要笔法 ……………………………………………………………… 沈济苍（3301）
《伤寒论》"者"字的妙用……………………………………………………………… 马献军（3305）
《伤寒论》南阳方言举隅 ……………………………………………………………… 庞景三（3308）
试论知识考古学与系谱学可能对仲景学说研究的指导作用 ……………… 王庆国　李成卫（3309）
研习《伤寒杂病论》之新思路…………………………………………………………… 吕长善（3314）
关于编写《伤寒杂病论讲义》的设想 ………………………………………………… 王　付（3315）
中日仲景学说研究之比较 ………………………………………………… 方家选　赵体浩（3317）
仲景学说与当代的东洋医学 …………………………………………………………… 俞雪如（3319）
日本近代中兴的古医学的特点 ………………………………………………………… 长泽元夫（3321）

论《金匮要略》一书的形成………………………………………………………………… 李今庸（3323）
王洙发现《金匮要略》的若干佐证………………………………………………………… 梁永宣（3324）
《金匮要略》注释发展刍议 ……………………………………………… 刘　敏　王庆国（3327）
从《脉经》看《金匮要略方论》………………………………………… 张再良　叶　进（3329）
《金匮要略》"狐惑"病名探疑…………………………………………………………… 邓家刚（3331）
论《金匮》"黄家所得"从"脾"得之 ………………………………………………… 陈国权（3332）
（三）对《伤寒杂病论》理法方药的研究…………………………………………………… （3335）
论《伤寒杂病论》方药实用特色………………………………………………………… 聂惠民（3335）
方证对应研究 ……………………………………………………………… 张兰凤　王　阶（3337）
《伤寒论》方族及其研究 ………………………………………………… 傅延龄　郑全雄等（3340）
《伤寒杂病论》眩晕病机探讨 …………………………………………… 沈志秀　严季澜（3343）
论《伤寒论》方剂加减化裁妙用………………………………………………………… 高树良（3345）
试论《伤寒论》制法组方规律…………………………………………………………… 李赛美（3348）
《伤寒论》三大注本体系之一 ………………………………………………………… 余瀛鳌（3350）
逆向思维析经方配伍 ……………………………………………………… 张兰凤　王　阶（3352）
对《伤寒杂病论》中两则经方的认识…………………………………………………… 陈德春（3354）
仲景"病痰饮者，当以温药和之"之我见 ……………………………………………… 刘贵成（3355）
浅析《伤寒杂病论》中药物剂型的运用及给药途径 ……………………… 吴立明　李书香等（3357）
浅谈仲景禁药不禁 ………………………………………………………… 李　俊　李　晓（3358）
论经方的配伍、剂量与时效 ……………………………………………… 刘传珍　周丽华（3359）
《伤寒杂病论》的二十种治法 …………………………………………… 柳　艳　柳　凯（3361）

论《伤寒论》之“和法” …… 聂惠民（3363）
论张仲景和解九法 …… 邳根全　赵天才（3366）
仲景外治法初探 …… 杨凤莲（3368）
仲景妇科病辨证及方药特点分析 …… 林立佳（3369）
《伤寒杂病论》通络学术思想及贡献 …… 王魁亮　舒占钧（3371）
论仲景的食疗思想 …… 白长川（3373）
略论仲景学术中否定性病情资料在中医辨证中的意义 …… 陈家旭　唐已婷等（3374）
论仲景寒热错杂病的辨证施治 …… 于殿生（3378）
《伤寒论》《金匮要略》治郁方法 …… 吴明珠（3383）
《伤寒杂病论》中肾病证治浅探 …… 度景胜（3384）
仲景治眩晕十法探析 …… 吴艳华（3386）
浅论张仲景治喘 …… 陈玉川　陈富重（3389）
伤寒痞证辨治探讨 …… 陈鉴清（3390）
《伤寒论》中针灸副作用的剖析 …… 张世平（3391）
运用仲景学说论治“非典”述要 …… 岳蕲立　岳双宝等（3393）
仲景治眩晕诸方辨析 …… 李　静（3396）
《伤寒论》“桂枝去桂加茯苓白术汤”刍议 …… 温长路（3398）
小柴胡汤治疗慢性乙型肝炎的研究近况 …… 朱南方（3400）
柴胡汤主治功效古今览析 …… 刘英锋　胡正刚（3401）
小柴胡汤临床新用 …… 郝芬兰　陈桂英（3406）
伤寒治痞方药探微 …… 陈鉴清（3407）
谈人参在《伤寒论》中的应用 …… 杨小欣（3409）
杏仁在《伤寒论》中的运用 …… 邢运生　方红哲（3411）
博碁子考识 …… 秦思甲（3412）
浅析《伤寒论》大黄的辨证运用 …… 孙长燕（3414）
由《本草纲目》栀子的气味主治分析《伤寒论》栀子的用法 …… 蔡坤坐（3416）
经方中桂枝的使用 …… 江永平（3418）
对仲景运用栝蒌组方的探讨 …… 李富汉（3420）
仲景用酒法初探 …… 张清旺　张清旭（3421）
浅谈《伤寒论》少阴病吴茱萸汤证 …… 李家生（3422）
浅析仲景服药方法 …… 张顺茹（3425）

论张仲景对腠理学说的卓越贡献 …… 袁培智（3427）
谈《金匮》中全科医学的预防思想 …… 程　红（3429）
论《金匮》中的“优生”思想 …… 沈继泽（3430）
《金匮》杂病调治阳气法及其用药特点 …… 张　琦（3432）
浅述《金匮要略》止痛十法 …… 谭彩群（3433）
对《金匮要略》腰背部病证的探讨 …… 黄仰模　林昌松等（3435）
《金匮要略》治疗肺系病诸方探讨 …… 亘红旗　张利明（3436）
《金匮要略》津液代谢障碍类病证辨与治思路辨析 …… 蒋　明（3437）
《金匮》虚劳证治浅析 …… 张再良（3441）
浅谈《金匮要略》妇科方药 …… 刘玉红（3444）
风引汤方义解析 …… 陶汉华（3445）

（四）对仲景学说的临床应用和实验研究 …………………………………………………（3448）
张仲景《伤寒论》在辨证论治上既掌握了空间又抓住了时间 ………………… 岳美中（3448）
经方派老中医岳美中教授用经方起大症之经验 ………………… 陈可冀　李春生（3453）
对张仲景狐惑病的认识及其临床运用 ………………………………………… 路志正（3456）
试论水气上冲证治 ……………………………………………………………… 刘渡舟（3457）
六经病欲解时的机理及其临床价值 …………………………………………… 李克绍（3458）
《伤寒论》辨证方法在临床上的应用 ………………………………………… 魏富有（3462）
《伤寒论》《金匮要略》关于热性病的辨证施治及临床指导意义 ……………… 王文钦（3463）
葛根汤加味合针刺治疗椎动脉型颈椎病36例 ……………… 杨冬东　王瑞永（3467）
大柴胡汤异病同治举验 ………………………………………………………… 贾太谊（3468）
运用《伤寒论》论治非典型肺炎的研讨 ……………………………………… 王春生（3469）
《伤寒论》对失眠的证治 ……………………………………………………… 马作峰（3471）
伤寒方治喘咳 …………………………………………………………………… 梁柳文（3473）
刘渡舟教授应用半夏泻心汤经验 ……………………………………………… 李宇航（3475）
方和谦老师谈《伤寒论》治喘诸方的辨证应用 ……………………………… 赵铁良（3477）
陈瑞春教授运用五苓散的经验 ………………………………………………… 梁银秀（3479）
李寿山教授活用经方治疗“慢肝”经验 ………………… 于家军　李　戈等（3480）
经方治利验案辨析 ……………………………………………………………… 张　宁（3481）
经方治疗痹证临床举隅 ………………………………………………………… 马志才（3483）
桂枝汤及其类方在老年病中的运用 …………………………………………… 朱红梅（3484）
桂枝茯苓丸在妇科临床的应用 ………………………………………………… 李鲁炎（3486）
从小柴胡汤治腹痛谈肠系膜淋巴结炎的治疗 ………………………………… 李　波（3487）
小柴胡汤加减治疗功能性消化不良122例临床观察 ……………… 潘金辉　黄　坚等（3488）
大柴胡汤加减治疗胆囊炎胆石症60例临床观察 ……………… 丁二可　谭宗章（3489）
大柴胡汤在妇科的运用 ………………………………………………………… 梁　健（3491）
经方在中风病中的应用举隅 …………………………………………………… 贾　磊（3492）
柴胡龙骨牡蛎汤加减治疗更年期综合征的临床观察 ……………… 周　会　徐新国（3493）
肝炎在伤寒六经中的证治及微观辨证的关系 ……………………… 翟慕东　王小平（3493）
小建中汤应用与中医继承 ……………………………………………………… 马志才（3498）
小青龙汤加味治疗脾肾阳虚型哮喘128例疗效观察 ……………… 李明春　李　震（3499）
四逆汤临床应用体会 ………………………………………………… 陈　亮　贾彦焘等（3500）
四逆散半夏泻心汤合方治疗慢性浅表性胃炎的临床疗效观察 ……… 刘德才　王庆国（3502）
附子泻心汤在儿科临床推广应用经验介绍 …………………………………… 徐荣谦（3504）
四逆散的现代研究 ……………………………………………………………… 徐晓东（3507）
当归四逆汤临床应用举隅 ……………………………………………………… 徐亚君（3509）
《伤寒论》承气汤临床应用举隅 …………………………………… 周天寒　张安富（3511）
加味白虎汤治疗病毒性脑炎2例 …………………………………… 高连仲　郑国玉（3513）
肾气丸治疗不育症的微量元素探讨 ………………………………… 邹学正　赵　金（3514）
真武汤为主治疗78例血栓闭塞性脉管炎的临床疗效观察 ……………… 罗德轩　唐文生等（3516）
桃仁承气汤外敷治疗膝关节创伤性滑膜炎48例报告 …………………… 沈连波（3518）
当归生姜羊肉汤加味治疗产后身痛36例 ……………………………………… 王秀春（3518）
仲景治痞对慢性胃炎饮食形态的启示 ……………………………… 雷正荣　胡陵静（3519）
小半夏加茯苓汤治疗十二指肠壅积症21例临床观察 ……………… 厉永龄　宋树林（3522）

经方加味辨证治疗心衰验案三则 …… 贾太谊　贾　磊（3522）
半夏泻心汤临证活用举隅 …… 黄家诏（3524）
桂枝麻黄各半汤临证运用举隅 …… 周海虹（3526）
大黄甘草汤新用 …… 杜普昌（3527）
桂枝汤治疗豚鼠变应性鼻炎的实验研究 …… 李上云　孟繁志（3528）
栝蒌薤白汤对肺纤维化大鼠肺组织中肿瘤坏死因子 α 表达的影响 …… 宋建平　李瑞琴等（3531）
半夏泻心汤对大鼠胃黏膜血流量的影响 …… 米子良　兰秀峰（3534）
甘草泻心汤治疗实验性反流性食管炎的实验研究 …… 刘晓霓　高艳青等（3535）
黄芩汤有效成分配方抗大鼠实验性溃疡性结肠炎的实验研究 …… 丁晓刚　傅延龄（3536）
鳖甲煎丸对免疫性肝纤维化大鼠 PDGF－BB 表达的影响 …… 谢世平　王　勇等（3539）
真武汤对肺心病并右心衰血流动力学影响的实验研究 …… 陈建彬　江　泳（3541）
益气养阴化瘀法对糖尿病大鼠心肌纤维化的影响 …… 李庆云　柳成钢等（3544）
下瘀血汤对糖尿病肾病大鼠肾脏保护作用的实验研究 …… 柴可夫　覃志成等（3546）
清热利湿活血解毒法治疗痤疮的临床研究 …… 张反堂　鲁美君等（3548）
《伤寒杂病论》活血方剂最新研究 …… 奥山徹（3549）
·2012 年－2014 年· …… （3552）
（一）张仲景学术思想文献研究 …… （3552）
《金匮要略》脏躁名称及证治源流考辨 …… 叶　莹（3552）
《金匮要略妇人杂病第二十二》韵文考证 …… 陈　明　姚海强等（3553）
《伤寒杂病论》消渴文献研究 …… 文颖娟　杨景锋（3556）
淳化本《伤寒论》初探 …… 程磐基（3558）
魏晋南北朝姚僧垣《集验方》与仲景医方比较研究 …… 亢　森　梁永宣（3561）
（二）张仲景理法方药学术思想研究 …… （3565）
《伤寒论》中的辨证论治思想及其临床应用 …… 郭喜军　张颜伟（3565）
《内经》重阳思想对张仲景慢性虚劳病治疗的影响 …… 张银柱　李宝珍（3566）
《伤寒论》病证治疗权变 …… 曲　夷（3567）
《伤寒论》关于气失常的证治思想初探 …… 欧金涛　结小停等（3569）
《伤寒论》经方用量之浅见 …… 成　玉　徐姗姗（3571）
《伤寒论》误汗刍议 …… 王洪弘（3572）
《伤寒论》学术体系的理论核心与实用价值 …… 聂惠民（3574）
从《金匮要略》治瘀特点探讨风湿痹病化瘀方法 …… 王海隆（3577）
从经方角度浅谈脾肾关系 …… 刘　凡（3578）
从脉象谈四逆散方证的辨识 …… 冯学功（3580）
从升降出入谈《金匮要略》奔豚气病 …… 李　慧（3581）
对《伤寒论》火郁发之理论应用的思考 …… 陈　建（3583）
基于中国古代哲学观与现代系统论探析张仲景“人体自和”观 …… 张茂云（3585）
建立《金匮要略》治眩晕方病案数据库的研究 …… 钱占红　韩雪梅等（3587）
论《伤寒论》的保胃气思想及其临床辨治中的应用 …… 王振涛　曾垂义等（3590）
论半夏散及汤之生半夏为散剂的意义 …… 唐　瑛（3592）
论桂枝汤将息法的操作程序 …… 刘　洋（3594）
论张仲景应用细辛与现代中药药理的相关性 …… 曹魏敏　胡　雨等（3596）
论治伤寒学的十种关系 …… 姜建国（3597）

浅谈《伤寒论》方剂的“中和”配伍思想…………王宗柱　杨鉴冰（3601）
浅谈《伤寒论》之“阳明发黄证”…………李　丽（3603）
浅谈临床应用经方治疗杂病的点滴体会…………温桂荣（3605）
浅析《金匮要略》部位辨证思想…………庞　博　王颖辉（3608）
浅析经方中附子白术的配伍规律…………刘亚娟（3610）
试析《伤寒论》中祛邪思想…………陶春晖（3611）
思考《伤寒论》成书的疾病背景…………张再良（3613）
谈经方运用的五项原则…………王庆国（3618）
探析仲景养生思想…………张玉苹（3620）
探赜《金匮要略方论》之血痹…………王　寅　向　阳（3622）
张仲景饮食养生思想与方法浅析…………赵鲲鹏（3624）
仲景方用药剂量古今折算及配伍比例标准研究…………李宇航（3626）
仲景学术研究学科发展概要…………王庆国　李宇航等（3627）
仲景学说的随儒逐流…………史马广寒　毛秉豫（3630）
浅论当代中医耳科学中的伤寒学派六经辨证思想…………孔　喆　李云英（3632）
（三）张仲景学术思想临床与实验研究…………（3635）
近年来仲景诊法研究论文概述…………胡晓峰　李洪晓（3635）
仲景方剂妇科临床应用研究…………马大正（3637）
仲景方用于心律失常治验…………罗陆一（3644）
《金匮要略》月经病治疗浅述…………叶峥嵘（3646）
经方治验老年呆病…………李聚梅（3648）
谈《金匮要略·妇人三篇》腹痛证治…………邢维萱（3649）
学习和运用《金匮要略》痰饮病方药的临床心得体会…………柴瑞霭（3655）
论《金匮要略》滋阴法运用…………赵力维　于春阳（3660）
金匮要略系统性红斑狼疮诊治体会…………黄仰模（3661）
经方在泌尿男科的运用…………曾庆琪　李祥元（3664）
论仲景对肾病水肿的临床辨治…………刘晓倩　刘　敏（3670）
《伤寒论》使药在养生方面的药物规律研究…………刘春慧　程振芳（3672）
运用仲景“内虚外风”论治疗面瘫体会…………林再政（3675）
经方治疗胃食管反流病初探…………李　矗　姜莉芸（3676）
仲景良方治疗奔豚气的临床报道及反思…………崔占义　孙树枝（3678）
仲景五脏温法思想探讨…………杨开瑞　王新佩（3680）
《伤寒论》辨治发热的思路…………宋咏梅（3682）
仲景痰饮治法在妇科疾病中的运用…………乔红丽　周叔平（3684）
学《伤寒论》法、用《伤寒论》方…………牛宝生（3686）
经方治疗动脉粥样硬化研究进展…………王佑华　吴　申等（3688）
经方验案五则…………于殿宏（3693）
经方序贯治疗哮病体会…………许　勇　李　良等（3695）
经方在寒热错杂证中的应用思考…………唐旭东　张北华（3697）
经方治疗妇科病验案3则…………向阳红（3700）
学习仲景方运用毒性中药的几点体会…………黄敏娜（3701）
经方临床疗效评价方法及应用研究现状与思考…………刘卫红（3703）
近30年岭南地区经方运用发展趋向…………陈　妙　李赛美（3708）

经方麻杏石甘汤干预小儿病毒性肺炎的 Meta 分析 …………………… 王　子　王雪峰等（3711）
《伤寒论》四诊方法撷微 …………………………………………… 李赛美（3714）
浅谈《伤寒论》中和法的应用 ……………………………………… 黄祥武（3718）
浅谈《伤寒论》中中药不良反应的预防预警 ………………… 季元红　志　华（3722）
《伤寒论》误治与救误法的研究 …………………………… 符标芳　黄家诏（3723）
《伤寒论》与《金匮要略》汤剂煎煮方法初探 ………………… 郑虎占　魏宝忠等（3725）
《伤寒论》针灸疗法临床应用探讨 ………………………………… 田康康（3732）
从《伤寒论》谈临床辨治九步曲 …………………………………… 李赛美（3734）
从经方理论浅谈咳嗽变异性哮喘的临床辨证用药 ……………… 冉云玲　程刘海等（3737）
寒热药性在《伤寒论》三阴三阳论治中的体现 ………………… 尹　妍　郑丰杰等（3739）
地黄类中成药临床应用辨析 …………………………………… 倪　诚　张　葱等（3741）
柴胡加龙骨牡蛎汤加减治疗不寐的肝郁化火证的临床观察 ………………… 张　勇（3745）
《金匮要略》中五疸的中西医临床研究 …………………………… 张照琪（3747）
探讨《金匮要略方论》对黄疸的论治 ……………………………… 贾建伟（3748）
六味地黄丸（汤）男科用验 ………………………………………… 曹　军（3751）
桂附地黄丸与金匮肾气丸临床应用探讨 …………………… 路军章　张　蕾（3751）
含甘遂甘草反药组合的甘遂半夏汤及其拆方的急性毒性实验研究
…………………………………………………………………… 柳海艳　钟赣生等（3754）
湖湘仲景学派发展概要 …………………………………… 胡方林　刘仙菊（3759）
黄家诏教授经方辩治疑难病举隅 ………………………… 徐笋晶　欧名菊（3762）
基于药证探讨真武汤临床拓展运用 ……………………………… 陈云志（3765）
金匮麦门冬汤治咳之辨 …………………………………………… 张丹丹（3767）
金匮肾气丸新用 3 则 …………………………………… 张荣华　马秀娟等（3768）
经方病证的寸口脉经验指感 ……………………………… 罗　愚　赵厚瑞（3769）
经方脉浮现象和太阳病凭脉论治经验 …………………… 罗　愚　马红明等（3772）
经方旋覆代赭石汤在恶性肿瘤术后康覆治疗中的应用 …………………… 陈建国（3774）
经方验案四则 ……………………………………………………… 汪　剑（3775）
刘渡舟教授治学特色、学术思想探析 …………………… 闫军堂　刘晓倩等（3777）
六味地黄丸（汤）的临床应用研究 ………………………… 房　玲　王　蕾（3784）
梅国强教授运用六经辨证治疗心系疾病的经验 ………… 刘松林　黄玉贝等（3788）
伤寒方煎服宜忌的临床应用 ……………………………… 高中祖　贺文龙（3790）
少阳病临证辨识心得 ……………………………………… 冯学功　张　娆（3792）
王孟英应用仲景法 ………………………………………… 张　蕾　刘桂荣（3793）
温阳法治疗糖尿病探析 …………………………………………… 单留峰（3795）
运用《金匮要略》"阴伏"理论治疗皮肤病的体会 …………… 江　泳　韦章进（3796）
张仲景对痹病的认识 ……………………………………………… 张艳艳（3799）
仲景方对小儿哮喘的临床应用分析 ……………………………… 程志源（3801）
仲景平衡阴阳法及用药特点 ……………………………………… 张建荣（3803）
仲景合方应用举隅 ………………………………………… 吴修符　任国峰（3805）

第五篇　研究、纪念张仲景的主要学术机构和活动

一、主要机构 ……………………………………………………………… （3810）
南阳医圣祠 ………………………………………………………………… （3810）

涅阳学社 …………………………………………………………………………………………… (3810)
南阳张仲景研究会 ……………………………………………………………………………… (3810)
中华中医药学会仲景学说分会 ………………………………………………………………… (3811)
张仲景国医学院 ………………………………………………………………………………… (3812)
南阳市中医中药研究所 ………………………………………………………………………… (3812)
二、纪念张仲景的主要活动 ………………………………………………………………… (3813)
张仲景医药节 …………………………………………………………………………………… (3813)
新中国成立后纪念张仲景的部分活动 ………………………………………………………… (3813)

第六篇　对张仲景学术思想的弘扬和开发

一、一般情况介绍 ………………………………………………………………………… (3818)
二、重点单位简介 ………………………………………………………………………… (3821)

结　语 ……………………………………………………………………………………… (3825)

第三篇　已公开发表的研究张仲景及其著作的文章

（三）张仲景学术思想临床与实验研究

《金匮要略》所论肺痿与肺间质纤维化关系的研究进展

肖　娜　南京中医药大学
周贤梅　江苏省中医院

肺间质纤维化又称为肺间质疾病（ILD）或弥漫性肺实质疾病（DPLD），以运动性呼吸困难、干咳等为主要症状，是以弥漫性的肺泡炎、肺间质炎症和间质纤维化为组织学特点的一组疾病群。2002年美国胸科协会（ATS）和欧洲呼吸病学会（ERS）提出了弥漫性肺实质疾病分类的新概解[1]，分为已知病因的疾病以及病因未明的疾病包括特发性间质性肺炎、肉芽肿性疾病和其他类型的间质性肺疾病。

现代医家们普遍将“肺痹”与“肺痿”作为肺间质纤维化的中医病名，二者反映了肺间质纤维化发生发展的不同时期阶段的病机特点，临床上存在由肺痹至肺痿的演变过程，但肺痹与肺痿在一定条件下又可相互影响，互患为病；即可见到痹中有痿，痿中有痹的复杂病情[2]，临证需辨别肺痹与肺痿的虚实主次，轻重缓急。肺痹病机为肺为邪痹，气血不通，络脉瘀阻；肺痿则指肺萎弱不用，气血不充，络虚不荣。如特发性肺间质纤维化（IPF），早期邪毒阻络，肺为邪痹，气血不通，络脉痹阻，属肺痹范畴，以邪实为主；后期络虚不荣，气血不足，肺叶挛缩，丧失功能，属肺痿范畴，以本虚为主。由此可见，二者反映肺间质纤维化发生发展的不同方面[3]。肺间质纤维化与中医所论肺痿原旨颇多相似，历代对肺痿均有论述，结合现代医学的研究，将《金匮要略》之肺痿与肺间质纤维化的联系陈述于下。

一、《金匮要略》论肺痿

肺痿始见于张仲景的《金匮要略》，《金匮要略·肺痿肺痈咳嗽上气病脉证并治》曰：“寸口脉数，其人咳，口中反有浊唾涎沫者何？师曰：为肺痿之病”。马君[4]认为“肺痿”是最恰当的肺间质纤维化的中医病名。

肺间质纤维化病位在肺本脏，又及脾肾[5]。脾为肺之母，肺为脾之子，且脾胃为后天之本，因此脾与肺在生理功能上相互作用，在病理上会出现“母病及子”及“子盗母气”。肺病多因土不生金，导致脾肺两虚，痰浊内生，以咳吐浊唾涎沫为主症，咳喘声微息弱，反复发作，经久不愈[6]，临床也可见到部分肺间质纤维化患者表现痰量增多；各种原因损伤肺胃之阴，胃津不能上输，肺失濡养，导致肺燥津枯，形成肺痿。《金匮要略》所论肺痿“张口短气”，脱气“疾行则喘喝”，肾虚“腰痛背强不能行，必短气而极也”提示本病亦可形成肺肾两虚。肺间质纤维化病程缠绵不愈，病机转化由气及血，由肺及肾，肺脾肾三脏同病[7]，络虚不荣，肺痿不振。

仲景指出肺痿有虚热和虚寒两种，《金匮要略心典·肺痿肺痈咳嗽上气病脉证并治》云：“肺为娇脏，热则气烁，故不用而痿；冷则气沮，故亦不用而痿也”。指出皆可出现络虚不荣的病机。虚热证言其常。《金匮要略·肺痿肺痈咳嗽上气病脉证并治》曰：“热在上焦者，因咳为肺痿。肺痿之病，从何得之？师曰：或从汗出，或从呕吐，或从消渴，小便利数，或从便难，又被快药下利，重亡津液，故得之”。清代尤在泾《金匮要略心典·肺痿肺痈咳嗽上气》注云：“痿者萎也，如草木之萎而不荣，为津烁而肺焦也。”上焦有热，肺为热灼则咳，咳久不已，肺气失于宣降，痿弱不振，形成肺痿。明确把产生虚热的原因归结于“重亡津液”[5]。导致上焦有热的原因如下：发汗过多，津从汗孔而出；呕吐频作，津由口而耗；患消渴，小便频数量多，经膀胱而流；大便燥结，用峻猛药物泻下，攻下太过，津液从大肠而下。结合后世诸医家的论述，有研究认为《金匮要略》所言虚热肺痿的病机是指肺气阴两虚：具体又分为肺之气阴两伤各有偏重，导致口中反有浊唾涎沫；其脉虚数，其证有口渴，舌红，临床多见[8]。

虚寒证言其变，或是由于虚热肺痿失治，久则阴损及阳；或是由于素体阳虚，肺气虚冷[9]。虚寒肺痿之病机在于肺气虚收摄无力引起膀胱阳气下脱，而成上虚不能制下肺痿证；其证脉不数而沉迟，口不渴，舌不红，多涎唾，或遗尿，小便数，大便稀溏[10]。肺为气之主，肾为气之根，肺主出气，肾主纳气，当肺气损伤日久，病及于肾，肾不纳气，肾虚失于摄纳，表现为短气、喘促、动则尤甚等症。IPF乃由寒毒、瘀毒、湿毒等外邪壅塞肺脏，此为上盛；耗散肾气，肾之阴阳虚损，此为下虚[11]。

最难以与肺痿相鉴别的是肺痈，由于两者病变部位均在肺，都有咳嗽症状，《金匮要略》将肺痿与肺痈合为一篇论述，但以脉证加以鉴别，“咳唾脓血，脉数虚者为肺痿，数实者为肺痈。”可见肺痿是虚热，故脉数而虚；肺痈是实热，故脉数而实。

二、肺间质纤维化与肺痿的联系

1. 病理表现　晚期肺间质中的纤维组织收缩，平滑肌成分为轻至中度增生，肺呈实变，双肺体积缩小，晚期呈蜂窝肺。正如清代尤在泾所言：“痿者，萎也，如草木之枯萎而不荣，为精涸而肺焦也”。

2. 临床表现　肺间质纤维化典型临床症状为进行性呼吸困难，以及咳嗽，长期呼吸困难可致紫绀。这符合肺痿的某些特征，紫绀与久病成瘀有关。《金匮要略·血痹虚劳病脉证并治》云：“五劳虚极羸瘦……内有干血，肌肤甲错，两目黯黑。缓中补虚，大黄䗪虫丸主之。”即各种原因所致虚极，均可影响血行而致血瘀。机体津气两伤则气促，动后尤甚；血行不畅故见面色晦暗，唇舌发绀。肺痿喘脱证[12]即现代医学IPF合并呼吸衰竭，属重病危候，最终导致“肺叶枯燥，不能覆下，则翘举而气亦上逆……乃肺痿之重证也”，出现喘脱危候，表现为IPF患者的肺总量、肺活量、肺弥散等肺功能指标的下降和进行性加重的低氧血症。正是肺痿由阴伤而及气血，由肺虚延及脾肾，并兼肺部邪气稽留，渐生痰浊瘀血，终致肺气痹阻而并发喘脱的具体表现。肺纤维化与肺痿均是肺系疾病迁延不愈的结果，《医门法律》指出：“肺痿者，其积渐已非一日，其寒热不止一端，总由肾中津液不输于肺，肺失所养，转枯转燥，然后成之。”

3. 治疗方法　古医家在治疗上大多主张早期治疗，如唐代王焘《外台秘要·卷九》说：“此嗽不早疗，遂成肺痿”。唐代孙思邈遵循《金匮要略》之说，进一步提出“肺痿虽有寒热之分，从无实热之例”。现亦有报道[13]治肺痿无泻法的观点，既遵照了《金匮要略》关于肺痿之辨治规律，又符合后世医家关于肺痿之论述，且与临床基本相符。《金匮要略》开创了治疗肺痿的先河，麦门冬汤及甘草干姜汤是著名的方剂，两方皆有“培土生金”之意。

《金匮要略》用于治疗虚热肺痿的主方麦门冬汤，从方剂的临床适用范围来看本方更宜于气阴两虚证方面。《金匮要略·肺痿肺痈咳嗽上气病脉证并治》云：“大逆上气，咽喉不利，止逆下气者，麦门冬汤主之”。此为肺有燥热，热在上焦，肺受熏灼，久则痿弱不振，终致肺叶枯萎，治疗需滋阴清热，止火逆降肺气。方中以麦门冬为君药滋阴清热，半夏下气化痰，配伍人参、粳米、甘草、大枣健脾益气。

《金匮要略》曰：“肺痿吐涎沫而不咳者，其人不渴，必遗尿，小便数，所以然者，以上虚不能制下故也。此为肺中冷，必眩，多涎唾，甘草干姜汤以温之。”即治疗虚寒肺痿的主方为甘草干姜汤，用药意在温中焦之阳以暖肺。

现代实验研究普遍认为偏治上焦的麦门冬汤、瓜蒌薤白白酒汤作用强于偏治下焦的肾气丸。

大黄䗪虫丸、肾气丸、麦门冬汤和瓜蒌薤白白酒汤均是《金匮要略》中的名方。宋建平等[14]研究认为瓜蒌薤白汤和麦门冬汤减轻肺间质纤维化大鼠模型早期阶段肺泡炎的作用较为明显，推论肺间质纤维化早期阶段基本证型似为痰浊痹阻和肺阴亏虚，治疗应重视祛痰宣痹、养阴清热；肺间质纤维化早期阶段 TNF－α 的表达显著增多；泼尼松、大黄䗪虫丸、肾气丸、麦门冬汤、瓜蒌薤白汤均有较好的降低 TNF－α 表达的作用，其中瓜蒌薤白汤作用最强，麦门冬汤次之，提示降低 TNF－α 表达可能是中药减轻肺间质纤维化早期阶段肺泡炎的机制之一。肺间质纤维化早期阶段（1～14d）似以痰浊痹阻、肺阴亏虚、瘀血阻滞为基本病机[15]，而此阶段 TNF－α 的水平也有显著升高，强的松、瓜蒌薤白汤、麦门冬汤、肾气丸均有抑制 TNF－α 过度表达的作用，其中瓜蒌薤白汤抑制作用最强，麦门冬汤次之，提示抑制 TNF－α 过度表达可能是上述中药减轻肺间质纤维化早期阶段肺部病理损害的机制之一，TNF－α 与中医的痰浊痹阻、肺阴亏虚关系可能较密切；而大黄䗪虫丸虽能减轻模型肺间质纤维化程度，但抑制过度表达用并不明显，提示上述方药作用机制可能不同。TNF－α 与中医“证”的关系，及上述方药对肺间质纤维化早期阶段的干预作用等均有待进一步研究。

有研究[16]提示抑制肺组织 TNF－α 过度表达、提高肺组织中 IL－10 的表达，可能是麦门冬汤防治减轻肺泡炎和肺间质纤维化的作用机制之一，但其确切机制有待于进一步的研究。

参考《金匮要略》关于短气的辨证论治理论，也可指导临床用药。

IPF 临床特征为进行性呼吸困难，病人呼吸频率加快，动则更甚，与中医所论短气相同《金匮要略》记载息张口短气者，肺痿吐沫，指出短气可见于肺痿。《金匮要略·胸痹心痛短气病脉证并治》曰：“胸痹之病，喘息咳唾，胸背痛，短气……栝楼薤白白酒汤主之。”仲景此方治疗心、肺疾病有良效；临床应用时加入丹参、川芎等活血化瘀药或姜半夏等化痰药可提高疗效。心肺同居胸中，心主血脉，肺主气而朝百脉，气机不利可影响血行，瘀血又会影响气机的宣畅，痰瘀互结贯穿本病的始终，提示宣痹祛邪、活血通络法对本病有一定疗效。在 IPF 患者的肺组织中，肺泡炎的周围常常伴随着微血栓的形成，与现代认识已比较一致，可采用抗凝治疗。刘绍霞等[17]治疗 IPF 患者，对照组仅给予吸氧、抗感染、对症和（或）糖皮质激素等常规治疗，治疗组在此基础上，给予小剂量低分子肝素钠雾化吸入治疗，疗程 2 个月；结果表明：治疗组 PaO_2 和肺功能均较治疗前有一定改善，症状也较治疗前减轻，对照组肺功能无明显改善。但肝素能否长期改善 IPF 患者的肺功能有待进一步研究。

目前，肺纤维化临床分型较多，各医家继承中医学精髓，结合自身经验辨证用药。有报道将肺痿分 4 型辨治，分别为：肺燥津伤，代表方为麦门冬汤合清燥救肺汤加减；阴虚火旺，代表方为百合固金汤加减；气阴两虚，代表方为生脉散合升陷汤加减；肺中虚冷，代表方为甘草干姜汤加味[13]。

三、结语

综上所述，《金匮要略》所论肺痿病机与肺间质纤维化的形成有相似之处，“肺痿”病总属肺虚，其发病缓，病程长，预后不良，主张早期治疗，应以扶正为主，重视调补脾肾之本。仲景关于此病的治疗对肺间质纤维化有指导意义。当中医理论与现代医学相结合，中医辨证与西医辨病相结合，治疗肺间质纤维化会取得更好的疗效。

参考文献

[1] American Thoracic Society（ATS）and European Bespiratory Society（ERS）：American Thoracic Society/ European Bespiratory Society in – temational multidisciplinary consensus classification of the idiopathic interstitial pneumonia［J］. Am J Respir Crit Care Med，2002，165（2）：277～304.

[2] 崔红生，王琦．肺间质纤维化辨治四要素［J］．新中医，2004，36（10）：3～4.

[3] 李辉，代媛媛，李国勤．重温肺痿肺痹文献，探讨特发性肺间质纤维化治疗［J］．北京中医药，2010，29（11）：839～842.

[4] 马君．关于肺纤维化中医命名的思考［J］．现代中西医结合杂志，2007，16（13）：1763，1773.

[5] 吕晓东，庞立健，周健．中医对肺痿及与肺纤维化关系的探讨［J］．辽宁中医杂志，2007，34（3）：289～290.

[6] 汪泳涛，张再良．论《金匮》肺痿、肺胀［J］．上海中医药杂志，2009，9（1）：41～43.

[7] 庞立健，王琳琳，吕晓东．论肺纤维化（肺痿）与肺脾肾三脏的关系［J］．辽宁中医杂志，2008，35（2）：211～212.

[8] 严艳．《金匮要略》虚热肺痿辨析［J］．江西中医药，2007，38（1）：23～24.

[9] 陈金亮，赵燕峰，杨叁平．肺痿证治渊源考［J］．中医药研究，2000，16（6）：2～4.

[10] 何绍奇．绍奇谈医（八）——《金匮要略》札记［J］．中医药通报，2006，5（3）：5～7.

[11] 蔡代仲，翟华强，刘青．论上盛下虚为肺纤维化基本病机［J］．中国中医药信息杂志，2004，11（9）：828.

[12] 司东波．曾升海主任医师三候辨治肺痿喘脱证经验[J]．中国中医急症，2010，19（10）：1716，1738.
[13] 陈晓东．晚期间质性肺疾病从肺痿论治体会［J］．陕西中医，2006，27（3）：383～384.
[14] 宋建平，李瑞琴，李伟．《金匮要略》不同方药对肺纤维化模型早期阶段的影响（一）［J］．中华中医药杂志，2006，21（11）：692～694.
[15] 宋建平，李伟，李瑞琴．《金匮要略》不同方药对肺纤维化大鼠模型早期阶段（1～14d）的影响－肺纤维化早期阶段中医基本病机探讨［J］．中国中医基础医学杂志，2009，15（6）：432～434.
[16] 李瑞琴，宋建平，张瑞．麦门冬汤对肺纤维化模型早期阶段肺组织中 TNF－α、IL－10 表达的影响［J］．中医研究，2009，22（9）：10～13.
[17] 刘绍霞，杨岚，齐咏，等．雾化吸入低分子肝素钠治疗特发性肺间质纤维化 22 例［J］．郑州大学学报·医学版，2004，39（2）：323～324.
［《中医学报》2012，27（10）：1254］

《金匮要略》泻下法类析及临床应用

刁吉祥　安徽省郎溪县中医院

泻下法是通过荡涤肠胃，泻下大便，使停留于肠胃的宿食、燥屎、实热、冷积、瘀血、痰结、水饮等从下而出，以解除疾病的一种治法。《素问·至真要大论》说“其下者，引而竭之，中满者，泻之于内”，即是泻下法的立法依据。对于邪在肠胃，如大便不通、燥屎内结、热结便秘、停痰留饮、瘀血内蓄、寒湿积滞等邪正俱实之证，均可使用本法，所以泻下法是治疗疾病中最常用的一种方法。古今文献中对于泻下法论述最详、内容最多的当属《金匮要略》，现将《金匮要略》中的泻下法归纳为7类，并结合临床运用分述如下。

一、注重病因病机，攻里不忘双解

仲景用泻下法攻里时，不忘表里双解，尤其注重病因病机。如“病腹满，发热十日，脉浮而数，饮食如故”一条，仲景认为“发热十日，脉浮而数”为邪在太阳未解；而“病腹满”，是邪入阳明，积滞壅盛；“饮食如故”，说明胃气未伤，尚可攻里，治用厚朴七物汤主之。方中桂枝、甘草、生姜、大枣解表发汗，大黄、厚朴、枳实攻里导滞。而对于邪在少阳未解所出现的寒热往来、胸胁苦满、按之心下满痛以及病邪结于阳明渐盛之心下痞满、大便秘结，则用大柴胡汤治疗。方中柴胡、黄芩、半夏、生姜、大枣和解少阳之邪，大黄、芍药、枳实攻下阳明之实。以上二方，可分别达到解表邪、和少阳、攻阳明之里实的表里双解作用。

本法临床多用于治疗急性胆囊炎、胆结石及急性胰腺炎、肝炎、肝脓疡等病症见寒热往来、胸胁苦满、呕吐不食、上腹部疼痛拒按、大便秘结、舌苔黄腻、脉象弦数者。对于一切急性热病或杂病，只要邪在少阳、阳明而见上述症状时，均可运用和解攻里法治疗。

二、把握里热发病，泻积当兼导滞

对里热壅盛而致“痉为病，胸满口噤，卧不着席，脚挛急，必龂齿”，仲景认为胸腹部胀满是热极生风，热盛劫灼津液，不能濡养筋脉，则可出现角弓反张、四肢挛急、口噤龂齿。治用大承气汤泻下热积。而对于积滞内阻、气机不通导致的腹满胀痛、大便闭结即所谓“痛而闭”者，仲景则以厚朴三物汤泻热导滞，方中重用厚朴、枳实行气除满，大黄通便导滞使病邪从下而解。

本法对诸般热性病由表传里，热邪化燥成实而致之但热不寒、面目俱赤、口渴欲饮、烦躁谵语、便秘、舌苔黄或起芒刺、脉沉数或沉实者，均可使用。若热甚可加石膏、知母清热降火；抽搐加羚羊角、钩藤清热熄风；神昏加犀角、黄连清热凉营。对于急腹症肠梗阻，以及肠胃积滞而见腹满腹痛、呕吐嗳腐、大便不通者，亦可采用泻积导滞法治疗。

三、阐明水饮部位，逐水仍详辨证

明辨致病因素，确定水饮部位，是仲景辨证施治的一大特点。仲景对于肝络不和、气失疏泄而致的饮邪积聚于胸胁之间的悬饮，投以十枣汤，方中甘遂、大戟、芫花攻逐水饮，为防攻下猛烈伤正，又佐以大枣健脾补气，调和诸药。对于水饮内结肠间，阻滞气机，气不能化水，津液不能上承，而表现为“腹满，口干舌燥”者，则以己椒苈黄丸治之。方中葶苈子、大黄泻热逐水，使水从大便而去；防己、椒目祛湿利水，使水从小便而出。如此前后分消，水热得除，则腹满口舌干燥自解。

攻逐水饮法对症见胸胁苦满疼痛、咳嗽气喘、发热、脉象弦数之胸膜炎，可收良好疗效。对肝硬化腹水症见脘腹胀满、小便不利、大便秘结者，亦可用本法治疗。但如久病腹水，脾肾两虚，则属禁忌。对慢性肝炎出现肝脾肿大、黄疸、胸胁胀痛、下肢浮肿、舌苔黄腻、脉弦滑等症者，可投己椒苈黄丸并加茵陈、栀子清热退黄；若夹瘀血可加入鳖甲、桃仁、水蛭活血化瘀；腹胀甚则加厚朴、枳实理气导滞。

四、着眼病机证候，破瘀须分气血

无论是破瘀逐水，还是攻逐瘀血，仲景均着眼于病机证候。如在主治“妇人少腹满如敦状，小便微难而不渴”之水血并结血室一证时，因妇人腹满有蓄水与蓄血的区别，若满而小便自利，则为蓄血，满而小便不利且兼口渴则为蓄水。今少腹满而小便微难口不渴，故仲景诊断“此为水与血俱结在血室也”，处以大黄甘遂汤治疗。方中甘遂、大黄攻逐水饮瘀血，阿胶补血养血使邪去而正气不伤，从而达到驱邪扶正的目的。当今临证之时，对于妇人肝病腹水以及肾炎水肿而见脘腹胀满、少腹拘急、小便不利、大便秘结、肢体浮肿、舌紫苔灰、脉象沉涩等属于水与血结于腹中并外溢于周身者，可用大黄甘遂汤加当归、川芎、桃仁、牛膝、茯苓、泽泻、车前子以逐水破瘀，利湿消肿。然大黄与甘遂毕竟为攻下峻品，不可久用。

在用下瘀血汤治疗妇人产后瘀血内停，导致少腹疼痛拒按、恶露不尽夹有紫色血块时，仲景用大黄、桃仁、䗪虫攻逐瘀血，为防该方攻破力猛，以蜜为丸缓其药性，并以酒煎服引药入血分。当今之用，凡妇人产后恶露不尽下紫黑血块，或胞衣不下，或瘀血从下上冲而见胸脘闷塞，以及月经不调、痛经等辨属瘀血者，均可用本方治疗。但须注意随证加减，如兼血虚加当归、川芎养血和血，兼气虚加人参、黄芪补气安中，兼寒盛加炮干姜、吴茱萸温中散寒，兼气滞加木香、香附理气导滞。

五、重视脏腑润燥，通下防伤脾胃

趺阳脉以候脾胃。仲景认为“趺阳脉浮而涩，浮则胃气强，涩则小便数，浮涩相搏，大便则坚，其脾为约”之脾约证，是因胃热气盛、脾脏津液不足所导致，故用麻子仁丸润肠通便。方中小承气汤清泄阳明燥热以导滞通便，芍药、杏仁、麻仁、白蜜滋养太阴之津以扶脾润肠。临床上，凡见大便秘结，或三五日一次，欲便而艰难，形体消瘦，证属胃肠燥热、脾津不足者，可选用本方治疗。如正虚液伤不甚，多用丸剂，使缓下而不伤津；若邪热未已津液伤甚者，当改丸为汤，使通便润肠之力更强。

对寒、热二因所致“胁下偏痛，发热，其脉紧弦”之寒实内结和“食已则吐”之肠胃实热证，仲景则分别采用温下寒积之大黄附子汤及和胃通便之大黄甘草汤。大黄附子汤用附子、细辛温中祛寒止痛，大黄泻下实积（以方测证，应有大便不通，恶寒肢冷，舌苔淡白等症）；大黄甘草汤则用大黄清热通便，甘草和胃缓中以防大黄过泻伤胃，如此胃肠通畅，胃气下降，则呕吐自止。

六、详审黄疸证候，利湿必佐泻热

《金匮要略》中记述“黄疸”的主要有3条。一为“谷疸之为病，寒热不食，食则头眩，心胸不安，久久发黄”。因其湿热相搏，营卫不和，遂致寒热；湿热积滞内蕴，脾胃运化失职，故而纳减；食后反增内热，热气上冲则头眩，心胸不安；湿热久久不解，熏蒸肝胆，胆汁外溢于肌肤，则见发黄。治用茵陈蒿汤清热利湿泻积，使内蕴之湿热从大小便排出，湿除热去，黄疸自退。

二为“酒黄疸，心中懊，或热痛，栀子大黄汤主之”。本证是因湿热内蕴中焦，脾失运化所导致。湿热上冲则心中懊；湿热中阻，故胸中热疼。投以栀子大黄汤，方中栀子、豆豉清心除烦，大黄配枳实泻热导滞，湿热去除，诸症自解。

三为“黄疸腹满，小便不利而赤，自汗出”。此为热邪内盛，气机阻滞，所以腹胀满，小便不利而赤；里热熏蒸，逼液外泄，故自汗出。病邪化热，热入血分，里热成实，故用大黄硝石汤以破瘀泻热。瘀热去除，里气自和，黄疸乃消。

以上3方除可用治急性黄疸性肝炎、胆囊炎、胆石症等引起的黄疸外，对瘀热内结阳明，或湿热蕴结于里而出现的高热烦躁、腹满便秘、大便色黑，小便不利、尿闭等症，也可用之并灵活加减。如见神昏可加入黄连、水牛角、牛黄丸以清营开窍；热毒过重、黄疸太深者加大青叶、金银花、蒲公英清热解毒；破瘀时多不用硝石而用桃仁、赤芍、丹皮等以凉血化瘀；便秘明显者加芒硝软坚通便。

七、针对肠痈症状，解毒同时破瘀

解毒破瘀法主要用治肠痈而见“少腹肿痞，按之即痛如淋，小便自调，时时发热，自汗出，复恶寒”者。瘀热内蕴于肠中，肠腑气机失调，经脉不通，故少腹肿痞，拘急拒按；病在肠间，膀胱未受影响，故虽按之有如淋病疼痛之感，但小便自调；病邪与正气相争，营卫失调，故时时发热，恶寒自汗出。当此瘀热内阻肠间尚未成脓之际，治当泻热破瘀，散结消肿，方用大黄牡丹汤。方中大黄、桃仁、牡丹皮涤热而下瘀血；冬瓜仁、芒硝排脓利湿，泻热散结。瘀热去除，肠腑得通，则肠痈腹痛自愈。

本法在治疗急性阑尾炎症见发热、恶寒、口渴、右少腹疼痛拒按或按之有包块、大便秘结、小便黄赤、舌苔黄腻或黄燥时，还应视肠痈的局部表现予以增减。若包块肿大，满腹疼痛，为毒热深重，可加入金银花、蒲公英、地丁以解毒清热；如已成脓，则加入败酱草、地榆、赤芍、皂角刺等通里破瘀。其他如肝脓疡症见寒热往来、肝区疼痛拒按、胸胁苦满、脉象弦数；盆腔炎症见发热、少腹痛拒按、黄带多、脉滑数者，亦可用大黄牡丹汤化裁治疗。

综观《金匮要略》中有关泻下之诸证、诸方，均是仲景详察病因病机，针对不同证候而设立的，研读分析之后，深感其构思慎密，配伍严谨。尤其是表里双解、虚实兼顾、寒热并治、通补兼施等手段的运用，更体现出仲景遣方用药之精妙，这对指导临床极有裨益。

[《国医论坛》2012，27（2）：5]

《金匮要略》杂疗方在消渴病证中的运用

王忠山　南京中医药大学

消渴之称首见于《内经》，仲景《金匮要略·消渴小便不利淋病脉证并治》首立消渴专篇，所论脉证方药，为消渴病的治疗奠定了基础。笔者采取以症（证）驭病的方法，用仲景《金匮》杂疗方辨治消渴病，积累一定经验，现探讨如下。

一、善饥便难，方参脾约

仲景脾约之证胃强脾弱，便坚而溲数，津伤便坚小便当少，故世人多疑便坚与溲数不同见，殊不知，消渴一病大便坚与小便数兼见者众，仲景所谓："趺阳脉浮而数，浮即为气，数即消谷而大坚；气盛则溲数，溲数即坚，坚数相搏，即为消渴""趺阳脉数，胃中有热，即消谷引食，大便必坚，小便即数"。盖过食肥甘厚味，脾胃损伤，运化失职，积热内蕴，耗伤阴液，而为消渴。故仲景提出其治："趺阳脉浮而涩，浮则胃气强，涩则小便数，浮涩相搏，大便则硬，其脾为约，麻子仁丸主之。"胃热炽盛则多食善饥，口渴多饮；脾阴受损，不能为胃行其津液，则水谷精微下注而小便多；阴液不足，肠道失润则便干。麻子仁丸实为仲景治疗消渴病的主方之一。适用于胃热内盛，脾阴不足之消渴，常症见：形体消瘦，面色干枯无华，皮肤干燥脱屑，多食善饥，大便干结难下，数日一行，舌质红，少苔或无苔，脉沉细或细数等。有研究表明，糖尿病兼有便秘者，其血糖控制多不稳定，用麻仁丸治疗多能提高疗效并逐步减少降糖药的用量，减少（轻）并发症的发生。临证多合用增液汤，烦热之象明显者，多加黄连、知母、丹皮、山栀、地骨皮等。

验案举例：李某，女，46岁，国美营业员，2009年7月3日诊。患"糖尿病"5年余，曾服用过不同类型的磺脲类或双胍类口服降糖药，但血糖仍控制不满意，近来干脆停服西药。目下症见：多食易饥，大便干结，2～3日1行，小便频数，舌红苔薄黄，脉细而数，查空腹血糖14.6mmol/L。诊断：消渴病（胃热内盛，脾阴不足）。处方：麻子仁丸改汤化裁，药用：麻子仁30g，杏仁10g，白芍10g，大黄（后下）10g，川厚朴10g，枳实10g，玄参10g，生地15g，麦冬10g，知母10g。日1剂，水煎服。7月10日二诊：大便已通，日行1～2次，质软，余症好转。效不更方，后加减继服20余剂，多次查空腹血糖在8.1～8.7mmol/L左右，嘱规律服药，常服麻仁丸，以巩固疗效。

二、渴而汗出，白虎参蛤

此处白虎参蛤系白虎加人参汤、文蛤散的简称，仲景论白虎加人参汤用治甚多，如《伤寒论》中："服桂枝汤，大汗出后，大烦渴不解，脉洪大者，白虎加人参汤主之""渴欲饮水，无表证者，白虎加人参汤主之""伤寒无大热，口燥渴，心烦，背微恶寒者，白虎加人参汤主之""伤寒若吐、若下后，七八日不解，热结在里，表里俱热，时时恶风，大渴，舌上干燥而烦，欲饮水数升者，白虎加人参汤主之"。《金匮要略》中："太阳中热者，暍是也。汗出恶寒，身热而渴，白虎加人参汤主之。"于《金匮要略·消渴小便不利淋病脉证并治》篇则明确提出用治消渴病："渴欲饮水，口干舌燥者，白虎加人参汤主之""渴欲饮水不止者，文蛤散主之"。或因肺胃热盛或兼见肾阴亏损，虚火内燔，消灼津液，则舌燥渴饮；蒸津外泄，则汗出；肺为水之上源，津液不布，则多尿。文中所述"口燥渴""大烦渴""渴欲饮水数升""渴欲饮水不止"等，皆为仲景强调的主症之一。临证多用白虎加人参汤合文蛤散，一清肺胃之热，益气生津止渴，一咸凉润下，益水治火，相得益彰，常症见：口干舌燥、烦渴多饮，汗出，小便频多，腰酸腿软，头晕耳鸣，失眠多梦，舌红少津苔薄黄，脉细数等。除合方使用外，饮多者加花粉、石斛、生地、玄参等。

验案举例：顾某，男，67岁，2009年10月3日诊。患糖尿病11年余，现症：口干渴喜冷饮，日饮水达2～3热水瓶，汗出，多尿，腰膝酸软，头晕多梦，五心烦热，舌红少苔，脉细数，查空腹血糖16.3mmol/L。诊断：消渴病（肺胃肾燥热内盛，虚火内燔津伤）。治宜清热益气，生津止渴。处方：白虎加人参汤合文蛤散化裁，药用：生石膏（先煎）100g，知母15g，天花粉、粳米各30g，甘草10g，党参15g，黄连15g，海蛤粉60g，生地黄

30g，天冬30g，玄参30g，石斛15g。日1剂，水煎服。10月10日二诊：上方服7剂，口干舌燥、渴欲饮水明显减轻，效不更方，继服7剂。后以原方随证加减，共服30余剂，血糖接近正常，嘱常服六味地黄丸以善其后。

三、虚烦不眠，枣仁安神

失眠是Ⅱ型糖尿病患者的常见症状，轻则睡眠欠佳，或难睡易醒，或乱梦纷扰，重则彻夜难寐。由于长期睡眠不足，精神萎靡，头昏脑胀，心烦易怒，记忆衰退，患者往往苦不堪言，而失眠也是导致血糖不稳定，血糖上升，甚至居高不下的常见因素。由于消渴病患者先天不足，后天房劳过度易致肾阴亏虚，肾水不足，不能上济于心阴，心阳独亢于上，虚热扰心，则见心烦不寐，心慌心悸，口干多饮；肝肾不足，则腰膝酸软，头晕耳鸣等，仲景在《金匮要略·血痹虚劳病脉证并治第六》中云："虚劳虚烦不得眠，酸枣仁汤主之。"酸枣汤虽非单为消渴而设，但与消渴之不寐病机甚为相合，其治滋肝补肾，清心安神，用治消渴常症见：心烦不寐，口干多饮，心慌心悸，腰膝酸软，头晕耳鸣，神疲乏力，盗汗，咽干，舌红，脉细或数，临证加减多合黄连阿胶汤（《伤寒论》："少阴病，得之二三日以上，心中烦，不得卧，黄连阿胶汤主之。"），常可使寐安而糖降。

验案举例：谢某，男，47岁，私营业主，2010年1月就诊。患糖尿病3余年，血糖控制尚可，唯夜寐不安，时轻时重，近2月来，由于业务不顺，情绪波动，失眠加重，寐则多梦易醒，醒后难以入睡，心烦胸闷，口干多饮，腰膝酸软，头晕耳鸣，小便黄赤，舌质红，边尖尤甚，脉虚数。证属肝肾阴虚，虚热扰心，心肾不交，治宜养阴柔肝，清热安神，药用：炒酸枣仁30g，川芎、知母各10g，茯苓15g，阿胶烊冲10g，芍药10g，鸡子黄1枚，黄芩10g，黄连10g，柴胡15g，山栀10g，牡丹皮12g，甘草6g。每日1剂，浓煎取汁于晚上睡前30min顿服，服7剂即睡眠明显改善，14余剂后，每晚睡眠基本如常。嘱继服巩固，并常服杞菊六味地黄丸以利固本。

四、溲数肾虚，仲景八味

八味肾气丸，仲景用治有五，一治脚气，二治虚劳腰痛，三治痰饮，四治消渴，五治妇人转胞。《金匮要略·消渴小便不利淋病脉证并治》云："男子消渴，小便反多，以饮一斗，小便一斗，肾气丸主之。"所治乃消渴下消之证，多因房劳伤肾，肾气虚衰，不能蒸津化气所致。肾阳衰微，不能蒸津以上承，不能化气以固摄，故主症见有"饮一斗，小便亦一斗"。肾气丸功能温肾化气，用治消渴肾阳衰弱、气化失司之证，常症见：渴喜热饮，小便量多，腰膝酸软，畏寒怕冷，舌淡，脉沉细无力等。

验案举例：崔某，女，71岁，退休工人，于2007年12月15日诊。诉患糖尿病已10年余，间断服用阿卡波糖、消渴丸和孥糖舒等药，空腹血糖在10.8mmol/L左右。既往有脑梗、高血压病史。目下症见小便频数，夜间更甚，多饮善饥，喜热饮，头晕神疲，双目干涩，胸闷气短，稍事活动即汗出心悸气喘，四肢不温、大便溏，日2次，形体肥胖，面色皖白，腰膝酸软，下肢踝关节微肿，舌暗红苔白而干，脉沉细无力。治宜温肾化气，方选金匮肾气丸改汤化裁：熟附子4g，肉桂后下4g，生熟地各15g，山药12g，山茱萸6g，泽泻5g，丹皮参各5g茯苓5g，五味子12g，枸杞子12g，青箱子12g。服7剂后，夜尿频多、口干等症好转，效不更方，嘱控制饮食配服上方加减化裁治疗，共4月余，诸症改善，复查空腹血糖7.8mmol/L，病情稳定。

五、肌肤麻木，血痹主方

消渴之人四末如出现肌肉麻木疼痛、皮肤发冷等症，现代医学认为多与糖尿病性周围神经炎有关，《金匮要略·血痹虚劳》有载："夫尊荣人，骨弱肌肤盛，重因疲劳汗出，卧不时动摇，加被微风，遂得之。但以脉自微涩，在寸口、关上小紧，宜针引阳气，令脉和紧去则愈""血痹，阴阳俱微，寸口关上微，尺中小紧，外证身体不仁，如风痹状，黄芪桂枝五物汤主之"。血痹虽非消渴，但仲景所言"尊荣人""骨弱肌肤盛""外证身体不仁，如风痹状"，却极类消渴病久之人。消渴日久必致阴阳两虚，气血衰少，营卫失和，风寒湿邪乘虚客之，则发为"外证身体不仁，如风痹状"，故治当以黄芪桂枝五物汤益气行血，温经通痹为法。临症见肾阳不足者合用金匮肾气丸；血行涩滞明显者，加鸡血藤、丹参、桃仁、红花、水蛭、地鳖虫等。

验案举例：邹某，女，66岁，省地质部门退休，2008年9月16日诊，患糖尿病（Ⅱ型）近16年，以饮食控制并先后口服二甲双胍、拜糖平等药，病情时轻时重，近半年来觉两手足发麻疼痛，以两足明显，夜间或着凉时加重，常自汗出，趾端不温，伴神疲乏力，失眠，纳呆，消瘦，口干不显，饮水不多，尿量适中，面色皖白，手足不温，舌暗淡，苔薄白，脉沉细无力，实验室检查：空腹血糖13.3mmol/L。证属阳气不足，血脉运行不畅。治宜益气温阳，和营通痹，方选黄芪桂枝五物汤加味。处方：生炙黄芪各30g，桂枝20g，当归10g，赤芍10g，丹参15g，桃仁15g，红花15g，鸡血藤30g，地鳖虫10g，炙甘草10g，干姜10g，枣5枚。日1剂，水煎服。配合局部自行揉搓按摩，二诊四肢麻木、刺痛减轻，继以原方加减，连服1月余，麻木、刺痛消失，查空腹血糖7.2mmol/L。嘱平素常服金匮肾气丸，以防复发。

六、寒热错杂，方选乌梅

仲景乌梅丸原为蛔厥而设，曰："蛔厥者，乌梅丸主之。"然《金匮要略·消渴小便不利淋病脉证并治》又云："厥阴之为病，消渴，气上冲心，心中疼热，饥而不欲食，食即吐，下之不肯止。"说明足厥阴肝之阴阳失调，气血紊乱，相火内燔，消灼津液，为消渴寒热错杂之证的主要发病原因之一。正如柯韵伯所说："乌梅丸为厥阴主方，非只为姻厥之剂矣"，"仲景此方，本为厥阴诸症立法，叔和编于吐蛔条下，令人不知有厥阴主方，观其用药与诸症符合，岂只吐蛔一证耶。"全方重用乌梅酸敛滋肝，与寒热药物并用，重在协调寒热阴阳，同时补泻同用，重在扶正祛邪，用治消渴阴阳失调、寒热错杂之证，症见烦渴多饮、失眠多梦、多尿、腹胀便溏、肢体凉痛麻木等。

验案举例：丁某，女46岁，2007年3月15日诊。患糖尿病（II型）3年。现症：口干渴多饮，多尿，头痛时作，颜面时有烘热，心烦，失眠多汗，纳少腹胀便溏，常觉腰背怕冷疼痛，双下肢亦时觉凉麻，舌边尖红，苔薄白，脉弦细。查空腹血糖12.7mmol/L。诊断：消渴病（阴阳失调，寒热错杂）。处方：乌梅丸改汤化裁，药用：乌梅15g，熟附片10g，桂枝10g，川椒6g，细辛5g，干姜6g，川连5g，黄柏5g，党参15g，当归15g，花粉15g，夜交藤30g，鸡血藤30g。日1剂，水煎服。4月22日二诊：上方服10剂，口渴头痛耳鸣诸症好转，夜寐转佳。据原方略事调整先后继服2月余，查空腹血糖7.3mmol/L。嘱间断服用本方，以资巩固。

[《四川中医》2012，30（2）：45]

《金匮要略》中桂枝汤类方治疗风湿痹病初探

吴德鸿　谢志军　汪梅娇
浙江中医药大学第一临床医学院
沈春琼　上海中医药大学

桂枝汤首见于《伤寒论》，是仲景诸方之宗，群方之魁，具有调和营卫，解肌发表之功，不仅是为治疗太阳中风表虚证所设，其还广泛用于治疗其他各种病证。在《伤寒论》和《金匮要略》中，仲景通过加减桂枝汤化载而出的桂枝汤类方治疗各类杂病，这大大的扩大了桂枝汤的临证运用范围，同时也为后世灵活加减和运用桂枝汤及其类方奠定了理论和实践基础。现就仲景在《金匮要略》中运用桂枝汤类方治疗风湿痹病探讨如下。

一、《金匮要略》中风湿痹病的病因病机

正气不足，风寒湿邪三气杂至《内经》云："正气存内，邪不可干"，"邪之所凑，其气必虚"。仲景秉承了这一思想，认为正气不足是内因，感受外邪是外因。《金匮要略》云："寸口脉沉而弱，沉即主骨，弱即主筋，沉即为肾，弱即为肝。汗出入水中，如水伤心，历节黄汗出，故曰历节。本条指出肝肾气血不足，筋骨虚弱是发病的内在因素。汗出腠理开，肌表疏松，再因汗出入水，则寒湿之邪乘虚而入，阻碍气血运行，以致周身关节疼痛。

《金匮要略》曰："少阴脉浮而弱，弱则血不足，浮则为风，风血相搏，即疼痛如掣。"少阴为心、肾之脉，心主血脉，肾主藏精。故少阴脉弱即为阴血不足者，因气血互根，血虚则气亦虚，风邪侵袭故脉浮。风为阳邪，最易伤阴，风邪侵入，阴血受损，筋骨失其所养，风血相互搏结于其间，导致筋脉痹阻，以致关节疼痛剧烈，不可屈伸。

饮食不节与体质因素《素问·痹论》曰："饮食自倍，胃肠乃伤。"脾胃为后天之本，气血生化之源，脾胃受伤，势必导致正气的不足，正气亏损，诸痹蜂起。《金匮要略》曰："趺阳脉浮而滑，滑则谷气实，浮则自汗出。"趺阳脉可候胃之疾病，滑脉是饮食积滞，湿热内蕴之征。脉浮多为风象，风性善行，主疏泄，袭于腠理，加之实热内蕴熏蒸，亦可汗出。假如汗出当风，或入水中浴，则风热之邪阻碍关节，便为历节病。

《金匮要略》曰："盛人脉涩小，短气，自汗出，历节痛，不可屈伸，此皆饮酒汗出当风所致。"肥人体质多阳虚，湿本有余，又加饮酒湿邪更甚，汗出当风，风邪乘虚而入，风与湿相博结于关节经络，故成历节痛，不可屈伸。

《金匮要略》曰："味酸则伤筋，筋伤则缓，名曰泄。咸则伤骨，骨伤则痿，名曰枯。枯泄相搏，名曰断泄。营气不通，卫不独行，营卫俱微，三焦无所御，四属断绝，身体羸瘦，独足肿大。黄汗出，胫冷。假令发热，便为历节也。"五味俱可养人，若食之不节，反会害人。如酸为肝之本味，本能补肝，有助于肝血充盛而内敛。过食酸却反伤

肝，肝主筋而藏血，肝伤则筋伤血泄，筋伤则弛缓不用，不能随意运动。咸味肾之本味，本能益肾，过食却反伤肾。肾主骨生髓，肾伤则骨伤髓枯，骨伤则痿弱不能行立。所以过食酸味、咸味食物太过而无节制，将令肝肾俱虚，即为“枯泄相搏”，又名“断泄”。

从上述病因病机可归纳出风湿痹病所成，以正气亏虚为本，外邪入侵是关键。外邪伤人，首先犯卫，正气不足，无力抗邪，则卫表易伤，而使营卫失和。营卫不和则正气不足，外邪入侵而成风湿痹病的必经过程，也是中转过程。诚如《素问·痹论》所云：“荣者，水谷之精气也，和调于五藏，洒陈于六府，乃能入于脉也，故循脉上下，贯五藏，络六府也。卫者，水谷之悍气也，其气慓疾滑利，不能入于脉也，故循皮肤之中，分肉之间，熏于肓膜，散于胸腹。逆其气则病，从其气则愈。不与风寒湿气合，故不为痹。”因此，治疗风湿痹病，应在扶正祛邪的基础上调和营卫，仲景继承了《内经》“顺营卫之气则愈”的思想，在《金匮要略》中论治风湿痹病多处都有体现，这一体现便是以桂枝汤类方对风湿痹病的治疗。

二、《金匮要略》中桂枝汤类方治疗风湿痹病的具体运用

桂枝附子汤方治疗表里阳虚风湿病《金匮要略》云：“伤寒八九日，风湿相搏，身体疼烦，不能自转侧，不呕不渴，脉浮虚而涩者，桂枝附子汤主之。”该方由桂枝汤去芍药加附子而成，方中桂枝祛风通阳附子温阳化湿，甘草、生姜、大枣调和营卫，诸药合用，能温经助阳，祛风除湿。营卫和调，不与风湿之气合，则痹证可除。

桂枝芍知母汤治疗风湿历节病《金匮要略》云：“诸肢节疼痛，身体魁羸，脚肿如脱，头眩短气，温温欲吐，桂枝芍知母汤主之。”该方由桂枝汤去大枣加麻黄、白术、知母、防风、附子而成。方中以麻黄、桂枝祛风通阳，附子温经散寒止痛，白术、防风除湿祛风，知母、芍药养营阴而清邪热。其中桂、芍相合，一卫一营，调和营卫。

黄芪桂枝五物汤治疗营卫气血俱不足的血痹重证《金匮要略》云：“血痹阴阳俱微，寸口关上微，尺中小紧，外证身体不仁，如风痹状，黄芪桂枝五物汤主之。”本方由桂枝汤去甘草加黄芪组成，方中黄芪补气行血，桂枝通阳行痹，芍药和血除痹，生姜、大枣调和营卫，共奏益气通阳行痹之功。其方中桂枝配芍药更是体现了仲景调和营卫之意。

薯蓣丸治疗气血两虚的虚劳证兼风气病《金匮要略》云：“虚劳诸不足，风气百疾，薯蓣丸主之。”本方由桂枝汤合八珍汤加阿胶、桔梗、柴胡、麦冬而成。全方补气养血，滋阴助阳，扶正补虚，匡正祛邪，重在补益脾胃，化生气血。其中桂枝合芍药具有调和营卫，使风气不与营卫相合。

三、结语

综上所述，《金匮要略》中以桂枝汤类方治疗风湿痹病是以《内经》理论为基础，认为风湿痹病是以正气不足为发病的内在因素，感受风寒湿邪是发病的外在因素，其中风寒湿邪伤人，首先犯卫，更因人之正气亏虚，营卫之气更易受损，故风湿痹病的发病之时多有营卫失和之证，基于这一点，仲景在《金匮要略》中论治风湿痹病时常以桂枝汤类方以调和营卫，补正气，祛邪气，使营卫之气不与风寒湿气合，则痹证可除。因此，在临床上应把握住营卫失和是风湿痹病发病的主要病因，在扶正祛邪的基础上适当配伍调和营卫之品，以提高临床上中医药治疗风湿痹病的疗效。

［《浙江中医药大学学报》2012，36（3）：241］

《伤寒论》栀子豉汤的临床作用

于　策　辽宁中医药大学第一临床学院

《伤寒杂病论》的使用价值众所周知，尤其是那些以一个主方而衍化出来的方剂群[1]，栀子豉汤即是如此。

一、证候分析

《伤寒论》曰：发汗后，水药不得入口为逆。若更发汗，必吐下不止。发汗吐下后，虚烦不得眠。若剧者，必反复颠倒，心中懊恼，栀子豉汤主之。（76）发汗，若下之，而烦热胸中窒者，栀子豉汤主之。（77）伤寒，五六日，大下之后，身热不去，心中结痛者，未欲解也，栀子豉汤主之。（78）承文中误治而言，症候转化为热证、实证。外邪入里化热，热邪上扰，心神不宁，故见虚烦不得眠。证候较重者则烦扰亘甚，是以其人反复颠倒，心中懊恼；热郁胸膈，影响气机，运行失畅，气机壅滞，轻则可见“胸中窒”，甚则可见“心中结痛”。故可将病机归纳为热扰胸膈，胃气壅滞。又曰：阳明病，脉浮而紧、咽燥、口苦、腹满而喘、发热汗出、不恶寒反恶热、身重，若发汗则躁，心愦愦反谵语；若加温针，必怵惕烦躁不得眠；若下之，则胃中空虚，客气动膈，心中懊憹。舌上苔者，栀子豉汤主之。（221）误用下法，下后

胃中空虚，邪热虽因下而受挫，其余热乘虚郁于胸膈之间，热扰胸膈，心中懊憹不安，舌上可见黄白薄腻苔。证属邪热郁扰胸膈。阳明病，下之，其外有热，手足温，不结胸，心中懊憹，饥不能食，但头汗出者，栀子豉汤主之。（228）阳明腑实证下后，燥屎虽去，但余热未尽，留扰胸膈，或腑实未成而误下，邪热乘机入里，郁于胸膈[2]。因邪热留扰胸膈，故心中懊憹、饥不能食；邪热蒸腾于上，所以但头汗出。是证亦属热扰胸膈。纵观上下，都是栀子豉汤证，尽管临床表现不同，但病机都是热郁胸膈。

二、用药分析

该汤方是由栀子、豆豉两位药组成，其剂量比为1∶1[3]。《本经》云：栀子："气味苦寒，主五内邪气，胃中热气，面赤。"《别录》谓：淡豆豉"气味苦寒治伤寒头痛寒热，烦躁满闷。"二药性味皆为苦寒，苦以泄热，寒以胜热，热泄则烦除[4]。栀子既可清透郁热，解郁除烦，又可导热下行：豆豉气味具轻，既能宣表清热，又能和降胃气。两药相伍，降中有宣，宣中有降。共奏清宣郁热，和胃除烦之效。叶天士谓栀子豉汤能"解其陈腐之郁热，宣其陈腐之郁结"。刘渡舟说"栀子豉汤为开火郁虚烦的组方"。其解郁除烦的功用可见一斑。

三、现代临床应用

临证强调根据阴阳、虚实、气血盛衰的具体情况论治。证候不同也可采用相同的治疗，强调异病同治、异证同治，虽未见栀子豉汤的证候，但根据病机转化，仍可用该方[5]。栀子豉汤之除烦，实为宣郁清热。此方不仅可以用于外感热病之热郁胸膈所致虚烦，其他内伤杂病，只要其病机是无形邪热扰于胸膈，均可用之[6]。这就大大提高了其临床的使用范围，临床文献报道有，王玉乾等[7]以栀子豉汤治疗糖尿病合并失眠患者。陈献明等[8]以栀子豉汤为基础，加味治疗脑外伤所致精神障碍。侯春光等[9]以栀子豉汤为基础治疗小儿睡惊症。魏篷春[10]在"栀子豉汤临床运用"中用栀子豉汤加味，治疗热扰胸膈证（神经官能症），心悸（病毒性心肌炎）等，均收到较好疗效。另外，以栀子豉汤为基本方，临床文献报道还有，治疗失眠、呃逆、胃脘痛、痤疮、脏躁、绝经前后诸症及西医临床中的食管炎、急性胃炎、胆囊炎、氨茶碱反应、美尼氏综合征、顽固性呕吐等症，只要符合其主治病变证机，均有较好的效果。

四、禁例

《伤寒论》第81条云：凡用栀子汤，病人旧微溏者，不可服之。因栀子豉汤为清热除烦之剂，药性苦寒，故平素大便稀溏之脾虚病人，虽见有烦热懊憹等证，亦当慎用。否则必致中阳虚损，而使溏泻更甚。仲景以此条条告诫医者临证遇此不可服之，具有普遍的临床指导意义。

五、体会

从实践来看，一首行之有效的方剂，是前人智慧与经验的结晶，又经过历代医家的实践检验，长盛不衰，蕴含着极大的实用意义与价值。中国医学，历史悠久，名方佳剂，层出不穷。对于我们来说，实在是很有必要好好学习借鉴前人的经验，将前贤的成果用于实践，并将其发扬传承，使其源远流长。

参考文献

[1] 姜元安.《伤寒论》栀子豉汤证治剖析［J］. 北京中医药大学学报，1999，22（1）：16～19.

[2] 未知. 栀子豉汤主治什么证候？其病因病理和主要脉证如何？［J］. 河北中医，1981，（B12）：22～23.

[3] 张长恩. 栀子豉汤证探究［J］. 北京中医杂志，1992，2：38～40.

[4] 尹太阳. 栀子豉汤小议［J］. 河南中医，2010，30（10）：941～941.

[5] 任晓红，陈怀科. 周铭心教授运用栀子豉汤的经验［J］. 新疆中医药，2010，28（2）：21.

[6] 李朝暄.《伤寒论》栀子豉汤证辨析［J］. 中医研究，2010，23（6）：83～84.

[7] 王玉乾. 栀子豉汤加味治疗糖尿病合并失眠68例［J］. 中医药信息，2004，21（3）：36.

[8] 陈献明. 栀子豉汤加味治疗脑外伤所致精神障碍19例［J］. 现代医药卫生，2002，18（11）：1011.

[9] 侯春光. 栀子豉汤治疗小儿睡惊症57例临床体会［J］. 中国中医急症，2009，18（4）：638～639.

[10] 魏篷春. 栀子豉汤的临床运用［J］. 新中医，1985，（3）：15.

［《实用医内科杂志》2012，26（10）：13］

《伤寒杂病论》柴胡药对配伍作用探析及临床运用举隅

张　影　罗银星
河南省中医药研究院附属医院
王宪龄　河南中医学院

《伤寒杂病论》是我国一部临床医学巨著，以用药精专、组方严谨、疗效卓著，被誉为“经方之祖”，奠定了后世医方的基础。据统计，书中用柴胡者计有9方，方名有柴胡者6方，无柴胡者3方[1]。张仲景在该书中极其重视药物的相互配伍，首创了柴胡与黄芬、芍药与甘草、黄芩与芍药等著名药对，对后世方剂的发展影响很大。药对作为中医临床用药的最基本形式，有着丰富的内涵，广泛应用于临床。笔者试就《伤寒论》中柴胡常用药对的配伍作用加以探析，以便对柴胡药对的配伍功用有更加清晰深刻的认识。

一、《伤寒杂病论》中柴胡常用药对的配伍应用

柴胡与黄芩

柴胡与黄芩是《伤寒论》最具代表意义的基本配伍，在柴胡剂中居主导地位，是构成和解之剂的重要部分，为枢转少阳邪热的主要药物[2]。书中柴胡类方包括小柴胡汤、大柴胡汤、柴胡加芒硝汤、柴胡加龙骨牡蛎汤、柴胡桂枝汤、柴胡桂枝干姜汤等6方，均有柴胡黄芩药对。《金匾要略》中也有两者配伍6方。后世加减化裁应用柴胡类方者不计其数，然柴胡与黄芩作为和解少阳的基本药对多予保留，备受推崇。《本草汇言》曰“清肌退热，柴胡最佳，然无黄芩不能凉肌达表”，以柴胡疏散半表半里之邪，使邪从外解；黄芩清泄半表半里之热，使邪从内泻。两药合用，疏透和解，清散降泄，相辅相成，调肝胆枢机[3]，使少阳之邪内外分消。发挥整体调节，肝胃同治作用[4]，其应用如下。

发热症《伤寒杂病论》论及发热包括了少阳发热和疟病发热。其中柴胡类方论发热症状者有14条，6首柴胡类方中5首均有发热，柴胡加龙骨牡蛎汤原文虽未谈到发热，而从“伤寒八九日，下之，胸满烦惊，小便不利，谵语，一身尽重，不可转侧者”推知，发热可能见于误下之前。其伴有烦惊、谵语者，亦当属胆火内郁，上扰心神所致。表明该方与其他5方均属木郁化火。临床但凡发热性疾病，病及少阳，证属胆火内郁，枢机不利者，均可用柴胡黄芩药对治之。观《伤寒杂病论》，该药对亦用于疟病发热。如鳖甲煎丸治疟病既久而成疟母；柴胡桂枝干姜汤“治疟寒多微有热，或但寒不热”；柴胡去半夏加栝蒌根汤“治疟病发渴者，亦治劳疟”。三方均可治疗疟病，同有柴胡黄芩药对，可见是为治疗疟病寒热而设。

痞满症胸胁痞满乃柴胡类方的共同症状。如小柴胡汤证“胸胁苦满”；大柴胡汤证“心中痞硬”;：柴胡桂枝汤证“心下支结”等。以上症状多因邪犯少阳，枢机不利。以柴胡疏散少阳之邪，调畅气机；黄芩清少阳之热，泄胆经郁火，两者合用，使经脉条顺，肝胃调和，胸胁苦满可除。

柴胡与桂枝

桂枝在《伤寒论》中便用频次颇高，共有41方，柴胡与桂枝配伍有3方，若计小柴胡汤与四逆散加减方共5个。《金匾要略》用桂枝56方，两药合用者4方。除柴胡桂枝汤、柴胡桂姜汤重复外，还有薯蓣丸及鳖甲煎丸。

太阳少阳证柴胡桂枝药对治外感热病涉及太、少两证者为最佳配伍，以柴胡桂枝汤为代表。柯韵伯言：“表证微，故取桂枝之半；内证微，故取柴胡之半”。就小柴胡汤证“不渴，外有微热者，去人参加桂枝三两”而言，是病证偏在少阳，并兼太阳之微邪未罢，故用桂枝兼治太阳证。

少阳兼证《伤寒论》第147条有往来寒热，胸胁满，心烦，胸胁微结，小便不利，渴而不呕，为少阳兼水饮证。方用桂枝合柴胡非解太阳之表，而是协同柴胡伍干姜温化水饮；第107条胸满、心烦、谵语、惊惕，是少阳兼烦惊证，其邪在少阳，表里同病，虚实并见。方用柴胡桂枝药对配茯苓、半夏以通阳化气，化痰行饮。盖少阳之邪得解，痰饮得化，则烦惊等症俱除。表明柴胡桂枝药对配伍应用于不同的方剂中作用各异。

其他《金匾·疟病》篇鳖甲煎丸用柴胡与桂枝亦治疟病，其效在于解未尽之邪，疏肝通络并配活血药以软坚散结；附篇中柴胡桂枝干姜汤“治疟寒多，有微热，或但热不寒”，与柴胡桂枝汤之药味相同而剂量不同，此非双解太少之邪，旨在治疟。

柴胡与枳实

《伤寒论》有枳实者7方，柴胡配枳实在该书见四逆散和大柴胡汤，《金匾要略》则仅存大柴胡汤中。

气郁证四逆散以柴胡疏利气机，合枳实辛开散结，二者配伍疏肝理气，通阳达郁，是治疗气郁证的经典方剂。仲景用此药对治疗外邪所致之阳郁证，“或腹中痛，或泄利下重”之肝脾不调，气机郁滞证，于疏肝解郁之中，破气行滞，恢复中焦升降功能。后世广泛应用于气郁诸证。

少阳兼阳明腑实《伤寒论》大柴胡汤中柴胡散少阳之邪，枳实下气导滞，助大黄通泄阳明腑实。两药合用，泄热行气，调理胆胃，不论外感或内伤均可使用。故《本经疏证》言大柴胡汤“观夫表证方盛，里复不和者，恃以降泄其里而表亦和”；四逆散“病属于阴，邪系夫阳者，恃以泄其阳而阴自

达”，概括了二者配伍之要义。

柴胡与芍药

《金匮要略》用芍药者35方，两药合用有4方，除大柴胡汤、柴胡桂枝汤与《伤寒论》重复，尚有薯蓣丸及鳖甲煎丸。

外感热病芍药酸苦微寒，有酸敛与酸泄双重之性，一般而言，酸敛者大多不宜于外感病早期，然仲景桂枝汤以桂枝与芍药为伍，调和营卫，成为后世典范；就酸泄如大柴胡汤中用柴胡配芍药，治疗少阳证未解，兼热结阳明，此因热势已盛，于祛邪之中必防伤阴，柴胡与芍药相配恰切中病机。

肝郁证柴胡类方和解表里，调和枢机，方如四逆散以柴胡与芍药作为疏肝解郁的常用配伍。柴胡入肝经性升散，为疏肝解郁之良药；芍药甘缓酸收，养血和营，柔肝缓急，二药配伍精妙，刚柔相济，散敛兼得，散而有度，敛中不滞，使脏腑通调，气血充和。

《伤寒论》用大黄有14方，含柴胡大黄药对者2方；《金匮要略》有大黄者23方，含该药对亦2方，即大柴胡汤、鳖甲煎丸。

柴胡大黄药对是大柴胡汤中重要的配伍，其中柴胡、大黄分别入少阳、阳明二经，故两者伍用主治少阳阳明证。《伤寒论》大柴胡汤，两者配伍用于少阳兼阳明腑实证，以柴胡透散少阳郁热，大黄攻泻阳明腑实，釜底抽薪，内外双解，祛两经实热。而《金匮要略》中的大柴胡汤证属杂病范畴，而非少阳兼阳明腑实，故方用柴胡，重在疏利枢机，调和胆胃，而非宣透少阳郁热，大黄则攻下里实为主，泻热次之。可见同一方中，证候不同，其作用亦异。

此外，仲景将两者合用还治疗少阳兼烦惊证，如《伤寒论》107条柴胡加龙骨牡蛎汤证，以胸满烦惊，小便不利，一身尽重等为主症。其病机为病在少阳，表里同病，虚实互见，方中柴胡等药量与其他柴胡类方相比减半，盖因证属虚实夹杂之故。

二、临床运用举隅

胃下垂案

樊某，男，46岁，2008年6月就诊。主诉：反复上腹部胀满隐痛，甚则连及两胁。时有嗳气及腹部坠痛感，平卧后疼痛缓解，病史1月余。平素纳食欠佳，大便素塘。钡餐示胃下垂。舌质暗红，苔薄白，脉弦重按无力。处方：四逆散合当归芍药散加减。柴胡8g，白芍30g，枳壳12g，炙甘草8g，当归10g，茯苓15g，白术15g，川芍10g。服药7剂后，上腹部胀痛明显好转，继之以益气疏肝法，用四逆散合补中益气汤加减，服药14剂后诸症缓解。

按：《杂病源流犀烛·胃病源流》中论：“胃痛，邪干胃脘也……惟肝气相乘为尤甚。以木性暴，且正克也。”故“理肝可以安（脾）胃”。该患者平素情志不遂，肝木太过，而致脾气下陷，故给予四逆散调理肝脾，恢复脾胃气机升降功能。四逆散于《伤寒论》中治疗传经热邪，阳气内郁之热厥或肝脾不和所致胸胁脘腹不舒之肝郁证，为肝郁气滞的鼻祖之方。该案例以四逆散合当归芍药散疏肝解郁，调理肝脾，继以补中益气汤补中虚，标本同治，故能病随药除。

抑郁症案

杨某，男，48岁，2012年1月就诊。主诉：3年前因精神受刺激后出现胸闷心悸，眩晕烦躁，失眠多梦，多汗，四肢及胸胁部走窜性麻木疼痛。一直服盐酸帕罗西汀抗抑郁治疗。近1月来，症状加重，时有寒热交作，但体温正常，伴肢体颤抖，难以自控，大便秘结，舌质暗红苔白腻，脉弦。处方：柴胡加龙骨牡蛎汤合甘麦大枣汤加减。柴胡10g，桂枝10g，生龙牡各20g，大黄10g，半夏15g，白芍15g，炙甘草8g，小麦30g，枳实10g，党参10g，郁金10g，合欢花20g。服药7剂后症状明显减轻，药既中病，效不更方，继以原方增损再进20余剂而获愈。

按：本病证候虽错综复杂，但皆为肝经气郁，痰热扰心，枢机不利所致。《灵枢·大惑论》曰：“卫气不得入于阴，常留于阳，留于阳则阳气满，阳气满则阳跷盛，不得入于阴，则阴气虚，故目不瞑矣。”该患者精神受刺激，致心营受损，心阳浮越，心液不藏而外泄，故汗出不止；营卫失和，阳不入阴，故见失眠多梦，寒热交作；少阳枢机不利，气机郁结，胸闷心悸，眩晕烦躁；少阳之气不能荣于筋骨，则四肢及胸胁麻木疼痛。柴胡加龙骨牡蛎汤和解少阳，镇静安神，配合甘麦大枣汤补益心液以宁心安神。

外感发热案

王某，女，70岁，2009年11月就诊。主诉：3天前因受凉后出现恶寒发热，体温最高达39℃，伴全身骨节疼痛，恶心纳差，乏力，二便正常。自服感冒清热颗粒、双黄连口服液三天后仍恶寒，午后发热，体温波动在37.4℃～38.5℃之间，伴汗出，神疲乏力，纳差不减。舌质暗红苔薄白微腻，脉浮重按无力。处方：柴胡桂枝汤。柴胡10g，桂枝10g，黄芩10g，党参10g，半夏10g，白芍12g，生姜3片，大枣4枚。服药1剂后，得汗出而寒热退，继服2剂，胃纳转佳，调理而愈。此后该患者每于外感发热即以此方煎服，均能服药2~3剂而愈。

按：此为外感风寒之太阳病，因治之失宜，邪渐入里，形成太少二阳并病。故治以调和营卫兼和少阳之法。柴胡桂枝汤以桂枝汤祛风解表散邪，小柴胡汤清解郁热，具表里同治，寒温并用之功，能双解太少两经之邪。盖虚人外感风寒，引发宿疾，致内伤外感集于一体，往往病情较为复杂，辨证施治难以入手。然细辨之则属正虚外感，正合于太少二阳并病之证，柴胡桂枝汤调营卫，和少阳，且兼有扶正祛邪，调脾和胃之效，故临床用于虚人外感风寒，投以该方无不效如桴鼓。

综上，药对是古人用药经验的总结，是连接中药和方剂的桥梁，《伤寒论》历来被奉为临床医学之圭臬，系统探讨《伤寒论》常用药对的功效、配伍规律、作用机制以及方剂组方原则，有助于临床合理有效用方遣药，活用药物，发挥独特治疗效果。

参考文献

[1] 林乾良，王贵森．经方中药研究集成［M］．北京：中医古籍出版社，1992：251.

[2] 王宪龄，张影．《伤寒论》柴胡剂中常用药对配伍作用探讨［J］．河南中医，1996，16（4）：203~204.

[3] 王宪龄，周志．试探柴胡黄芩药对清泄肝胆的配伍作用［J］．中医研究，2009，22（6）：7.

[4] 王宪龄，崔姗姗，张影，等．肝主疏泄理论的应用及其整体调节作用探析［J］．中医研究，2020，23（9）：4~6.

［《中国医药科学》2012，2（15）：83］

《伤寒杂病论》脾胃病相关论述及临床意义

沈立炜　柴可夫　浙江中医药大学

脾胃理论最早源于《黄帝内经》，书中详细记载了脾胃的生理功能、脾胃病相关症状、以及人们应当如何顾护脾胃等内容。张仲景继承《黄帝内经》思想，亦重视脾胃理论，并进一步发展。经统计，在《伤寒杂病论》中大量篇幅都是有关脾胃病的论述，其中许多方剂亦可用于治疗各种脾胃病。兹就《伤寒杂病论》对脾胃病的认识，试探讨如下。

一、《伤寒杂病论》对脾胃重要性的认识

脾胃为后天之本，气血生化之源，病久不愈，必当求之脾胃。张仲景在治病立方上，非常重视后天脾胃，在治疗疾病过程中，时时刻刻注意顾护后天脾胃之本，重视保护胃气。张仲景继承《内经》思想，治疗疾病非常重视保护胃气。表现在：①啜粥法。如桂枝汤服后须啜热粥，一则以助药力，一则护胃扶正以驱邪。②使用姜草枣法。如逐水峻剂十枣汤中使用甘遂、大戟、芫花，首先使用大枣肥者十枚，既可缓解药物毒性，又可顾护脾胃。③剂量增减法。有毒药物使用依据病者体质不同，而剂量有所增减变化。④改变药物剂型法。如虚劳干血祛瘀血为主，扶正兼顾，同时以丸剂缓缓图功，用大黄䗪虫丸治疗。

二、《伤寒杂病论》脾胃病病因病机的认识及相关方剂

张仲景继承《内经》思想，对脾胃病的论述极为丰富，并创立大量方剂治疗脾胃病。

外邪侵犯脾胃：《伤寒论》33条云“太阳与阳明合并，不下利，但呕者，葛根加半夏汤主之。”本条文说明，太阳表证不解，并于阳明，二经俱病。此条文乃伤寒表邪内迫于胃，影响阳明胃肠，胃气上逆而致呕吐。成无己云“邪气外甚，阳不主里，里气不和，气下而不上者，但下利而不呕；里气上逆而不下者，但呕而不下利。与葛根汤，以散其邪，加半夏以下逆气[2]。”本条文外邪为主，故以葛根汤解表，同时加半夏和胃降逆。葛根加半夏汤为外邪侵犯脾胃引起呕吐的脾胃病立法处方。

《伤寒论》397条“伤寒解后，虚羸少气，气逆欲吐者，竹叶石膏汤主之”（《伤寒论·辨阴阳易瘥后劳复病脉证并治》）此条文指出，伤寒解后，余热未尽，体内津液不足，热则伤气，故少气，胃虚气逆则欲吐，此时，可与竹叶石膏汤，滋阴和胃散热。

仲景认为，感受外邪，太阳先受之，然外邪不解，或解后余热未清，则会内传及里，引起脾胃病的发生。我们临床治疗此类脾胃病时，应注意问清病因，注意脉诊，外邪已解者，治疗内传之里病（脾胃病）即可，外邪未解，则当表里兼顾之。

误治失治：《伤寒论》中脾胃病多因失治误治引起，尤以汗吐下后转为此病居多。如伤寒论34条：“太阳病，桂枝证，医反下之，利遂不止，脉促者，表未解也；喘而汗出者，葛根黄芩黄连汤主之。”此条文即是伤寒表证未解，误下以致邪陷阳明，伤及胃肠而致脾胃病的发生（表现为下利等）。治宜葛根黄芬黄连汤，散表邪、除里热。

病后饮食失当：疾病初愈，正气尚弱，脾胃消化能力较弱，此时应当注意清淡饮食，防止食复。如饮食不当，极易损伤脾胃，引起脾胃病的发生。

如《伤寒论》398条“病人脉已解，而日暮微烦，以病新瘥，人强于谷，脾胃气尚弱，不能消谷，故令微烦，损谷则愈。”启示我们治疗疾病时，不仅要正确施治，还要有病后调理意识，方能善始善终。

大病后脾胃自损：《伤寒论》396条云“大病差后，喜唾，久不了了，胸上有寒，当以丸药温之，宜理中丸。”此条文指出大病差后，阳气不足，胃中虚寒，不内津液，故喜唾，不了了。予理中丸以温其胃。

总之《伤寒论》《金匾要略》中，论述脾胃病的病因病机甚多，如血虚里寒，实热内积、阴寒痼结等，均值得后学者认真研习。

[《浙江中医杂志》2012，47（2）：146]

《伤寒杂病论》瘙痒辨治规律探析

郑丰杰　北京中医药大学基础医学院

皮肤病虽然名目繁多，皮损多种多样，病情错综复杂，其临床表现归纳起来，不外痒、痛、渗出（或脱屑）等，而痒无疑是最常见、最主要的症状。现代医学认为瘙痒与神经传导、瘙痒递质、受体表达等多种机制密切相关，但迄今为止在组织学上尚未发现特殊的痒觉感受器，给临床治疗带来了一定困难[1~3]。祖国医学虽无特定类别的止痒中药，但对痒症的病因病机和辨证治疗有着丰富的论述。《伤寒杂病论》上承《内经》，下启后世，集汉代以前医学之大成，其六经辨证及脏腑辨证的诊治规律对内、外、妇、儿各科疾病均具有广泛的指导意义。兹就仲景对痒的病因病机阐释及诊治规律进行初步探析，以期为临床辨治皮肤瘙痒证的选方用药有所启迪。

一、风气往来　营卫不和

《灵枢·刺节真邪篇》云：“虚邪之中人也，洒淅动形，起毫毛而发腠理。其入深，内搏于骨，则为骨痹；……，虚则寒搏于皮肤之间。其气外发，腠理开，毫毛摇，气往来行，则为痒。留而不去，则痹。卫气不行，则为不仁。”是谓卫外不固，风邪乘虚袭入，首犯肌表，搏于皮肤之间；因风性善行，一旦袭于体表，或往来穿行于脉络之间，或蠢蠢欲动于皮肤腠理，皆能袭扰肌肤，令气血不和而痒。即《诸病源候论》所谓：“风瘙痒者，是体虚受风，风入腠理，与气血相搏，而俱往来于皮肤之间。邪气微，不能冲击为痛，故但瘙痒也。”

仲圣承《内经》之旨，在《金匮要略·中风历节病篇》曰：“邪气中经，则身痒而瘾疹。”，在《金匮要略·水气病篇》云：“风气相搏，风强则为瘾疹，身体为痒。”，认为风邪与身痒密切相关。除此之外，在《伤寒论》第23条又谓：“太阳病，得之八九日，如疟状，……面色反有热色者，未欲解也，以其不能得小汗出，身必痒，宜桂枝麻黄各半汤”则进一步阐释了身痒是与感邪的微甚有关，即微邪郁表则身痒。对此尤在泾在《伤寒贯珠集》中注曰：“邪盛而攻走经筋则痛，邪微而游行皮肤则痒”，徐灵胎在《伤寒论类方》中亦云：“微邪已在皮肤中，欲自出不得，故身痒”，“以其不能得小汗出”而身痒，故治则“宜桂枝麻黄各半汤”小发其汗，以桂枝汤与麻黄汤各取1/3量，按1：1比例合方，用桂枝汤调和营卫，为汗液之体；以麻黄汤疏达皮毛，为汗液之用，且芍药、草、枣之酸收甘缓，配生姜、麻、桂之辛甘发散，有刚柔并济，从容不迫之妙，所以能收到小汗邪解的效果，却无过汗伤正的流弊。正如柯琴所云：“犹如水陆之师，各有节制，两军相为表里，异道夹攻之义也”。本方配伍精当，确中病机，效如桴鼓[4]。

二、湿邪留着　搏于气血

湿为长夏主气，为病有外湿和内湿之分，尤以外湿与皮肤瘙痒密切相关。湿邪侵入肌肤，郁结不散，与血气相搏，常可发生急性湿疮、皮疹及瘙痒等，如《素问·生气通天论》云：“汗出见湿，乃生座痱……劳汗当风，寒薄为皶，郁乃痤。”内湿多与慢性瘙痒相关，其证多属本虚标实。但外湿又常与内湿联合致病，故辨证时不能孤立看待。对于湿邪为病的论治，《素问·六元正纪大论》提出：“湿淫于内，治以苦热，佐以酸淡，以苦燥之，以淡渗之。”《素问·脏气法时论》则曰：“脾苦湿，急食苦以燥之，禁湿地濡衣。”归纳起来《内经》已经提出了苦温燥湿、淡渗利湿、辛温发汗等治湿之法。

仲景在研究前人著作和经验的基础上，结合临床实践，将湿病作为独立的病种加以论述，对湿邪为病提出了一套比较完整的理法方药。如湿邪为病常见“身烦疼”“小便不利，大便反快”“渴欲得饮而不能饮”“一身尽疼痛，值天阴雨不止”等证，明确提出治湿“但当利小便”，使《内经》“淡渗”的治法具体化。又提出湿病可使用汗法，但应以“微微似欲汗出”为标准，强调湿家不可用攻下法，误用攻下可致中气受伤、元气外脱等。并创立了一套比较完整的湿病治疗方剂，如麻黄加术汤、麻黄杏仁薏苡甘草汤、防已茯苓汤、麻黄甘草汤、五苓散、茵陈蒿汤、防己黄芪汤、栀子柏皮汤、麻黄连轺赤小豆汤、麻黄甘草汤等等，这些方剂被后世广泛应用于因湿邪所致的各种皮肤瘙痒证[5~7]。

三、津气两虚　肌肤失养

因虚所致瘙痒证首见于《黄帝内经》。《灵枢·经脉篇》曰："足厥阴之别……其别者，径胫，上睾，结于茎。其病气逆则睾肿卒疝，实则挺长，虚则暴痒，取之所别也。"《灵枢·注证发微》进一步解释为"正气不足而虚则为暴痒"。至汉·张仲景对虚痒之证的病因病机作了细致描述，如《伤寒论·辨脉法》载："诸脉浮数，当发热，而洒淅恶寒，……。反发热者，差迟。迟为无阳，不能作汗，其身必痒也。"《金匮要略·中风历节病篇》云："寸口脉迟而缓，迟则为寒，缓则为虚；荣缓则为亡血，卫缓则为中风。邪气中经，则身痒而瘾疹。"《伤寒论·辨阳明病脉证并治》第196条："阳明病，法多汗，反无汗，其身如虫行皮中状者，此以久虚故也"，皆阐明了久病津伤气亏致痒之机理。

由此观之，虚痒之病多因患者素体津气不足，或久病之后又患热病，或误治损伤津气，致气虚无力蒸腾和运行津液作汗，津少则作汗无源，病邪欲出不能，游行皮中，故身痒而如虫行皮中。即《医宗金鉴·订正仲景全书伤寒论注》所云："脉浮而迟，面热赤而战惕者，六七日当汗出而解，反发热者瘥迟，迟为无阳，不能作汗，其身必痒也。"治当遵"阳加于阴谓之汗"之理，益气养血生津，以补阳气、充汗源，兼以宣（或清）透邪气，方取白虎加人参汤、竹叶石膏汤、黄芪桂枝五物汤、桂枝新加汤、当归四逆汤、防己黄芪汤、桂枝附子汤、白术附子汤、麻黄附子细辛汤、古今录验续命汤、《重订严氏济生方》之当归饮子等加减化裁[8~10]。

四、瘀毒阻滞　疥疮丛生

《伤寒论·平脉法第二》曰："脉浮而大，浮为风虚，大为气强，风气相搏，必成隐疹，身体为痒。痒者名泄风，久久为痂癞。"《金匮要略·水气病脉篇》云："脉浮而洪，浮则为风，洪则为气。风气相搏，风强则为隐疹，身体为痒，痒为泄风，久为痂癞，……。"阐释了在皮肤病发病过程中，邪气与气血、津液搏结于皮肤，肤表则可出现丘疹、疱疹、风团、结节等多种皮疹，搔抓、染毒或病久以后，常又继发脓疱、痂、鳞屑、苔藓样变等皮损丛生，临床可见皮损干燥、肥厚、粗糙、鳞屑，甚或肌肤甲错等，即后世《诸病源候论·生疮候》所谓："人皮肤虚，为风邪所折，则起瘾疹。热多则色赤，风多则色白，甚者痒痛，搔之则成疮"。其病机在于瘀血阻滞，血行不畅，肌肤失痒。对于此等瘙痒证，当宗仲景"缓中补虚"之旨，用活血化瘀、透邪解毒之法，以大黄䗪虫丸、升麻鳖甲汤、麻黄升麻汤等[11~12]随证加减，润以濡其干，虫以动其瘀，通以去其闭。

五、结语

许慎《说文解字》曰："痒，疡也。从疒羊声。"《释名·释疾病》谓[12]"痒，扬也，其气在皮中，欲得发扬，使人搔发之而扬出也"，《金匮要略·水气病脉篇》谓："痒为泄风"，《伤寒论》中论瘙"其要"为"不得汗"，均可谓一语中的。《内经》有言"知其要者，一言而终，不知其要，流散无穷。"痒虽复杂多变，但也有其自身的规律，即风、湿、热、毒等外邪侵袭，肌凑闭郁，气血不和，邪气不得外越总是其病理基础；临证时当审因论治，始终以调和气血、透邪外出为治则治法，切不可盲目、凉血解毒，更不可不分青红皂白滥用激素，不仅不能取得持久的、良好的疗效，而且还会贻误病情，带来诸多不良后果。

参考文献

[1] 杨慧敏，徐佳，杨岚，等．皮肤瘙痒的发生机理与中医辨证施治相关性探讨［J］．中国中西医结合皮肤性病学杂志，2006，53：175～181.

[2] 陈绍斐．湿邪致痒的病机探讨与证治分析［J］．中医研究，2009，22（5）：4～5.

[3] 樊卓，樊翌明．P物质在变应性接触性尿眼小鼠模型瘙痒中的作用［J］．中国皮肤性病学杂志，2010，24（2）：121～125.

[4] 李靖．加味桂枝麻黄各半汤治疗慢性荨麻疹100例［J］．中医杂志，2010，51增刊：11～12.

[5] 王改敏．麻杏类方临床证治规律研究［D］．武汉：湖北中医学院在职人员以司等学力申请硕士学位论文，2006，19～21.

[6] 何成莲．五苓散的临床应用［J］．四川中医，2009，27（1）：123～124.

[7] 李萍，黄正蓉，张思嘉，等．麻黄连翘赤小豆汤在皮肤科中的应用现状［J］．辽宁中医药大学学报，2010，12（6）：6～9.

[8] 何彩云．当归四逆汤在皮肤病种的运用［J］．国医论坛，1997，12（1）：17～18.

[9] 王均．黄芪桂枝五物汤治疗慢性荨麻疹90例［J］．实用中医药杂志2000，16（11）：21.

[10] 张起律．加味当归饮子联合西药治疗气血两虚型慢性荨麻疹112例疗效观察［J］．中国中西医结合皮肤性病学杂志，2010，9（6）：373～374.

[11] 李灵巧．大黄䗪虫丸在皮肤科中的临床应用［J］．河北中医，2002，24（5）：352～353.

[12] 李长乐．升麻鳖甲汤治疗顽固性荨麻疹30例［J］．四川中医，2011，29（2）：100.

[13] 张联荣．古汉语词义论［M］．北京：北京大学出版社，2000：7.

［《辽宁中医杂志》2012，39（3）：446］

3种白头翁汤对兔离体肠管运动的影响

郝景锋　吉林农业科技学院动物医学学院

王　哲　宁良辰　王力等

吉林农业大学研究生学院

白头翁汤最早收载于张仲景的《伤寒论》，由白头翁、黄连、黄柏和秦皮四味药组成具有清热解毒、凉血止痢之功效。为中兽医临床治疗热痢下重的主要方剂。白头翁汤及其加味被广泛用于防治仔猪黄白痢、鸡白痢、犊牛慢性腹泻、球虫病等多种畜禽腹泻性疾病。本研究观察了3种不同配伍、不同剂量的白头翁汤对离体十二指肠运动性能的影响，探讨白头翁汤的抗腹泻机理，为临床应用提供理论依据。

一、材料与方法

1. 动物　大耳白兔6只，体重3.5～4kg，雌雄各半，购于长春市实验动物中心。

2. 白头翁汤的制备　白头翁、黄连、黄柏、秦皮购于吉林省长春市义善堂药材有限公司，经吉林农业大学中兽医研究鉴定。

《伤寒论》处方：白头翁27.6g、黄连41.4g、黄柏41.4g、秦皮41.4g；《兽药典》处方：白头翁60g、黄连30g、黄柏45g、秦皮60g；《中兽医学》教材处方：白头翁90g、黄连45g、黄柏45g、秦皮45g。所对应的试验组分别为伤寒组、药典组和教材组。

将称量好的3种方剂分别放人低温真空循环煎药机中，温度控制在60℃，压力控制在620～680mmHg，进行低温真空循环煎煮lh浓缩至1g/mL。将煎煮好的药液放人包装袋内密封冷藏备用。

3. 台氏液的配制　NaCl8.0g，KCl0.2g，$CaCl_2$ 0.2g，$NaHCO_3$ 1.0g，NaH_2PO_4 0.05g，$MgCl_2$ 0.1g，葡萄糖1.0g，溶解定容至蒸馏水1000mL。现用现配。

4. 离体十二指肠制备　将兔于试验前禁食12～24h，并于开始前1～2h喂给适量的饲料。试验时即时处死，迅速剖腹剪取十二指肠，并剪成3cm左右长的肠管数段，立即放入盛有台氏液的小烧杯中，通入空气备用。

5. 试验系统的连接　取一段十二指肠，一端用丝线与张力换能器连接，另一端系在通气钩的小钩上，以固定小肠。然后放入盛有台氏液的麦氏浴皿中，并通过张力换能器与BL－420E生物信号采集处理系统连接。

6. 试验方法　取3种处方的白头翁汤，向麦氏浴皿中逐加入0.3，0.6，0.9，1.2和1.5mL5种剂量，分别记录给药前后肠管的收缩变化情况。试验过程中台氏液的温度保持在（38±0.5）℃，同时恒速和不间断的通气，在试验过程中每个剂量作用2～3min。

7. 统计学处理　采用单因素等重复试验设计，数据为平均数±标准差，各处理重复数相等，差异显著性采用t检验。

二、结果与分析

由表1可知，伤寒组对离体十二指肠有抑制作用，最大张力及张力变化与对照组均有显著差异，其中0.6，0.9，1.2，1.5mL组与对照组相比差异极显著。

表1　《伤寒论》方白头翁汤对离体十二指肠收缩张力的影响（n＝6）

组别	体积/mL	最大值	最小值	张力差
对照组	0	8.863±0.18	1.913±0.242	6.953±0.421
	0.3	8.418±0.240*	1.853±0.227	6.624±0.427*
	0.6	6.583±0.243**	1.078±0.232	5.512±0.471**
伤寒组	0.9	6.623±1.129**	1.031±0.094	5.493±0.221**
	1.2	5.954±0.412**	1.002±0.141	4.953±0.553**
	1.5	5.128±0.321**	0.097±0.021	4.227±0.342**

注：与对照组比较*P＜0.05，**P＜0.01。下同。

由表2可知，药典组对离体十二指肠有抑制作用，最大张力及张力变化与对照均有显著差异，其中0.6，0.9，1.2和1.5mL组与对照组相比差异极显著。

表2 《药典》方白头翁汤对离体十二指肠收缩张力的影响（n=6）

组别	体积/mL	最大值	最小值	张力差
对照组	0	5.641±0.231	0.218±0.117	5.423±0.345
	0.3	5.267±0.171*	0.165±0.104	5.101±0.278*
	0.6	4.068±0.175**	0.142±0.067	4.028±0.342**
药典组	0.9	2.483±0.194**	0.118±0.060	2.301±0.352**
	1.2	1.954±0.212**	0.112±0.041	1.946±0.353**
	1.5	1.428±0.321**	0.116±0.021	1.407±0.342**

由表3可知，教材组对离体十二指肠有抑制作用，最大张力及张力变化与对照组均有极显著差异。

表3 《中兽医学》白头翁汤对离体十二指肠收缩张力的影响（n=6）

组别	体积/mL	最大值	最小值	张力差
对照组	0	6.806±0.264	0.900±0.138	5.906±0.387
	0.3	5.183±0.302**	0.601±0.113	4.571±0.442**
	0.6	5.000±0.274**	0.558±0.040	4.721±0.231**
教材组	0.9	2.616±0.326**	0.413±0.138	2.427±0.181**
	1.2	1.427±0.881**	0.373±0.024	1.113±0.868**
	1.5	1.513±0.568**	0.362±0.068	1.273±0.508**

药典和教材组对离体十二指肠张力变化趋势比较接近，张力变化明显，伤寒组张力变化不显著。

三、讨论

白头翁汤具有清热解毒、凉血止痢之功效。其主要成分为生物碱类、香豆素类、皂苷类和柠檬苦素类化合物，为清热痢疾的首选方剂。

白头翁汤中《兽药典》《伤寒论》《中兽医学》教材组方不同，本试验通过对家兔离体十二指肠动动性能影响，表明3种处方对家兔离体十二指肠运动均有不同程度的抑制作用，其中《中兽医学》教材和《兽药典》对家兔离体十二指肠抑制作用强于《伤寒论》。教材组方中白头翁含量最大，药典组方其次，伤寒组方最少。推测白头翁对肠管抑制起主要作用。与吕锦芳等（2005）所做白头翁拆方试验报道结果一致。白头翁汤能抑制肠管收缩使肠蠕动减慢，导致肠容物在肠道内停留时间延长，增加了肠道对水分的吸收时间，从而达到止泻的目的。

[《畜牧与兽医》2012，44（6）：111]

百合知母汤防治精神神经性疾病的述评

李　竞　王振华
广州中医药大学中药学院
高淑怡　高　英
广州中医药大学新药研究与开发中心

百合知母汤始见于张仲景《金匮要略·百合狐惑阴阳毒病证治第三》篇：百合七枚（擘），知母三两（切）。上先以水洗百合，渍一宿，当白沫出，去其水，更以泉水二升，煎取一升，去滓；别以泉水二升煎知母，取一升，去滓；后合和，煎取一升五合，分温再服。有养阴清热、除烦润燥之效，以润养心肺为大法，主治百合病。其病因病机多由热病以后余热未清，或情志不遂郁而化火，导致阴虚内热；“百合病者，百脉一宗，悉致其病也[1]” 百合病与现代医学的失眠多梦和抑郁症有很多的关联性[2~4]。

百合始载于《神农本草经》，中国药典收载百合为百合科植物卷丹 Lilium Lanci folium Thunb。、百合 Lilium brownii F。E。Brown var。viridulum Baker 或细叶百合 Lilium pumilum DC。的干燥肉质麟叶。味甘，性寒。归肺、心经，具有养阴润肺止咳，清心安神的功效。用于阴虚燥咳，劳嗽咳血，虚烦惊悸，失眠多梦，精神恍惚。知母为百合科植物知母 Anemarrhena aspho - deloides Bge。的干燥根茎，味苦甘，性寒，归肺、胃、肾经，具有清热泻火、滋阴润燥的功效。用于外感热病，高热烦渴，肺热燥咳，骨蒸潮热，内热消渴，肠燥便秘[6]。百合知母汤中百合甘寒清润而不腻，知母甘寒降火而不燥。百合偏于补，知母偏于泻。二药伍用，一润一清，一补一泻，共奏润肺清热，宁心安神之效。主治：阴虚或温热病后余热未清，以致头昏、心烦不安、失眠等症和情志不遂，以致精神恍惚、不能自制等症及百合病。百合病因七情郁结，或大病之后，心肺阴虚而生内热所致。症见神情不宁，沉默少言，欲睡不能睡，欲行不能行，欲食不能食，似寒无寒，似热无热，口苦，尿黄。治宜滋阴清热为主，用百合知母汤为治[7]。

随着社会竞争的不断加剧，生活节奏的加快，失眠和抑郁症的发病率成上升的趋势。流行病学调查显示：欧洲有 4% ~22% 的人受到失眠的严重影响[8]，在我国有 45.4% 的人存在睡眠问题，（其中 28% 失眠，17.4% 可疑失眠）[9]，长期的睡眠不足可以造成一系列的机体损害；据世界卫生组织统计，2002 年抑郁症占全球疾病负担的第四位[10]，影响世界上约 3.4 亿人口。到 2020 年抑郁症将会成为人类仅次于心脏病的第二大危害性疾病[11]。失眠、抑郁症不仅妨碍人的正常生活，而且影响着人的健康。

中药百合、知母在治疗失眠多梦和抑郁症方面均有一定功效。因此，本文着重从与百合病相关联的失眠多梦和抗抑郁这两个方面对百合、知母及百合知母汤三者的药效文献进行整理。

百合和知母在临床上多用于治疗失眠症，现代药理研究表明，百合具有镇静安神、止咳祛痰[12,13]、抗疲劳、抗肿瘤、降血糖、抗氧化、免疫调节等药理作用[14,15]，其主要活性成分是百合皂苷、百合多糖。知母具有抗抑郁、改善记忆力、抑制血小板聚集、抗氧化作用、抗炎、抗病毒和抗肿瘤、降血糖血脂、降低转氨酶等多种药理活性[16]，其主要活性成分为知母皂苷、知母多糖、双苯吡酮。百合知母汤临床上用于治疗失眠症[17]、抑郁症[18]，围绝经期综合征[19]、乳腺增生病[20,21]、长期低热[22]、高血压、消渴、盗汗、胃脘痛[23]等症。可见，百合和知母二药配伍使用后，药理作用和临床应用更广泛。

一、失眠症

失眠症，在《内经》中称为“目不瞑”“不得眠”“不得卧”，《难经》中称为“不寐”[24]，其含义与现代医学“失眠”概念基本一致。失眠是指经常不能获得正常睡眠为特征的一种病证。轻者时寐时醒，重者整夜不能入寐。其病因很多，主要与阴血不足、心气虚弱、肝气郁滞有关[17]。思虑劳倦，内伤心脾，阳不交阴，心肾不交，阴虚火旺，肝阳扰动，心胆气虚以及胃中不和等因素，均可影响心神而导致失眠。脏腑功能紊乱、邪气阻滞、气血阴阳平衡失调、神志不宁是发生失眠的基本病机。治疗原则应着眼于心肺阴虚内热，以养阴清热为主[26]。

文献显示百合具有明显的镇静安神的作用，单味中药知母用于失眠症的研究较少，临床上常将百合、知母二药合用，抑或配伍其他药物治疗失眠症，疗效显著。常用于治疗失眠症的百合和知母的复方有：百合知母安神汤[26]、百合知母汤合甘麦大枣汤[17]、百合安神汤[27,28]、百合地黄汤[29,30]、百合酸枣仁汤[31]，百合温胆汤[32]、百合五味汤[33]、百莲汤[34]、枣仁百合汤[35]、百合清心调志汤[36]等。

1. 百合的镇静安神作用　李卫民[12]比较了卷丹、百合、川百合三者的镇静安神作用，取停食 8 小时的小白鼠 50 只，均分为 5 组，分别灌胃给药 2g/kg，空白组给等量生理盐水，阳性组给酸枣仁 20g/kg。给药 30 分钟后腹腔注射戊巴比妥钠 40mg/kg，以翻正反射消失到恢复的时间作为睡眠时间指标，并观察注射后 15 分钟内小白鼠的睡眠率，结果发现，百合延长了戊巴比妥钠的睡眠时间，百合组小鼠的睡眠率为 80%。因此，百合能显著地增加戊巴比妥钠的睡眠时间及阈下剂量的睡眠率，具有明显的镇静作用，与中医所说的清心安神是相吻合的。

胡焕萍等[37]取小鼠 75 只（禁食 12h），称重，随机分为 5 组，每组 15 只，雌雄各半，给药组分别灌胃给药，对照组给相同体积的生理盐水，

30min 后，腹腔注射戊巴比妥钠 35mg/kg，准确记录给药时间和正反射消失时间，并以此时间作为小鼠入睡时间。结果表明，百合能显著缩短小鼠入睡时间，与空白对照组比较，新鲜百合水提物或 30% 的醇提物具有较显著性意义（$P < 0.05$），因此，新鲜百合具有较明显的催眠作用。

彭蕴茹等[38]取小鼠 84 只（禁食 12h），称重，随机分为 7 组，每组 12 只，雌雄各半，分别分为空白对照组、舒乐安定（阳性药）对照组及百合不同提取部位（石油醚部位、氯仿部位、乙酸乙醋部位、正丁醇部位及水提部位）供试品组。用光电管法，以小鼠在程控自主活动箱中的自发活动数为指标，观察百合不同提取部位的镇静作用。结果显示，百合的正丁醉部位能明显减少小鼠的自发活动数，表明百合的正丁醇提取部位有明显的镇静作用。

2. 百合知母复方用于治疗失眠症　朱沈等[26]自拟百合知母安神汤治疗老年期失眠症 46 例，结果治愈 24 例，有效 18 例，无效 4 例，总有效率 91.3%。

洪燕[17]应用百合知母汤合甘麦大枣汤治疗失眠患者 60 例，结果治愈 30 例，显效 15 例，有效 9 例，无效 6 例，总有效率 90%。

经典方百合知母汤为百合病误汗后阴液受伤，治疗肺阴不足，燥热尤甚而出现心烦、口燥等症。临床上用于治疗失眠症，是取其养阴清热、除烦润燥之效。二药伍用，一润一清，一补一泻，共奏养阴清热，宁心安神之效。因此，在治疗失眠症方面，百合知母汤的应用要比百合、知母单独的临床应用适应症和功效上更胜一筹。

二、抑郁症

百合病的临床表现为“百脉周于身，脉病则身病，故身形如和不和，欲卧不能卧，欲行不能行也。如寒无寒，如热无热，似外感而非外感也。意欲食复不能食，似里病而非里病也。至脉数、口苦、尿赤”。类似于现代西医中的焦虑、抑郁等精神障碍。

抑郁症是一种常见的心境障碍，可由各种原因引起，以显著而持久的心境低落为主要临床特征，且心境低落与其处境不相称，严重者可出现自杀念头和行为。主要表现为情绪低落，兴趣减低，悲观，思维迟缓，缺乏主动性，自责自罪，饮食、睡眠差，担心自己患有各种疾病，感到全身多处不适。临床研究发现患有抑郁症的病人常出现明显的胃肠道症状[39]。诸如恶心、呕吐、食欲减退、腹胀、腹痛、大便次数增多或腹泻、便秘等症状可见于伴有焦虑症状的神经症。程度不同的抑郁症也常伴有轻重不等的消化道症状如食欲减退、厌食、便秘等。

抑郁症的发病机制复杂，目前尚未完全阐明，存在多种假说，例如：单胺能假说、下丘脑一垂体一肾上腺（hypeothalamic - pi - tuitary - adranal, HPA）轴功能亢进假说、保护海马神经元假说、受体假说等，主要与神经递质及神经 - 内分泌免疫学说有关。其中 HPA 轴的改变占有重要地位。抑郁症的治疗药物目前以西药为主，但多数会出现副作用，并且具有依赖性。因此。植物药抗抑郁的研究就越来越受到重视。药理研究表明中药百合、知母均具有一定的抗抑郁作用，临床上常将百合和知母二药配伍后治疗抑郁症，且疗效显著。常用于治疗抑郁症的百合系列方剂有百合知母汤[40]、百合地黄汤[41,42]、百合安神汤[43]等。

1. 百合抗抑郁药效研究　郭秋平等[44,45]（通过小鼠悬尾实验、利血平拮抗实验、小鼠游泳实验，对百合各部位进行了抗抑郁的初筛，得出百合皂苷为抗抑郁的主要部位。并对百合抗抑郁作用机制进行了研究，发现百合皂苷发挥抗抑郁作用的途径有：增加抑郁模型大鼠大脑皮层的单胺类神经递质的含量，抑制抑郁模型大鼠亢进的下丘脑 - 垂体 - 肾上腺轴（HPA 轴），增强抑郁模型大鼠海马 CR、MRNA 的表达，对海马有一定的保护作用。

黄江剑[46]对百合总皂苷的抗抑郁作用进行了研究，发现百合总皂苷抗抑郁活性可能与 5 ~ HT 能神经功能有关，百合总皂苷可以在一定程度上改善抑郁症状及胃肠不适症状，可能是脑肠轴和 5 ~ HT 能神经系统相互作用的结果。

2. 知母抗抑郁药效研究　任利翔等[47]研究发现知母中的萨尔萨皂苷元可以显著增加下丘脑和海马区的去甲肾上腺素和 5 - 羟色胺的水平，从而减少游泳试验中不动持续时间。因此认为该化合物具有抗抑有仔的作用。

路明珠等[48]对知母皂苷 B - II 抗抑郁作用及其机制进行了研究，发现知母皂苷 B - II 有抗抑郁活性，其作用机制可能与增强脑内 5 ~ HT、DA 神经系统作用有关。取 ICR 小鼠随机分为 6 组，每组 10 只。试验药物 3 个剂量组，分别为 50、100、150mg/kg，阳性药物圣·约翰草提取物组剂量为 100mg/kg，盐酸氟西汀胶囊组剂量 10mg/kg。等体积纯净水为空白对照组。在小鼠悬尾实验中，知母皂苷 B - II（100、150mg/kg）能够明显缩短小鼠的不动时间；在小鼠强迫游泳实验中，知母皂苷 B -

Ⅱ（50、100.150mg/kg）均能够明显缩短小鼠的不动时间，与空白对照组比较，差异具有显著性意义（P<0.05，P<0.01）。

任利翔等[49,50]取雄性小鼠50只，按体重均衡随机分为5组：空白对照组，知母总皂苷低、中、高剂量组（12.5，25，50mg/kg）和氟西汀组（20mg/kg）。采用小鼠强迫游泳实验，获得性无助实验，慢性温和应激模型，育亨宾毒性增强实验以及5-羟色胺酸诱导甩头实验等多种动物模型考察知母总皂苷的抗实验性抑郁作用及其可能的机制。结果在小鼠强迫游泳实验中，知母总皂苷（25，50mg/kg，每天灌胃给药1次，共14天）可明显缩短小鼠的不动时间，且对自主活动无明显影响；知母总皂苷（25，50mg/kg，每天灌胃给药1次，共21天）可显著增加慢性温和应激模型动物的活动次数以及蔗糖水消耗量；知母总皂苷（50mg/kg，每天灌胃给药1次，共14天）可提高育亨宾给药后4h的小鼠死亡率；并且显著增加5-羟色胺酸诱导小鼠的甩头次数。

研究表明，知母总皂苷在多种抑郁模型上具有一定的抗抑郁作用，其机制可能与其增强去甲肾上腺素能及5-羟色胺能神经系统有关，亦有可能是对抗皮质酮诱导的细胞损伤。

3. 百合知毋汤抗抑郁的药效研究　郑水庆等[40]从脑内神经递质和神经内分泌两方面探讨百合知母总皂苷抗抑郁的作用机理，取昆明种小鼠120只，随机分10组，每组12只，空白对照组和阳性对照氟西汀组每天灌胃给予生理氯化钠溶液0.2ml/10g，百合知母汤组每天灌胃给予不同浓度（2.3g生药/kg，4.6g生药/kg，9.2g生药/kg）的百合知母汤流浸膏，百合知母总皂苷组每天灌胃给予不同浓度（60mg/kg，120mg/kg，240mg/kg）的百合知母总皂苷，阳性对照氟西汀组灌胃给氟西汀0.112g/kg。结果表明，百合知母总皂苷能显著增加大鼠脑内NE，5-HT和DA的含量，并使慢性应激抑郁模型大鼠血浆CORT和ACTH含量恢复正常。表明百合知母总皂苷抗抑郁作用很有可能与其增加脑内神经递质、逆转HPA轴功能亢进等有关。

以上研究结果表明，百合抗抑郁的主要成分是百合皂苷，知母抗抑郁的有效成分是知母皂苷，百合知母总皂苷是百合知母汤抗抑郁作用的活性成分之一。

中药提取物混合给药的药效作用比单个化学成分强的原因，可通过对比比较单味中药和药对提取物中有效成分的药动学参数的变化，分析两者配伍后对主要药效成分体内吸收的影响，为中药化学成分配伍增效作用机制的研究提供依据。王可人等[51]对知母百合药对中七个成分在SD大鼠体内的药代动力学特征进行研究，单剂量口服给药知母提取液和知母对照品溶液后，发现合用百合后对药对中知母皂苷类成分在大鼠体内的吸收和消除都有影响，其中对消除相的影响最大。知母百合配伍后可以促进知母皂苷类成分的溶出，皂苷类成分在动物体内的吸收增加并提前，推测是由于百合配伍后对皂昔等成分具有助溶作用，增加了知母皂昔类成分的溶出，从而说明两者合用能够提高皂苷类成分的吸收。而皂昔类正是百合、知母发挥抗抑郁作用的主要有效成分，因此，进一步阐明了配伍增效作用机制，从而验证了百合知母汤的抗抑郁作用大于百合、知母单味中药的抗抑郁作用。

三、结语

失眠是临床常见病证之一，虽不属于危重疾病，但严重影响人的精神状态，妨碍人们正常生活、工作、学习和健康，并能加重或诱发心悸、胸痹、眩晕、头痛、中风病等病证。顽固性的失眠，给病人带来长期的痛苦，甚至形成对安眠药物的依赖，而长期服用安眠药物又可引起医源性疾病。抑郁症属情感障碍性疾病，其发病率逐年上升，严重危害人类的身心健康。目前，抑郁症的治疗仍以药物治疗为主，但是目前的抗抑郁药普遍存在有效率低、易复发的问题，且副作用多[52]。因此，从天然植物中寻找、研制理想的抗抑郁药物，愈来愈引起国际的关注。中药百合、知母在治疗失眠症和抗抑郁方面，均有一定的的疗效。张仲景的经典方百合知母汤由百合和知母两味药组成，药效研究发现，二药配伍使用后能够提高皂苷类成分的吸收，从而增强二者抗抑郁和治疗失眠症的功效，为中药化学成分配伍增效作用机制的研究提供了依据。也进一步验证了百合知母汤抗抑郁和治疗失眠多梦的药效比百合、知母单独使用的药效作用更胜一筹。研究表明，百合知母汤的抗抑郁作用明显，且疗效显著，但是，目前对知母百合药对配伍后，其成分的变化，百合知母汤的药效物质基础及增效作用机制的研究很少，而且基础薄弱，因此，有待更加深入、全面地研究。

参考文献

[1] 牟慧琴．《金贵要略》百合病探析［J］．甘肃中医学院学报，2003，20（1）：1~2.

[2] 吴炫静．抑郁症的中医辨证治疗研究［D］．北京：中国中医科学院，2008：15~23.

[3] 孙旭海．中医精神疾病分类与症状的古代医学文献整

理研究［D］. 北京：中国中医科学院，2007：12.
［4］吴崇胜．抑郁症中医症候诊断标准研究［D］. 北京：北京中医药大学，2006：19～21.
［5］中华人民共和国卫生部药典委员会．中华人民共和国药典2010年版（一部）［M］. 北京：中国医药科技出版社，2010：123.
［6］中华人民共和国卫生部药典委员会．中华人民共和国药典2010年版（一部）［M］. 北京：中国医药科技出版社，2010：197.
［7］吕景山．施今墨对药（第二版）［M］. 北京：人民军医出版社，2002：268～269.
［8］Chevalier H Los F，Boichut D，et al. Evaluation of Several in－somnia in the general population：results of a European multina－tional survey［J］. Psychopharmacol，1999，13：321～324.
［9］赵忠新，黄继忠．临床睡眠障碍学［M］. 上海：第二军医大学出版社，2003：1.
［10］World Health Organization. The world health report：Chang－ing history［R］. Geneva，World Health Organization，2004.
［11］奚耕思，张武会．抑郁症发生机制研究进展［J］. 陕西师范大学学报，2011，39（6）：64～71.
［12］李卫民．百合的药理作用的研究［J］. 中药材，1990，13（6）：31～35.
［13］李卫民．中药百合的研究概况［J］. 中草药，1991，22（6）：22.
［14］黄燕萍．百合的研究现状［J］. 中国药业，2010，19（8）：88～90.
［15］陈小蒙，刘成梅，刘伟．百合多糖的药理作用及其作用机制研究进展［J］. 农产品加工·学刊，2007，8（8）：7～9.
［16］王颖异，郭宝林，张立军．知母化学成分的药理研究进展［J］. 科技导报，2010，28（12）：110～115.
［17］洪燕．百合知母汤合甘麦大枣汤治失眠60例疗效观察［J］. 江西中医药，2000，31（1）：9.
［18］魏绪华，汤庆军．自拟百合汤加味治疗抑郁症85例［J］. 江苏中医药，2002，23（7）：38.
［19］钱莉亚，许惠琴，严然，等．百合知母汤治疗围绝经期综合征的实验研究［J］. 南京中医药大学学报，2010，26（3）：202～204.
［20］高秀飞，刘胜．刘胜运用百合知母汤治疗乳腺病的经验［J］. 辽宁中医杂志，2006，33：1068～1069.
［21］孙霖平，刘胜，高秀飞．百合知母甘麦大枣汤治疗乳腺增生病临证体会［J］. 新中医，2006，38：82～84.
［22］王有章，史桂珍．小柴胡汤、百合知母汤加减治疗长期低热20例［J］. 河南中医，1997，17：333.
［23］申秀丽，闻永举．百合知母汤临床应用概述［J］. 宜春学院学报，2008，30（2）：111～113.
［24］崔英海．中医治疗失眠症研究［J］. 中国现代医生，2008，46（35）：36～37.
［25］高东升．中医历代医家对失眠病因病机的认识［J］. 吉林中医药，2009，29（1）：84～85.
［26］朱沈，张保国．百合知母安神汤治疗老年期阴虚火旺型失眠症46例［J］. 中原医刊，2000，27（9）：55～56.
［27］乔振纲，乔艳华．百合安神汤为主治疗失眠证经验浅谈［J］. 中国中医基础医学杂志，1997（3）：64～65.
［28］王长德．百合安神汤治疗顽固性失眠48例［J］. 江西中医药，2005，8（36）：25.
［29］王振宇．百合地黄汤加味治疗老年慢性失眠症65例疗效观察［J］. 中国中医药科技，2008，15（1）：58～60
［30］王鹭霞．百合地黄汤治疗经前失眠［J］. 中国中医基础医学杂志，1997（3）：68～69.
［31］喻炳奎．百合酸枣仁汤治疗单纯性失眠63例［J］. 浙江中西医结合杂志，2006，16（9）：580.
［32］黄韬，陈青锋．百合温胆汤治疗痰热内扰型失眠症的随机单盲对照试验研究［J］. 上海中医药杂志，2006，40（5）：15～16.
［33］吴欢欣．百合五味汤治疗顽固性不寐42例［J］. 中医药导报，2007，13（8）：65.
［34］郑淑英，王卫红．百莲汤治疗失眠症68例临床观察［J］. 临床心身疾病杂志，2006，12（1）：17～18.
［35］丁世幸．自拟枣仁百合汤治疗阴虚型顽固性失眠58例［J］. 现代中西医结合杂志，2006，15（21）：2947～2948.
［36］于斌．百合清心调志汤治疗妇女更年期虚烦失眠证32例［J］. 江苏中医药，2004，25（7）：31.
［37］胡焕萍，张剑，甘银凰，等．单味新鲜百合止咳镇静催眠等作用药理实验［J］. 时珍国医国药，2006，17（9）：1704～1705.
［38］彭蕴茹，钱大玮，丁永芳，等．百合不同提取部位的药理活性比较［J］. 现代中药研究与实践，2006，20（1）：31～32.
［39］张旭东，张春玲，周宇，等．功能性消化不良与抑郁症的关系［J］. 临床消化病杂志，2002，14：221～222.
［40］郑水庆．百合知母汤抗抑郁作用的理论与实验研究［D］. 上海：第二军医大学，2007：110.
［41］管家齐，孙燕，陈文东．百合地黄汤对抑郁模型小鼠脑内单胺类神经递质的影响［J］. 中国实验方剂学，2010，9（16）：131～133.
［42］聂皎，李青，曹颖颖．百合地黄汤治疗慢性心力衰竭合并抑郁状态33例［J］. 云南中医中药杂志，2010，11（31）：41～42.

[43] 徐晓艳，季淑梅．百合安神汤治疗Ⅱ型糖尿病合并抑郁症患者30例［J］．传统医药，2011，20（16）：87～88.
[44] 郭秋平，高英，李卫民．百合有效部位对抑郁症模型大鼠脑内单胺类神经递质的影响［J］．中成药，2009，31（11）：1669～1672.
[45] 郭秋平，高英，李卫民．百合皂普对抑郁模型大鼠HPA轴的影响［J］．中国药理学通报，2010，26（5）：699～700.
[46] 黄江剑．百合抗抑郁有效部位质量标准及药理作用研究［D］．广州：广州中医药大学，2011：53～54.
[47] Ren L X，Luo Y F，LI X，et al. Antidepressant－like effects of sarsasapogenin from Anemarrhena asphodeloides Bunge（Lili－aceae）［J］. Biological & Pharmaceutical Bulletin，2006，29（11）：2304～2306.
[48] 路明珠，张治强，伊佳，等．知母皂苷B－Ⅱ抗抑郁作用及其机制研究［J］．药学实践杂志，2010，28（4）：283～287.
[49] 任利翔，罗轶凡，宋少江，等．知母总皂昔抗实验性抑郁作用的研究［J］．中药新药与临床药理，2007，18（1）：28～31.
[50] 任利翔，罗轶凡，宋少江，等．知母总皂普抗实验性抑郁作用及其机制的初探［J］．沈阳药科大学学报，2007，24（3）：172～175.
[51] 王可人．知母百合药对的化学成分分析及药动学研究［D］．上海：第二军医大学，2011：184.
[52] WONG ML，LICINIO J. Research and treatment approaches to depression［J］. Nat Rev Neurosci，2001，2：343～351.

［《北方药学》2012，9（6）：27］

半夏厚朴汤的临床应用举隅

林　田　天津市红桥区
西于庄街社区卫生服务中心

半夏厚朴汤出自张仲景《金匮要略，由半夏、厚朴、茯苓、苏叶、生姜组成，具有解郁散结、降逆祛痰的功效。适用于情志郁结，痰气交阻，咽中如物梗塞，胸胁满闷，或嗳气呕逆，或咳痰不利，或胸满喘急等症。笔者用此方治疗痰气郁结所致病症，取得一定疗效。现举病例如下。

一、慢性咽炎

梁某某，女，52岁，退休，自述咽中如物梗阻一年余，咽干咽痛，偶有干咳，伴见胸胁胀满，纳差乏力，舌质淡红，苔白腻，脉弦滑。辨证为痰气郁结，半夏厚朴汤加减治疗：半夏、厚朴各12g，茯苓、瓜蒌各15g，郁金、薏苡仁各15g，苏叶、苏梗各12g，桔梗12g、金果榄12g、枳壳12g，水煎服，六剂，诸症消失。

二、胃神经官能症

王某某，男，46岁，工人，症见胃脘胀满、时有疼痛、嗳气、干呕吐酸、睡眠不佳，舌苔黄腻，脉弦缓。曾作胃镜检查无异常。此为痰气交阻，郁久化热。半夏厚朴汤加减：姜半夏12g、厚朴12g、茯苓15g、紫苏梗15g、青皮10g、陈皮10g、旋复花（布包）10g、黄连10g、乌贼骨12g、炒神曲20g，竹茹12g，水煎服。服用3剂，上述症状明显好转，但仍感饭后腹胀，时有恶心泛酸，上方加入锻瓦楞24g，炒谷芽、炒麦芽各15g，又服4剂，诸症基本消失，后改用香砂枳术汤加减调理治愈。

三、慢性气管炎

孙某某，女，63岁，患者反复咳嗽气喘多年，常因感冒复发加重。就诊前一周因受凉感冒引起咳嗽、气喘、吐白黏痰，曾在某医院诊断为肺感染，给予抗生素输液治疗，病情无明显好转，要求中药治疗。症见咳嗽气促，痰多不易咳出，胸闷胁胀，饮食及睡眠不佳，大便不爽，舌红苔黄，脉滑数。此为痰湿郁肺，药用半夏12g、厚朴12g、茯苓15g、瓜蒌15g、杏仁12g、前胡12g、百部12g、枇杷叶12g、鱼腥草20g、紫苏梗15g、黄芩12g、桑白皮15g、葶苈子15g、桔梗12g，服药3剂，咳喘减轻，睡眠好转，但仍然痰多，较之以前好吐，守方加莱菔子20g、白芥子20g、苏子20g，又服4剂，咳喘平定，诸症消失。

四、癔病

李某某，32岁，一月前与家人因琐事争吵后，出现心绪烦乱，急躁易怒，情绪不定，时而哭笑，夜寐难安。曾在某医院诊为癔病，经治疗有所好转，仍有发作。诊见胸胁胀满，心中烦闷，咽部如物梗阻，纳呆，睡眠不佳，舌质红，苔白，脉弦滑。药用：半夏12g、厚朴12g、茯苓15g、紫苏梗15g、丹参15g、菖蒲12g、郁金12g、小麦50g、远志10g、夜交藤20g，服用4剂，症状减轻，情绪稳定，能够入睡。后用加味逍遥散调肝理脾化痰，服用10余剂，随访半年未见复发。

五、讨论

半夏厚朴汤具有行气散结，降逆化痰之功效，广泛用于痰气郁结所致的痞满、喘咳、呕逆、心悸、失眠、胸腹闷痛等郁滞病证。现代药理研究证实，本方能明显抑制喉反射运动，消除咽喉异物感，还有一定的抗抑郁作用。此方虽药仅五味，配伍得当，可起到顺气消痰、健脾祛湿、解郁散结的功效。

[《内蒙古中医药》2012，12：26]

半夏厚朴汤临床应用举隅

张新霞　谢春光
成都中医药大学附属医院

半夏厚朴汤最早记载于张仲景的《金匮要略》："妇人咽中如有炙脔，半夏厚朴汤主之。"是治疗"梅核气"的组方。孙思邈《千金要方》提到半夏厚朴汤"治妇人胸满，心下坚，咽中帖帖，如有炙脔，吐之不出，咽之不下。"半夏厚朴汤是由半夏、厚朴、生姜、茯苓以及干苏叶五味药所组成。其中半夏辛温，入肺胃燥湿化痰，可降逆散结，厚朴辛苦温，可行气开郁，两药配伍辛苦温燥，痰气并治；茯苓可渗湿健脾，助半夏除生痰之源；生姜辛散郁结，宣散水气，既助半夏除痰，又解半夏之毒；苏叶芳香行气，可理肺舒肝，行气开郁散结。五药合用具有行气散结和降逆化痰之功效，且兼具和胃、理肺以及舒肝之功效。在临床中以此方为主方，加味化裁治疗瘿病、头痛、咳嗽、慢性咽炎、顽固性鼻炎以及胃痛取得了比较理想的治疗效果，现报道如下。

一、瘿病

患者甲，女，46岁，3个月前出现颈前喉结两旁结块并逐渐肿大，当情志不舒时症状加重，采用西药治疗效果不明显。临床症状表现为颈前喉结两旁中度肿大，柔软且光滑，容易出汗，性情烦躁易怒，眼球突出，面部烘热，眼干，口苦，舌红苔薄黄，脉弦数。诊断为心肝阴虚。给予半夏厚朴汤加减，配方为半夏15g，厚朴10g，茯苓15g，柴胡10g，干苏叶6g，白芍15g，人参10g，当归10g，五味子10g，柏子仁10g，生姜5g。每日1剂，用水煎服，服用7剂后患者的肿块结节明显变小，症状均得到明显缓解。

按：本病为痰凝血瘀壅结于颈前，郁而化火，火盛而伤阴，属本虚标实，故用滋养阴液以扶其正，以理气泻火及化痰祛瘀。半夏入肺胃燥湿化痰；厚朴行气开郁；茯苓渗湿健脾，生姜辛散郁结，宣散水气；苏叶芳香行气可理肺舒肝，行气开郁散结；白芍养血和营，敛阴平肝；人参补脾益肺，安神益智；当归和柏子仁活血，润燥滑肠；五味子收敛固涩，益气生津；诸药配合具有清肝泄火、活血软坚以及消瘦散结之功效，肿块消散而痊愈。

二、头痛

患者乙，女，46岁，头痛以额、巅顶部疼痛为主，心情郁闷时疼痛程度加重，同时伴有恶心干呕和胃部胀满等不适症状，疼痛严重时胃部不适症状也加重，咽部有堵塞感。腹部超声检查显示胆囊壁增厚和肝囊肿；血生化检查显示肌酸肌酶轻度升高。患者舌暗淡，苔白腻，脉滑，诊断为肝郁气结，肝气犯胃和肝胃经脉不利导致头痛。给予半夏厚朴汤联合四逆散治疗，配方半夏20g，厚朴10g，干苏叶10g，生姜15g，茯苓15g，柴胡10g，枳壳10g，白芍10g，炙甘草6g，每日1剂，分2次沸水冲服，2周后复诊，症状明显减轻。

按：患者由于情志常得不到舒畅，咽部有异物感，为气郁痰阻之梅核气，以半夏厚朴汤为主，四逆散为辅，可舒发郁结之肝气，治以疏肝解郁，两方联用可获佳效。

三、咳嗽

患者丙，男，45岁，1周前患感冒，自服感冒药物后症状好转，但频繁发作咽干、咽痒、咽痛以及咳嗽，表现为干咳，少痰以及轻微口苦。X胸片显示肺纹理略增粗，舌淡红，舌苔薄黄腻，脉滑略数。诊断为外感咳嗽。给予半夏厚朴汤配合小柴胡汤加减，配方半夏15g，生姜15g，干苏叶10g，厚朴10g，陈皮10g，桔梗10g，茯苓10g，柴胡20g，黄等15g，黄连6g，每日1剂，用水煎服，用药后1周后症状消失而告愈。

按：患者症状以咽干、咽痒以及咽痛为主，半夏厚朴汤可化痰利咽，而合月小柴胡汤加减可解患者口苦咽干少阳症状，由此可见半夏厚朴汤不仅可用于慢性病，也可用急性病，不仅适用于女性，也可用于男性。

四、慢性咽炎

患者丁，女，54岁，患慢性咽炎至今已7年有余，表现为在咽喉深部自觉咽部有痰，但久咳之不出，且咽之不下，咯吐非常困难，时而可咳出极硬且小的痰块，由于经常深咳，导致咽部发音已出现声音嘶哑，使用多种消炎药物治疗多年未见明显好转，伴有大便溏薄，背部冷凉，舌暗红，舌苔惨白，脉沉细伏，诊断为慢性咽炎即梅核气，属阳虚痰凝气阻证。给予半夏厚朴汤联合四逆汤合桔梗甘草汤加减进行治疗。配方半夏15g，厚朴12g，干苏叶10g，茯苓15g，连翘12g，黄芬12g，桔梗15g，炮姜10g，炮附子10g，炙甘草10g，浙贝母10g，僵蚕9g，薄荷8g，威灵仙15g，生姜10g，每日1剂，水煎服用，叮嘱其戒怒远烦，保持心情顺畅，消除其恐癌之疑虑。服用4剂后，咽喉异物感明显好转，服后背部冷凉及大便溏薄有所改善，口苦、胸闷以及心烦等诸症亦好转。继用上方减威灵仙至10g治疗，前后共服用18剂，咽部症状以及全身症状基本消失而告愈。亦叮嘱其注意精神调摄，保持其怡情悦志，以免复发。

按：本患者由于咽部症状较重，病程较长，且伴有明显的背部寒冷和大便溏薄，给予半夏厚朴汤行气去顽痰散结，辅以浙贝母清热化痰散结，连翘清热解毒散结，黄芬清热燥湿，薄荷和僵蚕利咽散结，威灵仙可祛湿通络，炮姜和炮附子温中通阳祛寒，桔梗甘草汤可通窍开音，诸药联用可行气、去寒、开凝痰，具有理气散结和清热化痰之功效，可明显改善患者咽部不适症状，导之移情悦性，故可获佳效。

五、顽固性鼻炎

患者戊，女，鼻炎和鼻塞至今已8年，应用消炎药以及其他治疗鼻炎的中西药物治疗一直未见明显好转，除鼻塞和偶鼻流浊涕外，咽部也常出现堵塞不适和腹胀，舌暗红舌苔灰黑腻，脉右尺弦。诊断为顽固性鼻炎，属于痰气郁阻和阴寒内盛证，给予半夏厚朴汤联合麻黄附子细辛汤，配方半夏15g，厚朴15g，茯苓10g，干苏叶15g，附子10g，细辛5g，麻黄5g，生姜10g，炙甘草6g，每日1剂，水煎服用，服用4剂后疗效不明显，鼻塞仍旧，舌脉无变化，遂加强化痰温阳之力，以干姜易生姜，增加黄芩和大黄，配方半夏30g，厚朴15g，茯苓10g，干苏叶15g，附子10g，细辛5g，麻黄5g，干姜10g，炙甘草6g，黄芩10g，大黄8g。服用2剂后已有疗效，鼻塞症状时通时阻，连续服用5剂，鼻塞减轻已有近七成，继续服用3剂后痊愈。

按：本患者鼻塞咽喉不适，为痰气郁阻清窍，属半夏厚朴汤证；舌暗红，舌苔灰黑腻，脉右尺弦为下焦有寒之象，为少阴患病兼有表证，给予麻黄附子细辛汤证，应用炙甘草补调和诸药，辨证当无误可获佳效。前4剂药无效原因分析：由于病久导致寒邪羁留较深，药力不济所致，另外也可能由于寒邪久居下焦，导致辛温性热之药格拒不受，故加大辛温之药的剂量，应用黄芩大黄性寒凉之药为反佐引经药物而起效。

六、胃痛

患者己，男，39岁。出现反复性胃脘部胀痛，经胃镜检查诊断为慢性浅表性胃炎，以往经西药治疗虽明显好转，但当情志不佳时常复发，症状表现为胃脘部胀痛连及胁肋，厌食口苦，胸闷烦躁，恶心吐酸，舌红且舌苔黄腻，脉弦滑数。诊断为肝胃不和，湿热中阻。给予半夏厚朴汤加味，配方为半夏10g，厚朴10g，茯苓15g，柴胡10g，干苏叶6g，白芍15g，黄连6g，砂仁6g，锻瓦椤子30g，生姜15g，蒲公英30g，炒莱菔子10g，炙甘草5g。每日1剂，用水煎服，用药1周后胃脘疼痛、胸闷烦躁大缓，余症均减。

按：本患者虽然病在胃，但实与肝郁气滞相关。肝疏泄失常，横逆犯胃，致胃气失和，水湿不化，郁久化热，郁阻中焦而致胃痛。给予半夏厚朴汤加味治疗，配合柴胡疏肝理气解郁，黄连和白芍疏肝理脾且清热和胃，砂仁化湿行气，炒莱菔子行气导滞，锻瓦椤子制酸止痛，蒲公英甘平无毒，可清热健胃，白芍缓急止痛。诸药配合可湿祛热清，肝气条达，胃不受侮，则胃自安和，疼痛缓解而痊愈。

[《中医临床研究》2012，4（14）：80]

半夏泻心汤加减治疗胸腔积液36例总结

张建平　天津中医药大学第二附属医院
王焕玲　天津河东丽苑医院

半夏泻心汤出自东汉著名医学家张仲景所著《伤寒论》，是《伤寒论》辛开苦降法的代表方。该方由半夏、黄芩、黄连、炙甘草、干姜、人参、大枣7味药物组成，具有和胃降逆、开结消痞之功。笔者在临床上紧紧抓住半夏泻心汤的“心下痞”主症，并加以变通，用于治疗胸腔积液患者，取得了较好疗效，现报告如下。

一、临床资料

选择2009年5月～2010年3月在我院住院患者中胸CT可见单侧或双侧胸腔积液者。符合纳入标准的36例患者中，男19例，女17例；发病年龄最小者52岁，最大者82岁，平均67岁；渗出性胸膜炎17例，心病胸水13例，脓胸4例，癌性胸水2例；病程最长者1年，最短者7天。

二、治疗方法

基本方药物组成：半夏8～15g，黄芩10～20g，黄连6～20g，炙甘草10～12g，干姜5～12g，人参3～10g，大枣3～10g。

随证加减热毒壅盛者，症见发热、咳黄痰或脓痰，喘不得卧，声高气粗，尿赤便干，舌红、苔黄腻或白腻，脉滑数或弦滑，酌加栀子、淡豆豉、酒大黄、鱼腥草、桔梗等；气滞血瘀者，症见胸胁胀满，胀痛或刺痛，咳唾痛甚，舌紫暗，脉弦涩或细涩，酌加三七粉、桃仁、红花、丹参、川芎、水蛭、土鳖虫等；阴虚内热者，症见潮热盗汗，五心烦热，舌红少苔，脉细数，酌加生地、玄参、麦冬、银柴胡、地骨皮、青蒿、鳖甲等；阳虚者，症见自汗乏力，形寒肢冷，咳喘不能平卧，动则尤甚，心悸不宁，舌淡暗、苔白或白滑，脉细无力，酌加附子、桂枝、肉桂、淫羊藿等；脾虚湿困者，症见神疲乏力，胸腹胀满，纳呆便溏，少气懒言，面白浮肿，舌胖有齿痕，苔薄腻或少苔，脉弱无力，酌加白术、泽泻、茯苓、党参、大腹皮、木香等；癌性胸水，酌加莪术、郁金、佛手、半枝莲、白花蛇舌草、蕲蛇、黄药子、海浮石等。

用法加水煎煮2次，取汁300mL，每天1剂，分2次口服，7天为1疗程，观察时间最少1个疗程，最多2个疗程。

三、治疗结果

疗效标准显效：临床症状消失，胸CT示胸腔积液消失；有效：临床症状好转，胸CT示积液较前减少1/2以上；无效：治疗前后临床症状与胸CT无明显变化。

治疗结果治疗1个疗程后显效16例，治疗2个疗程后显效9例，有效11例，总有效率达100%。其中渗出性胸膜炎显效11例，有效6例；脓胸显效3例，有效1例；心病胸水显效11例，有效2例；癌性胸水有效2例。

附　典型病例

刘某，男，62岁，退休。右侧胸胁胀满，咳唾引痛10天，伴见发热恶寒，喘促声高，胸闷憋气，咳嗽痰多，痰黏色黄，口燥咽干，便干尿少，舌暗红、苔黄腻，脉滑数。经胸CT片、抽胸水化验诊为渗出性胸膜炎，即用本方酌加栀子、淡豆豉、酒大黄、鱼腥草、桔梗、葶苈子、川椒目、茵陈等，每天1剂，分2次口服，用药5天后症状锐减，10天后临床症状消失，胸CT未见异常。继用上述药物维持治疗2周，停药观察，随访1年病未复发。

四、讨论

胸腔积液多为中医学所称之“悬饮”，《内经》“太阴之胜……饮发于中”。《金匮要略》云：“饮后水流在胁下，咳唾引痛谓之悬饮。”痰饮为患，均由肺脾肾的功能失调，三焦不利，气道闭塞，津液聚化而成。若中州不运，既不能散精以归肺，又不能助肾制水，枢机失调、升降失司，清浊相混，则聚为饮，脾胃升降失常为主要病机。

半夏泻心汤是《伤寒论》泻心汤类主方，为中虚痞塞、气机升降失常、寒热错杂之痞证而设。《伤寒论》154条云：“伤寒五六日，呕而发热者，柴胡汤证具。而以他药下之，柴胡证仍在者，复与柴胡汤，此虽已下之，不为逆，必蒸蒸而振，却发热汗出而解。若心下满而硬痛者，此为结胸也，大陷胸汤主之；但满而不痛者，此为痞，柴胡不中与之，宜半夏泻心汤。”刘渡舟老先生对半夏泻心汤的配伍意义更有精辟论述：“半夏、干姜辛开而温，以散脾气之寒；黄芩、黄连苦泻而寒，以降胃气之热；人参、甘草、大枣甘温调补，和脾胃，补中气，以复中焦升降功能，此即辛开苦降甘调之法。”半夏泻心汤主要治疗因气机升降不利，中焦痞塞而致的疾病，诸多医家用之于胃肠道疾患。现代医学认为心力衰竭严重者多有腹部脏器瘀血，中医根据证候表现分析，存在气滞血瘀、痰阻水停、中焦痞塞、脾气不升、胃气不降的标证，“心下”即胃脘，升降之枢，痞塞则中满，必泻之而快，取半夏泻心汤苦降辛开，调和脾胃之功效，以胃脘部胀满、恶心呕吐、舌苔腻为辨证要点，以芩、连之苦寒以降胃气；用干姜之辛热温脾以升脾气；用半夏降逆和胃以止呕；以参、草、枣以补脾胃之气弱，再加活血、化瘀、行水之药，终使脾气能升，胃气得降，中焦运化如常，而心下痞塞诸证得除。现代药理研究证实黄连含黄连碱、甲基黄连碱等，具有较强的抗菌、抗炎、抗癌作用。黄芩含黄芩苷元、黄芩苷、汉黄芩素等，具有抑菌、抗病毒、抗肿瘤作用。另外，国内外学者进一步研究表明，半夏泻心汤可显著地降低感染的发病率，用药后可使局部炎症渗出及坏死减少，并减轻肉芽组织及瘢痕中的白细胞浸润，其中甘草主要成分为甘草甜素、甘草甜酸，止咳作用明显，亦有抗炎作用。诸药配伍，共奏清热、解毒、化痰之功效。

[《湖南中医杂志》2012，28（5）：48]

半夏泻心汤加味治疗胸痹临床体会

于卉莉　辽宁省本溪市中医院

笔者在长期临床实践中发现，半夏泻心汤对于治疗胸痹有其独特疗效，现将临床体会报道如下，仅供参考。

一、半夏泻心汤由来

半夏泻心汤源于《伤寒论》原文149条："伤寒五六日，呕而发热者，柴胡证具，而以他药下之，柴胡证仍在者，后与柴胡汤。此虽已下之，不为逆，必蒸蒸而振，却发热汗出而解。若心下满而硬痛者，此为结胸也，大陷胸汤主之。但满而不痛者，此为痞，柴胡不中与之，宜半夏泻心汤。"《金匮要略》曰："呕而肠鸣，心下痞者，半夏泻心汤主之。"半夏泻心汤是由小柴胡汤变方而来，以小柴胡汤去柴胡，加黄连，以干姜易生姜而成，是治疗中焦脾胃病之要方。半夏泻心汤之用药，辛温，苦寒，甘补之品皆具。辛能行、能散、能升、能通、能开结；苦能降、能泄、能燥湿；温能升、能通、能祛寒；寒能泄热降火；甘能补中益气。伤寒论中用于治疗中阳虚弱，寒热互结，气机痞塞，升降失调之证，实际应用中不仅限于此。唐·孙思邈《千金方》用之治疗"老少下利"，明·吴友《伤寒指掌》用之治疗"暑湿伤胃"。现代临床多用于消化道疾病的治疗，如慢性浅表性胃炎、慢性萎缩性胃炎、胃肠神经官能症等。脾胃位于中焦，是后天之本，水谷之海，气血化生之源，气机升降之枢纽，上下交通之要道，脾气升则健，胃气降则和。半夏泻心汤即为此而设，合方用药，无不为承顺气机升降而施，有辛开苦降、疏导气机之功。

二、胸痹的病因病机

胸痹病名首见于《金匮要略》，《胸痹心痛短气病》篇说："胸痹之病，喘息咳唾，胸背痛，短气，寸口脉沉而迟，关上小紧数，瓜蒌薤白白酒汤主之。""胸痹不得卧，心痛彻背者，瓜蒌薤白半夏汤主之"。"痹"是痞塞不通的意思，不通则痛，故胸痹是以胸闷短气、胸痛为主症。其临床表现有轻重不同，轻者仅感胸闷如窒，呼吸欠畅，重者则有胸痛，严重者心痛彻背，背痛彻心。其病位在心，为本虚标实之证。虽有虚、实、寒、热之分，在气在血之异，然胸中阳气虚衰，邪气乘虚入侵阳位，痹阻气机则是共同的发病机理。湿蕴、痰阻、血瘀、寒凝是胸痹的常见病因。现代人多过食肥甘，嗜酒，损伤脾胃；或工作紧张，七情不遂，思则伤脾，怒则伤肝，肝气横逆，犯胃伤脾。总之，导致脾失健运，水谷不能化生气血，反聚湿生痰，湿浊上蕴胸中，则胸阳不展，胃失降纳则痰浊上逆，阻滞血脉，则痹阻不通而为胸痹，故痰瘀互结是其形成主要病因。

三、治疗体会

人体气机，贵乎流通、畅达。气行则津液布达，气滞则津液停滞而生痰。严用和在《济生方》中言："人之气道贵乎顺，顺则津液流通，决无痰饮之患。若调摄失宜，气道闭塞，水饮停于胸中，结而成痰。"气能行血，气的推动是血液循行的动力[1]，《寿世保元》云："气有一息之不运，则血有一息之不行"。气行则血行，气机通畅有利于瘀血等阴邪的消除。胸痹的形成究其根本原因为阳气虚衰，痰瘀互结，气机不畅，心脉痹阻，正所谓"不通则痛"。因此疏导气机使其调达通畅，从而通则不痛，就成为胸痹治疗的重要方法。北京中医药大学聂惠民教授曾指出半夏泻心汤之"泻"，并非补泻之泻，而是"疏泄""泻心"之义在于疏泄气机。半夏泻心汤因其辛开苦降、疏导气机之力，故可应用于胸痹治疗中。笔者在临床中常应用的半夏泻心汤加味治疗胸痹之症，收到满意疗效，方药组成：半夏10g，干姜10g，黄连10g，黄芩10g，人参10g，炙甘草10g，大枣5枚，枳实10g，瓜蒌15g，薤白10g，陈皮15g，水煎服，日1剂，早晚温服。方中半夏、干姜辛散之品相须为君，以辛助辛，辟阴通阳，共达畅通气机、消痞散结之效；黄芩、黄连；苦降之物，降气泄浊；姜夏与芩连相配，既可平调寒热，又可辛开苦降，消痞散结；佐以人参、甘草、大枣，合辛散以通阳，合苦降以定阴，补中益胃，安定中焦；枳实行气导滞，陈皮芳香化浊，展其气机；瓜蒌清热化痰，宽胸散结；薤白温通心阳，诸药合用，共同恢复脾胃对气机升降的斡旋之力，达到气机条达、心脉通畅、通而不痛之效果。临床上胸痹症候多变，应仔细观察，辨证论治，随证变化加减用药，方可取得满意疗效。如血瘀之证明显者，酌加川芎、郁金等行气活血之品；水湿之邪重者，酌加茯苓、猪苓等淡渗利湿之品，等等。现代药理研究亦证明，半夏、黄连、黄芩具有降压、利尿、镇静、降脂、增强免疫、改善细胞代谢作用，干姜可兴奋心脏及呼吸中枢、血管运动中枢，小剂量人参可兴奋心脏，有良好的抗心律失常、缩小梗死范围作用，且能降低胆固醇、降糖、抗疲乏等[2~5]。总之，半夏泻心汤的巧妙运用体现了中医异病同治之神奇，其更多的神奇妙用有待于我们不断去发掘利用。

参考文献

[1] 李德新．中医基础理论［M］．北京：人民卫生出版社，2001.

[2~5] 冉先德．中华药海［M］．哈尔滨：哈尔滨出版社，1993：435，438，835，1300.

［《中医临床研究》2012，4（17）：54］

半夏泻心汤治疗消化系统疾病概况

聂　鲲　呼伦贝尔市人民医院

半夏泻心汤出自张仲景《伤寒杂病论》，以寒热共伍、攻补兼施、苦辛并进、阴阳并调为组方特点，功用和胃降逆、散结除痞。因该方功效卓著，故被现代医家广泛运用于临床各科。现将半夏泻心汤治疗消化系统疾病概况介绍如下。

一、在食管疾病中的应用

（一）反流性食管炎

反流性食管炎是临床常见病、多发病，指胃、十二指肠内容物反流入食管，引起常见的胃肠动力障碍性疾病，与酸或胆汁反流相关。该病可归为中医学“胃痛”“痞满”“吐酸”“胸痹”等范畴。金庆杓[1]采用半夏泻心汤加减（半夏10g，黄芩10g，黄连3g，党参10g，茯苓10g，干姜5g，炙甘草5g，延胡索10g，锻瓦楞30g，大枣2枚）治疗反流性食管炎30例，结果痊愈13例，好转15例，无效2例，有效率占93.33%，疗效满意。李晓华[2]采用半夏泻心汤加味辨治反流性食管炎52例，与对照组25例采用多潘立酮、雷尼替丁、盖胃平对比，差别具有统计学意义（$P<0.05$）。

（二）食管溃疡出血

食管溃疡出血多因食管黏膜受到破坏而出血，可伴有烧心、反酸、胸骨后疼痛，反复的食管破坏或者严重的食管溃疡所产生的纤维化会造成食管狭窄。该病可归为中医学“血证”“胃痛”等范畴。徐光林[3]将食管溃疡出血患者随机分为2组，治疗组采用半夏泻心汤治疗，对照组采用西沙必利合雷尼替丁治疗，通过食管吞线隐血试验和胃镜观察食管病理变化，证实半夏泻心汤止血、促进溃疡愈合的作用明显优于对照组（$P<0.05$），有较好的抗胃、食管反流效果。

（三）食管癌

食管癌为较常见的消化道肿瘤之一，指发生于食管全段以下，从咽部到食管和胃结合部之间以食管上皮来源的恶性肿瘤。该病可归为中医学“噎嗝”等范畴。范准成[4]采用半夏泻心汤治疗食管癌吞咽梗阻51例，结果显效26例，有效率占80%，表明该方对于食管癌有缓解吞咽梗阻、增进饮食、改善全身状况、延长生存时间的作用。

二、在胃疾病中的应用

（一）慢性胃炎

慢性胃炎指不同病因引起的胃黏膜慢性炎症或萎缩性病变，是常见病、多发病。该病可归为中医学“嘈杂”“痞满”“胃痛”等范畴。王晶[5]采用四逆散合半夏泻心汤化裁治疗慢性浅表性胃炎71例，与对照组32例采用甲硝唑、阿莫西林、果胶铋治疗对比，结果治疗组取得较好疗效（$P<0.05$）。笔者通过临床观察认为，浅表性胃炎的中医辨证分型以肝郁气滞、寒热错杂型为多见，而半夏泻心汤方中黄连、黄芩苦寒以泻热，可能对幽门螺旋杆菌等病菌有较强的抑制杀灭作用；柴胡疏肝解郁；枳实降气导滞；半夏、干姜辛能散结；人参、大枣健脾补气。让建忠[6]采用半夏泻心汤（半夏10g，干姜6g，黄连10g，黄芩12g，党参18g，炙甘草10g，大枣5枚）随症加减治疗慢性胃炎40例，与对照组40例（给予奥美拉唑早晚各服20mg；多潘立酮饭前0.5h各服10mg；果胶铋1d4次，每次1.0g，前3次饭前0.5h服，第4次晚餐后2h服）对比，治疗组效果明显优于对照组（$P<0.05$）。

（二）胆汁反流性胃炎

胆汁反流性胃炎在临床上比较常见，是由从胆囊排入十二指肠的胆汁和其他肠液混合通过幽门逆流至胃，刺激胃黏膜从而产生的炎性病变。该病可归为中医学“反酸”“呕吐”“胃痛”等范畴。陈仁康[7]以半夏泻心汤为基本方（制半夏10g，黄芩10g，黄连10g，干姜8g，党参30g，大枣15g，炙甘草6g），根据胆汁反流程度分度（少量黄色泡沫从幽门口涌出为轻度，有大量黄色泡沫从幽门口涌出为中度，胃内大部分布满黄色液体为重度），辨证加减治疗胆汁反流性胃炎100例，获得显著疗效。王永恭[8]自2003年以来采用加味半夏泻心汤治疗胆汁反流性胃炎75例，与对照组采用阿莫西林、硫糖铝、多潘立酮治疗作对比，2组均以1个月为1个疗程，治疗组取得了满意疗效。

（三）消化性溃疡

消化性溃疡是常见胃肠道疾病，是由胃酸和胃蛋白酶对胃肠道黏膜的消化作用所致的溃疡，病变部位主要包括胃和十二指肠。该病可归为中医学“呕吐”“胃痛”“嘈杂”“血证”“反胃”“吐酸”等范畴。张松林等[9]治疗消化性溃疡，对照组采用单纯西药（口服雷尼替丁0.15g/次，每日2次；普鲁苯辛片15mg/次，每日3次；复合$VitB_2$片/次，每日3次）治疗，治疗组在对照组治疗基础上加服加味半夏泻心汤（半夏12g，党参15g，黄芩10g，黄连10g，干姜10g，甘草6g，大枣15g，三七12g），结果表明治疗组疗效明显优于对照组。张林军[10]采用加味半夏泻心汤（半夏16g，黄芩10g，黄连3g，干姜3g，蒲公英12g，乌贼骨10g，白及10g，木香6g，砂仁4g，白芍15g，三七2g）治疗消化性溃疡50例，对照组单纯口服法莫替丁20mg、每日2次，结果表明，治疗组疗效明显优于对照组，值得临床推广。

（四）胃轻瘫综合征

胃轻瘫综合征是一组无上消化道机械性梗阻或结构损害，以胃低张及排空延迟为主要临床特征的综合征，与胃下垂症状相似，但无胃位置的改变，为迷走神经功能异常与胃动力减弱所致胃窦部收缩减弱、胃排空延迟与近端受纳舒张障碍。该病病因与精神抑制、焦虑及饮食有关，主要表现为早饱、腹胀、恶心、发作性干呕、体质量减轻，可归为中医学“痞满”“呕吐”等范畴。方军等[11]采用半夏泻心汤加味治疗胃轻瘫综合征，疗效满意。

（五）胃黏膜脱垂症

胃黏膜脱垂症是由于松弛的胃窦黏膜通过幽门垂入十二指肠球部引起的一种病。该病可归为中医学“反胃”“痞满”“胃痛”等范畴。曹银珠[12]采用半夏泻心汤（半夏6g，黄连6g，黄芩10g，党参15g，干姜10g，大枣5枚，甘草10g）治疗胃黏膜脱垂症54例，对照组给予多潘立酮10mg/次、每日3次和法莫替丁20mg/次、每日2次，2组均以4周为1个疗程，结果显示，2组疗效对比，差别有统计学意义（$P<0.05$），表明半夏泻心汤是治疗胃黏膜脱垂症的有效方剂。

（六）功能性消化不良

功能性消化不良（functionaldyspepsia，FD）是相当常见的上消化道综合征，系指上腹部疼痛或不适，尤其表现为上腹胀、早饱、恶心等特定的上消化道症状，但内镜检查未发现溃疡、糜烂和肿瘤，亦无肝、胰、胆等器质性疾病。该病可归为中医学“嘈杂”“呕吐”“反胃”“痞满”“胃痛”等范畴。季瑜[13]采用半夏泻心汤加减化裁治疗FD55例，对照组口服西沙必利，2组虽疗效相当，但西沙必利是目前治疗FD的首选西药，表明中药治疗FD有很好的前景。吴积海[14]采用半夏泻心汤加减治疗FD50例，对照组口服多潘立酮，治疗组疗效并不差于对照组，亦说明中药治疗FD有明显优势。

（七）胃下垂

胃下垂是常见的慢性消化系统疾病，指站位时胃的下缘达盆腔，胃小弯弧线最低点降至髂嵴连线以下，属内脏下垂的一部分。该病可归为中医学“痞满”“胃痛”等范畴。康存战等[15]采用半夏泻心汤（半夏10g，黄芩10g，干姜10g，党参30g，枳壳20g，炙甘草6g，大枣5枚）治疗胃下垂82例，与对照组（补中益气丸每次8粒，1d2次，口服；多潘立酮片每次20mg，1d3次，饭前服）对比，治疗组疗效满意。严子兴等[16]采用半夏泻心汤随症加减治疗胃下垂，收到了较好疗效。笔者临床治疗胃下垂时常以半夏泻心汤为基本方进行加减，辨证分为中气下陷、阴虚挟湿（热）、脾虚气滞3型分别论治，多获良效。

三、在十二指肠疾病中的应用

（一）十二指肠炎

十二指肠炎是一种常见胃肠病，由各种原因引起急、慢性十二指肠黏膜炎症，炎症多发生在球部。该病可归为中医学“嗳气”“反酸”等范畴。朱琳[17]以热着手，采用半夏泻心汤化裁治疗以湿热为主的十二指肠炎16例，疗效满意。

（二）十二指肠壅积症

十二指肠壅积症是由各种原因引起十二指肠梗阻，导致梗阻近端扩张、食管壅积，出现胀痛、呕吐等症状。该病可归为中医学“腹痛”“呕吐”等范畴。崔骞等[18]采用半夏泻心汤加减（苏梗30g，槟榔、石菖蒲各15g，半夏12g，黄芩、干姜、人参、黄连、炙甘草各9g）治疗十二指肠壅积症48例，结果治愈32例，有效12例，无效4例，有效率占91.7%。

四、在结肠疾病中的应用

（一）溃疡性结肠炎

溃疡性结肠炎为一种原因未明的直肠和结肠慢性炎性疾病，可归为中医学“泄泻”“痢疾”“肠风”“便血”等范畴。梁启明等[19]采用半夏泻心汤加减治疗溃疡性结肠炎35例（治疗组），并与西药柳氮磺吡啶（对照组）进行了对比，结果治疗组疗效明显优于对照组。彭红琼[20]在常规西药治疗基础上加用半夏泻心汤加减（党参20g，黄芩9g，制半夏12g，干姜6g，制大黄3g，黄连3g，炙甘草10g）治疗溃疡性结肠炎，疗效明显优于单纯使用柳氮磺胺吡啶（$P<0.01$）。

（二）肠易激综合征

肠易激综合征是一种具有特殊生理病理基础的、独立的肠紊乱性疾病，可归为中医学“便秘”“泄泻”“腹痛”等范畴。卓立雨[21]认为肠易激综合征与精神因素有关，患者易出现焦虑、忧郁等精神心理异常，由于病程长造成气机不畅或郁滞，引发寒热错杂、脾胃虚寒之证，故采用半夏泻心汤（半夏12g，黄连4g，黄芩12g，木香12g，石榴皮15g，白芍15g，吴茱英2g，生大黄10g）治疗肠易激综合征59例，疗效满意。曾勇等[22]将87例肠易激综合征患者随机分为2组，治疗组采用半夏泻心汤随症加减治疗，对照组采用西医治疗，结果半夏泻心汤治疗肠易激综合征有良好疗效。

五、在其他消化系统疾病中的应用

（一）上消化道出血

上消化道出血是发生于屈氏韧带以上的消化道包括食管、胃、十二指肠、胰、胆及胃－空肠吻合术后的空肠部位出血，可归为中医学“呕血”“吐血”“黑便”等范畴。朱永苹等[23]采用半夏泻心汤为主配合西药治疗上消化道出血86例，并与西医常规治疗47例进行对比，结果显示，半夏泻心汤为主配合西药治疗的疗效明显优于单纯西医治疗，并且应用于重度出血时优势更加明显，表明半夏泻心汤为主配合西药治疗上消化道出血有很好的疗效与前景。

（二）慢性胆囊炎

慢性胆囊炎指胆囊的慢性炎症性病变，可归为中医学“胁痛”“胆胀”等范畴。甄丙社[24]辨证分型论治慢性胆囊炎180例，其中胆热脾阳虚型14例采用半夏泻心汤加味治疗，亦获良效。梁书学等[25]采用半夏泻心汤（半夏12g，黄芩10g，川黄连4g，干姜6g，党参10g，炙甘草6g，大枣4枚）治疗慢性胆囊炎68例，与对照组采用柴胡疏肝散（柴胡10g，香附、枳壳、陈皮各10g，川芎6g，芍药10g，炙甘草6g）治疗作对比，治疗组疗效明显优于对照组（$P<0.05$）。

（三）肿瘤化疗后胃肠道反应

肿瘤化疗后胃肠道反应是化疗过程中常见的消化道不良反应，可归为中医学“呃逆”“呕吐”“反酸”“腹痛”等范畴。何江进[26]采用半夏泻心汤联合胃复安防治胃肠肿瘤化疗引起的胃肠道反应，疗效确切，安全可靠。

六、小结

半夏泻心汤的临床应用将会随着现代医学的理论研究而不断发展，在临床新用方面亦有很大潜力。临证时万变不离其宗，只要抓住寒热错杂这一病机关键，对于脏寒肠热、虚实夹杂、寒热错杂、升降失调之胃肠道疾病均可用之，且要根据不同病症灵活加减。

参考文献

[1] 金庆杓．半夏泻心汤加味治疗反流性食管炎30例[J]．中医药学刊，2003，21（4）：573.
[2] 李晓华．半夏泻心汤加味治疗反流性食管炎52例临床观察[J]山东中医杂志，2005，24（10）：602～603.
[3] 徐光林．半夏泻心汤加减治疗食管溃疡出血20例[J]．吉林中医药，2003，23（9）：18.
[4] 范准成．半夏泻心汤治疗食道癌吞咽梗阻51例[J]．陕西中医，1996，17（11）：488.
[5] 王晶．经方合用治疗慢性浅表性胃炎71例[J]．国医论坛，2002，17（4）：8.
[6] 让建忠．半夏泻心汤加味治疗慢性胃炎40例[J]．中国民间疗法，2010，18（3）：35～36.
[7] 陈仁康．半夏泻心汤治疗胆汁反流返流性胃炎100例[J]．中国中医急症，2003，12（3）：271.
[8] 王永恭．加味半夏泻心汤治疗胆汁反流返流性胃炎75例[J]．甘肃中医，2007，20（8）：34.
[9] 张松林，顾美好．半夏泻心汤加味配合西药治疗消化性溃疡72例[J]．安徽中医临床杂志，2000，12（3）：164.
[10] 张林军．运用加味半夏泻心汤治疗胃溃疡的经验[J]．四川中医，2007，25（4）：55～56.
[11] 方军，陈式祥．半夏泻心汤加味治疗胃轻瘫综合征42例[J]．实用中医药杂志，2005，21（2）：76～77.
[12] 曹银珠．半夏泻心汤治疗胃黏膜脱垂症54例[J]．吉林中医药，2006，26（9）：24.
[13] 季瑜．半夏泻心汤加减治疗功能性消化不良55例[J]．中国中西医结合脾胃杂志，2000，8（5）：284.
[14] 吴积海．半夏泻心汤治疗功能性消化不良50例[J]．河南中医，2008，28（10）：19.

[15] 康存战，高社干，张红杰，等．半夏泻心汤治疗胃下垂82例［J］．中医研究，2004，17（5）：32～34.

[16] 严子兴，朱子奇，林振文．半夏泻心汤加减治疗胃下垂32例［J］．海峡药学，2009，21（1）：123～124.

[17] 朱琳．半夏泻心汤加减治疗十二指肠炎16例［J］．四川中医，2001，19（5）：48.

[18] 崔骞，刘其平，冀志芹，等．半夏泻心汤加减治疗十二指肠壅积症48例［J］．四川中医，1996，14（10）：31.

[19] 梁启明，王惠政．半夏泻心汤加减治疗溃疡性结肠炎35例［J］．中国民间疗法，2002，10（7）：52～53.

[20] 彭红琼．半夏泻心汤加减治疗溃疡性结肠炎64例［J］．检验医学与临床，2010，13（7）：1377～1378.

[21] 卓立甫．半夏泻心汤加减治疗肠易激综合征5例［J］．山西中医，2001，17（1）：54.

[22] 曾勇，连雄珍，林乐泓．半夏泻心汤加减治疗肠易激综合征临床疗效观察［J］．中国医药导报，2009，19（6）：127～128.

[23] 朱永苹，林寿宁，黄彬，等．半夏泻心汤为主配合西药治疗上消化道出血86例［J］．广西中医学院学报，2001，4（2）：50～51.

[24] 甄丙社．辨证分型治疗慢性胆囊炎180例疗效观察［J］．河北中医，2001，23（9）：669～670.

[25] 梁书学，陈佩明．半夏泻心汤治疗慢性胆囊炎68例［J］．浙江中西医结合杂志，2005，15（7）：421.

[26] 何江进．半夏泻心汤防治胃肠肿瘤化疗引起的胃肠道反应临床观察［J］．中国中医急症，2010，19（4）：581.

［《中医研究》2012，25（7）：75］

半夏泻心汤治妊娠泻痢举例

韩　娟　渭南职业技术学院

半夏泻心汤源于东汉著名医学家张仲景所撰《伤寒论》，由半夏、黄芩、黄连、炙甘草、干姜、人参、大枣七味药组成，方中重用半夏和胃降逆止呕，为全方之君药；黄芩、黄连苦寒泄热；干姜、半夏辛温散寒，寒热并用，辛开苦降；更佐人参、大枣、炙甘草补益脾胃，共达调和中焦脾胃升降之功。木方为少阳误下成痞所设，具有消痞扶脾、除寒热、调肠胃之功效，是辛开苦降、寒温并用、攻补兼施、调和脾胃的代表方剂。适用于寒热并见、虚实错杂之复杂病症。因其配伍精当，效专力宏，故后世广泛应用于各种消化系统等疾病的治疗。近年笔者用其加减治疗妊娠泻痢近60例取得了很好的疗效，特介绍如下。

一、妊娠泄泻

刘某，女，28岁，系白杨乡红星大队农民，2005年5月20日出诊，患者自孕40多天出现恶心呕吐，大便溏薄，约两月后恶心呕吐症状减弱，但大便稀溏，时好时坏，稍事受凉或进食肥腻生硬之品则便次增多，日3～4次，多方求治症状虽有所减少，但时时发作。此次孕6个多月，又因饮食不慎，大便稀薄，日5～6次，伴有肠鸣腹痛，脘腹痞满，饥不欲食，口干思饮，精神疲惫，舌质红，苔黄略腻，脉沉滑，此乃脾气虚弱，肠胃失调，寒热交错，遂以半夏泻心汤化裁：半夏9g，黄芩10g，黄连3g，干姜6g，白术10g，杭芍12g，葛根10g，生甘草5g，上药3剂，并嘱进食清淡无渣之物，药后腹痛止，余症减轻。二诊：上方去黄连加茯苓10g，继续服3剂，大便基本正常，再给参苓白术散15袋善后，并嘱咐注意饮食调摄，症未再发，至足月顺产，母子均健康。

分析：妊娠泄泻，虽非难症，临症因种种缘由多不得有效治疗，长缠绵日久，祸及其子，究其根源，一则脾胃虚弱，孕后血聚养胎，奉养脾胃之阴血亦感不足，功能受累，以致升降失职，清浊难分；再则感寒受湿，寒湿困脾，运化失司，湿注肠间；又有孕后过于强调营养，姿食肥甘厚腻，贪食饮冷，碍脾伤胃及肠，而发此症。然当病重苦急，每每求治，但又恐药物及胎，常半途而废，对于脾胃虚弱者，则殊难根除，以至病积日久，损阴耗气，寒热交错，虚实夹杂，病情复杂，难于辨分，处方用药亦难掌法度，以常法治之，或无济于事，或滥补益疾，或伤子助邪，有甚者泻至产后，痛苦不堪。其病在脾胃，用半夏泻心汤化裁，寒热并用以和其阴阳；苦辛并进以顺其升降；补泻同施以调其虚实，加葛根升发脾胃清阳之气而止泻，生津补液，杭芍配生甘草，养血和阴，缓急止痛，从而使升降有序，邪去子腹胎安。此泄泻止后，要注意扶脾助孕，调理善后。

二、妊娠痢疾

杨某，女，25岁，系地区针织厂工人，2006年9月26日初诊，患者孕5个月，脓血便日8～9次，腹痛，里急后重2日，伴心烦口干，脘腹胀满，舌红，苔黄腻，脉沉滑，粪检：球++，血球+、白细胞+，此乃湿热邪毒壅滞肠胃，才用半夏泻心汤化裁：黄连5g，黄柏10g，苦参10g，半夏9g，干姜6g，党参10g，杭芍12g，木香6g，生甘草5g，2剂腹痛下痢，痞满症大减，守方继进，4剂收功。

分析：痢疾多因湿热邪毒壅滞肠胃，阻滞气机，损伤脉络所致，中药治痢疗效显著，又少毒副作用，故以“子痢”求治者甚多，临症若见脘腹胀满者，用半夏泻心汤化裁甚验。此案黄连、黄柏、苦参苦寒清热燥湿，降泄肠热，半夏、干姜温开痞，党参益脾助运，杭芍、生草养血缓急止痛，一味木香疏导气机，寒热并用，攻补兼施，苦寒而不伤胃，湿而不恋邪，从而使病去胎安。

［《内蒙古中医药》2012，12：26］

奔豚气病验案2则

迟 伟 曲秀娟 辽宁省大连市中医医院

奔豚气病，因病气冲上如豚之奔状而得名，是指患者自觉有气从少腹上冲心胸咽喉，发作时有濒死感为主症的病证。本病的发病特点为发病之初，自感有气从少腹上冲，或冲胃、冲心、冲咽喉、冲头、或冲躯干，给患者带来了极大的痛苦。“奔豚气病”出自张仲景的《金匮要略》，精辟地论述了“奔豚气病”的病因病机，主要是从惊恐得之，或由于发汗伤阳，又加烧针，复感寒邪，或有水饮，重因误汗伤阳得之。其治法与方药则因病因不同而不同。如为肝郁化热者，治用奔豚汤以养血平肝，和胃降逆；如为阳虚寒逆者，治用桂枝加桂汤以调和阴阳，平冲降逆；如因误汗损伤心阳，阳虚饮动者，治用茯苓桂枝甘草汤，通阳降逆，培土治水。现代医学中的癔病、神经官能症、更年期综合征、冠心病、肝胆疾病见以上症状的，可参照本病辨证论治。

一、病例资料

案1：都某，男性，72岁，于2011年11月15日初诊。自诉平素忧思情志不畅，近20年夜间时感小腹胀痛，有气从小腹上冲于胃，致胃脘胀痛，纳差，无烧心泛酸，常常痛醒，矢气20～30次，症状持续1～2h渐自行缓解。多次查胃镜、结肠镜未见异常，反复中西药治疗无明显效果。近半月复因情志不畅，上症加重来诊，舌质暗红，舌苔薄黄，脉沉弦。行胃镜示：慢性胃炎；结肠镜未见异常；腹部及泌尿系彩超，血常规等理化检查均未见异常。该患者症状特点是腹痛，有气从小腹上冲于胃，故拟诊为奔豚气病。该患平素忧思情志不畅，肝气郁结，肝郁化热而发奔豚气病。治以养血平肝，和胃降逆。投以奔豚汤和小柴胡汤加减。药用：党参25g，吴茱萸5g，姜半夏10g，干姜10g，炒白芍20g，茯苓15g，当归20g，葛根20g，黄芩15g，柴胡10g，炙甘草10g，鸡内金20g，厚朴15g，黄连5g，蒲黄10g，五灵脂10g。4剂，每日1剂水煎早晚分服。二诊：胃脘胀痛消失，仍感小腹胀痛，但疼痛程度减轻，持续时间缩短，自觉有气上冲至脐部而停，矢气次数减少为15次左右，舌质暗红，舌苔薄黄，脉沉弦。药用：党参25g，吴茱萸5g，姜半夏10g，干姜10g，炒白芍20g，茯苓15g，当归20g，葛根30g，黄芩15g，柴胡10g，炙甘草10g，鸡内金20g，厚朴15g，黄连5g，丹参20g，炒莱菔子20g。7剂，每日1剂水煎早晚服。三诊：偶有小腹胀痛，持续时间明显缩短，矢气次数减少为5次左右，舌质暗红，舌苔薄白，脉沉弦。前方去黄芩，加枳实以行气消痞。服用10剂后，诸症皆除。

按：该患者平素忧思情志不畅，肝气郁结，肝郁化热而发奔豚气病。方中吴茱英、黄连、葛根、黄芩清火平肝；炙甘草、炒白芍缓急止痛；当归养血调肝；姜半夏和胃降逆；肝郁则气滞，气滞则血行不畅而发腹痛，故加蒲黄、五灵脂以活血化瘀止痛；患者症状多出现在夜间，也算是发作有时，肝与胆互为表里，肝郁则少阳之气不和，故合用小柴胡汤以和解少阳；肝郁乘脾，因脾胃为气机升降之枢纽，“脾宜升则健，胃宜降则和”。脾主升，胃主降，升降相因，功能正常，故予党参、干姜、茯苓、鸡内金、厚朴健脾和胃，行气消痞。

案2：陈某，女性，76岁，于2012年2月20日初诊。自觉乏力，心悸，胃脘胀闷，纳差，时有脐下悸动，有向上冲胸之势，每日2～3次，每次持续1h左右，面色无华，舌质淡胖，苔白，脉滑。慢性胃炎病史20年，糖尿病史10年。查胃镜示慢性胃炎；动态心电图未见异常；血常规、肾功能、电解质均正常。西医诊断：慢性胃炎。经西药及中药等治疗，胃脘胀闷缓解，但脐下悸动，有向上冲胸之势之症状无缓解，遂来诊。经中医辨证诊为奔豚气病，属阳虚饮动者，予茯苓桂枝甘草汤合理中汤：茯苓30g，党参25g，泽泻10g，干姜10g，桂枝10g，大枣10g，白术15g，炙甘草10g，鸡内金20g。每日1剂水煎早晚分服。5剂，脐下悸动明显减轻，效不更方，继续原方口服10剂，诸症皆消失。

按：该患者素体肥胖，肥人多痰湿。且久病，损伤阳气，水饮内动，以致脐下筑筑动悸，有发生奔豚的趋势。治以茯苓桂枝甘草汤合理中丸加减以通阳降逆，培土治水。方中茯苓、桂枝为主，通阳化水以防逆气，重用茯苓，通利水湿以防冲逆，重用桂枝振奋阳气以平冲降逆；炙甘草、大枣培土制水从中焦论治，以防逆气上冲；同时茯苓、桂枝合用能交通心肾，治疗动悸。脾为后天之本，气血生化之源，脾主运化水湿，脾健则阳气得以恢复，运化水湿功能正常，故加理中丸温中祛寒，补气健脾。泽泻利湿，使邪有出路；鸡内金以消食健胃。

二、结语

奔豚气病是一种以气从少腹上冲心胸咽喉，发作时有濒死感为主症的病证，虽然其诱因不同，寒热各异，但治疗总是不离平冲降逆，充分体现了“急则治标”的原则。因其本质是心、肝、肾等脏腑虚弱，故在治疗上需配合补益脏腑，标本兼顾。还要注重调补脾胃，因脾胃为气机升降之枢纽，脾主升，胃主降，则胃气能下行以制约冲气上逆，有助于控制奔豚气病的发作。临证时要灵活辨证用药，方药对证，方能收效显著。

参考文献

[1] 张家礼，陈国权．金匮要略理论与实践［M］北京：人民卫生出版社，2009.

[2] 范永升．金匮要略［M］．北京：中国中医药出版社，2003.

［《中国中医急症》2012，21（10）：1711］

补阳还五汤治疗和护理缺血性中风

范月友　山东省阳谷县中医院
赵　云　山东省阳谷县人民医院

笔者近二十余年来利用清代名医王清任所创的补阳还五汤治疗缺血性中风，并施以良好的护理方案，获得满意疗效。笔者多年来在辨证施治的基础上，谨守此道，疗效显著。

一、急性期，祛风不可忽视

关于中风之成因，唐宋以前多以内虚邪中立论。如仲景认为，脉络空虚，风邪乘虚侵入人体，治疗重在祛风扶正。唐宋以后，特别是金元时代，则偏重内因致病。王清任在前人的基础上，另辟新途，认为“亏损元气，是其本源”，并曰：“初得半身不遂，依本方加防风一钱，服四五剂后去之”，然依此论多不为医者所重视，临床依法效之者亦甚少。笔者认为，补阳还五汤所治中风，必以气虚为本。此型疾病多见脑血栓形成、暂时性脑缺血发作等。多起病急骤，变化迅速，以偏身麻木，甚则半身不遂，口僻语謇为主症。病多发于冬季和早春，冬春多寒多风，因正气亏虚，卫外不固，稍有调摄失宜，风邪易乘虚而入，使气血瘀阻，经隧不通，发为半身不遂，故曰：风中经络，仍为本病的主要发病之一，祛风亦为此类病人早期重要治则之一。据此，笔者临床遇早期中风患者，若辨证确属气虚血瘀型，均在补阳还五汤基础上辅以祛风药。实践证明，对早期控制病情、提高疗效，确有一定意义。常选用一味防风，其他如桂枝、白芷、威灵仙、秦艽等。

二、恢复期，肝肾酌情重补

缺血性中风发病多在中年，老年尤多，故发病时多已有先天肾气的亏虚。《古今医统》曰：“肾者人之根本，元气发生之主也，肾气一亏，则元气渐弱”，故对此类病人的治疗不可只重气虚血瘀之变，忽视肾虚之本。遵“治病必求于本”之意，对此类病人欲恢复元气，必须滋先天，补后天，故补肾势在必行。

补阳还五汤取一味黄芪大补元气，黄芪性甘温，气升发，善走肌表，为治表虚之要药，补后天脾肺之气是其所长，若滋补先天肾气，只凭数两黄芪，实有些形单力薄。只有辅以补肾药物，与黄芪相配，滋先天补后天，使肾精充，肾气实，脾胃健，气血旺，方有利于元气恢复，中风痊愈。补肾药多归肝肾二经，故补肾亦多能益肝。肝主筋，肾主骨，肝肾充，则筋骨健，肢体强壮，活动灵活。临证在补阳还五汤基础上，合理配入补肾药，对改善肢体瘫软症状疗效确切。特别是在病之恢复期，对部分年老体弱或下肢痿较甚，久服补阳还五汤症状改善不快者，重以补肾药相配，常能短期树功。笔者体会，补肾药的选用不必拘泥于临床是否有明显肾虚症状，若患者体质较弱，或男子年过六八，女子年过七七，临床辨证确属补阳还五汤证，均可配伍用之。因气虚多阳虚，且补阳还五汤名冠补阳，故一般选药应重性温，慎寒凉，以达到补阳目的。一般常选用桑寄生、牛膝、杜仲、川续断、肉苁蓉、锁阳、何首乌、枸杞子、熟地黄等药。

气属阳，气虚多阳虚，阳虚多湿盛，湿盛则痰凝。故本型患者多见夹痰夹湿，痰湿之性，重浊黏滞，阻遏清阳，上蒙清窍，致神昏语謇；与瘀血相结，阻滞气机，致偏枯更甚。湿邪不化，困阻中焦，则黄芪补气见功甚慢；痰浊不祛，凝滞经络，则芎芍诸药活血亦收效甚微。只有在补阳还五汤的基础上加入化湿祛痰药物，使湿邪化，脾阳振，得黄芪之力，则气血化生有望；痰浊祛，气机畅，借芎芍诸药之助，则瘀滞可除。故笔者临证每见有苔腻、流涎、痞满、语謇、神昧等痰湿之症时，均加入燥湿化痰开窍药物，多有事半功倍之效。一般选用半夏、胆南星、白附子、天麻、石菖蒲、远志、郁金等药。半夏配胆南星，一是专理脾胃之痰湿，可治痰湿之本；一是专主经络风痰顽痰，可祛痰湿之标。郁金、远志、石菖蒲三药合用，化痰开窍醒神，乃为改善语謇、神昧有效之剂。特别是一味石菖蒲，芳香发散，祛痰湿，补五脏，开九窍，明耳目，出声音，健脑醒神，开胃进食，用之得当，疗效甚捷。

三、沉病顽疾，非虫莫起

虫类药物属血肉有情之品，性善走，效专力宏，擅长治疗沉疗顽疾。中风之病，乃急症顽疾，治疗效差，致残率和死亡率高，欲提高疗效，特别是在中风恢复期，虫类药物为必用之品。病之早期，笔者常取全蝎和蜈蚣，以助地龙通络之力。病延逾月，虽重用益气补肾之品，症状仍改善不快，因瘀血久滞脉络，此时非合用虫类搜风通络之品难以获得良效，常取地龙、全蝎、蜈蚣、水蛭四虫合力，以破血逐瘀，通经活络，常常能摆脱困境，病见起色。特别是水蛭一味，用之得当，疗效甚佳。初学者多惧水蛭破血之性，不敢轻用，实其药用之甚平，如《神农本草经百种录》曰："水蛭性平，迟缓善人，迟缓则生血而不伤，善于入则坚积易破，借其力以攻积久之破，自有利而无害也"。现代药理研究证明，水蛭含肝素、抗血栓等物质，有抗凝血、扩张血管、促进血液循环的作用，故对脑血栓形成等缺血性脑血管病有效，亦于西医学对此病的治疗措施相符。关于虫药的用量，一般认为少量兴奋强壮，大量用镇静抑制。笔者体会，用之合理，常规用量即可达到满意疗效。如取少量研末冲服，其效更佳。

四、合理配伍，相得益彰

1. 黄芪配防风：《本草汇言》曰："防风主诸风，周身不遂……大人中风，小儿惊风，尽去之。"黄芪得防风之助，补气固表而不留邪，芎芍诸药得防风辛散之力，则活血之力更强。缺血性中风早期用之较宜，但不宜久服。

2. 黄芪配人参：《得配本草》曰："肌表之气，补宜黄芪，五内之气，补宜人参，若内气虚之，用黄芪升提于表，外气日见有余，而内气日见不足。"若病人卧床日久，黄芪用120g仍改善不快者，据久卧伤气之意，多内外之气皆虚，配以人参数克，表里双补，多有满意疗效。经济条件不允许者亦可以党参代之。

3. 黄芪配附子：部分病人，病延日久，患肢肿胀明显，或患肢发凉，瘫软无力，一张补阳还五汤反复加减，不见树功，常能令人束手无策。此时，笔者常以附子相配，应手而解。王氏曰："如病三两月，前医遵古方用寒凉药过多，加附子四五钱。"此类病人，不一定过服寒凉之品，但多素体阳虚。若巴戟天、仙灵脾诸药，多见效甚慢。一味附子，性躁烈，走而不守。虞抟曰："附子察雄壮之质，有斩关夺将之气，能引补气药行十二经，以追复散失之元阳，引补血药入血分，以滋养不足之真阴。"十二经气血通畅，肢体肿胀可消，筋骨得以荣养，则偏枯可除。

4. 黄芪配玄参：张元素曰："玄参乃枢机之剂，管领诸气。"黄芪性甘温，补气兼能助阳，用之不当，易助火伤阴，玄参苦寒滋润，壮水益阴，与黄芪为伍，寒热并用，动静相益，有协调阴阳，气阴双补之妙。中风各个阶段，如无明显阳虚见症，且黄芪用量较大，或阴损及阳，呈现阳虚之象时，均可配入玄参。

5. 黄芪配牛膝：牛膝入肝肾之经，性善下行能补肝肾，壮筋骨，活血脉，利小便。黄芪升阳走表。二者相配，升降结合，相得益彰，使"清者走上窍，浊者走下窍，清阳发腠理，浊阴走五脏，清阳实四肢，浊阴归六腑"，使气血充和，气机条达，对下肢萎软较甚或合并高血压患者用之甚益。

五、护理体会

1. 护理人员应严密观察患者的生命体征、脉力强弱及舌苔的变化，以便尽早发现疾病的发展方向，及时与治疗人员进行沟通，确定下一步的治疗方案，与家属和患者沟通，让他（她）们树立战胜疾病的信心；饮食宜清淡，营养宜丰富，低盐饮食；及时清洗患者的衣物，保持患者的衣物被褥干燥、整洁，及时帮助患者翻身，严防褥疮的发生。

2. 尽早进行功能锻炼，急性期宜采用按、摩、揉、捏四法，由远心至近心端，先轻后重有节奏地按摩，指导患者进行肢体屈伸、旋转，减轻挛缩，灵活运动。恢复期：指导患者健肢主动运动，提高中枢神经系统的紧张度，活跃循环和呼吸功能，用意志支配发出神经冲动，使瘫痪肌肉收缩，而后做助力运动和主动运动，如屈肘关节、内收肩关节、反复伸膝关节和髂关节以及运动足趾关节，逐渐达到能抬起瘫痪肢体，鼓励患者翻身及上下左右移动身躯，训练用健侧手抓床边或家人、医务人员协助练习起坐，练习腰背肌及腹肌，让患者下肢自由伸展，立膝移动骨盆，下肢抬起离开床面，逐渐延长时间，做好坐起训练、徒手训练、站立训练等，以达到基本康复和完全康复的目的。

[《中国民间疗法》2012，20（8）：60]

蔡文就教授运用甘草泻心汤治疗糖尿病并皮肤瘙痒症验案2则

谭宏韬　广州中医药大学
蔡文就　广州中医药大学第一附属医院

蔡文就为广州中医药大学《伤寒论》教研室教授，广州中医药大学第一附属医院内分泌科主任中医师，广东省中医药学会仲景学说委员会及糖尿病专业委员会副主任委员。蔡教授执教从医30余载，精于辨证，善用经方，对治疗糖尿病及其并发症见解独到，自辟蹊径，效验甚佳。笔者有幸跟师临证，现将蔡教授运用甘草泻心汤加减治疗糖尿病并皮肤瘤痒症2则介绍如下，以飨同道。

例1：卢某，女，57岁，2011年12月6日初诊。病史：患2型糖尿病1年，目前使用瑞格列奈、二甲双胍、阿卡波糖治疗，血糖控制可。近1周来皮肤瘤痒明显，影响睡眠。诊见：体型肥胖，稍感消食善饥，皮肤干燥脱屑，散在搔抓痕，精神疲倦，心烦呕逆，寐差，舌淡、苔薄黄腻，脉濡缓。西医诊断：2型糖尿病；糖尿病并皮肤瘤痒症。中医诊断：消渴，痒风病，证属中焦寒热错杂。治以寒温并用、和中解毒、辛甘润燥、祛风止痒为法，方用甘草泻心汤加减。处方：法半夏、黑枣、升麻、防风各10g，干姜、黄连、黄芩各6g，茯苓、白术各15g，黄精、甘草各20g。7剂，每天1剂，水煎服。

服上药7剂后，患者皮肤瘙痒症状消失，无心烦、呕逆，睡眠渐佳。守方继服7剂以善后，随访至今未再复发。

按：本例患者年界花甲，既往有消渴病病史，本次主因“皮肤瘙痒”就诊，观其体型肥胖，而精神疲倦，多为脾虚寒湿；加之长期嗜食辛辣香燥，脾胃受损，燥热内生，消谷伤津，故消食善饥；寒湿燥热错杂于中，导致中焦脾胃升降失常；皮肤瘙痒乃湿热蕴蒸肌肤所致；湿热困阻肌表，津液四布不畅，故皮肤干燥脱屑；热扰心神，因而心烦失眠；舌淡、苔薄黄腻，脉濡缓均为中焦寒热错杂之象。中医辨病为消渴痒风病。治以甘草泻心汤加减，寒温并用，契合病机，故诸恙俱息。

例2：吕某，男，81岁，2011年12月16日初诊。病史：既往有2型糖尿病3年余，长期口服二甲双胍肠溶片、罗格列酮治疗，血糖控制可。近半年渐出现全身皮肤瘙痒，偶发红疹，于广州市皮肤病防治所就诊。口服抗过敏药，外涂激素类药膏后未能奏效，遂慕名向蔡教授求诊。诊见：偶有口干多饮，皮肤泛红，干燥脱屑，散在红色抓痕、结痂，稍感腹胀，心烦失眠，精神疲倦，舌淡、苔黄白腻，脉弦缓。西医诊断：2型糖尿病，糖尿病并皮肤瘙痒症。中医诊断：消渴，痒风病，证属中焦寒热错杂。治以寒温并用、和中解毒、辛甘润燥、祛风止痒为法，方用甘草泻心汤加减。处方：法半夏、黑枣、升麻、防风各10g，干姜、黄连、黄芩各6g，茯苓、白术各15g，酒黄精、甘草各20g。7剂，每天1剂，水煎服。

服上药7剂后，患者皮肤瘙痒症状缓解，肤色转至正常，无腹胀，无心烦、失眠，精神转佳。守方继服7剂以善后，随访至今未再复发。

按：本例患者症状虽与上例患者相似，但年事已高，笔者曾疑惑是否应减少甘草用量以缓寒凉之性。但蔡教授认为，运用经方必须遵循“有其证用其药”的原则，故以相同的遣方用药，亦获良效。

体会

皮肤瘙痒是糖尿病常见并发症，是一种自觉症状，同疲倦、失眠、便秘等症又被称为“血糖难控因素”[1]，是加重糖尿病本身的病情及诱发多种其他并发症的重要因素。糖尿病并皮肤瘙痒症的诊断主要是根据糖尿病患者自觉皮肤瘙痒，呈发作性，但无原发性皮肤损害，瘙痒症状严重的患者体查可见皮肤抓痕、血痂、皮肤肥厚、苔藓样变、色素沉着等[2]。

糖尿病并皮肤瘙痒症可归属于中医学消渴、痒风、风瘙痒等病症范畴。其病因病机中医学古籍文献并没有直接记载，故可根据消渴病及痒症的病因病机进行分析。消渴病早在《内经》中就有“肥贵人，则膏粱之疾也”，“此肥美之所发，此人必数食甘美而多肥也，肥者令人内热，甘者令人中满，故其气上溢，转为消渴”的论述，提示病因为长期过食肥甘厚味，损伤脾胃，致脾胃运化失职，积热内蕴，化燥伤津，消谷耗液。对于痒症，历代医家多认为是风、湿、热邪客于肌表或血虚风燥阻于皮肤所发。在继承前贤观点的基础上，蔡教授认为，糖尿病患者本身具有脾胃虚弱，湿热内蕴的体质，且根据《千金方》中的描述："痒症不一……有脾虚身痒，本无疥癣，素非产褥，孑然一身，痒不可任，此乃脾虚所困"，提出糖尿病皮肤瘙痒症的病机首在于脾胃升降失常，寒热错杂于中，湿热郁蒸肌肤。因此，在治疗不可单纯局限于传统治疗痒症的消风、祛湿、清热、养血等方法，首当其冲应考虑培补脾胃化源，调理中焦斡旋之司，以达到和中解毒之功。甘草泻心汤出自《伤寒论》第158条，曰："伤寒中风，医反下之，其人下利日数十行，谷不化，腹中雷鸣，心下痞硬而满，干呕心烦不得安……甘草泻心汤主之。"原方由炙甘草四两，黄芩三两，干姜三两，半夏半升，大枣十二枚，黄连一两组成，主要用于脾胃重虚，寒热错杂所致心下痞证的治疗。蔡教授以该方为基本方，治疗糖尿病并皮肤瘙痒症，改炙甘草为生甘草，并遵仲景之意使用20g，旨在健脾安中的基础上加强解毒止痒、泻心除烦之效；半夏、干姜为辛味药，"辛以润之"出自《内经》，故蔡教授认为，此两药在方中除具辛宣内湿之功，尚存"辛润止痒"之妙；黄芩、黄连苦寒，清热燥湿解毒；黑枣、茯苓、白术助甘草滋培中洲，化生万物，谷气旺则中气健运，湿毒乃降；黄精养血润燥；升麻、防风祛风止痒。全方寒温并用，标本并治，照顾全面，因而效如桴鼓。

参考文献

[1] 李宏红，张广德．魏子孝治疗糖尿病皮肤瘙痒症经验[J]．辽宁中医杂志，2011，38（5）：840.

[2] 中华中医药学会糖尿病分会．糖尿病合并皮肤病中医诊疗标准[J]．世界中西医结合杂志，2011，6（3）：270～271.

[《新中医》2012，44（8）：229]

柴胡加龙骨牡蛎汤加减治验三则

王　斌　张　谈　浙江省慈溪市中医医院

施亦青　浙江省慈溪市第三人民医院

柴胡加龙骨牡蛎汤出自《伤寒论》，原方由柴胡、黄芩、生姜、人参、桂枝、茯苓、半夏、大黄、龙骨、牡蛎、铅丹组成，张仲景用来治疗"胸满烦惊，小便不利，谵语，一身尽重，不可转侧"之少阳经气不利，虚热弥漫三焦之证。本方疏解肝气，收敛神气，推陈致新，寒热并调，笔者临床用之，对于少阳疏机不利、虚热外浮、寒热错杂之症有效好的疗效。现举验案三则，介绍如下，以飨同道。

一、甲状腺功能亢进

张某某，女，50岁。2011年9月初诊。患者1年前体检发现甲状腺功能亢进，一直服丙硫咪唑等药物，指标虽有下降，但甲状腺功能尚未完全正常。自诉常脾气暴躁，难以控制，从骨髓至皮肤奇痒难忍，甚至夜不能寐，但诊察皮肤，无红肿。诊见：双眼略突，眼泪汪汪，颈部偏大，平素大便偏稀，胃纳尚可。舌质红、苔薄，脉弦滑。证属肝气不疏，痰浊互阻之证。治宜疏肝解郁，化痰祛浊。选用柴胡加龙骨牡蛎汤合半夏厚朴汤加减。处方：柴胡、黄芩、川朴花、苏梗、杭白芍、浮萍、绿梅花各10g，竹沥半夏、炒党参、茯神、酸枣仁各12g，龙骨、牡蛎、磁石各15g，桂枝5g，蝉衣6g。7剂。每日1剂，水煎取分2次服。服药后，患者诉睡眠明显改善，情绪略有好转，瘙痒感仅皮肤有，舌脉同前。前方龙骨、牡蛎改为各30g，加浙贝15g，生米仁30g，以化痰散结。再进7剂。服药后精神明显好转，皮肤库感明显减轻，守前方继服7剂，以巩固疗效。

按：本例患者原发病系甲状腺功能亢进，主诉繁杂，但以精神神经症状为主，符合仲景"胸满烦惊"之描述。故用柴胡加龙骨牡蛎汤为主，配合半夏厚朴汤解郁散结，疏利气机，取得明显效果。

二、月经不调

余某某，女，36岁。患者月经日趋减少，带有血块半年余，且伴有心情烦躁，经前乳房胀痛，睡眠不深，大便干结等症。经妇科检查，子宫、附件无明显异常。诊见：脸色偏红，神情紧张，舌质偏红、苔薄，脉弦。辨证属肝郁血热，郁久生瘀。治宜疏肝清热，活血化瘀。方用柴胡加龙骨牡蛎汤合桂枝茯苓丸加减。处方：柴胡、黄芩、桃仁、赤芍、丹皮各10g，竹沥半夏、炒党参、茯神、丹参12g，桂枝5g，龙骨、牡蛎、磁石各15g，制军6g。7剂。每日1剂，水煎分2次服。服药后夜寐较前好转，大便转畅，1日1次，舌脉同前。前方加红花6g，合欢皮30g。再进7剂。药后月经量较前增多，血块仍有，脸色转淡，经前乳胀好转，睡眠质量较前改善，胃纳好，大便正常。依前方法继用7剂，巩固疗效。

按：本例患者以月经不调为主诉，但患者有情绪不稳，乳房胀痛的症状，用柴胡加龙骨牡蛎汤和解少阳疏机，清泄内郁之热毒，加用活血化瘀之品，故能取得较好的疗效。

三、更年期综合征

陈某某，女，47岁。患者近月来常有突发潮热、汗出，额头津津，欲脱衣吹风，然时有畏寒怕冷，欲添衣保暖，反复往来，且常无故发脾气，夜间睡眠不佳，月经两月未至。自诉用“热药”则咽痛加剧，用“寒药”则畏寒怕冷益甚，现已无所适从。诊见：咽部见扁桃体Ⅱ度肿大，舌质红、苔薄白，脉细。属肝气不疏，郁结少阳之证。治宜和解少阳，疏解气机。方选柴胡加龙骨牡蛎汤加减。处方：柴胡、黄芩、连翘各10g，竹沥半夏、炒党参、茯神、酸枣仁各12g，桂枝6g，龙骨、牡蛎、磁石各15g，制军3g。7剂。每日1剂，效仲景去渣再煎之法，煮后取汁再煎5分钟，分早晚两次服。药后潮热感似有好转，睡眠略好，且咽痛似有减轻，余症同前。继用前方，去香附，加夜交藤30g，女贞子12g。7剂。依此方法调理2月余，诸症好转，情绪转佳尤为明显。

按：笔者常用柴胡加龙骨牡蛎汤治疗更年期综合征，本例患者除潮热汗出等更年期综合征的典型症状外，还有一个很突出的咽痛症。经过常规治疗咽痛的“清热”之法不效，综合分析，亦属寒热错杂之证，故用本方寒热并调，并效仲景去渣再煎之法，以期使药物寒热之性加以融合，疗效满意。

[《浙江中医杂志》2012，47（3）：219]

柴胡加龙骨牡蛎汤临证应用举隅

贾跃进　王　艳　李　菲
山西中医学院附属医院

柴胡加龙骨牡蛎汤出于《伤寒论》107条。由小柴胡汤去甘草加龙骨、牡蛎、桂枝、茯苓、大黄、铅丹而成，具有和解枢机、镇惊安神之功，治疗少阳枢机不利，肝胆气滞，久郁化热，上扰心神而致的少阳兼烦惊证。临床表现为胸胁苦满，烦惊不安，易怒，小便不利，时时喜呕，默默不欲饮食，脉弦细数。目前常用此方治疗失眠、神经功能紊乱、神经症等内科神志疾病。因铅丹有毒，内服对胃有刺激，故不用。

笔者遵仲景之和解少阳枢机之义，用之临床以治疗现代人群以心神情志失常为主的病症，常可收到意想不到的效果。

一、不寐

范某，女，61岁。2010年12月6日初诊。患者平素性情急躁，1年前因家事纷扰竟致难以入寐，每晚须服安定方可入睡，停药复如故。近半年来其症状逐渐加重，每晚辗转反侧，难以入眠，虽加大安定用量，亦仅入睡3～4小时，且多梦、易惊醒，遂来诊治。诊见：夜难入寐，寐而不酣，多梦，惊恐易醒，醒后汗出，汗后身冷，次日头蒙疲倦，心烦易怒，口苦，大便干，舌苔黄腻，脉弦数。证属肝郁化热，痰热扰心。治宜疏肝解郁，清热化痰，镇心安神。方用柴胡加龙骨牡蛎汤加减。柴胡10g，黄芩10g，清半夏9g，党参10g，生龙骨30g（先煎），生牡蛎30g（先煎），桂枝10g，白芍12g，黄连6g，肉桂3g，合欢皮10g，天竺黄10g，大黄6g（后下）。每日1剂，水煎服。服7剂后，患者自诉做梦减少，精神好转，能日睡5～6小时。嘱逐渐减少安定用量，继续守方调理。1月后，夜晚睡眠安稳，天明才醒，诸症基本痊愈。予逍遥丸善后。

按：患者平素性情急躁，复家事纷扰，忧思恼怒致肝失条达，气机郁滞，气郁化火，气郁痰生，痰热扰心，导致不寐。本方取效关键在于以小柴胡汤和解枢机，使气机调畅，从本缓调，如《内经》曰：“上焦得通，津液得下，卫气调和。”加生龙骨、生牡蛎、合欢花重镇安神；生龙骨、生牡蛎除有安神功效之外，并能化无形之痰；桂枝通阳化气，配合白芍调和营卫；天竺黄、黄连清热化痰，配合肉桂交通心肾，更加大黄通腑泄热。诸药合用，使肝胆疏利而火降，痰热祛而神安，药证相符故获良效。

二、耳鸣

李某，女，52岁。2010年12月10日初诊。自诉耳鸣4月余，时伴头胀，曾经山西大学医院五官科检查无耳部病变，经中西医治疗，耳鸣仍有增无减。详细询问病史，患者高血压15年。刻诊：耳鸣如蝉，入夜尤甚，耳闭失聪，听力减退，头昏胀痛，晨口干欲饮，情绪抑郁，纳可，面烘热，汗出，多梦，大便3～4日一行，停经1年，舌质红，苔黄腻，脉弦有力。此系肝胆气逆，痰扰清窍。治以和解少阳，理气化痰之法。投柴胡加龙骨牡蛎汤加减。柴胡10g，黄芩10g，清半夏9g，党参10g，生龙骨30g（先煎），生牡蛎30g（先煎），桂枝10g，白芍10g，磁石30g，石菖蒲10g，葛根20g，炒白术20g，天麻10g，炒莱菔子20g。每日1剂，水煎服。4剂后耳鸣明显减轻，再投5剂，耳鸣消失，余恙皆安。

按：足少阳经脉上入于耳，下络于肝而属于胆。该例患者为肝胆气逆上壅于耳，痰蒙清窍以致耳鸣耳聋。方中小柴胡汤和解少阳，调肝胆；桂枝、白芍、葛根调理枢机；再以龙骨、牡蛎潜降，石菖蒲、天麻、炒白术化痰开窍，磁石平肝，益肾聪耳。故立法得当，药到病除。

三、头痛

张某，男，42岁。2010年11月10日初诊。自述间断右侧头痛1月余。曾在西医医院输液和服正天丸治疗后头痛减轻，但停药后又出现头痛，脑部核磁检查未见异常，三酰甘油偏高，高血压5年，患者平素喜饮酒吸烟。现间断头痛，痛时难忍欲死，影响睡眠，口干口苦，时咽痛，纳可，大便不爽、干、有后重感，3～4日一行，舌质红，苔黄腻，脉弦数。证属肝胆郁热，痰浊阻络，治以疏肝利胆，化痰通络止痛。方药：柴胡10g，黄芩10g，清半夏9g，党参10g，生龙牡各30g（先煎），桂枝10g，白芍10g，茯苓20g，蔓荆子10g，菊花15g，大黄6g（后下）。每日1剂，水煎服。4剂后头痛明显减轻，效不更方，再投15剂，头痛消失，随访1个月未再发。

按：偏头痛的部位多位于颞部，大多属足少阳经头痛，故选用柴胡、黄芩入少阳经，直达病所，疏肝解郁，清热泻火；清半夏、茯苓化痰宣窍安神，清半夏治痰之标，茯苓治痰之本；党参、茯苓益气健脾；龙骨、牡蛎益阴潜阳，祛痰镇惊，重镇安神；白芍养血柔肝，缓急止痛；桂枝温经通脉，行里达表；蔓荆子、菊花疏风清热止痛；大黄泻热祛痰；因治法得当，药到病除。

四、心悸

宁某，女，60岁。2010年10月11日初诊。自诉：时常发作性心慌、胸闷难受，每年可有数次。发作时心慌胸闷，难受，脸色苍白，牵扯两上肢痛麻，无心绞痛，可持续半小时以上，劳累时多发。伴有烦躁，情绪不稳，抑郁或激动，纳可，眠浅易醒，大便偏干，舌淡红，苔黄白腻。检查心电图、24小时动态心电图、心脏彩超均正常，血糖正常，脑部CT也无异常，但是病人自觉痛苦非常。辨证属气机郁滞，痰瘀阻络。治以调理气机，化痰通络。药用：柴胡10g，黄芩10g，清半夏9g，党参10g，生龙牡各30g（先煎），桂枝10g，赤芍15g，丹参10g，香附9g，僵蚕10g，郁金10g，炒莱菔子15g。每日1剂，水煎服。7剂之后，心慌胸闷、烦躁症状大减，上肢痛麻减轻；效不更方，继续服用14剂后，效果更加明显，守方治疗3个月左右，自觉无不适，也未再发作。

按：该病与脏躁、百合病颇为吻合，患者多无器质性病变，但是患者痛苦异常。临床辨证，多为气机郁滞，痰瘀阻络。故在原方主药的基础上，加赤芍15g，丹参10g，活血化瘀；加重香附9g疏肝理气；郁金10g，僵蚕10g理气清热化痰；炒莱菔子理气通便，总体辨证从肝论治，治法得当，因获良效。

总之，柴胡加龙骨牡蛎汤源于《伤寒论》，本方用于柴胡、黄芩、大黄以疏解肝胆郁热，人参、大枣、龙骨、牡蛎、铅丹以益气镇惊敛神，复用桂枝、半夏、生姜以温阳化痰利湿醒神。散与敛、通与利、温与清共用于一方，用药虽杂但结构严谨，尤其桂枝益气通阳，振奋心阳以启神用，并用助化痰利湿。本方发展充实于后世，因化裁之灵活，应用之广泛，效果之佳著，堪称群方之冠，善用者每用每效。现代人群生活压力增大，患以心神情志病的人愈来愈多。如果治不得法往往迁延不愈，影响学习、工作，严重者波及家庭生活的稳定和谐。临症神志疾病凡符合肝胆郁热、痰热内扰，又有心神浮越，虚实寒热交织之病机者，都可应用。实践证明，柴胡加龙骨牡蛎汤实为一首不可多得的好方。

［《光明中医》2012，27（8）：1651］

柴胡加龙骨牡蛎汤应用体会

房　昌　山西省平遥五金厂卫生所

柴胡加龙骨牡蛎汤出自张仲景《伤寒论》，是在小柴胡汤的基础上加减而成。原方用于伤寒误下后，而致邪热内陷少阳，造或气机郁滞，虚实寒热互见的少阳变证，症状是胸满心烦，少阳气机不利，邪热较重，影响三焦决渎失司，水饮内停而致小便不利，一身尽重，不可转侧。这是由于阳气内郁，不得宣通，同时热盛伤气所致而见烦惊并见，属阴阳错杂、正虚邪实的病机。“三焦者决渎之官，水道出焉”。三焦与命门一气相通，命门为先天真火，三焦导引命门之火和饮食所化生之胃气分布于全身，以促进各脏腑组织的生理活动。主持诸气、流通水道是三焦总的功能，三焦分工不同：“上焦如雾，中焦如沤，下焦如渎”，包括了受纳水谷、消化饮食、化生气血、输送营养、排泄糟粕等功能的五脏六腑和十二经络在内。而一旦三焦的气机郁滞，升降出入失常，则可导致水液代谢失常，从而出现五脏六腑、十二经络的种种纷繁复杂的症状。

该方以和解少阳枢机的小柴胡汤为基础，加大黄以泻热和胃，清泻阳明之热，兼以涤饮；大黄、人参同用攻积而不伤正；人参益气而不助邪；更加龙骨、牡蛎、桂枝、茯苓宁心安神，龙骨、牡蛎侧重重镇安神；桂枝助心阳而安神，同时桂枝内能化气行水以消水饮，外可助柴胡解郁透邪，使内陷之邪由外而解；茯苓能益气宁神，又可利小便而消水饮。全方通过内和、外透、下泄，使郁结之寒热错杂之邪，得以从内外而解，达到人体内环境的和谐，从而祛除疾病，恢复健康。笔者曾跟随朱进忠老师学习运用此方治疗顽疾沉疴，应手取效，兹介绍几则验案以抛砖引玉。

一、咳嗽案

女，48岁，2010年2月5日初诊。半月前因感冒致咳嗽，服中西药不效。刻诊：咳嗽多稠痰，黄白相间，寒热时作，头晕，口干口苦，食之无味，进食则恶心，舌淡苔薄白、脉弦。诊为风寒郁于少阳、三焦升降不利，肺热肠寒。方以柴胡加龙骨牡蛎汤加减：柴胡10g，黄芩10g，半夏10g，党参10g，炙甘草10g，桂枝10g，茯苓10g，龙骨20g，牡蛎20g，大黄4g，干姜3g，苦杏仁（研）10g，前胡10g，生姜5片，大枣3枚。水煎服，3剂。2月8日复诊：咳嗽已止，余症大减，原方减去苦杏仁、前胡，继服3剂而愈。

按：《内经》云：“五脏六腑皆令人咳，非独肺也……五脏各以其时受病，非其时各传以与之，人与天地相参，故五脏各以治时……乘秋则肺先受邪，乘春则肝先受之”。该案病发于春令，感寒邪则肝先受之，肝与胆表里相合，主春阳升发之气，寒主收引，少阳为寒邪所遏，则三焦升降枢机不利。上焦郁热则头晕、口干苦；热郁肺失于宣降则咳嗽稠痰；寒湿郁于中下二焦，胃肠气机不得顺降，而食则恶心。故以该方和解枢机以调升降。其中苦杏仁、前胡合半夏、茯苓宣降肺气、化痰止咳，黄芩清郁热，且半夏、生姜、茯苓和胃降逆、止呕，故而疗效较卓。

二、半身恶寒，全身丘疹案

女，32岁，2009年12月8日初诊。平素性情急躁，近3年来左半身阵阵恶寒，胸中烦闷、口苦咽干，生气后全身起红色斑丘疹，高于皮肤，抚之碍手，经行腹痛，挟血块，舌质暗红、苔薄白、脉弦细。诊为肝郁气结，三焦枢机不利，郁而化火，气滞血瘀。药用：柴胡10g，党参10g，半夏10g，黄芩10g，炙甘草10g，桂枝10g，龙骨20g，牡蛎20g，茯苓10g，大黄6g，栀子10g，淡豆豉10g牡丹皮10g，赤芍10g，生姜3片，大枣3个。嘱水煎，日1剂，连服6剂。12月26日复诊：红疹未起，心烦减轻，但左半身仍恶寒，小腹有冷感，舌脉同前。初诊方减牡丹皮、赤芍，改生大黄为熟大黄3g，加干姜10g，继服6剂。因往返不便，后照方又服20余剂痊愈。三诊：次年4月10日诉，左半身时有轻度恶寒，轻微口苦，红疹未再发，咽不干，心不烦，纳眠均调，月经正常，舌暗红，苔薄白，脉弦缓。嘱以二诊方继服6剂，以收全功。

按：《内经》云：“左右者，阴阳之道路也。”本案患者性情急躁，肝郁气结，少阳枢机不利，阳气不能畅达敷布，故半身恶寒，上焦郁热，故胸满心烦、口苦咽干，气滞血瘀化热，故起红疹，痛经挟血块。以本方和枢机、畅三焦，加栀豉汤清宣郁热，牡丹皮、赤芍凉血化瘀，使气机畅达，气血调和，故收显效。

三、手腕肿痛案

女，63岁，2010年1月26日初诊。2个月前因跌仆致左手腕连小鱼际肿痛，服跌打丸及活血化瘀中药数十剂，至今肿痛未消，不敢脱衣，伴寒热时作，纳食、二便正常，舌淡苔薄白，脉虚弦缓。诊为寒伤少阳，三焦络脉不畅。药用：柴胡10g，黄芩10g，半夏10g，人参10g，炙甘草10g，桂枝10g，龙骨15g，牡蛎15g，熟大黄3g，干姜10g，茯苓10g，羌活6g，细辛3g，片姜黄10g，生姜5片，大枣5枚。嘱服3剂。1月30日复诊，药后已可脱衣睡觉，肿痛也大为减轻，效不更方，仍以前方再服3剂而愈。

按：《灵枢·经脉》云：“三焦手少阳之脉，起于小指次指之端，上出两指之间，循手表腕，出臂外两骨之间”，“心手少阴之脉，起于心中……其直者……心主之后，下肘内，循臂内后廉，抵掌后锐骨之端，入掌内后廉，循小指之内，出其端”。本案手腕、小鱼际肿痛为跌仆所致。活血化瘀当属合理，然其不效者，缘于患者素体阳虚体弱，又值冰天雪地隆冬之季，受寒在先，跌仆于后，手腕为手少阳三焦络脉所过，小鱼际为手少阴心经所过，寒邪所客，脉络凝涩，三焦枢机不利，故寒热时作，肿痛不消。以柴胡加龙骨牡蛎汤和枢机、畅三焦，加羌活、细辛温经散寒止痛，片姜黄活血通络，效如桴鼓。

四、失眠便秘案

女，40岁，2010年1月20日初诊。主诉：入睡困难，大便秘结，曾服养血安神中药及多方治之无效，非常痛苦。平素性情急躁，遇事易恼怒生气，心胸烦闷，自觉如被一只手抓紧的感觉，每夜辗转反侧难以入睡，大便五六日一行，干结难出，口干口苦，喜饮、喜叹息，食后恶心欲吐，时时恶寒，舌质暗红、苔薄白、脉沉。诊断：肝郁气结，痰火内扰心神，三焦气机升降失司。处方：柴胡10g，黄芩10g，半夏10g，党参10g，炙甘草10g，桂枝10g，朱茯苓10g，龙骨30g，牡蛎30g，生大黄（后下）8g，栀子10g，淡豆豉10g，郁金15g，生姜5片，大枣3枚。日1剂，连服6剂。1月30日复诊：已能安睡4～5h，大便畅行，嘱其遵初诊方继服十余剂。2011年2月11日门诊诉：1年来大便一直正常，睡眠6～7h，但近1个月因过春节忙碌多事，又失眠烦躁如前，大便干结，遵以上处方又服6剂，随访一直大便畅，入眠安。

按：该案患者因失眠曾服养血安神中药多剂而无寸效，说明既非血虚也非气虚，更非心肾不交，而是肝郁气结，痰火阻滞，上热下寒导致心肾水火不交而失眠，水津无以布于大肠故便秘。用柴胡加龙骨牡蛎汤疏肝理气、化痰饮以安神，重用龙骨、牡蛎重镇安神，调理三焦，交通心肾，布津达肠，辅以栀、豉、郁金清宣上焦郁热，故而入眠安、大便畅。

五、胸憋、失眠多梦案

女，52岁，2009年6月1日初诊。主诉：经常胸部憋闷，失眠多梦，呼吸不畅，心率慢。西医诊为心脏供血不足，室性早搏，经用西药治疗病情时好时坏，曾服养血安神中成药均无效，除上述症状外，还时有烘热汗出、寒热往来、口干口苦、目不欲睁，大便干结，经常三日不行，舌淡红苔薄黄、脉弦紧。诊为肝郁气结，痰湿阻滞，上热下寒，三焦运化失序。处方：柴胡10g，黄芩10g，党参10g，半夏10g，炙甘草10g，桂枝10g，龙骨、牡蛎各20g，生大黄（后下）6g，朱茯苓10g，生姜5片，大枣5枚。水煎服6剂。6月10日二诊：胸已不闷，睡眠也好转，大便较畅，寒热已止，但大便先硬后软，呼吸不畅，头汗较多，舌淡苔薄白、脉弦缓。以初诊方加干姜6g，续服6剂。至同年10月21日因泄泻来诊，诉药后胸憋未作，呼吸畅，每天能睡6h左右。

按：本案胸憋，呼吸不畅，西医以心脏供血不足治疗虽有效，但不能根治，中医认为是上焦气机升降不利、痰湿阻遏所致。寒热往来、口干口苦、脉弦为少阳枢机不利，失眠烦躁、烘热汗出是肝郁气结、痰火内扰所致。服养血安神药不效，说明非气血虚，大便干结系气机不降、津不达肠所致，症状看似杂乱，均可以三焦气机升降失司来解释，故而用该方收效较好。

六、结语

临床常遇到一些症状复杂，难于抓住重点的疾病，既有热证又有寒象，既有实证又有虚证，既有此脏此腑之证，又有彼脏彼腑之证，有些疾病从症状来看几乎所有的脏腑、经络、气血等均有表现，或用过温热药，或用过寒凉药，有用过补药者，有用过泻药者，临床效果一直不理想，但从病机上看大多具有共同特点——气机的升降失常，而气机升降失常的关键脏腑是肝、胆、三焦。肝属木，为春升之气，又与胆相表里，所以人体之生气无不依赖于肝。肝主升阳而藏血，是调节气血盛衰的主要脏腑，所以疑难疾病发生气血失调时无不影响到肝，进而影响到气血的失调。津和液的输布虽然主要由肺、脾、肾来完成，但它的游溢、输布、散精没有肝胆的疏泄、三焦少阳之气调节是完不成的。所以《素问·灵兰秘典论》说："三焦者，决渎之官，水道出焉"。三焦少阳之气的升宣又依靠肝气来调节出入。肝喜条达，主春阳升发之气，所以它在升降出入中，起着关键作用。我们在治疗这类疑难复杂疾病时，注重疏利肝胆，调节三焦气机升降，柴胡加龙骨牡蛎汤正是这样一个对证适宜的良方。

[《山东中医杂志》2012，31（4）：294]

柴胡加龙骨牡蛎汤治疗颈椎病验案

马云飞
广西壮族自治区桂林兴安界首骨科医院

柴胡加龙骨牡蛎汤出自张仲景的《伤寒论》，原方主治"胸满烦惊，小便不利，谵语，一身尽重，不可转侧"。主要治疗各种类型的神经精神系统疾病。依据湖南省中医药研究院已故研究员欧阳琦研究的"项痹治肝"的观点，在临床上用于治疗多种类型的颈椎病，疗效显著，现举例介绍如下。

例1：张某，女，42岁，因"左上肢麻胀痛3月余"于2010年5月首诊。自诉春节前后因长时间打麻将后左上肢出现麻木胀痛和电击感，夜间诸症加重并影响睡眠。同时伴有颈部左侧肌肉酸胀，口干，心烦易怒，月经量少夹有血块，二便及饮食尚可。舌淡红，苔薄黄，脉弦滑。查：颈椎生理曲度正常，但各棘突无明显压痛，左侧斜方肌及胸锁乳突肌压痛，颈椎各方向活动尚可，颈椎间孔挤压试验阳性，臂丛神经牵拉试验阳性。予行MRI检查提示“C_4/C_5、C_5/C_6椎间盘轻度突出并黄韧带肥厚”。西医诊断为：神经根型颈椎病。方用柴胡加龙骨牡蛎汤加减治疗。处方：柴胡20g，黄芩15g，白芍40g，半夏10g，桂枝8g，茯苓20g，丹皮15g，生龙骨30g，生牡蛎30g，连翘15g，桑枝30g，炙甘草15g，酒大黄10g。每日1剂，水煎，饭后服用，6剂。1周后患者复诊诉上症明显好转，左上肢麻胀痛明显减轻，夜间睡眠好转。效不更方，予上方去酒大黄，加栀子10g，6剂。三诊，患者诉已无明显不适。脉诊时左关仍有力，嘱患者自服丹栀逍遥散，以善后。

例2：唐某，女，64岁，因“反复头晕呕吐耳鸣2年，加重15天”于2010年7月首诊。患者自诉2008年无明显诱因出现头晕，转动头颈部头晕明显加重，严重时当场昏倒，伴有呕吐耳鸣，发作时需平躺数分钟至数十分钟才能缓解。平常每月发作1~2次，发作时间无明显规律。近半年来上症加重，1周发作1~2次。在当地医院诊为“美尼尔氏综合征”而多次住院治疗，经支持对症处理后好转，但仍时有发生。本次发作为2天前，患者来院复查颈部CT提示颈椎生理曲度变直，颈椎骨质增生。刻诊：面微浮肿，头晕，耳鸣，恶心，无口干口苦，饮食欠佳，睡眠及二便尚可。舌淡胖，苔薄白，脉弦。自诉平时性情急躁，口腔溃疡屡治屡发。西医诊断：椎动脉型颈椎病。方用柴胡加龙骨牡蛎汤加减治疗。处方：柴胡12g，黄芩6g，半夏15g，生姜15g，茯苓30g，桂枝15g，泽泻30g，白术20g，生牡蛎15g，生龙骨15g，干姜6g，炙甘草10g，党参15g。每日1剂，水煎，饭后服用，6剂。3个月后，患者因感冒复诊，追问上次服药经历，患者诉上次服药后当天晚上症状即消失，故又连续服用2剂，余下3剂未服用，头晕至今未再发。

按：颈椎病为颈部退行性病变，多见于中老年人，在我院门诊病人中尤多。西医将颈椎病分为5型，分别是神经根型、脊髓型、椎动脉型、交感神经性和混合型。除脊髓型之外，笔者临床多用柴胡加龙骨牡蛎汤加减治疗其他四型颈椎病。《素问·金匮真言论》云：“东风生于春，病在肝，俞在颈项”。故颈椎病的治疗，可首先从肝着手。根据黄元御的“一气周流”理论，上焦之病多为中焦之湿堵塞胆（相火）肺下降之路。笔者认为颈椎病主要病机为相火不降夹痰（湿）夹瘀，痹阻经络，导致颈部及上肢酸胀痛麻或头晕耳鸣、恶心呕吐。相火不降主要因中焦病变，柴胡加龙骨牡蛎汤正与此病机吻合。方中茯苓、桂枝、生姜、半夏、红枣、党参培中祛湿，打开胆肺下降之路；柴胡、黄芩、龙骨、牡蛎、大黄、铅丹泻火下行；相火上犯易灼伤肝血而致瘀，而大黄乃活血化瘀第一良药；相火上犯更易炼液为痰，而茯苓、半夏、牡蛎乃祛湿化痰之品。诸药合用，标本兼顾，攻补兼施，与颈椎病病机吻合，故用之临床多效。

［《湖南中医杂志》2012，28（3）：94］

陈津生应用柴胡加龙骨牡蛎汤验案4则

刘　茹　陈津生

天津市职业病防治院工人医院心理科

陈津生主任医师为第四批全国老中医药专家学术经验继承工作指导老师，天津医科大学博士研究生导师，从医30余年，临床经验丰富，中医经典理论造诣颇深，对张仲景、李东垣等学说有深刻的临床体验，精研《伤寒论》，擅长治疗各科疑难杂证，诊疗思路独特，用药以简、廉、效著称。我们随师侍诊，逐渐体会到在认识疾病时应该不断地领悟“目明心开而志先，慧然独悟”的意境。只有深入研读中医经典理论与《伤寒论》，才能真正领会张仲景辨证论治思想，灵活运用经方，扩大经方临证的使用范围。兹将陈津生教授应用柴胡加龙骨牡蛎汤验案4则介绍如下。

柴胡加龙骨牡蛎汤出自《伤寒论》第107条，由柴胡、半夏、党参、龙骨、牡蛎、桂枝、大黄、铅丹、茯苓、黄芩、生姜、大枣12味中药组成。用以治疗“伤寒八九日，下之，胸满烦惊，谵语，一身尽重，不可转侧者”等证。诸症由伤寒误治，阳气受损，少阳经气不利，邪气弥漫三阳所致。具体表现为胆火上扰于胸则胸满；上扰于心则心烦、谵语；胆气怯弱则惊恐不安；三焦失畅则小便不利；三阳经气不利则一身尽重；少阳经气不利则不可转侧。柴胡加龙骨牡蛎汤以小柴胡汤和解少阳，助正达邪为主，加龙骨、牡蛎重镇，桂枝通经脉，茯苓通阳利小便，大黄开郁泻热[1]。该方在今日临床中应用广泛，只要药证相投，每获得良效。

一、失眠症

例1李某，女，51岁，退休工人。2011－07－18初诊。失眠，入睡困难2个月。患者2个月前因操持家务，劳累过度，与家人在操办儿子婚事时，合理建议未被采纳而郁闷，反复思虑不愉快之事而出现入睡困难。刻诊：入睡困难，伴烦躁不安，目干，胸胁胀满，食后呃逆，纳少，便溏，舌质红，苔黄腻，关脉旺。诊断：失眠症。证属肝郁化火，脾胃失和。治宜清肝泻火，调和脾胃，镇心安神。方用柴胡加龙骨牡蛎汤加减。处方：柴胡 15g，黄芩 15g，半夏 15g，党参 15g，桂枝 10g，生龙骨 30g，生牡蛎 30g，白芍药 15g，川芎 10g，枳壳 10g，竹叶 10g，夏枯草 15g，木贼 12g，炒麦芽 30g，生甘草 6g，生姜 3 片，大枣 3 枚。7 剂，每日 1 剂，水煎 2 次取汁 200mL，分早、晚 2 次温服。嘱患者保持心情舒畅，避免情绪波动，忌肥甘厚味、辛辣刺激食物。2011－07－25 二诊，服药后前 4d 睡眠改善，第 5d 仍入睡困难，早醒，烦热汗出，两胁胀满，便溏，每日 2 次，舌质红，苔薄白，关脉旺。上方加合欢皮 15g、川楝子 12g、灯心草 1g。14 剂，煎服方法同前。2011－08－11 三诊，诉入夜烦热减轻，仍感双目模糊，舌质红，苔薄黄，脉细关脉略旺。二诊方加知母 15g、桃仁 15g、乌蛇 15g。14 剂，煎服方法同前。2011－08－25 四诊，双目模糊好转，腹胀，便时泄下，每日 4 次，苔薄白，关脉仍旺。三诊方加厚朴 15g。煎服法同前，连续服用 14 剂而病愈。

按：失眠症属中医学不寐范畴，是临床常见病、多发病，治疗上要精心辨证求因，根据临证表现灵活用药，方能取得良好的临床效果。本例为情志所伤，肝气郁结，疏泄失常，气机不畅致胸胁胀满，胃气上逆而见食后呃逆，纳少；脾失健运而便溏；气血运行不利而内扰神明，魂不舍于脏，而入睡困难，烦躁不安；郁而化火，灼伤阴津而目干；舌质红，苔黄腻，关脉旺，四诊合参为肝郁化火，脾胃失和之证。以柴胡加龙骨牡蛎汤疏肝理气解郁；肝郁化火伤及脾土，不宜再通利二便，故于柴胡加龙骨牡蛎汤方中去大黄、茯苓，加白芍药以柔肝；枳壳、川芎、炒麦芽开气行滞，以治胸胁胀满及食后呃逆；加木贼、夏枯草清热疏肝以明目；加竹叶泄热除烦，导热从小便出。全方共奏清肝泻火、调和脾胃、镇心安神之功。

二、厥证

例 2 王某，女，57 岁，退休工人。2011－06－16 初诊。突然昏倒，不省人事反复发作 6 个月。患者 6 个月前与他人争执，突然昏倒，不省人事，10min 后清醒而无其他症状，此后无明显诱因反复发作，每次持续 10～20min。刻诊：周身寒热时作，头痛，时觉膝下刺痛，二便正常，郁闷，烦躁，紧张，易惊，时时担心再次昏倒，舌质红，苔薄白，寸脉浮，尺脉沉。诊断：厥证。证属肝郁化火，肝肾不足。治宜疏肝泄热，补益肝肾，镇心安神。方用柴胡加龙骨牡蛎汤加减。处方：柴胡 15g，桂枝 10g，白芍药 15g，黄芩 15g，半夏 15g，党参 15g，生龙骨 30g，生牡蛎 30g，山茱萸 15g，菊花 12g，五味子 10g，蜈蚣 1 条，生甘草 6g，生姜 3 片，大枣 3 枚。7 剂，每日 1 剂，水煎 2 次取汁 200mL，分早、晚 2 次温服。2011－06－23 二诊，服药期间晕厥未发作，寒热发作、烦躁、易惊均减轻，头痛时作，膝下刺痛，舌质红，苔薄白。上方加钩藤 15g。14 剂，煎服方法同前。2011－07－07 三诊，诉头痛、膝下刺痛减轻，心仍惴惴不安，舌质红，苔薄白，尺脉沉。二诊方去蜈蚣 1 条，加合欢皮 15g。煎服方法同前，连续服用 21 剂而病愈。

按：厥证的病机在于气机逆乱，升降失调，气血运行失常。本例发病因情志不遂，暴怒伤肝，肝郁气结致昏厥频发；日久肝郁化火，烦躁，紧张，易惊，周身寒热时作；加之患者中年，素体肝肾不足，火邪下灼肝肾之阴，时觉膝下刺痛；阴愈虚阳愈亢，上扰清窍而头痛。故以柴胡加龙骨牡蛎汤去大黄、茯苓，加五味子以疏肝宁心；山茱萸补益肝肾；蜈蚣通络止痛；菊花清泻肝热以治头痛。诸药合用，使肝郁解，肝热清，肝虚得补，气机顺畅，气血调和，诸症消失。

三、胸痞

例 3 孙某，女，43 岁，银行职员。2011－06－30 初诊。胸闷，心若悬空 1 年，伴停经 3 年。患者 3 年前因气恼导致月经 3 年未行，未正规治疗。1 年前出现胸闷，心若悬空，睡眠差，颈两侧时痛，血压时高时低［22.7/14.7kPa（170/110mmHg）～12.0/6.67kPa（90/50mmHg）］，便溏，舌质黯，苔厚，脉细滑。诊断：胸痞。证属肝胆气郁，气滞血瘀。治宜疏肝泄热，健脾理血，安神。方用柴胡加龙骨牡蛎汤加减。处方：柴胡 15g，桂枝 10g，党参 15g，黄芩 15g，半夏 15g，枳壳 10g，茯苓 20g，川芎 10g，白芍药 15g，当归 15g，牛膝 15g，生龙骨 30g，生牡蛎 30g，浙贝母 10g，夏枯草 15g，生姜 3 片，大枣 3 枚，生甘草 6g。7 剂，水煎 2 次取汁 200mL，分早、晚 2 次温服。嘱患者保持心情舒畅，避免情绪波动，忌肥甘厚味、辛辣刺激食物。2011－07－07 二诊，诉胸闷、心悬空感稍减，大便不畅，腹中下坠感，月经仍未行，下肢肿胀感，睡眠差，舌质黯，苔白，脉细滑。上方枳壳加至 12g，加泽兰 15g、瓜蒌 30g。14 剂，煎服方法同前。2011－07－21 三诊，胸闷、心悬空感明显减轻，大便通畅，睡眠改善，下肢肿胀感减轻，于服药第 10d 经至，量少，色黯，舌质红，苔白，脉细。二诊方加红花10g、桃仁10g、生地黄15g。煎服方法同前，连续服用1个月而病愈。

按：本例为邪犯少阳，三焦气化不利，气化失职所致。水停心下而胸闷、心若悬空；三焦不畅，痰湿内生，气血不利，月经不行；肝胆郁热，痰湿内生，上扰神明而不寐，颈两侧时痛，血压不稳；脾失健运而便溏；三焦不畅，气血不利，则月经不行。四诊合参为肝胆郁热，痰湿内阻，气滞血瘀。治疗从和解少阳枢机入手，疏利三焦，和肝胆，则气血阴阳调和，胸闷心悬即除。于柴胡加龙骨牡蛎汤中去大黄，重用茯苓淡渗利水，宁心安神；牛膝活血通经，补肝肾，引火（血）下行；辅以桃仁、红花活血化瘀。诸药合用，共奏和解少阳、疏利三焦之功，使阴阳气血调和，1年之病痛月余而愈。

四、月经过少

例4 赵某，女，18岁，学生。2011-05-30初诊。月经过少6个月。患者因高三学习紧张，曾于一次考试失利后，月经量逐渐减少，经行5d减至2d，月经周期正常，28d左右一行，伴胸闷，大便不畅，舌质红，苔白，脉弦细。诊断：月经过少。证属肝胆气郁化火，血不畅行。方用柴胡加龙骨牡蛎汤加减。处方：柴胡15g，桂枝10g，党参12g，黄芩10g，半夏15g，枳壳10g，茯苓15g，白芍药15g，当归15g，牛膝12g，桃仁12g，红花6g，大黄3g，生龙骨30g，生牡蛎30g，生甘草6g，生姜3片，大枣3枚。7剂，水煎2次取汁200mL，分早、晚2次温服。嘱患者劳逸结合，保持情绪稳定，忌辛辣、生冷刺激食物。2011-06-06二诊，诉胸闷减轻，时有经血，大便不畅，尺脉沉。上方枳壳加至12g，加白芷12g、黄柏15g。14剂，煎服方法同前。2011-06-20三诊，诉时有胸闷，经血自止，大便通畅，时心烦，寸脉浮。二诊方加竹叶10g、黄连6g。14剂，煎服方法同前，后改服加味逍遥丸（天津中新药业集团股份有限公司乐仁堂制药厂，国药准字Z12020526）9g，每日2次，连续14d至下次月经至，经量正常。

按：月经不调（月经量少）似与少阳并无关，然则胸闷、脉弦等证实为少阳之证。本例患者因紧张劳倦、情志不遂致肝失疏泄，气滞血瘀，瘀血内阻，胞脉不通，血不下行，故经水少；邪入少阳，枢机不利，胆热内郁而胸闷，脉弦细；阳气内郁，不得宣达，热郁胃肠而大便不畅。故以柴胡加龙骨牡蛎汤和解少阳，通阳泄热；并辅以白芍药养血柔肝；枳壳理气；当归、桃仁、红花养血活血；牛膝补肝肾，引血下行。全方共奏疏肝、柔肝、泄热、养血之功，使得月经调和。

五、体会

柴胡加龙骨牡蛎汤是治疗因太阳病误治，使邪陷三阳的坏逆证的汤方，临证应用不止于以上4例。对于肝胆郁热而虚实寒热交织之证，尤其是伴有神志症状者均可用之[2]。陈津生教授认为，此类病证确实复杂多变，往往使初入临床者难以措手，但是无论症状有多复杂，总不出“阳道实，阴道虚”的格局，后学者当于此处用心。

参考文献

[1] 郝万山，李赛美．伤寒论理论与实践［M］．北京：人民卫生出版社，2009：103~104.

[2] 陈津生．柴胡加龙骨牡蛎汤新用［J］．天津中医，1998，15（1）：40~41.

［《河北中医》2012，34（2）：165］

陈正平黄芪桂枝五物汤验案举隅

沈金花　陈正平　江苏江阴市中医院

陈正平主任中医师，崇尚中医经典，承袭“朱氏伤寒派”，深知临证须重视验体辨证，治疗上以温阳扶正为主要治疗方法，临证擅用经方取效，擅长应用桂枝、肉桂类经方以温阳救逆，平冲降逆。他用药轻灵，擅用经方，屡起沉疴。黄芪桂枝五物汤原载于仲景《金匮要略·血痹虚劳病脉证并治篇》：“血痹，阴阳俱微，寸口关上微，尺中小紧，外证身体不仁，如风痹状，黄芪桂枝五物汤主之”。黄芪桂枝五物汤，即桂枝汤去甘草倍生姜，加入黄芪为主药。方中黄芪甘温益气，倍生姜助桂枝以通阳行痹，芍药和营理血，生姜、大枣调和营卫，共奏益气通阳、和营行痹之效。后世医家将此方应用范围扩而广之。如王薇萍[1]等用其治疗气血亏虚型类风湿关节炎，王希瑞[2]用其治疗糖尿病周围神经病变，张士金[3]用其治疗脑卒中后肩手综合征。陈主任以此方为基础，灵活化裁，加味用于治疗高血压病、过敏性鼻炎、功能失调性子宫出血等，无不收效甚佳。笔者有幸成为陈正平主任的弟子，跟随老师临床实践，耳濡目染，兹结合笔者临床摘抄的验案，对老师的经方用药经验作初步探讨。

黄芪桂枝五物汤可以治疗多种疾病，如高血压病、过敏性鼻炎、功能失调性子宫出血等。

一、高血压病

张某，女，57岁。素有高血压病病史。近2个月来常觉肢体麻木，有时伴有畏风怕冷，易感冒，常感疲乏，汗出，晨起出汗为主，兼有头晕，耳鸣，诊断为“痹证”，察其舌质淡，苔薄白，脉沉细。此乃气虚血弱，营卫失和之证。治拟益气温经，和血通痹。予黄芪桂枝五物汤加减：炙黄芪15g，桂枝6g，白芍10g，炙甘草3g，炒当归10g，鸡血藤30g，豨莶草20g，杜仲15g，炒牛膝10g，炒白蒺藜10g，泽泻10g，陈皮6g，红花6g。每日1剂，水煎服。服4剂后，症状减轻，效不更方，仍用原方8剂，四肢麻木、恶风、汗出尽除。予补中益气丸调理善后，巩固疗效。

按：《金匮要略》“血痹阴阳俱微，寸口关上微，外证身体不仁，如风痹状，黄芪桂枝五物汤主之”。《灵枢·邪气脏腑病形篇》“阴阳形气俱不足，勿取以针，而调以甘药”。血痹证由素本“骨弱肌肤盛”，劳而汗出，腠理开，受微风，邪遂客于血脉，致肌肤麻木不仁，状如风痹，但无痛，是与风痹之区别。《素问·痹论》说：“营气虚，则不仁。”故以益气温经，和血通痹而立法。方中黄芪为君，甘温益气，补在表之卫气。桂枝散风寒而温经通痹，与黄芪配伍，益气温阳，和血通经。桂枝得黄芪益气而振奋卫阳；黄芪得桂枝，固表而不致留邪。芍药养血和营而通血痹，与桂枝合用，调营卫而和表里，两药为臣。鸡血藤，归肝、肾经，《本草纲目拾遗》：活血，暖腰膝，已风瘫。方中取其养血活血，舒筋活络之功，配伍豨莶草、红花、当归，意在活血通痹。患者症见头晕、耳鸣、晨起汗出，辨证属兼夹肝阳上亢，故陈师佐以杜仲、牛膝补肝肾，强筋骨；白蒺藜、泽泻平抑肝阳；陈皮气味芳香，辛散通温，旨在行气活血。诸药合用，共奏益气温经，和血通痹之功，故收效甚捷。

二、过敏性鼻炎

蒋某，女，40岁。素有慢性支气管炎，2个月前因感冒受寒复发，经服西药治疗，诸症俱减，但鼻塞流涕、恶风如故，每于清晨起床即发鼻痒，继而喷嚏频作，鼻塞不通，或流清涕，片刻后缓解。诊断为“过敏性鼻炎”，察其舌质淡红，苔薄白，脉浮缓无力。此乃肺气虚寒，营卫失和之证。予黄芪桂枝五物汤加炙甘草：黄芪30g，桂枝10g，白芍10g，大枣12枚，炙甘草6g，生姜10g。每日1剂，水煎服。服4剂后，症状减轻，效不更方，仍用原方8剂，恶风、鼻塞流涕尽除。

按：黄芪桂枝五物汤原书指征主治血痹，为邪气凝于血分也，所谓正虚之处，便是容邪之处，故本方以调养营卫为本，祛风散邪为末，旨在振奋阳气，温运血脉，调畅营卫。所以，凡气虚血滞、营卫不和者，皆可选用本方。本案患者肺气本虚，复感风寒，舌质淡红，苔薄白，脉浮缓无力，证属卫阳不固，肺窍不利，营卫失和。肺开窍于鼻，主气属卫。肺气虚寒、卫外不固、鼻窍不利则鼻塞流涕，微恶风寒，故治以黄芪桂枝五物汤补肺固表，温阳散寒，宣通肺窍，使肺气足、寒气散、营卫和，诸症自愈。黄芪补气固表，桂枝温经通阳，芍药养血益营，姜枣调和营卫，五药相协，温、补、通、调并用，共成益气温阳，和营通窍之效。

三、功能失调性子宫出血

孙某，女，40岁。近1年来郁郁寡欢，半年前出现月经紊乱，月经周期时或提前，时或延后，经量或多或少，色淡红，经行少腹冷痛，精神疲惫，时叹息，察其舌质淡红，苔薄白，脉细数。黄芪20g，桂枝10g，白芍10g，桃仁10g，红花6g，当归15g，川芎10g，炒乌药10g，炒柴胡10g，大枣10枚。每日1剂，水煎服，早晚2次，服7剂后，疲惫感、善叹息减轻，少腹发温，效不更方，仍用原方继服用，至月经来潮后止，经净后续服，连续服用3个月经周期后，月经周期一直为28～32天，未再出现紊乱现象。

按：本例长期忧郁，肝失疏泄，血海蓄溢失常，故月经周期先后不定。忧思伤及脾气，气虚无以摄血，气虚则致血瘀，气血虚衰与瘀滞相互影响，气虚则血脉运行无力加重血瘀，血瘀则阻遏阳气运行，阳虚则经血得不到温煦，如此则病情缠绵。治以黄芪桂枝五物汤补气养血，温阳散寒，方中黄芪益气以生血；桂枝、乌药辛温入络，温运阳气，阳气健则血易行；白芍、当归养血活血，补而不留滞，活而不伤正；桃仁、红花、川芎活血化瘀；柴胡疏肝解郁；大枣调和脾胃以滋化源。诸药合用，可补养气血，调理冲任，温运阳气，药后阳气通，冲任盈，故月经能依时而下。

四、个人体会

陈师运用本方加减治疗三种疾病，虽病名不一，但本质相同，属中医“异病同治”的范畴。充分体现了中医学在整体观念和辨证论治原则上的灵活性。所谓“证同治亦同，证异治亦异”是指导临床治疗的一个重要原则。在临证时要注意透过现象抓住本质，针对疾病的本质进行治疗，才能取得较好的疗效。这是“治病必求其本”的关键所在。

陈师不仅指导了我们临证用药水平，增加用药的经验，更重要的是他阐发经典，熟谙诸家，师古而不泥古的学术品质是我们现在浮躁的学习氛围中应该发扬的，他的经方用药更多的是启示，作为新一代的中医人才论证遣方注重的不只是与时俱进的用药习惯，更应该心平气和的学习经典，遵循古训，阐发经典，勤思变通，为方博大。

参考文献

［1］王薇萍，史生铭，刘佳，等．黄芪桂枝五物汤内服外洗治疗气血亏虚型类风湿关节炎 31 例［J］．上海中医药杂志，2010，44（5）：43～45.

［2］王希瑞，罗凯，李莹莹．黄芪桂枝五物汤治疗糖尿病周围神经病变的疗效观察［J］．医学综述，2009，15（21）：3353.

［3］张士金．黄芪桂枝五物汤治疗脑卒中后肩手综合征 I 期 30 例［J］．河南中医，2010，30（9）：850.

［《光明中医》2012，27（6）：1087］

承气汤治疗中风研究进展

刘福华　沈阳市第七人民医院

中风病以其高发病率、高致残率、高病死率、高复发率严重危害人类的健康，给病人、家庭及社会都带来了沉重的负担，如何防治中风病一直是全世界医学界关注的热点问题。中医认识，中风病的病机主要是经络、气血的阻滞不通。近年来，随着人们社会环境、工作压力和生活习惯的改变，承气汤在防治中风病中的作用日益凸显。承气汤在中风病的各个时期均可配伍使用，所以承气汤在中风病的治疗中起着举足轻重的治疗作用，本文以病程为主线，总结承气汤在中风病中的应用。

一、未病先防（未病及小中）

中风病起病凶险，害人急速，所以重在预防，做到未病先防。“魄门亦为五脏使”，大肠的通畅与否与五脏、心神关系密切。要预防中风的发病，首先要调节起居、保持腑气通畅。中老年人阴血不足，多罹患便秘，更有患者在如厕时发病，如果及早用承气汤治疗，可降低发生心脑血管意外的危险。中风病常有“小中”之说是中风先兆，是欲作中风的警示信号。说明机体内病变基础已经存在，病因病机与中风相同。此时医患切莫大意，虽然没有症状，处于“潜证”阶段，应及时治疗，采用承气汤治疗不仅解决了便秘这一危险因素，而且可使血压平稳，又可祛痰排浊为病情向愈提供有利条件[1]。

二、既病防变（中风急性期）

中风急性发作时主要病机是痰瘀交阻，气机升降逆乱。腑气不通的症状在中风患者中比较普遍，它不仅是主要的致病因素，同时也是决定病情转向的重要诱因，并存在于中风病发生、发展的全过程，尤其是在急性期。临证时应抓住气机升降逆乱这一基本，于中风早期就采用通腑法以降逆气、泻腑实，兼顾它证，使中焦气机通畅，升降如常，气血得以敷布，脏腑经络得以濡养，对改善主症，促使神智恢复，缩短病程，减少后遗症及预防复发均有显著的临床意义。最先提出中风病的“腑实”学说的是张元素，张氏拟“三化汤”（厚朴、大黄、枳实、羌活）治疗中风；明代王肯堂用“三一承气汤”治疗中风便秘、牙关紧闭、浆粥不入者。说明古人已经认识到承气汤在中风急性期的治疗作用，现在多数医家认为有以下 6 个方面的作用，其一，通腑熄风，让内风自平；其二，泻火泄热，釜底抽薪；其三，清除痰热积滞，浊邪不能上扰心神；其四，舒畅气机，布散气血；其五，引血下行，祛瘀通络；其六，可急下存阴，以防变证[2]。

王永炎等自拟星蒌承气汤[3]治疗中风多为后者推崇，或加入水蛭[4]、菊花、钩藤、桃仁、红花[5]、枳实、丹参[6]疗效肯定。卒中后由于神识昏蒙，脏腑失调，气机更加壅滞，肠腑传导不畅，浊邪不降，痰热壅滞，腑气不通，加之病人制动，或屡用脱水剂，肠燥便秘，从而形成腑实证。采用口服、鼻饲或灌肠的途径给予承气汤都收到了较好的疗效。其中席连琴将中风急性期分为 3 个阶段，分别采用牛黄承气汤、桃仁承气汤、增液承气汤为主治疗。认为应用承气汤是治疗中风病的关键，除虚脱之证外，无论有无腑实证都要及时应用[2]。或在承气汤的基础上加祛痰剂（礞石滚痰丸[7]、菖蒲郁金汤[8]或温胆汤[9]）治疗。张莉等人[10]随证加当归、生地、枸杞子、桃仁、鸡血藤等药对中经络和中脏腑的不同患者应用加味承气汤治疗，总有效率 97.10%。用承气汤[11]或增液承气汤[12]灌肠的方法应用于昏迷的病人更为适合，且疗效较好。覃香[13]用大承气汤灌肠配合西医脱水及支持疗法，治疗脑出血急性期 46 例，有效率 84.78%，疗效满意。现代医学证实：用常规西医治疗加柴芩承气汤之后，可有效降低患者血内毒素及肿瘤坏死因子的水平，因此说明承气汤可以有效缓解疾病恶化，明显降低患者死亡率[14]。

三、病后（并发症及后遗症）

康复中风病急性期过后，更应注意全身气机的协调，尤其是腑气的通畅。发病后，顽痰死血没有尽除，伏于体内，耗损气血，使正气渐虚，易复发中风，应积极防治；由中风产生的伴发症状，也亟待解决。承气汤在缓解中风并发症、后遗症上面的应用如下：

脑水肿是中风病程中的关键环节，密切关系到患者的预后。运用大承气汤加减治疗中风急性期脑水肿患者，可取得满意疗效[15]。脑出血性中风在出血后出现吸收热，用承气汤治疗可以加快体温恢复正常[16]。中风急性期并发肺部感染者，应抓住痰热阻肺、腑有热结的基本病机，肺肠同治，以清肺化痰、通腑泄热为宜，且中风本身常兼腑实证，所以通腑尤为重要[17]。高血脂是导致中风病的主要危险因素，才用小承气汤可有效降低血脂，降低中风危险[18]。

马洪明等认为，承气汤对于重症患者早期、安全地给予肠内营养有很大帮助，如患者出现腹胀、大便不通或便秘，舌暗红，苔腻，脉有力，肠鸣音弱或消失等其中一、二个应用指征时即可使用承气汤；但若出现腹泻、呕血、便血、汗出肢凉，舌淡无苔，脉虚弱无力要慎用[19]。中风后便秘症状应用承气汤治疗最为常见，可以用沐浴和纱布温覆脐周的办法促进患者排便[20]。中风患者治疗过程中出现的津亏而舌红少苔或舌绛、便秘最为适宜。以玄参、生地黄、麦冬、石斛等胃经药加入承气汤，起到清虚热，养阴生津的作用，丹参、当归活血行气，化瘀通络。诸药合力共同起到恢复养阴生津、邪热通便的功效，邪祛病愈舌象也恢复正常[21]。

参考文献

[1] 王莹莹，焦玉梅，杨金生，等．通腑法在中风病防治中的应用［J］．中国中医基础医学杂志，2007，13（12）：924～925.

[2] 席连琴．承气汤加减治疗中风急性期36例［J］．浙江中医杂志，2002，37（9）：385.

[3] 王永炎，李秀琴，邓振明，等．化痰通腑法治疗中风病158例疗效观察［J］．中国医药学报，1986，1（2）：22～24.

[4] 王艳菊，姜秋颖．自拟星蒌承气汤加水蛭辅助治疗急性脑卒中33例［J］．中国中西医结合杂志，2002，22（11）：886～867.

[5] 王子坪，龚建华．星蒌承气汤治疗急性缺血性中风90例［J］．陕西中医，2005，26（11）：1157～1158.

[6] 申志敏．星蒌承气汤治疗急性缺血性中风（痰热腑实型）50例［J］．中国中医药信息杂志，2003，10（7）：55～56.

[7] 仲玉英．礞石滚痰丸合承气汤治疗中风24例［J］．四川中医，1995，13（2）：20～22.

[8] 谭子虎．小承气汤加菖蒲郁金汤治疗急性期中风病［J］．湖北中医杂志，2000，22（12）：21.

[9] 郑桂玲，刘化峰．温胆汤合承气汤治疗中风36例［J］．新中医，2007，39（5）：55.

[10] 张莉，董月清．加味承气汤治疗中风70例临床观察［J］．内蒙古中医药，1997，（S1）：22.

[11] 张连城，张玉莲，周震，等．大承气汤加减灌肠治疗缺血中风昏迷病人疗效观察［J］．环球中医药，2009，2（1）：31～34.

[12] 孙玉峰，孙素红，边同和．增液承气汤灌肠在急性中风病中的应用［J］．中国实用医药，2007，2（12）：97.

[13] 覃香．大承气汤灌肠治疗脑出血急性期的疗效观察［J］．广西中医院学报，2000，17（1）：27.

[14] 周建中，高伟，宋耀鸿，等．柴芩承气汤对MODS患者ET、TNF－α水平的影响［J］．江苏中医药，2005，26（12）：16～17.

[15] 李俊红．大承气汤加减治疗中风急性期脑水肿35例［J］．中国中医急症，2006，15（7）：770.

[16] 佟永娟．承气汤加减在脑出血吸收热治疗中的应用［J］．内蒙古中医药，2006，25（5）：2.

[17] 王宝见，王德臣，赵国民．新加宣白承气汤治疗中风急性期并发肺部感染的临床研究［J］．中国中医急症，1994，3（1）：8～9.

[18] 于晶，于占华．小承气汤加减治疗中风病高血脂症临床观察［J］．长春中医学院学报，1999，15（4）：12.

[19] 马洪明，耿庆文，马大勇，等．加味承气汤在重症脑卒中患者实施肠内营养中的应用［J］．现代中西医结合杂志，2010，19（24）：3069～3070.

[20] 刘耀东，段海平，孙丽萍，等．小承气汤沐浴脐周治疗中风便秘［J］．中国民间疗法，2010，18（5）：20.

[21] 王锡琴，王志学，张小艺，等．增液承气汤治疗中风及其对舌苔的影响［J］．山东中医杂志，2003，22（5）：280～281.

［《实用中医内科杂志》2012，26（4）：82］

从《金匾要略》痰饮“当以温药和之”谈四逆汤对痰饮病的治疗

刘晓晖　广州中医药大学针灸推拿学院

张仲景在《金匮要略·痰饮咳嗽病脉证》中提出：“病痰饮者，当以温药和之”。“痰饮”含义有广义和狭义之分，广义包括所有的痰证与饮证，指三焦气化失常，水液在体内运化失常，停积于某些部位的一类病证；狭义是指痰饮、悬饮、溢饮、支饮四类饮证中的一饮的一种病证。痰和饮都是津液在体内不能正常运化的病理产物，“稠浊者为痰，清稀者为饮”，痰饮同出一源。痰饮为阴邪，阳虚则阴盛，阴盛则损阳，阳不能化阴，则加重阴邪的存留，故治痰“当以温药和之”，成为后世人用温药治疗痰饮病的一个理论依据。[1] 四逆汤由附子、干姜、炙甘草组成方，本为仲景治伤寒少阳病之用，有祛寒救逆、助阳通脉作用。

笔者取《金匮要略》“病痰饮者，当以温药和之”思想，运用四逆汤治疗痰饮性疾病，取得一定疗效，现兹举治验2则，介绍如下。

一、肾结石

患者江某，女，28岁，广州市番禺区人，2009年10月28日来诊。诉右侧腰部反复隐痛2年余，偶感疼痛加剧放射至同侧小腹，经前痛甚，一月前觉小腹胀满，尿频、尿急，偶伴尿痛，腰部恶风，冷痛，乏力倦怠，嗜睡，睡时流涎，醒来方觉，胃纳差，大便调，舌淡暗，苔白厚腻，脉细。B超示：①右肾内可见一约0.8cm×0.4cm强回声光团，伴声影，右肾集合系统分离，外形略增大；②子宫附件未见异常。诊断为：右肾结石伴少量积液。中医辨证属脾肾阳虚，治宜温阳健脾，行气化痰以排石，予四逆汤。炮附子20g，干姜30g，炙甘草40g。2剂后嗜睡、流涎，乏力倦怠感全无，腰部恶风、冷痛感减轻，仍尿频、尿急，无尿痛。守上方，服7剂后症状完全消失。复查B超结石成泥沙样，移至输尿管下段，未见明显积液。

按：本证患者因长期石阻，损精耗阳，脾肾阳虚。阳气虚不能行水液，痰饮积聚加剧成石，[2] 水湿不化而成积液，应以温阳之法除之。主以四逆汤，功善温化水饮而可直达肾，利水渗湿，使痰饮之邪有去路而得除。肾为水之下源，为先天之本，主水。附子入心肾经，温阳化水，肾气足而气化得其所，痰饮化生之源自除；干姜温上焦、中焦之阳气，肺为水之上源，脾主运化水湿，两药合用，起到温化一身之痰饮水湿，调达上中下焦的作用；炙甘草入心脾肺经，调和诸药。三药结合治疗，对脾肾阳虚，痰饮内停效果甚好。四逆汤虽本无排石作用，但从此患者舌脉辨证，可知其脾肾阳虚，夹有痰湿，痰湿积聚而成石。四逆汤恰起温化寒痰，扶正而驱邪之功。

二、久咳

患者李某，男，23岁，广州中医药大学学生，2010年1月12日初诊。诉反复咳嗽2个月，患者有慢性咳嗽史2年余，2个月前外感未作治疗，现其他外感症状消失，遗留咳嗽未愈。诊见咳嗽，痰多微黄而粘，咳甚则遗尿，胸闷，恶心，纳差，四肢无力，舌淡红，苔厚腻，脉濡细，X线胸片示：慢性支气管炎。血常规检查无异常。西医诊断：慢性支气管炎；中医辨证属肺脾气虚，湿气壅遏。治以补脾益肺，温化痰湿。先拟四逆汤，药用炮附子15g，干姜20g，炙甘草20g。服上方3剂后咳嗽减少，咳痰、胸闷、恶心、遗尿症状消失，仍觉口粘、纳差，守方加杏仁10g，蔻仁10g续服，3剂后诸证悉除。

按：久咳患者脾肺蕴湿为其主要病机。采用温法化湿祛痰，患者感冒症状已除。肾虚不能纳气则咳而渗尿，肺气虚则久咳不愈，脾气虚不能运化水湿则痰多。虽见舌苔微黄，但凡痰饮均为阴邪，可用温化法温化痰湿，故用四逆汤原方治疗。治疗后仍存在少许咳嗽、口粘湿重症状，加杏仁助降气止咳，加肉蔻取其轻宣化湿之功效。笔者临床运用四逆汤治疗久咳有痰病人数十例，效果满意。

三、体会

“四逆汤”出自《伤寒论》，原方组成：甘草二两（炙），干姜一两半，附子一枚（生用，去皮，破八片）。用于回阳救逆，治疗伤寒太阳病误汗伤阳，及阳明、太阴、少阴、厥阴病、霍乱病等症见四肢厥逆，恶寒踡卧，呕吐不渴，腹痛下利，神衰欲寐，舌苔白滑，脉微欲绝者，以及瘟疫、疟疾、厥证、脱证、痛证见有上述症状，属阴证者。现常用于心肌梗死、心衰、急慢性胃肠炎吐泻过多，各种高热大汗所致的虚脱，各种因素所致的休克等属于阳衰阴盛者。[3]

笔者运用四逆汤治疗痰饮病症，收到较好效果。运用四逆汤时用炮附子易生附子，在毒性上未及生附子大，[4] 附子经炮制后除了毒性缓和，温热效果也较好，但要注意用足量炙甘草解附子的毒性。配方用药过程中要注重炙甘草的比例，根据患者舌脉，判断体质虚实程度，进而加减。笔者经验，炙甘草的药量至少等同或略大于附子用量，具体应视患者实际情况而斟酌加量。

在煎煮时，应先以武火将药煮至沸腾，然后再以文火煎药90分钟，第二次煎煮约90分钟，合并药液，每天1剂，每日分3次空腹服下。在附子的选择上，笔者亲身试验后得出，现有大医院的炮附子大多是硬而略咸，嚼之涩而后口中舌上有麻木之感（不能把握附子毒性和解决方法者建议不要随便尝试)，为炮制较好的上品附子；有些小药店的炮附子味淡，嚼之无涩麻感，此为炮制太过，药效较差。此外，还要注意防止小药店由于缺乏经验，将炮附子错拿成白附子的案例，而白附子毒性作用远大于炮附子，需谨慎。

有些患者服药后会出现口麻，四肢麻，失眠，泄泻而无乏力感，频打喷嚏等症状，不必过于担心，此属服药后正常的药物毒性反应，为身体邪正相争阶段。续服后原有症状会有所缓解，此类症状可随之消失，此乃服药后正气充实，击退邪气表现。笔者认为，在判断和界定附子毒性时，首先要明确附子的毒性来源于其热性太大，而非其他。另外，根据笔者经验，在服药后，需静养，或坐或卧，可慢步行走，切记勿剧烈运动，避免加速血液循环，加速药物毒副作用扩散。但一般情况下，只要不出现心率突然加快或缓慢，则不必过于担心，在询问医生后可以续服或者减量或分次服用。

四逆汤治疗痰饮病疗效满意，在此举病案报告，供各位同行参考指点。

参考文献

[1] 魏冬梅，尹钢．浅析《金匮要略》痰饮病的辩证特点［J］．光明中医，2011，9（26）：1760～1761.

[2] 肖娴．中医的病因学院（之八）——痰饮、瘀血．结石（二）［J］．开卷有益·求医问药，2006，（5）：14～15.

[3] 董正华．伤寒论讲义［M］．西安：第四军医大学出版社，2009：237～241.

[4] 啥小博．漫谈四逆汤［J］．开卷有益·求医问药，2005：2.

［《光明中医》2012，27（11）：2178］

大承气汤加味治疗胸腰椎压缩性骨折致腹胀痛45例临床观察

孟庆刚　周肆华　杨　军
解放军第474医院软伤科

大承气汤，此方出自张仲景5伤寒论6，其原方组成：大黄12g（四两，酒洗），枳实12g（五枚），厚朴24g（八两，去皮，炙），芒硝6g（三合）。用法：以水一斗，先煮二物，取五升，去滓，内大黄煮取二升，去滓，内芒硝，更上微火一两沸，分温再服，得下，余勿服。具有峻下热结的功效，主治：阳明腑实证，证见：大便秘结，频转矢气，院腑痞满，腹痛拒按，按之则硬，日哺潮热，神昏谵语，手足濈然汗出，舌苔黄燥起刺或焦黑燥裂，脉沉实，热结旁流。下利清水，色纯青，其气臭秽，脐腹疼痛，按之坚硬有块，口干舌燥，脉滑数；里热病症之热厥，痉病，发狂。

《伤寒论》原文分别为208条，212条，215条，217条，220条，238条，239条，240条，241条，242条，251条，252条，253条，254条，255条，320条，321条，322条。共十八条，分别从“峻泻”，“存阴”两个方面着手，以“痞、满、燥、实、坚”之阳明腑实证立方，峻下热结，泻热通便，急下存阴。

随着大承气汤在临床实践中的不断运用，大承气汤加减在临床治疗取得较为满意的疗效。2007年6月～2010年12月，笔者运用大承气汤加味治疗胸腰椎压缩性骨折致腹胀痛45例，疗效满意。报告如下。

一、临床资料

本组45例，男35例，女10例；年龄最大68岁，最小40岁；高处坠下20例，行走时跌倒15例，车祸10例；胸椎骨折15例，腰椎骨折20例，胸腰椎骨折10例。

二、诊断标准

根据《中医病症诊断疗效标准》中胸腰椎骨折诊断标准[1]。①外伤史；②胸腰段疼痛、肿胀、畸形、功能受限；③胸腰椎生理曲度改变，患椎棘突偏歪、后突、压痛、叩痛；④X线侧位片显示：脊柱生理曲度改变，患椎椎体呈楔形改变。

疗效标准　显效：口服1～2剂后通矢气排便，腹部胀痛消失，食欲恢复；有效：口服1～2剂后仅有矢气频频，未见排便，腹胀减轻，腹痛依旧。

三、治疗方法

用大承气汤加味：大黄（后下）、乌药各10g，枳实15g，厚朴25g，芒硝6g（兑入），炒莱旅子、桃仁、红花、陈皮各12g。水煎服，1日2次，中病即止，不效再服。忌食辛辣、油炸、粘腻及牛奶、豆浆等滋腻产气食物。方中重用厚朴、炒莱菔子行气消胀；以大黄、枳实、芒硝荡涤肠中积滞；桃仁、红花活血行瘀滞；乌药、陈皮理气止痛。

治疗结果

显效43例，占95.5%；有效2例，占4.5%；患者口服1剂后约lh出现腹部排气，2剂后顺利排便，饮食如故。

四、典型病例

李某，男性，56岁，某混凝土有限公司职工，2009年11月17日中午在工作时从水泥灌装车摔下，于次日住院，入院前拍腰椎侧位X片：腰1椎体压缩性骨折，入院后卧床，腰椎CT：腰1椎体压缩性骨折，患者入院当天腹胀明显，3日后腹胀逐渐加重，出现腹痛，大便秘结。证见：腰、腹胀痛，面色痛苦，不饮食，舌质紫暗苔黄燥，脉沉弦涩有力。辨证：阳明腑实兼瘀血阻滞。诊断：腰痛（腰1椎体压缩性骨折致腹痛便秘）；方药：大承气汤加减：大黄（后下）、乌药各10g，枳实15g，厚朴25g，芒硝6g（兑入），炒莱菔子、桃仁、红花、陈皮各12g。1剂后约1h出现排气，随后解出硬结大便10多枚，色黑；继续服用1剂，大便通畅，腹痛消失，饮食如故。善后治疗4周，患者腰痛症状消失，行动自如出院。

五、讨论

脊柱胸腰段损伤占脊柱损伤约66.4%[2]，以胸12或腰1椎体压缩性骨折多见，多为外伤、高处坠落、车祸等原因多见，诊断以胸腰段X线侧位片检查确诊，症状早期为腹胀、腹痛、便秘，无反跳痛，伤后3～4天即出现腹部膨胀疼痛，大便不通，舌质偏红、苔黄燥，舌下静脉曲张，脉弦涩有力。中医辨证为跌仆损伤致气血瘀滞，腑气不通而致腹胀便秘。大承气汤源于《伤寒论》，由大黄、枳实、厚朴、芒硝四味药物组成，是仲景阳明腑实证峻下热结的代表方，笔者治疗给予大承气汤加味：大黄（后下）、乌药各10g，枳实15g，厚朴25g，芒硝6g（兑入），炒莱菔子、桃仁、红花、陈皮各12g，1～2剂，中病即止。方中重用厚朴、炒莱菔子行气消胀；以大黄、枳实、芒硝荡涤肠中积屎；桃仁、红花活血行瘀滞；乌药、陈皮理气止痛。

笔者认为，在治疗腰椎体压缩性骨折腹胀痛时，不必拘泥“痞、满、燥、实、坚”一应俱全，但见舌质紫暗苔黄燥、脉沉弦涩有力、腹胀痛不大便时，即可运用。现代药学对这一传统方剂疗效机理进行研究，发现大承气汤具有：1）抗菌作用，对金葡球菌、链球菌、大肠杆菌、单形类杆菌、变形梭杆菌和脆弱类杆菌高度敏感；2）抗炎作用，通过影响细胞因子网络，使炎性因子减少，抗炎因子增多，来减轻内毒素对机体的损害；3）泄热作用，降低内毒素所致的发热；4）抗氧化作用，提高自由基清除剂活性，清除体内过多自由基的作用；5）增强机体免疫作用，大承气汤不仅可以改善胃肠道缺血，保护肠黏膜屏障，抑制菌群异位，减少内毒素的吸收，降低血浆TNF－α水平[3～4]，而且具有良好的免疫调理功能；6）促进胃肠运动，提高十二指肠的收缩张力，减轻肠黏膜炎症反应，促进排便作用；7）对急性重症胰腺炎的治疗作用[5～6]，大承气汤中大黄具有抑制胰酶，降低胰管压力，减少胃肠道内毒素的吸收，抑制巨噬细胞过度激活，及中性粒细胞浸润；减少炎症细胞因子及自由基的释放，防止胰酶引起胰腺组织自身消化；8）对胸腰段压缩性骨折腹胀痛便秘治疗作用，由于压缩性骨折后腹后壁血肿刺激植物神经引起肠管蠕动减慢或麻痹，会造成肠内积气，积滞过多，肠管扩张，肠腔内压力过高，肠壁血液循环障碍，导致严重后果[7]。大承气汤除具有峻下热结，泻热通便，促进和改善胃肠功能障碍作用外，对脑、肺、肝、肾、胰等多脏器具有明显的保护作用，在今后临床实践中不断地进行探索，具有指导意义。

参考文献

[1] 国家中医药管理局．中医病证诊断疗效标准［S］．南京：南京大学出版社，1994：176.

[2] 王亦地，郭子恒．骨与关节损伤［M］．第2版．北京：人民卫生出版社，1995：499～500.

[3] 邢迎红，崔克亮，曹书华，等．大承气汤对危重症患者单核细胞表面人白细胞抗原DR表达的影响［J］．中国急救医学，2002，22（4）：226～227.

[4] 李洪江，陈德昌．大黄对烫伤大鼠肠黏膜上皮细胞肿瘤坏死因子受体基因表达的影响［J］．中国急救医学，2001，21（1）：1－3.

[5] 张丽蓉，庄肃．大承气汤加味治疗急性重症胰腺炎的临床观察［J］．医学理论与实践，2010，23（2）：135～136.

[6] 程雪彬．大承气汤治疗重症急性胰腺炎临床观察［J］．中国中医急症，2009，18（5）：715～716.

[7] 许申明，张全祥．中西医结合治疗脊柱骨折后腹胀，便秘［J］．中国中医骨伤科杂志，1996，4（1）：41.

［《新疆中医药》2012，30（2）：31］

大黄黄连泻心汤浸渍剂与煎煮剂治疗幽门螺杆菌阳性胃炎的临床观察

徐国荣

南阳医学高等专科学校第一附属医院

大黄黄连泻心汤是张仲景《伤寒论》治疗“心下痞”的代表方，由大黄、黄连两味药组成。仲景在其用法上特别注明："以麻沸汤二升渍之，须臾，绞去滓，分温再服。"此种浸渍法有别于常用的煎煮法。由于药物浸渍法最终溶出的有效成分与煎煮法相比有较大变化[1]，因此导致临床疗效有很大差别，而此方面鲜有报道。后世医家常用此方治疗各种胃部疾病，特别是对治疗肝胃郁热、胃中蕴热型幽门螺杆菌阳性胃炎[2]取得一定成果，但对其煎煮方法却不甚注意。笔者对大黄黄连泻心汤浸渍剂与煎煮剂治疗幽门螺杆菌阳性胃炎进行临床观察，并与西药三联疗法进行对比，现将结果报告如下。

一、资料与方法

临床资料：本组120例，均为本院2010年1月至12月门诊患者，经快速尿素酶检查及胃镜活检证实为HP阳性胃炎患者且符合肝胃郁热、胃中蕴热型。其中男性56例，女64例，2周内未经任何治疗，年龄18～65岁，平均38.5岁，病程0.5～11年，平均3.5年。

诊断标准：（1）幽门螺杆菌阳性胃炎诊断标准：经胃镜检查证实为慢性胃炎，胃镜活检Giemsa染色阳性和快速尿素酶试验阳性者。（2）中医证型诊断标准：参照中华人民共和国卫生部制定的《中药新药临床研究指导原则》中的慢性胃炎的证型诊断标准进行[3]。（3）纳入标准：将幽门螺杆菌阳性胃炎肝胃郁热、胃中蕴热证为主证的病例作为入选标准。（4）排除标准：①2周内使用过抗生素、抑酸制剂及铋制剂等其他抗HP药物治疗的患者；②各种原因所致的幽门梗阻患者；③合并心、脑、肺、肝、肾等系统严重疾病的患者。（5）症状分级；观察上腹痛、上腹胀、嗳气、反酸等主要症状进行分级。0级：无症状；1级：有轻度感觉异常但不明显；2级：症状明显但不影响正常工作；3级：症状严重难以坚持正常工作。（6）炎症分级：根据胃黏膜内中性粒细胞浸润情况分为无、轻、中、重4级，无：胃黏膜内无中性粒细胞；轻度：中性粒细胞浸润在胃小凹上1/3者；中度：中性粒细胞浸润在胃小凹上1/3～2/3者；重度：中性粒细胞浸润在胃小凹上超过2/3者。

治疗方法：大黄黄连泻心汤浸渍组（A组）：大黄15g、黄连8g加入50ml沸水，保温浸渍15min，过滤去滓，每天1剂，4周为1个疗程。大黄黄连泻心汤煎煮组（B组）：大黄15g、黄连8g，煎煮30min，每天1剂，4周为1个疗程。西药三联疗法组（C组）：即口服奥美拉唑20mg＋克拉霉素250mg＋阿莫西林500mg，每天2次，4周为1个疗程。

疗效标准：①幽门螺杆菌根治标准：治疗疗程结束25d后复查，以快速尿素酶，胃镜活检Giemsa染色均转阴性者。②临床疗效标准：中医证型的疗效判断标准参照《中药新药临床研究指导原则》判定[3]。

统计学处理：数据采用SPSS 13.0版软件包进行统计。组间比较采用x^2检验，以$P<0.05$为差异有统计学意义。

二、结果

1 组幽门螺杆菌根除率比较：A组根除54例，根除率90%，B组根除38例，根除率63%；C组根除51例，根除率85%。A组根除率与B组比较差异有统计学意义（$P<0.01$）。

2 组胃黏膜组织炎症改善情况比较：见表1。以炎症改善达1个级别为改善，2个级别为显著改善。

表1　3组治疗胃黏膜炎症改善情况比较

组别	例数	显著改善	改善	无改善	显效率（%）	改善率(%)
A组	60	28[a]	26	6	47[a]	90
B组	60	15	35	10	25	83
C组	60	25	28	7	42	88

注：与B组比较[a]$P<0.01$

3 组临床疗效比较：见表2。

表2　3组临床疗效比较

组别	例数	临床治愈	显效	有效	无效	显著率(%)	总有效率(%)
A组	60	52[ab]	3	1	4	92	93
B组	60	29	14	9	8	72	87
C组	60	46	6	2	6	87	90

注：与B组比较[a]$P<0.01$，[b]$P<0.05$

3 组不良反应比较：A组、B组、C组不良反应：泄泻1例（2%）、6例（10%）、3例（5%）；恶心、呕吐、乏力1例（2%）、2例（3%）、7例（12%），转氨酶增高0、0、3例（13%）。

三、讨论

幽门螺杆菌阳性胃炎属于祖国医学"胃脘痛"的范畴，临床上以肝胃郁热、胃中蕴热证多见，符合大黄黄连泻心汤证治。大黄黄连泻心汤的用法是

"以麻沸汤二升渍之，须臾，绞去滓，分温再服。"这是因为大黄、黄连性皆沉降，大黄更有泻下作用，用来治疗无形邪热壅聚于心下的痞证，当浊药轻投，不用煎煮而用浸渍，这样就可变沉降为轻扬，既能加强清热泻痞的效果，又不致直走肠胃，药过病所。王喜习[4]研究发现浸渍剂和煎煮剂色谱图中主要峰面积发生了很大变化。煎煮后有的峰面积减小甚至消失了，有的增大了，还出现了新的峰。说明浸渍和煎煮方法不同对药物最终溶出的成分有较大影响。大黄有抗胃损伤、抗溃疡、抗炎等作用，有较明显抗幽门螺杆菌的作用[5]。黄连具有抗菌消炎抗感染作用，吴静等[6]通过比较黄连与盐酸小檗碱对幽门螺杆菌的体外抗菌活性，结果显示黄连抑制幽门螺杆菌的作用优于后者，黄连抑制幽门螺杆菌的作用或许不是依赖某一种成分，而是多种成分相互作用而达到抗菌消炎的效果。因此不同煎煮方法对其成分的影响从而导致其疗效的不同，不能单以某一成分变化为依据，而应综合临床疗效来观察。本研究表明大黄黄连泻心汤浸渍组幽门螺杆菌根除率、胃黏膜炎症改善显效率、临床显效率明显高于大黄黄连泻心汤煎煮组，与西药三联疗法组相当（$P>0.05$）。但其不良反应较C组轻，且价格低廉，符合安全、有效、经济、合理的用药原则。

参考文献

[1] 周晓虹，邹佳丽，袁月梅，等．大黄煎煮与浸渍过程中蒽酮类成分含量变化比较．中国药房，2010，21（23）：2149～2150.

[2] 韩立民．胃脘痛中医辨证分型与幽门螺杆菌感染的关系分析．中华中医药学刊，2008，26（1）：90.

[3] 中华人民共和国卫生部中药新药临床研究指导原则．北京：中国医药科技出版社，2002，126，128～129.

[4] 王喜习．十一味中药炮制和六种复方配伍的高效液相色谱研究．西安：西北大学，2008.

[5] 唐水梅．中药抗幽门螺旋杆菌感染的研究．中医药学刊，2003，21（10）：1707～1708.

[6] 吴静，王克霞，胡联华，等．黄连与盐酸小檗碱的体外抗菌活性研究．时珍国医国药，2006，17（12）：2486～2487.

［《中国药物与临床》2012，12（1）：112］

大黄黄连泻心汤配伍争议的研究现状

高静雯　黄　萍　姚美村
中山大学药学院
邹佳丽　广州市妇女儿童医疗中心

大黄黄连泻心汤是医圣张仲景在《伤寒杂病论》中收录的治疗"心下痞"症的著名方剂，但由于原著早已失散，导致在重新整理后形成的不同版本《伤寒论》中对该复方的组方中除了大黄、黄连之外是否还配伍有黄芩一直存有争议，在理论探讨方面虽有众多医家的参与却依然难有定论。目前有研究工作者借助现代化科学技术针对该复方配伍争议在主要化学成分分析、药效学等多方面进行了研究，在一定程度上可为还原该复方的配伍真相提供参考依据，但目前现有的研究成果有限，为确证黄芩有无仍需展开更多系统的药效学、药动学等工作。

一、配伍争议的理论探讨

配伍争议"大黄黄连泻心汤"是张仲景在《伤寒杂病论》中收录的复方，主治"心下痞"症，疗效显著，《伤寒论·辨太阳病脉证并治下第七》中注有"心下痞，按之濡，其脉关上浮者，大黄黄连泻心汤主之。大黄二两，黄连一两，右二味，以麻沸汤二升渍之，须臾，绞去滓，分温再服"[1]。此处所注《伤寒论》乃晋朝太医王叔和全力搜集已散失的原著《伤寒杂病论》的各种抄本后加以整理而成。但后世仍流传着《伤寒论》的多个不同版本，诸如《古本康平伤寒论》《唐本伤寒论》等。

由于《伤寒论》为后人对已散失的竹简加以整理完善形成，故其完整乃至正确程度无从考证，因此在后世流传的不同版本《伤寒论》及各种注释中，大黄黄连泻心汤组方中是否还配伍有黄芩历来备受争议。药王孙思邈在参考该方的附方"附子泻心汤"（大黄二两，黄连一两，黄芩一两和附子一两），并对照《金匮要略》中"泻心汤"（即上述大黄二两，黄连一两，黄芩一两），以及《伤寒论》中同为治疗"心下痞"的著名"五泻心汤"（大黄黄连泻心汤、附子泻心汤、甘草泻心汤、半夏泻心汤和生姜泻心汤）中其他4个组方中都有大黄、黄连和黄芩的特点之后，在其《千金翼方》大黄黄连泻心汤方后注"此方本有黄芩"；而当年校对《伤寒论》的宋代的名医林亿则谓"恐是前方中亦有黄芩"，两人均认为该方中当配伍有黄芩，即大黄黄连泻心汤应由"大黄二两，黄连一两，黄芩一两"组成，较早版本《古本康平伤寒论》也注该方由3味药组成，事实上多数人赞同此方中伍有黄芩，由于黄芩泻上焦之火，黄连泻中焦之火，大黄泻下焦之火，黄芩的存在极可能使得药方治疗"心下痞"，解伤寒表邪之力加强[2]。

针对上述意见，现代名医刘渡舟则表示大黄黄连泻心汤是张仲景对三黄泻心汤的改革，其制方严谨，有意避开煎煮法而改麻沸汤渍之，意在取大黄黄连苦寒之气，以清中焦无形之邪热，因此他认为黄芩在该方中是不存在的[3]。金永枯[4]同样表示上述五泻心汤中除大黄黄连泻心汤之外的其他四方中皆用大辛大热之品，如附子或干姜，因此需要黄芩以助黄连泄热，以免苦寒之黄连反被辛热之姜、附所制，而大黄黄连泻心汤并未用辛热之品，用大黄、黄连两味药泄热消痞，已达到治疗目的，故无须配伍黄芩，这正体现了仲景用药之精炼。明代许宏《金镜内台方议》中所说："痞乃虚邪（指无形邪热）所结，只用黄连泻心（指心下亦即胃），大黄引之下泄，……故去黄芩也。古方正经中亦无黄芩，余方有者，乃后人不详其理，误添之也"。而《唐本伤寒论》中大黄黄连泻心汤亦只有两味药材[1]。

此外，江苏省中医研究院则有人认为该方中有无黄芩已难以考证，但多或少一味黄芩"似乎"对此方疗效影响并不大[1]。

认知混淆　在张仲景的另一名著《金匮要略》中还记载有相仿的复方——泻心汤，原文为："心气不足，吐血，衄血，泻心汤主之。大黄二两，黄连、黄芩各一两，上三味，以水三升，煮取一升，顿服之"[1]，该书原为《金匮玉函要略方论》，由宋代名医林亿、孙奇等人修订并更名为《金匮要略》。

至此引出了张仲景在两本书中论及的两个复方——大黄黄连泻心汤和泻心汤，前者按《伤寒论》所述乃由大黄、黄连两味药组成，后者则由大黄、黄连、黄芩3味药组成。后世组方之争中还有一部分也是由于对以上两复方的认识混淆所导致。但应注意到两方最大的不同点在于其制法，泻心汤采用传统的煎煮法而大黄黄连泻心汤则取"以麻沸汤二升渍之，须臾，绞去滓"（麻沸汤意即滚开的沸水）。李时珍认为："张仲景治心下痞，按之濡，关上脉浮，大黄黄连泻心汤，用麻沸汤煎之，取其气薄而泻虚热也"[5]。《古方选注》中也注"以麻沸汤渍其须臾，去滓，取其气，不取其味，治虚痞不伤正气也"。因此，将《伤寒论》中的大黄黄连泻心汤与《金匮要略》中的泻心汤混为一谈，不应该成为前者配伍争议的一部分。

二、组方争议的现代研究

针对大黄黄连泻心汤的组方争议，有研究人员已对大黄、黄连、黄芩在不同配伍以及制法下其有效成分含量的变化规律等方面进行了研究，期望能对解决组方配伍争议提供确切的现代科学依据。

1. 配伍争议的化学成分研究　邹佳丽等[6,7]对大黄黄连泻心汤不同配伍浸渍液中主要化学成分变化进行了研究，结果表明若以大黄蒽醌类为考察对象，大黄与黄连配伍时，黄连主要成分生物碱与酸性的蒽醌类发生沉淀作用，使得大黄蒽醌类成分减少，而黄芩的存在有利于浸渍液中大黄蒽醌类的溶出；而当3味药同时配伍时　药液中黄芩苷及大黄蒽醌类两种酸性成分竞争性地与生物碱产生沉淀，从而减少了蒽醌类的沉淀，黄连与黄芩消长的作用相互在一定程度上抵消后使得药液的蒽醌类成分浓度与大黄单独浸渍时基本相当。

若以黄连中的生物碱成分为考察对象[7]，则大黄与黄连配伍后，小檗碱和巴马汀碱都明显减少；而黄芩与黄连配伍使小檗碱浓度急剧降低，但对巴马汀碱的影响却相对较小，实验中黄连黄芩配伍组浸渍液中有许多明显可见的絮状沉淀，这些沉淀物可能是小檗碱与酸性黄酮类成分的沉淀物；当三味药同时配伍浸渍时，由于大黄蒽醌和黄酮类均为酸性物质，它们都能与生物碱产生沉淀，从而使小檗碱与巴马汀碱的含量明显降低。

若以黄芩中的黄酮类成分为考察对象[7]，则可发现大黄与黄芩的浸渍液中　黄芩苷的浓度虽不及黄芩单味药材浸渍液中的高　但黄芩素的浓度却是有所升高的，推测可能是由于大黄蒽醌类和黄芩苷均为酸性成分，蒽醌类所形成的酸性环境不利于黄芩苷的稳定存在而使其水解成黄芩素，故而使黄芩素浓度升高；黄连则最有可能是通生物碱与黄芩苷的沉淀作用使得黄芩苷和黄芩素的含量都急剧下降。

从上述三味药物中主要化学成分分析及变化情况来看，黄芩存在与否势必导致复方中多种化学成分的变化从而直接影响疗效　因此大黄黄连泻心汤中是否配伍有黄芩并非无足轻重，有必要对此进行更系统的研究。

2. 有关浸渍制法的研究　从《伤寒论》记载的大黄黄连泻心汤"以麻沸汤二升渍之，须臾，绞去滓，分温再服"的制法不难看出，该复方的浸渍法不同于中药复方的传统煎煮法。张仲景在此弃用长时间煎煮而采用短时间浸泡药物的思路，有人认为这是不取大黄的泻下功能　而是取其清扬之气来治疗心下痞的胀满之证[4]。

对此，周晓虹等[8]以复方中的君药大黄为研究对象，考察了相同药量的大黄粉末经煎煮、浸渍两种不同的处理之后大黄游离蒽醌、结合蒽醌以及总蒽醌含量的变化[8]，其中结合蒽醌是与大黄致泻作用直接相关的物质。研究结果表明，尽管随着煎煮时间的延长，结合蒽醌的含量从10min时的0.25%

降至50min时的0.13%，但浸渍法制备药液中的结合蒽醌含量始终低于煎煮法，且时间的过度延长对结合蒽醌溶出率也没有很大影响：从10min到50min浸渍法药液中结合蒽醌的含量始终维持在0.1%左右的水平。

如果传统上认为长时间煎煮（30min以上）大黄可以减弱其泻下作用，那么从实验结果似乎可以推断大黄经浸渍法处理后的溶液同样不具有显著的泻下作用，也即作用相对温和，这或许可以用于解释李时珍曾谓“大黄黄连泻心汤，用麻沸汤煎之，取其气薄而泻虚热也”，也可以用于解释“心下痞”这样普通的“胃部无形虚热”，以大黄黄连泻心汤这种较缓和的泻下作用即可达到。

3. 配伍争议的药效学研究　对于大黄黄连泻心汤是否配伍有黄芩的争议，有研究工作者从抗菌角度进行了探讨，对比研究大黄黄连配伍黄芩前后对常见的病原菌如大肠埃希菌、鸭沙门菌、鼠伤寒沙门菌等10种细菌的抗菌作用[9]。结果表明有无黄芩的两个组方在抑菌作用上确有差异，对某些特定菌的抗菌作用来说，黄芩的存在使得抗菌力要强一些，如对大肠埃希菌、铜绿假单胞菌、卡他布兰汉球菌、鸭沙门菌，黄芩使得整个复方的抗菌能力增强4倍；对金黄色葡萄球菌、肺炎克雷伯菌来说，有黄芩方比无黄芩方抗菌力增强2倍；这说明大黄、黄连、黄芩共同组成的方剂要比由大黄、黄连组成的方剂在抑菌方面更有效果。此结论可以验证部分医家的观点，即认为复方中“若有黄芩，则清热之功效更优”。但该研究的不足之处在于作者对复方的制备并非严格按照《伤寒论》描述，其除浸渍外还加以煎煮，这对复方的药效学研究会有一定程度的影响。

另外，我们认为，对于“心下痞”症的动物模型的建立若参考现代医学的解释可能会更为合理，即“心下即胃”，而“痞乃虚邪（指无形邪热）所结”，用现代的“胃热症”模型来进行药效学实验似乎更符合张仲景在《伤寒论》中对于该病症的描述，但目前仍无确切的研究结果发表。此部分药效学方面的实验研究仍有待更多的实验工作者参与和开展。

4. 配伍争议的药动学研究　在前述配伍争议的化学成分研究中，可以看到有无黄芩配伍将导致主要成分发生明显变化，而这种变化是否会影响主要成分在体内的药动学过程从而成为影响药效学的基础和根本，也值得进行相关研究。姚美村等首先对其中的黄连小檗碱进行了药动学影响研究。黄连作为临床常用中药之一，具清热、泻火、解毒等功效，关于其主要成分小檗碱的药动学研究较多，但其作为大黄黄连泻心汤的主药之一所进行的有关药动学研究仍为空白。

邹佳丽等[10]采用HPLC法建立了大鼠血浆中小檗碱的测定方法，并进行了黄连组、小檗碱组、大黄配伍黄连组、黄连配伍黄芩组和大黄配伍黄连和黄芩组共5个配伍组的大鼠药动学实验研究，结果表明黄连组和小栗碱组的药时曲线存在多峰现象而其余组未见，造成多峰的原因有可能是既确定的肝肠循环[11]、药物在组织分布后的重吸收[12]等等，而多峰现象的消失是否因配伍其他药物所引起则有待深入研究；从各配伍组的药动学参数推测，黄连中其余生物碱可能会使小檗碱的代谢或消除加快，大黄则可能会促进小檗碱的吸收；而黄芩与黄连配伍后，浸渍剂中生物碱和黄酮类发生沉淀作用会使得二者的含量都急剧减少，体内实验也反映黄芩的存在严重阻碍了小檗碱的吸收，结果可以确认配伍黄芩与否同样会导致小檗碱的体内药动学过程发生明显变化。至于配伍黄芩后是否也同样引起大黄中主要蒽醌类成分（如大黄酸等）的药动学变化的研究正在进行中。

三、研究展望

对大黄黄连泻心汤配伍争议的研究，除去在理论层面的探讨外，目前在实验研究方面主要还是对于不同配伍浸渍液中有效成分的分析变化，对建立“心下痞”模型并以大黄黄连泻心汤给予治疗的药效学研究，以及主要成分的药动学相互影响研究还很不足。因此，对配伍争议的现代研究将主要探讨不同配伍下大黄、黄芩相应有效成分的体内变化行为，并参照体外实验的结论对其进行探讨，同时将构建对应的“心下痞”动物模型，并将不同配伍的药效变化与药动学研究结果相结合，系统剖析该复方配伍争议的规律和实质，这对于还原该处方的配伍真相和以及在此基础上开发现代中药都有重要意义。

参考文献

[1] 张薛光．谈谈对《金匮要略》泻心汤出处、方名的理解［J］．中医文献杂志，2007，3：9.

[2] 王洪海，韩涛，段好磊．大黄黄连泻心汤的临床应用及研究［J］．辽宁中医学院学报，2003，(4)：342.

[3] 刘渡舟．漫谈三黄泻心汤及其临床应用［J］．中医杂志，1987，3：19.

[4] 金永祜．大黄黄连泻心汤与泻心汤辨析［J］．山西中医，1998，14（3）：38.

[5] 李时珍．本草纲目［M］．北京：人民卫生出版社，

2002：341.
[6] 邹佳丽，谢智勇，姜晓飞，等．大黄黄连泻心汤不同配伍浸渍剂中蒽醌类成分变化研究［J］．世界科学技术－中医药现代化，2008，10（4）：61.
[7] 邹佳丽，黄萍，袁月梅，等．大黄黄连泻心汤不同配伍浸渍剂中主要化学成分变化研究［J］．世界科学技术－中医药现代化，2009，11（2）：263.
[8] 周晓虹，邹佳丽，袁月梅，等．大黄在煎煮与浸渍过程中蒽醌类成分的含量变化比较研究［J］．世界科学技术－中医药现代化，2008，10（3）：27.
[9] 周昕．从抗菌角度探讨《伤寒论》大黄黄连泻心汤有无黄芩之疑［J］．国医论坛，2008，23（3）：4.
[10] 邹佳丽．大黄黄连泻心汤化学成分分析与药动学研究［D］．广州：中山大学药学院硕士论文，2010：59.
[11] 瞿勤妹，张明发．小檗碱的药动学［J］．中国医学生物技术应用杂志，2002，4：31.
[12] 李艺，游雪甫，蒋建东．小檗碱的药动学研究进展［J］．中国新药杂志，2008，17（9）：733.
［《时珍国医国药》2012，23（3）：730］

大黄䗪虫丸在络病治疗中的临床应用

李静华　李占永　刘洋洋等
承德医学院中医系

大黄䗪虫丸是汉代医家张仲景《金匮要略》中的经典名方，具有活血通络、祛瘀生新[1]之功，在临床各科治疗中多有应用，本文就其治疗络病临床应用研究的概况进行综述。

一、内科疾病

1. 慢性肝病　慢性肝病属于中医胁痛、黄疸、积聚、鼓胀范畴，其病机为湿阻、气滞、血瘀、久病入络，表现为血瘀证或兼湿、热、虚，因此，活血通络化瘀才是治疗肝病的根本大法。病毒性肝炎不论是急性还是慢性，均存在不同程度的肝脏微循环障碍。徐立昌等[2]运用大黄䗪虫丸治疗病毒性肝炎胆红素血症70例取得可靠疗效，认为该方能改善肝脏微循环，促进肝细胞再生，增加肝脏对胆红质的摄取、结合及分泌功能，阻止肝脏纤维化，是治疗病毒性肝炎胆红素血症的良药。

2. 慢性浅表性胃炎　近代研究证实，慢性浅表性胃炎与血液流变学和微循环功能障碍有关，属于络脉瘀阻或络息成积。曹俭等[3]用大黄䗪虫丸治疗慢性浅表性胃炎，认为主要机理可能在于直接作用于胃黏膜抗炎、抗感染，促进局部病灶血液循环，改善微循环状态，降解增生的纤维结缔组织，促进组织再生和修复，保护和促进胃黏膜的屏障机能，改善全身血液动力学状态和局部微循环，调节全身免疫功能，达到通络的治疗作用。

3. 冠心病　冠心病属气虚血瘀、本虚标实之证，其发病是由心气虚损、瘀血痹阻、胸阳被遏所致，与西医认为该病发病中心环节为血栓形成有极其相似之处，益气活血通络已成为治疗冠心病的基本方法。大黄䗪虫丸具有和营卫、通血脉、治虚劳之功，邓建华[4]在西药常规治疗基础上，加用大黄䗪虫丸治疗不稳定型心绞痛，结果显示治疗组疗效、心电图改善情况均优于对照组，用药后其心绞痛发作次数明显减少，心电图明显改善，心肌梗死发生率明显降低。

4. 室性早搏　闫虹[5]通过对室性早搏患者（中医辨证为血瘀型）76例进行对照分组，证明大黄䗪虫丸治疗中医辨证为血瘀型的室性早搏疗效显著，可以改善患者的生活质量，且无不良反应，值得临床推广应用。

5. 脑动脉硬化症　脑动脉硬化症是脑动脉血管狭窄、弹性降低，导致脑血流量减少，毛细血管内瘀血、血栓形成等，导致脑细胞软化、点状出血，弥漫性脑萎缩，出现脑动脉硬化的各种精神障碍和神经系统症状。中医认为本虚为肾脏亏虚、精气不足、气血虚弱，标实为瘀血痰浊阻滞脑脉，引起各种络脉病变。赵英宗等[6]运用加味大黄䗪虫丸结合临床经验加味组方治疗脑动脉硬化症，使全方寓补于通、寓通于补，逐瘀不伤正气，扶正而不壅滞，使正气复、瘀血祛、痰浊消、脑络通、髓海充，诸症自除，取得较好疗效。

6. 泌尿系统疾病　慢性肾衰进行性恶化的机理有多个方面，其中包括微血栓形成，系膜细胞负荷受损并增殖，进而系膜基质过度增生，导致肾小球硬化、间质纤维化及肾小管萎缩等。吴兆东等[7]用大黄䗪虫丸联合金水宝胶囊治疗慢性肾功能衰竭53例，取得较好疗效。大黄䗪虫丸因其具有活血通络，祛瘀生新、通经消痞的作用，还将“补不足，损有余”融于一方，有虚瘀兼顾的优点。通过动物实验组与对照组所得结果显示，无论是单独使用还是联合应用，大黄䗪虫丸均有改善肾功能的作用。

肾病综合征并急性肾功能衰竭为肺、脾、肾三焦功能失调，脾肾阳衰，尤其肾阳衰不能及时疏导、转输、运化水液与毒物，因而形成湿浊、溺毒、瘀血等病理产物，进而引起络虚不容或络脉瘀塞，甚至络息成积。杨韶华等[8]应用大黄䗪虫丸治疗肾病综合征并急性肾功能衰竭，将方中大黄改用生大黄、大黄炭，去方中蛴螬、干漆、黄芩而加用益母草、竹茹、山茱萸、冬虫夏草，全方攻补兼施，标本兼治，恰中病机，且采用保留灌肠，多渠道给药，肠道透析排浊，补其不足，损其有余，峻剂丸服，徐徐图功，安全效佳。

7. 血液和造血系统疾病　彭利晖等[9]用大黄䗪虫丸治疗难治性特发性血小板减少性紫癜12例取得良好效果。中医学认为，难治性特发性血小板减少性紫癜属于“血证”“汗血”等范畴。彭利晖等据临床经验认为，难治性血小板减少症的病机以瘀血阻络、血不循经、溢于脉外为主，治疗上当以活血化瘀、通络为治疗法则。结果表明，活血化瘀之大黄䗪虫丸具有减少血小板相关抗体形成，升高血小板之作用。杨金玲等[10]以大黄䗪虫丸与西药降脂药相对照，发现中药不仅对高脂血症有很好的治疗作用，而且降脂更安全。黑龙江中医药大学附属第二医院应用大黄䗪虫丸治疗下肢深静脉血栓形（DVT）后遗症，取得较好效果。郭伟光等[11]研究了其对模型大鼠ET，6－keto－PGF1α的影响，证明大黄䗪虫丸具有很好的抗血栓作用，亦间接证明了对血管内皮损伤的修复作用。药理实验证明大黄䗪虫丸具有明显抗血小板聚集，抗血栓的形成，降低全血黏度，提高血浆纤溶酶原活性的作用，这可能就是大黄䗪虫丸“活血通络、攻逐瘀血”抗血栓的机理。

8. 代谢疾病和营养疾病　糖尿病肾病一般认为与代谢和内分泌紊乱、血流动力学改变、微血管结构损害、遗传等因素有关。李帆等[12]在西药常规治疗的基础上加用大黄䗪虫丸治疗临床期（Ⅳ期）糖尿病肾病50例，结果疗效明显高于单用西药对照组。

二、外科疾病

王晓兵等[13]引用大黄䗪虫丸治疗外伤性硬膜外血肿16例，治疗2周，血肿大部分吸收，明显缩短了血肿吸收时间，收到了较好的疗效。大黄䗪虫丸以祛瘀为主，辅以扶正之品，祛瘀血、清瘀热、滋阴血，使瘀去新生，则血肿消矣。

三、妇科疾病

李晓[14]运用大黄䗪虫丸治疗继发性闭经68例取得良好效果。患者除闭经症状外，伴有不同程度的腹胀、腹痛、心烦、倦怠、便秘等症，舌质多见紫黯，有瘀点，少数舌淡红有瘀点，脉象沉紧或沉弦有力等，经临床观察大都表现虚实夹杂的征象，即虚劳挟瘀症。大黄䗪虫丸是治疗虚中挟瘀症的特定方剂，虫类药具有逐瘀散结消瘕之功，应用该方祛瘀生新，从而达到治疗目的。郑筱玲等[15]运用大黄䗪虫丸联合多种维生素治疗子宫肌瘤患者28例，对月经先后不定、时间长、有块、经色黯，经期腹痛、腰痛、面色晦暗、气血瘀结者，疗效显著。程梅英等[16]通过大黄䗪虫丸辅助药物流产观察200例患者效果，结果治疗组阴道出血量、阴道流血持续时间比对照组明显减少、缩短，差异有显著性。认为采用大黄䗪虫丸联合米非司酮配伍米索前列醇终止早孕，能缩短阴道流血时间，减少阴道流血量，降低不全流产率，且安全、经济，有广阔的应用前景。

乳腺增生病中医称“乳癖”，认为是由于肝郁气滞、痰瘀凝结、经络疏泄不畅等而发生乳房癖块、疼痛。肝、脾、肾不调为本，气郁、血郁、痰郁、热郁等为标，各郁均可阻于乳络形成乳癖。杨国清[17]用大黄䗪虫丸加小金丸治疗乳腺增生病50例，取得良好效果。大黄䗪虫丸活血通络，祛瘀生新，小金丸化痰祛湿、散结消肿、化瘀止痛，共奏调肝养血、化瘀祛痰、散结消肿、理气止痛作用，使内环境平衡，达气血充盛、调畅目的从而维护乳腺组织周期性的正常增生与复旧。梁珊等[18]用米非司酮配伍大黄䗪虫丸治疗异位妊娠取得良好疗效。大黄䗪虫丸主要用于血瘀证引起的癥瘕积聚。输卵管妊娠未破损型属癥证，用大黄䗪虫丸治疗异位妊娠药症相符，故能收到满意疗效。现代药理研究认为，活血祛瘀药能促进纤维组织软化和吸收，溶解血栓，改善微循环，诸药合用共同达到破血逐瘀、散结消癥之效。

四、皮肤科疾病

中医学认为，黄褐斑多与肝、脾、肾三脏有关，其主因是脏腑功能失调，气血不荣，脉络不畅，瘀而成斑。骆秀梅等[19]运用大黄䗪虫丸结合面部走罐治疗中重度黄褐斑，效果显著。大黄䗪虫丸具有祛瘀生新、缓中补虚、攻血养血之效，既能调整脏腑之功，又能疏通面部脉络之瘀滞，加之走罐增强了局部活血通络、祛瘀生新之功效，从而达到气血调和，肌肤得以濡养，瘀散斑消。李民等[20]运用大黄䗪虫丸联合消炎痛对急性单纯型结节性红斑60例进行对照治疗，结果证明大黄䗪虫丸联合消炎痛治疗急性单纯型结节性红斑有效，疗效明显优于单用消炎痛者，并能有效缩短临床痊愈时间。李红梅等[21]用大黄䗪虫丸联合维胺脂治疗重度痤疮179例，结果显示中西医结合组疗效明显高于对照组别。大黄䗪虫丸有活血化瘀、宣肺消痰、软坚散结、祛瘀通络的作用，可以抗菌、消炎、止痛，抑制角质化，减少瘢痕形成，并能促进瘢痕、结节及囊肿的吸收，治疗重度痤疮疗效满意。

五、五官科疾病

罗旭昇等[22]用加减大黄䗪虫丸抑制视网膜色素上皮细胞增殖、移行，结果显示大黄䗪虫丸可抑制 CRL-2302 细胞参与血管生成，认为脉络膜新生血管（CNV）所致眼底出血即干血虚劳“内有干血”和“两目黯黑”在眼底镜下的表现，提出 CNV 形成病机为“眼内干血为标，全身虚劳为本”的中医理论假说，并结合眼科特点组成方剂加减大黄䗪虫丸，用于治疗以 AMD 为主的 CNV 性疾病，取得了较好的疗效。

六、小结

综上所述，大黄䗪虫丸作为络病治疗的代表方剂，只要符合其络病发病机理，辨证施治，则能够广泛应用于内外妇儿、皮肤科等各科、各系统病症的治疗当中。大黄䗪虫丸疗效可靠，副作用较小，在治疗各科疾病中都获得良好的疗效，有其广阔的应用前景，值得进一步推广与发掘。

参考文献

[1] 吴以岭．络病学［M］．北京：中国中医药出版社，2006：169.

[2] 徐立昌，夏栋，范华君．大黄䗪虫丸治疗病毒性肝炎胆红素血症 70 例疗效观察［J］．黑龙江医药，2006，13（06）：369～370.

[3] 曹俭，左家明．大黄䗪虫丸治疗冠心病的探讨［J］．北京中医．1995，（5）：19～20.

[4] 邓建华．大黄䗪虫丸治疗不稳定性心绞痛临床观察［J］．中国中西医结合急救杂志，2003，10（1）：61.

[5] 闫虹．大黄䗪虫丸治疗室性早搏 38 例临床体会［J］．中国中医急症，2007，16（11）：1408～1409.

[6] 赵英宗，王大忠，孙士玲，等．加味大黄䗪虫丸治疗脑动脉硬化症的临床分析（二）［J］．河南中医药学刊，1995，10（6）：34～36.

[7] 吴兆东，朱海龙，王国斌，等．大黄䗪虫丸联合金水宝胶囊治疗慢性肾功能衰竭 53 例［J］．中国中医药信息，2005，12（2）：68～69.

[8] 杨韶华，王祥生，曹务礼．大黄䗪虫丸治疗慢性肾病综合征并急性肾功能衰竭疗效观察［J］．中国中医急症，2005，14（9）：843～844.

[9] 彭利晖，王三斌．大黄䗪虫丸治疗难治性特发性血小板减少性紫癜临床观察［J］．现代中西医结合杂志，2011，20（3）：308～309.

[10] 杨金玲，黄山，荣蓉．活血化瘀药对血脂的影响［J］．中国误诊学杂志，2007，7（3）：481.

[11] 郭伟光，姜德友．大黄䗪虫丸对大鼠静脉血栓形成模型 ET，6-keto-PGF1α 的影响［J］．中医药信息，2009，26（4）：47～48.

[12] 李帆．大黄䗪虫丸对糖尿病肾病蛋白尿的疗效观察［J］．海南医学，2007，18（6）：85.

[13] 王晓兵．大黄䗪虫丸治疗外伤性硬膜外血肿 16 例［J］．新中医，2007，39（7）：64～65.

[14] 李晓．大黄䗪虫丸治疗继发性闭经的疗效观察［J］．临床合理用药，2010，3（13）：46.

[15] 郑筱玲，王玉萍．大黄䗪虫丸和多种维生素联合治疗子宫肌瘤的疗效观察［J］．中国校医，2010，24（12）：943.

[16] 程梅英，李红，魏毅利．大黄䗪虫丸辅助药物流产的临床观察［J］．右江医学，2006，34（3）：255～256.

[17] 杨国清．大黄䗪虫丸加小金丸治疗乳腺增生病 50 例［J］．中国药业，2009，18（24）：57～58.

[18] 梁珊，毕秀霞，崔月梅．米非司酮配伍大黄䗪虫丸治疗异位妊娠疗效观察［J］．河北中医，2006，28（6）：449～450.

[19] 骆秀梅，姜维忠．大黄䗪虫丸结合面部走罐治疗中重度黄褐斑 42 例［J］．内蒙古中医药，2007，10：4.

[20] 李民，宋勋，高云路，等．大黄䗪虫丸联合消炎痛治疗急性单纯型结节性红斑疗效观察［J］．中国中西医结合皮肤性病学杂志，2010，9（2）：106～107.

[21] 李红梅，李荣．维胺脂联合大黄䗪虫丸治疗重度痤疮［J］．中国美容医学，2005，14（4）：487～488.

[22] 罗旭昇，吴星伟，顾青．加减大黄䗪虫丸抑制视网膜色素上皮细胞增殖、移行及其机制研究［J］．中国中医眼科杂志，2009，19（5）：249～254.

［《承德医学院学报》2012，29（1）：51］

当归芍药散治疗内科病方证治药规律的探讨

臧海洋　杨晓慧　江苏省新沂市中医院

赵云芳　河南中医学院

当归芍药散出自张仲景所著《金匮要略》，书中记载本方治疗妇人怀妊腹痛及妇人腹痛之证。后世医家将本方广泛地运用于妇科、内科、外科等多种疾病的治疗。近年来对本方的研究都集中在妇科病及药物剂量方面，本方在内科疾病的治疗较为广泛，但对其临床证治尚缺乏规律性研究。我们通过搜集古今文献中当归芍药散用于内科疾病治疗的155例医案，对其性别、年龄、诊断、临床表现、药物剂量、药物加减进行分析，以探讨当归芍药散治疗内科疾病的证候特点和用药规律。

一、材料与方法

1. 选案标准　所选用医案必须有确切的出处，且医案方证俱全。1）原方药味的限定：方以当归、芍药冠名，故病例方药中当归、芍药为必备之药；方中白术为臣，故白术亦为不可少的药物；泽泻在方中用量次之于君药，方中必须有当归、芍药、白术、泽泻4味药，川芎、茯苓可允许适当加减；2）加减药味的限定：建立了相似度的概念，并规定原方相似度≥0.5的病案可被选用。所用方剂中最少含有原方上4味药物。相似度 = X/T，其中X为处方中原方药味数（≥4），T为处方中原方药味数 + 增加药味数。

2. 资料来源　古医案来源于河南中医学院图书馆馆藏图书，如《古方医案选编》《古方今鉴》《经方临证指南》等21部医著，共搜集医案18例；杂志来源于《中文期刊全文数据库》《维普信息资源系统》，资料收集时间跨度为1979～2009年。收录的杂志《时珍国医国药》《中国中医基础医学杂志》《上海中医药杂志》《新中医》《四川中医》等46种杂志，搜集医案137例。

3. 研究方法　将所搜集到的医案的症状、诊断，参考《中医药学名词》[1]进行规范，运用Microsoft Excel软件建立数据库，数据库的字段包括性别、年龄、诊断、症状、药物剂量等，运用频数分析法、均数加减标准差（$\bar{x} \pm s$）进行探讨。

二、研究结果

1. 性别与年龄　在全部155例医案中，有性别记载者154例。其中男性患者65例占42.21%，女性患者89占57.79%；有年龄记载者152例，其中年龄3～15岁8例，平均（10.63 ± 4.31）岁，占5.26%，年龄16～25岁9例，平均（23.67 ± 5.60）岁，占5.92%，年龄26～45岁75例，平均（36.21 ± 6.23）岁，占49.34%，年龄46～60岁43例，平均（51.49 ± 3.92）岁，占28.29%，年龄61～79岁17例，平均（66.18 ± 4.65）岁，占11.19%。以26～45岁的女性人群为多见。

2. 症状及舌脉　经统计155例医案中共记载53种症状，症状共出现787次，平均症次为14.8次，将症次≥15次的作为基本症状，平均症数为5.1，取基本症状中前6个症状作为本方临床应用的主要指征，依次为食欲不振（77次占49.68%）、体倦乏力（63次占40.65%）、胁部不适（52次占35.55%）、大便稀溏（42次占27.1%）、双下肢浮肿（36次占23.23%）、小便量少（30次占19.35%）；次要指征为恶心呕吐（28次占18.06%）、胸闷（27次占17.42%）、腹痛（26次占16.77%）、颜面浮肿（25次占16.13%）、面色白（21次占13.55%）。

经统计155例医案中共记载5种舌质，取出现频次较高的前3个分别为淡舌（40次占25.8%）、淡红舌（35次占22.58%）、暗紫舌（24次占15.48%）；舌体以胖大舌为多见（32次占20.65%）；苔色以白苔为多见（101次占65.16%）；苔质方面滑腻苔（75次占48.39%），薄苔（40次占25.81%）。故以淡舌或淡红舌、白苔、滑腻苔或薄苔，胖大舌作为当归芍药散治疗内科疾病的主要舌象。

经统计155例医案中共记载19种脉象，弦脉（89次占57.42%）、细脉（68次占43.87%）、滑脉（30次占19.35%）、沉脉（30次占19.35%）、弱脉（16次占10.32%）；复合脉象中弦细脉（46次占29.68%）、弦滑脉（16次占10.32%）、沉弦脉（11次占7.10%）。故将弦、细、滑或弦细、弦滑作为当归芍药散作为治疗内科疾病的主要脉象。

3. 中西医诊断　文献若没有明确中医诊断的，根据其主诉进行中医病名诊断。在所研究的155例医案中涉及到32个病名诊断，将频次≥4次的排列如下：水肿（36次占23.23%）、眩晕（21次占13.55%）、腹痛（18次占11.60%）、泄泻（13次占8.39%）、头痛（10次占6.45%）、痹证（5次占3.23%）、鼓胀（5次占3.23%）、痢疾（5次占3.23%）、胁痛（5次占3.23%）、胃痛（4次占2.58%）。

经统计155例医案中共有108例医案有西医诊断，涉及到57个病名诊断，较为分散，故将频次≥4次的排列如下：慢性肾小球肾炎（15次占13.89%）、高血压病（6次占5.56%）、美尼尔氏综合征（5次占4.63%）、特发性水肿（5次占4.63%）、血管神经性头痛（5次占4.63%）、慢性肠炎（5次占4.63%）、肝硬化腹水（4次占3.70%）。综观所有的诊断可概括为泌尿系统、心血管系统、神经系统、消化系统、内分泌系统。

4. 常用药物　155 例医案中除 23 例没有表明所用具体的药物名称及剂量外，其余 132 例中所用原方药物、出现频数及剂量变化见表 1。

表 1　132 例医案药物应用分布情况

药物	出现频次（次）	病例数（例）	最小剂量（g）	最大剂量（g）	平均剂量
当归	132	132	5	30	11.79 ±3.53
赤芍	28	132	9	30	14.43 ±6.72
白芍	117	132	8	50	17.61 ±8.03
川芎	128	132	5	30	10.03 ±4.61
白术	132	132	6	30	13.48 ±4.14
茯苓	131	132	6	40	15.44 ±6.09
泽泻	132	132	6	50	14.5 ±7.05

5. 常用加味药物　当归在《中华人民共和国药典》[2] 中的法定剂量 6 ~ 12g，在符合统计分析纳入标准的医案中，使用当归共 132 例，6 ~ 12g 100 例，占 75.76%；赤芍法定剂量 6 ~ 12g，统计的医案中，使用赤芍共 28 例，6 ~ 12g 17 例，占 60.71%；白芍法定剂量 6 ~ 15g，统计的医案中，使用白芍共 117 例，6 ~ 15g 65 例，占 55.56%；川芎法定剂量 3 ~ 9g，统计的医案中，使用川芎共 128 例，3 ~ 9g 60 例，占 46.88%，9 ~ 15g，62 例，占 48.44%；白术法定剂量 6 ~ 12g，统计的医案中，使用白术共 132 例，6 ~ 12g 78 例，占 59.09%；茯苓法定剂量 9 ~ 15g，统计的医案中，使用茯苓共 131 例，9 ~ 15g 100 例，占 76.34%；泽泻法定剂量 6 ~ 9g，统计的医案中，使用泽泻共 132 例，6 ~ 9g 13 例，占 9.85%，9g ~ 20g 100 例，占 75.76%。132 例医案中经统计加味药物为 130 味，将出现频数≥5 的医案列于表 2。

将以上加减药物按照药物属性进行分类，依照出现频次的高低分别为补气药（73 次）以甘草（25 次）、黄芪（18 次）、党参（15 次）为多见，理气药（71 次）以陈皮（13 次）、柴胡（12 次）、郁金（8 次）为多见，活血化瘀药（55 次）以丹参（13 次）、益母草（10 次）、牛膝（8 次）为多见，渗湿利水药（47 次）以车前子（11 次）、白茅根（6 次）、大腹皮（5 次）为多见，清热药（35 次）以黄柏（5 次）、黄芩（3 次）、葛根（3 次）为多见，温里药（29 次）以桂枝（9 次）、生姜（6 次）、炮姜（3 次）为多见，化痰药（24 次）以半夏（12 次）、菖蒲（4 次）、远志（3 次）为多见。

表 2　当归芍药散治疗内科疾病常用加味药物出现的频次

药物	次数	药物	次数	药物	次数	药物	次数
甘草	37	薏苡仁	11	枳壳	6	砂仁	5
黄芪	18	益母草	10	防风	6	香附	5
陈皮	13	桂枝	9	生姜	6	木香	5
丹参	13	郁金	8	山药	6	黄柏	5
党参	12	牛膝	8	白茅根	5	苍术	5
半夏	12	泽兰	7	大腹皮	5	桑寄生	5
柴胡	12	车前子	6	枳实	5	……	……

三、讨论

1. 当归芍药散证的发病特征　在全部 155 例医案中，有性别记载者 154 例。其中男性患者 65 例占 42.21%，女性患者 89 例占 57.79%，提示发病女性为多。在全部 155 例医案中，有年龄记载者 152 例，发病年龄在 26 ~ 45 岁，平均（36.21 ± 6.23）岁，占 49.34%，提示多为成年人。初步分析这种情况可能是人生在该年龄阶段处在较为复杂的家庭，社会环境的压力，易出现情志不遂，久之肝气不疏，横犯脾土，渐久脾虚生湿，形成肝脾失调的病理特点，同时女性与其本身的生理特点有关，发育成熟，进入生育年龄，故中年女性尤为多见。

2. 当归芍药散证的病变证机

（1）当归芍药散证的内科应用指征　主要指征：食欲不振、体倦乏力、胁部不适、大便稀溏、双下肢浮肿、小便量少。次要指征：恶心呕吐、胸闷、腹痛、颜面浮肿、面色白。主要舌象：淡舌或淡红舌、白苔、滑腻苔或薄苔，胖大舌。脉象：弦、细、滑或弦细、弦滑。统计中出现频数较多的症状多因脾虚湿蕴，兼见肝郁气滞所致。选用本方时应抓住主要指征中的脾系证候和肝系证候及舌脉，结合次要指征。但临床中本方的主要指征、次要指征、舌脉不可能在同一患者身上同时出现，应根据主证、兼证及舌脉之间的内在联系，结合方证的结构掌握本方的适应症。

（2）当归芍药散证的病机　食欲不振、体倦乏力为本方证统计中出现频次较高的证候，但临床上缺乏特异性，多个方证中皆可出现，必须结合胁部不适这一症状，才能揭示当归芍药散方证的特点，故本方的病机为脾虚湿蕴，肝郁气滞。本方有2组药，一组药入脾经气分健脾利水，一组入肝经血分，养肝理气。可测知本方治疗以脾肝为病变脏腑，以湿蕴血虚、气滞血瘀病变证候的多种内科疾病，如水肿、眩晕、腹痛、泄泻等内科疾病，相当于现代医学的慢性肾小球肾炎、高血压病、美尼尔氏综合征、特发性水肿等泌尿系统、心血管系统、神经系统、消化系统的疾病。

（3）当归芍药散方药　临床中芍药包括白芍与赤芍两种，在仲景方中并不分类，统称芍药。其中白芍主治急痛，尤以脚挛急、腹中急痛、身疼痛为多。《本经》谓："芍药主邪气腹痛，除血痹，破坚积，寒热疝瘕，止痛，利小便，益气。"本研究中芍药共出现145次，其中白芍出现117次，赤芍出现28次，白芍赤芍共用出现11次。《伤寒论》成书与《本经》年代相近，二者在主治方面有较多的相同描述，故可认为仲景所用的芍药即是白芍。赤芍味苦性寒，为凉血去瘀之品。《本草经疏》谓："木芍药色赤，赤者主破散，主通利，专入肝经血分，故主邪气腹痛。"据统计表明：运用白芍的医案中，所致的病证多表现为肝郁证，病机多为肝郁血虚，白芍具有养血柔肝，缓急止痛之功效，同时若见大便稀溏时芍药适当减量；运用赤芍的医案中，多表现瘀血，或兼热象为多，赤芍具有活血散瘀，清热之功效；二者皆用者，多表现为肝郁、血虚、瘀血、热象症状。在应用时应根据临床的证候特征选用。

将统计结果中药物使用剂量与《药典》规定的参考剂量相比较，其中当归、白芍、赤芍、白术、茯苓使用剂量一半以上在《药典》规定的参考剂量之内。而川芎、泽泻只有46.88%、9.85%在《药典》规定的参考剂量之内，但临床常用剂量已高于《药典》规定的参考剂量，川芎用量9～15g，占48.44%；泽泻用量9～20g，占75.76%。出现这种情况可能是由于《药典》作为临床法定用药参考书，考虑临床多种因素，限定其药物使用的安全剂量。结合统计结果中的常用剂量，平均剂量及《药典》规定的剂量，归纳出本方临床常用药量范围当归为6～15g、白芍为6～25g、赤芍为6～21g、白术为6～17g、泽泻为9～21g、茯苓为9～21g、川芎为3～14g。临床应根据证候的轻重适当选用药物剂量。

药物选用紧扣本方的病变证机脾虚湿蕴，肝郁气滞。脾虚日久导致血亏，肝郁日久导致血瘀，湿郁化热等复杂的病理变化。将加减的药物大体上可归为两类，一类为补气药、温里药、渗湿利水药、化痰药等，入脾经具有健脾、渗湿、温中、化痰功效；另一类为理气药、活血化瘀药、清热药等，入肝经血分具有疏肝、理气、活血、清热作用。补气药常用甘草、黄芪、党参；渗湿利水药常用车前子、白茅根、大腹皮；温里药常用桂枝、生姜、炮姜；化痰药常用半夏、菖蒲、远志；理气药常用陈皮、柴胡、郁金，活血化瘀药常用丹参、益母草、牛膝，清热药常用黄柏、黄芩、葛根。根据临床证候的特点适当选用药物加减，加强其疗效。

参考文献

[1] 全国科学技术名词审定委员会. 中医药学名词 [M]. 北京：北京科学技术出版社，2005：8～140.

[2] 国家药典委员会. 中华人民共和国药典 [M]. 北京：化学工业出版社，2000：31～193.

[《世界中医药》2012，7（1）：65]

当归四逆汤的应用和实验研究进展

王国明　沧州医学高等专科学校
张永健　河北医科大学

当归四逆汤出自张仲景《伤寒论》，原方由当归三两，桂枝三两（去皮），芍药三两，细辛三两，甘草二两（炙），通草二两，大枣二十五个（擘，一法十二个）组成。该方原治厥阴伤寒，为素体血虚、寒凝经脉所致之证而设。名医陈元首肯此方，认为只要符合血虚寒凝的病因病机，皆可投用此方。临证运用常以肢冷、懒言、舌淡、脉沉细等为辨证要点。该方虽已逾千年，但由于其组方严谨、配伍精良、功效卓越等特点，在临床上应用甚为广泛。

一、临床应用

（一）内科疾病

1. 消化性溃疡　该病在中医虽属“胃脘痛”范畴，赵远红[1]认为消化性溃疡的脉象与当归四逆汤主证脉候相近，方以当归四逆汤加味治疗消化道溃疡138例，另设对照组102例口服雷尼替丁、阿莫西林、果胶铋胶囊。结果2组患者疗效有显著性意义，治疗组优于对照组。

2. 肺心病　属于中医“肺胀”“心悸”范畴。赵晓薇[2]认为本病属本虚标实之症，本虚为肺、脾、肾三脏俱虚，继则影响到心，故在治疗上，选用当归四逆汤及泻肺平喘的葶苈大枣泻肺汤，结果疗效显著。

3. 糖尿病神经病变　赵丹[3]认为该病主要病因病机为阴损及阳，阳虚寒凝，瘀阻脉络，不通则痛，脉滞则肢体失养。予当归四逆汤辨证加减治之，30例患者中显效11例，有效16例，无效3例，总有效率90%。

4. 多发性神经炎　临床表现多以四肢远端对称性分布的感觉、运动和营养障碍为主，属中医“麻木”“痹证”的范畴。赵新爱等[4]以当归四逆汤加味治疗多发性神经炎36例，结果总有效率达91.7%。王莉等[5]亦有相似报道。

5. 胸痹　该证是以胸部窒息疼痛为主症的一种疾病，其基本病机是本虚标实。杨传印[6]认为本虚为气血阴阳亏损，标实为痰浊瘀血阻滞。其应用当归四逆汤治疗寒凝心脉型冠心病42例，总有效率为90.5%。袁安冬等[7]亦有类似报道。

6. 血栓闭塞性脉管炎　中医称之为脱疽，黄根华[8]以当归四逆汤为主方，按各临床症状加减，或以益气养血、温阳散寒、活血通脉止痛为主，或以清热解毒、活血化瘀、利湿消肿止痛为主。结果治疗寒凝血瘀型30例患者，总有效率为100%，脉络热毒型13例患者，总有效率亦达84.6%。

7. 雷诺氏病　该病由血管神经系统功能紊乱引发，是一种少见而难治的周围血管病，应属中医厥证中“寒厥”“血痹”的范畴。孙国香[9]认为本病的基本治则应为散寒补气、活血通经，遂用当归四逆汤合补阳还五汤治疗本病。结果，治疗组总有效率高达90.3%，对照组总有效率仅为61.3%。

8. 其他疾病　此外，以当归四逆汤为主方还可治疗缓慢性心律失常[10]、窦房结综合征[11]、下肢静脉栓塞[12]，血小板减少性紫癜[13]、闭塞性动脉硬化[14]、三叉神经痛[15]、肢端感觉异常[16]、有机磷中毒后迟发性神经病变[17]、甲状旁腺功能低下症[18]、便秘[19]、痉挛性结肠炎、痢疾[20]、顽固性面神经炎霉菌性肠炎[21]、手足发绀症[22]、手足冰凉症[23]等内科疾病。

（二）外科疾病

1. 骨折后期肢端肿胀　中医认为骨折损伤后，由于血溢脉外，致脉道不通，阳气受阻，血瘀日久，化为痰水，寒水与瘀血互结，肿胀长期不消。马德华[24]选取四肢骨折后期肢端肿胀证属血虚寒凝者45例，辅以当归四逆汤加味治疗，结果痊愈30例，有效10例，无效5例，效果理想。

2. 骨折延期愈合　该证通常由于骨折断端间存在不利于骨折愈合的应力干扰、感染、过度牵引、粗暴或反复多次的整复、不合理的固定、不正确的功能锻炼、手术操作的干扰等原因造成。黄家云[25]用阳和汤合当归四逆汤加味治疗42例患者，结果仅2例无效，效果十分理想。

3. 颈椎病　陈扬声等[26]以当归四逆汤为基本方加减，兼有头痛者加钩藤、天麻、川芎，兼有手臂麻痹者加僵蚕、羌活、独活、制川乌、黄芪，同时每位患者在服药中配以隔天颈部手法按摩和斜扳手法调整颈部关节对颈部血管的压迫。结果45例患者中总有效率为93.3%。

4. 肩周炎　台银科等[27]对60例肩周炎患者以当归四逆汤基本方为主加减（气虚明显加黄芪，遇寒疼痛加重者加制川乌，疼痛固定、活动明显受限者加丹参、姜黄，疼痛游走不定、风邪较重者加威灵仙、防风）治疗后发现，总有效率高达96%。刘渝松[28]亦有相似报道。

5. 手术后肠粘连　中医认为，术后肠粘连是由于手术损伤失血，脉络受损，伤及正气导致气血亏虚，肠管暴露过久，寒邪侵袭，气血运行不畅，导致气血瘀滞，肠道通降失常。张晔等[29]认为本病气血亏虚为本，腑气不通为标，治疗上宜攻补兼施，温通消导，主张以当归四逆汤基本方为主加味（便秘加酒大黄，腹胀加莱菔子、厚朴）治疗，结果总有效率为92.5%。

6. 其他疾病　此外，以当归四逆汤为主方在治疗膝骨性关节炎[30]、强直性脊柱炎[31]、关节僵硬[32]、腰椎间盘突出症[33]、肥大性脊椎炎[34]、网球肘[35]、骨质增生症[36]、足胫肿[37]以及预防下肢创伤骨折术后深静脉血栓的形成[38]、坐骨神经痛[39]、老年颈肩腰腿痛[40]等方面也有确切疗效。

（三）妇科疾病

1. 痛经　原发性痛经是指在经期前后或经期出

现小腹痉挛性疼痛，伴全身不适的症状，属于“经行腹痛”的范畴。齐峰等[41]用当归四逆汤加味治疗原发性痛经 67 例，结果总有效率高达 97%，仅 12.3% 的患者复发。姬淑琴[42]对 50 例患者研究指出，痛经多因青春期少女处于生长发育阶段营血不足，血虚不能荣于脉中，四末失去温养，又加之普遍贪食冷饮，或经行时淋雨涉水等，外受寒邪，气血被寒邪所遏，以致阴阳之气不相顺接，形成血虚寒凝证，使寒湿之气侵入冲任二脉，凝滞胞宫发为痛经，采用当归四逆汤加味治疗效果良好。

2. 闭经　张宽智等[43]对 77 例寒湿凝滞性闭经患者予以当归四逆汤并酌情加味治疗（寒甚者加制附子、干姜，湿重带下量多者加苍术、茯苓，瘀血明显者加莪术、红花、炮山甲，气滞者加香附、青皮，腹痛者加生蒲黄、延胡索，腰痛者加川续断、杜仲），结果痊愈 42 例、好转 27 例、无效 8 例。

3. 月经周期性水肿　王新[44]用当归四逆汤加味对 34 例月经周期性水肿患者治疗 2 个疗程，结果治愈 28 例，治愈率达 82%。徐淑华等[45]以温经散寒、行气活血、利水为治则，予当归四逆汤加味治疗月经周期性水肿 39 例，结果治愈率亦达 82%，疗效甚佳。

4. 慢性盆腔炎　该证属中医的“寒湿”“湿热下注”“内痈”“癥瘕”等范畴。据孙炳文[46]对 76 例患者的临床观察发现，该证多因湿热邪侵诱发，以致湿热内蕴，寒湿内生，气滞血瘀，冲任受阻而凝聚下焦。以当归四逆汤加味来治疗该病，结果总有效率达 94.7%。

5. 其他疾病　此外，在乳房静脉炎[47]、子宫内膜异位症[48]、尿道炎后综合征[49]、经期头痛[50]等妇科疾病的治疗中亦有应用本方的报道。

6. 风湿性疾病　此类疾病属中医“痹症”范畴。痹证的发病多因人体虚弱，阳气卫外不固，风寒湿邪乘虚而入，留于肌肉、经络、关节，引起气血闭阻，流通不畅，发生疼痛、酸麻、沉重、屈伸不利等证。白清林[51]通过对 80 例类风湿关节炎患者的治疗中发现，以当归四逆汤合独活寄生汤治疗该病不仅可明显地缓解病症，还可有效保护关节功能，防止关节的破坏，提高患者的生活质量。孙建平[52]亦报道以当归四逆汤加味治疗类风湿关节炎疗效确切。李文梅等[53]研究发现用当归四逆汤加味治疗风湿性关节炎、类风湿性关节炎，强直性脊柱炎及痛风性关节炎等 80 例患者，总有效率为 82.3%，效果较理想。

（四）皮肤病

1. 荨麻疹　该证系由不同原因所致的一种皮肤、黏膜血管反应性疾病，伴局部瘙痒性水肿、风团。龚智平等[54]认为治疗该病应结合邪正盛衰随证加减当归四逆汤，并可加入荆芥、蝉蜕，灵活化裁。结果治疗 55 例，效果确切。邓婧靓[55]亦有相似报道。

2. 冻疮　是一种由寒冷所致的末梢部位局限性、炎症性皮肤病。杨兴无等[56]用当归四逆汤加味吴茱萸等治疗手足部冻疮未溃烂患者，效果显著。郭虎军[57]认为非冻结性冷伤与体质有关，多为素体血虚，阳气不足，外受寒邪，血脉不畅，经络凝滞所致，但可针对血虚、阳虚、寒邪的轻重区别，加减用药和调整用药剂量。他用当归四逆汤加减治疗冻疮 120 例，治愈率 82.50%，总有效率达 95.00%，临床效果明显。

3. 皲裂　郭丕春[58]经研究认为皲裂是血虚寒凝的另一种表现，或是血虚寒凝的进一步发展，亦是或血虚寒凝的重证。他用当归四逆汤随证加减内服治疗皲裂 54 例，治愈率达 93%，效果理想。

4. 硬皮病　该病是一种以炎症性、纤维性和退行性变为主要特征的慢性进行性全身硬化症，属中医的“皮痹”“麻木”等范畴。方思远等[59]针对本病病因病机拟定壮肾助阳，温经散寒，养血通脉。选用当归四逆汤加味治疗，15 例患者中 8 例痊愈，5 例好转，2 例无效。

5. 其他疾病　用当归四逆汤加减还可治疗小儿睾丸鞘膜积液[60]、偏头痛[61]、新生儿硬肿症[62]、阴部冰冷或冷汗不止[63]、隐睾症[64]、慢性附睾炎[30]、阳痿[65]、阴缩[66]、前列腺肥大[67]、尿路结石[68]、系统性硬化症[69]、无脉症[70]、放射性口腔炎、咽炎[71]、不宁腿综合征[72]等。

二、药理研究

1. 抗凝、抗血栓　黄芳等[73]通过实验研究发现小鼠口服当归四逆汤后，能显著延长凝血时间、凝血酶原时间、血浆复钙时间，表明该方具有抗凝作用；并通过血小板聚集试验及血栓形成试验证明当归四逆汤能抑制大鼠血小板聚集以及大鼠动-静脉旁路的血栓形成。

2. 降低血液黏滞度　张雅丽等[74]研究指出加味当归四逆汤可显著降低家兔的全血黏度和血浆黏度；黄芳[73]亦证实大鼠口服当归四逆汤后全血比黏度显著降低。

3. 扩血管　游国雄等[75]证实家兔口服当归四逆汤后，两耳小血管扩张充血，数量明显增多，且维持时间较长，表明该方确能够扩张末梢血管，改善血液循环。

4. 镇痛抗炎　窦昌贵等[76]对小鼠以当归四逆汤灌胃后，发现腹腔注射酒石酸锑钾所致小鼠扭体反应和电刺激致痛嘶叫反应均显著抑制，表明该方有镇痛作用；对巴豆油所致小鼠耳廓肿胀和角叉莱胶所致大鼠足跖肿胀均有抗炎消肿作用。

5. 抑制子宫肌的收缩　彭蕴茹等[77]通过研究大鼠离体子宫平滑肌的收缩，发现当归四逆汤能有效抑制缩宫素引起的子宫肌条的收缩频率、幅度和活动力，尤其对收缩频率和活动力的影响更为显著，从而强烈对抗缩宫素引起的子宫痉挛。

参考文献

[1] 赵远红．当归四逆汤加味治疗消化性溃疡138例临床观察［J］．中国全科医学，2002，5（5）：399.

[2] 赵晓薇，董建勇．葶苈当归四逆汤治疗慢性肺心病体会［J］．中国中医药信息杂志，2002，9（4）：80.

[3] 赵丹．当归四逆汤治疗糖尿病末梢神经病变30例［J］．吉林中医药，2006，26（4）：28.

[4] 赵新爱，叶书敏．当归四逆汤加味治疗多发性神经炎36例［J］．中医杂志，2003，44（4）：284.

[5] 王莉，乌日娜．当归四逆汤的临床应用［J］．医学信息，2010，23（1）：255.

[6] 杨传印．当归四逆汤治疗寒凝心脉型冠心病42例［J］．河南中医，2005，25（9）：17.

[7] 袁安冬，王炅睿．当归四逆汤临床新用［J］．湖北中医杂志，2007，29（9）：45.

[8] 黄根华．当归四逆汤治疗脱疽46例［J］．江西中医药，2008，39（12）：26.

[9] 孙国香．补阳还五汤合当归四逆汤治疗雷诺病31例［J］．浙江中医药大学学报，2010，34（4）：532.

[10] 任尔济，许祥云．当归四逆汤治疗缓慢性心律失常30例［J］．中国医学理论与实践，2000，2（2）：202.

[11] 刘维，刘柏炎，黄加友．当归四逆汤加味治疗心阳瘀阻型病态窦房结综合征30例［J］．湖南中医学院学报，2001，21（3）：53.

[12] 王联庆，张锐，张辉．当归四逆汤治验举隅［J］．江苏中医药，2005，26（10）：35.

[13] 袁安冬，王炅睿．当归四逆汤临床新用［J］．湖北中医杂志，2007，29（9）：45.

[14] 金鑫，尹小星．当归四逆汤临床应用举隅［J］．吉林中医药，2008，28（6）：440.

[15] 丁宇丽．当归四逆汤临床新用举隅［J］．吉林中医药，2004，24（5）：51.

[16] 尤其亮．当归四逆汤的临床应用［J］．江苏中医药，2007，4（11）：214.

[17] 张聚府，张志远．当归四逆汤治疗有机磷杀虫药中毒后迟发性周围神经病变25例［J］．新中医，2002，34（3）：56.

[18] 李书香．当归四逆汤加减治疗疑难病举隅［J］．河南中医，2005，25（1）：17～18.

[19] 冯雅莉．当归四逆汤加减治验举隅［J］．实用中医药杂志，2006，22（9）：570.

[20] 张佩江．当归四逆汤的临床应用4则［J］．中国医药指南，2009，7（14）：79～80.

[21] 张炉高．当归四逆汤治疗霉菌性肠炎21例［J］．浙江中医杂志，1987（2）：59.

[22] 胡少林．当归四逆汤治疗手足发绀症26例［J］．江西中医药，2009，40（12）：51.

[23] 方华．当归四逆汤加味治疗手足冰凉症32例［J］．中医药临床杂志，2010，22（7）：601.

[24] 马德华．当归四逆汤加味治疗骨折后期肢端肿胀45例［J］．北京中医药大学学报，1998，21（4）：39.

[25] 黄家云．阳和汤合当归四逆汤治骨折延迟愈合42例［J］．江西中医药，2002，33（1）：37.

[26] 陈扬声，阮经文．当归四逆汤配合斜扳手法治疗椎动脉型颈椎病45例［J］．新中医，2007，39（1）：52.

[27] 台银科，王春花．当归四逆汤加味治疗肩周炎60例临床观察［J］．宁夏医学杂志，2008，30（1）：79～80.

[28] 刘渝松．当归四逆汤治肩周炎［N］．中国中医药报，2010，7（14）：1.

[29] 张晔，焦全海．当归四逆汤加减治疗术后肠粘连53例［J］．现代中医药，2007，27（6）：40～41.

[30] 谭华儒，李良明，胡慧泉．异病同治验案［J］．时珍国医国药，2008，19（2）：517～518.

[31] 弓臣，夏群，赵廷虎．当归四逆汤加味治疗强直性脊柱炎30例［J］．实用中医内科杂志，2007，21（9）：68.

[32] 蒙丽华，陈洲．当归四逆汤临床治验三则［J］．中国民间疗法，2009，17（11）：30～31.

[33] 任志翔．当归四逆汤加味治疗肥大性脊椎炎24例［J］．湖南中医杂志，1988，4（1）：45.

[34] 庞仲常，张卫民．当归四逆汤加味外洗治疗网球肘120例［J］．中医外治杂志，2002，11（1）：48.

[35] 周文涛．当归四逆汤加味治疗骨质增生症28例［J］．湖南中医杂志，2000，16（3）：31.

[36] 童刘章．当归四逆汤治疗足胫肿66例体会［J］．中国中医药科技，2001，8（3）：204.

[37] 王磊，吕发明，李冰．当归四逆汤预防下肢创伤骨折术后深静脉血栓形成的临床研究［J］．新疆中医药，2006，24（6）：22～25.

[38] 庾伟中．当归四逆汤加减治疗肩周部创伤中后期顽固性疼痛及关节僵硬54例［J］．按摩与导引，2006，22（2）：33.

[39] 周珍达．当归四逆汤加味配合针灸治疗坐骨神经痛48例［J］．四川中医，1997，15（7）：31.
[40] 林小武，钟艳兰．加味当归四逆汤外洗治疗老年颈肩腰腿痛120例［J］．中医外治杂志，2004，13（4）：5.
[41] 齐峰，邱昌龙，杨小溪．当归四逆汤治疗原发性痛经67例［J］．江西中医药，2009，40（8）：41.
[42] 姬淑琴．当归四逆汤加味治疗原发性痛经50例［J］．福建中医药，2006，37（6）：41.
[43] 张宽智，刘敏．当归四逆汤治疗女性寒湿凝滞闭经77例［J］．湖北中医杂志，1995，17（1）：47.
[44] 王新．当归四逆汤加味治疗月经周期性水肿34例［J］．四川中医，2002，20（3）：56.
[45] 徐淑华，董坚．当归四逆汤加味治疗月经周期性水肿39例［J］．现代中西医结合杂志，2010，19（23）：2938～2939.
[46] 孙炳文．当归四逆汤加味治疗慢性盆腔炎76例［J］．陕西中医，1995，16（12）：533.
[47] 蔺璐，郑玉．加味当归四逆汤治疗乳房静脉炎75例［J］．河南中医药学刊，2000，15（5）：32.
[48] 李书香．当归四逆汤加减治疗疑难病举隅［J］．河南中医，2005，25（1）：17～18.
[49] 刘绍先，刘爱华．自拟黄芪当归四逆汤治疗尿道炎后综合征的临床观察［J］．中华医学研究杂志，2005，5（11）：1169.
[50] 林珍莲．当归四逆汤治疗经期头痛100例－附头痛片治疗30例对照［J］．浙江中医杂志，2000，35（10）：423.
[51] 白清林，冯喜如．当归四逆汤合独活寄生汤治疗类风湿关节炎［J］．中医正骨，2005，17（10）：23～24.
[52] 孙建平．当归四逆汤加味治疗类风湿关节炎167例［J］．河北中医，2004，26（1）：57.
[53] 李文梅，夏强．当归四逆汤加味治疗痹证80例［J］．陕西中医，2004，25（6）：540.
[54] 龚智平，谭震荣．当归四逆汤治疗荨麻疹55例［J］．四川中医，2000，18（2）：37.
[55] 邓婧靓，陈明岭，彭水平．当归四逆汤治疗冷荨麻疹1例［J］．山西中医，2010，26（9）：23.
[56] 杨兴无，郭瑜．当归四逆汤加味外用治疗冻疮［J］．临床合理用药，2009，2（13）：18.
[57] 郭虎军．当归四逆汤治疗冻疮120例［J］．中医杂志，2010，51（增刊）：88.
[58] 郭丕春．当归四逆汤治疗皲裂54例［J］．时珍国医国药，2005，16（12）：1286.
[59] 方思远，方振千．当归四逆汤治疗硬皮病15例［J］．广州医药，2003，34（4）：66～68.
[60] 杨生科．当归四逆汤治疗小儿睾丸鞘膜积液举隅［J］．实用中医药杂志，2000，16（11）：46.
[61] 马景智．当归四逆汤治疗偏头痛48例［J］．湖北中医杂志，2004，26（12）：38.
[62] 李凤云．中西医结合治疗新生儿硬肿症46例［J］．河南中医药学刊，1998，13（4）：39.
[63] 崔亚萍，姜虎．当归四逆汤治疗男性病［J］．陕西中医学院学报，2000，23（4）：40.
[64] 张清旺．经方加减治疗疝病举隅［J］．河南中医，2005，25（7）：14.
[65] 崔亚萍，姜虎．当归四逆汤治疗男性病［J］．陕西中医学院学报，2000，23（4）：40.
[66] 刘东升．当归四逆汤加吴茱萸汤治疗阴囊挛缩症［J］．中国社区医师，2005，7（19）：55.
[67] 张辉．当归四逆汤加味治疗前列腺肥大42例［J］．云南中医中药杂志，1998，19（4）：15.
[68] 刘侠．从肝寒论治尿路结石40例［J］．四川中医，2002，20（4）：40.
[69] 纪伟．当归四逆汤加减治疗系统性硬化症的体会［J］．北京中医，1997，16（5）：19.
[70] 王永梅．当归四逆汤治疗无脉症1例［J］．疑难病杂志，2003，2（2）：110.
[71] 刘秋琳，孟芹，迟玉华．当归四逆汤防治放射性口腔炎、咽炎的临床研究［J］．中国实用医药，2007，2（32）：24.
[72] 武宏．当归四逆汤治疗不宁腿综合征45例［J］．四川中医，2006，24（10）：65～66.
[73] 黄芳，黄罗生，成俊．当归四逆汤活血化瘀作用的实验研究［J］．中国实验方剂学杂志，1999，5（5）：31～33.
[74] 张雅丽，谢连生，贺明．加味当归四逆汤对高沾滞血症影响的实验研究［J］．贵州医药，2001，25（12）：1132～1133.
[75] 游国雄，罗树明．当归四逆汤防治偏头痛52例的疗效和机理研究［J］．中华医学杂志，1981（1）：57.
[76] 窦昌贵，成俊，黄芳．当归四逆汤镇痛抗炎作用的实验研究［J］．中国实验方剂学杂志，1999，5（5）：38.
[77] 彭蕴茹，窦昌贵．当归四逆汤对大鼠离体子宫肌收缩活动的影响［J］．中药药理与临床，2000，16（5）：11～1.

［《现代中西医结合杂志》2012，21（13）：1479］

当归四逆汤临床治验举隅

吴　钢　陈　轼　何　云
澳门科技大学中医药学院
陈晓虎　江苏省中医院

当归四逆汤出自张仲景之《伤寒论》：“手足厥

寒，脉细欲绝者，当归四逆汤主之。”原文由当归、桂枝（去皮）、芍药、细辛各三两，甘草（炙）、通草各二两，大枣二十五枚组成。本方养血散寒，温经通脉。临床多用于厥阴伤寒，血脉凝涩，手足厥寒，脉细欲绝；或肠鸣腹痛，下利不止；或阴颓疝气，睾丸掣痛，牵引少腹等症。笔者有幸随师陈晓虎研习，其尤擅诊治心脑血管病，独具中医药特色，辨证得当，每获良效，兹将吾师在临床中应用当归四逆汤加减治疗心血管病见效之典型病例介绍如下。

案例患者王某，女，79 岁，2010 年 5 月 22 日初诊。主诉：四肢肘、膝关节以下发凉 4 年余，加重 1 周。病史：患者 2010 年 3 月因“胸闷胸痛间作 4 年余，加重伴心慌气喘 1 天”入住江苏省中医院心内科，检查提示血常规、血生化及糖脂系列、凝血全套、心肌酶谱、肌钙蛋白（－）；BNP：1518pg/ml；冠状动脉造影术示：左前降支弥漫性病变，近中段可见 70% ~80% 管腔狭窄，右冠状动脉近端可见 60% 管腔狭窄，中远段见弥漫性病变，可见 80% 左右管腔狭窄；心脏彩超：LAD：43mm，LVIDd55mm，LVIDs49mm，RVDd：25mm，RADd：35mm，FS：11%，EF：23%（Simpson 法：27%），超声诊断：左房、左室增大，二、三尖瓣关闭不全，微量心包积液，心功能不全；动态心电图：(1) 异位心律，(2) 心房纤维颤动，(3) 室性早搏 27 次，(4) ST－T 改变。西医诊断：1. 冠心病（缺血性心肌病；急性左心衰；心功能Ⅱ级；心房纤维颤动）；2. 扩张型心肌病；中医诊断：胸痹，证属心肾阳虚。治疗上以利尿、改善心功能、扩冠、抗血小板、调脂稳定斑块、控制心室率等对症治疗后症状缓解，出院后继续药物强化治疗情况尚可。患者诉近 1 周来患者四肢厥冷，肘、膝关节以下冰冷，夜间更甚冰冷至发麻、无知觉，用热水袋焐尚不能缓解，手足心冷汗淋漓，胸背部时有隐痛，乏力，近 1 周加重并伴有腹胀、食入即吐，舌质淡边有齿印，苔白腻，脉细微欲绝。查体：T：36.5℃，P：86 次/分，BP：117/80mmHg，两肺呼吸音清，心律不齐，未闻及明显的病理性杂音，双下肢不肿，查心肌酶谱、肌钙蛋白（－）；心电图：心房纤维颤动，STⅡ、V6 下移 0.05mv，TⅡ、Ⅲ、avF、V6 低平。西医诊断：1. 冠心病；2. 扩张型心肌病；中医诊断：胸痹，证属血虚寒厥证。治以温经散寒，益气养血通脉，予以当归四逆汤加减，处方 5 剂：当归 12g，芍药 9g，桂枝 9g，炙甘草 6g，通草 6g，细辛 3g，大枣 8 枚，吴茱萸 8g，生姜 15g，每日 1 剂浓煎，清酒半两和水共煮，患者若食入即吐，小口啜饮之，吐出继服。

5 月 27 日患者复诊：诉第一天服用上药后吐出后继续服用，药效明显，半小时服完后患者手足开始转温至腕、踝关节，手脚有知觉，2 剂后手足恢复至正常温度，吐亦止，诸症消失，续服 5 剂，随访 3 月症状未有复发。

按　吾师治疗心血管疾病时，尤其注重恢复心之功能，《内经》：“心者，生之本，神之变也，其华在面，其充在血脉。”“心者，五藏六腑之主也。”《素问·痿论篇》说：“心主身之血脉。”除了这些，《内经》又说“经脉流行不止，环周不休”“心主脉”“诸血者皆属于心”“心为运血之器”“五十营周于身”，因此吾师认为，胸痹患者心之功能降低，血脉不充，君主之地位动摇，更易发生血虚寒厥之证。

而关于厥证，《伤寒论》的描述如下：“凡厥者，阴阳之气不相顺接，便为厥。厥者，手足逆冷是也。”而“寒厥之为寒也，必从五指而上于膝者何也？岐伯曰：阴气起于足五指之里，阳脉者，集于膝下而聚于膝上，故阴气胜则从五指至膝上寒。其寒也，不从外，皆从内也’，意思是说阴气起于足五指之里，阳脉集于膝下而聚于膝上，阳败阴胜，则阴夺阳位，从五指而至膝上寒。其寒不是从外来，而是从内生。而肝司营血，流经络而注肢节，厥阴之温气亏败，营血寒涩，不能暖肢节而充经络，故患者“手足厥寒，脉细欲绝”，吾师认为足三阳以下行为顺，足三阴以上行为顺，顺行则接，逆行则阴阳离析，两不相接，其所以逆行而不接者，中气之不运也，故患者“食入即吐”。本方取甘草、大枣补脾以荣肝，当归、芍药养营血而复脉，桂、辛、通草温行经络之寒涩。患者胸痹多年内有陈久积寒，则厥逆脉细之原，不在经络而在脏腑，用吴茱萸、生姜温肝和胃，通阳散寒，并以清酒和水共煮，加强其活血祛寒功用，则陈寒痼冷可去而病可愈。而病属久寒仍不加干姜、附子，恐扰动风火，耗伤营阴，反生它变。

[《中医药通报》2012，11（2）：58]

当归四逆汤验案举隅

曾德祥　武冈市中医医院

当归四逆汤出自张仲景《伤寒论》，由当归、桂枝、芍药、细辛、炙甘草、通草（即木通）、大枣组成，用于素体血虚，复因寒邪凝滞，气血运行不畅，四肢失于温养所致“手足厥寒，脉细欲绝者”的血虚寒厥证。笔者在临床上运用本方辨证施治结合异病同治，现将验案及体会介绍如下。

一、痛经

刘某，女，32 岁，农民，2001 年 10 月 22 日初诊。禀赋素弱，时值初冬，收割晚稻，经前小腹拘急冷痛，牵及腰背，在当地注射阿托品，服去痛片无效。10 月 21 日月经来潮，腹痛未减，经量少，色黯淡，兼形寒恶风，面色苍白，四肢微冷。舌质淡，苔薄白，脉沉细而紧，询其既往无痛经史。此乃寒邪伤于下焦，客于胞宫，血虚寒凝，经行不畅。治宜温经散寒，养血止痛，当归四逆汤加减。处方：当归 12g，桂枝 10g，细辛 6g，炒香附 10g，元胡索 10g，川芎 10g，炮干姜 3g，白芍 10g，炙甘草 6g，大枣 6 枚。水煎服，1 剂/d。服药 3 剂后，诸症消失，为善后计，嘱其下次经前将原方再服 3 剂。半年后患者因泄泻前来就诊，诉月经定期来潮，痛经未再复发。

二、皮、肌痹

曾某，女，48 岁，农民，2006 年 3 月 4 日初诊。手足麻木已两月，始觉手足皮肤发麻，发胀，犹如蚁行，继则四肢感觉迟钝，软弱无力，手不能撮针，足如着厚靴。经某医院诊断为多发性神经炎，用维生素 B_{12}、维生素 B_1、谷维素等西药治疗无效，而转余诊治。前症仍存，四肢皮肤粗糙微冷，神疲体瘦，面色苍白，舌质淡，苔薄白，脉沉细。证属寒邪客于四肢肌肤，舍而不去，荣卫运行不利，四肢失于温养。治宜温经通络，调和营卫，当归四逆汤加味。处方：当归 12g，桂枝 10g，白芍 10g，黄芪 15g，制川乌 10g，细辛 6g，川牛膝 10g，大枣 6 枚，木通 6g。水煎服，1 剂/d。

服药 5 剂后，四肢转温，麻、胀显著减轻，感觉逐渐恢复，守上方服至 15 剂，四肢麻胀消失，感觉敏锐，活动灵便，后以八珍汤加减调理康复。随访两年，未见复发。

三、隐疹

刘某，男，44 岁，工人，2007 年 12 月 20 日初诊。自诉患隐疹 5 年，发于冬春，冷风吹之尤甚，天暖自愈。曾服消风散，当归饮子等方无效，服西药非那根，扑尔敏仅可止痒一时。诊见四肢密布淡红色风团和搔抓痕，胸、腹、腰、背、面部少许，伴形寒恶风，神疲乏力，面色不华。舌质淡，苔白润，脉细缓。证属隐疹日久，营血被耗，复感风寒，营卫失和，内不得宣泄，外不得透达，郁而发疹。治宜温经散寒，养血疏风，当归四逆汤加减。处方：当归 10g，桂枝 10g，白芍 10g，白蒺藜 10g，北防风 10g，细辛 6g，木通 6g，川芎 10g，炙甘草 6g，大枣 6 枚。水煎服，1 剂/d。

服药 3 剂后，疹消痒止，形寒恶风显著减轻，仍神疲乏力，原方去白蒺藜，加白术 10g、黄芪 15g，服 6 剂后，该症皆愈，至今未发。

四、冻疮

陈某，女，26 岁，教师，2004 年 11 月 24 日初诊。自诉幼年即患冻疮，每到冬寒必发，多方治疗无效。今尚未严寒，冻疮已生，两手背及两足踝皮肤暗红漫肿，瘙痒且麻，右手背皮肤已成水泡溃烂，创面紫红，痒痛难忍，面色少华，四肢欠温。舌淡苔白，脉细缓。《外科正宗》：“冻疮乃天时严冷，气血冰凝而成。”寒凝肌肤，血行不畅，营卫失和。治宜温经散寒，养血和营，当归四逆汤加味。处方：当归 10g，桂枝 10g，白芍 10g，炙甘草 6g，川芎 10g，丹参 12g，细辛 6g，木通 6g，大枣 6 枚，黄酒 20mL（兑服）。1 剂/d，水煎服；创面外敷冻疮膏（市售）。

服药 5 剂后，肤转红润，肿胀痒痛均减，右手背创面结痂，原方加黄芪 15g，服 5 剂后痊愈，逾冬未复发。

五、体会

当归四逆汤，由《伤寒论》桂枝汤去生姜，倍大枣，加当归、细辛、木通而成。方中当归甘辛温，为补血要药，白芍酸微寒，归芍同用，养血敛阴，和营于内，桂枝辛甘性温，能宣通卫阳，细辛辛温香窜，桂辛同用，温经散寒，驱邪于外，炙甘草、大枣补中益气。木通《神农本草经》谓其“通利九窍血脉关节”，能通行血脉。诸药合用，功能温经散寒，养血通脉。笔者根据异病同治的法则，运用本方治疗血虚寒凝所致的痛经、痹证、隐疹、冻疮等病，收效颇佳[1]，可见祖国医学贵在辨证施治。临床凡属气血不足，风寒外侵所致的寒邪凝滞，气血运行不畅之病症，只要辨证准确，均可使用本方。然本方偏于温燥，易耗气伤阴，病去则止，不宜久服。

参考文献

[1] 曾德祥．当归四逆汤加味治疗多发性神经炎 30 例临床观察［J］．中医药导报，2011，17（3）：42.

［《中医药导报》2012，18（2）：105］

当归四逆汤治验五则

鄢卫东　甘肃省中医药研究院

“当归四逆汤”方源于张仲景《伤寒论》太阴脉证、四逆汤证下，该方温阳与散寒并用，养血与通脉兼施，方药温而不燥，补而不滞，实乃温经散寒、养血通脉之效方。予临证以当归四逆汤为底方，随证用药、加减化裁、灵活处方，用于治疗疑难杂症，收效颇丰。兹介绍治验五则，以飨同道。

一、痛经

王某，女，25岁。月经来潮未净，即畅游水中致外感寒邪，头项强痛、乍寒乍热，经治疗痊愈。但其月经再潮时呈腹冷痛，经量少而不畅，四肢不温，关节酸痛诸症。观之面色皖白，舌质淡、苔白，脉沉细。脉证相参，当属血虚寒滞，冷凝胞宫之证。治宜温胞通经，调理冲任为妥。方予当归四逆汤加减：当归15g，桂枝12g，白芍15g，鸡血藤12g，吴茱萸10g，艾叶10g，细辛6g，通草3g，生姜6片，大枣6枚，炙甘草6g，红糖引，水煎服。连服6剂，诸症大减，经量渐增。效不更方，续服6剂，经行已畅，诸症悉除。

按：经曰：冲为血海，任主胞胎。此案乃因经行未尽，畅游感寒，致寒凝胞宫，血海瘀滞，遂现少腹冷痛，经量少而不畅。经云：诸寒收引，皆属于肾。寒伤肾阳，脉络不通，不通则痛，故呈四肢不温、关节酸痛诸症。法当温经散寒，养血通脉以荡除寒邪，调理冲任。方益吴茱萸、艾叶温散寒邪，暖肾通阳；用鸡血藤补血、活血，疏经活络；配红糖性温和中助脾，补血、行瘀。全方诸药为伍，则经气行而脉络通，阳气复而寒凝散，冲任盈而诸症息。

二、头痛

刘某，女，55岁。头痛伴面部发凉一年，服止疼药后稍有缓解，继而则又复发。近月余头痛加剧，疼痛时伴面部发凉，形寒肢冷，视物昏花诸症。口不渴，舌质淡、苔白，脉沉而细。四诊合参，证属阳虚血亏，营阴不足。治宜养血复阳，温厥散寒。方用当归四逆汤加减：当归15g，桂枝12g，白芍15g，吴茱萸10g，藁本10g，川芎10g，细辛6g，生姜3片，大枣12枚，水煎服。服药3剂，头痛止，诸症若失。续原方连服5剂以资疗效。一年后随访未再复发。

按：此系营阴久虚，复感风寒所致之头痛。予当归四逆汤温阳通络，通则不痛；用吴茱萸温散寒邪，专祛足少阴和足厥阴颈面发凉、头痛如裂之症；配藁本、川芎辛香走窜，上达头面，散风寒湿邪，疗风寒头痛。全方诸药为用，则阳气复而血气归，阴霾散而疾邪除。

三、痹症

贾某，女，27岁。因生产时失血过多，加之产后不久居潮湿处所月余，出现全身关节、肌肉酸痛难忍，四肢屈伸不利。刻诊：患者身重畏寒，面色少华，舌质淡、苔白，脉沉细无力。辨证求因，当属气血亏虚，寒湿注经之证。治宜温经通阳，祛寒除湿之法。方用当归四逆汤加味：当归12g，桂枝10g，白芍10g，党参15g，桑枝15g，甘草6g，通草5g，细辛10g，威灵仙10g，吴茱萸5g，苍术10g，白术10g，大枣12枚，生姜3片，水煎服。服药15剂，逾一旬周身渐有微汗透出，身痛明显减轻，关节活动转灵。效不更方，续服半月其饮食增加，面色红润，诸症尽祛。

按：经曰：手足厥冷，脉细欲绝者，当归四逆汤主之。又云：若其人内有久寒者，宜当归四逆加吴茱萸生姜汤。其中所谓“手足厥冷”“脉细欲绝”“内有久寒”系本方证的关键。从构成本方的药证分析，不难发现本方即桂枝汤去加生姜、当归、细辛、通草。方中当归养血活血，通补兼行；用细辛、威灵仙医百节拘挛，祛风湿痹痛，解表散寒，大凡经络脏腑沉寒痼疾用之可驱。该患者因产后失血，加之受寒湿伤及阳气，寒湿相搏流注经络而成痹。因之，以当归四逆汤加吴茱萸之辛热，佐细辛直达厥阴之脏，迅散内外之寒；更加苍术、白术健脾燥湿，桑枝祛风除湿通络，党参补益中气。全方配伍工整，药证相符，则其效显矣。

四、血痹

陈某，女，45岁。主诉：两上肢肘以下麻木发凉，兼伴蚁行感月余。西医诊为末梢神经炎，予VB_1及VB_6等药物治疗，其效不佳。察其舌淡紫、苔薄白，脉沉细而无力。根据症形，当辨为血虚气滞，经脉寒凝之血痹证。治以温经散寒，养血通脉之法。方用当归四逆汤加味：当归、白芍、桂枝各12g，细辛6g，黄芪15g，鸡血藤18g，木通、炙甘草各6g，大枣8枚，水煎服。予上方服5剂，诸症明显减轻。效不更方，守原方服10余剂，告愈。

按：本例血痹证乃血虚受寒，阳虚血亏不能温通血脉所致。故治以温经散寒、养血通脉之法。方中当归性味甘温，归经入肝，为温补肝血之要药；合桂枝温通经脉，白芍养血和营，三者伍用共达养血、柔肝、温通之意；配细辛、木通疏血脉，炙甘草、大枣补中且调和诸药；加黄芪、鸡血藤益气、养血、通脉。诸药合用相辅相成，共奏温经散寒、养血通脉之效。

五、冻疮

刘某，男，14岁。代诉：手、足患冻疮3年余，疮面以两手背及手指为甚。每逢冬季加重，手背、小指及无名指紫肿，疼痛尤甚。同时，伴全身畏寒，四肢发凉。察舌质淡紫、苔薄白，脉沉迟无力。脉症合参，当属阳虚血滞，寒凝脉络之证。治宜温阳散寒，养血通脉之法。拟当归四逆汤加味：当归12g，白芍10g，桂枝12g，附片10g（先煎），细辛、木通、炙甘草各6g，大枣5枚，水煎服。予上方连服15剂，患者手足紫肿、疼痛明显好转，四肢及周身亦有温热感。因其在校学习，服汤药不便，故守原方配作丸剂，服月余而收效。

按：该患者素体阳气不足，兼之外受寒邪侵袭，寒滞血脉，遂生此证。故方用当归四逆汤温经散寒，养血通脉，疗疮生肌；加附片以温阳益肾，祛寒止痛。全方主辅配伍内外兼疗，标本兼治，共奏阳复寒散、血脉和畅之功，终达疮收溃敛之效。

［《卫生职业教育》2012，30（7）：141］

仿仲景方证治疗男科疾病举隅

唐兵役　四川省眉山市仁寿卫生学校

本文以笔者的临床工作经验为依据，阐述在临床工作中仿仲景方证治疗男性更年期综合征、附睾炎、男性乳腺增生、死精症的治疗过程，证实仲景方证运用得当，确有疗效，现报道如下。

一、病例资料

病例1　仿百合地黄汤证治疗男性更年期综合征。患者男性，56岁，公司职员。2007年2月初诊。近半年来体力不支，心中懊侬，性欲减退，白发剧增，腰膝酸软，夜间潮热、盗汗、失眠难寐。曾服盐酸氟西汀、谷维素、维生素B_1等西药，初服有效，稍后复发，再服效减，遂赴中医求治。刻诊：患者形体消瘦，情绪亢奋，语速急促，小便量少色黄，大便干结，舌红，苔少而干，脉弦数。诊断为男性更年期综合征，中医辨证：心肺阴虚，心神失养，仿仲景百合地黄汤证[1]治之。药用：生地30g，百合15g，知母20g，柏子仁20g，酸枣仁20g，五味子15g，麦冬15g，丹皮15g，甘草10g。每日1剂，连服7剂。嘱其按时作息，调畅情志。5剂后复诊，诸证俱减，仍感心胸烦热，时觉郁闷，全身无力，偶有失眠，舌红，苔少，脉弦。守原方加沙参15g，黄芪30g，每日1剂，再服7剂。1个月后随访，病愈未复发。

病例2　仿桂枝茯苓丸证治疗附睾炎。患者男性，32岁，工人。2007年9月初诊。患者自述1个月前发现左侧阴囊坠胀作痛，并放射至下腹部及同侧大腿内部，午后痛甚，经休息或热敷后疼痛稍减，曾服用阿莫西林、左氧氟沙星片等，未见好转，遂来就诊。查体：附睾呈局限性增厚及肿大，有轻微触痛，与睾丸有清楚的分界线，精索增粗。彩超示：附睾肿大，内部回声不均匀。排除附睾结核及肿瘤。既往有前列腺炎病史。诊断为左侧附睾炎。刻诊：患者形体肥胖，面色较为晦暗，左侧阴囊稍显肿胀，舌质紫暗，苔白而润，脉弦滑。中医辨证：痰湿下注，瘀阻血络。仿仲景桂枝茯苓丸证[2]治之。药用：桂枝15g，茯苓20g，白术15g，赤芍30g，丹皮20g，桃仁20g，玄胡15g，台乌药15g，乳香12g，没药12g，郁金15g，川楝子15g。每日1剂，水煎服。服药7剂后复诊，患者自觉阴囊坠胀作痛减轻，查其囊中肿块缩小。原方去乳香、没药、川楝子，加三棱15g，莪术15g，甘草10g，每日1剂，水煎服。自服5剂后复诊，患者会阴部位诸证悉除，唯觉精神欠佳。原方去玄胡、三棱、莪术，加当归15g，川芎15g，黄芪25g，每日1剂，水煎服。再服5剂。半年后随访，病愈未复发。

病例3　仿瓜蒌薤白半夏汤证治疗男性乳腺增生。患者男性，52岁，工厂职员。2008年5月14日初诊。患者自述近3个月来情绪郁闷，胸胁窜痛作胀，尤其是左侧乳房胀痛，时作时止，按压时疼痛明显加重，大便时干时稀，肿瘤标志物检测（－），诊断为男性乳腺增生。患者愿服中药，遂来就诊。刻诊：患者形体较胖，左侧乳腺扪及一包块，约1.5cm×2.5cm，边界清楚，可活动，压痛感明显。胸闷气短，时咳黏痰，精神欠佳。舌质淡白而带瘀斑，边有齿痕，苔白腻，脉弦滑。中医辨证：肝郁气滞，痰瘀交阻。仿仲景瓜蒌薤白半夏汤证[3]治之。药用：全瓜蒌30g，薤白15g，半夏15g，陈皮10g，香附15g，郁金15g，三七10g，三棱15g，莪术15g，丹参15g，红花10g，甘草10g。每日1剂，水煎服。连服药7剂后复诊，情绪转佳，胸胁作胀窜痛消失，乳房胀痛逐渐减轻，压痛不明显，大便正常。原方去三七、三棱、莪术，加当归15g，川芎15g，白芍15g，每日1剂，水煎服。再服7剂后复诊，乳房肿块消失，诸症悉除。嘱其加强体育锻炼，保持心情舒畅，停药。半年后随访，未复发。

病例4　仿温经汤证治疗死精症，患者男性，32岁，公务员。2009年2月13日初诊。患者自述：近1年来自觉脘腹满闷，食欲不佳，口黏舌腻，时有大便溏泄。已婚3年未育，夫妻生活正常，其妻体健，盼生育，多方求医不得，遂邀中医治疗。精液分析：量5ml，液化时间60min不完全，pH值：7.3，精子密度：110×10^6/ml，a级0%，b级3%，c级10%，d级80%，黏稠度（++），凝集（++），白细胞数：35个/HP。西医诊断：死精症。刻诊：患者形体虚胖，小腹冰凉、阴囊多汗冷湿，有异臭味。舌质深紫，兼有瘀斑，苔白厚腻，脉濡滑。中医辨证：下焦虚寒，瘀浊精死。仿仲景温经汤证[1-3]治之。药用：吴茱萸10g，当归15g，川芎15g，人参15g，生姜12g，艾叶20g，半夏15g，肉桂15g，桃仁20g，红花15g，杜仲15g，甘草10g。每日1剂，水煎服。连服药10剂后复诊：小腹冰凉、阴囊多汗冷湿及异臭味已减。舌质淡紫，苔薄白，脉濡滑。原方加益智仁15g，桑寄生20g，续断15g，每日1剂，水煎服。再服药10剂后复诊：食欲转佳，小腹冰凉，阴囊多汗冷湿及异臭味大减。舌质淡，苔薄白，脉濡滑。原方去桃仁、红花。每日1剂，水煎服。又服药10剂后复诊：诸证已除，舌质淡，苔薄白，脉沉缓。守原方再服10剂。另嘱其以紫河车一具，焙焦，捣末，2g/次，3次/d，以温水冲服。1年后随访，病愈，其妻已孕。

二、讨论

诊治以上4例，有如下体会：一是仲景典籍专列妇科证治较多而未专列男科，尤需通读全书，细研精髓，把握病机。只要病证切合，妇科证治之方尽可用于男科，不必拘泥科别；二是仲景所列方药为医圣个人所历所见，年代久远，与今所面对的具体病证有所差异，因此不可拘泥原方，尚须据证化裁；三是对仲景所论方证，所用药物要有信心，既要善于辨证施治又要善于取得患者信任和配合，敢于据证守方，方可祛除顽疾。

参考文献

[1] 谭日强．金匮要略浅述［M］．北京：人民卫生出版社，1981：53~54.

[2] 李克光．金匮要略讲义［M］．上海：上海科学技术出版社，1985：41~42.

[3] 杨殿兴．中医四部经典解读（上册）［M］．北京：化学工业出版社，2006：467~468.

［《中国临床研究》2012，25（9）：917］

附子泻心汤临床应用概况

谢　静　天津中医药大学

周大津　天津中医药大学第二附属医院

附子泻心汤为张仲景创制，为五泻心汤之一，载于《伤寒论》第155条：“心下痞，而复恶寒汗出者，附子泻心汤主之。”该方由大黄、黄连、黄芩三味寒凉之药，加温热的附子组成，主要用于热痞兼阳虚证。此方组方严谨、用药精炼、配伍有度，临床应用范围较广，临证时辨证准确，用之必然疗效显著。笔者就附子泻心汤的临床应用情况作一综述如下。

一、病因病机分析

从《伤寒论》条文内容分析，“心下痞”属热痞，“恶寒、汗出”为表阳虚，故本证热痞兼阳虚，可以看作是“寒热痞”，属上热下寒证。即上、中焦出现热症，下焦则见虚寒现象，此本邪实正虚，故治疗既要清热，又要温阳。取攻补兼施，寒热并用法，以附子泻心汤扶阳泻痞。本证寒热错杂，虚实并见，若仅用三黄泄热消痞会使恶寒更甚，单用附子温经扶阳则痞热不除，故用此方寒温并投，邪正兼顾，达到泻热消痞，扶阳固表的目的[1]。这里仲景用附子泻心汤而不用桂枝汤，显然不是为了解表而是为标热炽于里，表阳、卫阳复虚于外的复杂病机而设。卫阳根于下焦，下焦肾阳虚，卫阳得不到肾阳的温煦，也自然会不足[2]。

二、临床应用

复发性口腔溃疡：王成宝等[3]认为本病既有火热之邪阻结上中二焦，火热上逆于口而发溃疡，又可见到由于病程较长引起的阳气不振，甚则阳气虚衰的表现，致使上、中二焦之火郁而不散，故可造成病症反复发作，迁延难愈。王氏将93例患者随机分为2组，治疗组47例以附子泻心汤加味，基本方：干姜3g，黄芩16g，黄连、大黄、附子（先煎）各5g，生甘草6g。对照组46例予叶酸、复合维生素B、维生素C治疗。结果治疗组总有效率治疗组为91.48%，对照组为45.65%，两组总有效率有显著性差异（$P<0.01$）。魏玲霞[4]将64例复发性口腔溃疡患者分为治疗组与对照组，对照组32

例口服维生素B_2片、维生素C片，治疗组在对照组治疗基础上加用附子泻心汤加味，基本方：大黄9g，黄芩、黄连、附子，紫草各10g，青黛（包煎）3g，白茅根15g。7天为1个疗程，服药2个疗程后观察疗效。治疗组总有效率87.5%，对照组总有效率为50%，疗效明显优于对照组。高春玫等[5]将44例复发性口腔溃疡患者分为两组分别治疗。治疗组25例，予以附子泻心汤加味（大黄9g，黄芩、黄连、紫草、附子各10g，白茅根15g，青黛3g），并配合自制溃疡油局部涂抹。对照组予以口服并局部涂抹维生素。治疗结果显示，治疗组有效率为88%，对照组有效率为31.6%，经统计学处理，有显著性差异（$P<0.01$）。

上消化道出血：上消化道出血可归属中医学学“血证”之吐血、便血范畴。其始动因素多为火，火热之邪多为肝郁化火，横逆犯胃，损伤胃络，上逆则见吐血，下行则见便血。治以清热泻火为主，最佳方剂首推泻心汤类方[6]。杜新麟[7]治疗上消化道大出血病人1例，辨证为热壅中焦，迫血妄行，阳虚不固，气余外脱，选用附子泻心汤加味，药用：生大黄30g（研末兑服），黄连、黄芩、制附片（另煎）各10g，红参15g。服药2剂，并结合输血、止血等治疗，大便潜血转阴。姜琴[8]治疗上消化道出血患者，辨证为阳虚血瘀，痰热腑实，选用附子泻心汤加减（附子、大黄、黄芩各10g，黄连6g），疗效满意。

慢性肾功能衰竭：从临床表现看，慢性肾功能衰竭可归属中医学“关格”“虚损”等范畴。郭佩玲等[9]将74例慢性肾功能衰竭的病人随机分为中药组和对照组各37例。对两组患者进行纠正电解质紊乱、酸碱平衡失调、控制感染及降压等对症治疗。在此基础上，对中药组患者根据本病本虚标实，阳虚阴盛，浊毒泛滥，气乱溲闭的特点，选用附子泻心汤加味治疗，基本方：淡附子5~15g，川连3~6g，黄芩5~10g，大黄5~10g，马鞭草30g，六月雪50~45g；对照组予肾安注射液。疗效结果显示，中药组总有效率为91.89%，对照组为64.8%，两组总有效率比较有显著性差异（$P<0.05$），中药组在改善患者临床症状方面也优于西药对照组。董建国等[10]治疗慢性肾功能衰竭患者56例，在降血压、利水消肿、镇吐、纠正电解质紊乱及酸碱平衡等对症治疗的同时，用附子泻心汤加味（附子10g，大黄20g，黄连15g，蒲公英、牡蛎各30g）煎汤保留灌肠，每晚1次，连用30天为1个疗程。以肾功能尿素氮、血肌酐检查结果及临床症状作为疗效评判指标，总有效率达92%。

头痛：头痛的病因多端，但不外乎外感或内伤两大类。内伤诸疾，可导致气血逆乱，瘀阻经络，脑失所养，从而发生头痛，辨证运用附子泻心汤常获良效。姬云海[11]治疗神经性头痛40例，选用附子泻心汤加味，基本方：生大黄、附子（另包煎透）、黄芩、干姜各10g，半夏、木通、白芷各12g，黄连6g，茵陈、川芎各15g，滑石30g。疗程最短7天，最长40天，平均26天，总有效率达95%。袁尊山[12]治疗1例头痛患者。证见：面色青黑，四肢冰冷。述头痛有如棒击之苦，前额苦闷，昏蒙蒙然，大便秘结，小便短少，脉濡数，舌质胖淡，苔晦黄厚腻而润。辨证为肾阳虚弱而湿热中阻，清阳不升，浊阴不降。予附子泻心汤加味，药用：大黄（另包，冲泡）10g，制附片（先煎）10g，黄连6g，黄芩10g，干姜9g，法夏10g，茵陈15g，木通10g，滑石30g。3剂后头痛明显减轻，疗效显著。

其他杂病：陈甲秀等[13]治疗1例右胁发热案，症见：面色苍白，精神疲乏，急性面容，舌苔薄白，脉弦有力。属上热下寒之证，选用附子泻心汤合瓜蒌薤白半夏汤加减治疗，药用：制附片（先煎）、薤白、法半夏各15g，黄连（泡服）、酒大黄（泡服）、黄芩（泡服）各10g，瓜蒌20g。服药2剂后心中烦躁及右胁发热已消失，疗效满意。刘永红[14]治疗胃痛患者1例，患者胃脘胀痛痞满，欲吐，纳少，口干口苦，大便干结，遇凉（寒）痛甚。诊见：面色无华，形体消瘦，舌淡边有齿痕，苔黄厚腻，脉弦沉。辨证属阳虚热痞，寒热互结，方选附子泻心汤加减，药用：熟附子5g，黄芩、枳壳各12g，黄连4g，大黄6g，半夏、焦三仙各10g，白术12g。服药12剂病愈，随访1年余未复发。周楚良曾用附子泻心汤治疗肠痈1例，诊见：右下腹明显压痛，大便涩滞微溏，脉沉数有力，舌质红苔黄腻。辨证属肠腑热结，久郁成痈，用附子泻心汤加桃仁、丹皮、败酱草。服药3剂，再以当归芍药散加黄芩、黄连调治，半月而愈[15]。蔡炳勤认为附子泻心汤证外科适应症包括以下两点：①术后胃中灼热，全身阳虚，寒热错杂胃肠功能失调证（但欲寐等，手足冷）；②术后交感神经失衡之汗证[16]。

三、结语

综上所述，作为仲景经典方剂之一的附子泻心汤，原为治痞而设，随着后世医家的不断探索，其应用范围逐渐扩大。通过文献回顾，此方可用于复发性口腔溃疡、上消化道出血、慢性肾功能衰竭、头痛、胃脘痛等多种疾病，对于肠痈等外科疾病也有较好的疗效。

附子泻心汤组方特色鲜明，温清、寒热、攻补兼用，可平复六腑实热，又能温补五脏之虚，有其独特的功效。在今后的研究中，应进一步明确其辨证要点和适应症，探索其作用机理，以期拓宽其应用范围，提高临床疗效。

参考文献

[1] 董云英. 浅谈仲景附子配伍运用的技巧性 [J]. 四川中医, 2011, 29 (1): 34~35.

[2] 郑亚琳. 试析大黄黄连泻心汤证和附子泻心汤证 [J]. 河南中医, 2006, 26 (6): 4.

[3] 王成宝, 阎俊英. 扶阳泻热法治疗复发性口腔溃疡47例 [J]. 新中医, 2007, 39 (9): 67~68.

[4] 魏玲霞. 中西医结合治疗复发性口腔溃疡32例 [J]. 光明中医, 2010, 25 (4): 668.

[5] 高春玫, 吕喜梅. 中西医结合治疗复发性口腔溃疡临床观察 [J]. 包头医学, 2001, 25 (1): 12.

[6] 利霞. 泻心汤加减治疗肝硬化并上消化道出血15例疗效观察 [J]. 浙江中医杂志, 2002, 37 (1): 10.

[7] 杜新麟. 附子泻心汤治愈急性上消化道大出血一例 [J]. 江西中医药, 1987 (6): 13.

[8] 姜琴. 附子泻心汤的临床应用 [J]. 陕西中医, 1992, 13 (9): 411~412.

[9] 郭佩玲, 张卫新, 骆仙芳, 等. 附子泻心汤治疗慢性肾功能衰竭37例疗效观察 [J]. 浙江中医学院学报, 1995, 19 (4): 34~36.

[10] 董建国, 孙文华, 王菁. 附子泻心汤灌肠治疗慢性肾功能衰竭56例 [J]. 河南中医, 2008, 28 (5): 3.

[11] 姬云海. 大黄附子泻心汤加减治疗神经性头痛40例 [J]. 云南中医中药杂志, 1995, 16 (3): 30~31.

[12] 袁尊山. 附子泻心汤的临床应用 [J]. 中医杂志, 1979 (11): 46~47.

[13] 陈甲秀, 吴均华. 经方运用二则 [J]. 河南中医, 2011, 31 (2): 123~124.

[14] 刘永红. 经方临床应用验案5则 [J]. 河北中医, 2008, 30 (6): 614.

[15] 谭贤龙, 吴泽生. 周楚良应用五泻心汤经验 [J]. 实用中医药杂志, 2009, 25 (7): 444.

[16] 王伟, 赖芳, 陈荣, 等. 蔡炳勤教授泻心汤治疗外科疾病的经验 [J]. 四川中医, 2009, 27 (7): 11.

[《浙江中医杂志》2012, 47 (3): 227]

甘草小麦大枣汤为主治疗抑郁症体会

钱荣江　宁海县中医医院

甘草小麦大枣汤出自张仲景《金匮要略》，由甘草三两，小麦一升，大枣五至七枚组成，三药合用，组方巧妙，甘润平补，养心调肝，共奏养心安神、和中缓急之功。抑郁症是一种常见的精神疾病，主要表现为情绪低落，兴趣减低，悲观，思维迟缓，缺乏主动性，自责自罪，饮食、睡眠差，严重者可出现自杀念头和行为。结合其临床表现，该病属于中医学的“郁证”范畴。笔者临床使用甘草小麦大枣汤为主治疗抑郁症颇具心得，现介绍如下。

一、甘草小麦大枣汤合柴胡疏肝散治肝郁

肝郁者精神抑郁，情绪不宁，善太息，悲观厌世，多疑善怒，胸胁胀痛，痛无定处，脘腹痞胀，不思饮食，肠鸣，大便不调，妇女月经失调，苔薄白，脉弦等。中医理论认为，肝主藏血，主疏泄，条畅气机。人的精神情志活动，除由心所主宰外，还与肝的疏泄功能密切相关。若肝失疏泄，则易于引起人的精神情志活动异常，出现上述症状。治宜疏肝解郁，理气和中。柴胡疏肝散由陈皮（醋炒）、柴胡各6g，川芎、香附、枳壳（麸炒）、芍药各5g，甘草（炙）3g组成，功能疏肝解郁、行气止痛。方中柴胡苦辛微寒，疏肝解郁；香附苦辛而平，长于疏肝理气，并有良好的止痛作用；川芎味辛，行气活血而止痛，与香附合用共助柴胡以解肝经之郁滞，增强行气止痛之功；陈皮理气行滞而和胃，醋炒以入肝经；枳壳宽中消胀，理气行滞；芍药养血柔肝，缓急止痛。与甘草小麦大枣汤合用，共奏疏肝解郁、行气止痛之功。

例1. 邵某某，女，35岁。2011年1月21日初诊。

1年前因精神刺激后，郁郁寡欢，时常太息，多疑善怒，伴胸胁胀痛，脘腹痞胀，茶饭不思，夜寐不安，大便干结，舌苔薄白，脉弦。治宜疏肝解郁、理气和中。选方：甘草小麦大枣汤合柴胡疏肝散。处方：陈皮、柴胡各6g，川芎、香附、枳壳、芍药各12g，淮小麦30g，合欢皮10g，炒枣仁12g，煅龙骨20g，红枣15g，炙甘草3g。

服药7剂后自觉心情好转，胸胁胀痛消失，但夜寐仍然欠安。原方加夜交藤30g，继服7剂。服药后诸症消失。

二、甘草小麦大枣汤合温胆汤治痰郁

痰郁者精神抑郁，心绪不宁，表情呆滞，或惊恐不安，心悸失眠，胸部闷塞，胸胁胀痛，咽中不适如有物梗阻，咯之不出，咽之不下，或头晕目眩，舌苔白腻或黄腻，脉沉弦滑。由于肝失疏泄，气机郁滞，水湿失于布化，聚湿生痰，上扰神明则精神抑郁，情绪低落，表情呆滞，心悸失眠；痰湿阻于胸中则胸胁胀痛；痰湿阻于咽部则咽中梗阻，咯之不出，咽之不下。治宜理气开郁，化痰散结。温胆汤由半夏（汤洗七次）、竹茹、枳实（麸炒，去瓤）各6g，陈皮15g，茯苓4.5g，甘草（炙）3g组成。功用理气化痰，清胆和胃。方中半夏辛温，和胃健脾，除湿化痰，下逆止呕；竹茹辛淡甘寒，清化痰热，清胆和胃，止呕除烦，与半夏配伍，一温一凉，既化其痰浊，又清其胆热；枳实苦辛微寒，行气消痰除痞；陈皮辛温而苦，理气燥湿化痰，可助半夏祛痰，又可健脾；茯苓健脾利湿，以杜生痰之源；炙甘草益脾和中，调和诸药。煎时加生姜、大枣和营卫，益脾气，祛痰止呕。与甘草小麦大枣汤合用，共奏理气化痰、清胆和胃之效。

例2. 蒋某某，男，52岁。2010年7月13日初诊。

自诉平素性格内向，近来自觉精神抑郁，心烦，每有响动则惊恐不安，心跳不已，失眠，胸胁隐隐胀痛，咽中似有物梗阻，咳之不出，咽之不下，舌苔白腻，脉弦滑。治宜理气开郁，化痰散结。选方：甘草小麦大枣汤合温胆汤。处方：半夏、竹茹、枳实各10g，陈皮15g，茯苓15g，煅龙骨、煅牡蛎各20g，淮小麦30g，红枣15g，炙甘草3g。

服药5剂后，心神较前安定，脉舌同前。中药守原方继服5剂。三诊时诉近日心情舒畅，体轻寐安，舌淡红苔薄，脉和缓。中药原方再进5剂巩固收功。

三、甘草小麦大枣汤合栀子豉汤治火郁

火郁者心情急躁易怒，见人强装笑脸，背人悲泣厌世，终日长吁短叹，懊恼难解，心烦躁扰，夜不安寐，胸闷胁痛，头痛目眩，目赤耳鸣，口苦口干，胃脘灼痛，嘈杂吞酸，大便秘结，小便黄赤，舌红、苔黄，脉弦数。由于肝郁气滞，郁而化热化火，气火内郁则性情急躁；火扰心神则心烦躁扰，夜不安寐；肝郁化火犯胃则胸胁胀满疼痛，嘈杂吞酸；郁火上扰头目，则头痛目眩，目赤耳鸣；火热内盛则大便秘结，小便短赤。治宜疏肝解郁，泄火安神。栀子豉汤由栀子9g、香豉6g组成，功用清宣郁热、除烦止躁，专为汗、吐、下后余热未尽，热扰胸膈而设。方中栀子苦寒，清泄郁热，解郁除烦，又可引火下行，降而不升；豆豉辛甘，解表宣热，又能和胃气。两药相伍，降中有宣，药少力专，为清宣胸膈郁热的良方，与甘草小麦大枣汤合用，共奏疏肝解郁、泄火安神之效。

例3. 王某某，女，61岁。2010年11月16日初诊。

3个月前与人争吵，情绪激动。嗣后每念此事即懊恼难解，心烦躁扰，渐致夜不安寐，头痛隐隐，胃脘胀满隐痛，口苦口干，胃中嘈杂，大便秘结难解，舌质红、苔黄，脉弦稍数。治宜疏肝解郁，泄火安神。选方：甘草小麦大枣汤合栀子豉汤。处方：栀子9g，香豉12g，黄连5g，黄芩10g，制大黄10g，生地15g，生龙骨20g，佛手10g，淮小麦30g，红枣15g，生甘草5g。

服药7剂后诸症大减，原方继服7剂巩固。

四、甘草小麦大枣汤合补中益气汤治虚郁

虚郁者多思善虑，情绪抑郁，心神恍惚，表情淡漠，时时欠伸，多喜独处，善悲欲哭，心悸怔忡，头晕头昏，失眠健忘，纳食腹胀，倦怠无力，妇女月经量少色淡或淋漓不尽，舌淡嫩，脉细弱。由于思虑过度，暗耗心血，心失所养，则心悸怔忡；心神不安则失眠健忘；清窍失养则多思善虑，表情淡漠；脾气不足则纳少腹胀；脾虚统摄无权则妇女月经量少色淡或淋漓不尽。治宜益气养血，解郁安神。补中益气汤由黄芪18g，炙甘草9g，人参（去芦）、白术、陈皮、升麻、柴胡各6g，当归3g组成。功用补中益气，升阳举陷。方中重用黄芪，味甘微温，补中益气，升阳举陷；配以人参、炙甘草、白术益气健脾，与黄芪合用，以增强其补中益气之功；当归养血和营，协人参、黄芪以补气养血；陈皮理气和胃；升麻、柴胡升阳举陷，协助君药以升提下陷之中气；炙甘草调和诸药。与甘草小麦大枣汤合用，具有益气养血、解郁安神之效。

例4. 李某某，女，28岁。2010年3月7日初诊。

2年前因感情问题致情绪抑郁，心神恍惚，见朋友避而不谈，常感前途渺茫。刻下面部烘热伴头晕头昏，夜寐欠佳，倦怠无力，懒言少食，经行量少色淡，舌淡嫩，脉细。治宜益气养血，解郁安神。选方：甘草小麦大枣汤合补中益气汤。处方：生黄芪30g，党参20g，炒白术10g，当归10g，白茯苓15g，陈皮5g，柴胡2g，炙升麻2g，炒枣仁

10g，淮小麦30g，红枣15g，炙甘草5g。诉服上方7剂后，头痛、面部烘热基本消失，身体觉舒，脉舌同前。中药守原方继服7剂巩固疗效。

五、甘草小麦大枣汤合血府逐瘀汤治血郁

血郁者精神抑郁，自言自语或情绪亢奋，烦躁易怒，胸胁胀痛，或呈刺痛且痛有定处，头痛，失眠健忘，身体某部有发冷或发热感，舌紫黯，脉弦或涩。由于情志不遂，肝失疏泄，气机不畅，气郁气结，则精神抑郁，自言自语或情绪亢奋，烦躁易怒，心胸憋闷，两胁小腹胀痛；血瘀不能温煦机体则局部发冷；瘀而化热则局部发热。治宜行气活血，开郁化瘀。血府逐瘀汤由桃仁12g，红花9g，生地黄9g，川芎4.5g，赤芍6g，牛膝9g，桔梗4.5g，当归9g，柴胡3g，枳壳6g，甘草6g组成。功用活血祛瘀，行气止痛。本方系由桃红四物汤合四逆散（生地易熟地，赤芍易白芍）加桔梗、牛膝而成。方中桃仁破血行滞；红花活血祛瘀以止痛；川芎、赤芍活血祛瘀，畅通血脉；牛膝通利血脉以助祛瘀，并引血下行；生地凉血祛瘀，化久郁之热；当归养血和血，与生地相伍又养血润燥，使瘀去新生；桔梗开宣肺气，载药上行，合枳壳升降配伍，行气宽胸；柴胡舒肝解郁，升达清阳，与桔梗、枳壳同用，理气行滞，使气行则血行；甘草调和诸药。与甘草小麦大枣汤合用，共奏行气活血、开郁化瘀之功。

例5. 戴某某，女，26岁。2009年9月17日初诊。

烦躁易怒，多思善虑，右胸胁刺痛，痛处不移，头痛，失眠健忘，左侧身体常有发冷感，月经不调，经色暗，舌紫黯，脉弦涩。治宜行气活血，开郁化瘀。选方：甘草小麦大枣汤合血府逐瘀汤。处方：桃仁12g，红花9g，生地黄15g，川芎6g，赤芍9g，牛膝9g，桔梗3g，柴胡3g，佛手12g，淮小麦30g，红枣15g，甘草6g。服药5剂后诸症减轻，守原方7剂以资巩固。

[《江苏中医药》2012，44（7）：68]

肝病实脾验案

王　磊　李　勇　孙欢娜
山东中医药大学附属医院

“见肝之病，知肝传脾，当先实脾”是《金匮要略》确立的临床治疗原则，笔者认为此论旨在强调治肝同时应注重调脾，肝病可以从脾论治。笔者在治疗肝病的临床实践中体会到仲景“肝病实脾”理论具有重要的指导意义，本文就运用“肝病实脾”治则治疗不同类型的慢性肝病举例如下。

一、慢性乙型肝炎病毒（HBV）携带者

男，23岁，2008年3月11日初诊。患者查体血清乙型肝炎病毒表面抗原（HBsAg）阳性1年，乙型肝炎病毒e抗原（HBeAg）阳性，乙型肝炎病毒e抗体（HBeAb）阴性，乙型肝炎病毒DNA（HBV DNA）2.6×10^5 copy/mL。多次复查肝功能，丙氨酸氨基转移酶（ALT）、门冬氨酸氨基转移酶（AST）、清蛋白及胆红素等均在正常范围，曾在某诊所治疗半年，注射“乙肝转阴针”等，乙肝病毒学指标无改变。患者身材较矮，形体偏瘦（身高166cm，体质量52kg），面色无华，神疲乏力，手足欠温，口干，纳少，心情不畅，偶感胸闷、腰酸，大便偏溏，舌淡胖，边有齿痕，苔薄白腻，脉沉细而弦。综合脉证，辨证为脾虚肝郁，肾气不足，治以健脾益气，佐以疏肝滋肾，方选六君子汤合四逆散加减，药用：党参15g，黄芪30g，茯苓30g，炒白术15g，清半夏9g，陈皮9g，柴胡6g，炒白芍15g，炙甘草6g，炒枳壳12g，菟丝子15g，炒山药30g，鸡内金12g。水煎服，日1剂。患者服药1个月后，神疲乏力及纳少、胸闷明显改善，大便基本成型。其后嘱患者将上方为散常服，每次约50g，半年左右复查一次乙肝五项及HBV DNA定量。半年后患者体质量增加4kg，精神较前健旺，复查HBV DNA1.4×10^3 copy/mL，服药1年后，HBV DNA $<1.0\times10^3$ copy/mL，HBsAg阳性，HBeAg阴性，HBeAb阴性，现患者继续服药巩固。

按：慢性HBV携带者是指患者血清HBsAg和HBV DNA阳性，HBeAg或HBeAb阳性，但1年内连续随访3次以上，血清ALT和AST均在正常范围，肝组织学检查一般无明显异常。目前认为乙型肝炎慢性化的主要原因是HBV感染造成免疫功能不全，体内高滴度病毒血症及对感染细胞的免疫耐受。因此打破HBV感染后的免疫耐受状态，调整紊乱的免疫系统是治疗乙型肝炎的关键所在[1]。此例患者就诊时的病毒学指标不符合抗病毒治疗标准，且患者拒绝肝穿刺活检，其临床表现符合中医脾虚肝郁、肾气不足证，治疗1年余，病毒学应答满意。笔者认为，对于慢性HBV携带者，不能囿于微观的“毒”而不见宏观的“证”，健脾益气法尽管疗程较长，但远期疗效较好。

二、慢性乙型肝炎伴糖脂质代谢紊乱

男，45岁，2009年2月10日初诊。患者有慢性乙型肝炎病史20年，多次复查肝功能尚正常，未接受规范治疗。近来因烦事刺激、心情恐慌前来就诊。患者身高170cm，体质量77kg，腰围90cm，面色晦暗，纳眠俱可，口黏，时有乏力、头昏，右胁时有刺痛，后背胀闷，大便2～3日一行，舌体较胖，舌质暗，边有瘀斑，舌苔黄白而腻，脉弦滑稍数。无原发性高血压及糖尿病病史，饮酒史20余年。肝功能：ALT 63U/L，AST 55U/L，谷氨酰转肽酶（GGT）132U/L，三酰甘油（TG）2.87mmol/L，空腹血糖6.47mmol/L，尿酸（UA）439mmol/L；乙肝病毒学指标：HBsAg阳性，HBeAg阳性，HBcAb阳性，HBV DNA4.79 × 10^7 copy/mL；腹部B超示：中度脂肪肝。中医辨证为脾失健运、痰瘀阻络、蕴而化热，治以健脾化湿、清热祛瘀，方选平胃散、大瓜蒌散合升降散加减，药用：苍术、白术各15g，厚朴12g，清半夏9g，青皮、陈皮各9g，茯苓30g，薏苡仁30g，全瓜蒌15g，红花12g，蝉蜕6g，僵蚕9g，片姜黄12g，生大黄6g，川牛膝15g，荷叶9g，决明子15g，生甘草6g。水煎服，日1剂。同时嘱患者戒酒，清淡饮食，控制主食。上方化裁服用2月余，患者体质量减轻4.5kg，腰围减少5cm，头昏、乏力及右胁刺痛消失，面色较前红润，二便通畅。复查肝功能ALT、AST及UA恢复正常，GGT56U/L（正常上限为50U/L），乙肝五项仍为“大三阳”，HBV DNA已降至1.4 × 10^4 copy/mL，空腹血糖5.6mmol/L，TG1.92mmol/L。患者目前仍继续服用中药治疗。

按：慢性乙型肝炎患者并发糖脂质代谢紊乱问题日益受到肝病学界的重视。肥胖（尤其是腹型肥胖）、糖调节受损或糖尿病、原发性高血压、血脂紊乱、微量清蛋白尿、高尿酸血症等均属于代谢综合征的组分，最近香港学者的一项研究表明，合并代谢综合征是慢性乙型肝炎患者发生肝硬化的独立危险因素[2]。此例患者属于HBeAg阳性慢性乙型肝炎，就诊时合并代谢综合征的4种组分，因担心核苷类药物的耐药问题，不愿接受抗病毒治疗。对于这类慢性乙型肝炎患者，即使具备抗病毒的适应证，单纯抗病毒治疗也难以解决伴随的糖脂质代谢异常等问题。李勇等[3]通过临床观察，认为慢性乙型肝炎合并糖代谢紊乱的中医病机属于脾失健运、肝失疏泄、痰浊瘀毒内阻，健脾化痰、疏肝祛瘀是临床有效的治疗方法。本例患者随着糖脂质代谢紊乱的改善，血清转氨酶及乙肝病毒载量也随之下降，提示从脾论治代谢综合征应作为中医药治疗慢性乙型肝炎的重要环节。

三、酒精性肝硬化并腹水

男，52岁，2007年5月22日初诊。患者腹胀大3月余，外院确诊为“酒精性肝硬化（失代偿期）”，刻诊见面黄瘦削，双目黄染，神倦乏力，背部恶寒，脘腹胀大，食后尤甚，纳谷后即有便意，尿少而黄，双下肢中度浮肿，舌淡暗，苔薄腻，根部灰黄，脉沉细。肝功能示：清蛋白（ALB）30.2g/L，总胆红素（TBil）86.5μmol/L，腹部B超示：肝硬化，脾大，大量腹水，腹腔最深处11.3cm。因服用螺内酯后乳房胀痛，自行停用；曾服用中药中满分消丸，腹满不减，反见便溏。综合脉证，应属脾阳不足、气滞水停，治以健脾理气、温阳利水，方选实脾饮合苍牛防己汤（方药中教授经验方）加减，药用：生黄芪30g，党参15g，苍术、白术各15g，汉防己15g，猪苓、茯苓各30g，炮附子12g（先煎），干姜9g，草果6g，木香9g，白豆蔻9g，炒枳壳12g，茵陈15g，川牛膝15g，泽兰、泽泻各15g，大腹皮15g。水煎服，日1剂。上方服用1周，尿量即由每日600mL增加至1000mL，下肢水肿逐渐消退，加减服用1月余，尿量增至每日大于1500mL，复查肝功能ALB升至32.5g/L，腹部B超示腹水较前明显减少，已能操持家务。后因在家中不慎滑倒昏迷，于外院ICU病房继发上消化道大出血去世。

按：鼓胀虽涉及肝、脾、肾三脏，有水裹、气滞、血瘀之别（喻嘉言《医门法律》），究其根本，脾气（阳）虚弱，失于运化，水湿内停是其核心病机，因此历代医家多注重从脾论治。此例患者腹胀大如鼓，下肢浮肿、尿少，说明标实存在，但背部恶寒，纳少而胀，纳后欲便，神疲乏力，提示脾胃阳气虚弱为病之根本。上方中党参、黄芪、白术、苍术、附子、茯苓、干姜健脾温阳益气治其本，木香、大腹皮、防己、枳壳、牛膝、泽兰、泽泻等理气活血利水治其标，服药1个月，正气渐复，患者及家属信心日增。肝硬化失代偿期患者多兼黄疸，初期湿热、水饮、血瘀等标实之象较突出，因此清利湿热、祛瘀利水方药应用较为普遍，服用日久，苦寒之品碍胃伤阳，冰伏其邪，不但黄疸、鼓胀难以消退，反而逐渐出现纳呆、呕吐、恶心、便溏等脾阳不足征象，因此应根据患者不同体质，配伍健脾、和胃之品。对证属脾阳不足者，应及时给予健脾温阳，否则脾气衰败，预后极差。

四、慢性乙型重型肝炎

男，44岁，2009年1月20日入院。患者有慢性乙型肝炎病史10余年，2周前因劳累、生气后出现严重乏力，伴腹胀、胸闷、恶心、呕吐，1周前发现巩膜黄染，尿如浓茶。舌体胖，质暗红，苔黄白浊腻，脉象弦滑而数。查体示肝浊音界明显缩小；查肝功能示：ALT 315U/L，AST 543U/L，GGT 274U/L，TBil 225μmol/L，总胆固醇（TC）2.76mmol/L。凝血四项示：凝血酶原活动度37%（正常70%～120%）。血电解质：血钾3.15mmol/L，血钠130mmol/L，HBV－DNA 7.24×10^8 copy/mL。血浆内毒素：0.185 EU/mL（正常值为0～0.03EU/mL）。中医诊断：黄疸（湿浊中阻，胃气上逆），西医诊断：慢性重型乙型肝炎。入院后动态监测肝功能出现典型的"酶胆分离"，在护肝、改善肝脏微循环、促进肝细胞再生、纠正电解质紊乱等治疗基础上，口服黄连温胆汤合升降散加减，药用：黄连9g，炒枳实12g，茵陈30g，薏苡仁30g，川牛膝15g，苍术12g，厚朴12g，陈皮9g，清半夏12g，白豆蔻9g，蝉蜕6g，僵蚕12g，片姜黄12g，荷叶9g，羚羊角粉1.0g（冲服）。水煎服，日1剂。同时以健脾清肠方（药物组成：茯苓30g，薏苡仁30g，紫草15g，生大黄6g，白及12g，败酱草24g，黄芩15g）水煎浓缩至100mL保留灌肠，日1次。患者入院之初，饮水即吐，药入亦吐，灌肠2d后恶心、呕吐明显减轻，嘱其少量频服，治疗近1个月，患者黄疸较前明显减轻，复查凝血酶原活动度77%，TBil 65μmol/L，血钾、血钠正常，血浆内毒素0.14 EU/mL，且乙肝病毒载量显著下降为3.16×10^3copy/mL，复查腹部B超示肝脏已恢复正常大小。

按：乙型重型肝炎仍是临床常见的严重肝病，病死率极高，目前尚无特效药物[4]。研究发现，肠源性内毒素及内毒素激活库普弗细胞所造成的继发性肝损伤，对重型肝炎的发展与转归有着重要影响[5]。我们的前期研究显示，在中西医综合治疗的基础上给予健脾清肠中药保留灌肠可明显降低慢性乙型重型肝炎血浆内毒素水平，提高凝血酶原活动度，减少各种并发症的发生，降低死亡率[6]。肠源性内毒素血症其病位在肠，而小肠泌别清浊及大肠传导糟粕均与脾脏升清运化的功能密切相关，健脾化湿泄浊中药配伍清热解毒凉血之品保留灌肠，既能治疗微观的内毒素血症，又能改善宏观的消化道症状，目前该特色疗法正在国家中医药管理局肝病重点专科协作组内进行扩大验证。以肠源性内毒素血症为切入点，从脾治疗慢性肝病、重型肝炎将成为临床治疗新热点，从而进一步拓展肝病实脾的临床实践，丰富其科学内涵。

参考文献

[1] 刘光伟，王灵台．慢性乙型肝炎免疫病理及中医药免疫调节治疗研究概况［J］上海中医药大学学报，2005，19（1）：59～61.

[2] Wong G L－H，Wong V W－S，Choi P C－L，et al. Metabolic syndro－me increases the risk of liver cirrhosis in chronic hepatitis B［J］. Gut，2009，58：111～117.

[3] 李勇，孙欢娜．慢性肝病与糖代谢紊乱［J］．山东中医杂志，2006，25（8）：518～520.

[4] 中华医学会感染病学分会肝衰竭与人工肝学组．中华医学会肝病学分会重型肝病与人工肝学组肝衰竭诊疗指南［J］．中华内科杂志，2006，45（12）：1053～1056.

[5] Han D W. Intestinal endotoxemia as a pathogenetic mechanism in liver failure［J］. World J Gastroenterol，2002，8（6）：961～965.

[6] 李勇，王磊，苏超，等．扩肠解毒汤保留灌肠治疗慢性乙型重型肝炎的临床观察［J］．中国结合医学杂志，2010，16（4）：348～352.

［《山东中医杂志》2012，31（1）：64］

高忠英教授应用乌梅丸加减治疗慢性溃疡性结肠炎的临床经验

李 燕

北京市怀柔区庙城镇社区卫生服务中心

史成和 北京大学第三医院中医科

高忠英（1938～），教授，主任医师，博士研究生导师，第二、三、四批全国老中医药专家学术经验继承工作指导老师。高忠英教授出身中医世家，自幼习医，精通内、妇、儿科，从事中医临床、教学、科研工作58年，历任首都医科大学中医药学院中医内科学、中药方剂学教研室主任，研习医理，精通经典医籍，精心临证，处方精当，方简效宏。尤其对消化系统病证的治疗有独到的见解，疗效显著。

慢性溃疡性结肠炎亦称慢性非特异性溃疡性结肠炎。其病变主要局限于结肠黏膜，且以溃疡为主。主要临床表现为腹痛、腹泻和黏液血便。现代西医学认为本病与感染、遗传、精神、过敏，特别是自身免疫等因素有关，但确切病因不明，本病具有反复发作，不断加重，经久不愈的特点，并有一定癌变的可能[1]。国家级名老中医高忠英教授对慢性溃疡性结肠炎的病因病机、及运用乌梅丸加减治疗有着独特见解和临床新用，笔者有幸跟师学习，对此深有体会，兹将高忠英教授治疗慢性溃疡性结肠炎的经验介绍如下。

一、对慢性溃疡性结肠炎的病因病机分析

祖国医学将溃疡性结肠炎归入“肠涕”“滞下”“久痢”“便血”等范畴。《黄帝内经》中就已经有关于“肠澼”的记载，症状即包括“便血”“下白沫”“下脓血”等，并提出以脉象观察预后。隋代《诸病源候论》对病机阐述较为深入，指出：“热毒乘经络，血渗肠内，则变为脓血痢，热久不歇，肠胃转虚，故痢久不断。”至宋代，陈无择将本病病因归纳为外感六淫、内因脏气郁结及饮食不当、纵情恣欲（不内外因）三类。《景岳全书》曰：“凡里急后重者，痢在广肠最下之处，而其病本则不在广肠而在脾肾。”“脾肾虚弱之辈但犯生冷极易作痢。”“泄泻之本无不由于脾胃”。

高教授根据多年的临床经验总结出该病是在脾胃虚弱基础上感受外邪、饮食不慎、或忧思恼怒、精神抑郁、过度劳累而引起大肠传导失常，气机不畅，损伤肠黏膜络脉而发病。因此，外邪、饮食不节，或气滞、血瘀、痰饮均可导致本病发生，本病多由湿邪所胜，脾胃功能障碍而引起。近些年有人通过血液流变性的观察发现慢性溃疡性结肠炎患者血液具有浓稠性、聚集性、黏滞性的特征[2]，发现不论中医的哪一型，都有瘀血的存在，且伴有虚证时，瘀血的表现更明显。盖湿热之邪，蕴结体内，湿性黏滞、重浊，阻滞气机；热邪易灼伤津血，血受熏灼易凝结瘀塞，血行瘀滞，瘀滞日久，妨碍人体气血化生，而逐步转化为虚证血瘀；或气虚不能推动血液的运行而发生血瘀；或津亏不足于载血，则血行瘀滞，日久肠络受伤，肠黏膜溃疡，化为脓血。故本病的病机是脾虚为本，湿热，血瘀为标，治疗应当健脾化湿、活血祛瘀。这也是方中以当归、白芍为主药的原因。工作压力等诸因素导致情绪的不稳定是导致本病反复发作的一个重要诱因，与肝的关系亦十分密切。因此，脾肾两虚、肝脾失调，湿热阻滞大肠是慢性溃疡性结肠炎的常见病机。与五脏中脾、肝、肾相关，与六腑中胃与大肠相关。临床辨证多为本虚标实之证。

二、对慢性溃疡性结肠炎的辨治观点

高教授认为脾气亏虚为发病之本，湿浊内阻为标，湿邪日久可壅滞气血，化腐成疡，日久则脾气虚弱或脾肾阳虚。久利之证，必伤脾阳，阳伤则肠寒；或久病脾不运化，寒邪内生则生腹泻；患者苦于久利，郁闷不舒，情志必为之不畅，肝阴暗耗，久郁化火，乘犯脾胃，致使脾胃升降失常，胃热肠寒，既有中阳不振，运化失健又有湿热蕴积，损伤肠络。在这复杂病机的影响下，临床表现为本虚标实、上寒下热、整体正虚和局部邪实并存。虚中有实、虚实夹杂、寒热错杂是本病特点。常表现为寒热混杂，虚实相兼，若单治上热则下寒益甚，但治下寒则上热不去，所以当上下同治，寒热并施；如《金匮要略》创用白头翁汤和桃花汤，以清肠解毒、温涩固下之法进行治疗，对后世有很大的影响。在祛邪的同时，病在厥阴，气血阴阳已虚，所以又当兼顾正气，调补气血阴阳。与仲景乌梅丸证治蛔厥又主久利相吻合。正如金元时期朱丹溪提出据病之虚实治疗：“壮实初病宜下，虚弱衰老久病宜升。”明清时期，医家对本病的认识和实践更加深入。如李中梓提出的“新感而实者，可以通因通用；久病而虚者，可以塞因塞用”。

高忠英教授凭借多年临床经验，临证时应用乌梅丸加减治疗本病，根据脏腑寒热不同，寒热并用，清补结合。更值得我们学习的是借鉴乌梅丸的寒热并用法灵活选用更切合临床的药物加减，有异曲同工之妙。取得了非常好的临床疗效。

三、对乌梅丸的分析及加减用药规律

高教授曾任方剂学教研室主任，从事方剂学教学20余年，对方药的配伍规律有着深入的研究，认为溃疡性结肠炎临床上常表现为寒热混杂，虚实相兼，故治疗上也要求寒热并用，清补结合。而乌梅丸作为厥阴病的寒热错杂证的主方，具有辛开苦降、寒热并用，补泻兼施、气血两调的特点，正好适合本病的治疗。仲景乌梅丸原方中是由乌梅三百枚，细辛六两，干姜十两，黄连十六两，当归四两，附子六两（炮，去皮），蜀椒四两（出汗），桂枝六两（去皮），人参六两，黄柏六两，上药各为末，合治之。以苦酒渍乌梅一宿，去核，蒸之五斗米下，饭熟，捣成泥，和药令相得。方中乌梅味酸，苦酒醋渍而重用，酸性收引，既可安蛔，又能止痛、止泻，故为主药。《本经》中载乌梅可治肠蕈，蕈者突出之肿物也，另可收涩止利。重用乌梅，取其至酸之味、至柔之性，敛肝泻肝，补肝体以制其用[3]。方中干姜、附子、细辛、蜀椒、桂枝温肾暖脾，除脏寒助生发之气；且五药皆辛，原方为制蛔，其中细辛、蜀椒更具杀虫之用，是为助乌

梅安蛔止痛；如今用于治疗慢性溃疡性结肠炎，可适当加减而用，如用炮姜、肉桂辛热之品以温中散寒。如下图所示。原方中因素病蛔疾，必损气血，故又以人参益气，当归养血，合而扶正补虚；俱为辅药。今用于治疗慢性溃疡性结肠炎亦日久成虚，因此，仍沿用补虚之法以扶正。佐以黄连、黄柏苦寒清热，兼制辛热诸药，以杜绝伤阴动火之弊，且味苦兼能下蛔。全方酸、辛、苦三味必备，寒热并用，扶正祛邪，标本兼治。具有健脾祛湿、涩肠止泻之功。以下即为高忠英教授在多年的教学中总结出的乌梅丸原方的方药组成图析及其根据临床实际加减后的用药规律图析。

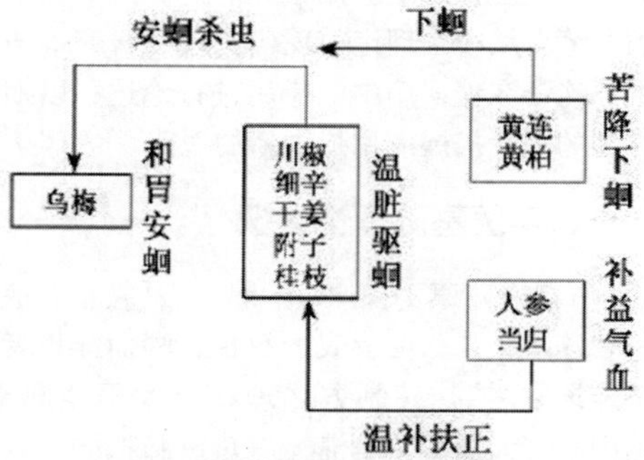

乌梅丸 ——《伤寒论》

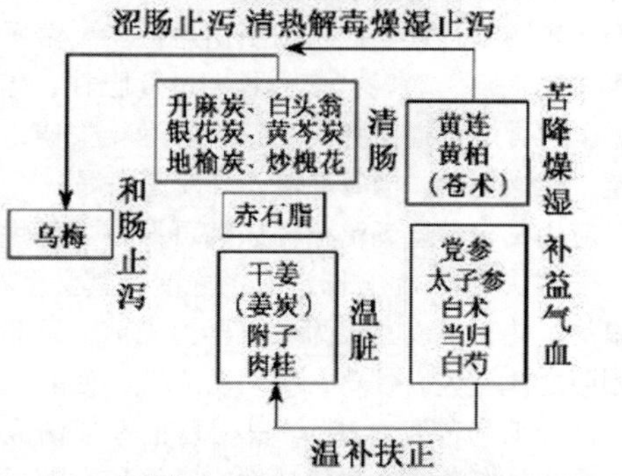

乌梅丸加减后—高忠英教授经验

高忠英教授应用乌梅丸加减治疗慢性溃疡性结肠炎，突出体现以下特点：本证为本虚标实，疗溃止血以治标为急。当归，白芍是本病治疗之要药，古有治痢“红痢（血多）用当归，白痢（脓冻）用芍药”的说法，根据大便情况，出血多用当归，黏液多用白芍。若血止，脓退重用白芍在溃疡面上“加膜”，即在肠黏膜表面形成一层保护层，保护再生之上皮及肉芽组织。其二随症状主次变化，酌加补虚药，有利整体的恢复。根据患者寒热的不同程度，调整凉药和热药的比例，并且根据患者虚实情况，酌情选择清补药物，如热象明显，补虚药选用清补之品的太子参。若寒证明显，选用党参以温中补气。其三因其久病正虚，故治标之药多选用炭药，如姜、芩、连及银花等皆用炭，其优点既保存药力，又可缓解寒热之性，使之无伤正之虑，且炭药善于收涩，固肠止血又有疗溃之功。其四肉桂与赤石脂在本方加减运用是高忠英教授用药的一大特色。肉桂既能温暖脏腑、散寒止痛，又能助溃疡愈合，作用特殊。且现代药理学研究[4]，肉桂能加速溃疡面愈合。血便过多时当合用赤石脂以涩肠止血。高忠英教授在治疗溃疡性结肠炎时常以二药同用，临床效果很好，有待进一步研究其药理机制，但毕竟为十九畏，七情之相反药，不可随意效仿。

高忠英教授运用乌梅丸化裁治疗慢性溃疡性结肠炎，变化灵活，效果显著。正如柯韵伯所言：“看厥阴诸证与本方相符，下之利不止，与又主久利吻合，则乌梅丸后厥阴主方，非只纯蛔厥之剂矣”[5]。故用乌梅丸加减化裁治疗慢性溃疡性结肠炎而疗效甚佳。

高忠英教授在临证中发现乌梅丸不仅用于消化系统疾病的治疗，而且也有文献[6]报道，中医现代临床被广泛应用于内、外、妇、儿、五官科等多种疾病，且取得较好疗效。对此，将在今后的继承工作中进一步研究。

四、典型病例

1. 寒热错杂，寒轻热重型

患者李某某，女，43岁，于2011年2月19日，就诊北京同仁堂大栅栏门诊部。罹患慢性溃疡性结肠炎20余年，近2周加重。现便不成形，便前腹痛，便中带血，日行5～6次，纳差，乏力，面色苍白。舌淡苔白，脉沉细。中医诊断为泄泻。西医诊断为溃疡性结肠炎。观其脉证，辨为阳虚运化失健，寒热混杂损伤肠络。治以温阳逐寒，清肠止血为法。予乌梅12g，党参15g，姜炭10g，黄芩炭10g，炒黄柏10g，银花炭10g，炒槐花10g，赤石脂10g，枳壳10g，地榆炭10g，当归10g，白芍15g，肉桂6g。经四诊，服药2月余，病情明显好转。3月后随诊，患者情况稳定，大便次数每日1～2次，便已成形，无腹痛，便血已除，精神尚佳。

按：本例患者久病，纳差、乏力、便溏，面色苍白、舌淡为久病脾肾虚寒之象；便中带血，示寒热混杂伤于肠络。寒热混杂，寒重热轻。故用乌梅酸涩止泻、止痛，党参、当归、白芍补气调气养血；姜炭、肉桂温肾散寒；黄芩炭、银花炭、地榆炭、炒槐花清热止血，因患者久病体虚，恐清热之力太过伤正，故四药皆用炭炒，缓其性，用其效，用赤石脂涩肠止血，敛疮生肌，收效甚佳。

2. 寒热错杂，热重寒轻型

张某某，男49岁，2011年3月19日初诊。患溃疡性结肠炎病史14年，脓血便1年，间断治疗至今。2011年11月始加重。每天脓血便7～8次，便前腹痛，泻后痛减。饮酒后加重。纳后无不适，自述耳鸣，听力下降。舌红，苔薄黄，脉细滑。电子肠镜：升结肠、横结肠、降结肠、直肠均现溃疡面。中医诊断：便血。西医诊断：慢性溃疡性结肠炎。辨证：大肠湿热日久，损伤阳络。立法：化湿和中，安络止血。方药：乌梅丸加减。乌梅15g，苍白术各15g，赤石脂10g，银花炭15g，升麻炭10g，黄芩炭10g，白头翁10g，炒槐花10g，枳壳10g，白芍15g，当归10g，肉桂6g为基础方，经三诊，服药80剂，排便正常。2月后追访，未复发。

按：本例患者久病，但饮酒如常，湿热内生壅滞搏结于大肠，湿热熏蒸，壅滞肠间，与气血相搏结，使肠道传导失司，肠络受伤，气凝血滞，腐败成疡，化为脓血，而痢下赤白；气机阻滞，腑气不通，所以腹痛、里急后重。属寒热混杂，热重寒轻型。重在清热化湿，用药特点为寒凉药物居多。方用乌梅、赤石脂酸涩止痛止泻敛疮生肌，白头翁性苦寒、清热凉血解毒止痢，银花炭、黄芩炭、炒槐花以清利湿热，方中用到的黑升麻即升麻炭，既有升麻的升举阳气作用，同时具有止血作用，即血见黑则止。黄芪、当归，益气养血补血；苍白术燥湿健脾止泻；白芍调气养血，平肝止痛；肉桂散寒止痛缓解全方药性，全方既补又清，共奏清热化湿，安络止血之功。

参考文献

[1] 田德禄. 中医内科学 [M]. 北京：中国中医药出版社，2005：639.
[2] 燕东，刘绍能. 乌梅丸在消化系统疾病中的应用探析 [J]. 北京中医药，2011，30（7）：510.
[3] 魏伟. 脾胃虚弱型慢性溃疡性结肠炎针刺治疗45例临床报告及分析 [J]. 中医临床研究，2011，3（18）：91.
[4] 沈映君. 中药药理学 [M]. 北京：人民卫生出版社，1999：499.
[5] 柯琴. 伤寒来苏集 [M]. 北京：中国中医药出版社，2008：59.
[6] 李海强，贝光明. 乌梅丸临床应用及实验研究近况 [J]. 云南中医中药杂志，2009，30（11）：58.

[《中国实验方剂学杂志》2012，18（14）：322]

葛根芩连汤治疗糖尿病理论探讨

赵林华　宋　军　仝小林
中国中医科学院广安门医院
姬航宇　北京中医药大学
冀博文　中国中医科学院眼科医院

葛根芩连汤源自汉代张仲景《伤寒论》，方由葛根、黄芩、黄连、甘草4味药组成，用来治疗湿热所致的腹泻和痢疾，是中药治疗急性腹泻的经典方剂。随着现代医学的发展，此方剂被赋予了很多新的适应病症，广泛应用于内、外、妇、儿等各科疾病。笔者从中医理论、现代药理学研究等角度对葛根芩连汤在糖尿病中的应用进行论述，以期为传统方剂的现代扩展应用提供新的思路。

一、中医基础理论认识

《伤寒论》原文云："治太阳病桂枝证，医反下之，利遂不止，脉促者表未解也，喘而汗出者，葛根芩连汤主之"。其制方之理在于太阳表邪未解，邪陷阳明，大肠湿热壅滞，里热蒸肺迫肠，升降失调，津液外泄。常用于急性肠炎、细菌性痢疾、肠伤寒、胃肠型感冒等证属阳明里热甚者。糖尿病属中医"消渴病"范畴，多由长期过食肥甘，醇酒厚味，辛辣香燥，损伤脾胃，致脾胃运化失职，积热内蕴，化燥伤津，消谷耗液，终发为消渴。

应用葛根芩连汤治疗糖尿病可谓古方新用。清代王子接认为："是方即泻心汤之变，其义重在芩、连肃清里热，虽以葛根为君，再为先煎，无非取其通阳明之津；佐以甘草，缓阳明之气，使之鼓舞胃气，而为承宣苦寒之使"。根据葛根芩连汤成方结构来看，具有清热生津的功效，正好切中糖尿病胃肠湿热、燥热伤津的病机。方中葛根为阳明经药，以除阳明内热，升津润燥为主治。黄芩、黄连可清胃肠湿热，黄芩尤能清肺胃实热，兼顾肺肾；黄连用量过多易苦寒伤中，耗伤津液，葛根与黄连相配可以制约黄连之燥性。甘草养脾胃，生津液，和中调味，全方共奏清热燥湿，生津润燥之功。

陆九芝言："葛根芩连一方独见遗于阳明者，以人必见下利始用之，不下利即不用，而不以为是阳明主方也。孰知此方所用者宏，而所包者广也"。张发荣教授常将葛根芩连汤作为治疗糖尿病及其并发症的基础方，广泛用于治疗糖尿病的诸多证候[1]。临床应用时葛根常用20～50g，黄连用量多在6～12g，黄芩用量常为15～20g。葛根，据《药性论》载："主解酒毒，止烦渴"。故黄煌教授认为将葛根芩连汤用于嗜酒伴有血糖高者最为有效[2]，对糖尿病如伴有项背强痛，或头痛、或腰腿痛，全身乏力者也是本方运用指征之一，葛根用量通常在30g以上，可达60～100g。

二、葛根芩连汤在糖尿病中应用的现代药理学研究

近年来关于葛根芩连汤的质控研究已较成熟，以高效液相色谱法（HPLC）测定葛根芩连汤各配伍组合中葛根素含量，研究配伍对葛根素含量的影响，结果发现黄芩、黄连、甘草对方中葛根素含量的影响差异无统计学意义，两两交互作用差异不具有显著性[3]。实验中观察到凡是黄连与葛根的配伍组合中皆有沉淀产生，并且发现沉淀中含有一定量的葛根素。谭晓梅等[4]研究发现含黄连和葛根配伍煎液产生的沉淀中含葛根素可能与pH值的改变有关。葛根芩连汤配伍中葛根、黄连能降低黄芩苷的含量，甘草没有增加黄芩苷的溶出的作用，认为pH值的改变可能是含黄连和黄芩配伍煎液产生沉淀的主要原因之一。

对葛根芩连汤煎煮研究则发现[5]，中药复方煎煮过程中存在动态变化，应根据不同的目的对样品进行适宜的处理。采用高效毛细管电泳法（HPCE）建立葛根芩连汤的指纹图谱，葛根芩连汤中27个成分得到了较好的分离，结果符合定量测定和定性研究的要求。提示该方法具有较好的分离效果和良好的精密度，可考虑作为葛根芩连制剂的质量控制方法[6]。

葛根芩连汤治疗各种腹泻的药理学研究已经非常系统和成熟，然而针对2型糖尿病的动物实验研究和临床研究报道仍相对较少。动物实验研究方面，潘竞锵等[7]以地塞米松诱导胰岛素抵抗大鼠模型，研究葛根芩连汤对模型动物糖耐量的效应，同时观察丙二醛（MDA）及超氧化物歧化酶（SOD）的影响，发现葛根芩连汤具有磺脲类药物的降糖作用，并具有抗氧化活性。地塞米松致氧自由基清除受阻，导致机体脂质过氧化损伤，但方剂未显示对抗作用。

赵瑛等[8]用10%果糖水代替常水喂养Wistar大鼠6周建立实验性代谢综合征模型，发现葛根芩连汤有效部位群的中剂量的作用程度要明显优与葛根芩连汤和阳性对照药二甲双胍，差异具有统计学意义。葛根芩连汤有效部位群改善胰岛素抵抗、治疗代谢综合征的作用可能是通过增加肝细胞膜胰岛素受体（InSR）的数量，改善胰岛素抵抗受体水平缺陷，增强胰岛素的敏感性来实现的。

临床研究发现对伴湿热证的2型糖尿病，在短期胰岛素强化治疗基础上，联合葛根芩连汤加味治疗，可以相对减少胰岛素用量，并取得较好的临床疗效。此研究也提示了葛根芩连汤在改善糖尿病患者湿热证候的过程中，对减轻2型糖尿病患者胰岛素抵抗，促进胰腺β细胞的功能恢复上有帮助[9]。曾艺鹏等[10]通过研究发现对伴湿热兼证的2型糖尿病胃轻瘫患者，经胰岛素控制血糖的基础上，以葛根芩连汤为主，多方加味治疗可以取得较好的临床疗效。高晓村等[11]通过临床研究发现，葛根芩连汤合程氏萆薢分清饮加减汤剂能延缓湿热型病的进展，对糖尿病肾病有较可靠的疗效。

三、方剂中单味药物对糖尿病的药理学作用

动物实验和临床研究表明，葛根芩连汤方剂中的葛根、黄芩、黄连的单味药及其有效成分对于改善糖尿病及其并发症的各种症状具有明显效果。

20世纪50年代罗厚慰等在研究几种消渴的中药对家兔血糖影响的实验中发现，口服葛根能使家兔血糖在用药后4～5h明显下降。实验研究表明，葛根素500mg/kg灌服能够拮抗四氧嘧啶诱导的小鼠高血糖，明显降低正常小鼠和四氧嘧啶导致的糖尿病模型小鼠的空腹血糖，250mg/kg接近其最低效量。葛根素还可使糖尿病大鼠血糖降低、蛋白尿减轻、肾功能改善，肾小球细胞外基质沉积明显减轻[12-13]。预防性给予黄芩茎叶总黄酮可明显抑制四氧嘧啶引起的小鼠血糖升高，对已形成糖尿病小鼠，给予黄芩茎叶总黄酮则可显著降低血糖水平；其作用机制可能与其抗氧化作用密切相关[14]。近年来的研究表明，黄芩苷能降低实验性2型糖尿病大鼠空腹血糖、提高胰岛素敏感指数，具有改善实验性2型糖尿病大鼠胰岛素抵抗的作用[15]。

动物实验和临床研究表明[16]，黄连及其有效成分生物碱对于改善糖尿病及其并发症的各种症状具有明显效果。目前，黄连已经分离出来的生物碱主要有小檗碱、巴马丁、黄连碱、药根碱等，其中小檗碱含量最高（占6.88%－13.64%），降糖作用最明显。关于小檗碱药理作用的动物实验研究发现小檗碱可以对抗注射葡萄糖或肾上腺素的升血糖作用，使正常小鼠肝脏和膈肌糖原含量降低，并抑制以丙氨酸为底物的糖原异生作用。小檗碱对多种糖代谢相关蛋白因子有调控作用，可能是改善细胞糖代谢障碍的分子机制[17]。此外还发现小檗碱能降低小鼠血清胆固醇。药根碱也具有降糖作用，提示

药根碱也是黄连治疗糖尿病的有效成分之一。有研究通过动物实验对黄连、药根碱、小檗碱的降糖作用作了比较，结果发现黄连的作用比单用小檗碱与药根碱都强，这恰好向我们提示了黄连中治疗糖尿病的有效成分除了小檗碱与药根碱，可能还有其他重要的生物碱[18]。

四、问题与展望

综上所述，葛根芩连汤虽然作为《伤寒论》经方，用于治疗太阳表邪内陷所致肠热下利证。以传统的"异病同治"的思想为指导，治疗糖尿病，从中医基础理论、现代药理学研究角度均证明是可行的。本课题组仝小林教授临床常将本方用于治疗2型糖尿（湿热蕴脾证），临床取得明显疗效。国内许多临床及药理研究者在继承传统的基础上不断创新，将其用于糖尿病及其并发症的治疗，从中医理论和现代药理学角度为其治疗2型糖尿病及其并发症提供了有效的证据，从而扩展了传统经方的应用范围，对提高中医临床治疗糖尿病及其并发症的疗效具有重要意义。

然本方治疗糖尿病的系统药理药效学研究开展较少，作用机制以及方剂整方及配比变化后药效学物质基础仍不清晰，有待通过从药理毒理学实验、药效学物质基础实验，及临床评价等角度进行系统深入的研究，探讨方剂及其有效成分群的剂量和临床疗效的关系，以期为临床合理、安全、有效的将其运用于治疗2型糖尿病及其并发症方面提供指导和借鉴。

参考文献

[1] 王芬，何华亮．张发荣运用葛根芩连汤治疗糖尿病经验．中医杂志，2005，46（2）：103.

[2] 管仕伟．经方治疗糖尿病验案举隅．河南中医，2008，28（4）：22.

[3] 戴开金，罗佳波，谭晓梅，等．葛根芩连汤不同配伍对葛根素含量的影响．中草药，2003，34（6）：506～508.

[4] 谭晓梅，戴开金，罗佳波，等．葛根芩连汤不同配伍对黄芩苷含量的影响．中草药，2003，34（7）：598～600.

[5] 曹佩雪，梁光义，李霞，等．葛根芩连汤不同配伍情况下葛根素、黄芩苷、小檗碱的含量比较．中国医药学报，2003，18（8）：459～462，512.

[6] 戴开金，罗奇志，罗佳波，等．葛根芩连汤的 HPCE 指纹图谱研究．中草药，2004，35（7）：749～751.

[7] 潘竞锵，韩超，刘惠钝，等．葛根芩连汤降血糖作用的实验研究．中国新药杂志，2000，9（3）：167～170.

[8] 赵瑛，李文亭，孟晓红，等．葛根芩连汤与其有效部位群对代谢综合征大鼠作用的比较．中药药理与临床，2009，25（4）：7～10.

[9] 曾艺鹏，王爱华，胡蕴刚．复方配伍治疗伴湿热兼证糖尿病胃轻瘫的研究．现代中西医结合杂志，2006，15（15）：2023.

[10] 曾艺鹏，黄云胜，胡蕴刚，等．葛根芩连汤配合胰岛素强化治疗湿热证2型糖尿病．床观察．中国中西医结合杂志，2006，26（6）：514～516.

[11] 高晓村．葛根芩连汤合程氏萆薢分清饮加减治疗湿热型糖尿病肾病的疗效观察．北京中医药，2009，28（9）：718～719.

[12] 张雷，陈立梅，倪红霞，等．葛根素影响链脲佐菌素诱导糖尿病大鼠脂肪细胞葡萄糖转运蛋白4的表达．中国临床康复，2006（39）：135～138.

[13] 刘淑霞，陈志强，何宁，等．葛根素对糖尿病大鼠肾功能及肾组织 MMP－10 与 TIMP－1 表达的影响．中草药，2004，35（2）：170.

[14] 周晓霞，苏佩清，刘智．黄芩茎叶总黄酮对糖尿病防治作用的实验研究．中药新药与临床药理，2006，17（6）：418～420.

[15] 郝玉美，刘洪琪．苦瓜、黄芪、黄芩苷对2型糖尿病大鼠模型胰岛素抵抗的影响．辽宁中医药大学学报，2007，9（5）：6～7.

[16] 殷峻，胡仁明，唐金凤，等．小檗碱的体外降糖作用．上海第二医科大学学报，2001，21（5）：425～427.

[17] 马毅，吴效科，侯丽辉，等．中药小檗碱、薯芋皂苷对滋养细胞内糖代谢分子表达的调控．中华中医药杂志，2009，24（2）：144～148.

[18] 付燕，胡本荣，汤强，等．药根碱、小檗碱、黄连煎剂及模拟方对小鼠血糖的影响．中草药，2005，36（4）：548～551.

[《中华中医药杂志（原中国医药学报）》2012，27（2）：280]

归脾汤的异病同治临床举隅

曾贤杨　重庆市黔江区冯家镇中心卫生院

何本阳　重庆市黔江区舟白镇中心卫生院

异病同治，其源于内经，发展于仲景，《素问·五常政大论篇》"西北之气散而寒之，东南之气收而温之，服胃同病异治也"。与"同病异治"相对即体现为"异病同治"之治疗思想。至汉代张仲景在辨证治疗方法，具体方药的运用上，已经充分体现了异病同治的精神，如不同疾病，同一病机，治法相同。如肾气丸在《伤寒杂病论》中可同时治疗少阴阳虚水泛病，虚劳病，痰饮病，转胞病等。

归脾汤出自宋代严用和所撰《济生方》一书。原方由白术，茯苓，黄芪，龙眼肉，枣仁，人参，木香，甘草及当归，远志（后两味由《校注妇人良方》引入）组成。功能为补益心脾，益气养血。凡因忧思太过，劳伤心脾所致的失眠，心悸怔忡，健忘，自汗盗汗，眩晕，腹胀，纳呆乏力等，均属本方适应范围。此外，妇人体虚气弱，统镊无权而崩漏者，应用本方亦常获良效。本方因其配伍合理，疗效确切，临床运用非常广泛。现以治疗失眠，眩晕，崩漏等症的病案举例说明：

一、眩晕

黄某，男，56岁。2010年3月15日初诊。

几年来，时感头昏，耳鸣，劳累即发，心悸，失眠多梦，倦怠乏力，纳差便溏，面色㿠白，唇甲不华，舌淡苔薄白，脉细弱。辨证：心脾两虚，气血不足。治法：补益心脾，益气养血。处方：人参10g，黄芪30g，炒白术12g，伏神15g，元肉15g，当归15g，炒枣仁30g，木香6g，山药15g，炙甘草6g。7剂，日1剂，水煎服。

3月22日复诊，头昏，心悸，失眠，便溏明显减轻，大便略成型，耳鸣好转。原方再加磁石12g，7剂，日1剂，水煎服。

5月20日随访，病人诸症消失，随后一直未发。

二、失眠

李某，女，36岁。2010年6月25日初诊。

三年来，病人经常心慌头昏。失眠多梦，易怒，纳呆，倦怠乏力，月经前期，量中等，色淡红，精神差，舌质稍红，苔薄白，脉细弦。辨证：心脾两虚，气血不足。治法：健脾养心，补益气血，疏肝解郁。处方：人参10g，黄芪18g，炒白术12g，当归10g，炒枣仁18g，柏子仁15g，龙眼肉15g，远志6g，木香6g，茯神15g，香附10g，柴胡10g，甘草6g，白芍15g，夜交藤30g。3剂，水煎服，日1剂。

6月28日复诊，睡眠好转，头晕减轻，饮食正常，唯乃感心慌，易惊，寐后多梦，烦躁易怒多疑，舌质稍红，苔薄白，脉细弦。前方加栀子10g，丹皮10g。继服10剂，诸症皆除。

三、崩漏

陈某，女，28岁。2009年3月5日初诊，此时正值经期。

近2月来，月经常乱，经血非时而下，经期长达十余日，量多色淡稀如水，白带不多，纳差，气短神疲，心悸失眠，手足欠温，面色无华，唇甲色淡，舌淡苔薄白，脉细弱。辨证：心脾两虚，气不摄血。治法：补益心脾，益气摄血。处方：人参15g，黄芪35g，当归12g，茯苓15g，炒白术12g，白芍30g，生熟地各15g，元肉15g，木香6g，炒枣仁15g，远志6g，乌贼骨15g，炮姜10g，大枣10g，炙甘草10g。3剂，日1剂，水煎服。

3月8日复诊，经量减少，头晕心悸减轻，神色好转。原方再进3剂。

3月12日复诊，经血止，诸症明显好转。以后经期加荆介炭，阿胶调服三月余。月经周期正常，经期量色均正常，一年后随访，病未复发。

四、讨论

崩漏，失眠，眩晕乃三种不同的病症，以现代医学观之分属各个不同系统，但从中医辨证论治，审证求因的观点来看，上述所举病案究其原因乃劳伤心脾，气血不足所致。其病因相同，但表现各异。即晋代医家张谌“病有外异内同”所言。故用同一处方，根据不同病机，随症加减，获得良效。其实在临床中，只要符合心脾两虚，气血不足的病症都可以使用。

［《求医问药》2012，10（6）：679］

桂枝茯苓鳖甲汤治疗肝硬化腹水68例临床观察

武步涛　河南省开封市第二中医院

桂枝茯苓鳖甲汤系张仲景治妇人“宿有症积”之桂枝茯苓丸加减而成，近年来我们运用本方法并随证加减治疗肝硬化腹水观察68例，疗效满意。现总结如下：

临床资料：本组病人68例，其中男性52例，女性16例。年龄最小32岁，最大73岁。病毒性肝炎后肝硬化53例，酒精性肝硬化腹水12例，药物性肝硬化腹水3例。并发黄疸者22例，谷丙转氨酶升高者46例，脾肿大者54例，肝脏肿大者7例；肝脏缩小者24例；其中多次腹水16例，血清白蛋白降低或A/G倒置者56例；彩超检查提示肝硬化合并少量腹水者16例，中等量腹水者28例，大量腹水者24例。

治疗方法：桂枝10g，茯苓15g，鳖甲15g，炒桃仁10g，红花10g，柴胡10g，白芍20g，炒香附15g，当归15g，赤芍20g，焦三仙各15g，大腹皮20g，猪苓15g，泽泻10g，丹参30g，车前子15g，生黄芪30g，水煎服，日1剂，早晚各1次。随证加减，黄疸明显ALT升高者加茵陈、黄芩、栀子，清热利湿退黄；肝脾肿大者加三棱，莪术，山甲活血祛瘀，软坚散结；腹水量大腹胀痛甚加茅根，防己，木瓜等淡渗利湿；偏气滞者加沉香，木香。

疗效评定标准：疗效标准参考《中医病症诊断疗效标准》，临床治愈：自觉症状消失，肝功能基本正常，肝脾回缩；显效：自觉症状消失，肝功能明显好转，肝脾不同程度改善，随访1年，疗效稳定；无效：治疗2周，症状无明显变化。

结果：临床治愈16例，占23%；显效44例，占65%；无效8例，占12%。总有效率为88%。治疗时间最短38天，最长10个月，平均治疗时间169天。

典型病例：徐某，男，48岁。患肝硬化腹水，住院治疗3个多月无明显好转，就诊时形体消瘦，精神萎靡，腹大如鼓，巩膜皮肤黄染，晦暗不鲜，彩超脾脏厚5.2cm，肋下3cm，肝脏轻度萎缩。小便短少，大便稀溏，舌淡苔白，脉沉弱。肝功能化验：ALT 138U/L，黄疸40μmol/L，r－GT 87U/L，A/G倒置。投用桂枝茯苓鳖甲丸加茵陈、三棱、莪术、以活血祛瘀散结，健脾利水清湿，连服30余剂后，腹水消退，黄疸减轻，肝功能明显改善，精神、食欲大增，二便正常，又调治2月余后复查，肝功能全部恢复正常，体重有所增加，康复上班可干轻微工作，随访3年，未见复发。

[《大家健康》2012，6（3）：44]

桂枝茯苓汤配合外治法治疗妇科病验案举隅

苗晓燕　西安市长安区中医医院

桂枝茯苓汤出自张仲景《金匮要略·妇人妊娠病脉证并治》篇，主治妇人原有瘀血在胞宫，致妊娠胎动不安，腹痛漏下之证，具有活血化瘀，缓消癥块之功效。近年来，笔者每以此方加减，并配合中医外治法，治疗卵巢囊肿，乳腺增生，慢性盆腔炎等疾病，多收良效，现介绍于下。

一、卵巢囊肿（内服并药物离子导入治疗）

王某，女，30岁，已婚，2009年6月24日初诊。患两侧卵巢囊肿4年，渐加重1年。B超检查：右侧卵巢2.8cm×3.2cm×2.3cm大小，左侧5.6cm×4.0cm×3.5cm大小。提示：卵巢囊肿。近一年来月经先后无定期，相差7～10d不等，量可，经色较黯，夹有血块，经期3～5d不等，常伴痛经，经行不畅，经前乳胀，腰酸困。诸证时轻时重，曾断续服药治疗。眠差，纳可，舌淡黯苔薄白，脉沉弦涩。中医诊为：癥瘕。治以活血化瘀，软坚消癥之法。方选：桂枝茯苓汤加减。桂枝、赤芍、夏枯草、鹿角霜各15g，丹皮、桃仁、三棱、莪术、柴胡、川牛膝各10g，茯苓、浙贝母、香附各12g，泽泻18g，水煎服，日1剂。同时配合中药外治法：中药离子导入方：红藤、败酱草、王不留行、赤芍、海藻、透骨草各30g，路路通20g，乳香、没药各10g，加水1500mL，用文火煎500mL左右装瓶备用。治疗时将两块药垫浸入药液中并加温，用石家庄华行医疗器械有限公司生产的GZ—IIIA型药物导入热疗仪，将浸湿的两块药垫平置于患者下腹部，进行离子导入治疗。每次30min，日1次，月经期停用。共服药42剂，离子导入30余天后，B超查诸症消失。嘱回家后继服成药逍遥丸和桂枝茯苓丸各2瓶，后再未复发。

按：卵巢囊肿属中医“癥瘕”“肠覃”范畴，《灵枢·水胀》篇说，“肠覃者，寒气客于肠中，与卫气相搏，气不得荣，因有所系，癖而内著，恶气乃起，息肉乃生。其始生也，大如鸡卵，稍以益大，至其成如杯子之状，久者离岁，按之则坚，推之则移”形象地说明了本病的发生与发展过程，其成因为“寒气内客，气血凝聚而成”，“无瘀不成癥”。从临床观察来看，本病发生多为痰瘀互结，气滞血瘀，故治以活血化瘀，理气化痰，软坚消癥，用桂枝茯苓汤加减治疗本病。方用桂枝温通血脉，茯苓渗利下行，而益心脾之气，有助于行瘀血，共为君药；宿有癥块，郁久多能化热，故又配伍丹皮、赤芍、桃仁以化瘀血，清瘀热，并三棱、莪术加强活血逐瘀，化积消块之效；夏枯草、浙贝母、清肝利胆，化痰散结解郁；香附、柴胡疏肝气，以调气机；川牛膝补肝肾，引药下行；泽泻健脾利水，逐饮消痞；鹿角霜温肾益精，行血消肿。结合中药离子导入之剂，红藤、败酱草、王不留行、赤芍、乳香、没药、路路通、透骨草、海藻等活血化瘀，软坚散结，消痰逐饮。中药离子导入集针灸、理疗、中药一体，但起主要作用的还是中药。中药的有效成分有正负离子之分，通过导入机，将药物的正负离子分别导入腹腔囊肿部位，直接作用于病变组织。此法可广泛应用于痛经、盆腔炎、子宫肌瘤等患者。缺点是药物组方及剂量、浓度等难以掌握到最佳状态，更多的取决于经验，和治疗后的疗效观察，但疗效不稳定。

二、乳腺增生（内服并局部外搽治疗）

方某，女，40岁，2010年3月12日来诊。经前乳房胀痛3年，加重3月。3年前即发现每于月经来临前乳房胀痛，有时可触及包块，时大时小，时轻时重，但常于经后缓解。近3月来，因琐事心情不畅，自觉疼痛加重，且服逍遥丸、乳癖消后无缓解，自己摸到包块似有增大。本月月经延后，色淡黯量少，夹有血块，质稍粘，经行不畅，少腹疼痛。胸闷气短，易怒喜叹息，纳减，眠差，大便不畅，质软，有时手脚发麻。舌淡黯苔白略厚腻，脉沉弦涩。今月经干净2天，诸证同前，急来就诊。查体见双乳饱满，触之痛甚。左乳外上限可触及一约1.5cm×2.0cm包块，右乳外下方可触及1.5cm×2.5cm包块，质中，活动，无粘连。红外线扫描诊为：乳腺囊性增生。中医诊为：乳癖。证属气滞血瘀，肝郁痰凝。方选：桂枝茯苓汤合消瘰丸加减。桂枝、玄参、全瓜蒌、皂刺各15g，茯苓、丹皮、浙贝母、白芷、橘核各12g，赤芍25g，桃仁、青皮各10g，生牡蛎、王不留行各20g等药，服药7剂后，乳痛明显减轻，继服上方随症加减48剂而愈。同时配合乳房外搽[1]：用补骨脂150g，蜈蚣10条，入食醋1000mL内浸泡。半月后局部外搽，每天3~4次。回家自备。内服兼外治近2月，诸证痊愈。1年后随访，无复发。

按：乳腺增生病，好发于30~40岁妇女。祖国医学称为“乳癖”。清代高锦庭所著的《疡科心得集》对乳癖的症状描述比较详细，他说：“乳癖乃乳中结核，形如丸卵，不疼痛，不发寒热，皮色不变，其核随喜怒为消长，多由肝气不舒郁结而成，若以痰气郁结非也。”本病的病机以肝郁痰凝，气滞血瘀为多见，兼以冲任失调。故仍以桂枝茯苓汤为主方，合消瘰丸以化痰软坚散结，再辅以瓜蒌宽胸理气化痰，白芷理气止痛，皂刺消肿止痛，王不留行通利血脉，化瘀散肿，橘核理气散结止痛，青皮疏肝理气，又可引诸药至肝经。全方共奏理气化痰，活血化瘀，软坚散结之功效。而本病外治方，源于一篇报道，后得启发，而常用之。因乳腺增生类疾病必有内分泌失调，补骨脂具类雌激素样作用，它的挥发油有抗癌作用，所含补骨脂素，具有促进皮肤黏膜血液循环，抗菌消炎的功效，能增进免疫功能。蜈蚣辛而性温，入肝经，走窜之力最速，至而脏腑，外达经络，凡气血凝聚之处皆能开之，功擅通经络，解毒消肿。食醋性酸收，可软坚，外用可渗透皮肤导入病区，有活血、舒筋、散瘀、消坚、止痛等作用。

三、慢性盆腔炎（内服配合灌肠治疗）

高某，女，30岁，于2010年1月10日初诊。反复少腹疼痛，腰困2年，加重10d。患者自2年前药流后，即出现少腹疼痛，呈隐痛性质，阵发性，尤以经期前后为甚，伴有腰困。经前若不慎受寒，则诸症加重，经期即延长。或自服金鸡胶囊、妇科千金片、乌鸡白凤丸等药，或重时到医院做相应治疗。此次又因劳累，上症加重。末次月经：1月2日。今月经仍未净，量极少，色黯质粘，腹痛腰困，乏力气短，乳房胀满，纳差，眠可，尿频量少，无尿痛。平素带下量较多，色黄，质较粘稠，有时阴痒。舌红苔薄黄腻，脉沉弦涩。诊为：妇人腹痛。辨证为：气滞血瘀，湿热下注。方选：桂枝茯苓汤合四妙汤加减。组方：桂枝、益母草、白术各15g，香附、茯苓各12g，桃仁、炙甘草、川牛膝、丹皮各10g，赤芍、白芍、生薏仁各20g，黄柏8g，泽泻18g，服药5剂。2剂后月经即干净。二诊时，以上诸症明显减轻。妇查：宫颈略有肥大，子宫体压痛（+），活动可，附件增厚，压痛（+）。B超查：子宫直肠窝处可探及1.6cm×0.6cm的不规则液性暗区。提示：盆腔积液。西医确诊：慢性盆腔炎。继服上药：桂枝、茯苓、香附各12g，丹皮、桃仁、川牛膝各10g，赤芍、生薏仁各20g，黄柏6g，泽泻18g，白术、川断、寄生各15g，红藤、败酱草各30g。上述药物煎两汁，头煎口服，二煎浓煎成100mL，保持温度38℃，让患者取侧卧位，用8号导尿管插入直肠约15cm，用50mL针筒抽取药液，缓慢注入直肠内，注完后休息半小时以上。尽量于晚上临睡前排便后灌肠，一般可保留至次日晨，日1次，经期停用，1个月经周期为1个疗程。二诊始口服及灌肠20剂，诸证彻底治愈，至今未复发。

按：慢性盆腔炎包括慢性输卵管炎，输卵管积水，输卵管卵巢囊肿，慢性盆腔结缔组织炎等。属中医“腹痛”“癥瘕”“带下”等范畴。“久病多瘀，久病多虚”，且盆腔位于下焦，湿性粘滞趋下，其病机关键总不离瘀、虚、湿，由此，每遇此病，常用桂枝茯苓汤合四妙汤加减治疗。以桂枝茯苓汤活血祛瘀，止痛消癥，改善血液流变学，改善微循环，促进组织的修复和再生；配合四妙汤清利湿热，解毒祛瘀，活血补虚，并引诸药下行。

［《陕西中医》2012，33（1）：106］

桂枝茯苓丸的抑瘤作用研究进展

许瑞青　曹保利　天津市南开医院妇产科

桂枝茯苓丸是妇科常用方剂，出自东汉张仲景《金匮要略·妇人妊娠病脉证并治第二十》，用治妇人宿有癥瘕所致妊娠胎动，漏下不止。其在抑制肿瘤方面的临床及实验室研究也取得了一定进展。现综述如下。

一、桂枝茯苓丸抑瘤作用的中医文献研究

《金匮要略·妇人妊娠病脉证并治第二十》云："妇人宿有癥病，经断未及三月，而得漏下不止，胎动在脐上者，为癥痼害……所以血不止者，其癥不去故也，当下其癥，桂枝茯苓丸主之。"方由桂枝、茯苓、牡丹皮、赤芍、桃仁5味药组成，功能活血利水，缓消癥结。中医无肿瘤概念，但古代医籍中有关癥瘕积聚的描述为现代中医对肿瘤的认识及治疗提供了有力的依据及方法[1]。历代文献中对妇人癥瘕证候的论述很丰富，早在《黄帝内经》中就有癥瘕的描述。《素问·骨空论篇》曰："任脉为病，男子内结七病，女子带下瘕聚"。《素问·水胀篇》中论肠覃："其始生也，大如鸡卵，至其成，如怀子之状"，"状如怀子"即是对腹部肿块较大的描述。癥瘕的具体描述在《诸病源候论校注》中："癥瘕者，病不动者，直名为癥。若病虽有结瘕而可推移者，名为瘕，瘕者假也，谓虚假可动也。"由此可见，腹部结块是癥瘕证候的基本表现之一。对于癥瘕、血瘀的病机历代医家视为共识，《金匮要略》中桂枝茯苓丸采用丸药内服的方法治疗，揭开了后世治疗妇人癥瘕的帷幕[2]。治疗癥瘕非攻不足以去之这个原则一直为后世医家所遵循，唐容川《血证论》曰："故凡血癥，总以祛瘀为要"，故妇人癥瘕的治法当以活血化瘀，软坚散结为主，但又必须根据患者体质强弱，病之久暂，酌用攻补。

二、桂枝茯苓丸的现代临床应用

目前，桂枝茯苓丸治疗肿瘤多见于妇科相关报道，在治疗子宫肌瘤、卵巢囊肿、盆腔炎性包块、妇科恶性肿瘤及术后协助治疗方面疗效明显，具有独特的优势。方少英[3]收治101例癥瘕患者，子宫肌瘤30例，附件囊肿71例，给予桂枝茯苓丸治疗，3个月为1个疗程。90例1个疗程后癥瘕消失率为89.1%，10例2个疗程药后癥瘕缩小，总有效率为99.09%。孟炜[4]收治盆腔包块患者157例，其中子宫肌瘤30例，子宫腺肌症31例，单纯性卵巢囊肿38例，内膜样卵巢囊肿58例，口服桂枝茯苓胶囊3个月，观察临床症状改善情况及包块缩小情况。结果显示，单纯性卵巢囊肿、内膜样卵巢囊肿、子宫腺肌症及子宫肌瘤治疗总有效率分别为92.11%、77.59%、74.19%和70.00%。李冬云[5]观察60例子宫肌瘤患者口服桂枝茯苓丸3个月后，55例有效，有效率达91.67%。其中显效6例（10%），有效40例（66.67%），好转9例（15%），无效5例（8.03%）。徐力，陈敏[6]将40例卵巢癌患者随机分为两组，治疗组（桂枝茯苓丸加减联合DP方案化疗）20例，对照组（单纯DP方案化疗）20例。DP方案化疗，21天为1个周期，连续观察2个周期。结果提示，桂枝茯苓丸加减联合DP方案化疗治疗卵巢癌，在提高患者生活质量、改善症状、更年期指数及体力状况等方面优于单纯化疗。许世瑞[7]采用桂枝茯苓丸为基本方治疗子宫癌患者15例（子宫颈癌13例，子宫内膜癌2例），结果获最佳疗效（全身症状减轻，肿块明显减小或消失，活检未见癌细胞）3例；有效（全身症状减轻，月经正常，肿块未发展或较诊前减小）10例；无效（服30剂以上，临床症状未改变，肿块增大或转移）2例。张英蕾[8]采用桂枝茯苓胶囊对宫颈癌术后尿潴留83例患者进行研究，取得满意效果。陈国珍[9]采用桂枝茯苓丸治疗盆腔炎性包块患者21例，年龄22~46岁。结果有11例症状及体征明显好转，B超检查盆腔包块缩小1/2以上。

三、桂枝茯苓丸抑瘤作用的试验研究

韩彦龙[10]通过观察桂枝茯苓丸对荷瘤小鼠的抑瘤率、生命延长率，测定该药对荷瘤小鼠机体肿瘤细胞和生存状态的影响。结果显示抑瘤率达22.84%。其抑瘤机制可能与以下方面有关。

1. 诱导肿瘤细胞凋亡及调控相关基因的表达　王琪，张丽宏，官杰，罗晓庆等[11-14]近几年致力于研究桂枝茯苓丸对荷瘤小鼠的抑瘤机制，动物实验显示，桂枝茯苓丸抑瘤率为38.93%，桂枝茯苓丸组细胞凋亡率为17.79%，与模型组比较，差异有显著性（$P<0.05$）。考虑抑瘤作用可能与上调肿瘤细胞周期依赖性蛋白激酶抑制剂p21waf/cip蛋白的表达，下调细胞周期相关基因存活素Survivin mRNA的表达有关，从而诱导肿瘤细胞凋亡抑制肿瘤细胞生长。桂枝茯苓丸组镜下可见瘤细胞以凋亡变化为主。同时应用二苯胺法检测各组肿瘤细胞

DNA断裂率，与模型组比较，桂枝茯苓丸组、CY（环磷酰胺）组DNA断裂率升高，差异有显著性（$P<0.05$）[15]。徐晓焱，韩彦龙[16]通过流式细胞仪检测细胞凋亡情况表明，桂枝茯苓丸能延长荷瘤小鼠生存期，生命延长率为42.3%。用桂枝茯苓丸组细胞凋亡率为19.69%，细胞凋亡数目明显多于对照组，并出现亚二倍体峰（Ap峰）。说明桂枝茯苓丸作用于荷瘤机体后，能够诱导肿瘤细胞凋亡，明显提高荷瘤机体的免疫功能。张淑芬等[17]复制S180荷瘤小鼠模型，计算抑瘤率。并检测肿瘤细胞中细胞周期调控基因p53及细胞黏附分子CD44表达。结果提示，桂枝茯苓丸有抑瘤作用，抑瘤率为33.48%。对化疗药物环磷酰胺抗S180肉瘤具有增效作用。其抑瘤机制可能是桂枝茯苓丸影响肿瘤细胞周期调控基因P53和细胞黏附分子CD44的表达，即通过影响肿瘤细胞增殖周期，降低肿瘤细胞与基质之间的黏附，从而达到抑制肿瘤细胞生长和转移的作用。王英，高洪泉[18]用桂枝茯苓丸处理卵巢癌细胞株HO8910细胞，采用MTT法检测药物对细胞的抑制作用，结果显示，在桂枝茯苓丸作用下，HO8910细胞呈凋亡改变，DNA琼脂糖凝胶电泳呈典型的凋亡特征。认为桂枝茯苓丸能抑制卵巢癌细胞增殖，能诱导卵巢癌细胞凋亡。

2. 免疫调节作用　于晓红[19]实验表明，桂枝茯苓丸可明显提高由环磷酰胺造成的免疫受抑小鼠的T细胞总数、L3t4+、Lyt2+细胞的百分率及L3t4+/Lyt2+比值，并使其与正常组小鼠接近。并且能促进CD8+分子的表达，恢复CD4+/CD8+平衡。肖锋刚[20]研究表明，桂枝茯苓丸可纠正荷瘤机体对T淋巴细胞凋亡相关蛋白Fas表达的影响，抑制T淋巴细胞凋亡的发生，有效调节机体的免疫功能，从而使T淋巴细胞有效的发挥抗肿瘤作用。韩彦龙[21]研究表明，桂枝茯苓丸具有提高荷瘤机体细胞免疫功能的作用，能促进免疫功能低下的荷瘤机体细胞因子IL-2、TNF-α的分泌，进一步活化自然杀伤细胞（NK）、细胞毒性T淋巴细胞（CTL）和淋巴因子激活的杀伤细胞（LAK）等杀伤细胞的功能，从而有效杀伤肿瘤细胞。该药还能直接杀伤或抑制某些肿瘤细胞，促进CTL细胞表达主要组织相容复合体1（MHC-1）类抗原并增强其杀伤活性。王琪[22]应用FACS直接免疫荧光染色法测定T淋巴细胞表型CD4、CD8分子，结果表明，桂枝茯苓丸能促进CD8分子的表达，恢复CD4/CD8平衡，通过调节机体免疫功能发挥抑瘤作用。艾华[23]给荷瘤小鼠高、中、低剂量桂枝茯苓丸灌胃，检测各组小鼠外周血CD4+T和CD8+T，并与空白对照组、生理盐水组相比较。结果显示，桂枝茯苓丸各组荷瘤小鼠外周血中CD4+T和CD8+T个数高于生理盐水组，且接近正常组水平，并且随着药物剂量的增加CD4+T和CD8+T个数增加，从而认为桂枝茯苓丸可显著升高T淋巴细胞亚群的数量，缓解和改善S180荷瘤小鼠免疫力低下和免疫紊乱状态，最终有效地抑制肿瘤细胞生长。

3. 内分泌调节　大量的临床与实验研究表明，女性内分泌系统的失衡与女性生殖系统肿瘤有着密切的联系。李洁[24]以实验性高雌二醇、黄体酮大鼠为研究对象，给予桂枝茯苓胶囊悬液30天后，用放射免疫法测定各组实验性大鼠模型血浆内雌二醇、黄体酮、催乳素的含量。结果显示，桂枝茯苓胶囊能够显著降低实验性高雌激素模型大鼠异常升高的雌二醇和黄体酮的血浓度。提示桂枝茯苓丸是治疗雌激素水平异常升高所致子宫肌瘤、子宫内膜异位症等疾病的有效药物。李莉，陈光亮[25]以急性“血瘀症”子宫肌瘤大鼠为研究对象，观察桂枝茯苓治疗大鼠子宫肌瘤的疗效。结果提示，桂枝茯苓丸灌胃能显著降低子宫肌瘤大鼠的子宫重量，抑制子宫平滑肌过度增殖，降低血清中雌二醇（E2）和孕酮（P）水平，抑制血小板聚集率。李玲，叶伟成[26]对造模大鼠分别给予瘤净片、桂枝茯苓胶囊和三苯氧胺，并测定正常组、造模组、用药组的血清性激素（FSH、LH、E2、P）和免疫调整因子IL-2、TNF-α水平。结果显示，瘤净片及桂枝茯苓胶囊皆有拮抗雌孕激素和加强性激素-免疫调节作用。我们认为，调节血中雌、孕激素水平，抑制子宫平滑肌细胞ER、PR的表达，可能是桂枝茯苓丸治疗子宫肌瘤的机理之一。

4. 抗炎作用　桂枝茯苓丸在临床上广泛用于治疗多种炎症性疾病。侯莉莉[27]实验研究表明，桂枝茯苓丸具有明显的抗炎作用，能抑制慢性肉芽组织增生。其抗炎作用的主要途径不是通过调节垂体-肾上腺系统，而是对炎症过程的许多环节直接起作用。该方还具有调节免疫、抗血栓形成、改善血流等广泛的药理活性，对变态反应性炎症所致的佐剂性关节炎大鼠全身性症状有明显的改善作用[28]。

四、桂枝茯苓丸单味药物的试验研究

近年来研究发现，桂枝茯苓丸中各组成药（牡丹皮、桂枝、茯苓、桃仁、赤芍等）均有免疫增强功能和对免疫功能异常的调节作用，且该药对免疫系统的调节很可能是多途径的[29]。药理学研究发现，杏仁主要成分杏仁甙的水解产物氢氰酸和苯甲醛对癌细胞有协同破坏作用，苦杏仁甙能帮助体内胰蛋白酶消化癌细胞的透明样黏蛋白被膜，使白细胞能够接近癌细胞，以致吞噬癌细胞，其水解产物氢氰酸及苯甲醛的进一步代谢产物，分别对改善患者的贫血及缓和肿瘤患者的疼痛有一定的作用。桂枝主要成分桂皮醛对 SV40 病毒引起的肿瘤抑制率为 100.00%，对肿瘤坏死因子具有一定的诱生作用并且可以增强肿瘤坏死因子的活性，肿瘤坏死因子能直接杀死癌细胞并且可诱导肿瘤发生凋亡；茯苓中主要化学成分为多糖和三萜类成分，具有调节免疫功能、抗肿瘤、抗衰老、抗炎等药理作用，通过提高肿瘤宿主机体的抵抗力而发挥抗肿瘤作用。芍药和茯苓可以诱生白介素－2 和干扰素从而诱导肿瘤细胞发生凋亡[30]。

综上所述，桂枝茯苓丸可以通过多种途径诱导肿瘤细胞凋亡，最终抑制肿瘤细胞生长。应把临床及试验相结合，从分子水平上多靶点多途径研究桂枝茯苓丸抗瘤机理，发掘其新的药理活性，将是以后的研究方向。

参考文献

[1] 陈新莲，林胜友．中医学对癥瘕积聚认识及意义［J］．江西中医药，2009，11（40）：5.

[2] 张英琦．桂枝茯苓丸治疗癥瘕（子宫肌瘤）的文献研究［D］．北京中医药大学，2005.

[3] 方少英．桂枝茯苓丸治疗癥瘕［J］．医学理论与实践，2010，23（1）：74.

[4] 孟炜，丁岩．桂枝茯苓胶囊治疗女性盆腔包块的临床研究［J］．新疆医科大学学报，2006，26（1）：43.

[5] 李冬云．桂枝茯苓胶囊治疗 60 例子宫肌瘤临床疗效观察［J］．吉林医学，2010，31（18）：2845.

[6] 徐力，陈敏．桂枝茯苓丸加减联合 DP 方案治疗晚期卵巢癌 20 例［J］．现代中医药，2011，31（02）：11.

[7] 许世瑞，段海涛．桂枝茯苓丸治疗子宫癌 15 例［J］．四川中医，1992（9）：42.

[8] 张英蕾，马宝璋．桂枝茯苓胶囊的临床新用［J］．中医药信息，2004，21（2）：44.

[9] 陈国珍．桂枝茯苓丸化裁治疗慢性盆腔炎 40 例［J］．吉林中医药，2005，25（3）：28.

[10] 韩彦龙．桂枝茯苓丸抗肿瘤作用的实验研究［J］．牡丹江医学院学报，2003，24（6）：9.

[11] 张丽宏，王琪，颜培宇，等．桂枝茯苓丸对荷瘤鼠细胞凋亡及相关基因表达的影响［J］．辽宁中医杂志，2009，（06）：1032.

[12] 王琪，官杰，罗晓庆，等．桂枝茯苓丸对荷瘤鼠肿瘤细胞凋亡的影响［J］．中华中医药学刊，2007，（09）：1866.

[13] 王琪，马新博，蔡文辉，等．桂枝茯苓丸对荷瘤鼠 P21～（wAf/CiP）基因表达的影响［J］．西安交通大学学报（医学版），2009，（02）：247.

[14] 孙艳，王琪．桂枝茯苓丸对荷瘤小鼠瘤组织 Survivin 及 P21～（wAf/CiP）的影响［J］．中华中医药杂志，2009，（07）：936.

[15] 王琪，官杰，罗晓庆．桂枝茯苓丸诱导荷瘤鼠肿瘤细胞凋亡相关检测［J］．医学研究杂志，2008，（01）：68.

[16] 徐晓燚，韩彦龙，邓代千．桂枝茯苓丸诱导肿瘤细胞凋亡的实验研究［J］．医学综述，2008，（16）：2521.

[17] 张淑芬，王海娇，周明瑶，等．桂枝茯苓丸对荷瘤鼠 P53 及 CD44 的影响［J］．中医药信息，2011，28（3）：60.

[18] 王英，高洪泉．桂枝茯苓丸诱导卵巢癌 HO8910 细胞凋亡的研究［J］．牡丹江医学院学报，2003，24（6）：1.

[19] 于晓红，郑瑞茂．桂枝茯苓丸对小鼠免疫功能的影响［J］．中医药信息，2001，18（2）：52.

[20] 肖锋刚．桂枝茯苓丸对荷瘤鼠抑瘤作用及对 T 淋巴细胞 FAs 表达的影响［J］．齐齐哈尔医学院学报，2006，27（2）：144.

[21] 韩彦龙．桂枝茯苓丸对荷瘤小鼠细胞因子水平影响的实验研究［J］．牡丹江医学院学报，2004，25（1）：10.

[22] 王琪，魏娜．桂枝茯苓丸对荷瘤鼠的抑瘤作用及对 T 细胞亚群的影响［J］．齐齐哈尔医学院学报，2006，27（3）：272.

[23] 艾华，谭素娟，王睿．桂枝茯苓丸对荷瘤小鼠外周血中 T 细胞亚群的影响［J］．辽宁中医药大学学报，2008，（12）：167.

[24] 李洁，林杰．桂枝茯苓胶囊对实验大鼠血浆内雌二醇、黄体酮、催乳素的影响［J］．中国新药与临床杂志，2003，22（3）：146.

[25] 李莉，陈光亮，谷仿丽，等．桂枝茯苓丸防治大鼠子宫肌瘤的实验研究［J］．中国临床药理学与治疗学，2005，10（7）：832.

[26] 李玲，叶伟成．瘤净片对雌孕激素造模大鼠内分泌－免疫调节作用的研究［J］．上海第二医科大学学报，2001，21（4）：320.

[27] 侯莉莉．桂枝茯苓丸的药理实验研究［J］．河北中医，1997，19（6）：45.

[28] 周小祝，莫志贤．桂枝茯苓丸的药理作用进展［J］．医药导报，2006，25（2）：142.

[29] 李达．医药诱导肿瘤细胞凋亡的可行性探讨［J］．中国中西医结合杂志．1996，16（7）：433.

[30] 于晓红，郑瑞茂．桂枝茯苓丸中单味药实验免疫学研究进展［J］．中医药信息，2000，17（5）：31.

［《辽宁医学杂志》2012，26（6）：302］

桂枝加葛根汤对组胺致大鼠毛细血管通透性的影响

赵玉堂　许士奇　承德医学院

桂枝加葛根汤出自汉代张仲景的《伤寒论》，为治疗表证的经方，临床常用于过敏性疾病[1]，而对桂枝加葛根汤的实验研究较少。本研究以经典抗过敏的实验方法，通过桂枝加葛根汤水煎剂对组胺致大鼠毛细血管通透性影响的实验研究，探讨桂枝加葛根汤抗过敏的作用机制，为桂枝加葛根汤在临床应用提供药理、药效学支撑。现将实验结果报道如下：

一、材料与方法

1. 实脸动物及分组　SD雄性大鼠50只，体质量120g～150g，由本院实验动物室提供。将大鼠随机分为空白对照组、扑尔敏组、葛根汤组、桂枝加葛根汤组，每组动物10只。

2. 药品与试剂　麻黄45g，桂枝75g，白芍75g，生姜90g，大枣24枚，甘草60g，葛根120g。均购自承德医药公司，并以仲景法煎煮，水浴浓缩至50%浓度。扑尔敏：由商丘市哈森药业有限公司提供，批号为201034781。磷酸组胺：上海生物试剂厂提供，批号为031035。0.9%氯化钠：由石家庄四药股份有限公司提供，批号为040731107。丙酮：由天津市凯通化学试剂有限公司提供，批号20081023。伊文思兰：上海化学试剂采购供应站，批号为991107。

3. 实验方法　各组大鼠分别按附表中所列剂量口服给药（浓度为50%），空白对照组给等容量的生理盐水，给药2次，间隔2小时，药后30min，在大鼠背部皮下注射1μg/mL组胺0.1mL，立即尾静脉注射1%伊文思兰生理盐水4mL/kg，15min后处死大鼠，翻转背部皮肤，并将背部皮肤蓝斑用1.2cm打孔器打下（空白对照组选用正常大鼠皮肤），置于丙酮：生理盐水（7：3）6mL试管内浸泡，次日离心，用72lw微机式可见光分光光度计在波长610nm处测光密度。

4. 统计学处理　数据用 $\bar{x} \pm s$ 表示，采用SPSS-ll.5统计分析软件，以 t 检验进行统计处理，$P < 0.05$ 为差异有统计学意义。

二、结果

桂枝加葛根汤组及葛根汤组与对照组比较差异有统计学意义（$P < 0.05$）。见附表：

附表　桂枝葛根汤对组胺致大鼠通透性光密度值的影响（$\bar{x} \pm s$）

组别	剂量 (g/kg)	例数（n）	光密度值	平均抑制半（0/0）
空白对照组	-	10	$0.404 \pm 0.046^{\triangle\triangle}$	-
扑尔敏组	0.004	10	$0.216 \pm 0.014^{**}$	46.5
葛根汤组	14.5	10	$0.368 \pm 0.034^{*\triangle\triangle}$	8.9
桂枝加葛根汤组	13.8	10	$0.370 \pm 0.024^{*\triangle\triangle}$	8.42

三、讨论

过敏性疾病多属I型变态反应，在其发病过程中机体组织常释放出组织胺，激肽、过敏性慢反应物质（SRS-A）等过敏反应介质。这些介质与效应器官作用可引起消化道、支气管平滑肌收缩，毛细血管扩张、通透性增加和腺体分泌增多而发生过敏反应性疾病[2]。组胺作用于靶细胞表面的 H_1、H_2 受体而产生炎症效应，主要表现为扩张小血管，并增加微血管通透性，引起皮肤疼痛或痒感[3]。临床常用抗组胺药治疗过敏性疾病，其机理主要是通过阻断 H_1 受体产生抗过敏作用。研究发现过敏性炎症中有许多细胞因子和趋化因子参与，抗组胺药物对炎症细胞的迁移和激活有抑制作用[4]。过敏性疾病在中医学中多辨证为表证，《内经》"其在表者汗而发之"，故多用发汗的方法治疗。桂枝加葛根汤由桂枝、白芍、生姜、甘草、大枣、葛根组成。方中辛温的桂枝配酸寒的白芍能解肌祛风，调和营卫，解除表邪且恢复营卫之功能，现代药理研究表明桂枝配白芍具有较强的抗炎作用[5]，生姜助桂枝以解表，大枣助白芍以和营，生姜、大枣合用能补脾胃之气。甘草性温味甘，调和诸药，且与味辛的桂枝配伍能辛甘助阳，与味酸的白芍配伍能酸甘化阴，故有调和阴阳的作用。葛根性凉，味辛甘即能助桂枝以解表，又有生津透疹的作用。故本方有解肌祛风，调和营卫，益阴和阳，透疹的作用。动物实验表明，桂枝加葛根汤对组胺致大鼠毛细血管通透性具有明显的抑制作用，说明该方对主要的皮肤过敏症状有明显的改善作用，推测其能阻断 H_1 受体，从而起到抗过敏的作用。此实验研究结果为临床治疗过敏性疾病提供了一定的实验依据。

参考文献

[1] 刘卫中，吕波．桂枝加葛根汤治疗药物性皮疹30例［J］．河南中医，2007，27（10）：13.

[2] 王淑静．近年来中药抗过敏反应研究的概况［J］．山东医药工业，1997，13（2）：26.

[3] 李冀，杨伟鹏，肖洪彬，等．清热凉血法（犀角地黄汤加味）治疗过敏性紫癜的抗过敏、抗变态反应实验研究［J］．中医药学报，2004，（32）3：9.

[4] 宋洪杰，胡晋红．抗组胺药物的抗过敏作用研究进展［J］．中国临床药理学杂志，2003，9（4）：316.

[5] 林跃虹，李惠民，张晓民，等．白芍配伍桂枝抗炎作用的实验研究［J］．实用临床医药杂志，2008，12（7）：22~25.

［《承德医学院学报》2012，29（1）：53］

桂枝加葛根汤抗Ⅰ型变态反应的研究

赵玉堂　河北省承德市承德医学院中医系

桂枝加葛根汤出自汉代张仲景的《伤寒论》，临床常用于过敏性疾病[1]，前期的研究证明其有很好的止痒作用[2]，笔者进一步对桂枝加葛根汤抗Ⅰ型变态反应进行了研究。

一、材料

动物昆明种小鼠，体质量（21±2）g，雌雄各半，由北京维通利华实验动物有限公司提供，合格证号SCXK（京）2006~0008。

试剂与药物

1. 试剂　磷酸组胺（上海生物试剂厂，批号031035）；伊文思蓝（上海化学试剂采购供应站，批号991107）；0.9%氯化钠（石家庄四药股份有限公司，批号040731107）；丙酮（天津市凯通化学试剂有限公司，批号20081023）。

药物桂枝加葛根汤（GGT）桂枝45g，白芍45g，生姜45g，大枣12枚，甘草30g，葛根60g。均购自承德医药公司，以仲景法煎煮（诸药加水2000mL，一次煎取600mL），浓缩至50%浓度。强的松片（仙居制药有限公司，批号040256），扑尔敏（商丘市哈森药业有限公司，批号201034781）。

2. 仪器　721型分光光度计（上海光学仪器五厂）；C4~12型离心机（北京医用离心机厂）。

二、方法

1. 分组、给药方法　小鼠随机分为6组：正常组（生理盐水组），扑尔敏0.004g·kg^{-1}组，强的松0.005g·kg^{-1}组；GGT 0.50，1.00，1.50g·kg^{-1}组。各组ig给药，qd，连续7d。

2. 组胺致小鼠毛细血管通透性增加造模方法　末次药后1h，每只小鼠尾静脉注射0.5%伊文思蓝生理盐水溶液5mL·kg^{-1}，立即于小鼠腹部正中sc 0.1%磷酸组胺0.1 mL/只，形成一小皮丘。30min后将小鼠颈椎脱位处死，剖开腹部，取腹部蓝染皮肤用手术剪剪碎，置试管内，加入4mL丙酮－生理盐水（7∶3）混合液，振摇。浸泡24h后，2000r·min^{-1}离心10min，取上清液于721型分光光度计610nm处比色，记录吸光度（A）。

3. 桂枝加葛根汤对5－羟色胺致小鼠毛细血管通透性增加的影响　分组、给药及试验方法同，以0.2%5－羟色胺肌酐硫酸盐代替0.1%磷酸组胺。

对组胺所致小鼠足跖肿胀的影响分组、给药方法同2.1，连续用药4d。第4天末次药后1h，每只小鼠右后足跖sc 0.05%磷酸组胺生理盐水溶液10μL。分别于注射前及后15，30，60，120min测定小鼠右后足跖厚度，以注射前后的厚度差值表示肿胀度。

对大鼠被动皮肤过敏反应的影响抗卵蛋白血清的制备取SD大鼠5只，将5%新鲜鸡蛋清生理盐水溶液0.5mL每只皮下于后腿内侧，同时ip 5% $Al(OH)_3$凝胶0.1mL，第14天颈动脉采血，以2000r·min^{-1}，10min分离血清，把血清混合后保存于冰箱（－4℃）备用。

4. 方法　分组、给药方法同2.1。第7天末次药后1h用乙醚浅麻醉大鼠，在其背中线两侧、距脊柱1.5cm处剪光被毛，每侧剪3点，每点间隔1.5cm。取上述IgE的抗血清，用生理盐水稀释成1∶30，1∶40，1∶50 3种不同稀释度，按不同浓度抗血清次序，皮内注射于剪毛的各点，每点

0.1mL。第8天进行抗原攻击：尾静脉注射0.5%伊文思蓝溶液1mL，内含卵白蛋白1mg。经20min后，断颈处死大鼠，剪下背部皮肤，检查注射各点的蓝色反应斑直径。

5. 统计方法　采用SPSS 15.0统计软件进行数据处理，计量资料以珋x±s表示，组间比较采用*t*检验，$P<0.05$为差异有统计学意义。

三、结果

桂枝加葛根汤对大鼠被动皮肤过敏反应的影响与对照组相比，GGT 3个剂量组能显著抑制各个稀释度抗血清引起的大鼠背部皮肤蓝色反应斑的直径（$P<0.01$），其中高、中剂量组疗效与扑尔敏相当。见表1。

表1　GGT对大鼠被动皮肤过敏反应的影响（$\bar{x}\pm s$，n=10）

组别	剂量 g·kg^{-1}	皮斑直径/mm		
		1∶30	1∶40	1∶50
对照	–	18.5±2.7	14.6±2.3	10.2±1.7
扑尔敏	0.004	12.6±2.1[1)]	10.5±1.9[1)]	8.1±1.5[1)]
强的松	0.005	7.6±1.7[1)]	5.1±1.6[1)]	3.3±1.2[1)]
GGT	0.5	14.7±2.4[1)]	13.1±2.2[1)]	9.1±1.1[1)]
	1.0	12.3±2.4[1)]	11.3±1.8[1)]	8.9±1.2[1)]
	1.5	11.8±2.1[1)]	9.7±2.0[1)]	7.6±1.1[1)]

注：与对照组比较1）$P<0.01$（表2–4同）。

桂枝加葛根汤对组胺致小鼠毛细血管通透性增加的影响与对照组比，GGT3个剂量组均能降低A值，差异有显著性（$P<0.01$）；与扑尔敏组相比，GGT高、中剂量组降低A值疗效相当。见表2。

表2　GGT对组胺致小鼠毛细血管通透性增加的影响（$\bar{x}\pm s$，n=10）

组别	剂量/g·kg^{-1}	A	抑制率/%
对照组	–	8.52±0.74	0
扑尔敏	0.004	4.36±0.41[1)]	48.82
强的松	0.005	2.97±0.32[1)]	65.14
GGT	0.5	6.05±0.53[1)]	28.99
	1.0	4.61±0.42[1)]	45.89
	1.5	4.19±0.36[1)]	50.82

对5–羟色胺致小鼠毛细血管通透性增加的影响结果见表3。与对照组比，GGT 3个剂量组均能降低A，差异有显著性（$P<0.01$）；与扑尔敏组相比，GGT高、中剂量组降低A疗效相当。

表3　GGT对5–羟色胺致小鼠细管通透性（$\bar{x}\pm s$，n=10）

组别	剂量/g·kg^{-1}	A	抑制率/%
对照组	–	5.94+0.52	0
扑尔敏	0.004	2.95+0.31[1)]	50.33
强的松	0.005	1.07+0.12[1)]	81.98
GGT	0.5	4.16+0.47[1)]	29.96
	1.0	3.17±0.35[1)]	46.63
	1.5	2.91±0.24[1)]	51.01

对组胺所致小鼠足跖肿胀的影响结果见表4。与对照组相比，GGT 3个剂量组在各观察时点均能降低组胺所致小鼠足跖肿胀程度，差异有显著性（$P<0.01$）；GGT高、中剂量组在各时间降低组胺所致小鼠足跖肿胀程度与扑尔敏组疗效相当。

四、讨论

Ⅰ型变态反应是由特异性IgE介导的，肥大细胞、嗜碱粒细胞和嗜酸粒细胞等效应细胞以释放生物活性介质的方式参与发生，组胺和5－羟色胺作为细胞颗粒内预先储备的介质被释放出来后具有多种生物活性，如使小静脉和毛细血管扩张，通透性增高，促进黏膜、腺体分泌等。组胺作用于靶细胞表面的H_1，H_2受体而产生炎症效应，主要表现为扩张小血管，增加微血管通透性，引起皮肤疼痛或痒感[3~5]。

表4　GGT对组胺所致小鼠足跖肿胀的影响（$\bar{x}\pm s$，$n=10$）

组别	剂量/g·kg⁻¹	足肿胀度			
		15min	30min	60min	120min
对照组	–	6.45+0.52	5.31+0.46	3.15+0.30	3.34+0.29
扑尔敏	0.004	3.77+0.42¹⁾	23.7+0.30¹⁾	1.35+0.27¹⁾	1.15+0.45¹⁾
强的松	0.005	2.63+0.34¹⁾	1.30+0.27¹⁾	0.31+0.22¹⁾	0.25+0.11¹⁾
GGT	0.5	5.21+1.45¹⁾	3.37+0.35¹⁾	2.22+0.21¹⁾	2.05+0.22¹⁾
	1.0	3.81+0.36¹⁾	2.55+0.31¹⁾	1.41+0.27¹⁾	1.21+0.20¹⁾
	1.5	3.45+0.23¹⁾	2.31+0.21¹⁾	1.22+0.13¹⁾	1.12+0.12¹⁾

过敏性疾病在中医学里面多辨证为表证，病因多与风邪有关，《内经》“其在表者汗而发之”，故多用发汗的方法治疗。桂枝加葛根汤以辛温之桂枝伍酸寒之白芍能解肌祛风，调和营卫，解除表邪且恢复营卫，生姜助桂枝以解表，大枣助白芍以和营，生姜、大枣合用能补脾胃之气。甘草性温味甘，调和诸药，且与味辛的桂枝配伍辛甘助阳，与味酸的白芍配伍酸甘化阴，故有调和阴阳作用。葛根性凉，味辛甘即能助桂枝以解表，又有生津透疹的作用。故本方有解肌祛风，调和营卫，益阴和阳，透疹的作用。

本实验结果表明，桂枝加葛根汤3个剂量能显著地抑制各个稀释度抗血清引起的大鼠背部皮肤蓝色反应斑的直径，高、中剂量与扑尔敏疗效相当。表明桂枝加葛根汤对Ⅰ型变态反应模型具有良好的抗过敏作用。桂枝加葛根汤可抑制组胺及5－羟色胺致小鼠毛细血管通透性增加，对组胺所致小鼠足跖肿胀具有抑制作用；其高剂量组和中剂量（临床剂量）组疗效与扑尔敏疗效相当，提示桂枝加葛根汤可通过对抗过敏性炎症介质的途径起到抗皮肤Ⅰ型超敏反应的作用。本研究结果为临床应用桂枝加葛根汤治疗过敏性疾病提供了科学的依据。

参考文献

[1] 刘卫中，吕波．桂枝加葛根汤治疗药物性皮疹30例[J]．河南中医，2007，27（10）：13.

[2] 张笑天，孟凡荣，赵玉堂．桂枝加葛根汤止痒作用的实验研究[J]．承德医学院学报，2008，25（4）：445.

[3] 李冀，杨伟鹏，肖洪彬，等．清热凉血法（犀角地黄汤加味）治疗过敏性紫痛的抗过敏、抗变态反应实验研究[J]．中医药学报，2004，3（32）3：9.

[4] 陈永忠，范淑玲，欧琦．抗敏汤配合腧穴自血疗法治疗慢性荨麻疹[J]．中国实验方剂学杂志，2011，17（18）：254.

[5] 张云璧，瞿幸，任映，等．犀角（水牛角）地黄汤对急性皮炎及变态反应性皮炎动物模型作用的实验研究[J]．中国实验方剂学杂志，2008，14（3）：61.

［《中国实验方剂学杂志》2012，18（3）：195］

桂枝加龙骨牡蛎汤临床运用举隅

李　东　河北省唐山市迁西县中医院内科
张国江　河北省唐山市中医院内科

桂枝加龙骨牡蛎汤为仲景方，见于《金匮要略》，主治“男子失精，女子梦交”，已为医家所共知。然就笔者十余年来临床运用本方，不仅可治“失精梦交”，并对遗尿、盗汗、自汗、乳泣、亡血等证，均有卓效。兹将治验与体会简介如下，希望同道指正。

一、遗尿案

王某，男，14岁，遵化人。2009年8月20日初诊。患儿自出生以来已遗尿至今，夜必遗尿，日能上学，饮食如故，屡医不效。询之谓头眩，多梦，烦惊，熟睡时叫不知，醒后则已尿床，裤褥尽湿，每晚如此。诊察面色苍白，舌质淡，脉按浮缓，重按微弱。依据脉证，此乃肾气不足致膀胱不约所致。治法予温补肾气、调和阴阳、兼以固涩。处方：桂枝12g，白芍12g，乌药、山药各15g，益智仁、龙骨、牡蛎各30g，炙甘草6g，干姜9g，大枣12枚。7付，水煎服。药后见效，效不更方，共服汤剂21付，不再遗尿，诸症消失，随访半年未发。

二、盗汗案

马某，男，31岁，迁西人，干部。2010年12月9日初诊。自谓婚前梦遗失精，婚后房事过度，致患盗汗，迄今年余，屡医不效，多则二三次，至少一次，汗出则醒，醒后潮热、心悸难寐，一寐又汗，惊惕，每晚如此。现头昏目眩，少气腰痛，精神委顿，面色枯黄，舌淡苔薄微弱而数。此即《内经》所谓“阴虚者，阳必凑之，故少气，时热，而汗出”之证候也。拟滋补肾精、调和阴阳，兼以潜阳固涩。处方：桂枝12g，白芍12g，炙甘草8g，炒枣仁20g，鹿角胶、龟板胶各15g，黄连6g，生熟地黄各18g，龙骨、牡蛎各15g，生姜3g，大枣5g。水煎服。7剂后盗汗止，精神好转，14剂后，诸症消失。

三、自汗案

张某，女，19岁，迁西人，工人。2010年4月21日初诊。患者自诉四肢掌心汗出，以手心为甚，其状淋滴，病已十年余，不分四季、昼夜，寐则汗出，烦惊更甚。近几年来益甚，自觉痛苦不堪。长期求治，均以敛汗为法，未能获效。目睹病况如前述，尚伴有头晕、心慌、失眠、神疲、恶风、面色不华，舌淡，脉细而弱。根据患者汗出的病程发展，属内伤杂病可知，依其脉证所见当属阳气不足、营卫不和致自汗无疑，法当温阳补气、调和营卫。处方：桂枝10g，白芍12g，龙骨、牡蛎各30g，党参15g，黄芪12g，麦冬20g，五味子15g，炙甘草6g，附片12g。服上方7剂，疗效不显，即按原方加熟地黄12g，远志12g，柏子仁12g。继服7剂后，见断续汗出，汗量减少。守方再治，前后共服30余剂，汗出止，诸症消失，随访6个月未见复发。

四、乳泣案

范某，女，28岁，迁西人。2010年9月10日初诊。自谓产后5个月，自流白色乳汁，淋漓不止，已2月余，伴头晕，目眩，动辄汗出心悸，潮热，口干，且夜梦烦惊，惟饮食如故，大小便正常。望之面色萎黄，舌苔薄白。脉象轻按浮缓，重按微弱。根据脉症，辨证为阴血先亏，阳失固密之候。处方：桂枝15g，白芍、党参各15g，炙甘草、当归各10g，龙骨、牡蛎各20g，黄芪30g，生姜10g，大枣12枚。7剂，水煎服。第二次复诊，乳泣减少，诸症亦随之轻减。效不更方，继服7剂，诸症消失，乳不自出。

五、亡血案

蒋某，男，64岁，农民，迁西人。2002年3月17日初诊。患胃脘痛已3年多，每月数痛，每痛则牵引胸背，呕吐酸水，曾下黑便。3月16日外出打工回家，因道远负重，劳力过度，兼暴饮暴食，当晚胃痛又发，痛势甚剧，胃脘胀满，并吐血便血，1h内数次，诸药无效，由于家贫，未去医院住院治疗。邀余到家诊治。及至，见患者屈足按腹，坐卧不得，面色淡黄，心悸烦惊，舌质淡白，苔略腻，六脉轻按芤动，重按微紧，乃胃痛亡血，阴阳两虚之危候，宜调和阴阳，补气生血止血，收敛固脱为急务。处方：桂枝15g，白芍15g，炙甘草各9g，灶心土、刺猬皮炭、乌贼骨各15g，龙骨、牡蛎各30g，党参30g，苍术15g，厚朴10g，陈皮10g。水煎；三七粉5g分两次冲服。上方服1剂后，痛减安睡，吐血止，汗止，仍下血两次，再剂下血亦止，心悸、烦惊诸症消失。继服此方两周，后改用复方乌贝散合香砂六君子丸，早晚空腹各6g，共调理一月而痊愈。

六、体会

考本方出自《金匮要略·血痹虚劳病脉证并治第六》“夫失精家，少腹弦急，阴头寒，目眩，发落，脉极虚芤迟，为清谷，亡血，失精。脉得诸芤动微紧，男子失精，女子梦交。桂枝加龙骨牡蛎汤主之。”此方乃桂枝汤加龙骨、牡蛎七味药组成，仲景因证立方之意，实由《素问·生气通天论》中“阴阳之要，阳密乃固”一语悟出，意谓阳失阴的涵养，则火浮不敛，阴得不到阳的固摄，则精不内守，故用桂枝汤调和阴阳，加龙骨、牡蛎以收敛固涩。应用本方的辨证要点是：①头昏、目眩、潮热、唇燥、口干、心悸、烦惊、多梦或梦交、遗精；②舌质淡嫩、舌苔薄白；③脉阳浮阴弱，或芤动微紧。根据本人的经验体会：凡因阴虚而阳不固密所致的上述诸证，只要符合上述辨证要点，投以本方，均收捷效。临证时根据辨证灵活加减尤为重要。如脉兼数，烦惊甚，潮热多，为阴虚甚，宜加地黄、知母、龟板胶之类，甚者去桂枝，再加白薇；如脉兼迟，而手足冷、阴器寒者，为阳虚甚，宜加附子之类；加乌药、山药、益智仁兼暖肾气；加党参、当归兼补气血；加灶心土、刺猬皮炭、三七粉可兼止血。必须活用古方，不能一成不变。顽固性自汗者应重在益气温阳，黄芪助生脉散益气敛阴，贵在夏月重用附片，以配上药有阳生阴长之意，诸药合用，相得益彰，营卫调和，汗止而诸症随愈。

［《中国中医药现代远程教育》2012，10（07）：67］

桂枝麻黄各半汤异病同治皮肤病临床应用探讨

何志明　兰州市红古区人民医院中医科

桂枝麻黄各半汤出自《伤寒论》太阳病篇第23条“太阳病得之八九日，如疟状，发热恶寒，热多寒少，其人不呕，清便欲自可，一日二三度发。脉微缓者，为欲愈也；脉微而恶寒者，此阴阳俱虚，不可更发汗、更下、更吐也；面色反有热色者，未欲解也，以其不能得小汗出，身必痒，宜桂枝麻黄各半汤”。其病机为太阳病日久不解，邪气虽微，但怫郁不解，面赤身痒，为外邪郁闭，汗出不彻[1]，阳气宣发不畅所致，故治宜辛温轻剂，小发其汗，取桂枝汤麻黄汤原剂量的三分之一合并而成，意在缓行，为发汗轻剂，正合病久邪微之治。方中以桂枝汤调和营卫，用麻黄汤宣散表邪，且芍药、甘草、大枣之酸敛甘缓，配麻黄、桂枝、生姜之辛甘发散，有刚柔并济，从容不迫之妙，使邪去而正不伤。并且桂枝汤为扶阳益阴，其温养化育之力，可济益辛散宣表之损伤，而桂枝汤在温养之中，又能和营卫而透表邪。故本方用量虽小，由于表邪轻微，内托外散，也能迅速收功。

笔者在临床谨守其病久邪微，汗出不彻，阳气怫郁的病机，应用于皮肤病的气阳虚弱，暑邪郁表的痱疹、毛囊突起的皮肤瘙痒症，面部出汗不畅，暑热郁蒸的痱子，面部、眼睑部局限性皮肤瘙痒症，全身多处皮肤瘙痒症，以及荨麻疹等病取得较好的临床疗效。

一、病例一

1. 临床资料

患者，女，60岁，2007年7月14日初诊：白昼黑夜出汗1月，怕冷恶风，前胸后背出红色针柄大皮疹，刺痛1周，脉沉细。处方：桂枝6g、麻黄5g、生姜5g、甘草4g、大枣6g、桑叶15g、生白芍8g、煅龙骨30g、煅牡蛎30g、红参10g、炙附片10g、生黄芪30g、白术10g、防风6g、白鲜皮10g、徐长卿10g、豨莶草10g、青蒿10g、浮萍6g、藿香8g、香薷6g，3剂。3d后复诊，红疹、刺痛消失，恶风汗出减轻，续桂枝加龙骨牡蛎汤合参附汤、玉屏风散3剂后怕冷畏风出汗均愈。

2. 分析讨论

感受风热暑邪出红疹刺痛，为表郁不解，邪欲外达而不畅，与身痒病机相同，故用桂枝麻黄汤微汗达邪[2]；盛夏三伏天，怕冷恶风、出汗、脉沉细，与夏季脉洪不相符，乃素体阳气虚弱，卫表不固，故用参附、温阳益气，玉屏风散、补气固表，白鲜皮、徐长卿、豨莶草祛风止痒，青蒿、浮萍、藿香、香薷清透暑邪，桑叶既透散暑热、又助龙牡敛汗固表，诸药配合共同奏效。

二、病例二

1. 临床资料

患者，女11岁。2007年5月11日就诊：半月来上半身皮肤无汗发痒，毛囊突起如粟米，粗糙不平，抚之碍手，纳差形瘦，舌脉无异常。拟微汗透表，健脾和胃法，桂枝麻黄各半汤加味：桂枝6g、麻黄5g、杏仁5g、生姜4g、生甘草4g、大枣5g、西河柳6g、苍耳子6g、徐长卿5g、砂仁4g、胡黄连5g、使君子6g、太子参6g、茯苓6g、谷芽6g、麦芽6g。3剂服完，皮肤汗出，毛囊变平，皮肤瘙痒消失，食欲也好转。

2. 分析讨论

患者玄腑闭塞而无汗毛囊突起，汗欲外透而不得，故皮肤发痒，脾胃虚弱，纳运不健而形瘦纳差，用桂枝麻黄各半汤宣肺微汗，畅通表阳，更有西河柳、苍耳子、徐长卿祛风散邪止痒，得微汗出[3]，表邪外达则毛囊突起身痒解除。太子参、谷麦芽、砂仁、胡黄连、使君子健脾助运，消积和胃，纳差也好转。

三、病例三

1. 临床资料

患者，女，13 岁，2007 年 5 月 9 日就诊：4d 来，面颊部起白色粟粒样小水泡，触之则泡破水溢出，别无不适。诊为痱子。桂枝麻黄各半汤加味：桂枝 6g、炙麻黄 6g、杏仁 6g、苏叶 6g、生姜 3g、大枣 3g、凌霄花 6g、甘草 4g、红花 6g、菊花 6g、鸡冠花 8g、玫瑰花 8g、月季花 6g。三剂服完病愈。

2. 分析讨论

患者暑热外感，汗出不彻，宜辛凉清暑，轻扬散邪，桂枝麻黄各半汤小汗透邪，凉血五花汤清轻上浮[4]，疏散上半身及头面部风热暑邪，汗畅邪达，暑清热散，则痱疹痊愈。

四、病例四

1. 临床资料

张某，女，40 岁，2007 年 10 月 5 日初诊：鼻两侧及眼睑瘙痒 10 余天，舌脉无异常，诊断为局部瘙痒症，治宜轻宣发汗，祛风止痒。桂枝 6g、麻黄 6g、白芍 5g、生姜 6g、甘草 4g、荆芥 10g、防风 10g、菊花 12g、蔓荆子 10g、西河柳 12g、徐长卿 10g、白芷 10g、益母草 15g、三剂病愈。

2. 分析讨论

仲秋季节，感受风燥之邪，“风胜则痒，燥胜则干”荆芥、防风、菊花、白芷、蔓荆子疏散头面风邪，麻黄桂枝各半汤宣郁微汗，西河柳、徐长卿，白藓皮，益母草，祛风活血止痒，诸药共奏畅郁散邪，疏风止痒之效[5]。

五、病例五

1. 临床资料

徐某，男，40 岁，2010 年 10 月 12 日初诊：面颈、手足部风吹后即起风团并瘙痒 4d，日出天暖即消失。舌边尖红，苔薄白，脉沉细弱，诊断为荨麻疹。乃卫表不固，风寒外袭。处方：桂枝 6g、麻黄 5g、生姜 6g、甘草 6g、大枣 6g、杏仁 6g、桑白皮 10g、赤小豆 20g、白术 6g、生黄芪 30g、防风 6g、党参 15g、炙附片 10g、白蒺藜 15g、益母草 20g，四剂后冷风吹皮肤不痒，不起风团，病愈。

2. 分析讨论

患者肺卫气虚，卫表不固，营卫不和，风吹即出荨麻疹，桂麻各半汤宣肺散邪，调和营卫；桑白皮、赤小豆、肃降肺气、清利下焦湿邪；玉屏风固卫御风。阳虚，脉沉细，附子、党参，温阳益气，白蒺藜、益母草祛风止痒，诸药相合，达调和营卫，祛风止痒，益气固表之效[6]。

六、病例六

1. 临床资料

患者，女，40 岁，2011 年 4 月 5 日初诊：全身多处搔痒 1 年余，尤以晚间瘙痒为甚，夜不能寐，虽服西药能止一时之痒，但始终无法根除。观其舌边有少许瘀斑，按其脉沉、细涩。处方：桂枝 6g、麻黄 5g、生姜 6g、甘草 6g、大枣 6g、炙附片 10g、生黄芪 30g、荆芥 6g、防风 5g、桃仁 6g、红花 6g、赤芍 10g、当归 10g、熟地 10g、川芎 10g、白蒺藜 15g、徐长卿 10g。六剂后瘙痒大减，继服三剂病愈，至今未见复发。

2. 分析讨论

患者瘙痒长达一年余，乃肺卫气虚，气虚不能帅血以达全身络脉，致络脉瘀阻而发。肺主气，亦主皮毛，气行则血行，血行风自灭。方中桂麻各半汤宣肺散邪，调和营卫；阳虚，脉沉细，附子补火助阳，生黄芪益气，脉涩，用桃红四物汤补血活血，荆芥、防风疏散风邪，白蒺藜、徐长卿祛风止痒。诸药相合，共达调和营卫，助阳益气，补血活血，祛风止痒之功。长达一年多的瘙痒顽疾仅区区九剂汤药便告痊愈，可见祖国医学的博大精深之妙。

参考文献

[1] 韩耀军，王玉玺，王松岩，等. 王玉玺教授运用桂枝麻黄各半汤治疗急性荨麻疹 72 例 [J]. 辽宁中医药大学学报，2010，12 (3)：110～112.

[2] 刘海清，历淑芬，侯田培. 桂枝麻黄各半汤新用 [J]. 山西中医，2009，25 (6)：28～29.

[3] 熊兴江，杜新亮，史欣德. 运用桂枝麻黄各半汤治疗慢性湿疹验案 1 则 [J]. 上海中医药，2008，42 (5)：11～12.

[4] 宋俊生，谷林. 桂枝麻黄各半汤应用举隅 [J]. 新中医，2006，38 (1)：72～73.

[5] 韩爱民，郑丰杰，李凯. 《伤寒论》桂枝麻黄各半汤辨析 [J]. 河南中医，2005，25 (12)：9.

[6] 尹春英，吴玉珍，邵雪斋．经胃镜治疗胃石症5例体会［J］．承德医学院学报，2006，23（4）：381～382.

［《甘肃科技》2012，28（2）：131］

桂枝去芍药加麻黄附子细辛汤治疗恶性肿瘤心得

杨晨光　许　鹏　曹永升等
陕西省中医医院肿瘤科
武彩霞　陕西省中医医院皮肤科

桂枝去芍药加麻黄附子细辛汤出自张仲景《金匮要略·水气病脉证并治》篇，原方由桂枝、生姜、甘草、大枣、麻黄、附子、细辛等7味药组成。此方可视为主治"太阳病，下之后，脉促、胸满者"之桂枝去芍药汤与主治"少阴证，始得之，反发热，脉沉者"之麻黄附子细辛汤合方，功能温阳散寒、顺接太阳与少阴，尤对假热真寒、表热本寒之证有效。此类证型在肿瘤患者中并不鲜见，现结合病例将我们运用此方的体会介绍如下。

一、结肠癌术后肝转移

赵某，女，72岁。2009年4月患者无明显诱因出现食后腹胀，行剖腹探查术后发现升结肠包块，确诊结肠癌，遂行结肠癌根治术。术后病理示：①右半结肠高分化腺癌侵及浆膜外脂肪组织，两端未见癌组织；②肠系膜淋巴结未见癌组织。手术后未行进一步治疗。2009年10月腹部CT平扫示：肝右后叶多发类圆形低密度影，考虑肝转移。遂用"奥沙利铂+5－氟尿嘧啶+亚叶酸钙"方案行全身化疗1个周期，后因Ⅳ度胃肠道反应及骨髓抑制中止。2010年5月11日患者来我院住院中医治疗。入院时症见：右下腹牵扯痛，翻身受限，食后腹胀，纳差，乏力，盗汗，大便干，夜寐差。舌质红、苔少，脉弦细。查体：神情，精神差，形体消瘦，中下腹部可见一纵行长约15cm手术瘢痕，愈合良好，肝区叩击痛（+），右下腹压痛（+）。处方：桂枝、（炙）麻黄、（制）附子（先煎）各6g，细辛、吴茱萸各3g，党参、（炒）白术各30g，生姜12g，大枣3枚。患者服上方3剂后腹部疼痛较前明显减轻，纳食增，乏力减，盗汗较前减少，大便较前为畅，舌质红、略有薄白苔。后续服上方7剂后腹痛完全消失，盗汗消失，精神较前明显好转。此后上方连续服用30剂，出院前复查CT示肝转移癌稳定，患者1个月余内体重增加3kg。

按：患者系结肠癌术后肝转移晚期患者，我们考虑到腹为至阴之地，易为阴邪所乘；其腹痛为牵扯痛，提示寒邪所犯，以"寒性收引"故；右下腹为肝经循行所过，故知寒邪侵及肝经；夜间盗汗，为阴盛格阳之象；舌质红、苔少，而患者不喜冷饮，故非热盛而为阳不化阴、津液不能上承之象。故予桂枝去芍药加麻黄附子细辛汤，以温阳散寒、交通阴阳，加吴茱萸以温肝散寒，并以党参、白术健脾益气，培护后天之本，获良效。

二、肺癌癌性发热

戚某，男，83岁。2009年2月患者无明显诱因出现胸闷、气短，对症治疗后好转，后于2009年6月胸闷气短再次发作，经CT/病理诊断为：右肺中心型肺癌纵隔淋巴结转移（鳞状上皮癌）。患者因年高不愿接受手术及放疗、化疗，遂长期服中药治疗。2010年7月出现午后发热，体温最高37.8℃，持续2周不能缓解，遂来我院就诊。入院时症见：午后发热，咳嗽，咯痰色白质稀，纳少，乏力，畏寒肢冷，夜间口干，夜尿频数，大便略干，2～3日一行。舌红少苔，脉弦细。予桂枝去芍药加麻黄附子细辛汤加减，处方：桂枝、生姜各12g，（炙）麻黄6g，细辛3g，（制）附子（先煎）、杏仁、炙甘草各9g，（炮）干姜3g，大枣3枚。上方服7剂后午后发热消失，咳嗽咯痰明显减轻，乏力减轻，食纳增加。

按：癌性发热是中晚期癌症患者临床上较常见的症状之一。癌性发热机理复杂，目前临床上西医多选用非甾体类抗炎药、激素等治疗。长期应用此类药物会造成胃黏膜屏障功能下降，可诱发溃疡和出血；而且服用后，虽可以除热，但用药后患者往往大汗淋漓，加速患者的消耗。此例辨证时考虑患者素体阳虚，其肺癌发于其阳虚的体质背景下，午后阴寒渐盛格阳于外故发热，夜间口干、舌红少苔而夜尿频数，为阳气不足以化阴，津液不能上承之象，虑其阳虚阴盛，阴阳格拒，遂用桂枝去芍药加麻黄附子细辛汤以温阳化气、顺接阴阳，而癌性发热得以控制，临床诸症状皆得减轻。

三、纤维组织细胞瘤术后复发并肺转移

马某，女，63岁。2009年7月患者以右下肢近端内侧无痛性包块行手术治疗，术后病理示，"非典型纤维组织细胞瘤"，术后局部放疗1个周期。2010年6月初患者自觉右大腿内侧局部挛缩不适，复查CT示：右侧股骨上端内侧软组织内可见不规则软组织肿块，边界不清，密度不均匀，股骨

颈变短，远端上移。CT诊断为：①右股骨上端内侧软组织肿块，结合病史，考虑肿瘤复发；②右侧股骨颈畸形愈合。胸部X线检查示：两肺多发性转移瘤。患者为求中医治疗，遂来我院就诊。入院时症见：右下肢酸困抽掣，活动受限，乏力，纳可，夜眠可，舌质暗、苔薄白，脉细弦。查体：老年女性，扶入病房，右下肢活动受限，双下肢不等长，右下肢较左下肢短约3cm，右下肢内侧可见一长约15cm纵行手术瘢痕，局部皮肤弹性减低，有色素沉着。方以桂枝去芍药加麻黄附子细辛汤加减，处方：桂枝、麻黄、（制）附子（先煎）、柴胡、全蝎各6g，细辛、吴茱萸各3g，党参、（炒）白术各30g，生姜12g，大枣3枚。上方服用7剂后，患者自觉右下肢酸困不适明显减轻。效不更方，上方续服7剂后临床症状消失。

按：该患者就诊时即出现局部复发，兼肺转移，治疗原则以减轻痛苦为主。考虑患者复发部位在右侧大腿内侧，《灵枢·经脉》载："肝足厥阴之脉，起于大指丛毛之际，上循足跗上廉……循股阴"。此属足厥阴肝经循行部位，寒性收引，故局部酸困抽掣；厥阴风木为寒邪所乘，反侮于肺金，故肺内转移。综参舌脉，知肝经阴寒内阻是本病主要病机，治以温肝散寒之法，方以桂枝去芍药加麻黄附子细辛汤加吴茱萸以散肝经之寒，加全蝎以通络止痛，更用党参、白术以健脾益气，培护后天之本，近期疗效显著。

四、直肠癌术后

李某，女，62岁。2008年10月29日患者在全身麻醉下行经腹直肠癌根治术，术后病理示：直肠隆起型腺癌Ⅱ级，浸润肠壁全层。术后以FOLFOX-4方案行全身化疗6个周期。病情相对平稳。2010年4月7日来门诊就诊。症见：纳呆，乏力，双下肢冷，夜寐差，情绪抑郁，二便可。舌淡暗、苔薄白，脉沉细。患者2007年以来双下肢反复发作"色素沉着性紫癜"，查体可见左侧小腿内侧暗红色紫斑。予桂枝去芍药加麻黄附子细辛汤加味，处方：（制）附子（先煎）、炙甘草各6g，生姜、桂枝9g，麻黄、细辛各3g，党参、（炒）白术、茯苓各30g，大枣5枚。患者服上方6剂后双下肢冷明显减轻，并且其反复发作的色素沉着性紫癜亦明显减轻。该患者目前仍在门诊服中药治疗，情况良好。

按：对恶性肿瘤术后患者而言，复发和转移是极大的威胁。从中医角度看，之所以有复发、转移这样的现象存在，我们认为，原因在于"有形之邪虽去，无形气机未化"，本例患者虽经手术治疗，而其素体阳虚，水寒木郁体质未曾变化，其反复出现的色素沉着性紫癜正提示其阴盛格阳之势依然存在，而这一点将会大大增加其肿瘤复发或者转移的风险。治疗以桂枝去芍药加麻黄附子细辛汤温经散寒、顺接阴阳，并合四君子汤以健脾益气，固护后天之本，短期疗效显著。

五、小结

桂枝去芍药加麻黄附子细辛汤功能温阳散寒、顺接阴阳，尤对假热真寒、表热本寒之证有效。率先将此方应用于恶性肿瘤者为日本医家工藤球卿。苏渊雷引用工藤氏《方函口诀》中载其治疗乳岩、舌疽及翻花疮等数十人，工藤氏认为，"翻花疮用黄辛附汤，盖因阴阳相隔，气无所统制，血肉失其交，以渐顽固，遂致出血"[1]。其所谓翻花疮、乳岩、舌疽等皆属于现代医学中恶性肿瘤之类。本文报道的4例患者，虽然西医诊断分属不同类型的肿瘤，但中医证型相似，皆具有阴盛格阳的临床表现，虽病异而治同，从解决临床症状，改善患者生活质量的角度看近期疗效满意。基于先贤的见解、经验以及临床实践，我们认为，应进一步深入研究本方在恶性肿瘤中的临床和机理，为中医药治疗肿瘤探索新的方法。

参考文献

[1] 苏渊雷，金匮要略今释［M］．北京：学苑出版社，2008：288.

［《中医杂志》2012，53（3）：253］

桂枝汤加味治验2则

李学勇　武陆县人民医院

桂枝汤乃张仲景《伤寒杂病论》开篇第一方，是治疗太阳中风的主方，其组方原则及疗效，堪为后世称绝，故有群方之魁之称。古今医家对此论述发挥以及方剂的加减演化甚多。如柯韵伯云："此方为仲景群方之冠，乃滋阴和阳调和营卫，解肌发汗之总方也。"由此说明，该方不仅能治太阳中风，凡有营卫不和者，皆可应用。可见桂枝汤仅数味，寓意深刻，运用之关键是辨营卫不和。笔者在临床中运用桂枝汤治愈了多种疾病。现列举两例如下。

例1：柴某，女，34岁，原有经量过多症，经治已愈。一周来，患者带下绵绵，阴痒，颈、胸、腋下、阴毛际处如癣痒甚，搔之出血，苔薄黄边腻，脉浮滑。法拟调和营卫，祛风清热燥湿，药用桂枝汤加味：桂枝、白芍、升麻、苦参、大黄各10g，蛇床子、当归各12g，炙甘草、荆芥各9g，龙胆草6g，生姜3片，红枣5枚。连服10剂告愈。

按：风为百病之长，湿疹瘙痒必有风湿之邪在表。湿随风威，浸淫不已，风愈甚则痒益甚，风之所以侵袭，因其卫表疏松，营卫不和。本病例无其他热毒症状，故辨为营卫不和，风湿外侵，湿热下注，用桂枝汤加清热燥湿之品而取效。

例2：王某，男，30岁，患局限性多汗症数年，两腿膝部及膝以下至脚经常出汗，每逢夏季尤为明显，甚者如珠如滴。曾服过固涩止汗类中药，疗效欠佳。平素睡眠欠佳，腰部酸痛，食纳一般，舌苔薄白，脉缓。拟调和营卫，投桂枝汤加味。处方：桂枝10g，白芍10g，炙甘草6g，大枣30g，生姜10g，黄芪18g。5日后再诊，述两脚出汗大减。药既中病，毋需更改，上方续服3剂。3剂后，两膝及膝以下出汗已止。为攻固疗效再进3剂。2a后随访局限性多汗症再未复发。

按：一般认为，外感病的出汗，多因卫阳虚弱，腠理开疏所致。内伤杂病的出汗，有因阳气虚引起，亦有因阴虚所致，还有因气血不调，营卫不和所造成。治疗表虚卫阳不固多汗者，用玉屏风散；阴虚有火多汗者，用当归六黄汤。笔者用桂枝汤加味是针对营卫不和的局限性多汗。现代医学研究认为桂枝汤具有对体温、汗液、心率、血压、大肠功能的双向调节作用。方中桂枝、芍药相配，发汗之中有敛汗之意，固表之中有微汗之意，二者不偏不倚，互为作用，汗不过汗，收不过收，以达到营阴得补，自汗得除，风邪得祛，营卫得调之目的。加黄芪是增强益气固表的作用。

[《河南中医》2012，32（6）：703]

桂枝汤类方在糖尿病治疗中的应用

徐志勇　杨军
浙江省温州市第二人民医院

桂枝汤是《伤寒论》开宗明义第一方，被誉为“群方之冠”。张仲景在其所著《伤寒论》和《金匮要略》两书中，取桂枝汤之意加减化裁的系列方剂计有二十余首，后世概称桂枝汤类方，临床应用广泛。正如柯琴在《伤寒来苏集》中所说：“此为仲景群方之魁，乃滋阴和阳，解肌发汗，调和营卫之主方。凡头痛发热，恶风恶寒，其脉浮而汗自出者，不拘何经，不论中风、杂病，咸得用此……随手而愈，因知仲景方可通治百病。”笔者不揣浅陋，浅述桂枝汤类方在糖尿病治疗中的心得。

一、糖尿病周围神经病变

陈某，男，56岁。2010年6月21日诊。糖尿病史20余年，目前使用胰岛素，血糖控制不稳定，常有低血糖现象。近月来手足麻木针刺感，伴乏力，多汗，纳便尚调。舌淡红略黯、苔薄白，脉细。肌电图示：右腓总神经传导速度减慢，运动传导诱发电位波幅减低；右腓浅感觉传导速度减慢，感觉传导诱发电位波幅降低。正中、胫后神经F波出现率减少。西医诊为2型糖尿病，糖尿病性周围神经病变；中医属气虚血瘀，脉络失养。治拟益气养血，温经通络。方取黄芪桂枝五物汤加减：桂枝9g，白芍15g，黄芪、党参、鬼箭羽、鸡血藤各30g，生姜6g，大枣5枚。服药1个月后，手足麻木感基本消失，精神转佳，且低血糖现象改善。

按：糖尿病周围神经病变多发生于中年以后，血糖控制不佳或病程较长者，与糖尿病人微血管病变及代谢障碍密切相关。其临床表现相当于中医的“痹证”“痿证”，与糖尿病久病不愈，气血不足、营卫不调、脉络瘀阻有关。方用黄芪桂枝五物汤或桂枝新加汤有益气养血、荣经通络的作用，加鬼箭羽活血通络降糖，鸡血藤寓补于通，养血活血。

二、糖尿病下肢血管病变

陈某，女，58岁。2010年3月10日诊。糖尿病史10余年，伴双下肢麻木冷痛，间歇性跛行1年，5年前曾行冠状动脉支架植入术。诊见下肢皮肤黯红，肢冷，趺阳脉弱。舌淡黯，脉沉细。双下肢动脉B超示：下肢动脉硬化伴多发斑块形成，胫前、胫后及腓动脉管腔狭窄。西医诊为2型糖尿病、糖尿病性下肢动脉硬化闭塞症；中医辨证属阳虚血瘀，治拟温阳散寒，活血通滞。当归四逆汤加味：桂枝12g，赤芍、地龙、牛膝、当归各15g，细辛3g，通草、生甘草各6g，鬼箭羽、鸡血藤各30g，水蛭9g。服药7剂后，自觉双下肢冷痛感明显减轻，遂守方不变，服用半年后，间歇性跛行消失，双下肢转温。

按：糖尿病下肢动脉硬化闭塞症是严重影响糖尿病人生活质量，以致致残、致死的慢性、进行性并发症。其病机总体而言在本为阴阳俱虚、营卫不足，在标为痰瘀阻滞，脉络痹阻。在疾病早期，严格控制血糖、血脂的同时，及时予以中药温经补血、通络止痛，常能取得良好的治疗效果。当归四逆汤即桂枝汤去姜倍枣，加当归、细辛、通草而成，有温经散寒，养血和营之功，契合此病病机。

三、糖尿病心脏神经病变

王某，女，72岁。2007年5月21日诊。糖尿病史10年，血糖控制良好，1月前肺部感染愈后出现乏力，动辄胸闷气短，心慌心悸，夜寐不安。舌淡红边有齿痕、苔白腻，脉虚细数。查ECG示窦性心动过速，T波改变；西医诊为2型糖尿病，糖尿病性心脏自主神经病变。中医辨证属心阳不足，痰瘀内扰。治拟温通心阳，涤痰宁神。桂枝甘草龙骨牡蛎汤出入：桂枝、甘草、远志各9g，龙骨、牡蛎、酸枣仁各30g，制半夏12g，茯苓、女贞子各15g，天花粉20g，菖蒲、生姜各6g。7剂。二诊诉乏力心悸减轻，原方加甘松6g，继进14剂后，心悸不安诸症消失，心电图恢复正常。

按：糖尿病心脏自主神经病变其临床表现相当于祖国医学的"心悸""怔忡"，其病机有阴虚燥热、阳虚寒凝、痰瘀痹阻等不同机制。该患者年已七旬，兼之久病，素体气虚血瘀，外感病后心阳更虚，痰瘀易阻，扰于心神，故见乏力心悸，夜寐不宁。方用桂枝甘草龙骨牡蛎汤温补心阳，镇潜安神，加茯苓健脾化湿，养心宁神，制半夏化痰降逆，远志宁心安神，天花粉化痰通络，加入女贞子意在补养心气。

四、糖尿病泌汗异常

江某，男，79岁。2008年7月28日诊。血糖升高5年，血糖控制欠佳，空腹血糖：7～10mmol/L，诉近半月盗汗明显，伴烘热，口干，寐差，夜尿频繁，大便略秘结。多次夜间血糖监测未见低血糖现象。舌红嫩、苔薄白，脉细弱。证属气阴两虚，营卫郁滞，营热内生。方拟黄芪桂枝汤加味：黄芪、龙骨、牡蛎各30g，桂枝、五味子各9g，白芍、知母、地骨皮各12g，女贞子15g，仙灵脾10g，生甘草、生姜各6g。并予加强血糖控制。服用5剂后，盗汗减少，仍时感乏力，原方加仙鹤草30g，继进14剂后盗汗消失。

按：汗腺由胆碱能交感神经支配，糖尿病患者由于高血糖导致微血管病变，使神经营养障碍和变性，导致交感神经受损，调节汗腺功能失常，故见泌汗异常，尤以上半身多汗多见。其病机多为久病体虚，阴阳失调、营卫不和。黄芪桂枝汤原为黄汗阳虚湿郁，营卫郁滞所设，方中桂枝汤解肌和营卫，化气调阴阳，加黄芪协桂枝走表，通达阳气，固表除湿，而收止汗之功。考虑到患者年已老迈，久病正虚，笔者在此基础上加入仙灵脾、女贞子平补肾中阴阳，龙骨、牡蛎及五味子敛汗固涩，知母、地骨皮清泻营热。

桂枝汤整个方义是以"养正力大，发汗力小"为主，能和表里、阴阳、营卫，已远远突破了中风表证的范围，故清代王子接誉之为"和方之祖"。桂枝汤及其化裁方在临床的广泛应用，体现了经方的无穷魅力。

[《浙江中医杂志》2012，47（12）：917]

桂枝汤类方治疗心脏病临证举隅

孙 媛

天津市中医药研究院附属医院心血管病科

桂枝汤首见于张仲景的《伤寒论》，具有解肌祛风、调和营卫、滋阴和阳的功效。仲景在《伤寒论》和《金匮要略》中，以桂枝汤为基础方加减化裁而成的桂枝汤类方将近30首，被历代医家广泛应用。笔者运用其类方，宗其方义治疗各种心脏病，取得较好疗效，现分述如下。

一、当归四逆汤治疗冠心病心绞痛

患者宋某，女，72岁。冠心病史5年，近1周加重。现心前区隐痛，胸闷气短，形寒肢冷，疲倦乏力，影响日常劳作，舌暗淡苔白，脉沉细。心电图显示窦性心律，心肌缺血。中医诊断为胸痹，辨证属心阳不足，气虚血瘀。方用当归四逆汤加减，当归15g，丹参24g，生黄芪30g，细辛3g，桂枝、赤芍、通草、降香、瓜蒌各10g，大枣10枚。7剂水煎服，每日1剂，二诊心前区疼痛未作，偶有胸闷气短，乏力，继与原方加薤白10g，连服2月，病情稳定，可胜任日常劳作，随访半年未复发。

按：冠心病心绞痛属中医学胸痹范畴，心阳虚是其主要病理基础。心阳不足，无力推动血行；心阳不足，其气也弱，均可产生血瘀导致疼痛。当归四逆汤出自《伤寒论》，是治疗"手足厥寒，脉细欲绝"的主方。因其具有和厥阴，散寒邪，调营卫以通阳气的功效，再加活血通络止痛之品，与本病病机吻合，故移用治疗冠心病获得良好效果，且标本兼顾。符合《内经》"谨守病机"的涵义。现代医学研究，当归四逆汤能够扩张血管[1]，该方的活血化瘀功效与其抗凝、降低血黏度、抑制血栓形成、降低血小板聚集性和促进血肿吸收有关[2]。

二、桂枝茯苓丸治疗心房纤颤

患者王某，女，50岁。阵发性房颤史1年。2d

前因情志因素诱发心房纤颤而就诊。现精神倦怠，体胖，感心悸，胸闷，乏力，活动后加重，纳可，大小便调，夜寐欠安，舌暗淡胖边有瘀斑，苔白腻，脉细涩。已口服西药倍他乐克。心电图示：房颤，心肌缺血。中医诊断为心悸，辨证属气滞血瘀，湿痰阻络。方用桂枝茯苓丸加减，桂枝、桃仁、赤芍、丹皮、当归各 10g，生龙骨、牡蛎各 30g，茯苓、黄芪各 15g，丹参 24g，酸枣仁 30g。7 剂水煎服，每日 1 剂。服药 7d 后，二诊患者心悸，胸闷等症明显好转，继与原方加远志 10g，生龙齿 15g，服药 7 剂后，患者不适症状消失，复查心电图示窦性心律，房颤消失，心肌缺血也减轻。继服前方半月巩固疗效。

按：桂枝茯苓丸一方出自《金匮要略》："妇人素有癥病……所以血不止者，其癥不去故也，当下其癥，桂枝茯苓丸主之"。为治疗妇人宿有癥病、癥留胞宫、妊娠胎动不安、漏下不止者的主方。本方虽为妇科活血化瘀之佳方，近年来临床应用范围不断扩大，凡病机为瘀血阻滞，湿痰凝滞的病证，均可用本方治疗。本例患者体胖痰湿内盛，加之气滞血瘀，导致心脉瘀阻而发上症。方中桂枝、芍药通调血脉，丹皮、桃仁活血化瘀，茯苓渗湿利水，加上黄芪、当归益气养血，生龙牡、酸枣仁重镇安神。诸药合用瘀血得化，心脉得通，悸动自止。体现了中医"异病同治"的思想。现代医学研究，桂枝茯苓丸通过降低红细胞膜唾液酸酶活性而改善瘀血状态[3]，并通过限制氧化低密度修饰，预防动脉粥样硬化的形成[4]。

三、苓桂术甘汤治疗扩张性心肌病

患者李某，女，53 岁。扩张性心肌病史 6 年。近半年病情加重，体力活动受限。表现为活动后心慌，胸闷，气短，咳嗽咳吐白色稀痰，面色少华，食欲不振，脘腹胀满，小便少，夜寐较差，夜间憋气需坐起缓解，舌质暗淡，苔白，脉沉细无力。双下肢水肿。心脏多普勒结果：全心扩大，EF 斜率 40%，提示全心功能不全。中医诊断为心悸，辨证属于心脾阳虚，阳虚水犯。在继服强心，扩冠，利尿药的基础上，与苓桂术甘汤加减，茯苓 30g，猪苓、黄芪各 30g，白术、桑白皮、葶苈子、清水半夏、瓜蒌、薤白各 15g，桂枝、泽泻、炙甘草各 10g。7 剂水煎服，每日 1 剂。服药后，心悸气短减轻，小便量增多，水肿减轻，腹胀也减轻，有食欲，仍乏力。前方加党参 10g，附子 6g，补气温阳，化气行水。二诊服药 7 剂后，乏力水肿明显减轻，活动量增加，胸闷心悸气短减轻。继予上方 7 剂，患者上症消失，心功能好转，可胜任一般活动。继与上方做成丸药，随访 6 月，病情稳定。

按：扩张性心肌病，慢性心功能不全的病机是气虚阳微，血瘀水停。心阳虚衰为本，水饮瘀血为标。饮为阴邪，得温则行；心阳充足，气化得行，水饮得除。苓桂术甘汤出自《伤寒论》和《金匮要略》，是温阳益气，健脾化饮的代表方，系仲景为痰饮病所设。原用于治疗阳虚水饮所致短气，心胸满闷，气上冲胸，头眩等症。现用于慢性心衰病机吻合，疗效显著。方中茯苓健脾利水，水消则火自旺；桂枝辛温通阳，化气利水，心阳温通则血脉运行通畅；白术健脾消饮，甘草益气和中。诸药合用，温阳益气而无伤阴留邪，利水消肿而无碍元阳。现代医学研究，苓桂术甘汤可改善心力衰竭的一般状况，减慢心率，减轻充血、水肿，以此减轻心脏的前后负荷，降低心肌耗氧量，并可防止利尿过程中水电解质紊乱[5]。

四、炙甘草汤治疗室性早搏

患者刘某，女，43 岁。患室性早搏 2 年，每遇情绪波动及劳累后多发。外院已间断用心律平治疗，仍反复发作而停用，故求于中药治疗。现心悸、胸闷、劳则加重，气短，乏力，失眠，多梦，舌暗红少津有裂纹，脉沉结细数。心电图示：窦性心律，频发室性早搏。中医诊断为心悸。辨证属气阴两虚，心失所养，治以益气养血，滋阴复脉。方用炙甘草汤加减，炙甘草 25g，生地 20g，大枣 10 枚，生姜 3 片，党参、桂枝、阿胶（烊化）、麦冬、麻仁、香附各 10g，黄芪、五味子各 15g，甘松 18g。7 剂，水煎温服，1 剂/d，连服 1 周后，诸证俱减，早搏明显减少，维持治疗 1 月而愈，随访一年未见复发。

按：炙甘草汤乃《伤寒论》名方，是治疗阴阳气血不足所致心动悸，脉结代的主方。《伤寒论》太阳篇 182 条曰"伤寒，脉结代，心动悸，炙甘草汤主之"。即不论外感疾病或内伤疾病，只要表现出脉结代、心动悸的脉证，辨证属于阴阳两虚、气血不足就应首选炙甘草汤复其血脉，故炙甘草汤又名复脉汤。炙甘草汤的组方原理与《内经》"损其心者，调其荣卫"一脉相承。笔者应用此方加减治疗不同原因所致的心动悸、脉结代，每能奏效，是治疗心律失常的重要方剂。现代医学研究，炙甘草汤对心律失常有显著的抑制作用，能明显降低大鼠离体右心房肌自律性和左心房肌兴奋性，明显抑制肾上腺素诱发大鼠离体乳头状肌自律性和心律失常[6]。

五、桂枝加龙骨牡蛎汤治疗心脏神经官能症

患者蓝某，女，29岁。近2月因工作劳累加之心情不佳，以反复心悸，乏力为主就诊，兼见烦躁，易惊，精神不爽，失眠多梦，醒后难入睡，食欲不振，舌红苔薄白，脉细数。心电图及心脏多普勒检查均未见异常。中医诊断心悸，证属阴阳两虚，虚火上炎。西医诊为心脏神经官能症。方用桂枝加龙骨牡蛎汤加减，生龙骨、生牡蛎各30g，太子参8g，夜交藤15g，桂枝、白芍、柴胡、远志、五味子、栀子、炙甘草10g，生姜3片，大枣10枚。7剂水煎服，每日1剂。二诊服药后心悸烦躁好转，寐安，精神好转，继与原方7剂巩固疗效。

按：桂枝加龙骨牡蛎汤出自《金匮要略·血痹虚劳病脉症并治第六》，由桂枝、芍药、生姜、大枣、甘草、龙骨、牡蛎组成，具有调和阴阳、收敛固涩作用。本例患者工作劳累，劳则气耗，阴阳两虚，加之肝气不疏，气机逆乱，郁而化火，上扰心神所致。方中桂枝汤调和阴阳，冲和气机；龙骨、牡蛎镇惊安神，配合其他清心除烦，疏肝理气的药物，相得益彰，故获良效。正如《内经》所云“阴平阳秘，精神乃治”。现代医学研究，桂枝加龙骨牡蛎汤具有镇静和抗惊厥作用[7]。

参考文献

[1] 金宝良. 当归四逆汤在国外的研究及应用 [J]. 吉林中医药，1996，17（2）：42~43.

[2] 黄芳，黄罗生. 当归四逆汤活血化瘀作用的实验研究 [J]. 中国实验方剂学杂志，1999，5（5）：31~33.

[3] Nagai T. 桂枝茯苓丸对糖皮质激素所致的瘀血模型小鼠的红细胞唾液酸酶异常的恢复作用 [M]. 国外医学中医中药分册，2002，24（1）：40.

[4] Sekiya N. 桂枝茯苓丸预防喂胆固醇饮食家兔的动脉粥样硬化形成 [M]. 国外医学中医中药分册，2000，22（2）：99.

[5] 耿小茵，李小球. 苓桂术甘汤对兔心力衰竭心钠素的影响 [J]. 湖南中医药导报，2004，10（3）：77~78.

[6] 王文昶. 慢性心律失常治疗体会 [J]. 中医药学报，2010，38（3）：64.

[7] 贺玉琢，李晓琴，郭淑英. 桂枝汤和桂枝加厚朴杏子汤、桂枝加龙骨牡蛎汤的药理学比较 [J]. 中药药理与临床，1991，7（1）：1~3.

[《陕西中医》2012，33（8）：1080]

桂枝汤临床新用探索

姬水英　牛　菲　马娟娟等

渭南职业技术学院医学院

桂枝汤出自东汉张仲景的《伤寒杂病论》，由桂枝、芍药、甘草、生姜、大枣组成，传统用于治疗感冒发热、咳嗽、汗出等证。现代药理研究证实，桂枝汤对汗腺分泌有双向调节作用，对体温有双向调节作用，具有明显的镇痛、镇静作用，有抗病原微生物作用，对多种感染性及非感染性炎症均有显著抗炎作用，对免疫功能呈现双向调节作用，对呼吸系统有明显调节作用，有镇咳祛痰作用，对口腔黏膜上皮纤毛运动有保护作用，对肠蠕动有双向调节作用[1]。近年笔者对桂枝汤临床新用作了初步探究，供同行参考。

一、临床新用

1. 空调综合征　长时间处在空调环境下，因空气不流通，出现鼻塞、头昏、喷嚏、耳鸣、乏力、记忆力减退等症状，及皮肤发紧发干、易过敏、皮肤变差等现象，称为“空调综合征”或“空调病”。张万水等[2]以桂枝汤治疗空调病52例，痊愈12例，显效20例，有效18例，总有效率96.15%。

2. 更年期综合征　更年期妇女，卵巢功能减退，垂体功能亢进，植物神经功能紊乱，出现月经紊乱、面色潮红、多汗、心悸、失眠、乏力、抑郁、多虑、情绪不稳定，易激动，注意力难于集中等症状，称为“更年期综合征”。叶风等[3]以桂枝汤治疗更年期综合征60例，疗效显著，总有效率达99%。

3. 僵人综合征　是一种罕见、严重的中枢神经系统疾病，以躯轴和下肢肌肉过度收缩伴肌痛性肌肉痉挛为特征。体内可检出多种高滴度自身抗体，患者常伴有其他自身免疫病。多因体虚汗出，津液耗伤，筋脉失养所致，治疗宜和营解肌，舒缓项强，通经活络，活血化瘀。刘兰芳[4]用桂枝汤加全蝎2g，鹿角霜、淫羊藿5g为主治方，治疗僵人综合征疗效肯定。

4. 肩手综合征　指患者患手突然浮肿疼痛及肩关节疼痛，并使手功能受限。引起肩手综合征的疾病多是脑卒中，心梗，颈椎病，上肢外伤，截瘫，肺疾病，肩关节疾病等，桂枝汤可有效缓解瘫痪侧肢体的疼痛，消除皮肤出汗、发紫、发凉等现象，缩短病程，减少脑卒中患者的致残程度，提高脑卒

中患者的治愈好转率，马云枝等[5]以桂枝汤治疗脑卒中后肩手综合征50例，总有效率达90.0%。

5. 不安腿综合征　是发生于下肢的一种自发的、难以忍受的异常感觉，犹如蚂蚁爬或虫子咬、瘙痒感、疼痛、刺痛、烧灼感、撕裂感、蠕动感等不适，有时患者的感觉难以形容，患者为此会有一种急迫的强烈要运动的感觉，并导致过度活动如翻来覆去、到处走动。李彩霞等[6]以桂枝汤加减治疗不安腿综合征38例，痊愈9例，显效15例，有效10例，总有效率89.50%。

6. 胃肠神经官能症　又称胃肠功能紊乱，表现为腹痛、腹部不适、腹泻或排便异常、黏液便、腹胀等，有时因受刺激痉挛而引起腹痛，又称肠易激综合征。李全利[7]用桂枝汤为主治疗胃肠神经官能症62例，药用桂枝15g，白芍15g，炙甘草10g，大枣5枚，生姜5片，半夏10g，黄连10g，竹茹10g，太子参10g，远志10g，枳实10g，焦槟榔10g，疗效满意。

7. 儿童多动症　是一种常见的儿童行为异常问题，又称脑功能轻微失调或轻微脑功能障碍综合征或注意缺陷障碍。这类患儿的智能基本正常，但学习、行为及情绪方面有缺陷，表现为注意力不集中，注意短暂，活动过多，情绪易冲动等。赵启然等[8]以桂枝汤治疗小儿多动症30例，痊愈8例，显效17例，改善3例，总有效率达93.3%。

8. 心律失常　是心脏疾病中常见的表现，梁广和[9]运用桂枝汤合方辨证加减，治疗心律失常60例，取得满意疗效。其中冠心病30例，高血压性心脏病12例，甲亢性心脏病3例，病毒性心肌炎5例，风湿性心脏病5例，更年期综合征2例，心脏神经官能症2例，原因不明1例。痊愈16例，显效29例，有效10例，总有效率为91.67%。

9. 妊娠反应　妇女怀孕后，出现恶心、呕吐、乏力、头晕、厌食、挑食等症状，称为妊娠反应。用本方加味治疗妊娠恶阻，屡试屡验，不仅能缓解症状，且利于胎儿生长发育[10]。本方还可辨证治疗漏乳、滑胎、阴挺、痛经、经行发热、经行浮肿、经行身痛、经行风疹、经行自汗、阴痒、妊娠水肿、月经失调、产后便秘、产后痉病、产后外感、产后腹痛等多种妇科疾病。

10. 痛证　其发病原因多为感受风寒湿邪，营卫失调，气血运行不畅，不通则痛。以桂枝汤加减治疗各种痛证，如风湿痹痛、偏头痛、项痛、胸背痛、肩背痛、肩臂痛、胃脘痛、腹痛、胁痛、腰膝痛、足跟痛、睾丸痛等，疗效显著[11]。

11. 皮肤病　桂枝汤可治疗皮炎、银屑病、多形红斑、荨麻疹、湿疹、皮肤瘙痒、风疹、慢性肾衰皮肤病等多种皮肤病，柳静等[12]以桂枝汤治疗皮肤病，收效显著。

12. 其他　桂枝汤还可辨证治疗咽炎、过敏性鼻炎、慢性鼻窦炎、鼻衄、过敏性紫癜、冻疮、十二指肠溃疡、小儿厌食症、眼肌麻痹、单疱病毒性角膜炎、卡他性结膜炎、神经性耳聋、顽固性哮喘、阑尾炎、大动脉炎、面神经麻痹、虚劳、便秘、鹰爪症、疟疾、颈椎病、遗精、遗尿、梦游症等多种病证。

二、结语

综上，桂枝汤广泛应用于内、外、妇、儿等科，故柯琴在《伤寒来苏集》中盛赞桂枝汤为“仲景群方之冠”，后世，发扬了仲景学术思想，师其之法，取其精髓，扩大了桂枝汤治疗范围，现代药理研究认为桂枝汤的应用提供了科学的理论依据，同时也为经方新用的研究提供了新的思路。

参考文献

[1] 谢明. 中医方剂现代研究［M］. 北京：学苑出版社，1997：47～51.

[2] 张万水，陈利国，王越洪，等. 桂枝汤治疗空调病52例体会［J］. 陕西中医，2006，27（5）：539～540.

[3] 叶凤，杨海华. 桂枝汤加味治疗更年期综合征60例［J］. 浙江中医杂志，1999，22（11）：19.

[4] 刘兰芳. 中药汤剂临床新用途［M］. 北京：人民军医出版社，2001：463.

[5] 马云枝，沈晓明. 桂枝汤治疗脑卒中后肩手综合征50例［J］. 中国临床康复，2004，8（1）：166.

[6] 李彩霞，岳会杰. 桂枝汤加减治疗不安腿综合征38例［J］. 河南中医，2007，27（12）：12～13.

[7] 李全利. 桂枝汤加味治疗胃神经官能症62例［J］. 长春中医药大学学报，2009，25（5）：716.

[8] 赵启然，彭红星. 桂枝汤治疗小儿多动症30例［J］. 湖北中医杂志，1994，16（3）：33.

[9] 梁广和. 桂枝汤合方辨证治疗心律失常60例［J］. 四川中医，2003，21（6）：37～38.

[10] 门纯德. 桂枝汤的临证应用体会［J］. 山西医药杂志，1979（1）：25～26.

[11] 何宏邦. 桂枝汤加减治疗痛证举隅［J］. 上海中医药杂志，1989（1）：31.

[12] 柳静，张旭生. 经方辨治皮肤病［J］. 长春中医药大学学报，2011，27（3）：466.

［《长春中医药大学学报》2012，28（5）：820］

桂枝汤临床应用心得

付朝红　昆明市西山区第二人民医院

桂枝汤出自《伤寒论》，是张仲景为太阳中风证所设方剂，由桂枝、芍药、炙甘草、生姜、大枣组成，有解肌发表，调和营卫之功，此方为“仲景群方之冠，乃解肌发汗，调和营卫之第一方”。桂枝汤中桂枝辛温发散，即可解肌发表，又可温通血脉，助阳化气；白芍苦甘酸守，养血敛阴，缓急止痛；炙甘草补气和中。重桂枝（桂枝甘草汤）辛甘化阳，走表而解表实卫，走里而温通血脉，振奋心阳；重白芍（芍药甘草汤）则酸甘化阴，走表而敛阴和营，走里而养血柔肝，缓急止痛；生姜大枣合用，升腾脾胃之气。五味合用，体现一个“调”，调和营卫，调补气血，调理脏腑，调补阴阳。此方虽为太阳中风所设，在阳明、太阴、厥阴、霍乱、汗下吐兼有表证的情况下多有应用，可见此方多变，灵活，广用，不仅是一汗方，解表方，且是一补方、和方，《金匮心典》曰“桂枝汤，外证得之，为解肌和营卫；内证得之，为化气和阴阳”。因而可见此方可运用于多种外感和内伤疾病，充分体现中医辨证论治的特点，体现出临床上的异病同治的治疗手法，现笔者将一些理论学习及临床运上的一点心得体会简述如下。

一、典型病例

1. 过敏性鼻炎

患者甲，女，40岁，患过敏性鼻炎，遇风，遇寒则流鼻涕，打喷嚏，鼻塞，伴头痛，头晕，经多种抗过敏，脱敏治疗，鼻中隔手术，仍频繁发作。舌质淡，苔薄白，脉细缓。风邪外袭，营卫不畅是疾病的主要病机，当以桂枝汤祛风透邪，调和营卫，顾表通窍。处方：桂枝汤合玉屏风散加白芷，僵蚕，虫退。3剂后鼻塞，流涕，喷嚏好转，续服7剂后鼻炎症状消。

2. 小儿久泻

患儿乙，男，4岁，平素体弱羸瘦，胃纳差，喜零食，因过食冷饮后泄泻已一月，经西医止泻治疗稍有好转，停药后泄泻复作，日泄3～5次，伴腹痛，神疲倦怠，口干，少尿，舌质淡少苔，脉濡，食指络脉色青。证属脾胃虚弱，当健脾和胃，缓急止痛，以桂枝汤从脾胃入手，升中焦之气，调补脾胃，温运中阳，柔肝理脾，缓急止痛。处方：黄芪桂枝汤加乌梅，炒白术，茯苓，太子参，炒扁，山药。5剂后泻止，饮食佳，续服5剂巩固疗效，并嘱患儿母亲少冷饮，调饮食。

3. 双手麻木

患者丙，女，53岁，双手麻木2月余，初期为双手手指麻，如蚁行感，后渐麻木至手腕及肘，手指如戴手套般不仁，伴颜面时有蚁行感，纳可，寐差，二便调，舌质胖苔薄白，脉缓涩。证属气滞血虚，寒凝筋脉，营卫不行，风血相搏，痹于肌肤，当调补气血，温通血脉，中宫健运，血痹可止，“荣而不痛”“通则不痛”，处方：黄芪桂枝汤加当归，红花，桑枝，通草，僵蚕，生姜3片。3剂后双上肢微有汗出，续服5剂双手麻木感明显减轻，续服5剂后双手回复如常。

4. 盗汗

患者丁，女，72岁，有肺心病病史10余年，不慎外感后慢支炎肺气肿复作，住院治疗后于一周前出院，感夜间出汗不止，寐差，纳少，多梦，气促，乏力，二便可，舌尖红，苔薄白腻，苔根灰，证属心阴虚，阳气外泄，卫表失固，当和其营卫，敛阴止汗，方选桂枝加龙骨牡蛎汤加枣皮，浮小麦，4剂后汗减，灰苔退，加白术，五味子，倍枣皮，续方5剂后汗止，纳眠可。

5. 荨麻疹

患者戌，男，45岁，全身起风疹，每逢冬季反复发作十余年，遇风寒则作，得温则减，发作时瘙痒剧烈，痛苦不堪，畏风怕冷，喜汗出，舌苔薄白，脉浮滑。证属肺胃不顾，营卫不调，血脉阻滞，当予桂枝汤调和营卫，通畅血脉，处方；桂枝汤合玉屏风散加乌蛇，蛇床子，地肤子，虫退，5剂后疹消，续服5剂，疹未复发。

二、小结

张仲景《伤寒论》涉及桂枝汤的变化有很多，如温中补阳的小建中汤（桂枝汤倍芍药加饴糖），补气的黄芪桂枝汤，气血双补的桂枝新加汤，阴阳双补的桂枝龙骨牡蛎汤，补心阳的桂枝甘草汤，补心阴益心阳的炙甘草汤，补阴柔肝的芍药甘草汤等，可见《伤寒论》中桂枝汤加减变化之妙，李东恒称“治杂病若神”此运用于之谓也。临床广泛运用于以气血失和，营卫失调，阴阳失和为病机的疾病，而调和营卫，调补气血，平衡阴阳乃为关键，故在临床可于多种疾病中灵活运用。以上是笔者临床实践中的一点体会，共勉之。

参考文献

[1] 黄仰模．金匮要略讲义［M］．北京：人民卫生出版

社，2006.
[2] 尤在泾．金匮要略心典［M］．上海：上海人民出版社，1975.
[3] 郝万山．伤寒论讲义［M］．北京：中国中医药出版社，2010.

［《中医临床研究》2012，02：50］

桂枝汤在艾滋病无症状期治疗中的应用

周根锋　郸城中医院
崔伟锋　河南省中医药研究院

艾滋病是人体感染人免疫缺陷病毒（HIV）而致的获得性免疫缺陷综合征的简称，可分为3期即急性感染期、无症状期、艾滋病期。艾滋病无症状期可以归属到中医学"虚劳"范畴。而桂枝汤是张仲景调和营卫之代表方，仲景不仅用其治疗太阳中风证，还广泛应用于各种内伤杂病，如以桂枝汤类方治疗虚劳病等，故将桂枝汤加减治疗虚劳运用于艾滋病无症状期的治疗，可谓是对仲景学说之继承、发扬。

一、艾滋病无症状期与"虚劳"

"虚劳"病名是由张仲景首次提出的，《金匮要略·血痹虚劳病脉证并治第六》对虚劳病的脉象、证候及治疗进行了详尽论述。周仲瑛主编的《中国传统临床丛书·中医内科学》[1]认为："虚劳又称虚损，是由多种原因所致以脏腑亏损，气血阴阳不足为主要病机的多种慢性虚弱证候的总称。"

艾滋病按其病因应属中医学"疫毒"范畴，但因传播途径不同，故其临床表现、病机及治法均与传统意义上的"疫毒"不同[2]，尤其在无症状期，HIV感染者基本病机为五脏气血阴阳俱虚。如李发枝[2]认为"艾滋病疫毒首先损伤脾脏"，故"脾气亏虚伴有内湿，进而导致五脏气血阴阳俱虚，此是贯穿艾滋病全过程的基本病机"。又因艾滋病潜伏期长，病情持续进展，起伏多变，虚损症状呈多样化，如长期低热、乏力、盗汗、纳差、泄泻、进行性消瘦等。而《金匮要略·血痹虚劳病》载有"面色白、喘悸、短气、酵削不能行、目眩发落、小腹弦急、腹满、甚则腹泻、食不化、精自出"等症状，与艾滋病相关临床综合征期的症状颇为相似，而将其归于"虚劳"范畴[3]。

艾滋病无症状期病因虽为"疫毒"，但其临床表现及基本病机应为"虚劳"。中医学治疗疾病是以病机为核心的，故艾滋病的治疗尤其是无症状期的治疗应遵循"虚劳"治则，而急性感染期及合并机会性感染以邪实为主者则应灵活辨证治之。

二、桂枝汤与"虚劳"

1. 桂枝汤的功用

调和营卫。方中桂枝为血分阳药，性主走表；芍药为血分阴药，性主走里。2药等量合用，则桂不能夺芍而任性走表，芍亦不能夺桂而任性走里，于是不表不里而调畅营卫。生姜性味辛温，可散寒解表、温中和胃；大枣性味甘平，能补中益气、扶脾安胃。2药相伍，辛甘配对，阳表阴里，刚柔相济。且大枣甘守力多，得生姜乃不至过守；生姜辛通力大，得大枣乃不至过通，具有调和营卫、调理脾胃双重功效。炙甘草补中气且调和诸药，与桂枝、生姜等辛味相合（含桂枝甘草汤之意），辛甘化阳、通阳，可增强温阳之力而鼓舞卫气，并可使被遏的卫气得以宣通；炙甘草、大枣与芍药酸味相配（含芍药甘草汤意），酸甘化阴，能增强和营益阴之功。5药相合则成调和营卫之绝佳配伍，成为后世调和营卫之祖方。

补益中焦。从药物组成看，《本经》关于桂枝、芍药、甘草、生姜、大枣的论述分别有："温中益气""益气""坚筋骨，长肌肉，倍力""温中""安中养脾，助十二经……补少气，少津液，身中不足"等。可见，组成桂枝汤的5种药物均有类似"温中益气"之功。曹颖甫[4]有"桂枝汤为扶脾阳之剂""若是论之，桂枝汤直是一首补方，纵令完全无病之人，亦可服此矣"之论述。

畅达营卫。组成桂枝汤的5味药皆具疏通畅达之性，而桂枝和生姜味辛而具宣发之能，故5味相合，该方更具宣通畅达之性，可畅达运行滞涩之营卫，恢复其正常之运行，而达到调和营卫的目的。

综上所述，桂枝汤既可调理补益中焦脾胃以滋壮营卫气血生化之源，又可宣通畅达营卫。本方调和畅达营卫将精微物质运送至五脏六腑、四肢百骸以濡养之，故可应用于因中虚而致的营卫不和所造成的诸多病证，如外可治疗太阳中风表虚证，内可治疗各种内伤杂病。

2. 张仲景运用桂枝汤加减治疗"虚劳"

《金匮要略》所论之"虚劳"，主要是指疾病的慢性虚衰过程中，阳虚损及于阴，阴虚损及于阳，阴阳气血俱不足，且阴虚不能敛阳，阳虚不能护阴，阴阳失却维系的虚损性阴阳失调证。"虚劳"治法，《黄帝内经》有关于虚、损、不足证候的治疗原则，为"仲景"虚劳治法的渊源。如《灵枢·终始第九》篇谓："阴阳俱不足，补阳则阴竭，泻阴则阳脱。如是者，可将以甘药，不可饮以至剂。”以及《灵枢·邪气藏府病形第四》篇曰：“阴阳形气俱不足，勿取以针，而调以甘药也。”仲景根据《黄帝内经》这一原则，创制了1组桂枝汤加减的方剂，如小建中汤、黄芪建中汤、桂枝加龙牡汤、炙甘草汤等方来治疗“虚劳”，即便是治血痹的黄芪桂枝五物汤，后人也用以治疗多种虚弱性疾病。

三、桂枝汤在艾滋病无症状期治疗中的应用

1. 调和营卫

营气的生理功能主要是泌津液，化生血，内养五脏六腑，外养肢体关节；卫气的功能主要是温养皮肤肌肉，主司汗孔的开闭以保护肌表、抵御外邪。艾滋病无症状期患者在遭到HIV病毒侵犯后，肺脾受到损伤，营卫之化源不足，在早期因损伤程度尚不严重，故营卫不足所表现的临床症状尚不明显。至疾病中后期，肺脾损伤加重，营卫乏源，尤其是卫气生成不足，不能以维持其基本的“温分肉，充皮肤，肥腠理，司开阖”功能，致使患者抵抗外邪能力下降，稍受风寒即出现发热、恶寒、头痛、汗出等症状。因艾滋病无症状期患者为五脏气血阴阳俱虚之“虚劳”体质，故其外感初期多表现为太阳中风表虚证，故可以桂枝汤解肌祛风，调和营卫。又桂枝汤可补益中焦以益营卫生化之源，从而使营卫之功能增强，尤其是卫气卫外强健，不致反复外感。而卫气与机体免疫系统在功能上非常相似。如章恪[5]认为卫气与机体的免疫能力密切相关，其研究揭示了免疫细胞中吞噬细胞和淋巴细胞具有参与免疫应答、抗感染等作用，与“卫气”护卫机体、抗外邪作用在功能上是一致的，体现了卫气与免疫细胞在功能上的高度一致性。蒋自强等[6]用桂枝汤合玉屏风散以调和营卫、益气固表、驱邪外出，从而提高机体的免疫功能。

营行脉中，卫行脉外，营卫相随，内外相贯，营运周身，无处不至，故人体表里内外俱有营卫。桂枝汤不仅可调和在表之营卫以疗发热恶寒，尚可调和在里之营卫以止妄泄之精血。

2. 补益中焦脾胃

脾胃位居中州，为四运之轴，阴阳之机，又为万物之母。艾滋病无症状期患者脾胃虚衰，气血化源不足，常影响其他脏腑，“胃虚，则脏腑经络皆无以受气而俱病”。由上可知，艾滋病无症状期患者因艾滋病“疫毒”首先损伤脾脏，脾失运化，水湿内生，气血生化乏源，出现泄泻、乏力、气短胸闷等症。而桂枝汤可补益中焦脾胃，如仲景首立建中之法，以饴糖伍入桂枝汤中（并倍芍药），其中桂姜辛香可开胃健胃，芍草酸甘补脾和胃，以养脾阴，甘草乃和中之圣药，故桂枝汤5味药，无不是对脾胃起作用。其加入善补虚建中的饴糖，即甘温入中，意在开发中州，启迪化源，建复中气，令气血源源自生，则脏腑经络俱得其养，阴阳可冀平复，所谓“求阴阳之和者，必以建中也”。

3. 寓补于调

艾滋病无症状期基本病机为五脏气血阴阳俱虚，若过用偏补，弊病较多。如纯滋阴易于滞阳，纯扶阳易于伤阴；阴阳两虚而阳虚偏重者，过用了温阳药则损阴液，转而出现阴虚火旺之象；阴虚偏重而过用了泻火药，转而现阳气虚衰现象。用桂枝汤加减治疗艾滋病无症状期，立意和平，温而不燥，补而不腻，可防温阳而伤阴之弊，能益阴而无损阳之害，于养阴中能求阳之复，养阳中能求阴之生，如此两相兼顾，双向调节，故能恢复机体阴阳的动态平衡。

四、小结

艾滋病无症状期按其病因应属中医学“疫毒”范畴，但其基本病机应为“虚劳”，故其治疗应遵循“虚劳”治则，而张仲景治疗虚劳以桂枝汤加减为其特色，寓意深刻。故将仲景治疗“虚劳”之经验吸纳运用于艾滋病无症状期之治疗，或可有助于艾滋病治疗之研究。

参考文献

[1] 周仲瑛．中国传统临床丛书：中医内科学［M］．北京：中国中医药出版社，2004：800.

[2] 李发枝，徐立然，李柏龄．中医学对艾滋病病因病机的认识［J］．中医杂志，2006，56（5）：395～396.

[3] 邱红，谢世平，郭选贤．艾滋病的中医证候与辨证论治研究［J］．河南中医学院学报，2005，20（5）：5.

[4] 曹颖甫．经方实验录［M］．福州：福建科学技术出版社，2004：43.

[5] 章恪．卫气－免疫细胞的中医表达形式［J］．湖北中医杂志，2001，23（3）：3.

[6] 蒋自强，于晓敏．试从营卫探讨艾滋病发热证－艾滋病发热征的治疗应以调和营卫为主［C］//中华中医药学会．中华中医药学会艾滋病分会第七次年会论文集．北京：［出版者不详］，2009：20～21.

［《中医研究》2012，25（3）：1］

寒温辨证并用治皮疹1例

田瑞曼 河南中医学院

温病学派和伤寒学派素多争执，有以寒概温和以温概寒之说，也有持寒温统一者。笔者认为温病学和伤寒学各有其适应证，偏废任何一方均影响临床疗效，如张仲景在《伤寒论》第6条只提出了温病、风温等证候，但没有治疗方法，而后世温病学解决了这一类问题，《伤寒论》也是温病学所不能替代的。二者针对的都是人体，运用的都是中医基本理论，是密不可分的。从下面病案可资说明。

杜某，女，6岁半，2011年4月11日就诊。双手皮疹数月，近一周加重。曾在某医院诊为湿疹，曾用内服药、外涂药，稍有好转但不明显。近一周双手皮疹加重，遍布双手手心手背而致双手微肿，皮疹呈针头大小，不红，疹内似有浆液，但疹点太小故不明显，痒甚。患者不渴，食欲不佳，嗜睡，大小便正常，舌上白苔厚腻，仅舌边尖可见舌质红，脉濡。辨为湿热中阻，然湿热蕴蒸发于表，多见胸腹皮疹，四肢少见，此患儿为何皮疹只在手上出现，联系《伤寒论》第182条和第220条，第182条指出阳明邪热本可迫津外泄而致周身汗出，而第220条仅“手足漐漐汗出”，乃是由于燥屎阻碍热邪外散，故周身不能为汗，阳明又主四肢才致汗只见于手足。故笔者断为湿热郁阻气分，阳明之热欲外透，又被湿邪所阻，阳明主四肢，阳明之热发于手足而致。现患儿苔厚腻，仅舌尖可见舌质红，要湿热兼顾，方用甘露消毒丹加减：白豆蔻仁9g，藿香9g，茵陈蒿12g，滑石12g，通草9g，石菖蒲9g，黄芩9g，连翘9g，浙贝母12g，射干9g，薏苡仁15g，3剂。服后手痒减轻，舌质淡红，芒刺较多，舌苔大有好转，舌前薄白苔，仅舌后部可见一块白厚苔，约1cm²。分析白苔基本已去，舌上芒刺明显，乃湿邪减轻，以阳明热为主，方用苍术白虎汤加味：苍术9g，生石膏20g，知母9g，炙甘草6g，干姜6g，杏仁12g，粳米一小撮，3剂。服后手上大片蜕皮，露出嫩肉，舌脉正常，未再服药。半月后随访手心手背皮肤正常。

按：本病例显然是湿热为患，辨证用药应以温病学的卫气营血辨证、三焦辨证为主，然皮疹见于手足的发病部位和温病学又不相符，若联系《伤寒论》六经辨证的阳明病，则豁然而解，乃阳明之热盛所致。本病案说明《伤寒论》和《温病学》是不矛盾的，其辨证方法各有其适用范围，临床必须有机结合才能解决实际问题。

[《河南中医》2012，32（6）：738]

厚朴生姜半夏甘草人参汤证误治案

田瑞曼 河南中医学院

厚朴生姜半夏甘草人参汤出自《伤寒论》第66条：“发汗后，腹胀满者，厚朴生姜半夏甘草人参汤主之。”主治太阳病汗后脾虚气滞腹胀满，属虚少实多之证。临床往往见到脾虚腹胀即选用理中汤，若属虚少实多以气滞为主的患者，往往获效甚微，甚至加重。经方运用得当，效如桴鼓，然方证相应，却非易事。下举一案说明。

患者，女，20岁。腹胀3个月，现腹胀，口不渴，纳可，眠可，大便稀，日1~2次，舌质淡嫩，苔薄白，脉沉弱无力。依《伤寒论》第273条曰：“太阴之为病，腹满……”第277条曰：“自利不渴者，属太阴，以其脏有寒故也……”辨为脾虚腹胀，处方：理中丸。二诊述服后腹胀加重，晚上胀甚。此证乃属脾虚腹胀无疑，为何服补脾之剂反致加重？思之再三，若补之不可，说明气滞为主，越补越滞，故而加重。《伤寒论》中厚朴半夏甘草人参汤乃补三消七之方剂，用于脾虚气滞腹胀满，用药关键是剂量的把握。郝万山教授讲《伤寒论》时提到胡希恕老师重视此方剂量而授一方歌“厚朴半斤姜半斤，一参二草也须分，半夏半升善除满，脾虚腹胀此方真”。乃疏厚朴半夏甘草人参汤：厚朴16g，党参3g，炙甘草6g，清半夏14g，生姜5大片，3剂。服后腹胀减轻，大便正常，舌脉均有好转。此方不可久服，否则耗气，加重脾虚。故调整剂量，改为补脾为主，兼以理气，加四君子汤：厚朴9g，党参9g，炙甘草9g，清半夏9g，炒白术9g，茯苓12g，生姜3片，3剂，服后病瘥。

按：笔者体会有三，一是临床不能但见脾虚腹胀即以理中丸治之，气滞重时要先理气，再求其本。二是临床疗效和经方的精准运用直接相关，熊兴江等[1]指出经方“一旦误用往往导致坏病丛生，并由此而带来现今临床上对经方的误解，不知用、不会用、不敢用、不想用极为常见”，从而影响临床疗效。笔者认为《伤寒论》讲的就是辨证方法，而非简单的内科学，从条文处处可见仲景重视方证鉴别，而非罗列症状，如第61条曰：“不呕不渴，无表证，脉沉微，身无大热者，干姜附子汤主之”；第277条曰：“自利不渴者，属太阴……”文中“不呕”“不渴”“无表证”“身无大热”均是和他证鉴别。因此，“读伤寒，重医理”[2]是精准运用经方的关键。三是此病案可反映《伤寒论》的临床价值，《伤寒论》既有完善的辨证方法，又有配伍精当的方剂，是指导临床必不可少的中医经典著作。

参考文献

[1] 熊兴江，魏戌．经方误用医案2则［J］．辽宁中医杂志，2009，36（10）：1788~1789.

[2] 田瑞曼．读伤寒，重医理［J］．河南中医，2011，31（2）：1~2.

［《河南中医》2012，32（8）：965］

四逆法应用浅析

吴　巍　河南省方城县卫校附属医院

四逆法是钦安卢氏医学中的重要治法，它是在“阳主阴从”理论的指导下所立的大法，具有纳下归根、收工复命之能，其主方首推四逆汤。由附子、干姜、炙甘草组成，主治少阴病及太阳病误汗亡阳者。《医理真传》曰：“仲景深通造化之微，知附子之力能补先天欲绝之火种，用之以为君；又虑群阴阻塞，不能直入根蒂，故佐以干姜之辛温而散，以为前驱，荡尽阴邪，迎阳归舍，火种复兴，而性命立复，故曰回阳；阳气既回，若无土覆之，火焰易熄，虽生不永，故继以甘草之甘，以缓其正气，缓者即伏之意也，真火伏藏，命根永固，又得重生也。”《绛雪园古方》曰：“四逆者，四肢逆冷，因证以名方也。凡三阴一阳证中，有厥者皆用之。故少阴用以救元海之阳，太阴用以温脏中之寒，厥阴薄厥，阳欲立亡，非此不救。至于太阳误汗亡阳用之者，以太少为水火之主，非交通中土之气，不能内复真阳。”四逆汤不仅为少阴立法，实为上、中、下三焦立法，临床应用时，在姜上求变化，即生姜、干姜、炮姜择而用之，可使附子上行、守中、至下而收功。四逆汤主药是附子，用或不用姜、草，伍与他药，演变成四逆法，可组成温阳固脱、温阳利水、温阳解表、温阳散寒、通脉止痛、清上温下、扶阳抑阴、温补阳气、温阳活血等温阳大法。该法是扶阳学派的主要治法，也是以阳气功能失调为中心的兼治之法，“阴阳之要，阳密乃固”是该法理论基础。四逆法治一切阳虚阴盛或脱阳之证，抓住阳虚之本质，“真阳或不足于上，真阴之气即盛于上而成病，用药即当扶上之阳以协于和平；真阳或不足于中，真阴之气即盛于中而成病，用药即当扶中之阳以协于和平；真阴之气盛于下而成病，用药即当扶下之阳以协于和平。”

四逆法疗疾深义可归纳为四个层面：一是在先天坎上立极，实现阳生阴长，阴阳合一；二是补先天坎中之元气，在气的层面上合阴阳；三是阳行阴令，引阳归舍；四是用阳化阴，阳生阴长，精气下纳，肾精得充，人长寿而康。临床辨认此证，揭示“真机”为重中之重，郑氏《医理真传》曰：“无论一切上中下部诸病，不问男妇、老幼，但见舌清，满口津液，脉息无神，其人安静，唇口淡白，口不渴，即渴而喜热饮，二便自利者，即外现大热、身疼、头痛、目肿、口疮一切诸症，一概不究，用药专在这先天立极真种子上治之，百发百中。”其论甚为精辟。恽氏认为少阴证，用四逆法可以挽回，限于脉不乱，面不肿，气不急，汗不润发之际。四症见其一者，即属难治，有其二则预后不良，经验十分宝贵。笔者临床多从神色、形态、二便、舌脉综合判别阳虚证，其中舌象、脉诊的辨证价值尤其重要。四逆法应用指征为：神疲、色㿠、肢冷、脉软、舌淡润、小便清长、大便溏泄不化，但见一、二症，便可放手应用。

四逆法内外妇儿阳虚者皆适用，奥秘在于求之于先天立极，肾阳为一身阳气之本，能推动和激发脏腑经络的各种机能。郑钦安秉大道至简之义，万病归于坎阳受损，言三焦只是一焦，五气乃是一气，以善用附子为主；凡世之一切阳虚阴盛为病者皆可服也，一见阳虚证，而即以此法在分量轻重上斟酌。

如治李某，男，60岁，2011年10月28日就诊。近6个月来，自觉体倦乏力，动则气喘，牙龈时有出血，皮肤偶见紫斑，查血常规全血性减少，急就诊市级医院，经骨髓象检查，诊断为再生障碍性贫血。给予中西药治疗，血三系时好时坏。查所服中药均以归脾汤为主，补气养血。治疗达6个月，无明显效果，且病情日益加重。诊见：面部虚浮，色㿠白，双下肢水肿，下肢有紫斑，饮食不多，舌质淡胖有齿痕，苔薄白而润，脉沉细无力。此乃肾阳亏虚，脾虚髓损。治法：温肾健脾益气、补精填髓、佐以止血。处方：黄芪60g，附子12g，炮姜8g，阿胶（烊化）15g，仙鹤草20g，山萸肉15g，山药30g，枸杞子20g，菟丝子20g，白术15g，茯苓20g，淫羊藿15g，熟地20g，泽泻15g，白参10g，炙甘草10g。日1剂，水煎服。服上方25剂后，血象明显上升，白细胞总数及红细胞已接近正常，血红蛋白、血小板也有一定上升，已无出血。守方加减，以巩固疗效。

笔者认为，万病归于坎阳受损，此案用四逆汤补先天坎阳，又用四君子汤补脾，调后天以补先天；再重用补肾填精之品，随证加用止血之味，方臻完善。附子之功更应赞誉，明·张景岳《本草正义》曰："附子大能引火归原，制伏虚热，善助参芪成功，尤赞术地建效，无论表里之证，但见脉细无神，气虚无热者，所当急用。"此言不虚。

[《国医论坛》2012，27（4）：42]

探寻张仲景下利证治规律兼谈应用体会

章浩军　福建省龙岩市中医院

《伤寒杂病论》中张仲景对下利病证治有极丰富的论述，但长久以来该书被人为分成《伤寒论》《金匮要略》两个部分，使其下利病学术思想不能完整体现。笔者在"读经典、做临床"的研修中，认识到《金匮要略》有下利病脉证并治篇论利，而《伤寒论》虽无专篇论利，但六经病中均可见下利。因此，有必要对仲景下利病证治规律进行全面分析研究，以期发掘整理出完整的张仲景下利证治理论体系，并更好地指导临床实践。

一、张仲景下利证治规律

探研《金匮要略》"呕吐哕下利病脉证治第十七"，从24至47条共计24条专论下利病，先以下利之病性寒热虚实不同而辨证治之，再论脉象则多达12条，从脉象论"利"之预后、顺逆，足见仲景论"利"重脉象。

《伤寒论》有60余条条文以下利为主证、或兼证，呈现于伤寒六经传变的各个阶段，治利方剂共30余首。太阳病下利多属兼证、或然症；少阳病下利常兼太阳之表或阳明之里；阳明下利虽有热实证，但更可见虚寒证，其不仅可与太阴病作鉴别，更显六经病各病皆有寒热虚实，不可偏执阳明病属里热实证一端之说；六经病所有提纲证中，仅太阴病提纲可见"下利"，即《伤寒论》第273条："太阴之为病，腹满而吐，食不下，自利益甚，时腹自痛，若下之，必胸下结硬。"故知仲景"下利"与太阴病关系甚密。少阴病下利属主症，有阳虚、阴虚下利之分；厥阴下利可分为寒厥下利、热厥下利及寒热错杂下利。《伤寒论》第277条："自利不渴者，属太阴，以其藏有寒故也，当温之，宜服四逆辈。"下利之因、机、证、治、方药俱全，可谓仲景论利之样本。

综观《金匮要略》《伤寒论》相关下利的内容，张仲景下利的证治体系已显，可从下利之因、机、脉、证、治等方面予以论述。

（一）仲景论利病因

仲景论利病因主要为外感寒、热、湿（水气）等邪以及饮食不节之宿食所致。《伤寒论》第191条："阳明病，若中寒者……此胃中冷……"，第370条："……里寒外热……"，第371条："热利下重……"，373条："……以有热故也……"之论寒与热；以及第316条："……心下有水气……"之脾虚水湿困阻；第277条："……其藏有寒……"之脾阳虚寒；第256条："……有宿食……"之饮食不节食滞气机不畅。

以上可见，仲景论利病因重在寒、湿（水气），并与热、宿食等相关。

（二）仲景下利病机

《金匮要略》下利篇24条："夫六府气绝于外者，手足寒，上气，脚缩；五藏气绝于内者，利不禁，下甚者，手足不仁。"六淫外侵或饮食不节宿食内滞，均可损伤人之五藏，使其气内绝、功能失司，即"五藏气绝"，而致下利不禁。

《伤寒论》第277条之太阴脾"藏有寒"是寒利病机关键，甚者还可发展成第282条少阴肾阳虚衰之"下焦虚有寒，不能制水"。

《伤寒论》第373条"以有热故也"属热邪侵犯厥阴肝经，热邪下迫大肠，为热利的病理机制。因此，仲景下利病总的病机为"五藏气绝"。其寒利重点在太阴脾"藏有寒"、并与少阴肾相关，热利多为厥阴肝经病变。

（三）仲景论利脉象

以脉象判下利预后与顺逆为仲景论利一大特色。《金匮要略》下利篇论及脉证12条中就有10条与《伤寒论》厥阴病篇下利脉证条文完全相同，足见仲景论利重视脉证，这些条文多以脉论下利预后与顺逆。

1. 以脉测利病预后　《金匮要略》下利篇25："下利，脉沉弦者，下重；脉大者，为未止，脉微弱数者，为欲自止，虽发热不死。"下利篇27："下利有微热，脉弱者，今自愈。"下利篇28："下利脉数，有微热汗出，今自愈；设脉紧为未解。"

2. 以脉辨利之虚证顺逆　《金匮要略》下利篇26："下利，手足厥冷，无脉者，灸之不温，若脉不还，反微喘者，死。少阴负趺阳者，为顺也。"下利篇30："下利后脉绝，手足厥冷，晬时脉还，手足温者生，脉不还者死。"

3. 以脉辨利之可下实证　《金匮要略》下利篇37："下利三部脉皆平，按之心下坚者，急下之，宜大承气汤。"

（四）仲景论利证候

主要分热利、寒利、寒热错杂利、气利。

1. 热利　属实者，有《伤寒论》第34条葛根芩连汤之肠胃热利证、第172条黄芩汤之胆胃热利证、第371条、373条白头翁汤之肝经湿热下利证；热利虚者为阴虚热利，有第310条下利咽痛心烦之猪肤汤证、第319条水气内停下利心烦不得眠之猪苓汤证。

2. 寒利　虚寒利、寒厥利有《伤寒论》第353条下利清谷之四逆汤证、第314条、315条里寒外热之白通汤证、第315条白通加猪胆汁汤证、第317条通脉四逆汤证、第316条真武汤证；虚寒滑脱利可见第306条、307条下利不止便脓血之桃花汤证。

3. 寒热错杂利　有《伤寒论》第149条、157条、158条半夏、生姜、甘草三泻心汤证，第338条厥阴病乌梅丸"又主久利"，第357条泄利不止之麻黄升麻汤证，第359条吐利不止之干姜黄芩黄连人参汤证。

4. 气利　属实者，《伤寒论》第318条"泄利下重"之四逆散证；属虚者，《金匮要略》下利篇47条"下利矢气俱出"之气利诃梨勒散证。

（五）仲景论利之治

仲景下利治法有解表、清热、温阳、通下、分利、和里、固涩法等。

1. 解表法　下利而兼有太阳表证，当用解表法。《伤寒论》第32条太阳阳明合病下利之葛根汤证，治解表和里，其利自止。

2. 清热法胃肠热利《伤寒论》第34条邪热内陷之协热下利葛根芩连汤证，治疗清里热而透邪外出。胆胃热利《伤寒论》第172条太阳少阳合病少阳胆火下移于胃肠而下利之黄芩汤，治清胆胃之火而利得止。肝热下利《伤寒论》第371条、373条厥阴肝经湿热下迫、灼伤血分之下利脓血白头翁汤证，治以清肝经湿热。其中，黄芩汤被后世尊称为"治痢之祖方"，白头翁汤为治热利专方。

3. 温阳法　温阳法针对脾肾阳虚下利而设。太阴脾阳虚下利，《伤寒论》第386条治用理中丸温阳健脾止利。少阴肾阳虚寒利，《伤寒论》第353条四逆汤，第314条、315条白通汤，第315条白通加猪胆汁汤，第317条、370条通脉四逆汤温补脾肾、固敛浮阳。

4. 通下法　法取《内经》"通因通用"之意，通下腑实，亦可达止利之目的。《伤寒论》第374条用小承气汤治疗下利谵语之热结旁流；《伤寒论》第165条大柴胡汤治少阳兼阳明里实下利。

5. 分利法　水谷不别，清浊不分之下利，宜用分消止利法。霍乱呕吐下利病势暴急，《伤寒论》第386条急用五苓散温化通阳，分利清浊，利小便实大便。

6. 和里法　脾胃升降失职、或肝脾不和、寒热错杂下利均可用和里法。《伤寒论》第149条、157条、158条用半夏、生姜、甘草三泻心汤治脾胃同病，升降失职，痞利之证。第318条用四逆散宣畅气机，疏肝理脾治泄利下重。第338条乌梅丸证之主治寒热错杂虚实互结之久利，亦属和里之法。

7. 固涩法　阳虚滑脱下利为阳虚水渍于下治用固涩之品收涩止利。《伤寒论》第159条利在下焦之治以赤石脂禹余粮汤；第306条、307条下利不止便脓血之桃花汤证。

仲景治利诸法确立，丰富了《内经》治"泄"方法，为后世医家治疗下利奠定坚实基础。

二、临床验案举隅

（一）葛根汤治下利案

刘某（门诊号：0184666），男，33岁，工人，福建省漳州市南靖县和溪镇人。

初诊（2009年5月19日）：2天前不慎受凉后，出现腹痛，排稀水便，一日5～6次，恶寒，身痛，无汗，不热，口干，喜热饮，纳食尚可，尿淡黄，舌淡红，苔腻微黄，脉浮紧。是证为寒邪袭表，内犯阳明，大肠传导失职之能，故身痛、下利并见，但其病机重心仍在卫表，当发汗宣肺以解表之寒邪，寒解阳明之气自和，则利可止。拟用葛根汤加减。处方：葛根20g，麻黄15g，生姜10g，桂枝10g，炙甘草10g，生白芍10g，红枣10g。日进2剂，每剂以水600mL煎至300mL，每3小时温服1次。

二诊（5月20日）：患者诉服药2剂后身微汗出、下利止，今晨起身痛得除，大便成形量少，日行2次，舌淡红，苔薄白，脉细。药已中病，予以桂枝人参汤固其本。处方：桂枝10g，党参15g，白术10g，炙甘草10g，干姜10g，茯苓15g。再进5剂。

按　本案患者腹痛、泄泻见于受凉之后，为风寒之邪侵犯太阳之表，卫阳被遏则恶寒、身痛、无汗；是时又为立夏之后，天阳之气渐旺，人之阳气亦逐趋于体表，在里之阳已显不足，若表气不通就易影响在里之大肠传导功能，而见下利稀水；腹痛是为寒阻阳明气机不利所致。是证当属太阳阳明合病之下利证。《伤寒论》第32条："太阳阳明合病者，必自下利，葛根汤主之。"治以葛根汤加减，药后微汗出而使太阳卫表之邪得解，在里之阳明大肠气机因顺，不治利而利自止。后再以桂枝人参汤益气健脾固其本。

（二）麻黄汤合理中汤治下利案

李某（门诊号：0174689），男，45岁，个体户，福建省长汀县河田镇人。

初诊（2009年6月7日）：2天前腹泻，腹痛。大便稀溏日下5次，恶寒，身痛，纳少，口干喜热饮，鼻塞流涕，无汗，无热，尿色淡黄。舌淡红、苔白腻，脉细缓。此乃由太阳太阴合病，急宜解表和中，拟用麻黄汤合理中汤化裁。处方：麻黄10g，杏仁10g，桂枝10g，茯苓30g，白术30g，干姜10g，党参15g，炙甘草10g。2剂，每剂以水500mL煎至200mL，分2次温服，日进2剂。

二诊（6月8日）：服药1剂腹痛既止，2剂尽，今晨大便已成形，身痛亦轻，不恶寒，舌淡红，苔薄白，脉细。此太阳太阴合病。治宜解表和中。处方：守原方再进3剂。

三诊（6月11日）：诸症除，病愈。

按　本案所患系急性肠炎，起病急。下利、腹痛为里证，属太阴病；恶寒、身痛、鼻塞流涕、无汗为表证，属太阳病，二者同时出现，应辨为太阳太阴合病。下利身痛同时出现，在《伤寒论》第91条："伤寒，医下之，续得下利清谷不止，身疼痛者，急当救里；后身疼痛，清便自调者，急当救表。救里宜四逆汤，救表宜桂枝汤。"但是证下利为脾虚湿胜所致，病在中焦；身痛无汗为表寒实证，表里太阳太阴同病，二者并治。因证系太阴脾虚为主故无须四逆汤"救里"，仅用理中汤"理中焦"即可；又有太阳表实寒证，因选麻黄汤发汗解表，而不用桂枝汤"救表"。表里同病当以辨证为准则，活用仲景"表里先后"治疗原则。

[《中医药通报》2012，11（6）：18]

小柴胡汤加减临床应用体会

韩五九

西安市临潼区妇幼保健院中医内科

小柴胡汤加减临床新用是中国医药学的一个伟大而又丰富的宝库，我们须努力去发掘，并不断的加以提高改进。改革开放以来，在党领导下开始重视中医中药，进行了整理"秘方、单方、验方"热潮，其中小柴胡汤加减临床新用就是一个鲜明的代表[1]。伴随着整理和发掘国家医学遗产而快速发展。我们要借鉴学习前人宝贵经验，现就小柴胡汤加减化裁应用的临证所得体会报道如下，以飨同道。

一、偏头痛

林某，女，51岁，2010年10月5日就诊。右侧偏头痛20余年，迭服温阳、祛风、化痰、镇痛等药无效。每日必发头痛，牵引颈项不舒，胸闷心烦，口苦，大便干结。形体健壮，恶风，手足逆冷，舌淡苔薄白，脉弦细。证属少阳枢机不利，阳郁于里不能通达经脉。治以疏利枢机，通阳舒经。药用葛根、柴胡各15g，黄芩、党参、白芍、枳实、半夏各10g，炙甘草、生姜各6g，大枣6枚。水煎，每次250mL，日服3次。服药2剂后头痛止，再服3剂后大便溏软，其间又复头痛。上方枳实改为枳壳，加当归、川芎各10g，继服5剂后头痛未发，手足转温。嘱守方隔日服药，月余而愈。

二、外感发热

张某，男，68岁，发热、畏寒23h收治入院，症见：四肢关节酸痛、发热、畏寒、咽干、头痛、偶伴心慌胸闷，无恶心、不咳不喘、无呕吐、无腹痛腹泻等症状，患者小便频数、睡眠差、精神差，患者自行服用感冒药以及护理降温等，但病情未见好转，患者形体中等，T39.4°C，HR86次/min，扁桃体不大，双肺呼吸音增粗，未闻及干湿性罗音，舌淡苔白脉浮数，对患者给以小柴胡汤证辩证治疗。同时给以患者抗炎、对症治疗3d后，患者发热易反弹，畏寒发热等症减，并对患者给以小柴胡汤合金铃子散加减进行治疗4d后出院。

通过本例患者的治疗，我们对小柴胡汤加减的体会，《伤寒论》中所说的之少阳病，或者是今天我们所说病毒性流行性感冒和肺炎等等，只要是上书的主证，都可用小柴胡汤加减进行治疗。在高热不退时可加入生石膏，板蓝根和金银花等清热解毒草药。有的就单单只有发热病症，脾胃不虚的患者也可使用小柴胡汤加减进行解郁除热。当在治疗内科杂病像肺部疾病患者的咳喘，也就是现在我们所说的肺结核，在本方的基础上加丹皮、桔梗、当归等；咳血者要加或清热凉血的药物；在治疗肝、胆、胰方面用本方更有奇效。

三、痄腮

痄腮由外感风温疫毒蕴结少阳，邪毒循经外发所致。正如温疫论所谓：瘟热毒邪，协少阳相火上攻耳下，硬结作痛。恶寒发热明显者，以和解少阳之小柴胡汤随证加减治疗[2]。

李某，4岁半，2008年4月9月初诊。两耳下漫肿疼痛，皮色如常，咽红，纳谷不香，时而泛恶，头痛，便秘溲赤舌红苔黄且厚腻，脉浮数。诊为痄腮。治以祛少阳热毒，疏风散肿。药用柴胡、黄芩、半夏、连翘、牛蒡子各8g，栀子、薄荷、僵蚕、大黄（后下）、甘草各6g，板蓝根、蒲公英各15g。水煎3次，取汁约150mL，1d服3次，1d1剂，同时外以鲜蒲公英捣烂加青黛外敷。服2剂后两耳下肿痛明显减轻，原方去生大黄、薄荷，续进3剂后肿消痛除。

四、心绞痛

王某，男，58岁，2011年10月9日就诊。素有冠心病，近因情志不遂发作心绞痛。心前区疼痛，胸闷胁胀，心悸而烦，气短，口苦纳差，肢凉欠温，舌质稍暗苔白滑腻，脉弦而结。证属肝胆疏泄失常致气血郁滞。治以开郁通阳，调和气血。药用柴胡、丹参各15g，黄芩、半夏、党参、郁金各10g，炙甘草、生姜各6g，大枣6枚。水煎服，1d3次，每次250mL。服药5剂后疼痛基本消失，仍觉肢冷不温。上方去半夏，加附子10g（先煎），继服5剂，诸症平息，心电图复查大致正常。

五、阳痿

郭某，男，28岁，2011年6月25日就诊。去冬新婚不久，因家事郁闷，遂觉阳痿不举或举而不坚，渐至心理恐惧，不思房事，曾自购男宝等补肾壮阳药服用无济于事。舌苔白略腻，脉弦有力。属肝胆气郁，阳气内阻所致。治以疏利肝胆，开郁通阳。药用柴胡12g，黄芩、党参、半夏、枳实、白芍各10g，炙甘草、木通、生姜各6g，大枣6枚。水煎服，1d3次，每次250mL。服药7剂后阳事已举，唯觉口苦而干，改用一贯煎化裁调治善后。

六、便秘

杨某，女，45岁。2009年4月28日就诊。主诉：便秘5年余。患者平素工作较忙，生活饮食欠规律，致使便秘，每2～3d一行，质较干，然每逢行经期则便畅质软，经期过后则依旧便秘质干。近1年来，多有口苦、咽干等伴随症状。舌质淡红、苔薄黄、脉弦。与小柴胡汤加减：白芍、白术各30g，太子参、玄参各15g，清半夏12g，柴胡、黄芩、甘草各9g，大枣、生姜各5枚，3剂，水煎服，每日1剂。2剂后便通，1d行1次，又与3剂巩固疗效。随访3个月，未有复发。

七、应用体会

小柴胡汤乃和解之剂，无大热大寒峻下之偏，能推动气机而使五脏安和，阴阳平衡，气血皆调，虽无麻桂而能发汗，无硝黄而能通便，无苓术而能利水，无常山而能治疟，所谓不迹其形，而独治其因，其功甚捷，而其治又甚妙。少阳为病，为居半表半里，汗过伤正，吐下恒悸，当以醇和之剂和解，柴胡为君其一，去滓重煎其二，取其醇和和解之意，所以临床值得遵守去滓重煎，粳米为引，疗效更彰[2,3]。

综上所述，小柴胡汤的临床新用可以随症来加减，根据不同情况对症下药。小柴胡汤用药在每个药方中是各有特点的，只要我们在平时的生活和工作中细心观察，潜心钻研，就可很快的领悟小柴胡汤加减在临床上新用的奥妙。

参考文献

[1] 张雷，管洪．李寿山加减小柴胡汤治疗发热验案［J］．世界中医药，2011，06（2）：114～115.

[2] 张毅，顾蘅．小柴胡汤加减临床新用［J］．云南中医中药杂志，2011，32（12）：82.

[3] 赵瑞华．小柴胡汤临证应用浅议［J］．中国中医药信息杂志，2011，9（9）：90，107.

［《陕西中医》2012，33（11）：1567］

小柴胡汤加减临床应用研究

张瑞明　内蒙古自治区中蒙医医院

武鹏飞　乌兰察布医学高等专科学校

陈保忠　呼和浩特市中蒙医医院

小柴胡汤出自汉·张仲景《伤寒论》，由柴胡、黄芩、半夏、生姜、人参、甘草、大枣组成。功能和解少阳，主治伤寒少阳证，症见往来寒热，胸胁苦满，嘿嘿不欲饮食、心烦喜呕、口苦咽干、目眩或妇人伤寒、热入血室或疟疾、黄疸、内伤杂病而见少阳证者。在临床中，辨证属小柴胡汤方证者在消化内科应用更是疗效显著，且药味简便，疗效显著。

根据对临床大量病例总结，可分为胃肠症、发热症、胸胁症。小柴胡汤其主症为往来寒热、胸胁苦满、默默不欲食、心烦喜呕、口苦咽干、目眩及目赤耳聋、脉弦细苔白等。病机乃正虚邪侵，枢机不利，正邪分争，胆火内郁，经气失和，进而影响脾胃功能。脾胃居中州，乃后天之本。气机的升降，靠肝的疏泄，机体营养有赖于脾胃的生化。本方以柴胡清解少阳，舒畅气机；黄芩清泄邪热，安胃除烦；配伍党参、甘草、半夏，意在补中扶正，和胃降逆。诸药和之共为疏解少阳，和胃补虚之剂。当今社会竞争激烈，给人类的生活带来很大压力，诸多情绪因素，往往使精神脆弱的人难以承受，无形中会使脏腑功能失调，而致各种慢性疾病的发生。

尤其是女性更为突出，而女性的病机较为复杂，正如俗言“宁看十男不看一女”。而小柴胡汤善于疏利中焦气机，护卫后天之本，提高机体对外界的适应能力，疏导“多愁善感”的情绪，不失为一妇科良方。又见于小柴胡汤证位于半表半里，其病可入可出。临床随证加减，不愧为治愈百病的良方。柴胡加桂枝汤，即小柴胡汤去人参加桂枝，主治风寒、头痛、发热、脉浮等表证并治心悸、气上冲等证；柴胡桂枝汤，即小柴胡、桂枝汤各用半量合剂而成，主治全身酸痛、汗出、头痛、口苦、咽干、不欲食等表里同病证；柴胡瓜蒌麦冬汤，即小柴胡汤去半夏加瓜蒌、麦冬、北沙参，主治少阳证兼口渴欲饮、舌红苔黄等胃阴不足、津液耗损之证。若口渴甚乃损及气，应重用人参，此方并治消渴病；柴胡茯苓汤，即小柴胡汤去黄芩加茯苓、泽泻，主治少阳三焦不利，心悸，小便少，水邪停滞等证。若加白术，亦治大便作泻，口渴，心烦等；柴胡瓜蒌汤，即小柴胡汤去人参加黄连、瓜蒌，又名柴陷汤，主治胸热心烦，大便不畅，又治胸痛，心下悸等证；柴胡姜味汤，即小柴胡汤去人参加干姜、五味子主治发热、咳嗽、痰多色白、气短等寒邪束肺，肺气不温等证；柴胡鳖甲汤，即小柴胡汤去大枣之壅塞，加鳖甲、牡蛎、丹皮、赤芍，主治胁下痞硬，肝脾肿大，气血瘀滞等证；又治阴虚发热不退，但宜去人参、生姜、半夏；大柴胡汤加枳实，主治大便秘结、胃脘疼痛、急不可耐、呕吐不止、口苦郁郁微烦、胁肋胀满作痛、脉弦有力，舌苔黄腻；柴胡芒硝汤，即小柴胡汤加芒硝，主治汗出、口渴欲饮冷、大便干、或热结旁流等少阳阳明燥结之侯；柴胡桂枝干姜汤，即小柴胡汤去人参、大枣、半夏、生姜加桂枝、干姜、牡蛎、天花粉，主治脾寒，腹痛溏泻；又治慢性肝炎所致腹胀，泄泻之证；柴白汤，即小柴胡汤去半夏、生姜加石膏、知母，主治大热、大烦、大渴、大汗、大便秘结等少阳阳明合病证；柴妙汤，即小柴胡汤去半夏、生姜加苍术、牛膝，主治少阳证兼骨节酸痛、虽高热而两足发冷、苔黄而腻等挟湿证；柴胡解毒汤，即小柴胡汤去人参、甘草、大枣加茵陈、土茯苓、草河车等，主治肝胆湿热而致的急性肝炎、急性胆囊炎；柴胡三石解毒汤，即小柴胡汤去人参、甘草、大枣加生石膏、寒水石、滑石、竹叶、双花、茵陈、土茯苓、草河车，主治肢体麻木、肿胀、关节红肿热痛、苔黄厚腻等湿热痹证；柴平汤，即小柴胡与平胃散合方，主治伤食感冒如少阳证兼见呕吐、腹胀、纳差等证；柴胡茵陈蒿汤，即小柴胡汤去人参、甘草、大枣加茵陈蒿、栀子、大黄，主治急性黄疸性肝炎；柴胡加龙骨、牡蛎汤，即小柴胡汤去甘草加桂枝、茯苓、大黄、龙骨、酸枣仁、牡蛎，主治少阳证兼见胸满而惊，谵语、心烦、失眠、小便不利等证，并治小儿舞蹈症、精神分裂症、更年期综合征以及癫痫；柴胡四物汤，即小柴胡汤与四物汤合方，主治虚劳日久，寒热交作，形如疟疾，胁肋肢节疼痛等证又治妇女经期感冒发热症，以及血虚发热，或皮肤瘙痒，湿疹等；柴胡橘枳汤，即小柴胡去人参、甘草、大枣加枳壳、桔梗、陈皮，主治少阳证兼见两头角痛甚，耳鸣、耳聋等证；柴胡解肌汤，即小柴胡汤加葛根、秦艽、防风，主治少阳证兼见周身肌肉疼痛等证；柴笑汤，即小柴胡汤去人参、甘草、大枣加蒲黄、五灵脂，主治妇女经来腹痛、色黑有块及经前期紧张综合征。小柴胡汤的应用规律：临床病证只要具有小柴胡汤证辨证要点中的三症之二，就可以选用本方为治疗该病证的基础方，然后再根据具体脏腑气机失调的特殊病机及其相应主症酌情加减即可获良效。

仲景《伤寒论》中的小柴胡汤为当今临床常用方。在公开报道的期刊文献资料中，关于小柴胡汤的功用，绝大多数医家倾向于将其解释为和解少阳，并引用仲景相关条文加以佐证的模式进行讨论。仔细研读《伤寒论》发现，小柴胡汤并非只治少阳一病。当今大量的临床资料表明，当代医家以小柴胡汤为基础方，治疗范围涉及内、外、妇、儿等各科。基于此，本文试图从《伤寒论》原文和当代小柴胡汤在临床上的发展应用两个方面，对小柴胡汤的证治作一探讨，以期为今后有关本方的研究与应用提供有益的参考。第一部分《伤寒论》小柴胡汤证治与用药配伍浅探。

一、小柴胡汤证治

仲景《伤寒论》中的小柴胡汤为当今临床常用方。在公开报道的关于小柴胡汤治疗具体病证的功用讨论方面，绝大多数医家倾向于将其解释为和解少阳、并引用仲景相关条文加以佐证。其实在《伤寒论》中，小柴胡汤并非只治疗少阳一证。

（一）小柴胡汤治少阳证及其少阳兼病

1. 少阳证　中医学者们在论及小柴胡汤的证治时，通常认为本方用于和解少阳半表半里之邪，是治疗少阳证的主方。《方剂学》教材也将其归入和解剂当中，并作为和解少阳的首方加以介绍。

有关小柴胡汤治疗少阳证的证治条文见于《伤寒论》第37条“太阳病，十日以去，脉浮细而嗜卧者，外已解也。设胸满胁痛者，与小柴胡汤”、第96条“伤寒五六日中风，往来寒热，胸胁苦满，嘿嘿不欲饮食，心烦喜呕，或胸中烦而不呕，或渴，或腹中痛，或胁下痞硬，或心下悸、小便不利，或不渴、身有微热，或咳者，小柴胡汤主之”、第266条“本太阳病不解，转入少阳者，胁下硬满，干呕不能食，往来寒热，尚未吐下，脉沉紧者，与小柴胡汤”，于是小柴胡汤主治太阳外感之邪传入少阳无可质疑。再看第265条“伤寒，脉弦细、头痛有热者，属少阳……”，仲景在此虽未言及用小柴胡汤治疗，但在少阳病全篇当中，唯有小柴胡汤一方，这就足以认定少阳证理当应用小柴胡汤治疗。

少阳属表里之间，邪入少阳，正邪纷争，进退于阴阳表里之间，邪胜于正，由阳入阴之时，则表现为恶寒，正胜于邪，邪气由阴出阳时，则表现为发热，正邪如此往复则形成“往来寒热”之象。如方有执云：“往来寒热者，邪入躯壳之里脏腑之外，两界之隙地，所谓半表半里，乃少阳所主之部位也。故入而并阴则寒，出而并阳则热。出入无常，所以寒热间作也”。故“往来寒热”是少阳证的特征性热型。也就是说，证候中只要出现“往来寒热”则可说明邪已进入少阳。少阳属胆络肝，循行于胸胁部位，少阳受邪，经气郁滞，所以或“胸满胁痛”或“胸胁苦满”或“胁下硬满”。金·成无己《注解伤寒论》注云：“邪在表，则心腹不满，邪在里，则心腹胀满。今止言胸胁苦满，知邪气在表里之间，未至于心腹满，言胸胁苦满，知邪气在表里也”。指出胸胁苦满系少阳半表半里症。若外邪由经及腑，肝胆疏泄不利，不但可使病人情志失常，内心烦郁，出现静默寡言之“嘿嘿”状，而且往往影响脾胃之运化，出现“不欲饮食”“不能食”，甚则胃气上逆或“喜呕”或“干呕”等证候。胆火上扰，清窍不利故有“头痛有热”。邪居半表半里，即非太阳之可汗，又非阳明之可下，只能用小柴胡汤和解。

至于第96条中提到的少阳或见症，可在小柴胡汤的基础上，根据病情变化，随证加减以治之。如“胸中烦而不呕”，是邪气扰心，胃气尚和，去人参以防留邪，不呕则去半夏、加瓜蒌实以清心除烦，“渴”是郁热伤津，重用人参益气生津，并加瓜蒌根清热生津，“腹中痛”是土被木乘，脾络失和，去黄芩之苦寒，加芍药和络缓急止痛，“胁下痞硬”是邪气郁遏少阳较甚，去大枣之甘以免壅满，加牡蛎软坚散结，消滞除痞，“心下悸、小便不利”是三焦决渎失职，水饮内停，去苦寒之黄芩，加淡渗之茯苓，“不渴、外有微热”“咳”是太阳表邪未除，无里热伤津之象，则去人参壅补，加桂枝以解外，属寒饮犯肺，去人参、大枣甘温壅气及生姜辛散之品，加干姜温中化饮、五味子敛肺止咳。

2. 少阳兼病

（1）三阳兼病：《伤寒论》第99条：“伤寒四五日，身热恶风，颈项强，胁下满，“手足温而渴者，小柴胡汤主之。”邪在太阳之表，侵袭卫阳就可见恶风（寒），卫气抗邪则发热，邪阻太阳经脉，经气不利，则有颈项强硬不舒。胁下为少阳经脉之分野，胆腑居处。邪犯少阳，枢机不利，胁下必胀满。阳明主胃，居中属土，溉润四旁，有热则散于四旁，因此邪入阳明，而致手足发热，胃热伤津，故见口渴。此时三阳经证候俱在，邪气由表入里，表邪已微，里热未盛，邪郁少阳，故治从少阳，主用小柴胡汤。

（2）少阳阳明兼病：《伤寒论》第229条181：“阳明病，发潮热，大便溏，小便自可，胸胁满不去者，与小柴胡汤。”“阳明病，发潮热”，虽属阳明腑实之象，但应有腹满硬痛，大便硬结，小便黄等症。今“大便溏，小便自可”，实是阳明腑实证未成，再结合“胸胁满不去”一句，知少阳主证未解。因而本条虽谓阳明，实是少阳病未解，阳明里实未成，因而当从少阳论治，宜用小柴胡汤。

第230条：“阳明病，胁下硬满，不大便而呕，舌上白苔者，可与小柴胡汤。上焦得通，津液得下，胃气因和，身濈然汗出而解”。“阳明病”“不大便”，若伴腹满硬痛、潮热、舌苔黄燥等，则为阳明腑实证无误。但此条证候是“胁下硬满”“舌上白苔”，知阳明腑实未成，燥热尚轻。而“胁下硬满”为邪在少阳，经气不利之候，“呕”为胆热内郁，横逆犯胃，胃失和降之象，“白苔”为热入未深，邪在半表半里之位。白是，治当从少阳，可与小柴胡汤。

（3）太阴少阳兼病：《伤寒论》第100条1121“伤寒，阳脉涩，阴脉弦，法当腹中急痛，先与小建中汤，不差者，与小柴胡汤”。“伤寒，阳脉涩”，都叔孚取而涩，为气血不足之象，“阴脉弦”，是脉沉取而弦，弦是少阳主脉。脾为后天之本，气血生化之源，脾虚不能生化气血，所以涩。脾主大腹，脾虚又见少阳主脉，必然是少阳之邪相乘，所谓“土虚木乘”，故而发生“腹中急痛”，先与小建中汤者，调和气血，建中止痛，以治里虚之本，并寓扶正祛邪之意。若服药后，腹中急痛不止，说明少阳之邪太盛，此时须用小柴胡汤清疏肝胆，和解少阳。

（二）小柴胡汤治妇人热入血室证

小柴胡汤治妇人月经病，是其另一证治。《伤寒论》第144条：“妇人中风，七八日续得寒热，发作有时，经水适断者，此为热入血室，其血必结，故使如疟状，发作有时，小柴胡汤主之，本条“续得寒热，发作有时”之因可能不同于少阳证“往来寒热”。仲景在此明言“其血必结”，即是明确地告诉后人，此寒热之因在于“血结”。如清代柯琴《伤寒来苏集》云：“中风至七八日，寒热已过，复得寒热，发作有期，与前之往来寒热无定期者不同，此不在气分而在血分矣”，意义亦如此。仲景明言“其血必结，故使如疟状，发作有时，小柴胡汤主之”，即是明确地告诉后人，小柴胡汤可理血散结，以疗经水断而不行的血结之寒热。诚如清·尤在泾《医学读书记》载：“血结亦能作寒热，柴胡亦能去寒热，不独和解之谓也”。

（三）小柴胡汤治太阳阳明并病之“阳微结”证

《伤寒论》第148条叫“伤寒五六日，头汗出，微恶寒，手足冷，心下满，口不欲食，大便硬，脉细者，此为阳微结，必有表，复有里也。脉沉，亦在里也，汗出为阳微，假令纯阴结，不得复有外证，悉入在里，此为半在里半在外也。脉虽沉紧，不得为少阴病，所以然者，阴不得有汗，今头汗出，故知非少阴也，可与小柴胡汤。设不了了者，得屎而解”，若见“必有表，复有里”“半在里半在外”和“小柴胡汤”之句，就认为本条所论属于少阳证范畴，就犹如一见桂枝就是解表，一见大黄就是泻下一样。本条的“半在外”乃指证情中有“微恶寒”这一太阳表证，“半在里”乃指证情中有“心下满，口不欲食，大便硬”这一阳明里证，故谓“必有表，复有里也”，所以绝非少阳证的半表半里之义，而应当是太阳阳明并病。至于“头汗出”“手足冷”则是阳郁于里但蒸于上，不达四末之果。金·成无己《注解伤寒论》注云：“止邪虽传于里，然以外并带表邪，则热结犹浅，故曰‘阳微结，”。正因如此，解其表当发汗，然汗之必加重在里的阳明里热之结，攻其里当下，又为太阳表证所不允，汗下之法皆非所宜。仲景巧取小柴胡汤治之，因小柴胡汤可使“上焦得通”而表解，“津液得下，胃气因和”而阳明里和。所以小柴胡汤治疗的阳微结证并不是少阳证。

（四）小柴胡汤治肝热犯胃之呕吐证

肝寒犯胃之呕吐，以吴茱萸汤治疗的证治早已被医界所熟悉。殊不知肝热也可犯胃致呕，并且仲景选用小柴胡汤治之，见于《伤寒论》第379条。条文云：“呕而发热者，小柴胡汤主之”，历来此条证情多被释为“厥阴病转出少阳”的证治。原因恐为小柴胡汤为少阳证之主方，而本证仲景又治以小柴胡汤，遂将其解释为“厥阴病转出少阳”者。金·成无己《注解伤寒论》云：“经曰：呕而发热者，柴胡汤证具”，而不说少阳证具，实为卓有见地之言。再看《伤寒沦》第149条：“伤寒五六日，呕而发热者，柴胡汤证具”，亦不言“少阳证具”，又是一例。再者《伤寒论》第378条“干呕，吐诞沫，头痛者，吴茱萸汤主之”是论肝寒犯胃之呕。紧接的第379条即云“呕而发热，小柴胡汤主之”该是论肝热犯胃之呕。前后两条互应，一寒一热，对比发明，旨在辨证论治厥阴之呕。

（五）小柴胡汤治发热证

《伤寒论》第394条：“伤寒差以后，更发热，小柴胡汤主之。本条只有发热一症，病机难定。然仲景在本条之前，即第393条中，已明言“大病差后，劳复者，枳实栀子汤主之……若有宿食者，加大黄如博棋子大五六枚”。第394条还载有“脉孚者，以汗解之，脉沉实者，以下解之。”综合上两条条文，便可得出伤寒差后发热的四种可能性：①操劳过早或过度，致使其病复发（劳复）；②大进饮食，胃肠宿食积热（食复）；③复感外邪而发热；④伤寒解后发热，既非“劳复”，又无饮食积滞，亦无外感之机，这种在脉证表现上非表非里，非寒非热，非虚非实，找不出明显原因的发热，仲景统以小柴胡汤主之，实是小柴胡汤证治的又一主要内容。

综上，在《伤寒论》中，小柴胡汤是使用频率较高、应用范围较广的一首方剂。小柴胡汤除治疗单纯少阳证外，还可以治疗其他许多不属于少阳证范畴的病证，如少阳兼病、妇人热入血室证、太阳阳明并病之“阳微结”证、肝热犯胃呕吐证、伤寒差后更发热者等。

二、小柴胡汤证的辨证要点

《伤寒论》一书中，指明应用小柴胡汤的证治条文共有17条之多，参合条文所表现出来的证候，主要以下有3种。

胃肠症：条文中属于胃肠方面的证候有19处，其中与呕相关的有8处，如“喜呕”“呕”“呕不止”“干呕”等；与饮食相关的有3处，如“不欲饮食”“不能食”等；与大便相关的3处，如“大便硬”“大便溏”“不大便”；另“腹痛”2处、“腹满”1处、“哕”1处、“心下满”1处。此类症状多则之于胃、肠。因胃主通降，以降为和。若胃失通降，不仅可以影响食欲，而且因浊气在上常发生脘腹胀闷或疼痛，以及大便秘结等症状。如《素问·阴阳应象大论篇》说：“浊气在上，则生䐜胀”。若胃气上逆，则可出现恶心、呕吐、呃逆等症。

发热症：条文中与发热有关的证候共有13处，如“潮热”4处、“往来寒热”3处、“发热”3处、“身有微热”1处、“身热”1处、“续得寒热”1处。发热症是以体温升高，或自觉发热为主的症状。这类证候多是机体对病邪的一种全身性反应，是机体正气与病邪相争的必然现象。

胸胁症：据《伤寒论》第97条“血弱气尽，腠理开，邪气因入，与正气相搏，结于胁下”，可知小柴胡汤证的主要病变部位，是在胁下。原条文言及胸胁方面的证候共有10处，如“胸胁苦满”“胸满胁痛”“胸中烦”“胁下痞硬”。一般地说，关于满闷方面，或只是胸满，或只是肋下满，或者是胸胁都满。关于硬或痛方面，主要在于胁下，常不连及于胸。因胸胁为足少阳胆经循行之处，因而这类证候的出现多则之于肝胆气机不利。

此外，情志抑郁之嘿嘿2处、口渴2处、小便不利2处、心烦1处、心下悸1处、咳1处、恶风1处、颈项强1处、头汗出1处、微恶寒1处、手足冷1处、鼻干1处、不得汗1处、嗜卧1处、一身及目悉黄1处。将上述三症与应用小柴胡汤的条文比较，发现17条条文中仅第101、103条未明言胃肠症、发热症、胸胁症外，余15条条文中少者三症见其一，多者三症兼备。如第37条（具体条文内容见前，下同）、第100条、第144条、第148条、第394条共5条条文只有一个主症，第97条、第99条、第149条、第230条、第231条、第379条这6条有两个主症，第96条、第104条、第229条、第266条此4条条文有三个主症。鉴于此，胃肠症、发热症、胸胁症三大类症可做为仲景小柴胡汤的辨证要点，即柴胡证。

虽然《伤寒论》第101条、第103条虽未言及具体症状，但均言“有柴胡证”，也就是说此两条条文中至少有上述三症之一。而第103条中的“呕不止”即已明示本条证候中原有“呕”症，即有胃肠症。也就是说，仲景《伤寒论》中应用小柴胡汤的17条条文中均有柴胡证。

诚如《伤寒论》第101条：“伤寒中风，有柴胡证，但见一证便是，不必悉具”所述，在太阳中风或太阳伤寒的外感病过程中，在辨证不属于典型的太阳病的前提下，只要出现柴胡汤证，有发热症、胃肠症、胸胁症三大类症之一，不必拘泥于疾病是否处于少阳阶段，均可以以本方为主方进行治疗。

《伤寒论》第96条中所述的七大或然症的加减用药情况，即是仲景在病证具有柴胡汤证的前提下，灵活运用小柴胡汤的典范。由上可知，小柴胡汤既可治疗胃失和降、胃气上逆之胃肠症，又可治疗肝胆气机不利之胸胁症，还可治疗阴阳失调之发热症等多脏腑气机失调症。

关于此点，仲景在《伤寒论》第96条即已明示：“往来寒热，胸胁苦满”“胸中烦”“胁下痞硬”属肝胆气机失调症，“嘿嘿不欲饮食”“喜呕”“腹中痛”属脾胃气机失调症，“心下悸，小便不利”属于三焦气机失调症，“心烦”属心之气机失调症，“咳”属于肺气失调症等。因而从小柴胡汤可以治疗上述诸脏腑气机失调的角度看，小柴胡汤证的病机可概括为“气机不和”。

三、小柴胡汤的用药配伍

仲景小柴胡汤由7味药物组成，即柴胡、黄芩、半夏、生姜、人参、大枣、甘草。

其中柴胡、黄芩本性属寒，同归胆经，可清胆经之热，又郁未有不化火者，火未有不由郁者，而柴胡亦归肝经，可疏肝解郁，肝胆相表里，因而两药相配，一辛一苦，一疏一清，可清解胆经之气郁化火。又柴胡味辛，为解表类药物，可辛散透邪于外。如金·成无己《伤寒明理论·卷四》言：柴胡味苦平微寒，黄芩味苦寒。《内经》曰：热淫于内，以苦发之。邪在半表半里，则半成热矣，热气内传，攻之不可，则迎而夺之，必先散热，是以苦寒为主，故以柴胡为君，黄芩为臣，以成彻热发表之剂”。程郊倩《古今名医方论》言：“方中以柴胡疏木，使半表之邪得以外宣，黄芩清火，使半里之邪得从内彻”。近时《医方发挥》篇谓“柴胡清解少阳之邪……黄芩清泄少阳郁热……两药相配达到和解清热的目的”。因此柴芩相配，为仲景小柴胡汤治疗少阳证中“发热症”与“胸胁症”的核心药对。

半夏、生姜，二味药性相同，为味辛性温之品，同归肺、脾、胃三经，均有止呕之效，可使胃气得以和降，属于相须配对。王子接《绛雪园古方选注》言：“半夏辛温泄饮，生姜辛散行阳，独治阳明”。胆胃为木土关系，邪扰少阳，易累及于胃腑，导致胃气上逆，临床常现呕吐之症。因此姜夏为伍，为仲景小柴胡汤治疗少阳证中“胃肠症”的主要配伍。

人参、甘草、大枣三药同属甘味补气之品，能鼓舞胃气以助少阳枢转之力。如陈修园说：“少阳为枢，而所以运此枢者胃也。小柴胡汤中之参枣，是补胃中之正气以转枢”。亦正如清·吴谦《医宗金鉴·伤寒论注》所述：“既以柴胡解少阳在经之表寒，黄芩解少阳在府之里热，犹恐在里之太阴正气一虚，在经之少阳邪气乘之，故以姜、枣、人参和中而壮里气，使里不受邪而和，还表以作解也”。清·徐灵胎《神农本草经百种录》对此亦有深刻的认识：“此则以补为泻之法也……二则用人参以建中生津，排出邪气，更为有力”。即人参、大枣、甘草可通过益气扶正达到祛邪和御邪的目的，为仲景小柴胡汤扶正祛邪的主要用药。另人参、甘草兼可生津、大枣兼可养血，因而三药合用有养阴之功，一可防柴胡之辛散耗阴，二可防黄芩之苦寒伤阴，三可防半夏、生姜之辛温损阴，因而此三药又有佐制之用。

黄芩配半夏、生姜，黄芩归于胆经可清泄少阳，半夏归于胃经能降逆止呕，生姜归于胃经能温胃止呕。因而三药同用，有清热止呕之功。又因黄芩为大苦大寒之品，单用有伤阳之弊，故配伍性温的半夏、生姜以防之，而半夏、生姜性温，可助半里之热势，但得黄芩之寒则无虞。三者合用，寒温共济，清热而不伤阳，调中而不助火，为方剂配伍中的特殊配伍－反佐配伍。

柴胡、人参与半夏、生姜相配，柴胡味辛性主升，长于升脾胃清阳之气，人参味甘性温，能补益脾气，正如《本草正义》所言：“清阳之陷于阴分者，举而升之，使返其宅，而中气自振”。半夏可降浊逆、止呕吐，有“止呕要药”之称，生姜温中散寒以止呕，更有“呕家圣药”之誉。四药同用，一方面柴胡人参可升举脾胃之清阳，一方面半夏、生姜可降泄胃气之上逆，一升一降，可使脾胃升降协调，气机运行复常。如清·柯琴《伤寒来苏集》言：“柴胡感一阳之气而生，故能直入少阳，引清气上升而行春令……半夏感一阴之气而生，故能开结气、降逆气、除痰饮，为呕家第一品药”，这也正是有关升降配伍方面的精辟论述。另半夏、生姜味辛能散，即两药有发散的作用，可助味辛之柴胡宣散半表之邪和疏解少阳之气郁。

因而本方七药同用，有柴胡疏散半表之邪，即有黄芩清泄半里之热，是表里同治法，有柴胡、黄芩、半夏、生姜四药祛其邪，即有人参、甘草、大枣三药扶其正，是扶正祛邪法，其结构可兼顾表、里、虚、实各个方面。又本方寒温同用，清透并施，补泄兼行，配伍之佳，后世罕见。

纵观全方，从以药测证的角度看，柴胡、黄芩、半夏、生姜四味药物即是针对小柴胡汤证的三大主症而设，也就是说，小柴胡汤既可调肝胆之疏泄，又可复脾胃之升降。又肝主疏泄，具有保持全身气力疏通畅达、通而不滞、散而不郁的作用。脾主升清，胃主降浊，为气血生化之源。脾胃居中，通连上下，为升降的枢纽。因此，肝胆、脾胃气机不利，常可影响其他脏器之气机，而其他脏器的气机不和，又常常波及肝胆、脾胃，出现情志、饮食等的不和谐。可见，肝胆、脾胃为人体气机重中之重。因而本方在直接调和肝胆、脾胃气机之时，可间接调和全身气机，切合小柴胡汤证“气机不和”之病机，为仲景“方随法出”“法随证立”的中医辨证论治思想的具体实例。换言之，小柴胡汤具有调和气机的功用、为调和气机的基础方。

四、讨论

（一）柴胡汤应用的病证

从大样本资料结果可知，小柴胡汤可应用于内、外、妇、儿、五官等各科，涉及病案 1329 例，其中以治疗内科病为最多（943 例，70.96%），其次是妇科（156 例，11.74%）、外科（120 例，9.03%）、儿科（69 例，5.19%）、五官科（41 例，3.09%）等，内科病中又以消化系统疾病最常见，共 693 例；其次是呼吸系统疾病，病案 232 例，神经系统，病案 145 例，泌尿系统，病案 141 例，循环系统，病案 118 例等。

由此可见，小柴胡汤临床应用范围涉及临床各科、多系统。基于此，后人常常将其视为对小柴胡汤的新用。其实小柴胡汤治疗各科、各系统疾病之端始见于仲景。《伤寒论》中 17 条应用小柴胡汤的条文中，虽多系内科疾患，但第 144 条的“妇人中风之热入血室”证即是例外。再看《伤寒论》第 96 条，“胸胁苦满”“不欲饮食”“喜呕”“腹中痛”“胁下痞硬”多属消化系统症状，“嘿嘿”属于神经系统，“小便不利”属于泌尿系统，“咳”属于呼吸系统等。因此，当代医家是在仲景思想的启发下，合理地扩大了本方的临床应用范围。

（二）小柴胡汤应用的症状

因大样本病案的报道中多只交代主症，因而在此只对196例个案的症状进行讨论。胃肠症、发热症、胸胁症三症分别居于小柴胡汤症状频次表的第一、第二、第三位，并且三症的组合出现率达到全倍病案36%，提示此三症作为小柴胡汤的辨证要点有一定的规律性。其中三症中出现两症或三症兼备的占全部病案的84.4%（见表5）。也就是说，胃肠症、发热症、胸胁症三症可作为临床应用小柴胡汤的辨证标准，临床只要见此三症之二，就可辨证为小柴胡汤证，也就可以选用本方治疗之。

（三）柴胡汤的应用规律

由于疾病病因病机的复杂性与多样性，故当代医家临床应用本方时，为适应疾病的变化多有加减。概言之，不外乎药味、药量两方面的变化。

1. 药味加减：因大样本提供的基本上是所治疗疾病的主症主方，所以在此只对大样本进行辨病加减的讨论。而个案资料详尽，在辨证属于小柴胡汤证的基础上，常结合主症进行加减。

2. 辨病加减：由于辨病能够才已握疾病全过程的特点与变化规律，同种疾病具有共同的病因、病理、病状、演变、预后等本质与特征，因而同种疾病可有共同的治疗规律和治疗方药。

（1）支气管炎：支气管炎是临床常见的呼吸道疾病，以咳嗽为主要临床表现，多兼发热症与胸胁症，属于祖国医学“咳嗽”的范畴：关于本病的病因，《内经》中早有论述，如《素问·宣明五气》说：“五气所病……肺为咳。”《素问·咳论》认为咳嗽系由“皮毛先受邪气，邪气以从其合也”。又说，“五脏六腑皆令人咳，非独肺也。”也就是说，本病的病因有二，一是外感六淫之邪，二是脏腑之病气，两者均可引起肺气不清、失于宣降、迫气上逆而作咳。又肺主通调水道，为水之上源，肺失肃降，易生痰。

本病主要征候虽不是小柴胡汤的辨证要点，但本病多见发热症与胸胁症，又小柴胡汤本可治疗肺气不利之咳嗽（详见《伤寒论》第96条），故治疗时，当选用小柴胡汤为调和气机的基础方，另针对本病肺气上逆的特有病机，当代医家多加杏仁降肺气，桔梗宣肺，针对本病咳嗽这一主症，多用五味子敛肺以止咳，针对肺失肃降，易生痰的潜在病机，多加枳壳、桔梗、生姜易干姜以治痰。恐参、枣碍邪，故临床医家多不用。

（2）胆汁返流性胃炎：胆汁返流性胃炎是临床常见疾病，以胃脘的不适（胃肠症）为主要临床表现，多兼见胸胁症、口苦等症。当代医学认为胆汁返流性胃炎是幽门功能不全所致的，胆汁反流入胃而引起的胃黏膜蛋白屏蔽破坏，导致胃黏膜充血水肿等炎症病变，以中上腹持续性烧灼痛，餐后疼痛加重，服制酸药物无效和胆汁性呕吐等胃脘部症状为其特征表现。与《内经》“呕胆”相似，属于祖国医学胃脘痛、嘈杂、呕吐等范畴。

《灵枢·四时气》篇谓：“邪在胆，逆在胃，胆液泄则口苦，胃气逆则呕苦”，《医学求是》亦云：“肝木赖脾土之升，胆木赖胃土之降”，是故胆与胃皆以通为用，以降为顺，胆随胃降，则胆液循其常道以助消化，若胃失和降，则胆气不降，胆液不循其常道而返流于胃，形成了胆汁返流性胃炎。又因胆为中清之府，附寄于肝，少阳主胆，少阳为三阳枢机，主升发、和降、开合，如《素问·六节藏象论》篇谓：“凡十一藏取决于胆也。”故本病的治疗法当以调和枢机为主，但因胃为燥土，喜润恶燥，病久又易伤阴。同时清·叶天士《临证指南医案》亦云：“胃痛久而屡发，必有凝痰聚淤”。所以本病在立法调和气机的同时，常需兼顾养阴益胃及驱除痰癖之法。又本病以胃脘部的不适为必见主症，又多见胸胁症，参考小柴胡汤的辨证要点，辨为小柴胡汤证自是不在话下。因而当代医家在运用小柴胡汤调和枢机的基础上，常加赭石降胃气，黄连清胃热，枳壳理气，郁金疏肝，白芍养阴、缓急止痛。

（3）胆囊炎：胆囊炎是外科常见的急腹症，多以右胁痛（胸胁症）为主要临床表现，多兼见胃肠症、发热症。属于祖国医学的胆胀、胁痛等范畴。在《灵枢·胀论》载：“侧长者，胁下痛胀，口中苦，善太息”，不仅提出了病名，而胁肋症状描述亦很准确。本病的发生祖国医学多则之于胆府气机通降失常，与肝胃关系最为密切。肝胆气郁，胆失通降，久而气滞及血或郁而化火，影响及脾。

本病三大常见症兼为小柴胡汤的辨证要点，因而治疗上，理当以小柴胡汤为主方，取其调和气机之用。针对胆府气机失常这一特殊病机，当代医家多加香附、玄胡、木香、枳壳、厚朴行气，加大黄利胆，针对右胁胀痛（胸肋症）这一主症，当代医家多加白芍疏肝缓急，针对气病及血的理论，常加郁金活血。恐甘甜助呕，因而临床医家常减味甘之参、草、枣。

（4）慢性乙型肝炎：慢性乙型肝炎，临床多以胸胁症为主诉，常兼见胃肠症与口苦等症。本病的形成，中医认为湿热夹毒是其致病的主要病因，正气虚弱是发病的重要内因。湿热毒邪内蕴，先犯肝，波及脾，致脾虚，气机失调，而见胸胁不适、纳差、口苦、疲乏、脉弦等肝失疏泄、肝脾不和之症。肝藏血，肝病日久入络，脉络瘀阻，形成血瘀，而见肝区痛等症。与当代医学的肝炎病毒（湿热夹毒）是致病的主要病因；免疫功能低下（正气虚弱）是发病的重要内因，肝组织损伤，微循环障碍（肝郁气滞血癖）的基本病理变化基本一致。

因本病的主要临床表现中，胸胁症与胃肠证均为小柴胡汤的辨证要点，故治疗上当选用小柴胡汤调和气机，另依据“治病求因”的原则，常加板蓝根、虎杖、蚤休、白花蛇舌草等药物以解毒才去邪，针对正气虚弱之本，常加黄芪扶正，针对气滞血瘀的潜在病机，常加丹参、木香等药物以行气活血化病。

（5）胃肠神经功能紊乱：相当于祖国医学“郁证”“痞证”之范畴。方中瓜蒌、桔梗清热开胸散结，并使脾气得升，配合半夏理气降逆和胃，一升一降，脾气得以舒展，白术、神曲、鸡内金、枣仁取其健脾安神、和胃理气之功效。正如仲景所言“见肝之病，知肝传脾，当先实脾”之理。

从上述5种病证的症状、用药分析可知，发热症、胃肠症、胸胁症三症或为主症、或为兼症。也就是说，当代医家在辨病论治时，仍是以小柴胡汤的辨证要点为参考标准。

为更好地继承中医学精华，本研究重点探讨了仲景小柴胡汤的证治、辨证要点及其用药配伍，得出了小柴胡汤证是不同于少阳证的结论，以及小柴胡汤证的辨证要点。

本文从1329例病案出发，对小柴胡汤证进行了回顾性研究，重点探讨了现代小柴胡汤临床应用的用药情况。

通过对《伤寒论》有关小柴胡汤条文的学习，以及当代临床应用小柴胡汤的文献研究，得出了临床应用小柴胡汤的一般规律：临床病证只要具有小柴胡汤辨证要点中的三症之二，就可以选用本方为治疗该病证的基础方，然后再根据具体脏腑气机失调的特殊病机及其相应主症酌情加减即可获良效。

［《内蒙古中医药》2012，33（4）：141］

小柴胡汤临床妙用

李桂玲
吉林市江城李桂玲中医内科诊所

小柴胡汤载于仲景的《伤寒论》，是治疗少阳半表半里的主方，由柴胡、半夏、人参、甘草、黄芩、大枣、生姜共7味物组成，临床上，我们应用此方的体会是，本方多不限于原方所联系的用途，临床灵适应用，其效甚捷。

一、胁痛（胆石症术后）

患者，男，42岁，2008年3月初诊，该患者因胆结石于2007年5月曾去白求恩医科大学行手术治疗后，经他人介绍来我诊所就诊。证见：面黄无华，神疲乏力，右胁胀痛不舒，心悸，心烦，口苦，咽干，口干不欲饮，时有恶寒发热，小溲色黄，大便秘结，舌质红，苔黄，脉弦滑。治以和解少阳，舒肝利胆；方用小柴胡汤加减。处方：柴胡、半夏、黄芩、龙胆草、元胡各15g，金钱草、川楝子各20g，生姜10g，1剂/d，水煎服，7剂，右胁胀痛减半，口苦、咽干消失，食欲大增，大便一日一行，小便略黄，效不更方，继服上方7剂，诸症消失，至今未复发。

【按】本例患者为手术取石，证属少阳经邪未解，且又耗伤气血，故诸证蜂起；方中诸药配合，使少阳胆经通利，出入有序，病除身安。

二、痄腮（流行性腮腺炎）

患者，男，6岁，于2008年4月8日就诊，患儿3d前发热，恶寒，咽痛，时有咳嗽，大便秘结二日未行，左腮部红肿，面色红，舌红，苔薄黄，脉数有力。治以和解少阳，清热解毒。方以小柴胡汤加减。处方：柴胡、黄芩、丹皮各10g，生姜、甘草各5g，板蓝根、大青叶各14g，栀子7.5g。每日一剂，日服3次，并以金银花、麦冬各10g代茶饮。连服3次，热以退，腮部红肿明显消退，守上方又进3剂，病告痊愈，并嘱患儿继服金银花、麦冬代茶饮一周。

【按】本病系由外感邪毒经口鼻而入，壅滞经脉，聚积足少阳胆经所酿成。此邪在半表半里。故投以清透和解之品为治。

三、呕吐（胃肠神经官能症）

患者，男，42岁，于2007年5月13日就诊，患者于2007年1月行胃次切手术后，食后恶心，呕吐，呕吐物为胃内容物，痛苦不堪，西医诊断为“胃肠神经官能症”，投以口服维生素E、B_6等药，未见好转，故来我诊所求医。诊见：神清、表情淡漠，形瘦神疲，面黄无华，舌质淡少苔，脉弦细，投以小柴胡汤以扶正祛邪，和解少阳。处方：柴胡、鸡内金、人参、竹茹各15g，黄芩20g，生姜、甘草、砂仁各10g，大枣5枚。连服7剂，恶心、呕吐大减，效不更方，再进7剂，诸症消失。

【按】本例患者因溃疡病于同年1月行胃切除术，由于胃气过于虚疲，造成正气虚弱，外邪乘虚侵犯少阳胆经致使胆经郁滞，故方用柴胡以散邪透热，疏肝利胆。

四、讨论

小柴胡汤证和解少阳，为广大医者所熟悉，我们体会是：凡临床见有肝气郁结等的病机者均可使用。少阳证不必悉具，只要认真随证加减，恰当用药，均能收到事半功倍之效。

[《中国实用医药》2012，7（6）：186]

小柴胡汤临床应用概况

周春以　章作朋　江西武警总队医院

小柴胡汤出自张仲景《伤寒杂病论》，由柴胡、黄芩、半夏、生姜、人参、大枣、炙甘草组成，为和解少阳枢机的主方。近年来有关报道表明，该方的应用范围不断扩大，涉及到内、外、妇、儿各科，用以治疗外感、内伤、杂病等，均取得了较好的疗效，本文就近5年来本方在临床上的应用进展综述如下：

一、内科疾病

（一）呼吸系统疾病

蒋氏[2]用小柴胡汤加桔梗、枳壳、五味子、杏仁、细辛、甘草治疗久咳162例，经辨证为外邪郁于少阳，气机郁遏，化火伤肺，肺失宣肃所致的郁火久咳，结果显效102例，有效45例，无效15例，总有效率为90.7%。曾氏等[3]以小柴胡汤去生姜、人参、大枣加杏仁、葛根、麻黄根、北沙参为主方，随症加减治疗咳嗽229例，结果显效169例（73.80%）；有效44例（19.21%），无效16例（6.99%），总有效率为93.01%。治疗前后经统计学分析，$P<0.01$，说明小柴胡汤对咳嗽有明显疗效。

（二）循环系统疾病

毕氏[4]以小柴胡汤减生姜、大枣加贯众、苦参、虎杖为基础方随症加减治疗病毒性心肌炎30例，结果显效22例，有效5例，无效3例，总有效率90%。杨氏[8]以小柴胡汤为主，随证加减治疗冠心病68例，结果有60例症状消失，随访1年以上未复发；8例患者症状明显减轻，发作次数明显减少。

（三）泌尿系统疾病

李氏[5]以洛汀新、706代血浆合小柴胡汤减半夏、生姜加丹参、黄芪、当归、桃仁、红花为基础方剂随症加减治疗36例慢性肾小球肾炎，结果显效6例，有效26例，无效4例，总有效率88.9%。吉氏等[6]采用小柴胡汤随症加减治疗尿道综合征14例，结果临床治愈7例（50%），好转4例（28.6%），无效3例，疗程8.34±3.17天。

二、外科疾病

何氏[7]运用小柴胡汤加减治疗乳痈、缠腰火丹、痄腮、脓耳、子痈和肠痈六种外科疾病获得很好疗效。梁氏[9]从1998年以来用小柴胡汤加减治疗带状疱疹30例取得满意效果。秦氏[10]等采用小柴胡汤治疗神经性皮炎、股癣、湿疹、皮肤瘙痒症4例皮肤病，取得了满意的疗效。

三、其他

胡氏[11]采用小柴胡汤加减治疗头痛56例，结果临床显效40例，有效14例，无效2例，总有效率96.42%。有报道显示：小柴胡汤可治强中、子痛、输精管结扎术后不适[1]。

四、小结

小柴胡汤为和解少阳的和解的代表方，少阳经脉循胸布胁，位于太阳、阳明表里之间。足少阳之脉起于目锐眦，其支者，下胸中，贯膈，络肝，属胆，循胁里。一般服药后不经汗出而病解，但也有药后得汗而愈者，这是正复邪却，胃气和降而致。

综上所述，小柴胡汤在运用本方过程中，使用原方者少，更多的是在原方的基础上随证加减，对所治病证均获良效。由此可见小柴胡汤不仅是治疗外感病的常用方，也是治疗内伤杂病的重要方，临床上只要见到小柴胡汤证即可加减应用，即按仲景“但见一证便是，不必悉具”的宗旨，充分体现了中医“辨证论治”的特点。

近年来，国内出现了大量运用本方与西药相结合、以及以合方形式为主的临床报道，不仅扩大了该方的治疗范围，而且缩短了疗程。但临床观察多以西医指标为准，较少应用或佐证中医证候指标，因此对于本方的临床运用研究应进一步改进和完善。

参考文献

[1] 李舒敏．小柴胡汤在内科临床上的应用概况［J］．广西中医学院学报，2002，17（2）：52～54.

[2] 蒋波．小柴胡汤加减治疗久咳162例［J］．新医．1999，31（3）：45～46.

[3] 曾宏，冯巧蓉，刘雪梅，等．小柴胡汤治疗咳嗽229例疗效观察［J］．川北医学院学报，2001，16（1）：59～60

[4] 毕志红，任川．小柴胡汤治疗病毒性心肌炎30例［J］．中医药学刊，2003，21（5）：779.

[5] 李克勤．洛汀新并用加味小柴胡汤治疗慢性肾小球肾炎36例［J］．中国社区医师，2003，18（10）：40.

[6] 吉秋红，李卫东，韩春蕊．小柴胡汤加减治疗尿道综合征疗效观察［J］．中原医刊，2000，27（12）：59～60.

[7] 何柏森．小柴胡汤在外科疾病的运用［J］．时珍国医国药，2001，12（3）：252～253.

[8] 杨爱国．小柴胡汤加味治疗冠心病．河南中医［J］．2003，23（8）：8.

[9] 梁茂芬．小柴胡汤加减治疗带状疱疹30例［J］．实用中医杂志，2002，18（6）：14～15.

[10] 秦玉萍，郭友华．小柴胡汤治疗皮肤病4例报告［J］．中华临床新医学．2002，5（2）：451.

[11] 胡硕龙．加减小柴胡汤治疗头痛56例［J］．湖南中医杂志，2004，20（2）：33～34.

［《南方农机》2012，（6）：39］

小柴胡汤临床应用研究

姬水英　马娟娟　牛菲等
陕西省渭南职业技术学院医学院

小柴胡汤出自东汉张仲景的《伤寒论》是“和法”的代表方[1]。由柴胡、黄芩、人参、甘草、半夏、生姜、大枣七味药物组成，有疏利三焦，和解少阳，宣通内外、调达上下，运转枢机等作用[2]，适用于伤寒少阳证。随着研究的不断深入，该方的应用范围不断扩大，现将笔者临床应用的实际案例报道如下，供同行参考。

一、内科用于治疗感冒

患者李某，男，50岁。2009年6月15日就诊。诉感冒后经静脉输液后恶寒，鼻塞，头痛，身痛症状缓解，但仍感肢体困倦，头晕口苦，恶心欲吐，食欲不振，已半月余。口服健胃消食片及消炎药无效。望舌质淡苔薄白，查脉弦紧。此正虚邪恋，邪正相争于半表半里的少阳证。故治宜扶正祛邪，调和营卫，和解少阳。用小柴胡汤合桂枝汤加减治疗，药用柴胡15g，黄芩12g，半夏、生姜各10g，桂枝、芍药各8g，大枣4枚，甘草6g，3剂，1d1剂，水煎服。药后上述症状顿减，续进3剂，1月后询访未见复发。

按：患者由外邪侵犯太阳而致病，太阳表邪未解，又内传入少阳之半表半里，故出现虚实兼见、表里同病的现象。治以小柴胡汤和解少阳，桂枝汤解肌祛风，调和营卫，两方合用，表里兼顾，内外同治，药到病除。

二、外科用于治疗术后发热

患者杜某，男，13岁。以“左肩关节疼痛，活动受限1月，加重10d”之主诉入院。入院诊断：肱骨近端骨肿瘤。入院后行骨肿瘤刮除异体骨植骨术，术后3d患儿体温一直保持在38.5℃以上，每日下午3点到晚上8点，体温可高达39.5℃，术后查血常规、尿常规等均无明显异常，使用各种抗生素、激素等均无明显效果，后给予中药青蒿鳖甲汤3剂，收效甚微，术后1周在各种办法均无明显效果情况下，给予小柴胡汤合白虎汤加减治疗，方药：柴胡8g，党参12g，黄芩、半夏、竹茹、知母各5g，生甘草6g，生姜2片，大枣4枚，生石膏20g，3剂，1d1剂，水煎服。3剂仅服2剂，患儿体温下降至37.2℃，共服6剂后体温正常。

按：术后发热，多因吸收热，然该患儿体温超过38℃，且植有异体骨，发热可能与排异反应，自身免疫反应有关，从祖国医学角度分析，其发病一开始就发热，下午高热当属气分，可用白虎汤，然其先发热，再高热，热势忽高忽低，交替发作，似寒热往来，似邪在半表半里，故投小柴胡汤合白虎汤，药后热势速去，体温恢复正常。

三、妇科用于治疗妊娠恶阻

王某，女，29岁。2008年12月5日就诊。诉恶心呕吐半月余。半月前无明显原因出现恶心呕吐，伴食欲不振，脘腹胀满，心烦，神疲乏力，头晕嗜睡等症状。近5d来呕吐加剧，食入即吐，呕吐物为胃内容物，口苦咽干，心烦，夜寐不安，舌苔薄黄，脉弦细而滑。停经2月，尿妊娠试验阳性。诊为妊振恶阻。拟小柴胡汤加减治疗，方药：

柴胡12g，党参15g，黄芩、半夏各8g，竹茹10g，炙甘草6g，生姜4片，大枣4枚，3剂，1d1剂，水煎服。药后病瘥，复诊恶心呕吐诸证消除。停药后亦无复发。

按：妊娠恶阻的形成多是因胎致病，受孕后气血固守胎元。肝脏体阴用阳，妇人怀孕，阴血下注以养胎元，肝血不足，致肝阳偏旺，肝气不疏，加之肝脉布胸胁夹胃贯膈，经气不疏，横逆犯胃，胃失和降，气逆于上而成本病，正合小柴胡汤之意，药到病除。临床谭氏亦用小柴胡汤加减治疗妊娠恶阻，收到满意疗效[3]。

四、儿科用于治疗小儿厌食

患儿，男，5岁，2009年7月16日初诊。主诉：不思饮食4月余。患儿4月前无明显诱因出现饮食减少，无发热，咳嗽，黄疸等症状，自服健脾丸无缓解，服酵母片、多酶片等西药未见好转。现食欲差，腹胀明显，伴烦躁易怒，夜卧不安，头发稀黄，大便干燥如羊粪，小便少，舌边尖红，苔薄白而干，脉细数。诊为胆郁化火之厌食证，投小柴胡汤加减治疗，方药：柴胡8g，黄芩6g，党参、茯苓、半夏、陈皮、生姜、枳实、郁金、淡竹叶各5g，焦三仙各10g，甘草3g，3剂，1d1剂。7月19日再诊，患儿已思饮食，食欲渐增，夜已能安卧，大便变软，舌尖红，脉细数，仍用上方5剂，治疗后患儿的饮食已恢复正常。

按：小儿厌食证，临床多见脾虚食停所致，治疗多为健脾和胃消食。该患儿饮食减少并非脾虚所致，依据临床表现烦躁、易怒、易哭等情志变化均为情志郁滞之表现。小儿为纯阳之体，生长发育如少阳春生之气易疏，即肝胆之气应调达舒畅。心烦，不欲饮食当为小柴胡汤证。盖胆为起病之始，胃为传病之所，胆火犯胃则心烦不思饮食，心烦不安又加重不思饮食，故用小柴胡汤清胆和胃，药证相投，厌食痊愈。

五、体会

小柴胡汤原为治疗少阳证和妇人热入血室而设。《伤寒论》[4]中第96条云：“伤寒五六日，中风，往来寒热，胸胁苦满，嘿嘿不欲饮食，心烦喜呕……小柴胡汤主之。”第144条云：“妇人中风七八日，续得寒热，发作有时……小柴胡汤主之。”即是很好的的证明。方中柴胡为君，透泄与清解少阳之邪，并疏泄气机郁滞。黄芩为臣，清泄少阳邪热，两药合用，达到和解少阳的目的。佐以半夏、生姜和胃降逆止呕；配以人参扶正祛邪，并防少阳之邪内传太阴。甘草为使药，既调和诸药，又可扶助正气，诸药合用，共奏和解少阳，补中扶正，和胃降逆之功。由此可见，小柴胡汤既能和解少阳，分解寒热，又能扶正祛邪，防邪内传；既能协调阴阳，畅达气机，又能调和肝脾，调谐气血。故《经方发挥》云：“在伤寒热病中是清热剂，在六经中为和解剂；在治疗各种杂病中，又是理气解郁剂；如加入一些活血化瘀的药品，寓理血于行气药之中，它又是很理想的理血剂”。

上述诸多案例，病因不一，病机要点却基本相同，即邪阻少阳，气机郁滞，胃失和降，阴阳失调。故用此方加减变化，不必拘于某症，再次验证了仲师“伤寒中风，有柴胡证，但见一证便是，不必悉具”的精妙之处。小柴胡汤虽为少阳病而立，亦可治疗多种疾病，体现了中医异病同治的思想，希望医者临证能灵活运用，师其之法，取其精髓，更好的指导临床辨证处方。

参考文献

[1] 柯琴．伤寒来苏集［M］．北京：学苑出版社，2009：323.
[2] 李高申．张仲景张仲景“和”字析微［J］．陕西中医，2009，30（7）：856~858.
[3] 谭白山．小柴胡汤在妇科临床应用体会［J］．陕西中医，2006，27（10）：1291~1292.
[4] 熊曼琪．伤寒论［M］．北京：中国中医药出版社，2007：202.

［《陕西中医》2012，33（9）：1230］

小柴胡汤临床应用之探析

任小宁　宝鸡职业技术学院

尽管仲景始创小柴胡汤时其主治证还是较为狭义的，近年来临床医师及科研人员对小柴胡汤的临床应用进行了多方面研究，使其适用范围已扩大到多种疾病，现简述如下。

一、消化系统疾病

（一）肝脏疾病

小柴胡汤通过促进体内生成IL－1、IL－2，且能增强NK细胞和TC细胞活性，破坏受感染肝细胞，清除HBV等，具有明显的免疫调节作用，因此有抗炎及保护肝细胞作用，可用于治疗慢性乙型或丙型肝炎。例如余安清等[1]用小柴胡汤合病毒唑治疗慢性乙型肝炎57例，治疗组血HbeAg及HBV－DNA阴转率分别为45.6%和42%，与对照相比有显著性差异。

陈瑞春教授在自己50余年行医过程中，灵活合理的运用小柴胡汤加减治疗临床上多种类型的肝病：急性黄疸型肝炎、肝硬化及肝硬化出现腹水等并发症等，往往屡建奇功[2]。

（二）胃肠道疾病

鲁明等[3]认为，少阳气机不利、肝郁气滞是胆汁反流性胃炎的常见病因，小柴胡汤能够和解少阳，使得胆逆降则胃自安，并且通过临床观察24例胆汁反流性胃炎患者，总有效率87.5%。另外，周永良[4]观察小柴胡汤治疗本病68例，结果证明，本方对情志抑郁所致的胆汁反流性胃炎有甚佳的疗效。

马铮[5]认为，胆囊炎、胆结石术后患者常出现恶寒发热、胁痛、右上腹胀痛不适、肩背牵掣、口苦咽干、纳差、腹泻等并发症状，属病邪在少阳半表半里之间者，皆可通过小柴胡汤和解少阳而治疗，临床观察31例，总有效率83.9%。

（三）胰腺疾病

胡淑全[6]根据胰腺的生理特点和病理变化，以小柴胡汤为主方治疗胰腺癌，发现癌肿明显的缩小，个别患者1年后CT检查癌肿基本消失，有的目前生存5年以上。李氏用本方加减（柴胡、黄芩、半夏、赤芍、金钱草、丹参、败酱草、木香、甘草）治疗50例急性水肿型胰腺炎，结果全部治愈；尿淀粉酶恢复正常所需时间平均为2.9天，临床治愈时间平均为6.8天。

二、呼吸系统疾病

曾宏等[7]观察小柴胡汤加减治疗229例以咳嗽为主要临床表现的肺系疾病患者，其中有支气管炎58例，哮喘性支气管炎33例，支气管哮喘12例，支气管扩张7例，结核性胸膜炎12例，肺结核8例，支气管周围炎31例，均取得了较好的治疗效果。陈立[8]亦通过临床分析指出，小柴胡汤加减可以治疗上呼吸道感染、急慢性支气管炎、肺炎等多种肺系疾病，且疗效确切。

三、心血管系统疾病

王悦[9]用小柴胡汤加减治疗春季发作性心脏期前收缩16例，痊愈9例，有效4例，总有效率81.3%。韦爱欢[10]临床上用小柴胡汤加减治疗病毒性心肌炎、不稳定心绞痛、心律失常、窦性心动过速、心肌梗死等心血管疾病均取得了显著的疗效。

四、肾脏疾病

夏建华[11]用小柴胡汤加味治疗100例原发性肾病综合征患者，结果24h尿蛋白定量明显减少、总胆固醇降低、血浆白蛋白升高，证明小柴胡汤加味对原发性肾病综合征患者消除蛋白尿、降血脂等有较好的治疗作用。全红等[12]研究表明，小柴胡汤对慢性肾功能衰竭湿热证具有治疗效果，能明显改善患者的症状，降低SCr、BUN，CCr显著增加，提示小柴胡汤有一定延缓肾功能衰竭的作用。

五、发热

小柴胡汤具有退热、抗感染等作用，对多种原因引起的发热均有较好疗效。杨兴全[13]应用该方治疗儿童反复上呼吸道感染性发热58例，显效43例，与西药组相比疗效显著。马琳兰等[14]应用小柴胡汤为主治疗急性上呼吸道感染所致高热54例，24h内共33例体温恢复正常，总有效率达88.9%。

六、结语

经过1000余年历代医家的临床应用，以及现代较为科学完善实验研究，人们对小柴胡汤认识不断加深，应用也日趋广泛。

参考文献

[1] 余安清，王克奇，张文鼎，等．加味小柴胡汤与病毒唑联用治疗慢性乙型肝炎［J］．浙江中西医结合杂志，2000，10（3）：133～135.

[2] 羊燕群，周建虹．小柴胡汤治肝病小议［J］．江西中医药，2006，37（1）：52～53.

[3] 鲁明，何伟．小柴胡汤治疗胆汁反流性胃炎24例疗效观察［J］．河北中医，2002，24（7）：526～527.

[4] 周永良．小柴胡汤治疗胆汁返流性胃炎68例报告［J］．江苏临床医学杂志，2002，6（6）：601.

[5] 马铮．小柴胡汤治疗胆囊炎胆结石术后综合征31例［J］．辽宁中医学院学报，2002，4（2）：122.

[6] 胡淑全．用小柴胡汤加味治疗胰腺癌的体会［J］．四川中医，2007，25（7）：44～45.

[7] 曾宏，冯巧荣，刘雪梅，等．小柴胡汤治疗咳嗽229例疗效观察［J］．川北医学院学报，2001，16（1）：59～60.

[8] 陈立．小柴胡汤临床应用体会［J］．实用中医药杂志，2011，27（8）：550.

[9] 王悦．小柴胡汤加减治疗春季发作性心脏期前收缩16例［J］．南京中医药大学学报，1996，38（1）：55.

[10] 韦爱欢．小柴胡汤治疗心血管疾病临床体会［J］．光明中医，2010，25（11）：2107～2108.

[11] 夏建华．小柴胡汤加味治疗原发性肾病综合征60例［J］．山东中医杂志，2010，29（3）：159～160.

[12] 全红，李秀英．小柴胡汤治疗慢性肾功能衰竭疗效观察［J］．中国中医药信息杂志，2010，17（9）：80.

[13] 杨兴全．小柴胡汤合抗生素治疗儿童反复呼吸道感染发热58例［J］．福建中医药，2002，33（5）：31～32.

[14] 马琳兰，景海燕．小柴胡汤治疗病毒性感冒高热35例观察［J］．新疆中医药，2002，20（3）：20～21.

［《中医药信息》2012，29（4）：98］

小柴胡汤验案举隅

郭秀平　太原市第三人民医院

小柴胡汤出自张仲景《伤寒论》，由柴胡、黄芩、人参、半夏、甘草、生姜、大枣组成，主治伤寒少阳证，症见往来寒热，胸胁苦满，嘿嘿不欲饮食，心烦喜呕，口苦，咽干，目眩以及妇人伤寒，热入血室；还有疟疾、黄疸与内伤杂病而见少阳证者。小柴胡汤作为千古名方成为后世和法的代表方剂，临床应用广泛，山西省名老中医刘绍武先生选用小柴胡汤作为协调整体的方剂，配合治疗局部的药物组成众多调治各脏器的方剂，临床取得很好的疗效。我在临床遵循刘绍武老师活用经方的旨意，将小柴胡汤作为基本方剂，同时根据不同的变症加用药物应用于慢性病毒性乙型肝炎及肝硬化的治疗中，取得良好疗效，现报道如下。

一、病例举隅

（一）热型肝病

患者张某，男，35岁。患慢性乙型肝炎3年，间断出现恶心，乏力，上腹部不适，尿黄等症状。3年来，谷氨酸氨基转移酶（ALT）、门冬氨酸氨基转移酶（AST）波动升高，曾静脉滴注甘草酸二铵（甘利欣）、门冬氨酸钾镁、茵栀黄、丹参等注射液治疗，病情时好时坏。2008年5月5日接诊患者，症见口苦，心烦，睡眠差，间断出现恶心感，纳差，大便软而不爽，舌红苔白腻，脉滑。经检验ALT、AST升高，总胆红素轻度增高，乙肝e抗原阳性。患者诊断慢性乙型肝炎，辨证属于热型，给予调肝汤加减治疗，药物组成：茵陈30g，栀子10g，川军10g，丹参30g，郁金15g，陈皮10g，白芍10g，车前子30g，柴胡15g，黄芩15g，党参30g，苏子30g，川椒10g，甘草10g，大枣10枚。水煎服，每日1剂，服药后患者各项症状减轻，2w后复查肝功能明显好转，二诊仍用原方，改为每两天服药1剂，坚持治疗3个月，e抗原阴转，肝功能恢复正常，随访两年病情未复发。

按：调肝汤为刘绍武老师治疗慢性肝病的经验方，是在小柴胡汤的基础上加入茵陈、栀子、川军、丹参、郁金、陈皮、白芍、车前子等药物。刘老师在应用小柴胡汤时，做了如下调整，以苏子易半夏，以川椒易生姜，以党参代替人参。笔者在临床中，对于辨证属于偏热型的慢性肝病，症见胃脘痞胀，食欲不振，恶心，两胁不舒，大便秘结或腹泻不爽等，舌红苔厚腻，脉滑，对此类病人往往应用本方治疗，疗效颇佳。慢性乙型病毒性肝炎迁延日久，很少有单纯的实热证或虚寒证，大多是寒热相兼，虚实夹杂，调肝汤有清热利湿、活血化瘀、调理肝脾、通利二便之功，笔者应用本方治疗多例病患，取得很好疗效。刘师在应用此类方剂的时候，往往强调效不更方，一方到底，因为每个疾病，尤其是慢性病，有其自身固定的病机，守方服用才能取得预想的疗效。

（二）寒型肝病

患者王某，男，45岁。体检表面抗原阳性15年，平素身体自觉健康，无明显不适感。2002年4月出现全身乏力，恶心纳差，尿黄、眼黄，肝功能异常，HBVDNA拷贝数升高，住院治疗1个月，应用苦参碱、茵栀黄等药物治疗，并服用拉米夫定治疗，症状消失，黄疸消退，HBVDNA拷贝数降至检测值以下。2003年5月16日就诊，患者因劳累再次出现上述症状，总胆红素升至150μmol/L，HBVDNA拷贝数再次升高，再次住院治疗，仍应用苦参碱、茵栀黄等治疗，加用茵陈蒿汤治疗，总胆红素有所下降，但病情持续两个月，TBIL波动于80μmol/L左右，自觉症状没有明显好转，就诊时患者精神不振，睡眠尚好，双下肢乏困明显，大便每日3次不成形，舌淡苔黄，脉弦细。诊断为慢性乙型肝炎，证型属于寒型，应用五苓散合小柴胡汤加减治疗，药物组成：茯苓30g，猪苓15g，泽泻15g，白术15g，桂枝10g，柴胡15g，黄芩15g，党参30g，苏子30g，川椒10g，甘草10g，大枣10枚。水煎服，每日1剂，治疗1w后，各症状明显好转，持续服药1个月，黄疸消退，仍坚持服药1个月，症状消失，精力恢复，肝功能恢复正常。

按：对于偏寒型的慢性乙型病毒性肝炎，我们常用五苓散合小柴胡汤加减治疗，五苓散温阳利水，合小柴胡汤协调整体，在退黄、恢复肝功能方面有很好的作用，用于偏寒型的慢性乙型肝炎，症见身目黄，身困体倦，食少腹胀，大便稀溏，脉象弦缓，舌白腻，效果颇佳。前人即有以小柴胡汤合胃苓汤治寒湿发黄，即小柴胡汤合五苓散，再加平胃散，可见小柴胡汤、五苓散两方合用治疗慢性乙型肝炎是有渊源的。

（三）肝硬化脾大

患者赵某，男，55岁，平素自觉身体健康，2005年出现易于乏困，经休息后可以缓解，未引起注意。2006年因牙龈出血就诊于综合医院，发现血小板值降低，血小板值$5\times10^4/mm^3$，白细胞值$3\times10^3/mm^3$，进而发现肝硬化，脾大肋下6cm，诊断为肝硬化合并脾功能亢进。就诊中医，口服补气养血类中草药半年，效果不明显，有医生建议患者做脾切除手术，因不愿手术治疗，于2006年9月21日前来就诊。患者面色晦暗，精神尚好，食欲正常，睡眠尚好，下午经常出现腹胀感，大便两日1次、成形。肝功能检查基本正常，乙肝表面抗原阳性，HBVDNA拷贝数为检测值以下，舌淡苔白、脉弦。考虑患者为慢性乙型肝炎合并肝硬化，已经发展至脾功能亢进阶段，证属瘀血结于血分，应用桃核承气汤合小柴胡汤加减治疗，药物组成：桃仁10g，桂枝10g，大黄10g，牡蛎30g，香附10g，夜明砂30g，柴胡15g，黄芩15g，党参30g，苏子30g，川椒10g，甘草10g，大枣10枚。病已日久，缓以图之，两日1剂，共间断治疗半年，面色好转，血小板升至$11\times10^4/mm^3$，白细胞升至$4\times10^3/mm^3$，复查B超脾大肋下3cm，牙龈出血基本消失。

按：慢性乙型肝炎发展至肝硬化阶段，属于正邪交争已入里的阶段，但不同于伤寒病邪入里可以一下了之的特点，肝硬化是一个不断向更硬的方向发展的特点，所以，治疗肝硬化，除了目前中医界广泛认可的活血、软坚之外，协调整体、扶助正气仍然很重要。治疗肝硬化用药更需要平和，力专，持久。我们选用桃核承气汤去芒硝，加牡蛎、香附、夜明砂合小柴胡汤治疗，桃核承气汤为张仲景治疗下焦蓄血证的方剂，治疗“少腹胀满，大便黑，小便自利，谵语烦渴，发热如狂”等症，以上证候与肝硬化晚期所出现的症状颇为吻合，两方合用，再加用软坚散结的牡蛎，行气活血的香附以及散血消积的夜明砂，在治疗乙肝肝硬化晚期证候方面有很好的疗效。除本例患者外，笔者治疗此类患者数十例，皆取得较好疗效。

二、体会

山西省名老中医刘绍武先生认为只有整体的协调，才有局部的改善，通过协调治疗使局部与整体达到有机的统一，维持一个动态的平衡，才能达到治疗的目的。刘老师选用“和法”的首选方剂小柴胡汤作为协调整体的方剂，配合治疗局部的药物组成众多调治各脏器的方剂，临床取得很好的疗效。

笔者从事传染性疾病诊治多年，在治疗慢性病毒性乙型肝炎及肝硬化的过程中，体会到以小柴胡汤为中心组方的协调疗法在肝病治疗中疗效突出。具体机理作如下分析：首先，小柴胡汤作为调理半表半里的方剂，非常符合病毒性乙型肝炎的病机病理，即乙肝病邪长期留恋于半表半里。慢性病毒性乙型肝炎的发病过程符合感染性疾病的传变特点，乙肝患者大多是由于在幼年时就感染了乙型肝炎病毒，也偶有成年期感染的患者，往往是由于急性乙型肝炎病毒感染后，不能及时清除病毒，迁延而成为慢性乙型肝炎。急性病毒性乙型肝炎的发病临床特点是病初有发热或无发热，常出现关节痛、皮疹。常见症状有乏力、食欲减退、厌油腻、恶心、呕吐、有时腹痛、腹泻。发热消退后，自觉症状稍减轻，巩膜及皮肤出现黄疸，数日至3w内达到高峰。肝区痛、肝大、质较软，有压痛和叩痛。其后，患者黄疸逐渐减轻、消退，大便颜色恢复正常，皮肤瘙痒消失，食欲好转，体力恢复，消化道症状减轻，黄疸消退，肝功能恢复正常，本期一般为1个月~2个月。如果乙肝病毒不能及时消除，病程超过半年，患者可有轻重不同的症状，迁延不愈，反复发作，乏力、食欲不振、腹胀、肝区疼痛，蜘蛛痣、肝掌、肝脾肿大，随着时间的延迟，可以出现肝硬化。从发病经过我们可以看出，慢性乙型肝炎的发病过程表现出由表逐渐入里的特点。急性感染期病在表，肝硬化期病在里，而慢性迁延期病在半表半里，是慢性乙肝病程最长的一个时期。再者，从辨证论治的角度来看，小柴胡汤的这些主治证型与病毒性肝炎的临床表现非常吻合。《伤寒论》《金匮要略》记载小柴胡汤主治“往来寒热，胸胁苦满，默默不欲饮食，心烦喜呕，口苦，咽干，目眩，舌苔薄白，脉弦者”；主治“呕而发热者”；主治“诸黄，腹痛而呕者”。以上这些症状都是慢性乙型病毒性肝炎的常见证候。除了从经验医学角度分析之外，现代医学实验研究也证实了小柴胡汤对慢性乙型肝炎各环节有治疗作用。有研究显示小柴胡汤能抑制乙肝病毒复制[1]。在CCl_4所致大鼠肝纤维化模型中，小柴胡汤能显著升高血浆支链氨基酸与芳香族氨基酸的比值，降低血清转氨酶，证实该方有显著的防治肝纤维化作用[2~3]。同时，对于肝硬化患者易于发生肝癌的情况，小柴胡汤也有一定的干预作用。国外有实验研究证实小柴胡汤能抑制肝细胞癌变，而抗肿瘤的作用不是各生药的单独作用，而是小柴胡汤的整体作用[4]。可见，针对慢性乙型病毒性肝炎、肝硬化的不同病理环节，小柴胡汤均有干预作用，这也正是该方在慢性肝病治疗中应用广泛的原因。所以，以小柴胡汤为治疗基础，合用不同方药，各有侧重，在慢性乙型病毒性肝炎及肝硬化的治疗中灵活应用可以取得理想效果。

参考文献

[1] 梅洁．小柴胡汤对乙肝病毒有影响［J］．国外医学·中医中药分册，2000，22（3）：319.

[2] 柒小梅，李英，秦雪梅．小柴胡汤临床应用与药理作用研究进展［J］．山西中医学院学报，2007，8（3）：61～62.

[3] 郑丽娜，韩涛，钱绍诚，等．复方小柴胡汤对实验性肝纤维化鼠血浆氨基酸代谢及转氨酶的影响［J］．天津医科大学学报，1999，26（5）：19～20.

[4] 金航．小柴胡汤预防肝癌的研究［J］．国外医学·中医中药分册，1999，21（1）：21～23.

［《山西中医学院学报》2012，13（5）：55］

小柴胡汤在老年病中的应用

张　蕴　河北省唐山市中医医院

小柴胡汤方是汉代张仲景《伤寒杂病论》中的著名方剂，由柴胡、黄芩、半夏、人参、大枣、生姜、甘草组成。具有和解少阳之功效。主治寒热往来，胸胁苦满，默默不欲食，心烦喜呕，口苦，咽干，目眩，舌苔薄白，脉弦之伤寒少阳证。此方在临床上应用相当广泛，笔者用该方加减化裁治疗老年多种病症，疗效颇佳佳，现将典型病例报道如下。

一、失眠

患者薛某，女，68岁，2010年1月21日诊。半月前因情志不遂后，渐至夜间入睡困难，伴头晕、头沉，口苦、心烦，胸胁不舒，舌质红，苔白，脉弦。每晚虽经口服“舒乐安定”，但每于夜间1点钟左右醒来，醒后难以入寐。盖夜半是阴阳转化之枢机，阴阳枢机不利而失眠。故用小柴胡汤治疗。处方：柴胡、半夏、黄芩各12g，夏枯草、党参、茯苓、甘草各10g，木香15g，生龙牡各30g，生姜3片，大枣3枚。1d1剂，水煎服，每次200mL，早晚各服1次。服7剂后，失眠好转，继续服用半月后，停服“舒乐安定”，能正常入睡。

按：失眠病因多因情志失调、饮食内伤、痰火内扰、瘀血内停、或因阴虚内热、血虚不能养心所致。患者为肝胆郁热，少阳升发与枢机不利，至阴阳不交，心神不安而至不寐。方中柴胡能疏肝解郁；半夏化痰、消痞散结；黄芩内除烦热；夏枯草养厥阴血脉与半夏交通阴阳二气治不寐；生龙牡重镇安神；木香行气调中，党参、甘草、生姜、大枣、益气养正，调和营卫。诸药相合而失眠自愈。

二、梗塞后眩晕

患者李某，男性，72岁，2010年9月26日诊。2月前患腔隙性脑梗塞后，遗留头晕时作，伴头沉、胸闷脘痞，痰多，肢体沉重，心烦、口苦，纳食不香，舌苔白腻，脉弦滑。此乃少阳枢机不利，痰浊阻滞所致。方用小柴胡汤加减：柴胡、半夏、黄芩各12g，夏枯草、党参、茯苓、甘草各10g，胆南星、栀子、陈皮、菖蒲各15g，代赭石20g，生姜3片，大枣3枚。1d1剂，水煎服，每次200mL，早晚各服1次。服10剂后，头晕好转，余症亦有所减轻，继续服用1个月，头晕基本消失。

按：眩晕病因复杂，多有风火、痰浊、肝风及正虚引起[1]。患者病后，出现心烦、口苦、纳食不香等肝胃不和之证。小柴胡汤和解少阳，调和肝胆脾胃，故疗效佳。方中柴胡能疏肝解郁；半夏化痰、降逆，消痞散结；黄芩内除烦热；夏枯草清肝火，散郁结；党参、茯苓健脾；陈皮化痰理气；栀子除烦；代赭石平肝降逆　胆南星清热化痰；生姜、甘草、大枣益气养正，调和营卫。诸药相合，使病症得除。

三、慢性胃炎

患者王某，男性，71岁，2011年2月21日诊。反复上腹部疼痛3年，加重1周。症见：上腹胃脘部胀痛，有烧灼感，消瘦　伴有头晕、头胀，咽干，口苦，右胁隐痛不舒，无嗳气反酸，无恶心、呕吐，纳少，大便不成形，舌尖红、苔黄腻，脉弦细。有高血压病史8余年，冠心病病史6年，慢性胆囊炎4年。查体：全腹软，剑突下轻压痛，无反跳痛，莫非氏征阴性。B超检查示：慢性胆囊炎。上消化道造影提示胃炎。中医辨证属肝胆气郁，脾虚湿热。予小柴胡汤加减　药用：柴胡、香附各12g，谷麦芽各30g，太子参20g，法半夏、黄芩、白芍各15g，甘草、枳壳、黄连、白术各10g。1d1剂，水煎服，每次200mL，早晚各服1次。服用7剂后症减，继服2月后，症状消失。

按：脾胃的升降赖以肝胆的疏泄功能的正常。[2]肝胆疏泄不利，土虚木乘，致脾失健运，化湿生热，湿浊中阻发为胃痛。患者为本虚标实证，治以和解少阳，消补兼施，加用香附、枳壳以疏肝散邪；黄连清热燥湿；予白芍、甘草缓解止痛；加用谷麦以消食和胃。诸药相合，使病证得愈。

四、神经性耳鸣

患者张某，男性，70岁，2011年4月5日诊。主诉耳鸣时作近半年。西医诊为"神经性耳鸣"。曾服间断"六味地黄丸""左慈丸""弥可保"及血管扩张药，但效果不明显。症见：耳鸣，声如蝉鸣，时轻时重，伴头晕，乏力，双目干涩，咽干，腰膝酸软，舌尖边红，苔白，脉弦数。中医辨证属风火上扰清窍，肝肾阴虚。治以小柴胡汤加味，药用：柴胡、黄芩、半夏、党参各12g，甘草、栀子、枸杞子、山茱萸、草决明、白蒺藜各10g，生地20g。1d1剂，水煎服，每次200mL，早晚各服1次。服用10剂后，耳鸣减轻，诸症大减，继服1个半月，耳鸣消失。

按：足少阳胆经起于目锐眦，走于耳中，少阳胆经郁闭则见耳鸣；双目干涩、咽干及舌尖边红，为阴虚有热之象；头晕、腰膝酸软为肝肾阴虚之象；故用小柴胡汤和解少阳。方中栀子清热；生地、枸杞、山萸肉滋补肾阴；草决明、白蒺藜清肝明目。诸药共奏和解、清窍、滋阴之效。

小柴胡汤为《伤寒论》，少阳病的主方。对于小柴胡汤的临床应用，历代医家多以《伤寒论》所论外邪既不在太阳之表而汗之，又不在阳明之里而下之，惟邪客少阳之半表半里用此汤以和解之，或以《伤寒论》所谓："伤寒中风，有柴胡证，但见一证便是，不必悉具"[3]。临床应用方证对应，疗效显著，故一直沿用至今。小柴胡汤由柴胡、黄芩、人参、半夏、甘草、生姜、大枣7味药组成。从药物的功用来看，本方除具备清热解表的作用外，还具有和里、疏散胸胁郁结、补虚的作用，故前人誉为"和解表里之总方"。适用于脏腑气血不和，或寒热混杂，或虚实互见的病症。笔者在老年病的治疗中，随配伍用药的不同，治疗多种具有小柴胡汤证的病症取得了较好的效果。

参考文献

[1] 万听度，秦子丁．试析仲景对眩晕的辨治［J］．南京中医药大学学报，1998，14（1）：11~12.
[2] 康宜兵．小柴胡汤临床应用4则［J］．山西中医，2010，26（7）：46.
[3] 吴国发．小柴胡汤的临床应用［J］．陕西中医，2007，28（5）：607.

［《陕西中医》2012，33（5）：614］

小柴胡汤治验举隅

张书琴　河北省迁西县中医院

小柴胡汤出自《伤寒论》，是汉代张仲景所创和解少阳的代表方剂，方由柴胡、人参、半夏、黄芩、甘草、生姜、大枣组成。具有和解少阳，专治外邪侵人属半表半里的症候。笔者在临床应用此方，效如桴鼓。现举二三例，以飨同道。

一、感冒

张某，女，60岁，因感冒于2001年正月初二就诊，患者体温38.5℃，头痛，鼻塞，恶寒，肩背拘急，口苦，咽干，舌苔白脉浮数。门诊观察室给予头孢拉定针5.0g入液静点，利巴韦林注射液0.8g入液静点，液体输完，热未退，其他症状未见减轻。遂为其开具小柴胡汤加味3剂。处方：柴胡15g，黄芩10g，人参10g，半夏10g，甘草10g，金银花20g，生姜10g，大枣10枚。1剂服下，2h后患者热退，肩背拘急、恶寒、头痛减轻，嘱其将其余2剂药服完，以巩固疗效。3剂之后，患者诸症消失。

按：本例患者因外感风寒，恶寒发热，肩背拘急，口苦，咽干，正符合《伤寒论》"少阳为病，往来寒热，胸胁苦满，嘿嘿不欲饮食，心烦喜呕，口苦，咽干，目眩，舌苔薄白，脉弦者。"又第101条："伤寒中风，有柴胡证，但见一证便是，不必悉具。"故疗效甚佳。

二、发热证

杨某，女，42岁，农民，2000年3月2日就诊。缘于1999年夏天在露台上乘凉睡着后，出现发热，当地医生以感冒论治，给予抗炎抗病毒治疗1周无效，后转到当地县医院及北京几家大医院求治，时间长达7个月，未查出病因。体温一直在37.5~38.5℃之间。症见：发热，微恶寒，剑突下撑胀感，微恶心。入院1周，查血象、骨穿等，排除血液病等关于发热的多种疾病，病情无缓解。科室讨论后予3剂柴胡桂枝汤。处方：桂枝10g，柴胡15g，黄芩10g，人参10g，半夏10g，甘草10g，生姜10g，大枣10枚。次日退热，而体温未再反弹。服完3剂后，继续观察1周，体温正常，出院。

按：本例患者因夏日贪凉，而致外感发热，因解表不及时，外邪入侵逗留于半表半里之间，导致反复发热，迁延日久，因其一直应用抗生素治疗，外邪并未入里传变，一直逗留在半表半里之间，应用小柴胡汤和解少阳，使外邪得解，发热得愈。

三、黄疸（胆囊结石）

李某，男，58岁，农民，于2004年6月12日中午就诊。就诊时高热恶寒，胁痛，全身黄色，呕吐，呕吐物为胃内容物，体温40℃。诉刚在家中由乡医给予抗炎及退热治疗，体温反弹。患者前日在迁西县医院作B超示胆总管及胆囊结石。急给予西药对症退热处理，但体温反复升高。考虑证属少阳小柴胡汤证，给予小柴胡汤急煎1剂，取汁400mL，先服200mL。处方：柴胡15g，黄芩10g，人参10g，半夏10g，甘草10g，生姜10g，大枣10枚。服药后1h，体温降到38℃，患者自诉已不冷，未再呕吐。4h后再服余剂200mL，当夜体温降至37℃，未再反弹。后续给予小柴胡汤每日1剂，连服5剂，诸症消失。

按：本例患者证属黄疸证。病在半表半里，枢机不利，正邪分争，寒热交替出现；足少阳之脉，下胸中，贯膈，络肝属胆，循胁里，故少阳胆经病证见胁痛；邪犯少阳，经气不利，故见胸胁苦满；胆火内郁、湿热熏蒸，则见黄疸；胃失和降则喜呕。符合少阳证主证，治当和解，主用小柴胡汤以治之。

四、讨论

小柴胡汤乃和解少阳的代表方剂，方中柴胡轻清升散，疏邪透表，为君药；黄芩苦寒，善清少阳相火，为臣药，配合柴胡一散一清，共解少阳之邪；半夏和胃降逆，散结消痞，为佐药，伍人参、甘草为佐，生姜、大枣为使，益胃气，生津液，和营卫，既扶正祛邪，又实里而防邪入。小柴胡汤临证多种化裁，可以用于治疗热入血室、疟疾、黄疸、内伤杂病等多种疾病而见少阳证者，临床中每用之皆显效，值得同仁校验推广。

［《中国中医急症》2012，21（12）：1972］

小青龙汤的临床应用

张凤琴　河南工业大学医院

小青龙汤出自张仲景的《伤寒论》。仲景曰：“伤寒表不解，心下有水气，干呕发热而咳，或渴、或利、或噎、或小便不利少腹满、或喘者，小青龙汤主之。”后人概括为主治外感风寒，内停水饮，症见恶寒发热干渴、无汗、浮肿；头身疼痛，或咳或喘、脉浮等[1]。此方由麻黄、芍药、五味子、干姜、甘草、桂枝、半夏、细辛组成。方中麻黄、桂枝发汗解表，宣肺平喘；白芍配桂枝调和营卫；干姜、细辛内以温肺化饮，外可辛散风寒；五味子温敛肺气以止咳，并防肺气之耗散；半夏燥湿化痰，蠲饮降浊；炙甘草调和诸药。配芍药酸甘化解，缓和麻桂辛散太过。药虽八味，配伍严谨，是散寒解表化饮平喘良方。本方虽为既有外感风寒的表证，又有水饮内停的里证而设，但在临床实践中体会到：凡属寒饮伏肺，见咳嗽、哮喘、饮症等咯痰色白清稀，或量多、或呈粘液泡沫状，察舌质淡，苔白而滑或腻者，无论有否恶寒发热，无汗有汗，脉浮或不浮，只要病机相当，随症加减，颇收良效，现举例如下。

例1　咳喘伴闭经。王××，女，20岁，于2008年10月30日就诊，素患慢支，常咳喘。近半月又复发。咳喘咯痰清稀量多色白，食欲不佳、面青肢冷，形体瘦削，经水3个月未至，舌质暗淡有瘀点瘀斑，舌苔白而滑腻，无发热、无汗出，脉细弱而有涩感。证属寒邪壅肺，肺失宣降、气逆咳喘；寒袭胞宫加之气滞不畅致血瘀经闭。治以温化寒痰，宣肺降逆平喘活血化瘀。处方：炙麻黄9g，桂枝12g，白芍12g，细辛5g，干姜10g，五味子10g，半夏12g，丹参30g，桃仁10g，川芎12g，赤芍12g，炙甘草5g，2剂，每日1剂，水煎服。11月2日二诊，咳喘消失，饮食增加，面色好转，身已不冷，经水随寒去气畅而来，咳嗽轻微，痰量减少，舌质暗淡，苔白腻不滑，脉细弱。上方桂枝、干姜减至各9g，加山药20g，云苓15g，继进2剂。11月5日三诊，患者咳嗽消失，食欲大增，面色正常，舌质稍暗淡，苔薄白，脉稍弱不涩。根据祖国医学脾为生痰之源。肺为贮痰之器，肾阳虚不能摄水，因而冷痰上犯的理论，使其常服香砂六君子丸、金匮肾气丸，以不断增强抵抗力，减少复发次数，减轻症状。随访8个月未复发。

例2　咳喘（寒型）。赵××，男，7岁，于

2010 年 11 月就诊，患者 10d 前因受凉致发热咳嗽，鼻流清涕，经用西药治疗后发热已退。1 周来渐致咳喘，并日益加重，早晚更甚，晨起及晚上初睡时可听到喉间痰鸣音。鼻仍流清涕，舌质淡，苔白腻，证属寒邪犯肺，治宜辛温散寒，化痰平喘。用小青龙汤加减治疗。方药：炙麻黄 6g，细辛 2g，五味子 6g，白芍 5g，半夏 6g，苏子 5g，炙甘草 3g，地龙 5g，干姜 5g，杏仁 5g，3 剂，水煎服。3d 后复诊，咳喘消失，鼻塞已通，流涕少，偶有咳嗽，仍有痰，舌苔薄白，方用：炙麻黄 6g，炙杏仁 5g，半夏 6g，陈皮 5g，茯苓 5g，苏子 5g，五味子 6g，细辛 1g，炙甘草 2g，1 剂而愈。由以上病例可见，运用小青龙汤无表证时，只要抓住寒饮犯肺的病机正确辨证，熟悉制方的结构特点，便可推广运用，发挥较大的效益。在应用本方时，若对兼有热象出现烦燥者可加生石膏，即大青龙汤；若见舌苔厚腻色黄有化热趋势可加黄芩；如怕冷无汗者麻黄，桂枝宜重用，如怕冷自汗者，桂枝、芍药可重用；如外寒已解，咳喘未除者，用炙麻黄加杏仁以平喘止咳，如饮邪潴留，气化功能不足，小便短少者，可用肉桂代桂枝以化气行水，若病人久病体弱，且此时病的大势已去需善其后，可加固护脾胃之气的药物如黄芪，山药、云苓等。但要注意病情变化，避免辛温燥烈太过而伤阴，凡舌体瘦小质红，苔黄燥或舌光无苔均属禁用。

参考文献

[1] 张保国，刘庆芳．小青龙汤现代研究与新用［J］．中成药，2012，34（2）：340 ~ 343.

［《中国校医》2012，26（9）：710］

小青龙汤加减治疗重症哮病 48 例疗效观察

马永红　云南省剑川县中医院

一、临床资料

48 例中，46 例系住院病例，2 例系门诊病例，男性 25 例，女性 23 例，年龄最小 33 岁，最大 78 岁，30 ~ 40 岁 1 例，占 2.1%，40 ~ 50 岁 7 例，占 14.6%，50 ~ 60 岁 23 例，占 47.9%，60 ~ 70 岁 11 例，占 22.9%，70 岁以上 6 例，占 12.5%，平均年龄为 54.6 周岁。就诊时均有喉中哮鸣有声，呼吸急促困难，甚至喘息不能平卧；查体：颜面口唇发绀，呼吸急促，双肺可闻及痰鸣音及哮鸣音，少数病例出现呼吸三凹征，端坐呼吸。病史少者 3 年余，多者 20 余年。

二、治疗方法

以小青龙汤（由麻黄 10g、芍药 15g、半夏 15g、桂枝 20g、干姜 10g、炙甘草 6g、五味子 6g、细辛 4g 组成）加黄芪为主方，痰涌喘逆，不能平卧，舌淡，苔白，脉滑或腻者，加苏子、白术、葶苈子；痰黄而稠、胶粘，舌红，苔黄腻，脉数者，去桂枝、干姜，加黄芩、桑白皮；内热壅盛者，去桂枝、干姜，加石膏、鱼腥草、生大黄；声低、气短不足以息，咯痰清稀，面色苍白，汗出肢冷，舌淡，苔白，脉沉细者加人参。住院病例可同时给予氨茶碱、糖皮质激素。

三、治疗结果

就诊患者，主用小青龙汤加黄芪辨证施治，临证加减，48 例患者中 32 例 3 日内缓减，16 例 5 日内缓减，有效率达 100%。

四、典型病例

吕某，女，42 岁，农民。有支气管哮喘病史 8 年余，1 年内多则发作 20 余次，少则 7、8 次，曾多次住院治疗，因长期使用氨茶碱、糖皮质激素，近年来氨茶碱、糖皮质激素治疗已无效，甚至感到使用氨茶碱则出现过敏症状，拒绝使用氨茶碱。支气管哮喘发作时哮鸣有声，呼吸气促困难，痰多、色白而粘，甚则喘息不能平卧，舌淡，苔白，脉滑；查体：颜面口唇发绀，双肺痰鸣音及哮鸣音，甚则出现呼吸三凹征，端坐呼吸。给予小青龙汤（麻黄 10g、芍药 15g、半夏 15g、桂枝 20g、干姜 10g、炙甘草 6g、五味子 6g、细辛 4g）加黄芪 30g、白术 15g，每日 1 剂，煎药混匀，分 3 次温服，3 日后症状明显缓减，经 5 日好转出院。

张某，男，56 岁，农民。有支气管哮喘病史 12 年余，入院时，中哮鸣有声，呼吸气促困难，痰多、色白，呈泡沫状，四肢冰冷，大汗出，声低、气短不足以息，舌淡，苔白，脉滑数；查体：呼吸三征，颜面口唇发绀，双肺痰鸣音及哮鸣音。给予小青龙汤（麻黄、芍药、半夏、桂枝、干姜、炙甘草、五味子、细辛各 1 小包）加黄芪 2 小包、人参 2 小包，冲剂立即冲服，2 小时后四肢冰冷，大汗出消失，继给予小青龙汤加黄芪，每日 1 剂，4 日后好转出院。

五、讨论

哮病是由于宿痰伏肺，遇诱因或感邪引触，以致痰阻气道，肺气肃降，痰气搏击所引起的发作性痰鸣气喘疾患。病因中明确指出宿痰伏肺，遇因（外感、劳累或接触过敏原）引触，邪气触动伏痰，痰随气升，气因痰阻，痰气壅塞于气道。其中多因外感引发，“邪之所凑，其气必虚”，除初发者外，都存有虚的一面，因此治痰、治虚是关键，用小青龙汤主治痰饮，黄芪主治气虚，达到标本皆治之目的，重用芍药缓急黄芪补气，共为君药。

重症哮病相当于西医支气管哮喘急性发作，是一种气道慢性过敏性疾病，急性发作时要急时处理，否则可危及生命，治疗的关键在于抗炎、抗过敏、解痉平喘。现代药理研究证明芍药除具有抗炎及镇静作用外，还有抗变态反应的作用；此方重用黄芪，是因为黄芪具有提高机体免疫能力和抗变态反应的作用，其提高机体免疫能力的作用远大于人参、党参等。两者相合相得益彰，具有良好的抑制气道炎症，改善气道高反应性，从而达到抗炎、抗过敏、缓解支气管痉挛缓解支气管哮喘急性发作的目的。

参考文献

[1] 福建中医学院学报.2009，19（2）：71～72.
[2] 广西中医学院学报.2008，（4）.
[3] 上海中医药杂志.1981，（12）.
[4] 新医学.1983，（11）：

[《中国民族民间医药》2012，23（9）：109]

小陷胸汤临床应用举隅

杜贵传　吉林省桦甸市人民医院

小陷胸汤出自《伤寒寒论》太阳病下篇，为治疗热邪内陷与痰饮互结心下，按之则痛之小结胸证。小弦胸汤由黄连、半夏、瓜蒌实组成，三味相伍，共奏清热涤痰、开胸散结之功效，三者缺一则偏。黄连寒苦清热，缺则寒苦降泄之力不足；半夏辛温除痰降逆止呕，与黄连苦辛合用，辛开苦降，使痰热互结得开得降，缺夏则化痰降降逆止吐之力损；瓜蒌甘寒降痰利气润下，既助半夏开结，又助黄连泄热，缺蒌则利气润下之力减。笔者认为，本方不仅为伤寒误下邪热内陷而设，凡临床所见，有因痰热互结为病者，均可用之，其效如桴鼓。笔者常以本方治疗内科各种杂病，疗效较著，这里仅择数案，略述如下。

病例1：胸痹。

赵某，男，52岁。素有高血压史，近年来，时觉胸闷憋气，并时隐隐作痛，初以为长期伏案写作所致肋间神经痛未得重视。近几日突觉疼痛加剧，其痛如过电向肩背放射。2009年10月6日来我院治疗，经西医心电图检查，为不正常心电图，S－T段有改变，诊断“冠心病，心绞痛”。经西医治疗疼痛虽然能缓解，但不能完全控制，后根据患者要求，邀中医会诊。诊见，患者主述眩晕、胸闷憋气、胸痛时作。脉沉弦滑，舌质暗红，苔黄腻。此乃痰湿内蕴，郁而化热，痰热内扰阻痹心脉，气血瘀滞而不畅。余思瓜蒌薤白白酒汤虽为胸痹而设，而其治在通阳宣痹，与此证不符。而小陷胸汤虽为伤寒误下而设，但仍不失清热涤痰，宽胸散结之功。遂与小陷汤加活血化瘀之品治之。

全瓜蒌60g，半夏10g，川连10g，丹参30g，枳壳10g，郁金12g，元胡12g，赤芍15g，钩藤15g，川芎20g。

患者服药3剂后病情大有好转，服药6剂胸痛已除，后又以此方增损连服月余，心电图已趋于正常，遂出院。现已正常工作。

病例2：眩晕。

刘某，男，60岁，干部。2010年8月16日，因突然眩晕呕吐来诊。其头痛欲裂，口眼歪斜。血压230/120mmHg，眼底动脉痉挛，诊为“脑血管痉挛”，经西医调治血压虽下降，但都不稳定，眩晕不减，呕吐乃作。经某医予以镇肝熄风汤服之效不显，改邀余为诊。诊见患者闭目于床，时干呕，食水不思，大便已四日未下，喉中痰鸣，舌红苔黄腻，脉弦滑。余认为证属痰热内蕴，肝气挟痰上扰之证，非阴虚阳亢，故镇肝熄风不效。丹溪曰：“无痰不作眩”，故此证非清泄痰火，其眩晕呕吐必不止。治宜，清热化痰，降逆止吐。方法：小陷胸汤加味。

川连10g，半夏10g，瓜蒌60g，生代赭石60g，竹茹10g，栀子10g，钩藤20g，莱菔子30g，大黄10g，枳实20g，甘草6g。

患者服药1剂，便通呕止，再剂眩晕除，血压下降。前方去大黄，又进6剂，诸症皆除，而病瘥。

病例3：胃痛。

焦某，女，48岁，2011年10月12日来诊。患胃病十余年，近年来胃痛逐渐加剧，食欲不佳，脘腹气胀，并视觉胃中灼热疼痛，日渐消瘦，大便燥结，患者十分苦恼。经西医胃镜检查诊为“萎缩性胃炎”。因闻此病易转癌，患者甚为恐慌，更食水不思，并觉胃脘堵闷，食进发噎，经治已疏肝理气，活血止痛，均罔效。后邀余为诊，见患者神情怯弱，形体肉消，自觉口感黏腻，胃痛按之则剧，干呕，舌红苔黄腻，脉弦滑。此乃痰热互结于心下之结胸之症。非小陷胸汤不能奏效，随与小陷胸汤加味。

川连10g，半夏10g，瓜蒌60g，枳实20g，百合30g，乌药10g，鸡内金10g，焦三仙各30g，栀子10g。

患者服药一剂泻下黄稀粪便甚多，顿觉胃脘堵闷消除，再剂其痛减食进。后于前方中入鲜石斛20g，调治月余患者自觉病愈，食增体丰。2个月后再经胃镜检查，其病告愈，至今并未再发。

病例4：胁痛（急性胆囊炎、胆结石）。

王某，女，59岁。平素胃脘不适，其痛牵及两胁，自以为胃痛，每以胃药治之罔效。2011年春节于家中食肉饮酒之后，突然疼痛大作，并伴呕吐，其腕腹，胁肋痛不可按。家人急送往医院急诊，经B超检查，诊为胆囊炎合并胆结石，病人拒绝手术，要求中药治疗。诊见患者屈卧于床，时呻吟，胁肋及胃脘胀痛，按之则剧，呕吐清水，大便二日未排，寒热交作，口苦，舌质红苔黄腻，脉弦滑有力。此乃肝胆湿热，痰浊内郁，肝失疏泄所致。治宜清热涤痰，舒肝利胆。治用小陷胸汤合大柴胡汤加减。

川连10g，瓜蒌60g，半夏10g，柴胡30g，黄芩10g，赤芍15g，枳实20g，大黄10g，元胡12g，代赭石30g，金钱草30g。

患者服药1剂寒热除、痛减、便通，再剂者症消失，后于前方去赭石，入火硝（硝石）9g，郁金30g，槟榔20g，芒硝10g冲。服药后从大便中排除结石数粒，自此痛止，B超检查结石消除，前后进12剂，其病告愈。

以上所居数案均属“痰热互结”为病，病虽异而证同，乃异病同治之理，均以小陷胸汤收功。临床所见因痰致病者十常六七，故《医学入门》云：“人知气血为病，而不知痰病尤多”。至于痰所致病乃多种多样，全身上下，表里均可为病。若痰热为病，聚于内结于胸脘之间，可致气失和降，证见胸膈满闷，心下痛（胃脘痛）按子则剧；痰热挟胃气上逆则见呕恶，心中则虚懊烦不眠；痰热逆于上，壅塞于肺，肺气不降，可见可逆气喘；痰浊郁滞脉络，阻遏气血，闭阻心窍，痰血瘀滞，心失所养，故见胸痹心痛；痰热流窜于肝胆，以致肝失疏泄，痰火内聚，滞于脉络，故可见肋痛，胆胀；痰热内扰，蒙蔽于头故而眩晕大发。此均属痰热为患也。这就充分说明《伤寒论》方不仅为伤寒病而设，亦可治杂病。

[《中外医疗》2012，32（25）：125]

小陷胸汤治验举隅

杨锦国　杨　涣
陕西省榆林市第二医院

小陷胸汤出自《伤寒论》，仲景原用于治疗“小结胸病，正在心下，按之则痛，脉浮滑者”。方由黄连、半夏、瓜蒌实三味组成。具有清热化痰，宽胸散结之功。根据异病同治的理论，笔者常用此方治疗一些顽难杂疾，收效甚佳，兹将临证所得介绍于下。

一、胆心综合征

李某，男，56岁。干部。1996年4月20初诊。患者以发作性胸闷20余年，加重1月之主诉。门诊以“冠心病”收住院。近1月来，患者无诱因，每天下午出现心前区不适，胸闷、气短、胸胁胀满疼痛，暖气、自汗，全身不适，纳差便秘，舌胖苔腻，脉弦滑。入院后，先以“冠心病”治疗无效。后作B超，提示胆囊结石。心电图提示心肌供血不良。确诊为胆心综合征，胆石症。经利胆、扩管、支持、对症等治疗，效果不显。后改服中药小陷胸汤加枳实15g，香附、郁金、草豆蔻、生大黄各10g，服药7剂，自觉症状全消，心电图正常，胆石症依旧，随访3年未发。

按：本例先以“冠心病”治疗无效，后又用西药利胆，扩管等治疗效亦不显。由于胆心综合证累及“两上”系统，因此治疗必须胆心兼顾，胸腹同治，以治疗原发病为主，以清热涤痰利胆，宽胸散结消痞为法。药证合拍，故获良效。方中瓜蒌清热化痰，下气宽胸，以除胸胁痞满为主；辅以黄连清热泻火，引药归心胆；佐以半夏降逆祛痰，消痞散结，与黄连合用，辛开苦降。加枳实、香附、郁金以增强宽胸、畅腹、利胆之功；草豆蔻以化湿；大黄以通腑。

二、冠心病心绞痛

孙某，男，62岁。农民，1998年4月24日初诊。近3月来，每于劳累后即感胸骨后及心前区憋闷而痛，气短、心悸，持续5~10min。伴有咳嗽、痰多粘稠。近1周来，发作日渐频繁，每天发作时含化速效救心丸后缓解。面色青紫，口干欲饮，大便5d未行，舌质黯、苔黄腻，脉弦。心电图提示：窦性心律，S－T段下移，T波倒置，冠状动脉供血不足。血压20/13kPa，ch7.0mmol/L，TG2.2mmol/L，诊断为冠心病心绞痛。证属痰热阻滞，胸阳郁闭，脉络瘀阻。用小陷胸汤加薤白、丹参各15g，郁金、红花、苏木、降香各10g，水蛭、三七各6g。服药3剂，胸闷、胸痛明显减轻。原方继服15剂，诸症消失，心电图正常。

按：冠心病心绞痛多属中医“厥心痛”“真心痛”“胸痹”等范畴。多由胸阳不振、气滞血痕、痰浊闭阻心络所致。在临床上，痰浊是导致冠心病的重要病因之一。临床凡遇有胸闷、胸痛、心悸、痰多、苔腻、脉弦滑等，皆可视为“痰”作怪，用小陷汤治之，每每获效。方中瓜蒌、薤白宽胸化痰、理气；黄连、半夏、郁金清热化痰开郁；丹参、红花、苏木降香养血活血止痛；水蛭逐瘀，破积，通利血脉。

三、哮喘性支气管炎

关某，男，46岁。农民，1999年3月20日初诊。发热恶寒，咳嗽，胸痛，夜间喘甚，痰多黄稠，大便秘，小溲赤，两肺可闻及哮鸣音，舌红苔黄腻，脉浮滑。诊为哮喘性支气管炎。用小陷胸汤加苏子、白芥子、杏仁各10g，麻黄6g治之。服药6剂，夜已不喘，咳亦减轻，继服上方3剂，诸症消失。

按：本例属痰热咳喘，用小陷胸汤清热化痰，配以苏子降气平喘；白芥子祛痰止咳；麻黄、杏仁、桔梗宣肺平喘止咳。诸药合用具有清化热痰，宣肺平喘，降气祛痰之功。

四、顽固性便秘

刘某，男，67岁。退休干部。1999年10月5日初诊。大便秘结已逾十年，服泻下药可取效于一时，隔数日便秘依旧。因而患者每隔旬日服泻药一次，泻后顿感浑身轻松，如释重负，但不能从根本上解决问题。近日患者不大便已一周，苦不堪言，邀余诊治，欲求长远之计。诊见：体胖面垢、嗜睡、口渴、舌胖、苔黄腻，脉弦滑。证属痰热壅结，腑气不畅。方用小陷胸汤加浙贝母、枳实、生白术各10g，胆南星6g。服2剂而大便通，身轻爽。后原方继服5剂，病告痊愈，随访二年，未再复发。

按：本例便秘，实属痰热便秘，并非热秘，故屡用泻下通便之剂，使热稍去而痰未化，只能取效于一时。方用小陷汤清热化痰，加枳实宽胸散结，治病之本，更加浙贝母、胆星增强清热化痰之效；白术健脾以祛痰，使脾健痰无源可生。诸药合用，使痰祛、热清、便秘乃愈。

五、眩晕

马某，男，60岁。退休工人。2006年10月2日初诊。近3月来，头晕失眠，胸闷痰多，便秘溲赤，心烦易怒，双手发麻，舌质红、苔秽腻，脉弦滑。证属肝胆火盛，痰热内闭。方用小陷胸汤加天麻10g，钩藤、白蒺藜各15g。服药6剂，头晕差，便亦通，手不麻、痰亦少。继服6剂，诸症消失。

按：眩晕之病机历代医家论述颇多。《内经》云：“诸风掉眩，皆属于肝”；《金匮要略》说：“心下有痰饮，胸胁支满，目眩”；《丹溪心法》认为“无痰则不作眩”，提出“治痰为先”。本例眩晕实为痰热眩晕，故用小陷汤清化热痰，更加天麻、钩藤、白蒺藜增强化痰之功，使痰化、热清、眩晕愈也。

六、脂溢性皮炎

王某某，女，22岁，学生。2006年5月2。日初诊。患脂溢性皮炎已2年余，曾在多家医院皮肤科诊治效果不显。诊见：面垢油腻、头部及胸背部毛囊小丘疹尤为严重，皮肤瘙痒，背部极易被油腻鳞屑污秽，衣服易被皮脂分泌物污染，经常便秘，舌红苔黄，脉弦滑。证属痰热互结，溢于皮肤所致。治宜清热化痰，通腑降浊。方用小陷胸汤加生大黄15g。先后服药20剂，病告愈。

按：脂溢性皮炎是一种皮脂溢出部位的炎性皮肤病，病因未完全明了，临床单纯皮肤用药效果不理想。用清热化痰，通便降浊之法，收到良好效果，值得研究。

[《陕西中医》2012，33（2）：239]

小议《伤寒论》中刺期门的应用

王彩悦　苑　婷　郭建　天津中医药大学
李　岩　天津市公安医院

《伤寒论》是中医辨证论治的经典论著之一，素有“方书之祖”之称，而其中又涉及一些针灸条文。《伤寒论》中明确提到的穴位仅有8个，又以“期门”穴出现的频率最高。《伤寒论》中“刺期门”主要用于治疗纵、横、热入血室、太阳与少阳并病，又与巨阙同用治疗尸厥。上述病症虽都选取期门穴，但按病机又可分为四型：肝气过盛、肝血热结、少阳实热、血结气陷。

一、肝气过盛刺期门

（一）肝邪乘脾："伤寒，腹满，谵语，寸口脉浮而紧，关上弦者，此肝乘脾也，名曰纵，刺期门。"（第108条）本病为太阳伤寒变证之一，以腹满谵语等脾胃疾病的表现为主，而又显现肝脉[1]。《伤寒论》以脉法开篇，可见仲景伤寒对脉象辨识的重视。该证为肝脉又兼见脾胃症，是以肝气过盛，疏泄无度则胃气不和，脾胃相表里，故见脾胃之证。"刺期门"可泻肝经过盛经气，泻肝木以制脾土。《针灸甲乙经》提到：期门为足太阴、厥阴、阴维之会。故刺期门不仅疏肝理气，还可理脾除满，一穴而功兼两经，肝脾同治。

（二）肝邪侮肺："伤寒发热，啬啬恶寒，大渴欲饮水，其腹必满，自汗出，小便利，其病欲解，此肝乘肺也，名曰横，刺期门。"（第109条）本病为太阳伤寒之又一变证，.《伤寒溯源集》云："以肝木之旺气乘克土制胜，贾其余勇，来侮困弱之肺金，于理为不顺，故谓之横。"伤寒者，肺气已伤，肝气过盛乘脾侮金，故可见肝旺发热，腹满及肺气受损，宣降失调等症。治以"刺期门"以泻肝木之旺，健脾除满。期门穴为十二经循行最后一穴，经气由此复归于肺经，期门穴即可泄肝之余气，又可通行肺金，使肝气平，肺气复以宣降，则诸症自除。

上述两证随症状不尽相同，但病机均为肝木太过所致，后者比之前者更甚。因此刺期门以疏肝气、泄肝热，使肝气盛实得缓，肝木不再克土而脾胃自安，肝木不致侮金而肺司其职。

二、肝血热结刺期门

"妇人中风，发热恶寒，经水适来，得之七八日，热除而脉迟身凉，胸胁下满如结胸状，谵语者，此为热入血室也。当刺期门，随其实而取之。"（第143条）本证为妇人经期伤寒，邪气乘虚而入，与血搏结，气血不畅，少阳枢机不利则胁下有结胸状，谵语者为显见热像，故此时形成热入血室证。

"阳明病，下血谵语者，此为热入血室，但头汗出者，刺期门，随其实而泻之，然汗出则愈。"（第216条）本证为阳明热盛，侵及血室，血热互结，形成热入血室证。但头汗出者，为与血相结之热不得外透而上蒸之故。热入血室谵语是热扰肝魂，邪在血分。

两者病机皆为肝血热结[2]。肝藏血，主疏泄，血室为肝所属，热入血室则肝血为热所结。期门穴为肝之募穴，即肝之经气汇聚之处，刺期门可疏利肝经气血，泻血分实热，血热除则血室自安矣。

三、少阳实热刺期门

"太阳与少阳并病，头项强痛，或眩冒，时如结胸，心下痞硬者，当刺大椎第一间、肺俞、肝俞，慎不可发汗；发汗则谵语，脉弦，五日谵语不止，当刺期门。"（第142条）本病为太阳病未罢而又波及少阳，太阳病可发汗解之，但少阳病不可发汗，发汗则亡津液，使少阳邪热愈甚。肝与胆相表里，肝气藏血藏魂，血得邪热内扰，津亡胃燥，木盛克土，发为谵语脉弦[3]。正如《伤寒悬解》言："五六日谵语不止，则胆胃之津益耗，当刺厥阴之期门，以泄少阳而救阳明也。"

少阳实热之所以选厥阴募穴，是因为肝胆经互为表里，胆寄于肝，表里相连，同司相火，其气相通，故胆火上炎，厥阴风火亦随之升动[4]。治病求本，故可选用厥阴募穴。且少阳之脉络胁，期门穴为肝经末穴，位于胸胁之处，针期门泻肝经之热，肝邪去则少阳亦安，刺一穴而同去肝胆之热，热去则谵语自止。因此，仲景选取期门穴治疗太少并病误发汗，出现的少阳实热之证。

四、血结气陷刺期门、巨阙

《伤寒论》平脉篇云："少阴脉不至，肾气微，少精血，奔气促迫，上入胸膈，宗气反聚，血结心下，阳气退下，热归阴股，与阴相动，令身不仁，此为尸厥。当刺期门、巨阙。"此证从厥而生，其状若尸，故名尸厥。少阴脉不出，则厥气客于肾，厥气大胜，壅遏正气，使宗气反聚，而血结心下。又因阳气被厥气所壅，退至阴股与阴相动。肝主疏泄，肝经循行经过阴股，故厥气壅遏肝阳，使之条达疏泄受阻，致手足身体厥冷，无知觉状如死尸。《内经》曰："厥气上行，满脉去形，刺期门者，以通心下结血；刺巨阙者，以行胸中宗气，血气流通，厥气退，则苏矣。"且募穴为脏腑经气汇聚于胸腹部之穴，而心主血脉，肝藏血主疏泄，故刺两经募穴，即能行气又可疏导血脉，使气血和而厥证除。

本证虽起因于厥气壅遏少阴，但最后发展为血结心下，气陷阴股之证时，也就发展为肝经气血受遏，肝的疏泄功能不能正常发挥，因此也用刺期门之法。

五、因何选期门穴

上述各证病机虽不尽相同，但总的来讲是由肝经气血盛实或肝气被遏所致。故医圣选取期门穴治疗不同疾病，是辨证求因、审因论治的结果，凡肝经之实者，可刺期门穴。然何以独取肝经之期门穴？第一，期门穴为足厥阴肝经之腧穴，位于胸胁部，与足太阴经和阴维脉相交；期门又是十二经之终穴，十二经气血由此穴复归手太阴肺经，是气血归入之门户。由上述穴性可知，肝经与脾肺两经皆有联系，肝经气血盛实必影响肺、脾两经，故纵横之证皆刺期门。第二，期门穴为肝经之募穴，“阳病行阴，故令募在阴”，“阳病治阴”，而肝脏“体阴而用阳”。故肝脏之疾尤其肝气太过之疾（属阳）可取肝经之募穴（属阴）而刺之[5]。第三，肝脏经气汇聚于期门穴，肝经气血盛实，则过盛之气（或火）结于此穴；肝经气血为邪所遏，则汇聚于该穴的气血不得疏泄，故皆成实证。“实则泻之”，上述各证皆因肝经盛实或肝气被遏所致，故皆取期门穴，以泻过盛之气或过盛之火，同时也能疏泄被遏之肝气。

六、期门穴刺法

《伤寒论》中对“刺期门”的具体方法并未说明，而后世医家对此的说法不尽相同。清代陈退翁在其《伤寒针灸穴解》指出：“刺期门法：期门，上一穴，左右各刺出血。主治胸中烦热……伤寒过经不解。”[6]由此可知，陈氏认为《伤寒论》中的刺期门应是刺血法。另外，郝万山在治疗“热入血室”所用的刺期门法也是刺血疗法，是在期门穴附近寻找可见的瘀滞的静脉血管团，用刺血的方法治疗，血止后可拔火罐，拔出渗入皮下的瘀血[7]。此法若运用得当，往往有立竿见影之效。

临床也有用毫针刺法者，正如《玉龙歌》有“伤寒过经尤未解，须向期门穴上针”。周建伟[8]用此法治疗纵横及热入血室证。任占敏等[9]认为针刺期门穴不仅治发热及热入血室，又可疗中焦虚寒、寒伏胞宫而降冲逆之气。

另外，期门穴是一个蜂针临床的常用穴，对多种疾病都有一定疗效[10]。

七、小结

《伤寒论》处方用药注重辨证，辨证论治是仲景的思想核心，这一思想在“刺期门”中也得到了充分的表现。上述各种疾病虽然各不相同，但总结起来皆为肝经实证，故皆可刺期门。然而目前临床对期门穴的应用已不多见，《伤寒论》中的相关条文和后世医家的论述，可为我们重新研究并应用期门穴提供一些依据。

参考文献

[1] 成无己．注解伤寒论［M］．北京：人民卫生出版社，2004：89.

[2] 周妍．《伤寒论》之针刺期门法探讨［J］．针灸临床杂志，2004，20（3）：5.

[3] 谢富明．浅析《伤寒论》中期门穴的运用［J］．中医药研究，2000，16（6）：8～9.

[4] 杨育周．对《伤寒论》中刺期门的探讨［J］．黑龙江中医药，1986，（6）：13～14.

[5] 王炳君．《伤寒论》针刺期门浅析（1）［J］．江西中医药，2006，37（10）：15～16.

[6] 相鲁闽．陈退翁与《伤寒针灸穴解》［D］．中国科学院上海冶金研究所：中国科学院上海冶金研究所，2000.

[7] 郝万山．郝万山伤寒论讲稿［M］．北京：人民卫生出版社，2008：171，197.

[8] 周建伟．期门穴临床应用举隅［J］．上海针灸杂志，1996，15（3）：379.

[9] 任占敏，柳学俭．期门穴案二则［J］．中国针灸，1997，17（7）：418.

[10] 全科，李万瑶，万赖思琪．期门穴的临床应用［J］．蜜蜂杂志，2011，31（8）：37～38.

［《四川中医》2012，30（7）：20］

心病治肝发微兼谈小柴胡汤加减治疗心绞痛

韩五九　西安市临潼区妇幼保健院

心绞痛为临床上常见的一种心血管疾病，治疗方法有多种。在中医五行论中，肝为木，心为火，肝为心之母，肝若病则及心，因此，治疗心病则可先调肝治疗[1]。张仲景在其《伤寒论》中指出，小柴胡汤为调肝治疗伤寒少阳病主方，药方：柴胡和半夏（洗）250g，黄芩，人参，甘草（炙）和生姜（切）各150g，十二枚大枣（擘）组成。有中医学者采用小柴胡汤加减治疗心绞痛取得了良好的效果。本文旨在通过对小柴胡汤加减治疗心绞痛作一理论阐述及病例举证。

一、心病治肝，理论阐识系统完整

在中医认为，情志失调，气机不畅，情绪激动或情绪低落等可以损伤肝脏，若过度兴奋或急躁等，可使机体阴阳失衡，气血不和，气郁血瘀，血脉不通，脉络不利，气机不畅，可引起机体气瘀血滞或痰瘀交阻，心脉闭阻，不通则痛，从而引起胸痹心痛[1,2]。《素问·举痛论》里也讲到气为百病之源也。明代某医学家曰：肝虚则胸痛引背肋，肝实则胸痛不得转侧，由此可见，胸属肝也。路志正学者认为[3]：心脉挛缩，冠脉不通是引起心绞痛发生的病机所在。根据中医五脏相关理论，机体任意一个脏器发生功能障碍时均可累及其他脏器，引起其他脏器发生病变，如肝胆功能失调可引起患者发生胸部发作性疼痛，伴胸部胀满[4]，而且可随着患者情绪过度兴奋加重。人体全身器官组织的血液均由心脏供应，而肝藏血，司疏泄，调节各脏器血量，使气血畅通，心血充盛。若肝胆病变，可影响至心，引起气瘀血阻，心脉不畅，进而引起冠脉收缩，引发心痛。长期抑郁，可使肝气郁结，疏泄功能降低，心脉不畅，久而久之，可郁久化热，心脉交阻，致心胆不宁[5]。暴怒可伤肝，引起肝火冲心，心火热结，血瘀脉急，引起心痛突然发作。由此可知，肝脏发病，疏泄不利，引起气血瘀滞，脉络不通，是肝心痛主要的病因，而且可加重血瘀痰阻，使肝心痛病变加重。故本虚标实是引起心绞痛反复发作，迁延不愈的关键。

二、枢机不利，痰热互结为其病机

冠心病心绞痛常在情绪激动，感染、劳累及饮食失宜等情况下诱发或使心绞痛加重，而有疼痛多为压榨样闷胀不适甚则绞痛，伴气短、心悸，发作时间不等，短则数秒，长则数十分钟，在休息或服药疼痛可缓解，但该病易反复发作，严重影响患者的生活质量。在中医[6]，心绞痛这些疼痛部位也正是肝胆经络循行之处。少阳之气游行三焦，而司一身腠理之开合，胁为少阳之枢，邪结于胁，经气不利，胸胁苦满，这即为心绞痛发作的典型症状。少阳气机不舒，升降失调，使肝气郁滞，气血不通。中医认为肝气通于心气，肝气滞则心气乏，肝郁气滞是引起心绞痛发病的主要原因。而且肝失疏泄，引起脾失健运，则引起湿痰蕴结，停于胸口，肝郁日久，痰热互结，化热生火，使胸阳不振，痰瘀交织于心脉，心脉痹阻，进而引起心绞痛。因而，和解少阳，疏肝理气可治心绞痛。

三、和解少阳，清热化痰是其治法

冠心病无论属实属虚，使其气血流通是治疗的关键。基于心绞痛上述病机，治疗关键为和解少阳，清热化痰，宽甸胸开结。而小柴胡汤可疏利三焦气机，宣通内外，调理肝胆疏泄，行气活血，合小陷胸汤有良好的清热化痰及宽胸开结作用。方中柴胡和黄芩可疏解肝胆之郁热，甘草、人参等可补脾，生姜、红枣可和胃，上述诸药配伍，为疏肝利胆之良药，对脾胃调和也起着重要作用。对于小柴胡汤加减治疗临证中运用指征有：心绞痛患者心电图检查显示有心肌缺血者且其为主要特征者，采用小柴胡汤加瓜蒌及黄连，去其中的大枣及生姜。若合并胸中气塞、气短，即饮停胸膈之症，此乃肝郁脾虚，焦湿生饮，采用柴陷汤可以和解少阳枢机，治疗其根本，能清热化痰减轻其症状，但是对脾虚生饮治疗却不能取得良好的效果，因此，可加用《金匮要略》茯苓杏仁甘草汤原方。心前区剧烈疼痛甚至彻背者，加熟附片及薏苡仁可缓解疼痛；胸前区胀痛闷痛者加木香及九香中可理气；有心肌缺血者加丹参及葛根行气活血扩冠脉；气短者加白果下气平喘；气虚严重者加白参及黄芪健脾益气；食欲不振者加砂仁健脾；心功能不全者加生脉散。采用柴胡汤治疗心绞痛可标本兼治，和解少阳，疏通肝郁胆结，气血通达，心绞痛可迅速缓解。而且在临床应用中屡用屡效，只要正确分析患者病机，针对病机，自然药到病除。

四、病例分析

女，58岁，2005年6月30日初诊，症见：心悸半年，近1周加重，并有胸前区剧烈疼痛，平素情绪易激惹，五心烦热，服用丹参滴丸半年未见明显效果。1周前情绪低落，抑郁，自觉心中空空，眠差，易醒，纳可，舌红。心电图示心肌缺血，辩证属肝胆疏泄引起瘀血内阻，痰火扰心，治宜清热化痰，宽胸散结。处方：柴胡基本方加丹参及葛根，服6剂后症状减轻，继续服用3个疗程，症尽除，心电图复查心肌缺血消失。

按：患者有阴虚内炎，外邪犯肝胆，化为热火，内陷心脏，故而五心烦热，心神不安。若心虚胆怯，则梦寐不宁，睡中易惊。故而选小柴胡汤以疏解气机，疏肝利胆，缓解心区疼痛，同时，治疗梦寐不宁。心电图显示心肌缺血，在基本方基础上加丹参及葛根，以扩张冠脉，改善心肌缺血。且方中黄连不仅具有清热解毒作用，还有抗心力衰竭，免疫调节作用，因此治疗心绞痛患者不仅可以缓解疼痛，而且可以延缓患者进展为心力衰竭。

综上所述，心病治肝在中医理论上是可行的，而且有少数中医学者也做过相关临床研究，证实小柴胡汤加减治疗心绞痛效果是显著的，但至今为止，尚缺乏相关循症医学资料，仍有待大样本研究证实，以证实小柴胡汤加减治疗在心绞痛心病肝治中的效果，以造福更多的患者。

参考文献

[1] 王彦刚，周琰，杨金国，等．痛泻要方合小柴胡汤加

减治疗脂肪肝疗效观察［J］. 河北中医药学报，2007，22（1）：6～8.
［2］陈丽娟．颜乾麟运用小柴胡汤加减治疗疑难病3则［J］. 中医杂志，2011，52（3）：192～193.
［3］蒋国印，李慧卿，王金萍，等．小柴胡汤加减治疗胃食管反流病60例疗效观察［J］. 河北中医，2008，30（1）：45～46.
［4］晏建立．心病治肝发微兼谈小柴胡汤加减治疗心绞痛［J］. 中医药通报，2011，10（2）：32～34.
［5］刘汉宗．小柴胡汤合冠心Ⅱ号方治疗变异性心绞痛50例［J］. 国医论坛，2009，24（5）：22～23.
［6］钱妍，吴整军．小柴胡汤抗感染与解热作用的实验研究［J］. 中华医院感染学杂志，2008，18（4）：576～578.

［《贵阳中医学院学报》2012，34（6）：75］

心悸、惊悸的中西医研究进展

穆志明　樊娟娟　太原济世堂

心悸是以患者自觉心跳心慌，不能自主，或脉见心律失常脉象为主要临床表现的一种病证。《说文解字》释“悸”心动也。《内经》尚无心悸病名，以与悸类同之惊、惕、惊骇等名之，如《素问·至真要大论》中的“心中澹澹大动”，《灵枢·神篇》讲“心怵惕”。至仲景《伤寒杂病论》首称心悸。与心悸相关最早的病症名是惊悸。它首先出现于汉代张仲景《金匮要略方论·惊悸吐衄下血胸满瘀血病脉证治第十六》，该篇论述了惊悸的脉象和治疗方药。而心悸作为病名，首见于唐代孙思邈《千金翼方》卷第七·妇人三·心悸第五，所述心悸是由产后心虚所致，症状为“产后心冲恐悸不定，恍恍惚惚，不自知觉，言语错误，虚烦短气，志意不定”。由于各种原因近年来“心悸”的发病率越来越高，各级学科对其的研究也越来越多，本文就此进行了总结综述。

一、传统中医药对心悸、惊悸的病因病机、临床表现的认识

（一）心悸的病因病机、临床表现

“心悸”的临床表现早在《内经》中即有描述，“心中澹澹大动”“心惕惕如人捕之”“心如悬若饥状”等，都形象地记述了“心悸”病的基本特征，并且认为“心悸”其病本在心，其发病不仅与肝、胆、胃、肾等脏腑的气血阴阳紊乱有直接的关系，而且还与天时不正，感受六淫病邪及五志过极有关。对心悸的病因认识总结有宗气外泄、心脉不通，感受惊恐，复感外邪等，如《素问·平人气象论》曰“……左乳下，其动应衣宗气泄也”。《素问·举痛论》云“惊则心无所倚，神无所归，虑无所定，故气乱矣”。《素问·痹论》亦云“脉痹不已，复感于邪内舍于心”“心痹者，脉不通，烦则心下鼓”。而且也针对心悸的预后有了一定的认识及对其严重性的控制。《素问·平人气象论》说“脉不绝不至曰死，乍疏乍数曰死”。这也是认识到心悸严重时脉率失常与疾病预后关系的最早记载，此外也有一些医学家对心悸的病因病机有不同认识，如成无己《伤寒明理论·悸》心悸病不外气虚、痰饮而端。《丹溪心法》认为心悸的发病应责之于虚与痰，总结上述心悸的病机不外乎气血阴阳亏虚，心失所养，邪扰心神，心神不宁，其病理性质主要有虚实两个方面。虚者为气血阴阳亏虚，使心失所养，而致心悸；实者多由痰火扰心，水饮上凌或心血瘀阻，气血运行不畅所致，并且虚实之间可以转化。近些年来一些中医学者对心悸的认识又有了更深的认识，如吴以岭应用络病学说，认为心悸的病机为络虚不荣，络脉瘀阻心络主要地位[1]，并且该理论得到了一系列研究的证明。

（二）传统中医学对“心悸”“惊悸”的治疗用药

由于“心悸”“惊悸”的病因病机复杂，中医学把其大概分为心虚胆怯、心脾两虚、阴虚火旺、心阳不振、心脉瘀阻、水饮凌心等型[2]。治疗方法主要有益气养血、滋阴润肺、健脾养心、疏肝理气、滋阴益肾、化痰逐瘀、清热解毒等[3]。还有一些临床医学研究者总结了其他治疗方法[4]：有温经散寒法、舒肝理气法、通腑泻热法、清热解毒法、活血化瘀法、涤痰通络法、益气养阴法、温阳复脉法、健脾养血法、育阴潜阳法等[5]。但近些年有研究者则通过络病学原理应用活血通络法治疗。

二、心律失常、焦虑症的发病机制、临床表现

（一）惊悸与焦虑症在发病机制方面的相同处

传统中医学中并无“焦虑症”之名，从临床症状看，属于情志病范畴，可能与“郁证”“惊”“恐”“惊悸”“心悸”“怔冲”“不寐”“脏躁”[3]“百合病”[6]“灯笼病”等病症有关。主要由于“脏腑虚弱”，加之不良环境、精神刺激，心主神明失司；或忧思过度，气机闭塞不行，使脏腑气机失

调，涉及心、肝、胆、脾、胃、肾，其中以肝、心、肾失调最常见。现代中医约定俗成地把“惊悸”归入心悸及心律失常的范围。朱晨军等[7]提出传统医学中的“惊悸”症状与焦虑症的临床表现有很多相同之处，如中医学中的惊悸病涉及“惊恐”“害怕”等神志症状，并与失眠等其他神志症状互为主从，不管是传统中医学的惊悸或者现代医学的焦虑症的发病诱因均为不同程度地受到外界刺激，感到惊吓，所表现的症状均为恐慌，终日感到心烦意乱，忧心忡忡，坐卧不宁等。并且常有心动过速，心律失常等。退一步说，即使把惊悸理解为因害怕而引起的心脏急剧跳动，它与焦虑症也是关系明确的。因为在急性焦虑中，心动过速是其首要的表现，占100%，在广泛性焦虑中，心悸胸闷的发生率为72.4%[8]。此外，由于焦虑症患者存在交感神经系统功能亢进而容易出现心律变异（即心律失常）。从这一角度又说明了心律失常与焦虑症的关系。

（二）焦虑的发病原因临床表现

现代医学认为焦虑是任何人都可以感受到的体验[9]，是一种不愉快及难以言状的担心体验，并伴有躯体症状。而焦虑症并非如此，它还意味着因焦虑所致的明显精神压抑和功能障碍。适当的焦虑可以促进社会的发展，但过度的焦虑则会给患者的学习、生活、工作带来不同程度的影响，使患者的身心受到伤害。焦虑症以广泛和持续性焦虑或反复发作的惊恐不安为主要特征，常伴有自主精神紊乱、肌肉紧张与运动不安。临床上分为广泛性焦虑（慢性焦虑）和惊恐障碍（急性焦虑）。前者是常见的表现形式（一般无特指是指前者），发病时伴有口干、出汗、心悸、气急、尿频、尿急与头痛、轻微震颤、坐卧不安，并且入睡困难；后者在无特殊的恐惧性处境时，感到惊恐体验，伴有濒死或失控感，严重的自主神经功能紊乱。目前焦虑症的发病原因尚不明确，西医认为焦虑现象与遗传因素有关，焦虑症患者的家族中，焦虑症的发病可达15%，而一般居民的发病率为5%[10]；此病是脑内生理生化异常的器质性疾病，特别指出边缘系统（杏仁核、海马），下丘脑及额叶皮层。

（三）现代医学对心律失常发病机制的认识

现代医学目前对心律失常发生机制的认识主要包括冲动形成的异常、冲动传导的异常或两者兼而有之[11]。杨宝峰等[12]研究认为心律失常发生于心肌细胞膜的钾离子、钙离子、钠离子通道异常，缝隙连接蛋白的表达异常、脂类的代谢异常，小分子RNA的调节作用异常，M3受体、ATI受体的功能异常等有关。他认为心律失常的发生是一个复杂过程，其中涉及离子通道、受体、miRNA、缝隙连接蛋白及编码通道基因的异常改变，其核心为心肌细胞离子通道的电流失衡和细胞间缝隙连接蛋白下调。并且根据这些发病机制总结出了“抗心律失常药物最佳靶点学说”，该学说的核心内容为心脏中存在多种离子通道靶点，正常情况下这些靶点保持动态平衡，但是在病理状态下该平衡失调，则产生心律失常，这一学说为现代医学应用某些化学药物治疗心律失常具有很大的临床指导意义，也取得了一定的成果。心律失常的发生无外乎心肌细胞本身电学异常或细胞与细胞间的传导异常，前者与心肌细胞的自律性异常有关，后者则与“折返”形成有关，并且心电学的异常更多与有基础疾病的心脏（如心脏扩大、心肌肥厚）合并，还有基因异常、药物作用、心搏频率甚至温度有影响，发生心律失常，心脏的机械牵张，炎性反应，氧化应激，心房肌细胞代谢，细胞外基质的重塑和纤维化等参与了心律失常的发生过程，并成为了药物治疗的新靶点。

三、心悸、惊悸病的现况分析

近些年来由于人们物质生活水平的不断提高，社会压力的不断加大，工作节奏加快，以及人口老龄化和冠心病、糖尿病、高血压等发病率越来越高，心律失常发病率也越来越高。心律失常有时可以表现为独立的心血管疾病也可以是多种心血管疾病的临床伴发情况。在临床上主要表现为轻者心悸，气短，胸闷不适，重者可使原发的心血管病加剧，甚至危及生命。研究证明[13]在心血管系统疾病中心律失常是最为严重的疾病之一，心律失常的危害在于它不但加重原有的心脏疾病，如加快心力衰竭的进展。而且还可导致患者突然死亡，严重威胁人类健康。据统计中国每年约60万人死于心源性猝死[14]。

焦虑症则是一种由于精神压力过大而产生的危害人们健康生活的精神类疾病，临床上有些心律失常患者有些焦虑情绪。焦虑与心律失常两者间可能呈现一种恶性循环的现象。焦虑症状越明显，患者心律失常情况越严重。许多心血管病研究者对心律失常的发生机制和预防治疗用药方案进行研究的同时，也针对焦虑症状的改善方面进行研究。但是由于现代医学研究使用的各种合成化学抗心律失常药物都有一定的局限性和副作用，并且抗心律失常药物新药的研究进展缓慢。而抗焦虑药物的不良反应也比较明显，依赖性也较强。所以，很多的研究者将目光转向传统的中医药，应用中医药预防治疗心律失常以及改善焦虑症取得了一定的成果。

四、现代医学对心律失常的药物治疗及不足

现代医学根据它已知的发病机制，针对致病因素对心律失常治疗，有药物控制，也有器械辅助治疗。常栋等[15]总结的主要有导管消融、化学药物如抗凝剂的应用、β受体阻滞剂，胺碘酮等药的应用，不管是药物还是器械辅助都对人体或者心脏本身有一定的局限性和副作用。胺碘酮对器官毒性等不良反应束缚了它在临床上的进一步使用；还有器械治疗，ICD的应用依然是预防室性心律失常猝死的重要武器，但ICD不是对每个患者都能适应。黄德嘉[16]认为抗心律失常的化学药物临床应用较为复杂比其他心脏专科用药更难掌握，主要是由于目前可供选择的抗心律失常的1类和3类药物品种十分有限，并且都有很大的副反应，特别是对长期和大剂量使用时，而且疗效也不尽如人意，β受体阻滞剂和钙拮抗剂虽有一定的抗心律失常作用，但其对抗心律失常作用的强度相对较弱。在一般情况下，心律失常并不是一种独立的疾病，不同的患者可能有不同的基础疾病以及并发症，其心功能与肾功能状况及年龄差异也很大，因此，选择需要用的抗心律失常药物的条件也就更有限，所以临床用药时很是困扰，必须全面地综合评估患者的病情。

五、焦虑症的药物治疗及作用分析

现代医学目前研究应用的抗焦虑药物主要有[17]GABAA受体激动剂、作用于外周苯二氮草受体的抗焦虑药、CCKB受体拮抗剂、CRF拮抗剂、NMDA受体拮抗剂、作用于5HT受体拮抗剂、5HT1A激动剂、5HT2A受体拮抗剂、5HT3受体拮抗剂等，这些药物的临床效果很明显，但不足的是其出现的不良反应也较多，如对肝肾功能、神经中枢系统的影响，更多的是患者对这些药物的依赖性太强，需要长期服用。而传统中医学则根据惊悸发病的病因病机采用镇静安神、疏肝解郁等药物。它的优势是对机体产生的不良反应较少，依赖小，可以达到一个长期稳定的治疗效果。

六、展望与不足

心律失常的发病机制很复杂。单一的化学合成药物对其的治疗作用有很多的不足之处。适应证又比较严格，并且需要长期坚持服药，停药后又容易复发。而传统的中医药通过辩证论治后，虽然治疗作用比较慢一些，但它的副反应较化学药物少。随着中医药现代化、社会人口老龄化问题越来越严重，社会、工作、环境的压力越来越紧张。人们发生焦虑症的机会越来越多，老年人发生心律失常的机率越来越高，针对老年人的特殊生理情况。焦虑患者的年轻化，不良反应较少的中药应用价值会越来越高。但其所表现的不足之处则在于发挥作用较为缓慢，而且并不是适用于心悸、惊悸的每种证型，所以，在临床应用时必须提前分析患者病因病机，全面综合后再使用，以免产生用药废医的情况。

参考文献

[1] 朱晓旭，谢鸣．焦虑症中医药治疗研究现状（综述）［J］．北京中医药大学学报，2002，25（3）：63～66.

[2] 刘娟．心悸的现代诊断及综合治疗［J］．光明中医，2010，25（11）：2119.

[3] 赵玉芝．心悸的中医药治疗［J］．中国社区医师，2007，9（11）：11.

[4] 尤可．心律失常辨证治疗十法［J］．山东中医杂志，2007，26（10）：659～661.

[5] 张朝卿．甘麦大枣汤治疗焦虑症［J］．现代中西医结合杂志，1999，8（7）：1108～1109.

[6] 全光，古燕萍．养心益胆法治疗焦虑性神经官能症73例［J］．山东中医杂志．2000，19（7）：408～409.

[7] 朱晨军，包祖晓．试论中医学中的“惊悸”与焦虑关系［J］．吉林中医药，2009，29（12）：1018～1019.

[8] 杜凌阳，傅正．焦虑症和抑郁性神经症的情感及躯体症状比较［J］．中国神经精神疾病杂志，2001，27（4）：246.

[9] 李彦冰，耿慧春，杨波，等．中西药治疗焦虑症的研究进展［J］．中医药信息，2004，21（5）：7～9.

[10] 上海第一医院，上海精神病防治院，南京神经精神病防治院．临床精神医学［M］．长沙：湖南科学技术出版社，1984：480.

[11] 叶任高，陆再英．内科学［M］．第5版．北京：人民卫生出版社，2002：172～173.

[12] 杨宝峰，蔡本志．心律失常发病机制研究进展［J］．国际药学研究杂志，2010，37（2）：81～88.

[13] 杨宝峰．药理学［M］．第6版．北京：人民卫生出版社，2005：208～220.

[14] 中国心脏起搏与心电生理杂志编辑部，中国生物医学工程学会心脏起搏与电生理分会．心脏猝死的防治建议［J］．中国心脏起搏与心电生理杂志，

2002，16（6）：401～41.

[15] 常栋，杨延宗.2009年心律失常亮点概述［J］.中国心脏起搏与心电生理杂志，2010，24（1）：1～3.

[16] 黄德嘉.心律失常治疗的现代进展（4）抗心律失常药物在当今的作用与不足（续3）［J］.中国循环杂志，2009，24（3）：164～165.

[17] 宁兴海，尹大力.抗焦虑药物研究进展［J］.精细与专用化学品，2003，11（11）：3～5.

［《中西医结合心脑血管病杂志》2012，10（9）：1110］

眩晕病的经方诊治思路

郭进财　刘雪娜　洪炳根

福建省漳州市中医院

汉·张仲景在《伤寒论》《金匮要略》中指出，无论是外感伤寒还是内伤杂病，都可能出现眩晕证候。仲景称之为“眩”“冒”等。张仲景所论述的眩晕多与阳气有关。如阳虚水泛，阳气被郁，阴竭阳脱，清阳不升等。就其病因而言，以痰饮最为多见，所以朱丹溪认为“无痰不作眩”；就其证候性质而言，有虚有实，以虚证为多见，因而张景岳强调“无虚不作眩”。下面就仲景所列述的与眩晕相关的条文进行分析。

一、《伤寒论》

《伤寒论》第142条“太阳与少阳并病，头项强痛，或眩冒，时如结胸，心下痞硬者，当刺大椎第一间，肺俞，肝俞，慎不可发汗，发汗则谵语，脉弦。五日谵语不止，当刺期门”。本条文之眩，乃胃失通降，结胸心下痞硬，饮邪上逆头脑清窍所致。《伤寒论》第160条“伤寒吐下后，发汗，虚烦，脉甚微，八九日心下痞硬、胁下痛、气上冲咽喉、眩冒、经脉动惕者，久而成痿”。本条文之眩冒，乃伤寒吐下发汗后虚烦，气上冲咽喉而作。《伤寒论》第82条“太阳病发汗，汗出不解，其人仍发热，心下悸，头眩，身瞤动，振振欲擗地者，真武汤主之”。本条文论述阳虚水泛之眩，可选用真武汤。《伤寒论》第263条少阳病提纲“少阳之为病，口苦，咽干，目眩也”。治疗选用小柴胡汤。适用于长期反复眩晕发作合并焦虑抑郁状态的患者。关建国[1]以小柴胡汤治疗眩晕症42例较对照组疗效明显。《伤寒论》第67条“伤寒若吐、若下后，心下逆满，气上冲胸，起则头眩，脉沉紧，发汗则动经，身为振振摇者，茯苓桂枝白术甘草汤主之”。本条文提出了苓桂术甘汤是治疗体位性眩晕的代表方。笔者认为苓桂术甘汤可作为治疗眩晕病临床基础方。邓玉玲等[2～4]报道用苓桂术甘汤加减治疗梅尼埃综合征、内耳眩晕病疗效满意。笔者临证以苓桂术甘汤为治疗眩晕病基础方，特别是对于体位变化诱发的眩晕患者，效如桴鼓！《伤寒论》第244条“病人小便不利，大便乍难乍易，时有微热，喘冒不能卧者，有燥屎也，宜大承气汤”。此为阳明燥结，腑气不通，浊气上壅，清窍被扰，故见眩冒。其辨证要点在于眩冒与大便秘结，腹满疼痛拒按，舌红苔黄燥，脉沉实等阳明腑实证并见。应根据阳明腑实的轻重缓急，分别选用三承气汤（大承气汤、小承气汤、调胃承气汤）通里攻下，燥实去，浊气降，则其冒自解。笔者通常在中风病出现眩晕时辨证使用三承气汤，但是对于这类眩晕患者显效较慢，一定要配合针刺、康复训练等中风病的中医药综合治疗措施以提高疗效。《伤寒论》第200条“阳明病，脉迟，食难用饱，饱则微烦头眩，必小便难，此欲作谷疸。虽下之，腹满如故，所以然者，脉迟故也”。此为胃阳虚弱，纳少消迟，水谷不化，郁阻中焦，以致脾胃气机阻滞，清阳不升而见头眩。此时，应予温中除湿，健脾消食，候气机升降如常，则头眩自止。《伤寒论》第297条“少阴病，下利止而头眩，时时自冒者，死”。即属此类。此少阴病利止而头眩，绝非阳复病愈，乃是阴液极亏而下竭，阳失依附而上脱所致。为正气虚极，阴阳离绝之征，故断为危候。章虚谷论此为“阳既下陷，如残灯复焰上腾，则头眩时时自冒而死”。其辨证要点为下利虽止，而头眩必与畏寒、肢厥、脉微细欲绝等相并见。此证极为危重，当急投大剂四逆加人参汤，立复其阳，阳复再救其阴。对于临床见到这种患者，不要一味只给予中医药治疗，应该及时补液、扩容、控制感染、防治水/电解质紊乱等并发症并监测生命体征。待病情稳定后再根据辨证给予中药善后。

二、《金匮要略》

《金匮要略·中风历节病脉证并治第五》云“诸肢节疼痛，身体魁羸，脚肿如脱，头眩短气，温温欲吐，桂枝芍药知母汤主之”。此条文论述的是风湿历节的证治，其眩晕的产生，是由于风邪上犯，清窍被扰所致。治用桂枝芍药知母汤，祛风除湿，温经止痛，风邪去其眩自止。《金匮要略·妇人杂病脉证并治第二十二》曰“令阴掣痛，少腹恶寒；或引腰脊，下根气街，气冲急痛，膝胫疼烦，奄忽眩冒，状如厥癫”。本条文之眩冒，是妇人中风之病，因虚积冷结气疼痛，发为眩冒。《金匮要略·妇人杂病脉证并治第二十二》言“卒呕吐，心下痞，膈间有水，眩悸者，小半夏加茯苓汤主之”。本条文之眩悸，伴随呕吐心下痞，选用小半夏加茯苓汤。《金匮要略·血痹虚劳病脉证并治第六》谓“夫失精家少腹弦急，阴头寒，目眩，发落，脉极虚芤迟，为清谷、亡血、失精。脉得诸芤动微紧，男子失精，女子梦交，桂枝加龙骨牡蛎汤主之”。《妇人产后病脉证治第二十一》亦谓“产妇郁冒，其脉微弱，呕不能食，大便反坚，但头汗出。所以然者，血虚而厥，厥而必冒”。这2条产生眩晕的根本原因虽同为精血亏少，但详细区分又有所不同。前条是精血衰少，五脏六腑之精不能上注所致；后者为产后血虚，血虚导致阴虚，阴虚则阳气偏亢，以致孤阳上出而为郁冒。此时因亡阴血虚，阳气偏盛，必待全身汗出，使阳气减退，阴阳趋于平衡，郁冒才能解除。所以仲景说：“故当汗出，阴阳乃复”，“冒家欲解，必大汗出”。上述病证的治疗，以补为主，或填精，或益血，或补气，视具体情况而定。但应注意的是，后者虽属阴亏血虚，却与产后血晕有别。产后血晕，如见大汗出，往往是阳气外脱的危候，千万不可当成郁冒欲解之兆。《金匮要略·痰饮咳嗽病脉证并治第十二》云“假令瘦人脐下有悸，吐涎沫而癫眩，此水也，五苓散主之”。本条文指出水蓄下焦上犯清窍的眩晕，给予五苓散治疗。《金匮要略·痰饮咳嗽病脉证并治第十二》曰“病痰饮者，当温药和之……心下有支饮，其人苦冒眩，泽泻汤主之”。本条文提出了眩冒的主要治疗处方泽泻汤方：泽泻五两，白术二两，上二味，以水二升，煮取一升。

然而，还有一些条文中虽没有出现“眩”“冒”等表现，但临床中只要方证合一，仍有显效，只因仲景文字简练故也。在《伤寒论》第243条“食谷欲呕，属阳明也，吴茱萸汤主之”。该条文虽无列出眩晕证候，但证属胃虚水停上逆而呕，或许并有眩晕。临床对于这类呕吐厉害的眩晕患者，笔者通常使用吴茱萸汤合苓桂术甘汤加泽泻，都能获得满意的疗效。对于合并有焦虑抑郁状态的反复眩晕并剧烈呕吐患者，使用吴茱萸汤合小柴胡汤也能得到满意疗效。在《金匮要略·妇人妊娠病脉证并治》谓“妇人怀妊，腹中㽲痛，当归芍药散主之”。《妇人杂病脉证并治》谓“妇人腹中诸疾痛，当归芍药散主之”。这2条原文虽很简单，也无提及眩晕证候，总的病机，不外虚实二端或虚实夹杂。但在女性眩晕患者如果合并贫血可以使用，胡希恕老先生也常应用当归芍药散合苓桂术甘汤治疗女性经血不利的眩晕症。

应当指出，主眩的方剂很多，临床要区别运用。比如苓桂术甘汤所主是起立时身体动眩，平卧时则缓解，具有明显的体位性特征。泽泻汤则不受体位影响，平卧时也因为头眩而不敢睁眼与转头。前者以起则欲倒的头眩为主，后者以视物旋转的眼旋为主[5]。五苓散也主眩，但其证有口渴与小便不利。苓桂术甘汤和五苓散这2个方子都含有桂枝，都有气上冲的特点。对于眩晕症，吴茱萸汤、旋覆代赭汤、小半夏及小半夏加茯苓汤、还有上述的2张桂枝类方，都有运用的机会，临证要仔细鉴别。对于眩晕的证型，临床上以水饮居多，治疗上当以利水消饮，通阳降浊为法，我们根据伤寒论的理论并结合刘渡舟教授的经验[6]，用苓桂术甘汤加泽泻治疗，收到很满意的疗效。用小柴胡汤治疗眩晕，首先明确是否少阳病或肝胆有热，有没有寒热往来，口苦咽干，胸胁胀满或不适，默默不欲食，心烦呕恶等兼证，脉象是否弦等等。《伤寒论》指出，小柴胡汤证但见一证便是，不必悉具，笔者认为在临证使用小柴胡汤治疗眩晕心烦这个兼证很重要，因小柴胡汤有疏肝解郁的功效，对于一些焦虑抑郁症表现晕胀感的眩晕病效果良好。这类眩晕患者占有很大比例，笔者通常给予适当心理干预，处方选用小柴胡汤加泽泻汤。

经方对眩晕病的诊治思路大体上是围绕上述内容和方药，笔者的经验是用经方必须明确熟悉有关方药的组成，功效，做到方证统一。还要熟记原文内容，以及各个症状产生的原因，做到对患者的病症有个比较明确的诊断，主症明了，病机清楚，然后才能选方用药。最后有些方药用量比例要准确。例如泽泻汤中的泽泻与白术之比为5∶2，笔者通常泽泻取25g，白术10g，患者都能耐受，服药时间4周内未见副作用和血液生化指标的异常。总之，仲景治疗眩晕病有着丰富的经验，充足的理论根据，详尽的治疗方法和行之有效的方药。

参考文献

[1] 关建国．小柴胡汤加味治疗眩晕症42例［J］．上海中医药杂志，1995，41（11）：14.
[2] 邓玉玲．加减苓桂术甘汤治疗美尼尔综合征58例报告［J］．中国临床与保健，1989；1（2）：19.
[3] 王天明．苓桂术甘汤加味治疗内耳眩晕病21例［J］．中医研究，1990，3（3）：33.
[4] 赵广安．苓桂术甘汤加味治疗内耳眩晕病78例［J］．实用中西医结合杂志，1993，6（10）：625.
[5] 赵民生．苦冒眩者泽泻汤主之［N］．中国中医药报，

2010 - 5 - 7（4）.
[6] 刘渡舟.《伤寒论》水证阐微 [J]. 中国医药学报，1991，6（4）：58 ~ 63.

[《中国中医急症》2012，21（7）：1111]

薛一涛教授应用四逆散治疗胸痹举隅

刘 阳　山东中医药大学

四逆散出自张仲景的《伤寒论》，由柴胡、枳实、芍药、炙甘草组成，是疏肝解郁，调和肝脾的祖方。薛一涛教授从医临床30余年，临床经验丰富，笔者跟师随诊，薛师应用该方治疗胸痹，随证化裁，疗效显著，现择验案两则介绍如下。

一、病案1

王某，女性，62岁，因"胸闷，气短半年余，加重半月"于2011年10月15日初诊。患者半年前无明显诱因出现胸闷，气短，时伴有心慌，间断服用中药、中成药治疗，疗效不佳。半月前因生气后胸胁部闷痛加重，气短，心慌，坐卧不安，自服丹参滴丸，疗效不明显。现症见：胸闷，气短，心慌，乏力，每因情绪激动时症状加重，活动后较前稍有缓解。偶有头晕，时有腹痛，平素情绪不稳，晨起咳白痰，纳眠可，二便调，舌淡，苔薄黄，脉弦细。心电图示：T波倒置（Ⅱ、Ⅲ、avF）。辨为胸痹，证属肝郁气结。予柴胡12g，白芍30g，炒枳壳12g，半夏12g，厚朴12g，茯苓20g，紫苏梗9g，炙甘草9g，大枣6枚，生姜3片，7剂水煎服，每日1剂，分早晚两次温服。二诊：患者诉服上方7剂后，胸闷，心慌明显好转，腹痛未发作，服药期间患者因生气后再次出现胸闷，气短，纳眠可，二便调，舌淡红，苔薄白，脉弦细。以上方加木香9g，香附9g，水煎服，继服7剂，嘱患者畅情志，适劳逸。三诊时患者无明显不适，据上方4剂炼蜜成丸，9g每丸，每日2次，后定期复诊，未见不适。

二、病案2

李某，男性，71岁，因"胸闷，胸痛，气短2年余，加重1月"于2011年12月7日初诊。患者2年前劳累后出现胸闷，胸痛，放射至后肩胛部，休息后缓解，未行系统治疗。1月前因剧烈活动后出现胸部刺痛，气短，乏力，含服速效救心丸6粒后缓解。现症见：胸闷，胸痛，劳累和剧烈活动后加重，气短，心慌，头晕，纳可，眠差，醒后难以入睡，二便调，舌暗边有瘀点，苔薄白，脉沉弦。心电图示：ST - T改变（V4、V5、V6）。辨为胸痹，证属气滞血瘀。予柴胡12g，白芍15g，赤芍15g，炒枳壳12g，当归12g，川芎12g，蒲黄9g（包煎），醋五灵脂9g，炙甘草9g，7剂水煎服，每日1剂，分早晚两次温服。二诊：患者诉服上方7剂后，症状明显减轻，胸闷，胸痛未发作，偶有头晕，纳可，眠一般，二便可，舌暗红有瘀点，苔薄白，脉沉弦。上方加延胡索12g，嘱患者避寒温，适劳逸，中药继用7剂。再诊患者症状减轻，嘱用该方4剂炼蜜成丸，每丸9g，每日2次，后定期复诊，未见不适。

三、按语

薛师认为胸痹病位在心，与肝，脾，肾，肺相关。多与寒邪内侵，饮食失调，情志失节，劳倦内伤，年迈体虚等有关。病案1的女性患者，症见胸闷，气短，心慌，乏力，每遇情绪激动时症状明显，合并舌脉，当辨为胸痹，证属肝郁气结，心脉不和。治疗予疏肝理气通脉之法，方选四逆散合半夏厚朴汤加减。经曰"治病必求于本"，本案患者病本在于肝郁气结，导致心脉不畅，发为胸闷气短，心慌，气机郁结不畅，津液输布失司，凝而成痰，痰阻心脉，亦发胸闷。方中柴胡入肝胆经，疏肝解郁，透邪外出，为君药。《本草分经》云"柴胡宣畅气血，解郁调经，能发表，最能和里"。白芍敛阴养血柔肝，与柴胡合用，补肝体，助肝用，

半夏化痰散结，佐以枳实理气解郁，《药类法象》云"枳实破结实，消痰痹。治心下痞，逆气胁痛"。苏叶芳香行气，厚朴下气除满，茯苓甘淡渗湿健脾化痰，《神农本草经》云"茯苓主胸胁逆气。忧恚，惊邪恐悸，心下结痛"。使以甘草，调和诸药，益脾和中。纵观本方柴胡苏叶主升，枳实厚朴主降，一升一降，宣畅气机，共奏透邪解郁，疏理气机之效，气机畅，痰液消，心脉畅，诸证减轻。二诊加木香、香附以加强疏肝解郁，行气止痛之效。《本草新编》曰"木香能通神气，和胃气，行肝气，散滞气，破结气，止心疼"。《景岳全书》曰"香附味苦辛微甘，气温，气味俱厚，阳中有阴，血中气药也。专入肝胆二经，兼行诸经之气"。病案2中男性患者，症见胸闷，胸痛，劳累和剧烈活动后加重，气短，心慌，乏力，病机属于血脉瘀阻，胸阳痹阻，心脉不畅；治疗予行气活血，化瘀通脉大法，予四逆散合失笑散加减。方中柴胡，枳壳调畅气机，以行气活血，川芎，当归活血化瘀。《本草分经》曰"川芎乃血中气药。升阳开郁，润

肝燥，补肝虚，上行头目，下行血海，和血行气，搜风散瘀”。《本草分经》曰“当归血滞能通，血虚能补，血枯能润，血乱能抚，使气血各有所归”。患者瘀血较重加醋五灵脂，蒲黄活血祛瘀，通利血脉，而止瘀痛。《本草纲目》曰：“蒲黄，手足厥阴血分药也，能治血治痛，生则能行，熟则能止。与五灵脂同用，能治一切心腹诸痛”。赤芍散瘀止痛，白芍、甘草缓中止痛，气为血之帅，气能行血，诸药同用，气行则血行，血行则瘀去，瘀去则心脉畅。二诊加延胡索加强行气活血止痛之效。《本草分经》曰“元胡能行血中气滞、气中血滞，活血利气，治诸痛”。《素问·六微旨大论》谓“升降出入，无器不有”。薛师认为气的升降聚散是人体生命的基础，维持人体新陈代谢的平衡，一旦发生问题疾病就会发生，胸痹也不外如此。薛师应用四逆散，以疏肝解郁行气为基本方法，治疗胸痹，切中病机，收效甚佳。

[《中国中医急症》2012，21（8）：1247]

学用小柴胡汤的探索与实践

王　付　河南中医学院经方研究所

张仲景于《伤寒杂病论》中论述小柴胡汤主治达17次，其中言“伤寒”者6次，“阳明”者3次，妇科者2次，“少阳者”1次，“中风”者1次，“诸黄”者1次，其余3次是论述小柴胡汤主治的症状表现。数版《方剂学》教材将小柴胡汤功用释为“和解少阳”，主治定为“伤寒少阳”，那么，“和解少阳”与“伤寒少阳”有否相互内在关系，小柴胡汤用药与“和解”有否特殊效应关系，小柴胡汤主治病证与“伤寒”有否直接应用关系，本文试将研究与应用小柴胡汤的肤浅体会介绍于此，以抛砖引玉。

一、质疑问责

①长期以来，诠释小柴胡汤功用是“和解少阳”，“和解”的概念是什么？“和解”与小柴胡汤方药组成有何内在关系？若以寒热药并用作为“和解”的依据，如大黄附子汤、乌梅丸、干姜黄连黄芩人参汤、麻黄升麻汤等方中均是寒热并用，其是否属于“和解”范畴？若以补泻药同用作为“和解”的依据，如肾气丸、黄连阿胶汤、大黄䗪虫丸等方中补泻药同用，其是否也属于“和解”范畴？若以表里药共用作为“和解”的依据，如麻黄汤、桂枝汤、炙甘草汤等方中表里药共用，其是否也属于“和解”范畴。可见，用“和解少阳”词语来表述小柴胡汤功用是不准确的，也是不恰当的，更是缺乏科学理论指导性的。②长期以来，诠释小柴胡汤证型是“伤寒少阳”，审度“伤寒少阳”之“伤寒”是广义“伤寒”还是狭义“伤寒”，若是广义“伤寒”，即“今夫热病者，皆伤寒之类也。”用广义的不确定的概念表述小柴胡汤主治证型是不严谨的，也是缺乏临床实用性与针对性；若是狭义“伤寒”，即寒邪致病，则与张仲景所论“热入血室”不相符合。可见，重新厘定小柴胡汤的功用与证型具有重要的理论指导意义与临床实践意义。

二、解读方药

①诠释用药要点：方中柴胡清疏少阳；黄芩清泄少阳；半夏醒脾和中降逆；生姜宣散郁结；人参、甘草、大枣，益气补中。②剖析方药配伍：柴胡与黄芩，属于相使配伍，柴胡清热偏于透解，黄芩清热偏于内消；半夏与生姜，属于相使配伍，理脾和胃，宣降气机，半夏偏于降逆，生姜偏于宣发；人参与大枣、甘草，属于相须配伍，增强补益中气；柴胡、黄芩与半夏、生姜，属于相反配伍，柴胡、黄芩清热，半夏、生姜温中，寒药用量大于温热，半夏、生姜制约柴胡、黄芩寒清凝滞；柴胡与人参，属于相反相使配伍，相反者，寒热同用，相使者，柴胡清热升清，人参益气升清；柴胡、黄芩与甘草，属于相反配伍，甘草制约柴胡、黄芩苦寒清热伤胃。③权衡用量比例：柴胡与黄芩用量比例是8∶3，提示药效辛透与苦清之间的用量调配关系，以治少阳胆热；半夏与生姜用量比例是4∶3，提示药效降逆与宣散之间的用量调配关系，以治浊气壅滞；人参与大枣、甘草用量比例是3∶10∶3，提示药效大补与缓急之间的用量调配关系，以治气虚；柴胡、黄芩与生姜、半夏用量比例是8∶3∶3∶4，提示药效清热与温降宣散之间的用量调配关系；人参与柴胡用量比例是3∶8，提示药效益气与清热之间的用量调配关系，以治热伤气。

研究小柴胡汤功用主要有二：①柴胡、黄芩为药对，以清热透热为主，兼疏气机；半夏、生姜为药对，以辛开苦降为主，兼以温通；人参、大枣、甘草为药对，以补益为主，即小柴胡汤功用以清热透热，辛开苦降，补益中气为主。②柴胡、生姜为药对，治以辛散，柴胡用

量大于生姜，以清透为主，生姜兼防柴胡苦寒伤阳；黄芩、半夏为药对，治以苦降，又凉次于寒，温次于热，即黄芩之寒大于半夏之温，以清降为主，兼以温通；人参、大枣、甘草为药对，治以

补益，即小柴胡汤功用以寒温辛散偏于清，寒温苦降偏于清，补益中气为主。总而言之，权衡小柴胡汤功用应以清热调中益气为主。

三、应用指征

小柴胡汤以清热调中益气为主，主治少阳胆热气郁证（少阳夹杂证），或热入血室证，或胆热发黄证，主治常见症状表现有①头部症状：（产妇）郁冒，目眩，头汗出。病变证机是正气不足，少阳郁热上扰于头；②口咽症状：咽干，口苦。病变证机是少阳郁热浸淫伤津；③颈部症状：颈项强，少阳经脉郁滞不利；④心胸症状：心烦，心下悸，心痛，嘿嘿，厥（神志昏厥），胸满，胁痛，胸胁苦满，胸中烦而不呕，胁下满，胁下痞硬，胁下硬满，胁下及心痛。病变证机是少阳郁热扰心，逆窜经脉；⑤肺部症状：咳嗽。病变证机是少阳郁热扰肺，浊气上逆；⑥脘腹症状：喜呕，或干呕，不能食，心下满，口不欲食，呕而发热，腹中痛，腹中急痛。病变证机是少阳胆热，相乘脾胃，脾胃气机逆乱，浊气壅滞；⑦大小便症状：小便不利，或小便自可，大便硬，或大便溏。病变证机是邪热肆虐，扰乱气机，气化不利；⑧四肢症状：手足冷，或手足温，厥（四肢厥冷）而必冒。病变证机是正气不足，郁热遏阳，阳气不能温煦；⑨妇科症状：经水适断，热入血室。病变证机是郁热侵扰气血，经脉不利，⑩全身症状及脉象：渴，或不渴，身热，身有微热，发热，发潮热；往来寒热，休作有时，汗出，诸黄，一身及目悉黄，阳脉涩，阴脉弦，或脉微弱，或脉沉紧，或脉细。病变证机是正气不足，郁热内扰，浊气逆乱。

权衡张仲景论小柴胡汤主治症状表现，涉及到10大方面，审度病变证机则是正气不足，郁热内扰，浊气逆乱，病证表现正好与小柴胡汤功用清热调中益气相符合。

四、方证辨病

①慢性胃炎，胃及十二指肠溃疡，慢性肝炎，原发性肝癌，脂肪肝，胆囊炎，胰腺炎，肝硬化等，临床表现以胁痛，情绪低落，口苦，舌质红，苔薄黄为用方辨治要点。②病毒性心肌炎，冠心病，高血压，传染性单核细胞增多症，心律失常，室性心动过速等，临床表现以心悸，心痛，情绪低落，口苦，舌质红，苔薄黄为用方辨治要点。③糖尿病，甲状腺机能亢进症，网状内皮组织增生症，胶原病等，临床表现以口苦，口渴，情绪异常，舌质红，苔薄黄为用方辨治要点。④抑郁症，焦虑症，癫痫，精神分裂症等，临床表现以胸胁苦闷，情绪低落，口苦，舌质红，苔薄黄为用方辨治要点。⑤经前期紧张综合征，围绝经期综合征，产褥期精神障碍症等，临床表现以月经不调，情绪异常，口苦，舌质红，苔薄黄为用方辨治要点。⑥慢性肾小球肾炎，肾病综合征，肾绞痛，尿毒症，肾盂肾炎等，临床表现以小便不利，胸胁胀闷，口苦，情绪异常，舌质红，苔薄黄为用方辨治要点。

五、临床应用

（一）小柴胡汤与四逆散、桂枝茯苓丸合方辨治肝癌

原发性肝癌是指肝细胞或肝内胆管上皮细胞的增生和凋亡之间平衡失控，癌基因被激活，抑癌基因被抑制，以及生长因子参与等多种因素，使肝细胞或肝内胆管上皮细胞过度增殖又不能启动凋亡信号而渐渐发展为肝癌。本病发生男性多于女性。根据术后原发性肝癌的病变证机有郁热，治以小柴胡汤清解郁热，又因病变证机有瘀血，故与桂枝茯苓丸合方，更因病变证机有气郁，故又与四逆散合方治之。

尹某，男，56岁，许昌人。主诉半年前经B超、CT检查确诊为肝癌（3.6×4.2cm）晚期，病人拒绝手术治疗，仅欲从中医保守治疗。刻诊：胁肋胀痛，夜间痛甚，情绪低落，口苦口渴，倦怠乏力，舌质红，苔黄厚腻，脉沉弱。辨为郁瘀虚热证，治当行气化瘀，益气清热，给予四逆散、桂枝茯苓丸与小柴胡汤合方。药用：柴胡24g，枳实12g，白芍12g，炙甘草12g，桂枝12g，茯苓12g，牡丹皮12g，桃仁12g，黄芩10g，半夏12g，红参10g，大枣12枚，生姜12g，泽漆60g（以水煮取150分钟，取药汁去药滓，再以药汁煎煮其余药物）。12剂，水煎服，每天1剂，每日分3服。二诊：胁肋胀痛减轻，夜间疼痛消除，以前方20剂。三诊：倦怠乏力好转，以前方20剂。四诊：诸证基本悉除又以前方治疗40剂，经B超复查，癌变较前缩小为（3.3×3.8cm）。之后，用前方适当加减治疗150余剂，经B超复查，癌变又较前缩小为（3.0×3.4cm）。之后，每周服用前方5剂，以巩固治疗效果。随访1年，身体状况良好。

用方提示：根据胁肋胀痛、夜间痛甚辨为瘀，再根据胁肋胀痛、情绪低落辨为气郁，因倦怠乏力、脉沉弱辨为气虚，又因口苦口渴、舌质红辨为热，以此辨为郁瘀虚热证。方以四逆散疏肝解郁，调理气机，以桂枝茯苓丸活血化瘀，以小柴胡汤清

热调气益气。方药相互为用，以取其效。

（二）小柴胡汤与桂枝茯苓丸、四君子汤合方辨治肝硬化

肝硬化是以肝脏弥漫性纤维化、再生结节和假小叶形成为特征的各种慢性肝病发展的晚期阶段。35～50岁为发病高峰年龄，男性多于女性。根据肝硬化的病变证机是郁热气虚，治以小柴胡汤，又因病变证机有气虚，故与四君子汤合方，更因病变证机有瘀血，故与桂枝茯苓丸合方治之。

雷某，女，43岁，长葛人。主诉有20余年乙肝病史，5年前又发现肝硬化伴肝结节，在当地及郑州多家医院诊治，症状改善不明显，近因腹胀、乏力加重前来诊治。刻诊：胁肋脘腹疼痛，痞塞不通，短气乏力，口渴，舌质红夹瘀紫，苔薄黄，脉虚弱。辨为气虚瘀热证，治当健脾益气，清热化瘀，给予小柴胡汤、四君子汤与桂枝茯苓丸合方。药用：红参10g，白术10g，茯苓10g，柴胡24g，黄芩15g，姜半夏12g，生姜10g，大枣12枚，桂枝12g，桃仁12g，牡丹皮12g，白芍12g，炙甘草10g。12剂，水煎服，每天1剂，每日3服。二诊：胁肋脘腹疼痛减轻，以前方20剂。三诊：短气乏力好转，以前方20剂。四诊：诸证基本解除，以前方治疗80余剂，诸证悉除，经B超复查，肝脏结节消失。五诊：病情稳定，未有不适，经B超复查，轻度肝硬化，为了巩固疗效，以前方变汤剂为散剂，每次10g，每日分3服。随访4年，身体状况良好。

用方提示：根据短气乏力、脉虚弱辨为气虚，再根据口渴、苔薄黄辨为热，因舌质红夹瘀紫辨为瘀，以此辨为气虚瘀热证。方以四君子汤健脾益气，以小柴胡汤清热调气，以桂枝茯苓丸活血化瘀。方药相互为用，以奏其效。

总之，高度概括小柴胡汤的功用是研究的核心，科学总结其证型是指导应用的基本准则，深入研究其功用与证型之间的内在相互关系则是提高临床运用小柴胡汤治病的关键。

［《中医药通报》2012，11（2）：19］

学用炙甘草汤的体会

王　付　河南中医学院

炙甘草汤是《伤寒杂病论》中辨治心阴阳俱虚证的重要代表方，主治“伤寒，脉结代，心动悸。”张仲景辨脉结代有何特殊临床意义，辨“心动悸”为何在“心悸”之间加一个“动”字，煎药方药为何要用的清酒。笔者试将学用炙甘草汤的体会分述于下，以抛砖引玉。

炙甘草汤方中炙甘草益气化阳，生血化阴；人参、大枣补益中气；桂枝、生姜温阳化阳；阿胶、生地黄养血补血；麻仁、麦冬滋阴化阴；清酒温通气血。方中人参与大枣，属于相须配伍，增强大补元气；炙甘草与人参、大枣，属于相须配伍，增强补益中气；桂枝与生姜，属于相须配伍，增强温阳散寒；炙甘草与桂枝、生姜，属于相使配伍，益气温阳化阳；生地黄与阿胶，属于相须配伍，增强补血养血；炙甘草与生地黄、阿胶，属于相使配伍，益气补血；麻仁与麦冬，属于相须配伍，增强滋补阴津；炙甘草与麻仁、麦冬，属于相使配伍，益气化阴。

用量比例：炙甘草与人参、大枣用量比例为2∶1∶12，以治气虚；炙甘草与桂枝、生姜用量比例为4∶3∶3，提示药效益气与温阳之间的用量调配关系，以治阳虚；炙甘草与生地黄、阿胶用量比例为2∶8∶1，提示药效益气与补血之间的用量调配关系，以治气血虚弱；炙甘草与麻仁、麦冬用量比例为1∶1∶1，提示药效益气与滋阴之间的用量调配关系，以治气阴不足。

煎药、服用方法及注意事项：张仲景设炙甘草汤用法，以清酒与水合煎方药约60min（即“上九味，以清酒七升，水八升，先煮八味，取三升，去滓”），烊化阿胶，与药汤调和服用，每日分3次口服。方中清酒，《伤寒杂病论字词句大辞典》说：“清酒即言饮用酒的半成熟品。”可见张仲景用清酒七升煎煮方药，可能不是当今之白酒，而是白酒之半成熟品。再则，清酒作用缓和，白酒作用峻烈，用清酒者量大，用白酒者量小，若用白酒煎煮方药以30mL与药同浸泡煎煮。

审度病变证机及主治：炙甘草汤主治“脉结代”的辨证重点有二：①以结脉为主，偶尔出现代脉，病变证机以阳气虚弱为主；②以代脉为主，偶尔出现结脉，病变证机以阴血虚弱为主。辨结脉、代脉，标志病情比较重，应当积极治疗，不可延误病情，否则难以救治。

炙甘草汤主治“心动悸”的辨证重点为：①以“心动悸”代心悸症状比较明显；②以“心动悸”代心前区有心跳搏动感。如《伤寒杂病论症状鉴别与治疗》说：“心中悸动比较明显，亦即心脏搏动，其外应衣[1]。”

拓展扩大运用思路：张仲景设炙甘草汤主治心阴阳俱虚证，结合临床运用体会，认为若能合理地

调整炙甘草汤方药用量，则能主治变化的病变证机，即病变证机以气虚为主，可适当加大益气药用量；若病变证机以血虚为主，可适当加大补血药用量；若病变证机以阳虚为主，可适当加大温阳药用量；若病变证机以阴虚为主，可适当加大滋阴药用量，以此则能取得预期治疗效果。

合方应用炙甘草汤：若夹气郁者，可与四逆散或枳实薤白桂枝汤合方应用；若夹瘀血者，可与桂枝茯苓丸合方应用；若阳虚甚者，可与四逆汤合方应用；若夹阴虚甚者，可与百合地黄汤合方应用；若夹失眠甚者，可与酸枣仁汤合方应用；若夹湿浊者，可与苓桂术甘汤合方应用；若夹水肿者，可与防己茯苓汤[2]合方应用等。

炙甘草汤与己椒苈黄丸合方辨治心脏病水肿。唐某，女，51 岁。1a 前出现心痛，胸闷，当时未引起重视，大约 3 个月后出现下肢水肿，经检查，诊断为心肌肥大性心脏病，住院治疗 2 个月，病情有好转，但出院后水肿复发，经中西药以及中西药结合治疗，然心悸，心痛，胸闷，下肢水肿未能解除，近因病情加重而前来诊治。刻诊：心悸，心痛，胸闷，动则气喘，手足不温，恶寒，倦怠乏力，口干欲饮水，舌红少苔，脉沉细。辨为阴阳俱虚水气证，其治当渗利水气，滋补阴阳，给予炙甘草汤与己椒苈黄丸合方加味：防己 3g，椒目 10g，葶苈子 10g，大黄 6g，炙甘草 12g，生姜 10g，红参 6g，生地黄 48g，桂枝 10g，阿胶 6g，麦冬 12g，麻仁 12g，大枣 25 枚。6 剂，煎药时酌情加入白酒，第 1 次煎 30min，第 2 次煎 20min，每日 1 剂，每天分 3 次口服。二诊：心悸、气喘有所减轻，又以前方 6 剂。三诊：下肢水肿有所减轻，又以前方 6 剂。四诊：病情基本稳定，胸闷略有改善，又以前方加薤白 24g，6 剂。五诊：诸症得以控制，又以前方治疗 30 余剂，诸症悉除。之后，复以前方变汤剂为散剂，每次 10g，每日分 3 次口服，以巩固治疗效果。随访 1a，一切尚好。

按：根据心悸，动则气喘辨为心气虚，再根据手足不温，恶寒辨为阳虚，因口干欲饮水，舌红少苔辨为阴虚，又因下肢水肿辨为水气，以此选用己椒苈黄丸与炙甘草汤合方加味。方中防己降泄水气。椒目通利水气。葶苈子泻肺通调水道。红参、大枣益气补虚。桂枝、生姜温阳散寒。阿胶、生地黄补血化阴。麦冬、麻仁滋补阴津。炙甘草补益气血，化生阴阳。诸药相互为用，以取得预期治疗效果。根据病变证机与病证表现，既有水气内盛，又有阴津不足，利水伤阴，滋阴助水，合理选用己椒苈黄丸与炙甘草汤合方加味，则能既利水又益阴，达到利水不伤阴益阴不助水之目的。

炙甘草汤与枳实薤白桂枝汤合方辨治缩窄性心包炎。陈某，男，46 岁。主诉：半年前出现心悸，活动后加重，呼吸困难，倦怠乏力，食欲不佳。经心电图检查、超声心电图检查、X 线检查等，诊断为缩窄性心包炎，即住院治疗，病情虽有改善，但未能彻底解除症状。刻诊：心悸，呼吸困难，手足心热且全身怕冷，咽干口燥且不欲饮水，倦怠乏力，焦虑急躁，头沉，因情绪异常及活动后加重，舌红苔腻，脉虚弱。辨为气郁痰阻，阴阳俱虚证，治当行气化痰，滋补阴阳，给予炙甘草汤与枳实薤白桂枝汤合方治疗：枳实 5g，厚朴 12g，薤白 24g，全瓜蒌 15g，炙甘草 12g，生姜 10g，人参 6g，生地黄 48g，桂枝 10g，阿胶 6g，麦冬 12g，麻仁 12g，大枣 30 枚。6 剂，煎药时酌情加入白酒，水煎服，每天 1 剂，每日分 3 次口服。二诊：心悸减轻，复以前方 6 剂。三诊：呼吸困难好转，以前方 6 剂。四诊：焦虑急躁缓解，以前方 6 剂。五诊：手足心热且全身怕冷解除，又以前方治疗 20 余剂，诸症悉除。随访 1a，未复发。

按：根据因情绪异常加重辨为气郁，又根据因情绪异常诱发辨为气郁，因头沉、苔腻辨为痰阻，又因手足心热且全身怕冷、脉虚弱辨为阴阳俱虚，以此辨为气郁痰阻，阴阳俱虚证。方以枳实薤白桂枝汤行气通阳，化痰散结；以炙甘草汤益气助阳，补血滋阴。方药相互为用，以奏其效。

炙甘草汤与桂枝加龙骨牡蛎汤合方辨治 β 受体过敏综合征。叶某，女，36 岁。主诉：3a 前出现心悸，头昏，胸闷，倦怠乏力，喜叹气，手足麻木、发凉、颤抖，手心汗出，低热等，曾在郑州、北京等地检查与治疗，最后诊断为 β 受体过敏综合征，虽服用中西药，但治疗效果不理想，求治于余。刻诊：心悸，胸闷，手足麻木颤抖，失眠多梦，五心烦热且畏寒怕冷，倦怠乏力，喜叹气，舌红，苔薄白，脉虚弱。辨为阴阳俱虚夹风证，治当温补阳气，滋补阴血，平熄内风，给予炙甘草汤与桂枝加龙骨牡蛎汤合方：炙甘草 12g，生姜 10g，红参 6g，生地黄 48g，桂枝 10g，阿胶 6g，麦冬 12g，麻仁 12g，大枣 30 枚，白芍 9g，龙骨 9g，牡蛎 9g，天麻 15g。6 剂，煎药时酌情加入白酒，水煎服，每天 1 剂，每日分 3 次口服。二诊：心悸、头昏略有减轻，复以前方 6 剂。三诊：倦怠乏力好转，以前方 6 剂。四诊：手足颤抖明显好转，以前方 6 剂。五诊：诸症大减，又以前方治疗 40 余剂，病症解除。为巩固疗效，以前方变汤剂为散剂，每次服 6g，每日分 3 次口服，用药半年。随访 2a，未再发作。

按：根据五心烦热、舌红辨为阴虚，又根据畏寒怕冷、苔薄白辨为阳虚，因倦怠乏力、脉虚弱辨为气虚，又因手足麻木颤抖辨为夹风，以此辨为阴阳俱虚夹风证。方以炙甘草汤益气助阳，补血滋阴；以桂枝加龙骨牡蛎汤调和阴阳，潜阳熄风；加天麻平熄内风。方药相互为用，以奏其效。炙甘草汤是临床中辨治心阴阳俱虚证的重要代表方，只有全面深入研究炙甘草汤的用药剂量及其比例关系，审明病变证机，重视运用方药注意事项等，才能学好用活炙甘草汤，特别是在临床中能够合方应用辨治诸多疑难杂病，则能取得良好治疗效果。

参考文献

[1] 王付. 伤寒杂病论症状鉴别与治疗 [M]. 北京：人民卫生出版社，2005：114.

[2] 王付. 经方妙用治百病 [M]. 北京：人民军医出版社，2008：284.

[《河南中医》2012，33 (3)：333]

研透“小柴胡”，熟解“柴胡剂”

席中原　蔡鸿彦　吉林省中医药科学院

仲景方堪称方书之祖，集中医理法方药之大成，仲景柴胡剂指的是《伤寒论》中以柴胡为主药的一类方剂的统称。以方证分类注解《伤寒论》者，包括《伤寒来苏集》及《伤寒论类方》。笔者近年来受胡希恕先生及汤本求真氏启发影响，临床上，每以经方取效，现就本人学习并运用仲景“柴胡剂”的点滴体会，介绍如下，或许对临床有所裨益。

《伤寒质难》中有“执简驭繁，以应无穷之变”一说。仲景柴胡剂有近十首之多，如何才能够“一通百通”，真正做到“执简驭繁”。笔者通过临床实践，并取《伤寒论》反复研读，同时参研历代伤寒家有关柴胡剂的论述，对仲景柴胡剂的制方原则理解逐渐深入，认识到仲景柴胡剂之间存在着“不平等”关系，无论从方药组成，还是整体功效上来看，仲景柴胡剂的其他诸方均在小柴胡汤基础上衍化而成，故要研究柴胡剂，必须从小柴胡汤方证入手。

小柴胡汤为少阳病主方，其主药为柴胡，《神农本草经》言“柴胡，味苦、平。主心腹肠胃中结气，饮食积聚，寒热邪气，推陈致新”。故柴胡当为“拨乱反正”之品，其功兼升、降、散、清之能，少阳病的各种临床症状均为枢机不利之表现，该药能运转枢机，升降布达阴阳、清解郁热，主要对气（机）有推陈致新之良能。《丹溪心法》曰“气血冲和，万病不生，一有弗郁，诸病生焉，故人身之病，多因于气”，气郁可进一步导致五郁（血、痰、火、湿、食）的形成，故方中合以半夏、生姜，具小半夏汤之意，针对痰、湿、食郁而设，痰湿食去，则枢机易转；加黄芩以清热郁；加人参、甘草、大枣者，用以辅助正气，因病之所以传至少阳，必有“血弱气尽、腠理开”正气不足因素存在，故徐灵胎有“小柴胡之妙，妙在人参”之论述，同时，柴胡毕竟为驱邪之品，易于伤正，故加人参、甘草、大枣亦助柴胡建攘外安内之功，此小柴胡汤之方义。进一步衍化之，小柴胡汤方证如果气郁太过，气不宣通，血不运行，定会导致气滞血壅四逆之证，故合入枳实芍药散而成四逆散用以调和气血之滞，去人参、甘草、生姜、大枣等恋邪壅滞碍气之品，有利于气畅血活。而大柴胡汤可看作四逆散的进一步发展，气郁日久化热，势必波及阳明之里，故四逆散方中加入大黄（承气剂）以通腑泻下，故可认为四逆散、大柴胡汤为小柴胡汤之“变局”，为承气汤之“先着”，换句话说，小柴胡汤郁结症状最轻，而四逆散、大柴胡汤郁结渐重，如果进一步发展成为胃家实，变为纯阳明里证，那就是承气汤证了。而柴胡加芒硝汤亦为少阳、阳明合病而设，但经反复泻下，存在里虚，故未用大柴胡汤，以小柴胡汤加芒硝而成方；柴胡桂枝汤是为太阳（中风）、少阳两经合病而设（当然临床亦有柴胡麻黄汤、柴胡葛根汤合方的机会）；柴胡桂枝干姜汤为少阳、太阴两经合病而设，病涉两经，故合方解之；柴胡加龙骨牡蛎汤药味相对庞杂，但据证分析，当为少阳、阳明合病，证涉惊挟饮而设，故小柴胡汤去甘草加大黄合以苓桂并加重镇之品（龙骨、牡蛎、铅丹）；《金匮要略》鳖甲煎丸为痰瘀之邪结成窠臼，痹聚于少阳之里，欲攻癥瘕之实故去甘草、大枣之缓，合入桃核承气汤、大黄䗪虫丸、下瘀血汤等以活血、软坚之剂，稍加小柴胡以疏通气机，隐含“欲攻坚者，转枢机为要”之意；厚朴生姜半夏甘草人参汤虽无柴胡，但亦可看作柴胡剂之变方，只不过病位局限在腹，故去柴胡及黄芩，加厚朴一味专为腹胀而设，更具灵动性。当然，后世推演的与小柴胡汤合方的方剂及加减方众多，在此只谈仲景柴胡剂，故不予赘述，以上个人管见，不妥之处，敬希斧正。

[《中国中医急症》2012，21 (5)：718]

茵陈蒿汤方加减的临床应用

唐红梅
吉林省公主岭市中医院神经内科

茵陈蒿汤首见于东汉张仲景《伤寒论》，治疗阳明实热病症，又见于东汉张仲景《金贵要略》治疗谷疸。其组方配伍主方严谨，对后世临床与科研影响深远，沿用至今，广泛应用与临床。

一、药物组成、功效、方药分析

《金贵要略·黄疸病脉证并治第十五》载："茵陈蒿汤方：茵陈六两，栀子十四枚大黄二两……黄从小便去也。"可见其药物组成：茵陈蒿、栀子、大黄。方中茵陈蒿清脾胃肝胆之湿热，为治疗湿热黄疸要药，为君；栀子清热燥湿，泻肝胆，利三焦，使湿从小便而出，为佐；"茵陈蒿清热利湿，以通水源为治疗黄疸要药，无论阴黄、阳黄都可以应用，使全身内外瘀从小便而出，行其清下通泻郁热之功。栀子清三焦游热，兼清血分之热，配大黄加强清除肠胃积滞，导热下行，使胃热清，燥结除。"现代药理学研究茵陈有显著利胆作用，在增加胆汁分泌的同时也增加胆汁中固体物胆酸和胆红素的排泄量，并能解热和降压；水煎剂对ECHO17病毒有抑制作用；栀子煎剂及醇提取液有利胆作用，促进胆汁分泌，降低血中胆红素，有解热、镇痛、镇静作用；大黄泻下有效成分是蒽苷，主要是番泻苷，作用部位在大肠，能增加肠蠕动，抑制肠内水分吸收，促进排便，还有保肝降低胆固醇等作用。综上茵陈蒿汤总的功效清热、利湿、退黄。

二、主治何病、病因病机

《金贵要略·黄疸病脉证并治第十五》二条载："趺阳脉紧而数，数则为热，热则消谷，紧则为寒，食即为满。尺脉浮伤肾，趺阳脉紧伤脾，风寒相搏，食谷即眩，谷气不消，胃中苦浊，浊气下流，小便不通阴被其寒，热流膀胱，身体尽黄，名曰谷疸。"条文中趺阳脉侯脾胃，脉数知肾中有热，热则消谷善饥，故"热则消谷"，可用大黄清肠胃实热。又脉紧主寒湿，湿盛则伤脾，脾伤则不能运化水谷，故食即为满。胃热脾虚，互相郁蒸，既发黄疸。可用茵陈蒿清利脾胃湿热以退黄，佐大黄加强清热作用，使湿从小便而去。"趺阳脉紧伤脾"脉紧主寒湿，湿阻于脾。"风寒相搏"是泛指病邪，犹言湿热相搏，脾胃有湿热则消化功能减退，故"谷气不消"，即使勉强进食，则反能助湿增热，湿热上冲则头眩，湿热流注于下焦，肾不能化气行水，则小便不利。"阴被其寒，热流膀胱"，"阴"指太阴脾，谓脾寒生湿，湿郁化热，湿热伤脾下流膀胱则小便不利。可用茵陈清脾胃肝胆湿热，栀子清热燥湿，泻肝胆，利三焦，佐大黄泻实热通腹气，使湿热从大小便而去。上所论黄疸是由于小便不利，湿热无从排泄，于是郁蒸而成。不同于伤寒发黄。

《伤寒论》236条"阳明病……但头汗出身无汗，剂颈而还，小便不利，渴饮水浆者，此为郁热在里，身必发黄，茵陈蒿汤主之。"《伤寒论》260条"伤寒七八日，身黄如橘子色，小便不利，腹微满者茵陈蒿汤主之。""伤寒发黄"不同于"金匮发黄"前者独取阳明……疸病有黄按疸，无黄从胁痛论治。疸有阳明、脏腑之分，要注意辨证，不可按执一。

三、临床应用

治疗急性黄疸型肝炎：表现巩膜甚至全身黄染，心烦口渴，恶心欲吐，两胁脘腹胀满疼痛，食欲不振，小便黄赤，大便不爽或秘结。舌苔黄腻，脉弦滑数。治宜清湿热，解毒退黄。处方：茵陈30～100g，栀子10g，大黄10g，白茅根30g，板蓝根30g，五味子30g，虎杖20g，贯众20g。

慢性乙型肝炎：清热化湿法，适用于湿热中阻型，用茵陈蒿汤加味。处方：茵陈30g，金钱草24g，薏苡仁24g，茯苓12g，郁金12g，赤芍12g，山栀子12g，苦参12g，陈皮9g，大黄6g，生甘草6g。

化学毒物中毒：混浊型，接触毒物后短期内出现头昏、乏力，上腹部不适，肝区不适，纳食不佳或巩膜黄染，全身发黄。舌红，苔白厚腻。GPT一般不升高，有黄疸者伴黄疸指数同时升高。辨证属毒邪壅滞发为湿浊或黄疸湿浊。治方：清肝解毒，利胆退黄。处方：茵陈蒿汤加减。药用茵陈（60～100g），蒲公英，小蓟草，大黄（按病情、体质选用生大黄或炙大黄，导毒下行），败酱草，连翘，地锦草，黄柏等。

鼓胀：湿热蕴结症状，腹大坚满，脘腹撑急，烦热口苦，渴不欲饮，小便赤色，大便秘结或溏垢，舌边尖红，苔黄腻或兼灰黑，脉象弦数。治法：清热利湿，攻下逐水。方药：中满分消丸合茵陈蒿汤方加减。

黄疸：①阳黄：热重于湿型，身目色黄鲜明，发热口渴，心烦欲呕，腹满纳差等。处方：茵陈蒿汤方加味。②急黄：临床表现黄疸进展迅速，高热烦躁，精神障碍，或有出血征象。处方：茵陈蒿汤方合犀角散加减治疗。

参与抢救重型肝炎。处方：茵陈50g，大黄5～15g，芒硝（冲）5～15g，枳实10g，山栀10g，桃仁10g，红花5g，赤芍30g，蒲公英30g，土茯苓30g，柴胡6g。用法：日1剂水煎服。取药液400mL分早晚灌肠，用注射器注入或用输液瓶缓滴入，保留0.5～2小时，据患者病情调整大黄、芒硝用量。

四、讨论

茵陈蒿汤方为治疗阳明湿热发黄、湿热黄疸主方，其应用指征是巩膜黄染，皮肤发黄，黄色鲜明如橘子色，小便黄赤，口渴，大便秘结，腹微满，舌红，苔黄，脉滑有力，同时凡由湿热内蕴、湿热外感或湿热下注导致的发黄均可用本方加减治疗。湿热伴有瘀血，在利胆退黄药中加入活血化瘀之品，同时疏利肝胆。对急黄患者要注意正邪变化，用苦寒泻火解毒之药，同时给予养血活血的药物。对于病程长、体虚者要扶正气，活血化瘀兼退黄，要补一分正气，退一分黄。退黄后要注意调理脾胃，扶助正气，以防它变。对于重症患者，还要结合现代理化检查，中西医结合，综合治疗。同时还要给以新鲜清淡饮食，不宜过食肥腻甘甜，注意休息，不要过劳，情绪乐观。

［《中国社区医师：医学专业》2012，14(11)：249］

应用仲景方辨治糖尿病临证心得

任存霞　许俊平
内蒙古医学院中医学院

糖尿病是一组常见的代谢内分泌病，主要分为胰岛素依赖型（IDDM，Ⅰ型）和胰岛素非依赖型（NDDM，Ⅱ型），临床所见约90%为Ⅱ型。本病中医属“消渴”范畴，《黄帝内经》中称“消渴”“脾瘅”“消瘅”“肺消”“鬲消”“消中”等。因恣食肥甘，或情志过极、房事不节、热病之后等，郁热内蕴，气化失常，津液精微不能正常输布而下泄，阴虚燥热为主。对本病，笔者在临床上辨证与辨病相结合，采用仲景方治疗，疗效较好，兹论述如下。

一、病因病机

糖尿病临床症状为多饮、多食、多尿、烦渴、善饥、消瘦、疲乏无力等，常并发或伴发急性感染、肺结核、动脉粥样硬化、肾和视网膜微血管病变及神经病变。糖尿病以中年以上者多见，此时期，人体生理上正处于“肝气衰”“天癸竭”的阶段，肝肾衰竭必致精血亏虚，而精血乃人身阴液之根本，“五脏之阴非此不能滋”，精血亏虚致五脏六腑之阴俱虚，虚热内生，加之恣食肥甘，湿热内蕴，情志不畅，气郁化火，进一步耗灼脏腑之阴，则“消渴诸证作矣。”脾与胃同居中焦，为斡旋气机之枢纽。脾不仅为胃行其津液，也能输津养肺滋肾。因此，脾胃功能障碍与糖尿病的发病密切相关。故张锡纯认为“消渴起于中焦”。本病病程漫长，病情复杂，整个病程又有明显阶段性，病变早期多为阴虚热盛，病久阴损耗气及阳而致气阴两伤或阴阳俱虚。据此笔者认为，糖尿病当属肺、脾（胃）、肝、肾四脏俱病。早期主要病在肺胃，中晚期则累及脾肝肾。

二、治疗总则

历代医家治疗糖尿病一般采用滋阴清热法。糖尿病在中医学有上消、中消、下消之分，临床上许多患者的表现并无典型的“三多一少”症状，无症状表现者也不乏其人。因此，临证治疗时不能仅仅拘泥于“上消治肺，中消治胃，下消治肾”，当审证求因，辨证施治。仲景方的特点之一是方证相应，方中一两个主症往往是核心病机的重要提示。糖尿病证见多端，病机复杂，因此用经方抓主证，切中病机，折其病所。

三、常用治法

（一）清泻肺胃法

病之初期，病机多为阴津亏耗，燥热偏盛。症见口渴引饮，小便频数，饮一溲一，口干舌燥，消谷善饥，形体消瘦，大便秘结，舌红苔黄，脉数或细数。《金匮要略·消渴小便不利淋病脉证治》曰：“渴欲饮水，口舌干燥者，白虎加人参汤主之。”阳明热炽伤津，可用白虎加人参汤，清泻肺胃、生津止渴。

（二）清热除湿法

辨治消渴不能囿于“阴虚燥热”，要注意对“三热”（湿热、瘀热、燥热）的辨治，方能发挥中医辨证论治特色。有些患者往往是湿热内蕴，阻滞气机，津液内灼，症见：口渴多饮，多食易饥，尿频且浊，大便臭秽、黏滞不爽，舌苔黄厚腻，脉弦滑。《伤寒论》第34条："太阳病，桂枝证，医反下之，利遂不止。脉促者，表未解也。喘而汗出者，葛根芩连汤主之。"[1]葛根芩连汤证虽属表里同病，但以里证为主，病势重心在里，可清利湿热。主药葛根《伤寒药性赋》称："阳明之的药，脾渴可解而胃热能消"，张元素认为"脾胃作渴者，非此不除"，《神农本草经》载其"主消渴"，故葛根是古代治疗消渴的要药。而《本经疏注》提出葛根"能发土气以达木气"，恰中肥胖者2型糖尿病土壅木郁之病机，现代药理学也证实了葛根降糖的确切疗效。《名医别录》《本草蒙荃》《汤液本草》均记载黄连有"止消渴""调理厚肠"之功用。故对以胃肠功能紊乱为主的肥胖型糖尿病，应用葛根芩连汤，临床效果较佳。

（三）阴阳双补法

老年糖尿病患者病久阴损及阳，常见肾阳虚衰和阴阳俱虚。症见小便清利而数，入夜尤甚，腰膝酸软，四末清冷，精神萎靡，尿有余沥，体质量减轻，舌淡苔滑，脉沉微弱。笔者善用金匮肾气丸阴阳双补。张仲景在《金匮要略》中指出："男子消渴，小便反多，以饮一斗，小便亦一斗，肾气丸主之。"肾气丸既用地黄、山茱萸、山药补阴之虚以生，又用桂枝、附子助阳化气，使阴阳并补，阴津上承。温肾治消渴源于仲景，后世医家亦论述颇多。隋唐时期巢元方《诸病源候论》、甄立言《古今录验》都指出消渴病的多饮多尿症状均是肾气不足，治疗上应用八味肾气丸补益肾气，阴阳双补。喻嘉言称八味丸为治消渴之圣药。经过诸多医家长期大量的临床实践，肾气丸治疗糖尿病确有疗效。

（四）泻南补北法

有些消渴患者证属心肾阴虚，心火独亢型，主诉往往以心烦失眠为主，症见：渴欲冷饮，烦热急躁，口舌生疮，心烦失眠，心悸怔忡，小便短赤，大便秘结，舌红苔黄，脉数或细数，可用泻心汤《金匮要略》合黄连阿胶汤《伤寒论》加减。《伤寒论》第303条："少阴病，得之二三日以上，心中烦，不得卧，黄连阿胶汤主之。"糖尿病由于热邪伤津致阴虚火旺，虚火扰心，用黄连、黄芩之苦寒以折之，芍药苦平以降之，又以鸡子黄补离中之气，阿胶补坎中之精，俾气血有情之物交通水火，共奏泻南补北，交通心肾之妙用。

（五）温阳利水法

临证中很多消渴病人，久施养阴清燥之品罔效。细审其证，确无阴虚之明证。虽口渴无舌红少津，反多舌淡齿痕、苔滑之象，且每多阳衰诸症。其口渴者乃因肾阳虚衰，气化失职，气不化津，津不上达所致；有降无升，故小便清长；脾不散精，精微不布，随小便排出，故多食善饥。糖尿病久病不愈，或劳倦内伤而致命门火衰，心肾阳虚所致。常见症状：形寒肢冷，心悸怔忡，胸闷气短，身倦欲寐，唇甲青紫，悉身浮肿，小便短少，舌质淡胖，苔白滑，脉沉细无力。救治肾阳虚衰，未过仲景真武，在《伤寒论》太阳病篇（第82条）用于治太阳病误汗，传入少阴；少阴病篇（第316条）则用于治疗心肾阳衰，水气不化。清·柯琴认为真武汤有"壮元阳以消阴霾，逐疏垢以清水源"之功，故取真武温肾阳以化气，利水湿以止渴。

（六）温清并用法

清代医家黄坤曰："消渴者，是厥阴病也。"在其著作《素问微蕴·消渴解》中明确提出"消渴之病，独责肝木而不责肺金"，揭示消渴的发病与肝的关系密切[2]。郑钦安亦提出："消症生于厥阴风木主气，盖以厥阴下水而生火，风火相煽，故生消渴主症。"糖尿病始于"六郁"，病在脾胃，波及肝脏，病至中后期，虚实并见，寒热错杂。症见：心烦，口干喜热饮，下腹胀痛，腰酸，畏寒，双下肢冷麻，易出汗，舌暗红，苔薄黄，脉细滑。《伤寒论》："厥阴之为病，消渴，气上撞心，心中疼热，饥而不欲食，食则吐蚘，下之利不止。"邪犯厥阴，肝之体用失调，阴阳各趋其极，上热下寒，虚实夹杂，肝脾不调，肝胃失和，用乌梅丸清上温下，恰和病机。

（七）活血化瘀法

糖尿病阴虚血液黏稠，气虚无力推动血行，阳虚血失温煦，均可导致血流不畅，瘀血产生。历代对消渴与瘀血的关系有许多相关的论述，典型的如唐容川的《血证论·瘀血》中说："瘀在里则口渴，所以然者，血与气不相离，内有瘀血，故不通，不能载水上升，是以发渴，瘀血去则不渴矣。"阐明瘀阻气滞，水液代谢障碍，津不得布，水谷精微不得濡养脏腑组织及四肢百骸，发为消渴。近年来对糖尿病研究中亦发现瘀血对本病的危害较大，是引发糖尿病主要并发症（高血压、动脉硬化、肾脏病变、眼疾病及周围神经病变等）的主要发生原因，而活血化瘀疗法可改善血液循环，特别是微循环，有益于糖尿病的治疗。临床治疗过程中应在辨证分型的基础上配合使用活血化瘀药物。早期血瘀较轻时，重在调气，多用辛香之品，如丁香、沉香，或辛润通络之桃仁；若瘀血较重，则重在活血通络，多用藤类药，如鸡血藤、首乌藤；若病程长，瘀阻甚，有肌肤甲错等症状重在化瘀，甚则破瘀，临床多用虫类药，如水蛭、虻虫。临证中瘀血特征明显：出现疼痛，颜面、指（趾）甲、口唇、舌颜色紫暗，或舌下血管曲张，疾病中或面色暗黑，肌肤甲错等。笔者在疾病中后期常用缓中补虚破瘀通络的大黄䗪虫丸（《金匮要略·血痹虚劳病脉证治》）；治疗糖尿病微血管病变常以抵当汤（《伤寒论》第124条）为基础加减，效果明显。应用活血通络法可明显延缓糖尿病视网膜病变、肾脏病变及周围神经病变等微血管并发症的发生、发展。

四、典型病例

朱某，男，65岁，工人，2010年8月2日初诊。患者近半年来烦渴多饮，消食善饥，头晕，全身乏力，心烦失眠，近来加重，舌质偏红，苔薄白，脉滑数。经呼市某医院检查：空腹血糖18.1mmol/L，尿糖＋＋＋＋，血压90/60mmHg（1mmHg＝0.133kPa），诊断为糖尿病。辨证：阴虚火旺，心肾不交。施用滋阴降火药物，黄连阿胶汤加减。处方：黄连12g，黄芩12g，阿胶（烊化）15g，鸡子黄（冲）2枚，白芍30g，乌梅10g，甘草6g，熟地黄10g，生地黄10g，葛根12g。水煎，日二服。嘱其控制饮食，经用上方20剂，睡眠良好，心烦除，自觉症状好转，全身觉有力，三多症状明显减轻，近来但觉畏寒怕冷，腰膝酸软，空腹血糖13.8mmol/L，尿糖＋＋＋＋血压100/70mmHg。患者年老体衰，阴损及阳，阳气虚衰之证已现，改施阴阳双补法，金匮肾气丸加减。处方：附子10g，桂枝12g，熟地黄10g，山茱萸12g，山药30g，茯苓12g，泽泻12g，牡丹皮12g，葛根15g，天花粉15g，五味子15g，杜仲15g，益智仁12g，淫羊藿30g，黄芪30g。又继服上方50剂，病情稳定，血糖8.2mmol/L，尿糖－。改服金匮肾气丸调理。

参考文献

[1] 熊曼琪，王庆国，关庆增．伤寒学［M］．北京：中国中医药出版社，2007：76.

[2] 牛洁，刘铜华，杨丽霞，等．刘铜华治疗糖尿病验案举隅［J］．北京中医药，2009，28（6）：457～458.

［《河南中医》2012，32（7）：800］

运用《伤寒论》理论治疗急腹症的体会

胡德富　郭赞秋

四川省叙永县中医医院

《伤寒杂病论》为东汉末年张仲景所著，首先开辨证施治之先河，其所创的方剂在两千多年后的今天仍还在被广泛使用，疗效卓著。《伤寒杂病论》中关于腹痛的论述很多，分散在多个章节中，其中一些辨证、治疗方法对急腹症的诊断与治疗有着极其重要的指导意义。现就平时在治疗急腹症中的一些体会报告如下。

一、正确理解《伤寒论》中关于腹痛的描述

仲景关于腹部症候的描述大致有如下几类：

（一）悸动

为腹部悸动感，或有上冲感，或切诊时，手指感到跳动或搏动、波动等，分为心下悸与脐下悸。脐下悸指脐下约二横指处有悸动感。此可以是病人自我感觉似有物跳动或伴有上冲感，亦可以是按诊时手指感觉到的跳动或搏动。脐下悸在《伤寒论》有关1条，在《金匮要略》中有2处。心下悸：指胃脘部即中上腹部的悸动感，心下悸在《伤寒论》中5处可见。

（二）腹胀满

腹，仲景讲的腹部的范围指“从心下到少腹”（《伤寒论》137条），即胃脘至少腹部出现满、胀、里急、痛等。《灵枢·胀论》：“夫胀者皆在于脏腑之外，排脏腑而郭胸胁，胀皮肤，故命曰胀。”可见胀从望诊可得知。因此，腹胀、腹满的病人，腹部望诊可见膨大充盈，切诊按腹时可感到腹壁的抵抗增强。腹胀满或腹满在仲景书中颇为多见，如腹满，《伤寒论》中有25处，《金匮要略》有18处。

（三）胸胁苦满

胸胁，大致是指腋下、前胸中下部位，亦包括肋缘下；苦，即苦于之意，即这一部位满闷、胀满不适的症状，部分病人切诊可见硬满，或引起病人胀闷、疼痛等。如《伤寒论》231条说：“腹都满，胁下及心痛，久按之气不通……。”在《伤寒论》《金匮要略》中其他的提法有：“胸胁满”“胸胁烦满”“胸胁逆满”“胸胁苦痛”等。

（四）心下痞硬

心下，即胃脘部，相似于现代医学的剑突下至脐上这一区域，正如《说文解字》所说是“在身之中”。痞，指满闷窒塞之感，按之软。硬，按之当有坚实之感。故心下痞硬是指中上腹部有自觉满闷窒塞感，按有坚实；或满闷窒塞感加重，甚则疼痛；如病人无自觉症状，但按诊时产生满闷窒塞感，甚则疼痛，此种亦称为心下痞硬。但一般病人无疼痛感，或疼痛较轻，心下痞硬、心下痞在《伤寒论》中有10余处可见。此外，还有心下石硬、心下痞坚等与心下痞硬相类似，但切诊时坚实之感更盛。

（五）腹痛

既指自感腹部疼痛，亦指按之疼痛，有按之痛甚，亦有按之痛减；有得食痛甚，亦有得食痛减；有得寒痛盛，得热痛减，亦有得热加剧：有时痛时减者。如《伤寒论》137条：“从心下至少腹硬满而痛不可近者”，340条：“小腹满，按之痛”，338条“蛔厥者，其人当吐蛔，今病者静而时复烦者，此为脏寒，蛔上入膈，故烦须臾复止，得食而呕，又烦者……”，《金匮要略·腹满寒疝宿食病》：“腹中寒气，雷鸣切痛”，及“腹中寒，上冲皮起，出见有头足，上下痛而不可触近”等等。范围涉及全腹、中上腹、脐周、少腹等。

（六）少腹硬满与少腹急结

少腹，指脐水平线以下，至耻骨联合及左右腹股沟以上区域。《伤寒杂病论》对少腹疼痛有各种各样的提法，如少腹满、少腹满痛、少腹坚痛、少腹硬、少腹硬满、少腹急结、少腹里急、少腹弦急、少腹拘急与少腹肿痞，其中少腹硬满与少腹急结在急腹症中较为常见，故为代表。硬、满、坚等词的含义应相同或相似。急结与弦急、拘急的含义相似，是指疼痛较剧，有较为明显的切痛，腹壁按之坚满（相似于现代医学肌紧张，压痛反跳痛等）[1]。

二、疼痛部位与内在的脏腑有密切关系，与六经传变有直接的内在联系

（一）心下（即胃脘部）之疼痛或胀满

为结胸证或痞证，结胸证有较剧的疼痛，痞证为痞满闭闷感，或伴有轻微疼痛。如《伤寒论》第134条“太阳病，脉浮而动数……膈内拒痛……心下因硬，则为结胸。大陷胸汤主之。”说明结胸证病在心下，症状为疼痛伴有硬满。151条“脉浮而紧，医反下之，紧反入里，则作痞，按之濡，但气痞耳。”说明无疼痛或疼痛轻微，以自觉痞满闭塞为主。

（二）胸胁苦满

胸胁，沿左右肋骨弓缘向上直至乳下，部位当属少阳经所在。在这一部位有满闷不适，既可是自觉症状，又可以是一个他觉的体征，即切按胸胁肋弓下缘，向乳头方向推进，可感到抵抗，并或引起病人胀闷，甚则压痛。伤寒论原文中的描述有：“胸胁苦满”“胸胁满”“胸胁烦满”“胸胁逆满”“胸胁苦痛”等当属此候。

（三）绕脐疼痛

为脐周围疼痛，部位在胃以下，少腹以上。当属阳明经所在部位。

（四）少腹疼痛

原文多描述为少腹硬满与少腹急结：少腹，指脐水平线以下，至耻骨联合及左右腹股沟以上区域。描述少腹部的腹候，《伤寒论》中有6处，《金匮要略》中有8处，共有10种不同提法，如少腹满、少腹满痛、少腹坚痛、少腹硬、少腹硬满、少腹急结、少腹里急、少腹弦急、少腹拘急与少腹肿痞，其中少腹硬满与少腹急结主要属客观体征，故为代表。此处之硬、满、坚等词的含义同前。急结与弦急、拘急的含义相似，指腹肌紧张明显，按之抵抗强，并伴有较强的压痛。

（五）全腹疼痛

从心下至少腹疼痛，如“从心下至少腹硬满而痛不可近”，多为热结阳明，腑气不通，多属重症。

三、病因病机

（一）寒凝腹痛

如102条之“腹中急痛”，病机为中焦虚寒，气血不足；又如340、352条为少阴寒证之腹痛，其症见“小腹满，按之痛”，“内拘急”。所谓“内拘急”指腹中拘急疼痛，同时伴有四肢厥冷，身冷恶寒，神疲倦卧，下利清谷，小便清长，舌淡，苔白，脉沉微等症。病机为下焦阳虚，寒凝气滞所致。

（二）热结腹痛

138、139、140、141条为结胸证腹痛证治。辨证要点为“心下痛，按之石硬”，“从心下至少腹硬满而痛不可近”，并伴有大便秘结，心烦口渴，日晡小有潮热，舌燥，脉沉紧等症。病机为水热互结。

（三）血瘀腹痛

109、128、129、130条为太阳蓄血证之腹痛证治。其症有“少腹急结”“少腹当硬满”“少腹硬”“少腹满”，兼有如狂、发狂，小便自利，舌质紫暗或有瘀斑，脉微而沉或沉结等症。病机为瘀热互结下焦。

（四）肝郁腹痛

如98、99及318条，为肝气郁滞之腹痛证治。辨证要点为“或腹中痛”。原文虽列为或然证，但临床所见多为主证。还伴有手足不温，胸胁苦满，不欲食，或泄利下重，脉弦等。病机为邪犯少阳，肝胆气郁，气机不展。

（五）食积腹痛

过食生冷、肥甘厚味损伤脾胃，运化无力，宿食不化，壅滞肠胃所致。如243条云“腹满痛者，此有燥屎也，所以然者，本有宿食故也。”由此，213、241、251、256诸条所论述的阳明腑实证之腹痛，亦本于宿食也。其辨证要点为“腹大满不通”“绕脐痛”“腹满痛”“腹胀满”。伴见便秘，潮热，甚或谵语，舌苔黄燥，脉沉实有力等症。病机为阳明腑实，燥屎内结，气机阻滞[2]。

（六）虫扰腹痛蛔虫

寄生肠中，得甘、遇寒则绞结成团，梗阻肠道，致腑气不通而痛。338条论述了蛔厥腹痛的证治。辨证要点是心下痛，时发时止。发作时，症见剧烈腹痛，辗转不安，心烦呕逆，四肢厥冷，脉沉伏等。病机是上热下寒，蛔虫内扰上窜，气机逆乱所致。

（七）阳虚腹痛

阳虚腹痛多因肾或脾胃阳虚，腹内脏腑经脉失于温煦所致。阳虚生内寒，故阳虚腹痛往往兼有寒凝，且阳气愈虚，内寒愈盛，腹痛愈剧。如273、277及279条为太阴阳虚腹痛之证治。其辨证要点为“时腹自痛”“腹满时痛”。有时轻时重，喜温喜按等症。病机为脾阳不振，气机不畅所致。另317条可见少阴虚寒之“或腹痛”，病机为少阴阳衰而兼有寒凝湿滞所致。

四、临床意义

（一）判断预后

仲景用腹证以判断预后，辨病证之轻重，辨疑证、难证、死证，辨传变。如《金匮要略·黄疸病》：“膀胱急，少腹满，身尽黄，额上黑，足下热，因作黑疸，其腹胀如水状，大便必黑，时溏，此女劳之病，非水也。腹满者难治。”《伤寒论》：“病胁下素有痞，连在脐傍，痛引少腹，入阴筋者，此名脏结，死”（167条）。“发汗后，其人脐下悸者，欲作奔豚”（65条）。“伤寒四五日，腹中痛，若转气下趋少腹者，此欲自利也”（385条）。

（二）指导治疗

仲景运用腹证来确立治则，指导遣方用药，如《金匮要略·呕吐哕下利病》：“下利三部脉皆平，按之心下坚者，急下之……”《伤寒论》106条云：“太阳病不解，热结膀胱……外解已，但少腹急结者，乃可攻之，宜桃核承气汤。”100条云：“伤寒，阳脉涩，阴脉弦，法当腹中急痛，先与小建中汤，不差者，小柴胡汤主之”。365条：“伤寒厥而心下悸，宜先治水，当服茯苓甘草汤。”322条：“少阴病，六七日，腹胀，不大便者，急下之，宜大承气汤。”并以腹证来作为治疗的宜忌，如《伤寒论》205条云：“阳明病，心下硬满者，不可攻之。”从这些例子中可见仲景根据腹候来决定治疗采取或先里后表，或先表后里，或先本后标，或先急后缓，或提出治疗禁忌。

参考文献

［1］柳河中．运用伤寒论阳明之下法治疗急腹症［J］．现代中西医结合杂志，1994，（01）：23～24.

［2］赵瑞国，党正祥，曹思之．中西医结合治疗肠扭转87例临床分析［J］．陕西医学杂志，1981，（12）：32～34.

［《中国中医药现代远程教育》2012，10（7）：153］

运用经方治疗肠炎病案三则

周瑞群

吉林省吉林市中西医结合肛肠医院

《汉书·艺文志》记载：“经方者，本草石之寒温，量疾病之深浅，假药味之滋，因气感之宜，辨五苦六辛，致水火之齐，以通闭解结，反之于平。”以汉代医圣张仲景的《伤寒杂病论》为其代表，“勤求古训，博采众方”，运用“六经辨证”，创造性地把外感疾病错综复杂的证候及其演变加以总结，是我国第一部理法方药比较完备的医学专著。书中所载的方药，经过长期的考验，至今还在临床上广泛应用，而且行之有效。

病案一：脾肾阳虚之真武汤证

丁某某，女，47岁，一个月前因饮食生冷辣后出现大便1～2次/日，便质溏稀，伴有肛门肿胀，便意频频，腹痛隐隐，得热痛减，倦怠畏寒，腰背酸痛。形态肥胖，面色皖白，小便频。舌质淡，苔白，边有齿痕，脉沉。肠镜诊断为“慢性结直肠炎”。口服：茯苓30g、白术30g、干姜20g、白芍20g、炮附子10g（先煎）、炙甘草15g、诃子20g、赤石脂20g、桂枝10g。每日一剂，加水煎取300mL，每日早晚分服。上方连续服用四周，患者每日排便1次，便质正常，无肛门坠胀感、腹痛，微有倦怠畏寒，腰背酸痛。舌质淡，苔白，脉濡。此病案中医辨证为太阴、少阴同病，《伤寒论》“少阴病，二三日不已，至四五日，腹痛，小便不利，四肢沉重疼痛，自下利者，此为有水气。其人或咳，或小便不利，或下利，或呕者，真武汤主之”。方有执释义“腹痛，小便不利，阴寒内甚，湿甚而水不行也。四肢沉重疼痛，寒湿内渗，又复外薄也。自下利者，湿既甚而水不行，则与谷不分清，故曰此为有水气也。或为诸证，大约水性泛滥，无所不之之故也”。“太阴之为病，腹满而吐，食不下，自利益甚，时腹自痛”。此病人素体肾阳虚衰，阳虚寒盛，水气不化，泛滥为患。浸渍胃肠则腹痛下利。水气停蓄于内，膀胱气化不行，则为小便不利。水饮内停，随气机升降，无处不到，或上逆犯肺为咳，或冲逆于胃而呕，或水寒下趋大肠则下利更甚，或下焦阳虚，膀胱气化不利，则小便不利。方中附子辛热以壮肾阳，使水有所主。白术燥湿健脾，使水有所制。生姜宣散，佐附子之助阳，是于主水中有散水之意，茯苓淡渗，佐白术健脾，是于制水中有利水之用，芍药既可敛阴和营，又可制附子刚燥之性。汪苓友：“真武汤专治里寒停水，君主之药，当是附子一味，为其能走肾温经而散寒也。水寒侮土，则腹痛下利，故用苓术、芍药，以渗停水，止腹痛。”《金匮要略》“气利，诃黎勒散主之”。诃子敛肺涩肠，止利固脱。《金匮要略》“大孔痛，当温之”故用桂枝升阳补中益气解决肛门肿胀症状。

病案二：寒热错杂之乌梅丸证

葛某某，女，61岁，一年前无明显诱因出现腹部灼痛，偶为刀割样疼痛及胀痛，大便1～4次/日，便质时干时稀，以稀便为主，头晕，口干不欲饮，小便不利。舌质淡红，苔薄白，脉沉。肠镜检查：慢性结直肠炎、结肠息肉。口服：乌梅50g、细辛5g、桂枝10g、黄柏15g、黄连15g、当归20g、人参15g、川椒10g、干姜5g、附子10g（先煎）。每日一剂，加水煎取300mL，早晚分服。连续服用三周后，患者每日排便1次，便质软，无腹痛及其他症状。舌质淡红，苔薄白，脉略沉。复查肠镜：慢性直肠炎。此病案为厥阴为上热下寒的典型症候，乌梅丸主久利，属厥阴病，《医宗金鉴》、章虚谷等皆强调乌梅丸为厥阴正治之主方，是符合乌梅丸组方精神与临床实际的。《伤寒论》“厥阴之为病，消渴，气上撞心，心中疼热，饥而不欲食，食则吐蛔。下之利不止。”舒驰远释义“此条阴阳错杂之证也。消渴者，膈有热也，厥阴邪气上逆，故上撞心。疼痛者，热甚也。心中疼热，阳热在上也。饥而不欲食者，阴寒在胃也，强与之食，亦不能纳，食必与蛔俱出，故食则吐蛔也。此证上热下寒，若因上热误下之，则上热未必即去，而下寒必更加甚，故利不止也。”《医宗金鉴》“伤寒脉微而厥，厥阴脉证也。”乌梅丸滋阴泄热，温阳通降，安蛔止痛，酸甘辛苦复法，刚柔并用，为“治厥阴防少阳、护阳明之全剂”。重用乌梅之酸，既能滋肝，又能泄肝，酸与甘合则滋阴，酸与苦合则泄热，配伍蜀椒、桂枝、干姜、附子、细辛之辛与黄连、黄柏之苦，并且佐当归、人参以养血益气，则祛邪而不伤正，扶正有助祛邪，用于厥阴病阴阳两伤，木火内炽，最为允当。

病案三：湿热蕴结之白头翁汤证

李某某，男，26岁，一个月前因饮酒和食用辛辣食物后出现稀便1～2次/日，伴有鲜血便及便不净感，口干口渴喜饮凉饮，小便短赤。舌质红，苔腻，脉数。肠镜检查：溃疡性直肠炎。口服：白头翁20g、黄连10g、黄柏10g、秦皮10g。每日一剂，加水煎取300mL，每日早晚分服。上剂连服二周，所述诸症皆除。此病案为典型湿热蕴结证，白头翁是治热痢的专方。《金匮要略》“热痢下重者，白头翁汤主之”。《伤寒论》“下痢欲饮水者，以有热故也，白头翁汤主之”。湿热蕴结，气机阻滞之利，其症以里急后重，滞下不爽，脓血色泽鲜明为特征。湿热胶结于肠道，腐灼肠道脉络，恶秽之物欲出不得。故有滞下不爽，下痢秽恶脓血腥臭，里急后重较突出的现象。治以白头翁汤清热燥湿，凉血止痢。白头翁清热凉血为主，佐以秦皮泻热而涩肠，黄连、黄柏清热燥湿，坚阴厚肠以止痢。以上三个病案皆运用仲景“六经病”辨证之法，强调方证对应，方剂配伍严谨固定，辨证准确，真正的效如桴鼓！

［《中国民族民间医药》2012，21（19）：94］

运用经方治验二则

许向明　浙江省临安市龙岗镇卫生院

笔者在基层从事中医临床工作多年，尝认真学习仲景著述，临证习用经方，颇多效验。兹撷验案2则，以飨同道。

一、乌梅丸治蛔厥

蒋某，男，9岁。1986年8月26日初诊。其母代诉：1月前大便时发现蛔虫两条，当日上午开始腹痛，有短暂停顿，痛时烦躁不安。西医以“腹痛待查”“蛔虫病”予用5%葡萄糖、庆大霉素4万u、盐酸消旋山莨菪碱针3mg静脉滴注，然疼痛未减。刻诊：患者痛苦状，体温38.2℃。形瘦，面色不华，头发稀少无光泽，四肢不温，腹软，无包块，无确切压痛点。苔薄白，脉浮弦紧。诊断：蛔厥（蛔虫病）。辨证：脏气虚寒，蛔虫内扰，气机逆乱。治宜温脏安蛔，药用乌梅丸：乌梅20g，细辛4g，干姜、黄连、桂枝、黄柏、当归各6g，附子、制军、蜀椒各3g，党参、使君子各15g。每日1剂，水煎分服。翌日复诊，患儿活动如常，其母代诉服药约两小时后临圊，粪便中夹杂蛔虫无数，泻后安然入睡。

方中乌梅酸能收敛，制虫蠕动以安蛔；蜀椒、细辛辛温，辛可伏虫，温能化寒；黄连、黄柏苦寒，苦可下蛔，寒清上热；干姜、附子、桂枝辛热，温脏以祛下寒；人参、当归补气养血，加大黄苦寒通泄，使君子佐以驱蛔。诸药合用，祛蛔安脏，效如桴鼓。

二、吴茱萸汤治头痛呕吐

许某，女，45岁。2011年3月15日初诊，诉剧烈呕吐伴头痛3天。西医诊断：胃炎、血管神经性头痛。予胃复安片5mg，1日3次，盐酸氟桂利嗪胶囊10mg，1日1次口服，10%葡萄糖针500mL加氢溴酸山莨菪碱针10mg及能量静滴2天，症状未缓解。患者素体虚寒，有痛经史，末次月经3月9日。此次头痛呕吐3天，哕声连连，吐清水及苦水。患者前额疼痛，头重，太阳穴时有跳痛，畏寒怕冷，面色青白，四肢不温，心中烦闷。T36.5℃，BP120/70mmHg。颈软无抵抗。两肺呼吸音粗，无锣音。心率62次/分钟，律齐。腹软，无压痛。理化检查：脑CT正常，血生化、血常规值在正常范围，眼科、耳科检查无异常。舌质淡红、苔白滑，脉沉小弦。辨证：肝胃虚寒，寒饮上逆。《金匮要略·呕吐哕下利病脉证治第十七》“呕而胸满者，茱萸汤主之”“干呕、吐涎沫头痛者，茱萸汤主之”。予吴茱萸汤：吴茱萸9g，生姜、党参各30g，红枣20g，半夏10g。1剂，水煎分服。第二天复诊，头痛减轻，呕吐已止。前方加细辛3g再进，服毕诸症消除，香砂六君丸善后。吴茱萸辛苦大热，入肝、胃、脾、肾经，下三阴之逆气，善疏肝暖胃，消散阴寒，和中止呕。重用生姜30g，加强温中止呕，降逆和胃，且有发散风寒之效，生姜配半夏加强止呕、化饮。党参补气健脾，大枣甘缓和中、温中有补。复诊微有头痛，故加细辛温经散寒。本案患者服吴茱萸汤2剂，如丽日当空，阴霾自散，头痛、呕吐迅速缓解。因方证相附，故效如桴鼓。

[《浙江中医杂志》2012，47（2）：87]

运用芍药甘草汤治疗皮肤瘙痒症探析

万　鹏
成都中医药大学附属医院临床医学院
陈云慧　成都中医药大学国际教育学院

皮肤瘙痒症是临床上常见的一种无明显原发性皮肤损害而以瘙痒为主要症状的皮肤感觉异常的皮肤病[1]，其特征为皮肤阵发性瘙痒，搔抓后常出现抓痕、血痂、色素沉着和苔藓样变等继发性损害。临床上可分为局限性和泛发性两种。中医认为本病多由禀赋不耐、血热生风，久病体弱、血虚生风，脾胃受损，湿热内生等因素引起，临床常见风热血热证、湿热内蕴证和血虚肝旺证等。

一、经方解析

芍药甘草汤源自《伤寒论》第29条：“伤寒脉浮，自汗出，小便数，心烦，微恶寒，脚挛急，反与桂枝欲攻其表，此误也……若厥愈足温者，更作芍药甘草汤与之，其脚即伸。”白芍药、炙甘草在原书中各用四两，以水三升，煮取一升五合，去滓，分温再服。方中芍药，性味酸苦微寒，益阴养血；炙甘草甘温，补中缓急。二药合用，酸甘化阴，阴复筋肉得养而拘挛自除。因而本方常用来主治筋脉挛急、脘腹疼痛等症。《医学心悟》称其止痛如神，现代临床将其广泛应用于各种疼痛病症，如腰腿痛、胃脘痛以及伴有腰椎病变的坐骨神经痛、面肌痉挛、三叉神经痛等[2]。

二、痒痛病理

《素问吴注·卷二十二》云："热轻则痒，热甚则痛"。《针灸大成》曰："脉之衰弱者，其气多虚，为痒为麻也。脉之盛大者，其气多实，为肿为痛也"。《景岳全书》亦指出"诸痛为实，诸痒为虚也"。可见，痒与痛之间有一定的相关性。近年来神经生理学研究显示，瘙痒和疼痛可能是相互作用的两种独立的不同感觉[3]，但它们在很多方面都是相似的[4]。如，瘙痒所诱发的大脑兴奋模式与疼痛的十分相似，已证实疼痛与瘙痒引起的大脑兴奋区有较广泛的重叠[5]；传导介质5－羟色胺被注入皮内可引起瘙痒和疼痛，而组胺在表皮或基膜中会引起痒感，被释放到真皮则引起疼痛[6]。这也说明痒和痛之间存在着内在联系。

三、痒痛疗法

对于皮肤瘙痒，西医目前仍无特效方法，临床主要以抗组胺 H_1 和 H_2 受体拮抗剂、糖皮质激素、免疫调节及局部UV照射治疗为主[7]。近年来，瘙痒的临床治疗取得了一定进展，包括局麻类、镇静类等传统用于止痛的药物和皮神经电刺激等止痛方法都被用来治疗瘙痒症。如，局麻药可以阻断神经传导，抑制瘙痒和疼痛[3]，有人用对神经性疼痛有效的药物，如利多卡因在无对照组的情况下成功治疗了神经源性瘙痒[8]；镇静作用较强的抗组胺药对异位性皮炎的瘙痒有良好疗效，而镇静作用较弱的抗组胺药则疗效差[9]；刺激迷走神经后可以通过其中枢抑制作用来减轻疼痛，现已证实它还可以抑制组胺诱发的瘙痒[4]，如国外报道的皮野刺激技术[10]；干辣椒、辣椒辣素的抗瘙痒活性源于它含有使痛觉神经末梢脱敏的成分[4]；香草基衍生物受体拮抗剂使10名宠物工作人员因虫咬引起的瘙痒和疼痛等症状明显缓解，且明显优于安慰剂对照[11]。可见，西医在止痒和止痛方面亦存有相通之处。

笔者在学习《伤寒杂病论》的过程中，认识到芍药甘草汤这首经典方剂具有很好的缓急止痛作用，联想到"痒为痛之渐"[12]的中医理论，于是想到可借该方酸甘化阴、缓急止痛之效以缓解阴血亏虚、肝旺风动之瘙痒，遂于皮肤科门诊尝试施诊，竟屡获良效。

四、病案举例

王某，女，69岁，退休干部，2010年11月20日来诊。主诉：全身皮肤瘙痒6月余。现病史：6个月前，患者不明原因出现皮肤瘙痒，经多方诊治，疗效不佳。后瘙痒日渐加重，入夜尤甚。病情严重时，患者难以耐受，遂抓破皮肤至血痕丛生。专科查体：患者面色萎黄，皮肤干燥，全身可见明显抓痕和结痂。失眠多梦，饮食尚可，二便尚可。舌红，苔薄，脉弦细。辨证：血虚肝旺。治法：滋阴养血，平肝止痒。方药：芍药甘草汤加减。白芍20g，甘草10g，当归10g，川芎10g，生地10g，黄芪10g，白蒺藜10g，酸枣仁15g。1剂/d，水煎分3次服。药渣煎水外洗，1次/d。服6剂后，患者电话告知瘙痒缓解大半，嘱其继服原方。3W后电话随访，患者睡眠好转，瘙痒停止，未见复发。

参考文献

[1] 李曰庆. 中医外科学 [M]. 北京：中国中医药出版社 2002：191.

[2] 洪建华，张本全，梁建萍. 芍药甘草汤镇痛作用的实验研究 [J]. 实用中西医结合临床，2008，8（5）：84.

[3] 刘苏俊，许爱娥. 皮肤源性瘙痒的发病机制和治疗 [J]. 国外医学皮肤性病学分册，2005，31（1）：21～23.

[4] 焦婷，肖生祥. 瘙痒的病理生理学和治疗进展 [J]. 中国皮肤性病学杂志，2004，18（10）：622～623.

[5] DrzezgaA，DarsowU，TreedeRD，et al. Central activation by histamine－induced itch：analogiesto pain processing：acorrelational analysis of O－15H_2O position emission tomography studies [J]. Pain，2001，92：295～305.

[6] 夏隆庆，赵春霞. 瘙痒的发生机制、分型和治疗 [J]. 临床皮肤科杂志，2003，32（11）：687～689.

[7] 廖万清，朱宇. 皮肤瘙痒的研究进展及治疗现状 [J]. 解放军医学杂志，2011，36（6）：555～557.

[8] Fishman SM，Caneris OA，Stojanovic MP，et al. Intravenous lidocaine for treatment－resistant pruritus [J]. AmJ Med，1997，102：584～585.

[9] Krause L，Shuster S. Mechanism of action of antipruric drugs [J]. BMJ，1983，287：1199～1200.

[10] Nilsson HJ，Levinsson A，Schouenborg [J]. Cutaneous field stimulation（CFS）：a new powerful method to combat itch [J]. Pain，1997，71：49～55.

[11] Miller MJ，Vergnolle N，McKnight W，et al. Inhibition of neurogenic inflammation by the Amazonian herbal medicine sangre de grado. J Invest Dermatol，2001，117：725～730.

[12] 方大定. 赵炳南学术思想特色与风范 [J]. 北京中医药，2009，28（7）：508～510.

[《陕西中医学院学报》2012，35（1）：14]

运用仲景法辨证论治椎动脉型颈椎病的临床体会

孙西霞　杨　芳　南阳市第三人民医院

颈椎病是现代社会常见疾患，涉及范围广，发病因素多，临床症状复杂，临床症状的出现和加重与颈椎活动有密切关系，且脑部症状多于四肢症状，易与多种疾患相混淆[1]，且难以确诊。笔者从事颈椎病治疗20a，运用仲景法辨证论治椎动脉型颈椎病疗效颇佳。

一、椎动脉型颈椎病病因、病机与诊断

椎动脉型颈椎病多因为颈椎错位、椎间盘退变、横突孔狭窄致椎动脉扭曲，或因椎体后缘、勾突关节等骨质增生使椎动脉受压，椎间盘变性或因椎动脉交感神经丛受刺激而导致动脉终末支痉挛，或颈椎退变的同时局部无菌性炎症、水肿直接压迫椎动脉，使脑干、小脑、大脑枕叶等椎动脉供血区缺血，临床表现以眩晕为主。

头晕、头痛或有猝倒的病史为主证，伴耳鸣、耳聋、恶心、呕吐、视物不清及颈部僵硬疼痛、脊髓、神经根等受累症状及影像学确诊，结合现代医学检查血脂、血糖及血流变、多普勒、颈椎X光片、CT、MRI、神经电生理、前庭功能等检查，排除椎动脉型颈椎病以外的其他疾病如梅尼埃病、眼源性眩晕、位置性眩晕、高血压眩晕、脑部眩晕、神经官能症、颅内肿瘤等病变[1]，后进行定性、定位、定量分析，确定病因，结合病史、临床症状和体征，运用中医分型辨证治疗。

二、辨证论治

（一）分型论治

1. 风寒湿型　头昏，头痛，颈部僵硬，活动不利，项强，背痛。遇寒晕增，得温晕减，舌质淡，苔薄白，脉浮紧。治则：祛风散寒，通络止眩。《伤寒论》之葛根汤加减：葛根15g，桂枝15g，白芍15g，甘草5g，生姜3片，大枣3枚。本方主治“太阳病，项背强几几，反汗出恶风者”。本方去发散之麻黄，以升举阳气，引药直达病所的葛根为君药舒筋缓痉、止眩。据近代药理研究：葛根含葛根总黄酮、葛根素，可使红细胞变形能力增强，达到改善微循环的目的，还可降低全血黏度、血浆黏度、纤维蛋白原等，使血管阻力下降，改善血流动力[2]。辅以桂枝温阳通脉，白芍、甘草敛阴合营，缓急止痛，姜、枣配合，调和营卫，对椎动脉血流改善明显，眩晕可止。

2. 邪郁少阳型　表现为眩晕，且与体位有关，颈部酸胀疼痛，活动受限，口苦咽干，耳鸣，心烦喜呕，舌淡红，苔黄腻，脉弦。治以《伤寒论》小柴胡汤：解表和中，和解少阳。党参12g，柴胡12g，制半夏12g，黄芩12g，大枣6枚，生姜2片，黄连6g，葛根30g，佩兰、白术各12g，泽泻15g，甘草6g。兼气血不足者加黄芪30g，当归12g；神疲气怯，面色少华，纳少便溏，加薏苡仁30g，白术12g，升麻10g；湿郁化热加黄连6g，佩兰15g；颈项疼痛酸胀者重用葛根30～60g引津上抵头顶，舒筋缓痉，川芎30～45g活血化瘀，通络止痛。该方斡旋少阳枢机，透达郁火，升清降浊，主治口苦、咽干、目眩。小柴胡汤寒温并用，升降同施，守护中焦，调畅气机升降，宣通内外，和解表里，生化无穷，气机宣畅，清气自生[3]。现代药理研究小柴胡汤具有激素样和非激素样抗炎作用[4]，不仅具有解热镇痛消炎、抗惊厥的作用，而且对不同机制的高脂血症动脉硬化有明显的改善作用，对神经内分泌有较好的调节作用，可达到治疗眩晕的目的[5]。

3. 痰湿中阻型　表现为头重头晕，恶心，泛泛欲呕，肢倦乏力，胸闷，痴呆甚则昏厥摔倒，舌淡，苔白厚腻，脉濡滑。采用燥湿化痰，通络止眩法治疗，方用苓桂术甘汤和二陈汤加减：陈皮20g，法半夏25g，茯苓15g，葛根15g，桂枝10g，白芥子18g，石菖蒲15g，丹参15g，远志12g，竹茹15g，枳壳15g，白术10g，甘草5g。恶心重者加代赭石15g；痰热明显者加郁金15g，黄芩12g；失眠多梦者加莲子肉15g，夜交藤15g。现代药理研究该方能调节血管，改善缺血缺氧，抑制交感神经兴奋，镇痛镇静，加速组织水肿消退，具有改善免疫的作用[5]。

4. 肝肾亏虚型　表现为头晕、耳鸣，记忆力下降，精神萎靡，颈肩臂疼痛、麻木、放射痛，颈部活动不利，劳累或寒冷后加重，兼腰酸膝软，头晕眼花，耳鸣，耳聋，倦怠乏力等症状。舌质暗红，脉细弱。治宜补益肝肾，宣痹止痛。方用《伤寒论》芍药甘草汤加味：白芍25g，葛根20g，木瓜15g，狗脊15g，枸杞子15g，熟地黄20g，当归20g，骨碎补15g，淫羊藿15g，鸡血藤20g，甘草5g。兼寒湿者加附子5g，肉桂10g；气虚加黄芪15g，党参15g；上肢疼痛麻木重者加蜈蚣2条，全蝎3g。该方解痉止痛，抗炎消肿，有松弛痉挛，缓

解疼痛和镇静的作用，同时具有松弛骨骼肌，抗疲劳与免疫增强作用[5]。

（二）针刺及手法

遵循《伤寒论》第142条："太阳与少阳并病，头项强痛，或眩冒……当刺大椎第一间，肺俞、肝俞，慎不可发汗"；第171条："太阳少阳并病，心下硬，颈项强而眩者，当刺大椎、肺俞、肝俞，慎勿下之"之原则，笔者改仲师针刺法治疗眩晕为小针刀或手法配合治疗。治疗部位在颈夹脊穴、大椎、肺俞、肝俞等穴位及颈部压痛点[6~7]。

（二）用法

中药汤剂每日1剂，每日2~3次，口服；小针刀治疗2~3次，轻者1次即可；手法每日1次。治疗以辨证施治为原则，为患者选用个性化的最佳治疗方案，疗程可长可短，依病情而定，效佳即止。效果不佳时配合神经阻滞疗法[8]，若为椎间盘突出引起，保守治疗无效者微创介入联合治疗[9]。

三、讨论

椎动脉型颈椎病属于中医"眩晕" "头痛" "筋伤" "痹证"范畴，病位在脑，病机有风、火、痰、瘀、虚五端，与肝、脾、肺、心关系密切，且以虚居多。临床需审证求因，分清虚实，才能事半功倍。仲师虽未直接论治颈椎病，但论治眩晕涉及了外感、内伤、风、水、痰、瘀、虚，涵盖了引起颈椎病的常见因素，对认识颈椎病病机、诊断和辨证用药在现代的临床应用起到很好的指导作用。临床中我们应采用灵活多变的治疗思路，区分发病部位、因素、病机。辨证施治要体现"同病异治" "异病同治"的辨证治疗思想，同时本着"急则治标，缓则治本"的原则，解除眩晕、头痛症状是临床治疗的首要目的，首先是改善眩晕症状。中药汤剂内服可以减轻炎症反应程度，促进变性神经纤维的恢复，减轻瘢痕化对周围神经组织的挤压，扩张椎动脉血管，改善颈部及脑部血液循环[10]，达到缓解眩晕、头痛的目的。颈椎病在临床诊疗上常见钩椎关节骨赘的大小、影像学的改变和临床症状并不相符，具体病因和机制尚不明确。目前主要有"颈椎不稳学说" "椎动脉交感神经受刺激学说" "椎间盘炎性因子学说"等诸多学说[11]，临床表现纷杂繁多，泛泛而无重点，造成西医诊断存在分歧，诊断不清，效果不佳，患者长期用药及多法治疗而无效。本人根据仲景"但见一症便是，不必悉具"的指导思想，在诊治过程中，抓住"眩晕、头痛"这一主证，结合现代医学技术手段，灵活运用辨证施治，应用仲景理论，辨证与辨病相结合，有证有病，辨证识病，突出中医因地、因时、因人的个性化的辨证观，明确病变病位，选择适当的方法，灵活运用仲景辨证与辨病相结合的学术思想，不固守经方，也不拘泥于一方一药，既用药又用法，如针刀、手法及西医阻滞疗法、各种介入疗法等，只要能直达病所，解除患者痛苦，就拿来为我所用，法药同用、内外兼顾、标本兼治，临床往往收到奇效。

参考文献

[1] 孙树椿. 中医药治疗颈痛［M］. 北京：人民卫生出版社，2002：149~159.

[2] 陈海波，曾庆强，王创明. 桂枝加葛根汤治疗椎动脉型颈椎病的疗效观察［J］. 中国中医骨伤杂志，2011，19（4）：22~23.

[3] 宋兴. 张仲景辨治眩晕心法［J］. 成都中医学院学报，1992，15（4）：11~13.

[4] 关建国. 小柴胡汤加味治疗颈性眩晕66例临床观察［J］. 河南中医，1995，15（3）：145.

[5] 彭鑫，王洪蓓. 张仲景方剂实验研究［M］. 北京：中国医药科技出版社，2004：1~474.

[6] 孙西霞. 针刀配合整脊手法治疗颈椎病眩晕的观察［J］. 针灸临床杂志，2010，26（8）：42~43.

[7] 孙西霞. 针刀配合整脊手法治疗椎动脉型颈椎病的临床观察［J］. 中医学报，2010，25（5）：1005.

[8] 孙西霞，马彩云. 星状神经节阻滞联合颈1~2脊神经节阻滞治疗颈源性头痛的临床观察［J］. 疑难病杂志，2010，9（5）：372~373.

[9] 孙西霞. 微创介入联合术治疗老年性腰椎间盘突出症84例［J］. 中国医学创新，2009，6（20）：120~121.

[10] 徐乐勤，张有为，李晓锋，等. 益气化瘀方对腰神经压迫模型大鼠神经根组织Bax和Bcl-2的表达影响［J］. 中国中医骨伤杂志，2011，19（4）：3~4.

[11] 王胜利，徐阳平. 颈椎病概念的商榷［J］. 中国中医骨伤杂志，2009，17（1）：1~3.

［《河南中医》2012，32（7）：802］

运用仲景法辨治颈椎病体会

孙西霞　杨　芳　南阳市第三人民医院

中医认为，久坐伤脾，脾虚卫气不固，营卫失和，易感风邪，风邪痹阻，出现眩晕、头痛、颈背酸痛、僵硬等症。颈椎病是指各种原因导致颈部肌肉病变，局部产生炎症因子，或者肌肉本身紧张或松弛，使颈椎生理曲度变直、反弓，颈椎旋转，刺激颈部的血管神经而产生的综合征[1]。笔者从事颈椎病治疗20余年，运用仲景法辨证论治颈椎病疗效颇佳，兹总结临床经验与同道探讨，以继承和发扬仲景学术思想。

一、分型论治

根据辨证辨病相结合的方法分为4型：①风寒湿型：颈部僵硬，活动不利，项强，背痛，头昏，恶风寒，无汗，遇寒痛增，得温痛减，舌质淡，苔薄白，脉浮紧。治则：祛风散寒，通络止痛。予《伤寒论》之葛根汤加减：葛根15g，麻黄12g，桂枝15g，白芍15g，甘草5g，秦艽10g，羌活10g，桑枝12g，生姜3片，大枣3枚；葛根解痉止痛，升举阳气，引药直达病所，为君药。麻黄解热发汗，镇痛抗炎，调节免疫为臣药。寒盛者加制附子5g，肉桂10g；温盛者加藁本15g，独活10g。本方具有解热发汗，消炎止痛，扩张血管，增加脑血流量及免疫调节的作用[2]。②邪郁少阳型：颈部酸胀疼痛，活动受限，眩晕与体位相关，口苦咽干，心烦喜呕，舌淡红，苔黄腻，脉眩，治以《伤寒论》小柴胡汤解表和中，和解少阳：党参12g，柴胡12g，制半夏12g，黄芩12g，大枣6枚，生姜2片，黄连6g，葛根30g，佩兰12g，白术12g，泽泻15g，甘草6g。兼气血不足者加黄芪30g，当归12g；神疲气怯，面色少华，纳少便溏，加薏苡仁30g，白术12g，升10g；湿郁化热者加黄连6g，佩兰15g；颈项疼痛酸胀者重用葛根30～60g舒筋缓痉，川芎30～45g活血化瘀，通络止痛。该方透达郁火，升清降浊，主治“口苦，咽干，目眩”。按仲景论：“但见一症便是，不必悉具”。该症总病机为邪郁气机，胆热上干，邪气因寒乘虚直入，伤及颈部，小柴胡汤寒温并用，升降同施，守护中焦，调畅气机升降，宣通内外，和解表里，使气机宣畅，清气自生。现代药理研究小柴胡汤具有激素样和非激素样抗炎作用，不仅具有解热镇痛、消炎、抗惊厥的作用，而且对不同机制的高脂血症、动脉硬化有明显的改善作用，对神经内分泌有较好的调节作用[2]。③肝肾亏虚型：表现为头晕耳鸣，记忆力下降，精神萎靡，颈肩臂疼痛、麻木、放射痛，颈部活动不利，劳累或寒冷后加重，兼腰酸膝软，头晕眼花，耳鸣，耳聋，倦怠乏力等症状。舌质暗红，脉络细弱，治以补益肝肾，宣痹止痛。予《伤寒论》芍药甘草汤加减：白芍25g，葛根20g，木瓜15g，狗脊15g，枸杞子15g，熟地黄20g，当归20g，骨碎补15g，淫羊藿15g，鸡血藤20g，甘草5g；兼寒湿者加附子5g，肉桂10g；气虚者加黄芪15g，党参15g；上肢疼痛麻木重者加蜈蚣2条，全蝎3g。该方具有解痉止痛，抗炎消肿，松弛骨骼肌，抗疲劳与增强免疫作用[2]。④痰湿中阻型：表现为头重头晕，恶心，泛泛欲呕，肢倦乏力，胸闷，纳呆，甚则昏厥摔倒，舌淡，苔白厚腻，脉濡滑，予《伤寒论》苓桂术甘汤合二陈汤加减：陈皮20g，法半夏25g，茯苓15g，葛根15g，桂枝10g，白芥子18g，石菖蒲15g，丹参15g，远志12g，竹茹15g，枳壳15g，白术10g，甘草5g；恶心重者加代赭石15g；郁热明显者加郁金15g，黄芩12g；失眠多梦者加莲子肉15g，夜交藤15g。现代药理研究该方具有调节血管，改善缺血缺氧，抑制交感神经兴奋，镇痛镇静，加速组织水肿消退，改善免疫的作用[2]。

二、针刺法

仲景还总结出对病邪偏重在经脉，气机郁结，风火上扰所致颈项强痛、眩晕者采用针刺法治疗，遵循《伤寒论》第142条：“太阳与少阳并病，头项强痛，或眩冒……当刺大椎第一间、肺俞、肝俞，慎不可发汗”；第171条：“太阳少阳并病，心下硬，颈项强而眩者，当刺大椎、肺俞、肝俞，慎勿下之”之原则，笔者改仲师针刺法为小针刀[3]或手法配合治疗。治疗部位在颈夹脊穴、大椎、肺俞、肝俞等穴位及颈部压痛点[4]。

三、手法治疗

嘱患者颈部自然放松，采用轻柔的按、　、揉法5min，术者双手分别托枕部和下颌，轻轻逐渐用力，牵引颈部，同时左右轻旋转颈部3～5次，5min后，逐渐减轻牵引力量。

四、用法

中药汤剂每日1剂，每日2～3次口服；小针刀治疗2～3次，轻者1次即可；手法治疗每日1次。治疗以辨证施治为原则，为患者选择个体化的治疗方案，疗程可长可短，依病情而定，效佳即止。

五、讨论

颈椎病属中医学“筋伤”“痹症”范畴。仲师对颈椎病症的论治涉及了外感、内伤、风、水、痰、瘀、虚等方面，基本涵盖了引起颈椎病的常见因素，现代临床中我们应采用灵活多变的治疗思路，区分颈椎病的发病部位、因素、病机。辨证施治要体现“同病异治，异病同治”的辨证治疗思想。同时本着“急则治标，缓则治本”的原则，首先改善患者的疼痛症状[5]。中药汤剂内服可以减轻炎症反应程度，减轻结缔组织的形成，促进变性神经纤维的恢复，减少胶质细胞和胶质纤维的增多，减轻瘢痕化对周围神经组织的压迫和挤压，达到缓解疼痛的目的[2]。

针刺以疏导经气为主，当代研究发现，针刺能明显提高机体各组织中的镇痛物质的浓度和痛阈，同时还能促进局部血液循环，调动机体免疫功能以达到消炎止痛的效果。针刺治疗可改善颈部周围软组织的微循环状态，促进营养代谢，提高肌群力量，从而恢复或增强颈部动力平衡，阻断颈椎病的发展，对颈椎病起到早期防治作用[4]。

手法治疗可缓解局部肌肉痉挛，松解粘连和关节负载，分离机械压迫，消除炎症，纠正关节紊乱，相对地改变突出物和受压神经的关系[6]。

针刀和手法的运用，改变了单用汤药，单一施治的弊端，体现了辨证施治原则，对治疗和研究颈椎病具有执简驭繁的指导意义。中医药综合治疗在临床治疗中应用较多，具有方便，简便，安全，费用低，疗效高的特点[5]，但如何为患者选用个体化的最佳治疗方案，将随着医学的不断发展得以不断完善和改进，从而使仲景思想发扬光大，适应现代社会的发展需要。

参考文献

[1] 王胜利，徐阳平．颈椎病概念的商榷［J］．中国中医骨伤杂志，2009，17（1）：1～3.

[2] 彭鑫，王洪蓓．张仲景方剂实验研究［M］．北京：中国医药科技出版社，2004：472～474.

[3] 孙西霞，马彩云．针刀配合中药治疗神经根型颈椎病［J］．中医学报，2010，25（6）：1210～1212.

[4] 朱汉章．针刀医学原理［M］．北京：人民卫生出版社，2002：104～118.

[5] 孙树椿．中医药治疗颈痛［M］．北京：人民卫生出版社，2002：129～182.

[6] 李志进，王和鸣．神经根型颈椎病手法治疗临床应用研究进展［J］．中国中医骨伤杂志，2009，17（2）：67.

［《河南中医》2012，32（4）：401］

张锡纯应用石膏的经验

刀云勇　云南临沧市耿马县人民医院

近代名医张锡纯善用石膏为“清阳阳胃腑实热之圣药，无论内伤，外感用之皆效”。石膏有透表解肌，清热泻火，除烦止渴之功效，为治阳明症的首选药。继张仲景之后，张氏把石膏运用得更灵活巧妙，认为“能挽救回人命于顷刻也，是普济群生之药”。自创用石膏之方有20余方，方中石膏用量多为2～3两，白虎汤中石膏用量更为巧妙。张氏应用石膏之巧，论理之透，历代医家莫能及。

一、凡阳明热证、外感、内伤皆用

张氏认为石膏“凉而能散，有透表解肌之力。外感不有实热者，放胆用之直胜金丹”。“盖石膏之凉，虽不如冰，而其退热之力，实胜冰远甚”。用于治疗感受风寒入里化热；温病发热神昏；加玄参、麦冬、薄荷、蝉蜕清瘟疹之热；加银花、连翘等治咽喉肿痛，加羚羊角、重楼、知母、蝉蜕等清头面之热；加麻黄、杏仁、连翘治外感痰喘发热；疟疾虽在少阳，而阳明兼有实热者，用大剂白虎汤加柴胡治疗，等等的治疗方法，疗效显著。石膏用量大，少则30g，大量用可用到500g，石膏解肌、发身热实之汗，非能发新受之风寒也。石膏清阳明之热时可回厥。用白虎加人参汤，治伤寒脉结代；经玄参代知母可治产后温病发热，心中燥热，治女子有因外感之热内追，致下血不止；治痢证身热不休，服一切清火之药，热仍不休者。加清热之药治脑漏；治实热腹痛；治外感实热证兼挟关节痛；风热所致眼疾等方中都用石膏。以上都是兼外感的病例。内伤病中用石膏清痰火，治不孕证，清阳明之热治痿证；清肠胃之热治痔疮；清血室之热治子宫溃烂等。张氏认为：“石膏乃微寒之药”，“石膏原不甚凉……因石膏生用能使寒温之热有出路也……石膏生用性能发汗，其热可由汗泄解，即使服后无汗，亦可宣通内蕴之热，由腠理毛孔息息达出，人自不觉耳”。石膏兼有性寒清热与辛散解肌的作用，其清热之力胜于冰，而能施用于多种疾病。

二、与其他药配伍最高石膏功效

张氏用石膏配伍最多的是人参。他认为年过五旬之人，或壮年劳心劳力之余，或素有内伤，禀赋羸弱之人，在汗、吐、下后与渴者，阳明热炽，而人素有内伤，元气素弱，脉虚者，用白虎汤时，宜加人参。石膏得人参之助，能使深陷之热邪，徐徐上升外散，消解无余。如治产后发热，必是体虚受热，故以人参固其正气，白虎清其热，才能无失。所以真阳亏损或元气不足之证，常用白虎加有参汤治之。他总结说：“有因真阴亏损者，有因气虚不止潮热者，因气虚更下陷者，皆可治以白虎加人参汤，更以山药代方中粳米，无不效者。盖人参之性，大能补气，元气旺而上升，自无下陷之虞，而与石膏同用，又能治外感中之真阴亏损”。

配伍阿司匹林。他说“石膏清热之力虽大，而发表之类力稍轻”。阿司匹林善发汗，散风、除热、达表，使内郁之热由表解散，为治疗外感发热与关节红肿热痛的良剂。

配伍知母、玄参。张氏为知母入胃以清外感之热，入肺金之燥。用石膏清热，取知母凉润滋阴之性，使石膏以退热，防阳阴明热久者耗真阴也。玄参入肺以清肺家燥热，解毒消火，性凉而不寒，又善滋阴，兼有补性。人参白虎汤以玄参代知母治疗产后发热，产后血虚生热及产后寒温诸证，热入阳明者，张氏认为此法最宜。

配伍代赭石。张氏认为代赭石善镇逆气，降痰涎，止呕吐，通燥结。生用服之不伤肠胃，大能养血。石膏与代赭石相伍使热邪下达，下腑热。

治外感实热兼呕吐，或温病，表里俱热，心满腹疼，饮水即吐等，用之得当能建奇效。

配伍连翘、薄荷、蝉衣，引导阳明之热由表而出，能加强清透热邪的作用。

三、单吨大剂量用石膏也显效

张氏用石膏量大，他说：“石膏之质甚重，七八钱不过一大撮耳，欲用一大撮微寒之药扑灭寒湿燎原之热，又何能大效”。所以他用石膏少则一两，多则七八两，可煎汤服，也可研末服，即使应用单味石膏治疗，也药精效显，实为用石膏之圣手，张氏说：“临证40余年，重用生石膏治愈之证当以数千斤计。有治一证用数千斤，有一证用至十余斤”。例案中治一人年六旬妇人，闻药气即吐，单用生石膏末6两，煎清汤温服，尽剂而愈。在家治一人饮水即吐。惟可吞冰，用梨片蘸生石膏细末嚼咽这，服尽2两愈。

四、石膏内服只能生用

张氏认为石膏煅用后其性由宣散变为收敛，“以治外感有实热者，竟将其痰火敛住，凝结不散，用至1两即足伤人，是变金丹为鸠毒也”。生石膏即使用量大也不致胃寒，用煅石膏立即收敛凝涩，所以张氏用于内服的都是生石膏，煅石膏只外用止血，敷金疮出血。名医张锡纯临床运用石膏之巧妙，值得借鉴。口腔卫生，防止牙周组织炎症感染，清除局部病因，即清除牙菌斑和牙石；②漱口能除去食物碎屑和暂时减少口腔微生物的数量，因此养成饭后漱口也是良好的卫生习惯；③选择良好的牙刷和施行正确的刷牙方法是口腔卫生措施中最有效的方法，可以刷除菌斑、食物碎屑和部分色素；④牙龈按摩可使上皮增厚，促进血液循环，增强对细菌及局部刺激的防护作用；⑤对全身性疾病进行积极治疗，并加强身体锻炼，提高健康水平；⑥定期请医生检查口腔，以保持牙周组织的健康。

［《中国社医医师·医学专业》2012，14（32）：187］

张聿青运用瓜蒌薤白半夏汤之经验

连暐暐　浙江省中医院

张乃修（1844～1905），字聿青，号且休馆主，江苏无锡人，清末著名医家。张氏幼承庭训，覃思博稽，宗仲景之书，斟酌刘、李、张、朱等诸家之说，论病处方，变化万端，临床造诣颇深。张氏医案辨证立法思路清晰，选药精当，配伍严谨，乃清代医家医案中的上乘之作，足资后学者师法。先生乃江南中医学家，秉承了江南医家用药轻灵的一贯风格，然仔细揣摩其医案则不难发现，书中多处医案皆涉及仲景方。张氏运用仲景方，而不为其所拘，或仿其法而不泥其方，或以经方复方图治，或与时方熔于一炉，可谓是继承并发扬了仲景学术，为苏派医家中学有根砥者。今选取仲景方剂瓜蒌薤白半夏汤，综合张聿青相关医案，分析其灵活变通仲景方的理论依据，归纳其加减配伍规律与具体用药经验，以期有助于我们对仲景方的掌握与运用，既澄其源又明其流，促进仲景方的进一步发扬光大。

瓜蒌薤白半夏汤为仲景治疗胸痹之主方。仲景云：“阳微阴弦，即胸痹而痛，所以然者，责其极虚也。今阳虚知在上焦，所以胸痹、心痛者，以其阴弦故也。”[1]31 吴鞠通氏认为：“胸痹因寒湿痰饮之实证，则宜通阳，补之不惟不愈，人参增气且致喘满；若无风寒痰饮之外因、不内外因，但系胸中清阳之气不足而痹痛者……若再以薤白、瓜蒌、枳实滑之、泻之、通之，是速之成劳也，断非人参汤不可。”[2] 由此可知，瓜蒌薤白半夏汤所治之胸痹乃浊阴乘于阳位，阳气不通所致。与人参汤所主阳气不足之胸痹迥然有别，万万不可混淆。方中瓜蒌甘寒润下，豁痰开结；薤白辛温滑利，通阳散结；半夏辛温，化痰开痹；白酒辛热走散，使药性上行，以助开痹通阳。张聿青氏宗仲景之法用此方消浊阴、通胸阳，并化裁变通此方，用于治疗中焦痰饮内阻之脘痛、噎膈等证。

仲景之瓜蒌薤白半夏汤主治胸阳不振、痰浊阻滞之胸痹。尤在泾谓“所以然者，有痰饮以为之援也”[3]。张氏抓住此关键，依据病机，不拘症候，配合理气之品，上治胸膈，下治胃脘，园机活法。

心肺同居胸中，胸中浊阴弥漫，张氏疏方瓜蒌薤白半夏汤“辛润滑利以化痰降浊”[4]140。咳嗽痰多者，酌加杏仁、广郁金、枇杷叶、枳壳、桔梗，其中枳壳、桔梗升降气机，利气以化痰；杏仁、广郁金、枇杷叶皆辛润之品，理气分、开上焦而无燥伤娇脏之弊。胸闷心悸者，加入杏仁、茯苓降气化饮，寓茯苓杏仁甘草汤之意。

值得一提的是，张氏还惯于用此方治疗中焦痰饮内阻之脘痛、噎膈等证。仲景对于中焦痰饮早有“以温药和之”[1]44之明训，方用苓桂术甘汤治之。然张氏却将瓜蒌薤白半夏汤用于中焦痰饮的证治，称之为“辛润通降”[4]267法，其中别有深意，试分析如下。

一、用于中焦痰饮之易于化燥者

张氏认为“水谷之海，岂是停气停湿停痰停饮之所。特温以煦之，其气既虚，血亦不足，刚燥之品，未免伤阴。拟用长沙栝蒌薤白汤出入”[4]191。确实，辛能行水，且辛润之品专理气分，不比辛燥之属易于伤津劫液。故对于中焦痰饮兼有吐下伤津、或兼阴血不足、或伴气火有余者，张氏喜用辛润之瓜蒌、薤白、半夏，气阳质阴，有通阳开闭之功，而无刚燥劫阴之虑。

二、用于中焦痰饮兼腑气不通者

痰饮而兼腑气不通者，疏方瓜蒌薤白半夏汤最宜。此方辛润滑利，流通气机，气机一通，大便自解。盖方中薤白辛散温通为主，散阴结而开胸痹；瓜蒌甘寒滑润，以清降为要，宽胸利膈而通闭。二药伍用，一通一降，通阳下气、祛痰散结、润肠通便之功益彰。半夏体滑性润，能通腑实，对此《纲目》早有明训：“半夏涎滑能润，辛温能散亦能润，故行湿而通大便，利窍而泄小便。所谓辛走气，能化液，辛以润之是矣……《和剂局方》用半硫丸治老人虚秘，皆取其滑润也。世俗皆以南星、半夏为性燥，误矣。湿去则土燥，痰涎不生，非二物之性燥也。[5]”

总之，张氏取瓜蒌薤白半夏汤之“辛”以散饮，“润”以制燥，“通”以通阳，“降”以降浊，一举四得，为临床治疗中焦痰饮开辟了新的思路，也扩大了此方的应用范围。

张氏重用薤白以治疗浊阴内盛之胃脘痛，取其辛温通阳、滑利降浊之功，并去苦寒之瓜蒌，酌加制香附、丁香、沉香、白蔻仁、砂仁、乌药之属，辛香化浊，温通散寒。或宗景岳之法，将丁香、白蔻仁研细末先送服。此方名为神香散，乃景岳先生所制，并谓胃脘痛“诸药不效，气结难解者，惟神香散为妙”[6]。盖因其芳香透达，其效如神，故名神香散。由此亦知，取其香气者，宜研末调服，气味最无损耗。一入煎剂，辛香之气必有走失。

痰饮之为物，随气升降，无处不到，故治痰先治气，气顺痰自利。张氏常用炒枳壳、橘红、香橼皮理气以消痰化饮，其中香橼皮具理气化痰、疏肝解郁之功，“尤为苏南医家常用之物，陈久而能保持芳香”[7]。痰饮化热者，张氏将半夏改为青盐半夏，更加凉润之川贝、咸寒之海蛤粉，共奏清润化痰软坚之功。青盐半夏即半夏用青盐水浸拌，晒干入药者。青盐性咸寒，与半夏同制，可减其辛温之性而增清热之用。老痰结滞者，张氏常用瓦楞子、白螺蛳壳。瓦楞子咸平软坚，善“散痰积”[8]；用白螺蛳壳治痰饮，乃是师法丹溪，源自《心法》中治疗痰积胃脘痛之白螺丸。更甚者，用皂荚子来消痰，皂荚子辛润多脂，通关利窍，能使郁结于中焦之痰浊从大便而解。

痰饮之为病，症状变化万端。肝风挟痰饮上行而眩晕者，张氏用白蒺藜、天麻以平熄肝风。痰气入络而胁肋作痛者，张氏用橘络、旋覆花汤降气化痰、通络止痛。痰阻心窍而神机不运者，张氏用菖蒲、远志、白金丸祛痰开窍。其中白金丸出于《外科全生集》，系白矾、郁金研细末，皂角汁为丸。白矾咸寒，可软顽痰；郁金苦辛，能开结气；皂角汁亦能化顽痰。诸药相合，可治疗痰涎壅盛、闭阻心窍而致的神识昏蒙，甚至癫痫发狂等证。

中虚者，张氏加入霞天曲以补中化痰。《韩氏医通》指出：“黄牛肉补气，与绵黄芪同功。”[9]黄牛肉煎汁炼膏，名为霞天膏，大补中虚羸弱。霞天膏又入半夏末为曲，名霞天曲，能治中虚沉痼之痰。若见中阳不足者，张氏常用上瑶桂（肉桂）饭丸姜汤送下。如前所述，张氏常将瓜蒌薤白半夏汤用于痰饮之易于化燥者，然“饮为阴邪，阴霾闭塞，非阳光煦照，安能雾散云收[4]191”，故张氏用“辛温大热之品（肉桂），另制为丸，飞渡上焦，免致伤液[4]191”。

此处“飞渡上焦”，即肉桂研细末、饭丸姜汤送下，直接作用于中焦，使离照当空而阴霾自散，又可免其耗伤上焦之阴液。遣药有如此巧思，足见张氏心思缜密、善于变通，不拘常法而出奇制胜。

参考文献

[1] 张仲景．金匮要略 [M]．北京：人民卫生出版社，

2006.
[2] 吴鞠通．温病条辨［M］．北京：人民卫生出版社，1972：149.
[3] 尤在泾．金匮要略心典［M］．上海：上海人民出版社，1975：60.
[4] 张聿青．张聿青医案［M］．北京：人民卫生出版社，2006.
[5] 李时珍．本草纲目［M］．北京：人民卫生出版社，1979：1194.
[6] 张景岳．景岳全书［M］．北京：中国中医药出版社，1996：300.
[7] 徐景藩．《张聿青医案》脘痛篇初析［J］．南京中医药大学学报，1983，2（2）：5～6.
[8] 李时珍．本草纲目［M］．北京：人民卫生出版社，1979：2539.
[9] 韩飞霞．韩氏医通［M］．南京：江苏科学技术出版社，1985：23.
［《山西中医学院学报》2012，13（3）：92］

张仲景《金匮要略》中针灸疗法初探

任少辉　席鹏飞　马晓峰
天津中医药大学

《金匮要略》是我国著名医家张仲景所著《伤寒杂病论》的杂病部分，由于其在理论和实践上都具有很高的指导意义和实用价值，故被古今医家赞誉为方书之祖、医方之经。在该书中，张仲景不仅对中医理、法、方、药做了精辟的论述，而且还记述了运用针灸治疗疾病的经验。《金匮要略》全文之中涉及针灸内容条文共有14条，现就其中有关条文，对其针灸疗法应用特点进行初步探析。

一、《金匮要略》针灸理论与治疗原则

针灸治病在于疏通经脉，调理脏腑。《金匮要略》原书以整体观念为指导，以脏腑经络为依据，认为疾病的发生发展就是脏腑功能的失调和传变。《金匮要略》中病证论述紧密围绕脏腑经络，因此在治疗中必定涉及能影响脏腑经络的方法。药物、汤剂可以调理脏腑的虚实，张仲景同时强调针刺方法也具有调理脏腑经络的功能。因此，首篇《金匮要略·脏腑经络先后病篇》云：“若人能养慎，不令邪风干忤经络……四肢才觉重滞，即导引、吐纳，针灸、膏摩，勿令九窍闭塞。”强调针刺可调经络、安脏腑，可见其非常重视针刺治疗。后世在此基础之上发挥张仲景治学思想，认为针刺与腧穴经络论、腧穴论密切相关，可以说张仲景对针刺理论的发挥，为针刺方法与经络学说的结合，以及后世针灸学的发展奠定了理论基础。

《金匮要略·妇人杂病篇》云：“妇人之病……千变万端；审脉阴阳，虚实紧弦；行其针药，治危得安。”强调妇人杂病，变化多端，但只要根据脉象的阴阳，辨别证候的寒热虚实，即可采用针刺或药物治疗的方法，使危疾好转。本条虽然是论述针药在妇科疾病中的运用原则，但因妇科病病因、病机错综复杂，变化多端，具有一定的代表性，故此条论述也可以视为针灸治疗所有疾病的治疗原则。

二、针法的应用

（一）祛风解表

《金匮要略·疟病篇》云：“师曰：疟脉自弦，弦数者多热，弦迟者多寒，弦小紧者下之差，弦迟者可温之，弦紧者可发汗、针灸也。”疟病是感染外来“疟邪”所引起的病证，其病情变化有偏表偏里、属寒属热之不同。迟紧两脉，虽均主寒，但有表里不同，弦紧为病偏表，多兼感风寒，故以发汗或针灸的方法解表祛风散寒而达到治疗的目的。

（二）引阳散寒

《金匮要略·血痹虚劳病篇》云：“问曰：血痹病从何得之？师曰：夫尊荣人，骨弱肌肤盛，重因疲劳汗出，卧不时动摇，加被微风，遂得之。但以脉自微涩，在寸口、关上小紧，宜针引阳气，令脉和紧去则愈。”此血痹之因，乃营卫气血不足，卫外不固，外邪入侵，血行不畅所致。故张仲景提出治宜针刺之法以导引阳气，气行则血行，则血痹可愈。此处有“治风先治血，血行风自灭”之意。临床中用针灸疗法治疗本病时针宜轻刺、浅刺留针。

（三）通调气机

《金匮要略·妇人妊娠病篇》云：“妇人伤胎，怀身腹满，不得小便，从腰以下重，如有水气状……此心气实，当刺泻劳宫及关元，小便微利则愈。”妇人怀孕在身，若是伤胎，就会出现腹满、小便不利、腰以下感觉沉重不适，如患水气病一样。此乃心气实所致，法当泻心火，利水道，针刺劳宫、关元2穴。劳宫为手厥阴心包经穴的荥穴，针刺该穴能清心泻火；关元是手太阳小肠经募穴，刺之能利小便，导心火下行。后世医家对此多有不同看法，认为针刺劳宫、关元尚有损胎之虞，一般不要轻易使用此法。

（四）清泻瘀热

《金匮要略·妇人杂病篇》云：“妇人中风，发

热恶寒，经水适来，得七八日，热除脉迟，身凉和，胸胁满，如结胸状，谵语者，此为热入血室也。当刺期门，随其实而取之。”又“阳明病，下血谵语者，此为热入血室，但头汗出，当刺期门，随其实而泻之。濈然汗出者愈。”热入血室乃妇人月经适来或适断时，感受外邪，邪热入于血室，引起血热相搏、热与血结而致。妇人热入血室，瘀热内扰肝经，出现发热恶寒时，刺期门穴以泻肝实。血室隶属于肝脉，由于热郁于肝脉而不利，故针刺期门穴以泻肝实，使热随汗而外泄，血室得清，诸证自愈。

三、灸法的应用

（一）温经散寒

《金匮要略·奔豚气病篇》云：“发汗后，烧针令其汗，针处被寒，核起而赤者，必发奔豚，气从小腹上至心，灸其核上各一壮，与桂枝加桂汤主之。”奔豚气病是一种“气从少腹起，上冲咽喉，发作欲死，复还止”为特征的发作性疾患。本条是因误汗发生奔豚的证治。已被发汗后，复用烧针方法强迫使汗，阳气受损，不能固护，寒邪由针孔侵入，引动冲气，而发为奔豚。故治以灸其红肿部分，消散寒邪，以畅血行。

（二）扶阳固脱

《金匮要略·呕吐哕下利病篇》云：“下利，手足厥冷，无脉者，灸之不温，若脉不还，反微喘者，死。少阴负趺阳者，为顺也。”本条论述下利而致厥脱的急救和预后。从文中可知艾灸是急救的主要措施。由于下利无度以致阳气衰竭，张仲景灸治的目的在于振奋欲绝之阳气。

（三）回阳救逆

《金匮要略·杂疗方篇》云：“救卒死而张口反折者方，灸手足两爪后十四壮了。”又“救卒死而四肢不收失便者方……灸心下一寸、脐上三寸、脐下四寸，各一百壮，差。”本条是用灸法来救治“卒死”的记载。2条症状均为阴阳逆乱，脾肾失调，引起骤然风动，以致血脉闭阻。此时药物治疗难免贻误时机，不能复生，故急用灸法，回阳救逆。前条为闭证，故灸十二井穴外通阳气，开窍醒神；后条为脱证，故灸任脉穴温通阳气，回阳固脱。

四、结语

《金匮要略》中有关针灸的治疗作用广泛。外可祛风散邪以解表，内可温肾回阳以固脱；血热盛可泻其瘀热，阳气微能温补虚阳。张仲景运用针灸治病与方药治病一样，均辨证准确，取穴精当，治法灵活，这种指导思想及治疗方法至今仍具有重要的指导意义和实践价值。

［《河北中医》2012，34（5）：598］

张仲景《伤寒论》护胃养生理论治疗消化性溃疡疗效的临床实践

包　芸　内蒙古医科大学附属医院中医科
魏雨霏　吉林大学

《伤寒论》又名《伤寒杂病论》，是张仲景中医辨证论治理论体系的奠基之作。全书共有药方112个，甘草、生姜、大枣等护胃之药配伍组成的方剂有28方，另有1味、2味、3味配伍药方69剂[1]。其中5个泻心汤中，半夏泻心汤、甘草泻心汤、生姜泻心汤三方用药相近，半夏泻心汤为三方中心[2]，均为护胃养生之良方。消化性溃疡属于胃脘痛、腹痛、腹胀、呕吐范畴，是指脾胃升降失调、气血郁滞逆乱引起胃脘部疼痛。本文选择64例消化性胃溃疡患者，在西医治疗的基础上，施以半夏泻心汤加减辨证治疗，以挖掘《伤寒论》在治疗消化性溃疡的应用价值。

一、资料与方法

（一）一般资料

选择2009年2月30日—2011年2月在我院消化内科就诊的126例胃溃疡患者，均符合陈灏珠《实用内科学》消化性溃疡诊断标准[3]，表现为不同程度的腹痛腹胀、反酸嗳气等临床症状，经过胃镜检查及^{14}C尿素呼气试验确诊为HP阳性消化性溃疡。中医病症表现为胃脘痛、腹胀、痞满、舌质淡红、脉濡滑或弦滑。排除消化系统肿瘤、反流性食管炎、严重心、肝、肾疾病、以及孕妇和哺乳期妇女，所有入选患者2周前均未服用任何抗消化性溃疡药物。

根据患者入院先后顺序随机将126例患者分为64例观察组和62例对照组，其中男72例，女54例，年龄介于（32～58）岁之间，平均年龄（42.32±6.24）岁；病程<1年的44例，（1～5）岁58例，>5年24例；胃溃疡56例，十二指指肠溃疡38例，复合性溃疡32例。对照组奥美拉唑+克拉霉素+替硝唑三联疗法，观察组在对照组的基础上，辅以半夏泻心汤辨证加减治疗，两组患者性别、年龄、病程、病情等基线资料比较差异无统计学差异（P>0.05），如表1所示。

表1　观察组与对照组基线资料比较

组别	例数	性别（男/女）	平均年龄（岁）	平均病程（年）	胃溃疡	十二指肠溃疡	复合性溃疡
观察组	64	37/27	42.41±6.28	4.25±0.65	29	20	15
对照组	62	35/27	42.27±6.22	4.24±0.64	27	18	17

（二）治疗方法

1. 对照组　治疗期间合理调整患者膳食结构，停用其他药物。采用奥美拉唑+克拉霉素+替硝唑三联疗法：奥美拉唑片20mg口服、2/天、早餐和晚餐前半个小时空腹服用；克拉霉素颗粒500mg口服、2/天，餐后服用；替硝唑胶囊制剂200mg口服、2/天，14天为1个疗程，连续服用2个疗程。

2. 观察组　在对照组的基础上，给予半夏泻心汤加减治疗，基本方剂：姜半夏10g，黄连、黄芩、干姜各6g，党参15g，陈皮10g，炙甘草6g，大枣5枚。根据病情辨证加减，反酸严重者加海蛤壳、三七粉、吴茱萸；腹胀严重者给予青皮、柴胡、鸡内金；嗳气严重者给予旋覆花、代赭石；胃脘冷痛加茱萸、扁豆衣。水煎取汁200mL，早晚2次服用，14天为1个疗程，连续服用2个疗程。

（三）观察指标

1. 溃疡缓解情况　观察两组患者治疗前后腹痛、腹胀缓解的例数，24h内产生嗳气的次数，复查胃镜并记录溃疡面积。

2. 疗效判定　参照《中医病证诊断疗效标准》设定治愈、好转、未愈三个等级标准[4]。治愈：症状、体征消失，胃镜检查溃疡面积减少>90%；好转：症状、疼痛明显减轻，胃镜检查溃疡面积减少>50%；未愈：主要症状和胃镜检查无明显改善。总有效率=（治愈例数+好转例数）/总例数。

3. 负面情绪比较　患者疼痛状况采用VAS量表评估（10分为最痛，分值越低，疼痛越轻）；抑郁情绪采用HAMD量表评价（分值越低，抑郁程度越轻）；焦虑情绪采用HAMA量表评（分值越高，焦虑情绪越强烈）。

（四）数据处理

采用SPSS18.0软件对数据进行统计分析，计量资料用均数加减标准差（$\bar{x} \pm s$），采用t检验、计数资料采用卡方检验或非参数秩和检验，比较结果以$P<0.05$判断为差异有统计学意义。

二、结果

（一）两组治疗效果比较

观察组治愈（79.69%）、有效率（96.87%），经过非参数秩和检验，治疗效果明显优于对照组（P<0.05）。如表2所示。

表2　观察组和对照组治疗效果比较［例（%）］

组别	例数	治愈	好转	未愈	总有效率
观察组	64	50（79.69）	12（17.19）	2（3.13）	62（96.87）
对照组	62	43（69.35）	10（16.13）	9	53（85.48）
P			<0.05		

（二）两组治疗后溃疡缓解情况比较

治疗后，观察组腹痛（6.25%）、腹胀（9.38%）、嗳气次数（5.21±0.84）次/24h、溃疡面积（1.01±0.21）cm^2明显少于对照组（P<0.05）。如表3所示。

表 3　观察组和对照组治疗后溃疡缓解指标比较［例（%）］

组别	例数	腹痛例数	腹胀例数	嗳气次数	溃疡面积（cm^2）
观察组	64	4（6.25）	6（9.38）	5.21 ±0.84	1.01 ±0.21
对照组	62	8（12.9）	10（16.13）	10.85 ±2.24	2.14 ±0.25
T 值/χ^2 值		9.835	8.654	10.821	11.354
P 值		<0.01	<0.05	<0.01	<0.01

（三）两组患者负面情绪情况

治疗后，观察组 HAMD 评分（25.47 ±3.42）、HAMA 评分（27.78 ±3.56）、VAS 评分（5.47 ±0.74），均明显低于对照组（$P<0.05$）。如表 4 所示。

表 4　观察组和对照组负面情绪情况比较（$\bar{x} \pm s$）

组别	例数	VAS 评分	HAMD 评分	HAMA 评分
观察组	64	4.56 ±0.32	23.65 ±3.38	27.67 ±3.24
对照组	62	7.82 ±1.02	35.56 ±5.21	41.16 ±5.14
T 值	7.324	6.257	6.384	
P 值		<0.05	<0.05	<0.05

三、讨论

消化性溃疡是指发生在胃以及十二指肠的溃疡，会引起腹部节律性疼痛、消化道出现出血、穿孔甚至发生梗阻[5]。诱发因素，如胃酸分泌过多、胃黏膜保护减弱、幽门螺旋杆菌感染等[6]。其中胃酸分泌过多是造成胃黏膜损害的直接原因，有效抑制胃酸分泌对于治疗消化性溃疡有着积极意义。现代研究证实，单纯的西医治疗并不能完全改善胃溃疡的症状，这可能与幽门螺旋杆菌感染病毒未被根除有关。

传统中医认为，消化性溃疡属于胃脘痛范畴，多因饮食不当或情志不遂导致脾胃升降失调、气血郁滞逆乱，病变涉及肝、脾、胃三脏，脾为后天之本，胃乃水谷之腑，脾胃虚弱，病邪乘虚而入。"五脏六腑皆禀气于位，人无胃、气曰逆、逆则死"，张仲景《伤寒论》多次提到"胃气"的保护[7]。半夏泻心汤源瞬息万变《伤寒论》，方中党参、炙甘草、大枣主健脾益气之功效，半夏、干姜行温胃化湿，三七活血，黄芩、黄连苦寒降浊，诸药合用，共春天平调寒热、辛开苦降之效。辅以辨证加减施治，可解湿热中阻、胃气上逆之症，具有健脾益气、理气止痛之功效[8]。

本文研究证实，治疗后观察组腹痛、腹胀比例明显少于对照组，嗳气次数、溃疡面积也明显低于对照组；治疗有效率明显高于对照组，可以看出，半夏泻心汤辨证加减治疗能够有效改善消化性溃疡的临床症状，缩小溃疡面积，提高治疗效率；同时观察组疼痛评分（VAS）、抑郁情绪（HAMD）、焦虑情绪（HAMA）明显低于对照组，进一步表明半夏泻心汤对于消化性溃疡患者情志方面的积极作用。

综上所述，应用张仲景《伤寒论》护胃养生理论，在常规治疗的基础上，辅以半夏泻心汤辨证加减治疗措施，能够有效地改善患者的临床症状，促进溃疡面的愈合，缓解患者的负面情绪，提高治疗有效率。

参考文献

［1］刘美荷．浅谈《伤寒论》中顾护胃气的学术思想［J］．中国中医信息杂志，2003，9（10）：104～104.

［2］梁树珍．《伤寒论》五泻心汤的不同用法［J］．中国民族民间医药，2009，18（9）：56～56.

［3］陈灏珠．实用内科学［M］．北京：人民卫生出版社，2002：1565.

［4］国家中医药管理局．中医病证诊断疗效标准［S］.

南京：南京大学出版社，1994：6.
[5] 张保环，干超士，柴军士．消化性溃疡伴幽门螺杆菌感染患者184例干预治疗分析［J］．中国基层医药，2008，15（2）：1105.
[6] Hu，F. L. A multicenter study of Chinese patent medicine wenweishu/yangweishu in the treatment of Helicobacter pylori positive patients with chronic gastritis and peptic ulcer［J］. Zhong－hua Yi Xue Za Zhi，2010，9（2）：75～78.
[7] 陈小峰．保胃气在《伤寒论》的重要地位及在癌症治疗中的作用［J］．福建中医学院学报，2009，19（3）：6～7.
[8] 李心俊．《伤寒论》治疗胃病方证及临床应用［J］．实用中医药杂志，2011，27（5）：328～330.
［《中华中医药学刊》2012，30（12）：2796］

张仲景《伤寒杂病论》喘证治法探微

刘建新　北京军区北戴河疗养院
吴雪梅　沧州市中医院
田新刚　沧州市食品药品检验所

喘证是临床常见证之一，张仲景《伤寒杂病论》中，对喘的论述较为详尽，其理法方药运用独具特色，虽无专篇论述，但论及喘证的条文有30余条，涉及处方10余首，其制方遣药，严谨有度，其中许多方剂仍有效地指导临床实践。笔者仅就其对条文中涉及喘证的治疗方法初步探讨如下。

一、辛温发汗、宣肺平喘

《伤寒论》第35条曰："太阳病，头痛发热，身疼腰痛，骨节疼痛，恶风无汗而喘者，麻黄汤主之。"风寒之邪束于肌表，卫阳被遏，营阴郁滞，是太阳伤寒的主要病机。而肺主呼吸外合皮毛，肌腠失宣，必影响及肺，致肺气不宣，故不汗出而气喘。此时必见发热恶寒、头痛、脉浮紧，为太阳表实证。治宜麻黄汤，辛温发汗、宣肺平喘。方中麻黄辛温发汗、宣肺平喘；桂枝解肌祛风，助麻黄发汗之力；杏仁宣肺降气，增麻黄平喘之功；炙甘草调和诸药，且能防止大汗伤津。而《伤寒论》第36条载："太阳与阳明合病，喘而胸满者，不可下，宜麻黄汤。"此为太阳与阳明合病，而以太阳伤寒为主，见喘而胸满者，为表寒外束，肺胃之气被阻之证，故病在太阳，非阳明里实之喘，故禁用攻下。如《医宗金鉴》注云："太阳阳明合病，不利不呕者，是里气实，不受邪也，喘而胸满，是表邪盛，气壅于胸肺间也。邪在高分之表，非结胸也，故不可下。"[1]虽兼有阳明里证，但一般较轻，以麻黄汤发表通肺，表解里自和，喘满自愈矣。

二、解肌祛风、降气定喘

《伤寒论》第19条曰："喘家，作桂枝汤加厚朴杏子，佳。"若素有喘疾，复因风寒引动，肺寒气逆，宣降失常而使喘息发作者，证属太阳中风肺寒气逆喘证，当与头痛、恶寒、汗出、脉缓同见。治宜桂枝汤加厚朴、杏仁治疗。可解肌祛风、降气定喘，方中桂枝汤解肌祛风；厚朴、杏仁降气定喘，消痰导滞，为表里兼治之剂。而《伤寒论》第43条曰："太阳病，下之微喘者，表未解故也，桂枝加厚朴杏子汤主之。"为太阳病表不解，大便不通，当以汗解，虽误用下法，但正气不虚，表邪仍在，风寒之邪引起肺气上逆而微喘者，此时因表邪仍未解，亦当以桂枝汤加厚朴、杏子，外解风邪内利肺气，则喘自平。正如成无己注云："下后微喘，则为里气上逆，邪不能传里，犹在表也，与桂枝以解外，加厚朴杏子以下气。"[1]

三、辛温解表、化饮平喘

《伤寒论》第40条曰："伤寒表不解，心下有水气，干呕发热而咳，或渴，或利，或噎，或小便不利，少腹满，或喘者，小青龙汤主之。"素有水饮宿疾，复外感风寒，引动内饮，壅塞于肺，肺失清肃，肺气不宣，而喘。水停心下，干犯胃腑，以致升降失常，故令干呕。治宜小青龙汤辛温解表、化饮平喘，本方可外解风寒，内除水饮。方中麻黄发汗、平喘、利水，配桂枝则增强通阳宣散之功；桂枝芍药相伍，调和营卫；干姜、细辛散寒化饮；五味子敛肺止咳，半夏降逆化痰；炙甘草和中调和诸药，共为表里双解之剂。且仲景示后人，服药后，如口渴者为寒饮得以温化，病有向愈之机。正如《针经》注曰："形寒饮冷则伤肺。以其两寒相感，中外皆伤，故气逆而上行，此之谓也。与小青龙汤发汗、散水。水气内渍，则所传不一，故有或为之证，随证增损，以解化之。"[2]若外感风寒，内有饮邪，饮邪郁久化热，而成肺胀，证属寒饮挟热，见咳而上气，烦躁而喘者，治宜小青龙汤加石膏汤，解表化饮，清热除烦定喘。

四、辛凉清热、宣肺平喘

《伤寒论》第63条曰："发汗后，不可更行桂枝汤，汗出而喘，无大热者，可与麻黄杏仁甘草石膏汤。"另167条述："下后不可更行桂枝汤，若汗出而喘，无大热者，可与麻黄杏仁甘草石膏汤。"

风寒在表，发汗可解，但当外邪闭郁，肺有蕴热之时，发汗太过，或误用下法，致邪热内传，热壅于肺，肺失清肃，见汗出而喘、无大热、脉数等症，因其邪热内传则表无大热，而非无热，热壅于肺，蒸迫津液外走皮毛则汗出。因表邪已解，虽汗出而喘，但不恶风寒，是知邪不在太阳之表，无需再服桂枝汤。麻黄杏仁甘草石膏汤，辛凉清热、宣肺平喘。方中麻黄配石膏清宣肺中郁热透邪而定喘，石膏用量大于麻黄，借以牵制麻黄辛温之性而为辛凉之用，杏仁苦降，宣肺定喘，协同麻黄定喘，甘草和中缓急，调和诸药，则邪透热清气宣而喘止。

五、表里双解、清热平喘

《伤寒论》第34条曰："太阳病，桂枝证，医反下之，利遂不止，脉促者，表未解也，喘而汗出者，葛根黄芩黄连汤主之。"太阳病，桂枝证为太阳中风风邪在表，在表当汗不当下，如误下致伤肠胃，表邪未解，而邪热内传，热邪煎迫，致大肠传导失常而下利，而肺与大肠相表里，里热壅盛，上迫于肺，外蒸于肌表，故喘而汗出。治以葛根芩连汤，表里双解，清热平喘。方中葛根辛凉可解肌表之邪，又能升津液起阴气而治下利；黄芩、黄连苦寒，善清里热，厚肠胃；甘草和胃安中，调和诸药。四药合用能外解表邪，内清里热，表解热清则利止喘平。正如周禹载注云："其邪上侵则喘，下奔则泄，自与微喘者不同，故舍桂枝而用葛根，取其因势达外，本府本经之为便也。"[1]加黄芩、黄连以清里热，则不治喘而喘平，不治利而利止。此又太阳阳明两解表里之变法也。

六、荡涤燥热、泻实平喘

《伤寒论》第213条曰："阳明病，脉迟，虽汗出不恶寒者，其身必重，短气，腹满而喘，有潮热者，此外欲解，可攻里也。手足濈然汗出者，此大便已鞕也，大承气汤主之。"阳明病，肠中燥屎内结，腹气壅滞，热结成实，阻塞气机，大肠腑气不通，肺气不能清肃下降，而见腹满而喘，或喘冒不能平卧。而脉迟，潮热，手足濈然汗出，乃阳明里热俱备，腑实已成。本条脉迟，必迟而有力，脉迟乃气机壅塞所致。午后申酉时间，为阳明经气当旺，所以阳明腑证多于此时发作潮热，说明里实已成。治以大承气汤，荡涤燥热，泻实平喘，方中大黄苦寒泻热去实，推陈致新；芒硝咸寒，润燥软坚，通利大便；枳实辛微寒，理气消痞；厚朴苦辛温，利气消满，共为攻下实热，荡涤燥结之峻剂，用其釜底抽薪之法，燥屎去腹气通则喘满自解。

七、宣泄寒湿、搐鼻定喘

《金匮要略·痉湿暍病脉证治》曰："湿家病身疼发热，面黄而喘，头痛鼻塞而烦，其脉大，自能饮食，腹中和无病，病在头中寒湿，故鼻塞，内药鼻中则愈。"[3]素有湿病之人，再感外湿，寒湿在上，湿犯肌表，阳为湿郁，表阳被郁而肺气失宣，见身痛发热，面黄而喘者，治宜纳药鼻中，宣泄上焦寒湿，使肺气通利，则寒湿散而诸症自解。纳药鼻中在原文中未曾提出何方，后世历代注家多主张用瓜蒂散搐鼻或以锦裹塞鼻中，从鼻中行其宣利之法，令出水以宣泄寒湿。但瓜蒂性味酸苦，是否相宜，尚需临床证实。后世对风寒鼻塞多采用辛夷散塞鼻，多有效验。

八、泻下逐痰、开肺平喘

《金匮要略·肺痿肺痈咳嗽上气病脉证治》曰："肺痈，喘不得卧，葶苈大枣泻肺汤主之。"[3]肺痈初期，风热病邪，浊唾涎沫壅滞于肺，病邪壅实，气机被阻，肺气被迫而见喘不能卧者，为邪实气闭痰壅之实证。肺痈初起，表证已解，而脓尚未成，或已成，而肺痈特甚，属于形证具实者。治宜葶苈大枣泻肺汤，泻下逐痰，开宣肺气平喘。方中葶苈子苦寒，能开宣肺气，具有泻下逐痰之功，因恐其猛泻而伤正，故佐以大枣之甘温安中而缓和药性，使泻不伤正，则邪去痰消喘平。《金匮要略·痰饮咳嗽病脉证治》曰："支饮不得息，葶苈大枣泻肺汤主之。"[3]为水饮停留于胸膈，阻碍肺气的宣降，痰涎壅塞，肺气不利，可见胸闷喘息，气喘不能平卧，治宜葶苈大枣泻肺汤，逐痰饮，以泻肺气之逆。

九、宣肺泄热、降逆平喘

《金匮要略·肺痿肺痈咳嗽上气病脉证治》曰："咳而上气，此为肺胀，其人喘，目如脱状，脉浮大者，越婢加半夏汤主之。"[3]外感风热，水饮内作，以致外邪内饮，填塞肺中，肺气胀满，水饮挟热而上逆，则咳而上气、喘急，甚则目睛胀突有如脱出之状，为饮热郁肺之肺胀，因邪盛于表里，其脉必浮大有力。治以越婢加半夏汤，宣肺泄热、降逆平喘，方中重用麻黄、石膏辛凉配伍，可发越水气，兼清里热；生姜、半夏散水降逆；甘草、大枣安中以调和诸药，则热清饮除，肺气宣畅而喘消。

十、通阳散结、豁痰下气平喘

《金匮要略·胸痹心痛短气病脉证治》曰："胸

痹之病，喘息咳唾，胸背痛，短气，寸口脉沉而迟，关上小紧数，栝蒌薤白白酒汤主之。”[3]胸痹病，上焦阳气不足，胸阳不振，中焦阴寒内盛，水饮内停，胸背之气痹而不通，影响肺气不能肃降，故见喘息咳唾，胸背痛，短气等症，寸部脉沉迟，为胸部心肺阳气不足而寒气凝滞，关部小紧，是阳虚寒从中生的表现。治宜瓜蒌薤白白酒汤，通阳散结，豁痰下气平喘。方中瓜蒌开胸涤痰；薤白辛温通阳，豁痰下气；白酒通阳宣痹清扬善行以助药势，三药合用，相辅相成使痹阻通，胸阳宣则痛止喘解。

十一、补虚散饮、通阳利水平喘

《金匮要略·痰饮咳嗽病脉证治》曰：“膈间支饮，其人喘满，心下痞坚，面色黧黑，其脉沉紧，得之数十日，医吐下之不愈，木防己汤主之。”[3]膈间支饮，水停心下，寒饮留伏于内，结聚不散，上迫于肺，见喘满、心下痞坚等症，面色黧黑，为病水之征，其脉当沉紧，乃发病日久，为里饮之应，并经吐下诸法治疗，病仍不愈，而虚实互见，故不宜攻伐之法治之，当攻补兼施，邪正兼顾，宜用木防己汤，补以行之，补虚散饮，通阳利水平喘，方中防己、桂枝一苦一辛，能行水饮，而散结气；石膏辛凉以清热，其性沉降，可以镇饮邪之上逆；人参扶正补虚，以助散饮，服药后如痞坚转为虚软，水去气行，结聚已散，则喘满得平。

十二、温运脾阳、除湿散寒平喘

《金匮要略·黄疸病脉证治》曰：“黄疸病，小便色不变，欲自利，腹满而喘，不可除热，热除必哕。哕者，小半夏汤主之。”[3]黄疸病，小便色不变，欲自利，为脾胃虚寒，非湿热实证。中焦虚寒，寒湿内蕴，脾虚不运，少气不足以息，则见腹满而喘，若误用茵陈栀黄类，清热除湿，则中阳被寒药抑遏，胃气欲伸而不能遽伸，而发生呃逆等症，治以小半夏汤温胃和中，以止呃逆，呃止后当温里中脏，此处仲景未述治法方药，笔者认为当以理中四逆辈温运脾阳，除湿散寒，使气盛而行则喘满除，黄疸可去。

十三、扶正祛邪、标本兼顾以定喘

《金匮要略·妇人产后病脉证治》曰：“产后中风，面正赤，喘而头痛，竹叶汤主之。”[3]妇人产后，正气大虚，复感风寒，风邪乘虚侵袭，风邪在表，则有发热、头痛，正气内虚，虚阳上越则面正赤而气喘，为正虚邪实并存，此证若单攻其表则浮阳易脱，如补其里，则表邪不解，故疏邪与固阳药物同用，宜竹叶汤扶正祛邪，标本兼顾。方中竹叶、葛根、桂枝、桔梗解外邪；人参附子以扶正固脱，返其欲脱之阳；甘草生姜大枣调和阴阳之气而使其平，实为表里兼济之法，本方佐使得当，邪正兼顾则使邪去正复阳固则气喘自愈。

综上所述，《伤寒杂病论》辨治喘证，在辨证上，既言证候，又指病机，施治上，则根据病机、病性、病位不同，因势利导，立方严谨，用药精当，既有法则可依，更有方药可绳，内容丰富，确有精义可寻。但无论采取何种治法，则必须解除喘证病因，调畅肺气的升降出入，方能取得良好的治疗效果，对喘证的治疗具有重要的指导意义。

参考文献

[1] 南京中医学院伤寒教研组　伤寒论译释［M］. 第2版. 上海：上海科学技术出版社，1980：459，480，450.

[2] 王叔和，成无己，汪济川. 注解伤寒论［M］. 北京：人民卫生出版社，1979：70.

[3] 孟如. 金匮要略选读［M］. 上海：上海科学技术出版社，1981：16，58，103，64，71，103，143，193.

［《中医学报》2012，27（10）：1265］

张仲景“阴伏，是瘀血也，当下之”理论在皮肤病中的应用

韦章进　江　泳　成都中医药大学

一、何谓“阴伏”

张仲景在《金匮要略·惊悸吐衄下血胸满瘀血病脉证治第十六》篇第11条云：“病者如热状，烦满，口干燥而渴，其脉反无热，此为阴伏，是瘀血也，当下之。”本条顺该篇第10条“病人胸满，唇痿舌青，口燥，但欲漱水不欲咽，无寒热，脉微大来迟，腹不满，其人言我满，为有瘀血”后而设，两者均明确为“瘀血”，何以第11条仲景另设“阴伏”之名？两条对比，不难看出，在第10条瘀血见症（如局部胀满作痛，唇绀，舌瘀，脉涩）的基础上，第11条出现了“热”“烦”等字，表示患者新增烦躁、自觉发热（体温不一定升高）等症状，并由第10条的口渴不喜饮转变为燥渴欲饮，说明瘀血郁久已然化热。因瘀血阻滞，日久不去，在内化热，故患者自觉发热；瘀血内阻，碍阻气机，热扰心神，故见烦满，甚至神志如狂；瘀血化热，伤

津耗液，故口干燥而渴，常欲饮水等。但既然化热，为何脉又无热象（即脉无实大洪数之象）？是因瘀血内阻，脉道不利，加之瘀血化热热伏血分，伤耗血中之液，脉道不充，所以脉不见洪数等，常表现为沉滑或沉细之象。

由此可见，所谓“阴伏”即为瘀血郁久化热，瘀热互结，内伏血分，由于血属阴，故命名为阴伏。其病机要素为一者强调瘀血内阻日久，已然化热；一者强调病位在血分，病位较深。

二、“阴伏”之治

对于“阴伏”，仲景提出治疗“当下之”，即逐瘀泻热，使瘀热内结之邪从大便而去，使瘀血及郁热无所依，诸症自除，即《内经》所云“血实宜决之”“留者攻之”之意，亦体现了仲景“欲攻之，当随其所得而攻之”的审因论治思想。

但仲景在此只出治法却未举出处方用药，主要是示人活法。而方随法出，仲景书中其实已有诸多攻下方剂皆可辨证选用，如后世《医宗金鉴》云：“血瘀者当下之，宜桃核承气、抵当汤丸之类也”，黄树增说：“当用大黄桃仁䗪虫等药下其瘀血也”，均可参考。但笔者认为活看仲景“下之”之意，尚需注意三点：①所谓“下之”，给邪以出路，并非只是用泻下通便的药，而是既要重视泻下通腑，又要重视瘀血从下而出。所以选药时宜首选既能泻下又能通腑之品，如大黄、桃仁之属；或以硝、黄等泻下之品配合桃、红、虫、虻虫、水蛭等。②阴伏之证，虽仲景仅言“下之”，但结合临床，还需根据瘀热互结的轻中重，施以不同的方药，真正做到“随证治之”。轻者，可选桃核承气汤、大黄牡丹汤为基础方进行加减；病情偏中者，可用抵当丸之类；重者，则可用大黄䗪虫丸峻逐瘀血。③既然热伏于血分，欲清其热，必须选择可入血分的清热之品，如生地、赤芍、丹皮、紫草之属。④既然“阴伏”是指瘀血内阻已然化热，那热伏血分还易耗伤血中之津液，症见“口干燥而渴”即是其见证，治疗若仅用硝黄之类加活血化瘀或破血逐瘀之品尚不能兼顾血中之液伤，且血中之液已经暗耗，纯用硝黄泻下易损耗津液，破血逐瘀难免耗血动血，所以治疗还应该兼顾血中阴液，方为妥当。而笔者以为，善补血中之液者，即既能入血分，清热凉血散血，又能补津液之品，最好还兼可“增水行舟”（即兼有通下之效），此品首推生地、大黄、白芍，此外，鳖甲、玄参、百合之类虽效不及上三味全面，但也能发挥多种功效。由此就不难理解仲景“大黄䗪虫丸”中重用干地黄（即生地黄）达十两之意了，是故陈修园云“存津液是真诠”，此可谓深得仲景经旨。

三、“阴伏”证治在皮肤病中的运用

皮肤病（如荨麻疹、湿疹、银屑病等）发生在皮肤，且以瘙痒为主要临床表现之一，故中医常据皮肤病位表浅，“风胜则痒”“治风先治血，血行风自灭”等理论，以疏风透表。止痒活血为其主要治法。但笔者根据临床辨治皮肤病的经验发现，皮肤病起病之初病位在表，多以风邪犯表为主要病机，但也有不少患者证属里证，病位在血分，病机以瘀热互结，伏于血分为主，非常符合仲景所言“阴伏”病机，而用阴伏的治法方药效果明显，其辨治要点如下。

1. 病程特点　一般较长，多有反复发作，经久不愈的特点。由于皮肤病症在局部，起病之初症状较轻，对工作、生活没有造成明显影响时，常延误就诊时间，待到就医之时，其病程往往已经较长；或者经过外用药、西医抗过敏药或中医治疗暂时缓解后反复不愈等，导致病已离表入里，（久病）入血入络，此为瘀血内阻日久的特点。此外，也有患者因为素体血热内伏，发病即病在血分者。

2. 皮肤症状特点　瘙痒、发疹、出斑等症状常以夜间，或热水浴后加重，此为血热内伏的诊断要点；各种皮损局部较干燥，或脱屑，甚或皮肤甲错（即摸之碍手），此为血热伤及血中之津液，津血不能濡养肌肤所致。

3. 舌象特点　舌质红或者黯红，舌边尖常有瘀点、瘀斑、瘀条（即舌两边从根至尖青紫），抑或整个舌质瘀紫，舌下脉络瘀阻，舌苔或白或黄，或厚或薄，但常有不同程度的裂纹或舌面乏津，甚至可见光剥无苔。这是热灼津液的见证。

4. 脉象特点　正如仲景所说，“脉反无热”，笔者以为这是运用“阴伏……当下之”理论治疗皮肤疾病的重点。由于阴伏之热为内积郁热，病位深而里，其势较缓，故绝不同于外感表热，或气分热盛的脉象那般势如波涛，洪数或数大有力，而往往呈现出脉沉伏或沉细之状，且脉次多正常而不数。这是鉴别热伏于血分的关键点，尤其在舌质红的情况下，诊断有热是显而易见的，但其热位浅或深呢？仅凭舌红难以明确，此时若能触及洪、大、数等脉象，提示热势表浅，方能势如洪水，脉见热象；但若脉沉不数，又有舌红及上述皮肤症状的特点，就能明确其为阴伏，热伏于血分。

5. 其他兼证特点　可有口渴、烦躁、自觉发热、出汗、大便干燥或者秘结等。需要说明的是，从卫气营血辨证一般热在气分则渴，热在血分则不渴，但瘀血内遏，阻滞气机，气不得通，不能载水津上升；加之日久郁而化热，热灼津液，自然口渴且喜饮。正如唐容川在《血证论》中指出："瘀血在里则口渴，所以然者，血与气本不相离，内有瘀血，故气不得通，不能载水津上升，是以发渴，名曰血渴。"血渴的特点，是血中之郁热伤及血中之津液，因已有津伤，故口渴而欲饮水，这与仅有瘀血尚未化热的口渴而不欲饮水有明显区别；但由于热郁血分，伤的是血中之津，故虽欲饮水，但饮量不大，与热在气分之口渴饮多亦不难区别。

6. 主要方药特点　前已详述阴伏之治，而在证属阴伏的皮肤病中选方用药的特点可概括为兼顾"瘀""热""下""痒"四点，即多以既能活血又能清血中之热，还可泻热通腑或兼能止痒功效的药物为主，除前述所举生地、大黄等，笔者以为在此类皮肤病的辨治中，苦参、紫草既能清热凉血，还善杀虫止痒；蝉蜕、僵蚕、全蝎等既擅通络活血，又长于祛风止痒，亦为上品。就处方而言，仲景百合地黄汤合大黄䗪虫丸，兼顾了上述诸治疗特点，故临床常以此为基础方随证加减，并视病情的轻中重，调整方中诸药剂量和增减药味。方中部分破血逐瘀药物如虻虫、干漆、蛴螬等目前药房稀缺，多用全蝎、蜈蚣、蝉蜕等代替，于皮肤病中更为切合。

7. 起疗更方指征　药后大便质稀，日 2～3 次，为显效之眼目，如此内伏瘀热诸邪方能从下就近而出，不至内郁体内"为非作歹"。

8. 调护配合　饮食宜清淡，忌燥辣、海鲜、香菜、酒。

四、病案举例

魏某，男，69 岁，出生于成都，退休人员。2010 年 12 月 5 日初诊。主诉：全身皮肤散发湿疹，伴明显瘙痒 10 余年。病史：10 年前，因过食海鲜引发全身湿疹，瘙痒灼热，经西医抗过敏治疗后疹退痒止。愈后 1 月无明显诱因复发，此后起即间断发作，季节交替、饮食偏辣、感冒等皆可诱发。疹发以四肢为主，严重时波及腹背。初起约 3～6 个月发作 1 次，近 2 年来发作频繁，四季皆发，几乎皮损无痊愈之时。发时疹呈点状，密集成团，瘙痒难耐，抓之有少许渗液。近几年四处寻医，西医（以抗过敏及钙剂为主）、中药（多以疏风止痒为多，如消风散、升降散等，也不乏使用虫类药者，但均以散在表之风邪为处方方向）并举，外用、内服齐出。饮食已极为清淡，凡鱼腥燥辣皆不再进，海鲜更是 10 年未再食用，依然无法解决此证，痛苦不堪。现症：全身散发湿疹，以下肢（膝以下）为多，点疹密布，融合成片，高出正常皮肤，颜色偏黯红，胫前皮损破溃明显，局部有渗液，但自觉无灼热。瘙痒明显，尤夜间熟睡身暖后瘙痒加重，严重影响睡眠。纳可，食味无特殊偏好，口渴喜饮，二便正常。舌质紫黯红，舌两边有瘀条，苔薄黄中间有深纵裂纹，脉沉弦。辨治：此病日久，入血入络，瘀热互结，伏于血分，辨为"阴伏"，病情偏重。治以泻下逐瘀，增液凉血，止痒解毒；另虑其皮损长期破溃渗液，考虑有久病气虚不能生肌之弊，加之瘙痒影响睡眠，故辅以益气托里，安神助眠。处方：土鳖虫 15g，川红花 30g，全蝎 10g（另包，洗净去盐），丹参 30g，防风 30g，熟大黄 15g，当归 30g，生地黄 50g，百合 50g，白芍 30g，炒枣仁 30g，鳖甲 30g，生黄芪 50g，炒白术 20g，合欢皮 30g，煅龙骨 30g，煅牡蛎 30g，夜交藤 50g，白芥子 30g，野菊花 30g，白花蛇舌草 30g。3 剂，水煎服，1 日 3 次，饭后 1 小时温服。饮食宜清淡，忌辛辣海鲜等。二诊：2010 年 12 月 26 日。服上方 6 剂，四肢皮损少部分结痂，有散在新发红色点状皮疹，仍有破溃渗液，瘙痒稍减，尤其夜间瘙痒发作频率减轻，睡眠好转。大便不稀，日 1 次。舌脉同前。守法守方，加重力量。处方：生地黄 50g，百合 50g，苦参 30g，苍术 30g，汉防己 30g，金银花 50g，生龙骨 40g，生牡蛎 40g，炒酸枣仁 30g，水蛭 10g，川红花 30g，丹参 30g，牡丹皮 30g，赤芍 30g，白芍 30g，生大黄 25g（另包泡服），生黄芪 60g，川黄连 20g，薏苡仁 50g，党参 50g，茯苓 30g，生甘草 20g，白鲜皮 30g，地肤子 30g，茵陈 50g，鳖甲 50g（打碎），青蒿 50g。3～6 剂。生大黄单独用沸水泡服，使每日大便达 3 次则当日停服。余药水煎服，1 日 3 次，饭后 1 小时温服。饮食宜忌如前。三诊：2011 年 2 月 27 日。诉上方服至第 3 剂起大便日 2～3 次，皮损面开始愈合，6 剂服完后大部分皮损破溃已愈，自行又进 2 剂而痊愈。春节期间停药至今未复发，现来求巩固之方。以上方加淮山药 30g、炒稻芽 30g，做水丸一料，连服 1 月，以兹巩固。6 月 19 日电话随访，丸药已服完，现已停药近 3 月，未复发。按：该患者从主症舌脉来看，自当辨为"阴伏"，故以百合地黄汤合大黄䗪虫丸为基础方化裁。然初诊只获小效，尚有新疹散发，乃因病情较重，血分热毒深伏，而药后大便未像预期稍泻，热毒无所出路，恋滞体内所致。而皮损有明显渗液，提示尚有湿滞肌肤；且药后大便仍日行 1 次，提示一诊方力量不足。故二诊在剂量上作了大胆调整，重用生大黄达25g，加强通腑解毒、凉血活血之功，以期使邪有出路；加用青蒿，以配鳖甲透解血中伏热；增用苦参、薏苡仁燥湿渗湿。二诊后患者本应于春节前复诊，却迟未来诊，心中不免惶惑，疑虑辨证是否错误。待到节后患者前来，方知疗效显著，不禁慨叹中医临床，一须辨证无误，施药正确；二要把握病情轻重，用量得当；三者还当明析药后起效标准何如，以便判断是否辨证错误，还是坚持守法而治，如此才能药到病除，更好的辨证论治。

参考文献

[1] 李克光，张家礼．金匮要略［M］．第2版．北京：人民卫生出版社，2008：205.

[2] 清·唐宗海著．魏武英，李佺整理．血证论［M］．北京：人民卫生出版社，2005：68～70.

[3] 程士德．黄帝内经［M］．第2版．北京：人民卫生出版社，2006：103.

[4] 清·吴谦．医宗金鉴［M］．北京：人民卫生出版社，2006：317.

[5] 林慧光主编．陈修园医学全书［M］．北京：中国中医药出版社，2003：761.

［《四川中医》2012，30（2）：51］

张仲景除湿热方法浅谈

彭伟兵　天津中医药大学

张仲景“勤求古训，博采众方”，并结合多年临床经验著成《伤寒论》，成为中医经典之作，字字珠玑，篇篇神妙，历千年而不衰。通读《伤寒论》原文，张仲景在治疗湿热方面独具特色，笔者不揣浅陋，就张仲景《伤寒论》中除湿热之法略谈一二。

一、利小便而除之

《伤寒论》第236条载：“阳明病，发热汗出者，此为热越，不能发黄也。但头汗出，身无汗，剂颈而还，小便不利，渴引水浆者，此为瘀热在里，身必发黄，茵陈蒿汤主之。”本条所论及阳明病湿热内蕴的茵陈蒿汤证。阳明病，头汗出，说明里有蕴热，里有热则迫津外泄，紧接着后文补充说“小便不利，此为瘀热在里”，内有蕴热，故而身热发黄。因湿与热结，湿热郁滞于里，三焦气化失司，熏蒸肝胆，致胆热液泻，而发身黄、目黄、小便黄，黄如橘子色。张仲景以茵陈蒿汤治之，该方清利湿热，通腑退黄。

原文提及“小便不利……身必发黄”，且方后有“小便当利……黄从小便去也”之论述，可知小便通利与否乃是本病的关键，这也是张仲景利小便而除湿热的治疗思路。由此临证时在茵陈蒿汤中加味利尿药如泽泻、茯苓等，效果会更好。屈弘宇[1]应用茵陈蒿汤合猪苓散治疗小儿胎黄45例，总有效率达93.33%。对于湿热内蕴之胎黄，茵陈蒿汤为治湿热黄疸第一要方，合用猪苓散利水湿，正合张仲景之意，可以加强茵陈蒿汤利湿之功效。

二、清热利湿而除之

《伤寒论》第261条载：“伤寒身黄发热，栀子檗皮汤主之。”伤寒身黄发热，是外感病湿与热互结于里，熏蒸肝胆而发身黄，张仲景选用栀子檗皮汤清热利湿而除湿热。方中栀子苦寒，通泻三焦之热，而且滑利通腑。黄柏苦寒，善清下焦湿热，甘草调和诸药。三药相配，清热利湿，黄退身凉而愈。这条原文告诉我们对于内有湿热蕴结者，可以清热利湿而除之。

患者，男，52岁。多年嗜酒成癖，每日饮3次，从未间断，某日因宴席过量，醉酒呕吐，吐出咖啡样食物残渣，右上腹痞满灼痛，心烦懊侬，烦渴不解，不过3d，肤色发黄，大便黏腻，灼肛不爽，尿黄量少，食不知味，时有呕逆感。肝功能正常，尿常规示尿胆原（++）。刻诊：面黄污垢目黄，尿黄，舌红苔黄腻，脉洪滑，重按有力。辨证：湿热酒疸，肝胆壅滞。治法：解酒退黄，清热利湿。处方：栀子柏皮汤加味。药物组成：栀子12g，甘草10g，黄柏12g，葛根30g，金银花30g，茵陈30g，生姜15g，半夏12g，茯苓30g，枳实15g，大黄10g，白豆蔻15g。1剂/日，水煎分早晚2次服。药服6剂，心下痞满见消，灼痛渐减，仍有微呕感，便爽尿畅，黄疸消退大半[2]。

按：本案患者嗜酒成癖，酒毒内蕴，郁而化热，右上腹痞满灼痛等证，舌红苔黄腻，方用栀子柏皮汤加减，栀子泻热通腑，黄柏清下焦湿热，合用而清热利湿除身黄。

三、表里宣通而除之

《伤寒论》第262条言：“伤寒瘀热在里，身必黄，麻黄连翘赤小豆汤主之。”本证中伤寒瘀热在里，身必黄，热邪郁阻于里，症见发黄，乃是热与湿相结合，郁结于里，而见身黄，目黄，小便黄等。本证多见于湿热发黄早期，由于病邪郁表，腠理闭塞而无汗，水湿郁热不得外泄而蓄积于内影响三焦气化，湿无出路，与热相合，熏蒸肝胆而致发黄。张仲景麻黄连翘赤小豆汤中麻黄、杏仁、生姜辛散表邪，宣表开肺利水湿；连翘、赤小豆、梓白皮通里清热利湿。综观本方，表里宣通，黄退而愈。此为表里宣通而除之。

宋某，男，12岁，1981年4月20日初诊。患者气管哮喘0.5a余，适逢寒凉及劳累发作。近日因感冒哮喘不休。症见恶寒发热，先咳后喘，气急呈进行性加重，呼吸困难明显，时见张口抬肩，被动坐位，喉中痰鸣，咳吐泡沫样痰，偶呈黄色。渴不多饮，大便稀而臭秽。喘甚时胸闷心慌，口唇发紫，舌质红，苔腻，脉滑数有力。双肺布满哮鸣音，肺底部湿性啰音。证乃风寒犯肺，壅塞化热，肺气不利。拟麻黄连翘赤小豆汤加味：麻黄、桑白皮、甘草各10g，连翘、黄芩、地龙各12g，莱菔子24g，生姜、陈皮各6g，大枣6枚，赤小豆30g。水煎，分二次服。药进3剂，症即缓解，惟轻度阵作，效不更方，5剂后喘平哮止[3]。

按：此案患者初感风寒，失治而化内热，此为外有表邪，内有瘀热之证，当表里宣通内外通治。麻黄连翘赤小豆汤有解表邪之麻黄、杏仁，又有清热利湿之连翘、赤小豆、梓白皮，

药证相合，用之应手取效。张仲景创立辨证论治体系，使中医更加紧密地结合临床，深刻影响中医的发展进程，对后世中医不同流派也影响颇深。读《伤寒论》，更重要的是学习张仲景的临床思维方法，这才是医圣留给后人的文化精髓。中医讲求的是思考参悟，不是死记硬背，这点对于初学中医者尤为重要。

参考文献

[1] 屈弘宇．茵陈蒿汤合猪苓散治疗新生儿黄疸45例临床观察［J］．长春中医药大学学报，2010，26（1）：93.

[2] 本刊编辑部．栀子柏皮汤临床新用解析［J］．中国社区医师，2010，27（10）：15.

[3] 王忠民，刘茜．麻黄连翘赤小豆汤加味临床辨证新用［J］．黑龙江中医药，1985，24（6）：25～26.

［《中医学报》2012，27（7）：804］

张仲景分型辨治“头汗出”的临床意义

苗小玲　王　付　河南中医学院经方研究所

头汗出既可见于内伤杂病又可见于外感疾病，既是常见病、多发病又是难治病，临证若能分型辨治则能取得预期治疗效果，于此根据《伤寒杂病论》辨治精神，试将头汗出分型辨治总结归纳于次。

一、阳明湿热发黄证

见于《伤寒论》第134条：“但头汗出，余处无汗，剂颈而还，小便不利者，身必发黄。”又见于236条：“但头汗出，身无汗，剂颈而还，小便不利，渴引水浆者，此为瘀热在里，身必发黄。”阳明湿热胶结，热欲外泄而为汗，且因湿性胶着而又不得为汗。因头为诸阳之会，湿热熏蒸于上，故仅见“但头汗出，余处无汗”。临床上可见于肝实质弥漫性损伤合并感染者，常见表现有头汗出，身无汗，身目发黄，小便不利，腹微满，大便不爽，不思饮食，舌质红，苔黄腻，脉沉滑，治当清热利湿。可选用茵陈蒿汤[1]与栀子柏皮汤合方：茵陈18g，大黄6g，栀子14g，炙甘草3g，黄柏6g。若湿热甚者加大黄柏用量再加苍术，以清热燥湿；若口腻者加茯苓、薏苡仁，以健脾利湿；若腹胀者加枳实、厚朴，以行气消胀；若身黄者加大茵陈、大黄用量，以利湿导热等。

二、气血两燔证

见于《伤寒论》第111条：“太阳病中风，以火劫发汗，邪风被火热，血气流溢，失其常度。两阳相熏灼，其身发黄。阳盛则欲衄，阴虚小便难。阴阳俱虚竭，身体则枯燥，但头汗出，剂颈而还，腹满微喘，口干咽烂。”热在气而上蒸，热在血而伤津，气热外越而为汗，血热津伤而无汗，故仅见“但头汗出，剂颈而还”。临床上可见于肝硬化合并胆管阻塞者，常见表现有身体枯燥，形体消瘦，五心烦热，咽干口燥，潮热，面色红赤，胁下痞块，舌红少苔，脉细或细数。治当清热泻火、凉血益阴，选用白虎汤与桃核承气汤加减：石膏48g，知母18g，粳米18g，桃仁9g，大黄12g，芒硝6g，桂枝6g，甘草6g。若阴虚甚者加天冬、玉竹，以滋补阴津；若血热甚者加玄参、知母，以凉血滋阴；若夹血虚者加熟地、当归，以滋补阴血。

三、实热结胸证

见于《伤寒论》第136条：“伤寒十余日，热结在里，复往来寒热者，与大柴胡汤；但结胸，无大热者，此为水结在胸胁也，但头微汗出者。”其证机是邪热与饮邪相结于内，邪热与水饮相搏而不得外斥，故身体余处无汗，头为诸阳之会，邪热熏蒸于上，故表现为“但头汗出”。临床上可见于结核性腹膜炎，常见表现有一侧或两侧腹痛，身体转侧疼痛加重；　腹胀，食则腹胀加甚；腹水、便

秘、口渴不欲多饮，舌红、苔黄腻、脉沉紧或滑，其治当泻热涤饮。以大陷胸汤：大黄 18g，芒硝 24g，甘遂 1.5g。若热甚者加金银花、连翘，以清热解毒；若痰多者加杏仁、瓜蒌，以降泻痰浊；若腹痛者加延胡索、郁金、川楝子，以行气活血止痛等。

四、少阳胆热夹饮证

见于《伤寒论》第 147 条："伤寒五六日，已发汗而复下之，胸胁满微结，小便不利，渴而不呕，但头汗出，往来寒热，心烦者，此为未解也。"《伤寒内科论·辨太阳病脉证并治》："少阳气机不利，水气内停，郁阳不得宣通上下，邪热蒸达于上则头汗出。"其证机是少阳胆热内郁，气机不利，水气内停。水气与胆热相搏，热郁于少阳三焦，而不得外越，故表现为身上无汗，阳热上蒸而见到"头汗出"。临床上可见于慢性胆囊炎和肝炎等，常见表现有胸胁满或疼痛、小便不利、口渴或干呕、头汗出、往来寒热、心烦、舌红苔薄黄、脉弦等。其治当清热调气、温化水饮，以柴胡桂枝干姜汤：柴胡 24g，桂枝 9g，干姜 6g，瓜蒌根 12g，黄芩 9g，牡蛎 9g，甘草 6g。若气滞者加枳实、香附，以行气导滞；若水气明显者加茯苓、薏苡仁，以健脾渗湿；若心烦者加知母、栀子，以清热除烦；若少气者加人参、山药，以益气补虚等。

五、阳明出血证

见于《伤寒论》216 条："阳明病，下血，谵语者，此为热入血室，但头汗出者。"《医宗金鉴·伤寒论注·辨阳明病脉证》："若血已止，其热不去，蓄于阳明，不得外越而上蒸，但头汗出。"《伤寒论集注·阳明》："但头汗出者，热气上蒸也。"其证机是邪热迫及阳明而动血，既灼伤脉络浸淫于下又迫津而蒸腾于上。临床上可见于慢性消化道出血症，常见表现有吐血鲜红、便血或大便色黑、脘腹胀痛、不思饮食、口臭、口舌干燥、口渴，舌质红、苔黄或燥、脉沉或数。其治当清热凉血，或刺期门，或以泻心汤加减：大黄 6g，黄连 10g，黄芩 10g。若出血明显加棕榈、生地、玄参，以清热凉血、收敛止血；若食少者加山楂、生麦芽，以消食和胃等。

六、阳明热郁证

见于《伤寒论》228 条："心中懊憹，饥不能食，但头汗出者。"《伤寒论本旨·阳明》："其热由胃上蒸而上出头汗，故以栀子豉汤轻泄涌吐，使邪从上散也。"其证机是阳明邪热内扰，胃气被郁，升降失常，热郁于胸膈，而不得外越，故表现为身上无汗，阳热上蒸而见到"头汗出"。临床上可见于急性、慢性胃炎，常见表现有咽燥、口苦、饥而不欲食、腹满而喘、身热或潮热、盗汗、不恶寒、反恶热、身重或心中懊憹，舌红、苔黄、脉数或浮紧等。其治以栀子豉汤：栀子 15g，香豉 10g。若少气者加人参、甘草，若胃气上逆者加生姜，若气滞腹满者加枳实、厚朴。

七、产后郁冒证

见于《金匮要略》第 21 条："呕不能食，大便反坚，但头汗出。所以然者，血虚而厥，厥而必冒。冒家欲解，必大汗出。以血虚下厥，孤阳上出，故头汗出。所以产妇喜汗出者，亡阴血虚，阳气独盛，故当汗出，阴阳乃复。"其证机是产后血虚，郁热内生，虚热迫津而外泄，复因阳由血虚而不能正常固护肌表，营气不得内守而汗出；头为清阳所居，虚热加阳虚，故见头汗出[2]。临床主要症状是头昏目眩，郁闷不舒，呕不能食，大便难，脉微弱。其治当清热补虚，以小柴胡汤加阿胶、当归、黄芪等：柴胡 24g，黄芩 9g，半夏 12g，生姜 9g，人参 9g，甘草 9g，大枣 12 枚，阿胶 10g，当归 10g，黄芪 10g。若呕吐明显者可加生姜，若血虚明显可加熟地、大枣。

八、太阳病证与少阳病证相兼

见于《伤寒论》148 条："伤寒五六日，头汗出，微恶寒，手足冷，心下满，口不欲食，大便硬，脉细者，此为阳微结，必有表，复有里也。"其证机是少阳胆热欲迫津外泄，又因外邪袭于营卫而不得汗出，少阳胆热熏蒸于上而头汗出；病以少阳胆热气郁证为主。临床上可见于慢性胆囊炎，常见表现有胁痛、胁胀、胁下拘急、口苦、发热或寒热阵作、脘腹痞满、呕吐、表情沉默、情绪低落或心烦急躁、大便不调，舌质红、苔薄黄、脉弦或细。其治当清胆调气、缓急止痛。治以小柴胡汤与四逆散合方：柴胡 24g，黄芩 9g，半夏 12g，生姜 9g，人参 9g，甘草 9g，大枣 12 枚，枳实 12g，白芍 12g。若表情沉默者加陈皮、木香，以行气解郁；若胁胀痛者加川楝子、郁金、延胡索，以行气除胀、活血止痛；若呕吐者加旋覆花、竹茹，以降逆和胃；若不思饮食者加山楂、麦芽、莱菔子，以消食和胃。

九、太阳风湿痹证与里证相兼

见于《金匮要略·痉湿病脉证治》16条："湿家，其人但头汗出，背强，欲得被覆向火。"其证机是风湿相搏，经气郁滞不利，太阳营卫奋起抗邪，正气欲积力驱邪于外，但又不能将邪驱逐于外，故仅见头汗出。临床上可见于风湿性、类风湿性关节炎、坐骨神经痛等，常见表现有项背经脉不适、身体疼痛剧烈、关节疼痛、游走不定，苔薄、脉浮紧或沉迟。其治当祛风胜湿、通利经脉，以麻黄加术汤或麻杏薏甘汤[3]：麻黄9g，桂枝6g，甘草3g，杏仁12g，白术12g或麻黄9g，杏仁12g，薏苡仁9g，甘草18g。若肌肤疼痛者加羌活、葛根，以温经止痛；若关节拘急不利者加川芎、白花蛇，以行血祛风通络；若关节疼痛明显者加乳香、没药、穿山甲，以活血通络止痛等。

参考文献

[1] 王付．伤寒杂病论增补用方［M］．北京：学苑出版社，2007：232.

[2] 王付．伤寒杂病论释惑解惑［M］．北京：人民军医出版社，2009：482.

[3] 王付．伤寒杂病论字词句大辞典［M］．北京：学苑出版社，2005：633.

［《中国中医基础基础杂志》2012，18（5）：538］

张仲景蜂蜜治便秘

康佳莉

东汉著名医学家张仲景，出生于一个没落的官僚家庭，从小就接触了许多典籍。他从史书上看到了扁鹊望诊齐桓公的故事后，对扁鹊产生了敬佩之情，长大后立志学医。他"博通群书，潜乐道术"，师从同乡张伯祖学医。他聪颖睿智，兼收并蓄，"勤求古训，博采众方"，终成良医，被人们称为"医中之圣，方中之祖"。

一天，来了一位唇焦口燥、高热不退，精神萎靡的病人。老师张伯祖诊断后认为由"热邪伤津，体虚便秘"所致，需用泻药帮助病人排出干结的大便，但病人体质极虚，使用强烈的泻药病人身体承受不了。张伯祖沉思半响，一时竟没有了主意。张仲景站在一旁，见老师束手无策，便开动脑筋思考。忽然，他眉宇间闪现出一种刚毅自信的神情，疾步上前对老师说："学生有一法子！"他详细地谈了自己的想法，张伯祖听着听着，紧锁的眉头渐渐舒展开来。

只见张仲景取来一勺黄橙橙的蜂蜜，放进一只铜碗，就着微火煎熬，并不断地用竹筷搅动，渐渐地把蜂蜜熬成黏稠的团块。待其稍冷，张仲景便把它捏成一头稍尖的细条形状，然后将尖头朝前轻轻地塞进病人的肛门。一会儿，病人拉一大堆腥臭的粪便，病情顿时好了大半。由于热邪随粪便排出，不几天病人便康复了。张伯祖对这种治法大加赞赏，逢人便夸。这或许就是世界上最早使用的肛门栓剂吧。

后来，张仲景总结自己的治疗经验，在著述《伤寒杂病论》时，将这个治法收入书中，取名为"蜜煎导方"。他说："阳明病，自汗出，若发汗，小便自利者，此为津液内竭，虽硬不可攻之，当须自欲大便，宜蜜煎导而通之。"张仲景用此法来治疗伤寒病津液亏耗过甚，大便结硬难解的病证，倍受后世推崇。

［《中外女性健康》2012，（10）：51］

张仲景甘草泻心汤运用发微

刘云霞　浙江省杭州市第三人民医院

甘草泻心汤源自张仲景《伤寒杂病论》，为治疗虚痞利与狐惑病之主方。现代方剂学将其归入"和解剂"一章"调和脾胃"一节中，笔者认为这大大缩小了此方的应用范围。本文就甘草泻心汤的证治特点、组方功效及临床应用几个方面谈点个人体会。

一、甘草泻心汤证治特点再认识

《伤寒论·辨太阳病脉证并治》第158条记载："伤寒中风，医反下之，其人下利，日数十行，谷不化，腹中雷鸣，心下痞硬而满，干呕，心烦不得安。医见心下痞，谓病不尽，复下之，其痞益甚。此非结热，但以胃中虚，客气上逆，故使硬也，甘草泻心汤主之。"此条论述的是脾胃气虚痞利俱甚的证治。伤寒或中风，其病在表，本当以汗解之，医反用下法攻里，则虚其脾胃，引表邪内陷。脾胃气虚，腐熟运化失职，饮食水谷不得消化而下注，故出现下利日数十行，谷不化，腹中雷鸣等症状。脾胃不和，升降失常，气机痞塞，寒热错杂，则心下痞硬而满，干呕。火热之邪扰于上，则心烦不得安。心烦不得安与下利谷不化同见，乃脾胃气虚，升降失常，上热下寒之象。医见心下痞硬而满，认为是里有实邪而"病不尽"，遂又用泻下，以致脾胃之气更虚，中焦升降斡旋之力更弱，因而使心下痞硬不仅不除，反而更加严重，这不是由于实热内结，而是由于脾胃气虚，邪气内陷，气机痞塞所致。

《金匾要略·百合狐惑阴阳毒病脉证治》第10条记载："狐惑之为病，状如伤寒，默默欲眠，目不得闭，卧起不安，蚀于喉为蜚，蚀于阴为狐，不欲饮食，恶闻食臭。其面目乍赤、乍黑、乍白。蚀于上部则声喝，甘草泻心汤主之。"此条论述的是狐惑虫病的证治。狐惑虫病多因湿热虫毒引起，在疾病发展过程中，可以出现恶寒、发热症状，类似于伤寒。因湿邪内困，湿性重浊粘滞，故沉默欲眠，但又因湿与热结，湿热内蕴，扰乱心神，故目不得闭、卧起不安；湿热内壅，脾胃纳运失和，气机升降失调，出现不欲饮食、恶闻食臭诸症；湿热蕴阻于内，与正气相搏，则见面目乍赤、乍黑、乍白。若湿热虫毒循经上窜于咽喉，则咽喉被蚀，伤及声门，则声音嘘塞；循经下注于前后二阴，则二阴溃烂。由于本病是因湿热虫毒侵犯身体各部所致，故除咽喉、前后二阴出现症状外，其他部位如眼、口腔等也可因被虫毒侵蚀而表现为溃疡。

综合分析《伤寒论》和《金匮要略》有关条文及后世医家的阐述，笔者总结甘草泻心汤证的辨证要点：①病家素体羸弱；②胃脘部痞硬而满，干呕，肠鸣挽辘，腹中雷鸣，泻利而有完谷不化、厌食等消化道症状；③多伴随情志改变，心烦不得安，心情抑郁、失眠等精神症状；④易发生口腔黏膜溃疡，喉部溃疡并导致声音嘶哑，也可见外阴部黏膜溃疡等体征；⑤脉虚或结代。

二、甘草泻心汤的组方功效之解读

甘草泻心汤由甘草四两、黄芬三两、人参三两、干姜三两、黄连一两、大枣十二枚、半夏半升组成。《伤寒论》158条载甘草泻心汤无人参，后人考证《金匮要略》用本方有人参，又因治下后胃更虚，痞利俱甚之证，则更应加人参。方中重用甘草四两为君，配黄芬、黄连苦寒以泄热，半夏、干姜辛温以散寒，人参、大枣甘温以补脾胃之虚，益气健脾、和胃扶正，诸药共奏益气和胃、消痞止利、清热化湿、安中解毒之功。此方药物组成看似简单，实则严谨实用，寒温并用，补泻并施，辛开苦降，相反相成。

许多医家对本方的方解有许多发挥，如清·王子接《古方选注》云："甘草泻心，非泻结热，因胃虚不能调剂上下，致水寒上逆，火热不得下降，结为痞。故君以甘草、大枣和胃之阴，干姜、半夏启胃之阳，坐镇下焦客气，使不上逆；仍用芩、连，将已逆为痞之气轻轻泻却，而痞乃成泰矣。"清·吴谦《医宗金鉴·删补名医方论三》云："方以甘草命名者，取和缓之意。用甘草、大枣之甘温，补中缓急，治痞之益甚；半夏之辛，破客逆之上从；芬、连泻阳陷之痞热，干姜散阴凝之痞寒。缓急破逆，泻痞寒热，备乎其治矣。"近代的胡希恕在《金匮要略释义》中云："湿热肝火生虫而为狐盛证，故宜清湿热，平肝火；由于虫交乱于胃中，又当保胃气，因人以胃气为本，故选用甘草泻心汤。君甘草以保胃气；连、芩泻心火，去湿热。虫疾之来也非一日，其脏必虚，卧起不安，知心神欠宁，故用人参补脏阴，安心神；大枣以和脾胃；用姜、夏者，虫得辛则伏也。"

《伤寒论》中的甘草泻心汤的组方中的甘草注明"炙"，而《金匮要略》中的甘草泻心汤中的甘草没注明炮制方法，笔者认为此处的甘草应该生用。仲景立甘草桔梗汤治"少阴病，二三日，咽痛者"，为后世治疗咽喉肿痛方之鼻祖。狐惑病乃湿热虫毒循经上窜而腐蚀咽喉，张仲景重用生甘草主要起清热解毒利咽之功，非为益气补虚之效。

三、甘草泻心汤的现代应用

甘草泻心汤配伍奇妙，效果奇特，经后世医家的探讨发挥，验之临床，每获良效。笔者分析了近10年来国内期刊与甘草泻心汤相关的文献报道共有126篇，所治疗的疾病有：复发性口腔溃疡、口腔扁平苔癣、复发性阿弗他溃疡、球菌性口炎、白塞病、干燥综合征、反流性食管炎、胃肠神经官能症、幽门螺杆菌相关性消化性溃疡、慢性胃炎、糖尿病胃轻瘫、急性胃肠炎、溃疡性结肠炎、慢性结肠炎、小儿病毒性腹泻、肠易激综合征、实验性肝损伤、急性盆腔炎、妊娠恶阻、产后下利、乳头瘀痒、带状疱疹、维生素缺乏症、神经衰弱、失眠等，应用范围相当广泛。

四、临床运用举隅

笔者临床运用甘草泻心汤治疗恶性肿瘤化疗引起的消化道副反应、口腔黏膜炎等疾病，收到了较好效果，兹举案例二则如下。

1. 化疗后消化道副反应　丁某某，男，65岁，退休，浙江萧山人。2009年3月21日初诊。患者因确诊右肺小细胞癌行第3周期的足叶乙普针100mg/d_1－d_3加顺铂针120mg/d_1化疗，常规西药止吐。化疗当天晚上即出现频繁的呕吐，第二天感胃脘部痞满不适，恶心，干呕，欲吐无物可吐，不欲饮食，恶闻食臭，肠鸣，腹泻水样便2次，心烦不得安。舌质淡，苔厚腻，脉虚细。此为脾胃气虚，气机痞塞所致，法当益气和胃、除痞止呕。拟甘草泻心汤加减治之。处方：炙甘草12g，干姜、黄连各3g，大枣30g，黄芩、党参、姜半夏、姜竹茹、鸡内金各10g。每日1剂，水煎，分两次口服。服上方3剂后，胃脘部胀满、呕吐、肠鸣、心烦不得安消失，继服上方4剂，胃纳增加，大便成形。

按：消化道反应是恶性肿瘤化疗引起最常见的毒副反应，患者欲吐不能、胃脘部痞满等症状较为突出，西药止吐效果有时不明显。甘草泻心汤能补虚缓急，使胃虚得复，逆气自平则痞满除，恶心呕吐得解。化疗药物易损中焦脾胃，脾胃受损，客邪乘虚而入，寒热错杂，升降失调，可见胃脘痞满，干呕，肠鸣下利等甘草泻心汤的主症。方中炙甘草、党参、大枣甘温，益气补虚；半夏、干姜辛温，开结散寒；黄琴、黄连苦寒，降泄除热；姜竹茹甘寒，配姜半夏能和胃止呕；鸡内金甘平，健脾消食，共奏益气和胃、除痞止呕之功。

2. 口腔黏膜炎　郁某某，男，15岁，学生，浙江杭州人。2009年9月23日初诊。患者于2009年7月31日在全麻下行“右股骨下段病变切开活检术+骨水泥填充术”。病理诊断提示：（右股骨下段）骨肉瘤（部分呈成软骨型）。术后行化疗1周期。9月20日予大剂量甲氨蝶呤（MTX）14.5g化疗第3天出现口咽部疼痛，难以张口。诊见：嘴唇溃疡，裂口出血，默默欲眠，目不得闭，卧起不安，神疲乏力；两颊部、舌黏膜广泛充血水肿、片状糜烂，唇部溃疡。舌质淡，苔白腻，脉滑数。此为脾胃湿热所致，法当清热化湿，和中解毒。拟甘草泻心汤加减治之。处方：生甘草9g，黄芩、制半夏、太子参、蚤休各6g，黄连、干姜各3g，大枣12g，玄参10g。每日1剂，水煎，分两次口服。3剂。服药后，患者口腔、舌处糜烂开始愈合，口唇部裂口有结痂，口腔及咽部疼痛好转。继服上方2剂，糜烂完痊愈合，症状完全缓解。

按：从临床表现看，口腔黏膜炎与《金匮要略》中狐惑病相似。有研究显示大剂量甲氨蝶呤化疗引起的口腔黏膜炎占63.9%，Ⅳ度占5.5%。本病发病多由于抗癌药物损伤脾胃，酿生湿热，脾开窍于口，湿热之邪熏蒸于口，导致黏膜充血、水肿、糜烂、疼痛。方中生甘草甘平清热以解毒；黄连、黄芩苦寒以清热燥湿；蚤休、玄参苦寒以消肿止痛；干姜、半夏辛温开结以化其湿；太子参、大枣甘温益气以补其虚，诸药合用，甘温升补与苦寒降泄并用，具有清热化湿，和中解毒，标本兼治之功。

五、结语

张仲景用甘草泻心汤治疗虚痞利与狐惑病，这是异病同治的经典之作。此方其有寒温并用，补泻并施，辛开苦降，相反相成之功效，为历代医家所推崇。随着对此方现代研究的深入，其临床运用范围十分广泛，涉及免疫结缔组织疾病、消化系统疾病、妇科疾病、皮肤病、精神疾病等多系统病症。笔者通过临证证实，只要抓住病机和主症，用之皆有良效。

［《浙江中医杂志》2012，47（9）：653］

张仲景桂枝应用浅谈

于　海　李秀文　长春中医药大学

桂枝辛甘而温，《神农本草经》载其“主上气咳逆结气，喉痹吐吸，利关节，补中益气。久服通神、轻身、不老。”临证应用甚广，尤以医圣仲景为著，其所著《伤寒杂病论》用桂枝方剂达数十首之多，可谓活用桂枝之鼻祖。其对桂枝运用，既源于《本经》而又广于《本经》。今从发汗解表、调和营卫、平冲降逆、温经通脉、温通心阳、温肾化气等6个方面略谈个人体会。

一、发汗解表

《伤寒论》曰：“太阳病，头痛、发热、身疼、腰痛，骨节疼痛，恶风无汗而喘者麻黄汤主之。”此为外感风寒之邪，正邪交争于肌表，卫气受伤，失于固护而见恶寒；风寒外束，阳气内郁、腠理闭塞而见发热无汗；又卫表属足太阳膀胱所主，其脉上际巅顶，下连腰足，寒伤太阳，外闭卫阳，内郁营血，故见头身痛、骨节疼痛；又肺主皮毛，寒邪伤表，致肺气不得宣通，而见喘咳。治遵《素问·至真要大论》“其在皮者，汗而发之”之旨，以辛温之麻黄汤发汗解表、宣肺平喘，方中君以麻黄，既发汗以祛邪，又宣肺而平喘，更臣以辛温之桂枝，走表助麻黄发汗解表之力。二者相须为用，发汗之力尤佳。正如柯琴所云：“麻黄中空外直，宛如毛窍骨节，故能去骨节之风寒，从毛窍而出，为卫分发散风寒之品。桂枝之条纵横，宛如经脉系络，能入心化液，通经络而出汗，为营分散解风寒之品……此汤入胃，行气于玄府，输精于皮毛，斯毛脉合精而溱溱汗出，在表之邪，其尽去而不留，痛止喘平，寒热顿解。”

二、调和营卫

营卫之说始于《内经》，《素问·痹论》曰："荣者，水谷之精气也，和调于五脏，洒陈于六腑，乃能入于脉也。故循脉上下，贯五脏，络六腑也。卫者，水谷之悍气也，其气慓疾滑利，不能入于脉也。故循皮肤之中，分肉之间，熏于肓膜，散于胸腹。"此段经文明示营卫之气皆出自脾胃，赖谷气所化生，如李东垣所言："盖人受水谷之气以生，所谓清气、荣气、卫气、春生之气，皆胃气之别称也。"然二者性质不同，一阴一阳，一柔一悍，一行脉中，一行脉外，相并而行，互根互用。营主静属阴，必借卫气之"慓疾滑利"，方"化以为血以荣四末，内注五脏六腑"，而濡养全身脏腑肌腠。卫主动属阳，须借营阴内守而不致逸脱，以"温分肉、充皮肤、肥腠理、司开合"。二者内外相贯，运行周身，无处不到。如经所云："阳在外者，阴之使也：阴在内者，阳之守也。"可谓一荣俱荣，一损俱损，关系密切，营卫不和者，多为营卫俱虚，营虚失于濡养，脉道不充，则见肢体麻木，脉缓弱，在女子多见月事后期而少；卫虚失于固护，则见自汗出，恶风身痛，甚则腹痛纳呆。可见其营卫不和者非独见于表证，更常见于里证，如病后、产后，学者不可不知。见此证者当主以桂枝汤，方中桂枝辛温而通，外能走表祛邪，内可温经通脉；伍以白芍，酸而兼涩，助桂枝外以固表敛汗，内以益阴和血，二者相伍，调和营卫，则外证得解，里虚能和，如此散中有收，动静结合，恰中病机。正如徐彬于《金匮要略论注》所云："桂枝汤，外证得之，解肌和营卫；内证得之，化气调阴阳。"

三、平冲降逆

冲脉者，奇经之一，《灵枢·逆顺肥瘦》曰："夫冲脉者……其上者，出于颃颡，渗诸阳，灌诸精"，"其下者，并于少阴之经，渗三阴……渗诸络而温肌肉。"其循行范围甚广，上灌于头面各阳经，下渗于下肢各阴经，一言以蔽之即"上灌诸阳，下渗三阴"。其病多为"冲气上逆"，故《素问·骨空论》曰："冲脉为病，逆气里急"，又冲脉为十二经脉之海，发病多与他脏病变有关，其尤与肾脏为密，《难经五十六难》曰："肾之积，名曰奔豚，发于少腹，上至心下，若豚状，或上或下无时，久不已"。《医宗金鉴》亦曰："奔豚者，肾病也。以其病从少腹上冲咽喉，有如豚窜奔突之状，故名之也。发作则肾气上乘于心而欲死"。可知奔豚之证多为肾气上冲所致。又《伤寒论》曰："烧针令其汗，针处被寒，核起而赤者，必发奔豚。气从少腹上冲心者，灸其核上各一壮，与桂枝加桂汤"，此为伤寒而用温针强汗，伤损心阳，致下焦寒气上冲所致。如成无己所云："心气因惊而虚，肾气乘寒气而动，发为奔豚"。由上可知，奔豚之证，多为肾中阴寒之气上冲所致，故治疗多宗仲景桂枝加桂汤之法，重用辛温之桂枝，既可温补心阳，又能温散下焦之寒，使冲气不从腹部上逆而平冲气、降逆气。故《本草发挥》载其"能泄奔豚"。《本草思辨录》亦云："惟辛温能止其冲，桂枝乃下冲妙药，仲圣屡用之。"

四、温经通脉

桂枝辛温而能通，故《本经》载其"利关节"，《名医别录》谓其可"温筋通脉"，周岩于《本草思辨录》中亦云："桂枝所优者，在温经通脉，内外证咸宜，不得认桂枝为汗药也。"《伤寒论》曰："手足厥寒，脉细欲绝者，当归四逆汤主之。"尤在泾释之曰："手足厥寒，脉微欲绝者。阳之虚也，宜四逆辈；脉细欲绝者，血虚不能温于四末，并不能荣于脉中也。夫脉为血之府。而阳为阴之先。故欲续其脉，必益其血；欲益其血，必温其经。"正如《素问·举痛论》曰："寒气入经而稽迟，泣而不行，客于脉外血少，客于脉中则气不通。"故可知本方证乃为血虚受寒，经脉不通所致。因此方中除以当归、白芍滋阴养血，细辛、通草活血通经外，更以辛温之桂枝，藉其温通之性，既助阳以行血脉，又散经脉间之寒邪，如此则阴血充、寒气除，经脉通，手足温，诸证得除。

五、温通心阳

《素问·阴阳应象大论》曰："气味辛甘发散为阳，酸苦涌泄为阴。"张志聪注曰："言气味故分阴阳，而味中复有阴阳之别，辛走气而性散，甘乃中央之味，而能灌溉四旁，故辛甘主发散为阳也。"此辛甘皆指性味而言，味甘者入脾，多具补益之性，味辛者则多具开通温煦之能，二者相伍，补而兼通，多用于脏腑虚损病证，故后人由上述经文创"辛甘扶阳"法，以治虚损。仲景桂枝甘草汤为"辛甘扶阳"法之代表方。此方见于《伤寒论》，原文曰："发汗过多，其人叉手自冒心，心下悸欲得按者，桂枝甘草汤主之。"此"心下悸"乃由其人素体心阳不足，又逢外感伤寒发汗过多，更损心阳而致。李中梓于《医宗必读·汗》中曰："心之所藏，在内者为血，发于外者为汗，汗者心之液也"，倘若伤寒过汗，心阴虚损，心阳暴虚，心失所养，则心中悸动，其人叉手于胸前以护之。此治当温复心阳为主。方中重用桂枝，辛温色赤而入心，以助心阳，与甘草相合，则有助阳益气复脉之功，使心阳复而动悸得除。又因方中桂枝用至四两，且为顿服，其功益大，故柯琴称本方为“补心之峻剂”。正如尤在泾所言：“桂枝、甘草，辛甘相合，乃生阳化气之良剂也。”

六、温肾化气

《素问·上古天真论》曰：“肾者主水，受五脏六腑之精而藏之。”《素问·六节脏象论》亦曰：“肾者主蛰，封藏之本。”肾为水火之脏，藏一身之元阴元阳，为先天之本，正如李中梓所云：“肾为脏腑之本，十二经之根，呼吸之本，三焦之源，而人资之以为始也，故曰先天之本在肾。”肾阳虚，肾气不治，寒湿之气随肾经由足而上入少腹，见少腹拘急不舒，虚阳上浮，则口燥咽干；肾气不足，无以蒸化水液，故水湿下溜，而见小便反多，若肾虚膀胱不利，则见小便不利。遵《难经·十四难》“损其肾者，益其精”之旨，仲景治以肾气丸，益肾精、补肾气。正如《金匮要略》曰：“男子消渴，小便反多……肾气丸主之；虚劳腰痛，少腹拘急，小便不利者，八味肾气丸主之”。方中熟地、山萸肉、丹皮、泽泻、淮山药、茯苓，即后世化裁之地黄丸也，以益肾中阴精；更稍加桂枝、附子辛热之品于诸补阴药中，以期“阴中求阳”，即张景岳《新方八略引》曰：“善补阳者，必于阴中求阳，则阳得阴助而生化无穷。”桂附性温，既可入肾以补火，引火归元，又具温动之性，与阴寒沉静之地黄相伍，以蒸精化气，正如柯韵伯所言：“此肾气丸纳桂附于滋阴剂中十倍之一，意不在补火，而在微微生火，即生肾气也，故不曰温肾，而名肾气”。“肾气”一词首见于《素问·上古天真论》，经曰：“女子七岁，肾气盛，齿更发长”，所谓“肾气”者，乃为肾精所化之气。正如《素问·阴阳应象大论》曰：“气归精，精归化……精化为气。”张景岳于《类经》注曰：“云气归精，是气生精也，而此又曰精化气，是精生气也。二者似乎相反，而不知此正精气互根之妙，以应上文天地云雨之义也。”至姚止庵可谓慧眼独具，其于《素问经注节解》曰：“有精而后有气，精其体而气其用也。有气而后有形，气之所至，形始全焉。生生不穷，皆自化始。”由此可知，肾气丸中伍以桂附辛温之品，既可温肾助阳，更取其辛温之性以蒸肾精而化气，此即精气互化之理，学者知此方明仲景立方深意。

综上所述，为笔者对仲景临床活用桂枝的一些体会，然后学之人，难窥医圣制方之义，还望同道中人指正。

[《江西中医药》2012，43（6）：7]

张仲景酸甘化阴辛甘化阳治则研究进展

陈爱梅　刘德军　江苏联合职业技术学院连云港中医药分院

张仲景的酸甘化阴辛甘化阳的配伍协同作用指的在临床上的应用过程中，通过药物性味的阴阳配伍、相生相制、互根互用，调节机体阴阳失衡，达到治疗疾病的目的。在很久很久以前，人类对药物的认识也只是和觅食活动联系在一起的[1]。因为这种活动存在着很大的盲目性以及冒险性，所以才会有“神农尝百草，一日而遇七十毒”的说法[2]。单纯并且原始的“滋味说”不可以解释每种药物的复杂及多样的作用，而后被改为“五味说”。《黄帝内经》中的五味学说也继承了这一思想，并且按照五行论中所提到的思想方法，把五味放在各种事物及其属性间的联系中予以考察，对五味与机体整体平衡的关系进行探索和解释，并且将此作为医疗实践的指导，在当时这种认识可以说得上是一种进步[3]。

经方历经上千年的应用与检测，在临床上获得了显著的疗效，所以一直受到中医临床所重视，对阴阳进行调和是仲景立法用药的一个重要原则[4]。在《内经》中就曾经有关于药物的气味的一些论述，比如说“辛甘发散为阳　酸苦涌泄为阴”“以辛散之，以酸收之，以甘缓之”等。但是《内经》也只是对甘酸、辛甘的药性进行了简要的论述，并没有对其合化作用进行明确的说明[5]。成无已在《注解伤寒论》中曾经首次提出“甘酸化阴，辛甘化阳”的概念。在张仲景的方中，酸、甘、辛味药配伍的方剂可以说是比比皆是，现将张仲景酸甘化阴辛甘化阳治则分析汇报如下。

一、酸甘配伍

酸甘配伍的主要代表方剂是芍药甘草汤，主要治疗太阳表虚证的误用下法　营阴出现耗伤，经脉失去濡养，引起烦躁，手足挛急的现象。成无已对此进行了解释：“酸以收之，甘以缓之，故酸甘相合，用补阴血”[6]。该说法表明芍药和甘草进行合用以后会产生协同的作用，也就是说一些酸味药和一些甘味要合用之后会出现滋阴养血的显著作用，酸甘合用化阴是许许多多的养阴法之一，其主要特点就是，不是单纯的补充，而是利用药物的协同作用对机体自身的修复能力进行调动[7]。张仲景对芍药和甘草的配伍的应用十分的广泛，不管是外感、内伤以及寒热还是一些表里脏腑并见的病证，只要出现阴阳、气血、营卫不和的现象，就会有芍药、甘草加味治疗的方剂[8]。例如，如果出现太阳和少阳的合病时，会出现少阳的热邪下迫，导致肛门灼热、泻下秽浊，腹痛也会出现里急后重的现象，针对以上病症选用黄芩汤进行治疗，方中的芍药酸寒，具有泻里热而敛阴和营的功效，甘草益气滋阴，顾护正气，二药配伍后，培土伐木而达到缓里急的效果。今天临床上常用的芍药汤、黄芩芍药汤都是由此方演变而来[9]。又如具有疏肝和胃功效的四逆散，主要对脾胃气滞，阳郁致厥的四肢逆冷证予以治疗，“其人或咳、或悸、或小便不利、或腹中痛或泄利下重”，因为肝是刚脏，喜条达，如果肝胃气机不畅，会使阳气内郁而不得外达，仲景用枳实、柴胡进行疏肝和胃，用芍药、甘草来进行制肝和胃，芍药味酸可以入肝，能产生补肝体以制肝的作用；甘草味甘可以入脾可以达到补益脾胃的作用，具有甘缓养胃的功效，并且又可以调肝以缓急，可以说是“酸得甘助而生阴”[10]。

二、辛甘配伍

“辛甘化阳”就是利用辛味药和甘味药进行合用来实现助阳化气的一种治疗方法。张仲景比较擅长利用此法进行组方，主要的方剂桂枝甘草汤和甘草干姜汤。桂枝甘草汤的作用是具有温补心阳的功效，是主治“发汗过多，其人叉手自冒心，心下悸，欲得按者”的主要方剂，由于太阳病会发汗过多，对心阳造成损伤，心脏会失去阳气的温煦作用引起空虚无主，因此心中会感到悸动不安[11]。成无已曾经说过，发汗过多，会引起亡阳，阳受气在胸，胸中的阳气不足所以病会叉手自冒心。在桂枝甘草汤中，桂枝辛甘性温，可以入心以助阳；甘草甘温，具有益气和中的作用。两药进行配伍后，辛甘化阳，会让心阳恢复进而使心悸的现象痊愈。甘草干姜汤具有温补中焦的作用，是温补中焦阳气的主要的方剂，主要治疗伤寒挟虚误汗后阴阳两虚、以阳虚为主，须要先对其阳进行恢复的变证。成无已曾经解释：辛甘发散是阳，甘草和生姜合用，可以恢复阳气[12]。甘草的气味较为甘平具有和中缓急的功效，干姜气味辛热，具有温中逐寒的功效，两药进行合用后，就成了辛甘化阳的方剂。通过温中而达到复阳的效果，阳气一振，则寒邪会自消，所以是温中散寒的一剂妙方。甘草的用量要多于干姜一倍，可以对干姜过于辛温进行预防，避免阴液的进一步损伤[13]。再如苓桂术甘汤，具有温阳降浊，化气行水的功效，主要治疗脾胃气虚，水气上冲的症状。方剂中的茯苓具有淡渗利水的功效，桂枝具有温中阳降冲逆，助气化气行水的功效，白术、甘草均可补脾和中以达制水的目的[13]。全方从“病痰饮者，当以温药和之”的中心出发，温化渗湿立法，使脾阳得温，水饮得化，各种病症就会自愈。对仲景方进行仔细的研究，发现，温通心阳、扶阳解肌、平冲降逆、温肺化饮、温中健脾、温阳复脉、温阳利水等都蕴含着辛甘合化，例如桂枝甘草可温心阳，甘草干姜可温脾阳，甘草附子可温肾阳等[14]。张仲景正是利用药物的协同作用来对机体自我调整、自我修复的能力调动，而实现阴阳调和的目的。

三、酸甘辛配伍

酸甘辛配伍的主要代表性方剂是桂枝汤。“太阳中风，阳浮而阴弱，阳浮者，热自发，阴弱者，汗自出，啬啬恶寒，淅淅恶风，翕翕发热，鼻鸣干呕者，桂枝汤主之[15]。桂枝汤主要治疗外感风寒表虚证，方剂中的桂枝具有辛温解肌发表散寒的功效，是君药，白芍具有酸苦敛阴和营的功效，为臣药，可以让桂枝的辛散但不至于伤营，二药配伍后，一散一敛，在发汗的过程中同时又有敛汗的作用，在和营过程中又有调卫的功效，生姜的辛热可以辅佐桂枝来进行解肌，大枣的甘可以佐芍药来进行和营，甘草甘平，调和诸药来实现调营卫的作用。桂枝、生姜、大枣、甘草辛甘化阳；白芍、大枣、甘草酸甘化阴[16]。合用之后就达到了助卫阳，散风寒，养营阴，敛营阴的功效，发汗驱邪而不伤正，养阴敛汗而不留邪，具有双向调节作用。张仲景通过灵活的加减还使酸甘辛配伍用到内伤杂病[17]。《伤寒论》一共有 113 种方剂，在这其中由桂枝汤进行加减变化所得到的就有 20 多首。对于桂枝汤证，仲景提要为“阳浮而阴弱”，就是我们常说的营卫不和。如具有温阳利水作用的真武汤，主要治疗小便不利，肢体沉重或是浮肿，苔白脉沉的症[18]。在《伤寒论》中用到真武汤的有两条。一条是第 82 条：“太阳病发汗，汗出不解，其人仍发热，心下悸，头眩，身动，振振欲擗地者，真武汤主之。”[18]另一条是第 316 条：“少阴病，二三日不已，至四五日，腹痛，小便不利，四肢沉重疼痛，自下利者，此为有水气，其人或咳，或小便不利，或下利，或呕者，真武汤主之。”[19]另外，《金匮要略》中的桂枝附子汤主要治疗表阳已虚导致风寒湿邪依旧逗留在肌表等症状；还有黄芪桂枝五物汤、桂苓五味甘草汤、苓甘五味姜辛汤等很多常用的方剂，都是酸甘辛配伍[20]。

本次研究对张仲景酸甘化阴辛甘化阳治则进行分析，并列举出一些临床上常用到的方剂。为今后临床上对该方法的有效运用提供了理论基础，相信。

参考文献

[1] 李租仑.《黄帝内经》药学思想探析［J］. 成都中医药大学学报，2006，19（4）：312.

[2] 张爱玲. 升降出入学说初探［J］. 甘肃中医，2008，16（1）：34.

[3] 王丽平，周炜，王晓丽. 许彭龄脾胃病用药合化思想探析－从《内经》和张仲景的酸甘化阴、辛甘化阳谈起［J］. 北京中医药，2009，15（3）：145.

[4] 唐志国，包·照日格图，却翎，等. 浅论“辛甘化阳”－临床中药学名词术语规范化研究［J］. 陕西中医，2009，13（02）：178.

[5] 张越，陈杨荣. 辛甘化阳法在《温病条辨》中的应用［J］. 中国中医基础医学杂志，2007，19（11）：23.

[6] 姚建平，马书娟.“辛甘化阳与酸甘化阴”阴阳属性解析［J］. 陕西中医，2010，14（1）：89.

[7] 范世彤，杨丽. 张仲景配伍用药规律研究［J］. 长春中医药大学学报，2011，17（5）：667.

[8] 李宇铭，姜良铎. 论《伤寒论》太阳中风属外感阳邪（上）［J］. 河南中医，2011，19（9）：34.

[9] 周玉涛. 张仲景大药房：“势”“事”相成［J］. 中国药店，2011，16（10）：45.

[10] 王晶心，余杨，洪军. 仲景护理用粥浅探［J］. 新疆中医药，2011，19（3）：67.

[11] 雷瑞. 浅谈张仲景用比喻的妙趣及所思［J］. 陕西中医，2011，11（10）：912.

[12] 王晓丽，王丽平. 张仲景酸甘化阴辛甘化阳治则浅析［J］. 中医杂志，2009，13（2）：245.

[13] 周穗生，王沛坚，吴华振. 桂枝甘草汤“辛甘化阳”配伍的化学内涵研究初探［J］. 中国中医药现代远程教育，2009，16（5）：56.

[14] 林永富. 辛甘化阳法在《温病条辨》中之应用［J］. 福建中医药，2009，14（6）：545.

[15] 高洁，王沛坚，李红辉. 桂枝甘草汤“辛甘化阳”配伍的化学研究［A］. 中华中医药学会方剂学分会2007年年会论文集［C］，2008，13（4）：256.

[16] 赵鲲鹏. 略论张仲景著作中的养生思想及方法［A］. 甘肃省中医药学会2008年学术年会论文集［C］，2008，19（8）：746.

[17] 彭鑫.《伤寒论》阳明、太阴病证与肠道微生态及人体反应性关系研究［D］. 北京中医药大学，2008，17（7）：56.

[18] 李红辉. 桂枝甘草汤“辛甘化阳”药效基础初步研究［D］. 广州中医药大学，2008，10（10）：78.

[19] 连暐暐.《张聿青医案》活用仲景方的配伍规律研究［D］. 浙江中医药大学，2008，10（9）：34.

[20] 吴梓新. 张景岳对仲景方运用与发挥之研究［D］. 浙江中医药大学，2008，12（6）：57.

［《陕西中医》2012，33（7）：929］

张仲景温法临床应用及对现代扶阳派的影响

杨　涛　刘丽宁　张重州等

渭南职业技术学院

医圣张仲景所著《伤寒论》为中医经典之一，为历代医家所推崇，书中温法是中医治疗体系中最具特色的治疗方法之一，是通过温性或热性药物来振奋阳气，以消除人体内沉寒痼冷，补益阳气，达到寒去阳复的目的，为寒证的基本治疗原则及方法，是《伤寒论》整个治疗法则中始终贯穿的基本精神。现代社会由于冰箱、空调的广泛应用，以及滥用寒凉药物和抗生素等诸多因素，导致阴寒性病证的发生率提高，故温法可补偏救弊。

一、温法的源流

《中医大词典》[1]中定义温法为：“八法之一。又称祛寒法。用温热药治疗寒证的方法。《素问·至真要大论》：“寒者热之”，“劳者温之”。具体方法有温中祛寒、温经祛寒、回阳救逆、甘温除热等。”张仲景温法源于《素问·至真要大论》“寒者热之”“劳者温之”“寒因热用”。金元时期补土派大家李东垣提出“温能除大热”。明·张景岳则认为“阳不足，便是寒”。

二、温法的治法

罗试计[2]认为，《伤寒论》充分体现了《内经》中“凡阴阳之要，阳密乃固”的思想，重视固护人体阳气。张仲景运用温法治疗疾病辨证准确，用药精当，为后世医家树立了楷模，也表明了阳气是人体各种功能运动之基础，“失其所则折寿而不彰”（《素问·生气通天论》）。后学者应当仔细体会其思想之精髓，活学活用，不断提高中医药的临床疗效。

1. 温中补虚　温中补虚法是指用温性药物补养正气的方法。多用于脏腑虚弱而偏于阳虚的病证。

刘煜等[3]研究张仲景辨证运用温法认为，中焦脾胃虚弱，见腹痛喜暖喜按，四肢痠软，食少纳差，面色无华，方用小建中汤；若伴气短、自汗，用黄芪建中汤；若产后血虚有寒，腹中拘急作痛，喜温按或血虚寒疝者，用当归生姜羊肉汤补虚养血，散寒止痛。

2. 温阳化瘀　此法是针对瘀血内停，脉络瘀阻，血行失常而采取温阳的方式来化除体内瘀滞。柳玉美等[4]将温阳化瘀法用于晚期恶性肿瘤患者的调治，认为晚期恶性肿瘤患者经疾病折磨日久，加之放化疗等多种损伤，应用抗生素及清热解毒之中药苦寒伤阳，终致“阳虚寒凝”而派生诸症。《内经》云“虚者补之”“损者益之”“形不足者，温之以气”。如此以温补化瘀为此类恶性肿瘤患者的治疗大法，辨证治疗，即“离照当空，阴霾自散”。

3. 温阳解表　温阳解表法适用于阳虚外感之证。既里阳虚衰，又兼外感寒邪，治疗不可单纯解表发汗，以犯虚虚之戒，而应温阳解表。寒邪客表，证见脉浮，头项强痛，恶寒，有汗为表虚，用辛温缓剂桂枝汤；无汗为表实，用辛温峻剂麻黄汤。太阳、少阳合病，见脉沉，发热，无汗恶寒，当温其里，复解其表，用麻黄附子细辛汤[3]。

4. 回阳救逆　运用具有温热作用的药物，以治疗阴寒内盛危重证，适用于阳气极度衰疲，寒邪深入少阴的危重证候。常用附子、干姜、肉桂等药物组成方剂，代表方剂有四逆汤、参附汤等。阴寒内盛，阳气衰微，证见四肢厥逆，恶寒踡卧，冷汗出，神衰欲寐，脉微欲绝，或太阳病误汗亡阳，方用四逆汤；阴盛格阳，面赤足冷之虚阳欲脱之象，急宜回阳救逆，引火归原，方用通脉四逆汤[5]。

5. 温经散寒　运用温性药物温经通络，祛除寒邪的方法。如寒邪凝滞经脉，证见肢体关节疼痛，痛有定处，日轻夜重，行走不便等，可用附子、麻黄、桂枝、细辛等药。寒凝四肢经脉则产生痛痹，关节疼痛不可屈伸，当温经祛寒，除湿解痛，方用乌头汤；若血虚不能濡养经络，四肢厥冷，脉细欲绝，方用当归四逆汤温通经络，养血解寒[3]。

6. 温阳化痰　苏巧珍等[6]认为，脾肾阳虚是形成痰湿的主要因素。盖肾阳为一身阳气之主，肾阳虚则脾阳无以温煦，水液运化失常而生痰湿。因此，治痰湿根本在温煦肾阳，并将此法用于治疗阻塞性睡眠呼吸暂停低通气综合征 29 例。药用制附子 15g，干姜 15g，炙甘草 15g，茯苓 20g，桂枝 10g，白术 15g，瓜蒌皮 15g，薤白 15g，半夏 15g，砂仁 10g。结果：治疗后睡时打鼾均减轻，症状改善明显，总有效率 89.66%。说明温阳化痰法治疗阻塞性睡眠呼吸暂停低通气综合征效果显著。

7. 助阳益气　刘万秀等[7]认为，年过半百，肾气渐衰，肾阳虚衰不能鼓动五脏之阳，引起心气不足或心阳不振，运用助阳益气治疗缓慢心律失常 36 例。方用麻黄附子细辛汤和桂枝甘草汤。结果：痊愈 20 例，显效 14 例，无效 2 例。

8. 温阳固摄　《伤寒论》中治疗久泻久痢，滑脱不禁属脾肾阳虚者的方剂，都以赤石脂为君药，温涩固脱。《伤寒论》中有赤石脂禹余粮汤与桃花汤二方[8]。赤石脂为矿石类药物，为温涩固脱之药，配伍干姜温中散寒，收敛作用更强。

9. 温阳活血　采用温阳散寒之剂和活血化瘀之品，用于感受外寒或因阳虚内寒所致的瘀滞之病证。高玉祥[9]采用温阳活血法治疗冠心病心绞痛 43 例。方用参附汤联合丹参饮。结果：心电图总有效率 79.07%，心绞痛症状改善率 81.4%。参附汤联合丹参饮治疗冠心病心绞痛旨在补气温阳，活血通络止痛，具有良好的改善冠心病心绞痛临床症状、缓解心绞痛、改善心电图及心肌缺血表现等多方面作用。

三、温法与其他治法的关系

1. 温法与健脾法　用温补药治疗脾胃虚寒，证见食不消化，呕吐清水，大便清稀，舌淡苔白，脉沉细，常用理中丸、附子理中丸。曹远礼[10]认为理中（丸）汤是其主方。方中人参、甘草健脾益气，干姜温中散寒，白术健脾燥湿。脾阳健运，寒湿得化，中焦升降气机协调，则吐利自止。

2. 温法与补肾法　用壮阳补火药物恢复肾中阳气的方法。肾阳不足，证见五更泄泻，腹痛肠鸣，四肢冷，舌质淡，苔白，脉沉迟。葛志彰[11]认为，肾为水火之脏，是阴阳之根，肾阳的盛衰，决定各脏腑阳气的盛衰，所以温补肾阳是温法的重点。

3. 温法与宣肺化饮法　中医学认为，阳虚则阴盛，故肺寒多饮证，治宜温肺逐饮，常用小青龙汤、苓桂术甘汤等。黄海[12]认为，干姜、细辛、五味子配伍出自《伤寒论》小青龙汤，在真武汤方后加减中亦有体现。干姜、细辛辛温，温肺散寒化饮；五味子酸涩，收敛肺气。干姜、细辛配伍五味子，散中有敛，开中有阖，相互制约，相互促进，化饮止咳平喘甚妙。

4. 温法与补阴法　陈国英[13]认为，《伤寒论》177 条：“伤寒，脉结代，心动悸，炙甘草汤主之。”阐述了心阴心阳两虚的证候。心主血脉，心气充足，自动昼夜不停地鼓动心搏，营运周身之血脉。然心搏恒常，亦有赖于机体血液的充沛。今营血不足，心失所养，累及阳气化生不足，则发生心律及心率异常。临床主要表现为心悸，脉结代。张仲景予以炙甘草汤温阳补阴。

四、温法对扶阳派的影响

1. 源流上的影响　清末郑钦安创立了扶阳派，是中医学中比较年轻的流派，理论上推崇扶阳，用药上讲究精纯不杂，其用扶阳之品主要为附子、干姜、炮姜、生姜、桂枝、肉桂、吴茱萸等，辅助用药主要有甘草、半夏、砂仁、丁香、茯苓等，药味颇精。傅文录[14]认为，郑钦安学术思想之基础上溯《周易》《内经》，中得《伤寒论》心法，下览历代医家著述而兼采其长，故医理医术造诣，俱臻上乘。郑钦安善于用坎离二卦解释心肾之重要性，可见其对《周易》研究较多。重视阳气之思想在《内经》中体现颇多，《素问·生气通天论》曰"阳气者，若天与日，失其所则折寿而不彰，故天运当以光明"，"阴阳之要，阳密乃固"。

2. 治法上的影响　郑钦安认为，天地一阴阳耳，分之为亿万阴阳，合之为一阴阳。于是以病参究，一病有一病之虚实，一病有一病之阴阳，知此始明仲景之六经还是一经，人身之五气还是一气，三焦还是一焦，万病总是在阴阳之中。故在临床治疗中，郑钦安继承了张仲景六经学说中重视顾护阳气之思想，对于疾病，首先分辨出是阴证还是阳证，认为这是治疗最关键、最重要的一点，对于阴证，则附子、干姜、炮姜、生姜、桂枝、肉桂是用药重点，使用精当，往往有出其不意的疗效。

3. 小结　温法是《伤寒论》重要的治疗方法，后世医家亦普遍认为"伤寒法在救阳"。《伤寒论》特别擅长使用温法治疗各个经络层次的病证，从表至里，各个阶段治疗特色也不尽相同，充分反映了张仲景对温法的运用。而现代扶阳派继承了张仲景六经学说中重视顾护阳气的思想，并进行了深入探讨研究和创新。近年来，对扶阳派学术思想逐步认可、重视，研究人员也是日渐增多，但对扶阳派的学术思想尚无系统的整理，令很多医家还是不能够接受该思想体系。因此，我们有必要对扶阳派进行广泛而深入的研究，发掘其精神实质和学术精髓，总结其宝贵的学术经验，对于中医学的传承和发展都有着极其重要的意义。

参考文献

[1] 李经纬，邓铁涛．中医大辞典［M］．北京：人民卫生出版社，1995：1562.

[2] 罗试计．浅议《伤寒论》中温阳法的运用［J］．中外医疗，2008，27（25）：89.

[3] 刘煜，陈永萍．张仲景辨证运用温法撷菁［J］．中国中医药现代远程教育，2007，5（3）：5～6.

[4] 柳玉美，姜崇智，姜旭杰．温阳化瘀法在晚期恶性肿瘤调治中的应用［J］．光明中医，2008，23（12）：1993～1994.

[5] 李高申，史金花．《伤寒杂病论》之温法再识［J］．中国中医药现代远程教育，2008，6（5）：400.

[6] 苏巧珍，杨志敏，曾亮，等．温阳化痰法治疗阻塞性睡眠呼吸暂停低通气综合征29例［J］．广东医学，2008，29（11）：1917～1918.

[7] 刘万秀，李福臣，程凤卫．助阳益气治疗缓慢心律失常36例［J］．中外医疗，2008，27（21）：99.

[8] 黄海．《伤寒论》温法的用药特点［J］．中国医药学报，2003，18（1）：33～34.

[9] 高玉祥．温阳活血法治疗冠心病心绞痛43例临床观察［J］．实用中医内科杂志，2008，22（8）：19～20.

[10] 曹远礼．《伤寒论》温法运用规律浅释［J］．中医药学刊，2002，20（2）：210～211.

[11] 葛志彰．《金匮要略》中温法的运用［J］．贵阳中医学院学报，2006，28（1）：3.

[12] 黄海．《伤寒论》温法的用药特点［J］．中国医药学报，2003，18（1）：33.

[13] 陈国英．《伤寒论》中温法在心系疾病中的运用考释［J］．中医药学刊，2004，22（5）：905.

[14] 傅文录．郑氏"火神派"源流［J］．中医药文化，2008，3（2）：24.

［《河北中医》2012，34（2）：284］

张仲景运用麻黄经验析要

唐忠涛　四川省蓬安县相如中心卫生院

黎忠民　四川省蓬安县锦屏中心卫生院

麻黄为解表散寒之要药，张仲景对其运用颇为得心应手，广泛用于风寒水湿痰饮诸病及痹证、肿胀、中风、心悸、黄疸、咳喘等病证，并对其配伍、用量、煎服方法论述详尽。兹不揣浅陋，试就其运用麻黄的经验析要于后，以资后学。

一、配伍

1. 发散风寒　风伤皮毛，寒伤血脉，湿留关节，凡风寒湿邪入于肺卫经络之间，仲景常取麻黄轻扬而兼辛温之性以散风寒、开腠理、透毛窍、通经络。如外感风寒，肺卫郁滞，症见"头痛发热，身疼腰痛，骨节疼痛，恶风，无汗而喘者"，则配桂枝、杏仁、生姜辛温发汗，散寒平喘，方如麻黄汤；风寒入于太阳，经气不输，阻滞津液不能敷布，见“颈背强几几，无汗恶风者”，则配桂枝、芍药、葛根发汗解表，升津舒络，方如葛根汤；外有风寒，内有郁热，症见“脉浮紧，发热恶风，不汗出而烦躁者”，则配桂枝、石膏辛温解表，内清郁热，方如大青龙汤；气虚感寒，则配附子、炙甘草温阳益气，解表散寒，方如麻黄附子甘草汤；“伤寒表不解，心下有水气，干呕，发热而咳。或渴，或利，或小便不利，少腹满，或喘者”，则配干姜、细辛、五味子、半夏发散风寒，温化水饮，方如小青龙汤；寒湿流注于关节之间，筋脉痹阻不通，气血运行不畅，关节不可屈伸而疼痛者，则配乌头、芍药、黄芪温经祛寒，除湿解痛，方如乌头汤；卫虚风中，营卫不和，手足拘急，百节疼痛，燥热心乱，不欲饮食者，则配黄芪、黄芩补气清热，固卫祛风，方如三黄汤。

2. 宣肺平喘　喘有虚实，凡因邪实致喘者，无论是寒热还是痰饮，仲景皆取麻黄善散肺寒、驱邪气、宣肺气、平喘咳之功与清热化饮之品配合用之。如风寒犯肺，肺气失宣，无汗而喘，恶风发热者，配杏仁宣降肺气，散寒平喘，方如麻黄汤；风寒入里化热，热邪壅肺，症见“汗出而喘，无大热者”，则配杏仁、石膏清宣肺中郁热而平喘咳，方如麻杏甘石汤；寒饮郁肺，肺气不宣，症见“咳而上气，喉中有水鸡声”，则配射干、生姜散寒化饮，宣肺降逆，方如射干麻黄汤；寒饮内郁而兼热者，则配厚朴、石膏、生姜散饮降逆，除烦平喘，方如厚朴麻黄汤，越婢加半夏汤，小青龙加石膏汤；表虚伤于风湿，影响及肺，出现“脉浮，身重，汗出，恶风”而兼喘者，则配防己、黄芪、白术益气固表，除湿平喘，方如防己黄芪汤加麻黄。

3. 除湿利水　湿痰水饮，同源异名，湿为水之渐，水为湿之极，痰可化饮，饮因于湿，其为病者，全身无处不到。而仲景每取麻黄开表发汗、宣肺洁源、通利州都之功以除湿利水消肿。如寒湿痹阻，身烦疼者，则配白术、桂枝散寒除湿止痛，方如麻黄加术汤；汗出当风或久伤取冷，风湿之邪留于肌肤，出现“一身尽疼，发热日晡所剧”者，则配薏苡仁、杏仁轻清宣化，解表祛湿，方如麻杏薏甘汤；风湿流注关节经脉，气血运行不畅，症见“诸肢节疼痛，身体魁羸，脚肿如脱，头眩短气，温温欲吐者”，则配桂枝、芍药、乌头、知母祛风除湿，温经散寒，方如桂枝芍药知母汤；表寒未解，湿热郁遏，不得发越，出现身黄、发热恶寒者，则配连翘、赤小豆解表散邪，清热除湿，方如麻黄连翘赤小豆汤；水饮内停，上凌于心，心阳被遏，出现“心下悸者”，则配半夏、白蜜蠲饮降逆，发越阳气，方如半夏麻黄丸。

二、用量

麻黄为发汗峻药，仲景每据麻黄的性能结合病人体质和病情给予不同剂量。一是常规给量：若体质强壮，风寒较甚，水在上焦，见恶寒、无汗、水肿等症，则用大剂六两。取其发汗洁源之功以发散风寒，利水消肿。倘饮寒或饮热互结，见无汗、咳喘、身痛者，则用中剂三至四两，往往与石膏、射干、桂枝、厚朴等药配伍。若体虚感寒或风寒入侵，则用小剂量二两以下，旨在祛邪而不伤正气。二是调节给量：即依病情需要随时调整麻黄用量，以去性存用。如麻黄六两配石膏八两则不发汗而消肿，麻黄六两配石膏四两则不消肿而发汗。于此，足见仲景治病用药之良苦用心。

三、煎服方法

中药汤剂煎服是完成辨证施治的最后过程，因此运用时除精心配伍外，还需注意煎法、服法，因为这直接关系到中药的疗效。仲景对麻黄的煎服方法主要有以下3方面的经验：一是重煎煮。在《伤寒杂病论》中，凡用麻黄的煎剂，均在方后注曰：“以水×升，先煮麻黄，减×升，去上沫，内诸药，煮取×升，去渣。”由于麻黄含麻黄碱和麻黄油，能收缩血管，升高血压，兴奋汗腺分泌，服后能“令人烦，汗出”，故强调去沫久煎，以减其峻烈之性。二是究服法。仲景用麻黄有汤、散、丸3种剂型，均是从小剂量始服。凡因邪气重、病势急、宜于急攻者，则用汤剂，且在方后特别说明注意事项、药后反应、处理办法等。如麻黄汤，“温服八合覆取微似汗，不须啜粥”。“服药已微除，其人发烦目瞑，剧则必衄，衄乃解”。服大青龙汤“汗出多者，温粉扑之，一服汗出者，停后服，若复服汗多亡阳，遂虚，恶风，烦躁不得眠也”。凡邪气轻、病势缓、宜于缓图者，则用丸、散。如麻杏薏甘汤，方中麻黄先用汤泡，再与诸药作散，每取四钱煎服，旨取“微微欲似汗出者，风湿俱去也”之意。三是明禁忌。麻黄乃辛温发汗解表之药，作用峻烈，仲景在伤寒部分特别注明“淋家”“疮家”“衄家”“亡血家”“咽喉干燥”“脉尺中迟”者均不可用麻黄汤。而对于气虚、阳虚、湿热而伤寒者，仲景则以小剂量麻黄与补气、温阳、除湿、清热之品配合用之。

[《国医论坛》2012，27（1）：8]

张仲景正邪理论观在肿瘤临床中的指导意义

齐元富　李慧杰
山东中医药大学附属医院

反复研读《金匮要略》之后不难发现，仲景学术思想及理法方药无不是从正邪角度立论的，他特别强调外邪是导致疾病发生的主要因素，正气强弱不同其发病形式也不同，扶正祛邪为治病遣药之准则。后人在仲景正邪理论观的指导下，治疗各系统肿瘤取得了良好疗效。

一、正邪相争发病观

1. 强调外邪是发病的主要原因　张仲景在《金匮要略》中说到“若五脏元真通畅，人即安和”，意在说明正气是抵御外邪入侵的内在因素。但同时又指出“客气邪风，中人多死”的外邪伤正的危害性，对疾病发生的原因和途径，明确指出“一者，经络受邪，入脏腑，为内所因也；二者，四肢九窍，血脉相传，壅塞不通，为外皮肤所中也；三者……以此详之，病由都尽”。可见，《金匮要略》中所阐述的发病条件虽有“内所因”和“外皮肤所中”之别，但究其实质均与感受外邪有关，强调了“客气邪风”是发病的主要原因。

2. 正气强弱不一致发病深浅不同　人体正气不足是发病的内在依据，且正气强弱不一决定着发病形式的不同。脏腑经络深浅各异，正虚则邪入脏腑或由经络渐传脏腑而发病深重；正盛则邪不得入内，仅在皮肤血脉之间流传，发病轻浅。

3. 阴阳失调致发病　仲景还提出了“厥阳独行”的致病观点，这种说法源于《素问·生气通天论》所云的“阴平阳秘，精神乃治；阴阳离决，精气乃绝”。这几句话说明阴精充沛，阳气固密，阴阳二者互相协调，人即健康不病；反之，阴阳分离决绝，出现独来独往，人即发病。根据这种发病学观点，任一疾病，均是邪正相争、阴阳失调的结果，而仲景所提出的“厥阳独行”理论，也贯穿着《内经》这一发病观点。

4. 多因素复合致肿瘤发病　纵观《金匮要略》所论杂病的形成，正气不足是疾病发生的内在依据，外邪侵袭是发病的重要条件。但作为临床变化复杂的肿瘤病，其病因不能简单地理解为是某种单一因素致病的结果。可以认为，中医对肿瘤发病的认识，从大的方面着眼，不离乎上述三条途径，而且寒凝、气滞、痰阻、湿蕴、热结、正虚等多种因素共同参与其中。如《金匮要略》之鳖甲煎丸主治疟母，疟母是因邪气久踞少阳，正气日衰，气血运行不畅，寒热痰湿之邪与气血相搏，聚而成形，结于胁下，形成癥块。这显然是一种多因素复合致病的结果。

二、扶正祛邪为治疗肿瘤遣方用药之准则

《内经》为后世治法治则的确立、运用和发展奠定了基础，张仲景在继承《内经》治疗思想的基础上，进一步创新与拓展，对扶正与祛邪法则的运用达到了更高的层次。仲景强调疾病的发生是由于正虚邪盛，因此肿瘤的治疗就应以“补不足损有余”为准则，即在固护正气的前提下，积极祛除病邪，并强调祛邪宜早。

1. 祛邪宜早　《金匮要略》对于杂病的治疗，非常注重祛除邪气，提出“适中经络，未流传脏腑，即医治之。四肢才觉重滞，即导引、吐纳、针灸、膏摩……”，意在提倡及早施治。肿瘤病更是如此，一经发现就应以多种手段综合治疗，尽早把病邪扼杀于萌芽状态。

2. 先扶正后祛邪　提倡病宜早治并不意味着忽视扶正对患病机体的重要性，当虚实夹杂以正虚为主时，可先行扶正，待正气强盛之后可再考虑祛邪。如《金匮要略·脏腑经络先后病脉证治》就说到“病有急当救里救表者……医下之，续得下利清谷不止，身体疼痛者，急当救里；后身体疼痛，清便自调者，急当救表也”。此即表里同病、虚实夹杂而以里急为重的例子，《金匮要略》予以扶正救里为先，待正复后再迅速祛邪以救表。而肿瘤患者尤其是放化疗后或晚期患者，机体多表现为虚弱，这时的治疗也应先扶正而后攻邪。

三、祛邪扶正法的运用

《素问·至真要大论》中关于祛邪方面的治法治则有：坚者削之，客者除之，结者散之，留者攻之，强者泻之，高者抑之等，而关于补虚扶正治法治则的论述有：燥者濡之，急者缓之，散者收之，劳者温之，损者益之，衰者补之，下者举之等。以下就仲景祛邪扶正法在肿瘤治疗中的具体应用进行归纳。

1. 祛邪法　“坚者削之”是指体内有坚积如癥块之类当用削伐之法。仲景用抵当汤治疗瘀热内结见发狂、少腹硬满之蓄血重证；以下瘀血汤治疗产后干血著脐下之少腹刺痛。中医称肿瘤病为积证，邪实正不虚者多用此法。“客者除之”是指对

侵犯人体的病邪用驱除病邪之法治疗。如以麻黄汤治风寒之邪客于表，卫闭营郁者。而邪客于里，热毒结聚，血瘀热积之肠痈则用大黄牡丹皮汤泻热解毒，逐瘀破结。“结者散之”是指气血郁结或痰浊、邪气内结用消散之法治疗。如用小陷胸汤治疗痰热互结心下，胸脘痞满，按之疼痛，脉浮滑之小结胸病。又用软坚散结、祛湿化痰的鳖甲煎丸，治疗疟邪与痰血相搏结于胁下之疟母。肿瘤病人多有血瘀，应用软坚散结实乃正治之法。“留者攻之”是指病邪留而不去，如留饮、蓄血、停食、便闭等，用攻逐法治疗。仲景治饮停胸胁之悬饮证用十枣汤攻逐水饮，肿瘤胸水患者多用；又治妇人产后水与血俱结在血室，少腹满如敦状者，用大黄甘遂汤逐水下血，妇科肿瘤多用。“强者泻之”是指人体正气不虚而邪气亢盛的病证，用攻逐泻下法治疗。如治阳明热结，积滞内停，见潮热谵语，便秘腹满者，用大承气汤泻热通腑。治水热互结之大结胸证，见心下痛，按之石硬，脉沉紧者，用大陷胸汤泻热逐水破结。“高者抑之”是指向上冲逆的病证，用平抑降逆法治疗。如对胃虚痰阻，心下痞硬，噫气不除者，仲景治以旋覆代赭汤行气化痰，和胃降逆。噎膈患者多有哽噎不顺、吐涎沫等症状，临床运用降逆之品效果显著。

2. 扶正法　“燥者濡之”是指伤津耗液一类干燥病证，用滋润生津等濡润之法治疗。如仲景治少阴阴虚、虚火上炎所致的咽喉干痛，用甘润平补的猪肤汤治之；治百合病发汗后，口干渴，心烦者，则用百合知母汤养阴补虚，清热润燥。肺癌患者临床常表现为气阴两虚，以此为指导多用滋阴润燥法。“急者缓之”是指拘急一类的病证治用舒缓法。如仲景治阴虚不能濡养筋脉，筋脉拘急，症见脚挛急者，用芍药甘草汤酸甘化阴，使筋脉得养，挛急自缓。临床上脑胶质瘤患者常并发癫痫，出现挛急抽搐，按此法治之多能见效。“散者收之”是指精气耗散不能固敛与约束的病证，用收敛法治疗。临床多取龙骨、牡蛎之涩，以收敛浮越之正气。“损者益之，劳者温之”是指虚损怯弱或虚劳之病用温补法治疗。仲景治太阴虚寒证，用温阳助运、调理中焦之理中丸；又治虚劳里急、悸、衄、腹中痛、梦失精者，用小建中汤温中补虚，和里缓急。“衰者补之”是指虚衰不足的病证用补益法治疗。如仲景治心阴阳两虚，气血不足之心动悸、脉结代者，用炙甘草汤滋阴养血，和阳复脉；又治虚劳诸不足，阴阳精血俱虚，虚中夹邪者，用健脾填精、补虚祛邪之薯蓣丸。临床中肿瘤虚弱或恶病质患者常用此法以提高患者生活质量。“下者举之”是指气虚下陷的病证，运用补气升提或益气固涩法治疗。如仲景对于少阴虚寒，气血下陷，滑脱不禁，下利便脓血者，治用温中益气、涩肠固脱之桃花汤；治先便后血之远血属中焦阳虚、脾虚下陷者，用黄土汤温阳健脾，摄血止血。腹泻是肿瘤患者化疗后常见的副反应，也多用温阳健脾及升提之品治之。

四、小结

《内经》中还有许多关于扶正与祛邪法则的论述，如祛邪法则有“开鬼门，洁净府”，“去菀陈莝”，“其高者，因而越之；其下者，引而竭之；中满者，泻之于内”，“血实宜决之”等。扶正法则有“因其衰而彰之”，“形不足者温之以气；精不足者，补之以味”，“气虚宜掣引之”等。这些法则在《伤寒杂病论》中亦不乏应用的实例。前面讲到的《内经》中诸扶正与祛邪法则，只是针对单纯实证或虚证而言，然仲景之治却是根据临床具体情况灵活运用的，其用不仅限于实证或虚证，有些也用于虚实夹杂的病证中。而从论治的整个过程看，仲景在《金匮要略》首篇中就强调了《内经》之“补不足，损有余”的治疗观，且据证立法选方用药，使方与法并举，形成理、法、方、药一线贯穿的比较完备的体系。因此可以这样认为，如果说《内经》确立了治法治则的规范，而仲景《伤寒杂病论》则是其具体应用的典范，且更加完善，更切于临床实际。综上所述，《金匮要略》的正邪理论观表明，无论杂病的证候在内在外，其致病因素首推外邪，强调“客气邪风”为主因。无论邪气是浅是深皆应祛除，祛邪之时应依病情需要，或祛邪为主兼以扶正，或扶正为主兼以祛邪，或祛邪扶正并重，或先扶正后祛邪，或扶正以达到祛邪目的。这对于肿瘤的临床治疗，具有重要的指导意义。

[《国医论坛》2012，27（2）：8]

真武汤加味临床验案

余在先　山西中医学院附属医院
贾丽丽　山西中医学院

真武汤出自汉代张仲景《伤寒论》，原方药物由茯苓、芍药、白术、生姜、附子组成。其主要功效为温阳利水，所治病证见于原文82条（太阳病发汗，汗出不解，其人仍发热，心下悸，头眩，身瞤动，振振欲擗地者，真武汤主之）和316条（少阴病，二三日不已，至四五日，腹痛，小便不利，四肢沉重疼痛，自下利者，此为有水气，其人或咳，或小便利，或下利，或呕者，真武汤主之)。[1]经历代医家临床验证，用其治疗阳虚水泛引起的病证，疗效确切。笔者临床多年，应用真武汤加味治疗杂病，验案较多，列举数例，报告如下。

一、溃疡性结肠炎

患者阎某，男，48岁，工人。2002年9月3日就诊。患者因腹痛、腹泻、黏液血便8年，曾在西医院诊为溃疡性结肠炎，多次住院治疗未完全缓解。近2个月症状明显加重，大便日10余次，为稀糊状，夹有白色黏冻，偶有少量血便，腹痛，里急后重，腹部及全身畏

寒，腰膝酸软，纳食减少。检查：精神略差，形体较瘦，腹软无压痛，舌质淡而胖，苔白厚滑，脉沉细。结肠镜复查：全结肠黏膜充血水肿，散在小片状溃疡，符合溃疡性结肠炎活动期改变。中医辨证为脾肾阳虚，寒湿内盛。投以真武汤加味：制附子10g，白术15g，茯苓20g，白芍15g，炒薏苡仁20g，肉豆蔻10g，甘草6g，生姜3片。水煎服日一剂。二诊：连服5剂后，大便次数减少，日5～6次，畏寒减轻，饮食略增加，效不更方，继进7剂。三诊：大便日2次，呈软糊状，黏液减少，饮食基本正常，仍有腹部畏寒，继以上方加党参20g，补骨脂10g，砂仁6g，服2周，大便日1～2次，成形，无黏液血便，腹痛及里急后重消失，无明显畏寒，舌质略胖，厚苔渐化，脉沉。复查结肠镜：全结肠溃疡均愈合，直肠下段充血、水肿。随访2年病情无复发。

按语：本病属中医“痢疾”。《医宗必读·痢疾》曰：“脾为后天之本，肾为先天之本”。腹痛下利当责之于脾，然肾阳虚衰，火不生土，则脾运失健，寒湿内生，阻滞肠道，损伤脂络而成下利。故须温补肾阳，釜底加薪，脾运复健，寒湿得化，泻利自止。

二、慢性肾小球肾炎

患者周某，男，62岁，农民。1989年11月2日就诊。患者5年前曾发现面部及下肢浮肿，未行诊治，后自行消退。近因劳累，病情复发，即去县医院检查，诊为慢性肾炎、肾功能不全。住院治疗3周，无明显效果，建议转中医治疗。当时症见：全身水肿，双下肢尤甚，腰膝酸软，神疲乏力，畏寒肢冷，小便量少，食欲不振，时有呕恶，舌胖苔滑，脉沉而细。化验血尿素氮18.6mmol/L，肌酐306μmol/L，血钾5.0mmol/L，血钠138mmol/L，二氧化碳结合力20mmol/L，尿蛋白（+），血浆总蛋白66g/L，白蛋白32g/L。中医辨证：脾肾阳虚，水湿内停。投以真武汤加味：制附子12g，白术15g，茯苓30g，白芍15g，泽泻10g，大腹皮15g，生姜3片。5剂，水煎日一剂，分2次温服。二诊：服药后小便明显增多，日2000mL，水肿明显减轻，精神较前好转，食欲增加，无恶心呕吐。继以上方加黄芪30g服5剂。前后共服10剂后，水肿基本消退，血尿素氮、肌酐均已正常。嘱其服金匮肾气丸9g，日2次，继续调治2个月，随访4年病情无复发。

按语：本病属中医“水肿”。水之制在脾，水之主在肾。肾阳虚，不能化气行水，且寒水反侮脾土，致脾肾阳虚，水湿内停。故以真武汤为主温阳化气，治病求本，辅以泽泻、大腹皮利水消肿，增强疗效。其治切中要害，故可应手取效。

三、肺心病合并肺部感染

患者陈某，女，68岁。1990年1月3日就诊。患者反复慢性咳嗽、咯痰20余年，近3年咳嗽咯痰加重伴气短喘促。2周前因受凉感冒，出现发热，咳嗽咯痰、气喘明显加重，住院输注青霉素、头孢类药物10余天，体温已正常，血白细胞总数正常，中性粒细胞82%（参考值50%～70%），仍咳嗽喘促，夜间加重，转中医治疗。入院症见：咳嗽气短，夜间较重，咯痰清稀，畏寒神怯，腹满纳少，双下肢轻度水肿，舌淡而胖，脉象沉细。听诊两肺呼吸音较弱，右下肺可闻及湿啰音。胸片：两肺纹理紊乱，右下肺可见大片絮状阴影；肺动脉段膨出，右肺下动脉增宽。西医诊断：肺心病合并肺部感染。前已用抗生素，故以中医治疗为主，辨为寒饮阻肺，予小青龙汤加味：炙麻黄6g，桂枝10g，白芍10g，细辛3g，干姜6g，半夏10g，五味子6g，葶苈子12g，陈皮6g，茯苓10g，甘草6g。水煎服，日一剂。二诊：连服5剂后，咳嗽气喘略有减轻，但痰量仍多，结合患者全身症状，分析其病机，辨为脾肾阳虚，寒饮阻肺，改真武汤加味：制附子12g，白术15g，茯苓15g，白芍10g，细辛3g，炙麻黄6g，生姜3片。连服3剂后夜间咳嗽气喘明显减轻，痰量减少，且服药后自觉全身温暖。原方继服5剂，咳喘基本缓解，肺部啰音消失。

按语：本病属中医“肺胀”。咳喘日久，肺脾气虚，继而及肾，致脾肾阳虚，气化失常，水饮内停。复感寒邪，寒饮阻肺，则咳喘加重，前以小青龙汤温肺化饮，仅为治标之法，后改真武汤加味，温阳化气，标本兼治，故能立竿见影。

四、植物神经功能紊乱

患者姜某，女，49 岁，干部。2007 年 10 月 19 日就诊。患者体质素弱，近 5 年经常感觉全身畏寒。在当地医院化验甲状腺功能正常，诊为更年期综合征，植物神经功能紊乱，中西药治疗较差。近 1 年病情明显加重，四处求医，服温里祛寒之品数十剂，疗效不佳，经朋

友介绍来诊。患者述：自觉全身冰凉，夏天常需穿毛衣，伴头晕乏力，睡眠差，食欲不振，月经后期，下肢微肿，舌质暗，苔白滑，脉沉细。综合分析其病机，乃为脾肾阳虚，寒湿挟瘀，凝滞经脉，拟温阳化湿，祛瘀通经为法，予真武汤加味：制附子 10g，白术 15g，茯苓 20g，白芍 12g，薏苡仁 15g，麻黄 6g，桂枝 10g，羌活 10g，川芎 10g，丹参 15g，甘草 6g，生姜 3 片。水煎服，日一剂。二诊：服 3 剂后，全身略有暖意，继服 5 剂。三诊：全身冷感基本消失。原方去麻黄、桂枝，加党参 20g，黄芪 30g，继服半月，诸症全消，病情基本告愈。

按语：本例属中医“虚劳”范畴。肾阳虚衰，失其温煦气化，寒湿内生，阻滞经络，日久成瘀，经脉不畅，阳气不能外达，故现上述诸症。前医所用方药，虽可温里祛寒，而无化湿祛瘀通经之功，故难以取效。只有温阳化湿、祛瘀通经，标本兼治，阳复而湿自化，瘀祛则经自通，阳气外达，则病自愈。

真武汤功能温阳利水，用于肾阳虚水湿内停引起的各种病症。临证应准确辨证，谨守病机，方能取效。以上 4 例，病症不同，但其病机基本相同，故用真武汤加味治疗都可取得良好效果。其次，在临床实践中，可根据病情，灵活加减，守其法而不拘泥于个药。阳虚者，气亦虚，故方中可加入人参、黄芪之类，增强疗效。值得注意的是方中附子味辛，性热，有毒。现代药理研究含有乌头碱、次乌头碱、中乌头碱等，[2] 经炮制后，毒性虽可降低，但用量仍不可过大，笔者认为一般不宜超过 15g，以免发生中毒。

参考文献

[1] 南京中医学院伤寒教研组．伤寒论译释［M］．第 2 版．上海：上海科学技术出版社，1980：576；1114．

[2] 王筠默．中药药理学［M］．上海：上海科学技术出版社，1985：57～58．

［《光明中医》2012，27（2）：351］

真武汤加味治疗顽固性心衰两则

王　平　甘肃省积石山县别藏中心卫生院

近年来笔者遵其方义，应用此方加味治疗顽固性心衰，效果满意，现举病例两则。

案例 1：患者甲，77 岁，西医诊断为慢性阻塞性肺病，充血性心力衰竭心功能Ⅳ级。

中医辨证：近 5 年来，反复咳嗽、咳痰，双下肢水肿，动则气喘、胸闷、气短，曾西医多次住院治疗，长期服用强心药物、氧疗，病情时好时坏，自 2009 年 12 月加重。于 2010 年 1 月就诊，刻诊：羸瘦脱形，近年来体重锐减 10kg，头眩，昏迷两次，心悸、喘促、咽干，双颧嫩红，神疲欲寐、声微气短，唇指青紫，四肢凹陷性水肿，手冷过肘，足冷过膝，肘膝以下青紫，脉微细促，120 次/min，舌质暗淡，舌体胖嫩，苔白滑腻，小便难。

病机分析：心悸、气喘、舌质暗淡，唇指青紫，神疲欲寐，脉微细促，四肢逆冷，阴证，证属寒中少阴。显系心肾阳衰，水寒之邪内盛，阳气外越，双颧嫩红，肾为主水之脏，阳虚则主水无权，寒温阻滞下焦，故见舌质暗淡，苔白滑腻，四肢凹陷性水肿，阴邪搏阳，故见头眩，心悸，阳虚阴盛，周身经脉及心失于阳气充养，故见瘦弱，四肢逆冷、昏仆。水气凌心，故见喘促，气短，阴阳皆虚，精气不足，故见脉微细促欲绝，但欲寐。阳虚不能气化津液，故咽干，小便难。

综合分析：感邪日久，失治，邪进正衰，病传少阴，肾阳虚衰下焦失固，少阴病阳虚水泛症候，并出现了亡阳证。

方证相对：真武汤主之，少阴阳气坐镇于下，镇伏下焦寒水，此方能扶少阴阳气，以制水。

药证相对：方中附子为君大辛大热，温中阳，温心肾之阳，通行十二经，肾阳得复，心脾肾阳气都能补，气化得行，水为阴邪，阴得阳则化，此即“壮无阳则阴翳”以白术、茯苓为臣，白术甘苦而温，燥温健脾，合“脾喜燥恶湿”之性，附子振肾阳在先，姜术复脾阳于后，茯苓甘淡平，入脾肾诸经，一可助姜术健脾强运，也可淡渗水湿，使阴邪从小便而行，佐以生姜、木瓜，生姜辛而微温，温胃散水，助附子行散肌表之湿，宣肺气开水之上源，王绵之方剂学讲稿中，去白芍为木瓜，木瓜性酸，生津液，祛水利小便，利水不伤津伏于白芍，再辅以温阳、补气、利水肉桂、牛膝、车前子。处方：制附片 24g（先煎 1h），白术 15g，茯苓 25g，

生姜30g，木瓜15g，肉桂10g，牛膝15g，车前子15g。

上方连服3剂后，诸证悉减，基本脱险，四肢变暖，守方服20剂后，脉率缓和，90次/min，四肢温暖，皮色如常，生活自理，获得满意效果。

案例2：患者乙，56岁，患风心病12年，西医诊断为风心病心衰，心功能Ⅲ级，心房纤颤。

中医辨证：近2年来全身肿胀，腹大如鼓，脐凸胸平，下肢凹陷性水肿，反复西医住院治疗。2010年5月病情加重出诊，刻诊：心悸、气喘、畏寒特甚，犹穿棉衣，已卧床3月，端坐呼吸，面色青暗，声音低微，但欲寐，唇指青紫，冷汗淋漓，四肢凹陷性水肿，并厥冷，舌紫胖小滑，齿痕多，脉微细促，至数模糊。

病机分析：心悸气喘、唇指青紫、四肢厥冷，凹陷性水肿，脉微细，但欲寐，证属寒中少阴。心肾阳气虚衰，寒从内生，阳气不能随三焦敷布全身，故畏寒，唇指青紫、四肢厥冷，不能化气行水，故小便难。舌紫胖小滑，全身水肿为肾阳、肾气不能主水，水邪泛滥，水湿壅滞，水壅气闭，阴阳皆虚，精气不足，故脉微欲绝，但欲寐，水气凌心，心阳被遏，故心悸气喘，卧则更逆，不能平卧，营卫失调，冷汗淋漓。

综合分析：感邪日久，失治，病传少阴，阳气虚衰，少阴亡阳证。

方证相对：真武汤主之，能复少阴的肾阳，真阳之气旺盛，肾与三焦气化才能正常，浊阴才会消散。

药证相对：与案例1同略。唯去白芍为仙灵脾，加强温肾阳，益精气，通利血脉，解除筋束的挛紧，从而达到畅通水道。处方：制附片24g（先煎1h），白术15g。茯苓25g，生姜30g，仙灵脾30g，肉桂10g，牛膝15g，车前子15g。

上方服药3剂后，诸症悉减，心房纤颤消失，四肢变暖，服至7剂，小便增多，日夜可达2000mL，食纳增，喘定可平卧，守方服15剂后，脉率缓和，水肿渐消，生活自理，获得满意效果。

充血性心力衰竭，病程长，迁延难治，后期心脾肾三脏虚衰，西药无效，严重危及患者生命和影响生活质量，笔者遵其六经辨证，谨守病机施治，均获良效，临床值得推广。

［《中医临床研究》2012，4（14）：101］

真武汤临床治验

姚世宏　西安市户县涝店中心卫生院

真武汤是医圣张仲景创立的治水神方，方用附子为君药以温心肾之阳，既助肾阳气化，又助心阳温煦，白术输转脾津，恢复脾运，生姜宣肺气以启水之上源，白勺柔肝调理肝的疏泄，使五脏功能重归协调而津液运行畅通。用茯苓渗其已停之湿，诸药合用共治阳虚气化不行引起的水液失调。笔者用真武汤治疗多种病证，均获显效，现报道如下。

一、汗证（植物神经功能紊乱）

例1：王某，男，45岁，2005年3月12日就诊，主诉：多汗一年，时时汗出，动则尤甚，伴神倦乏力，畏寒气短，大便溏薄，口干不欲饮，舌体淡胖，苔白滑，脉细。查血尿粪常规，血脂血糖肝肾功电解质，心电图胸腹片均正常。西医诊断：植物神经功能紊乱，中医诊断：汗证。患者先后服玉屏风散、补中益气丸、附子理中汤等及谷维素、复合维生素B片等，效果不显。笔者辨证属阳虚，表虚不固，用真武汤即附子15g、茯苓15g、白芍10g、白术10g、生姜10g，服3剂，即汗出减少，续服3剂，多时顽疾治愈。按：津液运行三焦，全赖气的推动。卫气虚，即影响津液正常运营而自汗，调和营卫，实卫固表，本属常法。常法若不取效，当考虑津液是否阻滞，不能专责于气，不可局限营卫阴阳，须从津液自身失调考虑，从脾肾根本上调治。

二、胁痛（肋间神经痛）

例2：李某，男，50岁，2007年10月9日就诊，主诉：胁下胀痛2月余，有形寒肢冷，忧郁善叹息，舌体淡胖有齿痕，脉迟。查体胸腹壁无压痛，肝不大，肝肾区无叩痛，肝肾脾彩超肝肾功等检查无异。西医诊断：肋间神经痛，中医诊断：胁痛。证属下焦阳虚，湿凝气阻，治以温阳利水，调气疏肝。处方：真武汤+当归枳壳：附子15g、干姜15g、云苓15g、白芍15g、白术10g、当归10g、枳壳10g，服药3剂胁痛见减，10剂后消除。按：胁痛一般从肝治，但本例属肾气化不及，水湿停滞肝经的证型，宜温阳化气姜附和调气活血之当归枳壳组合，两脏同治获效。

三、喘证（急性支气管炎）

例3：李某，男，55岁，2010年12月10日就诊，主诉：受凉后喘咳1周，痰多，痰稀白，鼻塞，声嘶哑重浊，神疲乏力，纳呆，舌淡胖带白，脉沉。查体：双肺呼吸音粗，可及干性罗音，湿性罗音不固定，咳嗽后减轻，胸片双肺纹理增多紊乱，余无异常。西医诊断：急性支气管炎。中医诊断：喘证。证属阳虚阴盛，痰湿阻肺，治以温阳化气行水宣肺，体现上病下取，治下以治上，上下同治，处方：附子15g、干姜15g、云苓15g、白术15g、麻黄5g、细辛3g，5剂而获效。按：患者瘦体阳虚，复感外邪，以致肺失宣降，肾阳衰微，水湿停聚，宜宣上温下，肺肾同治，故以开宣肺气的麻黄、细辛，与温阳化气的姜附两类药组成，发汗与利水同施，温肾与宣肺并举，共奏良效。

四、咽痛（慢性咽炎急性发作）

例4：张某，男，60岁，2008年11月3日就诊。慢性咽炎15年，咽喉间常干燥隐痛，每于劳累后加重，屡进滋阴之品无效。半月前感冒后加重，咽喉干燥隐痛不辍。口干喜饮，咽后壁黏膜干燥，舌质淡胖，脉沉细。查咽红咽后壁淋巴滤泡增生。西医诊断：慢性咽炎急性发作。中医诊断：咽痛。证属阴虚阳衰治以温阳养阴。处方：附子10g、干姜6g、白术6g、云苓9g、生地12g、麦冬12g，服药三剂咽痛见减，七剂后显效，进服1月后，咽痛止。按：此证由阴虚津伤而发，盖阴虚之久，必损及阳，阳虚之甚，虚阳不守，浮游于上，致虚阳之火上炽咽喉。以生地、麦冬以养阴生津，附姜温阳以引火归原，使上焦浮火下降，则气血通畅，痰结消散，咽痛得消。反对一味用中药苦寒清热之品或大量抗生素，宜禁食辛辣烟酒。

参考文献

[1] 施纪．现代中医药应用与研究大全（实验研究分册）［M］．上海：上海中医大学出版社，1995.

［《内蒙古中医药》2012，24（3）：56］

真武汤与临床验案举隅

张青山　山西省忻州市人民医院

真武汤出自医圣张仲景之《伤寒杂病论》，由茯苓、芍药、生姜、白术、附子5味药组成。方中君以附子之大辛大热、温肾暖土，以助阳气。臣以茯苓之甘淡渗利，健脾渗湿，以利水邪；生姜辛温，既助附子之温阳祛寒，又伍茯苓以温散水气。佐以白术健脾燥湿，以扶脾之运化。其用白芍者，一者取其利小便，一者取其缓急上腹痛。五药合用，共为温肾散寒，化气行水之剂。[1]可用于肾阳虚衰，水气泛溢之水肿，小便或利或不利、腹痛不利，肢肿、体颤等病证。笔者在临床实践中体会，本方应用不仅限于以上病证，亦可广泛适用于临床各科病症。只要辨证详细，随证加减，可收异病同治、一方多用之效。现举几例，供同道参考。

一、临床验案

（一）血栓闭塞性脉管炎

张某，男性，36岁。于2011年4月26日初诊。三年前因冒雨涉水，受寒而诱发双下肢发凉、麻木、跛行、继则色变黯紫，左足二趾溃破，西医确诊为“血栓闭塞性脉管炎”。经多方治疗，病情并无好转，转而求治于中医。症见：双下肢剧烈疼痛，麻木发凉，暖之稍减，五趾黯紫，抬高则苍白，下垂见黯紫，左足二趾溃破，脓液清稀，股动脉跳动微弱，面色萎黄，腰困冷痛，小便清长，舌淡苔白多津，脉沉细。此脾肾阳虚之证，治宜温肾壮阳，燥湿健脾。方用真武汤加减：制附子15g、干姜15g、党参15g、甘草10g、炙黄芪30g上方加减共服60剂，疼痛消失，温度色泽基本恢复正常，临床基本治愈。

（二）痉病

李某某，女性，46岁。2009年4月28日初诊。患者于产后40天开始觉得全身不自主震颤，已有两个半月，阵发性加剧，影响睡眠及进食，患者就诊时也不能够坐稳片刻，并伴有舌颤，言语不利，憋气，以长息为快，食欲差。舌质尖偏红，左侧有瘀斑，舌苔白，两手脉俱沉滑弱。治宜温肾壮阳，化气利水。方用真武汤加味：茯苓30g、白术24g、制附子12g、白芍药15g、生姜12g、桂枝9g、半夏12g、生龙骨30g、生牡蛎30g、炙甘草6g。水煎服2剂。4月30日复诊：患者自述，29日晨8时服首剂药，至当日下午6时许，颤动停止，晚上睡眠明显好转，仅有时还觉头有阵阵轰鸣，上方白芍药改用30g，加钩藤12g、磁石30g，再服3剂，以巩固疗效。

（三）坐骨神经痛

刘某某，男性，62岁。患者右侧腰腿部疼痛，反复发作数年，被诊断为右侧坐骨神经痛，遍治不能痊愈。自两月前痛疼更加剧烈，运动不方便，不能行走和转侧弯腰，影响睡眠。经中西医治疗月余，病情无显著起色。2008年9月8日上午来我院外科诊治，诊断为右坐骨神经痛，建议中医治疗。刻诊症如前述，茶饭二便自如，舌暗红，舌边有齿痕，苔白润，脉沉细弦。此为肾阳亏虚，肾不化气，筋脉失养，气血温运失常而致。治则为温肾化气以通经脉。方用真武汤加桂枝，处方为：制附子8g、桂枝8g、白术9g、生姜9g、茯苓9g、白芍12g。5剂，水煎服。二诊时诉服药后痛减，运动较便，可行走数十米。效不更方，原方继进。服药16剂后腰腿痛明显减轻，能行走500米左右。进原方20余剂后诸证尽消，行动自如。

（四）美尼尔氏综合征

吕某某，女性，39岁。头晕目眩，恶心呕吐一天而就诊。有美尼尔氏综合征病史，既往有类似发作，需要西医治疗数天才能缓解。此次发作眩晕，视物旋转，不能睁眼，伴恶心呕吐，泛吐清水，要求中医中药治疗。追问病史，素体阳虚，畏寒喜暖，神倦纳差，大便溏薄。舌质淡，苔薄白，脉沉细。辨证为阳虚水泛，拟温阳化饮，处方为：制附子9g、当归9g、白术15g、茯苓15g、白芍15g、生姜15g、泽泻12g、葛根30g。3剂。水煎服，复诊诸证已消，予金匮肾气丸调理善后。

（五）颈椎病

冀某某，男性，50岁。2009年4月17日，刻诊：头晕、心悸、左肩背疼痛，左手拘急疼，肘上下亦酸疼、夜尿频多，舌淡苔白根腻、脉沉细。辨证为肾阳不足，水气泛上。予真武汤原方不加减，处方为：茯苓12g、白芍10g、生姜10g、白术10g、炮附子6g。结果：服药三剂，头晕随即减轻，它症变化不明显，故于前方增炮附子10g，并加桂枝10g、炙甘草10g，续服一周，肩背疼减。后渐增附子用量至15g，服两月诸症皆消。

（六）狐疝案

李某，男性，58岁。于2010年8月诊治，患有疝气多年，阴囊如有物状，时上时下，卧则入腹，立则下坠，曾多次服药诊治，都没有获效，又因平时不甚影响工作起居，就放任不治。近日，病情加剧，因为年龄偏大，不愿采用手术治疗，求中医治疗。刻诊：小腹拘急不仁且有痛感，阴囊似有物状，肿大下坠，胀痛难当，卧则稍好，立则疼痛加剧，甚至巅眩而呕吐痰诞清水，苔白多津，舌质淡，脉沉微，此为肾阳虚衰，水气泛滥，肝失疏泄所致。处方为：炮附子15g、白术12g、茯苓12g、白芍12g、升麻10g、橘核12g、肉桂12g、生姜12g。水煎服三次，分六次服，每日服三次，上药适服五剂，诸症消失。

二、体会

真武汤乃张仲景为太阳病过汗伤阳所致的阳虚水泛证和少阴病阳虚不能化气所致的阳虚水停证而设。《伤寒论》条文为第82条：“太阳病发汗，汗出不解，其人仍发热，心下悸，头眩，身瞤动，振振欲擗地者，真武汤主之”第316条：少阴病，二三日不已，至四五日，腹痛，小便不利，四肢沉重疼痛，自下利者，此为有水气。其人或咳，或小便利，或下利，或呕者，真武汤主之。在临床运用时，将附子用量增加，其壮阳破阴，化气行水之力倍增。广泛应用于临床。有报道对慢性肾炎[2]肾功能衰竭[3]等泌尿系统疾病；心力衰竭[4]心律失常[5]等循环系统疾病，支气管哮喘[6]反复发作感冒[7]等呼吸系统疾病；以及不孕症、痛经、闭经、慢性盆腔炎、更年期综合征、带下病、卵巢囊肿[8]等阳虚水泛证均有良效。但必须具备脉气微或浮大无根，舌苔白润或滑等一派阳衰阴盛，寒水不化之象。否则，不可妄投。

附子用量可大至60g。如此重量，似属可疑，然只要因人、因病、因时、因地制宜，掌握病机，明辨症候，灵活应用，则疗效显著，亦属安全，正所谓“有故无殒”也。但必须指出，切不可以热者热之，损阴耗液，酿成变证。附子使用时煎服法至关重要，附子应先用开水浸透，再用宽水文火煎熬（约1小时），以去其毒，然后入余药共熬90分钟。关键在于宽水文火慢煎，这样既可使附子的毒性减弱，又不损其疗效。服法宜待其稍凉后服之，否则易引起寒热格阻，烦躁呕吐等不良反应。

现代药理研究，真武汤具有增强心肌收缩力，改善左心室功能[9]和改善肾功能[10]以及利尿[11]等作用。在临床实际中，张仲景应用真武汤既原则又非常灵活，无论中西医何种病症，只要具备了舌淡润不枯，脉沉或沉弦（缓），兼有精神状态较差的头晕、浮肿、心悸、震颤等症状，就可大胆使用，取得预想的效果。之所以效果好，精髓就在于辨证论治的方法论。掌握了这种方法论，就能在千变万化的症状中抓住疾病的本质。

参考文献

[1] 许济群．方剂学［M］．上海：上海科学技术出版社，1985：188～189.

[2] 张长恩．真武汤探究［J］．北京：北京中医杂志社，1991，49.

[3] 汪军，真武汤加味对慢性肾功能不全阳虚型患者尿中

微量蛋白的影响［J］. 中国中医药科技，1995，2（4）：46.
［4］李光华．真武汤加味治疗充血性心力衰竭30例［J］．中医药信息．1995，（6）25.
［5］谢明．中医方剂现代研究［M］．北京：学苑出版社．1997：1452.
［6］孙秀英，李远伦．真武汤加减治疗老年人高血压30例［J］．山东中医学院学报，1995，19（5）：317.
［7］吴向红．加味真武汤治疗感冒33例［J］．实用中西医结合杂志，1995，（7）：445
［8］陈奇．中成药名方药药理与临床［M］．北京：人民卫生出版社，1997：332.
［9］朱奔奔，郭维，黄亮，等．真武汤对慢性充血性心力衰竭模型大鼠ET \ CGRP水平的影响［J］．江苏中医药，2005，2（68）：49～51.
［10］杨东旭，成亮，徐平湘，等．加味真武汤对肝肾综合征模型大鼠肝肾功能的影响［J］．2007，2（53）：573～574.
［11］禚君，谢人明，胡锡琴，等．真武汤利尿作用研究［J］．中药药理与临床，2009，25（4）11～12.
［《求医问药》2012，10（12）：619］

真武汤在泌尿外科的应用

马光旭　何礼涛

山东省日照市中医医院泌尿外科

真武汤又名玄武汤、固阳汤，是张仲景《伤寒论》中温阳利水的代表方剂[1]。李贤注："玄武，北方之神，龟蛇合体。"仲景立此方用意，所以温养坎宫，使真阳归其魂而返其宅，已尽坎离之用。"真武"虽为水神，但乃以阳为主导，以阳治水，水才不致泛滥。水为阴类主静，无自动之理，必因阳而动，因阳而安。[2]

一、真武汤方证病机病理

本方在《伤寒论》中凡两见，一是第82条云：太阳病，发汗，汗出不解，其人仍发热，心下悸，头眩，身瞤动，振振欲擗地者，真武汤主之。"二是第316条云："少阴病，二三日不已，至四五日，腹痛，小便不利，四肢沉重疼痛，自下利者，此为有水气。其人或咳，或小便利，或下利，或呕者，真武汤主之。"就这两个条文中所叙述的内容来看，真武汤临床应用的证治范围是相当广泛的，在六经中涉及到两经，五脏中几乎全部涉及。本方由茯苓、芍药、生姜（切）各3两，白术2两，附子1枚（炮，去皮，破8片）所组成。五药的剂量比值是5（附子）：3（苓、姜、芍）：2（白术）。方中炮附子用量最重，为君药，其性味辛热，以温壮肾阳，使水有所主。白术为臣，甘苦微温，健脾燥湿，使水有所制。茯苓、生姜为佐药，茯苓性味甘、淡而平，淡渗利水；佐白术健脾，于制水之中利水；生姜辛温而散，佐附子以助阳，于生水之中散水。芍药酸苦微寒，属阴药，既敛阳和营，固护阴液，又制姜附之辛燥，使温阳散水而不伤阴，为"刚柔相济以相和"（《金鉴》），并为利小便以开水道，因此芍药既是佐药，又是使药。本方配伍用药注意两点：①用白芍而非赤芍。《本草求真》："赤芍与白芍主治略同，但白则有敛阴益营之力，赤则有散邪和血之意；白则能于土中治水，赤则能于血中活滞。"本方主要取芍药阴柔收敛之性，故一般用白芍，而非赤芍。②《伤寒论》方，多以干姜配伍炮附子。干姜守而不走，宜于亡阳之证。生姜辛散而走，宜于夹水之证。阳虚夹水而身疼痛者，宜炮附子与生姜，不宜生附子与干姜。此外，生姜能相对减低附子的毒副作用[3]。

梁华龙等对真武汤的温阳机理进行了实验研究，发现肾阳虚不仅是下丘脑－垂体－肾上腺皮质轴（HPA）功能紊乱，还具有多靶腺功能紊乱（如下丘脑－垂体－甲状腺轴；下丘脑－垂体－性腺（男）轴），而采用真武汤温补肾阳后各轴功能均有一定程度恢复，从而进一步印证了中医所讲的"肾"的重要生理基础即是肾上腺皮质功能[4]。真武汤还具有改善阳虚小鼠物质代谢及对免疫功能有一定调节作用[5]。

二、真武汤在泌尿外科的应用

（一）前列腺增生症（BPH）的应用

近年来，本病有年轻化发展趋势[6]。BPH大多为阳虚水湿停滞所致，运用本方机会很高，疗效较满意[7]。《景岳全书·癃闭》："夫膀胱为藏水之府，而水之入也，由气以化水，故有气斯有水；水之出也，由水以达气，故有水始有溺，经曰气化则能出矣！""今凡病气虚而闭者必以真阳下竭，水火不交，阴阳否隔，所以气自气而气不化水，水自水而水蓄不行"。徐杰等将90例辨证属肾阳亏虚型BPH患者分为2组。观察组55例服真武汤，对照组35例服高特灵，时间14d，观察2组治疗前后I－PSS总分、生活质量指数（L）、平均尿流率（AFR）、最大尿流率（MFR）、残余尿（PVR）、前列腺体积变化。结果：以上指标观察组优于对照组（$P<0.05$）[8]。姚氏等用本方加味治疗BPH并急性

尿潴留（辨证属肾阳不足，气化不利）59 例，并用药渣热敷小腹，当即排尿 21 例，1h 后排尿 27 例，11 例 3h 后未排尿者经行导尿术后继用此法，排尿 8 例，无效 3 例[9]。秦杰星用本方加减治疗 1 例癃闭，辨证属于命门火衰的患者，应手起效。[1] 刘成等将 80 例 BPH 患者随机分为 2 组，治疗组采用真武汤合桂枝茯苓丸治疗，对照组给予非那雄胺片治疗，于治疗前后行 I－PSS 总分、最大尿流率比较。结果，治疗组的最大尿流率有明显改善，但前列腺体积缩小不明显，对照组变化均不显著，2 组有显著差异（$P<0.05$）[10]。

（二）尿路结石的应用

何幼斌以真武汤治疗肾阳虚衰、气化失司所致的尿路结石并肾积水。结果有效 28 例，无效 2 例。其中服药 1 剂痛止者 8 例，2 剂痛止者 15 例，3 剂痛止者 5 例；3 剂肾积水消失者 28 例。有效率为 93.4%[11]。赵留记等对 209 例泌尿系结石患者用真武汤加减治疗，结果结石全部排出者达 190 例（90.91%），另外 18 例经体外震波碎石后配服中药排出[12][13]。

（三）泌尿外科其他方面的应用

龙仲川运用真武汤加味治疗肾盂肾炎等引起的肾盂积水 40 例，结果痊愈 35 例，其中 1 个疗程治愈者 26 例，2 个疗程治愈者 9 例，显效 2 例，无效 3 例[14]。梁晓平用本方加减治疗不明原因之顽固性血尿 1 例获愈[15]。孙世常据其温阳化气利水之作用，加减治疗老年性遗尿症 95 例患者，结果显效 15 例，有效 76 例，无效 4 例，有效率为 95.8%[16] 李鸿亮用其治疗肾癌根治术后精神萎靡，恶心呕吐，不欲饮食。血肌酐 155mol/L，血尿素氮 16.6mmol/L 服完 5 剂后，精神明显好转，腰背疼痛消失，不再呕吐。纳食正常。继续宗上方加减 10 余剂，血肌酐、血尿素氮逐步恢复正常[17]。柴瑞震运用本方治疗，肾阳虚使膀胱气化失司而致的“小便不利”“或小便利”取得满意疗效[18]。赵寄凡老中医运用本方治寒病（睾丸炎）证系肾阳不足，寒滞肝脉和治滑精证系脾肾阳虚，均取得了很好的疗效[19]。

作者通过研究古今文献及本人临床经验认为，真武汤所治疗的疾病有一个共同的特点——肾阳不足，气化不利。作者据此通过辨证加减运用真武汤治疗泌尿外科疾病如 BPH、尿路感染、结石、前列腺炎等，都取得了显著的临床疗效。可见本方在治疗泌尿外科相关疾病有很好的临床疗效，有必要进一步推广运用。

参考文献

［1］秦杰星．真武汤加减治疗癃闭 1 例分析［J］．光明中医，2010，25（8）：1493．

［2］刘力红．真武汤证之再思考［J］．甘肃中医，2010，23（6）：5．

［3］熊莉华，李赛美．真武汤研究概况［J］．江西中医药，2002，33（5）：43．

［4］陈建杉，江泳．真武汤临证应用及药理实验研究［J］．中医药学刊，2003，21（6）：921．

［5］孟涌生．真武汤的现代研究［J］．北京中医，2007，26（9）：628～631．

［6］顾方六．良性前列腺增生症的诊断和治疗［J］．中华外科杂志，1999，37（4）251～254．

［7］何本阳．真武汤临床应用举隅［J］．中国中医急症，2011，20（6）：1008．

［8］徐杰新，宾彬，黎汉文．真武汤治疗肾阳亏虚型良性前列腺增生症疗效观察［J］．广西中医药，2001，24（3）：6．

［9］姚建军．真武汤治疗前列腺增生导致急性尿潴留 59 例［J］．山东中医杂志，2000，19（3）：154．

［10］刘成，李磊．真武汤合桂枝茯苓丸治疗良性前列腺增生［J］．中国实用医药，2010，5（5）：162．

［11］何幼斌．真武汤治疗尿路结石并肾积水 30 例［J］．湖北中医杂志，2003，25（4）：39．

［12］赵留记，孙花仙．真武汤加味治疗泌尿系结石［J］．河南中医，1997，17（5）：269．

［13］李方，钟兴美．真武汤的临床应用概况［J］．中国实验方剂学杂志，1999，5（3）：60．

［14］龙仲川．加味真武汤治疗肾盂积水 40 例［J］．湖北中医杂志，1993，15（2）：23．

［15］梁晓平．真武汤治愈顽固性血尿案［J］．安徽中医临床杂志，1997，9（1）34．

［16］孙世常．真武汤加减治疗老年性遗尿 95 例［J］．河南中医，2011，31（1）：14．

［17］李鸿亮．审证求病机活用真武汤［J］．中国中医药报，2010－4－23（4）．

［18］柴瑞震．《伤寒论》真武汤证治研究［J］．河南中医，2011，31（10）：1085－1086．

［19］翟段华．赵寄凡老中医运用真武汤的经验［J］．天津中医，1987（2）：4．

［《中医药临床杂志》2012，24（9）：892］

真武汤证浅析

李　岩　甘肃中医学院

真武汤是医圣张仲景治疗阳虚水泛、水蓄、水逆及阳虚内痛诸多病症的基础方或通治方。其原文见于《伤寒论》第82、316条："太阳病发汗，汗出不解，其人仍发热，心下悸、头眩，身目瞤动，振振欲擗地者，真武汤主之。"此为太阳病过汗而致阳虚证。另外，还见于少阳病篇330条："少阳病……腹痛，小便不利，四肢沉重疼痛，自下利者，此为有水气，其人或咳，或小便利，或下利，真武汤主之。"此为少阴病阳虚证。兹就对其脉证机理及治法方药略做探析，以就正于同道师友。

一、脉证机理探析

《伤寒论》太阳病篇82条真武汤证首论"太阳病发汗，汗出不解，其人仍发热，心下悸、头眩，身目瞤动，振振欲僻地者，真武汤主之。"太阳病汗不得法，导致肾阳虚体质的人发汗太过，损伤下焦肾阳，因而虽然发汗，但汗出却病不解。且由于少阴肾阳虚不能敛藏于内而外浮，故"其人仍发热"——表邪未解。"心下悸"实际上是心悸，这是水气凌心的表现，"头眩"就是头晕目眩，这是水邪上蒙清阳的特征。还有一个症状是"身瞤动，振振欲擗地"，所谓"瞤"字，它的本义是眼皮跳动，"振振欲擗地者"，振者，动也。振振就是走路肢体颤动不稳，擗者，仆也。"仆"，走路颤动摇晃，好像要跌倒的样子。由于阳虚筋脉失养，则筋肉瞤动，肢体震颤，站立不稳而欲扑倒在地。肾阳为五脏阳气根本，肾阳一虚，五脏均可受其影响，肾病及心，可表现为心阳虚衰的心悸、怔忡；肾病及肝，可表现为筋脉失温的筋惕肉瞤；影响肺系，可表现为卫表不固的易于感冒，形寒怯冷，体常自汗等症。本条文主要阐述表证发汗太过，耗伤阳气，损及肾阳，导致肾阳虚衰，阳虚水泛。

《伤寒论》第316条指出："少阴病，二三日不已，至四五日，腹痛，小便不利，四肢沉重疼痛，自下利者，此为有水气，其人或咳，或小便利，或下利，或呕者，真武汤主之。"此为少阴寒化证的阳虚水泛证。此条应与82条结合起来看，阳虚水泛的成因可以有两个：一是太阳病治不得法，使肾阳损伤，阳虚不能制水；二是素体阳虚阴盛，外邪从阴化寒，肾阳更加虚衰不能制水。津液代谢，关系肺、脾、肾、三焦、膀胱，其中以肾为主宰。《素问·逆调论》云："肾者，水脏，主津液。"其常则水精四布，五经并行；其变水饮内停，随气升降，内而脏腑，外而四肢，上、中、下、三焦无处不到，见证虽多，总属肾阳虚衰，水饮为患。机体摄取水液后，由胃肠吸收，上输归肺，再经肺气宣降，使津液敷布于体表，下输于肾脏。水液在体内升降出入，运行不息，全赖肾阳将水津蒸化为气，才能循三焦到达五脏六腑，四肢百骸，从而实现并维持"水精四布，五经并行"的正常生理状态。由此可知，水津能在体内升降出入，需具备两个基本条件：一需五脏的协同配合，二需少阳三焦为其通路。本条主要反映阳虚不能化津的水液失调。

二、治法方药探析

仲景所制之真武汤由"茯苓三两、芍药三两、生姜三两、白术二两、炮附子一枚组成，具有温阳利水的功用"。真武汤中5药的剂量比例是（附子）5∶（苓、姜、芍）3∶（白术）2。方中炮附子用量最重，为君药，其性味辛热以温壮肾阳，使肾阳虚衰得复、气化得行，水为阴邪，"阴得阳助则化"，此即"壮元阳以消阴翳"，以散在里之寒水，使水有所主。白术为臣，甘苦微温，健脾燥湿，使水有所制，颇合"脾喜燥恶湿"之性。茯苓、生姜为佐药，茯苓味甘淡而性平，淡渗利水，佐白术健脾，于制水之中利水。生姜辛温而散，走而不守，佐附子以助阳，于主水之中散水。芍药酸苦微寒，属阴药，既敛阴和营，固护阴液，又制姜附之辛燥，使温阳散水而不伤阴，并利小便。加于制水、主水药中，一以泻水，使子盗母虚，得免妄行之患；一以敛阳，使归根于阴，更无飞越之虞。然下利减芍药者，以其阳不外散也；加干姜者，以其温中胜寒也。附子振肾阳虚衰于先，生姜、白术复脾阳于后，白芍敛阴和里，并制熟附子、生姜之辛燥，使利水而不伤阴。随症加减，共奏温阳利水之效。本方温补脾肾，故能利水消肿，为温阳利水的主方。

三、典型病例

例1：患者某，男，50岁。2003年10月初诊。遍身水肿，下肢尤甚，按之凹而难起。阅前服方药，有按肾炎治疗者，有按"风水""皮水"治疗者，均不效。辗转月余，肿势益甚。现面色白，形寒肢冷，纳谷不馨，心悸、气短，小便短少，大便不实，舌苔淡白，脉沉细。辨证：脾肾阳虚。治法：温阳化气、利水消肿。处方：真武汤加味。附子30g，白术、茯苓、泽泻各20g，白芍15g，生姜6g。水煎服。服药3剂，脾肾阳气来复，周身水肿消退近半。继服上方12剂，水肿尽消。再服济生肾气汤调理月余，诸症悉退，痊愈。

按：脾肾阳虚，气化不行，故水气泛滥而成水肿之证。方用真武汤温阳行水而效者，即"益火之源，以消阴翳"也。继用济生肾气汤资养肾气，以缓图治本，因则病愈。

例2：患者某，女，63岁，2001年3月20日就诊。主诉：心悸气短，喘咳不得平卧2日，有哮喘病史已10余年，每逢感冒或过劳即发作。2001年3月18日因劳累后汗出当风，晚间即感恶寒发热，喘咳心悸，胸闷如石压，喉中有物上涌之状，张口吸气。其子即往某医疗室求医，取中药1剂，服后发热大汗出；头眩昏重难以自主，气陷欲脱，面青肢冷，心悸气短，喘咳不得平卧，头眩昏，静则稍好，动则加甚，小便不利。望其乃年老体型肥胖之人，面唇青紫，喘息语声低微，上气不接下气，舌淡，苔薄润，六脉沉微欲绝，虚里应指明显。经询问知前方为小青龙汤加味，此乃误汗伤阳，水气上逆所致。处方：制附子24g，茯苓15g，白术12g，白芍9g，桂枝9g，补骨脂9g，五味子9g，生姜20g，大枣12枚。2剂，水煎温服。2日后复诊，服上药后，诸症好转，患者面见喜色，守原方生姜减为9g，连服4剂各症消失，后以右归丸和归脾丸调理善后而愈，随访半年，未见复发。

按：哮喘之证，病因颇多，治法亦各异，但久病正气多虚，故发时虽以攻邪为主，亦应顾其正气。本案虽初感外寒，但年高老人，素体正虚，不可大发其汗，败其脾肾之阳，致使水失所主，上凌心肺，心阳不振，肺气上逆，故出现短气心悸，喘促头昏，静则稍好，动则更甚。拟方以真武汤振奋真阳而行水邪，加入补骨脂、五味子以敛肾气，其病自愈。

四、讨论

《素问·至真要大论》曰："诸病水液，澄澈清冷，皆属于寒。"饮邪属于寒，易伤阳气，阳气伤则津液运行不畅，水停而旋复作饮，如此形成恶性循环。临床中痰饮患者常见面色暗黑，脉象多沉弦或伴结代脉，沉取无力。黑为水之色，内应于肾，这是痰饮水气或因寒气凝滞。阳气虚弱，不能熏肤泽毛，上华于面。同时痰饮支结于中，引起气机阻滞，影响气机的升降，同时也影响到气血的运行，气行不畅，血停而作瘀，故面见紫绀。水气属于阴邪，得阳和之气则化，所以治疗水气病变以温药，同时考虑益气理气的药物。真武汤是伤寒中非常重要的温阳利水的方剂，真武汤适应证则属肾阳虚、水邪泛滥，舌质淡嫩、舌体胖大、苔润有津为必有症状。面色晦暗无泽或白，神疲，畏寒肢冷，口淡不渴，脉弱为常见症状。附子的用量应因人而宜，先从小剂量开始，并先煎30min以上，以去其毒性，增加温阳之力。服药后比较理想的反应是周身温暖，舌质红润，此时可加少量滋阴之品。阳虚水泛证常伴有瘀血，故应酌加活血化瘀药，以提高疗效。

参考文献

[1] 孙松生，孙梅生．孙朝宗临床应用真武汤举隅［J］．中国民间疗法，2009，17（9）：5.

[2] 王桂珍．真武汤加味治哮喘案［J］．中国社区医师，2002，（9）：39—40.

[3] 郭涛荣．真武汤治验三则［J］．中国民间疗法，2007，15（7）.

[4] 王绍印．经方治急重症验案4则［J］．国医论坛，2006，21（6）：

［《世办中医药》2012，7（1）：63］

真武汤治疗美尼尔氏综合征240例疗效分析

贾　澜　甘肃省成县中医医院

真武汤出专主"太阳病发汗，汗出不解，其人仍发热，心下悸，头眩，身瞤动，振振欲擗地者"。笔者自1985年10月～2010年10月25年间，应用真武汤加味治疗美尼尔氏综合征240例，取得了显著的近期疗效和较好的远期疗效，现介绍如下。

一、一般资料

1. 240例患者中男98例，女142例；最小年龄24岁，最大年龄66岁，24岁～30岁4例，31～40岁16例，41岁～50岁102例，51岁～60岁91例，61岁～66岁27例，平均发病年龄48岁。

2. 治疗前病程最长4年，最短为1小时，平均为3个月。

3. 治疗前经中西药结合治疗176例，中药单独治疗21例，西药单独治疗33例，10例为新发病人初次治疗。

4. 240例患者中，不包括经CT、核磁共振等检查手段确诊的颅脑占位性病变、颈椎变形变性、脑血管异常等器质性病变出现的美尼尔氏综合征患者；不包括中医临床辨证为肝肾阴虚等证，用其他方药治疗的患者。

二、临床表现

1. 240例患者全部以突发性眩晕为主，109例合并呕吐，189例有耳鸣，127例有耳聋，72例并发偏头痛，85 例有失眠多梦，69 例有多寐，84 例出现心悸。

2. 发病前肢困乏力、不思饮食的 195 例，有外感症状的 143 例，素体痰多的 116 例。

3. 舌体肥大、苔白腻的 207 例，舌苔黄腻的 33 例；163 例脉濡滑，60 例脉沉细，17 例脉浮缓。

4. 142 例观察到规律性水平性眼球震颤，148 例发病后血压偏低，32 例发病后血压上下波动，40 例发病后血压偏高。

三、治疗方法

方用真武汤：基本方为茯苓 12～20g，浙白术 12～20g，杭白芍 12～20g，附片 10～20g，鲜姜 10～20g。临证加减：呕吐加代赭石 15～30g；耳鸣、耳聋加磁石 10～30g，苍耳子 10g，白芷 10～20g，龙骨、牡蛎各 20g；头痛加蔓荆子 10～20g，天麻 10g；失眠多梦加枣仁 12～20g，远志 10～15g；心悸加琥珀 10～15g，朱砂 2g；素体痰多加贝母 10g，半夏 10g；肢困乏力、不思饮食加红人参 10～15g，白蔻 6～12g，砂仁 10g，焦麦芽 10g；有外感症状者，冬春秋三季加桂枝 10g，防风 10g，夏季加香薷 10g，藿香 10g；血压偏高者加石决明 15g，半夏 10g，天麻 10g；血压偏低者加黄芪 20～40g，升麻 6～10g，柴胡 6～10g；舌苔黄腻加黄连 6～10g，龙胆草 10～15g，亦可同时加服龙胆泻肝丸。

上方每日 1 剂，煎 2 次，共取汁 600mL，分 3 次服，每次服 200mL，每 10d 为 1 疗程，1 疗程结束后休息 2d，开始下个疗程。

四、疗效标准

显效：治疗 1～3 个疗程，眩晕消失、并发症治愈、恢复工作、一年内不复发者；有效：治疗 1～3 个疗程，眩晕消失、并发症治愈、恢复工作劳动，一年内复发者；无效：治疗 2～3 个疗程，症状不能缓解者。

五、治疗结果

1. 近期疗效

240 例病人，经真武汤加味治疗 1～3 个疗程，眩晕消失、并发症治愈、恢复工作劳动，一年内无复发 216 例，显效率为 90%；经真武汤加味治疗 1～3 个疗程，眩晕消失、并发症治愈、恢复工作劳动 236 例，其中 1 个疗程内见效的 42 例、2 个疗程内见效的 157 例、3 个疗程内见效的 41 例，有效率为 98.3%；3 例患者治疗 3 个疗程无明显缓解，1 人治疗 2 个疗程无效转外就医，判定为无效。

2. 远期疗效

2011 年 8～10 月间，笔者通过入户回访、电话回访、委托他人回访等形式，对有效的 236 例患者，进行了远期疗效回访。236 例有效患者中，共回访到 193 例，失访 43 例；回访到的 193 例中现健在 185 例，离世 8 例；回访到现健在的 185 例患者中，治疗当年内复发的 26 例，第二年复发 43 例，第三年复发 38 例，第四年复发 15 例，第五年及以上复发 14 例，至统计时无复发的 59 例，远期疗效达到 32%。

六、典型病例

患者甲，男，48 岁。1995 年 10 月 6 日种小麦时被雨淋湿，回家后感到恶寒，肢困乏力，不思饮食，请村卫生所医生诊治，服解表中药一剂，次日好转，继续上田劳动至下午五时方回家休息，刚到家中，自觉房屋旋转，他人扶上床，闭目眩晕不能止，如座车行于弯道，呕吐清水数口，全身大汗出，耳鸣如潮，视物模糊，但神志清楚，即刻请来乡村医生，静脉推注高渗糖，静脉滴注能量，肌注爱茂尔，用药后呕吐止，汗减少，但眩晕如前，耳鸣加重，闭目安卧不能动，经乡村医生护送来小川中心卫生院（笔者当时在小川中心卫生院工作）诊治。

入院时见精神萎靡，面色苍白无华，四肢困乏无力，双目紧闭仍觉周围他物旋转，转头视物时眩晕加重，耳鸣如潮，时有汗出，舌体肥大苔白腻，脉沉细无力，血压 120/84mmhg，心电图、胸片、血、尿、便常规均无异常，以内耳眩晕症待查收住。嘱病人安卧休患，静脉补充水、电解质等，中药处以：熟附片 12g，红人参 15g，焦白术 15g，云苓 20g，杭白芍 15g，鲜姜 10g，磁石 15g，白蔻 10g，砂仁 10g，白芷 10g，升麻 6g。

当夜病人连服中药三次，次晨查房病人自诉眩晕如初，但面见红色，精神好转，耳鸣减轻，周身温和冷汗止。效不更方，原方继服三日，眩晕减轻，已能下床活动，食量大增，神色已如常人，耳鸣如蝉声，左耳听力下降。原方去砂仁、升麻，加龙骨、牡蛎各 15g，连服二剂，诸症均减，已能外出活动，病人要求回家治疗，原方不变带三剂回家，五日后随访已痊愈参加劳动。

2006 年 3 月 17 日复发作，症状如前，再次送来诊治，门诊处以熟附片 15g，白术 20g，云苓

20g，杭白芍 15g，鲜姜 10g，红人参 10g，磁石 15g，白蔻 10g，升麻 6g。回家共服十剂痊愈，至今未复发。

七、体会

美尼尔氏综合征是临床发生眩晕的常见疾病，本病以突发眩晕、耳鸣、耳聋为主要临床表现，并具有发作性与复发性、反复发作的特点，病人多以更年期成年人为主，发作时病人往往伴有恶心，呕吐、面色苍白、出汗、血压偏低等一系列植物神经功能紊乱的症状。

现代医学认为本病的发病机理为内耳淋巴代谢失调，淋巴分泌过多或吸收障碍引起内耳迷路积水，内淋巴系统膨胀，压力升高，致使内耳末梢器缺氧和变性。美尼尔氏综合征属祖国医学“眩晕”“痰饮”范畴，《素问·玉真要大论篇》“诸风掉眩，皆属于肝”。后世医家有“无痰不作眩”“无虚不作眩”之说。

笔者认为，肾阳不足，水湿上泛巅顶，致使清窍蒙荫，清阳之气不得升，神明之府无气荣养而发眩晕、耳鸣、耳聋，恶心呕吐、面色苍白、汗出皆为水湿上泛巅顶之故。从本组 240 例患者的发病年龄可以看出，绝大部分为更年期发病，可见更年期天癸竭，肾阳虚衰，水湿上泛而易发本病。

治疗选用专主阳虚水泛的真武汤，用附子温阳散寒，白术燥湿，云苓淡渗利水，鲜姜温胃散寒止呕，白芍和血益阴，共奏温阳利湿、升清醒脑之功，对阳虚水泛、清窍蒙蔽之证有显著的近期疗效；从回访信息统计结果看，真武汤加味治疗阳虚水泛、清窍蒙蔽之证有治本之功，从根本上控制了美尼尔氏综合征的复发，具有较好的远期治疗效果。

[《中医临床研究》2012，4（2）：45]

枳实薤白桂枝汤方证探索与实践

王　付　河南中医学院

《伤寒杂病论》中枳实薤白桂枝汤主治“胸痹，心中痞，留气结在胸，胸满，胁下逆抢心”，张仲景对此既明确指出病是“胸痹”，又重点强调病变部位为“心中痞”，还突出病证表现是“胁下逆抢心”，其辨证思路是什么？有何临床特殊指导意义？结合多年临床运用枳实薤白桂枝汤治病体会，试将肤浅认识略探于次，以抛砖引玉。

一、方药思考

枳实薤白桂枝汤由枳实四枚（4g），厚朴四两（12g）[1~2]，薤白半斤（24g），桂枝一两（3g），瓜蒌实捣、一枚（15g）组成，对此只有从多方位、多角度、多层次研究其作用及病位，配伍及用量，才能学好用活枳实薤白桂枝汤辨治诸多疑难杂病。

（一）方药作用及病位

研究方药性味归经包括：①性味主导药用功效。如味辛主行散，味苦主降泄，亦即非辛不足以行散，非苦不足于降泄；②归经只是药用之专长，并非治疗病证只局限于某经。如芍药归肝、脾经，不等于芍药仅能治肝脾，如张仲景设小青龙汤中用芍药可治肺病证，真武汤、黄连阿胶汤中用芍药可治少阴病证，麻子仁丸中用芍药可治脾约病证，所以运用药用归经治病不能受限于归经。

枳实行气破滞：橘枳姜汤中用枳实可治上焦病证；清气化痰丸中用枳实可治上焦肺病证；枳实栀子豉汤和厚朴栀子汤及枳术汤中用枳实可治中焦病证；大承气汤、小承气汤和麻子仁丸中用枳实可治下焦病证。

厚朴下气降逆：半夏厚朴汤中用厚朴可治咽喉病证；厚朴麻黄汤和桂枝加厚朴杏仁汤中用厚朴可治上焦肺病证；厚朴生姜半夏甘草人参汤中用厚朴可治中焦病证；大承气汤、小承气汤和麻子仁丸中用厚朴可治下焦病证。

桂枝温阳通经：炙甘草汤和桂枝甘草龙骨牡蛎汤中用桂枝可治心病证；桂苓五味甘草汤和泽漆汤中用桂枝可治肺病证；黄连汤中用桂枝可治脾胃病证；肾气丸中用桂枝可治肾病证；桃核承气汤中用桂枝可治瘀热病证。

瓜蒌实清热化痰：瓜蒌薤白白酒汤和瓜蒌薤白半夏汤中用瓜蒌实可治上焦病证；小陷胸汤中用瓜蒌实可治上中焦病证；咳血方中用瓜蒌仁可治肺病证。

薤白行气散瘀：枳实薤白桂枝汤中用薤白可治上焦病证；四逆散加味中用薤白可治下焦病证。

（二）方药配伍及用量

诠释用药要点：方中瓜蒌实宽胸理气，涤痰通脉；薤白开胸理气，化瘀通脉；枳实行气解郁，散结除满；厚朴行气通阳，下气消痰；桂枝温阳通脉，行滞散瘀。

剖析方药配伍：枳实与薤白，属于相使配伍，行气通阳；枳实与桂枝，属于相使配伍，行气通脉；枳实与瓜蒌实，属于相使配伍，行气化痰；薤白与瓜蒌实，属于相使配伍，宽胸行气化痰；枳实与厚朴，属于相须配伍，增强行气降逆；薤白与桂枝，属于相使配伍，行气通阳散瘀。

权衡用量比例：枳实与薤白用量比例1∶6，提示药效行气与通阳之间的用量调配关系，以治气郁；枳实与瓜蒌实用量比例近1∶4，提示药效行气与化痰之间的用量调配关系，以治痰气胶结；枳实与厚朴用量比例1∶4，以治气郁；桂枝与薤白用量比例1∶8，提示药效通经散瘀与通阳之间的用量调配关系，以治阳郁气滞。

二、方证探索

（一）思辨“留气结在胸”

“留气结在胸”之“留”者即留守、留驻；“气”者即气不得行而壅滞；“结”者即纠结、郁结、阻结；“在”者即病邪存在、处于某部位。“胸”者即：①心胸之胸在心中；②胸肺之胸在肺中；③胸胁之胸在胸膜。“留气”即邪气留驻郁结在心中或肺中或胸膜之间，亦即郁、瘀、痰之邪阻结在心胸或胸肺或胸膜之间，而枳实薤白桂枝汤方药相互聚合药力正是针对邪气阻结之郁、瘀、痰[3]。

（二）权衡“心中痞”

“心中痞”之“心”者，病变部位在心脏；“中”者，中间，或在内，亦即病变所处部位；“痞”者，满闷、痞塞或疼痛，亦即满闷者较轻，病以气机壅滞不畅为主，兼有痰瘀；痞塞者，病以气机阻滞不利为主，兼有郁瘀，疼痛者较重，病以气机梗阻不通，兼有痰瘀。“心中痞”即心中痞闷阻塞，病变证机是心气郁滞，阳气被遏，瘀从郁生，痰瘀为患；而枳实薤白桂枝汤中用枳实、厚朴可理心气，降浊气；桂枝可通心脉，行心血；薤白可通心阳，行血脉；《本草汇言》曰瓜蒌“入手少阴”，可行心气、化心痰，方药正好能辨治“心中痞”。

（三）审度“胸满”

“胸满”之“满”：①心胸之胸满，邪气郁滞，处于心中，病以心中满闷、胸中阻塞、上气不接下气为主；②胸肺之胸满，邪气郁结，处于肺中，病以肺中痰盛、呼吸不畅、胸中满闷痞胀为主；③胸胁之胸满，邪气胶结，处于胸胁，病以饮逆胸胁、脉络不通、浊气逆行心胸胁肋为主。“胸满”病变部位既可在心，又可在肺，更可在胸膜，而枳实薤白桂枝汤中用枳实、厚朴可行心气，降肺气，理胸膜；桂枝可通心脉，化肺饮，温通胸膜脉络；薤白可通心阳，化肺痰，开胸通络；瓜蒌实可宽心气，祛肺痰，燮理胸胁脉络。

（四）揆度“胁下逆抢心”

“胁下逆抢心”：①胁者，胸胁之胁，胁肋之胁；②下者，里也，内也，病变在胸胁之内，或在胁肋之里；③逆者，邪气留结，逆乱妄行；④抢者，抢占，霸占，攻占，引申为波及、牵引，亦即邪气由此及彼；⑤心者，心胸，部位概念。“胁下逆抢心”，亦即胸胁病变可及于心，心胸病变可及于胁肋，病变证机是郁、瘀、痰，枳实薤白桂枝汤功效能行气散瘀化痰。

枳实薤白桂枝汤中用枳实、厚朴行气，降浊；桂枝通经，理血，散瘀；薤白通阳，行气，理血；瓜蒌实行气，涤痰，兼润。方药虽有其各自作用的特殊性，但组方合用更具有聚合作用，其聚合作用以行气为主，兼以理血涤痰，针对病变证机是郁、瘀、痰，病证表现是痞塞、疼痛和满闷，病变部位可在心，又可在肺，更可在胸膜，以此认识、理解和运用枳实薤白桂枝汤，才能辨治诸多疑难杂病。

三、临床案例

运用枳实薤白桂枝汤方证的特点是审明病变证机，而不局限于病变部位，只要辨清病变是郁、瘀、痰，即可以法选用治之。

（一）支气管哮喘

患者，女，55岁。有多年支气管哮喘病史，近因病证加重前来诊治。刻诊：哮喘，胸中、喉中痰鸣，胸胁胀闷，心中痞塞，动则气喘，手足不温，舌质淡红、苔薄白，脉沉弱。辨为气郁痰阻伤气证；治当通阳行气，宽胸化痰，兼以益气；给予枳实薤白桂枝汤、苓甘五味姜辛汤与四君子汤合方。处方：枳实5g，厚朴12g，薤白24g，桂枝10g，瓜蒌15g，茯苓12g，细辛10g，干姜10g，五味子12g，姜半夏12g，红参12g，白术12g，炙甘草12g。6剂，水煎服，每日分3次服。二诊：哮喘减轻，以前方6剂。三诊：胸中痰鸣好转，以前方6剂。四诊：哮喘好转明显，喉中痰鸣减轻，以前方6剂。五诊：心中痞塞解除，以前方6剂。六诊：哮喘止，痰鸣基本解除，以前方6剂。七诊：诸症基本解除，以前方6剂。之后，为了巩固疗效，以前方60余剂，诸症悉除。随访1年，一切尚好。

用方提示：根据哮喘、手足不温辨为寒，再根据胸胁胀闷、心中痞塞辨为气滞，因动则气喘、脉沉弱辨为气虚，因胸中、喉中痰鸣辨为痰阻，以此辨为气郁痰阻伤气证。方以枳实薤白桂枝汤通阳宽胸，行气化痰；以苓甘五味姜辛汤温肺化饮；以四君子汤健脾益气，化生气血。

（二）结核性胸膜炎

患者，男，37岁。半年前被诊断为结核性胸膜炎，虽服用中西药，但胸痛、胸闷症状没有得到有效控制，近因胸痛、胸闷加重前来诊治。刻诊：轻微咳嗽，胸窜痛如针刺，胸闷，因劳累及情绪异常加重，倦怠乏力，舌质暗红、苔白略腻，脉沉略涩。辨为郁瘀痰蕴，气虚血瘀；治当行气活血，益气化痰，活血止痛；给予枳实薤白桂枝汤、桂枝人参汤与失笑散合方加味。处方：枳实5g，厚朴12g，薤白24g，桂枝12g，瓜蒌15g，五灵脂10g，蒲黄10g，红参10g，白术10g，干姜10g，半夏12g，甘遂3g，炙甘草10g。6剂，水煎服，每日分3次服。二诊：胸痛减轻，苔腻好转，以前方6剂。三诊：胸闷、倦怠乏力好转，以前方6剂。四诊：苔腻退，胸痛止，情绪好转，以前方6剂。五诊：胸痛未作，以前方6剂。六诊：诸症基本消除，以前方6剂。七诊：胸痛、胸闷未再出现，以前方治疗12剂。随访半年，一切尚好。

用方提示：根据胸闷、情绪异常加重可辨为气郁，再根据胸痛、劳累加重辨为气虚，因痛如针刺辨为瘀血，又因苔白厚腻辨为痰，以此辨为郁瘀痰阻、气虚血瘀证。方以枳实薤白桂枝汤通阳宽胸，行气化痰；以桂枝人参汤益气温阳；以失笑散活血通络止痛，加半夏醒脾燥湿化痰，甘遂通络涤痰。

（三）风湿性心脏病

患者，女，38岁。3年前出现心悸、气短、胸闷、呼吸困难，经检查诊断为风湿性心脏病，虽经中西药治疗，未能有效控制症状，近因病证加重而前来诊治。刻诊：心悸，气短，胸闷，呼吸困难，时有胸痛如刺，时而咯血，因情绪异常加重，舌质暗夹瘀斑、苔白略腻，脉沉弱。辨为心气虚弱，郁瘀痰阻；治当行气解郁，活血化瘀；给予枳实薤白桂枝汤、四君子汤与失笑散合方。处方：枳实4g，厚朴12g，薤白24g，桂枝12g，瓜蒌15g，红参12g，茯苓12g，白术12g，桃仁12g，蒲黄10g，五灵脂10g，阿胶10g，炙甘草10g。6剂，水煎服，每日1剂，分3次服。二诊：心悸、气短好转，以前方6剂。三诊：胸闷减轻，以前方6剂。四诊：呼吸困难好转，以前方6剂。五诊：未再出现胸痛，以前方6剂。六诊：用药后未再咯血，胸痛止，以前方6剂。之后为了巩固疗效，以前方变汤剂为散剂，每次服6g，每日分3次服，间断服用。随访1年，病情稳定，未有明显不适。

用方提示：根据胸闷、因情绪异常加重辨为气郁，又根据心悸、气短、脉沉弱辨为气虚，因胸痛如刺、舌质暗夹瘀斑辨为瘀血，以此辨为心气虚弱、郁瘀痰阻证。方以枳实薤白桂枝汤行气通阳，宽胸化痰，散瘀通脉；以四君子汤补益心气，健脾和中；以失笑散活血化瘀止痛。方药相互为用，以奏其效。

参考文献

［1］王付．经方大黄煎煮与用量［J］．中医杂志，2012，53（7）：617～618.

［2］王付．经方用量探索与实践［J］．中医杂志，2012，53（22）：1899～1901.

［3］王付．经方临证答疑［M］．北京：人民卫生出版社，2009：1.

［《中国中医基础基础杂志》2012，18（2）：187］

炙甘草汤辨治心律失常的临床用药规律探析

郑丰杰　李宇航　孙燕等

北京中医药大学基础医学院

心律失常是指心脏冲动的频率、节律、起源部位、传导速度与激动次序的异常，属中医学“惊悸”“怔忡”等范畴。炙甘草汤为经典名方，临床主要应用于各种心脏病所引起的心律失常、房室传导阻滞，以及植物神经功能紊乱所致的心悸、胸闷、气短、脉结代等[1]。本文拟通过对近20年来炙甘草辨治心律失常的药物加减进行系统整理和研究发掘，探讨其证治规律，以期为临床应用提供借鉴。

一、资料与方法

（一）资料来源

文献检索范围是近20年来（1994～2010年）《中国学术期刊全文数据库》（CNKI）、中国科技全文期刊（维普）数据库所收录的涉及炙甘草汤加减治疗心律失常的临床文献。

（二）检索方法与策略

进入上述数据库的电子检索界面，以“炙甘草汤”“心律失常”为主题词进行检索，收集有关炙甘草汤治疗心律失常的相关临床研究报道的典型病例，对两库进行交叉检索以免漏检和遗漏，其中部分重要文献和以及有必要进一步核查的文献辅助以手工检索予以最后确定。将记录完整，药物组成及剂量明确，符合研究纳入标准，有病名、体征、症状、脉象、舌苔、疗效等记录者纳入。凡是有疑问或者无法最终确定者一概不能收录本研究。共命中相关文献393篇，排除重复文献、不符合研究标准以及资料不全文献，依据本研究统计纳入标准，最后有56篇文献，共计1048例次炙甘草汤加减治疗心律失常的临床文献符合研究要求，纳入研究对象范围。

（三）研究标准

本研究标准主要涉及诊断标准、疗效标准、纳入标准、排除标准四个方面。

1. 诊断标准　心律失常诊断标准参照国家中医药管理局1994年发布的《中医病证诊断疗效标准》确定纳入：①自觉心搏异常，或快速或缓慢，或跳动过重，或忽跳忽止。呈阵发性或持续不解，神情紧张，心慌不安。②伴有胸闷不适，心烦寐差，颤抖乏力，头晕等症。中老年患者可伴有心胸疼痛，甚则喘促，汗出肢冷，或见晕厥。③可见数、促、结、代、缓、迟等脉象。④常有情志刺激，惊恐，紧张，劳倦，饮酒等诱发因素。⑤血常规、红细胞沉降率、抗链球溶血素“O”、血清三碘甲状腺原氨酸（T_3）、甲状腺素（T_4）及心电图，X线胸部摄片、测血压等检查，有助明确诊断。

2. 纳入标准　①临床诊断明确且符合诊断标准为心律失常；②以炙甘草汤方药作为主要治疗方法；③炙甘草汤基本方剂的药物、药量记载完整；④运用相关数据及分析方法可证明炙甘草汤疗效符合研究疗效标准。

3. 排除标准　①临床诊断不能确定为心律失常；②炙甘草汤方药仅作为辅助治疗方法；③炙甘草汤治疗组成药物、药量记载不完整；④未运用数据分析方法证明炙甘草汤方药治疗有效。

4. 疗效评价　研究疗效标准参照卫生部制定的《心血管系统药物临床研究指导原则》[2]及中西医结合会议制定的疗效标准判定疗效：①心电图的疗效判定标准：心律失常消失或减少>90%为显效；心律失常减少50%～90%为有效；心律失常减少<50%或无变化为无效。②临床症状改善情况判定标准：显效：症状消失或明显改善；有效：症状改善；无效：症状无改善或加重。总有效率=显效率+有效率。

（四）数据及分析　应用SPSS10.0建立炙甘草汤治疗心律失常相关医案数据库，包括编号、病名、体征、症状、脉象、舌苔、方剂药物组成、药物使用剂量、药物加减情况等，并进行相关数据处理。

二、结果

（一）资料一般情况

本研究共纳入病例1048人次，其中男性578例，女性470例；年龄最小12岁，最大76岁，平均48.2岁；病程从1月～10年不等，平均为4.6年；其中显效609例，好转312例，无效127例，总有效率为87.88%。

（二）炙甘草汤组成药物剂量分析

参考文献[3]将炙甘草汤药物剂量分为三个等级。原方药物剂量统计如表1所示。

对于人参，按资料分党参、西洋参、太子参分别统计。原方中清酒，统计显示仅有476份列出，且大多用量不详，故本研究未列出。

（三）炙甘草汤辨证心律失常用加减药物分析

统计表明，炙甘草汤治疗心律失常主要加减药物共计52种（加减药物的剂量变化较大，经探讨研究未发现药物的使用规律者，未计入内），参考文献[3]分类为：解表类1种：葛根；清热类9种：知母、黄芩、黄连、黄柏、苦参、菊花、玄参、丹皮、赤芍；利水渗湿类5种：茯苓、薏苡仁、猪苓、泽泻、车前子；温里类两种：附子、肉桂；理气类5种：陈皮、香附、香橼、薤白、枳壳；活血化瘀类6种：川芎、延胡索、郁金、丹参、红花、三七；化痰止咳平喘类两种：瓜蒌、葶苈子；安神类6种：远志、磁石、酸枣仁、龙骨、琥珀、柏子仁；平肝息风类4种：石决明、珍珠母、牡蛎、紫贝齿；补虚类10种：黄芪、白术、当归、白芍、何首乌、沙参、天冬、玉竹、黄精、女贞子；收涩类两种：五味子、乌梅。如图1所示。

表 1　炙甘草汤组成药物临床应用剂量统计

药物名称	用量	频次	药物名称	用量	频次
炙甘草	3~9g	237	人参	3~9g	179
	9~15g	654		9~15g	142
	>15g	157		>15g	66
地黄	3~9g	438	党参	10~20g	227
	9~15g	412		20~30g	181
	>15g	198		>15g	137
桂枝	3~9g	436	太子参	3~9g	27
	9~15g	391		9~15g	18
	>15g	221		>15g	9
阿胶	3~9g	396	西洋参	3~6	27
	9~15g	419		6~10g	23
	>15g	233		>15g	11
麻仁	3~9g	284	生姜	3~9g	584
	9~15g	591		9~15g	321
	>15g	173		>15g	143
麦门冬	3~9g	183	大枣	3~6 枚	648
	9~15g		476	6~10 枚	315
	>15g		389	>15g	85

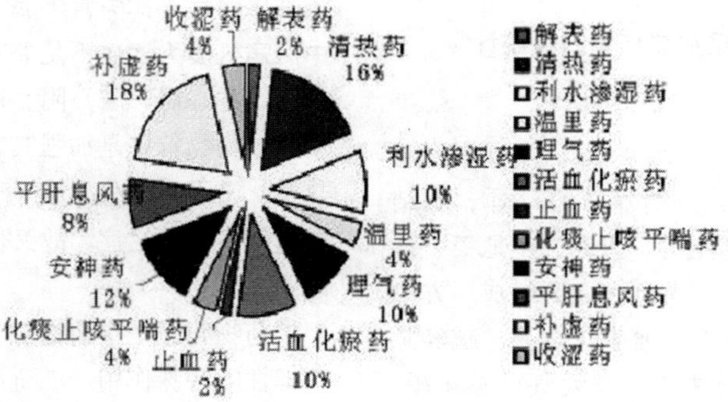

图 1　炙甘草汤常用加减药物分类分析

进一步对频次在 30 次以上药物的进行归类分析表明，炙甘草汤治疗心律失常常用加减用药为活血化瘀理血类、镇惊安神类、理气滋阴类物、清热利水类，具体情况为：活血化瘀理血类药物最多，占加减药物种类的 17.31%，据频次从高到低依次为：丹参（52 次）>川芎（48 次）>赤芍（43 次）>当归（42 次）>玄参（41 次）>延胡索（38 次）>丹皮（36 次）>郁金（34 次）>三七（31 次）。镇惊安神类药物共有 9 种，占加减药物种类 17.31%，按频次从高到低为：珍珠母 49 次、酸枣仁 48 次、牡蛎 47 次、柏子仁 43、紫贝齿 39 次、琥珀 38 次、磁石 35 次、龙骨 31 次、石决明 31 次。理气滋阴类药物共有 9 种，占加减药物种类 17.31%，据频次从高到低依次为：玉竹 47 次、香附 45 次、何首乌 45 次、枳壳 42 次、天冬 41 次、葛根 36 次、五味子 35 次、黄芪 31 次、陈皮 30 次。清热利水类药物有 6 种，占加减药物种类 11.54%，据频次从高到低依次为：黄连 53 次、苦参 52 次、泽泻44次、菊花37次、茯苓35次、车前子32次。

（四）炙甘草汤疗心律失常用药归经分析　如图2所示：据文献[3]对52种加减药物进行归经分析表明：归经以五脏为主，其中归心经药物数量为35味，占加减药物总数的67.31%，占归经出现总频次的19.13%；归肺经药物数量为30味，占加减药物总数的57.69%，占归经出现总频次的16.39%；归肝经药物数量为28味，占加减药物总数的53.85%，占归经出现总频次的15.30%；归脾经药物数量为26味，占加减药物总数的50.0%，占归经出现总频次的14.21%；归肾经的药物数量为23味，占加减药物总数的44.23%，占归经出现总频次的12.57%。

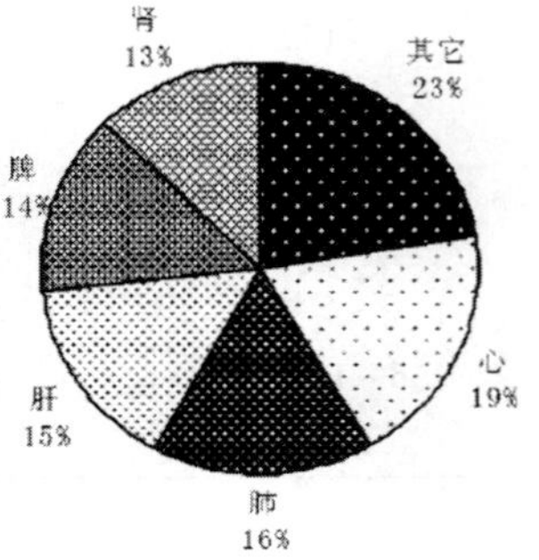

图2　炙甘草汤常用加减药物归经统计

三、讨论

炙甘草汤是医圣张仲景治疗“心动悸，脉结代”的名方，由炙甘草、生姜、人参、生地黄、桂枝、阿胶、麦门冬、麻仁、大枣和清酒组成。方中重用炙甘草补中益气，以充气血生化之源，疏经脉之瘀滞，合人参、大枣补中气、益元气、滋化源，以资复脉之本；重用生地以滋阴养血，合于麦冬、阿胶、麻仁养心阴、补心血，以充血脉；然阴无阳则无以化，故用桂枝、生姜、宣阳化阴，且桂枝甘草相合辛甘化阳，以温通心阳，加清酒振奋阳气，温通血脉。诸药合用，阳生阴长，阴阳并补，共奏通阳复脉，滋阴养血之功。

通过对近20年应用炙甘草汤辨治心律失常的临床资料分析发现：临床上应用炙甘草汤原方原量情况较少，方中各药物的临床实际使用量差别较大。即便如此，仍可发现方中阿胶、生地、麻仁、麦冬等滋阴药物的常用量均为中小剂量（15g以下），而炙甘草的用量则以中等剂量（9～15g）为主。提示方中炙甘草、阿胶、生地、麦冬、麻仁等甘腻滋补之药虽为养血滋阴之要药，但现代临床应用时当辨证使用，尤其是对心律失常伴有浮肿，脾虚中满、便溏者，理当减量甚或禁用[4]。而对于原方所载“清酒7升，酒水同煎”，原为借酒、姜、桂等阳药推动生地、阿胶、麻仁等阴柔之品循行而起滋养作用。研究发现有不足50%的临床报道应用清酒，且有白酒、黄酒、米酒之别，这可能与地域差异和炙甘草汤所主治的疾病多为快速性心律失常有关。但有研究表明[5]炙甘草汤用酒与不用酒的药效差异显著，其中不用酒者效果差；用酒不同煎（后入酒）者不但疗效差，而且有时还可加重心动悸症状；而用酒同煎煮者则药效最佳，尤其是用于心率慢的心率不齐患者。可见该方的酒大有妙义，应当为必用之品，而且必须按仲景原意与诸药共煎，并辨证变通其用量。

根据临床实际进行药物加减变化也是炙甘草汤治疗心律失常疾病的最常见应用模式，本研究发现，炙甘草汤常用加减药物共计有52种，按《中药学》教材分类标准划分，以补虚药、清热药、理气活血药、镇静安神药最为常见。这些药物的特点和属性正好也和炙甘草汤治疗心律失常的气血不足、心脉失养之证候病机相一致或相关联。炙甘草汤临床治疗心律失常多属于快速性心律失常类，其中医病机多为气血不足兼有热象，炙甘草汤具有养心气、益心血、滋心阴、通心脉之功。故临床上常用加减药物首先是加强其功效的补益药物，其次清热类。又因心律失常疾病发病多与情志变化有关，伴有气滞血瘀之症，故又伍以安神药、活血理气之品。

药物归经是指药物对于机体某些脏腑、经络有选择性的特殊作用。本研究依据《中药学》所载药物归经标准，对炙甘草汤常用52种加减药物进行归经分析，发现炙甘草汤加减中药的归经以脏为主，占所有药物的77%，按频次从多到少依次是心、肺、肝、脾、肾。提示心律失常疾病的病位虽在心，但与五脏六腑尤其是脏均密切相关。即五脏六腑的功能失调都可影响于心而发生心律失常，而心的功能失常亦可引发其他脏器改变，正如《素问·灵兰秘典论》所云“心者，君主之官也，神明出焉”，又云：“主明则下安，以此养生则寿……主不明则十二官危，使道闭塞而不通，形乃大伤”。

综上所述，本研究从近代医家应用炙甘草汤治疗心律失常的临床文献入手，统计其临床用药加减规律。资料表明，炙甘草汤辨治治疗心律失常时常配以补益药加强其补养气血之功，又伍以清热、安神、活血理气之品，以通补兼施、标本同治。炙甘草汤证病位虽在心，但与肺、肝、脾、肾等脏亦密切相关。临床上应用炙甘草汤治疗心律失常的可加以参考，实践运用。

参考文献

［1］聂惠民．伤寒论与临证［M］．广州：广东科技出版社，1993：169.

［2］中华心血管病杂志编委会，心血管药物对策专题组．心血管药物临床实验评价方法的建议［J］．中华心血管杂志，1998，26（6）：405.

［3］高学敏．中药学（教材）［M］．北京：中国中医药出版社，2002：9.

［4］万友生．炙甘草汤治疗心悸闷痛［J］．新中医，1983，2：29.

［5］李华．炙甘草汤探实［J］．中医研究，1997，10（2）：35.

［《时珍国医国药》2012，23（10）：2584］

炙甘草汤临床新用

姬水英　牛　菲　马娟娟等

渭南职业技术学院医学院

炙甘草汤出自医圣张仲景《伤寒论杂病论》，由甘草、生姜、桂枝、人参、生地、阿胶、麦冬、麻仁、大枣组成，具有益气滋阴，补血复脉作用，用治“脉结代，心动悸”[1]。现代药理研究证实，炙甘草汤对心肌缺血再灌注损伤有保护作用；炙甘草汤加味能明显缩短川乌所致心律失常的持续时间，并可减轻心律失常的严重程度；对氯化钙有一定的拮抗作用；对垂体后叶素所致大鼠实验性心律失常及心肌缺血有明显的抑制作用，能使心电图ST段抬高率发生率减少，不出现T波振幅及心律失常现象；本方能促进心肌DNA和心肌细胞质蛋白质的合成，还能提高脾细胞核蛋白的合成，对改善心肌结构，促进细胞功能的恢复是有非常意义的；能明显提高小鼠的耐缺氧能力，使其减压缺氧窒息死亡时间延长；还能缓解阿霉素的毒性，在化疗前用之，可防患于未然，保证阿霉素的应用，使患者顺利通过化疗[2]。近年来笔者对炙甘草汤的临床新用做了初步探索，供同行参考。

一、体质性低血压

张某，男，55岁，经常出现头晕乏力症状，夏季明显，近半年明显加重，发生了2次晕厥，测血压多在80/50mmHg上下。患者体瘦，面色淡白，头晕，乏力，自诉平时心悸，多寐却不易入睡，伴有四肢乏力，记忆力差，舌淡少苔，脉细弱。中医诊断：眩晕（气血两虚），西医诊断：低血压合并心律失常。给予中药治疗，处方：炙甘草30g，何首乌20g，枸杞20g，人参10g，黄芪20g，酸枣仁15g，生地15g，升麻10g，柴胡10g，陈皮10g，枳壳5g，当归20g，五味子10g。服药1周后测血压，升至100/70mmHg，自觉头晕，乏力等症状明显好转，再服15剂，痊愈。1年后遇其，告知头晕、心悸未在发作过，曾数次测血压，均正常。

按：此病属中医的“眩晕、虚劳、厥证”等范畴，病机为气血不足、肾精亏损、阳气不升，使精神失养，头晕头痛，神疲乏力，与脾肾功能密切相关，“脾为后天之本，气血生化之源、肾先天之本，为元阳之宅、阴精之府”（《医宗必读》），故气血两虚、脾肾阳虚是慢性体质性低血压发生的主要根源。方中炙甘草、何首乌、枸杞填补肾精以培肾气，配人参、黄芪大补元气，使诸气之本得充，且又源源不断，何首乌、当归、枣仁、枸杞养阴血，配柴胡则疏泄升发阳气，佐小剂量枳壳主降，使气机升降相宜，升药剂量大于降药，考虑升高血压而设，黄芪又善补气强心，助血上行入头，枣仁养血安神，使心悸得到安抚，从而心悸得平，陈皮理气醒脾，使诸多补药不至于壅塞。全方使先天得补，阴阳气血并调，此为培本，加上补中气以升提气血，补心气以助血运行，最终阴阳调和，气血流畅，能源源不断的上荣，头晕之久疾自当获愈。

二、老年性顽固失眠

王某，女，50岁，失眠1年半之久，入睡难，每晚睡1～2h，多梦易醒，反复醒2～3次，心情不畅时症状加重，伴有潮热、出汗，胸闷心悸，气短，头晕，头沉，四肢乏力，做头颅CT和心电图及其他各项检查均正常。家属陪同来就诊。中医诊断：不寐（营阴虚损，营卫不合）。以炙甘草汤加减补益营阴，调和气血。处方：炙甘草20g，大枣15g，生地15g，桂枝、麦冬、当归、首乌、酸枣仁各10g，川芎6g，合欢皮6g，生姜3g。每日1剂，水煎服。并嘱：注意怡情易性，愉悦精神。服药12剂，不寐痊愈。

按：中医又称为“不寐”“不得眠”“不得卧”等，是以经常不能获得正常睡眠为特征的一类病证，病机总属阳盛阴衰，阴阳不交。此患者年老体弱，考虑体质虚弱，气血虚衰，阴血不足，气道不滑，营卫之道涩，昼日不能精，故而夜不寐。用炙甘草汤加减补益营阴，调和气血，药证相投，病即得愈。

三、老年性便秘

樊某，男，65岁，主诉大便干结，伴有胸闷、心慌、气短1周。自诉平素大便干硬、排除困难。排便时努挣乏力汗出，既往有冠心病（心肌缺血）5年，直肠无肿瘤包块等。其舌质淡，苔少，脉沉。中医诊断：气虚便秘。处方：炙甘草20g，生地黄25g，麦冬、麻子仁、阿胶、枳壳、瓜蒌各15g，党参、桂枝、生姜各10g，大枣10g。7剂，每日1剂，水煎服。服药后，大便通畅，心慌气短症状基本消除。

按：炙甘草汤具通阳复脉，养血滋阴功能，在炙甘草汤原方中加入枳壳、瓜蒌，具有通阳利气，宽中除满，润肠通便之功效，加之炙甘草气血阴阳双向调节，在治疗便秘的同时也使心悸气短等症得到以缓解。故炙甘草汤加味不失为治疗老年便秘的经方新用案例。

四、女子崩漏

张某，30岁，以“月经失调5月，阴道流血量多15d，伴头晕乏力3d”为主诉，症见：神清，精神疲倦，头晕乏力，心悸，面色白，口淡，阴道流血量多，色淡质稀，无血块，胃纳差，眠可，二便调畅，舌质淡，苔白，脉沉细。患者有月经过多病史，且近期工作压力较大。中医诊断：崩漏（气血两虚）。处方：炙甘草30g，党参20g，阿胶12g，炒白术10g，熟地15g，桂枝10g，五味子9g，金樱子20g，赤石脂20g，干姜、当归各6g，大枣10枚，每日1剂，水煎服，3个疗程后，月经趋于正常。

按：崩漏是女子月经病，其发生机理与脏腑功能失调、气血盛衰、冲任亏损等有关，以脏腑、气血、冲任调和是诊疗的关键，“妇人以血为先”（《妇人良方》），而气血是基本要素。方中麦冬、阿胶、熟地、麻仁滋阴养血止血，重用炙甘草、党参、大枣补气生血，“气旺则血生”，佐以桂枝、干姜、肉桂温阳通脉，如此阴阳平衡，气血调和，崩漏自止。炙甘草汤治疗妇女气虚血少崩漏，是“异病同治”思想的体现，疗效满意。

五、慢性萎缩性胃炎

田某，女，48岁，纳呆半年，加重1月余。主诉：纳呆，乏力，心下痞闷，睡眠差，心烦，口干。大便三四日一行，质干结，量少，舌淡红、苔少，脉细。西医诊断为萎缩性胃炎。中医辨证为气阴两虚。以炙甘草汤方化裁：炙甘草、桂枝、麦冬、阿胶、麻仁各15g，党参20g，生地、黄芪各30g，白芍、沙参各9g，生姜5片，大枣4枚。每日1剂，水煎服，连服10剂，慢性萎缩性胃炎痊愈。

按：方中炙甘草、党参、黄芪益气补中，麦冬、麻仁、生地、阿胶、白芍、沙参养阴生津，桂枝与白芍调和营卫，生姜与大枣开胃健脾，合用可使气阴双补，阴阳调和，脾胃强健，故慢性萎缩性胃炎自愈。

六、体会

炙甘草汤是治疗“伤寒脉结代，心动悸”的名方，君药用炙甘草来养胃益气，以资脉之本源，人参、大枣补益中焦，炙甘草来滋化源，生气血，以复脉之本。生地、麦冬，阿胶，麻仁养阴补血，考虑阴无阳不能化生，佐桂枝宣化阳气[3]。清酒通经隧，活血脉，脉复心安。临床常用于治疗心律失常。从古方新用的思路看，其有滋阴生血、益气煦阳之功，常可起阴血匮竭、阳气衰微之重笃，逆心气殆绝之危候，既是一首气血阴阳俱补的方剂，又是调和气血阴阳偏颇的经方，体现炙甘草汤具备益气养血，滋阴和阳，扶正祛邪及气血阴阳双向调节的特征。在此“气血并调、阴生阳长”的配伍规律指导下，笔者辨证准确，用药亦遵循此原则，以炙甘草汤配伍用于低血压、失眠、便秘、崩漏、慢性萎缩性胃炎等病证诊治，均取得可靠疗效。

参考文献

[1] 吕志杰. 仲景方药古今应用［M］. 北京：中医古籍出版社，2000：235.

[2] 谢鸣. 中医方剂现代研究［M］. 北京：学苑出版社，1997：622～625.

[3] 程昭寰. 伤寒心悟［M］. 北京：学苑出版社，1989：373.

［《云南中医中药杂志》2012，33（9）：32］

炙甘草汤新解

张卫国　赵　丽　张翠贞
河北省行唐县中医院

炙甘草汤出自东汉张仲景《伤寒论》。原文如下："伤寒脉结代，心动悸，炙甘草汤主之。"炙甘草汤方：甘草四两（炙），生姜三两（切），人参二两，生地黄一斤，桂枝三两（去皮），阿胶二两，麦门冬半斤（去心），麻仁半斤，大枣三十枚（掰）。上九味，以清酒七升，水八升，先煮八味取三升，去滓，纳胶烊消尽，温服一升，日三服。一名复脉汤。对于此方复脉汤命名，顾名思义后世业医者都能理解。但是对于炙甘草汤以炙甘草命名，现代教材以及后世医家的解释均为"补中益气，以充气血生化之源"[1~2]。我们认为，此解释没能完全揭示张仲景立方宗旨，之所以用炙甘草命名，乃是张仲景遵《黄帝内经》："肝苦急，急食甘以缓之"立方。理由如下。

一、张仲景《伤寒杂病论》素以辨证论治准确，理法方药精湛闻名后世

《伤寒杂病论》将方证关系、治则治法、组方配伍不断完善上升到理论，使辨证论治和方证关系真正确立[3]，是后世医家治病组方的楷模。治疗疾病首先明确外感、内伤，然后病位，病性，标本缓急，方能随证处方。从炙甘草汤"伤寒脉结代，心动悸"描述中，可知病起于外感（伤寒）后；脉结代，说明病位在"脉"；心动悸，说明涉及脏腑为心。张仲景在后面条文把结代脉的具体脉象作了进一步描述："脉按之来缓，时一止复来者，名曰结。又脉来动而中止，更来小数，中有还者反动名曰结，阴也。脉来动而中止，不能自还，因而复动者，名曰代，阴也。得此脉者必难治。"其最后总结"得此脉者必难治"，所以此病在当时乃是急症，重症，疑难症，预后极差。即使在现代医学高度发达的今天，此病也是内科急危重症之一。最关键是对病性的把握，辨证寒、热、虚、实是处方的基石。既然开卷以伤寒作引，可知是寒邪作祟。接下来条文描述结脉、代脉均用"阴也"作结论。可知脉性质属于阴脉。因此病性属于寒证、虚证不言自明。

二、剖析"伤寒脉结代，心动悸"的病因，病位，病性及制方

研究张仲景炙甘草汤方药组成及煎服法，对于以炙甘草汤开篇，复脉汤作结，复脉重用炙甘草之奥秘，《伤寒论》教材和《方剂学》教材的解释为"补中益气，以充气血生化之源"。我们认为远不能揭示张仲景立方宗旨。

众所周知，张仲景著书立说与《黄帝内经》一脉相承。《素问·六节藏象论》指出："心者，生之本……其充在血脉。肝者，罢极之本……以生血气"。《素问·五藏生成》指出："诸脉者皆属于目，诸血者皆属于心，诸气者皆属于肺"。以上说明血脉乃是心所主，但是与肝和肺的调节密不可分。心主血脉功能正常，其一：有赖于脉管内血液的充盈。血液的化生虽然在脾胃，建运脾胃可以使血液生化有源。但是血液的调节在肝，因为肝藏血，人卧则血藏于肝。肝主疏泄，促进脾胃的运化。肝在五行属于木，心在五行属于火。属于母子关系。木能生火。心脏血液的充盈来源于肝血的灌溉；心脏阳气的旺盛需要肝阳的升腾。如果肝脏血液亏虚，无以灌溉心血则脉道不充，脉来结代。其二：有赖于宗气的推动。宗气又名为大气。居于胸中，以膻中为宅基。能"走息道而行呼吸，贯心脉而行气血"。由肺吸入的自然界清气和脾胃化生的水谷精气结合而成。后世医家张锡纯对此发挥甚广。在脾胃化生的水谷精微之气上输于肺形成宗气的过程中，必须依赖肝气的条达和疏泄，以及肝阳的温煦扶持。肝脏好比大树，而脾胃好比藤蔓。如果肝气失于条达，肝阳无以温煦，则脾胃水谷精微无以上输及肺，反而聚集中焦，形成湿浊痰饮，阻滞气机，甚则化热，炎上熏蒸肺金，而成阴火之变。肝阳失于升腾则心阳化生无源，心气帅血无力，加上阴火煎熬，痰湿阻滞脉道，则脉来结代。

《素问·阴阳应象大论》指出："阴胜则寒，……风胜则动……冬伤于寒，春必温病；春伤于风，夏生飧泄；夏伤于暑，秋必痎疟；秋伤于湿，冬生咳嗽。"揭示了疾病发生发展的基本规律。"心动悸"，心之所以动悸并不单是心脏气血的功能失常，乃是肝风作祟。因为"肝在天为风，风胜则动"。心之"动"源于肝风胜。肝在五行属于木。《尚书·洪范》指出："木曰曲直，火曰炎上，土爰稼穑，金曰从革，水曰润下。"因此，火土的特性是向上，金水的特性是向下，只有木的特性是掌管上下左右平衡的。中医学认为，肝"体阴而用阳"。肝木曲直有节则机体筋脉由直有度，脏腑藏泻有

权。如果机体感受外邪，因为“肝乃将军之官”，首先奋而抗邪，交争日久则肝“苦急”，肝苦急，则阴血失于封藏，肝木疏泄过甚，亢而化风，风胜则动，母病及子则心动。心藏神，心动则神无所藏而惊悸不宁；心舍脉，心动则脉无所主而结代难行。

《素问·阴阳应象大论》指出：“故邪风之至，疾如风雨。故善治者治皮毛，其次治肌肤，其次治筋脉，其次治六腑，其次治五藏。治五脏者，半死半生也”。由于伤寒从皮毛而入，进入肌肤筋脉，导致脉结代，进而影响心藏，心乃五脏六腑之大主。故张仲景在《伤寒论》中指出“必难治”诚非危言耸听。唯其难治，才能显示出炙甘草汤处方的威力和珍贵。以引起后世的警惕和注意。治疗遵《黄帝内经》“虚则补其母”宗旨而从肝论治。故《素问·脏气法时论》说：“肝主春……肝苦急，急食甘以缓之……肝欲散，急食辛以散之，用辛补之，酸泄之”。酸味入肝，且具收敛之性，不利于阳气的生发和肝气的疏泄，且足以影响脾胃的运化功能，故元代丘处机《摄生消息论》说：“当春之时，食味宜减酸增甘，以养脾气。”故选用甘草为君药，重用其量，其一，取其味甘（既然名为甘草，则草药当中甘味无出其右），缓肝之急，用蜜炙以增加其甘味，加大缓急的力度。其二，甘味入中焦脾胃，补益脾胃之气，增加气血之源。因为白芍味酸性敛，妨碍肝脏的生发之性。在炙甘草汤中一切措施都是为了从肝木生心火着眼，故取桂枝汤其他四味药而独去白芍就顺理成章。至于清代吴鞠通《温病条辨》中“复脉汤”加白芍是温病后期阴津损伤，另当别论。自此以后，历代医家对炙甘草作用逐渐发扬光大。《名医别录》直接记载其：“调气血，通经脉”。《日华子本草》记载其：“能补各种劳伤，虚损，安神定志，利血脉”。现代药理研究认为，甘草提

取物甘草酸胺能缓肝急，治疗急性肝损伤，降低转氨酶。对急性心肌损伤，可有效保护心肌。降低心肌酶方面也疗效卓著。复方甘草片还能缓肺之急迫治疗咳嗽。李十红等从肝论治左心舒张功能障碍为现代心脏病治疗开阔了思路[4]。

制方君臣佐使，《黄帝内经》早有明训。《素问·至真要大论》云：“君一臣二，制之小也。君一臣三佐五，制之中也。君一臣三佐九，制之大也。”张仲景炙甘草汤共9味药，加煎服法中“清酒”共10味药。乃是制中之方。君药炙甘草，三味臣药。①生姜：辛温发散，能温肺散寒，暖胃通经。因为本病起于伤寒以后，故用生姜配炙甘草辛甘相合，取“辛甘发散为阳”之意，驱散肺经肌表之寒邪。②人参：补益元气，特别是配炙甘草能大补肺脾之气。一方面使元气足则心气旺，心气旺则帅血有权，通行血脉有根；另一方面脾胃气旺则气血生化有源，血脉充盈有保障。③生地黄：在此方中用量最大。虽然为臣药，但是作用非凡。现代教科书均认为其滋阴补血，充脉养心，是针对心阴血不足而用。此其功用之一。生地黄甘寒，入肾经，能滋阴补肾，清热凉血，生津止渴。味甘配炙甘草缓肝之急。肝木之急，除甘以缓之法则外，尚有滋水涵木一途可循。肝肾乃是子母之脏，有肝肾同源、乙癸同源之说。故重用生地黄滋肾水以涵肝木，熄肝风，降肝经浮游之火。此其功用之二。《神农本草经》记载其：“主寒热积聚，逐血痹”。说明生地能疏通痹结之血脉。肝藏血，心主血脉，生地黄一味药而兼具滋阴补肾，柔肝缓肝，养心复脉之功。此其功用三。因此，张仲景舍白芍而选生地黄乃是经过了深思熟虑的。

佐药有五。①桂枝：佐生姜、炙甘草，一方面辛甘发散为阳，驱除寒邪。另一方面，桂枝甘草汤乃是治疗“发汗过多，心下悸，欲得按”之心阳虚证专方。心阳之虚，在于肝阳失于升腾，故选入肝经之桂枝从木生火。②阿胶：滋阴补肾，养血润肺。一方面佐助生地黄滋肾阴，柔肝缓肝。另一方面，肝旺则反侮肺金，肺乃娇脏，最畏火刑而失去肃降。方中散寒所用生姜、桂枝、清酒又均易耗伤肺阴，因此选阿胶滋阴润肺，防止肝火刑金，又防止温热药伤肺阴。③麦冬：甘寒，滋阴润肺，生津敛汗。一者佐炙甘草甘缓柔肝；再者佐生地黄滋肾柔肝，三者防热药耗伤肺阴。④麻仁：养血润燥，通利经脉。一佐生地黄养血；二合阿胶、麦冬润燥护肺；三以麻仁之润滑，合清酒之辛烈，刚柔并济，疏通郁结，通利血脉。⑤大枣：味道甘甜，药食两全。佐炙甘草缓急柔肝，最大限度发挥甘药缓急的功用。色红入心经，补心血之匮乏。味甘入脾胃，合人参补益脾胃，助气血生化之源。尚能娇正诸药之味，调和阴阳，使辛烈者不燥，苦寒者不峻。

使药清酒。我们认为，使药排位最末，但作用巨大，直接决定着药物的走向。因血得寒则凝，得温则行。脉之结代乃是寒邪凝滞，血脉痹阻之象。故用清酒合水煎煮药物，一者取清酒辛烈之性，助姜桂驱散经脉中之寒邪。二者，防止诸甘药滞脾胃，促进脾胃之运化，以助气血之化源。三者，合诸滋阴养血之药，率领阴血归于心脉。

三、小结

自张仲景以后，唐代王焘在《外台秘要》中记载“炙甘草汤”治疗肺痿涎唾多，心中温温愠愠者。乃是肝急风动，风火灼伤肺金所致。因为寒邪入里，随肝风已经化火，又不以心动悸脉结代为主要矛盾，故可去姜、桂、清酒之辛烈。以炙甘草、人参益肺气，缓肝急。阿胶、麦冬滋肺阴；生地黄、麻仁滋肾润燥；合阿胶、麦冬以成“金水相生”之功。至清代喻嘉言创“清燥救肺汤”。主要用于燥热之邪伤肺重症。虽仍以“炙甘草汤”化裁。人参、甘草益肺气，麻仁、阿胶、麦冬润肺燥。因为病邪为燥热邪气，故去一切辛热之药，取石膏、桑叶、枇杷叶之清宣肺金，杏仁润降肺气。其缓急之功优在，但复脉之用已荡然无存了。清代吴鞠通在《温病条辨》创“复脉汤”系列方。其病因为温热邪气侵袭人体，“治热远热”。故用药一派寒凉，是纯滋阴润燥，养血复脉了。

参考文献

[1] 熊曼琪．伤寒学［M］．北京：中国中医药出版社，2007：98.

[2] 谢鸣．方剂学［M］．北京：人民卫生出版社，2006：204～206.

[3] 朱邦贤．方剂辨证与方证规范化之我见［J］．上海中医药杂志，1997，31（11）：25.

[4] 李十红，李祥国．左心室舒张功能障碍的中医病因病机及证治探讨［J］．中医杂志，2002，43（10）：725～727.

［《中医杂志》2012，53（5）：444］

炙甘草汤治疗虚证心悸

张　宁　山东中医药大学

一、炙甘草汤

炙甘草汤出自医圣张仲景的《伤寒论》，具有滋阴养血、益气温阳、复脉止悸之功用[1]，用于治疗“伤寒，心动悸，脉结代。”由此可见，“心动悸，脉结代”从属于“伤寒”之后，与感受外邪实证有关。然观古今之医案，多数古圣先贤从其遣药组方角度认为用于治疗虚证心悸疗效更佳。如清代俞嘉言曾这样评价：“此仲景伤寒门，治邪少虚多，脉结代之圣方也。”其组方：甘草四两（炙）、生姜三两（切）、人参二两、生地黄一斤、桂枝三两（去皮）、阿胶二两、麦门冬半升（去心）、麻仁半升、大枣三十枚。上九味，以清酒七升，水八升，先煮八味，取三升，去渣，内胶，烊化尽，温服一升，日3服，一名复脉汤。方中以炙甘草为主药，补中益气，与人参大枣相伍，补益中焦，使气血生化有源，不仅如此，炙甘草尚有通经脉，行气血之用，如《名医别录》记有甘草“通经脉，利气血”之说。生地、阿胶、麦冬、麻仁、滋心阴，以充养血脉，方中唯生地黄为500g，取生地黄《神农本草经》主“伤中，逐血痹。”《名医别录》主“通血脉，利气力”之效。然阴无阳无以化，故在诸养阴药中，加以辛温之桂枝振奋心阳，配生姜更能温通心脉，且桂枝与甘草合用，辛甘化阳。方中加酒煎服，以清酒辛热，可温通血脉，以行药力。诸药合用，共成阴阳气血并补之剂。如此则气血充足，阴阳调和，悸定脉复，故又名“复脉汤”。

二、心悸辨证

（一）经典著作　《金匮要略》和《伤寒论》称心悸为“心动悸”“心下悸”及“惊悸”。认为其主要病因有惊吓、虚劳及汗后气血亏虚而受邪等，如在《金匮要略·惊悸吐衄下血胸满瘀血病脉证治》篇有“寸口脉动而弱，动则为惊，弱则为悸”的记载，论述了心悸时结、代、促脉及其区别，提出了基本治疗原则，并以炙甘草汤等为治疗心悸的常用方剂。《医宗金鉴》曰：“心动悸者，谓心下筑筑，惕惕然动而不安也。若因汗下者多虚，不因汗下者多热，欲饮水小便不利者属饮，厥而下利者属寒。今病伤寒，不因汗下而心动悸，又无饮热寒虚之证，但据结代不足之阴脉，即主以炙甘草汤者，以其人平日血气衰微，不任寒邪，故脉不能续行也。此时虽有伤寒之表未罢，亦在所不顾，总以补中生血复脉为急，通行营卫为主也。”《千金翼方》炙甘草汤（一云复脉汤）：治虚劳不足，汗出而闷，脉结、悸，行动如常，不出百日，危急者十一日死。

（二）现代中医　心悸[2]是指病人自觉心中悸动，惊惕不安，甚者不能自主的一种病证，临床一般多呈发作性，每因情志波动或劳累过度而发作，且常伴胸闷、气短、失眠、健忘、眩晕等症。病情较轻者为惊悸；病情较重者为怔忡，可呈持续性。然手少阴心经主血脉之功能，赖以心阳的温煦，心阴的滋润，心气的推动与调控，心血的濡养。故阴阳和则气血化，气血化则津液生，津液生则百虚理，由此可见阴阳气血的协调，维持了心脏的正常功能。故阴阳气血失调时，四者又互为因果，如心阳虚时，其温煦功能减弱，致使心气的推动迟缓，鼓动无力，心阴心血的运行减慢，濡养失职，及出现相应的因虚致实或痰或瘀的病理表现。故临床上出现一系列相应表现：心悸易惊、胸闷气短、头晕目眩、倦怠乏力及心神失养、失眠健忘等。

三、别阴阳，辨气血

《四言诊要》言："善诊脉者，察色按脉，先别阴阳。"明辨阴阳尤为重要。偏阳虚：加附子、干姜或加大桂枝的剂量，且桂枝有通阳之效，使之温阳与通阳并用，以防止阳郁化火。偏阴虚：依据"精不足者，补之以味"可酌情加天冬、五味子、玄参或加大生地、麦冬的剂量，但禁用滋腻碍胃的药物，使之补而不腻，以平为期。"夫人之所赖以生者，血与气耳"故需分清气与血的亏虚以指导临床，方可提高疗效。偏血虚者：可加当归，白芍、熟地等，然补血药多阴柔腻滞，以碍胃气，故常配少许醒脾理气和胃之品，以防滋腻滞气。偏气虚者：依据"形不足者，温之以气"且"有形之血不能速生，无形之气所当急固"，并参考"参内芪外草中央"的原则，适量加黄芪、党参、山药等，但应防补之太过，以防"气有余便是火"。

四、病案举例

某女，66岁。2010年6月26日初诊。主诉：反复发作性心悸伴胸闷气短5年。呈无规律性发作，发作前多无任何诱因，活动后甚，伴面色苍白、头晕汗出，口唇紫绀、神疲乏力，发作时自数心率达125次/min，每次持续半小时，纳差，眠尚可，小便调，大便稀，日一行，舌淡紫苔厚腻脉弱时结代。心电图示：窦性心动过速，心律不齐，频发室性早搏时呈二三联律，V4~V6导联ST—T改变。"伤寒，脉结代，心动悸，炙甘草汤主之"，结合症状及体征考虑为心阳不足，鼓动无力，心阴亏虚，气血不足，心脉失于濡养，故脉结代，心动悸是心之阴阳气血俱虚所致而发为本病。治以滋阴养血，益气通阳，复脉止悸。予炙甘草汤加减化裁：炙甘草20g，红参10g，生地黄10g，麦冬10g，阿胶10g（烊），麻仁10g，桂枝15g，大枣15枚，生姜10g，肉苁蓉10g，赤芍15g，川芎15g。水煎服，1剂/d，早晚2次服用。服上方5剂后，自觉心悸及胸闷气短明显缓解，乏力汗出好转，结代脉象显著减少，余症亦轻，守原方并加黄芪30g，茯苓15g。继服7剂，各症状明显缓解。后偶有因劳累诱发此病，但发作时间较短，症状轻。上方中加入丹参30g，檀香5g，砂仁7g，补而不滞，继服10余剂。随访6个月，疗效稳定，未再发作。

参考文献

[1] 张友堂，王历，张书芬．伤寒论精读［M］．哈尔滨：黑龙江科学技术出版社。2002：93~94.

[2] 周仲瑛．中医内科学［M］．北京：中医药出版社，2003：131.

［《实用中医内科杂志》2012，26（2）：64］

中药大黄止呕诸证的临床应用

袁 方 南京中医药大学

大黄在我国传统医学中应用已久，是中医泻下药的代表。始载于我国现存最早的药学专著《神农本草经》，因其色黄，故名，而广泛应用于临床则从《伤寒杂病论》始起，直至今日，大黄这味药在祖国医学中治疗多种热证、急症仍起着不可低估的作用。

大黄在历代本草中所记载的功效很多。《本草经》曰："下瘀血，血闭寒热，破癥瘕积聚，留饮宿食，荡涤肠胃，推陈致新，通利水谷，调中化食，安和五脏。"《本草纲目》曰："主下痢赤白，里急腹痛，小便淋沥，实热燥结，潮热谵语，黄疸、诸火疮。"《本草逢源》中指出："大黄其功专于行瘀血，导血闭，通积滞，破瘕，消实热，泻痞满，润燥结，敷肿毒。"由此可以看出，历代医家对大黄的功效都非常重视。

在张仲景的《金匮要略·呕吐哕下利病脉证治》云："食入即吐者，大黄甘草汤主之。"然古代文献中并没有直接论述过大黄有止呕这一功效，那么大黄作为君药，在大黄甘草汤中是如何发挥作用，治疗食入即吐的患者的呢？研究可以发现，张仲景在《金匮要略》中所记载的这条条文是论述胃肠实热呕吐的证治，因实热壅阻胃肠，腑气不通，以致在下则肠失传导而便秘，在上则胃气不降，且火性急迫上冲，故食入即吐，大黄[1]在方中荡涤肠胃实热，推陈出新，使实热去，大便通，胃气和，则呕吐自止，另外配伍甘草缓急和胃，安中益气，使攻下而不伤胃[1]，大黄虽无止呕的功效，而因势利导，使呕自止，可见大黄治呕，在于求本。有治疗严重呕吐86例[2]，显效（服药后24h内呕吐止，能进少量饮食）56例；有效（48h内呕吐缓解或基本停止，能进少量饮食，病情稳定好转）23例；无效（2日后呕吐仍不能控制，改用他法治疗）7例。其中大黄甘草汤对治疗实邪内阻，胃气上逆的呕吐疗效较好，而对肝胃不和、中气虚弱、阴津亏损所致的呕吐效果较差。

由此可见，大黄在临床上治呕，应以“食入即吐”为主，不必拘于热像有无。《药品氏义》曰：“大黄气味重浊，直降下行，走而不守，有斩关夺门力。”呕吐一症，无论病因如何，总不离胃失和降，胃气上逆。急用大黄，可顿挫上逆之气，呕吐自然得止。呕吐的病因病机为外邪犯胃、饮食不节、情志失调、病后体虚，临床上特别是针对饮食不节，食滞内停的呕吐，大黄能推陈致新，通利水谷，调中化食，安和五脏。

呕吐可以出现在西医学的多种疾病之中，如肠梗阻、急性胰腺炎、急性胆囊炎、尿毒症中，而现代药理学研究已经证明大黄有利胆，治疗胰腺炎，通利水谷，治疗肾功能衰竭等作用。

大黄利胆，不仅能增加肝胆汁流量，而且能促进排胆，松弛奥狄括约肌，再结合大黄广谱的抗菌、消炎、抗毒作用，可用于治疗胆系感染、胆石症等，控制胆囊炎症所致的呕吐。有报道[3]以单味大黄末配合清开灵注射液、针刺治疗急性胆囊炎、胆石症 160 例患者，按中医辨证分型：气郁、实火、湿热等型进行治疗。结果：治愈 104 例、好转 44 例、无效 12 例，总有效率为 92.5%。大黄荡涤胃肠积滞，清泄实热，胃气和，则呕自止。

大黄可以治疗胰腺炎，则是因为[4]：①其对胰酶的抑制作用。生大黄煎剂对胰蛋白酶、胰脂肪酶、胰淀粉酶具有全面的抑制作用，而大黄的有效成分蒽醌衍生物中，大黄素对胰腺激肽释放酶、胰蛋白酶、胰脂肪酶均有很强的抑制作用；芦荟大黄素对胰腺激肽释放酶、胰弹性蛋白酶有较强的抑制作用；大黄酸对胰腺激肽释放酶抑制作用很强；大黄酚和大黄素甲醚对上述四种酶的抑制作用均不明显。②大黄对 TNF－α 作用下的胰腺组织具有保护作用，可提高相应 TNF－α 浓度下的胰腺细胞的细胞存活率。③大黄素治疗后胰腺组织转化生长因子－β（TGF－β）表达明显增强，高峰前移，且胰腺总蛋白质、DNA 合成物明显增加，参与胰腺组织的再生和修复。且胰腺感染的主要病原菌为肠源性的，大黄不仅具有抗菌、抗毒，改善胃肠道功能紊乱，减少肠道细菌移位，解除胆道括约肌痉挛，并有效抑制血管活性物质如十二碳烯酸类异常代谢而改善微循环，而且可提高中性粒细胞吞噬功能和血清总补体水平，提高机体免疫力作用，因此在临床上治疗胰腺炎取得了较好的效果，缓解由于胰腺炎所造成的呕吐症状。有研究证明[5]通过行大黄胃管内注入并辅以芒硝腹部外敷治疗 66 例急性重症胰腺炎患者，治疗、对照组各 33 例，治疗后，治疗组腹痛和腹胀缓解、肠鸣音恢复、首次排便时间明显较对照组缩短（$P<0.01$）。

大黄治疗尿毒症，现代药理研究[6]：①大黄中主要成分为大黄素和大黄鞣酸，可增加肠蠕动，抑制蛋白质分解，阻止氨从肠道中吸收，改善氨基酸代谢，促进尿素氮等有毒物质从肠道中排出。②大黄具有活血祛瘀作用，对血液流变性具有双向调节作用，能够提高血浆渗透压，促使血细胞外液向血管内转移，产生相当于血液稀释疗法样的止血作用，而对凝血因子，血小板数量与功能及超微结构无影响，可降低尿毒症时的高凝、高粘状态。③大黄对多种细胞因子如肿瘤坏死因子－α（TNF－α）、白介素（IL－6）及多肽生长因子有抑制作用，可抑制肾小球系膜的生长，并可有效降低肾小管上皮细胞的增殖，增加肾血流及肾小球滤过率，改善高代谢状态，延缓残余肾单位硬化及肾功能恶化。④大黄中还含有许多人体必需氨基酸，还能纠正脂质代谢紊乱等，从而改善肾衰伴发的呕吐。有临床报道[7]，大黄对高血容量综合征的治疗效果是十分明显的，采用通便利水法和结肠透析法治疗 200 例急性肾功能衰竭少尿或无尿期治愈率达 72%。根据“小便闭，利二便”，而“大便动，则小便自通”的原则，使用大黄能快速控制急性肾衰少尿或无尿期病人的全身高度浮肿、肺水肿、脑水肿、高氮质血症及其伴发的呕吐，改善消化道症状。有人[8]采用大黄煎液灌肠治疗 100 例尿毒症患者，治疗、对照组各 50 例，两组所选病例血肌酐均 >200μmol/L。结果显示治疗前后尿素氮和肌酐的下降幅度差异有显著性（$P<0.05$）。

综上所述，大黄在临床上，根据实际情况，可以用于治疗呕吐诸证，但其是否起决定性作用还有待证明。另外目前研究发现大黄使用中有肝肾毒性和致癌性之患，但是此方面的研究有很多矛盾的地方，无明确的定论，是引起国内外高度关注和争论的焦点之一。因此临床上使用大黄治疗呕吐时需要注意使用剂量，避免大黄毒性带来的副作用。

参考文献

[1] 新世纪全国高等中医药院校规范教材．金匮要略［M］．第 2 版．北京：中国中医药出版社，2007：252.

[2] 王尧．大黄甘草汤治疗急重呕吐 86 例［J］．辽宁中医杂志，1991，5：28.

[3] 欧阳楚瞻．单味大黄末配合清开灵注射液针刺治疗急性胆囊炎，胆石症 160 例［J］．中医临床研究，2011，3（9）：59.

[4] 李淑娟，董晓华，武海霞　等．大黄及其有效成分药

理作用研究进展［J］. 医学综述，2005，11（1）：77.
［5］张冬霞，刘新平，大黄．芒硝辅治急性重症胰腺炎33例效果观察及护理［J］. 齐鲁护理杂志，2011，17（7）
［6］薛积才．大黄煎液灌肠治疗尿毒症的疗效观察［J］. 中国社区医师，2008，21（24）：45.
［7］陆春桃，王富．大黄功效索解［J］. 四川中医，2006，24（8）：38.
［8］崔秋竹，崔梅玉，郝娟芝．以生大黄煎剂保留灌肠治疗尿毒症的临床观察［J］. 江西医药，2005，40（6）：339.

［《中医临床研究》2012，4（11）：22］

仲景辨治小便不利浅析

杨文喆　上海中医药大学金匮教研室

《伤寒杂病论》为中医经典著作之一，是我国第一部阐述外感热病并兼述杂病的临床医学著作，书中的理法方药奠定了中医辨证论治的基础，并一直指导着中医临床各科。本文选取《伤寒》《金匮》中与小便不利密切相关的病证及方药，并展开讨论，推源溯流，以冀理清仲景辨治小便不利的基本脉络及其对后世医家的影响，供同道参考。

一、病症

小便不利是小便量减少，排出困难的统称。[1]当与小便不通相区别，小便不通系膀胱中有尿液但排出困难，近于癃闭；而小便不利应指尿少或无尿，[2]其病机与肺、脾、肾三脏关系最为密切。它既是一个独立的证候，又可作为一个症状而出现于多种病证之中。从现代医学的角度来看，小便不利可发生于各种原因所致的多种疾病，如急性肾炎、尿毒症、肝肾综合征等。《伤寒杂病论》对小便不利的论述颇多，条文共计56条，而描述则有“小便不利”“小便少”“小便难”“小便必难”“小便反不利”“欲小便不得”“不尿”等诸多提法，仲景对此阐述精当，分析入微，有以主症而述，有以兼症出现，或详证略方，或有方略证。经初步梳理，现就具体病证分述如下。

1. 小便不利　有以小便不利，渴欲饮水，脉浮发热为主症者，如属邪初入，与水结，阴未伤的，治疗当以五苓散化气行水。也有以小便不利，苦渴，腹中冷为主症者，其为上燥下寒之证，病因是肾气不足，气化无权而成小便不利，法当温阳化气，利水润燥，方用瓜蒌瞿麦丸。

2. 痰饮　《痰饮咳嗽病》篇第十七条：“夫短气有微饮，当从小便去之，苓桂术甘汤主之。”此为痰饮内停，气化不利而致小便不利。如为中央不运者可用苓桂术甘汤健脾利水，如属下焦阳虚可选肾气丸温肾化水。

3. 水气　水气病亦可见小便不利，其成因颇多，或肺卫受邪，肺气沉潜不举，通调失司，或脾气上伏不运，水湿停留或肾气不化，水液蓄而不行。此肺、脾、肾功能失调导致小便不利，治疗当从肺、脾、肾入手。

4. 黄疸　《黄疸病》篇第二条：“风寒相搏，食谷即眩，谷气不消，胃中苦浊，浊气下流，小便不通”谷疸之证膀胱受邪，湿热流于下焦，肾不能化气行水，故小便不利，治疗须以清泻湿热为务。

5. 湿病　湿痹之证除关节疼痛而烦之外，可见小便不利，大便反快。病因乃人身阳气不足，每易感受湿邪，湿邪中阻，阳气不通，则小便不利，大便反快，而小便不利是湿邪中阻的主要见证。治当利其小便，一般注家主张用五苓散。刚痉之证，除了痉病的见证外，亦可见小便不利。此为津液不足而致小便不利，故用葛根汤升发津液，表散风寒。

6. 虚劳　肾阳不足的虚劳以腰痛，少腹拘急，小便不利为主症。肾主水，司开合，膀胱主藏津液，气化则能出，如肾气不足，膀胱气化无权，则见小便不利。治用肾气丸助阳之弱化气，滋阴之虚以生气。

7. 转胞　妇人转胞，脐下急痛，小便不通，病由肾气虚弱，膀胱气化不行所致。治以肾气丸振奋肾阳，肾阳充则气化行，小便通利。

8. 太阳病　太阳伤寒兼里有水饮，致肺主通调水道功能减弱，水停膀胱，气化不行，而形成小便不利，必兼发热而渴，少腹满，脉弦滑或浮滑。治当解表化饮散水之小青龙汤。太阳蓄水表邪未尽，邪热随经入腑，影响膀胱气化功能，津液无以输布，水道失调而致小便不利，兼见渴烦为特点。治当以五苓散化气行水，兼解外邪。太阳蓄血及热实结胸因湿热阻滞而致小便不利，必兼身黄之证。治疗上宜清利湿热，宣畅气机。太阳病发汗太过，阳虚不能化气，更兼汗出过多，津液伤于内，致小便不利。治疗上以桂枝加附子汤扶阳解表，阳气恢复可化气生津。大下之后复发其汗而重伤津液，小便不利，治疗上仲景提示“勿治之”三字，后世温病学家在此基础上悟出，湿热伤津不可用淡渗利尿，而宜甘寒生津。

9. 阳明病　阳明中寒，因寒属阴邪，凝滞主痛，可致阳气不通而湿滞不化，从而气化不行，而产生小便反不利，必兼“不能食”“骨节痛”，治宜崇土化湿通阳，曹颖甫主张以桂枝附子汤治疗。阳明病，湿郁热盛，湿热互结，瘀滞不利，水湿不行，三焦水道不通，气化失常，则可出现小便不利，必兼“心中懊侬”“身必发黄”，治当清热化湿之茵陈蒿汤。阳明热盛，邪热深入下焦，薰蒸膀胱，而致小便不利，必兼“脉浮发热，渴欲饮水”，治当清热育阴利水，方以猪苓汤治疗。若阳明燥热内盛，热灼津液，致津液内亡，无津则小便不利，必兼“大便乍难乍易”“喘冒不能卧”，治当急下以存阴之大承气汤。阳明无汗，热邪不得发越，湿无出路，湿热郁蒸，下注于尿窍，致尿道瘀结而形成小便不利，必兼“头汗出”“渴饮水浆”“身必发黄”，当以清热利湿之茵陈蒿汤一类方剂治疗。

10. 少阳病　若因少火被郁，三焦气机郁滞，影响水道功能，可形成小便不利。必兼“胸胁苦满”“心下悸”以及脉弦细。治当枢转少阳以利水道，方以小柴胡汤去苦寒伤中之黄芩加茯苓利之。若上症日久而出现小便不利，胸胁苦满达到了“微结”的程度，而且出现了“但头汗出”，为少火被郁较重，痰饮不得宣化所致，非上方所能主治，当兼以宣化痰饮之柴胡桂枝干姜汤治之。若少火被郁，三焦有热，决渎不行，不能下输膀胱，从而形成小便不利。必兼“胸满烦惊”，方以柴胡加龙骨牡蛎汤。少阳三焦枢机不利，水道不畅，水热互结，不得疏泄，淤滞于尿道而成小便难，必兼“腹满，胁下及心痛”，“一身及面目悉黄”。治当枢转少阳而清热化湿之小柴胡汤加减治之。

11. 太阴病　太阴主属湿土，职司运化。若太阴寒湿阻滞，寒湿阻遏中阳，升降失常，水道不利所致，必兼脉迟，发黄。治疗宜用温化之法，使寒湿得化，气机通调，则小便利。

12. 少阴病　少阴病气机阻滞，升降失常，病邪逆乱于内，水道失于通达亦致小便不利，必兼“四逆”“或腹中痛，或泄利下重”。治当通阳化湿导滞，疏肝解郁，方以四逆散加茯苓。若少阴阳虚，不能化水，水寒内蓄而不下行，亦可形成小便不利。必兼“四肢沉重疼痛”之水气证，当以扶阳镇水之真武汤治疗。少阴经脉络小肠，若少阴虚寒，水寒不化，也可致小肠不能泌别水分以入膀胱，反而渗于大肠，也可出现小便不利，当以桃花汤主之。

二、方治

在病证明确的基础上，仲景讲求汤方辨证，故我们可以通过“经方”中药物的组成，来推测一个方证所代表的主症、病机和治法，也就是以方测证，这是一种诊断用药浑然一体的辨证模式，朴实而具体。下面仅就《伤寒杂病论》中与小便不利有关的方剂展开分析，并与后世临床联系，力图明晰仲景证治之脉络。

1. 五苓散　五苓散能通阳化气利水，是治疗因膀胱气化失司，引起小便不利诸证的良方。五苓散证的主要症状是小便不利，伴见“烦渴”“汗出而渴”“欲得饮水”等。据实验研究发现，五苓散水煎剂利尿作用显著，可以使人、家兔和大鼠的尿量增加100%。其作用机理可能是抑制了肾小管道重吸收，并直接影响了渗透压感受器。[3] 五苓散是仲景通阳利尿治法的代表方剂，虽为表里同治之剂，但方中重用二苓，意在利水，而不拘于表证之有无。尤在泾曰：“苓、猪、泽、甘淡渗利湿，使间之水，从小便出，用桂者，下焦水气非阳不化也。日多服暖水汗出者，盖欲使表里分消其水，非挟有表邪而欲两解之谓。”而叶天士对此则概括为“通阳不在温，而在利小便”，实为一言中的。

2. 猪苓汤　猪苓汤滋阴利水，治疗水热互结，郁热伤阴的小便不利。其证以“小便不利”“渴欲饮水”“心烦不眠”为特征。方中以猪苓为君，淡渗利湿，臣以泽泻、茯苓以助猪苓利水渗湿之力。佐滑石利水清热，阿胶滋阴润燥，使利水渗湿与养阴清热并进。现代用以治疗慢性肾炎、慢性肾盂积水、肾积水等疗效显著。[4] 此方为后世开创了滋阴利水治法的先河。值得注意的一点是，五苓散与猪苓汤均表现有小便不利，渴欲饮水，脉浮发热的证候，但病机各异，前者是热与水结，但阴未伤，故治以化气利水，后者是热入久，水热互结而阴已伤，故治以滋阴利水。

3. 栝蒌瞿麦汤　栝蒌瞿麦汤系仲景所治疗下寒而上燥之方。治“小便不利者，有水气，其人若渴”的“下寒上燥”证。病机为水湿内停下焦，水气内停则小便不利，水为阴邪，损伤肾阳则三焦决渎失职。方中炮附子温阳化气，温肾助阳，复三焦决渎之权，瓜蒌根、薯蓣生津止渴，瞿麦、茯苓淡渗利水湿，通利小便。由此可见本方实为肾气丸之变制，体现了仲景温肾利尿的治疗思想。目前本方被广泛应用于临床治疗泌尿系统各类疾病收效良好，诸如慢性肾炎、肾盂积水[5]、输尿管结石[6]等。

4. 蒲灰散　由蒲灰、滑石两味组成。二味合用具有通窍利尿、活血化瘀之功。以方测证，可用于因肝郁血滞使三焦、膀胱气化不利，水道不通所致的小便不利。为仲景通窍利尿法的代表方剂。

5. 滑石白鱼散　所主之证为水郁血结下焦，膀胱不能气化，水道不得畅通而致小便不利。故以乱发活血化瘀止血，白鱼行血使瘀血可化，水道得通，两者相合则血行而有止。而滑石《本草纲目》载：“滑石利窍，不独利小便，上能开毛腠之窍，下能利精溺之窍。”《本草经疏》说：“滑石为利下窍之要药。”此三药合用体现了仲景用通窍利尿、活血化瘀之药使积阻在膀胱或尿道的瘀阻物排除，使气化正常，小便自利的治疗思想。

6. 茯苓戎盐汤　本方具有健脾利湿益肾之功，戎盐助水脏，益精气，茯苓、白术健脾利湿。以方测知，本证为中焦脾虚，下焦湿甚的小便不利之证。药物虽简，却可见仲景诸法合施同奏利尿之功的苦心。

7. 肾气丸　《金匮要略》用肾气丸治疗小便不利的条文有二：其一“虚劳腰痛，少腹拘急，小便不利者……”其二为“妇人饮食如故，烦热不得卧，而反倚息者……此名转胞不得溺也……但利小便则愈……”上述诸证，病虽各异，然病机属一，皆为肾阳不振，气化无权致小便不利。肾气丸重用干地黄滋阴补肾为君，臣以山茱萸、山药补肝肾益精血，加以附子、桂枝助命门温阳化气，配泽泻、茯苓利水渗湿泄浊，丹皮清肝火，补中寓泻。诸药合用肾阳振奋，气化复常，故为补肾阳之主方，亦为温肾利尿的代表方剂。

8. 苓桂术甘汤　本方为中焦阳虚，脾失健运，气不化水致诸证而立，为健脾利水法的代表方剂。尤在泾说：“饮发之证，饮停中焦则渴，逆于上则气冲而头眩，入于经则振振而动摇。”《金匮要略》曰：“脉得诸沉，当责之有水。”脉沉主水病，紧主寒，寒凝则水饮不化，故当温化。论曰：“病痰饮者，当以温药和之。”此治痰饮之大法也。“温药和之”既振奋阳气，温化水饮，又开腠理通水道，疏导饮邪，使温化不壅滞，疏导不伤正。仲景制苓桂术甘汤，以桂枝辛温宣导阳气，甘草和中益气，配桂枝辛甘化阳；茯苓甘淡渗湿利水饮，白术去湿健脾阳，二药相伍以蠲水饮，本方实为“温药和之”之典范。被后世誉为“痰饮之主方”，其目的在于温阳健脾，利水降浊，在利尿法中，大有旋转之妙用。

9. 己椒苈黄汤　本方可治饮结气阻而致小便不利，为前后分消之剂。表现为小便不利、腹满、口舌干燥。方中防己、椒目导水从小便出，葶苈、大黄逐水从大便去，分消水饮，导邪下行。若饮结气阻甚者，可加芒硝软坚散结。

10. 茵陈蒿汤　本方为湿热蕴结，气化失司，致小便不利而设。《伤寒论》236条：“但头汗出，身无汗，剂颈而还，小便不利，渴引水浆者此为瘀热在里，身必发黄，茵陈蒿汤主之。”260条：“伤寒七八日，身黄如橘子色，小便不利，腹微满者，茵陈蒿汤主之。”虽然仲景是以清热利湿退黄之药茵陈蒿汤治疗小便不利黄疸的，但后世应用其法治疗湿热蕴结膀胱所致的小便不利，实是受仲景启迪。《太平惠民和剂局方》之八正散等著名方剂，已为目前临床颇多使用。

11. 桂枝加附子汤　此方为过汗伤阳，阳气不固，津液耗损，尿液已竭之小便不利而设。《伤寒论》20条：“太阳病，发汗，遂漏不止，其人恶风，小便难，四肢微急，难以曲伸者，桂枝加附子汤主之。”此小便难，为发汗太过，汗漏不止而耗伤阴津。成无己说：“小便难者，汗出亡津液，阳气虚弱不能施化。”本证本属表虚，但复发汗而伤阳，表阳虚弱，卫外不固。正如柯韵伯所言：“阳气无所止，汗出不止矣。”汗泄津伤，尿液无源，故小便难。仲景制桂枝加附子汤调和营卫，补阳敛汗，小便自复。方中桂枝汤调和营卫，续解未尽之邪。制附子扶阳温经，固表止汗，使津液得复而小便自利，故陈修园言：“附子以固少阴之阳，固阳即所以止汗，止汗即所以救阴，其理微矣。”

12. 去桂加茯苓白术汤　本方为治疗脾虚水停，转输失司而致小便不利之良方，为仲景健脾利尿法的代表方剂之一。《伤寒论》28条：“服桂枝汤，或下之，仍头项强痛，翕翕发热，无汗，心下满微痛，小便不利者，桂枝去桂加茯苓白术汤主之。”以本条治法来推测小便不利的病机为脾失转输，津液不复下行所致。方中以茯苓、白术健脾利水为君，佐甘草、大枣培土和中，生姜辛散水饮，用芍药破心下水气凝结而痛，且可助茯苓利水邪。但历代对本方究竟是去桂枝还是去芍药存在颇多争议。

13. 柴胡加龙骨牡蛎汤　本方扶正祛邪，泻热利水。如《伤寒论》107条：“伤寒八、九日，下之胸满烦惊，小便不利，谵语，一身尽重，不可转侧者，柴胡加龙骨牡蛎汤主之。”当知此小便不利乃误用下法，正气损伤，邪热内陷，三焦阻滞，决渎不行而致。仲景从疏利气机入手，通调三焦，以利水道。

14. 柴胡桂枝干姜汤　用于治疗因汗下不当，邪陷胸胁，与宿饮互结，津液停聚，三焦失疏，下不能输而致小便不利，另可兼有“胸胁满微结，渴而不呕，但头汗出，往来寒热，心烦”等症。此方有和解少阳，温水化饮之功。

15. 真武汤　本方扶阳镇水，治疗少阴阳虚，不能化水，水寒内蓄而不下行之小便不利。兼有腹痛、四肢沉重疼痛、咳、下利、呕等症。方中附子辛热以壮肾阳，肾气充盛则水有所主；白术燥温健脾，使水有所制；生姜宣散，佐附子而助阳，且主水而宣散水邪；茯苓淡渗，佐白术健脾，于制水之中有利水之用；芍药一则敛阴和营，二则制附子之辛烈，三则利小便。诸药相伍，温中有散，利中有化，则阴水得利。本方是温阳利水的代表方剂，现代药理研究则表明其温阳利水的作用原理与肾脏血液动力学改变有关，表现为肾小管吸收率降低，肾小球滤过率升高，使肾流量增大，改善肾脏功能而使排尿作用恢复。

综上所述，《伤寒杂病论》中小便不利一证类型多端，变化复杂，其病机有饮停、湿聚、热盛、燥结、气郁、气虚、阴伤、阳衰等诸多方面，且分别散见于各种不同病证。仲景的施治，以辨别虚实为先，虚证强调温化为要，实证注重祛邪通利，但“谨守病机，各司其属”贯彻始终。总之，仲景初步拟就了小便不利论治的大体框架，后世医家虽代有发展，但大都以仲景为源。

三、源流

《内经》对小便不利的病位、病因病机作了比较详细的论述。如《素问·灵兰秘典论篇》说：“膀胱者，州都之官，津液藏焉，气化则能出矣。”又说：“三焦者，决渎之官，水道出焉。”《素问·标本病传论篇》说：“膀胱病，小便闭。”《灵枢·本输》篇说：“三焦……实则闭癃，虚则遗溺。”阐明了小便不利的病位是在膀胱，膀胱和三焦的气化不利，可导致小便不利的发生。仲景承其源，拓展了对小便不利病因病机的认识，开创了辨证论治之先河，形成了理法方药兼备的证治体系，对后世辨治小便不利产生了深远的影响，其所创立的许多行之有效的方剂及有关论述至今仍指导着中医临床。

嗣后，《诸病源候论》提出小便不通和小便难的病因都是肾与膀胱有热，“热气大盛”则主“小便不通”，“热势极微”故“但小便难也”，“肾与膀胱俱热，热入于胞，热气太盛故结涩，令小便不通，小腹胀满。”明确了小便不通的病位在膀胱和肾，二者是表里关系，这与《内经》“气化则出矣”的学术思想及仲景重视气化的治则治法是一脉相承的。《备急千金要方》载有治小便不通的方剂十三首，并最早提出了葱管导尿术治疗小便不通，《外台秘要》则载治小便难方剂九首，小便不通方剂十三首。

迨至宋元明清诸多医家补充了小便不利的病机并扩充了治疗方药。朱丹溪认为小便不通有“气虚”“血虚”“有痰”“风闭”“实热”等多种不同的原因，根据辨证施治的精神，运用探吐法治疗小便不通。张景岳在《景岳全书》中更是阐述了“或以败精，或以槁血，阻塞水道而不通”的著名学术观点，可谓独具匠心。清代李中梓在《证治汇补》中系统阐述了本病的病机为“热结下焦”“肺中伏热”“久病多汗”“肝经忿怒”“脾气虚弱”并据此分别详细阐述了治法。吴鞠通用宣通阴络法治疗肝郁小便不通，并认为温病中出现的小便不利，病机主要有两点：一为小肠热结，移于膀胱一为肺气不化，上源化绝。因而在治疗上不可单纯苦寒清热开结，亦不可一味养阴益气，宜甘苦合化，俾小肠火腑热结得散，肺气恢复宣展布化，斯为至善。这些观点对临床实践具有重要指导意义。

目前临床上不少医家都认识到小便不利直接病位在膀胱，但按中医整体观思想，五脏有病，皆可影响水液代谢，气化失司而膀胱失约。小便出于气化，决渎于三焦，又尤以肺脾肾关系最为密切。其次如肝郁气滞、火郁小肠、湿热、血瘀水阻等等，都是造成“气化不利”的因素，均可形成此证。在具体治法上贯彻仲景的思想，又有了进一步的扩展。如遵从《金匮要略》所谓补中益气，调和阴阳，“阴阳相得，其气乃行，大气一转，其气乃微”的原则使用补益中气，擎引利尿法。[7] 颜德馨教授[8]则提出内外同修之法，内治重在畅通气机，常用通阳化气法、提壶揭盖法、宣畅肺气法等，外治主以通窍开闭，其效捷便。总的来说，目前对小便不利的中医辨治已积累了丰富的经验，但大多以仲景所论为基础。而在研究方面，若能结合现代医学的有关检验，如尿液分析、肾功能检查等，从微观辨证及定量分析加以深入探讨仲景辨治小便的规律，则有可能在继承中求发展，做到古为今用，洋为中用，推陈出新。

参考文献

[1] 中医辞典编辑委员会．简明中医辞典［M］．北京：人民卫生出版社，1979：79.

[2] 中医研究院．中医症状鉴别诊断学［M］．北京：人民卫生出版社，1985：299.

[3] 张宁．五苓散治疗小便不利的临床体会［J］．中国医药学报，1999，14（1）：50.

[4] 陈明．刘渡舟运用猪苓汤的经验－76例验案分析［J］．山东中医药大学学报，2000，24（1）：41.

[5] 程昭寰．谈《金匮》的栝蒌瞿麦丸证［J］．山东中医杂志，1983，（2）：7.

[6] 张致祥．运用仲景方治疗水肿的实践［J］．陕西中医，1983，(6)：17.
[7] 赵金，邹学正．浅谈小便不利的证治体会［J］．贵阳中医学院学报，1997，19 (3)：39.
[8] 颜德馨．颜德馨临床经验辑要［M］．北京：中国医药科技出版社，2000：92.

［《四川中医》2012，30 (11)：16］

仲景治便秘方探析

吴喜华　广州中医药大学
魏志军
广州中医药大学附属深圳市中医院

便秘（Constipation）是指粪便在肠内滞留过久，秘结不通，排便周期延长，或周期不长，但粪便坚硬，排便艰难或便质不硬，虽有便意而排便艰涩不畅的一种病证[1]。从生理上讲，大便的形成与排泄主要是大肠功能，如《素问·灵兰秘典论》曰："大肠者，传导之官，变化出焉。"但与五脏的关系十分密切。《素问·五脏别论》曰："魄门亦为五脏使，水谷不得久藏。"即大肠的传导、脾胃的腐熟运化、肝胆的疏泄、肾阳的温煦以及肺气的肃降，都是正常排便所必备的条件。从病理上看，上述脏腑功能的失调都可导致便秘的发生，但其主要病位仍在大肠，病机主要是大肠传导功能失常。可以说，"便秘不离大肠，非独大肠也"。中医学认为发生便秘的机制有多种，治疗便秘的方药也很多，但人们最熟悉的不外大承气汤与大黄。但是目前临床上真正符合阳明腑实证的便秘较少，而脾胃亏虚，寒热错杂、气血津液失调、虚实相兼为常见，病情多复杂且顽固。如果概用大黄治疗，难免损伤胃气。中医治疗便秘，是针对患者不同的病因和临床表现，分别采用不同的治疗方法，通过辨证施治，达到标本兼治的目的。张仲景《伤寒杂病论》有水饮便秘、阳微结、少阳阳明合病便秘、脾约，津液内竭便秘，脾胃阳虚、阳虚冷秘、气郁便秘、脾虚寒热错杂便秘、寒积便秘、血虚热郁、实热便秘等，因此进行中医辨证治疗时，不可拘泥于教科书中的辨证治疗，而应采取证病结合，并从虚实夹杂中选方用药，可弥补其不足。现将临床辨证治疗思路概述如下。

一、五苓散

从条文来看其主治为太阳病，汗不如法，表邪不解，外邪入里，膀胱气化不行，水蓄于内，水停聚于膀胱或停留于胃肠或下焦，气化失常，津不上承或津不下泻的蓄水证，或水痞证，或水逆证。其病机主要是水液代谢紊乱所致。现代临床常用于水肿、小便不利、尿潴留、尿崩症、腹泻、眩晕等病证的治疗，用于便秘的少有报道。证治属肠枯失润，小便频数，津液渗于前，无以滋润胃肠，大便硬。五苓散利水渗湿，通阳化气，健脾布津。用桂枝甘辛而温，入膀胱及肺经，辛甘可通阳化气，气行水亦行；泽泻、茯苓、猪苓渗湿利水，推陈致新；白术健脾除湿，以助津液运化及转输，促进津液的生成，使其津液输布有常，则津液自复[2]主治：胃肠津液干燥之便秘：人体水液代谢紊乱，小便频数或少，津液渗于前，胃肠津少，大便故硬。小便频数或少，大便干硬，舌质红苔白滑，脉浮。临床用于治疗水液代谢失调证治属肠枯失润，小便频数或少，津液渗于前，无以滋润胃肠之便秘。

二、小柴胡汤

"阳微结"乃阳气郁滞，热结于大肠，津液耗伤，大便硬。少阳枢机不利，三焦气机不畅，外兼有表证，内有热郁轻浅之实滞。小柴胡汤寒热并用，攻补兼施。方中柴胡助胆气生发，疏散胆火郁滞；黄芩清里热，二药合用，则少阳之火从半表外疏，郁于半里热从内清；人参、甘草、大枣益气补中，和枢机运转，利三焦通畅；用半夏、生姜，辛散有助疏肝解郁，且和胃止呕。故胆气条达，三焦和畅，枢机运转，升降协调，"上焦得通，津液得下"。则便结自除。主治："阳微结"：阳郁气滞，少阳枢机不利，三焦气机不畅，邪气化热入里。阳气不能外达，手足冷，心下满，大便硬，舌苔白，或有水滑，脉弦细。运用于治疗肝失疏泄，胆火郁滞，枢机不利之便秘。肝胆气机不畅，升降失常。影响脾胃功能，导致大便秘结[3]。

三、大柴胡汤

本方和解少阳，通下里实。《医方集解》曰："少阳固不可下，然兼阳明腑实则当下。"方中重用柴胡为君药，配臣药黄芩和解清热，以除少阳之邪；轻用大黄配枳实以内泻阳明热结，行气消痞，亦为臣药。芍药柔肝缓急止痛，与大黄相配可治腹中实痛，与枳实相伍可以理气和血，以除心下满痛；半夏和胃降逆，配伍大量生姜，以治呕逆不止，共为佐药。大枣与生姜相配，能和营卫而行津液，并调和脾胃，功兼佐使。本方既不悖于少阳禁下的原则，又可和解少阳，内泻热结，使少阳与阳明合病得以双解，可谓一举两得。正如《医宗金鉴·删补名医方论》所说："斯方也，柴胡得生姜之倍，解半表之功捷；枳芍得大黄之少，攻半里之效徐，虽云下之，亦下中之和剂也。"然较小柴胡汤专于和解少阳一经者力量为大，名曰"大柴胡汤"。主治：少阳阳明合病。往来寒热，胸胁苦满，心下痞硬或满痛，大便硬，舌红苔黄燥，舌面干，脉弦数有力。本方用于治疗少阳阳明合病。临床以往来寒热、胸胁苦满，心下痞硬或满痛，大便硬，舌红苔黄燥，舌面干，脉弦数有力。

四、脾约丸

本方为润下的重要方剂。乃因胃肠燥热，脾津液不足，《伤寒论》称之为脾约。胃强脾弱，则脾不能为胃行其津液，津液约制不能布行而肠道失润导致大便干结，脾受胃热，津输失司，使津液不行其常道，偏渗于膀胱则小便频数，此即脾约证。方用麻仁、杏仁、白芍、养阴润燥；大黄、枳实、厚朴泻热通腑；炼蜜为丸甘缓润。本方为丸剂，食服十丸，意在缓下，润肠通便。主治：胃热肠燥，脾约便秘证。大便干结，小便频数，食欲偏旺，口干口臭，舌红苔黄燥，趺阳脉浮涩。用于胃强脾弱，脾约便秘。

五、蜜煎导方

本方因势利导，用于津伤便秘证，用润滑类药纳入肛门，引起排便，是外治法的一种，为后世栓剂纳药提供理论来源。白蜜甘平无毒，滋阴润燥，适应于肠燥便秘，或老年阴血素虚亏，大便干结难下者。中医学认为老年人年事既高，肝肾不足，多有阴虚血燥，气虚不运，亦可夹杂燥热气滞或阴寒积滞，且与肝脾肾三脏关系密切。《伤寒论》中的"蜜煎导方"是世界上最早的栓剂处方，用来治疗虚弱病人的便秘疗效显著，笔者在临床应用中发现，蜜煎导方治疗老年功能性便秘，不仅能缓解症状，而且有很好的远期疗效[4]。主治：津伤内竭，大便硬结。津液枯耗，燥矢逼近肛门，便意频频而不解。多用于老年肠燥津亏，大便干结难下。

六、白术附子汤

白术附子汤原方用于治疗风湿兼表阳虚之湿病。临床应用治疗便秘是由于脾气虚乏，无力推动肠道运动以及脾气虚乏而致水液输散失调所致。白术附子汤证出现大便硬的机理关键在于脾虚不运和脾不散津。方中以白术为主助脾运化以散津液、行大肠逐水湿不仅可配合附子除肌肉内的寒湿之邪，而且还可以消除大便秘结。主治：脾胃阳虚。脾虚不运和脾不散津。白术附子汤证出现"大便硬的机理关键在于脾虚不运和脾不散津，脾气虚弱，则一方面湿邪停滞风湿之症仍在，一方面，脾不能主宰大腹，肠道正常运动减弱，大便不行，同时脾为胃行津液的功能也下降，水津输布失衡，水液尽走前窍出而导致肠道反失其津液的濡湿更加重便秘的情况[5]。临床应用当在治疗虚证或虚实夹杂证的便秘仍以辨证论治为基础，在此基础上据便秘程度的不同加入一味大剂量生白术，其疗效明显提高，进一步证实了大剂量生白术治疗便秘的可靠疗效[6]。

七、肾气丸

本方原治虚劳、消渴、痰饮等病，之后代有发展，适应范围不断扩大。方中重用地黄滋阴补肾，填精益髓；因肝肾同源，互相滋养，故配山茱萸以补肝益肾，又因补益后天（脾）可以充养先天（肾），故取淮山药健脾以充肾，共同增强滋补肾阴的作用。配泽泻、茯苓是为渗湿利水，所配丹皮是为清肝泻火，与补益药相配，意在补中寓泻，以使补而不滞。在此基础上，再配少量的桂枝、附子温补肾阳，意在微微生长肾中阳气，深寓"阴中求阳"的奥义，正如明代大医家张景岳所说"善补阳者，必于阴中求阳，则阳得阴助而生化无穷。"主治：阳虚便秘。腰痛脚软，身半下有冷感，舌淡而胖，脉虚弱，尺脉沉细。

八、四逆散

肝主疏泄，脾主运化，消化吸收功能离不开肝胆脾胃的正常运化，忧思郁结，气滞不畅，津液不行，肠失传导而形成便秘，故用疏肝理气运转气机，肝脾得以舒畅，气机调畅、津液四布而便自通便秘亦自缓解；方中柴胡、芍药相配为肝胆药，枳实、甘草同用为脾胃药，此二组能疏肝理气、调和脾胃；芍药、甘草相伍，可以除血痹、缓挛痛，有缓急止痛之功；枳实、芍药相配，一气一血，有行气和血之能；柴胡、枳实，一升一降，升清降浊、推陈致新。纵观此方，其主要功用是畅达气机、疏肝理气、调和脾胃。其作用的部位是肝、胆、脾、胃与大肠。四逆散方药中，疏肝理脾取肝脾同治，肝脾调和，气机通畅条达，则肠腑通顺，大便无所停滞，亦无干结之理。主治：肝脾不和，气机不畅，传导失司。手足不温，脘腹胁肋胀痛，脉弦。临床使用此方加减化裁，可广泛应用于因肝脾不调、肝郁气滞所致的各种病证。而对于寒热不明显，肝脾不和，气机不畅，传导失司的便秘或称"气秘"。四逆散恰能担当此任。病机上都是升降失调，气机不畅，传导失司，故异病可以同治。

九、半夏泻心汤

本方为调和肠胃的常用方，中气虚弱，寒热错杂，升降失常而至脾胃不和，脾胃为中焦之处阴阳气机升降枢纽，脾为阴主升，胃为阳主降。中气亏虚，升降失常，易生痞、呕、利。清阳不升，浊阴不降，肠胃失和，而又可以生便秘。方用生姜、半夏、黄芩、黄连辛开苦降，消痞气，调寒热。中焦之治如衡，以平为安，人参、甘草、大枣甘温益气和中，顾护胃气。故可治疗神疲乏力，纳差，痞满，之便秘。主治：脾胃亏虚，寒热错杂，升降失常。心下痞满，腹胀，大便硬，舌苔腻而微黄。本方治疗脾胃虚弱，寒热错杂，升降失常而至脾胃不和的常用方剂。临床选用仲景半夏泻心汤加味，辛开苦降，调和寒热，旨在疏通肠道，令气机通畅，清阳自升，浊阴自降[8]。心下痞满，呕吐泻利，苔腻黄为要点。脾胃为中焦之处阴阳气机升降枢纽，脾为阴主升，胃为阳主降。中气亏虚，升降失常，故见呕吐、下利。中焦升降失常可表现为多方面，易生痞、呕、利。清阳不升，浊阴不降，肠胃失和，而又可以生便秘。或称“寒热错杂”型便秘。

十、大黄附子汤

本方证用于寒邪与积滞互结于肠道所致便秘。治当温散寒凝以开闭结，通下大便以除积滞，立温阳通便之法。本方意在温下，故重用辛热之附子，温里散寒，止腹胁疼痛；以苦寒泻下之大黄，泻下通便，荡涤积滞，共为君药。细辛辛温宣通，散寒止痛，助附子温里散寒，是为臣药。大黄性味虽属苦寒，但配伍附子、细辛之辛散大热之品，则寒性被制而泻下之功犹存，为去性取用之法。三味协力，而成温散寒凝、苦辛通降之剂，合成温下之功。主治：寒积里实。腹痛便秘，胁下偏通，手足厥冷，舌苔白腻，脉弦紧。本方为温下法的代表方，又是治疗冷积便秘实证的常用方。临床应用以腹痛便秘，手足厥冷，苔白腻，脉弦紧为辨证要点。

十一、当归贝母苦参丸

本方出自《金匮要略》，书中曰：“妊娠，小便难，饮食如故，当归贝母苦参丸主之”。论述妊娠血虚热郁小便难的证治，妊娠小便难，即后世所称“子淋”。妊娠血虚热郁，通调失职，兼湿热郁结下焦，故小便不利。方中用当归养血润燥，贝母清热开郁下气，以复肺通调之职，苦参清热燥湿而能通淋涩。原文中的“小便难”，有的医家认为是大便难之误。浙江金华沈介云指正这条“小便难”当作“大便难”，经他祖父五十年的经验和他自己试用，效验非凡。指出：“孕妇患习惯性便闭，有时因便闭而呈轻微燥咳，用当归四份，贝母、苦参各 3 份研粉，白蜜为丸。服后大便润下，且能保持 1 天 1 次的正常性，其燥咳亦止，过去吾家对孕妇照准之不任攻下者视此为秘方”。用当归贝母苦参丸治大便，非但符合理论，且下文“饮食如故”也有着落。多时疑团，一朝打破[9]。临床可用治便秘理由有四。其一、当归有润肠通便之功。其二、贝母开郁肺气，肺为水之上源，又与大肠相表里。血虚肺热郁滞往往影响大肠功能，肺之开宣正常，则肃降有度，腑气通顺。其三、苦参结合本草文献从理论上来探讨苦参之既能利小便，亦能利大便，如《别录》谓“利九窍，除伏热肠澼”。李时珍《本草纲目》谓“治热痢”。均为大便不利之症。其四、炼蜜为丸，丸者润之缓之。沈氏数代临床实践证明了当归贝母苦参丸能治妊娠大便难，有润肠道便之功。无论用于治疗妊娠小便难或大小便难或太便难，均丝丝入扣，而且也将其用于男女老幼之小便或大便难者[10]。本方治疗便秘配伍特点：其一、养血润燥，不同于麻子仁丸之津伤肠燥。其二、“提壶揭盖”之法，不同于大承气汤之“釜底抽薪”之法。中医脏腑学说明确肺与大肠相表里，况肺为水之上源。肺之开宣正常，则肃降有度，腑气通顺。其三、清热，热清津自复。主治：血虚热郁便秘。临床上治疗妊娠血虚热郁之小便难或大小便难，或大便难，或是男女老幼之小便难或大便难，均可应用。

十二、大承气汤

本方为寒下的重要方剂。使用本方时，应以痞（心下闷塞坚硬）、满（胸胁脘腹胀满）、燥（肠有燥屎，干结不下）、实（腹中硬满，痛而拒按，大便不通或下利清水而腹中硬满不减）四证及苔黄、脉实为依据。实热积滞内结肠胃，热盛而津液大伤所致。此时宜急下实热燥结，以存阴救阴，即“釜底抽薪，急下存阴”之法。方中大黄泻热通便，荡涤肠胃，为君药。芒硝助大黄泻热通便，并能软坚润燥，为臣药，二药相须为用，峻下热结之力甚强；积滞内阻，则腑气不通，故以厚朴、枳实行气散结，消痞除满，并助硝、黄推荡积滞以加速热结之排泄，共为佐使。主治：阳明腑实证。大便不通，频转矢气，脘腹痞满，腹通拒按，按之硬，甚或潮热谵语，手足濈然汗出。舌苔黄燥起刺，或焦黑燥裂，脉沉实。本方用于治疗阳明腑实之便秘。以痞、满、燥、实舌苔黄燥起刺，或焦黑燥裂，脉沉实为要点。

十三、典型病例

孙某，女，26岁。教师，2009年11月30日初诊，患者于3年前逐渐出现便秘，数日乃至1周以上行便一次，常靠泻药通便。大便呈羊屎状，无明显便意，伴腹胀，无口干，平素不喜油荤。舌淡红苔薄白，脉平。予四逆散加减：柴胡、枳壳、白芍、厚朴、桔梗、杏仁各10g，炙甘草5g，生大黄6g（后下），火麻仁15g。5剂。并嘱其若服药后大便通畅则去大黄。5日后复诊，自述服药初起稍觉痛，现腹胀减轻，大便每日一行，质地正常，继进5剂，大便通畅。后未复发。

按：临床使用此方加减化裁，可广泛应用于因肝脾不调、肝郁气滞所致的各种病证。而对于寒热不明显，肝脾不和，气机不畅，传导失司的便秘或称“气秘”。四逆散恰能担当此任。

十四、结语

便秘是一种常见，多发疾病。可以是独立的病症，也可以是多种疾病引起的一种复杂症状。随着生活水平的不断提高，饮食结构的变化以及来自精神心理和社会因素的影响，便秘的发生率在不断增加。慢性便秘往往引起患者烦躁，痤疮，失眠，纳呆，腹胀，甚至会昏迷。严重影响了人们的生活质量。因此积极开展对便秘的正确、规范、合理的治疗有非常重要的意义。西医对本病多采取对症疗法，且常用泻药，多有副作用，停药后可加重便秘的程度。中医治疗便秘有独特的优势，治法多样，根据张仲景对便秘的论治，其治法分为清下法、温下法、顺气导下、逐饮泻下、阳明三急下、少阴三急下、增水行舟等，其治疗便秘立论全面，辨证灵活，治法多样，并非实热、阴虚概之，虽以通便为主，是在辨清寒、热、虚、实，采用峻下、清下、温下、和下、润下等多种治法[11]。通便往往也是其他疾病治疗需求相结合的一种辅助疗法。中医学认为：“人体是一个有机的整体，局部的病变并非孤立的，而是与整体息息相关”。便秘亦是如此，它虽然是一个局部症状，但可引发全身多种疾病，且与肺、脾、肾、气滞、气虚、血虚有很大关系，因此临床因以整体观念、强调辨证分型、注重论治为指导[12]。本文总结出经方对便秘的一些治法，不同于传统意义上的分型，如气秘、虚秘、热秘、冷秘为纲，但有贯穿。所根据证型的不同，如水饮便秘、阳微结、少阳阳明合病便秘、脾约，津液内竭便秘，脾胃阳虚、阳虚冷秘、气郁便秘、脾虚寒热错杂便秘、寒积便秘、血虚热郁便秘、实热便秘等。分别予以通阳化气，健脾布津、调和枢机，和畅三焦、和解少阳，泻下热结、润肠行气，泻热通便、润肠通便、温阳健脾、温补肾阳、调和气机、益气健脾，调和寒热、温散寒凝、养血开郁、峻下热结等治法。从中可以看出，临床单纯腑实热秘者少见，虚型及虚实夹杂型者较多且顽固[13]。《伤寒论》寒温并用方药在临床中应用范围很广，只要我们紧扣病机，注重辨证，临床疗效是非常确切的。只有这样，经方运用的思路才能进一步拓宽，经方运用的范围才能不断扩大。

参考文献

[1] 周仲瑛．中医内科学［M］．北京：中国中医药出版社，2007：249～256.

[2] 颜惠萍．小议五苓散加味治疗便秘［J］．甘肃中医学院学报，2005，22（1）：30～31.

[3] 章浩军，郭永健．结合“阳微结”理论用小柴胡汤治疗老年性便秘100例［J］．国医论坛，2003，18（4）：8.

[4] 王成果，杨希森．蜜煎导方治疗老年功能性便秘40例［J］．中华实用中西医杂志，2006，19（17）：2988～2098.

[5] 章恪．白术附子汤之我见［J］．武汉职工医学院学报，1993（1）：41～44.

[6] 魏志军，张悦，张小惠，等．重用生白术治疗虚证便秘的临床及实验研究［J］．中国中医药科技，2003，10（4）：196～197.

[7] 张光荣，陈瑞春．四逆散治疗便秘探析［J］．中国中医药信息杂志，2007，14（6）：86～87.

[8] 王万全，唐钟涛．半夏泻心汤加味治疗功能性便秘78例［J］．陕西中医，2011，32（5）：543～544.

[9] 秦伯未．金匮要略简释［M］．北京：人民卫生出版社，1959：60.

[10] 施乃民．当归贝母苦参析疑［J］．陕西中医学院学报，1992，15（1）：42～43.

[11] 葛大胜，汪爱珍．便秘的中医治法探讨［J］．内蒙古中医药，2011，30（2）35～37.

[12] 张相安．张东岳治疗便秘经验总结［J］．中国中医药，2010，8（24）：176.

[13] 魏志军．白术升降汤加味治疗脾虚便秘126疗效观察［J］．新中医，1988，20（10）：26～27.

［《江西中医学院学报》2012，24（3）：5］

白长川教授石膏与附子同用经验

闫若庸　辽宁省大连市中医药学会门诊部
（指导　白长川）

仲景《伤寒杂病论》中寒温并用法多见，而石膏与附子同用鲜见，究其原因，后人所谓一为大寒一为大热，药性截然相反，常法断无同用之理，两者相杀，相互拮抗，降低疗效，或者寒热格拒，加重疾病，造成病情危笃。白长川教授在多年临床实践中屡用石膏与附子配伍治疗多例疑难杂症取得满意疗效，吾有幸临其门墙，体会深刻，现将二者同用之理浅谈如下。

一、石膏、附子同用探源

《金匮要略》《千金方》开石膏与附子同用之先例，见于“水气病脉证并治第十四”之越婢汤条下。越婢汤由麻黄、石膏、生姜、大枣、甘草组成，主治“风水恶风，一身悉肿，脉浮不渴，续自汗出，无大热”，方后又云：“恶风者加附子一枚。”《千金方》卷第七“风毒脚气”之越婢汤由麻黄、石膏、白术、附子、生姜、甘草、大枣组成，主治风痹脚弱，卷第十五上“脾藏上”之解风痹汤由麻黄、枳实、细辛、白术、防己（一作防风）、生姜、附子、甘草、桂心、石膏组成，均以石膏与附子配伍。后世医家之医案中亦有论述，可寻其踪迹。

二、石膏、附子及配伍效用归纳

石膏与附子可否同用，我们先对两味药的药性功效分别阐释：

（一）石膏解

《中医药讲义》从第一版至第七版均将石膏列为清热泻火药第一位，将其性味归纳为辛甘大寒，主治热在肺胃，大热大渴大汗脉洪大的阳明气分经证，然而细考仲景用药心法，该药果为大寒，抑或微寒，值得探讨；只适用于实热证，阳明四大证需具备，亦值商榷。

《本经》《神农本草经疏》《本草纲目》皆谓石膏气微寒、味辛甘无毒。《本经》曰：“主中风寒热，心下逆气，惊喘，口干舌焦，不能息，腹中坚痛，产乳，金疮。”既可用于产乳期，则性非大寒可知。张锡纯在《医学衷中参西录》中亦认为，石膏性属微寒，凉而能散，有透表解肌之力，为清阳明胃腑之圣药。

白长川教授据《本经》、张锡纯对石膏之论述，深谙仲景用药之理，并结合自己的临证所得，认为石膏性凉、微寒，药力常在上、中焦，而寒凉不至下侵，其寒凉之性远逊于黄连、龙胆草、知母、黄柏等药，毫无寒中之弊，其退热之功又远大于诸药；其味辛甘性散清透而不壅滞，其质硬气轻，煎液清淡而不腻，用之对证并不伤胃，又不同于黄连、黄芩等苦寒而燥寓有伤阴之性，所以重用无妨。归纳石膏功效主要有三：一者可清热止汗、除烦止渴，不仅用于阳明实热之四大证，无论内伤外感皆可用之，即使他脏腑有热者亦可用之，如邪热壅肺之麻杏石甘汤，取其清肺平喘之功，且石膏微寒，必重用方效，如仲景白虎汤中石膏用量达到一斤，张锡纯亦云：“实热炽盛者，必重用至四、五两或七、八两”；二者并非实热证可用，虚热证亦可用之，而用量宜轻，诸如仲景“妇人乳中虚，烦乱呕逆，安中益气”之竹皮大丸石膏仅用二分、“伤寒解后，虚羸少气，气逆欲吐”之竹叶石膏汤石膏虽用一斤，然其热实脉虚，故以人参佐石膏亦必能退热；三者又可“解肌发汗”（《别录》），用于热闭于内的无汗症，如《伤寒六书》之三黄石膏汤，取其辛散清透之性。

（二）附子解

附子，辛温大热，火性迅发，其性善行，内走肾经，通达十二经，无所不到，堪称扶阳第一要药。其彻内彻外、能升能降，上助心阳以通脉，外达皮毛而除表寒，里达下元而温痼，可入窟穴而招浮游之火，引火归原，又可“益火之原，以消阴翳”，“离照当空则阴霾自散”，凡三焦经络，诸脏诸腑，果有真寒，无不可治。如《本草纲目》引虞抟云：“附子纯阳之品，禀雄壮之质，有斩关夺将之势，能引参、术等补气药行十二经以追复散失之元阳；又可引归、地等补血药入阴分以滋养不足之真阴；引发散药开腠理，以驱逐在表之风寒；引温暖药达下焦，以祛除在里之冷湿”。

随师临床，附子用量悬殊，用于引阳归舍 3～5g 足矣，遇虚痹骨痛、阴冷沉寒，必重用其效方弘。曾有一患自诉周身冰水流窜不息，白长川教授附子用量最多达到 250g，并反复叮嘱患者附子必先煎 1h 以上，否者有中毒之弊。虽也曾有用 20g 附子不先煎的病例在案，但不怕一万，只怕万一的俗话仍是真理，古人云：“行欲方而智欲圆，心欲小而胆欲大”，用药之道亦尽于此。

前人有“附子无姜不热”之说，附子除与姜桂相配回阳救逆，与参芪相辅益气固脱外，亦可与寒凉药配伍，如与大黄合用治虚寒便秘，与黄连合用治阳虚脘痞，与茵陈合用治寒湿阴黄等。可见附子之用，贵在知常达变，病有寒热错杂者，可寒热相配，扩大其用途。

（三）石膏、附子同用探赜

寒温并用，首推仲景，《伤寒论》《金匮要略》寒温并用方随处可见，代表方有黄连汤，五泻心汤，乌梅丸等，其中石膏、附子两者合用可见于越痹汤加减方中。白长川教授认为，石膏辛甘微寒之品入气分，重用清中上焦之实火，轻用亦清虚热，既可清热止汗，又可解肌发汗；附子辛热，通达十二经络，既温元阳，又潜浮阳，能升能降，能开能通，量大温通，量小潜阳。二者合用，石膏得附子之辛热去其寒，变寒为凉，辛散遏其凉，以防寒气下流，附子得石膏而去其燥热，两药寒热相敌对，而与辛却又一致，一方面起制约作用，一方面又起协同作用，一清一温，一泻一补，相互制约，互为反佐，又相互为用，各司其职，交通心肾，水火相济，断无寒热格拒遏邪之弊，故可放胆用之。石膏与附子同用，专对既有热象，又有寒象的真寒假热、真热假寒、阴盛格阳、阳盛格阴、上热下寒、寒热错杂证而设，临床应用可见于口腔溃疡、扁平苔癣、灼口综合征、糖尿病末梢神经炎等疑难杂症。现将白长川教授临床运用石膏附子配伍同用的经验列举病案，以详观其用。

三、病例介绍

例1　林某，男，66岁。2010年7月13日初诊。口腔溃疡反复发作3年余。口腔黏膜及舌体溃疡多处，灼痛明显，食辛辣、饮酒则加重，心烦，失眠，烧心反酸，口干欲饮，大便干燥口鼻冒火感，长期间断服用万应胶囊、一清胶囊，近1月来时感胃脘嘈杂不适，食凉则胃脘隐痛，舌边红苔薄白有齿痕，脉弦细。药用升麻5g，黄连5g，当归15g，生地25g，丹皮15g，生石膏75g，炮附子5g，生甘草10g，盐柏10g，砂仁5g，焦枝10g，儿茶10g，朱砂1g（晚冲）。服药7剂，溃疡愈合，睡眠改善，大便通畅，生石膏减至50g，朱砂减至0.5g，炮附子量不变，继服14剂，随访1年未再复发。

按　复发性口腔溃疡又叫“口疮”“口糜”，周期性反复发作，西药多以维生素类治疗，疗效欠佳。该患虽然表现为心胃火盛证，但由于长期服用万应、一清胶囊，苦寒伤胃，必损脾阳，故治疗拟清胃散上清胃热，朱砂安神丸清泄心火，佐以封髓丹纳气归肾，补土伏火，儿茶清热止酸，敛疮生肌，酌加少量炮附子扶胃回阳，导龙入海，其中生石膏与炮附子寒热并用，相佐相成，水火既济。

例2　刘某，男，48岁。2010年1月5日大连市中心医院邀中医会诊。患者于2009年12月22日刀砍外伤，头颅骨折，双手臂多处离断伤及不全离断伤，失血性休克，入院进行骨折内固定，神经肌腱吻合术，断掌断指再植术，经抗感染、抗凝抗血栓、抗应激治疗2周后出现高热，上午体温37.5℃～38℃，午后渐升，酉时后38.5℃～39℃，神昏躁动，汗出，唇燥，3d未排便，舌红苔黄腻中间剥脱，脉洪数。药用金银花50g，连翘15g，青蒿10g，鳖甲10g，地骨皮15g，丹皮15g，元参15g，生地20g，竹叶10g，知母5g，酒大黄5g，厚朴15g，枳实15g，炙甘草15g，麦冬15g，生石膏50g，白参10g，柴胡10g，服药3剂，体温降至38.1℃～38.3℃，神志为浅昏迷，燥热好转，汗出减少，大便先干后稀，隔日1次，上方生石膏加至100g，知母7.5g，黄连5g，丹参25g，大黄7.5g，服药5剂后体温降至37℃以下，神志转清，便已通畅，仍有汗出，后因故停药。2月2日突感风寒，发热恶寒，得被不减，面红无汗，足凉畏寒，欲得衣被捂之，汗出热退而舒，纳可便调，小便自利，盗汗，口干渴，多饮而不解渴，舌暗红苔薄黄腐罩而不腻。药用桂枝15g，炒白芍15g，炮附子7.5g，盐柏15g，龟板7.5g，生甘草15g，砂仁5g，生石膏50g，白参5g，知母5g，炙麻黄3g，黄芪15g，5剂后热退足温，余症改善。

按　此患外伤热入营血，伤阴化燥，阳明腑实，故给予承气泻腑，增液行舟，石膏清热，佐青蒿、鳖甲透解营阴之热，金银花、连翘透营转气，病机从阳明腑热转至阳明气分，后因故停药而未继续清阳明之余热，汗出未退，久之伤阳，又感风寒，故而形成阳明经热，肾阳浮越，复感风寒，太少两感之势。施以白虎加人参汤清解阳明经热，麻黄附子细辛汤温阳解表，佐桂枝加附子汤温阳固表止汗，潜阳丹潜伏浮越之元阳。其中生石膏与炮附子寒热并用，一清一温，互佐互用，温阳助清解，泻火护元阳甚妙。

［《实用中医内科杂志》2012，26（3）：9］

褚玉霞运用经方治疗妇科病经验举隅

孙　红　河南省中医院妇产科

褚玉霞教授是河南省著名的中医妇科专家。善用经方，制方严谨是褚师临证治病的一大特色。褚师认为，仲景方组方有制，配伍有法，选药精良，功效卓著，为“方剂之祖”。不论是治疗常见病、还是疑难病，只要掌握运用之法度，投之皆可获桴鼓之效。有幸随褚师侍诊抄方学习，现将其活用经方治疗妇科疾病的病案列举一二，以飨同道。

一、百合地黄汤、桂枝汤、甘麦大枣汤合方治疗绝经前后诸证

王某，女，48岁，已婚。2010年5月20日初诊。主诉：潮热肢冷，心烦急躁半年，加重1个月。伴口干咽燥，失眠多梦，眼干无泪，阴部干涩，大便干结，舌红、苔薄，脉细。患者断经1年余，患干燥综合征2年。中医诊断：绝经前后诸证（肾阴亏虚证）。西医诊断：围绝经期综合征。药用：生地20g，山萸肉20g，石斛20g，枸杞子20g，炙百合30g，淮小麦30g，炒枣仁30g，桂枝10g，白芍25g，麦冬15g，五味子15g，柏子仁15g，知母15g，炙甘草6g，生姜3片，大枣5枚。7剂，水煎，每日1剂，早晚空腹分服。并嘱其调理情志，乐观向上，宽容大度，以平和的心态对待工作、生活及疾病。二诊来诉药后诸症有所减轻，遂以该方加减调服26剂，眼干、口干咽燥之症大为缓解，余症消失。

按　本例患者合并有干燥综合征。干燥综合征是一种以泪液、唾液分泌减少为特征的慢性自身免疫性疾病，多见与45～55岁的女性，其发病原因尚不清楚。女子“阴常不足，阳常有余”。患者年近七七，历经经、孕、产、乳，阴血数伤，则阴液亏虚，天癸已竭。阴虚阳浮，阴阳不济，营卫不和则潮热、肢冷；肾水不足，脏阴皆虚，肝木失养，心火不济，致心肝火旺，则心烦急躁，失眠多梦；阴津亏虚，失于濡养，燥从内生，则眼干无泪，口干咽燥，阴道干涩、大便干结；舌红、脉细为一派阴虚津亏之象。两病不同，病机则一。用百合地黄汤可滋养肝肾、清心安神；桂枝汤以“滋阴和阳，调和营卫”；甘麦大枣汤养心安神、缓燥和中；加山萸肉、枸杞子、石斛、麦冬、知母滋养肝肾，清热生津；五味子、柏子仁养心安神、润肠通便。诸药合用，使脏阴得养，营卫相合，阴阳协调，神魂安宁。褚师巧用《金匮要略》三方，切中病机，身心同调，而获佳效。

二、桂枝茯苓丸合薏苡附子败酱散治疗不孕症

周某，女，30岁，2010年8月5日初诊。主诉：人工流产后2年余未孕。2008年初人工流产1次，近2年余未避孕不孕，时下腹隐痛、坠胀，劳累后加重，带下偏多，色黄，黏稠。月经规律，Lmp：2010年7月23日，量中等，色黯红，有血块，痛经（+）。舌淡黯苔黄腻，脉沉弦细。2010年3月10日子宫输卵管造影显示：双侧输卵管炎。右侧输卵管不通，伞端轻度积液；左侧输卵管通而不畅，迂曲上举。妇科检查：阴道分泌物量多，色淡黄，质稠；宫颈Ⅰ度糜烂；宫体后位，正常大小，压痛；双侧附件增厚，压痛。就诊西医院，建议宫、腹腔镜联合手术，患者欲尝试保守治疗来诊。诊断：①继发性不孕症；②慢性盆腔炎（湿热瘀结证）。非经期：薏苡仁30g，败酱草30g，黄芪30g，丹参30g，茯苓15g，车前子15g，赤芍15g，路路通15g，乌药15g，川牛膝15g，牡丹皮20g，桃仁6g，桂枝6g，炮山甲10g，皂角刺10g。每日1剂，水煎服。药渣同大青盐炒热后外敷小腹，每日1～2次。并以上方每2日1剂，水煎至150～200mL，每晚保留灌肠。经期：予血府逐瘀胶囊4粒，每日3次口服；NS100mL+头孢呋辛钠1.5、替硝唑0.4静脉滴注，连用5天。月经干净后3～5天行输卵管通液。以上方为主，随症加减，连续治疗3个月。11月3日子宫输卵管造影显示：双侧输卵管通畅，左侧输卵管上举。嘱不避孕，非经期中药内服方隔日1剂，巩固疗效；康妇消炎栓，肛塞，每日1次，用至月经第16天停药。随访：患者于2011年2月27日停经31日，尿HCG（+），3月19日B超显示：宫内早孕，孕囊34mm×26mm，可见心管搏动。

按　该病主要为经行及产（人工流产）后，胞脉空虚，加之摄生不慎，湿浊热毒乘虚而入，与气血搏结于冲任胞宫所致。本病缠绵难愈，伤及正气，病机突出表现为湿、热、瘀、虚。褚师善用薏苡附子败酱散合桂枝茯苓丸加减。薏苡附子败酱散去附子加车前子以清热解毒利湿消肿；桂枝茯苓丸活血化瘀消癥；加炮山甲、路路通、乌药、皂角刺行气活血，破瘀通络；黄芪、丹参益气扶正、养血活血；川牛膝活血通络、补益肝肾，并引诸药直达病所。诸药合用，利湿清热，化瘀通络，补益正气。本方攻补兼施，湿、热、瘀同治，则冲任疏通，得以摄精成孕。本例采用中药内服并药渣局部热敷，一药多用，经济实惠，结合中药保留灌肠、经期抗炎、经后输卵管通液多途径给药，综合治疗，而见奇功。

三、桂枝茯苓丸合五苓散治疗卵巢囊肿

刘某，女，36岁，已婚。2010年6月3日初

诊。主诉：时下腹坠胀、隐痛不适4个月余。伴带下量多，色微黄，质稠，劳则加重，时有便溏，舌质淡黯、苔薄白，脉沉细。月经5～6/25～28，量中等，色黯，痛经（+），经前乳房胀痛。妇科检查：外阴已婚经产型；阴道分泌物中等，白色质稠；宫颈轻度糜烂；宫体前位，大小正常，质中，活动可，压痛（-）；右附件区触及一囊性包块，大小约6.0cm×5.0cm×5.0cm，活动，光滑，无压痛，左附件未及异常。彩超：右侧附件区可探及大小约62mm×45mm的囊性黯区，周界清，内透声可。提示：右侧卵巢囊肿。肿瘤标记物CA125、CA199、CEA、AFP均正常。患者因惧怕手术，要求中药治疗。中医诊断；癥瘕（痰湿瘀阻证）。西医诊断：卵巢囊肿。药用：黄芪30g，三棱30g，莪术30g，桂枝6g，赤芍15g，茯苓15g，猪苓15g，白术15g，泽泻15g，车前子15g，乌药15g，丹皮20g，大贝母10g，水蛭6g。每日1剂，水煎服。服7剂患者诸症消失，后随证加减治疗，共服中药25剂，复查B超示：子宫及双附件区未见明显异常。

按　患者素性格内向，时有便溏，为脾虚肝郁之体，肝郁气滞，瘀血内停，脾虚失运，水湿停留则聚湿生痰，气、血、痰、水相互罹患，聚于冲任、胞中，癖而内著则成癥积。褚师以桂枝茯苓丸去有滑肠之弊的桃仁，活血化瘀消癥；治疗太阳蓄水证的五苓散，取其通阳化气行水、健脾益气运湿之功；加车前子化湿利水，三棱、莪术、水蛭、大贝破瘀化痰散结，乌药行气止痛；黄芪补气以推动血行，扶正祛邪，以达“养正积自除”之效，又可防攻伐之品伤正。诸药合用，行气活血，渗湿利水，化痰散结。本方用药与病机丝丝入扣，寓补于攻，痰血水同治，则病告痊愈。

四、金匮肾气丸治疗梦交

郭某，女，44岁，已婚。2009年11月10日初诊。主诉：梦交2年余。伴尿频，以经期、性生活及梦交后加重，尿量偏多，色、质正常。平素腰疼，畏寒，精神萎靡，善疑多虑，纳可，失眠多梦，大便正常。舌体胖大，舌质淡红，苔白腻，脉沉细无力。该患者曾就诊于多家医院，疗效均欠佳，随来求治。患者14岁月经初潮，10/30～36，Lmp11.7，现月经第4天，经量中等，色黯，有小血块，小腹隐痛。诊断：梦交症（肾阳虚证）；经期延长（血瘀证）。药用：非经期：制附子10g，官桂6g，熟地20g，山萸肉20g，黄柏10g，茯神15g，泽泻15g，五味子15g，覆盆子15g，黄芪30g，益智仁30g，石菖蒲30g，炙甘草5g。10剂，日1剂，水煎分2次服。经期：①逐瘀清宫胶囊（自拟方：黄芪、当归、赤芍、官桂、益母草、川牛膝等）60粒×2盒，用法：4粒，日3次，口服。②三七粉9g，用法：1.5g，日2次，冲服。2009年12月10日二诊。Lmp：2009年12月1日，经期8天，经量色可。服上药后，梦交症、尿频状消失，腰疼、畏寒、精神萎靡及情志异常等症减轻。现纳可，睡眠好转，二便正常。舌淡红，苔薄润，脉沉缓。药用：非经期原方减益智仁、泽泻，加川断30g；经期用药不变。2010年1月7日：Lmp：2009年12月26日，经期6天，经量色可，诸症消失。金匮肾气丸8粒，日3次，口服1个月以巩固治疗。

按　梦交，指梦里交合。见于《金匮要略·血痹虚劳病脉证并治》。性成熟期的女性偶然的梦交为正常的生理现象，不做病论；若梦交频发，常合并身心不适则视为病态。早在《灵枢·淫邪发梦》就有：“客于阴器，则梦接内”的记载。综合本例患者症状、舌脉，乃系元阳不足，上不能温心神，下不得暖肾府、司膀胱气化所致，遂以温补肾阳的金匮肾气丸增损。方中附子、官桂温补元阳；熟地、山萸肉滋补肝肾，意在“阴中求阳”；茯神、五味子、石菖蒲养心安神开窍；黄芪、益智仁、覆盆子温肾益气缩泉；泽泻、黄柏清热利湿，寓清泻于温补之中，使补而不腻，又可防温补太过而引发相火妄动。诸药合方与证相应，攻补寒热，配伍巧妙，使命火旺盛，阴阳协调，心神守舍，则无妄梦之作。因阳气不足，失于推动、温煦，因虚而瘀，阻于冲任、胞宫，新血不得归经则经期延长，故经期以逐瘀清宫胶囊合三七粉温阳益气，化瘀止血。本例治病、调经并施，配合默契，相互呼应，则病愈经调。

[《辽宁中医杂志》2012，39（2）：346]

冯世纶教授从六经论治男科病经验

谢作钢
浙江省温州市中西医结合医院男科

冯世纶教授师承经方大师胡希恕先生，临证以六经辨治、方证对应而著称。冯老师对经方治疗男科疾病之规律，尤有研究，现将冯老师从六经论治男科病的经验汇报如下：

一、男科病从六经论治理论依据

《伤寒论》和《金匮要略》中明确提出男科病（证）采用经方论治的不多。只有狐惑、失精、房室伤、阴狐疝等几种。但张仲景提出的六经辨证乃“为百病立法”[1]，通治诸病。正如《伤寒论》序中言：“虽未能尽愈诸病，庶可以见病知源。若能寻余所集，思过半矣”。其实，与男科有关的“小便不利”，张仲景已示人从六经论治。如从太阳论治见于《伤寒论》第71条（五苓散方证）；从阳明论治见于《伤寒论》第223条（猪苓汤方证）、《伤寒论》第236条（茵陈蒿汤方证）；从少阳论治见于《伤寒论》第96条（小柴胡汤方证）；从太阴论治见于《金匮要略·消渴小便不利淋病》第13条（栝蒌瞿麦丸方证）；从少阴论治见于《伤寒论》316条（真武汤方证）；从厥阴论治见于《伤寒论》147条（柴胡桂枝干姜汤方证）。近代经方大师胡希恕先生对经方的辨证论治定义概括为“是于患病人体一般规律反应的基础上，讲求疾病的通治方法”[2]。就是说，张仲景把常见病（急慢性病、外感内伤等）发病后的症状进行归纳总结，归为六类证即为六经病，即是说，人患病后，不论是急性病还是慢性病，不论是外感、杂病，其症状反应为六类证，临床上据患者症状先辨明六经证，再进一步辨明具体方证，有是证，用是方而治愈疾病。如冯老师治疗慢性前列腺炎常从太阳、阳明、少阳、太阴、少阴、厥阴论治，分别用五苓散、猪苓汤、柴胡桂枝汤、肾着汤、真武汤、柴胡桂枝干姜汤治疗，疗效显著。

二、男科病经方辨治特点

男科病经方治疗的特点是非辨病论治，也非专方论治，而是方证对应论治，即根据症状反应进行辨证，用八纲分析症状，先辨六经，继辨方证，求得方证对应治愈疾病。

（一）析八纲、定六经

胡希恕先生明确指出，六经是“基于八纲的说明，则所谓表、里、半表半里三者，均属病位的反应。则所谓的阴、阳、寒、热、虚、实六者，均属病情的反应由于寒、热、虚、实从属于阴阳，故无论在表、里、半表半里的病位上，均当有阴阳两类不同的为证反应，这样三个病位，两种病情，亦即所谓六经者是也”[2]。由此可见，六经来自八纲，六经辨证首先要从分析八纲入手，辨清病情，再辨清病位，即可辨明六经。冯老师认为，就男科病而言，有表现为一经病者，如肾着汤方证，证属太阴。但属单一的六经病比较少见，常常是二经或三经合并为多见，如男科常用的五苓散方证，为外邪内饮、饮停化热，因成太阳太阴阳明合并证。

（二）方证对应

胡希恕先生曾说：“辨方证是六经八纲辨证的继续，亦即辨证的尖端，中医治病有无疗效，其主要关键就是在于方证是否辨得正确”。冯老师认为，辨方证不同于一般的辨证，它是一种对应性很强的辨证方法，不仅指方药与证的对应，还体现在方药用量、煎服法的对应。如麻黄附子甘草汤方证与麻黄附子汤方证、小半夏汤方证和生姜半夏汤方证、桂枝汤方证与桂枝加桂汤方证，每组中两方药味虽然相同，但其中有些药物剂量不一，故主治有别，应当细细体会。

（三）结合病因分析

张仲景之辨证论治，重在辨八纲、六经，但也重视气血、瘀血、痰饮、水湿等致病因素的辨治。如《金匮要略》中《痉湿暍病》《腹满寒疝宿食病》《痰饮咳嗽病》《水气病》《惊悸吐血下血胸满瘀血病》等篇章就湿、宿食、痰饮、水气、瘀血等进行专门论述，就是一个很好的示例。就男科疾病而论，很多是由于久坐、饮食不节、熬夜、性生活不节（洁）以及精神因素等诱因导致气血逆乱、痰湿瘀阻、精气耗伤而致病。因此，冯老师治疗男科疾病，不但进行六经分析，而且进行病因分析以及相应的药证分析。只有这样，方证相应，才真正落到实处。如临证常用的津血阴液虚而水湿热盛之猪苓汤方证、血虚水盛的当归芍药散方证、里虚寒湿下注之肾着汤方证等等均是考虑到了这些致病因素。

三、验案举隅

（一）慢性前列腺炎

患者某，男，28岁。2011年7月12日初诊：主诉尿频伴腰痛3个月。经当地医院检查，前列腺液中白细胞增多（+++/HP），诊断为慢性前列腺炎，服用抗生素等西药，疗效不满意。刻下：尿频，白天近20次，夜尿6～7次，余沥不尽，腰痛下坠，小腹坠胀，口干不明显，汗少，大便稀，舌淡，苔白，脉弦细。西医诊断：慢性前列腺炎。中医诊断：精浊，证属寒湿内滞兼有瘀血。本案辨六经属太阴病，辨方证属肾着汤合赤小豆当归散加血余炭、桑螵蛸方证。处方：炙甘草6g，干姜15g，苍术15g，茯苓15g，赤小豆15g，当归10g，血余炭10g，桑螵蛸10g。7剂。7月20日复诊：尿频减轻，白天10余次，夜间3～4次，腰痛、下腹坠胀明显好转，尚有余沥不尽，大便稍硬，口中和，纳可，舌淡，苔白，脉细；前列腺液常规检查：卵磷脂小体（++），白细胞（+/HP）。拟上方加益智仁10g，7剂。7月28日三诊：尿频进一步减轻，白天6~7次，夜间1~2次，腰痛、腹坠已不明显，小便余沥好转，大便正常。舌淡，苔白，脉细。前列腺液常规检查：卵磷脂小体（+++），白细胞（1~3/HP）。拟上方7剂继服，巩固疗效。

按　本病即《金匮要略》之“肾着之病”。《金匮要略·五脏风寒积聚病》曰：“肾着之病，其人身体重，腰中冷，如坐水中，形如水状，反不渴，小便自利，甘姜苓术汤主之”。其中“小便自利”并非指小便正常，“犹曰‘不禁’”（《类聚方广义》）。这里应包括“尿频”。故冯老师每遇尿频、遗尿、尿不尽、尿不畅等，如属寒湿内滞者，多予甘姜苓术汤治疗。如有腰重坠胀感者，更为合适。本方由甘草干姜汤加味而成。甘草干姜汤出自《金匮要略·肺痿肺痈咳嗽上气病》，具有温补中阳的作用，乃治疗“上虚不能制下”所致“遗尿，小便数”之祖方。“苓术并用，故反治小便自利”[3]。本案另加赤小豆当归散利水活血；血余炭、桑螵蛸消瘀缩尿。全方共奏温化寒湿、活血祛瘀、温肾缩尿之功。方证相应，故取效明显。

（二）早泄

患者某，男，31岁。2011年7月12日初诊：早泄半年余，伴心慌、肢冷。曾服用抗抑郁药及中成药等均未见明显疗效。刻下：早泄，房事不到1min，抽动不到10次，甚至临门即射，心慌，下肢冷，善太息，口干，汗出多，大便溏，日行1次，舌暗，苔白，脉细弦数。西医诊断：早泄。中医诊断：早泄，证属津伤浮阳不敛。本案辨六经属太阳、太阴、阳明合病，辨方证属二加龙骨汤加苍术、茯苓、生薏苡仁方证。处方：桂枝10g，白芍10g，白薇12g，生龙骨、生牡蛎各15g，苍术15g，川附片15g，生姜3片，大枣4枚，炙甘草6g，茯苓12g，生薏苡仁18g。7剂。7月20日复诊：性功能改善，房事可坚持2~3min，心慌减轻，上周遗精2次，汗出多，尤其晚上汗出多，胃脘胀痛，怕冷，口中和，舌暗，苔白，脉细。原方川附片加量至20g，另加金樱子10g，7剂。7月28日三诊：心慌气短消失，精神好转，性生活进一步改善，时间可达5~6min，余症消失。舌淡，苔白腻，脉弦细。上方7剂，巩固治疗。

按　二加龙骨汤见于《金匮要略·血痹虚劳病》：“夫失精家，小腹弦急，阴头寒，目眩发落，脉极虚芤迟，为清谷、亡血、失精，桂枝龙骨牡蛎汤主之”。《小品》云：虚弱浮热汗出者，除桂加白薇、附子名曰二加龙骨汤”。冯老师常用本方加桂枝治疗男性病。先生在《解读张仲景医学》一书提到：“失精、梦交，多由情欲妄动，神志不宁，因生梦幻所致。其病也基于汗出津伤、荣卫不和。龙牡之用，不只为固精，还重在敛神定志而止胸腹动悸，合用桂枝汤调荣卫和气血，本方是该证的正治。《小品》云‘虚弱浮热汗出者，除桂加白薇、附子，名曰二加龙骨汤’，是该证的变治，用此二方适证加减，确有奇效”。早泄、遗精均为津伤浮阳不敛所致，故治理相通。本案另加苍术、茯苓、生薏苡仁为去太阴寒湿。二诊加重川附片，重在温阳，另加金樱子固精。方证相对，故疗效卓著。

参考文献

［1］柯琴．伤寒来苏集［M］．上海：上海科学技术出版社，1986：158.

［2］冯世纶，张长恩．解读张仲景医学［M］．北京：人民军医出版社，2011：60~61.

［3］冯世纶，张长恩．张仲景用方解析［M］．北京：人民军医出版社，2005：324.

［《中华中医药杂志》2012，27（10）：2571］

冯世纶运用经方治疗男科疾病的经验

谢作钢　浙江省温州市中西医结合医院

冯世纶教授得经方大家胡希恕先生之真传，临证以六经辨治方证相对而著称。对经方治疗男科疾病之规律颇有研究，现将其经验介绍如下：

一、男科疾病从六经辨治

《伤寒论》的六经辨证不仅为外感病而设，同样可用于治疗各种杂病，故柯韵伯在《伤寒论翼》的序言中说：“原夫仲景之六经，为百病立法，不专为伤寒一科。伤寒杂病治无二理，咸归六经之制节。”俞根初在《通俗伤寒论》更是提出“六经钤百病”之说。冯老认为男科疾病完全可从六经辨治。因为，经方辨证不是从病因病机推理，而是分析临床症状得出辨证。男科疾病的辨证亦是如此，即从局部与全身症状出发，先辨八纲以定六经，再辨方证。对于一些确实无证可辨者，冯老认为可试着从太阴病论治，即从里虚寒的方向考虑。值得一提的是，冯老的六经辨治分类，有自己独特的理论见解。认为太阳病为表阳证，用汗法；少阴病为表阴证，用强壮发汗法；阳明病为里阳证，用清热法；太阴病即里阴证，用温补法；少阳病即半表半里阳证，用和解清热法；厥阴病即半表半里阴证，用强壮和解清上热温下寒法。至于具体治疗用药还要清楚方证对应理论。

二、经方辨证——方证对应

冯老认为：治病，尤其是治疗一些久治不愈的疾病，一定要落实到大经大法上，先分清病在六经中的哪一证经，疾病是在表在里在阴在阳，还是属热、属寒、属虚、属实。这样六经即定，八纲已明，才可以进一步辨该病是六经中哪一个方的方证。

冯老还认为，辨方证不同于一般的辨证，它是一种对应性很强的辨证方法。方证对应具有丰富的科学内涵，不仅指方药与证的对应，还体现在方药用量、煎服法与病情（寒、热、虚、实、表、里）的对应。故辨方证要比辨六经难。胡希恕先生曾说：“辨方证是六经八纲辨证的继续，亦即辨证的尖端，中医治病有无疗效，其主要关键就是在于方证是否辨得正确。不过方证之辨，不似六经八纲简而易知，势须于各方的具体证治细玩而熟记之。”

冯老采用经方治疗男科疾病常效如桴鼓，正是基于方证对应的谙熟运用。如治疗慢性前列腺炎常分为外寒内饮之五苓散方证；病久津血阴液亏虚而水湿内盛之猪苓汤方证；营卫不和、外寒内饮，病久精血虚而水饮盛，湿久郁而生热，上扰神明之桂枝龙骨牡蛎汤合猪苓汤方证；里寒饮停之小建中汤方证；里虚寒之寒湿下注之肾着汤方证；寒湿痹阻、阳虚水气上犯的真武汤方证；邪郁半表半里、寒多微有热的柴胡桂枝干姜汤方证；血虚水盛的当归芍药散方证；上热下寒的甘草泻心汤方证；里虚外寒、气化不利的肾气丸方证；太少合病的柴胡桂枝汤方证。有是证用是方，做到方药对证，药到病除。冯老辨证之精细，由此可见一斑。

三、验案举例

叶某，男，42 岁，工人。2011 年 6 月 22 日初诊。患者尿频、余沥不尽 1 年余。曾经多家医院检查，诊断为慢性非细菌性前列腺炎。经西医治疗，疗效不满意，故慕名而求诊于冯老。刻下：尿频，白天 10 余次，夜间 1 ~ 2 次，伴有余沥不尽，口干，汗出，大便 2 日 1 行，皮肤有小疹。舌淡、苔白，脉细。证属太阳、太阴、阳明合病。治拟解表化饮、利湿清热排脓。五苓散合赤小豆当归散：桂枝、苍术、泽泻、猪苓、当归各 10g，茯苓 12g，赤小豆 15g。7 剂，水煎温服，每日 2 次。禁酒，忌辛辣刺激之品。7 月 2 日复诊：服上药后，尿频明显减少，白天小便 6 ~ 7 余次，偶有夜尿，余沥不尽尚有，大便偏溏，口中和，汗出怕风，身痒起小疹伴有刺痛，会阴偶有刺痛。舌淡、苔白，脉细。证属太阳、太阴合病，系营卫不和、湿毒瘀阻，桂枝汤合赤小豆当归散加减：桂枝、白芍、荆芥、防风、当归、血余炭各 10g，白蒺藜、赤小豆各 15g，蛇蜕 5g，炙甘草 6g。7 剂。7 月 11 日三诊：尿频已除，余沥减轻，余症消失。上方加薏苡仁 30g，续服 7 剂而痊愈。

按慢性非细菌性前列腺炎属中医“精浊”范畴。冯老治疗本病，先辨八纲、六经，再辨方证。本例患者初诊症状为尿频、余沥不尽、口干、汗出、皮疹，舌淡、苔白，脉细。辨六经属太阳、太阴、阳明合病，辨方证属五苓散合赤小豆当归散证，故立解表化饮、利湿清热排脓为法，予五苓散合赤小豆当归散而取效。

冯老将五苓散方证归入太阳太阴阳明合病中，指出本方证的辨证要点为：太阳表虚证兼见心下停饮、小便不利、口干等。临证凡见汗出、口干、尿频或尿不利者，当属外邪里饮之太阳、太阴、阳明合病，为五苓散证。本方集猪苓、茯苓、泽泻、白术（苍术）等药，重在逐内饮；桂枝降气冲以解外，诸药配伍，解表利水，故治外邪内饮化热，脉浮，气冲水逆，渴而小便不利者。赤小豆当归散方见于《金匮要略·百合狐惑阴阳毒病脉证并治第三》，其曰：“病者脉数，无热，微烦，默默但欲卧，汗出，初得之三四日，目赤如鸠眼，七八日目四眦黑，若能食者，脓已成也，赤小豆当归散主之。”《金匮要略·惊悸吐衄下血胸满瘀血病脉证并治第十六》曰：“下血，先血后便，此近血也，赤小豆当归散主之。”方中赤小豆利湿排痈肿脓血，当归养正祛瘀。

急性前列腺炎，中医称为“悬痈”，慢性前列腺炎也可当“痈”治疗，况本案尚有皮疹，也属“疮疡”范畴。赤小豆汤为冯老临证常用方，取其利湿活血之功，与五苓散合用，解表化饮、利湿排脓，方证相对，故复诊即见尿频明显减少，且见口中和、汗出怕风、会阴偶有刺痛等，证转为营卫不和、湿毒瘀阻，故取桂枝汤合赤小豆当归散加减，乃方随证变，随证治之。可见，经方辨治，并非“效不更方”，而是“随证治之”，充分体现了辨证论治、方证对应的理论。

［《浙江中医杂志》2012，47（1）：6］

江顺奎主任运用泻心汤类方经验介绍

杨春艳　范　平　侯　敏等
昆明市中医医院
（指导　江顺奎）

泻心汤类指半夏泻心汤、生姜泻心汤、甘草泻心汤、大黄黄连泻心汤、附子泻心汤、干姜黄连黄芩人参汤，黄连汤等方。仲景开创辛开苦降之法，拟定泻心汤类方，治脾胃虚弱，升降失调，湿热内停之证，千百年来久用不衰。江顺奎主任医师乃全国第一批中医优才人员、云南省名中医，笔者有幸师从于江顺奎主任，学习老师运用泻心汤类方治疗多种疾病经验，现举例介绍如下：

案1　患者刘某，女，25岁。因反复外阴溃疡，口腔溃疡2年，双膝关节疼痛2月，于2011年6月14日就诊。诉外阴溃疡，口腔溃疡反复发作2年，开始曾怀疑“梅毒”，反复查RPR阴性，未能确诊，又在口腔科按口腔溃疡治疗无效。1年前右足中趾末端溃疡经成都军区43医院查ANA谱、RF、CRP正常，免疫球蛋白IgG增高，皮肤针刺反应阳性，诊断“白塞病”，用泼尼松，来氟米特，白芍总苷，正清风痛灵及右足局部换药，右足溃疡愈合，口腔、外阴溃疡无好转遂停药在院外服中药治疗。刻诊：口腔及外阴溃疡，局部灼热、疼痛，以致行走、吞咽、咀嚼困难，近2月出现双膝关节肿胀、疼痛，纳眠可，口干，二便调，舌尖红苔根白腻，脉沉。西医诊断：白塞氏综合征。中医诊断：狐惑，证属湿毒内蕴三焦。治法：祛湿解毒。方用甘草泻心汤加减：生甘草30g，黄连20g，黄芩15g，党参15g，干姜10g，法夏15g，大枣15g，苦参10g，忍冬藤30g，银花15g，连翘10g，滑石10g，白茅根15g，芦根20g。水煎服，每天3次，每日1剂。服上方加减30余剂，口腔及外阴溃疡痊愈。

按　本病在《金匮要略》称狐惑病[1]，用甘草泻心汤治疗。患者脾胃气虚，中焦水饮积聚，久郁化热，热又蒸水，遂成湿热之证。湿热之邪居无定所，如狐之多变，故古人称之为狐惑。仲师以姜参枣草补中益气治其本；半夏祛中焦之水邪兼化痰湿，则中焦可安；芩连配姜夏，苦降辛升，湿热之邪无所藏也。甘草是本方主药，有修复黏膜作用，如《伤寒论》以一味甘草治咽痛，即是咽喉部黏膜充血炎变。狐惑病类似于现代医学的白塞氏综合征。然而，把甘草泻心汤作为狐惑病的专方看待，似乎仍未揭示本方主治的实质。甘草泻心汤是治疗脾胃之方，因胃虚不能调理上下，故出现上火之口腔溃疡，下寒之大便溏泻，中焦之脾胃痞满。所以用甘草泻心汤，可以上治口腔溃疡，下治大便溏泻，中治脾胃胀满，如果在临床上遇到上热、下寒、中满的病症，都可以应用甘草泻心汤治疗。总之，本方的临床运用要善于举一反三，不能被“蚀于喉”“蚀于阴”的条文障主眼目。

案2　张某，女，28岁。因停经48天，恶心呕吐3天就诊。呕吐食物及清水，不思饮食，头昏乏力，四肢不温，口干不思饮。面色白，舌质淡红，苔薄白少津，脉濡。尿HCG阳性。诊断：妊娠剧吐。中医诊断：妊娠恶阻，证属脾胃虚弱，胃失和降。治法：辛开苦降，和中止呕。处方：干姜黄芩黄连人参汤加味：干姜20g，黄连10g，黄芩10g，红参15g，竹茹30g。水煎服。每天小剂量频服。服上方2剂呕吐得愈。

按　中药治疗妊娠剧吐，以小量频服为宜。妊娠剧吐多见于素体脾胃虚弱或虚寒者，用药不宜过重，处方不宜过杂。干姜黄芩黄连人参汤治用辛甘，复用苦寒，共达辛开苦降，恢复脾胃升降功能的功效。本案用原方重加竹茹30g降逆止呕，收桴鼓之效。原方治正虚上热下寒内阻之食入即吐证，干姜、黄芩、黄连、人参并用，辛开苦降，甘和相配，寒热攻补升降相济相制，勿以方小而不用也。在半夏泻心汤、甘草泻心汤、生姜泻心汤、乌梅丸中都用此四味药，因此，可以认为干姜芩连人参汤为泻心类方的原方。妊娠恶阻属虚寒无热者，则另当别论也，可用仲景治妊娠呕吐不止之干姜人参半夏丸。

案3　李某，男，41岁。因腹痛腹泻3年就诊。患者腹痛腹泻3年，大便稀溏，每日2～3次，腹胀，腹中肠鸣如雷，口干欲饮，时发干呕，纳可，无脓血便。体型消瘦，舌质红，苔白厚腻，脉沉。电子肠镜检查未见异常。诊断：肠易激综合征。中医诊断：泄泻，证属脾虚湿热。治法：辛开苦降，方用生姜泻心汤加减：生姜25g，黄连12g，黄芩12g，党参20g，法夏15g，陈皮15g，赤石脂30g，大枣15g，茯苓15g，木香10g，甘草5g。水煎服，每日1剂。服上方3剂，腹泻、腹胀、肠鸣明显减轻，舌苔渐退。效不更方，再进6剂，症状消失，予参苓白术散善后。

按　仲景五泻心汤共同的病机是湿热内蕴，生姜泻心汤为脾胃虚弱，湿热内蕴，兼杂胁下水气。本案的表现及病机与《伤寒论》[2]157条同出一辙，故用之能收应收之效。

案4 曹某，女，67岁。因右下牙龈肿痛4天就诊。右下牙龈肿痛，伴口舌灼热，咽干，口渴思饮，有痰，头昏，大便稀溏，每日2~4次，无脓血便。查右下牙缺失、牙龈红肿，舌质淡红，苔白，脉沉细。诊断：牙龈炎，证属上热下寒证。治法：清上温下。方用附子泻心汤加减：附子9g，黄连10g，黄芩15g，银花30g，连翘15g，忍冬藤30g，甘草15g，水煎服，每日1剂。服药3剂，牙龈疼痛、口干舌燥等症消失，大便仍稀，继以参苓白术散巩固。

按本案牙龈肿痛，口舌灼热，咽干，口渴，一派火热上攻之象。然大便稀溏，舌质淡、苔白，脉沉细又与上症形成冰火两重天的反差。实为上热下寒之证，用附子泻心汤甚为合拍。但患者大便稀溏，故去大黄；火热上攻之势甚为嚣张，因此附子用量宜小，更加银花、连翘、忍冬藤，生甘草清解热毒而治之。

案5 苟某，男，32岁。因遗精半年就诊。诉遗精半年，1~2d1次，曾服中药五子衍宗丸，清心莲子饮等方无效。精神疲乏，口苦，口中粘腻不适，饮食无味，舌质偏红，苔黄厚腻，脉滑。诊断：遗精，证属湿热阻滞中焦。半夏泻心汤合三仁汤加减先除湿热。法半夏15g，黄连5g，黄芩15g，党参15g，干姜15g，大枣15g，薏苡仁30g，杏仁12g，白蔻仁6g，厚朴12g，川木通5g，滑石10g，淡竹叶5g，生甘草5g。水煎，每日1剂，分3次服。本欲先除湿热，再图治疗遗精，不期服上方3剂，3d未出现遗精，口中粘腻感也减轻，舌苔渐退。患者喜出望外，因久治无效，生怕换方后效用减低，要求原方多服几剂。见湿热见证还在，遂从患者意又服6剂。服药后遗精未出现，精神状态及饮食好转，舌中根部白苔稍厚。改用六君汤合五子衍宗丸、桂枝加龙骨牡蛎汤化裁。

按 半夏泻心汤本为治疗痞证之方，不料辨证论治，针对湿热处方，竟获良效，究其原因，遗精也是湿热所致。明代戴元礼说“三泻心汤用治湿热最当”，当作如是观。

综上所述，《伤寒论》泻心汤类方均为主治痞证之剂。痞，《释名》谓“气痞结也”，成无已注“否而不泰为痞”，乃升降失常，阴阳不调，寒热互结，虚实错杂，上下不能交泰而致。诸泻心方大多寒热并用，补泻兼施，而有和解阴阳、调畅枢机之功。各泻心汤方多刚柔相济，配伍精当，所谓“泻心”实即“和解”，后世在临床应用《伤寒论》泻心汤，实际已远远超出原书的治疗范围。程钟龄说：“和之法，变化无穷也”，只要善于掌握其主要法则，就可运用自如。

参考文献

[1] 李克光，杨白茀．金匮要略讲义［M］．上海：上海科学技术出版社，1994：44~45.

[2] 李培生，刘渡舟．伤寒论讲义［M］．上海：上海科学技术出版社，1985.

［《云南中医中药杂志》2012，33（5）：6］

高荣林教授关于失眠的学术观点以及调理脾胃治疗失眠的经验

章 波 卢建新

中国中医科学院广安门医院骨科

（指导 高荣林）

高荣林教授1969年毕业于北京中医学院（现北京中医药大学），1979年考取中国中医研究院（现中国中医科学院）研究生班，获医学硕士学位。高荣林教授师承路志正、董德懋二老，熟谙《黄帝内经》《伤寒杂病论》《脾胃论》等多部医学经典，崇尚仲景学说，重视人整体的协调统一，辨证注重脏腑关系，临床讲求权变调理，临床实践中注重对脾胃的调理，认为调理脾胃不仅可以用于脾胃疾病的治疗，还可广泛运用于其他系统疾病的防治当中。本文介绍了高荣林教授“五脏六腑皆令人失眠”的学术观点，重点介绍脾胃与睡眠的关系、脾胃失调导致失眠的病因病机、主要治法。

一、五脏六腑皆令人失眠

依据中医睡眠学说，睡眠是人体整体的生命活动形式，睡眠与人体阴阳、气血、脏腑息息相关。阴阳的和调平秘，气血的充盛调畅，脏腑的协调统一，气机升降的和顺，神魂魄意志的安宁，是睡眠的必要条件。因此，失眠发生的机制也是多元性的，人体阴阳、气血、脏腑不论哪一个环节失调，都会出现睡眠障碍。可以说五脏六腑皆令人失眠。

（一）心令人失眠

《灵枢·本神》说：“所以任物者谓之心。”心具有接受外来信息的作用。古人之所以把心称作“五脏六腑之大主”，是与心主神明的功能分不开的。五志唯心所使，故《类经·疾病类》指出：“心为五藏六府之大主，而总统魂魄，兼该志意。故忧动于心则肺应，思动于心则脾应，怒动于心则肝应，恐动于心则肾应，此所以五志唯心所使也。”失眠总体是神志不安其舍所致，神志总统于心，各类失眠皆由心生，故心令人失眠。具体心脏而论，心主血脉的功能失常，如心气不足，心血虚少，心阴亏损，心阳衰弱，血脉运行不畅，均会影响心神，出现失眠。《类经·疾病类》说：“情志之伤，虽五脏各有所属，然求其所由，则无不从心而发。”心之官则思，五志或扰动心神，会发生失眠。正如张景岳所说：“心为事扰则神动，神动则不静，是以不寐也。”心为阳中之太阳，五行属火，心火欲潜欲降，下交于肾，心火上炎，心肾不交，会产生失眠。心为君主之官，聪明智慧，不为邪侵，若痰热沃心，心神不宁，也是失眠的重要原因。治疗心因性失眠，常需养心、清心、通心、宁心。养心常用补益心气，养心安神；滋养心血，养心安神；滋补心阴，养心安神；温补心阳，养心安神法等。清心，常用泻火导热，清心安神；滋阴降火，交通心肾，清心安神等法；通心，或化痰泄浊，宽胸安神，或活血化瘀，通脉安神等法；宁心，可用龙骨、牡蛎、龙齿、琥珀等重镇安神药，或用炒酸枣仁、夜交藤、柏子仁、远志等滋养安神药。

（二）肺令人失眠

肺为相辅之官，主宗气，司呼吸，统治节。肺主一身之气，肺吸入自然界之清气，与谷气合而积于胸中，成为宗气。宗气司呼吸，贯心脉，行气血。肺主气，司呼吸，是人体基本的生命体征。宗气旺盛，贯心脉，行气血，血脉周流。呼吸节律，出入有序，宣降调畅。息道宣通，则卫津敷布周身；水道通调，则水液下输。如是心神安宁，肺魄守舍，则睡眠安稳。若肺气虚弱，或影响肺气的宣发，气道不利；或宗气不足，波及心血的运行，血脉瘀滞；或肺不温煦，魄神失养；或肺失濡润，津伤魄躁；或痰浊阻肺，呼吸不畅；或肺气不降，水道不利；或卫气虚损，营卫不和。凡此种种，皆可导致失眠。肺脏引起的失眠，可用补肺、养肺、宣肺、肃肺、调和营卫的方法治疗。补肺，重在补益肺气，可用保元汤；养肺是指养阴润肺，可以百合地黄汤；宣肺旨在宣表通窍，常用白牛宣肺汤；肃肺主以降气利水，每用苏子降气汤。

（三）肝胆令人失眠

《灵枢·本输》：“肝合胆，胆者中精之府。”胆藏精汁，与其他五腑传化物，转糟粕不同，故称中精之腑。《素问·灵兰秘典论》：“胆者，中正之官，决断出焉。”中正之官，故能主决断。《素问·六节脏象论》说：“凡十一脏取决于胆也。”肝主藏血，体阴而用阳，能够疏泄条达，调节情志，疏调气血，促进胆汁分泌与排泄，协助脾胃消化，又疏通水道，调理冲任。《灵枢 本神》说：“肝藏血，血舍魂，肝气虚则恐，实则怒。”魂以血为养，肝血充足，则魂得血养，魂安其舍，夜寐安宁；肝气健行，魂得温煦，运作自如，睡眠平和。肝主疏泄，气机疏通畅达发泄，升降出入有序，气血和调，脏腑协调，魂魄安康，睡眠和谐。肝主疏泄，调畅气机，血液运行，经脉流畅，营卫营周不休，夜半而大会，人即安眠。肝主疏泄，调节情志，精神舒畅，魂守其舍，人能安眠。肝阴、肝血不足，魂失所养，魂魄飞扬，失眠多梦。肝血亏损，筋脉不荣，拘挛抽搐转筋，发生失眠。肝藏魂，与睡眠的关系尤为密切。肝气虚则恐，魂受惊扰，忐忑不安，发生失眠。思虑、喜怒过度，致肝气郁结，肝失疏泄，气血不和，魂不安其宅，发生失眠。或气郁化火，火热扰心，可致失眠。怒则气逆，肝阳上扰，血随气涌，亢而不下，升降失调，魂魄不宁，发生失眠。或肝郁化火，火热内逼，神魂被扰，发生失眠。或情志不遂，疏泄失职，生痰（湿）化火，痰（湿）热内扰，也会出现失眠。胆主决断，心胆虚怯，心神失养，神不收持，胆难决断，则发生失眠。胆气郁阻，肝失条达，气机不畅，魂不守舍，发生失眠。肝脏令人失眠，治疗常从补肝、柔肝、疏肝、平肝、清肝、温胆等方面来治疗。肝阴、肝血不足者，治以补肝，阴血充而魂自安，常用一贯煎、四物汤等。肝气血不足，筋脉失养，或肝阳上扰者，治以柔肝、平肝，常用芍药甘草汤、镇肝熄风汤。肝气郁结者，常用逍遥散、柴胡疏肝汤。肝郁化火者，治以清肝，用丹栀逍遥散，而痰热、湿热者，治以清热化痰、清利湿热，可以黄连温胆汤、龙胆泻肝汤。心胆虚怯者，治以温胆宁心，可用十味温胆汤。邪郁少阳，胆郁痰热者，治以和解利胆，方用柴胡加龙骨牡蛎汤、安神定志丸。

（四）脾胃令人失眠

胃为水谷之海，受纳腐熟水谷，其气通降下行，与脾以膜相连，脾胃相表里。《素问·五脏生成论》说：“脾胃大肠小肠膀胱三焦者，仓廪之官，营之居也，名曰器，能化糟粕，转味入出者也。”脾主运化，为后天之本，气血生化之源，脾胃健运，散精于肝，浊气归心，精气归于肺，留于四脏，脏腑调和，人得以安眠。脾胃是气机升降的枢纽，脾的清阳之气主升，津液赖脾气上升而输布周身，胃的浊阴之气主降，糟粕得以下行，六腑满而不实，升降出入，新陈代谢，气机和谐，人能安眠。若脾胃功能失调，后天虚馁，气血乏源，脾胃气虚、心血不足，肝失血养，肺气不续，肾精匮乏，脏腑失和，发生失眠。若脾胃中焦壅塞，肝气不疏，肺气不肃，心不下交，肾乏上济，气机失调，升降乖张，则发生失眠。治疗当调理脾胃，补脾、运脾、和胃、通腑，以复其常，人即安眠。补脾，可用四君子汤。运脾，可用六君子汤。和胃选用平胃散、半夏泻心汤之类。通腑，常用酒大黄、熟大黄、焦三仙、莱菔子、火麻仁等药。

（五）肾令人失眠

肾精是人体生命活动的根本，肾精充足，则身体强壮，肾精化气，肾阳温煦脏腑，为全身功能活动的原动力，肾阴是生命活动的物质基础，为人体最宝贵的精微物质，肾精充盛，气化健旺，五脏的得养，动力有源，脏腑和调，睡眠安和。心火肾水，一阴一阳，心火下降，肾水上升，水火既济，心肾相交，阴阳交通，人即安眠。肾阴充足，滋养肝木，肝阳和平，人得安眠。若肾阴亏虚，阴不敛阳，阳气浮越，发生失眠；或肾气不足，精神不振，神思恍惚，则睡不深沉；肾阴亏耗，不能上济，心火浮躁，心肾不交，发生失眠；肾居下焦，为湿热秽浊留聚之所，若湿热下注，熏蒸上扰，神魂不宁发生失眠。肾令人失眠，治以补肾温肾、清肾、交通心肾法；补肾可选六味地黄丸、杞菊地黄汤；温肾可用右归丸、金匮肾气丸；清肾或用知柏地黄丸；交通心肾用交泰丸。

人是统一的整体，五脏相关，发生失眠各脏腑可能会相互影响，或为多个脏腑的功能失调，治疗当统筹兼顾，和调脏腑关系，灵活运用，不必拘泥。神统摄于心，无论什么原因发生失眠，治疗时均应治心调神以为常法。

二、脾胃不和卧难安

《素问·五脏生成论》说：“脾胃大肠小肠膀胱三焦者，仓廪之官，营之居也，名曰器，能化糟粕，转味入出者也。”脾胃是气血生化之源，气机升降的枢纽，为后天之本。

（一）脾胃和睡眠的关系

1. 化生精微，浊气归心，散精于肝　脾胃为仓廪之官，胃主受纳，脾主运化，共同完成饮食的纳化，水谷精微的输布。《素问·经脉别论》说：“食气入胃，散精于肝，淫气于筋。食气入胃，浊气归心，淫精于脉。脉气流经，经气归于肺，肺朝百脉，输精于皮毛。毛脉合精，行气于腑。腑精神明，留于四脏，气归于权衡。”说明脾胃所化水谷精微营养肝脏，肝体得养，肝体阴而用阳，肝脏的生发功能才得以正常发挥。食气入胃，浊气归心，精微物质营养心脏，有了物质基础，心主神明功能才能正常发挥。人体是有机的统一整体。脾胃为后天之本，孤脏以溉四旁，五脏六腑皆秉脾胃之气以升息。元气是人体生命活动的原动力，由先天之精化生而来，其后则赖后天之精不断地补充滋养。正如《脾胃论·脾胃虚则九窍不通论》所说：“真气又名元气，乃先身生之精也，非胃气不能滋之。”因此，脾胃发生病变，必然影响到其他脏腑，引起疾病。如脾胃气衰，则元气不足，心火独盛，营血大亏，而生心病，脾胃虚弱，不能散精于肝，或土壅木郁，而见肝病。脾胃在整体中具有重要地位，善治脾胃者，可以调五脏。同时，调五脏也可以治脾胃之病。

2. 升清降浊，交通心肾，和胃安神　脾胃位于中焦，心位于上焦，肾位于下焦，正常情况下，心火下降于肾，肾水上济于心，心肾相交，人体阴阳平衡。病理情况下，心肾不交，肾水不能上济于心而致心悸、怔忡、失眠健忘、遗精等一系列病证。元代朱丹溪《格致余论》中云：“人之有生，心为之火居上，肾为之水居下，水能升而火能降，一升一降，无有穷矣，故生意存。”指出只有水火既济，阴阳相应，才是人体的正常情况，同时亦指出，水火阴阳相济，全赖于升降，心火下降于肾，使肾水不寒，肾水上济于心，使心热不亢。阴阳、水火相互补充，相互制约为用。然而心处上焦，膈膜之上；肾居下焦，卧于腰府，位置一上一下，相距甚远，心肾又是通过何种途径相交。唐容川指出：“水火两脏，皆系先天，人之授胎，以先天生后天，从之既有，以后天生先天，故水火两脏全赖于脾。”从先后天的关系之中阐述了心肾与脾胃的关系，脾为后天之本，气血生化之源，脾气健运，将摄入的水谷转化成精微物质，一方面化生先天之精藏肾，使先天得后天之滋养，另一方面化生的精微物质在心火作用下，生成血，藏于肝。正如《血证论》中言：“血生于心火而下藏于肝，气生于肾而上注于肺，其间运行上下者脾也。”脾气健运，生化无穷，则心火壮，肾水盈，升降有源充沛。又脾气主升，胃主降，脾胃为气机升降之枢纽，水火运行之通道。”《四圣医源》曰：“脾为己土，以太阴主升，胃为戊土，以阳明为降……中气者合济水火之机。”由此可察，肾水可借太阴之所升而升，心火可倚阳明之所降而降，使水火交泰，坎离互济。《四圣医源》又示：“脾升，肾肝高升，故水木不郁，胃降，则心肺亦降，故金火不滞火降则水不下寒，水升则火不上热，平人下温上清者，以中气之善运也。”

表明只有中焦脾胃升降得畅则水火既济。若有形之实邪困阻脾胃，清气不升，浊阴不降，转枢失灵，水火不得升降，交通受阻，或脾胃气虚，心肾无滋，水火交通无源，均致心肾不交，水火不济。正如清代医家张乃修所说：“不知水火之不济，非水火之不欲济也，有阻我水火相交之道者，中枢是也。”此中枢即脾胃。以上充分说明中焦脾胃的功能对心肾相交的作用。

（二）现代脾胃失调失眠的病因

1. 思则气结　七情为病，《内经》有“百病生于气”的论断。《素问·举痛论篇》说：“百病生于气也，怒则气上，喜则气缓，悲则气消，恐则气下，寒则气收，炅则气泄，惊则气乱，劳则气耗，思则气结。”又说：“思则心有所存，神有所归，正气留而不行，故气结矣。”脾在志为思。现代社会起了巨大的变化，改革开放，市场经济，人们的生活节奏加快，工作压力增大，竞争激烈，社会保障机制尚未健全，加之世界金融危机，股市动荡，市场不景气，人心浮躁。为了工作和生活，人们不得不增加精神和体力的投入，想方设法适应环境的变革，形成多思虑，费心计的特点。思则气结，《素问·举痛论篇》又说：“思则心有所存，神有所归，正气留而不行，故气结矣。”脾气健运，气血化生，五脏得养。思虑过度，损伤脾胃，脾胃功能减弱，脾胃气虚，可以影响睡眠。脾气不运，精微不生，营卫虚少，浊气不能归心，则心神乏养，不能散精于肝，肝血不足，则魂失所养，神魂不安，发生失眠。脾气郁结，纳呆不饥，或食而不化，脾气不升，胃气不降，气机失调，中焦滞塞，正所谓“胃不和则卧不安”。《景岳书·不寐》说：“劳倦思虑太过者，必致血液耗亡，神魂无主，所以不眠。”这就是说，气血生化不足，致气血亏虚，不能养心，心神失以所养，可以导致失眠。思虑过多，可生湿成痰。脾运失常，饮食不能化生精微，留而为湿，聚而生痰，湿痰阻滞，则见失眠。

2. 饮食劳倦　现在饮食不节，宿食停滞，致脾胃受伤者临床非常多见。《素问·痹论》说：“饮食自倍，肠胃乃伤。”脾胃过劳，功能损伤，形成脾胃虚弱的病症。同时肥甘厚味，高粱醇酒，酿痰生湿化热，湿热、痰热壅塞脾胃，胃气失和。正如《张氏医通·不得卧》云：“脉滑数有力不得眠者，中有宿滞痰火，此为胃不合则卧不安也。”西风东渐，生活的快节奏，使人们偏爱快餐和方便食品、饮料，西方的快餐业如肯德基、麦当劳、必胜客等都大举进军中国，迅速占领中国餐饮市场，高蛋白、高脂肪、高糖的一些所谓垃圾食品。监管失职和不法商家的利益驱使，食品添加剂的失控，时有发生。快节奏的生活，还形成了人们进食过快的习惯。《素问·五脏别论》：“所谓五脏者，藏精气而不泻也，故满而不能实；六腑者，传化物而不藏，故实而不能满也。所以然者，水谷入口，则胃实而肠虚；食下，则肠实而胃虚。故曰，实而不满，满而不实也。”脾胃常实而满，违背了“仓廪之官，营之居也，名曰器，能化糟粕，转味入出”特性。有些人，饮食不规律，饥一顿饱一顿，损伤脾胃生气。也有些人为了满足社会某些偏见，过分追求“形体之美”，节食、少食，甚至不吃主食，长此以往，损伤脾胃，形成脾胃虚衰，食欲大减，人体消瘦，气血亏虚。凡此种种，正在不知不觉中损伤人们的脾胃，影响脾胃运化和升降出入，是失眠的重要原因。《素问·举痛论篇》曰：“劳则气耗”。有些人迫于生计，过度劳累，日夜操劳生活毫无规律，“劳则喘息汗出，外内皆越，故气耗矣”。气耗津伤，损伤脾胃。正如《类证治裁·不寐》所说：“思虑伤脾，脾血亏损，经年不寐。”

3. 痰热因素　平素心胆虚怯，决断无权，胆气不足，复由情志不遂，胆失疏泄，气郁生痰，痰浊内扰，胆胃不和。胆为清静之腑，胆为邪扰，失其宁谧，导致胆怯易惊，心烦失眠。如《杂病源流犀烛·不寐多寐源流》云：“有心胆俱怯，处世易惊，梦多不祥，虚烦不寐者。”

4. 素体不强、病后体虚　先天不足，后天失调，或病后体虚，脾胃功能虚弱，不能化生水谷精微，导致心、脾、肾（肝）亏虚，气血衰少，不能养心，也可致失眠。

（三）脾胃失调失眠的病机

1. 脾胃阴阳失调　中医认为，脏为阴、腑为阳。就脾胃而言，脾为脏，属阴，胃为腑，属阳，脾与胃由筋膜相连，互为表里，成为阴阳对立的统一体。同时，脾胃自身的阴阳则是脾胃功能的特点体现。明·万密斋《养生四要》指出：“受水谷之入而变化者，脾胃之阳也；散水谷之精气以成营卫者，脾胃之阴也。”同时，《灵枢·营卫生会》曰：“人受气于谷，谷入于胃，以传于肺，五脏六腑，皆以受气，其清者为营，浊者为卫，营在脉中，卫在脉外，营周不休，五十而复大会。”营气、卫气都属于人体的营养物质，来源于脾胃运化所产生的水谷精微。若脾胃功能失常，化生精微不足，则使营卫虚少，致运行迟滞，使卫气当出于阳而不出，当入于阴而不入，常常引发不寐，可见脾胃气机不畅引发失眠的原因在于使阴阳失调、营卫不和。因此，治疗上需着重调补脾胃阴阳，进而调畅脾胃气机，交通三焦，令营卫循行有序。同时又因脾胃为后天之根本，万物皆生于土，因此脾胃阴阳失调常可致他脏之阴阳失和。

2. 心脾两虚　心藏神，心脾有母子关系，脾胃与心经络相通。《黄帝内经·太素》杨上善注曰："足太阴脉注心中，从心中循手少阴脉行也。"血液充盈，则心有所主，而只有当脾胃运化功能正常，其化生血液的功能方能旺盛。李东垣说"心主荣，夫饮食入胃，阳气上行，津液与气入于心""若胃气正常，饮食入胃，其荣气上行，以舒心肺"。若脾胃虚弱化源不足，则子病及母，而至心失所养。《景岳全书·不寐》曰："无邪而不寐者，必营血之不足也，营主血，血虚则无以养心，心虚则不守舍。"

3. 脾虚生痰　脾喜燥恶湿，燥则脾之清气上升；胃喜润恶燥，润则胃之浊气下降，如果脾胃气机运动升降失常，则清阳不升，津液不化，浊气不降反而随经脉上逆，聚而生痰湿。若因痰生热，壅遏于中，痰热上扰，心神被扰，而致失眠。《张氏医通·不得卧》云："脉数滑有力不眠者，中有宿食痰火，此为胃不和则卧不安也。"

4. 肝与脾胃不和　肝属木，主条达气机，正是由于肝的升发与疏泄，能协助脾胃功能正常化，因此在生理和病理的关系上，肝和脾胃之间影响最为密切。肝的疏泄正常，则气的升降出入有序，脾胃气机调畅，运化正常，气血和调，使人心境平和，神魂安定。正如《丹溪心法》说："郁者，结聚而不得发越也。当升者不升，当降者不降，当变化者不得变化也。"若肝由外邪、情志等致病因素所伤，郁而不畅，就会直接影响脾胃的运化功能，从而出现如上述阴阳失调、心神失养、痰湿积聚等病理变化以致失眠。

5. 病理性质为虚实互见，相互演变　虚证多因脾失健运，气血生化不足，心脾两虚，心神失养而致多梦易醒，心悸健忘；或心胆虚怯，痰浊内生，扰动心神，则不寐多梦，易于惊醒。实证多因饮食失调或宿食停滞，痰湿化火，痰热上扰，则失眠，头痛，痰多胸闷。总由邪火扰心，心神不安所致。两者之间可以相互转化，虚实共见，或以虚为主，或以实为主。

三、调理脾胃治疗失眠的经验

（一）健脾益气法

临床表现：失眠，入眠困难，多梦易醒，心悸健忘，头晕目眩，体倦乏力，面色少华，舌淡，苔薄，脉细弱。证候：脾气虚弱。治法：健脾益气安神。方药：六君子汤加减。

例1　某男，55岁，2009年12月24日初诊。主诉：失眠2个月。现病史：右侧肺癌，切除术后。2个月来睡眠不好，平卧后出现腹中不适而欲起床，入睡难，睡眠浅，易醒，醒后或不能入睡，房颤时作，痰中有血，大便日7～8次，不成形，无腹痛，面色暗，舌红苔边黄，脉细弦。中医诊断：失眠。辨证：脾虚不运，痰湿中阻。治法：健脾益气，化痰安神。方药：六君子汤合温胆汤。党参10g，白术10g，竹茹10g，枳实10g，半夏9g，陈皮10g，茯苓15g，炒酸枣仁15g，远志10g，石菖蒲10g，白扁豆10g，生龙骨、牡蛎各30g，侧柏叶10g。7剂，水煎服，日1剂。2009年12月31日二诊：睡眠有明显改善，大便稀好转，但仍未成形，次数减少，腹中不适有改善，痰中仍有血，舌边尖红，苔黄稍腻，脉右关滑。辨证准确，前法有效。上方去白扁豆、侧柏叶，加芦根、白茅根各30g、黄连2g、肉桂1g，7剂，水煎服，日1剂。

按　患者失眠起自肺癌术后，患者气血虚弱，加之精神紧张，出现失眠。大便日7～8次，不成形，此为脾虚表现，脾气虚弱，生化失常，水谷不化生精气，反成痰湿，痰湿中阻，上扰心神，故而失眠。治疗以扶正祛邪并进，用六君子汤健脾扶正，温胆汤化痰理气和胃，炒酸枣仁、远志、石菖蒲、生龙骨、牡蛎安神。二诊时睡眠明显改善，大便好转，脾虚得以缓解，原方加用交泰丸，交通心肾安神以取效。

（二）补益心脾法

临床表现：失眠，多梦易醒，心悸健忘，头晕目眩，面色少华，肢倦神疲，舌淡苔薄白，脉细弱。证候：心脾两虚。治法：补益心脾安神。方药：归脾汤加减。

例2　某男，51岁，2010年11月30日初诊。主诉：失眠7年。现病史：入睡需1～2h，多梦，睡中易醒，脱发，疲乏无力，心烦急躁，手心汗出，纳谷不馨，体重下降，大便溏薄，舌有齿痕质淡稍暗舌苔薄，脉沉细。中医诊断：失眠，心脾两虚，肝热扰神。治法：补益心脾，清肝安神。处方：归脾汤加减。党参10g，白术10g，茯苓15g，半夏9g，白芍15g，当归10g，牡丹皮10g，炒酸枣仁15g，远志10g，龙眼肉10g，陈皮10g，石菖蒲10g，生龙骨、牡蛎各30g。7剂，水煎服，日1剂。2010年12月07日二诊：失眠减轻，入睡稍快，有梦，睡中易醒，醒后可再睡，心烦消失，气短乏力，手心汗出，大便正常，舌有齿痕质淡红苔薄，脉沉细。病证减轻，治疗有效，守法以治，上方加黄连3g，谷芽、麦芽各15g，7剂。2010年12月14日三诊：失眠减轻，入睡好，睡中易醒，多梦，气短疲乏减轻，腰酸痛，手心汗出，大便干，4～5天1次，舌有齿痕质淡尖红苔薄，脉沉细。病证好转，兼以和胃通腑。上方去谷芽、麦芽、龙眼肉，加熟大黄5g、炒栀子3g，7剂。2010年12月21日四诊：多梦，睡中易醒，气短，太息，腰酸，大便日1次，痔疮，舌质淡苔薄，脉沉细。仍以前法，上方去熟大黄、栀子，加地榆10g、肉桂1g，7剂。

按　本例失眠入睡难，多梦，睡中易醒，脱发，疲乏无力，纳谷不馨，体质量下降，大便溏薄，舌有齿痕质淡稍暗舌苔薄，脉沉细，是心脾两虚的表现，失眠，心烦急躁，手心汗出，为肝热扰神。治以补益心脾，清肝安神取效。

（三）清热化痰法

临床表现：症见失眠不寐，胸闷心烦，头晕目眩，呕恶痰涎，纳谷呆滞，舌红苔黄厚腻，脉滑数。证候：痰热扰心。治法：清热化痰安神。方药：黄连温胆汤加减。

例3　某男，82岁。主诉：失眠15年。现病史：患失眠15年，入睡困难，每天必须服用安定后才能入睡，每天半夜会醒，醒后入睡难，每天睡4～5h，胸闷，心烦急躁，腿软，周身乏力，耳鸣，大便干，小便频，舌胖暗苔中黄稍厚腻，脉左弦，胃脉滑。中医诊断：失眠。辨证：脾胃失和，痰热扰心。治法：清热化痰，和胃安神。方药：黄连温胆汤合交泰丸加减。黄连6g、肉桂1g、陈皮10g、半夏9g、竹茹10g、枳实10g、白芍15g、生地黄15g、熟大黄6g、炒酸枣仁15g、远志9g、石菖蒲9g、生龙骨、牡蛎各30g。7剂，水煎服，日1剂。二诊：入睡仍然困难，服用安定，胸闷，恶心，乏力，头晕，大便干，耳鸣，心烦急躁，不欲饮食，小便夜2～3次，舌淡苔中黄厚腻，脉左沉细。病证同前，再循原法。黄连6g、肉桂1g、陈皮10g、半夏9g、竹茹10g、枳实10g、白芍15g、炒酸枣仁15g、远志9g、石菖蒲9g、生龙骨、牡蛎各30g、玫瑰花10g、火麻仁10g。7剂，水煎服，日1剂。运用上法加减治疗3个月，患者入睡困难消失，偶服用安定，每夜可以睡眠6～7h。

按　患者病史较长，每天睡眠时间少，有胸闷，心烦急躁，大便干，舌胖暗苔中黄稍厚腻，胃脉滑，明显是脾胃失和，痰热扰心的表现，故以调理脾胃，清热化痰治疗。经过近2个月调理后，又酌加骨碎补、党参等补肾益气药，取得了较好的疗效。

（四）理气和胃法

临床表现：失眠、眩晕、头重、痰多目眩、胸闷恶心，腹胀纳呆、舌质淡、舌体胖或有齿印，苔薄白、脉濡滑。证候：胃气不和。治法：健脾和胃安神。方药：平胃散或半夏泻心汤合温胆汤。

例4　某男，53岁。主诉：失眠30年。现病史：每日睡眠3～4h，胃酸，烧心，纳可，耳鸣，腿痛，四肢无力，大便正常，小便调，舌质红，苔黄浊，脉左弦。中医诊断：失眠，胃气失和。治法：和胃安神。方药：半夏泻心汤合四逆散加减。半夏9g，黄芩10g，黄连6g，干姜6g，党参10g，柴胡10g，白芍20g，枳实10g，炒酸枣仁15g，远志9g，石菖蒲9g，生龙骨、牡蛎各30g。7剂，水煎服，日1剂。二诊：入睡难，每日睡眠5～6h，胃脘灼热，泛酸，心烦易怒，耳鸣，周身酸软无力，大便正常，小便调，舌颤质暗红苔薄，脉沉细。仍以和胃安神为主，兼以补肾平肝，半夏泻心汤加减。半夏9g，黄芩10g，黄连6g，干姜6g，党参10g，牡丹皮10g，生地黄、熟地黄各15g，砂仁3g，白芍20g，炒酸枣仁15g，远志9g，石菖蒲9g，生龙骨、牡蛎各30g。7剂，水煎服，日1剂。三诊：入睡难，睡眠6h左右，胃脘灼热消失，泛酸，心烦急躁，耳鸣，四肢无力，大便正常，小便调，舌质红苔薄，脉沉细。证属肝热扰心治以清肝宁心法，丹栀逍遥散加减。柴胡10g、白芍15g、当归10g、白术10g、茯苓15g、牡丹皮10g、炒栀子6g、香附10g、炒酸枣仁15g、远志9g、石菖蒲9g、生龙骨、牡蛎各30g。7剂，水煎服，日1剂。

按　患者初诊时失眠，每日睡眠3～4h，胃酸，烧心，四肢无力，为脾胃失调，水湿不运，阻滞中焦，郁久化热，寒热错杂，故用半夏泻心汤合四逆散加减。二诊兼以补肾平肝，三诊时睡眠改善，胃脘症状消失，心烦急躁，故改用清热疏肝法调理善后。

（五）疏肝和胃法

临床表现：睡卧不安，心烦急躁，胸脘痞满，不思饮食，或食后嗳气泛酸，泛恶呕吐，腹胀，大便秘或黏滞，舌淡红，苔黄浊，脉左弦右滑。证候：肝胃不和。治法：疏肝和胃降逆。方药：逍遥散合温胆汤。

例5　某男，22岁。主诉：失眠2个月。现病史：2个月来失眠，脱发，每天睡眠少于6h，白天容易疲乏，入睡可，容易醒，多梦，纳佳，小便可，大便调，舌淡暗苔黄浊，脉右沉细。中医诊断：失眠、脱发。辨证：血虚肝郁，痰浊扰心。治法：养血疏肝，化痰安神。方药：柴胡 10g，白芍 20g，当归 10g，夜交藤 30g，女贞子 15g，墨旱莲 15g，川芎 6g，炒酸枣仁 15g，牡丹皮 10g，竹茹 10g，枳实 10g，生龙骨、牡蛎各 30g，7 剂。二诊：夜寐尚可，夜间已经不醒，多梦减轻，周身疲乏，舌质暗，舌苔黄厚腻，脉沉细。患者舌苔黄厚腻，痰热渐显，改用黄连温胆汤加味。黄连 6g，肉桂 1g，枳实 10g，竹茹 10g，半夏 9g，陈皮 10g，茯苓 15g，柴胡 10g，白芍 15g，炒酸枣仁 15g，远志 9g，石菖蒲 9g，生龙骨、牡蛎各 30g。7 剂，水煎服，日 1 剂。三诊：夜寐尚可，夜间已经不醒，多梦减轻，疲乏好转，舌暗苔黄厚腻，脉沉细。前方加胆南星 3g，7 剂。四诊：夜寐入睡可，夜间不醒，脱发已经不明显，疲乏消失，大便正常，舌胖稍暗苔黄浊，脉沉细。上方去黄连、肉桂、胆南星，加夜交藤 15g、生地黄 15g。

按　本例失眠，脱发，多梦，易醒，既有肝郁血虚的一面，又有痰浊的一面，初诊以疏肝养血为主，患者痰热渐显，随证改为清热化痰法为主，待痰热清，渐加养血之品取效。

［《世界中医药》2012，7（3）：210］

何泽云教授运用猪苓汤治疗肾系疾病经验举隅

符杨浠　湖南中医药大学
（指导　何泽云）

猪苓汤出自张仲景所著的《伤寒论》，由猪苓、茯苓、泽泻、阿胶、滑石各 1 两组成。方中猪苓入肾经淡渗利湿，茯苓健脾利湿而制肾水，泽泻甘咸性寒，泻肝、肾二经之火。主治伤寒之邪传入阳明或少阴，化热伤阴，热与水结，膀胱气化不利所致“脉浮发热、渴欲饮水、小便不利”或“下利六七日，咳而呕渴，心烦，不得眠”诸证。笔者有幸跟导师学习，亲聆教诲，受益匪浅。兹仅列其运用猪苓汤治疗肾系疾病临床经验 2 则，以飨同道。

一、尿道综合征

刘某，女，44 岁，2010 年 1 月 26 日初诊。患者 2 年前无明显原因出现尿频、尿急、尿痛，自服左氧氟沙星抗生素等药物治疗后好转后停药。后因感冒，前述症状发作，继服前药无效，症状逐渐加重，小便不通畅，尿道口有灼热感，坐立不安，严重影响工作和生活。曾在多家医院门诊治疗，先后用抗生素口服、静脉滴注，并于外阴涂雌性激素等软膏仍无效。多次尿常检查规均提示正常，中段尿培养阴性，妇科检查无异常，诊断为“尿道综合征”。现症见：尿频，尿急，夜尿 4 ~ 5 次，小腹坠胀，头晕眼花，心烦梦多，口干口苦，纳差，夜寐可，舌体偏胖，舌质红，苔少，脉弦细数。尿常规示：白细胞：0 ~ 1/HP；辨证：肾阴亏虚，湿热蕴结，虚中见实；治则：益气养阴，清热利湿，佐以健脾。方用猪苓汤加味：猪苓 20g，茯苓 20g，通草 5g，阿胶（烊）10g，滑石（包）10g，黄精 15g，莲子 20g，山药 20g，玉米须 10g，三七冲 3g。7 剂。1 剂/d，水煎，早晚温服。2 诊（2 月 2 日）：尿频、尿急症状明显缓解，夜尿减至 2 ~ 3 次，小腹无坠胀感，纳食好转，但仍感口干。舌质淡红，苔薄黄，脉弦细。尿常规示：正常。嘱继服前方加白茅根 15g，7 剂。3 诊（2 月 9 日）：尿频症状基本消失，夜尿 1 次，但仍感尿急，怕冷。舌质淡红，苔白略厚，脉缓。尿常规示：正常。1 月 26 日方药加沙苑子 10g，麦芽 10g，10 剂。服 5 剂，停 2d，疗程共 14d。其后患者连续 7 次复诊，均以上方加减化裁，共服药 80 余剂，诸症消除，小便恢复正常。随访 1 年，疾病无复发。

按　尿道综合征指有下尿路刺激症状，无明显膀胱尿道器质性病变及菌尿的一组症状群，而非一种疾病。该症多发生于女性，1990 年英联邦报道：每年有 250 万妇女受此症影响，在男性该症称为“前列腺痛”。该患者既往有泌尿系感染病史，部分患者症状好转，临床检验相应病原体阴性后，仍有尿频、尿急等不适感，因此继续予以清利或加大剂量使用抗生素。由于湿热之邪居于下焦，热久必伤阴血，且清利之药亦伤人体阴精正气，故过用清利之品则导致阴精正气受损，二则导致疾病更加缠绵。导师认为本案患者由于病程较长，日久伤阴，肾阴亏损，湿热内生，故重在养阴清热为主，脾胃为后天之本，系气机升降之枢纽，为生气之源，故加莲子、山药益气健脾；2 诊中患者夜尿次数已减少，但仍感口干，考虑阴虚湿热内蕴所致，故加白茅根滋阴清热利尿；3 诊中患者症状基本消失，夜尿已减至 1 次，诉尿急、怕冷，故加沙苑子补肾缩尿；舌苔略厚，考虑食积，故加麦芽消食健胃。全方养阴，清热，利水，健脾，药证相合，诸症悉除。

二、糖尿病肾病

许某，男，64岁，2010年11月21日初诊。患者自诉16年前无明显诱因出现口干，多饮，多尿，至当地医院测随机血糖为16mmol/L，诊断为“2型糖尿病”。自服二甲双胍、格列齐特等降糖药控制血糖（具体用量不详），血糖控制欠佳。半年前无明显诱因出现双下肢水肿，查尿常规示：蛋白质：（+++），潜血：（+）；24h蛋白尿定量：1200mg/24h；肾功能：CR：429μmol/L，BUN：13.36mmol/L，UA：321mmol/L，诊断为“糖尿病肾病”。现症见：双下肢中度水肿（早晨轻，下午重），小便短少，24h尿量约400mL，腰部酸胀，乏力，纳差，午后两颧潮红，舌体胖大，舌质微红，苔少，脉细数。尿常规：蛋白质（++）；肾功能：CR：430μmol/L，BUN：13.2mmol/L，UA：340mmol/L。辨证：阴虚水热互结；治则：滋阴清热利水。方用猪苓汤加味：猪苓15g，茯苓10g，阿胶（烊）10g，滑石（包）10g，白茅根30g，熟地10g，黄精15g，山药30g，莲子30g。7剂，以冬瓜皮10g，藕片10g作药引。1剂/d，水煎，早晚温服。2诊（11月28日）：双下肢水肿较前减轻，小便量较前增多，24h尿量约800mL，纳食较前好转，感口干，舌质淡红，苔薄黄，脉弦细。尿常规：蛋白质：（+）。嘱继服前方加麦冬10g，天冬10g，7剂。3诊（12月5日）：双下肢轻度水肿，小便量可，24h尿量约1000mL，口干较前好转，纳食好，舌质淡红，苔薄白，脉缓。尿常规示：正常。嘱服（11月28日）方，7剂。其后患者连续8次复诊，均以上方加减化裁，共服药90余剂，双下肢无水肿，24h尿量约1000mL，无明显不适。随访1年，水肿无复发。

按　中医认为水肿是由于肺失通调、脾失转输、肾失开合、膀胱气化不利，导致体内水液潴留，泛滥肌肤，表现以头面、眼睑、四肢、腹背甚至全身浮肿为特征的一类病证。笔者导师认为本案患者因肾阴不足，肾气不充，水气因而不行而发水肿。《金匮要略·水气病脉症并治》谓：“诸有水者，腰以下肿，当利小便。”故在猪苓汤原方的基础上，重用白茅根滋阴利水，并以冬瓜皮、藕片为药引引邪下行。本案亦体现了吾师临证注重辨证和辨病相结合的学术思想。

三、尿路感染

陈某，女，25岁，2010年11月6日初诊。患者自诉1周前因受凉后出现尿频、尿急、尿痛，伴下腹部疼痛，查尿常规示：WBC：8～10/HP，RBC：5～7/HP，NIT：阳性；中段尿细菌定量培养：105/mL；诊断为“尿路感染”。现症见：尿频、尿急、尿痛，小腹胀痛，口干口苦，心烦梦多，纳食一般，夜寐差，舌本偏胖，舌质红，苔黄腻，脉弦细数。尿常规示：WBC：5～7/HP，RBC：4～5/HP，NIT：阳性。辨证：湿热蕴结下焦；治则：清热利水通淋。方用猪苓汤加味：猪苓20g，茯苓20g，通草5g，阿胶（烊）10g，滑石（包）10g，黄精15g，莲子15g，山药15g，玉米须20g，白茅根20g。7剂。1剂/d，水煎，早晚温服。并嘱患者注意休息，多饮水，勤排尿，避免吃油腻辛辣的食物。2诊（11月13日）：尿频、尿急明显缓解，无尿痛，无口苦，纳食好，夜寐安，舌质淡红，苔黄稍腻，脉弦细。尿常规示：WBC：3～5/HP，RBC：0～1/HP，NIT：阴性。嘱继服前方，7剂。3诊（11月20日）：无尿频、尿急、尿痛，无小腹胀痛，稍感口干，舌质淡红，苔薄黄，脉弦细。尿常规示：WBC：0～2/HP，RBC：0～1/HP，NIT：阴性。嘱患者继续多饮水，勤排尿，吃清淡易消化的食物，并于每周复查尿常规。其后患者连续复诊4次，查尿常规均正常，无明显不适。随访1年，疾病无复发。

按　尿路感染，简称尿感，指各种病原微生物在尿路中生长、繁殖而引起的尿路感染性疾病。多见于育龄妇女、老年人、免疫力低下及尿路畸形者。尿路感染属中医“淋证”范畴。吾师认为本案患者因湿热下注膀胱，气化失司，故见尿频、尿急、尿痛诸症。《诸病源候论·淋病诸候》提出：“诸淋者，由肾虚而膀胱热故也。”因此清热利湿的同时滋养肾阴，故选用猪苓汤加味，诸药配合，则水湿去，邪热轻，阴血复，诸症自解。

四、体会

以上3案，皆用猪苓汤，效果堪佳，究其原因，两病案均以病机为用方指征，病有千万，其理则一。本方猪苓能渗上焦之湿，茯苓味甘，主中焦之湿，泽泻味咸，渗下焦之湿并泄热，滑石能泻湿中之热。四药皆渗利，又恐亡阴，故用阿胶为佐。吾师认为本方所治之证有以下指征：（1）主治病证：阴虚内热，小便不利；（2）形体：一般来说患者形体较胖，肢体或有沉重感，且肤色较暗；（3）舌象：一般舌体胖大，舌质红，少苔或苔黄腻或白腻。

［《中医药导报》2012，18（5）：28］

黄连阿胶汤的临床观察和实验研究进展

高辉耀　福建泉州市安溪县中医院

黄连阿胶汤出自张仲景的《伤寒论》，仲景将其用于阴虚火旺不寐的证治。后世医家在辨证论治的基础上灵活运用此方，不仅用于治疗失眠症，还用于治疗焦虑症、五官科、消化系统、妇科等病症，为临床活用经方、拓展经方的适用范围作了重要贡献。部分学者对黄连阿胶汤的作用机理进行实验研究，探明其作用机理，更好地为临床服务。现将近10年来对在临床内科和实验研究综述如下：

一、临床观察

《伤寒论》第303条曰："少阴病，得之两三日以上，心中烦，不得卧，黄连阿胶汤主之"。可见此方原为素体阴虚，复感外邪，两三日后，邪从火化，阴虚火旺而形成的少阴热化证。现本方临床常用于热病后期，余热伤阴，或阴虚火旺，心肾不交等多种阴虚内热证。

失眠症：刘晓虹等用黄连阿胶汤加减治疗心火亢盛引起的心烦不寐患者46例[1]，痊愈43例，无效3例，取得满意疗效。周晓波用黄连阿胶汤加味治疗阴虚火旺型失眠与对照组口服珍合灵片治疗[2]，发现治疗组总有效率94%，对照组总有效率74%，疗效比较有显著性差异，说明黄连阿胶汤加味对阴虚火旺型失眠症有较好的疗效。谭斌观察用黄连阿胶汤治疗大学生失眠与安定治疗相比较[3]，两组的睡眠情况均有明显改善，但黄连阿胶组比安定组效果更持久，而且可以防止药物依赖和滥用，可在高校中推广应用。宋艳炎等用桂枝加龙骨牡蛎汤合黄连阿胶汤加味治疗围绝经期失眠36例[4]，结果发现显效18例，有效15例，无效3例，总有效率91.7%。说明桂枝加龙骨牡蛎汤合黄连阿胶汤加味可交通心肾，使阴复火降，水火既济，心肾交泰，阴阳平衡而卧安，对围绝经期失眠疗效确切。

焦虑症：张远怀等用黄连阿胶汤加味治疗广泛性焦虑症30例与劳拉西泮对比[5]，发现黄连阿胶汤加味治疗广泛性焦虑症1周时的疗效与劳拉西泮相当，在2周、4周时的疗效优于劳拉西泮，且不良反应较小，表明黄连阿胶汤加味治疗此病比西药更具有长期疗效。黄坚红等黄连阿胶汤加味治疗脑卒中后阴虚火旺、心肾不交型焦虑症36例并与西药抗焦虑药对比[6]，两组疗效观察，治疗组总有效率88.89%，对照组85.71%，差异无统计学意义；两组不良反应比较，治疗组出现嗜睡、乏力、头晕、口干、胃肠道症状、药物依赖均显著少于对照组，差异有统计学意义。说明黄连阿胶汤加味治疗脑卒中后焦虑症疗效显著，且没有明显的不良反应。王新本等黄连阿胶汤加味治疗心肾不交型焦虑症200例[7]，治愈136例，显效40例，无效24例，总有效率88%，说明黄连阿胶汤加味对心肾不交型焦虑症有较好的疗效。

五官科疾病：李武德以黄连阿胶汤为主方结合西医常规治疗方法治疗舌炎55例与单纯采用西医常规治疗[8]，治疗2个疗程后，研究组总有效率92.5%，对照组总有效率66.7%，认为以黄连阿胶汤为主方结合西医常规治疗萎缩性舌炎效果优于单纯西医治疗。司继春等用黄连阿胶汤合导赤散治疗重型口疮25例[9]，跟踪随访，半年内均未见复发，在1年内复发4例，其余21例终止复发。痊愈病例84%，显效病例16%，收到了满意的疗效。田乃定用黄连阿胶汤治疗复发性口疮112例[10]，治愈78例，有效31例，无效3例，总有效率97.3%。服药时间最短2天明显改善，最长2周治愈。

消化系统疾病：杨普生治疗痢疾发现[11]，众多医家多着眼湿热毒邪而疏忽阴虚时而有之的一面，且吴鞠通在《温病条辨》卷二就有："春温内陷下痢""加减黄连阿胶汤主之"的记载。故选用黄连阿胶汤治疗阴虚型痢疾23例，结果痊愈23例，好转1例，无无效病例。朱习文等用黄连阿胶汤加减治疗慢性细菌性痢疾42例与口服氟哌酸组相对比[12]，发现治疗组临床治愈24例中，随访22例，复发2例；对照组临床治愈10例中随访9例，复发5例，复发率治疗组与对照组比较有显著性差异。张政治疗结肠炎久治不愈[13]，津液大伤，湿热留恋不尽者。证见下痢赤多白少，色紫暗，腹痛，里急后重，心烦口渴。舌绛少苔，或舌红苔黄，脉象细数。治疗选用黄连阿胶汤以清热化湿，养阴止血。如出血过多，加乌梅、地榆；气虚，加人参、黄芪；血虚，加当归、熟地，疗效显著。

妇科：邹迎春对78例绝经期综合征患者采用加味黄连阿胶汤治疗[14]，服药1～3个疗程后，痊愈48例，有效27例，无效3例，总有效率96.2%，疗效显著。许文富用黄连阿胶汤交通心肾[15]、滋阴降火的功效[16]，治疗产后发热、失眠、怔忡，疗效显著。马彩玲等用黄连阿胶汤治疗青春期子宫出血证属阴虚火旺、冲任不固者58例，其中痊愈38例（65.52%）；显效9例（15.52%）；好转9例（15.52%）；无效2例（3.45%）。疗效满意。

其他：叶金连等探讨黄连阿胶汤证与慢性细菌性前列腺炎证治关系中[17]，发现二者主症一致、病机相符、药效吻合，临证中用黄连阿胶汤加减治疗此病疗效显著。李雪琴用黄连阿胶汤加味治疗血管性头痛1例[18]，由于肝肾阴血亏虚，清窍失养而发头痛，故用黄连阿胶汤加上龙牡、川芎、生地黄，泻实于上、补虚于下，滋阴降火、潜阳安神，药证相符，头痛治愈。刘得华将76例阴虚热盛型糖尿病患者分为治疗组和对照组[19]，常规治疗基础上治疗组加服黄连阿胶汤加减，疗程1个月，观察血糖、糖化血红蛋白、血脂、C反应蛋白等指标的变化，发现治疗组的血糖、血脂、糖化血红蛋白、C反应蛋白明显低于对照组。说明黄连阿胶汤加减有较好的降糖、降脂的作用。

二、实验研究

杨桂染等采用大鼠为研究对象[20]，观察加味黄连阿胶汤对顺铂肾毒性大鼠TGF－β1和TIMP－1表达的影响研究，发现加味黄连阿胶汤能降低顺铂肾毒性大鼠24hUpro、NAG含量及血肌酐、血尿素氮水平，下调肾小管上皮细胞内TGF－β1和TIMP－1的表达，减轻顺铂引起的肾小管和肾小管间质损伤。李彦冰等选用小鼠足部电击诱发的攻击行为模型[21]、小鼠行为绝望模型评价黄连阿胶汤对攻击行为及“失望”和“不动”行为的作用，发现黄连阿胶汤可显著抑制小鼠由电刺激诱发的激怒状态，延长小鼠悬尾不动时间，减少小鼠的自主活动性，缩短小鼠从转棒上落下的时间。说明黄连阿胶汤具有抗焦虑的作用。

现代临床将黄连阿胶汤广泛用于内科诸症，已经不再局限于心肾不交所致心烦不得眠，但临床应用以阴虚火旺之病机者为最恰当。此外，因患者体质不同、病机不同尚应随症加减。对黄连阿胶汤及其复方的实验动物研究还较少，这给以后的实验科研研究提供了扩展空间，有利于进一步拓展经方的适用范围，更好地为临床服务。

参考文献

[1] 刘晓虹，林冬梅．黄连阿胶汤加减治疗失眠46例［J］．中国民间疗法，2009，17（1）：38.

[2] 周晓波．黄连阿胶汤加味治疗阴虚火旺型失眠证临床观察［J］．世界中西医结合杂志，2007，2（9）：524～525.

[3] 谭斌．黄连阿胶汤与安定治疗大学生失眠的临床观察［J］．四川中医，2006，24（4）：49～50.

[4] 宋艳炎，刑佳丽，宋元元．桂枝加龙骨牡蛎汤合黄连阿胶汤加味治疗围绝经期失眠36例［J］．2009，31（2）：222～223.

[5] 张远怀，包祖晓，孙伟．黄连阿胶汤加味治疗广泛性焦虑症30例临床观察［J］．实用中医内科杂志，2008，22（1）：61～62.

[6] 黄坚红，王成银．黄连阿胶汤加味治疗脑卒中后焦虑症36例［J］．陕西中医，2007，28（2）：149～151.

[7] 王新本，朱志珍．黄连阿胶汤加味治疗焦虑症200例临床分析［J］．中医药学报，2003，31（5）：25.

[8] 李武德．中西医结合治疗萎缩性舌炎28例临床体会［J］．中国临床研究，2010，2（24）：81.

[9] 司继春，代重庆．黄连阿胶汤合导赤散治疗重型口疮25例［J］．中外医疗，2008，29（2）：53.

[10] 田乃定．黄连阿胶汤治疗复发性口疮疗效观察［J］．山西中医，2003，19（2）：46.

[11] 杨普生．加味黄连阿胶汤治疗阴虚型痢疾24例［J］．中国中医急症，2009，18（8）：1339～1340.

[12] 朱习文，杨东威，牛雪华，等．黄连阿胶汤加减治疗慢性细菌性痢疾42例［J］．湖北中医杂志，2001，23（5）：33.

[13] 张政．经方治疗结肠炎验案举隅［J］．中医药疗法，1997，28（3）：137.

[14] 邹迎春．加味黄连阿胶汤治疗绝经期综合征78例［J］．南华大学学报医学版，2009，37（5）：611.

[15] 许文富．黄连阿胶汤治疗产后病举隅［J］．实用中医药杂志，2003，19（11）：598.

[16] 马彩玲，张香芬，彭磊．黄连阿胶汤加味治疗青春期子宫出血58例［J］．河南中医药学刊，1997，12（3）：47～48.

[17] 叶金连，黄国芳．试论黄连阿胶汤证与慢性非细菌性前列腺炎证治关系［J］．陕西中医学院学报，2010，33（4）：18～19.

[18] 李雪琴．黄连阿胶汤临床应用体会［J］．甘肃中医，2009，22（6）：34～35.

[19] 刘得华．黄连阿胶汤加减治疗阴虚热盛型糖尿病的临床研究［J］．光明中医，2006，21（4）：31～32.

[20] 杨桂染，李淑贞，刘娜，等．加味黄连阿胶汤对顺铂肾毒性大鼠TGF－β1表达的影响［J］．浙江中医药大学学报，2009，33（6）：761～765.

[21] 李彦冰，耿慧春，李庭利，等．黄连阿胶汤抗焦虑作用的药效学研究［J］．中医药学报，2004，32（5）：21～22.

［《中国社区医师》2012，14（11）：6］

黄芪建中汤在消化系统疾病中的应用

张卫平　安徽省中医院

黄芪建中汤为张仲景治疗“虚劳里急，诸不

足”所创，该方组方严谨，寓意深远。该方甘温以建中，旺脾以生精；建中又固表，阴阳共调补，临床上常用于治疗脾胃虚寒的胃脘痛，以及心气不足的心悸、虚烦和表虚自汗等虚证[1]。本文结合相关文献，对该方在消化系统中的应用总结如下，以期为临床选用该方提供一定的参考。

一、调节胃黏膜保护/损伤性因子

（一）调节 MMP/TIMP 平衡

细胞外基质的合成和降解在很多疾病的病理生理过程中起着重要作用，一旦平衡打破就导致器官的各种病理改变，如溃疡形成。在胃上皮细胞、巨噬细胞、中性粒细胞发现的一种炎症蛋白基质金属蛋白酶 -9（MMP -9）的表达，和胃溃疡严重程度相关[2]。乙醇诱发胃溃疡的严重程度和前 MMP -9 的上调及 MMP -2 分泌的下调一致[3]。胃黏膜保护物质褪黑素能抑制前 MMP -9 的活性，上调基质金属蛋白酶组织抑制剂（TIMP -1、TIMP -2），对乙醇诱发的氧化损伤具有保护作用[4]。而胃黏膜损伤是导致急慢性胃炎及胃溃疡的主要病理生理学环节。徐升等[5]将健康 SD 大鼠随机分为 4 组：假手术组、模型组、雷尼替丁组和黄芪建中汤组，每组 10 只，采用改良 Okabe 法复制动物模型，免疫组织化学法检测 MMP -9 及 TIMP -2 表达水平。结果模型组 MMP9 表达较假手术组显著升高（$P<0.01$），各治疗组 MMP9 表达水平显著低于模型组（$P<0.01$）；模型组 TIMP2 表达水平较假手术组显著降低（$P<0.01$），各治疗组 TIMP -2 表达水平显著高于模型组（$P<0.01$），黄芪建中汤组较雷尼替丁组 TIMP -2 表达水平显著升高（$P<0.01$），表明黄芪建中汤通过调控 MMP -9、TIMP -2 的表达水平，修复胃黏膜损伤。

（二）调节生长因子表达

碱性成纤维生长因子（bFGF）是一种血管源性多肽，具有强力抗溃疡作用。研究[6]证实，bFGF 在溃疡愈合过程主要是通过刺激纤维细胞增殖、促进溃疡底部肉芽组织中微血管的形成，促进感觉神经对新生血管的重新支配及促上皮再生来影响溃疡愈合的质量。陈垣皲[7]进行了相关研究，结果显示黄芪建中汤可增强 bFGF 在胃黏膜中的表达，促进溃疡愈合。以往的研究表明，增加胃黏膜中的表皮生长因子（EGF）、血清中一氧化氮（NO）含量可以保护胃黏膜[8]。刘旺根等[9]提出了不同的见解，将 30 只雄性 Wistar 大鼠随机分为 4 组：正常对照组、慢性萎缩性胃炎（CAG）组、维酶素组、黄芪建中汤组，结果他们认为，脾虚型 CAG 状态下，过量表达的 NO 作为一种新的损伤因子参与了胃黏膜的损伤，而对胃黏膜不再具有保护作用；长期炎症刺激使原癌基因 C - erb - 1 的活化而过度表达癌基因产物 EGFR，后者与 EGF 结合后，使细胞的分裂与增殖异常，引起胃黏膜的胃黏膜肠上皮化生、异型增生，最后导致胃癌发生。而黄芪建中汤通过下调胃黏膜 EGF 含量、iNOS - mRNA 及 EGFR - mRNA 的表达，对 CAG 有良好的治疗作用。

（三）调节氧化/抗氧化系统

近年来氧自由基对胃黏膜致炎、致癌致突变的作用日益受到重视[10]。宋春燕等[11]通过检测大鼠胃溃疡面积、SOD、MDA、胃酸 pH 值等实验指标对黄芪建中汤进行拆方研究，分为桂枝组、黄芪组、芍药组、全方组，观察其对大鼠胃溃疡的治疗作用。结果发现黄芪建中汤及其拆方各组均有不同程度治疗胃溃疡的作用。SOD、MDA 含量全方组与各组比较，$P<0.01$，各组与模型组比较，$P<0.05$。综合评价其总体效果，以全方组最佳，从而印证了仲景组方的合理性和科学性。同时发现，拆方各组中，黄芪组的疗效颇为显著，提示益气补中药物在本方中的作用不容忽视。刘旺根等[12]研究表明黄芪建中汤可增加 CAG 大鼠胃黏膜血流量、SOD 活性及前列腺素（PGE2）水平，减少 MDA 含量和 iNOS - mRNA 水平来保护胃黏膜。

（四）调节胃黏膜组织代谢

刘旺根等[13]发现脾虚模型大鼠一般状况欠佳，体质量明显减轻；大鼠胃黏膜萎缩、变薄，胃黏膜炎症程度积分和胃黏膜糜烂程度积分明显升高，而胃黏膜厚度和腺管总长度明显降低；空肠和肝也呈现出不同程度的病理学改变；大鼠上述脏器的糖原含量、琥珀酸脱氢酶（SDH）、α - 萘酚醋酸酯酶（ANAE）、酸性磷酸酶（ACP）和乳酸脱氢酶（LDH）活性多数显著降低；经黄芪建中汤治疗 21d 后，上述指标明显改善并明显优于维酶素组。表明脾虚型 CAG 状态下，机体存在多脏器代谢紊乱，黄芪建中汤对之有良好的复健作用，其疗效显著优于维酶素。郑小伟等[14]采用三因素复合的方法复制脾气虚证大鼠模型，随后分别以黄芪建中汤低、中、高剂量对脾气虚大鼠进行复健，在干预后不同时间段，分别检测血清木糖浓度、血清肌酸磷酸激酶活性、血清胃泌素（GAS）水平及胃窦胃泌素分泌（G）细胞等指标，结果发现随用药时间的延长，各用药组上述指标逐步恢复；中、高剂量组用药 21d 时，与同期模型组比较，差异有统计学意义

(P<0.05或P<0.01)；其中高剂量组对G细胞数的改善作用优于中剂量组(P<0.05)，表明脾气虚证胃窦G细胞数量减少，释放GAS减少，血清GAS水平降低；黄芪建中汤对脾气虚大鼠有可靠的治疗作用，中、高剂量均为有效用药浓度，尤以高剂量更为理想。

二、调节胃肠动力

功能性消化不良(FD)是一常见的临床症候群，占消化疾病患者的20%－40%，对患者的生活质量有明显影响，因此一直是人们研究的热点问题。FD发病机制目前尚未明确，可能涉及多种因素，多数学者[15]认为胃肠运动功能障碍是FD的主要发病机制。胃肠道P物质(SP)作为一种兴奋性神经递质，可以影响Gajal间质细胞(ICCs)，进而促进胃肠运动。血管活性肠肽(VIP)主要由胰腺、肠道非肾上腺能非胆碱能神经元(NANC神经元)释放，为抑制性神经递质之一，VIP可减慢胃排空，参与结肠扩张和疼痛刺激引起的胃的反射性舒张[16]。裘秀月等[17]通过郭氏适度夹尾激怒法建立FD大鼠模型，设正常对照组、模型组、参苓白术丸组、吗丁啉组、黄芪建中汤组，观察各组大鼠灌胃后胃内色素残留情况及免疫组化法测定胃窦部胃肠激素SP的水平。结果显示黄芪建中汤对胃排空有促进作用，SP物质的水平明显升高，与其他组比较，差异有统计学意义(P<0.05)。表明黄芪建中汤可促进FD大鼠的胃肠动力。杨海卿[18]选用Wistar大鼠40只，随机分为4组：空白对照组、脾阳虚模型组、自然恢复组和黄芪建中汤组，每组10只。除空白对照组以外其余各组均采用饮食失节、劳倦过度加苦寒泻下的方法，建立脾阳虚大鼠模型。造模成功后第2天，分别给予相应汤剂灌服14d。取材，处理后用放射免疫法测定SP、VIP的含量。结果发现脾阳虚模型大鼠回肠段SP升高、VIP降低(与空白对照组比，P<0.01)，存在胃肠激素的紊乱，胃肠道神经内分泌免疫系统功能失常。黄芪建中汤能明显改善大鼠脾阳虚诸证，使SP含量降低(与脾阳虚模型组比，P<0.01)、VIP升高(P<0.05)，二者恢复至正常水平(与空白对照组比较，P>0.05)。自然恢复组SP、VIP水平趋向正常，但与空白对照组相比仍有统计学意义(P<0.05，P<0.01)。表明黄芪建中汤能明显改善大鼠脾阳虚症状，降低回肠SP含量、并提高VIP含量，其作用机制可能是通过调节胃肠道神经内分泌系统，使胃肠运动及吸收功能得以恢复；通过改善胃肠道及整体的免疫状态，提高机体免疫力。

三、结语

黄芪建中汤证的根本病机是五脏气血阴阳虚损，而病机产生的关键在于中焦脾胃。一者脾胃为气血生化之源，如脾胃病久，则气血乏源；二者脾胃为阴阳升降之枢，中焦失运，则阴阳升降失调。黄芪建中汤建中气、补脾胃、平调阴阳，使“中气立则营卫流行而不失其和”[19]。临床上可用于多种消化系疾病的治疗，只要病机相符，均可“异病同治”。深入研究黄芪建中汤的药理学作用机制，明确该方的作用靶点与途径，将为临床合理用药提供重要的参考依据。

参考文献

[1] 徐重明，汪自源．黄芪建中汤方论浅析[J]．实用中医内科杂志，2006，20(3)：238～238.

[2] Lempinen M, Inkinen K, Wolff H, et al. Matrix metalloproteinases 2 and 9 in indomethacin－induced rat gastric ulcer [J]. Europaische Chirurgische Forschung, 2000, 32 (3): 169～176.

[3] 吴成跃，张传勇，武警．胃十二指肠黏膜防护研究进展[J]．世界华人消化杂志，2009，17(19)：1957～1961.

[4] Swarnakar S, Mishra A, Ganguly K, et al. Matrix metallopro－teinase－9 activity and expression is reduced by melatonin during prevention of ethanol－induced gastric ulcer in mice [J]. Journal of Pineal Research, 2007, 43 (1): 56～64.

[5] 徐升，汤丽芬，杨帆，等．黄芪建中汤对胃黏膜损伤模型大鼠MMP－9、TIMP－2表达的影响[J]．安徽中医学院学报，2010，29(5)：50～52.

[6] SZABO S, VINCZE A. Growth factors in ulcer healing: lessons from recent studies [J]. Journal de Physiologie, 2000, 94 (2): 77.

[7] 陈垣鞍．黄芪建中汤加减对胃溃疡胃黏膜bFGF表达的影响[J]．湖南中医杂志，2005，21(6)：13～14，31.

[8] 周国平，严洁，常小荣，等．电针足三里对胃黏膜损伤家兔EGF、NO的影响[J]．中国中医药信息杂志，2005，12(7)：39.

[9] 刘旺根，蒋时红．黄芪建中汤干预脾虚型慢性萎缩性胃炎大鼠胃黏膜表皮生长因子含量、诱导型一氧化氮合成酶和表皮生长因子受体基因的表达[J]．中国临床康复，2006，10(43)：123～125.

[10] 李万义，段永强，朱立鸣，等．治萎防变胶囊对慢性萎缩性胃炎模型大鼠SOD、GSH－Px活性及MDA、LPO含量的影响[J]．中国老年学杂志，2010，30(17)：2463～2465.

[11] 宋春燕，张慧，章晓晨，等．黄芪建中汤治疗胃溃

疡大鼠的拆方研究［J］．中医药信息，2009，26（6）：63～64.
［12］刘旺根，蒋时红，王雪萍．黄芪建中汤对脾虚型慢性萎缩性胃炎大鼠胃黏膜防护因子复健作用研究［J］．中药药理与临床，2007，23（4）：6～8.
［13］刘旺根，蒋时红，王琦，等．黄芪建中汤对脾虚型慢性萎缩性胃炎大鼠消化系统的影响［J］．解剖学杂志，2007，30（6）：718～721.
［14］郑小伟，包素珍，王颖，等．实验性脾气虚大鼠血清胃泌素、胃窦G细胞的变化及黄芪建中汤的干预［J］．浙江中医药大学学报，2009，33（5）：665～667.
［15］Jun J Y，Choi S，Yeum C H，et al. Substance P induces inward current and regulates pacemaker currents through tachykinin NK1 receptor in cultured interstitial cells of Cajal of murine small intestine［J］．European Journal of Pharmacology，2004，495（1）：35～42.
［16］何志宇，陈光远．重症急性胰腺炎与胃肠动力障碍的研究进展［J］．世界华人消化杂志，2008，16（12）：1317～1322.
［17］裘秀月，徐珊．黄芪建中汤对功能性消化不良大鼠胃肠动力影响的实验研究［J］．中国中医药科技，2008，15（3）：176～177.
［18］杨海卿．黄芪建中汤对脾阳虚大鼠回肠SP、VIP影响的研究［J］．贵阳中医学院，2006（1）：50.
［19］郑小伟，陆红虎，于纪红．黄芪建中汤配伍特点及临床应用浅析［J］．浙江中医杂志，2010，45（9）：678.

［《长春中医药大学学报》2012，28（6）：1103］

己椒苈黄丸在慢性心力衰竭热瘀水结证中的应用

许艳伶　张　斐　杜武勋　天津中医药大学

张仲景所立己椒苈黄丸为治疗痰饮病，水走肠间，肠间有水气而设。“肠间有水气”，叙证简要，明确提出己椒苈黄丸的病机辨证要点。我们以己椒苈黄丸加减治疗慢性心力衰竭热瘀水结证，侧重治痰饮，体会如下：

一、己椒苈黄丸源处及方解

己椒苈黄丸是中国古代经典方剂之一，始见于东汉名医张仲景的《金匮要略·痰饮咳嗽病脉证并治第十二》“腹满，口舌干燥，此肠间有水气，己椒苈黄丸主之”。本方组成为“防己、椒目、葶苈（熬）、大黄各一两，上四味，末之，蜜丸如梧子大，先食饮服一丸，日三服，稍增，口中有津液，渴者加芒硝半两”，具有通利二便、分消水饮之功，主治病痰饮，水走肠间，腹满肠鸣，口舌干燥，小便不利，大便秘结，或见身体水肿，脉弦滑而有力。

方中葶苈子辛苦寒，祛痰定喘，泻肺行水，苦寒下降能下气行水，《本草求真》指出葶苈子“性急不减硝黄，大泻肺中水气，下行膀胱，故凡积聚症结，伏留热气，水肿痰壅，嗽喘经闭便塞至极等证，无不当用此调”。防己苦辛寒，善走下行能利小便而消肿。椒目苦辛寒，能化气行水引诸药下行。大黄利水泄浊，活血通脉。张仲景所立此方为治疗痰饮病，水走肠间，肠间有水气而设。而肺与大肠相表里。肺病治肠大多采用了通腑法，是谓下窍不利则上窍不通。肠病治肺，采用了补肺、宣肺、清肺、肃肺等方法，是谓上窍不能则下窍不利。故痰饮水走肠间之证治以宣上通下，导水下行，前后分消为法，以己椒苈黄丸治之。正如《金匮要略直解》所注“防己、椒目导饮于前，清者从小便而出；大黄、葶苈推饮于后，浊者得从大便而下也。此前后分消，则腹满减而水饮行，脾气转而津液生矣”。诸药合用，前后分消，共奏攻坚逐饮、化气行水之功。

二、慢性心力衰竭与痰饮的关系

慢性心力衰竭又称慢性充血性心力衰竭，是多种心脏疾病的最终转归，其发病率高，预后较差，是造成心脏病患者死亡的主要原因。中医文献中虽无慢性心力衰竭的病名，但从其临床表现看，当属喘证、心悸、水肿、肺胀、痰饮等范畴。中医学认为，本病的发生主要是脏腑功能的虚损，病位在心，并与肺、脾、肾密切相关，病因病机为心气、心阳亏虚，血脉瘀滞，最终导致水饮内停。目前临床治疗大多以益气温阳、活血利水、健脾化痰、活血祛瘀为主。近年来，随着心力衰竭研究的不断深入，逐渐认识到痰饮之邪贯穿心力衰竭的始终，故治疗上应注重祛痰逐饮。

痰饮[1]共有3个含义：一指广义的痰饮，二指狭义的痰饮，三指人体水液代谢障碍形成的病理产物。广义痰饮是指由于肺、脾、肾和三焦功能失调使体内水液输布障碍，停积于某些部位的病证，可分为4类：痰饮、悬饮、溢饮、支饮。狭义痰饮指水饮停于胃肠所致的病证，《金匮要略·痰饮咳嗽病脉证并治》称“水走肠间，沥沥有声，谓之痰饮”。另一种痰饮即人体水液代谢障碍形成的病理产物，是体内水液输布运化失常所致。痰饮之本皆水也，然而痰与饮有阴阳之别，若阴阳不和，清浊相干，胃气乱于中，脾气难于升，肺气滞于降，而痰饮随之发作矣，阳盛阴虚，则水气凝而为痰；阴盛阳虚，则水气溢而为饮。而本文所指痰饮是指人体水液代谢障碍所形成的病理产物，肺之宣发肃降，脾之运化转输，肾之蒸腾气化在痰饮形成过程中起着重要作用。三脏功能失调，水液代谢紊乱，蓄积体内凝聚成痰成饮。故有“脾为生痰之源，肺为贮痰之器”之说。饮停于肺，则现喘咳、胸闷、咯痰；痰蒙心窍，可见胸闷、心悸、失眠、神昏甚则狂癫；停聚于胃，可见脘闷痞胀、恶心呕吐、食欲不振；饮停胸胁，可见胸胁胀满、咳嗽引痛；饮留肠间，则肠鸣漉漉，甚则便溏腹泻。近年来，随着相关研究的深入，有痰饮之邪贯穿心力衰竭始终的观点[2]。在慢性心力衰竭早期，心气不足，心阳不振，上不能助肺金，中不能温脾土，下不能暖肾水，肺宣肃无权，则水道不通，脾运化失职，则水湿内停，肾主水无力，则出入失衡，津液内蓄，凝聚而成痰邪。此时病在上焦，心肺气虚，主要表现为胸闷、气短，活动后加重，部分患者肺底可闻及少许湿啰音。病情进一步发展可出现心悸气短，夜间憋醒，甚至咳逆倚息，不得平卧，咳吐白色泡沫痰，双肺可闻及大量水泡音，舌苔多腻或水滑，脉多弦滑或弦细或沉。慢性心力衰竭中晚期，心阳虚衰，不能下温肾阳，水火不济，肾脉瘀阻，肾虚不化，则见畏寒、面色苍白、水肿、尿少、癃闭、阴肿如皮球；肾阳虚损，不能温化水液，阳虚水泛，水饮凌心射肺则心悸不安、脉律不整、喘促咳嗽加重。在心力衰竭过程中，饮停脉道，脉道不利，瘀血内生；反之瘀阻脉道，津液不布，聚而为饮。由此形成恶性循环，气虚、血瘀、痰饮相互影响，贯穿慢性心力衰竭始终。故在心力衰竭过程中若能及早从痰饮论治，同时兼顾益气、温阳、活血、利水，对慢性心力衰竭的治疗和预后势必可以起到标本兼治、相得益彰的作用。

三、己椒苈黄丸加减治疗慢性心力衰竭热瘀水结证

慢性心力衰竭的中医证候较为复杂，主要表现在邪正交争与阴阳失调的慢性病理过程中，涉及到心、肺、脾、肾等不同脏腑的精、气、血、津液耗损或邪气羁留。慢性心力衰竭的病机发展变化过程可以概括为从初期的心气阳虚到痰浊、血瘀、水饮等标实证的形成，并最终演变为虚实夹杂，邪正交织羁留于体内[3]。针对慢性心力衰竭的特点，我们将慢性心力衰竭分为急性期和缓解期2个阶段进行分期论治。急性期以水饮、痰浊、血瘀等标实证为主，可分为寒瘀水结证和热瘀水结证2种。热瘀水结证慢性心力衰竭是临床中常见证型之一。瘀阻日久，则致血行不畅，水饮内停，瘀水互结，瘀而化热而致热瘀水结证。慢性心力衰竭热瘀水结证[4]临床表现主要为喘咳倚息，不能平卧，胸闷憋气，咳嗽咳痰，咳痰黏稠或黄稠，腹胀纳呆，口干口渴，尿少，小便黄赤，大便干结，双下肢水肿。常见体征：口唇发绀，颈静脉怒张，双肺可闻及干湿性啰音，肝大，腹水甚则胸水或全身水肿，舌黯红或紫黯，苔黄厚或黄腻，脉滑数。热象表现：舌苔黄腻、脉滑数；瘀水阻肺，瘀而化热则咳痰黏稠或黄稠；瘀热滞胃，则腹胀纳呆、口干口渴；瘀热结下则尿少、小便黄赤、大便干结。瘀证表现：口唇发绀，颈静脉怒张，肝大，舌质紫黯或有瘀斑。水结表现：水饮停肺则喘咳倚息、不能平卧、胸闷憋气、双肺可闻及干湿性啰音、胸水；水结脾胃则腹胀纳呆、肝大、腹水；水结于下则尿少、双下肢水肿。张仲景所立己椒苈黄丸为痰饮水走肠间之证治。其后代医家均有补充和发展。我们遵循中医整体观念和辨证论治的原则，博采众家之长，深刻领会“此肠间有水气，已椒苈黄丸主之”之内涵，在继承总结前人的基础上，结合目前临床实践，应用己椒苈黄丸加减治疗慢性心力衰竭热瘀水结证疗效显著。

四、典型病例

郝某，女，78岁，体型偏胖。2011-10-24初诊。慢性咳嗽病史8年，每于季节交替时发作，喘憋劳累及平卧位加重。证见喘憋，大汗出，夜间不能平卧，口干口苦，咳嗽痰黏稠，喉中痰鸣，腹胀，纳呆，大便干，3~4d1次，夜寐欠安。爪甲青紫，口唇发绀，双下肢水肿（++），舌黯红，苔黄厚，脉滑数。查体：面色晦黯，颈静脉怒张，心率106次/min，律齐，双肺底可闻及少量干、湿啰音，肝肋下2cm，血压（BP）：17.0/13.0kPa（130/100mmHg）。西医诊断：慢性心力衰竭；肺源性心脏病。中医诊断：喘证。证属热瘀水结。治宜清热活血，泻肺利水。方投己椒苈黄丸加减。药物组成：汉防己15g，川椒目9g，葶苈子30g，大黄12g，黄芩12g，鱼腥草30g，茯苓30g，白术15g，桑白皮30g，车前子30g，泽泻15g，白花蛇舌草30g，半边莲15g。日1剂，水煎2次取汁300mL，分早晚2次服，服7剂。2011-11-01二诊，喘憋减轻，偶有咳嗽，小便量少，大便干。黄厚苔未减，双下肢水肿（+）。BP：16.0/11.0kPa（120/80mmHg）。初诊方大黄、黄芩增至15g。继服7剂。

2011－11－08 三诊，患者静息状态下无明显喘憋，偶有气短、乏力，唇甲发绀，双下肢水肿明显消退。二便尚可，舌黯红，苔薄黄。二诊方加丹参30g、黄芪30g，继服6剂。此后，继服该方10余剂，以巩固治疗。

按　慢性心力衰竭急性期常表现为咳、喘、痰、瘀、肿、悸等症，临床表现为虚实夹杂，邪盛正虚，寒热互见，为难治性危急重症。痰、热、水、瘀互结是该病常见证候，遵守辨证论治原则，以清热化痰、利水行瘀为治疗法则，选用己椒苈黄丸加减治疗为主。该患者素体偏胖，痰湿积聚，脾失健运，壅滞胃肠，阻遏气机，气血运行不畅，瘀血内停，瘀久化热而致本病。证属慢性心力衰竭急性期热瘀水结证，治疗以己椒苈黄丸加减。方中葶苈子辛苦寒，祛痰定喘，泻肺行水；汉防己苦辛寒，善走下行，利水消肿；川椒目苦辛寒，化气行水，引诸药下行；大黄利水泄浊，活血通脉。加桑白皮泻肺平喘，茯苓、白术、泽泻、车前子、半边莲利水消肿，白花蛇舌草、黄芩、鱼腥草清热解毒，活血利水。全方共奏活血利水、清热解毒、泻肺平喘之功。二诊时黄厚苔不退、大便干，热像未减，故于初诊方基础上增加大黄、黄芩剂量以加强其清热泻火之力。三诊偶有气短、乏力症状，唇甲仍发绀，故加丹参、黄芪活血化瘀，益气固本。该方切中慢性心力衰竭痰热水瘀互结之病机，加减诸药以增强其化痰平喘、行气活血、利水消肿之力，诸药合用，宣上和中渗下，诸脏宣通，标本兼顾，扶正而不留邪，祛邪而不伤正。阴阳调和，升降周流，则脏腑畅达，病易向愈。

参考文献

[1] 冯广清．浅谈"病痰饮者当以温药和之"［J］．吉林中医药，2002，22（1）：1～2.

[2] 王永霞，李丰涛．从痰饮论治慢性心力衰竭的思路与方法［J］．中西医结合心脑血管病杂志，2011，9（1）：111～112.

[3] 董晓斌，孔立．慢性心力衰竭的中医病机演变探讨［J］．环球中医药，2011，4（3）：201～203.

[4] 杜武勋．加味己椒苈黄汤治疗热瘀水结型心水（充血性心力衰竭）的临床研究［J］．中医研究，2003，16（2）：21～23.

［《河北中医》2012，34（11）：1650］

加减乌头汤治疗腰椎间盘突出症49例

唐小儒　海南省五指山市中医院

乌头汤出自汉代张仲景的《金匮要略》。由制川乌，麻黄，黄芪，白芍，甘草等5味药组成。原方用以治疗寒邪引起的痛痹，笔者自2008年8月至2011年9月，以乌头汤加减治疗腰椎间盘突出症偏虚寒者49例，疗效满意，现报道如下：

一、临床资料

本组49例，均经X线摄片（部分作CT或MRI）确诊。其中男性31例，女性18例；年龄20～51岁，平均39岁；病程最短的2天，最长的1年。拍片检查显示：L3～4椎间盘突出4例，L4～5椎间盘突出23例，L5～S1椎间盘突出19例。多个椎间盘突出3例。临床表现：49例患者中43例有腰骶部疼痛、腰肌僵硬、活动受限，31例有坐骨神经痛、下肢有麻木感、间歇跛行，5例下肢发凉，11例有不同程度的下肢萎缩和肌力减弱，2例有马尾综合征。临床检查49例患者分别有腰椎旁压痛、棘突叩击痛、直腿抬高试验、屈颈试验等阳性体征。

二、治疗方法

以温经通络，调督补肾，化瘀止痛为原则，以加减乌头汤为基础。基本药物组成：川乌9g，麻黄9g，黄芪15g，狗脊12g，牛膝15g，桑寄生15g，白芍15g，当归12g，没药9g，甘草9g。急性期暴痛加制草乌，活血化瘀药用量宜大；风寒甚者加防风、细辛、肉桂；湿邪偏重者加薏米、苍术；慢性恢复期以滋补肝肾为主，肾阳虚者加杜仲、巴戟天、补骨脂。肾阴虚者加鳖甲、桑葚子。用法：每日1剂，先煎制川乌30～60min，后下其药，煎煮2次，分2次饭后温服。7天1个疗程。3个疗程判定疗效。

三、疗效标准及治疗结果

1. 疗效标准　参照《中医病证诊断疗效标准》[1]：痊愈：腰腿疼痛消失，活动自如，直腿抬高两侧一样，恢复正常生活和工作；好转：疼痛明显减轻，活动无大碍；无效：疼痛无减轻，各种试验阳性体征无改变。

2. 治疗结果　痊愈38例，好转7例，无效4例。其中1个疗程痊愈者19例；2个疗程痊愈者12例；3个疗程痊愈者7例。总有效率91.8%。

四、病案举例

张某，男，37岁。2009年4月13日诊，自诉干活时下蹲，腰部突然像触电似的一闪，异常疼痛，无法忍受，疼痛直连大腿至脚跟。第2天症状加重，睾丸胀痛，会阴痛，咳嗽时加剧。在外院拍CT诊断为：L5～S1椎间盘突出，治疗3周无效而来诊。刻下：精神疲惫，痛苦面容，腰部僵硬，起卧痛楚，步履艰难，食欲不振，大便困难。查体：腰部活动受限，脊柱向左侧弯，左侧腰肌紧张，左右不对称，L5～S1腰椎旁压痛，棘突叩击痛，沿左侧大腿外侧向下放射至足跟部。屈颈试验阳性，左侧直腿抬高约20°，左脚跟腱反射减弱，舌淡暗，苔薄白，脉细弦。X线摄片：脊柱左弯，生理性前凸消失，椎间隙变窄L5～S1椎间盘向左后突出。西医诊断为腰椎间盘突出症。中医诊断为腰痛（肝肾不足，寒瘀阻络）。治以乌头汤加减：制川乌9g，麻黄6g，黄芪12g，狗脊12g，牛膝15g，桑寄生15g，杜仲10g，红花10g，白芍15g，赤芍12g，当归10g，松节15g，没药6g，甘草9g。3剂，每日1剂，水煎温服。4月16日二诊：精神转佳，疼痛明显减轻，直腿可抬高50°。效不更方，原方续进3剂。4月19日三诊：症状基本消失，神情轻松。坐久或行走过久仍感腰部酸软。上方去川乌、麻黄、松节、没药，加鸡血藤30g、巴戟10g。7剂诸症悉消，行走如常，嘱注意腰部活动用力要平衡，平时注意腰背部的保暖。随访2年未见复发。

五、讨论

腰椎间盘突出是因腰椎间盘发生退行性变，在外力的作用下，纤维环破裂，髓核突出，刺激或压迫神经根，造成神经根水肿，产生炎症，而引起腰痛及下肢坐骨神经放射痛等症状为主的腰腿痛疾患。归属于中医学的腰痛范畴，中医认为腰痛多因肾精亏虚，腰府失养，经络虚损，不慎屏气闪挫，引起气滞血瘀，经脉阻滞不通而致。再者，肾精不足，督脉空虚，极易感受风寒湿邪，寒邪凝滞，痹阻经络，寒瘀为患，加重腰痛。本病寒滞血瘀为标，肝肾不足为本。故治疗以温经散寒，活血祛瘀，调补肝肾。方中川乌祛寒逐湿，麻黄辛温通阳，芍药、甘草缓急止痛，黄芪益气固卫，狗脊温养肝肾，通调百脉，强腰膝，坚脊骨，利关节；牛膝、桑寄生强筋骨、壮腰膝，牛膝又能引药直达病所。当归、没药行血破瘀，消肿止痛，舒筋通络，松解卡压，缓解痉挛。葛根解肌镇痛，现代药理显示具有改善微循环，消除水肿，消除炎症；诸药配合，共奏温经散寒，强筋骨，舒筋通络，祛瘀止痛之功效。

参考文献

[1] 国家中医药管理局. ZY/T001.1－001.9—94中医病证诊断疗效标准［J］. 南京：南京大学出版社，1994：201.

［《中国民族民间医药》2012，21（6）：76］

加减应用仲景方治验4则

盛梅笑　江苏省中医院

张仲景所著《金匮要略》是我国现存最早的杂病学专著。书中提出了根据脏腑经络病机和四诊八纲进行病与证相结合的辨证方法，所载方剂对后世临床具有非常重要的指导意义，被历代推为方书之祖。笔者体会临证用好仲景方，贵在能够真正领会其病机与适用范围，同时须辨证准确，并酌情加减，方能收效。兹举验案数则，与同道共享。

一、桂枝龙骨牡蛎汤治疗自汗

王某，女，32岁。2009年3月24日初诊。自汗出1周。患者产后3月，就诊前10天受凉后感冒发热，自服“百服宁”热退，1周来自汗出，动则尤甚，畏风寒，心悸时作，夜寐多梦，神疲乏力，饮食大便尚常，舌质淡红、苔薄白，脉象沉细。证属营卫不和，心神失养。治拟调和营卫，养心宁神。方选桂枝龙骨牡蛎汤化裁。处方：桂枝10g，白芍10g，生姜2片，大枣5枚，炙甘草5g，煅龙牡各30g，炒枣仁15g，糯稻根20g，浮小麦20g，白术12g，防风6g。服药5剂汗出渐止，睡眠改善，精神转振，舌苔薄，脉细小弦，再予归脾丸方加减善后，诸症缓解。

按　桂枝龙骨牡蛎汤出自《金匮要略·血痹虚劳病脉证并治》，方由桂枝汤加龙骨、牡蛎组成，具有调和阴阳、潜镇摄纳之功效，用于治疗阴阳两虚、营卫失调所致盗汗、失眠多梦、心悸、男子失精、女子梦交等病症。本案产后体虚，因外感发热服用解热镇痛药，发汗过度，致肌表失固，腠理疏松，营卫不和，故自汗出；汗为心液，汗出不止，精气耗伤，心神失养，故见心悸、多梦、乏力等症；舌质淡、脉沉细为气血亏虚之候。方中桂枝温经通阳，白芍和营敛阴，两药一散一收，调和营卫；白术、生姜、大枣、甘草益气健脾和中，助气血之源；龙骨、牡蛎重镇固摄，敛阴潜阳；糯稻根、浮小麦固涩敛汗；酸枣仁养心宁神；防风达表祛风。诸药合用，调和营卫，养心宁神，固涩敛汗，故汗出止。予归脾丸方加减善后为产后体虚益气健脾养心治本之意。

二、甘姜苓术汤治疗寒湿腰痛

徐某，男，45岁。2009年7月8日初诊。腰痛2月。患者素体健，2月来无明确诱因感腰脊酸痛不适，沉重感，局部怕冷，入夜尤甚，胃纳不香，大便略溏日一行，舌质淡、苔白腻，脉濡细。尿常规、腰椎正侧位片等检查均未见异常。证属寒湿痹着，腰枢不利，气血失调。治当温经散寒，健脾除湿，补肾活血。方选甘姜苓术汤加味。处方：淡干姜15g，茯苓30g，白术12g，炙甘草5g，生薏仁30g，红花10g，独活10g，桑寄生15g，杜仲20g，制狗脊10g，鹿衔草15g。服药14剂，腰痛沉重感明显减轻，胃纳振作，大便成形，舌苔薄白，脉取有力，遂去干姜、苍术、红花、鹿衔草等品，加菟丝子10g、怀牛膝10g，续服7剂告愈。

按　甘姜苓术汤又名肾着汤，出自《金匮要略·五脏风寒积聚病脉证并治》，方由甘草、干姜、茯苓、白术组成，能温振脾阳，散寒除湿，主治肾虚为寒湿所侵，阳气痹着不行，表现为腰中冷，如坐水中，腰以下冷痛，腰重如带五千钱。《金匮要略心典》云：“肾受冷湿，着而不去，则为肾着，其治法不在温肾以散寒，而在燠土以胜水。”本案病发于江南梅雨季节，起居不慎，湿邪外侵，损伤阳气，寒湿痹着，故腰脊酸痛、沉重、怕冷；湿困脾阳，脾运失健，故便溏；舌淡、苔白腻、脉濡细为感受寒湿之苔脉。方中重用干姜辛温散寒；茯苓、薏仁甘淡渗湿；白术苦温健脾燥湿；甘草益气培土和中；桑寄生、杜仲、狗脊补肾壮腰；红花活血和络；独活、鹿衔草祛风胜湿舒筋。全方共奏温经散寒，健脾除湿，补肾活血之功。仲景“肾着汤”温脾散寒除湿治疗腰为寒湿所侵之证，脾主湿，又主肌肉，除湿必健脾，所谓“燠土以胜水”。本案在上述治疗思路的基础上配合补肾活血，是因为“腰为肾之外府”，邪袭经络气血失于调畅，故予兼顾。

三、苓桂术甘汤治疗痰饮背中冷

江某，男，58岁。2011年4月2日初诊。背脊冷痛伴胃脘痞胀、纳差3月。患者近年来工作较繁忙，饮食不规律，3月来胃脘痞胀，胃纳减少，泛吐清水，腹鸣，背脊冷痛，畏寒，乏力，舌质淡红、苔薄白，脉细。胃镜示“慢性浅表性胃炎”。经服用抑酸、护膜、促胃动力药等治疗胃脘不适诸症略减轻，仍背中冷感明显。证属饮停于胃，阳气不振。治当温中化饮和胃。方选苓桂术甘汤加味。处方：茯苓30g，川桂枝5g，白术10g，炙甘草5g，淡附片5g，法半夏10g，陈皮10g，生姜5g，益智仁10g，谷麦芽各30g。服药7剂，背中冷明显好转，无胃脘不适，饮食渐增。继予原方中加入黄芪15g、党参12g调治半月而愈。

按　《金匮》云：“夫心下有留饮，其人背寒冷如手大。”所谓“心下”是指胃脘，痰饮停留于胃，阻遏阳气，失于温煦，故背脊胃俞部位冷痛；阳遏气机，胃失和降，故胃脘痞胀不舒；饮为阴邪，停于胃肠，胃气上逆，故泛吐清水、腹鸣、畏寒、舌质淡红苔薄白。“病痰饮者，当以温药和之”，痰饮由阴气凝聚而成，得温而行，饮去则阳气得以发越，故治以温中化饮，和降胃气。苓桂术甘汤是治疗痰饮的基础方，但温阳化饮之力尚嫌不足，故加淡附片、生姜以温通；益智仁温阳摄涎；半夏、陈皮、谷麦芽和胃降逆。方证合拍，效如桴鼓，饮邪去则诸症自解。因邪虽去正气未复，脾为生痰之源，故又加入黄芪、党参健脾补益中气。

四、茯苓泽泻汤治疗痰饮呕吐

张某，女，61岁。2011年3月14日初诊。呕吐间作20余年，再发半月。患者素有过敏性哮喘病史，每作于春季。20余年来呕吐反复发作，此次再发半月，呕吐物多为未消化食物及稀白痰涎，发无定时，食后吐，空腹亦吐，伴嗳气，胃纳少，神倦，头晕乏力，不欲饮水，舌质淡、苔薄白腻，脉沉细。胃镜示“慢性浅表性胃炎、十二指肠球炎”。证属痰饮内伏，胃失和降。治当健脾化饮，和胃降逆。方选茯苓泽泻汤加味。处方：川桂枝5g，白术10g，茯苓20g，泽泻15g，炙甘草5g，姜半夏10g，陈皮10g，苏梗10g，代赭石30g，刀豆壳30g，沉香5g，谷麦芽各30g，百合30g。服药7剂，呕吐止，食欲明显改善，精神好，无头晕等不适。继予六君子汤加味调治。

按　茯苓泽泻汤出自《金匮要略·呕吐哕下利病脉证并治》，指出“胃反，吐而渴欲饮水，茯苓泽泻汤主之”，方由茯苓、泽泻、白术、桂枝、甘草、生姜组成，包含苓桂术甘汤，也是五苓散的类方，功效健脾利水、化气散饮，主治饮阻气逆之呕吐病证。本案呕吐反复发作，呕吐未消化食物及稀白痰涎，发无定时，不欲饮水，神倦乏力，舌质淡、苔薄白腻，其素有哮喘，内有伏饮矣，饮邪内阻，气机上逆，胃失和降发为本病，病程已久，则脾气亏虚，饮邪难以速去。故选方茯苓泽泻汤加味以健脾化饮，和胃降逆。方中白术、茯苓、泽泻健脾淡渗利湿，其中茯苓、泽泻用量偏大，使水饮从小便而去；桂枝通阳化气，温中化饮；代赭石、豆壳、沉香理气降逆止呕；姜半夏、陈皮、谷麦芽调和胃气；百合益胃宁神。本案痰饮呕吐的辨证要点为呕吐痰涎，不欲饮水，素有哮喘，而茯苓泽泻汤证是渴欲饮水，其之所以口渴，是由饮阻气机，气不化津，津不上承所致，本案不欲饮水则是因饮停于胃，气机上逆，虽然症状表现有别，但均属饮邪致病，故治法相同。

［《江苏中医药》2012，44（1）：50］

加味芍药甘草汤合头针滞针法治疗卒中后小脑共济失调83例

唐学敏　石景洋　魏小萌
南阳理工学院张仲景国医学院
马　锐　南阳市张仲景医院

中风是威胁人类健康最严重的疾病之一，中风后除偏瘫和语言障碍外，共济失调亦为常见临床表现。研究发现，原发性小脑出血者共济失调为首发症状者占50.2%，小脑梗死者共济失调占59%。患者由于躯体及肢体控制力差，导致行走不稳，持物困难，往往不能独立生活，其生活质量受到严重影响[1]。南阳市张仲景医院采用加味芍药甘草汤结合头针滞针法治疗卒中后小脑共济失调，现报告如下：

一、临床资料

1. 一般资料　收集2005年5月至2010年5月在我院脑血管科住院的中风患者180例，随机分为两组，治疗组、对照组各90例。治疗组中男52例，女38例；年龄36～72岁，平均53岁；小脑梗死67例，小脑出血23例；病程2周－1.5年。对照组男51例，女39例；年龄35～73岁，平均54岁；小脑梗死70例，小脑出血20例；病程2周－2年。两组患者在年龄、性别、病种及病程方面差异无统计学意义（$P>0.05$），具有可比性。

2. 诊断标准　中医诊断标准参照国家中医药管理局1996年脑病急症协作组制定的《中风病诊断与疗效评定标准》[2]；西医诊断标准参照中华医学会1995年全国第四届脑血管病学术会议修订的《各类脑血管疾病诊断要点》[3]。全部病例经头颅CT、MRI检查显示小脑出血灶或小脑梗死，临床以共济失调、醉汉步态、协调运动障碍、眼球震颤、语言障碍、辨距不良、反冲力消失、书写障碍为主要表现。

3. 纳入标准　符合诊断标准；年龄＞35岁且＜73岁；病程15天以上；签署知情同意书。

4. 排除标准　非脑血管病引起的共济失调；由于各种原因中途终止治疗者。

二、治疗方法

1. 对照组　予维脑路通注射液400mg［詹姆斯－安迪制药（通化）有限公司出品，批号：050402］加入5%葡萄糖注射液250mL中静脉滴注，每日1次。颅压高者给予甘露醇［詹姆斯安迪制药（通化）有限公司出品，批号：050402］脱水降颅压，高血压病患者稳定血压。

2. 治疗组

①中药　在对照组的基础上，予中药加味芍药甘草汤（白芍30g，炙甘草15g，全蝎15g，蜈蚣2条，地龙15g，天麻20g，丹参30g，当归15g）每日1剂，早晚2次温服。

②针灸　按《头皮针穴名国际标准化方案》取双侧顶颞前线上1/5及双侧枕下旁线。若有上肢震颤或肌张力增高可加双侧顶颞前线下2/5，平针刺手法，进针后行单向捻转造成人为滞针，每10min运针1次，6h后将针拔出，并按压止血，治疗当天勿洗头，每日1次。两组均10天为1个疗程，间隔1天后继续下一疗程，4个疗程后观察疗效。

三、疗效观察

1. 疗效判断标准　根据《世界神经病联合会国际合作共济失调量表》[4]对治疗前后各项临床症状进行评分。基本痊愈：评分减少≥85%；显效：评分减少≥55%但＜85%；有效：评分减少≥20%但＜55%；无效：评分减少＜20%。

2. 两组患者治疗前后症状总积分比较　治疗结束后，治疗组有7例未完成既定治疗方案，对照组有5例未完成既定治疗方案，故剔除。表1示，与本组治疗前比较，两组治疗后评分均明显降低（$P<0.01$），治疗后组间比较，治疗组下降程度优于对照组（$P<0.01$）。

表1　两组患者治疗前后症状总积分比较（分，$\bar{x}\pm s$）

组别	例数	治疗前	治疗后
治疗组	83	54.48±4.11	18.98±12.31*△
对照组	85	54.86±4.04	26.95±13.36*

注：与本组治疗前比较，*$P<0.01$；与对照组治疗后比较，△$P<0.01$。

3. 两组临床疗效比较

表2示，治疗组疗效明显优于对照组（P＜

0.05）。

表2　两组临床疗效比较［例（%）］

组别	例数	基本痊愈	显效	有效	无效	总有效率
治疗组	83	28（33.7）	31（37.3）	18（21.7）	6（7.3）	77（92.7）
对照组	85	16（18.8）	21（24.7）	29（34.1）	19（22.4）	66（77.6）

四、讨论

中医学无共济失调之病名，但对其临床表现的描述类似于“眩冒”“中风”等。其病机为肝肾阴虚，筋脉失于濡养，风、痰、瘀上扰于脑，致气血逆乱，脑脉痹阻或血溢脑脉之外，脑髓受损，治以滋阴补肾柔肝，熄风化瘀通络。芍药甘草汤是张仲景《伤寒论》中治疗“足痉急，不得伸”的名方，功专滋阴补肝，养血柔筋，缓急止痉。一味丹参，功同四物，养血化瘀，补中有疏，所谓治风先治血，血行风自灭。当归长于活血化瘀，有祛瘀不伤正之妙。天麻味甘、微温质润，性兼润补，能熄内风而兼散外风，同时清利头目，前人认为天麻为治风之要药。地龙、全蝎、蜈蚣搜风通络，《医学衷中参西录》曰：“内而脏腑，外而经络，凡气血凝聚之处皆能开之……内治肝风萌动、癫痫眩晕、抽掣瘛疭，小儿脐风，外治经络中风，口眼歪斜，手足麻木”。实验研究证实，虫类药物可明显降低血液黏稠度，减少血小板聚集，提高红细胞变形能力，降低纤维蛋白原的水平，从而改善微循环，增加脑血流量，改善脑供血，为神经细胞的功能恢复提供条件。诸药相伍，滋阴补肾柔肝治其本，搜风祛瘀通络治其标，推陈致新，使髓得养而脑络通。

人体十二正经直接或间接地上达头面，因此人体的经气通过经脉、经别上达头面部。头针治疗则直接刺激诸阳之会，活血化瘀，醒脑开窍，疏通经络，调动五脏六腑之经气。对于患者脑及各脏腑功能的调节，以及患肢的康复有直接作用。中枕下旁线位于小脑脑干外侧大脑皮质部，具有主治小脑疾病引起的共济失调、平衡失调、头晕等功能。研究表明，头皮上的刺激可以反射性地增加相应皮质部位的血流量，有利于侧支循环的广泛建立。使病变部位得到充分营养以使脑细胞的功能得以恢复和代偿。滞针法能获得更为持久、更为强烈的刺激，使肌纤维和结缔组织紧密缠绕针身，形成对穴位的一种持续刺激。头针滞针法促进损害部位的血流量增加，从而改善皮层缺血缺氧状态，促进皮质功能恢复。头针滞针法合加味芍药甘草汤可增强卒中后小脑共济失调的总体疗效。

参考文献

［1］张玉莲，王颖．中风后共济失调的研究概况［J］．北京中医药，2008，27（1）：67.

［2］国家中医药管理局脑病急症协作组．中风病诊断与疗效评定标准（试行）［J］．北京中医药大学学报，1996，19（1）：55～56.

［3］中华神经科学会，中华神经外科学会．各类脑血管疾病诊断要点［J］．中华神经学杂志，1996，20（6）：379～380.

［4］陈琳，郗海涛译．世界神经病联合会国际合作共济失调量表［J］．立体定向和功能性神经外科杂志，2007，20（2）：127～128，105.

［《中医杂志》2012，53（5）：427］

加味茵陈蒿汤治疗黄疸30例

李荣玲　江苏常州监狱医院

黄疸是以身黄、目黄、小便黄为主症的一种病症，其中目睛黄染尤为本病的重要特征。《内经》中即有黄疸病名和主要症状的记载。汉代张仲景《伤寒杂病论》把黄疸分为黄疸、谷疸、酒疸及女劳疸和黑疸5种，并创建了茵陈蒿汤，成为历代治疗黄疸的主要方剂。近年来采用茵陈蒿汤加味治疗黄疸取得较满意的疗效，结果报告如下：

一、资料与方法

本组30例患者中，高胆红素血症所致黄疸10例，胆结石所致黄疸15例，病毒性甲型肝炎所致黄疸5例。30例患者总胆红素80～200。治疗方法：以古方茵陈蒿汤加味治疗。处方：茵陈蒿30g，栀子15g，生大黄10g（后下），黄柏3g，茯苓10g，滑石20g（后下），车前草20g，郁金10g，日1剂，水煎两次，分两次服用，10 天 1 个疗程，最长服用 3 个疗程。

二、结果

经 1～3 个疗程，治愈 10 例（黄疸消失，胆红素在正常范围）。好转 20 例（黄疸减轻，胆红素较前明显下降）。无效 0 例（黄疸未消，胆红素未下降）。例 1：患者，男，40 岁，皮肤发黄半个月入院。患者入院半个月前无明显诱因下出现全身皮肤黏膜黄染，双巩膜黄染，黄色鲜明，伴全身瘙痒，无恶心、呕吐、无厌油腻饮食。小便黄赤，舌苔黄腻，脉象弦数。查肝功能 ALT、AST 在正常范围，r－GT 在正常范围 TBIL200U/L。查 HAV（－）、HBV（－）、HCV（－）、HBsAg（－）。西医诊断为“高胆红素血症”，中医诊断为“黄疸”（阳黄）热重于湿型。予以茵陈蒿汤加味治疗，1 个疗程后，黄疸减轻，查 TBIL120U/L。再予本方续服 2 个疗程，黄疸消退，肤色正常，巩膜无黄染，查 TBIL20U/L，予以出院。

三、讨论

黄疸的病理因素有湿邪、热邪、寒邪、疫毒、气滞、瘀血六种，但以湿邪为主。黄疸形成的关键是湿邪为患。湿邪壅阻中焦，脾胃失健，肝气郁滞，疏泄不利，致胆汁疏泄失常，不循常道，外溢肌肤，下注膀胱，发为身黄、目黄、小便黄之病症。茵陈蒿汤重在清热通腑，利湿退黄。本方重用茵陈蒿为清热利湿退黄之要药，栀子、大黄、黄柏清热泻下，茯苓、滑石、车前草利湿清热，使邪从小便而去，加郁金疏肝理气。

现代药理研究：茵陈蒿汤能促进实验动物的胆汁分泌和排出，在增加胆汁排泄的同时，还可降低胆总管括约肌张力，使胆总管括约肌收缩时间缩短，开放时间延长，开放直径增大，有利于胆汁的排出。另外，茵陈蒿汤内含有一种葡萄糖醛酸苷酶抑制物质，能抑制肝脏疾患时升高的葡萄糖醛酸苷酶的活性，从而减少胆红素及有害物质从肠道再吸收，间接促进胆红素排出体外。

［《社区中医药》2012，14（1）：224］

姜春华运用茵陈蒿汤的经验

戴克敏　上海复旦大学药学院

茵陈蒿汤首载于张仲景著《伤寒论》和《金匮要略》中，前者治疗阳明病瘀热在里的发黄，后者治疗黄疸病的谷疸。后世医家广泛应用本方治疗湿热黄疸，现代治疗急性黄疸型传染性肝炎也以本方为基础，加减化裁。

姜老说：“凡黄疸性肝炎初起时病机总以湿热为本，治疗以清热为主，利湿次之，因为清热有消炎解毒作用，利湿有通利小便、促进排除黄疸作用，利湿协助清热，不起治本作用。”明代吴又可论茵陈蒿汤，认为大黄为治疗黄疸之主药，他改变茵陈蒿汤的分量，用大黄 15g，山栀 6g，茵陈 3g。吴又可说：“设去大黄而服山栀、茵陈，是忘本治标，鲜有效矣！或用茵陈、五苓，不唯不能退黄，小便间亦难利。”吴又可之说从临床经验而来。姜老亦同意吴氏之说，认为大黄是茵陈蒿汤中主药。姜老用大黄多至 24g 到 30g。姜老提出：“黄疸型肝炎以病毒为本，肝炎为标；肝炎为本，黄疸为标；黄疸为本，小便赤少为标。治疗当以解决病毒为本，治疗黄疸为标。所以茵陈蒿汤中，以大黄为主药是针对肝炎病毒为本。若以茵陈蒿为主药，是以利小便退黄疸为本而言。若以利小便为本，治肝炎病毒为标，则是本末倒置矣！”据药理报道，大黄为治疗肝炎病毒的有效药物兼有活血去瘀作用，此为茵陈所不及，也为临床所证实。笔者随师应诊，发现姜老运用此方，可以通治急性黄疸型传染肝炎、慢性肝病、胆囊炎、胆石症及肝硬化等具有黄疸症状者，均可用茵陈蒿汤加减收效。初步整理姜老运用茵陈蒿汤可配伍于如下 7 法中。

一、清热利湿法

例 1　向某，男，37 岁　1975 年 5 月 7 日初诊。患者于 1 周前突感胃脘胀满，发热曾至 38.5℃，服西药 3 天后热退，但巩膜及皮肤出现黄疸，经某医院检验 ALT 为 800U，黄疸指数为 70U，诊断为急性黄疸性肝炎。连日来胸闷，纳呆，腹胀，尿赤似浓茶，肝区不舒，舌苔白腻，脉弦细。治以茵陈蒿汤加味。处方：生大黄、山栀、大腹皮各 9g，茵陈、田基黄、全瓜蒌各 15g，大金钱草 30g。7 剂，每日 1 剂，水煎服。5 月 15 日二诊：药后 ALT 下降到 300U，诸症减轻，食欲增加。原方加鲜茅根 30g，续服药 14 剂后，黄疸全退，黄疸指数为10U，ALT下降至30U，病愈。

按　本例为急性黄疸型肝炎。姜老用大黄配田基黄、全瓜蒌控制肝炎病毒，此为治本；茵陈蒿配大金钱草、大腹皮、泽泻、白茅根利水退黄疸，此为治标；标本兼治，取得了良好效果。

例2　康某，男，32岁，1977年5月20日初诊。患者于1周前突感中脘不适，发热至38.5℃，服西药4天后热退，巩膜及皮肤即出现黄疸，经某医院检验ALT300U，黄疸指数为80U，诊断为黄疸性肝炎。现住院治疗，不思饮食，泛泛欲吐，小便色深似浓茶，大便3日未解，舌红、苔黄，脉弦数。证属湿热俱重型黄疸。投以茵陈蒿汤合栀子柏皮汤加味。处方：生大黄18g，山栀、田基黄各15g，黄柏、木通各9g，茵陈、鲜茅根各30g。7剂，每日1剂，水煎服。服药1剂后，大便即通，小便亦利。治疗1周后，遍身黄疸大减，胸闷烦恶亦舒。再查ALT70U，黄疸指数40U。减大黄至半，加重清热利湿药物，继续服药14剂后，黄疸全退，黄疸指数为10U，ALT下降至30U，食欲增加，于住院3周后出院。

按　本例为急性黄疸型肝炎属于湿热俱重型。本方重用大黄、黄柏、山栀清热解毒，田基黄亦为姜老治疗肝炎的常用主药，有清热解毒利湿作用，以上4味药治肝炎为本；利胆的药物有大黄、山栀、茵陈等；利水则有茵陈、木通及鲜茅根；大黄且可通便；使黄疸从二便中分消。

二、凉血解毒法

例3　鲁某，男，38岁，1976年4月27日初诊。患急性黄疸型肝炎，巩膜黄染，目络微赤，昨有鼻衄，胁痛，唇、舌俱红，脉弦。检验ALT150U。以茵陈蒿汤合四逆散加味。处方：大黄、丹皮、赤芍、柴胡、大青叶、枳壳、茅花、山栀各9g，茵陈、鲜茅根各30g，甘草6g。7剂，每日1剂，水煎服。5月4日二诊：药后黄疸退，衄止，ALT下降至80U，续原方7剂后治愈。

按　本例为热重型黄疸型肝炎，兼见胁痛，故用茵陈蒿汤及四逆散加味。大黄配柴胡、大青叶能抑制肝炎病毒，降低ALT，此为治本；本例血热重，故以丹皮配赤芍、大青叶、山栀以凉血清热，茅花配山栀有止血作用治鼻衄，鲜茅根与茵陈相配利湿退黄，此为治标；标本兼治，方药对证，其病速愈。

三、温阳健脾法

例4　沈某，男，31岁，1973年11月3日初诊。患慢性肝炎已3年。面色如烟熏黄，畏寒肢冷，脘闷，腹胀，口淡，便溏，舌体胖、苔黄腻，脉濡。检测：直接胆红素为0.25mg/dL，总胆红素为1.7mg/dL。辨证属于阴黄，脾虚寒湿使然。以茵陈四逆汤加减。处方：大黄、甘草各6g，山栀、附子、党参、大腹皮、茯苓各9g，干姜4.5g，茵陈15g。7剂，每日1剂，水煎服。服后，黄疸减退，畏寒好转，续服7剂而症除。

按　本例为慢性肝病。辨证属于阴黄，为脾虚寒湿不运，胆液外浸肌肤所致，又阳虚症状明显，故治用茵陈四逆汤温阳健脾而获佳效。

四、疏养和胃法

例5　韩某，女，35岁，1974年4月25日初诊。患慢性肝炎已3年。现巩膜黄染，检验ALT在90U以上，胁胀痛，胸闷，嗳气不舒，胃纳差，舌边红，苔黄腻，脉弦。证属肝气犯胃。治宜疏养和胃，以四逆散合茵陈蒿汤加减。处方：柴胡、白芍、枳实各9g，茵陈15g，栀子9g，甘草、大黄各6g，嫩苏梗15g。14剂，每日1剂，水煎服。服后，ALT下降到35U，纳食增，病愈。

按　姜老认为："肝的疏泄功能与肝体密切有关。若肝血充沛，肝体不燥，则疏泄有度；若肝血不足，肝气有余，则易横逆致变。临床常见肝气犯胃或肝脾不和。"故姜师提出治疗慢性肝炎须疏养结合。本例为肝气犯胃，用四逆散加味。盖四逆散用柴胡疏肝理气，枳实通结滞，复用白芍柔养肝阴，甘草和中缓急，是疏泄中不忘柔养；又茵陈蒿汤中用大黄及栀子可针对肝炎病毒，降低ALT，配嫩苏梗有和胃理气作用，疗效满意。

五、疏肝利胆法

例6　杨某，女，53岁，1975年6月23日初诊。患急性胆囊炎，上腹部疼痛剧烈，面目皆黄，口苦，咽干，呕吐，体温39.5℃，时恶寒，腹胀，大便3日未解，尿赤，舌红、苔黄腻，脉弦细。证属湿热蕴结。用茵陈蒿汤合大柴胡汤加减。处方：生大黄、山栀、柴胡、枳实、郁金、黄芩、半夏各9g，茵陈、对座草各30g，生姜3片，大枣4枚。每日1剂，水煎服，连服5剂而症平。

按　本例由湿热内蕴，肝失疏泄，胆失通降，郁而化火所致。治以疏肝利胆，清热解毒，通里攻下。以茵陈蒿汤合大柴胡汤加减，切合病机，故取效甚速。

六、利胆排石法

例7　方某，女，55岁，1977年10月17日初诊。患胆囊结石症，面目皆黄，纳差，消瘦，胆区疼痛反射到两肩背，舌根苔黄腻，脉弦急。法胆道排石汤，以茵陈蒿汤加味。处方：大黄、山栀、柴胡、虎杖各9g，郁金15g，茵陈、大金钱草各30g。7剂，每日1剂，水煎服。

按　胆囊结石引起黄疸，属于阻塞性黄疸。取法胆道排石汤，以利胆、理气、舒肝、排石、泄热为治。据《天津医药杂志》报道："若以收缩胆囊而言，茵陈虽有明显的利胆作用，但不能使胆囊收缩，山栀只能轻度收缩胆囊，大黄无收缩胆囊作用。茵陈配伍山栀，只呈现山栀的作用，当再加入大黄，胆囊发生强烈收缩。证实了茵陈蒿汤必须全方使用，才有最佳效果。"果药后黄疸退，余症显著缓解。

七、化瘀利水法

例8　王某，女，49岁，1975年11月27日初诊。患肝炎14年。1961年发现肝肿大，检验白、球蛋白倒置，但ALT正常，肝穿刺诊断为迁延性肝炎，1972年至1975年，ALT5次出现异常。现症黄染，体瘦，胃纳差，腹水中等，微肿，唇红苔黄。1周来予以50%葡萄糖、肝太乐保肝治疗，腹水及食欲未见改善。11月25日检查肝功能示：ALT324U，ZnTT35.5U，蛋白倒置，γ-蛋白电泳35%，AKP13.5%，γGT15.7%，AFP（-）。超声波检查示：肝剑突下2.5cm，肋下1.5cm，肝脏呈致密低小结节波，脾（-），腹水1cm平段。治以化瘀软坚，益气利水。处方：制大黄、桃仁、党参各9g，土鳖虫3g，蟋蟀10只，对座草、田基黄各30g，炮山甲6g，鳖甲、黄芪各15g，黑大豆60g。7剂，每日1剂，水煎服。二诊：腹水见退，脚肿消，胃纳差，下肢乏力，仍有黄疸。加强利水退黄疸为治，上方加茵陈、郁金各30g，玄胡9g。每日1剂，连服14剂。三诊：腹水消失，胃纳精神均好，肝区仍痛，鼻衄，发热3天。以活血化瘀软坚，益气滋阴利水为治。处方：制大黄、桃仁、玄参、黄芪、生山栀各9g，茵陈、对座草、茅根、田基黄各30g，土鳖虫3g，炮山甲6g，黑大豆60g。11剂，水煎服。四诊：晚间剑突下痛，肝区痛不剧，大便稀2～3次/日。查肝功能：ALT65U，ZnTT36U，A/G3.3/4.9。上方加延胡索9g。14剂，水煎服。五诊：天冷关节作痛，肝区疼痛，心悸，多恶梦。检查肝功能：ALT40U以下，ZnTT26U。四诊方加川芎6g，茯神9g。14剂，水煎服。以上方加减治疗8个月，腹水消失，面黑消退，巩膜黄染全退。ALT从324U下降至正常，ZnTT从36U下降至11U，γ-蛋白电泳从35%下降到21%。

按　本例西医诊断为肝硬化腹水，姜老在治疗过程中，活血化瘀利水与扶正益气养阴药同用，消补兼施，用茵陈蒿汤合下瘀血汤加减。下瘀血汤（制大黄、桃仁、土鳖虫）为姜老治疗肝硬化腹水的基本方，临床疗效较好；炮山甲、黑大豆有增加白蛋白的作用，能调整白、球蛋白的比例，其中炮山甲有降低γ-蛋白电泳的作用；茵陈蒿汤全方有利胆作用，又茵陈配伍蟋蟀、对座草、茅根、黑大豆等加强利水作用，消除腹水及黄疸，大黄与田基黄等配伍有使ALT下降作用；参、芪益气，玄参、鳖甲养阴，可提高机体免疫功能；诸药合用，使疸退水消，病人得以康复。

[《山西中医》2012，28（4）：4]

金匮肾气丸临证举隅

葛　亮　湖北中医药大学

高　鸣　邵朝弟　湖北省中医院

"金匮肾气丸"出自医圣张仲景所著《金匮要略》一书，其作为经方的代表方剂为历代医家所重视。临床实践证明，在辨证论治的基础上可以用其治疗众多内伤杂病。邵朝弟教授为全国名老中医，知名的中西医结合肾病专家，临床擅用经方治疗疑难杂病，金匮肾气丸为其常用之方。笔者有幸跟随邵老学习，获益良多。现将邵老运用金匮肾气丸经验举例介绍如下：

一、水肿

赵某，男，62岁，2010年4月12日就诊。双下肢浮肿半年，伴有面色㿠白，乏力，恶心呕吐，小便短少，舌质淡，苔厚腻，脉沉细。既往有糖尿病史15年，平日血糖控制不佳。辅检：空腹血糖（FBG）15.8mmol/L，肾功能正常，血浆白蛋白（ALB）25g/L，24h尿蛋白定量3.7g。中医辨证属脾肾阳虚，水湿不化。西医诊断为2型糖尿病，糖尿病肾病Ⅳ期。治宜温肾健脾，利水化浊，予金匮肾气丸合防己黄芪汤加减治疗。处方：制附子3g，肉桂6g，生地、山茱萸泽泻、怀牛膝、汉防己、炒白术、丹皮各10g，山药、茯苓皮、车前子、黄芪、益母草各15g。每日1剂，水煎服，7剂。同时辅以胰岛素进行降糖治疗。药后乏力减轻，恶心呕吐消失，小便已畅，浮肿渐退，方药中病，继用本方调治2月，浮肿全消，复查24h尿蛋白定量为2.6g，FBG为7.2mmol/L，ALB32g/L。长期予以金匮肾气丸加减治疗，同时辅以胰岛素，水肿未再发作，血糖控制平稳。

按　糖尿病属于祖国传统医学中“消渴病”范畴。患者消渴日久，燥热伤津，肾阴耗伤，阴损及阳，肾阳虚衰，气化失职，致水液输布失常，水湿内生，停聚于上则颜面浮肿，停聚于下则足肿，《素问·灵兰秘典论》云：“膀胱者，州都之官，津液藏焉，气化则能出矣”。肾阳虚衰，膀胱气化不利，故小便短少；命门火衰，脾阳衰惫，运化失司，胃失和降，故恶心欲吐；舌脉亦为脾肾阳衰、水湿不化之征，予金匮肾气丸合防己黄芪汤加减治疗。方中生地、山茱萸、山药、茯苓皮、泽泻、丹皮以滋补肾阴；肉桂、附子温补肾阳，可补水中之火和温肾中阳气；以茯苓皮代替茯苓，以利水消肿；怀牛膝滋补肝肾；车前子利水消肿；防己苦泄辛散以除湿消肿；黄芪健脾补肺，固表行水；白术健脾燥湿。诸药合用，标本兼治，使脾气得健，水湿得除。

二、腰痛

陈某，男，70岁，2010年11月17日就诊。腰部冷痛3年，腰以下觉冷，伴有小便淋漓不畅，量可，会阴部胀感，无尿痛，曾在西医门诊治疗（具体用药不详），疗效欠佳，即刻症见：头昏，头喜汗出，记忆力下降，纳差，大便溏，舌质淡，苔薄白，脉细。既往有前列腺增生病史。证属肾阳亏虚，经络不通。治宜温肾助阳，行气利尿。予金匮肾气丸加味治疗。处方：肉桂、制附子各5g，熟地20g，山药、茯苓、王不留行、山茱萸、橘核、菟丝子、煅龙牡各15g，丹皮、泽泻、杜仲、川牛膝、补骨脂各10g，黄芪30g。每日1剂，水煎服。7剂。药后腰痛减轻，头汗减少，小便通畅，大便成形，但下半身冷感不减，守前方改熟地为30g、制附子10g、王不留行10g。续服此方2月余，诸症逐渐消除。

按　患者年高体衰，肾精亏虚，腰脊失养，偏于肾阳虚，故腰部冷痛，腰以下冷感；肾阳不振，膀胱气化不行，故小便淋漓不畅；阳虚肝经失于温煦，经气不利，则会阴部胀；肾藏精，精生髓，肾精亏虚，髓海失养故头昏，记忆力下降；肾阳亏虚，虚阳上浮蒸津于外故头喜汗出；肾虚日久，不能温煦脾土，脾失健运则纳差、便溏。本病乃肾阳亏虚，气化不利，经脉不通，治宜温肾助阳，行气利尿。《金匮要略·血痹虚劳病脉证篇》云：“虚劳腰痛，少腹拘急，小便不利者，肾气丸主之”，予以肾气丸加味治疗。方中肾气丸以熟地滋阴补肾，填精益髓之功；菟丝子、杜仲、补骨脂补肾助阳以强腰脊；配王不留行、川牛膝通利小便，且川牛膝尚有引药下行之功；黄芪，《本草汇言》言其“补肺健脾，实卫敛汗，祛风运毒之药也”，合煅龙牡收敛止汗，标本兼治；佐橘核理肝经气滞，除会阴不适感。服上方7剂后，腰痛虽缓解，但仍冷感不除，故加大制附子剂量，增强温肾阳之功，加大熟地剂量，以增强补肾之力。

三、癃闭

刘某，男，75岁，2011年4月13日就诊。小便余沥不尽5月。症见：小便频繁，点滴不畅，排出无力，腰膝冷而酸软无力，面色无华，发白稀疏，步履不稳，神志清楚，舌质淡苔白，脉沉细而迟弱。证属癃闭之肾阳虚衰型，治宜温阳益气，补肾利尿。方用金匮肾气丸加味治疗。处方：茯苓20g，山药、山茱萸、泽泻、丹皮各15g，熟地25g，肉桂、制附子各5g，薏苡仁30g，每日1剂，水煎服，7剂。药后小便频数好转，且腰膝酸软、畏寒怕冷等症均有所减轻，续服14剂后小便通畅，步履稳健，腰膝酸软、喜暖怕冷等症消除。

按　癃闭是指小便量少，排尿困难，甚则小便闭塞不通为主症的病证，其中小便不利，点滴而短少为癃；小便闭塞，点滴不通为闭。基本病理变化为膀胱气化功能失调，实则当清湿热、利气机、散瘀结，以通水道；虚则宜补脾肾，助气化则水行，本病属虚，乃肾阳虚衰证，患者年老体弱，肾阳不足，命门火衰，气不化水，是以“无阳则阴无以化”而致小便点滴不畅，阳虚推动无力而排尿无力；肾阳虚，温煦失常，故畏寒，腰膝冷而酸软无力；舌质淡苔白，脉沉细而迟弱亦为肾阳虚衰。方用肾气丸加味，方中用肾气丸易生地为熟地，并加大其剂量以增强肾气丸滋阴补肾，填精益髓；配薏苡仁甘淡利水渗湿；合茯苓通利小便。诸药合用，共奏温阳益气、补肾利尿之功。

邵教授认为，对于肾阳不足之轻证，多为形体虚弱者，未必需用大剂辛温之品，如《素问·阴阳应象大论》云：“形之不足温之以气，精不足者，补之以味”，以滋阴药为主，配伍少量温阳之品，旨在阴中求阳，佐用通散渗利，寓泻于补，以泻助补，使补而不滞，如此即所谓“少火微微生气”，同时又不会因峻补之剂中大量的辛温之品燥烈太过而助火伤阴，更伤肾精，仲师用方之精妙，制方之严谨，可见一斑。上述医案临床病症各异，但在疾病发展过程中，出现了相同的病机，故治疗上均以温补肾阳为法，正体现了中医辨证论治中“异病同治”的基本治则。临床上坚持辨证论治的基本原则，抓住疾病的主要病机，辨别复杂之兼症，就可以运用金匮肾气丸化裁治疗各种以肾阳虚为病机的内伤杂病。

[《湖南中医杂志》2012，28（1）：59]

经方合方辨治神经性头痛札记

王　付　河南中医学院经方研究所

神经性头痛包括紧张性头痛、功能性头痛及血管神经性头痛，是临床中比较常见的症状之一，也是比较难治的症状之一，致病原因多由精神紧张、生活不规律、烟酒无度、睡眠不足、精神压抑、以及内分泌失调等引起。结合多年临床运用经方合方辨治神经性头痛体会，介绍于此，以抛砖引玉。

一、桂枝汤与四逆汤合方辨治神经性头痛

谢某，女，38岁，郑州人。有多年神经性头痛病史，服用中西药，可头痛仍然反复发作，近因头痛加重前来诊治。刻诊：头痛甚于中午，汗出较多，倦怠乏力，手足厥冷，舌质淡，苔薄白，脉浮弱。辨为太阳中风证（卫强营弱，阳虚不固证），治当辛温解肌，通经止痛，给予桂枝汤与四逆汤合方，桂枝10g，白芍10g，生姜10g，大枣12枚，生川乌5g，干姜5g，炙甘草6g。6剂，每天1剂，水煎服，每日分3服。二诊：头痛减轻，以前方6剂。三诊：汗出减少，以前方6剂。四诊：头痛基本解除，以前方6剂。五诊：手足温和，以前方6剂。六诊：诸证悉除，以前方6剂巩固疗效。随访1年，一切尚好。

按　根据头痛甚于中午辨为太阳，再根据汗出、手足厥冷辨为阳虚不固，因倦怠乏力辨为气虚，以此辨为卫强营弱，阳虚不固证。方以桂枝汤辛温解肌，调和营卫；以四逆汤（无生附子，生川乌代）温壮阳气，固护肌表。方药相互为用，以奏其效。

二、麻杏薏甘汤与川葛白虎汤合方辨治血管神经性头痛

魏某，女，42岁，郑州人。有多年血管神经性头痛病史，近因头痛头沉加重前来诊治。刻诊：头痛，头沉，低热，口渴，舌质红，苔黄略腻，脉浮。辨为湿热困扰清阳证，治当清热利湿，通窍止痛，给予麻杏薏甘汤与川葛白虎汤合方，麻黄15g，杏仁18g，薏苡仁15g，川芎15g，葛根24g，石膏30g，知母18g，粳米12g，生甘草9g，炙甘草3g。6剂，每天1剂，水煎服，每日分3服。二诊：头沉减轻，以前方6剂。三诊：头痛好转，以前方6剂。四诊：低热解除，以前方6剂。五诊：诸证基本解除，以前方12剂。随访1年，一切尚好。

按　根据头痛、口渴辨为郁热，再根据头沉、苔黄腻辨为湿热，以此辨为湿热困扰清阳证。方以麻杏薏甘汤清热利湿；以川葛白虎汤清热通窍。方药相互为用，以奏其效。

三、芍药甘草附子汤与麻黄汤合方辨治血管神经性头痛

杨某，男，67岁，郑州人。有多年血管神经性头痛病史，近因头痛加重前来诊治。刻诊：头痛，因寒及劳累加重，舌质淡红，薄白，脉沉弱。辨为气血虚夹寒证，治当补益气血，温阳散寒，给予芍药甘草附子汤与麻黄汤合方加味，白芍10g，附子5g，麻黄10g，桂枝6g，杏仁12g，黄芪15g，当归15g，细辛10g，炙甘草10g。6剂，每天1剂，水煎服，每日分3服。二诊：头痛减轻，以前方6剂。三诊：头痛止，以前方6剂。四诊：头痛未再发作，以前方6剂。五诊：诸证悉除，为了巩固疗效，又以前方12剂。随访半年，一切尚好。

按　根据头痛因劳累加重辨为气血虚，再根据头痛因寒加重辨为寒扰，以此辨为气血虚夹寒证。方以芍药甘草附子汤益气补血，温阳散寒；麻黄汤辛散温通止痛，加黄芪补益中气，当归补血调经，细辛温阳散寒止痛。方药相互为用，以奏其效。

四、麻黄汤与半夏白术天麻汤合方辨治神经性头痛

许某，女，33岁，中牟人。有10年余头痛病史，每天必须服用止痛类西药才能控制症状，曾多次服用中药，也未能取得预期治疗效果，现由其侄女（在河南中医学院上学）介绍而前来诊治。刻诊：头痛如裹，因寒加重，手足不温，口淡不渴，肢体困重，舌质淡，苔白厚腻，脉沉滑。辨为寒痰头痛证，治当温阳化痰，行气止痛；给予麻黄汤与半夏白术天麻汤合方加味，麻黄10g，桂枝6g，杏仁12g，姜半夏15g，天麻10g，茯苓10g，陈皮10g，白术18g，川芎15g，炙甘草6g。6剂，水煎服，每天1剂，每日分3服。二诊：头痛减轻，发作次数减少，复以前方6剂。三诊：手足转温，以

前方6剂。四诊：头痛基本解除，以前方6剂。五诊：诸证基本消除，以前方6剂。六诊：头痛未再发作，以前方6剂。为了巩固疗效，以前方又治疗20余剂。随访半年，一切尚好。

按 根据头痛如裹、苔白厚腻辨为痰湿，再根据手足不温、因寒加重辨为寒，以此辨为寒痰头痛证。方以麻黄汤温阳散寒，通窍止痛；以半夏白术天麻汤健脾燥湿，化痰息风止痛，加川芎活血行气，通络止痛。方药相互为用，以奏其效。

五、四逆散与川葛白虎汤合方辨治经前期神经性头痛

蔡某，女，33岁，郑州人。有8年经行头痛病史，经CT及MRI检查，均未发现器质性病变，经常服用中西药，可未能取得预期治疗效果，近因头痛加重前来诊治。刻诊：头痛，急躁易怒，焦虑不安，失眠恶梦，因情绪异常加重，月经愆期，舌质淡红，苔薄黄，脉弦。肝郁气逆夹热证，治当疏肝解郁，清热降逆，给予四逆散与川葛白虎汤合方，柴胡12g，枳实12g，白芍12g，川芎15g，葛根24g，石膏30g，知母18g，粳米12g，大黄3g，冰片2g，生甘草10g，炙甘草12g。6剂，水煎服，每天1剂，每日3服。二诊：头痛缓解，以前方6剂。三诊：焦虑不安好转，以前方6剂。四诊：失眠好转，恶梦减少，以前方6剂。五诊：情绪转佳，以前方6剂。六诊：月经来潮仅有轻微头痛，以前方6剂。之后，为了巩固疗效，嘱其在每次月经来临之前服药1周，连续治疗4疗程。随访1年，一切正常。

按 根据因情绪异常加重辨为肝郁，再根据头痛辨为气逆上冲，因苔薄黄辨为热，以此辨为肝郁气逆夹热证。方以四逆散疏肝理气，行气解郁；以川葛白虎汤清热透郁，缓急止痛，加大黄清泻郁热，冰片开窍止痛。方药相互为用，以奏其效。

[《辽宁中医杂志》2012，39（12）：2483]

经方临床活用举隅

马鸿斌 甘肃中医学院附属医院

《金匮要略》是现存最早的杂病诊治专著，也是仲景辨证理论的代表作。古今医家对其推崇备至，称之为方书之祖。笔者在学习过程中运用其方辨证治疗内科杂病，取得良好疗效。

一、左肾切除后腹痛

例1 患者，女，74岁，2010年12月6日就诊。4个月前因“左肾结石”在本院外科行“左肾切除术”，术后伤口恢复良好，但左侧腹部疼痛不适，经多方检查治疗无果。诊见左侧腹部疼痛，难以转侧，有时如针刺样或触电样，纳差不欲食，疲乏倦怠，大小便正常，舌质淡黯，苔白薄腻，脉沉细缓。此乃手术后损伤络脉，以致气滞血瘀作痛，法当活血行气、通络止痛。方以当归芍药散为主：当归10g，赤芍10g，茯苓10g，麸炒白术10g，川芎6g，泽泻10g。6剂，水煎服，每日2次。二诊：腹痛较前减轻，能自由转侧，仍有时如针刺样或触电样，纳食增加，疲乏倦怠等亦减轻，舌脉同前。效不更方，前方加延胡索10g，以加强行气活血之力，继服7剂。三诊：腹痛如针刺感或触电样消失，时或隐痛，疲乏，余无不适，舌质淡，苔薄腻，脉沉细。前方易赤芍为白芍，去延胡索，加党参15g，继服7剂。尽剂后，诸证痊愈。

按 当归芍药散出自《金匮要略·妇人妊娠病脉证并治》，原治“妇人怀娠，腹中痛，当归芍药散主之”，“妇人腹中诸疾痛，当归芍药散主之”。临床多用本方治妇科病。本案患者术后损伤络脉，致气滞血瘀，不通则痛，故见左侧腹部疼痛，难以转侧，有时如针刺样或触电样；日久致脾运不健，胃纳失常，故纳差不欲食、疲乏倦怠；舌质淡黯，苔白薄腻，脉沉细缓，均为气滞血瘀、络脉失养之征。以当归芍药散活血行气、通络止痛。

二、慢性肾炎血尿

例2 患者，女，28岁，2011年2月5日就诊。慢性肾炎病史3年，尿常规示潜血“+ + ~ + + +”，曾用清热凉血止血、益气养阴及活血化瘀中药治疗无效。时见月经不调，或前或后，或一月再行，或经停不至，伴入暮发热，手心烦热，经来腹痛剧烈，热敷或饮红糖水即能缓解片刻，舌质淡黯，苔薄微黄，脉沉细。中医诊断：痛经，证属冲任虚寒，瘀血阻滞。治以温经散寒、祛瘀养血。方用温经汤加减：吴茱萸9g，当归15g，赤芍15g，川芎9g，党参15g，桂枝9g，阿胶（烊化）6g，牡丹皮9g，生姜6g，清半夏9g，麦冬9g，血余炭15g。7剂，每日1剂，水煎服。二诊：查尿潜血“+”。经来较前准时，腹痛大减，入暮发热、手足心热亦减轻，纳食佳，二便如常，舌脉同前。继服7剂。三诊：查尿潜血“±”。入暮发热、手足心热消失，余无特殊不适，精神佳，舌质淡，苔薄

白，脉沉微细。继服7剂。忌生冷。

按　温经汤出自《金匮要略·妇人杂病脉证并治》：“问曰：妇人年五十所，病下利数十日不止，暮即发热，少腹里急，腹满，手掌烦热，唇口干燥，何也？师曰：此病属带下。何以故？曾经半产，瘀血在少腹不去。何以知之？其证唇口干燥，故知之。当以温经汤主之。”本方由吴茱萸、当归、赤芍、川芎、人参、桂枝、阿胶、牡丹皮、生姜、半夏、麦冬组成，功效温经散寒、祛瘀养血，主治冲任虚寒、瘀血阻滞所致漏下不止，月经不调，或前或后，或一月再行，或经停不至，而见入暮发热，手心烦热，唇口干燥，亦治妇人久不受孕。笔者以之治疗慢性肾炎取效，无他，实乃患者四诊表现与温经汤病机相合。

三、慢性肾功能衰竭呕吐

例3　患者，女，51岁，2011年6月15日就诊。8年多前无明显诱因出现晨起恶心，干呕，纳差，劳累久站后出现双下肢水肿，休息后可缓解，伴皮肤瘙痒。曾被诊断为“慢性肾衰尿毒症期”。近1个月伴头痛、咳嗽，咳痰，黄白黏痰，反复恶心呕吐，纳差，倦怠乏力，腰膝酸困，畏寒，劳累久站后易出现下肢水肿，小便量少，色淡黄，夜尿1~2次，大便正常，舌质淡，苔黄厚微燥，脉浮滑。中医诊断：关格，证属脾肾亏虚，浊邪内蕴。西医诊断：慢性肾功能衰竭5期，肾性贫血，肾性高血压；上呼吸道感染。以四君子汤和苏叶黄连汤加减治疗后，患者诸证不减，进食及药物俱吐不能入。遂以猪苓散为主方：猪苓30g，茯苓30g，白术30g。研末，每次6g，温水冲服，每日3次。二诊：恶心明显减轻，能进食，但仍纳差，倦怠乏力，头痛，咳嗽，咳痰，黄白黏痰，腰膝酸困，畏寒，劳累久站后易出现下肢水肿，小便量少，色淡黄，夜尿1~2次，大便正常，舌质淡，苔黄厚微燥，脉浮滑。以苏叶黄连汤合四君子汤加减，健脾益肾、降逆化浊为主。方药：党参12g，麸炒白术9g，茯苓15g，紫苏叶9g，黄连6g，炙甘草6g，砂仁6g，清半夏9g，干姜10g，陈皮10g。7剂，每日1剂，水煎分2次服。三诊：恶心及呕吐消失，饮食好转，仍感倦怠乏力，偶发头痛，无咳嗽、咳痰，腰膝酸困，小便量可，色淡黄，夜尿1~2次，大便正常，舌质淡，苔白腻，脉濡滑。复查肾功能，血肌酐降至718μmol/L，因经济原因要求出院，遂带上药出院。

按　猪苓散出自《金匮要略·呕吐哕下利病脉证并治》：“呕吐而病在膈上，后思水者，解，急与之。思水者，猪苓散主之”。由茯苓、猪苓、白术各等份组成，为散剂，主治水气不利之水逆证。笔者用此方治疗尿毒症效果颇佳。本方一定要遵循仲景原旨，以散剂口服，若改成汤剂必定无效。

［《中国中医药信息杂志》2012，19（11）：83］

经方临床验案3则

马倩倩　山东中医药大学

经方一般是指汉代以前经典医药著作中记载的方剂，以张仲景的方剂为代表。经方是“医方之祖”。后世中医学家称《伤寒杂病论》为“活人之书”“方书之祖”，赞誉张仲景为“医圣”。古今中外的中医学家常以经方作为母方，依辨证论治的原则而化裁出一系列的方剂。经方辨证简单，药少力专，疗效显著，药价又较为低廉，适用于广大群众。

一、调胃承气汤治疗反复发作性口腔溃疡

患者，男，48岁。口腔溃疡反复发作近10a，患者之前每次发作均到当地社区门诊注射先锋霉素后疼痛稍止，症状略能改善。但稍有饮食不慎或生气后即复发。疼痛难忍甚则连及两颞侧疼痛，极为痛苦。刻诊：患者口腔黏膜、舌之两侧及舌底、牙龈处约有六七处溃疡面，溃疡面周围红肿，凹面呈灰白色，疼痛难忍，甚则不能张口说话进食，口臭较重，伴有口渴欲饮，烦躁，大便稍感黏滞不爽，小便色黄，臭秽。舌红苔黄腻，脉微滑数，诊为湿滞中焦，脾失健运，胃失和降，腑气不通，遂处以调胃承气汤原方，意在通腑气，降湿浊。方药：生大黄9g，甘草6g，芒硝9g。3剂，冲水当茶饮，并嘱其饮食清淡，勿食过饱。后患者反馈，1剂痛止，2剂溃疡面开始愈合，3剂后口腔溃疡竟全部收口，大便亦较前顺畅。后随访，患者诉口腔溃疡发作次数明显减少，偶一有症状，即以上方泡服，遂愈。后笔者又用此方治疗数例难治性口腔溃疡，均收到较好疗效。

按　《用方经权》云：“调胃承气汤，治膏粱太过之徒，其毒酿于肠胃，升降失政，潮热寝汗，微咳脉数，大便或秘，或作下利者；形如虚劳，心气迫塞，悲喜无时，胸动而行步难，其腹微满，或里急拘挛者。凡胃府酿成食毒，发诸症，或下流郁结于肠中，小腹微满，大便不快，月事为之失政者，视证施之，则有万全之效。”本例患者形体肥胖，嗜酒贪肉，正是上述之膏粱太过之徒，湿热蕴

于肠道，故用此方效如桴鼓。

二、四逆散治疗少阴病淋证

患者，女，65岁。十多年来经常出现小便频急，重则淋漓刺痛，点滴不尽，小腹坠胀，腰部酸痛，多次查尿常规示：尿白细胞+，少许红细胞。先后服用抗生素及中药汤剂治疗，效果可，但劳累或生气后反复。观前医所开药方，皆是清热通淋之剂。时症见每昼夜小便数十次，量极少，淋漓刺痛，点滴不尽，小便灼热，腰及小腹亦觉胀痛，四肢不温，舌边尖红，苔白滑，此为少阴阳郁，气机不利之证。治宜宣通气机，化阴通腑，遂以四逆散加味治之，方药：柴胡12g，白芍12g，枳实12g，甘草6g，桔梗15g，茯苓15g，连服3剂，小便通畅，尿检示各项指标均为阴性，余症皆平，病遂愈。后随访数次，病未再复发。

按　《伤寒论》云："少阴病，四逆，其人或咳或悸，或小便不利，或腹中痛，或泄利下重者，四逆散主之。"本例之小便不利，四肢不温，并腹中痛，为邪入少阴，阳为阴郁。少阴为三阴之枢，邪气滞于中，清浊不分，加之患者久病不愈，气机阻滞日甚，投以四逆散举下陷之阳郁，疏不宣之气机。以柴胡升达阳气，兼解郁滞；芍药养阴，调节肝脾，土木和而气机畅；柴枳同用，一升一降，清浊分行。仲景原方注：小便不利加茯苓，恐其力缓，仅渗湿不足以畅气机，又肺为水之上源，主一身之气，喜清肃，取下行为顺，故重用桔梗，辛开苦降。茯苓利水，与桔梗之开提相合，亦为一升一降，气机畅，诸症自平。又《素问·灵兰秘典论篇》曰："膀胱者，州都之官，津液藏焉，气化则能出矣。"可见小便虽由膀胱所司，若无气机之转化，焉能排出而为溺？故小便之病变，与肾肝脾肺三焦之气化关系密切。对各种原因之小便不利或不禁，往往以相关脏腑经络全面考虑。

三、半夏散治疗咽喉肿痛

患儿，男，9岁，平素易感冒，每次感冒皆先起于咽部疼痛，需静脉注射抗生素疼痛方能缓解，但小儿日渐纳差，挑食偏食。时值初冬，天气转寒，小儿感咽部疼痛，食物不能顺利咽下，检查示咽部红肿，扁桃体Ⅱ度肿大。诊其脉，脉虽浮，但较弱，重按即无，诊为少阴咽痛，处以半夏散，方药：半夏12g，桂枝10g，甘草5g，3剂，煎汤喂服，2剂后咽喉疼痛尽除，次日再服1剂而痊愈。

按　半夏散出自《伤寒论》，原文记载"少阴病，咽中痛半夏散及汤主之"，原文除咽中痛三字外，尚不可忽视少阴病三字，同是少阴病之咽痛证，甘草汤、桔梗汤只是咽痛，不至咽中痛，疼痛程度、部位、深度是有区别的，甘草汤或桔梗汤属于浅症、轻症，半夏散与半夏苦酒汤则属于重症、深证。一般医生治咽痛，多用玄参、生地黄等甘寒药，视半夏之燥，桂枝之温为大禁。《黄帝内经》云："火郁发之。"本例患者素体虚弱，久服寒凉之药，阳气虚少，复感风寒，寒邪直中少阴，虽脉浮，但按之无力，证属少阴咽痛，于此方3剂即取效。

［《河南中医》2012，32（4）：416］

经方临证治验4则

岳建华　昔阳县人民医院

东汉张仲景著《伤寒杂病论》，创造性地把理、法、方、药融为一体。所载方剂至今仍彰显着其不凡的生命力。多年来，笔者屡用经方施治，疗效颇佳。下面试举例说明，望同道斧正。

一、桂枝汤治疗产后汗出

张某，女，34岁，教师，2006年4月7日初诊。产后40余天，于产后半月时感觉下肢酸楚不适，时寒时热，经常汗出不止，粘衣湿巾，甚为所苦，不分昼夜，伴有恶风，体倦乏力。因其父是余中学时的老师，邀余前往家中诊治。当时患者已服用20多剂中药，因无效，故对服用中药已无信心，不愿再服用。观其以前所用方药，有用补中益气汤、玉屏风散益气固表者；还有用当归六黄汤清内热者。均未见效，说明药不对证。余仔细观其脉症，舌淡红、苔薄白，脉缓。考虑再三，认为该患者汗出之病机乃由产后表虚受风，营卫失和所致。治疗当解肌祛风，调和营卫。方选桂枝汤原方原量。桂枝、白芍、生姜各9g，炙甘草6g，大枣7枚。2剂，每日1剂，水煎服，分3次温服。服药期间忌食生冷、黏滑、肉面、五辛等物。药后可进热粥以助药力。服药后，患者周身微似有汗，继而上述诸症明显缓解，仅是偶有汗出。余前往家中再诊其脉，效不更方，嘱其再服2剂。3天后，其父欣然来告，其女所患之病仅花了不到2元钱便诸症尽失，1个月汗出之苦霍然而愈。

按　《伤寒论》原文53条曰："病常自汗出者，此为营气和。营气和者外不谐，以卫气不共营气谐和故尔。以营行脉中，卫行脉外，复发其汗，营气和则愈，宜桂枝汤。"54条曰："病人脏无他病，时发热自汗出而不愈者，此卫气不和也。先其时发汗则愈，宜桂枝汤”。该病例所患之汗出，其根本病机是营卫不和，因其正值产后体虚，卫气不固，致使营阴不能内守，故见汗出。其汗出，不分昼夜，伴见恶风，下肢酸楚不适，时寒时热，符合营卫不和的病机。至于患者后期体倦乏力，乃是由于汗出过多，伤及营阴之故。治疗当解肌祛风，调和营卫。方中桂枝解肌祛风，芍药敛阴和营，二药合用，在解表中寓敛汗之意，和营中有调卫之功，配以生姜、大枣、甘草助其调和营卫之功。由于切中病机，药证合拍，效如桴鼓。

二、麻杏石甘汤治疗发热

任某，男，32岁，军人，2004年9月20日初诊。平素体健，于8月15日回乡探亲，20日患重感冒。每天下午发热，体温在38.5℃～38.8℃之间。化验血常规白细胞$6.9\times10^9/L$，胸部X线摄片除外肺部实质病变。病初时静点青霉素，疗效不佳。后改用头孢唑林加抗病毒药，连续10余天，病情未减。患者归队日期临近，心急如焚，遂转求中医治疗。患者自觉发热，微恶寒，汗出，略显气促，口渴，舌苔薄黄，脉数。考虑患者为外感风寒，日久郁而化热，邪热壅遏于肺所致。治疗当用麻杏石甘汤清热宣肺。药用：麻黄、杏仁各9g，生石膏30g，炙甘草6g。3剂，每日1剂，水煎，2次分服。患者服用1剂后，体温遂降至37.5℃，余证减轻。服完3剂后，体温恢复正常，诸症皆除，舌脉均转正常。缠绵10多天的重感冒竟霍然而愈。

按 《伤寒论》原文63条曰：“发汗后不可更行桂枝汤，汗出而喘，无大热者，可与麻黄杏仁甘草石膏汤”。原文167条曰：“下后，不可更行桂枝汤，若汗出而喘，无大热者，可与麻黄杏子甘草石膏汤”。所治病证为汗后或下后邪热迫肺作喘。后世常用于风寒化热，或风寒所伤而见肺中热盛者。该例患者表现为发热，微恶寒，汗出，气促，口渴，舌苔薄黄，脉浮数，符合麻杏石甘汤证邪热蕴肺之病机。方中麻黄配石膏，清热透邪，宣肺定喘，辛甘大寒之石膏可监制麻黄辛温之性，且用量数倍于麻黄，使本方变为辛凉之剂，宣肺而不助热，清肺而不留邪；杏仁宣降肺气；炙甘草调和诸药，益气和中。本方配伍严谨，临证时根据邪热蕴肺之病机，原方施治，服后辄效。

三、半夏泻心汤治疗慢性胃炎

陈某，男，56岁，2005年9月5日初诊。近半年来，经常自觉胃脘疼痛胀满，恶心欲呕，纳差，口苦，大便不能成形，每日2～3次，舌苔薄黄而腻，脉数而无力。8月初曾做胃内窥镜检查，诊断为浅表性胃炎。曾长期服用吗丁啉、奥美拉唑等西药，症状有所好转，但停药后病情依然如故。也曾服用中药治疗，但效果不甚明显，观其方皆为补益脾胃，疏肝理气之品。经人介绍寻余诊治，脉症仍如上所述。余仔细斟酌，考虑患者为寒热错杂于中焦，致脾胃升降失调所致。治疗应当以寒热并用，和脾降逆为法。方选半夏泻心汤。药用：半夏、黄芩、干姜、人参、炙甘草各10g，黄连6g，大枣7枚。5剂，每日1剂，分2次水煎服。患者用药后胃脘疼痛胀满明显缓解，纳食增进，口苦减轻，恶心欲呕之症消失，大便仍不能成形，每日2次，舌脉如前。药已对症，在前方基础上加白术10g，薏苡仁30g，以增进健脾化湿之力继服。7剂。药尽，患者已无胃脘疼痛胀满之感，大便成形，每日1次，余症皆除。嘱患者注意饮食调理。半年后路遇患者，告曰身体健康，胃病未再复发。

按 《伤寒论》原文154条曰：“伤寒五六日，呕而发热者，柴胡汤证俱，而以他药下之，柴胡证仍在者，复与柴胡汤。此虽已下之，不为逆，必蒸蒸而振，却发热汗出而解。若心下满而硬痛者，此为结胸也，大陷胸汤主之；但满而不痛者，此为痞，柴胡不中与之，宜半夏泻心汤”。《金匮要略·呕吐哕下利病脉证治》中曰“呕而肠鸣，心下痞者，半夏泻心汤主之。”本方原治小柴胡汤证误用下法，损伤脾胃，外邪内陷，寒热互结而成心下痞，病机要点是寒热错杂于中，以致脾胃升降失常，气机不畅。该病例患者表现胃脘疼痛胀满，恶心欲呕，纳差，口苦，大便不能成形，舌苔薄黄而腻，脉数而无力。虽然症状不尽相同，但病机吻合，所以治以寒热并调，和中降逆为法。方中既用芩、连苦寒泄热，又用姜、夏辛温散寒，更以人参、炙甘草、大枣甘温益气补其中，诸药配伍，寒热并治，苦降辛开，补虚和中，脾胃升降复常，诸症悉平。

四、黄芪桂枝五物汤治疗颈椎病

李某，女，55岁，退休职工，2007年10月10日初诊。患颈椎病2年，曾摄颈椎正侧位及双斜位X光片示：颈椎曲度改变，有骨赘形成，椎间隙狭窄。曾服用颈复康并经牵引治疗，疗效不佳。寻余要求服中药治疗。患者表现颈项部酸痛不适，右上肢麻木酸困，以手指感觉为甚，时有凉感，舌淡红、苔薄白，脉小紧。辨证为血痹，属营卫气血不足，邪伤血分之证。治用黄芪桂枝五物汤温经散寒，养血通脉。药用：黄芪 30g，白芍 12g，桂枝 10g，生姜 10g，大枣 5 枚。7 剂，每日 1 剂，分 2 次水煎服。患者用药后，病情明显缓解，颈项、上肢、手指仅有轻微酸困麻木感，嘱患者继用 7 剂，以资巩固。后患者来告曰无明显不适感，在原方基础上加当归 15g，葛根 10g，间断服用，以增强温散通络之效力。

按 《金匮要略·血痹虚劳病脉证并治》曰："血痹阴阳俱微，寸口关上微，尺中小紧，外证身体不仁，如风痹状，黄芪桂枝五物汤主之"。从脉症分析，是阳气不足，阴血凝涩的反应。《素问·痹论篇》曰："营气虚，则不仁"。该例患者表现符合血痹的诊断，治疗上则应当用黄芪桂枝五物汤温通阳气，调畅营血。方中用黄芪益气扶正；桂枝温通阳气为主；辅以芍药和营通痹；更佐生姜、大枣调和营卫，使邪去正复，而血痹自通。由于辨证准确，方药对证，治疗得法，临床疗效理想。

［《陕西中医》2012，28（11）：38］

经方桃核承气汤治验 3 则

梁　铨　云南省晋宁县第二人民医院

桃核承气汤是仲景经方。《伤寒论》106 条云"太阳病不解，热结膀胱，其人如狂，血自下，下者愈。其外不解者，尚未可攻，当先解其外；外解已，但少腹急结者，乃可攻之，宜桃核承气汤"。然善用经方者，必先明其始立此方为治何病也？今欲借此方以治何病？笔者有感于此，十余载证之临床，获验颇丰，常录之于案。今不揣简陋，选其 3 则，愿抛砖引玉，以飨同道。

一、肾结石、肾绞痛案

王某，男性，48 岁，农民，2009 年 8 月 14 日初诊。患者 1 周前突发左侧少腹部绞痛并牵引腰部作痛，痛剧时伴恶心呕吐，肉眼血尿，小便尚利。B 超示左侧肾盂有约 1.0cm × 0.8cm 强光团，左肾结石。尿常规检查红细胞（+ + +），白细胞（+）。西医诊断为左肾结石、肾绞痛。患者要求中医药治疗。查体：急性痛苦面容，心肺（-），左肾区叩击痛（+），右肾区叩击痛（-），少腹部稍硬满。舌质红，苔薄黄腻，脉沉有力。证属太阳膀胱蓄血证。予桃核承气汤原方：桃仁 15g（冲），大黄 20g，桂枝 10g，炙甘草 10g，芒硝 10g（化）。以水 1400mL，煮前 4 味，取 500mL，去滓，纳芒硝，更上火微沸，下火，空腹时温服 100mL，每日 1 剂，分 3 次服。服上方 2 剂后，疼痛即止，肉眼血尿已消，大便稍稀，小便正常，余无不适。遂以上方半量加金钱草 30g，乌药 10g，又服 3 剂后，小便时排出黄豆大小结石 1 枚。B 超复查结石消失，尿常规正常。

按 此例患者中医诊为太阳膀胱蓄血证，经现代医学检查证实病位在肾，肾与膀胱相表里，故仲景《伤寒论》以小便利否作为膀胱蓄血、蓄水的辨证要点，蓄血证病在膀胱之里，属血分证，属脏；蓄水证病在膀胱之表，属气分证，属腑。肾结石、肾绞痛患者，乃因热在下焦，入里动血，热与血结，瘀而作痛。故本例患者遵仲景攻下热结，泄热行瘀，瘀去而痛自止。临证之时，务必谨慎，在此必须特别指出，肾结石、肾绞痛，虽属血分，但若小便不利，尿频、尿急、尿痛、发热、脉浮者，则属血气同病，脏腑俱损，当遵仲景"其外不解者，尚未可攻"之训，不可莽撞攻之，误用桃核承气汤，加重脏腑损伤。"当先解其外"。治宜先表后里，用五苓散之类化气利水、兼以解表，先治气分，至"外解已，但少腹急结者，乃可攻之，宜桃核承气汤"。

二、急性阑尾炎并穿孔术后夜间发狂案

李某，男性，19 岁，学生，2009 年 6 月 14 日初诊。急性阑尾炎并穿孔术后夜间发狂 1 个月。患者 1 个月前因暴饮暴食后腹部疼痛难忍，送入某医院诊为急性阑尾炎并穿孔，经急诊手术治疗后病情好转，3d 后肠气通，1 周大便未解，且出现夜间烦躁、发狂等精神症状，外用"开塞露"后，可解大便，但夜间烦躁、发狂等精神症状无明显好转，求诊于余。诊见：急性病容，面色潮红，头痛头汗，脘腹硬结，舌质红，苔薄垢腻，脉沉实。查：T37.6℃，P89 次/min，R20 次/min，Bp120/80mmHg。血常规示 WBC5.5 × 10^9/L，RBC5.8 × 10^{12}/L，Hb150g/L，N0.54，L0.45。其父代诉，白日神志尚可，入夜则烦躁、谵语、发狂不宁。诊为阳明热入血室证，治以针刺期门放血泻热，随其实而泻之，并以桃核承气汤原方 1 剂内服（桃仁 15g，大黄 20g，桂枝 10g，炙甘草 10g，芒硝 10g），次日其父来告，谓昨服药后即泻乌黑稀溏大便满盂，腥臭无比，当夜烦躁、谵语、发狂不宁即消失。随访至今未复发。

按 阳明热入血室证应以阳明腑实证相鉴别，二证均可有下血、谵语等症，但阳明热入血室证其热已内入血室，其结为热与血结，属血分证，属阴，入夜则发烦躁、谵语、发狂不宁等精神症状；

辨证要点为头汗出，乃血中之热不能透发于外，熏蒸于上所致；病位在血室，乃血室之瘀热循经上扰于肝，致肝不藏魂，入夜才发谵语。而阳明腑实证其热仍在肠腑，其结为热与燥结，属气分证，属阳，日晡才发烦躁、谵语、发狂不宁等精神症状；辨证要点为全身汗出，乃阳明燥热逼迫津液外越所致；病位在肠腑，乃阳明燥热循阳明经别上扰于心，致心神被扰，日晡才发谵语。

三、月经不调、不孕案

邢某，女，26岁，教师，已婚，2001年3月8日初诊。月经先后无定期8年，婚后5年未孕。患者诉月经12岁初潮，开始期、量、质等均基本正常，8年前月经开始出现失调，周期短则半月，长则3个月；经量时多时少，行经不畅并常伴有小血块；行经期短则3d，长则十余日；每至月经则心烦意乱、脾气暴躁，伴有少腹拘痛、腰痛、胁肋及乳房胀痛、不欲饮食、恶心干呕、大便干燥、失眠等症状，经后一切恢复正常。婚后性生活正常，未避孕，5年未孕，多次到各级医院妇产科求治不孕，均未得明确诊断，治疗无效（具体用药不祥），经朋友介绍特来求笔者诊治。查：舌质红，苔薄黄，脉沉涩。遂诊为少阳热入血室证，治以经前针刺期门放血泻热，并以小柴胡汤加活血化瘀药调治半年，患者病情虽有减轻，但仍时轻时重，一直未能痊愈。后偶有一次患者复诊，诉大便已3d未解，小便正常，失眠、烦躁较甚。笔者顿悟此莫非为下焦蓄血证乎？试以桃核承气汤原方（桃仁8g，大黄10g，桂枝5g，炙甘草5g，芒硝5g）1剂服之，第2日患者来告，谓服药后大便即泻3次，虽泻而自觉舒畅服，失眠、烦躁明显减轻，要求继服此药。效不更方，遂又予3剂，嘱服至月经来潮即止，慎莫贪服。又隔1周，患者复诊，谓服2剂后月经来潮即遵嘱停药，且此2剂大便未泻，只稍稀而已，此次自觉疗效甚好，问后该何治？至此，下焦蓄血证诊断已明，告患者每月经前烦躁即可服桃核承气汤，至经潮停药，经后再以化痰、舒肝、健脾、养心之法随证调之。如上法又治半年，患者月经基本正常，诸症皆消，停服桃核承气汤，只与舒肝、健脾、养心、益肾助孕之品于月经经后1周或散服1、2剂调之。再逾1年余，患者丈夫偶遇笔者告曰其妻于2003年12月已顺产一男婴。

按　少阳热入血室证初期发热呈寒热往来证，后期热退后疼痛不舒部位多在胁肋；治疗初期宜予小柴胡汤和枢解郁、疏风清热，后期则予小柴胡汤加活血化瘀药以弘活血化瘀、散结清热之功。太阳膀胱蓄血证初期发热呈发热恶寒证，后期热退后疼痛不舒部位多在少腹；治疗初期宜予五苓散化气利水、散寒解表，后期则予桃核承气汤攻下热结、泄热行瘀。本例患者既似少阳热入血室证，又似太阳膀胱蓄血证，症状错综复杂，且病程较长，确实难辨，然笔者认为，本例患者应诊为下焦蓄血证，方用桃核承气汤治疗。

四、体会

中医讲求“理法方药”的辨证施治规律，必须用“理法”来指导“方药”的施用，才能有的放矢，准确无误。仲景《伤寒论》以较大篇幅论述了太阳病，太阳为六经之首，统摄营卫，主人体一身之表，固护于外，为六经之藩篱，外邪侵犯人体，太阳首当其冲，故太阳病最为常见，兼证变证也最为多见。《素问·热论》云“巨阳者，诸阳之属也，其脉连于风府，故为诸阳三气也”。故笔者认为，经方桃核承气汤条文，开头虽冠以“太阳病”3字，但临床并不局限于太阳膀胱蓄血证，只要有其人如狂，少腹急结，小便自利，脉象沉实或涩的下焦蓄血证辨证依据，即可施用桃核承气汤。换言之，即使是少阳热入血室证或阳明热入血室证，只要属血分证，属于瘀热互结于下焦的下焦蓄血证，均可施用桃核承气汤，本文第2、3则验案即是明证，可谓活用经方也，服后必得微利，才能显效。

［《中国中医急症》2012，21（1）：155］

经方小柴胡汤运用体会

陈建芳　江苏省宜兴市人民医院

小柴胡汤出自张仲景《伤寒论》，这是一张经典的和解方，是古代的退热剂，常用于治疗发热性疾病处在迁延期，以往来寒热、胸胁苦满、心烦喜呕、默默不欲饮食为特征的疾病。本人自从跟随著名经方医学家黄煌教授学习经方医学以来，常用此方为主，治疗一些以不明原因的往来寒热为特征的疾病，收效良好，现仅举数例以供同道共同学习、探讨。

一、验案举例

案1　小柴胡汤合四物汤治疗月节律性畏寒发热

患者丁某，女，27岁，2010年3月24日初诊。末次月经1月23日，量少，3天干净，无腹痛。近2个月来，每至23日左右出现畏寒发热，但无月经来潮，昨天起又出现此症，故来就诊。查B超示：子宫、附件无明显异常。舌苔薄白。以小柴胡汤合四物汤治之，处方：柴胡12g、黄芩10g、姜半夏12g、党参10g、生姜6g、红枣10g、甘草6g、当归10g、川芎6g、白芍10g、生地10g。4剂。3月29日复诊：药后畏寒发热除，后服调经药至4月14日月经来潮，此后月经按月来潮，再未出现周期性畏寒发热之症。

案2　小柴胡汤治疗月节律性腹痛

患者黄某，女，36岁，2010年10月6日初诊，主诉：多年来每至月经周期第12天左右即出现腹痛。晚上明显，影响睡眠，开始几天疼痛剧烈，过后减轻至隐隐疼痛，一般每月腹痛持续22天左右，一旦腹痛停止，月经必定来潮。月经周期35天左右，6天干净，量适中，色暗红，挟少量血块，经前稍有乳胀，余无不适。曾多次在中、西医处求治，均未查出原因，疗效不佳，患者痛苦万分。刻下正值经前5天，腹部隐痛，患者体型偏瘦，面色微暗黄，缺乏光泽，由于长期规律性腹痛，情绪紧张烦躁，这是一个典型的柴胡体质，治疗从调体质入手，用小柴胡汤合当归芍药散，处方：柴胡12g、黄芩6g、姜半夏10g、党参10g、甘草5g、生姜10g、红枣20g、当归10g、川芎15g、白芍30g、茯苓10g、泽泻10g、白术10g。7剂。2010年10月20日复诊：药后5天月经如期来潮，腹痛停止，月经刚干净，值月经周期第7天，再予原方加枳壳15g，白芍加至40g。7剂。2010年10月27日三诊：今值月经周期第14天，药后未出现腹痛，原方续进，至月经来潮再未出现腹痛，此后用小柴胡汤合当归芍药散调理月余而愈。

案3　小柴胡汤加味治疗日节律性畏寒患者杜某，女，47岁，2010年1月26日初诊。主诉，近1周来，患者每至临睡前畏寒，不发热，清晨汗出，腰痠乏力，夜寐欠安。小柴胡汤加味治之，处方：柴胡12g、黄芩10g、姜半夏12g、党参10g、生姜6g、红枣10g、炙甘草6g、怀牛膝10g、续断10g。7剂。2010年2月2日复诊：诉药后临睡前畏寒等症均除。

二、讨论

以上3例共同特点是发病有节律性。《伤寒论》第97条有“往来寒热，休作有时……小柴胡汤主之”。所谓往来寒热，主要是指患者的自我感觉，即一种寒热交替感，或时而畏寒，怕冷，时而面红烦热；或上半身发热，下半身畏寒；或半身热，半身冷；或心胸烦热而四肢冰冷，这种寒热交替感还包括对温度变化的自我感觉，再推而广之，对湿度、气压、光照，居住环境、气味变化过敏乃至心理过敏都可认为是往来寒热的延伸。往来寒热与体温高低不一定成正相关，有体温高者，如感冒发热，但也有体温正常者，以上第1、3例病案患者体温都不高，畏寒发热或畏寒只是患者的一种自我感觉。

另外，“往来”与“休作有时”是指在时间上有一定的规律，或有一定的周期性，或是交替发作。黄煌教授解释“往来”[1]的特殊意义为：第一，指疾病呈迁延性，病程慢性化。第二，是指有节律性，或日节律或周节律，或月节律。前面病案第一例表现为月节律性，每月23日左右出现畏寒发热感，第2例也表现为月节律性，每月月经周期第11天左右出现持续腹痛，第3例表现为日节律性的畏寒感。第三，是指没有明显的节律，时发时止，不可捉摸，癫痫及一些神经症、过敏性疾病等可有这种特征。

可见，正确理解往来寒热中“往来”的意义，有利于我们在临证时抓住疾病的主要矛盾，及早使用柴胡类方或合方，往往能收到意想不到的疗效。

参考文献

[1] 黄煌．张仲景50味药证［M］．第3版，北京：人民卫生出版社，2008：87.

［《江西中医药》2012，43（1）：33］

经方应用3则

覃家浪　中国人民武装警察部队广西壮族自治区总队医院

经方为张仲景所著《伤寒杂病论》之方。其特点为药味少，配伍精当，效果显著。临证时要辨证到方药，对主证病机相类，兼证有所不同的，则视兼证不同灵活加减。现举其在精神心理疾病的验案如下。

例1　张某，男，25岁，2011年5月26日入院。患者于2011年4月底在单位调动职位后逐渐出现紧张、睡眠不好、焦虑不安、容易忘事，有时完全不能入睡，一点响动即惊醒，时常心情差。送当地精神专科就诊，诊断为“抑郁发作”，给予口服艾司西酞普兰5～10mg/d、丁螺环酮10mg/d、氯硝西泮2mg/d治疗，效果一般。后转入我科住院。入科1周后患者焦虑不安、全身困重，喜妄加重，不欲饮食，大便2～3d一行，质硬。刻诊：诉失眠，焦虑不安，健忘，时有头晕，全身困重，心悸，口微苦，口干而欲饮水，喜漱水，饥而不欲饮食，颈部紧，小便黄赤，大便2d未解。舌红、苔微黄腻，脉微数、沉滑。六经辨证：少阳阳明太阴合病。处方：柴胡24g，黄芩9g，半夏9g，党参9g，龙骨24g，牡蛎24g，干姜9g，大枣9g，桂枝9g，茯苓9g，桃仁9g，牡丹皮9g，芍药9g，大黄3g。3剂。日1剂，水煎分2次温服。服药3剂后大便日1行，色黑，口苦、身体困重减轻，但喜妄未见明显好转；舌质正常，苔稍黄，脉沉而和缓。后续服5剂，喜妄现象好转，其他诸症消失。

按　“少阳之为病，口苦、咽干、目眩也”。“伤寒五六日、中风，往来寒热，胸胁苦满、嘿嘿不欲饮食、心烦喜呕，或胸中烦而不呕，或渴，或腹中痛，或胁下痞硬，或心下悸、小便不利，或不渴、身有微热，或咳者，小柴胡汤主之。”“伤寒中风，有柴胡证，但见一证便是，不必悉具。”“伤寒十余日，热结在里，复往来寒热者，与大柴胡汤。”“问曰：何缘得阳明病，答曰：太阳病，若发汗、若下、若利小便，此亡津液，胃中干燥，因转属阳明。不更衣，内实大便难者，此名阳明也。”“伤寒八九日，下之，胸满、烦惊、小便不利、谵语、一身尽重，不可转侧者，柴胡加龙骨牡蛎汤主之。”从上面六条条文看，该患者已经具备了少阳阳明并病大柴胡汤证的运用指征。颈项紧，口苦、口干，心悸，心烦，具备了少阳病小柴胡汤证的指征。从烦躁失眠，大便干硬，尿黄的症状看，又具备了津液损伤之“胃中干”的阳明里实证。从全身困重、喜妄、口干喜漱水的症状看，具备太阴证的指征，用桂枝茯苓丸方去血瘀化水饮。因此，辨为少阳阳明太阴合病，以柴胡龙骨牡蛎汤为主合桂枝茯苓丸，和解少阳，清阳明里热，化太阴瘀血，症状得解。

例2　韩某，男，23岁，2011年9月29日入院。患者于2011年5月初无明显诱因出现精神异常，失眠，表现为入睡困难，夜间不睡；自述有被他人控制感，经常感觉思考困难，大脑时常一片空白，送当地精神病防治院住院诊治，诊断“分裂样精神障碍”，主要给予奥氮平15mg/d抗精神病治疗，病情有所好转，后于2011年6月到9月在我科住院治疗，病情稳定后出院，出院后由于对环境不适应，主要表现为失眠，心慌，焦虑等，又被送至我院治疗。刻诊：失眠，每晚均不能入睡，烦躁，坐也不是，躺也不是，口干、喉咽部总感觉到有东西梗塞，心有时感到堵得慌，按之不痛。早起口微苦，小便微黄，大便2d1行，微硬。舌质红，苔微黄，脉微数沉弦滑，关脉明显。六经辨证：太阴阳明合病。给予半夏厚朴汤合百合地黄汤，处方：半夏12g，厚朴9g，黄连6g，黄芩9g，干姜9g，茯苓15g，百合9g，生地黄9g。3剂。日1剂，水煎分2次温服。服药3剂后口苦、喉咽部不适症状缓解，睡眠及心下痞满有所改善，舌质正常，苔稍黄，脉微数沉弦细。后续服用中成药百乐眠胶囊（主要成分为百合地黄汤及酸枣仁汤）20d余，诸症消失。

按　“妇人咽中如有炙脔，半夏厚朴汤主之。”“百合之为病，其状常默默欲卧复不能卧，或如强健人，欲得出行而复不能行，意欲得食复不能食，或有美时，或有不用闻饮食臭时，如寒无寒，如热无热，朝至口苦，小便赤黄，身形如和，其脉微数，百脉一宗，悉病，各随证治之。”“百合病，诸药不能治，治之即剧吐利，如有神灵所为也。”“百合病，不经吐、下、发汗，病形如初者，百合地黄汤主之。”从上面四条条文看，该患者符合厚朴半夏汤证及百合地黄汤证的运用指征。患者口苦、口干，咽喉部梗塞感，具备了半夏厚朴汤证的指征。从烦躁失眠，大便干硬，其状常默默欲卧复不能卧等，又具备了介乎白虎汤和承气汤之间的百合地黄汤证指征。患者心下有痞胀感，为胃虚水饮上泛所致，具备太阴证的指征。因此，辨为阳明太阴合病，以半夏厚朴汤合百合地黄汤合方，方证相对，效果显著。

例3　孙某，男，19岁，2011年10月10日入院。患者于入院1个月前无明显诱因下突然出现情绪失控、大哭并泪流满面的现象，引起了单位重视。之后患者又在中午及半夜大喊大叫，言行反常，单位遂送其入当地精神专科医院就诊，初步诊断为“精神障碍待查”，未予用药。今入我院进一步诊治，入院后患者兴奋话多，自述2009年曾在精神病院住院治疗3个月余，被诊断为“躁狂症”。后求证于其父母，述曾服用培酮药物治疗。住院期间患者出现畏寒、发热，体温达39℃，伴有头痛、烦躁、微汗出，项背紧张不舒，脉大浮数，微见缓。口渴咽干，欲饮冷水，小便微黄，大便2d未解。六经辨证：太阳阳明并病。给予桂枝汤加葛根石膏。处方：桂枝9g，芍药9g，炙甘草6g，生姜9g，大枣9g，葛根18g，石膏40g。喝稀粥覆被出微汗，清淡饮食，服2剂后，患者体温下降至正常，但夜眠差，复详问病史，得之其昨日喝水过多至小便不利，脉象仍浮数，但较前缓和。给予五苓散方，2剂后烦躁消失、睡眠正常。

按　“太阳之为病，脉浮、头项强痛而恶寒”“太阳病，发热、汗出、恶风、脉缓者，名为中风”

"太阳中风，阳浮而阴弱，阳浮者，热自发；阴弱者，汗自出，啬啬恶寒，淅淅恶风，翕翕发热，鼻鸣干呕者，桂枝汤主之""太阳病，项背几几，反汗出恶风者，桂枝加葛根汤主之""问曰：阳明病外证云何？答曰身热、汗自出、不恶寒反恶热也""太阳病，发汗后，在汗出，胃中干、烦躁不得眠，欲得饮水者，少少与饮之，令胃气和则愈；若脉浮、小便不利、微热、消渴者，五苓散主之。"

从上面六条条文依据看，该患者已经具备了桂枝汤加葛根汤证的指征。从烦躁，欲饮冷水，大便2d未解，尿微黄、脉浮大的症状看，又具备了阳明外证，故应用石膏清阳明热。五苓散专门对治太阳病汗后饮水不当所至的水饮不化、小便不利的汤药。

[《河南中医》2012，32（9）：1124]

经方在精神疾病中的应用

覃家浪　广西中医学院

现代医学中精神疾病主要是指精神分裂症，躁狂症、抑郁症、神经官能症（焦虑、恐惧等）、神经衰弱、癔症等，属中医"癫""狂""痫""郁证""不寐""奔豚""惊悸""脏躁""梅核气""百合病"等范畴。笔者查阅了近年来国内有关经方对精神疾病治疗的临床报道，整理分析如下，以冀对深入挖掘研究仲景经方在临床的应用提供一些帮助。

一、柴胡汤类方的运用

柴胡汤类方是仲景八法之一和法的具体运用，有和解少阳、调达气机、宣通内外、运转枢机之功效。常见的治疗精神疾病的柴胡汤类方有大、小柴胡汤、柴胡龙骨牡蛎汤、四逆散等。

1. 小柴胡汤　此方是少阳病主方。"伤寒五六日，中风，往来寒热，胸胁苦满，默默不欲饮食，心烦喜呕，或胸中烦而不呕，或渴，或腹中痛，或胁下痞硬，或心下悸、小便不利，或不渴、身有微热，或咳者，小柴胡汤主之"《金匮要略·妇人杂病脉证并治第二十二》曰："妇人中风七八日，续得寒热，发作有时，经水适断者，此为热入血室，其血必结，故使如疟状，发作有时，小柴胡汤主之。"《金匮要略·妇人杂病脉证并治第二十二》曰："妇人伤寒发热，经水适来，昼日明了，暮则谵语，如见鬼状者，此为热入血室，治之无犯胃气及上焦，必自愈。"266条"本太阳病不解，转入少阳者，胁下硬满，干呕不能食，往来寒热，尚未吐下，脉沉紧者，与小柴胡汤。"267条"若已吐、下、发汗、温针，谵语，柴胡证罢，此为坏病，知犯何逆，以法治之。"仲景擅用小柴胡汤和解少阳，宣通气机，而胸满心烦自除。临床上许多精神疾病，诸如抑郁症和躁狂抑郁等情感性精神障碍、癔病（梅核气）、更年期综合征、神经官能症、小儿多动症等都与枢机不利及疏泄失调密切相关，临证时以小柴胡汤为基础方化裁，每能收到良效。韩志琴[1]将60例单向抑郁症患者分为两组，对照组用盐酸氟西汀治疗，治疗组用小柴胡方加减方治疗。结果：治疗组有效率为90.0%，对照组为66.7%，两者比较有显著性差异（$P<0.05$），而且治疗组无任何副作用。对照组有5例出现不同程度的药物不良反应。陈铁龙[2]等用小柴胡汤加味合二仙汤治疗围绝经期心理疾病56例，另设对照组52例，用尼尔雌醇合谷维素治疗2个月。结果显示，治疗组总有效率92.86%，与对照组78.85%相比有统计学意义。此外，小柴胡汤在治疗神经官能症[3]、梅核气[4]、小儿多动症[5]等方面均取得良好的临床疗效。

2. 大柴胡汤　"太阳病，过经十余日，及二三下之，后四五日，柴胡证仍在者，先与小柴胡汤。呕不止，心下急，郁郁微烦者，为未解也，与大柴胡汤，下之则愈。"大柴胡汤主治少阳兼阳明里实证，功能和解少阳、通里泄热。凡气郁化火，或湿热蕴结以致疏泄失常，引起精神疾病发作，属实证、热证者皆可用之。经方大家胡希恕[6]擅长用大柴胡汤治疗脑系疾病，如癫痫、精神障碍等，效如桴鼓。

3. 柴胡龙骨牡蛎汤　"伤寒八九日，下之，胸满烦惊，小便不利，谵语，一身尽重，不可转侧者。"柴胡加龙牡汤和解少阳，通阳泻热，兼以重镇安神。药理研究发现，本方可调节中枢兴奋与抑制的平衡，并具有镇静、抗癫痫、抗应激、抑制自发活动及安眠等作用。现代临床多用于治疗精神分裂症、抑郁症、神经官能症、失眠等精神系统方面的疾病，辨证有痰热内扰者尤效。王云等[7]以本方治疗首发精神分裂症，治疗组70例用柴胡龙骨牡蛎汤加减合氯丙嗪治疗，与单纯用氯丙嗪治疗的对照组66例对比观察，结果治疗组与对照组在有效率方面差异不显著，但在不良反应如锥体外系反应，活动减少、抗胆碱能力、体质量增加、头昏、视物模糊、心率变化方面，治疗组发生率显著低于对照组（$P<0.01$）。张龙生[8]将63例抑郁障碍患者随机分成两组，治疗组32例用柴胡龙骨牡蛎汤

加减治疗，对照组31例用帕罗西汀治疗，疗程为6周。结果：治疗组总有效率为84.4%，对照组为87.1%，组间差异无显著性意义（P>0.05），但治疗组仅1例出现恶心，对照组有14例出现不同的药物不良反应。

4. 四逆散　“少阴病，四逆、其人或咳、或悸、或小便不利、或腹中痛、或泄利下重者，四逆散主之。”此方是疏肝理脾、肝脾同治之方。现代临床多用于治疗抑郁症、失眠、躯体形式障碍等疾病。钟旭敏等[9]将103例卒中后抑郁症患者随机分成两组，治疗组52例，对照组51例。在对症治疗的基础上，治疗组以四逆散加减治疗，对照组用百优解治疗，总疗程2个月。结果为治疗组总有效率为80.77%，对照组为68.63%，治疗效果确切。王冬柏等[10]将102名顽固性失眠的门诊病人分成两组，治疗组51例，用四逆散加减治疗；对照组51例，用安定片、谷维素治疗。结果显示，睡眠改善总有效率治疗组为94.1%，对照组为72.5%，两组比较，差异有显著性意义（P<0.01）。谢忠礼[11]用加味四逆散颗粒治疗恶劣心境患者38例（治疗组），与氟西汀组（对照组30例）作对照。结果显示治疗组在改变易生气（激惹）和大便干燥、焦虑、躯体化因子及自卑绝望因子方面优于对照组。

二、泻心汤类方的运用

泻心汤类方虽与柴胡汤类方同属和法范畴，然又有其自身特点。泻心汤证基本病机为脾胃气虚，胃气不畅，寒热并存，虚实夹杂。该类方温清并用，甘苦兼施，共奏调和寒热，辛开苦降，虚实兼顾，补益脾胃之功。常见的治疗精神疾病的泻心汤类方有甘草泻心汤、半夏厚朴汤等。

1. 半夏厚朴汤　《金匮要略·妇人杂病脉证并治第二十二》曰：“妇人咽中如有炙脔，半夏厚朴汤主之。”中医学认为梅核气属气、痰、瘀三邪互结，气机不畅所致。可归属于“郁证”范畴。现代临床大量用此方治疗癔症（梅核气、奔豚病）、抑郁症、失眠、更年期综合征等。周鹏等[12]将72例青年抑郁症且符合郁病肝气郁结证者随机分为两组，治疗组予盐酸氟西汀与半夏厚朴汤加味治疗，对照组予盐酸氟西汀治疗。结果治疗组总有效率97.2%，优于对照组77.8%（P<0.05）。赵建欣等[13]用半夏厚朴汤合丹栀逍遥散治疗梅核气40例，结果治愈28例，好转9例，未愈3例，总有效率为92.5%。此外，刘丽明[14]用此方加减治疗女性更年期综合征36例，治愈25例，显效9例，无效2例，总有效率为94.4%。

2. 甘草泻心汤　“伤寒中风，医反下之，其人下利日数十行，谷不化，腹中雷鸣，心下痞硬而满，干呕，心烦不得安，医见心下痞，谓病不尽，复下之，其痞益甚，此非结热，但以胃中虚，客气上逆，故使硬也，甘草泻心汤主之。”《金匮要略·百合狐惑阴阳毒病脉证并治第三》曰：“狐惑之为病，状如伤寒，默默欲眠，目不得闭，卧起不安，蚀于喉者惑，蚀于阴者为狐。不欲饮食，恶闻食臭，其面目乍赤、乍黑、乍白，蚀于上部则声嘎，甘草泻心汤主之。”现代医学主要用本方治疗口腔溃疡及白塞氏病，在治疗精神疾病上主要用于神经官能症，神经衰弱，失眠等。张丽等[15]治疗胃肠神经官能症门诊病人39例，以甘草泻心汤加味，结果19例治愈，20例有效。李小飞[16]治疗1例40余岁重症神经衰弱患者，患者主要表现为失眠、易惊、气上冲心、头眩心悸、吞酸喜噫等，用此方治疗后，睡眠大佳，各病俱除。

三、承气汤类方的运用

承气汤类方属下法的具体运用。临证时患者出现神志改变，辨证只要具备邪热炽盛，燥结里实，腑气不通，皆可考虑用通腑泻热法治之，根据病机侧重点的不同，分别选用三承气汤等。常用的治疗精神疾病的承气汤类方有三承气汤、核桃承气汤、抵当汤等。

1. 三承气汤专为阳明腑实热证而设　三承气汤证演绎了病情由轻至重的发展过程，但神志改变的基本病机皆因燥热结聚于肠，腑气壅滞，浊热上扰心神而致。治宜通下腑实，泻热。现代医学常用此方治疗精神分裂症、躁狂症等重症精神病。梁宝利[17]将49例诊断为狂症的病人用大承气汤加味治疗，方药组成：大黄60g，芒硝10g，枳实15g，厚朴15g，桃仁15g，远志15g，石菖蒲15g，胆南星15g，日1剂，水煎分2次服，15d为1个疗程。结果，治愈38例，显效6例，无效5例，总有效率89.8%。丁德正[18]利用三承气汤治疗精神疾病，取得良好的效果，并指出三承气汤方中大黄用量不宜低于30g，且大黄宜后下，煎煮时间在10min左右。否则，将难收通便泄热或峻下热结之效。

2. 核桃承气汤　原为太阳蓄血证而设。“太阳病不解，热结膀胱，其人如狂，血自下，下者愈。其外不解者，尚未可攻，当先解其外。外解已，但少腹急结者，乃可攻之，宜桃核承气汤。”抵当汤见“太阳病，身黄、脉沉结、少腹硬、小便不利者，为无血也；小便自利，其人如狂者，血证谛也，抵当汤主之。”“阳明证，其人喜忘者，必有蓄血。所以然者，本有久瘀血，故令人喜忘，屎虽硬，大便反易，其色必黑者，宜抵当汤下之。”如狂或发狂、喜忘皆因瘀热互结，上扰心神，神明昏乱所致，病位在脑，临床辨证时应注意“瘀”“热”见证。大量临床及现代药理研究均证明了运用桃核承气汤与抵当汤治疗脑系病症疗效肯定。现代多运用此两方治疗周期性精神病（经期发狂）、精神分裂症、脑外伤后精神障碍等疾病，以少腹急结或硬满疼痛，发狂或健忘，小便自利，舌紫暗，脉沉涩或沉结为辨证要点，瘀热互结轻者用桃核承气汤，重者用抵当汤。赵新军[19]用桃核承气汤治疗脑外伤后精神障碍3例，均奏效。丁德正[20]认为无论是下焦蓄血，或其他因素所致之瘀热互结，若辨证准确，施之效果卓然，并用此方加减治愈了周期性精神病、产褥期精神病、急性脑外伤性精神障碍、强迫性神经病患者。

四、其他经方的运用

1. 桂枝汤类方　代表方为桂枝甘草龙骨牡蛎汤、桂枝加桂汤等。用此类方化裁，治疗失眠、神经症、神经官能症、癔病（奔豚气）、更年期综合征等多种疾病，疗效显著。丁德正[21]用桂枝甘草龙骨牡蛎汤加减治疗梦交失精、手淫过度等致气上冲、心悸等精神症状的抑郁性神经症、慢性反应性精神病、疑病性神经症、强迫性神经症、感应性精神病患者，疗效确切。赵会忠[22]治疗72例门诊辨证为心阳虚的心血管神经症患者，用桂枝甘草汤加减治疗2~4周，结果显效50例，有效17例，无效4例，总有效率93.1%。谈平[23]用桂枝甘草龙骨牡蛎汤加味治疗失眠的门诊病人60例，方用桂枝6g，炙甘草12g，牡蛎30g，龙骨30g，酸枣仁15g，夜交藤15g，日1剂，浓煎取汁200mL，分2次口服，对照组则60例则用思诺思（酒石酸唑吡坦片）治疗，2周为1个疗程。结果显治疗组总有效率为90.0%，对照组为71.7%，两组比较差异有统计学意义（$P<0.05$）。此外，张丽宠等[24]用桂枝加桂汤加减（桂枝25g，白芍20g，生姜3片，大枣1枚，当归20g，干姜15g）治奔豚气2例取得良效。

2. 黄连阿胶汤、酸枣仁汤　“少阴病，得之二三日以上，心中烦，不得卧，黄连阿胶汤主之。”临证以口燥咽干，心烦不眠为其主要特征。药理研究发现，该方具有镇静、抑制中枢兴奋性，抗焦虑等作用。临床常用本方化裁，治疗证属心肾不交之抑郁症、更年期综合征、顽固性失眠等病。何丰华[25]等将160例阴虚火旺型失眠患者随机分为2组，治疗组80例采用黄连阿胶汤（基本方：黄连10g，阿胶（烊化）20g，鸡子黄2枚，黄芩25g，白芍30g，生地黄40g，玄参25g，生代赭石40g，生龙骨25g，生牡蛎25g，酸枣仁25g，夜交藤50g，其他随证加减）治疗。对照组80例用柏子养心丸治疗。疗程为1个月。结果治疗组总有效率92.5%，对照组为70.0%，两组比较，有显著性差异（$P<0.01$）。王新本[26]等对符合中医心肾不交型的200例焦虑症患者，用黄连阿胶汤加味治疗，结果治愈136例，显效40例，无效24例，总有效率为88%。徐国祥[27]用黄连阿胶汤加减治疗抑郁症38例，基本方：黄连3g，黄芩、白芍、石菖蒲、柴胡各10g，浮小麦30g，炙甘草10g，炒枣仁15g，郁金10g，阿胶10g，大枣5枚。其他随证加减，治疗2~6个月。结果治愈19例，好转16例，无效3例，总有效率92%。邹迎春[28]用加味黄连阿胶汤治疗绝经期综合征78例，总有效率为96.2%。《金匮要略·血痹虚劳病脉证并治第六》曰：“虚劳，虚烦不得眠，酸枣仁汤主之。”临床上常用酸枣仁汤作为基本方进行加减或与他方合方治疗各种失眠症、焦虑症、精神失常、神经官能症、更年期综合征等。袁梦石[29]将134例不明原因性失眠患者随机分成治疗组69例，对照组65例。治疗组口服酸枣仁汤加味（基本方：酸枣仁30g，茯苓15g，川芎10g，知母10g，龙齿（先煎）30g，生牡蛎（先煎）30g，丹参20g，生地黄20g，夜交藤15g，黄芪15g，黄连5g，甘草5g），对照组口服艾司唑仑治疗，治疗15d后判断疗效，结果治疗组有效率91.3%，对照组为81.5%，两组比较$P<0.05$。弓慧珍[30]用酸枣仁汤合甘麦大枣汤治疗心阴（血）亏虚型精神失常46例，15d为1个疗程，治疗2个疗程，结果总有效率为93.5%。袁梦石[31]用酸枣仁汤加减（基本方：酸枣仁15g，茯苓12g，知母9g，黄连6g，大黄6g，甘草3g）治疗脑出血急性期狂躁型精神障碍32例，对照组33例用地西泮治疗，两组均予常规脱水，护脑，降压等对症支持处理。结果：治疗组有效率为68.8%，对照组有效率为42.4%，两组比较差异有统计学意义。

3. 栀子豉汤　“发汗后，水药不得入口为逆，若更发汗，必吐下不止。发汗吐下后，虚烦不得眠，若剧者，必反复颠倒，心中懊憹，栀子豉汤主之。”“阳明病，脉浮而紧，咽燥口苦，腹满而喘，发热汗出，不恶寒，反恶热，身重，若发汗则躁，心愦愦，反谵语。若加温针，必怵惕，烦躁不得眠。若下之，则胃中空虚，客气动膈，心中懊憹，舌上胎者，栀子豉汤主之。”本方为清宣胸中郁热，治虚烦懊恼之良方。栀子豉汤的特点在于能够通过清心除烦而达安神助寐效果，故对一些失眠、精神障碍、郁证等所致的心烦、焦虑不寐的病人有良效。卢雨蓓[32]对43例以失眠为主证，而舌脉见有正虚夹湿热之象的患者，以栀子豉汤加减治疗，结果：显效34例，有效7例，无效2例，总有效率为95.4%。陈献明[33]将33例脑外伤所致精神障碍33名随机分成两组，对照组14例，只采用基础治疗；治疗组19例，在基础治疗的基础上加用栀子豉汤加减治疗，方剂组成：栀子10～15g，香豉10～15g，丹参20～30g，生龙骨20～30g，生牡蛎20～30g，远志12～15g，服药7d后判断疗效。结果，治疗组所有精神症状均得到控制，与对照组比较差异有显著性。脑外伤后出现的精神症状多因瘀血内阻，气机不利，郁久化火生热，热扰心神所致，同时患者多因受惊吓而致气乱易惊，治疗应从太阳病变证入手，宜活血清热，泻火除烦，兼以重镇安神定志。

4. 甘麦大枣汤　《金匮要略·妇人杂病脉证并治第二十二》曰："妇人脏躁，喜悲伤欲哭，像如神灵所作，数欠伸，甘麦大枣汤主之。"甘麦大枣汤具有养心安神，和中缓急，补气健脾的功用。从中医理论上看，脾胃化生的营血精微既为五脏产生神志活动提供了物质基础，又具有协调脏腑气机的枢纽作用。临床上常用此方化裁或合方治疗各种精神疾病如精神失常、周期性精神病，抑郁焦虑症、更年期综合征、神经官能症，小儿多动症等，应用广泛且疗效显著。王志勇[34]采用温胆汤和甘麦大枣汤治疗精神分裂症28例，方药组成：半夏12g，陈皮12g，枳实15g，竹茹12g，茯苓15g，生姜6g，甘草6g，大枣5枚，石菖蒲10g，黄芩12g，胆南星10g，瓜蒌15g，黄连9g，生铁落60g（久煎取此水煎药），麦冬15g，人参9g，金礞石3g，栀子12g，水煎服，日1剂，服药短者9d，长者60d，疗效满意。他认为精神分裂症病机主要是痰热瘀阻，痰迷心窍。凡病机属痰热蒙窍，症状属以心中烦热，舌红，苔黄，便结，脉象以滑数为主者，即可用本方治之。唐平[35]等将75名中风后抑郁症患者随机分成两组，治疗组38例服用甘麦大枣汤，对照组37例口服阿米替林，均以4周为1个疗程，2个疗程后观察疗效。结果治疗组总有效率97.37%，与对照组75.68%相比较，差异有统计学意义。

5. 百合地黄汤　《金匮要略·百合狐惑阴阳毒病脉证并治第三》曰："论曰：百合病者，百脉一宗，悉致其病也。意欲食复不能食，常默默。欲卧不能卧，欲行不能行，饮食或有美时，或有不闻食臭时，如寒无寒，如热无热，口苦，小便赤，诸药不能治，得药则剧吐利，如有神灵者，身形如和，其脉微数。"《金匮要略·百合狐惑阴阳毒病脉证并治第三》曰："百合病，不经吐、下、发汗，病形如初者，百合地黄汤主之。"其病机为心肺阴虚内热，热邪浸淫于百脉，百脉失和所致。临床上常用于治疗更年期综合征，抑郁焦虑症，癔症、失眠症等。金杰等[36]用加味百合地黄汤（药用基本方：百合30g，生地黄15g，麦冬30g，太子参30g，五味子10g，竹茹15g，甘草5g，浮小麦30g，大枣6枚。日1剂，水煎服，2周为1个疗程，3个疗程后评价疗效）治疗抑郁性神经症35例，结果痊愈25例，有效5例，无效5例，总有效率为85.71%。另外，百合地黄汤在治疗广泛性焦虑症[37]、癔病[38]等方面均有较好疗效。

五、结语

经方是古代中医实践宝贵经验的结晶，因其法度森严、配伍精妙、用药专精、疗效显著而在临床上备受推崇。通过上述总结整理，可以看出运用仲景经方治疗精神疾病可涉及到太阳病篇、少阳病篇、阳明病篇、少阴病篇等诸多篇章和方证，基本可治疗涉及现代医学精神病学的绝大多数疾病，特别值得一提的是，在对西药抗精神病药物副作用如便秘、流涎、肌张力增高等的治疗方面，经方也能起到很好的疗效[39]，故经方在治疗精神疾病方面有广泛的应用前景。临证时：一要忠于原著，方药对证。二要随证化裁，扩大应用。三要审证求因，临证中遵循"同病异治、异病同治"之法理。对有些临床症状相似，要根据其寒热虚实等不同辨证，力求提高经方在治疗精神疾病方面的疗效。

参考文献

[1] 韩志琴．小柴胡汤加减治疗抑郁症30例观察［J］．实用中医药杂志，2008，24（6）：353.

[2] 陈铁龙，庄英军，徐俊萍．二仙汤合小柴胡汤治疗围绝经期心理疾病56例疗效观察［J］．河北中医，2010，32（4）：540～541.

[3] 彭强．中西医结合治疗心血管神经症46例［J］．福建中医药，2008，39（1）：49.

[4] 孔卫平．小柴胡汤合半夏厚朴汤治疗梅核气47例［J］．吉林中医药，2007，27（8）：33.

[5] 于涛，刘霖．小柴胡汤合天麻钩藤饮加减治疗儿童多动症76例［J］．中医研究，2008，21（4）：40～42.

[6] 冯世纶．胡希恕——中国百年百名中医临床家丛书［M］．北京：中国中医药出版社，2001：77～81.

[7] 王云，任明芬，张子海．柴胡龙骨牡蛎汤治疗精神分

裂症临床观察 [J]. 陕西中医, 2006, 27 (2): 182~183.
[8] 张龙生. 柴胡龙骨牡蛎汤加减治疗抑郁障碍临床观察 [J]. 河北医药, 2010, 32 (22): 3185~3186.
[9] 钟旭敏, 林莹莹, 林冰. 加味四逆散治疗卒中后抑郁症的临床研究 [J]. 中华中医药学刊, 2008, 26 (8): 1817~1820.
[10] 王冬柏, 王健. 加味四逆散治疗顽固性失眠51例 [J]. 蛇志, 2008, 20 (1): 31~32.
[11] 谢忠礼. 加味四逆散治疗恶劣心境障碍38例临床研究 [J]. 中国中医药信息杂志, 2005, 12 (4): 8~9.
[12] 周鹏, 陈林庆, 彭晓明, 等. 半夏厚朴汤加味联合盐酸氟西汀治疗青年抑郁症临床观察 [J]. 中西医结合心脑血管病杂志, 2011, 9 (2): 247~248.
[13] 赵建欣, 陈桂霞. 丹栀逍遥散合半夏厚朴汤治疗梅核气80例 [J]. 光明中医, 2010, 25 (7): 1190~1191.
[14] 刘丽明. 半夏厚朴汤治疗更年期综合征的应用体会 [J]. 中国实用医药, 2010, 25 (5): 152~153.
[15] 张丽, 徐承德. 甘草泻心汤治疗胃肠神经官能症 [J]. 浙江中医杂志, 2006, 41 (4): 190.
[16] 李小飞. 甘草泻心汤治疗重症神经衰弱一例 [J]. 中国疗养医学, 2010, 19 (9): 852.
[17] 梁宝利. 大承气汤加味在狂症中的应用 [J]. 中国民康医学杂志, 2003, 15 (7): 429.
[18] 丁德正. 三承气汤在精神疾病临床的运用 [J]. 中华中医药杂志, 2008, 23 (2): 134~137.
[19] 赵新军, 王德亮, 姜汝明. 桃核承气汤治疗脑外伤后精神障碍3例 [J]. 山东中医杂志, 2007, 26 (3): 172.
[20] 丁德正. 桃核承气汤在精神疾病中的应用 [J]. 河南中医, 2008, 28 (3): 21~22.
[21] 丁德正. 桂枝龙骨牡蛎汤在精神疾病中的运用 [J]. 河南中医, 2007, 27 (9): 11~12.
[22] 赵会忠, 李景君. 桂枝甘草龙骨牡蛎汤治疗心血管神经症72例临床分析 [J]. 中医药信息, 2007, 24 (1): 45~46.
[23] 谈平. 桂枝甘草龙骨牡蛎汤加味治疗失眠60例疗效观察 [J]. 中国中医药科技, 2009, 16 (4): 261.
[24] 张丽宏, 史衍军. 桂枝加桂汤加减治疗奔豚气2例 [J]. 黑龙江医药科学, 2005, 28 (3): 52.
[25] 何丰华. 黄连阿胶汤治疗阴虚火旺型失眠80例疗效观察 [J]. 云南中医中药杂志, 2010, 31 (2): 27.
[26] 王新本, 朱志珍. 黄连阿胶汤加味治疗焦虑症200例临床分析 [J]. 中医药学报, 2003, 31 (5): 25.
[27] 徐国祥. 黄连阿胶汤加减治疗抑郁症38例小结 [J]. 时珍国医国药, 2000, 11 (1): 149.
[28] 邹迎春. 加味黄连阿胶汤治疗绝经期综合征78例 [J]. 南华大学学报: 医学版, 2009, 37 (5): 611, 628.
[29] 袁梦石, 庄振中, 周雪. 酸枣仁汤加味治疗不明原因失眠69例临床观察 [J]. 中医药导报, 2009, 15 (4): 13~15.
[30] 弓慧珍. 甘麦大枣汤合酸枣仁汤治疗精神失常症46例 [J]. 河南中医, 2005, 25 (4): 15.
[31] 袁梦石, 卢芬, 陈向良. 加减酸枣仁汤治疗脑出血急性狂躁型精神障碍32例临床观察 [J]. 湖南中医药导报, 2004, 10 (6): 13~14, 21.
[32] 卢雨蓓. 栀子豉汤加味治疗不寐43例 [J]. 河南中医, 2005, 25 (3): 38.
[33] 陈献明, 王殿君, 张春花. 栀子豉汤加味治疗脑外伤所致精神障碍19例 [J]. 现代医药卫生, 2002, 18 (11): 1011.
[34] 王志勇, 段飞茹, 高少才. 温胆汤和甘麦大枣汤治疗精神分裂症28例 [J]. 中国中医药现代远程教育, 2009, 7 (3): 95.
[35] 唐平, 刘建敏. 甘麦大枣汤治疗中风后抑郁症38例临床观察 [J]. 四川医学, 2009, 30 (5): 709~710.
[36] 金杰, 陈海燕, 赵铎. 加味百合地黄汤治疗抑郁性神经症35例 [J]. 山西中医, 2001, 17 (2): 21.
[37] 闫福庆. 百合地黄汤加味治疗广泛性焦虑52例 [J]. 中国疗养医学, 2004, 13 (3): 151~152.
[38] 胡辰生, 景秋芝. 百合地黄汤加味治疗癔病40例 [J]. 四川中医, 2003, 21 (5): 32.
[39] 戴润珠, 徐渭龙. 中药治疗抗精神病药引起的副作用80例 [J]. 陕西中医, 2003, 24 (3): 142.

[《河南中医》2012, 32 (5): 548]

经方治疗出血性疾病

陈建芳　宜兴市人民医院中医科

经方，本是古代经验方的称谓，明清初期伤寒学迅猛发展，张仲景的《伤寒论》《金匮要略》被医家视为医学的经典，仲景方便由古时的“经验方”变为经典的“经方”，徐灵胎曾说“古圣治病之法，其可考者惟此两书，真所谓经方之祖。”经方，现已成为经典方以及经方医学的代名词，经方医学强调方证相应，重视药物及其配伍的研究，重视临床技术的研究，很多医者曾经觉得很难应用经方，经方家胡希恕先生指出辨方证是辨证的尖端，临床治疗有无疗效，就在于方证是否对应[1]。所谓方证，简单而言，就是指某方的适应证，毫无疑问，这对临床医生如何运用经方有很大的启发和帮助。笔者崇尚经典，喜用经方，在临证中常遇见一些出血性疾病，运用经方疗效满意。

一、温经汤治疗崩漏

患者，女，21 岁。初诊时间：2010 年 4 月 6 日。自 12 岁月经初潮后经常阴道出血，淋漓不净，偶有连续 7d 干净，为此常常苦恼不已，曾用中西药治疗乏效。末次月经 3 月 13 日，量少淋漓 10d，至 3 月 23 日开始增多，挟有血块无腹痛，现仍然有少量出血。患者形体偏瘦，面色无华，纳食不多，平素怕冷，口唇干燥。舌淡红，脉细。B 超示：子宫未见明显异常，附件区未探及明显包块，盆腔未见明显包块及积液（子宫内膜 9mm）。证属崩漏，为气血不足，内有虚寒，拟温经汤调治。处方：吴茱萸 3g，桂枝 10g，当归 10g，川芎 10g，白芍 10g，牡丹皮 10g，炮姜 6g，姜半夏 10g，麦冬 20g，党参 10g，甘草 6g，阿胶 10g（另烊）。7 剂。每日 1 剂，水煎日服 2 次。2 诊：4 月 15 日。药后第 2 天阴道出血量增多，今将净，无血块，无腹痛，舌中稍白，脉略数。原方加女贞子 10g，墨旱莲 10g，14 剂，服法同上。3 诊：4 月 30 日。近半月来阴道出血仍淋漓不净，近 2d 量增多色红无血块，质黏稠，大便干结，舌偏红，舌根稍白厚，脉细弦。拟先以黄连阿胶汤出入：黄连 3g，炒黄芩 6g，阿胶 15g（另烊），白芍 30g，生地黄 30g，玄参 10g，6 剂。服法同上。4 诊：5 月 9 日，药后第 5 天阴道出血止，仍以温经汤加二至丸调治，15 剂，服法同上。5 诊：5 月 27 日，近 2 周未见阴道出血，自发育以来从未有这么长时间干净过，患者很高兴，10d 前曾有白带增多，苔薄白，脉细，仍以温经汤加二至丸调治，7 剂，服法同上。6 诊：6 月 7 日，月经于 5 月 29 日至，8d 干净，无不适，舌脉如前，温经汤原方调治 2 月左右，连续 2 月月经周期正常，经期 6d，停药。

二、泻心汤治疗崩漏

患者，女，43 岁。初诊时间：2010 年 5 月 10 日。末次月经 4 月 20 日，至今共 22d 淋漓不净，挟血块，伴腹痛，昨晚起床 6 次，量多如冲。患者形体壮实，腹壁充实，体力劳动者，面部肤色暗红，油光闪闪，大便干结，舌红，苔薄白，脉沉滑数。证属崩漏，瘀热内结，拟泻心汤合失笑散加味：黄连 6g，黄芩 10g，制大黄 6g，生大黄 6g，蒲黄、五灵脂各 10g，生地黄 30g，白芍 30g，炮姜 6g，甘草 6g，7 剂。免煎剂开水冲服，日 2 次。2 诊：5 月 18 日。药后排出较多血块，量多如冲 1d，今出血量已极少，腹痛止，苔薄白，脉沉滑。热减血虚，泻心汤合胶艾四物汤加减：黄连 3g，黄芩 10g，制大黄 6g，生地黄 30g，白芍 30g，川芎 12g，当归 10g，7 剂。服法同上。3 诊：5 月 26 日，阴道出血已止，时觉心悸头晕，脉软滑，拟原方加桂枝 10g，甘草 6g，7 剂，服法同上。4 诊：6 月 2 日。头晕心悸除，上方去桂枝甘草续进 7 剂，服法同上。

以上 2 例均为崩漏，前者自发育至就诊时历时 8 年余，月经失调，多为淋漓不净，患者倍受痛苦，从患者体质和临床表现看，属气血不足，伴有虚寒，故用温经汤调治，本方具有养血益气，温经散寒，调和月经的作用，方中当归、川芎、白芍是传统的调经药物，阿胶能止血补血，常用于月经过多、贫血，牡丹皮清热化瘀止血，麦冬养阴清热，吴茱萸、桂枝、半夏温经和中降逆，炮姜、甘草温经止血，党参益气，本方运用范围颇广，漏下、下腹部冷痛、不孕或月经至期不来等均可考虑使用本方。本方的作用，从现代医学来看，可能是参与调节神经及内分泌系统，调节子宫血液循环及子宫功能等多个环节，是“多靶点”的作用，既治月水来过多，又治至期不来，可见是具有双向调整作用。后者患者形体壮实，表现为瘀热内结，故用泻心汤合失笑散加味，方中黄连、黄芩、大黄清热泻火，大黄、蒲黄、五灵脂、生地黄、白芍清热化瘀止血，炮姜、甘草止血。本方主要用于实热挟瘀之崩漏。

三、猪苓汤治疗尿血

患者，女，35 岁，初诊时间：2009 年 10 月 21 日。突然出现尿血，伴腰部酸痛，小腹微胀急，尿频、尿痛，尿常规：蛋白（+++），隐血（+++），镜检红血球（++++），B 超示：双肾、输尿管、膀胱未见明显异常。口渴，唇红，舌红，苔薄白，脉细弦。证属阴虚有热之淋证，拟养阴清热，利尿通淋，猪苓汤加味：猪苓 20g，茯苓 20g，泽泻 20g，六一散 15g，阿胶 12g，栀子 10g，黄柏 10g，3 剂，免煎剂开水冲服，日 2 次。第 2 天尿常规：蛋白（+），隐血（++）。第 3 天尿常规：蛋白（-），隐（血-），尿路刺激症状及腰、腹部症状均消除，拟原方巩固疗效，7 剂，服法同上。

猪苓汤是张仲景用于淋证的方子，淋是指尿频、尿急、尿痛为特征的一类病证，并伴有尿血、口渴、浮肿、失眠等症状，现常见的泌尿道感染和结石等，大多属于古代淋病范畴，膀胱术后的尿血、盆腔肿瘤放化疗后的膀胱炎等也能用猪苓汤。

临床多用原方，药后尿路刺激症状一般能很快消除，如心烦舌红加栀子，小便涩痛加甘草，腹痛窘迫加四逆散。

四、泻心汤治疗支气管扩张咯血

患者，男，78岁，初诊时间：2011年10月26日。患者为住院病人，西医诊断：1）COPD加重期；2）继发性支气管扩张伴咯血；3）陈旧性肺结核；4）肺功能不全中重度；5）前列腺增生；6）脑梗死后遗症刻下咳嗽咯血已十余天，多则咯血盈盂，色鲜红，床位医生介绍已用过各种止血药乏效，建议用中药试治。患者形瘦面红，腹痛拒按，胸闷纳少，口干便秘，舌苔焦黄，脉弦滑。证属热盛伤络，拟泻心汤加味：黄连6g，黄芩10g，制大黄12g，生地黄40g，白芍40g，桑叶40g，7剂，免煎剂开水冲服，日2次。2诊：2011年11月3日。药后第4天咯血减少，刻下大便通畅，胸闷面红已减，腹痛已除，咳嗽偶挟淡红色痰，舌苔白厚腻舌中焦黄，脉弦滑。肺热未净，挟有痰湿，拟原方加半夏厚朴汤调治，以后病情稳定，原方加减调治半月出院。

泻心汤是《金匮要略》用于止血的经典方，对上消化道出血、气管出血、五官出血以及颅内出血等上部出血均有疗效，原文为“心气不定，吐血衄血，泻心汤主之”。清代经方家陈修园说过：“余治吐血，诸药不止者，用泻心汤百试百效”。本案患者虽年事已高，形瘦，但面红口干，腹痛便秘，苔黄脉滑，均提示内有热结，故用泻心汤清泻实热，又加生地黄、白芍、桑叶清热凉血止血，疗效满意。

参考文献

[1] 陶有强，石应轩．冯世纫经方临床带教实录［M］．北京：人民军医出版社，2009.

［《长春中医药大学学报》2012，28（6）：1108］

经方治疗慢性胃炎举隅

余　翔　和田市人民医院

经方是张仲景长期临床实践经验的结晶，其组方精简，配伍严密，用之得当，疗效卓著，为历代医家所称颂。笔者运用经方辨证治疗慢性胃炎，取得了较好的疗效。现举案例如下：

例1，患者阿某，女，40岁，维族，2010年10月18日就诊。1个月前因胃痛行胃镜检查，诊断为慢性浅表性胃炎伴少许糜烂，幽门螺旋杆菌阳性。在本院用奥美拉唑胶囊20mg、阿莫西林胶囊0.5+克拉霉素胶囊0.25，治疗2周后，疼痛反而加重，故自行停用西药，转求中医治疗。自诉胃痛，每于饭后半小时左右发作，虽属隐痛，但每次发作持续1h许，伴胃脘胀满不适，舌淡红、边有齿痕、苔薄黄，脉细滑。胃痛属于气阴两亏。治以益阴缓急止痛。方以芍药甘草汤加味：白芍30g，甘草15g，肉桂6g，予7剂，每日1剂，连续水煎3次，每次取汁150mL，混匀后分早、中、晚3次服完。10月25日二诊诉：连服上药7剂，自觉胃脘胀满消失，无嗳气、反酸，大小便规律。舌淡红、边有齿痕、苔薄白，脉细。宜守原方再服7剂，同时给予中成药香砂养胃丸。持续1月后，胃痛、痞胀感消失。鼓励患者再行胃镜检查：胃黏膜恢复正常，幽门螺旋杆菌阴性。随访1年余，未见复发。

按　芍药甘草汤在《伤寒论》原治“脚挛急”，其第29条云：“若厥愈足温者，更作芍药甘草汤与之，其脚即伸”，盖“脾不能为胃行其津液，以灌四旁，故挛急，用甘草以生阳明之津，芍药和太阴之液，其足即伸，此即用阴和阳法也”（成无已《伤寒明理论》）。可见本方由于有酸甘化阴之功，用治阴虚挛急。现代临证，本方常用于治疗多种痛症。《药性论》云肉桂：“主治九种心痛主破血止腹内冷气，痛不可忍”，表明肉桂本适宜于阳虚胃痛，但配合酸甘化阴之芍药甘草汤，则只要阴阳偏颇不甚之胃痛，均可概治。现代药理研究表明，此三味药均可缓解胃肠平滑肌痉挛而有镇痛的作用。

例2，患者买买提，男，54岁，教师，2011年2月19日就诊。胃脘痞闷堵阻感月余，食冷则易泛酸至呕（无呕吐物），舌红、苔黄，脉细弦。胃镜检查示慢性胃炎、十二指肠球部炎。幽门螺旋杆菌阳性，在外院行三联疗法（质子泵+阿莫西林胶囊+甲硝唑片）2周。胃痞属于寒热错杂。治以寒温并用、辛开苦降。半夏泻心汤加味：半夏15g，黄连、干姜、甘草各6g，丹参、党参各20g，黄芩、青皮、陈皮各12g，降香10g，煅瓦楞、蒲公英各30g。予10剂，每日1剂，每剂连续水煎3次，每次取汁150mL，混匀后分早、中、晚3次服完。3月113复诊：胃脘痞闷堵阻感明显好转，食欲可，舌边红，苔稍黄，脉细弦。再予7剂。3月8日三诊：胃脘腹痞闷堵阻感几无，原方7剂巩固疗效。并嘱其调情志，慎起居，节饮食，戒烟酒。随访10个月后未见复发。

按　《金匮要略》云：“呕而肠鸣，心下痞者，半夏泻心汤主之。”《金匮要略心典》认为呕、痞、肠鸣，“虽是三焦俱病，而中气为上下之枢，故不必治其上下，而但治其中。黄连、黄芩苦以降阳，半夏、干姜辛以升阴，阴升阳降，痞将自解。人参、甘草则补养中气。以为交通阴阳上下之用也。”其证常系在脾胃虚寒的基础上，复加邪热内陷或肝胆邪热横犯，寒热互结，扰乱中焦气机升降使然。病家泛酸、舌红、苔黄为热象，不喜食冷为有寒，寒热错杂，故用半夏泻心汤辛开苦降，开结除痞；更以茯苓助参、草健脾益胃，蒲公英助芩、连清热解毒；青皮、陈皮行气消痞，丹参、降香活血降逆，煅瓦楞制酸。虽有加味，可谓方证合拍，药病相应，疗效岂能不佳哉！

例3，患者王某，女，42岁，汉族，小学教师。2011年5月8日初诊。胃脘时常作痛5年余，加重半月余。三甲医院胃镜检查诊断为萎缩性胃炎，口服中西药物治疗未见明显好转。遂来本院门诊治疗。刻诊：胃脘疼痛，伴右胁肋胀痛，每食辛辣食物则疼痛加重，失眠多梦，大便不爽，心烦易怒，舌质红、少苔，脉弦细数。证属阴虚热化，肝气犯胃。治宜滋阴降火、平肝和胃。方用黄连阿胶汤加味。药物组成：黄连、黄芩、阿胶（烊化）各12g，白芍药15g，鸡子黄（冲服）2枚，柴胡、青木香、炙甘草各10g。予4剂，每日1剂，连续水煎3次，每次取汁150mL，混匀后分早、中、晚3次服完。5月12复诊：服上方4剂后胃脘痛及右胁肋胀痛减轻，失眠多梦好转，舌质略红、薄苔，脉弦细数。去青木香，加佛手12g、生地黄15g。上方加减共服30剂，经胃镜检查，采标本做病理化验，诊断为浅表性胃炎。继改丸药以缓图之。并嘱其调情志，节饮食。随访半年后未见复发。

按　此案因肾阴亏虚，不能涵养肝木，则肝失疏泄，肝气横逆犯胃，故其标在胃，其本在肾。故用黄连阿胶汤加味，标本兼治。黄连泻君火以归根；黄芩清相火以降逆；白芍药、阿胶滋润风木；鸡子黄培土精而滋心液；柴胡、青木香疏肝和胃止痛；炙甘草和中缓急。其病理病机相通，药证合拍，应手而效。

例4，患者许某，男，43岁干部。2011年6月8日诉：胃脘胀痛反复发作3年余，加重1周。刻诊：胃脘胀痛，呕不欲食，肠鸣作响，矢气频作，大便稀溏，舌质淡红、苔白根腻，脉沉弦紧。证属中州虚寒，胃失和降。治宜温中散寒、降逆止痛。方用大建中汤。药物组成：川椒12g，党参20g，饴糖60g，干姜、姜半夏各10g。水煎服，每日1剂，连续水煎3次，每次取汁150mL，混匀后分早、中、晚3次服完。6月12日复诊：服上方4剂后，脘痛腹胀，呕不欲食均有好转，诸症亦随之减轻，苔转薄白，脉转为弦细，此为邪祛正虚，继上方再进5剂，改饴糖50g以善其后。并嘱其调情志，慎起居，节饮食，戒烟酒。随访6个月后未见复发。

按　本例虽有胃脘胀痛、呕不欲食之类似肝郁气滞之症状。究其舌质淡红、苔白根腻，脉沉弦紧之象，实为中州阳虚，阴寒乘之，寒凝作痛；阴寒上逆，呕不欲食。其病机为中阳衰微阴寒内盛。故用大建中汤温中补虚，散寒降逆。方中川椒温脾胃，通阳降逆为君；干姜散寒温脾为臣；党参补中气之虚为佐；重用饴糖大补中脏，缓急止痛，同时能缓和川椒、干姜之燥烈而为使。痼阴一解，中阳建立，药中病机，效若桴鼓。

例5，患者李某，男，33岁，公务员。2011年6月15日初诊。胃脘胀痛，嗳气口苦2年，加重1周。患者素嗜辛辣善饮白酒，2年前因饮酒过量，而频繁呕吐，胃脘胀痛，日渐加重。曾在本医院做胃镜检查，诊断为萎缩性胃炎伴胆汁反流。求治于中西医，病情时轻时重，始终未愈。刻诊：胃脘胀满疼痛，嗳气频作，恶心呕吐苦水，纳谷不香，大便秘结，舌质红、苔中根部黄腻，脉滑数。证属胆胃蕴热，气机不畅。治宜利胆清胃、理气降逆。予厚朴三物汤加味。药物组成：厚朴15g，枳实12g，黄连6g，陈皮、大黄、黄芩各10g，葛花（后下）25g。水煎服，日1剂。于4剂，每剂连续水煎3次，每次取汁150mL，混匀后分早、中、晚3次服完。6月19日复诊：服上方4剂后，胃脘胀痛减轻，大便已通，上方大黄量减至5g，厚朴、枳实量均减至6g。服药2月，自觉诸症消失，复查胃镜提示胃黏膜恢复正常，未见胆汁反流。并嘱其调情志，慎起居，节饮食，戒烟酒。随访6个月后未见复发。

按　本证为萎缩性胃炎伴胆汁反流，实为胃阳之燥热，传脾阴，脾精不足以滋养肝木，肝郁克土，故湿热互结，腹痛而便闭。大黄通肠胃之结；厚朴、枳实疏土木之滞而止痛；配黄连、黄芩泻中焦邪火，清热消痞；伍葛花解酒毒醒脾；加陈皮行气健脾，降逆止呕；厚朴三物汤清胃利胆，通利腑气；配黄芩、黄连、陈皮、葛花健脾理气和胃。标本兼顾，立法用药，丝丝入扣，顽疾乃愈。

例6，患者牙某，男，38岁，维吾尔族，干部。2011年10月12日初诊。胃脘疼痛反复发作5年，加重1月。患病5年来多方求治，病情始终未见好转。1月前胃脘疼痛加重，本院胃镜检查诊断为糜烂性胃炎、十二指肠溃疡。经静点奥美拉唑针等，胃脘胀痛有所好转，其余症状改善不著。刻诊：胃脘隐痛，痛时喜暖喜按，脘腹痞满，纳谷不思，干呕时作，嗳气频频，面色萎黄，机体消瘦，大便稀溏，舌质淡红、苔腐、上浮薄黄苔，脉沉细数。证属中州阳虚，厥阴犯土，寒热错杂。治宜疏调和中、寒热并调、虚实兼顾。方用乌梅汤。药物组成：乌梅、党参、当归各15g，细辛、干姜各6g，桂枝、黄连、黄柏、附子各10g，川椒5g。水煎服，日1剂。每剂连续水煎3次，每次取汁150mL，混匀后分早、中、晚3次服完。10月16日复诊：服上方4剂后，脘腹疼痛已止，腐苔亦化，嗳气干呕大减，饥而欲食。上方加减共服15剂，诸症消失。改服乌梅丸调理善后。1月后胃镜复查糜烂性胃炎、十二指肠溃疡消失。并嘱其调情志，慎起居，节饮食，戒烟酒。

按 本案属寒热虚实夹杂之证。由于病程长，前医有清热理气，有温阳补气，或认为久病人络，而用活血化瘀之剂。实为只着眼于症状治疗，而未详查病因、病机，或由于患者服几剂药后症状改善不明显就改投他医。理气过耗肝阴，清热过损脾阳，致使相火上炎，上热下寒，上盛下虚，因而久治不愈。乌梅为君敛风和络，为之调适于中，将军之官得以缓其暴悍之性；干姜、细辛、附子、川椒、桂枝温中散寒止痛；黄连、黄柏苦降相火；党参、当归补脾胃，益气血。诸药相合，寒热并用，攻补兼施，祛邪扶正，恰中病机，药到病除。

例7，患者赵某，女，37岁，农民。2011年11月4日初诊。胃脘疼痛，胀满不适2年余，加重1周。患者2年来经常胃脘隐隐作痛，胀满纳差，嗳气吞酸，食后加重。经胃镜检查诊断为慢性浅表性胃炎。不规律口服西药物治疗1年余，疗效不彰。刻诊：胃脘胀痛，食后尤甚，嗳气则舒，恶心呕吐，纳谷不香，口干且苦，舌质淡红、苔白根厚腻，脉沉弦细略滑。证属胆气犯胃，胃失和降。治宜疏利肝胆、和胃调中。方用小柴胡汤加味。药物组成：柴胡、姜半夏各15g，黄芩12g，炙甘草6g，党参、八月札、枳壳、生姜各10g，鸡血藤30g，大枣6枚。水煎服，每日1剂，连续水煎3次，每次取汁150mL，混匀后分早、中、晚3次服完。11月10日复诊：上方进6剂后，脘腹胀痛大减，纳谷增，舌苔根转薄腻，去鸡血藤继服6剂。上方加减共服20剂，诸症均除。改用口服越鞠保和丸、香砂养胃丸以善其后。并嘱其调情志，节饮食。

按 此案为肝胆气郁，横逆克制脾胃而致。《灵枢·四时气》云："邪在胆，逆在胃，胆液泄则口苦。胃气逆则呕苦，故曰呕胆。"方中柴胡推陈致新，疏肝利少阳转枢，升清降浊，阖辟阳明；配党参、大枣益气养血；生姜、姜半夏以降胃气；黄芩清上炎之火，泻胆逆以行疏泄之令；炙甘草培土以疏胸胁结邪，扶正和中。现代药理研究表明，柴胡、黄芩可解痉，能直接松弛平滑肌，并对胃黏膜的慢性炎症有抑制作用[1]；甘草有抗酸作用[2]；半夏有镇吐作用[2]。因此，选用小柴胡汤治疗本病切中病机，使肝胆气机条达，中州脾胃调合，故病告痊愈。

参考文献

[1] 邓文龙．中医方剂的药理与应用［M］．重庆：重庆出版社，1990：235～237.

[2] 方文贤．宋崇顺，周立孝．医用中药药理学［M］．北京：人民卫生出版社，1998：598～238.

［《新疆中医药》2012，30（4）：144］

经方治疗哮喘的临床应用进展述评

李 卿 重庆中药研究院
秦 剑 重庆市食品药品检验所
欧 燕 成都中医药大学

经方指中国汉朝张仲景所著《伤寒杂病论》所记载之方剂。经方因其法度严、配伍妙、用药精、疗效宏而倍受临床推崇。古今医家常以经方作为母方，依辨证论治的原则而化裁出一系列的方剂[1]。经方在治疗哮喘病中的运用，越来越引起医家们的重视，现就近年来应用经方治疗哮喘病的文献报道作一综述。

一、中医认识哮喘[2]

1. 病位 在肺系，关系脾肾。病理因素以痰为主，痰的产生责之于肺不布散津液，脾不能运输水精，肾不能蒸化水液，以致津液凝聚而成，伏藏于肺，成为发病的潜在因素，每遇诱因触及即发，发时痰气搏结，壅阻气道，肾失纳摄。

2. 病因病机 外邪（风寒、风热）犯肺，失于表散，邪遏肺气，气不布津，聚津生痰；或吸入花粉、烟尘、异物气体等，影响肺气宣降，津液停聚，痰浊内蕴。或饮食不当，过食生冷，寒饮内停；或嗜食酸甘肥腻之物，积痰蒸热；或进食海膻鱼蟹虾等发物，凡此种种致使脾运失健运，痰饮内生，上犯于肺，壅阻肺气；素体肾虚，病后肺虚。因此，外邪束肺、内邪阻肺，脾不健运，痰饮阻肺，肺气失宣、肾不纳气为哮喘的主要病因病机。

3. 病理性质 发作期以邪实为主，间歇期以正虚为主，大发作期正虚邪实并见，肺肾同病，病及于心，甚则“喘脱”。

二、方证对应及临床研究

（一）以痰饮为主因的哮喘证治

哮喘多由内饮所致，即其人素有痰饮潜伏于体内，一旦遭受外邪侵袭，外邪激动里饮，壅逆于肺，则发为哮喘，即呈《伤寒论》所述“伤寒表不解，心下有水气”之证，治宜发汗解表，温化痰饮。具体常见方证如下：

1. 射干麻黄汤证　主症：恶寒，身痛，痰多，喉中痰鸣。《金匮要略·肺痿肺痈咳嗽上气病脉证治》曰“咳而上气，喉中水鸡声，射干麻黄汤主之”。射干麻黄汤是治疗寒性哮喘的基本方剂[3]。方中麻黄宣肺平喘，药理研究证实麻黄有显著的平喘作用，其有效成分为麻黄碱、伪麻黄碱及甲基麻黄碱等，在低浓度即可扩张支气管，前两者尚可缓解组织胺或乙酰胆碱所致犬呼吸道阻力增加；半夏化痰降逆；细辛、五味子一开一阖，以利肺气的升降，药理研究表明细辛具有显著的镇痛、抗炎解热、解除支气管痉挛以及抗组织胺、抗变态反应等作用；射干下逆气，紫菀、款冬花温肺止咳，生姜散寒，大枣和中，全方共奏温肺散寒，宣肺平喘之功。于黎[4]用射干麻黄汤加味治疗支气管哮喘。将90例哮喘患者随机分为治疗组和对照组各45例。对照组采用抗生素、抗病毒、平喘、祛痰以及糖皮质激素类药物，治疗组在对照组的基础上予射干麻黄汤加味治疗，1周后观察疗效。结果治疗组与对照组总有效率分别为93.3%和77.8%，治疗组疗效明显优于对照组。刘芳[5]用射干麻黄汤加味治疗60例急性支气管哮病患者。结果显效40例，有效16例，无效4例，总有效率93%。

2. 小青龙汤证　主症：恶寒，身痛，无汗，咳逆倚息不得卧，咳唾白泡沫痰。《伤寒论》曰“伤寒表不解，心下有水气，干呕发热而咳，或渴，或利，或噎，或小便不利、少腹满，或喘者，小青龙汤主之”。药理研究证明[6~7]，麻黄含麻黄碱，可直接兴奋支气管平滑机上的β受体及阻止过敏介质的释放以平喘；白芍含芍药苷，有解痉和抑菌的作用；细辛含甲基丁香油酚，有解痉止咳、抑菌的作用；干姜主要成分为姜烯，有止咳化痰的作用；桂枝含桂皮醛，有解痉平喘、抑菌的作用；半夏含β-谷甾醇等，可解除支气管痉挛以镇咳祛痰；五味子含五味子素，有镇咳祛痰和抑菌的作用；甘草含甘草甜素，有明显的镇咳祛痰及抗过敏的作用。故上药合用可达到解表散寒、温肺化饮、止咳平喘之效。边逊等[8]使用小青龙汤治疗冷哮证型小儿哮喘，同时建立西医治疗组及中西医结合治疗组进行比较，结果显示小青龙汤治疗冷哮证型哮喘与西医治疗的有效缓解率无明显差异，提示小青龙汤具有良好的止咳平喘祛痰作用，可有效减少或替代支气管舒张剂的使用。陈三凤[9]将71例外寒内饮型哮喘患者随机分为两组，治疗组在西医治疗基础上加服小青龙汤加减。对照组采用单纯西医治疗，观察两组临床症状、体征及影像学检查的改变。结果治疗组总有效率明显优于对照组。

3. 麻杏石甘汤证　主症：汗出而喘、口渴等。《伤寒论》曰“发汗（下）后，不可更行桂枝汤。汗出而喘，无大热者，可与麻黄杏仁甘草石膏汤”。方中麻黄性味辛苦温，归肺、膀胱经，能开宣肺气，散风寒而平喘，石膏归肺、胃经，性味辛甘寒，功能清热泻火，除烦止渴，更有透热外达的作用，麻黄和石膏合用，一温一寒，相得益彰，存其用而制其偏，共同组成解表清里之核心药对；杏仁更增止咳平喘化痰之功[10]。黄海燕[11]采用加味麻杏石甘汤治疗支气管哮喘急性发作。将128例随机分为两组，治疗组在西医治疗基础上，结合中药汤剂口服，对照组只用西医常规治疗。结果治疗组的疗效优于对照组。说明在西药治疗基础上配合加味麻杏石甘汤，可明显改善症状，缩短疗程。

4. 越婢加半夏汤证　主症：咳喘，痰黄或白，黏稠难咯，胸满烦躁，目胀如脱，或发热汗出，或微恶寒，溲黄便干，口渴欲饮等。《金匮要略·肺痿肺痈咳嗽上气病脉证治》云“咳而上气，此为肺胀，其人喘，目如脱状，脉浮大者，越婢加半夏汤主之”。方中麻黄、石膏辛凉配伍，外能发表开腠理，宣发肺气以平喘，内能清肺胃之郁热，而不耗伤津液，祛痰利肺气；半夏、生姜化散饮以降逆；甘草、大枣扶正祛邪。成菲[12]采用越婢加半夏汤加味治疗热哮证的支气管哮喘急性发作65例。将患者随机分成治疗组和对照组，对照组采用西医常规治疗，治疗组在此治疗基础上配合以越婢加半夏汤为基础方且随证加减治疗口服，2周为1个疗程。观察两组近期、远期疗效。结果治疗组与对照组1年内未复发率分别为85.71%、36.62%，差异有统计学意义。

5. 麻黄附子细辛汤证　主症：恶寒，无汗，或背恶寒，四逆，精神疲惫　脉沉细。麻黄附子细辛汤方中麻黄解表通阳；附子助阳散寒；细辛辛开表里。现代研究表明[13]麻黄、细辛具有明显的松弛支气管平滑肌、镇静止咳的作用，且对多种致病菌有抑制作用。谭泽明[14]应用麻黄附子细辛汤加味治疗45例寒哮型支气管哮喘患者，总有效率98%。朱晓红[15]应用麻黄附子细辛汤加味治疗咳嗽变异性哮喘54例，总有效率92.6%。

6. 苓甘五味姜辛夏杏汤证　主症：咳逆，喘满，唾白泡沫痰，口中和。苓甘五味姜辛夏杏汤方中干姜辛热走肺，即能温肺散寒以化饮，又可温运脾阳以化湿；细辛辛温发散，合干姜除凝聚之饮；茯苓甘淡实脾，益脾以杜生痰之源，渗湿以泄已聚之痰；五味子味酸收敛，久咳之人，肺气必有耗散，与细辛配伍，一收一散，收不留邪，散不伤正；甘草调和诸药，缓和药性。半夏燥湿祛痰，与杏仁共降逆止咳。诸药合用，具有温肺散寒、运脾化湿、宣肺达邪、化痰止咳之功。陈潮等[16]运用苓甘五味姜辛汤合二陈汤加减治疗咳嗽变异性哮喘（CVA）。将223例CVA患者随机分组，治疗组用苓甘五味姜辛汤合二陈汤加减治疗，对照组服用支气管扩张剂（美瑞清）治疗，疗程均为2周。结果治疗组总有效率92.8%；对照组总有效率55.1%。差异有统计学意义。

（二）以瘀血为主因的哮喘证治

虽然历代医家尚未明确提出瘀血能致哮喘，但《内经》有类似的描述，如《素问·脉要精微论》曰“肝脉搏坚而长……当坠若搏，因血在胁下，令人喘逆”。原有瘀血潜伏于体内，一旦外感或伤食或七情变化，上犯肝肺而发哮喘。若不祛瘀，则哮喘经久不愈，故凡哮喘不论寒暑经年不已者，多属瘀血为患。病理研究发现，在慢性气管炎（包括哮喘性支气管炎）末梢细支气管及肺泡间隔的超微结构的改变，可看到小血管内有血栓形成，与中医的肺有瘀血、血在胁下是相吻合的。李亚等[17]用统计学方法统计支气管哮喘缓解期中医证素分布规律时，发现瘀血在支气管哮喘中医证素分布中占了4.76%。如近代临床报道，用地龙、瓦松、蚯蚓等治疗哮喘收到明显疗效。这些药物都有活血祛瘀的作用，这就进一步说明哮喘患者有瘀血里实的存在。《伤寒论》中有不少活血祛瘀方证，临床治疗哮喘亦有成效。

1. 大柴胡汤合桂枝茯苓丸证　本方用于少阳阳明挟瘀。主症：胸胁苦满，呼吸困难，心下急，口苦咽干，大便干燥。大柴胡汤清泻少阳及阳明二经之实热；桂枝茯苓丸入肝经，活血化瘀，祛除瘀血宿根。刘臣等[18]应用大柴胡汤合桂枝茯苓丸方治疗哮喘50例，结果治愈12例，好转25例，未愈13例，有效率为74%。

2. 大柴胡汤合柴胡桂枝干姜汤证　主症：胸胁满微结，小便不利，渴而不呕，但头汗出，往来寒热，心烦者。肺为相傅之官，能辅心行血，哮喘反复发作，肺气闭阻，气滞则血瘀，痰瘀胶结，内阻于肺，则哮喘不易缓解。方中桂枝、大黄能入肺行血散瘀，且桂枝能疏风散寒，针对哮喘最常见诱因，“病痰饮者，当以温药和之”，干姜温肺化饮；半夏燥湿化痰，下气散结；枳实破气散结祛痰；白芍药、甘草缓急，解除支气管痉挛。综观全方，针对哮喘病机，具有较强理气、化痰、祛瘀、平喘之功，故能收到预期良效。徐行[19]应用大柴胡汤合柴胡桂枝干姜汤方治疗哮喘48例，结果临床控制28例，显效17例，无效3例，有效率为93.75%。

（三）血虚水盛的哮喘证治

本类哮喘与痰饮瘀血近似，但以血虚明显，多见于慢性、长期哮喘者。常见有当归芍药散、当归四逆汤等方治疗。若病久病虚常现里虚寒证，即太阴病，常见苓甘五味姜辛夏汤等方证。若饮郁化热，常呈上热下寒而为半表半里阴证，即厥阴病，治多用柴胡桂枝干姜汤合当归芍药散。金殿春[20]采用当归四逆汤合三拗汤治疗胃型哮喘18例，显效12例，有效5例，无效1例，总有效率为94.4%。

三、存在问题与展望

经方是中医学的宝贵财富，有着相当大的临床价值。但目前临床尚无公认的、快速控制哮喘急性发作和显著预防哮喘复发的中药制剂；治疗方法不统一，疗效难以确定；大多数药物仅限于临床疗效观察，缺乏深层次作用机理的探讨，中药复方发挥疗效的有效成分、作用方式、途径和靶点等机理尚不清楚。为使经方为现代临床应用和研究提供指导，更好地造福人类，我们必须积极采用现代科技手段对经方开展系统研究，如药效物质基础、作用机理、药动学研究等，采取切实可行的方法进行努力，有效整合国内中医药及中西医结合界的研究力量，逐步提高研究质量，减少低水平重复。

参考文献

[1] 王鹏，梁直英，刘小虹，等. 经方治疗哮喘的药效及机理研究进展［J］. 广州中医药大学学报，2003，20（4）：329～333.

[2] 黄文东. 实用中医内科学［M］. 上海：上海科学技术出版社，2005：156.

[3] 董祥，刘汉萍. 经方治疗哮喘的思路［J］. 湖南中医药导报，1998，4（2）：11～12.

[4] 于黎．射干麻黄汤加味治疗支气管哮喘45例［J］．光明中医，2011，26（7）：1385～1386.
[5] 刘芳．射干麻黄汤加减治疗哮病发作期60例［J］．医学信息：上旬刊，2010，23（12）：4577.
[6] 徐瑞军．小青龙汤药理及临床应用［J］．时珍国医国药，2001，12（11）：1044.
[7] 王景霞，张建军，欧丽娜，等．小青龙汤治疗哮喘的药理研究进展［C］．2009第二届临床中药学学术研讨会论文集，2009：439～442.
[8] 边逊，王艳波．小青龙汤治疗小儿哮喘107例［J］．中国中医药现代远程教育，2011，9（6）：67～68.
[9] 陈三凤．小青龙汤加减辨证治疗外寒内饮型哮喘72例临床观察［J］．中国中医药咨讯，2011，3（8）：121.
[10] 王炫，王焕．经方治疗哮喘浅识［J］．临床和实验医学杂志，2006，5（7）：1046～1047.
[11] 黄海燕．加味麻杏石甘汤治疗支气管哮喘64例［J］．实用中医内科杂志，2010，24（7）：30～31.
[12] 成菲．越婢加半夏汤治疗支气管哮喘急性发作期热哮证35例［J］．中国中医药现代远程教育，2010，08（13）：25～26.
[13] 王艳宏，包蕾，刘振强，等．麻黄附子细辛汤药理作用研究进展［J］．时珍国医国药，2010，21（1）：216～217.
[14] 谭泽明．麻黄附子细辛汤加味治疗寒哮型支气管哮喘45例［J］．湖南医学高等专科学校学报，2002，4（1）：3～4.
[15] 朱晓红．麻黄附子细辛汤加味治疗小儿咳嗽变异性哮喘［J］．四川中医，2003，21（8）：68.
[16] 陈潮，余蓉，叶秀琳，等．苓甘五味姜辛汤合二陈汤加减治疗咳嗽变异性哮喘125例［J］．四川中医，2008，26（1）：58～59.
[17] 李亚，李素云，李建生，等．支气管哮喘缓解期中医证素分布规律的文献分析［J］．时珍国医国药，2010，21（9）：2341～2342.
[18] 刘臣，王俊杰，徐然，等．大柴胡汤合桂枝茯苓丸治疗支气管哮喘50例［J］．河南中医，2005，25（3）：19～20.
[19] 徐行．大柴胡汤合柴胡桂枝干姜汤治疗支气管哮喘48例［J］．河北中医，2002，24（2）：131.
[20] 金殿春．当归四逆散合三拗汤治疗胃型哮喘18例［J］．浙江中医杂志，1997，32（6）：253.

［《中国中医急症》2012，21（4）：597］

经方治疗杂症验案3则

袁红旗　王会丽
河南省驻马店市中医院
史文华　南阳理工学院
（指　导　刘天骥）

笔者喜读仲景书，于临证也善用仲景经方治病，兹择经方治验3则于后，以示其用。

一、苓桂术甘汤治疗腰腿痛

王某，女，60岁，2011年4月8日初诊。述其腰腿痛20余年，近1个月加重。患者20a前因淋雨后始发腰痛，后延及右髋，继则沿右腿外侧至足疼痛麻木。1个月前因弯腰搬粮袋不慎引起腰痛加重，右髋及下肢至足麻木疼痛，经牵引、输液及内服西药（不详）后，疼痛缓解。1周前劳累后又加重，故求中医诊治。诊见：腰及右髋、腿疼痛麻木至足部，右腿屈伸困难，且患腿有凉感，畏风怕寒，舌质淡暗，苔白腻，脉沉滑。X线摄片：L1～5椎体呈唇样增生。证属少阴中风证兼痰瘀内阻。治宜温阳祛寒，化痰活瘀，行气止痛。方选苓桂术甘汤加味，药用茯苓、白术、延胡索各20g（中药配方颗粒，相当于饮片剂量，下同），桂枝12g，小茴香10g，附片、甘草各6g。1剂/d，开水冲泡后分2次温服。外用麻黄、细辛各12g，川乌6g，乳香、没药各10g，陈醋调贴于腰及右髋，1次/d。2011年4月14日二诊：上药服5剂，贴3次，腰腿疼痛及凉感减轻，仍麻木，畏寒怕风，守上方去小茴香，附片加至12g，合黄芪桂枝五物汤（黄芪20g，白芍10g，生姜10g），又处5剂，贴法同前。2011年4月22日三诊：药后疼痛及凉感基本消失，麻木较前减轻，下肢屈伸自如，守法守方调理。至5月20日共服药30剂，外贴18次，诸症消失而病愈。后因他病来诊，言其虽干农活而未复发。

按　本病系汗出淋雨寒湿凝于腰腿部，久则湿聚成痰，痰阻经络则瘀血凝滞，不通则痛。此次加重系腰部扭伤，气滞血瘀故病情加重。细究之，寒湿凝积为病之本，而气滞血瘀乃病之标。仲景云“病痰饮者，当以温药和之”，故用苓桂术甘汤温化痰饮，加小茴香行气止痛，延胡索行气化瘀治一身上下诸痛，附片温阳散寒止痛，又《神农本草经》云“桂枝利关节”“白术主风寒湿痹”，诸药合用，熔温阳祛寒、化痰、活瘀、行气、止痛之药于一炉，与腰腿痛病机契合，故疗效可靠。疼痛缓解后，又加用黄芪桂枝五物汤扶正固本、通痹止痛，药随证变，故疗效较佳。徐灵胎云“外治可补内服汤药之不足”，故配用麻黄附子细辛汤（以川乌易附子）祛少阴寒湿，乳香、没药活血定痛，陈醋入肝化瘀。贴敷俞穴，使药物直达病所发挥治疗作用，如此，内外兼治，双管齐下，则疗效倍增，终使20a顽疾告愈。

二、桂枝茯苓丸治疗痤疮

姚某，男，22岁，2011年8月6日初诊。述其面部、背部红丘疹时轻时重，反复发作6a余，经服中西药及外涂消痘霜等药，虽暂消退，但移时又起。查：面部红丘疹，脓头、囊肿、疤痕遍布，小如粟米，大如蚕豆，个别白脓头、囊肿、疤痕色紫暗且坚硬，前胸、背部亦有散在发生，伴口渴，溲赤，大便干结3d未行，舌质紫暗，尖有瘀点，苔薄腻微黄，脉滑数。诊为粉刺（聚合性痤疮），证属阳明病兼痰瘀为患。治宜清热解毒，活血消疮。方选桂枝茯苓丸加味，药用桂枝、陈皮各12g，茯苓、赤芍、丹皮各20g，桃仁10g，金银花、连翘、蒲公英、丹参各30g，大黄9g。7剂，1剂/d，开水冲泡后分早晚2次饭后服。外用重楼适量开水冲泡成糊后外搽，2次/d。嘱忌辛辣刺激食物，保持大便通畅，睡眠充足。2011年8月14日二诊：药后便通溲清，大部红丘疹消退，脓头干枯，守上方减去大黄、蒲公英，加浙贝母、玄参各20g，炮山甲10g，7剂，1剂/d，服法同前，外用药改为三七参，涂法同前。8月23日三诊：红丘疹及脓头全部消失，囊肿缩小，疤痕变软，舌质紫暗，尖有瘀点，脉沉滑。守上方去金银花加夏枯草30g继服，外用药同前。至10月20日共服药60剂，前胸、后背丘疹全消，面部囊肿、疤痕大部分消退，留有色素沉着，改用桂枝茯苓胶囊善后。

按　面部属阳明胃经，本病为湿热上蒸于面、胸、背，致湿热凝聚，痰瘀互结，故皮损呈丘疹、脓头、囊肿、疤痕同存，治疗颇感棘手，故采用分步治疗，先用桂枝茯苓丸加味以清热解毒，活血消疮，待热毒稍减，即更法加入软坚散结药以化痰瘀，消癥积。桂枝茯苓丸为《金匮要略》治疗妇人妊娠小腹癥积包块之方，原系丸药小量服用，寓渐消缓解之意，化瘀消癥而不伤正。本例患者系痰瘀互结，身体壮，故移花接木用桂枝茯苓丸改丸为汤，取“汤者，荡也”之意俾力大功专，复加入解毒、化瘀、消痰、散结之品，由于药机合宜，终使多年顽疾，化为乌有。

三、《古今录验》续命汤治疗慢性荨麻疹

胡某，女，22岁，2011年9月20日初诊。述其全身起扁平疙瘩，瘙痒，随起随消，反复发作3a余。每次发作服盐酸西替利嗪片，药后即消，停药则发。查：全身散在红色扁平丘疹，下肢较密，二便调，纳眠可，口不渴，舌质红，苔黄腻，脉沉滑。诊为瘾疹（慢性荨麻疹），证属太阳病夹湿。治宜解表散邪，清利湿热。方选麻黄连翘赤小豆汤化裁。至10月18日共服药20剂，虽皮损减少，瘙痒减轻，但每天仍有散在皮损出现。细询得病之因，言其发病时系感冒初愈后劳动汗出受风引起。此乃正气虚弱，风邪入侵，改用《古今录验》续命汤治疗，药用麻黄、桂枝各12g，当归、人参、杏仁各9g，石膏30g，黄芩20g（据小续命汤方加入），干姜、炙甘草、川芎各6g。5剂，1剂/d，开水冲泡后分2次口服。2011年10月24日复诊：药后瘙痒消失，皮损未发。黄芩减为10g，守方继服。共服药10剂，停药观察，至11月6日皮损一直未发。

按　本例患者系感冒初愈后又受风邪，乃正气虚弱，风邪乘虚入侵，郁于肌腠而发。《金匮要略·水气病》曰：“风气相搏，风强则为瘾疹。”《诸病源候论》云：“夫人阳气外虚则多汗，汗出当风，风气搏于肌肉，与热气并则生疮。状如麻豆，甚则渐大，搔之成疮。”文献论述与临床所见，本病确为阳虚汗出，外受风邪，郁于肌肤而发。其病机为正气虚，腠理疏，风邪入。又风善行而数变，故皮损随起随消，反复发作。

《古今录验》续命汤原为《金匮要略·中风历节病脉证并治》篇的一个附方，主治中风痱。中风痱的病机为正气不足，络脉空虚，风邪入侵所致。细究之，中风痱实际上虚为病本，风为病因，根据中医学“异病同治”理论，瘾疹（慢性荨麻疹）与中风痱病机相同，故均可用治风为主的续命汤治疗。此即有是证用是方的经方辨证思路在临床的验证。

［《国医论坛》2012，27（5）：8］

经方治验3则

石伟平　河南省新郑市妇幼保健院

笔者在临床中，对于疑难杂症，喜用仲景方治疗，药味少而精，效宏而专，常收奇效，数剂而愈。现举三则介绍如下以证之。

一、半夏泻心汤治缺乳

患者，女，25岁。产后20余天，顺产，出血量不多，恶露正常。开始乳汁能满足婴儿喂养。后家人担心产后营养不够，让其吃油腻等食物，后出现产妇脾胃胀满，不想吃饭，恶心，见饮食就欲吐，伴大便稀，乳汁逐渐减少，求治西医无效后改求中医治疗，按气血虚弱给予大补气血的中药，服后心下痞满更厉害，饮食更加减少，后又改投中医按肝气郁结治疗也没有任何效果，经人介绍来我处求治。现证见：精神不振，胃脘部痞满不适，纳差，厌油，恶心，大便稀，舌苔黄白相兼，脉濡滑，经四诊合参，患者患的是痞满证，与《金匮要略》有“呕而肠鸣，心下痞者，半夏泻心汤主之”主证完全相符，随处方如下：党参15g，清半夏15g，黄连5g，黄芩7g，干姜7g，炙甘草5g，大枣4枚。3剂，水煎后去渣再煎。患者服完后来诊，病已去十之七八，乳汁有所恢复，后又巩固治疗数剂痊愈。产后缺乳不可执气血虚弱和肝气郁结两型，要辨证，要探求根源，方可有效。

二、柴胡桂枝干姜汤治尿频

患者，男，51岁，工人。小便频数半年余，白天小便次数基本正常，夜尿频，每小时1次，尿急，量少，小便时不痛，不热，尿的颜色正常，小腹部发硬，发凉。大便正常，无腰酸困痛，口干口苦，舌质偏红欠润，苔稍黄，脉弦而有力。各项检查都正常（包括B超和尿检）以前治疗过都没有任何效果。

刚开始接诊这个患者时，按常规考虑，认为是下焦肾阳虚，气化不利，膀胱失约而造成的，给以下处方：黄芪30g，白芍20g，山萸肉20g，益智仁15g，桑螵蛸15g，桂枝15g，附片15g，乌药10g，炙甘草10g。3剂，水煎服。服完后，患者说小腹部发硬和发凉的感觉大大减轻了，其他没有任何变化，后按原方又给3剂，小腹部发硬和发凉的感觉完全消失，其他症状同前。又给3剂仍没有好转。

这时我又回头仔细对患者进行了四诊，患者有口干口苦，舌质偏红欠润，苔稍黄，脉弦而有力，应该是少阳柴胡证兼膀胱气化不利，斟酌再三，先按这样的思路给予柴胡桂枝干姜汤加减治疗，处方如下：柴胡20g，黄芩10g，桂枝15g，干姜12g，天花粉15g，桑螵蛸15g，炙甘草7g。3剂。患者服完后说，小便次数已减少，口干口苦也减轻，看来辨证思路正确，就按原方又给3剂，结束后患者来说，现在小便晚上只有2次，口干口苦已消失，后巩固痊愈，至今没有复发。

如果辨证准确，效果是立竿见影的，绝不比西医效果慢！

三、桂枝加附子汤治疗小儿发热

患儿，男，5岁。发热已经半月。家长诉说，因不慎感受风寒出现流清鼻涕，发热。就在当地药店自己购药（药物是双黄连口服、头孢克肟颗粒、小儿感冒灵颗粒），服后稍稍减轻，但又复发。遂到诊所治疗，没有任何效果，又求中医治疗，中医在风热而给予清热解毒和苦寒药治疗，患儿不但没有减轻，又添加腹泻，手脚冰凉。后求治与我。患儿现证见：发热，体温在37.8℃～38.5℃之间，流清涕，无咳嗽气喘，精神差，大便溏泻，日数次，时时出汗，手脚冰凉。此时患儿已明显出现阳虚症候，需要急给予扶阳温阳药物才能挽救患儿。给予以下处方：附子7g，桂枝10g，白术10g，炙甘草5g，生姜5g，大枣3枚。1剂，看情况再给药，第2天患儿家属带患儿复诊，已无发热，腹泻减轻，又给予上方加山药15g，黄芪12g治疗，共服3剂诸症悉愈。

婴幼儿虽然是纯阳之体，但肺、脾、肾多虚，感受外邪固然以风热为多，但由于人们习惯一见患儿发热不加辨证地给予如双黄连口服液，清热解毒口服液，抗病毒口服液等等买清热，如果不行就给患儿输液，如抗生素、抗病毒药，或双黄连针等等，使患者体质发生变化，易感冒并迁延不愈，包括有些中医大夫，也受到西医的影响而不加辨证地运用清热药，从而加重了患儿的病情。中医治疗重在辨证，该患儿以明显出现阳虚的症状，只有扶阳恢复患儿阳气，才能从根本上解决问题。

［《中国中医药现代远程教育》2012，10（10）：72］

经方治愈脑囊虫病案

王　付　河南中医学院经方研究所

脑囊虫病是由寄生虫（猪绦虫为主）所传染的一种顽固性脑组织及大脑中枢损伤的颅内疾病根据临床特征可分为脑实质型、脑室型、脑膜型及混合型结合具体病例诊治体会，试将辨治方法介绍于下，以抛砖引玉

一、病历介绍

李某，男，36岁，2011年1月15日初诊主诉：

半年前出现剧烈头痛，服用西药，未能有效控制症状于2011年1月11日在某医院经头颅核磁共振成像（MRI）检查：右丘脑可见一囊状长T1长T2异常信号，边界清楚，信号不均，两侧脑室及第三脑室对称性扩大，导水管通畅，第四脑室大小正常，中线结构无移位结合CT，符合脑囊虫病复经头颅CT、MRI专家会诊：①脑囊虫（陈旧病变为主）；②中脑导水管狭窄致之脑室、侧脑室脑积水建议手术治疗因诸多原因未施行手术，经介绍前来诊治刻诊：头痛，头沉，身热，轻微咳嗽，舌质红、苔黄略腻，脉略浮诊为郁热上扰，水湿郁结，治当清宣郁热，攻逐水结，给予麻杏石甘汤加味：麻黄15g，桂枝10g，杏仁20g，石膏40g，鸦胆子（打碎）2g，甘遂1g，炙甘草10g6剂，每日1剂，水煎分3次服1月22日二诊：剧烈头痛消除，仍有头沉、身热，按1月15日中药处方，加甘遂1.5g，20剂2月12日三诊：未出现头痛，仍有轻微头沉、身热，按1月15日初诊方，加大戟0.5g、芫花0.5g，12剂3月26日四诊：未再出现头痛，因食辛辣出现咽喉疼痛，仍有轻微头沉、身热，按1月15日初诊方加甘遂1.5g、石膏50g，12剂4月9日五诊：未出现头痛，身热止，以十枣汤加减治疗：大戟0.5g，甘遂0.5g，芫花0.5g，海藻10g，鸦胆子（打碎）2g，桂枝12g，炙甘草10g，12剂4月23日六诊：未出现头痛，因食辛辣出现咽喉疼痛，按4月9日方，加石膏50g，12剂5月7日七诊：未出现头痛，病情稳定，略有乏力，按4月9日方，加海藻15g，白术10g，12剂5月21日八诊：未出现头痛，病情稳定，按5月7日方，12剂6月4日九诊：5月23日经MRI复查，脑实质内未见明显异常信号，两侧侧脑室及第三脑室对称性扩大，与原片对比，较前细小，第四脑室大小正常，中线结构无移位脑囊虫病症状消失

二、体会

脑囊虫病病变部位在头，头痛、身热辨为郁热上扰，头沉辨为水湿郁阻，舌质红、苔黄略腻、脉略浮，辨为郁热水湿阻遏清阳麻杏石甘汤是辨治郁热上扰证的基础方，十枣汤是辨治水湿郁结的基础方故以麻杏石甘汤清宣郁热，加鸦胆子清热解毒，甘遂攻逐水湿；又因水湿较盛，改用十枣汤为基础方，加海藻软坚散结，白术健脾燥湿，桂枝通经化气，方药相互为用，以取得预期治疗效果再则，结合多年临床治病体会，常用甘草配甘遂、大戟、芫花、海藻，辨治水湿郁结证，不仅未发现不良反应，而且有良好的治疗作用

［《中医杂志》2012，53（13）：1168］

厥阴病寒热错杂危重证救治体会

沈艳莉
北京中医药大学附属护国寺中医医院
何　力
北京市通州区中西医结合骨伤医院

厥阴病是张仲景《伤寒论》六经病证的最后阶段，病情复杂危重，急需把握病机，积极救治，方有一线生机。笔者近期遇一寒热错杂危重证，仿厥阴病证救治，现介绍如下：

一、典型病例

患者，男，70岁，2011年6月8日因“急性脑梗死、右下肢深静脉血栓形成”于外院活血化瘀及抗凝治疗2周，2011年6月28日入北京中医药大学附属护国寺医院。入院时患者神志清，呼之可睁眼，言语不能，右侧肢体活动不能，鼻饲，进食正常，尿黄，大便干，三日一行，舌黯红，苔薄白腻，脉弦。予针灸、理疗康复治疗。2011年7月18日，突然出现呕吐咖啡色、血性胃内容物，量约400mL，面色苍白，周身大汗，神志不清，血压80/50mmHg，心率101次/min。转至三甲西医院，诊断为上消化道出血、消化性溃疡，经治无出血，2011年7月25日转回本院。2011年7月27日－8月1日体温37.4～39.9℃，间断呕吐咖啡色胃内容物5～70mL不等，间断排柏油便5～300mL不等，诊断仍为消化道出血，同时诊断为左肺感染。静点美罗培南、甲硝唑抗感染。经治无出血，体温正常，渐予米汤喂食。2011年8月12日晚，体温39.6℃，大便泻下如水，每日20余次，总量大于2000mL，颜面潮红，喉中痰鸣，四末不温，神识不清，舌淡红，苔薄白，脉细数无力。西医诊断：不除外抗生素相关性腹泻。停美罗培南、甲硝唑，加培菲康调节肠道菌群失调。中医辨证：脾胃虚寒、肺热内陷；治法：发越郁阳、清上温下。8月13日予麻黄升麻汤：炙麻黄6g，升麻9g，桂枝6g，茯苓12g，白术6g，当归12g，知母6g，黄芩6g，玉竹6g，白芍6g，天冬6g，炙甘草6g，石膏（先煎）12g，干姜3g，石菖蒲6g。3剂，水煎，日服2次。当晚服药后呕吐黄色胃内容物，量约400mL，喉中痰鸣，停服。8月14～15日排淡黄色稀便两次，量约600mL，精神萎靡，周身潮湿，四末不温，颜面潮红，喉中痰鸣，神识不清，舌淡红，苔薄白，脉微细数无力。辨证为邪气内陷、脾肾阳微、阳气欲

脱。8月15日予通脉四逆汤加减，回阳救逆、通阳坚阴。方药：炮附子（先煎）30g，干姜12g，炙甘草6g，通草6g，细辛6g，黄连9g，黄芩9g，炒白扁豆9g，山药9g，茯苓12g。3剂。8月18日精神好，进食正常，无呕吐，大便每日1次，淡黄色稀便，偶咳痰少。8月21日后排便隔日1次，色黄质软，体温37.3℃~38℃之间，舌淡红，苔白，脉沉细无力，辨为气虚发热，予补中益气汤甘温益气除热。方药：党参12g，白术12g，茯苓12g，甘草6g，黄芪30g，当归12g，升麻3g，柴胡3g，石菖蒲6g，黄连6g，炮姜6g，乌贼骨9g。9月13日症平出院。

二、讨论

其泄泻如水初识：连续出血，脾胃大伤，气血大亏，卫外不固，外邪乘入，肺失宣肃，痰浊内蕴。又用抗生素易致腹泻之品，复伤脾胃，脾胃虚寒，脾不升清，中气下陷，清浊不分，而致腹泻。中气下陷，肺气不升，邪实内闭，阳郁不伸，予《伤寒论》麻黄升麻汤发越郁阳、清上温下、滋阴和阳。明·赵开美《仲景全书·翻刻宋版伤寒论》第357条："伤寒六七日，大下后，寸脉沉而迟，手足厥逆，下部脉不至，咽喉不利，唾脓血，泄利不止者，为难治，麻黄升麻汤主之。"其肺热脾寒与此极为相似，然服药后，呕吐黄水，喉中痰鸣。思之其故，麻黄升麻汤重用麻黄、升麻为君发越郁阳，有"汗出愈"；当归温润养血为臣防发越。此三味用量重，它药极小，重在发越，不在温阳。后又想《伤寒论·辨厥阴病脉证并治》："伤寒本自寒下，医复吐下之，寒格，更逆吐下，若食入口即吐，干姜黄芩黄连人参汤主之。"患者入药即吐，可用此方？研习该方，重用芩连苦寒清上热，配干姜辛温祛下寒，佐人参补中气，主治胃热脾寒、寒热格拒之吐利，病机不符。

该患者虽面红、发热，然肢厥汗出，下利如水不臭秽，舌淡红，苔薄白，脉微力弱。其反复出血，阳随血衰，复寒凉伤脾，脾虚及肾，脾肾阳虚，泄利无度。阴寒内盛，虚阳格拒，面红、发热。阳虚为本，温煦不足，固阴不能，阳气欲脱，汗出肢厥。脾阳下陷，无力驱邪，邪气内陷，喉中痰鸣。究其本，脾肾阳虚为其根，正气欲脱，迫在眉睫，急需回阳救逆、通阳坚阴。《伤寒论·辨厥阴病脉证并治》："伤寒发热，下利至甚，厥不止者，死。""下利清谷，里寒外热，汗出而厥者，通脉四逆汤主之。"《伤寒论·辨少阴病脉证并治》："少阴病，下利清谷，里寒外热，手足厥逆，脉微欲绝，身反不恶寒，其人面色赤，或腹痛，或干呕，或咽痛，或利止脉不出者，通脉四逆汤主之。"此均治阴盛格阳下利之证。因此，疾病无论从何发展而来，只要出现面赤、肢厥、汗出、下利，属阳虚阴盛、格阳于上，急可予通脉四逆汤。该患者格阳拒药，下利无度伤阴，通脉四逆汤中加用芩连苦降坚阴之品。脾虚阴盛，加炒白扁豆、山药、茯苓健脾渗湿分利，加细辛、通草散寒通经。方证相对，效果立见。后低热以补中益气汤治愈，也反证其为中气下陷。回阳救逆、通阳坚阴、健脾升清，正气自复，未予宣肺，痰鸣自愈。如清·张令韶言："若伤寒厥少二阴，则阴寒气甚，谷虽入胃，不能变化其精微，蒸津液而泌糟粕，清浊不分，完谷而出，故下利清谷也。在少阴则下利清谷，里寒外热，手足厥逆，脉微欲绝，身反不恶寒；在厥阴则下利清谷，里寒外热，汗出而厥。俱宜通脉四逆汤，启生阳之气而通心主之脉也。"

《伤寒论》厥阴病多出现于伤寒末期，病情复杂危重，常表现上热下寒的寒热错杂证，如《诸病源候论》言："阴阳各趋其极，阳并于上则热，阴并于下则寒。"临床一些危重疾病发展到末期，也常出现寒热并见、厥利呕逆证，处在阳亡阴竭边缘，把握病机，及时施治，方有生机。仲景《伤寒论》把厥阴篇置于六经病证后，并收归厥利呕逆于其中，提出治法方药，有深远的理论价值和临床意义，需后来者仔细研读。

[《中国中医药信息杂志》2012，19（9）：91]

李官火主任医师应用桂枝汤临床经验介绍

蒋旭宏　浙江省中医院

桂枝汤出自东汉张仲景的《伤寒论》"阳浮而阴弱，阳浮者，热自发，阴弱者汗自出，啬啬恶寒，淅淅恶风，翕翕发热，鼻鸣干呕者，桂枝汤主之"。方由桂枝、芍药、甘草、生姜、大枣等药组成，桂枝汤是治疗太阳中风的主方，古今称为"仲景群方之魁"、《伤寒论》第一方。李官火主任从事中医内科临床工作近50年，善于疑难杂症的诊治，对桂枝汤的广泛使用，经验丰富，深有心得。笔者从师3年，现将其临床使用桂枝汤治疗疑难病症的经验总结如下：

一、消化系统疾病

1. 反流性食管炎　反流性食管炎主要是酸性胃

液、消化酶、胆汁等反流至食管引起食管黏膜炎症、糜烂、溃疡和纤维化等病变，与食管下端括约肌、食管廓清、及食管黏膜屏障等功能的减退有关，该病慢性迁延难愈容易复发。反流性食管炎属于中医“吐酸”“嘈杂”“胸痹”“胃痛”“噎证”等病证。李师认为其大多为肝胃不和，脾胃气机失调致寒热错杂，胃失和降。以桂枝汤加减治疗，常用方药为桂枝、白芍、生姜、红枣、甘草、葛根、枳壳、半夏、厚朴、吴茱萸、黄连、蒲公英、全蝎、海螵蛸。往往服用7剂后症状明显改善，连服1个月后复发率明显减少。此方在桂枝汤基础上加减，桂枝汤起调理营卫，缓急和中之功，加以葛根、枳壳、半夏、厚朴健脾理气降逆；吴茱萸、黄连、蒲公英、全蝎、海螵蛸清肝泻火、制酸止痛。

2. 不明原因腹痛　腹痛是腹腔内外脏器的病变引起的疼痛，病因极为复杂，除常见于消化道感染、梗阻、肿瘤、出血、创伤等疾病外，非消化道因素和功能性障碍也常引起腹痛。有些腹痛病因无法查明，病情复杂，诊治困难。李师认为不明原因的腹痛中医病因有寒滞、气滞、脾胃气血失调，治宜散寒理气止痛，调理脾胃阴阳。以桂枝汤类方建中理中汤加减治疗，常用药物为桂枝、白芍、生姜、红枣、甘草、太子参、苍术、茯苓、葛根、枳壳、半夏、厚朴、蒲公英、凤尾草、延胡索、山奈、砂仁、防风。服用后收效颇为满意。建中理中汤以健脾益气，缓急止痛，葛根、枳壳、半夏、厚朴健脾理气，蒲公英、凤尾草、延胡索、山奈、砂仁、防风以解毒祛风，理气止痛。

3. 肠易激综合征　肠易激综合征多由植物神经功能紊乱及肠道功能改变所致的特殊病理生理基础的身心疾病，以腹痛、腹胀、大便习惯形状改变为临床特征。肠易激综合征可持续存在反复发作，影响生活质量。李师认为其是各种内外因导致营卫不和，气机不畅，中焦脾胃运化失司所致，治宜调和营卫，健脾和胃。以建中理中汤加减治疗，常用药物为桂枝、白芍、生姜、红枣、甘草、太子参、苍术、茯苓、葛根、枳壳、半夏、厚朴、砂仁、甘松、木香。建中理中汤以调和营卫，健脾益气；葛根、枳壳、半夏、厚朴、砂仁、甘松、木香健脾理气，和胃化湿。服用后能够明显改善症状。相关现代研究证明桂枝汤对肠蠕动有双向调节作用，能够改善胃肠道功能，动物实验发现桂枝汤既能抑制因注射新斯的明而引起的肠蠕动亢进，也能拮抗肾上腺素引起的肠蠕动减弱；对十二指肠平滑肌的作用表现为小剂量兴奋，大剂量抑制[1]。

二、心血管疾病

心血管疾病以冠心病和心律失常最为多见。冠心病是由于冠状动脉粥样硬化致心肌供血不足缺血缺氧所引起的心脏病，心律失常是由于心脏冲动发生异常和传导异常而导致节律和频率异常的心脏病，归属中医学“胸痹”“真心痛”“心悸”范畴，中医学之“胸痹”“真心痛”“心悸”还包括了心肌炎、心肌桥、风湿性心脏病、胸膜炎、肋间神经痛等疾病。李师认为其病机不外乎正气亏虚、寒凝、气滞、痰浊、血瘀等引起心脉痹阻，心失所养所致。治宜温通心阳，行气化痰。以瓜蒌桂枝汤加减治疗，主要药物为桂枝、白芍、生姜、红枣、甘草、瓜蒌皮仁、薤白、半夏、厚朴、沉香。阴虚者加太子参、麦冬、五味子，血瘀者加丹参、延胡索。瓜蒌桂枝汤以温通心阳，温化寒痰；调和气血，薤白、半夏、厚朴、沉香温阳化痰，行气宽胸。实验研究表明，桂枝汤对血压和心率有明显的双向调节作用[2]，并能增加心肌血流量，改善血液循环。

三、顽固性汗证

汗证临床有自汗、盗汗、多汗、半身出汗等汗出异常表现，常常经久难愈，损伤正气。李师认为顽固性汗证是由于肺肾亏虚，阴阳失调，营卫不和，腠理疏松，卫阳失固于外、营阴不能内守而致汗液外泄失常。治宜补肺益肾，调和营卫。以桂枝汤合玉屏风散治疗，常用药物桂枝、白芍、生姜、红枣、甘草、黄芪、防风、苍术、茯苓、车前子、糯稻根、瘪桃干、黑大豆。桂枝汤合玉屏风散以调和营卫，益气固表；茯苓、车前子、糯稻根、瘪桃干、黑大豆以化湿和营，固涩敛汗。现代药理研究发现桂枝汤对汗腺的分泌有双向调节作用。

四、过敏性鼻炎

过敏性鼻炎由于机体对某种物质过敏而引起的鼻炎，临床症状有鼻痒、喷嚏、鼻涕、鼻塞、畏寒、怕热等，内因多与脏腑功能失调及个人禀赋体质有关，外因多由气候因素风、寒、热、燥等邪气侵袭鼻窍所致。往往反复发作，难以治愈。李师认为过敏性鼻炎多因肺气虚弱，卫表不固，风寒乘虚而犯鼻窍。治疗以补肺益气，祛风散寒。以桂枝汤加减治疗，常用药物为桂枝、白芍、生姜、红枣、甘草、黄芪、防风、细辛、辛夷花、白芷、五味子、露蜂房。桂枝汤以调和营卫，散寒固表；黄芪、防风、细辛、辛夷花、白芷、五味子、露蜂房以益气祛风，散寒通窍。现代药理学研究证实，桂枝汤具有抗炎、抑菌、抑制肥大细胞脱颗粒而抗过敏作用[3]。

李师应用桂枝汤治疗疑难病症临床经验并结合对桂枝汤的研究，扩大了其临床应用的范围，充分体现了桂枝汤外调营卫，内调气血、阴阳、脏腑的功效，体会到桂枝汤治疗的作用机制和临床应用价值。

参考文献

[1] 滕晶．桂枝汤双向调节作用药理研究及临床应用概况［J］．山东中医药大学学报，2004，28（5）：394～397.

[2] 秦彩玲，刘婷，张毅，等．桂枝汤对大鼠血压双向调节作用及其有效部位探讨［J］．中国实验方剂学杂志，2001，7（4）：20.

[3] 张保国，梁晓夏，刘庆芳．桂枝汤现代药效学研究［J］．中国中药杂志，2007，32（7）：557～559.

［《中国中医急症》2012，21（1）：42］

李萍运用麻黄连翘赤小豆汤加味治疗皮肤病医案举隅

吴林辉　上海中医药大学附属市中医医院
（指　导　李　萍）

麻黄连翘赤小豆汤源自张仲景《伤寒论》262条，文中云[1]：“伤寒瘀热在里，身必黄，麻黄连翘赤小豆汤主之。”在《伤寒论》中用于阳黄兼表不解者。临床上凡见身目俱黄，黄色鲜明如橘色者，小便黄而短少，并兼有恶寒发热，无汗身痒，舌苔白或黄腻，脉浮数者，即可选用麻黄连翘赤小豆汤治疗。其基本病机为湿热蕴滞于里，皆表邪不解，肝胆疏泄失职，胆汁外溢于肌肤。应用本方旨在清解湿热，发散表邪。近代医家扩大了对本方的临床应用，临床上不论是否有黄疸，只要属湿热内蕴而兼有表证者，均可选用本方加减。本方在治疗皮肤病上，通过审证取意，异病同治，也确有佳效。

恩师李萍在临床实践中，通过辨证分析，治疗荨麻疹、湿疹、特应性皮炎、银屑病等病症，均获满意疗效，现举例介绍如下：

一、荨麻疹

荨麻疹是由皮肤、黏膜小血管扩张和通透性增加而导致的一种局限性水肿反应，是皮肤科的常见病、多发病，易反复发作。本病发生机理是由于变态反应或非变态反应性的刺激因素作用于肥大细胞及嗜碱性粒细胞脱颗粒释放组胺等血管活性递质而引起[2]。本病属中医学“瘾疹”范畴，因先天不足，卫外不固，风邪乘虚侵袭所致；或表虚不固，风寒、风热外袭，客于肌表，致使营卫失调而发；饮食不节，过食辛辣肥厚；或肠道寄生虫，使肠胃积热，复感风邪，内不能疏泄，外不能透达，郁于肌肤腠理之间而得病。另外，情志内伤，冲任不调，肝肾不足，血虚生风生燥，阻于肌肤也可发生[3]。

案1　方某，女，23岁，因全身泛发皮疹前来就诊。患者诉多因外出受风后皮肤泛发风团，时隐时现，骤起骤退，退后不留痕迹，且伴瘙痒，搔之刮痕突起难消。平时常自服开瑞坦或盐酸西替利嗪缓解病情，但易反复。患者平素饮食嗜辛辣，大便秘结，平均2～3日一行，小便偏黄。刻下查体，全身泛发淡红色风团，高出皮肤，刮痕试验阳性，舌红苔薄黄，脉数。诊为慢性荨麻疹。药用：麻黄6g，连翘6g，赤小豆15g，荆芥9g，防风9g，蝉衣3g，薄荷3g，浮萍9g，紫草9g，黄柏9g，厚朴9g，地肤子9g，蛇床子9g，白鲜皮9g，炙甘草6g。7剂，每日1剂，水煎服。1周后皮疹减轻，瘙痒较前改善，且大便改为1～2日一行。继服14剂，皮疹不再复发。

二、特应性皮炎

特应性皮炎（AD）是一种具有慢性、复发性、瘙痒性、炎症性的多基因遗传性皮肤病，为目前皮肤病治疗中最具有挑战性的难题之一。该病以慢性湿疹性皮疹为临床主要特征，多数患者血清IgE水平升高，但其与疾病发生的关系尚不清楚。本病属中医学的“胎敛疮”“奶癣”“湿疮”“四弯风”“血风疮”范畴。医家大多认为特应性皮炎是由于先天禀赋不耐，脾虚不足，外加感受风、湿、热诸邪，相搏于皮肤而发病[4]。

案2　严某，男，7岁，因全身湿疹样皮炎来就诊。其自出生后，即发“奶癣”。主要以瘙痒、四肢屈侧慢性湿疹样皮损、反复不愈为临床特征。多方诊治，疗效甚微。患者体形偏瘦，平素纳少，大便偏软，2～3日一行，小便清，眠差。食热性、辛辣之物，或外出受风而易发病。刻下查体，四肢关节屈侧皮损肥厚，色暗，少量刮痕和血痂，面部、躯干及其他正常皮肤干燥，有脱屑。舌红，苔薄，脉浮。诊为特应性皮炎。药用：麻黄3g，连翘3g，赤小豆15g，荆芥炭6g，防风炭6g，钩藤6g，白蒺藜6g，白鲜皮6g，地骨皮6g，白术6g，白芍

6g，全蝎粉2g，乌梢蛇4.5g，蜂房4.5g，炙甘草6g。7剂，每日1剂，水煎服。1周后没有新增皮疹，瘙痒明显减轻，大便成形。继服28剂，皮疹面积缩小，瘙痒仅偶发，趋于治愈。

三、银屑病

银屑病是一种常见的易于复发的炎症性皮肤病。其特点是：在红斑上有松散的银白色鳞屑，抓之有薄膜及露水珠样出血点。病程长，反复发作，不易根治。本病属中医“白疕”范畴，又名“松皮癣”“干癣”“蛇虱”“白壳疮”等。多因素体营血亏耗，血热内蕴，化燥生风，肌肤失养而成[4]。

案3　钱某，男，30岁，因全身泛发皮疹来就诊。患者述6年前因饮酒后受风着凉，感冒并扁桃体发炎，诱发全身点状红色皮疹，上有白色鳞屑，且瘙痒。后皮疹逐渐扩大，渐有融合成片趋势。曾于外院就诊，诊断为银屑病，治疗后有好转，但病情反复不愈。刻下查体：皮疹色红，钱币样大小，拨开白色皮屑下有雾状薄膜，可见筛状出血。诊断为寻常型银屑病。患者舌红，苔黄腻，脉浮，大便干，小便黄，胃纳可，眠可。药用：麻黄6g，赤小豆15g，荆芥9g，防风9g，蝉衣3g，薄荷3g，浮萍9g，紫草9g，蛇蜕6g，白鲜皮9g，知母9g，黄柏9g，苍术9g，白术9g，生甘草9g。7剂，每日1剂，水煎服。1周后皮疹未有新发，且瘙痒较前改善，大便可，小便变清。继服35剂，皮疹逐渐减少，瘙痒明显减轻，病情改善。

四、湿疹

湿疹是一种过敏性炎症性皮肤病。其特点是：皮损对称分布，多形损害，剧烈瘙痒，有湿润倾向，反复发作，易成慢性等。根据病程可分为急性、亚急性、慢性三类。本病属中医“湿疮”范畴，多由于禀赋不耐，饮食失节，或过食辛辣刺激荤腥动风之物，脾胃受损，失其健运，湿热内生，又兼外受风邪，内外两邪相搏，风湿热邪浸淫肌肤所致[5]。

案4　郑某，男，50岁，因双手、躯干皮疹反复不愈前来就诊。患者两年前无明显诱因，出现双手背侧皮疹，色潮红，局部有水泡，并剧烈瘙痒，水泡破溃后流滋、结痂。于外院就诊，为急性湿疹，患者诉予以外涂激素类药膏，当时症状缓解，但不久后病情又反复，且每食辛辣之物或饮酒后症状加重，现皮损面积已扩大及手掌面和躯干，瘙痒难愈。刻下查患者双手及躯干皮肤肥厚粗糙，触之较硬，色暗，皮纹显著，局部呈苔藓样变。手背皮损表面附有鳞屑，伴血痂，可见少量新出的丘疹。患者舌红，苔黄，脉弦，大便软，小便黄，胃纳可，眠欠佳。药用：麻黄6g，赤小豆15g，荆芥9g，防风9g，蝉衣3g，薄荷3g，蛇蜕6g，白鲜皮9g，知母9g，黄柏9g，苍术9g，白术9g，珍珠母30g，石决明30g，磁石30g，炙甘草9g。7剂，每日1剂，水煎服。1周后皮疹控制没有新发，瘙痒减轻，二便调。随证加减用药，继服28剂，皮疹逐渐减少，病情改善。

按　皮肤病病因病机虽然复杂，但归纳起来，不外乎风、湿、热、毒、瘀、虚。当人体腠理不密、卫气不固时，风邪乘虚入侵，阻于皮肤，邪毒结聚，内不得疏通，外不得表解，使营卫不和，气血运行失常，肌肤失于濡养，则可致皮肤干燥、脱屑、瘙痒。若湿邪侵入肌肤，郁结不散，与气血相搏，多发生疱疹、瘙痒、渗液、糜烂等。若外感热邪，或脏腑实热，蕴郁肌肤，不得外泄，熏蒸肌表，或灼热，或痒，或痛。若毒邪侵入人体，或因禀赋不耐对某物质过敏而致皮肤损害可表现为灼红、肿胀、丘疹、风团等。各种病因可单独致病，亦可与他邪合而致病，主要病机可归为风、湿、热、毒等邪蕴积于皮内，外不能透，内不得泻，而致皮肤多种病理表现。

导师李萍教授认为，其病机与经方麻黄连翘赤小豆汤组方寓意有共同之处。仲景所创麻黄连翘赤小豆汤由麻黄、连翘、杏仁、赤小豆、大枣、生梓白皮、生姜、甘草组成。汤中麻黄、杏仁、生姜为一组，散寒解表，以解阳郁之热；连翘、桑白皮、赤小豆为一组，皆苦寒而清利湿热，连翘透邪热之结，赤小豆清中而又活血；甘草、大枣为一组，健脾和胃，以补后天。本方为表里双解之剂，外透表邪，内清瘀热，同时补后天之不足，扶正以驱邪，不失为治疗皮肤疾病之良方。因此根据异病同治的传统理论，临床灵活加减，用于治疗皮肤科常见疾病如湿疹、特应性皮炎、银屑病、荨麻疹等，屡屡收到满意的效果。

参考文献

[1] 熊曼琪．伤寒学［M］．北京：中国中医药出版社，2007：89.
[2] 万丽玲．麻黄连翘赤小豆汤加味治疗湿热咳嗽体会［J］．江西中医学院学报，2003，14（2）：33.
[3] 陈叙波，贾宁．中西医结合治疗慢性荨麻疹22例临床观察［J］．江苏中医药，2011，43（1）：47.
[4] 李曰庆．中医外科学［M］．北京：中国中医药出版社，2007：193，199，181.
[5] 范瑞强，廖元兴．中西医结合临床皮肤性病学［M］.

广州：世界图书出版公司，2003：462.

［《四川中医》2012，30（7）：115］

连建伟教授运用经方治疗二便病证验案6则

张卓文　浙江中医药大学
（指　导　连建伟）

世之论法者，以张仲景法为圭臬；世之言方者，以张仲景方为圭臬。《伤寒杂病论》是一本辨证论治的书，其所载方剂虽仅有314首，但俱是通过凭脉辨证，按证用药而确立的。经方治病，每获奇效，无怪乎历代医家均奉之为金科玉律。连氏建伟，自幼喜爱经书，对经方颇有研究，对于疑难痾疾，总能以张仲景辨证论治精神为法则，恰当运用经方而使顽疾获愈。兹总结连建伟教授运用经方治疗大、小便病证验案六则，以示人经方治病之良效。

一、肾病血尿案

患者男，58岁。2010年7月8日初诊：2010年2月起出现尿蛋白，隐血，现症见蛋白（+），隐血（+++），左关脉弦，右关脉大，舌苔薄腻。拟仲师法：猪苓15g，茯苓15g，飞滑石（包煎）15g，阿胶珠10g，泽泻15g，白茅根30g，当归炭6g，赤芍15g，生地黄炭20g，牡丹皮炭10g。14剂。2010年8月19日二诊：2010年8月16日浙江大学附属第一医院尿常规示：隐血（+），蛋白（+-），红细胞44.4，右关脉大，左关脉弦，舌苔腻边黯，再守仲师法：猪苓20g，茯苓20g，飞滑石（包煎）20g，阿胶珠12g，泽泻20g，白茅根30g，当归炭6g，赤芍15g，生地黄炭20g，牡丹皮炭10g，蒲黄炭（包煎）10g，玉米须30g，小蓟炭15g，血余炭6g。28剂。

按　现代医学对于肾病血尿的治疗，效果往往欠佳。中医学将其归于血证（尿血）范畴，强调辨证施治。连教授对于本病治疗，具有丰富的经验。本案患者血尿五月余，诊其左关脉弦，右关脉大，辨证为血热阴伤为患。方用张仲景猪苓汤合四物汤加味治疗。以猪苓汤清热养阴利水止血，合四物汤去川芎之温燥，并重用生地黄炭以凉血养阴、化瘀止血，二方合用共治病之本；白茅根甘寒，能清血分之热，凉血止血，且能利尿；牡丹皮炭清热凉血、化瘀止血。诸药合用，清热利水养阴、化瘀止血利尿，标本兼顾，二诊血尿大减，尿检结果隐血仅“+”，守方加大凉血化瘀、利尿止血之品以善其后。

二、腺性膀胱炎案

患者女，55岁。2010年1月28日初诊：腺性膀胱炎已3年余，小溲不畅，有热烫，右关脉有力，舌苔腻，拟四苓加味：猪苓15g，茯苓15g，生白术12g，泽泻20g，车前子（包煎）15g，六一散（包煎）20g，生薏苡仁30g，虎杖根20g。14剂，水煎服。2010年2月7日二诊：小溲较畅，热烫亦减，右关脉大，左脉平，苔黄腻质红，拟仲师猪苓汤法：猪苓20g，茯苓20g，泽泻20g，飞滑石（包煎）20g，阿胶珠12g，蒲黄炭（包煎）10g。21剂，水煎服。2010年3月4日三诊：诸症基本已无，守前方巩固之。守二诊方原方续服21剂。

按　腺性膀胱炎是一种膀胱黏膜增殖性、化生性病变，多发于女性，临床上可表现为反复发作尿频、尿急、尿痛等症状，为一种潜在的癌前病变，临床治疗易复发，其病因及生物学意义目前尚未完全明确[1]。此案患者罹患腺性膀胱炎3年之久，长期苦于小溲淋漓不畅，迭经治疗效果欠佳。连教授深明辨证之旨，不迷惑西医病名，对此案的诊治不落窠臼，抓住其脾胃脉有力的关键脉证，认为病机属实，治以四苓散加清热利水药物，方证合拍，二诊患者小溲已较通畅，诊其右关脉仍有力，然舌质红，为水热损伤阴血，改投张仲景猪苓汤清热利水养阴，又佐以蒲黄炭消瘀血、利小便，3年顽疾终愈。

以上2案，病症虽不同，然用猪苓汤加减治疗，皆服效验。究其原因，病机相同。这是“同病异治”的体现，更是深明张仲景之旨，活用经方，以论治杂病的良好范例。

三、溲频案（尿路感染）

患者女，60岁。2011年4月8日初诊：半年来溲频，少腹略胀，一月来外感畏寒，口苦，左关弦，右关大，舌苔薄黄，拟四逆散出入：柴胡10g，赤芍15g，炒白芍15g，炒枳壳10g，炙甘草6g，茯苓15g，制香附6g，川芎6g，青皮、陈皮各6g，广郁金12g，浙贝母12g。7剂，水煎服。2011年4月15日二诊：原先白细胞（+++至++），服上方后白细胞（+），左关弦，右关大，小溲已不频数，少腹胀亦减，舌质红苔薄黄，再守效方出入。上方加黑山栀10g。7剂，水煎服。

按　连教授对于内伤杂病，往往独具慧眼。如本案患者小溲频数（西医诊断为尿路感染），连教授依据脉证，辨其病机为肝经气机郁阻所致，方用四逆散加减，并加香附理气疏肝，川芎行气活血，陈皮理气行滞，又寓柴胡疏肝散意，以增其理气解郁之力。青皮疏肝理气功强，《本草纲目》云：“疏肝胆，泻肺气”，广郁金行气解郁，浙贝母开郁散结且可利尿，故加之。诸药合用，理气开郁，以使气机通畅，气化则水利也。正如《素问·灵兰秘典论》有云：“膀胱者，州都之官，津液藏焉，气化则能出矣”。故7剂小溲即不频数，守方加黑山栀以增强通利三焦、清热利水之能。

四、便血案

患者男，38岁。2010年12月3日初诊：患十二指肠球部溃疡，2010年11月23日便血，迄今潜血仍有（++），脉沉，舌苔腻，畏寒，心悸，拟张仲景黄土汤法：赤石脂（包）10g，制附子6g，炒白术12g，炙草6g，生地黄炭15g，黄芩炭6g，阿胶珠10g，太子参20g，当归炭6g，仙鹤草20g，大枣20g。7剂，水煎服。2010年12月10日二诊：便血基本已止，畏寒心悸亦退，然倦怠乏力，脉沉无力，舌苔薄腻，再守效方出入。上方太子参改为25g。14剂，水煎服。2010年12月24日三诊：便血已止，然大便仍溏，畏寒，脉沉，舌苔薄质红，再守方主之。守上方加炮姜炭5g。14剂，水煎服。

按　“下血，先便后血，此远血也，黄土汤主之”。张仲景立黄土汤治疗“远血”，病机为中焦脾气虚寒、血失统摄之权。唐容川在《血证论·脏腑病机论》中有云：“脾统血。血之运行上下，全赖乎脾。脾阳虚则不能统血”。本案患者大便下血，并见脉沉、畏寒，乃脾胃虚寒之征，下血日久，血不养心则心悸。治用黄土汤加减治疗。处方以赤石脂代替灶心黄土，《本经》记载赤石脂“主肠澼脓血，阴蚀下血赤白”，陈修园云其“每用此方，以赤石脂一斤，代黄土如神”[2]。加太子参、当归炭、仙鹤草、大枣以益气养血止血。诸药合用寒温并用、刚柔互济，甘温扶阳而统血归经。7剂便血基本已止，守方加大益气之品以复脾胃统血之职。三诊加炮姜温中，止血止泻。

五、便溏案

患者男，44岁。2010年12月31日初诊：大便溏，左关脉弦，右关脉大，舌苔厚腻，拟张仲景法：煨葛根15g，黄芩12g，川连6g，生甘草5g，焦神曲15g，车前子（包煎）20g，煨木香6g，薏苡仁30g，焦山楂12g。14剂，水煎服。2011年1月20日：服上方后大便溏已瘥，食肉多又发作，左关脉弦，右关脉大，舌根厚腻，拟守张仲景法出入。守上方，焦山楂改为15g，加炙鸡内金10g，茯苓15g。14剂，水煎服。

按　大便溏泄，有虚有实，有寒有热，当谨察病机所在而治之。本案患者脾胃脉大而有力，舌苔厚腻，其便溏，病机属肠胃湿热。当清热利湿止泻，连教授投以葛根芩连汤合香连丸以清肠胃湿热，山楂、神曲消食和胃，车前子、薏苡仁利湿以驱邪热外出。辨证细致，立法严谨，服药后大便溏泄即瘥。然病家不慎饮食，导致食复，疾病复作，病机未变，守方增大消食健胃之品。张仲景创葛根芩连汤治疗协热下利，临证运用，不可拘泥字句意义，应细悟张仲景原意，临证运用方能有的放矢。连教授认为张仲景制本方是为实热泄泻而设，病机属阳明里实热证，辨证属肠胃湿热之下利，都可放胆用之。尤益于酒客湿热俱盛者。

六、便秘案

患者女，56岁。3年来大便1周1次，纳食佳，小溲多，左关脉弦，右关脉大，舌红苔薄腻，此乃张仲景脾约证也。处方：制川朴6g，炒枳壳10g，制大黄6g，炒白芍15g，杏仁10g，火麻仁（研）15g，当归10g，生地黄15g。14剂，水煎服。

按　临证治病，方剂的选择，取决于病机。本案患者纳食佳，小溲多，左关脉弦，右关脉大，其大便秘结病机为肠胃燥热、脾津不足。治疗方剂当选仲景麻子仁丸以通肠润燥、行气通便。又因患者舌质红，属阴血亦不足，故又配当归、生地黄，合四物汤意，使下不伤正，润不滋腻。诸药合用，攻润结合，切中病机。

后二则病案均表现大便异常，一则大便溏泄、一则大便秘结，然其右关脉均大而有力，《伤寒论·辨阳明病脉证并治》有云“阳明脉大”，故其症虽迥异，病本却都在阳明胃肠，病机属实，不可以虚论治。故分别处以葛根芩连汤清利阳明湿热、麻子仁丸泄胃热润肠燥。

七、讨论

张仲景制方严谨，配伍法度大有妙理，不能轻视。仲景方是祖国文化遗产中重要组成部分。张仲景立法处方为我们确立了治病必求于本的法则，启示我们治病当以辨证论治为根本。

连教授善用经方，如前所举六则大、小便病案，皆为顽疾，然经仔细辨证，随宜化裁经方，痼疾竟全获愈。观连教授之验案，治病立法处方，皆以辨证论治为依归。

连教授认为：经方对证，诚然效验。然不经辨证而冒昧用之，不效反害。使用经方贵在变通，贵在学以致用，将所学之经方正确运用于临床当中。姜春华先生曾说：“《伤寒论》是部实用的书，我们学习它不是玩古董，也不是读《圣经》，而是要‘古为今用’，扩大提高它的作用”。本着古为今用之旨，我们当熟背经方，并应结合历代名家经方临床运用经验，仔细推究，方能运筹于帷幄之中。

参考文献

[1] 姚友生，林明恩．腺性膀胱炎诊疗新进展［J］．广东医学，2010，31（1）：45~46.

[2] 林慧光．陈修园医学全书·金匮要略浅注［M］．北京：中国中医药出版社，1999：265.

［《中华中医药杂志》2012，27（7）：1832］

苓桂术甘汤临床运用举隅

厉金华　浙江省台州市路桥区桐屿街道桐杨居卫生室

苓桂术甘汤系张仲景《金匮要略》之方由茯苓、桂枝、白术、甘草四味药组成方中茯苓甘淡性平、健脾利湿以化饮为君药；桂枝温阳化气、利水化饮、平冲降逆为臣药，与茯苓相伍，一利一温，对于水饮滞留而偏寒者，具有温化渗利之妙用；白术健脾燥湿，湿源于脾，脾阳不足，则湿聚为饮，今脾气健运则湿邪去而不复聚，故以白术为佐；使以甘草调药和中，共收饮去脾和、水湿不聚之功余经近20年临床反复加减运用此方，颇有心得，现举其治疗肾积水、心脏神经官能症、胃下垂、美尼尔病等验案如下：

一、肾积水

陈某，男，46岁2010年3月18日初诊主诉：反复右侧腰部胀隐痛已1月余，加重3天患者1月前无明显诱因下出现右侧腰部胀隐痛，在某医院服中西药物1周，效果不佳3天前腰部胀痛加剧，医院诊为：右肾结石，中度肾积水现不欲饮水，饮入易吐舌淡红、苔白滑，脉弦细滑治拟温阳化饮，佐以排石利尿方取苓桂术甘汤合石韦散加减处方：茯苓、石韦、金钱草、海金沙各15g，桂枝5g，焦术、瞿麦、冬葵子、陈皮、白芍各10g，姜半夏6g，甘草3g服药5剂后，腰部胀痛显减，饮入易吐止但近2天感腰腹有下坠感，上方加黄芪15g，再进7剂，诸症若失原方稍作增损续服1个月巩固疗效，彩超复查示：右肾积水消失，结石尚存随访半年，未曾发作。

二、心脏神经官能症

冯某，女，46岁2009年10月2日初诊患者自觉心下悸，不寐、头晕，每遇悲伤则发，纳减，反复发作1年余，再发半月，外院检查心电图、心肌酶谱等未见异常，诊断为“心脏神经官能症”，服安定、谷维素等未见明显疗效来我处门诊，舌淡胖、苔薄白，脉弦缓按之无力法宗温脾化饮，养心安神方拟苓桂术甘汤合百合龙琥甘麦大枣汤（系已故名老中医魏长春主任医师经验方）加减处方：茯苓、枣仁、百合各15g，桂枝、甘草、琥珀、陈皮各6g，龙齿、浮水麦各30g，焦术、天麻各10g服上方5剂后，心下悸减，寝转佳，头晕几除，纳谷馨续服7剂后，余症均除前法既效，毋庸更张，嘱其再服15剂，以巩固疗效随访1年，未见复发。

三、胃下垂

王某，女，54岁2008年5月10日初诊形体瘦长，体倦乏力，胃有振水音，腹胀，纳减，嗳气频频已3年余发病后曾在某医院作胃镜、胸片、B超等检查，诊为“胃下垂”，服用中西药物，效果欠佳舌淡红、苔薄白滑，脉弦滑证属饮证，脾胃阳虚型宜温阳化饮，益气举陷苓桂术甘汤合补中益气汤加减治之处方：茯苓20g，桂枝、柴胡、陈皮、姜半夏各6g，沉香3g，甘草、升麻各5g，黄芪15g，太子参、焦术、旋覆花、代赭石各10g服7剂，体倦无力除，脘胀止，纳增，嗳气及胃振水音明显减轻再进7剂，上述各症渐次消除原方加减续服30剂，以巩固疗效。

四、美尼尔病

马某，男，47岁2010年7月5日初诊反复阵发眩晕1年余，再发2天，伴视物旋转，恶心呕吐，出冷汗，睁眼或转头时加剧，闭目静卧则减，纳减舌淡红、苔白滑腻，脉弦某医院诊为“美尼尔病”，用东莨菪碱、胞二磷胆碱等未见明显疗效而来诊系阳虚饮停之痰饮病法取温化痰饮，佐以潜阳止汗方宜苓桂术甘汤合半夏白术天麻汤加减处方：茯苓15g，桂枝5g，姜半夏6g，焦术、天麻、泽泻各10g，石决明、珍珠母各30g5剂服1剂后眩晕明显减轻，4剂后，诸症渐次消失嘱其再服7剂以巩固疗效。

五、体会

上述4案病虽不同，但同属痰饮证，故用苓桂术甘汤加减合方均取得佳效临床上还可用来治疗慢性肺源性心脏病心力衰竭、渗出性胸膜炎、支气管哮喘、鞘膜积液、慢性肾小球肾炎之水肿等病笔者认为凡是摄片、彩超、CT等报告有积液、积水皆可用上方加减治疗，以舌苔白滑，脉弦滑或沉细为必备之辨证要点饮证系指水液在体内运化输布失常，停积于某些部位的一类病证，以水湿过盛，脾阳失运为本证的主要病理由于水饮停积部位不同，而分为痰饮、悬饮、溢饮、支饮等，其治法诚如《金匮要略》所云“病痰饮者，当以温药和之”故苓桂术甘汤为不二之选。

[《浙江中医杂志》2012，47（4）：291]

苓桂术甘汤治疗眩晕体会

刘俊沛　王春宇　成都中医药大学

苓桂术甘汤出自张仲景《伤寒论》，笔者用其治疗眩晕效果较好，体会如下：

一、典型病例

例1　患者，男，54岁。反复眩晕5年，加重10天，头晕如坐舟船，不能站立，平躺少缓，微胸闷，心悸，喜吐痰涎，舌质淡苔白微厚，脉沉弦。11天前在砖窑出砖，大汗淋漓，饮凉水，第2天即感头晕。平素喜冷食。既往有高血压病史，查血压150/90mmHg。方用苓桂术甘汤加减。茯苓20g，桂枝10g，白术15g，甘草6g，牛膝30g，红花15g，茜草15g。1日1剂，水煎服。另用络活喜5mg，1日1次口服控制血压。3天后复诊，血压130/84mmHg，仍头晕，但症状稍缓，继用苓桂术甘汤加减。茯苓15g，桂枝10g，白术15g，半夏15g，陈皮15g，生姜2片，甘草6g。再服5剂后眩晕消失。嘱按时口服降压药，2个月后随访未见复发。

例2　患者，女，38岁。头晕2年，伴右侧胸痛5天，微咳，胃中有振水声，脘腹喜温畏寒，喜吐痰涎，时心悸气短，食少，大便溏，舌质淡苔白滑，脉弦细。平素喜食冷饮。10天前感冒，之后胸痛，辅助检查未见异常。方用苓桂术甘汤和瓜蒌薤白半夏汤加减。茯苓15g，桂枝10g，白术15g，半夏15g，陈皮15g，瓜蒌皮20g，薤白20g，丝瓜络10g，川芎15g，姜黄15g，干姜15g，吴茱萸6g，甘草6g。1日1剂，水煎服。1周后复诊，头晕胸痛减轻，吐痰涎减少。上方继服1周，轻微头晕，无胸痛，痰涎明显减少。只用苓桂术甘汤加减。茯苓15g，桂枝10g，白术15g，南沙参30g，陈皮15g，半夏15g，川芎15g，姜黄15g，天麻10g，甘草6g。1日1剂，水煎服。服2周诸症消失，2个月后随访未见复发。

二、体会

例1为寒邪损伤脾胃之阳，脾运失职不能制水，水饮冲逆于上，清窍被蒙而至眩晕。大汗之后阳气发散于外，中阳不足，又饮冷水则直伤脾阳，故出现头晕不能站立。《素问·五藏生成》有“五脏化液：心为汗”之说。汗出过多则心悸。“脾在液为涎”，脾阳虚则脾失运化，故喜吐痰涎。苓桂术甘汤有温阳健脾、降冲利水作用，故疗效较好。

例2病程长，脾阳虚弱，饮停于胃，清阳不升，浊气不降，而见头目眩晕，精神疲惫。精气下流则便溏、泄泻。脾失运化不能输布水谷精液，心失所养则心悸。感冒后肺络受损，阳气不舒则胸痛。苓桂术甘汤合瓜蒌薤白半夏汤方中白术、茯苓健脾渗湿，桂枝、甘草辛甘化阳、通阳化气，半夏、陈皮健脾燥湿，瓜蒌、薤白宽胸理气通阳，丝瓜络通络，川芎、姜黄活血行气，干姜、吴茱萸散寒邪。诸药合用，共奏温脾化饮、宽胸理气之功，故效果较好。

[《实用中医药杂志》2012，28（2）：142]

六经辨治皮肤病临床体悟

鲍艳举　孙婷婷　吕文良等
中国中医科学院广安门医院

《伤寒论》理法方药一脉贯通，其六经辨证除对外感病有特效外，于疑难杂证的辨治亦具有重要指导价值。笔者运用六经辨证治疗皮肤病，取得了较满意的疗效，现举例报道如下：

一、过敏性皮炎

患者女，29岁，学生。初诊日期：2009年6月3日。自诉1周前因使用某种化妆品而面部出现皮疹，瘙痒，经西药外用药治疗后皮疹加重，高出皮肤，颜色鲜红，皮肤较正常粗糙。口干苦，渴欲饮水，眠差。舌红苔薄白，脉弦滑有力。患者口苦、脉弦有力，辨证为少阳病；脉滑、舌红，口干、渴欲饮水，辨证为阳明病。因辨出有少阳、阳明之热，故可理解为患者面部湿疹、颜色鲜红为少阳阳明之热上冲所致。眠差亦为少阳阳明之热上冲所致。因此，头面之热通常可用专药——菊花来清。《神农本草经》曰菊花：“苦、平，无毒。主诸风头眩肿痛，目欲脱，泪出，皮肤死肌，恶风湿痹”。综合辨证为少阳阳明合病，方用小柴胡汤和解少阳之热，生石膏清阳明之热，菊花清头面之热，故处方用小柴胡汤加生石膏、菊花：柴胡 16g，黄芩 10g，清半夏 10g，党参 10g，炙甘草 6g，生姜 3 片，大枣 3 枚，生石膏 30g，菊花 30g。3 付。患者服完 1 付后，面部皮肤鲜红之色已完全退去、睡眠已明显改善，但仍感皮肤粗糙，口干苦、渴欲饮水，继服 2 付而诸症痊愈。

按　本案是典型的六经辨证，运用直线思维根据六经病的提纲证就可以辨证处方了，方中虽没有专治皮肤病的药物，但调理了患者内在机体的环境，就可以达到治疗皮肤病的目的。因此，临床见到局部皮肤病或其他的外科疾病，一定要有整体观念，通过调理整体来治疗局部的疾患。

二、湿疹

1. 患者女，27 岁。学生。初诊日期：2009 年 8 月 26 日。1 周前，患者因外感面部及周身皮肤出现皮疹，颜色淡红，时有瘙痒，抓后有水流出。口干、渴欲饮水。舌红苔白略腻，脉沉滑、右寸浮。虽然患者没有发热、恶寒、无汗等典型的表证，但患者有明确的外感史，且右寸略浮，说明表证未解。患者苔白略腻，脉沉，是湿邪内蕴的表现。患者口干、渴欲饮水，舌红，脉滑，为里有热之阳明病。综合辨证为太阳阳明合病挟湿，为解表清里湿热（里热盛）的麻黄连翘赤小豆汤之病机。《伤寒论》第 262 条：“伤寒，瘀热在里，身必黄，麻黄连翘赤小豆汤主之。”与麻黄连翘赤小豆汤加白鲜皮、生石膏：生麻黄 5g，连翘 15g，赤小豆 30g，杏仁 10g，桑白皮 15g，白鲜皮 30g，炙甘草 6g，生石膏 30g。2 付，水煎服，日 1 剂。方中麻黄开表，杏仁利湿开表，赤小豆清热祛湿亦化瘀，连翘、桑白皮清热利湿。患者阳明里热较重，加生石膏清解里热，白鲜皮加强祛湿作用，全方共奏解表清里祛湿之效。结果，患者服用 1 剂后周身皮肤瘙痒及口渴饮水等症大减，服完第 2 付，瘙痒止、舌苔薄白，已无口干渴等症，湿疹痊愈。

按　该患者为外感后出现的湿疹，且表证未除。对于表证未除的湿疹，有很多方子可以治，如桂枝麻黄各半汤、消风散等。该患者为何不用桂枝麻黄各半汤和消风散？这也正是经方辨证的细腻之处。《伤寒论》第 23 条：“太阳病，得之八九日，如疟状，发热恶寒，热多寒少，其人不呕，清便欲自可，一日二三度发。面色反有热色者，未欲解也，以其不得小汗出，身必痒，宜桂枝麻黄各半汤。”通过条文及桂枝麻黄各半汤的药物组成可以看出，该方侧重治疗表证。而消风散侧重治疗表证兼有热邪，麻黄连翘赤小豆汤侧重治疗表证兼有里湿热，该患者太阳阳明合病挟湿，故用麻黄连翘赤小豆汤最合适，事实证明也非常对证。

2. 患者男，35 岁。初诊日期：2009 年 8 月 30 日。左手湿疹 1 年余。1 年前患者无明显诱因出现左手有小的红疹，瘙痒，抓破后流水，经各种外用软膏治疗，瘙痒症状略有缓解，但患者的手部的皮疹面积不断扩大，时有破溃出血。诊时症见：左手大片皮疹，皮肤干燥，时有破溃流水，周身乏力，无口干苦，二便调，食纳可，舌红苔白略腻，脉沉细。重按无力。患者周身乏力、苔白略腻、脉沉，为里湿；脉细，重按无力，为里虚；舌红，为里热。病机正与里虚兼有湿热的薏苡附子败酱散吻合。附子可以强壮振奋人体的机能，治疗里不足，又可以温中祛寒湿。生薏苡仁利湿，还可解凝；败酱草祛瘀排脓。另外，患者湿疹日久，久病易入血络，故加用赤芍等祛瘀通络之药。患者舌白略腻，周身乏力，故用茯苓加强利湿之功。处方：生薏苡仁 60g，附子 6g，败酱草 30g，赤芍 10g，茯苓 30g。7 剂，水煎服，日 1 剂。另外，因为患者的湿疹部位局限，且干燥瘙痒，予以清热燥湿的汤药外洗，使药物在局部吸收，作用更直接。处方：侧柏叶 30g，苦参 30g，白鲜皮 30g，马齿苋 30g，赤芍 15g，白矾 10g，白蒺藜 30g。7 付，水煎外洗，日 1 剂。结果，患者服完 7 剂后，手部干燥瘙痒症状大减，而且皮疹面积较前缩小，已无破溃流水，乏力亦明显好转。二诊在上方的基础上加用四妙散，以加强清热利湿之功，处方：生薏苡仁 60g，附子 6g，败酱草 30g，赤芍 10g，茯苓 30g，苍术 10g，黄柏 10g，川牛膝 10g。7 剂，水煎服，日 1 剂。外用方既用上方。患者服完 14 剂后，手部皮疹已完全消退，无破溃出水，无干燥瘙痒，无明显不适，1 年余之湿疹痊愈。

按　该患者为湿热内蕴型湿疹，临床上治疗湿热的方子很多，比如四妙散、三仁汤等，但为何此案以薏苡附子败酱散为主要方剂呢？因为薏苡附子败酱散主治湿热合里虚，而四妙散、三仁汤侧重治疗湿热，而不能治疗里虚。此外，还可参考《金匮要略·疮痈肠痈浸淫病》第 3 条：“肠痈之为病，其身甲错，腹皮急，按之濡，如肿状，腹无积聚，身无热，脉数，此为腹内有痈脓，薏苡附子败酱散主之”。条文指出薏苡附子败酱散不但可以治疗肠痈，而且可以治疗皮肤甲错，也就是现在的各种皮肤病。中医辨证论治实际是非常细腻的，一个症状的改变，处方思路就完全不一样了。疾病虽然有同样的病机，但症状表现不一样，所选的方药也是不一样的。比如，同样都是水饮上泛的头晕、头沉，如果患者没有恶心、呕吐等症状，就可以用苓桂术甘汤合泽泻汤；如果患者兼有恶心或呕吐等寒饮上冲的症状，则需要合用吴茱萸汤。水饮上泛相当于疾病所在的区域，而苓桂术甘汤证合泽泻汤证、以及吴茱萸汤证则是疾病的“靶心”，临床上只有准确地找到“靶心”才能给予更为精确、更为有效的治疗。此外，对于局限性的皮肤病，可以根据病机选用一些外治法经行治疗，往往可以收到捷效。

三、银屑病

患者男，28 岁。初诊日期：2008 年 6 月 12 日。银屑病 7 年余，经中西医结合治疗均欠佳，反复发作，精神低靡，对本病已几乎失去信心，后寻求于中药治疗。当时症见：周身皮肤散在皮疹，瘙痒，搔抓后有血痂，口干苦，渴欲饮水，胃脘部胀满，大便偏稀，周身乏力，头昏沉，时有胸闷心悸，纳食可，眠差，舌淡苔白厚腻，脉沉滑。该患者口干苦、渴欲饮水为上热；大便偏稀、胃脘部胀满，为下寒；周身乏力、苔白厚腻、脉沉，为有水饮内停；头昏沉、时有胸闷、心悸、脉沉滑为水气上冲心胸之证。上热下寒，属于半表半里寒热错杂之证，即六经的厥阴病。厥阴病属于半表半里，因为邪无出路，故不能采用汗吐下法，治以和解之法，方用柴胡桂枝干姜汤，清上温下，治疗上热下寒厥阴病之根本；针对患者的头昏沉、时有胸闷心悸之水气上冲心胸之证，合用苓桂术甘汤、茯苓杏仁甘草汤，因苓桂术甘汤擅长治疗水气上冲导致的“心下逆满、气上冲胸、起则头眩、脉沉紧”等症，茯苓杏仁甘草汤亦治疗水饮所致的“胸痹，胸中气塞，短气”。此外，因患者口干渴等上热症状明显，加用生石膏加强清上热之力。综合处方：柴胡桂枝干姜汤合苓桂术甘汤、茯苓杏仁甘草汤加生石膏：柴胡 16g，桂枝 10g，干姜 5g，天花粉 12g，生龙骨、生牡蛎各 15g，黄芩 5g，炙甘草 6g，茯苓 30g，白术 10g，杏仁 10g，生石膏 30g。7 剂，水煎服，日 1 剂。患者服完 7 剂后，胃脘部胀满、大便偏稀、头昏沉、胸闷心悸、周身乏力较前明显好转，周身皮疹瘙痒亦好转，部分已脱落消失，后间断服用本方合其他方药善后调理 1 个月后停药，至今 1 年余未复发。

按　本例患者患银屑病已经 7 年之久，间断服用过很多药，如甲氨蝶呤、复方青黛丸以及各种清热解毒的中药，不但不能控制疾病，反而使症状加重，可见临床上对于此病的治疗，绝不可泥于其阳明郁热之一面病机杂投清热凉血之品，而忽略其下寒之本，从根本上还应该四诊合参，辨明阴阳表里寒热虚实，先辨六经再辨方证，方证合拍，方能收到良效。

有人说患者有大便偏稀的虚寒症状，为何还敢用寒凉之石膏？笔者认为，患者虽有下寒之证，也有口干渴等上热之证。因为上热症状明显，故加用生石膏。见寒治寒，见热治热，寒热错杂则寒热并投，寒热之药绝非相互抵消，而是分途治之，各得其所。

四、小结

《伤寒论》的六经是根据人体患病后所出现的症状总结出的辨证论治提纲，同样，中医常说的疾病的病位，是指病邪与人体斗争所反应的病位，不是病变所在的部位。虽然皮肤病在皮表，但绝不可因皮肤病在体表而认为其病位在表。依六经来分，病位分为表、里和半表半里，同时每个病位上又存在寒热、虚实的病性，判断病位及病性是根据四诊合参确定的，因此，皮肤病的病位同样可以在半表半里或在里。同理，一些肿瘤、心血管患者的病位亦可以在表和半表半里，归根结底是根据患者的临床症状反应确定的。中医为什么会有这些特殊认识呢？胡希恕老师认为：这是与其发展历史分不开的，因为中医发展远在数千年的古代，当时既没有先进科学技术为依据，又没有精密实验器材的利用，故势必不可能像近代西医面向病变的实质和致病因素来寻求疾病的诊断和治疗，而只能凭借人们的自然官能，于患病人体的症状反应，探索治病的方法经验[1]。冯世纶[2]老师亦提出经方辨证论治的实质是于患病人体一般的规律反映的基础上，而适应整体，讲求疾病的通治方法。中医以一方常治多种病，而一种病常需多方治疗，正是这种治疗精神的有力证明。

总之，张仲景以六经赅百病，无论外感或内伤，皆不出六经范畴，故临床可适用于任何疾病的辨证论治，当然也包括皮肤病。清代医家吕震名云：“凡病不外此六经，能解仲景六经辨证之法，可以识伤寒，即推次六经辨证之法，可以识万病。”

参考文献

［1］冯世纶．胡希恕讲伤寒杂病论．北京：人民军医出版社，2007：3.

［2］冯世纶．经方的辨证论治体系．中国医药学报，2002，17（9）：556.

［《中华中医药杂志》2012，27（12）：3135］

六味地黄汤治疗肝病验案3例

郭秀平　太原市传染病医院

六味地黄汤出自宋代著名儿科学家钱乙所著的《小儿药证直决》，该方由地黄、生山药、山萸肉、茯苓、丹皮、泽泻六味中药组成，原书用治小儿肾虚所致诸证。该方来源于张仲景《金匮要略》中所载崔氏八味丸，即金匮肾气丸减桂枝、附子而来。六味地黄丸的创立对后世倡导养阴者起了很大的启发作用，临床应用非常广泛。笔者从事病毒性肝炎治疗多年，临床常常辨证加味应用六味地黄汤于肝病的治疗，每获良效，现介绍如下：

一、急性病毒性黄疸型肝炎

郝某，女，18岁，1996年3月5日初诊。患者于就诊前半月出现全身乏力，食欲不振，恶心呕吐，尿色黄赤，皮肤黄染等症状，在当地县医院诊为急性乙型病毒性肝炎，应用茵栀黄注射液、门冬氨酸钾镁注射液等静点以及口服清热利湿中草药治疗。所用中药为：茵陈、黄芩、栀子、赤芍、大黄、龙胆草、苦参、败酱草、白花蛇舌草、甘草、茯苓等药物，服用该方7剂后，全身黄染加深，化验总胆红素值由152μmol/L升至257μmol/L，遂由当地转来我院诊治。就诊时患者表现为精神不振，五心烦热，咽干不欲饮，盗汗，夜寐欠安，舌质红、苔黄腻，脉细弦。辨证属阴虚兼有湿热。治用滋阴清利湿热法。予六味地黄汤加味，药用：熟地黄24g，山萸肉、生山药各12g，茯苓、丹皮、泽泻各9g，茵陈30g，赤芍、白茅根各15g，栀子10g。7剂，每日1剂，水煎服。服用7剂后，患者精神、睡眠均好转，盗汗消失，不适症状明显缓解，全身皮肤黄染明显减轻，复查肝功能，患者总胆红素值降至180μmol/L。考虑药已中的，加大滋阴力度，方中加入生地、麦冬各12g。继续服用本方治疗1个月，患者黄疸基本消退，总胆红素值降到正常值以下，肝功能恢复正常。

按　对于急性病毒性黄疸型肝炎的病机，目前大多把湿热列为首要因素，清热利湿当作首选的治疗方法，但临床上，湿热兼阴虚的证候还是较为多见的。本例患者发病后，应用清热利湿药物后效果不明显，反而出现黄疸加重。笔者在临床上常常遇到应用清热利湿不仅不能使黄疸消退，反而造成食欲更加减退，出现腹泻等脾阳受伤的情况。本例患者症见五心烦热，咽干，盗汗，为阴液亏虚；又有黄疸，舌质红、苔黄腻等湿热证候；应用养阴利湿两法治疗，药证相符，取得很好疗效。黄疸为急慢性病毒性肝炎常见症状，笔者认为，急性黄疸型肝炎属于温病范畴，伤阴是其主要病机之一，所以笔者在临床退黄治疗中，常常应用养阴药物治疗，疗效优于单用清热利湿法。

二、药物性肝炎

黄某，女，52岁，2001年5月9日初诊。因手足皮肤瘙痒伴有皮屑诊为“真菌感染”，口服酮康唑片1个月后出现精神食欲不振、恶心、全身乏力等症状，同时尿黄如浓茶样，皮肤巩膜重度黄染，入院诊断为药物性肝炎，应用促肝细胞生长素、茵栀黄注射液、复方丹参注射液等药物治疗1周后，黄疸未见消退，总胆红素值上升至480μmol/L。考虑患者病情为损肝药物引起的急性肝细胞损害，除外病毒性肝炎，决定加用强的松口服治疗以抗炎退黄，1次应用50mg，晨起顿服。1周后，患者黄疸开始消退，但同时也出现失眠、心烦、盗汗等症状，尤其是以心烦、坐卧不宁为最痛苦症状。患者精神、食欲尚好，舌质红、苔薄白，脉细数。考虑口服激素治疗后，呈现出一定的副作用，强的松具有增进食欲，促进胃酸、胃蛋白酶分泌，升高血糖倾向等作用，类似中药“阳热”之品，患者出现失眠、心烦等症状考虑为“阳热伤阴”，故出现阴虚内热证候。遂应用六味地黄汤加味治疗，药用：生熟地各24g，山萸肉、生山药各12g，茯苓、丹皮、泽泻各9g，黄柏、知母各3g。3剂，每日1剂，水煎服。服用3剂后，患者症状明显缓解，心烦症状明显好转。随后强的松剂量逐渐减少，一诊方加首乌藤24g，黄连3g，炒枣仁12g以加强安神作用，每日1剂。持续应用六味地黄汤加味配合激素治疗40余天，患者心烦、失眠、盗汗等症状消失，肝功能逐渐恢复正常。

按　六味地黄汤药理学研究显示：地黄可降血糖，降血压，消肿抗炎；山萸肉能降血糖；泽泻能利尿；茯苓有镇静，预防溃疡发生等作用；这些药物的药理作用对激素的副作用正好有拮抗的作用。本例患者应用激素治疗后，肝细胞炎症反应有所控制，黄疸开始下降，但却出现明显的副作用，表现为阳盛伤阴，应用六味地黄汤后取得疗效。激素是传染科医师不想用，但却有时候不得不用的一种药物，应用糖皮质激素后出现的副反应是最为担心的事情，应用糖皮质激素的关键是迅速取得疗效，把激素的副作用控制在最小范围，取效后尽快开始减量。笔者在临床应用激素的时候，一定会配合应用六味地黄汤，并根据副作用的不同，或加用泻相火的黄柏、知母，或加用镇静安神的首乌藤、黄连、炒枣仁等药物，对缓解糖皮质激素副作用有明显效果。笔者的经验是黄柏、知母的剂量不宜过大，否则会引起腹泻，食欲不振等脾虚之象。

三、肝硬化腹水

张某，男，59岁，2001年4月9日初诊。患者发现乙肝表面抗原阳性11年，肝硬化病史3年，就诊时神疲乏力，消瘦，腹胀，进食后腹胀更明显，腹部膨隆，腹水征阳性，尿少，每日尿量约700mL左右。B超检查提示肝硬化腹水。口服西药利尿剂双氢克尿噻片，每次25mg，每日2次；安体舒通片，每次40mg，每日2次。同时配合枸橼酸钾治疗，预防出现低血钾，静脉输注人血白蛋白、血浆、氨基酸、黄芪注射液等，患者每日尿量增加至3000～3500mL左右。治疗1周后，患者腹水明显减少，但是出现腰部酸困，排尿后自觉有遗留感，乏力，咽干，不欲饮，无尿痛、尿频，尿液镜检未发现白细胞，除外尿路感染；生化检查电解质钾、钠、氯值均在正常范围以内。舌质红、苔少，脉弦细。辨证属肝病日久，同时应用利尿剂，伤及阴液。予六味地黄汤加味治疗，药用：熟地24g，山萸肉、生山药各12g，茯苓、丹皮、泽泻、知母、牛膝各9g，车前子18g。5剂，每日1剂，水煎服。服用5剂后，患者上述症状明显缓解。加大药物剂量，山萸肉、茯苓、牛膝各18g，车前子30g，其余药物剂量不变，仍每日1剂，水煎服，并停用西药利尿剂。患者尿量每日保持在3000mL左右。服用2周后，二诊方去牛膝、知母、车前子，加用麦冬、五味子各15g，每日1剂。继续应用该方将近两月余，腹水逐渐消退，腰困、排尿后遗感等症状均消失。

按　应用西药双氢克尿噻、呋塞米等利尿剂治疗腹水时，患者机体是处于缺水状态的，然后从腹腔回吸收水分。利尿剂直接作用于肾脏，初期应用利尿剂往往利尿效果显著，但随着用药时间的延长，利尿效果会逐渐减弱，往往是需要不断加大药物剂量的，即使这样，尿量也会减少，同时，大量长期应用利尿剂也会伤及肾功能。六味地黄汤滋阴利尿，近年来，在流行性出血热多尿期应用该方时，可以加快肾脏功能的恢复，证明了本方具有补养肾脏的功效，笔者临床应用呋塞米、双氢克尿噻等强效利尿剂时，一般均要配合六味地黄汤治疗，仿济生肾气丸随症加入牛膝、车前子，或仿麦味地黄丸加入麦冬、五味子等药物。这样，一方面可以加强利尿效果，另一方面可以防止肾功能的损害。

临床上的肝病无论是慢性病毒性肝炎，还是肝硬化，或者是自身免疫性肝病，都具有病邪不易去除，正气逐渐受损，从而缠绵不易愈的特点，治疗上单纯的滋补，或者仅用祛湿解毒的治法，都有失偏颇。六味地黄汤滋补中寓有清泻，符合扶正祛邪的治则，临床也适合用于某些肝病治疗。

[《山西中医》2012，28（11）：37]

六味地黄丸的药理分析及科学应用

吕宏训　赵　杰　成武县张楼镇卫生院

六味地黄丸是中医滋阴补肾和异病同治的代表方剂，历经数百年医家的运用经久不衰，是祖国传统医学的奇葩。笔者结合工作实际谈谈对六味地黄丸的认识。

一、配伍分析

1. 方之组成　六味地黄丸出自宋代医家钱乙的《小儿药证直诀·卷下》。此方系将张仲景金匮肾气丸除去桂枝、附子二味药，以熟地黄取代干地黄演变而来，具体组成为：熟地黄八钱、山茱萸四钱、干山药四钱、泽泻三钱、牡丹皮三钱、白茯苓三钱。六味中药为末，炼蜜为丸。

君药，熟地黄。熟地黄味甘性微温，归肝、肾经，具有补血滋阴，益精填髓的功效。主治肾阴虚，腰膝酸软，骨蒸潮热，消渴内热，盗汗遗精，血虚萎黄。《珍珠囊》谓其“主补血气，滋肾水、益真阴”。《本草纲目》：“填骨髓，长肌肉。生精血。补五脏内伤不足，通血脉，利耳目，黑须发。”

臣药，山茱萸与山药。山茱萸味酸涩性微温，归肝、肾经，具有补益肝肾、收敛固涩的功效；主治疆膝酸痛，眩晕耳鸣，遗精遗尿，崩漏带下，体虚欲脱，心虚怔忡，肾虚气喘。五更泄泻。《医学衷中参西录》谓其“能收敛元气，振作精神，固涩滑脱”。山药，味甘性平，归脾、肺、肾经，有益气养阴、补脾肺肾、固精止带之功效。主治脾虚泄泻，肺虚咳喘，虚热消渴，肾虚遗精、带下、尿频。《本草纲目》：“益肾气，健脾胃，止泄痢，化痰涎，润皮毛。”佐药，泽筲、牡丹皮和茯苓。泽泻味甘淡性寒，归肾、膀胱经，有渗湿利水，泄热之功，主治小便不利。痰饮眩晕，热淋涩痛，高脂血症。《本草纲目》曰“仲景地黄丸，用茯苓、泽泻者．乃取其泻膀胱之邪气。非引接也”。牡丹皮味苦辛。性微寒，归心、肝、肾经，具有清热凉血、活血散瘀的功效，主治斑疹吐扭，阴虚发热，骨蒸无汗，痈肿疮毒，闭经痛经．跌打损伤。《本草纲目》：“和血、生血、凉血，治手足少阴、厥阴四经血分伏火。”茯苓味甘、淡，性平，归心、肺、脾，肾经，具有利水渗湿，健脾安神之功能，主治痰饮眩悸，脾虚食少，水肿尿少，心神不安，惊悸失眠。

2. 方之特点　六味地黄丸为通补开合之剂，它的显著特点是“三补三泄，补中有泻、寓泻于补”。三补：热地滋补肾阴，填精益髓；山茱萸滋养肝血而涩精，淮山药补益脾阴而固精。三者相配肾、肝、脾三阴并补。而偏于补肾阴，“壮水之主，以制阳光”。三泄：泽泻泄肾利湿，防熟地滋腻；丹皮清肝泻火，制山茱萸之酸收；茯苓淡渗湿健脾，助淮山之健运。三药泻上炎之虚火，渗下趋之湿浊，平其偏胜以治标。

二、药理分析

1. 单味药药理分析　现代药理研究证实，熟地黄舍梓醇、地黄索、甘露醇、VitA、氨基酸和糖，有强心、利尿、降血糖和升高外周白细胞，增强免疫功能等作用；山药富含胆碱、植酸、维生素、甘露聚糖等，有滋补、助消化、止咳祛痰、脱敏降血糖等作用；山茱萸含有皂甙、苹果酸、VitA 及维生素 A。具有利尿、抗癌、降压、抗组织胺作用。

茯苓含有茯苓聚糖、卵磷脂、葡萄糖、蛋白质、组织酸，具有利尿、镇静和降低血糖的作用；牡丹皮含芍药甙、牡丹酚甙、挥发油，有抗炎、镇静、降温、解热、解痉、镇痛等作用；泽泻含三萜类化合物、生物碱、天门冬素树脂等，有利尿、降压、降血糖和抗脂肪肝作用，对金葡菌、肺炎杆菌、结核杆菌有抑制作用。

张明昶等人的研究指出熟地黄、山茱萸、山药（三补）的功效与 Fe，Cr，Co，Mn 的作用相关；茯苓、牡丹皮、泽泻（三泄）的功效与 Zn，Cu 的作用相关。他们认为中医组方原则及药物功效与微量元素密切相关[1]。

2. 全方药理分析　笔者综合分析了近年来学者对六味地黄丸全方的药理研究，已证实的药理作用有：①调节免疫作用，增强细胞免疫、增强吞噬细胞的吞噬功能、增强诱生干扰素；②抗衰老作用，调整微量元素，抗氧化、增强抗应激放抗体生成；③对心血管系统的作用。降血压、降血脂、抗心律失常、抑制血小板聚集、抗动脉粥样硬化、改善血液流变性、抗心肾缺血；④抗肿瘤、抗突变、减轻放化疗毒副作用；⑤调节泌尿生殖系统功能；⑥抗胸腺和脾脏萎缩作用；⑦对神经保护作用；⑧保肾、保肝作用；⑨改善内分泌功能，抗甲状腺功能亢进、防治糖尿病、抑制糖尿病胰岛 β 细胞凋亡；⑩对骨骼组织的影响，治疗骨性关节炎，防治骨质疏松。

三、临床应用

六味地黄丸最早用于“治小儿肾怯失音，自开不合。神不足。目中白睛多．面色皖白等”[2]。如今六味地黄丸临床应用广泛。尹英杰分析归纳了 1949 ~2002 年国内外公开出版的 3289 篇与其临床应用有关的文章，发现六味地黄丸可以治疗儿、内、妇、外、男、骨科的 435 余种常见疾病和疑难杂症，像糖尿病、高血压、慢性肾炎、肿瘤、嗜酸性细胞增多症、流行性出血热、黑变病、慢性葡萄膜炎。笔者对 50 例脑出血后遗症患者进行了跟踪随访。发现六味地黄丸对脑出血后遗症所致的半身不遂、语言障碍、口角歪斜等症状有较好的治疗效果。王玉革、桑改利等人的研究证实六味地黄丸能有效地治疗更年期综合征；刘鸿雁、高普照等人的研究证实其治疗泌尿道感染疗效显著；高瑾以六味地黄丸为主药治疗老年性阴道炎 86 例，效果明显。于荣静[3]以六味地黄丸合并转移因子治疗小儿反复呼吸道感染（RRTI）疗效显著[4]。

四、六味地黄丸的科学使用

六味地黄丸适用于肝肾阴虚证。当前很多人把六味地黄丸当作保健品滥用，是不妥当的。六味地黄丸的用法一般皆遵钱乙《小儿药证直诀·卷下》载的“空心，温水化下三圆”。但笔者认为用淡盐水送服效果更佳。食盐味咸性寒，有清虚火、凉血解毒之功。用其做药引，可引药入肾，更好地发挥其药效。

参考文献

［1］张明昶，麻秀萍，徐文芬．微量元素与六味地黄丸组方关系研究［J］．中国实验方剂学杂志，2011（8）：100 ~103.

［2］宋·钱乙．小儿药证直诀·卷下［M］．南京：江苏科学技术出版社．1965.

［3］张廷明，赵民生，曹秀红．六味地黄丸的药理作用与临床应用［J］．医药导，2005（11）：1035 ~1036.

［4］于荣静．六味地黄丸合并转移因子治疗小儿反复呼吸道感染疗效观察［J］．黑龙江医学．2011（8）：78 ~82.

［5］雷载权．中药学普通高等教育中医药类规划教材［M］．上海：上海科学技术出版社，2003.

［《中国保健营养》2012，22（6）：1637］

麻黄附子细辛汤活用3则

马　妍　天津中医药大学
张连城　天津中医药大学第二附属医院

麻黄附子细辛汤见于仲景《伤寒论·少阴篇》第301条，曰："少阴病，始得之，反发热，脉沉者，麻黄附子细辛汤主之。"本方由麻黄、附子、细辛组成，主治少阴本虚，外感寒邪所引起的太少两感证。笔者跟随导师运用此方加减治疗多种疾病，取得满意效果，举例介绍如下：

一、牙痛

刘某，女，44岁，2011年3月18日初诊。半月前开始牙痛，痛势不甚，服芬必得可暂缓其痛。前日因食寒凉，疼痛加剧，服芬必得效果不显，于今晨来诊。症见右下齿疼痛，连及一侧头项痛，不敢张口吸气，牙龈不肿，口不渴，二便常，舌质淡，苔薄白，脉沉细。加之患者长期处于比较寒凉的工作环境中，考虑此乃寒凝经脉，阴火上炎。当治以温经散寒，祛风止痛。方用麻黄附子细辛汤加味：麻黄9g，细辛3g，附子15g（先煎），肉桂3g，川芎9g，白芷9g，牛膝9g，炙甘草10g。连服4剂，其痛渐止。

按　《医贯》曰："大寒犯脑，连头痛，齿牙动摇疼痛者，此太阳并少阴伤寒也，仲景用麻黄附子细辛汤。"本例患者虽表现为牙痛，无发热等表证，但不离少阴里虚兼表的病机，证属外束风寒，下元亏虚，阴火上炎。治以温阳解表，辅以理气活血，引火归原。

二、过敏性鼻炎

韩某，女，50岁，2011年8月8日初诊。患者于6月初旅游山顶受寒后突然出现流涕不止，喷嚏不断，自服胖大海含片后加重。后遇凉即发，尤晨起喷嚏连连，眼、鼻、咽痒，鼻塞流清涕，活动后症减，次晨复作2月余。平素畏风，偶感心下憋闷，胃脘畏寒，胃部不适。小便可，大便三至四日一行，舌淡红苔白，脉沉紧。西医诊为过敏性鼻炎。中医辨证属外感寒邪入里，首先治宜宣肺散寒，予麻黄细辛附子汤加味，处方：麻黄9g，细辛3g，熟附子（先煎）10g，苏叶9g（后下），防风9g，桔梗9g，杏仁9g，白芷9g，炙甘草9g。服3剂后患者症状明显减轻，于服药次日晨起未犯，胃部不适频率明显降低，大便通畅，便质软，自诉感觉浑身轻松，继服3剂后，由于病人生气着急胃中不适复发，自述有吞之不下之感。后以疏肝理气之方缓其脾胃症状后继以前方麻黄附子细辛汤减量3剂，症去十之八九，结合其舌脉里寒已去，继以调理肝脾四逆散加减去其胃部不适后，以健脾固表玉屏风散加减收功，前后共服药1月余，患者诸症皆除，随访至今未复发。

按　以麻黄附子细辛汤治疗过敏性鼻炎之案例很多[1~2]，多病程较长，病机多为外束风寒，下元亏虚，正气不足，或伴虚火上炎[3]。而此例患者受寒原因明显，病程较短，虽没有明显的少阴肾虚症状，却同样运用麻黄附子细辛汤，此为太阴受寒入里从太少两经论治。里寒一去，其症立除，再结合病人体质调理固表收功。此案提示我们运用此方不用拘泥于是否有小便清长，下元虚冷之肾虚之证，其有胃脘畏寒，脉沉紧之里寒之征，亦可辨其寒邪在太少两经，运用麻黄附子细辛汤治疗。因病在夏日，运用麻黄附子细辛汤不可过量，随时查其脉症，调整方药。

三、慢性前列腺炎

李某，男，75岁，2011年2月20日初诊。患者患慢性前列腺炎20余年。症见尿频，腰酸，每晚起夜5~6次，遇寒加重。小腹偶有坠胀感，神疲乏力，大便调，舌淡暗，苔薄白，脉沉弦。证属肾阳虚衰，治以温阳化气，宣肺利水。予麻黄细辛附子汤加味，处方：麻黄6g，细辛3g，附子15g（先煎），益智仁10g，淫羊藿10g，仙茅10g，茯苓10g，甘草10g。服7剂后患者起夜症状明显改善，自诉每晚最多起夜2次。

按　慢性前列腺炎病机多属湿热瘀滞，而此患者病机属肾阳虚衰，故予附子温肾扶阳，麻黄宣散寒邪，开上窍而利水，有"提壶揭盖"之意，余药亦以温肾利水为主。此案虽无明显寒邪束表之征，却运用麻黄宣散里寒，且有助肺之"水之上源"之意，肾阳得复，水道得利，症状明显改善。

参考文献

[1] 李燕．麻黄附子细辛汤治疗头面疾病体会［J］．中国民族民间医药，2010（12）：254.
[2] 丘晓波．麻黄附子细辛汤证治探讨［J］．光明中医，2009（4）：759~760.
[3] 谈慧．麻黄附子细辛汤临证应用举隅［J］．新中医，2008（1）：88~89.

［《长春中医药大学学报》2012，28（3）：450］

麻黄附子细辛汤治疗呼吸系统疾病探讨

李　磊　朱益敏　袁　园
江苏省第二中医院肺病科

麻黄附子细辛汤出自张仲景《伤寒论》，由麻黄、附子、细辛3味药物组成，外解太阳之表，内散少阴之寒，是治疗太少两感之名方。临床发现，该方在呼吸系统疾病的治疗中运用广泛，且收效显著，故追溯其原文，对该方证进行研究，并列举其在呼吸系统疾病中的具体应用。

一、原文解说

麻黄附子细辛汤出自《伤寒论·辨少阴病脉证并治》301条，原文云："少阴病，始得之，反发热，脉沉者，麻黄附子细辛汤主之。"此外感之寒凉，由太阳直透少阴，为少阴与太阳合病。"少阴病"即谓"脉微细，但欲寐"之少阴病提纲证存在；"始得之"谓其病初始，病证尚浅；少阴证脉沉，当无热，是以少阴已为寒凉所伤，而外表纵有发热之时，然此非外表之壮热，乃邪闭卫阳之发热耳，故"反发热"；太阳证发热，脉当浮，而此发热又见沉脉，盖少阴之脉微细，微细原近于沉也，故"脉沉"。该方取麻黄发越太阳之风寒，附子温养少阴之真阳，复佐辛温香窜之细辛，既能助麻黄以解外寒，又能助附子以解里寒，俾其自太阳透入之寒，仍由太阳作汗而解，此麻黄附子细辛汤之妙用也。

二、方药解析

《伤寒论·辨少阴病脉证并治》载"麻黄二两去节，细辛二两，附子一枚炮去皮破八片。上三味，以水一斗，先煮麻黄减二升，去上沫，纳诸药，煮取三升，去滓，温服一升，日三服"。少阴病见脉沉，属阳虚之本反发热者，为风寒郁遏太阳经脉所致，此乃表里同病之"太少两感证"。方中麻黄宣肺开窍，解表散寒以解太阳之表邪；附子大辛大热，补命门之火而温少阴之里寒；细辛为少阴表药，气味雄烈，走窜经络，外可助麻黄开通表卫，内可助附子温暖命门，温经达表，通达内外。全方药仅3味，功专效宏，外可解太阳之表，内可散少阴之寒，可温可散，可表可里，具有温经散寒、助阳解表之功，使里温而阳气不脱，表透而寒邪得散。

三、典型病例

1. 慢性阻塞性肺疾病　张某，男，68岁。2010-12-06入院。反复咳嗽咳痰25年。夏轻冬重，每因感冒诱发加剧，近12年出现气喘，并呈逐年加重之势。患者此次入院前3d因感寒而诱发。刻诊：畏寒肢冷，咳喘不能平卧，痰白、质稀、量多、呈泡沫状，动则喘甚，胸闷气短，语声低怯，咳甚、痛引腰脊，心悸，夜不能寐，面浮无华，舌质淡，苔薄白，脉沉细稍数。听诊：两肺布满干、湿啰音。胸部CT示：慢性支气管炎，肺气肿；心电图示：肺型P波，心动过速，右心室肥大。心脏超声示：肺动脉压增高，三尖瓣反流。西医诊断：慢性阻塞性肺疾病急性加重期，肺气肿。中医诊断：肺胀。证属心肾阳虚，复感风寒，饮凌心肺。治宜温通心肾，解表化饮，宣肺平喘。方用麻黄附子细辛汤加味。处方：附子（先煎）15g，麻黄8g，细辛3g，桂枝6g，瓜蒌15g，枳壳10g，赭石（先煎）20g，五味子6g，丹参18g，白芍药12g，远志6g，紫苏子6g。每日1剂，水煎取汁300mL，分早、晚2次服。连服7剂后患者咳喘、胸闷明显减轻，偶有咳白色黏痰，已无心悸，可以参加轻体力劳动而出院。

按　患者久病咳喘，肺肾两虚，心亦受累，复为风寒所伤，外感引动内饮宿疾，饮邪迫肺凌心，犯脾伤肾，故见诸症。叶天士指出"络以辛为泄"，故以麻黄解表散寒通络，引经利肺定喘；配细辛直入少阴，强心利尿，散寒解表；附子温补肺肾；桂枝温通心肾，助麻黄散寒解表；瓜蒌、枳壳宽胸理气，宣肺平喘；赭石性寒重镇，具有降逆之功，临床对气、血、痰、火等因素引起的肺气上逆、肾不纳气及升降失调的病机变化，只要辨证准确，随证用之，其效甚佳[1]，《医学衷中参西录》中描述"赭石色赤，性微凉…善镇逆气，降痰涎，止呕吐，通燥结，用之得当能建奇功"；五味子敛气宁心，止咳平喘，与细辛一散一收，散不伤正，收不留邪；丹参、白芍药、远志活血化瘀，豁痰安神；紫苏子主上气咳逆。诸药合用，心、肺、肾同治，外解风寒，内温心肾，故能解表化饮，止咳平喘宁心。

2. 肺癌　金某，男，70岁。2010~01~28初诊。反复咳嗽、胸闷、胸痛2年，加重3个月。患者诉2008~02无明显诱因出现咳嗽、胸闷、胸痛，在他院对症治疗后好转。2009~11咳嗽、胸闷、胸痛再次发作，并伴发热，体温38.0℃，痰中带血。于江苏省人民医院行纤维支气管镜检查示：右肺腺癌。全身评估无手术指征，先后予DP方案（多西他赛+顺铂）化疗2次，咳嗽、胸痛等症状未见明显好转，且出现头晕乏力、恶心呕吐及纳差失眠等副作用。2010~01出现午后发热，体温最高37.8℃，持续2周不能缓解，遂来我院就诊。刻诊：喘咳气促，咯痰质稀，偶有血丝，胸闷胸痛，下肢水肿，畏寒肢冷，夜尿频数，舌质红，少苔欠津，脉弦细。西医诊断：肺癌。中医诊断：肺岩。证属肾阳虚衰，阴寒内盛，痰浊壅肺。治宜温补肺肾，散寒止痛化痰。予麻黄附子细辛汤加味。处方：制附子（先煎）9g，麻黄6g，桂枝6g，细辛3g，杏仁9g，仙鹤草18g，生姜12g，炙甘草9g，大枣3枚。每日1剂，水煎取汁300mL，分早、晚2次服。连服10剂后，午后未见发热，咳嗽咯痰及胸闷胸痛有所减轻，呕恶有所控制，食纳增加。

按　肺癌患者以老年人为多，素体阳虚，且经放、化疗及其相关治疗后，气血虚弱。本例患者阴寒内盛，气化无权，水泛为痰，故见胸闷喘咳、下肢水肿及畏寒肢冷等症；午后阴寒渐盛，格阳于外，故见午后发热；寒主收引，寒凝血滞，不通则痛，故胸痛；《内伤集要》曰“胃为肾关门，肾衰胃不能司开阖，胃无约束，任其越出”，故恶心呕吐；肾阳亏虚，无权化阴，津液不能上承，则见舌红少苔欠津而夜尿频数。中医学认为，寒极则死，阳回则生，故治当温运。麻黄附子细辛汤加味方中，制附子温肾散寒，《本草汇言》记载“附子，回阳气，散阴寒，逐冷痰，通关节之猛药也。诸病真阳不足，虚火上升，咽喉不利，饮食不入，服寒药愈甚者，附子乃命门主药，能入其窟穴而招之，引火归原，则浮游之火自熄矣。凡属阳虚阴极之候，肺肾无热证者，服之有起死之殊功”；麻黄配桂枝，温阳化气，顺接阴阳；细辛温肺化痰止痛；杏仁止咳平喘；仙鹤草有止血、补虚、强壮的作用，为治疗肺癌咯血常用中药；生姜、炙甘草、大枣调和脾胃。诸药合用，振奋阳气，温通经脉，则热退痛减，获桴鼓之效。

四、小结

麻黄附子细辛汤为温阳发表之峻剂，由于张仲景论述简要，加之药物峻猛，运用范围受到限制[2]。随着近代临床医生实践经验的不断丰富，麻黄附子细辛汤的应用范围随之扩大，用于治疗临床各科杂症。笔者认为，麻黄附子细辛汤外解太阳之表，内散少阴之寒，故肾阳不足复感外邪表现出本虚标实之证者，皆可以此方加减施治。颜德馨教授认为，麻黄附子细辛汤中麻黄引经，利肺定喘，附子益火温肾，配细辛直入少阴，细辛温化痰饮止咳平喘，故麻黄附子细辛汤对寒性咳喘起“温药和之”的作用[3]，治疗肺肾阳虚导致的以寒性咳、痰、喘为主要表现的呼吸系统疾患，收效颇佳。

参考文献

[1] 王程秀，安佳岐．代赭石辨证应用验案4则［J］．山西中医，2006，22（4）：40.
[2] 刘爱真．麻黄附子细辛汤的辨证运用［J］．中医研究，2010，23（1）：58～59.
[3] 杨生超．颜德馨教授运用经方经验鳞爪［J］．国医论坛，1995，10（5）：22.

［《河北中医》2012，34（12）：1818］

麻黄连翘赤小豆汤治验举隅

刘芙蓉　山东中医药大学第二附属医院
李　靖　泰安市中医二院

麻黄连翘赤小豆汤出自张仲景《伤寒论·辨阳明病脉证并治》“伤寒瘀热在里，身必黄，麻黄连轺赤小豆汤主之”，用于治疗湿与热合、互结于里的湿热发黄早期。笔者临证用此方加减治疗急慢性肾炎、难治性肾病综合征等肾系疾病获良效，现报道如下：

一、急性肾炎

案1　患儿，男，12岁，2009年2月5日初诊。20d前，患儿感冒，咽痛、低热，自服“清开灵颗粒”后热退。5d前出现颜面部及双下肢水肿，皮肤润泽光亮，下肢按之没指，尿量减少，尿色深黄，舌质红，苔薄黄，脉浮数。查尿常规示：蛋白＋＋，潜血＋＋。西医诊断：急性肾炎。中医诊断：水肿，辨证为风水泛滥，治宜疏风清热、宣肺行水。处方：麻黄6g，连翘15g，赤小豆15g，桑白皮20g，白茅根24g，小蓟12g，生姜6g，大枣4枚。水煎服，每日1剂。3剂后，患儿水肿明显减轻，尿量较前增多。守方12剂后，水肿完全消失，复查尿常规转阴。随访1年未再复发。

二、难治性肾病综合征

案2　患者，男，22岁，2010年4月10日初诊。1年前，因双下肢水肿就诊于外地医院，经肾穿刺确诊为“肾病综合征，轻度系膜增生性肾小球肾炎”，曾口服强的松60mg，1次/d，2周后尿蛋白转阴。3个月前，因劳累及感冒再次出现双下肢水肿，再次服用强的松60mg，1次/d，2个月后尿蛋白无明显减少。现全身重度浮肿，皮色光亮，伴胸脘痞满，纳呆，恶风怕冷，舌质红，苔少，脉浮数。西医诊断：系膜增生性肾小球肾炎。中医诊断：水肿，辨证为水湿浸渍，肺气不宣，治宜宣肺行气利水。处方：麻黄9g，连翘15g，赤小豆15g，桑白皮30g，桔梗10g，大腹皮24g，茯苓30g，生姜6g，大枣4枚。水煎服，每日1剂。5剂后，水肿明显减轻，尿蛋白减少，守方20剂后尿蛋白转阴。嘱患者清淡饮食，勿过劳及避免感染，随访1年未再复发。

三、慢性肾炎急性发作

案3 患者，女，35岁，2009年5月17日初诊。有慢性肾小球肾炎病史3年，多次查尿：蛋白+~++，潜血+，肾功能正常。1周前于肺部感染后突然出现全身浮肿，头痛欲裂，胸闷气短，纳呆，恶心欲呕，小便频数，量少，大便干，舌质黯红，苔薄黄，脉浮紧。查：尿蛋白+++，潜血++，颗粒管型20~30个/HP，尿素氮15.7mmol/L，血肌酐136μmol/L。西医诊断：慢性肾炎急性发作（局灶节段硬化性肾小球肾炎）。中医诊断：水肿，辨证为肺脾气虚，浊毒内停。给予西医常规抗感染治疗，并予麻黄连翘赤小豆汤加味：麻黄9g，连翘15g，赤小豆15g，桑白皮30g，蒲公英24g，金银花24g，葶苈子30g，牡丹皮15g，丹参15g，生姜6g，大枣4枚。水煎服，每日1剂。3剂后，患者尿量渐增多，全身浮肿渐消退。守方6剂后复查肾功能恢复正常，嘱患者避免劳累及感染。随访2年，病情均较稳定。

四、小结

上述3个病例均以水肿为主要症状，属为中医“水肿”范畴。《素问·汤液醪醴论篇》云：“平治于权衡，去菀陈莝开鬼门，洁净府。”指出对于水肿病，应用发汗、利小便的方法治疗。张仲景《金匮要略·水气病脉证并治》云：“诸有水者，腰以下肿，当利小便，腰以上肿，当发汗乃愈。”进一步指出在治疗水肿方面，发汗与利小便各自的侧重。上述3个病例均有水肿、恶风、舌红、苔黄、脉浮数等，其证乃卫表被遏，肺气失宣，内有湿热充斥上下，故治当散表通里齐下，以达清热利水散邪目的。方中以麻黄开郁宣肺，使邪从表而解；配合连翘、赤小豆清热利湿；桑白皮清热利水、宣达肺气，所谓“提壶揭盖”，使湿热之邪从小便而解；生姜、大枣顾护胃气，使脾土健旺，制水有主。全方合用，共奏宣表散邪、清热利水之功，故治之获验。

［《中国中医药信息》2012，19（5）：84］

麻黄汤加味治疗肩周炎验案2则

秦玉珍

江西省赣榆县海头中心卫生院中医门诊

肩周炎是以肩关节疼痛和活动不便为主要症状的常见病症临床表现为手麻，头痛头晕，失眠，颈肩酸痛，恶心，心慌，乏力，肩关节酸胀疼痛，活动受限，甚至肩关节不能上举中医属痹症范畴，分为风寒湿和风湿热两种笔者多年来运用麻黄汤加减治疗颈椎病200余例收到满意效果麻黄汤乃汉代张仲景所创，伤寒论中的辛温解表剂，方由麻黄，桂枝，杏仁，甘草组成此方为外感风寒表实证的基础方，方解有二：其一：风寒伤人肌表，毛窍闭塞，肺气不宣，卫气不得外达，营气涩而不畅其二：本方证为外感风寒，肺气失宣所致风寒之邪外袭肌表，使卫阳被遏，腠理闭塞，营阴郁滞，经脉不通且寒多夹湿，故笔者用去原方的杏仁，加穿山甲，防风，白蒺藜，血竭，桑枝，当归，羌活，细辛泡酒口服临床分为风寒湿和风湿热两种证型风寒湿加入白附子，川乌，草乌，白芍风湿热中加入苍术，薏苡仁，金银花兹举病例如下

例1 李某，男，62岁，建筑工地工人，2007年5月8日门诊自诉右上肢疼痛，抬举困难二年，近日无法穿衣，洗脸，生活不能自理，曾口服芬必得，复合维生素B和伸筋丹无效症见表情痛苦，心情烦躁，右上肢只能抬举到胸部水平，患者自诉没有因天气改变疼痛症状有变化舌红苔微腻脉濡数此为肩周炎风湿热型，应以清热利湿，活血通络止痛方用：麻黄20g，桂枝20g，甘草8g，赤芍20g，苍术20g，薏苡仁20g，血竭20g，穿山甲20g，白蒺藜20g，金银花20g，当归20g，黄芪120g，羌活20g，细辛15g，泡酒10斤，七天之后口服，中午和晚上各口服50g药酒方中麻黄辛温发散既能祛除表邪又能温散寒邪，还有利水消肿之功，既能赶散陈寒又能防止新邪乘虚而人，为治疗颈椎病基础方中的要药桂枝和肌表通经脉，和麻黄一温一通散寒除湿止痛甘草能清热解毒调和药性，防止过多通络药对胃的刺激穿山甲活血通络消肿止痛，白蒺藜行气破血，能散能温，血竭活血散瘀止痛，三药相须为用共凑行血通络之功金银花有清热解毒之功，对肩周炎的无菌性炎症有奇效当归甘温润，既能补血又能活血，补而不留滞，活而不伤正，香郁行散，可升可降黄芪味薄而浓可升可降，补气固表，利尿托毒，生肌排脓，黄芪当归合用，使血能速生，气能速行此方黄芪量大功专，显效迅速羌活祛风湿利关节止痹痛，尤专上半身风寒之邪细辛辛香走窜，善祛风寒，能赶邪外出赤芍止痛凉血消肿苍术、薏苡仁既能燥湿健脾又能祛风除湿，三药合用清热除湿现代药理学研究表明，此方中的苍术，薏苡仁，黄芪，细辛，羌活等都有抑制炎症介质释放成分，有抗炎功能其中苍术、薏苡仁又能弥补羌活细辛温

燥特性诸药合用，补气活血，祛风除湿，通利关节患服用了10天后便感觉疼痛减轻，3周后右上肢能抬举到头，6周后症状完全消除3年前有感有些疼痛，继服1剂至今未见复发

例2　贾某，女，42岁，绳网厂工人2011年10月17日就诊自诉双上肢疼痛，抬举困难，遇风寒阴雨天气症状明显加重，持续1年，近日连生活都不能自理双上肢已不能抬举，频频呻吟，舌淡苔白脉沉细此为肩周炎风寒湿型，应以祛风通络，散寒除湿止痛方用麻黄汤去杏仁：麻黄20g，桂枝20g，甘草8g，又加穿山甲20g，白蒺藜20g，血竭20g，当归20g，桑枝20g，羌活20g，细辛15g，黄芪120g，防风20g，白附子20g，川乌20g，草乌20g白附子祛风痰通经络，散结川乌和草乌相须为用祛陈寒止痹痛防风以祛风为长，既祛风寒又祛风湿，而且防风能解川乌和草乌的毒性此四味药在现代药理学研究表明都有麻醉止痛效果，防风还能提高实验小白鼠的痛阈患者服用1周后疼痛减轻，2周后双上肢能抬举到颈，4周后抬举自如，两月后又加服1剂，至今未见复发

服此药酒注意事项：①高血压患者一定要在血压降至正常水平后服用，而且要每天监测血压；②高血脂和冠心病，糖尿病患者忌服；③早上忌服，中午和晚上各服1次，每次服用量不超过25g，忌空腹服用；④胃炎胃溃疡患者慎服，一定积极治疗原发病后再服用

［《中国中医药现代远程教育》2012，10(23)：86］

麻黄在张仲景治哮喘诸方中的应用浅析

严兴海　蔡基鸿

昌吉回族自治州中医医院

麻黄为麻黄科麻黄属植物草麻黄（华麻黄）*E-. phedra sinica stapf*、木贼麻黄 *E. equisetina Bge.* 及中麻黄 *E. intermedia Schrenk et C. A. Mey.* 等，其茎枝入药。麻黄性辛温，味微苦，归肺、膀胱经，功擅宣肺平喘，为中医治疗哮喘之要药，有资料统计，在古今治疗哮喘方剂中，麻黄的使用频率约为58.6%[1]。张仲景在《伤寒杂病论》中提出了哮喘证的理法方药体系，这些成果为后世医家继承和发扬，并指导着哮喘的中医临床实践。在仲景治疗哮喘诸方中，麻黄的使用频率很高，灵活性很强，为了更好地学习经方的用药特点，以期在临床实践中学以致用，笔者试对麻黄在仲景治疗哮喘诸方中的应用作一浅析。

一、仲景治疗哮喘方中麻黄应用归纳

在《伤寒论》与《金匮要略》中，使用麻黄治疗哮喘的方剂共有5首，为麻黄汤、麻黄杏仁甘草石膏汤、小青龙汤、射干麻黄汤与厚朴麻黄汤。为了便于比较分析，笔者依据方剂出处，对主治证候，麻黄应用剂量，炮制方法，配伍药物5项内容做了归纳总结[2~3]，结果见表1。

表1　麻黄在仲景治哮喘方中应用归纳

方剂	出处	主治证候	麻黄剂量	配伍药物	炮制方法
麻黄汤	伤寒论（35），（36），（235）	太阳伤寒证，风寒外束，郁逆肺气；太阳阳明合病“喘而胸满”；太阳初传阳明“脉浮，无汗而喘”	三两	桂枝、杏仁、甘草	去节、先煮
麻黄杏仁甘草石膏汤	伤寒论（63），（162）	汗下后，邪热壅肺而喘	四两	石膏、杏仁、甘草	去节、先煮
小青龙汤	伤寒论（40），（41）；金匮要略（三十五）	太阳伤寒兼水饮内停	三两	桂枝、芍药、细辛、干姜、半夏、五味子	去节、先煮
射干麻黄汤	金匮要略（六）	寒饮郁肺	四两	射干、细辛、干姜、半夏、五味子、紫菀、款冬花、大枣	先煮
厚朴麻黄汤	金匮要略（八）	病近于表而邪盛于上	四两	厚朴、石膏、杏仁、细辛、干姜、半夏、小麦	无

二、结果分析

从表1可以看出，麻黄与不同的药物配合使用，可以用于治疗不同类型的哮喘，这主要是因为麻黄既可宣通肺气，又可降逆平喘，故为宣肺平喘的首选药物[4]。现代药理研究证实麻黄所含多种化学成分具有解痉平喘抗炎的药理作用：麻黄碱对支气管平滑肌痉挛有较持久的解痉作用，尤其对支气管平滑肌处于痉挛状态时作用更显著；麻黄挥发油中所含四甲基比嗪、萜品烯醇－4、1～α－萜品烯醇等都有平喘作用；甲基麻黄碱亦可舒张支气管平滑肌，作用强度与麻黄碱相近；麻黄的水提取物和醇提取物有抑制与Ⅰ型超敏反应有关的嗜碱性粒细胞和肥大细胞释放组胺等化学介质的作用，口服或腹腔注射后，能明显地降低腹腔毛细血管的通透性，抑制鸡胚尿囊膜肉芽组织的形成，并能抑制由致炎物右旋糖酐、角叉菜胶等引起的炎症反应。但是即便如此，在仲景治疗哮喘方中，并未尽用麻黄，从上述5方的主治证候来看，均是邪实证候。通过病性要素的归纳可以总结为风、寒、热、痰、饮5种，表明麻黄治疗哮喘总以实证为宜。这主要是因为麻黄性辛温，功用主在宣肺平喘，发散表邪，药性虽升中有降，但以升散为主，而肺为娇脏，喜润恶燥，使用麻黄不当有耗气伤阴之弊，故纯虚无实或虚多实少之哮喘，提示临证应用麻黄须谨慎[5]。周仲瑛总结出应用麻黄治疗哮喘的禁忌证如下：①头额汗出清冷，心悸喘促，气息短促微弱，有喘脱征象者；②痰少而黏，不易咯出，咽干，手足心热，舌红苔少或光剥，脉细数等真阴亏虚者；③平素肝阳上亢者[6]。

从现代药理研究来看[4]，首先，麻黄碱能使哮喘患者对地塞米松的代谢廓清加速，尿中排泄增加，这应引起用麻黄碱同时又需要用地塞米松或其他糖皮质激素长期治疗患者的警惕。哮喘患者，尤其病程较长者，常有肾阳虚的表现，此时垂体－肾上腺皮质功能低下，体内肾上腺皮质激素减少，故有肾上腺皮质功能低下的哮喘患者不宜使用麻黄碱治疗。其次，麻黄中所含挥发油及多种生物碱虽具有松弛支气管平滑肌，缓解气道阻力，利尿，抗过敏等药理作用，但同时麻黄碱还具有升高血压，增快心率的作用，在虚证哮喘患者中，大多合并心肺功能不全，血压的升高增加了心脏后负荷，心率的增快增加了心肌的耗氧量，在这种情况下使用麻黄明显弊大于利。由此可见肾虚患者应慎用麻黄。

麻黄在上述方剂中用药剂量为三两或四两，通过比较可以看出，在麻黄与桂枝合用的方剂中，麻黄的剂量为三两，而在不用桂枝的方剂中，麻黄均用至四两。这是由于麻黄桂枝相须为用，为防升散太过，所以适当减少了麻黄的用量。因此临证使用麻黄时剂量的确定要充分考虑到配伍药物的药性特点，不可千篇一律。当然，在临床实践中，还要根据患者的体质量、体质、性别、年龄及病证特点等因素综合考虑，灵活应用。

上述5方虽然都是使用麻黄治疗哮喘的经方，但是主治证候并不相同，与之配伍的药物相应的也不尽相同，可以较广泛地应用于多种哮喘证型，显示了中医用药的特色与优势[7]。在麻黄汤与小青龙汤中，麻黄与桂枝相合，桂枝一方面增强了麻黄发汗解表透邪之力，另一方面可以通经脉之凝以散寒；在麻杏石甘汤与厚朴麻黄汤中，麻黄与石膏配伍，麻黄宣肺，石膏泄热，寒热并用，外解在表之风寒，内清肺经之郁热。后世医家总结为，麻黄在太阳病证中的应用"寒则佐桂枝以温之，热则佐石膏以清之，乃仲景之定法"；另外杏仁配麻黄，加强了宣肺平喘之功；炙甘草配麻黄一方面可增强降气止咳之效，一方面可减弱麻黄的毒性；麻黄与五味子相配则散敛结合，既可宣肺平喘又可敛肺降气，做到散中有敛；在有饮邪因素的证候中，麻黄则配合干姜、细辛温肺化饮，利水平喘；小青龙汤中，以性味酸涩的白芍配麻黄、桂枝，一则敛肺益阴，二则缓麻桂之刚猛。而现代药理研究表明[8]，白芍有缓解支气管痉挛而平喘之效，据拆方实验表明，小青龙汤的平喘作用，并非主要依靠麻黄、半夏之力，白芍可能起重要作用。

在仲景方中，十分讲究药物的炮制与煎煮药方法，凡有提及，一般均有深意。在上述5方中，所用麻黄均为生麻黄。在麻黄汤、麻黄杏仁甘草石膏汤、小青龙汤中，麻黄注明去节，射干麻黄汤与厚朴麻黄汤中未提及。煎药方法除厚朴麻黄汤外，均要求麻黄先煎去沫。究其原因，生麻黄辛温发汗，止咳平喘之力强，经蜜炙之后，麻黄中所含挥发油含量降低，减轻了发汗之力，而平喘作用加强，所以在临床应用时，体质虚弱或咳喘甚者，一般选用炙麻黄[9]。麻黄去节使用，张锡纯认为："麻黄带节发汗之力稍弱，去节则发汗之力较强"（《医学衷中参西录》中册）。现代药理研究发现：麻黄节与节间生物碱含量有很大差异，节间生物碱含量是节的3.2倍，麻黄部位的毒理研究认为，节的毒性最大，故炮制时去节，除去了生物碱含量低的部分，可提高药材质量和临床疗效，减轻毒副作用。麻黄先煎去沫则可以减轻毒副作用[10]。

三、讨论

通过以上对仲景哮喘方中应用麻黄的分析，可以得出以下结论：①麻黄是宣肺平喘的首选药物，但是麻黄治疗哮喘总以实证为宜；②麻黄与不同的药物配伍使用，可以较广泛地应用于多种哮喘证型；③麻黄临证使用时剂量的确定要综合考虑配伍药物的药性特点、患者的体质量、体质、性别、年龄及病证特点等因素；④采用不同的炮制及煎煮方法，对于麻黄的药理作用有很大的影响。

参考文献

[1] 单书键．古今名医临证金鉴——咳喘肺胀卷［M］．北京：中国中医药出版社，1999：135.

[2] 李培生．伤寒论讲义［M］．上海：上海科学技术出版社，1997：77.

[3] 李克光．金匮要略讲义［M］．上海：上海科学技术出版社，1999：93.

[4] 刘永刚．麻黄汤组方原理的研究——麻黄汤及拆方抗炎、抗过敏哮喘作用及机制研究［J］．中医杂志，2007，31（3）：235.

[5] 董建华．现代中国名中医医案精华［M］．北京：北京出版社，1990：104.

[6] 刘永刚，罗佳波．麻黄汤及拆方对哮喘小鼠5～脂质氧合酶激活蛋白、白介素4基因的表达及白三烯C4的影响［J］．中国中药杂志，2007，32（3）：246.

[7] 林立孙．伤寒论方剂现代研究与临床应用［M］．北京：中医古籍出版社，2005：121.

[8] 王筠默．小青龙汤及其主要组成药的平喘作用［J］．药学通讯，1982，17（5）：54.

[9] 史兰华．中医处方解说［M］．北京：人民卫生出版社，2006：11.

[10] 黄建民，田伟．麻黄汤对哮喘小鼠气道炎症的作用［J］．2005，47（9）：182.

［《西部中医药》2012，25（3）：9］

麻杏石甘汤治疗呼吸系统疾病研究近况

黄贵华　广西中医学院第一附属医院

麻黄杏仁甘草石膏汤（简称“麻杏石甘汤”）是《伤寒论》的经典方剂，《伤寒论》63条载文“发汗后，不可以更行桂枝汤，汗出而喘，无大热者，可予麻黄杏仁甘草石膏汤”，其病机是表邪未除，余热迫肺，肺气壅遏；临床上以发热，咳嗽，气喘，痰粘色黄，脉浮弦或浮滑为典型症状。在辨证论治的基础上，临床疗效确切。而且麻杏石甘汤的作用广泛，其解热、抗炎、抗病毒作用显著，尤以治疗呼吸系统疾病见长，研究其治疗呼吸系统疾病的临床报道和实验研究，是一个值得研究的课题。现将关于麻杏石甘汤治疗呼吸系统疾病的相关研究综述如下：

一、临床研究

（一）肺炎、支气管炎

马晓勇等[1]采用麻杏石甘汤加减配合西药治疗社区获得性肺炎31例，并设常规治疗对照组观察，治疗组退热时间，咳嗽、气急消失天数，双肺啰音消失天数，X线示炎症吸收天数，平均治愈天数均较对照组缩短，两组有显著性意义（$P<0.05$）。施航[2]采用麻杏石甘汤加味治疗放射性肺炎，观察低热、刺激性干咳、气促、胸痛等症状消失情况，取得一定疗效。龙建新[3]应用麻杏石甘汤化裁方灌肠治疗毛细支气管炎，并与口服组对照，观察患儿的临床疗效、退热时间及预后喘息发作的情况，灌肠组明显优于口服组。李顺喜[4]采用麻杏石甘汤加味治疗秋冬季急性支气管炎，证属表寒里热者60例，总有效率为97.10%，疗效显著。周国锐[5]采用麻杏石甘汤加味配合抗生素治疗医院获得性肺炎发热（邪热壅肺证）30例，并与单纯运用抗生素治疗该证30例对比，有效率明显高于对照组。王利等[6]采用麻杏石甘汤加味治疗宁夏地区秋冬季急性支气管炎，证属表寒里热者，疗效显著。丘裕元[7]用麻杏石甘汤合二陈汤加减治疗慢性支气管炎急性发作期（痰热壅肺证）80例，疗效满意。陈志斌等[8]将社区获得性肺炎（CAP）患者40例随机分为两组，中药组服用加味麻杏石甘汤，西药组予以左氧氟沙星静脉滴注，治疗前后分别检测胸片、WBC、GR%、CRP、NAP积分，TNF－α等指标，结果中药组与西药组疗效相近，认为加味麻杏石甘汤治疗本病疗效确切，且能降低相关炎性因子的水平。

（二）外感发热

郭玉花[9]采用增液汤合麻杏石甘汤治疗外感发热，并与西医对症处理对照，治疗组总有效率为96.28%，优于对照组的82.76%。冉茂艳[10]自拟二青麻杏石甘汤，对经抗感染、解热止痛、抗病毒等处理后仍高热不退者，收效良好。谢存柱等[11]采用大黄麻杏石甘汤治疗上呼吸道感染高热80例，取得良好效果。石京花等[12]用麻杏石甘汤加味治疗外寒内热型外感发热120例，收到满意效果。

（三）哮喘

黎经兰[13]运用麻杏石甘汤加味治疗急性发作

期热性哮喘43例，并与同期单纯西药常规治疗40例对照观察，两组总有效率比较，差异无显著性意义（$P>0.05$），但治疗组临床控制率明显高于对照组，差异有显著性意义（$P<0.05$），治疗组肺通气功能（PEFR，FVC，FEV1，FEV1%）改善均优于对照组，差异有显著性意义（$P<0.05$）。郭玉琴[14]采用麻杏石甘汤治疗热哮44例，有效率为95.5%。

（四）咳嗽

刘艳虹[15]运用麻杏石甘汤加味治疗肺胃热盛型咳嗽，研究表明诸药配伍能奏宣肺化痰、和胃泻热之效。唐沙玲[16]采用麻杏石甘汤加味治疗喉源性咳嗽55例，并与服用头孢拉定胶囊、咳特灵片等的对照组对比，效果明显优于对照组。

（五）小儿疾病

马洪萍[17]采用麻杏石甘汤合小柴胡汤加减治疗小儿外感发热50例，退热效果显著。张长花[18]应用麻杏石甘汤加减治疗小儿外感发热30例，随机分成2组，对照组予西医对症处理，结果治疗组总有效率为96.7%，优于对照组。刁利红等[19]用麻杏石甘汤加味治疗小儿外感高热症100例，并以西药治疗的50例作为对照组进行临床观察，治疗组疗效明显。周永霞等[20]将60例小儿病毒性下呼吸道感染患儿随机分为两组，对照组予病毒唑治疗，治疗组在对照组的基础上加服加味麻杏石甘汤。治疗组的体温下降时间、体温恢复时间、肺部啰音消失时间及X线片恢复正常时间均短于对照组。刘小凡教授[21]以苏葶麻杏石甘汤治疗咳嗽之痰热蕴肺证、哮喘之热哮、肺炎喘嗽之痰热闭肺证，均效果满意。

（六）其他

高峰[22]应用乙字合麻杏石甘汤（经验方）治疗混合痔术后肛缘水肿86例，可以达到清热理气、活血消肿的目的，从而治疗肛缘水肿。王玉光等[23]研究甲型H1N1流感确诊病例6例，认为常见证候为风热袭表，辨证应用麻杏石甘汤治疗，可迅速退热，改善咳嗽、咽痛、头痛等症状，缩短流感病程。杨宝琴[24]应用苍耳子汤与麻杏石甘汤加减配合西药治疗鼻窦炎31例，认为其清热解毒、活血祛瘀、宣肺通窍的功效明显。

二、实验研究

（一）解热抗炎

马以泉等[25]以麻杏石甘汤高剂量组、低剂量组灌胃和对照组灌胃，观察对酵母致大鼠发热的解热作用，对巴豆油致小鼠耳壳炎症的抗炎作用，对氨水致小鼠咳嗽的镇咳作用，对肺炎双球菌和金黄色葡萄球菌的抑菌作用，对流感病毒、副流感病毒的抗病毒作用。认为麻杏石甘汤具有较好的解热、抗炎、镇咳、抑菌和抗病毒作用。樊冬丽等[26]采用微量量热学方法，研究麻黄汤和麻杏石甘汤对金黄色葡萄球菌生长代谢的热谱图。采用鼻腔接种法建立A型流感病毒小鼠肺适应株动物感染模型[27~28]，观察麻杏石甘汤对A型流感病毒感染小鼠免疫器官重量指数及TNF-β、IL-2、IL-4蛋白表达水平的影响，认为麻杏石甘汤通过提高小鼠免疫器官重量指数、调节细胞因子的蛋白表达水平，对机体抗感染免疫发挥调节作用。林胜友等[29]通过复制SD大鼠放射性肺炎模型，以麻杏石甘汤高、中、低剂量灌胃的方法，观察麻杏石甘汤对急性放射性肺炎大鼠血浆及肺组织细胞中IL-6与PDGF水平的影响，认为麻杏石甘汤对放射性肺炎急性期大鼠有一定的改善作用。

（二）抗过敏平喘

黄丰等[30]通过大鼠被动皮肤过敏反应（PCA）实验，探讨麻杏石甘汤抗I型变态反应的作用机制，认为麻杏石甘汤的抗过敏作用与抑制肥大细胞的脱颗粒及炎性物质释放有关。经鑫爱等[31]采用腹腔注射卵蛋白和灭活百日咳杆菌方法，制成大鼠哮喘模型，探讨加味麻杏石甘汤对实验大鼠支气管哮喘血浆及肺组织中NO、ET-1的调节作用，结论为通过下调血浆和肺组织NO、ET-1的合成和释放，从而减轻哮喘气道炎症及气道上皮重建，降低气道高反应性，可能是麻杏石甘汤治疗哮喘的机制之一。陈景杰等[32]随机将32只小鼠分成中药治疗组、正常对照组、西药治疗组、模型对照组，探讨麻杏石甘汤加味对喘息性支气管炎小鼠的治疗作用，认为麻杏石甘汤加味能通过降低喘息性支气管炎小鼠的嗜酸性粒细胞数量从而缓解小鼠哮喘的发作。

三、结语

目前，有关麻杏石甘汤的临床报道和实验研究，主要是在呼吸系统方面，然而根据肺与大肠相为表里的关系，麻杏石甘汤从而能够治疗肛缘水肿等疾病。另外，麻杏石甘汤实验研究的方式、方法也多样化，丰富了其研究的深度与广度。但是，麻杏石甘汤的临床评价标准没有得到统一，研究的方法方式良莠不齐，有待进一步统一。麻杏石甘汤作用的量效和时效的研究尚属空白，望有识之士在这一领域有所研究。

参考文献

[1] 马晓勇，陈丽君．麻杏石甘汤加减配合西药治疗社区获得性肺炎31例［J］．陕西中医，2011，32（4）：395～397.

[2] 施航．麻杏石甘汤加味治疗放射性肺炎39例［J］．江西中医药，2003，34（7）：13.

[3] 龙建新．麻杏石甘汤灌肠治疗毛细支气管炎疗效评价［J］．山东医药，2010，50（44）：98～99.

[4] 李顺喜．麻杏石甘汤治疗表寒里热型秋冬季急性支气管炎60例临床报告［J］．中国中医药咨讯，2011，3（10）：187.

[5] 周国锐．麻杏石甘汤加味配合抗生素治疗医院获得性肺炎发热30例［J］．中医研究，2011，24（9）：41～42.

[6] 王利，胡园．麻杏石甘汤加味治疗急性支气管炎69例［J］．时珍国医国药，2008，19（5）：1223.

[7] 丘裕元．麻杏石甘汤合二陈汤治疗痰热壅肺80例临床观察［J］．江西中医药，2002，33（2）：16.

[8] 陈志斌，陈碧虾，袁丽丽，等．加味麻杏石甘汤治疗社区获得性肺炎（痰热壅肺）疗效观察［J］．中国中医急症，2010，19（5）：725～733.

[9] 郭玉花．增液汤合麻杏石甘汤治疗外感发热［J］．湖北中医杂志，2011，33（5）：52～53.

[10] 冉茂艳．自拟二青麻杏石甘汤治疗高热132例［J］．中国中医急症，2004，13（11）：715.

[11] 谢存柱，吴韬，谢勤，等．大黄麻杏石甘汤治疗上感高热临床观察［J］．中国民族民间医药杂志，2002（2）：219～220.

[12] 石京花，王泽民．麻杏石甘汤加味治疗外感发热体会［J］．中医药通报，2010，9（2）：51～52.

[13] 黎经兰．麻杏石甘汤加味治疗急性发作期热性哮喘43例分析［J］．实用中医内科杂志，2005，19（1）：38～39.

[14] 郭玉琴．麻杏石甘汤治疗热哮44例疗效观察［J］．中国医药指南，2008，6（23）：352～353.

[15] 刘艳虹．麻杏石甘汤加味治疗肺胃热盛型咳嗽60例［J］．江苏中医药，2004，25（6）：29.

[16] 唐沙玲．麻杏石甘汤加味治疗喉源性咳嗽55例临床观察［J］．江苏中医药，2008，40（8）：38.

[17] 马洪萍．麻杏石甘汤合小柴胡汤加减治疗小儿外感发热［J］．现代中西医结合杂志，2010，19（17）：2154～2155.

[18] 张长花．麻杏石甘汤加减治疗小儿外感发热30例分析［J］．首都医药，2008，15（14）：46～47.

[19] 刁利红，王超，吴志秀，等．麻杏石甘汤加味治疗小儿外感高热症疗效观察［J］．湖南中医药导报，2002，8（6）：343.

[20] 周永霞，陈可静．加味麻杏石甘汤治疗小儿病毒性下呼吸道感染（痰热壅肺型）临床观察［J］．中国中医急症，2004，13（11）：733～767.

[21] 周璟，王大龙，高彩霞．刘小凡教授运用苏葶麻杏石甘汤治疗小儿痰热证［J］．甘肃中医，2010，23（11）：11～12.

[22] 高峰．乙字合麻杏石甘汤治疗混合痔术后肛缘水肿86例［J］．福建中医药，2010，41（5）：26～27.

[23] 王玉光，王晓静，杜宏波，等．6例甲型H1N1流感确诊病例中西医证治报告［J］．北京中医药，2009，28（6）：403～406.

[24] 杨宝琴．苍耳子汤与麻杏石甘汤加减配合西药治疗鼻窦炎31例［J］．陕西中医，2007，28（8）：958～959.

[25] 马以泉，王仁忠，曹灵勇．麻杏石甘汤药理作用研究［J］．中国药业，2005，11（4）：32～33.

[26] 樊冬丽，廖庆文，鄢丹．基于生物热力学表达的麻黄汤和麻杏石甘汤的寒热药性比较［J］．中国中药杂志，2007，32（5）：421～423.

[27] 李玲，卢芳国，熊兴耀，等．麻杏石甘汤对A型流感病毒感染小鼠的免疫保护作用［J］．中医药学报，2010，38（2）：25～28.

[28] 卢芳国，张波，严杰，等．麻杏石甘汤对A型流感病毒感染小鼠IL－2、IL－4蛋白表达水平的影响［J］．中华中医药学刊，2011，29（3）：475～477.

[29] 林胜友，孙晓南，代琳．麻杏石甘汤对急性放射性肺炎大鼠IL－6与PDGF水平的影响［J］．浙江中医杂志，2011，46（7）：517～519.

[30] 黄丰，童晓云，张荣华，等．麻杏石甘汤对肥大细胞脱颗粒的影响［J］．中成药，2008，20（11）：1583～1584.

[31] 经鑫爱，孙桂芳．加味麻杏石甘汤对哮喘大鼠平喘作用的实验研究［J］．包头医学院学报，2010，26（2）：12～13.

[32] 陈景杰，张珍，孙建伟，等．麻杏石甘汤加味治疗喘息性支气管炎实验研究［J］．吉林中医药，2010，30（10）：908～909.

［《广西中医药》2012，35（2）：6］

麦门冬汤功效初探

侯俊丽　赵廷浩

天津中医药大学附属武清区中医院

麦门冬汤原出于《金匮要略》，是张仲景的著名方剂之一。原治疗“火逆上气，咽喉不利”，其方确实具有清热降逆滋养阴液之功，因此，葛洪在《肘后》中用治“肺痿，咽喉燥而渴者”，沈明宗在《沈注金匮要略》里定为治疗肺痿之主方，这些均是根据原文中“火逆上气”的病理机制决定的。

麦门冬汤具有清热降逆滋养阴液之功，以下从各家著作中摘录关于麦门冬汤的论述以进一步阐述之。

喻嘉言说“此方治胃中津液干涸，虚火上炎，治本之良法也。夫用降火之药，而火反升，用寒凉之药而热转炽者，徒知与火热相争，而正气不致，津液不生不维无益，而反害之矣，凡肺病有胃气则生，无胃气则死……孰知仲景妙法，于麦冬、人参、甘草、大枣、粳米大补中气，以生津液，又于生津液队中增入半夏辛温之味，以开胃行津，而助润肺，岂特用其利咽下气哉。顾利咽下气，非半夏之功，实善用半夏之功矣。”可见，胃中津液上朝咽喉，则咽干喉燥自愈。费伯雄说：“半夏入辛燥药中行燥，入滋润药中则下气而化痰，胃气开通则逆火自降，与徒用清寒者真有霄壤之别。”可见开通胃气是降虚火的重要法门，后世“火神派”常开通胃气后再温阳与此具有同样的机理。尤在泾说：“以麦冬之寒治火气，半夏之辛治饮气，人参、甘草之甘，以补益中气，盖外来者，其人多实，故以攻伐为急，从内生者，其气多虚，则以补益为主也。”张璐玉认为，本方是竹叶石膏汤之减味化裁而来。《张氏医通》：“凡肺病有胃气则生，无胃气则死，胃气者，肺之母也。故于竹叶石膏汤中偏除方名二味，而加麦门冬数倍为君，人参、甘草以滋肺母，使水谷精气皆上注于肺，自然沃泽无虞。当知火逆上气皆是胃中痰气不清，上溢肺坠，占据津液流行之道而然，是以倍用半夏，更加大枣，通津涤饮为先，奥义全在乎此，若饮不除，津液不致，虽日用润肺生津之剂，焉能建止逆下气之功哉。俗以半夏性燥不用，殊失仲景立方之旨。”亦是说本方是因为半夏具有清痰涤饮的作用而后津液方行，若此，则仲景的“火逆上气”就不真是“火”了，而是津液不能上承的“苓桂术甘汤证”了，可见此论也并不完全切合实际。徐灵胎《兰台轨范》说：“本方即竹叶石膏汤去竹叶、石膏加大枣也，专清肺胃之火，若火逆甚者仍用竹叶石膏汤妙。”可见此论并不囿于痰饮之说。

根据麦门冬汤的方义：麦门冬数倍于他药为君，以生津液而润火燥之气，甘凉滋润，使木得雨露而荣，热得滋润而消，滋肺清胃，泄火生津，为滋阴清热养阴妙品，故麦冬在《神农本草经》主胃络脉绝羸瘦短气，《别录》疗虚劳客热，口干燥渴。临床实践中，凡胃肺津枯，热燥炼津液而成痰者，正好用此品大生津液，冀其肺气得滋，津液得布，逆火自降，胃气乃和，燥气乃解，复加半夏一味，则半夏辛燥之品，殊不知有七倍麦冬，滋润之味，则半夏之燥，变为开通痰热结聚之力，从而使津液得以滋润，布敷灌溉三焦。并佐以人参、粳米、大枣、甘草，乃气阴并济之法，化源盈溢，如甘霖普降，燥气全消，病虽在肺，其本在胃之义也。

综上，麦门冬汤在临床中确有滋阴生津以治火逆之功。故陈修园在《金匮要略浅注》中说：“此为火逆之证而出其方也。此证绝无外感，亦无咳嗽，故用人参，否则人参必不可姑试也。”试观古方，用参冬之义，炙甘草汤用之，竹叶石膏汤用之，生脉散亦用之。炙甘草汤用之以益气生津，以通脉道；竹叶石膏汤用之，以治虚羸少气，清热除烦；生脉散用之，以补益气阴，以济气阴之伤。本方则以数倍麦冬为君，用于火逆上气，咽喉不利，以本方能够大生津液，以救气阴之急，从而达到津生液化，散火逆于无有之中，则为本方之特效。仲景在《金匮要略》里虽无明确治疗虚热伤津，热在上焦，因咳而致肺痿者之规定，历代医家实践证明本方确有实效。故沈目南定本方为治疗肺痿之主方，盖肺为水之上源，上居高位，为清肃之体，受脏腑上朝之气，吐故纳新，以荣百脉；邪热消烁，则津液伤，百脉不通，肺将痿矣，故独用本方大生津液以救之。

陈修园根据火逆上气而用本方治疗妇女倒经。并说：“此方专入阳明，阳明之脉以下行为顺，上行为逆”，由于冲任之脉皆隶于阳明，故以此方作为妇女倒经正治之法。近代医家张锡纯宗陈氏之说匡而充之，定加减麦门冬汤，亦治妇女倒经，并提出：“妇女倒经之证，陈修园、《女科要旨》借用《金匮》麦门冬汤，可谓特识，然其方原治火逆上气，咽喉不利，今日用治倒经，必略为加减，而后乃与病证吻合也。”故改易其方为麦冬、党参、半夏、山药、白芍、丹参、甘草、桃仁、大枣九味，本方主要以山药代粳米，补肾敛冲，半夏一味，降胃安冲，于是冲之气安于故宅，冲中之血自不上逆，循其故道，故加芍药、丹参、桃仁开其下行之路，故用之多效。

总之，麦门冬汤具有清热降逆滋养阴液之功，此功得于麦门冬本身，更由于半夏的辅助降逆、人参的益气作用。临床中我们可据此广而用之。肺为水之上源，滋阴补液当从滋补肺阴入手，然《中医基础理论》常谓肾阴为五脏阴液之本，在临床中如何看待并处置这些问题尚需进一步探讨之。

[《内蒙古中医药》2012，31（4）：37]

麦门冬汤合方临床应用札记

王　付　河南中医学院经方研究所

麦门冬汤是《伤寒杂病论》中辨治虚热证的重要基础代表方，方由麦门冬七升（168g），半夏一升（24g），人参三两（9g），甘草二两（6g），粳米三合（9g），大枣十二枚所组成，根据张仲景论“大逆上气，咽喉不利，止逆下气者，麦门冬汤主之。”既能辨虚热肺痿证，又能辨治胃气阴虚证，还能辨治咽喉虚热证，更能辨治其他诸多疑难杂病，于此试将多年临床运用体会介绍于此，以抛砖引玉。

一、结核性腹膜炎案

结核性腹膜炎是结核分枝杆菌引起的慢性弥漫性腹膜感染性疾病。辨治慢性结核性腹膜炎，既要用西药，又要用中药，特别是中西药并治则能明显提高治疗效果。周某，女，21岁，洛阳人。患者诉3年前至今，经常腹部隐隐作痛，下午腹胀，每天大便至少两次且呈糊状，夜间低热，进行性消瘦，服用中西药，腹痛、腹胀改善不明显，近因腹痛、腹泻加重前来诊治。根据症状疑为慢性结核性腹膜炎，后经结核菌素试验为阳性，血沉加快，X线检查提示为结核性腹膜炎。刻诊：腹痛，腹胀，腹泻，潮热，盗汗，形体消瘦，倦怠乏力，舌质红，苔薄黄腻，脉弦细。辨为阴虚饮结证，治当滋阴清热，化饮通络，给予麦门冬汤、增液汤与小半夏加茯苓汤合方。处方：麦冬168g，姜半夏24g，红参10g，炙甘草10g，粳米10g，大枣12枚，白术15g，山药15g，玄参24g，生地黄24g，生姜24g，茯苓15g。6剂，水煎服，每天1剂，每日分3服。二诊：潮热减轻，腹胀好转，以前方6剂。三诊：腹痛好转，以前方6剂。四诊：诸证得到有效控制，以前方6剂。五诊：病情稳定，以前方12剂。之后，为了巩固疗效，以前方变汤剂为散剂，每次6g，每日分3服，治疗6个月。随访1年，一切尚好。

用方提示：根据潮热、盗汗、舌红、脉弦细辨为阴虚，再根据腹胀、腹痛、苔薄黄腻辨为饮结，因形体消瘦、倦怠乏力辨为夹气虚，以此辨为阴虚饮结证。方以麦门冬汤清热滋阴，健脾益气，以增液汤滋补阴津，小半夏加茯苓汤燥湿化饮，降逆泄浊。方药相互为用，以奏其效。

二、慢性咽炎案

咽炎是临床中常见病之一，根据其临床表现又分为急性咽炎与慢性咽炎。急性咽炎是咽黏膜、黏膜下组织和淋巴组织的急性炎症。而慢性咽炎多由急性咽炎反复发作，咽黏膜、黏膜下组织和淋巴组织的慢性炎症的一种疾病。马某，女，48岁，郑州人。有20年慢性咽炎病史，服用中西药虽能缓解症状，可停药后咽痛复发，多次检查均未发现咽喉有器质性病变，近因咽痛加重前来诊治。刻诊：咽肿痛，咽干，心烦急躁，咯痰量少，时有夹血，声音嘶哑，五心烦热，神疲乏力，舌红少苔，脉虚弱。辨为津气两虚证，治当益气养阴，利咽止痛；给予麦门冬汤与桔梗汤合方加味。处方：麦门冬168g，半夏24g，红参9g，粳米18g，大枣12枚，桔梗9g，生甘草18g，桂枝10g，薄荷12g，玄参24g。6剂，水煎服，每天1剂，每日3服。二诊：咽痛，咽干好转，咯痰夹血消除，复以前方6剂。三诊：声音嘶哑有改善，又以前方6剂。四诊：诸证悉除，又以前方继续治疗20余剂。随访1年，一切尚好。

用方提示：根据咽痛、咽干、舌红少苔辨为阴虚，再根据神疲乏力、脉虚弱辨为气虚，因五心烦热、咯痰夹血辨为虚热伤络，以此辨为津气两虚证。方以麦门冬汤滋阴益气，兼以化痰；以桔梗汤清利咽喉，缓急止痛；加玄参清热凉血利咽，薄荷利咽止痛，桂枝通阳散瘀，兼防滋腻药壅滞。

三、间质性肺疾病案

间质性肺疾病是一组主要累及肺间质、肺泡和（或）细支气管而出现间质纤维化为基本病理特征的肺部弥漫性疾病，亦称弥漫性实质性肺疾病。急性期以损伤或炎症病变为主，慢性期则以纤维化为主。而特发性肺纤维化是原发性间质肺疾病中最常见的一种。商某，女，64岁，郑州人。有10余年支气管哮喘，3年前又确诊肺间质纤维化，近因病证加重前来诊治。刻诊：咳嗽，吸气困难，痰粘而黄，咯痰不利，时有带血，五心烦热，盗汗，食欲减退，消瘦乏力，肢体困重，杵状指色泽晦暗，舌质红，苔少略腻，脉细弱。辨为阴虚痰湿证，治当滋补阴津，润肺化痰，给予麦门冬汤与贝母瓜蒌散合方。处方：麦门冬168g，半夏24g，红参9g，炙甘草6g，粳米9g，大枣12枚，贝母9g，瓜蒌6g，花粉5g，茯苓5g，橘红5g，桔梗5g。6剂，水煎服，每天1剂，每日3服。二诊：咯痰爽利，咳嗽减轻，复以前方6剂。三诊：苔腻消退，精神好转，又以前方6剂。四诊，诸证得到有效控制，又以前方治疗40余剂。五诊，杵状指较初诊变小，色泽恢复正常，又将前方汤剂变为散剂，每次6g，每日3服，断断续续服用，以巩固治疗效果。随访3年，一切尚好。

用方提示：根据咳嗽、吸气困难、五心烦热辨为肺阴虚，再根据痰粘而黄、肢体困重、苔略腻辨为痰湿夹热，以此辨为阴虚痰湿证。方以麦门冬汤滋养肺阴，补益肺气，降逆化痰；以贝母瓜蒌散清热润肺，理肺化痰，降逆止咳。

四、肺结核案

肺结核是结核病中由结核分枝杆菌侵入人体后，在一定条件下引起的慢性传染病。本病一年四季都可发病，以15岁~35岁的青少年为高发年龄。辨治肺结核的最佳方法是既用西药又用中药，取长补短，疗效最佳。姚某，女，31岁，郑州人。半年前因低热，盗汗，咳嗽，痰中带血，因治疗效果不明显，经结核菌素及胸部X线检查，确诊为肺结核，服用抗结核类西药，自觉症状改善不明显，欲再服用中药。刻诊：咳嗽，时有痰中带血，气短声低，倦怠嗜卧，头晕目眩，五心烦热，盗汗，舌红少苔，或苔薄黄，脉细弱。辨为气阴亏虚证，治当益气养阴，止咳平喘，给予麦门冬汤与沙参麦冬汤合方加味。处方：麦冬168g，姜半夏24g，红参9g，炙甘草6g，粳米9g，大枣12枚，沙参18g，玉竹12g，桑叶10g，生扁豆10g，天花粉10g，五味子10g，乌梅12g，牡蛎24g。6剂，水煎服，每天1剂，每日3服。二诊：低热，咳嗽减轻，复以前方6剂。三诊：头晕目眩，五心烦热基本解除，又以前方6剂。四诊，诸证悉除，又以前方变汤剂为散剂，每次6g，每日3服，继续配合西药治疗，症状得到有效控制。之后1年复查，肺结核痊愈。

用方提示：根据咳嗽、痰中带血辨为肺热，再根据气短声低、嗜卧辨为气虚，因五心烦热、舌红少苔辨为阴虚，以此辨为气阴亏虚证。方以麦门冬汤清肺滋阴，补益肺气；以沙参麦冬汤既清热又滋阴，还助麦门冬汤益气生津，加五味子、乌梅，滋阴敛肺，牡蛎敛阴固涩止汗。

五、泌尿系结核案

泌尿系结核是由结核杆菌感染泌尿系所引起的慢性、进行性、破坏性炎症。泌尿系结核包括肾结核、输尿管结核、膀胱结核以及尿道结核等，以肾结核最常见。马某，男，54岁，郑州人。患者诉在1年前因尿不尽，腰痛，盗汗，低热而在某医院检查，诊断为肾结核，住院治疗40余天，出院后继续服用抗结核类西药，并配合中药治疗，可症状表现改善不明显，近因劳累诱发导致病症加重前来诊治。刻诊：尿频，尿血，尿不尽，腰痛，气短乏力，嗜卧，五心烦热，盗汗，舌红少苔，脉细数。辨为气阴两虚证，治当益气养阴，通利小便；给予麦门冬汤与猪苓汤合方加味。处方：麦冬168g，姜半夏24g，红参10g，炙甘草6g，粳米10g，大枣12枚，猪苓12g，泽泻12g，滑石12g，茯苓12g，阿胶12g，黄芪15g，白茅根30g。6剂，水煎服，每天1剂，每日3服。二诊：诸证略有改善，以前方6剂。三诊：盗汗减轻，五心烦热好转，以前方6剂。四诊：腰痛好转，以前方6剂。五诊：尿频、尿不尽恢复正常，以前方6剂。六诊：诸证解除，以前方6剂。之后，以前方治疗60余剂，诸证悉除，为了巩固疗效，以前方变汤剂为丸剂，每次服6g，每天分3服，治疗6个月，经复查结核菌素为阴性。随访1年，一切尚好。

用方提示：根据尿频、腰痛辨为肾虚不固，再根据气短乏力、嗜卧辨为气虚不摄，因五心烦热、盗汗辨为阴虚，以此辨为气阴两虚证。方以麦门冬汤益气养阴，以猪苓汤清热利水育阴，加黄芪益气固肾，白茅根凉血止血。方药相互为用，以奏其效。

六、皮肤黏膜淋巴结综合征案

皮肤黏膜淋巴结综合征（又称川崎病）是指以变态反应性全身血管炎为主要病理改变的急性发热性出疹性小儿疾病。李某，女，9岁，新乡人。于2年前出现发热，猩红热样皮疹，关节疼痛，呕吐，腹泻，以及心脏杂音等。在新乡、郑州等几家医院检查，诊断为皮肤黏膜淋巴结综合征，近因病症复发前来诊治。刻诊：身热，猩红热样皮疹，血尿，倦怠乏力，盗汗，五心烦热，关节疼痛，舌质红，苔薄黄，脉细弱。触诊颈部淋巴结肿大。辨证为气阴两虚，热郁营卫证，治当益气养阴，清热化瘀，给予麦门冬汤与麻杏石甘汤合方加味。处方：麦冬170g，姜半夏24g，红参10g，粳米10g，大枣12枚，麻黄12g，杏仁10g，石膏24g，生地黄24g，牡丹皮12g，藕节15g，炙甘草6g。6剂，水煎服，每天1剂，每日服6次。二诊：发热止，每天大便溏泄3次，减麦冬为150g，生地黄为15g，以前方6剂。三诊：关节疼痛基本解除，每天大便1次仍溏泄，减麦冬为120g，以前方6剂。四诊：大便正常，复查尿中红细胞（－），以前方6剂。五诊：颈部触诊，淋巴结肿大消失，为了巩固疗效，以前方治疗12剂。随访1年，一切正常。

用方提示：根据倦怠乏力、脉弱辨为气虚，再根据五心烦热、脉细辨为阴虚，因身热、猩红热样皮疹、舌质红、苔薄黄辨为营卫郁热，以此辨为气阴虚弱，热郁营卫证。方以麦门冬汤益气养阴；以麻杏石甘汤清宣营卫郁热，加生地黄、藕节，清热凉血止血，牡丹皮清热凉血散瘀。方药相互为用，以奏其效。

[《中医药通报》2012，11（6）：21]

麦门冬汤临床应用举隅

娄　劾　谢　君　肇庆市中医院

麦门冬汤出自“医圣”张仲景《金匮要略·肺痿肺痈咳嗽上气病脉证治第七》，原文为“大（火）逆上气，咽喉不利，止逆下气者，麦门冬汤主之。”该方由麦门冬、半夏、人参、甘草、粳米、红枣组成，主治“虚热肺痿”。然古今医家在临床运用该方时则多有发挥，并非拘泥于“肺痿”一。笔者在临床工作中对该方的应用亦有些许体会，现举验案3则如下：

一、鼻衄

患者男，18岁，2008年6月8日初诊。主诉：反复鼻衄半年余。现病史：患者半年前开始出现鼻衄，偶伴齿衄，多次在五官科门诊检查治疗，未发现明显器质性病变，予以对症处理后出血可止，但常因受热、进食辛辣食物及烦劳而诱发，甚以为苦。现症：形体消瘦，鼻衄，血色鲜红，鼻干，口干咽燥，无鼻塞流涕，舌质红，苔少，脉细数。西医诊断：原发性鼻衄。中医诊断：鼻衄。证属肺胃阴虚、虚火上炎。治以滋阴降火、凉血止血。处方：麦冬30g，法半夏10g，党参15g，山药15g，甘草5g，红枣6枚，白茅根15g，旱莲草15g，藕节15g。每日1剂，水煎，口服。4剂后复诊，患者诉服完第1剂半小时后即觉鼻咽部干燥感明显减轻，感觉似有液体流出，初以为鼻衄再发，用纸巾拭后见少量白色津液，整个鼻腔顿觉润爽，连服4剂后鼻衄次数显著减少。守方再进7剂鼻衄基本消失，随访1a未见复发。

按　患者系年轻学生，平素学业任务重、压力大，加之嗜食辛辣之品，耗伤津液，导致肺胃阴虚，阴虚则火旺，肺开窍于鼻，虚火上炎，迫血妄行则见鼻衄，热灼津伤故见鼻干、口干咽燥，结合舌脉，正合麦门冬汤所主“火逆上气”之证。《辨证奇闻》云：“人有鼻中流血，经年经月而不止者……盖吐血犯胃，衄血犯肺……治法惟调其肺气之逆”故予麦门冬汤原方加减，重用麦冬以养阴润肺、清虚热，半夏降逆和胃，能助津液之疏布，又得麦冬之制而无温燥伤阴之弊，以山药代替粳米，合党参、甘草、大枣以益气生津，津液充沛，虚火自敛，同时加以白茅根、旱莲草、藕节以凉血止血。全方正中病机，故获效如神。

二、顽固性失眠

患者女，40岁，2010年10月21日初诊。主诉：失眠3a余。现病史：患者近3a来反复失眠，每晚仅能入睡2h左右，开始应用西药安眠药后能增加至3～4h，以后逐渐无效，后又加用甜梦胶囊、百乐眠胶囊、七叶神安片等中成药效果亦不明显，经常整夜不能入睡。现症：除失眠之苦，尚有心烦，心悸多梦，咽干少津，头晕耳鸣，大便干结，舌红瘦且干，脉细。西医诊断：睡眠障碍。中医诊断：不寐，证属阴虚火旺。治以滋阴泻火、养心安神。处方：麦冬30g，法半夏10g，党参15g，山药15g，甘草5g，红枣6枚，酸枣仁15g，柏子仁15g，夜交藤20g。每日1剂，水煎，口服。药进4剂，睡眠增加至每日3～4h，精神明显好转。效不更方，继服7剂后睡眠基本恢复正常，嘱其服用中成药天王补心丹2瓶以巩固疗效。

按　失眠在《黄帝内经》中称为“不瞑”或“不得卧”。《灵枢·大惑论》云：“卫气不得入于阴，常留于阳……不得入于阴则阴气虚，故目不瞑矣。”此方重用麦门冬为君药，既能养心肺之阴，又能清心热，标本兼治；半夏能降火逆之气，佐以山药、党参、甘草等甘温补气之品，又有《灵枢》半夏秫米汤之意，和胃以充物质之阴；再合酸枣仁、柏子仁、夜交藤以养心安神。药证相合，故能解患者多年失眠之苦。

三、难治性糖尿病

患者女，56岁，2011年1月10日初诊。主诉：疲倦、多饮多食多尿7a余。现病史：患者7a前开始出现疲倦、多饮多食多尿等症状，在外院诊断为2型糖尿病，已联合服用瑞格列奈片、二甲双胍片、阿卡波糖片等多种降糖药物。近1a来血糖控制仍不理想，以餐后血糖升高为主，波动在13～17mmol/L，曾试用胰岛素治疗，但有过敏反应。现症：消渴善饥，多饮多尿，常觉疲乏无力，咽干口燥，心烦失眠，形体日渐消瘦，大便干结，舌干红少苔，脉虚偏数。2011年1月8日辅助检查：空腹血糖7.1mmol/L，早餐后2h血糖16.5mmol/L。西医诊断：2型糖尿病。中医诊断：消渴，证属气阴俱虚、肺胃有热。治以养阴益气清热。处方：麦冬30g，法半夏10g，党参15g，山药20g，黄芪15g，沙参 15g，大黄 10g，黄精 15g，知母 10g。水煎，每日 1 剂，口服。5 剂后复诊，诸症悉减，但夜寐仍差，餐后 2h 血糖降至 10mmol/L，在原方基础上加五味子 6g、夜交藤 15g，嘱其仅服用阿卡波糖片，停服其他降糖药物。7 剂后复诊，患者症状进一步改善，餐后 2h 血糖降至 8.1mmol/L。守方治疗 1 个月余，患者餐后血糖稳定，诸症缓解，随访 2a，情况稳定。

按　此案中患者服用西医降糖药物多年，近来血糖控制欠佳，考虑与药物继发性失效有关，故转而求助于中医。消渴者，阴虚为本，燥热为标，察患者症状，当以上消、中消为主，责之于肺胃之脏。方中以大剂量麦冬既能养肺胃之阴津，又能除烦热，两擅其功，半夏味苦以降阳明经脉之火逆之气，其性虽温，但有大剂量麦冬相制约。清代名医费伯雄[1]言："半夏之性，用于温燥药中则燥，用于清润药中则下气而化痰，胃气开通，逆火自降，与用清寒者真有天壤之别。"2 药寒温并用，相反相成，正是本方配伍之精妙所在。另佐以大黄、知母清胃热，沙参养胃清肺，久病者气阴俱虚，故以党参、山药、黄芪以补气生津。全方配伍严谨，药简而力宏，收到理想疗效。

四、小结

麦门冬汤为治疗肺胃阴伤、火逆上气的良方，历代医家均对其有所发挥。清代名医叶天士在《临证指南医案》中，大量化裁使用了该方，将应用范围由《金匮要略》中的劳复、肺痿病拓展到虚损、咳嗽、吐血、肺痿、三消、郁、疟、温热、疮疡等病证[2]。余在临床使用该方时多用山药以代替粳米，是学习清代著名医家张锡纯先生之经验，他善用山药，在其所著《医学衷中参西录》中有"白虎加人参以山药代粳米汤"一方，其认为："白虎汤加人参，又以山药代粳米，既能补助气分托邪外出，更能生津止渴，滋阴退热，洵为完善之方。"临床若能谨守病机，灵活化裁使用该方，定能解决诸多疑难杂病，体现出经方的魅力。

参考文献

[1] 费伯雄．医方论［M］．北京：中医古籍出版社，1987：69.

[2] 孙晓光，彭越．从《临证指南医案》看叶天士运用麦门冬汤的经验［J］．北京中医药大学学报：中医临床版，2011，18（1）：37～38.

［《中医研究》2012，25（5）：47］

梅核气治疗经验谈

张世安　垣曲县卫生学校
王雪梅　垣曲县人民医院

"梅核气"以咽中如有物梗阻，吞之不下，吐之不出为主要特征，属现代医学中的"慢性咽炎""癔病""神经官能症"等病症。张仲景《金匮要略》中说："妇人咽中如有炙脔，半夏厚朴汤主之。"于是两千多年来，半夏厚朴汤一直为治疗此病的经典名方，余初医道多用此方加减以治疗此疾，多能应手而瘥。如胸胁满闷甚者加木香、枳壳、青皮，以宽胸行气；胸闷呕吐者重用半夏、生姜加丁香、砂仁；泛酸舌黄者加黄连、吴萸；泛酸舌淡者加煅龙牡、海螵蛸；痰多者白芥子、苏子、桔红；咽痛者加山豆根、射干、桔梗……然亦有用之不效者，当需仔细辨证，另辟他途。

例 1　患者，女，46 岁。患者咽喉有异物感 1 年余，咽之不下，吐之不出，但进食正常，用半夏厚朴汤加减治疗，三十余剂效果不佳，以为癌变，情绪紧张，后经某医院诊断为"癔病"。随来求诊，证见：胸中不适、不思饮食、表情淡漠、夜寐不安、舌尖红、苔薄白、脉弦细。证属：情志郁结，气机不畅，津液失布，痰气交阻而成梅核气。治当开郁散结，调理气机为主。方用：生麦芽 30g、石斛 15g、乌药 10g、沉香 10g、海藻 10g、玉片 10g、生甘草 10g、浙贝母 10g、太子参 10g、炒枣仁 12g、百合 12g、柴胡 10g，5 剂。复诊：咽部稍感舒畅，饮食增加，睡眠改善，效不更方，原方再进 10 剂痊愈。半年后碰见问之未发。

按　方用乌药、沉香、玉片、太子参乃"四磨汤"也，以降逆气而扶正气，浙贝母、海藻化痰散结，柴胡、麦芽舒肝气而开胃消滞，石斛、百合养阴布津，炒枣仁养心安神。生甘草既能调和诸药，又能清咽利喉，诸药配合，切中病机，疗效显著。

例 2　患者，女，38 岁。3 年来下肢水肿，晨轻晚重，腰酸身倦，近半月又觉咽喉不利，如物梗死，咳之不出，咽之不下。时时清嗓，似觉暂畅，并有胸闷气短、头晕目昏、食欲减退等。查其面色无华、舌质淡胖、苔水滑、脉沉弦无力，初诊为痰气交阻之梅核气病，用半夏厚朴汤 3 剂不应。细思之，下肢浮肿多年，腰酸身倦，食欲减退，脾肾先虚故也，痰湿不得运化，阻碍肺气故见此象。治当温肾健脾，化痰理气，淡渗利湿。处方：茯苓 15g、泽泻 15g、苏子 10g、半夏 10g、当归 12g、生甘草

6g、前胡10g、厚朴15g、肉桂6g、沉香6g、白术10g、建曲10g，6剂。复诊浮肿消退，咽喉已不梗塞，原方再进6剂而愈。

按　方中以苏子、半夏、前胡、当归、肉桂、厚朴、甘草、沉香易陈皮乃苏子降气汤也，在上以降逆化痰，在下以肉桂温肾纳气，更加茯苓、泽泻、白术健脾利湿行水，建曲消食开胃，药证合拍，见效神速。

例3　患者，男，53岁。咽喉部阻塞感已数月，伴胸闷不适，服中药三十余剂无效，求余诊治。查其前用之方皆半夏厚朴之类，细问其证：心中烦闷，午后加重，呃逆频频，口干不欲饮，便稀，舌质红，苔黄腻，脉弦滑，每于生气后加重。辨属湿热郁结、气机不畅。治宜清湿热、利咽喉、降胃气。处方：茵陈10g、藿香10g、滑石15g、石菖蒲10g、连翘10g、川贝母6g、射干10g、桔梗6g、枇杷叶10g、旋复花6g（包煎）、杏仁6g、薄荷6g（后下）。服上方7剂，喉堵减轻，苔黄腻渐退，心已不烦，呃逆止。方中去菖蒲、连翘，加沉香6g、苏梗10g，再进7剂，诸证悉除。

按　方中以茵陈、滑石、藿香、菖蒲、川贝、射干、连翘、薄荷等甘露消毒丹之主药清利湿热，化痰利咽；加桔梗、杏仁、枇杷叶以增宣降肺气，开结化痰之力；加旋复花降逆止呃，后加沉香、苏梗亦是增强其降气宽胸之力。诸药合用，相得益彰。

例4　患者，女，50岁。咽中如物梗阻，口中干渴，时时饮水不止，平日外出水杯不离其身，晨起口干咽堵，活动后稍有缓解，患病经年，十分痛苦，四处求医，未能治愈。曾服沙参麦冬汤、半夏厚朴汤等无效，后经朋友介绍，求余诊治。述平日性情急躁、胸闷不适，望其两颧潮红、唇紫而干、舌红边暗、脉弦而涩。辨为瘀血内阻，痰与气结，津不上承之故。处方：当归15g、生地30g、桃仁10g、红花10g、枳壳12g、柴胡10g、桔梗10g、川芎6g、白芥子10g、乌梅15g、花粉10g、生甘草6g，服药6剂，咽喉觉爽，饮水减少，再进20剂而愈。

按　本方以血府逐瘀汤为主方理气活血，加白芥子、乌梅化痰散结，且二味为治梅核气之经验用药，花粉生津润喉，以止渴。诸药合用，切中病机。

例5　患者，男，48岁。素喜辛辣，又逢饮酒过度，烂醉如泥，送县医院输液醒酒，第2天醒后发热、咽痛、头痛、全身酸痛，按“上呼吸道感染”予以输液抗感染治疗，住院3d后出院，出院后仍觉咽部灼热而痛，如物梗阻，口服抗生素、炎立消等药虽有少效，但稍食辛辣即症状如前。一医投半夏厚朴汤2剂，嘱其用生姜作引，其妻不知，煎药时切生姜数十余片，服后更加严重。求余诊治，刻诊：咽部如物阻塞、灼热干痛，望之咽部潮红、扁桃体不大、舌红少苔、脉弦细数，阴虚火旺之象也。处方：玄参15g、麦冬15g、生甘草10g、桔梗10g、射干10g、山豆根10g、芦根30g、苏梗10g、丹皮10g，3副，药后灼痛干疼大减，舌上少有白苔，唯咽部仍觉有堵塞感。上方加半夏10g、厚朴10g、茯苓10g，再3剂而愈，嘱其戒酒戒辣1个月。

按　此患者醉酒后着凉致上呼吸道感染，经治疗缓解，但不忌辛辣，以致反复，虚火灼伤咽喉。前医用半夏厚朴汤治之，方本辛温，更增生姜用量，热上加热。余改用滋阴降火，解毒利咽之法，病情大减，二诊加半夏、厚朴、茯苓以收全功。后嘱其戒酒、戒辣一段时间以之巩固，因为酒与辣乃咽喉炎之大敌也。

结语　梅核气一病，多属痰气结于咽喉，但有时痰气结于咽喉只是表象，其本在何仍须细细辨之，所谓治病求本，不可不察。

［《基层医学论坛》2012，16（5）：601］

彭万年教授运用经方治验糖尿病性心脏病验案三则

陈氏秋云　彭万年　广州中医药大学

一、病案举隅

案1　胡某，男，70岁2010年10月28日初诊主诉：心悸头晕反复发作3个月加重1周患者既往有糖尿病史多年中医诊断为消渴病心痹；西医诊断为糖尿病性心脏病其间长期口服用养迪康拜糖平开富特雅施达等降压控制血糖治疗血糖血压控制不佳，空腹血糖波动在9～11mmol/L，血压波动165～210/98～112mmHg现患者心悸，头晕较重，神疲，乏力，困倦，面色苍白，肢厥，口干，多汗，尿多，色白，大便干结，舌质暗红，苔黄厚，舌面润，脉沉弦四诊合参，证属脾肾亏虚水气凌心处方用真武汤合二仙汤加减如下：熟附子（先煎）12g，白术12g，云苓15g，白芍20g，仙茅12g，仙灵脾12g，熟地15g，川芎12g，当归10g，知母12g，黄柏12g，炙甘草6g服上方4剂后，患者心悸，头晕减轻，汗多尿多减少；肢厥转缓，但肢端触之仍冷；口仍干，大便虽通仍偏干，厚苔略化效不更方，故守前方加田七10g，熟地增至20g继服4剂，上述诸证明显好转，厚苔渐化，弦脉亦转缓加减调治共服12剂心悸，头晕已平，面色始转红润，四肢渐温，尿稍多，色清，大便转常；舌淡红，偏暗，脉细沉微涩现空腹血糖波动在6.5～8.8mmol/L；血压波动在158～173/90～98mmHg后予健脾益气养血活血为主调理善后

按　本例患高血压病史多年，证见心悸，头晕，口干，舌红，苔黄厚，脉弦这很易被认为是阳热亢盛证，可患者面色白困倦，肢厥尿白，舌暗脉沉等表示为阳虚寒盛证，用真武汤合二仙汤加减，重在温补脾肾而祛寒湿此与仲景温肾利水法相类但本例水气少而寒气重，故不用生姜之宣散水气，加二仙汤于温肾祛寒寒湿去，阳气通则虽非专于清湿热而黄厚苔可化，心悸，头晕口干，肢冷自除

案2　吴某，女，66岁首诊日期2011年3月3日主诉：糖尿病史3年余，胸闷加重1个月现病史：患者因3年前体检确诊为2型糖尿病，当时多食易饥饿，无口干多饮，无小便频数，小便无泡沫，偶有胸闷，无头痛，无手足麻木等症状服用诺和龙片，血糖控制在8～16mmol/L现疲倦乏力气短，胸闷明显，无压榨感，喉间有痰，夜间口干口苦欲饮明显，目干涩，易饥，嗜睡，大便难排，夜尿2～3次，量少，色淡黄舌淡苔白厚，脉沉弱弦既往病史：脂肪肝右肾结石蛋白尿支气管扩张史四诊合参，证属脾阳亏虚，痰浊阻滞中焦方以四君子汤和瓜蒌薤白半夏汤加减，具体方药：党参20g，白术20g，云苓15g，熟附子8g，薤白15g，法夏12g，瓜蒌仁20g，淮山20g，肉苁蓉20g，细辛6g，五味子6g，炙甘草6g，北杏仁15g，炙麻黄6g共5剂，1剂/d，水煎服，服5剂后，复诊胸闷感已消失，喉中痰鸣感减弱，仍觉疲倦乏力，口苦，口渴，眠差，大便变软，夜尿较前减少，舌淡苔白微腻，脉沉弱弦现患者痰浊基本已祛除，治疗以健脾利水为本，方药如下：党参20g，白术20g，云苓20g，熟附子8g，淮山20g，丹参15g，香附15g，田七10g，猪苓15g，玉米须20g，肉苁蓉20g，北芪15g，炙甘草8g5剂，1剂/d，水煎服5剂后，患者诸症消失后以培补脾肾，间断服药后随访半年，阴雨天偶有胸闷，平素无不适。

按　冠心病是糖尿病的严重并发症之一，冠心病的主要症状是胸膺部痛闷不适大部分中医师惯用活血化瘀之法，这多半是把西医对冠心病的认识中医化的结果彭老通过多年的临床经验认为血瘀证型固然存在，但阳虚痰结证型也不容忽视大部分患者的胸膺部以闷痛为主，而血瘀的典型症状刺痛并不明显患者多是淡舌，脉多以寸口沉迟弦，关脉数微滑为主舌有瘀斑和瘀点，脉涩明显者临床上并不多见跟师以来，发现糖尿病严重并发症之一的冠心病以阳虚阴乘而致胸膺部闷痛不舒为多阳虚为本，阴乘而致痰瘀相结为标，治疗应以温阳消痰为主《金匮要略》中的瓜蒌薤白半夏汤非常符合这种证型，这也是彭老常用瓜蒌薤白半夏汤解决冠心病的原因所在该患者首诊胸闷明显，舌淡苔白厚，脉沉弱弦中医辨证属“消渴”病，脾肾两虚，气滞痰瘀证治法应以健脾温肾行气祛痰为主方以四君子汤为基础，加瓜蒌薤白半夏汤消痰宽胸解决胸闷的症状复诊时胸闷感消失，余剂继续调理。

案3　徐某，女，54岁首诊日期2010年12月4日，糖尿病合并冠心病主诉：现心口针扎样痛，右侧头劈裂样痛1天，脉细滑，舌紫，霉点突出而不红，苔白具体方药：瓜蒌皮15g，薤白15g，法夏12g，党参20g，白术20g，云苓20g，炙甘草8g，熟附子10g，丹参15g，肉桂6g，川芎15g，香附15g共5剂，1剂/d，水煎服，服后5剂，复诊代脉，舌淡胖暗有齿印苔润微白证属脾肾阳虚，痰瘀阻滞方药如下：川芎15g，赤芍15g，桃仁15g，当归15g，熟附子10g，白术15g，云苓20g，炙甘草8g，丹参15g，川红花8g，北芪30g，党参30g，薤白15g共5剂，1剂/d，水煎服，兼用西洋参8g高丽参8g田七8g顿服上五剂药复诊时明显好，心口痛转轻转方：柴胡6g，赤芍15g，川芎15g，当归15g，川红花8g，桃仁15g，党参20g，白术20g，云苓20g，北芪15g，丹参15g，熟附子10g，薤白15g，炙甘草8g共7剂，1剂/d，水煎服后症状明显好转，舌暗红苔白。

按　患者首诊用瓜蒌薤白半夏汤合四君子汤加肉桂附子香附丹参川芎患者心口疼痛脉滑细，舌质紫暗苔白是因痰瘀血互结胸膈的表现彭师用方目的就是行气结合补阳气通阳散结，祛痰宽胸兼活血服后5剂，脉细滑转至代脉表示患者主脏气衰微，心气失和，脉气不相顺接所致因此二诊时，彭师在前方的基础上加黄芪薤白鼓舞阳气另加西洋参高丽参三七炖服服药后诸症好转三诊时彭师继用生化汤合四君子汤为基本方逐瘀生新，方中加柴胡疏通气机；黄芪附子薤白合用升清阳，温阳化痰；加丹参既补血又活血，补而不滞上方攻补兼施，补气温阳与活血化瘀同用，气血足则脉道畅，脉道畅则痰瘀自消标本同治，故多年患疾，仍能几剂而除。

二、体会

彭教授用经方治疗糖尿病并发症的成功案例较多，尤其对糖尿病心脏病的治疗有独到见解笔者感受最深的就是他对张仲景学说研究的热忱彭师临诊

多年，非常强调阳气对人身之重要，认为患病时首先阳气受损，故治病应时刻顾护阳气，方中以四君子汤健脾益气但彭师在强调辨证论治灵活性的同时，特别强调预防和食疗对糖尿病的重要性。

[《亚太传统医药》2012，8（11）：164]

浅论桂枝汤化裁辨治不寐

缑燕华　皮　敏　杨卓欣
广州中医药大学附属深圳市中医院

一、不寐中医病因病机

不寐为中医病名，亦称“目不瞑”“不得卧”或“不得眠”，临床表现为轻者不易入睡或睡后易醒，多梦，醒后入睡困难，严重者彻夜难眠，日间常伴有头痛、头昏、心悸、健忘、焦虑、抑郁、易激惹等。

中医学认为正常生理状态下，卫气昼日常行于阳，夜行于阴，阳气尽则卧，阴气尽则寤，各种致病因素导致阴阳平衡失调，气血失和以致心神失养或心神不安，即发为失眠。《灵枢·口问》曰：“卫气昼行于阳，夜半则行于阴。阴者主夜，夜主卧……阳气尽，阴气盛则目瞑；阴气尽而阳气盛，则寤矣”；《灵枢·大惑论》中提到：“卫气不得入于阴，常留于阳，留于阳则阳气满，阳气满则阳跷盛，不得入于阴，则阴气虚，故目不瞑矣”；《伤寒六书》中指出：“阳盛阴虚，则昼夜不得眠”。由此认为失眠症的基本病机是营卫失和，阴阳不交，阳气盛、阴气虚。

二、仲景之太阳病、营卫阴阳学说与不寐

仲景在其六经辨证体系中发展了《内经》营卫学说，《伤寒论·平脉法》：“营卫不相将，三焦无所仰。”营卫的生理功能正常运行与五脏气血功能密切相关。卫气由肾中之阳气化生，与肺的宣发，膀胱气化，脾胃的运化，充养密切相关，亦离不开心阳的温通。太阳病，营卫失调可影响到心、肺、脾、胃、肾、膀胱、三焦等功能失调。营气属阴，包括津、血、津液。

阴阳是辨证总纲，张仲景认为外感误治，多汗伤阳，数下伤阴。“若复服，汗多亡阳，逐虚，恶风、烦躁，不得眠也。”“下之后，复发汗，昼日烦躁不得眠”。对于不寐病机，阴阳可指营卫，亦指气血津液。不眠之营卫失和病机当是机体营阴卫阳之偏盛偏衰或夹杂火热、痰、饮等病邪扰心，使卫气在本应该进入阴分时候，受到阻扰或仍有部分留在阳分。“不寐者不外乎二因，一则邪气干扰，使卫阳浮越；一则营气不足，致卫气内伐。”临证时需依据辨证，查阴阳营卫虚实，灵活运用，方可化解之。“凡病，若亡血，亡津液，阴阳自和者，必自愈。”

三、治疗不寐临证举隅

根据不寐之太阳病营卫失和病机。调和营卫治疗不寐，具体可体现在辛甘化阳，甘润养阴，补气益血，调和阴阳。

（一）心阳虚损

原文：《伤寒论·辨太阳病脉证并治中第六》118条：“火逆下之，因烧针烦躁者，桂枝甘草龙骨牡蛎汤主之。”针对心阳虚衰，心神不安之心悸怔忡不寐，以桂枝、甘草辛甘化阳，补益心阳，龙骨牡蛎重镇潜阳，安神定志。用桂枝汤去白芍是因白芍滋腻有碍心阳恢复。如在阳虚的基础上，还有痰湿内困，还需加化痰之品。《金匮要略·惊悸吐衄下血胸满瘀血病脉证治第十六》：“伤寒脉浮，医以火迫劫之，亡阳，必惊狂，卧起不安者，桂枝去白芍加蜀漆牡蛎龙骨救逆汤主之。”前方中甘草用量倍于桂枝，没有生姜。后方中桂枝用量重于甘草，桂枝、生姜各三两，甘草二两；故前者是心阳虚烦躁证，后者在辛甘化阳，顾护脾胃的同时祛痰潜阳。

（二）临证举隅

患者顾某，女，50岁，睡眠不佳2月余。入睡困难，睡后易惊醒，心悸、心慌，怕冷，头晕，手足欠温，舌淡，苔薄，脉迟弱。予炙甘草20g，桂枝20g，生姜10g，大枣10g，生龙骨30g，生牡蛎30g，太子参15g，麦冬10g，服7剂后，诉能入眠5小时左右，心悸，头晕皆缓解，仍感足冷。守原方，加巴戟20g，五味子10g，继服7剂后，寐安，诸症皆去。

若累及肾阳虚衰导致不寐，则可选用附子、四逆汤类方药加减化裁。如《伤寒论·辨太阳病脉证并治法上第五》第20条所述，发汗太过伤阳，心肾阳虚不能温煦，予桂枝加附汤。此证虽未提及不寐，但病属少阴心肾阳虚，多会有心神受扰，烦躁不寐。若心阳虚损致水饮停聚，上犯心神者，则可在桂甘配伍基础上佐茯苓、泽泻等化湿利水之品。

（三）阴阳俱损

1. 原文　《金匮要略·血痹虚痨病脉证治第六》：“夫失精家少腹弦急……男子遗精，女子梦交，桂枝加龙骨牡蛎汤主之。”此证论及之不寐，

为劳伤心气，心阳受损，虚阳上浮，阴精亏失于下，火不摄水，阴阳俱虚，阴阳失交，属内伤营卫失和。方用桂枝汤中桂芍甘相伍并得姜枣助，补虚和中，开阳护阴，另加龙骨牡蛎重镇潜阳。

2. 临证应用　王海生用此方化裁治疗一例患者：不寐，伴全身疲乏，心烦急躁，五心烦热，食欲不振。舌边尖红，苔薄，脉细数，20 余剂后获愈。王氏采用桂枝加龙骨牡蛎汤加味治疗老年性失眠 45 例与口服舒乐安定组对照，结果中药组疗效优于西药组。

3. 原文　《伤寒论·辨太阳病脉证并治第七》177 条："伤寒，脉结代，心动悸，炙甘草汤主之。"此方本为治疗结代脉方，然临床常可使用本方治疗心阳虚并心阴亏，气血阴阳俱虚，心失所养，神无所依之不寐。本方在桂甘配伍，辛甘化阳基础上，加人参、阿胶、地黄、麦冬等益气养阴之品，滋阴养血复脉，达温阳、益气、滋阴、养血，营卫和调之功。

4. 临证应用　何任治疗顾某，女，57 岁，早搏时作，烦躁，失眠，足肿，关节痛，舌胖，苔中稍厚腻，脉弦结代。辨证为心血不足，心阳衰微，予炙甘草 9g，麻仁 6g，党参 15g，桂枝 9g，川厚朴 9g，干姜 6g，阿胶 12g，生地黄 18g，淮小麦 30g，百合 15g，红枣 12g，焦六曲 12g。7 剂水煎服。一周后，夜寐已安，心悸偶发，苔腻已去，守前方，去川厚朴，加麦冬 12g，黄芪 15g，继服 14 剂而诸症俱除。

（四）营卫失和

1. 原文　《伤寒论·辨太阳病脉证并治第六》第 102 条："伤寒二三日，心中悸而烦者，小建中汤主之。"《金匮要略·血痹虚痨病脉证治第六》："虚劳里急，悸衄，腹中痛，梦失精，四肢酸疼，手足烦热，咽干，口燥，小建中汤主之。"虚劳里急乃阴阳失和，阴寒独行则里急，阴病不能与阳和，阳热浮越上扰则悸、衄、手足烦热。桂枝倍白芍加饴糖，辛甘生阳，酸得甘助而阴阳相生，合姜枣补中益气，健脾和胃，达补中缓急，和调气血，中气自立，诸症自去。如在虚劳里急，营卫气血两伤基础上更甚。《金匮要略·血痹虚痨病脉证治第六》："虚劳里急，诸不足，黄芪建中汤主之。"出现眩、悸、喘、咳、失精、亡血等阴阳俱虚损不足之证，需更加黄芪奏温中、补虚、调气血之功。

2. 临证举隅　曾门诊治一患者，女，38 岁。睡眠不佳反复 3 年，多梦，心悸，易惊醒，胃脘隐痛，常犯恶，喜温喜按，手心热，烦躁易怒，易疲劳，大便软，2～3 日一行。面黄，神疲，舌淡，舌尖红，苔薄，脉沉细。予黄芪建中汤化裁：黄芪 30g，桂枝 15g，白芍 30g，柴胡 10g，法半夏 10g，龙眼肉 10g，大枣 10g，炙甘草 5g，生姜 3 片。服 7 剂后，症状明显好转。睡眠时间延长，腹痛减缓。继服 10 剂后愈。

四、小结

对于太阳病之不寐。心阳虚证，张仲景以桂枝汤去白芍，桂枝、甘草配伍，辛甘化阳，并加龙骨、牡蛎潜阳安神。对于营阴受损，神无所养，阴损及阳，致营卫气血俱虚证。则宜白芍量多于或等于桂枝，甘草、白芍相伍，甘润养阴，补中寓和；若阳损及阴，阳虚为主，则桂枝量多于白芍，桂甘合用辛甘化阳，并姜枣益气补中，而且可随证加补气、益阴、养血、祛邪、潜阳之品，以助扶正祛邪，调和阴阳营卫。

[《光明中医》2012，27（7）：1458]

浅析当归四逆汤证的从肝论治法

袁　勇　戴永江　海南医学院附属医院
（指　导　杨世忠）

当归四逆汤源于东汉末年医圣张仲景撰写的《伤寒杂病论》中厥阴病篇。相关原文见于 351 条（"手足厥寒，脉细欲绝者，当归四逆汤主之"）和 352 条（"若其人内有久寒者，宜当归四逆加吴茱萸生姜汤"）。首先，大多数医家认为在临床过程中当归四逆汤常被用来治疗厥证，所谓厥证是指一类以手足逆冷为主要临床特征的综合征，伤寒论原文 337 条曰："凡厥者，阴阳气不相顺接，便为厥。厥者，手足逆冷是也。"其次，按照厥证的具体病因病机及治疗方法[1]，当归四逆汤证被称为八大厥证中的血厥证。此类证候多因血虚及气，气虚生寒，血气虚寒，不能温养四末之故。其组方原则以养血温经为主。再次，因为"肝主藏血"，故当归四逆汤临床运用应遵循从肝论治的法则。足厥阴之脉肝经起于足大趾，行于下肢内侧中线，环绕阴器，抵少腹，挟胃属肝络胆，上贯膈，布胁肋，上行连目系，出额与督脉会于巅顶，其支络可贯通于心。按照肝经的循行部位进行疾病归类，笔者在临床上常用当归四逆汤治疗头痛、胃脘痛、胸痹等病证，取得较好疗效，现就临证过程中所遇当归四逆汤证进行归纳分析，以飨同道。

一、头痛证

罗某，女，28 岁。自诉头痛反复发作十余年，以头之两侧及巅顶部隐痛为主，遇寒尤甚。如月经来潮常有少腹冷痛和手足冰凉之症，经量少，夹有血块。被西医诊断为“神经性头痛症”，长期服用止痛片和疏风活血通络的中药治疗，病情缠绵难愈。余诊之，适值夏季，酷热难耐，手掌发凉，未见明显汗出，舌质淡，苔薄白，两尺脉弱，两寸和关脉沉细。《伤寒贯珠集》云：“手足厥寒，脉微欲绝者，阳之虚也，宜四逆辈。”患者无眩晕耳鸣，无腰膝酸软，无全身恶寒，无小便清长，无完谷不化，寸关迟三部脉象不以微弱之象为主，故此病不以肾之元气虚损为先。《伤寒贯珠集》又云：“脉细欲绝者，血虚不能温于四末，并不能荣于脉中也。”患者因肝之阴血不足，血病及气，阳虚寒凝，肝胆之经脉不通，故头之两侧及巅顶部隐痛，遇寒尤甚；女子以肝为先天，厥阴之脉绕阴器而抵少腹，肝为血海，血室亏虚，故月经量少，寒凝则血瘀不通，故月经来潮常有少腹冷痛，夹有血块；手足冰凉与两寸、关脉沉细提示血虚寒厥之证。以养血温经，通络散寒为法，当归四逆汤加减。拟方如下：当归15g，桂枝15g，白芍15g，细辛10g，炙甘草10g，通草10g，大枣15g，柴胡15g，川芎12g。嘱水3碗余，武火熬至水沸，继之文火再熬半小时余，分2次口服，连进7剂，头部隐痛基本缓解。

按　此方以当归、白芍、大枣、甘草滋养肝血，桂枝、细辛温养阳气以通络散寒，柴胡、川芎、通草引药上达，疏通肝胆经络。其中特别指出的是细辛的用量问题，据吾翻阅文献考证，最早是李时珍撰写《本草纲目》时引用《本草别说》中“细辛不过钱”的说法。其实古时多以细辛的根部入药[1]，现时多以细辛的全草入药。细辛全草中有毒成分黄樟醚含量是根末中的1/5左右，经熬制30min以上，药汁中保存的有效成分以甲基丁香酚为主，而黄樟醚含量大大降低，不足以引起危害。《伤寒论》中当归四逆汤原方细辛用量为15g左右，但临床运用细辛把握3点原则：一是以全草入药；二是不用散剂，必须用汤剂；三是煎熬时间必须超过30min。

二、胃脘痛证

万某，男，55岁。自诉昨日饮酒后进行冷水浴，剑突下胃脘部胀痛不适，用热毛巾湿敷，症状可缓解，旋又复起，伴有脘痛连胁，恶心欲呕，胸闷嗳气。自服泮托拉唑钠肠溶片和麦滋林粉剂，未见明显缓解。患者既往有肝炎后肝硬化和慢性浅表性胃炎病史。此时正值春末秋初，海南寒冷天气已过，余视患者手套、棉袜皆全，舌质淡红，苔薄白，左关脉细弱，右关脉弦紧。王叔和释脉云：“细者小也，属阴血虚。盖营行脉中，阴血虚，则实其中者少，脉故小。”左关脉细弱，表明因肝硬化病程日久，肝阴血不足，虚寒已生。《金匮要略》曰：“见肝之病，知肝传脾，故当先实脾。”足厥阴之脉肝经抵少腹，挟胃属肝络胆。患者酒后进行冷水浴，外寒与内寒相合，侵犯中州之胃腑，寒凝经脉，气滞不通，故胃脘胀痛不适，伴有脘痛连胁，恶心欲呕，胸闷嗳气，右关脉弦紧证实寒凝胃脘之象。《伤寒论》的原文未言及本方能治胃脘痛，余想手足逆冷和脉细两个特征俱全，不妨一试。故以养血温经，和胃散寒为法，当归四逆汤加减。拟方如下：当归20g，桂枝15g，白芍15g，细辛6g，炙甘草10g，通草10g，大枣20g，生姜10g，砂仁12g。嘱水3碗半熬至1碗，武火熬至水沸，继之文火再熬半小时余，分2次口服，只进3剂，胃脘痛症状消除。

按　此方以当归、白芍、大枣、甘草滋养肝血，桂枝、细辛温养阳气以通络散寒，生姜止呕，砂仁和胃，通草引药上达于胃。《伤寒论》中当归四逆汤中通草，为今之“木通”，而今之通草为古之“通脱木”[1]。《本草纲目》中描述“通脱木其味淡，升也，入阳明胃经，可通气上达。”

三、胸痹证

刘某，男，57岁。自诉胸中刺痛半年余，遇寒尤甚，每次发作持续时间长达1h余，休息后或含服硝酸甘油疼痛不缓解，在海口各大医院检查示：胸片未见明显异常；心电图示：窦性心律，T波低平；心脏彩超示：左房稍增大，余未见明显异常；冠脉造影显示：左、右冠脉及分支未见狭窄影像。被多家医院诊断为“心脏神经官能症”，服用谷维素、维生素类西药和甘麦大枣汤、瓜蒌薤白半夏汤、血府逐瘀汤等汤剂，未见病情改善，反而加重，痛苦不堪。余问及病情，每次发作时手脚冰凉，放至热水中稍觉舒适，时有阴茎冷缩，有乏力、头晕症状发生，舌质淡红，苔薄白，脉弦细。患者病位虽在心胸，实质与肝相关，王冰云：“人动时，血运于诸经，人静时，血归于肝脏。”考虑患者年近六旬，肝血亏虚，由血及气，气虚寒凝，瘀阻肝脉，肝又有别络通于心，心血瘀阻，故胸中刺痛；气血俱虚，可见乏力、头晕；《灵枢·经脉》云：“肝足厥阴之脉……循股阴，入毛中，过阴器，抵小腹。”厥阴阴寒太盛，无以温煦筋脉，经脉失养，拘挛收引，故见阴茎冷缩；舌质淡红，苔薄白，脉弦细为血虚寒凝之象。以养血温经，通络散寒为法，当归四逆汤加减。拟方如下：当归20g，桂枝20g，白芍15g，细辛10g，炙甘草10g，薤白

10g，通草6g，大枣10g，田三七7g。嘱水1碗半和米酒1碗半熬至1碗，武火熬至水沸，继之文火再熬半小时余，分2次口服，连进14剂，胸痛症状缓解，无阴茎冷缩症状，手足转温，原方基础上再加生脉散以益气养阴，再服10剂，患者病情痊愈，追访至今，未见复发。

按 此方以当归、白芍、大枣、甘草滋养肝血；桂枝、细辛温养阳气以通络散寒；薤白宣通心阳；田七活血定痛；通草引药上达。方中取米酒之意源于《伤寒论》中当归四逆加吴茱萸生姜汤及炙甘草汤煎服法。以米酒（东汉末年称为清酒[2]）作为提取剂，一是可以提取药液的有效成分，尤其是细辛的醇提液使冠脉流量增加[3]，有强心、增加心输出量、扩张血管、降低外周阻力、松弛平滑肌作用；二是可以酒力助桂枝通络散寒；三是与甘草、大枣相合，辛甘化合为阳，资助阳气；四是防止当归、白芍、大枣等药过于滋腻，有碍脾胃运化。

四、讨论

当归四逆汤在临床中应从肝论治，注意把握3点原则：（1）定位在肝。牢牢把握手足厥冷和脉细两个临床特征，抓住血虚寒厥的病理机制，活用当归四逆汤。因为肝主藏血，肝又为血海，一旦肝血虚损，由血及气，气虚寒凝，按照肝经循行部位，可出现头部、心胸、脾胃、少腹、阴器、肢体、关节等部位的病变，尤其是以疼痛为主要临床表现的疾病疗效甚佳，据现代研究表明，当归四逆汤调整血液循环，改善末梢循环障碍的作用最为突出；镇痛、抗炎作用亦较显著[4]。故临床中可扩大当归四逆汤的运用范围，广泛运用于内、外、妇、儿科诸病。（2）注意养肝柔肝。肝主藏血，肝体阴而用阳，尤其在血虚寒厥证中，以滋补肝血和养护肝阴为主，组方时偏重当归、白芍和大枣等药物剂量。（3）注意温肝畅肝。滋补肝阴肝血的药物过重，可导致血行不畅，碍及脾胃。故以桂枝、通草或米酒等宣行阳气，既温肝散寒，舒达肝气，通行经脉，又阳中求阴，继养阴血。

参考文献

[1] 吕志杰．伤寒杂病论研究大成［M］．北京：中国医药科技出版社，2010：417.

[2] 郝万山．伤寒论讲稿［M］．北京：人民卫生出版社，2008：32.

[3] 蔡欣蕊，钱卫斌，郭伟星．当归四逆汤治疗冠心病的体会［J］．中国民族民间医药，2011，9（8）：93.

[4] 杨谦，张晓燕．异病同治，当归四逆汤临床心悟［J］．中医临床研究，2011，12（3）：41.

［《中医药导报》2012，18（4）：103］

浅析桂枝汤治疗不寐

孔红英　山东中医药大学

（指　导　张沁园）

不寐是以经常不能获得正常睡眠为特征的一类病证，主要表现为睡眠时间、深度的不足，轻者入睡困难，或寐而不酣，时寐时醒，或醒后不能再寐，重则彻夜不寐[1]。《黄帝内经》有“不卧”“不得卧”“目不瞑”等记载，《难经》始称为“不寐”，仲景《伤寒论》谓之“不得眠”等。笔者拟从不寐的发病机制、桂枝汤的作用原理来探析之。

一、不寐的发病机制

《伤寒论》中关于不寐的理论，有营卫阴阳说、脾胃失和说、心神说[2]。

营卫阴阳运行失常致不寐。《伤寒论》秉承《内经》的学术主旨，而《内经》是从阴阳营卫循行来论寤寐规律。营卫之气有阴阳刚柔之别，营行脉中，卫行脉外，其功能活动、运行规律与机体睡眠活动的关系颇为密切。《灵枢·口问》曰：“卫气昼日行于阳，夜半则行于阴，阴者主夜，夜者卧……阳气尽，阴气盛则目瞑；阴气尽而阳气盛，盛则寤矣。”卫气一昼夜周流全身五十周，日行于阳，夜行于阴，二者会合于夜半子时，行于阳则清醒，行于阴则入睡。只有营卫之行不失其常，才能昼精而夜瞑，反之，如营气衰少，厥气来客，卫气卫外等原因都会导致卫气入阴不利，留滞阳分，以致形成阴阳不相交接的不寐的结果。正如《灵枢·大惑论》曰：“卫气不得入于阴，常留于阳。留于阳则阳气满，阳气满则阳盛，不得入阴则阴气虚，故目不瞑矣。”

胃腑不和致不寐。《素问·逆调论》有“胃不和则卧不安”的论断。饮食不节致肠胃受损导致胃失和降可引起不寐。如太阳病汗后胃津亏乏，胃腑不和而致不得眠：“太阳病，发汗后，胃中干，烦躁不得眠，欲得饮水者，少少与饮之，令胃气和则愈”（《伤寒论》第71条）。在阳明病中，因阳明经有热，胃腑不和而致不得卧：“尺寸俱长者，阳明受病也，当二三日发，以其脉夹鼻络于目，故身热目痛鼻干，不得卧”（《伤寒例第三》）；若热结成实，影响腑气通降亦可致不能卧：“病人小便不利……喘冒不能卧者，有燥屎也，宜大承气汤”（第242条）。临床上常见的饮食不节，脉滑数有力就是中有宿滞痰火、胃不和则卧不安的明证。

心神失常致不寐。其因有二。①心阳亏虚：误用火法发汗，亡失心阳，可使心神不得潜敛，神浮于外而不得卧：“伤寒脉浮，医以火迫劫之，亡阳必惊狂，卧起不安者，桂枝去芍药加蜀漆牡蛎龙骨救逆汤主之”（第112条）。②热扰心神：如太阳病变证中热郁胸膈，上扰心神而致不得眠：“发汗吐下后，心烦不得眠，若剧者，必反复颠倒，心中懊憹，栀子豉汤主之”（第78条），又“伤寒下后，心烦腹满，卧起不安者，栀子厚朴汤主之”（第79条）。阳明病热留胸膈，热扰心神而致不得眠：“阳明病……若加温针，必怵惕烦躁不得眠……栀子豉汤主之”（第221条）。少阴病水气不利，阴虚有热，上扰心神而致不得眠：“少阴病，下利六七日，咳而呕渴，心烦不得眠者，猪苓汤主之”（第344条）。

二、桂枝汤治疗不寐的原理

1. 不寐之“营卫阴阳说”的基础在脾胃　营卫之气来源于水谷精微，营气为水谷精微中最清纯、最精华的部分，卫气为水谷精微中彪悍滑疾的部分。《内经》云：“人受气于谷，谷入于胃，以传于肺，五脏六腑，皆以受气，其清者为营，浊者为卫”，说明脾胃功能正常是化生“营卫”的基础。如若后天中焦的生理功能失常，会导致营卫来源匮乏或者营卫循行失度而致不寐。故《素问·逆调论》曰：“人有逆气不得卧……是阳明之逆也……阳明逆，不得从其道，故不得卧也……胃不和则卧不安。此之谓也。”此“胃”不单单指有受纳、腐熟之功的胃腑，而是泛指中焦，指在人体代谢中起运化作用的脾胃。《诸病源候论·脾胃诸病候》云：“脾胃二气相为表里，胃受谷而脾磨之，二气平调，则谷化而能食。”《景岳全书·脾胃》说：“胃司受纳，脾主运化，一运一纳，化生精气。”因此营卫失调会导致不寐，而营卫失调的病理基础在于脾胃功能的失常。

2. 桂枝汤为调理脾胃之剂　清代柯琴《伤寒来苏集·伤寒附翼》载桂枝汤“为仲景群方之魁”，后世医家亦誉之为群方之首，桂枝汤不仅是疏散外邪的发散之剂，更是理补中焦脾胃之剂。故曹颖甫说：“桂枝汤直是一首补方”。分析桂枝汤组成的五味药：桂枝（三两）味辛、甘，芍药（三两）味苦、酸，生姜（三两）味辛，大枣（十二枚）味甘，甘草（二两）味甘。其主要性味有辛、甘、酸、苦四种。桂枝、芍药辛散酸收，同用且等量，取其中和；苦降通利；甘则可补益、和中、调和脾胃。此即桂枝汤之味与用。据药理研究桂皮油有健胃、缓解胃肠道痉挛及利尿、强心等作用。故桂枝能使心脏搏动加速，脉搏加快，血液沿动脉加速向微细血管发散。桃核承气汤治瘀热互结于下焦之太阳蓄血证，即是行桂枝加速血液运行之用[3]。芍药的功用，《名医别录》曰“通顺血脉，缓中，散恶血，逐贼血，去水气，利膀胱、大小肠，消痈肿，治时行寒热，中恶腹痛、腰痛”，大意言芍药为通顺血脉之用。药理研究证明赤芍能扩张冠状动脉、增加冠脉血流量；赤芍水提液、赤芍苷及其衍生物有抑制血小板聚集的作用；其水煎剂能延长体外血栓形成时间、减轻血栓干重[3]。故芍药能活化静脉之血，扩张动脉，促进血液反注于心脏[4]。可见，桂枝促使血液沿动脉加速，芍药促进血液反流，将二者综合起来看，其共同作用就是加速全身血液循环，加快人体内的代谢。而代谢是通过脾胃正常的运化功能实现的，因此，可言桂枝汤有间接促进脾胃的功能。桂枝汤的方后注有云“服已须臾，啜热稀粥一升”以助发汗。对此，柯琴说“此汗生于谷”，张锡纯谓“此不惟助其速于出汗，实兼欲助胸中大气以固营卫之本源也。”意为喝热稀粥之后的汗是来源于谷气的，是脾胃运化之后产生的自然热量。方后注亦云：“若不汗，更服依前法。后服小促其间，半日许，令三服尽”。本有汗，服桂枝汤后，反现无汗，且服汤无汗后，仲景又加快用药频率。是因本病之自汗是虚汗，服汤后反无汗，是增强了中焦脾胃的功能后，人体中气稍强，可固住表气而不再自汗出，但因有外感，尚需通过发汗途径驱邪，故加大用药频率，使脾胃之气更强，还可产生源于谷气之“药汗”以达治病之目的。

营卫失调会导致不寐，而营卫失调的基础在于脾胃功能的失常。清代徐彬在《金匮要略论注》中曰：“桂枝汤，外证得之，解肌和营卫；内证得之，化气调阴阳。”可见，桂枝汤既可调营卫，又可和阴阳，且桂枝汤为调理脾胃之剂，使“胃”和则卧安。

当然，桂枝汤并非诸型不寐皆可治愈。《医效秘传·不得眠》中有云：“若汗出鼻干而不得眠者，又为邪入表也。”对于此类表有邪致不寐者，桂枝汤可治无疑。另外，心脾两虚兼阳气虚的不寐治疗中，则可合以桂枝汤。因桂枝汤调阴阳，和营卫，理脾胃，辛甘化阳，则阳气可生，精血有源。患者除不寐外，症兼自汗盗汗，肢倦懒动，饮食欠佳者，皆可先以桂枝汤调阴阳，理脾胃，再针对具体病因和体质进行治疗。

三、病案举例

笔者在跟师学习过程中，见一以桂枝汤治疗不寐之病案，记录如下：

女，30岁，2011年4月9日初诊。述产后夜寐不佳3个月。分娩时失血较多，产后体弱，夜寐常不实，曾服归脾丸不效。近1个月失眠加重，寐而易醒，体倦神疲，恶风自汗，懒于饮食，勉强进餐而已。2个月前已断乳，月经尚未行。刻诊：面色白，舌质胖嫩无华，苔薄白，脉细无力。方拟桂枝汤加味：桂枝10g，炒白芍10g，炙甘草6g，茯神12g，炒麦芽15g，生姜3片，大枣12枚。服上方3剂后，患者恶风自汗之症状消失，食欲始振，睡眠也较前好转。二诊加用归脾汤加味：党参15g，炒白术12g，炙黄芪12g，当归10g，酸枣仁15g，炙远志6g，龙眼肉12g。继服12剂，夜间已安然入睡，月经来潮。转以归脾丸巩固调养。

按　案中患者恶风自汗，说明营卫不和，故可用桂枝汤解肌调营卫。且患者体倦神疲，懒于饮食，是中焦脾胃失健的表现，用桂枝汤调理脾胃正宜。患者产时失血过多，现面色白，脉细无力，是心脾两虚的征象。但曾服归脾丸不效，是因阴阳气血不和，中焦脾胃运化失常，故虽补其虚而不效。尤在泾谓："和阴阳调营卫，而必以建中者，何也？中者，脾胃也，营卫生于水谷，而水谷运输出于脾胃，故中气立，则营卫流行，而不知其和。又中者，四运之轴，而阴阳之机也，故中气立，则阴阳相循，如环无端，而不极于偏。"所以，当先以桂枝汤调营卫，和阴阳，理脾胃，待四运之轴转动如常后，再进以归脾丸补其心脾。

参考文献

[1] 周仲瑛. 中医内科学［M］. 北京：中国中医药出版社，2007：146.
[2] 林如祥. 论失眠辨治［J］. 中国中医基础医学杂志，2002，8（1）：34.
[3] 高学敏. 中药学［M］. 北京：中国中医药出版社，2002：54，171.
[4] 张晓轩，刘敏. 桂枝汤芍药功效探微［J］. 光明中医，2009，24（6）：1143～1145.

［《山东中医杂志》2012，31（12）：909］

浅议《金匮要略》在类风湿关节炎预防方面的影响

唐　瑛　王科闯　沈宏春等
庐州医学院中西医结合学院

类风湿关节炎（rheumatoid arthritis，RA）是以对称性多关节炎为主要临床表现的异质性、系统性、自身免疫性疾病[1]。本病是慢性、进行性、侵蚀性疾病，是造成人类丧失劳动力和致残的主要原因之一，故素有"不死的癌症"之说。属于中医"痹证"范畴，亦有历节风、鹤膝风、白虎历节、鼓槌风、痛风等之称。本病可发生在任何年龄，随着年龄的增长患病率也随之增高，65岁以上或70岁以上老年人患病率最高，文化程度较低者患病率较高，女性略高于男性。成年人RA患病率为0.2%－0.8%[2]。随着我国步人老龄化社会，更好地预防和治疗类风湿关节炎，将有更重要的意义。

《金匮要略》虽无类风湿关节炎名称，但其中湿病、历节病等均有相关描述，涉及经方也用于类风湿关节炎的治疗，取得很好疗效，这些都可启迪我们对类风湿关节炎的认识。笔者试从《金匮要略》中挖掘出其"治未病"方面的思想，期望对类风湿关节炎的预防有所帮助。

一、病因病机

《金匮要略》虽没有对类风湿关节炎的论述，但不少地方论述了对四肢骨节疼痛的辨证论治，总的来说，强调正气不足是骨节疼痛发病的内在因素，感受风寒湿邪是致病的外在因素。如《金匮要略·中风历节病脉证并治》篇第4条所言："寸口脉沉而细，沉即主骨，弱即主筋，沉即为肾，弱即为肝。汗出入水中，如水伤心，历节黄汗出，故曰历节。"汗出致腠理开泄，人水中，易招风邪和湿邪相合，再加上素有肝肾不足，阴血亏虚，外邪由表侵入血脉，正邪博结，以致筋脉痹阻，不通则痛，故关节疼痛，不能屈伸。

《金匮要略·脏腑经络先后病脉证并治》篇第13条："风令脉浮，寒令脉急，雾伤皮揍，湿流关节。"《痉湿暍病脉证并治》篇第18条："风湿相搏，一身尽疼痛"；第21条："病者一身尽疼，发热，日晡所剧者，名风湿。此病伤于汗出当风，或久伤取冷所致也"；第23条："风湿相搏，身体疼烦，不能自转侧"；说明风寒湿邪是引起骨节疼痛发病的外在因素。

《金匮要略》还强调痰瘀互结，阻滞经脉气血运行为骨节疼痛的重要病理机制。如《中风历节病脉证并治》篇第9条："味酸则伤筋，筋伤则缓，名曰泄咸则伤骨，骨伤则痿，名曰枯。枯泄相搏，名曰断泄。营气不通，卫不独行，营卫俱微，三焦无所御，四属断绝，身体羸瘦，独足肿大"，本条强调营卫不通，三焦无所御，四属断绝。其实质气不行则血不行，血不行则津液不行，最终导致痰饮瘀血胶结，四肢气血运行不畅而断绝。

目前，对类风湿关节炎的中医病因病机，多数医家认同本病"正虚外感"[3]这一病机。其整个发病过程中的病机特点是本虚标实，正气虚则易感受风寒湿等外邪而发病，随病情的发展，病邪的深入，又进一步损伤正气，正虚应贯穿于疾病的全过程，但疾病进程中的每一阶段又有其主要矛盾。临床当重视本虚标实之病理基础，本虚主要是气血、经络亏虚，肝肾不足；标实为外邪及有形病理产物，如瘀血、痰浊、湿郁等。一般认为，类风湿关节炎初起（活动期），外邪侵袭，多以邪实为主。外邪流于经络关节，直接影响气血津液运行，也可导致痰瘀形成，从而导致关节剧烈疼痛。病久（缓解期）邪留伤正，可出现气血不足、肝肾亏虚之候，并可因之造成气血津液运行无力，或痰阻或成癖。

综上，《金匮要略》对四肢骨节疼痛的病因病机认识，涵盖了目前对类风湿关节炎病因病机的认识。因为RA其本在于正虚，那么培补正气，保持五脏元真通畅就能从根本预防类风湿关节炎的发生。

二、未病先防

中医药学源远流长，博大精深，在长期的发展过程不仅建立了辨证论治的理论体系，而且形成了较为完整的预防医学思想和有效的防治原则。《素问·四气调神大论》就提出："圣人不治已病治未病，不治已乱治未乱，此之谓也。夫病已成而后药之，乱已成而后治之，譬如渴而穿井，斗而铸锥，不亦晚乎！"《金匮要略·脏腑经络病脉证第一》提出："若人能养慎"则"不令邪风干忤经络。"这种防重于治的思想在今天仍有重要意义。《内经》"治未病"思想包括未病先防和已病防变两个方面，指出不但要治病，更要防病；治病要注意阻挡病变扩散和蔓延，防止疾病加重和恶化。本文主要探讨《金匮要略》中"未病先防"的预防思想，在预防类风湿关节炎有何积极作用？

（一）体质

近年来，中医体质学说长足发展，其以中医理论为基础，研究人类各种体质特征与体质类型的生理病理特点，并以此分析疾病的反应状况、病变性质及发展趋势，从而指导疾病预防和治疗的一门学科[4]。影响体质形成的因素分为主要因素和次要因素。主要因素包括先天因素、年龄因素、性别差异。次要因素包括地理气候、饮食、疾病、摄养。其主旨是先天决定体质的主要因素，但不是全部因素。个体体质一旦形成则相对稳定，但并非一成不变。王琦[5]认为："体质是在遗传和后天获得的形态结构，生理功能和心理状态等方面综合的相对稳定的特征。因此，基因和体质都是强调遗传（先天）因素在发病中的作用。"匡调元[6]认为："体质决定了某种疾病的易感性和所产生的病理类型的倾向性"。现行研究类风湿关节炎（RA）是一种与遗传因素关系很大的多基因疾病，HLA区域内的基因以及非HLA基因都对RA的易感性有影响，但具体机制至今仍然不清楚[7]。《金匮要略》在历节病篇就已经开始关注此病的体质因素。

《金匮要略·中风历节病脉证并治》篇第4条所言："寸口脉沉而细，沉即主骨，弱即主筋，沉即为肾，弱即为肝。汗出人水中，如水伤心，历节黄汗出，故曰历节。"本条强调骨筋病变之本，最主要是肝肾亏虚。也提示RA易感体质是肝肾亏虚。那么平素肝肾不足的人群，更应该注意不要汗出当风，汗出人水中。

《金匮要略·中风历节病脉证并治》篇第7条指出："盛人脉涩小，短气，自汗出，历节痛，不可屈伸，此皆饮酒汗出当风所致。"仲景认为盛人即身体肥胖之人，多为气虚体质，往往有余于外，不足于内，平素易短气自汗出，导致腠理更虚而易开泄，此时外风侵袭，风与湿合，形成关节疼痛、不可屈伸。针对该体质的人群，平素当健脾益气祛湿改善体质，防止汗出当风，以预防RA的发生。

《金匮要略·中风历节病脉证并治》第5条指出："趺阳脉浮而滑，滑则谷气实，浮则汗自出。"趺阳脉专候脾胃，本条说明胃肠内有湿热积蕴，内热盛而腠理开泄，汗出当风，易感受风湿之邪。故平素湿热体质，要注意清热利湿改善体质。

通过以上分析，可得出RA主要病变部位为骨筋关节，为肝肾所主，那么该病最本质的体质在于肝肾不足。另外，气虚，内热重易致腠理开泄，风寒湿邪侵入而发病。此与西医学研究基因的作用是一致的，在RA发病中具有易感作用，但当RA的发生有差异时，基因作用比起环境作用相对为弱[8]。从而，了解自身体质，有意识地改善生活习惯，有助于我们预防RA的发生。

（二）居住环境

目前西医学研究寒冷和潮湿作为一种全身性刺激因子，作用于遗传易感个体，使其发生改变，从而导致RA的发生。但是没有证据表明寒冷地区和潮湿地区有较高的RA发病率，国外也无这类报道，寒冷潮湿与RA的关系有待进一步研究[7]。

中医学早在《内经》就认为地理环境对人群的体质有重要影响。《素问·异法方宜论篇》就指出："南方者，故其民皆致理而赤色，其病挛痹。"强调南方潮湿易患痹病。《金匮要略·脏腑经络先后病脉证并治》篇第13条："风令脉浮，寒令脉急，雾伤皮腠，湿流关节。”《中风历节病脉证并治》篇第4条：“汗出人水中，如水伤心，历节黄汗出，故曰历节。”均强调环境中湿对于关节病变的关键作用。由此可知，生活在南方潮湿地区、河流附近、职业性易受潮等，应加强自我防潮。而“汗出当风”也提示我们汗出后，腠理开泄，极易感受邪气，故个人应注意，如劳动时汗出勿当风吹（空调、风扇）、内衣汗湿之后应及时换洗、劳动或运动后不可乘身热汗出便人水洗浴、最好保证热水洗浴、身热汗出时不要进食生冷以防寒湿内侵、垫褥被盖应勤洗勤晒以保持清洁干燥等。在感受风寒湿邪之后应积极彻底治疗，防病邪内传。

（三）运动

运动锻炼使气血流畅，调解体内的阴阳平衡，增强体质，减少疾病。运动锻炼方式很多，如跳舞、散步、慢跑、太极拳、健身操、游泳等。研究显示，游泳能使身体每个关节得到活动，对RA患者是一项很好的运动[9]。但无论选择何种运动方式，都要遵循一个原则，即微汗法。微汗法出自《金匮要略·痉湿暍病脉证治第二》原文第18条：“风湿相搏，一身尽疼痛，法当汗出而解，值天阴雨不止，医云此可发汗，汗之病不愈者，何也？盖发其汗，汗大出者，但风气去，湿气在，是故不愈也。若治风湿者，发其汗，但微微似欲出汗者，风湿俱去也。”用于治疗外感风湿表实证，因风为阳邪，其性轻扬开泄，易于表散；湿为阴邪，其性濡滞，难以速去。如大发其汗，则风邪虽去，而湿邪留滞，久则化燥伤阴，寒化伤阳。故正确的方法是“微微似欲出汗”，使阳气内蒸而不骤泄。林昌松[10]老师在临床中运用微汗法治疗类风湿关节炎取得良好疗效。虽然，此法用于治疗风湿病，但是仲景也提示我们大汗淋漓易伤阳气，微汗才能内蒸阳气而不耗散，故桂枝汤方后叮嘱其服法为“遍身漐漐，微似有汗。”RA之本在正气亏虚，运动达到微汗，正好能增强体质，而不耗散正气。

（四）饮食

目前这方面研究较少，叶冬青等[11]研究发现副食以蔬菜为主、口味偏辣以及偏淡对RA发病具有危险作用。张爱红[12]等则发现多食用水果（柑橘除外）、土豆、蘑菇具有预防类风湿关节炎的作用，多食用青菜是类风湿关节炎的危险因素。

反观中医学，早将食物和药物通过阴阳五行理论高度抽象概括以适应临床及养生。五味理论则成为指导食疗的重要原则。《金匮要略·禽兽鱼虫禁忌病脉证并治》篇曰：“凡饮食滋味，以养于身，食之有妨，反能为害。”饮食五味太过或者不及，都会影响人体发生疾病，关键在于一个度的把握。《金匮要略·中风历节病脉证并治第五》：“味酸则伤筋，筋伤则缓，名曰泄；咸则伤骨，骨伤则痿，名曰枯。枯泄相搏，名曰断泄。荣气不通，卫不独行，荣卫俱微，三焦无所御，四属断绝，身体羸瘦，独足肿大，黄汗出，胫冷。假令发热，便为历节也。”论述过食酸咸，筋伤骨痿，气血凝滞，内伤肝肾。

因此，体质偏于肝肾不足者，个人当注意五味调和，少吃酸咸食物。值得强调的是中医所说酸咸并不只是指味道酸咸，更重要是抽象概括食物的作用。如猪肉，味为咸，故不能过量食用。中医五味理论非常丰富，可以进一步研究和推广，以指导人们膳食结构。

三、结语

《金匮要略》虽然成书于两千多年前，但其辨证论治思想，治未病思想，处处都显示出智慧的光芒。虽然本文仅从其对骨节疼痛病因病机的认识，在体质、起居、运动、饮食方面，探讨了其可以应用于类风湿关节炎预防方面的思想。而其治疗思想更为丰富，可以做进一步挖掘研究。

参考文献

[1] 陆再英，钟南山．内科学（第7版）［M］．北京：人民卫生出版社，2008：848.

[2] 叶伟胜，张铁良．类风湿关节炎流行病学进展［J］．国际骨科学杂志，2009，30（3）：144.

[3] 李满意，刘红艳，贾军辉．类风湿关节炎中医病因病机研究概述［J］．中国中医药现代远程教育，2007，5（2）：12.

[4] 宋红普．对中医体质调研的几点思考［J］．上海中医药杂志，2007，41（3）：50.

[5] 王琦．中医体质学［M］．北京：中国医药科技出版社，1995，70.

[6] 匡调元．体质病理学研究［J］．成都中医学院学报，1978，1（2）：3.

[7] 陈龙江，程伟，潘发明．类风湿关节炎病因学研究进展［J］．安徽医药，2009，13（11）：1310.

[8] Alan J Silman．评论：基因或环境是否影响类风湿关节炎的发病［J］．张文译．董怡校．英国医学杂志中文版，2002，5（4）：189.

[9] 董慧娟，郭粉莲．类风湿关节炎运动干预疗法的研究进展［J］．中国实用护理杂志，2006，22（4）：56.

[10] 林昌松，田敏，赵威，等．微汗法治疗类风湿关节炎探讨［J］．中医药学刊，2006，24（5）：36.

[11] 叶冬青，沈冲，徐建华，等．类风湿性关节炎危险因素探索［J］．中国卫生统计，2001，18（6）：336.

[12] 张爱红，朱湘竹，朱婉华，等．膳食因素与类风湿关节炎的关系病例对照研究［J］．疾病控制杂志，2008，12（2）：118.

［《泸州医学院学报》2012，35（1）：58］

邱明义教授运用小陷胸汤验案3则

陈倩云　湖北中医药大学
（指　导　邱明义）

邱明义，湖北中医药大学教授，主任医师，博士生导师。兼任湖北省中医药学会理事，湖北省仲景专业委员会副主任委员，享受国务院津贴。邱教授医术高明，医德高尚，多年致力于伤寒研究，临证四十余载，勤究古书，博采众长，临床尤擅用小陷胸汤治疗各种疑难杂症，疗效显著。笔者有幸随师侍诊，现撷取其运用小陷胸汤之验案三则介绍如下，以飨同道。

众所周知，小陷胸汤出自《伤寒论》第138条：小结胸病，正在心下，按之则痛，脉浮滑者，小陷胸汤主之。其为治疗痰热互结之结胸证的基础方。临证中邱师紧紧抓住其痰热互结之病机，将其广泛运用于各种病症的治疗，且屡试不爽。

例1　陈某，女，55岁，2010年9月24日初诊。主诉：左侧半身不遂3年。患者家属代述患者曾予三年前行右侧CPA区神经鞘瘤术，术后即出现左侧半身不遂，偏瘫麻木。在此期间曾四处求医，均未见显效，请师会诊。刻见：左侧半身不遂，偏瘫，不能站立，伴全身乏力，以颈部、腰部和下肢尤甚。精神欠佳，语言不利，舌头发麻，吞咽困难，饮水即呛，咳嗽痰少，左侧上下肢微肿，食欲可，二便调，舌尖红，苔薄白，脉弦细数。辨为风痰阻络，瘀热内蕴兼肺脾气虚。治宜清热化痰逐瘀，息风通络散结，兼补脾益气。处方：黄连10g，法半夏15g，全瓜蒌30g，胆南星30g，黄芩10g，石菖蒲30g，天龙15g，僵蚕15g，全蝎10g，蜈蚣2条，玄参30g，生牡蛎30g，浙贝母30g，三七粉15g（另包，冲服），生地黄15g，枸杞子15g，菊花15g，杜仲15g，续断15g，伸筋草20g，葛根30g，生晒参15g，生黄芪30g，薏苡仁30g，炒白术15g，茯苓30g，白花蛇舌草30g，半边莲15g，白英30g，重楼30g，蛇莓30g，藤梨根30g。7剂。并嘱患者家属经常按摩患者患侧，保持患者情绪稳定，饮食规律，忌油腻荤腥。二诊：药后乏力好转，颈部、腰部较前有力，精神转佳，左侧上下肢微肿稍减，咽喉有痰，余症同前，舌红少苔，脉细微数。药已对症，谨守上方加牛蒡子15g，姜黄10g，莪术30g，忍冬藤20g，木瓜30g，苍术15g，车前草15g，加重活血祛湿之力。其后据症加减运用，口干、口苦加黄芩、牡丹皮、天花粉；眼红眼痒者加木贼、麦冬、沙苑子。连续治疗近1年，诸症基本缓解，患者语言基本清楚，已能站立数小时，缓行片刻，舌咽亦较前有力，生活质量明显提高。嘱其继续服药巩固。

例2　周某，女，54岁。2010年11月22日初诊。主诉：胸闷气短2周。近2周无明显诱因出现胸闷气短，胃脘胀气，嗳腐吞酸，全身乏力，口干，头部刺痛，右腿胀痛，睡眠欠佳，大便干结，2～3日一行，小便调。舌质红，苔黄腻，脉弦缓。检查：心电图正常，血压140/90mmHg。证属肝胃不和，痰热内蕴兼脾气亏虚。拟疏肝理气，清热化痰，兼以健脾和胃，方用四逆散合小陷胸汤加减。处方：柴胡10g，白芍20g，枳实10g，炙甘草6g，黄连10g，法半夏10g，全瓜蒌30g，生黄芪30g，党参15g，生白术30g，当归15g，厚朴15g，砂仁10g（后下），乌贼骨30g，夜交藤30g，百合30g，炒酸枣仁15g（打），合欢皮15g。7剂。药后胸闷气短明显改善，又据上方略作增减，继服2周后诸症告愈。

例3　高某，男，62岁。2011年4月8日初诊。主诉：胸闷气短3个月。患者因胸闷气短入某院检查，胸部CT示：肺门阻塞，左肺有大片阴影。遂前来老师处就诊。诊时胸闷气短，不咳嗽，胃脘有梗阻感，嗳腐吞酸，大便日3～4次，质可，小便调，舌苔黄，脉弦略数。此乃痰热瘀裹结胸中，气机阻滞之证。宜清热化痰，逐瘀散结。方用小陷胸汤合苇茎汤加减，处方：黄连10g，法半夏15g，全瓜蒌30g，芦根30g，薏苡仁30g，桃仁10g，冬瓜子15g，黄芩20g，鱼腥草30g，蒲公英30g，砂仁10g（后下），旋覆花10g（布包），炙甘草6g。7剂。

药后自觉胸部有粘痰难咯，胸仍闷，胃胀，嗳气泛酸，大便次数多，苔黄，脉弦。说明胸中胶结之痰已有外出之象，继上方加浙贝母30g，金荞麦30g，白芍15g，仙鹤草30g，乌贼骨30g，煅瓦楞子30g，代赭石30g，以增清热化痰，和胃降逆之功。又连服3周后，胸闷气短明显好转。患者于5月18日行胸部CT：左肺见斑片状稍高密度影，边缘清楚，余肺内未见明显异常密度影，双侧支气管开口尚通畅。较之4月8日CT相比病灶明显吸收。后继服上方1月巩固疗效而告病愈。

按　上述3则验案，临床表现虽各有偏重，但病机异中存同，均有痰热互结之象，故均以小陷胸汤为主方加减治疗。临床上，主症和病位并不必拘泥于书中条文，不一定在心下，亦不一定按之则痛。但凡见有咳痰，色黄质稠，或有胸闷气短，舌苔黄腻，脉滑数等症，辨证属痰热互结证者均可运用。小陷胸汤清热涤痰，宽胸散结。方中瓜蒌实甘寒滑润，清热涤痰，宽胸散结，且具润燥滑肠之功，可开痰火下行之路而畅气机，故重用为君，正如《本草思辨录》："瓜蒌实乏长，在导痰浊下行，结胸胸痹非此不治"。黄连味苦性寒，清热降火，清心除烦，能泻胸中之热，助瓜蒌泄热降浊。半夏苦辛温燥，化痰降逆，开结消痞，助瓜蒌涤痰宽胸。半夏、黄连同用，辛开苦降，通畅气机。全方三味相合，涤痰泄热，开降气机，使郁结开，痰火下行，则结胸自除。

笔者所举3例，因临床表现各有偏重，故加减运用亦大相径庭。案一病机为痰热内蕴，瘀热阻络，兼肺脾气虚，虚实夹杂而以实证为主，老师用小陷胸汤加胆南星、黄芩、石菖蒲清热涤痰，同时崇叶氏"久病入络""久病必瘀"之说，配伍地龙、僵蚕、全蝎、蜈蚣，祛风通络，化痰散结；加以三七粉、姜黄、莪术活血祛瘀，通利血脉；玄参、牡蛎、浙贝母共奏化痰软坚散结之功；白英、重楼、白花蛇舌草、半边莲、蛇莓、藤梨根清热解毒，破坚散结，乃抗癌之良药；生地黄、枸杞子二味既滋阴清热，又防诸辛散苦寒之品伤阴；同时于诸祛邪之品中酌加生晒参、黄芪、薏苡仁、茯苓益气健脾以绝生痰之源，又使正气存内，邪不可干，正气强盛方能驱邪外出。全方组方缜密，配伍精当，攻补兼施，标本同治，使邪去正复而获良效。案二证属肝胃不和，痰热内蕴兼脾气亏虚，故用小陷胸汤合四逆散加减，以达疏肝和胃，清热化痰，宽胸散结之功。同时针对患者脾气亏虚，运化无权，酌加益气健脾之品，如黄芪、党参、白术等，方中枳实、厚朴、砂仁同用则和胃理气消胀；乌贼骨制酸止痛，和胃降逆；尤值一提乃方中生白术一味不仅益气健脾，而且大剂量运用有很好的润肠通便之功，对于脾虚无力运化之大便干结尤为适用，可谓一药二使。先生制方之法紧扣病机而主次分明，药专力宏而又顾全大局，故效果明显。例三为痰瘀热裹结于肺，气机阻滞，故用小陷胸汤合苇茎汤以清热化痰，逐瘀散结。千金苇茎汤清肺化痰，逐瘀排脓与小陷胸汤合用清热化痰逐瘀之力著。黄芩、鱼腥草、浙贝母、金荞麦同用则更增清热化痰之功，枳实、厚朴、砂仁、旋覆花则疏理气机，使痰消气顺，诸症自除。

诸案表现中医"异病同治"思想，邱师辨证精当准确，立法处方出奇制胜，临证运用小陷胸汤知常达变，随证增损，每能药证相契而疗效显著。

［《光明中医》2012，9（23）：1877］

芍药甘草汤对大鼠中风后痉挛模型神经递质的影响

杨　敏　重庆市中医院

芍药甘草汤出自东汉张仲景所著的《伤寒论》，主要由芍药和甘草两味药组成。该方配伍严谨，用药精简，为中医常用的和营散逆，疏挛止痛方剂。本文就芍药甘草汤对大鼠中风后痉挛模型神经递质的影响进行实验研究，为临床应用提供实验数据及依据。

一、材料

（一）药物　芍药甘草汤浸膏：褐黄色，每克浸膏相当于原生药13.479，由重庆市中医院提供，临用时以蒸馏水配成适宜浓度。

（二）实验　动物sD大鼠，一级合格，重庆市中药研究院实验动物室提供（合格证：SCXK（渝）20020004号）。

（三）试剂及仪器　谷氨酸（Glu）、甘氨酸（Gly）、天冬氨酸（Asp）、γ－氨基丁酸（GABA）、5－羟色胺（5～HT）、去甲肾上腺素（NE）：上海研谨生物科技有限公司。异硫氰酸荧光素（FITC）：上海江莱生物科技有限公司。用时配成5×10^{-5} mol/L浓度的丙酮溶液（内含0.1%吡啶）。硼砂缓冲液（pH＝9.8和pH＝10.5）、乙酸缓冲液（pH＝6.8）：自配。其余试剂均为分析纯。江湾I－C大鼠脑立体定位仪：上海第二军医大学。定位辅助装置：自制。SLY－B四道生理记录仪：上海欣曼科教设备有限公司。Beckman FACE MDQ毛细管电泳仪（荧光检测器）：美国Beckman公司。石英毛细管柱：35cm×75μm i. d.，有效长度30cm，河北永年光导纤维厂。FR－530荧光分光光度计：日本岛津。电子分析天平（d＝0.1mg）：上海国营长江科学仪器厂。LF－500R低温冷冻离心机：深圳市超杰实验仪器有限公司。

（四）模型制备　痉挛模型制作采用吴氏[1]提出的方法，并加以改进。取SD大鼠56只，雌雄各半，体质量200～250g，随机取40只，以戊巴比妥钠（35mg/kg）腹腔麻醉后，卧位固定于大鼠脑立体定位器上，并使用定位辅助装置。沿颅顶矢状缝作纵行切口，暴露前自，采用改良的de Groot定位系统，选择前自后1.8mm，矢状缝左侧3.5mm，用小型电钻在颅板上钻孔，直径约2mm，将阳极针电极（直径0.5mm）垂直插入6.0mm，切口处接阴极针电极。通直流电刺激以毁损椎体束，刺激后拔出电极，关闭切口，碘伏消毒。术后死亡5只，另有2只未出现瘫痪，弃之不用。将剩余33只随机分成4组，模型组、芍药甘草汤大、中、小剂量组，每组各8只（模型组9只）。剩余16只随机分成2组，即空白对照组、假手术组。空白组不做任何处理，假手术组仅在颅板相同位置钻孔，但不毁损椎体束，术后第2天开始按等容积法（1mL/100gb. w.）经灌胃给药，每日1次，连续3周。

（五）检测方法

1. 测定肌张力[2]　将电刺激针插入痉挛侧后肢股四头肌内，另一端连于WQ9E痛阈测量仪。在大鼠后肢下端系一丝线，丝线经传感器与SLY－B四道生理记录仪相连，定时对股四头肌进行刺激，通过记录仪记录后肢伸直的幅度，肌张力评定采用改良的Ashworth痉挛量表（MAs）进行。

2. 单胺类递质检测　脑和脊髓内5－羟色胺（5～HT），去甲肾上腺素（NE）的测定均参照王孝媛等[3]的方法。采用荧光法分光光度进行检测。动物经麻醉后，断头处死，在冰浴上迅速剥离大脑和脊髓，锡箔纸包裹后速置液氮冻存，24h后置于－75℃冰箱保存。取适量脑或脊髓组织，称湿重，放入10mL离心试管内，加入3mL冷酸化正丁醇，振荡5min，4℃，8000rpm/1min离心10min。取2.5mL上清液，依次加入5mL正庚烷、1.0mL0.1N HCL，振荡5min，3000rpm/1min离心5min，弃有机相。取水相约0.4mL，依次加入0.1mL0.5%半胱氨酸、3mL（6.0/100mL11N HCL OPT、0.1mL0.02% $NaIO_4$，沸水浴10min，流水冷却后，365/480nm处测定5～HT。另取水相约0.5mL，依次加入1.5mL乙酸缓冲液（pH6.8，2M）、0.4mL EDTA（pH7.0，0.1M）、0.2mLI（0.2N），摇匀，静置2min，加入0.4mL碱性 Na_2SO_3 摇匀，静置2min，加入0.4mL5N HAC，沸水浴2min，流水冷却后，365/480nm处测定NE。

3. 脑和脊髓内谷氨酸（Glu），天门冬氨酸（Asp），甘氨酸（Gly）和粉氨基丁酸（GABA）含量检测[4~5]　采用毛细管电泳（CE）异硫氰酸荧光素（FITC）柱前衍生法进行。动物经麻醉后，断头处死，在冰浴上迅速剥离大脑和脊髓，锡箔纸包裹后速置液氮冻存，24h后置于－75℃冰箱保存。取适量脑或脊髓组织，称湿重，放入玻璃匀浆器内，加9倍量蒸馏水，冰浴匀浆，低温（4℃）离心（5000rpm）15min，取上清液20μL，加异硫氰酸荧光素（FITC）（0.01mol/L）100μL和硼砂缓冲液（pH＝9.8）200μL，混匀器混匀，25℃恒温避光静置12h后测定。电泳条件：硼砂缓冲液（pH＝10.5），电压20KV，进样时间3s，0.2psi，进样体积20μL，测试时间30min。氨基酸标准曲线：将0.01mol/L的Glu、Asp、Gly、GABA标准品混合，衍生及测试方法同样品，再把它稀释成1/2、1/4，1/8，1/16，1/32，得到峰面积，做出标准曲线及回归方程，以峰面积（外标法）定量，结果以μmol/g（g为脑组织湿重）表示。

（六）统计方法　应用SPSS10.0统计系统进行处理。计量资料数据以（ $\bar{x} \pm s$）表示，组间比较采用方差齐性检验及单因素方差分析，方差不齐时采用近似之检验。

二、结果

由表1～5可知，芍药甘草汤口服给药显示明显升高痉挛大鼠模型脑内Gly、GABA、5～HT含量（$P<0.05$ 或0.01）及明显增加上肢伸直幅度，而降低肌张力（$P<0.05$ 或0.01），同时增加脊髓内GABA含量（$P<0.05$），但对脊髓内其他神经递质无明显影响。实验结果表明：芍药甘草汤对痉挛大鼠脑和脊髓内与痉挛相关的神经递质有一定的调节作用。

表1　芍药甘草汤对痉挛大鼠脑内Glu、AsP、Gly、GABA含量的影响（$\bar{x} \pm s$）

组别	剂量 g原生药/kg	动物数（只）	Glu μmol/gWet	AsP μmol/gWet	Gly μmol/gWet	GABA μmol/gWet
正常对照组	－	8	7.96±3.61*	5.73±1.79**	0.97±0.34*	1.76±0.41**
假手术组	－	8	8.42±3.14*	6.01±1.31**	0.93±0.37*	1.94±0.48**
模型对照组	－	9	12.76±4.22	9.79±2.35	0.59±0.28	0.92±0.33
小剂量组	1.7	8	12.34±6.07	8.98±2.42	0.98±0.40*	1.84±0.39**
中剂量组	3.4	8	11.01±4.13	9.12±2.90	0.76±0.25	1.46±0.54*
大剂量组	6.8	8	12.21±5.36	9.47±2.34	0.99±0.32*	1.98±0.46**

注：与模型对照组比较，＊$P<0.05$；＊＊$P<0.01$

表 2　芍药甘草汤对痉挛大鼠脑内单胺神经递质的影响（$\bar{x} \pm s$）

组别	剂量 g 原生药/kg	动物数（只）	5 - HT (ng/mg)	NE (ng/mg)
正常对照组	-	8	1.33 ± 0.56	0.76 ± 0.28**
假手术组	-	8	1.41 ± 0.72	0.68 ± 0.29
模型对照组	-	9	1.83 ± 0.59	0.75 ± 0.46
小剂量组	1.7	8	2.28 ± 0.69	0.63 ± 0.35
中剂量组	3.4	8	2.03 ± 0.75	0.82 ± 0.39
大剂量组	6.8	8	2.67 ± 0.81*	0.69 ± 0.28

注：与模型对照组比较，*$P<0.05$；**$P<0.01$

表 3　芍药甘草汤对痉挛大鼠脊髓内 Glu、AsP、Gly、GABA 含量的影响（$\bar{x} \pm s$）

组别	剂量 g 原生药/kg	动物数（只）	Glu μmol/gWet	AsP μmol/gWet	Gly μmol/gWet	GABA μmol/gWet
正常对照组	-	8	1.12 ± 0.13**	0.87 ± 0.22*	0.43 ± 0.10*	0.52 ± 0.11**
假手术组	-	8	1.17 ± 0.15*	0.81 ± 0.26*	0.46 ± 0.09**	0.54 ± 0.08**
模型对照组	-	9	1.39 ± 0.16	1.17 ± 0.29	0.34 ± 0.07	0.36 ± 0.07
小剂量组	1.7	8	1.35 ± 0.19	1.12 ± 0.31	0.35 ± 0.08	0.35 ± 0.09
中剂量组	3.4	8	1.41 ± 0.17	1.18 ± 0.25	0.31 ± 0.11	0.38 ± 0.06
大剂量组	6.8	8	1.38 ± 0.16	1.14 ± 0.28	0.41 ± 0.12	0.45 ± 0.10*

注：与模型对照组比较，*$P<0.05$；**$P<0.01$

表 4　芍药甘草汤对痉挛大鼠脊髓内单胺神经递质的影响（$\bar{x} \pm s$）

组别	剂量 g 原生药/kg	动物数（只）	5 - HT (ng/mg)	NE (ng/mg)
正常对照组	-	8	0.48 ± 0.13	0.29 ± 0.07
假手术组	-	8	0.41 ± 0.10	0.31 ± 0.11
模型对照组	-	9	0.37 ± 0.09	0.27 ± 0.08
小剂量组	1.7	8	0.33 ± 0.07	0.24 ± 0.12
中剂量组	3.4	8	0.42 ± 0.08	0.29 ± 0.07
大剂量组	6.8	8	0.40 ± 0.12	0.30 ± 0.09

注：与模型对照组比较，*$P<0.05$；**$P<0.01$

表5 芍药甘草汤对痉挛大鼠肌张力的影响（$\bar{x} \pm s$）

组别	剂量 g原生药/kg	动物数（只）	肌张力（级）		幅度（mm）	
			治疗前	治疗后	治疗前	治疗后
正常对照组	–	8	0.23±0.01	0.22±0.02	20.54±3.60	21.26±2.24
假手术组	–	8	0.25±0.02	0.26±0.03	20.12±3.87	20.93±3.14
模型对照组	–	9	2.85±0.60	2.36±0.64	11.84±2.75	12.60±2.33
小剂量组	1.7	8	2.79±0.50	2.15±0.48*	11.03±2.52	14.74±3.47*
中剂量组	3.4	8	2.88±0.45	2.86±0.53	10.46±3.01	12.12±3.68
大剂量组	6.8	8	2.77±0.48	1.94±0.39**	11.69±3.13	16.75±3.32**

注：与模型对照组比较，$*P<0.05$；$**P<0.01$

三、讨论

偏瘫痉挛根据中医对痉挛基本病机的认识，辨证论治，包括中风后痉挛，脑外伤后痉挛等；针对产生偏瘫痉挛的具体病机，主要以养血柔肝、活血通脉为主，以期缓解偏瘫肢体的痉挛。本实验重点研究痉挛中枢机制，在痉挛早期给予芍药甘草汤治疗。研究结果表明：芍药甘草汤对中枢性痉挛大鼠脑和脊髓内兴奋性递质Glu、AsP无明显影响，但能增加脑和（或）脊髓内抑制性递质Gly、GABA含量，能改善肌张力，表明芍药甘草汤对神经递质的调控具有广泛性、复杂性，且在高级和低级中枢的层面对递质均有影响，以高级中枢为主。

芍药甘草汤出自东汉张仲景所著的《伤寒论》，主要由芍药和甘草两味药组成，和营散逆，舒挛止痛。主治：伤寒伤阴，筋脉失濡，腿脚挛急，心烦，微恶寒，肝脾不和，院腹疼痛。后世医家用于面肌痉挛，腓肠肌痉挛，胃肠平滑肌痉挛等。现代用于血虚津伤所致的腓肠肌痉挛、肋间神经痛、胃痉挛、胃痛、腹痛、坐骨神经痛、妇科炎性腹痛、痛经；以及十二指肠溃疡、萎缩性胃炎、胃肠神经官能症、急性乳腺炎、颈椎综合征等属阴血亏虚，肝脾失调者。均有确切的临床疗效，但其作用机制不清。

参考文献

[1] 吴珊鹏，罗永湘，熊革．大鼠痉挛性脑瘫模型建立的改进［J］．中国康复，1998，13（3）：103.
[2] 韩群英，荆志伟，孟庆法，等．脑瘫康胶囊对痉挛性脑瘫大鼠模型细胞因子及肌张力的影响［J］．中国中医药信息杂志，2005，12（8）：31.
[3] 王孝媛，顾查娣，张建伟．鼠脑和脊髓中5～经色胺、5～经叫睬醋酸、去甲肾上腺素养和多巴胺的快速测定法［J］．苏州医学院学报，1985，5（1）：10.
[4] 张春虎，胡随瑜，陈昌华．白松片对应激大鼠模型海马Glu、AsP、GABA含量的影响［J］．中国心理卫生杂志，2004，18（6）：383.
[5] 瞿其曙，汤晓庆，胡效亚，等．柱前衍生法在氨基酸分析测定中的应用［J］．化学进展，2006，18（6）：789.

［《中国医药指南》2012，10（32）：450］

芍药甘草汤临床应用综述

蒋 娜 山东中医药大学
许 岩 山东中医药大学第四附属医院

芍药甘草汤出自张仲景的《伤寒论》，方药虽简，由芍药、甘草两味药组成，原方用其酸甘化阴治误汗后的小腿挛急证，后代医家应用在内外妇儿等诸多疾病中颇获疗效，为历代医家所推崇，也是近现代运用加减化裁或药理研究治疗多种疾患的良方，现查阅近年来资料对其临床研究作一综述。

一、内科疾病

1. 胃脘腹痛　右家衡[1]报道以白芍、丹参各15～30g，甘草10～30g，蒲公英20～30g治疗胃脘痛185例。结果：显效139例，好转41例，无效5例。朱明军等[2]方用白芍30g，炙甘草6g，急煎取汁150mL，患者服药后腹痛明显减轻，后服用两剂，腹痛痊愈。姜华南[3]应用此方数百例之多，有效率90%以上。

2. 下肢疼痛　宋琴等[4]运用芍药甘草汤治愈

老年腰腿痛数例。陈宏[5]报道以杭芍15～25g，甘草、牛膝、地龙、当归、杜仲各10g治疗33例腰腿痛患者。结果疼痛消失12例，缓解16例，减轻4例，不明1例。王耀东等[6]报道以赤芍、白芍各30g，生炙甘草各30g加味治疗足跟痛106例，结果全部治愈。

3. 癌症晚期疼痛　刘绍坤等[7]报道以白芍60～250g，炙甘草15～60g治疗40例癌症晚期疼痛患者，结果显效12例，有效22例，无效6例。

4. 哮喘汗证　李家生[8]报道用白芍、甘草以2:1配方研末治疗35例久病肺虚，气失所主所致喘促者，每次30g，开水温服。结果有效31例，无效4例，总有效率88.57%。张定华[9]拟芍药30g，甘草10g合一贯煎，药进3剂，手足汗稍有减轻。

5. 呃逆噎嗝　日本堤美千代报道用本方治疗4例由于骨切除术、脑梗塞、肝硬化及肝肿瘤等并发顽固性呃逆的患者，收到良好效果。邹世光等[10]以白芍30g，炙甘草10g，乌梅10g，木瓜10g，合欢花10g，淮小麦30g，大枣6个，威灵仙15g，生牡蛎20g。7剂后诸症消失，后未再发。

6. 奔豚蛔厥　李建军等[11]用白芍60g，赤芍30g，炙甘草60g治疗奔豚。服药2剂，病未再发。效不更方，继服10剂病愈。陈敏[12]用白芍90g，甘草30g，大黄（后入）、木香各9g，乌梅15g，柴胡、黄连各10g，安蛔止痛。服2剂后痛止，再服2剂后诸症悉除。

7. 便秘癃闭　傅寿根等[13]予生白芍24～60g，甘草12～15g治疗126例便秘患者，效果满意。黄江涛[14]报道31例癃闭使用该方加减，2月后显效11例，有效18例，无效2例。

二、神经内科疾病

1. 颈性眩晕　翟学文[15]运用生赤芍、葛根、威灵仙各15g，生白芍30g，生甘草6g，羌活12g，土鳖虫、徐长卿各10g，白芷4g，伸筋草、丹参各30g。随证加减，治疗两月。治疗结果：治愈24例，显效20例，好转3例，无效3例。

2. 漏肩风　因血虚寒凝、筋脉失养所致的肩部酸痛。吴晓等[16]报道180例予白芍、黄芪各30g，炙甘草20g，当归15g，川芎、羌活各10g，桂枝9g。结果：治愈104例，好转65例，无效11例。

3. 筋脉肌肉病　林家坤[17]拟痿证予白芍30g，炙甘草15g，熟附子9g，枸杞子12g，18剂后行走如常人。日本木村裕明对20名面肌痉挛患者进行治疗。结果12～16周后，A组重症病例明显减少，未见副作用。王明耀[18]予杭当芍60g，炙甘草15g，木瓜30g，桑枝20g，生薏苡仁30g，杜仲30g，丹参30g治疗不安腿综合征，6剂后腿不安症消失。

三、外科疾病

1. 肠痈　陈敏[19]报道40例予白芍60～120g，生甘草15～30g。结果痊愈29例，好转7例，无效4例。

2. 肛门挛缩　杨佳丽等[20]用加味芍药甘草汤治疗48例，认为二药合用，酸甘化阴，阴复而筋得所养则挛急自解。

3. 痤疮　日本日中源一以本方治疗寻常性痤疮患者13例。2个月后显效1例，有效4例，无效4例，失联系4例。

四、妇、儿科疾病

1. 妇科疾病　王磊等[21]报道妊娠恶阻重症17例。用芍药30g，甘草15g煎水频服。治疗1～3d，呕吐明显减轻。日本秋田大学等治疗高睾丸酮血症性不孕以及排卵障碍者110例，结果排卵者42例，妊娠率38%。吴源湘[22]本方加减治疗痛经44例，结果痊愈17例，好转6例，无效4例。

2. 小儿疾病　张文光[23]报道38例小儿腹型痫症，结果显效18例，有效17例，无效3例。朱崇华[24]使用芍药20g，甘草20g，蝉蜕6g，全钩藤9g治疗小儿夜啼，3剂后即可安然入睡。

五、五官科疾病

赵志敏[25]予白芍12g，炙甘草9g再随证加减治疗干眼症，结果72例治愈26例，好转32例，无效14例。王引泉[26]报道26例复发性口疮，予芍药18g，甘草、黄连、益智仁各6g，石斛9g。3次饭后温服。3～6剂可消除症状。结果显效22例，有效3例，无效1例。

六、镇痛作用及现代药理学研究

鄢顺琴等[27]探讨芍药甘草汤的镇痛作用机制，认为芍药甘草汤的镇痛部位既在外周神经末梢，亦可能在中枢神经，其镇痛作用机制可能与一种新的第一信使神经递质（NO）有关。修丽梅等[28]对芍药甘草汤及其组成成分对子宫收缩抑制作用进行研究，发现芍药甘草汤的消化吸收成分中含具有收缩抑制作用的生理活性物质，介导消化吸收的体液调节系统发挥抑制收缩的作用。沈祥春等[29]认为近年来芍药甘草汤临床应用范围扩大，但其作用的药理学研究则远远落后于临床应用。总之，芍药甘草汤的应用还需要更深一步的研究探讨。

参考文献

[1] 右家衡．芍药甘草汤在胃脘痛中的应用［J］．广西中医药，1981，(5)：5～6.
[2] 朱明军．芍药甘草汤治疗疑难性腹痛的体会［J］．河南中医药学刊，1994，9（1）：64.
[3] 姜华南．芍药甘草汤在痛证中的应用［J］．江西中医药，1995 增刊：36.
[4] 宋琴．芍药甘草汤新用［J］．四川中医，2001，19（1）：78.
[5] 陈宏．加味芍药甘草汤治疗老年腰腿痛［J］．云南中医杂志，1990，(4)：15.
[6] 王耀东．芍药甘草汤治疗足跟痛的应用［J］．河南中医，1990，(2)：30.
[7] 刘绍坤．芍药甘草汤为主治疗癌症晚期疼痛 40 例［J］．新中医，1997，29（1）：32～33.
[8] 李家生．芍药甘草汤在哮喘中的应用［J］．中医杂志，1987，(9)：66.
[9] 张定华．刘国安运用芍药甘草汤治验［J］．中医研究，2002，15（5）：11.
[10] 邹世光．芍药甘草汤治疗疑难杂病举隅［J］．河北中医杂志，2007，29（5）：43.
[11] 李建军．芍药甘草汤临床新用［J］．国医论坛，1996，11（6），18.
[12] 陈敏．大剂量芍药甘草汤治验举隅［J］．实用中医药杂志，2005，21（11）：699.
[13] 傅寿根．芍药甘草汤治疗便秘［J］．吉林中医药，1996，3：35.
[14] 黄江涛．加味芍药甘草汤治疗前列腺增生症临床观察［J］．四川中医，2008，26（6）：64.
[15] 翟学文．味芍药甘草汤治疗颈性眩晕 50 例［J］．陕西中医，1996，17（3）：109.
[16] 吴晓．加味芍药甘草汤治疗肩周炎 180 例［J］．陕西中医，2000，21（11）：491.
[17] 林家坤．芍药甘草汤治疗筋脉疾患［J］．江西中医药，1994，24（1）：16.
[18] 王明耀．芍药甘草汤治疗不安腿综合征 27 例［J］．医案医话，1996，12（4）：35.
[19] 陈敏．大剂量芍药甘草汤为主治疗阑尾炎 40 例体会［J］．实用中医药杂志，1998，14（4）：18.
[20] 杨佳丽．加味芍药甘草汤治疗术后肛门激惹证 48 例［J］．1996，3：5.
[21] 王磊．芍药甘草汤用于妊娠恶阻重症的体会［J］．河南中医，2001，21（1）：46.
[22] 吴源相．芍药甘草汤在痛经中的应用［J］．上海中医药杂志，1988，(6)：16.
[23] 张文光．加味芍药甘草汤治疗儿童腹型癫痫 38 例［J］．时珍国医国药，1999，10（6）：451～456.
[24] 朱崇华．芍药甘草汤在临床各科病证的应用［J］．河北中医，2005，27（2）：116.
[25] 赵志敏．芍药甘草汤加减治疗干眼症 26 例［J］．河南职工医学院学报，2006，18（3）：221～222.
[26] 王引泉．芍药甘草汤治疗复发性口疮 26 例［J］．陕西中医，1999，20（11）：517.
[27] 鄢顺琴．芍药甘草汤的镇痛作用机制［J］．安徽中医学院学报，2001，20（6）：42～44.
[28] 修丽梅．芍药甘草汤及其组成成分对子宫收缩抑制作用的研究［J］．国外医学·中医中药分册，1997，19（3）：53～54.
[29] 沈祥春．芍药甘草汤临床及药理进展［J］．新疆中医药，2001，19（2）：59～60.

［《中国中医药现代远程教育》2012，10（3）：156］

芍药甘草汤治疗消化性溃疡的药理作用

党 莉 张 虹
山西生物应用职业技术学院

芍药甘草汤，又名甲乙化土汤，源于东汉张仲景的《伤寒论·太阳篇》，是常用的缓急止痛方剂，由芍药和甘草等组成，主营阴不足、肝脾不和，症见脘腹诸痛，四肢挛急等证候。芍药甘草汤的总有效成分由芍药总苷、甘草总苷、甘草总黄酮三部分组成，从中分离得到的化合物与单味芍药、甘草的化学成分进行比较，结果基本上是一致的[1]。现代临床研究证实芍药甘草汤对消化性溃疡具有很好的临床效果。

一、芍药甘草汤渊源

本方出自张仲景《伤寒论》第 29 条，原文为："伤寒脉浮，自汗出，小便数，心烦。微恶寒，脚挛急，与桂枝汤，欲攻其表，此误也。得之便厥，咽中干，烦躁，吐逆者，作甘草干姜汤与之，以复其阳。若厥愈、足温者，更作芍药甘草汤与之，其脚即伸" 此汤方记载 "芍药、甘草各四两，上味以水三升，煮取一升五合，去渣，分温再服"，方中两药比例 1∶1，可用此方治疗胃溃疡。现代中医临床应用此方的不同剂量配比进行了大量临床治疗和药理研究，发现不同的剂量配比会产生不同的药理作用与临床疗效，相同的剂量配比亦会产生不同的药理作用与临床疗效[2]。

二、消化性溃疡病发病机理

消化性溃疡（peptic ulcer）主要指发生于胃和

十二指肠的慢性溃疡，是一种多发病、常见病，约有10%的人一生中曾经患过此病，临床表现为慢性、周期性、节律性的上腹部疼痛。消化性溃疡的病因和发病机理非常复杂，Tarnawski[3]于1991年提出了溃疡愈合质量（quality of ulcer healing，QOUH）概念，目前人们对其发病机理达成了以下共识：a）是多种病因所致的异质性疾病群；b）胃酸在溃疡病发生中起主导作用；c）幽门螺杆菌（helicobacter pylori）在溃疡病的发生特别在溃疡复发中起十分重要的作用[4]。近年来研制的西药，疗效较高，但副作用大，复发率高，而且对部分难治性溃疡的疗效仍不理想[5]。应用中医药在临床上治疗消化性溃疡，则取得了一定的疗效，显示出中医本身的特色与优势，体现了自身的潜力。

三、对胃肠道的药理作用

阎艳丽等[6]研究芍药甘草滴丸，其具有显著的抗溃疡、解痉作用。现代药理学研究表明白芍有较强的解痉作用，对肠管过度兴奋的自发收缩和氯化钡引起的收缩呈抑制作用，并对抗毛果芸香碱所致离体肠管痉挛。方中炙甘草缓急止痛，现代药理学实验证实甘草对大鼠多种实验性溃疡模型均有抑制作用，能改善症状，促进溃疡愈合。芍药甘草汤抑制胃肠运动的机理可能与抗胆碱样、钙拮抗、抗组胺有关，也可能与α受体有关[7]。

芍药甘草汤可抑制乙酰胆碱引起的回肠收缩。蔡宛如[8]报道前田利男研究显示，对低频经壁刺激及二甲苯基哌嗪所致回肠收缩，予以芍药甘草汤就能完全抑制回肠收缩，并指出芍药甘草汤和甘草呈持续性抑制作用，芍药呈一过性抑制作用，芍药甘草汤能抑制副交感神经兴奋所致的回肠收缩，对乙酰胆碱高浓度所致的收缩作用，芍药甘草汤通过突触前与突触后抑制作用抑制神经兴奋所致的回肠收缩。毒蕈碱受体的特异性结合实验中，进一步研究证实芍药甘草汤的突触后抑制作用是阿托品样作用及罂粟碱样作用所引起的。

有研究表明，芍药甘草汤具双向调节作用。受药物浓度的影响，低浓度时可使胃肠呈兴奋状态，高浓度时抑制胃肠蠕动。这种受浓度影响的双向调节机制目前尚不太清楚。但不少学者认为，可能与调节环核苷酸的动态平衡有关。cAMP能抑制胃酸分泌，cGMP能刺激胃液分泌，两者对胃酸分泌起相互对抗的调节作用。该方对正常及胃酸缺乏者能增加胃酸分泌，而对胃酸度高者又使之下降[9]。

芍药甘草汤还具有镇痛的作用，可明显减少醋酸所致的小鼠扭体次数，镇痛率为58.85%，并能使二甲苯所致小鼠耳肿胀程度明显减轻，肿胀抑制率为45.68%[10]。对减轻醋酸所致疼痛，芍药甘草比例为3：1时镇痛作用更好，这可能与芍药与甘草配伍比例发生变化后，产生与疼痛有关的物质如5-羟色氨、前列腺素等的含量有关[11]。白芍与甘草按1：1比例配伍时兼有抑制肠蠕动和镇痛的作用，且效果较明显[12]。凤良元等[13]研究表明，芍药甘草汤既能抑制外周神经末梢引起的疼痛，又能抑制继发的炎性反应所致的疼痛，可明显降低造模小鼠血清和脊髓中NO，PGE_2的含量，增强SOD的活性。朱爱江等[14]研究发现，芍药甘草汤有明显的抗炎作用，其机制部分在于抑制PGE_2，NO，IL-6的产生，抑制PMN产生氧自由基，可能还与影响下丘脑-垂体-肾上腺皮质轴有关。研究显示甘草总苷的抗炎作用优于白芍总苷，但镇痛效应弱于白芍总苷，甘草总苷和白芍总苷抗炎镇痛作用明显弱于芍药甘草汤总苷，说明芍药甘草汤总苷具有明显抗炎和镇痛作用，其组成成分甘草总苷和白芍总苷具有一定的协同效应[15]。

四、芍药甘草汤对消化性溃疡的临床应用

周清保[16]应用加味芍药甘草汤治疗溃疡病30例，对肝胃气痛者疗效最为满意。厉为广[17]以芍药甘草汤加味治疗胃、十二指肠溃疡170例，有效率为96.47%。赵良辰等[18]运用桂枝人参汤合芍药甘草汤治疗消化性溃疡60例，总有效率95%，对消化性溃疡具有温中散寒、补脾益气、缓急止痛、收敛止血，促进胃肠功能恢复，加速溃疡面愈合的作用。张雪燕、张永全等[19~20]以芍药甘草汤治疗溃疡性结肠炎，疗效显著。

芍药甘草汤具有抑制回肠收缩、双向调节、解痉、镇痛和抗炎的作用，以其药简、效佳应用于消化性溃疡的临床治疗，取得了较好的效果。但其对溃疡病治疗的深入机理，组方中各有效成分的作用机制等还不是很清楚，今后应进一步展开这方面的研究，为临床治疗提供理论依据。

参考文献

[1] 谭洪根，刘应泉，冯维秀，等．芍药甘草汤配伍的化学成分研究［J］．中国中药杂志，1995，20（9）：550~551.

[2] 田峰．芍药甘草汤的组方与临床应用［J］．山西医药杂志，2004，33（6）：513~514.

[3] Tarnawski A，Stachura J，Krause W J，*et al.* Quality of Gastric Ulcer Healing：a New，Emerging Concept［J］．Clin Gastroenterol，1991，13（1）：42~47.

[4] 胡伏莲. 消化性溃疡发病机理和治疗新理念 [J]. 医学与哲学, 2010, 31 (5): 13~15.
[5] 黄绍刚, 周福生, 黄穗平, 等. 脾虚瘀热病机在消化性溃疡中的意义 [J]. 中医杂志, 2006, 47 (10): 728~730.
[6] 阎艳丽, 李春花, 宋晓宇, 等. 芍药甘草滴丸抗溃疡解痉作用的研究 [J]. 中华实用中西医杂志, 2004, 4 (17): 3092~3093.
[7] 韩坚, 钟志勇, 景丽, 等. 芍药甘草汤对肠道运动的作用观察 [J]. 广州中医药大学学报, 2007, 24 (1): 55~61.
[8] 蔡宛如. 芍药甘草汤治疗呼吸系统疾病的临床及药理研究进展 [J]. 中医药信息, 1998 (6): 5~6.
[9] 崔丰年. 芍药甘草汤的药理研究和临床应用 [J]. 中成药, 1991, 13 (7): 36~37.
[10] 邱明义. 附子汤、桂枝附子汤、芍药甘草汤镇痛抗炎作用比较研究 [J]. 中国实验方剂学杂志, 1999, 5 (4): 47~49.
[11] 郑富超, 郑秀丽, 郭玉成, 等. 芍药甘草汤不同配伍比例镇痛作用的实验研究 [J]. 承德医学院学报, 2008, 25 (2): 213~214.
[12] 薛建国, 徐立, 时乐, 等. 生白芍和酒炒白芍对芍药甘草汤解痉镇痛作用的影响 [J]. 南京中医药大学学报, 2006, 22 (5): 304~305.
[13] 凤良元, 鄢顺琴, 吴愫清, 等. 芍药甘草汤平喘和抗过敏作用的实验研究 [J]. 中国实验方剂学杂志, 2002, 8 (1): 23~25.
[14] 朱爱江, 方步武, 吴咸中, 等. 芍药甘草汤的抗炎作用研究 [J]. 天津医药, 2009, 37 (2): 120~123.
[15] 刘陶世, 赵新慧, 段金廒, 等. 芍药甘草汤总苷抗炎镇痛作用的配伍研究 [J]. 中药新药与临床药理, 2007, 18 (6): 427~430.
[16] 周清保. 加味芍药甘草汤治疗溃疡病30 例 [J]. 实用中医内科杂志, 2007, 21 (5): 43.
[17] 厉为广. 芍药甘草汤加味治疗溃疡病 170 例 [J]. 光明中医, 1999, 14 (3): 351.
[18] 赵良辰, 赵云桂, 杨永海. 桂枝人参汤合芍药甘草汤治疗消化性溃疡60 例 [J]. 陕西中医, 1999, 20 (6): 242.
[19] 张雪燕, 韩涛, 孟莉. 芍药甘草汤在溃疡性结肠炎中的应用 [J]. 辽宁中医学院学报, 2004, 6 (4): 91.
[20] 张永全. 运用“加味芍药甘草汤”治疗溃疡病的体会 [J]. 甘肃科技纵横, 2003, 32 (2): 121.

[《山西职工医学院学报》2012, 22 (1): 57]

邵金阶运用半夏泻心汤经验举隅

张勇前　邵智谦　瞿国义
湖北省罗田县万密斋医院
(指　导　邵金阶)

邵金阶主任医师，熟谙经典，对仲景方灵活运用于临床，疗效显著。今就他对半夏泻心汤应用举隅如下：

一、治胃痞案（慢性浅表性胃炎，慢性胆囊炎）

胡某，男，51 岁。诉胃脘部胀塞不适 6 个月之久。曾在省、县级医院胃肠钡餐检查提示：胃窦炎；胃镜报告：慢性浅表性胃炎；B 超探查提示：慢性胆囊炎；肝功能检查正常。经中西药治疗，症状时轻时重，反反复复。刻诊：胃脘部窒塞不舒，纳呆食少，每餐进食约 1～2 两，稍多食则胀增，呃气频频，口苦心烦，舌红苔薄黄，脉弦。证属寒热夹杂之胃痞证。拟半夏泻心汤加味，药用：法半夏 12g，黄连、酒炒黄芩、陈皮、党参、神曲、厚朴各 10g，白豆蔻、干姜各 6g，蒲公英 20g。6 剂。每日 1 剂，水煎分 2 次服。二诊：症状明显减轻，纳食稍增。宗前方稍事加减，共服 30 剂。诸症消失，饮食恢复正常。随访至 2 年，未再复作。

二、治胃胀案（胃体息肉、慢性浅表性胃炎）

张某，男，47 岁。诉剑突下、脐以上腹部胀塞不适，微痛，食后胀增，呃气稍舒，纳呆食少月余。伴头昏心悸，肢软乏力。口干便结，舌红苔白，脉弦。曾在黄冈市人民医院电子纤维镜检查报告：（1）胃体息肉，（2）慢性浅表性胃炎。病理报告：慢性浅表性胃炎。证属虚中夹实，寒热互结，气滞中焦之胃胀。拟用半夏泻心汤加味：党参、黄连、黄芩、厚朴、枳实、莪术、半夏、甘草、砂仁各 10g，蒲公英、黄芪各 30g，干姜 5g。7 剂。日 1 剂，水煎服。二诊：症状明显好转。前方加茯苓 30g、白花蛇舌草 15g，继服 7 剂。药后诸证消失，随访 1 年，未再复作。

三、治腹胀痛案

杨某，男，49 岁。诉左上腹部及小腹部胀痛不适，间断发作 1 年余。就医多处，中西药治疗，症状时轻时重。近 2 个月来病情加重，持续不止，胀痛时腹部起包块，日轻夜重，彻夜不能安睡，需揉按或下地慢步行走，其胀痛则有所减轻。大便日1次，稍干，尿黄。伴头昏肢倦，乏味纳呆，口干苦，渴而不欲饮。舌红苔白，脉弦。某医院肠系钡剂透视检查报告：十二指肠球炎。证属脾气不健，寒热夹杂，气机阻滞肠胃之腹胀痛证。拟用半夏泻心汤加味：黄连、黄芩、党参、法半夏、鸡内金、厚朴、广木香各10g，干姜4g，香附子18g，茯苓30g。6剂，日1剂，水煎2次，共取药液约500mL，分2次服用。二诊：药后症状明显减轻．前方加苍术10g，蒲公英20g，继服6剂。三诊：腹胀痛等症消失，精神转佳，饮食正常。为巩固疗效，续服6剂。随访告愈。

四、治胃痛案（胃角溃疡A1、慢性胃炎）

张某，男，51岁。诉胃脘部胀痛，时轻时重，约有1年。曾经中西药治疗，疗效不理想。近1个月来，胃胀痛增重，持续不止，食欲不振，精神稍差，大便日1~2次，多为稀溏便。电子胃镜检查：（1）胃角溃疡A1；（2）慢性浅表性胃炎。病理报告：镜下符合慢性胃溃疡。B超提示：胆囊炎。证属脾气亏虚，寒热夹杂，胃络失和之胃痛证。拟用半夏泻心汤加味。药用：黄连、厚朴、党参、酒炒黄芩、砂仁、法半夏、广木香、苍术各10g，蒲公英、白及各30g，吴茱萸、干姜各3g。6剂，日1剂，水煎服。二诊：胃胀痛明显好转，饮食增多，仍肢软乏力。前方加黄芪30g，蓬莪术10g。共服21剂。复诊，精神转佳，饮食正常。要求巩固疗效，拟六君子汤加黄芪、当归、谷麦芽作小蜜丸，早晚各服20g，服用20天。1年后电子胃镜复查：未见异常。随访至今，未再复作。

五、小结

邵老临床经验：半夏泻心汤加蒲公英、砂仁、厚朴用治胃肠疾病疗效更佳，若胁肋胀痛加柴胡、郁金疏肝理气；泛吐酸水者加吴茱萸、煅瓦楞子清肝制酸；大便秘结加大黄泻热通便；纳呆食少者加鸡内金、谷麦芽以醒脾开胃；若病日时久，脾胃气虚，络脉瘀阻，痞胀作痛，加黄芪、莪术益气化瘀。

［《湖北中医杂志》2012，34（6）：25］

肾气丸在肾阳虚病症治疗中的应用

林淑梅　吉林省大安市中医院

肾气丸系汉代医家张仲景所创，载于《金匾要略》，为治肾虚所致之腰痛，少腹拘急，小便不利而设。如《金匾要略·血痹虚劳病脉证并治第二》第十五节“虚劳腰痛，少腹拘急，小便不利者，八味肾气圆主之。”并治妇人“转胞”。后世将本方广泛应用于肾阳虚的各种病症，如慢性肾炎、糖尿病、神经衰弱、醛固酮增多症性神经衰弱、哮喘、肾上腺皮质功能不全、尿毒症等[1]。下面就笔者在临床工作中运用肾气丸的情况介绍如下：

一、治疗肾虚水肿

水肿是由肺、脾、肾三脏对水液宣化输布功能失调，致体内水液滞留，泛溢肌肤，引起头面、四肢、腹部，甚至全身浮肿的病症。这里只谈肾气虚衰的水肿。

（一）病因病机与辨证施治

凡饮食劳倦、生育不节、房劳过度或久病大病等多种原因，损伤正气，肾精亏耗，肾气内伐，阳气衰微，不能启动脾肺化气行水，水液内停，泛于肌肤而成水肿。肾与膀胱相表里，肾虚致膀胱气化不利，则尿少。腰为肾之外府，肾主骨，肾虚而水气内盛，故腰膝冷痛。阳气不能温煦于上，故面色苍白。肾阳虚衰，不能温养肢体，故手足不温，乏力。舌淡胖，苔白滑，脉沉迟，均为肾阳虚衰，内有水湿之象。本病既为肾气虚衰，温肾助阳，化气行水为本病治则。由肾气丸加川牛膝、车前子而成的济生肾气丸（原名加味肾气丸），出于《济生方》，具温阳补肾，化气利水之功，主治肾虚腰重，小便不利。用于肾虚水肿患者，切合病机。

（二）病案举例

患者女，52岁，农民，2007年10月12日初诊。自诉：素体虚弱，病已日久，现一身浮肿，按之凹陷，面色苍白，腰膝冷痛，手足不温，神疲乏力，尿少，舌淡胖，苔白滑，脉沉迟。其病以一身浮肿为主，故诊为水肿病，证为阳虚水泛，治宜温补肾阳，利水消肿。方选济生肾气丸：熟附片12g，生地12g、山药15g，茯苓15g、泽泻12g、丹皮6g，淮枣皮10g，肉桂8g（研末吞服），牛膝12g、车前子15g（包煎）、杜仲12g、巴戟12g。以上方为基础，治疗半月余，诸证大有好转，水肿已退，饮食欠佳，舌淡，苔薄，脉无力。现脾胃虚弱之象，用六君子汤、补中益气汤善其后，并嘱服肾气丸，巩固疗效。

二、治疗肾虚遗精

（一）病因病机与辨证施治

不因性生活而精液遗泄的病症称遗精，分为生理性和病理性两种。本病的发生，总由肾气不能固摄。而导致肾气不固的原因，多由情志失调引起，或与房劳过度、手淫斫伤、饮食失节、湿热下注等原因有关。此处所述仅为肾阳虚衰之遗精，其余不论。

平常之人，肾中阴阳平谧。若因情志失调，劳神太过，或湿热下注，或心脾损伤，气不摄精，或肾阴不足，阴虚火旺，均可导致遗精发生。若遗精久延不愈，或因先天下足，禀赋素亏，亦可导致阴虚及阳，形成肾阳虚衰之遗精症型。阴虚及阳，精关不固，命门火衰，不能温养形体，固畏寒肢冷。肾阳既虚，膀胱气化失司，固摄无权，故夜尿多而清白，或余沥不尽。阳气虚衰，不能上荣，故面色无华。肾精不足，不能充养与脑，故头昏耳鸣。腰为肾之外府，肾虚则腰痛。舌淡、脉沉无力，均为肾阳虚衰之象。本病为阴虚及阳，肾中阴阳两虚，治当阴中求阳，方用肾气丸，方中六味汤滋肾阴，桂附助肾阳，酌加温肾之品如鹿角胶、杜仲、益智仁等，根据病情还可以酌减泽泻、丹皮。

（二）病案举例

患者男，32岁，2008年5月21日初诊。自诉遗精已数月，现感头昏耳鸣，多梦易醒，腰痛，畏寒肢冷，夜尿二、三次，尿后余沥不尽，舌淡，脉沉细无力。诊为肾阳虚之遗精，治宜温肾助阳，摄精止遗。方用肾气丸：熟附片12g，肉桂6g（研末吞服），熟地15g、山药15g，茯苓10g、丹皮5g、杜仲12g、益智仁15g、鹿角胶15g（烊化总服），肉苁蓉15g。服药3剂后，未再遗精，诸证好转。后用金匮肾气丸和益气、健脾之剂调理而愈。

三、治疗肾虚腰痛

（一）病因病机与辨证施治

腰痛是以腰部疼痛为主要症状的一类病症，可表现在腰部的一侧或两侧。因腰为肾之府，故腰痛与肾的关系最为密切。感受寒湿、感受湿热，气滞血瘀，肾亏体虚均可导致腰痛。感受寒湿，寒邪凝滞收引，湿邪粘滞不化，致腰腿经脉受阻，气血运行不畅，发生腰痛；感受湿热，或寒湿蕴积日久、郁而化热，转为湿热，湿热阻遏经脉，引起腰痛；跌仆外伤，损伤经脉气血，或因久病大病，气血运行不畅，阻滞不通，均可使瘀血留着腰部而发生疼痛；先天禀赋不足，加之劳累太过，或久病身体虚弱，或年老体衰，或房室不节，以致肾精亏损，无以濡养筋脉而发生疼痛。在此只讨论肾阳虚之腰痛。肾之骨，生髓，腰为肾之府，肾中精气亏虚，故腰痛而软无力，易感疲劳；由于肾中阳气不足，还可见手足不温，面白无华，小便清长，舌淡，脉沉细无力之象。本病属肾阳虚之腰痛，治宜温补肾阳，方用肾气丸，并酌加杜仲、菟丝子等。

（二）病案举例

患者男，51岁，农民，2008年1月16日初诊。自诉：平素劳累太过，现感腰膝软而痛，头昏、头痛耳鸣，多梦易醒，易感疲劳，手指有冷麻痛感，小便清长，舌淡，脉沉细无力。诊为肾虚腰痛。方选肾气丸加减：熟附片12g，熟地20g、山药15g，枣皮12g，茯苓12g、当皮5g、肉桂6g（研末吞服），巴戟12g、牛膝12g，杜仲15g，菟丝子15g。按上述原则，随证加减治之而愈。

以上所述三证，其主证各不相同，从辨病的角度病名各有不同，就病机而言，三证均为肾阳不足。肾中阳气不足，不能化气行水，水液内停，泛溢肌肤，发为水肿。肾阳虚衰，精关不固而成遗精。肾主骨，腰为肾之府，肾中阳气不足，不能温养外府故腰痛。

辨证论治是祖国医学的核心。水肿，遗精，腰痛三证，病机相同，均为肾中阳气不足，治宜温补肾阳，体现了中医异病同治的治疗原则。肾气丸为温肾助阳的代表方剂，具温补肾阳之功，用于治疗肾阳不足之证，均可收到较好的疗效。然辨证时务必灵活运用，加减化裁，不可拘泥。

参考文献

[1] 吴崇奇．中医方药学［M］．长春：吉林科学技术出版社，1990：130.

［《中医药指南》2012，10（23）：292］

肾气丸组方特点及临床用药经验

王　付　河南中医学院经方研究所

肾气丸由干地黄八两（24g），薯蓣（即山药）四两（12g），山茱萸四两（12g），泽泻三两（9g），茯苓三两（9g），牡丹皮三两（9g），桂枝一两（3g），附子，炮，一两（3g）所组成。临床医师掌握了肾气丸学用基本功，就会选择最佳的治病方药，能不断优化临床诊治与用方技能，实践临床用方融会理论知识；学生掌握肾气丸学用基本功，则能索微求真，不断提升理论思维与创新能力，贯通肾气丸理论指导临床实践，试将学用肾气丸的基本功探讨于次，以抛砖引玉。

一、解读方药

（一）诠释用药特点

方中干地黄滋补阴津，清热凉血；附子温壮阳气；桂枝温阳通经；山药健脾益气；山茱萸温阳固精；泽泻渗利浊腻；茯苓益气渗利；牡丹皮清热凉血，酒助阳行血，蜜益气化阴。

（二）剖析配伍作用

附子与桂枝，属于相须配伍，增强温壮阳气；重用干地黄属于单行用药，滋补阴津；干地黄与附子、桂枝，属于相反相使配伍，相反者，干地黄滋阴，附子、桂枝温阳，相使者，干地黄滋阴助附子、桂枝温阳化阴，附子、桂枝温阳助干地黄滋阴化阳；干地黄与山药，属于相使配伍，使阴得气而化生；附子、桂枝与山药，属于相使配伍，山药助附子、桂枝温阳益气化阳；干地黄与牡丹皮，属于相使配伍，滋阴凉血；干地黄与泽泻、茯苓，属于相反相畏配伍，相反者，干地黄滋补，茯苓、泽泻渗利，相畏者，茯苓、泽泻制约干地黄浊腻；附子、桂枝与牡丹皮，属于相反相畏配伍，相反者，附子、桂枝温阳，牡丹皮凉血，相畏者，牡丹皮制约附子、桂枝温热伤血；山药与山茱萸，属于相使配伍，气以固精，精以化气；酒与附子、桂枝，属于相使配伍，增强温壮阳气；蜜与干地黄，属于相使配伍，增强滋补阴津。

（三）权衡用量比例

附子与桂枝为1∶1，以治阳虚；干地黄与山药为2∶1，提示滋阴与益气间的用量关系；附子、桂枝与山药为1∶1∶4，提示温阳与益气间的用量关系，以治阳气虚弱；干地黄与牡丹皮为8∶3，提示滋阴与凉血间的用量关系，以治阴虚生热；干地黄与泽泻、茯苓为8∶3∶3，提示滋阴与渗利间的用量关系；附子、桂枝与牡丹皮为1∶1∶3，提示温阳与凉血间的用量关系；干地黄与附子、桂枝为8∶1∶1，提示滋阴与温阳间的用量关系；山药与山茱萸为1∶1，提示益气与温固间的用量关系。

二、经典导读

1. 崔氏八味丸，治脚气上入，少腹不仁（金匮要略第五16）。

2. 虚劳，腰痛，少腹拘急，小便不利者，八味肾气丸主之（金匮要略第六15）。

3. 夫短气有微饮，当从小便去之，苓桂术甘汤主之；肾气丸亦主之（金匮要略第十二17）。

4. 男子消渴，小便反多，以饮一斗，小便一斗，肾气丸主之（金匮要略第十三3）。

5. 问曰：妇人病，饮食如故，烦热不得卧，而反倚息者，何也？师曰：此名转胞，不得溺也，以胞系了戾，故致此病，但利小便则愈，宜肾气丸主之（金匮要略第二十二19）。

三、应用指征

本方以滋补肾阴，温补肾阳为主，主治肾阴阳俱虚证，常见症状有少腹不仁，少腹拘急，腰痛，小便不利，不得溺，或小便反多，消渴，烦热不得卧，倚息，短气。

四、运用须知

关注方药煎煮与服用方法，即“上八味，末之，炼蜜和丸，梧子大，酒下十五丸，加至二十五丸，日再服。”本方既可作丸剂，又可作汤剂。若重病、顽固病、难治病用汤剂；丸剂可应于慢性较轻的病。

五、方证辨病[1~3]

急慢性肾小球肾炎，肾功能不全，膀胱颈部硬变，尿毒症，神经性膀胱炎等，辨证要点为小便异常，手足不温，舌质红，少苔。

冠心病心动过缓，高血压，高脂血症，中风后遗症，脑血管病等，辨证要点为头晕目眩，五心烦热，舌质淡，苔薄白。

甲状腺功能减退症，脑垂体功能减退症，醛固酮增多症，糖尿病等，辨证要点为手足不温，舌质红，苔薄。

前列腺肥大，精子活动率低下，精子减少症，性神经衰弱等，辨证要点为畏寒怕冷，舌质红，苔薄。

围绝经期综合征，功能性子宫出血，不孕症，子宫肌瘤等，辨证要点为五心烦热，舌质淡，苔薄。

六、医案助读

（一）甲状腺功能减退症

患者女，43岁，郑州人。有4年甲状腺功能减退症病史，近因病证加重前来诊治。刻诊：腰酸，肢体水肿，因劳累加重，心悸，气短，易疲劳，嗜睡，畏寒怕冷，月经不调，手足不温，口渴欲饮水，舌红少苔，脉沉细弱。辨为阴阳俱虚，气不化水，治当温补阳气，滋补阴津，兼以化水，给予肾气丸与五苓散合方加味，生地黄24g，山药12g，山茱萸12g，茯苓10g，泽泻12g，牡丹皮10g，附子，桂枝10g，猪苓10g，白术10g，车前子15g，川牛膝15g。6剂，每日1剂，水煎服，每日分3服。二诊：腰酸减轻，以前方6剂。三诊：心悸好转，以前方6剂。四诊：水肿减轻，以前方6剂。五诊：畏寒怕冷减轻，手足温和，以前方6剂。六诊：嗜睡减少，以前方6剂。七诊：诸证缓解，以前方治疗20余剂。之后，以前方变汤剂为散剂，每次6g，每日分3服。随访2年，一切尚好。

用方提示：根据畏寒怕冷、手足不温辨为阳虚，再根据口渴欲饮水、舌红少苔辨为阴虚，因气短、易疲劳辨为气热，以此辨为阴阳俱虚，气不化水证。方以肾气丸温补阳气，滋补阴津，五苓散化气利水渗湿，加车前子利水消肿，川牛膝强健筋骨。方药相互为用，以奏其效。

（二）复发性肌肉痉挛

患者女，41岁，许昌人。有多年复发性肌肉痉挛病史，发作时小腿肌肉筋脉僵硬挛急，服用中西药，仅能控制症状表现，未能达到远期治疗效果，近因病友介绍前来诊治。刻诊：发作时四肢肌肉僵硬挛急，甚于疼痛难忍，因寒诱发，手足不温，口干不欲饮，舌红少苔，脉沉细弱。辨为阴阳俱虚，筋脉失养证，治当滋补阴阳，调和筋脉，给予肾气丸与芍药甘草汤合方加味，生地黄24g，山药12g，山茱萸12g，茯苓10g，牡丹皮10g，泽泻10g，桂枝3g，附子3g，白芍50g，巴戟天15g，炙甘草50g。6剂，水煎服，每天1剂，每日3服。二诊：肌肉筋脉僵硬挛急发作次数减少，以前方6剂。三诊：手足转温，以前方6剂。四诊：舌上生苔，以前方6剂。五诊：未再出现肌肉筋脉僵硬挛急，为了巩固治疗效果，以前方12剂。随访半年，一切正常。

用方提示：根据因寒诱发，手足不温辨为阳虚，再根据口干不欲饮，舌红少苔辨为阴虚，因四肢肌肉僵硬挛急辨为筋脉失养，以此辨为阴阳俱虚，筋脉失养证。方以肾气丸滋补阴津，温补阳气，以重用芍药甘草汤益气补血，柔筋缓急。方药相互为用，以奏其效。

（三）雄性激素缺乏综合征

患者男，54岁，郑州人。在5年前出现阳强易举，频繁遗精，早泄，耳鸣，盗汗等，经多家省市级医院检查，均未发现器质性病理变化，诊断为男子更年期综合征（即雄性激素缺乏综合征），近因病证加重前来诊治。刻诊：阳强易举且举而无力，每周至少遗精2次，早泄，手足不温，肢体困重，倦怠乏力，耳鸣，盗汗，心胸烦热，舌质淡，苔白腻厚，脉沉细弱。辨为阴阳俱虚，痰湿阻滞证，治当滋补阴阳，燥湿化痰；给予肾气丸、海蚧汤与二陈汤合方，生地黄24g，山药12g，山茱萸12g，泽泻10g，牡丹皮10g，茯苓12g，附子3g，桂枝3g，海马10g，蛤蚧1对，姜半夏15g，陈皮15g，生姜18g，乌梅2g，炙甘草6g。6剂，水煎服，每天1剂，每日分3服。二诊：遗精未再出现，以前方6剂。三诊：阳强略有好转，以前方6剂。四诊：盗汗止，以前方6剂。五诊：肢体困重减轻，以前方6剂。六诊：阳强止，以前方6剂。七诊：诸证好转明显。之后，为了巩固疗效，又以前方治疗40余剂后，诸证悉除。随访1年，一切尚好。

用方提示：根据盗汗、心胸烦热辨为阴虚，再根据手足不温、舌质淡辨为阳虚，因倦怠乏力辨为气虚，又肢体困重、苔白腻厚辨为痰湿，以此辨为阴阳俱虚，痰湿阻滞证。方以肾气丸滋补肾阴，化生肾精，温补肾阳，化生阳气；以海蛤汤温补肾阳，化生肾精；以二陈汤燥湿化痰，行气和中。方药相互为用，以奏其效。

肾气丸是临床中辨治阴阳俱虚证的重要治病方，只有全面深入研究肾气丸的用药要点，方药配伍，用量比例，重视煎煮、服用方法及加减用药，权衡方证辨病精神等，才能学好用活肾气丸，才能更好地运用肾气丸辨治诸多疑难杂病。

参考文献

[1] 王付．经方妙用治百病［M］．北京：人民军医出版社，2008：226.

[2] 王付．经方实验论［M］．北京：中国医药科技出版社，2006：269.

[3] 王付．经方临证答疑［M］．北京：人民卫生出版社，2009：199.

［《中国实验方剂学杂志》2012，18（22）：361］

试述小柴胡汤在耳鼻喉科疾病中的应用

柳林霞　浙江省台州市黄岩区中医院

小柴胡汤是张仲景治疗少阳病的主方少阳病为半表半里的病证，后世医家称本方是和法之总方，《伤寒论》言“但见一证便是，不必悉具”，所以，临床加减进退非常灵活，适用的病症也非常广泛，临床各科疾病无不涉及，现在笔者就本方在耳鼻喉疾病上的应用，报道如下：

一、咽炎

秦某，女，30岁2012年3月17日初诊主诉：咽部灼痛2周刻诊：咽部灼痛干涩，声略嘶，口干而苦，饮水稍舒，胸肋苦闷，喜太息，有时感觉咽部痰滞，却咯吐不出，月经二便调咽部充血，咽后壁滤泡增生舌质微红苔薄白，脉小弦印象为咽炎，属中医喉痹本病起因家庭不和，心情不佳，肝阳气郁，郁火上升，上灼咽部治以本方清泄少阳之火处方：柴胡射干玄参生地山豆根各12g，黄芩法半夏炒山栀各10g，桔梗8g，生姜6g，生甘草5g，大枣2枚嘱煎汤代茶，含漱咽部下咽每天1剂，服10剂，嘱戒辛辣，起居适寒温，情绪忌忧郁复诊：自觉咽部清凉，发音圆润，胸闷口苦等症明显减轻既效方不更再予15剂，诸症均除，随访半年未再发作。

按　手足少阳经循行经咽部，所以少阳胆火上炎，常犯咽部所以许多咽部疾病，表现“口苦，咽干，目眩”，治疗可以运用清除肝胆郁火，和解少阳法来治疗笔者对许多咽部疾病表现少阳证者，常运用小柴胡汤化裁治疗，每获良效。

二、化脓性中耳炎

王某，男，40岁农民2011年4月22日初诊主诉：左耳流脓反复10余年，加剧1周患者左耳流脓反复10余年近1周来因感冒，低热，耳流脓加重，量较多，脓质黏稠在某医院用抗生素等治疗4天，病情如故刻诊：头晕口苦，不思饮食，大便干查体：T37.5℃，左耳鼓膜中央性大穿孔，有脓性分泌物；音叉检查为传导性耳聋舌苔薄腻，脉弦细证属少阳胆火，上犯耳窍治拟清泄少阳处方：柴胡半夏黄芩丹皮天花粉各10g，茯苓20g，石菖蒲12g，皂角刺败酱草连翘各15g，甘草6g，水煎服，每日1剂外用3%双氧水洗耳，0.25%氯霉素眼药水滴耳，每日3次3天后复诊，体温已正常，诸症明显好转继服上方5剂后，耳内流脓基本控制，嘱继服上方，注意起居饮食，1个月后病愈。

按　中医称“脓耳”少阳经脉与耳关系十分密切，本案由于外感邪毒，循经入耳，故宜清泄少阳痰热，用小柴胡汤正中其病机，耳痛热重加山栀银花，脓汁多加皂角刺浙贝，伴耳鸣加蔓荆子石菖蒲。

三、慢性副鼻窦炎

尤某，女，23岁2011年5月18日初诊鼻流黄涕2年，夜寐打鼾头颅CT片示：副鼻窦炎每因感冒症状加重，用过西药时好时差诊患者：鼻涕黄稠，早上咳吐黄痰，头晕，口苦，鼻涕有腥臭气舌苔白腻，脉弦细证属痰热郁阻胆经，上犯清窍治拟清泄胆热，通窍化痰处方：黄芩皂角刺各15g，白芷辛夷胆星半夏浙贝太子参各10g，柴胡8g，甘草5g服7剂后，鼻涕明显减轻，鼾声亦减，鼻涕黏稠拟上方加败酱草20g，桑白皮15g再服7天，诸症除，入夜口干，继以上方增入北沙参20g，花粉12g，调理2周追访半年无恙。

按　慢性副鼻窦炎为临床常见疾病，中医称为“鼻渊”《内经》“鼻为清阳交汇之处，又为一身经脉之所过，易受全身脏腑功能影响”，主要表现鼻塞，鼻涕黏稠而量多，早上咳吐浓痰，每于感冒后症状加剧伴见头痛头胀，嗅觉减退，夜寐打鼾临床常见少阳病证表现者，采用小柴胡汤加减治疗，方中柴胡解热散邪，透达少阳之邪，黄芩泻胆火，清少阳之热，清散结合，共为主药，太子参甘草扶正护中，辛夷祛风通窍，是鼻疾之要药，另酌加胆星半夏浙贝皂角刺祛痰排浊以通窍。

[《浙江中医杂志》2012，47（12）：916]

薯蓣丸的临床应月与研究概述

冯　莎　成都中医药大学

薯蓣丸出自《金匮要略·血痹虚劳病脉证并治第六》，乃仲景治疗“虚劳风气百疾”设立的方剂。该方组方严谨，配伍精当，具有补气养血、疏风散邪等功效，被后世医家广泛月于治疗各种慢性虚损性疾病，经专家们临床验证及药理研究证明，薯蓣丸在增强体质，提高免疫功能等方面都取得了较好的疗效。现将1994～2011年间对薯蓣丸的临床报道及其相关药理研究进行总结，为今后研究进一步指明其应用前景及研究方向。

一、方义分析

薯蓣丸中共21味，为扶正祛邪的代表方。方中重用薯蓣健运脾胃，则气血阴阳化生有源，配合人参、茯苓、白术、当归、地黄、川芎、芍药等益气养血，加阿胶、麦冬滋阴，诸药同用，补气血阴阳诸不足，达到扶正目的。“风气百疾”，如风、湿、寒、热等邪所致，故以桂枝散太阳之邪、防风散阳明之邪、柴胡散少阳之邪，使外入之邪得以消散。由于正虚邪侵，人体气机必然会发生升降出入的紊乱而加重病情，故加桔梗、白蔹、杏仁使气机之升降出入正常，治疗正虚感邪时不会导致“虚不受补”的现象。

二、临床应用

现代社会生活节奏加快，许多人出现了虚劳的表现，不能及时对自然界的寒热变化作出适应性调节，容易感受外邪而发病。而薯蓣丸正是扶正祛邪的代表方[1]。根据该方的药理作用及功效，许多医家将薯蓣丸应用于临床，特别是对慢性虚损性疾病导致的身体机能下降有良效，还能改善体质，增强免疫功能，提高生活质量等，现分述如下。

（一）循环系统

近年来心血管疾患逐渐成为人类的头号杀手，故应重视此类疾病缓解期的防治。老年人脏器衰弱，命门火衰，不能温煦心肺，易受风寒外邪侵袭，出现胸闷、乏力，心悸、气紧，活动后加重等。而薯蓣丸方中，如薯蓣、人参、麦冬能益气养阴，有强心、利尿作用，能兴奋中枢神经和垂体－肾上腺皮质系统，具有提高机体免疫力、降低血糖和血脂等功能[2]。李水廷等[3]用薯蓣丸化裁治疗慢性肺源性心脏病，既减轻症状，又改善心功能。邵桂珍等[4]将薯蓣丸用于治疗慢性心功能减退 113 例，服用2月后大部分患者的心功能都有所提高。宁宗等[5]研究显示，薯蓣丸中的主要成分即薯蓣皂苷元可能通过维持心肌细胞膜钠泵和钙泵功能，共同影响心肌细胞钙离子跨膜转运，维持细胞内低钙离子的环境从而达到对缺氧再复氧引起的心肌细胞损伤的保护作用。此外，薯蓣丸对脑血管意外患者后期生活质量的改善也有一定的效果。如谭子虎等[6]用加减薯蓣丸治疗脑卒中后日间过度倦睡症，可使患者日间睡眠时间减少，精神较佳。

（二）泌尿系统

肾病患者常因外感风邪诱发宿疾而见面目浮肿、尿蛋白等症，薯蓣丸可益气固表、祛风散邪，对治疗肾病常获良效。涂钟馨等[7]用薯蓣丸加味治疗慢性肾炎，6 个月后大部分患者蛋白尿消失，症状改善。雷根平等[8]用薯蓣丸治疗慢性肾功能衰竭，辅以西药基础治疗，既可降低血尿素氮、血肌酐水平，还可改善患者的倦怠乏力、食少纳呆、腰膝酸软、气短懒言、肢体困重等症状。

（三）消化系统

慢性乙型肝炎患者，病程迁延，易耗伤气血阴阳，以致正气内虚，反复感受六淫外邪，使病情复杂化，影响其原有疾病的正常治疗和康复。而薯蓣丸能益气固表，匡扶正气，又可祛邪外出。高学清等[9]用薯蓣丸连续治疗此类患者 6 个月后，可使其发病次数减少，发病时症状减轻，病程缩短。

（四）皮肤病

慢性荨麻疹患者除全身风团反复发作外，常兼面色无华、神疲体倦、畏风自汗等气血阴阳不足之象。多为气血阴阳不足，又加风邪外袭。薯蓣丸针对本病特点，扶正气为主以御邪外出或使邪无所凑，从提高自身与自然界的适应能力。有报道采用薯蓣丸治疗慢性荨麻疹，可明显减轻其症状[10]。杨艳梅等[11]用薯蓣丸治疗围绝经期妇女慢性荨麻疹3 个月后，大部分患者的症状明显改善，如能在秋冬来临之际连续治疗 2 ~ 3 年，可基本治愈。

（五）癌病

黄煌认为薯蓣丸治疗以消瘦、疲乏、贫血为特征，伴心悸气短、纳差、便溏、易感等症的恶性肿瘤术后及放化疗后的虚损状态，取得了较好的疗效，大大改善了患者的生活质量[12]。虽然报道多以个案居多，但薯蓣丸健运脾胃、化生气血，且能祛邪，可谓正虚感邪的最佳治法，对于改善癌症患者的体质最为合宜，不过需长期服用。

（六）慢性疲劳综合征

临床表现为疲劳、低热或自觉发热、咽喉痛、肌肉痛、头痛、关节痛、注意力不易集中、记忆力差、睡眠障碍和抑郁等非特异性表现为主的症候群。多系长期工作紧张、情绪不稳定和负性生活事件容易诱发本病。中医学认为本病的发生与烦劳过度、情志抑郁、先天禀赋不足、大病后失于调理有关[13]。其病机为虚实夹杂，因此其治疗原则应是扶正祛邪[14]。薯蓣丸具有补益脾胃、疏风散邪之功效，使气血津液生化有源，又可祛邪。刘百祥等[15]用薯蓣丸治疗慢性疲劳综合征，大部分患者症状都得到了明显改善。

三、药理研究

薯蓣丸中，以薯蓣为君药，主要含皂苷类成分，其苷元为薯蓣皂苷元。现有许多学者对单味药－薯蓣皂苷元的研究颇多，特别是其在抗肿瘤的作用。但复方药理研究较少，这也许和复方药物过多，造成其研究困难有关。

（一）抗肿瘤

薯蓣皂苷元是一种重要的甾体皂苷元，是合成甾体激素类药物的重要原料，并具有抗肿瘤、抗心血管系统疾病、抗炎以及抗皮肤病及与改善皮肤老化等的药理活性。尤其诱导肿瘤凋亡活性显著，为临床应用于肿瘤的防治提供有力依据[16]。有实验研究表明，薯蓣皂苷元对 S180、HepA、U14 等小鼠移植肿瘤和 L929、HeLa、MCF 肿瘤细胞株具有明显抑制作用[17]。并能抑制大鼠肝癌细胞 CBRH7919 的生长和诱导其凋亡[18]。另外，薯蓣皂苷元在改善更年期、抗皮肤老化方面也显示了广阔的应用前景。并且还具有抗高血脂、舒张血管以及保护心肌细胞等抗心血管疾病的作用。

（二）增强免疫功能

薯蓣丸能增强免疫功能受抑制小鼠廓清血中碳粒能力，从而提高机体识别抗原能力和宿主排异能力[19]。故该方有提高机体的非特异性免疫功能。此外，薯蓣丸对体液免疫功能有一定作用。对应激导致的机体损伤起保护作用，并增强细胞免疫功能[20]。因此，薯蓣丸对机体免疫功能的改善作用，也是其治疗虚劳诸疾的重要机理之一。有研究证明薯蓣丸对创伤小鼠 IL－2mRNA 及 IL－2R mRNA 水平均具有明显的升高作用，提示薯蓣丸可通过促进创伤小鼠淋巴细胞 IL－2 及 IL－2R 的基因转录表达进而逆转 IL－2 及 IL－2R 的抑制状态，这也是薯蓣丸纠正创伤后细胞免疫功能低下的作用机理之一[21]。谭子虎等[22]的研究表明，由山药、熟地、西党参、白芍、何首乌、全当归、炙远志等 14 味中药组成的加减薯蓣丸，经物理方法浓缩提纯为口服液，能提高实验大鼠红细胞 SOD 活性，降低血清过氧化脂质含量，减少脑组织脂褐的积累。提示该方可能通过清除自由基，发挥对脑组织的保护作用，改善脑卒中后的病理状态，从而有效地治疗脑卒中后日间过度倦睡症。

四、小结

《难经・十三难》曰："治损之法奈何？然损其肺者，益其气；损其心者，调其营卫；损其脾者，调其饮食，适其寒温；损其肝者，缓其中；损其肾者，益其精。"观薯蓣丸组方以培土生万物，补气以固卫表，预防风邪内侵之功为著。根据"异病同治"原则，故可以治疗五脏虚损等多种疾病，特别是肿瘤放化疗后、慢性消耗性疾病等。但因该方药物众多，临床应用还不够广泛，以个案报道居多。药理研究多以单味药中的成分作为研究对象，整体方药的药理研究较少。如借助现代科学技术，进一步研究其整体方药成分，做成丸剂、口服液或胶囊，方便患者服用。此外，薯蓣丸可作为一种强壮保健药物，改善现代人的亚健康状态。

参考文献

[1] 姚真敏，张俊杰．从《金匮》虚劳病篇探讨老年病诊治［J］．浙江中医学院学报，1995，19（6）：1～2.

[2] 吕孙成，曾爱萍，荣竹青，等．生脉注射液加多巴胺治疗急性心肌梗死疗效观察［J］．人民军医杂志，2002，45（3）：157～158.

[3] 李水廷，彭佰波，王巨虎．薯蓣丸化裁治疗慢性肺源性心脏病疗效观察［J］．现代中西医结合杂志，2004，13（1）：42.

[4] 邵桂珍，张益群．薯蓣丸治疗慢性心功能减退 113 例［J］．浙江中医杂志，1994，38（6）：257.

[5] 宁宗，李贻奎，周燕，等．薯蓣皂苷元活性成分对心肌细胞损伤的保护作用及机制研究［J］．中国中西医结合杂志，2010，30（4）：407～409.

[6] 谭子虎，涂晋文，董梦久，等．加减薯蓣丸治疗脑卒中后日间过度倦睡症 25 例［J］．中国中医药信息杂志，2001（8）：78.

[7] 涂钟馨，陈金炉．薯蓣丸加味治疗慢性肾炎 24 例［J］．北京中医杂志，1994（1）：35～36.

[8] 雷根平，杨晓航，董盛，等．加减薯蓣丸方治疗慢性肾功能衰竭 240 例临床观察［C］．2008 年第 21 次中华中医药学会肾病分会学术会议论文汇编：319～320.

[9] 高学清．薯蓣丸防治慢性乙型肝炎患者反复感冒［J］．辽宁中医学院学报，2001，3（2）：120.

[10] 高学清，刘仁斌．薯蓣丸治疗慢性荨麻疹［J］．湖北中医杂志，2001，23（11）：39～40.

[11] 杨艳梅，熊德上．薯蓣丸治疗围绝经期女性慢性荨麻疹的疗效观察［J］．中国药房，2011，22（20）：1893～1894.

[12] 薛蓓云，李小荣．黄煌运用《金匮要略》薯蓣治疗肿瘤验案分析［J］．上海中医药杂志，2010，44（12）：24.

[13] 赵殿法，段化瑞，赵己未，等．益气养阴法治疗慢性疲劳综合征 30 例疗效观察［J］．天津中医药，2006，23（2）：126.

[14] 潘善余．慢性疲劳综合征的中医证治探讨［J］．浙江中医杂志，2008，43（1）：29～30.

[15] 刘百祥，刘长春．薯蓣丸加减治疗慢性疲劳综合征 69 例［J］．中医药导报，2009，15（2）：43～46.

[16] 岳蕾，陈玲，寇俊萍，等．薯蓣皂苷元药理活性及其机制研究进展［J］．中国临床药理学与治疗学，2010（2），233～237.

[17] 王丽娟，王岩，陈声武，等．薯蓣皂苷元体内、外的抗肿瘤作用［J］．中国中医药杂志，2002，27（10）：777～779.

[18] 刘喜娟，谭宇蕙，吴映雅，等．薯蓣皂苷元对大鼠肝癌细胞 CBRH7919 的抑制及凋亡诱导作用［J］．中国现代医学杂志，2010，20（7）：980～983.
[19] 蔡美，周衡．《金匮》薯蓣丸对小鼠免疫功能的影响［J］．湖南中医药导报，1997，3（6）：31.
[20] 李云海，张雪荣，叶太生，等．薯蓣丸对创伤应激小鼠肝细胞 HSP70 及其抗体表达的影响［J］．中医药通报，2006，5（1）：59～61.
[21] 李云海，张雪荣，叶太生，等．薯蓣丸对创伤应激小鼠白细胞介素－2mRNA、白细胞介素－2RmRNA 基因表达的影响［J］．中国中医药信息杂志，2006，13（4）：33～34.
[22] 谭子虎，吕继端，朱明方，等．加减薯蓣丸对半乳糖致大鼠衰老作用的影［J］．中华老年医学杂志，1995，14（5）：268.

［《浙江中医杂志》2012，47（9）：699］

四逆散临床应用 3 则

李欣红　河北省无极县妇幼保健院

四逆散出自张仲景《伤寒论》第 318 条，原文如下："少阴病，四逆，其人或咳，或悸，或小便不利，或腹中痛，或泄利下重者，四逆散主之。"四逆散主方为：炙甘草、枳实、柴胡、白芍药。主治邪热内陷，传人阴经，阳气郁阻不能达于四肢而出现四肢逆冷之证。四逆散似乎并没有明确的主证，更多的是或然证，在临床应用十分广泛。笔者在临床中以四逆散为基本方加味治疗杂病，效果显著，现介绍验案 3 则。

例 1　刘某，男，31 岁。2011－12－11 就诊。面部肿胀、麻木 10d。10d 前饮酒后出现面颧部、眼眶周围发红，肿胀麻木。诉此种情况始于 10 年前，冬天雪后未着上衣在雪中玩耍，当时未觉不适，后渐感畏寒，四肢凉。季节变换，天气变冷时，面部症状就会出现，时好时坏，情绪不畅或饮酒后症状加重。刻诊：头昏，眠可，二便正常，舌质红，苔腻，脉沉紧。辨证分析：少阴肾为水火之脏，是阳气的根本，四肢为诸阳之本，通于天气，外感之寒由太阳经直传人少阴，阳气郁遏不行，故感四肢凉，怕冷[1-2]。情绪不畅则郁而化火，饮酒则阳明蕴热，火性炎上，下部潜藏的阴寒之气随之浮越，上攻头面，则感面目肿胀麻木。治宜升清阳降浊阴，清上火温中寒。治以四逆散加味。药物组成：柴胡 15g，白芍药 20g，枳实 15g，炙甘草 15g，党参 15g，干姜 10g，茯苓 15g，白术 15g，桂枝 10g，川芎 6g，黄芩 10g，薄荷（后下）6g，生地黄 20g。7 剂。水煎服，日 1 剂。2011－12－18 复诊：服药 1d 后面部肿胀麻木感明显减轻，服药 3d 时略有反弹，随即缓解。现面部症状基本消失，四肢冷感减轻，脉沉较前稍有力，舌质红，苔不腻。效不更方。继进原方 7 剂。随访：患者整个冬天再未出现面部症状，四肢凉、畏寒亦明显减轻。嘱其注意饮食调摄，锻炼身体，以待元气来复。

按　本例属中医学肿胀范畴。由外感风寒，直中入里，阳气郁遏不行，火热之邪夹伏寒上攻头面所致。故以柴胡升清阳；枳实降浊阴；白芍药通宣脏腑壅气；干姜、党参、炙甘草、白术、茯苓温阳健脾，益气利水；黄芩、薄荷疏散上焦风热；桂枝、川芎温通经脉；生地黄滋阴养血。全方配伍得当，谨守病机，故收效迅速。

例 2　陈某，女，37 岁。2010－04－06 初诊。2006 年始每于春夏交替 5 月份左右出现双下肢水肿、胀痛、麻木痉挛，至秋症状逐渐缓解。刻诊：睡眠质量差，心烦，食欲不振，脾气暴躁，大便干，月经不调，现已闭经 4 个月未潮，双下肢畏风怕冷，舌苔腻，右脉沉濡，左脉沉弦。辨证分析：患者常因家庭琐事困扰，所思不得而抑郁暴躁。肝郁脾虚，脾虚则运化无力，痰湿内生，气血生化不足，痰浊扰心，故心烦，夜不安寐。脾主四末，湿遏清阳，湿性趋下，故下肢畏风怕冷明显。治宜疏肝健脾，温阳利水。治以四逆散加味。药物组成：柴胡 15g，白芍药 15g，枳壳 15g，炙甘草 10g，白豆蔻仁 6g，薏苡仁 20g，干姜 15g，炒白术 15g，茯苓 20g，肉桂 6g，肉苁蓉 10g，当归 20g，黄芪 15g，滑石 15g，黄芩 10g，升麻 3g。7 剂。水煎服，每日 1 剂。2010－04－13 二诊：睡眠改善，容易入睡，心烦减轻，食欲恢复，大便不干，双下肢仍畏风怕冷，舌苔仍腻，脉沉。处方：柴胡 15g，白芍药 15g，枳壳 15g，炙甘草 10g，白豆蔻仁 6g，薏苡仁 20g，干姜 15g，炒白术 15g，茯苓 20g，桂枝 10g，当归 20g，黄芪 15g，滑石 15g，黄芩 10g，升麻 3g，怀牛膝 15g，黄柏 10g。14 剂。水煎服，日 1 剂。2010－05－07 三诊：食欲好，睡眠可，双下肢畏风怕冷已明显减轻，仅双足明显，双下肢水肿、胀痛、麻木痉挛未出现，月经于 2010－04－18 来潮，经期 3d，量不多。嘱其注意饮食，调畅情志。随访：双下肢症状整个夏天未出现。2011～04 按原方加减服用 14 剂，整个夏季亦安然度过。

按　本例属中医学脚气病范畴。由肝郁脾虚，痰湿内生，湿邪下注所致。首诊时以柴胡、升麻、枳壳疏肝理气；滑石、黄芩清心除烦；干姜、炒白术、炙甘草、白豆蔻、茯苓、薏苡仁温阳健脾利水；肉桂、肉苁蓉温阳通便；白芍药养血敛阴；黄芪、当归补气生血，使气机畅，心火清，脾阳健，下焦通，气血足。二诊时，症状有明显改善，但双下肢症状仍存，变肉桂为桂枝，加黄柏、怀牛膝，加大温通经脉、通筋利痹作用，终使沉疴得以消除。

例3　王某，女，28岁。2010－02－15初诊。1年来工作紧张，压力较大，精神不振，容易犯困，但夜间睡眠可，近3个月以来，白天依旧精神疲倦，夜晚则难以入睡，夜间惊醒后很难再寐，多梦，服用安眠药无明显效果。1个月前到外地出差后，出现排尿困难，但无尿急、尿痛症状，患者情绪低落，面色无华，体质偏瘦，纳谷不馨，大便偏干，查舌薄少苔，质红，脉弦细。辨证分析：患者年轻女性，工作紧张，压力大则造成气机不畅，卫气运行迟缓，卫气留于阴分时间长，就会精神不振，然郁久化热，心热耗血，更因热生痰。血液因热而耗，阴虚不能潜阳，是以不寐，痰停心下，火畏水刑是以惊悸[1]。火盛血虚，肠中津液短少，故大便干。壮火食气，日久则气阴两虚。今气阴不足，致气化受损，而致小便不利。治宜疏肝解郁，育阴潜阳。治以四逆散加味。药物组成：柴胡15g，白芍药15g，枳壳15g，炙甘草10g，熟地黄30g，龟板15g，党参15g，黄芩10g，龙齿9g，牡蛎20g，酸枣仁12g，麦门冬10g，地肤子10g。7剂。水煎服，每日1剂。2010－02－22二诊：睡眠明显改善，容易入睡，食欲恢复，大便不干，小便较前有力，自觉精力体力恢复，心情大好，苔薄，舌质稍红，脉细。效不更方，继进原方7剂。2010－03－01三诊：诸症基本消失，工作效率明显增加，而告痊愈。

按　本例属中医学小便不利范畴。由肝郁化火，气阴两伤所致，故以四逆散加黄芩疏肝解郁，清热泻火；党参补气生津；酸枣仁、麦门冬养阴安神；熟地黄、龟板滋肾水；龙齿、牡蛎使心火下交于肾；地肤子清热，导尿下行。诸药合用，达到调畅气机、交通阴阳、气化乃成、小便得通之目的。

小结

《素问·阴阳离合论》曰："三阴之离合也，太阴为开，厥阴为合，少阴为枢。"刘渡舟云："少阴心肾为水火之脏，内寄真阴真阳，水火交通，阴阳既济，是人体生命活动的必要条件，人体正常，水火、阴阳的交通既济，有赖于少阴的枢机作用，少阴不仅为三阴之枢，而且也是调节阴阳、水火平衡的重要枢纽。"[3]张仲景将四逆散列在少阴经来论述，正是体现少阴为枢的精神。四逆散所治病症，正是由于各种原因所致的少阴枢机不利，阴阳、水火失衡的病症，方中柴胡既可升发清阳，又能使郁热外达；枳实行气散结，苦以降泄，与柴胡一升一降而达气机调畅，阴阳调和之目的；白芍药养血敛阴，气薄味厚，可升可降，通宣脏腑壅气[4]；炙甘草，味至甘，得中和之性，有调补之功，既可补益中土，又可助白芍药敛阴和营。故四逆散具有调畅气机、调节阴阳的作用，它是疾病发展到太阴之渐而未到厥阴之变，承上启下之方剂，凡是病程久，病机复杂多变，气失调畅，阴阳失衡的病证，用之莫不奏效。

参考文献

［1］张锡纯．医学衷中参西录：上册［M］．石家庄：河北科学技术出版社，1985　45～47.

［2］张锡纯．医学衷中参西录：下册［M］．石家庄：河北科学技术出版社，1985　297～317.

［3］刘渡舟．伤寒论讲稿［M］．北京：人民卫生出版社，2008：315～338.

［4］巩昌镇，刘一凡．难病奇方系列丛书第三辑：四逆散［M］．北京：中国医药科技出版社，2009：3～18.

［《河北中医》2012，34（9）：1343］

四逆散在消化系统疾病治疗中的应用进展

公培强　浙江省绍兴市中医院

四逆散是张仲景《伤寒论》之名方，由柴胡、枳实、白芍和炙甘草四味中药组成，《伤寒论》第318条"少阴病，四逆，其人或咳，或悸，或小便不利，或腹中痛，或泄利下重，四逆散主之"本方功能透邪解郁，疏肝理脾，是疏肝解郁之祖方，后世名方如逍遥散、柴胡疏肝散等，均是在本方基础上加减而成的四逆散在临床上被广泛用于消化系统各类疾病治疗，笔者仅就本方近年在消化系统疾病方面的应用做一综述，以供参考。

一、反流性食管炎

欧邦金等[1]以四逆散加味治疗反流性食管炎42例，结果显效25例，有效13例，无效4例，总有效率为90.5%朱美群[2]用四逆散加味治疗反流性食管炎52例，结果显效30例，有效17例，无效5例，总有效率90.4%高成芳[3]以四逆散加减治疗反流性食管炎63例，结果显效29例，有效23例，无效11例，总有效率82.54%杨明[4]运用四逆散配合针灸治疗胆汁反流性胃炎32例，胃脘胀甚者加木香、香附各10g；痛甚者加金铃子、延胡索各10g；呕吐明显加姜半夏10g，代赭石20g；气虚乏力加党参、白术、黄芪各10g；挟瘀血者加丹参、蒲黄各10g；泛酸者加乌贼骨20g，浙贝母10g每日1剂，水煎分3次饭后温服针灸疗法：取足三里、太冲、脾俞、胃俞、肝俞、胆俞，胃络瘀阻加膈俞、血海手法均为平补平泻，每次留针30min每日1次结果痊愈13例，显效9例，有效7例，无效3例，痊愈率为40.6%，总有效率为90.6%。

二、慢性胃炎

王桂军等[5]以加味四逆散治疗肝胃气滞型胆汁反流性胃炎80例，结果临床痊愈32例，显效12例，有效24例，无效12例，总有效率为85.0%刘宝驹[6]选择100例慢性胃炎患者，随机分为治疗组和对照组，治疗前后均行胃镜检查，观察四逆散加减治疗慢性胃炎的疗效结果总有效率治疗组和对照组分别为88.6%、73.4%，2组比较，差异有显著性意义（$P<0.05$）董凤英等[7]采用水煎内服四逆散合左金丸加味治疗胆汁反流性胃炎100例，结果治愈88例，好转12例治愈率为88.0%，有效率为100.0%田冬霞[8]采用四逆散合越鞠丸加减治疗胆汁反流性胃炎96例，随机分为治疗组和对照组各48例，分别采用四逆散合越鞠丸及吗丁啉等治疗，4周为1个疗程结果治疗组总有效率为89.6%，高于对照组的72.9%（$P<0.05$）陶琳等[9]运用四逆散合左金丸联合雷贝拉唑治疗胃食管反流病，将96例胃食管反流病患者随机分为3组中西药联合组36例服用四逆散合左金丸及雷贝拉唑；西药组30例单用雷贝拉唑；西药联合组30例服用铝碳酸镁及雷贝拉唑3组疗程均为2周结果中西药联合组总体疗效优于西药组（$P<0.01$），中西药联合组烧心、咽部不适症状改善优于西药组（$P<0.05$），胸骨后痛症状改善优于西药联合组（$P<0.05$）；治疗后1个月随访，中西药联合组在停药、抗复发方面优于西药组（$P<0.01$）。

三、消化性溃疡

罗明生[10]用四逆散加蒲公英、黄芩、黄连治疗消化性溃疡98例，每日1剂，治疗30d为1疗程疗程间歇1周，可依病情服药2～3个疗程结果显示，近期临床治愈54例，好转40例，无效4例，总有效率95.9%刘德昭[11]用四逆散加味治疗消化性溃疡病40例，结果痊愈30例，好转6例，无效4例，总有效率90.0%丁上进[12]运用四逆散合左金丸加味治疗十二指肠溃疡47例，结果治愈16例，显效20例，有效8例，无效3例，总有效率93.6%，疗程最短7天，最长30天宋家驹[13]采用四逆散加味治疗消化性溃疡40例，结果显效20例，有效15例，无效5例，总有效率87.5%。邵丽黎[14]采用自拟血竭四逆散治疗慢性胃炎所致黏膜糜烂、出血及消化性溃疡50例，结果显效24例，有效23例，无效3例，总有效率为94%姚春香[15]采用四逆散加味治疗消化性溃疡38例，并与西药治疗38例对照观察，结果对照组治愈25例，有效8例，无效5例，总有效率86.84%；治疗组治愈29例，有效7例，无效2例，总有效率94.74%，两组总有效率比较，差异有统计学意义（$P<0.01$），治疗组优于对照组李乐文[16]采用加味四逆散治疗消化性溃疡120例，结果治愈96例，显效8例，好转12例，无效4例，总有效率为96.7%。

四、溃疡性结肠炎

张炜[17]采四君子汤合四逆散加味治疗溃疡性结肠炎33例，采用随机对照法，将63例患者分为治疗组和对照组治疗组33例，用四君子汤合四逆散加味进行治疗；对照组30例，用西药SASP加肾上腺皮质激素进行治疗结果治疗组近期治愈率为57.58%，对照组26.67%；治疗组无效率6.81%，对照组13.33%，其差异有统计学意义（$P<0.05$）黄增强等[18]用四逆散加味治疗慢性结肠炎26例，结果治愈8例，显效10例，有效6例，无效2例，总有效率92.3%王如茂等[19]用痛泻要方合四逆散加减治疗肝郁脾虚型溃疡性结肠炎58例，结果治愈19例，有效28例，无效11例，总有效率为81.03%胡剑卓等[20]以四逆散合平胃散加减治疗慢性非特异性结肠炎（UC）60例，111例活动期溃疡性结肠炎患者，随机分为四逆散合平胃散治疗组（60例）和柳氮磺胺吡啶对照组（51例），治疗30天后观察临床疗效、结肠镜下黏膜改变以及不良反应的发生，结果治疗组优于对照组，总有效率分别为96.67%和82.35%（$P<0.05$）；结肠镜下黏膜水肿、充血修复情况治疗组优于对照组（$P<0.05$），对黏膜出血、颗粒增粗、糜烂及溃疡疗效显著，但两组间无显著性差异（$P>0.05$）用药期间治疗组未见明显毒副作用。

五、功能性消化不良

王晓梅等[21]以四逆散加味治疗功能性消化不

良 180 例，其将 300 例患者按 3∶2 比例随机分为 2 组，治疗组 180 例用四逆散加味治疗，对照组 120 例用莫沙必利治疗结果治疗组显效 88 例，有效 79 例，无效 13 例，总有效率治疗组 92.8%；对照组显效 54 例，有效 38 例，无效 28 例，总有效率为 76.7%，两组差异非常显著（$P<0.01$）孙玉凤等[22]以四逆散加味治疗功能性消化不良 40 例，并与西药（促胃动力药多潘立酮，每次 10mg，每日 3 次，饭前 30min 服，4 周为 1 个疗程）常规治疗组 40 例相比较，结果治疗组临床治愈 17 例，显效 12 例，有效 7 例，无效 4 例，总有效率为 90.0%，对照组临床治愈 8 例，显效 11 例，有效 9 例，无效 12 例，总有效率为 70.0%，治疗组临床疗效明显优于对照组（$P<0.01$）么玉文[23]采用四逆散加减治疗功能性消化不良 38 例，结果显著 7 例，有效 16 例，好转 12 例，无效 3 例，总有效率为 92.1% 王光富等[24]运用四逆散合半夏厚朴汤治疗功能性消化不良 90 例，其察病例共 120 例，随机分为 2 组，治疗组 90 例，采用四逆散合半夏厚朴汤治疗，对照组 30 例，采用多潘立酮治疗，2 组疗程均为 4 周结果治疗组显效 36 例，有效 47 例，无效 7 例，显效率为 40.0%，总有效率 92.2%；对照组显效 6 例，有效 16 例，无效 8 例，显效率为 20.0%，总有效率 73.3%，2 组显效率、总有效率比较，差异均有显著性意义（$P<0.05$）。

六、肠易激综合征

贾孟辉等[25]用四逆散加味治疗肠易激综合征 45 例，结果治愈 31 例，好转 11 例，无效 3 例，总有效率为 93.33% 龚俊华[26]以四逆散加味治疗便秘型 IBS50 例，结果痊愈 20 例，有效 22 例，无效 8 例，总有效率 84.0% 陈俊英[27]采用加味四逆散治疗肠易激综合征 58 例，结果治愈 14 例，显效 32 例，有效 3 例，无效 9 例，总有效率为 84.5% 刘建新[28]用四逆散加味治疗便秘型肠易激综合征 32 例，结果治愈 13 例，显效 11 例，有效 6 例，无效 2 例，总有效率为 93.8%。

七、胆囊疾病

周丽平[29]采用四逆散加味治疗胆结石术后肝功能异常患者 30 例，结果显效 25 例，有效 3 例，无效 2 例，总有效率 93.3% 褚万峰等[30]应用加味四逆散治疗胆石症 62 例，结果临床治愈 29 例，显效 17 例，有效 6 例，无效 10 例，总有效率为 83.87% 刘士丛[31]以金铃四逆散加减治疗慢性胆囊炎 58 例，结果痊愈 30 例，显效 17 例，有效 11 例，总有效率达 100% 陈永敏[32]运用四逆散加味治疗慢性胆囊炎 110 例，结果痊愈 25 例，显效 38 例，有效 34 例，无效 13 例，总有效率 88.18% 徐建军等[33]采用四逆散加减治疗胆石症 62 例，结果痊愈 38 例，显效 12 例，有效 8 例，无效 4 例，总有效率 93.5% 卢艳晨等[34]采用威金四逆散（灵仙 30～60g，金钱草、白芍、蒲公英各 30g，柴胡 12g，枳实 15g，鸡内金、苏木各 10g，木香、硼砂各 6g1 剂/d，水煎 2 次，早晚饭后 1h 服用，15d 为 1 疗程）治疗慢性胆系疾患 50 例，其中慢性胆囊炎 32 例，胆总管炎 6 例，胆结石致炎症 12 例病史最短 5 个月，最长 21 年，其中 5 年以上者 9 例结果治愈 44 例，显效 6 例，无效 2 例，总有效率 96%。

八、肝脏疾病

陈立正[35]用四逆散加味治疗慢性病毒性肝炎 18 例，结果显效 10 例，好转 7 例，无效 1 例显效 10 例中，服药 1 个疗程 6 例，2 个疗程 4 例；好转 7 例中，服药 2 个疗程 5 例，3 疗程 2 例；无效 1 例，虽服药 3 个疗程，但因服药不连续而治疗 6 个多月，病情始终无好转董桂芬[36]用四逆散加减治疗脂肪肝 60 例，结果治愈 18 例，显效 17 例，有效 18 例，有效率 88.3% 龚时贤[37]采用自拟茵薏四逆散（茵陈、薏苡仁、柴胡、赤芍、白芍、枳壳、甘草）结合四诊辨证加味用药，治疗乙型肝炎 42 例，结果基本治愈 28 例，显效 10 例，无效 4 例，总有效率为 90.5% 彭汉光等[38]运用中药加味四逆散治疗临床表现肝功能损伤患者 63 例，临床治愈（临床症状消失，肝功能恢复正常）37 例；有效（临床症状消失或减轻，肝功能基本恢复正常）22 例；无效（症状和肝功能无明显改善）4 例总有效率为 93.65%。

九、胰腺疾病

董雪飞等[39]运用茵虎四逆散加味（茵陈 30g，虎杖 20g，柴胡、赤芍、白芍各 12g，枳实、大黄、厚朴、郁金、丹参各 10g，甘草 6g，鸡内金 15g 每日 1 剂，水煎服，2 次/d，20d 为 1 疗程）治疗慢性胰腺炎 18 例，结果显效 13 例，好转 5 例，总有效率 100% 王贵刚[40]用四逆散加味治疗急腹症——胆道蛔虫合并急性胰腺炎 35 例，结果临床症状消失时间，短者 6h，长者 2～4d，36 例全部治愈，临床症状消失，总有效率为 100%。

十、结语

四逆散仅由炙甘草、枳实、柴胡和芍药四味中药组成，然本方药少而精，组方配伍严密而精当方中柴胡入肝经而功能疏肝解郁，升散阳气，透邪外出；枳实能行气消滞，与柴胡合用，升降相因，调畅机体气机；白芍酸敛，与柴胡之升散合用，条达肝气，使柴胡升散而无耗伤阴血之弊；再者与枳实配伍，又能和血行气；炙甘草则补益中土，调和诸药，故而四逆散功能达肝理脾近年来随着临床实践的不断发展，四逆散的应用范围也不断扩大，其在消化系统相关疾病治疗中的应用尤其受到重视对于消化系统疾病，只要辨证准确，采用“异病同治”的中医理论，均可取得较满意效果然而我们也应看到一些临床研究的设计不甚严谨，缺乏大样本的研究，而且还有一些临床研究缺乏相应的统计学处理，使得一些结论的可信度不高另外，今后对于四逆散的研究还应结合现代实验研究，从分子细胞水平上，进一步证明四逆散的作用机理，并从化学成分上加强药效学的基础研究。

参考文献

[1] 欧邦金，朱云群．四逆散加味治疗反流性食管炎42例观察［J］．实用中医药杂志，2007，23（11）：690.

[2] 朱美群．四逆散加味治疗反流性食管炎52例临床观察［J］．现代医院，2007，7（增刊）：19～20.

[3] 高成芬．四逆散治疗反流性食管炎63例疗效观察［J］．四川中医，2002，20（12）：29.

[4] 杨明．四逆散配合针灸治疗胆汁反流性胃炎疗效观察［J］．中国中医药信息杂志，2008，15（6）：74.

[5] 王桂军，李大卓．加味四逆散治疗肝胃气滞型胆汁反流性胃炎80例［J］．江苏中医药，2010，42（10）：79.

[6] 刘宝驹．四逆散加减治疗慢性胃炎临床分析［J］．甘肃中医学院学报，2005，22（2）：27～28.

[7] 董凤英，孟庆金．四逆散合左金丸加味治疗胆汁反流性胃炎100例［J］．光明中医，2009，24（7）：1269～1270.

[8] 田冬霞．四逆散合越鞠丸加减诒疗胆汁反流性胃炎96例［J］．甘肃中医，2010，23（8）：35.

[9] 陶琳，肖旸，李帷．四逆散合左金丸联合雷贝拉唑治疗胃食管反流病36例［J］．北京中医药，2009，28（10）：785～787.

[10] 罗明生．四逆散加味治疗消化性溃疡98例［J］．湖南中医药导报，2002，8（6）：324.

[11] 刘德昭．四逆散加味治疗消化性溃疡40例［J］．中国现代医生，2009，47（23）：75.

[12] 丁上进．四逆散合左金丸加味治疗十二指肠溃疡47例［J］．实用中医药杂志，2009，25（6）：376.

[13] 宋家驹．四逆散加味治疗消化性溃疡40例［J］．广西中医药，2004，27（3）：32～34.

[14] 邵丽黎．血竭四逆散治疗消化性溃疡50例［J］．陕西中医，2003，24（1）：17.

[15] 姚春香．四逆散加味治疗消化性溃疡38例临床观察［J］．河北中医，2010，32（10）：1503.

[16] 李乐文．加味四逆散治疗消化性溃疡120例疗效观察［J］．中国社区医师医学版，2010，35（12）：133.

[17] 张炜．四君子汤合四逆散加味治疗溃疡性结肠炎［J］．成都中医药大学学报，2002，25（2）：8～9.

[18] 黄增强，赵爱华．四逆散加味治疗慢性结肠炎26例［J］．光明中医，2008，23（11）：1749.

[19] 王如茂，胡开生．痛泻要方合四逆散加味治疗肝郁脾虚型溃疡性结肠炎58例［J］．中医杂志，2008，49（5）：438～439.

[20] 胡剑卓，邹君君，陈跃飞，等．四逆散合平胃散治疗溃疡性结肠炎60例［J］．中国中医药现代远程杂志，2010，8（4）：32.

[21] 王晓梅，王春丁．四逆散加味治疗功能性消化不良180例［J］．现代消化及介入杂志，2007，12（4）：251～252.

[22] 孙玉凤，张江华，赵雯红．四逆散加味治疗功能性消化不良40例［J］．临床荟萃，2008，23（15）：1119.

[23] 么玉文．四逆散加减治疗功能性消化不良38例临床观察［J］．河北中医，2005，27（2）：113.

[24] 王光富，郑建本．四逆散合半夏厚朴汤治疗功能性消化不良90例［J］．新中医，2005，37（5）：75～76.

[25] 贾孟辉，贺晓慧．四逆散加味治疗肠易激综合征45例［J］．宁夏医学院学报，2006，28（4）：332～333.

[26] 龚俊华．四逆散加味治疗便秘型肠易激综合征50例［J］．浙江中西医结合杂志，2007，17（7）：426～427.

[27] 陈俊英．加味四逆散治疗肠易激综合征58例［J］．现代中医药，2006，26（4）：4～5.

[28] 刘建新．四逆散加味治疗便秘型肠易激综合征32例［J］．实用中医内科杂志，2005，19（1）：39.

[29] 周丽平．四逆散加味治疗胆结石术后肝功能异常30例［J］．浙江中医杂志，2008，43（9）：501.

[30] 褚万峰．齐共海，刘云英．加味四逆散治疗胆石症62例疗效观察［J］．山西中医，2009，25（4）：9～10.

[31] 刘士丛．金铃四逆散加减治疗慢性胆囊炎58例［J］．国医论坛，2010，25（2）：31.

[32] 陈永敏．四逆散加味治疗慢性胆囊炎110例［J］．中国中医药现代远程教育，2009，7（9）：127.
[33] 徐建军，陈建永，潘锋．四逆散加减治疗胆石症疗效观察［J］．中国中西医结合消化杂志，2006，14（4）：264～265.
[34] 卢艳晨，卢艳艳．威金四逆散治疗慢性胆系疾患50例［J］．陕西中医，2002，23（7）：591.
[35] 陈立正．四逆散加味治疗慢性病毒性肝炎18例［J］．实用中医药杂志，2009，25（1）：14.
[36] 董桂芬．四逆散加减治疗脂肪肝60例观察［J］．实用中医药杂志，2008，24（4）：211.
[37] 龚时贤．茵薏四逆散治疗乙型肝炎42例［J］．陕西中医，2001，22（7）：400.
[38] 彭汉光，魏屏，蔡淑清，等．加味四逆散治疗肝损伤63例临床观察［J］．湖北中医杂志，1999，21（10）：37.
[39] 董雪飞，胡晓平．茵虎四逆散加味治疗慢性胰腺炎18例［J］．实用中西医结合临床，2007，7（5）：94.
[40] 王贵刚．四逆散加味治疗胆道蛔虫合并急性胰腺炎36例［J］．中医药学报，2001，29（5）：19.

［《浙江中医杂志》2012，47（4）：306］

四逆散治验举隅

徐松喜　浙江省衢州市中医医院

“四逆散”为张仲景《伤寒论》方，本方主证为传经热邪，阳气内郁，不能外达四末的四肢厥逆证，故方名“四逆”其主治病症如《伤寒论》所述：“少阴病四逆，其人或咳或悸，或小便不利，或腹中痛，或泄利下重者，四逆散主之”故“四逆散”有透邪解郁，疏肝理气的作用近年来笔者运用此方加减治疗杂病取得满意疗效，现报道如下：

一、血管神经性头痛

张某，女，48岁2010年6月9日初诊患者自诉头痛1周，以前有类似病史，反复发作近3年，每遇精神刺激而疼痛加剧，且伴有神疲无力，气短懒言诊见舌淡红、苔薄，脉弦细脑彩超示中动脉供血不足证属肝郁气滞兼气血不足当以疏肝理气、补益气血方取四逆散加味：柴胡、枳壳、生甘草、当归、延胡索、郁金、川芎各10g，炒白芍、党参、丹参、鸡血藤各15g，黄芪20g7剂服后头疼好转，但仍感神疲无力，气短懒言，诊见舌淡红、苔薄，脉弦细，前方去玄胡加重党参、黄芪的剂量，党参用至20g，黄芪用至30g又7剂后，诸证减轻上方加减治疗1个月后，诸症消失，1年后随访未复发

按　本证属肝郁气滞兼气血不足治以疏肝理气、补益气血方中党参、黄芪、当归、丹参益气补血，川芎、炒白芍、鸡血藤助党参、黄芪益气补血通络使中动脉供血不足得以改善；玄胡理气止痛，郁金助柴胡、枳壳疏肝理气；甘草调和诸药，故服药7剂后头疼好转，但仍神疲无力，气短懒言，症属气虚较重，则加重党参、黄芪的用量而收效，药后1月而诸症消失

二、急性胆囊炎

余某，男，56岁2010年10月16日就诊右上腹疼痛反复发作十多天，疼痛以胀痛为主，伴有口苦，疼痛连及背部；彩超检查肝区有气体量较多，胆囊壁毛糙；血常规示白细胞 $11 \times 10^9/L$，中性0.78；舌红、苔薄黄，脉弦肝区压痛明显西医诊断为急性胆囊炎前医用左氧氟沙星针0.4g、654～2针10mg，静滴，1次/d，连续治疗2d不效刻诊：腹胀痛，口苦，舌红、苔薄黄，脉弦血常规检查已正常证属肝郁气滞化火治以疏肝解郁，理气止痛，清火药用柴胡、枳壳、生甘草、当归、川芎、生山栀、延胡索、苏梗、郁金、佛手各10g，生白芍15g，黄连5g5剂，水煎服，每日2次药后复查B超，肝区气体消失而诸症悉除半年后随防未复发

按　以临床表现看，急性胆囊炎药用氧氟沙星、654～2理应痊愈但患者仍以胀痛为主，且伴有口苦，疼痛连及背部；彩超检查肝区有气体且量较多；舌红苔薄黄，脉弦按中医辨证证属肝郁气滞化火治宜疏肝解郁，理气止痛方中柴胡、枳壳、延胡索、苏梗疏肝理气，宽中止痛；黄连、生山栀清火解热；当归、川芎、生白芍活血止痛，条达肝气；郁金、佛手加强疏肝解郁的功能；甘草调和诸药诸药配合，切中病机而诸症自愈

［《浙江中医杂志》2012，47（6）：397］

谈《金匮要略》中眩晕病症方证辨治

马小娜　北京中医药大学第三附属医院
闫军堂　刘晓倩　北京中医药大学
（指　导　王庆国）

眩晕是目眩与头晕的总称。目眩即眼花或眼前发黑，视物模糊；头晕即感觉自身或外界景物旋转，站立不稳，二者常同时并见，故统称为眩晕。纵观《金匮要略》中眩晕病症，仲景并未将其独立成篇进行论述，而是分散在各篇章中，有头眩、头

重眩、癫眩、眩、冒、眩冒等名称，涉及经文19条，方剂10余首[1]。仲景论治眩晕，辨证精当，处方灵活，用药详备，疗效确切。依据病机，大体可将其分为3类：（1）虚证眩晕；（2）实证眩晕；（3）水气病所致眩晕，而尤以水气病所致眩晕，仲景论述最详，所出方证最多，以下将分类叙述之，以期对临床辨治本病有所裨益。

一、虚证眩晕

眩晕病机不外虚实两端，而尤以内伤为主，多由虚损所致。仲景所述虚证眩晕，或因脾肾阳虚，水湿不化，清阳不升，或由精亏血少，不能上养，或由上焦阳虚、肺气虚冷所致，而分别施以相应治法处方，而尤其强调寒邪在眩晕发病中的重要意义，无论痰饮、历节、肺痿、失精以及妇人杂病之眩晕，均与寒邪有关，立法重视温补阳气，扶正以祛邪，随证治之。

（一）术附汤证

本方证见于《中风历节病篇》，为林亿等增补之方剂，证属阳虚挟风寒的头眩证。原文："术附汤，治风虚头重眩，苦极，不知食味，暖肌补中，益精气。"条文中之头重眩，是因为脾肾阳虚，水湿不化，清阳不升，浊阴不降，风寒内攻，清窍不利，头目失于温煦，故见畏风寒，头重着昏眩。诚如徐彬[2]所言："肾气空虚，风邪乘之，漫无出路，风挟肾中浊阴之气，厥逆上攻，致头中眩苦至极，兼以胃气亦虚，不知食味，此非轻扬风剂可愈，故用附子暖其水脏，白术甘草暖其土脏，水土一暖，犹之冬月井中，水土既暖，阳和之气可以立复，而浊阴之气不驱自下矣。"论述精辟，足资临床借鉴。后世对本方应用亦多有发展，如《证治准绳》以本方治风虚头重眩，苦极不知食味。今人报道用本方治疗美尼尔氏综合征以及其他病证如自汗、白带、痰喘、不孕等伴有严重眩晕而见本方证者，均收到较好效果。应当注意本方适用于阳虚挟寒湿之头重、头晕，主以温补脾肾，以期达到祛邪之目的，故与一般外感风寒，或外感风湿引起之头重、头晕治法大不相同。

（二）桂枝加龙骨牡蛎汤证

本方证见于《血痹虚劳病篇》，原文："夫失精家，少腹弦急，阴头寒，目眩，发落，脉极虚芤迟，为清谷，亡血失精。脉得诸芤动微紧，男子失精，女子梦交，桂枝加龙骨牡蛎汤主之。"本条文出现之目眩，为精血衰少，不能上养所致。方中用桂枝汤调和阴阳，加龙骨、牡蛎，潜镇摄纳。诚如徐氏[3]所言："桂枝汤外证得之能解肌去邪气，内证得之能补虚调阴阳；加龙骨牡蛎者，以失精梦交为神精间病，非此不足以收敛其浮越也。"阐述精辟，足资借鉴。

（三）甘草干姜汤证

本方证见于《肺痿肺痈咳嗽上气病篇》，原文："肺痿吐涎沫而不咳者，其人不渴，必遗尿，小便数，所以然者，以上虚不能制下故也。此为肺中冷，必眩，多涎唾，甘草干姜汤以温之。若服汤已渴者，属消渴。"本条文出现之眩，是肺气虚冷，萎弱不振，则清阳不能上升，头目失于温煦，故头为之眩，《内经》所谓"上虚则眩"是也。治当以温肺复气为法，方中用炙甘草甘温补虚，干姜辛温散寒，辛甘合用，可以温复阳气。肺气得温，治节有权，气化功能正常，则诸证可愈。从药物归经来看，二药亦能补脾温中，因土为肺金之母，故亦可理解为补土生金，虚则补其母的治法。

二、实证眩晕

本病病位在清窍，与肝、脾、肾三脏关系密切。仲景所论实证眩晕或因感受风寒邪气；或因风湿上犯，干及阳位；或因脾胃湿热内盛，上冲脑窍；或因邪气闭阻，阳气所致，多为他病兼见眩晕，并非以眩晕作为主症。而仲景谨守病机，不为眩晕病证所限，辨证施治，同样收效显著。

（一）头风摩散证

本方证见于《中风历节病篇》，原文："头风摩散方：大附子一枚（炮）、盐等分。"本方见于《千金》头面风门及《外台》头风头痛门，为林亿等增补之方剂。盖头风病是一种发作性头痛、头眩或头重之病，多是感受风寒所致。伤于风者，上先受之，风寒之邪，郁闭头部经络而致眩晕，故治以头风摩散涂搽头部，用之便捷。方中附子大辛大热，温经散寒，祛风止痛；盐味咸微辛，能入血分去皮肤之风毒，引附子入经络而通血脉。两药合用为末外擦头部，使风寒去，头痛止。

（二）桂枝芍药知母汤证

本方证见于《中风历节病篇》，原文："诸肢节疼痛，身体魁羸，脚肿如脱，头眩短气，温温欲吐，桂枝芍药知母汤主之。"经文中出现的头眩是由于风湿上犯，干及阳位所致。本病乃风寒湿邪外侵，痹阻筋脉关节，日久不解，逐渐化热伤阴，筋脉骨节失养，浊邪干及脾胃，治当祛风除湿，温经散寒，佐以滋阴清热。方中桂枝、麻黄祛风通阳，附子温经散寒止痛，白术、防风除湿宣痹，知母、芍药养阴清热，柔筋缓急，生姜、甘草降逆止呕，和胃调中。后人拓展其用，用桂枝芍药知母汤去知母，加龙齿、茯苓、陈皮、法夏等治疗内耳眩晕症，属饮邪上扰清阳者，获得良好效果。但需具备水、湿、痰饮等主要症状者，方可使用。

（三）茵陈蒿汤证

本方证见于《黄疸病篇》，原文："谷疸之为病，寒热不食，食即头眩，心胸不安，久久发黄为谷疸，茵陈蒿汤主之。"本条文之头眩，是由于湿热内蕴，脾胃清浊升降失司，故食欲减退，假如勉强进食，食入不化，反能助湿生热，湿热不能下行，反而上冲，所以食即头眩。诚如徐彬[2]所言："不食，食即头眩，是言头眩为谷疸第一的据也。"治疗用茵陈蒿汤清泄湿热为主。方中茵陈清热利湿以退黄，栀子清利三焦之湿热；大黄荡泄阳明胃肠之瘀热而消积满。三药合用，使湿热蕴结之邪从二便排出，故方后云："小便当利，尿如皂角汁状，色正赤，一宿腹减，黄从小便去也。"

（四）小柴胡汤证

本方证见于《妇人产后病篇》，原文："产妇郁冒，其脉微弱，呕不能食，大便反坚，但头汗出。所以然者，血虚而厥，厥而必冒。冒家欲解，必大汗出。以血虚下厥，孤阳上出，故头汗出。所以产妇喜汗出者，亡阴血虚，阳气独盛，故当汗出，阴阳乃复。大便坚，呕不能食，小柴胡汤主之。"本条出现之郁冒，是由产后亡血伤津，阴液亏损，阴虚则阳无所制，阳气相对偏盛，复感邪气，邪气闭阻，阳气上逆所致，故见头昏目眩，郁闷不舒，但头汗出。气机郁闭，胃失和降，故呕不能食；津亏肠燥，故大便难；正虚津血不足，故脉微弱。欲使郁冒病解，应当全身津津汗出，使阴阳恢复相对平衡状态，此即"冒家欲解，必大汗出"之意。对郁冒兼见呕不能食，大便秘结，属血虚津伤，阴阳失调，胃失和降者，治用小柴胡汤和利枢机，扶正达邪，使阴阳调和则郁冒诸症可解。

三、水气病所致眩晕

痰饮水湿在眩晕发病中占有重要地位，仲景论述最详，所出方证最多，这从金匮各篇论及眩晕的条文数量即能看出，重视程度由此可见一斑。仲景同时创立了"病痰饮者，当以温药和之"的治疗大法，依据痰饮所在不同部位，分别施以健脾温中或导饮下行，充分体现了"同病异治、随证施治"的治疗思路，此种认识对后世医家产生了重大影响，如丹溪的"无痰不作眩"理论当是受其启发下而提出的。同时仲景创制了一系列治疗水气病的方剂，如苓桂术甘汤、泽泻汤、小半夏加茯苓汤、五苓散以及桂苓五味甘草汤等，治急而力专，扶正祛邪兼顾，至今仍广泛应用于临床，发挥着重要作用。

（一）苓桂术甘汤证

本方证见于《痰饮咳嗽病篇》，原文："心下有痰饮，胸胁支满，目眩，苓桂术甘汤主之。"本条文之目眩，是由于饮阻于中，肝木郁遏，清阳不升，正如尤怡云："阴冒阳则眩"。方中茯苓淡渗以利水饮，桂枝辛温宣导以行阳气，二者相伍，温阳化水；白术燥湿健脾，甘草益气和中，二者合用补土制水。总之，使脾阳得运，水饮有下行之势，则无上凌之患矣。苓桂术甘汤健脾渗湿，通阳利水，为治痰饮病的主方，亦是'温药和之"的具体运用。本方被医家广泛运用于治疗多种疾病，凡是具备脾阳不足，痰饮内停的病机，以头目眩晕、呕吐清水涎沫，或心悸、短气、胸闷，或咳嗽气喘、咯吐清稀涎沫、胸胁支满，或脘腹逆满、呕恶，或背寒冷如手大等为主症者，均可以苓桂术甘汤为主方进行治疗，如用本方化裁治疗梅尼埃病、高血压、脑震荡后遗症、各种前庭中枢性眩晕以及颈性眩晕等辨证为痰饮上扰者，疗效颇佳。

（二）泽泻汤证

本方证亦见于《痰饮咳嗽病篇》，原文："心下有支饮，其人苦冒眩，泽泻汤主之。"饮邪在心下支撑，清阳不升，浊阴上冒，病者为冒眩所苦，故云"苦冒眩"，方用泽泻汤。取其利水除饮，健脾燥湿，一补一泻，使脾运恢复，阴浊之邪下降，清阳上升而病解。本条与第十六条苓桂术甘汤证之"目眩"病机相同，但本条除"苦冒眩"外，当有小便不利，并无其他支饮症状。泽泻汤是治疗饮盛上泛，蒙闭清窍所致眩晕病证的常用方剂，其辨证要点为：突然发作的头晕目眩，如坐舟车，甚者卧床不起，常伴恶心呕吐，且多呕吐涎沫，头重如物所蒙，舌淡胖，或边有齿痕，苔白滑或白腻，脉多见弦滑或濡滑。泽泻汤所治的眩晕证常由梅尼埃病引起，此外也可见于前庭神经元炎、高血压病、椎-基底动脉供血不足、脑外伤后遗症以及由脑动脉硬化、血黏度增高、颈椎病椎动脉受压等多种因素引起的眩晕等。因该方药味不多，临证常与其他方合用，或随证加味。

（三）小半夏加茯苓汤证

本方证亦见于《痰饮咳嗽病篇》，原文："卒呕吐，心下痞，膈间有水，眩悸者，小半夏加茯苓汤主之。"本条文出现之眩，是饮邪上逆，蒙蔽清阳，故头目昏眩。膈间有水，是对以上诸证和病位的概括。呕吐、眩悸等证，均为水逆于胃之候，故用半夏、生姜降逆止呕，加茯苓以利水，水去则诸证自已。

（四）五苓散证

本方证亦见于《痰饮咳嗽病篇》，原文“假令瘦人脐下有悸，吐涎沫而癫眩，此水也，五苓散主之。”本条文之癫眩，是水饮内阻，清阳不升，故头晕目眩。上、中、下的证候，皆水饮之为病也。饮在下焦，当从小便去之，故用五苓散化气行水。方中猪苓、茯苓、泽泻利水，白术扶脾制水，桂枝温阳化水，诸药配合，使水饮从小便而去，则诸证自解。

（五）桂苓五味甘草汤证

本方证亦见于《痰饮咳嗽病篇》，原文：“青龙汤下已，多唾口燥，寸脉沉，尺脉微，手足厥逆，气从少腹上冲胸咽，手足痹，其面翕热如醉状，因复下流阴股，小便难，时复冒者，与茯苓桂枝五味甘草汤。”本条文之时复冒，乃冲气为病，时发时平，冲气上逆所致。以虚阳浮越，冲气上逆为头眩之病机关键，临床除头眩以外，尚有气从小腹上冲胸咽，四肢麻木，其面翕热如醉状等症，故用桂苓五味甘草汤敛气平冲。方中桂枝、甘草辛甘化阳以平冲；茯苓、五味子收敛耗散之真气，诸药合用，共奏其功。

（六）桂苓五味甘草去桂加干姜细辛半夏汤证

本方证亦见于《痰饮咳嗽病篇》，原文“咳满即止，而更复渴，冲气复发者，以细辛、干姜为热药也。服之当遂渴，而渴反止者，为支饮也。支饮者法当冒，冒者必呕，呕者复内半夏以去其水。”支饮上逆者，必有眩冒之症，由支饮所致的眩冒，因饮邪犯胃，必有呕吐之症，故云“冒者必呕”。饮邪引起昏眩、呕吐者，治用苓甘五味姜辛汤加半夏祛胃中之饮，而收卓效。

（七）葵子茯苓散证

本方证见于《妇人妊娠病篇》，原文：“妊娠有水气，身重，小便不利。洒淅恶寒，起即头眩，葵子茯苓散主之。”本条文之头眩，是由于湿阻阳遏，清阳不升而起即头眩之象。此非脾肾虚所致，关键在于气化受阻，小便不利。故用葵子茯苓散利水通阳，方中葵子通窍利水，茯苓淡渗利水。两药合用，使小便通利，水湿下走，阳气宣通，气化复常，则诸证悉除。故方后注云“小便利则愈”。据此，后世叶天士治湿温提出“通阳不在温，而在利小便”，对临床有重要指导价值。

四、结语

眩晕是临床常见病症之一，仲景分析本病成因，或邪袭太阳，阳气郁而不得伸展；或邪郁少阳，上干空窍；或肠中有燥屎，浊气攻冲于上；或脾胃阳虚，清阳不升；或上焦阳虚；或虚阳上浮；或阳虚水泛，上犯清阳；或阴液已竭，阳亡于上；或痰饮停积心下，清阳不升等多个方面，尤其重视水气痰饮致病的病理因素，并拟订出相应的治法方药，用方精当，疗效卓著，为后世论治本病奠定了坚实基础。而仲景承袭《内经》之论，并为后世丹溪“无痰不作眩”以及景岳“无虚不作眩”等提供了理论依据[4]，深入研习仲景病机立法、治疗特色以及处方用药规律，对于系统掌握眩晕病证的诊治特点，拓展思路大有裨益，必有资于临床。

参考文献

［1］姜岳．浅谈《金匮要略》对眩晕的辨证论治［J］．中国中医药现代远程教育，2008，6（5）：425.

［2］徐彬．金匮要略论注［M］．南京：江苏科学技术出版社，2008：63，174.

［3］尤怡．金匮要略心典［M］．北京：中国中医药出版社，2009：48.

［4］李坤．浅谈仲景治眩晕［J］．四川中医，1997，15（2）：14.

［《辽宁中医药大学学报》2012，14（2）：94］

谈小建中汤临床应用

孟淑辉　河南中医学院

刘　轲

河南中医学院第一附属医院脑病医院

小建中汤首见于《伤寒杂病论》，由饴糖、芍药、桂枝、生姜、大枣、（炙）甘草六味药组成[1]。该方既可温中补虚，缓急止痛，又能调和阴阳，柔肝理脾。常用于治疗中焦虚寒，气血不足之证兼伤寒表证，脾虚腹痛兼少阳邪郁证。通过“辛甘化阳、酸甘化阴”的方法，使物质与动力俱全而建立起中焦之气，使补益之品达其病所起到温补脾胃，甘温除热，补益心脾，调和阴阳的作用。在现代临床中，小建中汤不仅用于治疗消化性溃疡、小儿肠痉挛等消化系统疾病，还可治疗失眠、室性早搏等。结合近年来，国内医家对小建中汤方进行的临床观察和药理实验研究，现对其临床应用总结四点如下：

一、温补脾胃 治疗腹痛

腹痛是指胃脘以下、耻骨毛际以上部位发生的疼痛。其病机多由脾胃虚寒，中阳不振，脉络凝滞所致。脾胃为仓廪之官，主受纳及运化水谷，若素体脾胃虚弱，饮食不节等，导致脾胃运化失职，气机不畅而引发腹痛；或中阳不足，中焦虚寒失其温养而出现腹痛。治当温补脾胃，缓急止痛。小建中汤意在以甘平之饴糖温中补虚，和里缓急；辛温之桂枝温阳散寒，通阳化气；酸苦微寒之白芍养血敛阴，柔肝止痛；甘平之甘草补中益气，调和诸药，甘苦相须能缓挛急而止腹痛；辛温之生姜与甘温之大枣，可调和营卫，加强温中补虚，缓急止痛之功。诸药合用，使中气自立，营卫调和，脾胃健运，气血得充，脏腑得以温养，脉络气血流畅，腹痛乃愈。现代药理研究表明，芍药能缓解内脏平滑肌和骨骼肌痉挛，具有镇痛作用；生姜、桂枝可促进消化液分泌，增强消化和吸收功能；饴糖具有强壮和缓解疼痛作用；甘草对胃黏膜有保护作用[2]。诸药合用可治疗腹痛及减少腹痛复发率。现代医学中的消化性溃疡、肠痉挛、急慢性胃炎、急慢性肠炎等，若出现虚寒腹痛症状者，均可参照该法进行辨证论治。

徐震等[3]对小儿肠痉挛（脾胃虚寒型）患者进行了观察，其临床表现为复发性脐周痛，或伴上腹部痛，甚至全腹痛，伴有恶心、呕吐、四肢不温等症状，中医诊断为腹痛（脾胃虚寒型）。采用小建中汤原方（饴糖 30g，芍药 15g，桂枝 8g，炙甘草 6g，大枣 4 枚，生姜 5g）治疗，水煎服，日 1 剂，7 日为 1 疗程。治疗 2 个疗程后，结果治愈 14 例中，腹痛消失，6 个月未再复发；好转 3 例中，腹痛次数减少，症状减轻，总有效率 89.5%。黄慧[4]对消化性溃疡（脾胃虚寒型腹痛）患者进行了观察，将 50 例消化性溃疡患者随机分为治疗组、对照组各 25 例，治疗组给予小建中汤加减（饴糖 30g，芍药 20g，桂枝 5g，炙甘草 10g，生姜 5g，白及粉 10g，乌贼骨 15g，大枣 5 枚），水煎服，每日 1 剂，分两次温服；对照组给予西药三联疗法，治疗 4 周，并随访半年观察复发率。结果治疗组 25 例中，治愈 10 例，显效 8 例，有效 6 例，无效 1 例，总有效率为 96.0%；对照组 25 例中，治愈 8 例，显效 7 例，有效 7 例，无效 3 例，总有效率为 88.0%。治疗组随访 23 例中，3 个月内复发 2 例，半年内复发 1 例，1 年后复发 5 例，总复发率为 43.5%；对照组随访 21 例中，3 个月内复发 3 例，半年内复发 5 例，1 年后 5 例，总复发率为 61.9%。周赛男、刘文选等[5-6]用小建中汤对脾胃虚寒型腹痛、胃脘痛病人进行了临床观察，得到的结论与此一致。

二、甘温除热 治疗阴火

阴火是指内伤气虚在先而复感邪气在后的发热，属于内伤发热的范畴。以起病缓慢，病情较长，热势轻重不一，低热为多，或自觉发热而体温不高为特征。其病机多由劳倦内伤，中气虚弱，脏腑功能失调所致。甘温除热，即“以辛甘温之剂，补其中而升其阳，甘寒以泻其火”，是指以甘温之剂治疗发热属于气虚或阳虚的一种治法。《金匮要略·血痹虚劳病》篇以小建中汤治疗“手足烦热”，可视为甘温除热的先声。本法源于《素问·至真要大论》“劳者温之，损者益之”理论，实践于张仲景的小建中汤等方，完善于李东垣的脾胃学说。脾胃居于中焦，为气血生化之源，气机升降之枢纽，营养人体五脏六腑，调节全身气机升降出入，若饮食不节、劳倦过度等损伤脾胃，致脾胃气虚，健运失职，升降失调，气血生化匮乏，水谷精气不充以致中气不足，阴火内生或脾虚不能化生阴血，气血阴阳亏虚，脏腑功能失调而引起发热。治当益气健脾，甘温除热。小建中汤中饴糖甘温建中，补益虚劳；芍药甘酸，养血敛阴；桂枝辛甘温通；炙甘草、生姜、大枣甘温益气健脾，诸药配伍，以其甘温之性益气健脾，调和阴阳，从根本消除“阴火”之源。现代医学中的功能性发热、肿瘤及部分感染性疾病引起的发热，若出现上述病症者，均可参照本法进行辨证论治。

胡英等[7]对小儿肠系膜淋巴结炎病人进行了观察，该病以发热、咳嗽、咽痛、痰白质粘、食欲不振为主要临床表现，全部病例随机分为治疗组 80 例，对照组 40 例。治疗组给予小建中汤加减（饴糖 30g，芍药 9g，桂枝 6g，柴胡 6g，枳壳 6g，连翘 10g，金银花 10g，生甘草 3g，生姜 3 片，大枣 3 枚）治疗，水煎服，日 1 剂，分两次温服；对照组给予头孢噻肟钠类药物，7 天为 1 疗程，服用 2 个疗程后观察疗效。结果治疗组 80 例中，临床治愈 52 例，有效 26 例，无效 2 例，总有效率 78%；对照组 40 例中，临床治愈 24 例，有效 10 例，无效 6 例，总有效率 34%。王洋等[8]对病毒性肺炎病人进行了观察，患者临床表现为发热，咳嗽，咳痰，痰多质粘，口渴多饮，食欲减退，少气懒言，虚烦，大便干，舌淡苔白，脉虚数。西医诊断病毒性肺炎；中医诊断为发热（气血两虚型）。给予小建中汤加减（饴糖30g，芍药12g，桂枝12g，黄芩12g，防风6g，炙甘草6g，生姜3片，大枣5枚）治疗，水煎服，日1剂，7天为1疗程。服用2个疗程后观察，结果可见热势减退，精神尚佳，症状消失。霍介格、黄莉华等[9~10]用小建中汤对肿瘤术后及放疗后，中气虚弱所致发热病人进行了临床观察，得到类似的结论。

三、调和阴阳　治疗不寐

不寐是指以经常性不能获得正常睡眠为特征的一种病证。《类证治裁》："阳气自动而之静，则寐；阴气自静而之动，则寤；不寐者，病在阳不交阴也"。说明失眠乃阴阳不和所致。其病机为精血不足，阴阳失调，神不安舍。脾胃为后天之本，气血生化之源，气血为人之阴阳的基础。若虚劳日久，精血不足，阴阳失调，而致阴虚及阳或阳虚及阴，阴虚不受阳纳，阳盛不得入于阴而致阴阳不和，夜难入寐；又若思虑过度，劳伤心脾，脾气虚弱，生化乏源，阴阳不相维系，形成失眠。治当调和阴阳，益气健脾，养心安神。若脾胃之气得以复调，中焦阳气得以四运，阴阳之气得以调和，则不寐自除。《心典》谓："欲求阴阳之和者，必于中气，求中气之立者，必以建中也"。小建中汤的精妙之处在于：辛甘化阳之中又具酸甘敛阴之用，方中芍药酸甘敛阴，阴收则阳附也；饴糖甘温建中，中土润则万物生也；两药合用酸甘化阴，调和阴阳；桂枝辛温通阳，与饴糖合用，辛甘化阳；生姜、大枣辛甘相和，健脾益胃，调和营卫；炙甘草益气健脾。诸药配伍，温中补虚之中，蕴有重建脾胃，益阴和阳之意，用之可使中气强健，气血生化有源，阴阳协调，则不寐自愈。现代医学中的神经官能症、更年期综合征等，若出现阴阳失和所致不寐者，均可参照本法进行辨证论治。

张传平[11]对顽固性失眠（阴阳失和型）患者进行了临床观察，患者以夜难入寐，寐后多梦，易醒，醒后难入睡，舌淡红，苔白，脉虚大无力等为主要临床表现。全部病例随机分成治疗组34例，对照组20例，治疗组用小建中汤加减（饴糖30g，芍药20g，桂枝9g，夜交藤20g，百合30g，炒枣仁20g，五味子6g，生姜10g，大枣12枚，炙甘草6g）治疗，水煎服，日一剂，分2次温服；对照组用阿普唑仑，15天为1疗程，治疗30天后观察疗效。结果显示：治疗组34例中，治愈6例，显效18例，有效10例，总有效率100%；对照组20例中，治愈2例，显效8例，有效4例，无效6例，总有效率70%。王春玉[12]对失眠患者（阴阳失和型）进行了临床观察，其主要临床表现为：失眠、焦虑、入睡难、多梦，舌暗红苔白，脉细弦。西医诊断：失眠；中医诊断：不寐（阴阳失调型）。给予小建中汤加减（饴糖30g，芍药20g，桂枝10g，远志20g，柏子仁30g，合欢花20g，炙甘草6g，生姜10g，大枣12枚）治疗，水煎服，日1剂，分2次温服，7日为1疗程。治疗2周后，病情明显改善，继服1周，症状消失。刘永光[13]用小建中汤对顽固性失眠患者进行了观察治疗，得到的结论与此一致。

四、补益心脾　治疗心悸

心悸，指病人自觉心中悸动，惊惕不安，甚则不能自主的病证。其病机多由心脾两虚，气血不足，心失所养所致。脾为后天之本，气血生化之源，脏腑、四肢百骸皆赖其输化精微以滋养。心神赖心血滋养，心血源于脾气，若心脾虚弱，主轴不运，气血生化不足，气虚血亏，不能濡养心神，心失所养，加之气虚不能运血，心气虚不能与邪相抗，则心中悸动不安。治当补益心脾，益气养血。小建中汤中，桂枝辛甘温通，温助心阳，通利血脉；白芍敛阴缓急，行血宣痹；饴糖甘温质润，温补心脾；炙甘草益气养心复脉，专补心脾之气。诸药配伍，共奏温阳通脉，补益心脾之功，中气充则化源足，五脏皆可得养；气血足则邪自除，心室趋于安宁。现代医学中各种原因引起的心律失常，如心动过速、期前收缩、心房颤动等，凡属心脾两虚所致心悸者，均可参照本法进行辨证论治。

刘涛等[14]对室性早搏病人采用小建中汤治疗进行了观察，其主要临床表现为心悸不宁，胸闷气短，周身疼痛，病程长短不一，时发时止等。中医诊断为心悸（心脾两虚型）。给予小建中汤原方（芍药60g，饴糖30g，桂枝30g，炙甘草20g，生姜30g，大枣10枚）治疗，水煎服，日1剂，分2次温服，15天为1个疗程，治疗2个疗程后观察。结果心率在60~75次/min的32例中，有效29例，无效3例，有效率90.6%；心率在75~90次/min的28例中，有效10例，无效18例，有效率35.7%。大多有效病例在服药7天内见效，甚至一些有效病例在服药后立即见效。赵琳[15]对病毒性心肌炎患者进行了临床观察，其主要临床表现为心悸，胸闷，气短，面白少华，唇淡，舌淡红，苔薄白略腻，脉细数时有歇止。给予小建中汤加味（桂枝10g，芍药20g，炙甘草6g，生姜10g，饴糖30g，大枣12枚，红参10g，茯苓10g），水煎服，日1剂，7日为1疗程，服方2个疗程后观察。结果心悸、胸闷明显减轻，脉无歇止现象，守方继服3个月，自觉症状消失，随访至今病无复发。吴卫明、陈佳[16~17]用小建中汤对心悸病人进行了临床观察，得到的结论与此一致。

五、小结

小建中汤既是温中补虚、缓急止痛之剂，又是调和阴阳、柔肝理脾之方。其组方严谨，用药精当，配伍灵活，使药物性能在随证理法中得到了充分的发挥，堪称理法方药的楷模。现代医家多集中于治疗消化系统疾病，然其魅力不仅局限于消化科，其在妇科、儿科等内伤杂病的临床应用也甚为广泛，正所谓："有是证，用此方"。小建中汤在不同疾病中的广泛应用，体现了中医异病同治的思想，值得我们大力去发掘和研究，以期更好的指导临床。

参考文献

[1] 李培生．伤寒论［M］．2版．北京：人民卫生出版社，1993：138.

[2] 郑兰婷，赵晓莲．小建中汤治疗慢性胃炎临床观察［J］．中国煤矿工业医学杂志，2003，11（10）：606.

[3] 徐震，高峰．小建中汤治疗小儿肠痉挛19例临床观察［J］．陕西中医学院学报，2001，24（3）：27~28.

[4] 黄慧．加味小建中汤治疗消化性溃疡25例临床观察［J］．中医药导报，2007，13（6）：38~43.

[5] 周赛男，杨赛．经方在胃脘痛治疗中的应用［J］．中医药导报，2011，17（6）：114~116.

[6] 刘文选，包小勇，刘小彬．小建中汤加减治疗婴儿再发性腹痛20例［J］．中国中医药杂志，2008，6（10）：1201.

[7] 胡英，徐燕．中医药治疗小儿肠系膜淋巴结炎80例［J］．中国中医药现代远程教育，2011，9（16）：20~21.

[8] 王洋，关炜．甘温除热法在肺炎中的临床应用及机理探讨［J］．中华中医药学刊，2009：347~349.

[9] 霍介格，李树平．癌症发热证治述要［J］．中国中医急症，2005，14（1）：48~49.

[10] 黄莉华，镇水清．甘温除热法治疗幼儿类风湿关节炎伴发热1例［J］．中国中医急症，2011，20（1）：161.

[11] 张传平．小建中汤加减治疗老年性失眠34例［J］．实用中医药杂志，2001，17（8）：16.

[12] 王春玉．小建中汤加味的临床应用［J］．医学信息（下旬刊），2009，1（6）：131~132.

[13] 刘永光．经方治疗失眠四则［J］．时珍国医国药，2003，14（1）：7.

[14] 刘涛，包红．小建中汤治疗室性早搏60例临床观察［J］．中国实验方剂学杂志，2005，11（6）：49~50.

[15] 赵琳．略谈小建中汤及其类方的临床应用［J］．广西中医学院学报，2000，17（3）：64~65.

[16] 吴卫明．心悸辨证心得［J］．现代中医药，2002，（4）：54.

[17] 陈佳，赵国平．小建中汤方证辨析［J］．江苏中医药，2009，41（11）：52~53.

［《光明中医》2012，27（11）：2353］

糖尿病消化系统并发症经方治验举隅

崔明忠　河南省南召县太山庙乡卫生院

随着人民生活方式的改变和老龄化进程的加速，糖尿病发病率呈快速上升趋势，其危害巨大，尤其是糖尿病慢性并发症累及多个器官，致残、致死率高，严重影响患者的身心健康，给个人、家庭和社会带来沉重的负担。经方指张仲景先师之方，以组方严谨、配伍精当、药少效宏而称雄于世，被誉为"方书之祖"。特别是现代，经方治验更是丰富多彩。借鉴古今贤达经验，笔者在临床中习用经方以疗病家，不揣浅陋，运用经方治疗糖尿病消化系统并发症，举案如下：

一、糖尿病胃病

例1　男，47岁，患糖尿病8a，平时服用优降糖、二甲双胍控制血糖，未控制饮食，血糖控制尚可。近6个月来血糖波动在10.0mmol/L左右，经治疗效果不佳，因而闷闷不乐，渐生胃脘部胀，不思饮食。经某院诊断为"糖尿病合并胃轻瘫"，在加强血糖控制的基础上，给予胃动力及营养神经药治疗，药后疗效平平。现症见胃部胀满连及胁肋，食后加重，厌食口苦，胸闷心烦，失眠多梦，烦躁易怒，恶心吞酸，舌红苔黄腻，脉弦滑数。四诊合参，证属肝胃不和，湿热中阻。治宜疏肝和胃，清热化湿。用半夏厚朴汤加味：法半夏12g、厚朴10g、茯苓15g、苏叶6g、白芍15g、黄连6g、吴茱萸3g、枳实10g、栀子12g、藿香6g、佩兰9g、甘草6g、生姜3片，日1剂，水煎服。7剂后复诊，自诉胃脘闷胀，心烦失眠大缓，余症均减，查血糖下降，继用上方连服药14剂，诸症若失，嘱保持精神舒畅，以防复发。

按　患糖尿病日久，情绪失常，影响肝疏泄功能，肝郁易横逆犯胃，致胃气失和，胃气失和而水湿不化，郁久化热；且肝气郁亦易化火，湿与热合，郁阻中焦而致本病，正如《临证指南》所云：“肝为起病之源，胃为传病之所。”半夏厚朴汤《金匮要略》原治“妇人咽中如炙脔”，有行气化湿的功效，故用为主方；黄连、吴茱萸、白芍疏肝理脾、清热和胃，枳实、栀子、川朴配用，即《伤寒论》治疗“心烦腹满，卧起不安”的栀子厚朴汤，有清热除烦、宽中散满功效；藿香、佩兰芳香化湿、开胃进食，正合《内经》治疗“脾瘅”“治之以兰，除陈气也”之旨；甘草清热和中、调和诸药，与白芍配用即芍药甘草汤，历代医家对此应用，不但扩大原来所治范围，而有所创新，常用于消渴治疗，《类编朱氏集验医方》神宫散，治消渴奇验，即为本方，《本草纲目》引陈日华经验方为：治消渴引饮，白芍药、甘草等份，为末，每用1钱，水煎服，每天3次。现代临床报道以白芍、甘草浸膏制成甘芍除糖片，能够稳定糖尿病患者血糖水平。诸药合用，可使湿祛热消，肝气条达，胃自安和而诸病自愈。

例2　女，49岁。10a前体检时发现血糖、血脂、血压升高，口服降糖、调脂、降压西药治疗，各项指标控制较好，半年前始感觉胃灼热不适，似饥而不欲食，曾在某医院检查，未发现胃有明显异常，拟诊为“糖尿病性胃病”，未用药物治疗，近2个月来症状加重，因口服西药种类多而求中医治疗。现症胃部隐隐灼痛，时有嗳气呃逆，食少纳减，食后腹胀，口燥咽干，口渴喜冷引，大便偏干，舌红少津，脉细数。辨证属胃阴不足，胃失和降。治宜养阴和胃，用麦门冬汤主之。组方：麦冬30g、法半夏9g、西洋参9g、生山药30g、竹茹10g、陈皮6g、鸡内金10g、火麻仁10g、甘草6g、大枣3枚。7剂，经治患者症状减轻，后用麦门冬汤加减调治月余而愈。

按　《金匮要略》云：“大逆上气，咽喉不利，止逆下气者，麦门冬汤主之。”麦门冬汤功效清养肺胃、降逆下气。重用麦门冬生津养阴；西洋参、甘草、生山药、大枣补脾养胃，生山药“能滋阴又能利湿，能滑润又能收涩，是以能补肺肾兼补脾胃”（《医学衷中参西录》），用山药代替粳米更适合此病；半夏除逆下气，虽属温燥之品，但用量轻，配麦冬、西洋参、山药、甘草、大枣则燥性减而降逆之性存；竹茹清热和胃，“专清胃腑之热，为虚热烦渴，胃虚呕逆之要药”（《本经逢原》）；陈皮理气和胃；火麻仁生津润燥，增液滑肠而疗便秘；鸡内金运脾消食，可启脾运受纳之机，诸药共投有生津养阴，调和胃气之效，能使胃阴得充，胃气得和，故能愈病。本例与例1西医诊断为同病，中医治疗却异，都能获效，提示在临床中应摆脱西医思维对中医辨证施治的干扰，“观其脉证，知犯何逆，随证治之”才是取效关键。

二、糖尿病肠病

例3　男，53岁，因糖尿病12a，反复腹泻3个月余而来诊治。患者于12a前发现糖尿病，近3个多月来，反复出现泄泻，每天10～18次，以夜间为甚，白天4～5次，夜间10余次，形体明显消瘦，曾在某医院住院治疗，行各项检查未发现胃肠道感染及占位性病变，诊断为“糖尿病肠病”，经治无效，出院求中医治疗，曾服真人养脏汤、四神丸、葛根芩连汤等，减至每天10次左右，但再服无效。诊时症见：精神疲倦，四肢乏力，行走缓慢，形体消瘦，面色无华，皮肤干燥，口干多饮，口苦，大便24h10余次，昼轻夜重，多为稀水样便，或夹有不化水谷，时有心烦，夜寝较差，舌黯红，苔腻微黄，脉弦滑。属寒热错杂之症，拟以温寒清热为法，用乌梅丸加减施治。药用：乌梅15g、细辛4g、肉桂5g、党参18g、制附子10g（先煎）、蜀椒5g、黄连6g、黄柏9g、干姜6g、当归10g、葛根18g、薏苡仁18g。服药3剂后大便次数稍有减少；又连服6剂后大便较为成形，次数明显减少，余症亦好转。前后以乌梅丸随症加减20剂，大便成形，精神较佳，改用七味白术散善后，至痊愈。

按　患者口苦多饮，舌红苔黄，明显是热象，而下利清谷，又是脾阳虚衰、不能消磨腐熟水谷之证，观前用真人养脏汤、四神丸温补脾肾阳气，葛根芩连汤清阳明肠中湿热，都稍中本病病机，故腹泻次数减少。但依据患者临床症状分析，显然是寒热错杂之征，因此选用厥阴病主方，“又主久痢”的乌梅丸治疗。黄柏、黄连苦寒燥湿以清热，姜、附、椒、辛、桂温阳祛寒，参归调理气血，乌梅固涩而厚肠，葛根“轻厚，生用则升阳生津，熟用则鼓舞胃气”（《本经逢原》），“最能升发脾胃清阳之气”（《本草正义》），薏苡仁健脾渗湿，二药配合可使清升浊降，自有止泻功效。值得一提的是善后用七味白术散，原名白术散，功效健脾和胃，益气生津。用此有“治病求本”之意，此案泄泻病，先贤有“泄泻之本在脾胃”之说，原发病糖尿病为本，《张氏医道》《医宗金鉴》都把七味白术散列为治疗消渴病的主方。

三、糖尿病性便秘

例4　男，59岁。糖尿病10余年，口服西药及六味地黄丸控制血糖，空腹血糖控制在7.5～10.0mmol/L，6a前因工作需要常出外地，生活没有规律而患便秘，常自购泻火通便药服用以求大便通畅，可获一时之效。近2个多月来，便秘加重，便如羊粪，4～5d1行，服用清热养阴润肠通便之剂，则胸中发闷，不思饮食，泛泛欲吐；服大黄之剂，只得一时之快，移时复秘。遂来诊治，察其体形丰腴，面色青黯，口中干渴，但不多饮，食少纳量，双下肢水肿，小便短涩不利；舌苔水滑，脉沉弦。空腹血糖11.20mmol/L，肝肾功能正常。此属津液不布，不能濡润大肠，水聚津凝粪便痹阻大肠，大肠传导失司的大便秘结之征，该当通阳化气，利水行津。五苓散加味主之，药用：泽泻18g、茯苓15g、白术18g、猪苓10g、桂枝10g、枇杷叶10g、杏仁10g、枳壳6g、薤白12g，5剂。药后小便通畅，下肢水肿减轻，大便已行；原方又进5剂，诸象尽除，检空腹血糖6.8mmol/L。嘱按时服药，适量运动，控制饮食，适时检查为善。

按　糖尿病并发症秘患者长期服用坚阴苦寒泻火之品，易伤阳气，致阳气郁遏不能化气行水，以致水气凝结，蓄而为患，津液不布，不能濡润大肠，大便传导失司而致大便秘结。证属水病似燥，全由津液不布所致，此征颇能迷惑诊断，使医者误治，而投滋腻阴柔之药，如是则会助阴消阳，使水无制而贻害无穷。用五苓散通阳化气从而使津液运行正常，津液输布正常则大肠可得濡养；肺与大肠相表里，用枇杷叶、杏仁来降肺气复大肠传导，肺为上水之源，肺气通调亦有助津液布施；枳壳归脾、胃经，理气宽中以助纳食；薤白归肺、胃、大肠经，具有通阳散结、行气导滞功效，“最能通胸中之阳与散大肠之结”（《本草思辨录》），“通肺与大肠气痹也”（《伤寒杂病论会》），用之以助通便。诸药合用，切合病情，故能取效。糖尿病中医多以消渴论治，以滋阴降火为法，但糖尿病不等于消渴，有时按津液代谢失常施治，亦能取得很好的效果。

［《现代中西医结合杂志》2012，21（13）：1439］

田玉美教授运用经方治疗杂病医案2则

杨志刚
福建中医药大学附属人民医院内分泌科

田玉美教授是湖北中医药大学教授、湖北省著名中医，全国第1批、第3批名老中医师带徒指导老师，国务院特殊津贴享受者。从事中医临床、教学、科研50余年，临床辨证施治常以仲景之旨为圭臬。擅用经方治疗内科病，对诸多疑难杂病亦屡起沉疴。笔者有幸随师伺诊，今不揣鄙陋，试撷其要者，介绍如下，与同道分享。

一、狐惑病案

刘某，女，34岁，某部队医院护师。初诊日期：2004年11月25日。患者自诉2个月来，反复口腔溃疡、眼睛赤痛、前阴溃疡，阴部分泌物多，有异味，伴脐周胀痛不适，大便干结。多次在西医院就诊，最后诊断为“白塞氏综合征”，应用抗生素、激素等治疗，症状无明显改善。刻下症见：口腔多处破溃，眼红，刺痛感，脐周胀痛不适，便干，舌质淡红，苔薄白，脉弦细数。辨证：湿热内蕴。治法：清热燥湿解毒。方拟甘草泻心汤加减。处方：甘草6g，黄连6g，干姜3g，法半夏10g，白芍20g，忍冬藤30g，土茯苓5g，厚朴15g，当归15g，淡苁蓉15g，木香10g，7剂。每日1剂，水煎，分2次温服。外洗方：苦参250g，7剂，日1剂，分2次外洗。同时嘱其饮食清淡，保持心情舒畅。12月2日2诊：上症均较前好转，无脐周腹胀、便干，出现心烦失眠。上方去厚朴、淡苁蓉、木香，加黄芩10g，牡丹皮15g，生地黄15g，7剂。12月11日3诊：口腔溃疡、眼赤痛明显好转。续服上方7剂。2005年2月23日随访，症状悉愈，未再复发。

按　《金匮要略·百合狐惑阴阳毒病脉证并治》：“狐惑之为病，状如伤寒，默默欲眠，目不得闭，卧起不安。蚀于喉为惑，蚀于阴为狐。不欲饮食，恶闻食臭，其面目乍赤、乍黑、乍白。蚀于上部则声嘎，甘草泻心汤主之；蚀于下部则咽干，苦参汤洗之。蚀于肛者，雄黄熏之。”历代医家对于狐惑病的认识基本是一致的，但对于该病由湿热生虫之说有待商榷。田老认为：狐惑病皆与湿热有关，其证候表现皆湿毒热气所致，而咽干等症状则是由于肝肾二经蓄热在内，阴液不能上达所致。治宜清热化湿，泻火解毒为主，兼用外治法。此方中用甘草，补脾泻火解毒；黄连、干姜、半夏同用，辛开苦降，清热燥湿。忍冬藤、土茯苓解毒除湿，厚朴、广木香行气燥湿，辅以白芍、当归养血活血止痛。首诊服药后出现明显的心烦、失眠症状，亦属狐惑病临床表现之一，有是证，用是药，加以清热养阴之品后症状悉除。并指出，该病溃烂部位较多，病人较为痛苦，应给予全面综合处理：处方用药应多法同用，如内服外洗，上下兼治；精神层面应指导患者避免过劳，心情愉快，保持足够的休息。对待患者，应予耐心解释，嘱其坚持治疗。

二、百合病案

梁某，女，46岁。2004年11月20日初诊，心慌、胸闷、气短半年，伴头昏、眼花、口干、口苦，小便赤。4个月前曾因此住院，所有检查包括心电图、CT、脑电图等均未见异常。但仍感心悸、神志恍惚，易紧张，发作时胸闷、气短、头昏、手抖，无恶心呕吐。患者丈夫诉其性格偏内向，平素为家中琐屑之事常懊恼，家庭关系紧张，胆小惊慌甚至不敢出门。饮食、睡眠可，舌尖红，苔薄黄微腻，脉滑数，其月经、白带均正常。辨证：心肺阴虚，痰热内扰。治法：清心润肺，清热化痰，方拟百合地黄汤加温胆汤化裁。处方：百合15g，生地黄15g，胆南星5g，茯神15g，炙甘草6g，陈皮10g，法半夏10g，枳实15g，竹茹10g，郁李仁10g，酸枣仁20g，柏子仁10g，五味子6g，红枣7个，7剂。每日1剂，水煎，分2次温服。忌食油腻、酒等物。11月27日2诊：头昏缓解，现情绪稳定，但易紧张，发作时胸闷、气短，饮食、睡眠可，大便干结，2~3d1次。守上方去竹茹，加生龙骨、牡蛎各30g，泽泻15g，香附15g。12月4日3诊：患者诉目前情绪稳定，精神放松，大便调，续服上方7剂。嘱其保持心胸开阔，精神愉快，避免外界不良刺激，做到“糊涂一点”。并告知其联系方式，如有不适，随时联系沟通。之后嘱其家属认识该病表现，注意其情绪变化，防止诱发发作。

按　《金匮要略·百合狐惑阴阳毒病脉证并治》：“百合病者，百脉一宗，悉致其病也。意欲食，复不能食，常默默，欲卧不能卧，欲行不能行；欲饮食或有美时，或有不用，闻食臭时，如寒无寒，如热无热；口苦，小便赤；诸药不能治，得药则剧吐利。如有神灵者，身形如和，其脉微数。”田师认为百合病多与情志相关。平素忧思不断，抑郁寡欢，以至暗耗阴血，虚热内生，熏灼心肺，扰及百脉而致病；同时思虑伤脾，气血生化之源受阻，神气失于依附，百脉失养而发病。该患者即典型病例。辨证方面该患者久病阴虚内热，炼津为痰，痰热扰于心肺而心神不安，故病性属虚实夹杂。治疗上以百合地黄汤和温胆汤化裁，佐以养心安神之品，全过程紧扣病机辨证施治，故收良效。田师还指出，百合病与情志相关，故作为医生，不应简单处方了事，而应在非药物方面如精神心理层面给予患者耐心指导，有效沟通，必要时给予其亲密家属指导教育（因为亲密家属与其长期共处，更了解其习性），方能收效快捷。该病例亦体现了这一点。

［《吉林中医药》2012，32（12）：1280］

王付教授运用经方辨治高血压

苗小玲　河南中医学院

王付教授不仅在教学方面被评为河南中医学院“教学名师”和“我最喜爱的教师”，而且在临床中善于运用经方，用药精益求精，治病疗效显著，深受病人好评。随从王付教授门诊学习，受益匪浅，现将王付教授运用经方辨治高血压治疗经验介绍于此。

一、抵当汤与芍药甘草汤合方案

袁某，男，65岁，郑州人。有多年高血压病史，多次服用西药，且未能使血压降至正常范围，近因头痛加重前来诊治。刻诊：头痛如针刺，心胸烦热，大便干结，舌质暗红瘀紫，苔薄黄，脉沉涩。测血压165/120mmHg。辨为瘀热重证，治当泻热祛瘀，给予抵当汤[1]与芍药甘草汤合方。药用：水蛭60g，虻虫6g，桃仁5g，大黄10g，生白芍30g，生甘草10g。6剂，水煎服，日1剂，每日分3服。二诊：头痛减轻，继服前方6剂。三诊：大便通畅，减大黄为6g，继服前方6剂。四诊：头痛止，测血压125/90mmHg，减水蛭为10g，虻虫为3g，继服前方6剂。五诊：诸证悉除，为了巩固疗效，又以前方治疗12剂。之后，以第一次方药变汤为散剂，每次3g，每日分3服。随访1年，一切尚好。

用方提示：根据头痛如针刺、脉沉涩辨为瘀，再根据心胸烦热、苔薄黄辨为热，因大便干结辨为瘀热内结，以此辨为瘀热重证。方以抵当汤逐瘀泻热，加生白芍敛阴潜阳，生甘草清热缓急止痛。方药相互为用，以奏其效。

二、风引汤加味案

程某，男，58岁，郑州人。主诉有10余年高血压病史，在2年前服用西药能将血压降至正常，近2年来服用西药未能将血压控制在正常范围之内，经常波动在160~180/115~130mmHg之间，近因病证加重前来诊治。刻诊：头痛，头晕目眩，急躁易怒，大便干结，小便短赤，乏力，手足麻木，口渴，口苦，舌质红，苔薄黄，脉弦数。辨为肝热动风证，治当清泻肝热，通阳降泄，给予风引汤[2]加味。药用：大黄12g，干姜12g，龙骨12g，桂枝9g，甘草6g，牡蛎6g，寒水石18g，滑石18g，赤石脂36g，紫石英18g，石膏18g，黄芪24g。6

剂，水煎服，每天1剂，每日分3服。二诊：头痛止，头晕目眩减轻，复以前方6剂。三诊：急躁易怒解除，继服前方6剂。四诊：血压降为135/95mmHg，病情稳定，为了巩固疗效，又以前方变汤剂为散剂，每次服用3～5g，每日分3服。随访1年，血压维持在正常范围之内。

用方提示：根据急躁易怒、口渴、舌质红、苔薄黄辨为肝热，再根据大便干结、小便短赤辨为阳郁，因乏力、手足麻木辨为热伤气，以此辨为肝热阳郁证。方以风引汤清泻肝热，通阳降泄，加黄芪，以补益正气。方药相互为用，以奏其效。

三、桂枝茯苓丸与酸枣仁汤合方案

谢某，男，58岁，郑州人。有10年高血压病史，近3年来服用西药，未能将血压降至正常范围之内（145/94mmHg），又服用中药，也未能取得预期治疗效果，近因头晕目眩加重前来诊治。刻诊：头胀痛，头晕目眩，失眠多梦，心烦，舌质暗红夹瘀紫，苔薄黄，脉沉涩。辨为瘀血阻滞，热扰心神证，治当活血化瘀，养心安神，给予桂枝茯苓丸与酸枣仁汤合方：桂枝12g，茯苓12g，桃仁12g，牡丹皮12g，生白芍30g，酸枣仁50g，川芎6g，知母10g，龙骨24g，牡蛎24g，炙甘草6g。6剂，每天1剂，水煎服，每日分3服。二诊：心烦减轻，继服前方6剂。三诊：头胀痛好转，头晕目眩好转，继服前方6剂。四诊：头胀痛基本解除，继服前方6剂。五诊：失眠多梦好转，继服前方6剂。六诊：头晕目眩解除，血压130/78mmHg，以前方治疗30余剂。之后，为了巩固疗效，以前方变汤剂为散剂，每次6g，每日分3服，治疗3个月。随访1年，一切尚好。

用方提示：根据头胀痛、舌质暗红瘀紫辨为瘀血，再根据失眠多梦、心烦、苔薄黄辨为心热，以此辨为瘀血阻滞，热扰心神证。方以桂枝茯苓丸活血化瘀；以酸枣仁汤养心安神，清热除烦，加龙骨、牡蛎重镇潜阳，育阴安神。方药相互为用，以奏其效。

四、四逆散与桂枝茯苓丸合方辨治妊娠高血压

石某，女，28岁，郑州人。怀孕6个月，血压145/110mmHg（在怀孕之前无高血压病史），下肢轻度水肿，服用中西药，未能取得预期治疗效果，近因头晕目眩加重前来诊治。刻诊：妊娠头晕目眩，头胀，头痛如针刺，因情绪异常加重，下肢轻度水肿，舌质暗红瘀紫，苔薄黄，脉沉涩。辨为肝郁血瘀证，治当疏肝解郁，活血化瘀，给予四逆散与桂枝茯苓丸合方加味。药用：柴胡12g，枳实12g，白芍12g，桂枝12g，茯苓12g，桃仁12g，牡丹皮12g，川芎12g，葛根24g，钩藤24，泽泻30，炙甘草12g。6剂，水煎服，每天1剂，每日3服。二诊：头晕目眩减轻，继服前方6剂。三诊：头胀解除，继服前方6剂。四诊：血压130/95mmHg，继服前方6剂。五诊：头痛止，继服前方6剂。六诊：血压125/85mmHg，诸证基本解除，以前方6剂。随访2个月，一切正常。

用方提示：妊娠期高血压（简称妊高征）是发生在妊娠期的以高血压、蛋白尿、水肿等为主的临床综合征。本病多发生在妊娠20周以后至产后24小时之内。根据血压因情绪异常加重辨为肝郁，再根据舌质暗红瘀紫、脉沉涩辨为瘀血，因苔薄黄辨为夹热，以此辨为肝郁血瘀证。方以四逆散疏肝解郁，调理气机；以桂枝茯苓丸活血化瘀，加川芎理血行气，葛根清热升阳止痛，钩藤清热降逆止眩，泽泻渗利湿浊。方药相互为用，以奏其效。

参考文献

［1］王付．经方学用解读［M］北京：人民军医出版社，2004：384.

［2］王付．伤寒杂病论思辨要旨［M］．北京：人民军医出版社，2006：413.

［《中医药通报》2012，11（2）：26］

乌梅丸临床应用札记

王　付　河南中医学院经方研究所

乌梅丸是《伤寒杂病论》中著名方之一，根据方中选用酸敛药有乌梅、苦酒（醋），苦寒药有黄连、黄柏，辛热药有附子、桂枝、细辛、蜀椒、干姜，补益药有人参、当归组成；再根据治蛔组方原理是蛔得酸则静，得苦则下，得辛则伏，得甘则动，即乌梅丸是主治蛔厥证的基础方。又，权衡乌梅丸中黄连、黄柏，寒能清热；附子、干姜、细辛、桂枝、花椒，热能温阳；人参、当归，补益气血；乌梅、苦酒（醋）酸能收敛，即乌梅丸更是主治寒热错杂证的重要方。于此试将运用乌梅丸辨治寒热错杂证体会介绍于此。

一、辨治慢性盆腔炎

慢性盆腔炎是指女性内生殖器及其周围结缔组织、盆腔腹膜的慢性炎症。根据其临床表现是寒热夹杂，即可选用乌梅丸加味。如许某，女，43岁。

有多年慢性盆腔炎病史，曾服用中西药，可治疗效果不明显，近因带下量多，小腹痛胀前来诊治。刻诊：小腹少腹恶寒明显，遇冷胀痛更甚，带下量多色白，时有黄色，阴部潮湿，心烦，急躁，口舌经常溃烂，咽干不欲饮水，胸中烦热，舌略红，苔薄黄，脉沉。辨证为下焦有寒，上焦有热，其治当清上温下，给予乌梅丸加味，药用：乌梅12g，黄连10g，黄柏9g，当归12g，人参9g，附子6g，桂枝6g，细辛4g，蜀椒4g，干姜3g，桃仁9g，车前子12g，丹皮12g。6剂，1日1剂，水煎2次分3服。二诊：诸证有明显减轻，又以前方5剂。之后，以前方加减治疗15剂，诸证悉除。

用方体会：根据小腹少腹遇冷加甚辨为寒，再根据胸中烦热、苔薄黄辨为热，因带下色黄、时有黄色辨治寒夹热，以此辨为寒热夹杂证，治以乌梅丸清上温下，加桃仁活血化瘀，牡丹皮凉血散瘀，车前子渗湿于下，诸药相用，以治上热下寒证。

二、辨治慢性腹泻

慢性腹泻是指排便次数增多，粪便稀薄，反复发作的非器质性疾病。其虽非器质性疾病，但欲取得最佳治疗效果则比较难，针对寒热错杂病机选用乌梅丸加味则能取得预期治疗效果。如叶某，女，52岁，郑州人。有20余年慢性腹泻病史，曾多次检查均未发现明显异常病理变化，每天至少腹泻4次，近因腹泻加重前来诊治。刻诊：腹泻，肠鸣，食凉即泻，手足不温，腹部怕冷，倦怠乏力，呃逆，口干舌燥，口舌生疮，舌质红，苔薄黄，脉沉。辨为上热下寒证，治当清泻上热，温暖下寒，给予乌梅丸加味，药用：乌梅15g，黄连10g，细辛5g，干姜6g，当归12g，黄柏12g，桂枝6g，红参6g，附子6g，蜀椒4g，姜半夏12g，旋覆花12g。6剂，水煎服，日1剂，每日3服。二诊：腹泻减轻，以前方6剂。三诊：口舌生疮痊愈，以前方6剂。四诊：腹泻未再出现，手足转温，以前方6剂。为了巩固疗效，将前方变汤剂为散剂，每次6g，每日分3服。随访1年，一切尚好。

用方提示：根据食凉即泻、手足不温辨为寒，再根据口舌生疮、舌质红辨为热，因倦怠乏力辨为夹气血虚，以此辨为上热下寒证。方以乌梅丸清热于上，散寒于下，兼益气补血，加半夏、旋覆花，醒脾燥湿，降逆止呃。

三、辨治慢性溃疡性结肠炎

慢性溃疡性结肠炎是一种病因尚不十分清楚的直肠和结肠慢性非特异性炎症性疾病。根据慢性溃疡性结肠炎的病变证机是寒热夹杂，则可选用乌梅丸。如赵某，女，62岁，郑州人。有多年慢性溃疡性结肠炎病史，近因腹泻、腹痛加重前来诊治。刻诊：腹泻，腹痛，肠鸣如雷，口苦口干，食凉加剧，急躁易怒，口腔溃疡，腹部畏寒，手足不温，少气乏力，形体消瘦，舌质淡，苔薄黄略腻，脉沉弱，辨为肝热脾寒证，治当清泻肝热，温暖脾胃，给予乌梅丸与诃梨勒散合方加味，药用：乌梅15g，黄连10g，细辛3g，干姜5g，当归12g，黄柏12g，桂枝3g，红参10g，附子3g，蜀椒3g，诃梨勒15g，姜半夏12g。6剂，水煎服，日1剂，每日分3服。二诊：腹泻、腹痛减轻，口腔溃疡消除，以前方6剂。三诊：情绪明显好转，口苦口干解除，以前方6剂。四诊：大便恢复正常，以前方6剂。为了巩固疗效，以前方治疗12剂，诸证悉除。随访1年，一切尚好。

用方提示：根据口苦口干、急躁易怒辨为肝热，再根据腹泻、食凉加剧、手足不温辨为脾寒，因少气乏力、形体消瘦辨为气血虚，以此辨为肝热脾寒夹虚证。方以乌梅丸清肝热，散脾寒，补益气血，以诃梨勒散固涩止泻，加半夏醒脾燥湿，方药相互为用，以取其效。

四、辨治POEMS综合征

POEMS综合征是以进行性多发性周围神经病变为主的浆细胞瘤或浆细胞增生而引起多系统（周围神经病、肝脾肿大、内分泌紊乱、M蛋白增高和皮肤色素沉着）损害的自身免疫性一种临床综合征。根据POEMS综合征的病变证机是上热下寒，即可选用乌梅丸加味。如马某，女，46岁，北京人。在4年前被诊断为POEMS综合征，近因病证加重前来诊治。刻诊：四肢呈对称性麻木，痛如针刺，四肢肌肉萎缩，倦怠乏力，畏寒怕冷，肢体沉重，闭经，口舌生疮，舌质淡红瘀紫，苔黄腻，脉沉弱涩。辨为气虚痰瘀，寒热夹杂证，治当益气活血，健脾化痰，平调寒热，给予乌梅丸、活络效灵丹与小陷胸汤合方，药用：乌梅15g，黄连12g，细辛6g，干姜5g，当归12g，黄柏10g，桂枝6g，红参6g，附子6g，蜀椒5g，丹参15g，乳香15g，没药15g，半夏12g，全瓜蒌30g。6剂，水煎服，日1剂，每日3服。二诊：麻木略有好转，以前方6剂。三诊：肢体沉重减轻，以前方6剂。四诊：畏寒怕冷解除，以前方6剂。五诊：疼痛基本缓解，以前方6剂，六诊：病情明显好转，以前方30余剂。之后，为了巩固疗效，以前方变汤剂为散剂，每次6g，每日服3次，坚持治疗。随访1年，一切正常。

用方提示：根据倦怠乏力辨为气虚，再根据肢体沉重、苔腻辨为痰，因痛如针刺辨为瘀，又因口苦、苔黄辨为热，更因畏寒怕冷辨为寒，以此辨为气虚痰瘀，寒热夹杂证。方以乌梅丸清热燥湿，温阳通脉，兼益气血，以活络效灵丹活血化瘀止痛，以小陷胸汤清热化痰，宽胸行气。方药相互为用，以奏其效。

五、辨治糖尿病胃轻瘫

糖尿病胃轻瘫是指糖尿病伴有胃肠植物神经病变的症状，经胃镜检查可见胃体或胃窦部黏膜充血、水肿、糜烂；胃电图检查有胃蠕动功能减弱；根据糖尿病胃轻瘫的病变证机是寒热夹杂，即可选用乌梅丸加味。如尹某，女，61岁。有10余年糖尿病病史，在2年前又有饥不能食，食则脘胀胀满，近因血糖升高、不能饮食而前来诊治。刻诊：饥不能食，食则脘腹胀满，食热烧心，食凉腹泻，口干欲饮水，大便不爽，腹部怕冷，手心凉，足心热，心烦急躁，舌红，苔薄黄，脉细略数。辨为寒热夹杂证，给予乌梅丸加味，药用：乌梅20g，黄连20g，细辛3g，干姜6g，当归12g，黄柏12g，桂枝10g，党参20g，附子3g，花椒3g，石膏50g，知母18g，粳米20g，山楂10g。6剂，日1剂，水煎2次合并分3服。二诊：脘腹胀满减轻，以前方适当加减变化治疗30余剂，控制血糖在正常范围之内。之后，为了巩固疗效，复以前方变汤剂为散剂，每次10g，每日分3服。随访1年，一切尚好。

用方体会：根据糖尿病胃瘫，既有食热烧心，又有食凉腹泻；再根据既有手心凉，又有足心热，以此辨为寒热夹杂证，以此选用乌梅丸清热泻火，温阳散寒，加石膏、知母，以清泻内热，粳米既益气和胃，又兼防温热药寒凉药伤胃气，山楂酸甘化阴，消食和胃，方药相互为用，以奏其功。

［《辽宁中医杂志》2012，39（2）：342］

乌梅丸配合针刺法治疗慢性溃疡性结肠炎体会

邵礼晖　周则旺　臧海洋
江苏省新沂市中医医院

乌梅丸出自《伤寒论》第338条：“伤寒脉微而厥……乌梅丸主之。又主久利。”文中主要用于治疗胃热肠寒的蛔厥证。笔者根据仲景提示，临床上配合针刺治疗慢性溃疡性结肠炎疗效较为显著。针刺常取天枢、中脘、三阴交、足三里、曲池、内庭6穴，采取相应的补泻方法。

患者某，男，39岁，2008年9月23日诊。腹部胀满，时黏液脓血便3年余。初次发病，腹痛，大便色黑带黏液，经确诊为“慢性溃疡性结肠炎”，治疗后症状消失。3年来每遇饮食不节、受凉发作，口服柳氮磺胺吡啶，同时灌肠治疗，停药后易复发，患者求诊中医。刻下：每日腹痛、腹泻2～3次，伴脓血、里急后重，胃脘胀满不适，饮食不节、受凉加重，舌质红，苔黄腻，脉弦数。查：左，右下腹部压痛阳性，大便潜血阳性，镜下见红细胞、白细胞阳性，大便细菌培养阴性。乙状结肠镜检查：升、降结肠黏膜充血、水肿、糜烂、上覆脓苔。中医诊断：痢疾，辨证属脾胃失和，寒热错杂。治宜健脾和胃，散寒清热，除湿止痢。选用乌梅丸配合针刺法。方法：每服药1次后，遂即针刺，1日2次服药，2次针刺，7天为1个疗程，一般2个疗程即可明显改善。方药：乌梅15g，细辛3g，干姜6g，黄连10g，黄柏10g，制附子3g，党参15g，当归10g，桂枝3g，川椒3g，白芍12g，炙甘草6g，水煎服日1剂，早晚分服。针刺方：运用毫针刺法，天枢、中脘取捻转补法；曲池、内庭取捻转泻法，三阴交、足三里取均匀捻转平补平泻法，隔5min行针1次，每次治疗行针6次。服药7剂后，腹胀，腹泻明显好转，无脓血便，舌淡红，苔白，脉弱，辨证脾胃气虚，寒热错杂。治宜益气健脾和胃，散寒清热，原方加至党参30g，干姜12g。治疗2个疗程后，随访1年，未见复发。

慢性溃疡性结肠炎是一种局限于结肠黏膜及黏膜下层的炎症性病变。属中医学“泄泻”“痢疾”等范畴。慢性溃疡性结肠炎发病往往病程较久，久之形成脾胃亏虚，寒热错杂之证。脾胃为后天之本，气血生化之源，主腐熟和运化水谷。若饮食不节则脾胃受损，生湿化热，日久寒热错杂，兼夹湿邪，蕴滞肠胃可见腹痛、胃脘胀满不适。气血阻滞，肠膜脂络受伤，腐败化为脓血故里急后重、便脓血。乌梅丸方中乌梅涩肠止泻；党参补气健脾；黄连、黄柏清热化湿；附子、桂枝、干姜、川椒、细辛温脏祛寒；当归补血活血和血，诸药共奏健脾化湿，清热散寒，活血和血之功效。针刺6穴可疏通经络，扶正祛邪，清热除湿散寒。方中天枢为大肠募穴，中脘为胃募穴，两穴取捻转补法，可散胃肠中寒湿；曲池为手阳明合穴可清热，内庭为胃经荥穴可除胃中积热，两穴取捻转泻法可除胃肠邪热；足三里为胃经合穴，三阴交为足三阴经交会穴，两穴取平补平泻可健脾益气和胃。针药并用，针刺可使药物直达病所，加强药物疗效，同时药物可加强针刺扶正祛邪，调节整个机体功能。笔者临床体会：慢性溃疡性结肠炎以腹痛、腹泻，便中带血，反复不愈，乏力，纳差，舌红苔薄，脉弦弱为表现的脾胃虚弱、寒热错杂之证者，运用此法较为适宜。

[《世界中医药》2012，7（1）：89]

乌梅丸治验久病头痛1则

黄志庆　广东省佛山市中医院

乌梅丸为仲景《伤寒论》中名方之一，主要用治“厥阴病”中寒热错杂，虚实兼夹之蛔厥和久利者。2007年1月，余下乡工作，一长期头痛不愈之患者来诊，余辩证为寒热错杂，虚实兼夹之厥阴肝经头痛，亦以乌梅丸加减治之，甚效，今录之共鉴。

张某，男，36岁。有巅顶及左额头痛十余载，经久不愈，曾至多家大医院求治，检查血压正常，查颅脑CT未见异常，颅脑多普勒示：脑动脉血流增速。颈椎片示：颈椎棘旁韧带部分钙化。诊为：血管神经性头痛。均以西药治疗（用药不详），仅暂时止痛。亦曾自找私人中医，以平肝潜阳，活血通络中药治之，效亦不显。仍头痛时发，头身困重，每因工作劳累、紧张加重。续问之，其因头痛，喜频繁洗头，每日1次，洗后头疼稍减，但不久复痛，且较前头重如裹，昏昏蒙蒙。余诊察其见脸色晦暗，巅顶及后枕按压有疼痛，舌淡暗红，舌苔厚腻，两边白而中黄，舌根剥苔，脉沉。中医诊断：厥阴头痛。证属寒热错杂，虚实兼夹，湿滞血瘀，其病位在肝与脾。治以温寒化湿除热，攻补兼施，兼解肌理气活血止痛。方予乌梅丸加减（改汤剂）。药用：乌梅、当归、炙甘草各10g，制附片先煎、细辛各3g，黄连、黄柏各8g，党参、川芎各15g，干姜5g，白芍30g，延胡索12g，葛根20g。每日1剂，水煎早晚分服。嘱其减少洗头频率为1周两次，减少到潮湿之地，工作注意劳逸结合。连服5剂后，患者来电诉头痛减轻，仍头困重，考虑湿困未除，嘱原方加厚朴15g，苍术10g，茯苓20g以加强健脾燥湿之功，再服7剂，头重亦减，睡眠转佳。半月后再诊诉头痛、头重均除，查见神清气爽，面色红润，舌转淡红，舌苔厚腻及舌根剥苔已减。其后随访4年头痛之症无复发。

按　仲景《伤寒论》中“乌梅丸”本治“厥阴病”之蛔厥和久利，然其本质为寒温并用，攻补兼施，专治厥阴经之证。近世医家则发现头痛病机除常见之肝郁气滞，肝阳上亢，痰浊血瘀之外，对病久者，邪必伤正气，故多有虚实兼夹，寒热错杂之象，尤其寒则收引，牵扯则痛，故久病头痛常以治寒为要，辨证用以温散寒邪，往往起效。本病者为花卉经销人员，常在花场，身处湿地，又喜频繁洗头，故湿邪蒙上，而头身困重，其头痛在巅顶及左额，病位当在足厥阴肝经循行之所；所病日久，久治失治，经寒来暑往，故而寒湿困久而有化热之象，其舌脉所见亦为寒热错杂，虚实兼夹之象；甚合乌梅丸所主治之厥阴寒热错杂，虚实兼夹病机，故治之见效。

讨　论

对于本病，笔者体会有三。其一：中医辨证是准确施治之关键。本病辨为厥阴寒热错杂，虚实兼夹之头痛，故投以《伤寒论》中本治“厥阴病”蛔厥和久利之“乌梅丸”见效，有异病同治之妙。其二：南粤医者多见湿热，而常用清热利湿攻邪之品，但对于病患日久，寒热错杂者，应投以甘温之品，寒温并用，温清并举，方可取效。其三：针对病因，去除成病诱因，如本病嘱其减少洗头频率，减少到潮湿之地，工作注意劳逸结合，往往起到非药之功，不可忽视。

[《陕西中医》2012，33（7）：918]

吴茱萸汤临床及实验研究进展

万　清　马宗华　安徽中医学院

吴茱萸汤源于汉代张仲景《伤寒杂病论》，由吴茱萸、人参、生姜、大枣4味药物组成《伤寒论》[1]原著中采用吴茱萸汤论治的条文共有3处：一为阳明病“食谷欲呕”，二为“少阴病，吐利，手足厥逆，烦躁欲死”，三为厥阴病“干呕吐涎沫，头痛”排除与《伤寒论》中重复的条文，《金匮要略》[2]中采用吴茱萸汤论治的条文为：“呕而胸满”吴茱萸汤具有温中补虚、降逆止呕功效，对呕吐（伴随胸满）、下利、手足厥逆、烦躁及头痛等多种临床常见症状，具有较好的治疗效果现对吴茱萸汤的临床及实验研究进展综述如下：

一、吴茱萸汤临床研究

（一）吴茱萸汤临床运用

1. 治疗头痛　头痛是吴茱萸汤涉及的主要症状之一有人[3~5]采用吴茱萸汤或加味吴茱萸汤治疗偏

头痛、经行头痛及高血压头痛等疾病，结果示吴茱萸汤或加味吴茱萸汤对偏头痛、经行头痛、高血压头痛的总有效率分别达到 93.78%、94.1%、45.45%其中在治疗多由风寒外袭、脉络瘀滞、元气虚损所致的偏头痛时，吴茱萸汤多配伍祛风散寒、通络止痛之药，如川芎、细辛、僵蚕、蜈蚣、全蝎；在治疗伴有恶心呕吐、畏寒腹冷等症状的经行头痛时，多与散寒补血、行气止痛之药，如小茴香、桂枝、赤芍、当归、白芷进行配伍；在治疗肝肾阴虚、肝阳上扰、下虚上实的高血压伴随头痛等症状时，多与平肝潜阳、清热养血之药进行配伍。

2. 治疗消化道症状　王凤仙等[6]采用吴茱萸汤加陈皮、半夏、砂仁治疗 686 例因肿瘤化疗而引起的消化道毒性反应（包括呕吐、泄泻及吐涎沫等）的患者，结果消化道症状在化疗后 1 ~ 2d 消失肿瘤患者均属大病久病身体虚弱，再以化疗大攻之，伤及中阳，败其胃气，胃中虚冷、水气内停、寒水相搏致清阳不升，水谷不别而下注，胃气不降，浊气上逆等，终致胃肠消化道黏膜损伤其病机与吴茱萸汤证的病机相符，故应用吴茱萸汤疗效显著下利及胃脘痛是消化系统疾病的典型症状之一，与多种消化系统疾病紧密相连有人[7~9]运用吴茱萸汤或加味吴茱萸汤治疗慢性浅表性胃炎、老年胃食管反流病及功能性消化不良等疾病，结果显示吴茱萸汤或加味吴茱萸汤对慢性浅表性胃炎、老年胃食管反流病、功能性消化不良的总有效率分别为 93.3%、93.0%、93.5%在治疗肝寒犯胃型慢性浅表性胃炎时，为缓解症状，吴茱萸汤常加入理气止痛之药；在治疗老年胃食管反流病时，吴茱萸汤中往往加入白术以健脾、补中焦之不足，加枳壳以行气、除胀满之证；在治疗肝气横逆克脾，清气不升、浊气不降所致功能性消化不良时，吴茱萸汤可加入白术、枳壳以健脾行气，加入焦麦芽、焦神曲、焦山楂及莱菔子以消食导滞。

3. 治疗烦躁及眩晕　神经症是一种常见的精神类疾病，症状复杂，常伴有头痛失眠、烦躁不安及各种消化道反应曹金婷[10]运用吴茱萸汤随证加减治疗神经症，在 100 例患者参与的临床研究中，有效率为 87% 梅尼埃综合征临床表现为发作性眩晕，常伴有恶心、呕吐、耳鸣及听力减退王翠芬[11]用吴茱萸汤随证加减治疗梅尼埃综合征 40 例，有效率为 95% 范志强[12]运用吴茱萸汤加减治疗 60 例眩晕症患者，治愈 49 例，显效 10 例，疗效显著根据“无风不作眩”“无痰不作眩”“无虚不作眩”的理论，吴茱萸汤随症加减，配以祛风、祛痰、补虚之品，标本同治，疗效确切。

（二）方证研究

年莉等[13]运用病案调查的方法，采集 1989 年以来医学期刊所报道的 150 例吴茱萸汤证典型病案，对其进行分析后发现本方证好发于秋冬季节，以中壮年患者为多，发病无明显性别倾向其主证可以分为两类：一类是头痛、眩晕或两者并见；另一类是脘腹疼痛，或腹痛腹泻，或呕吐，以前者为多发主要兼证是倦怠乏力、手足逆冷、面色无华、食少纳差、畏寒、舌质淡、苔薄白、脉弦细，第一类病证多兼有呕吐、烦躁临床应用多在原方 4 味药物的基础上，随证加用祛湿药、温里药、行气药、活血药等吴茱萸汤为水煎剂型，口服给药，服药后疗效出现较快，多在 2 ~ 6 剂内显效。

（三）药证规律研究

1. 吴茱萸　以吴茱萸 9g 为参考剂量，在治疗头痛、头目眩晕、痛经、脘腹疼痛、泄泻、呕吐时，吴茱萸用量在 9g 以上（含 9g）的病例数分别为 97%、92%、100%、75%、66%、55%[14]提示治疗头痛、眩晕、痛经时吴茱萸用量应加大。

2. 姜类　姜类药物在各主症中的使用情况是：头目眩晕病例中使用最多（100%），其次是痛经（99%）、头痛和呕吐（97%）、脘腹疼痛（96%）、泄泻（90%），最少为失眠（75%）[14]治疗头痛的病例以生姜为主，而治疗呕吐、脘腹疼痛、泄泻、痛经时除生姜外，也用干姜，治疗泄泻、痛经时使用炮姜增多。

3. 参类　参类药物在各主症中的使用情况是：头目眩晕、痛经、失眠病例中使用最多（100%），其次是头痛（98%）、呕吐（96%）、脘腹疼痛（88%）、泄泻（72%）[14]治疗头目眩晕、头痛、呕吐和胃脘腹痛时，使用党参最多；治疗痛经，使用党参和人参的各半；治疗失眠时，使用人参最多。

4. 大枣　大枣在各主症中的使用情况是：失眠病例中使用最多（100%），其次是头目眩晕（93%）、痛经（86%）、头痛（84%）、呕吐（78%）、脘腹疼痛（68%），泄泻最少（64%）[14]在治疗脘腹疼痛、泄泻时使用率减小，可能与其味甘，多用易生痰生湿，引发腹胀气滞、腹泻有关。

综上所述，依据吴茱萸汤临床运用资料及吴茱萸汤的方证研究显示，吴茱萸汤临床运用大致分为两方面：其一用于治疗有呕吐、下利及胃脘痛等症状的消化系统疾病；其二用于治疗有头痛、烦躁及眩晕等症状的各类系统疾病，临床运用范围与《伤寒论》中所述基本相同可见仲景所述即为吴茱萸汤证最典型也是最核心的症状吴茱萸汤温胃散寒、祛浊降逆、畅中焦之阳气，临床上因中焦虚寒、气机不畅所引发的各类疾病皆可用吴茱萸汤进行治疗。

药证研究显示，吴茱萸汤中4味药物使用与否及使用剂量，随着临床症状的不同而改变，在治疗头痛、眩晕和痛经等症状时，吴茱萸中生姜的使用频率和剂量要大于其治疗消化系统症状时吴茱萸汤中人参主要用于补中益气而生津，临床上大部分情况下可用党参代替人参。

二、吴茱萸汤实验研究

（一）药理学研究

1. 止呕[15]　吴茱萸汤及其醇提物能显著性地降低家鸽的呕吐频率，对抗硫酸铜对家鸽黏膜的刺激，对胃黏膜有保护作用，对抗5-羟色胺引起的大鼠胃条收缩。

2. 止泻[15]　吴茱萸汤温脾止泻作用与抑制肠运动、解除肠运动亢进、促进肠吸收有关；同时改善脾虚症状，增加小鼠胸腺质量，提高单核巨噬细胞系统的吞噬活性；提高机体的耐疲劳和应激能力由此提示吴茱萸汤可增强机体免疫功能、提高机体的抗病能力，这些可能是其药理作用的机制之一。

3. 镇痛、镇静和扩张血管　精制吴茱萸胶囊可明显延长偏头痛小鼠的凝血时间，提高痛阈，抑制脑内炎性刺激物的升高，明显增加大鼠脑膜血流量，提示该药对脑血管具有直接的调节作用大剂量对小鼠探究行为有一定的抑制作用[15]。

4. 抗消化性溃疡作用　采用幽门结扎法复制大鼠慢性胃溃疡模型，吴茱萸汤对大鼠胃液量、总酸度及胃蛋白酶活性有明显的抑制作用能显著增加其胃液中NO含量，能使胃组织中超氧化物歧化酶活性明显升高[16]采用醋酸涂抹法复制大鼠慢性胃溃疡模型，吴茱萸汤有明显的促进愈合作用，其作用机制可能是通过促进6-酮-前列腺素$F_{1\alpha}$的合成、释放，以增强胃黏膜防御能力，促进胃黏膜修复来实现的[17]。

5. 改善心脏功能　吴茱萸汤水煎醇沉法制成的注射液，可同时兴奋α、β受体，改善休克、心力衰竭，改善衰竭的肾功能，显著加强体外蟾蜍心和体内兔心的心肌收缩力，增加蟾蜍心收缩量，升高麻醉状态狗和大鼠的血压对麻醉状态兔球结膜微动脉呈先短暂收缩、后持续扩张，迅速增快微血流流速，改善血流状态，离散聚集的红细胞，增加毛细血管网交点数能显著提高晚期失血性休克兔的生存率，升高血压，增加尿量以上作用提示吴茱萸汤注射液对失血失液后气虚阳脱的厥证（包括休克）有一定回阳固脱功效，而吴茱萸汤强心、升压、调节和改善微循环的作用可能是其药理作用产生的基础[15]。

6. 抑制肿瘤生长　通过复制动物肿瘤模型，采用吴茱萸汤治疗，结果显示，吴茱萸汤具有抑制S180肉瘤生长的作用其高、中剂量组S180瘤体内微血管密度明显低于对照组，免疫组织化学法显示其可下调S180瘤体内血管内皮生长因子的表达[18]。

7. 对体温的影响　通过热像图检查法发现吴茱萸使鼠尾皮温升高，而吴茱萸是吴茱萸汤的君药，起主导作用，故可说明吴茱萸汤可以改善外周循环的失衡，从而引起体温的升高[15]药理学研究显示吴茱萸汤具有多种药理学作用，可用于治疗消化道疾病，可能与其具有的止呕、止泻、镇痛、镇静、扩张血管及抗消化性溃疡作用有关吴茱萸汤改善心脏功能、调节和改善微循环等作用，则可能与其能够缓解头痛、眩晕及烦躁等症状有关吴茱萸汤抑制肿瘤生长并且对体温产生影响的药理作用则提示吴茱萸可能具有更加广泛的临床用途。

（二）配伍机制研究[19]

从吴茱萸汤的君臣佐使配伍关系出发，以君药吴茱萸为核心，进行拆方设计选择镇痛、止呕和急性毒性3项指标进行药理实验研究显示，配伍生姜、人参、大枣均可不同程度地增强君药吴茱萸的镇痛作用，而生姜对君药吴茱萸的协同作用明显优于人参和大枣吴茱萸汤全方合煎液的镇痛、止呕作用均为最佳急性毒性试验结果表明，配伍生姜、人参可提高吴茱萸毒性，配伍大枣则可降低吴茱萸毒性由吴茱萸生品组成的吴茱萸汤与制品吴茱萸汤药效相似，但其毒性远大于后者，从而证明汤洗去毒的正确性君药吴茱萸、单煎混合液和吴茱萸汤的药理实验结果表明，单煎混合液在药效方面与君药吴茱萸更为接近，吴茱萸汤则不仅在药效上显著优于单煎混合液，而且毒性亦明显减弱。

三、小结

吴茱萸汤具有温中补虚、散寒降逆的作用，是临床常用方剂之一大量临床应用及研究文献，一方面证实了吴茱萸汤的确切疗效，另一方面为《伤寒论》中相关条文的研究提供思路而对吴茱萸汤的现代实验研究，一方面证实了吴茱萸汤组方的严谨科学，阐明了该方的作用机制，另一方面也对吴茱萸汤可能具有的其他功效做出了提示但是上述研究仅仅是对吴茱萸汤功效的证实与分析，并没有涉及吴茱萸汤证关键病机的研究，因此在今后的研究中，还可以从多个角度对吴茱萸汤证的关键病机进行研究，以更好地理解、运用经方。

参考文献

[1] 熊曼琪．伤寒学［M］．北京：中国中医药出版社，2007：281.

[2] 张仲景．金匮要略［M］．北京：人民卫生出版社，2005：64.

[3] 刘红燕，刘春艳．吴茱萸汤治疗偏头痛32例临床观察［J］．中国中医急症，2006，15（6）：608～609.

[4] 杨枫，罗红斌，王霞，等．加减吴茱萸汤治疗经行头痛34例［J］．光明中医，2009，24（8）：1485～1486.

[5] 李明懋．加味吴茱萸汤治疗高血压病患者的达标率分析［J］．成都中医药大学学报，2008，31（1）：11～13.

[6] 王凤仙，李世杰，袁林，等．吴茱萸冲剂治疗肿瘤化疗消化道毒性反应686例临床观察［J］．中华实用中西医杂志，2007，20（22）：2007.

[7] 郑逢民．吴茱萸汤治疗肝寒犯胃型慢性浅表性胃炎150例［J］．浙江中医杂志，2004，39（4）：153.

[8] 李季委，李凌霞．枳术吴茱萸汤治疗老年胃食管反流病28例探讨［J］．中医药信息，2007，24（1）：31～32.

[9] 李季委，李凌霞．加味吴茱萸汤治疗功能性消化不良31例［J］．中国中医药科技，2008，15（3）：233.

[10] 曹金婷．吴茱萸汤治疗神经官能症100例［J］．河南中医学院学报，2008，23（2）：70.

[11] 王翠芬．吴茱萸汤治疗梅尼埃病40例［J］．河南中医，2005，25（3）：20.

[12] 范志强．吴茱萸汤加减治疗眩晕症60例［J］．中医药导报，2007，13（7）：66，79.

[13] 年莉，方玲，刘鸿雁．吴茱萸汤方证学研究［J］．天津中医药，2004，21（1）：38～40.

[14] 龚慕辛，王雅琤，邹志东，等．吴茱萸汤现代临床应用证药规律分析［J］．中国实验方剂学杂志，2009，15（4）：84～87.

[15] 李冀，蒋蕾，毕君辉．吴茱萸汤的临床应用及实验研究进展［J］．中医药信息，2008，25（5）：62～64.

[16] 李冀，柴剑波，赵伟国．吴茱萸汤抗大鼠幽门结扎型胃溃疡作用机理的实验研究［J］．中医药信息，2007，24（6）：53.

[17] 李冀，柴剑波，赵伟国．吴茱萸汤对醋酸涂抹型胃溃疡大鼠溃疡指数及血浆6～keto－PGF1α含量的影响［J］．辽宁中医杂志，2008，35（2）：179.

[18] 王莉．吴茱萸汤对鼠S180生长的抑制作用及其作用机制的实验研究［D］．沈阳：辽宁中医药大学，2006：5.

[19] 赵冬梅，肖隽，毕开顺，等．吴茱萸汤配伍机制的研究［J］．世界科技研究与发展，1999，21（5）：46～50.

［《安徽中医学院学报》2012，31（3）：78］

五苓片（散）的临床应用新进展

景　汇　李金玲　孟庆利等

山东省莱芜市口镇中心卫生院

近年来，一些学者根据自己对五苓散病机的理解，结合自身的临床经验，将五苓散广泛用于多种疾病的治疗，扩大了此方的运用范围，在实践中发展了仲景学说，特别是片剂的生产，方便了临床使用。现将五苓片的临床应用新进展综述如下：

一、美尼尔氏综合征

美尼尔氏综合征又称迷路水肿，是由于内耳的膜迷路发生水肿积水的一种内耳疾病。中医属眩晕、痰湿范畴。五苓片可调节植物神经功能，改善其紊乱症状，发挥抗炎消肿的作用，解除前庭器官炎症，从而改善内耳微循环，最终达到解除膜迷路积水的目的。五苓片可健脾利湿，以强大的脾肾运化推动功能排出痰湿浊气，滋肾平肝，补肝肾阴精，制约亢旺的肝阳，使清气上升，充养清窍，浊气下降，清窍补受蒙蔽，使眩晕得到控制。

二、急性胃肠炎

西医认为，腹泻可由多种原因引起，有渗透性腹泻、分泌性腹泻、渗出性腹泻（炎症性腹泻）、胃肠运动功能异常性腹泻。中医认为，泄泻病变脏腑主要在脾胃和大小肠，其致病原因有感受外邪、饮食不节，情志所伤及脏腑虚弱等。脾虚、湿盛是导致本病发生的重要因素。五苓片具有益气健脾、运化水湿等功效，治疗本病有较好的疗效。

三、病毒性肝炎

临床上部分急性病毒性肝炎患者采用清热利湿治疗的效果不佳，反致腹胀加重，食欲更差，更增腹泻，此为湿阻气滞，中焦壅塞。采用五苓片化气利湿，疏利中焦，症状立即减轻，辅以西药保肝治疗，可促进患者康复，明显缩短疗程。

四、肝硬化腹水

在临床中，五苓片与不同种类的利尿剂联合应用即可增加利尿效果，又可减少各种利尿剂的剂量，从而减少利尿剂的副作用。且五苓片通过恢复人体自身水液平衡，能提早恢复人体的自主利尿功能。

五、前列腺增生症、尿潴留

中医以为，本病因脾肾湿热不解，下注膀胱，令气化不利，水液内停，瘀块内阻，致小便淋漓不畅，乃或梗阻不通。五苓片具有利水渗湿，温阳行气的功效，是治疗膀胱气化不行、饮停膀胱的良好药物。

六、肾炎、肾病综合征

该症属中医水肿的范畴，主要病机为脾气虚弱，肾阳亏损，脾肾虚损是产生水肿、蛋白尿的关键。五苓片具有温阳益气，利水消肿之功，使脾得以健运，肾得以藏精，以消除机体水肿，防止精微物质从尿中排出，从而达到治疗的目的。

七、酒精中毒

运用五苓片治疗酒精中毒可以收到良效，其作用主要有：预防肥胖即脂质代谢异常、脂质沉着和水代谢异常的水肿；利尿，加速乙醇的体外排泄速度；可降低血中胆固醇、甘油三酯的含量，达到抗脂肪肝的作用；改善乙醇及高脂食物对肝脏谷胱甘肽代谢的障碍，降低乙醇对肝脏损害。

五苓片（散）组方由泽泻、茯苓、猪苓、桂枝、白术等。泽泻甘淡性寒，利水渗湿，茯苓、猪苓淡渗，增强渗湿，白术益气健脾，运化水湿，桂枝温阳化气，通利血脉，助利小便。现代临床药理研究证实：（1）五苓片具有双向体液调节的作用，机体在水肿状态具有利尿作用，脱水状态具有抗利尿作用，其利尿量及利尿持续时间明显优于速尿，利尿不引起机体电解质紊乱。（2）五苓片能减少尿蛋白，增强肾衰机体排尿量，有效改善肾功能。（3）调节免疫，抑制肾脏炎症。（4）抗菌作用，组方的提取药物对于多种革兰氏阳性菌链球菌和致病性真菌均有明显的杀灭和抑制作用。（5）抑制结石形成，实验发现，对肾草酸钙结石模型大鼠投以五苓片组方的提取物，可减少肾组织草酸钙晶体的形成，从而抑制大鼠肾结石的形成。（6）其他作用。曾有文献报道，五苓片还可调节脂代谢，扩张冠脉，降低血压，改善心功能，治疗恶心呕吐、胃疼、腹疼，双向调理排便，止咳平喘祛痰，保护肝脏，对抗化疗药、抗生素、自由基、辐射等的危害。该药疗效肯定，不良反应极少，其药用价值和临床用途值得进一步研究和推广。

［《求医问药》2012，10（11）：840］

五苓散抗高血压机理探析

钱林超　周叔平　吕崇山
厦门大学医学院中医系

五苓散出自张仲景的《伤寒论》，药物组成有泽泻、茯苓、猪苓、白术、桂枝，具有利水渗湿、温通经脉、温阳化气、宁心安神之功，原方主治口渴烦躁、小便不利、水肿等病症。现代临床以五苓散为主方治疗原发性高血压、肾性高血压、代谢性高血压等已取得较好的临床效果。现代药理实验研究和临床观察证实，五苓散具有利尿、舒张末梢血管、改善血液循环、镇静、安神、降压、降糖、降脂等作用[1]。现就五苓散抗高血压作用机理作一探析。

一、宁心安神调情志

五苓散是以温阳化饮为主要功效，但方中的茯苓却有很好的宁心安神作用。《伤寒论》中论及五苓散的6条条文中，有4条五苓散主治方证中提到“烦躁”一症。如71条“太阳病，发汗后，大汗出，胃中干，烦躁不得眠，欲得饮水者，少少与饮之，令胃气和则愈，若脉浮小便不利，微热，消渴者，五苓散主之”；72条“发汗已，脉浮数，烦渴者，五苓散主之”；74条“中风发热，六七日不解而烦，有表里症，渴欲饮水，水入则吐者，名曰水逆，五苓散主之”；156条“本以下之，故心下痞，与泻心汤，痞不解，其人渴而口燥烦，小便不利者，五苓散主之。”烦者，即烦躁。现代药理研究也发现，桂枝的主要成分桂皮醛对小鼠有明显的镇静作用[2]。高血压患者常表现为烦躁、失眠，而烦躁、失眠又会导致血压的升高。长期的精神压力和心情抑郁是导致烦躁的主要原因。张宏斌[3]认为精神情绪问题与高血压相互影响，互为因果，形成恶性循环。长期精神紧张、应激状态、不良刺激易患原发性高血压。患者在长期或反复的外因刺激下会出现较明显的精神紧张、焦虑、烦躁等情绪变化，此时各类感受器传入的病理信号增加，大脑皮质兴奋，交感神经活动增强，舒缩血管中枢传出的冲动以缩血管占优势，从而使小动脉收缩，周围血管阻力上升，血压上升[4]。镇静安神虽然不是高血压的主要治疗方法，但在高血压病的治疗中是不可忽视的。

二、温通经脉舒血管

五苓散是由温性药物为主组成，具有明显的温阳化气、温通经脉作用。特别是桂枝，性温味辛，辛能散，温能通，具有较强的温通经脉作用，中医临床多用于寒凝经脉，气血不畅，寒凝血瘀之痛症。寒主收引，主凝滞，寒侵经脉，血脉收缩，则血液瘀滞，发为疼痛。高血压患者在寒冷的环境和季节的血压一般都会比温热季节高。所以温通血脉在高血压治疗过程中是不可忽视的。现代医学的舒血管降压药也为抗高血压的常用药。桂枝内的桂皮油可扩张血管，调节血液循环[5]。李聚生等[6]探讨茵陈五苓散对 AS 大鼠细胞凋亡的影响，结论是其具有良好的抗动脉粥样硬化作用，可能是通过抑制细胞凋亡来实现的。五苓散提取液可以增加模型大鼠的 24h 尿量，减少 24h 尿蛋白含量，增加大鼠肾血流量，降低其肾血管阻力值，降低其肾组织内皮素和血管紧张素Ⅱ水平[7]。内皮素和血管紧张素Ⅱ的升高也是高血压发病的重要因素之一。贺敬波等[8]发现，五苓散加减对老年椎基底动脉供血不足有较好的治疗作用，能改善眩晕症状，改善椎基底动脉供血，且能降低部分血液流变学指标。喻峭等[9]报道五苓散预防及治疗给药均能明显抑制高脂蛋白胆固醇含量，并且有显著的抗氧化作用，能使血浆丙二醛含量降低、全血谷胱甘肽过氧化物酶活性增强，从而增强血管的舒缩功能。泽泻具有明显扩血管作用，包括主动脉、肠系膜上动脉、肾动脉和门静脉等[10]。古伟明等[11]研究发现，五苓散对血流动力学的改善作用超过心得安与鲁南欣康，对门脉和肾动脉也有较强的扩张作用。

三、温阳化饮利小便

五苓散方中以茯苓、猪苓、泽泻淡渗利水为主药，白术则健脾运湿、补脾助输，使水津四布，水湿不致停聚，桂枝辛温通阳，以助膀胱气化，气化则水自行，配茯苓温阳利水，诸药合用具有通阳、化气、利水、消肿之功，共成化气行水的名方，也被称为中药中的利尿剂。利尿药是高血压治疗中的第一线药物，五苓散将体内多余的水分从身体诸组织及组织间隙中聚拢至肾脏，促进以钠为主的电解质的排出，达到利尿效果，而不致产生电解质的紊乱[12-13]。现代药理研究表明，泽泻消水肿的主要成分泽泻醇 A-24 乙酸酯，能使钠排除增多；茯苓利水有效成分茯苓素能拮抗醛固酮活性，激活钠泵，促进机体的水盐代谢功能，增加钠氯等电解质的排出[14]。朱海峰等[15]通过动物实验证明，五苓散对脱水状态的机体呈现抗利尿作用，并指出五苓散的利尿机制作用于钠转运系统较少，而主要作用于水输送系统，因此基本不影响尿中电解质浓度，提示五苓散对于机体水液代谢具有双向调节作用，消水肿而无肾毒性，利尿而不至于电解质紊乱。周联等[16]研究观察了五苓散对小鼠血浆心钠素（ANF）的影响，结果发现泽泻与桂枝也有升高血浆 ANF 的作用，且作用较生理盐水明显。因 ANF 具有明显排钠利尿作用，所以推测 ANF 可能是五苓散利尿作用的物质基础。

药效学研究进一步提示，五苓散按仲景原有用量比例用药，利尿作用最强，若药量均等，利尿作用明显减弱，若药量比例颠倒则利尿作用更差，所以在临床应用时应尽量仿照仲景用量比例，即泽泻：茯苓：猪苓：白术：桂枝的药量之比是 5：3：3：3：2[17]。实验研究发现，五苓散水煎剂利尿作用显著，可以使人、家兔和大鼠的尿量增加，其作用机制可能是抑制了肾小管的重吸收，并直接影响了渗透压感受器[18]。

四、健脾利湿降脂浊

中医认为高脂血症属痰浊、湿浊证等范畴，由于饮食不节，恣食膏粱厚味，损伤脾胃，脾失健运，或久卧久坐，或七情内伤致肝疏泄失职，脾运化无权水湿内停，痰湿内生，痰浊阻于经络，或人体的阳气亏虚，阳虚失于温化之功能，气化不利，痰浊水湿停滞，致使气血运行呆滞，荣养不能敷布周身为肌体所利用，聚于肌肉、血脉间化为膏脂，形成本病[19]。用五苓散温阳化气，行水渗湿，可使痰饮水湿温化而出，正体现了张仲景“治痰饮者，当以温药和之”的治疗思想。随着社会的发展，人们生活水平普遍提高，使相当一部分人肥甘厚腻不绝于口，而身体锻炼日趋减少，体重日趋上升。长此以往，脾胃功能日益受损，运化日益减弱。脾主运化，运化布散水谷精微于周身。若脾失健运，不能布散津液，气血运行不畅，水湿内停，易化生痰湿，湿郁化热，血行失常，瘀血内生，痰瘀互结，而为高脂血症之中医病机。喻嵘[20]通过实验证明茵陈五苓散预防及治疗给药均能抑制高脂模型大鼠血清总胆固醇（TCH）、甘油三酯（TG）、低密度脂蛋白胆固醇（LDL-C）含量及低密度脂蛋白胆固醇和高密度脂蛋白胆固醇（LDL-C/HDL-C）比值的升高。王东生等[21]研究结果也显示，茵陈五苓散能调整脂质代谢，使 TC、TG、LDL-C 水平下降，HDL-C 水平上升，降低全血黏度高切、中切、低切，血浆黏度、红细胞压积和血小板黏附性，使之恢复正常。韩宇萍[22]在进行相关研究后指出五苓散降脂机制可能与干扰外源性胆固醇吸收、脂化及影响内源性胆固醇代谢，调节脂质转运障碍有关。泽泻、猪苓、茯苓利水湿，白术甘温健脾燥湿，桂枝辛温通阳、化气行水，方中的五苓散则三焦共治，利气分湿浊。阎氏[23]用茵陈五苓散治疗原发性高脂血症80例，并设30例应用藻酸双酯钠进行治疗的志愿者为对照组。结果表明，茵陈五苓散治疗原发性高脂血症，在降低甘油三酯及胆固醇方面优于对照组（$P<0.01$）。

五、结语

高血压病的形成是一个长期的病理生理过程，是由体质、精神、饮食、劳欲等多种因素交互作用所致。高血压不仅是血液动力学异常疾病，也是代谢紊乱综合征。血压上升的同时，还伴随着其他许多代谢改变，如血糖升高、肥胖、血脂高等。多种危险因素联合，可引起严重的心脑血管病。因此，高血压患者在降压治疗的同时，还必须关注其他代谢方面的改变。中医药治疗高血压病强调整体观念，综合辨证，多环节调理。五苓散是中医药治疗高血压中不可多得的方剂。统方仅五味，却集镇静安神、利尿降脂、扩张血管于一方，而且该方尚有养心、强心、护肾作用，能有效地防治靶器官的损害。五苓散中的桂枝能通阳化气、补助心阳、温通心脉，能激发心脏功能活动的正常运行，故为心病之要药[24]。何岚等[25]的实验研究发现，系膜细胞是五苓散治疗肾病的重要靶细胞，五苓散可以拮抗内皮素对系膜细胞的作用，发挥对肾脏的保护机理之一。现代高血压的治疗思想，也已经不是单纯的降压，而是在降压的同时，必须采取综合治疗措施以减轻心脑肝肾等靶器官的损害，减少并发症的发生。

参考文献

[1] 马有凤，常广树．五苓散佐治充血性心力衰竭．实用中医内科杂志，2002，16（1）：11.

[2] 姚明江，何昌生．五苓散［M］．北京：中国医药科技出版社，2009：338.

[3] 张宏斌．氟西汀对高血压伴抑郁状态患者血压的影响．中国当代医药，2010，17（13）：63～64.

[4] 陈灏珠．实用内科学［M］．13版．北京：人民卫生出版社，2009：1523～1545.

[5] 赵建一．桂枝的药理研究及临床新用．光明中医，2010，25（8）：1546.

[6] 李聚生，王东生．茵陈五苓散对动脉粥样硬化大鼠细胞凋亡的影响．湖南中医学院学报，2005，25（6）：16.

[7] 刘洋，苏凤哲，徐华洲，等．五苓散对腹泻模型小鼠结肠 AQP－4mRNA 表达的影响．中国中医基础医学杂志，2005，11（3）：197～198.

[8] 贺敬波，陈捷，祁丹红．五苓散加减对老年椎基底动脉供血不足患者血液流变学的影响．中国临床康复，2005，9（3）：224.

[9] 喻嵴，吴勇军，周衡，等．茵陈五苓散对高脂蛋白血症及其脂质过氧化影响的实验研究．中医杂志，1997，38（2）：104.

[10] 冯志杰，姚希贤．泽泻对肝硬化门脉高压大鼠离体血管的扩张效应．中华实用学，2000，2（6）：7.

[11] 古伟明，魏丹蕾，吕永慧，等．五苓散对肝硬化门脉高压患者血流动力学的影响．新中医，2011，43（8）：46～48.

[12] 王晓媛，李浩．五苓散治疗老年高血压病水饮内停证探讨．中国中医基础医学杂志，2011，17（10）：1116～1117.

[13] 马有凤，常广树．五苓散佐治充血性心力衰竭．实用中医内科杂志，2002，16（1）：11.

[14] 沈映君．中药药理学［M］．北京：人民卫生出版社，2000：473～475.

[15] 朱海峰，朱同宜，朱冬霞．五苓散的双向调节作用．时珍国医国药，1998，9（6）：542.

[16] 周联，陈芝喜，陈津岩．五苓散及其组分对正常小鼠血浆心钠素含量的影响．中国中西医结合杂志，1995，5（1）：36.

[17] 王元飞，刘舫．五苓散的现代药理实验研究与临床应用概述．环球中医药，2010，3（1）：70～72.

[18] 前川二郎．五苓散及柴苓汤治疗四肢慢性淋巴水肿．国外医学·中医中药分册，1993，15（1）：24.

[19] 景华，刘华．五苓散加味对原发性高脂血症之脂质调节的影响．中成药，2005，27（1）：56～59.

[20] 喻嵘，吴勇军，周衡．茵陈五苓散对高脂蛋白血症及其脂质过氧化影响的实验研究．中医杂志，1997，38（2）：104.

[21] 王东生，唐发清，等．茵陈五苓散抗大鼠动脉粥样硬化作用机理探讨．中医杂志 2008，49（1）：67～69.

[22] 韩宇萍．五苓散对阿霉素型肾病综合征大鼠治疗作用的实验研．中药新药与临床实验，2003，14（4）：223～227.

[23] 阎红霞．茵陈五苓散治疗原发性高脂血症临床观察．河南中医，1998，18（4）：208.

[24] 赵耀．桂枝的现代药理与临床应用浅议．中国中医药现代远程教育，2009，7（9）：77.

[25] 何岚，陈朝晖，徐月红，等．五苓散含药血清对大鼠系膜细胞增殖性及细胞外基质的影响．中药材，2006，29（8）：819～820.

［《世界中医药》2012，7（3）：157］

五苓散临床应用三则

吴玉仙　刘书珍
浙江省杭州市经济技术开发区妇幼保健院
孙晋营　山东中医药大学第二附属医院

五苓散出自东汉张仲景《伤寒杂病论》，具有化气行水、利湿消肿的功效，临床应用非常广泛笔者常用该方或其化裁方治疗疑难病症，常获良效，举例如下：

一、局限性硬皮病

某女，36 岁腹右侧皮肤硬化 4 年 4 年前无明显诱因出现脐部右侧皮肤蚕豆大硬化斑，未引起重视，1 年多前发现硬化斑增大约为 9cm×5cm，经某省级医院皮肤科确诊为“局限性硬皮病”，间断服过强的松片、昆明山海棠等，病情无显著改善兼有体困倦怠，纳少便溏检查：腹部脐右侧皮侧触及 11cm×6cm 硬化斑，皮纹消失舌质淡、苔白腻，脉弦滑西医诊断：局限性硬皮病中医诊断：皮痹辨证：湿毒阻络，脾失健运治法：健脾利湿，解毒通络方药：五苓散加味茯苓、木瓜、海桐皮各 15g，泽泻、猪苓、苍术、白术各 12g，桂枝、地龙、土牛膝各 10g，山药、土茯苓、薏苡仁各 20g，冬瓜皮 30g 水煎服，日 1 剂连服 14 剂后，硬斑变软缩小至 8cm×3cm，食欲好转，大便正常，但仍感体乏上方加生黄芪 20g，继服 1 个月，硬斑缩小为 3cm×1.5cm 为巩固疗效，改用五苓片口服，每次 4 片，每日 3 次，以善其后 3 个月后随访硬斑缩小为 1.0cm×0.5cm，无其他不适。

按局限性硬皮病属疑难病症，多以温阳散寒、活血散瘀为法，但临床上因脾失健运、湿毒阻络者并非少见，本例即属于此种类型，治宜健脾利湿、解毒通络，故用五苓散加味方中茯苓、泽泻、猪苓、白术、山药健脾利湿；木瓜、薏苡仁、苍术、冬瓜皮、海桐皮化湿通络；土茯苓、土牛膝解毒利湿、活血通络；桂枝疏通经脉；地龙搜剔经络、软化皮肤以后加黄芪，是因患者正气未复，用其加强补气运脾、行气化水诸药合用，标本兼顾，方证合拍，故能获效。

二、梅尼埃病

某女，50 岁患梅尼埃病 11 年反复发作性眩晕，每次发作时多用西药 654～2、西比灵、维脑路通等治疗本次发作已 7 天，用西药未见好转，患者视物旋转，如坐舟中，伴有恶心、呕吐、耳鸣、口渴不欲饮、胸满痞塞检查：血压 120/80mmHg，眼球有水平样震颤，心率 80 次/min，律齐舌质淡白、苔腻，脉滑颈椎 MRI 检查未发现异常专科检查：双鼓膜轻度内陷，音叉查左耳轻度感应性耳聋，对冷热水刺激无反应西医诊断：梅尼埃病中医诊断：眩晕辨证：痰湿中阻，水饮上犯治法：健脾利水，除湿化痰方药：五苓散加味白术、泽泻、猪苓、菊花、石菖蒲各 12g，茯苓、车前子（布包）各 15g，钩藤 20g，制半夏、桂枝、陈皮、天麻各 10g，生姜 3 片水煎服，日 1 剂服 3 剂后，眩晕显著减轻，余症渐失效不更方，守方继服 7 剂，眩晕停止，诸症悉除为巩固疗效，预防复发，又服 20 剂随访 1 年无复发。

按梅尼埃病属于中医学“耳眩晕”范围，多由脏腑功能损伤引起本例显然为脾失健运，水湿内停之证痰饮上犯清窍头目，则出现眩晕、视物旋转、耳鸣；痰湿阻遏中焦，干扰脾胃升降功能则出现恶心、呕吐、渴不欲饮、胸满痞塞；舌质淡白、苔腻，脉滑等主水湿停留五苓散功专利水、健脾化湿，甚合此证，加车前子、制半夏、生姜、石菖蒲、陈皮以增加化湿和中之力；加菊花、钩藤、天麻以强化镇眩功能诸药合用，俾清阳得升、浊阴下降、阴阳调和，诸症得除。

三、遗尿症

某女，14 岁夜间遗尿多年，每周 3～6 次，睡中遗尿，醒后方知，甚为痛苦，小便清利多方给予金匮肾气丸、桑螵蛸散医治均未见效发育良好，智力正常，舌质淡白、苔薄润中医诊断：遗尿辨证：膀胱失约，气化失常治法：健脾利水，通阳化气方药：五苓散茯苓、泽泻、白术、猪苓、桂枝各 10g 水煎服，日 1 剂连服 7 剂后，遗尿次数减少，再进 7 剂，次数减至每周 1～2 次，续进 30 剂后，遗尿消失，随访 1 年未发。

按一般认为，遗尿症为肾气不足、失于固涩所致，但本例临床上并未见肾虚表现，而且遍服补肾固涩之剂也未取效，非肾虚可致膀胱气化功能紊乱乃是本患者的主要病机，故不可再用固涩之剂，应另辟途径，采用“通因通用”的方法，如张景岳云“此治标之意，非塞流之道”也五苓散利水通阳，可恢复膀胱的正常气化功能，因此获效。

［《浙江中医杂志》2012，47（4）：292］

小半夏汤止呕临床体会

魏长江　重庆市万州区高梁中心卫生院

小半夏汤方出自张仲景杺金匮要略枠，具有和胃降逆消痰蠲饮功效，主治痰饮内停心下痞闷呕吐不渴胃寒呕吐痰饮咳嗽等笔者在临床中用小半夏汤加味治疗不同原因所致呕吐收到很好效果，介绍如下：

一、病例

陈某，男，53 岁，2008 年 9 月 5 日初诊 4 年前因胃溃疡穿孔行胃大部切除手术，术后饮食无味或进食后腹胀，嗳气，恶心，泛吐清水，身体消瘦前 2 天因吃生黄瓜后呕吐，每天 10 余次，呕吐清水或胆汁胃镜检查示慢性胆汁返流性胃炎 WBC11.2 × 10^9 0.85，K^+ 3.05mmol/L，Na^+ 128mmol/L，Cl^- 96mmol/L 诊断为慢性胃炎急性期给予抗炎保护胃黏膜，补充水电解质，肌注胃复安等对症治疗 3 天后呕吐症状无明显好转，遂用小半夏汤加味生半夏 9g，生姜 9g，陈皮 6g，竹茹 9g 日 1 剂，浓煎 50mL，分 2 次服服药后呕吐次数明显减少再服 5 剂未再呕吐，住院 10 天出院。

龚某，女，60 岁，2009 年 5 月 10 日初诊 2 年前因慢性胃窦炎伴息肉样病变行胃大部切除手术，术后腹胀腹痛反复加重前 2 天因吃蚕豆后腹胀，腹痛，恶心，呕吐大量苦水，两天未进食，体倦无力胃镜检查示手术吻合口充血水肿，胆汁返流诊断为慢性胆汁返流性胃炎给予抗炎，抑酸，保护胃黏膜及支持治疗口服多潘立酮，住院 5 天腹胀腹痛及呕吐减轻，但仍吐酸水或苦水，夜间平卧时加重遂用小半夏汤生半夏 9g，生姜 9g，甘草 3g 水煎取汁 50mL，分 2 次服，每日 1 剂服 2 剂后只是夜晚吐酸苦水嘱半卧位，上方再服 5 剂后，未再呕吐酸苦水胃镜复查吻合口充血水肿明显好转，无胆汁返流，住院 15 天出院。

吴某，男，80 岁，2009 年 10 月 8 日初诊 6 个月前开始咳嗽，活动后气促，间断性咯血，身体消瘦，CT 检查诊断为原发性支气管肺癌一中央型，右肺不张，纵膈淋巴瘤入院前 4 天感到吞咽困难，梗阻难下或食后即吐考虑癌肿侵犯或压迫食管的肺外胸内扩展症状，给予对症支持治疗，同时肌注胃复安镇吐住院 5 天，呕吐无好转，遂用小半夏汤加味生半夏 9g，生姜 9g，人参 12g 水煎取汁 50mL 分 2 次服，日 1 剂服药 3 剂后梗阻缓解，进食后未再呕吐，住院 12 天要求出院带小半夏加人参汤续服。

二、体会

小半夏汤由生半夏生姜组成半夏燥湿除痰和胃降逆，配合生姜既可制约半夏毒性，又能加强温胃散寒降逆止呕作用生半夏剂量 9 ~ 15g，先煎 30min ~ 1h，应用过程中未发现不良反应。

小半夏汤止呕吐作用主要与抑制呕吐中枢的兴奋性有关，同时还可麻痹周围神经产生直接止吐作用另外，还有缓解胃肠平滑肌痉挛，减少分泌，促进胃动力的双向作用。

［《实用中医药杂志》2012，28（8）：692］

小柴胡颗粒的儿科临床应用

赵　瑜　黑龙江省鹤岗市红十字会医院

小柴胡汤是汉代张仲景《伤寒论》中的一首名方，主要用于伤寒中风后，邪入少阳半表半里证的治疗主方由柴胡黄芩党参半夏甘草生姜大枣等 7 味药组成，在《伤寒论》中表述功用为：伤寒 5 ~ 6 日，中风，往来寒热，胸胁苦满，嘿嘿不欲饮食，心烦喜呕，或胸中烦而不呕，或渴，或腹中痛，或胁下痞鞕，或心下悸，小便不利，或不渴，身有微热，或咳者，小柴胡汤主之。

小柴胡汤主要适应对往来寒热，胸胁苦满，嘿嘿不欲饮食，心烦喜呕等 4 个主症，这 4 个症候是在伤寒 5 ~ 6 日，中风的基础上产生的须知当伤寒至 5 ~ 6 日已进入半表半里之少阳阶段，《伤寒论》少阳之为病表现为口苦咽干目眩也通过长期实践证明，少阳之脉有手足经脉之分，与厥阴经互为表里，其经脉历三焦而布胸胁，外邻太阳经脉，内近阳明之脉，居太阳阳明之间患者少阳，既不在太阳之表，更未入阳明之里，为半表半里少阳所主之部位少阳所主部位广泛，不在里亦不在表，治疗既不能发汗以冀邪从表解，也不能通里攻下使邪从下去，更不能用涌吐法使邪从上出，汗吐下 3 法属当禁之法，故只能用和解少阳法《医宗金鉴》指出：在半表者，是客邪为病也；在半里者，是主气受病也邪正在两界之间，各进退而相持，故立和解一法，以柴胡解少阳在经之表寒，黄芩解少阳在府之里热，生姜大枣人参和中而愈壮里气，使里不受邪而和，还表以作解也诸药合用，则上焦得通，津液得下，胃气得和，身濈然汗出而解，因而小柴胡汤被认为是少阳证方小柴胡汤不仅能用于伤寒六经辨证，还能用于脏腑辩证另外，从药物升降看本方配伍，方中半夏主降胃气，柴胡疏肝气，一升一降，则胃和气降气机顺畅从脏腑辨证分析，柴胡质轻味薄疏肝解郁，半夏生姜降逆和胃，黄芩清泻胆腑之热，人参甘草大枣补脾益气，共呈疏肝泻胆和胃之方从八纲虚实辨证分析，本方扶正祛邪并用，党参生姜大枣补不足之正气，柴胡黄芩半夏祛少阳之邪气，两组药物构成攻补兼施之剂依笔者临床经验，凡见邪在少阳或有胆胃不和之证，随证治之，往往能收到令人满意的疗效，认为应用小柴胡汤的作用机制不外以下 4 种：和解少阳调和营卫；升中寓降，降中寓升，使气机协调；行津液理气血消瘀滞现将其在小儿科几症起效机制浅析如下：

一、小儿感冒发热，胃肠型

小儿素体脾肺虚弱，同时小儿为纯阳之体，病情变化多端《小儿药证直诀》曾指出，小儿脏腑柔弱，易虚易实，易寒易热过量用药容易折其阳气，造成脾肺之气更虚，故用药宜轻小柴胡汤为和解少阳的代表方剂，但在临床上用于感冒不少见笔者在小柴胡汤基础上加用西药治疗小儿发热恶寒鼻塞流涕喷嚏全身不适头痛等证疗效较显著主要是方中柴胡疏泄气机清解内热，药理研究显示，柴胡有显著的抗炎及抗感冒病毒作用黄芩祛寒热，宣通肺气清热解少阳经腑邪热，且又疏肝利胆《内经》云正气存内，邪不可干，邪之所凑，其气必虚，故配合参大枣的补益气血健脾造血，一者取其扶正以祛邪，一者取其益气以防邪内传；甘草调和诸药，且助党参大枣扶正；生姜半夏的温中散寒，通利三焦，和胃止呕，能升能降，以助柴胡之透达而邪气赵东凯等[1]应用小柴胡汤治疗外感发热疗效显著徐海燕[2]应用小柴胡汤治疗小儿感冒的临床疗效进行观察，发现小柴胡汤加减治疗组和常规西药治疗组在患儿咳嗽感冒症状情况好转流鼻涕情况的改变体温的变化食欲以及自汗的情况方面治疗组的患儿感冒症状好转明显优于对照组，特别是自汗改善情况治疗组更是明显好于对照组，说明小柴胡汤可有效治疗小儿感冒，同时还可以固扶小儿正气。

二、小儿久咳不愈

小儿常出现感冒后久咳不愈，西药服了不少，疗效不显著，用辩证的分析方法认为是表征不除，里证不见，邪在半表半里之间，表现为或咳者一怔，柴胡干姜与半夏又成辛开苦降，可宣畅三焦，具有清热化痰，温中散寒降逆止咳之效；党参大枣甘草则有扶正气气分血分兼而之治之，也是应用和法也，三焦宣而咳自止，有使痰饮排出疏通功效的作用[3]另外，现代药理学研究认为，小柴胡汤中柴胡黄芩党参甘草生姜及大枣具有抗菌消炎抗过敏增强机体免疫功能和改善微循环增加血流量促进局部炎症吸收等作用，也就是说小柴胡汤具有激素样及非激素样抗炎作用，能抑制嗜中性粒细胞的趋化性，稳定细胞膜及溶酶体膜，抑制水解酶的释放及抑制巨噬细胞分解白三烯，从而减轻支气管周围的细胞免疫反应和损伤陈海风[4]应用小柴胡汤加减治疗感冒后久咳，收到显著效果郑星宇[5]认为，小柴胡汤仅从外感角度看此方，上焦得通即是透表解热开郁化痰，津液得下，胃气因和，即是健脾和胃益气生津，身濈然而汗出解也，即是因为驱邪出表，又是因为气津恢复，正胜邪却的结果该方特别适用风热咳嗽多种因素胶结在一起的复杂阶段，运用其中美妙，唯用者方可与语，又岂是一般风热咳嗽的方子所能比肩咳嗽变异性哮喘是以顽固性咳嗽为主要症状而无典型哮喘症状和体征的特殊类型哮喘现代医学认为，咳嗽变异性哮喘为气道壁炎性病变引起气道黏膜高反应性除病毒细菌造成的直接损伤外，也包括变态反应免疫反应及化学物质所引起的细胞损害，患者常为过敏体质或体虚易感冒者，咳嗽特征是连续性或复发性呛咳，迁延不愈，钱妍[6]等用小柴胡汤抗感染抗过敏作用正是解决了这一矛盾，收效良好。

三、消化不良、厌食

功能性消化不良的发病常与精神情绪因素有关小儿出现食少便溏或大便酸腐味，吃什么拉什么，或食少，苔白厚，口气重，易哭闹，夜间睡眠不安的往往与消化不良积食有关，若单纯从消化方面给药，比如助消化的酶类，收效甚微，关键问题是出现在机体方面气机的功能紊乱郁滞，无论外受邪气侵袭，还是内伤饮食，小儿多娇恣，情志偏亢，七情均可引起肝胆气机的郁结不畅，影响胃肠功能纳运，终致中焦气机不畅，胃失和降；其重点是肝主疏泄，性喜条达，若疏泄失司，横逆犯胃，肝木克土，以致脾不健运，胃不受纳而成小儿厌食症[7]。

《内经》云：木郁达之 取仲景小柴胡和解少阳，疏利肝胆，平补中气理气解郁疏肝和胃舒郁升清肝气疏泄畅达，脾胃升降和调而愈小柴胡汤具有疏肝理脾，温湿利胆，促进水谷精微的收纳与传输，使中焦得通，现代药理学研究认为，小柴胡颗粒梳理少阳胆气，从而达到解膳食欲的功能数个主证即可，即仲景所谓有柴胡证，但见一证便是，不必悉具小儿脾胃薄弱，经脉未盛，易为内外因素所干扰，六腑出通为顺，经脉以流通为畅，小儿饮食不当，肠胃为乳食所伤，中阳不振，肝脾不和，络脉瘀滞，肌肉与血脉拘挛，与该病的发生有密切关系本病病程较长，久病多虚，因虚致实，出现一系列正虚邪实之征象正虚为脾胃虚弱，运化无力邪实为气机阻滞痰湿内困湿热壅遏食积停滞以正虚为本，邪实为标王振生[8]应用小柴胡汤疏肝解郁，调畅气机，助脾胃之运化辩证治疗功能性消化不良收效良好。

四、营养性贫血

脾为水谷之海，水谷之精华化为水气，其糟粕行于大肠，若三焦五脏不和，小儿或因乳食积滞，而损伤肠胃，就食停于中焦，积久化热，气有余而血不足，肝有余而脾不足，中焦稍有气机郁滞，则肝阳易亢，耗伤肝血，阴血同源，阴液的相对不足，濡养失调，出现精微物质的吸收障碍或不足出现铁离子的缺乏或氧化障碍另外，小儿对铁离子的需要增加，大多小儿可出现烦躁不安精神不振面色㿠白异食或抵抗力下降实验室检查为小细胞低色素性贫血小柴胡颗粒服用方便，可以根据儿童的体重情况给予，效果显著，主要是利用方中人参白术大枣的调理脾胃的作用，促进五谷精微的吸收，小柴胡颗粒本身含铁镁锌等丰富的微量元素有一定的作用[9]人体所需的维生素 B_{12} 主要由食物中摄取，动物性食物如肉类肝肾海产品及禽蛋类含维生素 B_{12} 较多而植物性食物几乎不含有此种维生素如母亲长期素食，缺乏动物性食物时，乳汁中维生素 B_{12} 含量极少婴儿单纯母乳喂养而不添加辅食，不仅会导致缺铁性贫血，也容易发生维生素 B_{12} 或叶酸的缺乏，从而导致营养性巨幼细胞性贫血。

五、小儿腹泻

小儿腹泻也有诸多，笔者在工作中将腹泻分为四时时疫和饮食寒凉变化有关泄泻之本，无不由于脾，脾气失运，土虚木乘，或肾阳不足，脾失温煦，肝脾肾3脏失调，可能是导致久泻的主要原因小柴胡汤有和解少阳，水湿运化的功能孙翠芬[10]小柴胡汤加减治疗肠易激综合征引起的难治性泄泻有效率为97.9%《素问》中湿胜则濡泻，然湿之形成乃由脾失健运脾运失职则缘肝之疏泄失常，木郁而土壅，湿盛而泄泻，小柴胡汤中生姜半夏大枣的祛寒利湿应用小柴胡汤疏利气机，畅达肝木，调和脾胃，复其健运，运脾渗湿，使肝郁得解，脾运复职，不止泻而泻自止陈忠伟[11]应用小柴胡汤加味治疗慢性腹泻总有效率为89.5%，比西医组疗效显著。

小柴胡颗粒应用广泛，特别在儿科治疗满意，小孩容易接受，对服药没有恐惧感，服用方便，剂量容易掌握，是医家应用最普遍的药物，但是也有出现长期服用出现副作用的报道。

参考文献

[1] 赵东凯，王檀．应用小柴胡汤治疗外感发热60例临床观察［J］．中国医药指南，2010，8（27）：124.

[2] 徐海燕．小柴胡汤治疗小儿感冒39例疗效观察［J］．北方药学，2011，8（2）：94.

[3] 于海英，于水莲．小柴胡汤治疗急性上呼吸道感染的临床观察［J］．医学综述，2009，15（12）：1906.

[4] 陈海风．小柴胡汤加减治疗感冒后久咳66例［J］．陕西中医，2008，29（3）：311.

[5] 郑星宇，杜思哲．小柴胡汤治疗风热咳嗽的优势［J］．福建中医药，2008，39（3）：41.

[6] 钱妍，吴整军．小柴胡汤抗感染与解热作用的实验研究［J］．中华医院感染学杂志，2008，18（4）：576.

[7] 沙剑轲，孔凡芬．小柴胡汤治疗小儿厌食的经验［J］．中国民族民间医药，2009（1）：111.

[8] 王振生．小柴胡汤加味治疗功能性消化不良54例［J］．陕西中医，2007，28（9）：1214.

[9] 庄延双，蔡皓，刘晓，等．ICP－AES法测定小柴胡颗粒中重金属和微量元素的含量［J］．中国药房，2011，(40)：32.

[10] 孙翠芬．小柴胡汤加减治疗肠易激综合征48例疗效观察［J］．云南中医中药杂志，2010，31（3）：28.

[11] 陈忠伟．小柴胡汤加味治疗慢性腹泻76例［J］．浙江中医杂志，144.

［《辽宁医学杂志》2012，26（3）：141］

小柴胡汤的临床应用体会

刘兴旺　河南省驻马店市第二中医院

刘芳琴　河南省驻马店市精神病医院

小柴胡汤出自张仲景《伤寒论》，由柴胡12g，黄芩9g，人参5g，甘草6g，半夏9g，生姜9g，大枣4枚组成原方主治伤寒、中风邪入半表半里而出现的少阳证和妇人伤寒，热入血室，以及疟疾、黄疸与内伤杂病而见少阳证者本人从事内科临床20余年，应用本方加减治疗多种疾病，取得较好疗效，现将个人一些心得体会总结如下，供同道参考。

小柴胡汤为和解少阳证之主方，少阳病，邪在半表半里之间，未有定处，往来无常，故其见证多少不一，症状变化复杂，病情轻重有别，病程有长有短，病机虚实表里错杂，临床辨证总以寒热往来、苔白或黄、脉弦为要点从西医学角度看，涉及呼吸系统、消化系统、泌尿系统、神经系统、免疫系统等多系统病变和传染病等。

一、病毒性脑炎

病毒性脑炎多发于春秋季节，小儿多见，以高热恶寒，头痛呕吐，嗜睡纳少，口干口渴，咽痛咳嗽，舌红苔黄，脉浮数为临床表现辨证要点为疫毒邪热内盛，蒙塞心神，闭阻脑窍治疗以清热解毒、凉血开窍、和胃止呕为法本人常用小柴胡汤和白虎汤、五味消毒饮加减处方如下：柴胡 12g，黄芩 12g，半夏 6g，生石膏 20g，知母 12g，金银花 30g，连翘 12g，生地黄 12g，蒲公英 15g，菊花 15g，茯苓 15g，白茅根 30g，生姜 5g，大枣 3 枚（以 10 岁儿童为例）大便干结者加大黄 3g；呕吐甚者加代赭石 6g；嗜睡重者，或者伴有抽搐惊厥者加安宫牛黄丸 1 丸；咳嗽剧烈者加鱼腥草 10g，浙贝母 10g 本人观察 50 例病人，全部治愈。

应用注意事项和体会：小柴胡汤中半夏宜量小急性期高热者去人参，恢复期可以应用西洋参，效果较好金银花应当大剂量使用，本药清凉解毒，凉血退热，不伤胃小儿服药困难，要少量频服，呕吐甚者可以保留灌肠根据季节可以加入西瓜皮或梨与中药同煎，既改变中药汤剂口感又有滋阴润肺、解热止渴作用恢复期常用小柴胡汤和沙参麦冬汤、竹叶石膏汤加减治疗。

二、胆结石和胆囊炎

随着人们生活水平的提高，胆结石和胆囊炎的发病率近几年逐渐增高，部分病人癌变率有增多趋势本病以右胁痛，呕吐纳呆，腹胀低热，后背痛，心下痞满为临床表现辨证要点为肝胆湿热，胆胃不和，气机失调治疗以清利肝胆、化湿和胃、调畅气机为法本人常用小柴胡汤和大柴胡汤、小承气汤加减处方如下：柴胡 15g，黄芩 15g，半夏 15g，甘草 10g，金钱草 30g，茵陈 30g，郁金 20g，赤芍 20g，枳壳 15g，茯苓 20g，元胡 15g，生大黄 5g 合并胆结石者加鸡内金 50g，海金沙 15g；呕吐剧烈者加砂仁 10g，代赭石 15g；发热者加金银花 20g，石膏 20g；腹胀剧烈者加木香 12g，炒莱菔子 30g；胁肋部窜痛者加金铃子散；大便干结者加芒硝 5g 冲服。

应用注意事项和体会：小柴胡汤应去人参；茵陈配郁金是治疗本病的关键之处，二者合用，同入肝胆之经，清肝利胆，活血化瘀，行气止痛；胆结石者，金钱草、海金砂、鸡内金应用量较大；胆结石应结合 B 超检查，以泥沙型为宜，单个胆结石直径超过 0.6cm 者不建议药物排石，以防止结石嵌顿胆管，出现急腹症。

三、急性泌尿系感染和结石

急性泌尿系感染和结石以发热恶寒，小便赤痛，腰和小腹疼痛，尿痛尿急，舌红，苔白或黄，脉弦滑为临床表现本病辨证要点为湿热蕴积下焦，膀胱气化不利治疗以清热利湿通淋、行气疏导排石为法本人常用小柴胡汤和八正散、石韦散、沉香散加减，处方如下：柴胡 15g，黄芩 15g，半夏 10g，甘草 10g，金钱草 30g，滑石 15g，栀子 15g，木通 15g，车前子 30g，白茅根 50g，萹蓄 15g，沉香 6g，川牛膝 15g 合并泌尿系结石者加石韦 20g，海金沙 15g，鸡内金 50g；高热寒战者加金银花 30g；小腹疼痛剧烈者加白芍 30g，乌药 15g；小便不利、涩痛者加冬葵子 15g，乌药 15g；尿血者加地榆 15g，三七 10g。

应用注意事项和体会：小柴胡汤中半夏用量宜小，人参应去掉金钱草和白茅根是治疗本病关键，量宜大，30g 以上，清热通淋利尿强，不碍胃排泌尿系结石应结合 B 超检查，以泥沙型为宜单个胆结石直径超过 0.8cm 者应先碎石后再口服汤药治疗输尿管结石急性疼痛发作者应用石韦 50g，冬葵子 30g，川牛膝 15g，急煎 250ml 服，有扩张输尿管、止痛排石、消除肾积水作用。

四、急性黄疸型肝炎

急性黄疸型肝炎包括病毒性甲型肝炎、乙型肝炎活动期、部分药物性肝炎、脂肪肝、酒精性肝炎、免疫性肝炎等以身目小便俱黄、胁部隐痛不舒、腹胀纳呆、乏力、舌苔白或黄、脉弦为临床表现辨证要点为肝胆湿热，肝郁乘脾，胆胃不和治疗以清利湿热、疏肝健脾、和胃扶正为治法本人常用小柴胡汤和茵陈五苓散、四君子汤、逍遥散加减，处方如下：柴胡 10g，黄芩 12g，半夏 20g，生白术 15g，焦白术 15g，党参 15g，茵陈 30g，茯苓 15g，车前子 30g，泽泻 15g，郁金 15g，炒川楝子 10g，甘草 10g，生姜 10g，大枣 5 枚呕吐甚者加砂仁 10g，白豆蔻 15g，山药 15g；腹胀痞闷剧烈者加木香 12g，炒莱菔子 30g，炒麦芽 30g；大便干结者加大黄 5g，大便稀薄者加黑山楂 15g，芡实 15g。

应用注意事项和体会：小柴胡汤可以原方不变本病虚实夹杂，实者以湿热为主，虚者以脾虚气虚为主，茵陈配半夏，一热一凉，清热燥湿退黄，功效益彰生白术和焦白术同用，攻补兼施，健脾利湿更强结合西医学检查肝功能，转氨酶增高甚者应每20天检查1次肝功能，如果出现胆酶分离、重度腹水等重症肝病表现，应立即住院，中西医结合治疗。

总之，小柴胡汤的临床应用非常广泛，只要谨守病机，把握辨证要点，百变不离其宗正如《伤寒论》第101条云："伤寒中风，有柴胡证，但见一证便是，不必悉具"本人还应用小柴胡汤和银翘散、桑菊饮加减治疗急性上呼吸道感染；小柴胡汤和麻杏石甘汤、二陈汤、射干麻黄汤加减治疗小儿肺炎；小柴胡汤和逍遥散、瓜蒌贝母散加减治疗乳腺增生症；小柴胡汤和五味消毒饮加减治疗急性乳腺炎；小柴胡汤和柴葛解肌汤、桂枝汤加减治疗功能性发热；小柴胡汤和香砂六君子汤、参苓白术散加减治疗慢性胃炎、胃溃疡等，均取得了满意疗效以上这些经验体会，但愿能够起到抛砖引玉的作用，和同道共同探究小柴胡汤更加广泛的应用范围。

［《中国民间疗法》2012，20（10）：42］

《金匮要略》腹诊腹证之针灸推拿运用规律

骆仲达　深圳市福田区慢性病防治院

东汉医学家张仲景，著《伤寒杂病论》，创中医辨证论治之先河，人们每论及理法方药，或称六经纲领云云，往往忽视仲景治病的外治手段—针灸、导引、膏摩（推拿）疗法的研究，而使其学术思想有所偏解。尤其近代，国内的中医教学中对中医腹诊的临床意义，往往一笔而过，很少有把腹诊腹证作为诊断和鉴别诊断疾病的重要依据，鉴于对仲景学术思想的崇拜，及对针灸推拿沿革的学习，列举《金匮要略》《伤寒论》《内经》诸篇有关针灸推拿疗法的论述，以求共同学习。

一、指导临床治疗

中医的特点是辨证论治，内治则理法方药环环紧扣，外治则辨证和论治密切相联。运用腹诊不仅能为辨证提供重要指征，而且也能为确立治法，选方遣药、择穴用针、手法轻重提供重要依据，对此历代中医著作都有很多论述。如《灵枢·杂病篇》："小腹满大，上走胃至心，渐渐身时寒热，小便不利，取足厥阴；腹满，大便不利，腹大，亦上走胸嗌，喘息喝喝然，取足少阴；腹满食不化，腹向向然，不能大便，取足太阴。"《金匮·痰饮咳嗽病篇》："病者脉伏，其人欲自利，利反快，虽利，心下续坚满，此为留饮欲去故也，甘遂半夏汤主之。"《伤寒论》279条："本太阳病，医反下之，因而腹满时痛者，属太阴也，桂枝加芍药汤主之：大实痛者，桂枝加大黄汤主之。"《伤寒指掌》："其脉沉实滑数，心下痛满坚硬及脐腹者，大承气汤急下之。如大便不甚坚燥，腹满硬痛不甚者，小承气汤微和之。如大便燥硬而证未剧，心下不甚胀满者，调胃承气汤，润燥以和之。"《金匮·痰饮咳嗽病篇》："假令瘦人脐下悸，吐涎沫而癫眩，此水也，五苓散主之。"

另外，腹部指征还可作为治禁的依据之一。如《伤寒论》347条："伤寒五六日，不结胸，腹濡，脉复厥者，不可下，此亡血，下之死。"以腹诊柔软，又"脉虚复厥"的，当养血温经，若误用下法，则营血更伤，使病情恶化，甚至导致死亡。故曰："不可下。"日本汉方医家尤其重视腹诊的指导治疗作用，常常以腹证作为选方用药的主要依据，腹证和方剂已形成相对固定的关系，如胸胁苦满用柴胡剂，心下痞满用人参汤剂，心下支结用柴芍合剂等。

二、针灸推拿对腹证的治病原则

由于胸腹部与五脏六腑，经络腧穴、气血津液密切相联，脏腑经络，气血津液的病变均能通过胸腹部而反应于外，因此，我们也能通过观察胸腹部症状来判断临床治疗效果，检验辨证的准确性，立法的正确性及选方用药的恰当性。如《金匮·水气病篇》云："心下坚，大如盘，边如旋杯"，诊为"水饮所作"，应"积术汤主之"，服药之后，"腹中软，即当散也"，说明治疗有效，水饮已散。

《妇人杂病篇》8条："……三十六平凡，千变万端；审脉阴阳，虚实紧弦；行其针药，治危得安，……"论述妇人杂病必须在辨证的基础上确定治病原则即可采用针刺或药物治疗的方法。虽是论针药在妇科杂病之中的运用原则，因妇科病病因、病理错综复杂，变化多端，具有代表性，所以，可视为针灸推拿治疗所有疾病的原则。

三、针灸推拿腹证的适应证原则

1. 轻证　《脏腑经络篇》2条："……四肢总觉重滞，即导引、吐纳、针灸推拿、膏摩，勿令九窍闭塞，……"提出邪犯经络未入里之时，及时运用针灸、推拿等外治方法，使机体气血畅行，正气提高，祛邪外出，亦是既病防变之意。《血痹虚劳篇》1条：“问曰：血痹病从何得之？师曰：夫尊荣人骨弱肌肤盛，重因病劳汗出，卧不时动摇，加被微风，遂得之。但以脉自微涩，在寸口、关上小紧，宜针引阳气，令脉和紧去则愈。”感受风邪，血脉闭阻而致血痹，其累者只需用针刺引动阳气，令阳气通行，则气血通畅，风邪可以外解，即“治风先治血，血行风自灭”之意。

2. 表寒之证　《疟病篇》1条：“师曰：疟脉自弦，弦数者多热，弱迟者多寒。弦小紧者下之差，弦迟者可温之，弦紧者可发汗针灸推拿也，浮大者可吐之，弦数者风发也。以饮食息止之。”提出风寒之邪犯表可发汗，结合针灸推拿温阳散寒使邪从表解。3条（奔豚气篇）：“发汗后，烧针令其汗，针处被寒，核起而赤者，必发奔豚，气从少腹上至心，灸其核上各一壮，与桂枝加桂汤主之。”论述外寒人内引动下焦阴寒之气上逆，要温阳散寒平冲逆，表里同治，外用灸法温经散寒行滞。上两条均论述表有寒之证，可用针灸、膏摩（推拿）使寒邪从表而解。

3. 邪犯经脉可循经治疗　《趺蹶手指臂肿转筋阴狐疝蛔虫篇》1条：“师曰：病趺蹶，其人但能前，不能却，刺入二寸，此太阳经伤也。”论述趺蹶太阳经受伤，针刺合阳、承山、飞阳等太阳经穴位以舒缓太阳经脉。《妇人妊娠病篇》11条：“妇人伤胎，怀身腹满，不得小便，从腰以下重，如有水气状，怀身七月，太阴当养不养；此心气实，当刺泻劳宫及关元，小便微利则愈。”论述妊娠心气实伤胎，针刺心包经荥穴劳宫，有清心泻火之功，能泻心之实，刺小肠募穴关元，以行气利水能治小便不利。《妇人杂病篇》3条：“妇人中风，发热恶寒，经水适来，得之七八日，热除脉迟，身凉，胸胁满，如结胸状，谵语者，此为热人血室也，当刺期门，随其实而泻之，濈然汗出者愈。”此两条均论述热人血室瘀热内扰肝经，刺肝经之募穴期门既可泻实热又可通经络，使热随汗而外泄。

四、针灸推拿腹证的宜忌

在《金匮》中多处论及针灸推拿等外治之宜忌。如：“湿家身烦痛口口，慎不可以火攻之。”“火攻”是指烧针、艾灸、熨熏等法。火攻劫汗，内攻有力，易致发黄鼻衄等变证，故慎之。又如太阳中（即中暑）不可用温针，“加湿针则发热甚”。另外，《金匮》中奔豚气与惊悸之病因均提到“火邪”。《伤寒论》未设“火邪”救治条文。所谓“火邪”即因火致邪，这里所说的“火”，包括火熏与温灸等法。可见烧针与温灸亦不可作为奔豚气与惊悸之治疗常法。可以直接用针刺法治疗的，如“病趺蹶，其人但能前，不能却，刺为热人血室也，当刺期门，随其实而取之。”妇人“阳明……此为热人血室，但头汗出，当刺入二寸。”“妇人中风……，此为热人血室也，当刺期门，随其实而取之。”妇人“阳明病……此为热人血室，但头汗出，当刺期门，随其实而泻之。”“妇人伤胎怀身……，如有水气状，怀身七月……，当刺泻劳宫及关元”等。文中依次所说“入二寸”“而取之”“而泻之”“当刺泻”，似乎失于笼统、简单，后人颇感遗憾。笔者认为，文献之笼统并不能说明仲景原意的欠缺，更何况针灸推拿活法亦要随证而旌，不可一言定论。

五、推断疾病的转归和预后

胸腹征象，往往随正邪的消长和病情的进退呈现相应的动态变化。正胜邪退，病情缓解，则胸腹征象减轻，反之，邪胜正衰，病情加剧，则胸腹征象加重。因此，运用腹诊来推断疾病的转归和预后也是临床上常用的方法之一。一般而言，凡腹力由弱变强，肌肤由枯燥变为润泽，虚里之动由弹手变为不紧不慢，和缓有力的多为疾病向好的方向转化，预后较佳，反之，凡腹力由强变弱，肌肤由润泽变为枯燥，虚里之动由和缓变为洪大弹手，动悸由脐下扩展到心下甚至全腹的多为疾病向坏的方向转化，预后不良。如《灵枢·玉版篇》：“腹胀，身热，脉大，是一逆也：腹鸣而满，四肢清，泄，其脉大，是二逆也……如是者，不过十五日而死矣。其腹大胀，四末清，脱形，泄甚，是一逆也，腹胀便血，其脉大，时绝，是二逆也……如是者，不及一时而死矣。”这里以腹诊为主，结合其他诊法来片断预后的顺逆生死。《伤寒论》67条：“病胁下素有痞，连在脐帝，痛引少腹，入阴筋者，此名脏结，死。”脏结本属阴属寒，脏气虚极，阴寒内盛，又患者素有痞证，病深日久，涉及胁、脐、阴三部，病位广泛，寒凝三阴，正气日衰，证情危重，预后多不良，故曰“死”。《金匮·黄瘟病篇》：“膀胱急，少腹满，身尽黄，额上黑，足下热，因作黑疸，其腹胀如水状，大便必黑，时溏，此女劳之病，非水也。腹满者难治。”女劳疸属肾虚内热之病。初起可见膀胱急、少腹满、身尽黄，额上黑，足下热等症状，日久不愈，则变成肾虚挟痕的黑疸，若病变再进一步发展至后期，则会出现腹满等症状，此乃脾肾两败，水湿不运而内聚，属危重证候，故曰“难治”，甚至“腹如水状不治”。

综上所述，运用腹诊有助于辨别体质强弱，正气盛衰，鉴别不同的腹证和疾病，确定不同证候，审察病机之所属，病因之气滞、血瘀、水饮，指导立法论治，选方遣药，并可据此以观测疗效，判断预后转归。都是很有价值的经验总结。可以通过确定治疗原则来遣方用药、针灸选穴，推拿选法；在治疗过程中还可以据此观测治疗效果及推断疾病的预后转归等，有很重要的临床意义。只要在临床上，与目前常用的中医辨证论治相结合，不难收到很好的效果的。

参考文献

[1] 谢建军．中医腹诊研究的思路与方法［J］．中医药研究，1992：（4）39.
[2] 冯五金．仲景腹诊与辩证关系探析［J］．中医药研究，1991，（3）25.
[3] 骆竞洪．实用中医推拿学［M］．重庆：重庆出版社，2005.（页数原文未标）

《伤寒论选读》第6版半夏泻心汤病机释义之我见

霍炳杰　河北医科大学第四医院中医科

半夏泻心汤为张仲景名方，高等教育中医药规划教材《伤寒论选读》第6版中将半夏泻心汤病机释为寒热夹杂痞不仅有热邪，还兼有寒邪，寒热错杂导致脾胃气机升降逆乱，因此需要寒温并用，辛开苦降，调整气机[1]，符合柯琴在《伤寒来苏集·伤寒附翼》中论半夏泻心汤治疗“痞因寒热之气互结而成”。

笔者认为半夏泻心汤病机的根本在于脾胃虚弱，应为脾胃虚弱失于斡旋气机导致寒热错杂，而非“寒热错杂导致脾胃气机升降逆乱”，理由如下。

一、对原文的理解

张仲景在书中2次提及半夏泻心汤，一是《伤寒论》第149条“伤寒五六日，呕而发热者，柴胡汤证具，而以他药下之，柴胡证仍在者，复与柴胡汤。此虽已下之，不为逆，必蒸蒸而振，却发热汗出而解。若心下满而硬痛者，此为结胸也，大陷胸汤主之；但满而不痛者，此为痞，柴胡不中与之，宜半夏泻心汤”；二是《金匮要略方论·呕吐哕下利病脉证第十七》篇“呕而肠鸣，心下痞者，半夏泻心汤主之”。结合《伤寒论》第131条“病发于阴，而反下之，因作痞也……”，第158条“此非结热，但以胃中虚，客气上逆，故使硬也”及第157条生姜泻心汤证、第158条甘草泻心汤证的论述，可见半夏泻心汤方证发生的前提是脾胃本虚，因下复损。主要病机为脾胃虚弱不能斡旋一身气机，致使清阳不升，浊阴不降。本为“病发于阴”，因斡旋不利而致气机不畅，停滞不行，且“客气”不得布散而解，郁而化热，由此便形成了寒热错杂的局面，此即尤在泾所谓“积阴之下，必有伏阳”。柯琴论此方所治“痞因寒热之气互结而成”，“寒”与“热”是2种性质截然相反的病邪，如水火之不容，何以“互结”？综上所述，寒热错杂是寒热并存的一种状态，而非寒热“互结”为病。《素问·阴阳应象大论》云：“清气在下，则生飧泄；浊气在上，则生月真胀。”由于脾胃虚弱不能斡旋一身气机，故半夏泻心汤证中可见心下痞、呕吐、肠鸣、下利之症。

二、究其药物配伍，可看出主要病机为脾胃虚弱

半夏泻心汤方中应用人参、炙甘草、大枣益气建中，补脾而恢复中焦之斡旋；干姜温中散寒，散其“客气”且健运脾阳，助人参恢复脾胃之升降；黄连、黄芩泻其郁伏之火；半夏交通阴阳，同《内经》半夏秫米汤之意，意在交通阴阳，使阴阳相交而泰。

三、病案举例

吕某，女，30岁。2011－06－16初诊。主诉：呕吐1年余。每日晨起即呕吐不止，所吐或为宿食，或为清水无臭，或仅为干呕。现证：不欲饮食，肢冷无力，寐可、便可、月经如期，舌红，苔薄黄，脉弦沉取无力。查血常规、肝肾功能、腹部彩超均未见异常。中医诊断：呕吐。病机：脾胃虚弱失于斡旋气机，气郁于上化热而呕，失于布散致肢冷无力。治则：益气建中，交通阴阳。治予半夏泻心汤。处方：清半夏15g，党参15g，炙甘草10g，黄连6g，黄芩8g，干姜8g，大枣5枚。每日1剂，水煎服。5剂。2011－06－23复诊，药后已3d未呕，饮食得进，舌淡红，苔薄白，脉仍沉弦无力，效不更方，原方再进5剂。2011－07－03复诊，诸症若失，舌淡红，苔薄白，脉弦似较前有力，予补中益气丸善后调养。

按：本例主症为呕吐，虽舌红苔薄黄，但其不欲饮食，肢冷无力，且脉沉弦无力，故认为主要病机为脾胃虚弱，失于斡旋而致，寒热错杂之证，应用半夏泻心汤效如桴鼓。

综上所述，笔者认为半夏泻心汤证主要病机为脾胃虚弱失于斡旋气机，寒热错杂乃由脾胃虚弱而致。本方益气建中，健运脾阳，交通阴阳，兼以泻其伏火而诸症得愈。

参考文献

[1] 柯雪帆．伤寒论选读［M］．上海：上海科学技术出版社，2001：93.

［《河北中医》2012，34（2）：222］

从仲景经方看“潜在病机”在制方中的作用

吕翠霞　山东中医药大学

成方的方剂分析阐述的是制方要素与方证病机间的规律。不可否认，每一首方剂都有其相对应的治疗病证，方证的病机通常可通过“司外揣内”得到，但方剂中仍有一些“无证候用药”现象出现，结果使方证病机的分析难以确切和具体，其药物配伍的针对性、合理性便随之降低。“错在病机”概念的引入使这种困境得以突破，它是存在于一般情况下已显现病机以外的病机。谢鸣[1]认为，“潜在病机”是指方证中虽无相应的症状，但确存在于病机中，且对主证的形成和发展有重要影响的病理环节。作者认为，潜在病机是病或证形成的有效部分，虽常常没有与之相应的显现于外的证或症的描述，但一旦达到一定的条件，或借助中医基本说理工具和病理演变规律，这种病机是可以测知的。潜在病机的描述与应用是组方配伍的精深之处，分析制方原理时善于发现潜在病机，将有助于对制方原理的深刻理解。

仲景经方乃方书之祖，医方之经。细研经方，其中某些以“方证相应”“君臣佐使”或“以方测证”皆不能得到很好解释的配伍，从“错在病机”角度分析其在制方中的作用，则相对合理。归纳仲景经方“错在病机”在制方中的作用，主要有以下几方面：

一、不虚而补

“不虚”是当前之证所提示的病机不虚，但证是疾病一定阶段反映出的病因、病位、病性、病理变化和协同关系的病理概括。就整个病的演化过程而言它是局部的，而疾病全过程的病机是由不同阶段病机的集合，故形成当前之证的病机有时就显现不出来，“潜在病机”概念的提出使我们认识到有时潜在病机恰恰是现病证形成的基础，故制方中有时常常针对此环节用药，即依形成该病之病机之虚而补，如痞证之半夏泻心汤证，《伤寒论》治“但满而不痛”，《金匮要略》治“呕而肠鸣，心下痞者”，证之似乎无虚，方以泻心消痞的基础上，配伍人参、甘草、大枣益气健脾。痞证之旋覆代赭汤证治“心下痞硬，噫气不除”，除以降逆止呕之药，又配伍人参、甘草、大枣补中益气。病在中焦，仲师善用“不虚而补”之治，因以上诸证皆由于误下伤脾胃，致脾胃呆滞，湿浊壅滞，证虽以心下硬满为主，但病机寓有脾胃虚弱之潜在病机，故均用人参、甘草、大枣补脾和中，以助宣达结气。进一步讲，尚若未用攻下伤脾，凡病脾，虚者自当补之，如脾虚气滞的厚朴生姜人参甘草汤证、中焦虚寒吴茱萸汤证；即使虚实夹杂证亦常补脾，如治上热下寒的黄连汤证、治寒热错杂之乌梅丸证。这是因为潜在病机脾虚是现病机之因。

病不在中焦之病亦有当补者，《伤寒论》三阳病以实证为主，而主治少阳病的小柴胡汤证，无论经证之目赤、两耳无所闻、胸中满而烦、胁下硬满、往来寒热。还是腑证之口苦、咽干、目眩、嘿嘿不欲饮食、心烦喜呕、呕而发热等，均未见虚象，小柴胡汤方中除柴胡解半表之邪，黄芩清半里之热，半夏、生姜和胃降逆之外，还用人参、甘草、大枣益气和中。这是因为当前之证虽未见虚病机，但形成小柴胡汤半表半里之特殊病位皆因正气不足所致，正气不足为贯穿小柴胡汤证的自始至终的病机，与当前病机而言属潜在病机，欲使邪易外解，抑或不进一步传里，当顾及潜在病机而用药，故人参、甘草、大枣益气扶正祛/御邪正为此而设。

《金匮要略》虚热肺痿麦门冬汤证也是一证。“火逆上气，咽喉不利”是当前之证，“止逆下气”的麦冬、半夏是治当前之证，但形成虚热证的既不是邪热伤阴，也不是阴气自亏，而是肺气痿弱这一病机所致，当前之证虽无气虚之象，而气虚是贯穿本病始终的病机，故也是当前之证的潜在病机，即气虚无以生津，故方中人参、甘草、大枣益气生津以治本。他如治疗虚热哕逆的橘皮竹茹汤证之用人参、甘草、大枣也是此理。

二、顾此及彼

潜在病机又具有潜在性、隐匿性及或然性特点，即不容易被直接发现，或尚未出现，但由于当前病证对潜在病机产生必然的影响，故即使尚未显出或找出相应的证，在制方上的法度也常需先期而治。其找出“潜在病机”的方法，常常可以借助中医脏腑相关演变规律来推测，如《金匮要略·脏腑经络先后病》第一条，肝实证之肝病为当前病机，根据五行生克制化的规律，肝病常常传脾之脾病病机是潜在病机，则制方时“顾此”肝病而治肝理所当然，“及彼”脾病而治脾也必不可少，其“见肝之病，知肝传脾，当先实脾”其肝脾同治实为肝病制方提供了原则：又如《伤寒论》厥阴病的四逆散的肝脾同调，其脾病之治，也是针对潜在病机所立之法。

潜在病机的推测不仅应顺应脏腑相关关系，同时还有从脏腑本身的功能特点推导的，如肝的生理特点为体阴而用阳，体用又常常相关，肝气郁常常要累及到血郁或血瘀，肝阴或肝血虚常常累及到肝气的畅达，故病气与病血常常互为因果，其因常为当前病机，其果常为潜在病机，故在制方原则上虽有主次之分，但常常共处一体。如《金匮要略·虚痨病》篇酸枣仁汤主病机为心肝血虚，故主药为酸枣仁，潜在病机为阴不足而致肝用不足之肝失畅达，故佐以川芎活血以畅肝用。同理，治肝气奔豚的奔豚汤证，主病机为肝热肝郁气逆，故以甘李根白皮、生葛、黄芩、半夏、生姜清肝热、降逆气，而加芍药、当归、川芎理肝血，则为补肝体，实为肝气奔豚的潜在病机所设。

除此之外，潜在病机常常还依据表里寒热虚实之间的相互转化的病机演变规律来推测。如《金匮要略·妊娠病》治疗妊娠癥病下血的桂枝茯苓丸，牡丹、桃仁、芍药活血针对当前“瘀血内结”病机，但仲景常认为血与水有“血不利则为水”之病理机转，血瘀之因继之可有水停之果，“水停”为潜在病机，故方中针对潜在病机，以桂枝、茯苓化气利水。同理治疗肾虚水停的肾气丸，其当前病机为病水，方中却有活血的丹皮，此因水病有气分、血分、水分之分，水病在气分水分为当前病机，病涉血分为潜在病机，故加丹皮治血分。

三、“不热反清”“不寒反温”

仲景制方用药不乏寒热并用者，寒热并用常常适用于病机属寒热错杂之证，如半夏泻心汤、乌梅丸，这是针对已显现的当前病机的治法。而有一些即使是寒热并用的方子，却找不到寒热错杂的病机，而常有“温中兼清”“清中兼温”者，这种情况恰恰体现的是“不热反清”“不寒反温”，如果从潜在病机去解释其用药法度就比较顺理。如《金匮要略》温经汤证之治，仲景辨证为“瘀血在少腹不去”，因证有“暮即发热，手掌烦热”，还当有阴虚之机，故瘀血夹阴虚有热为当前病机，故方中阿胶、当归、川芎、芍药、丹皮养血和营行瘀，麦冬养阴；然形成主诉之证“下利”有“妇人年五十所”之冲任虚寒之因，虽无当前之证，但它是本病主因，故针对这种潜在病机，仲景从治本立法以治之，在方中又多一组吴茱萸、生姜、桂枝、甘草、人参温经散寒养血暖血之品。本病以病者主诉当为虚热，却于滋阴之中配大剂温药，可谓“不寒反温”。又，《金匮要略》肠痈之薏苡附子败酱散证当前病机为实热，以“脉数”、药用薏苡、败酱内清外溃为明证，虽实热为当前病机，且无虚证可辨，但方中反佐附子振奋阳气以达邪，此“不寒反温”之“不寒”为当前病机特点，“反佐温药”实为正气无力抗邪之潜在病机所求。

以上显示，“不热反清”“不寒反温”之用在许多仲景制方中包含有针对潜在病机的配伍，且多体现在方中的佐药部分，即以清为主反佐热药，或以温为主反佐寒凉。如《金匮要略·脏腑经络先后病》对肝虚之证，立“补用酸，助用焦苦，益用甘味之药调之”的制方规矩。肝虚为主病机，肝虚易生内热，内热即是肝虚病的潜在病机，故在制方中“助用焦苦”以清虚热，主病机“不热”，潜在病机有热，故“反清”，但当为佐药，用量宜小。《金匮要略·虚劳病》篇中的酸枣仁汤中知母之用、桂枝芍药知母汤证之用知母、妇人乳中虚之烦乱呕逆的竹皮大丸方中白薇之用也是如此。

综上所述，通过对仲景原文中的潜在病机与用药相关性的分析，可以看出潜在病机指导用药，既可在制方中担当主药的作用，如“不虚而补”；又在方中起先证而治或治未病的作用，如治疗中的“顾此及彼”，这种配伍有时被看作临床治疗的一个技巧；有时又起反佐作用，如“不热反清”“不寒反温”之用。这些配伍规律打开了学习仲景原著的一个视角，可以藉此深刻理解仲景著作“方论”之理法方药、脉因证治一体的内涵。

潜在病机析方的运用，给中医的辨证论治提出了反思，它强调了中医辨“证”，仍当辨病为纲，辨证为目，病证结合。如果仅辨证不辨病，则会一叶障目不见泰山，在治疗上又怎么称得起“上工”？

参考文献

[1] 谢鸣. 临证选方配伍及其规律. 北京中医药大学学报，1999，22（4）：2～5.

[《中医杂志》2012，18（2）：187]

经方治疗糖尿病临床探讨

温兴韬　安徽省郎溪县中医院内科

一、经方的特色

经方的特色就是遵循严格的个体化治疗，强调方证对应。即《伤寒论》中所说“观其脉证，知犯何逆，随证治之”。这已被称之医学的最高境界。《伤寒论》通篇，并未论述具体疾病的治疗，其中所讲的六病并不是指具体的疾病。全书以六病为纲，以方证为目，处处展现是一条条方与证相对应的条文，在《金匮要略》中虽然以杂病为纲，但仍以方证为目，其方证一体的思想与《伤寒论》一脉相承。虽然后世时方派也讲辨证，强调脉证，但其辨证的方法和着眼点与经方有很大的不同，经方的方证组合具有更强的特征性、特异性、严谨性、规范性、高效性、可重复性。

《伤寒论》未谈具体疾病的治疗，为什么后世医家却对其推崇倍至，称其“为百病立法”？因为《伤寒论》从一个独特的角度，揭示了疾病发生发展的内在规律，其方证之中寓含独特的病理机制。这正是在中医的历史长河中，唯有仲景一人可称为医圣的内在原因。

二、消渴与糖尿病关系

消渴是以口渴多饮等症状为特征，而糖尿病是多种原因导致体内胰岛素缺乏，引起高血糖为主要特征。消渴包括糖尿病、甲亢、尿崩症等多种疾病，而糖尿病中仅有部分具有口渴多饮等消渴症状，二者内涵外延均不同。虽然消渴中大多数是糖尿病，可不全是，而糖尿病人群中消渴症状不典型者则更多。

三、糖尿病发病机理及标与本

早在《黄帝内经》中就指出：“五脏皆柔弱者，善病消瘅”，“此人必数食甘美而多肥也”等等，说明糖尿病的发生与自身体质因素及饮食过量、工作压力、生活方式等有关。古今医家对糖尿病发病机理作了广泛深入的研究，认为其病机是本虚标实，而基本病机是气阴亏损，进一步发展易至阴阳两亏，至于其标则是种种不一。又由于疾病的发展可累及多脏器多系统，出现复杂的症状群，但总不离标本。临床需分清标本，根据其标本缓急，或标本同治，或先治其标后治其本。尤其是中老年糖尿病人大多兼有其他脏腑病变，当一并兼顾辨证施治，这是中医整体辨证（或称宏观辨证）的优势。

四、糖尿病的中医治则

首先糖尿病的治疗要始终如一地贯彻综合治疗的原则，强调饮食、运动等基础治疗。在药物治疗上要立足于基本病机，并重视特殊病机，糖尿病的基本病机为气阴亏损，但由于个体差异，病程的进展等因素，其病机会发生转化，无论怎样转化必然会以相应的脉证表现出来，应当据证遣方用药。由于临床所见的糖尿病人很大一部分不具备消渴的特征，故治疗时必须跳出“三消”的思维模式，更不可拘泥于一方一法。在临床上要根据每一位病人的具体脉证仔细推敲确定方药。不可未见病人未审脉证，而先入为主就想到用什么方什么药。画家画画可先胸有成竹，而医生治病则不可胸有成方定法。而对于1型糖尿病及2型糖尿病中胰岛素储备功能很差者则要以胰岛素治疗为主。要充分了解中医药在治疗糖尿病中的优势与局限性及使用胰岛素的适应证。因为在糖尿病的诊治过程中最能体现出中西医结合的重要性。

五、经方治疗糖尿病临床总结

统计本人自2002年以来临床治疗糖尿病所用方约70首，其中经方占70%以上，根据出现的频率，前10位排列如下：金匮肾气汤占28.14%，验方1号（本人经验方）占20.10%，玉女煎占10.45%，温胆汤占6.63%血府逐瘀汤占5.83%，防己黄芪汤占6.62%，小陷胸汤占2.61%，葛根芩连汤占1.8%，真武汤占1.3%，黄芪桂枝五物汤占1.0%，合计81.52%。

各方适应证：①金匮肾气汤：症见小便清长，腰膝酸软乏力，畏寒或伴耳鸣，目下如卧蚕，少腹不仁，舌淡红少苔、脉沉细无力，证属阴阳两虚。②验方（参脉饮加味）：以神疲乏力为主，面色无华，消瘦或伴心悸失眠、口渴，纳欠佳，舌淡红少苔，脉软无力，证属气阴两虚。③玉女煎：与白虎加人参汤功用相近，常合方而用。症见烦热口干多饮，消谷善饥或伴头痛、牙痛、牙龈出血，舌稍干红，证属阴虚内热。④温胆汤：症见胸闷脘痞、失眠、苔腻等，常因过食滋腻食物所致，有化热趋势者加黄连等，证属痰湿内蕴。⑤血府逐瘀汤：症见口渴而兼心烦易怒、失眠、胸胁疼痛，舌质黯红有瘀点，脉沉涩，证属气滞血瘀。⑥防

己黄芪汤：症见形体黄胖，身重乏力，汗出恶风，多黄汗。或兼小便不利，浮肿，舌淡红，苔白，脉浮弱，证属气虚夹湿。⑦小陷胸汤：症见胸

脘痞闷，按之则痛。舌质偏红，苔黄腻，脉滑数，证属痰热互结。⑧葛根芩连汤：症见胸闷、脘痞、烦热、肠鸣便溏黏滞臭秽或兼项强不舒，口干，喘而汗出，苔黄脉数。证为湿郁化热。⑨真武汤：症见头昏重目眩，心悸或身瞤动，振振欲擗地或伴腹痛、肢肿、脉沉。证属阳虚水泛。⑩黄芪桂枝五物汤：症见疲劳乏力，肌肤麻木不仁，畏恶风寒，脉微涩，证属气虚血痹。

以上仅仅是本人近年来治疗糖尿病使用频率较高的10首方剂。并不代表治疗糖尿病的全部，糖尿病的形成因素是多方面的，最终对机体的损害更是多系统多器官。检索古今治疗糖尿病的方剂实在是太多，但很难找到几张可以包治糖尿病的验方。

在临床不能简单地将糖尿病分作几个证型，然后对号入座，糖尿病在临床中所能出现的证型实在太多，难以简单地加以概括或规范，从本人总结的治疗情况来看，糖尿病证型的出现既有一定的规律性，又有特殊性，因此既要重视规律性研究，又不可忽视特殊方证的出现，做到知常达变。特别是使用经方治疗糖尿病，必须先深入理解经方的特色，准确把握每一经方使用指证，经方强调的是“有是证用是药”。经方中的消渴方不完全适用于治疗没有消渴症的糖尿病，而大量的非消渴方却未必不可用来治疗糖尿病。中医方药的筛选不能完全按照统计学来处理，方药的选择不能执着于频率出现的高低，尤其不能忽视出现频率较低的方药，统计的结果有参考意义，但绝不能根据统计结果将出现频率高的方药罗列成一方，这样用于临床固然有疗效，但会有一些不符合此病机特征的病例无效，在临床上应对每个病例负责，追求辨证准确、方药的对，这才是符合经方思维，是真正遵循经方准则的中医。

六、临床病案

某男，74岁，患糖尿病约10年，一直在外院用西药治疗，血糖控制不理想，慕名来我处求服中药，初根据其症状有疲劳乏力脉弱等认为属气阴两虚，予以验方治疗，服药50剂，血糖无明显下降，深感愧疚。后根据其有轻微头痛，每晨好喷嚏，排便不畅，每次大便约h以上，甚为苦恼，然大便不坚硬，认为系风寒郁表，腑气不通，而予以小剂量麻黄汤一试。5剂后复诊诸症豁然，查见糖正常。并诉以往小便气味很重，现小便亦无明显气味。

某男，45岁，因咯血1个月，CT示胸部占位，经反复检查认定为炎性包块，并查出有糖尿病，转我处治疗，初予以多方治疗，好转不明显，后因患者出现感冒，症见心悸汗出、恶风、脉浮缓等一派典型的桂枝汤证，遂予以桂枝加葛根汤。不仅咯血顺速好转，血糖亦随之下降几近正常。以上仅为罕见的特例，并不具备普遍的指导意义，但对于认识方证，探讨糖尿病的治则治法或许有点借鉴作用。经方治疗糖尿病就是要在临床上敏锐地发现点滴症状寻找蛛丝马迹。这些症状往往是最具特异性，一但发现了某一特异性症状，而选择相应的方药投之，则常可收到桴鼓之效。

[《中医药临床杂志》2012，24（2）：151]

小柴胡汤在皮肤科的临床应用

柴　勇　高宏艳　楚月英
内蒙古包头市第四医院

小柴胡汤是《伤寒论》少阳证主方，《伤寒论》中第101条曰“伤寒中风有柴胡证，但见一证便是，不必悉俱。”汪苓友曰“胡证者，谓邪人少阳，在半表半里之间也。但见一证，谓或口苦，或咽干，目眩，或耳聋无闻，或肋下硬满，或呕不能食，往来寒热等。”皮肤病虽有外在皮疹，重视局部辨证。然内治之基础与内科相同，见到“柴胡证”即可用小柴胡汤，并结合局部辨证加减用药。

一、痤疮

中医称为暗疮或肺风粉刺。一般常规的治疗手段是清肺热。但是临床上常常遇到中年女性的暗疮，面部有炎性丘疹，每逢行经前后或情志不舒时加重。本病的病机，是肝气不舒伴有火毒郁滞，治疗原则：舒肝解郁，清热解毒，处方为小柴胡汤去人参加清热解毒之品，如果是囊肿型加清热解毒散结之品，如：连翘、海藻、夏枯草等，案1：患者女，45岁，每前或情志不舒时加重。面部炎性毛囊性丘疹，舌红，脉弦，经多次西医治疗效果不佳，处方为：柴胡10g、黄芩10g、法半夏10g、香附12g、郁金12g、炙甘草6g、生姜3片、大枣3枚、公英15g、连翘15g、夏枯草15g、野菊15g、炒皂刺6g、加减口服1个月渐愈。

二、黄褐斑

中医称为肝斑。适用于面部起黑褐色斑，同时伴有肝郁气滞的中青年患者。此类患者多数是中年女性，工作和家庭的压力很大，常常表现为急躁、易怒、面部起斑，很多伴有口苦、咽干或经少，痛经，以及经前头痛或经前呕吐。本病的病机是肝气不舒，气血瘀滞，导致面部色素沉着。如行经时月经黑块多加川芎、王不留行、路路通等，如行经前头痛加川芎、白菊，如行经时腹痛加元胡、炒白芍、炙甘草，如月经少加女贞子、旱莲草、生、熟地、当归等。若每逢行经时恶心或呕吐加竹茹、陈皮等，如小腹冷加桂枝、乌药、炮姜、艾叶等温通之品。案2：患者女，36岁，面部淡褐斑半年，经少，易怒，经前头痛且痛经，舌淡、脉弦，曾于西医医院多次治疗无效。此患者为肝郁气滞，冲任失调，色素沉着，处方：柴胡10g、黄芩10g、法半夏10g、香附12g、炒白芍15g、炙甘草6g，郁金15g、元胡10g、白菊15g、川芎12g、王不留行15g、当归15g、六路通15g、枳壳10g、赤芍15g、桃仁10g治疗，3个月色斑明显减退，相应头痛等症不适消失。小柴胡汤也适用于中年女性面部黄褐斑和痤疮同时发病，治疗后效果很好。

三、斑秃

中医称为油风，俗称鬼剃头。当今人们生活节奏快，压力大，斑秃的患者明显增多，此类患者伴有易怒、情绪不稳、口苦、失眠，本病的病机是肝郁气滞，气血失调，毛发失养。治疗原则：舒肝解郁、养血生发。如阳虚加桂枝、菟丝子、失眠加五味子、麦冬、太子参、生龙牡、远志等，血虚加生、熟地、首乌藤等，随证加减。案3：患者女，40岁，斑秃半年，易怒、失眠，心烦、舌红、脉弦，处方：柴胡10g、黄芩10g、法半夏10g、太子参15g，五味子6g、麦冬15g、首乌藤15g、鸡血藤15g、郁金15g、生龙牡各30g钩藤15g（后下）、远志15g、枳壳10g、炒白芍15g、炙甘草6g，加减治疗2个月痊愈。

四、慢性前列腺炎

属于中医淋症的范围，适用于中青年男性，久治不愈的慢性前列腺炎，此类患者病史较长，多数屡次不规范使用抗生素，但前列腺的化验无细菌检出。此类患者常常伴有郁闷，每逢情志不舒时或失眠时外阴部疼痛不适、局部坠胀、隐痛，发冷、潮湿加重。足厥阴肝经绕阴器，肝胆互为表里，本病的病机是肝气不舒、湿阻气滞。治疗原则：舒肝解郁祛湿。如局部潮湿加苍术、炒黄柏，如发冷加乌药、艾叶、桂枝，坠胀加荔枝核、橘核、路路通，疼痛加炒白芍、炙甘草、元胡，若瘙痒加地肤子、蛇床子，失眠加五味子、麦冬、太子参、生龙牡、炒枣仁等，案4：患者某，48岁，患慢性前列腺炎3年，伴易怒、舌红，烦躁、伴外阴部坠胀感，而且睡眠欠佳，处方：柴胡10g、黄芩10g、法半夏10g、香附10g、生姜3片、大枣5枚，荔枝核10g、橘核10g、五味子6g、麦冬15g、太子参15g、生龙牡各30g、远志15g，加减治疗近1个月痊愈。

五、外阴瘙痒症

中医称为阴痒，此类患者多为中年女性，病程长，经多次西医治疗无效。外阴部无皮疹只表现出瘙痒，常常伴心烦、口苦、易怒、失眠，每逢情志不舒时瘙痒加重，足厥阴肝经绕阴器，肝胆互为表里，故本病的病机为，肝郁气滞，湿热郁滞而致瘙痒，治疗原则为舒肝解郁，祛湿止痒。案5患者：女，42岁，外阴奇痒，但无皮疹，曾于多家医院诊断为，外阴瘙痒症，治疗无效。每逢情志不舒时加重，同时伴失眠、舌红、苔薄白，处方：柴胡10g、黄芩10g、法半夏10g、苍[illegible]0g、炒黄柏5g、生白术15g、生薏米3g、赤小豆3g、香附12g、五味子6g、麦冬15g、太子参15g、藿香、苏梗各10g、生龙牡各30g、枳壳10g、郁金12g，加减治疗20余天痊愈。

六、神经性皮炎

中医称牛皮癣。局部反疹，表现为皮厚粗糙，此类患者多见于脑力劳动和高度紧张的职业，多数患者每逢失眠和情绪不良时加重。本病病机为肝气不舒、气血郁滞、心神失养。治疗原则：舒肝解郁，宁心安神。如情志不舒加郁金、合欢皮。如失眠加五味子、麦冬、太子参、生龙牡等，随证加减。案6：患者女，30岁，舌红、苔薄白、脉数，每逢情志不舒或失眠时皮疹加重，处方：柴胡10g、黄芩10g、法半夏10g、香附12g、生姜3片、大枣6枚、五味子6g、麦冬15g、太子参15g、生龙牡各30g、远志15g、茯神30g、藿香、苏梗各10g、首乌藤15g、鸡血藤15g，调理一余剂痊愈。

七、病毒疹

中医称风热，每逢春季患者有咽痛、咽干伴高热，先发热后出现全身炎性红斑但不痒，即西医学中的病毒疹，本病的病机为表郁邪闭，身热发疹，治疗原则：开郁转枢，清热退疹。案7：患者女，16岁，上感2d后全身出红斑，不痒，伴咽疼痛，发烧、体温39℃，很多种西药治疗效果不良，处方：柴胡10g、黄芩10g、法半夏10g、芦、茅根15g，竹叶15g、生栀子5g、双花15g、桔梗10g、生甘草5g、生姜3片、红枣3枚、生石膏30g（先煎）服药后少量汗出热退，调养6d后皮疹消退。

八、荨麻疹

中医称为瘾疹，适用于女性，每逢经前起疹伴畏风寒，此型相当于西医学中的黄体酮性荨麻疹。本病的病机，是冲任失调，营卫不和，治则：调理冲任，调和营卫，用小柴胡汤加桂枝汤加减治疗，收到非常满意的疗效。案8：患者女，22岁，每逢经前起风团，同时伴心烦、口苦、咽干、双乳疼痛，伴痛经，畏风寒，舌红、苔白薄，处方：柴胡10g、黄芩10g、法半夏12g、生姜3片、大枣6枚、郁金15g、炒白芍10g、桂枝15g、炙甘草6g、防风6g、芥穗6g、乌药15g、元胡10g、太子参15g，加减治疗十余剂痊愈。

九、慢性湿疹

中医称为湿疮，本病病程很长，常规的治疗方法是健脾祛湿、祛风胜通，我们通过学习在临床引进郁滞的理论，慢性湿疹的病机，是湿邪郁滞结于肌肤而致病。本病的治则为解郁祛湿。案9：患者男，双手慢性湿疹，皮疹呈苔藓样变，同时伴皲裂，舌淡红、苔白薄，处方：柴胡10g、黄芩10g、法半夏10g、炙甘草6g、生姜3片、大枣5枚、苍术10g、川芎12g、王不留行15g、路路通15g、枳壳10g、生白术15g、生薏米3g、白蒺藜15g、防风6g、芥穗10g加减治疗2个月痊愈。

十、口腔溃疡

中医称为口疮。现代生活节奏很快。在临床常常遇到一些患者，每逢情志不舒或生气后很快出现口腔溃汤。此类患者的病机为肝气不舒，同时伴心火上炎，治则：舒肝解郁，清心降火。案10：患者女，22岁，每逢生气后出现口疮，同时双乳胀，而且急躁易怒、口苦、舌红、苔薄白、脉弦数，处方：柴胡12g、黄芩10g、法半夏10g、生、炙甘草各6g、生姜3片、大枣5枚、太子参12g、郁金12g、生地15g、竹叶15g、灯芯5g、王不留15g、调理十余剂痊愈。随访半年未复发。

在临床上大量的应用小柴胡汤治疗皮肤科疾病，收到非常满意的效果。以上病证，均为小柴胡汤在皮肤科疾病中的运用，注重随证灵活加减，不可拘泥，方能收效。体现了中医“同病异治，异病同治”的辨证论治精神。柴胡入肝经，皮肤科陈汉章教授善用小柴胡汤治疗皮肤病，以辛开苦降，祛邪有路，调中强机，不可伤正为中医外科治法原则，因此小柴胡汤在理在法都切合临床需要，为皮肤科疾病经常使用的良方。我们在临床工作中把握住应用辨证要点，可使其运用范围极大地超出原书所论，从而更好地推广其在临床更好应用。

［《中国实用医药》2012，7（24）：194］

仲景“治未病”学术思想在痹症护理中的应用体会

张改云　河南大学淮河医院中医科

痹症是由于风、寒、湿热等邪气痹阻经络，影响气血步行，导致肢体筋骨、关节、肌肉等处发生疼痛、重着、酸楚、麻木或关节屈伸不利、僵硬、肿大、变形等症状的一种疾病[1]。河南大学淮河医院中医科自2008年1月到2011年12月收治痹症患者456例，其中，行痹47例，痛痹146例，着痹45例，热痹218例，痹症的分型及临床特点参照中医内科学[2]。依据张仲景“治未病”学术思想进行辩证施护，指导患者不仅从思想上正确对待疾病，而且在生活起居、服药、康复锻炼等方面指导患者，有利于痹症患者病情的全面转归和康复。

一、未病先防，摄生为先，及早干预

张仲景十分重视防患于未然，其养生防病思想主要体现在“若人能养慎，不令邪风干忤经络……更能无犯王法、禽兽灾伤，房室勿令竭乏，服食节其冷、热、苦、酸、辛、甘，不遗形体有衰，病则无由入其腠理。”　“若五脏元真通畅，人即安和”[3]。强调疾病是由风、寒、湿、热之邪侵入人体所得，起居和饮食的调节对疾病治疗和预防至关重要。痹症常因起居不慎，复感外邪而反复发作，季节时令变化及时增减衣被，采取有效的保暖、防寒、防湿措施，防治病情复发。饮食宜高营养、高维生素、清淡易消化食物，如鱼、虾、瘦肉等高蛋白食物，新鲜蔬菜和水果等。根据患者情况配合气功和体育锻炼，促使筋脉疏通，增加气血运行，有利于肢体功能的维持和恢复。关节屈伸不利可配合按摩及被动活动，轻者教给患者按摩手法，重者配合专业按摩，以防止发生畸形及肌肉萎缩。如发现痹症的发作与扁桃体炎、牙龈炎等有关，应积极治疗诱发病灶。

二、既病早治，辩证施护，勿令生变

《伤寒论》第101条有“伤寒中风，有柴胡证，但见一症便是，不必悉具”之法。示人治少阳证，只需见到一部分主症，即可用小柴胡汤，不必等症状完全表现出来再用药，争取疾病的早期治疗，防治病症深入蔓延。临床中很多痹症患者多因不注意疾病早期调护二导致数去疾病的最佳治疗时机。在痹症的早期应按照行痹、痛痹、着痹、热痹等加强辩证施护，避免疾病传变入里。

1. 行痹为风邪盛行，肢体关节疼痛游走不定，该类患者有恶寒喜暖、得热则舒的特点，病室要温暖、向阳、避风、注意保暖，疼痛剧烈的部位可加用棉毛护套，有条件时多晒太阳，风和日丽天气可参加户外活动和功能锻炼，回春医疗保健操、气功八段锦和五禽戏等体育锻炼可适度参加，寒冷或阴雨天避免到室外活动。注意观察患者的舌苔、脉象和关节症状，为医生治疗提供依据。如加用非甾体类抗风湿治疗治疗时，也应注意观察其恶心、呕吐、腹痛、腹胀、食欲不佳、消化道溃疡、出血、穿孔等不良事件的发生，饮食温热忌生冷。

2. 痛痹表现为关节痛有定处，遇寒加重，患者明显怕冷，该类患者的室温应较一般为高（22℃～24℃），注意疼痛局部保暖，多加衣被。疼痛时注意休息，被迫卧床者，应定时更换体位，将患病关节保持功能位置。在疼痛缓解后，协助患者进行适当功能锻炼。长期卧床患者应注意皮肤护理，没2h更换一次体位，预防褥疮发生。如关节疼剧者，常用附子、川乌等重要，这些药物毒性较强，附后若患者有唇舌及手足发麻、恶心、心悸、脉迟等中毒症状，应及时告知医生，酌情见谅或停止服用。缓解疼痛可采取灸法、熏蒸、热敷、拔火罐等局部温热疗法，亦可用活血化瘀、消肿止痛、疏风通络的重要外敷或离子透入治疗。中药应热服，饮食宜温热，忌生冷，可多用生姜、花椒等温热性调料，以助热散寒。

3. 着痹患者表现为明显的关节疼痛酸胀和沉重，湿邪为该病的主要病因，应为这类患者提供温暖干燥的居住环境。病室应通风向阳，切记阴冷潮湿。因酸麻胀而致患者肢体沉重，懒言懒动，气血失畅，极易形成关节肌肉萎缩，要告知患者活动的重要性，鼓励患者主动参加小幅度舒缓的体育锻炼，如健身气功八段锦。另外，配合推拿按摩、梅花针等疗法，也可以防止肌肉萎缩、关节畸形，缓解症状。饮食和中药均宜温热，亦可选用燥湿之品经常服用，如薏苡仁、扁豆、蚕豆、赤小豆等。

4. 热痹患者红肿灼热疼痛较甚，应为该类患者提供光线柔和，凉爽通风的居住房间。关节红肿热痛者切记切忌直接受风吹和冷水长期浸泡，关节肿胀明显、剧烈疼痛兼有发热者，应嘱其卧床休息，将患肢垫起抬高；痛不可触者，可将患处暴露，避免触碰，协助患者选择舒适体位，设法减轻疼痛，局部可采取黄芩见谁冷湿敷等外治法减轻热疼症状，禁止用温热疗法。如行动不便者，可在床边放置脚踏、木拐等，床头放置“防跌倒”标识。待疼痛缓解后，协助并指导患者逐渐增加活动锻炼。饮食和中药宜温服或偏凉服用。食物以清热类为主，忌辛辣、刺激，可多食丝瓜、绿豆、冬瓜、藕等。

三、病后防复，注重调摄，康复锻炼

张仲景在论述六经病后，专设“辨阴阳易差后劳复病脉证并治”篇论治病愈后预防复发的问题。疾病初愈，集体阴阳平和功能少年宫为稳定巩固，此时若不注意饮食调节和功能调护，极易复发，同时也要注意轻质调节。在临床上，痹症病程较长，缠绵难愈，患者多易情绪低沉，一方面要帮助患者树立信心，解除顾虑，另一方面要给予具体指导和帮助，使之生活规律，坚持参加适宜的体育锻炼，遵照医嘱用药，切忌擅自减量或停用。能够自我活动者，应积极从事适宜的体育锻炼，如打太极拳、气功、温泉浴等；物理活动考，指导家属做被动伸展和屈曲运动，以减轻或避免关节挛缩、僵直和废用性肌肉萎缩或硬化。

参考文献

[1] 徐鹏刚．弊病从脾胃论治探讨．陕西中医．2008，29（9）1201.

[2] 周仲英．中医内科学．北京：中国中医药出版社，2003.

[3] 张仲景．金匮要略．天津：天津科学技术出版社，1986：623～624.

［《中国实用医药》2012，7（22）：212］

仲景经方在寒热错杂证中的临证运用思路

张北华　中国中医科学院

唐旭东　中国中医科学院西苑医院

寒热错杂证是指寒证与热证交错在一起同时出现[1]。它是机体脏腑阴阳失调的结果，属于《灵枢·根结》所说的“阴阳相错”。“寒热错杂”一词，原本用于对《伤寒论》诸痞证的病机概括，主要是以方测证归纳而来，但古今医家的著述都显示，寒热并存的病机广泛的存在于诸多病证的发展过程中。临床中各种慢性病、疑难病久治不愈常出现寒热错杂证，包括表里寒热错杂证、上下寒热错杂证、中焦寒热错杂证等，病情复杂，治疗棘手。

一、寒热错杂证的证候特点

早在《内经》中就有寒热错杂相关症状的简要记述，如“胃欲寒饮，肠欲热饮，两者相逆”，直到张仲景《伤寒论》的出现，才对寒热错杂证进行详细的描述，并提供了具体的治疗方药，如栀子干姜汤证、半夏泻心汤证、乌梅丸证等。

若秋[2]曾以《伤寒论》中治疗寒热错杂证的10个经方为基础，博采历代医家用此类方所取得的验方效案，以统计学方法为主，系统分析了寒热错杂证的证候特点。基于《伤寒论》原文、历代医著和现代杂志发表的寒热错杂证证治验案中的症状、体征分析显示：寒热错杂证是以脾胃肠等脏腑功能失调所派生出的一类证候群，并与肝的疏泄功能紊乱有重要关系；寒热错杂证一般是从性质互逆症状的并见为着眼点进行确诊的。其主要证候表现多以自觉症状为主，如四肢厥冷、腹痛、心下痞，很难用一个客观的标准来判定这个复杂的病证。其中饥不欲食、心下痞闷、四肢厥逆、脐腹动悸、久利及大便异常为其特征性症状，舌苔黄腻或黄白相间，脉弦为其常见的舌脉特征。

上述结论揭示了寒热错杂证的规律性特征，具有较普遍的指导意义。但在临床实际中，疾病的表现是错综复杂的，特别是一些慢性病、疑难病久治不愈，要远远超出以上所列症状特征，有的甚至没有明显的寒热错杂特征，而投以寒热并用之剂往往收到良好的效果，说明寒热错杂证多有病程较长的特点。

二、寒热错杂证的病因病机

寒热错杂证的形成，必有寒热之邪并存于体内。邪之所至，一由外感，一由内生，具体来讲不仅与外界环境、自身体质有关，还与脏腑功能失调、误治、失治有关。病机总属寒热错杂，新病多实证，久病多虚实夹杂。

1. 脏腑生理病理因素　寒与热作为中医辨证的纲领，其实质是阴阳失调在病证属性上的反映。从寒热错杂的证候特点来看，其形成与脾胃关系最密切。脾主升清，喜燥恶湿，若脾虚清阳不升，温煦失职则生内寒，若湿困脾阳，脾阳受损则虚寒内生，中焦虚寒，所谓“虚则太阴”，若脾阳虚损伤及肾阳，则引起下焦虚寒，所以脾虚是引起寒证的主要病理基础。胃主通降，喜润恶燥，胃气易于壅滞，郁而化热，所谓“实则阳明”，若胃火上炎则波及上焦，所以胃气壅滞是引起热证的主要病理基础。脾与胃，一脏一腑，互为表里，升降相因、纳运相协，燥湿相济，脾胃同病常出现寒热错杂证，若病情进展，极易形成上热下寒证。

2. 邪气与体质因素　从中医学发病观点来看，疾病的发生发展离不开正邪斗争，所谓“正气存内，邪不可干”。体质是机体由于脏腑经络气血阴阳等盛衰偏颇而表现出来的素质特征，代表着正气。素体阳盛者，若外感寒邪，易入里化热，如大青龙汤证，或过食生冷，伤及脾阳等均可形成寒热错杂证；素体虚寒者，若复感外热或过食辛辣之品也可导致寒热错杂证；久病体衰者，脏腑阴阳失衡，或阴盛格阳，形成真寒假热证，或阳盛格阴，形成真热假寒证。由此可见，患者体质的偏颇在寒热错杂的形成中也起着重要的作用。

3. 误治、失治因素　患病之初，多数患者病情简单，或为寒证，或为热证，或为实证，或为虚证，一旦误治、失治，疾病迁延不愈，则易形成寒热错杂证，虚实夹杂证。如本为实热证，治疗时过用寒凉之药，不但不能使热邪尽除，反而伤及脏腑阳气而出现寒证，从而形成寒热错杂证；或病情复杂，多种疾病集于一身，治疗时不能全面考虑，顾此失彼，也容易导致病情变化形成寒热错杂证。所以对于误治、失治造成的久病不愈的疾病应考虑其寒热错杂、虚实夹杂的病机特点。

三、经方在寒热错杂证中的应用

寒热错杂证寒邪与热邪共存于一体，病情复杂，单纯治疗寒证或热证往往难以取效，仲景《伤寒论》为我们提供了许多治疗寒热错杂证效验的经方，并在后世的临床中广泛应用。现将常用的经方总结如下。

1. 表里寒热错杂证　表里寒热错杂证，包括机体表有寒、里有热的证候和表有热，里有寒的证候。如《伤寒论》中桂枝二越婢一汤证、大青龙汤证，均为表寒里热证。桂枝二越婢一汤证是表寒重里热轻之轻证，其方为桂枝汤与越婢汤2：1用量的合方，为表里双解轻剂，其中桂枝汤调和营卫、外散表寒，用越婢汤取其辛凉之性，宣泄在里之郁热；大青龙汤证为表寒重里热轻之重证，方中重用麻黄，佐桂枝、生姜辛温发汗、外散风寒，加辛甘寒之石膏，以清郁闭之热，甘草、大枣和中以滋汗源。两者均用麻黄、桂枝等辛温之品以散表寒，以石膏等辛寒之品清里热，寒热并用，表里双解。另外，阳盛格阴之表寒里热证和阴盛格阳之表热里寒证，因其不具备寒热错杂的病机特点，在此不作阐述。

2. 上下寒热错杂证　上下寒热错杂证，包括上有热、下有寒和上有寒、下有热的证候。从《伤寒论》的方证分析看，临床中以上热下寒证多见。如栀子干姜汤证、黄连汤证、干姜黄芩黄连人参汤证、乌梅丸证等。栀子干姜汤证以苦寒之栀子清胸膈之郁热以除烦，以辛热之干姜温中焦之阳而散寒；黄连汤证以苦寒之黄连清在上之热，以辛热之干姜温在下之寒，辛开苦降，复中焦升降之机，半夏降逆和胃止呕，桂枝通阳散寒，交通上下寒热阴阳，人参、大枣、甘草健脾和中；干姜黄芩黄连人参汤证以苦寒之黄芩、黄连泄降胃热，辛热之干姜通阳祛寒，甘温之人参补中益气，清上温下则呕利止；乌梅丸证重用酸性之乌梅，益阴柔肝，敛阴涩肠，以苦寒之黄连、黄柏泄热止呕，以附子、干姜、细辛、蜀椒、桂枝温阳散寒，以人参、当归补养气血，全方酸甘辛苦复法，温脏与清热并用。总而言之，此类方证均以黄芩、黄连等苦寒之品清在上之热，以附子、干姜等辛热之品温在下之寒。

3. 中焦寒热错杂证　中焦寒热错杂证，主要指误治、失治使中焦脾胃升降失常，气机痞塞，寒热错杂于中的证候。《伤寒论》主要提到了半夏泻心汤证、生姜泻心汤证、甘草泻心汤证等。半夏泻心汤证以半夏、黄芩、黄连清胃热降逆止呕，佐以人参、干姜、甘草、大枣健脾温中，使脾升胃降，中焦气机调畅，痞证自除；生姜泻心汤证重用辛温之生姜，开胃气、散水气，干姜温补中州，半夏、生姜、黄芩、黄连合用，辛开苦降以和胃气，干姜、人参、大枣、甘草温脾补虚以运四旁，脾升胃降，上下斡旋，其痞自消；甘草泻心汤证重用甘草以温中补脾，佐以干姜、人参、大枣则温脾散寒、补中益气，半夏降逆和胃止呕，黄芩、黄连清胃中邪热，诸药协和，使虚得以补，热得以清，寒得以温，脾胃升降之机复司。总而言之，此类方证主要采用辛开苦降甘调之法恢复脾胃升降功能，使中焦气机调畅，痞消邪除。

四、经方治疗寒热错杂证的启示

"寒热错杂"一词源于经典，其经方应用验之于临床。在疾病错综复杂的今天，学经典，用经方，有必要对古人遗留下来的宝贵经验进行思考，以提高临床诊治水平。

1. 慢性病、疑难重病当辨识是否有寒热错杂的病机特点　从《伤寒论》寒热错杂方证的分布特点来看，主要属于太阳病变证和厥阴病，多由误治或病情迁延难愈所致。随着社会的发展，致病因素和影响疾病的因素日益增多，疾病谱逐渐扩大，对于各种慢性病和疑难重病，西医没有确切的治疗方法，根据古人的经验，中医治疗当考虑其寒热错杂的病机特点，辨证施药或许可提高临床疗效。

2. 治疗寒热错杂证当用寒热并用之法　《素问·至真要大论》曰："寒者热之，热者寒之。"《神农本草经》亦云："疗寒以热药，疗热以寒药。"这是立法、遣方、用药的基本法则，即针对病情的寒热用寒凉药以清热，用温热药以散寒。寒热错杂证是寒证与热证并存的证候，二者相互联系，单纯以寒药清热则助寒，单纯以热药散寒则助热，只有寒热并用才能使寒热之邪并除。

"寒热并用"是指将寒性中药与热性中药同用在一首方剂中，使之能够各自发挥功效的一种常用配伍方法，有"取性取用""舍性取用""舍用取性"三种表现形式。因"舍性取用"和"舍用取性"的配伍形式，只针对单一的寒或热病机，所以治疗寒热错杂证当选用既取其性，又取其用的配伍，使寒热药物的性味和功效都能发挥。

3. 寒热并用药效发挥需满足一定的条件　寒性药和热性药是性味、功用完全相反的两类药，将其集于一方之中，其药效能否抵消呢？陆渊雷认为："中医学上所谓寒与热，别有意义，与一般的寒热之观念不同。例如热水与冷水合并，则相混而中和成温水……而药性之寒热则不然，一方中寒热并用则各奏其效，并不中和成温凉适中之剂"。但从《伤寒论》中寒热并用方剂应用分析来看，其疗效肯定并非是寒热两种药物的随意堆砌，而需要满足一定的条件。

（1）根据药物的性味归经合理选择药物　寒热温凉每类药物因其性味归经不同，进入人体后有走表走里，上升下降的不同趋势，应根据寒热的表里上下病位不同，有选择地运用清热药和散寒药，使之各行其道，就可以同时收到寒以治热，热以治寒的效果，避免相互干扰抵消或寒以增寒、热以增热之弊。以治表寒里热的大青龙汤为例，麻黄、桂枝辛温入太阳膀胱经而走表，石膏辛寒入阳明胃经而走里，同时服用，麻黄、桂枝走表以散寒，石膏走里以清热，不但各不相扰且互相呼应，故能奏双解表寒里热之效。倘散寒不用麻黄、桂桂而用干姜、附子，清热不用石膏而用银翘，则不但不能分别化解寒热，反有寒以增寒，热以增热之弊。

（2）寒热两类药物剂量相当　不同的配伍剂量往往影响着方药的寒热偏性和功效的发挥，为了使起主要作用的寒、热药物能够并行不悖、相反相成，在寒热并用中，常使寒热药对的配伍剂量大致相当。如黄连汤中黄连用三两以清胸中之热，干姜用三两以温胃肠之寒，两者寒热并用、剂量相等，以平调寒热、清上温中。

（3）选择适当的煎煮方法　《伤寒论》中半夏泻心汤等寒热并用方剂采用了"去滓再煎"的煎煮方法，这可能在寒热并用药物性味、功效的发挥中起着一定的作用。"去滓再煎"即以水煎方中诸药，去渣后再进行煎煮的一种方法。清代医家徐灵胎《寒论类方》中有云："去滓再煎者，此方乃和解之剂，再煎则药性和合，能使经气相融，不复往来出入。"治疗寒热错杂证的方剂多寒热并用、辛苦并用，药性和药势不同，所以治疗上下寒热错杂证和中焦寒热错杂证，煎煮药物时当借鉴古人“去滓再煎”的经验，以求达到平调寒热、药性和合的目的。总而言之，寒热错杂证是临床中常见而复杂的证候，正确把握其病机特点，借鉴仲景治疗寒热错杂证的思路，对于提高中医诊治慢性病、疑难重症的临床疗效当有所裨益。

参考文献

[1] 中医大辞典编辑委员会．简明中医辞典（修订本）[M]．北京：人民卫生出版社，1979：87.

[2] 若秋．寒热错杂证之研究 [J]．陕西中医，1991，12(1)：22～24.

[《四川中医》2012，30（3）：41]

仲景论治胸痹探析

张艳丽　杞县中医院

医圣张仲景不仅在临床诊治的基本方式方法层面开创了辨证论治的先河，而且在诊治外感、内伤疾病方面为后人留下了精湛的理论和丰富的经验。关于胸痹证的论治是张仲景《金匮要略》中的重要内容，笔者近年来认真研读，并结合临床，反复实践，取得了比较理想的诊治效果。现将笔者对该篇的理解、运用及体会分述于下。

仲景关于胸痹的论述和临床治疗经验出现在《金匮要略》的“胸痹心痛短气病脉证并治第九”篇中，该篇首先阐述了胸痹证的五种表现及七帖治疗方剂。当我们细细体味条文时，深切体会到每个条文在对症状描述的背后隐含着疾病活动的状态，每一帖治方的字里行间都演示着药力的作用和整体的功能，真正体会到把握病机是辨证论治的灵魂。换言之，医圣绝不是简单地罗列症状和治方，而是引导人们透过症状辨病机，针对病机因势利导。首先，仲景对瓜蒌薤白白酒汤证虽描述为“胸痹之病，喘息咳唾，胸背痛，短气，寸口脉沉而迟，关上小紧”，但联系起前条的“阳微阴弦”，仲景在这里告诉人们病者此时体内的机制是寒痰闭塞，阳虚邪闭，胸阳不振，胸背之气痹而不通是本证的关键所在，故用瓜蒌开胸阳，薤白通心气，白酒通心阳，以扭转胸阳不振的病机；其次，如果病机表现为痰盛，除见胸痹的一般症状外，又见不得平卧，心痛彻背等，治当通胸阳，化浊痰，方用瓜蒌薤白半夏汤；其三，如症见心中痞，胁下逆冲心，其病机是郁闭之气延至心下，为胸脘同病，治当在除胸痹基本方去白酒，加可温通心阳的桂枝，通心下闭气的枳实、厚朴；其四，如见胸背之痛突现急剧，病机已转为胸阳衰微，治当温阳散寒通痹止痛。由上可见，医圣在诊治内伤杂病的思维中，在认识胸痹的实践中，始终紧扣病机，针对病机而施治，这是仲景辨证论治的精髓。

其一，在心血管类疾患诊治中的运用。在冠心病、心功能不全、心律失常、肺心病等心血管疾病的发病过程中，都可能在不同的阶段不同程度地出现胸闷、胸痛或胸痛彻背、心悸、心痛、气短、胸脘痞塞不通等症状，笔者利用现代医学从器质病变的角度把握其本质，再遵循仲景辨胸痹病机的原则，循症状辨病机，其治当针对病机趋势而调之。冠心病最常见的症状是胸部闷痛时作，发作时可见胸痛彻背，甚者形寒心惕，面白肢冷等，辩证思维的基本方式是司外揣内，胸闷痛说明上焦阳气不通，形寒说明阳气不足，胸阳不得通达，这是机体动态的病机，其治正是调理这个病机向着有利于机体恢复正常的方向发展，选瓜蒌薤白白酒汤为基本方，心气虚者加生脉饮，胸闷甚者加桂枝，痰多体胖者加陈皮、竹茹、半夏等，阴寒甚者加制附子、干姜等，心肾阴虚者加西洋参、麦冬、玉竹等。心功能不全和心律失常等疾患也常见到胸闷、短气、心悸等症状，也有胸阳不振的现象，笔者同样选瓜蒌薤白白酒汤为基本方调理，心气虚者加生脉饮，气虚者加黄芪、太子参，心悸、失眠者加茯苓、远志、酸枣仁等。心肌炎患者也常见胸阳不振的病机，笔者亦以瓜蒌薤白白酒汤为基本方，另着力补益心气，佐以行气活血；肺源性心脏病出现上述病机，可在基本方的基础上加宣肺、平喘、降气之品，药用杏仁、苏子、葶苈子、桂枝、玉竹、百合等。

其次，在精神意识疾患诊治中的运用。这类疾患中的抑郁症、癔症及重症神经衰弱等，在发病的不同阶段都可能出现胸闷、胸痛、气短乏力、心悸心惕、胸中痞满不通等症状，其病机也可能表现出胸阳不振、心气不通、胸阳痹阻的情况，每遇这种情况笔者充分运用医圣关于胸痹的论治经验，辨病机而施治，收到满意疗效。抑郁症常见胸闷、胸痞、心烦等症，明显地表现出胸阳不振之病机，方选瓜蒌薤白白酒汤合柴胡疏肝散加减；癔症病人性格内向，心胸狭窄，常曲身苦闷，致胸膺气郁，阳气不得四布，其治选瓜蒌薤白白酒汤合逍遥散加减，药用瓜蒌、薤白、柴胡、青皮、枳壳、厚朴、桂枝、郁金、当归、川芎等；重症神经衰弱无论是兴奋型、精神紧张型还是精神疲劳型，常可因植物神经紊乱而出现胸闷、心烦、意乱、心律失常等症状，依仲景临床思路可辨得胸阳郁、心气塞的病机，笔者拟用通心阳、理心气、养心血、安神志的治则，药用瓜蒌薤白白酒汤去白酒加养心、安神、定志之药以治失眠之标，治本还应深辨病机以除病源。

其三，在更年期综合征诊治中的运用。妇女更年期有多种临床表现，其中有不少患者出现不同程度的胸闷、胸痛、烦闷、胸背痞塞不通，时有短气、心悸等，其病机必有胸膺阳气不畅，其治亦可循仲景之法，瓜蒌薤白白酒汤合丹栀逍遥散调之。

其他在肋软骨炎、肋间神经痛以及乳腺增生、慢性胆囊炎的中医施治中，笔者常依据临床表现，凡出现胸背痹阻病机者，都灵活运用仲景治胸痹诸方为基本方随症加减。

综上，运用仲景关于内伤杂病的理论诊治已被西医诊明的疾病，不能采取对号入座式的诊治方法，应当在充分理解仲景临床思维技巧的基础上，依据临床表现把握应诊病人的病机，在基本病机吻合的情况下，灵活选用仲景方并随症加减。不能把胸痹等同于西医的冠心病，不能见冠心病就用瓜蒌薤白白酒汤，而应当细辨病机恰当用方。即使不是冠心病，只要辨得胸阳不振，心气痹阻于胸，都可以选用仲景治胸痹系列方随症加减运用。

［《河南中医》2012，32（3）：269］

仲景系列方治疗慢性肾衰41例

蔡　文　王志甫　河南省南阳市中医院
翟　磊　河南省南阳市第一人民医院
郝　毅　高雨阳
河南省南阳市质量技术监督局

全国名老中医药专家学术经验继承工作导师、河南省南阳市中医院肾内科主任中医师高惠然，根据对慢性肾功能衰竭（Chronic Renal Failure，CRF）的长期深入探讨和40余年治疗肾病的临床经验，提出本病的主要病机为脾肾虚衰，浊毒瘀阻、本虚标实。CRF患者体内多缺乏锌、锰、铁、钙等微量元素及甲壳质－几丁质、几丁聚糖，我院以温通补益脾肾、扶正降浊解毒、活血化瘀利水为治法，采用张仲景《金匮要略》大黄附子汤为主，结合现在医学研究的微量元素学说和甲壳质学说研制出以脐疗、结肠点滴、药浴及口服等多种给药途径的“仲景康复脐袋”“肾衰灌肠液”“仲景救肾药浴液”“尿毒清”“补肾胶囊”等仲景系列的中医药非透析疗法，用于治疗CRF，并与透析疗法对照观察，取得了满意的结果，兹介绍如下。

一、资料与方法

1. 临床资料　83例患者均来自我院肾病科的住院及门诊患者。随机分为治疗组41例和对照组42例。2组在性别、年龄、主要症状与病情上经统计学处理差异无统计学意义，$P>0.05$，具有可比性。

2. 诊断标准　诊断标准参照1993年卫生部《中药新药临床研究指导原则》制定[1]。血肌酐＞221μmoL/L；有明显的肾功能减退、氮质血症或尿毒症临床症状（除外肾前或肾后因素所致）；中医辨证属脾肾虚衰、浊毒瘀阻、正虚邪实者。症状多见纳差腹胀、恶心呕吐、大便干结、少尿无尿、浮肿无汗、畏寒怕冷、鼻衄肌衄、皮肤瘙痒、小腿抽筋、头晕乏力、腰酸困疼、胸闷气短、面色苍白或黄胖或熏黑或污垢不爽，舌质暗淡、舌苔白腻或厚腻、舌根水肿或如烂肉凸起状，脉象沉细无力等。

3. 治疗方法

（1）治疗组：采用仲景系列的中医药非透析疗法[2]。仲景肾复康脐袋（国家专利号：ZL－97212328.8）[3]脐疗。仲景肾衰灌肠液（豫卫药制字：Z05130068）[4]规格200mL，每日2次，做高位结肠持续点滴。仲景救肾药浴液：以大黄、附片、槐花、青黛、艾叶、藿香等做药浴，每次30～60min，每日1～2次。仲景尿毒清丸[5-6]：内含大黄、附片、砂仁、当归、黄芪、淫羊藿等。规格100g，每服6g，每日3次。补肾胶囊[6-7]：内含冬虫夏草、凤凰衣、龙衣、蝉衣、仙茅等。规格0.3g，每瓶60粒，每服3～5粒，每日3次。一般可先取前3法中的2～3种，使恶心呕吐等胃肠道症状改善后再予口服其他药。其他辅助疗法[7]：1）饮食疗法：采用低钠、低脂、低糖、低蛋白或高级精蛋白，少食多餐，多种蔬菜水果，瓜类等；2）根据二氧化碳结合力下降情况在肾衰灌肠液中加入5%碳酸氢钠30～50mL；3）电解质紊乱者可予适当调节；4）严重贫血，HGB低于6g者可予促红细胞生成素（EPO）2000～3000单位皮下注射，每日1次；或输新鲜红细胞成分血适量；5）血压过高可予降压药；6）低蛋白血症可输新鲜血浆或白蛋白；7）严重水肿可口服利尿药如双氢克尿塞，安体舒通或氨苯蝶啶，呋塞米，托拉塞米等。

（2）对照组：采用透析疗法[7]血液透析，根据病情每周2～3次。腹膜透析。其他辅助疗法：同治疗组。

二、结果

1. 疗效标准　参照《中药新药临床研究指导

原则》[1]制定。显效：症状减轻或消失，血肌酐降低30%以上；有效：症状减轻或消失，血肌酐降低20%以上；无效：不符合显效和有效判定标准。

2. 治疗结果

（1）组临床疗效比较，见表1。经 χ^2 检验，P <0.01，表明2组疗效间差异有统计学意义，治疗组疗效优于对照组。

表1　2组疗效比较表

	合计	显效	有效	无效	有效率（%）
治疗组	41	30	7	4	90.24
对照组	42	8	16	18	66.66
合计	83	38	23	22	82.26

（2）组治疗前后化验指标改变比较结果，见表2。经t检验，治疗前 P >0.05，表明2组间具有可比性，治疗后 P <0.01，表明2组间差异有统计学意义，疗组优于对照组。

表2　2组治疗前后 SCr. HGB 比较（x ± s）

	SCr（μmoL/L）		t	P	Hb（g/L）		t	P
	治疗前（$\bar{x} \pm sd$）	治疗后（$\bar{x} \pm sd$）			治疗前（$\bar{x} \pm sd$）	治疗后（$\bar{x} \pm sd$）	5.5134	<0.01
治疗组（41）例	418.81 ±271.65	197.24 ±118.25	0.3621	<0.01	72.33 ±33.46	82.12 ±26.76	0.1237	>0.05
对照组（42）例	544.617 ±220.83	436.444 ±265.48	3.6538	<0.01	62.38 ±18.41	62.87 ±18.05	1.5092	3.7359
t			0.141	3，394			>0.05	<0.01
P			>0.05	<0.01				

表3　2组治疗前后症状改善情况比较

	治疗组					对照组					X^2	P
	治疗前	消失	改善	无改善	有效率（%）	治疗前	消失	改善	无改善	有效率（%）		
恶心呕吐	38	30	4	4	89.47	40	16	16	8	80.00	9.3882	<0.01
纳差腹胀	38	30	4	4	89.47	40	16	16	8	80.00	9.3882	<0.01
腰酸困痛	35	23	6	6	82.86	38	12	16	10	73.68	6.1400	<0.05
少尿无尿	33	28	1	1	87.88	34	10	14	10	70.59	17.2900	<0.001
浮肿	32	24	3	3	84.38	36	16	14	8	83.33	7.9765	<0.05
大便秘结	30	30	0	0	100	38	14	16	8	78.95	25.0924	<0.001
鼻衄肌衄	19	11	3	3	73.68	18	4	8	6	66.67	3.7850	>0.05
皮肤瘙痒	21	15	3	3	85.71	20	6	8	6	70.00	4.8503	>0.05
无汗	20	6	7	7	65	26	11	6	9	65.40	1.3489	>0.05
怕冷	37	15	14	8	78.38	34	6	10	18	47.06	5.6959	>0.05
头晕乏力	36	13	12	11	69.44	37	8	18	11	70.28	1.8475	>0.05
心慌胸闷	17	8	5	4	76.47	16	4	4	8	50.00	1.8900	>0.05
舌苔厚腻	39	9	23	7	82.05	19	0	8	11	42.10	11.6337	<0.01
舌体瘀斑	18	5	9	4	72.22	18	4	8	6	66.67	0.3956	>0.05

（3）组治疗前后症状改善情况：经 χ^2 检验，2 组治疗前后 14 个症状比较，其中大便秘结和少尿无尿项 $P<0.001$，表明 2 组间差异有统计学意义，治疗组优于对照组；其中恶心呕吐，纳差腹胀和舌苔厚腻项 $P<0.01$，表明 2 组间差异有统计学意义，治疗组优于对照组；其中腰酸困痛和浮肿项 $P<0.05$，表明 2 组间差异有统计学意义，治疗组优于对照组；其中鼻衄肌衄，皮肤瘙痒，无汗，怕冷，头晕乏力，心慌胸闷及舌体瘀斑等症状 $P>0.05$，表明 2 组间无统计学意义。见表 3。

三、典型病例

某，女，40 岁。1993 年 7 月 14 日 4pm 入院。主诉：全身浮肿伴恶心呕吐 4 个月余。现病史：于 4 个月前因过度劳累又受凉感冒后出现头痛，低热，尿量减少，继之出现恶心呕吐，全身浮肿。先在外院服中西医药治疗 2 个月无效，且症状日益加重。某院诊断为慢性肾炎并发尿毒症，治疗 20 余天仍不见好转，因畏做人工肾血液透析而转来我院住院治疗。既往史：10 年前因左侧下肢静脉曲张而行左侧下肢大隐静脉切除术，术后侧肢循环建立不佳，静脉回流障碍，引起下肢水肿，继引起大量蛋白尿等症状，经治疗时轻时重，迁延至今。刻下症见：头晕乏力，语声低怯，全身浮肿，无汗，纳呆，腹胀如鼓，恶心呕吐频作，尿量 24h <500mL。检查：痛苦面容，面色暗滞，污垢不爽，口唇苍白，皮肤粗糙起皮如甲错，双下肢按之没指如泥，腹部膨隆，腹水征（+），舌质淡胖，边有齿痕，苔白腻，脉沉细濡弱，双尺脉欲绝。实验室检查：pro（+3），WBC（+），粗颗粒管型 3 ~ 5。SCr530.4μmol/L，Hb50g/L，RBC2.00 × 10^9/L，ESR12mm/h，ASO838u。西医诊断：慢性肾功能衰竭。中医诊断：水肿、关格。辨证：脾肾阳虚，浊毒瘀阻。治法：温补脾肾，降浊解毒，活血利尿。治疗：1）仲景肾复康脐袋，外敷神阙、关元、双肾俞等。2）仲景肾衰灌肠液 200mL，临用前加 5% SB50mL，做高位结肠持续点滴，Bid。1993 年 7 月 19 日查房，以上法治疗次日，恶心呕吐基本消失，可进食，大便溏日解 3 次，尿量 24h >1000mL，浮肿大减，腻苔渐退。守法继用，另加服仲景尿毒清丸，每次 10g，每日 3 次，1993 年 8 月 21 日查房：诸症消失，精神转佳，面色转红润，尿量 24h >2000mL，大便溏薄，日行 2 次，舌质淡红苔薄白微腻，脉细数而较前有力，查 SCr185.64μmmoL/，BUN9.46mmoL/L，CO_2 - cp19.935mmoL/L。带药出院巩固治疗，至 1993 年 12 月 27 日来诊：症情稳定，并已上班，一边工作，一边治疗。舌质淡红苔薄白，脉细弦。查 SCr123.76μmmL/L，BUN6.069mmoL/L，CO_2 - cp20.7mmoL/L，Hb 100g/L，继续以上法巩固治疗至 1993 年底，复查肾功能等指标均正常，可见其面色红润并一直坚持工作。经长期追踪随访至今 18 年余未复发。

四、讨论

1. 神阙与 CRF[9] 神阙穴又称脐中或肚脐，其在人体胎儿时为母体供应血液和营养的唯一通道，其与人体的五脏六腑、四肢百骸、十二经脉均相通行，是一个先天赐予人类的极为理想的给药枢纽。脐疗是古代中医的一种传统的行之有效的外治疗法，在古医著中早有记载，其功用已被历代医家所证实，“仲景肾复康脐袋”（国家专利号：ZL - 97212328.8）正是继承这种传统方法。发掘仲景经方奥旨，结合现代药理研究，改变给药途径，内病外治，以柔克刚，而缓图治本。

2. 大黄与 CRF[8-10] 在仲景系列非透析疗法中共有 4 种给药途径（口服、脐疗、药浴、结肠点滴），均不离大黄这味峻下之品，大黄其性苦寒剽悍，自古被医界誉为无坚不破的“将军”，其峻下泻毒、破积行瘀之力甚猛 如《本草正义》谓：“大黄迅速善走，无坚不破，有荡涤积垢，犁庭扫穴之功!”正是大黄之通腑泻毒作用可使尿素氮等排出体外，且方中配有附片等可缓解大黄峻下之猛，故用之无妨。

3. 皮肤与 CRF[9] 皮肤是一个非常理想的给药途径。皮肤和汗腺是人体重要的器官，药物透皮吸收的量已被试验所证实。慢性肾功能衰竭患者的皮肤由于严重的氮质血症而常出现大量的尿素霜，常引起皮肤瘙痒，汗腺阻塞，无汗畏寒，面色污垢等症，采用“仲景救肾药浴液”，可把有效成分通过皮肤吸收，并及时清理全身的尿素霜，而不致于再吸收入体内，具有非常重要的临床价值，实际上此法是一个“皮肤透析”法，并且能起到透析功效。

4. 结肠与 CRF[9] 结肠是消化道的终末段，以吸收水分为主要功能，尤其在降结肠下端形成的结肠袋是一个非常好的给药途径，其具有很强的吸收和排泄功能。采用“肾衰结肠透析液”200mL，加温至 45℃左右，做高位持续点滴结肠透析[6]，具有良好的弥散透析作用，既可将有成分吸收入体内，又可将体内非蛋白氮等毒素吸附而随大便排出体外。此法适应于 CRF 的各个阶段，尤其是当患者出现恶心呕吐，纳食不进而无法口服给药时，水肿少尿，腹水胸水而无法通过静脉途径给药时，则更能显示出其快速应急的独特优势。

总之，仲景系列非透析疗法，具有明显缓解症状，改善肾功能指标，降低血肌酐，升高血色素，纠正肾性贫血，提高生活质量等作用。其中灌肠和药浴可解毒降浊，活血利水急则治标；脐疗和口服可补益脾肾，扶正祛邪以缓图治本。以多种途径，使有效药物充分吸收发挥作用，力求解决口服和静脉给药困难的难题，此法在挽救和延长慢性肾功能衰竭患者的生命中起着重要作用。

参考文献

[1] 麻仲学．世界传统医药［M］．美国世界科学出版社，1998：159.

[2] 中华人民共和国卫生部．中药新药临床研究指导原则（第一辑）［M］．北京，1993：167.

[3] 中国科技信息杂志社．深圳市亿科源专利信息有限公司合编．中华优秀专利技术精选［M］．工商出版社，1998：196.

[4] 何任．金匮要略通俗讲话［M］．上海：上海科学技术出版社，1958：55.

[5] 王自敏．中西医临床肾病学［M］．北京：中国中医药出版社，1997：67.

[6] 高惠然．中国中医急症（4）增刊，1995：45.

[7] 张俊庭．中华医药大百科文库．中华名医高新诊疗通鉴［M］．北京：中医古籍出版社，2000：1342.

[8] 沈庆法．慢性肾功能衰竭的研究与展望．中医杂志，1988，（4）：67.

[9] 左言富．世界名医成果研究［M］．香港：香港医药出版社，2000：91～96.

[10] 中华人民共和国卫生部．中国卫生事业与社会经济发展［M］．北京：中国医药科技出版社，2004：197.

［《世界中医药》2012，7（3）：217］

仲景治疗黄疸病特色探析

廖成荣　赵天才　陕西中医学院

黄疸病是以身黄、目黄、小便黄为特征的一种病证。张仲景在《伤寒杂病论》中，对其形成机制、症状特点、具体治疗等作出了精辟的论述，并创立了许多行之有效的治黄方剂，而其中的祛湿活血化瘀就是其中的重要治法之一。现就此探析如下，以期更好地指导临床。

一、黄疸病之病因

关于黄疸病，早在《内经》时期，就对其病因病机有了较为清楚的认识。如《素问·阴阳应象大论》从五行配属的角度提出了黄疸病的发生与湿邪有关，并有“其在天为湿，在地为土，在体为肉，在脏为脾，在色为黄”之认识。《素问·平人气象论》亦载：“溺黄赤，安卧者，黄疸……目黄者，曰黄疸。”《素问·六元正纪大论》曰“溽暑湿热相薄，争于左之上，民病黄瘅而为胕肿”，指出时令气候的变化可以导致黄疸。张仲景在前人对黄疸认识的基础上，于《金匮要略·黄疸病脉证并治第十五》中强调湿邪是黄疸病发生的主要因素之一，指出“病黄疸，发热烦喘，胸满口燥者，以病发时火劫其汗，两热所得。然黄家所得，从湿得之”。阐明湿热内侵，久郁化热，湿热滋生而致黄疸。仲景在《伤寒论·辨阳明病脉证并治》中进一步将湿邪所致发黄分为湿热和寒湿两类。当然，黄疸病的发生也不全是由湿邪所致，两热相熏等均可导致黄疸病的发生，但从原文整体分析，“湿”仍然是黄疸病发生的主因。

二、黄疸病之病机

关于黄疸之病机，张仲景在《金匮要略·黄疸病脉证并治第十五》首条即提出：“寸口脉浮而缓，浮则为风，缓则为痹。痹非中风，四肢苦烦，脾色必黄，瘀热以行。”本条指出黄疸病的发生与脾关系密切，同时阐述了黄疸病发生的病理机制与脾肝有关：在生理上，脾主运化，主升清，主肌肉，喜燥恶湿，当人体感受湿邪，脾为湿邪所困，就会出现脘腹不适、纳呆、四肢困重、脉濡等脉症。若患者失于治疗，久郁化热，湿热郁闭于脾，影响及血，最终可导致湿热蕴于血分而病达百脉。肝在生理上主藏血，湿热蕴于血分，必然影响及肝，肝失疏泄，会加重病情，更易致使黄疸病的发生。对于“脾色必黄，瘀热以行”的认识，唐容川在《金匮要略浅注补正》[1]中指出：“一个瘀字，便见黄皆发于血分也，凡气分之热不得称瘀，小便黄赤短涩而不发黄者多矣……故必血分湿热乃发黄也。”此对黄疸病位病机做了进一步论述。此外，程国彭在《医学心悟》[2]中也有关于黄疸病病机的阐述：“瘀血发黄，亦湿热发黄，瘀血与积聚熏蒸，故见黄也。”提出湿热相争，灼耗气血中津液而为瘀，瘀而发黄，进一步丰富了对黄疸病病机的认识。《伤寒论》第236条云：“但头汗出，身无汗，剂颈而还，小便不利，渴饮水浆者，此为瘀热在里，身必发黄，茵陈蒿汤主之。”提出黄疸病的病机是“瘀热在里”。《金匮要略·黄疸病脉证并治第十五》第13条云：“谷疸之为病，寒热不食，食即头眩，心胸不安，久久发黄为谷疸，茵陈蒿汤主之。”提出谷疸为“久久发黄”所致，而可理解为病程较长，湿热长期熏灼血分而发为黄疸。

三、黄疸病之治疗

从《伤寒论》与《金匮要略》所论黄疸的治则治法来看，可谓汗、和、下、消、吐、清、温、补八法皆具。其中体现汗法的方剂有麻黄连轺赤小豆汤、桂枝加黄芪汤；体现和法的方剂有小柴胡汤；体现下法的方剂有大黄硝石汤、栀子大黄汤等；体现消法的方剂有抵当汤、硝石矾石散；体现吐法的方剂有瓜蒂汤；体现清法的方有茵陈蒿汤、栀子柏皮汤、茵陈五苓散；温法提出“于寒湿中求之”，但未给出方药；体现补法的方剂有小建中汤。而单从《伤寒论》治疗黄疸病的方剂来看，仲景根据湿热发黄、火逆发黄、瘀血发黄和寒湿发黄4种不同病机进行辨证论治，从而选择不同的治法方药。具体言之，湿热发黄证治以茵陈蒿汤；火劫发黄证虽未给出具体方剂，但唐·王焘遵仲景意，在《外台秘要》中提出治以犀角地黄汤；瘀热发黄证提出急则用抵当汤施治，缓则用抵当丸图之；在寒湿发黄的条文中，未言及血分，也未提出具体的方药，只于259条中提出治法为“寒湿中求之”，然这只能说明病因为寒湿之邪，并不能否认其伤及血分。从五脏生理功能来讲，肝藏血脾统血，血液的正常运行离不开肝脾功能的正常发挥。若脾为湿邪所困，气机必然受阻，日久必定会影响血液的正常运行，从而产生瘀血。并且，《内经》中也提到“血气者，喜温而恶寒，寒则泣不能流，温则消而去之”，更证明了寒湿之邪可致血瘀。从后世的发挥来看，有用理中汤加茵陈治之者，有用茵陈术附汤治之者。综上所述，寒湿发黄证同样伤及血分。由此观之，祛湿活血化瘀法的运用是非常有必要的。从《伤寒论》及《金匮要略》治疗黄疸的用药分析来看，除治疗虚劳萎黄的小建中汤、和解少阳枢机的小柴胡汤、以吐法治黄的瓜蒂散等少数方剂外，大多都涉及到对祛湿活血化瘀法的运用。如大黄硝石汤栀子大黄汤等方中均用大黄，而大黄可清血分之热逐血分之瘀，在《神农本草经》[3]中有大黄“下瘀血，血闭寒热，破癥瘕积聚”的记载；茵陈蒿汤、茵陈五苓散等方中均用茵陈，茵陈的功用不仅可清热利胆，还可祛湿；抵当汤、抵当丸两方中，用药有水蛭、虻虫、大黄、桃仁4味，均可化瘀，唐容川在《伤寒论浅注补正》中说到：“方中水蛭、虻虫，一飞一潜，吮血之物也。在上之热随经而入，飞者谛之，在下之血，为热之瘀，潜而当之。大黄配桃核之仁，将军之威，一鼓而下，抵拒大敌，四物当之，故曰抵当”；麻黄连轺赤小豆汤中连翘可清血分之热，赤小豆可疏血分之结等等。可见，仲景在黄疸病中所列出的诸多方药，都灵活运用祛湿活血化瘀法。在祛湿的基础上，适当加入活血药物。著名肝病专家关幼波先生在《关幼波临床经验选》中所提出的“治黄必治血，血行黄易却”的治黄思想，足证祛湿活血化瘀理论的科学性与实用性。

四、结语

众所周知，张仲景治病立法准确，用药精当，从《伤寒论》与《金匮要略》中的相关条文以及药物分析可知，仲景对于黄疸病的治疗非常重视祛湿活血化瘀法的运用，充分说明祛湿活血化瘀法是黄疸病治疗中的重要法则。我们应该响应读经典、做临床的倡导，把经典的治法方药充分加以利用，从而更好地服务于临床。

参考文献

[1] 王咪咪. 唐容川医学全书·金匮要略浅注补正［M］. 北京：中国中医药出版社，1999：246.

[2] 程国彭. 医学心悟［M］. 北京：中国中医药出版社，2009：111.

[3] 杨鹏举，校. 神农本草经［M］. 北京：学苑出版社，1998：210.

[4] 张锡纯. 医学衷中参西录［M］. 石家庄：河北人民出版社，1977：383~384.

［《国医论坛》2012，27（5）］

仲景治未病与尿路结石的防治

袁　芬　湖北中医药大学
李成银　湖北省中医院

巴元明教授系湖北省中医院肾病科主任医师、博士生导师，是全国第二批名老中医药专家学术经验继承人，国家中医药管理局优秀中医临床人才。巴师从事临床、科研及教学已20余载，熟习经典，刻苦钻研，同时汲取现代医学的理论知识和研究方法，临床重视脏腑辨证辨病相结合，以及扶正与祛邪的灵活应用，尤其重视仲景治未病的思想在肾病治疗中的运用。笔者自拜师学习，伺诊左右，聆听教诲，对巴师提出补肾固肾法、扶正祛邪法和“三平衡法，治疗各种肾脏病，尤其是对尿路结石的防治感受颇深，故现将巴师防治尿路结石的经验总结如下。

仲景治未病的思想对防病治病有着重要的指导作用，数年来一直有效地指导着中医学的防治实践。“未病”首见于《素问·四气调神论》篇，“是故圣人不治已病治未病，不治已乱治未乱，此之谓也。”[1]东汉张仲景进一步阐述，《金匮要略》云：“问曰：上工治未病，何也？师曰：见肝之病，知肝传脾，当先实脾”“若五脏元真通畅，人即安和。”“若人能养慎，不令邪风干忤经络；适中经络，未流传脏腑，即医治之。”[2]由此仲景治未病思想对后世产生了深远的影响。巴师熟习经典，博采众长，提出补肾固肾法、扶正祛邪法和“三平衡”法，用于尿路结石。

一、未病先防，补肾固精

“未病”不是无病，也不是可见的大病，而是一种亚健康状态，巴师认为按中医观点这是出现了阴阳、气血、脏腑营卫的不平衡状态。处于亚健康状态的患者常表现为倦怠乏力，不耐劳累，失眠，头痛，腰膝酸软，情绪不稳定，免疫机能低下等，中医辨证当属肾虚范畴。巴师认为肾为先天之本，寓有元阴元阳，为精之处、气之根，是人体最重要的脏器之一。肾之精、气、阴、阳代表肾的物质基础和功能活动，是人体正气的根本，只宜封藏，不宜耗泄，故肾病多虚。尿路结石初期症状不明显，但多表现为肾虚症状。据此，巴师主张以补肾固精为本，防治未病，以防尿路结石的形成。

[案1] 张某，男，21岁，2010年5月28日初诊，诉体检发现尿潜血月余。患者今年4月在某医院体检，查尿常规发现尿潜血，余未见异常。进一步检查，尿常规：潜血（+-），查B超未见异常。查体：肾区叩击痛。现症：自诉偶有腰酸，短气乏力，无尿频、尿急、尿痛，纳可，睡眠差，二便调，舌淡苔白，脉沉。证属气虚无力，肾虚不摄，治疗以补虚益肾，健脾益气。药用：黄芪15g，党参15g，生地黄15g，牡丹皮15g，山药15g，山萸肉15g，茯苓15g，泽泻10g，猪苓15g，桂枝8g，白术15g，海金沙10g，金钱草15g，鸡内金15g，白茅根15g，酸枣仁10g。7付。二诊，诉服上方后，腰酸，短气乏力均有好转，睡眠一般，余无特殊不适。上方随症加减，1月后诸症消失，病告痊愈。

二、既病防变，扶正祛邪

尿路结石，属中医“淋证”“腰痛”等范畴，巴师认为，肾虚为本病发生发展的基础，肾脏功能活动的物质基础是肾中所藏的精气，若肾精化阳行气温煦之功正常，则脏腑气化有源，肾精化成阴形才能成为人身形质之基。所谓“精气夺则虚”，肾虚的本质就是肾的精气不足。古人认为“肾病多虚证”，因此，可以把肾虚看作是一切肾病发病的病理基础。从临床来看，尿路结石有湿热下注、气滞血瘀、水湿内停等复杂表现，但仍以肾虚为基础，在虚的基础上易因虚而感受外邪诱发或加重本病，故在治疗中巴师在补虚的基础上加以清热利淋、祛湿化浊、行气祛病等法。

另外，排石冲剂是巴师治疗尿路结石的重要经验成果之一。排石冲剂是巴师在中医辨证论治的基础上，辨病与辨证相结合，针对尿路结石的主要发病机理，组方选药配制而成。全方由金钱草、海金沙、鸡内金、王不留行、滑石、冬葵子、白芍、石苇、川楝子、牡蛎、甘草等组成。全方共奏清热利湿、行气活血、排石通淋之功。从现代医学的研究上讲主要有溶石、化石和排石作用。[3]巴师关于“排石冲剂治疗尿路结石的临床研究”课题的研究结果表明，排石冲剂总有效率为86%，结石排出率为68%[3]。该课题2005年曾获得湖北省人民政府颁发的湖北省科技进步奖二等奖。

[案2] 罗某，男，47岁。2009年9月3日初诊，诉右侧腰部酸胀7个月余。患者今年3月腰部酸胀，在某医院查B超示：右肾结石（直径约0.3cm）。后进一步检查示：右肾中组结石0.8cm×0.6cm，伴少量积液。尿常规示：BLD2+，RBC16个/HP。查体：右肾叩击痛（+）。现症见：右侧腰部酸胀疼痛，尿频，尿急，偶有尿痛，小便色黄，口干，纳寐差，舌质红，苔黄腻，脉弦数。证属湿热蕴结，流注下焦，炼液为石，阻遏尿路。治疗清热利湿，通淋排石，兼以补肾。药用：石苇15g，瞿麦15g，滑石15g，车前子15g，冬葵子15g，金钱草159，海金沙10g，鸡内金12g，生地黄15g，牡丹皮15g，山药15g，山萸肉12g，茜草12g，白茅根20g，延胡索10g，川楝子15g，14付。并嘱清淡饮食，适量运动。二诊，诉服上方后，右侧腰部酸胀疼痛感减轻，偶有尿频、尿急、无尿痛。后用排石冲剂随证加减，连续服用月余，突发剧烈腰痛，继而排出米粒大小沙石状物，伴有肉眼血尿，继续服用上方7天，诸症减轻，尿检正常，复查B超示：右肾未见原强光团。

三、愈后防复，“三平衡”法

根据文献统计，结石发病率高达18%，复发率5年为10%，10年内达67%，25年高达75%，结石复发目前仍是医学所面临的一个棘手问题。巴师总结多年临床经验。提出“三平衡”疗法以护肾固本，防治尿路结石。“三平衡”疗法包括心理平衡、饮食平衡、运动平衡。

1. 心理平衡　“肾在志为恐”“恐伤肾”，情志失调与尿路结石发生的关系主要表现在两个方面，一是肾藏志，志需精之充养，砂石内阻，肾精虚衰则意志消沉，气郁不解；二是情志失调，气郁化火，损耗真阴，炼液为石，因此巴师主张消除思想顾虑，保持心情舒畅，对防治尿路结石是非常重要的。

2. 饮食平衡　肾病的饮食宜忌历来受到各代医家的重视，其基本原则皆在于扶正祛邪。巴师认为高蛋白、高脂肪、高糖以及含草酸钙较高的食物都可能导致结石的形成，故要节制饮食，防微杜渐。饮水量的多少是结石生成、复发的重要影响因素，巴师认为 24 小时尿量少于 2 升最易患尿路结石，而如果饮水增加 50%，可使结石发生率下降 86%，故建议，结石病人应每日进水 3000—4000 毫升，保持每日尿量达 2500 毫升，以期达到预防结石的目的。另外，均衡饮水亦十分重要，夜间尿液浓缩和酸化，多数结石是在晚上形成的，因此饮水量要上午、下午和晚上平均分布，尤其要注重晚上饮水。

3. 运动平衡　中医认为“人欲小劳，不能疲极”“形劳而不伤”，尿路结石患者应避免过劳，但《黄帝内经素问·宣明五气篇》指出，“久卧伤气，久坐伤肉，久立伤骨，久行伤筋”[1]，因此又要注意劳逸结合，巴师建议，一般情况下可选择的运动项目有跳绳、呼拉圈等，还可做具有震动和重力作用的动作。如果患者肾结石在下极或伴有血尿等情况，就不应剧烈运动，而出血量多时，还应该制动。

［案 3］赵某，男，61 岁。2009 年 7 月 23 日初诊，诉晨起发现肉眼血尿 3 日，患肾结石 16 年。复查 B 超示：①双肾结石（左肾下组大小约 0.7cm ×0.6cm；右肾上组大小约 0.3cm × 0.3cm）；②前列腺增生，并钙化灶。尿常规示：BLD1 +。现症：晨起肉眼血尿，无尿频、尿急、尿痛，腰痛，纳寐可，大便可，舌质红，苔白，脉细。证属肾阳亏虚，砂石内停，损伤血络。治疗温阳利水，排石通淋。药用：生地黄 15g，牡丹皮 15g，山药 15g，山萸肉 12g，茯苓 15g，泽泻 10g，桂枝 8g，金钱草 15g，海金沙 10g，鸡内金 12g，黄芪 15g，党参 15g，茜草 12g，白茅根 20g，7 付，并嘱患者清淡饮食，多饮水，多运动。二诊，诉服上方 7 付后，晨起未见肉眼血尿，腰痛稍减，纳寐可。上方随证加减。连服 15 付时，腰痛加剧，伴有血尿，并排出一块黄豆大小的结石，并伴有少许泥沙样石子。现诸症减轻，尿常规示：RBC、WBC 极少，上皮细胞极少。复查 B 超示：未见结石阴影。后经中药以及结合饮食、运动等多方综合调治，随访 3 年，结石一直未发。

需要指出的是，巴师认为尿路结石的治疗，应根据具体情况而定。一般情况下，如果结石直径小于 1.0cm，无尿路感染或梗阻现象，肾功能尚好者，主张保守治疗，服用排石中药，结合饮食调护、均衡饮水以及合理运动，绝大部分患者可以免除外科治疗。若结石如较大，难以自行排出者，可行体外冲击碎石治疗，如果结石阻塞过久或过大，甚至已影响肾功能者，则应考虑手术。

参考文献

［1］王庆其．内经选读［M］．北京：中国中医药出版社，2003：1.

［2］张家礼．金匮要略［M］．北京：中国中医药出版社，2004：9.

［3］巴元明，邵朝弟，宋俐，等．排石冲剂治疗尿路结石的临床研究［J］．湖北中医杂志，2005，27：11.

［《光明中医》2012，9（27）：1743］

猪苓汤治疗肝癌癌性腹泻

陈　曦　高　蕾　赵　和

长春中医药大学附属医院

《伤寒论》中将泄泻、痢疾统称为下利，仲景指出下利病因众多，病机不同，证候复杂，兼症各异，除六经下利之外，寒热虚实有之，病证夹杂者亦有之，临证时须详审病机，因证立法，依法组方，断不可刻守一方，以应万变。临床上诸多中医文献中均极少提及肾阴虚下利，中医学教材中泄泻一病也未提及此型，肾阴虚下利一证临床上确实较为少见，仲景在《伤寒论》中对肾阴虚下利已有所论及，并提出了完整的病机治要。

319 条猪苓汤证，“少阴病，下利六七日，咳而呕渴，心烦不得眠者，猪苓汤主之。”其病机为少阴热化，阴虚水热互结，水热互结下焦，因水性变动不居，若水气偏渗大肠则下利，治以扶正祛邪，育阴利水之猪苓汤。水属阴邪，非阳莫化，所以少阴水气证多见于阳虚寒化证，如真武汤证，但少阴真阴虚衰，邪热与水气互结，亦可导致水气证，只是临床阴虚水气证较阳虚水气证少见而已。

临床观察到多数肝癌患者均属肝肾阴虚、余毒未清型，部分肝癌出现癌症相关腹泻者辨证应用猪苓汤加减治疗获得较好疗效。现介绍典型案例1则。

患者男，55岁，农民。2009年9月13日就诊。该患乙肝肝硬化病史21年，2个月前因低热、肝区痛在当地医院行肝脏增强CT检查，确诊为原发性肝癌。口服复方斑蝥胶囊，未做手术、介入治疗及放化疗。近10余天出现腹泻，少则3~4次/d，多则7~8次/d，口服易蒙停腹泻减轻，停药后腹泻加重，故来我院要求服中药治疗。刻诊：精神萎靡，午后自觉发热，右胁隐痛，按之痛减，口渴，纳差食少，时时欲呕，心烦，夜寐不佳，尿少色黄，大便质稀，泻下如注，粪色深黄而臭，舌光绛无苔，脉弦细数。查血常规、便常规无感染征象。参其脉证，考虑为水热互结，下渗于大肠所致。治宜清热除湿，育阴止泻。效仲景之猪苓汤养阴清热利水，使利水不伤阴，滋阴不助邪，邪正兼顾。处方：猪苓15g，茯苓12g，阿胶10g（烊化），泽泻12g，滑石20g（包煎）。1剂后泻减，守方加太子参12g，五味子5g，白芍15g，佛手9g。连服3剂，泻止，诸症俱减。

肝癌一般都是在长期慢性肝病的基础上发生的，主要指肝硬化。在我国，主要是乙型和丙型肝炎病毒感染所致的肝炎后肝硬化。日久及肾，终致肝肾阴虚，余毒未去，少阴热化，阴虚水热互结下焦，形成阴虚水气证。加太子参、五味子、白芍以增强滋阴固涩之功，且酸以入肝，能够同时养阴柔肝，补肝体，加入佛手能疏肝行气，助肝用，使滋而不腻。

癌性腹泻是指恶性肿瘤引起的腹泻，主要表现为排便水分及排便次数的异常增多，严重或不可控制的腹泻可引起脱水、电解质紊乱和肾功能不全而使病情恶化，是引起癌症患者恶液质的主要原因之一。临床上常有肝癌癌性腹泻患者应用思密达、易蒙停等药物均难获效者，此时中医辨证治疗可突显其优势。中医学认为，癌性腹泻病因病机不同，其临床表现也各异，抓住不同患者病机特点进行准确辨证治疗，有助于缓解患者的症状，提高生活质量。胡陵静[1]认为，癌性腹泻主要与邪毒内蕴、脾胃虚弱、脾肾阳虚、湿毒内攻诸因素有关，并将癌性腹泻辨证分为四型：①脾胃虚弱证，治以益气健脾止泻，方选参苓白术散加减。②癌毒内侵证，治以清热利湿，方选葛根芩连汤加减。③脾肾阳虚证，治以温补脾肾，固涩止泻，方选真人养脏汤加减。④肝郁脾虚证，治以舒肝行气，健脾止泻，方选痛泻要方加减。张楠等[2]对癌症相关性腹泻进行研究认为，外因湿盛和内因脾虚是泄泻的病因，一般而言，急性泄泻以湿盛为主，慢性泄泻以脾虚为主，而癌症相关腹泻多为慢性，治法为健脾化湿，并对癌症相关腹泻进行中医辨证分型，主要分为①脾胃虚弱型，治以健脾化湿，方用参苓白术散，如久泻气虚下陷，脱肛不收，可用补中益气汤。②肾阳虚衰型，治以湿肾健脾，方用四神丸。③肝气乘脾型，治以抑肝扶脾，方用痛泻要方。

目前，对癌性腹泻的中医中药研究中尚未见有肾阴虚下利型的报道，但通过笔者对肝癌癌性腹泻的临证观察看来，部分患者确属此型，以猪苓汤加减治疗往往可获佳效。故提出猪苓汤治疗肾阴虚下利，供大家临床选用，同时提醒医者，临证时切勿拘泥常规，应灵活辨证。

参考文献

[1] 胡陵静．中医辨证治疗癌性腹泻．中国中医急症［J］，2012，21（3）：504.
[2] 张楠，苏天聪．癌症相关性腹泻及中医中药治疗．中西医结合临床［J］，2005，5（1）：54~55.

［《中国实用医药》2012，7（32）：176］

竹叶汤方证探析

唐　瑛　成都中医药大学
赵　庆　泸州医学院中西医结合学院
闫　颖　成都中医药大学
张　琦　成都中医药大学

竹叶汤方证，见于《金匮要略·妇人产后病》第9条。原文为“产后中风，发热，面正赤，喘而头痛，竹叶汤主之。”对本条，高校5版《金匮要略讲义》解释为“本条论述产后中风兼阳虚的证治……但面正赤，气喘，则为虚阳上越之象[1]”，6版《金匮要略选读》[2]、7版《金匮要略》[3]都沿用此解释。而实际上，后世注家对“面正赤、喘”的表现特点及病机是存在分歧的。主要有两种观点：一是邪实；二是阳气亏虚虚阳上浮。那么，本条到底论述哪种病机呢？笔者不揣浅陋，试加探讨，以究仲景原文精神。

一、“面正赤，喘”之病机

面赤，症状名[4]。赤为火热之色，属心。《金匮要略·脏腑经络先后病脉证第一》有云：“色赤为风”。赤而明润，为有胃气，预后佳；赤而枯槁晦暗，为胃气败属危重证候。《素问·脉要精微论》："赤欲如帛裹朱，不欲如赭。"故赤虽主热主风，但赤之特点不同，其原因也不同。如气血调和则白里透红，含蓄不露；实热内盛则满脸通红；阴虚内热则两颧潮红；虚阳浮越于上则两颧泛红如妆，游移不定，等等。本条"面赤"只强调了"正赤"，参《伤寒论·辨太阳病脉证并治中》48条："设面色缘缘正赤者，阳气怫郁在表，当解之熏之。"仲景在该条强调面持续通红，为阳气郁遏不能外达，当发汗解表。关于"正赤"，清著名散文家姚鼐《登泰山记》："正赤如丹。"故正赤表现纯红如朱砂。再看，《伤寒论·辨少阴病脉证并治》317条："少阴病，下利清谷，里寒外热……其人面色赤"；《伤寒论·辨厥阴病脉证并治》366条："其人面少赤……其人面少赤……其面戴阳，下虚故也"，此两条的病机均为真寒假热，这种面红为面红如妆，游移不定。仲景用"面赤，面少赤"似要反映这种面红的局部性和不持续性，而不如正赤之纯，之持续。综上，笔者认为"面正赤"为阳气怫郁，当汗解。

喘，既是症状名，也是病证名。《说文解字》："喘，疾息也。"指呼吸急促。7版《中医诊断学》[5]解释："喘，即气喘。指呼吸困难，急迫，张口抬肩，甚至鼻翼煽动，难以平卧。分为实喘和虚喘。常由肺、心病变及白喉、急喉风等导致，而辨证还与脾、肾有关。"《素问·经脉别论》以五脏病证皆可致喘。《济生方·喘》："将理失宜，六淫所伤，七情所感，或因坠堕惊恐，度水跌扑，饱食过伤，动作用力，遂使脏气不和，营卫失其常度，不能随阴阳出入以成息，促迫于肺，不得宣迫而为喘也。"因此，引起喘的原因也是很多。若本条喘为虚阳上越所致，为气脱于上，此时当救里，温阳以固脱，不可再用发汗之法。仲景在《伤寒论》92条及《金匮要略》14条："问曰：病有急当救里救表者，何谓也？师曰：病，医下之，续得下利清谷不止，身体疼痛者，急当救里；后身体疼痛，清便自调者，急当救表也。"反复强调，表里同病时的先后缓急治则。当里虚为急时，当救治其里。反观竹叶汤，为表里同解之方剂。故本条之"喘"，非气脱于上之虚喘。

因此，笔者认为，本条"面正赤"为阳气怫郁，"喘"为外邪闭郁肺气，肺失宣降而致。

二、"虚阳上越"的含义

《中医大辞典》无虚阳上越，但有虚阳上浮[4]："病机。也称孤阳上越、或称虚阳不敛。①同阴盛格阳，见该条。②指精血亏损，阳失所附，浮越于上。"因此，目前认为，引起虚阳上越有两种病机，一为阴盛格阳。何为阴盛格阳？《中医大辞典》解释："病机。指体内阴寒过剩，阳气被拒于外，可出现内真寒而外假热的证候[4]。"而真寒假热为："证候名。阴证似阳的证候[4]。"7版《中医诊断学》[5]也指出："真寒假热指内有真寒而外见某些假热的'寒极似热'证候。……真寒假热的实际是阳虚阴盛而阳气浮越，故又称虚阳浮越证，古代亦有称阴盛格阳证、戴阳证。"仲景在《伤寒论》317条论述了阴盛格阳证，并强调本证是一种向"阴阳离绝"发展的危证，证情多较重笃。366条论述了戴阳证，张璐《伤寒缵论·厥阴全篇》指出："虚阳至于外越上出，危候已彰。"后世扩展了对阴盛格阳证的理解。代表医家火神派郑钦安在《医理真传·辨认一切阳虚证》[6]中说："凡阳虚之人，阴气自然必盛。外虽现一切火症，近似实火，俱当以此法辨之，万无一失。……然又有近似实火之处，又当指陈。阳虚证，有面赤如朱而似实火者。有脉极大劲如石者。有身大热者。有满口齿缝流血者。有气喘促、咳嗽痰涌者。有大、小便不利者。"因此，阴盛格阳不仅见于危证。而对于此证的治疗，仲景用通脉四逆汤、白通汤回阳救逆。郑钦安在其《医法圆通》中也反复强调"以回阳收纳为要"[7]。因此，治疗阴盛格阳关键在于温阳救里。本条竹叶汤，为表里双解，其更重于发散药物运用，不利于阳气之回纳，故以阴盛格阳解释方证，似是不妥。

虚阳上越的第二种解释为阴虚阳浮，也叫阴虚阳亢[8]。精血亏损，不能制阳，阳气浮越，症见潮热，面色嫩红，口燥不渴，脉虚数等等。但其证本质还是阴虚，故其治疗应重在补精血，敛浮阳。也与竹叶汤之功效不符。

综上，笔者认为，用虚阳上浮解释竹叶汤方证，恐有悖仲景原文精神。

三、竹叶汤的功效

竹叶汤原方为：竹叶一把、葛根三两、防风、桔梗、桂枝、人参、甘草各一两、附子一枚（炮）、大枣十五枚、生姜五两。上十味，以水一斗，煮取二升半，分温三服，温覆使汗出。颈项强，用大附子一枚，破之如豆大，煎药，扬去沫。呕者，加半夏半升洗。

方中竹叶、葛根、防风、桂枝、生姜能祛风解表；桔梗能宣肺平喘；人参、甘草、大枣益气养血，调和营卫；附子温阳散寒通经脉。从组成来看，竹叶汤表里双解，解表药重于治里药，故该方偏于解表。又《金匮要略·妇人产后病脉证并治第二十一》第1条提出："产后血虚多汗，喜中风，故令病痉"。河南中医学院主编《金匮要略讲义》[9]也提到本方是能够对痉病起一定作用的。参《神农本草经》药物主治：竹叶"溢筋急"；葛根"诸痹"；桂枝"利关节"，三药均有舒筋活络的作用。且本方后注"颈项强，用大附子一枚"，痉病主症即为项背强直，《素问·生气通天论篇第三》也曰："阳气者，精则养神，柔则养筋。"故此方中，附子外能温筋散寒，内能固护阳气。这样看来，本方解表之外，还能温阳养津，舒缓筋脉，以防产后发痉。

根据以上理由，笔者认为本证病机属于感受风邪，营卫闭阻，阳气不得宣达。"面正赤，喘"非虚阳上越。但因病起产后，易发痉病，故散表之药用竹叶、葛根、桂枝都兼有舒筋活络的作用；内有气血耗损，若单纯发汗，恐因汗而导致虚脱，所以以参、附内固里气，仍属表里双解，扶正祛邪法。

参考文献

[1] 李克光．金匮要略讲义［M］．上海：上海科学技术出版社，1985：243.

[2] 孟如．金匮要略选读［M］．上海：上海科学技术出版社，1997：148.

[3] 范永升．金匮要略［M］．北京：中国中医药出版社，2003：375.

[4] 李经纬．中医大辞典［M］．第2版．北京：人民卫生出版社，2004：1211，1707，1569，751，1384.

[5] 朱文锋．中医诊断学［M］．北京：中国中医药出版社，2002：93，153.

[6] 唐步祺．郑钦安医书阐释［M］．成都：四川出版集团巴蜀书社，2004：32.

[7] 汪剑，和中浚．郑钦安真阳学说与潜阳归肾罚理论探讨［J］．2007，25（6）：2.

[8] 朱文锋，何军锋，黄碧群．论虚阳浮越与阴虚阳亢的鉴别［J］．中医药导报，2007，13（9）：1.

[9] 河南中医学院．金匮要略讲义［M］．郑州：河南人民出版社，1959：137.

［《辽宁中医药大学学报》2012，14（9）：137］

转"阴枢"名方四逆散临床运用体会

胡正刚　浙江中医药大学基础医学院

四逆散源自《伤寒论》，原自少阴病阳郁不伸所致的热厥证。其功用，准确地说，应当是"疏肝理气，调和脾胃"。后世的逍遥散、柴胡疏肝散都是由四逆散化裁而来的，是临床常用的有效之方。兹将个人对四逆散加减法之临床运用体会总结如下。

一、四逆散证治机理

《伤寒论》原书少阴病篇318条："少阴病，四逆，其人或咳，或悸，或小便不利，或腹中痛，或泄利下重者，四逆散主之。"历代医家对其病机的认识，主要有三：一是邪由阳经传入少阴，阳气内郁，枢机不利所致。如吴昆《医方考·伤寒论门》曰："此阳邪传至少阴，里有结热，则阳气不能交接于四末，故四逆而不温。"[1]柯韵伯的《伤寒来苏集》亦认为本证"四逆皆少阴枢机无主，升降不利所致"。[2]其实，暗中点出了少阴肾气不足与肝脾气机不调之间的关系。二是认为四逆散证不属于少阴病而是少阳类证，其病机为气机阻滞，阳气内郁，不能达于四末。如陆渊雷《伤寒论今释》曰"其病盖少阳之类证，决非少阴"；张璐在《伤寒论缵论》中认为"此证虽属少阴，而实脾胃不和……"[3]李中梓在《伤寒论括要》中认为"此证虽云四逆，必不甚冷，或指头微温，或脉不沉微，乃阴中涵阳之证。此惟气不宣通，乃为逆冷……"[4]《伤寒论译释》认为"此证四逆，乃由于肝气郁结，阳郁于里，不能通达四肢，所以逆冷，然而在程度上并不严重，且无其他虚寒见证，在辨证上是不难区分的。"[5]少阴病的四逆，是阴寒内盛，阳衰于外之危证，非姜附草之四逆汤不能回阳救逆，而历代医家深知：四逆散绝非少阴四证所宜。更有甚者《伤寒杂病论义疏》则明确将其纳入少阳篇内，将四逆散改为柴胡芍药枳实甘草汤，提出了："少阳病，气上逆，今胁下痛，痛甚则呕逆，此为胆不降也"[6]的看法。三是认为此处完全是为了临床辨证的需要，持此种观点的有岭南伤寒名家何志雄教授及其弟子张横柳教授[7]。

其分析概略如下：第318条的四逆散证确实出自于少阴病篇，并首冠"少阴病"，且置于第314、315、317条的白通汤、通脉四逆汤之后，何故也？综观《伤寒论》398条原文及仲景学术观点，唯一的目的是辩证需要。因为第314、315、317条，皆有严重的肢厥，紧接着在第318条，亦以四肢厥冷（以"少阴病，四逆……四逆散主之"可据）为临床主要特征，盖两者均以"四肢厥冷"为共见之主证，其机理皆因阳不达四末。但前者为阳气衰微，阴寒大盛所致，此为少阴亡阳之危急重症；后者属阳气内郁于里，以致阳不达四末，证属实证、热证。由是，临证"四逆"之辨，首辨寒、热，方不误治。总之，两者皆以四肢厥冷为临床主要特征，其治疗方剂皆以“四逆”命方，前者名为四逆汤（白通汤、通脉四逆汤皆为四逆汤类方），后者称之四逆散，但两者的病机完全不同，临床脉症亦大异，施治方药有别。上述条文序码的排列，由314条直到318条便是仲景惯用书写文法，又称仲景文法，就是为了突出《伤寒论》的核心内容与精髓——“辨证论治”，又是仲景惯用的“知常达变”辩证思维。314、315、317条的肢厥在少阴病为常，那么318条的肢厥便是常中之变了。此类文法，在《伤寒论》中处处可见，如阳明病第243条吴茱萸汤证，同样是排列在第238、239、240、241、242条的大承气汤证之后，突然第243条便阐述阳明胃虚寒的吴茱萸汤证，也是辨证的需要，告诫后人，阳明胃肠病变的辨证，首分寒、热、虚、实，切忌虚虚实实之戒。

笔者认为：四逆散为转“阴枢”之极佳良方，需要考虑二个问题：一是病机是什么？四逆散证是怎样形成的？

（1）何为转“阴枢”？《素问·六微旨大论》曰：“出入废，则神机化灭，升降息，则气立孤危。故非出入，则无以生长壮老已；非升降，则无以生长化收藏。是以升降出入，无器不有。”[8]这既说明气机运动对于生命活动的重要性，又说明气机运动存在的广泛性。升降出入的气机运动是人体生命赖以存在的基本条件。倘若升降失常，气血乖违，则阴阳失衡，百病由生。而四逆散正是通过调节肝脾达到调节局部气机，进而达到理顺全身气机的目的。

尤怡《伤寒贯珠集》云：“四逆，四肢逆冷也。此非热厥，亦太阳初受寒邪，未郁为热，而便入少阴之证。少阴为三阴之枢……。其进而入则在阴，退而出则就阳。邪气居之，有可进可退时上时下之势……，故用柴胡之辛扬之，使从外出；枳实之苦抑之，使其内消。而其所以能内能外者，则枢机之用为多，故必以芍药之酸益其阴，甘草之甘养其阳。”[9]尤氏以四逆散为使枢机通利之品，而治上下内外诸多或然之证，很有见地。实际上为扭转五脏枢机之剂与小柴胡汤和解三焦腑枢机相似，而小柴胡汤作用于六腑之一三焦腑调节全身气机重在“阳枢”，四逆散作用于五脏之肝脾两脏气机以推动其他三脏重在“阴枢”。

（2）四逆散证之来路？四逆散病证原则上五脏六腑病皆可以传变而来，《伤寒论》中暗中揭示了与少阴篇关系最密切，仍隶属于少阴病篇，此处主要作用确实是为了与四逆汤四肢厥逆证相鉴别，但仲景将其列于少阴篇提示少阴病人中有易见有阳郁不伸四肢不温之四逆散证者。揭示了肝脾不调与少阴肾关系极为密切的一个方面，即肾阴阳不足——肝肾同源影响及肝——木病及土影响到脾胃——气机郁于脏属里属阴分（与柴胡证郁于胆属表属阳分不同）。即少阴体质易见肝脾不调气机阻滞仍以转枢机为主的发病过程，但四逆散毕竟顾及少阴的成分几乎没有，不是典型的少阴寒化或热化证；故与少阴病篇四逆证的鉴别诊断意义显的尤其重要。

但为什么肝脾两脏气机出了问题？再让我们结合“少阴病，四逆，其人或咳，或悸，或小便不利，或腹中痛，或泄利下重者，四逆散主之。”而论，此处之“少阴病”，有“来自少阴病”之义，一者少阴肾寒火不暖土，脾化无权，肝气受郁；二者龙火不足，相火（雷火）难以游运阳气于周身，自身疏泄条达之性衰减，故郁气于内，气有余便是火，内有余火而外不接疏布之阳气，故见阴阳之气不相顺接之象。

二、四逆散方方解

四逆散方中的药物有柴胡、白芍、枳实、甘草，主要归肝、脾胃经，故从肝脾（胃）的角度论述病机，证为肝脾不和、转枢不利、胃气不达四肢，主治在肝脾（胃）无疑。

方中柴胡，《神农本草经》载“味苦平。主心腹，去肠胃中结气，饮食积聚，寒热邪气，推陈致新。久服，轻身明目益精。”为君药。《神农本草经》谓芍药“味苦平。主邪气腹痛，除血痹，破坚积寒热，疝瘕，止痛，利小便，益气。”自宋《图经本草》始有赤芍、白芍之分。一般认为四逆散中使用白芍。

枳实在《伤寒论》《金匮要略》中多用以消导积滞，行气、消痰、逐饮。《神农本草经》谓其“味苦寒。主大风在皮肤中，如麻豆苦痒，除寒热结，止利，长肌肉，利五脏，益气轻身。”

《神农本草经》载甘草‘味甘平。主五脏六腑寒热邪气，坚筋骨，长肌肉，倍力，金创尰，解毒。久服轻身延年。”《医学启源》谓：“气味甘，生大凉，火炙之则温，能补三焦元气，调和诸药相协，共为力而不争，性缓，善解诸急，故有‘国老’之称”。[10]甘草既能调和诸药，又有甘以缓之之义，甘草与芍药，即为芍药甘草汤，对腹痛挛急特别有效。

方中四味药可分解为三个部分。一是柴胡、芍药为肝药；枳实、甘草为脾胃药。所以能疏肝理气、调和脾胃：一是芍药、甘草相配伍可以除血痹、缓挛痛，有缓急止痛之功；一是枳实、芍药相伍，为金匮枳实芍药散，是妇人病方，治产后腹痛，烦满不得卧之症。综合而论，本方实有疏肝理脾，和营消满的功效[11]。

三、病案举例

案例 1 四逆散治疗肝胆脾胃疾病

许某，女，46 岁，工人。2009 年 10 月 15 日就诊。

患者肝区胀闷疼痛加重 1 月余。自述一年前体检时发现子宫肌瘤，半年前因少腹疼痛腹渐大如盘，复查 B 超发现子宫肌瘤明显增大，且有一不明包块，故行手术治疗，查明不明包块为痰性囊状包块，术后两月余，胃脘开始胀痛，同时胃脘下可触及大鸡蛋大囊性包块，B 超探察为分隔性液体囊性包块。近来胃脘和肝区明显胀痛，夜间难入睡。伴早起伴有白痰，纳食一般，食后胀痛明显，舌苔白腻，脉沉无力。考虑肝郁脾虚、痰饮结于胸胁和胃。方药如下：

柴胡 12g，炒枳壳 15g，炒白芍 25g，赤勺 15g，炙甘草 10g，青、陈皮各 9g，郁金 10g，姜黄 15g，法半夏 30g，茯苓 30g，鲜生姜 30g，天花粉 30g，牡蛎 30g（先煎），党参 25g，浙贝母 10g，川贝 6g。5 剂水煎服日 1 剂分温服。

二诊，服上药肝区疼痛胀闷明显减轻，仍有少量白痰，舌苔白，略有齿痕，脉弦，沉取无力，调方如下：

柴胡 15g，炒枳壳 15g，炒白芍 15g，炒枳实 10g，炙甘草 10g，党参 25g，生白术 15g，黄芩 9g，桂枝 25g，干姜 15g，茯苓 30g，天花粉 30g，牡蛎 30g（先煎），川贝 5g（打），香附 10g，元胡 10g，炒扁豆 15g，生米仁 30g，神曲 15g。7 剂水煎服日 1 剂分温服。

三诊，服上方，病人反馈肝区疼痛胀闷唯吃完饭后有些胀痛，白痰减少，口略苦，舌苔白，脉沉取弦细。柴胡 12g，炒枳壳 15g，炒白芍 15g，炒枳实 10g，炙甘草 10g，茯苓 30g，法半夏 20g，（打）党参 25g，青、陈皮各 9g，鲜生姜 30g，炒扁豆 15g，生米仁 30g。七剂水煎服日一剂分温服。

后追访，B 超提示胃脘部仍可见分隔性液体囊性包块，但患者肝区疼痛胀闷情况明显好转。

按：综合治疗过程，始终以四逆散“转阴枢”调肝脾气机为本，先后结合小半夏加茯苓汤散胃水，二贝散散痰结，栝楼根牡蛎散散水结胁下治标，参四君子汤健脾胃善后，短期疗效可。

案例 2 四逆散治疗青春痘申某，女，32 岁，留学生。2009 年 7 月 13 日就诊。

患者时发青春痘，面部油脂偏重，口干，睡眠质量略差，多梦，偶有脱发，舌质淡，苔薄白，脉沉取无力。考虑肝郁兼胆胃湿热，湿热蒸腾胆胃故有面部油脂偏重，口干，睡眠质量略差，多梦等症状。故疏肝清胆胃中热兼芳香透湿法方药如下：柴胡 10g，炒枳壳 1g，生白芍 15g，生甘草 10g，茯苓 25g，法半夏 10g，青、陈皮各 10g，姜竹茹 15g，天冬 10g，麦冬 10g，黑乌豆衣 15g，制何首乌 10g，神曲 15g，藿香 12g（后下），佩兰 12g。7 剂水煎服日 1 剂分温服。

二诊，服上药肝区疼痛胀闷明显减轻，仍有少量白痰，舌苔白，略有齿痕，脉弦，沉取无力，调方如下：柴胡 15g，炒枳壳 15g，炒白芍 15g，炒枳实 10g，炙甘草 10g，党参 25g，生白术 15g，黄芩 9g，桂枝 25g，干姜 15g，茯苓 30g，天花粉 30g，牡蛎 30g（先煎），川贝 5g（打），香附 10g，元胡 10g，炒扁豆 15g，生米仁 30g，神曲 15g。7 剂水煎服日 1 剂分温服。

二诊，服药后面部油脂明显减轻，睡眠略有改善。仍有口干，肝胁时胀，舌质淡，苔薄白，脉沉弦。投以柴胡 12g，炒枳壳 15g，炒白芍 15g，炙甘草 10g，太子参 30g，麦冬 12g，五味子 6g，黑乌豆衣 15g，生白术 10g，茯苓 15g，炙黄芪 15g，天冬 10g，炒酸枣仁 15g，合欢花 15g。

三诊，服药后面部油脂明显减轻，面部青春痘改善，睡眠佳。无口干，时有乏力，舌质淡，苔薄白，脉沉弦。继续守上方治疗 14 剂。后每月月经前后守四逆散加减法 5 剂，近半年面部油腻、青春痘发作甚少，疗效稳定。

按：本案以四逆散疏肝脾调气机，温胆汤清胆胃中热兼芳香透湿法，考虑到油脂上蒸，病位属阳明胃，久则胃阴必有不足，故于方中加黑乌豆衣清透郁热，天冬、麦冬补肺胃之液，何首乌补肾固发。中期疗效可。

案例 3 四逆散治疗呛咳

熊某，女，35 岁。2006 年 7 月 10 日就诊。

患者妊娠 2 ~ 3 月余，体态中等，经常咳嗽咽痒（2 ~ 3 年），痰少而粘，咽部时有异物感，吞之不入，吐之不出，伴胸闷、胁胀痛，自述生气、睡眠不佳或工作压力过重时呛咳明显，余情况尚可，舌体偏胖，苔薄略燥，脉略弦滑。考虑属于肝木刑金，肝脾气机影响肺气之宣发肃降，故用方药如下：柴胡 9g，炒枳壳 12g，炒白芍 15g，生甘草 6g，法半夏 10g，厚朴 10g，鲜生姜 20g，茯苓 15g，苏梗 12g，桔梗 10g，前胡 10g，浙贝母 10g，瓜蒌皮 15g。嘱服 5 剂，水煎服分 2 次温服。

复诊，咳嗽止，咽部异物感大减，余如故，故守方5剂继续巩固疗效。后追访未见复发。

按：咳嗽本属肺。然有“五脏六腑皆令人咳”的说法，且四逆散的或然症中亦有“咳”，所以排除肺之寒郁，从肝郁气滞上逆为咳，而用四逆散疏肝理气，半夏厚朴汤降逆化痰，稍佐前胡、桔梗、瓜蒌之属，使肺气宣畅，三焦通畅，咳嗽自止。因而，用四逆散治疗肝木刑金、肝肺同病咳嗽尤为得法。

参考文献

［1］吴昆．医方考·伤寒门［M］．南通：江苏科学技术出版社，1985，45.

［2］柯琴．伤寒来苏集·伤寒附翼［M］．上海：上海科学技术出版社，1959版，62.

［7］张锡驹．续修四库全书·子部·医家类·987册·伤寒论直解［M］．上海：上海古籍出版社，264.（原文序号错误）

［3］张璐．张璐医学全书·伤寒缵论［M］．北京：中国中医药出版社，1999，598.

［4］李中梓．李中梓医学全书·伤寒括要［M］．北京：中国中医药出版社，1999，356.

［5］南京中医学院伤寒教研组．伤寒论译释［M］．上海：上海科学技术出版社，1980，1121.

［6］刘世桢．伤寒杂病论义疏长沙：长沙商务印书馆，1934年，34.

［7］黄竹齐．伤寒论集注［M］．北京：人民卫生出版社，1957，330.

［8］神龙本草经［M］．北京：科学技术文献出版社，1996，15.

［9］尤怡．伤寒贯珠集［M］．北京：中医古籍出版社，1998，128.

［10］张元素．医学启源［M］．北京：人民卫生出版社，1978，186.

［11］陈瑞春．伤寒实践论［M］．北京：人民卫生出版社，1978，186.

［《江西中医学院学报》2012，24（1）：8］

柴胡桂枝汤加味治疗体虚感冒73例观察

赵世新　左云县中医院

感冒是感受触冒风风邪致的常见外感疾病，临床以鼻塞、流涕、喷嚏、咳嗽、头痛、恶寒、发热、全身不适等为主要表现。而素体虚弱之人表现为弱不禁风，经常感冒，反复发作，迁延不愈。西医感冒药虽可控制症状，但停药后容易复感，不能彻底治愈。感冒虽为小病，然体虚之人更易感之，反复迁延，使虚者益虚，不可小觑。柴胡桂枝汤是《伤寒论》中主治太阳与少阳并病的方剂，具有和解表里，调和营卫，疏泄肝胆，健运脾胃，补益气血的功效。自2007年以来笔者对73例体虚感冒患者应用柴胡桂枝汤加味治疗，取得显著效果，现报道如下。

一、临床资料

1. 一般资料　本组病例共143例，均为我院门诊就诊患者，表现为鼻塞、流清涕、频频喷嚏、头眩晕、神疲乏力、恶风寒等感冒症状，且素体虚弱，反复感冒，迁延不愈。按就诊顺序随机分为治疗组和对照组，治疗组73例，男34例，女39例，年龄38岁～77岁，平均年龄51岁；感冒反复发作病程最短1个月，最长5年；伴全身肌肉酸痛不适55例，咳嗽59例，便秘31例。对照组70例，男33例，女37例，年龄39岁～77岁，平均年龄50岁；感冒反复发作病程最短1个月，最长5年；伴全身肌肉酸痛不适53例，咳嗽60例，便秘28例。2组患者一般资料差异无显著性。所有患者血常规检查均无异常，排除呼吸系统感染性疾病。

2. 治疗方法　治疗组采用口服柴胡桂枝汤加味治疗，方剂药物组成：柴胡12g，黄芩10g、法半夏10g、桂枝12g、白芍10g、炙甘草6g，黄芪15g、党参15g、防风10g、白术12g、生姜3片、大枣3枚。伴全身肌肉酸痛加葛根15g，咳嗽明显加杏仁10g、桔梗10g，便秘加枳实10g、火麻仁15g、厚朴10g。水煎服，每日1剂，两煎混在一起，分2次早晚服用。对照组采用常规对症治疗：抗病毒颗粒1袋，3次//d，冲服；抗伤风胶囊2粒，3次/d，口服；vc银翘片2片，3次/d，口服。治疗组与对照组1疗程均为1周，2～4个疗程后观察疗效。

3. 疗效判定标准痊愈　症状完全消失，停药半年内无复发；有效：症状明显减轻，或服药期内症状完全消失，停药半年内复发者；无效：症状未消失或加重者。

4. 统计学方法　计数资料采用 x^2 检验，$P<0.05$ 为差异有统计学意义。

二、结果

治疗组总有效率为90.41%，对照组总有效率为72.86%，2组比较有显著性差异（$P<0.01$）。见表1。

表1　2组总有效率比较

组别	例数	痊愈	有效	无效	总有效率（%）
治疗组	73	47	19	7	90.41
对照组	70	6	45	19	72.86
X^2					7.402
P					<0.01

三、讨论

体虚感冒是指患者素体虚弱，或病后、产后体弱，卫外不固，以致反复感邪或感冒后缠绵不愈。而外邪侵犯人体是否引起发病，关键在于正气之强弱，当卫外功能低下，肺卫调节疏懈，而遇外邪乘袭时则易感受发病。因此体虚感冒之人，体虚是本，感冒是标，内外相互为患，体虚可以招致感冒，感冒又可加重体虚。正如清·李用粹《证治汇补·伤风》所说："……有平昔元气虚弱，表疏腠松，略有不谨，即显风证者，此表里两因之虚证也。"故于治疗上应以扶正祛邪为治疗大法，而不可专行发散，犯虚虚之戒。《证治汇补·伤风》："如虚人伤风，屡感屡发，形气病气俱虚者，又当补中，而佐以和解，倘专泥发散，恐脾气益虚，腠理益疏，邪乘虚人，病反增剧也。"因而扶正以治体虚之本，解表祛邪以清感冒之标。体内正气强盛，才能抗邪外出，使邪气遁而正气壮，疾病自愈。

《伤寒论》第146条："伤寒六七日，发热，微恶寒，支节烦疼，微呕，心下支结，外证未去者，柴胡桂枝汤主之。"是论述柴胡桂枝汤治疗太阳和少阳并病的。其是在小柴胡汤的基础上加桂枝汤而成，以小柴胡汤和解少阳，宣展枢机，桂枝汤调和营卫，解肌辛散，解太阳未尽之邪。两方一合，具有调和阴阳，调和营卫，调和脾胃，疏泄肝胆，补益气血，和解表里的功效，用于治疗人体表里内外，气血上下之脾胃不和，气血不畅，表里不和，营卫不固等证。本文对体虚感冒治疗组病例采用柴胡桂枝汤加味治疗，方中柴胡疏肝利胆，可疏散半表半里之邪。《本草正义》："约而言之，柴胡主治，止有二层：一为邪实，则为外邪之在半表半里者，引而出之，使达于表而外邪自发；一为正虚，则为清气之陷于阴分者，举而升之，使返其宅，而中气自振。"现代研究表明柴胡挥发油有抗感冒病毒作用。桂枝发汗解肌，温通经脉，与白芍相配调和营卫，解肌发表，现代研究表明桂枝煎剂对金黄色葡萄球菌、白色葡萄球菌、伤寒杆菌均有较强的抑制作用，并且还有抑制流感病毒作用。党参补脾益肺，健运中气，正如《本草正义》所言："力能补脾养胃，润肺生津，健运中气，……则健脾运而不燥，滋胃阴而不湿，润肺而不犯寒凉，养血而不偏滋腻，鼓舞清阳，振动中气，而无刚燥之弊。"现代研究本品可增强机体免疫的作用。黄芪补气升阳，益卫固表，同样能提高机体免疫功能。防风发表散风，《本草汇言》："主诸风周身不遂，骨节酸痛，四肢挛急，痿痹痫痉等症。"与黄芪、白术同用又合玉屏风散，具有固表益气祛邪之功。诸药相伍，使虚者得补，表邪能散，补而不腻，驱邪而不伤正，标本兼治，从而达到扶正祛邪的治疗宗旨，因而其用于治疗体虚感冒方能取得满意疗效。从临床观察结果看，本文治疗组有效率明显高于对照组，疗效差异有显著性（P<0.01），提示柴胡桂枝汤加味治疗体虚感冒有显著疗效，治疗彻底，不易复发，值得临床推广应用。

［《基层医学论坛》2013，17（2）：239］

小陷胸汤方证思考与探索

王　付　河南中医学院

《伤寒论》第138条："小结胸病，正在心下，按之则痛，脉浮滑者，小陷胸汤主之。"张仲景对此既然明确指出病是"小结胸病"，为何又重点强调病变部位"正在心下"，还突出病证表现是"按之则痛"，其辨证思路是什么？有何临床特殊指导意义？结合多年临床运用小陷胸汤体会，试将肤浅认识略述于次，以抛砖引玉。

一、方证思考

（一）方药作用及病位

学用小陷胸汤，首先要辨清方中黄连、半夏、瓜蒌的作用部位及特点，然后才能更好地运用小陷胸汤辨治诸多疑难杂病。黄连清热燥湿，可治：①上焦病证：如《金匮要略》云："心气不足，吐血，衄血，泻心汤主之"。②中焦病证：如《伤寒论》云："心下但满而不痛者，此为痞，柴胡不中与之，宜半夏泻心汤"。③下焦病证：如《伤寒论》云："热利，下重者，白头翁汤主之"。

半夏燥湿化痰，可治：①上焦病证：如《金匮要略》云："心下悸者，半夏麻黄丸主之"。又如

"胸痹，不得卧，心痛彻背者，栝楼薤白半夏汤主之"。②中焦病证：如《金匮要略》云："诸呕吐，谷不得入者，小半夏汤主之"。③下焦病证：如《金匮要略》云："问曰：妇人年五十所，病下利数十日不止，暮即发热，少腹里急，腹满，手掌烦热，唇口干燥，何也？师曰：此病属带下，何以故？曾经半产，瘀血在少腹不去，何以知之？其证唇口干燥，故知之，当以温经汤主之"。④中焦下焦病相兼：如《金匮要略》云："病者脉伏，其人欲自利，利反快，虽利，心下续坚满，此为留饮欲去故也，甘遂半夏汤主之"。

瓜蒌清热化痰，可治：①上焦病证：如《金匮要略》云："胸痹之病，喘息咳唾，胸背痛，短气，寸口脉沉而迟，关上小紧数，栝楼薤白白酒汤主之"。②中焦病证：如《伤寒论》第138条："小结胸病，正在心下，按之则痛，脉浮滑者，小陷胸汤主之"。

因黄连、半夏、瓜蒌各自作用的特殊性，组方合用的聚合性，临证针对痰热的切机性，所以辨治痰热病变部位具有广泛性和不确定性，因此才能用小陷胸汤辨治诸多疑难杂病。

（二）解读方药及配伍

深入研究小陷胸汤方药及用量[1~3]［黄连一两（3g），半夏半升（12g），瓜蒌大者一枚（30g）］，并从多方位、多角度、多层次研究其内在的相互关系，达到引导学习思路与运用技巧的目的。

诠释用药要点：方中黄连清热燥湿，杜绝痰从湿生。半夏醒脾燥湿，降逆化痰，治痰求本。瓜蒌清热化痰涤饮，标本兼顾。

剖析方药配伍：黄连与瓜蒌，属于相使配伍，黄连清热燥湿，天花粉清热化痰；黄连、瓜蒌与半夏，属于相反相使配伍，相反者，寒热同用，半夏制约黄连、瓜蒌寒清凝滞，相使者，黄连、天花粉清热化痰得半夏则温化消散。

权衡用量比例：黄连与瓜蒌用量比例是1∶10，提示药效清热与化痰之间的用量调配关系，以治痰热；黄连、瓜蒌与半夏用量比例是1∶10∶4，提示药效清热化痰与苦温化痰之间的用量调配关系，以治痰热蕴结。

（三）权衡小结胸病

《注解伤寒论》认为小陷胸汤主治病变部位在胸中，即"与小陷胸汤，以除胸膈上结热也"。又如《医方考》："黄连能泻胸中之热，半夏能散胸中之结，栝蒌能下胸中之气"。运用张仲景辨"结胸"的病位：①心胸之胸的病变部位在心，病变证机是痰热扰心，证表现以心胸痞闷为主，方药以清心燥湿化痰为主；②肺胸之胸的病变部位在肺，病变证机是痰热蕴肺，病证表现以痰黄苔腻为主，方药以清肺降逆化痰为主；③胸膜之胸的病变部位在胸膜，病变证机是痰热胶结，病证表现以胸胁闷痛为主，方药以宽胸清热化痰通络为主。可见运用小陷胸汤，无论其病变在心、在肺，还是在胸膜，关键是审明病变证机是痰热蕴结。

（四）思辨"正在心下"

《伤寒来苏集》云："正在心下未及胁腹，按之则痛，未曾石硬者，为小结胸。……小结胸是痰结于心下，故脉浮滑"；"心下者，胃口也"。《伤寒发微》云："方中用黄连以降上胃之热邪，用瓜蒌实以通胃中之积垢，与后文治痞之大黄黄连泻心汤相类。但此证为标热陷于心下，吸引痰涎水气，而腑滞稍轻，故以黄连半夏为主，而以瓜蒌实易大黄。"心下者，胃脘也，小陷胸汤可以辨治病变部位在胃脘，病变证机是痰热蕴结，病证表现以心下痞满或胀闷按之则痛为审证要点。运用张仲景辨"心下"的病位：①"正在心下"，如慢性胃炎、胃溃疡等；②"正在心下"之右，如慢性胆囊炎、胆结石等；③"正在心下"之左，如慢性胰腺炎。

二、典型病例

（一）头晕

患者，女，44岁，主诉头晕，有10余年病史，在当地多家医院检查且未能查明病变原因，多次经中西药治疗症状改善不明显，近因头晕、头沉加重前来诊治。刻诊：头晕头沉似在雾中，眼困不欲睁，自觉身体发热且体温正常，大便略溏，肢体困重，舌质红、苔黄腻略厚，脉沉。辨为痰热上蒙清窍证，治当清热化痰，通阳醒神，给予小陷胸汤、栀子豉汤与桂枝甘草汤合方加味，处方：黄连3g，姜半夏12g，瓜蒌30g，栀子15g，淡豆豉10g，薄荷10g，川芎10g，桂枝10g，炙甘草6g。6剂，水煎服，每日1剂，分3次服用。二诊：头晕头沉减轻，续前方6剂。三诊：诸症基本解除，续前方6剂。四诊：诸症悉除，欲巩固治疗效果，又续前方6剂，随访1年，一切正常。

按：根据头晕头沉辨为痰阻，又根据舌红、苔黄腻辨为痰热，因肢体困重辨为湿热壅滞，更因病变部位在头部，所以将其辨为痰热上蒙清窍证。方以小陷胸汤清热燥湿，行气化痰；以栀子豉汤清热燥湿，宣散郁热；以桂枝甘草汤温通阳气，加薄荷清利头目，川芎辛散理血，行气通阳。

（二）冠心病

患者，女，59岁，有多年冠心病病史，服用西药虽能缓解疼痛，但不能有效控制病情，服用中药也未能取得预期治疗效果，近因心痛、胸闷加重前来诊治。刻诊：心绞痛如石挤压，伴胸中沉闷似不得息，心中沉闷，不欲言语，下肢困重，时有水肿，手足不温，怕冷，舌质红、苔黄腻略厚，脉沉弦。辨为痰热阻结，肝气郁滞，阴寒浸淫证，治当清热化痰，疏肝解郁，温阳散寒，给予小陷胸汤、四逆散与大乌头煎合方，处方：黄连3g，姜半夏12g，瓜蒌30g，柴胡15g，枳实15g，白芍15g，生川乌6g，炙甘草10g。6剂，水煎服，每日1剂，分3次服用。二诊：心痛减轻，胸闷基本解除，续前方6剂。三诊：胸闷明显减轻，略有心痛，续前方6剂。四诊：诸症基本消除，欲巩固治疗效果，以前方为散剂，每次6g，每日3次，随访半年，病情稳定。

按：根据患者胸中沉闷，舌红、苔黄腻辨为痰热，再根据下肢沉重，时有水肿辨为痰热下注，因不欲言语，表情沉默辨为肝郁，又因手足不温，怕冷辨为阳虚阴寒，以此辨为痰热阻结，肝气郁滞，阴寒浸淫证。方以小陷胸汤清热燥湿，行气化痰，以四逆散疏肝解郁，调理气机；以大乌头煎温阳散寒。

（三）慢性胰腺炎

患者，男，52岁，有多年慢性胰腺炎病史，近因脘闷、胁胀加重前来诊治。刻诊：胃脘隐痛沉闷，按之痛甚，左胁下拘急，急躁易怒，不思饮食，神疲倦怠，气短乏力，大便不爽，舌质红、苔黄腻略厚，脉沉。辨为痰热阻结，肝郁脾虚证，治当清热化痰、疏肝健脾，给予小陷胸汤、四逆散与四君子汤合方，处方：黄连3g，姜半夏12g，瓜蒌30g，柴胡15g，枳实15g，白芍15g，人参10g，白术10g，茯苓10g，山楂24g，牡丹皮10g，炙甘草10g。6剂，水煎服，每日1剂，分3次服用。二诊：饮食好转，续前方6剂。三诊：胃脘隐痛止，仍有沉闷，前方加砂仁6g，续6剂。四诊：胃脘沉闷消除，急躁易怒，续前方6剂。五诊：病情稳定，欲巩固治疗效果，以前方为散剂，每次6g，每日3次，随访1年，病情稳定。

按：根据胃脘隐痛沉闷辨为痰滞，再根据舌质红、苔黄腻辨为痰热，因急躁易怒辨为肝郁化火，又因不思饮食、神疲倦怠辨为脾气虚弱，以此辨为痰热阻滞，肝郁化火，脾气虚弱证。方以小陷胸汤清热燥湿，行气化痰，以四逆散疏肝解郁，调理气机；以四君子汤健脾益气，加山楂消食和胃，牡丹皮清肝凉血。

根据小陷胸汤组成及用药要点，既可辨治上焦痰热证，又可辨治中焦痰热证，更可辨治下焦痰热证，运用小陷胸汤的关键是针对病变证机而非病变部位，临床中只要审明病变证机是痰热，即可以法选用小陷胸汤为基础方，常常能取得预期治疗效果。

参考文献

[1] 王付. 经方用量探索与实践［J］. 中医杂志，2012，53（22）：1899～1901.

[2] 王付. 经方大黄煎煮与用量［J］. 中医杂志，2012，53（7）：617～618.

[3] 王付. 经方学用基本功［M］. 北京：人民军医出版社，2012：6.

［《中医杂志》2013，54（4）：537］

张仲景《伤寒论》中桂枝汤运用规律探讨

余　翔　广州中医药大学第三临床医学院

桂枝汤原方载于《伤寒论》[1]第20条："阳浮而阴弱，阳浮者，热自发，阴弱者汗自出，啬啬恶寒，淅淅恶风，翕翕发热，鼻鸣干呕者，桂枝汤主之"。组方药为：桂枝三两（去皮），芍药三两，甘草二两（炙），生姜三两（切），大枣十二枚（擘），服用本方尤需啜热稀粥以助药力。全方外可发汗解肌，温通经脉而和卫气；内能化气温阳。临床实践证明，桂枝汤经证加减可以广泛地治疗内科、妇科、儿科、皮肤科和杂病等多种疾病。现将桂枝汤运用规律探索分述如下：

一、仲景对桂枝汤运用规律探索

仲景创立的桂枝汤及其临床运用可谓对"内经"营卫学说在理论与临床上突破性创新，故此这一时期中医学的营卫学说发展达到鼎盛期。运用营卫学说即变通桂枝法也解决了不少疑难病证。归纳起来有如下规律。

（一）营卫学说指导六经辨证、把握传变

因营卫、气血、津液、脏腑、阴阳、五行在生理、病理中的同一性，故仲景变通桂枝法如下：依据外感风寒，营卫失调把外感病分为中风和伤寒。

1. 营卫失调——津液失调　分为表虚有汗和表实无汗。表虚有汗[2]见于大汗伤营阴、津液，病传阳明以第26条白虎加人参汤为清热益气生津法；大汗伤卫、伤阳多传少阴病以第20条桂枝加附子汤为益气扶阳法。表实无汗见于津液内停致脏腑气机失常出现风寒外束，营阴郁滞，津液内阻而水停三焦证。故《伤寒论·平脉法》云："营卫不相将，三焦无所仰"，故用（40、41条）小青龙汤解表调营卫、内除三焦水饮。

2. 营卫失调——气血失调　此类见于以下几种情况：①营血受伤，如62条新加汤和50条"营气不足，血少故也"；"营卫不行，血凝不流"平脉法；②营卫气血俱虚，如102条小建中汤和177条炙甘草汤。上述二方是仲景宗《难经》"损其心者，调其营卫"理论在临床运用即二方以桂枝汤为基本方，寓调营卫法于其中。③营卫气血阴阳虚衰，"脉微细但欲寐"；欲寐者，阳气衰卫虚失其运行，以钱璜云："夫卫气者，昼行于阳，故阳气尽则寐，阴气尽则寤。今但欲寐者，阴邪盛而阳气弱，卫气不能上出于阳故也。"④营卫失调，瘀血乃致，如第106、124、125条桃核承气汤、抵当汤，此为仲景宗《内经》："营之生病也，寒热少气，血上下行"的理论指导临床的创新。盖上行者，46条鼻衄；下行者，蓄血证。

3. 营卫失调——脏腑气机升降失调　肺失宣降临床表现为：鼻鸣、咳、喘；胃气不降临床表现为：干呕、呕逆。脾络不通桂枝加大黄汤；胃热肠寒黄连汤；痞证泻心汤；结胸证大、小陷胸汤及三物白散。

4. 营卫失调——阴阳气不相顺接　阴阳气不相顺接，轻者四肢厥冷，第337条可据；危重者"昼日烦躁不得眠"，"烦躁，四逆者"第61、296条可据。仲景在《伤寒例》亦有详述："若三阴三阳，五脏六腑皆受病，则营卫不行，脏腑不通，则死矣。"此即仲景对《内经》"病深者，以其外耗于卫，内夺于营"的运用与发挥。

综观上述营卫失调有广义（阴阳）与狭义（卫气不共营气谐和）之分；其次营卫失调这一病机贯穿于六经病发生、传变、证治、预后之中。

（二）调和营卫法指导六经论治

1. 调和营卫，贵在变通　《伤寒论》中仲景变桂枝汤为桂枝加葛根汤、桂枝加厚朴杏子汤、桂枝加附汤、新加汤、桂加桂汤、桂枝加芍药汤、桂枝加大黄汤、桂枝附子汤、炙甘草汤、小建中汤、柴胡桂枝汤、桂枝麻黄各半汤、桂枝二麻黄一汤等。

2. 调和营卫，以解表为先　就表寒证而言，以桂枝、芍药相配，一收一散，解肌祛风，调和营卫，以桂枝汤为代表。以麻黄、桂枝相配，调和营卫，发汗解表，以麻黄汤、大青龙汤、小青龙汤、麻黄桂枝各半汤和葛根汤为代表。以麻黄开泄腠理，如63条麻杏石甘汤以麻黄泄营分之热；262条麻黄连翘赤小豆汤，麻黄发表之外，尚有针对无汗热不得越必发黄；301条麻黄附子细辛汤，麻黄附子汤均以麻黄配温经助阳之品为表里兼施。以桂枝温通卫

阳发汗，如第71、74条之五苓散和163条桂枝人参汤中通过桂枝的温通卫阳的作用起到发汗解表，调和营卫的作用。

3. 调和营卫，以建中为本　以102条小建中汤为据。理由如下：《灵枢·痹论》曰"营者，水谷之精也""卫者，水谷之捍气也"为其一；其二，由于建中气，中气立则营卫、气血、津液皆和。此即尤在泾曰："营卫生于水谷，水谷转输于脾胃。故中气立则营卫流行，而不失其和"之意；其三，若直接予补气、补血之品则碍胃气运转而中气不立，营卫不生，故有"胃为卫气之本"之说。

4. 营卫、气血、津液、阴阳失调，以建中为本　以29条原文为据。仲景论述中风及其兼、变证的证治之后又以第29条为结束条文，本条文原本是桂枝证，因误治在内为气血、津液、阴阳不和，而外有营卫失调的错综复杂的病证，不可再用桂枝汤治疗，如何辨证施治是临床常常碰到的一个难题。

仲景首先从建中着手作为切入点，待中气立，营卫、气血、津液、阴阳的调和则容易解决。故本条文分别立有甘姜汤、芍甘汤、四逆汤、调胃承气汤施治。由是，仲景不但首创调和营卫，以建中为本，同时亦是内经脾胃学说理论，首次运用于临床。

二、结语

桂枝汤乃千古明方，古今为很多医家所运用，其具有优质悠久的历史，临床疗效显著。随着人们对其研究的逐步深入，桂枝汤的运用范围[5]也逐渐在扩大，其治疗的病种越来越多。桂枝汤为医圣张仲景一手所创，因此回归经典，深入挖掘和研究仲景对桂枝汤的运用规律对现代运用桂枝汤治疗各种疾病有着积极的意义，对中医方药理论和中医临床也有着重要的作用。桂枝汤临床疗效显著，对其进一步研究具有较大价值。

参考文献

[1] 熊曼琪．伤寒学 [M]．北京：中国中医药出版社，2006.

[2] 柴瑞震．《伤寒论》桂枝汤运用研究 [J]．中国中医药现代远程教育，2008，6（6）：560～561.

[《中国民族民间医药》2013，22（7）：59]

张仲景辨治“下利”证浅析

陈烨文 陈一江 浙江中医药大学

与《伤寒论》和《金匮要略》所记载的“下利”不同，《中医内科学》[1]94将其分为“泄泻”和“痢疾”，后者的区分更符合后世中医临床医家对此证候的认识。同时，从另外一个层面来说，重视中医经典著作关于“下利”辨证论治规律的研究亦必不可少。因为，学习中医“观其脉证，知犯何逆，随证治之”，亦即辨证论治的精髓，是离不开对仲景法探讨的。

在对“下利”一百余条经文研习的基础上，笔者得以管窥古人对“下利”一证的认识。例如，这些条文强调了疾病治疗的原则，即“急当救里”与“急当救表”，强调了“下利”证的治疗禁忌，如“下利清谷，不可攻其表，汗出必胀满”[2]83；揭示了“下利”证的病机[3]67，如“其人肚中寒”“有宿食也”和“留饮欲去”等；展示了四诊合参推断预后，例如以脉象辨别邪正的消长，条文如“下利，脉沉弦，下重也；脉大者为未止；脉微弱者，为欲自止，虽发热，不死”；同时，详细地列举出相应治疗方剂和煎服法，从方剂又可以反向分析治疗“下利”证的方法，如寒法、温法、寒温并用法、攻法和补法等；还有对“下利”愈后的调养法。上述的各个方面，需要作必要的总结。

一、治疗“下利”证的原则

表证误下，下利清谷不止，身体疼痛表证未解者，当以四逆汤温里救急，待里证缓解后，再以桂枝汤攻表使表证解除，以防表证乘虚而入里。此一原则，仅仅说其大概。如果仔细推衍，则有两种情况。其一，表证未解，下利，但非下利清谷，可先解表，后温里，或投以表里双解之剂；其二，表证罢，里证为急，或为协热利，或为下利清谷之变证，此皆当治其里也，只是具体的法有不同而已。总之，即是大原则犹如尺度，须把握好作为一个辨治的标准，细微处可灵活变通，只要“谨守病机，各司其属”，作为医者自然心中有数。

二、“下利”证病机及对应方药

（一）太阴下利

太阴病提纲：腹满而吐，食不下，自利益甚，时腹自痛。大腹为脾胃所主持，若中焦寒则出现胀满中生，自下利和腹痛等证候，理中丸或汤温补中焦。此是从中寒里证而言，若表证误下后之中寒，表证仍在，七分里证，三分表证，则加桂枝轻清走表，为桂枝人参汤。临床上常有素体中寒者，因感受外寒诱发之太阴证，其治法可于此方得到启迪。另外，对于挥霍缭乱之霍乱证，若其不属于疫疠悍邪作祟，属于湿霍乱者，或许可归之于太阴病范畴。因为上吐下泻证候的病机实属脾胃气机升降紊乱，导致清浊相干。《伤寒论》[2]96治疗湿霍乱之理中汤可作证据。“自利不渴者，属太阴，以其脏有寒故也，当温之，宜服四逆辈”，昭示了太阴病下利是一个动态变化的过程，随时能够进一步损耗阳气，成为少阴下利之机转，所以说“宜服四逆辈”。后世作附子理中丸方，或许从此得到线索。

（二）少阴下利

少阴病提纲：脉微细，但欲寐。人的精神由心所主持，一身阳气之根在肾。若心肾之阳皆虚，此属于危重证，治疗的基本方，即是回阳救逆的四逆汤。若外热内寒，肾阳浮越，见身热汗出，或咽喉疼痛，则加大生附子和干姜用量，作通脉四逆汤；若上热下寒，阴阳相隔，见面赤戴阳者，则四逆汤去甘草加辛滑通利之葱白，作白通汤。下利消耗人体的津液，津液流失势必导致阳气的进一步衰退。人尿和猪胆汁除了有反佐的作用，还有滋阴补益的功效，当下利停止而非阳复和下利日久导致津液竭尽的时候都可以加用，如通脉四逆加猪胆汤方和白通加猪胆汁汤方。另外，津液丢失日久，“恶寒脉微而复利，利止亡血也”，则可在四逆汤的基础上加人参益气[2]207，作四逆加人参汤，此时，有形的营养物质已然丢失，难以骤然恢复。此时，而阳气则需要急切顾护，后世当归补血汤之意实在于此。

（三）滑脱下利

下利日久，邪已尽去，而滑脱不禁，出有二方，即桃花汤和赤石脂禹余粮丸。两方均用赤石脂，以其甘温酸涩，是治疗滑脱下利的专药。桃花汤中配伍粳米、干姜有温补中焦阳气之功，阳气得温则下利之血得固摄，妙在赤石脂一半煎入，一半以方寸匕冲服。赤石脂禹余粮丸中，配伍禹余粮甘涩性平，是以知其证不如桃花汤之虚寒，所以赤石脂与禹余粮相配，药性较平和。

（四）合病下利

合病是两经或三经之病合而俱见。“太阳与阳明合病者，必自下利”[2]71，邪自太阳而来，因邪来势大逼迫阳明，故必见自下利，下利之物应当是水粪夹杂。葛根汤解肌升清，后世以此法为“逆流挽舟”，师其意发明人参败毒散。葛根汤重点不在于治下利，而在于解除表邪的闭郁。另外一种合病“太阳与少阳合病，自下利”，少阳胆经藏相火，当外感寒邪侵犯少阳，寒邪入里化热，下利必是热利，所下之物臭秽，且伴随肛门灼痛。从所出方剂黄芩汤可推断，此合病下利是偏重少阳之里。后世加木香、当归加强行气活血之力，化裁出芍药汤治疗痢疾。

（五）中焦痞满下利

“胃中不和，心下痞硬，干噫食臭，胁下有水气，腹中雷鸣下利者”[2]102，胃为水谷之海，主受纳，脾主运化，脾胃枢机斡旋功能不调畅，故云“胃中不和”。对于饮食不消化，胃肠功能紊乱者，有生姜泻心汤，在辛开苦降甘调的基础上，重用生姜温散水气。对于伤寒误下后“其人下利日数十行，谷不化，腹中雷鸣，心下痞硬而满，干呕心烦不得安”[2]103，原文揭示其病机为“胃中虚，客气上逆，故使硬也”，原文出方甘草泻心汤，重用甘草补中缓急。需要注意的是“下利日数十行，谷不化”与少阴病之下利清谷的区别在于，一为粪谷夹杂，一为完谷不化，证候之轻重有别。

（六）胃肠燥结下利

“下利谵语者，有燥屎也”[3]97，下利是机体自卫的生理反应，然而燥屎不为下利而消除，故可用通因通用法，因为病势不急，所以用小承气汤通便除满。“下利，不饮食者，有宿食也，当下之”，宿食不为下利所驱除，下利日久必定耗伤阴津，届时正虚邪实，则难治，故用大承气汤峻下。大黄后下，芒硝后入煎数沸，方可中病，可见其病势较小承气汤为急。

（七）水气、水饮为患下利

水气为患无处不到，向下侵犯大肠则为下利。小青龙汤与真武汤均以或然证列举出“下利”。小青龙汤证“水气在心下”，此处“心下”所指部位，以小青龙汤的配伍来分析，应该为肺胃的界限“少阴病，下利六七日，咳而呕渴，心烦不得眠者”[2]171，此是水气变动不居，并阴虚内热，所以用猪苓汤清热、养阴、利小便；真武汤证之下利，原文云“此为有水气”，从真武汤配伍炮附子，可知其病机是肾阳机能衰减，肾不制水而出现的水气泛滥，较前方水气侵袭范围广泛。在临床实践中“下利”并不都是一个主证 而是由原发病并发的证候之一。例如，十枣汤证即是由悬饮引发下利；甘遂半夏汤证之下利是留饮欲去，去而未尽，故此二方均用甘遂，驱逐水饮以消除水饮停留之巢穴。

（八）脾阳下陷之下利

“伤寒六七日，大下后，寸脉沉而迟，手足厥逆，下部脉不至，喉咽不利，唾脓血，泄利不止者，为难治”[2]196，方用麻黄升麻汤，麻黄发越表郁，升麻提升下陷的脾阳，且清热解咽喉毒，另外滋阴药、温中药配合成方，寒温并用，治疗属于阳气内郁，肺热脾寒之证。此外，仲景更有脾阳下陷，用温灸法治疗下利之教。

（九）与肝胆气机相关之下利

肝主疏泄，喜条达恶抑郁。如肝气不调畅则气机郁滞，导致程度并不严重的四肢逆冷，或见泄利下重之证候，治用四逆散疏肝理气；肝浊犯胃，证见“吐利，手足逆冷，烦躁欲死”，治疗用吴茱萸汤，泄肝温胃降浊。少阳阳明并病，证见“发热，汗出不解，心中痞硬，呕吐而下利”[2]84，病机属于少阳枢机不利，阳明里气郁滞，治疗用大柴胡汤，舒畅肝胆气机，通下阳明里实。

（十）热利

太阳表证误下，“利遂不止，脉促者，表未解也，喘而汗出”，是三分表证，七分里证，与桂枝人参汤不同，虽然两者都是表里证并见，但是有寒热之分别。所以治疗本证用葛根芩连汤清热、止利、解表。若热邪全然在里 例如，肝经湿热逼迫大肠，证见下利脓血，里急后重，口渴，脉数，舌红苔黄。清热燥湿，凉肝止利的白头翁汤当可取用，若阴血耗伤太甚，可以兼顾患者体质，加甘草、阿胶，作白头翁加甘草阿胶汤。若热邪入里与素有之瘀血结合，为热利，如 258 条“若脉数不解，而下不止，必协热便脓血也”，根据“随其所得”而攻之，以抵挡汤逐瘀 则邪热自退。

（十一）久利

乌梅丸除了治疗蛔虫病外，还能用于寒热错杂、虚实互见之久利。所谓的寒热错杂，是胃热脾寒；所谓的虚实互见，是上焦实热，下焦虚寒。所以用黄连、黄柏苦寒清热，炮附子、干姜辛温扶阳。

三、下利预后判断

判断“下利”证的预后，离不开脉证合参。如

"肩息，脉浮大"之人[3]16，见下利为死证，因为阳脱于上，阴竭于下；如下利，手足厥冷不止，为阴盛阳衰，此是难治；如阳复太过，则见脉数，口渴，便脓血；如利止，脉不出，为阴液竭乏或恶寒，发热，脉微细，而利止，则为亡血。

四、下利后调养法

下利后调养法有三条示例。其一为："下利后更烦，按之心下濡者，为虚烦也"，以栀子豉汤轻清除热。余热消散，自然不得复聚；其二为："吐利止，而身痛不休者，当消息和解其外"[2]164，方有桂枝汤，徐彬评此方云："外证得之解肌调营卫，内证得之化气调阴阳"，是吐利后调理虚寒体质的善方；其三为："吐利发汗，脉平小烦者，以新虚，不胜谷气故也"[2]257，吐利后尤需调节饮食起居，只有如此，身体才能恢复常态。

学习和研究张仲景辨证论治下利的思想，不仅要关注一方一证，还要把握疾病变化的整个过程，更重要的是要抓住每个方证的根本病机。只有深刻了解每个方证的病机，才可能达到"对方对证者，施用之若神"的效果。另外，仲景强调以四诊合参洞悉疾病病机，且重视病后运用调养法将息。这些，都是我们研究仲景学说需要认真学习的地方。

参考文献

[1] 周仲瑛. 中医内科学 [M]. 北京：中国中医药出版社，2003.
[2] 张仲景. 伤寒论 [M]. 北京：人民卫生出版社，2005.
[3] 张仲景. 金匮要略 [M]. 北京：人民卫生出版社，2005.

[《浙江中医药大学学报》2013，37（1）：15]

姜春华运用芍药甘草汤的经验

戴克敏　上海复旦大学药学院

《伤寒论》载芍药甘草汤，主治"伤寒脉浮，自汗出，小便数，心烦，微恶寒，脚挛急"诸症。仲景先用甘草干姜汤救其烦躁吐逆，以复其阳，更作芍药甘草汤以复其阴，使脚挛急者得以复伸。吉益东洞氏归纳芍药甘草汤证为"治拘挛急迫"；宋《魏氏家藏方》用治湿热脚气，不能行步者；《朱氏集验方》用于脚弱无力，行步艰难者，屡获良效，故名"去杖汤"。《本经》说芍药主"邪气腹痛"；《别录》说甘草"通经脉，利血气"；芍药和甘草配伍使用，能医治腹痛，故《医学心悟》说："芍药甘草汤治腹痛如神"。姜老师说："芍药有解痉镇痛作用，又甘草也有解痉镇痛作用，二者协同为用，则作用加强，故可治疗拘挛急迫诸证"。芍药甘草汤临床应用甚广，姜老师临床经验：芍药甘草汤不仅治脚弱无力，行步艰难等，亦广泛用于胃肠道疼痛、腓肠肌痉挛性疼痛。举凡胸、腹、胁、背、下肢的肌肉及神经性疼痛，推而广之，举凡内脏平滑肌痉挛性疼痛，无不可以芍药甘草汤为基础方，加减运用，特别是加大芍药剂量时，镇痛作用尤为显著。笔者随师应诊，初步整理姜师运用芍药甘草汤方法如下：

一、通脉畅流法

颜某，男，46岁，1972年3月2日初诊。患偏头痛已7年。面色白，发作频繁，苔薄白，脉弱。属血管收缩性头痛，治拟通脉畅流，用芍药甘草汤加味。处方：芍药30g，川芎9g，甘草6g。每日1剂，水煎服。仅服2剂，药后痛减而安。

按　头痛情况各异，属血管扩张性头痛，用芍药甘草汤无效；属血管收缩性头痛，用芍药甘草有效。临床鉴别可以从望诊中加以区分。血管扩张性头痛多面色泛红。今患者偏头痛伴面色白，分析是血管收缩，血行障碍所致。芍药扩张血管，川芎也有扩张血管壁作用，二者协同，通脉畅流治偏头痛有效。川芎治头痛，自宋、金、元时代即多用川芎为主要治头痛药物，如川芎散、川芎茶调散等。本例用芍药甘草加川芎，是吸取前人经验，加以自己的临床体会，组合成方。

二、理气活血法

洪某，女，24岁，1972年4月3日初诊。经行腹痛，量多更痛，舌有瘀点，脉细弦。证属气滞血瘀，拟行气活血法，以芍药甘草汤加味。处方：生白芍24g，甘草6g，香附9g，醋制延胡索15g，益母草30g。每日1剂，水煎服。经前服药2剂后，经来腹不痛。

按　痛经有属于子宫肌肉收缩，瘀血不行所致。本案即是1例。以芍药甘草汤加味缓解平滑肌痉挛性疼痛，加益母草及醋制延胡索活血化瘀镇痛。姜老治疗痛经的经验，用香附配伍芍药有效。

三、解痉止呕法

俞某，女，38岁，1972年3月12日初诊。患神经性呕吐已旬日，服多种汤药无效，面色白，舌淡，脉弦。投以芍药甘草合小半夏汤。处方：芍药18g，甘草45g，半夏9g，生姜3片。每日1剂，水煎服。仅服1剂，呕吐立止。

按　本例神经性呕吐，可能由于膈肌痉挛所致。姜老的经验；“如单用小半夏汤，效果不显。必须用小半夏汤与芍药甘草汤合用，即立刻见效。”盖芍药甘草汤缓急解痉挛，半夏有镇静作用，与芍药配伍有协同作用，对神经性呕吐有卓效。

四、活血解痉法

史某，女，32岁，1973年6月5日初诊。劳累后周身酸痛，尤以两腿腓肠肌痉挛剧痛。舌淡、苔白，脉弱。拟活血解痉镇痛。用芍药甘草汤加味。处方：芍药30g，甘草、当归各9g，鸡血藤15g。每日1剂，水煎服。3剂药后，患者症状大减。续方3剂，痊愈。

按　本例以芍药甘草汤治腓肠肌痉挛疼痛，加大芍药剂量，镇痛效果更好。因劳伤兼见血虚瘀阻，筋失以养，加当归、鸡血藤养血行瘀，舒筋通络，药后取得显著效果。

五、祛寒镇痛法

金某，男，44岁，1974年6月15日初诊。胃脘痛，得温则减，舌淡、苔薄白，脉缓。投以芍药甘草汤加干姜。处方：芍药30g，甘草9g，干姜4.5g。每日1剂，水煎服。服3剂后痛止，继服3剂，康复。

按　本例胃痛属寒，用芍药甘草汤合干姜以温中祛寒，解痉镇痛。方精药简，效如桴鼓。

六、扶正逐邪法

杨某，女，27岁，1973年7月7日初诊。产后月余，因食物不洁，腹痛，里急后重，赤痢黏液日下十余次，舌淡，脉弱无力。经检查为细菌性痢疾。治以芍药甘草汤合香连丸加味。处方：白芍18g，黄连6g，广木香3g，甘草4.5g，黄芪15g，当归9g，鲜马齿苋60g。3剂每日1剂，水煎服。7月11日二诊：药后，腹痛除，每日大便2次，但仍有里急后重，舌净，脉平。上方去归、芪，加川朴6g，续方2剂，病愈。

按　本例为产后下痢，治宜逐邪与扶正并重。芍药有缓急止痛及抗痢疾杆菌和消炎作用。金元时，张元素、李东垣就用芍药甘草汤治痢，与黄连配伍可治赤痢。刘河间的芍药汤是治疗痢疾有名的方剂，实际也是芍药甘草汤配伍组成。本案治以芍药甘草汤合香连丸，加归芪养血以扶正，二诊去归、芪，用香、朴理气，本“气调则后重自止”的法则。

七、止呕去痞法

叶某，男，60岁，1978年5月20日初诊。患慢性胃炎已7年。常呕吐，中脘痞闷胀痛，舌红、苔根白厚，脉弦细。治以旋覆代赭汤合芍药甘草汤加味。处方：旋覆花（包煎）9g，代赭石24g，姜半夏15g，紫苏叶（后下）12g，白芍30g生甘草6g，生姜3片，黄连1.5g。每日1剂，水煎服。连服10剂。5月29日二诊：药后，呕吐缓解，但尚呕恶白沫，上方去代赭石，加伏龙肝15g，每日1剂，水煎服。继方7剂，治愈。

按　本例慢性胃炎，属胃气上逆，故姜老用旋覆代赭汤合芍药甘草汤加味，佐紫苏和胃，加川连健胃，果药后呕止痞消。

八、祛风通络法

金某，男，57岁，1975年4月15日初诊。患头痛已半年。项强，遇风寒则疼痛加剧，得汗则稍减，舌淡、苔白，脉弦。证属风寒入侵，阻遏脉络所致，治以桂枝加葛根汤合芍药甘草汤加味。处方：桂枝、葛根各9g，芍药24g，甘草、川芎各6g，细辛1.5g，生姜3片，大枣4枚。每日1剂，水煎服。服药1剂后则痛减。

按　本例患者辨证为风寒入侵，阻遏脉络所致。用桂枝加葛根汤祛风寒项强。又加大芍药剂量与甘草配伍以治头痛，辅佐川芎、细辛治风寒头痛，果效如桴鼓。

九、止血缓急法

俞某，男，35岁，1976年3月25日初诊。患胃溃疡病5年。疼痛乍轻乍重，遇寒冷加剧，吐血盈握，舌淡，脉弦。以芍药甘草汤加味。处方：白芍24g，甘草6g，炮姜4.5g，乌药9g，白及15g。每日1剂，水煎服。服1剂后吐血即止，服药3剂后脘痛消失。

按　本例辨证为胃寒性吕血，故用炮姜温胃止血，白及止血，效果肯定。动物药理实验证明，白及水浸出物对实质性器官及肌肉血管出血效果肯定。配以芍药甘草汤缓急止痛，其病速愈。

十、解表清肠法

何某，男，32岁，1979年5月3日初诊。水泻3天，1日3次，腹痛，肛门有灼热感。患者3天前患感冒未愈，午后有低热，恶风，舌红、苔薄黄，脉数。辨证为太阳中风而兼热利，投以阳旦汤。处方：桂枝9g，白芍24g，甘草6g，生姜3片，大枣5枚，黄芩15g。每日1剂，水煎服。服药5剂，果药后表证除，下利止。

按　本例为太阳中风而兼热利。解表宜用桂枝汤，加重芍药剂量，与甘草配伍，以治腹痛下利，加用黄芩以清大肠湿热。

十一、燥湿解痉法

项某，男，52岁，1972年6月3日初诊。食后胃脘作痛，胸闷，苔白厚腻，脉滑。证属湿阻脾胃，予芍药甘草汤及平胃散加减。处方：白芍18g，甘草、厚朴各6g，苍术、枳壳、薏苡仁各9g。每日1剂，水煎服。连服3剂。6月8日二诊：药后胃痛除，胸亦宽，苔仍腻，按上方去苡米，加半夏6g，续方2剂，药后胃痛除。

按　本例为湿阻脾胃，故用术、朴燥湿宽胸，薏苡仁利湿。白芍与枳壳同用，姜老说："芍药弛缓平滑肌，枳壳收缩平滑肌，一弛一收起到调节作用。芍药甘草相配伍可以缓解胃平滑肌痉挛性疼痛。"药后胃痛尽除。

十二、温阳解痉法

周某，女，71岁，1975年12月25日初诊。两腿拘痛，足冷，尤以冬日为甚，舌淡，脉沉。治以芍药甘草汤加附子。处方：芍药18g，炙甘草6g，炮附片9g。每日1剂，水煎服。服药7剂。

按　本例属少阴病，为阴阳两虚，投以芍药甘草附子汤，温阳解痉。果续方14剂后，终获痊愈。

[《山西中医》2013，29（1）：4]

廖世煌用经方治疗类风湿关节炎医案3则

余　翔　广州中医药大学第三临床医学院
（指　导　廖世煌）

廖世煌，广州中医药大学金匮教研室教授，博士研究生导师，从事中医临床和金匮教学工作40余年，具有较丰富的教学和临床经验，对金匮有较深的造诣，擅长运用经方治疗甲亢、甲瘤、肝炎、外感、发热、咳嗽、肠胃病、类风湿关节炎等多种内科杂病，著有《〈金匮要略〉的辨证方法与临床运用》一书。现介绍廖教授运用经方治疗类风湿关节炎医案3则，以飨同道。

一、病历摘要

案1　张某，女，51岁。初诊日期：2001年3月5日。主诉：四肢关节肿痛3年多，加重1个月。3年前无明显诱因出现四肢小关节肿痛，晨僵，以后逐渐加重，出现双腕、肩、踝、髋关节亦痛，活动障碍。经中西药治疗，曾用强的松等，疼痛稍有减轻。3周前不明原因而病情加重，全身多处关节肿痛无力，晨僵明显，而且呈此起彼伏，恶风，头晕，汗多，食欲不振，体倦，大便溏，体温37℃，舌淡红苔白滑，脉沉细微滑。经检查双指关节肿，局部皮肤发暗，有压痛，腕、膝关节肿胀压痛，活动受限，触不热，自觉亦不甚热，面色白，下肢轻度浮肿。诊断：历节病（脾虚风湿证）。治法：益气固表，健脾除湿兼祛风。方用防己黄芪汤合桂枝汤加减。处方：黄芪15g，白术12g，汉防己6g，茯苓10g，薏苡仁10g，神曲12g，桂枝10g，白芍10g，防风10g，砂仁10g，川木瓜10g，川萆薢10g，鸡血藤15g。4剂，每日1剂，水煎服。外用南星止痛膏。二诊：关节肿痛减轻明显，食增，恶风、汗出等症减轻，体力增加。效不更方，守上方服7剂。三诊：诸症明显改善。口干不欲饮，睡眠欠佳，舌质转红，苔薄白，腰酸痛，眼花，耳鸣。此肝肾不足，心肾不交之象。改以四君子汤合杞菊地黄汤加减。

廖按　本病例是一个脾虚卫表不固兼有风邪的病例，类似情况临床屡见不鲜。其辨证要点在于：（1）有脾虚水湿盛于内外，如胃纳差、便溏、腹胀、体倦乏力、关节四肢肿，有明显晨僵，关节压痛，而无明显热感。（2）表虚。汗多恶风，短气。（3）关节疼痛而重，又有游走性痛。

案2　李某，男，48岁，湖南籍。初诊日期：2004年5月17日。主诉：四肢多关节肿痛6年多，加重伴发热3个月。6年前就因四肢多个关节对称性肿痛而诊为类风关，一直用解热镇痛药及强的松治疗，1年前又出现胃脘痛，大便黑色，而诊为慢性浅表性胃炎、十二指肠炎、上消化道出血，被迫逐渐停用激素，改用雷尼替丁、芬必得及中药治疗。3个月前开始出现发热，体温在37.8℃～38.9℃之间，头痛头晕，失眠多梦，胃脘微痛而胀，大便硬，一天一行，口干，食少体倦乏力。经中西药治疗无明显效果。入院2周，ESR108mm/h，RHF93IU/mL。其余各项免疫指标均高。经中西药治疗效欠佳。刻诊患者四肢关节红肿热痛，关节皮肤变暗，压痛明显，有晨僵，胃脘区有压痛，心烦失眠，口干，胃纳不振，大便转软但不爽，舌红少苔，脉弦细数。诊断：历节病、胃脘痛（肝肾胃阴虚，脾湿兼瘀）；治法：养阴清热，健脾除湿，兼活血通络；方用犀角地黄汤合酸枣仁汤加减。处方：水牛角10g，生地12g，丹皮9g，赤芍10g，酸枣仁9g，知母10g，黄柏10g，白芍12g，救必应10g，薏苡仁15g，神曲10g，阿胶15g，牛膝12g，丹参10g。4剂，每日1剂，水煎服。二诊：睡眠、头晕、关节痛、胃脘痛等好转，发热减轻，体温在37.4℃～38℃之间。原方4剂。三诊：大便较溏，饮食仍欠佳。去阿胶，加麦芽、扁豆。此后以上方随症加减。1个月后关节肿痛、睡眠、饮食、体力均明显好转，发热已退，能下地行走散步。再观10d，病情继续好转出院。

廖按　此案为久病伤阴，阴虚夹湿之证。其一，辨证要点在于心烦失眠、发热、舌红少苔及关节红肿热痛，为阴虚之征。其二，胃脘不适，食后胃胀、纳呆、嗳气是脾虚气滞、运行失职的表现。其三，关节压痛、皮肤呈暗色，是有瘀血证据。但临证时须注意孰轻孰重。

案3　欧某，女，26岁，澳洲人。初诊日期：2003年2月21日。患者于1996年开始出现双上肢指间、掌指关节红肿痛，活动尚可，有晨僵，两肘、肩关节难于上举，无明显诱因，当地用消炎止痛药痛不减。2个月前回国住广州某大医院。经检查ESR68mm/h，RHF96IU/mL，均明显升高。经用抗生素、非甾体抗炎药、MTX等，治疗1个半月仍无明显效果而出院。入院时症状如上，见多个小关节红肿疼痛，有游走性，腕、肘、肩关节活动时疼痛，局部有压痛，有热感，口干，食欲欠佳，食后腹胀、身重、体倦，咽喉不适、干，舌红苔黄，脉滑细数。诊为类风湿关节炎（风湿热痹）。治以祛风清热，健脾除湿。方用桂枝芍药知母汤加减。处方：桑枝30g，威灵仙10g，苍术12g，茯苓12g，薏苡仁10g，砂仁10g，川朴10g，白芍6g，黄芩12g，川木瓜15g，络石藤12g，桂枝10g，知母15g。每日1剂，水煎服。连服7d。另加服痛痹灵片6片，每日3次。1周后各症有所好转。以后以此方加减治疗1个月，疼痛、饮食、体力等大有改善。改用健脾祛湿、养血补肾之药调理1个月，诸症若失，ESR、RHF等已接近正常。以后半年、1年回来复查，各项检查均正常，至今8年未复发。

廖按　本例为湿热兼风之证，故治疗以健脾除湿兼祛风为主。

二、体会

类风湿关节炎是难治性免疫性疾病，其发病在我国为0.3%～0.6%，致残率约10%。尽管在本病的发病机制和病理变化研究方面取得了明显进展，但现代医学在治疗方面仍然缺乏理想的疗法和药物。因此寻求治疗方法或方药仍然是当前急迫需要研究和解决的问题。中医学没有相对应的病名。比较接近的病有历节病、尪痹、痹证、鹤膝风等。病因方面，《内经》认为“风寒湿三气杂至，合而为痹。”《金匮要略》对历节病的论述颇为详细。外因方面，对感受风寒湿热之邪痹阻关节筋脉多有论及，如第4条“汗出入水中（浴），如水伤心”，第5条的胃热加外感风湿，第6条风血相搏，第7条汗出当风等；内因方面，强调肝肾阴虚、心肾血虚、阳虚气虚、胃热等等。此外在虚劳病篇还对四肢酸疼、手足烦热等症指出为阴阳两虚等。

廖世煌教授擅长运用经典理论指导临床，经方运用得心应手，常获佳效。廖教授对诊治类风湿性关节炎提出以下观点：（1）本病由感受风寒湿热所致，内因则责之肝肾心精血虚弱，筋骨失养或阳虚脾寒，水湿内盛。胃有蕴热，汗出而感风湿等是我们需要在临床上充分重视的病理变化。中医药治疗本病，对改善病情，减轻痛苦，增强体质，调和气虚阴阳等有其优势。在诊治本病时必须注意以下几点：第一必须重视运用中医理论进行辨证论治；第二辨证时必须耐心细致分辨风、寒、湿、热之邪的多寡，以及阴阳气血虚弱的程度；第三分急性发作期和慢性期或缓解期；第四重视内外结合。（2）运用经方加减治疗类风湿关节炎确有疗效。配伍得当，随证加减，灵活变通，是提高疗效的关键。只要据证立法，依法处方，融六经、脏腑、卫气营血三焦辨证于一炉，可以应变诸证。（3）要应用好经方治疗RA或其他风湿病，首先心目中必须有经典著作这一重要概念。因此复习巩固著作，明确每个经方及其理论基础，尤其方的组成功效，每味药的作用归经等是用好经方的基础。（4）临床必须严格按中医学的理法方药去指导用药，切忌用西医的观点指导用中药，否则就容易失败，甚至陷入困扰。至于现代药理作用，可在辨证用药的基础上作为参考。

[《江苏中医药》2013，45（3）：51]

王付论学用小青龙汤的基本功

苗小玲　河南中医学院

导师王付教授是河南中医学院“教学名师”和“我最喜爱的教师”；在临床中善用小青龙汤辨治诸多肺系病证，且常常取得良好治疗效果。王付教授认为，学生掌握小青龙汤学用基本功，则能索微求真，不断提升理论思维与创新能力，融会经方理论指导临床实践；临床医师掌握了小青龙汤学用基本功，就会选择最佳的治病方药，能不断优化临床诊治与用方技能，实践临床用方贯通理论知识，于此试将王付教授论学用小青龙汤的基本功介绍于此。

一、解读方药

（一）诠释用药要点

方中麻黄解表散寒，宣肺平喘；桂枝解表化饮，温肺化饮；半夏温降肺气，化饮止咳，醒脾燥湿；干姜温肺散寒，温阳化饮；细辛温阳化饮；五味子收敛肺气；芍药补血敛阴；甘草补益中气。

（二）剖析方药配伍

麻黄与桂枝、细辛，属于相须配伍，增强治表散寒，治里温肺；麻黄与干姜，属于相使配伍，温肺宣肺化饮；干姜与细辛，属于相使配伍，温肺化饮；五味子与干姜、细辛，属于相反相畏配伍，相反者，五味子敛阴，干姜、细辛化饮，相畏者，五味子制约干姜、细辛温化伤阴；麻黄与半夏，属于相使配伍，麻黄治肺偏于宣发，半夏治肺偏于降泄；麻黄与五味子，属于相反相畏配伍，五味子收敛制约麻黄宣发耗散，麻黄宣散制约五味子敛肺留邪；麻黄与芍药，属于相反相畏配伍，相反者，麻黄宣发，芍药益血，相畏者，芍药制约麻黄宣发伤血；麻黄与甘草，属于相反相畏配伍，相反者，麻黄宣发，甘草补益，相畏者，甘草制约麻黄宣肺伤气；五味子与芍药，属于相使配伍，敛阴益血；五味子与甘草，属于相使配伍，酸甘化阴，益气缓急。

（三）权衡用量比例

麻黄与桂枝、细辛为1∶1∶1，提示宣肺与化饮间的用量关系，以治风寒或寒饮；麻黄与干姜为1∶1，提示宣肺与温肺间的用量关系，以治寒咳；干姜与细辛为1∶1，提示温肺与化饮间的用量关系，以治寒饮；五味子与干姜、细辛为4∶3∶3，提示益阴敛肺与温肺化饮间的用量关系，以治咳喘；麻黄与半夏为3∶4，提示宣肺与降逆间的用量关系，以治气逆；麻黄与五味子为3∶4，提示宣肺与敛肺间的用量关系；麻黄与芍药为1∶1，提示宣发与补血间的用量关系；麻黄与甘草为1∶1，提示宣肺与益气间的用量关系；五味子与芍药为4∶3，提示敛肺与补血间的用量关系；五味子与甘草为4∶3，提示敛肺与益气间的用量关系，以治肺伤。

二、经典导读

①伤寒表不解，心下有水气，干呕，发热而咳，或渴，或利，或噎，或小便不利，少腹满，或喘者，小青龙汤主之（《伤寒论》第40条）。②伤寒，心下有水气，咳而微喘，发热不渴；服汤已，渴者，此寒去欲解也；小青龙汤主之（《伤寒论》第41条）。③病溢饮者，当发其汗，大青龙汤主之；小青龙汤亦主之（《金匮要略·痰饮咳嗽病脉证并治第十二》篇第23条）。④咳逆倚息不得卧，小青龙汤主之（《金匮要略·痰饮咳嗽病脉证并治第十二》篇第35条）。⑤妇人吐涎沫，医反下之，心下即痞，当先治其吐涎沫，小青龙汤主之；涎沫止，乃治痞，泻心汤主之（《金匮要略·妇人杂病脉证并治第二十二》篇第7条）。

三、应用指征

本方解表散寒，温肺化饮，主治太阳伤寒证与寒饮郁肺证相兼，或寒饮郁肺证，或溢饮寒证，常见症状有：咳而微喘，咳逆倚息不得卧，溢饮，吐涎沫，咽噎，干呕，少腹满，小便不利，或下利，或发热不渴，或渴。

四、运用须知

关注方药煎煮、服用方法及加减用药，即“上八味，以水一斗，先煮麻黄，减二升，去上沫，内诸药，煮取三升，去滓。温服一升。若渴，去半夏，加瓜蒌根三两；若微利，去麻黄，加荛花，如一鸡子，熬令赤色；若噎者，去麻黄，加附子一枚，炮；若小便不利、少腹满者，去麻黄，加茯苓四两；若喘，去麻黄，加杏仁半升，去皮尖。且荛花不治利，麻黄主喘，今此语反之，疑非仲景意（编者注：后20字恐是叔和按语混入正文，当删）。”

五、方证辨病

①慢性支气管炎，支气管哮喘，支气管扩张等，辨证要点为咳喘，痰多清稀色白，无汗，舌质淡，苔白腻。②肾病综合征水肿，急性肾小球肾炎，输尿管炎等，辨证要点为肢体水肿，手足不温，无汗，舌质淡，苔白腻。③过敏性鼻炎，鼻窦炎，额窦炎等，辨证要点为鼻塞，头痛，无汗，舌质淡，苔白腻。④过敏性皮炎，神经性皮炎，脂溢性皮炎等，辨证要点为瘙痒，因寒加重，无汗，舌质淡，苔白腻。

六、医案助读

（一）鼻窦炎

徐某，男，18岁，郑州人。有多年鼻窦炎病史，近因鼻塞不通加重前来诊治。刻诊：头痛，鼻塞不通，鼻涕清稀量多，甚则似流水样，因寒加重，舌质淡，苔白腻，脉略浮。辨为寒痰壅窍证。治当辛温散寒，宣肺通窍。给予小青龙汤加味：麻黄10g，桂枝10g，干姜10g，细辛10g，白芍10g，姜半夏12g，五味子12g，白芷15g，苍耳子15g，黄芪10g，炙甘草10g。6剂，每天1剂，水煎服，每日分3服。二诊：鼻塞减轻，以前方6剂。三诊：鼻涕减少，以前方6剂。四诊：头痛止，以前方6剂。五诊：鼻塞通畅，以前方6剂。六诊：诸证基本解除，以前方6剂。之后，以前方变汤剂为散剂，每次6g，每日分3服，治疗2个月。随访1a，一切尚好。

按　根据鼻塞不通，因寒加重辨为寒，再根据鼻涕清稀量多，苔白腻辨为痰湿，以此辨为寒痰壅窍证。方以小青龙汤辛温散寒，宣肺通窍，加白芷辛温通窍，苍耳子通鼻开窍，黄芪益气固表。方药相互为用，以奏其效。

（二）过敏性哮喘、肺气肿

彭某，女，57岁。有10余年过敏性哮喘病史，2a前又诊断为肺气肿，数经中西药治疗，但未能得到有效控制。刻诊：咳嗽，气喘，痰多甚于夜间与早晨，轻微水肿，胸闷，心悸，气短，舌淡，苔白略腻，脉浮。辨为寒饮郁肺证，给予小青龙汤加味：麻黄10g，白芍10g，细辛10g，干姜10g，炙甘草10g，桂枝10g，五味子12g，半夏12g，葶苈子15g，麦冬15g，党参24g，山药15g。6剂，日1剂，水煎2次合并分3服。二诊：气喘，痰多有好转，又以前方治疗20余剂。三诊：诸症基本得以控制，又以前方减1/3量治疗20余剂。之后，将前方变汤剂为散剂，每次6g，每日分3服，以巩固治疗效果。

按　根据痰多而甚于夜间与早晨辨为寒饮，再根据心悸，气短辨为寒证夹虚，又因轻微水肿辨为饮溢于外，以此选用小青龙汤温肺化饮，止咳平喘，加葶苈子泻肺降逆行水，党参、山药益肺补虚，麦冬养阴益肺，兼防温化伤津。方药相互为用，既驱邪又益正。

[《河南中意》2013，33（1）：21]

第四篇　有关张仲景研究的重要学术会议及论文选辑

交流，是社会交际的主要方式，也是学术研讨、传播和发展的重要方式之一。在文字出现之前，面对面的交流是唯一的和首要的。文字的出现和现代传媒方式的进步，使这种方式的使用频率有所降低，但由它体现出的直视氛围、真实感受、情感色彩和社会效果将是其他任何传播方式永远无法替代的。医学学术交流，历来被医学界看重，并在学科的继承、发展史上起到过举足轻重的作用。这种交流从旧时代学者间个人的你来我往发展到近代的专门会议，走出了漫长的特色之路，成为医药学知识传播的一条必不可缺的途径。

张仲景学术的交流不仅不外此例，而且更显得活跃。中华人民共和国建立之前举行的这类活动不说，就是新中国成立后在仲景故里南阳、河南乃至在全国范围内召开的专门学术会议就很难记全，仅中华中医药学会仲景学说研究会组织召开的就有21次，其中有些是具有国际性质的。2002年，河南省南阳市人民政府正式确定每年10月在仲景故里南阳市举办“张仲景医药节”。无论是规模上还是层次上都把张仲景学术的交流提高到了空前的水平，“医圣”的影响已经走出了医学的殿堂，逐步向更深层的文化领域扩展，甚至成为促进和带动地方经济发展的纽带，对南阳、河南乃至更大的范围都不无受益。

限于历史条件，早期召开的多次仲景学术会议都没有正式的论文集出版，一些作者以手写、刻印、打印等原始方式撰写的论文，除少量在会后被有关杂志采用而得以发表外，绝大部分文章都未能得到有效的保存和广泛的传播，使人们如今难以领略其原貌了。最为遗憾的是，随着时过境迁，有的作者已经过世，他们的作品将再没有机会见到天日了。作为学术继承，搜集这类文章就更显得迫切和必要。本书以近年来召开的学术会议为代表，并努力搜集可能收集到的远期学术会议的资料，以期展现这种交流活动盛况之一隅。

本章所录论文，是编者从自身掌握的有限文章中选取的，不少文章能因此一展风采，在学术上更具有广泛意义。由于篇幅所限，除综述性文章外，原则上只收正文，有关提示、参考性的内容一般不收。

A. 重要学术会议情况简介

全国首次张仲景学术讨论会

全国第一届张仲景学术研讨会于1981年12月12日~16日在河南省南阳市召开，来自全国各地的272名代表汇集仲景故里，共同拜谒医圣、探讨仲景学说。全国著名伤寒研究专家岳美中、任应秋、耿鉴庭、刘渡舟等出席会议并作了重要的学术报告，使与会代表深受鼓舞。河南省卫生厅和南阳地、市的领导参加了大会的开幕式，并讲了话。

这次会议的最大收获是解决了历史上是否实有张仲景其人和《伤寒杂病论》是否适用于南方等问题的长期争议，进一步确立了张仲景及其学说在中医学中的学术地位。陕西省中医研究院院长米伯让，向医圣祠捐赠了由他精心保存多年的《伤寒杂病论》白云阁藏木刻版。

会议期间，成立了南阳张仲景研究会，开创了我国有组织的、系统的研究仲景学说的新局面。遗憾的是，限于当时条件，这次会议的论文没有结集出版，参加会议的论文除少量在会后被部分杂志发表外，其他大量的论文未能系统保存下来。

中华全国中医学会仲景学说学术讨论会

中华全国中医学会仲景学说学术讨论会，于1982年10月18~22日在河南省南阳市召开。共有全国的248名代表汇聚仲景故里，共同交流研究仲景学术的经验和体会。大会开幕式由中华全国中医学会副会长任应秋主持，副会长吕炳奎致开幕词。河南省卫生厅副厅长史光、南阳行署副专员管振也先后致词，祝贺大会圆满成功。北京中医学院教授刘渡舟作了大会筹备情况的报告，就大会筹备和委员分配情况向与会代表作了详细说明。以矢数道明先生为名誉团长、寺师睦宗先生为团长的日本东洋医学会和以谷智士先生为团长的东洋医学研究会的20名日本学者参加了大会，并向大会赠送了由日本朋友珍藏的明代张仲景画像复制件。

大会共收到来自全国23个省、市、自治区作者提供的论文118篇，经过专家认真评选，有34名代表作大会发言，其他代表进行了分组交流。

这次大会，是经国家卫生部和中国科协批准召开的。大会的蕴酿，是任应秋、刘渡舟、何任、万友生、裘沛然、袁家玑、张志民、杨医亚、米伯让、潘澄濂等十位老中医于1980年昆明会议上发起的。1981年10月16日在北京召开了第一次筹备会，中华全国中医学会副会长吕炳奎、任应秋主持了会议，正式成立了大会筹备委员会，确定了会期、会址。1981年3月3日，在北京召开了第二次筹备会，吕炳奎等学会领导出席了会议，除听取会议筹备情况外，还初步确定了全国张仲景研究会筹委会委员的人选和会议的具体开法。

1985仲景学术讨论会

1985年10月于四川成都召开，收到论文150余篇，内容包括文献整理、方药研究、方法论探讨、临床应用等方面，与会代表广泛交换了意见，进行了研讨。代表们普遍认为，研究仲景学说的核心是基本理论和辨证论治精神，必须用科学的知识和方法进行，只有认真研究，才有长足进步和发展。今后全国研究工作要遵循如下原则：1. 尊重原著，以《伤寒杂病论》为研究对象，以免引起混乱；2. 要立足于临床实践，只有坚持以仲景学术指导临床应用，才有生命力；3. 研究工作要坚持多学科、多层次、多思路、多途径，以不断促进研究水平的突破。

张仲景学术国际研究会

经国家中医药管理局和河南省人民政府商定，由中国中医药学会主办，南阳市人民政府承办的张仲景学术国际研究会，1991 年 4 月 16 ~ 18 日在仲景故里河南南阳市召开。来自我国大陆各省及香港、台湾和来自日本、俄罗斯等国的百名专家、学者与会，分别就仲景生平、学说形成、传承、发展、应用等学术问题交流了认识，国内著名专家刘渡舟、聂惠民、高德、陈亦人、杜雨茂、何任、熊曼琪、欧阳锜和日本学者矢数圭堂、渡边武等在大会发言。大会出版了论文集，以摘要的形式收入了代表递交的 110 篇论文，日本国津村株式会社向大会提供了赞助。

'99 仲景学术论坛

1999 年 7 月于辽宁大连市召开，共收到论文 252 篇，内容包括基础理论及文献研究、临床观察、实验研究三个方面。可喜的是，在这次会议上，关于对仲景方药实验研究的工作在全国范围内取得了显著的效果，北京、广州、南京、浙江、河南、辽宁、内蒙古、贵阳等中医药院校的代表都在会上介绍了各自的研究成果，受到了与会代表的广泛关注和好评。会议编辑出版了《'99 仲景学术论坛》论文集，刘渡舟、聂惠民教授担任主编，王庆国、傅延龄、杨维杰教授担任副主编。

21 世纪张仲景学术思想研讨会

21 世纪张仲景学术思想研讨会，由河南宛西制药厂和中央电视台于 2001 年 9 月 14 日在河南省南阳市联合举办，是一次中医界、理论界和企业界联袂的杰作，旨在如何弘扬医圣遗产，把中医药事业做大做强。全国人大科教文卫委员会委员、中国中医研究院研究员高德，中国中药学会中成药委员会主任委员金世元，北京中医药大学教授、张仲景学术研究会秘书长聂惠民，国家中医药管理局港澳台中心李天泰，《中医杂志》编辑部主任陈克正等专家学者与会。代表们就如何加强中医药界与制药企业间的联系、扩大仲景品牌产品的社会影响等问题进行了热烈的研讨，是企业利用中医药文化扩大自身影响和达到双方互补双赢目的的一次有益尝试。

全国第六届仲景学术研讨会

全国第六届仲景学术研讨会，于 2001 年 11 月 23 ~ 27 日在广东省广州市召开。会议共收到学术论文 162 篇，研究范围涉及仲景学说理论探讨、临床应用、医史文献、实验研究、教学探索等诸多方面，反映了近年来国内外对仲景学说研究的新动态、新进展、新水平。来自全国 24 个省、市、自治区的 142 名代表及专家、学者出席了会议，日本春光苑汉方研修会和我国香港地区的 20 余名代表也应邀与会。与会代表就仲景学说研究和进展、《伤寒杂病论》文献及教学方法的研究、仲景方药的应用和实验研究、仲景方药治疗疑难杂症的研究、仲景方药的开发战略、名老中医对经方运用经验的总结等内容进行了深入的探讨，取得了圆满的成功。

国际张仲景学术思想研讨会

国际张仲景学术研讨会于 2002 年 4 月 9 日在河南省南阳市召开，来自国内外的 200 多名专家、学者出席了会议。全国政协副主席张思卿，国家卫生部副部长兼中医药管理局局长佘靖、副局长房书亭，国家有关部门领导及专家姚乃礼、沈志祥、傅世垣、唐由之、李俊德，河南省有关领导张洪华、姚如学、刘全喜，南阳市主要领导马万令、何东成、朱长青、邓华、王建民，拉脱维亚驻华大使埃纳耳斯·赛马尼恩、柬埔寨卫生部国务秘书吴飞如及其他国际友人冈察洛夫、矢野宥三等在开幕式主席台上就座。南阳市市长何东成和国家卫生部副部长佘靖分别致词，就如何弘扬张仲景精神、促进中外医学交流发表了热情洋溢的讲话。

除举行正常的学术交流外，会议期间代表们还拜祭了医圣祠、参加了医圣祠功德林植树活动、参观了张仲景医院等，对南阳市开展的张仲景医药创新工程表示了极大的关注和兴趣。4月11日大会闭幕，各地代表陆续离开仲景故里返程。

全国张仲景学术思想暨第六届中医药文化研讨会

由中华中医药学会和南阳市人民政府共同承办的全国张仲景学术思想暨第六届中医药文化研讨会，于2003年10月12日～15日在河南省南阳市梅溪宾馆召开，来自全国各地的100多名代表和正在南阳参加医师资格培训班的近200名学员出席了大会开幕式。大会进行了广泛的学术交流，代表们就仲景学说的研究成果发表了各自的论文。北京中日友好医院、地坛医院等专家关于中医药参与SARS防治的报告，格外引人注目。国家中医药管理局副局长房书亭、中华中医药学会秘书长李俊德，河南省副省长王菊梅、卫生厅长马建中及南阳市的主要党政领导参加了大会的开幕式，并与代表们一起参拜了医圣祠，北京中医药大学钱超尘教授朗诵了由南阳中医药研究所秦恩甲先生撰写的《圣德颂》。学术交流之外，代表们还参观了南阳张仲景国医学院中药标本馆、武侯祠、汉画馆和南阳府衙，浏览了南阳市市容，对南阳丰厚的文化底蕴和现代化建设成就感慨不已。

[附] 圣德颂（作者　秦恩甲）

仲景开先河，福祉广布泽九洲；南阳留圣迹，德馨绵延传万代。

今天，公元2003年10月13日，岁次癸未，时序三秋。出席第二届张仲景医药节的各国来宾、社会贤达、医界同仁、工商名家，怀着无比崇敬的心情，肃穆于仲景先师的长眠之地，缅怀中国汉代伟大医学家张仲景的丰功伟绩。

中华医药，源远流长，肇自伏羲，兴于农黄，岁延后汉，天眷南阳。医圣出世，光耀家邦，德被四海，万古流芳。群贤毕至，躬身斯壤，顶礼膜拜，钦慕景仰！

南阳盆地，以形名宛，星列角亢，地接荆豫。介江河之间，居华夏之中。承秦岭之余脉，启淮河之源头，备舟楫之利，得山川之险，控中原之要冲，扼荆楚之屏障，故有“得中原者得天下，得南阳者得中原”之说。南阳环山抱水，沃野千里，四时代序，风雨适节，物产丰富，集九洲之灵气，揽华夏之祥瑞，真大自然钟秀之地也，呜呼，美哉！

南阳历史悠久，本神农氏旧墟。昔在史前，炎帝烈山尝草，创农业之文明，肇医药之先声。效爻变而论“阴阳”，则天地而制“河图”，从而孕育了华夏传统文化的主根。虞舜之际，肇建姜邑，南阳初名，是谓有吕，三代承袭，称谓不一。春秋谓楚之申县，战国为韩之属地，秦皇更名南阳，光武称其帝乡。汉时南阳，文化发达，人杰地灵，富甲天下。缘其文化底蕴丰厚，故得以襄助先师脱颖成圣。

时至桓灵，灾疫频仍。户户有号泣之哀，家家有僵尸之痛。病冢遍布于荒野，冤魂壅塞于冥路，人寰惨状，莫过于此。呜呼，哀哉！

仲景先师，幼习岐黄，心存仁智，救死扶伤，牧守长沙，泽及三湘。痛时疫之猖獗，恨巫术之泛滥，痌瘝在抱，挂印辞官。施诊于草庐之内，采药于桐柏之巅。探赜索隐，阐发《内》《难》；勤求古训，撰爰《伤寒》。立凭脉辨证之纲领，创辨证施治之规范，肇六经遣药之玄旨，定三法审势之指南，集先贤之大成，开医家之正源。德被后世，惠及当前。呜呼，圣哉！

先师鸿术，燮理阴阳，自然旨趣，医理可彰，五行生克，随圆就方。至理所在，如影随形，贯穿古今，跨越时空，可师可法，圭臬准绳。

医乃仁术，唯德是本，心存功利，无疑市恩。仲景先师，力行大道，藐视权豪，心系黎民。诚医家之至圣，真千古之尧舜。呜呼，伟哉！

赞曰：高山仰止，景行行之，圣功圣德，如月似日。唯师为圣，唯圣为师，千秋万龄，典之祀之！

2003 年国际仲景学说学术研讨会

2003 国际仲景学说学术研讨会于 2003 年 10 月 18 日至 20 日在北京举行，来自中国、日本、美国和我国港、澳、台地区的 200 余名专家、学者参加了这次盛会。大会共收到学术论文 326 篇，有 130 篇入选大会论文集《仲景学术研究》（已由学苑出版社正式出版）。会议分别由中华中医药学会仲景分会正、副主任委员王庆国、刘燕池、陈国权、姜建国、何新慧、关庆增等主持，以大会发言与分组交流相结合的方式进行，王庆国、钱超尘等 18 位代表分别在大会上进行了演讲或发言，另有 39 位代表在分组会上介绍了各自的研究成果。他们就张仲景生平事迹、《伤寒杂病论》版本流传和演变、对仲景学说理法方药的认识、经方的临床应用和发展、对仲景方的实验研究等领域的发言，体现了近年来国内外对仲景学说研究的新水平，给全体与会代表以良好的启示。会议的主要收获是：1. 推动了国际间对仲景学说研究成果的交流和发展；2. 端正了仲景学说向多元性、立体化研究的发展方向；3. 体现出仲景学说研究中出现的良好社会和经济效益。

其他有关张仲景学术研究的专门会议

在全国范围内举办的以研究仲景学说为主题的专门学术会议很多，仅以中华中医药学会仲景学说研究分会名义举行的就有 11 次。还有其他单位或学术组织举办的有关会议也不少，相关学科的医学学术会议中涉及仲景学说研究的内容就更多。遗憾的是，限于资料，许多会议的详细情况不能在本书中给予介绍，只好待以后再版时补入。

本书编辑过程中，在一些材料中间接涉及到的有关会议有：

1. 1987 年 10 月，由中国中医药学会主办、张仲景国医大学承办的“中华全国第二次张仲景学说讨论会”在南阳市举行（内部编辑、出版有大会《论文集》）；

2. 1993 年，首届亚洲仲景学说学术会（内部编辑、出版有大会《论文集》）；

3. 1995 年，全国仲景学术思想研讨会（内部编辑、出版有大会《论文集》）。

B. 主要学术会议情况简介

中华中医药学会第十三届仲景学说学术研讨会（哈尔滨）

由中华中医药学会仲景学说专业委员会主办、黑龙江中医药大学承办的第十三届全国仲景学说学术研讨会于 2005 年 8 月 6 日至 8 日在黑龙江中医药大学召开，参会论文 140 多篇，集中反映了近年来国内仲景学说研究的新动态、新收获、新见解、新起点、新进展和新的学术水平其涉及的范围有理论探讨、治法研究、方药阐析、临证心悟、医史文献与版本、教学与实验研究等内容。

中华中医药学会第十四届仲景学说学术研讨会（南宁）

由中华中医药学会主办、广西中医学院协办的第十四届全国仲景学说学术研讨会于 2006 年 5 月 20 ~ 22 日在广西南宁举行。本次会议以方法探索、理论创新、教学交流、实践提高为主题。学者们在理论创新的基础上，还对仲景治法及其方药应用作了更深更广的研究和阐述。此外，仲景理论之临床应用及经验体会，也是本届学术研讨会凸显的亮点之一；本次研讨会的新颖之处还在于更多现代的教学模式和理念以及实验方法得到开发和引进。

中华中医药学会第十五届仲景学说学术研讨会（合肥）

由中华中医药学会仲景学说分会主办、安徽中医学院协办的“中华中医药学会第十五届仲景学说学术研讨会暨换届选举会议”，于2007年8月18日～20日在安徽省合肥市隆重召开。

出席大会的有仲景学说分会主任委员王庆国教授，大会主席、安徽中医学院院长王键教授，中华中医药学会学术部孙永章主任，仲景学说分会秘书长李宇航教授，以及李赛美教授、关庆增教授、何新慧教授、陈国权教授、姜建国教授、梁华龙教授、姜德友教授、储全根教授、李家庚教授、黄家诏教授、张友堂教授等著名仲景学说研究专家，安徽中医学院各相关部门领导，约100余名代表参加了大会。

大会共收到论文近200篇，在覆盖面上超过往届，包括仲景学说的学科发展、理论、医史、方药、治法、教学、实验、临床等多个研究领域。总体而言，这些论文的质量非常高，体现了当前仲景学说的研究水平。经筹委会和学术组初步筛选，又经专家会议评选，共录用论文120余篇，编辑成本次会议的论文集《仲景医学求真（续一）》。大会进行了学术交流和分组讨论，为推进仲景学说沿着医、教、研三赢的发展战略有序发展，迈出了坚实的一步。

2008日中仲景学术高端论坛（日本东京）

由中华中医药学会仲景学说分会策划的“2008日中仲景学术高端论坛”于2008年11月23日在日本东京举行。

由北京、上海、广州、黑龙江、广西5所中医药高校的仲景研究专业人士和香港、广州医院临床专业人士组成的10人中方代表团，与来自日本各地的近100名日方代表会聚一堂，再一次掀起了中日专业人士共同探讨研究仲景学术的热潮。

据介绍，早在80年代中华中医药学会仲景学术分会成立之前，伤寒学术大家刘渡舟教授便东渡日本，宣传医圣张仲景医学思想及名方临床应用经验。1991年刘渡舟教授出任仲景学说分会主任委员以来，仲景分会始终以学术研究为核心，深入开展围绕仲景相关的各种学术活动，为弘扬仲景学说，促进中医药事业的发展，提高人民的健康水平做出了积极的贡献。同时刘渡舟教授继续注重与日本汉方医界的交流，几次前往日本，从伤寒学角度对两国医学交流做出了贡献。

为了更好地宣传仲景学术，扩大张仲景医学对日本的影响，继承发扬刘渡舟教授的学风，其弟子、现任仲景学说分会主任委员的王庆国教授倡导举办了2008日中仲景学术高端论坛活动。这一举动被日方称为21世纪中日医学交流的“破冰之旅”，这是仲景分会在扩大中医药对国外影响方面迈出了可喜的步伐，也是中华中医药学会下属二级分会首次在境外举办的专科学术会议。

论坛期间，中日两国研究者交流方式丰富多彩，既有大会讲演、专题讨论，还有即兴发言，质疑问答，并编撰了包含中日文的论文集，其内容全方位覆盖学科战略、临床研究、理论、文献、方药、治略、教学、实验等内容，是对中日两国仲景学说研究的总结，汇集了研究的最新成果。

论坛期间还特地安排了恳谈会，日中友好协会理事长村冈久平先生专程到会致欢迎辞，对论坛给予了高度评价。日中健康科学会和日本津村株式会社对论坛举办给予了大力协助。

中华中医药学会第十七届仲景学说学术研讨会（咸阳）

由中华中医药学会仲景学说分会主办、陕西中医学院协办的“第十七届仲景学说学术研讨会”，于2009年8月15～17日在咸阳市（陕西中医学院3001多功能厅）隆重召开。

出席大会的有分会主任委员王庆国教授，秘书长李宇航教授，陕西中医学院院长周永学教授，分会骨干成员如李赛美教授、何新慧教授、梁华龙教授、陈国权教授、姜德友教授、张友堂教授、张再良教授、张国骏教授、张喜奎教授、郁保生教授、黄家诏教授、储全根教授、蒋明教授、戴昭宇教授、宋俊生教授、艾华教授、董正华教授等著名业内专家，以及100余名代表及300余名师生参加了大会。

大会开幕式由陕西中医学院中医临床学院院长、分会委员董正华教授主持，由周永学教授担任大会主席并致欢迎辞，王庆国教授简要介绍了仲景学说的研究现状及本次会议的宗旨。开幕式后，全体与会人员参观了陕西中医学院国医文化博览园，并特邀杜雨茂教授介绍了他在运用中医药防治肾病方面的经验，米烈汉教授介绍米伯让老中医的学术历程与业绩。

本次学术会议共收到学术论文近200篇，覆盖仲景学说的学科、理论、文史、方药、治略、教学、实验、临床研究领域，水平普遍较高，体现了当前仲景学术研究的水平。其中，学科战略性论文的质量提高最快。经大会筹委会和学术组初步筛选，又经专家会议评选，共录用论文138篇，编辑成学术专集《仲景医学求真（续三）》。大会进行了学术交流和分组讨论，学术气氛热烈，有力推动了仲景学术研究的进一步发展。

首届全国经方论坛（北京）

首届全国经方论坛于2011年6月在北京举办，是由中华中医药学会主办，北京中医医院、胡希恕名家研究室等单位承办的一次大型经方学术会议。取得了良好的影响力。后首届全国经方论坛优秀文章结集出版《全国经方论坛》，由中国中医药出版社出版。

首届国际（中日韩）经方学术会议（北京）

由中华中医药学会主办，北京市总队第三医院、首都医科大学北京中医医院、胡希恕名家研究室承办的首届国际（中日韩）经方学术会议于2011年5月27日在京胜利召开。

5月27日上午举行了隆重的开幕仪式，国家中医管理局、中华中医药学会、北京市中医管理局的相关领导分别致开幕辞，由于胡希恕名家研究室是北京中医药薪火传承“3+3”工程建设单位，武警北京市总队第三医院是胡希恕名家研究室的建设依托单位，所以北京市中医管理局科教处厉将斌处长参加会议并讲话。厉将斌处长在讲话中指出，希望北京市各个建设室站多承办中医学术会议，推广优秀的学术思想，从而造福百姓。厉将斌处长的讲话受到来自世界各地的代表的热烈鼓掌欢迎。

受邀参加本次国际学术会议的除国内代表外有日本代表团和韩国代表团，还有美国等其他国家的代表共200余人。其中日本中医学会会长平马直树先生到会致辞并做学术报告，韩国腹治学会会长卢永范先生到会致辞并做学术报告，这使得许多国内代表首次直接了解了日本、韩国在经方发展方面的现状。

国内的经方名家如：冯世纶教授、黄煌教授、李士懋教授等均到会针对经方发展的不同方向做学术报告。这次大会特别邀请了许多目前活跃在临床一线的经方中青年工作者，给他们提供学术交流的平台，一些优秀的经方中青年工作者在明医论坛上作学术报告，如来自胡希恕名家研究室的陈建国、山西中医学院的高建忠、胡希恕名家研究室的马家驹等。

这次大会内容丰富，时间安排紧凑，不但白天有学术报告，晚上也有专题演讲，由于大家的参与热情高涨，28日的会议一直持续到深夜23点，各位代表才意犹未尽的离开了会场。

胡希恕名家研究室为推动经方事业的发展，将在努力完成室站建设任务的基础上，继续承办经方的会议，以实现胡希恕先生的经方学术思想更好的传承和弘扬。

第二届国际（中日韩）经方学术会议第三届全国经方论坛暨经方应用高级研修班（北京）

由中华中医药学会、中医之家主办，武警北京市总队第三医院、首都医科大学北京中医医院、北京中医药学会仲景学说专业委员会、胡希恕名家研究室承办，韩国Omniherb、韩国腹治医学会、日本中医学会、日本东洋学术出版社、复兴中医网等协办的“第二届国际（中日韩）经方学术会议、第三届全国经方论坛暨经方应用高级研修班”于2012年9月5日～2012年9月8日在中国北京隆重召开。

来自国内外的经方爱好者、应用者与研究者共计200余人参加了此次盛会。开幕式由北京中医药学会仲景学说专业委员会秘书长陈建国主任主持，国家中医药管理局杨锐书记、中华中医药学会谢阳谷副会长、北京中医管理局厉将斌处长、武警北京市总队第三医院黄基荣院长、韩国大韩伤寒金匮医学会卢意濬副会长以及中医之家总干事王凤岐教授到会并先后讲话。

本次会议是在2010年全国经方论坛及2011年首届国际（中日韩）经方学术会议、第二届全国经方论坛暨经方应用高级研修班基础上，为更好的适应经方事业国际化发展的趋势而召开，旨在促进经方学术交流，加强沟通与合作，以更好的发挥经方在人类疾病治疗与预防中的重大作用。大会共收到论文近百篇，从中删定、精选40篇编纂《第二届国际（中日韩）经方学术会议、第三届全国经方论坛暨经方应用高级研修班论文集》，论文从多个层面反映了当前经方发展特别是临床一线应用与研究的的概貌。

大会坚持以经方临床应用与研究为重点的学术导向，本着“百花齐放，百家争鸣”的原则，分特邀演讲、明医论坛与会议交流三部分。特别邀请国医大师陆广莘教授、卫生部中日友好医院冯世纶教授、中医之家总干事王凤岐教授、北京中医药大学郝万山教授、河北中医学院刘保和教授、北京中西医结合医院冯学功教授、韩国大韩伤寒金匮医学会副会长卢意渚先生等名老中医、专家、学者进行专题讲座。另有6位中青年专家在明医论坛发表主题演讲，还从征文中选出6位进行会议交流。

本次论坛共进行了6场19人次演讲，就经方理论体系、方证对应、经方类方、经方用药、经方学术源流、经方辨证施用中相关具体问题及经方多学科研究等方面进行广泛而深入的讨论。每场均安排了互动活动，虽然与会代表近距离与专家交流，精彩演讲与气氛热烈的互动场面交相辉映，不断将现场学习活动推向高潮，但是很多学员代表仍然意犹未尽。会后学员反馈普遍反映受益匪浅，拓展了临证思维，深化了对经方方证等的认识，提高了临床思辨能力，坚定了学用经方的信心。希望此类学术论坛能够常办常新，成为国内一流、国际知名的经方应用与研究的学术品牌。

全国第二十次仲景学说分会学术年会（昆明）

为了深入研讨仲景学说的内涵，广泛、深入交流仲景学说的研究心得和应用经验，进一步提高仲景学说的学术地位，中华中医药学会仲景学说分会于2012年7月20日至21日在云南省昆明市举办了全国第二十次仲景学说学术年会。本次会议由中华中医药学会主办，中华中医药学会仲景学说分会承办，云南中医学院协办。有来自北京、广州、上海、湖北、山东、黑龙江、河南等19个省市及香港、美国等地的仲景学术爱好者、研究专家共计110余人参加了本次学会盛会。

仲景分会主任委员李宇航教授主持了大会开幕式，并宣读了分会名誉主任委员王庆国教授的贺信。云南中医学院副院长熊磊教授代表云南中医学院致欢迎辞；大会还邀请了仲景学说分会顾问，北京中医药大学聂惠民教授、湖北中医药大学梅国强教授作特约发言。

在大会学术交流环节中，分会姜建国教授、张再良教授、耿建国教授、刘英锋教授、黄家诏教授、陈明教授、何新慧教授、蒋明教授、郁保生教授、姜德友教授、张国骏教授、李赛美教授王振亮教授分别围绕学科发展、临床思维模式、仲景辨证论治体系、方药临床应用、教育教学方法、科研思路与方法等专题作了13场主题报告。随后，大会还进行了分组讨论、座谈等交流活动。

20日晚上，主任委员李宇航教授主持召开了分会委员会议，参加本次学术交流会的40余位分会委员参加了会议。委员会上，李宇航教授传达了2012年全国中医药学会秘书长会议精神。副主任委员兼秘书长陈明教授介绍了仲景学说分会关于加强组织机构建设的方案，对科研协调组、教学协调组、产业开发及医疗服务组、综合信息组及科普宣传组的职责进行了说明，并举手表决通过各协调组负责人。

大会还编制了《仲景学术研究》——全国第二十次仲景学说学术年会论文集，内容覆盖了仲景学说的理论、学科、临床、文史、方药、治略、教学、实验等诸多研究领域，论文质量普遍较高，充分体现了当前仲景学说的研究水平。总之，本次大会学术气氛热烈，与会学者普遍认为本次学术交流会是对仲景学说研究成果的又一次检验和总结，也必将对今后仲景学术的发展起到促进作用。

全国第二十一次仲景学说分会学术年会（福州）

为了深入研讨仲景学说的内涵，广泛、深入交流仲景学说的研究心得和应用经验，进一步提高仲景学说的学术地位，中华中医药学会仲景学说分会于2013年8月3日至4日在福建省福州市举办了全国第二十一次仲景学说学术年会。本次会议由中华中医药学会主办，中华中医药学会仲景学说分会承办，福建中医药大学协办。有来自北京、广州、上海、湖北、山东、黑龙江、新疆等23个省市及香港等地的仲景学术爱好者、研究专家共计150余人参加了本次学会盛会。

仲景分会主任委员李宇航教授主持了大会开幕式，福建中医药大学副校长李灿东教授致欢迎辞，仲景分会名誉主任委员、北京中医药大学副校长王庆国教授讲话。中华中医药学会中华中医药杂志社闫志安社长、人民卫生出版社李丽编审出席了开幕式。

在大会学术交流环节中，分会陈明教授、张友堂教授、钱占红教授、张琦教授、温桂荣教授、董正华教授、李赛美教授、张国骏教授、李家庚教授、王军教授、储全根教授、李宇航教授分别围绕经方临床应用、六经辨证论治体系、经方疗效关系、教育教学方法、科研思路与方法等专题作了12场主题报告。随后，大会还进行了分组讨论、座谈、参观福建中医药大学新校区等交流活动。

3日晚上，名誉主任委员王庆国副校长主持召开了分会委员会议，参加本次学术交流会的50余位分会委员参加了会议。委员会上，主任委员李宇航教授传达了2013年中华中医药学会组织召开的全国中医药学会秘书长会议、首届岐黄论坛等会议文件精神。副主任委员兼秘书长陈明教授介绍了仲景学说分会科普宣传组组织的中华中医药学会仲景学说分会系列丛书的编写工作。

大会还编制了《仲景学术研究》——全国第二十一次仲景学说学术年会论文集，内容覆盖了仲景学说的学科发展、理论创新、临床应用、文史考证、治法治则、教育教学、科学实验等诸多研究领域，论文质量普遍较高，充分体现了当前仲景学说的研究水平。总之，本次大会学术气氛热烈，与会学者普遍认为本次学术交流会是对仲景学说研究成果的又一次检验和总结，也必将对今后仲景学术的发展起到促进作用。

第三届国际经方学术会议第四届全国经方论坛暨经方应用高级研修班（北京）

由中华中医药学会国际部，北京中医药学会仲景学说专业委员会主办，首都医科大学附属北京中医医院、武警北京市总队第三医院等承办的“第三届国际经方学术会议、第四届全国经方论坛暨经方应用高级研修班”于2013年6月6日－2012年6月9日在北京隆重召开。

来自国内外的经方爱好者、应用者与研究者共计400余人参加了此次盛会。开幕式由首都医科大学附属北京中医医院王笑民副院长主持，首都医科大学附属北京中医医院王大仟副院长致欢迎辞，北京市中医管理局罗增刚副局长、中华中医药学会谢钟副秘书长、国家中医药管理局人教司洪净副司长先后做重要讲话。

本次会议是在前三届全国经方论坛的基础上召开的，旨在促进经方学术交流，加强沟通与合作，以更好的发挥经方在人类疾病治疗与预防中的重大作用。大会共收到论文一百余篇，从中精选80余篇收录到《第三届国际经方学术会议、第四届全国经方论坛暨经方应用高级研修班论文集》，论文从多个层面反映了当前经方发展特别是临床一线应用与研究的的概貌。

大会坚持以经方临床应用与研究为重点的学术导向，本着“百花齐放，百家争鸣”的原则，分设特邀演讲、明医论坛、大会交流、北京125人才论坛等部分，特别邀请胡希恕弟子卫生部中日友好医院冯世纶教授，日本千叶大学平崎能郎博士，刘渡舟弟子北京中医药大学裴永清教授，李克绍弟子山东中医药大学姜建国教授，江西中医学院姚荷生研究室姚梅龄教授，四代中医世家任启松先生，王大经弟子北京中医医院刘殿池副主任医师，许公岩弟子北京中医医院佟秀民医师等25位名老中医、专家、中青年学者以“辨太阳病脉证并治”为主题，就经方理论体系、方证对应、经方类方、经方用药、经方学术源流、经方辨证施治中相关具体问题及经方多学科研究等方面进行广泛而深入的讨论。每场均安排了互动活动，使与会代表近距离与专家交流，精彩演讲与气氛热烈的互动场面交相辉映，不断将现场学习活动推向高潮。

本次会议紧紧围绕“搭建经方学术交流平台，打造中医精品课程”这一宗旨，进一步彰显经方学术，突出临床效用，学术氛围浓厚，交流互动积极踊跃，老中青递相讲演，中日同台竞艺，时间紧，节奏快，内容丰富，学术交流的主题突出，根植临床，既是一次经方爱好者、学习者、应用者与研究者的“胜利会师”，更是一次将经方学术向更深入、更广阔、更高层面推进的“誓师大会”。

本届会议的亮点和特色：

1. 会议内容密切贴近临床，探讨经方解决临床常见病、多发病及疑难危重病的诊治问题；

2. 为了使讨论的问题更深入全面，从本届会议开始，每次设定一个明确的主题，本届会议主题为“辨太阳病脉证并治”，与会专家及代表围绕这一主题进行广泛而深入的探讨；

3. 本次论坛特邀的专家是经全国各地推荐后精选出来的经方大家，他们既有深厚的经方理论，又有丰富的临床经验，临床疗效显著。为了让参会代表充分领略经方大家们的风采，每个专家给足半天的时间透彻讲解学术思想和临床经验，并留一定的时间现场回答代表的问题。会场上经常响起学员们的热烈掌声，这是对专家们的精彩演讲和精彩解答的最好肯定，也让论坛真正成为经方医家传道、授业、解惑的平台；

4. 本届会议“明医论坛”特邀能将经方活学活用于临床，学识及诊疗水平较高的10余位中青年经方家以讨论的形式与大家现场互动，提高对经方的临床应用水平。

总之，4天的会议紧张而有序，代表普遍反映受益匪浅，拓展了临证思维，深化了对经方方证等的认识，提高了临床思辨能力，坚定了学用经方的信心。大家希望全国经方论坛能够越办越好，成为国内一流、国际知名的经方应用与研究的学术品牌！

第三届国际经方学术会议/第四届全国经方论坛暨经方应用高级研修班（北京）

2013年6月6日～9日，由中华中医药学会国际部，北京中医药学会仲景学说专业委员会主办，北京中医医院承办的“第三届国际经方学术会议、第四届全国经方论坛暨经方应用高级研修班”在北京召开。来自国内外的经方爱好者、应用者、研究者400余人参加了此次盛会。

开幕式由北京中医医院副院长王笑民主持，副院长王大仟首先致欢迎辞，北京市中医管理局副局长罗增刚、中华中医药学会副秘书长谢钟、国家中医药管理局人教司副司长洪净先后做重要讲话。

本次会议是在前三届全国经方论坛的基础上召开的，旨在促进经方学术交流，加强沟通与合作，更好地发挥经方在人类疾病治疗与预防中的重大作用。大会收到论文一百余篇，从中精选80余篇收录到《第三届国际经方学术会议、第四届全国经方论坛暨经方应用高级研修班论文集》，论文从多个层面反映了当前经方发展特别是临床一线应用与研究的的概貌。

大会坚持以经方临床应用与研究为重点的学术导向，本着“百花齐放，百家争鸣”的原则，分设特邀演讲、明医论坛、大会交流、北京125人才论坛等部分，特别邀请胡希恕弟子卫生部中日友好医院冯世纶教授，刘渡舟弟子北京中医药大学裴永清教授，李克绍弟子山东中医药大学姜建国教授，江西中医学院姚荷生研究室姚梅龄教授，四代中医世家任启松先生，王大经弟子北京中医医院刘殿池副主任医师、许公岩弟子北京中医医院佟秀民医师等25位名老中医、专家、中青年学者以“辨太阳病脉证并治”为主题，就经方理论体系、方证对应、经方类方、经方用药、经方学术源流、经方辨证施用中相关具体问题及经方多学科研究等方面进行广泛而深入的讨论。每场均安排了互动活动，使与会代表近距离与专家交流，精彩的演讲和互动交流将现场学习活动推向高潮。

4天的会议紧张而有序，代表们普遍反映受益匪浅，拓展了临证思维，深化了对经方方证等的认识，提高了临床思辨能力，坚定了学用经方的信心。希望全国经方论坛能够越办越好，成为国内一流、国际知名的经方应用与研究的学术品牌。

本届会议紧紧围绕“搭建经方学术交流平台，打造中医精品课程”这一宗旨，会后将继续利用网络进行经方学习交流，切实提高经方应用水平，促进共同成长与进步！

第四届国际经方学术会议第五届
全国经方论坛暨经方应用高级研修班

2014年6月26日－29日，由中华中医药学会支持，北京中医医院主办，多单位协办的第四届国际经方学术会议、第五届全国经方论坛暨经方应用高级研修班在北京召开。来自国内外的经方爱好者、应用者与研究者400余人与会。副院长徐春军主持开幕式，党委书记信彬致欢迎辞，首都医科大学副校长王晓民、北京市医院管理局副局长潘苏彦、中华中医药学会副会长谢阳谷、北京市中医管理局屠志涛局长先后讲了话。

这次会议是在前四届基础上召开的，旨在促进经方学术交流，加强沟通与合作，以便更好地发挥经方在人类疾病治疗与预防中的重大作用。大会坚持以经方临床应用与研究为重点的学术导向，以“辨阳明病脉证并治”为主题，本着“百花齐放，百家争鸣”的原则，主要设立以下五个板块：①特邀演讲：邀请国家卫计委中日友好医院冯世纶教授，澳门科技大学张文选教授，湖南中医药大学彭坚教授，江西中医学院姚荷生研究室姚梅龄教授，山西中医学院门九章教授等作专题讲座。②明医论坛：特邀能将经方活学活用于临床，学识及诊疗水平较高的中青年医师以讨论的形式与大家现场互动，提高经方的临床应用水平。③专科论坛：设立经方治疗肺病、肾病专场论坛。④名老中医学术经验传承论坛：举办国家级名老中医赵荣莱、许彭龄学术思想专题研讨。⑤病例讨论：选择临床疑难病例进行现场讨论。就经方理论体系、方证对应、经方类方、经方用药、经方学术源流、经方辨证施用中相关具体问题及经方多学科研究等方面进行广泛而深入的讨论。每场均安排了互动活动，使与会代表近距离与专家交流。

这次会议紧紧围绕“搭建经方学术交流平台，打造中医精品课程”这一宗旨，进一步彰显经方学术，突出临床效用，学术氛围浓厚，会议紧张而有序，代表普遍反映受益匪浅，拓展了临证思维，深化了对经方方证等的认识，提高了临床思辨能力，坚定了学用经方的信心。

C. 学术会议论文选辑

·1981 年－2003 年·

（一）对张仲景生平事迹的考证和研究

南阳产生伟大医学家张仲景的历史背景和社会基础

廖国玉　南阳张仲景研究会

一千八百三十二年前，即公元150年，我国伟大的医学家张仲景诞生于东汉南阳郡涅阳县。就是现在的河南省邓县穰东镇附近的张寨村。

张仲景是中华民族悠久文明史上最杰出的科学家之一。后人称他为医中之圣。他的著作《伤寒杂病论》被历代奉为“医经”，自晋至今，整理、注释、研究《伤寒杂病论》的中外医学者已超过一千家。这在世界历史上也是少有的事情。

中华民族的历史上人才辈出，群星灿烂。在南阳这块土地上产生如此卓越的人物，不是偶然的现象，而是有其特定的社会基础和深刻的历史背景，笔者就此问题，初步探索三个方面。

一、南阳的科学技术在汉代以前处于全国领先地位

南阳，是一个古老的地名，因其在熊耳山之南，汉水以北，故称作“阳地”。夏禹定天下为九州，南阳在予州的西南部，为“中原之南，而居阳地”名曰南阳。《史记·货殖列传》说“南阳，夏人之属也”。商代，在南阳设置了两个奴隶主封国，西周初年，在南阳分封建立了十余个诸侯国。春秋时南阳属楚国，战国时北境属韩国。公元前二九二年，秦将白起攻楚取宛，合并汉水之北，洛阳、颍川之南，置南阳郡。秦统一六国，分天下为三十六郡，南阳郡为其一。汉承秦制，继续设置南阳郡。

南阳在科学文化方面，于汉代以前，就曾对中华民族的发展作出了伟大的贡献，概括起来有四项：

1. 春秋至汉代发达的冶炼技术　通过古代劳动人民的创造实践，南阳的冶铁事业，在战国以前就闻名天下，《荀子·议兵篇》称：“宛钜铁也，惨如蜂虿”。战国后期，秦灭魏。将魏国大商人孔氏迁到南阳，孔氏“用铁冶为业”，到宛更以“大鼓铸”，发展冶铁事业，遂使“家致数千金”。（《前汉书货殖传》）。解放后，在南阳发现的汉代冶铁遗址中，还出土有周代的遗物。春秋战国时期，南阳不仅能够铸造武器和农机具，而且还能造出大鼎、甬钟、乐用编钟、车马铜饰和各种精制首饰等物品。

西汉时，武帝任用南阳大冶铁商孔谨为“大农丞，领盐、铁事”，管理全国的盐铁事业，并在南阳郡设铁官，在宛市等地设立官营冶铁场，使采矿、冶铁的规模空前发展。《后汉书》记载，光武七年，杜诗为南阳太守，造作水排，铸为农器，用力少，见功多，百姓称便。

科学技术促进了生产力和经济的发展，随着冶铁技术的不断发达，使铁制工具和农器具大量增加，有力地推动了农业生产和工商业的发展。南阳的宛城，位置在汉水、长江、淮河三水路与关中地区往来的孔道上，由于秦汉时期对吴、越、南越的进一步开发，宛市商业愈趋繁盛。成为南北交界上最大的商业中心城市。《盐铁论》称“宛周（洛阳）齐鲁、商偏天下，富冠海内”。

2. 工艺水平较高的手工业技术　人民在辛勤的劳动中，创造了手工业技术，春秋战国时代，南阳的手工业技术已经达到了较高的水平。从历年出土的文物中可见当时的陶工、冶铁工、木工、车工人数很多，工艺较高。他们在宛城市场上出卖手工产品，就是《论语·子张篇》所说的“百工居肆以成其事”。民间的手工业者和诸侯国官府的百工们创造了工艺水平越来越高的手工产品。一九七九年，

在河南省南阳地区淅川县下寺龙山岭上发掘的楚国贵族墓二十六座和六座汉墓，共出土铜、玉、骨、石器物三千余件，这批器物有大至一百六十余公斤的甬钟和小至棺椁上贴压印的蟠螭纹与连云纹图案的金箔，工艺水平之高，为春秋时代墓葬所少见。各种器物从冶铸工艺到雕塑技法都有其独到之处，特别是金箔压延到薄如蝉翼，花纹仍繁而不乱，规整清晰，技艺精巧，见者称奇。其中三件尤其珍贵，堪为国宝。一是玉排箫，史书虽有记载，但失传已久。此次出土乃首次发现。此萧质柔润，薄如簧管，音质清越；二是铜禁，系用“朱蜡法”制造的透雕铸件，在近代仍属难度很大的工艺；三是编钟，经专家鉴定，是我国当前音质最好的编钟之一。说明当时对合金成分、工艺造型、以及热处理等方面与音质、音律的关系已充分认识和熟练掌握。

3. 汉代先进的农业和水利科技　据《史记》记载，南阳是全国实行牛耕最早的地区之一。《前汉书》卷八十九记召信臣，字翁卿，迁南阳太守，好为民兴利，务在富之躬耕，劝农出入阡陌，……开通沟渎，以广灌溉，岁岁增加多至三万顷，民得其利，畜积有余”。召信臣在南阳郡曾主持兴修了很多水利工程，至今南阳境内各县以“堰”“陂”“档”“渠”命名的公社、大队、村庄甚多。东汉初年，杜诗为南阳太守时“又修治陂池，广拓土田，郡内比室殷足。时人方于召信臣，故南阳为之语曰：“前有召父，后有杜母”。当时，南阳郡的水利是非常出名的，和郑国渠所在的关中，都江堰所在的成都平原，并称为全国的三大水利区。东汉时，南阳已为“鱼米之乡”，张衡在《南都赋》里写道：“其水则开窦洒流，浸彼稻田，沟绘脉通，隄塍相君。朝云不兴，而横潦独臻。决渫则汉，为溉为陆。冬稌夏稻，随时代熟。”并记述南阳的原野有桑、漆、麻、菽、麦、稷、黎，园圃里有荷、蔗、韭、姜、芋、瓜、梅、柿，还有桃、李、栗、枣、穰、橙、邓橘。竹木的种植，则更为繁盛：“藹翁郁于谷底，森尊尊而刺天。”由此可见，南阳的农业是全国比较发达的地区之一，田野里呈现着五谷丰登，草木繁茂的景象。南阳农业和水利方面的科学技术，对全国产生了很大的影响。东汉年间，南阳人出任外地做官的，多数都在所任地方推广家乡的农业、水利科学技术。如南阳新野人樊晔，光武时为扬州牧，就“教民耕田种树理家之术”（《后汉书·酷史列传》）。张衡的祖父张堪在渔阳任太守时，“乃于狐奴开稻田八千余顷，劝民耕种，以致殷富”。百姓歌曰：“桑无附枝，麦穗两歧。张君为政，乐不可支。”（《后汉书·张堪传》）

4. 崛起伟大的科学家张衡　东汉章帝建初三年（公元 78 年），即张仲景诞生前七十一年，南阳郡西鄂县（今河南省南阳县的石桥镇附近），产生了一位科学伟人张衡。

张衡字平子，其祖父张堪于建武年间曾任郎中、谒者、蜀郡太守和渔阳太守，为官清正，民多称颂。《后汉书·张衡传》称：“衡少善属文，洗于三辅，因入京师、观太学，遂通五经，贯六艺。虽才高于世，而无骄尚之情，常从容淡静，不好交接俗人。”

张衡初为南阳郡太守的主薄，后入朝为太史令、公车司马令、侍中，继出任河间相，永和三年（公元 138 年）官拜尚书。

张衡一生中坚持科学的唯物主义思想，反对当时盛行的谶纬迷信活动，他勇于探索、勇于创新。在担任太史令期间，经过多年的观测天文和理论研究，写出了世界天文学史上不朽的名著《灵宪》，将我国古代的天文学水平大大的向前推进了一步。他还是一位数学家，精通九章算术，著《算纲论》；又是机械制造家，公元 117 年，他创造了世界上最早用水力推动的天文仪器浑天仪；123 年左右造成木雕、指南车、记里鼓车等机械。东汉永建元年以前，即公元 96～125 年的三十年间，中国境内曾多次发生地震、山崩、地裂或地陷等严重灾害，安帝元初六年，两次大震，京师洛阳及四十二个郡国均遭灾，张衡对地震进行了深刻的研究，公元 132 年，设计出一个前所未有的测定地震的科学仪器地动仪，同时还创造了一件气象仪器候风仪。张衡不但是我国科学史上的伟大先驱者。而且还是一位杰出的文学家，他的《二京赋》和《南都赋》，在我国文学史上占有重要的地位。所以，张衡的好朋友崔瑗称赞说：“道德漫流，文章云浮。数术穷天地，制作侔造化。”1956 年，中国科学院院长郭沫若为张衡墓题词勒石：“如此全面发展之人物，在世界史中亦所罕见。万祀千令，令人景仰。”

二、南阳在东汉时期是全国的政治文化中心

西汉中期以后，南阳的宛市即成为全国六大都市之一，与长安、洛阳、临淄、邯郸、成都齐名。长安、洛阳是京城，临淄是春秋战国时齐的国都，邯郸是赵国的国都，很早就是大城市，只有宛市和成都是新兴起来的。新兴城市跃居全国六大都市之列，说明当时已有相当雄厚的农业基础和发达的工商业。到东汉时，南阳更因为是光武皇帝的故乡，

号称“南都”，于洛阳并列为全国两个最大的中心城市。所以东汉诗人曾写到：“驱车策驽马，游戏宛与洛。”

1. 东汉复兴始于南阳，南阳帝乡多近亲　东汉复兴，南阳出了一个皇帝刘秀，称为帝乡。刘秀字文叔，是南阳蔡阳人，为汉宗室，乃南阳著名大豪强。公元22年在王莽倒行逆施，民怨沸腾，灾荒连绵，义军蜂起的情况下，刘秀与其兄刘縯连结豪强李通、邓晨等人在舂陵乡起兵。二五年，刘秀称帝；三六年，统一了全国。

刘秀做了皇帝，他的家属、亲戚、本族的人也都当了大官。建武13年，外戚恩泽封侯者45人，如他的舅父樊宏为寿张侯，丈兄阴识为执金吾，丈弟阴兴为关内侯，姐夫邓晨为西华侯。东汉12个皇帝除殇、冲、质三帝早夭，各在位一年外，其余九帝，就有五帝的皇后家居南阳，这些皇后还都曾为皇太后而垂帘听政，他们的亲属也都掌握重权，如邓太后之兄邓骘，何太后之兄何进等均官至大将军，操持兵权，总理朝政。可见当时南阳的皇亲国戚不仅把持朝政，而且多不胜数。

2. 公侯将相近侍权臣，多为南阳豪强　《清·嘉庆南阳府志》卷之五“人物志”序曰：“南阳为古申谢国，自周及汉，代有英贤，光武起兵舂陵，当时从龙诸公半出于宛嗣，此名卿硕彦踵相接矣”。说明刘秀取得政权，其主要基础是南阳的大豪强，东汉中兴的骨干力量绝大多数是南阳人，刘秀封赏的365功臣，多数家居南阳，据《后汉书》《三国志》《晋书》和《南阳府志》记载，光武34年中，南阳人士在京位居三公（大司马、大司徒、大司空）的10人，封侯的21人。永平中，显宗追感前世功臣，乃图画28将于南宫云台，就是人们俗称的“二十八宿”，南阳就占了16人，《后汉书》记述东汉195年间郡太守以上的著名职官200余人，家居南阳的就有60多人，另在《三国志》《晋书》《南阳府志》中记载的还有40余人，这些都是秩中二千石的高官，其后代袭爵者众多未记在内。如刘秀的同学邓禹，是南阳新野县人，东汉元勋。为右将军，高密候、岱宗、太傅、大司徒，死后谥封为元候，并封其弟邓宽为明亲候，显宗封邓禹的长子邓震为高密候，次子邓袭为昌安候，三子邓珍为夷安候，六子邓训为张掖太守，少子邓鸿为小候。《后汉书》“邓寇列传第六”曰：“邓氏自中兴后，累世宠贵，凡候者29人，公二人，大将军以下13人，中二千石14人，列校22人，州牧、郡守48人，其余侍中、将、大夫、郎，谒者不可胜数，东京莫于为比。”

在以上这些皇亲国戚和大官僚的引见，保荐和提携下，南阳出任中下级官员的就多的无法记载了。可见，东汉时期南阳不仅是全国最大的经济中心城市，而且和洛阳一样，成为全国的政治中心。洛阳虽为京师，但南阳的大豪强作为东汉王朝的主要支柱，对其影响是巨大的，因为他们不仅在政治上位高权重，而且经济上又是“百万富翁”，除了拥有大批土地之外，还据宛襄与吴越经商，实际上掌握着国家的经济命运，如刘秀的母舅樊宏，就是新野的大地主，他一家占有土地三百余顷，还把召信臣在邓州组织修建的水利工程“钳庐陂”下游的“凡亭陂”强行霸占，并改命为“樊陂”；他还是南阳工商业的代表，商通南国，重资巨万。

3. 劳动人民创造了灿烂的汉代文化艺术　东汉的统治阶级和那些通过淫商致富的人们，都是异常残酷的剥削者和穷奢极欲的消耗者。他们生前比富贵，在衣服、饮食、车舆、装饰庐舍等方面都非常淫侈；死后讲排场，加之谶纬迷信猖獗，所以厚葬成风，棺材用的是数千里江南运来的万斤大楠木，要消耗成千上万的人工运输、制作和雕刻。葛洪《抱朴子》中记载，吴景帝时发掘一个大冢，内有高阁，四周可骑马行车，灵前侍立五尺多高的铜人数十个，棺内置有云母石厚一尺，尸体下有白玉璧30枚。死人怀中有形似冬瓜，长一尺许的白玉，耳鼻塞枣形黄金。这类墓葬在南阳为数极多，且更甚于此。南阳的墓葬中最出名的是汉画石，那些达官显贵、巨户富商们生前就迫使大批工匠为其绘画刻石，将他们的门庭府第、官威礼仪、僮仆侍从、宴饮游乐、庄园生活以及思想信仰、神话故事等都以不同的画面雕刻在建墓砖石上。从解放以来南阳发掘出的一千余块汉画石归类来看，大体有三项内容：一是反映墓主人生前豪华生活的舞乐百戏、车骑出行、骑射田猎、宴飨奴婢等；二是迷信成仙，飞腾升天等；三是神话传说和天文图象等。这些石刻运用现实主义与浪漫主义相结合的方法，成功地刻划了一幅幅栩栩如生的画像，如“舞乐百戏图”就生动地绘出了各种人物、动物瞬间不同的姿态。其中的“冲狭”图有一女伎捷如飞燕，纵身冲向插有利刃的狭圈，刚冲过刀狭的另一女伎着地未稳，衣带尚在飘拂，两女伎惊险的动作，优美的姿态，给人们留下了强烈的印象。画像的刻工刀法奔放自然，线条流畅而遒劲，画像生动活泼、龙腾虎跃，并且能注意到物体之间的透视关系，使石刻达到了纯熟和精妙的程度，反映了东汉绘画、设计、雕刻工匠们的高超技艺，南阳的劳动人民为祖国的文化宝库做出了卓越的贡献。

4. 教育事业的进一步发展，培养了一批士人

东汉刘秀和西汉刘邦不同的是,刘秀是知识分子,青年即游京师,受尚书,他的兄长刘縯、主要助手李通、邓禹等,都是南阳的大知识分子,所以《后汉书·王常传》记述王常初见他们之后评曰:“今南阳诸刘举宗起兵,观其来议事者,皆有深计大虑,王公之才……”。刘秀统一全国后,每日同大臣们一起讲论经理。因此,范晔赞道:“光武皇帝受命中兴,群雄云扰,旌旗乱野,东西诛战,不遑启处,然犹投戈讲艺,息马论道。”这虽是颂词,但也反映了东汉的朝庭是注意经学的。建武五年十月,刘秀办起太学,设五经博士,召弟子讲学,还办了“宫邸学”,教外戚诸子弟读书。当时还让各郡国都办学校,教生徒。班固在《东都赋》中写道:“四海之内,学校如林,庠序盈门,献酬交错,俎豆莘莘,下午上歌,蹈德咏仁。”

南阳为“帝乡”，又是全国的中心大城市，其学校更多于他郡，永平十年，汉明帝出巡南阳，还“专招校官弟子作雅乐，奏鹿鸣，帝自御埙篪和之，以娱嘉宾。”（《后汉书·明帝记》）和帝永元年间，鲍德任南阳太守，张衡为主簿时，还重修郡学，宴会诸儒，振兴学业。

东汉时期仕进做官，一是大官特聘，二是郡国选举孝廉，三是逐级升迁。走这三条仕路的人，必须是通经学的士人，所以当时的太学、地方官学、私学都很发达，从而培养了一批士人，有不少成为名士大儒。如南阳育阳人洼丹，建武初为博士，后任大鸿胪，作《易通论》七篇；宛人魏满为易经教授，堵阳人尹敏精通五经，章陵人谢该注释《左氏春秋》教门徒数百人，蔡阳人刘珍奉诏校定《东观五经》《诸子传记》和《百家艺术》，作《东汉名臣传》，著诔、颂、连珠七篇和《释名》三十篇；宛人文颖、李奇均注《前汉书》行于世。各种史书、地方志中有记载的东汉南阳名士达六、七十人，其中有的不愿做官，如曾评论过张仲景和曹操前途的襄乡人何颙，就是董卓任为长史，但却托疾不就的大名士，有的被举孝廉，出任做官。如张仲景的同乡，涅阳人左雄字伯豪，安帝时，举孝廉，稍迁冀中刺史；永建初，拜议郎；顺帝时，拜尚书，再迁尚书令(《后汉书·左雄传》)。

三、东汉末年南阳特殊的社会条件造就了张仲景这位杰出的人物

东汉后期，汉和帝至汉灵帝一百〇一年间，是历史上动荡不安的年代，统治阶级内部互相争斗残杀，外戚与宦官交替掌权，朝政日非，最后形成军阀割据，连年混战，出现了三国的大分裂。

张仲景生于汉桓帝和平初年，经历桓帝17年，灵帝19年，少帝3年，献帝30年。由于东汉中兴以来家乡南阳在全国的位置，政治、经济、文化、教育，特别是科学技术方面对张仲景的影响甚大，尤其是伟大的科学家张衡，更成为仲景的前导。张衡逝于公元139年，距仲景诞生只十一年，西鄂县又与涅阳甚近，且系同族，仲景对张衡的生平事迹一定了解颇深。仲景在动乱的年代里经受了各方面考验和锻炼之后，又于疫病大流行中铸冶了炉火纯青的医术，时势造就了这位名垂万世的英杰。

1. 存救国救民之心，博览群书，奠定了雄厚的理论基础；游京师，赴长沙，广泛阅历，积累了丰富的社会知识。

张仲景留神医药，精究方术，志为良医，与民除疾的思想并不是起初就占主导地位的，而是在长期的实践中逐渐确立下来的，特别是他弃官时节，更坚定了这一信念。在他年轻时，必然要考虑到仕途之事，这是当时封建社会的知识分子不可避免的一个大问题。不过晋身的指导思想有所不同，大部分是为了光宗耀祖，封妻荫子，或争权夺利，享受荣华富贵；也有少数士人胸怀大志，心忧天下，愿为良相，治国安民。仲景不是没有后一种思想的。一则他的家族需要政治上代表的愿望，所以积极支持他举孝廉；二则同乡许多士人都络绎不绝的出外做官；三则混乱腐败的朝政，使其忧国忧民之心日增，他必然要考虑到自己如何能够在这种情况下出去干一番事业，为国革除弊政，为民复兴桑农。在这种思想支配下，张仲景的学习精神就更加旺盛和勤奋。

仲景天赋聪明，少年时就稳重、善思、好学。又是大家子弟，从小就能够受到良好的家庭教育，十多岁时知识就学的不少了。《太平御览·何颙别传》云：同郡张仲景总角造颙。谓曰：“君用思精而韵不高，后将为良医。卒如其言，颙先识独觉，言无虚发。”仲景壮志初具，学习内容广泛，他博览群书，寻求治国安民的良策，特别是从老子、庄子、荀子、韩非、王充等哲学家的著作中学到的辩证法思想，使仲景的理论水平发生了飞跃，这些哲学思想虽未指导其在政治上施展抱负，却支配其深入研究祖国医学，使他完成了《伤寒杂病论》这部充满着辩证法的光辉著作。

东汉时期，规定郡太守、国相按二十万人口选举孝廉一人的比例，每年保荐孝廉若干人到朝庭，考试及格后授各种官职。张仲景在举孝廉以后，曾经游历京师。当时京都的太学中聚集了一批大学问家，仲景在那里访谒各家经师，虚心向他们求教，

学到了许多知识，特别是京都的书馆中藏书丰富，为仲景的学习提供了更加优越的条件。

从南阳到京师洛阳，再赴长沙任所，使仲景游宛洛，历荆襄；观黄河，览大江；经洞庭，涉三湘。从而大大地丰富了他的阅历，对这些地方的风云景色，民俗物产，历史古迹，人物故事的了解考察，使他对中华民族的文化有了进一步的认识，与此同时，他对各地疫病流行及医药状况也作了大量的调查，特别是在长沙太守期间，正值灵帝后期的大疫流行，目睹“千树薜荔人遗矢；万户萧疏鬼唱歌”的惨痛局面，更加确立了他革新、发展祖国医学的伟大志向。

2. 弃官回乡，潜心研究医学。广涉民间，博采世代精方　张仲景之所以能够成为一位杰出的人物，一是他具有深切的爱民之心和崇高的道德风尚，二是他同广大人民群众保持着密切的联系，不断从民间吸取丰富的经验。他勇于冲破封建社会的清规戒律，在长沙府的公堂上为民诊病，从而成为千古美谈。接着，他又毅然取下太守的桂冠，回乡深研医学，这是常人所难以做到的事情，充分显示了他感人至深的高风亮节。

仲景的医术。是在举孝廉之前就已经达到了很高的造诣。《李濂医史》称仲景与同郡何颙客游洛阳，颙探知其学，谓曰：“仲景之术精于伯祖，起病之验，虽鬼神莫能知之，真一世之神医也”。这是因为仲景自幼热爱医学，“余每览越人入虢之诊，望齐候之色，未尝不慨然叹其才秀也。”加上他的文学底子厚实，知识渊博，又投拜了名师。东汉时，由于南阳的经济、文化、教育、科技的进一步发展，使医药也相应的发达起来，皇亲公候府中都聚集了不少侍医，当时民间也有许多名医。《医说》张仲景方序论云：“张伯祖，南阳人，性志沉简，笃好方术，诊处精审，疗皆十全，为当时所重。同郡张仲景异而师之，因有大誉。”仲景由于高师的指点传授，学习收获甚大，为他最后完成经典巨著，奠定了良好的基础。所以，他在举孝廉之前医术就很精湛了，否则就不会在长沙公堂上诊病除疾。弃官回乡以后，他进一步深研医学，精究方术，总结前人经验，虚心向民间学习。《南阳人物志》记载：“张机又得阳励公之传，精于治疗。”阳励公的生平事迹还不可而知，但充分说明了仲景谦虚好学的精神。他不但向名家学术，而且还深入民间广罗博采群众中流传的行之有效的医术和药方，《伤寒杂病论》所用的三百七十五方中，有不少就是民间验方。

南阳，东有桐柏山，西有伏牛山，北有熊耳山，南有汉水，盛产药物，今日伏牛、桐柏二山就产中草药两千多种，是天然的药库。东汉时，大部分药物虽未曾认识，但仲景所用的二百一十四种药物却绝大多数产于南阳，他当时还经常上山采药。如《南阳人物志·古琴记》所录：张机……一日入桐柏山觅草药，遇一病人求诊。仲景曰：“子之腕有兽脉，何也?”其人以实具对曰：“吾乃峄山老猿也”。仲景囊中丸药畀之，一服辄愈，明日肩一巨木至曰：“此万年桐也，聊以相报。”仲景斫为二琴，一曰古猿，一日万年。这虽是一段民间传说，却描绘了仲景不畏艰险，攀山采药的情最。南阳在药物方面的优势，为仲景创立辨证论治提供了有利的条件。

3. 冶炼精术于大疫之中，铸造医经为千古垂法　东汉后期，政治腐败，自然灾害异常频繁，仅汉桓帝在位的二十年间，不完全统计，地震发生 17 次，大水 10 次、大旱 3 次、蝗灾 5 次、大疫 3 次、大饥荒 2 次，使成百万的人民流离失所，饥民相食。汉灵帝时五次大疫流行，汉献帝时疫病更甚，死人尤多。当时的人民，不是被杀死就是饿死或疫死，经济文化的中心地区黄河流域，在短短的建安时期化为一片大荒原，王仲宣从长安逃到荆州，写了一首《七哀诗》描述路上所见的惨状“出门无所见，白骨蔽平原。路有饥妇人，抱子弃草间；顾闻号泣声，挥涕独不还。未知身死所，何能两相完。”著名的建安七子除孔、阮早死外，其余五人都死在这次大疫中。所以，魏文帝曹丕与吴质书：“昔年疾疫，亲故多罹其灾。”又与王朗书：“疫病多起，工人雕落”。曹植说疫气：“家家有僵尸之痛，室室有号泣之哀，或阖门而殪，或举族而丧者”。

东汉末年，南阳的大疫流行也非常严重，张仲景在《伤寒论》序中说：“余宗族素多，向余二百。建安纪年以来，犹未十稔，其死亡者，三分有二，伤寒十居其七。”另据《续汉书·五行志》《后汉书》和《荆州志》《南阳府志》《邓州志》等书籍记载南阳当时是“疫病频起，民户顿减。”可见丧亡极其严重。范文澜在《中国通史》中说：“疫病是暴政战乱的自然产物（例如二一七年的大疫，从曹操攻孙权军中开始），它不是所谓天灾，它同杀死饿死一样是统治阶级制造的人祸。”

面对这样严重的局面，张仲景毫不畏惧，他以一位伟大医学家的胆略和气魄，同伤害人民的大疫进行顽强的搏斗，把自己的聪明才智，渊博的知识和高超的医术，毫无保留的运用到为人民除疾的神圣事业上，并且在斗争实践中对祖国医学进行全面、系统的总结、革新和提高。“感往昔之沦丧，伤横夭之莫救"，发愤著述，写出了千古永存的医经《伤寒杂病论》，为中华民族的文明史增添了光辉。

论仲景学说形成的社会基础

唐明华　河南省南阳市群艺馆

东汉末年的宛城大地，诞生了一位中国医药文化史上的伟人——医圣张仲景。

张仲景，名机。生卒约为公元 150 ~ 219 年。他生活在中国历史上比较动乱的年代；名士清流与内侍宦官殊死抗争；封建军阀割据，战乱频繁；疾疫、瘟病流行；医学超越巫术并自成体系。在这样的历史背景下，张仲景经历了学子、士人、医家、太守到医圣的嬗变过程，为后世留下了堪称医家圭臬的宏篇巨著——《伤寒杂病论》。他创立的"辨证施治"理论，为中国医学奠定了全新的临床治疗学基础，他的医国活人思想成为中华医学之魂。

士林清流——少年张仲景的追求目标

东汉末年的南阳，士风昌盛。以天下为己任的胸怀，威武不屈的气节，舍身求义的献身精神，对儒学精义的探研极致。无论是南阳人出仕外郡，或外地人入仕南阳，无不被南阳仕风所影响。

东汉党锢之祸实在是衅启南阳，公元 165 年，时任南阳太守的弘农人成瑨在南阳郡功曹岑晊的支持下，将南阳宛县人张汎——汉桓帝乳母的外戚下狱处死，引起极大的波澜。这张拥有巨资豪财，善雕玉镂金之术，制作奇玩珍宝，常贿赂内侍、太监，因此做了高官，仗势横行。张下狱后，求救于宦官，居然说动桓帝下诏大赦天下，张也在免死之列。但成瑨、岑旺为民请命，替天行道，先行诛杀了张汎，还搜捕了他的宗族、宾客，按律斩杀了罪恶昭彰的二百多人，然后奉诏施赦。中常侍（大太监）侯览，指使张的夫人上书讼冤，并协同其他宦官在桓帝面前谮毁成，说他不奉诏命，罪同大逆。桓帝勃然大怒，将成打入大牢，施以酷刑，使一代贤良惨死狱中。岑到处逃亡，才幸免一死。但正直的士林没有向宦党妥协，公元 167 年，司吏校尉河南尹李膺处决了术士张成之子杀人案，终于引发了东汉历史上第一次"党禁"。这次党狱，被诬为党人，遭揖捕的士林高官达二百余人，后虽被释放，但被遣回乡里，削职为民，永远禁锢。

汝南人范滂从狱中获释后，返回故乡汝南，途经南阳，南阳的士大夫出动数千辆车骑赶去迎接，像是欢迎凯旋而归的英雄，声势浩大，甚为壮观。南阳士风给少年时代的张件景打上了忧国忧民的深深烙印，他立志要修身齐家治国平天下。从此张仲景发愤读书，精研经学，在今文经学上颇有造诣，对四时阴阳五行的学理融会贯通。这为仲景后来学习医学打下了坚实的基础。

游学洛阳——仲景初次求仕失意之旅

汉代开始兴起地方官学，办学主要取决于地方财政状况和师资条件，而地方长官个人的积极性起决定性因素。张衡在《南阳文学儒林书赞》中说："南阳太守，上党鲍君，愍文学之驰废，怀儒林之陵迟，乃命匠修而新之，崇肃肃之仪，扬济济之化。"张衡对南阳太守鲍德整修南阳郡学极为赞赏。但地方官学的学生如果不能升入太学，他们的出路和不入学的士人一样，只有通过察举这条道路才能入仕；或有地方长官依才使用。因此，汉代各地求学入仕的人，都千里迢迢地到京城太学去学习。东汉后期太学生最多达到 3 万余人。张仲景在南阳郡学几年之后，决定赴京师洛阳入太学，以搏取功名，实现自己的政治抱负。

公元 167 年末，因"党祸"抓的人都被释放，虽被禁锢乡里，但毕竟没有性命之忧，士子们稍稍松了一口气。此年秋天，仲景到京师后拜见了对他一生起重要影响作用的人，南阳襄乡的何颙。何颙字柏求，他游学洛阳时，显名太学。仲景在洛阳与何颙过从密切。何颙对仲景这样评仪："君用思精而韵不高，后将为良医"。但仲景仍坚持不懈求学于太学。公元 168 年，辅佐解渎亭候刘宏登上皇位的城门校尉窦武，在与太傅陈蕃共谋清理宦官时，机密泄露，失机被杀。公元 169 年，督邮张俭上书弹劾侯览贪侈奢纵，僭拟宫殿，引发第二次"党祸"。当时党人死在狱中的有一百多，被害死、流放、罢黜、禁锢的有六、七百人，何颙逃出洛阳，潜匿于汝南，与汝南人袁绍秘密来往，化妆改名，多次进洛阳营救并资助落难党人和家属。由于仲景与何颙往来密切，仲景不能再在太学呆下去了，张仲景带着何颙对他的评议回到南阳。

受术伯祖——仲景叩开医学之门

自洛阳回宛后，仲景继续潜心经学研究，由于今文经学中关于四时阴阳五行与五藏关系的论述与医学经典《黄帝内经》的论述一样，再加上张仲景家族中有一个以医术称名于世的伯父张伯祖，故而张仲景对医学慢慢关心起来。医为小术，本为士人所不取。名医华佗也自以为："本为士人，耻以医见业"。仲景认真习医大约与 166 年、169 年、171

年、172年几次大的疫疠流行有关。历史上疫病的流行导致百姓大量死亡，饿殍满地，真是道路有白骨，千里无鸡鸣，其景象甚为恐怖。曹植《说疫气》称：“疫气流行，家家有僵尸之痛；室室有号泣之哀；或阖门而殪，或覆族而丧，或以为疫者，鬼神所作。夫罹此者，悉被褐茹藿之子，荆室蓬户之人耳；若夫殿处鼎食之家，重貂累褥之门，若是者鲜焉。此乃阴阳失位，寒暑错时，是故生疫。而愚民悬符厌之，亦可笑也”。仲景对于医学有了一定认识，就开始师从张伯祖学医。张伯祖是南阳名医，且名重京师，在当时为上手。仲景从张伯祖那里学习了基本的医学知识，读过的书虽不是汗牛充栋，大概也是学富五车。最初的学习对于仲景是艰难的，让他放弃修习多年的经学仕途，而修习一般士人都不愿意学习的医技小术，心理上也需要有一个适应和转变的过程，但仲景博览医书，潜心钻研，叩开医学之门，并开始坚实的走上了医学的道路。从此，东汉的南阳并没有失去一个为民请命的士人，反而多了一个救人疾厄的杰出医生，一个千古传颂的医圣。

勤求博采——仲景对医学的探索研究

勤求博采是后人对张仲景《伤寒杂病论》自序“勤求古训、博采众方”的简称。张仲景记述他读过的重要的医籍有《素问》《九卷》《八十一难》《阴阳大论》《胎胪药录》。这几本书是他在撰写《伤寒杂病论》时参考用的。按《汉书·艺文志》的记载，仲景能见到的医书当不止此数。他还从大医学家那里汲取医学知识的营养，“上古有神农、黄帝、岐伯、伯高、雷公、少俞、少师、仲文，中世有长桑、扁鹊，汉有公乘阳庆及仓公”。张仲景的博采众方，后人有相当深刻的研究：①学习《汉书·艺文志》上记述的“经方”；②继承师门传授的“医方”；③向医学同行学习的医方；④求得的民间验方等。张仲景把这些方药用于临床实践，在实践中不断完善升华，最后形成了完整的临床医学体系。

仲景修习医学之路，还冲出了巫术的束缚。东汉及其以前时代，巫医不分。士大夫看不起医药技术的原因之一，就是把医药与巫祝认作一路。民众多信巫术。司马迁在《史记》里记述的“信巫不信医，不治”的六不治原则，只是医家的说法。实际上大多数百姓是信巫的，并且深迷其间。仲景称那些追逐名利的人：“患及祸至，而方震慄，降志屈节，钦望巫祝，告穷归天，束手受败”。医学在汉时未完全摆脱巫术的影响，但仲景使临床医学真正独立起来，创造了中医临床辨证论治理论——确立了中华医学灵魂。破除旧的医学体系，以古代哲学思想的朴素唯物论辨证法为指导，做到了反迷信、反保守，用哲学理论阐释病理，推翻了荒谬无据的神权说法。

察举孝廉——张仲景二次入仕的失败

张仲景踏上医学道路后，虽仍研习五经，但再也未去太学。在太学学习要完成五经的考试最短也需十年时间。而民间察举升官之途的年龄限制是一般不低于四十岁，极特殊的除外。公元190年，张仲景已满40岁，这一年与何颙交好的刘表出任荆州刺史，何颙也在献帝朝中做官。南阳郡是荆州刺史部的管辖范围。于是刘表察举仲景为孝廉。即仁孝、廉正。张仲景被察举为孝廉的原因很多，除了上述的以外，与仲景在儒家经典“五经”上的造诣也有关系，更与仲景仁医之名望在民间、士人间影响巨大有关系。当时，刘表刚到襄阳，入住荆州，极需推荐一些地方名士来提高自己的影响力。被荐为孝廉的张仲景到京师洛阳去领职时，却又受到第二次重大打击。本来朝廷重用何颙，但何颙不满董卓的飞扬拔扈，欲计划除去董卓。计谋未行，却被董卓下狱致死。同时董卓逼着献帝迁都西京，把几百万人口都逼出洛阳，不愿走的被抄家、烧房或处斩。洛阳一时间成了火场、焚尸场。这样，谁还顾得着管地方郡国的事。仲景没有被安排职务，好在仲景早已全身心投入医学事业。回到家的仲景，对医学的研究更是精益求精，深入民间，遍访名医。对外感风寒热病的研究可说是成绩斐然。特别是疫病流行时，经仲景救治而存活的病人无数。这一期间，张仲景收了两个徒弟：卫泛和杜度。师徒三人遍访名医，品尝百草，行医治病，广施善德，被世人称颂。

官守长沙——张仲景医国、活民两相益

回到南阳的张仲景，早已是名扬南阳、襄阳、汝南等郡。为襄阳沈槐诊治疾病是民间最为广泛的传说之一。在襄阳荆州刺史府为建安七子之一的王粲诊治疾病更是千古佳话。可以说，张仲景与荆州的刘表缘于何颙有着更深的联系。

公元198年，湘中士人桓阶因刘表响应袁绍攻击曹操一事，而说服长沙太守南阳人张羡率领长沙、桂阳、零陵三郡叛表投操。同年刘表大军攻击长沙。公元200年张羡病死，其子张怿继任长沙太守。刘表大军攻克三郡。刘表遂署任张仲景为长沙太守。三湘地区，民风重巫，其地多山岚瘴气，疫病常年流行。仲景到任长沙的第二年适逢长沙疫病

流行，民间多信巫而不用医。部分官员与奸商、巫师勾结，瞒报疫情，以图谋利。仲景微服行医查明瞒报后，将贪污国家救灾钱粮的贪官污吏及时予以打击。为防止再度出现弊端和教化百姓，张仲景冲破来自各方的压力，坐堂边问案边行医。疫情过后，就固定在每月的初一、十五日坐堂诊病。慢慢地把百姓初一、十五求巫拜神的风气纠正过来。此时的仲景已做到医国活人、兼济天下，以儒家完美的人格成为一代医学大家。

巨著问世——仲景医学思想永世留传

辞官回到南阳的张仲景，在临床实践的基础上终于完成了医学巨著《伤寒杂病论》。他对自己这部著作的评价是："虽未能尽愈诸病，庶可以见病知源。若能寻余所集，思过半矣"。张仲景所著《伤寒杂病论》在中医药史上的地位大致如下：1.《伤寒杂病论》为中医经典著作，后世研究《伤寒杂病论》有著作问世的约1300余家。2. 仲景方药广泛应用于临床。3. 仲景方药之《金匮肾气丸》《理中丸》《桂枝茯苓丸》等成药纳入国家药典，常用不衰。4. 辨证论治的中医临床指导思想和理法方药的临床治疗技术仍然有效的指导中医临床工作。5. 在抗击SARS的战斗中，仲景方药又被用于临床，国家中医药管理局推荐的治疗用方第一方中的麻杏石甘汤，就是仲景用治太阳伤寒的名方。

后世尊奉张仲景为医圣，万世楷模，对仲景不追求名利、以救民众疾苦为己任的医德赞誉甚隆，张仲景对中国医药学的贡献和中医学发展起到巨大作用，《伤寒杂病论》是医经；张仲景的医学理论是医门法则；张仲景是医中圣人；张仲景的医国活人思想是永恒的医魂。

张仲景和他的《伤寒杂病论》

赵清理　王安邦　河南中医学院

张仲景，名机，南郡涅阳（今河南省邓县）人，约生于公元150～219年（东汉和平一年至建安二十四年），据传当过长沙太守，故有张长沙之称(《名医录》)，是我国古代一个最伟大的医学家。

张仲景在少年时期就聪敏、稳重、善思、好学，时人何颙赞扬他"用思精而韵不高"（《何颙别传》）。他爱读司马迁的《史记·扁鹊列传》，颇受启发。他"每览越人入虢之诊，望齐候之色，未尝不慨然叹其才秀"，仰慕扁鹊"起死回生"的神奇医术。于是立志终身致力于发展祖国医学事业。他"学医于同郡张伯祖"。"青出于兰而胜于兰"，很快"仲景之术精于伯祖"（《襄阳府志》）。而后，他又把医术传给了他的学生卫汎和杜度。他从事医疗活动的地方除涅阳外，还有洛阳、许昌、襄阳、修武等地。

张仲景生活在东汉末年　当时社会经济遭到严重破坏，政治极端黑暗，农民起义此起彼伏，军阀混战绵绵不断。"大兵之后，必有凶年"。建安年间瘟疫大流行，人民死亡惨重，"家家有僵尸之痛，室室有号泣之哀；或合门而殪，或覆族而丧"（《曹集诠评·说疫气》），真是'千里无鸡鸣"，"白骨蔽原野"！张仲景的家族也未能幸免。故《伤寒论》自序中说："余宗族素多，向余二百，建安纪年以来，犹未十稔，其死亡者，三分之二，伤寒十居其七。"在这种情况下，他"感往昔之论丧，伤横夭之莫救，乃勤求古训，博采众方，撰用《素问》《九卷》《八十一难》《阴阳大论》《胎胪药录》，并平脉辨证，为《伤寒杂病论》合十六卷。"

张仲景淡于利禄，厌恶官场角逐，《伤寒论》"自序"中说："怪当今居世之士，曾不留神医药，精究方术。……但競逐荣势，企踵权豪，孜孜汲汲，惟名利是务；崇饰其末，忽弃其本，华其外而悴其内。"指出这些人"进不能爱人知人，退不能爱身知己，遇灾值祸，身居厄地；蒙蒙昧昧，蠢若游魂"。

张仲景主张医学要不断进步，医生对患者要热情负责。"自序"中说："观今之医，不念思求经旨，以演其所知；各承家技，始终顺旧。省疾问病，务在口给，相对斯须，便处汤药。按寸不及尺，握手不及足，人迎、趺阳，三部不参；动数发息，不满五十。短期未知决诊，九候曾无仿佛；明堂阙庭，尽不见察，所谓窥管而已。夫欲视死别生，实为难矣！"张仲景同庸医截然相反。相传，即是他做了长沙太守，也时刻不忘救治人民的疾苦。在封建时代，做官的不能入民宅，又不能随便接近老百姓。这怎么办呢？他想出一个办法，择定每月初一和十五两天，大开衙门，不问政事，让有病的群众进来。他堂堂正正地坐在大堂上，挨个地仔细给群众治病。时间久了，形成惯例。每逢初一、十五的日子，他的衙门前就聚集了许多来自各方的病人等候看病。为纪念张仲景，后来人们就把坐在药铺里给病人看病的医生，通称"坐堂"，那医生就叫"坐堂医生"（《名医治学录》）。

东汉时期，巫神、巫医盛行，张仲景同他们进行了坚决的斗争。认为疾疫流行是有物质因素和一定社会原因的，与鬼神无关。并认为疾病是能够认识的，“可以见病知源”，战而胜之。他激烈地抨击那些无视医药，迷信鬼神的儒生们，生了病只知“降志屈节”，拜倒在巫婆脚下，束手等死的卑鄙行为和可怜相。民间流传着一些张仲景同巫医作斗争的故事。有一个妇女患了精神病，疯狂得老是见神见鬼，请张仲景诊治。张仲景仔细地调查了她的生活，观察了她的病态，笑着说：这不是鬼神作怪，这只是病；有些巫婆在装神作鬼，倒是活鬼，他们在害人。他研究了治疗方法，便给患者扎金针，病就慢慢地好了，见鬼见神的样子也无形消失。

张仲景的医疗技术是异常高明的。晋代医家皇甫谧在其《甲乙经》序中，记述了张仲景运用精湛的望诊，指出青年文学家王灿患有麻风病。序中说：“仲景见侍中王仲宣，时年二十余，谓曰：‘君有病，四十当眉落，眉落半年而死。’令服五石汤可免。仲宣嫌其言忤，受汤勿服。居三日，见仲宣，谓曰：‘服汤否?’曰：‘已服。’仲景曰：‘色候固非服汤之诊。君何轻命也!’仲宣犹不言。后二十年果眉落，后一百八十七日而死，终如其言。”皇甫谧为此而赞叹道：“虽扁鹊、仓公无以加也!”

张仲景善于学习，“博采众方”。除了深研各种医学典籍外，还尽力采集民间验方。青年时代就相当有名气了，但当他听到襄阳同济药堂有个名医“王神仙”有治疗搭背疮的经验时，他就立即带着行李跋涉几百里拜“王神仙”为师。对王神仙在药性、医道各方面的独到之处，他都一一牢记，仔细琢磨研究。救治自缢的人工呼吸法等便是从老乡们那里得到的。“青龙汤”“真武汤”“白虎汤”等据说也是从道士那里采集的。

《伤寒杂病论》成书于公元205年（一说219年）包括“伤寒论”二十二篇和“杂病论”二十五篇两部分。“伤寒论”专论外感；“杂病论”专论内伤杂病。成书之后，由于当时还没有印刷工具，仅能辗转传抄，所以流传不广，且有散佚和窜乱。后经晋朝王叔和把“伤寒论”部分整理编次，到宋朝林亿作了校正，并由政府刊行。从此，《伤寒论》才广泛地流传于后世。《伤寒论》通行本，目前仅有两种；一是成无已的《注解伤寒论》；一是林校宋版《伤寒论》。宋本原刻，国内早已不见，只有明朝赵开美的复开本。成本和赵本比较起来，赵本为佳。

北宋初年，翰林学士王洙在翰林院所存的残旧书籍（所谓“蠹简”）中得到《金匮玉函要略方》，这是《伤寒杂病论》的节略本，共分三卷，上卷论伤寒，中卷论杂病，下卷载方剂及妇科理论。林亿等人在校订此书时，鉴于《伤寒论》已有传本，便将上卷删去，而将中、下两卷重新加以整理编次，并将后世各家所引仲景治杂病方附于后，编成《金匮要略方论》，这就是后世通行的《金匮要略》。目前流传的本子亦是明·赵开美的复开本。

张仲景还著有《辨伤寒》《评病要方》《黄素药方》《疗伤寒身验方》《疗妇人方》《五脏论》《口齿论》等书，可惜都已失传。

张仲景在医学上的成就是巨大的和多方面的。他以古代辩证法为指导，确立了祖国医学的辨证施治原则。这是他一生中最伟大的贡献。在他的整个著作里，自始至终贯穿着这一大法，至今辨证施治仍是中医的核心部分，临证医学之准绳。

张仲景在《伤寒论》中，对临床出现的各种症候，运用古代辩证法思想，加以分析、认识，从疾病错综复杂、变化多端的过程中，找出它的属性（阴阳）、部位（表里）、邪正消长（虚实）和病态表现（寒热），归纳为八个纲领、作为辨识疾病的大纲。在这八纲之中，又以阴阳为纲中之纲，亦称之为总纲。用阴阳这个总纲，去认识疾病发展过程中各个阶段的普遍规律。同时，仲景又用三阳（即太阳、阳明、少阳）和三阴（即太阴、少阴、厥阴）来归纳疾病所呈现的不同类型，并依它的发展规律加以整理，分为六个较大的证候群，即所谓“六经”。掌握了“六经”辨证，就能较全面地把握疾病发展变化的普遍规律。

在临床实践中，他认识到，以上用六经归纳的每一经证候群，并不能包括每一阶段的全部症状和特殊变化情况，于是他又把那些具有一经的主要症状，同时又杂以它经症状的病，和两、三经证候同时并见的情况，称之谓“合病”或“并病”。把那些证候顺着六经次序演变的，称之为“传经”，不依六经次序演变的，叫作“越经”，从而进一步总结出疾病每一发展阶段的特殊规律。掌握疾病发展的普遍规律和特殊规律，对疾病作出正确诊断，这就是“辨证”。

“论治”，就是在辨证的基础上进行治疗，可概括为消除病邪（驱邪）和恢复抗病能力（扶正）两个方面。三阳病以消除病邪为主，三阴病则以恢复机体抗病能力为其基本治疗原则。仲景的“论治”原则有其严格的规律性，又有相当大的灵活性。当病情不断变化，证候混同出现时，主张权衡病变的表里先后和轻重缓急，随证施治。而且根据疾病的属性，相应地制定出汗、吐、下、温、清、补、消、和等八种治疗方法。从而使辨证施治的特有体系更加系统，更加完备，更切合于临床实际。

《金匮要略》是以整体观念为指导思想，以脏腑经络学说为理论依据，认为疾病证候的产生，都是整体功能失调，即脏腑经络病理变化的反应。从这一基本观点出发，提出了根据脏腑经络病机结合八纲进行病与证相结合的辨证方法。《脏腑经络先后病篇》充分体现出这一点。例如：在病因、发病和病理传变方面，以脏腑经络为内外，提出了“千般疢难，不越三条”的病因分类；从整体观念出发，根据正与邪，人体内脏腑间的相互关系，提出了“若五脏元真通畅，人即安和”以及“见肝之病，知肝传脾”等有关发病和病理传变的理论。在诊断方面，通过四诊的举例，结合八纲，把疾病的种种临床表现，都具体地落实到脏腑经络的病变上，示范性地运用了病与证相结合的辨证方法。这一方法贯穿全书各篇，在他所述的四十多种疾病中得到了体现。

张仲景在方剂学上作出了卓越贡献。医方配伍的理论与辨证施治原则的形成和发展是密切相关的。《内经》之前的《五十二病方》和西汉初年的《治百病方》，虽几乎全是复方，但医方配伍还缺乏系统理论。张仲景《伤寒杂病论》问世，辨证施治的原则确立以后，才有系统的医方配伍理论。《伤寒论》载方113首，《金匮要略》载方262首，其中使用药物达214种之多，制方法度谨严，简炼精当，疗效显著。如治胆道蛔虫的乌梅丸，治热性便秘的承气汤，治乙脑（热性病）高热的白虎汤，治虚弱性消化不良的理中汤，治肠痈的大黄牡丹皮汤，治温疟的白虎加桂枝汤，治寒疟的蜀漆散，治痢疾的白头翁汤，治急性肾炎初期浮肿的越婢汤，治黄疸的茵陈蒿汤、消石矾石散、桂枝加大黄汤，用于心率不齐的炙甘草汤，用于冠心病心绞痛的栝蒌薤白白酒汤、栝蒌薤白半夏汤等等，都是历代医家公认的。

《伤寒杂病论》所记剂型种类，也大大超过前人。如汤剂、丸剂、散剂、酒剂、洗剂、浴剂、熏剂、滴耳剂、灌鼻剂、吹鼻剂、软膏剂、肛门栓剂、灌肠剂、阴道栓剂等对汤剂的煮法、服法和丸剂等剂型的制法也都有详细记载。因之，对仲景在方剂学方面的贡献，历来医家都给予极高的评价，如晋代皇甫谧说；“仲景垂妙于定方”。(《晋书本传·释劝篇》)。南北朝时陶弘景说：“惟仲景一部，最为众方之祖。”清代喻嘉言说他是“众法之宗，群方之祖”。

张仲景对预防医学也有精辟的论述。《金匮要略》里开宗明义第一条第一句就写道：师曰：“上工治未病”，并阐明治未病的道理。从而提出：“若人能养慎，不令邪风干忤经络”。

张仲景的著作中有许多可贵的医疗经验，如高烧和极度衰弱的病人禁用下法；抢救吊死，用人工呼吸；对昏晕病人，施行刺激疗法；对于一些疾病，提出了禁忌，并呼吁人们不要用腐败变质的食物等，这些都是很有科学价值的。

自仲景《伤寒论》问世以后，历代医家研究、注释、整理、发挥者约有八百家之多，注释《金匮要略》者也近二百家，形成了所谓伤寒学派和经方派，他们对于继承发扬仲景学说起了一定作用。

仲景及其著作对世界一些国家，特别是日本、朝鲜、越南和蒙古的医学的发展，产生过一定的作用。

总之，张仲景全面地继承了古代医学的理论知识，并通过自己的临床实践，系统地总结和发展了东汉以前我国医学的成就，尤其是他确立了辨证施治原则，使《伤寒杂病论》成为一部理、法、方、药俱备的理论联系实际的最优秀、最出色的医学经典，它过去、现在一直指导着中医临床，今后在我国医学的发展长河中仍然会产生极其深远的影响，“如日月之光华，旦而复旦，万古常明”（《中国医籍考》）。

关于张仲景生平一些问题的探讨

杜雨茂　陕西中医学院

东汉医学家张仲景，是我国临床医学的伟大奠基人，在祖国医学史上享有崇高的盛誉，后人多尊之为医圣。遗憾的是由于古代史家的阙失，范晔《后汉书》和陈寿《三国志》都未给张仲景立传。

张仲景的生平事迹，除了他的《伤寒论自序》题为“长沙太守南阳张机仲景”之外，在当时的文献可以说再也没有了。此后，如晋·皇甫谧《甲乙经·序》、晋·王叔和《伤寒论序例》《太平御览·何颙别传》、唐·甘伯宗《名医录》、唐·王冰《素问·序》、唐·刘知几《史通·人物志》、宋·林亿等《校订伤寒论序》、宋·张杲《医说》《襄阳府志》等虽皆提到仲景的事迹和著作，但都是一鳞半爪，不能全窥仲景的生平。至明·李廉《医史》始撰《张机补传》，清·陆九芝又撰《补后汉书张机传》，有关仲景的事迹较为完整，自此仲景始有传记行世。近人章太炎、黄竹斋等亦撰有张仲景传略，虽各有所本，但亦各有增改。综观论仲景者，大致晋以后多据皇甫谧，唐以后多据甘伯宗，而近代多据陆九芝。陆传虽较完整，而附会因袭也最甚。由于对仲景生平事迹的有关问题缺乏考校，致使近一千七百多年来，对诸如仲景故里、生卒年代、举孝廉、官至长沙太守等一些问题，纷争不休，讫无定论，竟成了医学史上众目所瞩的悬案。为了更好地研究仲景学术思想，有必要对仲景生平的一些问题探索考究，正本清源。

自明崇祯五年，南阳县东郭门外仁济桥西，园丁掘井圃中，丈余得石碣，发现张仲景墓后，足证张仲景确有其人，非伪托之名也。这一点至今已无异议。现就一些争论性的问题谈一点不成熟的看法。

（一）张仲景的故里在何处？

张仲景系后汉南阳郡人，今无异议。考后汉时南阳郡辖三十六县，仲景故里究系何县，似难考索，学者们有认为是涅阳县，亦有认为是棘阳县，还有认为是枣阳县的。据《隋书·地理志》记载："枣阳隋置"，后汉时·无枣阳县，故枣阳的说法根本无据。仲景故里究系涅阳，抑或棘阳？唯一的线索可从惠栋后汉书补注引何颙别传得到一些启示，传曰："何颙有人伦鉴。同郡张仲景总角造颙，颙谓曰：'君用思精，而韵不高，将为良医。'卒如其言"。《太平御览》七二二卷引何颙别传亦有类似的记载，虽文字稍有出入，但其意思都说张仲景少年时曾拜访过何颙。何颙系后汉南阳郡襄乡人（见范晔《后汉书·何颙传》），后汉人极喜臧否人物，何颙在当时颇负知人之望，曾品评过曹操，荀彧。仲景和他同郡，年少时到他那里请他观察一下，这是后汉的一种风气，虽然不是拿他来卜咎，多少是参考点他的意见来考虑自己的前途。从湼阳和棘阳的地理位置来分析，考后汉时涅阳在今邓县的东北，处于邓县、镇平、南阳三县之间地；棘阳在今南阳县以南，处于新野县与湖阳镇之间地；襄乡在今湖北省北部接近边界与河南省南界接壤处。涅阳与襄乡间隔新野县、邓县，相距200余公里，若仲景住涅阳，则当时正值总角年少之时，是不可能长途跋涉，横穿两县去襄乡拜请何颙品鉴指教的。这样显然与仲景"总角造颙"的史料发生了矛盾。假若仲景家住棘阳，与襄乡紧相接壤，相距不远，少年时的仲景去襄乡拜谒何颙就不存在什么问题了，仲景"总角造颙"之事才能成为令人信服的史实。从仲景"总角造颙"的启示可以推测出仲景乃后汉南阳郡棘阳县人较为可信。

（二）张仲景生卒年代

张仲景生卒年代最不易考，关于仲景诞生年代的考索，我是从何颙别传中"仲景总角造颙"的启示进行探索的。

《太平御览》七二二卷引何颙别传："同郡张仲景总角造颙。颙谓曰：'君用思精而韵不高，后将为良医。'卒如其言"。其意是说仲景少年时（十四、五岁）曾拜请过何颙品鉴指教。若能弄清他们相见的年代，就可能得到仲景诞生年代的大概。

据范晔《后汉书·何颙传》记载："何颙，字伯求，南阳襄乡人也。少游学洛阳，颙虽后进，而郭林宗、贾伟节等与之相好；显名太学。虞伟高有父仇未报，而笃病将终。颙往候之，伟高泣而诉。颙感其义，为复仇，以头醊其墓。及陈蕃李膺之败，颙以与蕃、膺善，遂为宦官所陷，乃变姓名亡匿汝南（南郡）间，所至亲其豪杰，有声荆豫之域……"

可知何颙与郭林宗、贾伟节、陈蕃、李膺相好，当时称"尚义任侠"，后因宦官所陷，为避"党祸"而外逃。据《后汉书·桓帝纪》："延熹九年冬十二月……司隶校尉李膺等二百余人，受诬为党人，并坐下狱，书名王府。"何颙为著名党人之一，当闻风逃出本郡。因此，延熹九年（公元166年）十二月之后，仲景便不可能"总角造颙"了。此后，永康元年（公元167年）六月颁布"赦党人归田里，禁锢终身"的政令。这法令乃指被囚的"党人"而言，当然此时何颙亦有回家的可能。如果何颙回家，仲景当可往访；但仲景是否彼时还敢去访这位著名的"党人"，似亦成为问题，至建宁元年（公元168年）"党祸"更重，仲景更不敢去访何颙了。所以仲景"总角造颙"只能在延熹八年（公元165年）冬腊月间以后，何颙受郭林宗影响返家，而在延熹九年（公元166年）十二月避首次"党祸"外逃之前的近一年时间里。假定他们在延熹九年（166年）相见，当时仲景15岁，则可推测出仲景约诞生于汉桓帝元嘉元年（公元151年前后）。

关于仲景逝世年代的考索，我是以晋·皇甫谧《甲乙经·序》为线索的。《甲乙经·序》记载："汉有华佗张仲景。其他（当是'华佗'之误）奇方异治，施世者多，亦不能尽记其本末……仲景见侍中王仲宣，时年二十余。谓曰：'君有病，四十当眉落，眉落半年而死'……终如其言。华佗性恶矜技，终以戮死，仲景论广伊尹汤液为数十卷，用之多验"。序中华佗的事迹都叙在前面，而仲景的事迹都叙在后面。

晋·皇甫谧传载皇甫谧的释劝论中亦有："华佗存精于独识，仲景垂妙于定方"之语，也是先叙华佗后叙仲景。我们从叙事的先后来看，仲景似卒于华佗之后。皇甫谧生于汉末（公元215年），当然熟知华佗、张仲景二人的故事；据说他著过一本帝王世纪，那么他既富于历史知识，其叙事当然不会凭空颠倒的。

考《魏志·武文世王公传》有："邓哀王冲，字仓舒……年十三，建安十三年，疾病；太祖亲为请命。及亡，哀甚。"又华佗传有：佗死后……（曹操）爱子仓舒病困，太祖叹曰："吾悔杀华佗，命此儿强死也!"从这两段记载便可断定华佗是卒于建安十三年"仓舒病困"之前。因仲景卒于华佗之后，那么仲景当卒于建安十三年以后的年代。

张仲景《伤寒论·自序》写道："余宗族素多，向余二百，建安纪年以来，犹未十稔，其死亡者三分有二，伤寒十居其七。感往昔之沦丧，伤横夭之莫救，乃勤求古训，博采众方，撰……为伤寒杂病论合十六卷。"这就证明了自序是在建安十年以后写的，不然，不会有"建安纪年以来，犹未十稔……感往昔之沦丧"等语了。况且《伤寒杂病论》这样一部统括外感热病和内科杂病之辨证施治的临床巨著，亦非两三年所能完稿的，起码得五至十年，甚或更长的时间，则可推测仲景在建安二十年（公元215年）以前当健在，若再活五年的话，仲景可能卒于建安二十五年（公元220年）。

根据上述的推测，张仲景可能约生于公元151年前后，卒于公元220年以后。

（三）张仲景举孝廉、官至长沙太守

考《河南通志》《襄阳府志》都记载有张仲景于汉灵帝时（公元168年至189年）举孝廉的事迹，唐·甘伯宗《名医录》亦有"张仲景……举孝廉，官至长沙太守"的说法；宋·陈振孙《直斋书录解题》是根据各种版本的书编成的，其卷十三亦有"伤寒论十卷，汉长沙太守南阳张机仲景撰"的记载，其说证明当时流行的宋本《伤寒论自序》亦有署题"汉长沙太守"的；宋·马瑞临《文献通考》（卷222医部）亦谈到高保衡、孙奇、林亿等校订的《伤寒论序》中有"汉长沙太守南阳张机仲景"的署题，宋·张杲的《医说》、宋·周守忠《历代名医蒙求》，亦都有同样的记录。特别是《文献通考》（同上）、晁公武《郡斋读书志》均另列《南阳活人书二十卷》，下引该书序文，迳称仲景为"张长沙"，说明张仲景做"长沙太守"的事，当时尽人皆知，只用说"张长沙"，人们就会知道是仲景了。大量的史料证明张仲景举孝廉、官至长沙太守已是历史事实，至今尚无确据否定这一事实。

据章太炎考证："羡父子相继据长沙，仲景不得为其太守。意者，先在荆州与仲宣遇，表既并怿；仲景始以丧命官其地。则宜在建安七年后矣"。因而张仲景做长沙太守是完全有可能的，约在刘表做荆州牧任内一段时间。不过，那时军阀互攻，天下骚乱，郡守要能知兵，才能站得住脚。书生为吏，便无立足地。孙坚说："太守无文德，以征戈为功"（《三国志·孙坚传》）这句话正可以代表当时军阀们穷兵黩武的心理。仲景是一个儒者，生在汉末纷乱的局面；长沙又是难治之邦，他做太守，为时不会长久，对当时局势不起多大影响，所以史册也就没有记载。

邓曼在考证这一问题时说："第一，考史书记载某地某官的姓名，一定他的事绩对于当时的军、政时局等方面发生过某种比较重要的影响或关系，不然的话，便略而不载。试看汉末数十年间，史载：长沙太守，仅有区星、孙坚、孙策、苏代、张羡、韩玄数人而矣。而且从这些记录中，看不出他们先后接替的迹象，多半是相距若干年以后才见一人的姓名出现的。可证中间一定还有些太守的姓名被编史书的人省略了，仲景当包括在其中，也是可以理解的。第二，仲景《伤寒论自序》说：'怪当今居世之士，曾不留神医药，精究方术……但競逐荣势，企踵权豪……举世昏迷，莫能觉悟；蒙蒙昧昧，蠢若游魂'。这证明了当时仲景的思想意志与封建社会里的一般人（尤其是士大夫）是完全相反的。他做太守，当然不会长久。同时，也说明了：范晔作《后汉书》、陈寿作《三国志》，所以不立他的传记，甚至于抹煞了他的全部事迹的理由"[9]。我们完全同意邓氏的考据意见。

（四）张仲景为王仲宣诊病

晋·皇甫谧《甲乙经·序》所载仲景为侍中王仲宣诊病之事（引文见前）。

考《魏志·王粲传》："王粲，字仲宣，山阳高平人也……魏国既建，拜侍中……建安二十一年，从征吴。二十二年春，道病，卒。时年四十一岁"。

王仲宣卒于建安二十二年（公元217年），时年四十一岁。这样，他与仲景相见时，当在建安二年（公元197年），彼时王仲宣年二十一岁。这证明皇甫谧所说"时年二十余"的话是符合事实的。可见张仲景为王仲宣诊病的历史故事当属历史事实。

参考文献

[1] 彭静山．关于伤寒论与张仲景的考证．江西中医药，(7)：43，1958．
[2] 黄竹斋．学习张仲景伤寒杂病论的体会．上海中医药杂志，(7)：24，1955．

[3] 薛凝嵩. 张仲景生平事迹考证. 新中医药，4（7）：16，1953
[4] 任应秋. 中医各家学说，22页，1980，上海科技出版社.
[5] 尚启东. 张仲景传略考. 浙江中医学院学报，（6）：41，1979.
[6] 北京中医学院主编. 中国医学史. 15－17页，1978，上海科技出版社.
[7] 宋向元. 张仲景生平问题讨论. 新中医药，4（8）：18，4（9）：18，4（10）：18，1953.
[8] 洪贯之. 张仲景的著述年代和现存伤寒的编次问题. 新中医药，5（8）：29，1954.
[9] 邓曼. 试论"汉末时张仲景官长沙太守"的问题. 中华医史杂志，（3）；158，1954.
[10] 裘沛然. 伤寒论研究和整理的我见. 新中医药，9（7）：17，1958.
[11] 陈邦贤. 祖国伟大的医学家——张仲景. 中医杂志，（4）：49，1955.
[12] 潘白尘. 读张仲景替王仲宣诊病一则有感. 江苏中医，（2）：41，1957.
[13] 许光岐. 关于张仲景为王仲宣诊病故事的考察. 上海中医药杂志，（3）：41，1958.

（杨培君、蒋泽霖整理）

张仲景官居长沙太守的考证

廖国玉　河南省南阳中医中药研究所

伟大医学家张仲景是否做过长沙太守？过去肯定者多，现在否定者多，认识颇不一致。

这个问题关系到总结张仲景的生平，研究其学说的形成、发展等方面。为了澄清悬疑，笔者作了一些初步考证，认为仲景为长沙太守，是历史的事实，今将所获资料及肤浅认识汇报于下，就正于识者，以求得出正确的结论。

张仲景官居长沙太守的三项根据

一、历代医籍中的明确记载

1.《伤寒论》原序的最后署名，多有"长沙太守"的字样。特别是清代以前的老本《伤寒论》，其原序后面大部分有"汉长沙守张机著"的落款。如一九四七年上海千顷堂书局出版的《古本康平伤寒论》，卷首就有"汉长沙守南阳张机著"，一九六〇年广西发掘印行的《桂林古本伤寒杂病论》，明确指出为张仲景后代所传之十二稿，其序言之后亦记有"汉长沙太守南阳张机序"。此本于三十年代经著名老中医黄竹斋先生考证后，给予了很高的评价，而长沙太守的记载总应有其一定的根据所在。

2. 宋刻本《伤寒论》序中引用唐《名医录》的记述，应为一证。宋仁宗嘉祐年间，太子右赞善大夫高保衡、尚书屯田员外郎孙奇、尚书司封郎中秘阁校理林亿等奉诏校正医书，他们在给宋仁宗上表阐述《伤寒论》校定情况时，其中写到："张仲景，汉书无传。见名医录云：南阳人，名机，仲景乃其字也。举孝廉，官至长沙太守。"这篇"宋刻伤寒论序"不是一般性的编印说明，而是高保衡、孙奇、林亿等向皇帝写的奏章，是一份极其严肃、认真的文件，全文虽然只有四百余字，但却是经过反复修改，多次锤炼而成。特别是文中论及事实，肯定要进行大量的考证才能引用。他们所记载的事实，要比其他一些史书、传记更为可靠和准确。

3. 自晋代至今，绝大多数著名医家均奉张仲景为长沙太守，有的干脆称仲景为"张长沙"。

隋唐及宋初的医籍中关于张仲景长沙太守的记载，已如上述。宋朝时，还有周守忠所著《历代名医蒙求》该书在"仲景良医"条中说："名医大传，张机，字仲景，南阳人，受术于同郡张伯祖。善于理疗，尤精经方。举以孝廉，官至长沙太守。后在京师为良医，时人言其识用精微过于伯祖。"其后元、明各家均有记述。清代陆九芝《补后汉书张机传》、近代陈邦贤《中国医学史》、黄竹斋《医圣张仲景传》等都奉为太守。清陈修园所著的一本书干脆取名为《长沙方歌括》，清乾隆张泰恒著《伤寒类证解惑》，其友人廖炎在序言中颂曰："是张子上可为长沙之功臣，下可为后学之津梁。"日本医家尾台榕堂在评赞张仲景学说时也说："长沙为千古用方之鼻祖……"。后人称仲景为"张长沙"者不胜枚举。可见，历代医家对仲景之为长沙太守均是信而不疑的。

二、长沙、南阳、邓州等处地方志的大量记述

1. 长沙府志的有关记述：明·崇祯《长沙府志》卷二"郡职篇"曰："今之郡守即古诸候也，一郡之司命系焉，可不慎与！故姓氏列焉。"下面记述原文为

汉太守
杭徐　旧志有传
张机　长沙守　旧志有传
孙坚　长沙守有传
三国

黄忠　南阳人长沙守

刘盘　表从侄长沙守

廖立　　　长沙守

清·康熙《长沙府志》卷之十“名宦志”曰：“纪职官而复书名宦不己赘乎？曰职官者，举其任职之人，而不必其人之有当否也。名宦者则弗问其秩之崇卑，弗计其任之久暂，惟因其实以著其名，使后人知所取法焉者也。”下面记述的原文为：

汉

贾谊　雒阳人，年十八能诵诗。汉文帝时年三十三卒于长沙德润门。

张机　字仲景，长沙太守。时大疫流行，治法杂出，机著伤寒论金匮，方行于世，民赖全活。

杭徐　丹阳人（事略），文春（事略），孙坚（事略）。

三国蜀，记述了一位廖立。

清·乾隆《长沙府志》名宦第十八的记述为：

汉：贾谊　雒阳人　申章昌　张机

　　杭徐　文春　度尚　孙坚

三国：诸葛亮　廖立　潘濬　黄忠

以上两朝三帝，在《长沙府志》里均有张机官居长沙太守的记载。不仅“郡职篇”中有记，而且还列入名宦永载史册。康熙《长沙府志》录名宦五人就有张机，可见张仲景不但在长沙任过太守，而且威信名望极高。乾隆《长沙府志》还引用明代黄翼的话说：“郡旧有志，世远年湮类多残缺散逸，岁嘉靖辛卯郡守丰山孙公存肇其始叠峰。潘公镒宪其成太史，张文毅公治纂修裁，取郡之所有者。析类分纪，各释以义，凡天文地理，物产人事，无一不备，亦无一不实，虽谓古之良史亦可也。”这一段文字的中心意思，是强调《长沙府志》内容丰富，记载准确。所以，府志所录张仲景之为长沙太守，亦应是可靠之据。

2. 明·嘉靖《南阳府志》记载：“张机，字仲景，南阳人，产于涅，灵帝时举孝廉，官长沙太守。”

3. 明·嘉靖《邓州志》记载：“张机，字仲景，涅阳人，学医术于同郡张伯祖，尽得其传。灵帝时，举孝廉，官至长沙太守。”

4. 清·乾隆《邓州志》记载：“张机，字仲景，涅阳人，学医于同郡张伯祖，尽得其传，灵帝时，举孝廉，官至长沙太守”。

以上地方志中的记载充分表明，张仲景当年任所之长沙，家乡之南阳均有其“官居长沙太守”的文字根据，两地所记，十分契合，从而进一步增强了此事的准确性。

三、古迹、传说中的太守佚事

1. 南阳医圣祠：张仲景故乡人民，于明代在南阳府建立了医圣祠，以纪念这位杰出人物的伟大功绩。据清《南阳府志》记载：“医圣祠始建于明末”。经过多次扩建，到清代建有正、偏两院，祠院正中是张仲景的陵墓，墓碑为清顺治年间南阳县丞张三异所立，碑的顶端刻着“万代医宗”四字，中间的大字为“东汉长沙守医圣张仲景之墓”。正院塑有张仲景及历代十大名医像。偏院有内经楼、灵枢阁、素问亭、仁济斋、智园斋、春台亭、医圣井、梅花亭、待月轩、蓬莱山、荷花池、桂花轩、医林会馆等二十余处建筑，地广百余亩，规模相当可观。每年三月三、九月九为盛会，河南、河北、湖北、湖南、山西、陕西、山东、安徽、四川等省人民前来瞻仰者甚多，中医界的知名人士更是经常在“医林会馆”探讨学术，交流经验。在国民党反动派统治时期和“文化革命”十年浩劫中，医圣祠虽屡遭破坏，但在广大人民的竭力保护下，仲景陵墓及祠院主体建筑还未被摧毁。今年以来，南阳地、市已着手对“医圣祠”进行修复，中央卫生部和河南省卫生厅已批准在南阳成立“张仲景医史文献馆”。

2. 长沙张公祠：清乾隆《长沙府志》卷十五“祀典篇”：记述：“周昭王庙在东门外今废；樊公祠在大西门外河街祀汉樊哙　张公祠在北门内祀汉太守张仲景；陶公祠在南门外惜阴书院右祀晋都督陶侃。”过去，长沙城内纪念历代名人的庙宇、祠院甚多，而东西南北四门又重祀数位主要人物。张公祠建于明末，内有仲景身着太守官服的塑象，清代前去瞻仰者众多，香火极盛，抗日战争时期，祠院被日本飞机炸毁。后长沙中医药界及广大群众又捐款，建了一所祠院，名曰“仲景堂”。湖南著名老中医、省中医研究所所长李聪甫，当年就曾与中医药界人士多次在此谈论祖国医学的前途，特别是在国民党反动派取缔消灭中医时，他们经常在仲景堂聚会，商讨反对国民党政府反动政策的办法，为中医药伸张正义；每年三月十七日还都到这里开会，以纪念“中医节”。解放后，仲景堂旧址曾先后为湖南省立医院及中医药研究所附属医院，现在为湖南中医学院附属二院。

3. 纪念仲景生日的活动：湖南省长沙、湘潭等地，明清时代曾以正月十八日为医圣张仲景诞辰纪念日，值时群众集会，或举酒相庆，或挥药而舞，或赋诗而歌，以表达对这位为民除疾的医学家怀念之情。

4. 张仲景公堂诊病之说：张仲景在长沙任太守时，曾在府衙为民诊治疾病，受到人民群众的敬仰，因而传为佳话。此一传说，全国皆知，而以长沙、南阳传之最广。为了表彰仲景的美德，后来中药房多冠以××堂，如北京的同仁堂，上海的仁济堂，邓县的同盛堂等。

以上，从南阳医圣祠到长沙张公祠和仲景堂，从仲景公堂诊病到药房冠之以堂，可以看出在这些古迹传说中均贯穿着张仲景为长沙太守之事。

总之，仲景之为长沙太守不仅有大量的传说，且广见于各类历史记载中，其根据也算不少了。怎么能说"无确证可考"呢?"

张仲景任长沙太守的年代推测

张仲景任长沙太守的年代，传统说法是东汉建安中期。如清·陆九芝在《补后汉书张机传》中说，张仲景在灵帝时举孝廉，在家仁孝以廉能称，建安中，官至长沙太守。"陈邦贤《中国医学史》也说他在"汉灵帝时（公元168～188）举孝廉，以廉能著名；建安中（公元196～219）官至长沙太守。"在各类书籍中，以上说居多。惟黄竹斋在《医圣张仲景传》中记述为："襄阳府志丁仲祜历代名医列传谓考后汉书、三国志，自孙坚为长沙太守，后灵、献之间，无仲景守长沙之说云云。今考灵帝纪，孙坚为长沙太守在中平四年，上距建宁纪元一十八年，盖仲景为长沙太守，在建宁年间。"

首先分析一下建安中期张仲景本人的状况及长沙的政治形势，即可知道仲景有无可能在此时任太守。

其一，当今医籍、历史、辞书、科普等各种书中，有关张仲景生卒年代的大约推算时间均为公元150～219年，现以这个时间为准，则150年为汉桓帝和平初年，自此经灵帝至献帝建安中，建安时期总数为25年，中期算为建安十二年，则是公元208年，此时张仲景已经58岁了，年近花甲大概不可能去出任太守了。如果按照陈邦贤《中国医学史》中谓仲景生于公元142年，这时候岁数就更大了，已达66岁，那还能千里去做官呢?

其二，仲景在《伤寒论》原序中说："余宗族素多，向余二百，建安纪年以来，犹未十稔，其死亡者，三分有二，伤寒十居其七。"由此可以想见，建安年间，仲景不在外地，而是在涅阳家乡，正是通过这十年的临床医疗实践，使其对伤寒病的诊断治疗积累了丰富的经验。创立了一整套辨证施治的法则，从感性认识提高到理性认识，使其对伤寒乃至祖国医学的研究达到了炉火纯青的程度，从而诞生了《伤寒杂病论》这部辉煌巨著。若各家推测《伤寒杂病论》成书于建安十年以后三载之间符合历史事实的话，则仲景于建安时期中并未在长沙任所。《伤寒杂病论》的理论水平极高，而其临床价值更大，若没有长时间的医疗实践，要写出这样的经典著作是不可能的。所以，自建安以来，甚至更早，仲景并未在做官，应是在行医。

其三，建安二十五年之间，军阀争斗，战火频仍，在历史上也是极为混乱的时期。长沙不仅在献帝时期，即是在灵帝后期就不在朝廷掌握之中，实为军阀割据之所，建安中，长沙为韩玄所占。建安十三年，即公元208年，曹操南征荆州，刘琮投降，接着就爆发了历史上有名的赤壁之战，孙刘联军大败曹操，刘备占据荆州江南四郡，关羽战长沙，魏延杀韩玄，黄忠投刘备就在此时，这个时期，不可能存在张仲景守长沙之事。

若认为仲景守长沙为建宁年间，推算起来亦不确切。建宁初年是公元168年，此时仲景只有18岁，其孝廉亦或未举；建宁末年是公元171年，他22岁，也不可能去当太守。

由此可见，仲景任长沙不在建宁及建安时期，较为准确的推测应在中平初年，即公元184年左右，其理由有三：1. 根据《后汉书·灵帝纪》所载，孙坚为长沙太守在中平四年（公元187年），此年，长沙、零陵、桂阳三郡爆发了区星、周朝、郭石等人领导的农民起义，孙坚被朝廷派为长沙太守，先后镇压了三郡起义，被封为乌程候。据崇祯、康熙、乾隆三个时代的《长沙府志》所记，孙坚为长沙太守均在张仲景之后，而汉史记载于孙坚之后亦无仲景任长沙之说；2. 灵帝光和末年至中平初年，长沙地区还较为平静。中平初年，虽然爆发了黄巾大起义，但其主要战场是集中在冀州、颍川和南阳三个地区，起义军的矛头是指向东汉首都洛阳的，此时张仲景在远离京都的长沙，就任一段太守是可能的。3. 中平初年，仲景约为34岁左右，就其知识及阅历、居长沙守是可以胜任的。况且当时活跃在政治舞台上的知名人物，岁数都不是太大，如孙坚任长沙守时是三十二岁；曹操任山东历城相（相当郡守）时只29岁，任东郡太守时32岁；周瑜在赤壁大战胜利后兼任南郡太守时是35岁。可见仲景任长沙太守时，其年令应在三十至四十之间。

张仲景任长沙太守时间短暂。即弃官从医。黄竹斋在《医圣张仲景传》中云："盖仲景为长沙太守，在建宁年间。值党锢事起，旋即致仕"。黄老关于仲景任长沙守时间不长“旋即致仕”的看法比较准确，但却不应在建宁年间，更不涉及党锢之事。首次“党锢事件”在桓帝延熹年间（公元166年），二次“党锢事件”在灵帝熹平年间（公元172～176年），此时仲景并不是长沙太守。仲景之弃官从医是由于汉灵帝中平年间，朝廷腐败昏庸已达极点，宦官与外戚相互残杀，争夺大权，军阀割据的局面已经形成，全国连年灾荒，疫疠流行，国无宁日，民不聊生；长沙所处，亦是灾难深重，仲景面对这种田园荒芜，哀鸿遍野，狼奔蛇窜，生灵涂炭的情景，一不能整肃朝纲，扭转乾坤，发展桑农，拯救黎民；二不愿积聚力量，割据一方，穷兵黩武，称雄树霸。加之家乡南阳爆发了黄巾大起义，对其震动极大。根据仲景的性格素质；品德风度，只有走弃官回乡的道路，别无他求，所以，仲景在长沙任所为时不长，他离任后不久，长沙、零陵、桂阳三郡就发生了农民起义。朝廷就任命孙坚为长沙太守，去镇压起义军。

考证张仲景官居长沙太守的重要意义

关于张仲景是否官居长沙太守的考证，不是一件可有可无的事，而是对总结张仲景的生平，探索其知识程度，评价其思想品德、风度，风格，研究其学说的形成，发展等都具有极为重要的意义。

一、存救国救民之心，博览群书，奠定了雄厚的理论基础。

张仲景留神医药，精究方术，志为良医，与民除疾的思想，并不是起初就占主导地位的，而是在长期的实践中逐渐确立下来的，特别是他弃官时节，更坚定了这一信念。在他年轻时，必然要考虑到仕途之事，这是当时封建社会的知识分子不可避免的一个大问题。不过晋身的指导思想有所不同，可以说大部分是为了光宗耀祖、封妻荫子，或争权夺利，享受荣华富贵；也有少数士人胸怀大志，心忧天下，愿为良相，治国安民。仲景不是没有后一种思想的。一则他的家族需要政治上有代表的愿望，对他有很大的影响，如他的家族积极支持其举孝廉就是一例；二则光武皇帝中兴东汉以后，其皇亲国戚，近侍权臣，南阳者居多，所谓“河南帝城多近臣，南阳帝乡多近亲。”南阳一带士人到外地做官的络绎不绝，特别是其涅阳同乡左伯豪，安帝时举孝廉，曾任冀州太守，后官至尚书令；南阳士人张衡，于顺帝时曾为侍中、河间相，官拜尚书等等，对张仲景是有一定影响的；三则张仲景生于汉桓帝和平初年，经历桓帝17年，后至灵帝时期。东汉后期，自桓帝时起，政治就极端腐败，统治阶级内部的斗争十分激烈，外戚与宦官勾心斗角，倾轧争夺，交替执政，造成了历史上少有的混乱黑暗时期。此时的张仲景忧国忧民之心日增，他必然要考虑到自己如何能够在朝政日非的情况下，出去干一番事业，为国革除弊政，为民复兴桑农。在这种思想支配下，张仲景的学习精神就更加旺盛和勤奋，加之他原来的基础，在东汉时代，一般大家子弟，就学时必然要读儒家经典，仲景天赋聪明，读书又认真，十多岁时知识就学的不少了。以后壮志初具，学习内容就更加广泛，他博览群书，寻求治国安民的良策，特别是从老、庄、荀、韩非、王充等哲学家的著作中学到的辩证法思想，使仲景的理论水平发生了飞跃，这些哲学思想虽未指导其在政务上施展抱负，却支配其深入研究祖国医学，使他完成了《伤寒杂病论》这部充满着辨证法的光辉著作。

二、游京师、赴长沙，广泛阅历，增长知识。

张仲景在举孝廉以后，曾经游历京师。当时京都设置有太学，太学中聚集了一批有学问的“五经博士”，仲景在那里访谒各家经师，虚心向他们求教，学到了许多知识。特别是京都的书馆中藏书丰富，为仲景的学习提供了更加优越的条件。

从南阳到京师洛阳，再赴长沙任所，使仲景游宛洛，历荆襄；观黄河，览大江；经洞庭，涉三湘。从而大大地丰富了他的阅历，对这些地方的风云景色，民俗物产，历史古迹，人物故事的了解考察，使他对中华民族的文化有了进一步的认识，与此同时，他对各地疫病流行及医药状况也作了大量的调查，特别是在任长沙太守期间，正值灵帝后期的大疫流行，目睹“千村薜荔人遗矢，万户萧疏鬼唱歌”的惨痛局面，更加确立了他革新、发展祖国医学的伟大抱负。

三、公堂诊病，冲破了封建制度的清规戒律；弃官从医，显示了医圣先师的高风亮节。

历代人民崇敬和爱戴张仲景，主要是因为这位杰出的人民医生，为了解除百姓的疾病痛苦而奋斗了一生，最后还留下了一部光耀千古的医经。在他行医治病生涯中，最感人至深的是于公堂之上，为民诊病。这在一千七百年前的汉代封建社会中，简直是不可思议的事情。汉代董仲舒“罢黜百家，专崇儒术”，儒家的“君君、臣臣、父父、子子”，官和民之间有非常严格的、不可逾越的鸿沟。董仲舒又规定了“王道三纲”，使封建社会的等级制更加森严。而张仲景居然在公堂上为民诊病，这一行动果敢的冲破了“礼不下庶人”的清规戒律，从而在人民群众中留下了极其深刻的印象，所以长沙、南阳人民为其修祠、塑像，以示纪念。

在朝政日非，全国日益混乱的情况下，张仲景毅然取下自己的太守桂冠，跃出宦海，返回故里。他辞官以后不去“子陵滩”，未进“桃花源”，而是投身到自然科学的战斗行列中，开始全面、系统地对祖国医学进行实践、革新、总结和提高，把自己的聪明才智，渊博的知识和高超的医术，毫无保留的运用到为人民除疾的神圣事业上。这一壮举，充分体现了这位杰出人物的高风亮节和伟大精神，细谈《伤寒论》原序，这种风格和精神跃然纸上，光彩照人。“怪当今居世之士，曾不留神医药，精究方术，上以疗君亲之疾，下以救贫贱之厄，中以保身长全，以养其生。但竞逐荣势，企踵权豪，孜孜汲汲，惟名利是务；崇饰其末，忽弃其本，华其外而悴其内。皮之不存，毛将安附焉？卒然遭邪风之气，婴非常之疾，祸及患至，而方震栗，降志屈节，钦望巫祝，告穷归天，束手受败，赍百年之寿命，持至贵之重器，委付凡医，恣其所措，咄嗟呜呼！厥身已毙，神明消灭，变为异物，幽潜重泉，徒为涕泣。痛夫！举世昏迷，莫能觉悟，不惜其命，若是轻生，彼何荣势之云哉？而进不能爱人知人，退不能爱身知已，遇灾值祸，身居厄地，蒙蒙昧昧，蠢若游魄。哀乎！趋势之士，驰竞浮华，不固根本，忘躯徇物，危若冰谷，至于是也！……感往昔之沦丧，伤横夭之莫救。乃勤求古训，博采众方……”。张仲景在短短二百余字的序言第一段中，就于七处强烈地抨击了“竞逐荣势”“企踵权豪”“驰竞浮华”“忘躯徇物”“惟名利是务”的钻营利禄之徒，他把这些人斥为“蒙蒙昧昧”的游魂，从而怪哉、嗟哉、痛哉、哀哉！以至万分感伤，才发奋著书，以济世人。在这里，仲景不仅仅是对一些被功名利禄熏心毁体的人的批判，而且也无情地揭露了封建社会的黑幕，痛斥了在这个黑幕下为非作歹的官僚豪绅们。仲景的这篇《伤寒论》原序，非同凡响，不可与其他中医药书籍的序言同日而语，它带着强烈的政治性，闪耀着战斗的光芒，至今对后人尚有深刻的教育意义。如果没有相当广泛的阅历，没有对东汉末年上层社会的细致观察和亲身体验，没有相当水平的哲学理论和运用辩证的观点、方法对当时社会弊端的深刻分析，没有一定的风度、风格、胆略和气魄，要抒发出这样震撼人心的伟论是根本不可能的。所以，从《伤寒论》原序的字里行间，可以看到张仲景其人，也可以推断张仲景官居长沙太守的真实性。

张仲景官居长沙太守丝毫无损于他的色彩，而且更增添了他生平的光辉。若惟恐说仲景曾当过封建官僚而不欲承认其太守的历史，那就未免还有点“左”的影响了。其实，在中国悠久的文明史上，为民族增加了光彩的许多杰出人物，多是有相当官职的，如文学上的屈原、韩愈、王安石、苏东坡、范仲淹；科学界的李冰、蔡伦、张衡、郦道元等都作过不小的官，不是都没有影响他们的声誉吗？而更为难得的是张仲景挂冠而去，抛弃了功名荣华，回到了人民之中，潜心于医学研究，这种伟大的精神将永远启迪着后人，鼓舞着科学界的战士们前赴后继，不懈地战斗。为此，张仲景的长沙太守必须在他的有关书籍中大书特书，以恢复和保持其历史的本来面目。

张仲景长沙太守考

李浩澎　河南中医学院

张仲景是否官居长沙太守一事，历来为医学界和史学界所争论不休。但终因代久年湮、史证不足而至今没有个圆满的结论。笔者最近有缘亲赴与仲景生平有关的南阳、邓县、襄樊、荆州、长沙等地进行实考，查阅并收集了不少地方史志和其他有关史料，认为张仲景官居长沙太守一说可以成立。现将所得史料和个人的管见并陈于后，以就教于同道。

一、地方志中有关仲景事迹的记载

《长沙府志》明・崇祯乙卯・黄钟月・吉旦。(版存湖南省图书馆・古籍部)

(一九八一年五月二十二日考)

○○○○○○

卷二・郡职篇：

今之郡守，即古诸候也。一郡之司命系焉，可不慎与！故姓氏列焉，丞幕师儒附焉。稽古述今，妍媸毕著，祈于和民义土已也。是宪敦而职举，而士民赖其无负张官置吏之意可矣。

(标点是笔者加的)

汉太守：

抗徐旧志有传　张机长沙守旧志有传

孙坚长沙守，有传

三国：

黄忠南阳人，长沙守　刘盘表从侄长沙守廖立长沙守

吴步隲右将军

晋：

孙盛长沙守楚志有传

南齐。。。。。。

梁。。。。。。

唐。。。。。。

宋。。。。。。

。。。。。。

《长沙府志》清·乾隆十二年岁次丁卯季冬月

。。。。。。

名宦志

。。。。。。

汉：	三国：	晋
贾谊	诸葛亮	陶侃
申章昌	廖立	。。。。。。
张机	潘濬	
抗徐	黄忠	
文眷		
度尚		
孙坚		

很清楚这两个版本的《长沙府志》的太守中虽没有张仲景的名字，但却都有个张机。张仲景，姓张名机字仲景大概是不会有什么争议的，但这《长沙府志》中的张机是否就是我们要查找的那个张机张仲景呢？请看以下史料：

明·嘉靖《南阳府志》："张机，字仲景，南阳人，产于涅，灵帝时举孝廉，官长沙太守。"

明·嘉靖《邓州志》"张机，字仲景，涅阳人，学医术于同郡张伯祖，尽得其传，灵帝时，举孝廉，官至长沙太守。"

清·乾隆《邓州志》："张机，字仲景，涅阳人，学医于同郡张伯祖，尽得其传，灵帝时，举孝廉，官至长沙太守。"

《长沙府志》清·乾隆十二年岁次丁卯季冬月。

。。。。。。

十五卷——祀典篇：

张公祠在北门内祀汉太守张仲景。

樊公祠在大西门外祀汉樊会。

陶公祠在南门外惜阴书院右祀晋督都陶侃。

定王庙在东门外祀汉长沙王发今废。

吴王庙在北门外祀汉长沙王吴芮今废。

。。。。。。

很明显《长沙府志》中的张机就是我们要查找的张仲景无疑了。但诸志中的张仲景是否是著志人附会之作呢？请看清·乾隆年《长沙府志》序中，录明·嘉靖《长沙府志》序云："郡旧有志，世远年湮，残多心缺散逸，嘉站辛卯，郡守丰山孙公存肇其始，叠峰潘公镒宪其成，太史张文毅公沾篡修裁。取郡之所有者析类分纪各释其义，凡天文、地理、物产、人事无一不备，亦无一不实，虽谓古之良史亦可也。"

很明白，长沙在明·嘉靖前已有志书，但因年远代久已残缺散失，至嘉靖时复经孙存、潘镒、张文毅等重新整理、考证、核实编篡而成嘉靖年间的《长沙府志》。所以著作者自负的称此志"无一不备，无一不实，虽谓古之良史亦可也。"

但是文人自诩，文过饰非的事情是常有的。为了证明志书的准确性，我们看一看仲景殁后一千八百年的长沙人民心中的张仲景吧！

1. 张公祠建于明代，为一进两堂的建筑。后堂设香案神龛，龛内有牌位，红底金字书为"汉太守医圣张仲景先生之位"。

2. 张公祠在中日战争时被敌机炸毁，后医界募捐重修改为仲景堂。

3. 湘潭人士以正月十八日为仲景生日。

4. 一九二九年反动政府下令消灭中医，数省中医聚集长沙张公祠祭祀医圣，慷慨陈词，示威反抗。

5. 解放前张公祠香火很盛，群众经常祭祀求药。

6. 解放前长沙中医界经常到仲景堂集会。

这一切和孙鼎宜仲景传略记述雷同。孙云："今长沙城北有张公祠，民岁以祀焉。湘潭俗以正月十八日为仲景生日，群众然举酒作乐乐神。"

这一切和地方志书中记述数百年前长沙人民心目中的张仲景亦极雷同。

《湖南通志·名宦志》：

"张机，长沙太守。时大疫流行，机精解医药，民赖全活者甚众。"

《长沙府志》清·乾隆版，名宦篇序云：

"名宦者，我士民之去思口碑积久而不利者也。长沙自贾太傅而后代有良吏。千百年来官无尊卑，任无久远，眷眷者，召父母之怀未绝里巷，未歇于俎豆。呜呼！缁衣之好，人之孰情。长民者尚思何以致此府志名宦。"

据上可知，长沙人民自古至今不但承认张仲景做过长沙太守，而且还把他视为政绩卓著、为官清廉的名宦，所以至今还是怀颂巷里、不绝俎豆，耿耿此心，百世不磨的。

但是长沙人民如此奉念张仲景是否倡于文人之惑，或因念及为医济世之功呢？我们还须从其他史料进一步分析。

二、其他史料有关仲景事迹的记载

对于张仲景的生平及是否做过长沙太守问题，争论虽多，但对以下几点似争论不大

1. 张仲景是南阳涅县人。
2. 张仲景的老师是张伯祖。
3. 张仲景曾与何颙有来往。
4. 张仲景曾给王仲宣诊过病。

前两点对分析张仲景是否做过长沙太守的问题，意义不大，我们就从后两点张仲景与王仲宣和何颙的交往中分析一下，或许对判定太守问题有所裨益。

王仲宣和何颙是什么人呢？

《三国志王粲传》云："王粲字仲宣，山阳高平人也。曾祖父龚、祖父畅，皆为汉三公……左中郎将蔡邕见而奇之。时邕才学显著，贵重朝庭，常车骑填巷，宾客盈座。闻粲在门，倒履迎之……"

《后汉书·党锢列传》云："何颙字伯求，南阳襄乡人也，少游学洛阳。颙虽后进而郭林宗、贾伟节等与之相好，显名太学，………袁绍慕之，私与往来，结为奔走之友。"

据此可知，王仲宣既是名门世族，又是当时被誉为建安七子的名流，难怪连史书称为"六世祖勋"的权贵蔡邕，为迎接他慌得连鞋也顾不上穿了；何颙为南阳高士，名震京师，连被誉为"四世三公、门生故吏遍天下"的袁绍也慕而与之友善。

可以想见，张仲景如果在当时的社会上没有一定的地位，实难与这些名流显贵交往。

当然，我们不能排除，如果张仲景是名扬天下的名医，这些人若有疾病也会象曹操求华佗一样求于张仲景的可能。这就需要我们看一下张仲景和这些人是在什么情况下交往的了。

先看与何颙之交往。

《太平御览七百二十二》引何颙别传云："同郡张仲景总角造颙，谓曰，君用思精而韵不高，后将为良医。卒如其言。颙先识独觉，言无虚发。"

总角——古时男女未冠者之称。"造"这里作动词前往、到解。就是说仲景在很小的时候求同郡人何颙品评自己，何颙说他"用思精而韵不高，后将为良医"。

可见仲景见何颙时年龄尚小，是他求何颙评论自己前途，并不是何颙求他诊病。

汉代选拔官吏主要采取察举、征辟的办法。舆论的评议，对选拔官吏有很大影响。评论得好，名声好了，就有被推荐做官的可能《三国史话》。东汉末年，品评人物的风气更盛，但是评论者必是当时有影响的人物，被评者亦必为世家豪族，如史书记载的许劭评论曹操为"治世之能臣，乱世之奸雄"。许劭就是当时很有影响的人物，《后汉书》称他"少俊名节、好人伦，多所赏识……，故天下言拔士者，咸称许。曹操更是名将之后。仲景求何颙品评，虽为同郡，亦必为名门贵族。据章太炎考："南阳张氏自廷尉以来，世为甲族，故广韵列张氏十四望，南阳次于清河。"仲景自称"宗族素多，向余二百"。在东汉末年我国人口不到二千万，仲景家族二百，定为大家名族。否则，既没有仕途之望，也不可能见到高士何颙。年未弱冠即可受高士之誉，以后举孝廉官长沙，似乎是很自然的。

再看和王仲宣的交往。

皇甫谧《甲乙经》序云；"仲景见侍中王仲宣时，年二十余，谓曰；君有疾，四十当落眉，眉落半年而死，令服五石汤可免，仲宣嫌其言忤，受汤勿服。居三日，见仲宣，谓曰：服汤否？仲宣曰：已服。仲景曰：色候固非服汤之诊，君何轻命也！仲宣犹不信。后二十年，果眉落，后一百八十日而死，终如其言。"

很明显，王粲也不是在有病中求仲景的，而且仲景还严厉的批评了他的讳疾忌医。在王仲宣无求于仲景的情况下，在那尊卑悬殊的封建社会里，一个无地位的民间医生敢如此犯上是完全不可能的。抑仲景举孝廉官长沙或可造次。

再从二人接触的过程来看，能够三日两遇，似乎还在一块生活过。据《三国志·王粲传》说：粲"年十七，司徒辟，诏除黄门侍郎，以西京扰乱，皆不就。乃之荆州依刘表。表以粲貌寝而体弱通侻，不甚重也。表卒。粲劝表子琮，令归太祖。"可见：王粲自十七岁（应在献帝初平纪元时）投靠刘表，到建安十三年刘表死，这十多年时间一直住在荆州。皇甫谧说王仲宣见仲景时二十余正是王在荆州时，这说明张仲景也进出于刘表处，否则二人是不可能三日两见的。刘表当时正是"开土遂广，南接五岭，北据汉川，地方数千里，带甲十余万"（后汉书，刘表传），雄据一方的大官僚，史书中又未见有病求医之记，仲景能出入其第，若无一定地位是难以想象的。说他举孝廉官长沙尚为合理。

再看前边《长沙府志·祀典篇》所列庙祠。

樊哙为西汉开国名将，封舞阳侯。陶侃为晋明帝时征西大将军，督都荆襄军事，时人誉为诸葛孔明。

定王发是谁?《后汉书·光武帝纪》云："世祖光武皇帝，讳秀字文叔，南阳蔡阳人，高祖九世孙也。出自景帝，生长沙定王发。发生春陵节侯买，

买生郁林太守外，外生钜鹿都尉回，回生南顿令钦，钦生光武。”据此可知，定王发原是东汉开国皇帝刘秀的老祖宗。曾封长沙王。

周昭王，周朝康王之子，名瑕。时王道微缺，南巡至汉水，荆人以胶舟进，没水而崩。（辞源）

吴王芮，秦鄱阳人。仕秦为鄱阳令，得江湖间民心，号鄱君。及天下判秦，芮因举兵以应诸候，项羽立芮王衡山，汉高祖徒王长沙。

这些人都是王候名勋，一代显贵，其平生活动多与长沙有关，故被长沙官吏兴祠盖庙，以庆功绩，张仲景如做长沙太守，与之为伍尚显过誉，若没做太守，原籍又在宛南，其医疗活动实难扩及长沙，而在长沙之誉无论如何也不能达到这样的地步。

从以上诸事看，张仲景似乎有举孝廉、做长沙太守的可能。但历来为什么有那么多否定意见呢？推求诸说以《三国志》《后汉书》无传为主要原因。因为二书无传，甚至有人否定张仲景在历史上的存在，认为有关他的传说和著作都是王叔和之托。如日人吉益东洞即是力倡此论的发凡者。他说：“后汉书有一艺名者，尽举而录、奚独仲景之无传也。历史中，至晋书始曰后汉张仲景为医。是可言矣，撰次伤寒论人者叔和也。王叔和者，西晋太医令也。若据叔和之言记之乎？它又无所见、或疑撰次之时托名乎？”但我们认为，《后汉书》《三国志》无传，不应成为否定张仲景做长沙太守的理由，而应归咎于汉末那段复杂混乱的特殊历史条件。范晔、陈寿不为仲景立传实为千古憾事！但只要稍微翻一下那段历史，就不会去苛求范、陈二氏了。

东汉末年是一个极端动荡黑暗的社会。外戚宦官互杀，朝廷昏庸无能。当权者只知争权夺利，文史农事不修、致水旱灾荒频发，四海民意沸腾。考东汉历史水灾共发二十七次，桓灵时就有十三次；旱灾共发七次，桓灵时就有六次。从安帝到灵帝除黄巾起义外，农民暴动就有六十多次。更严重的是初平元年（190 年），佞臣董卓挟献帝及百万洛阳人西迁，把洛阳周围二百里内的所有宫殿、官府民房付之一炬，豪华的东都尽为焦土！献帝到西安五年间，又经董卓、王允之杀，李傕、郭汜之乱。兴平元年李傕一把火长安宫阙复为瓦砾。如此的浩劫，文物书籍毁灭迨尽！连诛杀一生的曹操也悲愤地骂“董卓荡覆帝基业，宗庙一燔丧”！

此时期的仲景故里——荆州大地——更是灾难深重。（宛南自禹贡划中国为九州起至东汉，一直在荆州所属内）远在桓帝时荆襄九郡就长期处于混战中。长沙属南荆州，远离洛阳三千八百余里，朝廷更是辖制不了。考《后汉书·桓帝纪》，桓帝四年，一年内就有数次关于长沙农民暴动的纪事：

“四月长沙贼起寇桂阳苍梧。”

“五月康陵园寝火，长沙零陵贼起攻桂阳苍梧。”

“八月芠县贼焚烧长沙郡县，寇益阳杀令。”

如此农民起义，烧衙杀令，造成了朝廷命官长期不得在长沙立足的史实。

至汉灵帝中平五年（188 年），汉帝为了镇压农民起义，接受了刘焉的奏议，允许州郡拥兵自治。孙坚、刘表才得相继插足荆州。

《后汉书·灵帝纪》云：“时长沙贼区星自称将军，众万余人，攻围城邑，乃以坚为太守，到郡设施方略，旬日之间，克破星等。”

《后汉书·刘表传》云：“乃使越遣人诱贼帅至者十五人，皆斩之而袭其众……江南悉平，诸守闻表威明，多解印绶去。

这说明孙坚、刘表之前，荆州诸郡长期为乱民拥戴自立。

后，刘表又射杀孙坚，荆州诸郡悉归刘表，变成了他的独立王国不受汉帝之制，独揽荆襄九郡生杀荣辱之权，下属官吏一任自裁。遂造成朝廷命官虽有史，但不能到任，刘表所任官吏史官无志的史实。

据《后汉书》载，长沙郡守有：“刘兴建、郅恽、张禁、抗徐、度尚、孙坚、张羡、苏代、韩玄、廖立、濮阳逸、中尉冯俊、功曹、桓阶、吕岱、古初、刘嚣、王阜”等之多，但《长沙府志》中多所不载。而《长沙府志》的申章昌、文眷等，在史书中却查找不到。

就是这样的一本东汉末年的历史糊涂帐，又经过了三国之争，两晋之乱，到了南朝范晔手中，已不知是何等混乱面目，范晔纵有炼石补天之手，也难使其十全。

东汉末年三国逐鹿。荆州诸郡为魏、蜀、吴争夺之地，史实更是纷乱难理。刘表死后荆州遂为三国瓜分。208 年赤壁一战，曹操败北，退居中原。刘备遂占桂阳、长沙诸郡，周瑜自领南郡、彭泽等地。曹操控制宛南一带地方。但时间不久，吴蜀协商，以湘水为界平分荆州。江夏、长沙，桂阳东归吴；南郡、零陵、武陵西归蜀。又不久，吕蒙白衣渡江，关羽夜走麦城。南荆诸郡尽归东吴，曹操崛起，复来争夺，又使曹、吴疆界多变不定。

据张仲景在《伤寒论》原序说：“余宗族素多，向余二百，建安纪年以来，犹未十稔，死亡者，三分有二”，才发奋上探灵、素，下究临床，而作此《伤寒杂病论》。鉴于当时的书写条件，这样浩繁的著作，没有相当长时间是难臻其成的。故知仲景若为长沙太守，必在建安十年之前，正当刘表控制长沙之时或较前，而那时的长沙太守史，实在无法稽考。若以刘表前计，则长沙长期混乱不可考；若以刘表时计，则刘表自立，汉史不为立史，若以三国计，则疆界多变，归吴、归蜀、归魏，实难划定。且陈寿《三国志》魏书、吴书；是在东吴官史韦昭的《吴书》、魏官史王沈的《魏书》基础上稍加整肃而成，唯《蜀书》是其选才成帙。但韦昭《吴书》基本以江东吴人为本。王沈《魏书》大都以中原魏人为主。且魏国后期大权旁落司马氏之手，司马氏任意篡改史书，据考证魏书中对曹爽的贬讪即是司马氏诬加之辞。陈寿为晋臣，司马氏为晋主。陈不敢改动原文，只能照抄。长沙在三国统一前，从未入魏国版图，故《魏书》不可能为仲景立志。荆州疆界多变，《吴书》亦不可能为仲景作传。吴蜀彝陵之战后，蜀国蜇缩四川，一直不能再履荆州，故仲景当然不能入《蜀书》。再因汉末，三国纷乱，史料所留不多，陈寿身为朝臣，鉴于当时的交通、通讯条件，肯定不会到各地考证求全。凡此掣肘，陈寿纵有裁云修月之能，亦难使其尽美。因此而使荆州九郡人物未入史册者，恐非仲景一人。《三国志》中无史表，就是其史证不足，遗漏尚多的重要标志。

鉴于上述诸因，所以史书已载的，我们不能肯定其有；史书不载的，我们亦不能轻信其无。总要作全面分析，方能接近客观事实。

总之，东汉三国的特殊历史条件，给我们考查张仲景的生平带来了极大困难，尚需要作更大的努力。目前既然否认张仲景做长沙太守的证据不足，地方志中又有这些无理由否定的事实，那就先不要摘掉他这顶长沙太守的桂冠吧。

张仲景任长沙太守事迹考

韩　奕　首都医科大学中医药学院

有关张仲景生平的研究中，他任长沙太守的事迹曾被众多医史学家所考证。清代的陆九芝认为仲景“建安中任长沙太守”，而章太炎先生提出仲景任长沙太守的时间为建安七、八年（203～204 年）间，此说一出几成为定论，今天大多数医史著作均沿用这种观点，但在笔者看来这种说法过于武断。实际上由于史料的缺乏，仲景任长沙太守的时间有多种可能性，本文试在此剖析之。

东汉末，在史书中明言为长沙太守的历史人物有三人：孙坚，中平四年至初平元年（187～190 年）任太守；张羡，初平元年至建安三年（190～198 年）中某时至建安五年（200 年）任太守，子张怿在其死后由下属推戴为太守至建安六年（201 年）；韩玄，建安六年后某时至建安十三年（208 年）任太守；因此张仲景任长沙太守可能为孙坚之前或孙坚与张羡之间或张羡与韩玄之间。今人多主张最后一种，特别是以章太炎为代表的一派学者认为建安六年刘表攻并张怿后，任命仲景为长沙太守，甚至指出时间为建安七年至八年（203～204 年）之间，这种论断在笔者看来较难成立。主要原因有以下三条：

其一与刘表对抗的长沙太守张羡为南阳人，与张仲景关系如何尚未可知，即使不为近支宗族，同为南阳张氏当无疑义。在东汉时期宗族聚族而居，同宗同族观念深入人心，一损俱损、一荣俱荣，政治统治中包含很大的宗族政治的成分。刘表的统治就主要依靠鹏氏、蔡氏的支持并联合了马、黄、庞等当地大族；另一方面，为了稳定自己的统治刚到荆州就屠戮反抗的宗族兵帅 55 人。因此刘表在平定了张羡的叛乱后，任用与张羡同郡同姓的人出任长沙太守的可能性不大。有些学者以刘表任用参与张羡起事的桓阶为例，认为刘表更不会因同郡同姓的缘故排斥仲景。但他们殊不知刘表用桓阶只是一种权术，主要原因是由于桓氏为长沙大姓，先依附孙坚后依附张羡，通过这种手段来安抚桓氏这个本地大姓。而张氏为南阳望族，并非长沙本地大姓，与桓阶的例子完全不同。

其二长沙为荆州重镇，乃南三郡之首，是能与荆州统治者分庭抗礼的地区。孙坚正是凭借长沙太守之位，逼死荆州刺史王睿；而张羡更是联合三郡对抗刘表。所以在平定张怿之后，刘表必会把长沙太守之位交给其亲信（例如鹏越为章陵太守，鹏祺为房陵太守，黄祖为江夏太守），仲景与刘表的关系如何史书未提，但由此可判断他应当不是刘表统治集团的核心人物。因此在张羡之乱后刘表不太可能任命仲景担任太守之职。

其三当时的军事形势也是一个重要原因。建安四年（199 年）孙策统一江东六郡后开始对荆州的进攻，同年十二月在沙羡大破江夏太守黄祖军和刘表的增援军。孙权即位后为了实现“全据长江”的战略，以报父仇为名对荆州发起了更猛烈的进攻，见于史册的就有建安八年（203 年）、十二年（207 年）、十三年（208 年）对江夏的三次攻势。而刘表也进行了反击，见于史册的就有建安八年（203年）刘表从子刘磐对豫章的进攻，时间不明的黄祖子黄射对柴桑的进攻，以及建安十一年（206年）黄祖将邓龙对柴桑的进攻。可以说从建安四年至十三年（199—208年）刘表的荆州政权与江东孙氏政权的兼并战争激烈进行，江夏、长沙、豫章成为主战场，江东政权的豫章太守为久经沙场的孙策之兄孙贲，刘表的江夏太守也为曾击毙孙坚的老将黄祖；而仲景只是一个文人，在激烈的军事斗争中显然不是长沙太守的合适人选。

综上所述，刘表平定张怿之后，由于当时的政治、军事形势以及长沙地理位置的特殊性都不太可能以仲景为长沙太守。

相比之下，另两种任长沙太守的时间段是有可能的。从估计的张仲景的生年（140～150年）来看董卓之乱（189年）时他当为40～50岁。由于其宗族为当地望族，所以在孙坚之前任长沙太守的可能性是有的。但比较起来，笔者更倾向仲景任长沙太守在孙坚与张羡之间，主要理由如下：

1. 与目前所推定的仲景事迹最为吻合。仲景事迹中唯一可确定的是仲景见王粲，从《甲乙经序》推测时间当在建安二年（197年），地点在荆州。这件事本身印证了仲景南依刘表的历史事实。因此，仲景在此期间任长沙太守的可能性最大。

2. 与历史相符合。初平元年（190年）中原大乱，先是关东诸侯起兵讨伐董卓，接着是董卓集团和关东诸侯内部发生火拼。南阳作为四战之地，从初平元年至四年（190—193年）成为董卓、袁术、孙坚、刘表争夺的对象。南阳屡遭兵灾，最终是大批士民流入荆州，仲景在此时率其宗族南依刘表的可能性很大。此时刘表在败孙坚、逐袁术、平定荆州后，为了维护自己的统治必然会招揽名士进行治理，仲景由其名而被刘表任为长沙太守的可能性很大。

3. 也可以比较合理的解释这样一个疑问：仲景既为长沙一郡之长，何以未在历史记载中出现（被提及而非立传）。主要原因在于从刘表逐袁术到张羡起兵（193—198年）是荆州最平静的时期，除张绣于196—199年进占南阳和由此导致的张绣、刘表联合对曹操的战争外，这一时期荆州缺乏军事、政治大事，所以《三国志》《后汉书》不提仲景之名情有可原。之后仲景弃官或去官，再加上张羡之乱使刘表对南阳张氏态度的转变，使仲景逐渐游离于刘表集团，最后到了198～208年荆州历史事件发生的最频繁时，未能在历史记载中留下自己的名字。

总之，仲景任长沙太守时间有三种可能。笔者以为医史界通常采用的建安七年至八年说并不可信，相反不为人提及的初平元年至建安初年的可能性反而更大。

最后笔者想就某些学者否定张仲景曾任长沙太守的观点阐述一些本人的看法。这种否定说主要论据有二：一、称仲景为长沙太守第一次出现在《宋·林亿·伤寒论序》中，而宋以前的文献则未提及仲景任太守事。二、《三国志》《后汉书》不载仲景事，说明仲景地位不高。

但持此论点者殊不知宋以前文献不载仲景任长沙太守事皆因古籍散失所至，例如宋人尚可见到的唐人甘伯宗所著《名医录》即久已失传。今天所存宋以前文献除《伤寒论·自序》外，论及仲景时只有只言片语，并非传记，而自序的主旨是对本书作说明亦非自传，所以这些书皆不提仲景仕宦事，更不用说任长沙太守事。相反《名医录》作为医生传记载入仲景任长沙太守事自然合理。而且从唐人刘知己在《史通》中对陈寿的抨击可以看出仲景决非社会无名之辈，在这段评论中称仲景“名重于许洛”，且元则与仲景并称（元则为桓范字，曾任魏大司农，为九卿之一），从侧面证明仲景的高官身份。

至于用《三国志》《后汉书》不载仲景任长沙太守来说明仲景未任此官就更站不住脚了。《三国志》以简约著称，所记州郡官皆为任内有特殊表现的人，一般太守很难入选；《后汉书》篇幅较长但更侧重东汉人物，而比较忽略三国人物，同时受篇幅所限不可能将历代太守一一记入；而对此有详细记载的地方志又毁于历代的动乱（明清所修地方志涉及古代人物只能援引他书，非第一手原始资料）；因此仲景任长沙太守事迹不为各类史籍所载也就在情理之中。即使这样我们仍能听到刘知己为仲景所抱不平，若仲景为一介平民，何来如此评说！

况且魏晋南北朝时由于九品中正制的实行，门阀政治盛行，最兴谱牒之学，世族都有完整的家族谱牒。仲景所属的南阳张氏世为甲族，在张氏十四望中居于第二望（仅次于清河张氏），因此谱牒之学亦应相当发达，至唐初不致遗漏仲景事迹。这也正是唐人仍能知仲景事的重要原因。

文末提一考古资料，南阳城东二里掘得张仲景墓碑，上书：“汉长沙太守医圣张仲景之墓”。由于“医圣”二字使墓碑的可信度受到怀疑，但墓碑的基座据专家考证系魏晋风格，而且有“咸和五年”四字，该年为公元330年（东晋时期）。即使该碑为后世重修，也从一个侧面提供了仲景任长沙太守事迹的证据。

综上所述，仲景任长沙太守当为历史事实，至于其年代虽限于史料不足，难做准确界定，但也可以做出若干合理推断，在此尚望同仁不吝赐教。

张仲景“长沙太守”考

刘道清　河南省中医药研究院

关于张仲景是否做过“长沙太守”的问题，近代有些争论。有否定意见，也有肯定意见，持否定意见者，证据不多；持肯定意见者，理由也不足以服人。因此，笔者认为仍有继续讨论的必要。

林亿等人在校订《伤寒论》序中说：“张仲景，……举孝廉，官至长沙太守。”下面我们就从几个方面来讨论这个问题。

一、从当时那段历史的时间表上查找，看张仲景是否做过长沙太守

张仲景的生卒年月，目前多数人的意见，倾向于在公元142年～219年这个时间之内。按照当时的规矩，举孝廉年龄要限制在四十岁以上。这一规定在《后汉书·顺帝纪》中有明确记载，并且非常严格。有不少官员，因没有严格执行这一规定而受到惩罚。据《后汉书·左雄传》载，济阴太守胡广等十余人，因违反这一规定获罪，被举的新孝廉徐淑因年令不满四十，而被取消资格。举孝廉尚且要在四十岁以上，作太守年令就要更大些了。照这样算来，如果张仲景曾“举孝廉，官至长沙太守”的话，那么举孝廉至少在公元183年以后，作“太守”至少要在185年以后。下面我们就来看一看自公元185年以后的历届长沙太守。

据《吴志·孙坚传》载，公元186年，孙坚就在长沙任太守。到什么时候为止呢？《通鉴记事本末·卷八·宦官亡汉》回答的很清楚：献帝初平元年（公元190年），“州郡举兵讨董卓。长沙太守孙坚亦起兵。前至南阳，众已数万人。南阳太守张咨不肯给军粮，坚诱而斩之，郡中震栗，无求不获。前到鲁阳，与袁术合兵。术由是得据南阳，表坚行破虏将军，领豫州刺史。”可见，自公元186年至190年，长沙太守一直是孙坚无疑。

公元190年（初平元年），苏代继孙坚之后任长沙太守。[1]

公元193年（初平四年），荆州牧刘表，攻打江南，荆州八郡（包括长沙）统归刘表管辖。各郡太守，畏表威名，多“解印绶去”。[2]苏代是否也“解印绶去”，史书上没有记载，无可考查。

公元198年（建安三年），“长沙太守张羡，性屈强，表不礼焉。郡人桓阶，说羡举长沙、零陵、桂阳三郡以拒表，遣使附曹操，羡从之。”[3]

公元200年（建安五年），“刘表攻张羡，连年不下。……羡死，长沙复立其子怿。表攻怿及零、桂，皆平之。于是表地方数千里，带甲十余万，遂不供职贡，郊祀天地，居处服用，僭拟乘舆焉。”[4]

从这几段史料看，自公元193年刘表攻占长沙到公元198年张羡反叛刘表，这段时间，是谁在长沙当太守，不详。这段时间最多不到五年，因为刘表虽然尽有荆州八郡，长沙归附，但苏代是否也随即“解印绶去”，不得而知，再者，张羡反叛刘表，肯定不是刚当上太守就反叛的，而是在刘表手下当了一段长沙太守后，看到刘表傲慢无礼，受不了刘表“不礼焉”的窝囊气，才叛刘附曹的。所以张羡肯定是在公元198年以前的什么时间就是长沙太守了。一直到公元200年，张羡死，其子张怿继任长沙太守。同年，刘表攻陷长沙。

公元208年（建安十三年），冬十月，刘表死。同年，“刘备表刘琦为荆州刺史，引兵南徇四都，武陵太守金旋、长沙太守韩玄、桂阳太守赵范、零陵太守刘度皆降。庐江营帅雷绪率部曲数万口归备，备以诸葛亮为军师中郎将，使督零陵、桂阳、长沙三郡，调其赋税以充军实。以偏将赵云领桂阳太守。”[5]

公元209年（建安十四年），蜀立廖立为长沙太守。[6]

韩玄是什么时候当上长沙太守的？史书上没有查到，但是我们可以肯定地说，韩玄是在公元208年以前就当了几年长沙太守的。因为《三国志·黄忠传》说：“荆州牧刘表以（黄忠）为中郎将，与表从子磐共守长沙攸县。及曹公克荆州，假行裨将军，仍就故任，统属长沙太守韩玄。”

从这两段史料看，从公元200年刘表吞并张怿，夺得长沙，到公元208年韩玄投降刘备，这中间大约有五年多的时间不知道谁为长沙太守。

以上我们查了公元186年到209年这二十三年中，历届长沙太守的名单及任期。其中有两段大约十年的时间，长沙太守不知是谁。一段是公元193年至198年，一段是公元200年至207年。是否张仲景正好填了这两个空呢？下面我们就来查这个问题。

公元196年（建安元年），发生了一件有意义的事，对弄清这个问题很有帮助。据《魏志·王粲传》载，“王粲，字仲宣，山阳高平人也。……魏

国既建，拜侍中。……建安二十一年，从征吴。二十二年春（公元217年），道病，卒。时年四十一岁”。而皇甫谧记载张仲景见王仲宣时，仲宣“年二十余”。[7]这样算起来，不正好是公元196年吗？说明这个时间张仲景没有作长沙太守。不会填补公元193年至198年这个空白。

至于皇甫谧所载这个故事的真实性，尽管皇甫谧对仲景的医术有所夸大，但张仲景在这个时间见王仲宣这件事，当不有怀疑。因为皇甫谧生于公元215年，与张仲景、王仲宣仅几十年之隔，对这两个人的事当然知晓。况且皇甫谧知识渊博，不仅精通医学，而且对历史史料有过专门整理和研究。所以，对于他记述的张仲景见王仲宣一事，当不容置疑。

《张杲医说》是认为张仲景当过长沙太守的，可是就在这部书中，记载了这样一件事：公元202年（建安七年），张仲景开始撰写《伤寒杂病论》；以后的几年，张仲景“在京师行医，于当时为上手”。这样说来，张仲景这段时间也没有在长沙作太守，而是在京都行医。不会填补公元200年至207年这个空白。

公元186年以前，即孙坚的前任，长沙太守是区星。[8]

公元184年（中平元年），黄巾起义爆发。长沙一带是起义军最活跃的地方。

再往前，张仲景年龄不够，根本不够作太守的资格，无须考究。

廖立虽然在三十多岁破例地当上了长沙太守，但他毕竟是蜀国的命官，与汉帝无任何关系，后汉的一套陈俗旧规此时此地当然也就成为粪土了。[9]

公元209年以后，吴蜀两家平分荆州八郡，列湘水为界。长沙属蜀，不受汉帝命官，[10]自然张仲景也就没有作长沙太守的可能了。

从这段时间表上查寻，张仲景没有作历史的长沙太守的可能。

二、从当时的时代背景，看张仲景是否做过长沙太守

张仲景出生在东汉末年，到处是饥荒、瘟疫、战乱，人民饿死、病死、被杀死的不计其数。“出门无所见，白骨蔽平原”，就是当时凄凉景象的真实写照。

公元184年（中平原年），张角领导的“黄巾起义”爆发，“十余年间，徒众数十万。自青、徐、幽、冀、荆、扬、衮、予八州之人，莫不毕应。”[11]“四方百姓，裹黄巾从张角反者，四五十万。贼势浩大，官军望风而靡。”[12]

当农民起义归于失败之后，官僚豪强之间又进行混战。汉灵帝死后，少帝刘辩继位，何进掌权。宦官杀何进，袁绍又起兵杀宦官。董卓赶走袁绍，废刘辩而立刘协为帝。王允设计杀死董卓，而董卓的部下又杀死王允和其他官僚。以袁绍为首的十七镇诸侯，各据一方，混战互杀。这个时期的张仲景，年龄约在四十岁左右。在这个时期，他要举孝廉是不可能的。因为南阳、长沙一带，都是黄巾地义席卷的地带，统治阶级被农民起义的烽火吓得丧魂落魄，还顾得上“举孝廉”吗？况且，“孝廉”举出之后，一定要到京师受公府考试。这一段时间，朝中那个乱劲，哪还能举行什么“公府考试”！

此后，以镇压“黄巾起义”起家的曹操、刘备、孙坚三家，又多年混战，最后形成三国鼎立的局面。这个时期的各郡守，多由知兵的人担任。正象孙坚所说：“太守无文德，以征伐为功。”[13]一语道破了当时各军阀穷兵黩武的政策和任用太守的标准。长沙是军事要冲，是家兵必争之地，张仲景作为一个“用思精而韵不高”的一文儒，是不可能被选派到长沙作太守的。

三、从历代医家的记述，看张仲景是否做过长沙太守

在医学家里面，要说有人知晓张仲景是否做过长沙太守的话，那要数王叔和与皇甫谧最有资格了。一是因为他们和张仲景仅相隔几十年，二是因为王叔和专门研究和整理张仲景的著作，皇甫谧精通医学、历史，曾整理过一些历史史料。所以，他们对张仲景的评价，当是最权威的。王叔和在编纂整理《伤寒论》的时候，并没有标出张仲景为“长沙太守”。这一点在宋本《伤寒论》中可找到说明。因为宋本《伤寒论》，不论“自序”以后，还是伤寒条例之前，均无“长沙太守”字样而仅在伤寒条例之前，另行顶格有“汉张仲景述”五字。例如江东书局石印本——成无己的《注解伤寒论》，每卷卷首仅有“汉张仲景述”五字，并无“长沙守”字样。又如康平伤寒论，其“自序的眉注是：“坊本‘斯语’下有‘汉长沙守南阳张机著’九字，”而在伤寒条例开头的眉注是：“宋本有‘汉张仲景述’五字，……共无‘汉长沙守南阳张机著’九字。”可见王叔和整理编次之时，并未给张仲景冠以“长沙守”之名。

宋代林亿等人虽然在校订《伤寒论》序中有如下的话：“张仲景，汉书无传。见名医录云，南阳人，名机，仲景乃其字也。举孝廉，官至长沙太

守。”但是他们自己也认为证据不足，说是“汉书无传”，仅据“名医录云”。更值得一提的是，丹波元简的伤寒论综概在说到这一问题时，写到：“太平御览引仲景方序论，文同。”可是查阅《太平御览》，并无此类的话。

下面再看看皇甫谧对张仲景是如何介绍的。

西汉医学家淳于意曾作过太仓长，皇甫谧出于对他的尊敬，在“针灸甲乙经序”中称之为“仓公”，连姓名也省了去。王叔和是西晋太医令，皇甫谧便在“甲乙经序”中、王叔和的名字前突出的加上“近代太医令”几个字。可是在说到张仲景的时候，只字未提“长沙守”的问题。如果张仲景果真做过长沙太守，皇甫谧绝对不会不冠其官名；王叔和编次伤寒论时也必然会标示出来，不会省略；而宋本伤寒论也绝不会删去原著上题名的宫衔。因为“重视官途，鄙薄技术”是作为封建社会的一大特色而打上烙印的。在这个社会里，假借的例子举不胜举。没有官衔的，尚且假借个官衔出来，有官衔的，岂能弃而不用呢？

四、从张仲景的志向，看是否做过长沙太守

张仲景在《伤寒卒病论自序》中，一开头就说：“余每览越人入虢之诊，望齐侯之色，未尝不慨然叹其才秀也。”这就是说，他早就对秦越人怀有敬慕之情，叹服越人的“起死回生”的高超医术，决心要作一个“越人式”的医学家，“上以疗君亲之疾，下以救贫贱之厄，中以保身长全，以养其生。”这就是仲景一生的理想和抱负。他对“作官”，是很不感兴趣的，他讨厌那些“竞逐荣势、企踵权豪、孜孜汲汲、惟名利是务”的知识分子，斥责他们“不留神医药、精求方术……崇饰其末，忽弃其本，华其外而悴其内”，耻笑他们本未倒置，一旦卒然“卒然遭邪风之气，婴非常之疾，患及祸至、而方震栗。降志屈节，钦望巫祝。告穷归天，束手受败。”象这样连性命都保不住，还谈得上什么“高官厚禄”呢？“若是轻生，何荣势之云哉！”“皮之不存，毛将安附焉！”

在当时的社会里，这是几乎一切知识分子的通病。仲景批评他们“进不能爱人知人，退不能爱身知己，遇灾值祸，身居厄地，蒙蒙昧昧，蠢若游魂”。面对这种社会状况，仲景忧心重重：“趋世之士，驰竞浮华”，“举世昏迷，莫能觉悟”。从仲景的这些自白来看，他并没有混同在“趋世之士”里边“竞逐荣势”，而是“勤求古训，博采众方”，努力钻研内经、本草等医药书籍，始终不渝的为实现自己的理想而奋斗。对于立志于医学、厌恶“名利”的张仲景来说，要他去钻营谋官，那是不可能的。如果说唐宋时代有人给他冠以“长沙守”的官衔，是出于对他的“爱戴”、是为了抬高他的“身价”的话，那么，在张仲景看来，这恐怕是对他高尚节操的莫大侮辱了。

五、从张仲景的医疗实践，看是否做过长沙太守

惠栋后汉书补注引何颙别传说：“同郡张仲景总角造颙，谓曰：‘君用思精而韵不高，后将为名医’。卒如其言。”据宋向元氏考证，这是公元166年（延熹九年）的事，当时张仲景已有较雄厚的医学基础，并且崭露头角。不然，何颙也不会说出“后将为名医”的话来，并且“卒如其言”。据《襄阳府志》的记载，更说明了这一点：仲景“少时与同郡何颙游洛阳，颙谓人曰：‘仲景之术精于伯祖’”。伯祖即张伯祖，是仲景的老师；何颙说他在“少时”已经越师，可见医术不凡。

公元196年（建安元年），仲景见王仲宣。这时仲景年令在五十岁左右，王仲宣“年二十余”。张仲景对王仲宣说；“君有病，四十当眉落，眉落半年而死……”终如其言。尽管这个记载可能有些夸张，然而却可以从中看出张仲景的医术已经达到了“传奇”的程度，实现了仲景多年的夙愿——具有象“越人望齐侯之色”那样的才秀。

大约也就在这个时候，即公元196年（建安元年）左右，仲景开始着手写他的《伤寒卒病论》。理由有二：一是自序中曾有“建安纪年以来，犹未十稔，其死亡者，三分有二，伤寒十居其七。感往昔之沦丧，伤横夭之莫救，乃勤求古训，博采众方，撰用素问九卷……为伤寒卒病论合十六卷”这样的话，说明他写《伤寒论》的念头是由于看到人民群众频频死于伤寒，特别是他的宗族“十有其七”也死于伤寒而激起的。也就是说，他动笔写《伤寒论》的时间，是在建安纪年以后，二是象这样一部巨大的著作，在当时抄写、甚至刻竹简的条件下，没有十几年，甚至几十年的时间，是不可能完成的。这就是说，《伤寒卒病论》这部光辉的医学巨著。是张仲景后半生呕心沥血著成的。

张仲景一生不仅从事医疗实践、著书立说，而且培养学生、传授医学。他有许多弟子，我们能够在史料上查到的，有杜度、卫汎等人。这些人后来都成了有名的医学家。如《张仲景方论序》说：“杜度，不知何许人也。仲景弟子。识见宏敏，器宇冲深。淡于骄矜，尚于救济，事仲景，多获禁

方，遂为名医。”又如《太平御览·722卷》说：“卫汎好医术，少师仲景，有才识。撰四逆三步厥经及妇人胎脏经、小儿颅囟方三卷，皆行于世。”

从张仲景“少时”、中年和老年的实践活动看，他似没有作过“太守”，而是一直战斗在医学战线上。

六、从《伤寒卒病论》的内容，看张仲景是否做过长沙太守

凡读过《伤寒论》的人都知道，它是一部将《内经》、本草等医药理论，广泛应用于实践的光辉著作。在此之前，医学理论和方药是分家的，是“两张皮”。张仲景是将两者结合起来的第一个人，《伤寒卒病论》则是使二者结合的第一部书。象这样“有血有肉”的书，没有大量的、广泛的、长期的医疗实践，光靠读医药书籍，是写不出来的。更何况那时也没有几本医书可读呢！

之所以说《伤寒卒病论》是一部“有血有肉”的书，是因为它是从实践中抽出来的，是一部实践经验的结晶和飞跃。对于每一个病的发生、发展、诊断、治疗、转归、病程等都有较详细的阐述。在这部书中，有成功的经验，也有失败的教训，同时还有误治、失治后挽救的方法。如果要让一个实践经验不丰富的人去写，即使他有精深的理论，也是写不出来的。随便举一个例子吧，《伤寒论》第56条：“伤寒，不大便六七日，头疼有热者，与承气汤；其小便清者，知不在里，仍在表也，当须发汗；若头疼者，鼻衄，宜桂枝汤。”在这一伤寒条文中，出现什么症状可用承气汤，出现什么症状须用桂枝汤，什么情况下为病在表，什么情况下为病传里，出现什么情况可能发生鼻衄，怎样提前治疗……叙述得详细透彻，简直完全驾驭了疾病。如果没有十分丰富的实践经验，能写到这个程度吗？

再举一个《金匮》上的例子。《疮痈肠痈浸淫病脉症并治第十八》第四条说；“肠痈者，少腹肿痞，按之即疼如淋，小便自调，时时发热，自汗出，复恶寒。其脉迟紧者，脓未成，可下之，当有血。脉洪数者，脓已成，不可下也。大黄牡丹汤主之。”我在开始临床的时候，用大黄牡丹汤治疗肠痈，虽然疗效很好，可就是没有见病人下血，于是便怀疑仲景书的正确程度。可是后来，治疗一个姓张的病人，男，52岁，农民。数日前突然腹疼、高烧、恶寒、右下腹阑尾部有肿块，马氏点有压疼和反跳疼，拒按，右腿不能伸直，伸则疼甚。西医诊为急性阑尾炎，中医诊断：肠痈。投以大黄牡丹汤加味，服药四剂后，大便出鲜红色血，并便出大量粘液。共服药十余剂，获愈。方坚信仲景所述不谬。

从这方面看来，张仲景是一位实践经验十分丰富医学家，不象做过什么“太守”后又转入搞医的。

结　语

从以上这些方面看来，张仲景没有做过长沙太守。笔者也曾查阅长沙志，也没有查到张仲景做长沙太守的记载。“长沙太守可能是后人强加给他的。刘完素不是还称张仲景是“南阳太守”[14]吗？

对于张仲景的历史功绩来说，“太守”问题并不重要，既不因为他是太守而提高他的“身价”，也不因为他不是太守而减弱他的光辉。他的历史功绩主要在于他创立了六经辨证学说，开创性地把医学理论与方药有机地结合起来，把自己毕生的心血，倾注在医学事业上，凝结成光辉闪烁的医学巨著——《伤寒杂病论》。它无论是对于祖国医学的发展，无论是对于中华民族的繁衍，也无论是对于世界医学的影响，都是无与伦比的。

现在，我们讨论这个问题，主要是想将它的真实面貌忠诚地、实事求是地还给历史。这是我们科学工作者义不容辞的责任。

由于历史的遥远，史料的残缺，给研究这一问题带来不少困难。加上本人知识浅薄，确感能力不足，所论问题，就连自己也不够满意，错误之处，更是在所难免。诚请同道们不吝指正。

参考文献

[1]《魏志·刘表传》注.

[2]《汉书·刘表传》.

[3]《资治通鉴·卷62·汉纪54》.

[4]《资治通鉴·卷63. 汉纪55》.

[5]《资治通鉴·卷65·汉纪57》.

[6]《蜀·廖立传》.

[7] 皇甫谧.《针灸甲乙经序》.

[8] 薛凝嵩. 张仲景生平事迹考证. 新中医药，16页，1953，七月号.

[9]《蜀·廖立传》.

[10]《资治通鉴·卷67·汉纪59》.

[11]《通鉴纪事本末·卷第八·黄巾之乱》.

[12] 罗贯中·《三国演义·第一回》.

[13]《三国志·孙坚传》.

[14] 丹波元简.《中国医籍考·方论一》. 364页，人民卫生出版社，1956.

张仲景“长沙太守”的几个问题

刘道清　河南省中医药研究院

在张仲景生平事迹的研究中，有许多问题，专家们认识不一，颇有争议。其中“长沙太守”问题就是争论最大的问题之一。总体来说，有两种观点，一种是“肯定”作过“长沙太守”的，另一种是否定作过“长沙太守”的。在这个问题上，本世纪50年代是一个“争鸣”高潮，80年代又是一个“争鸣”高潮。这种争论，对于促进学术发展，对于弄清事实真相，都是有益的。在“争鸣”过程中，无论持何种观点，各方均查阅了大量的文献资料，进行了深入细致的调查研究，付出了辛勤的劳动。笔者认真研究了各家观点，学习和阅读了各家的“争鸣”文章，同时也查阅了有关历史文献，思想倾向于“否定意见”。认为“肯定意见”理由不够充分，“依据”不够得力，而且漏洞很多，自相矛盾。下面就来谈谈这些问题。

一、作“长沙太守”的时间问题

在认为张仲景作过“长沙太守”的一派中，在作“长沙太守”的时间问题上，相互冲突，争执不下。有的说在公元168～172年之间；有的说在公元168～189年之间；有的说在公元184年左右；有的说在公元198～200年之间；有的说在公元196～219年之间，甚至还有的说，在张仲景生活的那个时代，只要长沙太守找不到是谁，就可能是张仲景在任。

认为张仲景在公元168～172年之间作“长沙太守”者，是黄竹斋，他在《医圣张仲景传》中写道：“盖仲景为长沙太守，在建宁年间。”[1]

认为张仲景在公元168～189年之间作“长沙太守”者，是甘伯宗。林亿在校订《伤寒论·序》中引甘伯宗的《名医录》说：“张仲景“灵帝时，举孝廉，官至长沙太守。”[2]

认为张仲景在公元196～219年之间作“长沙太守”者，是陆九芝。他在《补后汉书张机传》中说：张仲景“建安中，官至长沙太守”。[3]

认为张仲景在公元198～200年之间作“长沙太守”者，是陈无咎。他说：“仲景之为长沙太守……当在刘表围攻张羡父子之际。盖仲景虽奉朝命，而未到官。”

认为只要当时长沙太守找不到是谁，就可能是张仲景在任者，是薛凝嵩：他在《张仲景生平事迹考证》中说：“在苏代之后、张羡之前这段时间（笔者注：公元193～198年），难道张仲景就没有做长沙太守的可能吗？”“在张怿之后、韩玄之前这段时间（笔者注：公元200～208年），张仲景也未尝没有做长沙太守的可能。”[4]

笔者曾在《张仲景“长沙太守”考》一文[5,6]中，述说了公元186～215年这三十年中的历任长沙太守，中间没有张仲景的名字，也没有张仲景任职的可能。这里不再累述。现在我们再往前查，看公元186年以前，张仲景有否做“长沙太守”之可能？

公元186年，孙坚任长沙太守。[7]

公元185～186年，长沙在区星和其他起义军手里[8]。

公元184年，黄巾起义爆发，起义军数十万人，遍及青、徐、幽、冀、荆、扬、兖、豫八州。

黄巾起义之前，长沙一带多次爆发当地土民的爆动，并多次攻克和占领长沙。例如：

公元157（永寿三年），冬十月，“长沙蛮叛，寇益阳。”[9]

公元160年（延熹三年），“长沙蛮寇郡界[10]”。

公元162年（延熹五年），“夏四月，长沙贼起，寇桂阳、苍梧。”五月，长沙、零陵贼起，攻桂阳、苍梧、南海、交趾，遣御史中丞盛修督州郡讨之，不克”。“八月，艾县贼焚烧长沙郡县，寇益阳，杀令。又零陵蛮亦叛，寇长沙”[11]。公元164年（延熹七年）秋七月，“荆州刺史度尚，击零陵、桂阳盗贼及蛮夷，大破平之”[12]。

…………

公元165年（延熹八年）六月，“桂阳胡兰、朱盖等复反，攻没郡县，转寇零陵。零陵太守陈球拒之；遣中郎将度尚、长沙太守抗徐等击兰、盖，大破斩之”[13]。

像长沙这样一个多事地区，同时又是军事要地，皇帝必定要派一位知兵善任的人任太守，而不会让像张仲景这样的文儒去到任，这是一方面。另一方面，从年龄来说，公元184年，张仲景至多不过四十一、二岁，作太守似无可能（笔者在《张仲景“长沙太守”考》一文中已经谈到）。有的同志对这一点提出异议，举出孙坚任长沙太守时是32岁，曹操任东郡太守时是32岁，周瑜任南郡太守时是35岁。并由此得出结论说：张仲景任长沙太守时，其年令应在30～40岁之间。

年龄在40岁以下作太守者，除孙坚、曹操、周瑜外，还可以举出一些人来，如廖立作长沙太守时，年仅二十多岁。[14]

既然这些人可以在40岁之前作太守，难道唯独张仲景不能在40岁之前作太守吗？

大凡在40岁之前作太守的，有这样几种情况：第一，他们是知兵的人，在那个战乱年代，自有破格的例外。第二，后汉时军阀割据中央集权制受到损害，有的军阀自己任命太守不经皇帝批准。

张仲景与以上那些人不同。那些人都是“知兵”的人，而张仲景则是不“知兵”的文儒；那些人都未曾“举孝廉”，而《名医录》则说张仲景“举孝廉，官至长沙太守”。

假如《名医录》所说属实，那么一定是“举孝廉”在前，“官至长沙太守”在后。因为孝廉的初选是由太守举荐的。太守举荐，申报朝廷，经过公府考试批准，才能成为孝廉。而决不会是“官至长沙太守”在前，“举孝廉”在后。

按照当时的规定，举孝廉年龄一定要在40岁以上[15]。这一规定非常严格，有不少官员，因没有严格执行这一规定而受惩罚，如当时的济阴太守湖广等十余人，就因违反这一规定而获罪，被举的新孝廉徐淑，因年龄不到40岁，而被取销资格[16]。如果张仲景要“举孝廉”的话，其年龄也必须在40岁以上，而“官至长沙太守”又在其后，那就是说作“太守”至少要在42岁以后。

张仲景42岁时是哪一年呢？根据有关专家对张仲景生卒年月的研究，陈邦贤及薛凝嵩认为张仲景生于公元142~145年之间[17,18]，宋向元认为生于公元150年[19]；兰承祥认为生于160年[20]；朱颜认为生于公元168年[21]。无人认为早于公元142年。如果按照陈邦贤、薛凝嵩的说法计算，张仲景42岁时应是公元184~187年；如果按宋向元的说法计算，应是公元190年；如果按谢承祥的说法计算，应是公元202年；如果按照朱颜的说法计算，应是公元210年。也就是说，如果张仲景“官至长沙太守”的话，至少是在公元184年之后，而决不会在此之前。或者更肯定地说，张仲景决不会在30~40岁之间作长沙太守。我们已经查过，公元184年之后的30多年间，长沙太守中没有张仲景[22]。所以从上述“时限”方面推测，张仲景没有作“长沙太守”的可能。

二、关于“挂冠遁去”问题

张仲景“挂冠遁去”的故事见于《神仙通鉴》：“元嘉（公元151~152年）冬，桓帝感寒疾，召玑（笔者注：即张机，亦即张仲景）调治。病经十七日，玑诊视曰：正伤寒也。拟投一剂，品味辄以两计，密覆得汗如雨，及旦身凉。留玑为侍中。玑见朝政日非，叹曰：君疾可愈，国疾难医。遂挂冠遁去，隐少室山。及卒，葬宛城东二里许，后人尊为医圣。”

从这段文字中可以清楚地看出，张仲景因治愈了皇帝之病，被留在朝中为“侍中”而不是被派到长沙去当“太守”。张仲景“挂冠遁去”，他挂的是“侍中”之冠，而不是“太守”之冠，岂可混为一谈？

这里应该指出的是：唐代甘伯宗的《名医录》说张仲景“举孝廉，官至长沙太守。”[24]《神仙通鉴》说张仲景被留在朝中作“侍中”。金代刘完素的《素问玄机原病式》则说张仲景为“南阳太守”。[25]一会儿是“长沙太守”，一会儿是“南阳太守”，一会儿是“孝廉”，一会儿是“侍中”，究竟是什么？张仲景这个不愿意做官的人，不知后人为什么强加给他这么多官衔？

不管是《名医录》也好，不管是《神仙通鉴》也好，不管是《素问玄机原病式》也好，都不是史书。所载的东西，仅供参考，不能作为考察历史的凭据。因此，由《名医录》而派生出来的“长沙太守”说，《素问玄机原病式·序》的“南阳太守”说；《神仙通鉴》的“侍中”说等等，都是无源之《神仙通鉴》这两部书，均已散佚，不可复见，自然也就无法深究了。

古代有许多名医，由于解除了民众的疾病痛苦，深受民众爱戴，后人往往把他们奉为“神仙”，或“封官加爵”。如战国时期的名医扁鹊，后人称他为“广应王”[26,27]；唐代名医孙思邈，后人称他为“药王”。由于古人对“功名”看得很重，百姓对自己所崇仰的人，如果仅仅是个医生，没有“功名”，心中总觉得不是个滋味。于是就让这些名医有了“功名”，有了“官职”，这样心理上也得到了平衡。张仲景的“长沙太守”是否也属于这一类，值得研究。

三、关于地方志问题

地方史志渊源流长，白于历代兵燹，佚散甚多，而今所见多为明清所修。地方志从建志的时候起，记录的当时或接近当时的事情，比较可信、可靠。而记录的唐宋以前的事情，则多是根据传说和其他书籍而来，大多没有经过认真考证，因此有对有错，应加以分辨。况且，不同时期编纂的地方志，对同一问题的认识和说法也不一致。例如，某个时期编写的《长沙府志》有张仲景任“长沙太守”的记载，而另一时期编写的《长沙府志》，就没有这一记载。即使是载有张仲景任“长沙太守”的《长沙府志》，其资料又来源于何处呢？从其文例、称谓来看，很可能是从林亿校订的《伤寒论·序》上抄来的，林亿又是从《名医录》上抄来的，各地方志（如《南阳府志》《长沙府志》《邓州志》等）张仲景的问题上又相互引用、相互转抄。如果《名医录》所载此事有误，那么依此为根据的所有转抄也都跟着错误。事实证明，有些地方志，确实错误不少。依记载张仲景任“长沙太守”的那本明·崇祯年间的《长沙府志》为例，在这本《长沙府志》中，记载的后汉长沙太守有张机、黄忠、刘磐等人，可是经查史书黄忠和刘磐均没有作过长沙太守，而是编志者搞错了。请看下面有关资料：

明·崇祯《长沙府志》：“张机，长沙守”。“黄忠，南阳人，长沙守”；“刘磐，表（笔者注：指刘表）从子，长沙守”。

据《三国志·黄忠传》：“荆州牧刘表以（黄忠）为中朗将，与表从子磐共守长沙攸县。及曹公克荆州，假行裨将军，仍就故任，统属长沙太守韩玄。”

由此可见，《三国志》并未说黄忠和刘磐是“长沙太守”，而是说他们“共守长沙攸县”。这个“守”字，是动词，是“守卫”之意；而“长沙守”的“守”字，是名词，是“太守”，是官职的名称。当时《长沙府志》的编纂者在录取史料的时候，完全把这两个“守”字的词性、词意弄混了。陈志又言“及曹公克荆州，假行裨将军，仍就故任。”黄忠的故任（属刘表时的官职）是什么？——是“中郎将”。曹操攻克荆州后，黄忠“仍就故任”，也就是仍然是“中郎将”。不管是曹操攻克荆州前还是后，黄忠均不是长沙太守。不然，怎么能说“仍就故任，统属长沙太守韩玄”呢？“仍就故任”和“统属长沙太守”韩玄这两句话，就肯定了黄忠不是长沙太守，刘磐也不是长沙太守。

四、关于张仲景纪念馆、民间传说和纪念活动问题

明清以来，见存的张仲景纪念馆有二，如南阳的医圣祠，长沙的张公祠（1987 年春，笔者与南阳秦恩甲先生一道，前往瞻仰，可惜张公祠今已毁坏，荡然无存）。民间还有许多颂扬张仲景的传说和纪念活动。这一切，都是因为他为人民作了好事，而不是因为他当过“太守”。如果他没有为人民作过好事，别说是个“太守”，就是宰相，皇帝，人民也不会纪念他。历史上的帝王将相多的是，有几位为人民所纪念？所以不能把人民对张仲景纪念活动，当作他曾任“长沙太守”的依据。扁鹊、华佗、孙思邈，都没有作过官，可是民间对他们的颂扬、传说、祠庙及纪念活动等也很多，不正是这个道理吗？

有人说，张仲景家在南阳，如果他没有作过长沙太守，他的医疗活动“实难扩及长沙”。古代名医，活动范围都很大，如战国时期的扁鹊，周游列国，能从齐国治病到秦国；与张仲景同时代的华佗，足迹踏遍魏、蜀、吴三国。张仲景也是当时的名医，为什么他的医疗活动就不能从南阳“扩及到长沙”呢？

五、关于“晋碑”问题

在 1981 年底和 1982 年初，一些报刊杂志纷纷报道南阳医圣祠发现刻有“汉长沙太守医圣张仲景墓”和“咸和五年”字样的墓碑，说这块墓碑属“晋碑”，并说这块“晋碑”为张仲景“长沙太守”找到了“确据”，“肯定无疑”。一时闹得满城风雨。笔者曾于 1981 年 12 月 15 日前往考察（当时中国中医研究院耿鉴庭研究员也在那里考察），并撰写了《南阳医圣祠“晋碑”质疑》一文，从碑的形状、花纹、字体、文例、称谓等几个方面，否定了“晋碑”，认为那块张仲景墓碑是明清时期所立，刻在碑座背后的“咸和五年”四字，为后人刻划[28]。

六、关于“张羡就是张机”问题

张羡曾任长沙太守，有人在史书上找不到张机任长沙太守的记载，遂疑心张羡就是张机[29]。这个问题，以前已有人予以否定了。这里不妨再引几段史料，以增强否定的说服力。

据《资治通鉴》载，建安三年（公元 198 年），“长沙太守张羡，性倔强，表不礼焉。郡人桓阶，说羡举长沙、零陵、桂阳三郡以拒表、遣使附于曹操，羡从之”。建安五年（公元 200 年），“羡病死，长沙复立其子怿。表攻怿及零、桂皆平之”。

《伤寒论·原序》：“余宗族素多，建安纪年以来，犹未十稔，其死亡者，三分有二，伤寒十居其七。”

从这几段史料看，张羡于公元 200 年（建安五年）已病死，而张机在公元 206 年（建安十年）还健在，可见张羡不是张机无疑了。

参考文献

[1] 黄竹斋.《医圣张仲景传》.

[2] 宋・林亿校订《伤寒论・序》.
[3] 清・陆九芝《补后汉书张机传》.
[4] 薛凝嵩. 张仲景生平事迹考证《新中医药》(7): 16, 1953.
[5] 刘道清. 张仲景“太守”考“全国第一届医古文学术研讨会”1981年5月于安徽黄山.
[6] 刘道清. 张仲景“长沙太守”考《张仲景研究》(1): 61, 1981.
[7] 西晋・陈寿《三国志・卷46》.
[8] 同上.
[9] 南朝宋・范晔《后汉书・孝桓帝纪第七》.
[10] 同上.
[11] 同上.
[12] 同上.
[13] 同上.
[14] 西晋・陈寿《三国志・廖立传》.
[15] 南朝宋・范晔《后汉书・左雄传》.
[16] 同上.
[17] 陈邦贤.《中国医学史》.
[18] 薛凝嵩. 张仲景生平事迹考证《新中医药》(7): 16, 1953.
[19] 宋向元. 张仲景生平问题年表《新中医药》(10): 20, 1953.
[20] 兰承祥. 张仲景的生卒年限《中华医史杂志》(3): 161, 1982.
[21] 朱颜.《中医学术研究》.
[22] 刘道清. 张仲景“长沙太守考”《张仲景研究》(1): 61, 1981.
[23] 黄竹斋.《医圣张仲景传》引《神仙通鉴》.
[24] 宋・林亿校订《伤寒论・序》.
[25] 丹波元简.《中国医籍考・方论一》. 人民卫生出版社1956.
[26] 刘道清. 汤阴发现扁鹊墓碑.《中原文物》(3): 62, 1985.
[27] 刘道清. 扁鹊何谓广应王.《吉林中医药》(8): 33, 1988 专刊.
[28] 刘道清. 南阳医圣祠“晋碑”质疑《中原文物》(1): 37, 1983.
[29] 张山雷.《新编中国医学史》.
[30] 宋・司马光.《资治通鉴・汉纪54》.
[31] 宋・司马光.《资治通鉴・汉纪55》.
[32] 汉・张机.《伤寒论・原序》.

张仲景里贯考

李浩澎　河南中医学院

对于张仲景的里贯问题，历代医家及地方志说法不一。

清代前，多本甘伯宗《名医录》“张仲景，名机，南阳人”之说。清代医家陆九芝曾为张仲景志传，称“张机，字仲景，南郡涅阳人也”。《河南通志》同陆九芝之说，亦称“南郡涅阳人”。《襄阳府志》称为“南阳枣阳人”。清・《邓州志》称“涅阳人”。

看来，诸说虽不一，但基本同意仲景是“涅阳人”。甘伯宗之称南阳不称涅阳，因汉时涅阳属南阳管辖；清・《邓州志》之称涅阳人，是以汉时旧名而称谓。因此时的涅阳原属地已并入邓县，属邓州管辖。故把仲景作为本州人物著志。陆九芝与《河南通志》之称南郡，显然有误。因南郡与南阳同时为汉时荆州所属郡，而南郡所辖地域远在南荆之汉阳、武昌、黄州、德安等地。且涅阳在涅水之阳，而中国之称涅水者仅二：一在山西襄县北，东流入潭水。汉属上党郡，设涅氏县；一在河南，源于镇平，流经邓县，汇入湍水。汉时属南阳郡设涅阳县。南郡是没有这些地名的。张仲景在《后汉书》《三国志》中虽无传，但在何颙别传中明云“同郡张仲景”。而何颙是南阳襄乡人无疑。故知张仲景是汉时南阳之涅阳人。他既非南郡人，亦非山西之涅水。已于《襄阳府志》之称“南阳枣阳人”，亦属不经之论。枣阳县乃隋时始有其名。此时隋文帝罢涅阳为课阳，与枣阳并立。且涅阳在历史上常与南阳、穰、邓县毗邻，而与枣阳无涉。涅阳以涅水为名。涅水源镇平经邓县汇湍水，未流经枣阳之机。故知，《襄阳府志》之说不可从。因之，清而后张仲景为南阳涅阳人之说已被多数人所接受。

虽然张仲景为南阳涅阳人之说已无争论，但涅阳之名至隋代以后已不存在。那么，以现在地名来说，张仲景的故里应指哪里呢？

对于这个问题，说法也不一致。有说指现在南阳县的（如杨文儒、李保华著《中国历代名医评介》）；有说指现在镇平县的（陆渊雷的《伤寒论今译》）；也有说是指观在邓县的（如任应秋《各家学说讲义》、杨春藩《三国史话》）；还有说是泛指河南南阳及湖北襄阳一带地区的（如贾德道《中国医学史略》）。如此纷纭杂陈，实有进一步澄清之必要。

据清・乾隆间《邓州志》云：“穰东城外东北六十里，世传古穰城。今穰东镇西北三里有旧城基土，中高起，崇祯间居民筑为寨以避寇。知州刘振世于镇置铺曰：‘涅阳旧馆’。涅阳城合在穰东之南。”

“涅阳城外东六十里，汉县。应郡曰：‘在涅水之阳'。水经注云：'县南有二碑碑字紊灭不可复识，云是左伯桃碑。今碑也无存，隋改为课阳。今穰东迤南十里有故址，即其也。涅水今赵河也。"

"州"，即现在的邓县。清时邓县称州，考邓县县城址，自清乾隆年间至今未迁徙。故志中说州东北六十里即今邓县穰东公社所在地之穰东镇；州东六十里为邓县元庄公社所属。皆为邓县范围。且涅水（今称赵河）均流经此两处。"涅"，原指黑色的意思。《说文解字》云："涅，黑土在水中也。"《淮南子》云："今以涅染紫则黑于涅。"《书传》云："刻其颡而涅之曰墨。"涅水流经邓地，两岸皆一色黑土，映入水中呈墨色。这可能是此水之所以称涅水的原意。志中又明注有旧城基，故知古之涅阳在现在的邓县无疑。但对涅阳城故址的具体位置亦有争论：一说即穰东镇西三里处张寨村；一说在穰东镇南十里处。《邓州志》虽然说明穰东镇西三里处是古穰城；穰东镇南十里处为涅阳城。但却又说知州刘振世在穰东镇置铺曰涅阳旧馆。似乎亦未肯定何处是涅阳城。据笔者进一步考证：涅阳故址应在今穰东镇西北三里处之张寨村为妥。其理由是：

1. 《邓州志》明言："州东北六十里，世传古穰城"（现邓县属地，在原汉时还有个穰县）。今穰东镇西北三里有旧城基土。又说："今穰东南迤十里有今涅阳故址"。可知《邓州志》中说穰东镇西三里处的故址为古代穰县。而穰东镇南十里为涅阳城故址。但考古穰县和古涅阳县自东汉至隋代一直是并立的两个县，而两县故址仅相隔十里是不符合客观实际的。因此，两处必有一处不实。或为涅阳古城，或为穰县故址，二者只居其一。

2. 据考，光绪末年（公元 1908 年），现穰东城北门上边，尚刻有"古涅阳县"的铭文碑额。

3. 唐代诗人贾岛曾客游涅阳，并题诗云："客愁何并起，暮送故人回，废馆秋萤虫，空城寒雨来，夕阳飘白露，树影扫青苔，独坐离客惨，孤灯照不开。"

可见，唐时涅阳故城还在，只是荒凉一些罢了。

4. 明代知州刘振世在今穰东镇馆，并视笔题"涅阳旧馆"的匾额。据当地群众谈，此馆门楼直到一九五八年才扒掉。

5. 民国时，曾在穰东镇没"涅阳中学"。

6. 据一九六〇年新版《邓州志》考，旧版《邓州志》中有"县南有二碑"的石碑，即立在穰东镇西郊。

7. 据笔者现场考查，穰东镇西有方圆数里之古城迹，现仍历历可辨，且经常出土汉代砖、缶片及汉代大型缶器（部分珍藏于邓县、南阳等地文化馆内）。农人亦常深挖硝土以出售。

8. 穰东镇南现场考查，既无古城遗迹，又无出土过文物。

9. 涅阳汉时即是一个美丽富饶的地方。其位置在战略上又具有重要的意义。它是宛洛帝都乡通往荆襄、黄州之咽喉。新芥时曾改涅阳为"前厅"，陈重兵以制乱。东汉安帝时封其妹为涅阳公主。西魏时曾驻军备南齐。金置重兵以御元。明清两代还设有馆驿。现在的穰东镇虽因国家统一而不置重兵，但仍据南阳通往大西南的要冲，焦枝铁路、豫鄂公路都从此经过。这和历史上的置兵、封侯之状亦极相侔。

涅阳的位置既定，仲景的家是否就住在这涅阳城中呢？我们认为，既然考证张仲景确系汉时南阳郡涅阳人，那么他就在很大程度上居于涅阳城内。因为汉代末年我国人民由于连年灾荒战乱的浩劫，所剩很少。据考，东汉时全国人口不足二千万，而张仲景在《伤寒论》自序中说他家族就有二百多人。这样的家族在当时战乱的年月，如果没有政治上的保证，实难形成。而政治上有保证的家庭在混乱之时必然麇集于有城池防护的涅阳的城中。另据章太炎氏考证，南阳张氏"自廷尉释之以来，世为甲族"。封建社会时，姓氏也有高低贵贱之分，上等姓氏在社会地位上，有优厚的待遇。张仲景既为南阳甲族，又有二百多的人口，涅阳又是当时南阳地带政治、经济、文化比较繁荣的地方，因而他肯定会住在涅阳县城的。这些优越的条件，对于形成其学术成就都是必要的，不可缺少的。

据此，我们认为，如果现在填写张仲景的里贯，就应该写成——河南省南阳地区邓县穰东公社张寨村。

东汉大医学家张仲景故里涅阳考

廖国玉　河南省南阳中医中药研究所

张仲景，是我国汉代伟大的医学家。东汉末年，屡起大疫，张仲景博览群书，根据自己丰富的医疗实践经验，著《伤寒杂病论》合十六卷，后世医学者称张仲景为"医圣"，奉伤寒金匮为医经。《伤寒论》《金匮要略》是祖国医学伟大宝库中的灿烂明珠，从东汉至今，一直是中医的理论基础和临床指南，是学习中医必读的经典著作，自唐、宋以来，其影响远远超出了我国，相继传播到许多国家和地区，成为这些国家的人民同疾病作斗争的武器之一。

对于张仲景在我国悠久文明史上的辉煌成就和卓越贡献，历代医学家和历史学家都给予了充分的肯定和极高的评价，一千七百年来，广大人民群众都极其尊敬和爱戴这位为人类造福的医生，并热心了解这位大医学家生平事迹及其家乡故里的有关情况。

自唐代至今，记述张仲景乡里简况的书籍数不胜数，在历史、医学、辞书、科普等典籍、著作及报刊杂志中均可见到，但说法各殊，不得统一，如陈邦贤《中国医学史》一九六〇年版第五节七十一面记为张机字仲景，东汉南郡，涅阳人（今河南南阳县）；北京、上海、广州等七个中医学院编写的《中国医学史》全国高等医药院校试用教材一九七八年版“张仲景的生平”亦为：张仲景、名机，南郡涅阳（今河南省南阳县）人；《辞海》缩印本一九七九年版一〇八七面为：张仲景，名机，南阳郡（治今河南南阳市）人；洪贯之《张仲景郡望生卒之推测》一九三六年《国医文献》第一卷第一期为涅阳县在河南镇平县西北；《辞源》一九一六年版为张机，后汉枣阳人（今湖北省）；还有记为河南新野县的，也是指为湖北省襄阳地区与河南省南阳地区之间的等等，如贾得道《中国医学史略》一九七九年版，为张机，字仲景，东汉时南阳郡（今河南南阳及襄阳一带地区）人。各类书籍中以南阳县为最，南阳市次之。这些传记，多为错讹，一位仲景，六处故里，不仅与历史不合，而且还在国内外造成许多疑义和误解。迄今在中医书籍中，唯一正确的说法，尚属北京中医学院任应秋教授主编的全国高等医学院校试用教材《中医各家学说》一九八〇年版，记述张仲景为今河南省邓县人，笔者在撰写张仲景生平传略时，对其故里进一步作了考证，现将所获资料简报于众，以期恢复仲景故里的历史本来面目。这样对于研究张仲景的生平，探索仲景学说的形式，总结这位杰出人物的成长过程，都具有十分重要的意义。

张仲景故里的记载，始见于唐代甘伯宗的《名医录》云为南阳人‘名机’，仲景乃其芒也，至明代《嘉靖邓州志》卷之十六“人物列传，方技传”中记为：“张机，字仲景，涅阳人。”清同治五年陆九芝著《补后汉书张机传》首句即为：“张机，字仲景，南郡涅阳人也”。自此以后，仲景之为涅阳人已成定论，至今各家记述中都末脱“涅阳”二字，涅阳的成名见《水经注》云：“涅阳，汉初置县，属南阳郡，因在涅水之阳故名。”《清·乾隆邓州志》卷首记述：“涅水俗名赵河，在州东北五十里……，流至州东入湍河。”《明·嘉靖邓州志》卷之八“舆地志”记载：“涅阳城，州东六十里，涅水之阳，汉县属南阳郡，晋因之，隋改曰课阳”。《明·嘉靖南阳府志》亦有同样记载，以上所述的涅水和涅阳的地理位置十分契合。《清·康熙字典》已集上，在解释“涅”字时说：“唐韵奴结切，音捏，水名，又县名，（水经注）涅水出涅阳县西北岐棘山，丹水、涅水在今邓州”。邓州，即今河南省南阳地区的邓县，邓县城东北五十里处有一条河流就叫赵河，其源出镇平县五朵山，南流一百五十里交邓县境，再经四十里邓县城东湍滩镇西边入湍河，这就是古之涅水，在赵河正东十里处，现有一较大的农村集镇，为邓县穰东公社的穰东镇，距县城为六十里。《清·乾隆邓州志》卷八记述；“穰东城，州东六十里，今穰东镇西北三里有旧城基，土中高起，崇祯间，居民筑为寨。知州刘振世于镇置铺，题曰“涅阳旧馆”。这就说明，涅阳故城遗址应在穰东镇西北边三里许，即今穰东公社杨庄大队的张寨村，就是传说中的包公火烧“野狐桥”时，曾在此当过县官的“麦糠县”。以张寨村为涅阳故城的中心，则其西边五里处有涅水流过，南至赵河店，北达玉皇店，东接叶胡桥，古涅阳城大约有十里之域，呈南北狭长状，正与涅水之南北流向相应。

涅阳的最早记载见于《汉书·地理志》曰：“南阳郡涅阳注应劭曰在涅水之阳”。“高帝七年封吕腾为候邑，武帝元封三年复封朝鲜降人路最”。《后汉书·郡国志》亦有关于涅阳的记述。新莽时期（公元九至十二年），曾一度改称涅阳为“前厅”，至东汉安帝刘祐时，又恢复为涅阳，刘祜并封其妹为“涅阳公主”。西晋时，涅阳隶属于南阳国，南北朝时代属于南宋之南阳郡，隋文帝开皇三年（583）改涅阳为课阳，罢荆州为邓州，以课阳属之，炀帝改邓州为南阳郡，辖课阳等八县。至唐代，废课阳，但后至宋元明清，邓州仍以此地为重镇。

在涅阳这个古城遗址的范围内。历年来出土了大量的汉砖、陶器、铁币等物。一九六四年群众在穰东镇挖硝土时，曾挖出一个铜壶，上刻有“涅阳”二字，这里的硝土蕴藏量很大，自解放后至今穰东镇下边共挖出硝土达四、五十万立方米之多以肥田。这就足以说明，此处确系一个古老的城镇。《明·嘉靖邓州志》卷之八“舆地志”篇中，还记述有唐代诗人贾岛写的“馆涅阳”诗句：“客愁何并起，暮送故人回。废馆秋萤出，空城寒雨来。夕阳飘白露，树影扫青苔。独坐离客惨，孤灯照不开。”可见，唐代时，涅阳故城依然存在，直到清光绪末年（1908年），张寨的北门尚存，门上边还留有石刻“古涅阳县”铭文碑额。此匾一直留存在张寨村的阁楼上，至“文化革命”中，阁楼才被扒掉，石匾曾存邓县文化馆。一九四五年至四六年间，在穰东镇东门外的泰山庙里，还办了一所中学，名为“涅阳中学”。迄今在邓县工作的一些干部曾就读于“涅阳中学”。

一九七五年，中国历史地图编辑组编辑，中华地图学社出版的《中国历史地图集》第三册“三国两晋时期”部分，在三国魏的荆州图中，明确标出了“涅阳”在南阳郡，宛县（今南阳市）与穰县（今邓县）的正中间，其西南不远处的第一个集镇为“白牛邑”即今邓县穰东镇西南三十里处的白牛公社。西晋时的荆州地图亦是同样描绘。一九七五年版《辞海》缩印本九三九面，对此亦作了明确的解释。为涅阳，古县名。西汉置，治所在今河南邓县东北，因位于涅水（今赵河）北岸得名。晋初改名课旧，唐贞观初废。

根据史料记载，邓县于夏、殷、周、春秋时为邓国，战国时称为穰，汉置县，属南阳郡。晋改属义阳郡，又分置邓县城，隋文帝开皇三年废诸郡改荆州为邓州，邓之为州初始于此，亦改涅阳为课阳。隋炀帝改州为郡乃置司隶刺史分部巡察。于是邓州为南阳郡属予州部领县八（穰、新野、南阳、课阳、顺阳、冠军、菊潭、新城）；唐高宗改南阳郡为邓州，太宗分天下为十道，系郡于州，邓州南阳郡，领县六（穰、南阳、向城、临湍、内乡、菊潭）；宋时，仍为邓州南阳郡，领县四（穰、内乡、顺阳、南阳）；元朝改南阳郡为南阳府，邓州属府辖。领县三（穰、内乡、新野）；明朝，邓州仍属南阳府。领县三（内乡、新野、淅川）；清朝概况与上同，清乾隆《邓州志》郡州沿革篇记述汉时为荆州部、南阳郡、邓穰；邓穰左边写的是涅阳、棘阳、朝阳、乐阳、冠军；左边又注曰：旧志皆邓境内。今按各史志惟穰、涅阳、冠军确系今邓地无疑，余尚俟考。

由此可见，涅阳成名以后，一直属邓州所辖。所以乾隆《邓州志》卷六选举表中记为；“张机，穰人。见方伎传”。而穰和涅阳现在又都还地处邓县境内。因此，张仲景的故里应为今河南省南阳地区邓县穰东公社，才是符合历史事实的。如说为其他地方，则是缺乏充分根据的。

南阳医圣祠之沿革

王昆山　河南省中医研究所
毛光骅　河南中医学院

医圣祠是医圣张玑（机）的祠墓，一千七百余年来，张仲景一直活在我国人民的心里。后人为了纪念他的伟大功绩，就在其故里修建了一所祠堂。过去群众经常来祭祀求药，香会甚盛，四川、陕西、湖北等地的人民、也有千里迢迢的前来瞻仰、凭吊的。

据《南阳县志》记载：“宛郡（南阳）东阜处，为张家巷，相传有仲景故宅。延曦门东迤北二里，仁济桥西，有仲景墓。明洪武初年（公元1368年）有指挥名郭云者，镇南阳，奉明太祖之命建修宛城，将各祠墓庙中之碑记尽仆，为修城之用。惟仲景墓，仅存其名碑，而亦仆之，墓随没于耕牧。明末姓祝的挖井于墓侧，得一碑石，题曰“汉长沙太守医圣张仲景墓”。迨清朝顺治乙未（公元1648年）有张三异者，为南阳知府，仰慕仲景之盛名和济仁之德，又兼于同族。乃捐俸以集同志，修饰庙貌，建祠三楹于墓后，并将仲景当年手著的活人等书，藏于祠中，以活天下万世之人。这时医圣祠与城西诸葛武候祠相望，遂为宛中吊古佳话”此为有文献可查的最早记录。至于明末冯应鳌《张仲景灵应碑》记云：崇祯元年（公元1628年）患伤寒频危，夜梦神人金冠黄衣，以手抚其体，百节具活。问之？曰：“我汉长沙太守，南阳仲景也，今活之，我有感事，尽为释之，南阳城东四里有祠，祠后七十七步有墓，岁久淹没，将穿井于其，封之惟子”，这些记载近于荒诞，无据可证，不足凭信。

医圣祠究竟始建何时，无可确考，如今有资料能查到的为明嘉靖二十五年丙午（公元1546年）唐潘王倡首，儒医越夔、沈津等创建，明万历三十五年戊申（公元1607年）众医士建卷棚，重修大殿。清康熙十六年（公元1677年）雍正十三年（公元1735年）经赵君太、刘惠先等两次重修。康熙二十七年时由医界周景福，他是明朝大将周遇吉之后代。世居于宛，为宛之名族，幼业儒，以贡生加捐通判，后习岐黄，身列医林，名冠一乡，慷慨乐施，捐入祠地四百八十亩，座落城东双桥铺地方姚庄。

又有江大成、吴国士施银五十两，购置柴庄地五十亩作为修葺祠宇及祭典费用。由于祠中住持匪僧，祀事不举，胡作非为，典出地四百八十余亩。

到乾隆十五年（公元1750年）众医士重修山门；乾隆三十五年（公元1770年）庚寅，由首事官医生曹祯祥、医生方道鳌、医士张国贤等三十七人，捐银二百四十一两三钱，又把祠地赎回。嘉庆十五年（公元1810年）儒医廪生张森律、张桑律等筹集资金，重修祠宇，费银七百二十六两。道光九年（公元1829年）由医林会馆首事皇甫良、医官王德涟等同众共议，对医圣祠进行整顿，加强管理，禁止以后住持再典地亩。历至咸丰——同治十余年间，屡遭兵乱战火，医士不可稽查，祠地再度被住持私典一空，寸土不留，日不举火，香烟断绝，庙宇荒凉，所有建筑破烂不堪，无人管理。到光绪九年（公元1883年）又由医林会馆首事监生曹鸿恩、文童贾橘泉、监生陆逢春、文生杨春诵、文生李鸿钧、庠生水应龙等二十一家共议："予想前医之开创，望后医之相继，前人两次赎地，皆能兴起，吾辈独不能复振，何以报神圣而对前人乎！"。于是又捐款赎地，重修医圣祠，并增筑亭台，轮焕一新，与北关的"元妙观"、城西之"卧龙岗武候祠"鼎足而立，互相映辉，成为南阳胜地。

根据清光绪十年（公元1884年）癸未，医林会馆曹德宇编绘的《医圣祠图志》原序云："……我医家三皇庙、医圣祠、二庙相连，历明迄清二百余年，其中屡遭兵燹，香火地亩被住持当出数次，庙事多变，必得著之简册，今后世参考。予每思修志，因事匆匆，有志未逮，幸光锗癸未鐲赎地亩，重修庙宇，更换住持，追续古碑，于是将旧遗古迹，新增亭台，绘之于图，古今碑文，录之于志，藏之于椟，以为后世考微也"（另有碑文三篇略）。

又据《医圣祠图志》记载："整个祠宇建筑包括正、偏两院。正院有山门、中殿、正殿、两厢。中殿前有仲景墓和茅亭，墓前立有"汉长沙太守张仲景之墓"石碑。正殿塑有仲景坐像及历代十大名医塑像，为人们祈拜之所。由前院过月门到偏院，往南到"梅花亭"及"医圣井"。井傍植有"三春古柳"（西柽柳）一株，茎越两周，高呈数丈，柳丝垂地，绿荫蔽日，盛暑可避。依井向西叠石为山，高数十丈，名曰"蓬莱山"，上筑"灵枢阁"，登临远眺，美不胜收，观"七空桥在其左，温凉河环其外，豫山峙其后，白河横其前"，市容耕牧，尽收眼底。下山向北为"荷花池"，中建"水心亭"，极为曲折，幽雅清丽，过"医圣桥"到水心亭，仰望四周荷花盛开，芬芳扑鼻，白莲千茎，翠盖盈池。环池行至"茶水亭"休息品茶。向北过碑楼，经庭院过古桂六株，而达"桂花轩"，桂树茎皆盈尺，高数丈，婆娑成林，秋风送爽，芬香满院。由桂花轩向东穿角门，可到中院，南有高耸直立的"素问阁"，北有"内经楼"和"何仙祠"。内经楼原为藏书之所，相传过去藏医籍极富，亦是医家聚会阅读研究之地。该院内还植"古龙柏"一株，碧绿长青，今仍巍然屹立。"灵宵花"缠绕柏上，觅花合药者陆陆不绝。比外还建有"仁术斋""广济斋""智圆斋""行方斋""春台亭""待月轩"等名胜。建筑均极精雅，尤如洞府，颇为美观。（建筑图略）每年上已（三月初三）——重九（九月初九）为香火大会，仕女云集，踏青修禊，极谓一时之盛。

清末民初，反动派执政，残酷统治。横征暴敛，医圣祠所有田地被没收，祠院被侵占，亭台折毁，花木砍伐，一时的名胜古迹，荡然无存，以后又经南阳世代名医水应龙，于1935年三次呈文给当时的县、省政府，要求发还原有祠地，恢复医圣祠祠院，保护其历史文物。所得到的是"仰侯令县查明，拟办"，一无所获。1935年七代祖传南阳名医水子立主编撰的《南阳乡贤医圣张仲景祠墓志》，叙述详尽，可作考证。至到解放前夕，庄严肃穆的医圣祠，仅存有荒冢一坯，破殿一院，凄凉景象，目不忍睹。

新中国成立后，党和人民政府对医圣祠的保护十分重视。1956年我们全省中医界共同呼吁，请求中央卫生部整修医圣祠。卫生部拨款责令河南省卫生厅对医圣祠初步建修。除对现存房舍，仲景像、仲景墓，修饰一新外，并在殿外建筑围墙一周。大门一座，于门前增修了茅房，树立"医圣张仲景故里"石碑一幢。医圣祠由此获得新生，南阳和全省中医界数十年的愿望，由此实现。

1959年9月26日原中央卫生部李德全部长，为张仲景纪念馆亲笔撰文，称张仲景为"东方医哲"并勒碑石立于馆前。1963年6月20日公布张仲景祠墓，为河南省第一批文物保护单位。

为了继承和发扬祖国医学遗产。纪念我国伟大的医学导师，河南省广大的医务界，殷切的希望党和政府，对这所人们经常来凭吊瞻仰的东汉时期伟大医家张仲景的长眠之地，仿照原祠宇图志，扩建重修，恢复其原有的古朴，凝重的陵圆原貌。使其医圣仲景之光辉，品德、医术激励着广大中医后继人才，攀登世界医学之高峰，勇为四化树建贡献。

南阳医圣祠肇建由来

秦恩甲　南阳张仲景研究会

一、三皇庙与郡医学

南阳医圣祠的创建与宋元之际学校形式的医学教育有关。

医学创建由来已久，早在南朝宋文帝元嘉二十年（443），太医令秦承祖奏置医学以广教授。魏、齐沿其旧制。隋集南朝以来之大成，增置按摩、咒禁两科(《唐六典·卷十四》)。唐太医署置医博士以医术授诸生，分业有五，生员称太医药童、尚药童。贞观五年诸州治设医学。开元间，以远州医术全无，令各州置医学博士，各于当界巡疗。天宝五年，令郡县长官选录《广济方》切要者，就村坊要路榜示(《唐史记事本末》)。宋医学制分三科，赴礼部选试授医职。金分十科，每月试疑难，以所对优劣加惩罚。

元仍宋旧，“世祖中统二年（南宋景定二年，公元1261年）五月，太医院使王猷言，医学久废，后进无所师授，窃恐朝庭一时用人学非所传，为害甚大。乃遣副使王安仁，授以金牌，往诸路设立医学”[1]，学址即在各路州县三皇庙内[2]。

南阳在宋，县属邓州，隶襄阳府路。绍兴十一年（1141），宋割随；邓（含南阳）、郢、唐、信阳五州畀金，金升南阳县为申州。金亡属元，至元八年（1271），升申州为南阳府，行襄、樊，隶河南等路行中书省。诏命所到，南阳府亦当奉诏立学。至元二十一年，“诏议，命朝臣历诸路考试，凡蒙古之士及儒吏、阴阳、医术皆令试举”[3]。

凡有功德于民则祀之，是祭也者，所以报其功、酬其德，使万世效法。故立学者，必释奠于先圣先师，非其师弗学，非其学弗祭。元·《鲁山医学讲堂碑》云：“三皇为开天之祖……医者专之必有其说……故有国家莫不钦崇礼祀，以报其德。元奄有区宇，明诏郡县建庙立学，设官典职……鲁山，古樊州，县城之东扁鹊祠在焉……肇天开地庙（三皇）居祠前，自我朝大德庚子之岁（1300）邑主薄所构也。讲堂旧贯偏出殿右，震风凌雨，桷朽榱摧。至正辛巳（1341），秋七月，县尹刘君来宰是邑，率属谒庙，起而叹曰：三皇古圣人也，实生民之先为开天之祖，以（讲）堂压殿，位置非宜，我择地而迁之可乎？佥曰善。遂捐俸为倡吏民……堂构三延，基袭殿址……邑人举觞曰：斯堂之建也，虽则为讲医经、明方脉、习科目而设，其所以活民起沉疴，跻黎无于康宁仁寿之域”[4]。从中可见元时庙学一斑。元制“以三月三，九月九通祀三皇，立三皇庙于京师。至成宗时（1295～1311），乃立三皇庙于府州县，春秋通祀而以医药主之”[5]。其时，鲁山县属南阳府汝州所辖，故［嘉陵］《南阳府志校注》云：“县既若是，府医学亦必庙祀三皇。今府城东医圣祠前三皇庙，传为元医学遗址……盖仲景从祀亦元制也”。知元南阳府医学肇建至今已有六百年矣。

从文献记载推之：仲景从祀三皇更可远溯北宋。盖因“宋太学崇祀孔子于文庙，以三公配享，两庑以十哲从祀，于是各学效法。大观三年（1109），诏算学、书画学、医学等从此制。各学均以黄帝为先师，各学之著名者画像两庑，仪同五礼”[6]。自晋至宋，医林至尊，非仲景莫属，仲景从祀黄帝当无疑议。成宗贞元元年（1295）初，命郡县通祀三皇如宣圣礼：“太昊伏羲氏以勾芒氏之神配；炎帝神农氏以祝融氏之神配；黄帝轩辕氏以风力牧氏配。黄帝臣俞附以下十姓名载于医书者，从祀两庑。有司春秋二季行事，而医师主之”，皆沿袭宋礼。

至正九年（1349），御史台以江西湖东道肃正廉访使文殊纳所言具呈中书，其言曰：三皇开天立极，功被万世，京师每春秋祀事并太医官主祭，揆礼来称。诸如国子学宣王庙，春秋释奠，上遣中书省臣代祀，一切仪礼仿其制……制曰：可。于是，命太常定仪式；工部范祭器，翰林国史院撰乐章。第二年，祭、乐之器俱备，以医籍一百四十八户充三礼乐生，并有乐工组成四十二人的乐队，是秋九月九日蒇事。前一日降御香，各府、部供祭品及金帛、牺牲，在京文武百官及祭官各以礼助祭。翰林词臣具祝文：“皇帝遣某官某致祭”。自始至终有雅乐伴奏。特为伏羲、神农、黄帝各献奏《南吕宫》乐章一首[7]。三皇释典至此可谓登峰造极、空前绝后。

明初仍从元制。洪武初，司业宋濂上《孔子庙堂仪》，言天子立学之法，上（朱元璋）不喜，谪濂安远知县[8]。四年（1371），以天下通祀三皇汩于药师为渎礼，乃下令天下郡县不得渎祀[9]。由是中止了三皇庙医学释奠。各地庙宇无人修葺，一任残破湮灭。

嘉靖间，世宗重议礼制，九年，改大成至圣文宣王为至圣先师孔子，其享四方，改大成殿为先师庙。十五年二月，纂修祀仪成，自天地、日月、神祇、帝王及祫先师、先农诸祀，悉为成书[10]。新建三皇庙于太医院北，名景惠殿，中奉三皇及四配。其从祀，东厢则僦季贷、岐伯、伯高、鬼臾区、俞跗、少师、桐君、雷公、马师皇、伊尹、扁鹊、淳于意、张机十三人；西厢则华佗、王叔和、皇甫谧、葛洪、巢元方、孙思邈、韦慈藏、王冰、朱肱、李杲、刘完素、张元素、朱彦修十四人[11]。

1982年10月，南阳医圣祠出一明嘉靖间《新建三皇庙碑记》残碑，文曰："嘉靖二十四年(1545)，南阳府儒医越夔、良医沈津，以为医不可无祀，启乎！遂于东廓迤北，仁济桥□□□□□□□□□□四楹、东西厢房各四楹、门房二楹。正面塑伏羲、神农、黄帝三圣像，傍列历代医之名者：若岐伯、若□□□□□□□□□若张仲景、若华佗、若王叔和、若皇甫士安、若葛洪、若孙思邈十人，当配祀之"。显然，嘉靖间南阳府三皇庙的新建肇于世宗《祀制》的颁行，顺应了民俗和医界的夙愿。

据《嘉靖南阳府志·公署》载："（明）阴阳学，医学俱在府治东"。元、明之际，南阳府治俱为一衙、今为省级文物保护单位，知明代府医学址改建城内，与元代医学异址。

由上可知，元代医学属于学庙合一的教育体制，故谓之庙学（儒学亦然）。有庙必有释典，有祭必有从祀，故仲景从祀三皇是庙学合一的医学教育形式的必然结果，是唐代礼制"非其师弗学、非其学弗祭"典仪在宋、元之际的发挥。而今矢数道明先生收藏的明代万历间绘制的仲景轴图，大概属于当时某医学之中敬奉的画像（今医圣祠存有复制品）。

二、南阳名胜仲景祠墓溯源

古人建庙立学，多址选山林名胜、古刹寺观，如嵩山书院、岳麓书院即是。《元史·选举志》载："凡先儒过化之化、名贤行经之所，与好事之家书出钱粟赡学者，并立为书院"。［嘉靖］《南阳府志》载："诸葛书院在城西南卧龙冈诸葛孔明故居，元至大中（1308～1311）建"。据此推之，元代南阳府医学选址东郭外，其地亦必有名胜所依。

据《元史·选举志》载："隋朝太医及医官子弟，及路、府、州、县学府，并须试验其各处名医所述，医籍文字悉从考校；其诸药所产，性味、真伪悉从辨焉"。诏命如此，南阳府医官（医学教谕、提举等）对桑梓历代医学名流诸事，必尤加留意。张仲景"伤寒""金匮"二典，自宋治平二年(1065)官颁之后，风行海内，家肆户诵，广为流传，为天下瞩目，仲景在南阳的名胜遗迹自在医官收集之列。明末清初人桑芸撰《医圣张仲景碑记》曾述："宛（汉南阳县名）郡东高阜处，父老传为先生墓与故宅。洪武初（三年1137），有（元降明守将）指挥郭云者，奉太祖命修宛城，将各祠庙中碑记尽仆为修城之用。唯仲景墓仅存其名碑，仆其碑，墓遂没于耕牧"。据此可知，时至元末明初，仲景墓与铭碑犹存。

自靖康以来，宋金、宋元鏖战中原多年。南阳地处咽喉之地，屡为兵家捱争，民户顿减。元有天下，战事始平。据元壬子年（1330）统计，南阳府五州十一县仅存户692，口4892人，其衰落凋零可知。加之元末战乱，明初匪剿，居民流漓失所，更是十室九空。太祖乃迁山西诸地之民以实南阳。更何况洪武三年郭云筑城仆碑、四年朝廷中止三皇庙祀，江山易主，文物泯灭，居民新实，昔日仲景在南阳的遗迹、传闻荡然无存，化为乌有。日转星移，年陈月久，至崇祯四年（1636）祝姓穿井得碑（见后文）之前的266年间，更无仲景一丝信息。难怪明代［正德］［嘉靖］［万历］各朝所修《南阳府志》于仲景无一笔之述。

据顺治十三年（1656）《张仲景祠墓沿革碑记》载："近闻东门乡耆陈诚曰：传闻祠后高阜处即先生故宅，迄今以张名巷。巷之西，有去世祝先生故所，今仍有石额其门曰：张真人祠，其中之神则为张仙"。据《宋史》载："自开宝、皇佑以来，名在《地志》，功在生民，宫观陵庙，名山大川，能云兴雨者，增入祀典。熙宁复诏，应祠庙祈祷灵验而未爵号并以名闻……神仙封号：初真人，次真君……故凡祠庙赐额封号多在熙宁、元佑、崇宁、宣和之时"[12]。又据唐王冰《元和纪用经》载："南阳真人张仲景，戒人妄服燥烈之药，谓药势偏有所助、胜克流变则百病生焉"。王冰弱令慕道，以医名显当代，有医著传世，官至太仆令，推崇仲景，许以真人。知仲景在唐有真人雅誉。今城东"张真人祠"不复存在，崇祀神祇无可考评。然而，斯处张家巷、仲景故宅、仲景墓、三皇庙、张真人祠诸历史遗迹如此集中，即使传说扑朔迷离，也应有它的历史渊源和因果关系，起码是元人兴建庙学的理想选择。

考医圣祠在创建之前，其三皇庙北四十亩庙产田园和张真人祠俱为祝姓所据。崇祯四年，园丁于圃中掘井，丈余（3～4米）得石碣，铭文十一字："汉长沙太守医圣张仲景墓"。至此，耆老所云"传闻庙后有古冢"为仲景墓始有证可佐。

又据冯应鳌《张仲景灵感记》云："（鳌）病寒热几殆，夜梦神人金冠黄衣，手抚其体，百节通畅。问之，曰：我汉长沙太守南阳张仲景也。今活子，我有憾事，盍为我释之：南阳城东四里有祠，祠后七十七步有墓，岁久湮没，将穿井于其上，封之唯子。觉而良愈。是秋，应鳌千里走南阳，城东访先生祠墓于仁济桥西。谒三皇庙，旁列古名医，内有衣冠须眉如梦中见者，拭视壁间，果张仲景也。因步庙后求先生墓，已为明经祝丞蔬圃。语之故，骇愕不听。询之父老，云庙后有古冢，碑记为指挥郭云修唐府烧灰焚毁，应鳌遂记石庙中而去”。

长期以来，世人皆以冯应鳌所云荒诞不经，不足凭信。实则应鳌是假借神灵梦幻之事，启迪乡民怀义尚古，激发邑人对历史名人的高山仰止，崇德报功之情。

自汉末至明初，时逾千载，江山代易，兵燹、天灾时有发生，而仲景陵墓一介土丘，尚能保存完好，有铭碑可鉴，当与历代政权和邑人特别是宋元之际的文物保护措施得力有关。据宋景德元年（1004）诏制：“前代帝王陵寝，名臣、贤士、义夫、节妇坟垅，并禁樵采。摧残者，官为修筑：无主者，碑喝；石碣之类敢有毁坏者，如律。仍每岁首所在举行此令[13]”。何况元代各郡州县通祀三皇，仲景从祀举国相同。且各府县俱有《地志》《图经》纂修送省，而陵墓、寺观、祠宇、津渡、桥梁、古冢、碑碣俱为收采内容。这类文献在今虽多失传，但于明末有它的存在与散在则极有可能。冯应鳌既充任儒学训导，学识自当非浅，焉能不会从所览、所闻的口碑、文献中得悉一些仲景遗迹资料？

从明初到明末时越260余载，人衍九代。试想，若某家无谱谍可稽、口授所传，谁人能言其九世高祖身事？由是观之，嘉靖间南阳新建三皇庙时，府学医官唯知此地有元医学而不知有仲景墓了。因此，可以这样认为：冯应鳌应属明末倡导尊崇礼祀仲景、弘扬民族文化、发扬传统美德的第一呐喊人。

可以设想，明末冯生一下南阳，旨在核实所闻，有考察之实。其梦幻云云，无非基于传统民俗心理劝善而已。况历代帝王皆有“天降祥瑞”的佳话；《酉阳杂俎》也曾载“孙思邈托梦玄宗乞赐雄黄配药”的传说；《道光重修石婆庙碑记》所云“嘉靖九年，唐王恭梦一伟丈夫自称臣郭云有石像埋在县治东二百步，及寻果得”之奇闻更早于冯说。皆系假于神佑的宣教手断。怎奈元时旧迹已毁，唯余嘉靖造像，冯生只好扫兴而归。及至四年后在此掘井，恰有仲景古碑出土，而邑人仍木然置之，“隆然而垒，无人问津”。后十年冯生二下南阳，观而叹之：“有证如是，况前之无考乎?!”

仲景墓另一铭碑的出土是冯生据史判断的正确，是仲景墓地屡遭湮灭的见证。是这一地带地貌变化的历史记录。任何历史遗迹只要遇有机会，终有大白的一天。

一九八五年春，笔者得悉医圣祠掘出一地下枯井，遂前去考察：井位于今仲景墓东侧25米左右，距地表约8米。井口1米左右，井壁为汉砖砌成，井内淤满泥沙。距井北1.5米处上方，显露一约1/4凸面陶简一节（上残），下部边缘较厚实，简表呈绳纹状，周围有碎陶片若干。井周开挖土层全由泥沙淤积而成，层层泥沙，历历可数。

又闻：昔在小西关电业局院内地下七米处发现一留根锯断的粗大根桩；元代南阳府衙南隅地下数米处有石案掘出，土层中有大量瓦烁；北关环城路铺设下水道，从地下数米处掘出大量汉制陶筒。

由是可知，今南阳市地表覆盖着前代文化遗迹。由于汉代器物的发现，这一文化层不会晚于汉代。

据考，汉代南阳郡城建置甚大，盛弘之《荆州记》载：“城周36里”；《水经注·清水》条记：“淯水（今名白河）南至宛城东，大城西南即古宛城，荆州刺史治，故亦谓之荆州城。今南阳郡治大城”；顾祖禹《读史方舆纪要》：“小城、大城之湮废久矣”。晚唐、宋、金为县隶邓州，县治屡有改迁，城制失考。元于此置府，不复改筑。

［正统］《南阳府志》云：“洪武三年（1370），宣武将军郭云戬兵守御，即古宛城西南一隅损旧之二以创焉……折其东、北故城为郊……城高二丈二尺，周六里二十七步有奇；广六百一十四丈有奇。环城濬壕为池而引清水以通，其深如城而阔倍之……斫为四门，东曰延曦、西曰永西、南曰淯阳，北曰博望”（清初沿其旧，晚清更增筑环郭四圩）。清初耆老所云“延曦东门外有先生墓”，即指明初新筑府城东门。

南阳盆地，属汉水支流唐、白二河的冲积平原，白河绕城东、南两面迂回而过，古今亦然。每当夏秋之际，河水暴涨，对城池构成威胁。城北又有三里河、梅溪河、温凉河、涌河四水向府城方向疏泄、逶迤汇入白河。历年水灾使白河河床滚动或改道，不同程度地，年复一年地改变着这里的地貌。今医圣祠地下的层层泥沙和城东、城北的沙质农田，以及地下的文物覆盖，无疑就是历史上长期水患沧桑互变的见证。水患年复一年、淤沙层叠一层，大自然的神功武威终于将这座两汉历史名城从地表上抹掉。

由于现今地表尚有元明遗迹的残存，可证元后地貌变化不大。推知，元明之际见存于东郭的仲景墓、碑为元前更置而成，因其叠压在崇祯出土铭碑之上。同理，崇祯所出亦非原始，这不仅因其碑边饰纹莲花、忍冬为刘宋以后考古所多见，亦因其叠压在汉代文化层（汉井）之上。

另据欧阳修《集古录》知：汉代墓道碑碣题首多为“汉故××××君之碑”，如“汉故郎中郑君之碑”“汉故冀中从事张君之碑”“汉故南阳太守秦君之碑”，不见称名讳。仲景后汉人，葬礼宜从汉制，若仿其制则应题：“汉故长沙太守张君之碑”。

碑，有表功、记事、标记、墓碑之分，“故”，乃死亡之别称。崇祯出土铭碑但书“汉长沙太守医圣张仲景墓”，与汉代铭碑述义不同：题未称“故”，知刻碑立石之际去汉已远，勿须特加标注，故不从汉仪；誉美之辞“医圣”二字，出于仲景已为医林共宗之时，当非出自家人私褒；称“张仲景墓”而不称“张君之碑”，旨在标注墓冢的位置与存在以及墓主的历史功德。从碑铭的述义可以表明，斯墓斯时已属无主之家。据清·张志聪《伤寒论宗印·序》和《伤寒杂病论·左序》以及两晋史志佐知：“南阳张氏自晋后迁徙不一”，盖因永嘉丧乱，仲景后裔流寓他乡，故里祖陵无人经管，任其荒芜，论为无主之家。

关于仲景墓、碑的再次封树，尚可从历代的礼祀和葬制沿革中略见端倪。

《宋书·礼志》：“汉以后天下送死奢糜，多作石室、石兽、碑铭等物。建安十年，魏武帝以天下凋敝，下令不得厚葬，又禁立碑。高贵乡公甘露二年，大将军参军太原王伦卒，伦兄作《表德论》以述其遗美。云，只畏王典，不得为铭，乃撰录行事就刊于墓之碑阴。晋武帝咸宁四年，又诏曰：石兽、碑表，既私褒美，兴长虚伪，伤财害人，莫大于此，一禁断之，其犯者，虽会赦令皆当毁坏。至元帝大兴元年，有司奏故骠骑将军主薄故恩营建旧君顾荣，求立碑，诏特听之。义熙中，尚书祠部郎裴松之又议禁断，于是至今”。可知魏晋之际达显贵官丧葬尚禁断石刻、何况仲景墓乃“医家流品”之残冢乎？

六朝隋唐以来，多异族主宰中原，佛事大兴，寺宇广置，中外和各族文化进一步得到融汇，仲景学说日益受到推崇，文献古绩也得到相当收集与重视，丧葬禁制也有所改进与松动。《隋书·礼志》：“梁天监六年（507），申明葬制，凡墓不得造石人、兽碑，唯听作石柱记名位而已”；《北史·魏本纪》述：“延兴九年（495）九月丁亥、诏旧铭见存、昭然为时人所知者……去墓三十步不听垦殖”；郦道元注《水经》，曾赴宛北考察，见张衡墓，平子碑悉古文篆额可证其是。特别是宋景德（1004）诏谕“前代帝王陵寝、名臣、贤士、义夫、节妇坟垅并禁樵采”之禁，和“摧残者官为修筑、无主者碑碣、毁坏者如律”的有效保护措施，使宋前诸多历史遗迹得以延存。故崇祯所得仲景铭碑的更置发生在这一时期最为可能，而上限不逾刘宋。其时距明末间隔六百余年，与如今的地表覆盖和文化层叠压也较为一致。

历史上的南阳，以两汉最为繁荣，中唐之际尤存昔日风采，从唐代诗人的咏唱中尚可领略遗韵。李白《南都行》曾写道：“高楼对紫陌，甲第连青山”，晚年尚追忆，“昔在南阳城……白水弄素月”的逸兴旧事。自玄宗晚年安史之乱起，历残唐、五代，至赵宋一统，迨至景德间有恢弘古绩之诏。百年之后，遭靖康亡国之耻，绍兴割地之辱，又历宋元鏖兵之灾。三百年动荡结束，元有天下。虽则地表多属宋金残旧，但元初统治者卓有远见，对宋金和华夏历史文化相当重视。忽必烈统一中国前后，为了全面了解、掌握各地情况，号令各地修志，广罗各方面人才。“着宋翰林兼修国史院仍旧，修国史、典制诰备顾”。早在至元十二年（1275）就遣使江南，“搜访儒医、僧道、阴阳人”；“凡谱谍、天文、地理、图册、典故、文字，户口、版籍尽仰收拾，乃及前代圣贤之后，高尚儒医名士俱以名闻”，“宋宫符玺、图籍、宝玩无不留意搜集”。“十六年撰成《至元州县社稷通礼》；二十一年着手纂修《大元一统志》”（《元史·世祖纪》）。原来志事中断的江北各地也奉诏重新修志，据现存书目查知，元代地方史志已达一百九十余种（黄苇“论宋元地方志书”《历史研究》1983.3）。

历代朝廷提倡修志，无非是为满足所需要的诸如地理、赋税、镇戍、风俗、利害等方面知识。《资治通鉴》卷249载：（唐）大中九年（855），上令翰林学士伟澳纂次诸州境土、风物、诸利害为一书，自写而上之，虽子弟不知也，号《处分语》。它日，邓州刺史（唐时南阳县隶邓州）薛弘宗入谢，出谓澳曰，‘上处分本州（今南阳地区大部）事惊人’。澳询之，皆《处分语》中事也”。可见《图经》《方志》编纂，渊源流长，它不但是朝廷的制度，还逐渐形成一种社会风气。

显然，明末冯应敖所知，以及［嘉靖］《邓州志》、［万历］《湖广总志》《襄阳府志》等史籍中收载的张仲景事迹，多源于上述诸多文献。由于修志者对本地沿革考据不明而互有出入。

清·顺治十三年（1655）汉阳张三异任南阳郡丞，公余游至城东三皇庙，见“刹肖然而蒿莱齐额，碑横碣仆，不知所以。遂召长者询问，乃知为十大名医像，像后各有题记”，并得知庙后数武（六尺为步、半步为武）为张仲景墓。三异以仲景名高天下，又系同姓，于是捐俸纠义，鸠工建祠，筑冢立碑。自此，仲景始祀有专祠，为南阳名胜，传于今日。

参考文献

［1］《元史·选举志》卷八十一.
［2］刘振民“中国传统医学教育”《北京中医学院学报》46P. 1981. 3.
［3］《元史记事本末》.
［4］［嘉褚］《鲁山县志》卷九.
［5］《明史·祀四》卷五.
［6］《宋史·礼八》卷一百五.
［7］《元史·祭祀志》卷七十六.
［8］《明史记事本末·更定祀典》卷五十.
［9］《明史记事本末·更定礼典》卷五十.
［10］⑨同⑧.
［11］《明史·礼四》卷五.
［12］《宋史·礼八》.
［13］同①.

南阳名胜医圣祠的肇建与沿革

秦恩甲　周世英　河南省南阳市中医研究所
张鸿盘　河南省轻工业学院

南阳概况

南阳地处北纬32°，东经120°左右范围。古属豫州。此地北依熊耳、南襟汉江，西接秦岭，东推淮源。四季分明，气候适宜。竹籁泉韵，虎斑霞琦。物华天宝，人杰地灵。南阳风物之美，甲溢于汉赋唐诗之中。

昔在唐虞，帝舜封神农氏后裔伯益于此，史称有吕，与伯禹封夏齐名。舜禅禹，舜禅益，益为上古禅让制之孙山。禹子启立夏，吕为夏属，故史称，“南阳，夏人之属也”。商周称申，后或称甫，或邑于谢，氏姓曰姜。楚名申县，秦改南阳，郡治曰宛。

南阳是神农氏的族聚之地，是江河炎黄文化的交融和过渡地带，是楚文化的源头，南阳两汉文明，是汉文化走向定型、走向成熟和统一的标志。就中国传统医药文化而言，汉末张仲景及其学说，就是中国医学发展之里程碑，宋金名医刘完素称：“自黄帝以后二千五百年余，有‘仲景方论’十六卷，使后之学者有可依据”；成无己为《伤寒论》作注称：仲景之方，最为众方祖。是以仲景本伊尹之法，伊尹本神农之经，乃大圣人之作也。张仲景学况是一座伟大的丰碑，是至今光芒犹存的医学灯塔，是我们南阳对中华民族乃至人类的卓越贡献。高山仰止，景行行之，南阳已成为中外医家朝觐的圣地。

三皇庙与郡医学

南阳医圣祠的肇建和宋元之际学校形式的医学教育有关，元世祖中统二年，即公元1261年5月，太医院使王猷言：“医学尔废，后进无所师授。窍恐朝庭一时用人，学非所传，为害甚大。乃遣副使王安仁授以金牌，往诸路设立医学，学址即在各州路县三皇庙内。”宋时，南阳县属邓州，隶襄阳府路。绍兴中，宋割随、邓、唐、郢、信阳五州畀金。金升南阳县为申州。金亡属元。元至八年，元升申州为南阳府，行襄樊。隶河南等路行中出省。诏命所到，南阳府必然奉诏立学。

元《鲁山医学讲堂碑》记：“三皇为开天之祖，医者专之必有其说。故有国家莫不钦崇礼学，设官典职。（鲁山医学）我朝大德庚子之岁，邑主薄所构也。”元制，以三月三、九月九通祀三皇。立三皇庙于京师。至成宗（1295～1307）时，乃立三皇庙于府州县，春秋通祀，而以医药主之。今南阳元志无存，庙学所在无文可考。然据《嘉靖南阳府志校注》：“县既若是，府学亦必通祀三皇。今府城东医圣祠三皇庙，传为元医学遗址。盖仲景从祀三皇，办元制也。”于此可知，元南阳府医学肇建至今，已有近七百年历史。

中华乃礼仪之邦，凡有德于民者祀之。是祭也者，以报其功，酬其德，使前世效法。故立学者，必释奠于先圣先师。正“唐六典”所谓：非其师弗前，非其学弗祭者也。《宋史》：太学崇祀孔子于文庙，以三公配享，两庑以十哲从祀。于是各学著名者，画像两庑。仪同五礼。元承宋制，成宗贞元元年（1295年），命郡县通祀三皇如宣圣礼：太昊伏羲氏以勾芒氏之神配；炎帝神农氏以祝融氏之神配；黄帝轩辕氏以风力牧氏配。黄帝臣俞跗以下，十姓名载于书者，从礼两庑。有司春秋二季行祀，而医师主之。至正九年，御史台以文殊纳所言具呈中书：“三皇开天立极，功被万世。京师每春秋祀事，并太医官主祭，揆礼未称，如国子学宣王庙，春秋释奠，上遣中书省臣代祀，一切仪礼仿其制。制曰可。”于是命太常定仪式：工部范祭器：翰林国史撰乐章。祝文曰：皇帝遣某官某致祭。自始至终有邪乐，并特为三皇各献一首南吕宫乐章，其规模之浩大隆重，可谓空前绝后，登峰造极。

明·朱元璋登基，情势大异。洪武初，司业宋濂上“孔子庙堂仪”，上不喜，谪濂为安远知县。洪武四年，以天下通祀三皇为渎祀，下令郡县不得渎祀。从而中止了宋元以来的三皇祀典。各地庙宇任其荒芜湮灭。而南阳景况更不堪言：洪武三年，南阳府指挥郭云，奉太祖命修宛城，竟将各祠庙中碑记尽仆为修城之用。仲景墓仅存其名碑，仆其碑，墓遂没于耕牧。

一百五十年后的世宗嘉靖皇帝，重议礼制。嘉靖九年，改大成至圣文宣王为至圣先师孔子。其享四方。改大成殿为先师庙。十五年二月，纂修祀仪成。自天地日月、神祇旁王，及袷先师、先农诸祀，悉为成书。并新建三皇庙于太医院北，名景惠殿。中奉三皇及四配，其从祀：东厢则僦季贷、岐伯、伯高、鬼臾区、俞跗、少师、桐君、雷公、马师皇、伊尹、扁鹊、淳于意、张机（字仲景），十三人。西厢则华佗、王叔和、皇甫谧、葛洪、巢元方、孙思邈、韦慈藏、王冰、朱肱、李杲、刘完素、张元素、朱彦修十四人。全面恢复了宋元三皇典祀。

一九八二年十月，南阳修葺仲景祠墓时，出土一明“新建三皇庙碑记”残碑。笔者摹其铭，文曰：“嘉靖二十四年，南阳府儒医越夔，良医沈良，以为医不可无祀，启乎！遂于东庙迤北，仁济桥□□□□□□□□□四楹，东西厢房各四楹，门房两楹。正面塑伏羲、神农、黄帝三圣像，傍列历代医之名者；若岐伯、若□□□□□□□□□若张仲景、若华佗、若王叔和、若皇甫士安、若葛洪、若孙思邈十人，当配祀之。”显见，明代南阳府三皇庙的新建，是基于成宗祀仪的颁行。其址原在医圣祠南，一九八〇年残垣尚存，后医圣祠扩建合为一处，遗址遂废。由上文可知，元代医学属于庙学合一的教育体制，仲景从祀三皇是这一体制的结果。

医圣祠墓溯源

中国古代建庙立学，多址选山林名胜，古刹寺观。如嵩山书院、岳麓书院等即是。元制：凡先儒过化之地，名贤行经之后，与好事之家出钱粟赡学者，并立为书院。南阳卧龙书院，在城西卧龙岗孔明故居。元至大中所建。元鲁山医学，址选城东扁鹊庙前。俱依当地名胜而建。以此推之，元南阳府医学选址于府城东部，亦必有名胜所据。又据《元史·选举志》知：“隋朝太医及医官子弟，及路府州县学府，必须试验各外名医所述，医籍文字，悉从考校。其诸药所产，性味，真伪，悉从辨焉。”这是中国有史以来第一次全国性的医籍文献和医药资源，综合普查。张仲景医术名高天下，共尊称医中之圣，更况宋治平二年，朝廷将其医书颁行天下。因此，南阳府医官对先圣遗迹必犹加重视。由前文知，南阳元代府医学建于成宗大德年间，而在七十年后的洪武初年，郭云修城仆碑之前此地尚存仲景墓碑，显然元南阳府医学是择仲景遗迹而建。

据清初“张仲景祠墓沿革碑”载：近闻东门乡耆陈诚曰：“传闻祠后高阜处，即先生故宅，迄今以张名巷。巷之西，有去世祝先生故所，今有石额门，曰张真人祠，其中之神则为张仙。”今据《宋礼》知：“自开宝、皇佑以来，名在地志，功在生民等增入祀典。”又，熙宗复诏：“应祠庙祈祷灵验，而未爵号，并以名闻。”故知宋时凡封爵表彰。凡祠庙赐额封号多在熙宗、元佑、宣和时。早在唐代，仲景就有真人之敬谓，王冰说：“南阳真人张仲景戒人妄服燥烈之药。”而清初陈士铎《洞天奥旨》一书，则称仲景为“仲景夫子”“仲景张真君”“南阳张真人”“南阳张真君”。知自唐至清八百年间，仲景尚有真人称号。《内经》谓：“真人者，提挈天地，把握阴阳，呼吸精气，独立守神，肌肉合一，故能爵敝天地。”名在圣人之上。《淮南子》曰：“真人者，性合于道，能登假于道，精神及于至真。”显然张仲景的形象被后人神化了，从而说明他在历代人心中是何等仰圣。神皆是人们封敬的，张仲景有以上尊称，也是毫不足为怪的。因昔日“张真人祠”不复存在，无法解释它与张仲景有何关系。然此处之张家巷、仲景故宅、仲景墓、三皇庙，文物史迹如此集中，能无它的历史渊源和因果关系吗？答案应该是肯定的。

明崇祯元年，阑阳冯应鳌病寒热几殆，夜梦神人，金冠黄衣，手抚其体　而百节通畅。问之，曰：我汉长沙太守南阳张仲景也。今活子。我有憾事。盍为释之：南阳城东四里有祠，祠后七十七步有墓，岁久湮没，将穿井于上，封之唯子。觉而良愈。是秋，应鳌千里走南阳，城东访先生祠墓于仁济桥西。谒三皇庙，旁列古名医，内有医冠须眉如梦中见者，拭视壁间，果张仲景也。因步庙后求先生墓，已为明经祝丞蔬圃。语之故，骇愕不已。询之父老，云庙后有古冢。碑记为指挥郭云修唐府烧灰焚毁。冯生遂记石庙中而去。后四年，园丁掘井圃中，丈余得石碣，果先生墓。与应鳌所记不爽尺寸。下有石洞幽窈，惧而封之，隆然而垒。又十年，即崇祯十五年，冯应鳌为叶县训导，叶肃南阳，应鳌人南阳再谒先生墓，见墓虽封而犹在洫流畦壤间。观而叹之：有证如是，况前之无考乎？问其主，易祝而包、而杨、杨又复归包。包闻之，慨然捐其地，引四十亩，为仲景墓园。

清有天下，顺治十三年汉阳张三丰任南阳郡丞，闻其事而奇之。公余游至城东三皇庙，见刹岿然而蒿莱齐额。碑横额仆，不知所以。遂召长者问之，乃知为十大名医像，像后各有题记。又闻庙后数武，为张仲景墓。三丰以张仲景名高天下，又系同姓，于是捐俸疏募，鸠工建祠，筑墓立碑，冠以高亭。墓前立碑高八尺，题曰："汉长沙太守医圣张仲景之墓。"自此，仲景始祀有专祠。至民国二十二年正月十五，长安黄竹斋先生谒仲景祠墓。礼讫，见墓前又一小碑高二尺余，文曰："汉长沙太守医圣张仲景之墓。"黄称字体遒逸，类晋人书。盖即明崇祯五年园丁穿井凿地所获得者。见此碑而知仲景之墓乃确有据。祠中诸碑古而宝者，当以此为最。崇祯间出土仲景名碑不知立于何时，详审其貌，但见其额刻有莲花台托宝龛，龛中风化不知有何刻饰；龛其左图为白云托月，龛右虽风化严重，然据左知，右当为白云拱日，合为日月同辉；碑之顶端及左右两边俱为攀枝忍冬纹饰；题铭居中，书体隶而兼备楷，书气飘逸洒脱。碑刻综合六朝道佛两教风格，令人莫辨其是。碑之底座刻有"咸和五年"四字，字型草率，显属铁笔随意为之。然东晋咸和五年，南阳为石勒所占，国属后赵。当年若题此款，有犯国讳。恩甲不敏，姑志于此。俟高明释款之。

一九八五年三月，得悉医圣祠内地下深处，曾掘得古井一口。遂月前往考察：枯井口位于地下二丈四尺余。在今仲景墓东侧约九丈之遥。井径三尺，井壁全由汉砖砌成。井内淤满泥沙，不知其深几何。四周陶筒及陶片随处可见。开挖土方全由泥沙淤积而成。层层相叠，历历可数而不可胜数。又闻今城南小西关，某处亦在地下二丈多发现有从根部锯断的树椿，其根仍深扎在地下；又今元府衙之南，地下二丈余处，石案、石条尤在。据此可知，今南阳市地表下覆盖有前代文化遗址。由于汉代器物的出现，知其应是两汉宛城。

据考，两汉南阳郡城甚大，盛弘之《荆州记》曰：城周三十六里。郦道元《水经注》言：淯水南至宛城东，大城西南即古宛城，荆州刺史治，故亦谓之荆州城。今南阳郡治大城。顾祖禹《读史方与纪要》称：小城、大城之湮废久矣。从而与上述发现相互资证。自晚唐以来，南阳降格为县，且县治屡有改迁，故县城制史考已久，元代置府而不筑城。直到时代洪武三年，郭云戬兵守御，方受命筑城。即于古宛城西南一隅，损旧之二以创焉。折东、北故城为郭，环城浚壕为池，引淯水以通。城周仅六里二十七步有奇。孔为四门，东曰延曦、西曰永西、南曰淯阳、北曰博望。清初耆老所谓"延曦东门外有先生墓"，即指郭云所筑明府城东门之外东郭是也。地处汉晋大城之内。

南阳盆地属汉水支流唐白二河的冲积平原。白河绕南阳东南两面而南下汉水，古今依然。每当夏秋之际，河水暴涨，对城池构成威胁。又城北之三里河、梅溪河、温凉河、涌河四水向府城方向疏泄，或穿过城池汇入白河。历年水患，使白河河床增高，或滚动改道，年复一年地改变着这里地貌。今医圣祠地下的层层泥沙和城北、城东的沙质农田，以及地下文物的覆盖，无疑就是长期水患沧桑互变的见证。而唐宋各志也有类似记载。水患年复一年，淤沙层叠一层，大自然的神功武威，终于将这座两汉历史名城，从地表上抹掉。由于现今南阳地表，尚有元明遗址的残存，知元后地貌变化不大，推知郭云所述仲景墓铭碑为元前所置，因其存在于崇祯出土铭碑之上。同理，崇祯出土石碣亦非原始，因其叠压在汉代文化层之上。

近世以来，有学者以冯应鳌所云荒诞不经，不足凭信。实则冯生是假借神灵梦幻之事，启迪乡民怀尚义古，激发邑人对历史名人的崇功报德之情。此举并非应鳌首创。《酉阳杂俎》早有："孙思邈托梦唐玄宗乞赐雄黄配药"的传说；各代帝王都有"天降祥瑞"的佳话；而"道光重修石婆庙碑记"云：嘉靖九年，唐王恭梦一伟丈夫，自称臣部云有石像，埋在县治二百步，及寻果得之奇闻更是早于冯说。此皆假于神佑，取信世人的宣传手段。自汉末至明末，时逾千载，江山代易，兵燹水患时有发生。仲景陵墓，一坯黄土，尚能保留旧址，有铭碑可鉴，当归功于历朝的文物保护措施。据《北史·魏本纪》："延兴九年九月丁亥，诏旧墓见存，昭然为时人所知者，去墓三十步不听垦殖。"《宋史·礼志》："景德元年，诏制，前代帝王陵寝。名臣、贤士、义夫节妇坟陇，并禁采樵。摧残者，官为修筑，无主者碑碣，石碣之类敢有毁坏者如律。仍每岁首所在举行此令。"正由于上述得力措施，仲景墓址方得以世代保存。而元世祖忽必烈对中国历史文化犹为重视。早在至元十二年，就遣使江南，搜访儒医僧道，阴阳人，凡谱谍、天文、地理、图册、典故、文字、户口、版籍，尽仰收拾。而前代圣贤之后，高尚儒医、名士，俱以名闻。令翰林国史编修王构，专程至杭州取三馆图籍、礼器、仪仗归京师。全部接管了宋廷文籍。十六年已完成《至元州县社稷通祀礼》；二十一年纂《大元统一志》；顺帝时仅用二年半时间就完成了卷帙浩繁的《宋史》。至元十六年，南阳知府梁会，因唐邓二州为襄阳府所夺，曾按《图经》稽制以闻，事得复归。而梁会所据《图经》，即宋代地志是也。昔《湖广旧制》和《万历湖广总志》《襄阳府志》中，俱有张仲景事迹收载。推其所本，应属宋元文献。南阳乃为仲景桑梓，《嘉靖南阳府志》却失载其人其事，文籍断层所致也。盖南阳自靖康以来，历经宋金、元金、元宋百年鏖战，民户锐减。据元壬子岁，即公元1330年统计，南阳府五州十一县仅存口四千九百人，故洪武初即从山西大量移民实宛。加之郭云筑城修府毁坏宋元文物，南阳的历史文化在明代几乎是空白。显然明末冯应鳌据宋元文献而知仲景在宛遗迹。冯生一下南阳，有实地考查之实。至于梦幻云云，不论其真伪，俱系基于民俗心理宣教劝善而已。迨至崇祯出土仲景古碑，邑人仍木然处之。故应鳌是明末倡导崇祀仲景第一人。

近代南阳医圣祠废兴

医圣祠自顺治十三年创建以来，屡经毁坏。祠内香火祀田多次为不肖主持典卖肥私。经历代医药界集资赎回重修。光绪九年再次重修扩充，使医圣祠旧貌焕然一新：祠内有享殿、两庑、内经楼、灵枢阁、素问亭、仁术斋、智园斋、行方斋、寿台亭、医圣井、医圣桥、梅花亭、荷花池、蓬莱山等精美建筑，成为南阳名胜之处。北与玄妙观、西与武候祠鼎足而立，相互辉映。春秋祀典之馀，众医聚集“医林会馆”，进行学术交流，成为纪念先贤，鼓励后学的学术活动场所。各地医家和游人也不时来此顶礼膜拜。

光绪三十一年，诏废科举，创办教育，学部通知各省筹办劝学公所。宣统三年，时至辛亥，武昌革命党马云卿率军挺进南阳。同年，民国政府颁布《管理寺庙条例》。医圣祠祀田因昔日委托玄妙观代管而误被充作教育基金，由公款局经理。民国六年移交劝学公所。十一年因县属改制，又改属教育科管理。十七年，冯系第五军石友三率兵屯祠。是秋，县长朱燕祖会同教育局樊宛农，发动学生，砸毁城皇庙塑像，驱逐道士，没收庙产充作教育经费。城内其他诸庙亦先后被砸。而医圣祠内建筑和塑像亦被石之驻军毁坏。继而石又变卖祠产、祠周之地俱为劣绅以贱价购去，并拆除祠中房屋，营建私宅。至使仲景祠宇门倾昼颓，壁断垣残。

民国十八年，中央卫生委员会，通过余岩等人之“废止医药案”，遭全国中医界联合抗议。十九年成立中央国医馆，称中医为国医，各省市均设立分馆，为医圣祠之再生起了很好的舆论作用。二十年，中央国医馆长焦易堂赴开封，吾邑水自立与其谈及恢复南阳仲景祀典暨发挥光大中医计划，焦极表赞同。二十二年秋，长安黄谦偕门人米伯让来南阳瞻仰仲景祠墓，见庭秽垣圮，触目伤心，乃致函南阳县长王幼侨，恳乞行文上峰，陈明事实，务使所夺医圣祠祀田照数归还，以庄严庙貌。同年，二十路军总指挥张钫驻宛，提倡医学，嘱组织国术馆，捐资助理。并拟重修医圣祠，事未举办，奉命移防。二十四年，中央国医馆召开第二届全国代表大会，黄谦提议募捐重修医圣祠，又提“请咨河南省政府拔还南阳医圣祠田案”。在此同时，吴邑水应龙先生曾先后三次呈文河南省政府，敦请恢复医圣祀典，并饬南阳县发还原有祀田，作为设立国医药学研究院经费。并以蒋委长通令各省恢复乡贤祀典为据，举曲阜孔庙、汲县比干庙为例，敦请省府落实归还仲景祠祀田诸事。然当时占用机构，囿于一局私利，百般推诿，不予归还。二十八年，河南省政府由开封移宛，省参议会议请省府于南阳医圣祠设国医馆，经列省中二十九年计划。由于时事限格，亦未实施。邑人王雨斋等盘桓残栋间，欲倡重修祠宇，而力怯于举，有志未逮，邑人怅之曰：以全国人所注意，军政界伟力，区区经费竟不能遽举，为善之难矣。

邑中国医秦朗斋者，面见河南六区行政督察专员朱玖莹。敦请其倡首修复医圣祠募。朗斋言道：“汉长沙太守张仲景，南阳人也。尝于堂上应诊，堂下舍药，深得三湘百姓爱戴，立祠祀焉。今长沙城北张公祠犹在，君必有所闻，今君以长沙人而为南阳太守，足见天道有亲。今南阳仲景墓久废失修，舆论哗然，天下瞩目。乡民有志而不能力举，公何不出面倡首修葺？一则可替长沙原郡父老聊报仲景昔日之德；二则了却南阳百姓崇功报德，急公好义之夙愿。此千古美谈之举，谅君必有所为。”玖莹闻称善，允为资助，于是瞻礼仲景祠墓。墓损鸠工，从事修葺，竣工于当年十月，凡医圣殿中跨柱、朽椽、硝壁、破瓦悉为更易，后檐悉用砖里；东厢三栋，昔因筑寨拆让后坡，今寨垣夷平，前后坡重新补起；两厢右耳房塌陷，就基构成；过庭、左右小门及大门逐加修葺。饰以黝丹，完其庖隔，练为周垣，篱植果树。庙貌虽未遂前盛，亦足弥憾。

一九五六年，河南省中医界共同呼吁，请求卫生部整修医圣祠，卫生部拨款资令河南省卫生厅对医圣祠初步建修。除对现存房舍、仲景墓、仲景像修饰一新外，并在殿外增筑围墙一周，大门一座。大门前增修茅亭，内树“医圣张仲景故坐”石碑。一九六三年六月二十日。公布张仲景祠墓为河南省第一批文物保护单位。

历代仲景造像考

刘世恩　河南省南阳张仲景医学研究所
毛绍芳　河南省南阳市第二人民医院

张仲景是中华民族悠久文明史上最杰出的医学科学家之一，被后人誉为“医圣”，其著作《伤寒杂病论》被历代奉为“医学经典”。仲景一生淡泊名利，潜心医学，他医德高尚，医术精湛，仁被万世，恩泽中外。自晋迄今，海内外医学同仁，社会贤达及黎民百姓，或探研其医理以弘扬其学说，或兴建庙宇以供奉垂念，或精制造像以展现其风范，虽表现形式不同，但足以说明世人对仲景先师的无比敬仰之情。

千百年来，仲景造像布散寰宇，风格各异，或来自名人高手，或出于民间艺人，今特将搜集到的三十余帧代表佳作及考证结果公示于同道，以表我等对仲景先师的仰慕之志。

张仲景塑像（1）　该尊塑像系明代艺人雕塑而成，原存于南阳医圣祠大殿内，一九六六年文革期间被毁。此像集自《伤寒论会通》，系一九六四年，由陕西中医药研究院院长、著名中医学家米伯让先生摄于南阳医圣祠。

医圣张仲景画像（2）　该幅画像系日本国著名汉方医学家，矢数道名先生珍藏，一九八二年赠于南阳医圣祠。此为中国明代万历年间，民间艺人作医圣张仲景尊像画。

张仲景塑像（3）　该幅雕像系明代木刻板，见于明代木刻板《伤寒论》中，作者张卿子。

张仲景塑像（4）　该尊塑像系明代艺人作品，存于北京西药王庙内。

张仲景画像（5）　该幅画像系一七八四年，日本国画家余浚明先生创作，一九八二年秋，由日本国医学界友人赠于南阳医圣祠。（原载于日本木村博昭著《伤寒论讲义》的卷头，画中题词乃阪通所撰的赞语。）

张仲景画像（6）　该幅画像系日本国画家，间中喜雄先生，于辛酉年清明节创作，一九八二年由日本国医学界友人赠于南阳医圣祠。

汉太守张仲景先生画像（7）　该幅画像系日本国画家创作，一九八二年由日本医学界友人赠于南阳医圣祠。

张仲景氏画像（8）　该幅画像系日本国画家创作，日本《汉方伤寒论》插页。一九八二年由日本国医学界友人赠于南阳医圣祠。

张仲景像（9）　该幅画像系英文版《伤寒论》插页，作者及创作年代待考。

张仲景画像（10）　该幅画像系日本国画家创作，一九八二年秋，由日本国医学界友人赠于南阳医圣祠。

医圣张仲景先师造像（11）　该幅画像系一九八二年夏末，由大连美术学院教授蒋兆和先生所画。同年，据此稿，由南阳烙花厂烙绘的巨幅画像，存于南阳张仲景医学研究所。

万世医圣汉张仲景先生造像（12）　该幅画像系一九八二年，由中国著名国画大师李燕先生创作，现存于南阳医圣祠。

张仲景之像（13）　该幅画像系一九八二年，由著名画家宋大仁先生创作，现存于南阳医圣祠。

张仲景像（14）　该幅画像系一九八二年，由著名画家杨云清先生创作，现存于南阳医圣祠。

张仲景画像（15）　该幅画像系一九八二年，由中国著名国画大师程十发先生创作，现存于南阳医圣祠。

张仲景塑像（16）　该尊塑像系一九八二年，由著名画家刘去病先生创意并雕塑而成，现存于南阳医圣祠。

医圣张仲景塑像（17）　该尊塑像系一九八二年，由张一平先生、谢翔先生、刘天印先生等共同创意并雕塑而成，现存于南阳医圣祠。

张仲景塑像（18）　该尊塑像系南阳张仲景文献馆，原馆长张一平先生创意并雕塑而成，现存于南阳医圣祠。

张仲景塑像（19）　该尊塑像系谢翔、刘天印先生共同创意并雕塑而成，现存于南阳医圣祠。

张仲景坐堂行医塑像（20）　该尊塑像系刘天印先生创意并雕塑而成，现存于南阳医圣祠。

张仲景画像（21）　该幅画像系南阳张仲景医史文献馆，原馆长张一平先生所画，一九八二年九月由天津人民美术出版社出版发行。

张仲景塑像（22）　该尊塑像系一九八二年由刘天印先生创意并雕塑而成，现存于南阳医圣祠。

张仲景塑像（23）　该尊塑像座落在北京中医药大学校园内，作者及创作年代待考。

张仲景铸铜雕像（24）　该尊铜像，现存于中国中医研究院，为一九八五年十二月所铸，由我国当代著名医史学家、中华医学会医史学委员会主任委员李经纬先生创意，张仲景三字为原全国人大副委员长彭冲题书，背景是巨型《伤寒论原序》木简。

张仲景像（25）　该像系一九八七年，由著名伤寒学者廖国玉先生创作的《张仲景》电视连续剧中医圣张仲景弃官行医，上奏辞呈时的剧照。

张仲景塑像（26）　该尊塑像由南阳张仲景国医学院教授赵体浩先生提供。系一九八七年十月在张仲景国医大学承办的中华全国第二次张仲景学说讨论会期间，由沈阳鲁迅美术学院雕塑系副主任孙家彬先生创意并雕塑而成，现存于张仲景国医学院。

张仲景像（27）　该像系一九八九年，由著名伤寒学者廖国玉先生创作的《伤寒论》电视艺术教学片中医圣张仲景剧照。

张仲景塑像（28）　一九九三年十二月，由南阳市人民政府雕塑，该塑像座落在南阳医圣祠东边仲景药都街中心。

张仲景塑像（29）　该尊塑像系一九九三年十二月二十八日，由刘天印先生创意并雕塑而成。现座落在南阳市长江路仲景制药厂院内。

张仲景塑像（30）　一九九五年六月，由南阳烙花厂厂长武金勇先生等共同创意并雕塑，该塑像座落在南阳张仲景国医学院校园内。

张仲景画像（31）　二〇〇〇年九月，由南阳张仲景医学研究所所长刘世恩先生创意、画师王传福先生制作，该画像现存于南阳张仲景医学研究所。

张仲景画像（32）　该幅画像集自一九九九年十二月，新加坡春蚕书社出版的《康平本伤寒论》一书，该书系新加坡中医学院吴忠辉先生根据日·大家敬节校注本整理而成。

张仲景与中日医学交流

张　娜　河南省南阳市张仲景博物馆

张仲景，东汉南阳人，曾举孝廉，官至长沙太守，坐堂行医，一心为民。晚年写出不朽巨著《伤寒杂病论》，熔理、法、方、药于一炉，开辨证论治之先河，奠定了中医治疗学的基础。明代，日本医家坂净运将《伤寒杂病论》引入日本，从此日本医家代代研究、传承。至今，中日医学仍不断往来交流。科学无国界，仲景学术不仅属于中国，也必然属于世界，造福全人类。

张仲景（约公元150～219年），名机，东汉南阳人。汉灵帝时举孝廉，官至长沙太守。他虽然身居官场，却心在黎民百姓，在那等级制度森严的封建时代，他竟敢常常违制犯律，屡屡在公堂上为民救死扶伤。灵、桓帝时期，中原大地，瘟疫流行，尸横遍野，张仲景便毅然弃官归乡，以其精湛的医术，救黎民于生死，济苍生于倒悬，使无数穷苦百姓逃离了死亡的威胁，他一生勤求古训，博采众方，潜心医学，刻苦钻研，以其不朽名著《伤寒杂病论》，开创了辨证论治之先河，奠定了博大精深的中医学说之基础，其医术之高，在当时可谓已是登峰造极。一次，他与当时的大诗人王粲相遇，尽管王粲表面上身体健康，状态很好，但张仲景却一眼看出他已经病入膏肓，竭力要为他救治，否则必死无疑，谁知王粲不但不相信，反而讥笑这是危言耸听，结果在一百八十七日以后，这位闻名遐尔的才子果然一命呜呼。借一斑而窥全豹，由此足见张仲景当时的医术已是何等的高明。

医圣张仲景的医学理论究竟于何时走出国门，走向世界的？

中医学对外交流，是与我国科技文化的发展，生产水平的提高相伴随的。我国与日本的医学交流可以追溯到两汉时期，历经三国、两晋、南北朝，两国文化交流日益发展，正式往来从未间断，大量的古代医籍传入日本，成为他们习医必读之书。尤其到了唐代，扬州高僧鉴真和尚率弟子数十人，六次渡海，备受艰辛，历时十年，终于到达日本，传授佛学及中国医药学术，对当时日本医学的发展有着深远的影响。如今日本东大寺的正仓院里还存有唐时从扬州运去的中药，他为中日两国的文化交流做出了卓越贡献。此后的一千多年中，日本代代都有留学人员前来中国，学习中医药。明代，坂净运到中国学习中医与张仲景学说，回日本时，带去了《伤寒杂病论》，向日本医界介绍传播仲景学说，从此，医圣张仲景成为日本人推崇备至的一代宗师。大批日本学者如古物玄医、吉益东洞、丹波元胤等等，在仲景学术研究方面造诣颇深，卓有建树。仲景学术及方药逐渐成为日本汉方医学的主要内容。近年来，日本在汉方医学的研究方面屡有进展，他们投入大量的人力、物力，应用现代高科技手段，研究开发仲景方药，取得了一定的成绩。直至今天，日本一些著名中药制药工厂如小太郎、内田等制药公司出品的中成药中，伤寒方一般也占60%以上。仲景方药享有免检，不经加减直接使用，这在用药非常谨慎，苛刻的日本非常罕见。

日本国十八世纪著名汉方医家山田正珍赞张仲景著作“曲尽机变之妙，以极其源。”尾台榕堂说“长沙有千古用方之鼻祖……其方简明正严，条理秩然……苟能讲可谙练以精究其意，推广其意，则万病之治，可运之掌也。”

日本东洋医学会前任会长矢数道明，现任会长寺师睦宗，日本医师东洋医学会副会长谷美智士，日本中医药研究会会长渡边武等，都多次到医圣祠朝拜，并题词赞颂医圣张仲景。

82年，由矢数道明率团，首次来到张仲景故里交流学术，并栽下樱花树。87年，矢数道明在樱花树下敬立了“张仲景敬仰之碑”。它证明了张仲景在世界医学界的崇高地位，同时也充分表达了日本人民对医圣张仲景的无限敬仰之情，以及对医圣的学术思想历经1800年而不衰，至今仍继续造福人类的叹服。91年，又由渡边武率团赴南阳参加了“张仲景国际学术研讨会”，介绍了日本在张仲景方药研究方面的成果，表达了对医圣先贤的无限敬仰和崇拜。

科学无国界，人类关于社会关于自然的所有发现，最终都将成为人类共同的财富。因此，仲景学术不仅属于中国，也必然属于世界。放眼世界，中医在蒸蒸日上。于是，人们将深情的目光投向了集天地日月灵气，纳山川万物精华而统摄全局的中医。中医从远古浩荡而来，为新世纪滚滚而来的中医洪流注入一股强劲的活力。我们已看到了新世纪灿烂的烟霞已在东方冉冉升起，我们有充分的理由相信，中医大踏步走向世界的日子已渐渐逼近。大风起，云飞扬，春来华夏满院香。

（二）对《伤寒杂病论》文献理论的研究

研究《伤寒论》的流派

任应秋　北京中医药大学

我国后汉时期医学大师张仲景所著的《伤寒论》，是中医学讲究“辨证论治”而又自成体系的经典著作。《难经·第五十八难》说：“伤寒有五，有中风，有伤寒，有湿温，有热病，有温病。”叔和《伤寒例》引《阴阳大论》亦云：“春气温和，夏气暑热，秋气清凉，冬气冷冽，此则四时正气之序也。冬时严寒，万类深藏，君子固密，则不伤于寒，触冒之者，乃名伤寒耳。其伤于四时之气，皆能为病，以伤寒为毒者，以其最成杀厉之气也。中而即病者，名曰伤寒，不即病者，寒毒藏于肌肤，至春变为温病，至夏变为暑病。”说明春伤风，夏伤暑，秋伤燥，皆可名为伤寒，并不仅限于冬季所伤的寒邪，也就是广义的伤寒，是外感诸邪的总称。所以《千金方》引《小品》云：“伤寒雅士之辞，云天行温疫，是田舍间号耳。”并不是病变性质的区分。所以后来程郊倩著《伤寒论后条辨》竟说：“寒字，则只当得一邪字看。邪则有虚邪，有实邪，有阳邪，有阴邪，俱统此寒之一字内，以伤寒对中风，则中风为虚邪，伤寒为实邪；以伤寒对温病，则温病为阳邪，伤寒为阴邪，其暑湿二种，则介于虚实阴阳之间。邪各不同，总名之曰寒者何也？以所伤在太阳寒水之表则同，故从同同。”（见《后条辨·伤寒论五》）因而完全可以把“伤寒”理解为“伤邪”。释寒为邪，早见于《孟子·告子》中，“吾退而寒之者至矣”，这寒字就同于邪。是程郊倩的解释，亦是有根据的。

伤寒论的论，亦非如一般所理解，仅指这本书而言。方有执《伤寒论条辨·引》云：“书曰论何也？论病以辨明伤寒，非谓论伤寒之一病也。”意思即是说乃辨论之论。程郊倩《伤寒论后条辨》亦认为“伤寒论”的“论”字，不能“比作曰编、曰书、曰集等类”（见《后条辨·辨伤寒论一》），而是“论定后官之论”。“辨不定不成论，论不定不成医”（见《后条辨·辨伤寒论五》）。仍然解释为辨论之论。以上说明两个问题，一、仲景的伤寒，应该是包括外感六淫而引起的诸种病证。二、伤寒论是一部对诸种疾病辨证论治的专著，而不局限于某一病，更不能仅把它比作一部方书。由于书中对疾病的分析和论断，理法方药兼备，探索出一套辨证论治可以遵循的规律。所以两千多年来，一直受到历代医学家的珍视和研究，并奉之为中医学临证的经典著作。

晋唐两宋研究《伤寒论》八大家

仲景的《伤寒论》写成后，即受到当代华元化的称许，称赞为“此真活人书”。到了魏晋，太医令王叔和弥加珍视，备采仲景旧论，撰次成为今本，使仲景之学流传弗替。孙思邈在《千金方》里说：“江南诸师秘仲景要方不传”，其受到当时医家的重视，可以想见。由晋唐迄于两宋（包括金代）诸家书目所载，研究《伤寒论》而自成一家言的，最少有八十种以上，其中具有代表性的大医学家，其著作尚存在的，可例举八大家如下：

王叔和，名熙，晋·高平人，约生于三世纪。他在《伤寒例》中说：“今搜采仲景旧论，录其证候、诊脉、声色，对病真方有神验者，拟防世急也。”说明他研究《伤寒论》，是从脉、证、方、治几个方面来着手的，也就是按照仲景辨证论治的精神来进行的。现行的《伤寒论》本，一般认为卷一、二《辨脉法》《平脉法》《伤寒例》三篇，卷第七《辨不可发汗病脉证并治》以下共八篇，都为叔和所增。以《脉经》有关诸篇来相互参看，这种说法还是比较可信的。《辨脉》《平脉》两篇，主要是阐发“诊脉声色”，也就是对疾病的诊断问题。《伤寒例》则在发明疾病的病因、发病机理、传变的变化，以及伤寒与温、暑诸病的分辨等。从《辨太阳病脉证并治上》至《辨阴阳易差后劳复病脉证并治》共十篇，保存了仲景对疾病辨证论治的整个内容。至于《辨不可发汗病脉证并治》以下八篇，是叔和从立法论治的角度来分析《伤寒论》的最重要部分，从《脉经》卷第七看来，还有“可不可”温、灸、刺、水、火等十多篇，实开后世从治法分析《伤寒论》的先河。

孙思邈，唐·京兆华原（陕西耀县）人，约生于公元581～682年间。他研究《伤寒论》是方与法并重，以法定方，从方分证，如太阳病，分做：

用桂枝汤法五十七证，方五首，即桂枝汤、桂麻各半汤、桂枝二麻黄一汤、桂枝二越婢一汤、桂枝去桂加茯苓白术汤。用麻黄汤法一十六证，方四首，即麻黄汤、葛根汤、葛根加半夏汤、葛根黄芩黄连汤。用青龙汤法四证，即小青龙汤、大青龙汤。它如柴胡汤、承气汤、陷胸汤等无不各系以证、法、方。同时特别注重对仲景桂枝、麻黄、青龙三法的运用，他说："夫寻方之大意，不过三种，一则桂枝，二则麻黄，三则青龙，此之三方，凡疗伤寒，不出之也。"这个思想，可能是从《辨脉法》"风则伤卫，寒则伤营，营卫俱病，骨节烦疼"之说悟出，风伤卫，桂枝证也；寒伤营，麻黄证也；营卫俱病，青龙证也。后来成无己、方中行、喻嘉言等，竟发挥为太阳三纲鼎立之说。影响之深，可以概见。

韩祇和，北宋人，他研究《伤寒论》，只师仲景之心法，而不泥于论中条文和方药。谓伤寒的病机，主要是由于阳气内郁，即本于内伏之阳为患。治伤寒杂病于一炉，强调治杂病以色为先，以脉为后；治伤寒以脉为先，以证为后。应用方药不必限于论中诸方，略谓："假令杂病方可用，治伤寒病者亦可投之，岂必待《伤寒论》中有法也。"故其临证，多为自拟之方，并必须分按时候辰刻而用，无论于汗、下、温诸法，均依立春以后至清明以前，清明以后至芒种以前，芒种以后至立秋以前三个阶段不同用药。所著《伤寒微旨论》已佚，今所传的上下两卷，系自《永乐大典》中辑出者。

朱肱，字翼中，自号无求子，宋·吴兴（浙江湖洲）人。他治伤寒学，首先明确论中所列三阳三阴，就是存于人体的十二经络。强调"治伤寒先须识经络，不识经络，触路冥行，不知邪之所在。"因而三阳三阴的病，就是足六经的病，经络有阴阳之分，主症使有表里之别。其次，他最识仲景平脉辨证的大体，就病而言，虽名伤寒，实有伤寒、伤风、热病、温病、湿病、痉病等的区分。不可混同。就症而言，同一恶寒发热，而有三阳表里不同之判。就脉而言，"浮为在表，沉为在里，阳动则有汗，阴动则发热，得汗而脉静者生，汗已而脉躁者死。"他著的《南阳活人书》，颇为后世医家所称许。

庞安时，字安常，宋·蕲水（湖北省浠水县）人。以善治伤寒病，名闻于江淮间。他认为伤寒的病因，是由于具有"杀厉之气"的寒毒所致。其发病的机理，则由于人身阳气，特别是足太阳经的阳气为寒毒所折，致寒毒与阳气相搏于营卫之间而成。其次，他注重对温热病的阐发，将温病分为两种，一为冬时触冒寒毒，至春及夏至前发的；一为四时自受乖气而成，颇有流行性。无论伤寒或温病，均强调为触冒毒气所致，颇有创见。其处方多以大量石膏为主，实为后来余师愚治温疫开了门径。其代表著作为《伤寒总病论》。

许叔微，字知可，宋·真州（江苏省仪征县）白沙人。他发挥《伤寒论》的八纲辨证，最为精细。阴阳表里寒热虚实八者之中，他认为尤应以阴阳为纲，阴阳不辨，便无法进一步分析表里寒热虚实。盖表、热、实统属于阳，里、寒、虚统属于阴也。八纲辨证在论中虽甚重要，但并不是说可以忽视六经分证。相反，六经分证与八纲辨证是密不可分的，而是相互联系的两个方面。所以他明确指出："盖仲景有三阴三阳，就一证中又有偏胜多寡，须是分明辨质，在何经络，才与证候相应，用药有准。"他著的《伤寒论》三种(《发微论》《九十论》《百证歌》）都是这一思想的突出反映。

郭雍，字子和，宋·洛阳人，治伤寒学每折衷于朱肱、庞安时、常器之三家之间。朱肱持经脉说，安时倡毒气论，常器之守仲景方，郭雍能兼擅其长。朱庞的书均传于世，惟常器之论著不传，今仅见于郭雍《补亡论》中。原论凡未出方诸条，常器之每补人适当的方药。如：发汗后，水逆不得入口，常谓可与半夏茯苓汤；疮家身疼痛不可发汗，常谓可与小柴胡汤；太阳病吐之，反不恶寒，不欲近衣，常谓可与竹叶石膏汤。看来，常用仲景方是卓有经验的，郭雍于伤寒诸症的病变机理的探索，尤多独到处，如以"卫气不共营气和谐"之理以释有汗无汗，毒气并与阳气虚以释热厥和寒厥，均不同于肤泛论者。

成无己，宋·聊摄（山东阳谷县）人，他是注解《伤寒论》的第一家。他注解的方法，悉以《内经》《难经》为依据，如他以《灵枢·邪气藏府病形》"形寒饮冷则伤肺"之说，以解释小青龙汤证的"心下有水气"。引《难经·十八难》"脉不应病，病不应脉"之说，以解释下利里虚，"脉反实者死"，都是非常确切的。同时它很重视症状的分析，突出地表现于《伤寒明理论》中所叙述的五十证。如烦躁有阴阳之分，心悸有气虚与停饮之别，其辨证说理，到了拆疑启奥的时候，亦无不引据《内》《难》经为说。他认为这样才符合仲景在自序中所说："撰用《素问》《九卷》《八十一难经》"的本旨。

以上八大家的治伤寒学，可谓各擅其长，王叔和重诊法与治法，孙思邈据汤方以分证，韩祇和守古法立新方，朱奉议守经脉以辨证，庞安时从毒气阐病因，许叔微从六经辨八纲，郭子和释病机至精当，成无已以内难析诸证。他们对于后世治伤寒学的影响，都是极其深远的。

明以后伤寒学的三大流派

宋以前虽有治伤寒学的诸大家。迄未形成流派。以明代方有执侈言《伤寒论》的错简开始，才渐启后来各个流派之端，而各流派中，以重订错简、维护旧论、辨证论治诸家为最著，亦最富有代表性，兹分述如下：

一、重订错简

仲景所著《伤寒论》，以代远年湮，颇多窜乱讹夺，其有待于后人的张皇补苴，固不俟论。特别是经王叔和编次之后，方有执认为颠倒错乱殊甚，大倡移整考订之风，江西喻嘉言继之，便逐渐形成了重订错简的一派。

（一）方有执

方有执，字中行，明·歙县人。他认为论中《辨脉法》《平脉法》《伤寒例》。均王叔和所为，脉法两篇虽有翼于仲景，但不能列于卷首，改置篇末，竟削去了《伤寒例》。六经诸篇，大加改订，把太阳分为卫中风、营伤寒、营卫俱中伤风寒三篇，凡桂枝汤证及其变证一类条文，订为“卫中风篇”，共六十六条，二十方，凡麻黄汤证及有关伤寒诸条，订为“营伤寒篇”，共五十七条，三十二方。凡青龙汤证及脉浮紧、伤寒脉浮诸条文，订为“营卫俱中伤风寒篇”，共三十八条，十八方。其他各篇亦有所调整，并另立“辨温病风温杂病脉证并治篇”，共二十条，三方。他以为经过这样考订以后，便基本上恢复了叔和诠次的旧观。名其书曰《伤寒论条辨》，并为之解释云：“曰伤寒论者，仲景之遗书也；条辨者，正叔和故方位，而条还之之谓也。”

（二）喻昌

喻昌，字嘉言，明末清初。江西南昌人，赞赏方有执重考修辑的主张，进一步提出：四时外感以冬月伤寒为大纲；伤寒六经中又以太阳一经为大纲；而太阳经中，又以风伤卫、寒伤营、风寒两伤营卫为大纲，谓为三纲鼎立。同时还强调：仲景的《卒病论》六卷已不可复睹，即《伤寒论》十卷，亦劫火之余，故其篇目先后差错，赖有三百九十七法、一百一十三方之名目可为校正。竟将其所著书名称为《尚论张仲景伤寒论重编三百九十七法》。其中“辨叔和编次之失”“辨林亿成无已校注之失”“驳正王叔和序例”诸篇，其辨论之激烈，较之方有执，实有过之而无不及。

（三）方喻影响下的诸医家

言《伤寒论》错简已甚，而以三纲订正错简之说，自方有执倡于前，喻昌继其后，于是此风大扇，和者竞起，如张璐、黄元御、吴仪洛、周扬俊、程应旄、章楠等，都是诗错简论一派的代表人物。

张璐，字路玉，号石顽，清·吴江人，研究《伤寒论》历三十年，病诸家之多歧而不一，及见到方有执的《条辨》，喻嘉言的《尚论篇》，才了悟向之多歧者，渐归一贯，尤多主喻昌之说，所著有《伤寒缵论》《伤寒绪论》各二卷。

吴仪洛，字遵程，清·海盐人，对喻昌《尚论篇》推崇备至。以为《伤寒论》经王叔和编次，把大纲混入节目之中，无可寻绎了，独嘉言能振举其大纲，次详其节目，将三百九十七法分隶于大纲之下，很得分经之妙，因名其所著书曰《伤寒分经》。

程应旄，字郊倩，清·新安人，欣赏方有执以《伤寒论》为方法俱备的全书，而不局限于伤寒一病之说。大倡《伤寒论》辨证论治，统赅百病之旨。所著书曰《伤寒论后条辨直解》，凡十五卷。

章楠，字虚谷，清·会稽人，所著《伤寒本旨》，悉依方有执风伤卫、寒伤营、风寒两伤营卫篇。惟对条文的具体订正，则不尽同于方氏。

周扬俊，字禹载，清·吴县人。兼采方喻两家之说，故名其所著书为《伤寒论三注》。六经分篇，虽大体本于方喻，而每篇均首揭经脉环周之理，为其全篇立说打下基础，则又突破方喻的藩篱，而能另辟蹊径者。

黄元御，字坤载，号研衣，别号玉楸子，清·昌邑人。其言《伤寒论》的错简，尤甚于方喻。重订诸条文，虽出入于方喻之间，而畅发五运六气之义，以究诘伤寒的脏府、经络、营卫、表里、阴阳、寒热、虚实诸病变，持论甚高，实为方喻所未及。

要之，持重订错简论一派，对于风寒中伤，营卫虚实诸种病变，以及仲景的立法定方等，各有所阐发与成就。若谓经过他们的重订，便恢复了仲景所著的本来面目，或者说王叔和撰次的《伤寒论》便是如此，则未必尽然。

二、维护旧论

治《伤寒论》持重订错简一派的医家，几无不驳斥王叔和，讥议成无已。但是，与之相反，尊奉王叔和，赞赏成无己的，亦大有人在，这就是倡导“维护旧论”的一派，以“尊王赞成”为中心思想认为王叔和不仅没有乱于仲景，而且把仲景学说较完整地流传下来了，实为仲景的功臣。成无己不仅没有曲解仲景之说，而且引经析义，实为诸注家所不及。因此，所流传的旧本《伤寒论》，不能随便改动，任意取舍，才能保持其较完整的思想体系，持此论最力的，首推张遂辰、张志聪、张锡驹、陈念祖诸医家。

（一）张遂辰

张遂辰，字卿子，明末·仁和县人。他对《伤寒论》的看法是，经王叔和编次以后，只是卷数略有出入。而内容仍是长沙之旧。因此，他的《伤寒论参注》自《辨脉》《平脉》《伤寒例》以至“三阳三阴”、《霍乱》《阴阳易》“汗吐下可不可”，诸篇次第，悉仍旧本，即于成无已的注解，亦毫未变动，并认为成氏“引经析义，诸家莫能胜之，初学不能舍此索途。”只是在成注之后，有选择性地增列朱奉议、许叔微，王潜善、张洁古、庞安常、李东垣、朱丹溪、王安道、王三阳、王宇泰诸家之说而已，其书之所以名曰“参注”，即缘于此。所以在治伤寒学中，他实可称为尊王叔和、赞成无已最典型的医学家。

张志聪，字隐庵，清·钱塘人，师事张遂辰，集同学及门弟子数十人于侣山堂，讲学研究，先后著成《伤寒论宗印》和《伤寒论集注》。他不仅认为《伤寒论》各条文没有错简，而且前后条贯，毫无隙漏，经汇节分章之后，更“理明义尽，至当不移”。这比其师的维护旧论，更提出了强有力的论据。但是，他认为《伤寒例》还是叔和所作，初移于旧论之末，继则竟从删削，并将《辨脉》《平脉》两篇，殿于论后，以符先证后脉之旨。惟对于成无已注解的许多论点，则大持异议。如成谓“伤寒恶寒，中风恶风”，张志聪均不然其说，这便和遂辰老师的见解，颇不一致，但亦确有其独到的见地，而且竟成为维护旧论一派的中坚人物。

张锡驹，字令韶，清·钱塘人，与张志聪同出于张遂辰门下，曾有钱塘二张之称。首先是由于师门的影响，仍然以《伤寒论》是“章节井井，前后照应，血脉贯通，无有遗漏，为医中诸书之《语》《孟》”。因此，他著的《伤寒论直解》，除削去《伤寒例》，移《痉湿暍》于《易复》篇后外，三阳三阴诸篇悉依旧论次第，并基本依隐庵《集注》之分章节，而为章节段落，起止照应。不过，他更突出地谓《伤寒论》是治百病的全书，不仅仅为论治伤寒病的。他把六经六气分为正邪两个方面，正气之行，是三阴三阳，由一而三，即始于厥阴，终于太阳，运行不息，邪气之传，是三阳三阴，由三而一，即最初在太阳，最终在厥阴，第其传变，不必以次，随其证而治之，他认为这是对待传经的大关目。

陈念祖，字修园，清·长乐人。他是继钱塘二张之后，反对错简，维护旧论，影响最大的一家。他认为“叔和编次《伤寒论》，有功千古，增入诸篇，不书其名，王安道惜之。然自《辨太阳病脉证篇》至《劳复》止，皆仲景原文，其章节起止照应，王肯堂谓如神龙出没，首尾相应，鳞甲森然。兹刻不敢增减一字，移换一节。”所谓“增入诸篇”。即指《辨脉》《平脉》《伤寒例》“可与不可与”等篇。“增之欲补其详，非有意变乱”，说明他还是抱的肯定态度。只是他把仲景比作孔子，叔和好比孔子的学生子游子夏，学生的著作不能与老师的混在一起，因此便削而不录。自“太阳”起至“劳复”止十篇洁本《伤寒论》，从此便风行一时。正由于陈念祖笃守二张之学，对旧论十篇悉依隐庵所分章节，并以每一节为一法，于是“三百九十七法”之说，又为之一振，第其内容，并不同于喻昌之“重编”。

四家的维护旧论固然是一致的，但同中亦各有所异。张遂辰尊视成注，并采诸家之说以补其不足。张隐庵每对成注持异议，而正以己说。张锡驹强调六经六气概百病，而有邪与正之分。陈念祖谓旧论诸条，字字是法，惟有守其法，斯能传仲景之学。

三、辨证论治

仲景《伤寒论》，既是中医学辨证论治自成体系的经典著作，因而有些治《伤寒论》的学者，且不辨孰为张仲景的原论，孰为王叔和所增辑？只要有利于辨证论治运用，便值得加以研究。持这一主张的学者，我们称之为“辨证论治派。”这一学派，大体说来又可分做三个支派，有主张以方类证的，柯琴、徐大椿是这一派的代表；有主张以法类证的，钱潢、尤怡是这一派的代表；有主张分经审证的，陈念祖、包兴言是这一派的代表。

以方类证学派

柯琴

柯琴，字韵伯，清·浙江慈溪人。他认定《伤寒论》中既存在着太阳证，桂枝证、柴胡证等，必然它是以辨证为主的。要想运用论中的理论于临床，最实际的就在弄清楚仲景辨证的思想方法。因此，他主张不必孜孜于考订仲景旧论的编次，最重要的是要把仲景辨证的心法阐发出来。例如：《太阳篇》他汇列了桂枝汤、麻黄汤、葛根汤、大青龙汤、五苓散、十枣汤、陷胸汤、泻心汤、抵当汤、火逆、痉湿暑等十一证类。桂枝汤证类，汇辑有关脉证十六条，桂枝坏证十八条，桂枝疑似证一条，有关桂枝证的十八方，如：桂枝二麻黄一、桂枝加附子等方统列于此。麻黄汤证类，汇辑有关麻黄汤脉证的十四条，麻黄汤、柴胡汤相关脉证一条，汗后虚证八条，麻黄汤变证四条。有关麻黄汤证五方，如：麻黄汤、麻杏甘石汤等方统列于此。其他诸证，无不如此类分条例。如；栀子豉汤、瓜蒂散、白虎汤、茵陈汤、承气汤等证，便列入《阳明篇》。柴胡汤、建中汤、黄连汤、黄芩汤四证，列入《少阳篇》。三物白散证列人《太阴篇》。麻黄附子汤、附子汤、真武汤、桃花汤、四逆汤，吴茱萸汤、白通汤、黄连阿胶汤、猪苓汤、猪肤汤、四逆散等证，列入《少阴篇》。乌梅丸、白头翁汤、热厥利、复脉汤、阴阳易、诸寒热等证，列入《厥阴篇》。这样证以方名，方随证附，对于指导临床，是具有一定的现实意义的。

徐大椿

徐大椿原名大业，字灵胎，晚号洄溪，清·江苏吴县人。他治《伤寒论》，着眼于仲景的处方用药，认为方之治病有定，病之变化无定，知其一定之治，斯用方而不爽。至于用药，亦各有条理，各有法度，不可分毫假借。于是将全论一百一十三方分做桂枝、麻黄、葛根、柴胡、栀子、承气、泻心、白虎、五苓、四逆、理中、杂方十二类，除杂方外，十一方都是各类的主方，主方之下，列述论中有关汤方证治诸条文。如：桂枝汤类，凡论中桂枝汤主治诸条，均列于桂枝汤主方下，次即植入桂枝加附子、桂枝加桂、桂枝去芍药、桂枝去芍药加附子、桂枝加厚朴杏仁、小建中、桂枝加芍药人参新加、桂枝甘草、茯苓桂枝甘草大枣、桂枝麻黄各半、桂枝二麻黄一、桂枝二越婢一、桂枝去桂加茯苓白术、桂枝去芍药加蜀漆龙骨牡蛎救逆、桂枝甘草龙骨牡蛎、桂枝加葛根、桂枝加芍药、桂枝加大黄等汤，共十九方。其他汤类，亦莫不如此。这样结合临床实际的研究方法，实比较有助于临证的运用。

徐大椿与柯琴都是以方类证的，惟柯琴证从经分，以方名证；大椿则据方类证，方不分经。这两种方法，都有它的实际意义。

以法类证学派

钱潢

钱潢，一名虚白，字天来，清·虞山（江苏常熟）人。探索六经病证的立法施治，是钱潢研究《伤寒论》的主导思想。以《太阳上篇》属于中风证治，其中又分做中风正治、太阳坏病、中风失治、中风火劫、中风误吐、中风误汗、汗下颠倒、中风误下、中风蓄血九证。《太阳中篇》属于伤寒证治，其中分做伤寒正治、伤寒失治、伤寒禁汗、伤寒误汗、伤寒误下，伤寒蓄血六证。《太阳下篇》属于风寒两伤营卫证治，其中又分做风寒并感、风寒火劫、心下水气、证象阳旦、邪传阳明五证。《阳明上篇》属于太阳阳明证治，计分阳明中风、中风脾约、阳明伤寒、阳明中寒四证。《阳明中篇》属于正阳阳明证治，计分阳明胃实、阳明发黄、阳明蓄血三证。《阳明下篇》属于少阳阳明证治。《少阳篇》分少阳正治、少阳传阴、少阳禁例、少阳坏病、热入血室五证。《太阴篇》分太阴伤寒、太阴中风、太阴误下三证。《少阴篇》分少阴见证、少阴禁例、少阴伤寒、少阴寒例、少阴中风、少阴误汗、少阴咽痛、少阴热厥、少阴热证、少阴急下十证。《厥阴篇》分厥阴伤寒、厥阴中风、厥热、除中、蛔厥、热证、寒证、误治、热利、寒利、寒利回阳十一证。他在以法类证之中，都贯穿了方喻的风伤卫、寒伤营、风寒两伤营卫的学说。所著书名《伤寒论证治发明溯源集》。

尤怡

尤怡，字在京，一作在泾，别号饲鹤山人，清·常州人。研究《伤寒论》，其突出治法；尤甚钱潢。三阳篇共统以八法，太阳、阳明、少阳各有正治法。审汗之有无，用桂枝麻黄解之汗之，为太阳之正治法；阳明经病，有传经自受之不同，府病有宜下宜清宜温之各异，为阳明之正治法；用小柴胡一方和解表里，为少阳之正治法。太阳少阳各有权变法，随气体虚实之殊，脏腑阴阳之异，虽同为伤寒，不得竟从麻黄桂枝，而分别用小建中、炙甘草、大小青龙及桂枝二麻黄一等汤，这是太阳的权变法；少阳有汗下之禁，而和解却有兼汗下之法。如柴胡加桂枝汤、柴胡加芒硝汤、大柴胡汤、柴胡桂枝汤之类，这是少阳的权变法；太阳还有斡旋、救逆、类病三法，汗出不彻而传变它经及发黄蓄血之病，或汗出太过而并伤阳气，于是有更发汗以及用真武四逆等，是为斡旋法。或当汗而反下，或既下而复汗，以致有结胸痞满、协热下利诸变，于是用大小陷胸、诸泻心汤等，是为救逆法。太阳受邪，并非一种，有风温、温病、风湿、中湿、湿温、中暍、霍乱之不同，形似伤寒，治则迥异，于是有桂附、术附、麻黄、白术、瓜蒂、人参、白虎等方，是为类病法。阳明尚有明辨、杂治二法，如经府相连，虚实交错，或可下，或不可下，或可下而尚不能下，及不可大下，故有脉实、潮热、转矢气、大便少等之异，以及外导、润下之别，是为明辨法。如病变发黄、蓄血诸证，非复阳明胃实及经邪留滞之可比拟，或散或下，当随证而异其治，是为杂治法。少阳病如纵、横、胁、满、合、并诸证，当刺期门、大椎、肺俞、肝俞诸穴，是为少阳刺法。太阴病有经脏之分，故有解表温里及先里后表法。少阴厥阴，亦各有温清诸法。一部《贯珠集》的精神，全在于此。

尤怡与钱潢均强调仲景的立法，但钱潢未脱方喻的巢臼，治法亦细而无准。尤怡则超脱于方喻之外，不以风伤卫、寒伤营印定眼目，提纲挈领，明辨大法，千头万绪，总归一贯，是其大较。

分经审证学派

陈念祖

陈念祖既为维护旧论的中坚人物，而其对于伤寒理论的运用，采用分经审证一法，亦最具有现实意义。他首将太阳分作经、府、变三大证，经证有虚实之分，虚邪宜桂枝汤，实邪宜麻黄汤。府证有蓄水蓄血之不同，蓄水宜五苓散，蓄血宜桃仁承气汤。变证有从阴从阳之异，阳虚则从少阴阴化，四逆汤、桂枝加附子汤属之；阴虚则从阳明阳化，白虎加人参汤、承气汤之类属之。阳明分经府两证，经证有未罢太阳和已罢太阳之分，未罢者，桂枝加葛根汤，已罢者，宜白虎汤。府证有太阳、正阳、少阳三种阳明之不同，麻仁丸所主，太阳阳明也；蜜煎胆汁导法所主，少阳阳明也；三承气汤所主，正阳阳明也。少阳证亦分经府，经证有虚火与实火之别，虚火宜小柴胡汤，实火宜大柴胡汤。府证有痛、痞、利、呕四证，痞而不痛，半夏泻心汤；热呕而痛，黄连汤；利而有热，黄芩汤；火逆而呕，黄芩加半夏生姜汤。太阴证亦有阴化阳化之分，阴化证宜理中丸或四逆辈；阳化证宜桂枝加大黄汤。少阴证可水化而为寒，火化而为热，化寒者，温剂有四逆辈；交阴阳有麻黄附子细辛汤；微发汗有麻黄附子甘草汤。化热者，补正救阴法用黄连阿胶汤、猪苓汤等；攻邪救阴法用诸承气汤。厥阴证热化多，寒化少，四逆散、白头翁汤以及“厥应下之”诸证，均为热化之治，其中尤有乘脾乘肺的区分。如此分经审证，非深得六经六气之旨，是不能道其只字的。

包 诚

包诚，字兴言，清·泾县人。著《伤寒审证表》一卷。将太阳经分做本病中风、本病伤寒、兼病、阳盛入府、阴盛入脏、坏病、不治病七证；阳明经分做府病连经、府病、虚证、不治病四证；少阴经分做经病、本病、入阳明病、入三阴病、坏病五证；太阴经分脏病连经、脏病两证；少阴、厥阴经均分脏病连经、脏病、不治病三证。他的主导思想是，只从经、府、脏传变分辨，经病主表，脏府主里，府病多实，脏病多虚。

包诚与念祖的分经审证，仅有详略之分，而无本质的差异。

当代治伤寒学的主要流派

当前我国治伤寒学的，大体言之，南方盛行陈念祖的《伤寒论浅注》《伤寒医诀串解》，陈氏的伤寒学源于钱塘二张，而于维护旧论的主张最力，倡言分经审证之说，已如前述。北方盛行《医宗金鉴》的《订正伤寒论注》，这是当时（清·乾隆）太医院右院判吴谦、刘裕铎所编，其主导思想，渊源于方有执的《条辨》，故其篇第均略与《条辨》同，因而维护旧论之说颇盛于南，重订错简之论则行于北。再就地隅而细析之，浙江多守柯韵伯之学，故《伤寒论注》《伤寒论翼》《伤寒附翼》诸书脍炙人口。江苏多守尤在泾、张石顽、徐大椿之学，于是《贯珠集》《伤寒缵论》《伤寒绪论》《伤寒类方》等亦颇风行。江西多守喻嘉言之学，《尚论篇》不胫而走。安徽则尚方有执之学，《伤寒论条辨》并非局限于歙县。四川福建多守陈念祖之学，视《浅注》为医家的“朱注”；后来郑钦安的《伤寒恒论》，亦颇受到蜀西南医家的珍视。山东有守成无己之学者，则读《注解伤寒论》；有守黄元御之学者，则习《伤寒悬解》。要之，各个地区，各有其所尚，略述几个具有代表性的伤寒学家如下：

郑钦安

郑钦安，字寿全，四川临筇人。治伤寒学，宗进贤舒诏，诏字驰远，是传喻嘉言之学的，著有《伤寒六经定法》，钦安著的《伤寒恒论》，就是以

《六经定法》为基础的。所以他认为《伤寒论》前后条文错乱，幸存有三百九十七法，仍以风伤卫、寒伤营为太阳的要领等，都和喻昌的主张是一致的。惟对条文的注解，则不抄袭前人，只是紧密扣合临证所见而切实说理，如注解“病有发热恶寒者，发于阳也；无热恶寒者，发于阴也。发于阳者七日愈，发于阴者六日愈”。说：“病发于阳，指太阳也，太阳底面，即是少阴，病发于阴，指少阴也。若专指太阳营卫之阴阳，则与太阳风寒两伤病情不符（指风伤卫证，发热恶风自汗；寒伤营证，发热恶寒无汗）。余每临证，常见独恶寒身痛而不发热者，每以桂枝汤重加附子，屡屡获效。以此推之，则病发于阴，确有实据。至所言六日七日者，是论阴阳之度数说法也。”郑氏治疗三阴证，确是颇有盛誉，运用附子，量重而准。成都邓绍先、重庆吴棹仙的治伤寒学，都受到郑氏的影响较多。

曹颖甫

曹颖甫，讳家达，一字尹孚，号鹏南，晚署拙巢，江苏江阴人。学宗张隐庵、黄元御，但他既不守隐庵维护旧论之说，亦不守元御狃于五运六气之论，惟于张氏之说药、黄氏之重阳，则每申其义而扩充之，特别是对于某些条文的订误，仲景方的运用，都能独具手眼。如其订正二十七条云：“宜桂枝二越婢一汤”句，当在“热多寒少”下，否则既云不可发汗，犹用此发汗之药，有是理乎。订正六十七条云：“茯苓桂枝白术甘草汤主之”句，当在“头眩”之下，盖为水气凌心之证，与《金匮·痰饮篇》“胸胁支满、目眩”的苓桂术甘汤证同。“身为振振摇者”下，当脱去“真武汤主之”五字，盖汗出亡阳，正须附子以回之，况“脉沉紧”，正为肾气虚寒乎。订正九十二条云：夫身体疼痛，为麻黄汤证，即上节所谓急当救表者，岂有病在表而反救其里之理。按“身体疼痛”四字，实为“腹中疼痛”之误，寒邪入腹，故脉沉如此，乃与四逆汤密合无间。诸如此类的订误，在他著的《伤寒发微》中是很多的。象这样的订误，并不是单纯的考据或语法的问题，而是关系到临证的实际应用。于此也可以看出他运用仲景方的纯熟。晚年他的门人姜佐景收集其临床验案若干则，名曰《经方实验录》，刊行以后，很受读者欢迎。

恽树珏

恽树珏，字铁樵，江苏武进人。他治伤寒学，颇欣赏丹波元简的《伤寒论辑义》，因此他在著成《伤寒论研究》四卷之后，又以丹波书为底本，写成《伤寒论辑义按》六卷。《伤寒论》中的六经问题，迄今无定论，而恽氏则认为他有所创见。略谓六经来自六气，六气来自四时，风寒暑湿燥火乃四时气候之名，故问六气为何物，则径直答曰：人体感气候之变化而著之病状也。六经为何物：则径答曰：就人体所着之病状为之界说者也。是故病然后有六经可言，不病直无其物。太阳之为病，常恶寒，恶寒乃皮毛上感觉之事，皮毛是躯体最外层，故太阳主一身之表。阳明病为胃家实，阳明府证，发热神昏谵语，用承气汤下之，得燥屎则热解，谵语亦除，是发热谵语之故，由于燥屎，燥屎在肠胃，肠胃为躯体之里面，是阳明主一身之里。少阳之为病，发寒热，先寒而后热。释之者曰，病邪从里出表，至太阳则恶寒；病邪从表陷里；至阳明则发热，少阳之外一层为太阳 内一层为阳明，故曰少阳在半表半里。太阳与少阴为表里，太阳为表，少阴亦为表；少阳与厥阴为表里，少阳为半表里；厥阴亦为半表里，阳明与太阴为表里，阳明为里，太阴亦为里。正如喜多村之言，凡病属阳属热属实者，谓之三阳；属阴属寒属虚者，谓之三阴，细而析之，则邪在表而热实者，太阳也；邪在半表里而热实者，少阳也；邪入胃而热实者，阳明也。又邪在表而虚寒者，少阴也；邪在半表里而虚寒者，厥阴也；邪入胃而虚寒者，太阴也。要之，恽氏以六经为六种病变的界说，由于他的函授较广，故其影响亦较远，沪上章巨膺是其入室弟子。

陆彭年

陆彭年，字渊雷，江苏川沙人。初受伤寒学于恽树珏，继则受到日本山田正珍(《伤寒论集成》)、丹波父子(《伤寒论辑义·述义》)、喜多村直宽士栗(《伤寒论疏义》)诸家的影响亦较深。他著《伤寒论今释》八卷，主要用科学理论进行阐明，所以命名为《今释》。如他解释《太阳篇》的第一条说：“凡病之热者为阳，寒者为阴，实者为阳，虚者为阴，病之属于进行性者为阳，属于退行性者为阴，机能亢盛者为阳，机能衰减者为阴。太阳病者，机能亢盛于肌表及上部之谓。浅层动脉之血液充盈，故脉浮。头部充血，三叉神经受压迫，故头痛。颈部亦因充血而凝滞，项背之肌肉神经麻痹，故项强。病由抵抗风寒之刺激而起，故恶寒。恶寒发热为太阳之主要证。细察太阳诸证，皆因气血向外向上所致，可知是自然疗能欲驱病毒于肌表，使从汗腺而出。故发汗为太阳病正常治法。他认为这样从生理病理释仲景书，足以促医学的进步。相反，则斥责六气六经、水火标本、经络循行等，为陈陈相因的谬论。由于他在上海亦办有函授教育，故其说亦盛行一时，尤其在中青年一辈，影响更为深远。上海姜春华即出其门下者。

黄竹斋

黄竹斋，字维翰，陕西长安人。治《伤寒论》多守钱塘二张及陈念祖之学谓仲景所称的三阳三阴，不同于《素问·热论》，是将人身部位质体分为六纲而已。以三阳标部位，三阴标质体。并结合现代生理为证说，太阳统躯壳表面，故六淫从之而入；阳明统咽至肛门肠胃表面，饮食之邪多受之；少阳统躯壳里，脏府表之膝膜，所谓三焦居半表里，六淫及饮食伤皆足致之。太阴属营养系统，少阴属血液循环系统，厥阴属神经系统。三阳之部位各有区域，故汗下之法不可混施；三阴的质体，互相纠丽，是以温清之法，皆可通用。他认为掌握了三阳三阴这个界说，整个《伤寒论》便可迎刃而解。并把《金匮》杂病诸论合一炉而治，名曰《伤寒杂病论集注》，共十八卷。在西北数省颇有影响，弟子米伯让嗣其学。

以上几位伤寒学家，大别之有两大流派，郑钦安、曹颖甫、黄竹斋，受国内重订错简、维护旧论两派较著，恽树珏、陆彭年，则受日本伤寒学家的影响为多。目前兼采国内外伤寒学家之长的趋势，正在发展。从当前各中医学院主持《伤寒论》教学的教师及其教学内容来看，这一趋势，愈来愈明显了。

《伤寒杂病论》分合隐现简介

米伯让　陕西省中医药研究院

众所周知《伤寒杂病论》十六卷，为我国汉代伟大的医学大师南阳张机字仲景者所著。其书总结了汉以前古人和疾病斗争之经验成果，并结合自己的临证实践进一步地运用辨证施治的规律，丰富和发展了医学理论和治疗方法，创造性的为后世医家奠定了辨证论治的准则。一千七百年来，历经中外医家实践反复验证，莫不公认之为医学经典著作。其书经历代兵燹，多次散失，复经整理，迄今仍不断有新的发现，仍不失其为祖国医学重要文献和有价值作品。谨将作者的伟大贡献和本书分合隐现作以介绍。

《伤寒杂病论》写作的社会背景

仲景生于东汉末年（约公元 150 ~ 219 年），当时封建割据，掠地称霸，连年混战，疫疠流行，民不聊生。当时的社会情景是极为悲惨的。汉代文学家曹植在《说疫气》中说：“建安二十二年，疠气流行，家家有僵尸之痛，室室有号泣之哀，或阖门而殪，或覆族而丧。或以为：‘疫者，鬼神所作。’夫罹此者，悉被褐茹藿之子，荆室蓬户之人耳！若夫殿处鼎食之家，重貂累蓐之门，若是者鲜焉。此乃阴阳失位，寒暑错时，是故生疫。而愚民悬符厌之，亦可笑也。”可见，当时疫气流行，广大劳动人民大批死亡，而富贵人家则很少有此情况。那时的贵族知识分子目睹此景，不但不关心民瘼，钻研医学，拯救夭亡，反而坐视不理。至于封建统治者竞逐荣势，荒淫无度，对劳动人民残酷压榨，对疾病更是无人过问。曹植的这篇短文，也就是仲景作此书时代背景的旁证。仲景面对此情此景，悲天悯人，努力学医，卒成此书———《伤寒杂病论》。

作者著书立说的思想动机

仲景对于疾疫流行、广大劳动人民死亡惨重之情况十分感伤，激起了著书立说以救天枉的愿望。在作者的《伤寒杂病论》序文中可以看出《伤寒杂病论》不是偶然的产物，也不同于一般的著作，说明仲景极端愤恨当时士人之流只知钻营名利，追求个人荣势，不知留神医药，精究方术。一旦疾病临身，不是求神问卜，便为庸医所误，加之自己族人死亡，受到极为悲惨的遭遇，所以他有“感往昔之沦丧，伤横夭之莫救”的无限痛心感慨。因而寻求古人的理论经验，采集民间群众有效医方，结合自己的实践经验，以严格的科学态度和实事求是的精神，创造性的著成了这部中外驰名的医学巨著——《伤寒杂病论》。该书为后世医学界开辟了新的治疗道路，同时批判了当时一般医生不认真钻研医学、墨守成法和粗枝大叶、草菅人命的不良作风。又痛切的向读者呼吁关心和学习祖国医学之重要。足见作者的思想动机纯是一片悲天悯人之感，不同于一般沽名钓誉之徒。张仲景这种济世救人的高贵品德，无愧为医学界树立了优良典范。

《伤寒杂病论》内容特点和作者的伟大贡献

《伤寒杂病论》十六卷，是我国第一部由理论到实践的临证治疗专书。内容包括各种外感病和杂病两部分。由于历史的变迁，复遭兵火，几经散失。直至宋代将本书整理分为两部。即今流传的《伤寒论》和《金匮要略方论》二书。《金匮》即杂病部分。《伤寒杂病论》是张仲景继承了《内经》《难经》《神农本草经》等古典医籍的基本理论，结合秦汉以来人民同疾病作斗争的丰富经验，创造性的提出了新的见解，以六经论伤寒，以脏腑论杂病，使祖国医学的基础理论与临证诊断、治疗密切结合，成为理、法、方、药比较完备而系统地辨证施治的理论体系。

《伤寒论》是作者根据《内经》的理论，把外感病在临证上呈现的复杂证候，归纳为三阴三阳六大证候群。在每一经中以有概括性的，能反映本经病理机制的基本证候，作为本经的总纲。如太阳病以头项强痛、发热恶寒、脉浮为总纲；阳明病以胃家实为总纲；少阳病以口苦、咽干、目眩为总纲；太阴病以腹满而吐，食不下，自利益甚，时腹自痛，若下之，必胸下结硬为总纲；少阴病以脉微细，但欲寐为总纲；厥阴病以消渴、气上撞心，心中痛热，饥而不欲食、食则吐蛔，下之利不止为总纲。除了分别介绍各经病证的特点和相应的治法外，还说明了各经病证的传变关系，以及合病、并病、直中或其他因治疗不当而引起的变证、坏证等的辨证治疗方法。通过六经证侯的归纳，可以深刻地了解疾病的发展规律，从而有了阴、阳、表、里、虚、实、寒、热之别，为后世八纲辨证打下了基础。并在治疗上，也有了可以遵循的准则。

《金匮要略》的内容，以介绍内科杂病为主，但也涉及妇科、外科等疾病，其辨证施治之精神与《伤寒论》一致。但该书不以六经分篇，而以病类分篇。书中有许多十分可贵的医疗经验，例如对肺痈、肠痈、黄疸、痢疾、水气等病的辨证和治疗，直到今天仍有很高的实用价值和疗效。在妇科方面，对于症瘕、脏躁、闭经、漏下、妊娠恶阻以及产后病等，均有详细的记载和行之有效的治法。此外，仲景根据《内经》中“虚邪贼风，避之有时”“饮食自倍”“起居无节”等有关的病因学说，提出了：“千般疢难，不越三条：一者，经络受邪入脏腑为内所因也；二者，四肢、九窍，血脉相传，壅塞不通，为外皮肤所中也；三者，房事，金刃、虫兽所伤。以此详之，病由都尽。”把复杂的病因概括为三大类，对病因学的发展作出了一定的贡献。

张仲景对方剂学贡献也是很大的，真实的反映了秦汉以来方剂学发展的水平。如《伤寒论》载方112首，《金匮要略》。载方262首，其中使用药物241种之多。建立了辨证求因，审因立法，分清主次，依法定方的原则。对方剂的配伍、加减变化、运用法度都非常严谨。其所用剂型种类也较完备，如汤剂、丸剂、散剂、肛门栓剂、灌肠剂、酒剂、洗剂、浴剂、薰剂、滴耳剂、灌鼻剂、吹鼻剂、软膏剂、阴道栓剂等。说明当时的方剂学知识已有相当的成就和显著的发展。因此，后人尊《伤寒论》《金匮要略》方为经方，为方剂学之祖。

综上所述，《伤寒论》《金匮要略》二书，在医学上的贡献是很大的，它不仅总结了三世纪初我国人民和疾病作斗争的经验，并在临证实践方面，进一步地运用辨证施治的规律，丰富和发展了医学理论和治疗方法，给后世的中医学术的发展提供了极为重要和有利的条件。因此，上述二书不仅是为历代中医奉为临证实践的“圭臬”而且在国外，如日本、朝鲜等国在很早以前也都尊为医学典籍，加以深刻研究。由于张仲景的著作具有很高的价值，因而一千七百多年以来，不但为历代医家辨证施治的典范，同时在他的学术思想指导下，历代医家受到他的启示，出现了许多伤寒名家，写了不少的伤寒名著，都增添了各自不同的医疗经验和见解。同时许多学派，著名的如金元四大家，以及明清以来的温病学说，都是由于受他的影响和启示，在祖国医学上作出了巨大贡献。张仲景的著作，在今天来说，仍是发展祖国医学宝藏珍贵资料之一，也是学习研究中医理论和治病经验的重要医书；对于开展防病灭病工作同样有它的积极作用。但是，这部书也不是完美无缺的。由于作者受当时历史条件和科学水平的限制，不可能作到尽美尽善。由于书中文辞古奥，义理宏深，加之后世以来的文字传抄，条文中不免有些谎谬，这也是无足为怪的。此外，《金匮要略》有关杂疗禁忌等方面，大部分是符合科学的，但也还有些不合理之处，应当批判地接受。

《伤寒杂病论》在历代分合隐现的概况

仲景于汉建安时代（约公元232年）撰成《伤寒杂病论》十六卷。后经三国之乱、战争频仍、仲景殁后原书散失。幸赖西晋太医令王叔和搜集编次《仲景方论》为三十六卷行世。旋遭晋怀帝永嘉之乱，中原文物板荡，王氏之书亦复亡失。至唐初孙思邈撰《千金要方》时，年已逾百犹，未获见，乃称江南诸师秘仲景要方不传。至晚岁方得见到仲景《伤寒论》别本，乃详载其书于《千金翼方》第九、第十两卷中，因当时印刷术尚未发明，书皆传写，故得之不易。而天宝时王焘撰《外台秘要》，引仲景《伤寒论》方，注出卷数至十八，内有今《金匮要略》诸方。盖王焘所见者，又一别本。此外，仲景之书目，见于梁《七录》的有“张仲景辨伤寒十卷”、《隋书》经籍志有“张仲景方十五卷”“张仲景疗妇人方二卷”，《唐书》艺文志有“王叔和、张仲景药方十五卷”，“伤寒杂病论十卷”，这些书均已不存。五代时始盛行刻版印刷术，至宋英宗治平二年（公元1064年）朝廷方命高保衡、孙奇、林亿等校刊医书，将宋开宝时节度使高继冲所献的《伤寒论》十卷刊行，杂病未见其书。翰林学士王洙在馆阁日，于蠹简中得仲景《金匮玉函要略》三卷，亦于同时刊行。尚有《金匮玉函经》八卷为《伤寒论》之别本，亦校刊印行，公之于世。此仲景遗书，自汉建安至宋治平上下八百多年中分合隐现之概况。从此以后，仲景之书始普遍流行。今时世所传的宋刊本《伤寒论》十卷，系明万历时赵开美校刊本，总二十二篇，三百九十七法、一百一十二方。《金匮要略方论》上、中、下三卷，乃明万历中徐熔校刊，所谓正脉本。自杂病以下终于饮食禁忌凡二十五篇，除重复合二百六十二方。而《金匮玉函经》八卷，乃清康熙中上海陈世杰得何义门手抄宋本校刊，解放前该版为罕见之书，现已有人民卫生出版社影印发行，为研究《伤寒论》之珍贵刊本。自民国以来仲景之《伤寒杂病论》乃有四种新的发现：1. 湖南浏阳刘昆湘于民国初年，遇张老者传授古本《伤寒杂病论》十六卷，计四册于1933年石印。其宗人刘仲迈与之同撰义疏印行。2. 四川刘熔经得于涪陵张齐五云：清咸同间得之由垫江来涪之医士袁某，得之明代垫邑某洞石匮所藏，为王叔和所述，孙思邈所校，亦名《伤寒杂病论》十六卷，计二册，1934年文刘熔经石印刊行。3. 西安黄竹斋先师于1934年发现的白云阁藏本《伤寒杂病论》，1939年开始付梓公诸于世。4. 日本昭和丁丑，大冢敬节所发现的康平本《伤寒论》（日本康平三年，适当我国宋仁宗嘉祐五年，公元1060年）该版本计一册，由苏州叶桔泉于1946年印行。以上四种发现，皆为研究仲景学术的重要参考文献。

先师黄竹斋的治学精神

上面讲到的白云阁藏本《伤寒杂病论》是先师黄竹斋所发现、刊印保存下来的。先生毕生致力仲景学说之研究，以发扬中国医学为己任，对祖国医学的发展，作出了卓越的贡献。

先师原名黄谦，字吉人，又名维汉，字竹斋，晚号中南山人，长安人也。幼贫失学，至十四岁，太夫子永才公远游谋生始归，乃从之习铁匠业，迫于生计，不能入学就读，十八岁发愤立志，开始认字，不识者从学童而问焉，虽铸冶钻锉之际，苦读不倦。年逾二十，遂通经史理数。犹未敢自信，乃从师于临潼王敬如先生，由是所学益精，于经史子集，天算地舆，历象兵农，医药理化等学，靡不窥究其极。年及不惑，所著已闻于世，为当时名宿所称许。他在哲学方面著有《周易会通》四卷，老子《道德经会通》一卷，周子《太极图说臆解》一卷，邵子《皇极经世图说考证》一卷，《佛学考辨》一卷。天文学方面著有《五纪衍义》二卷，创制《北纬三十四度恒星平面仪》一幅，《修订国历刍言》一册。数学方面著有《求圆周率十术》一卷，《微积分提要》一卷，其他著作积稿盈尺，其博学多识，可见一斑。先师在医学方面，建树尤多。民国初年，他搜集古今中外诸注，删繁去芜，去粗存精，撰有《伤寒杂病论集注》十八卷，约七十余万言，分订十二册。对仲景三阴三阳学说，以中西学理撰解《六经提纲》六篇。可谓自辟蹊径，务去陈言。又著有《伤寒杂病论新释》十六卷。通过对仲景史料研究考察，著有《医圣张仲景传》一册，附于《伤寒杂病论集注》卷端，当时《中国医学大辞典》主编谢利恒先生为《伤寒杂病论集注》作序，称赞说："西安黄竹斋先生重订伤寒杂病论集注十八卷，都七十余万言，据生理之新说，释六经之病源，贯穿中西，精纯渊博，可谓集伤寒学说之大成，诚医林之鸿宝也。"又在谢氏所著《中国医学源流论》中称之为"近今之杰作"。《陕西通志》中亦有关于该书的记载。先生将经方所载之药物，逐条考证，对各药之性质，诸方之制义，进行研究，著有《经方药性辨》四卷。又以宋本《伤寒论》《金匮要略方论》二书的诸家不同版本为之校订，合成一书，为《伤寒杂病论读本》十六卷，分订四册。又将该书分类编纂，撰有《伤寒杂病论类编》八卷，《类证录》三卷，《经方类编》一卷，《六经提纲歌》一卷。先生不仅从事伤寒学说的研究，对针灸学说的研究亦有很深造诣。著有《针灸经穴图考》八卷，该书以二十经为纲，三百六十五穴为目，附以奇穴拾遗。经穴图谱以正常人体点穴摄影，制铜版刊印，是其独创。该书引证之博，考据之精，折衷之当为国内外针灸学者所称誉。又以病证为纲，著有《针灸治疗会通》八卷。重订宋代王唯一《铜人俞穴图经》一卷。还著有《内经类编》四卷，《中医生理学》三卷，《儿科证治会通》十六卷。在桂林罗哲初先生处又得到白云阁藏本《难经》手抄本一册，于民国廿九年整理校订，刻置木版本印行公世。于民国三十四年为之注释，著有《难经会通》一卷。并著有《秦越人事迹考》一卷，《历代难经注家考》一卷。对唐代医学家孙思邈生平事迹进行考察，著有《孙真人传》一卷。著《医学源流歌》一卷。抗日战争期间，编著有《伤科辑要》三卷。他又研究长寿医学，以历代寿命在百岁以上人的资料进行收集，著有《寿考》一卷。对药物的研究，亲自采集标本，考证古书所载药物之真伪优劣，撰有《本草考证》八卷。对常用方剂以十剂分类，著有《方剂类编》二卷。在发现白云阁抄本《伤寒杂病论》后，对该书进行了整理校刊，并作了注释，名曰《伤寒杂病论会通》，共计十六卷，分订八册。当时正值抗日战争时期，日本飞机经常肆虐，黄老日以继夜自撰自写自印，当敌机飞临上空时，避入地下，敌机一过，即照常工作，历尽艰辛，终于完成该书任务。又拟整理《中医各科证治全书》一百卷，已脱稿二十卷，解放后因参加工作，任务繁重未能完成。

先生不仅是一位理论家，而且是一位教育家和临床实践家。他在解放前，即曾大力提倡中医教育，自拟中医院校之教学大纲，在师授方面更是循循善诱，诲人不倦，对从学者要求极严。我开始拜师时，他要求我鬻出城市房舍，跟随他上山下乡，挖窑洞以自居，锄禾苗以自食，工余读书，省疾乡里，我欣然从之，得以追随左右。先生在解放前，多方呼吁，集资建立西安中医救济医院，深受群众欢迎。先生医术精湛，所活者众。如他在北京中医研究院工作期间，曾治愈一位中风不语、半身不遂患者德国友人东布罗斯金，这一喜讯曾在德国报刊登载。先生毕生致力祖国医学研究，自成一家。其治学之殷勤，实为我辈后学之楷模，真不愧为承前启后者也。先生于一九六〇年五月十六日在北京逝世，享年七十五岁，葬于八宝山公墓。

白云阁藏本《伤寒杂病论》发现之经过

一九三六年，吾师黄竹斋先生，携所著《伤寒杂病论集注》和《伤寒杂病论新释》各十六卷，往南方各地质正当世学者，并发愿诣南阳访问考索医圣张仲景祠墓。因仲景墓发现于明末清初，而文献可徵者仅见于南阳县志及徐忠可《金匮要略论注》。这一伟大的医学家，惜汉书无传，可见当时统治阶级对人民病痛置若罔闻，吾师于癸酉冬亲往南阳，拓碑六种，摄影三帧，搜查南阳县志及各医书，撰成医圣张仲景传一册。又向反动政府提出重修南阳医圣祠案，但未得到相应的重视和支持。吾师南北奔波，到处随访，每遇发现必追踪至底，路经南京书肆，偶购浙江国医图书专号一册，载有张仲景疗妇人方二卷，五脏营卫论一卷，存宁波天一阁抄本字样。此二书，其目见于《梁七录》及《宋史艺文志》，而明志及清四库全书总目皆未著录，知其遗失已久。吾师即往访阅，待至该阁查藏书目录时并无此书，不知浙江流通图书何所据然，颇为失望。不料在宁波名医周岐隐先生处得识桂林罗哲初。罗先生通经术，能文章，精究医术，兼擅针灸，以医自隐，出示其所藏手抄古本《伤寒杂病论》十六卷，计四册。罗先生言，此间只有一册，余存桂林。吾师披阅一过，其卷端序为清光绪二十年甲午春三月桂林左盛德撰，传授渊源序之颇详。云清道光时，左公随父宦游岭南，父挚友张公学正字绍祖者自称为仲景四十六世孙，言仲景之书当日稿本原有十三，王叔和所传者为第七次稿。他家藏有第十二稿，历代珍藏，未尝轻以示人。左公之父，亟令左公师事之，乃克手抄一部，由是诵研，遂精于医。后旋桂林，罗先生从之学，因得手抄其书，四十年来从未出以示人。虽与周先生交谊最挚，亦未曾寓目，罗君感先师致学之诚，远来不易，特公开一览，先师叹为奇遇，遂抄序文刊登当时中医杂志。越年乃得手抄一通，不久，抗日战争暴发，南京陷，罗君返桂。先师携副稿回陕，捐资刻制木版刊行。观该书内容与各本大异，较湖南古本伤寒例后多杂病例一篇。六经篇前有温病，伤暑、热病、湿病、伤燥、伤风、寒病脉证并治七篇。六经后无可与不可与诸条，而有金匮诸篇。其余文字亦有小异，又列黄疸、宿食、下利、吐逆、呕哕、寒疝、消渴等证于阳明、少阴、厥阴诸篇。若平脉法较宋本辨脉法条理精密。此外订正诸本《伤寒论》脱讹之处亦多。如太阳篇下“伤寒脉浮滑，表有热，里有寒，白虎汤主之。”按脉证不合，其理难通。湘古本作“表有热，里无寒，白虎汤主之。”其说似较为胜。本书作“里有热，表无寒，白虎汤主之。”较之确切不移。足见本书与者本截然不同，对研究《伤寒论》《金匮要略》有重要参考价值。关于本书，或有疑议，真伪问题，存在各种意见，有待进一步考证与商榷。我认为，首先应该以说理真实、应用有效为辨别之关键。即或非仲景手稿，亦无关宏旨。亦必系后之学者学习《伤寒论》深有心得者托名而作，仍是有功于祖国医学的发扬。

关于该书的出版情况，先生曾于一九三九年筹资刻板校刊公世，惜时值国难当头，条件所限，先后仅印二百五十部，现已罕见。先生临终时再三嘱咐我说：“此书若无人印行，你一定要亲送南阳医圣祠保存，以备来者研究。”先生之嘱，使我多年来耿耿于怀，时未或释。经过艰难曲折得以保存之白云阁藏本木刻版《伤寒杂病论》第十二稿，于八〇年在陕西省卫生局大力支持下，我院同志亲自动手印刷装订，因人力所限，仅印二百部，分赠国内各中医院校图书馆及国际友人，以供先睹研习，深受各方赞许，并得知仲景佚书之新发现。据日本医学博士矢数道明来函云：该书传至日本后，日本学者争先研求，共赞珍贵。医学博士大冢敬节在病危时还要求拜读此书。奈良医学博士武藤达吉来函称，他要发誓研究此书云云。日本《医事新报》称：这样珍贵的文献，在日本还是初次见到。余正想将该书原版在西安医学院图书馆存放期间所遗失之三页书版，及竹斋先生生前手书勘误表补刻齐全，送往南阳医圣祠保存，适逢南阳召开张仲景研究会，闻之不胜欣喜。为迎接这次盛会，遵先生遗嘱，除将白云阁藏本《伤寒杂病论》木刻原版两箱共二百一十五页、及先生所撰《医事丛刊,》一箱计五十八页、《医圣张仲景传》专辑（1935 年版，复印本）一册一并送医圣祠保存外，再将我多年保存先生佚著中有关仲景史料、论文、书序、记实、图照等，交我所文献医史研究室编辑整理成册，仍名《医圣张仲景传》以表微忱，藉供研究交流。

中国医药学是一个伟大的宝库，继承发扬祖国医学，实现中医现代化，是一项长期而艰巨的光荣任务。余数十年来虽专诚致力斯学，然垂老未成，殊觉惭愧！幸今《伤寒杂病论》第十二稿及先师所撰《医圣张仲景传》得以重印，且已远播海外。罗哲初先生珍藏之手抄本亦得幸存，并由广西卫生局铅印公世，俾仲景佚书更能广大其传，此正如古木逢春，灯火续焰，非少数有学术偏见者所能阻挡之也！

继承发扬祖国医学，我们不但要继承前人之学，更重要的是要继承前人未竟之志。要学习仲圣“勤求古训，博采众方”谦虚治学，认真实践，捍灾御患，解除生民疾苦之精神，反对“各承家技，始终顺旧，省疾问病，务在口给，相对斯须，便处汤药，按寸不及尺，握手不及足”之不良医疗作风。祖国医学根深叶茂，源远流长；中医事业，必有人继，前途无限光明。竹斋先生“中华古医学，世界将风行”的预言，已经初步实现。随着时代的发展，祖国医学必将在世界大放异彩，为人类做出更大的贡献！

关于康治本《伤寒论》

杨维益　香港浸会大学中医药学院

《伤寒论》东传日本后，深受日本汉医的重视，自江户年代后期，日本出现了若干种被称为古本《伤寒论》的手抄本，如康平本、和气氏本、高野本、南朝本、室町本、有栖川本、康治本、贞元本、延历寺本、水源寺本、锦小路本等。其中影响最大的是康平本，其次是康治本。故日本的长泽元夫将这些古本分为康平本系与康治本系两个系统。国内有人曾对康平本作过一些研究；但康治本，除个别人曾撰文对其进行简略介绍外，至今乏人问津。笔者不揣浅陋，就所见到的日本民族医学研究所的影印康治本进行初步探讨。

一、康治本的来源

康治本于日本有几个抄本，分处关东、关西等地。根据书中的序与跋，它的原本是唐贞元乙酉年（即公元 805 年）的手抄本，由日本派至我国的最澄或其他和尚带回日本。康治二年（公元 1143 年），由了澄和尚加以抄写，传于武州的永源寺，以后由奥州的某医生得到此书。唐津的河口春龙与该医生的关系很好，借来加以抄写。河口春龙又将他抄写的本子给柳河的户上玄斐阅读。户上玄斐将此本与当时的其他版本进行对校。此外，奥州某医生的藏本曾落入越后某人手中，被丹波赖易见到。以后于嘉永二年（公元 1849 年），丹波赖易又在户上玄斐处看到户上与宋版对校的本子，并为之作序，序成未及誊清即已去世，其子丹波赖德于公元 1856 年代替其父写了序言，于安政五年（公元 1858 年）在京都出版。

二、康治本的特点

（一）无仲景原序

诸本均有仲景自序，只是长短不同，或个别字不一致而已。此本则无自序，与诸本异。

（二）不分卷数

此本与我国流传诸本不同，全书共为一卷。据《隋书·经籍志》有张仲景方十五卷，张仲景疗妇人方两卷；《梁七录》有张仲景辨伤寒十卷；《旧唐书》有张仲景药方十五卷；《新唐书》又有伤寒卒病论十卷，治平本中的自序为伤寒卒病论十六卷，《外台秘要》为十八卷伤寒论，《千金翼方》将《伤寒论》的内容分为上下两卷等。由此可见，历代有关仲景著作的名称、卷数虽有不同，但在分卷数方面却是一致的，没有不分卷数的记载。

（三）条文稀少

全书条文共 65 条，其中太阴病部分的二条自相重复（一为“太阴之为病，腹满而吐，自利也”，一为“太阴病，腹满而吐，食不下，自利益甚，时腹自痛者，桂枝加芍药汤主之”）比治平本少 333 条。在这 60 余条中，太阳病占 43 条，阳明病占 4 条，少阳病占 1 条，太阴病占 2 条（实为 1 条），少阴病占12条，厥阴病占3条。故从阴阳的角度来看，重点为太阳病与少阴病，已失去三阴三阳病之面目。

在此本的太阳病、少阴病部分中，亦作了大量的删节，如太阳病中，有关坏病、误治、禁忌、预后的条文，及少阴病中的误治、禁忌、预后的条文悉行删除。（补：病理内容均抛弃）

除删削原文外，此本中有六处条文前后颠倒。如宋版26条的白虎加人参汤列于28条桂枝去桂加茯苓白术汤后；68条的芍药甘草附子汤与70条的调胃承气汤合并，列于69条茯苓四逆汤后。

（四）削减处方

康治本的方子仅存50首，与宋本比较，短缺63首，其中有些是在临床上，经常使用并享有盛誉的汤剂，如小青龙汤、小承气汤等均未载入，丸散剂中除半夏散外，绝大部分亦在摒弃之列。

三、康治本是否为古本

据户上玄斐的自叙，认为“此书或别有所流传，而未经叔和氏之撰次……且前辈所疑而阙如者，此书概不载，以为古之遗文，亦不诬也”。荒木正胤氏更提出，尽管此书条文与处方的数目很少，但未经过王叔和的撰次与宋代儒者的校订，因而呈现了《伤寒论》的原始面貌。我对这个意见不敢苟同。理由是：

（一）此书之年代

据户上玄斐自叙，原本为唐贞元乙酉年所写，该为公元805年，但从文字学的角度来看，这种提法是有问题的。

1.“真”与“玄”　书中有真武汤方。据《云麓漫抄》“朱雀、玄武、青龙、白虎为四方之神，祥符间避圣祖讳，始改玄武为真武”。祥符为宋真宗年号，时为公元1008年，故在1008年之前的伤寒论本，不可能出现真武汤，而应是玄武汤。所以此书原本为公元805年所写的说法并不一定真实。

2.“薑”与“姜”　康治本中的“薑”，均作“姜”。按：“姜”字古已有之，但不作“薑”解。日本对于此字在康治本中出现之意义持有不同意见。长泽元夫引用唐《外台秘要》与元《汤液本草》中曾出现“生姜”的例子来证明康治本的确属于唐本。我认为这种看法值得商榷。因为从见到的唐代医书，以及王好古的《汤液本草》来看，均作“薑”，至于人民卫生出版社影印的《外台秘要》中虽有“姜”字，但此为流传日本的明版书籍，不能当作唐本的证据。

3.“仁”与“人”　康治本中的“杏人”作“杏仁”，按段玉裁：《说文解字》中的“人”字下注“果人之字，自宋元以前本草方书、诗歌记载无不作人字”。此本仅经康治二年（南宋绍兴十三年，即公元1143年）了纯一人转抄，故传抄改动的可能性几乎不存在，说明此本并非唐本。

（二）此书是来源于中国吗

自延历三年（784年）至1186年，是日本的平安朝时代，那时佛教盛行，医学也处于提倡、模仿唐朝医学的时期。僧侣往往兼医，不少人到中国留学。他们不仅带回佛经、佛具等，也带回很多医书。由中国留学归来，天台宗和真言宗的主要人物最澄与空海，就是既懂佛经，又很熟悉医学的两个有名的和尚。康治本的跋中已提到最澄懂得医学。至于空海，他在仁明天皇承和元年（834年）上奏时说：“如来说法，有二种趣。一浅略趣，一秘密趣。浅略趣者，如太素、本草等经，论说病源，分别药性。秘密趣者，如依方合药，服食除病。若对病人披谈方经，光由疗病，必须当病合药，依方服药，乃得消除疾患，保持性命”。从空海这段上奏可以看出日本天皇即官方对医学很感兴趣，僧侣留学中国的任务除了取佛经之外，可能还有取医书在内，否则空海不必如此上奏。其次还能证明当时流传的中国医书为太素、本草等，《伤寒论》不在其中。这就产生了一个问题，既然日本官方重视医学，最澄又是有名望的、懂得医学的和尚，为什么他带回《伤寒论》竟然会默默无闻，直到千年之后方被人发掘出来呢？

据日本文献记载，806年平城天皇下旨，命全国各地官吏交出传入日本的药方，由出云广贞撰集《大同类聚方》100卷。这表明日本官方十分重视搜集传入的医书。最澄是主持天台宗的高僧，而天台宗又是平安时代日本佛教的主要流派，所以最澄若于805年带回《伤寒论》，是不大可能秘而不交的，交出后不见于医书书目或对当时不发生影响的可能性更小。但在康平年间（884～897）藤原佐世所撰的《日本国见在书目录》与982年由丹波康赖根据隋唐医书204种撰写的《医心方》中均无《伤寒论》一书，也没有发现《伤寒论》对当时医学的影响，这些都提示最澄或其同时期人并未将《伤寒论》传入日本。

康治本中提及阴阳的仅4条。这种情况不曾见于中国医书，若称此书来自中国，实难令人置信。另外，所谓唐贞元乙酉年写的康治本，正处于日本的平安朝时代。那时的日本医学界中盛行阴阳五行学说，对阴阳非常重视，政府已设立阴阳寮与设阴阳博士等。982年时出现的《医心方》中，也提到“病先起于阴者，先治其阴，而后治其阳；先起于阳者，先治其阳，而后治其阴，皆疗其本也”，也可以证明阴阳学说在医学上占有重要位置。再根据康治本中的跋“最澄博物，兼知阴阳医方”，不难看出在阴阳学说盛行时期的“兼知阴阳医方”的最澄，居然去带回一本将阴阳的内容删削几尽的《伤寒论》，多少有些不合逻辑。

总之，康治本不像从中国传去的医书，也没有最澄或其同时期人由中国带回的证据，另外还不可能由平安朝时代的日本医家所撰写。它很可能是古方派兴起后的作品。

（三）虫蚀情况

此书有七处出现虫蚀现象。其中三处完全被蚀，但可据上下文正确无误地补上缺字；四处部分被蚀，可据剩余笔划予以补足。从影印本上可以判断，虫蚀周围的纸张完好无缺。这种连续七处仅蚀一字，且仍能推测出残缺文字，并无例外的现象，如果说是自然虫蚀，恐怕不是圆满的解释方法，倒是人为制作虫蚀的可能性较大。

（四）书中内容

在康治本的一些条文中，主要是提出若干症状，然后根据这些症状处方用药。宋版中有关阴阳变化与病理改变的条文几乎很少见到，这与古方派提倡实证医学，反射阴阳学说的看法比较相近，但还存在一些问题。举例如下：

1. 康治本中主要收载太阳病与少阴病两篇的条文与方药，对于阳明、少阳、太阴、厥阴病诸篇的内容则基本从略，这种写法不仅不符合张仲景在《伤寒论》中进行六经分证的学术思想，而且也与《素问·热论》中提到的六经概念截然不同。在我国与日本治伤寒诸家的著作中，从未出现与之类似的情况。特别是江户时代的日本古方派医家，对于《伤寒论》的一字一句都很重视，但康治本中却短缺大量《伤寒论》的条文，所以此本与古方派的关系不会太大。

2. 康治本中没有小青龙汤、五苓散、抵当汤、小承气汤、麻黄细辛附子汤等被日本的古方家经常使用的方剂。以小青龙汤为例，孙思邈对该方颇为推崇。日本的古方家对于孙思邈的著作也是重视的，如果此本出于古方派之手，则小青龙汤的缺如是难以理解的。另外，更重要的是古方派的中心人物吉益东洞在他的名著《类聚方》中，选取《伤寒论》《会匮要略》的处方220首，康治本中见不到的小青龙汤、麻黄细辛附子汤等均在选取之例。这又一次表明康治本出自古方派的可能性并不大。

综上所述，我认为康治本很可能不是在唐代由中国流入日本的《伤寒论》传抄本，而是在古方派兴起的江户时代，由受到古方派影响，但并非真正的古方派的日本某人或某些人的作品。理由是：

1. 中国医学从来都以阴阳学说作为指导思想，没有见过如此忽略阴阳的医学书籍。另外，在六经病中，除了太阳病与少阴病外，基本上只剩下提纲，几乎没有什么内容，这与传世的《伤寒论》诸本大不相同。突际上在康治本中，其他四经已失去存在的意义，不符合仲景原意。中国不大可能出现这种本子。

2. 最澄或其他人在平安朝时代由中国带回此本并无肯定依据。相反，从当时未见此书来考虑他们未曾带回此本，却更有说服力。

3. 从文字学的角度考虑，此本并非唐本。

4. 从此书中的忽视阴阳、病理等内容来看，与江户时代的古方派学术观点相近，但书中又大量抛弃《伤寒论》原文与若干常用方剂，说明不是真正的古方派，只不过受到古方派的影响而已。

白云阁藏本《伤寒杂病论》述评

李景荣　陕西省中医药研究院

白云阁藏本《伤寒杂病论》是已故我国著名中医科学家黄竹斋先生于本世纪三十年代发现并刊印的珍贵版本。黄老的弟子，陕西省中医药研究院院长米伯让研究员，对黄老的遗嘱：“你一定要亲送南阳医圣祠保存，以备来者研究。”二十多年来铭刻心上，终于1981年12月亲自将该书木刻原版两箱及黄老撰述《医事丛刊》木刻版一箱，完整无缺地送往南阳医圣祠收藏（所遗失之三页书版，及黄老写的勘误表已补刻齐全）。现作为珍贵的文物陈列在医圣祠张仲景享殿，供人们参观学习。为张仲景学术作出卓越贡献的黄竹斋先生亦升堂入室。他的巨幅照片陈列在张仲景享殿内供人们瞻仰。米老亲笔书写的黄老于1947年撰写的《祝告医圣文》碑刻，即将镶嵌在张仲景享殿的墙壁上。米老忠实地、不折不扣地完成了黄老对他的嘱托。半个世纪以来，黄老、米老师徒二人为仲景学术，不辞劳苦，南北奔波，为振兴中华医学勤求博采，精心撰述，诚可谓耿耿此心，可昭天日！

1981年12月12日在南阳张仲景研究会成立盛

典上举行了隆重的送迎书版仪式。河南省卫生厅郭峻嵩副厅长代表河南省卫生厅致贺词，并向米老赠送了锦旗和奖状，高度评价了该书的科学价值和盛赞了米老的高尚风格。锦旗上写道："发扬仲景学说树立楷模，珍藏伤寒善本卓著功勋。"黄者、米老精诚所至，金石为开，竭毕生精力致力于仲景学术研究的故事及其高贵医德和治学精神，在南阳地区传为佳话，激励着人们继承伟业，振兴中医。

经过艰难曲折得以保存的白云阁藏本《伤寒杂病论》，于1980年在我省卫生局及原陕西省中医研究所党委的支持下，文献医史研究室全体同志热情参加，冒着酷暑炎热，自印、自订，使该书得以重印。分赠国内各中医院校、图书馆及国际友人，以供先睹研习，深受各方赞许。据日本医学博士矢数道明来函云：该书传至日本后，日本学者争先研求，共赞珍贵。医学博士大冢敬节在病危时还要求拜读此书。日本《医事新报》称：这样珍贵的文献，在日本还是初次见到。

白云阁藏本《伤寒杂病论》得到国内外中医学者如此高度的评价，绝非偶然，从根本上说来，是由其高度的科学价值所决定的。本文试述评于下：

一、访书经过与传授渊源

医圣张仲景——这位占有世界科学地位的伟大医学科学家，为人类健康作出了不可磨灭的贡献，惜汉书无传，历代文献记载亦很不完备。黄老基于对医圣张仲景的无限崇敬和崇德报功，发扬国光，表彰先哲，启迪后学的历史责任感，遂遍查诸家子集、野史杂记、历代名医评赞及有关史料，并于1933年冬亲往南阳进行实地考察，而后撰成《医圣张仲景传》。并发愿搜罗仲景佚著，欲辑成全书贡献医林。黄老遂于1934年赴江浙一带访书[1]。在浙江宁波经名医家周岐隐先生介绍，得识桂林名医家罗哲初先生。黄老从罗先生处发现他所珍藏的白云阁藏本《伤寒杂病论》。不久抗日战争暴发，黄老虑其失传，经商得罗先生同意，手抄付稿一部回陕，经募捐刻置木版自印公世。后拟将书版送往南阳医圣祠保存，因战火频仍，未能如愿。解放后，在党的中医政策感召下，米老商同黄老于1958年将此书版献出。1980年7月该书木刻版由西安医学院图书馆转存陕西省中医药研究院文献医史研究室。

该书的传授渊源为：张仲景四十六世孙张绍祖于清同治三年授于桂林左盛德，左先生珍藏四十余年未尝轻出示人，于清光绪二十四年授于门人桂林罗哲初，罗先生又珍藏三十余年，于1935年授于黄竹斋先生[2]。

二、该书特点及与其他诸本比较

《伤寒杂病论》成书于东汉建安时代（大约公元200年左右），因当时还没有印刷术，仅能辗转传抄，因此流传不广。经三国之乱原书散失。后经西晋太医令王叔和将《伤寒论》部分整理编次为《仲景方论》三十六卷。旋又遭晋怀帝永嘉之乱，王氏撰述亦复失传。宋英宗治平二年（公元1065年），高保衡、孙奇、林亿等奉敕校定医书，将宋开宝时节度使高继冲所献的《伤寒论》十卷校定印行。由于宋代印刷术盛行，加之由政府刊行，从此《伤寒论》广泛流行，这就是所谓的通行本《伤寒论》简称《伤寒》。治平三年（公元1066年），又校定印行了"同体而别名"的《金匮玉函经》，该书实为《伤寒》的别本，而非《金匮》，可与《伤寒》"互相检阅而为表里"[3]。宋仁宗时（1023～1063年）翰林学士王洙在翰林院旧简中检得《金匮玉函要略方》，这是《伤寒杂病论》的节略本。林亿等人在校定此书时，鉴于《伤寒》已有传本，仅将杂病部分及杂病方加以整理编次为《金匮要略方论》简称《金匮》。目前《伤寒》有两种通行本，一是林校宋本《伤寒论》，一是金成无己《注解伤寒论》。宋本原刻已不见，现只有明赵开美翻刻本。经过年代久远的分合隐现，《伤寒杂病论》实际上已被分制为《伤寒》和《金匮》两部书。前者专论外感病，后者专论内伤杂病等。

基于上述历史原因，伤寒学的三大流派之一——重订错简派应运而生。该学派认为"辨脉法""平脉法""伤寒例"均出于王叔和之手笔。有人认为，"痉湿暍"篇已搜入《金匮》，"不可发汗"以下诸篇，绝大多数条文，都是太阳等篇的复出，所以注家自方中行以后，都割弃不谈了。现在通行的新辑宋本《伤寒论》，仅存自辨太阳病脉证并治上至辨阴阳易差后劳复病脉证并治共十篇，398条[4]。通行本《伤寒》《金匮》存在的主要缺点是：

1.《伤寒杂病论》本是一部结构完整的书，被分成两部；

2. 一些属于总论部分的篇、节，被各据其理解程度之不同，或增，或删，或任意编次；

3. 错简、脱、讹、衍之处甚多。

这些缺点在白云阁藏本、木刻版《伤寒杂病论》中基本得到解决。显然，该版本与通行本比较有着不可比拟的优点。其内容比宋本《伤寒论》多三分之一。

该版本与宋本《伤寒论》、涪古本、湘古本《伤寒杂病论》相较，其优点是显然的。如《伤寒》176条，一直是悬而未决的疑案之一。本条文，各家注解甚多，类皆自圆其说。宋本及涪古本均为“伤寒脉浮滑，此以表有热，里有寒，白虎汤主之。”脉方乖违，义实难通。湘古本作“表有热，里无寒”，似较优胜，但仍不如该版本之作“里有热，表无寒”之准确无误。其余订正诸本脱讹之处不遑枚举。

白云阁藏本、木刻版《伤寒杂病论》的特点可概括为：

1. 该版本是“伤寒论”与“杂病论”为一帙的十六卷本。其书名、卷数与张仲景原序“为《伤寒杂病论》十六卷”一致。

2. 该版本内容编排，序言后先总论后各论，先诊断后治疗，顺理成章，符合一般医学论著撰写顺序。如卷一至卷三“平脉法”“伤寒例”“杂病例”，从伤寒与杂病的病因、病机、诊断、治则以及预防等方面进行概括性、原则性的论述，是属于全书总论部分。卷四为温病脉证并治。卷五为伤暑、热病、湿病、伤燥、伤风、寒病脉证并治。卷四、五系统的论述了六淫致病的脉因证治。卷六至十论六经病。卷十二至十五论内伤杂病。卷十六论妇人病。卷四至卷十六是属各论部分。卷四、五既属全书各论，又是外感病部分的总论，环环相扣，井然有序。

3. 对六淫病邪（风、寒、暑、湿、燥、热、温）论述比较详尽。卷四专论温病，详载温病脉因证治。并非仲景只论伤寒，不论温病。“伤寒”既是外感病的总称，且有广义、狭义之分，那么“伤寒论”应是包括外感六淫而引起的诸种病证。而宋本《伤寒》则详于寒邪致病，而略于其他诸邪。提到“温病”二字的条文只有一条（第六条）。

4. 全书以整体观念为指导思想，以三阴三阳为辨证纲领，以脏腑经络学说为理论依据，深契仲景以六经钤百病之微旨。如该书列黄疸、宿食、下利、吐逆、呕哕、寒疝、消渴等证于阳明、少阴、厥阴诸篇之中，“杂病论”部分文不复出。因六经钤百病是贯穿伤寒、杂病辨证论治的主线，故伤寒学的理法方药，既可以治外感病，又可以治内伤杂病，这个观点已被中外伤寒学者所公认。

5. 全书体例，一以贯之，首尾相顾，结构严谨。如伤寒辨汗吐下可与不可，是属治则范畴，本书述于“伤寒例”篇中。与六经病脉证并治中，“伤寒例”已具之条文并不重复。而宋本则于卷七至卷十分列十篇。可能系编次者将后人所写的有关“汗吐下可与不可”的笔记，整理时误置所致。

6. 有《伤寒》《金匮》中没有的方子88个。宋本《伤寒》中之禹余粮丸及《金匮》中之黄连粉，均为有名无方。白云阁本则这两个方剂，均有名有方。无《金匮》杂疗方以下三篇。

日本出版的《贞元伤寒论》《康治伤寒论》，亦从不同程度保存了有关《伤寒论》的文献资料，对校刊《伤寒论》有一定的参考价值。但只有五十条，很不完善。目前日本通行的《伤寒论》缩印本，基本来源于宋本。

三、该版本与当代伤寒学家——黄竹斋先生的学术思想

据任应秋教授研究，从明代方中行侈言《伤寒论》的错简开始，启后来各个流派之先河。而各流派中，以错简重订、维护旧论、辨证论治诸家最具有代表性。当代伤寒学派，大别之有两派：一是受国内重订错简、维护旧论两派的影响；一是受日本伤寒学家的影响。目前兼采国内外伤寒学家之长的趋势正在发展。长安黄竹斋先生是当代有代表性的五位伤寒学家之一。其他四位是：四川临筇郑钦安、江苏江阴曹颖甫、江苏武进恽铁樵、江苏川沙陆渊雷。黄老早在1914年就“尝取《伤寒论》《金匮要略》合为一帙。……撰成《伤寒杂病论新释》十六卷。嗣后又纂辑百余注家之精华，撰成《伤寒杂病论集注》。”[5] 1933～1946年湘古、涪古本、白云阁藏本、康平本相继公世。黄老对比了这四种《伤寒杂病论》版本，认为以白云阁藏本最优，乃“采集古今诸注为之详释，参以湘古本、涪古本，相互考核，严加订正，补其脱佚。字栉句比，纲举目张，务期无疑不释，无义不晰。……命名《伤寒杂病论会通》。”[7]黄老研究《伤寒》多守钱塘二张及陈念祖之学。他观察到《伤寒》诸注家“笺释虽详，而贯一有待”，“逮后观西哲生理学系统之说，恍然仲景以三阳三阴钤百病之义。爰于丁未之岁撰著提纲六篇。”[8]他指出，《伤寒》的三阴三阳与《素问》热论不同，乃将人体部位、质体分为六纲。以三阳标部位，以三阴标质体。并结合现代生理学研究成果，认为太阳统躯壳表面，故六淫之邪从之而入；阳明统咽至肛门肠胃表面，饮食之邪多受之；少阳统躯壳里，脏腑表之膝膜，所谓三焦居半表里，六淫及饮食伤皆足致之。太阴属营养系统，少阴属血液循环系统，厥阴属神经系统。三阳之部位各有区域，故汗下之法不可混施；三阴的质体，互相纠丽，是以温清之法，旨可通用。[9]他认为掌握了三阳三阴提纲，“以之读论，则触类咸通，临

诊则见病知源。”《六经提纲》可谓自辟蹊经，务去陈言。

黄竹斋先生研究仲景学术，在我国近代医学史中占有一定的地位。《中国医学大辞典》主编谢利恒先生称赞说：“西安黄竹斋先生重订《伤寒杂病论集注》十八卷，都七十余万言，据生理之新说，释六经之病源，贯穿中西，精纯渊博，可谓集伤寒学说之大成，诚医林之鸿宝也。”并称之为“近今之杰作”。《陕西通志》中亦有关于该书的记载。[2]米伯让研究员承其志，嗣其学。

据我们跟随米老临诊观察，米老以仲景学术指导临床实践，无论是治外感病或内伤杂病都取得了很好的疗效。如治疗秋温时疫（钩端螺旋体病）、温毒发斑夹肾虚病（流行性出血热）、克山病、急慢性肝炎、急慢性肾炎、急慢性胃炎、泌尿系结石、崩漏（功能性子宫出血）、再生障碍性贫血、虚劳病、痰饮病、淋证、胸痹、眩晕证、痹证，以及其他一些疑难病证，均取得了很高的疗效。仅举治疗秋温时疫（钩端螺旋体病）为例，1963～1968年共治657例，治愈率达99.93%。退热时间平均为2.6天。症状体征一般在体温正常2～3日内恢复正常。病程约百分之八十在4～6日内结束。血清暗视野检查阳性50例，治疗后，除1例于第四周仍为阳性外，其余皆阴转。至于国内外的医家和人民群众的实践经验，就更不待说了。

关于伤寒学与温病学的关系，米老认为，张仲景：“伤寒论”是以伤寒命名概括了温病，温病学派是以温病命名而概括了中风伤寒等。伤寒与温病各有广义和狭义之分，两者是一脉相承的，不过是前人受当时历史条件和科学技术水平的限制定出了不同名称，承先启后，各有发明。因此米老在治疗外感时，兼采伤寒、温病学说理法方药之长，融汇贯通，既有原则性，又有灵活性。这个主导思想，就是基于对白云阁藏本《伤寒杂病论》深入研究而来的。

四、关于该版本的真伪问题

关于该版本的真伪问题，中医界老前辈早有论证。黄老早在1939年就曾对此问题进行过讨论。如：（一）仲景著《伤寒杂病论》为什么修稿至第十三次的问题。（据张绍祖称，当年仲景著该书共修订过十三次，王叔和所编次者为第七次稿。他家藏的该版本为第十二稿。）黄老解答说：“殊不思医学著述动关民命，仲景救济之心求精固无已时。昔朱子著四书，稿经七易，病革时尚命门人改订大学诚意数句。凡诸学理愈研愈微，岂一成即不可再易乎！”（二）张绍祖自称为张仲景四十六世孙与人类繁衍大率，百年可繁衍五代不符的问题。黄老对张仲景距其四十六世孙张绍祖与孔子距其四十七世孙孔宗愿的年代进行了对比。张仲景（汉献帝建安十年）距张绍祖（清同治三年）为一千六百六十年。孔子（周敬王四十一年卒）距孔宗愿（宋仁宗至和二年，袭封为衍圣公）为一千五百三十四年。张氏平均36年衍一代，孔氏平均32年衍一代，大体相仿。黄老指出：“张氏尚少孔氏一世，多一百二十六年，人类生率世次安可以常数限哉。”[10]米老对此问题亦有论述，他指出：“关于本书，或有疑议真伪问题，存在各种意见，有待进一步考证与商榷。我认为，首先应该以说理真实，应用有效为辨别之关键。即或非仲景手稿亦无关宏旨。亦必系后之学者学习《伤寒论》深有心得者托名而作，仍是有功于祖国医学的发扬。”[11]我们认为，米老此论可以说是很客观，很公允的。

结　语

白云阁藏本《伤寒杂病论》是祖国医学宝库中的珍贵文献之一。中医前辈黄老、米老为党和人民珍藏了此版本，米老遵黄老遗嘱亲将该书木版送往南阳医圣祠收藏，得到党的赞扬和人民的崇敬。《伤寒杂病论》千百年来卓有成效地指导着中医临床实践，被历代医家奉为经典。其影响之大，时间之久，在世界医学著作中是罕见的，堪称世界医学宝库中之一颗灿烂的明珠。本文还简述了访书经过与传授渊源；概述了该版本六方面特点，并与其他版本进行了比较；介绍了该版本与当代伤寒学家——黄竹斋先生的学术思想；讨论了该版本的真伪问题。

参考文献

[1] 黄竹斋．宁波访求仲景遗书记．《医圣张仲景传》，1933年．

[2] 米伯让．白云阁藏本、木刻版《伤寒杂病论》米序．陕西省中医研究所重印，1980年．

[3] 校正《金匮玉函经》疏．《金匮玉函经》．6页，人民卫生出版社影印，1958年．

[4] 新辑宋本《伤寒论》．重庆人民出版社，1958年．

[5] 任应秋．研究《伤寒论》的流派．中日《伤寒论》学术讨论会资料之一，1981年．

[6] 黄竹斋．《伤寒杂病论读本》序．京载于《医事丛刊》，1939年．

桂林古本《伤寒杂病论》研究概况

魏雪舫　陈忠琳　河南淮滨县人民医院

仲景之书，历来以宋本为主，然传世尚有抄本，古本，别本，大多因真伪莫辨而问津者甚少。考证版本真伪，学术上固然重要，但抄本等仍具有一定参考价值，不可以“概属伪本”而不深究。米伯让先生说过“关于本书，或有疑义，真伪问题，存在各种意见，有待进一步考证与商榷。我认为，首先应该以说理真实，应用有效为辨别之关键。即或非仲景手稿，亦无关宏旨。”[1]对仲景之学，也有人提出：“不专限在版本考证和条文疑阙方面下功夫，而贵在从实践上去研究验证。”[2]这些看法无疑是正确的。本着以上精神，现就桂林古本《伤寒杂病论》的发现以及近10年来的研究概况，作一简述。

一、古本的发现与印行

自民国以来，仲景遗书，有四种发现，俱称古本[3]。

1. 湖南刘昆湘于民国初年在江西得古本《伤寒杂病论》，1933年石印公世，即长沙本或称湘古本。

2. 四川刘熔经于涪陵得传为“王叔和所述，孙思邈所校”之《伤寒杂病论》，1935年石印公世，即四川本或称涪古本。

3. 黄竹斋先生1934年抄得桂林名医罗哲初珍藏其师左盛德1894年所授《伤寒杂病论》，1939年校刊公世，称白云阁本。

4. 日本、大冢敬节1937年印行之康平本《伤寒论》，叶桔泉先生1947年复予重校在国内印行。康平本曾引起中日双方重视，并为前辈交口称誉，有“认为系最善本，其价值超过赵本与成本”者。然经近年张氏考证[4]，实“从宋本脱胎而来，故难越宋本之雷池”。国内所见三种，涪本载文接近宋本；湘古本内容与白云阁本出于同一传本，尤以黄竹斋所刻之白云阁藏本（即桂本）内容最全，甚为完整。又集诸家之说撰成《伤寒杂病论会通》，1948年虽曾刊印而流传不广，知者较少，1982年由陕西中医药研究院整理出版，但作为内部交流，亦未能广泛传布。目前能见到的是广西人民出版社据罗哲初手抄本整理成的桂林古本《伤寒杂病论》。此书才得以盛行。此外，辽宁《实用中医内科杂志》自1987年逐期连载的“碧阴书屋主人翟冷仙珍藏《伤寒杂病论》”，即黄竹斋先生1939年校刊之白云阁藏本。

二、古本的研究与评述

为古本作注者，首推刘昆湘氏，但其《伤寒杂病论义疏》，没有重印，原版已很难见到。而黄竹斋先生《伤寒杂病论会通》一书，依原本（罗哲初手抄本）校正，并参考宋本《伤寒论》《金匮要略》，及近时湘古本，涪古本，相互考核，“正其舛讹，补其脱阙。论文与通行本相同者，则采辑成无己、赵以德以下元明清数十家之注以释之；论文为通行本所无者，则节录刘昆湘所撰《义疏》以解之；为湘古本所无者，乃抒鄙意以阐发其义”（《会通、凡例一》）。书中所作按语，每多新见，发前人所未发。实际上，黄氏将“宋、桂、湘、涪”，四种合一，成此《会通》。刘氏《义疏》，亦能籍此窥其梗概，观所注诸条，绝无蓝本，筚路蓝缕，功不可没。《会通》一书，汇萃百家，纠误补阙，“使久湮人间之秘籍得以流通，医圣济世之真传赖其不堕，千余年承讹袭谬之刊本有所订正，裨益医林实非浅鲜”（《伤寒杂病论》刊本自序）。《会通》重印本，由陕西中医药研究院文献医史研究室在米伯让先生的指导下，对全文进行了断句和标点；对原本因旧印刷技术或其他客观条件所致的部分词字错讹或引文衍误之处，分别据有关医著进行了校勘；又对本书所涉及的医家与所引参考书目，分别作了简介，同时编制方剂索引，一并附于卷末。这对学习研究此书提供了极大的方便。

1982年米伯让先生发表了1949年所写的“《伤寒杂病论会通》书后”一文，指出[7]“罗哲初所藏之古本，首册较刘氏湘本，《伤寒例》后多《杂病例》一篇。《伤燥脉证并治》后多《伤风》《寒病》二篇，其余文字亦有小异。六经篇后无“可与不可与”各条，而有《金匮》诸篇。盖举杂病而名书，则金匮诸篇实不可缺也。故此本较刘本为胜”。李景荣先生介绍[8]白云阁本、木刻版《伤寒杂病论》的特点可概括为：

1. 该版本是“伤寒论”与“杂病论”为一帙的十六卷本。其书名卷数与张仲景原序“为《伤寒杂病论》十六卷”一致。

2. 该版本内容编排，序言后先总论后各论，先诊断后治疗，顺理成章，符合一般医学论著撰写顺序。如卷一至卷三“平脉法”“伤寒例”“杂病例”，从伤寒与杂病的病因、病机、诊断、治则以及预防等方面进行概括性、原则性的论述，是属于全书总论部分。卷四为温病脉证并治。卷五为伤暑、热病、湿病、伤燥、伤风、寒病脉证并治。卷四、五系统地论述了六淫致病的脉因证治。卷六至十一论六经病。卷十二至十五论内伤杂病。卷十六论妇人病。卷四至卷十六是属各论部分。卷四、五既属全书各论，又是外感病部分的总论，环环相扣，井然有序。

3. 对六淫病邪（风、寒、暑、湿、燥、热、温）论述比较详尽。卷四专论温病，详载温病脉因证治。并非仲景只论伤寒，不论温病。“伤寒”既是外感病的总称，且有广义、狭义之分，那么《伤寒论》应是包括外感六淫而引起的诸种病证。而宋本《伤寒》则详于寒邪致病，而略于其他诸邪，提到“温病”二字的条文只有一条（第六条）。

4. 全书以整体观念为指导思想，以三阴三阳为辨证纲领，以脏腑经络学说为理论依据，深契仲景以六经钤百病之微旨。如该书列黄疸、宿食、下利、吐逆、呕哕、寒疝、消渴等证于阳明、少阴、厥阴诸篇之中的“杂病论”部分文不复出。因六经钤百病是贯穿伤寒、杂病辨证论治的主线，故伤寒学的理法方药，既可以治外感病，又可以治内伤杂病，这个观点早已被中外伤寒学者所公认。

5. 全书体例，一以贯之，首尾相顾，结构严谨。如伤寒辨汗吐下可与不可，是属治则范畴，本书述于“伤寒例”篇中。于六经脉证并治中，“伤寒例”已具之条文并不重复。而宋本则于卷七至卷十分列十篇。可能系编次者将后人所写的有关“汗吐下可不可”的笔记，整理时误置所致。

6. 有《伤寒》《金匮》中没有的方子 88 个。凡宋本中有名无方者，此均有名有方。还以实践方面，举米老治疗秋温时疫（钩端螺旋体病）为例，1963～1968 年共治 657 例，治愈率达 99.93%。所以能取得如此很高的疗效，“就是基于对古本《伤寒杂病论》深入研究，灵活运用而来的。”

至 1985 年，张志豪氏对桂林古本进行研讨指出：[9]此书“内容比《古康平本伤寒论》为全面，它包括有《金匮要略》的杂病内容，在《伤寒论》方面，仍包括有旧本的辨脉、平脉及汗吐下可不可诸篇内容，这是康平本所没有的”。“关于《伤寒论》首尾诸篇，向来认为是王叔和伪撰混入，都摒弃不用。前者因《伤寒例》篇中有一段“今搜采仲景旧论，录其证侯，诊脉声色，对病真方有神验者，以防世急也”的话，显系后人编集语气，明非仲景原文。今观桂林古本《伤寒例》恰恰没有这“今搜采仲景旧论”等二十八字。再从后者可不可诸篇的首条有云：“夫以为疾病至急，仓卒寻按，要者难得，故重集诸与不可方治，比之三阴三阳篇中，此易得也。又时有不止是三阴三阳，出在诸可与不可中也”。这一段话的语气来看，可知为叔和编定伤寒论全书之后，又把有关可不可的条文摘出而汇集于此，故与六经篇颇多重复。今观桂林古本无此诸篇，而其内容则可于《伤寒例》中得之，与六经篇中条文不相重复。可见桂林古本是在叔和编订《伤寒论》之前原书。另据王焘《外台秘要》所载现称为《金匮要略》的杂病诸方，多云出自仲景《伤寒论》某卷中，可知原书应包括伤寒和杂病。今观此桂林古本于《金匮》杂病诸篇，俱散见在各有关卷内，但其条文都不与其他诸篇重复。这说明桂林古本应是在宋王洙在馆阁旧简中检得《金匮玉函要略方》之前的原书。

同时，广西黄祥续氏着宣介绍了桂林古本的来源，及 1960 年、1980 年两次整理印行的情况。并引左盛德序说：“余闻吾师张绍祖先生之言曰：吾家伤寒一书，相传共一十三稿，每成一稿，传抄殆遍城邑，兹所有者为第十二稿，余者或为族人所秘，或付劫灰，不外是矣”。从而提出“不宜轻易排除此稿本真传的可能性。”[10]

1986 年，张洪斌氏从多方面评述桂本[11]：

一、收载内容宏富，可窥仲景学说概貌。指出“古本《平脉法》两篇中有大量条文为流传本所未载。其要者，如奇经八脉发病脉证治法及其鉴别。而卷三之《六气主客》是仲景对《内经》运气学说的概括和运用。卷四《温病脉证并治》独立专篇，可谓为温热辨证论治之滥觞。卷五论暑、热、湿、燥、风、寒病脉证并治，乃肇六淫辨证之端”。“古本与《金匮》相较，文字有出入，编次亦大有区别。《金匮》中许多篇章，则散见于古本各有关篇中。又如风邪干乘五脏及六腑，寒邪干乘五脏及积久成着等病，更为旧本所无”。关于脏结，《伤寒论》只有 132 条，133 条和 172 条三条记载，而古本在《辨太阳病脉证并治下》载有脏结证治 8 条，认为脏结，“五脏各具”，“寒热攸分”，并非“脏结无阳证”，同时对各脏之脏结分别寒热列证举方、这些均与《伤寒论》及后世诸家的观点是绝然不同的。

二、文字古朴通顺，可资整理仲景著作参考。“尽管古本和其他秦汉古籍一样，也有不少错讹处。但与《伤寒论》所载 397 条勘对，在文字或方治上有出入的达 119 条，其中以古本记载较为准确合理即有85条，占出入条文的71.4%。因此，可作为进一步整理研究《伤寒》《金匮》二书的借鉴和参考。”

三、保留大量古方，可补《伤寒》《金匮》之阙。古本全书记载方剂337个，保存了汉以前的大量古方，对后世所谓“有论无方诸条”，此皆载有治法与方药。张氏鉴于以上诸多问题，强调提出“桂林古本问世近30年了，尚未引起中医学术界的注意。……仲景原著虽散佚于战乱之中，然经历代医家收集整理，至今尚有多种版本在民间和国外流传，应广泛征集出版，加以研究考订，进一步对《伤寒》《金匮》二书进行校勘整理，尽快使其接近或恢复仲景作原貌，以适应当代中医教学和临床需要。”

1988年，傅新乐氏在研读古本后，对“阳旦证”提出新的看法[12]。“《金匮、妇人产后病脉证并治》第二十一云：‘产后风续之数十日不解，头微痛、时时有热，心下闷、干呕、汗出。虽久，阳旦证续在耳，可与阳旦汤。’阳旦证系何证？阳旦汤系何方？前说有三：一曰阳旦证即桂枝证，阳旦汤即桂枝汤：二曰阳旦汤即桂枝汤加黄芩；三曰阳旦汤即桂枝加附子汤，其疑久蓄。细阅桂林古本《伤寒杂病论·辨妇人各病脉证并治》与其条文相近的为‘产后中风，数十日不解，头痛恶寒，心下满，干呕，续自微汗出，小柴胡汤主之’。疑云始散，知前说皆非，原为误服桂枝汤之变证也。又卷六《辨太阳病脉证并治上》云：‘太阳病，其证备，按桂枝法治之而增剧，厥逆、咽中干、烦燥、吐逆、谵语，其故何也？师曰：此阳旦证，不可攻也。……阳旦证，发热不潮，汗出，咽干，昏睡不安，夜半反静者，宜地黄半夏牡蛎酸枣仁汤主之；若口渴，烦躁，小便赤，谵语者，竹叶石膏黄芩泽泻半夏甘草汤主之。’由此可知所谓阳旦证当是‘发热不潮，汗出，咽干，昏睡不安，夜半反静’或为‘口渴，烦躁，小便赤，谵语’者是也。以其症状及方药分析，所谓阳旦证实际上是温热病罢了。”

迨至1990年，黄祥续氏又重新对桂本予以评述。并详细介绍了手抄珍藏古本的罗哲初先生之生平事迹，及其撰著[13]。关于罗哲初其人，近年介绍甚少，但从当代名医裘沛然先生幼年从其叔父习医之裘汝根，即罗哲初之弟子来看，罗氏原为医林耆宿[14]。(未完)

参考文献

[1] 米伯让.《伤寒杂病论》分合隐现的简介.《陕西中医》，1980；(1) 42.

[2] 王琦等.《伤寒论》版本及目录学研究概况. 黑龙江中医药，1983；(2) 21.

[3] 米伯让. 重印会通序《伤寒杂病论会通》. 陕西省中医药研究院印行1982年；第一版，第3页.

[4] 张家骏.《康平伤寒论》真伪考. 上海中医药杂志，1982；(9)：40.

[5] 米伯让. 白云阁藏本木刻版《伤寒杂病论》重印序. 陕西中医，1982；(1)：1.

[6] 李景荣等. 白云阁藏本重印消息. 陕西中医，1980；(5)：48.

[7] 米伯让. 《伤寒杂病论会通》书后. 陕西中医，1982；(2)：1.

[8] 李景荣. 白云阁藏本《伤寒杂病论》述评. 陕西中医，1982；(3)：1.

[9] 张志豪. 桂林古本《伤寒杂病论》读后. 福建中医药，1985；(4)：48.

[10] 黄祥续. 桂林古本《伤寒杂病论》来源及其主要特点. 中医杂志，1985；(11)：76.

[11] 张洪斌. 桂林古本《伤寒杂病论》评述. 国医论坛，1986；(2)：8.

[12] 傅新乐. 桂林古本《伤寒杂病论》读后感. 张仲景研究，1988－1989；8 (9)：36.

[13] 黄祥续. 罗哲初与桂林古本《伤寒杂病论》. 广西中医药，1990；(4)：37.

[14] 裘沛然. 学习与教训. 北京中医学院学报，1986；(1)：18.

宋版《伤寒论》之新知见

真柳诚　日本国茨城大学北里研究所

梁永宣　北京中医药大学

《伤寒论》经北宋校正医书局林亿等校订，于治平二年（1065）初刊。因其版式与文字皆大，称作“大字本”。元祐三年（1088）奉勃命、由开封国子监与浙路郡斋翻刻了各种小型的“小字本”[1]，但南宋却未见任何翻刻踪影。迄今所传各种《伤寒论》都是基于北宋版派生出来的。所谓宋版《伤寒论》以前的日本康平本、康治本、中国桂林本，都不过是后世的伪作[2]。且3种北宋原版亦未流传至今。

一、赵开美本

现在保留宋版旧貌的是明·赵开美刊入《仲景全书》的“宋板伤寒论”，内有赵氏万历二十七年（1599）序文。该本虽亦称《宋板（版）伤寒论》，但并非真正的宋版。又赵开美本中有小字本的造呈文，故其翻刻当用小字本系统的宋版。这一赵开美本《仲景全书》还另收有《金匮要略》《注解伤寒论》《伤寒类证》，共计4书。此外，江户前期日本编辑了含《集注伤寒论》《金匮要略》《伤寒类证》3书的《仲景全书》，并5次刊行。以其第4版为基础，清末又编刊了加上《伤寒明理论·药方论》《运气掌诀录》共计5书的《仲景全书》。此本至民国时期已刊行了4次[3]，其中存在种种混乱。

鉴于东亚当今流传的仲景医书版本劣次状况令人担忧，小曾户和真柳于1988年影印出版了新的《仲景全书》（东京燎原书店）。该丛书含赵开美本《宋板伤寒论》、邓珍本《金匮要略》、陈世杰本《金匮玉函经》3书，附有解题及处方索引。其中收入的《宋板伤寒论》是藏于日本国立公文书馆内阁文库的赵开美《仲景全书》本，原本有记载从1652年起收藏于江户幕府红叶山文库[4]，据推测大约是此前从中国进口到长崎的。

此外，江户时代日本据《仲景全书》单行的《宋板伤寒论》版本有4种，其中以安政三年（1856）影刻红叶山文库本的堀川本为最佳善本。1923年上海恽铁樵（商务印书馆）与1931年上海中医书局出版的赵开美《宋板伤寒论》，实际上是消去了堀川本中日文读音顺序符号再加影印的。对此小曾户[5]和真柳[6]曾有论证，并被马氏[7]引用。

日、中两国现存赵开美原本《仲景全书》6套[8]，因未全部影刻或影印，故以往很难将其相互比较。真柳于2001~2002年间幸获5个月的良机，调查台湾所藏古医籍，亲览了故宫博物院图书文献馆的赵开美本《仲景全书》。此本原为北平图书馆旧藏，后被收藏于从南京迁至台北的中央图书馆。但近年原中央图书馆变更为台北国家图书馆，于是原北平图书馆旧藏书全部归台北故宫所有。

此本在《国立北平图书馆善本书目》131页（台北·国立中央图书馆、1969）著录为：“仲景全书26卷5册。明万历已亥（27年）海虞赵氏刊本”。据调查，题笺有墨书“仲景全书万历已亥赵清常/景宋刻本坊”，书前有戊申年矩庵（坊）之题记2文1叶，这可判断为旧藏者亲笔手书。除此以外，赵开美、林亿等人的序文及目录、子目书名、版式等均与内阁文库本相同。但从印刷可知，《宋板伤寒论》以外的3种书部分版木断裂，可以认为这是内阁本同一版本的后印本。仅就《宋板伤寒论》而言，故宫本有内阁本所无的几处版本特征：

1）内阁本的部分黑鱼尾被雕成了白鱼尾，刻字也有细微差异。

2）内阁本中有未刻文字的墨丁[9]，故宫本没有。

3）卷4末叶有牌记“世让堂/翻刻宋/板赵氏稼藏印”，卷8与卷10末叶有牌记“世让堂/翻宋板”。卷10末叶有“长洲赵应期独刻”的刊记。

4）附有一叶与正文刻字相同、但无记年的无名氏“伤寒论后序”。

5）文字等印刷鲜明清晰，当属先印本。

根据以上几点，故宫本《宋板伤寒论》无疑为内阁本的另一版。那么两个本子究竟有什么关系呢？从故宫本牌记来看，“世让堂”翻刻了宋板，用了“赵氏”家藏版木进行印刷。但赵开美的室号是脉望馆[3]，未发现他本人及亲族中有使用“世让堂”这一室号的记录。另一方面，从刊记来看，故宫《宋板伤寒论》为长洲（江苏省吴县）赵应期独自所刻。此赵应期是苏州刻工，又署名为赵应、赵应其、赵应麒，他活跃于嘉靖末年至万历年间，现知曾参予赵开美脉望馆出版《东坡先生志林》《新唐书纠谬》[10]。因此推想“世让堂”是赵应期的刻书坊。

综上所述，两个本子的关系可推测如下：赵开美在《仲景全书》所用宋版《伤寒论》，其中有不能判读的文字，雕板时用墨丁表示，此为内阁本。可以设想，此后赵开美又得到了能判读文字的其他宋版，或者说能用某种手段鉴定出文字，便请赵应期雕刻了新板，即故宫本。故宫本《仲景全书》其他子书的部分版木已经断裂，则《宋板伤寒论》最初版木可能已有不能再印刷的明显断裂，这也许是促使赵开美雕刻新版的原因。另外，从整个文意推敲，卷末所附“伤寒论后序”[11]的作者，很可能就是赵开美。

无论如何，赵开美《仲景全书》中的《宋板伤寒论》有2种版本存在，已一分明确。两者字句差异至少有17处，对此郭秀梅也有调查[12]。因此一般认为赵开美再版的故宫本，其字句更为正确。但《仲景全书》本的《金匮要略》（以元·邓珍版为底本），其字句则与北京大学图书馆的邓珍版原本有不少差异。如果是宋版，其版心下部肯定有刻工的名字，但两种赵开美《宋板伤寒论》均无此例。综而考之，赵开美的校刻态度还是不能令人轻易相信的。因此，有必要迅速将内阁本与故宫本进行详细比较和考察。

二、北宋的大字本

赵开美将小字本宋版或摹写的《宋板伤寒论》

刻入了《仲景全书》中，而他得到的底本则去向不明。另外，迄今几乎无人关注的是有关大字本影抄本的近代记录。前述台北故宫博物院图书文献馆所藏的赵开美《仲景全书》开头，有二个大概出于收藏者本人的题记，其文如下：

伤寒论世无善本、余所藏治平官刊大字景写本而外、惟此赵清常（开美）本耳。……仅得日本安政丙辰复刻本（近蜀中又有刻本、亦从日本本出）…坊记、时戊申中秋日戊辰。

北宋人官刻经注皆大字、单疏皆小字、所以别尊卑也。治平官本伤寒论、乃大字经也。千金方、外台秘要皆小字、疏也。林亿诸人深于医矣。南宋已后、乌足知此。矩庵又记。

台北故宫本《仲景全书》属号为“坊”或“矩庵”之人旧藏书，他自称还藏有“治平官刊大字景（影）写本”《伤寒论》。他很清楚赵开美本小字本的含义及其样子，因此我们不能忽视他“治平官刊大字景写本”的记载。该题记言及日本安政三年（1856）刊的堀川本，以及成都邓少如崇文斋光绪二十年（1894）出版的《仲景全书》（含5书）[3]。后者乃以日本宝历六年（1756）版《仲景全书》（含3书）为基础。因此该题记中的戊申无疑为光绪三十四年（1908）。

王重民曾经调查过此《仲景全书》，其《善本医籍经眼录》中记录了该题记全文。周云青将此题记作为丁福保《四部总录医药编》的附录加以引用”[13]。但王氏或周氏都未言及此号“坊”或“矩庵”的人物。我们对含有此本藏书印记在内的情况进行了调查，但还无法确定这旧藏者是谁。

今后，随着史料的发现及调查的继续进行，有可能了解这一人物，因为只不过是百年前发生的事而已。如果“治平官刊大字景写本”出现的话，不仅对于中国，而且对整个东亚地区的传统医学都将是一个大喜讯，我们期待着有那一天。另外，当时杨守敬曾自称藏有北宋版《伤寒论》的影抄本山[14]。小曾产氏[15]和真柳[6]均已揭示其虚构过程，兹不赘言。但希望矩庵所说“治平宫刊大字景写本”，不曾被杨守敬的伪北宋版《伤寒论》所迷惑。

小结

赵开美《仲景全书》中的《宋板伤寒论》版木经修雕，共出版2次，已属无疑，但均为北宋小字本系统。另外，北宋大字本的影写本可能到清末还存于世。

参考文献

[1]“小字体”的刊刻经纬等内容. 在赵开美《仲景全书》中所收的《宋板伤寒论》前所附的进呈文中有详述.

[2] 其论据在真柳诚“中国11世纪以前の桂类药物と上药名一林亿ちは仲景医书の桂类药名た桂枝统一した”(《日本药史学杂志》30卷2号，96~115页，1995）中有详述.

[3] 真柳诚“《仲景全书》解题”、小曾户洋、真柳诚《和刻汉籍医书集成》第16辑所收，东京・ェンタプライズ. 1992.

[4] 真柳诚、友部和弘“中国医籍渡来年代总目录（江户期）”、国际日本文化研究中心纪要《日本研究》7号173页. 1992.

[5] 小曾户洋“汉方古典文献概说③伤寒论”、《现代东洋医学》4卷1号，1983.

[6] 真柳诚《主要医药文献史2・仲景医书及びぇの研究书》10页、东京・日本汉方协会，1985.

[7] 马继兴《中医文献学》125页. 上海科学技术出版社，1990.

[8] 日本国立公文书馆内阁文库、台北故宫博物院图书文献馆、中国中医研究院图书馆、中国科学院图书馆、中国医科大学图书馆、中山医学院图书馆各有1组. 另外北京国家图书馆目录中著录有1组，它是台北故宫本（旧北平图书馆本）拍摄的缩微胶卷.

[9] 例如内阁本4-18b5-17a7-2b有墨丁.

[10] 瞿晚良《中国古籍版刻辞典》421页，济南・齐鲁出版社，1999.

[11] 此后序在冈西为人《宋以前医籍考》（354页、台北・古亭书层、1969）中引录：“不著作者名氏”“明版仲景全书六册首、载在于严器之注解伤寒论序之前”.

[12] 对由北京图书馆故宫本缩微胶卷而翻印的《伤寒论校注》（刘渡舟、钱超尘编，北京・人民卫生出版社，1991）和堀川本. 郭秀梅氏将过去研究比较的数据提供给真柳诚. 但还没有对故宫本和内阁本进行直接比较.

[13] 丁福保、周云青.《四部总录医药编》附录2第7-b，台北・鼎文书局、1979.

[14] 是杨守敬《日本访书志》中的记述，全文引录见于《历代史志书目著录医籍汇考》1015-17页（李茂如等，北京・人民卫生出版社、1994).

[15] 小曾户洋“扬守敬《日本访书志》《留真谱》所载‘影北宋本伤寒论の检证’一附说现行影赵开美本伤寒论怀疑”、《伤寒论医学の继承と发展一仲景学说シンボヅウム记录》48-52页，日本市川・东洋学术出版社，1983.

* 本研究受日本平成15年度文部科学省科学研究费特定领域研究（2）“东アヅアたおける医药书の流通と相互影响”资助。

《伤寒论》日本内阁本与中国北图本互勘研究

钱超尘　梁永宣　北京中医药大学

宋本《伤寒论》乃医林奇珍，人间罕觏，天不丧斯文，今存者尚有6部，即：日本国立公文图书馆内阁文库一部，台湾省台北市故宫博物院图书文献馆一部，北京中国中医研究院图书馆一部，中国科学院图书馆一部，中国医科大学一部，中山医学院图书馆一部，计六部。北京国家图书馆原藏一部，抗战前移至台湾，现存缩微胶卷一套。

笔者手头有两部宋板《伤寒论》影印件，一本得自北京国家图书馆（简称“北图本”1983年参加卫生部及中国中医药管理局所属的部级科研项目——校注宋本伤寒论，从北京图书馆冲洗一套赵开美本《伤寒论》缩微胶卷，然后放大复印，影象清晰），一本得自日本国立公文图书馆内阁文库（简称“内阁本”，1988年10月日本北里研究所医史文献所编辑，由真柳诚教授、小曾户洋教授主持编辑，燎原书店出版，小曾户洋撰写解题）。两书皆明万历二十七年（公元1599年）江苏常州赵开美依北宋元佑三年（公元1088年）小字本主持刊刻者。北宋治平二年（公元1065年）初刻之原始宋板《伤寒论》——即大字本《伤寒论》今已不存。所谓“大字本”，是指页幅宽裕，文字较大，册数重多者。明赵开美得宋板《伤寒论》小字本，于万历二十七年已亥（公元1599年）摹刻于《仲景全书》中，以逼真宋板原貌，故通称赵开美《仲景全书·伤寒论》为宋板《伤寒论》，珍秘崇敬之甚也。笔者所藏北京图书馆宋板《伤寒论》系据缩微胶卷放大而影印者。馆藏：书号为：No. 1499，封面写有如下文字：“《仲景全书》二十六卷，张机（汉）撰，赵开美（明）辑刻。明万历间刻本。十行十九字（18.28×12.5CM），五册。”日本之宋板《伤寒论》“凡例”云：“本书为国立公文图书馆内阁文库所藏明万历二十七年赵开美刊《仲景全书》（枫，十册，子四五函，十三号）”，其中第一至第四册为《伤寒论》，每页10行，行19字，每半页框廓高17.9CM，幅宽约13.0CM。行与行之间两书皆为乌丝栏界，字体亦同。书口上端皆为“仲景全书”四字，其下为鱼尾号，鱼尾号下刻卷某，书口下端为页数，每卷页码自为起止。赵开美于万历二十七年刻毕《仲景全书》后，从文献记载观察，未再行雕板印刷，故今存之北京图书馆所藏赵开美本《伤寒论》与日本内阁文库所藏之赵开美本《伤寒论》在文字上、版式上应该完全相同，不应有异，而事实不然，令人惊诧不已。经详细校读，竟发现两书有许多文字相异处。此相异处于研究宋板《伤寒论》之版本流传、文字校勘具有重大意义。不仅此也，北图本开卷有署名“矩庵”者所书题记凡167字（含小注字数），内阁本无之；北图本卷末有《伤寒论后序》凡322字，内阁本无之。今将两书相异处穷尽性条列如下，以就教于海内外贤达。宋板《伤寒论》乃书林奇珍，比较内阁本与北图本之相异处，想不会被视为细碎烦琐也。

1. 北图本“题记”蕴涵巨大学术信息北图本开卷第一页为矩庵所写题记，全文如下：

《伤寒论》世无善本，余所藏治平官刻大字景写本而外，唯此赵清常本耳。亡友宗室伯子祭酒曾悬重金购此本不可得，仅得日本安政丙辰覆刻本（近蜀中又有刻本，亦从日本本出）今夏从厂贾魏子敏得此本，完好无缺，惜伯子不及见矣！坊记。（时戊申中秋戊辰）

北宋人官刻经注皆大字，单疏皆小字，所以别尊卑也。治平官本《伤寒论》乃大字经也。《千金方》《外台秘要》皆小字疏也。林亿诸人深于医矣。南宋以后，乌足知此？矩庵又记。

1.《伤寒论》大字小字本　观矩庵题记，知此书乃得自厂贾魏子敏处。魏氏何许人，不可详矣，盖为书贾无疑。今考孙殿起《贩书偶记》，未著录宋本《伤寒论》，是此本非得自孙殿起通学斋书店也[1]。王重民《善本医书经眼录》录题记全文，以示宝重，然于魏子敏、矩庵其人无考[2]。

矩庵何许人，不详。矩庵从魏子敏处购得该书，后流入北京图书馆（今改称国家图书馆），该书今藏台湾故宫博物院图书文献馆，北京国家图书馆藏缩微胶卷。日本茨城大学教授真柳诚先生曾亲睹该书。云：“真柳于2001～2002年幸获5个月的良机，调查台湾所藏古医籍，亲览了故宫博物院文献馆的赵开美本《仲景全书》。此本原为北平图书馆旧藏，后被收藏于从南京迁至台北的中央图书馆。此本在《国立北平图书馆善本书目》131页（台北。国立中央图书馆。1969）著录为：《仲景全书》26卷5册。明万历已亥（27年）海虞赵氏刊本。书签有墨书《仲景全书》万历已亥赵清常/景宋刻本坊”。[3]则知此书与北京图书馆所藏《仲景全书》之缩微胶卷同一来源。书签所署之“坊”字即题记“坊记”之“坊”。“坊”与“矩庵”为一人。观题记行文，知为通医之藏书家，且珍藏极为珍秘之北宋治平大字官刻影写本《伤寒论》，观其第二段题记，对治平大字影写本了如指掌，非孟浪虚谈之言也。今不知北宋大字影写本《伤寒论》尚存人间否。北宋元佑三年（1088）牒文对以小字本代替大字本有详说：“元佑三年八月七日酉时，准都省送下当月六日敕中书省勘会，下项医书册数重大，纸墨价高，民间难以买置。八月一日奉圣旨，令国子监别作小字雕印。内有浙路小字本者，令所属官司校对，别无差错，即摹印雕版，并候了日，广行印造……九月二十日准都省送下当月十七日敕中书省、尚书省送到国子监状，准朝旨雕印小字《伤寒论》等医书出卖。”[4] 南宋未闻再雕印《伤寒论》之举，则赵开美所得之《伤寒论》后辑刻于《仲景全书》者，乃元佑三年之小字本也。赵开美所据之原底本今已不存，《仲景全书》板木亦毁，今所存者，唯此 6 部《仲景全书》耳。矩庵题记，写于 1908 年八月十五，距今不满百年，如《伤寒论》治平大字影写本有幸存世，则实为文化界（不仅仅是中医界）无上福祉也。

2. 杨守敬《留真谱》之《伤寒论》书影断非北宋影抄件笔者对寻找北宋本《伤寒论》书影是否存世极为重视，多方探寻，于《留真谱》中似寻到模糊踪影。《留真谱》，始成于日本森立之（1807～1885），继成于中国杨守敬（1839～1915），颜曰《日本访书志》光绪六年（1880）守敬随何如璋出使日本，广事搜罗古刻善本，并结识著名中医文献学家森立之，二人交往甚密。卷一至卷四为经小学诸书，卷五至卷八为史地诸子小说诸书，卷九至卷十为医书，卷十一为类书，卷十二至十四为文集诸书，卷十五、十六为释藏诸书。杨氏序云：“余于日本医士森立之之处，见其所摹古书数巨册，颜之曰《留真谱》。余爱不忍释手。立之以余好之笃也，举以为赠。顾其所摹，多古抄本，余仿其意，以宋元本补之。又得见枫山官库、浅草文库之藏，又时时于其收藏家传录秘本，遂得二十余册。”则宋元书影乃杨氏倩人摹写，非森立之所为也。

《留真谱》十六卷，分为初编、二编。据初编木牌方印云：“光绪辛丑三月宜都杨氏梓行”，是初编刻于清光绪二十七年辛丑（1901）也。据李茂如《历代史志书目著录医籍汇考》云，尚有光绪二十三年（1897）丁酉刻本，惜未见。二编刻于中华民国六年丁巳（1917）。初编凡 12 册，二编凡 8 册，皆守敬在日时所集书影。1972 年台湾广文书局依初编、二编排印问世，张寿平撰序。据《留真谱目录》载：“伤寒论，影写北宋本，十行十九字，18×13CM，半页见杨志。”所谓“杨志”者，谓《日本访书志》也。《日本访书志》云：

《伤寒论十卷》影北宋本。伤寒一书，后人多所更乱。而所据者，大抵以成无己注本为集矢。不知成本，亦非叔和所编真面目。盖叔和于每证治法相同者，不嫌复载，成氏则但载其初见者，以后则云见某证中以省烦。然医道至密，古人不惮反复叮咛，意自有在。今省去之，反开学者苟简之弊。然自成氏注解后，林亿校进本遂微，著录家亦皆以成氏本为叔和原书，冤矣！余在日本初得其国宽文刊本，见其与成氏注解本不同，而刻手草率，误字甚多。厥后得翻刻明赵清常《仲景全书》本，而后知成氏本果非叔和原书。然开篇题名下，即署明赵开美校刻、沈琳仝校字样，是已非宋本旧式。最后于书肆得此影写本。每半页十行，行十九字。首题《伤寒论》卷第一。次行题汉张仲景撰次。再下行低三格《辨脉法第一》《评脉法第二》。又下行低二格《辨脉第一》，再下顶格问曰云云。乃知赵氏本根源于宋本，但为题校勘者姓名，遂移其行第。（清常收藏名家，亦为流俗所染）此本影写精致，俨然北宋旧刻。唯第五一卷、第六上半卷、第八、九、十三卷，摹写稍弱，纸质亦新，当又是后来补写也。窃怪日本著录家，皆以赵开美本为最古，而此本尚存其国，未见甄异。余乃无意得之，归后屡劝人重刻，竟无应者。念此书为医家本经，日本翻刻，赵本其版已毁。恐他日仍归湮灭，故特录其经进官阶于左，以审世之存心济世者。[5]

台湾国立中央图书馆特藏编辑组编辑《国立中央图书馆善本题跋真迹》一书，内载杨守敬亲笔真迹。如下：

此影北宋本《伤寒论》，篇中多互见之文。以人命至重，古人不惮反复叮咛，意至深远，《汉书艺文志》是其前规。自金成无己作注解，将其重复者概删之以后，世遂无仲景完本。余乃于日本得此影抄，满拟归而刻之，奈真知者少。荏苒岁月，仍未遂苦心搜罗之愿。癸丑端午。邻苏老人题。[6]

待将《留真谱》之《伤寒论》书影与台湾所藏《仲景全书·伤寒论》相应之页对比细察，发现两者有巨大不同处。表现在：

	北图本	留真谱
三、四、五、行	第三行为“宋林亿校正”五字，第四行为“明赵开美校刻”，第五行为“沈琳仝校”四字。	无此三行 14 字。
第一页第十行	最后一句为“阳病见阴脉者死”7 字，下有半行空白。	最后一句“大便反鞕（音硬下同）”8 字，顶底格，下无空白。 书影有明显移行痕迹[7]。见书影 1、2。

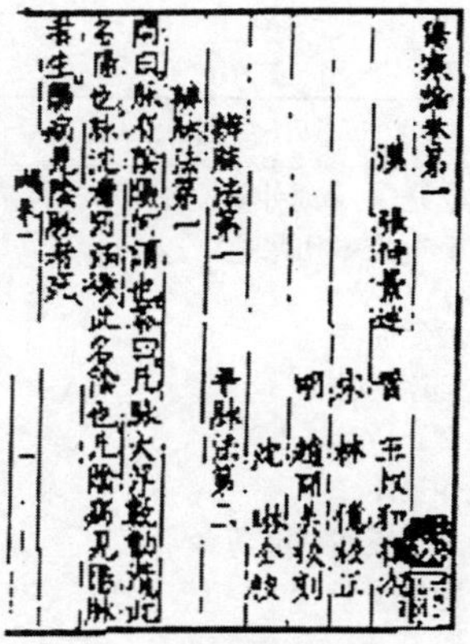
傷寒論卷第一
漢 張仲景述 晉 王叔和撰次
宋 林億校正
明 趙開美校刻
沈琳仝校
辨脈法第一 平脈法第二

1　北图缩策胶卷还原书影

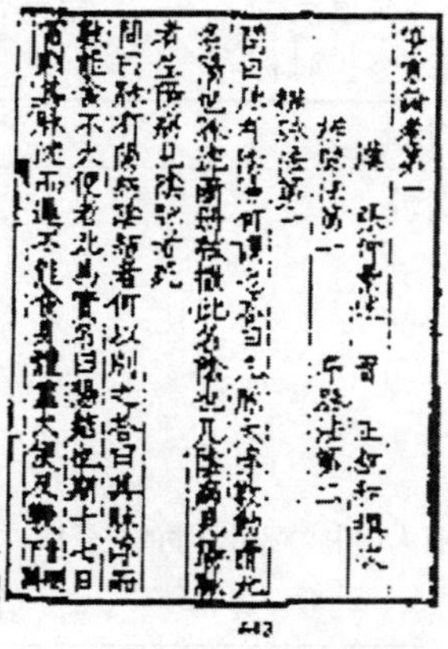
傷寒論卷第一
漢 張仲景述 晉 王叔和撰次
辨脈法第一 平脈法第二

2　《留真谱》所载书影

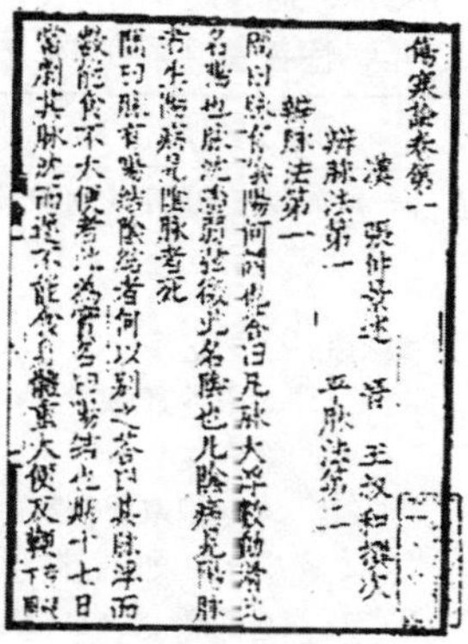
傷寒論卷第一
漢 張仲景述 晉 王叔和撰次
辨脈法第一 平脈法第二

3　《武昌医学丛书》书影

这就有必要亲眼目睹《留真谱》原始书影如何了。此书今存台湾。由于海峡两岸睽隔多年，大陆学者无缘一见杨守敬《留真谱》及《仲景全书》原书，对于上述之异无法知其详。日本北里医史文献研究所小曾户洋先生和真柳诚先生先后对此事进行了调查。

上个世纪 80 年代小曾户洋撰文《杨守敬日本访书志留真谱所载影北宋本伤寒论之检证》[8]，中国中医研究院马继兴先生《中医文献学》第三章引述其说云：“小曾户洋核对此书实物发现有剪贴挖补的明显痕迹——即挖去校者字样而将以下的原文依次剪贴向前推移，且此本并无宋讳缺笔字样，因而确定其绝非北宋本，而是原自影抄赵本的剪贴本。”

2003 年 3 月下旬笔者给日本茨城大学教授真柳诚先生发去 E－MAIL 进一步了解此事，他回信如下：

杨守敬捏造的“影抄北宋版伤寒论”抄本收藏于台北国家（旧称中央）图书馆，这是将摹刻赵开美版剪贴后，贴在中国纸上制作的。杨守敬在日本使人摹写，回到中国制作。其书式与柯逢时的《武昌医学馆丛书》所收的《伤寒论》完全相同。小曾户发表论文时不知道存在有《武昌医学馆丛书》中的《伤寒论》，故未提及。也就是说，整个过程是这样的：在日本以赵开美本进行摹写→将其剪贴后在中国伪造了《影抄北宋伤寒论》→转交给柯逢时刻入《武昌医学馆丛书》中[9]（按，见书影 3）→作为剪贴本《影抄北宋版伤寒论》出售给吴兴张氏适园，书前附有题记“此影北宋伤寒论”→此题记收录于杨氏《日本访书志》。我在调查中发现，杨守敬为了夸耀自己的藏书，同时意欲出售高价，作了一些元版、明版、宋版的伪题记。他的《日本访书志》虚伪之处很多，不能尽信。

小曾户洋先生与真柳诚教授亲睹《留真谱》原件及《日本访书志》，并与赵开美影刻北宋小字本《伤寒论》对比，认为杨守敬《留真谱》中所谓“影北宋本”出于杨氏有意伪造，我们认为，这应该是可以相信的，从而为当今决不存有北宋《伤寒论》书影作了最后的结论。冈西为人《宋以前医籍考》“伤寒论类”载《适园藏书志》云：“伤寒论十卷（传抄本，汉张机撰，宋高保衡等校上。日本写本。杨省吾推为北宋本，无确证也）”。按，杨守敬，字醒吾，据真柳所考，《适园藏书志》所载之《伤寒论》书影为杨醒吾售卖者。[10]

3. 日本安政本与托名赵开美本的关系北图赵开美本《伤寒论》首页题记云 “亡友宗室伯子祭酒曾悬重金购此本（赵本）不可得，仅得日本安政丙辰复刻本。（近蜀中又有刻本，亦从日本本出）”。据日本江户后期森立之、涩江全善合撰《经籍访古志》载：“近日崛川济翻雕枫山本以行于世。”所谓“近日”，据海保元备为该书所撰之序云，时在“安政丙辰长夏”，则崛川济本雕版于安政三年丙辰年

(1856)。题记所云“安政丙辰复刻本”即指崛川济本，又名安政本。

题记所云“近蜀中又有刻本，亦从日本本出”者，当指光绪二十年（1894）四川成都邓少如崇文斋刊刻的《仲景全书》所收之《伤寒论》，以安政本为底本也。在日本所有依赵开美本翻刻之本，唯安政本最为美善，逼真赵本原貌，唯增日文返点为异耳。1923年，恽铁樵主持刊刻《伤寒论》，时称以赵本为底本。北京中医药大学图书馆藏有恽铁樵本一函。藏书号：“院326~331号”，写有如下鉴定文字：“民国十二年（1923年）恽氏影印明赵氏刊本，一函六册。”图书馆亦藏有日本安政三年安政初刻本。两相审读，发现恽铁樵本与安政本异同如下：

相异处：

	恽本	安政本
序	无赵开美《刻仲景全书序》	亦无赵开美《刻仲景全书序》，但有丹波元简《影刻宋本伤寒论序》。
经文前的文章顺序	①林亿序 ②张仲景序 ③牒文 ④翻刻宋版伤寒论 ⑤无日文返点符号（为日人读中文标明语序的符号） ⑥框廓16×11CM	①丹波元简序 ②林亿序 ③牒文 ④张仲景序 ⑤翻刻宋版伤寒论 ⑥框廓18×13CM

相同处：字型大小、笔迹、行款、鱼尾、边框、每页行数、每行字数、回行格式等等恽本与安政本无不相同。更细致审读之，相同处更令人注意。举例言之：

	安政本	恽本	北图本
《平脉》	“若见损脉来至为难治（肾谓所胜脾，脾胜不应时）”。	同。	“肾谓所胜脾”作“肾为脾所胜”。
第12条	服法“一日一夜服，周时观之”。“观”字与今简体字同。	亦作简体字“观”。	作繁体字。
第152条	服法“右三味各异捣筛科已”	同。	“科”作“秤”。
卷四、卷五、卷六	卷四、卷五、卷六最末一页皆为空白。	同。	卷四末页刻一方型木印，内刻“世让堂翻刻宋版赵氏家藏印”12字。 卷五末页刻一树叶，叶下刻一小型长方木印，内刻“世让堂翻宋版”六字。 卷六末页亦刻一小型长方木印，内刻“世让堂翻宋版”六字。
第392条	“伤寒阴阳易之为病”	同。	无“阳”字。

总之，恽本除经文前的文章顺序与安政本略有小异外，经文部分与安政本完全相同，疑为恽本出自安政本。后读马继兴《中医文献学》第三章，对此现象作如下叙述：“1856年（日本安政三年）崛川济氏影刻赵开美本《伤寒论》，即其款式、行格、字数均依赵本，但删去仲景全书等字样，另增入日本的返点标志。此后有1923年恽铁樵氏影印（商务印书馆影印）赵开美本。近据小曾户洋氏将恽本、崛川济本及赵开美影宋刻本作了对照考察，证明恽本并非直接源自赵本，而系本自崛川济本，但删去其返点者（见小曾户洋《杨守敬日本访书志留真谱所载影北宋本伤寒论之检证》一文）”。真柳诚先生《宋版伤寒论之新知见》一文亦云：“江户时代日本据《仲景全书》单行的《宋版伤寒论》版本有4种，其中以安政三年（1856）影刻红叶山房文库本的崛川济本为最佳善本。1923年上海恽铁樵与1931年上海中医书局出版的赵开美《宋版伤寒论》实际上都是消去崛川济本中日文读音顺序符号再加影印的。”

小曾户洋、真柳诚的结论是正确的，与我们逐条对比后发现恽本与安政本全同的结论是一致的。

我们的结论是：安政本是中日两国所有复刻本

中最为美善之本，恽本虽不直接来源于赵本，但以安政本为底本复刻，亦不失有识之举。所不当者，恽本不当秘而不宣，只在封底有如下文字：“民国十二年十一月初版，定价每部大洋六元。印刷兼发行人恽铁樵。上海云南路新惠乐里恽铁樵寓。承印处：上海商务印书馆。”无怪乎有人误认为恽本据赵本而复刻之。

1856年安政本刊刻不到40年，大约1894年中国蜀地选该本加以复刻，可见此本在中国影响之大之速。1991年六月日本旭阳社据东京北里东洋医学研究所提供之安政本初刻影印，原刻字体丰满圆润，影印本字体瘦弱纤细，已失原刻神韵。

二、内阁本与北图本校读录异

笔者手头有日本东京燎原出版社影印出版的明赵开美本《伤寒论》一本，有据北京国家图书馆珍藏的明赵开美《伤寒论》缩微胶卷放大复印的《伤寒论》一本。

赵本《仲景全书》收录《伤寒论》《金匮要略》、成无已《注解伤寒论》、宋云公《伤寒类证》四书。将成、宋二人著作收入《仲景全书》，名实不符。明末更有以张卿子之书冒充《仲景全书》者。森立之《经籍访古志》云：“此本（按，谓枫山秘府所藏赵本《伤寒论》也）有仲景全书目录，首云翻刻宋版伤寒论全文、次成无已《注解伤寒论》、次《伤寒类证》、次《金匮要略方论》，盖以此四种合刻而名《仲景全书》者。开美父某所命，序中详言之。世更有除此经全文及成氏注解换以张卿子《集注伤寒论》而仍冒以《仲景全书》者，非赵氏之旧也。”鉴于《仲景全书》名实紊乱状况，日本东京北里医学文献研究所小曾户洋、真柳诚两位先生于1988年重编《仲景全书》，内收宋版《伤寒论》（以日本内阁文库藏本为底本）、邓珍本《金匮要略方论》（原书藏北京大学图书馆）、陈士杰本《金匮玉函经》三书，由燎原出版社影印出版。如此，《仲景全书》乃名实相符。今以内阁本、北图本两个本子逐字校读，竟发现许多相异处。除书口之鱼尾号有重大不同外，涉及到字句与版式者亦多相异处。谨穷尽条举如下。

1. 书口鱼尾号黑白之异　北图本书口从始至终皆为黑口，内阁本黑口与白口交替出现，刻工不若北图本细腻严谨。下以燎原社《伤寒论》页次为准，举例如下。卷二页61－76黑口；77－84白口；85－88黑口；89－100白口。等等。

2. 字句版式之异　26所应注意者为“长洲赵应期独刻”七字。按，赵开美，常（长）洲人，字清常，号清常道人。著名藏书家。“赵应期”不知何许人。据《故宫遗录》载，赵开美晚年更名“赵琦美”。《知不足斋丛书》收《故宫遗录》一卷，庐陵虎溪萧洵撰。其跋云：“万历四十四年（公元1616年）仲冬二十二日呵冻书。是日大风。二十日四鼓，大内又火延禧殿，并记。清常道人赵琦美。”日本江户末期著名中医文献学家森立之在《伤寒论考注》中云：“按赵琦美即赵开美。开美作《伤寒论序》在万历已亥二十七年，与四十四年丙辰其间相去十八年。则盖是前云开美，后改云琦美可知也。”则“赵应期”者与赵开美断非一人可知也。然则赵应期者，当为刊刻书之人，或与开美同宗。

序号、内容	位置	日本内阁文库本	北图赵本
1. 肾谓所胜脾	卷一《平脉法第二》	“问曰……若见损脉来至，为难治（肾谓所胜脾，脾胜不应时）”。	肾谓所胜脾”作“肾为脾所胜”按，北图本是也。若作“肾谓所胜脾”则辞不达意。
2. 离	卷二《辨太阳病上》第12条	“不可令如水流离”	“离”作“漓”
3. 观	卷二《辨太阳病上》第12条	“若病重者，一日一夜服，周时观之”。	“观”作“觀”。
4. 伤寒论卷第二	卷二第30条之末，隔空板两行，	无此六字	有“伤寒论卷第二”六字
5. 叉	卷三《辨太阳上》第64条	“叉”字讹为“又”字。	发汗过多，其人叉手自冒心”
6. 杵	卷四《辨太阳中》第141条	“治”作“杵”。（细审“杵”字之字型，较其他字形为小，约小三分之一，疑为铲补之字，即铲掉一字再补以“杵”字。）	“右五味为散，更于臼中治之”
7. ■	卷四第173条黄连汤	有“大枣”，下写“十二■”，（有一墨钉）	墨钉作“擗”字。
8. 两	卷五《辨阳明病》第208条小承气汤方	作“大黄四两”	无“两”字

续 表

9. ■	卷五《辨阳明病》242 条	仅有“一作”两字，其余“怫郁”两字无，有明显铲掉痕迹，今存大型黑色墨钉一块。	“时有微热，喘冒（一作怫郁）”。
10. 图	卷五之末空板处	无图	刻一树叶。
11. 鞭	卷六《辨少阴病》第 321 条子目	“痛”字作“鞭”。（按，作“鞭”字误，以经文第 321 条北图赵本与日本内阁文库本皆作“痛”字可知也。）	“少阴病，自利清水，心下痛，口干者，宜大承气汤。第十九。”
12. 世让堂翻宋板	卷六末空板处	无此六字。	有此六字长方形木印。
13. ■	卷七《辨霍乱病》第 385 条	小注“一作缓”之“缓”字铲掉，以墨钉代之。	“脉微（一作缓）而复利”，
14. 阴阳易	卷七《辨阴阳易差后劳复》第 392 条	“阴”字下有“阳”字。但此“阳”字系将“易”字铲掉以后将“阳易”二字刻为小字横补于“阴”字之下者，从而构成“伤寒阴阳易之为病”句。	“伤寒阴易之为病”，“阴”字下无“阳”字。（按：可知北图赵本第 392 条之“伤寒阴易之为病”，“阴”字下脱“阳”字，日本内阁文库本可证也。又两宋本之总目录及卷七之分目录皆作“辨阴阳易差后劳复”，则北图赵本“阴”字下乃误脱“阳”字，不得因此而生异说也。）
15. 近	卷七《辨可发汗病第十六》子目第 372 条	小注“四逆汤”之“逆”字讹为“近”。	“下利，腹胀满，身疼痛者，先温里，乃攻表。温里宜四逆汤，攻表宜桂枝汤。第十六（四逆汤二味）”。
16. 桂	卷七《辨可发汗第十六》第 15 条·	“桂”字较其他文字字体约小二分之一。（此当属烂版再补者，故有字体大小不同之异也。）	“太阳病，下之后，其气上冲者，属桂枝汤证。”“桂”字与其他字体大小相等。
17. 计	卷八《辨发汗后病第十七》第 233 条	“汁”字讹为“计”。	“若土瓜根及大猪胆汁皆可为导。二十一。”
18. 家	卷八《辨发汗后病第十七》第 233 条	“蜜”字讹为“家”字。（细审“家”字笔迹与形体，与其他字体之圆润秀丽迥别，疑为铲板后因补而讹者。）	“蜜煎方：食蜜七八。”
19. 检	卷八《辨发汗后病十七》北图赵本第 233 条：	“捻”字讹作“检”。	欲可丸併手捻作挺
20. 世让堂翻宋板	卷八《辨可吐第十九》最后一行之后一行之后空板六行，	无此木印	在空板处刻一“世让堂翻宋板”长方形木印
21. 伤寒论卷第八	卷八最末一页	无刻字	有空板六行，在空板最后一行刻此六字
22. 科	卷九《辨可下病》第 152 条	“秤”字讹为“科”。	“右三味，各异捣筛秤”
23. 世让堂翻宋板	卷九之末空板处	无此木印。	有此六字长方木印一枚。
24. 伤寒论卷第九	卷九最末一页空板处最末一行	无此六字	有此六字
25. 世让堂翻宋板	卷十最末一页空板处	无此木印。	有此六字长方形木印一枚
26. 伤寒论卷第十长洲赵应期独刻	卷十最末一页空板处最末一行（赵开美史料见栏外）	无此十三字。	刻此十三字，“伤寒论卷第十”六字在本行上端，“长州赵应期独刻”七字居本行下端，“刻”字下有一空格。
27.《伤寒论后序》		无此序。	有《伤寒论后序》，观其字体、板式、每行字数，与前文完全一致，是此序与赵本《伤寒论》同时刊刻也。

3.《伤寒论后序》考今将北图赵本《伤寒论后序》全文引录如下：

夫治伤寒之法，历观诸家方书，得仲景之多者，唯孙思邈。犹曰："见大医疗伤寒，唯大青知母等诸冷物投之，极与仲景本意相反。"又曰："寻方之大意，不过三种。一则桂枝，二则麻黄，三则青龙。凡疗伤寒，不出之也。"呜乎，是未知法之深者也。奈何！仲景之意，治病发于阳者，以桂枝、生姜、大枣之类；发于阴者，以干姜、甘草、附子之类，非谓全用温热药，盖取《素问》辛甘发散之说。且风与寒，非辛甘不能发散之也。而又中风自汗用桂枝，伤寒无汗用麻黄，中风见寒脉，伤寒见风脉用青龙。若不知此，欲治伤寒者，是未得其门矣。然则此之三方，春冬所宜用之，若夏秋之时，病多中暍，当行白虎也。故《阴阳大论》云，脉盛身寒，得之伤寒；脉虚身热，得之伤暑。又云，五月六月，阳气已盛，为寒所折，病热则重。《别论》云，太阳中暍是也。其人汗出恶寒，身热而渴，白虎主之。若误服桂枝、麻黄辈，未有不黄发斑出，脱血而得生者。此古人所未至，故附于卷之末云。

按，此《伤寒论后序》至第八行止，第九行空行，第十行底端有一小型长方木印，字迹模糊，与其他方章对比观之，当为"世让堂翻宋版"六字。据此可证此后序与《仲景全书》同时刊刻，断无疑义。故1990年人民卫生出版社《宋板伤寒论校注》(北京中医药大学刘渡舟教授主编、钱超尘副主编）将此后序录入。

欲研究内阁本与北图本何以有如此众多差异，解迷关键在"世让堂翻宋版"（见卷5、6、8、9、10卷末空白页)、"世让堂翻刻宋版赵氏家藏版"（见卷5之末空白页）及卷十末页"长州赵应期独刻"几个木牌上。所谓"世让堂翻宋版"谓翻刻赵开美家所藏之宋版也。

考"世让堂"非赵开美室号。赵开美（1563～1624）又名琦美，字玄度，一字如白，号清常道人，江苏常熟人。万历中以父荫授刑部郎中，著有《洪武圣政记》《容台小考》《伪吴杂记》等。父名用贤，号定宇，隆庆进士，万历中官至吏部侍郎，喜藏书，有《赵定宇书目》传世。不分卷。1957年上海古典文学出版社出版。另有《松石斋集》。开美继父业，藏书益广，倍于其父，名其室曰"脉望馆"，有《脉望馆书目》传世。不分卷。有《玉简斋丛书》本、《涵芬楼秘籍》本。则"世让堂"者，与赵氏父子无涉，为另人室号。继考"世让堂翻刻宋版赵氏家藏版"含义，当是"世让堂"主人借用赵开美家所藏宋版《伤寒论》版木再行刊刻。而亲刻书此书者为赵应期，故于后序特以木牌署名"长州赵应期独刻"七字，以志不朽。1999年山东齐鲁出版社出版瞿冕良《中国古籍版刻字典》，称赵应期为刻书工，与赵开美同时，且参与开美主持刊刻其他书籍之事。其文如下：

赵应麒：或署名赵其、赵应其、赵应期。明嘉靖间苏州地区刻子工人。嘉靖四十三年（1564）参加刻过《宋史新编》（半页10行，行21字）。万历间参加刻过《东坡先生志林》（脉望馆本）、《两汉隽言》（桂芝馆《文林绮秀本》）、《新唐书纠谬》（脉望馆本）、《古今万姓统谱》（桂芝馆本）、《史记评林》《汉书评林》（皆凌稚堂本）、《史通》（张之象本）、《订正通鉴纲目前编》（朱燮元本）、《国朝名世类苑》（桂芝馆本）、（两浙海防类考续编）、（皇明疏钞）

从赵应期履历可以确知，乃一专业刻书工人，长于刻字而非长于撰文。观《伤寒论后序》驳孙思邈之论，颇为中肯，文字老到，当为明医通文之士所为，经考，乃北宋校正医书局主校《伤寒论》者孙奇撰。《伤寒论序》："国家诏儒臣校正医书，臣奇续被其选。以为百病之急，无急于伤寒，今先校定张仲景《伤寒论》十卷。"此序高保衡以位高居署名之首，其文实孙奇所为。以居于卷末，故称"后序"，以与卷首之序呼应。

孙奇校定《伤寒论》曾参阅孙思邈《千金翼方》卷九卷十，是为主校之本。思邈云："尝见太医疗伤寒，唯大青、知母等诸冷物投之，极与仲景本意相反。汤药虽行，百无一效……夫寻方之大意，不过三种，一则桂枝，二则麻黄，三则青龙。此之三方，凡疗伤寒，不出之也。"孙奇认为孙思邈这些议论"是未知法之深者也。"后之读《伤寒论》者，多依成无己本，成本删后记；日本安政三年（1856）崛川济依日本枫山秘府所藏《仲景全书·伤寒论》之翻刻本再行翻刻，此翻刻本无后记；光绪年间杨守敬从日本携归所谓"北宋影写本伤寒论"，实为剪贴崛川济本而伪造之所谓"北宋本"，亦无后续；1923年恽铁樵以崛川济本为底本削去崛本反点而冒称"仲景全书·伤寒论"，亦无后序：1955年重庆市中医药学会"新辑宋本伤寒论"与1958年南京中医学院《伤寒论语释》虽称以宋本为底本实踞恽本而诠释之，亦无后序。是读《后序》者鲜矣。国学大师章太炎对孙思邈所论颇批驳之。章氏云：

思邈讥太医疗伤寒者，唯用大青、知母，与仲景本意相反，矫之用热，亦偭旧规。(《章太炎全

集》第八册《医论集》之《医术评议》页33）

唐·孙思邈《千金翼方》首谓伤寒全论不过三方，桂枝、麻黄、大青龙是也，其余均为救逆之方云云。余意不然，若小青龙汤亦岂为救逆者乎？（同书《伤寒论讲词》页154）

自孙思邈已不解太阳篇深旨，故云寻方之大意，不出三种。一即桂枝，二即麻黄，三即青龙，此之三方，凡疗伤寒，不出之也。其柴胡汤诸方，皆是吐下发汗后不解之事，非是正对之法。卤莽灭裂，亦已甚矣。（同书《时师误指伤寒小柴胡证为湿温辨》页398）。

人皆知章太炎为杰出的国学大师与旧民主主义的革命先锋，鲜知其尚为杰出的中医文献学家与临床家。他说："余于方书，独信《伤寒论》，其杂病之书，自《金匮》而下，率不敢一一保任，"上海人民出版社于1994年将章太炎先生论医之文汇集于一，成《章太炎全集·医论集》，此书为研治中医文献必读之作。

章太炎亦未见赵开美《仲景全书·伤寒论》，他所见的是日本崛川济本。上述三段文字是他读《千金翼方序》有感而发。从他批驳孙思邈《千金翼方序》可知，北宋孙奇所撰《伤寒论后序》对研究宋本《伤寒论》是重要的。

参考文献

[1] 孙殿起. 贩书偶记. 上海：古籍出版社，1982.
[2] 王重民. 善本医书经眼录. 转引自四部总录医药编第三册. 上海：商务印书馆 1955. 11，第7页.
[3] 真柳诚. 宋版伤寒论新知见. 2003. 8. 11-15日杭州中国中医药文化及全国医古文学术研讨会论文集.
[4] 见宋版伤寒论或注解伤寒论经文前.
[5] 杨守敬. 日本访书志. 台北：广文书局，1967年第三册，603-605.
[6] 杨守敬手迹. 国立中央图书馆善本题跋真迹. 台北：裕台公司中华印刷厂. 1982年12月，1150-1152.

关于唐本与宋本《伤寒论》的比较研究

卫云英　山西职工医学院

《伤寒杂病论》系汉末张仲景撰写。时因兵燹频仍，不久散乱。幸有魏太医令王叔和，荷大任于己身，加以整理撰次，使它得以流传。自王叔和整理仲景遗文至北宋治平二年（公元1065年）林亿、孙奇校定之前，中间相隔八百余年，《伤寒论》之著录流传，显晦离合，错节盘根，头绪难以理清。这期间，仅《伤寒论》传本就有：《脉经》卷七；《金匮玉函经》；淳化本《伤寒论》；敦煌《伤寒论》残卷；孙思邈《千金翼方》卷九、卷十；陈延之《小品方》收录本等。尽管《伤寒论》传本歧出，头绪纷繁，条文、条序有所差异，但它们的主体内容是一致的。这些传本之间的关系如何？来源如何？《伤寒论》学大家、中医文献训诂学家、北京中医药大学钱超尘教授在其《伤寒论文献通考》中，对多种《伤寒论》传本，以丰富的史料，一一历考，分析精深而审慎，解决了《伤寒论》文献研究中长期未能解决的问题。本文将对唐本《伤寒论》与宋本《伤寒论》的由来及结构异同作一初步的探讨。

一、唐本《伤寒论》与宋本《伤寒论》的由来

唐本《伤寒论》是指孙思邈收录在《千金翼方》卷九、卷十的《伤寒论》全本。唐初伟大的医药学家孙思邈，一生对整理研究医药文献，无一日或缺。《千金要方》序说："所以青衿之岁，高尚兹典；白首之年，未尝释卷"，"吾见诸方，部帙浩博，忽遇仓卒，求检至难，比得方讫，疾已不救矣。呜呼，痛夭枉之幽厄，惜堕学之昏愚，乃博采群经，删裁繁重，务在简易，以为《备急千金要方》一部，凡三十卷。"孙思邈编写《千金要方》时，没有见到《伤寒论》传本的全本，只见到一些零星的分散片段资料，尽管如此，也把它编进《千金要方》卷九。

《千金要方》卷九是专论《伤寒论》的卷次，共九节，所收三阴三阳的条文计49条，仅相当《伤寒论》三阴三阳条数的八分之一。《千金要方》卷九零碎残损的《伤寒论》是不是唐本《伤寒论》呢？无疑不是，唐初孙思邈在撰写《千金要方》时，为未睹张仲景的《伤寒论》全书而仅见零散条文慨叹不已，他的这种情绪向魏征表达过，说"江南诸师秘仲景要方不传"。"不传"，就是没有传出来，不等于"亡"了。《隋书·经籍志》的小注中写到："梁有张仲景辨伤寒十卷亡"，《伤寒论》"亡"了吗？当然没有。孙思邈唐初没有见到《伤寒论》的原因：①由于国家缺少藏书，或虽有一些藏书，又未编目，难以利用。②唐代初年，收复了一大批前代图书，从黄河溯流而上，运到砥柱的时候，数船图书，几乎全部被河水淹没，给孙思邈寻找《伤寒论》带来了又一层困难。

为什么孙思邈在撰毕《千金要方》以后又见到全本《伤寒论》了呢？据《唐会要》卷三十五

《经籍志》说："乾丰元年十月十四日，上以四部群书传写讹谬，并以缺少、乃诏东台侍郎赵仁本、兼兰台侍郎李怀严、兼东台舍人张文劝等，集儒学之士刊正，然后缮写。"可见在唐高宗乾丰元年，曾命令当时学者牵头对古书加以整理、缮写，但直到唐玄宗开元年间也没有整理完毕。孙思邈《千金要方》成书后，唐朝又搜求到许多前代传下来的古书，《伤寒论》此时也传了出来。而这个时期，孙思邈正为撰写《千金翼方》搜集材料，当他看到这本《伤寒论》时，十分惊喜，说到"至于仲景，特有神工，寻思旨趣，莫测其致，所以医人未能钻仰。"于是把它收在《千金翼方》卷九、卷十中，这就是现在的唐本《伤寒论》。

从唐本《伤寒论》成书，至北宋林亿、孙奇等校正此书，中间400余年，《千金翼方》均是展转传抄，到北宋仁宗时期，才开始对《千金翼方》加以校勘。林亿等校正此书，悉依原文，未加"涂窜"，因而此书中的《伤寒论》还保持着唐初的原貌，从而为后人保存了一个可以信赖的的唐本《伤寒论》。

宋本《伤寒论》，即林亿、孙奇等于治平二年校定之本，通称"宋本"。自宋本出，《伤寒论》传本始定于一。那么宋本《伤寒论》所据的底本是什么？其来源如何？治《伤寒论》者，必须清楚。当时北宋校正医书局林亿、高保衡、孙奇等校正《伤寒论》伊始，对选择哪个传本作为《伤寒论》底本，十分严谨。当时《伤寒论》传本很多：有传自六朝隋唐的张仲景《伤寒论》十卷本；有《金匮玉函经》八卷本；有唐传本《伤寒论》；有开宝年间荆南节度史高继冲进献本等等。经过反复衡量和考证，他们决定把高继冲进献的《伤寒论》十卷本作为底本，进行校正。林亿、孙奇等《伤寒序》云："开宝中，节度史高继冲曾编录进上，其文理舛错，未尝考正，历代虽藏之书府，亦缺于仇校，使是治病之流，举天下无或知者，国家诏儒臣校正医书，臣奇续被其选，以为百病之急，无急于伤寒，今先校定张仲景《伤寒论》十卷。"林亿等认为；高继冲进献之本，历代都藏于皇家图书馆中，具有悠久的历史，外人很少见到，历来没有人对它进行考订和校勘，如用这个本子作为《伤寒论》的底本，需要首先对它加以校勘，于是把唐传本《伤寒论》及《脉经》收录之《伤寒论》作为校正高继冲进献本的主校本加以采用。

高继冲为什么会进献《伤寒论》十卷本呢？高继冲是唐末五代荆南国最后一位国君。宋朝建国后，立即着手统一大业，高继冲的荆南国也在削平计划之内。国家灭亡之后，高继冲不断向朝廷进献金银财宝，求得苟安免祸。在高继冲为了自身安全，不断进献物品的时候，赵匡胤的弟弟赵炅正在搜集医书和药方，为编纂一部方书作准备。据赵炅《御制太平圣惠方序》说：'朕昔自潜邸，求集名方异术玄针，皆得其要，兼收得妙方千余首，无非亲验，并有准绳，贵在救命，去除疾苦，并编于翰林医官院各取到经乎家传应效药方，合万余道，令尚药奉御王怀隐等四人，校勘类编，凡诸论证，并该其中，药品功效，悉载其内。"赵炅在开宝年间收集"名方异术玄针"的时候，高继冲把他长期保存的《伤寒论》献了出来。高继冲进献之本，乃宋本《伤寒论》的祖本。宋本《伤寒论》的校勘，结束了《伤寒论》传本歧出的历史。宋本至明代，已颇罕见，明万历二十七年，赵开美辑刻《仲景全书》，摹刻宋本《伤寒论》十卷，以逼真原版，故学者称赵开美翻刻之本为宋本《伤寒论》，原版宋本已不复见到。

二、唐本《伤寒论》和宋本《伤寒论》的结构异同

张仲景《伤寒杂病论》撰于建安七、八年之间，散乱于建安最后三、四年或两、三年，原貌不能复睹。《伤寒杂病论》最原始整理之本为王叔和整理的《张仲景方》十五卷，而此书于五代被离析，原貌亦不可睹。但从《金匮要略》序、《金匮玉函经》尚可基本窥见《张仲景方》的原始结构。《金匮要略》序已明确指出该书曾是"前论后方"，《金匮玉函经》现今传本仍然是"前论后方"，《金匮玉函经》是《伤寒论》之古本，可见《伤寒论》在初始阶段是"前论后方'。

那么《伤寒论》最初是按"可"与"不可"排列的呢？还是按"三阴三阳"排列的。宋本《伤寒论》和《金匮玉函经》在"可"与"不可"前面均有一段小序，文字相同："夫以为疾病至急，仓促寻按，要者难得，故重集诸可与不可方治，比之三阴三阳篇中，此易见也。又时有不止是三阴三阳，出在诸可与不可中也。'此小序成于叔和。王叔和认为，张仲景《伤寒论》前面是三阴三阳的理论条文，后面是方子，而在临证治病过程中，方与证之寻检每多不易，所以需要把三阴三阳的理论条文按照可与不可的原则重新改编、排列。另一个原因是按"六经"叙述病因、病治和治法，从西汉至魏晋，医家尚未普遍使用，所以王叔和根据当时的治疗习惯，把仲景三阴三阳中关于可与不可的条文加以"重集"。从这里可以看出，张仲景《伤寒

论》的原始面貌是按“六经”排列的，而不是按“可”与“不可”排列的。

今观唐本《伤寒论》和宋本《伤寒论》的主体结构，是“三阴三阳”排在前面，而诸“可”与“不可”排在后面。唐本《伤寒论》有上下两卷，分为十六篇；宋本《伤寒论》有十卷，二十二篇。它们在结构上最大的差异是唐本无《辩脉法》第一、《平脉法》第二、《伤寒例》第三。这三篇文章历来争议很大。元明医家王履，在《医经溯洄集》中首次提出疑问，他说：“夫叔和之增入者，《辩脉》《平脉》与可汗不可汗诸篇而已，其六经病篇，非必叔和所能赞辞也。”他认为《辩脉》《平脉》《伤寒例》不撰于仲景，而出自叔和。此后，明清一些医家也持这种说法。

《辨痉湿暍》一篇，唐本、宋本皆有。唐本所有条文均见宋本，为十四条，其内容基本一致，文字略有差异。所异者宋本独立为一篇，唐本排在《太阳病用桂枝汤法》之前，而起首十七字为孙思邈所写。太阳病与痉湿暍三种疾病都是由伤寒引起的，有相同之处，又不是同一种疾病，为了和太阳病相区别，宋本把它放在太阳病的前面是合理的。

“三阴三阳”为《伤寒论》的主体内容。唐本《伤寒论》孙思邈对太阳病进行了重新改编，按“太阳病用桂枝汤法，太阳病用麻黄汤法，太阳病用青龙汤法，太阳病用柴胡汤法，太阳病用承气汤法，太阳病用陷胸汤法，太阳病杂疗法”七法分类加以编排，这是结构上与宋本相异之处。林亿指出：这是孙思邈“以太阳方证，比类相附，亦一时之新意”。孙氏改编突出桂枝汤法，麻黄汤法，青龙汤法。他说：“大寻方之大意，不过三种，一则桂枝，二则麻黄，三则青龙，不出之也。其柴胡等诸方，皆是吐下发汗后不解之事，非是正对之法。”由于孙氏作了如此大的改编，故条序和宋本相差甚大。今传之宋本的太阳病篇分为太阳上篇，太阳中篇，太阳下篇，条文从1条至178条。唐本太阳病篇的条文比宋本少18条，所少之条为第6、11、30、47、48、51、73、78、81、90、110、111、121、127、140、162、167、178。（本文所称的条文序号均以宋本所编之号为准）唐本所缺少的某些条文，后人亦有异议，如178条，《玉函》《脉经》唐本均无，历来治《伤寒论》之学者，颇疑此条为后人沾入者。今考宋本子目编写体例，如果子目最后一条的下面还有条文的话，必然注上“下有＋＋一证”表示最后一法的下面还有一证，而宋本29条、178条下面没有注语，可是宋本却出现了第30条和178条，显系后人沾入者。

唐本太阳病篇的条文除了少于宋本外，也有三条一方为宋本所无。其三条为：“太阳中风，发热而恶寒”，“太阳病，三四日不吐下，见芤乃汗之”，“伤寒一日，太阳脉弱，至四日太阳脉大”，一方为“柴胡加大黄芒硝桑蛸汤方”此三条一方可补宋本之缺。

太阳病之外的其余五经病，唐本孙思邈一概仍其旧观，未加调整，与宋本一样，均独立成篇，且排序相同。宋本阳明病，从179条始，至262条，共84条；少阳病，从263条始，至272条，共10条；太阴病，从273条始，至280条，共8条；少阴病，从281条始，至325条，共45条；厥阴病，从325条始，至381条，共56条。唐本五经病每经的起始条数与终至条数，均同与宋本。所不同的是有些篇目条序的排列略有差异，也有宋本分两条书写的，唐本则合写一条；或唐本分两条书写的，宋本则合写一条。如唐本阳明病从180条始，接着是179条，条序看似与宋本不一，实则宋本180条应居于179条之前。因为六经病第一条的行文均以“＋＋之为病”作为起始句，而宋本阳明病的起始句179为“问曰：病有太阳阳明”，180条为“阳明之为病，胃家实是也”。唐本可改宋本某些条序之错。如宋本183、184条，唐本合写为一条，宋本185条，唐本分两条书写。其余条序相异者，不一一列举。

“霍乱病”和“阴易病已后劳复”两篇，宋本篇次在六经病之后，“可”与“不可”之前，唐本排在“可”与“不可”之后，为唐本的最后两篇。此两篇虽在两书的结构中所处的位次不同，但条数、条序无异。“霍乱病”从382条始，至391条，计10条，“阴易病已后劳复”从392条始，至398条，计7条。

“可”与“不可”诸篇，唐本、宋本相异较大。现把唐本、宋本“可”与“不可”列表如下：

唐本《伤寒论》		宋本《伤寒论》	
忌发汗第一	14条	辨不可发汗第十五	32条
宜发汗第二	13条	辨可发汗第十六	48条
忌吐第三	3条	辨不可吐第十八	4条
宜吐第四	7条	辨可吐第十九	7条
忌下第五	14条	辨不可下第二十	43条
宜下第六	19条	辨可下第二十一	47条
宜温第七	10条	（条数宋本大多皆有）	
忌火第八	6条	（条数宋本皆有）	

（续表）

宜火第九	1条	（宋本无此条）
忌灸第十	3条	（条数宋本皆有）
宜灸第十一	6条	（条数宋本皆有）
忌刺第十二	1条	（宋本无此条）
宜刺第十三	9条	（条数宋本大多皆有）
忌水第十四	3条	（条数宋本有一些）
宜水第十五	3条	（条数宋本有一些）
发汗吐下后	31条	辨发汗吐下后第二十二　29条

观上表“可”与“不可”以及《发汗吐下后篇》，唐本计十六部分，宋本仅有八部分，无“习温”“不可灸”“可灸”“可刺”“不可刺”“不可水”“可水”“不可火”“可火”。虽然名称上少，条文并没缺少。比较它们的条文总数，宋本多于唐本，而且宋本重出的三阳三阴的条文数也远远超过唐本，唐本仅有四十余条。唐本“可”与“不可”以及《发汗吐下后篇》也有宋本所无之条文，它们是：《宜温》三条；《宜刺》两条；《忌水》一条；《宜水》一条；《发汗吐下后篇》两条，“可”与“不可”宋本所无之条文共计9条，可补宋本所缺之内容。

通过上述唐本《伤寒论》和宋本《伤寒论》结构的比较，可以看出它们异少同多，两书的核心内容是一致的。这说明它们在最初阶段是相同的，均来自《七录》的《辨伤寒》十卷。由于历来医家对它视若拱璧，十分重视，纷纷传抄，造成不同传本在编排、条文、条序上出现差异，只有通过比较，才可以清楚看到这一点。另外，研究两书的结构，比较它们的条文，找出区别，可以使二书互补。唐本《伤寒论》在校勘宋本《伤寒论》，研究《伤寒论》的流传史，补充《伤寒论》的缺文上具有极为重大的意义。

《张仲景方》图经本释例

郭君双　山东中医药大学

《伤寒论》《金匮玉函经》《金匮要略方论》三书，是人们早已熟悉的张仲景撰著的医学经典之一。这一客观历史事实，说明了治平年间宋臣整理张仲景遗方遗论的不朽功绩。然而从文献的诸多显示，在宋臣整理前有关张仲景方论的记载，存在着不同名称，而内容相近的早期传本现象。

《张仲景方》书名见载于《隋志》《旧唐志》《新唐志》及宋代本草类书《重修政和经史备用本草·序例》。笔者仅就宋代嘉祐《图经本草》（简称《图经》）所引录《张仲景方》传本状况，予以归纳。

一、《图经》引录《张仲景方》表现形式

《图经》一书，是宋代太常博士集贤校理苏颂主持编撰的，于公元1062年镂板刊行，全书二十卷，目录一卷(《本草纲目》作“二十一卷”)。原书已不见，其文字与图谱见载于《证类本草》中，书作“图经曰”。该书仿效唐代永徽年间的《删定本草》《图经本草》二书之图文并茂的特点，且感叹唐《图经》失传或无完本，而编撰是书，并与《嘉祐本草》相辅而行。宋代印刷术的广为应用，使图谱的复制保留成为可能。今天我们可借助于《证类本草》历代刊刻，一睹《图经》风貌。

《图经》引用大量早期文献，如《尔雅》《山海经》《周礼》郑注、《诗经》《博物志》《岭南博物志》等文献，训释本草的名物、形态、产地。同时也引用了许多医学文献，如《内经》《张仲景方》、葛洪《抱朴子》、陶弘景《登真秘诀》、崔元亮《海上方》、韦宙《独行方》、刘禹锡《续传信方》等书中的药物及主治方剂，旨在说明该项药物的功效主治。

《图经》中，引录《张仲景方》，据笔者初步统计有67首方剂，附于37种药物条下。这些方剂并见于今本《伤寒论》（赵本）、《金匮要略》（简称《金匮》）中，且以《金匮》最多见。这些引文是宋臣整理前的传本内容之一，现将其传本特色归纳如下：

1. 称谓方式　《图经》引录《张仲景方》多数条文称谓“张仲景治××”。如“张仲景治伤寒下痢”“张仲景治心下痞”“张仲景治肺痈”，引文强调方药功效主治，言病证少言六经主病，仅十枣汤条言“太阳中风”。

在引录中有二条称谓作“张仲景伤寒论”。如朴硝条：“张仲景伤寒论疗膀胱急、小腹满、身尽黄、额上黑及足下热，因作黑瘅，大便必墨，腹胪满如水状，大便溏者。女劳得之非水也。腹满者难疗，消石矾石散主之。”甘草条：“张仲景伤寒论有一物甘草汤、甘草附子、甘草干姜、甘草泻心等汤，诸方用之最多”。

硝石矾石散主治、方药见《金匮》第十五，而甘草汤及法泻心汤《伤寒论》《金匮》并存。以此推之《图经》所据本既有《张仲景方》偏于治疗方药条文（占多数），也有偏于论述为主而伤寒杂

病合论的专著，然皆以“张仲景”冠以引文之上，以示其遗方遗论。

2. 引文方式　据《图经》本引《张仲景方》内容，笔者考察了《伤寒论》《金匮》相应条文，其引文方式主要为直引与意引二种方式。

（1）直引：

①枳实条：张仲景治心下坚大如盘，水饮所作，枳术汤主之。（见《金匮》第十四、枳术汤条）

②半夏条：张仲景治反胃呕吐大半夏汤。半夏三升，人参三两，白蜜一升，以水一斗二升，和，扬之一百二十回，煮取三升半，温服。(见《金匮》第十七大半夏汤条)

③泽泻条：张仲景治杂病的心下有支饮苦冒，泽泻汤主之。泽泻三两，术二两，水二升，煮取半升，分温再服。(见《金匮》第十二泽泻汤条)

④葶苈条：张仲景治肺痈喘不得卧，葶苈大枣泻肺汤主之。葶苈炒黄色，捣末为丸，大如弹丸，每服用大枣二十枚，水三升煎之，取二升，然后内一弹丸更煎，取一升，顿服之。支饮不得息亦主之。(见《金匮》第七葶苈大枣泻肺汤条)

⑤薏苡仁条：张仲景治风湿身烦疼，日晡剧者，与麻黄杏仁薏苡仁汤。麻黄三两、杏仁三十枚、甘草、薏苡仁各一两，四物以水四升煮取二升，分温再服。(见《金匮》第二麻黄杏仁意苡甘草汤条)

（2）意引：

①朴硝条：张仲景伤寒方承气汤，陷胸丸汤，皆是用芒硝。(见《伤寒论》卷四《金匮》第二)

②葛根条：张仲景治伤寒有葛根及半夏、葛根黄芩黄连汤，以其主大热解肌，开腠理故也。（见《伤寒论》第三、《金匮》第二）

③甘草条：张仲景伤寒论有一物甘草汤、甘草附子、甘草干姜、甘草泻心等汤，诸方用之最多，又能解百毒，为众药之要。（见《伤寒论》卷二、四、六、十、《金匮》第一、第七）

④泽泻条：张仲景治伤寒有大小泽泻汤、五苓散辈皆用泽泻行利停水为最要。(大小泽泻汤《伤寒论》《金匮》未见)

⑤旋覆花条：张仲景治伤寒汗下后，心下痞坚，噫气不除，有七物旋覆代赭汤。杂治妇人有三物旋覆汤。(见《伤寒论》卷四、《杂医》第二十二)

以上直引内容举例，基本与今传本《伤寒论》《金匮》相应条文相似，仅有个别文字上的差异，行文风格《图经》本更为古朴简明，方药组成剂量、服法，均具有校勘价值。意引虽不是全文照录，但所及方名，主治对发掘整理《伤寒论》《金匮》方药研究有一定的参考补遗作用。

二、异文举例

在考察《图经》本《张仲景方》过程中，除与今传本中的张仲景方药条文大量相同外，尚有部分不相同、甚至舛错支解的条文存在。

1. 治中汤　人参条：张仲景治胸痹心中痞坚，留气结胸，胸满胁下，逆气抢心，治中汤主之。(《本草纲目》本此下有“即理中汤”四字)。人参、术、干姜、甘草各三两，四味以水八升，煮取三升，每服一升，日三。如脐上筑者，为肾气动，去术加桂四两；吐多者去术加生姜三两；下多者复其术；悸者加茯苓二两；渴者加术至四两半；腹痛者加人参至四两半；寒者加干姜至四两半，满者去术加附子一枚。服药后如食顷，饮热粥一升许，微自湿，勿发揭衣被。

此条主治见于《金匮》第九人参汤，痞坚作“痞气”，留气结胸作“气结在胸”。本方后服药加减，见载于《伤寒论》卷七理中丸条并作大字正文。治中汤《图经》本首尾完整，而今传本分二段分别载人人参汤与理中丸条。治中汤方名及加减变化，又见于《千金》卷二十，然主治是“霍乱吐下胀满，食不消心腹痛”，《千金翼》伤寒上下未见，见于卷十八杂病，方名为理中丸，余同《千金》，可知《图经》本与《千金》相近，仅主治有异。

《图经》引陶隐居《百一方》：“霍乱余药难求，而治中丸、四顺、厚朴诸汤不可暂阙。”而《肘后方》（杨用道本）卷二恰存“崔氏理中丸、四顺汤、厚朴汤”三方，且方后按语与《图经》所引陶言顺序相同，惟《图经》引理中丸为“治中丸”，而孙思邈《千金》《千金翼》曾大量引用《肘后方》内容，治中丸、理中丸同方异名，正是二种《肘后方》传本的客观反应。人参汤是残简《金匮玉函要略方》传本名称。从此方方名差异及主治差异，可以看到晋唐间广为流传并发展了主治范围，不同方名表示了不同传本。

2. 猪苓汤与猪苓散　《伤寒论》《金匮》载有一个猪苓汤（猪苓、茯苓、泽泻、滑石、阿胶），二个猪苓散（一个五味：猪苓、茯苓、术、泽泻、桂，即五苓散；一个三味：猪苓、茯苓、术)。《图经》本所引《张仲景方》也有此二方，然而主治与今传本诸方有舛错现象，释例如下。

猪苓条：“张仲景治伤寒诸病在脏加渴者，猪苓汤主之。猪苓、茯苓、泽泻、滑石、阿胶各一两，以水四升，煮四物，取二升内胶，每服七合，日三。呕而思水者亦主之。又治消渴脉浮，小便不利，微热者，猪苓散发其汗，病欲饮水，而复吐之为水逆。冬时寒嗽如疟状，亦与猪苓散，此即五苓散也。猪苓、术、茯苓各三分，泽泻五分，桂三分，细捣筛，服方寸匕，日三。多饮暖水，汗出即愈。……又黄疸病及狐惑病并猪苓散主之。猪苓、茯苓、术等分，研末，每服方寸匕，与水调下。”

（1）猪苓汤

此汤前项主治见《金匮》第一“诸病在脏欲攻之，当随其所得而攻之。如渴者与猪苓汤。”其组成用法见于该书第十三及《伤寒论》卷五猪苓汤条，而主治作“脉浮发热，渴欲饮水，小便不利。”《图经》本无此主治。后项主治见《金匮》第十七猪苓散（三味）“呕吐而病在膈上，后思水者解，急与之。思水者，猪苓散主之。”与《图经》本猪苓汤主治发生差异，疑有错简存在。

（2）猪苓散（五苓散）

此散见《伤寒论》卷三、《金匮》第十二主治作“脉浮、小便不利，微热消渴者，与五苓散主之。”“渴欲饮水，水入则吐者，名曰水逆，五苓散主之。”其组成服法与《图经》本相同。而《金匮》第十二“假令瘦人，脐下有悸，吐涎沫，而癫眩，此水也，五苓散主之。”与《图经》本“冬时寒嗽”有异，但方药治病机理相近。

（3）猪苓散（三味）

此方见《金匮》第十七猪苓散条，但主治完全不同，（引文见前）疑《图经》引有舛误。《金匮》治狐惑、黄疸无此方，仅茵陈五苓散有质疑可能。方后注：一本云茵陈汤及五苓散并主之。五苓散治黄疸，在《千金》卷九、卷十有载，且做为伤寒病之发汗剂。故可排除《金匮》中猪苓散与五苓散相混，治黄疸的可能。在《千金》卷十六猪苓散（三味）治“呕而膈上寒”服法中有“渴者多饮水”提示有“呕而渴”之见证，与《金匮》猪苓散（三味）相合，惟《图经》本作“猪苓汤”。

综合三方，主疗紧紧围绕猪苓功效，《神农本经》“猪苓味甘苦平，主痎疟、解毒、蛊主不祥，利水道。”故三方主治有相近处。由于配伍不同，兼证有趋表趋里，偏寒编热的不同层次的三个不同组成的猪苓方剂。关于猪苓汤与五苓散主治相近易混问题，清人徐灵胎已注意到，他在猪苓汤主治病前冠以“阳明病”以区别太阳篇五苓散证，并认为“此阳明之渴，故与五苓相近，而独去桂枝，恐助阳也。”

通过《图经》本异文释例，虽然还不能尽释其异文原因，但说明今传本《伤寒论》《金匮》中有些内容仍有待于探讨的必要。当然，对《图经》本也需做更深入考察辨疑工作。

三、辨疑释例

在《金匮》（商务排印本）中有五首方剂：诃梨勒散、诃梨勒丸、红蓝花酒、紫参汤、小儿疳虫蚀齿方，后附注文：疑非仲景方。《图经》本除小儿疳虫蚀齿方未见外，余四首皆存。其中红蓝花酒、诃梨勒散、诃梨勒丸三方注文，疑为宋臣整理《金匮》所加。主要原因出于对红花、诃子二种药物的产地、出典时间考虑，这种质疑仍是建立在苏颂《图经》成果的基础上。

1. 红蓝花酒　《图经》红蓝花条：张仲景治六十二种风，兼腹内血气刺痛。用红花一大两，分为四分，以酒一大升，煎强半，顿服之，不止再服。

此方见《金匮》第二十二红蓝花酒条：妇人六十二种风，及腹中血气刺痛、红蓝花酒主之。注云：疑非仲景方。

红蓝花《神农本经》不载，《证类本草》该药系《嘉祐本草》《图经》增补。产地在梁汉魏地及西域，药物应用约在六朝至唐间，崔豹《古今注》《外台》皆有引用，但组方简单似民间验方。“六十二种风”行文方式，与《内经》五脏风、泄风、漏风等注重脏腑气血为病理的风证行文风格迥异。自魏晋士大夫服石风兴起及宗教地、火、风、水四大学说的广为应用，医界对风证的认识趋于繁琐。《千金》则有“八痹十二风’“耆婆疾风有四百四”，治病种类有“治百病”“治万病等”等，以数字显示病种之多样性，故“六十二种风”带有晋唐的时代色彩。治平间宋臣所见残简与《图经》本《张仲景方》虽然却保留了这首方剂，然而从宋臣校本草的成果中，发现这些疑点是完全可能的，故著录同时，质疑于方后。

2. 诃梨勒散、诃梨勒丸　《图经》诃梨勒条：张仲景治气利，以诃梨勒十枚，而裹糖灰火中煨，令面黄热，去核，细研为末，和粥饮，顿饭。又长服诃梨勒，陈橘皮，厚朴各三大两，捣筛，蜜丸大如梧子，每服二十丸至三十丸。

二方见于《金匮》第十七、第二十三“气利，诃梨勒散主之。”“长服诃梨勒丸方”注云：疑非仲景方。

诃梨勒《神农本经》未载，《证类本草》该药系《嘉祐本草》《图经》所增补。其药用功效，宋臣掌禹锡引萧炳《四声本草》：“苦酸下宿物，止肠辟久泄，赤白痢。”与气痢主疗相近。《图经》对此药释名有重要的发现，提出“梵语诃梨恒鸡，谓唐言天堂。”并引《岭南博物志》：“广州法性寺佛殿前有四、五十株，……每岁州贡只此寺者。……时有佳客至，则陀僧煎汤以延之。”认为此药来自西域，称谓系梵语。虽然宋臣所见残简与《张仲景方》并载此二首方剂，必竟药物晚出，药名非汉代所见，距仲景时代尚远，故著录二方质疑于后注。

《图经》贡献在于：①它是宋臣整理医籍、本草的早期作品，而林亿、孙兆、孙奇、掌禹锡、苏颂等都是直接的参与者。今天我们研究唐以前的经典、方书如《伤寒论》《金匮》《病源》《千金》等书都应综合考察宋臣的文献整理工作，发现内在联系，将有补于文献事业的发展。②《图经》吸收宋以前大量医学文献，许多是我们今天不能见到的早期传本，应该注意它的传本研究。

《伤寒论·序》的学术价值

沙　涛　刘维庆　肖发礼
南阳张仲景国医学院
许纪超　郭春明　路付琴
河南南阳医圣祠
初月轩　陈文博　台北市华中医院

《伤寒论·序》是东汉杰出医学家张仲景为自己的著作《伤寒论》撰写的序言。这篇序文是《伤寒论》这部经典著作的有机组成部分，说明了《伤寒论》成书的宗旨、经过，评价了它的内容、特点，阐发了自己的医学观点和医学思想。文章简洁精练，感情真切，内容充实，修辞巧妙，语言生动，文道兼备，脍炙人口，用形象生动的语言，阐明了六经辨证施治的医学理论，表述了自己的治医思想，治学精神，严谨的医疗作风，体现了张仲景的崇高医德。这篇序言对我们进一步挖掘、学习《伤寒论》这部宝贵财富，更完整地研究张仲景的医学思想有着重要的学术价值。

《伤寒论·序》从医者必须具备济世仁人之心，行医必须具有严谨的医疗态度和作风，学医必须要有刻苦钻研的治学精神等方面进行了论述。

一、医者必须有济世仁人之心

在东汉末年，豪强纷争，战乱频繁，田地荒芜，疫病流行，“家家有僵尸之痛，户户有号泣之哀”。死亡者众多，可是“居世之士”竟然“不留神医药，精究方术”，以“救贫贱之厄”，却是追求名利、荣华权势，张仲景面对现实，作为一位关心人民疾苦的医圣，痛心疾首，奋笔疾呼，一开头就鲜明地表达了激越之情，“余每览越人入虢之诊，望齐候之色，未尝不慨然叹其才秀也”。表达了张仲景对秦越人高超医术的敬仰赞叹和对当时医学家的热切希望，从中包含着对社会深沉忧思和对人民的深切爱护。诚恳的陈述了心目中的医宗之门宗旨，“上以疗君亲之疾，下以救贫贱之厄，中以保身长全”。这种济世活人之心，正是一个高尚医家的崇高德操，也是衡量一个医者的标准。但是在当时不务正业，玩弄医术，借行医之道，谋求私利的“凡医”风行医界，张仲景对医界不正之风，愤恨万分，发出了肺腑之诉，“怪当今居世之士，曾不留神医药”，“但竞逐荣势，企踵权豪，孜孜汲汲，惟名利是务”。正因为那些凡医心无医业，不学医术，所以一旦遇到复杂的病情“而方震栗，降志屈节，钦望巫祝，告穷归天，束手受败”。张仲景用一个具有强烈感情色彩的动词“怪”字，笔锋指向现实，表达对“惟名利是务，居世之士”的痛恨，这些人只知“竞逐荣势”，“华其外而悴其内”，痛恨他们达到了连自己身体都不顾惜，无以复加的地步。文中的“怪”字和“叹”字遥相呼应，形成了感情上强烈的比照，从而表达了张仲景鲜明的爱憎态度，认为这样的医生“进不能爱人知人，退不能爱身知己”，只不过是医门败类而已。

在大疫之年，张仲景的家族也深受其害。他“宗族素多，向余二百”，然而不到十年，死亡者“三分有二”，患伤寒者“十居其七”，目睹家族、亲友家破人亡的悲惨情景，作为一代医圣，他“感往昔之沦丧，伤横夭之莫救”，真是感慨、悲哀、伤痛之极，这里用一个“感”字，紧连一个“伤”字，步步递进，把无限感慨和悲伤之情，表达得入木三分，淋漓尽致，透过这两个动词，从中可以看到张仲景发奋撰写《伤寒论》的动机和良苦用心。

《伤寒论·序》中张仲景形象地刻划出了“当今居世之士”追逐名利的丑态，是“竞逐荣势，企踵权豪，孜孜汲汲，惟名利是务”，“而方震栗，降志屈节”，“趋势之士，驰竞浮华，不固根本，忘躯徇物。”用“竞逐”“企踵”“屈节”“驰竞”“忘躯”“徇物”等一连串动词是“居世之士”争名求利的丑恶百态跃然纸上；“竞逐”“驰竞”刻划了“居世之士”争先恐后，千方百计追求名利的神态，“企踵”形象画出了“居世之士”迫不及待地向权贵靠近的心理，“屈节”写出了“居世之士”卑鄙屈膝的可怜丑态，“孜孜汲汲”两组迭韵词，绘声绘色地描绘出了“居世之士”急急忙忙向上爬的状态和行为，一个“忘”字和一个“徇”字，则维妙维肖地刻划了“居世之士”为物而死的可悲下场。

《伤寒论·序》中张仲景引用了七个典故，表达自己的内心世界。如引用了《诗经·小雅·小宛》中“战战兢兢，如临深渊，如履薄冰”句，来刻划“趋势之士，驰竞浮华，不固根本，危若冰谷”的处境。句中“危若冰谷”源于《诗经》，此处明确指出了“趋势之士”的处境到了十分危险的地步，用此句启发、教育他们悬崖勒马，回头是岸，改邪归正，行仁爱之心，做仁爱之事，表示了对这些人反常行为的无限痛惜和诚心的劝告。

《伤寒论·序》中张仲景还多次用感叹词，叹惜、激发、规劝“居世之士”追逐名利，不学无术，贻害性命的行为，痛心的发出“咄嗟呜呼”之感叹，在“呜呼”之上再加“咄嗟”这一个象声词，更加强了“感叹、痛惜、规劝、伤心之感慨情感，接着又发出了“痛夫，举世昏迷，莫能觉悟，不惜其命，若是轻生，彼何荣势之云哉?”的伤痛感叹，对那些“忘躯徇物”的“趋势之士”，从内心发生了“哀乎”悲哀感叹，这些感叹词既加强了张仲景愤世疾俗的思想感情，又怀着叹惜、伤痛、规劝的内在含义，企盼那些人在争权夺利，荣华权势的深渊中自拔而出，济世救民。总之，序文在每一个字的行间，从正反两个方面有力的批判和批评了“居世之士”不关心医药之过，用事实阐明了医者必须具备仁爱之心，这一人道主义观点，也正因为张仲景有着这样的医德素养，他才能在医疗实践中察病人微，辨证准确，组方精良，用药严谨，疗效显著，成为一代医圣。

二、医者必须有严谨的医疗态度和作风

张仲景在《伤寒论·序》中强调医者必须有严谨的医疗态度和踏实的工作作风，非常痛恨那些粗心大意，马虎潦草从事，敷衍塞责，墨守旧规，不讲求医疗实效，视病人为儿戏的恶劣行为，“观今之医，不念思求经旨，以演其所知，各承家技，终始顺旧，省病问疾，务在口给，相对斯须，便处汤药，按寸不及尺，握手不及足，人迎趺阳，三部不参，动数发息，不满五十。”张仲景用“不念思求”状谓之句批评“凡医”不思进取，不求上进，不学习的行为；用“终始顺旧”述动之词批评“凡医”墨守常规的守旧思想，用“务在口给”“相对斯须”“三部不参”“不满五十”正对、反对、串对之句批判“凡医”敷衍塞责，潦草从事，粗心马虎的恶劣行为，都用形象的语言，巧妙的修辞之法，对当时“凡医”进行了尖刻地批判，也生动地说明了祖国医学具有强烈的科学性，来不得半点虚伪和马虎，因此只有必须具备严谨的医疗态度和踏踏实实的医疗作风，才能成为一个合格的医务工作者。

三、医者必须有刻苦治学的精神

刻苦钻研，不断提高医学理论知识水平和医疗技术，是张仲景的一贯治学思想，这一思想是他以朴素的人道主义观点为基础，通过长期医疗实践逐步形成的，在《伤寒论·序》中尤为突出，他在“余宗族素多，向余二百，建安纪年以来，犹未十稔，其死亡者，三分有二，伤寒十居其七，感往昔之沦丧，伤横夭之莫救”的悲惨、悲愤情景之下，不断研究行之有效的医疗方法，“乃勤求古训，博采众方”，“精究方术”，用正对的语言手法，说明了经过长期刻苦钻研和实践终于总结出了前人和自己的临床治疗经验，撰写出了《伤寒杂病论》，合十六卷；达到了“见病知源”的境地，同时他对自己辛勤研究成果，寄托着无限的希望，他殷切地给人们指出“若能寻余所集，思过半矣”。张仲景在此引用《易经·系辞下》中的“思过半矣”这句话，是告诉同仁，“能思虑有益，以过半矣”，临床治疗基本可以得到解决。也就是热切希望他的《伤寒论》一书，能为当代和后世医学家们提供辨证施治的依据。充分表现出了张仲景济世救民的一片赤诚之心。

张仲景在《伤寒论·序》的最后，引用了大圣人、教育家、政治家、思想家孔子的话“生而知之者上，学则亚之，多闻博识，知之次也。”这两句话分别来自《论语·季氏》和《论语·述而》这两篇典籍中，旨在告诉当代和后世医家只有刻苦学习，多听广记，才能学好，掌握住“玄冥幽微，变化难极”深奥微妙的医学科学，才能救治疾病痛苦，成为济世的良医。表现了这位杰出医学家谦虚谨慎，刻苦好学不倦的治学精神和撰写《伤寒论》“勤求古训，博采众方”的严谨作风。

总之，《伤寒论·序》陈述了张仲景从事医学活动的原因和家族悲惨遭遇，指出了撰写《伤寒论》的经过和目的，向社会痛心疾呼人们要关心和学习医药，集中反映了张仲景的治医思想，伸张了朴素的人道主义精神，抨击了敷衍塞责，马虎潦草从事的医疗作风，强调了刻苦钻研的治学精神，针砭时弊，指导社会，对祖国医学发展起到了巨大的推动作用，弘扬了祖国医学。

参考文献

[1] 尤在泾. 伤寒贯珠集. 北京：中医古籍出版社，

1998.
[2] 李培生等.《伤寒论》讲义. 第5版. 上海：上海科学技术出版社，1985.
[3] 丹波元简. 《伤寒论》述义. 北京：人民卫生出版社，1983.
[4] 陈亦人.《伤寒论》求是. 北京：人民卫生出版社，1987.
[5] 沙涛. 论《伤寒论》语言特点. 甘肃中医，1992；40（6）3.
[6] 万晓刚. 《伤寒论》学术思想概述. 国医论坛，2000；1（15）5.
[7] 廖子君. 《伤寒论》修辞学特点. 医古文知识，1995；42（29）3.
[8] 王振国. 《伤寒正宗》学术思想考略. 国医论坛，2001；（16）6.
[9] 徐国龙.《伤寒论》六经病症辨证的意义. 中国医药学报，2000；79，（1）2.
[10] 李利. 浅述张仲景思想及贡献. 张仲景国际学术会文集，北京：中华中医药学会. 2002.
[11] 沙涛. 《伤寒论》学术思想探微. 医古文知识，1999；25（50）4.
[12] 章浩军等. 《伤寒论》内涵探析. 江西中医药，2002；12（34）4.
[13] 刘维庆等.《伤寒论》辨证思想大法. 医论秘方汇验. 北京：中国华侨出版社，1996

王叔和时仲景原著是否已毁于战火

陈道纯　福建医科大学附属协和医院

王叔和对张仲景原著即《伤寒杂病论》重新编次并大幅度补充修改的说法，盛行于明清两代。其主要原因，是认为仲景原著（下称“原著”）成书不久即毁于战火，王叔和“劫火之余，仅得之读者口授”，因而大幅度补充修改成为必然。但现存的隋代以前史料上并没有王叔和对原著重新编次的记载，也没有原著成书不久即毁于战火的记载[1]。本文根据原著成书之后的一些重要史实，进一步探讨王叔和获得保存相对完好的仲景原著的可能性。

一、原著成书之后的广泛传抄

在《桂林古本伤寒杂病论》桂林左盛德序中，载仲景四十六世孙张绍祖之言曰：“吾家伤寒一书，相传共有一十三稿。每成一稿，传抄殆遍城邑”。[2]

该古本的来源或待深入考证。但原著成书后曾广泛传抄这点，则有不少历史事实支持：

（一）仲景有让其著作广泛流传的意向。从原著自序可知，作者有感于伤寒病的肆虐和“当今居世之士”的“曾不留神医药”，“感往昔之沦丧，伤横夭之莫救”，愤而著伤寒，决不是为了让它束之高阁，而显然是为了让它流传社会，造福人民。

（二）当时有传抄的必要。从原著自序所揭示的伤寒病流行和人们缺医少药的情况可知。

（三）有传抄的条件。原著成书之前约一百年，蔡伦发明制作书写用纸，在竹简、帛书的基础上又增加了一种极为方便的、大众化的抄书载体。建安初年，南阳一带相对和平安定。

（四）汉晋有传抄好书的风气。最典型者为晋代左思作《三都赋》，满城传抄，“洛阳纸贵”。而就在仲景创作原著的前后，荆州刘表亦曾组织人员大量抄写保存图书资料[3]。

（五）原著成书不过数十年，在王叔和《脉经》自序和皇甫谧《甲乙经》自序上，仲景之名已与和、鹊等古代名医齐列，除了仲景医疗事迹的传扬外，仲景著作的广泛流传应是个重要因素。皇甫谧说仲景著作“用之多验”，也提示原著成书不久就经历了一个较广泛的流传和验证过程。

二、叔和活动年代与仲景相近

据原著自序“建安纪元以来，犹未十稔”的记载，仲景写序时当在建安七至九年（公元202～204年）。

王叔和，唐代以后文献称其为“晋代太医令”。但据《甲乙经》自序“近代太医令王叔和”的记载，现代多认为他是三国时期魏的太医令[4]，其活动年代应比皇甫谧（公元215～282年），早数十年，与仲景的活动年代相当接近，又据《千金方》卷二十六食治篇有卫汛引王叔和“食不欲杂”一段论述，王叔和的活动年代不比仲景弟子卫汛晚，当他青年时期开始学医时，仲景应当还在世。

三、叔和活动地点与仲景相似

据《医说》引《张仲景方论序》“后在京师为名医，于当时为上手”的记载[5]，仲景成名后从事医学活动的主要地点是“京师”，即洛阳、许昌一带。又据原著自序中对族人死于伤寒的深痛感触，仲景作序时对家乡情况十分熟悉，提示仲景家乡南阳也是他当时活动的主要地点之一。南阳与许昌、洛阳相距不远，公元208年以后均属魏地，仲景有充分的可能往返其间，从事医学活动。

王叔和作为魏太医令，活动地点当在许昌、洛阳，为仲景从事医学活动的主要地点，且离仲景家乡不远。

四、仲景、叔和之间较少受战火阻隔

仲景作《伤寒杂病论》序约在公元 202 ~ 204 年，已在官渡之战以后。黄巾起义、董卓之乱等全国性战乱已成过去，三国鼎立之势即将形成。

建安初年，刘表所据荆州（南阳为其中一郡），是个相对和平稳定的区域，引来了人才的大批聚集[3]。仲景诊王灿疾（见《甲乙经》序）和作《伤寒杂病论》都在这期间。

建安十三年（公元 208 年），曹军南下伐刘表，刘表病逝，其子刘琮不战而降；刘备从樊城南撤，至当阳才被曹军赶上而交战，樊城以北无发生战争的记载。此后南阳归曹魏所有，与许昌、洛阳连成一片，为仲景学说和著作向许昌、洛阳一带传播增加了便利。

许昌、洛阳作为曹魏的都城，保持了较长时间的相对稳定。从汉至魏、从魏至晋的两次政权更替，都取篡位形式，没有发生大规模的战乱，对文化遗产的保存较为有利。

五、仲景族人与弟子的中介作用

仲景宗族素多，又有弟子杜度、卫汎等人，为仲景著作向叔和传播增加了可能的途径。

据《医说》引《张仲景方论序》："杜度，仲景弟子……事仲景，多获禁方，遂为名医。"说明仲景确不少著作留给弟子[5]。

《千金方》食治篇有卫汎引王叔和"食不欲杂"一段论述，提示卫汎写书时王叔和也早已成名，不排除两人互有交往。

近人余嘉锡更认为：王叔和作为王灿族人，早年可能随王灿赴荆州而得亲见仲景[6]。

六、叔和很可能获得保存较好的仲景原著

综合上述各因素，王叔和作为仲景学术的崇拜者，当可以由以下方式之一获得保存相对完好的仲景著作：

（一）早年亲见仲景，获得传授；

（二）与仲景弟子或族人交往，获得原著；

（三）作为太医令在宫廷或民间查该，获得原著善本；

（四）从民间大量流传的抄本中获得善本。

今本《脉经》第七 ~ 九卷，以将近全书五分之二扩展幅收录了仲景著作。其中今本《金匮》的大部分内容收集于第八卷，篇幅与第七卷伤寒部分相当，而第九卷妇科部分有许多部分为今本《金匮》所无。这表明叔和所见的仲景著作内容十分丰富，清代关于王叔和的"卒病论六卷已不可复睹"的说法是不确切的。

东汉后期已有书写用纸。纸抄书籍在长久保存上不如竹简，但在易于携带不会错简上优于竹简。叔和与仲景年代相近，他应当有可能看到纸抄的无错简的仲景著作。

小　结

仲景著作成书后很可能有广泛传抄，叔和与仲景在活动时空上相当接近且可能互有重叠，其间较少战火阻隔，且又有仲景弟子或族人可为中介，叔和有很大可能获得保存相对完好的仲景原著。因而对于叔和"撰次仲景选论"的目的和方式，有必要超越数百年前古人的推测，以历史资料为依据重新探讨。

参考文献

[1] 陈道纯．王叔和编次《伤寒论》质疑．中医文献杂志，1996；（3）：20．

[2] 张仲景．桂林古本伤寒杂病论．桂林左盛德序．第二版．南宁：广西人民出版社，1980；5 – 6．

[3] 范行准．中国医学史略．北京：中国古籍出版社，1986；43 – 48．

[4] 陈梦赉．中国历代名医传．北京：科学普及出版社，1987；18 – 31．

[5] 张杲．医说．卷一，影印本．上海：上海科学技术出版社，1984；12 – 17．

[6] 余嘉锡．四库提要辨证．卷十二．北京：科学出版社，1958；635 – 642．

《伤寒论》"三阴三阳"时空生命模型探源

张其成　北京中医药大学

关于《伤寒论》"三阴三阳"六经的来源、六经的实质等问题，在中医学界尚有争议，未成共识。本文仅从文化背景角度对这一问题做一探讨。

一、关于三阴三阳六经的来源

学术界一般认为《伤寒论》"三阴三阳"六经体系直接来源于《素问·热论》。《素问·热论》曰："伤寒一日，巨阳受之"，"二日，阳明受之"，"三日，少阳受之"，"四日，太阴受之"，"五日，少阴受之"。"十日，厥阴受之"。实际上最早记载"三阴三阳"名称的文献并不是《黄帝内经》，而是汉初的马王堆帛书《阴阳十一脉灸经》和《足臂

十一脉灸经》，只是到了《黄帝内经》足臂“三阴三阳”十二脉才得以完整，那么马王堆帛书和《黄帝内经》的三阴三阳又有什么来源呢？

有人进一步认为《内经》的“六经”与《左传》的“六气”有渊源关系。《左传·昭公元年》曰：“天有气，降生五味，发为五色，征为五声，淫生疾。气曰阴阳风雨晦明。”这里的“六气”主要指气候现象。《内经》中的六气是指风寐暑湿燥火，亦指天地自然的气候。虽然《素问》“七篇大论”将六气与三阴三阳结合在一起，如《素问·天元纪大论》曰：“寒暑燥湿风火，天之阴阳也，三阴三阳上奉之。”将两者结合为：风合厥阴，暑合少阴，湿合太阴，火合少阳，燥合阳明，寒合太阳，并以六气为本，三阴三阳为标。然而“七篇大论”毕竟在《素问》主体篇章之后，这种结合必然是在三阴三阳的名称以及学说形成之后。因此我们认为“六气”并不是“三阴三阳”的直接来源。

我们认为，“三阴三阳”来源于先秦哲学的“一分为二”（阴阳）思想和“一分为三”（三才）思想，而直接导源于《易经》的六爻卦和（易传）的六子卦。殷商时期的“阴阳”文字已经初显阴阳思想的端倪，西周末期以阴阳解释地震等自然现象（见《国语·周语上》），更标志着阴阳学说的成熟。到了春秋战国时代，“一分为三’思想开始出现。如《子·第四十二章》，“道生一，一生二，二生三，三生万物。”提出了“三生万物”的观点。汉初《淮南子·天文训》解释说：“道始于一，一而生，故分而为阴阳，阴阳台和而万物生。故曰一生二，二生三，三生万物。”可以说道家“三生万物”的说法体现了“一分为三”的思想。

而成书于西周前期的《易经》的六爻卦结构无疑是比老子更早的阴阳六分思想的体现。《易经》六十四卦每一卦均有六爻组成，呈现六位结构。六十四卦中，除乾坤两卦外，每一卦都有阳爻和阴爻，从而形成阴阳交错的布局。其后，成书于战国时期的《易传》明确提出“三才”和“三男三女”概念。《说卦传》说：“立天之道曰阴与阳，地之道曰柔与刚，立人之道曰仁与义，兼三才而之，故易画而成卦。”《系辞传》说：“易之为书也，广大悉备，有天道焉，有人道焉，有地道焉，兼三才而之，故，者，非他也，三才之道也。”认为宇宙由大地人三才构成，同时说明了一阴一阳分化为三阴三阳的过程。《易传》作者在分析六十四卦时，采用了上下卦爻位分析法，将一个六爻卦看成两个三爻卦。三爻卦由初中上三爻构成，表示天地人三才；六爻卦的六爻两两一组，也可以分为三种象，其中下两爻为一组，中两爻为一组，上两爻为一组，也表示天地人三才。可见《周易》的卦爻包含着“一分为三”的思想。同时，八卦中的三爻和六十四卦的六爻是时间和空间的统一体，各爻从下到上包含着初中末的时间意义和下中上的空间意义，均表示阴阳消长的三个阶段。时间和空间，宇宙（天地）和人生、万事和万物，十分和谐地统一在八卦、六十四卦中。

《说卦传》第十章更明确提出“三男三女”的六子卦学说：“乾，天也，故称乎父。坤，地也，故称乎母。震一索而得男，故谓之长男。巽一索而得女，故谓之长女。坎再索而得男，故谓之中男。离再索而得女，故谓之中女。艮三索而得男，故谓之少男。兑三索而得女，故谓之少女。”我们认为“三男三女”是“三阴三阳”的直接源头。“三男三女”提出的“长男、中男、少男、长女、中女、少女”的名称，是“三阴三阳”——“太阳、阳明、少阳、太阴、厥阴、少阴”命名的基础。在马王堆帛书《阴阳十一脉灸经》和《足臂十一脉灸经》中，“三阴三阳”是作为外、中、里十一经脉的称呼，到《黄帝内经》完成了外、中、里十二经脉的完整称谓。在《周易》中，震、坎、艮三阳卦（三男），其阳爻分别居于下、中、上三位，这与十二脉“三阴三阳”外、中、里格局恰好相同，下、中、上二位分别对应里、中、外三位。马王堆帛书作者直接借用了“太阳、少阳、太阴、少阴”二阴二阳（即四象）的名称，并创造了“阳明”“厥阴”两个名称。

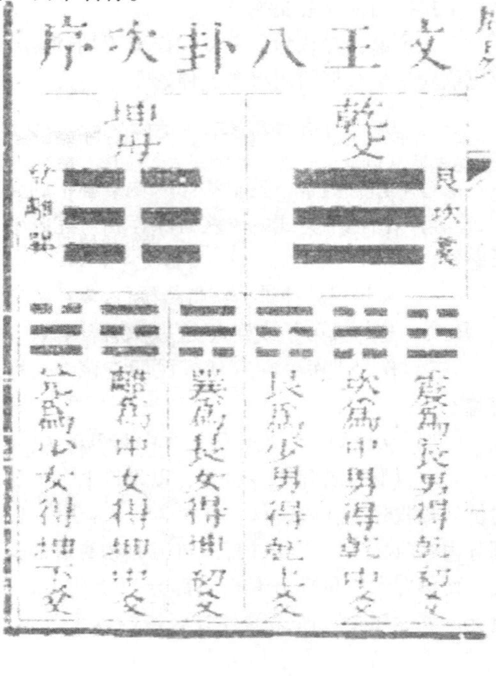

目前学术界有学者反对将三阴三阳的源头看成是八卦六爻，认为两者没有什么必然联系。我们认为虽然《内经》没有直接提到卦爻（除《灵枢·九宫八风篇》以外），也没有文字直接说明三阴三阳导源于《周易》，但思想的形成并不都是突现的，文化的传承并不都是显性的。《周易》的卦爻结构实际上为后世提供了一个思维模型，提供了“一分为三”和六位时空的思维方式。这对《内经》以及《伤寒论》的理论整合和重建无疑产生了重要的影响。

《内经》中到处可见“一分为三”思想。《素问·三部九候论》曰：“一者大，二者地，三者人，因而三之，三三者九……帝曰何谓三部？岐伯曰：有下部，有中部，有上部，部各有三候。三候者，有天有地有人也。”《灵枢·玉版》曰：“上合之于天，下合之于地，中合之于人。”把宇宙分为天地人三部分，把人体分为上中下三部分，这是宇宙三才模式在人体中的应用。至于“三阴三阳”划分的理由，《内经》认为是“气”的多少。《素问·天元纪大论》曰：“阴阳之气，各有多少，故曰三阴三阳也。”《素问·至贞要大论》曰：“愿闻阴阳之三也，何谓？岐伯曰：气有多少，异用也。”可见，《内经》是根据气的多少把阴阳各分为三。而气的多少是气（阴气和阳气）的消长变化以及时空的变化的体现，因此这与《周易》和《子》的“一分为三”思想有密切联系。

《伤寒论》“六经”与阴阳的变化以及时空的变化同样有密切关系，《伤寒论》中太阳是阳气极度旺盛阶段，阳明为其次，少阳是阳气逐渐衰退阶段；太阴是阴气始盛阶段，少阴是阴气最为旺盛阶段，厥阴是阴气衰退转为阳气的阶段。六经的次序代表疾病传变的顺序是太阳—阳明—少阳—太阴—少阴—厥阴，代表先阳后阴、从表及里、从浅入深的传变过程，《周易》六子卦次序是长男—中男—少男—长女—中女—少女”代表先阳后阴、从低到高、从弱到强的变化过程，可见《伤寒论》六经次序是《周易》六子卦次序在医学上的反映。此外，《周易》认为阴阳的传变具有“反复其道，七日来复”的“天行”规律，《素问·热论》和《伤寒论》认为疾病发生后第七日正气始复而疾病自愈，这反映了《内经》和《伤寒论》所揭示的疾病周期规律符合《周易》宇宙阴阳转变规律。

二、关于三阴三阳六经的实质

现代研究者持不同观点，有人认为《伤寒论》三阴三阳六经概念与经络学说中的三阴三阳概念是毫不相干的，若将二者机械地加以对应，必将导致对《伤寒论》的错误理解。有人则认为《伤寒论》中的六经与经络、脏腑等有密切关系。六经就是指经脉以及经脉所属络的脏腑，是根据同名经脉“同气相通”的原理合并而成的。

笔者认为《伤寒论》的三阴三阳六经范畴是一个贯通时空、连接生命功能结构的统一模型。不可能与经络、脏腑等毫无关系。这一点可以从其来源上加以论证。《伤寒论》的三阴三阳直接来源于《黄帝内经》的三阴三阳，《黄帝内经》的三阴三阳的本义就是指经脉以及经脉所属络的脏腑，是一个整体性概念。《内经》的三阴三阳具有经络、六气、开阖枢等多种内容。它们之间有着密切联系，是从同角度对三阴三阳的认识。自然界四时季节中的六气发生盛衰变化影响人体经络结构，从而表现为开阖枢的特征。经络是三阴三阳的空间基础，六气是因三阴三阳的作用而随时间变异出现在宇宙空间中的气候现象，气的盛衰也表现随时间变异三阴三阳多功能的消长盛衰变化，开阖枢则概括了三阴三阳的功能活动，同时含有三阴三阳的时间特性和空间特性。可见《内经》的三阴三阳并局限于经络，是包括气的盛衰、表里内外的空间层次、开阖枢等的人体的六大生命机能系统。这同时证明三阴三阳本身就是时空合一的时空模型。三阴三阳的空间意义，主要表现为经络或人体上下表里层次；三阴三阳的时间意义，主要表现为六气或气的盛衰；三阴三阳时空合一的意义，表现为疾病的传变阶段或开阖枢学说。三阴三阳是反映天地自然的变化现象以及人体生命活动的六种形式，是一种思维模式，也是认识宇宙的一种方法或模型。《内经》把这种三阴三阳思维体系运用于人体的生命活动，形成了经络生命系统，以此为依据来理解和调节人体各种生命活动现象。

《内经》三阴三阳的思维方式对此后的《伤寒论》六经辨证体系的产生有着深远的影响。《伤寒论》三阴三阳“六经”是以《素问·热论》的理论体系为基础，通过对人体的综合观察而形成的生命时空模型，是时空合一的人体六大功能系统。《伤寒论》六经是包括经络和与之相关的所属脏腑、经络分布领域、阴阳盛衰、开阖枢理论的综合的人体机能体系的六大分类，既包括六经病证类型，又包括六经辨证方法。

《伤寒论》中的六经病正是因为这种综合性的各功能体系失调而发生的疾病的六大类型。三阴三阳的每一类型，都有其典型的证候表现、转变过程及相应的治法。凡是人体亢病力强盛，病势亢奋的为三阳病证；凡是人体抗病力衰弱，病势虚弱的，为三阴病证。三阳病多为表、实、热证，反映的是机体内部邪正相争较为亢奋的病理变化，治以祛邪为主；三阴病多为里、虚、寒证，反映的是机体正气已受损伤的病理变化，治以扶正为主。这样，三阴三阳在伤寒诊治中起到了提纲挈领的作用。《伤寒论》六经病虽然主要是指伤寒的六种疾病类型，但基本上都是十二经脉手足同名经病候的精简或补充，涵盖了病因、病位、病性以及病情传变趋势等各种情况。可见六经所涉及的内容已经不限于十二经脉，还有经筋、络脉、皮部以及脏腑等等，只不过“经、络、筋脉，类皆十二，配三阴三阳，而总以六经称。”（方有执《伤寒论条辨》）。六经病证基本概括了脏腑和十二经的病变。所以，我们不能简单地把六经病证仅仅视为六种病或六种“症候群”，而应该看成是经络辨证的前身和早期形式。

六经辨证，是经络、脏腑病理变化的综合反映，其中三阳病证以六腑的病变为基础，三阴病证以五脏的病变为基础。当然六经辨证的重点是外感风寒所引起的一系列的病理变化及其传变规律，因而又不能等同于内伤杂病的脏腑辨证。《伤寒论》六经辨证理论，不仅提出了论治伤寒的辨证方法，而且构建了时空合一的生命模型。六经辨证实际上就是基于这一时空合一的生命模型上的辨证。

宋金元时期伤寒学的原因、特点及地位

张瑞贤　中国中医研究院中药所

进入宋代以后，我国医学发展进入了一个全面铺开高度深化的新阶段。公元960年，赵匡胤领导结束了五代纷争的局面，统一了中国大半领土，长久战乱使人民更珍惜和平稳定的生活，在北宋相对和平安定的环境下，生产和生产力得到了解放，生产和人民生活水平都迅速提高。在农业方面，水利的兴修，圩田的开垦，新品种农作物的栽培等使粮食产量达到了空前的水平。随着农业的发展，经济文化都发生了长足进步，号称四大发明的火药、罗盘（指南针）、活字印刷术三项的发明和发展都发生在宋代。进而新技术的推广又更进一步促进了科学文化的发展和中外交流，城市手工业、商业也更加繁荣兴盛。在一派和谐温煦美好的阳光、空气、土壤中，医学也蕴涵了勃勃生机，进入了一个全新的阶段。宋代医学的进步，不仅仅表现在政府重视医学，组织安排人力、物力进行大规模的单味药物和复方处方的搜集、整理，编撰包罗万象的大部头医学著作上，也不仅仅表现在沿袭继承或开创兴办各种类型的医学教育、医事管理、医药生产设施等等方面，还不仅仅表现在内、外、妇、儿等各科分化趋于固定，涌现出象钱乙、陈自明、许叔微、庞安时等超越时代的名医的上，它还体现在对于历代经典医籍的重视，研究和整理应用上，特别是伤寒学的研究掀起了一次高潮，使几乎湮没于“浩如烟海”之中的《伤寒论》在宋代又获得了新的生命上。

《伤寒论》是汉代末年张仲景根据当时众家之长，结合本人临床实际经验写成的。但因为种种原因，《伤寒论》一直没有传播开，许多临床医生或者没有见到过此书，或者根本没有听说过。看到此书的人很少。到了宋代，沉寂了700多年的《伤寒论》终于越来越受到医家的重视，出现了庞安时的《伤寒总病论》、朱肱的《南阳活人书》、常器之的《伤寒补治论》、许叔微的《伤寒发微论》《伤寒九十论》《伤寒百问歌》、钱闻礼的《伤寒百症歌》、韩祇和的《伤寒微旨论》、杨士瀛的《伤寒类书活人总括》、郭雍的《伤寒补亡论》等一大批研究张仲景《伤寒论》的著作。据傅元谋统计[1]，宋代319年间有关《伤寒论》的研究著作共有86种，分别为60位作者编写。而宋以前的741年间，有关著作只有15种，研究作者共8位。仅从数量上也不难看出，宋代的伤寒学研究进入了一个热潮，《伤寒论》从宋代起受到历代的注意和重视，宋代是伤寒学的一个转折点。尤为突出的还是在研究的质量上，宋代医家大多数已不是象他们的前辈一样把《伤寒论》作为一种方书来对待，而是把它作为治疗外感热病的专书，试图以此为基础框架，构筑外感热病的诊疗体系，从理论和实践上研究补充发展《伤寒论》。

金代聊摄人成无已与宋代诸伤寒学研究者几乎同时，又都以《伤寒论》为研究对象，却走上了另一条道路。在《伤寒论》的注疏方面，可以说成无已有“荜路蓝缕”之功。他用毕生精力研究琢磨《伤寒论》，完成了划时代的著作《注解伤寒论》共十卷，并根据学习心得写成了《伤寒明理论》四卷。明代王肯堂说“解释仲景书者，惟成无已最为详明，虽随文顺释，自相矛盾者时或有之，亦白璧微瑕，固无损于连城也。”（王肯堂《六科准绳》）清代汪琥亦说：“成无已注解伤寒论，犹王太仆之注内经，所难者惟创始耳。后之人于其注之可疑者，虽多所发明，大半由其注而启悟。至有忘其起予之功，反责其注解之谬者，或曰，成氏注伤寒

论，不过顺文随释，但嫌其不辨叔和语，不分仲景书。正不知古人虚心著书，不敢轻易指责，所以品愈高，名愈著。如吾辈者，亦自厌其饶舌耳！”（汪琥《伤寒论辨证广注》凡例）成无己开了注释《伤寒论》的先河，使伤寒学的研究走上了力究原书原义的“纯伤寒学”道路，对后世的影响甚至超过了以朱肱等为首的“通俗伤寒学”。金元时期虽然还有一些伤寒研究著作出现，但影响远不及宋代了。

一、原因

建立于公元10世纪中叶至12世纪初的北宋政权，是一个以“文物之治”著称的王朝，这个朝代的兴起，把整个中国封建社会历史时期的文化推向登峰造极的高度，这里不能不提到北宋对于保存前代古籍、收集散佚图书、整理编纂校勘注疏历代文献、印刷传播各类知识上做的巨大贡献。历史是不能割裂的，正是由于重视汲取吸收前代文化营养，继承发扬前辈文化精华，北宋文化才能高度发展；正是北宋文化的高度发展，才使许多官府文化广泛传播于民间，又流传于后代。医学方面也是这样。

宋太祖赵匡胤夺取政权的建隆年间（960～968），“三馆藏书才数柜，计万三千余卷”（《宋会要辑稿·崇儒》4～15），比较英明的北宋政府积极采取了多种措施扩大图书收存，他们首先是收取被征服国——如荆南、后蜀、南唐、北汉、吴越等——的国家藏书，其次是向民间购求书籍，从宋太祖乾隆四年（973）到宋徽宗宣和四年（1122）的150余年中，曾下诏求书和派专使到地方征集图书就有十五六次之多。到北宋末年官府藏书“为部六千七百有五，为卷七万三千八百七十有七焉”。（《老学庵笔记》卷四）对医学书籍的收集也是不遗余力，如太平兴国六年（981）宋太宗下令征求医书，“士庶家有前代医书，并许诣阙进纳，及二百卷以上者，无出身与出身，已任职官者亦与迁转；不及二百卷，优给缗钱赏之。”（《宋大诏令集》卷219）在高官厚禄利诱之下献书的人有不少。如李焘《续资治通鉴长编》记载，“未已，徐州民张成象以献医书补翰林医学，自是诱致来者，所获甚众。”（《续资治通鉴长编》卷22）五代十国时流传至宋的一部重要《伤寒论》版本——高继冲献本，也就是在这种背景下呈献给北宋朝廷的。高继冲曾祖高季兴创建南平国（即荆南国），为十国之一。三传至高继冲，高继冲即位不足三月即为北宋所灭，宋太祖封其为荆南节度使，郁郁不得志的高继冲在开宝六年（973）死去。据《伤寒论》林亿序称：开宝中，节度使高继冲曾“将《伤寒论》编录进上，其文理舛错，未尝考正，历代虽藏之书府，亦缺于雠校。”虽然如此，《伤寒论》从成书到北宋初年，也历经七百余年，仅靠手写传抄，又数经兵燹战乱，能流传下来已属不易。此前连唐代大医家孙思邈也很难见到《伤寒论》一书，而慨叹“江南诸师，秘仲景要方不传。”（《千金要方》卷九）

在大规模藏书基础上，北宋政府主持了对古籍的整理工作，首先是编纂大部头的类书和丛书。如宋仁宗时编纂的《太平御览》《太平广记》《文苑英华》、宋真宗时的《册府元龟》。把宋以前的古代典籍中的资料，分门别类收集编排，共3500卷。在医学方面，宋太宗雍熙四年（987）贾黄中等整理历代医书编辑成《神医普救方》1000卷，这在当时也是空前的的集医学之大成者了。此外，宋太祖开宝六年（973）诏命尚药奉御刘翰、道士马志、翰林医官翟煦、张素、王从蕴等整理编纂前代本草著作，成《开宝新详定本草》二十一卷，次年复命重新审定、翰林学士李昉、知制诰王佑、扈蒙、等看详刊定，名《开宝重定本草》。太平兴国七年（982），宋太宗诏命王怀隐、王昉、郑奇、王昭遇等根据民间献书，整理出《太平圣惠方》100卷。（该书的伤寒部分被称为“淳化本”《伤寒论》）除整理编纂之外，北宋也对古籍进行了大规模的校勘、整比工作，当时的史馆修撰、集贤院学士宋敏求提出校勘书籍“要广求其本”，“兼本照对”，反对“每帙止用元本一册校正”的办法。（《宋会要辑稿·职官》18～4）发展了校勘学，在医书校勘方面，大致有：

1. 据《玉海》记载，‘天圣四年（1026）十月十二日，命集贤校理晁宗悫、王举正校定《黄帝内经素问》《难经》《巢氏病源候论》，五年（1027）四月乙未令国子监募印颁行，诏学士宋绶撰《病源》序”。（《玉海》卷63·艺文艺术）据《宋会要辑稿》记载，参加这次校勘工作的还有石居简、李淑、李昭遘等人。（《宋会要辑稿》崇儒4）《续资治通鉴长编》记载了这次这次校勘的缘起。“先是，上（指宋仁宗）谓辅臣曰：‘世无良医，故夭横者众，甚可悼也’。张知白对曰：‘古方书虽存，率多舛谬。又天下学医者不得尽见。’上乃命医官院校定《黄帝内经素问》及《难经》《病源》等”。（《续资治通鉴长编》卷105）古医书错谬过多、不便利用；古医书流传过少、学医不得尽见。此二者，不只是这次，而且是以后更大规模校勘医书的主要原因。这次所校医书，留存至今的只有《诸病源候论》一部了，其余已不可见，从宋绶序中可以看到参加校勘工作的还有翰林医官副使赵拱。“翰林医官副使赵拱等参校既终，缮录以献”。序中未提晁宗悫、王举正二人，显然晁、王只是挂名者，而赵拱、石居简、李淑、李昭遘等才是具体校勘工作者。

2. 时隔不久，“景佑二年（1035）七月庚子命丁度等校正《素问》”。（《玉海》卷63·艺文艺术）丁度为宋仁宗时重臣。据《涑水纪闻》记载，其父丁逢吉，以医事真宗于藩邸，官至将作监丞，可见丁度出身于医门。这次校《素问》距晁宗正等校勘时隔不到十年功夫，为什么又要重校呢？原因不明，很可能是质量不能令人满意。不过丁度等校正的《素问》也未流传下来。估计其工作也不很理想，否则就不会在时隔二十余年之后又有林亿、高保衡等人的“新校正”了。

3. 皇佑三年（1051）敕命孙兆校勘《外台秘要方》。最大规模的校勘医书还是宋仁宗时期校正医书局，校正医书局是由枢密使韩琦建议成立的，嘉祐二年（1057）八月，韩琦向宋仁宗建议，“医书如《灵枢》《太素》《甲乙经》《广济》《千金》《外台秘要》之类，本多讹舛。《神农本草》，虽开宝中尝命官校定，然其编载尚有所遗，请择知医书儒臣与太医参定颁行”（《续资治通鉴长编》卷186）。于是宋仁宗决定在编修院置校正医书局，命韩琦为提举，崇文院检讨掌禹锡、秘阁校理林亿、张洞、馆阁校勘苏颂、太子中舍陈检校正医书。除韩琦外，范镇、钱象先都以国家要臣兼任校正医书局负责人。由此也可见政府对于医书校勘的重视了。参加校正医书局工作的成员先后有掌禹锡、林亿、张洞、苏颂、陈检、秦宗古、朱有章、高保衡、孙兆、单骧、孙奇等。校正医书局校勘的书籍分别有《神农本草》《图经本草》《外台秘要》《素问》《伤寒论》《金匮要略》《金匮玉函经》《千金要方》《千金翼方》《脉经》《甲乙经》等。

《伤寒论》的校勘，是校正医书局的一项杰出成就，据钱超尘考证，至林亿等校《伤寒论》时，可以见到五种不同版本：①荆南国末主高继冲编录进献本；②《太平圣惠方》所收淳化本。宋·陈振孙《直斋书录解题》和王应麟《玉海》分别记载《太平圣惠方》在淳化三年编成。其中有“伤寒”部分；③唐传本。据新旧唐书著录有《张仲景药方十五卷》，《新唐书》为北宋欧阳修等修撰，修书人当见此书；④《张仲景伤寒论十卷》本。林亿、孙奇《金匮玉函要略方论序》云：“张仲景为伤寒杂病论，合十六卷，今世但传《伤寒论》十卷，杂病未见其书”；⑤《金匮玉函经》八卷本。林亿等《校正金匮玉函经疏》：“金匮玉函经与伤寒论同体而别名”。林亿等就是在这样众多版本基础上对《伤寒论》进行了校勘。象对其他书籍一样，林亿等没有辜负时代赋予他们的使命，对全书的校勘严肃认真，一丝不苟。除了以各种《伤寒论》本子互校外，还参考了《金匮玉函》《千金要方》《千金翼方》《外台秘要》《脉经》等书，这在宋本《伤寒论》中还可见到。在整理中，林亿等对原书明显重复的内容作了删削。《伤寒论》林亿序称：“今先校定《张仲景伤寒论》十卷，总二十二篇，证外合三百九十七法，除复定有一百一十二方。”其中讹谬错误也被林亿等一一指出，如一四一条：“寒实结胸，无热证者，与三物小陷胸汤，白散亦可服”下校勘曰：“一云与三物小白散”。二一九条：“口不仁，面垢”句后注“又作枯，一云向经”。《伤寒论》在治平二年（1065）二月校讫进呈，《伤寒论》的别本《金匮玉函经》在治平三年正月校勘进呈，张仲景的另一部著作《金匮要略》亦在治平三年校勘完成。若没有宋臣对于《伤寒论》的校勘整理，当时此书不会在民间大规模普及传播，“治病之流，举天下无或知者”。因此宋代校正医书局对于《伤寒论》的校勘整理实是宋金元时期《伤寒论》研究的基础。若没有政府对于医学的重视，也不可能组织大量人力物力进行医学书籍的整理。

印刷术的普及推广对于医学的普及起了不可忽视的作用虽然雕版印刷技术，在隋唐时期已被劳动人民发明出来，但真正发挥出它的作用还是从宋代开始的，北宋时期为了官府藏书和各方面的需要，开宝三年（970），宋太祖命内侍张从信到当时雕版印书技术水平较高的四川刻印《开宝大藏经》全书6600余卷，工程直至太平兴国八年才完成。这是我国，也是世界上最早印刷成书的最大一部丛书。此后由政府出资刻印了大量史书、子书、字书、韵书、农书、算书、文集等，而医书的印行在政府官刻书籍中也占有重要地位。如校正医书局所校医书，“每一书毕，即奏上。（林）亿等皆为之序，下国子监板行”。（《直斋书录解题》卷13）由于医书中不少“册数重大，纸墨价高，民间难以买置”，元祐三年（1088）八月，绍圣元年（1094）六月两次敕命将《伤寒论》《千金翼方》《金匮要略》《脉经》《嘉祐本草》《图经本草》等十余部医书分别由国子监别作小字本雕印。“广行印造，只收官纸工墨本价，许民间请买，仍送诸路出卖。”（《宋刻伤寒论敕文》《宋刻脉经牒文》）因此，《伤寒论》

等书得以空前普及，连南宋著名藏书家陈振孙都说，“凡今医书之行于世者，皆仁庙（指宋仁宗）朝所校定也”。可见校正医书局之书流传之广。除中央官印之外，地方政府和民间书坊也有不少医书的印行，它不但推动了《伤寒论》研究的开展，也促进了关于《伤寒论》研究著作的传播。如朱肱曾著《南阳活人书》研究《伤寒论》，书成于大观元年（1107），而到了乙未（1115）秋，朱肱获罪去国，当他走到濉阳，见到王作肃的《增释南阳活人书》就有京师、京都、湖南、福建、两浙五处印行本。可见印刷术为医学知识的传播所起到的重要作用。

北宋时期的医学教育对于其《伤寒论》研究也有一定的促进作用。建国不久的北宋政权就开始多次向民间征辟选拔良医“以实太医之属”。在范仲淹的倡议下，宋仁宗时期建立了中央医学教育设施——太医局。太医局教育的主要目的是提高学医者的理论水准，培养良医。范仲淹指出：“京师（指当时开封）生人百万，医者千数，率多道听，不经师授，其误伤人命者，日日有之。”（《范文正公文集》卷二）因而请求皇帝同意在京师设立医学教育，选能够讲解医学经典著作的医生作为医师，召集学医生徒来听讲，讲授《素问》《难经》等课程及脉候、修合药饵、针灸等。定在三年之后经考核选送到翰林医官院祗应。以后太医局几经变动，但不论怎样改变，医学理论的重视一直是宋代医学教育的一项传统。至宋徽宗时期，在太医局之外，成立了比较高级的医学教育机构——医学，更加以医学理论为其教授重点。当时中央医学设三科通十三事，三科分别为方脉科、针科、疡科。相当于现在中医院校的系或专业，十三事分别为方脉科的大小方脉（内、儿科）、风科；针科的针、灸、口齿、咽喉、耳、眼科；疡科的疮肿、伤折、金疮、书禁科等十三科。相当于现在中医院校的课程设置。所学教材包括《黄帝素问》《千金要方》《难经》《巢氏病源》《本草》等五门公共课，方脉科另习《脉经》《伤寒论》；针科另习《黄帝三部针灸经》《龙木论》；疡科另习《黄帝三部针灸经》《千金翼方》等。虽然在当时的教育没有把《伤寒论》作为每科必读课，但由于宋代重理论的学术风气，使人们也逐渐把精力集中到了即有理论又有实用价值的《伤寒论》上来。

宋代伤寒学研究，与当时疾病流行也有一定关系。宋金元时期传染病的流行十分猖獗，据张志斌《历代疫病流行年表》统计记载，在北宋到元代的311年间，有记载的瘟疫流行就有149次之多。几乎每两年就有一次较大的疫病流行，有时一次流行还要历经数年。如1141～1148年金熙宗时期，“时疫，疙瘩，肿毒，古方书所论不见其说……自天眷、皇统间，先于岑北，次于太原，后于燕蓟，山野颇罹此患，至今不绝，互相传染，多至死亡。”（朱橚《普济方》卷279毒肿附论）再如1195～1198年，即南宋庆元元年至四年，据《湖州府志》记载，“庆元元年自春徂夏，疫疠大作，湖州尤甚。三年，行都及淮，浙郡县疫。四年夏大疫。”宋金元时期的疾疫流行最主要因素在于战争因素。北宋统治地区，相对政治经济稳定，疾疫发生也较少，即使发生疾病流行，也多及时采取赐药送医等措施，未造成大的灾难。但由于分裂因素终宋一代并未解决，战乱危机一直是宋代统治阶级和知识分子中有识之士日夜头疼而始终没能解决的难题，两宋始终未能统治整个中国领土，北宋时期的西夏、辽，南宋时期的金、元作为对恃力量存在，使十世纪中叶之后300年间仍然是时战时和，尤其是北宋末期以后，人民群众一直惨遭战争创伤、生活不安定，疾疫因此大为流行，例如靖康二年（1127）作为宋都的开封府被金兵围困，就造成了疾疫大流行。《宋史·五行志》《开封府志》《名医类案》、熊立品《瘟疫传证汇编·靖康异人方》都从不同的角度记载了这次疫病的发生和当时惨景。“建炎元年（即靖康二年）三月，金人围汴京，城中疫者几半”（《宋史》卷62），李东垣还记载了天兴元年（1232）作为金都的汴京被元兵所围而发生疫病流传的景况：“向者，壬辰改元，京师戒严。迨三月下旬，受敌者凡半月，解围之后，都人之不受病者，万无一二，既病死者继踵不绝。都门十有三所，每日各门所送多者二千，少者不下一千，似此者凡三月”。（《内外伤辨》卷上）战乱严重破坏了人民的生活环境，颠沛流离的生活使人民风餐露宿，饥饱无着，加上精神打击，健康情况受到严重摧残，减弱了人体对于疾病的抵御能力，易感性增高。一旦发生疾病极易迅速蔓延。因此如何有效的控制疫病流行，治疗急性热性传染病，就成为时代赋予当时医者们的任务，这时的许多医生不约而同地选用了《伤寒论》作为治疗疫病的武器，汉末也曾有过疾疫流行，张仲景曾满怀情感地追述当时，“余宗族素多，向余二百，建安纪年以来，犹未十稔，其死亡者，三分有二，伤寒十居其七”，他“感往昔之沦丧，伤横夭之莫救”。于是“勤求古训，博采众方”。终于著成划时代巨著《伤寒杂病论》十六卷。时隔七百年后，在疾疫重又兴风作浪时，后学不能不想起前辈的经历和可借鉴的经验教训，他们找到了张仲景，如宋代医学家李子建父亲和祖父皆死于伤寒，因此他刻苦攻读张仲景的《伤寒论》，“深绎熟玩”，八年之后他终于认为自己已经彻底领悟了阴阳经络病证药性，为揭露庸医行径、纠正流俗时弊，写成《伤寒十劝》一卷，阐扬张仲景精神实质，其序中称：“缘比年江淮之民，冒寒避寇，得此疾（指伤寒）者颇众，遂依仲景法，随证而施之药，所活不啻百人，仍（乃）知伤寒本无恶证，皆是妄投药剂所致”。当时不少医家就是这样投如钻研张仲景《伤寒论》，而掀起了以宋代开始的一场伤寒学研究热潮的。“百病之急，无急于伤寒”，林亿等之所以首先校正《伤寒论》，这也是一个基本动因。

以上原因多属外在原因，而《伤寒论》本身的卓越疗效也是一个不容忽视的重要原因。林亿等《校正伤寒论·序》中称：“张仲景……始受业于同郡张伯祖。时人言，识用精微过其师。其所论，其言精而奥，其法简而详，非浅闻寡见者所能及。自仲景于今。八百余年，惟王叔和能学之。其间如葛洪、陶弘景、胡恰、徐之才、孙思邈辈，非不才也，但各自名家，而不能修明之。”张仲景的《伤寒论》是在同其他众多类似书籍的比较中才逐渐被人们接受，并推上众方之祖的宝座的。孙思邈就指出：“伤寒热病，自古有之。名贤俊哲，多所防御。至于仲景，特有神功。寻思旨趣，莫测其致。所以医人未能瞻仰。尝见太医疗伤寒，惟有知母大青等诸冷物投之。极与仲景本意相反，汤药虽行，百无一效。伤其如此，遂披伤寒大论，鸠集要妙以为其方。行之以来，未有不验”。（《千金翼方》卷九）从“百无一效”到“未有不验”的差距，比任何理论都有说服力。经过无数人的实践和时间的考验，《伤寒论》的学术地位得到了确认。因此，宋金元时期掀起《伤寒论》研究热潮并不是偶然的，它与人们对疗效可靠的医书的需求有密切关系。

综上，宋金元时期伤寒学研究的兴起是与校正医书局校勘传播《伤寒论》、医学研究趋向理论化、传染病流行及《伤寒论》本身的学术价值等等有关。

二、特点

经过东汉至五代700余年的时间考验，到了宋代，《伤寒论》终于受到了医家的足够重视，从官方到民间都开始了《伤寒论》的学习研究，把张仲景的临床经验又带到实践中去，形成了历史上第一次伤寒学的研究高潮。宋代对于《伤寒论》的研究大致有以下特点：

（一）坚持《素问·热论》的伤寒观

宋代的医家都认为伤寒一词就是外感热病的总称。这是因为他们遵循了《素问·热论》的热病诊疗体系，《素问·热论》中指出：“今夫热病者，皆伤寒之类也。”是在广义伤寒的原则下，具体论述热病。《素问》认为伤寒是病因、实质，而热病是结果、现象。“人之伤于寒者，则为热病”，因伤寒而患热病后，疾病按经络脏腑的病位，以传经次第顺序相传而形成六个病程，“伤寒一日，巨（太）阳受之，故头项痛，眼脊强；二日阳明受之，阳明主肉，其脉挟鼻，络于目，故身热，目疼，而鼻干不得卧也；三日少阳受之，少阳主胆，其脉循胁，络于耳，故胸胁痛而耳聋。三阳经络，皆受其病，而未入于脏者，故可汗而已。四日太阴受之，太阴脉布胃中，络于肺，系于嗌，故腹满而嗌干；五日少阴受之，少阴脉贯肾，络于肺，系舌本，故口燥舌干而渴；六日厥阴受之，厥阴脉循阴器而络于肝，故烦满而囊缩。三阴三阳，五脏六腑皆受病，荣卫不行，五脏不通，则死矣。”《素问》的治疗原则，只有汗下两途，“治之各通其脏脉，病日衰，已矣。其未满三日者，可汗而已，其满三日者，可泄而已。”而张仲景《伤寒论》之伤寒，与《素问》之伤寒，名称虽同，意义却不尽一致。《伤寒论》中虽亦论及广义伤寒，但主要侧重于狭义伤寒的研究。《素问》六经皆是热证，而《伤寒论》中却只有三阳经为实热证，三阴经则为虚寒证。《素问》中以三阳为表，以三阴为里，《伤寒论》却不以阴阳分表里。《素问》中伤寒日传一经，而《伤寒论》中却无这种规律。《伤寒论》中治疗原则大大多于《素问》的汗下两种，而是包括了汗吐下和温清消补等多种原则。由于宋代医学家并不了解这一点，因此，他们多以《内经》思想而认识《伤寒论》。如庞安时、朱肱等著作中，除狭义伤寒外，更多的是他们根据自己理解而加入的广义伤寒的内容，如伤风、热病、中暑、温病、温疟、风温、温疫、中湿、温毒等疾病。这固然对临床不无好处，但以远非张仲景原义了。他们还不同程度的接受了《素问·热论》中关于热病经络分证的方法，如朱肱就以经络来论述《伤寒论》的六经，认为三阴三阳就是六经。

（二）对《伤寒论》的重新整理

由于宋代医家对没有认为张仲景的著作已经神圣到不可更改的程度，所以为了临床使用方便，不少人将其重新编排，张仲景的《伤寒论》本是临床笔记性质的书籍，随治疗随记录，因而比较杂论，整理的目的就是要使《伤寒论》变得易于掌握和记忆。宋代医家对于六经病变的证候、传变规律、脉法治则及可汗不可汗、可下不可下、等可与不可都分别作了比较纲领性的归纳和总结，还对使寒中一些重点着重提出，以便后学者掌握。如许叔微的《伤寒百证歌》主要是“取仲景方论编成歌诀一百证，以便后学之记习，其中间或有仲景无方者，辄取《千金》等方以编入”。（转自《伤寒论辨证广注》卷首引《伤寒百证歌》许叔微自序）将《伤寒论》中有关的脉、证、方、药及表里、阴阳、虚实、寒热等辨证要点，归纳总结在100首七言歌诀中。如果没有丰富的临床经验和科学的思维方法，象这样的工作是很难完成的。再如《南阳活人书》（又名《伤寒百问》）在其作者朱肱“治伤寒先须识经络，不识经络，触途冥行，不知邪气之所在”的指导思想下，首先论述经络、穴位、表里、阴阳，然后设一百问，又根据自己体会将伤寒归纳为伤寒、暑、湿、痞满等各种证候加以详细论述，再论述《伤寒论》一百一十三方，杂病一百二十六方及妇人、小儿伤寒等。由于该书的成就，深受后世重视，清代徐大椿称赞说：“宋人之书，能发明《伤寒论》，使人有所执持而易晓，大有功于仲景者，《活人书》为第一。”（《医学源流论》卷下·活人书论）经过整理改编，使《伤寒论》原来凌乱而不易掌握的条文，变得比较系统化，做到有纲有目。当然这样一来，也增加了不符合张仲景思想的东西。

（三）对《伤寒论》的补亡

宋代医学家多认为，《伤寒论》已有亡佚，加上古今疾病有所不同，所以要对《伤寒论》进行必要的拾遗和充实。最先增补《伤寒论》的是庞安时，在其著作《伤寒总病论》中，以一半篇幅进行补充工作。全书六卷，在第四五六卷中庞安时增加了论暑病时行寒疫斑痘、天行温病及变变黄、败坏等证、冬温发汗杂方及妇人妊娠伤寒和小儿伤寒方，主要以《脉经》《千金翼方》及《外台秘要》所引的仲景方论加以阐述，以“庞曰”标示其个人阐述见解，尽管补充方治或有未尽善处，但已开辟了宋代从温病、方剂、妇人小儿伤寒等内容上入手充实《伤寒论》的研究方法。他强调指出温病与伤寒不同，“伤寒有金木水火土四种，有可汗可下之理，感异气复变四种温病，温病若作伤寒行汗下必死”（庞安时《上苏子瞻端明辨伤寒论书》）他所说的温病有“四时自受乖气而成脏腑阴阳温毒者，则春有青筋牵，夏有赤脉拂，秋有白气狸，冬有黑骨温，四季有黄肉随，治亦别有法”。（《伤寒总病论》卷五·天行温病论）在方剂方面他补充了113首方剂，其中温病56首，有不少方如五香汤、犀角升麻汤等都是自己多年的治验方。再如郭雍，以“补亡”命名其研究伤寒的著作，可见其用心之所在分明是为张仲景拾遗补阙。《伤寒补亡论》主要采用庞安时、朱肱、许叔微、常器之等诸家之言和自己的经验体会对《伤寒论》进行全面的阐述补充，对于《伤寒论》中有论无方者，多根据症状脉候推演病因病机而列之以方，甚至对于有些《伤寒论》中的“死证”也根据临床经验补充治疗方法，如《伤寒论》295条“少阴病，恶寒，身蜷而利，手足逆冷者，不治”。郭雍则认为该条仅仅是阳气虚惫，尚未达到阳气已脱的不治阶段，可用灸太蹊穴加服四逆汤回阳逐阴进行治疗。

（四）研究角度方法丰富多彩

进入宋代以后，人们对于《伤寒论》的研究没有思想束缚和固有框架模式遵循，各种研究方法都属开创摸索阶段。这种情况既有不利的一面，也有有利的一面。正是在这种背景下各种角度方法研究学习应用《伤寒论》的热潮蓬勃开展，迅速广泛推广起来。原为宋后入金的成无己《注解伤寒论》是以注疏形式研究《伤寒论》的，他博引《灵枢》《素问》《难经》诸书阐发《伤寒论》之理，往往有独到之处，使“若同而异者明之，似是而非者辨之”。（《四库全书总目提要》子部·医家类）而在《伤寒明理论》中，又提出发热、恶寒等五十余证，把《伤寒论》中各条找出来分类排列，反复对比分析，析疑启奥。成功的运用了症状研究法。宋代的多数医家多采取综合研究《伤寒论》的方法，突出一至几个专题探讨，而不局限于《伤寒论》具体条文之中。正由于此也往往更多地是医家本人在《伤寒论》基础上的发挥，而不是克求与《伤寒论》原旨相吻合。如朱肱以为《伤寒论》的三阴三阳就是《内经》中的六经，只有弄清六经定位才能进一步分析疾病所在部位，因此他不厌其烦的图绘了足三阴三阳的循行路线，以体表的经络分布为客观依据，提出又邪气侵入部位来决定入侵经络的观点，认为六气之入“不必皆始于太阳”。韩祗和研究《伤寒论》则从辨脉入手，他遵从《伤寒论》中辨脉、平脉、伤寒例三篇主旨，提出“凡治杂病，以色为先，以脉为后；治伤寒以脉为先，以证为后。”甚至进一步提出“大抵治伤寒病，见证不见脉，未可投药，见脉不见证虽少投药，亦无害也。”（《伤寒微旨论》卷上·可汗）元代的王好古认为“伤寒阴证较阳证犹难辨”，所以他的著作《阴证略例》以讨论《伤寒论》中三阴病为基本内容，提出伤寒“内感阴证”的学说，把外感病为主的《伤寒论》广泛应用推广到内伤杂病中，大大扩大了《伤寒论》的应用范围。元代杜清碧增补的《敖氏伤寒金镜录》以广义伤寒为立论依据，补充张仲景《伤寒论》之未明言处。张仲景详于脉，而略于舌，杜清碧在敖氏原书十二种舌法的基础上，根据临床实际中伤寒热病的舌象变化补充为二十四种。

宋代《伤寒论》研究的另一个显著特点是无论以何种方法研究，都突出着眼于从临证实际出发，又服务于诊疗实践。宋代《伤寒论》研究者都是杰出的临床家。庞安时、朱肱、许叔微等都是宋代最有代表性的医家和内科为主医学学科带头人。宋代《伤寒论》研究是一个承先启后的时代，他们既不同于宋以前把《伤寒论》作为普通方书对待，又不象明初以后神化迷信《伤寒论》，把他抬到不适当的地位，而为是否有错简而争论不休。而是脚踏实地以临床实际为出发点和目的来研究《伤寒论》。例如韩祇和就指出“古今治伤寒，无出于仲景方，仲景尚随证加减药味，量病而投之，况《素问》有异法方宜论，岂须特《伤寒论》中有法也。”（韩祇和《伤寒微旨论》卷上·治病随证加减药篇）这种科学的治学态度是宋代研究《伤寒论》中最可宝贵的经验，至今仍有借鉴意义。

三、地位

“百病之急，无急于伤寒”。伤寒是一切外感热病的总称，由于他来势凶猛，蔓延迅速，对人类健康造成极大威胁，所以历代医学家都不能忽视伤寒病的防治。在与张仲景同时或其前后研究伤寒病的医家也有许多，在王焘《外台秘要》中提到的就有华佗、张仲景、王叔和、葛洪、巢元方、崔知悌、张文仲、陈禀丘、范汪、陈延之、释僧深、宋侠、孙思邈、姚僧垣等等。他们都以自己的聪明才智投入到外感热病的防治之中，并积累了许多宝贵的经验。随着时间的流逝，由于种种原因历史只偏爱张仲景《伤寒论》这一支外感病研究流派，其他流派逐渐或被时间淘汰，或被人们遗忘。《伤寒论》一支独秀渐渐成为研究伤寒病的代名词，伤寒学成为研究《伤寒论》的学问。

《伤寒论》一书成书于汉代末年，由于当时科学技术条件落后、传播方法和渠道的简陋不便等等限制，各种知识的传播途径只有手写传抄一种形式，因此书成后不久原书就出现了残缺和编次散乱情况，随时都面临失传的危险。幸亏晋代王叔和加以重新编次才得以保存，但仍未能流传起来。由于不少医家抄写《伤寒论》只是以临床应用为目的，并不是作为文献保存，所以虽有一部分医家转录，但多随意摘编增删，以至隋代巢元方等编纂的《诸病源候论》“伤寒门”有《伤寒论》原文，却无张仲景的名字。这或许与巢氏也未见到《伤寒论》原书有关。唐代博学的大医学家孙思邈也是到了晚年才见到《伤寒论》。但他也只看到伤寒部分，未见杂病部分。鉴于“江南诸师秘仲景要方不传”的状况，他将所见到的《伤寒论》全文收在《千金翼方》第九第十卷中。王焘由于占有长期任职于当时国家图书馆——弘文馆的便利条件，利用工作之便可以浏览当时政府收藏的大量医药典籍，因此他可以见到《伤寒论》原书，所以在《外台秘要》中所引的《伤寒论》文，范围比《千金翼方》要广，既有伤寒部分，也有杂病部分，也不止于通常所记载的《伤寒杂病论》十六卷。在宋代以前，许多医家连见也没见过《伤寒论》，所以就根本谈不上研究了。而且，《伤寒论》在此时的地位与同时期的众多方书如《小品方》《陈延之方》《范汪方》《集验方》等等没有多大区别，《千金方》《外台秘要》等书中，将《伤寒论》诸方和世传各种伤寒方杂糅在一起，而不特别提出，就说明了这一点。当时编撰方书的目的更明显的还是临床使用，在当时医家看来，《伤寒论》只是各种方书中比较灵验的一种而已，张仲景也没有被抬到医圣的高度。从汉末以来的七百多年间，《伤寒论》的地位大致如此。

到了宋代，研究应用《伤寒论》的医家猛增，形成了伤寒学研究史上的第一个高峰。张仲景及《伤寒论》为人们逐渐接受，由于印刷术的发明疏浚畅通了科学技术的传播渠道，政府责承校正医书局的校勘颁布《伤寒论》、官办医学教育考校医官要求考核《伤寒论》也从客观上大大促进了宋代《伤寒论》学习研究高峰的兴起。据统计，从宋至元研究《伤寒论》的著作多达116部，分别为80位医学家撰写。这一时期不但研究著作多，而且涉及面广，研究方法角度异彩纷呈。尽管流传至今的著作只有37种，但影响却不容忽视。在这一时期已经形成了把《伤寒论》通俗化和纯粹化两大流派端倪，形成了以专题研究方法为特征的既不属通俗又不属纯粹的另一流派。由于宋代属于开创时期，他们的研究对后世的影响极大，不容忽视。

（一）《伤寒论》的纯粹化

使《伤寒论》纯粹化，是指纯以《伤寒论》原文研究为主，力图展现张仲景原貌。这一学派的起源应追溯到晋代王叔和，他是最早整理研究《伤寒论》原文的。但也正是由于此，他却遭到了最多的攻击。从实际情况也不难看出，王叔和是力图恢复《伤寒论》原貌的，事实上若不是王叔和的整理，《伤寒论》也许早就失传了。宋代这一派先是林亿等儒臣，后是金人成无己。林亿等校正医书局的北宋儒臣经过认真细致的校勘整理，完成了标准化的宋代《伤寒论》版本。使以前众多杂乱的诸如《千金翼方》本、《脉经》本、《太平圣惠方》“淳化本”、以及《张仲景药十五卷本》《张仲景药方十卷本》等等加上宋以前各种方书零星记载的《伤寒论》条文得到统一，非正宗的版本逐渐被冷落或淘汰，校正医书局校本《伤寒论》成为宋及以后大多数医家公认的正宗《伤寒论》，直到今天现存的《伤寒论》文献原版，大部分还是经林亿等校勘整理、明清以后复刻的。1144 年成无己的《注解伤寒论》又向纯粹化迈出了一大步，他并不走从临床发挥的道路，而是刻求阐发张仲景原旨，因而他对《伤寒杂病论》全文进行了逐条注疏，在整个宋代都以历代杂说和观点解说补充《伤寒论》的同时，成无己《注解伤寒论》的出现无异于一股纯净的清泉安详独步于各种浊流之外，他基本上原文不动的加以注疏，以谨慎的态度对待原文，有着可疑之处，不妄加改动随意重编，而是将自己的体会，另著成《伤寒明理论》予以发挥。因此在宋版《伤寒论》传世绝少的情况下，全赖成无己《注解伤寒论》，才使后人得以睹见《伤寒论》原貌。

受宋金元时期这种纯化《伤寒论》研究方法的影响，明清时期的伤寒学学风发生了很大变化，在宋代本为支流的纯粹化《伤寒论》的流派，在明清却成了伤寒学的正宗。尽管从方有执首倡《伤寒论》有错简之后出现了错简派和尊经派之争，但无论哪一派实际上都深深打上了林亿、成无己研究方法的烙印。他们更重视对《伤寒论》的考证、注解、条辨等上，任何见解、发明都力求符和张仲景原旨，不敢越雷池一步。方有执、喻嘉言等虽然否定王叔和撰次、林亿等校正、成无己注解，以错简为借口重新编次《伤寒论》，但在注疏条文上仍以阐发张仲景原义为宗旨，而非通俗化流派在研究上任意发挥，多以个人见解代替《伤寒论》本义的研究探讨。至明代末年兴起了以张卿子为代表的尊经学派，他们以维护张仲景原貌为己任，坚决反对方有执等为逞己见而伪称错简的作法。因此他们以更纯正的姿态出现，完全维护成无己、林亿等研究成果和方法，他们认为成无己不仅没有曲解张仲景学说，而且引经析义，实为诸注疏家所不敌。明清时期注疏研究《伤寒论》的医家大抵都以纯正正宗《伤寒论》自居，以保持张仲景原貌为已任。

（二）《伤寒论》的通俗化

《伤寒论》研究的通俗化实际上是指后代医家在研究《伤寒论》的基础上结合后世和医家本人临床经验而形成的一个流派。他在宋代是非常普遍，庞安时、朱肱、许叔微等都是此一学派的代表。他们以广义伤寒为研究对象，结合自己临床心得，以临床实践为出发点和目的，在个人的著作中，补充了许多非《伤寒论》的但又切合诊疗实际的内容。但有一点是他们都不脱离《伤寒论》的辨证施治大旨，都以《伤寒论》为自己研究基础。他们这一派在当时和后世有深刻的影响，如朱肱的《南阳活人书》一问世，立刻风靡于世，仅宋代就有王作肃的《增补南阳活人书》、杨士瀛的《活人总括》李知先的《活人书括》等 14 家 15 种研究传播发展朱肱学说的著作，占同期注家总数的 23．3%，而元代又有王好古的《活人节要歌括》等 6 家 8 种著作，占同期注家总数的 30%。宋代李知先在《活人书括·自序》中就赞赏《南阳活人书》，“尝观论伤寒，自仲景而下，凡几百家，集其书则卷帙繁，味其言，则旨忌微深，最至当者，惟活人书而已。余留心此书，积有年矣。犹恐世医未得其要领。于是撮其机要，错综成文”。刘完素称：“近世朱奉议本仲景之论，而兼诸书之说，编集作活人书二十卷。其门多，其方众，其言直，其类辨，使后学者易于寻检施行，故今之用者多矣。’（刘完素《素问玄机原病式·序》）刘完素这段话还是道出了《南阳活人书》流传的秘密，正是由于他的通俗易懂又切合证疗实际才使这部研究《伤寒论》的著作在众多群书中显示出了异常活力。刘完素接着指出他的不足，“然其间亦未合圣人之意者，往往但相肖而已。”马宗素也称：“古圣训阴阳为表里，此一大节目，惟仲景深得其旨趣。厥后朱肱编活人书，将阴阳二字释作寒热，此差之甚也。”（丹波元胤《中国医籍考》卷三十·方论《南阳活人书》）他们并不理解朱肱研究方法的奥秘是把《伤寒论》世俗化到人人可以应用，而非刻意追求古人旨意。即使不是如此，刘、马师徒就能确保掌握张仲景原意吗？《南阳活人书》并不以宋元结束而终止其应用价值，到了明代又有陆彦功的《伤寒类证便览》等以《南阳活人书》为研究对象的 9 家 9 种书籍出现，清代则有汪琥《伤寒辨证》，近代则有何廉臣《订正伤寒百证歌》等，其他直接间接受其思想影响的著作就更多了。除了以《活人书》系列为主的通俗化研究之外，还有许多重要的代表人物，如明代的陶节庵、戈维城、张景岳、清代的张石顽、吴坤安、俞根初、章虚谷等等，他们都深受宋金元时期通俗化研究《伤寒论》的影响。如朱肱曾对各种外感热病如冬月伤寒、伤风、中暑、温病、温疟、风湿、温疫、中湿、温毒等进行了正名，还对一些类似伤寒的杂病作了论述。而后世戈维城、张景岳、张石顽、俞根初诸家都继承了这点思想，并形成了“夹证伤寒”的概念，形成了包括夹气伤寒、夹血伤寒、夹虚伤寒、夹食伤寒、虚烦伤寒等症状辨证在内的通俗伤寒学派的辨证特色。戈维城还在其著作《伤寒补天石》中增加了察目、察舌、察鼻、察唇齿、察耳等多种辨证方法，这与通俗学派重视以临床实际充实《伤寒论》方法有关。

（三）温病学研究的兴起

在宋代伤寒和温病的区别开始受到重视，在朱肱《南阳活人书》中提到了宋代有专善治阳病和专善治阴病的不同的医家，病者可根据情况选择不同的医家治疗。当时民谚有“藏用檐头三斗火，陈承箧里一盘冰”，既是说这种情况。宋代研究《伤寒论》的医家对治伤寒法的局限性有比较清楚的认识庞安时就指出：“其暑病、温病、风温，死生不同，行状各异，治别有法。”（《伤寒总病论》）“温病作伤寒汗下，必死”。许多医家在研究伤寒法的同时又对于温病的病因形成、鉴别诊断方法、辛凉解表治法等进行了广泛的探讨。从宋代时起历来伤寒温病不分的情况就开始发生了变化。过去一般多强调金元时期对温病学开创的影响，实际上在宋代温病学的孕育萌发已经开始。至金元刘完素的“伤寒学”出现，他所著之书，本宗法《内经》，虽名之曰《伤寒直格》《伤寒标本心法类萃》等，实际是论热病，他不承认有伤寒三阴寒证。因此至今人们一般不承认刘完素是伤寒学代表人物，因为他不止于宋代通俗化研究法的不纯，而且完全变了伤寒的章法。但明清之际温病学的产生却与宋金元的伤寒学有明显的继承关系，如一般认为至明代汪石山才提出的新感温病学说，实际上在宋代郭雍就已经提出“冬不伤寒，至春自感温气”的新感温病思想。辛凉解表是温病治疗表证与伤寒的一个根本区别，刘完素就已经提出“辛以发散，需加寒凉”的主张，而后代温病学也承认自己一派远绍《内经》，近宗河间，用仲景方不有仲景六经辨证的特点，可见其与宋金元时期伤寒学研究的源流关系。再如温病学研究所重视的辨证方法方面，元代杜清碧已把伤寒舌象分为 36 种，实际已包括温病舌象在内。郭雍提出过热病五种斑疹的鉴别诊断等，对后世的温病学产生均有一定影响。

宋金元时期《伤寒论》研究是本时期医学史上的不可忽视的一项重要事件，他的研究方法和研究成就，对后世医学发展产生了深远的影响。

参考文献

[1] 傅元谋.《伤寒论》研究专著书目记. 成都中医学院学报，1982；（3）：65.
[2] 钱超尘. 北宋校定《伤寒论》所据底本考. 医古文知识，1990；（3）：23.
[3] 傅元谋.《伤寒论》研究专者书目记. 成都中医学院学报. 1982，（3）：65.
[4] 傅元谋.《成都中医学院学报》1982 年 1 期 11 ~ 15 页.

伤寒、杂病相关论

杨麦青　辽宁省对外贸易总公司

历代医家多谓《伤寒论》治伤寒，《金匮要略》治杂病。其说始见于宋·林亿《金匮要略方论》序中：“张仲景为伤寒卒病论合十六卷，今世但传伤寒论十卷，杂病未见其书……。王洙在馆阁日，于蠹简中得仲景金匮玉函要略方三卷，上则辨伤寒，中则论杂病，下则载其方并疗妇人……”[1]。

据马继兴氏考证：“六朝·陈延之《小品方》中载《张仲景辨伤寒并方》九卷、《张仲景杂方》八卷……。上述二书应该系早期不完整传本，与其后形成的《伤寒论》与《金匮要略方论》二书，可能有着渊源关系。”[2]

若非战乱佚失，二书缘何分论？且其间有若干相关处。如《伤寒论》中有若干杂病：“痞”“结胸”“蓄水”“蓄血”“热入血室”“谵语如狂”等；《金匮要略》中有若干《伤寒论》方：痰饮中有十枣汤、大、小青龙汤；黄疸中有茵陈汤等；呕、吐、哕、下利中有吴茱萸汤、半夏泻心汤、黄芩加半夏生姜汤、四逆汤、小柴胡汤、桂枝汤、大、小承气汤、桃花汤、白头翁汤、通脉四逆汤等，间或有与《伤寒论》相同条文。又二书卷首皆列辨痉、湿、暍，又作何解？

故当代有沿清·柯琴之说，倡伤寒、杂病统一论者。柯氏谓：“岂知仲景《杂病论》，即在《伤寒论》中。”“伤寒之外皆杂病，病名多端，不可以数计，故立六经而分司之；伤寒之中最多杂病，内外夹杂，虚实互呈，故将伤寒杂病而合参之。正以合中见泾渭之清浊，此扼要法也。”[3]

虽然如此，伤寒、杂病终是泾渭清浊有别，别在何处？笔者今从中西医结合角度试作探测。

伤寒乃指由病原微生物引起并可能导致发生急性全身性多器官系统改变的感染性疾病的病理生理过程，也包括机体急性自稳态失衡的“应急”状态在中。

杂病则为急性、亚急性、慢性局限于特定脏腑之感染性疾病和慢性非感染性特定脏腑损害的病理改变过程。

伤寒传经，病势如流水。其病势来源于“细菌病毒及其产物，激活体内某些潜在系统（包括交感——肾上腺髓质系统、补体系统、激肽系统、凝血与纤溶系统）产生各种超生理剂量的生物血管活性物质以及炎症介质、内源性有毒物质等。”[4]在此等物质的不同浓度、量的作用下，结合机体的不同器官、系统的功能状态以及不同作用时间，临床就出现了不同时相的病理生理症候群，亦即进入《伤寒论》中六经病。”[5]

1. 太阳病　恶寒、发热，细菌内毒素激活交感神经末梢释放去甲肾上腺素，使体表微循环收缩，浅则“中风”，深则“伤寒”，视是否影响汗腺分泌而定。“中风”用桂枝汤；“伤寒”用麻黄汤。皆为扩血管调整体表微循环，以恢复机体免疫功能。

细菌、病毒为外源性致热原，必等体内吞噬细胞合成、释放内源性致热原，作用下丘脑体温调节中枢，以前列腺素、cAMP、单胺等为介质，使体温调定点上移，方能发热。若病原体毒力甚强，免疫力极度低下，可不发热，迅即发生少阴病。

2. 阳明病　高热、大汗、产热剧增，用白虎汤清里热，知母皂甙元能抑制细胞钠泵活性，石膏可降低脑室内 Na^{+}/Ca^{2+} 比值。高热持续时消化液分泌减少，胃肠蠕动能力减弱，食糜停滞，肠内腐败、发酵过程增剧，肠道菌群比例失调并大量繁殖，毒素吸收，出现“循衣摸床”“谵语直视”等重笃症状，急用大承气汤荡涤污垢，急下存阴。

3. 少阳病　太阳病病邪深入，阳气盛则传入阳明，阳气衰则直中少阴。毒力弱，阳气微，寒热往来，则属少阳。少阳病为细胞吞噬功能相对薄弱，小柴胡汤可改善感染小鼠的细胞免疫功能及腹腔巨噬细胞吞噬杀菌能力。

4. 太阴病　呕吐，下利，腹满，消化道功能紊乱，水电解质代谢及酸碱平衡紊乱。外合太阳者用桂枝汤；内并少阴者用四逆辈，以抑制肠道过度蠕动，调整肠道消化、吸收功能。

5. 少阴病　心血管衰竭综合征，包括心力衰竭、感染性休克。机体有代偿能力时属“少阴热化”，用四逆散；失代偿期属“少阴寒化”，用四逆汤。实验报导，四逆散能增强心脏功能，具体内毒素休克作用；四逆汤能增强在体和离体心脏之收缩性。

6. 厥阴病　中枢神经系统对细菌、病毒、体内毒性产物之中毒性反应，为中毒——败血——脑症候群。凡中枢神经系统直接感染出现高热、惊厥、昏迷、意识障碍者属“厥阴气分”，用白虎汤、承气汤或安宫丸。有瘀点、瘀斑、DIC 者属“厥阴血分”，用四逆散或解毒活血汤。厥阴病持续则为“脏厥”，机体出现多脏器功能衰竭。

杂病连脏，病机终不移。杂病乃指伤寒之外，致病因素明显作用于特定脏腑（器官、系统）所引起之相对局限性的病理。其间情况如下。

1. 由微生物病原体直接引起者，如疟病、肺痿、肺痈、黄疸（有免疫损伤）、呕吐哕、下利（条件致病菌）、蛔虫病等。

2. 由物理因子引起者，如痉、湿、暍等。

3. 来自于自身特定器官疾病，如中风、历节（有免疫介导炎症反应）、血痹、虚劳、胸痹、心痛短气、腹满、寒疝、宿食、消渴、水气、小便利淋（非感染性）、吐衄下血、胸满瘀血等。

4. 情志病，如奔豚、惊悸等。

5. 伤寒未愈夹杂症和后遗症，如百合、狐惑、阴阳毒和痰饮咳嗽等。

6. 外科病，疮疡、肠痈、浸淫疮、趺蹶、手指臂肿、转筋、阴狐疝等。

7. 妇人妊娠病、产后病、妇人杂病等。

《金匮要略》中杂病与特定脏腑损害相关。以肺而论，如“热在上焦者，因咳为肺痿。”“脉反滑数，此为肺痈，咳唾脓血。”其病机为“热过于荣”“热伤血脉”“热之所过，血为之凝滞，蓄结痈脓，吐如米粥。”肺痿用麦门冬汤，肺痈用桔梗汤，不称“少阴热化”，是着眼杂病连肺之局限性。又如痰饮，“膈上病痰，满喘咳吐，发则寒热，背痛腰痛。”“当汗出而不汗，身体疼痛。”或“咳逆倚息不得卧，其形如肿。”用大、小青龙汤亦不称太阳病，称溢饮、支饮，亦在着眼连肺之局限性。

以心而论，“阳微阴弦，即胸痹而痛，所以然者，责其极虚也。”“胸痹之病，喘息咳唾，胸背痛，短气。”“心中痞，诸逆心悬痛。”“心痛彻背，背痛彻心。”用桂枝枳实汤、乌头赤石脂丸温经扶阳，不称“少阴寒化”，而称胸痹心痛短气亦在连心之局限性。

以脾、胃论，“病者腹满，按之不痛为虚，痛者为实，可下之。”“病腹满，发热十日，脉浮而数，饮食如故，厚朴七物汤主之。”此不称太阴病、阳明病，而称腹满，示其局限脾胃。“寒疝，腹中痛逆冷，手足不仁，若身疼痛，灸刺诸药不能治，抵当乌头桂枝汤主之。”不称太阴病、少阴病，以其虚寒在脾胃之局限性。又宿食下之，用大承气汤，不称阳明病者，因不传经限于脾、胃也。”

以肝而论，“夫风之为病，当半身不遂。”“寸口脉浮而紧，紧则为寒，浮则为虚。……络脉空虚，贼邪不泻，或左或右，邪气反缓，正气即急。正气引邪，㖞僻不遂。邪在于络，肌肤不仁。邪在于经，即重不胜。邪入于府，即不识人。邪入于脏，舌即难言，口吐涎。”用侯氏黑散、风引汤、古今录验续命汤，不称厥阴病而称中风，乃在连肝之局限性。

以肾而论，“太阳病，脉浮而紧，法当骨节疼痛。反不疼，身体反重而酸，其人不渴，汗出即愈，此为风水。”“少阴脉紧而沉，紧则为痛，沉则为水，小便即难。脉得诸沉，当责有水。身体肿重，水病脉出者死。”用越婢汤、麻黄附子汤。虽列入太阳病、少阴脉证而称水气病，亦因连肾之局限性。

从现代医学角度来理解，脏腑之间内脏活动由神经系统（含植物神经系统、脊髓、低位脑干、下丘脑、大脑皮层等）进行整体调节，其间关系，复杂综错。即如下丘脑便不只是单纯的交感、副交感神经中枢，还是较高级调节内脏活动中枢，包括对体温、营养摄取、水平衡、内分泌、情绪反应等调节。下丘脑还通过植物神经调节周围腺体、内分泌组织，在神经支配和物质代谢反馈调节基础上释放各种激素，调节人体代谢，藉以保持人体内环境的稳定性。平时各种激素在血液中极低，其正常阈值仅数 ns/dl、pg/dl 左右。唯在机体急剧失衡“应急”状态（畏惧、严重焦虑、剧痛、失血、脱水、暴冷暴热以及乏氧窒息等）情况下体内交感——肾上腺髓质系统分泌肾上腺素、去甲肾上腺素可超出正常分泌量1000倍。[6]若合并感染，则迅速启动伤寒传经过程。

杂病不似伤寒传经，机体多未急剧失衡，体液内环境血液中各种激素含量，如肾上腺素、去甲肾上腺素、肾素、血管紧张素、前列腺素、激肽类等血管活性物质多未明显变动，且疾病症状有明显的脏腑局限性。故从临床病理生理症状逆测脏腑生理涵义，则易于理解。如肾虚阳萎、遗尿与生殖、泌尿、内分泌（含下丘脑－垂体－肾上腺轴、下丘脑－垂体－性腺轴）功能低下有关，故“肾”与生殖、泌尿、内分泌系统相对应。脾虚溏泄与胃肠道消化、吸收功能低下有关，故“脾”与消化系统相对应。但二者均直接影响蛋白质、糖、水盐代谢，从而皆与免疫系统、造血与血液系统、营养代谢系统相关，使其功能难予划分，在认识上遂有“滋阴”“补土”之偏重。后遂剖分为“先天之本”“后天之本”，构成“五脏”涵义的基本框架，再从症状逆测“肺”“心”“肝”实质进行划分，加以扩充。如“肺”病咳喘与呼吸道功能障碍有关，故“肺”与呼吸系统对应；“心”病心痛短气与循环功能障碍有关，故“心”与循环系统对应；“肝”病中风与神经损害有关，故“肝”与神经系统相对应。应脏腑间复杂变化，再加以阴阳、气血、虚实，进行分类补充，演绎成脏腑辨证系统。

综上所述，伤寒、杂病相关处，可作如下解释：

1. 伤寒、杂病相重，当急性全身性病理生理变化集中于某一脏腑阶段，可与杂病某一脏腑相重，其证治大抵相同。如伤寒、少阴病、感染性休克与杂病、心阳虚衰、心源性休克，同用四逆辈回阳救逆。

2. 伤寒转入杂病，由急性全身性病理生理反应移行予某一特定脏腑，全身症状消失或尚未消失者，与慢性同名病证治相同。如“痞”证（急、慢性胃炎）均用泻心汤类，“结胸”（急、慢性胸膜炎、心包炎、胸腔积液等）均用陷胸汤类。

3. 横跨伤寒、杂病，如黄疸病：阳明病“谷疸”、茵陈蒿汤证和杂病、“女劳疸”症状虽似，而病机迥异，故治则不同。

4. 杂病复感伤寒，先有痼疾，加以卒病。当杂病病人外感时因免疫功能低下可急剧“传经”“合病”“并病”。当先治其卒病，后乃治其痼疾。

5. 杂病进入脏厥，杂病中某一特定脏腑功能衰竭，势必波及全身器官、系统变化，进入伤寒、“脏厥”，机体呈现多器官功能衰竭。

参考文献

[1] 汉·张机著. 金匮要略方论. 人民卫生出版社.
[2] 马继兴. 《小品方》残卷研究. 中国医药学报，1986；1（3）：48.
[3] 清·柯琴.《伤寒来苏集》. 上海科技出版社，1986：157.
[4] 杨麦青. 对《伤寒论》中病证规范的刍议. 中国医药学报，1990；5（6）：9.
[5] 杨麦青，等.《伤寒论》现代研究假说.《中医药国际学术会议论文集》中国·沈阳，1991：49.
[6] 周衍椒，等主编. 《生理学》. 人民卫生出版社，1985：467.

《伤寒论》第39条机理浅释

张保伟　河南中医学院

《伤寒论》第39条：“伤寒，脉浮缓，身不痛但重，乍有轻时，无少阴证者，大青龙汤发之。”对于本条的解释，从古至今，都认为是对第38条的补充，而解释为不典型的大青龙汤证，或认为是大青龙汤的变局。尤有甚者，在“身重”之上大下功夫，如全国高等教育自学指定教材《伤寒论》就认为“身重”是由于阳郁化热，热壅经气不利所致，并引第6条的太阳温病、第219条、221条之阳明病证之，似乎言之凿凿。然而，若细绎仲景原意，结合《金匮要略·痰饮咳嗽病脉证并治》篇的内容综合分析，本条当作为溢饮在表的证治较为妥当，试论如下。

综观张仲景《伤寒杂病论》，用大青龙汤治疗者只有两种病证，一是《伤寒论》第38条的伤寒表实证兼有内热，即麻黄汤证表郁重而阳热不能发越，而内生郁热。此证虽有内生之热，毕竟以表寒实证为主。里之郁热，非人身素有之热，热之生，生于寒邪。寒邪束表，汗不得出，热不得越，而形成里有郁热之证。若以标本而论，则表寒是本，里热为标；若以主次论，则表寒为主，里热为次；若以轻重论，则表寒重而里热轻。治疗当以发汗散寒解表为主，清解内热为辅。所以仲景组方时，重用麻黄至6两（按柯雪帆先生考证，相当于93.75克），为麻黄汤的两倍，而石膏只用鸡子大（相当于56克），麻黄与石膏用量比为1.674：1。仲景之意，汗出则表寒得解，热邪得越，而里热自除。少加石膏者，里热已生烦躁，清其热而止其烦躁，是为对证用药之意，此治标之法也。若认为此证表寒里热同等重要，则有失仲景立论与组方原意。因此，用里热壅滞经气解释“身重”之证难免牵强附会。

二是治疗溢饮之证，即《伤寒论》第39条。我们若能结合《金匮要略·痰饮咳嗽病脉证并治》篇的内容综合分析，则本条作为溢饮在表的证治就合情合理。《金匮要略·痰饮咳嗽病脉证并治》开篇即曰：“夫饮有四，何谓也？师曰：有痰饮，有悬饮，有支饮，有溢饮。……饮水流行，归于四肢，当汗出而不汗出，身体疼重，谓之溢饮。”对于溢饮的治疗，该篇明确指出：“病溢饮者，当发其汗，大青龙汤主之，小青龙汤亦主之。”从以上两条我们可以看出，溢饮的主要症状就是“身体疼重”，治疗的主要方法是“当发其汗”，使水气从鬼门而解，主要方剂是大青龙汤和小青龙汤。其证治与《伤寒论》39条何其相似？我们站在溢饮的角度再分析一下39条，则视野为之豁然开朗。张仲景在38条首先提出了大青龙汤的第一种证治，紧接着又论述了伤寒兼水饮在表的证治，示人异病同治之理。前条言中风，后条论伤寒，实则两条又有互备的修辞手法，即无论伤寒中风，只要见到脉浮紧，发热恶寒身疼痛，不汗出而烦躁的症状，就是表郁重证兼内热，这是大青龙汤治疗的一种类型；而伤寒中风，若见到脉浮缓，身不疼但重，乍有轻时，在排除里虚寒证以后，就可以诊断为表寒兼溢饮在表之证，也可以用大青龙汤发汗散寒兼发越水气。这样分析，也解开了“中风脉浮紧”“伤寒脉浮缓”的诸多疑团。

以往多数医家都提倡39条只要见到“不汗出而烦躁”的主证，才可以应用大青龙汤治疗。其实不然，若见到象38条的典型症状，仲景就不会再画蛇添足的提出“无少阴证者”。关于脉浮缓之脉象，是与38条浮紧脉相对而言，本条有水饮之邪，水性柔和，故见缓脉，此浮缓脉应相当于我们今天所学的濡脉为宜。学仲景之脉象，需要特别注意的一点，就是不要用今天的脉象死板硬套，因为仲景时代脉学尚未形成系统理论，仲景之脉，多为相对而言，或取类比象，不知此则难入仲景之门。溢饮，水湿之邪，其性重浊粘滞，易遏阳气，阳气时通时闭，故身重时轻时重。“大青龙汤发之”深意，发者，发越水气之意也。

对于此条的理解，当今已故伤寒大家，笔者的博士导师刘渡舟教授在其所著的《通俗伤寒论讲话》说道：“大青龙汤，用以治疗‘不汗出而烦躁’的表实内热证，这只是其适应证的一个方面。还有一个方面，就是在不得汗的同时，不仅阳气被郁不得发越，而且行于肌表的水液也凝滞不流。由于阳郁而水滞，则脉由紧变缓，并可出现周身沉重或兼见疼痛；或四肢酸沉，难以抬举；或四肢关节肿痛等证，此时也可以用大青龙汤，以发泄其水邪，使从汗出而解。《伤寒论》中所述‘伤寒脉浮紧缓，身不痛但重’，以及用‘大青龙汤发之’，就是针对饮邪而言的。”可谓一语中的。刘老在其《伤寒论十四讲》中尚有用大青龙汤治疗“溢饮”病案，可为佐证。

由以上分析可知，《伤寒论》第39条就是溢饮之证，其他解释都是有悖仲景原旨的。《伤寒杂病论》本是一本书，王叔和整理后仅存伤寒部分，一直流传至今，就是我们看到的《伤寒论》，后来林亿等人又把杂病部分整理成《金匮要略方论》，遂使仲景之书一分为二。叔和整理时，鉴于本条有伤寒二字，故误作外感病而入《伤寒论》中，也是有情可原的。然此证之因，当是外感杂病相因为患，王叔和整理为伤寒条文，实也无可厚非。只是后世医家不能深究仲景原旨，遂致误解至今。虽有刘渡舟先生明析于前，多数研伤寒者仍未觉悟，故笔者不得不再次重申，详解于上，以为后之研究仲景学说者戒。

试论《伤寒论》汤方辨证的源与流

程磐基　上海中医药大学

《伤寒论》奠定了中医学辨证论治的基础，长期以来人们比较注重六经辨证，而忽略了汤方辨证的研究。事实上历代医家较重视汤方辨证。从《伤寒论》汤方辨证的诞生至清代柯琴“以方名证、辨证论治”学术思想的形成，乃至日本学者吉益东洞“方证相对说”的产生，汤方辨证经历了不断发展不断完善的过程。本文就《伤寒论》汤方辨证的源流作一探讨，不当之处敬请指正。

一、汤方辨证的渊源

现存最早的方书之一《五十二病方》记载了200余首方剂，从其内容看已经具备了辨证论治的理想，如疽病下载：“治白蔹、黄耆、芍药、桂、姜、椒、茱萸凡七物。骨疽倍白蔹，内据方中药物的增减与不同来治疗不同病证。也就是说病证不同，方剂也不同，不同的方剂有各自的适应证。《内经》记载了十三方，各方均有其相应的病证，如《灵枢·邪客》篇中的半夏秫米汤，原文载：“今厥气客于五脏六腑，则卫气独卫其外，行于阳不得入于阴，行于阳则阳气盛，阳气盛则阳跻陷。不得入于阴，阴虚故目不瞑。……饮以半夏汤一剂，阴阳已通，其卧立至。……”已经具备了汤方辨证的雏形。

皇甫谧《针灸甲乙经》认为仲景论广（伊尹汤液）为数十卷。1900年敦煌出土的《辅行诀脏腑用药法要》记载了不少已失传的“经方”，并载有《汤液经法》小序等。此书虽非陶弘景原著，但系隋唐时期传录陶氏佚文而成，具有学术价值。从所载方剂看与《伤寒论》相去无几，如小泻脾汤即四逆汤、小补脾汤即理中汤、建中补脾汤即小建中汤、小阳旦汤即桂枝汤、小青龙汤即麻黄汤、小白虎汤即白虎汤、小朱乌汤即黄连阿胶汤等，所主病证既有相同，也有不同。陶弘景曰：“昔南阳张机依此诸方撰为《伤寒论》一部，治疗明悉，后学咸酋奉之”[2]。又曰：“汉晋以还，诸名医辈，张机、卫记、华元化、吴晋、皇甫玄晏、支法师、葛稚川、范将军等，皆当代名贤，咸师式此《汤液经法》，愍救疾苦，造福含灵”[2]。显然，《伤寒论》采录了其中部分方剂，予以增减易名，扩大了经方的应用。《伤寒论》正文中多处出现“桂枝证”“柴胡汤证”等文字，如原文149条（宋本，以下同）“伤寒五六日，呕而发热者，柴胡汤证具，而以他药下之，柴胡证仍在者，复与柴胡汤。……”这是典型的汤方辨证，在“可与不可”篇中，也有“属桂枝汤证”“属葛根汤证”“属五苓散证”等文字。同样，在王叔和的《脉经》中也是以“属××汤证”的形式出现。说明自《伤寒论》起汤方辨证已经被广泛应用，其渊源主要来自《内经》《汤液经》等古医籍。

后世医家在《伤寒论》基础上对汤方辨证的思想进行了阐述，使其不断发展光大。

二、方证同条说

唐·孙思邈《千金翼方》研究《伤寒论》的方法之一是以方类法，以方类证，方证同条”。[3]孙氏对《伤寒论》推崇备至，认为仲景“特有神功”，而医人莫测其致，未能钻仰，主要原因是“旧法方证，意义幽隐。”认为仲景方都是行之有效的方剂，因而分析阐发伤寒大论，纠集重要玄妙的方证，揭示精微深奥的涵义。在具体做法上按以方类法，以方类证，方证同条，比类相附的原则，将《伤寒论》原文重新编排。如太阳病篇按桂枝汤法、麻黄汤法、青龙汤法、柴胡汤法、承气汤法、陷胸汤法，杂疗法七大类。在“太阳病用桂枝汤法第一”下，皆列用桂枝汤治疗的条文（桂枝汤证），然后总出一方。将桂枝汤适应证、主治功效，服法宜忌等，进行精辟的归纳。如将原文12、13、53、54、95条等合于一章，便于归纳主症、病机、治法，将阳虚阴盛证兼表的91条、桃核承气汤证兼表的106条、痞证兼表的164条等排列在一起，以详桂枝汤作为解表代表方的应用。而将桂枝汤证的兼证变证，如桂枝加附子汤证、桂枝去芍药汤证、桂枝二麻黄一汤证等，汇集于桂枝汤证条文之后以比类相附，体现《伤寒论》辨证论治随证加减的精神。又如将既有大柴胡汤证又有大陷胸汤证的136条分别编次于柴胡汤法、承气汤法中。将属大陷胸汤证的149条上半条内容与137条的大陷胸汤证合并，将同属大柴胡汤证的103、136、165条编次在一起，同属茵陈蒿汤证的136、260条、同属白头翁汤证的371、373条排列在一起，均体现了以方类证，方证同条的学术思想。

孙氏这种以方类法，以方类证，方证同条，比类相附的方法，实开后世以伤寒方名伤寒证及以汤方辨证研究《伤寒论》之先河，对后世医家从汤证角度辨证论治颇有启迪。

三、以方名证说

仲景叔和之后首次以方名证者当为宋代医家刘元宾，其所著《伤寒括要》虽已佚，但在《医方类聚》中还可见其主要内容。刘氏采撷《伤寒论》主要方剂，取名《伤寒括要》，编次31种证候，均以方剂名证，如桂枝汤证、麻黄汤证、白虎汤证、四逆汤证等。每证名下编排该方所治之条文（适应证），后示方剂。以桂枝汤为例，既列太阳病篇中之条文，又列其他病篇用桂枝汤所治之条文。如“阳明病，脉迟，汗出，微恶寒，为表未解者”，“太阴病，腹满吐食，下之尤甚，时时腹满而痛，心胸坚满。若脉浮者，当发汗”[4]等。将用桂枝汤所治之证，均归纳于一起，最后又强调“以上皆宜服之”，意为上述均是桂枝汤证，均可用桂枝汤治疗。此种体例与孙思邈《千金翼方·卷九》相比，突破了六经病篇的框框，使方证相应，便于临床检索。是在孙氏方证同条基础上的发展，是真正意义上的汤方辨证。也体现了刘氏深得仲景心法，从汤方辨证角度研究《伤寒论》的学术思想。

四、药证说

宋·朱肱《类证活人书》在仲景汤方辨证基础上提出了“药证”说[5]。其曰：所谓药证者，药方前有证也。如某方治某病是也。认为伤寒有证异而病同一经，药同而或治两证，类而分之，参而伍之。审知某证者，某经之病；某汤者，某证之药。阐述了药方与适应证之间的关系，即汤方有其特定的适应症，强调了汤方辨证的重要性。朱氏又进一步举例论述，一证下有数种药方主之者，须是将病对药，将药合病，乃可服之。例如下利而心下痞，赤石脂禹余粮汤、桂枝人参汤之类。虽均是治下利而心下痞，其方有冷有热，仔细详药证以对治之，则无不中矣。指出了汤方辨证在同病异治中的具体应用，即每药方有寒热补泻之异，证有冷热虚实之别，需审证求因详辨药证之寒热虚实，随病证之性质而施治，方符合汤方辨证、辨证论治的精神。朱氏还认为汤方辨证当加减用药，指出病与方相应，乃用正方，稍有差别，即随证加减。如理中丸证，肾气动者，去白术；小柴胡汤证，小便不利者，加茯苓。盖脾恶湿、肾恶燥，白术治湿，茯苓利水，故肾气动者，去白术，小便不利者，加茯苓。以此推之，然后知不可执方疗病。须是随证加减，充分体现了中医学辨证论治随证加减的精神。据药证是药方适应证的原则，朱氏在方剂后详细罗列了该方的适应证，并据临床表现及病因病机之变化，列出了加减法。其所补之杂方也根据“以证合病，以方合病”的原则详述适应证，使后学有准绳可依。

朱氏通过“药证”说对汤方辨证的阐发，对于汤方辨证的临床应用，乃至以方名证学派的产生具有重要的影响。

五、药证相对说

明·刘宗原《玉机微义》提出了“药证相对”说，认为“仲景论伤寒发表药，分六经，及解肌可刺诸法。盖恐药致误变逆，慎之至也。……宜详审脉证，而择用之”[6]。指出易老九味羌活汤、河间六神通解散，“意虽不同，务在药证相对，名实相符，方可行之，否则犯禁致逆，及失其立法之意也”[6]。强调药方与适应证之间的相对应符合，并以三承气汤为例进行了论述。“设若大承气汤证，反用调胃治之，则邪气不服。承气汤证，反用大承气下之，则过伤正气，而腹满不能食，故有勿大泄下之戒。此仲景所以分治之 未尝越圣人制度”[6]。批评三一承气汤“以此三药，合而为一”，“通治三药之证”，与仲景方相违背，共轩岐缓急之旨，使病者暗受其弊。认为临证“当于《内经》仲景方中求之，贵使药证相对。”刘氏的“药证相对”说是对朱肱“药证”说的发挥，究其涵义也是论述汤方辨证，注重方与证之间的内在关系，强调汤方辨证的重要性。此外如许宏《金镜内台方议》等也以方名证，论述《伤寒论》方的适应证及临床应用，论述《伤寒论》方的适应证及临床应用，反映了明代对汤方辨证的研究与应用。

六、以方名证以证名篇说

清代医家柯琴认为：“《伤寒论》一书，经叔和编次，已非仲景之书，仲景之文遗失者多，叔和之文附会者亦多”[7]。认为仲景有太阳证、桂枝证、柴胡证等辞，乃宗此义，以证名篇。虽非仲景编次，但不失仲景之心法。于是在总结前人学术思想的基础上，以方名证，以方类证，并不受六经所囿。如太阳病篇列桂枝汤证、麻黄汤证、陷胸汤证、泻心汤证，阳明病篇列栀子豉汤证，瓜蒂散证、白虎汤证、承气汤证等，少阳病篇列柴胡汤证、建中汤证、黄连汤证等，少阴病篇列麻黄汤证、四逆汤证、四逆散证等，厥阴病篇列乌梅丸证、白头翁汤证、复脉汤证等。每一基本汤证后又列相关之类证，如变证、坏证、疑似证等，突出汤方辨证的系统性。

如对原文 13 条："太阳病，头痛，发热，汗出，恶风者，桂枝汤主之。"柯氏认为是桂枝汤本证，辨证为主，合此证即用此物，不必问其为伤寒中风杂病。并进一步指出，四症中头痛是太阳本病，头痛发热恶风与麻黄汤证同，本方重在汗出，汗不出者便非桂枝汤证。并强调因脉证而立方，不特为伤寒中风设，亦不拘于一经，故有桂枝证、柴胡证等语。柯氏认为桂枝汤以五味成方，减一增一便非桂枝汤。因而将桂枝甘草龙骨牡蛎汤证、桂枝去芍药加蜀漆龙骨牡蛎救逆汤证、茯苓桂枝白术甘草汤证、桂枝加桂汤证、桂枝人参汤证等归纳为桂枝坏病（证），并列于桂枝汤证条文后，以区别辨证应用，而将原文29条列为似桂枝汤证。

又如将35条的麻黄汤归纳为麻黄八症。指出头痛发热恶风同桂枝汤证，无汗身疼同大青龙汤证，本证重在发热身疼，无汗而喘。十分强调汤证之间的辨证。认为太阳有麻黄汤证，阳明亦有麻黄汤证。麻黄汤不独为太阳而设。见麻黄汤证即用麻黄汤，是仲景大法。并将麻黄杏仁甘草石膏汤证，麻黄连轺赤小豆汤证等列为麻黄汤变证，将其列于麻黄汤证条文之后，以示区别。

柯氏是对汤方辨证颇有阐发的医家，因而被后世誉为辨证论治学派中以方类证的代表人物。

七、方证相对说

日本学者吉益东洞提出了"方证相对"说[8]。东洞认为《伤寒论》的论不可取而方可用。"医之学也，方焉耳"，"医之处方也，随证以移，惟其于同也，万病一方。惟其于变也，一毒万方。""视毒之所在，随发其毒之证而处方，""证异于毒之所在，则因其异而异其方"。他在《方极·序》中说："仲景之为方也，有法。方证相对也。不论因也"。强调方证相对，方随证转。临床当重视病人的临床表现与体征，视其符合何方之适应证，而后处方用药，不必审其病因病机。这就是东洞的"方证相对"说。东洞的这一学说是建立在临床实践，注重实用及《伤寒论》有关汤方条文基础上的。这与日本古方派主张临床实践，强调验证的学术思想有关，而我国古代医家有关汤方辨证的论述对其也不无启迪。东洞的"方证相对"说，对于汤方辨证的广泛应用具有积极作用。但其不审病因不辨病机的做法未免失之偏颇，甚则会引入对症治疗的歧路。然而其推广汤方辨证，注重汤证研究的学术思想，对于日本中医学术的推动作用也是不可忽视的。

八、结语

以上就《伤寒论》汤方辨证的源流进行了探讨。张仲景在《内经》《汤液经法》等基础上创立了汤方辨证，后世医家不断发扬光大，使其成为仲景学说的一个重要学术内容。当今不少医家学者从临床、实验、文献等不同角度对汤证及汤方辨证进行了探讨，取得了一定的成果。因而深入开展汤证及汤方辨证的研究，对于仲景学说的理论探讨及指导临床实践具有重要的现实意义。

参考文献

[1] 五十二病方. 北京：文物出版社，1979，94.
[2] 陶弘景. 辅行诀脏腑用药法要. 江西：江西科技出版社，1988；132，127.
[3] 孙思邈. 千金翼方. 北京：人民卫生出版社，1983；97－122.
[4] 金礼蒙. 医方类聚. 北京：人民卫生出版社，1981；229－234.
[5] 朱肱. 类证活人书. 卷十二. 广东刻本，1886.
[6] 刘宗厚. 玉机微义. 上海：上海四马路乐善堂藏版，卷九·20.
[7] 柯琴. 伤寒来苏集. 上海：上海科技出版社，1959；1.
[8] 吉益东洞. 东洞全集. 日本：吐凤堂书店，大正七年(1918).

论《伤寒论》的辨证体系

傅延龄　丁晓刚　李德威
北京中医药大学

一

《伤寒论》是现存最早的一部理法方药内容比较完备的中医临床医学专著，其实用价值甚高，人们赞之为"方书之祖""其效若神"，真乃"活人之书"。《伤寒论》树立了中医辨证论治的原则和典范，引导中医临床医学走上了辨证论治的道路。中医具有整体观念与辨证论治二大特色，而在某种程度上讲，是《伤寒论》，是张仲景赋予了中医辨证论治的特色。今天，那些强调医学应该认识疾病在群体中的相同性，应该把握医治疾病的普遍规律的人们，也开始强烈地意识到充分认识疾病与患者个体差异的必要。于是人们开始认识到由张仲景创立的个体化的具体治疗乃是临床医学的最高原则，于是国际上对中国古代医学家的认识就开始从对医贤李时珍的崇敬到对医圣张仲景的景仰。这种转变不仅仅是对一个人和一本书的肯定，而标志着国际医学界对整个中医之正确而全面认识的开端。大哉医圣！“钻之弥坚，仰之弥高”。医圣不惟是中国的，医圣也是世界的。

二

《伤寒论》具有很高的实用价值，集中表现为二个方面：其一是经过反复精选的百十三方，这些方剂历史久远，组方严谨，主证明确，疗效突出，是方中精华，医之奇葩。其二是其辨证方法，辨证方法为百十三方正确使用的前提。如果授你一方，而不教授你该方如何辨证使用，那么方虽精良，然授犹未授。好的方书肯定包括精良的方剂和良好的辨证体系二个方面的内容，缺一不可。若《伤寒论》者，正是这样的经典之作。

《伤寒论》的辨证方法是什么呢？若以此问题询问于人，多数人必曰：“六经辨证”。这是一个很不全面的回答，因为《伤寒论》的辨证体系是一个内容丰富的复合辨证体系，在六经辨证以外，还有八纲辨证、脏腑辨证、病因辨证、三焦辨证、气血津液辨证以及汤证辨证等内容。

（一）六经辨证

六经即三阴三阳，太阳、阳明、少阳、太阴、少阴、厥阴也。六经辨证是《伤寒论》辨证的最高纲领，也是最一般的纲领。《伤寒论》以“辨太阳病脉证并治”“辨阳明病脉证并治”等作为篇章名称，其正文常有“太阳病”“阳明病”等六经病名称冠于条文之首。凡此者，正说明《伤寒论》以六经辨证为总纲。六经辨证也体现在诸如“为阳明病也”“知非少阴病，……脉虽沉紧，不得为少阴病”的条文中。《伤寒论》的六经分证是在继承（内经）六经分证方法的基础上，结合汉以前临床平脉辨证的医疗经验，创造性地建立起来的更完善实用的辨证方法。六经是对外感疾病表现的高度概括，较好地反映了外感疾病临床表现的普遍性规律，包括其传变规律。通过六经辨证，可以识正气虚实、邪气盛衰、病势之进退缓急、疾病发展趋势与预后等。六经辨证在认识外感病的发生、发展和演变、预后转归方面具有很强的实用性。六经既是分证的纲领，也是论治的准则。六经辨证在后世从最初当用于外感疾病的辨证纲领发展到也适用于内伤杂病的辨证纲领。

（二）八纲辨证

八纲者，阴、阳、表、里、寒、热、虚、实也。八纲辨证是源于《内经》，发展至于仲景，到明清时期臻于完善的一种辨证方法。《伤寒论》在进行六经辨证的同时，也较多地运用了八纲辨证方法，如（1）辨阴阳：“脉微而恶寒者，此阴阳俱虚”“病有发热恶寒者，发于阳也，无热恶寒者，发于阴也”。（2）辨表里：“其小便清者，知不在里，仍在表也，当须发汗”。“必有表复有里也”。“表”，仲景有时也称“外”，如“此为半在里半在外”。（3）辨寒热：“此表有热，里有寒”“此表里俱热”。（4）辨虚实：“发汗后，恶寒者，虚故也，不恶寒，但热者，实也”。通过八纲辨证可以认识病变部位、病变性质包括邪正关系等疾病状况。八纲辨证既存在于六经辨证之中，亦时时独立于六经辨证之外，它可以作为六经辨证的补充，可以使六经辨证的结果得以深化。

（三）脏腑辨证

六经辨证和八纲辨证对病位的认识上，多少失之于模糊，泛泛而不具体。如以六经之太阳而言，它包括二经三腑，以八纲之里而言，它包括的内容更为庞杂，所以引入一种在病位辨证上更为具体实用的方法是必要的，于是《伤寒论》运用了脏腑辨证方法，以进行疾病的脏腑定位：“病人有寒，复发汗，胃中冷，必吐蛔”“胃中必有燥屎五六枚也”“胸中有热，胃中有邪气，腹中痛”“此冷结在膀胱关元也”“肝乘脾”“肝乘肺”“此为水结在胸胁也”。凡此者，皆反映着《伤寒论》的脏腑辨证方法。

六经辨证、八纲辨证和脏腑辨证之间的关系是互补的。

（四）病因辨证

以上辨证对于病因的认识都是欠缺的，太阳之病为表，而其致病之因可能有六淫的不同，各宜甄别，于是《伤寒论》有“太阳中风”　“太阳伤寒”、”太阳温病”的诊断，这便是通过病因辨证所获得的认识。在《金匮要略》中尚有“太阳中暍”的记载。暍者，暑热是也。在风、寒、温之外，《伤寒论》原文中还有瘀血、热、燥、水（水气）、宿食、蛔虫、邪气（痰实或其他）、瘀热、火等单一病因以及风湿、寒湿、水热、瘀热等复合病因的内容。

在六经辨证的纲领下进一步进行八纲辨证、脏腑辨证和病因辨证，这就使医者对疾病的认识达到全面，达到深刻和细致。

（五）汤证辨证

汤证辨证是《伤寒论》中客观存在的一种辨证方法。汤证是《伤寒论》最早提出的一个概念，原文中有“桂枝（汤）证”“柴胡（汤）证”的提法，其原始意义是指《伤寒论》方所最适宜治疗的典型病证。汤证往往是就脉症表现而言，可以不及于病机实质。如桂枝证就是发热、汗出、恶风、脉浮缓的脉症组合，柴胡证就是往来寒热、胸胁苦满、默默不欲饮食，心烦喜呕（以及口苦、咽干、目眩、脉弦细）的脉症组合。至于其病机是什么，《伤寒论》并未明言。所谓汤证辨证，简而言之，即辨别临床病证属于何种汤证的方法。这种辨证方法在《伤寒论》中处于一个比较特殊的地位，本文第三部分将详言之。

（六）三焦辨证、气血津液辨证

在《伤寒论》中还有一些属于三焦辨证和气血津液辨证的内容。如三焦辨证：“得汤反剧热在上焦”“理中者，理中焦，此利在下焦。”气血津液辨证：“此营气和，营气和者外不谐，以卫气不共营气谐和故而”“此为津液内竭，虽硬不可攻之”“为无血……血证谛也。”等等。

由上述可知，《伤寒论》辨证体系的内容十分丰富，其中有的辨证方法是较为全面的，而有的辨证方法仅仅是一些片断，是零散的。或详或略，或简或繁，对此种现象我们可以如此看待：首先，在《伤寒论》的辨证体系中，有的辨证方法是主要的，而有的辨证方法是次要的，它们不是处于同等重要的地位；其次，每一种辨证方法都有其所长，亦有其所短，不同的病证适合使用不同的辨证方法，有时单独运用，有时又需要配合运用。再其次，我们仅仅是通过《伤寒论》原文看其辨证方法，然文字上没有反映出来的东西不一定是不存在的，有些时候，辨证方法的运用可能没有反映在《伤寒论》文字上；换言之，辨证方法的运用有时可以是潜在的，隐性的。

就目前的状况来看，任何辨证方法都有其局限性，故医者的辨证知识和辨证技术准备应当力求全面，在临床上要善于将诸种辨证方法结合起来运用，张仲景正是如此做的，为我们树立了榜样。

三

在《伤寒论》辨证体系中，其最具《伤寒论》特点的辨证方法是什么？一般人可能会不加思索地回答：六经辨证。笔者认为，对此问题的回答，在六经辨证以外，还当加上汤证辨证。如前所述，汤证辨证是《伤寒论》中客观存在的一种辨证方法，它在《伤寒论》中处于一个比较特殊的地位。我们在学习和研究《伤寒论》辨证方法的时候，既要强调六经辨证、八纲辨证、脏腑辨证和病因辨证，也要特别注意汤证辨证。今天，当《伤寒论》辨证体系的主要运用领域早已从外感疾病转移到内伤杂病以后，这一点就显得尤其重要。以我之见，汤证辨证是贯穿于《伤寒论》始终，运用得最为普遍，也最具实用价值的辨证方法，其重要性不在六经辨证之下。

与八纲辨证和脏腑辨证一样，汤证辨证对六经辨证是有力的补充。我们知道，六经辨证方法有其缺点，其主要者有三：其一为过于一般。六经辨证虽然比较完整，也基本贯穿于《伤寒论》全书始终，但它却是大而化之的，粗线条的，只是一个最高级的路径，只勾勒出了六经大致的病证范围。六经辨证的结果与对病证具体细节的认识还有很大距离，完成了六经辨证并不等于完成了临床辨证过程。其二，六经辨证的适用范围比较局限，即使在《伤寒论》中就有大量的病证不可能用六经辨证方法去辨析，如一旦六经病演成了坏证，六经辨证就再不适用了。其三，六经辨证所统辖的各种病证是多变的，无定位的，此正如清代医家徐灵胎所说：《伤寒论》“阳经中多阴经治法，阴经中多阳经治法，参错不一……此非仲景依经立方之书，乃救误之书，……盖因误治之后，变症错杂，必无循经现症之理，当时著书，亦不过随症立方，本无一定之次序”“余始亦疑有其错乱，乃探求三十年，而后悟其所以然之故，于是不类经而类方……不论从何经来，从何经去，而见症施治，与仲景之意无不吻合”。（徐灵胎《伤寒类方》自序）在今日内科杂病临床上，六经辨证更显不足，因为多数病例没有急性发病经过，不具备六经病特征，亦不知其从何经来。

对于六经辨证的诸般不足，汤证辨证完全可以补充之。如《伤寒论》对坏证的辨证几乎全部都是由汤证辨证完成的。六经辨证无汤证辨证便不能落实，而汤证辨证完全可以独立于六经辨证之外，不需要用六经定位。应该注意到，《伤寒论》中不少病证唯有汤证辨证才能辨认，其他辨证方法俱显得鞭长莫及，如心下痞、呕吐而利，此证六经不能定其位，八纲难以定其性，而汤证辨证则轻而易举，此为半夏泻心汤证。若此者，临床上彼彼皆是也。汤证辨证的完成往往就是临床辨证过程的终结。笔者注意到，无论是过去，还是现在，不少称言运用六经辨证的医家，他们其实是运用《伤寒论》的辨证体系，包括汤证辨证，甚至主要就是汤证辨证，六经辨证成为《伤寒论》辨证的代名词。所谓六经辨证适用于所有疾病的辨治，包括外感病证和内伤杂病的辨治，其实主要是指整个《伤寒论》辨证体系而言。所以，就《伤寒论》的二大独具特色的辨证方法而言，汤证辨证较之六经辨证更为重要。

然汤证辨证亦有其不是，如果不善于运用汤证辨证，不求甚解，就会失于粗浅，只知其然，不知其所以然，沦为粗工。汤证辨证决不是头痛医头脚痛医脚的对证治疗，一个汤证的确立是经过了长时期的临床观察和治疗试验而获得的认识，汤证的脉症组合是相对固定的，笔者在临床上常常遇到极典型的汤证，与《伤寒论》的表述毫厘不爽，于是为张仲景对汤证认识的准确性感叹！汤证与对它所对应的方剂具有极好的反应性，并非任何脉症组合皆可成为汤证。就这一点而言，汤证辨证也是有其适用范围的。

汤证辨证有初级和高级二个层次，初级汤证辨证视脉症之吻合决定汤证的诊断，高级的汤证辨证则在充分理解汤证病机的基础上，由对病机的认识而决定汤证的诊断。

“损阳伤正”是《伤寒论》的病理基础

韦绪性　麻仲学　李振华
河南中医学院

伤寒以六经为纲，法在辛温，重于扶阳；温病以卫、气，营、血及三焦为辨，法在辛凉，重于救阴。伤寒与温病的主要区别点，就在于病因病理及治法之不同。前者在于寒邪损阴伤正，后者在于温邪损阴伤正，故有“扶阳”“养阴”的不同治法。在《伤寒论》六经病证380条中，论及阳气受损者达165条，论及实热证的有125条。而在《伤寒论》所述实热亢盛，阴津亏损病理时，究其原因，仍与寒邪由表及里，机体阳盛，寒郁化热，或表病误下，邪热内陷有关。由此可知，损阳伤正实为《伤寒论》之病理基础，故大有深入探讨之必要。本文从病理、方剂、药物三方面作一初步分析，以期就正于同道。

从病理机制探讨

“伤寒”二字，从词义上讲，即寒邪所伤之义。《素问·热论》说：“人之伤于寒也，则为病热”。可知，感受风寒可以导致六经出现热证。而感受寒邪后所以出现一系列错综复杂的病变，则又取决于阳气受损的程度。《素问·生气通天论》说：“阳气者，若天与日，失其所，则折寿而不彰。故天运当以日光明。是故阳因而上，卫外者也。”说明人体阳气盛否不仅关乎寿命，同时又有保卫机体，抗于病邪的功能。病邪侵袭，正邪交争，阳（正）气盛则热，阴（邪）气盛则寒。故《伤寒论》就是论述寒伤机体，损阳伤正这一病理的演变和治法。发病之始，首先损阳，病理演变，主要表现为以下几方面：

外邪侵袭，卫气受损，太阳为六经之首，主一身之表，为六经之藩篱。外邪侵袭人体，太阳经首当其冲，以致卫阳被寒邪所遏，营阴郁滞，故“头项强痛而恶寒”。此时正邪交争，故发热，脉浮。此阶段的临床表现，即反映出卫阳受损的病理特征。太阳经证的典型代表方：麻黄汤、桂枝汤即是助阳祛寒，使邪从汗解之方剂，故列为伤寒之首方。在太阳篇183条中，根据病理属麻黄汤证者有7条，属桂枝汤证者有14条，属于太阳之方共有75个，其中有关温阳祛寒（包括配伍、健脾）者即有42个，可见太阳经之病理，主要为损阳伤正。助阳祛寒，实为仲景之法用药之肯意。

误治失治，损伤阳气如第16条云：“太阳病三日，已发汗，若吐、若下、若温针，仍不解者，此为坏病，桂枝不中与之也。观其脉证，知犯何逆，随证治之。”这里的“坏病”，系指因误治或失治，致病情加重，证候错综复杂，难以六经证候称其名，故笼统称为变证。变证虽然有趋虚趋寒两类，但总以虚寒证表现为多。太阳篇中，变证条文为66条，其中与虚寒有关者42条，其余变证成因均可究之寒邪病理演变。例如64、122、115、65、121条之损伤心阳所致心悸、烦躁、惊狂、欲作奔豚证；182条心阳心阴两伤的炙甘草汤证；67、105、102、66条之脾虚水停、脾虚心悸、脾虚腹痛、脾虚腹胀证；73、126条之肾虚水停、胃寒吐逆证；61条、69条之阳虚及阴阳两虚而致烦躁证等。可见，变证多为损伤脏腑之阳。张仲景在运用清热、发汗解表剂时，亦非常注意固阳，如在38条中强调，应用大青龙汤，若见脉象微弱，心阳不足则不宜施此内清里热，外解表寒之剂，以防亡阳之祸。于此可见，仲景强调保护阳气在六经病证中的重要性。

素体阳虚，复感外邪，阳气素虚，复感寒邪，每令阳气更虚，病邪肆虐，如40条小青龙汤证，其人素有水饮内停，复感外寒，引动内饮，阳不制阴，以致水饮与寒邪相互搏结，壅塞于肺，停于心下，趋于肠道，蓄于下焦，而出现喘息、干呕、下利、小便不利、少腹满等证。故用表里双解，内外助阳之小青龙汤治之。如果素体阳虚，复感外邪，又加上误治，则病情更为复杂。例如134条论结胸证和痞证，“病发于阳而反下之”是说有表病而阳气素盛且有水饮留滞胸中者，误下后邪热内陷与水饮相搏，结于胸中者。故成结胸证。“病发于阴而反下之”，是言素体阳虚之人，误下后胃气愈伤，邪气内陷结于心下，因而成痞。由此可以看出：“损阳伤正”之程度与素体之阳有关，素体阳虚者，其损伤更重，同时亦与机体阳虚之部位及有无水饮内停有关。上述三条可见仲景之助阳是建立在辨证的基础上而立法用药的。

阳虚生寒，病势入阴，在六经传变过程中，寒邪袭表，或传经，或不传经，或直中，关键在于正气之强弱。若正气衰减，素体阳虚，则病势由表入里，由阳入阴。如太阴证，其病机主要为脾阳素虚，或病在三阳，治疗失当，损伤阳气，导致寒邪乘虚入里。二者皆能导致“腹满而吐，食不下，自利益甚，时腹自痛”，当以温中散寒为主。少阴病之病机主要为心肾虚损，阳衰阴盛。阴邪充斥全身，损害人体阳气，出现急性全身性虚寒证，故其主证表现为脉微细，但欲寐，四肢逆冷，下利清谷。治疗应回阳救逆。若阳气大衰，阴寒大盛，以致阳虚浮越于外，而成阴阳格拒之势，谓之“真寒假热”，当急用通脉四逆汤宣通内外，破阴回阳。脾肾阳衰，阴寒内盛，虚阳被阴寒所格，其证候既有下利、手足厥冷、脉微细等少阴虚寒本证，又有面赤、干呕、心烦标证，谓之“戴阳证”，急用白通汤破阴回阳，反佐以咸寒苦降之猪胆汁、人尿，引阳入阴，以解阴阳格拒之势。他如附子汤证之阳虚身痛，真武汤证之阳虚水泛，赤石脂禹余粮汤证之下焦不固下利等，皆为损阳伤正之重证表现。少阴虽有热化证，但其病理多因素体阴虚内热，或误下伤阴，虚火上炎，故用滋阴清热之黄连阿胶汤。病理虽属热，但属虚热，且系变证之病理，非属少阴虚寒病理之主流。厥阴病为寒热错杂，正邪交争之证。主要病机为邪传厥阴，肝失条达，心包之火上炎，下焦失其温煦，形成寒热交错。厥阴寒化证，乃寒邪内盛，阻遏阳气，甚至真阳衰脱而现“大汗出，热不去，内拘急，四肢疼，又下利厥逆而寒者”（352条），急以四逆汤温里，阳复则厥止，寒祛则正复。如上焦有热，下焦有寒，迫使蛔虫窜动而上扰，甚则吐蛔，称之“蛔厥”，可用乌梅丸寒热并用，扶正驱蛔。厥阴肝寒，寒邪挟浊阴上逆犯胃，出现“干呕，吐涎沫，头痛者”（377条），以及“食谷欲呕”（245条），甚则“吐利，手足厥冷，烦躁欲死”者（309条），治以吴茱萸汤温肝暖胃，降逆止呕。素体血虚，阳气不足，复因寒邪凝滞，气血运行不畅，四肢失其温养，而见“手足厥冷，脉细欲绝”者，用当归四逆汤；兼胃阳不足，宿饮内停，证见腹痛，呕吐等证，则应加吴茱萸、生姜之辛温以温中祛寒，降逆和胃。邪传厥阴之病理，总属寒热交错，阴阳胜负，正邪交争之最后阶段。其间有热证，但一为本经肝胆之热，一为素有湿热，虽寒邪内传，邪从热化，亦为厥阴之变证，故有热厥，热利之病理。

需要提及的是，阳明病为外感热病的邪热亢盛阶段，其主要病机为里热炽盛，甚至燥屎内结。然究其成因，与“损阳伤正”亦有着不可分割的联系。首先，从发病上看，为素体阳盛，太阳病表邪不解，化热入里，可引起阳明病；太阳病误治伤津，邪热燥化，亦可引起阳明病。另外，太阳病时，其人素体胃强脾弱，脾不转输，而致肠胃燥实。这些都是寒邪侵袭，阳气受损后发生的病理演变。其次，从阳明病篇80条条文组成看，其中论及损阳伤正的达15条之多，如245条之阳明中寒，196条之胃中虚冷，水谷不化，200条之胃阳虚弱，湿邪内郁等。这说明仲景对于阳气受损是何等重视。至于少阳病，则是阳气略有衰退的表现。在少阳病的许多证候中，往来寒热主要表示正邪斗争互有进退，有阳去入阴的可能，此为少阳主证。少阳病的发展，如果阳衰阴盛，寒多热少，正气不足，就会转入三阴。如269条曰：“伤寒六七日，无大热，其人烦躁者，此为阳去入阴故也。”由此看来，“损阳伤正”在六经病的病理演变过程中，始终占主导地位，阳衰则进，阳复则愈。

从方剂的类型和作用分析

《伤寒论》方，除去有名无药者外，共计112方。依其不同作用可归纳为16类。和解剂7方，回阳救逆及温中健脾剂23方，扶阳益阴剂3方，利（逐）水剂9方，益气清热，寒温并用剂11方，收涩剂2方，理气降逆剂1方，涌吐剂1方，泻下通便剂10方，祛瘀剂2方，清热利湿剂2方，养阴清热剂4方，清热泻火剂12方，寒热并用的安蛔剂1方。以上共112方。

从112方的药物作用分析，属扶阳益气类方剂，即有81个。同时根据病理施用温热扶阳为主的方剂如桂枝汤，出现次数即达17次之多，麻黄汤9次，四逆汤13次，其他扶阳益气之方剂均散在很多之病理条文，可见仲景在扶阳方剂方面施用之广泛。当然，清热泻火，通便攻下，滋阴清热之方剂，应用亦不少。但究其病理，则为寒邪入里化热，或热结于里，或热耗津液，均为寒邪随体质阳气强弱之不同所产生的变证。寒邪损阳伤正是伤寒病理之基础，因机体之不同而寒郁化热，则是病理之演变。以此来看待分析伤寒之病理，则不难掌握伤寒六经之病理演变，这也正是仲景对伤寒病自始至终立法遣药之主导思想。

从药物作用探讨

《伤寒论》中83味药物可归纳为14类，计解表类8味，温阳类4味，健脾类5味，行气类5味，清热类12味，清利热湿类3味，养阴（血）类15味，泻下类3味，逐水类5味，收涩类4味，化瘀类3味，利水类4味，宣肺止咳类5味，其他类7味。兹将在各类方剂中应用频率最高者分述如下：

桂枝　使用频率为40次（即40个方剂中皆有桂枝）。主要作用为发汗解表，温经助阳。常与白芍（使用频率为30次）相伍变化。例如，桂枝汤用桂、芍各三两，为调和营卫，解肌发汗之主方；若加桂枝三两，则治奔豚气上冲；若倍白芍，即成建中等。

甘草　使用频率为70次。其功效，除了取生甘草清热解毒作用以治“少阴病二三日，咽痛者”外，余69方几乎皆用炙甘草，取其补气温中，调和药性之功。其剂量，视其在方中的地位不同而用量亦异，如缓急解痉的芍药甘草汤，补气益血的炙甘草汤，温中除烦的甘草干姜汤，补胃消痞的甘草泻心汤，皆用至四两。而发汗轻剂桂枝二麻黄一汤只用18铢（相当于现在的2.25克）；清上温下的麻黄升麻汤仅用6铢（相当于现在的0.75克）。

生姜　使用频率为37次，主要作用为发汗解表，温肺止咳，温中止呕，用量1～6两。

大枣　使用频率为40次。主要作用为和脾调中。用量：炙甘草汤为30枚，十枣汤10枚，一般方剂中大多为12枚。

干姜、附子使用频率分别为22次，20次。主要作用为回阳救逆，温肾助阳，祛寒止痛。干姜尚能温肺化痰（如小青龙汤）。仲景方中，用生附子回阳救逆，不超过1枚，水久煎服，以去毒性。用炮附子温经，一般3枚左右。干姜用量一般多为1两。通脉四逆汤中，干姜用量为3两（强人可四两）。

人参使用频率为21次，主要使用为培补元气，固脱生津。仲景方中，人参用量多为2～3两。如理中汤、旋覆代赭石汤、白虎加人参汤等。

半夏、茯苓、白术、麻黄、半夏使用频率为18次。主要作用为温化寒饮，消痞降逆。用量一般为半升（相当于现在9～15克）。茯苓使用频率为11次，主要作用为健脾利水，用量2两——半斤。麻黄使用频率为14次，主要作用辛温发汗，振奋阳气，用量2～4两。白术使用频率为10次，主要作用为补脾益气，用量1～2两。

在清热、泻火等苦寒辛凉药物使用方面，较之扶阳益气之药，使用频率大为减少。如大黄为15次，黄连12次，黄芩16次，生石膏7次，知母3次，栀子8次，其他诸如淡竹叶，连翘，白头翁，秦皮，滑石等均为1次。由此看来，伤寒方中扶阳益气药使用频率最高，应用最广，且剂量一般在各方中占比例较大。从这些统计中，不难看出伤寒之病因和病机主要为“损阳伤正”，仲景以此病机为基础，根据病理演变而随证治之。

本文从病理、方剂、药物对伤寒论作了概括性分析，其病因病理主要为寒邪侵袭，损阳伤正。虽然在阳明经（腑）等经中，亦出现热证，甚至热结于里，热盛耗阴等相反之病理，但其病理之形成则属于外因之寒邪随内因机体之阳盛而演变化热。因此“损阳伤正”是伤寒论主要病理基础。据此分析伤寒论之病理，112方之方义组成，82味药之药理作用，其理论根据则可迎刃而解。当然，伤寒论之病理，不仅寒热病理变化而已，诸如虚损、蓄血、瘀血等，亦是在损阳伤正总的病理基础上随机体内因之不同而引起局部之病理变化。以上能否窥《伤寒论》之整个病因病理全貌，仅为初步认识，有待同道指正。

试论《伤寒论》的“扶正固本”思想

张　磊　河南中医学院

《伤寒论》是《伤寒杂病论》中的伤寒部分，重点论述了人体感受风寒之邪以后所引起的病理变化和证候特征。其内容之丰富，理论之精深，学术之渊远，疗效之显著，犹如高山大海，确有取之不尽，用之不竭之感。自《伤寒论》问世后，历代注述研讨这一经典著作者，不下三百家，他们明其理，析其义，莫不叹其高深。为了更好地继承发扬祖国医学遗产，进一步探索《伤寒论》的深理奥义，是非常必要的，应从各个方面去探讨之，研究之，以发其隐旨寓意。笔者且不论《伤寒论》中的具体证候，姑就其“扶正固本”思想，谈点意见。

《伤寒论》中的“扶正固本”思想，不仅在理、法、方、药中可以反映出来，而且在病变过程各个阶段上，亦无不贯穿这一主导思想。兹从以下几个方面行进探讨。

一、固阴阳之本以扶正

人的生命活动之气，概而言之，就是阴阳二气，阴是物质基础，阳是机能活动，都是非常重要的，但从生命活动来看，阳气却占重要地位，故《素问·生气通天论》说：“凡阴阳之要，阳密乃固。”又曰：“阳气者，若天与日，失其所则折寿而不彰”。当疾病发生以后，阴阳势必失调而受损。况伤寒为病，乃人体感受风寒之邪，风性疏泄，易致卫不外固、营不内守，而使阴阳受伤，寒为阴邪，易伤阳气，故寒邪伤人以后，阳气就有不同程度的虚弱，尤其传至三阴以后，阳气虚损，更为明显。故仲景在《伤寒论》中始终以护阳为主导思想。如太阳病发汗太过，致表邪未去而阳气已虚，出现汗漏不止之症，即于桂枝汤中加附子温经固表以扶阳；太阳病误下，邪陷于胸，损伤心阳，但表仍未解，出现脉促、胸满、微恶寒之症，即又于桂枝汤中去芍药加附子以温经扶阳。去芍药者，因其阴柔，有碍复阳。从此可以看出，仲景在外感表证初期，对有阳虚之象的，即注意护阳。再如太阳病八、九日，面色有反热色，身痒，此时表邪未解而正气已虚，不适于专用桂枝汤或麻黄汤，故用桂枝麻黄各半汤，取其微汗解表而不伤正。此虽未用扶阳之药，已深寓扶阳之义，可见仲景用心之良苦。“阴者藏精而起亟也，阳者卫外而为固也”（《素问·生气通天论》），护阳亦即护阴也。

仲景在《伤寒论》中，虽详于论寒，治重于温，但亦未忽于阴，他既注意到阴虚之体，也注意到阴虚之症。如“尺中迟者，不可发汗”（50条）；“疮家不可发汗”（89条）；“衄家不可发汗”（88条）；“亡血家不可发汗”（89条）；“汗家重发汗……”（90条）等，皆为阴虚之体，属于禁汗之例，假若误用汗法，重伤阴液，势必出现一系列不良后果。在疾病的不同阶段，损阴的情况也有所不同，如阳明病，少阴热化证，阴液都有不同程度地损伤，仲景在立法用药上，皆充分考虑到阴伤的情况。

总之，仲景在固阴阳之本上，属阳虚者益其阳，阴虚者益其阴，阴阳俱虚者则兼而治之，然而鉴于伤寒病的特点，固阳又多于固阴也。

二、固气血之本以扶正

气血虽属于阴阳范畴，但又有其个性特点。从生理上讲，气血是人身中最为重要的物质，正如《素问·调经论》说：“人之所有者，血与气耳”。试观《伤寒论》的用药情况，亦足见仲景在治疗上是非常注重气血的，其用益气之品并不少于益阳之味，仅人参就使用了二十次。在太阳病中用之，少阳病中用之，阳明病中用之，在三阴病中更用之。从证候情况来看，既使气不太虚，在某些情况下，亦用人参，如小柴胡汤用人参，不重在补气，意在同姜枣益气和中以养正，以杜邪传入里之路，这是仲景扶正固本思想的深谋远虑。若患者气虚较重，不但重用人参而且与附子并用，如“发汗后，身疼痛、脉沉迟”（62条），用“桂枝加芍药生姜各一两，人参三两新加汤”治之，此非人参不足以补汗之虚；少阴感寒入里，邪随寒化的附子汤证（34条），不但气虚，而且阳虚，故用附子以温真阳之本，人参以回生气之源，使之相得益彰。于此可见，仲景固气之本，也是非常突出的。

气为血之帅，血为气之母，气主煦之，血主濡之，无气则血失其帅、其煦，无血则气失其源、其濡，故仲景在《伤寒论》中，即重气又重血，尤其对有明显血虚之征的，仲景必谆谆告诫之曰；“伤寒五六日，不结胸、腹濡，脉虚复厥者，不可下，此亡血也，下之，死”（347条），“血弱气尽，腠理开，邪气因人”（99条）；以及前面已述的“衄家”，“亡血家”，“尺中迟者”等，均可以说明仲景在用药之前就慎重地考虑到患者的血气虚弱情况，以免有损血之误。及至因病而致阴血亏损已甚者，仲景常以治血为急务，虽有它疾，亦应从缓，如384条的四逆加人参汤证，因霍乱耗津过甚（津血同源，津伤血必枯）而致脱液亡阳，故急用四逆加人参汤以回阳而兼生津养血。此不以血药为主者，因有形之血（津），不可速生，无形之气所当急固，故此以固阳固气，为急。固阳固气，即是更好地固津固血。从此不难看出，仲景在临床治疗中，既注意到患者有否血虚之病史，又注意到患病之后的血虚情况。或专而治之，或兼而治之。各得其所，皆适其宜。

三、固津液之本以扶正

津液在人体以营养滋润为其主要功能，是人体生命活动的主要物质之一，正如《灵枢·平人绝谷》说：“平人七日不食饮而死者，水谷精气津液皆尽故也”。可见津液在人体是非常重要的。有则生，少则病，无则死。因此，仲景在《伤寒论》中对津液的存亡，是非常重视的，尤其对津液已伤的病人，在治疗上也是非常小心的，如83条云：“咽喉干燥者，不可发汗”。咽喉干燥，是胃津不足之象，若误发其汗，则津液更伤，可能变证百出。对于津液已伤，尚能自复的病人，原则上是不用药，以防重伤津液，如58条云：“凡病，若发汗，若吐，若下，若亡血，亡津液，阴阳自和者，必自愈”，59条又云：“大下之后，复发汗，小便不利者，亡津液故也，勿治之，得小便利，必自愈”。仲景在此启示人们，对于误治伤津的病人，要慎重用药，当病人本身机能不衰，阴阳可自趋调和、津液渐回者，可不药而愈。即使用药，亦应以益津液为原则，这是仲景言外之意。

仲景对损津的治疗，一是直接的补益，如白虎加人参汤、竹叶石膏汤，均为清热养阴、生津益气之剂，皆能直接补充津液之不足，它适宜于病势比较缓者；一是间接的补益，如阳明病的“三急下”证和少阴病的“三急下”证，皆有刻不容缓之势，若不急下，火热之邪不能从大肠急引而出，津液必致尽劫，所以后人称此为“釜底抽薪”之法，亦谓“急下存阴”之法。仲景有胆有识，速投峻下之剂，以制“亢害”之危，正如《医宗金鉴》亡：“急以大承气汤下之，泻阳救阴，以全未竭之水”。仲景深恐后人对此有忽，故以“急下”告垂训，意义深远，当细玩之。后世温病学家“留得一分津液，便有一分生机”之论，盖本于此。

四、固脏腑之本以扶正

脏腑之在人体，所关甚巨，是精气藏守之所，又是人身形体强壮的根本，故《灵枢·胀论篇》说：“脏腑之在胸胁腹里之内也，若匣匮之藏禁器也”。《伤寒论》虽以六经为纲进行论证，但其基础，仍是脏腑，所以仲景在《伤寒论》中，是非常重视脏腑的。

太阳经包括膀胱与小肠，从其经脉循行来说，足太阳膀胱经，起于目内眦，上额交巅，下项夹脊抵腰中，下走足小趾，络肾属膀胱。手太阳小肠经，起于手小指而走头，络心属小肠。故足太阳经分布范围较广，统辖周身肤表，气血籍此以贯注于肤表，起着卫外作用。人们称太阳为人身之蕃篱，统一身之营卫，即此之谓。由于太阳统一身之营卫，而营卫关乎心肺（心营肺卫）。所以太阳病营卫不利，就容易影响到心肺，如麻黄汤证之“喘”，麻杏石甘汤证之“喘”，均为太阳病涉及于肺之例。桂枝甘草汤之心下悸，炙甘草汤之心动悸，皆为太阳涉及于心之例。太阳与少阴相为表里，少阴为太阳之根，若少阴先虚，根蒂不固，表邪极易内陷少阴，“实则太阳，虚则少阴”就是这个道理。膀胱为太阳之府，经府相通，在经之邪，可直接犯于膀胱，影响水道通调，发生“蓄水”证，成为经府同病，仲景即用五苓散以两解表里，此是太阳自病之例。太阳虽为六经之表，三阳之首，但与它经它脏，关系极为密切，所以仲景在治疗太阳病时，不仅注意到经，而且注意到府，以及与太阳有关的脏腑，使受影响的脏腑能得到及时的治疗，不致损害过甚，这也是仲景扶正固本思想的具体体现。

再从少阴经观之。心属火、肾属水，肾水上交与心，心火下济于肾，心肾相交，水火既济。但火（心）中有真阴，水（肾）中有真阳，在人的生命活动中，肾为先天之本，肾阴称为真阴，肾阳称为真阳，是生命之根本，故病入少阴，动辄关系人之生死，所以少阴之死证，不是亡阴，就是亡阳。由于心肾为水火阴阳之脏，故邪犯少阴，既可以从阴化寒，也可以从阳化热。但从少阴病的性质来看，多为心肾阳气不振，甚至衰竭，所以仲景以“脉微细，但欲寐”为少阴病的提纲。若少阴病，阳气大虚而“脉沉者”，仲景则以四逆汤急温之，以防阳脱。若少阴病，邪从阳化，证见“心烦、不得卧”，仲景则以黄连阿胶汤，以救水枯火炎之急。于此可见，少阴的救阴救阳法，皆是为固少阴心肾之本而设。

从太阳病和少阴病的治例来看，仲景虽以六经论证，但在治疗上始终都在注意脏腑之性能及其病变情况。

仲景固脏腑之本的思想，还充分表现在脾胃方面，除阳明、太阴两经多论脏腑外，其他各经也都充分体现这一主导思想。《伤寒论》虽不是治脾胃病的专书，但从112方来看，有相当部分是专治或兼治脾胃的，其理之精，其法之妙，难于一言而尽，可以说仲景《伤寒论》为脾胃病的治疗，开创了许多法门，值得进一步探讨。

总之，仲景的扶正固本思想，贯串《伤寒论》的始终。他汗不忘本，如桂枝汤之啜粥、取微汗；下不忘本，如大承气汤“得下，余勿服”；吐不忘本，如“得快吐乃止。诸亡血家，不可与瓜蒂散”；清不忘本，如“凡用栀子汤，病人旧微溏者，不可与服之”。如此等等，皆是仲景扶正固本之例。

仲景为什么这样重视“扶正固本”呢？因为疾病的发生，关系到人体正气和邪气两个方面，在病变过程中，二者是互相斗争，互有胜负的，正胜邪退则病趋向痊愈，正不胜邪则病趋向危重。可见正气虚，不仅是疾病发生的根本原因，而且也是疾病的发展、变化、预后和转归的根本原因。因此，在治疗疾病时，除注意致病因素以外，还要着重调整机体的功能，以增强抗病能力。尤其伤寒病变化较多，或“循经传”，或“越经传”，或“表里传”，“或并病”，或“合病”，或“直中”等等，无不关乎到人体正气强弱这个主要因素。一般说，人当感邪以后，正气就有不同程度的损伤，尤其在疾病的中、后期，正气损伤更为严重，临床治疗，若不考虑正气这个本，就难免有弊端。

以上是个人的管见，限于水平，不能尽观仲景学术之富美，只作引玉之砖。差谬之处，在所难免，诚希指正。

试论《伤寒论》中保胃气的学术思想

赵清理　河南中医学院

“胃气”的充沛与否，与维持机体的正常功能和防病却疾有着十分密切的关系，故历代医家无不重视保护人体的“胃气”，在临床的诊断与治疗中也十分注重“胃气”的盛衰变化。这一思想，在张仲景《伤寒论》中表现得更加突出，值得我们认真探讨与总结。现将笔者的学习体会粗陈于后，诚望同道教正。

一、发汗必滋化源

水谷入胃皆赖胃气的作用而化生精微，其精微之清者为“营”，精微之浊为“卫”，营行脉中，卫行脉外，二者相协，对机体起着输送营养以濡脏腑百骸，保护体表，抗御外邪侵袭的作用。故外邪入侵多先伤营卫，营卫受伤必病及于“胃气”，胃气一伤，胃中阴津必亏，既不能化汗以祛外邪，又不能转精而内滋脏腑，必使病邪日深，变证蜂起。是故胃气的盛衰对于病邪的进退有极大关系。仲景深明此理，故每于外感初期即时时注意调理胃气以壮营卫之化源，务使源盛而流自通。

如太阳中风之用桂枝汤，五味药中就有草、姜、枣三味调补中州之品，且桂枝亦非发散之专药。其味辛甘，辛则能发散卫阳，甘则能入中健胃；其色赤入心，一以化火生土，一以下降化膀胱经气。服后又嘱“啜热稀粥一升余”，以充化源。化源畅，营卫壮，则祛邪有力而外邪自蠲。陈元犀曰：“方中姜桂合甘枣为辛甘化阳，芍药合甘枣为苦甘化阴。阴阳和则得微汗而解矣，啜粥则又资阳明之谷气以胜邪”。辛甘化阳也好，苦甘化阴也好，资阳明谷气也好，都必须在胃气的参与下进行。胃气不转，阴阳不化，营卫气衰，外邪必侵。故知桂枝汤之立意非专在解表祛风，实有调中焦，畅化源，盛谷气，祛邪气之功能。成无己最得深趣，他说：“桂枝同姜、枣，不特专于宣散，以脾为胃行其津液，姜枣之用，专行脾之津液，而和营卫者也”。此乃深入有得之言。“太阳病，项背强几几，反汗出恶风”之用桂枝加葛根汤，其立意亦在鼓舞中州。本方加葛根，有谓是“以散经输之邪”。但实非仲景本意。《甄权》说葛根能治“天行上气，呕逆，开胃不食”，《开宝》说葛根能“作粉止渴，利大小便，解酒去烦热”。“上气”“呕逆”“开胃下食”，其治皆在胃中，“作粉止渴”知其生津化液之力必强。观药物学中一药而兼生津化液、疏风散邪之功用者，实属罕见。《医学心悟》在治疗发热、头痛、不恶寒而口渴之春温夏热时，将《伤寒六书》之干葛解肌汤除去羌活、白芷、桔梗、石膏之宣散，加入生地、丹皮、知母、贝母之滋阴而不将葛根除去，陈修园在注解此方时说：“按此即桂枝症渐深，将及阳明，故加葛根以断其路，仍用桂枝以截其后路。”“断其路”即堵其入阳明之里路，“截其后路”，乃指表邪内陷之外路。桂枝汤治偏中焦之理已如前述，但和葛根相较，陈氏还认为葛根治内，桂枝治外，凡此足以说明仲景之用本方更重滋化源，畅营卫，俟营卫通，津液布，则几几之势自解。再如治营卫不足身痛的桂枝新加汤，治太阳病，下之后，脉促，胸满的桂枝去芍药汤，以及桂枝去芍药加附子汤、桂枝加附子汤、桂枝去桂加茯苓白术汤、小建中汤等，虽然病症各异，但其治疗均以桂枝汤为基础，其疗效皆从调理中焦以壮化源，畅行营卫而得手。

风寒表实之用麻黄汤，此时风寒之邪外束，卫阳闭遏，营阴郁滞，必赖辛温发表之剂以开腠理而祛风寒。但仲景在组麻黄汤时，以麻黄、杏仁发表宣肺，又以桂枝温阳，甘草益胃，并嘱其“复取微似汗”，唯恐汗多以伤胃气；风寒表实而兼内热之用大青龙汤，用麻桂以解表，用石膏以清里，其意不难理解。然用生姜三两、大枣十枚者意何？葛根汤、葛根加半夏汤、麻桂各半汤、桂二麻一汤、桂二越婢一汤等方剂之用，其病机各不相同，又为什么方方不离姜、枣、草三味？此无它？盖仲景发汗必畅化源，慎固中州之苦旨尔！清人石芾南说：“久病不起于先天，必起于后天”，观仲景《伤寒论》中即是外感初起之病，其转机又何不赖乎中州！

要之，仲景“发表必滋化源”的学术思想，既本于《内经》“人以胃气为本”的精神，又有广泛的临床意义，故颇为医学所效法。《伤寒六书》的干葛解肌汤，一面以柴、羌、白芷以解外，一面以石膏、芩、桔以清内，又加干葛、甘草以调中；

《通俗伤寒论》的加减葳蕤汤，一面以葱、豉、桔梗、薄荷散外邪，一面以玉竹滋内阴，又以草枣培胃气；《外台秘要》之葱白七味饮，一面以葱、豉解外邪，一面以地、冬滋阴血，又以生姜、葛根调其中；钱仲阳的败毒散，一面以羌、独、芎、柴散湿热；一面以枳、桔、茯苓宽中理其气，又以人参、草、姜固其本。凡此，无不是仲景学术思想之滥觞。

二、却邪不伤胃气

"胃气"，即脾胃之气。因脾胃二者的生理关系非常密切，故医家常将二者既相分工，又相合作的生理功能合称为"胃气"。如《内经》说："脾胃者，仓廪之官，五味出焉"，明显是将脾胃二者合而论之。《伤寒论》亦常将二者并称，如280条云："太阴为病，脉弱，其人续自便利，设当行大黄、芍药者。宜减之，以其人胃气弱，易动故也"。这里的"胃气"，虽然是指的脾胃二者之气。《医宗必读》更将二者合称为人的后天之本，如云："谷入于胃，洒陈于六腑而气至，和调于五脏而血生，而人资之以为生者也，故曰后天之本在脾"。"本"即生命之本。先天生身赖于父母，后天生命有赖脾胃化生水谷精微以养，且先天不足者，尚可有后天续培之，如石寿堂说："胎为薄弱，先天不足者，人不得而主之，又恃调摄后天，以补先天之不足，若是者胃气不尤重哉"。可见保胃气事关先后天之气，而先后天之气即是人体生理机能总概括——"正气"的物质基础，因此保胃气即是保正气。病理过程中之所以保胃气的意义更为重要，是因为，不唯机体的营养及病变过程中所损的物质有赖胃气以化生，且所施治疗疾病的任何药物又需中焦受气取汁以发挥疗效。故仲景在《伤寒论》中除对胃气虚者，直接采用理中、建中、四逆辈温补外，即使在病机发展到从邪盛为主要矛盾需采用祛邪治则时，亦时时以顾护胃气为第一要义。

如白虎汤之运用，病的无形热邪充斥内外，非辛凉大寒之药难却鸱张之势。但仲景在组方时一面以知母、石膏清其热邪，一面又以粳米、甘草益气调中。钱天来注方云："石膏辛寒，辛为金之味，寒乃金之性也，寒凉清肃，故以为君。知母苦辛性寒，入足阳明、手太阴，泻肾火而滋化源，故以为佐。甘草者，缓其性也，粳米者，和中保胃气也"。其热者寒之之理，凡医易知，但"和中保胃"之绸缪，最见仲景慎保中州之苦心。白虎加人参汤的应用，大多医家以人参于本方作救液而设，如尤在泾云："方用石膏，辛甘大寒，直清胃热为君，而以知母之咸寒佐之；人参，甘草、粳米之甘，则以救津液之虚，抑其治石膏悍也"。但观《伤寒论》及《金匮要略》二书中，大凡救肺之津者，多用栝（如栝蒌桂枝汤，栝蒌牡蛎散、栝蒌瞿麦丸）；救肺胃之气者，多用人参（如"太阳中热，暍是也"之用白虎加人参汤）；肺胃气津两伤者，多用人参加麦冬（如竹叶石膏汤，麦门冬汤等），或人参加栝蒌（如小柴胡汤之或然证）。因此，本证若为救阴津，仲景必以麦冬或花粉以滋之。气津两救，仲景必以麦冬加人参、或花粉加人参充之。而本方却独加一味人参、故知仲景实为救护胃气而设。且此时虽证仍为阳明，但营卫之气大耗，已涉"重阳必阴""热极生寒"的边缘。其"背微恶寒"，正是营卫气虚阳气不达之象。气虚为阳虚之渐，阳虚为气之甚，此时若不一面清阳明之燥热，一面保中焦之胃气，势必阳伤中虚，而有入阴转寒之危。故白虎加人参汤之用，更见仲景顾护胃气之巧思；承气类方之应用，此时燥结成实，地道不通，非攻逐荡涤难达祛邪存阴之的。但承气类方，多苦寒破气之品，若用之得当，则收效于俄顷，不啻起死回生之妙，若稍涉差谬，则伤阳败胃，祸不旋踵，故仲景在承气类方之运用上最所惮心。列大、小、调胃三承气以别轻重之证，示大热大实者，用大承气；小热小实者，用小承气；实热尚在胃中者，用调胃承气。并以大便之硬与不硬，发热之潮与不潮，小便之利与不利，矢气之转与不转，饮食之能食与否等反复辨别其可与不可，并创立了"先服小承气汤一升"之试探法，示："若更衣者勿服之""得下，余勿服""伤寒呕多，虽有阳明证，不可攻之""阳明病，不能食，攻其热必哕""阳明病，心下硬满者，不可攻之"的禁例。唯恐因半点差误而戕伤胃气，其严谨周到处，堪为呕心沥血。十枣汤之应用，为饮停胸胁，澼结不散之证，非芫花、甘遂、大戟峻猛之品，难达"祛菀陈莝"之目的，但"三味皆辛苦寒毒之品，直决水邪，大伤元气，……故选十枣以君之，一以顾其脾胃，一以缓其峻毒，得快利后，糜粥自养，一以使谷气内充，一以使邪不复作，此仲景用毒攻邪之法，尽美尽善也"。陈蔚此注可谓深知仲景祛邪不伤胃气之旨矣。再加大陷胸汤之用，仲景唯恐过剂伤胃，嘱之曰："得快利，止后服"。瓜蒂散之用，仲景唯恐孟浪伤胃，嘱之曰："不吐者，少少加，得快利，乃止"。桂枝加大黄汤之用，仲景唯恐过用苦寒，重伤来复之胃阳，诫之曰："宜减之，以其人胃气弱，易动故也"。就连"热入血室"之治疗，仲景唯恐市医误将"暮则谵语"之证作阳明之热实论治，亦诫之曰："无犯胃气及中上二焦”。栀豉汤一味栀子之寒，就怕损了中阳。而诫之曰：“凡用栀子汤，病人旧微溏者，不可与服之……。”凡此，仲景慎保胃气之心，拳拳矣！《素问·五常政大论》说：“无使过之，伤其正也”，仲景正是这一思想的实践者。

三、辨证谨查中焦

因为“胃气”直接关系着人体正气的强弱，决定着病变的转归，故仲景于辨治疾病的整个过程中，无不以胃气的盛衰来把握病情，作为辨病机，定治则，决预后，推生死的重要依据。

如《伤寒论》15条云：“太阳病，下之后，其气上冲者，可与桂枝汤，方用前法；若不上冲者，不得与之”。其气上冲，说明虽经误下，但胃气挫伤不甚，尚能鼓邪外出，故仲景仍决定以桂枝汤从表而解；若不上冲，证之胃气被下伤重，无力拒邪，表邪乘虚而入，仲景决定当从里治，故诫之曰，“桂枝不得与之。”230条“阳明病，胸胁硬满，不大便而呕，舌上白苔者，可与小柴胡汤，上焦得通，津液得下，胃气因和，身濈然汗出而解”。上焦得通则清阳宣上，津液得下则大便自调，清升浊降，故仲景推论曰，“胃气因和，身濈然汗出而解”；76条：“发汗后，水药不得入口为逆，若更发汗，必吐下不止”，“水药不得入口”为发汗伤及胃气，胃无力纳物所致，需急培建中气，若不识此而再施发汗之药，必致胃肾俱伤吐下不止，故仲景诫之曰：“若更发汗，必吐下不止。”364条：“下利清谷，不可攻表，汗出必胀满”。下利清谷为脾肾阳衰，当温其里，若因循再施发汗之法，必致脾肾阳气更伤，水湿停滞而胀满，故仲景警告曰：“不可攻表，汗出必胀满”。此以胃气的盛衰推病机。332条云：“凡厥利者，当不能食，今反能食者，恐为除中。食以索饼，不发热者，知胃气尚在，必愈……”，此以胃气之存亡决其生。232条云：“脉但浮无余证者，与麻黄汤，若不尿，腹满加哕者，不治。”腹满加哕为胃绝，不尿为肾之气化绝，先后天俱绝故不治。333条云：“伤寒脉迟六七日，而反与黄芩汤彻其热，脉迟为寒，今与黄芩汤，复彻其热，腹中应冷，当不能食，今反能食，此名除中，必死。”此以胃气之存亡定其死。

但认识胃气之盛衰，生死之转机，并非如此简单，仲景是运用四诊技巧，通过审二便，问饮食，切按脉搏，询按腹部以及结合呕吐、汗出、寒热等症状综合分析而定。《伤寒论》中分析胃气盛衰的一般规律，是从如下几个方面判断的。

大便——大便稀溏者，多为脾胃气虚，如“自利益甚”“自利不渴”的太阴虚寒证。大便硬者，多为胃阳亢盛，如阳明实热的“大便必硬”，“大便当硬”，“大便因硬”，“此有燥屎”。

大便初硬后溏者，多为胃阳不足，胃中冷。如191条“必大便初硬后溏，所以然者，以胃中冷，水谷不别故也。”

大便初溏后硬者，多为胃阳来复，如187条“伤寒脉浮而缓，手足自温者，是为系在太阳……至七八日大便硬者，为阳明病也。”

饮食——一般的说，能食者，说明胃气强，如215条：“若能食者，但硬耳，宜大承气汤下之”；不能食者，证之胃气弱，如191条：“若中寒者，不能食……”，226条，“若胃中虚冷，不能食者，饮水则哕”。

特殊情况下，能食者，亦备胃气败绝的除中证；不能食者，亦有“反不能食者，胃中必有燥屎”的大实证，但究属少见。

脉——脉有胃气，病虽重，但尚能转愈，如287条“少阴病，脉紧，至七八日，自下利，脉暴微，手足反温，脉紧反去者，为欲解也，虽烦，下利必自愈。”脉紧反去，说明阴寒消退，已露其从容和缓之胃气脉，故“必自愈”。

脉无胃气，证虽不重，终必凶。如369条：“伤寒下利，日十余行，脉反实者，死。”但有伤寒下利，而无厥阴无脉，吐利、格阳之重证而死者，盖因下利后脉当微弱，今反实，证之脉无胃气，真脏脉现，故必死。

腹满——腹满与便硬相兼，多为胃阳亢盛，如大承气汤证。

腹满与呕吐相兼，多为脾胃阳虚，如273条：“腹满而吐，食不下”的太阴虚寒证。

腹满兼“大实痛者”，为胃阳亢盛；如241条：“烦不解，腹满痛者，此有燥屎也，……宜大承气汤”，或胃气较盛，如桂枝加大黄汤证等。

腹满兼“时腹自痛者”，为脾胃阳衰，如273条：“自利益甚，时腹自痛，若下之，必胸下结硬”。

身热——身热与自汗出，不恶寒，反恶热相兼，多为胃阳亢盛，如182条。

身热与“吐利汗出”“四逆拘急”“手足厥冷”相兼者，多为脾肾阳虚，如388条。

渴与不渴——口渴者，多为胃阳盛，如白虎汤证。

口不渴者，多为胃虚寒，如386条“寒多不用水者，理中汤主之。”

若此，反复辨析，务求四诊合参，以决胃气盛衰的理论和方法有着切实的临床意义，至今仍为我们辨析外感热病中胃气盛衰存亡的诊法大要。

四、病瘥继培后天

张仲景注重胃气的学术思想，不但表现在前述的几个方面，而且还体现在他对大病初愈的处理上。

“伤寒”古称大病。巢氏病源说：“大病者，中风、伤寒、热劳、温疟一类是也。”这是一类对人体正气戕伤比较严重的病变，即使调治得法而痊愈，在病变过程中所损的阴精阳气一时也难以全复。如何促使疾病彻底平复以杜复发，按仲景的学术思想，仍是以调理后天脾胃为法。他于《伤寒论》中设专篇讨论差后劳复问题。全篇共七条原文，除392条的烧裈散、395条的牡蛎泽泻散等两条证机外，其余五条均为调治中焦之法。他用理中丸疗中阳不振、胃中虚寒、津液不运之“喜唾不了了”证，以温中祛寒，燠复胃气；用竹叶石膏汤，疗“伤寒解后，虚羸少气，气逆呕吐”证，以清热生津，盖复胃气；用枳实栀子豉汤疗“大病瘥后，劳复”所致的热郁胸膈证，以下气除烦，畅复胃气；用小柴胡汤治疗“伤寒解后，更发热”的正虚发热证，以燮理枢机，调复胃气。方虽四则，“和”“清”“调”“补”面面俱到，且方小药轻，又嘱多次分服，唯恐重伤胃气，始终体现着祛邪，攻伐不损胃气，扶正保胃不助邪的治疗原则。《素问·热病篇》有“病热少愈，食肉则复，多食则遗，此其禁也”的论述，仲景发展了这一理论，于本篇398条云：“病人脉已解，而日暮微烦，以病新瘥，人强与谷，脾胃气尚弱，不能消谷，故令微烦，损谷则愈”，示人以久病所愈，即有轻微小恙，尽量勿服药石，以免伤害初复的胃气，而宜调其饮食，复其胃气，促其痊愈为上。

无疑，仲景差后继培后天的学术思想、临床意义及对后世的影响，都是极大的。李东垣在其名著《脾胃论》中设专篇论“脾胃调理法”，朱丹溪的“胃气者，中和元气也，唯以谷、肉、菜果相宜。盖药石皆偏胜之气也，虽参草为性亦偏”等无不发微于此。

结　语

张仲景主保胃气的学术思想，在《伤寒论》的证治论述中不仅见于发表不忘滋化源，攻下首当保胃气，诊断务需查中焦，病差仍重培后天等几个方面，三阴虚寒的证治中，顾护胃气更为突出（但已为医者熟知，故这里略于论述）。故这一学术思想，体现于仲景全书的每个章节字句，闪烁于行里无文之间，并熏渗于历代医家的著述与临床，成为中医防治学中一线贯通的章则大法。本文以蠡测海，难及其万一，其博大精深处，尚须同道着意刻镂。

浅谈《伤寒论》祛邪法中对气津的保全

时兴善　白建民
河南省南阳中医药学校

《伤寒论》中的治法，八法具备，汗、吐、下、清、消等法主要用于祛邪，在三阳证的治疗中最为多用，仲景对这些治法的运用，据证立法，或单法独用，或数法兼用，既有原则性，又有灵活性，并在祛邪之中注意保全气津，这一“祛邪顾正”思想，自仲景以后的近二千年来，以其高度的科学性为历代医家所崇尚，有效地指导着临床实践，尤其是多种外感热病的防治。

气津，即气与津液，它是构成人体和维持人体生命活动的物质基础，一旦外邪侵入致病，又起着驱邪外出，修复病损等重要作用，若气津亏损，不仅影响脏腑功能，而且邪气失制而更加猖獗，使病情进一步加重，因此，气津的盈亏直接影响着疾病的轻重演变和预后。今年，我国部分地区发生的SARS，虽然其发病主要是感染了SARS病毒，但其病情的轻重、预后与患体气津充沛与否密切相关，据有关资料的初步分析，SARS以气津相对不足的老年及有宿疾患者病死率高，亦说明了此点。因此，探讨《伤寒论》祛邪法中对气津的保全，有极其重要的临床价值，浅谈于下：

一、祛邪法度严谨

《伤寒论》中祛邪诸法，不但立法严密，而且用法审慎，意在使医者正确运用祛邪方法，邪去而气津不伤。

（1）立法严密：《伤寒论》六经证治中理法方药一线贯通，法从证出，法随证变，辨证严谨，立法严密，不但详列了各法之适应证，又明示了各法之禁忌证，祛邪诸法亦然，下仅举祛邪最常用的汗、下二法例其余。汗法主要用于表证，常用于太阳病初起阶段，其具体运用依中风证、伤寒证的不同，分为解肌祛风、发汗解表两种治法，再依兼证的不同，解肌祛风法又分为治疗桂枝加葛根汤证的兼生津舒筋法，治疗桂枝加朴杏汤证的兼降气定喘法等；发汗解表法又分为治疗大青龙汤证的兼清里热法及治疗小青龙汤证的兼化里饮法等。再如下法多用于热结腑实证、热实结胸证、痰水结实证、血热互结证等，亦随证情不同分为轻下、峻下、急下、缓下等具体治法，条分缕析，层次井然，可见仲景立法之严谨，严谨的立法自可使药证相合，避免虚虚实实、伤津耗气之弊。

（2）用法审慎：仲景对祛邪诸法的具体运用是相当审慎的，尤其是易伤气津的汗、吐、下三法。如：汗法的运用，桂枝汤方后有“遍身微似有汗者益佳，不可令如水淋漓……若一服汗出病差，停后服，不必尽剂，若不汗更服依前法，又不汗，后服小促其间……。”明确指出了汗法的正确运用。其他发汗剂如麻黄汤、葛根汤等皆要求“覆取微似汗”，“余如桂枝法将息”等，对发汗峻剂大青龙汤更有“一服汗者，停后服。若复服、汗多亡阳”的告诫。

对吐法的运用，瓜蒂散后有“不吐者少少加，得快吐乃止”对下法的运用，热实结胸用大陷胸汤峻下时，有“得快利、止后服”。悬饮用十枣汤逐水，有“强人服一钱匕、羸人服半钱……若下少病不除者，明日更服，加半钱。得快下利后，糜粥自养”。对寒下剂大、小承气的运用有“得下，余勿服”“初服汤当更衣，不尔者尽饮之，若更衣者，勿过之”。

由上可知，仲景应用汗、下等祛邪法时的周密谨慎，甚切合临床，对我们正确防治外感热病有指导性意义。

二、祛邪及时迅速

伤寒三阳证多见实证，邪实为急，仲景祛邪务求及时迅速，对邪毒结甚的危重急证，更以峻猛之法急攻速驱，邪去则正安，邪去之愈早，患体气津之耗损愈轻。如：太阳伤寒兼里热的大青龙汤证，以发汗猛烈的重剂麻黄与大清里热的石膏相配解表清热、宣通肺气，据临床运用，常可立挽病势，曾师仲景法治一老者，素有咳喘，复感风寒，咳喘难卧，高热口渴，用大青龙汤仅一剂，证即显减。本证若不及时驱邪，外寒最易入里化热与里热相并，灼津耗气，变证蜂起。再如：瘀血与邪热互结下焦的太阳蓄血证，治以抵当汤，方中用猛烈的化瘀药水蛭等与峻下的大黄相配；热邪与水饮结聚胸胁的热实结胸，治用大陷胸汤，方中以峻下逐水泻热破结的甘遂、硝、黄相配伍：治疗重证阳明腑实的大承气汤，以峻下行气破结的硝、黄、枳、朴相配“急下存阴”。该类证邪气结实，闭阻脏腑气机，急重而危，现代临床上常见于肝昏迷、急性肠梗阻、急性脑血管病等病过程中，治疗上刻不容缓，否则脏气闭甚，津竭气脱，危殆立至。用仲景之法急救，可使一些患者症情迅速缓解或病愈。

仲景运用峻猛之法，甚为审慎，已述于上项。

三、救变诸法详密

救变即救治变证，变证多由误用汗、吐、下等法或失治或受邪过重而成。气津往往已有所损，尤需及时有效地治疗，迅速控制证情，《伤寒论》中救变之法非常详密，如：汗不如法损伤营气，治用桂枝新加汤和营补气阴为主；误汗伤津化热、燥热结滞治用调胃承气汤泻热通便以保津气；再如汗吐下后中气不足肝胃气逆，治用旋覆代赭汤益气和中降逆；太阳伤寒误用吐下，表邪入里化热伤津耗气，治用白虎加人参汤大清里热、益气保津；此外，亦较多地论及阳虚变证的救治，如误下后复汗致阳气暴虚者，治用干姜附子汤急救回阳等等。总之，《伤寒论》中治变内容很多，尤其是太阳篇中，涉及到损伤阴阳气血津液等多方面的变证。临床上治变，应根据变证的证候性质来辨治，有是证即用是法，仲景之所以不厌其详的细列，示后人治变，应更加审慎，因变证气津已耗，难耐再误重损。

四、方药配伍精当

《伤寒论》中的方剂后人尊为“经方”，组方严谨，配伍精当，祛邪诸方的配伍，更重视对气津的顾护，如：攻下剂调胃承气汤用硝黄泻热通便，配以炙甘草和中护胃；清热剂白虎汤用石膏知母大寒清热，配以炙甘草、粳米益气和中；逐水剂十枣汤中用益脾缓中的大枣减轻峻烈逐水药遂、戟、芫花对胃气的损伤等。再如：治疗太阳中风证的主方桂枝汤以辛甘的桂枝甘草和酸甘的白芍甘草配伍，刚柔并用；治疗少阳证的主方小柴胡汤以清泄少阳的柴胡黄芩与益气健脾的人参甘草配伍，祛邪顾正等，皆为配伍精当的千古名方，现代临床上在辨证论治原则指导下，这些方剂已广泛用于治疗内、外、妇、儿、五官等多科的多种病证，且收效颇佳。

《伤寒论》六经证治中无不突出顾护气津的思想，本文仅浅谈了祛邪诸法中对气津的保全，仲景这一思想的科学性已为1800余年的临床实践所证实，成为中医学的基本治则之一。

近年来，自然环境污染，全球气候反常，致病微生物不断变异，一次又一次向人类侵袭，在人类与疾病的斗争中，需要中医药学这个有力的武器，因此，深入研究仲景的学术思想势在必须。

张仲景是针灸辨证施治的典范

邵经明　河南中医学院

张仲景（约公元150～219年）是东汉时期的著名医学家。他立志医学，刻苦攻读《内经》《难经》。根据《素问·热论》的六经分证的基本理论，结合自己的临床经验，加以发挥，将六经作为辨证施治的纲领，把外感热病的发生，发展错综复杂的证候演变规律，概括为六个类型，分别提出阴阳表里寒热虚实的八纲辨证的诊治方法，创造性地撰著了《伤寒杂病论》一书（后世分为《伤寒论》和《金匮要略》），对后世医学的发展有着很大贡献，所以历代医家称张仲景为医中之圣。

《伤寒论》内有397法（条），载有113方，专门阐述外感热病辨证施治，但其原则和方药也可适用于内科杂病。《金匮要略》共25篇，262方，论述以脏腑辨证治疗内科杂病。《伤寒杂病论》是我国最早的理法方药悉备的联系实际的重要古典医籍之一。为后世医家的临床辨证施治和方剂学的发展奠定了基础，所以被后世誉之为“方书之祖”。

张仲景又擅长针灸。在《伤寒杂病论》的条文中，专述针灸的就有四十多条。在针灸临床辨证施治方面，给我们树立了典范。我们为了发掘继承，整理张仲景辨证施治的学术思想，有必要温习一下《伤寒杂病论》中有关针灸治疗和针药并用等方面的论述。

一、预防

《伤寒杂病论》，不仅是辨证施治一切外感热病和内科杂病的专著，而且具有“扶正祛邪”“预防为主”的辨证法学术思想。如《金匮要略》云：“夫治未病者，见肝之病，知肝传脾，当先实脾……”。这里说的治未病，不是指治未病之人，而是指治未病之脏腑。就是说如果肝有了病，将要传脾，为了使脾不受肝邪的侵犯，所以在治疗肝病时，当先实脾。这种治肝补脾之法，即扶正祛邪上工治未病的预防学思想。

《伤寒论》第8条指出：“太阳病，头痛至七日以上自愈者，以行其经尽故也。若欲作再经者，针足阳明，使经不传则愈”。太阳病邪多在表，如表邪不解，定传阳明之里。若预防表邪传里，应针足阳明胃经的合穴足三里。因为阳明是多气多血之经，针刺足三里可以增强体质，加强抗病能力，以达扶正祛邪的目的。据临床观察验证，在感冒流行时，针刺足三里，预防感冒，往往可获得满意效果。

二、针刺

针刺治疗伤寒热病，据我们临床观察和对《伤寒论》条文的分析，多用于三阳经实热证的治疗。例如：

176条云：“太阳少阳并病，心下硬，颈项强而眩者，当刺大椎，肺俞、肝俞，慎勿下之”。本条是指太阳病颈项强痛未除，而心下硬满，头目昏眩，少阳病又生，称为太少并病。针刺大椎和肺俞，可解太阳在表之邪热以消除颈项强痛，针肝俞可泻少阳之邪而消除心下硬满和头目昏眩。由于病邪尚未入阳明之里，故不可泻下，若误下则成结胸。

147条又云：“太阳与少阳并病，头项强痛或眩冒，时如结胸，心下痞硬者，当刺大椎第一间、肺俞、肝俞。慎不可发汗，发汗则谵语。脉弦，五日谵语不止，当刺期门”。本条与147条病理与刺法都相同。前条言勿攻下，本条言不可发汗，此少阳病汗吐下具在禁忌。若误发汗，出现脉弦，谵语，此热邪入于肝经；谵语五日不止，可刺肝之募穴期门，以泻肝热，谵语自止。

221条云：“阳明病，下血谵语者，此为热入血室。但头汗出者，刺期门。随其实而泻之，濈然汗出则愈”。阳明谵语，邪在气分为腑实。本条乃阳明热邪侵入血室，致肝热迫血妄行则下血，肝魂失藏，神无所主则谵语，血下夺而身无汗，热上蒸则头汗出。针刺肝之募穴期门，使肝之实热得泻，荣气得和，故濈然汗出而解。

148条云：“妇人中风，发热恶寒，经水适来，得之七八日，热除而脉迟身凉，胸胁下满，如结胸状，谵语者，此为热入血室也，当刺期门，随其实而取之”。妇女感受外邪适逢经来，至七、八日热除身凉脉迟当愈，反见胸胁苦闷，又非结胸，脉迟谵语，又非胃实，此乃邪热乘虚入于血室。治宜疏肝泻热，针刺肝之募穴期门，使热去血室得清，诸症自愈。

308条云：“少阴病，下利，便脓血者可刺”。少阴下利病久，一般多属虚寒，治应温中固脱。但本条下利，便脓血属于热瘀于阴分，可刺本经之穴，以泻其热，热去脓血自止。清·柯琴曰；“便脓血，亦是热入血室所致。刺期门以泻之。病在少阴而刺厥阴，实则泻其子也”。

三、艾灸

《灵枢·管能篇》指出："针所不为，灸之所宜……阴阳皆虚，火自当之"。据我们临床观察，凡是虚寒病人或阴阳皆虚者，单用针刺治疗就不易获得疗效，如改用灸法或针灸并用，效果就比较明显。从《伤寒论》中的五条原文可以看出，灸法皆用于三阴虚寒证候。例如：

325条云："少阴病，下利，脉微涩，呕而汗出，必数更衣，反少者，当温其上，灸之"。少阴下利，脉微气虚，涩主血少，中寒气逆则呕，阳虚不固则汗出，中阳失运则便数量少。此乃阳虚气陷，阴阳两亏之证，治宜回阳升陷为急，可灸百会以温其上。同时也可施灸天枢、足三里，既有姜附回阳之功，又无辛燥伤阴之弊。

292条云："少阴病，吐利，手足不逆冷，反发热者，不死；脉不至者，灸少阴七壮"。少阴吐利，理当逆冷，今不逆冷，而反发热，是阳未衰，故曰不死。若脉不至，而是由于吐利，正气一时不接续所致。虽有外热恐是假象，须防阳脱，宜急灸足少阴肾经的俞、原穴太溪，阳通脉复而吐利自止。

349条云："伤寒脉促，手足厥逆，可灸之"。脉促厥逆而非阳虚，乃阳气内郁不通，用灸以通其阳而手足自温。

343条云，"伤寒六、七日，脉微，手足厥冷，烦躁，灸厥阴，厥不还者死"。伤寒六、七日阳气当复，反见脉微厥冷、阳衰阴盛，但不是危证，重在浮阳外越之烦躁。应急灸足厥阴肝经的俞、原穴太冲以回阳。若阳不回，仍烦躁，则危殆立至。

361条云："下利，手足厥冷，无脉者，灸之，不温、若脉不还、反微喘者死；少阴负趺阳者为顺也"。阴寒下利、厥冷无脉、此乃阳气将竭，急灸任脉的气海，关元可回将绝之阳。若灸后而温不复，脉不还，更加微喘，阳气欲脱者则危。若寸口无脉，而诊少阴脉之太溪以候肾气，趺阳脉以候胃气。二脉不绝，尚可医治。如趺阳脉盛于少阴，此乃胃气未绝，治可转安。故云："少阴负趺阳者为顺也。"

四、针灸药物并用

病有兼证，法有兼治。针治其外，药治其内。明·高武说："针、灸、药三者得兼，而后可与言医"。张仲景在《伤寒论》原文中也有针药并用的记载。例如：

24条云："太阳病，初服桂枝汤，反烦不解者，先刺风池、风府，却与桂枝汤则愈。"太阳中风服桂枝汤，应汗出表解。今表不解，反而增烦，非药不对症，因表邪盛，药不胜邪。应先针风池、风府，以疏通经络驱散在表之风邪，再服解肌发汗之桂枝汤，使营卫调和、而表症得解。此仲景针药并用之法也。

304条云："少阴病得之一、二日，口中和，其背恶寒者，当灸之，附子汤主之。"少阴乃属阳虚寒证。里无热而口中不燥不渴，表阳虚则背恶寒。治宜灸大椎、膈俞、关元，以温经扶阳，内服附子汤则壮阳消阴；灸药并用，奏效尤捷。

121条云："烧针令其汗，针处被寒，核起而赤者，必发奔豚，气从少腹上冲心者，灸其核上各一壮，与桂枝加桂汤。"本条是误用烧针（温针）发汗，针处被寒气侵袭（感染），引起红肿色赤如核。下焦肾气乘心阳之虚，气上冲心而发生奔豚。应采用灸法于核上，以祛散寒邪，再与桂枝加桂汤，微汗解肌，使营卫调和而病自愈。

五、认识

仲景先师所著的《伤寒杂病论》，是在《内经》《难经》理论基础上发展而来的。其辨证施治的学术思想是正确的，对祖国临床医学的发展有着卓越的贡献。其最大的成就，就在于阐发内、难之旨，不引古经，但又不离经意，理无不赅，法无不备。理论联系实行，不尚空谈，所以后世历代医家，无一不奉之为圣书。就是明、清医家对温病学说的创新，也是对《伤寒论》方法的继承和发展。

《伤寒杂病论》的辨证施治，不仅用于外感热病和内科杂病的临床实践，而且也是用于针灸临床的指导准则。清·柯琴曾说："仲景先师著《伤寒杂病论》合十六卷，良法大备，此灵素已具诸病之体，而明针法之巧妙。"清·徐大椿也说："灵素两经，其详论脏腑经穴疾病等说，为针法言者十之七八。"从此说明从灵素到伤寒论无不是针灸方药并重。为秦汉时期的秦越人、张仲景和华佗等名医，无一不擅长针灸针药并用。至晋代和唐宋元明时期，针灸名人辈出，撰著了不少针灸专著。从而针灸医学得到了很大发展。近百年来，不仅没有得到应有的发展还遭到令人痛心的打击和摧残。清朝后期（公元1822年），太医院取缔了针灸科，后来国民党反动派又采取消灭中医的政策，致使针灸仅成为民间的一种疗法。但一些有志于针灸事业者，仍在研究、继承、发展、提高，不断推广。

新中国建立后，在党的中医政策指引下，针灸得到空前发展。但在"四害"横行十年动乱中，说什么"易学易用"。并美其名曰，普及针灸，其实中医针灸学术的基本理论，受到严重的破坏，这种破坏的严重性比国民党对针灸的摧残，有过之而无不及。

在“四害”被粉碎后，拨乱反正。去年全国召开中医和中西医结合工作会议，提出了“中医、西医和中西医结合，三支力量，都要大力发展，长期并存”的正确方针。这一正确方针，各省正在贯彻落实，为大力发展中医针灸教育事业，建立针灸医疗和科研机构、培养高水平的专门人才，不断提高针灸学术水平，使中国针灸仍居国际领先地位，再无“墙内开花，墙外结果”的后顾之忧。发展针灸是关系到我们中华民族文化遗产兴亡的一件大事，决不可等闲视之。

关于仲景先师的辨证施治的学术思想，对后世中医学的促进和发展，其卓越贡献是肯定的。但《伤寒杂病论》受当时历史条件的限制和年深日久的传抄遗误也是难免的。因此，我们对本书的学习研究应该用历史唯物主义观点，进行分析，不要夸大其完美无缺，要以实事求是的科学态度，认真学习，深入研究才能掌握和领会其辨证施治的理论实质，用以指导实践。这是个人的不成熟的见解和认识，错误之处，在所难免，请同道们多加指正。

《伤寒论》六经初探

秦进修　李浩澎　河南中医学院

仲景《伤寒论》是以六经辨证为基础的。因此，学习《伤寒论》应首先对六经有个准确认识，才能纲举目张易握要领。但仲景之学“天苞地符”，犹高山瀚海，难顾涯略。且《伤寒论》一书言简辞奥，历代医家对六经的解释又众说不一，实令后学多叹艰仰止！本文拟将我们在学习《伤寒论》中，对六经学说的一点肤浅认识谈出，聊以自深，并恳请诸师斧正。

一、仲景六经学说继承和发展了《内经》三阴三阳的理论

仲景在医学上的巨大成就，正象他在《伤寒论》自序中说的那样，是在“撰用素问、九卷、八十一难、阴阳大论、胎胪药录”等前贤著作，并结合“平脉辨证”而取得的。因此，仲景的六经学说和内经的三阴三阳理论实是继承、发展的关系。据考：医学上的“六经”一词，肇始于《内经》。如《素问·阴阳应象大论》云：“六经为川，肠胃为海”；《素问·气交变大论》云：“六经波荡，五气倾移”；《灵枢·刺节真邪论》云：“六经调者，谓之不病，虽病谓之自已也”。《内经》中运用三阴三阳之理，大约有四：一为经络之三阴三阳。多见于《灵枢·经脉篇》，为论十二经脉的循行及是动、所生病候。此处的三阴三阳似据经脉循行于人体的阴阳部位，和所属脏腑的阴阳属性而定；为气化之三阴三阳。多见于《素问·六微旨大论》《素问·天元纪大论》《素问·至真要大论》诸篇。多讨论岁时气候、五运六气、司天在泉、往复加临及标本中气等。此处的三阴三阳，是本于天人相通的思想，以六气分主三阴三阳，构成五运六气学说，藉以推演自然气候之变化，及其与人的健康和疾病的关系；一为《素问·阴阳离合论篇》及《素问·阴阳别论篇》的三阴三阳。此处的三阴三阳似用以研究阴阳的离合规律及开、合、枢等生理功能，并按照阴阳的理论分别讨论三阴三阳的病机、主病及推知预后；一为热病之三阴三阳。见于《素问·热论篇》。此处的三阴三阳，是将热病过程中的症状，按三阴三阳之六经加以分类、归纳，以便说明热病发展变化的一般规律。而这些，在《伤寒论》中都有不同程度的体现，下列数点以示其师承离绪。

（一）对内经热论分证理论的运用和发展

《素问·热论篇》首将外感热病分为六个阶段，并阐明其发病过程是日传一经、由表入里、由阳转阴。各经证候与该经循行部位及络属脏腑的病理特点相一致，六经病皆为热证。并规定了“未满三日者可汗而已，已满三日者可泄而已”的治疗热病之原则。

仲景六经辨证，吸收了《素问·热论篇》有关外感热病的阶段性及由表入里的传变规律等理论，并于实际运用中不拘于日传一经之论，指出正邪斗争决定病理机转、扩大了《素问·热论篇》的辨证范围。以三阳经论表热实证；以三阴经辨里、寒、虚证。并依病机拟出了汗、吐、下、温、清、和、消、补八种相应治法。列举了大量误治变证坏病以变御常。因此，把《素问·热论篇》仅作为一般热病分证依据的方法，上升为既作为辨证依据，又作为论治准则，统括外感热病、内伤杂病之辨证施治理论。对于这一些，清代医家柯韵伯认识得深刻。他说：“夫热病之六经，专主经脉为病。但有表里之实热，并无表里之虚寒，·……但有可汗泄之法，并无可温可补之例，……夫仲景之六经，是分六区地面，所该者广。虽以脉为经络，而不专在经络上立说。凡风寒温热内伤外感，自表及里，有寒有热，或虚或实，无乎不包”。柯氏所论，堪为真知灼见。

（二）对《灵枢·经脉篇》分经论治理论的运用和发展。

《灵枢·经脉篇》是以各经循行路径为病位，以“是动”“所生”为病机，对疾病证候进行分类的。这是秦汉医家根据丰富的临床经验和当时的解剖知识，把大量的常见病候，与经脉的循行规律，结合经脉所属脏腑生理病理特点，以及经气的逆顺和调节诸方面广泛综合后，进行的疾病分类法。这对后世医家辨治疾病起了一定作用。但由于疾病的机理复杂多变，以及经脉循行的固有局限性，经脉辨证不可能适于一切疾病。故仲景在《伤寒论》六经辨证中对所涉经脉病证，都做了新的归纳，并制定了治则、方药。很明显，在《伤寒论》的三阳经病中，把《素问·热论篇》的证、机尽括在内，而三阴经所列证、机与《灵枢·经脉篇》手足三阴证、机颇多雷同。如足太阴脾经病变，《灵枢·经脉篇》列其“是动病”为“舌本强、食则呕，胃脘痛、腹胀、善噫、得后与气，则快然如衰，身体皆重”。列其所生病为“舌本痛，体不能动摇，食不下，烦心，心下急痛，溏瘕泄，水闭，黄疸，不能卧，强力，股膝内肿厥，足大趾不用”。《伤寒论》（原宋本）“辨太阴病脉证并治篇”八个条文中描述的症状为：“腹满而吐”，“食不下”，“自利益甚”，“时腹自痛”，“四肢烦疼”，“脉浮”“自利不渴”，“脏有寒”，“脉浮而缓”，“手足自温”，“身黄”，“暴烦下利”，“腹满时痛”，“大实痛”，“脉弱”，“续自便利”。显然，《伤寒论》太阴篇中所列证候，除“舌本强”，“舌本痛”，“股膝内肿厥”，“足大趾不用”等经循部位症状外，其余见症和《灵枢·经脉篇》见症相较，几乎相等。但《灵枢·经脉篇》以“是动”“所生”为论证依据，使千载医家横生疑窦，无所适从。且所论“热则疾之，寒则留之，陷下则灸之，不盛不虚，以经取之”的治则，又多为针灸施治所宗，故其对于辨治疾病的意义历来不为汤液家所重。仲景在《伤寒论》太阴病篇中，不据“是动”，“所生”之论，一本临床实用为目的，在复杂的脾经病见证中，找出了相同的“脾虚湿盛”病机，立“太阴之为病，腹满而吐，食不下，自利益甚，时腹自痛，若下之，必胸下结硬”（原宋本273条）之脾虚不运病机为纲；立“当温之，宜服四逆辈”为治疗总则。然后于274，276，277，278，279，280诸条中，依次将太阴病的外感诸证，及所涉杂病一一列出，依证出方。显然，这要比《灵枢·经脉篇》对足太阴脾病的分证、治则，意义大得多。此足见仲景本于经旨又独出机杼的精思卓识。

（三）对《内经》标、本、中气学说的应用和发展。

《素问·六微旨大论》云：“少阳之上，火气治之，中见厥阴，阳明之上，燥气治之，中见太阴，太阳之上，寒气治之，中见少阴；厥阴之上，风气治之，中见少阳；少阴之上，热气治之，中见太阳；太阴之上，湿气治之，中见阳明。所谓本也，本之下，中之见也；见之下，气之标也。本标不同，气应异象”。此古人以阴阳六气之理论，说明人与天地形气相感的规律。如能正确运用，对临床辨治疾病有一定帮助。仲景在《伤寒论》六经辨证中将此天人相通的学术思想与经络脏腑的生理病理广泛地进行了联系，以帮助解释六经的病理变化和指导治疗原则，并在实际运用中克服了机械的往复论点。如仲景在《少阳病脉证并治篇》中以“口苦、咽干、目眩”为提纲，就体现了少阳本火标阳易于化火上炎之理。在《太阳篇》中以“脉浮、头项强痛而恶寒”作为辨证纲领，并且突出“必恶寒”为太阳伤寒辨证要点，体现了太阳从本化寒的学术思想。反之，病在太阳，若出现热证，仲景就用辛凉药物以治之，体现了太阳还有从标化热之机理。再如厥阴病中的厥热胜复诸证，也和“厥阴之上，风气治之”的“风”性相侔。阳明病中的多燥热实证亦和“阳明之上，燥气治之”的理论暗合。但仲景不因“少阳之上，火气治之，中见厥阴”的标本皆热而在少阳篇滥用苦寒直折之药，而是结合阴阳消长规律，认为病至少阳，阴阳之气已耗，因而提出“血弱气尽，腠理开，邪气因入”的病理观点，并立一面以柴芩清热，一面以参枣益元的治法；不因阳明从乎中气，就以为病理上土金湿化的寒证就多，而是结合胃肠的生理病理特征，提出了以“胃家实”为提纲，以白虎承气寒凉、急下之剂为治法的、符合临床实际的病机及治则；不因太阴从本湿之化，就在病变上皆为虚寒之证，反而列出了“大实痛者，桂枝加大黄汤主之”的阴从阳化。“实则阳明，虚则太阴”符合临床实际的理论。仲景师古而不泥古，此可见其一斑。

（四）对内经开、合、枢等阴阳离合理论的运用和发展。

《素问·阴阳离合论》云：“太阳为开，阳明为合，少阳为枢”；“太阴为开，厥阴为合，少阴为枢”。

开、合、枢，是古人用三阴三阳的不同作用和相互关系，对人体从整体功能上加以形象说明的理论。因此，它实际上是对人体经脉脏腑生理功能特点及其相互关系的总概括。《伤寒论》中是没有开、合、枢这些名词的。但在其六经辨证过程中常能体现出有关精神。如“太阳为开”，言太阳经阳气在生理上有浮于表发于外的特点。浮于表有卫外的作用，但发于外则易于耗散走泄。仲景基于这些生理特点，在治疗太阳感受外邪，郁而不达之病时，一面用发表药借表阳的散发机能，以袪除外邪，一面又时时注意防止表阳散发太过。如麻黄汤中用桂枝就是注意到在发散的同时注意温护表阳；桂枝汤之用芍药，就是注意到在袪风的同时敛营阴以济卫阳，而不使其耗散。“阳明为合”，言阳明阳气宜蓄于内藏于里的生理特性。故仲景在整个《伤寒论》中突出了保护胃气、固守中阳的学术思想。如阳明、少阳病中用甘草、大枣；阳明热盛用白虎不离甘草、粳米；悬饮证中用十枣汤，都是在阳明未见衰势的情况下而用的扶胃之品。如此慎固中州之巧思，是和阳明之气宜蓄宜合的《内经》学术观点不无关系的。“少阳为枢”，言少阳之气介于表里阴阳之间，有出则为阳，入则为阴的枢机转动之能。仲景基于此理，在辨治少阳病时，一方面调和少阳以畅其枢转之机，一方面培补正气以防其内陷入阴之危（三阴不赘）。《素问·阴阳离合论》又云：“三经者，不得相失，搏而无浮，命曰一阳”；“三经者，不得相失，搏而无沉，命曰一阴”。是言阴阳之用不唯有离，而且有合。“分而言之，谓之离，阴阳各有其经；并而言之，谓之合，表里同归一气”（张景岳）。而且只有离合适度，才能维持人体的正常生理功能。故仲景在六经辨证中不但注意到三阴三阳的分的一面，而且还紧紧把握着三阴三阳的合的一面。治太阳防转少阴；治阳明防转太阴；治少阳防转厥阴；治三阴不失三阳；治三阳不损三阴。分辨病因时，任其千差万别，先从一阴阳求本，故论曰：“病有发热恶寒者，发于阳也；无热恶寒者，发于阴也”。推测预后时，任其千变万化，以阴阳二气平衡与否为据，故论曰：“凡病，若发汗，若吐，若下，若亡血，亡津液，阴阳自和者，必自愈。”凡此一本阴阳之用，与《内经》“分则可千可万，合则总归一气。阴阳零重，积传为一周，气里形表而为相成也”的学术思想是一脉相承的。

总之，仲景之六经理论，实基于《内经》三阴三阳之理论，并以临床实用为目的，进行了改造、发展、提高而自成一体的。故《伤寒论》之六经一词涵义很广泛，它既是一个生理基础的代名词（因为六经之名实代表着所属脏腑、经脉的解剖位置及其生理功能），又是一个生理功能的形容词，如太阳为三阳，太阳、主阳气之开；阳明为二阳，两阳合明，主阳气之合，少阳为一阳初生，为阴阳之枢等等；还是一个病证特点的象征词，如太阳一般代表外感初起之表证；阳明一般多代表三阳之里热实证；少阳一般多代表的邪在半表半里之证等等。因此，《伤寒论》之六经，既有生理的含义，又有病理的含义，还有病位、病性、病变时间阶段的含义。难怪历代医家从不同角度去理解六经意义，其结论多不相侔了。

二、仲景六经学说奠定了祖国医学辨证施治的理论基础

仲景六经学说之价值，不仅在于上述诸点，更重要的是，他把《内经》理论与临床实际紧密联系起来，解决了祖国医学的理论联系实际的问题，奠定了辨证施治的理论基础。他以阴阳为纲贯穿于太阳、阳明、少阳、太阴、少阴、厥阴之六经辨证始终，先解决病发于阳或病发于阴的治病求本问题，然后，探求病位深浅，分析病势进退，判定疾病性质，概括疾病证候而立法、议方、遣药一线贯通。这就基本解决了祖国医学辨证施治的理论和方法问题。因此，祖国医学辨证施治中有关的八纲辨证，脏腑经络辨证、气血津液辨证，以及对症状的鉴别，证候的概括等理论在六经辨证中都有所体现。略述如下。

（一）八纲辨证在六经中的体现

八纲辨证是以阴、阳、表、里、虚、实、寒、热八个方面对四诊所得资料对证候进行归纳，以决定疾病的病位和性质的方法。目前，它仍是祖国医学最基本的辨证方法。而这种方法正是衍生于《伤寒论》六经辨证之中。如以经脉言，则三阳经属阳主表，三阴经属阴主里；以脏腑言，则六腑属阳主表，五脏属阴主里；以经脉与脏腑关系言，则经脉属阳主表，脏腑属阴主里。就六经总括言，则太阳、阳明、少阳三阳主表；太阴、少阴、厥阴三阴主里；以三阴三阳各别言，则太阳为三阳之表，阳明少阳为三阳之里；太阴为三阴之表，少阴厥阴为三阴之里；以六经病证性质言，则三阳多表证、热证、实证；三阴多里证、虚证、寒证。如此则分疾病类别之“阴”“阳”，别病位深浅之“表”“里”，求疾病性质之“寒”“热”，辨邪正盛衰之“虚”“实”等八纲辨证便寓生其中了。后世医家便将八纲辨证从六经辨证中抽绎而去，另立为辨证体系，广泛地运用于内、外、妇、幼等中医各科。但在《伤寒论》六经辨证中，八纲是概括在六经辨证之内的。此足见六经辨证概括之广。

（二）脏腑经络辨证在六经辨证中的体现

人之手足十二经脉，根据循行部位不同，而有

三阴三阳之分。人之内脏，根据其生理特性不同而分别为脏、为腑、属阴、属阳。脏腑各配经脉互为络属，组成了一个生理上互相联系、互相依赖，病机上互相影响的有机整体。六经病证，概括了外感病过程中正邪斗争的一系列病理改变。而这斗争的全过程，无时不影响着脏腑经络的生理功能，从而出现相应的临床表现。医者根据经络的循行以求病势，据脏腑的病理反映来分析病情，就形成了脏腑经络辨证的理论。这一切，在《伤寒论》六经辨证中已体现得很清楚。如邪客体表的太阳病阶段，就会因太阳经脉起目内眦、上额交巅、下项挟脊抵腰至足循行人体背部之故，而出现头项强、腰背痛等证。如病邪在经不解，循经入太阳之腑，就会扰及膀胱，而出现气化不利之证；邪犯阳明，既可因经脉循行关系而出现目痛、鼻干之证，也可因热深于腑而出现肠胃燥热、腑气不通之候，少阳罹患，亦可因经脉循行关系出现口苦、咽干、目眩及胸胁苦满之证，也可因邪阻少阳枢机，碍及三焦决渎，而现水饮停留之患。凡此种种，用六经辨证之理，既能辨出何经，又可辨出何腑；既可依经测变，又可据腑辨机。是故，六经辨证始终，脏腑辨证实寓其中了。

（三）气、血、津、液辨证在六经辨证中的体现

气、血、津、液是人体生命活动的物质基础。但这些物质又都赖脏腑的正常功能以生成。因此，脏腑发生病变，就必然在气、血、津、液上有所反应；气、血、津、液发生病变，也会对脏腑的功能有所影响。因此，根据气、血、津、液正常与否，能帮助判断脏腑的病变及发展趋势。这些理论，也散见于《伤寒论》六经辨证之中。如《伤寒论》（原宋本）中100条、102条的“心中悸而烦”“腹中急痛”的小建中汤证；62条的“发汗后，身疼痛，脉沉迟”的新加汤症；161条的“伤寒发汗，若吐，若下，解后，心下痞硬，噫气不除”的旋覆代赭汤证，都是从气的功能正常与否，分别辨出中气不足、营气不足、胃气上逆的病机而施治的。124条的“其人发狂者，以热在下焦，少腹当硬满”，125条的“太阳病身黄，脉沉结，少腹硬”的抵当汤证；143条的“妇人中风，发热恶寒，经水适来，得之七八日，热除而脉迟身凉，胸胁下满，如结胸状”，144条的“妇人中风，七八日续得寒热，发作有时，经水适断者”，145条的“妇人伤寒，发热、经水适来，昼日明了，暮则谵语，如见鬼状”的热入血室证等，都是以血的功能正常与否来决定治疗的。168条的“伤寒若吐，若下后，七八日不解，热结在里，表里俱热，时时恶风，大渴，舌上干燥而烦，欲饮水数升”之证机，因其津伤过甚，而投白虎人参汤；395条的“大病差后，从腰以下有水气”之证，因水液停聚而用牡蛎泽泻散。凡此又都是从津液的正常与否来决定治则的。据此可知，后世的气、血、津、液辨证理论，亦启迪于仲景六经辨证之中。

（四）症状鉴别诊断在六经辨证中的体现

症状是病理变化的客观反映，是组成证候的具体材料。同一病症，可以见到许多症状，同一症状，又可见于不同证候。因此，对于某一病症来说，将各种症状正确地归纳为证候是很必要的。但要想归纳无误，有赖于对个别症状的鉴别清楚。在《伤寒论》的六经辨证中，仲景是非常注意症状鉴别的。原《伤寒论》之所以把六经见证麇集于太阳篇中，从某种意义上讲就是为了症状的鉴别。张仲景在《伤寒论》中详列误治变证，坏证，就是为了以变御常，帮助鉴别诊断。《伤寒论》六经辨证中对一些主要症状更是反复的进行比较，唯求准确无误。如对“寒”“热”二症的认识，太阳伤寒是“发热恶寒”，太阳中风是“发热恶风”或“啬啬恶寒”“翕翕发热”，阳明则是“不恶寒，反恶热”，或“日晡所发潮热”；少阳则是“往来寒热”。如对“汗出”一症的鉴别，就有“自汗”，“但头汗出，齐颈而还”，“濈然汗出”，“漏汗不止”，“手足汗出”，“微盗汗出”之不同。“自汗”多见于“风温”，“微盗汗出”多见于“结胸”；“但头汗出，齐颈而还”多见于湿热内阻，不得下泄的“湿痰结胸”或“湿热黄疸”等，“濈然汗出”多见于阳明燥结。再如对“呕吐”的鉴别亦有“干呕”“呕逆”“心烦喜呕”“哕”“温温欲吐”“水入即吐”，“朝食暮吐”“腹满而吐”“吐脓”“吐蛔”之不同。辨大小便有“燥屎不下”“大便硬”“大便难”“大便乍难乍易”“清便自调”“微溏”“协热下利”“下利清谷”“泄利下重”“自利清水色纯清”“下利便脓血”及“小便自利”“小便数”“小便不利”之分别。辨神智有“谵语”“郑声”“发狂”“如狂喜忘”“如见鬼状”“目睛不了了”“循衣摸床、”“惕而不安”之差异。此外，还对手足、胸腹等全身所有能反映病情的部位都进行详细的审查。条分缕析，丝丝入扣，达到了出神入化的程度。

除上述外，仲景在六经辨证中也已把症与证候的关系区别得很清楚。议方遣药必须在经过以上分阴阳、别脏腑，明经络、查表里等详细辨证以概括为证候才能施行。如“太阳之为病，脉浮、头项强痛而恶寒”。虽然说出了病羁太阳之共有症状，但

据此是无法立方施治的。还必须在与“头痛发热，汗出恶风”诸症相联系，才能确定为太阳中风而施予“桂枝汤主之”；”必须在与“头痛发热，身疼腰痛、骨节疼痛、恶风无汗而喘”诸症相联系，才能确定为太阳伤寒之候而予以“麻黄汤主之”的治疗。凡此种种，可知仲景之辨证目的，在求疾病证候之所在，其立法议药亦本证候为依据。至于后世医家所倡的三焦辨证、卫气营血辨证在《伤寒论》六经辨证中已早露端倪。只是因致病因素不同，病机侧重不同而已。但太阳病与上焦病、卫分证其机理亦多可相通，阳明病酷似气分病，少阴热化证亦与下焦邪热久羁之肝肾阴虚相类似。这一些在临床辨证中亦常互鉴。

以上足以说明，祖国医学的辨证论治理论体系，实孕出于仲景六经学说。且垂示的大经大法，历代医家无不奉若圭皋。巢元方的《诸病源候论》、孙思邈的《千金方》、王焘的《外台秘要》，虽在病种方药上增益不少，但辨病辨脉论治仍不失仲景之规律。金、元四大家虽各以自己的实践经验从不同方面丰富了辨证论治的内容，但仲景三因四诊八纲仍为诸家辨证之准绳。至于张介宾主辨八纲；赵献可主辨命门，喻嘉言主辨大气、秋燥；王清任主辨气血，王泰林主论肝风；魏之琇主论肝阴，虽从不同角度对辨证施治各有阐发，但其辨治大纲总不出仲景辨证之隐括。是故吴仪洛曰：“仲景书，一语可当千百言，每令人阐发不尽，读者须沉潜反覆，必于言外透出神髓，斯为能读仲景书耳”。

结　语

《伤寒论》的六经辨证理论（或学说），是作者在吸收了秦汉医家各种先进思想，结合临床实践发展而成的。它是以脏腑、经络、气化等生理功能为基础，以阴阳的消长为总纲，以疾病的症状表现为依据，把外感病（包括与外感相兼的杂病和外感病理过程中演变的杂病）概括为不同的六类证型的疾病分类法，和辨治疾病的方法论。

由于六经辨证能贯穿于整个辨治疾病的理法方药的全过程，因此，它基本概括了祖国医学的辨证施治的理论体系。后世医家把它分解为多种辨证方法，从不同的角度阐发，但其尽则仍不出六经学说规范。

总之，《伤寒论》一书，历千百年不磷不淄，其主要原因就在于它垂示的六经辨证理论经得起临床实践的检验。故至今仍有效地指导着中医临床实践。其中奥言精义，尚需认真努力发掘。

六气与六经证漫谈

黄天锡

分析六气与六经病的关系以及产生复杂的病理变化，可从仲景《伤寒论》中七十余条原文来认识。其辨证论治的具体方法，应从六气互兼互化（标本中气）关系来分辨。大致可从以下五个方面讲：

一、六气之常

风、寒、热、湿、燥、火是谓六气。至于六气的形成，《素问·阴阳应象大论》中说的清楚。它说：“天有四时五行，以生长收藏，以生寒、暑、燥、湿、风。”这说明一年四季有阴进阳退、阳进阴退的阴阳消长规律，从而产生出春风、夏暑、长夏湿、秋燥、冬寒的主时之气，万物的生、长、化、收、藏也随之相应。因此，人在自然界中也不能离开风、寒、热、湿、燥、火的六气，这叫六元之正气。仲景曾说，“人禀五常，因风气而生长。”仲景所说生长的“风”，即是一年四季正常之“八风”（即：月建居子，风从北方来；月建居午，风从南方来；月建居卯，风从东方来；月建居酉，风从西方来；月建居辰，风从东南方来；月建居戌，风从西北方来；月建居丑，风从东北方来；月建居未，风从西南方来。）这“八风”是指风从所居之乡来的正风、和风。这种“风”，即统概风、寒、热、湿、燥、火之六气，主生长，养万物。人生活在大自然中，时时刻刻都需要六元正气的饲养。正如《素问·六节脏象论》所说：“天食人以五气。”（包括风、寒、热、湿、燥、火）所以，在天之六气，在人身脏腑经络皆能应之，为十二经之本，“本”者，本元之意。所以，人身“九窍、五脏、十二节皆通乎天气”（《素问·生气通天论》）。这种六气与人身三阴三阳、脏腑经络有密切的生理关系。如《素问·阴阳应象大论》说：“天气通于肺，地气通于益，风气通于肝，雷气通于心，谷气通于脾，雨气通于肾。”这即是“人与天地相参”的整体性。

二、六气之变

自然界的风、寒、热、湿、燥、火若反于四时之常者为变。如“未至而至”是气之太过（气淫），或“至而未至”是气之不足（气迫），加之人身三阴三阳、脏腑经络正气不足者，就容易发病，这叫“两虚相得”。此即仲景：“风气虽能生万物，亦能害万物”之意。可见仲景非常重视外感六淫之病。他将六淫的外感病视为首要一条。所以，他说；“千般疢难不越三条，一者经络受邪入脏腑为内所因也……。”

由于六气有阴阳性质的不同（风、火、热三者属阳，燥、寒、湿三者属阴。）以及人体三阴三阳经的属性不同和脏腑经络、阴经阳经的络属关系，在感受外感六淫之后，就化生出种种复杂的病变。正如《素问·至真要大论》说：“夫百病之生也，皆生于风、寒、热、湿、燥、火，以之化之变也。”这条经文内含两个要意，一是“化”，所谓“气之正者为化”；二是“变”，即是“气之邪者为变”。六淫之邪侵入人体，则变生诸病。在临床上，若有风邪之化，则生风之变（如太阳中风证）；有寒邪之化，则生寒病之变（如太阳伤寒证）；有热邪之化，则生热病之变（如风温证，少阴热化证），有湿邪之化，则生湿病之变（如太阴证）；有燥邪之化，则生燥病之变（如阳明病）；有火邪之化，则生火病之变（如少阳厥阴证）。

但六气之中，唯风的变化最大，因为“风者，善行而数变”，能挟诸邪，为“百病之始”。这种风的变化，在仲景《伤寒论》中显而易见。因风病主用桂枝，所以在六经病中，桂枝汤证居多，仅太阳病用桂枝汤的变方就有二十一余处。其余各经对桂枝都有不同的用法。如阳明病（234）条：“阳明病，脉迟、汗出多……可发汗，宜桂枝汤。”少阳病（151）条：“伤寒六、七日，发热、微恶寒……外证未去者，柴胡桂枝汤主之。”太阴病（276）条：“太阴病，脉浮者，可发汗，宜桂枝汤。”少阴病（313）条：“少阴病，咽中痛，半夏散及汤主之。”厥阴病（372）条：“下利腹胀满，身体疼痛者，先温其里，乃攻其表，温里宜四逆汤，攻表宜桂枝汤。”可见，六经病变之中，皆有桂枝证，亦皆有用桂枝之处。因此，观察桂枝汤的证变，可窥出六气变化之梗概。

三、六气与六经

自然界的六气为本，本之下是个中气，六气之下都有一个中气。三阴三阳均为标，标之上即是中气，正如《素问·天元纪大论》说：“上下相召奈何？曰：寒、暑、燥、湿、风、火，天之阴阳也，三阴三阳上奉之。”这即是人体本身是由天之六气构成的。标在下是经，本在上是气，中气即是化之所在，就是症状的反应。如：“太阳本寒而标阳”，表现症状为热；“少阴本热而标阴，”表现症状是寒，往往出现厥逆、脉微细。

从中气来看，少阳之中气是风，少阳相火盛，厥阴风木就旺，阳明之中气是湿土，湿土与燥金可以互兼互化，所以在临床上有时看到是燥而治湿；有时看热而治寒，这叫“标本不同，气应异象。”事物的“标”和“本”有相同的也有相异的，如甜瓜虽甜而蒂苦，麻黄发汗而根止汗，人参本补而芦泻，葱叶绿而根白等。

再说，人身有三阴三阳十二经脉，而且它们之间都具有表里关系，这种相互的联系《内经》称之为相合。如《灵枢·经别篇》说：“足太阳与足少阴为一合”，一行于内，一行于外。在脏腑来说，一个肾、一个膀胱，少阴属肾络膀胱，太阳属膀胱络肾。“足少阳与足厥阴为二合，”一行于内，一行于外，在脏腑是一个肝，一个胆，厥阴属肝络于胆，少阳属胆络于肝。“足阳明与足太阴为三合，”一行于内，一行于外，在脏腑一个是脾，一个是胃，太阴属脾络胃，阳明属胃络脾。“手太阳与手少阴为四合，一行于内，一行于外，在脏腑是一个小肠，一个心，手太阳属小肠络于心，手少阴属心络小肠。“手少阳与手厥阴为五合，”一行于内，一行于外，在脏腑一个是三焦，一个是心包络，手少阳属于三焦络心包，手厥阴属于心包络三焦。“手阳明与手太阴为六合，”一行于内，一行于外，在脏腑一个大肠，一个肺，手阳明属大肠络肺，手太阴属肺络大肠。这种相互配合，是阴中有阳，阳中有阴。

要讲分经论治，就要讲风、寒、暑、湿、燥、火与三阴三阳之间的关系，三阴三阳之间又有相互的中气（阴阳互根），在自然界空间有六气，人也有六气，如在天之六气有“火”，在人体也有少阳相火，在天之火是在少阳之上，与少阳经相表里的是厥阴，所以少阳之中气即厥阴。正如《素问·六微旨大论》说：“少阳之上，火气治之，中见厥阴”中气所在即是“化”之所在。在临床上，少阳相火的病变，往往是风木之化。自然界中的燥气是在阳明经之上，其中气是太阴湿土，在临床上往往燥金从湿土所化；自然界中之寒气，在太阳经之上，其中气是少阴君火，在临床上往往是寒水兼君火之化；自然界中之风气在厥阴经之上，其中气是少阳相火，在临床上往往风木常兼相火之化；自然界中之热气在少阴经之上，其中气是太阳寒水，在临床上君火常兼寒水之化；自然界中之湿气在太阴经之上，其中气是阳明燥金，在临床上湿土常兼燥金之化。由此观之，六气与六经的关系极为密切。

四、从六经病变看六气的从化规律

六气可分可合，分而言之是六气，合而言之有从化的关系，其变化各有不同，如何找它的从化规律呢？《素问·至真要大论》说："六气标本所从不同奈何？岐伯曰：气有从本者，有从标者，有不从标本者也。帝曰：愿卒闻之。岐伯曰：少阳太阴从本，少阴太阳从本从标，阳明厥阴不从标本，从乎中也。故从本者化生于本，从标者有标本之化，从中者以中气为化也。"

这段经文是分辨三阴三阳的标本从化关系，仲景《伤寒论》三阴三阳经之变化，即本于此。关于标本中气的从化规律可分三方面谈。

（一）"少阳太阴从本……从本者化生于本"

为什么少阳太阴从本所化？因为少阳之本是"火"，少阳之标是阳，太阴之本是"湿"，太阴之标是阴，二者标与本性质相同，所以当从其本。但是，少阳太阴也有中气，为何不从中气所化呢？因为少阳的中气是厥阴风木之气，木与火的关系性质相同，所以不是火从木，而是木从火所化。在六经病中，少阳病的特征皆属于相火的变化，如（263）条说："少阳之为病，口苦、咽干、目眩也。"此六字提纲，突出地反映出标本皆热、风火相煽、吐走空窍的火热症状。即《内经》说："飘风燔燎。"（《素问·六元正纪大论》）因为风扰窍道则耳聋。风动火焰，风火交攻则"目赤"，三焦之气不和则"胸中满"，三焦包络之火内合于君火者则"心胸烦闷。"如（264）条说："少阳中风，两耳无所闻，目赤，胸中满而烦者……"。如果木火之气旺盛，郁于中焦，使胃气不和——在临床上则会出现胸胁苦满、嘿嘿不欲饮食；若木气盛，胆火上升者，则出现心烦喜呕。如（96）条说："伤寒五六日，中风，往来寒热，胸胁苦满，嘿嘿不欲饮食，心烦喜呕……小柴胡汤主之。"

在少阳病中，不仅要看到从本化火的病理特点，而且更应看到火化太过与火化不及两种不同证候，可以从以下条文分辨之。

1. 火化太过　如（103）条用小柴胡汤不效而出现："……呕不止，心下急，郁郁微烦者，为未解也，与大柴胡汤下之即愈，"此即是热陷于阳明之里的火化太过证。

2. 火化不及　火化不及者是，少阳证而出现心脾两虚，导致"心中悸而烦"的证候。如（102）条说："伤寒二、三日，心中悸而烦者，小建中汤主之"。尤在泾曾说："里虚则悸，邪扰则烦。"又如（100）条说："伤寒阳脉涩，阴脉弦，法当腹中急痛，先与小建中汤……。"这是少阳证化火不足，不能生脾土而出现腹中急痛的里寒证，所以张隐庵认为此是"心包之火不生脾土之故。"

再看太阴的中气是阳明燥金，因土金是相生关系，燥金应从湿土所化，所以不从中化，而从本化"湿"，"湿"是土之本气，也即是水火相蒸之气，人体太阴水湿之气全赖脾之运化。在生理上，脾土是保持"冲和"，在病理上就成为湿化太过或湿化不及。所以太阴病提纲就是从本化湿的病变。太阴病不仅从本化湿，更重要是视其湿化太过和湿化不及两种不同证候，可从以下条文分辨。

1. 湿化太过　如（273）条："太阴之为病，腹满而吐，食不下，自利益甚，时腹自痛，若下之，必胸下结鞕。"这说明太阴脾土过湿，阳衰不能化气上升，反而湿气下注，与胃气不能相兼，脾不升，胃气逆而出现"满""吐""痛""利"等证。又如（27）条："自利不渴者属太阴，以其脏有寒故也，当温之，宜四逆辈。"这说明，凡属自利而不渴的症状就应考虑太阴虚寒证。因脾喜燥而恶湿，故本条又提出用"四逆辈"温振脾阳的治疗原则。

2. 湿化不及　太阴病不仅属于脾虚证，而且还可因多种原因而致成阴津不足的脾约证，若具体说，如：

（1）因小便数而伤津化燥的阳盛阴虚大便难证。如（247）条："趺阳脉浮而涩，浮则胃气强，涩则小便数，浮涩相博，大便则鞕，其脾为约，麻子仁丸主之。"

（2）因汗出过多而致伤津亡液的大便难证。如（245）条："阳脉实，因发其汗出多者亦为太过，太过为阳绝于里，亡津液大便固鞕也。"

（3）血虚阳亢，胃热炽盛消灼脾阴，伤津化燥证。如（246）条："脉浮而芤，浮为阳，芤为阴，浮芤相博，胃气生热，其阳则绝。"

以上少阳太阴虽从本所化，但各具太过不及的虚实证候。

（二）"少阴太阳从本从标……从标者有标本之化"

为什么少阴太阳从本从标呢？因少阴之本是"热"，其标是阴，太阳之本是"寒"，其标为阳，标本的性质都不同。所以，或从标化或从本化，或标本俱病，在治疗上要有个先后主次之分。

先说少阴为什么不从中气呢？因为少阴之中气是太阳寒水，这是同于标而异于本，故不从中气。

少阴既包括在上之心，又包括在下之肾，心肾者为水火之脏，在上之心火，借水气以下降于肾，在下之肾水，借火气以上交于心，此为生理之水火。若火虚则成为虚寒证，水亏则成为虚热证。因此，少阴病有从本化热和从标化寒的不同病变。

1. 从本化热　少阴在从本化热的证候中，亦有种种不同变化，其证有在上者，如咽喉生疮，声音嘶哑；有在中者，如心烦不得卧，腹胀不大便；有在下者，如下利脓血等证分辨之。

①有水热滞于下，偏渗于大肠，水津不能化气上济于心火而见口渴、下利、心烦不得眠者。如（319）条：“少阴病，下利六、七日，咳而呕渴，心烦不得眠者，猪苓汤主之”。

②有下焦水阴不上交于君火，上焦君火不能下交于阴水，形成心火独亢而见心中烦不得卧的证候。如（303）条：“少阴病，得之二、三日以上，心中烦，不得卧，黄连阿胶汤主之。”

③有热伏于里，肾水枯涸，燥伤阴血，而见“口燥”“咽干”“腹胀不大便”的三急下证。如（320）条、（321）条、（322）条皆为伤津化燥的急下存阴证。（条文从略）

少阴热化证中常有“咽痛”之证，但咽痛证因不一，具体说有以下四条。

①（310）条：“少阴病、下利、咽痛、胸满、心烦、猪肤汤主之。”此证属于下寒上热，津液不布的咽痛。

②（311）条：“少阴病，二、三日，咽痛者，可与甘草汤；不差与桔梗汤。”此证属于邪热客于少阴，循经上逆咽痛。

③（313）条：“少阴病，咽中痛，半夏散及汤主之。”此证属于风寒外客，阻遏少阴经脉的咽痛。

不仅少阴有咽痛，而且咽痛若久者，则火热刑金而出现咽喉溃烂生疮、声音嘶哑的证候：

如：④（312）条：“少阴病，咽中伤，生疮、不能言语，声不出者，苦酒汤主之。”此为热蒸于上的证候。

少阴病从本化热，不仅热气上炎，而且火热郁于下，热伤营分。火热刑于大肠庚金，则出现下利脓血证；

如：（306）条：“少阴病，下利便脓血者，桃花汤主之。”此为热郁于大肠。

2. 从标化寒　少阴病的性质是真阳衰微，因而里寒阴盛的病居多，所以从标化寒证中，有背恶寒，关节痛、吐利、脉沉等不同病变，可分以下四例：

①少阴之生阳不足。太阳之真阳不能达表，未从君火化热的附子汤证。如（304）条：“少阴病，得之一、二日，口中和，其背恶寒者，当灸之，附子汤主之。”

②肾中之真阳微弱，陷于下而不达于全身肌表则出现全身寒冷，骨节疼痛之证者。如：（305）条：“少阴病，身体疼，手足寒，骨节疼，脉沉者，附子汤主之。”

③寒化于中土，中土太虚失于转运，心火不降，肾水不升，水火不济的吐、利、烦、燥等证。如（309）条：“少阴病、吐利、手足厥冷、烦躁欲死者，吴茱萸汤主之。”

④阴寒在下不得阳热之化者，则出现脉不浮不沉，应急需温阳。如（323）条：“少阴病，脉沉者，急温之，宜四逆汤。”

以上这些均属从标化寒证。

3. 标本水火俱病　少阴的标本同病者，则出现心烦、口渴、吐利、咽痛等证。

少阴之“本”热，应得水阴以制之，少阴之“标”寒，应得真阳以蒸之，此为水火既济。反之，则出现以下三种情况的寒热互化证。

①若在上之火热不得水济，可能出现心烦、口渴、引水自救等证；若在下之寒水不得阳热温化，可能出现自利、小便色白等证。这种水火两极可能同时出现。如（282）条：“少阴病，欲吐不吐，心烦但欲寐，五、六日自利者，属少阴也，虚故引水自救，若小便色白者……以下焦虚有寒，不能制水……。”

②少阴本热之阳与标寒之阴，独上独下而不相交者，则出现上热下寒证。故虚阳越于上则“咽痛”，寒邪上逆则“吐”，寒邪趋于下则“利”。如（283）条：“病人脉阴阳俱紧……法当咽痛而复吐利。”这是先病阳热而后病阴寒的证候。

③少阴的吐利，固然是阴寒极盛的危证，如果手足不逆冷，反而发热者，是得太阳标阳之化，为由阴转阳之兆。正如（293）条：“少阴病、吐利、手足不厥冷，反发热者，不死……。”

以上皆属少阴从本从标的寒热互化证。

再说太阳从标从本，为何不从中气呢？因为太阳之中气是少阴君火，火与太阳之标阳性质相同，但与太阳之本寒不同，所以标本异气不从中化。

人身主气分在外的惟太阳最大，所以太阳即是“大阳”，太阳之经气为元阳卫外之气，这种抗御外邪的卫气，实际是发于膀胱寒水之中，太阳寒水所以化气卫外，与心火下达有关。水中火热，化气而上蒸腾，既达于全身肌表，又能制水济燥，这是寒水化气的生理。倘若寒水之气太过，则从本化寒；

寒水有余而火热不足，临床上易出现“恶寒”“必恶寒”“无热恶寒”“啬啬恶寒”“微恶寒”“身大寒”等从本所化的种种寒证。若寒水之气，化而不及，不足以制火，临床上出现“汗出发热”“灼热”“发热而渴”“发热汗不出”“翕翕发热”“身大热”“烦热”“瘀热”等从标所化的种种热证。

1. 从本化寒　由于六气之寒为阴邪，太阳之本寒亦为阴，两阴相合，所以“恶寒”。此为从本化寒的明证。

如（1）条说：“太阳之为病，脉浮，头项强痛而恶寒”

（3）条：“太阳病，或已发热，或未发热，必恶寒、体痛、呕逆、脉阴阳俱紧者，名为伤寒。”由于寒主收引，又有寒化于表者，寒化于里者之不同。如：

①寒化于表：（35）条：“太阳病，头痛、发热、身痛、腰痛、骨节疼痛、恶风、无汗而喘者，麻黄汤主之。”这是寒邪束表，经气俱病的证候。

②寒化于里：寒水不仅犯表，而且水饮过盛入脏则有射肺聚胃、渍于肠间之里。如（40）条：“伤寒表不解，心下有水气，干呕、发热而咳、或渴、或利、或噎、或小便不利少腹满、或喘者，小青龙汤主之。”这是外寒触动内饮的证候。

③寒水太过：若脾胃虚弱，无力化水，则水气内停，或水气冲逆者，则出现“心下逆满”“气上冲胸”“头眩”等证。如（67）条：“伤寒若吐、若下后，心下逆满，气上冲胸，起则头眩，脉沉紧，发汗则动经，身为振振摇者，茯苓桂枝白术甘草汤主之。

若阳虚不能制水，以致水气上泛，清阳不升，形成心下悸、头眩、身瞤动等证。如（32）条：“太阳病，发汗、汗出不解，其人仍发热，心下悸、头眩、身瞤动、振振欲擗地者，真武汤主之。”

以上均为寒水太过，凌心冲逆证候。

2. 从标化热　太阳标阳之热发于少阴心肾二火，若素有阳盛者，则易从标阳所化。但这种标阳有热化于表和热化于里的不同。

①热化于表者：太阳表实证未得汗解，标阳之气盛者，就易于逐渐化热而出现“发热”“烦躁”“喘”等证。如（38）条：“太阳中风，脉浮紧、发热、恶寒、身疼痛、不汗出而烦躁者，大青龙汤主之。”因胸为阳中之太阳，所以“烦”证与君火被扰有关。

但也有因汗、下后热邪迫肺，火热外越而出现汗出而喘证候。如（63）条：“发汗后，不可更行桂枝汤，汗出而喘无大热者……”以及（162）条：“下后，不可更行桂枝汤，若汗出而喘，无大热者……。”这两条发热汗出而喘均属热化于表的证候。

再者，太阳标阳化热，若与少阴之本热相合，不仅热盛于表，而且表里俱烈，即可出现自汗、小便数、心烦等证。如（29）条：“伤寒、脉浮、自汗出、小便数、心烦、微恶寒、脚挛急、后与桂枝欲攻其表，此误也。”这是属于太阳之标阳与少阴之本热相合而化。

②化热于里者：太阳标阳之热盛，随经络而入太阳之腑。如（106）条：“太阳病不解，热结膀胱，其人如狂，血自下，下者愈……。”

胸为阳中之太阳，表阳之热，若与胃脘之痰饮相结，则变为心下硬满、疼痛的热实结胸证。如（135）条：“伤寒六、七日结胸热实，脉沉而紧，心下痛，按之石硬者，大陷胸汤主之”。

3. 太阳既从本化寒又从标化热

①太阳标阳之热因误下而陷于里。如（279）条：“本太阳病，医反下之，因而腹满时痛者，属太阴也，桂枝加芍药汤主之；大实痛者，桂枝加大黄汤主之。”

②又有少阴君火内结，太阳本寒之气呈现于表，太阳标阳虚脱于外者。如（155）条：“心下痞，而复恶寒汗出者，附子泻心汤主之。”

以上二条均属从标从本所化。

（三）“阳明厥阴不从标本，从乎中见……从中者以中气为化也”

阳明：阳明为什么要从中气所化呢？因阳明之中气是太阴湿土，阳明之本气是燥金之气，燥为阴，必从湿土所化；在生理上，太阴者行气于三阴，有布化，转输津液之作用，若不从湿化，则金气收而不降，肺不能通调水道，脾不能为胃行其津液，而生诸种燥热病。因为“燥”为水火不交之气，能消烁津液。反之若燥化不及，则不能消水，变为水湿过盛，在临床上为太阴病；燥化太过，则耗伤津液，在临床上为阳明病。燥和湿可以互兼，因此，阳明太阴可以互化，此即从中气所化之理。阳明从中所化的具体症候如下：

1. 阳明病从中所化的湿寒证　燥与湿相济者，为生理之常。若土衰金失所化者，为寒湿太过之病变。如（190）条：“阳明病，若能食，名中风，不能食者，名中寒。”因为能食者燥热盛能消谷，不能食者脾胃阳虚不运化。寒湿盛不仅不能食，而且脾胃阳虚会出现清浊不分的飧泄病。如（191）条：“阳明病，若中寒者，不能食”此欲作痼瘕……胃中冷，水谷不别也”。阳明病的“不能食”应分寒热，胃中有燥屎则不能食，胃中虚寒也不能食，若误用寒凉攻其虚，必出现虚呃证。如（194）条：“阳明病、不能食，攻其热必哕，所以然者，胃中虚冷故也。”

阳明病不能食的胃寒证，如“呕” “硬满”“身黄”“脉迟”等证均禁攻下。若误下者，则容易转太阴病。如（195）条：“阳明病，脉迟，食难用饱……欲作谷疸……虽下之，腹满如故。”（204）条：“伤寒呕多，虽有阳明证不可攻之。”（205）条“阳明病，心下硬满者，不可攻之，攻之利遂不止者死……。”（209）条：“阳明病……少与小承气汤，若不转矢气者……不可攻之，攻之必胀满不能食也。”

以上不可攻下证，均为阳明转太阴寒湿太过的变证。

2. 阳明病从中所化的湿热证

①湿热兼表：阳明之热，虽兼太阳之表，但瘀而不散，燥从湿化则发黄。在治则上应解表而散其湿热。如（262）条：“伤寒，瘀热在里，身必黄，麻黄连轺赤小豆汤主之。”

②湿热化于里：阳明之热蒸于湿土之气，热瘀于里变为阳黄证，致使太阴之气不能转输，而出现“腹满”小便不利，如橘色的黄疸证。如（260）条：“伤寒七、八日，身黄如橘子色，小便不利，腹微满者，茵陈蒿汤主之。”

③湿热化于肌肤：若黄而发热是火热薰蒸，湿热既不在表，也未入里，而热在肌肤，治法上汗、下均非所宜，只有用清法。如（262）条：“伤寒身黄，发热，栀子柏皮汤主之。

④燥湿相兼：阳明以燥气为本，若燥热不从汗解，又不从小便排出，必从湿所化而发黄。如（199）条：“阳明病，无汗。小便不利……身必发黄。”（200）条：“阳明病被火、额上微汗出，小便不利者，必发黄。”（206）条：“阳明病，面合赤色，不可攻之，必发热，色黄者，小便不利也。”

以上均属于阳明从中气太阴湿土所化的寒热不同见证。

厥阴：厥阴为何从中气所化呢？因厥阴本身是风木所化，其中气是少阳相火，木与火的关系是木从火化，所以要从中气所化。厥阴病虽属阴，但寒中有化火之证。由于厥阴病属寒热错杂，故有不同类型的证候。可从四个方面谈。

①上热下寒证：上热下寒证如消渴，气上撞心，心中痛热皆为风木从相火所化。因火性炎上，引动了心包之火。如（326）条：“厥阴之为病，消渴……下之利不止。”这种寒热错杂证，也有见于标、本、中气三者俱虚而成危候的。如（357）条：“伤寒六、七日……咽喉不利，唾脓血，泻利不止者难治。”这是阴阳水火俱虚的脱证。

②阳复太过：厥阴之寒证，若中见少阳之火气恢复为欲愈的佳兆。但火化太过，热伤阴络，则有下利脓血之患。如（363）条：“下利，寸脉反浮数，尺中自涩者，必清脓血。”在阴寒下利证中，若脉变数而有口渴证，是阴去阳复之象；若下利仍不止，是中见热化太过伤于营血，必然便血。如（367）条：“下利脉数而渴者，今自愈。设不差，必清脓血，以有热故也。”若风从相火所化而郁于下，滞气腐营，则有里急后重的痢证。如（371）条：“热痢下重者，白头翁汤主之。”如果少阳相火炽盛而郁于中焦，消耗津液，则有下利，口渴之证。如（373）条：“下利欲饮水者，以有热故也，白头翁汤主之。”

厥阴中见相火太过，不仅有下利口渴，而且若热不达表，郁于里与阳明之热相合，则形成热深厥深的白虎汤证。如（350）条：“伤寒脉滑而厥者，里有热，白虎汤主之。”相火太过，若与阳明燥气相合，燥热之气灼金伤津还会形成大肠燥结的胃实证。如（374）条：“下利谵语者，有燥屎也，宜小承气汤。”

以上均为阳复太过的见证。

③阳复不及：厥阴病虽是阴寒至极，但有阳生之机。若中见相火之气太过则偏热；若火化不及，虽有阳复发热之象，但却不能消除下利清谷等阴寒之证。如（366）条：“下利脉沉而迟，其人面少赤，身有微热，下利清谷者，必郁冒汗出而解，病人必微厥……下虚故也。”微厥下利即是相火不及。

厥阴病能否向愈，全赖阳气来复，阴盛阳衰为危证，阳长阴消即是生机，从证候看主要是“厥”与“热”的胜复。如（331）条：“伤寒先厥后发热而利者，必自止，见厥复利。这是说先“厥”后“热”为阳进阴退，虽利必自愈，若厥后再利，为阴进阳退，阳气虽复而不足。这种情况，在脉象上也显然有别。正如（360）条所说：“下利有微热而渴，脉弱者，今自愈。”因为厥阴之脉没有定体，但下利证之脉有“微”“弱”“数”者，为阳复之象，病有向愈之兆。如（361）条：“下利脉数，有微热汗出，今自愈，设复紧，为末解。”如（365）条：“下利，脉沉弦者，下重也，脉大者为未止，脉微弱数者，为欲自止，虽发热不死。”这些均属阳复不及之候。这说明无论现出何脉，但有发热者为阳复之兆。

④由阴转阳：厥阴病转阳者，最易复出少阳，

因从中见少阳之气化者，为欲愈之象。其治疗应该慎重。如（329）条：“厥阴病，渴欲饮水者，少少与之愈。”口渴不能饮。是阴极而得中气少阳之火化，在治疗上虽然水能济火，而只能少少的适当滋水，若水饮太过则可能变为太阴的脾湿不化证。

厥阴病若转出少阳半表半里时候，不但有热少厥微象证，而且要有“嘿嘿不欲饮食”“胸胁烦满”而“呕”的少阳病出现。如（339）条：“伤寒热少厥微，指头寒，嘿嘿不欲饮食，烦躁……其病为愈，若厥而呕，胸胁烦满者，其后必便血。这是由厥阴转出少阳的见证。本证在治疗时，应从小柴胡和解引而出之，正如柯琴说：“微者小柴胡和之，甚者大柴胡下之。”仲景对本证有更原则而又明确的指出。如（379）条：“呕而发热者，小柴胡汤主之。”这种“呕而发热”之证，是厥阴病从中见少阳之化的明证。因厥阴化寒证，在里的“厥”“利”较多，若“呕而发热”是病出于少阳之表。正如陈修园说：“若见呕而发热，是脏邪还府，自阴出阳，无阴邪变逆之患。”

五、从标本中气求治则

既然掌握了标本中气的从化规律，就有必要找出治疗原则。如何找呢?《素问·至真要大论》说：“有取本而得者，有取标而得者，有逆取而得者，有从取而得者。……故曰，知标与本，用之不殆。”

这段话是说，若能明辨标本中气，就是掌握了辨证施治的基本原则。“取”者，是求的意思，也是探讨如何施治于标本中气的问题；“取本而得者”，如少阳从本化火，在治疗上要治这个“火”，因而仲景在小柴胡汤中用黄芩以清胆火；又如太阴从本化湿，在治疗上就需用温化寒湿的“四逆辈”。“取中气而得者，”如阳明从中的湿土所化，在治疗上要治湿，如“麻黄连轺赤小豆汤”，“茵陈蒿汤”，都是治湿热的。再如厥阴病用小柴胡汤以及用栀子、黄芩、黄连、黄柏，都是治少阳相火的。“取标本而得者”，如少阴病变中的“麻黄附子细辛汤”、太阳病治蓄水的“五苓散”，都是标本兼治。所谓“从治”者，是以寒治寒，以热治热，如“白通加人尿猪胆汁汤。”另有顺其病气而服药的，如阳明病用大承气汤的“去滓分温服”，白虎汤的“汤成去滓温服”等都是“从取而得”的治法。所谓，“逆取而得”的治法，是热病用寒药，寒病用热药。在掌握标本的治则时，要抓着病之本，也即是“有者求之”。如太阳病由于其本是寒，所以在发热时必有恶寒证，用麻黄即是治本，这叫“病反其本得标之病”，“治反其本，得标之方”。病因是本，病变是标，但要在病变中求其本。如大承气汤用芒硝即是治本，因为阳明病以燥气为本，芒硝咸寒能润燥软坚，所以从标证燥屎找出治本之法。六经病中之变证，坏病相当复杂，只要掌握了标本的轻重缓急就会“用之不殆”，不致有大的妨害。主要是个“本”字，可以“言一而知百病之害”。从标本中气的理论方面看，是容易明辨的，但结合于临床治疗就很难切中病机了。所以，《素问·标本病传论》说：“言标与本，易而勿及”。

小　结

风、寒、热、湿、燥、火在天之六气，由于具有阴阳五行的性质不同而化生出三阴三阳之气。如“风”化厥阴，厥阴属木，所以凡见和气升扬而有万物生发作用的，皆属“风”之所化；“热”化少阴，少阴属君火，凡见炎蒸温和而有万物繁茂作用的，皆属“热”之所化；“火”化少阳，少阳属相火，凡见炎暑烈日而有阳气极盛现象的，皆属“火”之所化；“湿”化太阴，太阴属土，凡见云雨滋泽而有津液充实作用的，皆属“湿”之所化；“燥”化阳明，阳明属金，凡见清凉肃降而有万物坚刚作用的，皆属“燥”之所化。“寒”化太阳，太阳属水，凡见阴凝冰雪而有万物闭藏作用的，皆属“寒”之所化。总然，六经有少阳太阴从本所化，阳明厥阴从中气所化，少阴太阳从本从标所化之规律。

这种规律并非绝对，因为人体脏腑经络素质有寒热虚实之不同，以及六淫之邪有太过不及的偏盛偏衰，感邪轻重之差异，因而在六经病变中往往都有从本从中所化的不同证候。如少阳太阴虽然从本，但少阳病也有从中见厥阴所化的“目眩”和“两耳无所闻”的风胜证；又如太阴病也有从中见阳明所化的“桂枝大黄汤”和“腐秽当去”的阳明腑实证。少阴从标从本，但也有从中见太阳“寒水外溢”的真武汤证以及少阴反发热的麻黄附子细辛汤证。太阳虽从标从本，但也有从中见少阴心的病变，如伤及心阳而出现“脉结代、心动悸”的炙甘草汤证；汗下后，肾阳虚，“昼日烦躁”“脉沉微”的干姜附子汤证和“尿难恶风”的桂枝加附子汤证。阳明虽从中气所化，但阳明从本化燥的病变更为突出，如“潮热，手足漐漐汗出，大便难，谵语”的大承气汤证；“自汗出，小便自利，津液内竭”的蜜煎导证（233 条）及汗出大渴的白虎汤证（210、222 条）等。厥阴虽然不从标本从乎中见，但厥阴病从标阴所化的寒证也不少见。如“下利、拘急、厥逆”的四逆汤证（353 条）和“手足厥寒，脉细欲绝”的当归四逆汤证（351条）。

总之，从六气的变化可以说明六经之间相互传变的关系；但是，六气变化的反应不能离开脏腑经络的实质，因此，脏腑经络是分经论治的基础，标本中气是辨证施治的又一方法，这足见标本中气的理论重要于非常。正如《素问·标本病传论》所说：“知标本者，万举万当，不知标本是谓妄行。”对于在天之六气和在人之六气的互见互化。通过三阴三阳的经络脏腑反应出来是极其微妙而难以窥测的。所以，仲景云：“经络府俞，阴阳会通，玄冥幽微，变化难极。”仲景这种求实的说法诚为垂世后学之格言。

试析《伤寒论》的辩证法思想

蔺雪帆　南阳张仲景医院

张仲景所著《伤寒论》，传诵至今，已一千七百余年，历代医家奉为诊疗之规范。它所奠定的“辨证论治”，形成独特的中国医学思想体系；它记载的方药，构思精巧，疗效显著，为中华民族的繁衍昌盛，作出巨大贡献，并早已飞越国界，造福于人类。现在，医学科学突飞猛进，日新月异，《伤寒论》仍然迸发出强大的生命力，在世界科学史上也是罕见的。黄竹斋氏“中华古医学，世界将风行”的预言，正在变为现实。

《伤寒论》之所以被誉为医学经典，能够经受长期的实践检验，其最根本的特点，是由于它内涵有丰富的辩证法思想。这种思想导源于《内经》的阴阳学说，它把生命观，疾病观，皆视为阴阳对立统一，运动变化的表现。仲景运用这些较先进的思想，总结了汉代以前的医学成就，并通过大量医疗实践，融会贯通，加以发展，创造性地写出这部理论联系实际、理法方药一线相贯的不朽名著。

现就体现《伤寒论》内涵的辩证法思想，初步加以剖析。

一、对立与统一

《伤寒论》的阴阳两点论，基本上符合对立统一规律，它是全书的一条主线，是总的指导思想。

在生理病理方面：仲景宗《内经》之说，把人体视为一个阴阳对立的统一体。表为阳，里为阴；腑为阳，脏为阴。表里阴阳又以经络之阴阳相贯通，形成一个有机的整体。在人体阴阳处于相对的动的平衡状态下，阴平阳秘，就是健康无病。一旦外邪作用于人体，或内部条件有了变化，出现邪正相争，阴阳失调，就形成了疾病。如论中第53条所说：“病常自汗出者，此为荣气和，荣气和者，外不谐，以卫气不共荣气谐和故尔……。”按卫为阳，荣为阴，荣卫不和，即为阴阳失调的表现。《内经》云：“阳盛则阴病，阴盛则阳病，阳盛则热，阴盛则寒。”论中第七条更明确提出：“病有发热恶寒者，发于阳也，无热恶寒者，发于阴也。”

在证候分类方面：论中大别为三阳病和三阴病，这是由于人的体质不同，感邪之后，脏腑经络阴阳失调的比例不同造成的。大凡三阳病多属表属热属实，三阴病多属里属寒属虚。仲景归纳三阳病三阴病，意在肯定疾病的根本性质，以确定治疗大法。仲景又从三阳三阴病中，分解出种种不同的证，意在区别对待，根据具体病人呈现的具体病症，采取针对性较强的治疗措施，以提高疗效。这样以病为纲以证为目的证候分类，可以提纲挈领，执简驭繁的进行辨证论治。

病和证，是《伤寒论》全书的骨架。

在诊断方面：仲景十分重视脉证合参。他继承了《内经》“察色按脉，先别阴阳”之旨，具体运用于每个病证之诊断。如论中第12条说：“太阳中风，阳浮而阴弱，阳浮者，热自发；阴弱者，汗自出……”第281条：“少阴病，脉微细，但欲寐也。”处处以脉证之阴阳，诊断病证之阴阳。

在治则方面：仲景本《内经》“察其阴阳所在而调之，以平为期”的大法，处处要求营卫和，胃气和，津液和，阴阳自和等，无一不是以调和阴阳立法。在这一思想指导下，仲景根据不同的脉证，或驱邪或扶正，或存阴制阳，或扶阳抑阴，施以汗吐下和温清消补之治，促使病人失调之阴阳，重趋平衡，达到“阴平阳秘，精神乃治”的目的。

纵观《伤寒论》397法，步步体现阴阳对立统一的具体运用，如“急下存阴”，急下和存阴，是矛盾对立的概念，在一般情况下，下可伤阴，但在特定的条件下，矛盾着的东西，又可以转化为统一性的东西。如果要急下存阴，必有其应下之证和伤阴之象，如内有燥屎，外现口渴、溺短赤，苔黄干，脉细数等阳盛阴微，病情危殆，如不紧急处治，则阳热益炽，阴液告竭，即可造成阴阳离决。因此，必须急下，去其燥屎，阴液反而赖以保存，病人即可转危为安，对立的矛盾，就转化为统一了。

在方药方面：仲景所用方药，构思精巧，处处以对立统一组方，以适应人的具体情况。如桂枝汤，既用桂姜之辛散，又用芍药之收敛；既用桂枝之祛邪，又用甘枣之扶正，辛甘生阳，酸甘化阴，一攻一补，一散一收，滋阴和阳，调和营卫，既对立又统一，为仲景群方之冠。他如十枣汤、白虎加人参汤，小柴胡汤的攻补兼施，大小青龙的表里兼治；麻杏甘石汤，黄连汤，半夏泻心汤的寒热并用，炙甘草汤，小建中汤之调和气血，平补阴阳等，可谓俯拾皆是，举不胜举。在煎服法上，也同样体现这一对立统一的原则，如附子泻心汤，三黄同渍，附子别煮，前者对痞热，后者对恶寒，和药分温三服，寒热导其气，生熟导其性，药虽同行，功效各奏，达到对立统一，平调阴阳的目的。

二、内因与外因

疾病，特别是外感病，它的发生、发展和转归，有内因外因两个方面，外因即病邪，内因即正气，外因通过内因而形成疾病。仲景对邪正这两个对立的方面，没有等量齐观，而是采取辨证的态度，在重视外因的同时，更重视内因的作用，在一般情况下，疾病的运动变化，内因正气起决定性的作用，外因邪气属于从属的地位，在特殊情况下，外因也可起主导作用。前者是常，后者是变，二者不能平列看待。

如论中第270条所说："伤寒三日，三阳为尽，其人反能食而不呕，此三阴不受邪也。"说明正气存内，邪不可干。又如太阳病初起，卫阳素强腠理紧密之人，往往出现无汗脉浮紧的太阳表实证，而卫阳素虚腠理疏松之人，则出现汗出脉浮缓的太阳表虚证，正是内因不同的缘故。论中的葛根汤、葛根芩连汤，桂枝人参汤同治表里相兼的下利证，也是内因不同而治法大异了。

仲景在处理内因外因关系时的两大法则：

（一）扶正驱邪：三阳病以驱邪为主，正旺者，单独驱邪，如麻黄汤之汗，白虎汤之清，承气汤之下，瓜蒂散之吐等，邪去则正安；正气稍虚者，则攻补兼施，如桂枝汤之调营卫，小柴胡汤之用人参等。三阴病，正气大虚，以扶正为主，如理中汤四逆汤之温补脾肾等。综观《伤寒论》112方，扶正是主要的，用炙甘草70方，大枣40方，附子23方，人参22方，即可看出仲景多么重视内因了。更有甚者，理中汤方不仅在组成上重视扶正，即在服法上也处处强调"保胃气，存津液"，以防伤正。如太阳中风之啜热粥，峻下逐水之用大枣等，对汗法要求"漐漐微汗出，不可使如水流漓"，对下法要求"得下、余勿服"，对吐法要求"不吐者，少少加"，对有否燥屎，要求以小承气汤试探之，无一不体现出"驱邪不伤正"的精神。

（二）调和阴阳：阴阳平衡是身体正常的生理状态，平衡与否，是决定病与不病，病势轻重的内因，调和阴阳是论治的最高目的，论中对此强调两点，扶阳抑阴和存阴制阳。三阴病多阴盛阳衰，证多虚寒，每以阳气之增减决定病势的进退存亡。一般说，阳气复，厥逆回是疾病向愈的佳兆，反之，预后多不良。治疗上宜扶阳抑阴为主，如四逆诸类方。如证见阴阳俱虚，仲景本"阳生阴长"之义，每以扶阳气为首要，如论中第21条："太阳病，发汗、遂漏不止，其人恶风，小便难，四肢微急，难以屈伸者，桂枝加附子汤主之"。按：本条外证未解又现阴阳两虚之象，仲景单以附子扶其阳，未顾其阴，盖阳盛阴自复，其用药精炼如此。三阳病，阳气亢必伤阴液，论中白虎承气之清下，均在制阳邪保阴津，其目的总在顾护正气，重视内因。

三、共性与个性

《伤寒论》处理疾病的共性与个性，最具特色。

仲景把一切外感病区分为病与证。病，带有较普遍的共性；证，揭示出特殊的个性。如此辨病与辨证相结合，纲举目张，就便于认识疾病了。

《伤寒论》辨病，是运用"异中求同"的方法。在人体感邪后，可以出现千头万绪的脉证，这些脉证，无一不是脏腑经络的病理反映。仲景根据"有诸内必形诸外"的理论，使用以表测里、以象测藏的手段，把错综复杂的脉证归纳为六经病。

例如：凡发热恶寒，头项强痛，脉浮的表证，是太阳经的病理表现，就归纳为太阳病，凡口苦咽干，目眩、往来寒热、胸胁苦满，默默不欲饮食，心烦喜呕的半表半里证，是少阳经腑的病理表现，就归纳为少阳病，凡高热，汗出，口渴，大便秘结的里证，是阳明经腑的病理表现，就归纳为阳明病……。每一经病，都是在众多病象中归纳出来的较普遍的共性。

《伤寒论》辨证，是运用"同中求异"的方法。由于人体内在条件不同，感邪有轻重，治疗有当否，同一个病，在不同的人身上，会出现种种不同的证。

如太阳病，因病因、体质不同，临床证候又分为太阳中风、伤寒、温病等；同一太阳中风，又有项背强几几证，兼喘证、兼营气不足身疼证，兼胸满证，兼阳虚漏汗证，兼脾虚水停证等。

每一个证，都是从某经病分解出来的特殊的个性。

《伤寒论》虽说是辨病与辨证相结合的，但重在辨证。证，对病人来说，它完全符合具体情况，这样就可以采取针对性很强的治疗措施，以取得高效、速效，充分显示出中国医学的优越性。《伤寒论》重在辨证的精神，为后世“同病异治”作出重大贡献。

“证”，固然概括了病因、病机、体征、症状等方面，但核心是病机，即病位的表里、病性的寒热、邪正的虚实、阴阳的消长等，只要病机相同，纵然病因不同、证候表现有异，也可以确立为同一的“证”。如太阳中风证与卫虚自汗证，其病因不同。临床症状也不尽相同，但其病机都是营卫不和，故论中均采用桂枝汤法进行治疗，这一精神开拓了后世“异病同治”的先河。

仲景对共性、个性在辨证施治上的运用，形成了《伤寒论》的骨架，他所开创的“同病异治”和“异病同治”，形成中国医学的特色。

四、运动与静止

疾病，作为一个矛盾运动过程而存在，邪正双方，每日每时都在不断变化着，在一定的条件下，还可向其反面转化。《内经》所谓“重阳必阴”，“重阴必阳”，就是这个意思。疾病除有其运动变化的一面，还有其静止的一面，若无静止的一面，辨证就成为不可能的了。不过，疾病的静止性是相对的，疾病的运动变化则是绝对的。

仲景以临床实践，深刻揭示了静止与变化的辨证关系，尤其值得注意的是，在疾病的相对静止期，要有高度的警惕性和预见性，及时发现病人出现的变化情况，及时采取相应的治疗措施，以掌握治疗的主动权。

如论中第四条所说：“伤寒一日，太阳受之，脉若静者，为不传也；颇欲吐，若躁烦，脉数急者为传也。”第5条说：

“伤寒二三日，阳明少阳证不见者为不传也。”就是对动静的观察。

疾病的运动变化与相对静止的交替出现，构成了疾病的阶段性。从某种意义上说，六经病的传变，也带有一定的阶段性。如论中第37条：“太阳病，十日已去，……设胸满胁痛者，与小柴胡汤；脉但浮者，与麻黄汤”。按太阳病十日脉浮、为静止未变，如此时出现胸满胁痛，是由太阳病传变为少阳病了。静止有久暂、传变有迟速，二者构成了两个不同的疾病阶段。

五、量变与质变

疾病的运动变化，由于邪正、阴阳两方面力量对比和彼此消长的不同，其传变形式也不同，《伤寒论》具体划分为循经传、越经传，表里传、直中、合病，并病等。这些不同的传变形式，大别之，可分为量变与质变两大类。

所谓量变，也叫渐变，疾病的临床表现有改变，但它的根本性质没有变，所以治疗大法不能变。所谓质变，也叫突变，是疾病的根本性质改变了；不同质的矛盾，要用不同质的方法去解决，所以治疗大法必须变。

如原患麻黄汤证，在表未解时，继而出现了烦躁，变成了大青龙汤证，就是量变，治疗大法仍是汗解。如果在大青龙汤证的基础上，又转变为不恶寒但恶热、自汗出的证情，成为白虎汤证，病的性质变了，是谓质变。治疗大法只能清，不能汗了。

又如：原患太阳中风的桂枝汤证，继而出现了阳虚证候，变成了桂枝加附子汤证，也是量变，仍在太阳病的范畴，大法不变。如果桂枝汤证罢，阳虚更甚，呈现脉微细、但欲寐的脉证，就是由量变发展到质变了，治疗大法不仅变成禁汗，而且要求急温回阳了。

重视六经病的量变与质变，有其重要意义。

（一）见微知著，及时采取措施，防止疾病进一步发展，以缩短疗程。如论中第8条：“太阳病、头痛至七日以上自愈者，以行其经尽故也；若欲作再经者，针足阳明，使经不传则愈。”

（二）及时发现质变，变更治疗大法，避免误治，提高疗效。如论中第192条：“太阴病，身当发黄，若小便自利者，不能发黄，至七八日，大便硬者，为阳明病也。”“此太阴燥化，即当改弦更张，治从阳明。”

（三）判断生死、予后、采取紧急措施，抢救病人。如论中第278条；“太阴病，……至七八日，虽暴烦下利日十余行，必自止，以脾家实，腐秽当去故也。”第342条：“伤寒厥四日，热反三日，复厥五日，其病为进，寒多热少阳气退，故为进也。”第292条：“少阴病，吐利，手足不逆冷，反发热者不死。”第296条“少阴病，吐利，躁烦四逆者死。”等。

六、主要矛盾与次要矛盾

疾病是一个矛盾的综合体，临床上经常可以见到，在一个病人身上，交织着许多不同的矛盾，如表里兼病，寒热错杂，虚实互现等。但其中总有一个是主要的矛盾，另一些是次要的。如果能抓住主要矛盾和矛盾的主要方面，常常可以突破一点带动全局。仲景在这方面，继承《内经》标本缓急之说，通过实践，总结许多捕捉主要矛盾的经验。

如论中第224条：“三阳合病、腹满、身重、难以转侧、口不仁、面垢、谵语、遗尿。发汗则谵语甚，下之则额上生汗，手足逆冷。若自汗出者，白虎汤主之。”按本条证情复杂而且危重，太阳当汗，少阳该和，阳明应清下，今三阳合病，该如何处理，仲景以画龙点睛之笔，提示“若自汗出者，白虎汤清之”，认定其主要矛盾在阳明之经，并告诫不可妄汗，汗则津外泄，里热愈炽，谵语愈甚，妄下则阴竭，阳无所附生额汗，造成阴阳离决之坏证。又如：第74条：“太阳中风，六七日不解而烦，有表里证，渴欲饮水，水入则吐，名曰水逆，五苓散主之。”按中风发热是表证，不解而烦邪已陷里，渴欲饮水是津不上承，水入则吐是中焦停饮，证情比较复杂，仲景深知太阳之表里证，乃太阳经波及太阳府，其主要矛盾在膀胱气化不行，故不解表；不治中焦，但取下焦一点，化气通阳，结果里和饮化水逆平，不解表而表自解，可谓善于抓主要矛盾之典范。仲景在抓主要矛盾方面有以下几项原则；①三阳病以祛邪为主，三阴病以扶正为主。②阳气为生化之本，不论何病，稍见阳虚，即当扶阳。③阴阳俱虚者，分别主次以治之。④阳盛阴微，宜急下存阴。⑤阴盛阳微宜回阳救脱。⑥表里同病，以缓急分先后，仲景在抓表里先后这方面，积累了丰富的经验。约略言之有以下几点：①在一般情况下，表证不罢，不可治里；②表病里虚者，表里同治；③在特殊情况下里虚太甚，有亡阳之虞，纵有表证也应先里后表；④血气不足者，先扶本，后解表；⑤久病见表证，先治卒病，后治本病等。至于合病、并病，也无不体现抓主要矛盾的精神。

七、整体与局部

《伤寒论》的辨证论治，十分重视整体与局部的辨证关系，既重视人的整体，又不放松局部，而且往往突出某一局部证候，作为辨证论治的眼目，这一点很值得注意。

（一）从整体辨局部

仲景阐述的某一个局部症状，往往数病俱见，如不结合整体，就不可能确定其性质，也就无从治疗。如“烦躁”一证，三阴三阳病均有之，如不结合整体辨证，就无所适从。论中第61条：“下之后复发汗，昼日烦躁不得眠，夜而安静，不呕不渴无表证，脉沉微；身无大热者，干姜附子汤主之。”第241条：“病人不大便五六日，绕脐痛，烦躁发作有时，此有燥屎，致使不大便也。”两证均有“烦躁”，前者昼日烦躁，夜而安静；后者烦躁，发作有时，如不结合整体辨证，一阴一阳，有天壤之别。

又如第287条：“少阴病、脉紧、至七八日自下利，脉暴微，手足反温，脉紧反去者，为欲解也，虽烦，下利必自愈。”第300条：“脉微细沉，但欲卧，汗出不烦，自欲吐，至五六日，自利，发烦，躁不得卧寐者死。此二条，均为少阴病，前者，虽烦下利必自愈；后者，烦躁下利者死。若不结合整体辨证，一生一死，有如此之悬殊者。

（二）从局部辨整体

仲景既重视整体，也重视局部，在疾病进退过程中，出现一个新的症状，常有重要意义。如第38条：“太阳中风，脉浮紧，发热恶寒身疼痛，不汗出而烦躁者，大青龙汤主之。”本条原为麻黄汤证，今出现烦躁一证，提示内热已炽，不可再用麻黄汤，要用大青龙汤了。第269条：“伤寒六七日，无大热，其人躁烦者，此阳去阴入故也。”前者，见烦躁向阳热发展；后者见躁烦，向阴寒发展。第137条：“结胸证悉具，烦躁者亦死。”结胸证本为可治之证，今见烦躁认定是死亡的信号，如不重视局部的变化，何以测知整体正在起性质的转化呢！

（三）从整体治局部

仲景论治，基本上是整体治疗，不是头疼治头，足疼治足。如第182条：“伤寒，脉结代，心动悸，炙甘草汤主之。”心动悸是一个局部症状，而仲景却使用通心阳、通经络、调脾胃、补中气、滋阴补血，从整体治疗。又如第338条：“蛔厥者，乌梅丸主之。又主久利。”此二证皆局部证候，而乌梅丸是寒热并用，攻补兼施之方，足证仲景论治是从整体着手的。

（四）从局部治整体

仲景除以整体治疗局部外，有时也从局部治整体，突破一点，挽救全局，同样能取得卓越的疗效。如第254条：“伤寒六七日，目中不了了，睛不和，无表里证，大便难身微热者，此为实也，急下之，宜大承气汤。”这是一个肝肾之阴行将告竭的全身性危候，仲景却从局部急下存阴，扭转全局。第128条：“太阳病、六七日，表证仍在，脉微而沉，反不结胸，其人发狂，以热在下焦，少腹当硬满，小便自利者，下血乃愈。所以然者，以太阳随经，瘀热在里故也，抵当汤主之。”这是一个表里俱病的全身性证候，而仲景独取膀胱血分，一活百活，治从局部，效及全身。

八、现象与本质

疾病的临床现象，多数与本质相一致，但也有少数病人，现象与本质不相符，假象掩盖了本质，这最易造成误诊误治。假象掩盖本质的患者，多见于病情危重者，尤其值得高度警惕，要透过现象认清本质，不能被假象所迷惑。

如论中第 11 条："病人身大热，反欲得衣者，热在皮肤寒在骨髓也；身大寒，反不欲近衣者，寒在皮肤热在骨髓也。"第 350 条："伤寒，脉滑而厥者，里有热，白虎汤主之。"第 317 条："少阴病，下利清谷，里寒外热，手足厥逆，脉微欲绝，身反不恶寒，其人面色赤，或腹疼，或干呕，或咽痛，或利止脉不出者，通脉四逆汤主之。"350 条是真热假寒，317 条是真寒假热，必须辨明真伪，认清假象与本质，才能作出正确的诊断与治疗，使危重病化险为夷。

纵观《伤寒论》全书，包含着丰富的辩证法思想，它所阐述的理论，合乎客观实际，所以疗效卓著。正如日人和田正系所说："……是项著作，虽系古代文献，但是数千年间医疗实践之真实记录。"我们必须深入探索，发掘其精髓，验之于临床，再加以发展提高。至于某些存疑的条文，应该持慎重的态度，通过实践，深入认识，不要持草率的态度，过早的加以否定。

谈伤寒和温病的关系

李致重　香港浸会大学中医药学院
（整理　刘颖恒　黎家恒　唐德荣）

清代以来，随着温病学的形成和发展，中医界围绕着对温病学的评价及其与《伤寒论》的关系展开争论。伤寒学派的基本观点是：伤寒是一切外感热病的总称，温病自属其中。而温病学派的认识是：温病与伤寒是外感热病的两大类别。有的甚至沿袭"伤寒宗仲景，温病崇河间"的说法，持"古方今病不相能也"的观点，把伤寒与温病对立起来。20 世纪 70 年代，国内曾立倡"寒温统一论"，但是至今并未形成学术界的共识，对于伤寒和温病的关系，下面讲三点看法、供学习中参考。

一、关于"古方今病"

金元时期，刘河间针对热病初起不可纯用辛温解表之法，更不宜投麻、桂辛温大热之剂，而设立了双解散，凉膈散等表里双解剂。据此，他提出了"古方今病不相能也"之说。这个说法后来成为"伤寒与温病病因病机截然不同，治疗上必须严格区别"的理论依据，这是值得讨论的，"古方今病"，这里有两个字我们需要注意：一是"方"，一是"病"。既然过去的方治不了现在的病，那么不是方不宜，就是病变了。

1. 病变了吗　从简单的历史角度来看，整个人类进化的历史，是以亿年为单位来计的。从《内经》《伤寒论》那个时期算起到现在，也不过两千年左右。两千年对于人类的遗传、变异或者发展、变化来说，应该是很有限的一瞬间。在这期间，尽管人类疾病发生的病谱可能会有变化，但是就外感温热病的发病原因、病理机制、体质因素、病情特点来说，不可能有本质的改变。

先看《内经》。《内经》关于温热病的看法，这里举两个例子。《素问·热论》里提到："今夫热病者，皆伤寒之类也。"它对伤寒的命名，实际上指的就是热病。那时候，文人雅士通常称外感热病为伤寒，所以伤寒的说法是著书立说时对外感热病普遍使用的一个名词。因此《内经》所说的热病和伤寒是一回事。《素问·热论》里的六经辨证，重点论述的是六经的热证及其演变过程。从这个意义讲，《素问·热论》六经辨证所讨论的内容，讲的就是温热病。关于外感温热病，应该说在《内经》时期已经有明确的论述了。

再看《难经》。《难经》上说："伤寒有五：有中风，有伤寒，有湿温，有热病，有温病"。这五个方面很显然指的是广义伤寒。那么"有五"中间的伤寒，它可能是相当于张仲景在《伤寒论·太阳病篇》相对于中风的伤寒，称之为狭义的伤寒。而"伤寒有五"中的湿温、热病和温病，恰恰是温病学所讨论的问题。可见《难经》时期对温病也有全面的认识了。这当然不能说《难经》时期的温病到金元时期就变了。

《伤寒论》有没有讨论今天我们所讲的温病呢？肯定讨论了！

第一，张仲景在《伤寒杂病论》原序中讲："余宗族素多，向余二百，建安纪年以来，犹未十稔，其死亡者，三分有二，伤寒十居其七。感往昔之沦丧，伤横夭之莫救，乃勤求古训，博采众方，撰用《素问》《九卷》《八十一难》《阴阳大论》《胎胪药录》，并平脉辨证，为《伤寒杂病论》。"十年里，张仲景的家族二百多人死于伤寒的竟达一百四、五十人。如果把《伤寒论》里的伤寒，理解为狭义的伤寒，即风寒外感的太阳病初起，会造成这么惨痛的结果吗？可以说，张仲景整个宗族死于伤寒的三分之二，是死于广义的伤寒，当然包括今天我们说的温病在内的伤寒。

第二，在《伤寒论·太阳病篇》的第 6 条："太阳病发热而渴，不恶寒者为温病。若发汗已，身灼热者，名风温。风温为病，脉阴阳浮，自汗出，身重，多眠睡，鼻息必鼾，语言难出。"并且还提到其治疗禁忌："若被下者，小便不利，直视失溲。若被火者，微发黄色，剧则如惊痫，时瘛疭。若火熏之，一逆尚引日，再逆促命期。"可见他讲的太阳温病和风温，指的就是温热病。

第三，伤寒论有一段集中的讨论火逆的经文(明·赵开美本 110～119 条)。在第 119 条里专门讨论了类似于现在温热病的疾病演变。"微数之脉，慎不可灸，因火为邪，则为烦逆，追虚逐实，血散脉中，火气虽微，内攻有力，焦骨伤筋，血难复也。"所谓的"焦骨伤筋"，骨属肾，筋属肝，即指伤其肝肾，伤其精血之意。如果说在热病过程中出现伤其精血的情况，它一定是进入了营分和血分。"微数之脉，慎不可灸"，就是指病人的脉本来很数，数为热，在里热的情况下，再用火灸的方法逼其发汗，因此"两阳相熏灼"，造成了耗伤精血，使得病一直深入到下焦，或者营分、血分。这里也可以表明，张仲景在写《伤寒论》的时候一定遇到了以温热为主的大量的外感病。

第四，我们可以联系到《伤寒论》在《少阳病篇》所讲的用小柴胡汤证。该证的主要病机是少阳枢机不利，胆热内郁。这也应该说相当于现在的温病气分范畴。再从二阳合病用的葛根汤证到白虎汤证，从阳明的经热证到腑实已成的"三承气证"，也都是温热证。因此我们把阳明病那个阶段称为正盛邪实的极期阶段，应该说是最典型的温热病，后面《少阴病篇》的少阴热证，《厥阴病篇》用白虎、承气治疗的热厥证，其实都是温热病。特别是在《伤寒论》里，《阳明篇》提到了"三急下"，《少阴篇》也提到了"三急下"。阳明、少阴"三急下"，都用一个方——大承气汤。大承气汤在《阳明篇》使用的理论依据以及在阳明的"三急下"和少阴的"三急下"所应用的道理，其针对的也是温热病。《伤寒论》最后关于"劳复"用了竹叶石膏汤，而竹叶石膏汤现在也广泛的应用于温热病的恢复期，或者温热病气分偏盛的时候。

顺便联系一下《金匮》。《金匮》是讲内伤杂病的，当然《金匮》也是两篇讲到了和外感病相关的内容。最典型的是《痉湿暍篇》，暍病实际上就是中暑，暑天得的热病。"太阳中暍者，热是也，汗出恶寒，身热而渴，白虎加人参汤主之。"所以中暑、暑温本来是温病学的主要内容。关于痉病，"痉为病，胸满，口噤，卧不著席，脚挛急，必龂齿，用大承气汤。这里讲的 即壮热抽风的时候也用大承气汤。从大承气汤泄实热来说，这时的痉当然也是温热而引起的。

所以联系到《内经》《难经》《伤寒论》《金匮》，说明温热病的"病"古今并没有变。那么病既然没有变，我们说"古方今病不相能也"，是否就是"方"不适宜了呢？

2. 方不宜吗　我们不妨把伤寒和温病做一个比较。首先从《伤寒论》来看，《太阳病篇》有几个方：大青龙、麻杏石甘、越婢汤、葛根汤，其实都是治疗在外感病初期，邪热或者内热偏盛的情况下而用的方。尤其是大青龙和麻杏石甘，都是典型的辛凉解表的方。"太阳中风脉浮紧，发热恶寒疼痛，不汗出而烦躁者"用大青龙汤，它是典型的辛凉解表。同刘河间"双解散"相比，也寓有双解之意在其中。麻黄和石膏相配发越郁阳：里热偏盛，为表所郁，将其发出来，所以热退身凉解表。《伤寒论·太阳病篇》的辨证里，讲到的大黄黄连泻心、半夏泻心、生姜泻心、甘草泻心等方，都是针对温热或者湿热的。半夏泻心汤用辛开苦降的原理，是针对湿热郁于中焦，造成升降不利而用的方，而这个方在后世的《温病条辨》里多次用到。再往后，讲到下焦蓄血的时候，抵当汤、桃仁承气汤都是在邪热和血相互搏结的情况下而用的。这些方今天也在温病里常常应用。《阳明病篇》这方面的方和药就更多。从太阳阳明合病的葛根汤，到阳明经热盛的白虎汤、白虎加人参汤，再到"三承气汤"，都是现在温病常用的方。《少阴病篇》虽然说治疗温热方面的内容相较之下不占主要，但是黄连阿胶鸡子黄汤，从其方的苦寒坚阴、咸寒敛阴来看，显然它是针对邪热耗伤精血所造成的阴虚内热病而设的。至于说少阴热证，最后用大承气急下存阴，事实上是不得已情况下的无法之法了。再说到厥阴篇中治疗热厥证的白虎、承气，也是温病在痉、厥、神昏时的常用方剂。

从《伤寒论》回过头来比较一下温病。吴鞠通在《温病条辨》里把辛凉解表的方分为三类：即"辛凉轻剂""辛凉平剂""辛凉重剂"，把桑菊饮作为辛凉轻剂，银翘散作为辛凉平剂，白虎汤作为辛凉重剂。这个划分到底怎么样，我们先不作评说。但是从吴鞠通把桑菊饮、银翘散和白虎汤放在"辛凉"这一相同的层面来看，说明了它们之间的内在联系，说明了这些方在温病的治疗过程中，是有着古今传承关系在内的。有人曾经对叶天士《临证指南医案》的用方做过统计，说他直接或在加减基础上用《伤寒论》方的，占百分之六十以上。因此说“古方今病不相能也”这句话，我看不一定成立，问题的关键在于用方的合理与否，而不在于古今。如果以这个理由作为伤寒和温病的鉴别，恐怕难以服人。

二、古今相争之出

既然“古方今病”这个说法不一定恰当，那么，长期以来“古今”相争的原因，到底出在哪里？

1. 狭义、广义之伤寒相混　为什么会出现“古方新病不相能也”的说法，为什么因此把伤寒和温病对立起来，我想可以概括为两个原因。第一个原因，就是把狭义伤寒和广义伤寒的界限（概念）搞混淆了。比如，王安道曾经提到过“世以温病热病混称伤寒，用温热之药，若此者，因名乱实，而戕人之尘。”同时他还提到过“温病不得混于伤寒”。在这里他所说的“不得混”，是指麻黄汤、桂枝汤治疗温热病的初期不相宜这样一个观点，他显然是把狭义的伤寒当作广义的伤寒了。同样的观点在宋代和金元时期，包括朱肱这样的大医家也提出：“风温、湿温等温病，误作伤寒发汗者，十死无一生。”其实这里也是把狭义伤寒视为广义伤寒的概念错误。

按照《难经》的说法，“伤寒有五：有中风，有伤寒，有湿温，有热病，有温病”，前面讲的中风和伤寒，是指狭义伤寒里太阳病初期的桂枝证和麻黄证而言的。把《难经》里狭义的伤寒和整个温热病对立起来，那显然是不合适的。把狭义的伤寒错位为《伤寒论》，那就更是不恰当了。这种观点在《伤寒论》中更解释不通。

刚才提到《伤寒论》第6条讲的“太阳病，发热而渴，不恶寒者，为温病”，在这里，张仲景并没有讲可以用麻黄汤、桂枝汤治疗呀！既然张仲景没有提出用麻、桂治疗温病，后世的说法显然没有道理。而且张仲景在《伤寒论·太阳病篇》火逆病的相关论述中已经指出，火逆病是民间治疗外感病的一些方法，用温针或者用火灸的方法逼人出汗，因此造成热盛阴伤之危象。张仲景虽然对火逆病没有提出治疗的好方法，但也绝对没有在火逆病中用桂枝汤或者麻黄汤，把麻、桂等温热药治疗温病的错误归咎于《伤寒论》，也是没有道理的。所以，“古方今病不相能也”，是把广义的伤寒误解为狭义的伤寒之后，而产生的一种偏见。其背后真正的理由，就在于后世对《伤寒论》的深意理解不准，再加上不合理用药。作为狭义的太阳病伤寒，当然应该用麻黄汤；如果遇到的是广义伤寒的温热病，你为什么不用大青龙汤、为什么不用麻杏石甘汤，为什么不用葛根汤呢，而且把这种不合理用药的错归咎于《伤寒论》，这就造成了学术上的混乱。

2.《伤寒论》治疗方法之局限性　在温热病治疗上，《伤寒论》具体用方用药的确有其局限性。这一点我们必须理直气壮地把问题指出来。我想可以举三个方面的例子：

第一，还说《伤寒论》第6条提到的风温，张仲景没有提出方，而且他在火逆病中也没有提出方。那么这说明一个什么问题呢，说明张仲景在治疗温热病时在选方用药上有一定的局限性。

第二，有一个显著的例子，表现在大承气汤的使用上。《伤寒论》治疗阳明的热证用白虎汤，阳明的腑实证用承气汤。张仲景在腑实证用承气汤时非常小心，特别是用大承气汤，要达到痞、满，燥、实、坚五实俱全的时候才用。而且在使用小承气汤还是使用大承气汤方面，他还不厌其详地提醒人们要看热潮不潮，小便利不利，矢气转不转，能食不能食等等。最后确认腑实已成，才一鼓作气用大承气涤荡实邪。阳明病的腑实证张仲景用承气如此小心，但是，当病情发展到阳明病的第212条：“不大便五、六日，上至十余日，日晡所发潮热，不恶寒，独语如见鬼状，若剧者，发则不识人，循衣摸床，惕而不安，微喘直视……”这些表现从温病的角度来看，热病已经到了神昏谵语的时候，它已经进入了营分、血分。那么，热病进入营分、血分，张仲景选用大承气，这是为什么，接着再往后看，在212条之后张仲景又提出了阳明的“三急下”。最值得注意的是，当病到了少阴热证的时候，还有一条“三急下”，仍然用承气汤。如果说，阳明病相当于温病的气分的话，那么从212条出现神昏的时候，病已开始进入营分，往后的阳明“三急下”，少阴“三急下”，实际上就相当于温病的营分和血分。那么张仲景在气分、营分、血分三个不同的病程阶段、不同的临床表现、不同的病理机制的情况下都用一个大承气汤，显然与人们推崇他理、法、方、药，丝丝如扣，为“辨证论治之鼻祖”的说法不相符合了。由此再推，他在《金匮》里治疗痉病抽风用大承气汤，在《伤寒论》里治疗热厥也用大承气汤。这么广泛的、复杂的情况下都用一个大承气汤，那不是他用药的局限性，又是什么呢？尤其痉、厥、神昏，都是温病邪入营分、血分的时候最常见的表现，张仲景都用大承气汤，当然其中也有一定的道理。你要说他乱用药，那也太武断。

第三，叶天士有一段话很重要："在卫汗之可以，到气方可清气，入营犹可透热转气，入血就恐耗血动血，直须凉血散血"。这是关于卫气营血四个不同的阶段，叶天士确立的治疗原则。叶天士讲的"入营犹可透热转气"，是什么意思呢，他的意思是：病在气分，正盛邪实，热势很高，由于邪热不减，因此在气分阶段耗伤津液；当邪热进一步耗伤营血的时候，病就进入了营分。叶天士的透热转气，真正的意思是说病到营分之后，你还可以从气分来治，当你把气分的邪热完完全全清除掉以后，邪热不再耗伤营血津液了，营血津液就得到了保护，得到了生机，病也就随之转轻，不再内陷。这就是入营犹可透热转气的全部含义。其中这个"犹"字，用得特别传神——它带有商量的口气，让你想一想看，其实让你想的结果，是一定不要忽视清气分邪热。理解清楚这句话后，返回头来再看《伤寒论》张仲景用大承气的道理。事实上张仲景在212条用承气治神昏以及到阳明的"三急下"与少阴的"三急下"，都是按照所谓透热转气，把气分的邪热先清掉，于是营血就不再耗伤，也就相对的保了津液和营血。这是从治疗的道理来讲的。但是不管怎样，张仲景在治疗整个热病过程中，在使用方药上的的确确有他不可回避的局限性。如果拿温病的治疗方法相比照，那么后世的温病学家就会列出一大队方剂：从白虎汤、"三承气"、清营汤、犀角地黄汤，以及"三宝""三甲"，大、小定风珠等等。由此可见，那时候的张仲景，还不善于或者不会使用清营凉血、清心开窍、熄风镇潜之类方药。所以历史上关于"古方今病不相能也"的争论，恐怕也是因为这个问题引起的。

必须指出，张仲景用药局限性并不表现在太阳和少阳篇，也不表现在阳明篇，而是表现在阳明病往后的营分和血分，即相当于伤寒论的少阴热证和厥阴的热厥。这不是理论上的重大的失误，也不是理论上重大的缺陷，而是治疗方法上的局限性，所以弄清楚这个问题的时候，我们就能正确的理解后世温病学说产生的必要性了。

三、正确理解伤寒论与温病学之关系

怎么样正确理解伤寒论和温病学的关系，

1. 从总体上看　总体上看，《伤寒论》和温病学的理论体系的本身没有太大的毛病。再从两者治疗宗旨来看：《伤寒论》在治疗外感病的过程中贯穿了两个宗旨，即"保胃气、存津液"。所谓的保胃气，是针对寒邪伤阳讲的，所谓的存津液，是针对热邪伤阴讲的。因为在整个外感病的过程中，不是耗伤阳气，就是耗伤阴津，因此保胃气、存津液是整个《伤寒论》在外感病过程中治疗的两个根本宗旨。那么温病呢，清代医家曹炳章在《增补评注温病条辨》一书里说，温病治疗的基本宗旨就是"存津液"。从这个意义上讲，《伤寒论》的治疗宗旨是针对广义伤寒的；而温病以"存津液"作为宗旨，它实际上是针对狭义伤寒的。这个狭义的伤寒，就是《难经》的"伤寒有五"里的湿温、热病和温病三者。既然我们已经说过，"伤寒有五"里的中风和伤寒是狭义的伤寒，同样湿热、热病和温病也是狭义的伤寒。所以在理论体系的角度来看，《伤寒论》讲的是广义的伤寒，温病学针对的是狭义伤寒中的温病。而且和《伤寒论》相比，温病学的真正贡献或者重点，是补充了《伤寒论》治疗温热病的用方用药的部分。这方面的补充当然是十分必要的，也是非常完善的。所以正确理解《伤寒论》和温病学的关系，一定要正确对待狭义伤寒和广义伤寒的概念。

这样，就便于在整体上正确对待《伤寒论》和温病学的关系了。

2. 三种辨证体系的关系　《伤寒论》的六经辨证和温病学的卫气营血辨证以及三焦辨证体系，是什么关系呢，这里需要强调的是用"大体"这个词。对于伤寒论的六经辨证和温病的卫气营血辨证，从20世纪70年代就有几位很有影响的中医学家都在研究"寒温统一"问题，试图把《伤寒论》和温病学的体系统一起来。从上面讲的一些观点和对这些问题的分析来看，恐怕要真正形成一个完整的理论，或者对这方面的学术发展起一个什么促进，还需要在学术上再做工作。不过在这个前题下，对于《伤寒论》的六经辨证和温病学的卫气营血辨证和三焦辨证，初步做一个归纳，这就是我强调"大体"的意思。

第一，关于六经辨证与卫气营血辨证：

《伤寒论》的太阳病大体相当于卫气营血辨证的卫分证。

《伤寒论》的少阳病和阳明病大体相当于卫气营血辨证的气分证，以邪热为主。《伤寒论》的少阴和厥阴的热证，大体相当于卫气营血辨证的营分证和血分证。

第二，关于六经辨证与三焦辨证：

《伤寒论》的太阳病，大体相当于吴鞠通的

《温病条辨·上焦病篇》的一些内容，或者说太阳病和《上焦病篇》相对性比较明显。

《伤寒论》的少阳、阳明与太阴病这部分内容，大体和吴鞠通所讲的《中焦病篇》相关。

《伤寒论》后面所讲到的少阴的热证和厥阴的热证，与吴鞠通所讲的《下焦病篇》大体相关。

这里讲的，主要是从辨证体系上看《伤寒论》和温病学的关系。有了这么一个基础，在学习温病的时候，就会概念清楚，少走弯路。因为在往后讲温病学各章节时，还有一些问题与这里讲的问题直接相关。伤寒和温病的基本认识先搞清楚，以后的问题就容易解决了。最后需要说明，第三部分是本人对伤寒与温病关系的基本观点。限于时间原因，这里暂且不做进一步的论证。至于六经辨证，卫气营血辨证，三焦辨证体系的真正统一，还有许多学术问题需要今后进一步研究。

《外台秘要方》“伤寒”考

毛绍芳　河南省南阳市第二人民医院
刘世恩　河南省南阳张仲景医学研究所

《外台秘要方》系唐代医学家王焘撰著于公元752年。王焘，陕西郿郡县人，曾任弘文馆要职，长期从事弘文馆图书管理工作。期间，王氏不失时机地饱览了馆内珍藏的众多医药学典籍，进而得其要领，核其旨归，去其芜杂，取其精华，再条分缕析，归类编次，一部《外台秘要方》洋洋百余万言，达四十卷之多。所辑材料，上至先秦，下迄唐世，古今医技、方药，无不采摭，实为唐朝之前医药学之集大成。

笔者参照晋·王叔和《脉经》《金匮玉函经》，隋·巢元方《诸病源候论》，唐·孙思邈《备急千金要方》《千金翼方》，宋·王怀隐等《太平圣惠方》、林亿等《伤寒论》《金匮要略方论》，日本国康平本《伤寒论》，白云阁本《伤寒杂病论》等不同朝代的《伤寒杂病论》传本，就《外台秘要方》中所辑《伤寒杂病论》佚文，进行了较为认真全面的考证，现将考证结果公示于同道。

一、考证统计

据统计，一部《外台秘要方》前后40卷，共收载《伤寒杂病论》佚文259条，其中只有论而无方者39条，方论俱全者205条，有方无论者14条，其他1条。载方（除去重复）共180首，其中4首仅有方名而无药物组成和使用方法等。另则，在259条佚文中，注明“仲景云”者2条（卷一、卷二十八各1条），注明“《伤寒论》同，者1条（卷一），注明“仲景《伤寒论》者”37条（见于卷一6条、卷二10条、卷四6条、卷五4条、卷七3条、卷十4条、卷十二4条），注明“张仲景《伤寒论》”者2条（见于卷二、卷五各1条），注明“仲景同”者1条（见于卷二），注明“《伤寒论》云”者2条（见于卷五），注明“张仲景云”者2条（见于卷十一、卷十九各1条），注明“仲景《伤寒论》同”者3条（见于卷十二）。

二、辑载佚文所涉及的篇卷

卷一，载佚文61条，其中只有论而无方者8条，方论俱全者44条，有方无论者9条，载方（除重复者）43首，其中竹叶汤、橘皮汤、五苓散、三黄汤四首方子，在卷一中只列方名而没见药物组成及使用、加减方法等内容。卷二，载佚文71条，其中有论无方者16条，方论俱全者52条，有方无论者3条。载方（除重复者）59首，其中六物青散、正阳旦、温粉等三首方子在卷二中只列方名而没见药物组成及使用、加减方法等内容。卷三，载佚文6条，该6条方论俱全。卷四，载佚文13条，其中有论无方者1条，方论俱全者11条，有方无论者1条，载方12首。卷五，载佚文19条，其中有论无方者4条，方论俱全者15条，载方13首。卷七，载佚文11条，其中，方论俱全者10条，有方无论者1条，载方12首，其中利丸1首只见方名没有药物组成及使用、加减方法。卷八、载佚文18条，其中有论无方者4条，方论俱全者14条。载方16首，其中温粉、小半夏汤在卷八中，仅见方名而无药物组成等相关内容。卷九，载佚文11条，其中有论无方者1条，方论俱全者10条，载方9首。卷十，载佚文11条，方论俱全，载方11首。卷十一，载佚文2条，其中有论无方者1条，方论俱全者1条，载方1首。卷十二，载佚文10条，其中有论无方者1条，方论俱全者9条，载方9首。卷十四，载佚文5条，该5条方论俱全。卷十五，载佚文2条，方论俱全，载方2首。卷十八，载佚文1条，方论俱全，载方1首。卷十九，载佚文5条，其中有论无方者1条，方论俱全者4条，载方4首。卷二十，载佚文6条，其中有论无方者1条，方论俱全者5条，载方5首。卷二十三，载佚文2条，方论俱全，载方2首。卷二十五，载佚文1条，方论俱全，载方1首。卷二十七，载佚文1条，方论俱全，载方1首。卷二十八，载佚文1条，传授仲景自缢急救法。卷三十一，载佚文2条，方论俱全，载方2首。

三、考证总结

1.《外台秘要方》所载《伤寒杂病论》佚文，分散于全书的21卷之中，占全书40卷的1/2以上。其病种除六经本经病证及变证外，还涉及诸如百合病、狐惑病、黄疸、疟疾、厥证、呕吐下利、痰饮、水气、胸痹心痛、寒疝、肺痿、肺痈、消渴、中风、小儿惊痫、风湿痹痛、喉痹及自缢急救术、卒暴百病备急方等内、妇、儿、五官多科病证。

2. 据不完全统计，王焘所辑的259条《伤寒杂病论》佚文，选自《阴阳大论》《伤寒论》《金匮玉函经》《诸病源候论》《千金要方》《千金翼方》《古今录验》《肘后方》《近效》《小品方》《集验》等十多种古代医学珍籍，王焘学识之广，医理之深，可见一斑。然而，该书所辑佚文纯属理论性的仅占39条，由此可以看出，王焘当时所辑《伤寒杂病论》佚文只是注重于方药方面的内容，忽视了理论性佚文的辑录，这不能不说是给后人留下的一大缺憾。

3. 王焘所辑的180首经方，有许多不见于今本《伤寒论》和《金匮要略方论》，如直接用仲景之名命名的"仲景三黄汤"（卷十九）、"张仲景飞尸走马汤"（卷七），"仲景三物备急丸"（卷三十一）等。再如卷一的春膏方、斑出方、百节疼痛汤、小前胡汤、大前胡汤等。卷二的六物青散、阳旦汤、正阳旦、薰草黄连汤等。卷四的黄汗吴蓝汤，卷五的小柴胡去半夏加栝蒌汤，卷七的抵当乌头桂枝汤、利丸，卷八的木防己去石膏加茯苓芒硝汤，卷十的桔梗白散等。虽同是一方，但其适应病证，却与今本不同，如《外台・卷十》炙甘草汤"疗肺痿、涎唾多、心中温温液液者"，今本《伤寒论》炙甘草汤适应于"伤寒，脉结代，心动悸"的心阴阳气血亏虚之证。有些方名相同，而药物组成，临床适应证却大相径庭，如卷二、卷三中的麻黄汤，均由麻黄、桂枝、杏仁、甘草组成，适用于伤寒表实证；卷十四的麻黄汤则由麻黄、甘草、石膏、杏仁、人参、干姜、茯苓、防风、桂枝、半夏组成，适应于"疗中风、气逆、满闷、短气"等病证；卷十的麻黄汤由麻黄、白芍、生姜、细辛、桂枝、半夏、石膏、五味子组成，适应于"疗肺胀，咳嗽上气，咽燥、脉浮，心下有水"的病证。再如桂枝汤，在卷一、卷二等篇中，由桂枝、白芍、甘草、生姜、大枣组成，适用于太阳中风表虚证，功在解肌疏风、调和营卫；卷十四的深师桂枝汤去白芍，用于"疗中风、汗出、干呕"等；卷十四的另一首桂枝汤又多一味葛根，用于"疗中风，身体烦疼，恶寒而自汗出"等。再如卷一的两首甘草汤、卷二的两首柏叶汤、卷十二的两首薏苡仁散、卷十九、卷二十的三首深师木防己汤等均属此例。其中，药物组成及适应病证均相同而方名不同者，也甚为常见，如卷二的麻黄解肌汤，实为麻黄汤；卷二的百合病变发热方，实为百合滑石散；卷十的喘鸣迫塞方，实为葶苈大枣泻肺汤等。

总之，通过对《外台秘要方》中有关《伤寒杂病论》佚文的考证，对于进一步弘扬仲景学说，探研仲景先师的风格、风尚及学术思想，均具有十分重要的现实意义和深远的历史意义。

《周易》六爻和《伤寒论》六经辨证的关系

石应轩　河南偃师市山化乡石家庄卫生所
康淑香　河南巩义市孝义镇南新村诊所

清代名医徐灵胎（大椿）曰："医者学问，全在明伤寒之理，伤寒理明，则万病皆通。"《伤寒论》一书，千百年来向被中医界奉为圭臬。尊称经典。有众多的医家致力于《伤寒论》的研究，为之注释者不下数百家，形成了蔚为壮观的伤寒学派。而《周易》被儒家推崇为群经之道，"始作八卦，以通神明之德，以类万物之情。"虽然表面上采用了卜筮的形式，但其实质则是一部哲学典籍，庄子曰"易以道阴阳"，其富含着辨证法的思想是显而易见的。它对于我国古代各个学科都有着广泛而深刻的影响，中医学与《周易》更有"医易同源"之说。后来，随着中医学临床各科的发展。出现了医易分家的局面，研易者不知医，研医者不知易，当然，也时有医易兼通的大家出现，对中医学的发展起着推动作用，历代医家虽多认为《伤寒论》和《周易》之间存在着密不可分的关系，但二者之间究竟是怎样的关系，又多语焉不详。今贤中国中医研究院杨力副教授，在其论著《周易与中医学》中也提出：周易六爻与中医六经，六经体系，六经辨证密切相关，惜未展开详细论述。数年来，笔者潜心于医易学的探讨和研究，发现《周易》的爻位关系，与《伤寒论》六经之间存在着对应关系，运用《周易》的爻位关系，并结合开阖枢学说标本中见的气化学说，有利于说明《伤寒论》六经的实质（反映了外感热病全过程正邪消长的变化规律，即用三阴三阳预见并规定了机体感受急性热病后由正气量不断减少所导致的病变由阳转阴乃至阴阳不相顺接的全过程），和六经证治以及六经传变等一系列关于《伤寒论》研究的重点，疑难问题，今不揣浅陋，进行论述，以期抛砖引玉，且就教于海内外的大方之家。

近代经方大家恽铁樵先生在其《药庵医学丛书·伤寒论研究》中指出《伤寒论》第一重要处为六经，而第一难解处亦为六经，凡读《伤寒论》者亦无不于此致力……此处不解，全书皆模糊影响。“考诸《伤寒论》本无“六经”之名。而最早提出“六经”之名者，是宋代朱肱的《南阳活人书》，《伤寒论》本论不称“六经”，而直以太阳、阳明、少阳、太阴、少阴、厥阴呼之，而此三阴三阳亦本于《内经》《难经》和《周易》。仲师在《伤寒杂病论》序言中，提到《阴阳大论》，今已不传，但从《伤寒论》三阴三阳辨证体系来看，该书当为秦汉之际一种专论阴阳及三阴三阳与人体病变关系的专著。当代著名伤寒学家米伯让先生认为《阴阳大论》很可能即今《周易》之别名。张仲景为医中之圣，学识渊博，在撰写《伤寒杂病论》时“勤求古训，博采众方”，对《周易》造诣很深，且达到运用自如的水平，自然不言而喻。他通过临床实践以积累丰富经验，并把握疾病、证候、症状之间的联系，且处之相应的方药之后，创造性地通过三阴三阳方法，确立其辨证论治体系。

明代著名中医学大家张景岳先生说：“宾尝闻之孙真人曰‘不知易，不足以言大医’，……方知天地之道，以阴阳二气造化万物；人身之理，以阴阳二气而长养百骸。易者，易也，具阴阳动静之妙；医者，意也。合阴阳消长之机，虽阴阳已备于内经，而变化莫大于周易。故曰：天人一理者，一此阴阳也；医易同源者，同此变化也，岂非医易相通，理无二致，可以医而不知易乎?”此段话清楚明白地道出了医易二者的关系。为了说明《周易》六爻和《伤寒论》六经之间的关系，下面对本文运用到的《周易》内容作简要介绍。

《周易·系辞》曰：易之为书者，广大悉备，有天道焉，有人道焉，有地道焉，兼三才而两之故六，六者非它也，三材之道也。

《说卦》云：昔者圣人之作易也，将以顺性命之理，是以立天之道，曰阴与阳，立地之道，曰柔与刚。立人之道，曰仁与义，兼三才而两之。故易六画而成卦，分阴分阳，迭用柔刚故易六位而成章。两个三画的经卦相重而生“六画之象”，这就是《系辞》中所谓“八卦相荡而生成的六十四重卦。六画之象包含内、外两个经卦。亦称上、下两卦。六个爻画的排列自下而上。最下一爻的称初爻，顺而上依次称为二爻，三爻，四爻，五爻。最上第六爻称作上爻。将一卦六个爻画分成三部分。上两爻为天，中两爻为人，下两爻为地，又有“阴位”“阳位”之分，（奇数为阳，偶数为阴），初爻、三爻、五爻称作阳位，二爻、四爻、上爻称作阴位。爻也分阴阳，（“——”为阳爻，“- -”为阴爻），若阳爻居阳位，阴爻居阴位，谓“得正。”或“得位”，主吉祥。反之，若阳爻居阴位。阴爻居阳位，则谓“不正”或“失位”，不吉、《伤寒论》六经完全遵从了《周易》“得位”，“失位”的爻位关系。除此之外，汉代人在注释《周易》经文的著作中，认为每个卦体的阴、阳爻画之间，还有着“比”“应”“中”等关系。所谓“比”，指在一卦的卦体中，相邻的两爻最接近，近则亲密，这种关系，称之为“比”。如初爻与二爻，二爻与三爻，三爻与四爻，四爻与五爻五爻与上爻，都可以称“比”。这在《伤寒论》中，也有类似的关系，如《伤寒论》中的太阳与阳明，阳明与少阳、少阳与太阴、太阴与少阴，少阴与厥阴六经之间，也存在着“比”的关系。在一卦的六画之象中，初爻与四爻，二爻与五爻，三爻与上爻之间，汉代人认为有着一种呼应的关系，被称之为“应”。同样《伤寒论》中太阳与太阴、阳明与少阴，少阳与厥阴之间，也存在着“应”的关系。所谓“中”，汉代以来的易学家们称之为“居中”“得中”，“处中”等，一般系指一卦卦体中的第二爻与第五爻。（但也有例外，因为第五爻居外卦之“中”，第二爻居内卦之“中”。）具体到《伤寒论》阳明病居内卦之中爻，“胃者，水谷之海，六腑之大源也”，脾胃为后天之本，气血生化之源，有胃气则生，无胃气则亡，先天之精血必赖后天之资，病久穷极必然及于先天，所以阳明是三阳病向三阴病传变的关键。而少阴病居外卦之中爻，先天为心肾之脏。心主血脉，又主神志，肾主藏精，内寓真阳，由于病变经过不同，体质因素有偏，所以临床上可分别呈现少阴阴虚热化证和少阴阳虚寒化证，病之重者，阳亡则死，阴竭亦死，故少阴病多死症。在机体正气量的消耗上，少阴病可以视为最后阶段。但少阴为枢，既可传厥阴，也可转太阴，还可转于阳经，由阴转阳而自愈。

《周易·系辞》在谈到爻位关系时说：二与四同功而异位。其善不同。二多誉，四多惧。近也。柔之为道，不利远者，其要无咎。其用柔中也。三与五同功而异位，三多凶，五多功，贵贱之等也，其柔危，其刚胜邪。……其初难知，其上易知，本末也。初辞拟之，卒成之终。若夫杂物撰德，辩是非，则非其中爻不备。在谈到爻位的变化规律时说：易之为书也不可远，为道也屡迁。变运不居，周流六虚。上下无常。刚柔相易，不可为典要，唯变所适，这些论述对我们理解《伤寒论》六经传变有重要的启迪作用。

笔者之所以不厌其烦地论述《周易》爻位关系及其变化规律，其目的是为了说明仲师《伤寒论》六经辨证的论证方法，借鉴了《周易》的思维模式（图略）。”

《周易》义理派的创始人王弼先生说：“卦者时也，爻者适时之变也。”《周易》除卦象反映着阴阳的消长变化外，爻象也富含着三阴三阳的变化。《周易》六十四卦，每一卦由六爻组成，六爻的变化反映着三阴三阳的消长变化，六爻自下而上构成一个阴阳消长转化周期，由初爻到六爻，反映了阳气由微到盛，由盛到衰，由衰到反（质变）的规律。如以乾卦为例，(《周易》以变为占，故以老阳数“九”作为卦中阳爻的标志，以老阴数“六”作为卦中阴爻的际志。）从初九（第一爻）为阳气始生，九二（第二爻）为阳气渐盛，九三（第三爻）为阳气旺盛，九四（第四爻）为阳气大盛。九五（第五爻）为阳气盛设始衰，亡九（第六爻）为衰极必变，其中蕴涵着量变质变规律萌芽的辩证法思想。

上述《易·乾卦》是《周易》六爻位所表示事物发展的六个阶段，即由初微→渐盛→旺盛→盛极→始衰→来复的典型反映，《内经》的六经三阴三阳分证即导源于此。《伤寒论》六经辨证继承发展于《内经》六经分证，脱胎于《周易》的六个爻位关系。《伤寒论》六经辨证从太阳病到厥阴病，也和《易经》六爻盛衰次序一样，体现了一个邪正盛衰转化的六个位象，其中太阳病、阳明病、少阳病、太阴病、少阴病、厥阴病有三阴三阳始盛、盛极、始弱、渐衰、衰极、往复必变的变化趋势。《伤寒论》不仅整个六经体系体现了《周易》六爻阴阳的消长盛衰规律，而且每一经病都反映了阴阳盛衰消长转化的全过程。

《伤寒论》的六经，是有脏腑经络的定位概念，也有六气寒热的属性，但更重要的是以人的正气（包括阳气及阴气）强弱为中心，对外感热病的发展过程做了动态观察，既看到了六经的物质基础，又看到了六经所反映出的正邪消长，既有外感热病所占据的空间位置，又有病情发展变化的时间概念。因此，反映正邪变化的阴阳消长是《伤寒论》六经的实质。

为了简明扼要地说明问题，列表于后

一阴	厥阴（两阴交尽）		
二阴	少阴（阴中之枢）	阴气	由盛到衰 由多到少
三阴	太阴	↑	
一阳	少阳（阳中之枢）		
二阳	阳明（两阳合明）	阳气	由盛到衰 由多到少
三阳	太阳	↑	

《内经》云：邪气盛则实，精气夺则虚。由三阳至二阳再至一阳，说明了邪胜正却，阳气减弱。在阳气旺盛阶段宜祛邪，阳气衰减宜扶正祛邪。在外感热病初起阶段的治疗，要避免使邪气深入。由三阴而二阴再至一阴，也说明邪胜正却，阳气本衰，阴气也逐渐减少。在阳气尚不衰减，扶阳即可；在阴气与阳气俱虚的情况下，辨其以阴虚为主，或是以阳虚为主，分别养阴或扶阳，或阴阳双补；若阴或阳都衰微到极点，阳盛阴竭，是指邪热很盛，宜攻下祛邪而存阴。阴盛阳亡则回阳救急。在后期阶段的治疗中，要防止阳气或阴气的耗竭。

总而言之，根据阴阳消长的六经辨证，比较全面地反映了外感热病发生，发展，变化，恢复或死亡过程中的一些共性的变化规律。因此它必然要反映出正与邪的矛盾，及其相互作用的关系，只有根据阴阳气的多少反映正邪消长的变化，再结合藏府经络与六经气化作用，才能比较全面地理解《伤寒论》中的六经辨证。

下面，我们将结合开阖枢学说。《素问·阴阳离合论》云：是故三阳之离合也，太阳为开，阳明为阖，少阳为枢。……三阴之离合也。太阴为开，厥阴为阖，少阴为枢。王冰注云：夫开者，所以司动静之机。阖者，所以执禁锢之权，枢者所以主动转之微。和以标本中见的理论指导六经证治的气化学说”《素问·六微旨大论》说：“少阳之上，火气治之，中见厥阴；阳明之上，燥气治之，中见太阴；太阳之上，寒气治之，中见少阴；厥阴之上，风气治之，中见少阳；少阴之上。热气治之，中见太阳；太阴之上，湿气治之，中见阳明。所谓本也，本之下，中之见也，见之下，气之标也。”《素问·至真要大论》说，少阳太阴从本，少阴太阳从标从本，阳明厥阴不从标本，从乎中见”。通过对六经提纲证及其主要脉证、治法的综合论述，说明采用六爻的形式进行排列，便于说明三阳经、三阴经性质、治法的差异。

在论述六经病的证治时，仲师运用了《周易》“方以类聚物以群分”和“本乎天者亲上，本乎地者亲下”的原则，符合现代自然科学中集合论、系统论的理论。更采纳了《周易》的爻位关系，总结出各经病的提纲和排列次序，传变规律，治疗原则，具体方药及其预后转归。

太阳主表，太阳病为疾病发生的初始阶段，病情较轻，病位较浅，正气尚盛，相当于卦之初位。故处在六经病首，并以“脉浮，头项强痛而恶寒”作为脉证提纲，脉浮反映邪正交争于表，恶寒反映邪始入人体，未与有形之物相结。此时，若恰当治疗，可使肌体免受重大损害。治疗上因病邪转浅，“其在皮者，汗而发之”，汗之以解表。同时，阳经居阳位，为得位之象，所以一般预后良好。反之若失治、误治、则内传至二位阳明，或致使正气亏损，邪气由表入里，则变证蜂起，极易形成正虚邪陷的危重证。

太阳发病，两从标本，故太阳经证，从本寒化，则见恶寒；从标阳而化，则见脉浮，发热；病及本腑，则使寒水不化而致小便不利，口渴之证。治用麻黄汤、桂枝汤、五苓散之类。

太阳为三阳之“开”，主一身之表，为病邪出入门户。外邪袭人，始自太阳，太阳统营卫，一方面主司汗孔的开合，另一方面抗御防邪，防邪内侵，其太阳所通营卫，其腑膀胱又主司气化，因此太阳的作用为上行外达，故称太阳为开。当正气不足，外邪侵袭人体，太阳首当其冲而发病，导致开的机能紊乱，或当开而反闭，见发热、恶寒、汗不出而喘，因而以麻黄汤开腠发汗祛邪，使闭者开；或则当阖而反开，致汗出、恶风、脉浮缓，以桂枝汤调和营卫，使主卫司表的功能恢复；或气化不利而口渴，小便不利，以五苓散治之。总之，因为太阳之气不能上行外达卫外而为固，腠理开合紊乱不节，以致于产生了太阳病。其治疗都是针对太阳“开”的功能而立法遣方的。在三阳经开阖枢之间，太阳“开”的作用，可以转属阳明“阖”，也可转属少阳“枢”，还可转属三阴经，其预后转归，病在开时，多为病轻，易治。

阳明病，正盛邪实，正邪交争激烈，为三阳病极盛时期，因此放在太阳病后，在卦位相当于二位，为内卦之中位。在症状上，既有大热、大渴、烦躁、谵语。又有腹满时痛，大便燥结不通，所以用“胃家实”作为提纲概括病机。（胃家实际应为胃、大、小肠之通称）。胃气以下降为顺，六府以通为用，因此时正气尚盛，能耐攻伐，“其下者，引而竭之”“中满者，泻之于内”，故阳明病经证、腑证，分别以清、下为治。因阳明病阳经居阴位，在卦为不得位，此为凶象，故阳明病在三阳病中病情最重，有高热，神昏，谵语之危象。也说明仲师重视正气（人体以胃气为本）的学术思想，因其虽不得位，但地居下卦之中位即得中，不愈则传至三位之少阳。

阳明本应从中气而化。若中气化而不及，邪从阳明本燥而化，则成燥热证或燥实证，治以白虎或承气汤类；若中气之化太过则成寒湿之证，或中气之化兼阳明之标，则成湿热证，治宜寒湿中求之或以茵陈蒿汤类。

阳明位于三阳之里，主腐化传导，阳气蓄于内而生精排浊，其特点“内行下达”，故称阳明为三阳之阖。邪侵阳明，则其内行下达的机能遭到破坏，不能发挥应有的作用，则其阖的功能紊乱，故出现不能食，大便燥结，或呃逆，小便数，热结旁流。若其阖的作用破坏，阳气不能内蓄，则见潮热、谵语大汗等证。阳明病是内行下边阖的功能失常，故主以攻下，祛其留邪，恢复阳明受纳传导之职。病在阖时，则病稍重稍深不易治。病邪在阳明阖，一般不传向太阳“开”或少阳“枢”，即所谓“无复所传”其出路或见自解，或阳热亢盛以致危殆。

少阳病，在卦相当于三位，为于卦之末位，处内，外卦之交界；在经为阴、阳经之枢纽。这一特殊的位置，决定了少阳病“口苦、咽干、目眩、寒热往来”的特殊临床表现，代表阳热消退阶段，以示病机为半表半里，汗之不解，伐之无益，故仲师治以和解之法。因其为“得位”之经，故无凶险之势，预后多良好，其病外承阳明，内近太阴，具有向内，向外双向趋势。若治之得法，则从阳向表而解；失治、误治则内陷三阴，且径转太阴。

少阳从本化以概标。化之太过则热盛，升降失调，而致相火上炎或枢机不利，见口苦、咽干、目眩，治宜黄芩汤；或见胸胁苦满，往来寒热，嘿嘿不欲饮食，治以小柴胡汤。

三阳经中，太阳为开，阳明为阖，少阳位于半表半里之间，具有宣通，开发，疏调的作用，故称之为“枢”。少阳病多为枢机不利，开发条达不及而为病。例如正邪分争于半表半里，故有往来寒热，胸胁苦满、心烦喜呕的症状。少阳病既可外兼太阳，也可内兼阳明，因而在三阳经中，有着重要的枢转作用。少阳作为“阳枢”的作用，在于少阳邪气多来自太阳“开”，又最易入里转属阳明“阖”，故少阳病在临床中具有一种不稳定性。少阳为阳枢，若病自太阳“开”来，则病为进，若由厥阴之“阖”转来，则病为好转，外出向愈。少阳病枢机不利，邪在半表半里，既不可汗，又不可下，则用小柴胡汤以和解表里，恢复其枢机的作用。

太阴病，代表阴证中较为轻浅的病证，主要表现为脾胃虚寒证，以“腹满而吐，食不下，自利益甚，时腹自痛，若下之必胸下结硬”为提纲证，示太阴病具有反转之机，在治疗上则以温补为主。太阴为得位之经，并无凶险之证，若治之得法，尚可由虚变实，由阴转阳，故有“实则阳明，虚则太阴”之说法。若误下则变证如麻，故太阴病放在少阳病之后，在卦相当于卦之四位，为上卦之初位，有交阳通阴之作用。

太阴本化以概标。若化之太过，中见之阳明燥化不及则成太阴虚寒夹湿之证，而见腹满而吐，食不下，自利益甚等，治宜用理中，四逆辈。

太阴居阴分之表，主宣发、输布，凡血脉周流，津液四布，都是太阴经的作用，因此，称太阴为三防之“开”。太阴病，是因其宣散，输布，气化的作用，也即“开”的机能紊乱所致的结果。如水津不能输布则见腹满时痛，呕吐下利不渴，是太阴脾运失职。在三阴开阖枢之间，太阴为里虚寒证，病情进一步发展，很容易转为全身性虚寒证的少阴病。三阴病，太阴为开，病在开时，多为病轻，易治。

少阴病为三阴之最重阶段，以“脉微细，但欲寐”为纲，阳气衰微，阴寒极盛，故放在太阴病后，为卦之五位，五为阳应，少阴居之为凶。阴阳分离，水火不济，多危及生命。因阴寒内盛，虚阳外越，治疗上多以回阳救逆为法。

少阴两标本之化，从本化之太过，标化不及则成少阴热化证，治宜黄连阿胶汤、猪苓汤、桔梗汤类；从标化之太过，本化不及则见少阴寒化之下利清谷，恶寒踡卧等，治以四逆汤类方。

少阴居于阴分之中，所连脏腑是心火肾水，所藏物质心血肾精，皆宜通达全身而为用，与全身各经脉脏器有着密切的联系。在三阴经中，少阴又为里之半表半里，因而称之为三阴之枢。少阴枢机不利，则心肾中水火不交，各自为政，故可见心烦不眠的热化证，又可出现脉微下利的寒化证，尚可见到单纯枢机不利的四逆散证。少阴作为阴枢的作用在于：少阴病邪常来自太阴开，又可转向二阴交尽的厥阴“阖”，其病预后多不良。

厥阴病，表示疾病的最后阶段，阳气或阴气都衰微到了极点，寒化而阴盛阳亡为寒厥，热化而阳盛阴竭为热厥，故以“消渴，气上撞心，心中痛热，饥而不欲食，食则吐蛔，下之利不止”为纲，反映寒热错杂之机，“凡厥者，阴阳气不相顺接便为厥”，正是厥阴病机的透彻归纳，无厥则不得为厥阴病，相当于卦之上位，体观了《周易》“物极必反”“物穷必变”的哲学思想。

厥阴从乎中气少阳火化。中气之化，若兼厥阴之标，则成寒热错杂，厥热胜负之证，治以乌梅丸，姜芩连参汤之类；若中气之化兼厥阴之木，风热相合，则成热厥之证。

厥阴居阴分之里，为两阴之交尽，手厥阴心包代君行令，使阴血敛而火不作，足厥阴肝主藏血，使血脉潜藏而精不泄，故称厥阴为三阴之阖。若厥阴阖的机能失常，则出现寒热不能交阖，而见错杂胜负之象，阴血不能潜藏则见呕吐或下利脓血等症。

病至厥阴，也多死证，一般不转向太阴“开”，或少阴“枢”，其出路或寒极致阳脱而死，热极致阴竭而亡，或转出阳经而愈。

最后谈谈六经传变的问题，六经为病不外正邪斗争的进退变化，凡邪气由表入里，由阳入阴，属于邪盛而病进；若正气抗邪有力，能拒邪外出，由里出表，或由阴转阳，属于邪衰而病退。故外感热病，在三阳经阶段，多属于表证、热证、实证，在三阴经阶段，多属于里证、寒证、虚证。但是决定是否传经，在于正气的强弱，感邪的轻重，防治、护理的顺逆，其中尤以正气包括阳气和阴气的抗邪能力为先决条件。六经传变的方式是多种多样的，有一般传变，表里传变，越经传，合病、并病、两感、直中，坏病等，不能呆板地认为日传一经，或严格按照太阳→阳明→少阳→太阴→少阴→厥阴的顺序进行传变，分析传经与否，要从其脉证变化入手，其治疗原则是“观其脉证，知犯何逆，随证治之。”

综上所述，《伤寒论》六经辨证体系的形成，是医圣张仲景先生吸收前代的辩证法思想，结合自己的临床实践，更借鉴了《周易》六爻的爻位关系的内容，创造性地建立了一种理法方药完备的理论体系，奠定了中医临床治疗学的基石，千百年一直有效的指导着临床实践，为保证中华民族的繁衍昌盛做出了重要贡献，很有进一步深入研究的必要。

《伤寒论》治略与兵法三十六计举隅

陈　明　北京中医药大学

中国有一部兵书叫《三十六计》，讲的是古代战争的谋略。“三十六计”一语，最早见于《南齐书·王敬则传》：“三十六策，走为上计。”这说明，三十六计的说法在1500年前就已形成，它是对中国古代部分军事谋略和事例的概括总结，对后世的影响很大。今天，三十六计不仅用于军事，而且被世界各国广泛用于政治、外交、经济、科技等领域。中医省疾问病，善于讲究谋略，古人云：治病如对仗，用药如用兵。浩瀚的中国医籍中，蕴涵着丰富的治疗韬略，它是中国古代医家治病疗疾的经验结晶，其中不知耗费了他们多少心血和汗水。总结这些治略，无疑对中医临床大有裨益。《伤寒论》乃张仲景“勤求古训，博采众方”而成，其中的治病智谋深邃博大，两千年来一直有效地指导着中医临床实践。余在《伤寒论》的教研活动中，不仅体会出该书是集中医治则、治法之大成，而且发现其在组方、用药和煎服等方面，都包含着睿智的计谋，后来形成的兵法“三十六计”在《伤寒论》中都能体现出来，读来不禁令人拍案，有茅塞顿开之快。余已将其粗略整理成文，欣逢本次仲景学说研究盛会，提出与同道共享，并希望多提宝贵意见。文章较长，考虑篇幅，本文节选而发，得窥仲景谋略之一斑。

一、借刀杀人计

［原文］敌已明，友未定，引友杀敌，不自出力，以损推演。

［解说］此计名出自明代戏剧《三祝记》。该剧讲的是范仲淹的政敌一心要除掉范仲淹，通过密谋策划，让不会打仗的范仲淹去领兵征讨当时势力强大的西夏，欲借西夏这把“刀”以除掉自己的眼中钉。这种自己不抛头露面，而是借他人之手以间接除掉对手的计谋，就叫“借刀杀人”。

［运用］运用“借刀杀人”计，首先得会“借”，借者必须详细考察被借者（刀）的条件，揆度权衡，能把握事情发展变化的趋势，做出较为正确的判断。其次，所借之“刀”要快，被借者必须有能力去完成借者交代的任务，而且不露蛛丝马迹，不留后患。在中医临证中，此计可用于借治它病的方法、药物来治疗本病，如通过治标以治本、通过治表而治里、通过疏肝以治肾等。

［伤寒论例举］四逆散治少阴厥逆法。318条云：“少阴病，四逆，……四逆散主之。”本条冠以“少阴病”名，其主证为“四逆”。然而少阴病出现四肢厥逆，以阳虚阴盛居多，应伴有恶寒踡卧、下利清谷、脉微欲绝等全身虚寒的证候，用回阳救逆的四逆汤治疗。然本条所述并无上述虚寒症状，其四肢逆冷程度较轻，为少阴心肾阳气郁遏，不能外达于四肢所致。阳气郁遏，治当以开达疏散为法。然而少阴为阴经之里，肾气以闭藏为功，若用开达疏散少阴之法，不仅厥逆不回，反而耗散少阴精气，后患无穷。为此，仲景拟用“借刀杀人”计谋，借厥阴肝气疏泄条达之“刀”，来治少阴心肾阳气郁遏之病。因厥阴主“枢”，有“阴尽阳生”之长；肝属木，主疏泄条达，掌气机之出入。厥阴肝上接心火，成子母相应；下连肾水，为乙癸同源。因此厥阴肝气一开，气机出入畅通，则少阴郁阳开解而自然达于四肢，厥逆自除。四逆散有柴胡、芍药、枳实、甘草四味药物组成，配伍绝妙。柴胡配芍药，辛开、酸收相伍，一出一入，并调肝体与肝用；柴胡配枳实，升散、沉降相佐，又一表一里，斡旋气机于内外；芍药配甘草，酸柔、甘缓相须，一柔一缓，谨防肝气伤心肾。可谓配伍精当。本方行气开郁，推陈出新，不仅治少阴阳气郁滞，实为疏肝理气，条达气机之祖方，凡气郁之证，皆可借此“刀”“杀”之。

二、打草惊蛇计

［原文］疑以叩实，察而后动；复者，阴之谋也。

［解说］叩，即询问，查清楚。对当前之情有疑问者，即当查清事实，之后开展行动。总之，当反复考虑、分析，以摸清敌方的真假。本计名出自段成式的《酉阳杂俎》，讲唐代一叫王鲁的县令，甚贪，其手下一人被告受贿。王鲁见状，十分恐慌，生怕自己的事也败露出来，下意识的在状子上批了八个字：“汝虽打草，吾已惊蛇”。后来简化成了“打草惊蛇”的成语。

［运用］打草惊蛇作为一条计策，指的是在敌情不明或可疑的情况下，可先进行试探性的佯攻，来诱使敌人暴露出真实的情况，在反复侦察，探出虚实之后，再采取相应的行动，一举消灭敌人。在中医临证中，有时会出现病情疑似，难以准确地对病情做出判断，此时可采取“打草惊蛇”的计谋，用试探性治疗（打草）来确定病情的性质和程度（惊蛇），如《素问，至真要大论》所说：“诸寒之而热者取之于阴，诸热之而寒者取之于阳”，就属

于这种治疗计谋。即用寒药治之而热不去者（打草），说明此热可能不是实热、真热，而是虚热（阴虚）或假热（阴盛）（达到了惊蛇的目的），接着就采取“取之于阴”的治法，或甘寒滋阴，或温热消阴。同理，当用热药治之而寒不去者，说明此寒可能不是实寒、真寒，而是虚寒（阳虚）或假寒（阳盛），当改用“取之于阳”的方法，或甘温补阳，或寒凉损阳。

［伤寒论例举］小承气汤试探法。214 条云：“阳明病，谵语发潮热，脉滑而疾者，小承气汤主之。因与承气汤一升，腹中转气者，更服一升；若不转气者，勿更与之。明日又不大便，脉反微涩者，里虚也，为难治，不可更与承气汤也。”阳明病见谵语、发潮热，乃阳明腑实燥结的表现，当用大承气汤治之。然而大承气汤证脉当沉实，今见脉滑而疾数，恐燥屎结聚程度尚浅，病情不实，故不敢冒然使用大承气汤，而是试投小承气汤，以“打草惊蛇”，静观其变。若服小承气汤后，见腹中转气者，为肠中燥屎已动的表现，证明确有燥屎结聚，只是病重药轻未致泻下，可再服一次以尽邪气；若服小承气汤后不见腹中转气者，可能不是燥屎所为，腑实未成，不可再服承气汤；若大便通后复结，脉反微有涩象者，为气血津液不足的表现，此时虚实相挟，攻补两难，为难治之候，当然就更不能使用承气汤了。可见，在腑实成与未成尚未确诊之际，使用小承气汤试探法（打草），可以观察到至少三种结果（惊三蛇），临床根据其具体表现，从而采取针对性的治疗方法，并把握病情的发展趋势，判断疾病的预后。

三、擒贼擒王计

［原文］摧其坚，夺其魁，以解其体。龙战于野，其道穷也。

［解说］此计语出唐代诗人杜甫的《前出塞》诗：“挽弓当挽强，用箭当用长，射人先射马，擒贼先擒王。”比喻在作战时要抓住关键。首先摧毁敌人的主力，擒住它的首领，借此以动摇敌人的斗志，瓦解他们的整体力量，从而使敌人遭到失败。犹如使龙离开大海而到陆地作战面临绝境一样。

［运用］从哲学的角度讲，这里的“王”是指事物的关键、主要矛盾或矛盾的主要方面。擒贼擒王，意为办任何事情都要首先抓主要矛盾，主要矛盾解决了，其他次要矛盾也就迎刃而解了。因此，擒贼擒王有在千军万马中擒其魁首、在复杂的事物中击中要害和提纲挈领的意思。在中医临证中，经常会遇到一些具有复杂病情的病证，如阴阳俱虚、虚实相挟、寒热错杂、表里疑似等，在治疗这些病证时就要善于抓主要矛盾，善于抓主症，找出疾病的关键所在，从而采取独具慧眼的治疗方法。中医学中的许多治疗方法，如“治风先治血，血行风自灭”“通阳不在温，而在利小便”“治湿不利小便非其治也”“先安未受邪之地”“欲求南风开北牖”“治火先降气”“有形之血不能速生，无形之气当急所固（血脱先固气）”等，都是这一计谋的具体体现。

［伤寒论例举］桂枝加附子汤扶阳以固阴法。20 条云：“太阳病，发汗，遂漏不止，其人恶风，小便难，四肢微急，难以屈伸者，桂枝加附子汤主之。”太阳病发汗，本为正治之法，但若发汗太过，致漏汗不止，不但伤阴，而且损阳，出现阴阳两虚的局面。这时病人恶风可能较前更重。过汗伤阴损阳，不仅使膀胱津液亏少，而且使膀胱气化无力，故见小便难。同样，阴阳两虚，筋脉既失于滋养，又失于温煦，导致了四肢拘急，难以屈伸。可见，本证因过汗导致了阴阳两虚而又风邪不解的复杂病情，其证以漏汗不止为主要表现。那么，本证较桂枝汤证出汗为重，又见阴阳两虚之情，本应用桂枝汤加滋阴、补阳之品，而仲景却只用桂枝汤加附子一味扶阳。这是因为此时的阴阳两虚，是以阳虚不固为主要矛盾，阳不仅可以化生阴液，而且可以固摄阴液，故其治当“擒贼以擒王”，只在桂枝汤中加入附子一味，通过扶阳来达到固阴的目的。阳生则阴长，待阳气恢复，气化功能正常，阴液则可自行恢复。如若阴阳并补，加入沙参、麦冬之属，不仅补阴不成，反掣复阳之肘，必将事与愿违，事倍功半。陆渊雷说的好：“津伤而阳不亡者，其津自能再生；阳亡而津不伤者，其津亦无后继。是以良工治病，不患津之伤，而患阳之亡。”其“擒贼擒王”之理，阐发甚明，学当深而思之。

四、釜底抽薪计

［原文］不敌其力，而消其势，兑下乾上之象。

［解说］当敌人锋芒毕露的时候，要想办法削弱它的气势，就象《易经》中“履”卦之象，克伐其刚气也。此计语出北齐魏牧所写的梁朝文“抽薪止沸，剪草除根”。釜底抽薪就是当锅中之水沸腾的时候，从锅底抽掉柴火，使锅中之水迅速冷却。比喻从根本上解决问题。

［运用］在军事上，运用此计是指切断敌人所赖于生存的条件，给敌人以致命的打击，使之成为无源之水、无根之木，从而一举战胜敌人。在医学上，中医“攻邪以扶正”“治病求本”的治疗法

则，正是此计谋的具体运用。釜底抽薪，具有“短、猛、快”的特点，多用于邪气壅盛，任于攻伐的实证，临床运用得当，往往能取捷效。但运用此法要注意两点：一是所用药物要功专力猛，使病邪顷刻间受到顿挫，否则祛邪不彻，必后患无穷；二是要中病即止，以免伤正。

［伤寒论例举］大承气汤急下法。伤寒邪传阳明之腑，热与燥屎相结，形成阳明腑实证。证见大便不通或热结旁流，脘腹痞满，腹痛拒按，或日晡潮热，手足濈然汗出，甚则神昏谵语，或发热厥、痉病，舌苔焦燥起刺，脉象沉实。此时阳明燥热炽盛，津液大伤，再用苦寒清热，已为不及。只有用大承气汤急下实热燥结，以釜底抽薪，才能够存阴救阴。否则，燥热炽盛，进一步发展必耗损下焦肝，肾之阴，就会出现“目中不了了，睛不和”等危重症候。大承气汤方用大黄配芒硝（且后下），泻热通便，荡涤燥结；枳实配厚朴，消痞除满，畅通腑气。四药相伍，役使燥屎下泄，则必热彻阴复。千百年来，大承气汤急下法，即“釜底抽薪，急下存阴”法，都是中医临床具有特色的急救措施之一，运用得当，确有桴鼓之效。

五、远交近攻计

［原文］形禁势格，利从近取，害以远隔。上火下泽。

［解说］由于地理位置和利益亲疏的关系，攻打近处之敌可能对己最有利，而攻打远处之敌对己有害，不免采取结交远敌以攻近敌的方法，这样才符合事物的自然发展规律，就象火性炎上，水性泽下的自然特点一样。此计最早是战国时期的范雎为秦国策划的一种外交计谋，为分化或防止敌人结成联盟，从而达到各个击破的目的，范雎说服秦昭王放弃攻打遥远的齐国，而改打近邻魏国，在夺取魏国的大片土地后，使得秦国的疆土进一步扩大，这为日后秦始皇统一中国奠定了坚实的基础。若是攻打远敌，不但因战线长，难以补给，劳民伤财，败多胜少。而且即使取得胜利后亦难保其土，反而会背上沉重的包袱。所以，只有交远以攻近，步步为营，节节取胜，才能实现江山一统的宏愿。

［运用］在这个计策中，“远交”只是一种手段，而“近攻”才是目的。当面对两个或两个以上敌人的时候，就要充分考虑其远近亲疏的关系，一般情况下，先消灭近处的敌人，因为近处的敌人对自己威胁最大。但为了防止远处的敌人与之形成联盟，所以必须采取“交远”的手段，制造友好的假象，以分化、瓦解敌人的内在联系，然后各个击破。此计的特点是和平与战争同时并存。在中医临证中，也经常会面临数个具有内在联系的“敌人”（病机），如水亏而火旺、土虚而木乘、土虚而水泛等，此时要对病情进行详细的探究，揭示它们之间的内在联系，确定“远交”与“近攻”的对象，制定出相应的治则。中医的某些治法如泻南补北、滋阴潜阳、扶土泻木、培土制水等，都是这一计策的具体运用。这些治法的特点是“补泻兼施”，且“补”（交）多是为了“泻”（攻）。

［伤寒论例举］黄连阿胶汤滋阴泻火法。303条云：“少阴病，得之二三日以上，心中烦不得卧，黄连阿胶汤主之。”本条公认为少阴热化之证。少阴统括心肾，心在上属火，肾在下属水。生理情况下，心火下温肾水，使肾水不寒；肾水上滋心火，使心火不亢。此谓之水火既济，心肾相交。若素体阴虚阳盛，邪入少阴，从阳化热，形成少阴热化证。本证主症是“心烦不得卧”，乃心火亢于上之象，是在治疗中迫切要解决的问题。然综观全局，又知心火亢与肾阴虚有密切的因果关系，肾水不足，不能上济心火，导致了心火亢旺，是心火亢于上，肾水亏于下，这是心肾不交的一种常见病理状态。因此，在制定治疗策略时，既要“近攻”（清泻）心火，以除“心烦不得卧”；又要“远交”（滋补）肾水，以复心肾之相交。故黄连阿胶汤用黄连、黄芩清心火以“近攻”，阿胶、鸡子黄滋肾阴而“远交”。妙在芍药一味，与黄芩、黄连相配，酸苦涌泻以清火；与阿胶、蛋黄相配，酸甘化液以滋阴。可谓“远交近攻”之使者也。全方清上滋下，补泻兼施，是“远交近攻”计谋的具有代表性的治法方剂。本方对心肾不交之失眠，有很好的疗效。

六、假道伐虢计

［原文］两大之间，敌胁以从，我假以势。困，有言不信。

［解说］地处敌我两个大国之间的小国，当它受到敌国威胁的时候，友国要摆出出兵援助的态势，以借机把自己的势力渗透进去。对于那些处于困境的国家，只有空话而无实际援助，是不能取得他们信任的。此计出自《左传》，春秋时晋国欲吞并虞国和虢国，然而虞国和虢国联盟，只有打破两者的联盟，各个击破，才能达到目的。于是，晋国就用名马和美玉来贿赂虞公。虞公贪财，允许晋国的军队从虞国通过去攻打虢国。晋军灭虢国后从原路撤回，就顺便将虞国也灭掉了。后来人们就将以向对方借道为名，以行消灭对方之实的计谋称为

“假道伐虢”。

［运用］此计的运用关键是“假道”，借道要借的巧妙，不能让对方有所察觉。因此要善于伪装自己，凭借对方的信任，以不侵犯对方的利益为诱饵，把自己的势力巧妙地扩展进去，以达到控制对方的目的。在中医临床中，有时会碰到寒热真假之证，往往按照《内经》“甚者从之”的原则，“寒因寒用，热因热用”。但真寒假热用热药时或真热假寒用寒药时，可能会出现真寒对大热药拒而不受或真热对大寒药拒而不受的情况，此时就当采用“假道伐虢”的治疗计谋，在热药中反佐凉药（一则引阳药入阴，一则投假热之所喜），或在凉药中反佐热药（一则引阴药入阳，一则投假寒之所喜），就会有效地避免这种情况的发生。所以，“假道伐虢”计多用于对真热假寒、真寒假热证的治疗法则中。

［伤寒论例举］白通加猪胆汁汤、通脉四逆加猪胆汁汤之反佐法。如315条云：“少阴病，下利脉微者，与白通汤。利不止，厥逆无脉，干呕烦者，白通加猪胆汁汤主之。”白通汤和通脉四逆汤都是治疗阴阳格拒的方剂。阴盛戴阳证服白通汤后，下利仍不止，而且出现四肢厥逆，无脉，干呕，心烦等病情加重的征象。其阴阳格拒加重的原因，并非药不对证，而是由于阴寒太盛，对大热之药拒而不受，导致更激发寒邪之势，以致服药后病情反而增剧，正如王冰所云：“甚大寒热，必能与违其性者争雄，异其势者相格也。”当此之时，应遵《内经》“甚者从之”之法，于白通汤（附子、干姜、葱白）中加入咸寒苦降之猪胆汁、人尿，以为反佐，使之引阳入阴，假道以伐虢，庶可避免再致格拒，从而达到破阴回阳的目的。(390条通脉四逆加猪胆汁汤证分析略)。陈士铎认为，真寒假热证反佐凉药，不但使其内真寒乐于接受，而且还投其外假热之所喜，假道伐虢，一箭双雕。他在《石室秘录·假治法》中拟一治真寒假热（阴盛戴阳）方：附子、肉桂、人参、白术、猪胆汁、苦菜汁。其云：“吾以热药凉服，已足顺其性而下行，况又有苦菜汁、胆汁之苦，以骗其假道之防也。盖上热之证，下必寒极，热药入之，至于下焦，投其所喜，无奈关门皆为强贼所守，非以间谍给之，必然拒绝而不可入。内无粮草，外无救援，奈之何哉？吾今用胆汁、菜汁，以与守关之士，买其欢心，不特不为拒绝，转能导我入疆，假道伐虢，不信然哉！”可谓对“甚者从之”的假道伐虢计谋的发挥运用，这些都是值得我们在临床上学习的。

论《伤寒论》八法纲目

聂惠民　北京口医药大学

《伤寒论》蕴集了汗、吐、下、和、温、清、消、补等治疗大法，六经病证以八法为论治之本，突出六经辨证为主体，兼挟杂证皆涵盖于中，对八法运用之灵活，妙意层出不穷，可谓法中有法，纲目举彰，示医者以规矩，启治法之变途。

一、汗法

太阳病篇突出了汗法的运用。汗法，是中医治疗八法之一。其作用是通过开发腠理，调和营血，发汗解表，袪邪外出为目的。有关汗法，《素问·阴阳应象大论》记载：“其有邪者，渍形以为汗；其在皮者，汗而发之”。仲景承此立论应用，太阳表证以汗法治之，载方五首，皆为汗剂，正如清·柯韵伯曰：“发汗利水是治太阳两大法门。发汗分层之次第，利水定三焦之高下，皆所以化太阳之气也。发汗有五法：麻黄汤汗在皮肤，是发散外感寒气；桂枝汤汗在经络，是疏通血脉之精气；葛根汤汗在肌肉，是升提津液之清气；大青龙汗在胸中，是解散内扰之阳气；小青龙汗在心下，是驱逐内蓄之水气。……”可见麻、桂、大、小青龙、葛根汤为五大发汗之剂，功效同中有异，此外，桂枝麻黄合剂、桂枝越婢合剂亦为汗法之剂。现对《伤寒论》汗法的运用研讨如下。

1. 汗法的适应证　汗法适用于病邪在表之太阳表证。如第1条“太阳之为病，脉浮，头项强痛而恶寒。”即为太阳表证的具体表现，是汗法的适应证候。由于人体素质禀赋及致病因素的不同，其证候表现，病理机转有所差异，故太阳病中又有中风、伤寒、温病之分，三者的辨治方法，自当有别。

2. 汗法的分类与辨证

（1）解肌发汗：适用于太阳中风表虚证，见头痛发热、汗出恶风、鼻鸣干呕，脉浮而缓等，如12、13、24、57条等，此为风寒侵袭，卫外不固，营阴外泄而致营卫不和，法用解肌发汗，以桂枝汤为代表方剂。

（2）解表发汗：适用于太阳伤寒表实证，见头痛发热，身疼腰痛，关节疼痛，恶风恶寒，无汗而喘，脉浮而紧等，如35、46、47、51条……等，此为风寒侵袭，卫阳外闭，营阴郁滞而致。法用开表发汗，以麻黄汤为代表方剂。

（3）辛凉发汗：适用于太阳温病，或太阳表热证，见发热而不恶寒，口渴，脉浮而数等，如6条，此为风热温邪侵袭，或表证初起化热伤津而致，法用辛凉发汗，宜麻杏甘石汤或后世桑菊饮等。

（4）升津发汗：适用于太阳病表证实兼项背拘急，见发热无汗，恶风，项背拘急，脉浮等。如31、32条等，此为实邪束表，经输不利而致，法用升津发汗，宜葛根汤主之。

（5）蠲饮发汗：适用于太阳伤寒表实兼内饮证，见发热恶寒，无汗，干呕，咳而微喘，脉浮紧。即所谓“伤寒表不解，心下有水气”，如40、41条，此为寒邪外束，水饮内停而致，法用蠲饮发汗，以小青龙汤外散寒邪，内蠲水饮，表里两解。

（6）开闭发汗：适用于太阳伤寒表实兼内热证，见发热恶寒，身疼痛，不汗出而烦躁，脉浮紧等。如38、39条，此为风寒闭郁，表邪不解，阳郁不得宣泄，进而化热，内热扰心而致，法用开闭发汗，宜大青龙汤重用麻黄，峻发其汗，外散表寒，以开祛邪之路，加石膏辛寒，以清郁闭之热，而表里双解。

（7）小汗三法：适用于太阳病表郁轻证。见太阳病得之八九日，发热恶寒，热多寒少，其人不呕，清便欲自可，一日二三度发，如疟状。此太阳病八九天后，日久不愈，邪气未入少阳，亦未传阳明，由现症可知太阳表邪尚未传变，仍在太阳之表，形成表郁轻证，如23、25、27条。太阳表郁轻证，出现三种病情，虽仍居表，法当以汗解之，但因邪郁日久，表证已轻，外邪亦微，虽须汗法，但宜轻剂。若太阳病日久，“面色反有热色者，未欲解也，以其不得小汗出，身必痒”，此为太阳表证日久不愈，微邪郁表不解之证，治当小发其汗。但因本证无汗，微邪怫郁不解，则非桂枝汤解肌所能解。身痒但不痛，也非麻黄汤峻汗之所宜，采取两方合用，小制其剂，方能切合病情。法用小汗轻剂，宜桂枝麻黄各半汤，辛温轻剂，小发其汗；若太阳表邪郁而不解，发热恶寒，一日再发而似疟，此为营卫之间，尚有微邪，表郁未解，法用小汗微剂，宜桂枝二麻黄一汤，辛温微汗。若太阳病，发热恶寒，热多寒少，形成表邪内热轻证，法用微汗宣郁，兼清里热，宜桂枝二越婢一汤。

（8）滋阴发汗：适用于太阳中风表虚兼营阴不足身痛证，或阴虚外感，见发热汗出，恶风寒，身疼痛，脉沉迟或沉细等。如63条，此为汗后营阴不足，或营阴不足复感外邪而致，法用滋阴发汗，宜桂枝新加汤，或用加减葳蕤汤。

（9）温阳发汗：适用于太少两感证，见寒重热轻，四肢不温，头痛无汗，脉沉等。如301条，此为少阴阳虚外感，本虚标实，法用温阳发汗，宜麻黄细辛附子汤或桂枝加附子汤。

3. 汗法的注意事宜

（1）辨别峻急：六经病证往往表里错综，证情复杂，多有表里合病者，因此汗法的应用，须有表里先后缓急之序。一般规律有三：一是先表后里，一般表里同病，当先用汗法解表，表解后方可治里，此治疗常法；二是先里后表，若表里同病，里证较急，则当先治其里，后用汗法，此为治疗变法。三是：表里同治表里之邪同盛，若单用汗法，则里证不除，单治里证则表证不解，故表里同治，于汗法之中兼用里药，如大青龙汤之解表兼清热；小青龙汤之解表兼化饮，皆为表里双解之剂。

（2）发汗适度：汗法要中病即止，不可过汗，亦非不及，当以表解为度。发汗之要求，以“遍身漐漐微似有汗者宜佳，不可令如水流漓。”为佳。

（3）发汗禁忌：若里虚，中寒，津亏血少，脉微迟，病人有寒等，如原文所述：咽干、淋家、疮家、衄、汗家、亡血家等，均在禁汗之例，当汗之时，须慎重从事，或配合温阳、滋阴、养血等扶正发汗之法，方为适宜。

二、吐法

吐法，是用具有催吐作用的药物，使停留在胃脘、胸膈等部位的宿食、痰涎、毒物吐出的一种治法。《素问·至真要大论》曰：“其高者，因而越之”是吐法的主要依据。

1. 吐法的辨证：“病在胸中，当须吐之”，即痰实之邪阻滞胸中之证，治应因势利导，以涌吐实邪为治，宜瓜蒂散。《伤寒论》中瓜蒂散是吐剂的代表方剂。瓜蒂味极苦，涌吐力最强，是吐剂的主药。赤小豆味酸苦，能行水消肿而解毒，与瓜蒂相伍，酸苦涌泄而却痰实之邪。适用于胸中痰实、宿食停于胃脘，食物、药物中毒之证。

2. 吐法的禁忌：吐法专为祛邪而论，故应用吐法时当须十分谨慎。禁忌有几方面：

（1）虚不可吐：属于阴虚、阳虚、气虚、血虚之证，不可吐之。

（2）出血之证：凡有出血之征，如吐血、衄血、失血者，皆当禁用吐法。

（3）非急禁吐：吐法适用于急症紧急需要，一般情况非急症禁用吐法。

（4）孕妇、产后禁用吐法：

总之，吐可伤阳，也可损阴，吐法逆生理而

行，对人体有不利之处，所以只有在急而必须之时，方可选用。临床上一般情况慎而不用。

三、下法

下法，是通过荡涤肠胃中之积滞，或积水、瘀血，使停留在胃肠中的实邪（如宿食、燥屎、结滞、结痰、停水、毒物等）从下窍排出体外，达到逐邪愈病的治疗方法。凡邪在胃肠而致大便不通、燥屎内结，或热结旁流，以及痰食停留，瘀血积水等正盛邪实之证，可以应用攻下法。但因病性有寒热、正气有虚实，病邪有兼夹，故下法又有寒下、温下、润下、逐水等不同法则，需辨证而行。

辨别阳明病之“实”是确立治疗阳明病法则的关键所在，泻实祛邪法也就成为阳明病的正治法。《伤寒论》发挥了《黄帝内经》“中满者，泻之于内”，“其实者散而泻之”，“留者攻之”的理论，把泻下法理论与临床实践融为一体，创立不少行之有效的方药，阐明了具体运用泻下法的适应证、禁忌证，以及注意事项，一直被历代医家所重视和沿用。

1. 下法的分类与辨证

（1）温下逐饮法：适用于寒实结胸证。即141条云：“寒实结胸，无热证者，与三物白散。”

（2）泻热逐水法：适用于热实结胸证。主证为胸胁、心下、少腹硬满而痛，按之石硬，大便秘结，小有潮热，或项强，苔黄厚，脉沉紧或沉迟有力等。治宜逐水泻热，方用大陷胸汤、丸。

（3）攻逐瘀血法：适用于蓄血证。证见少腹急结，硬满疼痛，如狂发狂，小便自利。轻者用桃核承气汤，重者用抵当汤、丸。

（4）峻下水饮法：适用于饮停胸胁，胸阳不宣，气机壅滞之证。如152条：“其人汗出，发作有时，头痛，心下痞硬满。引胁下痛，干呕短气，汗出不恶寒”等症，治宜十枣汤。

（5）苦寒泻下法：适用于邪热深入阳明之腑或热邪灼津，下及少阴而致燥屎内结，腑气不通，燥实津伤等证。然根据燥实里结的性质、程度之不同，又分为四种证型。

①急下存阴：主证见阳明三急下证，大便燥结，“目中不了了，睛不和”者；“发热汗多者”；“腹满痛者”等。为阳明燥热极盛，阴液将竭，以大承气汤急下热邪，釜底抽薪，保存阴液。

少阴三急下证见“少阴病，口燥咽干者”；“少阴病，自利清水，色纯青，心下必痛，口燥咽干者”：“少阴病，腹胀不大便者”等。为少阴之脏阴被腑热耗伤，阳明腑实与少阴阴虚并存，故以大承气汤泻腑热，存真阴。

②峻下燥实：主证为潮热，谵语，便秘或热结旁流，腹胀满硬痛或绕脐痛，拒按等，为阳明腑实燥结之重证。宜大承气汤攻下。

③通腑和下：主证为潮热汗出，腹满硬痛，拒按，不大便，甚则神昏谵语或热结旁流等，为阳明里热，腑气失通，大便虽硬，尚未燥屎内结。宜小承气汤泻热通便，开痞除满。

④软坚缓下：主证为蒸蒸发热，口渴心烦，腹微满疼痛、拒按，不大便等，为胃肠燥实，热滞于胃，气滞不甚。宜调胃承气汤泻下燥实，调和胃气。

（6）缓通润下法：适用于因胃中燥热，脾之转输功能为燥热所约束，不能为胃行津，使肠乏津液而致大便秘结。证虽见便秘而无所苦，或微满小痛，小便数，舌红苔黄，脉浮涩等。宜麻子仁丸缓通润下。

（7）外导通便法：适用于津伤便秘，燥屎结于肠道，虽有便意而大便难以排出者。宜用蜜煎导，或土瓜根、大猪胆汁通导大便。

除上述七种下法外，尚有大柴胡汤、柴胡加芒硝汤、茵陈蒿汤等法则。这些法则，均针对实证而言。从仲景在本论中应用下法的范围看，虽然不局限于阳明病，但毕竟还是以阳明病为主。故阳明病以“胃家实”为提纲，确实有其临床意义。但胃肠实邪又有水、痰、血、屎、食之区别，故临证时须辨证施治，或用温下，或用寒下，或用润下，或攻水、或逐瘀等。

2. 下法的注意事宜

（1）禁下的基本原则是：邪、热未成实，肠无燥实者，不可攻之；

①表邪未解者，不可攻下；

②病位在上，邪结偏高者，不可攻下；

③中焦虚寒者，不可攻下；

④津液亏损者，不可攻下；

⑤内无实结者，不可攻下；

（2）注意事宜；

①运用下法，要考虑正邪两方面，正邪俱实者，攻下可行，邪实正虚者，攻邪则伤正，补正又留邪，此时可考虑攻补兼施之法，如温阳攻下，养阴攻下，益气攻下等恰到好处为宜。

②攻下之法，易伤胃气，应得效即止，不可一攻再攻。

四、和法

和法，是通过和解或调和作用以祛除病邪为治疗目的的一种治法。和法不同于汗、下、吐之法的专主攻邪，亦不同于补法的专主扶正。《至真要大论》曰“和者平之”，故“和”有和谐、协调、调和之意。《伤寒论》和法之确立，在于调和为基础，以和为法度，进行调和机体之阴阳表里，营卫气血，寒热虚实，使人体机能处于阴阳动态平衡之正常状态。从而观之，和法涵盖了治则和治法，范围较宽，内容颇详，妙意深幽。细而分之，所谓“和法”，有广义与狭义之分。广义者，是指扶其不足，达到祛邪愈病为目的一种治疗法则。狭义者，专指治法，即“八法”之一的和法。是指通过和解的治法，如和解枢机，调和营卫，调和升降，调和内外等达到治疗目的。

1. 和法的分类与辨证

（1）调和阴阳：《素问·阴阳应象大论》曰：“治病必求于本”。本，指阴阳，即治病求本，调和阴阳。所以调和阴阳是《伤寒论》论治学的精髓，和法是治疗疾病的基本法则，不论采取扶正或祛邪，正治反治，调和阴阳等，皆不失“以平为期”的原则，即达到平和为目的。如“凡病，若发汗、若吐、若下、若亡血、亡津液、阴阳自和者，必自愈。”（58条）说明误治津伤者，得阴阳自和，才是病愈的机转。又如“大下之后，复发汗，小便不利者，亡津液故也。勿治之，得小便利，必自愈。”论明误治伤津以小便利否辨津液的恢复，并告之医者，不论是调养自愈，或是药物治疗，总以“阴阳自和”为其宗旨。

（2）调和枢机

①和解少阳：适用于少阳病。见往来寒热，胸胁苦满，默默不欲饮食，心烦喜呕，口苦，咽干，目眩，脉弦细等，如96、97、263条等，此为少阳受邪，病居半表半里，少阳枢机不利而致；法宜和解少阳；或三阳证见，重在少阳，如99条。此为三阳证见，太阳外邪已微，阳明里热未盛，邪居少阳为主，法宜和解少阳；或阳明病，发潮热，大便溏，小便自可，胸胁满等，如229条，此为少阳，阳明同病而甚至少阳，故主和解少阳。和解之法，治在少阳，运转枢机，使病邪外达，诸证则愈，宜小柴胡汤。

②和解枢机：适于少阳枢机不利，三焦气机不畅之证。见头汗出，微恶寒，手足冷，心下满，不欲食，大便硬、脉细等称为阳微结证，如148条，此为热郁在里，枢机不畅，既有表邪，复有里邪而致：或阳明病，胁下硬满，不大便而呕，舌上白苔等，如230条，此为少阳阳明同病，病以少阳为主，枢机不利，三焦不畅、津不下达而致。故治从少阳，和解枢机，宜小柴胡汤，上焦得通，津液得下，胃气因和，身濈然汗出而解。

③和而兼汗：适于太阳少阳合病、太阳少阳并病。见发热微恶寒，肢节烦痛，微呕，心下支结等，如146条，此为少阳病兼太阳表邪而致。治用和解兼汗法，表里双解，宜柴胡桂枝汤。

④和而兼下：适于少阳兼阳明里热实证。见柴胡证，呕不止，心下急，郁郁微烦；或伤寒发热，心中痞硬，呕吐而下利等，如103、165条等，此为少阳病兼阳明里热实邪而致。治用和解兼下法，宜大柴胡汤。

⑤和而轻下：适于少阳兼阳明里实热轻证，见柴胡证，胸胁满而呕，日晡所发潮热，下后微利等，如104等，此为少阳兼阳明里实误下燥热不除而致。治用和解轻下法，宜柴胡加芒硝汤。

⑥和而化气：适于少阳兼气化失常证：见伤寒汗下后，胸胁满微结，小便不利，渴而不呕，但头汗出，往来寒热，心烦等，如147条。此为病入少阳，枢机不利，气化失常，三焦不畅而致，治用和解化气法，宜柴胡桂枝干姜汤。

⑦和而镇惊：适于少阳兼烦惊证。见伤寒下后，胸满烦惊，小便不利，谵语，一身尽重，不可转侧等，如107条，此为病入少阳，枢机不利，表里三焦之气不和而致。治用和解少阳，兼清热镇惊法，宜柴胡加龙骨牡蛎汤。

（3）调和升降

①和而消痞：适于寒热杂错痞证。见心下痞，呕逆，肠鸣下利等，如149条。此为少阳证误下，脾胃受损，寒热错杂于中，升降失常，气机痞塞，不通而致，痞，治用和而消痞，宜半夏泻心汤。

②和而化饮消痞：适于寒热错杂兼水饮痞证。见心下痞硬，胃中不和，干噫食臭，肠鸣下利，胁下有水气等，如157条，此为脾胃不和，升降不利，寒热错杂于中，水饮食滞，气机痞塞不通而致，治用和而化饮消痞，宜生姜泻心汤。

③和而化痰消痞：适于痰饮内阻之痰气痞证。见心下痞硬，噫气不除等，如161条，此为脾胃虚损，运化失常，痰浊内阻，气升不利，痞塞于中而致。治用和而化痰，降逆消痞，宜旋覆代赭汤。

④和而补中消痞：适于寒热错杂兼中虚痞证，见干呕心烦，下利日数十行，谷不化，腹中雷鸣，心下痞硬而满等，如158条，此为误下脾胃虚损，邪气内陷，升降失常，寒热错杂，胃中虚气上逆而致，治用和而补中消痞，宜甘草泻心汤。

（4）调和脾胃

①和而清温：适于上热下寒致腹中痛欲呕吐

证。见腹中痛，欲呕吐等，如173条，此为热邪居上，寒邪在下，胃之和降功能失常而致。治用和而降逆，清上温下，宜黄连汤。

②和而调中：适于寒热相格证。见呕吐下利，食入口即吐等，如359条，此为上热被下寒所格拒，脾胃升降失常而致。治用调和补中，清上温下法，宜干姜黄芩黄连人参汤。

③和而建中：适于少阳兼里虚寒证。见伤寒，阳脉涩、阴脉弦，腹中急痛等，如100条。此为少阳即病，脾胃又虚，木邪乘土而致。治用先补后和之法，先与小建中汤，意在调和气血，建中止痛，是补土御木之法；后以小柴胡汤和之，是泄木邪而保中土之法。后世将小建中汤与小柴胡汤合方施之，则形成和而建中之法，方名柴胡建中汤。

④和而消补：适于汗后脾虚腹胀证。见腹胀满为主要症状，如66条，此为汗后脾虚，运化失常，痰湿内生，气机壅滞而致。本证腹胀满，虚实挟杂为其特点。治用补虚消胀，宽中行气之法。宜厚朴生姜半夏甘草人参汤。

⑤调和营卫：适于太阳中风证：营卫失和证。若见发热恶寒、汗出恶风等，如12、13条等，此为风寒束表，营卫失和，卫外不固，营阴外泄而致。治用解肌祛风，调和营卫之法宜桂枝汤；若见病常自汗出，或时发热自汗出等如53、54条等，此为卫气不和，失去卫外固表之职，亦不与营气相协和而致营卫失调。治当调和营卫，宜桂枝汤；若是吐利止，而身痛不休等，如387条，此为大病吐下之后，正气大伤，余邪末尽，肌表营卫不和而致，法当和解其外，宜桂枝汤小和之。

2. 和法有关事宜

（1）和法的运用优势：和法为法中之核心，用意深奥，优势有三：①和法，即是治则，又是治法。②和法是法中之法。《伤寒论》对有些已用发汗、攻下、涌吐等法，而邪气未解的病证，多采用缓剂或峻剂小量的缓和治法，使病邪尽除，达到病愈不伤正，亦属和法，此仍法中之法，妙意无穷。③和法是治疗手段，亦是治疗目的。采用和法、和剂，通过调和阴阳，达到邪祛正复，疾病痊愈，效果优良。

（2）和法要注重辨证：和法之用，和方之剂，皆为和其不和，调平元气，不失中和之贵，其应用范围之广、方式之活、变化之多、特长之优，为医家所公认。然应用和法。以辨证为要，当和者，以和法疗之。若病重势急，变化速者，当汗之祛邪，攻下逐实，急下存阴、急救回阳之时，务必当机立断，祛邪、扶正、救阴、救阳，谨守病机，救治为急，切不可以和为守，贻误病机。

五、温法

温法，是用温热药物扶助阳气，祛散寒邪，以治疗寒证的治法。《医学心悟》曰：“温者，温其中也。脏受寒侵，必用温剂。”《素问·至真要大论》曰“寒者热之”，“治寒以热”为温法的立论依据。《伤寒论》据此创制多首温剂之代表方，如四逆汤、理中汤等，应用颇广。现简括如下。

1. 温法的分类与辨证

（1）回阳救逆：适用于少阴阴盛阳衰证。见恶寒踡卧，四肢厥逆，萎靡欲寐，下利清谷，小便清白，脉微细或沉微等，如29、91、92、225、323条等。法用回阳救逆，宜四逆汤。另如干姜附子汤如61条，为少阴阳衰阴盛，虚阳欲脱之证，故用急救回阳法。

（2）回阳破阴：适于少阴阳衰阴盛之格阳证、戴阳证。见阴寒内盛之下利清谷，手足厥逆，脉微欲绝，又见格阳于外之身反不恶寒，其人面色赤，汗出等，如317、314、315条等，此为少阴阳衰阴盛至极，阴阳格柜，出现真寒假热证。若见格阳证，法用回阳破阴，宣通内外，宜通脉四逆汤，甚则通脉四逆加猪胆汁汤。若见戴阳证，法用破阴回阳，宣通上下，宜白通汤，甚则白通加猪胆汁汤。加猪胆汁，功在引阳入阴，以防热药之格拒。

（3）回阳益阴：适用于少阴阳虚阴伤之证。见少阴四逆，下利烦躁，脉微细等，如69条。此为少阴阴阳两伤而致。法用回阳益阴，宜茯苓四逆汤。再者见恶寒脉微，下利，利止亡血之证，如385条。此为亡阳脱液而致，故法用回阳救逆，益气生津，宜四逆加人参汤。

（4）温阳利水：适用于少阴阳虚水泛证。见心下悸，头眩，身瞤动，四肢沉重疼痛，浮肿，小便不利等，如82、316条。此为少阴阳衰阴盛，脾肾阳虚，水邪泛溢而致，法用温阳利水，宜真武汤。

（5）温阳除湿：适用于少阴阳虚寒湿身痛证。见口中和，背恶寒，身体痛，手足寒，骨节痛，脉沉等，如304、305条。此为少阴阳衰阴盛，寒湿留滞而致，法用温阳散寒除湿，宜附子汤。

（6）温涩固脱：适用于少阴虚寒下利，滑脱便脓血证。见下利不止，便脓血，小便不利，腹痛等，如306、307条。此为少阴脾肾阳虚，火不暖土，阳虚不约，滑脱不禁，日久病由气及血而致，法用温阳固脱，涩肠止利，宜桃花汤。

（7）温阳化饮：适用于痰饮，水气上冲证。见咳逆，胸胁支满，目眩，或心下逆满，气上冲胸，起则头眩，脉沉弦等，如 67、65、40、41 条。此为脾肾阳虚，水饮停聚，水邪上逆而致，法用温化水饮。若痰饮或外寒内饮者，宜小青龙汤。若脾肾阳虚，水气上冲者，宜苓桂术甘汤；若心肾阳虚，欲作奔豚者，宜苓桂甘枣汤。

（8）温中降逆：适用于阳虚阴盛，阴浊上逆证。见食谷欲呕，或吐利烦躁，手足逆冷，或干呕吐涎沫，头痛等，如 243、309、378 条。此为胃中虚冷，或肝寒犯胃，浊阴上逆而致，法用温中降逆，宜吴茱萸汤。

（9）温中散寒：适用于脾阳虚弱下利证。见腹满而吐，食不下，时腹自痛，自利益甚等，如 273、277 条等。此为太阴中阳不足，脾胃虚寒，寒湿留滞而致，法用温中散寒，宜理中汤，温中健脾，散寒除湿。

（10）温中解表：适用于脾气虚寒，而表未解证。见发热恶寒，头痛等表症，下利不止，心下痞硬之里症，即所谓“协热而利”，如 163 条。此为太阳病，表证未解，而数下之，伤其脾胃，运化失职，而致表里皆寒之“协热下利”。法用温中解表，宜桂枝人参汤。

（11）温通心阳：适用于心阳虚证。见叉手自冒心，心下悸，欲得按，或躁烦，或惊狂卧起不安等，如 64、118、112 条。此为发汗过多，或用火法迫汗，损伤心阳而致，法用温通心阳，若心下悸，欲得按者，宜桂枝甘草汤；若烧针烦躁者，宜桂枝甘草龙骨牡蛎汤；若火劫亡阳，必惊狂，卧起不安者，宜桂枝去桂加蜀漆牡蛎龙骨救逆汤。

（12）温经养血：适用于血虚寒凝厥逆证。见手足厥寒，脉细欲绝者，351 条。此为素体血虚，阳气不足，复感寒邪，凝滞经脉所致。法用温经养血散寒，宜当归四逆汤。

（13）温经除湿：适用于风寒湿痹证。见身体疼烦，不能自转侧，不呕，不渴，脉浮虚而涩者，如 174 条。此为阳不外固，风寒湿邪痹着于肌表而致，法用温经除湿，宜桂枝附子汤温经助阳，祛风除湿。

（14）温经发表：适用于少阴病兼表证。见少阴病始得之，反发热，脉沉，如 310 条。此为少阴阳虚，复感外寒，而致太少两感，表里同病，法用温经发汗，表里两解，宜麻黄细辛附子汤。

（15）温经解表：适用于表虚漏汗证。见漏汗不止，其人恶风，小便难，四肢微急，难以屈伸者，如 20 条。此为太阳病过汗，导致阳虚漏汗而表证未解。法用温阳固表，调和营卫，宜桂枝加附子汤。

（16）温散表寒：适用于太阳伤寒证，发热恶寒，无汗而喘、身痛、脉浮紧之表实证，如 35 条。此为风寒束表而致，法用辛温散寒解表，宜麻黄汤。

2. 温法注意事宜

（1）温则适度：《素问·至真要大论》曰：“谨察阴阳所在而调之，以平为期”。温法应以调和阴阳，以平为度，使阴阳和调为目的。

（2）温法既有温阳散寒之功，亦有刚燥伤阴之弊，临证必须谨守病机，把掌病变，恰当选用，中病即收，不可过剂。

六、清法

清法，是通过清热泻火，以清除火热之邪的一种治法，适用于里热证。《伤寒论》依据《素问·至真要大论》载“热者寒之”之理，将清法运用于六经病证，创制了诸多清解方剂。清法主要应用于阳明病之热证，现归述如下：

1. 清法的分类与辨证

（1）清透郁热：适用于伤寒汗吐下后虚烦证。见虚烦不得眠，反覆颠倒，心中懊侬，或胸中窒，甚者心中结痛，或胃中空虚，客气动膈，或饥不欲食，但头汗出等，如 76、77、78、221、228 条等，此为伤寒汗吐下后，郁热留扰胸膈，心神不宁而致，法用清热宣郁，宜栀子豉汤，清热宣郁而除烦。若兼少气者，为郁热耗气而致，宜加甘草益气补虚；若兼呕者，为郁热犯胃而致，宜加生姜和胃止呕。

（2）清热生津：适用于阳明热证。见身大热，多汗出，烦渴欲饮，脉浮滑或脉洪大等，如 176、219、350 条……等，此为胃热炽盛，弥漫全身，津液伤损而致，法用清热生津，宜白虎汤。若津伤为甚，大渴欲饮者，如 168、169、222 条……等，此为胃热津伤而致，法用清热生津，兼以益气，宜白虎加人参汤。若热病愈后，虚羸少气，气逆欲呕者，法用清热生津，益气养阴法，宜竹叶石膏汤。

（3）清热育阴利水：适用于阳明热证。见发热，渴欲饮水，小便不利，脉浮等，如 223、319 条，此为阳明热证误下后，热入下焦，邪热与水相结，形成阴伤水热互结之证，法用清热利水育阴，宜猪苓汤。

（4）清热止利：适用于六经病证之热利。一是太阳病，里热挟表邪下利证，见身热，下利，汗出而喘，脉促等。如 34 条，此为太阳病误下后，既有表热未解，又有里热下利，而致热利，即所谓“协热下利”。法用清热止利，宜葛根芩连汤。二是太阳少阳合病，如172条，此为太少二阳合病，邪偏少阳，热迫大肠而致之热利，因邪热郁迫，疏泄不利，气机不畅，其下利必有黏液，并见肛门灼热，腹痛甚则里急后重。法用清热止利，宜黄芩汤清少阳之热，下利可止。三是厥阴热利证。见热利下重，渴欲饮水，甚则下利脓血，如371、373条，此为厥阴肝经湿热内蕴，热毒下迫大肠，形成热毒下利，此属痢疾。法用清热止利，宜白头翁汤，清热解毒，凉血止利。

（5）清热宣肺：适用于邪热壅肺之喘证。见汗出而喘，无大热者，如63、162条。“无大热”是指太阳表热已解，又无阳明身热之言。本证邪热壅盛于肺，郁热熏蒸，肺热蕴郁则喘，肺热合卫，外达表则身热，甚则高热，脉数或洪大。法用清热宣肺，宜麻杏甘石汤。

（6）清热化痰：适于小结胸证。见心下满闷，按之则痛，脉浮滑或弦数等。此因伤寒误下，邪热内陷，热与痰结，形成小结胸证，即138条所指“小结胸病，正在心下，按之则痛”。本证邪浅热轻，病位在于心下胃脘。虽曰“按之则痛”，但临床有不按亦痛者，须注意观察。法用清热化痰，宜小陷胸汤。

（7）清热逐水：适用于大结胸证。见结胸热实，心下痛，按之石硬，脉沉紧，甚则从心下至少腹硬满而痛，不可近触，舌上燥渴，日晡小有潮热等，如135、137条。此为邪热内陷与痰水相结，邪深热重，病势急重，法用清热逐水，宜大陷胸汤。

（8）清热消痞：适用于热痞证。见心下痞，按之濡，其脉关上浮等，如154条。此为太阳病误下，邪热内陷，与无形气机相结，邪热聚于心下部位，形成热痞。法用清热消痞，宜大黄黄连泻心汤。本方服法，采取麻沸汤渍之，须臾绞汁，取其轻扬清淡之味，以利作用于中，避其苦寒泻下，是用法之妙也。

（9）清热退黄：适用于湿热发黄证。见身黄如桔子色，小便不利，腹满，口渴，头汗出，身无汗，齐颈而还等，如236、260条。此为阳明病无汗，或小便不利，湿热之邪不得外越，湿热相蒸，瘀热在里，浸淫肝胆，胆热液泄，身必发黄。法用清热退黄，宜茵陈蒿汤，清热利湿退黄。若湿热郁结较轻，无表里证，仅见身热发黄，如261条，此为湿热郁蒸三焦，不得泄越而致发黄，法用清热退黄，宜栀子柏皮汤，疏利三焦，清热退黄。若湿热发黄，病势偏表，见身黄，无汗，身痒等表证，法用清热退黄，取麻黄连轺赤小豆汤发汗解表，清热利湿，使表里宣通，湿热泄越，黄疸则退。

（10）清热利咽：适用于少阴客热咽痛证。见咽痛，轻度红肿，痛轻不重，无寒热兼症，如311条。此为少阳感受外来邪热，客于咽部而致。法用清热利咽，宜甘草汤，清热解毒利咽。若客热不除，咽痛不愈，可用桔梗汤，宣肺清热，以开喉痹。若邪热内蕴，灼伤咽喉，以致咽中伤，生疮，不能语言，声不出者，法用除热利咽，涤痰敛疮，清润通声之法，宜苦酒汤。

（11）清热滋阴：适用于少阴阴虚阳亢不寐证。见“心中烦，不得卧”，如303条。此为素体阴虚阳盛，外邪从阳化热，形成少阴热化证，而致心烦不寐，伴有口燥咽干，舌红少苔，脉细数等。法用清热滋阴，宜黄连阿胶汤。

2. 清法的注意事宜

（1）辨清病性：清法适用于里热证，用之恰当，清到热除。故运用清法，首当辨明虚实，里热证中有实热、虚热之分，一般规律，实热宜清泻，虚热宜清补，治法大相径庭。如清热生津之白虎汤、白虎加人参汤，对于“伤寒脉浮，发热无汗，其表不解者”，不可予服之。

再者，辨明真假，寒热之中有真假之别。疾病至严重阶段，往往出现假象。如少阴病，阴盛格阳之时，出现真寒假热之象，清热药物绝对禁用。因此，少阴病寒化证，见下利脉微，呕渴心烦，面赤身热等，需要谨慎辨证，分清真假。

（2）用药恰当：清热药之性，属于苦寒之品，苦寒伤阳，脾胃虚寒之人慎用。若必须用时，则当配伍臣佐厚味，协同用药，抑制寒凉之弊端。

七、消法

消法，是通过消食导滞、消坚散结的药物，消除气血痰食等积聚痞结的治疗方法。《素问·至真要大论》曰：“坚者消之”，“结者散之”是消法的理论依据。消法可分为消导食积、消痰祛水、消痞化癥、消散积聚、消疮散痈等法。《伤寒论》之消法有几种情况。

1. 消法的分类

（1）行气消胀：厚朴生姜半夏甘草人参汤，厚朴苦温，行气消满，除湿宽中，生姜半夏，行气散结，化痰导滞。人参、甘草补中益气，而助消导行气，诸药联合消补兼施。适用于汗后脾虚腹胀满证。《伤寒论》中常用厚朴、枳实等品，行气消胀，散痞开结。

（2）渗利水湿：五苓散，以二苓、泽泻淡渗利水，白术健脾助运，桂枝化气开结通阳利水，合之化气行水，以消蓄水，适于太阳蓄水证。牡蛎泽泻散以泽泻商陆根泻水消肿；蜀漆、葶苈开结逐饮；牡蛎海藻软坚消痞；栝蒌根滋润津液而利血脉，全方合之，软坚散结，逐水清热，适用于瘥后腰以下有水气证。论中常用泽泻、甘遂、大戟、芫花等峻利水湿之品。

（3）消瘀破结：抵当汤，水蛭、虻虫活血化瘀之峻品，桃仁行血化瘀以滑利、大黄泻热逐瘀以荡实，四药相合，血行瘀下，蓄血得消。适用于太阳病蓄血证。论中常用桃仁、虻虫、水蛭等活血化瘀之品为主，治疗血瘀积聚。

2. 消法运用事宜　论中消法用方虽不多，但消法运用具有特点，将消法与其他治法合用，以增强疗效，扩大适用范围。

（1）消法之用，恰当掌握：消法与它法同用，须视病情而定，据辨证选择比例，或以消法为主，它法为次，或多或少，据证而行。如消补配合之厚朴生姜半夏甘草人参汤；消下配合之桃核承气汤、大陷胸汤；消清配合的小陷胸汤；消和配合的柴胡桂枝干姜汤；消温配合的苓桂术甘汤等，皆是以消法配伍的方剂。故消法配合其他治法应用，有协同取效之特长。

（2）消法之用，分清缓急

论中对消法的运用，方药效力有强弱不同，故消法有峻消和缓消之分。其峻消有节制，缓消有适中，各有法度，其却邪而不伤正，顾本亦不留邪，恰到好处。峻消之中，有十枣汤之遂水祛饮法，抵当汤之破血逐瘀法；大陷胸汤之逐水清热法等。缓消之中，缓消法，如抵当丸，大陷胸丸等，即是据邪气的程度而用峻消之剂，依病势而施缓行之方，为后世应用此法，提供了良好的法策。

八、补法

补法，是通过滋养、补益人体气血阴阳治疗虚证的方法。《素问·三部九候论》曰：“虚则补之”。《素问·阴阳应象大论》曰：“形不足者，温之以气；精不足者，补之以味”，《素问·至真要大论》曰“损者益之”皆是指补法而言。补法的目的，在于通过药物的补益，达到扶正补虚的作用。同时，在正气虚弱不能抗病或驱除余邪时，亦可以兼用补法扶正，达到扶正祛邪的目的。《伤寒论》中之补法，按方剂功效，可有补气、补血、补阴、补阳之分，亦有双补气血、双补阴阳之法。按补虚作用的大小，又可分为峻补、平（缓）补、温补、清补以及和补等。

1. 补法的分类与辨证

（1）补气法：为治疗气虚的方法。一般多用于脾胃气虚之证，常用的补气药，有人参、白术、甘草等，《伤寒论》113 方中用人参的方剂有 22 方，用甘草的方剂有 70 方等。太阳病五首解表方中均用生姜、大枣、甘草，具有和营卫，益正气之功。补气方中，常用黄芪为主药，多见于《金匮要略》中，即所谓“形不足者，温之以气”。补气剂中多合用桂枝汤类，调和脾胃，以益中气。如兼中气不足者，合用小建中汤；卫气不足者，合用桂枝汤。如补气健脾法，以小建中汤，补脾胃气虚，中焦虚寒，心中悸烦，腹中拘急等，常加入黄芪，为黄芪建中汤，增强补气之功。

（2）补血法

为治疗血虚证的方法，一般多用于肝血虚亏所致之证。常用药物当归、白芍等补血之品。如养血散寒之当归四逆汤，当归、白芍养血和血，甘草、大枣益脾和营，桂枝、细辛温通经络，合之养血而通脉，适用于血虚寒凝厥逆证。

（3）补阴法：为治疗阴虚证的方法。用于津液亏损，阴液不足所致之心、肾、肺、胃、肝等脏腑阴津亏损，及其阴虚内燥、阴虚内热证等。

滋阴清热：黄连阿胶汤，方用阿胶、白芍、鸡子黄滋肾阴、养心血，以补阴涵阳；白芍与阿胶、鸡子黄相配，酸甘化阴以滋阴。黄芩、黄连以清心火，与芍药配，酸苦涌泄以清火，适用于阴虚火旺不寐证。

养阴柔肝：芍药甘草汤，方用芍药酸甘，益阴补血而柔肝；甘草甘温，补脾益虚而缓急，二者相合酸甘化阴，滋阴养血，柔肝缓急，适用于阴虚筋脉失养之拘急证。

润燥清热：猪肤汤，为甘润平补之剂。猪肤即猪皮，味甘而微寒，滋阴润燥，清少阴浮火；白蜜、米粉养胃润燥，合之甘平凉润，滋阴清热，益胃和脾，适用于少阴热化证之阴虚咽痛者。

养阴清胃：竹叶石膏汤，方用竹叶、石膏甘寒清热；人参麦冬益气生津、滋液润燥；甘草、粳米养胃益气；半夏降逆和胃。麦冬半夏相伍，滋而不腻。此为清热养阴和胃之佳方，适用于病后余热未清，气阴两伤证。

（4）补阳法：为治疗阳虚证的方法。阳虚证又兼有寒证。如有肾阳虚、脾胃阳虚、心阳虚等。

温补心阳：桂枝甘草汤，为辛甘理阳之法。桂枝入心助阳，甘草益气补中，温补心阳，适用于过汗伤阳心下悸证。桂枝甘草龙骨牡蛎汤，以桂枝甘草，辛甘温补心阳，龙牡潜镇安神，适用于火逆而致心阳虚损烦躁证。

温补肾阳：附子汤，以人参补气生津，附子温阳，苓、术健脾化湿，芍药和血，诸药合之温补元阳，散寒除湿。适用于少阴阳虚身痛证。四逆加人参汤，以四逆汤回阳，温补心肾，加人参益气生津，培元固脱，回阳救逆，益气生津，适用于阳亡脱液，利止亡血证。茯苓四逆汤，即以四逆汤加人参，茯苓组成。四逆汤回阳救逆，人参、茯苓益气养阴。适用于阴阳两虚，阳虚烦躁证。

温补解表：桂枝人参汤，以理中汤补益中焦；桂枝解太阳之表，适用于表里皆寒之协热下利证。桂枝加附子汤，以桂枝汤调和营卫，附子温经复阳，固表止汗，适用于过汗阳虚漏汗表未解证。

温补中阳：理中汤，以人参、甘草补脾益气，和中补土；干姜、白术，温中散寒，健脾燥湿，合之温补脾胃，壮中焦之阳气，适于太阴虚寒下利证。

（5）气血双补法：双补气血法，是治疗气血两虚的方法。

论中有益气养营，调和营卫法，如桂枝加芍药生姜各一两人参三两新加汤，即以桂枝汤加重芍药用量，以和营血，加重生姜用量，以宣阳气，加人参益气生津，和营养阴而补虚，桂枝得人参，大气周流，气血充足而百骸皆理，人参得桂枝，通行内外，补营阴而益卫阳。诸药合之，益气血，和营血，双补气血，适用于汗后营气不足身痛证。气血双补，临床应用，常有所侧重，气虚明显者，以补气为主，血虚明显者，以补血为主，常随证而用。

（6）阴阳双补法：阴阳双补，是治疗阴阳两虚的方法。阴阳两虚证，论中有心阴阳两虚证、肾阴阳两虚证。皆取阴阳双补之法。

滋心阴、补心阳：炙甘草汤，以炙甘草、补中益气，通经脉，利气血为主药。《本草汇言》：甘草“健脾胃，固中气之虚羸，协阴阳，和不调之营卫，故治虚劳内伤……其甘温平补，效与参、芪并也”，又配人参、大枣更补中焦，滋化源，生气血，以复脉之本；配生地、麦冬、阿胶、麻子仁补心血，滋心阴，以充脉之体。然阴不得阳则不生，阳不得阴则不长，故加桂枝、生姜通阳，以利血脉，更以清酒增强行血通脉之力，使滋阴而不滞。桂枝、甘草补心阳，且甘草多于桂枝，则无心阳过亢，心阴受损之弊。桂枝生姜通阳复脉，因有阴柔之品制约，则无辛散走表之力。此方辛温助阳、甘寒养阴，则阳生阴长，阴阳双补。适用于心动悸，脉结代之心阴阳两虚证。

扶阳益阴：芍药甘草附子汤，方中芍药甘草，酸甘化阴，养营补血，以附子辛热温经复阳，扶助卫气；益阴扶阳，阴阳双补。适用于脉微细，脚挛急，恶寒之阴阳两虚证。

2. 补法的注意事项：

（1）辨证进补：采用补法，当辨证施治，虚证当补，但必须辨气血、明阴阳、知表里、别寒热、识脏腑，方可补之有理，用药恰当，而收良效。

（2）不可滥补：补法用之恰当，补到病除，补到康健。然无虚不可滥补，以防因补为患，阴阳气血偏移，机体失去康健。如“内有湿热”“大实羸状”“年少体健”等情况，不可滥用补法，应明记古训“勿虚虚，勿实实”之戒。

《伤寒论》时间医学浅探

梁晓平　大连港医院

《伤寒论》的辨证思想渗透于全书的字里行间，并从中医自身及其相关的多学科、多层次、多角度的范畴反映出来。本文探讨的《伤寒论》中的时间生物医学思想，正是这种反映的一隅。人与自然界是息息相关的，正如《灵枢·岁露篇》所记载：“人与天地相关也，与日月相应也。”祖国医学这一生物时间医学思想，被《伤寒论》的作者得以继承、发展，并把它广泛贯穿于《伤寒论》一书中，认为人体的生理、病理、疾病的证候、脉象、治则、方药及预后转机，无不与时辰季节有着密切的关系，为后世的研究和临床工作提供了良机。

一、时间医学体现在对生理病理的认识上

张仲景法《黄帝内经》“人与天地相应”之宗，认为人体与自然界同样是按照一定的时间节律运动变化的。他在《辨脉篇22条》中指出：“五月之时，阳气在表；十一月之时，阳气在里”的话，说的就是这个道理。也就是说作为生长在万物之中的人，必须顺应自然界的生长收藏规律，才能进行正常的生长发育，顺之则昌，逆之则亡。

在张仲景看来，人体无时无刻不是受着自然界四时气候变化的影响，这种气候变化的正常与否，以及人体能否适应正常气候变化是发病的主要原因之一。张仲景在《伤寒例篇》中对人体与四时气候变化的关系做了详细的论述。他首先从正面提出论证，指出春温夏热，秋燥冬寒是四时的正常气候，人体只有顺应这种气候变化才不至于发病。接着从反面提出论证，指出不适应这种变化或四季气候变化反常，即可导致疾病的发生。“夫欲知四时正气为病，及时行疫之法，皆当按斗历占之”《伤寒例

篇第82条》说的就是这层意思。《伤寒论》认为四时各有主气，在四时气候正常的情况下感受主气而发病，称为“正气为病”，四时气候反常而导致的疾病，称为“时行疫气”，《伤寒论例篇第79条》还用“其伤于四时之气，皆能为病。以伤寒为毒者，以其最成杀厉之气也”的话，说明了四时主气为病的原因，用“凡时行者，春时应暖而反大寒，夏时应热而反大凉，秋时应凉而反大热，冬时应寒而反大温，此非其时而其气，是以一岁之中，长幼之病，多相似者，此则时行之气也。”的话阐述了时行疫气的发病原因。《伤寒论》第83条提出的“从霜降以后，至春分以前，凡有触冒霜露，体中寒即病也，谓之伤寒也。其冬有非节之暖者，名为冬温”的话，则进一步说明了伤寒与冬温的区别，为后世鉴别诊断和治疗伤寒与冬温之病确定了标准。《伤寒论》还认识到四时气候的变化的正常与否，不仅能导致疾病发生，而且还与疾病的轻重缓急有关，因此，我们必须了解四时气候的变化规律，才能达到预防和治疗疾病的目的。

二、时间医学体现在对症候脉象的认识上

时间医学在疾病证候和脉象上的反映，是《伤寒论》辨证思想的又一体现。它不仅强调了人体受到自然界的时辰季节影响可以导致疾病的发生，而且强调了发病后也会由时辰变化的影响表现出不同症状的这一原理。在太阳篇第145条中有这样的论述：“妇人伤寒，发热、经水适来，昼日明了，暮则谵语，如见鬼状，此为热入血室。”这里说的正是妇人热入血室表现出的症状随时辰变化而有不同表现的记载。热入血室其病在血分而不在气分，气属阳而主日，血属阴而主夜，所以患者昼日明了，而暮则谵语，阴病而阳不病。阳明篇第209条“阳明病，潮热”、和第212条“伤寒若吐若下后不解，不大便五六日，上至十余日，日晡所发潮热，不恶寒，独语如见鬼状”的论述，指的则是阳明病日晡潮热，日晡者，申酉戌时，为阳明经气当旺之时，所以阳明腑病证多于此时发作潮热，是胃腑实热的证象。由此推断，六经在十二时辰中均有经气旺盛之时，此时不仅是六经证发作之时，也是六经病证欲解之时。

《伤寒论》中对时间医学与脉象的认识重点反映于第一卷中的辨脉篇和平脉篇中，如辨脉篇第16条说：“立夏脉洪大，是其时脉，故使然也。四时仿此。”是说人体是顺应自然界的变化规律的，因此脉也随着四季的变换而有春弦、夏洪、秋毛、冬石的不同。此是四时相应之脉，既使有病也较易痊愈。这和《内经》中说的“脉得四时之顺者，病无他”，完全是一脉相承的，并且发展了《内经》这一思想。相反，如脉象不能顺应四时之气，则患病较为重险，如平脉篇第50条说：“二月得毛浮脉，何以言至秋当死？师曰：二月之时，脉当濡弱，反得毛浮者，故知至秋死。二月肝用事，肝属木，脉应濡弱，反得毛浮脉者，是肺脉也，肺属金，金来克木，故知至秋死。他皆仿此。”这里用五行生克规律，说明得其相克脉，则预后不良。由此可见，四时气候变化不仅对人体病症有一定的影响，反映在脉象上也有其一定的规律性，因此我们必须结合四时脉象的研究，全面地诊察疾病，才能正确地指导治疗用药。

三、时间医学体现在对治则用药的认识上

用药是治病的重要手段之一，治则是正确用药的前提和关键。在这两个问题上，《伤寒论》都反映出明确的时间医学思想。如太阳篇第9条说：“太阳病欲解时，从巳至未上”，阳明篇第193条又说：“阳明病，欲解时，从申至戌上”，太阴篇275条和少阴篇第291条，厥阴篇第328条也分别提到：“太阴病，欲解时，从亥至丑上”，“少阴病，欲解时，从子至寅上”，“厥阴病，欲解时，从丑至卯上”。以上诸条充分说明六经病欲解的一般时间规律。以太阳病为例，太阳为阳中之阳，而一昼夜之中从巳至未时，也是阳气最旺之时，所以太阳病不论自愈或服药而解，都须借助于阳气旺盛之时。成无已在注解这段话时说的：“巳为正阳，则阳气得以交也，始于太阳，终于厥阴，六经各以三时为解，而太阳从巳至未，阳明从申至戌，少阳从寅至辰，至于太阴从亥至丑，少阴从子至寅，厥阴从丑至卯者，以阳行也速，阴行也缓，阳主于昼，阴主于夜，阳三经解时从寅至戌，以阳道常饶也，阴三经解时从亥至卯，以阴道常乏也”，是对《伤寒论》反映出的时间医学在治则、用药认识上的很好的运用和发挥，对后世不无启迪，掌握这种规律性，无疑对六经病症的治疗有其重要意义。

张仲景很注重时辰季节对人体服药的影响，并借助这一影响，促进疾病的治疗和康复。如他在太阳篇152条中提出十枣汤的服药方法是“平旦服”，因十枣汤证属饮停胸胁，癖洁不散，故用“十枣汤”以峻逐其水邪，而平旦之时，为太阴脾土当旺之时，脾有运化水湿，利水之功。十枣汤选在平旦服药，主要是借脾土的旺盛以助药力，而达到逐水之功效。又如他在太阳篇第173条中提出黄连汤的服法是“昼三夜二”。黄连汤方由黄连、甘草、干

姜、桂枝、人参、半夏、大枣七味药组成，寒温不一，甘苦并投，故服药也是要昼夜并服，以此调理阴阳而和解，由此可见，治疗疾病，不仅要正确立法，还要顺应四时的变化科学用药，借以达到预期的治疗效果。

四、时间医学体现在对预后转机的认识上

人体每时每刻都处在自然界中，人体的生长发育无不随着自然变化的规律而发生变化。既然疾病的发生、发展受着时辰季节的变化影响，那么，疾病的预后转机是否也会受到时辰季节的变化影响呢？《伤寒论》回答是肯定的。辨脉篇第 14 条是这样写的：“伤寒三日，脉浮数而微，病人身凉和者，何也？答曰：此为欲解也，解以夜半”，这就是说，伤寒三日，为阳气入阴之时。今见脉浮数而微，身凉和，说明表证仍在，里证未见，此为阳不传里而欲解，夜半子时，为阳生之时，故病愈之时在夜半。它如“风病欲知何时得，何时愈；答曰：假令夜半得者。明日日中愈，日中得病者夜半愈，何以言之，日中得病夜半愈者，以阳得阴则解也：夜半得病日中愈者，以阴得阳则解也。”的话则是进一步说明了时间医学在疾病预后转机中的具体体现。至于前面提到的“二月得毛浮脉至秋当死”，以及六经病欲解时的规律，也都充分说明了疾病的预后转机与时辰季节变化的重要联系。

概言之，《伤寒论》的辨证思想渗透于他论述的生理病理，症候脉象，治则方药，预后转机之中，而它所反映出的时间医学的思想，又是《伤寒论》辩证法思想的结晶，对后世祖国医学的发展进步具有重大的促进作用，我们需要进一步发掘、研究，并运用于保障人类健康。

试析仲景医学气论的形成

陈　萌　王庆国　北京中医药大学

正如陈独秀所言，中国传统“其想象神奇者，莫如‘气’之一说”。气论不仅贯穿了中国哲学发展的始终，是决定其基本发展方向的两大因素之一（另一个为仁学），而且是中国古代自然哲学中最核心的理论。作为中华文化的一个重要组成部分，中医学深受中国哲学的影响，不仅把气论吸收进了理论框架，而且还发展出了具有学科特点的医学气论。

仲景“所著论，其言精而奥，其法简而详”（林亿语），直接言及气论之处并不很多；居于《伤寒论》开篇位置的“辨脉法”虽颇有论气之处，且涉及阴气、阳气、营气、卫气等，却仅用以解释脉象。但是，这些只是表面现象。为了展示仲景医学气论及其重要意义，下文将在回顾气论发展脉络的基础上，进行简要分析。

一、气论的发展脉络

据《说文解字》记载，“气”是象形字，其形象云气之貌。这一概念从经验性的云气演进为哲学意义的气论，始见于《国语·周语上》。书中说“夫天地之气，不失其序；若过其序，民乱之也。阳伏而不能出，阴迫而不能蒸，于是有地震”。此时的气论已经成为一种解释自然现象并说明社会变革的理论。

老子提出了“道生一，一生二，二生三，三生万物。万物负阴而抱阳，冲气以为和”（《老子》第四十二章）的自然法则，认为气出于自然之道，是道生万物过程中的重要环节；阴阳二气是世间万物普遍具有的属性。庄子也认为“通天下一气耳”（《庄子·知北游》），“阴阳者，气之大者也”（《庄子·则阳》），进一步发展和凸显了气的重要性。这也是后人研究气论时均追溯到庄子的原因。

庄子思想的另一特色是，他已开始用气论解释人的生命与疾病现象。《庄子·大宗师》说：“阴阳于人，不翅于父母。”《庄子·知北游》说：“人之生，气之聚也；聚则为生，散则为死”。如果“阴阳之气有诊（按：错乱）”，则会形成子舆那种奇形怪状(《庄子·大宗师》)，故人人都会“有阴阳之患”（《庄子·人间世》），而且“寇莫大于阴阳”(《庄子·庚桑楚》)。

不难看出，老庄要比《国语》前进了一步。但是，老庄基于“推天道以明人事”的宗旨，试图建立一个包综自然与社会的本体，所以最终选择了道。此时的气论还隐含在道论中，道与气尚不能分立，道必须结合气才能落到实处，气必须依附道才有说服力，处于前本体论的形态。

《管子》是黄老道家的代表作，继承了老庄道家的思想。在以精气论著称的《心术》上下、《内业》《白心》四篇中，《管子》提出了精气论、道气一体论、气无小大论，进一步廓清了气论的内涵。同时，在《幼官》《四时》《五行》《轻重己》四篇中，《管子》实现了阴阳模型和五行模型的合流。

以黄老道家的思想为基础，西汉时期的董仲舒将气论的“气－阴阳”模式与“阴阳－五行”模型对接，即“天地之气，合而为一，分为阴阳，判

为四时，列为五行”（《春秋繁露·五行相生》），作为他的新儒学的理论主干。这种无气模型论虽然解释功能更强，但却丢掉了气论的朴素本质，阻碍了人类能动地去探索，认识和改造自然的热情，终于在东汉时期泛滥成了一种谶纬迷信，受到东汉思想家的广泛批判。

王充是东汉时期批判谶纬迷信的旗手，其自然观乃至其全部思想体系的核心是“元气自然论”。他不仅以元气自然论为理论武器，否定了董仲舒将气拟人化的做法，还将气论从先秦道论中抽提了出来，上升到了本体论的位置。在《论衡》中，王充还提出了阴阳自和论、气无终始论、人禀精气论、阴阳形神论等著名观点，并以其解释了大量自然现象，有的结论甚至与现代的物理观念相近或相通。气论嬗变至此，达到了它的高峰期，标志着气论的完全形成。可以说，王充是中国气论思想史上里程碑式的人物。因此，章太炎称赞王充是“不避上圣，汉得一人焉。”

二、《内经》气论的特色

医学与哲学的发展并不是同步的。《左传》和《国语·鲁语上》虽然分别提出了“六气”和“血气”说，但并不是真正意义上的医学气论。

《黄帝内经》是我国现存最早的一部医学典籍，也是中医理论的奠基之作。《内经》的气论十分丰富，主要继承自《老》《庄》《管》等道家思想。例如，“阴平阳秘，精神乃治；阴阳离决，精气乃绝”（《素问·生气通天论》），源于老子“万物负阴而抱阳，冲气以为和”的思想是不争的事实。《内经》与《管子》等黄老道家著作的关系更为密切，它们不仅成书年代重合，过程相似，而且在写作风格与思想水平上有很大的一致性。例如，《内经》与《管子》在精气论的形成方面就是互相影响的。可以说，将《内经》称为黄老医家之作也不为过。

《内经》实现了哲学思想向医学的过渡，因此在这两个研究领域均极富价值。表现在气论方面，它不仅明确了很多概念，而且将气论与医学实践密切的结合在了一起。《灵枢·决气》说：“余闻人有精、气、津、液、血、脉，余意以为一气耳，今乃辨为六名。”这段话体现了气论在医学中的发展过程。由于精神和形体都是气运动的产物，因此气也经常与各种结构如精、津、液、血、脉等混为一谈。随着中医学对人体结构认识的加深，以及论述人体生理病理的需要，作为生命原动力的狭义的“气”便从“一气”的概念中分离了出来。这种分离不仅是医学领域的进步，也澄清了哲学领域的概念。

《内经》通过观察，将人体之气的功能归纳为“上焦开发，宣五谷味，熏肤，充身，泽毛，若雾露之溉，是谓气”（《灵枢·决气》），并结合人体结构将人体之气分为营气、卫气、脏腑之气、经络之气、宗气等。同时，《内经》还提出了“百病皆生于气”（《素问·举痛论》）和“血气不和，百病乃变化而生”（《素问·调经论》）的人体病理观，列举了气的失常所导致的各种病患，诸如阴阳偏盛偏衰、气机运行失常等。

《内经》之前的气论一直没有对阴阳二气进行定义。《素问·阴阳应象大论》从哲学层次将其定义为“阳化气，阴成形”；从医学层次将其定义为“清阳发腠理，浊阴走五藏；清阳实四肢，浊阴归六府”。这两段话的含义是，阴阳二气主导了一种相互制衡协调的循环运动过程。阳气从五藏六府弥散到腠理四肢，是一种由浊（聚合态）到清（弥散态）的过程，故称“清阳”能“化气”；阴气从腠理四肢聚合到五藏六府，是一种由清（弥散态）到浊（聚合态）的过程，故称“浊阴”能“成形”，两个过程相反相成。

《内经》对气论的发展还有消极的一面。首先，《内经》有泛气论的倾向，书中各种气名达2997种之多，举凡病邪、脉象、气分、气候、节气、矢气、药性、针感、五运六气等均被包容其中；其次，《内经》受黄老道家包综百家之风的影响，理论体系驳杂不纯，气论也与阴阳五行模型等相混，这些都妨碍了后人对气论的清晰认识。

三、仲景医学气论的形成

东汉是中国思想史上最富科学精神的时期，其原动力正是对西汉时期愈演愈烈的虚妄之风的反动。除了上文举出的王充外，张衡将气论应用到天文学领域，他的浑天仪、星图和地动仪几乎成为后世难以逾越的高峰；张仲景是这一时期医学的优秀代表，他开创的辨证论治法则几被后世中医学奉为金科玉律。

气论是仲景医学的理论框架，其形成与两方面有关。首先，气论在文化与哲学方面的发展无疑会对仲景产生潜在的影响。较为明显的例子是，王充遥承《老子》“万物负阴而抱阳，冲气以为和”的思想，首次提出了“阴阳自和”的理论，即“正身共己而阴阳自和，无心于为而物自化，无意于生而物自成。”（《论衡·自然》）指出了阴阳二气自生自化自和的特点。稍后于王充的仲景也在医学领域提出了“阴阳自和”的观点，作为判断疾病预后和转归的依据，即“凡病，若发汗、若吐、若下、若亡血、亡津液，阴阳自和者，必自愈。”（《伤寒论》第58条）类似论述还见于《伤寒论·辨脉法》。其次，《内经》气论为仲景提供了直接的素材。仲景医学气论中的名称、分类、认识几乎均来源于《内经》。

仲景在提到“气”这一概念时，除了偶有指其原始涵义如自然大气和人体气息外，主要指其作为生命原动力层次的涵义。根据不同的分类角度，他将人体之气分为三组。第一组是阳气与阴气。《灵枢·决气》将人体之气的功能归纳为“上焦开发，宣五谷味，熏肤，充身，泽毛，若雾露之溉，是谓气”，《难经·三十七难》亦称“夫气内温于藏府，外濡于腠理。”两书均指明了气既具温煦功能，也具濡养功能。前者即阳气的功能，后者即阴气的功能。在此理论指导下，经方中的补气剂诸如小建中汤、肾气丸、炙甘草汤、薯蓣丸等的组方，均是以纠正阴阳的偏衰为目的。

另外两组是脏腑之气与经络之气、营气与卫气。这两组气的共同点是均为医学的专有名词，是在认识人体结构的基础上形成的。它们与所对应的结构是气与形的关系。脏腑与经络之气不难理解。作为人体的两大流体结构，血与津液之气分别为营气与卫气。以津液与卫气的关系为例，《灵枢·本脏》称卫气能“充皮肤，肥腠理”，《灵枢·五癃津液别》称“充皮肤，为其津”，因此，卫气的司开合功能正是津液自身调节的体现。因此，仲景对卫气与津液的论述均集中在汗出、历节、消渴、小便利（多）、水气或大便硬等津夜输布、排泄失常的疾病上，如太阳中风病的卫气不和、消渴病的卫气不足、水气病的营卫相干、身体瘦的卫气伤（或衰）等，正反映了两者的关系。

仲景不仅提出“阴阳自和”的医学观点外，还在《金匮·脏腑经络先后病》中称“若五脏元真通畅，人即安和”。综合两者即为仲景的健康观：阴阳自和、元真通畅。如果出现阴阳不和和/或元真不通，就会导致疾病。《伤寒论》337条说：“凡厥者，阴阳气不相顺接，便为厥。”并列举了寒厥、热厥、水厥等七种厥证。这些厥证或因阴阳二气的偏盛偏衰，或因气机运行失常，使阴阳二气不能正常顺接所致。事实上，不惟厥证如此，百病皆然。因此，仲景制定了“阴阳相得，其气乃行，大气一转，其气乃散”（《金匮·水气病》）的临床治疗原则。

以上分析表明，气论贯穿了仲景辨证论治体系的始终。尤为可贵的是，仲景医学气论受东汉未实之风的影响，不仅杜绝了《内经》泛气论的弊端，而且几乎不受阴阳五行模型的负面影响，为我们的深入研究奠定了基础。

四、气论诠释的现代意义

研究古代思想，不是发思古之幽情，也不是为了研究而研究，而是从古代文化中总结有利于当代发展的养料。在中医学发展的内在需求越来越强烈的今天，气论作为中医学的核心理论，正确的诠释无疑是举足轻重的。

中医学对气的定义主要有物质和功能两种。但是，这两种定义均不足以反映气的内涵。物质只是气的一种表现形式，功能也只是气作用的结果。事实上，严复早在十九世纪末就已给气下了一个定义。他不但继承了古代的气论，认为“物之存亡，系其精气，咸所自己，莫或致之”，还依据西方近代自然科学知识，指出“今世科学家所谓一气常住，古所谓气，今所谓力也。”因此，“一气之转，物自为变。此近世学者所谓天演（进化）也”，“大宇之内，质力相推，非质无以见力，非力无以呈质”，“力既定质，而质亦范力，质日异而力亦而不同焉。”（《天演论·自序》）他从质力相推的自然观出发，把物质和运动统一了起来。

就这样，严复在天演原则和气论之间找到了结合点，赋予了气论以新的科学内涵。同时，他还借用斯宾塞尔对于天演的界说，说明物质质点（原子）通过力的作用而凝成万物的过程：“天演者，翕以聚质，辟以散力。方其用事，物由纯而之杂，由流而之凝，由浑而之画，质力杂糅，相剂为变者也。”“翕”与“辟”即气的聚散。

稍后的著名科学史家李约瑟在《中国科学与文明》一书中也认为，在古代和中世纪，中国人发展了有机宇宙哲学，认为物质世界是一个连续的整体。气凝聚成可感之物，一切都依赖于阴和阳两种基本力量以类波或振动的方式在各个层次中有节奏地相互感应。因此，个体有它们的内部节奏，这些个体都在一个宇宙和谐的普遍形式中得到统一。

以严复和李约瑟为代表的近代思想家真正把握了气论的内涵。也就是说，气以弥散的“无形”状态（背景场）和聚合的“有形”状态（粒子态）存在着，即老子所言“万物负阴而抱阳”之意。生命是“有形”之气进化到一定程度的自然现象，即“气合而有形，因变以正名”（《素问·六节藏象论》）。气的有形与无形之间不仅没有不可逾越的鸿沟，而且随时处于相互转化之中。真实的物理图像是：这是一个粒子聚集了绝大部分能量和质量，而背景场却弥散为绝大部分空间的世界。

量子力学认为，微观体系是具有波粒二象性的物理体系，是一种不同于实物，又不同于场，但又同时兼有二者性质的新的物质形态。对于每种粒子都引进一种量子场，场的激发和退激便代表粒子的产生和消失，可以将实物粒子看作是空间中场特别强的一些区域。这样，无限可分的困难就被这种气形转换的气论自然观模式化解了。在量子场论研究中，气论思想仿佛是脱胎换骨地再现了出来。

在人体系统中，气是物质、能量、信息三者运动的综合。脏腑之气实现了人体与外界的物质交换和能量的合成，经络之气实现了人体和外界的信息交换和能量的传输，营卫二气则是这两个过程的载体。通过脏腑、经络、营卫之气的协同合作，维持了人体的有序运动，由此衍生出多样的功能，构成了人体的全部生理过程。这也是仲景重视气论的原因所在。

有了对气论的正确诠释，我们就有了中医学与当代科学与哲学对话的中介，医学气论是气论中发育最成熟的一类，这与仲景的突出贡献是分不开的。仲景不仅完全把医学气论从哲学中分离了出来，而且还是最优秀的实践者，将气论贯穿于对人体生理、病理的认识，以及疾病的诊断、治疗中。

中医学要发展，其理论就不能只是对临床现象的或然性说理，而应是临床与实验研究的立论依据。以上初步分析了仲景医学气论形成的文化背景、理论来源，并总结了其主要内容，希望能对中医理论的廓清和现代化有所裨益。通过研究气的本质，寻绎人体生长壮老已的生命过程，无疑对中医学的发展有极大的促进作用。气论所具有的科学实证性，使其必将成为中医学的研究重点。

略论《伤寒论》的恒动辨证观

姜建国　山东中医药大学

《伤寒论》的六经辨证作为中医学的第一个完整的、系统的辨证论治体系，经过近二千年的临床洗礼，至今仍有强大的生命力。但目前对六经辨证的研究尚存在一些误解。如受“伤寒”之名及寒温之争的影响，认为六经辨证仍是外感病的辨证纲领；对六经辨证和辩证思维特点尚缺乏深入的探索和认识；对六经之所以钤百病的机理尚缺乏进一步揭示。

近代的中医研究有两种现象值得深思，一是病证的规范化研究。首先应该肯定这些研究是非常重要和必要的。但还应注意到中医的有些东西是很难“规范化”的，比如临床过程中的“悟性”，比如因人、因时、因地制宜的辨证等。

二是诊疗的现代化研究。借现代科技研究中医是必须的，亦是可行的。但有时很难达到理想的目的，比如专家诊疗系统，研究的本意是大量“复制”名中医，以提高临床诊疗水平。但实践运用中往往人与机只能做到形似，而难以做到神似，原因是虽然病证常规分型常用方药基本可以复制，而“活”的、“动”的、“变”的辨证论治思维却很难“复制”。

所以，具有浓厚东方哲学色彩的中医学临床辨证论治体系，应该包括两个层面的内容，一是常规的病证分型，常规的治法方药，常规的辨证方法。从教育学的角度讲，应属于“鱼”的范畴：从哲学的角度讲，应属于“形而下”的范畴。而另一层面则是呈现非常规的、非线性的、无序性的、思辨性特点的辨证论治思维，如常变观、恒动观、整体观、联系观等，从教育学的角度之讲，应属于“渔”的范畴；从哲学的角度讲，应属于“形而上”的范畴。而后者则往往是医匠与医家、中工与上工的分水岭。

在揭示中医辨证论治“活”的、“动”的、“变”的思维特征方面，《伤寒论》有着无与伦比的优势，这就是《伤寒论》的价值所在，生命力所在，魅力所在。下面仅就辨证的恒动观思维进行粗浅的讨论。

《伤寒论》是以外感为契机论述疾病的辨证论治的，正由于有这种外感发病的特点，所以辨证的恒动观表现的特别突出。同为仲景所撰的《金匮要略》，以论述内伤病为主，以类比鉴别为基本的辨证方法，其辨证的基本形式是“方块”状的，就较少表现出辨证的“动态”性。《中医内科学》除肺痨、肺痈个别病外，也极少表现出辨证的“动态”性。所以，就高等院校教科书而言，就辨证的恒动观而言，尚未有超越《伤寒论》的。

《伤寒论》辨证的恒动观贯穿于六经为病的全过程，并体现于具体的病脉证治之中。

一、六经发病的恒动辨证观——传

虽然太阳主表，但六经均通过经络的络属与气血的运行，与肤表息息相通，与卫气密切相关，因此，六经发病之始，均可有表证。就象肺主咳，而五脏六府皆令人咳；肝开窍于目，而五脏之府之精皆上注于目的道理一样，切不可因太阳主表，而否认其他五经皆有表证。如太阴表证276条“太阴病，脉浮者，可发汗，宜桂枝汤”。就是具脾阳虚太阴体质的人（如平素食欲差、大便溏、不敢纳凉等）感受风寒之邪而形成的表证，有发热恶寒、四肢烦疼、脉浮等。若将所有表证均归属太阳病，那本条就是太阴病兼太阳病（或表证），这就是两个病的概念。按仲景治法，当先温后汗，而决非“宜发汗”；从方药而言，当治以“四逆辈”，而决非桂枝汤。太阴表证最适宜桂枝汤，因为桂枝汤本身就是一张扶正解表的方剂。其发汗解肌，调和营卫自不待言。方中桂枝与生姜，可温中散寒，大枣与甘草，可补中益气；芍药虽然性凉，尚有通脾络之功。此方倍芍药就是桂枝加芍药汤，再加饴糖就是小建中汤，均属治太阴病的典型方剂。其他如少阴表证麻黄细辛附子汤、麻黄附子甘草汤证均如是。

确立六经均有表证的概念，那么仲景所说的“传”，按李克绍先生(《伤寒解惑论》) 的观点就应该是本经邪气的表里之传。根据病位之浅深，脏腑之特点，外邪侵肌表，传的日数有多有少。如太阳一日，阳明二日，少阳三日，太阴四日……等。可知，“传”充分体现了疾病演变的动态性。传与不传，与正邪的强弱与否，病情的轻重与否，治疗的妥当与否等因素密切相关。判断传与不传，虽有日数的规律可循，但仍应以脉症为据，如4条“伤寒一日，太阳受之，脉若静者，为不传；颇欲吐，若躁烦，脉数急者，为传也”。5条“伤寒二三日，阳明、少阳证不见者，为不传也”。

二、六经为病的恒动辨证观——转属

转属（又称转系）与传不同，传是本经病气的表里演变，而转属则是一经的向另一经病的演变。所以转属，亦表现了六经为病的另一种动态变化。

如太阳病治疗不当，伤津化燥就易转属阳明。181条“问曰何缘得阳明病？答曰：太阳病，若发汗、若下，若利小便，此亡津液，胃中干燥，因转属阳明”。185条“本太阳初得病时，发其汗，汗先出不彻，因转属阳明也”。

转属可见阳病转阴，或阴病转阳。阳病转阴者，如太阳病误用汗吐下伤阴伤阳，病由太阳而转入少阴，形成阳虚水泛的真武汤证、阳虚烦躁的干姜附子汤证、阴阳两虚烦躁的四逆汤证、心阴阳两虚脉结代的炙甘草汤证等。阴病转阳者，如“系在太阴”，湿邪燥化，亦可“至七八日大便硬者，为阳明病也”（187条）。厥阴病转出少阳，见“呕而发热者，小柴胡汤主之”（379条）。

三、六经病差的恒动辨证观——劳复

疾病痊愈应视为疾病过程的完结，但仲景于六经病后又单设“辨阴阳易差后劳复病脉证并治”篇，这就提示对六经病差后应动态的观察，相对的看待。外感急性热病，虽然热退身凉，但只可以说身体处于暂时的、阶段性的阴平阳秘状态，往往隐匿着余邪未尽，或汗下伤损正气的因素，而这些内因在过于劳力、饮食不当、房劳不节等外因的作用下，导致疾病复发，即所谓“劳复”。篇中的小柴胡汤及竹叶石膏汤，均是治疗发热疾病复发或长期低热不退的良方，就是很好的证明。

差后劳复及对劳复病动态辨证观的提出，对于慢性疾病的诊疗的意义尤为重大。如目前对慢性肝炎尤其慢性活动型肝炎的治疗，既使肝炎的各项指标均恢复正常范围，亦不可中断治疗，当用恒动辨证的观点，预防“劳复”，继续合理运用中药，以期达到预防性的治疗、巩固性治疗的目的。否则很难稳定慢性肝炎的“活动”性。结局必然是肝炎反复的“劳复”，渐至肝硬化。

《伤寒论》的恒动辨证观，除上述外，在具体的病脉证治理法方药中，表现的尤为详尽和活泼。

症的恒动辨证观：在大量的条文方证中，通过“症”的变化，提示动态辨证。如143条是讲“妇人中风”，妇人中风当然要发热，然后又讲“热除脉迟身凉”，这里的热除与身凉，是说肤表不发热了，以此说明表热内陷血室的机理，所以“身凉”是相对中风的身热而言，表不热了就是身凉，决不可与脏厥亡阳的“肤冷”相提并论。

脉的恒动辨证观：以脉代症，以脉辨证，相对性论脉，是仲景脉法运用的特色。有关脉的动态辨证内容更为丰富。如阐示病由重转轻的动态变化，太阳病轻证23条的“脉微缓者，为欲愈也”。微乃微微、稍微之意，缓相对太阳病重证之脉浮紧之紧而言，意为太阳病八九日后脉由邪盛之紧，变的微微呈缓和之象，示表邪衰退，故称“为欲愈也”。

阐示病由轻转重的动态变化，如陷胸汤证143条的脉“动数变迟”，迟非缓慢，寓迟涩郁滞之意，脉数示表热弛张，脉迟示邪气内结，以数与迟相对的动态变化，生动的说明太阳表热，误用下法，热邪内陷，水热互结，成为结胸实证的病理。

以上仅略举数例，意在提示。其实，《伤寒论》中的病脉证治，理法方药、煎服禁忌等辨证论治的全过程，每个环节均无不展示着恒动的辨证观，成为六经辨证的一大特色，亦成为中医学临床的一大特色。

考察关于张仲景的六经和经络的关系

稻村正治　日本东京都天寿堂整复院

张仲景把伤寒病作为从太阳病到厥阴病的六经病系统，并从理论上体系化了。关于这张仲景的六经病和经络的关系有不同看法，在日本从半世纪前关于经络的存在与否的论战到现在还没了结。笔者结合临床对此谈一点看法。

滑伯仁《十四经发挥》有关经络的流注和张仲景的六经相比，其阳经相同，而阴经则异。滑伯仁《十四经发挥》经络的流注是：太阴脾经－少阴心经，少阴肾经一厥阴心包经，厥阴肝经－太阴肺经，没有手足同属经络之间的连接。由于日本医疗界特殊情况，在针灸方面学习张仲景的《伤寒论》的人不多，临床上医者主要是根据《十四经发挥》的经络顺序，所以，对《内经》《伤寒论》的经络流注顺序（手足的同名经连接）不熟悉。然而，《伤寒论》所述经络理论对临床指导意义很大，笔者根据《难经》腹诊的理论在临床中予以证明。

一、运用《难经》腹诊的病例举隅

1. 肺的腹诊点治疗体会　在肺的腹诊点有压痛时，其在右臂的太阴肺经也有异常，同时多数在左脚太阴脾经也看得了异常。

病例1：女性，62岁。右股关节有异常。所有的腹诊点都有异常压痛。解除股关节的异常后，肺的腹诊点以外的异常压痛均消失。而右臂肺经的硬结缓解后，其肺诊点的压痛仍不能消失。甚至当左臂的肺经和左脚的脾经均缓解后，其压痛仍还没有消失。最后在右脚的脾经找到异常，当缓解了那个异常的硬结后，肺的腹诊点的压痛也就消失了。这说明手、足同名经是相通的。

2. 肝的腹诊点治疗体会　在肝的腹诊点有压痛时，其在足的厥阴肝经有异常，常在左臂厥阴心包经也会看得异常。而治疗手、足厥阴经就会使这些压痛点消失。

病例2：女性，86岁。首先刺针弯曲度大的项和腰，然后在仰卧位进行腹诊，发现病人的腹部紧张，有压痛。推测是由大腿前面胆经所过处的肌肉紧张而致。当针刺那紧张处后，再腹诊只有肝点残存了。继续对厥阴肝经和厥阴心包经的异常部位针刺，使其表面缓解但深部仍有压痛。因此我想这个肝点的异常已经跟腰背一体化了。在俯卧触诊时果然在背骨右边肝俞附近，有结缔组织缩短，从而把背骨拉到了右侧。当矫正了这个弯曲后，那个顽固的肝点异常终于消失。

3. 心肾的腹诊点治疗体会　心与肾的腹诊点，因为有很强的相互关系和位置的关联性，压痛常常向上或者向下扩散，而且多数情况下跟胃经结合。因此关于根源的辨别是最重要的。

病例3：56岁，女性。咽喉痛，无发热。综合其他诊为少阴病。在腹诊肾点有向上扩散的压痛，在心点也有很大过敏的压痛。首先治疗手臂心经，心点的异常压痛随之减少，但没消失。随后在治疗足少阴肾经后，心点的异常痛就消失了，而且咽喉痛也一并祛除，

病例4：31岁，男性，外交员。咽喉痛，腰痛，无热，但欲寐。少阴病证突现。腹诊果然肾点有向上扩散的压痛，心点也有异常压痛。治疗对足少阴肾经的然谷穴进行指压，之后肾点的压痛消失。但是，心点的异常压痛依然存在，甚至在治疗手少阴心经后，心点的压痛还有残留。于是进行详细的检查，从足到肩胛骨及脊背结缔组织网发现了硬结。缓解这些硬结后，那个压痛终于消失。

4. 胃的腹诊点治疗体会　胃的腹诊点位于五腹诊点的中心，因此常常同其他腹诊点一起发生压痛。所以当全腹诊点都有异常的话，很可能就是胃点异常的现象表现。

病例5：90岁，女性。温泉旅归，觉胃部堵闷。腹诊在深部有竖长的硬结，而且左脚的脾经和右脚的胃经也很硬。但是当把足部的硬结缓解后，反见胃点的紧张度更高。又缓解手阳明大肠经和少阴心经，紧张仍没有消失。由此判断这个紧张同背中的紧张已经结合了。所以在背骨左边的深部把硬结的结缔组织缓解后，腹部的紧张也消失了，胃部症状随之痊愈。

病例6：38岁，女性，杂志编辑。由于工作压力和精神疲劳，体重增加，工作热情减退，在两腋下的结缔组织网紧张度很强，特别在右边的肠骨陵有异常压痛，腹诊在肝点、肺点、胃点均有压痛。治疗时首先比较左右的厥阴肝经的太冲穴，发现左侧较软，刺针后头顶有发麻，然后再腹诊时发现肝点的压痛消失，而肺点的压痛增强。问患者曾否感冒？答曰：有。现在仍有微热、咽痛。因此我刺针右臂的太阴肺经和左脚的太阴脾经，之后肺点的压痛消失。但是胃点还有压痛。这个压痛虽然经过调整阳明经和治疗股关节的异常仍不消失。在伏卧位发现右股关节有异常，脾俞和胃俞的结缔组织也异常紧张。这些有密切关系。治疗到此时患者才想起了好久前的腰痛。经治疗这些部位，患者感到了尿

意，排尿后顿感轻松，临走时她充满了活力。

二、经络的新看法——生命史观的经络论

以上提出的事实启示，《难经》的腹诊点手足的同属经络是密切相联的。为了理解这个由来，必须运用我对经络论的看法。我的经络论的特征是根据生命史观来的，迄今还没有人提到过。

在生命史观上从猴到人类的进化是什么？就是认识作为行动统辖者的统括界限内的本能地进化。所以这个进化不是从设计阶段作为别的生命全面改变的进化，而是部分改良的进化。具体的说，把原来的四脚构造（不光是本能是由于意志力）形成两脚步行，这是人类的进化的实际状态。经络正是在这把四脚构造改变成两脚步行的过程中所形成的后天的机能联系。

由于从四脚步行到两脚步行，人体发生了极大的变化，使得内脏积极参与了身体的活动。

另一方面，在人类为了保持直立两脚姿势的常态化，包括在身体腹部前面通过的阳明胃经及内脏的经穴在足上也就形成了。然后，形成从足内侧到胸腹部的三阴经连接。更且根据那些足的经络创造手的新运动形态，为了又做工具又使用工具，不是为了步行，同时形成了手臂的三阴三阳的经络群。

这手和足的经络群的接点是，阳经在侧头部或者脸上，阴经在胸部。但是在腹部，没有骨头那样硬支柱的地方，通过的足三阴经和阳明经，在腹部颠簸时不能发挥力量。特别手臂的三阴经虽然形式上到胸廓结束了，但是实际上伸张到了软弱的腹部，所以把这些作为必要因素，这样，手、足阴经结合，人体才会发挥出巨力。

三、结论

在《十四经发挥》和《伤寒论》中，手、足阳经的结合相一致，而阴经却不同。对此本文结合自己的临床实践进行了解释。需要注意的是胃的腹诊点的特异性。胃经是明显的阳经，因此胃点有异常时，常常在别的腹诊点也有压痛。因为阳明胃经是在运动上最基本的经络，包罗腹部和足三阴经。张仲景立足于《素问》，创造了六经辨证体系。而在临床上用根据《难经》的腹诊方法，使笔者确认了手、足的同名经络是一体。所以我想张仲景的六经病和经络是互相对应的。

论《伤寒论》的六病分类辨证体系

王宗柱　陕西中医学院

张仲景著《伤寒论》，详论外感与杂病之诊治，开创中医辨证论治之先河，形成了完整而系统的中医药理论体系。《伤寒论》古今流传而奉为经典，其学术贡献世所公认，誉为中医千古之圭臬，至今仍有效的指导着中医药的临床实践和理论发展。

一、辨证论治是《伤寒论》的精髓

张仲景的《伤寒论》是在《内经》《难经》充分论述人体生理病理的基础上，将理、法、方、药一线贯联，创立了相对完整的辨证论治诊疗体系，成功地实现了医药基础理论向临床实践的过渡，是中医药理论里程碑式的跨越性发展。《伤寒论》的学术成就是公认的，就其内容古今评说虽有不一，但对张仲景以辨证论治的基本方法识证、立法、用药，以诊治各种外感或内伤杂病的精神实质却是公认的。诚如陈亦人教授所说：“《伤寒论》的辨证施治理论对临床治疗具有普遍性指导意义，切勿拘泥于外感病专书之说，这才能充分发挥《伤寒论》理论对临床的指导作用。”[1]

辨证论治是《伤寒论》的精髓，对于中医临床各科都有普遍性的指导意义，决非仅适用于外感病，或仅适用于某一类杂病，因此深得后世医家的广泛重视。清·程郊倩指出：《伤寒论》是“圆机活法之中，纪律森严，条理秩然，故仲景自序，不以为伤寒之书，而以为平脉辨证，见病知源，能愈诸病之书；不以为伤寒杂病分十六卷，而以为伤寒杂病合十六卷。伤寒杂病不分，是教人于伤寒杂病异处，辨其何以异，更于伤寒杂病之表里脏腑同处，辨其何以同。”[1]故刘渡舟教授说：“《伤寒论》为辨证论治之巨著。”[2]

二、《伤寒论》的六病分类是辨证论治的基础

张仲景生活在伤寒肆虐的年代，他在切身的诊疗实践中，随着对伤寒发病的不同表现、不同过程、不同转归等规律的认识的深化，形成了一套的系统的归纳、分类识病别证方法，而六病分类则是该套方法中至关重要的一步，是张仲景继承《素问·热论》六经分证学术思想，在临床实践中按照外感热病发展过程中所出现的不同病理表现，并联系六经阴阳气血之盛衰多少，而将外感病归纳为太

阳病、阳明病、少阳病、太阴病、少阴病、厥阴病等六大病证类型；并以“太阳之为病，脉浮，头项强痛而恶寒”“阳明之为病，胃家实是也”“少阳之为病，口苦咽干目眩也”等形式，定义了六大类病证的病机病症特征，以确立所谓的“六经病”或称“六病”。在此基础上，进而根据每经病表现的具体病变性质、部位、邪正对比情况，再辨析出具体证候，施以恰当的治法和方药。如“太阳病，头痛，发热，汗出，恶风，桂枝汤主之”。(13)“太阳病，头痛，发热，身疼，腰痛，骨节疼痛，恶风无汗而喘者，麻黄汤主之”(35)等，就是在明确太阳病类型的基础上，进而以辨明其属于有汗表虚的中风者，用桂枝汤治疗；属于无汗表实的伤寒者，用麻黄汤治疗。若其属于“以太阳随经，瘀热在里故也”的“太阳病不解，热结膀胱”者，则当辨明其是邪与水结的蓄水证，还是邪与血结的蓄血证？前者用五苓散治疗，后者用桃核承气汤或抵当汤治疗。当然，这些证候的辨识是在“六经病”或“六病”分类明确的基础上进行的。六病分类是从“病”的高度对外感病证的基本病位、基本性质、邪正斗争基本状态的初步概括，是具体分析、深刻认识外感疾病的基本证候而确立恰当论治法则的基础。当然，六病分类只是张仲景从整体出发，对患病后错综复杂的临床表现，用三阴三阳进行的粗线条的勾勒，并不能满足对病证细节问题作出深刻认识的需要，如要进一步把握病证的本质特征，以达到采取具体方法治疗疾病的目的，则是需要通过辨证论治的方式来完成。也就是说张仲景在《伤寒论》中对外感或内伤杂病的认识，首先是从辨识疾病开始的，即六病分类，而六病分类又是进而施行辨证论治的基础。

三、《伤寒论》的辨证论治是对六病分类的深化

《伤寒论》中的辨证论治方法是系统而丰富的，它以八纲、脏腑、气血津液、病因、三焦或卫气营血等为基点，在重视时间、空间上有机联系地原则下，深入具体地分析、归纳、辨识了六经病的各种具体证候，并确立了相应的治疗方法。具体可归纳为：

1. 以阴、阳、表、里、寒、热、虚、实概括病证这种概括方法被后世称之为八纲辨证。该方法纲领性地概括了病证的部位、邪气的属性、邪正的消长、证候的性质等，为六经病的辨证论治起到了执简驭繁、提纲挈领的作用。故《医林绳墨》说：“仲景治伤寒，着三百九十七法，一百一十三方……然究其大要，无出乎表里虚实阴阳寒热，八者而已。”[3]

《伤寒论》遵《内经》“善诊者，察色按脉，先别阴阳”之旨，提出“病有发热恶寒者，发于阳也；无热恶寒者，发于阴也。”(7)以此为六经病证之总纲。此纲一出，则太阳、阳明、少阳病多正气盛，邪气实，病情亢奋而属阳；太阴、少阴、厥阴病多正气衰，邪未除，病情衰弱而属阴。不仅如此，而且也认识到阴阳性质不同影响着病证的发展和预后，指出“病发于阳，而反下之，热入因作结胸；病发于阴，而反下之，因作痞也。”(131)“发于阳，七日愈，发于阴，六日愈”等等。《伤寒论》以太阳病属表，少阳病属半表半里，其余皆属里。太阳主表，是邪气侵犯机体部位轻浅，故太阳病的治疗宜用汗法祛邪外解，不可妄攻其里，否则反伤里气而易致表邪内陷，故仲景告诫说：“太阳病，外证未解，不可下也，下之为逆。”(44)当然在特殊情况时，亦可先救其里，再解其表：如“伤寒，医下之，续得下利，清谷不止，身疼痛者，急当救里；后身疼痛，清便自调者，急当救表。”(93)至于一般里证的治疗，当依具体证候立法用药。

《伤寒论》中三阳病多热，三阴病多寒。三阳病正气健旺，阳邪偏盛，邪正抗争，病势亢奋，则见蒸蒸发热证象。三阴病正气虚衰，阴邪偏盛，病势沉寂，则见无热恶寒证象。治疗上热证以祛邪清热为主，寒证以温阳补正为法。当然，寒热证候亦有复杂情况，如上热下寒的黄连汤证，外寒里热的附子泻心汤证，寒热互结的半夏泻心汤证等等；更有寒热真假疑似的真热假寒证和真寒假热证，如“伤寒，脉滑而厥者，里有热，白虎汤主之。”(350)“少阴病，下利清谷，里寒外热，手足厥逆，脉微欲绝，身反不恶寒，其人面色赤……通脉四逆汤主之。”(317)故《伤寒论》第11条强调临证时应仔细辨别。《伤寒论》在虚实的辨别上指出“夫实则谵语，虚则郑声。郑声者，重语也。”“发汗后，恶寒者，虚故也；不恶寒，但热者，实也。”“太阳病，先下之而不愈，因复发汗，以此表里俱虚，其人因致冒。”提示人们要注意从病机、症状等多方面辨析病证。在治疗上指出“发汗，病不解，反恶寒者，虚故也，芍药甘草附子汤主之。”“潮热者，实也，先服小柴胡汤以解外，后以柴胡加芒硝汤主之。”“阳明病，下血，谵语者，此为热入血室。但头汗出者，刺期门，随其实而泻之……”等等，说明了补虚泻实的论治道理。并且特别提示虚实不可误治，否则“迫虚逐实，血散脉中”，“实以虚治，因火而动，必咽燥，吐血。”使

变证从生，以成难治或不治之候。

2. 以脏腑关系概括病证　这种概括方法被后世称之为脏腑辨证，是《伤寒论》辨证论治体系的主要内容之一。因为六经病的形成必以其所属脏腑的生理病理变化为基础，所以对其具体病位和病机分析，《伤寒论》都是通过具体辨证落实到相应的脏腑关系上，从而做出明确认识的。如在心病称“发汗过多，其人叉手自冒心，心下悸，欲得按者，桂枝甘草汤主之”，更见“烦躁者，桂枝甘草龙骨牡蛎汤主之。”是认识到其病机在于心阳气亏虚，心神失于温养所致。“伤寒，脉结代，心动悸，炙甘草汤主之”，则属心之阴阳两虚的证候。在肺寒气逆而“喘家作”者，治以桂枝加厚朴杏子汤、在邪热壅肺致“汗出而喘，无大热者，可与麻黄杏仁甘草石膏汤”；在寒饮犯肺，“心下有水气，咳而微喘”，“发热而咳……或喘者”，以小青龙汤宣肺化饮，兼解表邪等等，都是在对肺脏功能失调做出明确辨析的基础上，施行恰当的治疗。肠病在《伤寒论》中有诸多证候，如肠热下利的葛根芩连汤证，津燥热结的承气汤证，热毒郁滞的白头翁汤证，滑肠泻利的赤石脂禹余粮汤证等等。在论脾胃病证时以“太阴之为病，腹满而吐，食不下，自利益甚，时腹自痛。若下之，必胸下结硬”阐明了脾阳不足，脾气虚弱，健运失调，寒湿内生的主要症状和治疗禁忌，进而指出其病机为“自利不渴者，属太阴，以其脏有寒故也。”“以其人胃气弱，易动故也。”治疗原则是“当温之，宜服四逆辈。”又以“阳明之为病，胃家实是也。”“蒸蒸发热者，属胃也”说明阳明病的基础是胃气不虚，具体到胃实病证则说“汗出，谵语者，以有燥屎在胃中，”“所以然者，本有宿食故也。”而在胃虚病证则说“若胃中虚冷，不能食者，饮水则哕。”“所以然者，以胃中冷，水谷不别故也。”治疗上，或以调胃承气汤泻之，或以吴茱萸汤温之。

《伤寒论》中肝胆病的辨证虽不象它脏病那样明确，但对四逆散应用的分析，可以明确地看出其属肝胆证治无疑；并以此为启示，使后世在疏肝解郁的治疗上皆遵此法。黄芩汤证治也是在清胆泻热的基础上治疗胆肠郁热之下利而获效的。在论述到肝胆与脾胃的病理关系时说“脏腑相连，其痛必下，邪高痛下，故使呕也”，说明少阳证中肝胆与脾胃失调则会出现呕吐、腹痛等症状。《伤寒论》重视肾阳的生理病理功能，认识到肾阳虚衰便形成危重的少阴寒化证。而少阴病寒化证的病机则是由于“以下焦虚有寒，不能制水”所致，说明了肾阳虚衰而主水藏精功能失调是形成少阴寒化证的主要原因。其治疗主要以干姜附子汤或四逆汤温阳散寒、回阳救逆为法。在膀胱病机上则指出“此冷结在膀胱关元也”可致“小腹满，按之痛”和“小便不利，微热消渴”等气化不行、水蓄膀胱的证候，治以五苓散通阳化气行水等。

《伤寒论》的脏腑辨证不仅有对一脏一腑病机的辨析，而且也有针对脏脏（腑）关联之复杂病机者；如脾肾阳虚的下利证，胆热下迫于肠的热痢证，胃热肠燥的脾约证，心脾两虚的心悸证等等。

3. 以气血津液概括病证　气血津液是人体生理活动的基本物质，其耗损不足或分布异常均可导致相应的疾病发生，《伤寒论》重视气血津液病机的辨证论治。在血有血虚、血瘀、血热等不同病机的证治，如“脉浮紧者，法当身疼痛，宜以汗解之，假令尺中迟者，不可发汗……以营气不足，血少故也。”(50)“伤寒有热，少腹满，应小便不利，今反利者，为有血也”，“血证谛也”，“瘀热在里故也，抵当汤主之。”(128)“阳明病，口燥，但欲漱水，不欲咽者，此必衄”(202)等。在气有脾虚气滞的厚朴生姜半夏甘草人参汤证治、气郁不疏的四逆散证治，有在诸证治中因气虚而加人参等予以补益的白虎加人参汤、竹叶石膏汤以及气血双补的小建中汤证治等。对气虚下陷证的治疗提出了可用温灸的方法，即“少阴病，下利，脉微涩，汗出而呕，必数更衣，反少者，当温其上，灸之。”(325)在气虚的用药上示人慎用寒凉，提出“太阴为病，脉弱，其人续自便利，设当行大黄、芍药者，宜减之，以其人胃气弱，易动故也。”等。(280)在津液病机上指出“大下之后，复发汗，小便不利者，亡津液故也。”津液亏损则机体失于濡润，故曰“阳明病，本自汗出，医更重发汗……以亡津液，胃中干燥，故令大便硬。”在津液亏损的治疗上，首重饮食调理，提出“太阳病，发汗后，大汗出，胃中干，烦躁不得眠，欲得饮水者，少少与饮之，令胃气和则愈。”对于水气留滞，津液不得化生，而见口渴的病机亦有明确认识，称其为“饮水自救”之象。

4. 以致病因素概括病证　《伤寒论》中对不同致病因素形成的病证总结出了相应的证治，如风邪以其开泄之性侵犯肌表，症见发热恶风且汗出的为中风，治以祛风解肌，调和营卫；寒邪以其凝滞收引之性侵犯肌表，症见发热恶寒且无汗的为伤寒，治以辛温发汗，开表达邪；温热之邪以其阳热之性侵犯机体，症见发热而渴，不恶寒或微恶寒的是为温病，治不可辛温发汗，否则变证丛生。湿邪致病其性重浊粘滞，侵犯机体或留着关节筋肉而见身体痛烦不能自转侧或骨节疼烦，掣痛不得屈伸，小便不利而恶风，脉浮虚而涩者为“风湿相搏”，治宜祛风除湿、温经止痛。湿滞于中与热相合而发黄疸者，是为阳黄证，治宜清热利湿退黄；若湿与寒相合而蕴结中焦者，可致寒湿发黄，治疗当“于寒湿中求之”。

宿食为邪，若宿于胃肠而燥热结滞者，可形成腑实证，治以承气汤泻实通腑；若宿食滞于膈上而见不欲饮食，“温温欲吐……脉弦迟者”，治以酸苦涌吐之法。痰邪为患而阻于膈上者亦当涌吐祛邪；若随虚滞胃而使浊气上逆者，用旋覆代赭石汤化痰下气，和胃降逆。瘀血内蓄而见喜忘，如狂，大便色黑而反易等的，是“本有久瘀血”，治以活血破血逐瘀法。至于水饮之邪致病的辨证论治在《伤寒论》中更是随证可见。这些均是后世据称的病因辨证。

在《伤寒论》中除上述辨证论治外，还有辨析上、中、下三焦不同病理证候的论述，如“以热在下焦，少腹当硬满”；（124）“得汤反剧者，属上焦也”；（243）“此利在下焦，赤石脂禹余粮汤主之”（159）等，均在明辨三焦证候之病机。而第230条所说之“上焦得通，津液得下，胃气因和，”更是指出正确治疗后，三焦气机调畅的机能状态。《伤寒论》中也有辨析营卫失调和热邪入血证候的论述，如“荣气和者，外不谐，以卫气不共荣气谐和故尔。”“追虚逐实，血散脉中”；“邪风被火热，血气流溢，失其常度”等，这些实为后世三焦辨证和卫气营血辨证的理论依据和雏形。

张仲景正是运用以上的具体辨证方法，达到了对六经病具体证候本质的深刻认识和把握，完成了辨证论治的临床目标。

综上所述，张仲景著《伤寒论》五分外感与杂病，旨在论述辨证施治之法，而具体的辨证论治则是在先行六病分类的基础上进行的，也就是说六病分类是具体辨证论治的前提，具体的辨证则是运用了所谓的八纲辩证、脏腑辩证、气血津液辩证、病因辩证，三焦、卫气营血辨证等论治了外感与杂病的多种证候，从而完整而系统地创立了中医辨证论治诊疗体系，为中医药临床诊疗创立了千古规范，后世医家遵其法而会其意，不断完善和发展，促进了中医药学术理论的进步和发展。故陈亦人教授说：“正由于《伤寒论》的理论在一定程度上揭示了医学方面的客观规律，所以后世医家只在它的基础上充实、发展，而不能从根本上推翻、改变。”[4]这也正是《伤寒论》被奉为千古经典，张仲景被尊为医药圣人的原由。

参考文献

[1] 陈亦人. 伤寒论译释. 第3版. 上海科学技术出版社，1992；5，1286.

[2] 刘波舟. 伤寒论临证指要. 第1版. 学苑出版社，1993：14.

[3] 朱文锋. 中医诊断学. 第1版. 人民卫生出版社，1999：510.

[4] 陈亦人. 《伤寒论》求是. 第1版. 人民卫生出版社，1987：5.

以六经学说及其方法论构建仲景学术思想综合体系的研究和发展战略

王庆国　畅洪昇　北京中医药大学

《伤寒杂病论》的问世，标志着仲景学术思想的形成。一千八百年以来，鉴于其卓越的理论价值和深远的临床意义，众多医家对仲景学术的研究、发挥，一直没有间断过。从王叔和编次整理到孙思邈寻访收集，从唐宋各家补亡发挥到明清精彩纷呈的百家争鸣，以及今天运用现代理念重新审视传统中医理论的研究进程，我们不难发现，仲景学术思想始终是中医界最活跃的研究领域。然而，在以往各个时期、各个研究领域都已取得丰硕成果的同时，当我们肩负着发扬仲景学术的重任走进21世纪之际，我们却发现面前仍然存在着诸多棘手的问题有待解决。

如何保持仲景学术思想研究方面的长盛不衰？如何进一步的深入仲景学术思想研究？如何维持仲景学术思想在整个中医学中的重要学术地位？这些对每一个从事仲景学术研究的中医工作者都是挑战。无疑构建仲景学术思想体系，并依靠自身体系的不断完善是解决以上问题的关键。因此，我们提出“确立六经学说的核心地位，始终贯彻以仲景学术思想为本、为仲景学术思想所用的主导原则，以六经学说构建仲景学术思想体系，并在其方法论的指导下对仲景学术思想进行深入系统的综合性研究”的发展战略。本文以六经学说及其形成的方法论为核心对此进行初步的探讨，质诸同道，以供讨论。

一、《黄帝内经》六经思维方法

六经即三阴三阳，指太阳、阳明、少阳、太阴、少阴、厥阴。六经这一概念应当包含两方面的含义：一是十二经脉的循行，二是上古一分为三的阴阳观念。

经脉是中医学基础理论的核心之一，早在马王堆出土的两部《脉灸经》中就有记载，但十二经脉的真正形成是在《黄帝内经》。《黄帝内经》中不仅有了完整的十二经脉循行的描述，而且十分强调十二经脉在疾病发生发展和诊治中的作用。《灵枢·经别》云："十二经脉者，人之所以生，病之所以成，人之所以治，病之所以起。"《灵枢·经脉》曰："经脉者，所以能决死生，处百病，调虚实，不可不通。"可见，作为中医学理论的核心之一，十二经脉在认识和治疗疾病中起到了至关重要的作用。由于此时十二经脉理论已经相对完善，因此对一些疾病开始采用经脉分类法，如《灵枢·经脉》记载了十二经脉的"是动病"和"所生病"，《素问》还有以足六经分证的病证认识方法，如足六经疟、足六经腰痛。但就方法论而言，对变化着的疾病，以经脉循行为主作为分类的标准，并不能全面反映出疾病的发生、发展、变化规律，遑论指导疾病的治疗。面对这种情况，也只有借用同时代的阴阳理论对原本具体的十二经脉理论进行改造，进行半抽象化，以脱胎换骨。

三阴三阳源于上古的阴阳观，这一点可以在《周易》卦爻中找到端倪。医学三阴、三阳概念，当首见于马王堆医书中，其《阴阳脉死候》有"凡三阳，天气也"，"凡三阴，地气也"之说。此书中手阴阳经脉仅记载有五条，故可以推测这一概念主要指足六经而言。《黄帝内经》中三阴三阳理论的内容不尽相同，且有些与十二经脉理论关联甚少，如《六微旨大论》等的标本中见理论。盖因其非一人一时之作，同时也说明三阴三阳并非是当时医学领域的专用概念。在《黄帝内经》中仅就与经脉相关的三阴三阳而言，其含义也较多，但总的说来，它已经成为了一种用以推测、比喻人体功能和疾病发生发展规律的六经思维方法，集中体现在以下三方面。

1. 六经阴阳气动用盛衰思维方法　《素问·脉解》对三阴三阳疾病的常见症状作了解释，主要方法是以十二月中阴阳气的变化喻疾病的机理，强调疾病是阴阳二气相互作用的结果。例如，太阳各症病机皆类"正月阳气出在上而阴气盛，阳末得自次也"。《素问·皮部论》进一步抽象地对《脉解》阴阳动用盛衰内容进行概括，并结合经络理论探讨了诊断方法及邪气的传变，论述了六经疾病的一般传遍规律，即皮毛腠理、络脉、经脉，或留于筋骨，或传入于府，积于肠胃，或感虚乃陷下，入于脏腑。两篇内容形成了以阴阳动用盛衰分析六经疾病发生的系统方法。在《素问》七篇大论中，进一步用阴阳气动用盛衰阐述了六经之生理，其主要内容包括阴阳气的盛衰，阴阳气出入、转化等动用。与此相关，《血气形志篇》探讨了三阴三阳气血的多少，用以指导针法。此外，从张景岳等的注解看，《黄帝内经》还以阴阳气动用盛衰来指导脉象的认识，《经脉别论》云：'太阳象三阳而浮；少阳象一阳，一阳藏者滑而不实；阳明象大浮。"《阴阳类论》等篇还描述了三阴三阳的变脉，如"所谓二阳者，阳明也，至手太阴，弦而沉急不鼓，炅至以病皆死"。

《黄帝内经》中对六经阴阳气动用盛衰的论述较多，但由于其失于阴阳概念的具体化，尚不足以对生理病理进行全面、系统的阐述，因此对复杂的临床疾病变化的诊断和治疗的指导也极为有限。

2. 六经连属脏腑特性思维方法　用三阴三阳进行半抽象化，是为了摆脱以十二经脉循行认识疾病的机械方法论的束缚，而十二经脉又络属互为表里的脏腑，一些脏腑又位于其循行部位，因此脏腑与六经的关系自然受到重视。如《阴阳类论》提出"三阴为表，少阴为里"，下文云："二阴至肺，其气归膀胱，外连脾胃"，可见此处二经表里即从脏腑关系言。再如脾为胃行其津液，为万物之母，故称"三阴者六经之所主也""三阴为母"。《阴阳别论》《阴阳类论》等篇对六经病发病及其传变，也从脏腑之间关系进行论述。如《阴阳别论》云："一阳发病，少气善咳善泄；其传为心掣，其传为隔。"再如《阴阳类论》云："二阴二阳，病在肺，少阴脉沉，胜肺伤脾，外伤四肢"。说明少阴病水侮脾犯肺的病理变化。

重视六经连属的脏腑为我们提供了一种六经为基础的脏腑辩证思维，较阴阳气动用盛衰有了很大的进步，但是由于它忽略了六经的整体性这一大前提，有以脏腑替代六经之嫌，因此在方法学上并不完整。

3. 六经开阖枢整体观思维方法　《素问·阴阳离合论》据天人相应的思想，以足六经人体分布的特点，说明三阴三阳是一个统一体，离则各有所分布，合则"不得相失"。提出三阴三阳开阖枢，将三阴三阳分为对立而又相互联系的两个单元。"阳予之正，阴为之主"，从而达到"阴阳冲冲，积传为一周，气里形表而为相成也"。张景岳进一步指出："开阖枢者，有上下中之分，亦如上文出地未出地之义，而合于天地之气"，"所谓开阖枢者，不过欲明内外而分其辨治之法也"。从马王堆医书《阴阳脉死候》天气、地气和《阴阳离合论》出地、未出地以及三阴三阳分布特点看，景岳之言符合实际。因此，开阖枢不仅以阴阳二气为纽带说明了三阴三阳的整体性，同时也指出了三阴三阳存在着表里的区别。《灵枢·根结》用开阖枢"折"以说明六经的常见病，来指导九针治疗。它将皮肉之暴病归之于太阳间接反映了六经开阖枢的表里。同时其开阖枢病是以经脉络属的脏腑功能失常为基础，如太阴"关折则仓廪无所输"（脾胃者，仓廪之官），少阴"枢折则脉有所不通"（心，其充在血脉）。但总的看来本篇虽有开阖枢之名，却无阴阳离合之实。

将三阴三阳作为一个整体去认识疾病，指导疾病的认识、诊断、治疗始于《素问·热论》。《热论》首先从太阳经脉分布说明了热病发于太阳，进而提出热病一日巨阳，二日阳明，三日少阳，四日太阴，五日少阴，六日厥阴的变化规律。其中三阳是"经络皆受病，而未入于藏者"，三阴则强调"五藏六府皆受病"。至于两感则直接阐明了互相联系的阴阳二经的病理。这样就初步形成了一种六经为病各有其主证，但又可相互传变的六经论病方法。

《黄帝内经》初步形成了用以指导疾病认识和治疗的六经思维方法，但缺陷也很明显，因此它对临床治疗的指导性多局限于某一点，尚不普遍，无法完成经验性治疗到医学研究的转变。但我们应当认识到，三阴三阳之与十二经脉意犹五行内化为五脏六腑，为医学研究开拓了无限的空间，而《黄帝内经》六经思维方法无疑是其先声。

二、《伤寒论》六经学说及其蕴含的方法论

仲景学术的主要成就在于其《伤寒论》创立的六经学说。千百年来，古今中外众多的学者都十分重视仲景六经的研究，恽铁樵就曾明确地指出："《伤寒论》第一重要之处为六经"。仲景原序中说："撰用《素问》《九卷》《八十一难》《阴阳大论》《胎胪药录》，并平脉辨证，为《伤寒杂病论》合十六卷"。可见张仲景著述时不可避免地受到了《黄帝内经》的影响，其中当首推六经理论。如果说《黄帝内经》时代对六经完成了方法论的初步改造，那么六经学说在仲景的努力下已经上升为指向明确，内涵丰富，指导性强的方法论，从而形成了其学术的核心。

1. 六经阴阳本质的回归　《素问·阴阳离合论》在阐述三阴三阳离合时首先强调："阴阳者，数之可十，推之可百，数之可千，推之可万，万之大不可胜数，然其要一也。"但《黄帝内经》中六经病似乎过分的强调了六病之间的区别，而忽视了它们在阴阳本质上的不同。例如《热论》六经病虽证候表现各异，但完全以实热证为主，虚寒证的描述仅见于两感中少阳与厥阴俱病。仲景在建立六经学说时，首先从根本上对六经进行了划分，在《伤寒论》中，六经病提纲很明显的显示出三阳病为实为热为表，三阴病为虚为寒为里的主要特征，这样使三阴三阳具有了一阴一阳的本质。

但是仲景使六经回归阴阳本质是有前提的，即六经阴阳概念的具体化。仲景详细讨论了六经病的表里、寒热、虚实。就排列次序而言，《伤寒论》与《热论》均强调三阳为表，三阴为里。但《伤寒论》六经病表里关系要灵活得多：首先发病上不仅太阳病为六经病之表，且太阴病为三阴病之表，如（270）条指出："伤寒三日，三阳为尽，三阴当受邪。其人反能食而不呕，此为三阴不受邪也，"与太阴病提纲证"腹满而吐，食不下"形成对比，说明太阴在三阴病中的关键地位。其次在治疗上，太阳为表可汗，阳明为"内实"（181）、"热结在里"（168）可泄；太阴为表"当温之"（277），少阴为里治宜"急温"（323）。此外，仲景还提出"半在里半在外"的病理变化。以寒热虚实证候论，几乎分布于六经各病，最典型的例子是仲景在以"胃家实"为特征的阳明病中，念念不忘讨论"胃中冷，水谷不别"（191）的阳明中寒。

在此基础上他进一步提出基于阴阳的脉证合参和复方疗法。《脉要精微论》有"脉合阴阳"之说，但《热论》的六经病只言症不言脉，至仲景脱离了经络的束缚，始在"观其脉证"的诊断方法中将脉诊放到和察证同等的地位，严格遵循了"察色按脉，先别阴阳"的诊断原则。在治疗上，他也更多地采用药物治疗以调理阴阳，并提出"阴阳自和，必自愈"的治疗法则。

《伤寒论》六经阴阳与《黄帝内经》阴阳气动用盛衰是两个完全不同的概念，其区别在于前者既使六经体现的方法论从本原上回归到一阴一阳模式，同时又使六经理论与辨证论治原则密切结合，成为其六经学说的基础。

2. 六经病证思维模式的确定　《伤寒论》全面体现了仲景六经病证思维模式。观《伤寒论》全书以"辨××病脉证并治"名篇，则知仲景不仅辨伤寒六病，更主要的是于六病之中就六病发生、发展、转化及治疗过程中表现出的不同脉证"随证治之"。单就思维模式而言，《热论》已经具备了六经病证思维的雏形，仲景的成就在于方法学上的提高，从而完成了质的飞跃。

首先，仲景的六经病病证模式是基于其灵活的

六经传变基础上的。六经传变在《素问·热论》中早已涉及，但与《热论》机械的日传一经相比，《伤寒论》中有关六经的传变更加灵活。如以阳明为例，《热论》提出“二日阳明受之”。《伤寒论》则提出“太阳阳明”“正阳阳明”“少阳阳明”等传变概念，97 条“服柴胡汤已，渴者，属阳明也，以法治之”，说明少阳病变可传入阳明。187 条“太阴者，身当发黄；若小便自利者，不能发黄。至七八日，大便硬者，为阳明病也”，说明太阴病可转出阳明。此外，《伤寒论》提出了合病、并病，在一些条文中还有三阳合病，内容也较《热论》的“两感”更为丰富。类似的丰富的六经传变观及诊治形成了今天我们所谓的“六经辨证”方法，而从这一角度看，六经病之提纲证无疑可作为外感病发展过程中的不同阶段，以及互相联系又相对独立的证候，从而实现了六经病理上的统一。

其次，这种病证模式还集中体现在对伤寒杂病治疗的指导作用上。考《伤寒论》条文不外三类：一以定伤寒六病之证治，如六经提纲证、太阳麻桂，阳明白虎承气等，此类条文后人称之为“六经定法”，实为伤寒辨证论治之标准和程式。一以治伤寒六病之兼夹，如少阳柴胡类方，少阴四逆类方等证，旨在深入六病的辨证，扩展主方的加减应用。一以明治变之法，此即仲景所谓的“随证治之”，亦后人所云仲景之“圆机活法”。这样的条文编排，使六经病证思维方法从伤寒逐渐过渡到杂病。

在仲景的六经病证思维方法中，“伤寒”作为研究的基本出发点给六经病证作了科学的严格的规定，同时六经提纲证将伤寒的基本轮廓作了勾勒，从而确保了进一步研究领域的开启。就伤寒而言六经提纲证是相对稳定的，可以作为伤寒研究之程式（常病）；同时在这些程式之中，各种证候则具有很大的不确定性（变证）。正因为有常，才有定法可依，为医学实践树立标准；因为有变，才需辨证论治，以指出深入研究的方向。这样，仲景之书即论伤寒之常，又究六病之变，病证结合、常变结合，使一部《伤寒论》活泼泼地展现在我们面前，并始终在医学研究过程中给我们以启迪，也得以与数千年中医学术的发展休戚相关，被后人视为“医门之圭臬，医家之圣书”。难怪仲景在《自序》中云：“虽未能尽愈诸病，庶可见病知源，若能寻余所集，思过半矣”。

3. 辨证论治方法的创立　详览《伤寒论》及《金匮要略》，仲景的辨证论治实际包括了三种主要方法，即辨六经、脏腑及胸腹部位证并论治。六经辨证一直以来被认为是仲景主要成就之一而受到广泛研究，但据前所述，六经病证思维模式即以伤寒为指向，那么作为其基础的六经辨证也难以彻底脱离伤寒而独立地广泛地运用于伤寒变证或杂病。因此我们应当认识到，正是六经辨证与脏腑辨证思想、胸腹部位辨证思想的有机结合才构成了仲景六经学说的主体框架。在《黄帝内经》中尽管六经理论与脏腑直接相联系，但在具体的运用中却远未练达。例如《热论》六经病已提到经脉络属的脏腑，但其证候重点却在于经络循行部位的症状，特别是对三阳病强调，经络受其病”。仲景六经病提纲证则完全偏重于脏腑证候，如阳明病强调胃家实，少阳病强调口苦(《奇病论》以口苦为胆瘅）。可以说除太阳病提纲证仍依《热论》之旧外，其他提纲证皆以脏腑证候为主。另外，综观《伤寒论》全书，纯属于六经本病者不过数十条，而大量的条文是用来论述兼证、变证、挟杂症，分析仲景对这些病证的辨治不难看出，它所运用的方法实际上很多是脏腑辨证思想。这些是仲景在继承《热论》论病方法的基础上，大量发挥《内经》三阴三阳脏腑连属理论而取得的重要学术成果。

仲景创立胸腹部位辨证可以说是对脏腑辨证的一种补充，这一辨证方法主要针对“坏病”。胸腹这一人体特殊部位在仲景之前已倍受重视，《灵枢·胀论》指出：“藏府之在胸胁腹里之内也，若匣匮之藏禁器也”，“夫胸腹，藏府之郭也”。但根据不同部位的疾病采用不同的治法，这种辨证思想却始于仲景。例如对单纯的热郁胸膈仲景用栀子配豆豉清宣郁热，而当出现腹满则以栀子配厚朴、枳实以清热降气。何秀山在《重订通俗伤寒论》中说：“尝读张仲景《伤寒论》，一则曰胸中，再则曰心中，又次曰心下，曰胸胁下，曰胃中，曰腹中，曰少腹，虽未明言三焦，较讲三焦者尤为详明”。的确，仲景对胸腹部位的辨证已经到了极高的水平，不仅为吴鞠通三焦辨证的提出奠定了方法学基础，甚至为东洋医学所引入，发展成一门独特的腹证医学。

仲景的六经学说是以阴阳理论为主导，以六经病证思维方法为核心的疾病辨证论治学说，它不仅具体指导了临床辨证论治，更主要的是为中医学的发展提供了坚实的方法论支持，即阴阳理论基础上的病证思维模式和多层次辨证论治。仲景六经学说源于《黄帝内经》，但二者六经的内涵却不尽相同。例如《黄帝内经》开阖枢和《伤寒论》六经病病证均体现了六经的整体关系，但前者局限于说明三阴三阳生理上的相互联系，而后者则对六经病的发展及相互之间的传变进行了研究。因此六经学说不能完全以《黄帝内经》的六经理论对它进行简单概括，它是仲景创立的独特的疾病理论体系。仲景的三种有代表性的辨证方法是六经方法论的具体体现，并为之形成而服务，可以说六经辨证是六经病证思维建立的基础，而脏腑辨证、胸腹部位辨证则关乎六经病证思维进一步的完善。这也意味着只有在六经整体性这一大前提下，三者才会形成三纲鼎立的辨证方式，而在《金匮要略》探讨杂病的治疗中仲景已经完全取向于脏腑辨证。可见，脱离六经就无法构成仲景辨证论治的主体框架，何谈建立其学术思想体系。

三、以六经学说及其方法论构建仲景学术思想综合体系

仲景提出六经学说后，后世医家对此作了十分丰富的阐释，据我们统计，古今文献对六经的认识共有41论，但在百家争鸣的繁荣景象之后，却越来越掩饰不住众说纷纭、莫衷一是的尴尬。有鉴于此，我们认为对六经学说的研究，首先应当对其内涵进行必要的限定，进而应在以仲景学术思想为本、为仲景学术思想所用的主导原则下对其外延所涉及进行选择性的包容，最终形成以仲景学术思想为核心的综合体系。

众所周知，从《伤寒杂病论》问世到成无己注解《伤寒论》，尽管仲景之术在实践中得到了推广，但仲景学术思想体系的研究却远未得到重视，突出的一点是对《伤寒论》的研究侧重于补亡发挥，导致各家有各家伤寒的局面。其结果是虽然极大地丰富了治疗学的内容，但是却使整体学术一直停留在经验水平，甚至使医学在一段时期内走上以五运六气推算为指导的歧路。明清以来仲景研究之风大变，尽管学术流派众多，认识不尽相同，但无不奉仲景之书为经典，以其“继往开来，莫善于此”而致力于其体系的建立，其中研究最多者莫过于仲景六经。但是很长时间以来，我们一直仅仅把六经看作是一种疾病的辨证论治方法，冠之以六经辨证之名，而忽略了它作为仲景全部辨证论治理论和方法涵载者的价值。以六经辨证统率仲景学术思想使研究走上了两条截然相反的道路，一是以六经辨证为研究仲景学术的最终目的，不恰当地提出六经的局限性，认为对仲景学术应当废六经而存方，以仲景之后的辨证论治方法代替之；二则试图以仲景六经辨证涵盖一切中医临证学术，晚近甚至以新三论、旧三论无限拔高。面对此情此景，我们不禁要问，难道发展了近两千年的仲景学术时至今日竟最多只有113方堪用？难道发展了近两千年的仲景学术竟真的到了必须依靠现代理念才能建立自身体系的时候了吗？

确实，从学术发展的角度看，随着时代的变迁、疾病的变化，八纲辨证、脏腑辨证、三焦辨证、卫气营血辨证等新的辨证方法不断出现，已经反映出六经辨证确实存在缺陷，不仅不断脱离实际地拔高对完善六经辨证方法的价值不大，而且强行将诸多辨证方法纳入六经辨证以创造一种综合辨证方法，更与仲景辨证论治三纲思想大相径庭。六经的研究似乎已经走入困境。

但是当我们站在方法论的高度对六经进行俯瞰，似乎一些问题又变得十分简单。仲景对六经复杂化后的阴阳实质还原上承了《黄帝内经》的阴阳理论核心，仲景的六经病证思维方法及三纲辨证论治又为后世医学研究开启了无限的法门，体现了仲景创立的中医学上第一个也是至今为止最为完整、系统的六经方法论具有的重大意义，正是依托于这一方法论，仲景学术继往开来、不断发展、不断完善。

从六经学说及其确立的方法论出发，我们不难发现，众多注家对六经的不同阐释早已脱离了六经辨证的研究范畴而走上了方法学探讨之路，为六经方法论研究作了巨大贡献。同时始终秉承仲景之旨以伤寒作为六经学说研究对象的通俗伤寒学派，恰恰从根本上维护了六经方法论，因而成为了仲景学术研究中不可或缺的中流砥柱。仲景六经方法论还被广泛地运用于各种疾病的认识、治疗，成为了后世医学发展过程中取之不尽的宝藏，被《伤寒论》理法方药临床研究者采摘并运用到中医学其他学说体系中，承先启后，交映生辉。仲景将六经的表里虚实寒热还原为阴阳的思想实为八纲辨证之雏形，仲景重视躯体部位的辨证治疗方法为后世三焦辨证的形成奠定了基础。清代大家叶天士是公认的温病学鼻祖，但无论谁也无法否认他对仲景六经方法论研究运用的辉煌成就，以此为基础，他创立温病卫气营血辨证的思维方式与仲景几乎如出一辙。同时卫气营血失之于简约的缺陷，也只有依靠六经学说及其确立的方法论予以弥补，这恐怕正是唯叶氏马首是瞻的吴鞠通另创三焦辨证的原因之一。这样中医学由来已久的寒温之争，在六经方法论下最终找到了归宿。由此可见，六经学说不仅是临证医学之渊薮，而且其提供的方法论更关乎整个中医学的发展。在六经方法论的统领下，很多纷争不休的学术问题不仅得到了解决，而且还在仲景学术思想综合体系中找到了服务的位置，使仲景学术始终能与时

俱进，保持旺盛的生命力。

四、仲景学术思想综合体系的研究发展战略

医学发展到今天，已经形成了两大体系，一是中国传统文化指导下的中医学，一是现代循证医学。在全球经济文化一体化的今天，固步自封、抱残守缺必将导致倒退；而一味打着现代化的旗号，却忽视传统理论的体系化和完善，最终也只会带来自身的迷失。因此，我们认为，应当在六经学说及其方法论的指导下，有计划、有步骤、多学科配合对仲景学术思想进行系统、综合性的研究，其发展战略大致包括4个方面：

首先，从中国传统文化和西方现代文化角度对六经学说包含的认识论、方法论进行系统分析，重新审视其科学性，明确它的不足之处，并在中医学中找到其外延所及的相应资源，进行重新改造，从根本上建立和完善仲景学术思想体系。

其次，以《伤寒论》为基础，密切结合《金匮要略》及与之相关的著作，对仲景三大辨证系统形成的理论基础、使用原则和标准进行研究，理清仲景辨证论治方法框架及与后世辨证方法的联系与区别。

第三，把历代医家对六经学说的研究成果，对各病证概念和含义的理解与发挥，尤其是对经方运用的成果进行系统整理，在不违背六经学说内涵的基础上将其纳入到仲景学术思想体系中使其不断充实。

第四，以临床实践为基础，结合实验研究和多学科研究方法，对上述成果进行验证，最终确立仲景学术思想综合体系，使之服务于中医学。

自身体系发展的同时进行现代化的研究是一项十分复杂和艰巨的系统工程，它不仅需要几代人坚持不懈的努力，更需要善于包容的胸怀和敢于在挫折中奋起的勇气。为了仲景学说乃至整个中医事业的发展和昌盛，每一个中医工作者都应当义不容辞地担负起这一时代赋予的使命。我们相信，在全体同仁的努力下，在新的历史条件下，六经学说的研究必将取得更多更丰硕的成果，仲景学术思想也必将在新的世纪得到进一步发扬光大。

参考文献

[1] 王庆国，李宇航.《伤寒论》研究的回顾与展望. 北京中医药大学学报，1997，20（1）：6－14.

[2] 王庆国，李宇航，王震.《伤寒论》六经研究41说. 北京中医药大学学报，1997，20（4）：23－29.

《伤寒论》望诊探略

王　历　黑龙江中医药大学

望诊为中医诊断学的重要内容之一，《伤寒论》中依据望诊对疾病进行诊断和治疗的内容极其丰富，至今仍有效地指导着临床实践。兹仅就《伤寒论》中的望诊作粗略探讨，以期能对《伤寒论》的辨证方法有更进一步的理解和认识。不当之处，敬请同道斧正。

一、望神

神是人体生命活动的外在表现，包括精神意识活动。通过望神，可以了解病人的精气盈亏、脏腑盛衰、判断病情轻重及预后，在诊治疾病中有重要意义。正如《内经》所说：“得神者昌，失神者亡”。故《伤寒论》在诊病过程中尤重望神，主要体现在观察精神状态和意识状态两方面：

1. 精神状态　如“烦躁”见于阳证者，为里热亢盛，邪实偏重（221、239条等）；见于阴证者，为阳亡阴竭、神气浮越（296、300条等）；不烦躁而“其人反静”示脏气虚衰，阴寒凝结在脏；太阳病过程中“若躁烦”，则为表邪传里之征；“时静时烦”常为蛔虫扰动之象；药后出现“发烦目瞑”，为药助正气，与邪剧争之故。“如狂”“发狂”皆为热结下焦血分，轻者如狂（106条），重者发狂（124条），均为实证，“惊狂，卧起不安（112条）则为心阳外亡，心气散乱，属虚证。“直视”或为阳亢阴竭，目失所养之危候（210、212条），或为阴血亏虚，不能上荣于目（86条）。“目中不了了，睛不和”，为阳明燥热耗灼阴津，目失所养。“嘿嘿不欲饮食”，乃邪气郁结，气机不畅，进而影响胃腑（96、339条）。“郁郁微烦”，是为气郁热扰之象（103条）。“但欲寐”（281条）示阳气虚衰，神疲不振，为少阴虚寒证；而“但欲眠睡”（268条）则为少阳邪热，扰于神明。

2. 意识状态　如三阳合病之“谵语，遗尿”（219条），温病误治后之“多眠睡”，“失溲”（6条），均为热盛神昏之象；“独语如见鬼状，若剧者，发则不识人，循衣摸床，惕而不安”（212条），示邪热炽盛，阴津将竭，热扰神明，属阳明腑实重证；“昼日明了，暮则谵语，如见鬼状”（145条）为热入血室，血热上扰。太阳中风误治后之“手足躁扰，捻衣摸床”（111条），属热极津枯，阴不敛阳，阴阳离决之危候。

二、望色

《伤寒论》的察色辨病不但开创了后世色诊之先河，而且历代医家习用不衰，为中医诊法的一项重要内容。

1. 察面色

（1）面赤：面赤可并见于表里，亦可缘于实热、虚寒。“面色反有热色”（23 条），“面色缘缘正赤”（48 条），即外邪怫郁在表，其治法或小发其汗，或“解之熏之”。“面合色赤”（206 条）乃无形邪热郁于阳明之经，故以清解里热为法。“少阴病……身反不恶寒，其人面色赤”（317 条），“下利，脉沉而迟，其人面少赤”（366 条），皆为阴盛格阳，虚阳外浮之候，故以破阴回阳，通达内外为治。

（2）面黄：如 153 条“面色青黄，肤瞤者，难治”。因“面色青黄”是肝强乘脾，肌肤瞤动为阳虚不能温煦。此证预后不良，故曰“难治”；若“面色微黄，手足温”示脾胃阳气尚能通达四末，胃气尚存，化源不绝，故尚有愈机。

面垢：阳明独盛之热充斥上下内外，若面部如蒙油垢，是为燥热上蒸，故以白虎汤清其里热（219 条）。

2. 辨肤色　肤色之辨可测疾病性质，是为辨证依据。《伤寒论》中以论皮肤发黄色为多。如 260 条：“身黄如橘子色”，261 条：“伤寒身黄发热”，262 条：“伤寒瘀热在里，身必黄”，皆为湿热蕴蒸，肝胆失疏之阳黄，其治法皆以清热利湿为主。259 条：“伤寒发汗已，身目为黄”，187、278 条：“太阴当发身黄”，皆为寒湿中阻，肝胆疏泄不利之阴黄，故以温中祛寒除湿为治。若瘀血停滞，荣气不布，亦可见身黄（125 条），其色黄而晦暗无泽，但目珠及小便不黄，治用抵当汤破血逐瘀以退黄。另如太阳病被火（6、111 条）及阳明病被火（200 条），亦可发黄，乃两阳相加，邪热炽盛，熏灼肝胆所致，治当清热救阴。

3. 视目色　《内经》指出：“视其目色，以知病之存亡”。仲景临证多有发挥。98 条“面目及身黄”，231 条“一身面目悉黄”，259 条“身目为黄”等皆是。可见目色变化与肤色变化相应，但目色变化往往先于肤色变化，据此可“见微知著”，及早治疗，以防病情加重。

4. 观便色　观察二便颜色变化，可察脏腑病变与邪气性质及病情转归。

（1）察大便之色：237 条：“屎虽硬，大便反易，其色必黑者”，为燥屎得蓄血濡润之故，治以抵当汤下其瘀血。321 条：“少阴病，下利清水，色纯青”，此利为热结旁流，失此不治，真阴将竭，故以大承气汤急下之以存阴。

（2）审小便之色：如 282 条虽见“欲吐不吐，心烦，口渴”，颇似热证，但“若小便色白者”，当知“下焦虚有寒，不能制水”之故，“属少阴也”。339 条：“伤寒热少厥微……数日，小便利，色白者，此热除也”。此热厥轻证，其小便必短少而赤，若见小便通畅，色清澈者，为热邪已除，其病为愈。

三、望形态

望形态可测知脏腑气血的盛衰，阴阳邪正的消长，以及病势的顺逆和邪气之所在。通过望形态可别证候之阴阳，审病机之虚实，辨寒热之真假。

1. 全身望诊　如“身瞤动，振振欲擗地”（82 条）或“身为振振摇者”（67 条），均为阳虚不能温煦经脉，“筋惕肉瞤”（38 条）为阴阳俱虚，筋脉失养，皆属虚证；而“蒸蒸而振”（101 条），或“振慄”（110 条）则为正邪剧争战汗的表现，属实证。“其人叉手自冒心”（64 条）示心阳不足之心悸，“息高”（299 条）是肾气绝于下，肺气脱于上，示病情危重，皆为虚证；而“喘冒不能卧”（242 条）为阳明腑实，浊气上攻，属实证。另如阳明热郁于里，经气壅滞之“身重，难以转侧”（219 条），少阳枢机不利，阳郁不宣之“一身尽重，不可转侧”（107 条），风湿相搏之“身疼烦，不能自转侧”（147 条）等亦均为实证。又如“恶寒而身踡”（295、298 条）为阳虚阴盛之虚寒证；而“反复颠倒”（76 条）、“卧起不安”（79 条）则为热扰胸膈之实热证。另如 11 条：“身大热，反欲得近衣者”，为内有真寒，外见假热，故曰：“热在皮肤，寒在骨髓也”。“身大寒，反不欲近衣者”，乃里有真热，外有假寒，故曰“寒在皮肤，热在骨髓也”。

2. 局部望诊　（1）望头面：如“额上陷脉急紧”（86 条），为衄家误汗，阴液重伤，筋脉失养；“耳前后肿”（231 条）示少阳经热壅聚不通；“目赤，两耳无所闻”（264 条）示少阳邪热，循经上扰，壅遏清窍；“但头汗出”，或为湿热郁蒸于上，而不得外越（134、236 条），或为水热互结郁蒸于上（136 条），亦可由热郁胸膈，不得外散而上蒸于头（228 条）。“额上微汗出”（200 条）示热盛津伤，不能全身作汗，但火性上炎，迫津从额而出。

（2）望四肢：“四肢微急，难以屈伸”（20

条)、“脚挛急”(29条)、“两胫拘急”(30条)等皆为阳虚液伤，筋脉失养：“瘛疭”(6条)乃热极风动之象。“手足汗出”“手足濈然汗出”既有因于里热蒸腾，迫津外泄者(220、208条)，亦有因于胃中虚冷，阳不摄阴者(199条)。

(3)望舌：舌诊是中医诊法特色之一。《伤寒论》的望舌，通过观察舌体、舌苔的变化，以指导辨证论治。如“舌上干燥而烦”(168条)，“口舌干燥者”(222条)，皆示热盛伤津，故治以白虎加参汤清热生津；137之“舌上燥而渴”则为水热互结，津不上承，加之热邪伤津，治宜大陷胸汤泻热逐水破结。“阳明病，胁下硬满……舌上白苔者”(230条)，示虽有阳明证，但热入未深，不可清下，“可与小柴胡汤”。“舌上胎者，栀子豉汤主之”(221条)，既用清宣郁热之法，其苔当为黄白薄腻可知。又“舌上胎滑”(130条)或“舌上白苔滑者”(219条)，示脏气虚衰，阴寒凝结在脏，故曰“不可攻也”；正虚邪实，攻补两难，故为“难治”。

综上所述，《伤寒论》的望诊是从各个不同角度对病人进行多方位的观察，以了解病情，明确诊断，指导治疗，判断预后。这种诊病方法不仅可用于外感病，而且对临床各科都有普遍的指导价值，为辨证客观化奠定了基础。

张仲景舌诊规律初探

杨　俊　河南郸城县公疗医院

张仲景有关舌诊的论述，继承了《内经》舌诊之经验，将舌诊分为辨舌质、舌苔、舌味三大类，发展了汉以前的舌诊内容，将舌诊广泛运用于临床疾病诊断，甚至作为疾病的鉴别要点来指导临床治疗。

在《伤寒论》与《金匮要略》两书中，有关舌诊内容的条文，计三十条，其中以《伤寒论》中太阳病、阳明病中为最多。《伤寒论》六经分证有四经涉及舌诊。《金匮要略》所述四十余种病证，有七种疾病使用舌诊辅助辨证。其运用范围之广，远较《内经》为甚，而且所创“舌胎”一词，为后世沿袭，并发展成为“舌苔”，兹就仲景舌诊规律初探于后，请读者斧正。

一

仲景运用舌诊诊断疾病，常根据临床要求不同而有侧重地进行。大概而言，凡诊察三阳经病证、六腑病证，其重点在于查舌苔的变化：凡察三阴经病证、五脏病证，其重点在观舌质的形态改变。这是因为三阳经病证、六腑病证，多为外邪侵袭所致，其病位表浅，正气尚未虚衰，邪正相扰，每易传聚成苔；而三阴经病证、五脏病证，多属转化而致，病程已长，多损伤气血津液，易造成舌质舌体的变化。故需根据临床需要，有重点地或查舌质或查舌苔。《伤寒论》230条云：“阳明病，胁下硬满，无大便而干呕，舌上白苔者，可与小柴胡汤”。222条，“若渴欲饮水，口干舌燥者，白虎加人参汤主之。”因病邪尚浅，故均以查舌苔的变化，而《金匮要略》“中风”病“邪入于藏，舌即难言”，则以舌体变化来作为病邪入藏的证据。

二

仲景运用舌诊，与其脉诊一样，常常不只是说明一个症状表现，而是阐述一种病因病机，或者是作为临床用药、判断预后的一个标准。

1. 推求病因　《腹满寒疝宿食病》云：“病者腹满按之不痛者为虚，痛者为实，舌黄未下者，下之黄自去”。腹满按之痛者为实邪，但苔黄乃为实热之邪，故可攻下，实热外泄，则黄苔自退。又《惊悸吐衄下血胸满瘀血病》云：“病人胸满，唇萎舌青，口燥，但欲漱水不欲咽，无寒热，脉微大来迟，腹不满，其人言我满，为有瘀血。”这一条之所以言瘀血，并不在于胸腹满与不满，而是在于“唇萎舌青”。

2. 论述病机　《伤寒论》221条云：“阳明病，脉浮而紧，咽燥口苦，……心中懊侬，口干舌不燥者，栀子豉汤主之。”222条则云：“若渴欲饮水，口干舌燥者，白虎人参汤主之。”同为阳明病，一为邪热留扰胸膈，一为热甚津伤；反应在舌苔上，一润一燥，证理自明。又《中风历节病》：“邪在于络，肌肤不仁；邪在于经，即重不胜；邪入于腑，即不识人；邪入于藏，舌即难言，口吐涎。”脏腑经脉多连舌本散舌下；风邪中脏，脏气不能滋养舌本，故舌体虚用而难言。

3. 确立治则　《伤寒论》130条云：“藏结无阳证，不往来寒热，其人反静，舌上胎滑者，不可攻也”，又《伤寒论》189条云：“阳明中风，口苦，咽干，腹满微喘，发热恶寒，脉浮而紧，若下之，则腹满小便难。”230条之胁下硬满，不大便，宜大柴胡汤。此二条因口苦苔白病在少阳，均不宜攻下。而173条、175条之少阴可下证，其关键莫不在口苦干燥。可见疑是之间凭舌诊亦可确立治疗原则。

4. 判断预后　《伤寒证》30条云：“脉阴阳俱紧者，口中气出，唇口干燥，蜷卧足冷，鼻中涕出，舌上滑胎者，勿妄治。”192条则云：“藏结，舌上滑胎者，难治。”

5. 鉴别诊断疾病　《黄疸病》：“腹满舌萎黄，燥不得肿，属黄家。”对此“舌”字，历代医家多疑为“身”字之误，但《金匮要略心典》仍认为是舌字，尚有待进一步研究与参证。

舌诊虽可指导辨证，确定治疗法则，但仲景临证，却又不拘于一舌一苔，应用极为灵活。

1. 同一病证，舌象不同治疗各异。不同的舌象往往可以反映不同性质的病邪和不同的病理机转，即使同一证侯，舌象不同，治疗亦有差别。如前所述221条，栀子豉汤与222条白虎加人参汤证，舌苔润燥不同病情轻重有异，故治疗一轻宣郁热，一苦甘寒清热生津。

2. 同一舌象，机理不同治疗各异。《伤寒论》137条：“太阳病，重发汗而复下之，不大便五六日，舌上燥而渴，日晡所小有潮热，从心下至少腹硬满而痛，不可近者，大陷胸汤主治”。168条：“伤寒若吐若下后，七八日不解，热结在里，表里俱热，时时恶风，大渴，舌上干燥而烦，欲饮水数升者，白虎加人参汤主之”。《痰饮咳嗽病》：“腹满，口干舌燥，此肠间有水气，己椒苈黄丸主之。”三者虽都有舌干燥，但一为热盛伤津，一为气不化津，一为饮热内结，治法迥异。

仲景目诊初探

李孟章　李云飞　河南桐柏县中医院

仲景善用目诊辨别疾病，预测死生，值得探讨研究。

一、审目症，六经明

望病人之眼目，可明辨六经病证，分属阴阳两大类别。如：

（一）三阳经病：

1. 太阳：《伤寒论·辨不可下病脉证并治》：“伤寒，脉阴阳俱紧……热多者，目赤脉多，睛不慧……。”

2. 阳明：《伤寒论·254条》“伤寒六七日，目中不了了，睛不和，……此为实也，急下之，宜大承气汤。”《伤寒例第三》……阳明受病也……目疼……。”

3. 少阳：《伤寒论·264条》“少阳病，口苦，咽干，目眩也。”《伤寒论·265条》“少阳中风……目赤……。”

4. 三阳合病：《伤寒论·268条》“三阳合病……但欲眠睡，目合则汗。”

以上条文中的眼目特征：太阳“目赤脉多，睛不慧；”阳明“目疼”“目中不了了，睛不和：”少阳“目赤”“目眩”；三阳合病“目合则汗。”其病理机制：一是太阳经受邪，寒邪郁闭肌表，致太阳邪热陡盛，二为阳明经受邪及热邪伏里，灼竭津液的阳明腑实危证，当急下存阴为治；三乃少阳受邪，枢机不利，胆火上炎，邪热循经上于空窍所致，四是三阳合病，阳入于阴，里热加盛。

（二）三阴经病：

1. 太阴：《伤寒论·260条》“伤寒，发汗已，身目为黄……以寒湿在里故也……。”

2. 少阴：《伤寒论·281条》“少阴之为病，脉微细但欲寐也。”《辨不可发汗病脉证并治》“动气在下，不可发汗，发汗则无汗……目运……。”

3. 厥阴：《伤寒论·辨不可下病脉证并治》“厥者……若复下之，则两目闭。……。”《伤寒论·365条》“……下利清谷者，必郁冒……。”

以上条文中的眼目特征为：太阴“目黄”；少阴“但欲寐，”“目运”；“目运”有作目晕解，(《难经》曰：“目运者，肾病则目如无所见。”)。厥阴“两目闭”“郁冒”（即头目沉重，或一时视物不清）。其病理机制：一为脾阳不运，寒湿为患；二为阴寒内盛，心肾虚衰，气血不足及肾气虚弱误汗导致的精不上承，瞳子无荣，头目昏晕，目如无所见；三是误用攻下，正气下泄，两目失神，目闭懒睁和下虚之阳与邪相争出现的突然一时性视物不清的表现。

综上所述，足见仲景详审眼目，诊察疾病，类分阴阳，明辨六经。

二、察眼目，病因清

不同的发病原因和病理变化，必然反映于人的眼目上，经云：“五脏六腑之精气皆上注于目而为之精……。”故“有诸内必形诸外”。如：

（一）瘀血：《金匮要略·血痹虚劳病脉证并治》“内有干血，肤肌甲错，两目黯黑。”《黄疸病脉证并治》“为黑疸，目青面黑……。”

显然文中“两目黯黑，”“目青”为瘀血证的眼目特征。诊断时除结合脉、舌证外，凡两目周围黯黑无华或目青者，为瘀血证无疑。

（二）痰饮：《金匮要略·痰饮咳嗽病脉证并治》“心下有痰饮……目眩……。”“心下有支饮，其人苦冒眩……。”

文中“目眩”，“冒眩”为痰饮，支饮的眼目特征，此种眼目表现除医者可以望及外，更重要的是病人的自觉症状，一般具有头晕目眩，视力障碍等。

（三）水肿：《金匮要略·水气病脉证并治》“……面目肿大，有热，名曰风水，视人目窠上微拥，如蚕新卧起状……。”“夫水病人，目下如卧蚕，面目鲜泽……可下之。”

文中“面目肿大，目窠上微拥，如蚕新卧起状”为风水证的眼目特征；“目下如卧蚕，面目鲜泽”是水肿可下证的眼目特征。由此可知，同为目肿，但目肿的部位和色泽有异，故治疗上又有汗法和下法之别。在临床中，急性肾炎等疾病，眼目表现的临床症状，属风水范畴。

（四）风热壅肺：《金匮要略·肺痿肺痈咳嗽上气病脉证并治》“咳而上气，其人喘，目如脱状……。”

文中“目如脱状”，是眼目形态的改变，为风热之邪上壅于肺，导致严重咳嗽气喘所表现的眼目特征。类似现代医学的肺心病病人所表现的所谓“蛙目”。

（五）血热衄血：《金匮要略·惊悸吐衄下血胸满瘀血病脉证并治》师曰：“尺脉浮，目睛晕黄，衄未止；晕黄去，目睛慧了，知衄今止。”

文中“目睛晕黄”为衄血病人的眼目特征，其病因为肝经血热所致。目睛晕黄存在，衄血不会停止。目睛晕黄消失，视物恢复正常，衄血便可停止。由此可见，仲景在望目诊病过程中，对眼目变化观察的细致程度，及其在临床诊断上起到的重要作用。

三、决死生，防诈病

（一）决死生：正常人的眼目精采内含，神光充溃，经曰：“得神者昌，失神者亡。”“神”之存在主要表现于眼目，仲景先师善于诊察眼目的神态变化，决断疾病预后吉凶，如：《金匮要略·脏腑经络先后病脉证》“……其目正圆者，痉，不治”。《伤寒论·辨脉法第一》“……直视摇头，此心绝也。”“目反直视，此为肾绝也”。文中“直视摇头，“目反直视，”为疾病垂危的眼目神志表现，预示着疾病危急难治。

又如：《伤寒论·辨不可发汗病脉证并治》“诸逆发汗……目眩者死。”，《平脉法第二》“……卒眩仆，不识人者，短命则死。”上两条所述的“目眩”，“不识人”的眼目特征，均为眼神与视功能的异常改变，预示疾病危重，难以救治。然而，上条“目弦”，显然与少阳病、痰饮病的“目眩”，不论在病因，病理，病变程度上都有根本的区别，也是仲景善用“同中求异”独具匠心之处。临床时还要根据其他表现作全面分析。下条“不识人”这一眼目症状，说明病情极为危重；因“目为脑之窗，”所以脑部病变往往表现于眼目上，如现代医学的“脑血管意外，”“休克型脑炎”，“颅内占位性病变等”，密切注意瞳孔的改变，及检查眼底表现，对预后生死有着十分重要的诊断价值。因限于当时的历史条件，他只能用宏观的、朴素的、肉眼望诊的检查方法，不象现代应用先进的光学仪器这种微观的检查方法那么精细，尚能在临床诊病中达到如此程度，确实是难能可贵的。

（二）防诈病：仲景先师对病人眼目神态观察的细致入微，不但能够判断疾病，预测死生，且能望眼目以防诈病，如《伤寒论·平脉法》“……不惊起而视……此诈病也。”

文中“视”，为装病的眼目特征，他告戒医者在诊断疾病中，要细致观察，全面分析，知常达变，切勿草率，免被弄虚作假的人所欺骗，如《医宗金鉴》说：“盖仲景不欲人受其欺，亦不欲医受其欺而妄治也。”即当今时代，这种诊诈病的方法，仍然是值得我们重视和借鉴的。

小结

目诊是诊断学的重要组成部分之一，仲景在《伤寒论》《金匮要略》的论述中，善用目诊辨别疾病，详审眼目之神、色、形、态表现，类分阴阳，明辨六经病证，如“目赤脉多”为太阳病证的表现；“但欲寐”为少阴病证的表现，同时，确定病因，了解病情，在诊治过程中，察眼目之变化，定疾病之转变，如“目睛晕黄，衄未止，晕黄去，目睛慧了，知衄今止。”另外，望病人眼目表现，决生死，防诈病，在临床诊断中仍具有十分重要的价值。需要说明的是，限于当时的历史条件，与现代对眼底的精细检查和先进的检查设备，如CT、核磁共振等，诊断脑部病变与其他疾病，是有很大距离的，尚需在继承的基础上，发扬，提高，不断完善。

仲景脉学的体系

陈连顺　福建省南安市眉山卫生院

仲景脉学的体系，根据中医的学术体系，可分为理论部分和临床部分；根据脉诊的特点，可分为诊法体系和脉象体系等。其诊法体系中有经脉诊法和络脉诊法两类；经脉诊法有大三部和小三部之别；络脉诊法有察明堂和察阙庭之分。脉象体系也有血脉脉象和络脉脉象的不同等。

外在体系

外在体系，就是根据中医的理论和临床不同对脉学也进行划分理论和临床的不同。在本书中，理论方面分为思维模式、易理模式、医理模式三部分。思维模式中有全息性思维模式和辨证性思维模式的不同；易理模式中有阴阳模式、三才模式、五行模式的不同；医理模式中有六经辨证模式、八纲辨证模式、气血辨证模式、脏腑辨证模式、病因辨证模式的不同。临床方面分为脉象与病机的关系、脉象与病证的关系、脉象与治法的关系、脉象与方药的关系、脉象与预后的关系五部分。脉象与病机的关系有以具体脉象推断病机和以抽象脉象概括病机的不同；脉象与病证的关系有脉证顺逆和脉证从舍的不同；脉象与治法的关系有脉象涉及的普通治法和脉象涉及的内服治法的不同；脉象与方药的关系有一种脉象多种方药和一种方药多种脉象；脉象与预后的关系有脉象与愈、脉象与解、脉象与传、脉象与难治、脉象与危、脉象与死的不同。

内在体系

内在体系，就是根据脉学中有操作和描述的不同，相应分为诊法体系和脉象体系。在本书中，诊法体系包括血脉诊法和络脉诊法二部分。血脉诊法有人迎寸口脉诊法、三部九候脉诊法、大三部脉诊法、小三部脉诊法的不同。络脉诊法有阙庭络脉诊法、眼睛络脉诊法、鱼际络脉诊法、食指络脉诊法的不同。脉象体系包括络脉脉象和血脉脉象。络脉脉象有脉的分布、脉的颜色、脉的形态、脉的运动等的不同，血脉脉象有平人脉象、基础脉象、组合脉象、特定脉象、脉象比较的不同。

一、平人脉象：简称平脉。它是识别其他脉象的标准。其脉象特征有六个方面：脉位上，不浮不沉；脉率上，不快不慢；脉体上，不大不小不长不短；脉力上，不虚不实；脉律上，规则整齐；脉波上，从容和缓。

二、基础脉象：根据平人脉象的六个特征，把脉位的浮、沉，脉率的迟、缓、数、疾（急），脉体的大（包括洪）、小（包括细）、长、短，脉力的虚、实，脉律的促、结、代、散，脉波的滑、涩、弦、紧、濡等二十一种，定为基础脉象。

各基础脉象的特征：

（一）浮脉：轻取（10～40mmHg）即得，重按（50mmHg 以上）稍减而不空，举之泛泛有余。

（二）沉脉：位于肌肉之下，筋骨之间。轻取不应，重按始得。

（三）迟脉：脉搏来去缓慢，一息三至，范围一息二至半～三至半，大约 45～54 次/分。

（四）缓脉：脉搏来去和缓，一息四至，范围一息三至半—四至半，大约 55～72 次/分。

（五）数脉：脉搏来去较快，一息六至，范围一息四至半—六至半，大约 88～104 次/分。

（六）疾脉（急）：脉搏来去为快，一息七、八至，范围一息六至半—八至半，大约 105～136 次/分。

（七）大脉（包括洪）：脉体宽大，来去明显。洪脉是大脉中偏大的一部分。

（八）小脉（包括细）：脉体狭小，来去明显。细脉是小脉中偏小的一部分。

（九）长脉：脉来迢长，首尾端直，上过于寸，下过于尺，超过本位。

（十）短脉：脉来短小，首尾具短，上不及寸，下不及尺，不能满部。

（十一）虚脉：举之空虚，按之无力。

（十二）实脉：举之有力，按之有力。

（十三）促脉：脉来数而时一止，止无定数。

（十四）结脉：脉来缓而时一止，止无定数。

（十五）代脉：脉来一止，止有定数，良久方来。

（十六）散脉：脉来至数不齐，漫无根蒂，故古人有“散似杨花无定踪”之说。

（十七）滑脉：脉往来流利，如珠走盘，应指圆滑。

（十八）涩脉：脉往来坚涩不畅，如轻刀割竹，与滑脉相反。

（十九）弦脉：脉搏在指下端直较长，按之如弓弦之状，或如寻长杆之末梢。

（二十）紧脉：脉来呈紧张状态，可以左右移动弹指，如转索无常的脉形。

（二十一）濡脉：脉来呈松弛状态，有软滑之感。

三、组合脉象：是由两种或两种以上基础脉象特征组合起来的脉象，可分为二项、三项、四项、其他等几类组合脉象。

（一）二项组合脉象有

①脉位＋脉率的浮迟脉、浮缓脉、浮数脉、沉迟脉、沉数脉；②脉位十脉体的浮大脉、浮小脉、沉小脉（伏脉）；③脉位十脉力的浮虚脉、沉实脉；

④脉位十脉率的沉结脉；⑤脉位+波感的浮滑脉，浮涩脉、浮弦脉、浮紧脉、沉滑脉、沉弦脉、沉紧脉；⑥脉率+脉体的数大脉、数小脉；⑦脉率+脉力的数虚脉、数实脉；⑧脉率+脉波的迟滑脉，迟涩脉、迟弦脉、迟紧脉、数滑脉（动脉）、数弦脉、数紧脉、疾滑脉；⑨脉体+脉力的小虚脉（弱脉）；⑩脉体十脉波的大弦脉、大紧脉、小涩脉、小弦脉；⑪脉率+脉波的虚濡脉（微脉）；⑫脉体+脉体的长大脉；⑬脉波+脉波的滑紧脉、涩紧脉、弦紧脉、紧濡脉。

（二）三项组合脉象有

①脉位+脉率+脉体的浮数大脉、沉迟小脉、沉数小脉；②脉位+脉率+脉波的浮数滑脉；③脉位+脉体+脉力的浮小虚脉、沉小虚脉；④脉位+脉体+脉波的浮大涩脉、浮大弦脉、浮大濡脉、浮小滑脉、沉大滑脉、沉小涩脉、沉小弦脉、沉小紧脉；⑤脉位+脉力+波感的浮虚涩脉、沉虚弦脉、沉虚濡脉；⑥脉率+脉体+脉力的迟小虚脉、缓小虚脉；⑦脉率+脉体+脉波的迟大紧脉；⑧脉率+脉力+脉波的迟虚濡脉、缓虚濡脉、数虚濡脉；⑨脉体+脉力+脉波的小虚涩脉、小虚濡脉；⑩脉率+脉波+脉波的数弦紧脉；⑪脉体+脉波+脉波的小弦紧脉；⑫脉力+脉波+脉波的虚涩濡脉、虚紧濡脉。

（三）四项组合脉象有

①脉位+脉率+脉体+脉力的浮迟小虚脉；②脉位+脉率+脉力+脉波的浮数虚濡脉；③脉位+脉体+脉力+脉波的浮大虚弦脉（革脉）、浮大虚濡脉（芤脉）；④脉位+脉力+脉波+脉波的浮虚涩濡脉；⑤脉率+脉体+脉力+脉波的迟大虚濡脉、数小虚滑脉、数小虚濡脉。

（四）其他组合脉象有

①与诊位结合的寸浮关沉、寸浮关沉小紧、寸虚涩濡关小紧、寸沉迟关数小紧、寸浮数尺涩、寸虚濡尺紧、寸沉尺虚濡、寸缓关浮尺小虚、寸关虚濡尺小紧等等。②与时间结合的乍数乍疏等。

四、特定脉象：是指一些属于危重疾病的脉象，且较罕见和较难用基础脉象的特征组合起来表达清楚的、又有特定名称的脉象，称之为特定脉象。如损脉、屋漏脉、偃刀脉、雀啄脉、解索脉、转豆脉、弹石脉、麻促脉、虾游脉、鱼翔脉、釜沸脉、鬼祟脉等真脏脉。

五、脉象比较：是平人脉象、基础脉象、组合脉象、特定脉象中有类似或共同点的脉象进行比较。

《伤寒杂病论》脉法浅谈

柏红阳　王　伟
河南省南阳市张仲景博物馆

脉诊是中医诊断学中精华之一，在临床中有着重要的诊断意义。《内经》曰："微妙在脉，不可不察。"一般而言，脉与证应当合参，各种疾病常有其主要脉象，如仲景《伤寒杂病论》中，太阳伤寒病的脉浮紧，少阴病脉微细、百合病的脉微数、疟疾脉弦等。仲景脉法，有其独到之处，仲景往往用几种复杂的脉象结合起来以阐释病机，有时以脉象代替证候，有时还依据脉象来指导治疗，根据脉象推断病情，判断预后、制定禁忌等。现将仲景在《伤寒杂病论》中所用脉法浅谈如下：

一、以脉象阐释病机

《金匮·腹满寒疝宿食病》曰："腹病，脉弦而紧，弦则卫气不行，即恶露，紧则不欲食，邪正相搏，即为寒疝……"此是以脉象来说明寒疝的病机，腹痛，脉弦而紧，弦与紧弦，皆是阴脉，主寒盛，寒气内结而气不行，是形成寒疝的病机。《金匮·中风历节病》曰："寸口脉沉而弱，沉即主骨，弱即主筋，沉即为肾，弱即为肝……"此为仲景以脉象的沉弱，来说明肝肾气不足，是中风历节病的病机。《伤寒论》128："……按之痛，名曰结胸也。"寸脉浮，为病位在上　关脉沉，是邪热陷里，与形成之痰火搏结于胸中，故仲景用寸脉浮、关脉沉以说明热邪与痰水互结胸中，是为结胸的主要病机。而《伤寒论》134条、187条、246条、283条等均为仲景以脉象来阐释病机。

二、以脉象代替症状

以脉代证，是仲景以脉象来代替一种疾病的症状。如《伤寒论》37："太阳病，十日以去，脉浮细而嗜卧者，外已解也，设胸满胁痛者，与小柴胡汤；脉但浮者，与麻黄汤。"此条之"脉但浮者，与麻黄汤"就是仲景运用心肝脉代证之法，从脉但浮，则可知太阳表证未解，仍有发热、恶寒等一系列太阳表证症状，故用麻黄汤治之。又如《伤寒论》151："脉浮而紧，而复下之，紧反人里……"本条仲景未言何病，只言脉浮而紧，此亦为仲景以脉代证之法，是用脉浮而紧，代替了太阳伤寒表证的发热、恶寒、无汗等症状。又如《伤寒论》55条、323条均为仲景运用以脉代证之法。

三、以脉象描写指导治疗

《伤寒论》323条："少阴病，脉沉者，急温之，宜四逆汤。"少阴病，当脉微细，但欲寐，而此时之脉象则出现沉脉，这标志阳气大虚，阴寒极盛，故仲景根据这一脉象来对其论治，当急温之，宜四逆汤回阳救逆。而《伤寒论》280："太阳为病，脉弱，其人续自便利，设当行大黄、芍药者，宜减之，以其人胃敢弱，易动故也。"此是仲景根据脉弱，预见到有续发下利的可能，则提出在治疗中应减少大黄、芍药的用量，避免脾阳更伤。《金匮·肺痿肺痈咳嗽上气病》曰："咳而脉浮者，厚朴麻黄汤主之；脉沉者，泽漆汤主之。"此为仲景根据不同的脉象，而对咳嗽采取不同的治疗。咳而脉浮者，浮是表，亦主上，是病近于表而邪盛于上，故用厚朴麻黄汤散饮降逆，止咳平喘；而咳而脉沉，沉主里，亦主有水，是脾虚不运，水饮内停，上迫于肺，故用泽漆汤，逐水通阳，止咳平喘。《伤寒论》94条、276条等，均为仲景以脉象来指导临床治疗。

四、以脉象制定禁忌

《伤寒论》286："少阴病，脉微，不可发汗，亡阳故也。阳已虚，尺脉弱涩者，复不可下之。"少阴病，若脉微，仲景提示不可汗下，因脉微为阳气虚，发汗则阳亡，而尺脉弱涩，亦不可汗下，因尺脉弱涩，为阴血虚，误用汗下则阴竭。《伤寒论》27："太阳病，发热恶寒，热多寒少，脉微弱者，此无阳也，不可发汗，宜桂枝二越婢一汤。"太阳病，发热恶寒，热多寒少，可用桂枝二越婢一汤治疗。若脉微弱者，仲景则禁止发汗，用脉微弱，为阳气大虚，发汗则有亡阳之变。

五、以脉象判断病情与预后

《金匮·呕吐哕下利病》曰："下利，脉沉弦者，下重；脉大者，为未止，脉微弱数者，为欲自止……"此是仲景根据脉象来判断下利的病情和预后。下利，脉沉弦者，沉主里，弦主痛主急，为病邪入里，阻滞气机，则出现里急后重。若脉大者，为热邪内盛，大则病进，故曰"为未止"。若脉微弱而数，是邪气渐衰，阳气渐复，故仲景曰："为欲自止"。《伤寒论》211："发汗多，若重发汗者，亡其阳，谵语，脉短者死；脉自和者不死。"发汗太多，亡阳，心神无主则谵语，此时仲景则根据脉象来判断预后。若脉短，为气血虚，津液竭，故预后不良，若脉自和，为阴阳之气尚未衰竭，仍有生机，故仲景曰"不死"。总之，仲景以脉象来判断疾病的预后还很多，在此不一一例举。

综上所述，《伤寒杂病论》虽非脉学之专著，但所论脉法，是非常精辟的，对现代临床诊断和治疗有很大的帮助，值得我们继承和探讨。

研究《伤寒杂病论》与辨治疑难杂病

王　付　河南中医学院

《伤寒杂病论》成书不久即被整理、厘定、分割为《伤寒论》与《金匮要略》，自此《伤寒杂病论》完整理论体系支离破碎，导致临床辨治疾病及疑难杂病缺乏完整理论作指导，对此若能从《伤寒杂病论》完整理论体系中深入研究张仲景所论本质所在，即可发现《伤寒杂病论》辨证论治体系诚为辨治疾病及疑难杂病的基本准绳与法则，尤其是对指导辨治外感病、内伤杂病及其相兼病证、疑难杂病则具有非凡的指导作用。于此试将拙识浅析于次，以飨同道。

一、《伤寒杂病论》理论体系的继承、创新

《伤寒杂病论》的诞生，标志着临床医学发展日趋成熟，也标志着临床辨治疾病，尤其是辨治相兼病证、疑难病证有了理论指导，《伤寒杂病论》理、法、方、药整体有机结合，奠定了理论联系实际的典范。张仲景以《内经》等理论论人体气血相关，脏腑相连，经脉相贯的整体性以及其之间的相互联系，而判断疾病在其病变过程中大多具有复杂性、多变性、不典型性、疑似性、兼杂性，以此而著成《伤寒杂病论》。《伤寒杂病论》的理论体系揭示认识疾病与辨治疾病必须具备横向思维、纵向思维、立体思维、逆向思维，辨证论治必须从整体出发，入细入微，深入浅出，既不为主要证候所约束，又不被次要证候所迷惑，辨证能够统揽全局，切中证机而以法论治。审度《伤寒杂病论》辨证论治理论体系正是为此而设，即紧紧围绕外感病证、内伤病证、相兼病证、疑难病证而立论的，为后世辨治疾病尤其是辨治疑难杂病提供了可靠的理论依据和基本准则。而今在临床中为何有诸多疑难杂病不易辨治，正是因为《伤寒杂病论》整体理论被分割，导致临床辨治疑难杂病缺乏完整的、系统的理论体系作指导。

《伤寒杂病论》是书创立了辨证论治体系，尤其是完善了六经辨证论治体系、脏腑辨证论治体

系、八纲辨证体系，妇科病证辨证论治体系，以及三焦辨证、卫气营血辨证、经络辨证、病因辨证、方剂辨证，痰饮水气辨证。《伤寒杂病论》是书标志着临床医学成熟，其实用价值对临床各科疾病及疑难杂病均起到重要的指导作用，理应懂得非读《伤寒杂病论》，不足为病人信任的临床医生，非读《伤寒杂病论》，不足以临床治病升堂入室。但张仲景也非常诚恳地说："虽未能尽愈诸病，庶可以见病知源。"指出虽有诸多病证还没有有效的方法治疗，但认清疾病发生的本源及性质还是可以的。如当今有许许多多疾病如冠心病，糖尿病，肝炎等等，虽不能彻底被治愈，但可认识疾病，控制病情，减轻痛苦，延长寿命。由此而知张仲景所著《伤寒杂病论》，其理、法、方、药并非能治愈所有疾病，但可认识疾病，并可在《伤寒杂病论》理论基础之上继承、发展、完善与创新。对此仲景则明确暗示："若能寻余所集，思过半矣。"结合当今实际，我们完全有理由继承和挖掘《伤寒杂病论》辨证论治体系，以此为契机而发展、创新中医学辨证论治理论。

二、《伤寒杂病论》被分割导致辨治疑难杂病缺乏完整理论指导

众所周知，自王叔和首将《伤寒杂病论》部分内容厘定为《伤寒论》后，迄今仍将仲景佳作分割为《伤寒论》和《金匮要略》，治《伤寒论》者，多局限在《伤寒论》方面，治《金匮要略》者，多局限在《金匮要略》方面，未能从《伤寒杂病论》整体高度去认识与研究辨证论治的全貌，更有甚者因书名而将《伤寒论》禁锢为外感病专著，把《金匮要略》局限在脏腑辨证方面，由此而出现各自为是的研究《伤寒论》和《金匮要略》，而不能站在《伤寒杂病论》整体高度去认识和研究仲景所论的本质是适合于所有疾病的辨证论治思想。若继续下去无疑将《伤寒杂病论》整体所论辨治疾病及疑难杂病的重要理论文献被淹没，必将导致临床中没有较为完善的理论指导辨治疑难杂病。对此柯韵伯于《伤寒来苏集》中就有明确的论述，其曰："自王叔和编次，伤寒、杂病分为两书，于本《论》中削去杂病，然《论》中留而未去者尚多，是叔和有《伤寒论》之专名，终不失伤寒、杂病合论之根蒂也，名不符实，是非混淆，古人精义弗彰，是以读之者鲜。……世谓治伤寒，即能治杂病，岂知仲景杂病论即在《伤寒论》中，且伤寒中又最多杂病夹杂其间，故伤寒与杂病合论，则伤寒、杂病之证治井然，今伤寒与杂病分门，而头绪不清，必将以杂病混淆伤寒而妄治之矣。"而《金匮要略》也并非是专论内伤杂病的，而有论外感病者如湿病，风水，中暑，更有论内外病证相兼者等等。研究与应用《伤寒杂病论》理论并不能局限在辨外感病与内伤杂病，必须审明仲景所著《伤寒杂病论》集中体现在三大主题，一是论外感病辨证论治，一是论内伤杂病辨证论治，一是论相兼病证辨证论治即内外病证相兼和内伤病证相兼亦即疑难杂病。再则，若单一的外感病或单一的内伤杂病，其辨都比较容易；而相兼的病证，其辨则比较难，其治则更难。从《伤寒杂病论》所论内容研究，则知《伤寒杂病论》中约有二分之一的内容是论相兼病证即疑难杂病的辨证论治，这是张仲景辨证论治体系中辨治疑难杂病的灵魂和核心所在，其辨外感病内容约占辨内伤杂病的五分之一。因此，学习、研究与应用《伤寒杂病论》，必须懂得张仲景所论的重点是论相兼病证的辨证论治，若能以此将仲景所论指导于临床，则会明显提高临床辨治疾病及疑难杂病。

揆度历代研究《伤寒论》《金匮要略》的著作已逾千家，而将《伤寒论》与《金匮要略》合而为一研究者少有问津。若能将《伤寒论》与《金匮要略》合而为一即《伤寒杂病论》（现已出版有《伤寒杂病论临床用方必读》），必将使仲景所论更有效地指导临床，必将揭示辨治疑难杂病的奥妙，把提高临床辨证水平、治疗水平真正落实到实处。尔今所谓疑难杂病，其为何难辨？又为何难治？乃是缺乏有效的理论指导，若能从《伤寒杂病论》所论理论去研究疑难杂病，则会深深懂得临床辨治疾病非难非疑，也会体会到"会当凌绝顶，一览众山小。"的真正含义及其奥妙无穷。

三、整体认识《伤寒杂病论》的优势与特色

《伤寒杂病论》之所以被历代医家所重视，是因为其辨证论治体系不局限在某一方面，而是由多个较为完整的理论体系所组成，即六经辨证论治，脏腑辨证论治，八纲辨证，妇科病证辨证论治，以及三焦辨证，经络辨证，卫气营血辨证，病因辨证，方剂辨证，痰饮水气辨证等，研究与应用此10种辨证方法并不能孤立地看待，截然将此分开，而应当将此10种辨证方法相互补充，相互交错的运用。在《伤寒杂病论》中仲景运用辨证方法至少是2种或2种以上的方法相互交织以辨治错综复杂而难辨的病证，这是张仲景辨治疾病屡屡获得成功的真正理由所在。临床中必须按照张仲景辨证思路而以法用之，临证若能将多种辨证方法相互交错地运

用，则能明显提高辨治疾病的有效性。可见《伤寒杂病论》将多种辨证论治方法相互交结于一起，相互补充，相互衬托，构成全新的辨证论治理论体系，这就是《伤寒杂病论》辨治疾病及疑难杂病的浓缩精华。

研究和应用《伤寒杂病论》的辨证论治，贵在从整体角度研究和发掘其理论的科学性和指导性及其实用性，从整体辨证论治角度培养学生学习和临床应用的整体素质，使学生及临床者能在整体中认识六经、脏腑等辨证论治的特点，能够使辨证方法相互联系及相互渗透，灵活运用。若能从整体中将六经辨证论治体系与脏腑辨证论治体系等有机地结合在一起，权衡辨证论治的整体性和科学性，使学生及临床者既能按期学习知识和应用知识，并能使学生学习能力及临床应用能力达到预期目的。若不从整体上研究《伤寒杂病论》整体辨证论治精神，则很难从整体角度全面认识疾病的复杂性和多变性。如自《伤寒杂病论》被分割为《伤寒论》和《金匮要略》后，研究者认识太阳病本证辨证就局限在太阳中风证，太阳伤寒证，太阳温病证。至今《中医诊断学》《中医内科学》陈述太阳病本证辨证仅列举太阳伤寒证，太阳中风证两型。这必定导致张仲景论太阳病本证辨证论治较为全面的系统理论被分散或湮没，失去其本有的理论指导及应用价值。对此若将《伤寒论》《金匮要略》两书重新厘定为《伤寒杂病论》，从张仲景所论中研究太阳病本证辨证，即知太阳病本证辨证论治有 4 大方面，12 个证型：一是辨太阳营卫肌表证，即太阳中风证、太阳伤寒证、太阳温病证；二是辨太阳营卫经筋证，即太阳刚痉证、太阳柔痉证、太阳湿热痉证；三是辨太阳营卫风水证，即太阳表虚风水证、太阳表实风水证、太阳夹热风水证；四是辨太阳营卫风湿证，即太阳寒湿表实痹证、太阳风湿表虚痹证、太阳湿热痹证。可见，王叔和在整理《伤寒论》时虽然用了大多的笔墨编次太阳病辨证，但就其本证辨证方面而言，也是相当不全面的。再则，《金匮要略》中的脏腑辨证论治，也是相当不全面的，如辨治内伤杂病之炙甘草汤证，真武汤证，黄连阿胶汤证，黄连汤证，当归四逆汤证，四逆散证，理中汤证，等等是也。欲全面辨清六经辨证论治，脏腑辨证论治，八纲辨证，等等辨证方法，必须从《伤寒杂病论》整体辨证论治中去研究，才能认清其辨证论治的实质精神，才能将仲景所论辨治疑难杂病的理论精华真正运用到临床中去。

从整体中研究和认识《伤寒杂病论》具有显著的四大特点：一是广思路，从《伤寒杂病论》理论引导辨证从多角度思考和有目的切入问题，并能向纵深方面研究病变本质，揭示疾病演变规律，能够驾驭和把握疾病和逆转疾病的辨治能力。二是大视野，从《伤寒杂病论》整体认识局部，开阔眼界，提高认识，统揽全局，立足于复杂局面，放眼于交横错综，不为浮浅或局部认识而障碍认识复杂的病证。三是新角度，从《伤寒杂病论》所论处理和解决复杂难辨的疾病，从《伤寒论》和《金匮要略》各自不全面认识中解放出来，以法从仲景所论《伤寒杂病论》中开发智能，散发思维，从全新的角度认识疾病，研究疾病，把握疾病，辨治疾病，使《伤寒杂病论》理论精旨充分发挥其本有的指导作用。四是高起点，“欲穷千里目，更上一层楼。”欲认识病变本质，必须从《伤寒杂病论》的高度去认识，以此必将激发思维散发，全新跨越，达到每临疑难杂病而能识其病变本质，以法辨证论治。

《伤寒论》“脏腑辨证”思想在中医诊断学中的价值

钱 峻 杨亚萍 南京中医药大学
曹福凯 南京市中医院

《伤寒论》的临床运用并不局限于外感，这一认识在目前的实际临床运用及历代医家医案中都得到充分证实，并已为学术界广泛认同。而在《中医诊断学》的教学中，仍习惯于将《伤寒论》“六经辨证”归于外感病的辨证方法，而将“脏腑辨证”看作是内伤杂病的辨证方法[1]。在这样大是大非的问题上，多学科应统一认识，本文试从《伤寒论》“脏腑辨证”思想的教学价值的角度，提出如下观点，敬请同道指正。

1.《伤寒论》诸证之辨必须落实到脏腑，才能立法处方用药。

在中医诊疗疾病的实践中，临床多数病证的诊断最终都必须全部（如内伤杂病或外感病的变证）或部分落实到脏腑辨证，才能在治疗上有明确的立法、处方和用药。

中药各有其脏腑归经，《伤寒论》虽然名为“六经辨证”，但方药运用之疗效无一不是落实到脏腑而得以具体体现的，如麻黄汤之宣肺平喘，炙甘草汤之补心气、养心血、滋心阴、通心阳；真武汤之温肾阳、散水气；泻心汤之清泻胃热；麻子仁丸之润肠通便；吴茱萸汤之温降肝胃。……诸如此类，不胜枚举。故千百年来，有见地和富于经验的中医临床家普遍运用《伤寒论》中的活方活法以活人，用以治疗临床杂病而不仅仅拘于外感。也正因为如此，《伤寒论》一直是一部能真正体现于临床疗效的巨著。

陈亦人教授将《伤寒论》的基本特点概括为“变、辨、严、简、活”，其中的“辨”，就是辨病在何经及其八纲归属。其病所在之经络，即“邪气之所在”，难离脏腑之左右。所以“脏腑辨证”是《伤寒论》诸证之辨的关键。正如陈氏所言：“六经病变实际是六经所属脏腑经络病理反应的证候概括，辨清病在何经，就能明确主治方向，避免药石乱投。”[2]

2. “脏腑辨证”思想是《伤寒论》诊疗思维的核心。

虽然现代仍有将仲景《伤寒论》归于外感热病专著，但在其论述中也不能不承认：《伤寒论》中丰富的脏腑病证辨治内容，为后世脏腑辨证理论体系的最终形成，奠定了良好的基础[3]。陈亦人教授在《伤寒论求是》中已将《伤寒论》“六经辨证”还归于杂病的辨治，论中诸多方证，无不蕴含丰富的脏腑辨证的精髓。以下就《伤寒论》中相关脏腑辨证内容，举要如下。

（1）心病辨证：《伤寒论》中有多首方剂可治疗心悸诸症，如上述炙甘草汤证，治疗心阴心阳及气血俱虚之脉结代、心动悸者。另有心阳损伤，烦躁惊狂及发作奔豚，为火逆证的一类变证，可根据症情的轻重，或用桂枝甘草龙骨牡蛎汤，或用两桂枝去芍加蜀漆牡蛎龙骨救逆汤，皆能温通心阳，重镇安神。此外，尚有小建中汤证、桂枝甘草汤证等，均是典型的心病辨治。

（2）肺病辨证：太阳病与肺的关系早已明确，如麻黄汤证，适用于风寒犯肺证，其虽有表证，但邪气伤肺的病理不容忽视，所以在解表时运用了开宣肺气、止咳平喘之麻黄和杏仁。正如李时珍所言：“麻黄汤虽发汗重剂，实发散肺经火郁之药也。”它如汗下后余热留肺的麻杏石甘汤证，寒饮停肺的小青龙汤证，水饮内停，肺气不利的十枣汤证，热与水结于胸胁的大陷胸汤证等。

（3）肝、胆病辨证：肝胆病辨证内容主要见于少阳病篇和厥阴病篇，小柴胡汤证主要是针对少阳枢机不利，用小柴胡汤和解枢机，疏泄肝胆郁热，可治疗多系统的病症；当归四逆汤证及当归四逆加吴茱萸生姜汤证则是血虚寒凝或兼有久寒的证治。它如肝气不疏，胸阳郁滞的四逆散证、柴胡桂枝干姜汤证；肝失疏泄，胆汁外溢，湿热熏蒸的茵陈蒿汤证、栀子柏皮汤证、麻黄连翘赤小豆汤证等。

（4）胃肠病辨证：胃肠病辨证应是《伤寒论》中论述最多的。痞证是因胃气壅滞而致胃脘部痞塞的一类证候，病人自觉心下痞满不舒，按之濡或硬，但不疼痛。如胃热致痞的大黄黄连泻心汤证或大柴胡汤证；寒热夹杂致痞之半夏泻心汤证、生姜泻心汤证、甘草泻心汤证，三证都是中虚热结成痞，所以用苦寒以泄热，辛温以开结，甘温以补中。除痞证外，胃肠病证候尚有胃热炽盛的白虎汤证；邪热结于胃肠的三承气汤证；胃虚水停的茯苓甘草汤证；胃阳不足，水渍大肠的茯苓甘草汤证；湿热蕴结于肠的白头翁汤证：痰涎壅塞，食积停滞的瓜蒂散证；胃热肠寒的乌梅丸证；水热互结于胸腹的大陷胸汤证；痰热互结于心下的小陷胸汤证；血热瘀结于下焦的抵当汤证、桃核承气汤证等。

（5）脾病辨证：因脾病运化失职，多有腹胀、纳少、便溏之胃肠道症状，故可与胃肠道辨证内容相参。典型的脾病证候如脾虚寒湿内生的理中汤证；中焦虚寒，气血不足之小建中汤证：脾虚水停之苓桂术甘汤证、桂枝去桂加茯苓白术汤证等。

（6）肾、膀胱病辨证　肾与膀胱病辨证主要为肾阳虚及水饮内停，膀胱气化不利。如水蓄下焦，气化不利的五苓散证；阳虚水泛的真武汤证；阴伤而小便不利，水热互结于膀胱的猪苓汤证；

（7）脏腑兼病辨证：《伤寒论》的脏腑兼病辨证大大超出了《中医诊断学》的相关内容，如心肾阳虚，阴寒内盛的四逆汤证、四逆加人参汤证：心肾阳虚水泛的真武汤证；肝寒犯胃，浊阴上逆的吴茱萸汤证；肠热壅盛，上蒸于肺的葛根芩连汤证；胃虚痰阻，肝胃气逆之旋覆代赭汤证；痰热扰心，肝失疏泄之柴胡加龙骨牡蛎汤证；心肾不交的黄连阿胶汤证；脾肾阳虚，寒凝血腐，下元不固的桃花汤证；肺热脾寒，阳郁不达四末的麻黄升麻汤证等。

3. 《伤寒论》“方证辨证”是“脏腑辨证”的表现形式和高级阶段。

《伤寒论》虽涉及诸多脏腑辨证的内容，却是以“方证”的形式表现出来的，即顾武军教授所倡导的“方证辨证”，它是《伤寒论》辨证论治体系的主要组成部分，是在六经、八纲、脏腑等辨证基础上的进一步具体深化，促辨证和论治相统一[4]。

《中医诊断学》所述“脏腑辨证”多是一些相对简单或单纯的证候，为了便于初学者掌握，而“方证辨证”无疑是脏腑辨证的深化和活用。如前所述，《伤寒论》中蕴含着丰富的脏腑辨证思想（“方证辨证”），可以说，《中医诊断学》所提及的“脏腑辨证”贯穿于《伤寒论》“方证辨证”的始终，是“方证辨证”的简化形式、次级阶段，是临证学习的重要阶梯；而“方证辨证”则是《伤寒论》脏腑辨证思想的表现形式和高级阶段，是最高境界。所以，绝对不能以目前教科书中的“脏腑辨证”为止境，而要以此为起点，溯源求本，研读仲景《伤寒论》，真正领悟“方证辨证”的意蕴，以切实发挥其对临床的实际指导作用。

众所周知，仲景《伤寒杂病论》创立了中医辨证论治的理论体系，《中医诊断学》的“脏腑辨证”和《伤寒论》“方证辨证”是一脉相承的。所以，《伤寒论》绝不是专论外感热病的专书，而将仲景“方证辨证”的思维方式熔入《中医诊断学》脏腑辨证的教学实践中，将有利于学生对辨证论治精髓的深入理解和体会，不仅能为以后学习中医基础和临床各科打下良好的理论基础，而且适当地讲一些方药和方证知识，对初涉中医领域的学生来说无疑将起到潜移默化的作用，有利于增加学生对中医中药的感性认识，有利于今后进一步的学习和提高。

参考文献

[1] 陈亦人. 伤寒论求是. 北京：人民卫生出版社，1987年3月版.

[2] 朱文锋. 中医诊断学. 上海：上海科学技术出版杜，2001年1月版.

[3] 熊曼琪. 伤寒论（中医药学高级丛书）. 北京：人民卫生出版杜，2000年9月版.

[4] 顾武军.《伤寒论》方证辨证探析. 南京中医药大学学报，1995；11（2）：20.

《伤寒论》中的导法对医学的贡献

宋跃彬　河南省南阳市张仲景博物馆

周　琳　河南省南阳市第二人民医院

导法，即“导而通之”的治法，属治疗八法中下法范畴。现今所用导法，已超出“下”的范畴，是一种通过肛门、直肠给药的有相当的临床应用价值的给药途径，也是一种有深入研究价值的治疗方法。

一、《伤寒论》开创导法

我国最早有关导法的记载见于马王堆汉墓出土的公元前三世纪的帛书《五十二病方》，但它对祖国医学导法发展的影响很难论证。历史发展至东汉末年，张仲景在《伤寒杂病论》中明确指出了导法的适应症和使用药物及操作方法。

《伤寒论》第二百三十五条指出：“阳明病，自汗出，若发汗，小便自利者，此为津液内竭，虽硬不可攻之，当须自欲大便，宜蜜煎导而通之。若土瓜根及大猪胆汁皆可为导”。

《金匾要略》则谓“胃气下泻，阴吹而正喧，此谷气之实也，猪膏发煎导之”。可见仲景将导法用于阳明病津亏便燥及妇人阴吹之证。又讲蜜煎导法的制作，要纳铜器中，微火煎，当热时作二寸许挺子，纳谷道中，以手急抢，欲大便时乃去之；猪胆汁方的制作，要放大猪胆一枚，胆汁和法醋少许，以灌谷道内等。可见前者为置栓法，后者为置栓灌汤相结合，通过这样精心操作，“以宿食恶物甚效”。且不说仲景导法究竟疗效如何，在千余年前的封建社会，倡导这种疗法，并用之临床，充分体现了张仲景这位古代医学科学家的科学精神和胆识。在他的倡导下，导法才得以在临床实践中不断发展完善起来。

二、导法的临床应用

导法虽仲景首创，但它对我国医学有关导法的临床应用贡献最大。后世医家通过临床实践，对仲景导法的适应症作了较多的补充和发展。

《伤寒准绳》说，“凡多汗伤津，或屡汗不解，或尺中脉，迟弱、元气素虚人，便欲下而不能出者，并宜导法，但须分津液枯者用蜜导，邪热盛者用胆导。”《丹溪心法》谓：“凡诸秘服药不通或兼它证，又或老弱虚极不可用药者，用蜜熬入皂角米少许，作兑以导之。”《类聚方广义》则用于：“诸病大便不通，呕吐而药汁不能入者。”《肘后方》治“小便不通及关格”。《外台秘要》又用导法合内服承气汤治疗有关燥屎、错语热盛病人等。

仲景所创导法，近年在临床应用中得到较快的发展，并作为一种新的给药途径广泛应用于临床各科。

内科方面，有用白头翁汤加味、三黄汤等水煎保留灌肠，治疗各种痢疾及慢性肠道疾病的；有用安宫牛黄丸溶后保留灌肠治疗肝性脑病、肾衰尿毒症期、中风、高热的；有用麻黄汤煎剂直肠滴注治疗支气管哮喘。外科有用大承气汤和其他方剂治疗急性胰腺炎、急性肠梗阻、麻醉性肠梗阻、胆囊炎急性发作及术后肠胀气等，妇科用治急慢性盆腔炎、子宫内膜异位症等，儿科用治蛔虫性肠梗阻、小儿习惯性便秘等、传染科用治重症肝炎等，

在给药方法上，也有保留灌肠，肛门滴注、肛门栓剂及微型灌肠剂等各种肠道给药手段。

三、肠道给药的优点及展望

肠道给药首先使药物溶于直肠分泌液中，再通过肠黏膜吸收。药物的直肠吸收又有两个途径：一是从直肠上静脉、经门静脉入肝，再进入大循环；一是从直肠中静脉和直肠下静脉进入下腔静脉、不经肝直接进入大循环。因此，在直肠中、下部给药时药物吸收后有50～60%不经肝直接入体循环而发挥治疗作用，就使药物不受或少受首进作用影响而达到全身作用。从药物发挥作用的速度看，直肠对某些药物的吸收不但快于口服给药，而且与肌注相当，甚至接近静脉给药。

从以上简单分析不难看出，肠道给药途径敏捷、作用快、可避免某些药物胃肠道副作用和增加肝脏负担的影响，且可用于昏迷等不配合治疗的病人，还可避免某些药物静脉注射对血管的刺激。若用直肠点滴疗法，尚可根据临床病情需要，通过随时调整滴速、药液浓度和药物组成提高个体治疗效果。

所以，肠道给药是一个很有临床价值的给药途径，应引起临床医学工作者的足够重视，要大力开展有关问题的研究，使之更趋完善。当然，我们也要加强开创对肠道给药等疗法的《伤寒论》等古代医学典籍的挖掘，以更好地为人类的保健事业服务。

《伤寒论》几种重要笔法

沈济苍　上海中医药大学

《伤寒论》是一部古典著作，由于它的文字比较古奥，叙述比较简练，要领会它的全部精神实质，的确很不容易。我认为学习《伤寒论》必须医理与文理并重。这就是说，既要用理论联系实际的原则来探索《伤寒论》的医理，又要懂得用汉代文字的结构来研究《伤寒论》的文理，在有些地方，甚至文理比医理更为重要。如果只看字面，随文解释，往往差之毫厘，谬以千里，这样就违背了《伤寒论》原来的精神实质，也就无法指导临床。相反，如果对《伤寒论》的文理有了比较正确的认识，那么对有些疑难问题就会感到豁然开朗，迎刃而解。历代注释《伤寒论》的何止数十百家，他们对有些问题之所以争论比较多，我认为其中一部分原因是由于对《伤寒论》文理的认识不一致有很大关系。研究《伤寒论》可以从理、法、方、药多方面入手，而掌握《伤寒论》文理和医理之间的关系，这也是研究《伤寒论》的重要方法之一。我认为《伤寒论》有它自己的编写体例，这一点非牢牢掌握不可。六经病各有主证主脉，也各有一定的治疗原则，但这仅仅是六经辨证的常法，而不是六经辨证的全部内容。举例来说，太阳病属于阳证中的表证，也就是外感热病初期的一种表现。由于病情的发展变化，既可以由表入里而成为里热实证，也可以从阳入阴而转为里虚寒证，既可以两经三经合病并病，也可以阳经与阴经同时受病，因此太阳病篇除了阐明太阳病本身的辨证论治外，还谈到了阳明病的白虎汤证和承气汤证，还谈到了少阳病的大小柴胡汤证，甚至还谈到了少阴病的四逆汤证和真武汤证。这就说明一部《伤寒论》为什么太阳病篇的内容要占全书的一半光景，同时也清楚地看到了六经病传变的复杂性和六经病之间的不可分割性。《伤寒论》编写体例的一个特点，就在于着重六经病之间的反复辨证和相互鉴别，因此它虽以六经病分篇，但每一篇的内容，并不只限于讨论这一经的病，而是往往牵涉到其他各经，这种编写体例，不仅在太阳病篇是如此，其他各篇也同样如此。我们如果掌握了这种编写体例的特点，就可以知道《伤寒论》并没有按六经的框框谈医理，看问题也就不至于被六经的框框所限住。关于这方面的具体论证，已见拙作《研究伤寒论辨证论治的我见》，这里不再多赘。本文着重讨论《伤寒论》关于笔法方面的几个特点，主要有互文见义、倒装句、插笔法和省笔法等几种，这同样属于编写体例的范畴。我认为要读通《伤寒论》，就必须掌握这几种重要笔法，兹分别论证如下。

1. 互文见义　《伤寒论》在谈到某一个汤证时，它的病因、病机，证侯、治法以及用药宜忌和鉴别诊断等等，往往分散在前后各条，互相补充，这正是古代文字简练之处，必须前后对勘，处处留心，方能全面领会。互文见义的笔法在《伤寒论》中是很多的，实在举不胜举，现在只能举几个例子来加以说明。

（1）五苓散证：太阳病篇第71条："太阳病，发汗后，大汗出，胃中干，烦躁不得眠，欲得饮水者，少少与饮之，令胃气和则愈。若脉浮，小便不利，微热消渴者，五苓散主之。"

第72条："发汗已，脉浮数，烦渴者，五苓散主之。

从以上两条原文综合起来分析：微热、汗出、脉浮数是外有表邪；烦渴、小便不利是里有水饮。这是外邪随经入府，影响膀胱的气化功能，使水饮内停而成为蓄水之证，故用五苓散通阳化气、利水解表。但五苓散证因为小便不利，膀胱蓄水，所以除了上述主证外，还有“少腹满”一证，也同样十分重要，那么为什么这两条原文都没有提少腹满？是不是《伤寒论》把这个重要证候漏掉了？当然不是。五苓散证的少腹满，一直要到讨论蓄血证的时候才提到它。

原文第126条，“伤寒有热，少腹满，应小便不利，今反利者，为有血也，当下之，不可余药，宜抵当丸。”

本条主要是讲蓄血证用抵当丸攻瘀，同时与蓄水的五苓散证相互鉴别。它的意思是说：伤寒有热，少腹满，这是蓄水证与蓄血证所共有的，若是蓄水，应小便不利，今小便反利，知是蓄血无疑，那就非攻不可。“有血”，就是指有蓄血。从本条可以清楚地看出，五苓散证因膀胱蓄水，应有少腹满一证，但直到此处补出，条文的距离也很远，相隔有50余条，像这样互文见义的笔法是很典型的。

（2）热入血室：当妇女患外感热病时，经水适来适断，使邪热入里而发生病变，中医称为热入血室。《伤寒论》中谈到“热入血室”的共有四条，三条在太阳篇，另一条在阳明篇。

原文第143条：“妇人中风，发热恶寒，经水适来，得之七八日，热除而脉迟身凉，胸胁下满，如结胸状，谵语者，此为热入血室也，当刺期门，随其实而取之。”

第144条：“妇人中风，七八日续得寒热，发作有时，经水适断者，此为热入血室，其血必结，故使如疟状，发作有时，小柴胡汤主之。”

第145条：“妇人伤寒，发热，经水适来，昼日明了，暮则谵语，如见鬼状者，此为热入血室，无犯胃气，及上焦，必自愈。

这三条明白指出，妇女患外感热病时，可发生两种情况，一种情况是经水适来，邪热乘虚内陷；另一种情况是邪热迫使月经中断，血与热相结。临床表现可有发热恶寒，或如疟状，胸胁下满，暮则谵语。热入血室的治疗原则用小柴胡汤，或刺期门疏肝郁、清血热。于此可见，热入血室是妇女特有的病，血室指子宫而言。热盛谵语与经水适来适断同时并见是热入血室的辨证要点。

另一条在阳明篇。第216条“阳明病，下血谵语者，此为热入血室。但头汗出者，刺期门，随其实而泻之，濈然汗出而愈。

这一条为什么放在阳明篇？其主要目的在于阳明病胃家实作辨证，因阳明病与热入血室都有谵语一证，阳明病的谵语属胃家实，主要用清下法，热入血室的谵语是血热相结，主要用小柴胡汤加凉血清热药或刺期门，两者的病机和治法都不相同，这一条完全是为了相互辨证而设，它的含意原是十分清楚的。但由于这一条只说“阳明病，下血谵语者，此为热入血室”，因未提“妇人”二字，亦未提经水适来适断，所以有些注家认为热入血室是男女皆有的病，如喻嘉言、张隐庵、张路玉、柯韵伯，薛生白、章虚谷等均持此说，可谓贤者一失。注家中唯汪苓友《伤寒论辨证广注》指出此条“热入血室，明系妇人之证，至此实不待言而可知矣。”真是独具慧眼，不同凡响。叶香岩在《外感温热篇》中也说：“热陷血室之证，多谵语如狂之象，防是阳明胃实，当辨之。”叶氏为一代名医，他直截了当地指出本条热入血室是为了与阳明胃实相互辨证而设，非有真知灼见，是不可能达到这种境地的。我现在再补充三点：（1）不提“妇人”与“经水”是省笔，用阳明病三字冠首是体例关系。阳明病在一定条件下，可以引起热入血室证，但热入血室并不是阳明病必具的证候。（2）热入血室的治疗方法是用小柴胡汤及刺期门，这分明不是治疗阳明病的方法，怎么能说它是阳明病？（3）以上四条，俱见于《金匮要·妇人杂病脉证并治》，而且四条连在一起，这就有力地证明了热入血室是妇女特有的病，与男子无关，也不能因为有阳明病三字冠首而认为它就是阳明病。象这样的条文，在《伤寒论》中不止一处。例如237条：“阳明证、其人喜忘，必有蓄血，所以然者，本有久瘀血，故令喜忘，屎虽硬，大便反易，其色必黑者，宜抵当汤下之。”按本条原是蓄血证，为与阳明病相互辨证，故厕于此，有些注家认为本条是阳明蓄血证，恐非。

（3）大柴胡汤证：互文见义，一般是指《伤寒论》中有关的条文与条文之间应该互相参看与对照，以便加深理解。但这仅仅是一种情况，还有一种情况，《金匮要略》原是从《伤寒论》中分离出来的，本来是一家，《伤寒论》中有些汤证，在《金匮要略》中也有，而且往往有所补充，因此我认为同样应该参看和对照，这也是学习《伤寒论》的重要方法之一。现在就以大柴胡汤证为例来说明这个问题。

《伤寒论》中提到大柴胡汤证的共有三条：

原文103条：“太阳病，过经十余日，反二三下之，后四五日，柴胡证仍在者，先与小柴胡，呕不止，心下急，郁郁微烦者，为未解也，与大柴胡汤下之则愈。

第136条：“伤寒十余日，热结在里，复往来寒热者，与大柴胡汤。

第165条："伤寒发热，汗出不解，心中痞硬，呕吐而下利者，大柴胡汤主之。"

综合以上条文来分析，大柴胡汤证的病机是邪在少阳，热结在里，故用大柴胡汤和解少阳，兼下热结。再看大柴胡汤的组成，是小柴胡汤去人参、甘草加枳实、芍药、大黄，那么它的主要适应证，除了上述发热汗出或往来寒热、呕不止、心下急或心下痞鞕、郁郁微烦外，至少当有上腹部疼痛一证。是不是漏掉了？也不是。

《金匮要略·腹满寒疝宿食病脉证治》："按之心下满痛者，此为实也，宜大柴胡汤。"

《金匮要略》这一条，不但补出了大柴胡汤证应有"按之心下满痛"一证，而且指出这是一种实证，这样就使大柴胡汤证的病机和主证显得更加完整了。反过来讲也是一样，拿《金匮》来说，这一条大柴胡汤证的叙述是比较简略的，如果能参看《伤寒论》的大柴胡汤证有关各条，不是也更加完整了吗？由此可见掌握互文见义这种笔法无疑是非常重要的。其他如甘草干姜汤证，苓桂术甘汤证、十枣汤证、桔梗汤证、吴茱萸汤证等等，《金匮》都有适当的补充，所以都应互相参看，这里就不再多说了。

2. 倒装句：这是汉代文字的常用句法，在《伤寒论》中也是常见的，掌握这种句法，对医理的关系非常重要。

（1）桂枝二越婢一汤证：太阳篇第27条："太阳病，发热恶寒，热多寒少，脉微弱者，此无阳也，不可发汗，宜桂枝二越婢一汤。"

这一条"太阳病，发热恶寒，热多寒少"是表邪不解，里有郁热的证治，故用桂枝二越婢一汤轻散外邪，兼清郁热。脉微弱为什么不可发汗？本条原文已作出回答，因为脉微弱是无阳，无阳就是阳气衰微，当然不可发汗。那么桂枝二越婢一汤明明是发汗剂，为什么脉微弱、无阳还要用它？这不是自相矛盾吗？其实一点不矛盾，因为这是倒装句。"宜桂枝二越婢一汤"句，按现代文字讲应紧接在"热多寒少"句下，并应圈断。"脉微弱者"以下三句，是教人在使用汗法时应知所警惕。象这样的条文，如果只看字面，随文解释，那么既然说无阳不可发汗，岂有再用桂枝二越婢一汤发汗之理，尤在泾《伤寒贯珠集》不知此条有倒装句，他认为脉微弱、无阳可以用小发汗法，并说；"设得小汗，其邪必解，乃伤寒发汗之变法也。"我认为这种说法是脱离临床实际的。柯韵伯《伤寒来苏集》对此条抱有怀疑，他知道脉微弱、无阳是不可以发汗的，所以他说："此言不可发汗，何得妄用麻黄。"贤如尤氏、柯氏，竟不知此条有倒装句，看来读古人书确实是不太容易的。

（2）麻黄汤证：太阳篇第46条："太阳病，脉浮紧，无汗发热，身疼痛，八九日不解，表证仍在，此当发其汗。服药已微除，其人发烦目瞑，剧者必衄，衄乃解，所以然者，阳气重故也，麻黄汤主之。"

本条从"太阳病，脉浮紧"至"此当发其汗"为第一段。这一段是清清楚楚的麻黄汤适应证，应该用麻黄汤发汗解表。"麻黄汤主之"一句，按现代文字讲应紧接在第一段"此当发其汗"一句之下，这当然也是倒装法。从"服药已微除"至"阳气重故也"为第二段。"服药已微除"，是说服药以后病势虽然有所减轻，但郁热依然很盛，郁久不泄，所以"其人发烦目瞑，剧者必衄"，这是因为阳热太重的缘故。得衄以后，热随血散，所以说"衄乃解"，并不是说衄血以后再用麻黄汤发汗。

除46条麻黄汤证外，还有第41条的小青龙汤证，第124条的抵当汤证，这两条的句法和46条的句法一模一样，一望而知这里面都有倒装句。

第41条："伤寒心下有水气，咳而微喘，发热不渴。服汤已，渴者，此寒去欲解也，小青龙汤主之。

本条亦分两段，"发热不渴"是表有寒邪；"咳而微喘"是里有水坎，故用小青龙汤发汗解表，温肺化饮。"服汤已渴者"，是说明服了小青龙汤以后，水寒消散，药已中病，有向愈之机，所以说"寒去欲解"，因此"小青龙主之"一句，按其意议应紧接在"发热不渴"之下。46条说"服药已"，本条说，"服汤已"，两者的句法完全相同，所以倒装的意义亦完全相同。

第124条："太阳病，六七日，表证仍在，脉微而沉，反不结胸，其人发狂者，以热在下焦，少腹当硬满，小便自利者，下血乃愈。所以然者，以太阳随经，瘀热在里故也，抵当汤主之。"

此条是讨论蓄血的主要脉证、病机和治疗方法，赅括地讲，"脉微而沉，其人发狂，少腹硬满，小便自利"，这是蓄血重证。"以热在下焦"，故云"反不结胸"，这是与结胸病相互辨证。"下血乃愈"，这是指明蓄血重证应该用逐血破瘀的治疗方法。这是第一段。"所以然者，以太阳随经，瘀热在里故也"，这是指蓄血证的病机是太阳随经入府，瘀热在里，因此"抵当汤主之"一句，按其意义应紧接在"下血乃愈"之下，这也是不言而喻的。46条说"所以然者，阳气重故也"；本条说"所以然者，以太阳随经，瘀热在里故也"，两者的句法完全相同，所以倒装的意义也是完全相同的。

至于说《伤寒论》为什么要用倒装的笔法？为什么一个主方总是安在每一条原文的最后？它的作用何在？这是因为《伤寒论》是一部方书，为了体现方书的特点，使随证所用之方醒目易见，将主治方剂置于条文之末，便是一个很适当的方法。《伤寒准绳》引张兼善云："盖以汉之文字，用药诸方，皆赘于各条之末"。其言亦是。

3. 插笔法：指条文中有插入之笔，行文方式大多挟叙挟议，其目的是要把医理讲得更加透彻。例如：

（1）苓桂术甘汤证：原文第67条："伤寒若吐若下后，心下逆满，气上冲胸，起则头眩，脉沉紧，发汗则动经，身为振振摇者，茯苓桂枝白术甘草汤主之。"

这一条是中阳不足，水停心下的证治。"心下逆满，气上冲胸，起则头眩，脉沉紧"，是苓桂术甘汤的主要适应证。"发汗则动经，身为振振摇"两句是插笔。意思是说这个伤寒病误用了吐法或下法，中阳已经受损，就千万不可再用发汗的方法了，若再发汗，则阳气更虚，津液更伤，势必引动经脉方面的病变，经脉失于濡养，身体就要发生振颤摇晃，不能自持的现象，轻者犹为此方所主，重者则属真武汤证。

（2）大承气汤征：原文212条："伤寒若吐若下后不解，大小便五六日，上至十余日，日晡所发潮热，不恶寒，独语如见鬼状。若剧者，发则不识人，循衣摸床，惕而不安，微喘直视，脉弦者生，涩者死。微者，但发热谵语者，大承气汤方之……"

本条是讨论阳明腑实证的危侯、治法及预后，文字虽较长，但意义很明确。从"不大便五六日"至"独语如见鬼状"，都是阳明腑实的典型证候，故用大承气汤攻下燥实。从"若剧者，发则不识人"至"微者但发热谵语"，这一段话都是插入之笔。剧者与微者相对，是议论大承气汤证有重有轻，重证往往出现阳亢阴尽危候，应该及早治疗和预防。其他如原文219条、221条都用这种插笔法，这里从略。

4. 省笔法　指运用省略的笔法以执简御繁。这种笔法的特点是：在讲述某一个汤证时，凡是前面条文已经把它的主要脉证讲清楚了，后面的条文就不再重复（只有少数条文例外，如茯苓甘草汤证），只是突出某一点，以与其他汤证相互辨证，因此这种笔法显得非常简洁。象这样的条文在《伤寒论》中到处可见，举不胜举，现在略举数例，以概其余。

（1）脉浮数、脉浮紧代表麻黄汤证：原文第49条："脉浮数者，法当汗出而愈。若下之，身重心悸者，不可发汗，当自汗出乃解。所以然者，尺中脉微，此里虚，须表里实，津液自和，便自汗出愈。

第50条："脉浮紧者，法当身疼痛，宜以汗解之。假令尺中迟者，不可发汗，何以知然，以荣气不足，血少故也。"

第51条："脉浮者，病在表，可发汗，宜麻黄汤。"

第52条；"脉浮而数者，可发汗，宜麻黄汤。"

以上四条，用脉浮、脉浮数、脉浮紧来代表麻黄汤证，只言脉、不言证，这都属于省笔法。那么这里为什么可以用省笔法呢？这是因为：①在这之前，第35条已经把麻黄汤证的"头痛发热、身疼腰痛、骨节疼痛、恶风无汗而喘等一系列太阳伤寒证全部讲清楚了，这里就没有重复的必要。而且35条是详证略脉，这四条是详脉略证，应相互参看，并不是说单凭脉浮数、脉浮紧就可以用麻黄汤。②这四条的同意是，每一条都突出讨论一个重点问题，但重点并不是讨论麻黄汤主证，所以主证当然可以省略，这确实做到了短小精悍，言简意赅。例如第49条的意思是说，太阳伤寒，按理应该用麻黄汤发汗而愈，但本条只用"脉浮数者，法当汗出而愈"两句一笔带过，因为这不是本条的重点。"若下之"以下的文字，是说如果误下以后发生了身重、心悸等变证，就不可再用汗法。可见本条的侧重点全在下面一段，麻黄汤证只要用脉浮数三字作一概括就可以了。第50条的"脉浮紧者，法当身疼痛"，这本来也是应当用麻黄汤发汗的，假令尺中脉迟，这是荣虚血少，就不可以再用麻黄汤发汗。这一条的句法，和上一条相同，其侧重点也在下面一段，所以麻黄汤证只要用脉浮紧、身疼痛作为代表就可以了。第51条："脉浮者，病在表，可发汗，宜麻黄汤。"这一条粗看很简单，似乎没有反复讨论的必要，其实不然。我的体会，本条的精神，在于"脉浮者，病在表"两句。浮脉主表，在《伤寒论》中惟有这一条讲得最明确。见浮脉一般就能诊断为表证，不见浮脉就不一定是表证，因此这不是等闲之笔，不可轻轻放过。

脉浮二字代表着一系列太阳表证，这是一种省笔，但太阳表证，有伤寒与中风之分，只有无汗脉浮紧的，才能用麻黄汤峻汗。本条说"宜麻黄汤"，这就可以倒过来推断这个脉浮是指脉浮紧，这个"表"是指太阳伤寒之表，这种推断方法，中医学术语叫作“以方测证”，这也是研究《伤寒论》文理和医理关系的重要方法之一。“宜麻黄汤”的宜字，是教人斟酌的意思，同一太阳表证，有宜桂枝汤的，有宜麻黄汤的，必须辨证施治，不可滥用。至于第52条说：“脉浮而数者，可发汗，宜麻黄汤。”粗看也很简单，而且和149条的脉浮数有重复，似乎也没有反复讨论的必要，其实不然，我的粗浅休会，本条的脉浮而数，亦非等闲之笔，不可轻轻放过。上面谈过，麻黄汤证的脉是浮紧的，但要知道麻黄汤证到了发热无汗的时候，一般热度都比较高，脉搏是未有不数的，因此本条的脉浮而数，应该是指浮紧而数，与单纯的脉浮数不同。《伤寒论》第57条说：“伤寒发汗已解，半日许复烦，脉浮数者，可更发汗，宜桂枝汤”。我们从这一条可以看出，桂枝汤证由于有汗的关系，热度一般并不太高，尚且可以见到浮数脉，那么麻黄汤证就更加不用说了。我们现在可以这样说：桂枝汤证的脉是浮缓带数，麻黄汤证的脉是浮紧而数，有些注家认为麻黄汤证的脉浮而数，有外邪入里之势，看来这种说法是值得商榷的。

这里再举一条用省笔法特别明显的条文作为本文的结束语。

《伤寒论·辨差后劳复病》第394条：“伤寒差以后，更发热，小柴胡汤主之。脉浮者，以汗解之。脉沉实者，以下解之。”

本条是辨伤寒病后再发热的证治。外感热病病后再发热的原因不止一端，除劳复、食复外，还可以因余热未尽或复感外邪所引起，故须按照不同情况，给予相应的治疗。但本条提出的三种发热，全部用省笔法处理。如“伤寒差以后更发热，小柴胡汤主之。”这是因为大病新差，气血未复，即使有再发热或往来寒热，总宜照顾体虚，故用小柴胡汤扶正达邪为主。“脉浮者，以汗解之。”从脉浮知其病在太阳之表，可以适当采用汗法，但大病后一般不宜过汗，只能用桂枝汤、栀子豉汤之类微汗为主，以免过汗伤正。“脉沉实者，以下解之。”脉沉实是阳明腑实证的脉，可以适当采用下法，如393条的枳实栀子豉汤。除非有确实可下之证而不得不下者，承气汤类当然可用，但总以审慎为宜。至于小柴胡汤证、栀子豉汤证、桂枝汤证以及三承气汤证，它们的主要脉证，前面的条文早已叙述清楚，这里当然不必重复，这就是省笔法的妙用。总而言之，省笔法是建立在全面理解的基础之上的，它并不是随便运用的。

最后再补充一下：《伤寒论》有些条文，可以包含着两种笔法。例如上面讨论的216条热入血室证，394条的伤寒差后再发热，既有省笔法，又有互文见义。我们说，大承气汤证的主要脉象是“脉沉实”，但阳明病篇有关大承气汤证各条，除240条提到“脉实者，宜下之”外，均无脉沉实三字，直到394条，才有“脉沉实者，以下解之”的话，条文相隔如此之远，这也是《伤寒论》互文见义的一个非常典型的例子。

《伤寒论》“者”字的妙用

马献军　河南省洛阳市中心医院

张仲景的《伤寒论》是一部阐述多种外感疾病的专著，以理法方药完备著称于世。这部书不仅医理精辟，而且文理深奥，文中“者”字运用广，用得妙，仅一字足见作者匠心之一隅。

“者”字在文言文中比较活跃，共分作指示代词、语气词、助词等几种用法。《伤寒论》统篇中应用“者”字也最多。据统计，在《伤寒论》397条，116方中，“者”字共出现564处，其中，用做称代性结构助词的有123条，14方，166处；用做语气助词的有259条，6方，315处；单纯用做助词的有1条1处；和“若”“设”等连用构成假设句式的有56条，9方，82处。此外，条文和方中还有“者”字的省略情况。《伤寒论》中“者”字用法灵活多变，为诸医著所鲜有。现将“者”在《伤寒论》中的若干种用法归纳综述于后：

一、称代性的结构助词

称代性的结构助词通常在形容词、动词、动宾词组的后面，或以形容词为主，以动词为主的结构下，组成名词性词组，表示“……的人”，“……的事物”。这些以形容词、动词为主的词语和“者”字粘合后，改变了原来区别词或者述说词的性质变为名词语。这时“者”才能够表现出它所指代的意义，相当于“的”“的人”“的……”，和现代汉语中的“的”字结构相象。这种用法出现在123条，14个方中，共有166处。

1.“者”附在形容词后面，出现在59条，5个方中，共有81处。

（1）在区别词下的名词语

例如：①附子大者一枚。（通脉四逆汤方）

这句话如果没有“者”，“大”表示附子的性状，指“附子大”，有和不同类物质相区别的含义，不宜用“一枚”等数量词做谓语，“者”和形容词“大”结合成“大者”，“者”译为“……的”，意即“大的附子”或“附子中大的”是在同类物质（附子）中和“小的”相区别，其后面可以用“一枚”等数量词做谓语。实际上，“大”这个区别词的性质已经改变。

意思是：一枚大的附子。

②小便少者，必苦里急也。（第131条）“者”在形容词“少”后，改变了“少”和“多”相区别的性质，指“……的人”，这里代指“小便少的人”。

（2）在以述说词为主的结构下的名词语

例如：①咽喉干燥者，不可发汗。（第85条）

“咽喉干燥”是个述说词语，说明一个症状发生的部位（或一个部位出现的症状），粘合“者”字后，“者”译为“……的人”，代指“咽喉干燥的人”，改变了原来述说语的性质。

意思是：咽喉干燥的人，不能用发汗的方法。

2. “者”附在动词后面，出现在30条，9个方中，有49处。

例如：①太阳病，脉浮紧，发热，身无汗，自衄者愈。（第47条）

衄，即鼻孔出血，是动词，“者”附于后表示“……的情况”。

意思是：太阳病，脉浮紧，发热，身无汗，出现自衄情况是痊愈的征兆。

②不吐者，少少加（瓜蒂散方）

吐，即呕吐，“者”在动词“吐”后，表示“……的人”。

意思是：不呕吐的人，稍微加量。

3. “者”附在动词性词组后面，出现在16条中，共有17处。

例如：①欲饮水者，与水则哕。（第214条）

动词“饮”和名词宾语“水”构成动宾词组，“者”附在这个动宾词组后，表示“……的人”。

意思是：想饮水的（人），给水就哕。

②下利，脉沉而迟，其人面少赤，身有微热，下利清谷者，必郁冒，汗出而解（第365条）

名词“清谷”是动词“下利”的宾语，构成动宾词组，“者”附在动宾词组“下利清谷”后面，表示“……的情况”。

意思是：病人下利，脉沉而迟，其人出现面部稍红，全身微热，泻下清谷情况的，必然头目昏沉，出汗后痊愈。

4. “者”直接附在名词后，出现在18条中，有19处。

例如：①太阳伤寒者，加温针，必惊也。（第123条）

名词太阳、伤寒并列，构成偏正词组，其后加“者”表示“……的病”。

意思是：太阳篇中的伤寒病，加用温针治疗，必然出现惊。

②今病者静，而复时烦。（第338条）

“者”附在名词“病”之后，称代“人”，表示“……的人”。

意思是：现在患病的人安静，而不时出现烦躁。

二、语气助词

“者”字用作语气词，表示停顿和提示等语气，用法较为繁杂，但也各有特点。这种用法出现在259条，6个方中，共有315处。

1. 用在主语后，表示语气的停顿和引起对下文的注意，同时对这个主语起着轻微的提示和复指作用，有“……这个人”“……这种东西”的意思，但无须对译，在判断句中，主语用“者”提示，谓语用“也”终结，而不用系词。这种用法出现在102条中，有115处。

例如：①病有发热恶寒者，发于阳也。无热恶寒者，发于阴也。（第7条）

这是“……者，……也”形式的判断句，“者”提示主语“病有发热恶寒”（“无热恶寒”），谓语“发于阳”（“发于阴”）用“也”终结。

意思是：疾病有发热恶寒症状，是从阳经发出的，疾病没有发热而有恶寒症状，是从阴经发出的。

②郑声者，重语也。（第215条）

“者”附在主语“郑声”后，表示判断，谓语“重语”用“也”终结。

意思是：郑声，就是语言重复。

③大汗出，热不去，内拘急，四肢疼，又下利厥逆而恶寒者，四逆汤主之。（第352条）

“者”附在主语“大汗出，热不去，内拘急，四肢疼，又下利厥逆而恶寒”后，表明这句话并没有完结，以引起对下文的注意，“者”有“……这种病”的意思。

意思是：大汗出，发热不退，腹内拘急，四肢疼痛，又有下利厥逆而恶寒的用四逆汤主治。

2. “者”用在因果句中，起提示结果的作用，一般上句把结果或现象提出，下句申述原因或理由，可译为“……的原因”，这种用法出现在44条，1个方中，有47处。

例如：①太阳病，头痛至七日以上自愈者，以行其经尽故也。（第8条）

“……者”连用“以……故也”，决定了这是一个因果句。“者”附在前半句后面，提出了“太阳病，头痛至七日以上自愈”这种现象，“者”可译为“……的原因”；

“以……故也”申述了产生这种现象的原因是“行其经尽”。

意思是：太阳病，头痛，到七天以后自行痊愈的原因，是因为病邪已经沿经循行完毕。

②所以然者，阳气重故也。麻黄汤主之。（第46条）

这个因果复句，主要由“所以然”来决定，“者”附于前半句后，起提示结果的作用，后半句申述了产生这种结果的理由（机理）是“阳气重”。“者”译为“……的原因”。

意思是：出现以上这些结果的原因，是由于阳气旺盛，应当用麻黄汤主治。

③太阳病，发热汗出者，此为荣弱卫强，故使汗出。（第97条）

这一条把“……者”“此为……”“故……”联系起来加以分析，可以看出它是一个因果复句。“者”提出了结果“太阳病，发热汗出”，“者”可译为“……的原因”；“此为……”指出了产生这种结果的理由（机理）是“荣弱卫强”；“故……”承“荣弱卫强”这个原因，进一步强调了所出现的现象“使汗出”。

意思是：太阳病，发热汗出的原因（机理）是由于荣气虚弱卫气强盛，所以迫使汗出……

3. “者”在复合句上分句，可以表示假设的提示，“者”不能对译，另用假设连词。《伤寒论》中这种用法最多，“者”出现在112条，5个方中，共有152处。

例如：①太阳病，发热而渴，不恶寒者，为温病……（第6条）

这是一个假设复句，“者”提示，太阳病中如果出现“发热而渴，不恶寒”情况的，就超出了“伤寒”范畴，这是伤寒和温病的鉴别要点。

意思是：太阳病，如果出现发热口渴，没有恶寒症状的，就是温病。

②阳明病，心下鞕满者，不可攻之。（第210条）

“者”提示阳明病中的假设情况：“心下鞕满”。

意思是：阳明病，如果心下鞕满，不可用攻下的方法治疗。③分温二服，初服汤，当更衣，不尔者，尽饮之。（小承气汤方）

“者”提示否定的假设，可译为“假如”“如果”“倘若”等。

意思是：温药分两次服，服第一次药应当排大便，如果不排，就把余药服完。

4. “者”用在叙述句或描写句主语之后，而那个主语是前文所不曾提及或者突然出现的，有时主语前更加一“有”字。《伤寒论》中只有1条属于这种用法。

例如：问曰：病有霍乱者何？答曰：呕吐而利，此名霍乱。（第381条）

“者”用在主语“霍乱”之后，主语前加“有”，故“者”无义。但“者”和后面的疑问词“何”连用，“者何”即表示“是什么”或“什么是”。

意思是：问：有霍乱这种病，什么是霍乱？回答说：呕吐并且泻下，这就叫霍乱。

三、助词

“者”单纯做助词没有实在意义，只是放在副词下，尤多放在时间副词下，或者凑成一音节，便于诵读，或者加强状语作用。在《伤寒论》中这种情况很少，只在程度副词“甚”之后出现过一次。

例如：久则谵语，甚者至哕。（第114条）

“者”附在程度副词“甚”之后，无义，只是和“甚”凑成音节，便于诵读，不必译。

意思是：时间长了就出现谵语，严重了就出现哕。

四、“若……者”“设……者”结构式

“者”与“若”“设”等词配合使用，表示“如果……”“假如……”，出现在56条，9个方中，共有82处，也是《伤寒论》中应用较多的一个。

例如：①伤寒一日，太阳受之，脉若静者为不传，颇欲吐，若燥烦，脉数急者，为传也。（第4条）

“者”和“若”构成“若……者”结构，表示假设，可译为“如果……”。

意思是：伤寒病第一天，太阳经受病，如果脉象没有变化，说明疾病没有传变，想要呕吐，如果又有烦躁，脉数急的，表明病已传变。

②设不了了者，得屎而解。（第153条）

“者”和“设”构成“设……者”结构，表示假设，可译为“假如……”。

意思是：假如病人尚不了了，自当通其大便才能缓解。

五、“者”字的省略

省略是古汉语中的一种普遍语法现象，从“者”字在《伤寒论》中的省略情况来看，也证明了这一点。“者”字的省略很多，译文时必须把它所包含的意义体现出来。

例如：①发于阳（　），七日愈；发于阴（　），六日愈。(第7条)

“阳”和“阴”后都含有称代助词“者”的意义，这里不用“者”显得精炼，但加上“者”似乎也不多余。

意思是：发生在阳经的病，七天可以痊愈；发生在阴经的病，六天可以治愈。

②若脉数不解，而下不止（　），必协热便脓血也。(第259条)

这是假设句中“若……者”结构，省略了“者”，同时“者”还有称代助词“……的病人”（“……的情况”）的含义在内。

意思是：如果脉数不消除，而且泻下不止的病人，必然协热，便下脓血。

③少阴病，得之二三日以上，心中烦，不得卧（　），黄连阿胶汤主之。(第303条)

这是主语后“者”字的省略，含有语气助词“……的”的意义。

意思是：患少阴病二三天以上，心中烦，不能卧的（“的人”或“的情况”），用黄连阿胶汤主治。

综观《伤寒论》统篇，文理之精深奥妙不可言及，文言虚词的用法更是得当自如。鉴于六经辨证中主证之下有类似证、疑似证、变证、坏证、或然证诸般，称代性助词、语气助词，尤其是假设的情况较多，所以“者”字的应用较广。然而其同一种用法，又有细微的差别，故译文要根据上下文意思，在领会原文得精神实质后，方能译得恰当而不转义。

《伤寒论》南阳方言举隅

庞景三　南阳张仲景国医学院

仲景的《伤寒论》被医家奉为经典，许多伤寒学者称《伤寒论》条文“字字珠玑”，一方面说明《伤寒论》的理论深奥，切合实用，另一方面说明《伤寒论》文字精练，行文严谨。笔者在研习过程中发现，尽管仲景《伤寒论》是以书面通用语言为主，但仍能从一些条文中看出南阳地方语言和口语。诸多注释《伤寒论》的学者遇到这些方言时或望文生义，或避而不释，致使《伤寒论》某些条文未能真实反映出仲景的学术思想，因此，笔者不揣浅陋，择其一、二，与同道共商。

一、强几几之义

《伤寒论》14条曰：“太阳病，项背强几几，反汗出恶风者，桂枝加葛根汤主之”。31条云：“太阳病，项背强几几，无汗，恶风，葛根汤主之”。五版统编教材沿袭历代注家解释：“几，音殊。几几，短羽之鸟，伸颈欲飞不能。项背强几几，形容项背拘急，俯仰不能自如之状，系项强之突出者”。实际上几，音 ji。几几，指隐微、不明显。项背强几几，是说项背轻微发强。到现在南阳人在遇到项背或其他部位稍微发强时仍说强几几，有点儿酸时说酸几几，有点儿痛时说痛几几，有点儿困时说困几几。

二、不中与之之义

《伤寒论》16条曰：“太阳病三日，已发汗，若吐、若下、若温针，仍不解者，此为坏病，桂枝不中与之也”。149条云：“伤寒五、六日，……但满而不痛者，此为痞，柴胡不中与之，宜半夏泻心汤”。五版教材将不中与之解释为“不中与：即不能再给病人服用”。实际上，不中（音 zhóng）就是不行，这个意思不但南阳人用，河南省广大地区也用。不中与之是一个倒装句，即“桂枝与之不中也”，“柴胡与之不中”，前者是说太阳坏病给患者服用桂枝汤不中（治不好），后者是讲心下痞证不在胸胁，是中焦气机痞塞，非少阳之半表半里，也非有形邪结之结胸证，故给患者用柴胡汤不中，应该用半夏泻心汤。

三、不了了之义

《伤寒论》252条曰：“伤寒六七日，目中不了了，睛不和，无表里证，身微热，此为实也。急下之，宜大承气汤”。五版教材解释：“目中不了了：即视物不清”。203条：“阳明病，本自汗出，医更重发汗，病已瘥，尚微烦不了了者，此必大便硬故也”。148条：“伤寒五、六日，……可与小柴胡汤，设不了了者，得屎而解”。对此两条中的不了了历代注家及教材皆回避不释。实际上，音 liǎo。结束、完毕。不了了，即没完没了，引伸为缠绵不舒服。252条是指眼睛转动不灵活，一直不舒服。203条指其他症状基本消失，就是还一直有点儿烦躁。148条指阳微结证，小柴胡汤治其外证，但里气未和而一直不适（里热未除），故使大便通畅而病解。现在南阳人在说此事尚没完结时仍说“这事儿咱还不了”。

四、哕之义

《伤寒论》226条曰：“若胃中虚冷，不能食者，饮水则哕”。380条云：“伤寒，大吐、大下之，极虚，复极汗者，其人外气怫郁，复与之水，以发其汗，因得哕。所以然者，胃中寒冷故也”。哕为何表现，历代伤寒注家及教材均未论述，在《金匮要略》中均释为呃逆。其实哕，音 yuè（四声），指呕吐，这在南阳人的方言习惯中用的最广泛，将吐之有物者称哕，将欲吐而吐不出物者称干哕。就《金匮》中“哕者，小半夏汤主之”。“哕逆者，橘皮竹茹汤主之”来看，此两方我们现在在临床上仍是用来治疗呕吐之证。

由此可见，仲景是南阳人，南阳的地方文化（包括一些方言口语）对他的影响是根深蒂固的，尽管他外出做过官，但乡音乡情，方言口语不可能全部忘却，其著《伤寒论》尽管以书面语言为主且历经散乱，但其中仍有形象生动的南阳方言，弄清这些方言的含义，对正确理解《伤寒论》的学术思想肯定是有所裨益的。

试论知识考古学与系谱学可能对仲景学说研究的指导作用

王庆国　李成卫　北京中医药大学

仲景学说的医史、文献以及理论研究，大体使用的是现代医史文献研究方法，具有求真、求同的特征。求真，我们做了大量的考据，并且不遗余力地去寻求仲景本义；求同，我们几乎把现代新观念、新方法，不管是现代中医学、西医学还是其他相关学科的，都用于分析仲景学说，并且雄心勃勃地想建立仲景辨证论治体系。值得肯定的是，这些努力使《伤寒论》《金匮要略》不再仅仅是两部医学著作，而成为一门生机旺盛的学问、学科——伤寒学或仲景学说。这是让行外人很难理解却又叹为观止的成绩。然而，也存在问题。我们真的求到了“真”、求到了“同”吗？从六经含义、方证病机、治法到对方药的理解，我们拥有太多的学说，能说这些学说彼此相同并都与仲景本义相同吗？现在，一些学者认为仲景学说中充满“误读”，深入探讨了很多问题，可是他又用什么方法证明自己不是误读呢？问题的症结在哪里？也许在医史文献研究的认识论和方法论上。

法国当代思想史家米歇尔·福柯（Michel Foucault，1926～1984）是一个出奇地喜欢跟“现代性”抬杠的怪人。他创造或使用知识考古学与系谱学的历史研究方法，就是专门针对现代史学方法因求真求同而导致史学研究出现“误读”的弊端而设。知识考古学，即用类似考古学的方法研究历史，用以发现那些似有根基实无根基的知识、思想和信仰。系谱学则是这一方法的延伸，旨在建立知识家族的系谱，展示被掩盖、被压抑的知识。此二者属于后现代主义史学研究方法。

仲景学说中的“知识、思想”是不容置疑的吗？其中有没有被承认而实际是历史构建、没有根基的知识、思想？仲景学说中有没有被掩盖、被压抑的学说？在中医学中有没有被仲景学说掩盖、压抑的学说？很难说没有，可能还很多。知识考古学与系谱学提供了一个新的视角，仲景学说会出现一个新的面貌——一些公认的常识会被推翻、一些被掩盖的学说会被“解放”。显然，这些不是本文能够容纳的，本文仅做尝试性的探讨。

一、知识考古学、系谱学与米歇尔·福柯

1. 知识考古学的方法是从文献处理的角度命名的。福柯认为，历史文献所讲的不是真实的过去；进行历史话语的构建，应当到产生的时代中去分析文献制作的目的、方法、背景，从文献及与其相关因素的关系中构建历史话语。考古学以地质层确定年代，以无声的遗迹构建历史话语。历史文献所讲的不是真实的，历史文献也就成了“无声的遗迹”，历史研究使用与考古学类似的方法——探究“无声的遗迹”，构建历史话语。历史研究也就成了对知识的考古学。《知识考古学》中福柯自己描述：“简而言之，就其传统形式而言，历史从事于‘记录’过去的重大遗迹，把它们转变为文献，并使这些印迹说话，而这些印迹本身常常是吐露不出任何东西的，或者它们无声地讲述着与它们所讲的是风马牛不相及的事情。在今天，历史则将文献转变成重大遗迹，并且在那些人们曾辨别前人遗留印迹的地方，在人们试图辨认这些印迹曾经是什么样的地方，历史便展示出大量的素材以供人们区分、组合、寻找合理性、建立联系、构成整体。曾经有段时期，考古学作为一门探究无声的古迹、无生气的印迹、无前后关联之物和过去遗留之物的学科，与历史十分相似，它只有重建某一历史话语才具有意义。我们可以这样说，不妨作一个文字游戏，历史而今趋向于考古学——对历史重大遗迹作本质的描

述。”

这样，历史研究的认识论发生了变化，即不连续性观念（包括不连续性、断裂、临界点、界限、系列和转型等观念）在历史学中变得重要了。福柯认为，这种变化可追溯到马克思，但至今尚未完成。知识考古学不是去探寻连续性，而是力图分析特殊性和差异。[2]为了解放思想，必须先摆脱思想史中各种连续性概念。首先是传统。思想史中经常用“传统”来简化历史，把差异归因于开端。福柯认为，知识的传递和交流十分重要，正因为如此，不能简单地归结为传统。其次是影响。这个概念简直具有魔力，可以跨越时空把各种东西联系起来。第三是发展和进化。这两个概念使历史模式化。第四是“时代精神”。这个概念通过教条的公式把不同现象联系起来，赋予某种意义，确立所谓“集体意识”的权威。

福柯在《知识考古学》对“连续性”的批判：“连续性的这些优先形式，所有这些人们并不置疑并且任其自然的综合都应该被束之高阁。当然，这样做绝不是为了最终把它们摈弃，而是为了动摇人们接受这种心安理得的状态；为了指出它们不是自然而就，而始终是某种建构的结果，而我们要了解的正是这种建构的规则，并对它作验证；为了确定在哪些条件下和作什么样的分析，它们中的某些是合理的；指出那些无论如何是不能予以接受的。譬如说，“影响”或者“演进”这两个概念，它们完全可能从属于某种——在或长或短的时间里——使它们失去作用的批评。”[3]

资本主义五百年的发展，历经若干阶段。思想领域同时也在变化。现在，资本主义还在变，有人称之为“晚期资本主义”，也有人称之为“后工业社会”或“后现代社会”。近几十年西方（主要是法国）的新潮思想被统称为“后现代主义”。现代主义，即“一球化”，以求真求同为特征，反映在历史学研究方法上讲求证据和追求发展的“连续性”。福柯强调差异，强调历史研究中使用“不连续”“断裂”的方法；他指出了现代主义史学研究的弊端——用历史构建（或称虚构）了无根基的常识、思想、知识和信仰，用“连续性”的方法掩盖、压抑了曾经出现的知识、思想和信仰。

2. 系谱学是“使被解放的知识能够活跃起来的策略”。系谱学即用系谱的方法考察知识家族间的关系。“系谱学”这一术语显然直接出自尼采的《道德系谱学》，但是，尼采本人并没有明确提出一种系谱学方法论。福柯1971年发表《尼采，系谱学，历史》一文，正式揭橥他的系谱学方法论。福柯把尼采各种著作中的许多因素抽取出来，编织在一起，形成一个福柯版本的尼采系谱学方法。20世纪70年代初，福柯实现了从考古学到系谱学的跃进，为以后的话语分析和权力批判提供了一个理论架构。但是，系谱学与考古学的区别究竟是什么？福柯后来解释说：“如果同各种旨在把知识嵌入与科学相联的权力等级秩序的工程相比，那么系谱学应被视为一种把历史知识从这种征服中解放出来的尝试，也就是说，使它们（历史知识）能够反抗一种理论性的、一元的、正式的和科学的话语的强制。它基于局部知识或次要知识的重新激活。这就是这些无序的、支离破碎的系谱学的工程。……考古学是分析局部话语的适当方法，系谱学则是在描述这些局部话语的基础上使被解放的知识能够活跃起来的策略。”系谱学是“浩繁的知识和局部记忆的统一体。它使我们能够建立一种关于斗争的历史知识。并且在今天策略地利用这种知识。”简言之，考古学仅仅是一种整理文献的方法，而系谱学不仅是一种历史研究方法，而且也是一种关于权力与知识的本体论，是与现实密切相关的政治学，展示被掩盖、被压抑的知识。

3. 米歇尔·福柯及其影响。在当代法国思想发展中，米歇尔·福柯无疑是一位极其引人瞩目的人物。知识考古学的方法是福柯早期作品《疯狂史》《临床医学的诞生》《词与物》主要使用的方法，并在其后的《知识考古学》中系统阐述。其后，福柯又把它发展为系谱学方法，在《规训与惩罚》《性经验史》中使用。对于传统历史研究而言，福柯的工作是“摧毁性”的。这给他在西方思想界获得了广泛的盛誉。他被称作“20世纪法兰西的尼采”，“萨特之后法国最重要的思想家”，堪称后现代主义鼻祖。萨特去世前，其存在主义思想影响已经日渐消退，而福柯去世后，其思想影响方兴未艾，日益上升。法国著名哲学家德吕兹宣布：这个世纪将被称作“福柯时代”。德国法兰克福学派第二代大师哈贝马斯说：“在我这一代对我们的时代进行诊断的哲学家圈子里，福柯是对时代精神影响最持久的。”美国著名学者克利兹曼说：“福柯之死在法国知识界造成了一个巨大的空白。在现代历史上，没有任何一个思想家像他那样对历史学、哲学、文学和文学理论、社会科学乃至医学产生如此之大的影响。”

福柯的方法和思想在当代西方学术界产生了重要的影响。《东方学》的作者萨义德（E. Said）明确表示，他是用福柯在《知识考古学》和《规训与惩罚》中所描述的话语概念来分析东方学的。美国历史学家何伟亚的《怀柔远人》、柯文的《历史三调》与杜赞奇的《从民族国家拯救历史》，德国贡德·弗兰克的《白银资本》则是使用后现代主义方法考察中国历史的代表作。其中，何伟亚的《怀柔远人》、贡德·弗兰克的《白银资本》在国内外学术界曾引起广泛的争议。

《怀柔远人：马嘎尔尼使华的中英礼仪冲突》，美·何伟亚著，邓常春译，社科文献出版社2002年10月出版。该书使用包括知识考古学、系谱学在内的后现代主义史学方法，否定了西方史学界关于马嘎尔尼使团访华事件的一般认识。1793年马嘎尔尼使团访华，是一个西方史学家密切关注的事件。诠释各种各样，比较一致的一点是：一个为贸易所驱动的英国之（帝国主义）扩张与一个傲慢且自视为世界中心的中华帝国相遇并（因文化误解而）发生冲突；由于（顽固的）清廷与英国使者在是否按常规朝贡方式三跪九叩这一问题上的争执，使团最后以失败告终。此事的失败体现了中国对外部世界的漠视和无知，最终导致了对中国极为不利的结果——由于乾隆拒绝同英国特使进行认真的谈判，结果问题还是问题，最后竟然由鸦片战争来解决。言外之义，乾隆的限关自守政策似乎应为后来的鸦片战争负责。这正是许多西方学者的看法，也是前苏联学者的基本观念。《怀柔远人》一书对这一关于马嘎尔尼使团访华事件被承认的诠释提出挑战。何伟亚放弃了西方立场的历史解释，通过对英中两国国内环境、礼仪制度对等的分析，认为不应将马嘎尔尼与乾隆的冲突看作是先进的自由贸易与落后的天朝体系的冲突，而把它解释为两种“帝国构建”之间的碰撞。马嘎尔尼并不是什么自由贸易的使者，而是欧洲帝国主义扩张的卒子。《怀柔远人》于1995年出版，引起欧美学界褒贬不一的反应（以赞扬为多），对何伟亚使用的后现代主义方法，也出现了赞赏与贬斥截然相反的认识。

《白银资本》，当代西方著名学者、加拿大多伦多大学社会学系教授贡德·弗兰克1998年发表的一部开拓性著作。1999年即获得世界历史学会图书奖头奖。弗兰克的这部著作向这样一种流行观念提出了挑战：欧洲经济的优势至少是从1500年开始的。在弗兰克看来，直到1800年，具体到中国是直到1840年的鸦片战争，东方才衰落，西方才上升到支配地位。《白银资本》对1500年以来世界各地之间的经济联系作了一个气势恢弘的论述。作者把中国置于亚洲的中心，把亚洲置于全球经济的中心。他认为，中国需求白银，欧洲需求中国商品，这二者的结合导致了全世界的商业扩张。与学术界多数人的通常看法不同，在他的分析中，中国在工业革命前的经济史中占据着极其突出和积极的地位。他关于世界经济联系的基本观点是十分简单的。欧洲人渴望获得中国的手工业品、加工后的农产品、丝绸、陶瓷和茶叶，但是没有任何可以向中国出售的手工业品或农产品。而中国在商业经济的扩张中似乎对白银有一种无限渴求。作者在书中推翻了布罗代尔、沃勒斯坦和他自己早先关于现代世界体系的阐说，同时又对亚当·斯密、马克思、桑巴特、涂尔于、韦伯和波拉尼等诸多理论家的欧洲中心论和他们书中提出的有限证据，做了逐一的批评，换句话说，《白银资本》对有史以来正统的和非正统的社会理论，都进行了一次系统的清算。比如，弗兰克认为，从来没有过什么“亚细亚生产方式”，或者“闭关自守”“停滞落后”的东方，所有这些说法都是持欧洲中心立场的人编造出来的神话，在他看来，早在欧洲兴起之前，在1400～1800长达几个世纪的时段，就一直存在着一个围绕亚洲，尤其是围绕中国的世界经济体系，欧洲则长期处于这一体系的边缘，直到十九世纪此局面才开始扭转，也就是说，欧洲居于中心的时间来得很晚，也很短。他强调，无论是资本的原始积累，还是资本主义的兴起，都必须放在这个大的世界体系的结构和发展中去解释才有意义，因此，那些认为现代文明是从欧洲社会内部生长出来的种种理论，用弗兰克的话来说，都是没有事实根据的无稽之谈。弗兰克的《白银资本》出版后，马上在西方学界引起了强烈的反响。翻译成中文后，国内学术界反响也很大。

二、仲景学说研究需要知识考古学

认识论与方法论的改变，使知识考古学拥有对既有知识、思想和信仰强大批判能力。因而，从内容上看，知识考古学就是使用类似考古学的方法，重新考察被接受、被承认的知识、思想和信仰被建构的历史，认为这些被接受、被承认的知识、思想和信仰是被历史建构的，人们很少判断它们的根基，实际上它们没有根基。举一个中国的例子，讲到秦始皇，一般会想到“暴政”，这是一个常识——似乎始终如此、甚有根基。按照福柯知识考古学的方法分析，这个常识是后人“历史构建”的。在宋以前，人们不这样认识，“杀人如麻”的白起是作为国家强权的象征被祭祀的；宋后“秦政残暴说”出现后，白起才从国家祭祀的名单中剔除。“秦政残暴说”不是从秦到今天始终“连续”的，它是宋后历史构建的。知识考古学就是要探究这些被历史建构的、被接受、被承认的知识、思想和信仰，建立一个有断裂的历史。

仲景学说、乃至中医学中也存在这种被承认但无根基的知识和思想。比如关于病因学说，一般的描述“《内经》中的病因学说”“《伤寒论》《金匮要略》中的病因学说”，其隐含的、被承认的前提是：《内经》《伤寒论》《金匮要略》中是有病因学说的。是这样吗？此三医著是从邪正、源流角度分析疾病的发生，把引发疾病的因素分为邪实和正虚两个方面，用病邪、邪气、病源等概念表达；其中的“因”字，无一处是病因之义[4]。而首先从因果关系分析疾病的发生，使用“因”这一概念分析疾病、建立临床诊治体系的是南宋陈无择的《三因极一病证方论》。[5] 显然，认为《内经》《伤寒论》《金匮要略》中是有病因学说的观点是历史虚构、没有根基，在中医学对疾病发生的认识上存在断裂、不连续性。

仲景学说中被公认的知识、思想是不容置疑的吗？这很难说。比如，《伤寒论》《金匮要略》奠定了辨证论治的基础，是学界的共识。但是，这两部医著中的“证”是症状之义，与现代中医学中的证概念不同。如果《伤寒论》《金匮要略》没有使用现代中医学证这一概念，那我们应当在什么范围内、什么层次上、什么程度上理解其“奠定了辨证论治的基础”的作用？这一共识有根基吗？它是不是历史虚构呢？再如认为《伤寒论》《金匮要略》存在八纲辨证，但其内容却是依照八纲辨证整理的原文，原文中表里、寒热、虚实的含义多与今天八纲辨证的不同；认为《伤寒论》《金匮要略》存在八法、经腑说，也是如此——是再构而与原文概念不同。首先对八纲、八法、经腑说进行系统论述的是清代程钟龄，但讲《伤寒论》《金匮要略》使用了八纲辨证、八法、经腑说是不是历史的虚构呢？现在《伤寒论》《金匮要略》条文、方证、药物的解释，是现在的还是仲景原义？

这些表明，仲景学说中有大量被承认的知识、思想是有待重新考察的。视角的改变使得不是问题的问题成了问题——知识考古学启示给我们一个全新的视野。正如福柯自己所说：“连续性的这些形式一旦被束之高阁，便打开了整个领域。这是一个宽广的，然而又是一个可确定的领域……”[6]

三、仲景学说研究需要系谱学

一般使用的方法，根据需要论说的主题寻找相关文献，截取“有用”的内容，构建一个连续的、古今同一的历史话语。在这个过程中，当去除无关文献，去除相关文献中“无用”的部分，用核心主题进行历史构建时，曾经出现的知识、思想和信仰会被核心主题掩盖、压抑。这与历史构建无根基的知识、思想和信仰，是一个问题的两个方面。

仲景学说中没有被掩盖、被压抑的知识、思想吗？如果可以认定仲景学说中有历史虚构的知识和思想，被掩盖、被压抑的知识、思想是必然存在的。如用现代辨证论治的方法分析《伤寒论》《金匮要略》，会掩盖、压抑《伤寒论》《金匮要略》以及后世注家其他的诊治方法；八纲、八法以及经腑说、现代对经方的认识等占有统治地位的学说，也会掩盖、压抑《伤寒论》《金匮要略》以及后世注家与之不同的认识。举一个具体的例子，现在一般认为《伤寒论》半夏泻心汤证的病机是寒热错杂、脾胃气机升降失常，而且论述一直追到《内经》，似乎这一病机是始终“连续”的认识。其实这是掩盖、压抑其他学说的结果。如成无己认为病位在“心下”，未言脾胃；方有执认为在心膈，《伤寒论条辩》：“曰泻心者，言满在心膈不在胃也”；柯韵伯认为是“少阳半里”；程应方旄认为是“上、中二焦”。显然，这些学说在我们构建半夏泻心汤证寒热错杂、脾胃气机升降失常的病机时，被掩盖、被压抑了。

以下是关于胸痹概念内涵与外延的知识系谱。胸痹始见于《内经》。如《灵枢·本脏》篇云：“肺小则少饮，不病喘喝；肺大则多饮，善病胸痹、喉痹、逆气”，并将胸痹分为“心痹”和“肺痹”两类。《素问·痹论》篇载有：“肺痹者，烦满，喘而呕。心痹者，脉不痛，烦则心下鼓，暴上气而喘，嗌干善噫，厥气上则恐”。《内经》还认为内脏的病变也可引发“心痹”和“肺痹”。《素问·四时刺逆从论》曰：“少阴有余，病皮痹隐，不足，病肺痹”，“阳明有余，病脉痹身时热，不足，病心痹”。《素问·五脏生成篇》曰：“赤脉之至也，喘而坚，诊曰，有积气在中，时客于食，名曰心痹，得之外疾，思虑而心虚，故邪从之”。“少阴在泉主胜则厥气上行，心痛发热，鬲中从痹皆作”。总之，《内经》对胸痹没有一个明确的定义和范围，但可以认为《内经》所言的胸痹至少包括“心痹”“肺痹”在内的所有胸部痹阻性疾病的总称。

汉代仲景的《金匮要略》中设有《胸痹心痛短气病脉证治》专篇，对“胸痹”的概念、病因病机、证候与治疗等做了较全面的论述，并创建了栝蒌薤白白酒汤等 8 张效方。这些方药沿用至今仍为效方。《金匮要略》论“胸痹”已很明确，其病由于胸阳不足，阴寒之邪如寒邪、痰饮、水邪等痹阻心脉所致，其表现可以归纳为两类：一类“心痛彻背，背痛彻心”，犹如《内经》的厥心痛，与西医的冠心病心绞痛近似。一类“喘息咳唾，胸背痛，短气”，“胸痹不得卧”，类似西医的心力衰竭，可见《金匮要略》所言的“胸痹”，主要指“心痹”，至于“肺痹”则另立专篇。第一次将“心痹”和“肺痹”区分开来。

晋代《肘后备急方》也记载了“胸痹”的证候：“胸痹之病，令人心中坚痞忽痛，肌中苦痹，绞急如刺，不得俛，其胸前皮皆痛，不得手犯，胸满短气，咳嗽引痛，烦闷自汗出，或彻引背膂，不即治之，数日害人”。可见其言“胸痹”也是单指“心痹”，其主要临床表现则为心痛。

隋代的《诸病源候论》中专有“心痹候”和“胸痹候”两篇。从巢氏的编排上可以看出他是将“心痹”和“胸痹”分开论述的。“心痹候”为：“思虑烦多则损心，心虚故邪乘之，邪积而不去，则时害饮食，心里諠諠如满，蕴蕴而痛，是谓之心痹，诊其脉，沉而弦者，心痹之候也”。“胸痹候”为：“寒气客于五脏六腑，因虚而发，上冲胸间，则胸痹，胸痹之候，胸中愊愊如满，噎塞不利，习习如痒，喉里涩，唾燥；甚者，心里强痞急痛，肌肉苦痹，绞急如刺，不能俯仰，胸前皮皆痛，手不能犯，胸满短气，咳唾引痛，烦闷，自汗出，或彻背膂。其脉浮而微者是也，不治，数日杀人。”可见“心痹”主要指心中满闷而痛，而“胸痹”除有心闷痞急痛外还有胸满，胸前皮痛，喉涩，咳唾，噎塞等症。可见其观点同《内经》一样，“胸痹”包含“心痹”和“肺痹”等胸膈痹阻的疾患总称。

宋代《圣济总录》进一步阐明“胸痹”的证候：“然背者胸之腑，或筑或悸或渴或腹痛或寒或腹满，其候不一，治当随宜加损也”。并将“胸痹病”列出“胸痹噎塞候”，“胸痹心下坚痞急候”，“胸痹短气候”，“胸痹候”来分别论述。特别是在“胸痹短气候”中强调提出胸痹短气之短气不是肺虚及肺气不足的表现，而是胸阳不振，阴寒阻痹所致。可见所述之“胸痹”不包括“肺痹”在内。“胸痹”是否单指“心痹”书中没有明确说明，只是“胸痹”的重要表现似乎较多的是“心痹”，只能说“心痹”在“胸痹”中占有较大比重而言。

明代《医学正传》认为胸痹即是胃病：“胃脘痛俗呼心痛，九种心痛皆在胃脘，实不在心。除真心痛是心痛外，其余皆为胃痛，胸痹亦是胃病”。《医宗必读》中虽然没有“胸痹”的记载，但有胸痹的论述，如《心腹痛篇》指出胸痹即是膈痛，其与心痛的区别是心痛在岐骨骱处，而胸痛则是横满胸闷，胃脘痛在心之下，胸痛在心之上，同时指出胸属心，属肝，属肺。“肝虚则胸痛引背胁，肝实则胸痛不得转侧”。其书还认为胸痛应与胸的心、肝、肺相区别。

清代的《张氏医通》强调“胸痹”是“阳气不用，阴气在上之候也”。《医宗金鉴》认为“胸痹”主证为胸背痛，将胸痹病列入“胸胁痛”一节中叙述，将心痛列入“心腹痛”一节中叙述，认为心痛为岐骨陷痛，而胸为肺之野，胸痹不属“心”。[7]

以上可见，历代医家对“胸痹病”所属的脏腑概念及范围看法不一，没有一个较统一较准确的概念。以《内经》《诸病源候论》为代表的少数医著认为“胸痹病”范围较广是包括心、肺以及胸膈病变在内的胸部痹阻性疾病的总称；《金匮要略》《肘后备急方》《圣济总论》为代表的多数医著则认为“胸痹病”主要是“心痹”，即心系疾病。现在的一般认识，以为胸痹为心系疾病，但是，这一认识不可以掩盖、压抑胸痹曾经有过的其他含义。

如果能够把系谱学方法系统研究仲景学说，“解放”被掩盖、被压抑的知识、思想，建立仲景学说知识系谱，那么，一个全新的仲景学说将呈现在我们面前，一些争议的问题也许会得到解决。比如，不把关于六经的学说看成是并列的“各家学说”，而是与其时代相结合的知识系谱；再如关于表里、寒热的知识系谱一旦形成，关于《伤寒论》176条白虎汤证的“里有寒”也许可以找到统一的认识。

结语：如果使用知识考古学与系谱学进行仲景学说医史文献乃至理论研究，仲景学说会出现一个崭新的面貌——一些一直争论的问题、混淆不清的概念会得到澄清，一些没有根基的认识会被剔除，一个仲景学说的知识系谱会得到清晰地构建。呈现在我们面前的仲景学说，则是一个有着多姿多彩的过去、充满生机的现在和缤纷绚丽的未来的现代学科。

当然，西方的方法从来都不能够直接应用到中国问题的研究。本文重在分析知识考古学与系谱学对仲景学说研究可能的指导作用，其具体应用，则需创造性地结合中国、中医学的具体问题具体分析了。

参考文献

[1] 米歇尔·福柯. 知识考古学. 第二版. 北京：生活.读书·新知三联出版社，2003. 7.

［2］刘北成．福柯思想肖像．上海：上海人民出版社，2001．198．
［3］米歇尔·福柯．知识考古学．第二版．北京：生活·读书·新知三联出版社，2003．26．
［4］李成卫，王庆国．《金匮要略》“三因”非因论．北京中医药大学学报，1999，22（5）：6．
［5］李成卫，连智华，王庆国．试论中医学病因概念形成于南宋．北京中医药大学学报，2000，22（5）：6．
［6］米歇尔·福柯．知识考古学．第二版．北京：生活·读书·新知三联出版社，2003．27．
［7］沈绍功．沈绍功方略论．北京：科学出版社，2003．128．

研习《伤寒杂病论》之新思路

吕长善　湖北省恩施州张仲景中医学术研究所

仲景医学1700多年来，历代研习者，研习之方法各有所别，各有所获，各有发明。余自习中医40余年，对《伤寒杂病论》反复揣读，以《内经》《难经》思想对照，旁证历代各家学说及实践经验。以阴阳哲理为指导思想，融汇百家，扬长避短，注重探索条文间的神韵，去粗取精、去伪存真，拾遗补缺，开拓创新，开辟研习《伤寒杂病论》的新途径。

一、从《伤寒杂病论》中悟出神韵

《伤寒论》《金匮要略》众所周知乃张仲景原著《伤寒杂病论》。因历史原因由晋王叔和、宋·林亿相隔八百多年，分编成二书。导后世入歧途，引发争议。由此，后世学者总认为《伤寒论》是论治伤寒病的，或外感热病的，或时令感冒病的书，《金匮要略》是论治杂病的书。余视二书而一，首正其名，力排众议，不走研习的老路，不单求一条一文一案一方之义，而从各条文、各案例传变、各方药之中找到贯穿全书的灵魂，领悟仲景书中之神韵，融汇贯通其术。

《伤寒杂病论》之伤寒是病因，而不是病名。余认为这正是仲景发挥《内经》《难经》理论的伟大之处，他从理法方药诊全面实践论述了人类死因，除枪、械、毒虫猛兽、毒气（素）外，风寒之邪可致人死地。风寒是人类（包括热带动物、植物）的天敌。伤者，因人有正常体温，是细菌、病毒繁衍的温床，极易引起内伤发热致体内环境失调，滋生疾病。伤，是指人体内环境伤，属阴，是疾病产生的主体内因。寒是外邪，属阳，是疾病产生的客体外因，伤寒是人类一切内科杂病产生的两大因素，是贯穿《伤寒杂病论》中的灵魂，不是病名。得其神韵，顿觉仲景学术生机蓬勃，种种疑难玄奥之处迎刃而解。

历代各家尊仲景为医圣，尊《伤寒杂病论》为医之圭臬。1700多年以来，从注解起，由于没有正确理解伤寒之意，导致后学者步入歧途。对仲景学术高深莫测而难学，到不学。从而支脉杂说乘势盛传，致仲景学术价值、地位严重受贬，在医药体系各领域中置于支脉学派间。余认为，《伤寒杂病论》就是中医内科学之典范，当今它应在医药科研领域、教学领域、治疗临床领域中占有至尊的地位，中医学才会发展进步，开拓创新，否则由杂说蜕变而凋萎。

二、从《伤寒杂病论》八纲中悟出人类疾病基本共同规律

《伤寒杂病论》中阴阳、寒热、虚实、表里是医圣仲景在医学生涯中发现总结人类疾病的四对八纲相生克基本共同规律。

人类勿论种族，勿论东方人西方人都生存在天地物之中，都有脏腑气血及各种功能，其千姿百态的疾病症状，千变万化的疾病过程、寓于着许多基本共同规律，这些共同规律就寓于《伤寒杂病论》各条文、各案例及中医其他经典、论著之中。只有揭示了人类疾病基本共同规律，才能使中医理、法、方、药、诊、护理，全方位发生与时代接轨发展的大飞跃找到人类疑难病症的克星、预防疾病发生的健康长寿之道、中西医真正结合的基础。余认为八纲不仅仅是纲领、纲举目张之意，其医学之意提示了人类疾病有基本共同规律，从而发现人类疾病过程有十大基本共同规律：人与天地物大自然相生克规律；阴阳相生克规律；虚实相生克规律；表里相生克规律；人体体内脏腑相生克规律；胃、肺、肾常与外接触易受外邪易伤火热，于人类生命既有益又有害的相生克规律；人类疾病内伤与外寒，寒热相生克规律；人体内环境纵横通闭相生克规律；正症与反症相生克规律。只要掌握了这些基本共同规律，诊断疾病就可达到“但见一证便是，不必悉具”的上工之功。制方有科学依据，大大提高普遍疗效，而勿须禁忌，安全无误。彻底摆脱历来制方之偏颇。医者就有驾驭疾病千姿百态、千变万化全过程的能力，遇什么病就有什么方，不会再像去冬今春非典疫情时那样，踌躇无措。

三、从三阴三阳悟出人类疾病首发胃肺肾三大器官

人体是疾病的载体，医者素以症状归经络，《伤寒杂病论》从三阴三阳六经分证认识疾病，余学《伤寒杂病论》《内经》各条，一切表症的根都在人体脏腑组织中，重点在脾胃。脏腑易伤者胃、肺、肾也。胃是人类后天生命的源泉，它直接与外界物接触，一切维持生命的营养物质由胃吸纳腐熟化解，滋养全身，但又常被细菌、毒素、寄生虫等外邪而伤。肺不停地吐故纳新，为人体供氧排毒，调节体温，鼓动气血流动促代谢，同时又吸入细菌毒气、毒素导致内伤。肾与异性交而繁衍生殖、又易受细菌毒素、病毒感染内伤致病，这三大器官于人类生命延续有益，但也同时传入细菌、毒素病毒伤其内，对人类生命产生危害，致生命难享天年。余以仲景三阴三阳之理运用现代解剖、生理、病理、化学、物理等学科结合认识人体，发现胃还有极其复杂神秘的神经思维等功能，是人类生命的重心：胃、肺、肾三官似杠杆作用，权衡人体内外平衡。从而对千奇百怪的症状，病根在何脏腑经络，就一目了然了。

四、从仲景法中悟总法

《伤寒杂病论》中有汗、吐、下三法，后世增为汗、吐、下、和，消、补、温、清八法，自今沿袭。余领悟经典各条之中，充满人与天地物为整体，以阴阳哲理为纲，对疾病以调节的手段，使人体恢复相对平衡的总原则，符合事物在产生、变化、消亡过程中既有总原则、总规律、总方法，又有阶段性局部性的具体原则、规律、方法。

仲景以汗、吐、下三法施治疾病，案例中以“三阴三阳”伤寒二因为主，辨证施治，其他众多条文乃标示药后，或误汗、吐、下后，或其他多种传变的追踪处治。以启示学者把握好汗、吐、下之病机。但又设了一些禁忌，在何种病机时不可汗、吐、下。或汗、吐、下至什么程度，产生传变又如何救治。众言仲景学玄奥，高深莫测，如果在没有掌握疾病规律的前提下使用其法，难于把握尺度。纵观《内经》等经典及历代各家著述，余悟出治疗人类疾病之总法：“整体阴阳调节平衡法”，有了总法使各家各派之纷争，如同国家大法而统一。八法或其他疗法为子法，子法必须以总法为原则制方遣药，就可避免种种禁忌，达到驾驭病机，一诊便知病根在何脏腑，治疗即有方药，药后必愈。

五、从疾病规律中悟证制方

仲景之方以麻桂诸方为宗，制方之思想依据疾病内伤外寒之规律，寒热兼备，内外兼顾达人体通泰平衡，诸方之“证”字，包含着疾病规律之意“证候”包含疾病规律传变之病机。尤以柴胡汤证“但见一证便是，不必悉具”充分证明是言疾病规律。那么其他疾病必然也有规律。仲景辨证制方施治，是以疾病规律制方施治，非以症状制方施治。辨证施治，是辨识疾病规律施治，非辨症施制。常言对症下药，是针对疾病规律下药，非对症下药，否则蜕变成头痛治头脚痛治脚。

《伤寒杂病论》面世以后，由于历史原因传播面窄力弱，致使历代各种方剂多如牛毛。至明朝达6万余方入书，清时归纳为3万余方，现在恐怕要超历史。方阵之庞大，方意之杂乱，偏颇甚多，疗效欠佳，即是仲景方亦美中不足。不然哪有诸多禁忌，以致后人难于把握尺度。后学者大脑如果不具备电脑功能，是很难记、难用的。加之药方的历史背景距今数百年、千余年，当时的社会科学水平、生活水平、疾病的抗药水平都非同现代。当代中医方剂必须摆脱陈旧观念，根据人类疾病基本规律，根据现代科学融汇百家而突破更新，全面更新制方理论和方剂体系。余历经十余年，全面更新了中医方剂理论及方剂体系。使医方科学完备、疗效神速，诊治男女老幼各种疑难杂症百用百验。现拙著《伤寒论新解》及大量处方病案充分显示新方剂体系品配科学，疗效率极高，安全无误，经济便宜，超过历代方剂功能，使中医药发挥出独特的功能，是战胜人类疑难杂症、“不治之症”的“新型武器”。高深玄奥的中医知识，将变为多数人易学易懂易用的健康长寿之道，为人类造福。

关于编写《伤寒杂病论讲义》的设想

王　付　河南口医学院

《伤寒论》与《金匮要略》既是中医院校本科生必修的主干课程，也是培养、造就和提高本科生综合分析能力及判断能力的必备课程，对培养合格的高级中医人才起到举足轻重的作用，更是临床中不可缺少的理论指导。但《伤寒论》《金匮要略》两书本是张仲景所著《伤寒杂病论》一书内容的分割。审度其分割的利弊，并结合当今教学内容改革与临床实际的需要，认为分割的主要弊端是不利于从整体上认识和掌握《伤寒杂病论》辨证论治的全

貌及其精神实质，对此若能从《伤寒论》《金匮要略》合而为一的高度去认识，则有利于从本质上认清《伤寒杂病论》辨证论治的系统性和整体性，有利于从整体上把握《伤寒杂病论》辨证论治精神，更有利于提高教学质量，提高临床治疗水平。

一、分割的弊端

1. 割裂整体　《伤寒杂病论》辨证论治理论自成体系，既辨外感病，又辨内伤杂病，更有辨内伤与外感或内伤相兼，还有方剂辨证理论等内容。由于《伤寒杂病论》被分割为《伤寒论》和《金匮要略》两书后，就因《伤寒论》书名冠以“伤寒”二字，而引起大部分研究《伤寒论》者，因名而误入歧途，把《伤寒论》曲解为外感病专著，这样不仅不能有效地、客观地继承、发扬《伤寒论》本有的辨证论治精神，反而还会严重制约学习和应用《伤寒论》的本来就有的辨证精神。对此柯韵伯于《伤寒来苏集》曾一针见血地指出：“自王叔和编次，伤寒、杂病分为两书，于本《论》中削去杂病，然《论》中留而未去者尚多，是叔和有《伤寒论》之专名，终不失伤寒、杂病合论之根蒂也，名不符实，是非混淆，古人精义弗彰，是以读之者鲜。……世谓治伤寒，即能治杂病，岂知仲景杂病论即在《伤寒论》中，且伤寒中又有许多杂病夹杂其间，故伤寒与杂病合论，则伤寒、杂病之证治井然，今伤寒与杂病分门，而头绪不清，必将以杂病混淆伤寒而妄治之矣。”

结合当今教学实际，《伤寒论》中重点论述外感与内伤相兼病证的辨证论治内容的确未能引起重视。再则，尤为突出的是整体辨证论治精神被割裂，如《伤寒论》太阴病辨证论治编次仅限于太阴脾而未论太阴肺，而太阴肺的辨证论治则编次在《金匮要略》书中，这是不符合仲景辨证论治的整体精神，缺乏连贯性和系统性。尤其《伤寒论》《金匮要略》两书作为教材，缺乏系统性和整体性，常常会直接影响学生学习效果和能力培养，也影响到能力接受，在某种意义上讲，也直接影响学生学习知识的完整性和创新性。又如研究《金匮要略》，历代医家大多侧重在脏腑辨证论治，而忽视外感病辨证论治和内伤杂病与外感病相兼的辨证论治精神，辨外感病的内容如：太阳刚痉，太阳柔痉，风湿、中暍，风水等内容；更有辨内伤杂病与外感病相兼的辨证论治，如太阳伤寒证与阳明胃热证相兼者用文蛤汤，太阳中风证与阳明热结证相兼者用厚朴七物汤，太阳中风证与脘腹寒积证相兼者用乌头桂枝汤，太阳中风证与寒湿发黄证相兼者用桂枝加黄芪汤，等等是也。可见，《金匮要略》书中并非是仅论脏腑辨证论治，更有内外伤辨证论治，内外伤辨证论治实际上就是疑难杂病的辨证论治，其辨内外伤辨证论治也是极其丰富的，对此且不可忽视。欲认识和理解《伤寒论》与《金匮要略》整体辨证精神，就不可再继续从局部去认识《伤寒杂病论》的辨证论治内容，确有必要重新编次《伤寒杂病论》，以提高学生学习和临床运用的整体素质。

2. 内容重复　自晋·王叔和到宋·林亿等人将《伤寒杂病论》编次为《伤寒论》和《金匮要略》后，研究者几乎见不到《伤寒杂病论》原版本，但现所见到的《伤寒杂病论》版本（即简称古本），与《伤寒论》《金匮要略》两书的内容则有很大的差异，从内容上看，比《伤寒论》《金匮要略》两书内容大约多出三分之一，更有与之内容不相同的，如四逆散不是《伤寒论》中四逆散组成，而是四逆加人参汤的组成等，故疑非仲景所著《伤寒杂病论》原版本。根据当今《伤寒论》《金匮要略》教材所沿用《伤寒论》八卷和《金匮要略》二十二卷来看，这不是仲景原来《伤寒杂病论》十六卷的编次。从两书编排内容上分析，仅《金匮要略》一书中就有相同的内容在多处重复，如卷 6 第 12 条与卷 16 第 8 条重复，卷 22 第 11 条虽与卷 6 第 12 条、卷 16 第 8 条相重复，但其辨证精神则不同，卷 1 第 12 条与卷 18 第 7 条部分内容重复。再则，《伤寒论》与《金匮要略》两书重复的条文共计 46 条，占《伤寒论》398 条的 12%，两书重复的方剂共计 39 首，占《伤寒论》115 方（并不是通常认为的 113 方）的 34%。尤其是部分重复的条文，有些具有重要的理论指导意义，但这些条文中辨证精神极其复杂，欲透彻阐述条文辨证精神，有一定的难度。对此若未能站在两书高度认识条文辨证精神，要讲明条文辨证精神，的确是不容易的事情。因此而导致对这些条文大多仅仅简略介绍或不讲。由此而出现对《伤寒论》或《金匮要略》两书容易讲的内容，大多都深讲；不容易讲清楚的内容，大多都不讲，这样导致部分极有学术价值的理论被淹没或被忽略，为了避免重复和充分而有效地、合理地从两书高度去认识《伤寒杂病论》辨证精神，似有合编《伤寒杂病论》的必要性。

二、合编的优势

1. 整体效应　研究和应用《伤寒论》《金匮要略》的辨证论治精神，贵在从整体角度研究和发掘其理论的科学性和指导性及其实用性，从整体辨证论治角度培养学生学习和临床运用的整体素质，使学生及临床者在整体中认识六经辨证论治，脏腑辨证论治等各自特点，以及相互联系及相互渗透而灵活辨证的临床运用。更重要的是从整体中将六经辨证论治体系，脏腑辨证论治体系等有机地结合在一起的高度去认识，权衡辨证论治的整体性和科学性，使学生既能按期学习知识，又能达到学习能力的预期培养的目的。

若不能从整体上认识辨证论治精神，则很难从整体角度全面认识疾病的复杂性和多变性。例如：自《伤寒杂病论》被分割为《伤寒论》和《金匮要略》两书后，研究者认识太阳病本证辨证就局限在太阳中风证，太阳伤寒证，太阳温病证。至今《中医诊断学》《中医内科学》陈述太阳病本证辨证仅列举太阳伤寒证，太阳中风证两型。这样势必导致仲景论太阳病本证辨证论治较为全面的系统理论被分散或湮没，失去其本有的理论指导及应用价值。如果将《伤寒论》《金匮要略》重新厘定为《伤寒杂病论》，从仲景所论中认识太阳病本证辨证，即知太阳病本证辨证论治有四大主体：一是辨太阳营卫肌表证，包括太阳中风证、太阳伤寒证、太阳温病证；二是辨太阳营卫经筋证，包括太阳刚痉证、太阳柔痉证、太阳湿热痉证；三是辨太阳营卫风水证，包括太阳表虚风水证、太阳表实风水证、太阳夹热风水证；四是辨太阳营卫风湿证，包括太阳寒湿表实痹证、太阳风湿表虚痹证、太阳湿热痹证。可见，王叔和在整理《伤寒论》中虽然用了众多的笔墨编次太阳病辨证，但就其本证辨证方面而言，也是相当不全面的。再则，《金匮要略》中的脏腑辨证论治，也是相当不全面的，如治疗内伤杂病之炙甘草汤证，真武汤证，黄连阿胶汤证，黄连汤证，当归四逆汤证，四逆散证，理中汤证，等等是也。欲全面辨清脏腑辨证论治，必须将《伤寒杂病论》合编，才能认清其辨证论治的实质精神。

2. 合编的特色　同样是教材，同样的内容，可其编次的方法有许多，其编次的层次和布局及方法安排妥当与否，都直接关系到学生的接受能力、认识能力、分析能力和判断能力，关系到临床中辨治疑难杂病的整体认识和辨证能力。

如何编次《伤寒杂病论》？首先必须把《伤寒论》《金匮要略》重新厘定为《伤寒杂病论》十六卷，但不是所谓“古本”版本的内容。本编次安排是：卷一辨脏腑经络先后病脉证，卷二辨太阳病脉证并治，卷三辨阳明病脉证并治，卷四辨少阳病脉证并治，卷五辨太阴病脉证并治，卷六辨少阴病脉证并治，卷七辨厥阴病脉证并治，卷八辨百合狐惑阴阳毒痓痫脉证并治，卷九辨中风历节血痹虚劳病脉证并治，卷十辨痰饮水气病消渴淋病脉证并治，卷十一辨吐衄下血胸满瘀血病脉证并治，卷十二辨奔豚转筋狐疝蚘虫病脉证并治，卷十三辨五脏风寒积聚黄疸病脉证并治，卷十四辨妇人妊娠产后杂病脉证并治，卷十五辨霍乱病脉证并治，卷十六辨阴阳易差后劳复脉证并治。六经辨证论治体系内容编排基本上是，本证辨证论治，兼证辨证论治，类似证辨证论治。本证辨证即基本脉证辨证论治，具有基础性，典型性及指导性。兼证辨证即两种或两种以上证机并存的辨证论治，具有复杂性，错综性及开拓性。类似证辨证即真假脉证辨证论治，具有鉴别性、辨疑性及思辩性。这样从基础认识到认识复杂，再由复杂演变到类似鉴别，以此把学生学习的认识、分析、鉴别等思维能力展开，从整体上认识《伤寒论》《金匮要略》辨证论治全貌，方可达到预期培养合格的高级中医人才的目的。

中日仲景学说研究之比较

方家选　赵体浩
河南省南阳中医药学校

仲景学说属于祖国医学伟大宝库中的一颗灿烂明珠，千百年来，旦而复旦，光耀中外。中日两国一衣带水，仲景学说自我国北宋（即日本平安时代）传入日本并经江户时代中叶大力宣扬以至形成“古方派”以来，两国均针对这一学说开展了广泛深入而又卓有成效的研究。但基于不同的社会、历史、文化、科技等背景，两国在这一学说的研究领域中尚存在诸多差异。本文结合国内一些刊物及日本有关著作介绍，拟就其差异所在比较如下。

一、研究流派

中日两国学者对于仲景学说的研究，《金匮》方面似无明显的派别形成，主要围绕《伤寒论》各自出现了一些不同的研究流派。

中国自明清之际，形成了伤寒学说三大研究流派。首先是方有执、喻嘉言二者认为《伤寒论》经王叔和编次和成无己注解之后颠倒错乱殊甚，其后张璐、吴仪洛、程郊倩、黄元御等随声附和，则成“错简重订”一派。既有错简重订之喧，因而又引出了以张卿子、张志聪、张锡纯、陈修园等医家为代表的尊王赞成的“维护旧论”派，他们认为《伤寒论》传本至为完善，不可随意妄加改订，针对错简派展开了尖锐激烈的论争。介于上述两派之间的另一派学者，认为《伤寒论》的精神实质是辨证论治，错简与真伪乃非关键，因而不论何为仲景原貌，何为叔和纂集，只要有利于辨证论治原则的运用，都应加以研究，于是形成了力求实用的“辨证论治”派。

综观以上三大伤寒学派，可以发现，中国在对仲景学说研究的总体方面，注重对原著进行理论溯源、引申和发挥，强调研究的全面性、系统性、深刻性，致力对病机的推论和医理的阐发，具有源正流清、精深完备的理论水平。受此三派学风的影响，目前中国在仲景学说研究领域中的大量专著和论文，仍然采用错简、护旧、辨治三种研究方法，但总以推奉辨证论治精神的学者为多。

日本对仲景学说的研究，自江户时代坂净运先生入明朝带回《伤寒杂病论》并经众医大力推崇以至形成“古方派”（即中国的仲景经方派）以后，逐渐分为两派，一派以后藤艮山为代表，一派以吉益东洞为代表。后藤艮山派者，极赞仲景方剂简洁实用之妙，认为用《内经》五行生克、运气胜复等理论来解释仲景学说均为附会之言。此派因在病因学方面提出了百病皆生于“气滞”的学术观点，因而于治法方面主张以顺气为先，立论或临证皆不离“气”。这一学派虽贬《内经》理论而崇仲景学说，但实际运用仲景之方极少。吉益东洞派者，则高擎复古旗帜，主张古典依存，极奉仲景著作为临证圭臬，以亲试实验的治学精神，于病因学方面标新立异地提出了“万病一毒”观点。他认为病乃毒所致，仲景之药亦皆毒物，以毒攻毒，是为至治。因而于治法上常不究病因，不述病理，每以峻猛之品攻毒驱邪为先，处方时则将诸多临床症状归纳为一组证候群，然后不加详辨地投予《伤寒》或《金匮》著作中具有攻击性的原方，从而形成了日本“方证相对”这一诊疗模式的雏形。

概览日本对仲景学说的研究，以上两派之间皆存在一个共同特点，那就是在仲景原著研究方面不重视理论探讨和学术溯源，排斥阴阳五行、五运六气、经络府俞等学说，只是在因、症、方、治等治疗学方面注重探究，虽称“古方派”，但极乏古的学术味道。

二、病因认识

中国学者对仲景病因学的认识，一本《内经》“今夫热病者，皆伤寒之类也”及“人之伤于寒也，则为病热”之说，均承认外感六淫之邪尤其是寒邪，是引起疾病的最直接的根本原因。而“寒”的含义，与“邪”字等称，具体说来，泛指除“房室金刃虫兽所伤”以外的一切致病因素。可见，中国学者对仲景病因学的认识非常广泛，认为致病因子的实质既非风寒一途，也非多种热性病因所能尽其意。

日本学者对仲景病因学的认识，虽也承认病因的实质主要是寒邪，但存在与中国不同的、新人耳目的“万病一毒”及“气、血、水”学说。“万病一毒”论者，倡自吉益东洞，他认为致病之因原为一“毒”，强调毒为百病所系，否定风、寒、暑、湿、燥、火等具体的病因论。这种从《伤寒论》中脱逸出来的“万病一毒”病因论，对日本治仲景学说者影响颇大，致使日本自明治维新以后，几乎把这一学术观点认为是古医学中病因治疗学的全部内容。“气、血、水”病因论者，则系东洞之子吉益南涯在“万病一毒”论的基础上加以补充发挥而提出来的。南涯氏认为气、血、水是人体生命活动的三要素，因而六经病的发生、发展和变化，必然同气、血、水的失常相关联，如果这三者发生异常，就会变成致病因子而名曰气毒、血毒、水毒。气毒有气逆、气郁、气虚之别，血毒有血瘀和血虚之异，水毒则主要为水液的停滞不行。

三、诊疗模式

中医向来认为仲景方书是理、法、方、药俱备的典籍，因此在疾病的诊疗过程中，常强调“平脉辨证”及“观其脉证，知犯何逆，随证治之”的诊疗模式。具体说来，这一诊疗模式大体可归纳为如下步骤：利用四诊手段搜集各种有参考意义的病状和体证——按照六经、八纲、脏腑三结合的辨证方法综合辨析阴阳之性、六经之位——恪遵三阳病以祛邪为主、三阴病以扶正为主的总体治则而确定汗、吐、下、和、温、清、补、消及先表后里、先里后表、表里同治等具体治法——遴选仲景著作中的恰切之方仿照运用或仅作为母方再予化裁。正是在仲景“平脉辨证、随证治之”这一认识论和方法论的指导下，中国的医生于临证之时，常习惯采用同病异治或异病同治的方法去处理疾病，讲求缺乏稳定性的灵活加减，注重保持施治与辨证在理论上的前后呼应。

日本学者认为，一部《伤寒杂病论》，无外方与证，方证相对乃是仲景治法之大要，于是形成了“方证相对”的诊疗模式。所谓方证相对，就是将仲景一定之方与临床所出现的一定证候群固定对应下来，诊治疾病时见到某一证候群，就不加思考地遣用仲景某一的对之方。这种诊疗模式具有如下显著特点审证时采取先腹诊后症状再舌脉的诊法；利用阴阳、虚实、气血水等理论对患者的病情进行证候群分类，分类过程中始终不注重诠析病因病机和六经传变之理；诊断主要以腹诊所得为参考，诊断结果通常由西医病名加上方证名组成；处方主张与证对应，具体开处方时，只在处方笺上写仲景某某方名和几剂即可，如有加减的话，就在方名后边写上加某药几克或减某药，剂型则大部分是以提取物制剂形式出现；用药不讲究寒热温凉属性和具体效能，唯以仲景所论证候为据，强调药证相对，与西医依病给药的原理趋于一致。

四、方药运用

中国在运用仲景方药时，少部分医生比较忠于原著，认为仲景每方都是一个治病武器，因而在临证之时直投原方。但更多的医家认为，仲景所立方剂是示人以法，于临床并非固定不能变，因而提倡在领会原方精髓、真正把握方证相符的前提下，推行"师其法而不泥其方"的做法，常根据一些次要因素对处方进行味数不多的加减，试图从主观上追求更佳疗效。迄今为止，中医几乎毫无遗漏地将仲景375首方剂（包括《伤寒论》113方和《金匮》262方，不含重复方和佚方）广泛用于临床各科各类急慢性疾病，就连烧裈散、狼牙汤、猪肤汤这类奇偏之方，也屡有实践报导。中医在具体运用仲景方药时，似有如下处方特点：用药量偏大且日趋增加，尤以中青年医务工作者明显；剂型和给药途径依然采用传统的汤液每剂两煎口服，某些特殊煎服方剂则遵仲景原著所嘱；习惯每诊给予3剂，取效后复诊时还极讲究辨证，不善固守一方持服到底。

日本医家由于在诊疗方面已形成了"方证相对"的思维定势，因而于临床只是通过罗列适应证来作为运用仲景方剂的客观标准，处方时几乎全盘照抄仲景原方，或数个成方合用，不再考虑灵活多变的药物加减，而在于寻求方与证的准确对应。目前日本使用的仲景方剂尚不到90个（据《临床应用汉方处方解说》统计），尽管这与中国广泛应用仲景375首方的概况不同，但比率还是占了日本官方所允许使用的150多个健康保险汉方的3/5左右，说明简洁实用的仲景经方很符合日本人的兴趣。日本医家对仲景方剂的运用具有如下处方特点：依据仲景所述的证候群和现代理化检验指标，径直在处方上写出事先筛选好的、毫无调整变化的某一原方，若证情复杂则以合方的形式出现，客观化和规范化程度较高；改变仲景以煎剂为主的传统剂型，代之以服用方便的提取物颗粒剂或流浸膏；剂量一般较小，每剂生药总量约为30克左右，只相当中医常用剂量的1/3～1/5；用药因资源缺乏而不尚炮制，如桂枝不去皮，麻黄不去节，茵陈用的是花穗而非幼苗；首诊取效后不再变更方剂，仍然用原方坚持久服，追求远期疗效。

五、结束语

以上归纳比较，只是中日两国在仲景学说研究领域中所侧重和具有明显特征者而已。纵观两国的研究历史和现状，颇值得薪传仲景学说者为之自豪。目前，大多经过西医学洗礼的日本汉方医家，喜欢利用科技手段以实证精神来研究仲景的理、法、方、药；而一向长于理论思辨的中国学者，也很重视中西医结合，强调在批判继承的基础上整理提高。因此，深信两国学者会紧紧团结在仲景圣旗之下，发挥各自的优势，加强协作，互相学习，深化研究，使仲景学说这一人类瑰宝放射出更加灿烂夺目的光辉。

仲景学说与当代的东洋医学

——流传、特色与演变、代表著作及人物

俞雪如　上海中医药大学

随着中华人民共和国的建立，被明治政府限制、取缔的日本汉方医学也得到了复苏。五十年代创建了日本东洋医学会，七十年代汉方制剂被医疗保险所采用，八十年代末期东洋医学专门医认定制度确立（东洋医学的教育至今还没有纳入日本文部省的正式教育计划）……这一切都证明了东洋医学发展之迅速、队伍之壮大与人气的旺盛。但是，与现代的中医学比较，仲景学说对现代的日本的汉方影响更深，这不仅有日本特殊的历史原因，还与日本学者研究仲景学说的特色有关。本文从日本东洋医学（汉方）的主要特征、仲景学说在现代东洋医学中的地位、仲景学说流传日本的过程与演变（他们的代表著作及人物）三方面展开本文，为中日传统医学交流提供我们研究多年的资料与结果，供同道们进一步深入探讨仲景学说在海外的流传与影响。

一、日本东洋医学（汉方）的主要特征

"东洋医学"是日本医学界在20世纪中叶创立的现代医学的一个新流派，也是日本汉方医学的延续与发展。因为东洋医学是以具有现代医学知识基础的医生们研究、应用的汉方医学。日本的汉方医学在近二百年内经历了大起大落再复苏的剧烈变

动，所以20世纪50年代东洋医学会的成立对于日本汉方医学的发展具有划时代的意义。这里先对日本汉方的历史作最简单的交代。

日本和古朝鲜都有汉方医学（朝鲜与韩国的汉方医学，从许浚著《东医宝鉴》后一直到现在多称为“东医”），两者都起源于中国的中医药学。十六世纪前日本的汉方医学是由从日本来中国的遣隋使、遣唐使的随员在中国学习了中医学，回国后主要为宫廷、贵族服务的医学[1]。1487年日本僧人田代三喜来中国钱塘跟月湖学习中医学十三年后归国；更由于他的学生曲直濑道三三代人和他们的学生、弟子的共同努力，形成了以李朱学说影响为主流的后世学派；使汉方医学发生了真正的本质性的蜕变，成了民众的医学。江户时代是汉方医学百花齐放、百家争鸣的盛世，故《日本医学史》著者富士川游把日本汉方划分为四大学派：后世学派、古方派、幕末考证派、汉兰折衷派[2]。古方派是以只用张仲景的药方为特色。最早由名古屋玄医（1628～1696）提出了这样的论点：“现在世上流行的医学是中国后世的医术，不是真正的医术，医术必须全部返回到《伤寒论》”。江户中期后藤良山（1659～1733）提出了“一气留滞说”，他被尊为江户中期医学革新运动的先驱者。从他的弟子香川修庵、山胁东洋这一代开始才自觉地提出了“古方派”的旗号[3]。吉益东洞（1702～1773）以仲景学说为根本，彻底排斥《内经》系的医学，因为名医山胁东洋的推荐，受到了大家的重视。从此，开始了幕末后世学派与古方派的大论战[4]。

日本的东洋医学至今还没有正式列入文部省的高等教育之中，从事汉方医药的队伍主要由三部分人组成：医师、药剂师、针灸师；而东洋医学的医疗单位是以医师个人的诊所为多数，所以目前东洋医学的发展是不平衡的：临床上的特点与水平各不相同，大学的医学部和药科大学的生药研究室，在某些领域的研究很先进（由于日本的现代医学基础研究总体水平及技术先进）。

现代汉方医学的特征是随证治疗，又称为方证相对。因为明治以来汉方受到了制裁，失去了存在的合法化，江户时代德川幕府闭关政策又影响了明清中医学的传入，仅仅依靠着汉方医的弟子和子孙们的努力才艰难地维系下来[5]。这些特定的因素造成了日本东洋医学与中医学的区别与异同：同名异质的阴阳虚实，异名相类的水毒与水气、湿、痰、痰饮，病因认识。同名异物的方剂与生药[6]。笔者1992年在日本医学会学术总会上提出：目前日本汉方的特征是：根据腹诊灵活使用柴胡剂以改善体质；随着エキス剂的发展，把汉方作为一种新药使用；把伤寒六经作为六个病位来认识[7]。因为东洋医学在临床主要的治疗手段是エキス剂的应用，学术指导思想是方证相对，所以笔者通过常用处方出典的调查来分析中国各学派对于当代东洋医学的影响。

二、仲景学说在现代东洋医学中的地位

据1981年“日经メテイカル”的调查，医师中37.3%在用汉方药；其中，以西医为主的8.8%，根据症状用汉方的3.2%，以汉方为主的3.5%，只用汉方药的4.5%”。笔者统计的健康保险与药局处方出典。

名称	古方	后世方								日本处方				合计
学派与年代	仲景方	唐	宋	金	明	清	局方	回春	小计	独创	合方	加减	小计	
健保	64	4	8	5	7	0	13	14	51	5	3	5	13	128
生药药局	88	9	13	7	13	2	18	28	90	17	5	6	28	204

在健康保险收纳使用的处方中古方（即张仲景所制定的处方）占总数的50%，从数据可以看出仲景学说对于日本汉方医学的影响与地位[7,8]。

三、仲景学说流传日本的过程与演变（代表著作及人物）

日本目前流传的《伤寒论》版本有四大种：（1）赵开美的复刻本（1668年），1756年复刻赵本《仲景全书》兼收成本与宋本《伤寒论》，其后均有重印。（2）1844年稻叶元照刻《伤寒论辑义》，原文属新校宋版伤寒论。（3）1856年屈川济影刻赵本《伤寒论》，删去《仲景全书》字样，加入订字标记。又有在小刻《伤寒论》上加上和文注解的《和刻伤寒论》。（4）各种各样的抄本，有人名记载的十三种，被称为古抄本《伤寒论》，是隋唐宋年间，日本僧人（空海、最澄[9,10]）来中国后带回的抄本及再抄本。这十三种古抄本又可分为两个体系：康平本系、康治本系。江户时代已经刻版发行，近年又有复刻刊行。

日本医学史记载最初把仲景医学传入日本的是坂净运。长泽元夫教授否定康平本是唐本，确定是宋本的抄本。长泽元夫教授[11]和远田裕政教授[12]

都认为康治本是更古朴的《伤寒论》原始版本。荒木正胤提出：它与目前的流传宋本《伤寒论》，完全不同，很有价值。可是，也有人认为只是一本伪书。

吉益东洞被中川修亭尊为古方派中的真古派（后藤良山为拟古派），在后世派风靡之时，他力排众议，否定阴阳、五行、脏腑、经络、归经、本草、脉象，重视以腹候生死，强调“实验、亲证”，提出了独创的“万病一毒”病因论。吉益东洞把仲景被王叔和一分为二的《伤寒论》和《金匮要略》的各篇条文次序彻底打破，以方为纲，把同一方名的条文归纳于下，加上自己应用的经验与体会，写出了传世之作“类聚方”，开创了日本汉方“方证相对”的新局面，形成了现代汉方的主要特征。

八年前笔者曾经指出：明末清初柯琴的六经地面说、张志聪的六经气化说、徐灵胎的《伤寒论类方》都打破了传统的六经框架，东洞学说之形成可能是受中国当时研究新倾向的影响[14]。把复杂的中医学变成容易掌握的实学，用易于明了的腹诊替代了指下难明的脉诊，符合了日本大和民族的特性，所以东洞学说逐步替代了道三医学流派，成为当时医学界的主导势力。柯琴（1662?—1735）的著作《伤寒来苏集》体现了六经地面说，该书成书于1669年，1675年杭州陈明德赴日本，1721年汀洲周南等四名医生赴日，笔者考证提出周南是崇明人，并非通洲，所以不仅有与常熟柯琴交流学术的可能，更有带《伤寒来苏集》赴日的可能。而且，当时金陵和宁波船每次赴日也可以带70箱书进长崎。因此，估计东洞受柯琴影响最大，这可以《伤寒来苏集》序文原文“证因类聚，方随附之”与“类聚方”书名之相同为旁证[15,16]。

参考文献

[1] 俞雪如．论中医学与日本汉方医学之异．同医古文知识，1997；（4），20.

[2] 富士川游．日本医学史.

[3] 俞雪如．日本の汉方医学と中国の中医学との特质比较——日本て研修中の中医の立场のから（日本）汉方の临床1989：（1），270－278.

[4] 俞雪如．柯琴の“以方名证”说が吉益东洞の“方证相对”说へ与えた影响（日本）“汉方の临床”2001：（1），96－102.

[5] 俞雪如．浅井国干先生的“告墓文”——日本明治汉方医学史之千古绝唱．上海中医学院学报，1993：（2）60.

[6] 俞雪如、小出建一、石原克己．《气、血、水》（上卷）日本谷口书店，1993年12月25日.

[7] 俞雪如．中医学と比较した汉方医学の病态认识につ いて（社）日本东洋医学会．第43回日本东洋医学会学术总会讲演要旨集49.

[8] 俞雪如，藤平健．中医学と比较した日本汉方の特征の研究（第一报）——常用汉方出典调查より（日本）わたしちの汉方药（55）64－68.

[9] 田村黑佑、最澄（人物丛书）吉川弘文馆.

[10] 李良松、建忠主编．《中华医药文化论丛》俞雪如．中日高僧交往与日本汉方医学46－48.

[11] 长泽元夫．康治本伤寒论の研究．日本东京：健友馆，1982.

[12] 俞雪如．藤平健教授腹诊经验．上海中医学院学报．1990：（2）8－12.

[13] 俞雪如．江浙医文化对日本汉方医学的影响．浙江中医杂志：1995（5）235

[14] 俞雪如．柯琴、周南与吉益东洞之“类聚方”暨周南其人考医古文知识．2001：（2），27.

日本近代中兴的古医学的特点

长泽元夫　东京理科大学药学部

（翻译　高春爱）

日本医学是由古代起引进朝鲜与中国各个时期的医学发展起来的。而近世（江户时代）中兴的古医学是以《伤寒论》为金科玉律的。这一学术思想直至现代仍然是一个主要特征。江户时代中叶（1660年前后）是什么原因使古医学中兴呢？对此人们很少考察。前人举出两个原因：（1）印刷出版事业的发展，由于古藤拜楼氏发明活版印刷术，与之相应，引起了文化复兴。（2）江户时代的开创者德川家康氏重视文教政策，把儒教特别是朱子理学做为基本理论，从各种角度去研究它，内藤湖南氏说：“伊藤仁斋（1627～1705）是首倡复古儒学、学有师承、精研理学而终立一家之言者。”然而古医学的复兴却在此十数年前。开始倡导古医学的名古屋玄医《1629～1696）是独辟一径。富士川游氏说过：“名古屋玄医学说的宗师是喻嘉言的《伤寒尚论篇》”，并说“复古是时势所趋。”当时的时势特征，福本氏在《日本近代文化革命》（1949年著）和《日本文化复兴史论》（1967年）两书中做了科学的论证。他从时代性与阶级性两方面说明；江户时代（1661年前后）到后期（1850）的一百九十年间，是日本文化复兴时期。所谓“文化复兴”是“由中世纪封建制中脱胎和发展起来的反封建运动。”同时，不堪忍受朱子理学为基础的德川幕府文教的桎梏，进行反抗的是城市新兴市民阶层以经济革新为基础的文化革命运动。“如果没有德川家康的奖励文教政策，也就没有这种革新运动。”他们是与中世纪的武士文化相对的。他们经营商业资本乃至高利贷资本，开办手工业作坊、开凿运河，可以说是为近代资本主义做了准备。近代机械化大工厂、使用蒸气机、铺设铁路等，正因为通过江户时代的准备工作才逐步地向明治维新以后的近代资本主义生产体制过渡的。

复古儒学不仅反对朱子理学、阳明学说、甚至连儒家本来反对的墨子、韩非子又都举出来了。福本氏认为把这些活动统称为“儒学改革”为宜。

日本文化复兴时期的持点体现在如下四方面：（1）是批判中国后世文化的独立的文化运动。（2）中国先秦文化的复活。（3）自发恢复日本古代文化的运动。（4）科技、艺术等新文化的开展。

医学也无例外，名古屋玄医所著的《丹水子》中说：“洙泗之间，古者杨墨塞路，孟子辞而辟之，廓如也。南阳之歧，后之塞路者，刘朱之徒言阴虚之说者是也，我窃比于孟子。”这就是说，像孟子光大孔学一样，我意继承仲景，不尚全元。这显示了日本古医学最初崇圣的特性。之后古医学的内容逐渐丰富多采了。

像古文学家荻生徂徕（1666～1728）超越孔子，热衷于先王之道一样，三谷公器、多纪元简（1755～1810）二公，超越仲景一直追述到先秦时代的医学，像荻生徂徕评价墨子、韩非；佐藤信渊（1769～1850）评价管仲一样，山协东洋（1705～1762）三谷公器等医学家站在古医学的立场上，进行着尸体解剖。还有积极采用荷兰医学的外科术，用世界上最早的麻醉药成功进行乳癌手术的华冈青洲（1760～1835）等。

名古屋玄医的《丹水家训》中说：“我用药，不问病本寒热虚实，用治所苦之药与之。”即并不针对每个症状投给各种药物，而是针对症侯群投给伤寒，金匮原方。按这种学术思想组成了吉益东洞学派（1702～1773）。所谓“方证相对说”由此时产生了。大概因其简便易行、符合潮流吧！这个学派完全接受了“方证相对说”。

明治维新以后，把东洞学术误认为是古医学的全部内容，日本汉医中几乎只存有东洞一派的学术见解，大冢敬节氏说过：古医学派当包含三种情况：（1）仅使用《伤寒杂病论》中之处方的学派。（2）除《伤寒杂病论》方外，还使用《千金方》《外台方》的流派。（3）即使使用近世医书的处方，也只使用符合古代学术思想的部分。各古方派的共同特点是“排斥阴阳五行与五运六气学说”。这点虽然在日本已成定论，但毕竟瑕不掩瑜，因这小小的问题，而不能多方面开展对古医学的研究，则是错误的。

论《金匮要略》一书的形成

李今庸　湖北中医学院

张仲景在《伤寒杂病论集》中说："感往昔之沦丧，伤横夭之莫救，乃勤求古训，博采众方，撰用《素问》《九卷》《八十一难》《阴阳大论》《胎胪》《药录》并平脉辨证，为《伤寒杂病论》合十六卷……"。是张仲景在大疫之后抱着"感往昔之沦丧，伤横夭之莫救"的悲痛心情，发奋钻研古代医学理论知识，广泛采集各家医疗方法和治病经验，在自己医疗实践的基础上，写出了《伤寒杂病论》一书，将古医经、经方两家冶于一炉，创立了祖国医学理、法、方、药全备的辨证施治体系，其内容达十六卷之多。惜其书早已亡佚，早在北宋时期甚或以前即已亡佚无传了！今所传《伤寒杂病论》一书较晚出，未可遽信为张仲景《伤寒杂病论》之原书也。

现在广泛流传的《伤寒论》和《金匮要略》两书，学术界一般公认为其确系张仲景著作，为《伤寒杂病论》的两个组成部分。然《伤寒杂病论》一书怎样成为现在流传的《伤寒论》和《金匮要略》两书了呢？过去有人认为是晋代王叔和所分，有人认为是宋代林亿等人所分。其实《伤寒杂病论》分成《伤寒论》《金匮要略》两书，既不是分自晋代王叔和，也不是分自宋代林亿等人，而是在它长期流传过程中逐渐地自然形成的。

众所周知，张仲景所写的《伤寒杂病论》，经过数十年后，在晋代，王叔和对其"伤寒"部分进行了整理，从而出现了《伤寒论》一书的流传。后来到唐代，孙思邈《千金翼方》"卷九"，"卷十"两卷中所论述的"伤寒"，以"方证同条，比类相附"的方式，全载今本《伤寒论》中从"痉湿暍病"到"阴阳易差后劳复食复病"的内容，且明谓这是对张仲景《伤寒大论》"鸠集要妙，以为其方"而"用之多验"的。这里所谓的《伤寒大论》，就是王叔和整理的《伤寒论》之书。然而在王焘所撰的《外台秘要》一书里，所引现在流传的《伤寒论》和《金匮要略》两书的内容，却概称引自《伤寒论》。王焘《外台秘要》所谓的《伤寒论》一书，是既包括有今本《伤寒论》的内容，又包括有今本《金匮要略》的内容，说明了这个所谓《伤寒论》，实是《伤寒杂病论》书名的简称。从而也表明了在唐代时，王叔和整理的《伤寒论》和张仲景原著的《伤寒杂病论》二书在同时流传。

迨至北宋仁宗之朝，林亿、孙奇、高保衡等奉敕校正医书时，王叔和整理的《伤寒论》继续在流传，而张仲景所著《伤寒杂病论》原书则已亡佚而无传本了，故林亿等谓"张仲景为《伤寒杂病论》合十六卷，今世但传《伤寒论》十卷，杂病未见其书"也。

根据林亿等《金匮要略方论序》载："翰林学士王洙在馆阁日，于蠹简中得仲景《金匮玉函要略方》三卷，上则辩伤寒，中则论杂病，下则载其方并疗妇人，乃录而传之士流才数家耳。尝以对方证对者施之于人，其效若神。然而或有证而无方，或有方而无证，救疾治病，其有未备，国家诏儒臣校正医书，臣奇先校定《伤寒论》，次校定《金匮玉函经》，今又校成此书，仍以逐方次于证候之下，使仓卒之际便于检用也，又采散在诸家之方，附于逐篇之末，以广其法。以其"伤寒"文多节略，故所自"杂病"以下终于"饮食禁忌"，凡二十五篇，除重复合二百六十二方，勒成上、中、下三卷，依旧名曰《金匮方论》。"表明了宋翰林学士王洙在蠹简中发现的《金匮玉函要略方》，"上则辩伤寒，中则论杂病，下则载其方并疗妇人"，一共只有三卷，显然不是张仲景所写十六卷本的《伤寒杂病论》原文，而是唐宋间人对张仲景《伤寒杂病论》的内容进行了不少删削而摘录其自己认为的重要部分编为上、中、下三卷，是《伤寒杂病论》的一个删节本，故将其名更之曰《金匮玉函要略方》。从其书更名曰《金匮玉函要略方》，也可看出其是《伤寒杂病论》的删节本，所谓"金匮玉函"者，乃"珍贵""宝贵""贵重""保慎"之意，犹《新书·胎教》所谓"书之玉版，藏之金匮"也；所谓"要略"者，要，略也；略，要也。要略者，乃谓其是医学精要中之最精要者。同时，我们也确实发现了一些现在流传的《伤寒论》和《金匮要略》两书所未记载的张仲景著作的遗文，这就足证王洙于蠹简中发现的《金匮玉函要略方》一书乃后人对张仲景《伤寒杂病论》的删节本。林亿等在校正此书时，以其书中伤寒之文甚为简略，且另有《伤寒论》一书在行世，故删其上卷，而将其下卷所载之方，又逐方次于证候之下，仍分上、中、下三卷，依旧名曰《金匮方论》。这就是现在流传的所谓《金匮要略方论》《新编金匮要略方论》《金匮玉函要略方》以及简称为《金匮要略》等本的来源。

据上所述，现在流传的《金匮要略》一书，是现在流传的《伤寒论》一书的姐妹篇，是张仲景

《伤寒杂病论》中的“杂病部分”，也是祖国医学的经典著作之一。它汇粹了后汉及其以前的医学知识，整理了后汉及其以前的医疗经验，以阴阳五行、脏腑经络、营卫气血以及六淫、七情等学说为基础，以病名为纲，创造性地发展了具有整体观念的辨证施治的祖国医学理论，而为祖国医学说明了病因病机、诊断、预防和治疗方法，它是一部理论结合实际的医学专著，第一篇为总则，第二篇至第十七篇为内科病，第十八篇为外科病，第十九篇为琐碎病（暂如此称之），第二十至第二十二篇为妇产科病，第二十三篇为杂疗方，第二十四至第二十五篇为饮食禁忌。其中包括痉病、湿痹，中暍、百合病、狐惑、阴阳毒、疟疾、中风、历节、血痹、虚劳、肺痿、肺痈、肺胀、胸痹、心痛、短气、奔豚气、腹满、寒疝、宿食、五脏风寒、肝著、肾著、脾约、三焦病、大肠病、小肠病、积聚、癫狂、痰饮、咳嗽、消渴、小便利、淋病、水气病、黄疸病、惊悸、出血、瘀血胸满、呕吐、哕证、下利（泄泻、痢疾）、创伤、痈疡、肠痈、浸淫疮、趺蹶、手指臂肿、转筋、阴狐疝、蛔虫病、尸厥、客忤和妇人胎前诸疾、产后诸疾、妇科杂病等数十种病证及其辨证治疗以及溺死、缢死的解救方法，它在以辨证施治为特点的祖国医学里，又具有“分类简明，辨证切要、文字质朴、经验可靠”的优点，所以它一千七百年来一直是在指导着中医临床工作的实践，它实为中医治疗内、妇科疾病的一部宝贵典籍，因而它也就是我们每个修习中医和研究祖国医学的一部必读之书。

王洙发现《金匮要略》的若干佐证

梁永宣　北京中医药大学

北宋翰林学士王洙是张仲景《金匮玉函要略方》一书的发现者。基于王洙在馆阁蠹简中的这一重大发现，校正医书局林亿等人才能校订出今通行的《金匮要略》。那么，王洙何许人也？为什么他能发现这一经典著作？本文拟从了解王洙生平及其学术研究成果入手，为他发现《金匮要略》的可信性提供某些佐证。

一、简要生平

王洙，字原叔，一作字源叔，或曰字尚汶。应天宋城人（今河南商丘）。其父王礪，生于至道三年（997），卒于嘉祐三年（1057）。为家中第七子[1]。据《宋史》载，王洙“少聪悟博学，记问过人”[2]。他于仁宗天圣二年（1024）中进士，后被任命为庐州舒城县尉。因事免官后返回家乡应天府，并受聘于应天府书院。该书院由邑人杨悫始建于五代时期的后晋，于大中祥符二年（1009）受到宋真宗赞许，并正式赐匾额为“应天府书院”。北宋著名文学家、政治家范仲淹也出自这所学校。宋仁宗初年，著名文学家晏殊出任应天知府，聘请王洙为书院“说书”，应天府书院在博学多才的王洙主持下“名声著天下”。此后朝廷诏举经术士，王洙被推荐入朝，成为国子监直讲。仁宗景祐元年（1034），参修编撰图书《广韵》《韵略》；景祐三年，因校勘《史记》《汉书》，擢史馆检讨；康定元年，任天章阁侍讲；庆历元年（1041），受命编修《崇文总目》，被任命为太常博士；庆历三年，与欧阳修同详定国朝臣名次，共编《祖宗故事》；庆历四年，以编修《国朝会要》，受赐三品服，兼直龙图阁。

但在本年十一月，宋朝发生了震动朝野的“奏邸狱案”。这是一件涉及挥霍公款用餐的案件。原来，宰相杜衍之婿集贤校理、大理评事苏舜钦这时任监进奏院。九月末，他与另一位监进奏院、右班殿直刘巽一起“循前例，用鬻故舜公钱召妓女，开席会宾客”。御史中丞王拱辰得悉此事后，指使其属提出弹劾，“事下开封府治”。于是苏舜钦和刘巽“俱坐自盗”，“并除名勒停”；参加这一宴会的直龙图阁兼天章阁侍讲王洙，集贤校理刁约和江休复、王益柔等10多位“知名士”都被“斥逐”。“王洙权同判太常寺，坐赴赛神与女妓杂坐，黜知濠州”[2]。因此事牵连降职，王洙遂落侍讲、检讨，贬知濠州，徒襄、徐、亳三州[3]。在襄州任职期间，由于范仲淹、富弼等人大力举荐，重为朝廷所用，任为史馆检讨、天章阁侍讲，同判太常寺。至和三年（1056）改侍读学士兼侍讲，官至吏部尚书郎中。嘉祐二年（1057）九月卒，年六十一，谥曰文。

二、主要著述

根据张丽娟的整理[4]，自1034年至1057年期间，兹按编撰时间将王洙自编及参修的著作列表如下：

时间	书籍名称	主要工作	合作者
景佑元年四月—宝元二年九月（1034）（1039）	《广韵》《韵略》	刊修	宋祁、郑戬
景佑二年、三年（1035－1036）	《汉书》《史记》	校订	余靖、张观
宝元二年前（1039）	《神甫诗集》	编订	
宝元二年十一月（1039）	《类篇》	修纂	原为司光撰，后与胡宿等共修。
景佑初至庆历元年（1034－1041）	《崇文总目》66卷，佚，现有辑本。	编修馆	王尧臣主持。聂冠卿、郭稹、吕公绰、刁约、欧阳修
庆历三年（1043）	《祖宗故事》20卷，已佚。	编修	余靖、孙甫、欧阳修
庆历四年正月（1044）	《太常新札》40卷《庆历祀仪》62卷，佚。	编修	贾昌朝，孙祖德、李宥、张方平、吕公绰、曾公亮等。
庆历四年四月（1044）	《三朝国朝会要》150卷，佚。	监修	宋绶、冯元、李淑、王举正
皇佑二年二月（1050）	《大享明堂记》20卷、《纪要》2卷，佚。	编修	文彦博、宋痒、高若讷
皇佑三年七月（1053）	《皇佑方域图志》，佚	撰	掌禹锡
皇佑五年一月（1053）	《地理新书》30卷	主持撰修	掌禹锡、刘羲叟、曾公定。

由上可知，王洙知识面广博，精力充沛，参与了许多著名书籍的编撰修订工作，除此之外，参与其他著书、编撰多种，但具体撰编年代不详。如《三朝经武圣略》十卷、《青囊括》一卷、《古易》十三卷、《言象外传》十卷、《王氏谈录》一卷、《昌元集》十卷、《宋元史质》一百卷等等，还有杂文几十篇。从上述已知的成书年代推测，王洙的著书及编撰整理工作高峰当在1034到1053年的二十年间。因而宋史赞其“泛览传记，至图纬、方技、阴阳、五行、算术、音律、训诂、篆隶之学，无所不通。”

三、发现《金匮玉函要略方》的历史记载

王洙自少努力，有良好的目录学功底，后入朝工作，有机会接触查阅大量官藏古书，同时他作为《崇文总目》的主要参编人员之一，因而在搜寻古书方面独具慧眼。

关于《金匮玉函要略方》的发现，是由下述二部书中所记载：

《直斋书录解题·医书类》：“此书王洙于馆阁蠹简中得之，曰《金匮玉函要略方》。上卷论伤寒，中论杂病，下载其方并疗妇人，乃录而传之。今书以逐方次于证候之下，以便检用。所用伤寒，文多节略，故但取杂病以下止服食禁忌二十五篇，二百六十二方，而仍其旧名”。

《金匮要略方论》序：

张仲景为《伤寒杂病论》合十六卷，今世但传《伤寒论》十卷，杂病未见其书，或于诸家方中载其一二矣。翰林学士王洙在馆阁日，于蠹简中得仲景《金匮玉函要略方》三卷：上则辨伤寒，中则论杂病，下则载其方，并疗妇人。乃录而传之士流，才数家耳。尝以对方证对者，施之于人，其效若神。然而或有证而无方，或有方而无证，救疾治病其有未备。国家诏儒臣校正医书，臣奇先校定《伤寒论》，次校定《金匮玉函经》，今又校成此书，仍以逐方次于证候之下，使仓卒之际，便于检用也。又采散在诸家之方，附于逐篇之末，以广其法。以其伤寒文多节略，故所自杂病以下，终于饮食禁忌，凡二十五篇，除重复合二百六十二方，勒成上、中、下三卷，依旧名曰。……

太子右赞善大夫臣高保衡、尚书都官员外郎臣孙奇、尚书司封郎中充秘阁校理臣林亿等传上。

王洙能发现《金匮玉函要略方》，绝非偶然。这与北宋时期的统治思想和他参与《崇文总目》的修订，有非常密切的关系。据《唐六典》《唐会要》等书记载，唐的藏书机构，都设有专职校书即整理人员。北宋的情况不同，藏书之府虽有多处，然而整理官书的人员，却仅设于崇文院。崇文院掌管秘阁图籍的整理和校勘，并负责内府藏书的整理。政府由国子监或诸路刊印颁行的书籍，如史书、医书、农书等，也由崇文院先校勘定本而后镂板，所以，崇文院即是当时国家的藏书中心，又是国家的官书整理中心。北宋皇帝中，除了钦宗之外，都很重视官书的整理。宋太祖在平定四方的同时，不忘文治，每消灭一个国家，必籍其图书，收归三馆（昭文馆、史馆和集贤院）或分配到其他政府机构。宋真宗时，三馆精华，归于秘阁。而龙图阁、太清楼书，又是根据三馆秘阁图书精加雠校整理而成。所以其版本价值是很高的。仁宗时期，续修诸书。宋仁宗景祐元年（1034），命翰林学士张

观、李淑、宋祁等看详，审定三馆及秘阁藏书的存废与校补。之后又派王尧臣、王洙、欧阳修等，校正条目，讨论撰次。并令仿唐代《开元群书四部录》编书目，经过7年补写编目，至庆历元年（1041）成书，由王尧臣奏上，赐名《崇文总目》。这段史实，在王应麟《玉海》卷52及宋江少虞《宋朝事实类苑》卷31中均有记载。其中《宋朝事实类苑》[5]中谈到："景祐初元，诏群儒即书府尽启先帝所藏校定书目，翰林学士王尧臣、史馆检讨王洙、馆阁校刊欧阳修等，咸被其选。诗论撰次，其伪滥者删去之，遗缺者补辑之。摘其重复，刊其讹，集其书之总数，凡三万〇六百六十九卷。以类分门，为目成六十七卷。初，书府之制，废于五代。太平兴国之初，始建崇文院，合聚昭文、史馆、集贤之书。又起秘阁，则贮禁中之籍。逮兹著录，故赐名曰《崇文总目》。"

庆历四年时，王洙曾兼直龙图阁，再加上述编撰《崇文总目》之原因，他必定有机会得见各种珍贵书籍[6]，同时客观上也培养了自己对书籍之深爱，因而他能慧眼识珠，且成为后世闻名的私人藏书家与目录学家[7]。据史书记载，王洙藏书甚富，仅家藏书目着录有书达四万三千卷，而类书之卷帙浩繁者，如《太平广记》之类还不在其间。仁宗朝时参与制定"明堂礼仪""雅乐制度"[8]。依据宋人张邦基《墨庄漫录》卷五记载："藏书之富如宋宣献、毕文简、王原叔、钱穆父、王仲至家及荆南田氏、历阳沉氏，各有书目"。[9]

王洙在书籍缀辑古籍方面也十分内行，张邦基《墨庄漫录》曾有关于王洙的记载："作书册粘叶为上，久脱烂苟不逸去，寻其次第足可抄录。屡得逸书，以此获全。若缝缋，岁久断绝，即难次序。初得董氏《繁露》数册，错乱颠倒。伏读岁余，寻绎缀次，方稍完复，乃缝缋之弊也。"这说明王洙能在脱烂、断绝的残书中，凭借他的学识，反复钻研寻绎，从而获得"屡得逸书"的成就。《金匮玉函要略方》的发现，应该也和王洙惊人的鉴赏辨识和辑复古籍的能力有关。

王洙还非常重视版本的研究，对于意欲整理的书籍，必是搜罗公私诸藏，尽可能恢复原书古貌。如目前为史学界皆知的《杜甫诗集》，其最基础、最著名的版本原为王洙所收集。北宋仁宗宝元二年（1039），王洙"搜裒中外书凡九十九卷，除其重复，定千四百有五篇，凡古诗三百九十有九、近体千有六。起太平时，……视居行之次，与岁时为行铂，分十八卷，又别录赋笔杂著二十九篇为二卷，合二十卷"[10]。当时王洙据搜集到的各种古本，编为《杜工部集》二十卷，这是宋代最完善的一次杜诗编集，为后世各种杜集的祖本。这在中国文化史上永远享有盛名。

另外，王洙密友晏殊（991～1055年，字同叔，北宋临川即今属江西人，官至集贤殿学士，同平章事兼枢密使），曾有删并《世说新语》一事，明袁褧本《世说新语》载南宋董弅跋云："余家旧藏盖得之王原叔家，后得晏元献公手自校本，尽去重复，其注亦小加剪截，最为善本。"说明原书版本亦源于王洙之手。同时，在《王氏谈录》一书中的"秘阁易法"条记录了王洙在秘阁中所见到的一种《易经》版本：

"公言秘阁有郑氏注易一卷，文言自为篇，而防氏太玄篇第亦各异。考之足以见古易经之旧次。"充分说明了王洙对古书版本的关注。

由此可知，王洙其人特别善于从馆阁所藏中发现好书。因此《金匮玉函要略方》的出场也就不足为奇了。综合《宋史・王洙传》《玉海》《宋朝事实类苑》等所述事实，更有可能的是，王洙在编撰《崇文总目》完成之时（1034～1041年为止）就发现了此书。

但遗憾的是，与王洙本人的相关记载中均未谈及此事，因而千百年来颇为费解。那么是否存在这样一种可能性呢：四部书籍中的子部医家类书籍，非王洙之主研，特别是他于《杜工部集》《易经》等重要典籍方面已经花费了巨大努力，没有时间和精力再细研此一属于子部医家类的书籍。同时，虽然校正医书局正式成立于王洙去世的景祐二年（1057），但实际上，王洙活跃的北宋仁宗后期，朝廷校勘状况纷繁不休，在全部30次校勘中，子部医书多达13次[11]。第一次即为天圣四年（1026），之后天圣五年（1027）、景佑二年（1035）均加以校订。由上述王洙的著作年代中可知，皇佑三年七月（1053）、皇佑五年一月（1053），他分别与校正医书局的重要成员之一掌禹锡合作撰修了《皇佑方域图志》《地理新书》二书，二人之间应当有较为密切的接触，所以王洙在发现《金匮玉函要略方》之后，可能将此事托付掌禹锡办理，自己不再过问，掌禹锡则委托太子右赞善大夫臣高保衡、尚书都官员外郎臣孙奇、尚书司封郎中充秘阁校理臣林亿等校订此书，故而才经校正医书局之手，有《金匮要略》一书的诞生。

关于《金匮要略》的校订时间，钱超尘先生有一段考证[12]。他谈到："此书初得，极受珍重，传抄于士大夫之家，然传抄之数甚少。至仁宗嘉祐年间，设立校正医书局，始对《金匮要略》校定，宋陈振孙《直斋书录解题》卷13《外台秘要方》解题云：'按《会要》：嘉祐二年（公元1057年），置校正医书局于编修院，以直集贤院掌禹锡、林亿校理，张洞校勘，苏颂等并为校正。后又命孙奇、高保衡、孙兆同校正。每一书毕，即奏上，亿等皆为之序，下国子监板行。并补注《本草》、修《图经》《千金翼方》《金匮要略》《伤寒论》，悉从摹印，天下皆知学古方书。呜呼，圣朝仁民之意溥矣！'是从王洙发现《金匮玉函要略方》至林亿校定毕此书——于治平三年或四年（1066～1067）校毕，中间相隔凡32或33年"。这里是按1034年发现推算的，若以1041年为基准，则为26或27年。

那么王洙本人是否对医学完全没有兴趣呢，实际并非如此。在南宋吴曾《能改斋漫录》卷二中有关药理的解说，曾谈到王洙对"医者意也"的理解[13]：

"王原叔内翰云：医药治病，或以意类取。至如百合治病，似取其名；呕血用胭脂红花，似取其色；淋沥滞结，则以灯心、木通，似取其类。意类相假，变化感通，不可不知其旨也。"

综上所述，王洙在馆阁蠹简中发现《金匮玉函要略方》一书，笔者认为是比较可信的。虽说王洙未在医药学方面留下专著，但他对中医所做的贡献，将为世代人士所景仰，人们会永远记住他的名字。

参考文献

[1] 王德毅，昌彼德. 宋人传记资料索引. 中华书局. 1988年：134.

[2] 元·脱脱. 宋史·列传卷294列传第53. 上海商务印书馆，1957年.

[3] 宋·李焘，续资治通鉴长编卷153. 中华书局，1979年.

[4] 张丽娟. 北宋学者王洙及其著述. 文献2000，（3）：92－103.

[5] 江少虞. 宋朝事实类苑. 卷第31. 上海古籍出版社. 1981年7月第1版：394.

[6] 张围东. 北宋官府藏书与《崇文总目》. 国立中央图书馆台湾分馆馆刊. 6卷2期79－86.

[7] 杨立诚，金步瀛. 中国藏书家考略. 1987年04月第1版：363.
申畅，陈方平等. 中国目录学家辞典. 1988年12月第1版：569.

[8] 潘美月著. 宋代藏书家考. 台北市学海. 中华民国69年：78.

[9] 张邦基撰、孔凡礼点校. 墨庄漫录. 北京：中华书局，2002：444.

[10] 见下述二网页：古籍鉴赏秘要
http：//www. hanaga. com/jsmy/gjb. htm http：//www. people. com. cn/wsjk/200007/14/E212. html.

[11] 汝企和. 北宋中后期官府校勘述论. 中国史研究. 2000，（1）：94－107.

[12] 钱超尘，伤寒论文献通考. 学苑出版社. 1993年8月北京第一版：47.

[13] 引自陶御风等编.《历代笔记医事别录》. 天津科学技术出版社，1988：276.

《金匮要略》注释发展刍议

刘　敏　王庆国　北京中医药大学

《金匮要略》为张仲景《伤寒杂病论》中的一部分，但直到北宋仁宗时被翰林学士王洙从翰林院中的"蠹简"中发现后才流传于世。由于发现时间晚，再加上其他原因，造成了历代注释《伤寒论》者逾千家，而注释《金匮》者仅有上百家的差异悬殊的局面。但是，我们并不能因研究者少而否认其价值，相反，《金匮》蕴含着的深厚的理论基础和丰富的临床价值，更需要我们去努力发掘。通过研读三十余家《金匮》注本，笔者认为《金匮》注释的发展带有明显的历史阶段性。对此阶段性特点进行探讨，可将《金匮》的注释划分为以下几个时期：

一、以经释论，发挥经义——金元至明末清初

金元时期，社会动荡，疫病流行，医学理论百花齐放，出现了"金元四大家"。至宋、明、清时期，尊经思想占据学术主流，学者们崇尚经典古籍，着重于阐释经义，研究方法也侧重于以经释经。同时，医家在临床实践过程中，反复验证金元时期的医学理论，融合各派学术经验，最终提出了一些扎根实践的新见解。所以此时期的《金匮》注释具有很强的阐释经义性。

赵以德的《金匮方论衍义》为《金匮》的首注本，是一本以以经释论、阐释经义为特色的著作，其在《金匮》注释发展史上的价值类似成无已的《注解伤寒论》。全书炼《内》《难》精髓于仲景方论之中，又引《神农本草经》《脉经》《注解伤寒论》等诸家之说，开《金匮》注疏之滥觞。

此期另一以发挥经义为特点的代表作是喻嘉言的《医门法律》。此书与一般《金匮》注本不同之处在于，喻氏并没有对《金匮》条文逐一注释，而

是以实践为主体，在论临床内科某专题时，引《金匮》以服务实践，虽未专门为其中某一条作注，却在实践的基础上充分发挥了其经义。

二、校勘集注，务实内敛——清初至清中叶

1. 注重校勘集注　清朝统治者出于专制之需要推行文字狱，提倡考据、八股，许多学者不敢畅所欲言，同样，医学理论再没有大的突破与创新，所以此期的医学学风是偏于保守内敛的。许多医家致力于古典医籍的整理、注释和研究，或者对以前的医学知识进行总结，于是此时出现了大量医书的考证、类书和丛书，故而注重校勘集注是此期注释《金匮》的最显著的特点，代表作有沈明宗的《金匮要略编注》和吴谦的《医宗金鉴·订正仲景全书金匮要略》。

沈明宗的《金匮要略编注》对《金匮》进行重新编注，卷首叙“重编大意”，然后重编“脏腑经络先后病”中的条文次序，以“夫人禀五常，因风气而生长……”条作为首条“叙例”，其次分别列“时气”“问阴阳病”等十二类。

《订正金匮要略注》编者吴谦对原文进行了订正。经中凡错简遗误，文义不属，应改、补、删、移者，皆详于本条文之下；有缺如者加辨记于下，并冠以“按”字；有相互发明者，加辨记于本注之后，亦冠以“按”字；针对全节文义不相符合而勉强注释者，书后汇有〈正误〉与〈存疑〉两帙。另外，还以集注的形式适当引用了赵良仁、程林、尤怡、魏荔彤、李彣等清乾隆以前二十余家金匮注解。

沈氏与吴氏皆为《金匮》校勘考证的代表人物，影响颇大。黄元御和叶霖的就是受二者影响而著成了《金匮悬解》和《金匮要略阙疑》。可以说，注重校勘考证贯穿了整个清朝。

2. 继续阐发经义　继续阐发经义是此期注释《金匮》的又一大特色。一般而言，师承沿袭在中医学术思想的发展中起着不可忽视的作用。清朝注释《金匮》的阐发经义基本上是前朝的发挥经义之思想的延续与发展。其中，喻嘉言的弟子徐彬、周扬俊就受其师思想影响颇为深厚，徐彬的《金匮要略论注》、周扬俊的《金匮玉函经二注》即为阐发经义的代表作。

《论注》充分继承喻氏精华和吸取他家经验，参《医门法律》、引《内经》《本经》《脉经》诸经、集诸贤之说，再结合自己的心得体会，力求达到探源溯流、抉微阐秘。《二注》是周扬俊为赵以德《衍义》中未加注释的部分进行补充，但其补注部分多引《内经》及喻昌之论，且多发挥。具有此特点的还有魏荔彤的《金匮要略方论本义》、李彣的《金匮要略广注》和朱光被的《金匮要略正义》。在此不一一详述。

此期的阐发经义性与喻氏之不同在于，清朝各医家虽似喻氏之注重经义，却更侧重于引用各家学说，个人见解也往往着眼于小处，于大的理论方面的创新反而难以见到，有些医家甚至有人云亦云之嫌。这可能与清朝整个保守内敛的学风有关系。

3. 突出临床实践　临床价值是《金匮》得以经久不衰的重要因素之一，故而注重临床也是其注释的永恒立足点。同时清朝的保守也导致了此期《金匮》研究者将精力放到临床实践中去。许多医家致力于以临床实用为宗旨，用精炼扼要的文字将临床心得注入到《金匮》的注释中，如尤怡的《金匮要略心典》和《金匮翼》以及陈修园的《金匮要略浅注》和《金匮方歌括》。

《心典》是尤怡几十年的临床心得所作的读书笔记，言“以吾心求古人之心，而得其典要”，因而得名。《心典》精简扼要，力求得其典要，抉其精义，徐大椿称“辞不必烦而意已尽，语不必深而旨已传”。《金匮翼》亦为临床服务而作，全书以内伤杂病四十八门分；每门先以论统论，次列证候治法，以法类方，条分缕析；最后附以按语，多具作者的临床独到见解。

《浅注》采用通俗易懂的文字，用小字衬于原文之中，简明扼要，在注重实用的基础上，来阐释古奥艰深的中医理论。

三、西学东渐，中西汇通——清末至民国时期

清末和民国时期，西医在我国的广泛传播对中医形成了强烈的冲击，一些医家开始努力探索沟通中西医学的渠道。民国时期的统治者歧视中医，中医的发展到了生死存亡的关键时刻，对于处于中医理论核心的《伤寒》《金匮》亦是如此。

唐氏推崇陈修园的《浅注》，对其进行补缺正误，著成了《金匮要略浅注补正》。本书不同于以前的就是有不少用中西汇通的观点来注释《金匮》。由于当时历史条件、科学水平的局限以及唐氏盲目重中轻西的思想，书中不免有穿凿附会之处，终究汇而未通。但针对其特定的时代背景，唐氏为保护中医药起到了积极促进的作用，对后人亦有所启发。后来的严痴孙的《金匮广义》中也出现了“微生物”一词。继之后，又有不少医家在为中西医汇

通进行着不懈的探索，中西汇通派成为中国医学发展中的重要力量，影响一直延续至今。

民国时期的陆渊雷、余无言等为捍卫中医药，开办中医学校，提出“中医科学化”，认为中医药效多真确，而学说多臆想，试图以西医的学说来印证中医古代见解。陆渊雷的《金匮要略今释》及余无言后来的《金匮要略新义》都是“中医科学化”的产物。陆氏受其师章太炎的影响，古文功底颇深，善于训诂，用汉代许慎的《说文解字》来解释，以汉证汉，以汉释汉，故其注释晓畅其义，且敢于破旧用新，是一本《金匮》训诂考据的佳作。另外还多引证古代医家及日本汉字医学者的见解，对后学者有很大的参考价值。不过其中某些“中医科学化”的观点不免有些牵强附会。

另一些医家力排西医，坚持用纯中医、纯经方医病救人，对中医进行捍卫，曹颖甫的《金匮发微》即为明证。曹氏是近代闻名的纯经方家，临床必用《伤寒》《金匮》中方，而所用必能药到病除，《金匮发微》主要是围绕经方的临床效果为中心，往往掺入他的治验以及体会，将平日经验方案附于经文之下，以明圣方证治效如桴鼓。

还有一些医家着手收集历代诸家的注释，如黄竹斋的《金匮要略方论集注》和吴考槃的《金匮五十家注》等著作。

四、系统整理，全面阐发——建国后至今

建国后，政府提倡继承和发扬传统中医药文化遗产，成立了专门的中医高等院校，进行中医药的传播和教育，《金匮》研究者对历代注本进行了系统整理，并对《金匮》的注释也进行了全面的阐发。此期出现了大量的《金匮》注本。如任应秋的《金匮要略语译》、陶葆荪的《金匮要略易解》、谭日强的《金匮要略浅注》、刘渡舟的《金匮要略诠解》以及广大中医院校的《金匮》教材都有接近现代、注重临床、教学育人且结合西医这几大特色。而何任的《金匮要略校注》则从文献学的角度，用“校”和“注”的方法对《金匮》进行了阐释，具有很高的学术价值。

综上所述，《金匮》注释的发展经历了金元至明末清初、清初至清中叶、清末至民国、建国后这四大历史阶段。每个历史阶段均有其历史特点，研讨《金匮》注释的发展阶段，对于我们研究《金匮要略》并继承发扬传统中医药，有着很深刻的学术意义。

从《脉经》看《金匮要略方论》

张再良　叶　进　上海中医药大学

《脉经》卷八、卷九保存了《金匮要略方论》（以下简称《金匮》）中的大部分内容，如果说这两本书的作者和成书年代确切无疑，那么《脉经》对《金匮》的研究价值就不可忽视。皇甫谧在《甲乙经》序中称：“近代太医令王叔和撰次仲景遗论甚精，指事施用。”尽管王叔和的生卒年代暂且无从考据，但有两点可以确信无疑：一、王叔和与张仲景的生活年代十分相近；二、王叔和确实编次过张仲景的著作。《太平御览》引高湛《养生论》曰，王叔和“好著述，考核遗文，采庶群论，撰成《脉经》十卷，编次张仲景方论，编为三十六卷，大行于世”。有人认为张仲景的《伤寒杂病论》因王叔和的编次而分为二部，也有人认为《伤寒》《金匮》之分始于宋代林亿。但《伤寒论》经王叔和编次而定，此说似无疑义。然王叔和与《金匮》的关系如何？本文仅从《脉经》中有关的内容作一探析，不当之处，敬请指正。

《脉经》卷八共十六篇，主要记载《金匮》中的内科病证，大体相当于《金匮》第一至第十九篇的内容，其中篇名内容基本相同者有十篇，如：

平痓湿暍脉证第二
平阳毒阴毒百合狐惑脉证第三
平中风历节脉证第五
平血痹虚劳脉证第六
平消渴小便利淋脉证第七
平水气黄汗气分脉证第八
平腹满寒疝宿食脉证第十一
平惊悸衄吐下血胸满瘀血脉证第十三
平呕吐哕下利脉证第十四
平痈肿肠痈金疮侵淫脉证第十六

从篇名上反映的内容有减少者三篇，如：

平卒尸厥脉证第一
平霍乱转筋脉证第四
平五脏积聚脉证第十二

从篇名上反映的内容有叠加者三篇，如：

平黄疸寒热疟脉证第九
平胸痹心痛短气奔豚脉证第十
平肺痿肺痈咳嗽上气痰饮脉证第十五

如果把合在他篇中的疟、奔豚、痰饮分出另立，则篇数正好与目前《金匮》的前十九篇相同。

从《脉经》卷八的内容引出的问题有：

1.《金匮》首篇为“脏腑经络先后病”，有原文十七条，分述病因、诊断和治则的纲要，内容相对较全面，而《脉经》仅有卒厥一条，论述了入脏与入腑，二者内容详略悬殊之甚。为何《金匮》的内容在《脉经》中没有反映？对此后人已有怀疑，如陆渊雷指出：“此篇非仲景旧文也。伤寒论篇首有辨脉平脉伤寒例，人皆知出于王叔和，玉函经篇首有证治总例，太炎先生辨为出于六朝人。此篇之文亦与全书不类。盖仲景书经汉末丧乱即便散佚，后之编次者不止叔和一人，各以己意作为篇首耳。”[1]很明显，有些内容是从《内经》和《难经》中来，如肝病传脾，与《难经·十七难》所述治未病的内容相仿，文字也几乎一致。有关气候的未至而至等，在《素问》的“六节脏象论”如“六微旨大论”中都有论及。另外，也有来自《伤寒论》的内容，如表里治则。

2.《脉经》中的“五脏积聚”，在《金匮》中为“五脏风寒积聚病”，并增加了五脏的中风、中寒等内容。而《金匮》中的五脏中风中寒以及肝着、脾约、肾著等在.《脉经》中则收载在卷六的脏腑病证中，二者的原文及文字多寡几乎一致。此类内容在《中藏经》《千金》等书中的脏腑病证篇亦有反映。由此不免使人产生疑窦：目前《金匮》的“五脏风寒”是否为后人整理而添加？另外，《脉经》中有论五脏之积，此与《难经》所述不同，也可补《金匮》之未逮。

3.《金匮》中的许多方剂或有方有证的原文在《脉经》中竟无记载，如“血痹虚劳病”，《脉经》仅载方二首（黄芪桂枝五物汤、桂枝加龙骨牡蛎汤），小建中汤、八味肾气丸、薯蓣丸、酸枣仁汤、大黄䗪虫丸等均无反映，其他如胸痹心痛病仅出栝蒌薤白白酒汤。腹满、黄疸、痰饮、呕吐、下利等病证缺方甚多。《脉经》与《金匮》比较，很明显是论多而方少，是否由王叔和将方和论分离？考《旧唐志》和《新唐志》均录有“张仲景药方十五卷”，且注明王叔和撰，说明当时方药确实另有所编。

4.《脉经》中的不少内容有助于《金匮》原文的理解。如：阴阳毒，《金匮》中论述甚简，二者均用升麻鳖甲汤。而《脉经》中则为：“阳毒之为病，身重腰背痛，烦闷不安，狂言或走，或见鬼，或吐血下利，其脉浮大数，面赤斑斑如锦文，喉咽痛，唾脓血，五日可治，至七日不可治也。有伤寒一、二日便成阳毒，或服药吐下后变成阳毒，升麻汤主之。”“阴毒之为病，身重背强，腹中绞痛，咽喉不利，毒气攻心，心下坚强，短气不得息，呕逆，唇青面黑，四肢厥冷，其脉沉细紧数，身如被扗，五六日可治，至七日不可治也。或伤寒初病一二日便结成阴毒，或服药六七日上至十日变成阴毒，甘草汤主之。”《金匮》原文记载以发斑的情况为主，描述简略，而《脉经》的阴阳毒显然含有阳证和阴证的意思，故方剂也完全不同。再如痉病，《脉经》中对预后的描述：“痉病发其汗已，其脉浛浛如蛇暴腹胀大者为欲解，脉如故，反伏弦者必痉。”《金匮》的原文将以上内容分为二处，反而令人费解。又如虚劳病，《金匮》中桂枝加龙骨牡蛎汤证的原文在《脉经》中一分为二，即该方主证只强调失精、梦交，若出现少腹弦急阴头寒等明显寒象时，则当另外考虑方药。读《脉经》卷八，可以感觉其内容比《金匮》更加简洁明快，容易理解。

《金匮》妇人病分为妊娠、产后、杂病三篇，整齐划一，而《脉经》卷九有九篇（包括最后儿科一篇），其篇名如下：

平妊娠分别男女将产诸证第一
平妊娠胎动血分水分吐下腹痛证第二
平产后诸病郁冒中风发热烦呕下利证第二
平带下绝产无子亡血居经证第四
平郁冒五崩漏下经闭不利腹中诸病证第五
平咽中如有炙脔喜悲热入血室腹满证第六
平阴中寒转胞阴吹阴尘疮脱下证第七
平妇人病尘死证第八
平小儿杂病证第九

有关妇人病证的内容《脉经》明显比《金匮》要多，其第三篇与产后病篇、第六第七与杂病篇大多相符，而妊娠病的大部分内容为《金匮》所不载。与卷八相同的是，《金匮》不载的内容也是以论为主，或论多方少。在此必须考虑的一个问题是，为什么妇人病的内容二书会相差那么大？宋代王洙发现的《金匮玉函要略方》，妇人病及附方曾占据了整个下卷，推想其内容也相当丰富，也许可以与《伤寒论》或《金匮》前十九篇的内容相匹，而现在勒成三篇，是林亿所为，抑或林亿之前的人所为？这也更加提示了这样一个问题，即张仲景著作的内容理应比我们现在所见的要多，在流传过程中散失或被删除者也不少。王洙当时发现的也不过是个节略本，《脉经》可以为此佐证，唐代有些医书也可佐证，如《千金》《外台》均有散在的仲景遗文。这也告诉我们，在学习和研究古典医籍的过程中应该有历史的客观的眼光，既要尊重目前流传下来的典籍，也应该对其中的具体问题作出实事求是的分析，根据历史的发展作出适当的评价与补充。

《脉经》卷九妇人病的内容，很多为《金匮》所不载。有些属于糟粕当舍弃，如分别男女法等，今天看来实在荒诞不经。有些在中医妇科学中仍有一定意义，如激经、居经、避年等。有些则有助于我们对具体病证的理解，如郁冒，《金匮》作为产后三大病之一提出，但《脉经》的其他原文提示，该病所涉范围甚广。《金匮》不载的原文在表达方式上多采取问曰、师曰的问答形式，有浓厚的以脉论病的风格，有的近似于案例分析，具体地描述了症状和解释了病机。令人遗憾的是，此类原文基本未出方药，故其临床的使用价值大打折扣。

《脉经》的内容，据王叔和序文中称："今撰集岐伯以来逮于华佗，经论要诀，合为十卷。"实际上《脉经》并非单纯论脉之书，而是脉证并举，重视辨证与诊断，其前五篇重脉，后五篇重证，论脉的内容广采扁鹊、黄帝之说，也有其他诊断学著作，如《脉法赞》《四时经》等。而辨证的内容如舍弃《伤寒杂病论》是不可想象的，因为无庸置疑，仲景之书已经代表了当时的水平。当然，华佗等医家的典籍也在参考之列，如序文所说："其王、阮、傅、戴、吴、葛、吕、张所传异同，咸悉载录。"但，《脉经》是经，是经论要诀，故书中重论而轻方，卷八、卷九所举方名仅 96 首，比之《金匮》的 262 首，仅占三分之一强。

《脉经》与《金匮》都经过宋代林亿等的校订。从林亿的序文中可以看出，当时《脉经》有不同传本的流行。为了保证校订的质量，林亿"博求众本，据经为断，去取非私。大抵世之传授不一，其别有三。"[2]林亿等在校订过程中还"考以素问九墟灵枢太素难经甲乙仲景之书并千金方及翼说脉之篇以校之，除去重复，补其脱漏，其篇第亦颇为改易，使以类相从。"[3]《脉经》所载的方剂为何未出药物组成，是为林亿所删，抑或原来即如此？《金匮》是本方书，故林亿校订时目的明确，"以逐方次于证候之下，使仓促之际，便于检用也。又采散在诸家之方，附于逐篇之末，以广其法。"[4]根据《脉经》原文下林亿小字注有"要略云"，估计《金匮》的校订在《脉经》之前，故也有可能《脉经》中的很多方剂为林亿所删。同时也可以看出，《脉经》所载的《金匮》内容，与《金匮玉函要略方》毕竟属于不同的传本，年代久远，流传而异，造成不同的传本并行也是完全可以理解的。今天重温《脉经》，我们认为由于王叔和与张仲景的生活年代十分接近，又为当时的太医令，故最有可能接触到仲景的原著。造成《脉经》卷八、卷九与《金匮》内容差异的原因，存在多种可能性，值得今后认真考据。这些姑且不论，可以肯定的是，《脉经》所载的有关内容当更接近《伤寒杂病论》的原貌，因此《脉经》在《金匮》的研究中具有举足轻重的地位。

参考文献

[1] 陆渊雷. 金匮要略今释 [M]. 北京：人民卫生出版社，1995，1.

[2] 王叔和. 脉经 [M]. 上海：上海卫生出版社，1957，2.

[3] 王叔和. 脉经 [M]. 上海：上海卫生出版社，1957，3.

[4] 张仲景. 金匮要略方论 [M]. 北京：人民卫生出版社，1994，3.

《金匮要略》"狐惑"病名探疑

邓家刚　广西中医学院

《金匮要略》"狐惑"病是一种因湿热虫毒所伤，临证以目赤、咽喉及前后二阴腐蚀溃疡为特征的疑难杂病。关于"狐惑"病名的解释，特别是对"惑"的诠注，主要有以下两种较有代表性的观点：

其一，认为"狐惑"即狐疑惑乱。如《医说》："古之论病，多取象比类，使人易晓，……以时气声嗄咽干，欲睡复不安眠为狐惑，以狐多疑惑也"[1]。清·尤在泾在《金匮要略心典》中也说："盖虽虫病，而能使人惑乱而狐疑，故名曰狐惑"[2]。何任先生更直截了当地指出：狐惑病是因为患者"面色变幻和脉象的无定颇使人惑乱狐疑"[3]。

其二，认为"狐惑"之"惑"，乃"蜮"字之误。清·唐容川在《金匮要略浅注补正》中说："狐惑二字对举，狐字着实，惑字托空，文法先不合矣。虫蚀咽喉，何惑之有？盖是蜮字之误耳。蜮字篆文似惑，传写滋误"[4]。五十年代黄树曾先生承袭这一观点，再次认为"由于惑蜮二字篆文相似……传写时难免鲁鱼亥豕耳"，完全沿用了唐氏的说法[5]。由此，就产生了一种大胆的假设，即因于字体，因于传写，而致"惑"误作"蜮"。这一说法影响较广，以致其后问世的有关《金匮要略》释义的著作以及现行高等中医院校的教材，不少均奉此一家之言，1985 年出版的《金匮要略讲义》在对该篇的篇名解释时，开头一句就是："蜮字篆文似惑"[6]。似乎此说已成定论。

笔者在研读《金匮要略》时，对上述"惑"

误之说，颇有疑窦。经再三考查字体发展源流及《金匮要略》成书和流传的经过，终觉此说难以成立。理由如次：

首先，从字体发展源流来看，张仲景不可能以篆文著《伤寒杂病论》。我国汉字字体大致经历了古文——大篆——小篆——隶——真（楷）、行、草这样的演变和发展过程。从字体与时代的关系来看，秦以前为古文，秦后统一文字，一是由大篆改为小篆；二是推行新的书体——隶书。汉承秦制，在两汉时期，书写隶书已经作为一种国家制度，也是一种入仕的手段。当时就有："何以礼义为，史书而士宦。"史书即当时所称的"隶书"，意思是说，何必去讲究"礼义"，能写好隶书就可以为官做宦了。当然，各个历史时期的文化渊源不是截然割断，而是有所承袭的。隶书就分为秦隶和汉隶，秦隶是从小篆而来，仍然带有篆体的风格，但汉隶，特别是到了东汉晚期，汉隶已成熟定型，其风格已经不同于篆体了。因此，在西汉初期，依然存在篆隶夹杂的现象，而在东汉末年，隶书不仅成了当时的主流，并且发展产生了真（楷）、行、草等新的书体[7]，社会上流传的文献主要以隶书为主。

我们从甘肃武威东汉古墓出土的医简来看，就完全可以说明这一点。据专家考证，1972 年在甘肃武威旱滩坡汉墓出土的医简，其年代当属东汉早期，其"字体基本是隶书，但也兼有章草[8]。在所出土的92枚简牍中，不乏带有"心""虫"等偏旁部首的文字，如"愿""愈""哥""蜀""虻"等，但没有一个"心"字的形态是与"虫"字的形态相同的。另外，我们从张仲景个人情况来看，张仲景生活在东汉晚期，官至长沙太守，因此，既然隶书此时已是通行的官方文字，那么，作为朝廷命官，不论其所受的教育，仕途的影响，公务的需要，还是著书立说，都不可能不趋时务而弃简就繁，当然也就不可能用篆文来书写《伤寒杂病论》。

其次，从《金匮要略》的成书及其流传来看，不可能有篆书体的《金匮要略》传世。《金匮要略》的成书及流传，大体经历了三个历史时期，即东汉末年，张仲景撰成《伤寒杂病论》，后因连年战乱而散失；西晋王叔和搜集整理编成《伤寒论》，但未见杂病部分；北宋初期，翰林学士王洙发现《金匮玉函要略方论》残简，后由孙奇、林亿等校正编成《金匮要略方论》，嗣后才有了传世通行的《金匮要略》。研究书体文字的专家认为：书体在汉代基本上已臻完备，汉以后可以说不再有书体变化的问题，只是继承和盛衰的问题。以上三个历史时期，汉字的书体除东汉以隶书为主，兼行真、行、草外，魏晋以后，特别是到了唐宋，"真、行二体，是朝野通行的书体"。孙奇、林亿等人，均是朝廷官员，受朝廷之命行校正医书之事，理所当然要使用通行的规范文字来进行编撰工作。由此推断，林亿等人编《金匮要略方论》不可能是篆书体的著作。而宋·林亿等诠次的《金匮要略方论》现国内已无存，一般所据者均以明·赵开美校刻的《金匮要略方论》为蓝本，明代的版本更无篆文可言了。

综上所述，所谓"惑""蜮"因篆文相似而导致传写错误，不论其发生在哪个朝代，出于何种情形，其前提都必须是有篆书体的《金匮要略》存在和流传，事实上这个可能性是不存在的，因而这种因篆而误的说法是没有根据的。有鉴于此，笔者认为"狐惑"还是以"狐疑惑乱"理解为宜，是一种以该病症状变化无常的特点来命名的疾病名称。

参考文献

［1］宋·张杲. 医说. 上海：上海科技出版社，1984.
［2］清·尤在泾. 金匮要略心典. 上海：上海人民出版社，1975.
［3］何任. 金匮要略新解. 杭州：浙江科技出版社，1981.
［4］清，唐容川（秦伯未重注）. 金匮要略浅注补正. 大达图书局.
［5］黄叔曾. 金匮要略释义. 北京：北京人民出版社，1956.
［6］李克光. 金匮要略讲义. 上海：上海科技出版社，1985.
［7］包备五. 中国书法简史. 上海：上海书画出版社，1983.
［8］甘肃省博物馆. 武威汉代医简. 北京：文物出版社，1975.

论《金匮》"黄家所得"从"脾"得之

陈国权　湖北中医学院

《金匮·黄疸病》篇开首即云："寸口脉浮而缓，浮则为风，缓则为痹。痹非中风。四肢苦烦，脾色必黄，瘀热以行。"此风多解作热，此缓乃湿之征。黄疸病多缘于湿热的概念恐肇始于此。但同篇"……病黄疸，发热烦喘，胸满口燥者，以病发时火劫其汗，两热所得。然黄家所得，从湿得之。一身尽发热而黄，肚热，热在里，当下之"中论及"然黄家所得，从湿得之"，似令人费解。仔细想来，实则"从湿得之"之湿与"脾色必黄"之脾乃互辞，落脚点是“黄家所得，从脾（胃）得之”。现论述如下。

一、黄疸之疸的本义关乎脾

黄疸之“疸”，《康熙字典》云音“旦”，“黄病也”。故黄疸二字乃同义反复，意在强调其黄。《康熙字典》还引《方书》云：“疸有五：黄胖、黄疸、酒疸、谷疸、女劳疸。”显然，除黄胖以外，其余诸疸早记载于《金匮》。如同《痰饮病》篇篇名中之“痰饮”乃广义，苓桂术甘汤等所主痰饮乃狭义一样，《黄疸病》篇篇名中之“黄疸”也乃广义，茵陈五苓散等所主黄疸也乃狭义。与谷疸、酒疸、女劳疸并列。除谷疸、酒疸、女劳疸以及酒疸误治所致黑疸外，余多用“黄”字或“黄家”表述。如，第1条论及脾色必“黄”，第2、14条论及身（体）尽“黄”，第9条论及皆发“黄”，第8条论及一身尽发热而“黄”。

第22条论及男子“黄”，第8、10、14、16条皆论及“黄家”；第17、21条论及诸“黄”第7条论及微“黄”。此外，第12条则单纯论及“疸”。《金匮》的黄疸乃至酒疸误治危证、女劳疸失治兼症等，均关乎脾，因黄色应归于脾、责之脾。

二、黄疸形成责之脾

1. 谷疸之成　第2条云：“趺阳脉紧而数，数则为热，热则消谷，紧为寒，食即为满。……趺阳脉紧为伤脾。风寒相搏，食谷即眩，谷气不消，胃中苦浊，……身体尽黄，名曰谷疸。”第3条云：“阳明病，脉迟者，食难用饱，……此欲作谷疸……”趺阳脉候脾胃之气。脉数候胃热，热则纳腐太过；脉紧候脾阳虚而寒，转化不能。寒热蕴积中焦，久则波及血分而成谷疸；阳明病脉迟乃胃阳虚而寒，其纳腐不及，若勉强饱食则胃肠壅塞，腑病及脏（脾），波及血分而将成谷疸。一寒热，一寒湿，皆伤及脾胃而成或将成。

2. 酒疸之成　第2条又云：“心中懊侬而热，不能食，时欲吐，名曰酒疸。”《金匮》凡言“心中”，至少赅胃且多指胃，此条亦然。长期大量饮酒，酒热积胃，火性炎上，故不能食，食欲吐。久之胃热入脾，波及血分而成酒疸。

3. 女劳疸之成　第2条还云：“额上黑，微汗出，手足中热，薄暮即发，膀胱急，小便自利，名曰女劳疸；腹如水状不治。”额乃心之分野，房劳过度，肾精亏耗，虚火灼心，故色黑且微汗出；肾之虚热侮脾，达其手足中，故热；阴虚及阳，薄暮即发，膀胱急，小便自利；日久波及血分而成女劳疸。脾肾两败，故腹胀如水状，预后不良。

由是观之，无论谷疸、酒疸，皆首先伤胃，并由胃入脾。而女劳疸虽首先伤肾，但后必由肾侮脾。即尤在泾所云“肾劳而热，黑色上出，独脾病而黄外见也。”

此外，凡冠以“黄疸”者，如茵陈五苓散、大黄硝石汤及小柴胡汤等所主，其所成也多责脾（胃肠）。

三、黄疸误治、失治致变累及于脾

本篇第7条云：“酒疸下之，久久为黑疸，目青面黑，心中如瞰蒜齑状，大便正黑，皮肤爪之不仁……虽黑微黄，故知之。”酒疸本可下之，但必须“脉沉弦”即酒热偏于中下焦者方可下之。若不当下而下之或当下而大下之，均宜使酒热内陷血分，脾胃病及肾，而呈现黑中带黄之黑疸。脾主肌肉，误下则肌肉失主，故‘皮肤爪之不仁”。故此“黄”意味误治所致之黑疸也不离乎脾。

第14条云：“黄家日晡所发热，而反恶寒，此为女劳得之；膀胱急，少腹满，身尽黄，……大便必黑，时溏，此女劳之病，……”“大便必黑，时溏”乃女劳疸失治，肾病侮脾（与酒疸误治变证的演变正相反），湿盛于肠，血无所统而下溢所成。

四、黄疸治疗立足于脾

《金匮》治黄疸虽有利小便、通大便、通利二便（前后分消）、疏肝、和胃、解表、涌吐、上下分消及补益气血等九法[1]之多，但基本上都是立足于脾（胃）乃至肠，亦即立足于治土。

第11条云：“黄疸之病，当以十八日为期，治之十日以上瘥，反剧者为难治。”《脏腑经络先后病脉证》篇在论及肝病实脾时道：“四季脾旺不受邪，即勿补之。”四季即农历春夏秋冬的四个季月——三、六、九、腊的各最后十八天，这一年中的72天古人认为乃脾气当旺之季，故即令肝病亦无须乎实脾也。“十八日”乃脾之代指，即治疗黄疸必须十分注重脾气的旺盛与否。仲景论治黄疸病，将这一宗旨贯穿始终。如：治疗谷疸属于湿热的茵陈蒿汤，方中茵陈蒿入脾胃肝胆经，栀子入心肺肝胃经，大黄入脾胃大肠心包肝经，皆不离脾（胃），因“寒热不食，食即头眩”责之脾胃。故根据茵陈蒿汤脱胎而成的“茵栀黄”注射液，凡用之不当均宜伤及脾胃而不思食，正是因为该汤立足于治脾胃；治疗谷疸属于寒湿者，后世多主张用理中（人参）或四逆辈加茵陈，也不离乎脾；治酒疸的栀子大黄汤，可使胃中酒热上下分消，即尤氏所谓“栀子、淡豉彻热于上，枳实、大黄除实于中，亦上下分消之法也。”此外，酒疸“脉浮者先吐之，沉弦者先下之”皆立足于治土即胃肠。余如治黄疸病的茵陈五苓散可健脾利湿退黄，治“黄疸腹满，小便不利而赤”的大黄硝石汤立足于胃肠，治“诸黄”的猪膏发煎也立足于胃肠，治“黄疸病，小便色不变，……哕”的小半夏汤和胃降逆退黄，治“男子黄，小便自利”的小建中汤藉调补脾胃气血以退黄，治“诸黄，腹痛而呕”的小柴胡汤虽旨在疏解胆之湿热，但最后仍是为了救脾胃，盖此胆之湿热乃脾胃反侮而来尔！即令治黄疸兼表的桂枝加黄芪汤也不离脾胃，因该方能调和营卫，而营卫乃脾胃所化生。

唐容川道：“脾为太阴湿土，土统血，热陷血分，脾湿郁遏，乃发为黄。”《伤寒论》192条云：“伤寒脉浮而缓，手足自温者，是为系在太阴。太阴者，身当发黄……”此足证《金匮·黄疸病》篇的“湿”与“脾”乃互辞，且责之脾。如同《金匮》的胸痹病、消渴病涵盖西医学的冠心病、糖尿病一样，《金匮》的黄疸病也涵盖西医学的黄疸肝炎，且远远大于之。故黄疸病的治疗也远远不止于清利肝胆湿热，且用补法治黄疸也不足为奇。

参考文献

[1] 陈国权.《金匮要略》治黄疸九法探要. 中医函授通讯，2000，(5)：4.

（三）对《伤寒杂病论》理法方药的研究

论《伤寒杂病论》方药实用特色

聂惠民　北京中医药大学

《伤寒杂病论》是一部理、法、方、药融为一体的医学巨著，论辨证之理，其意深奥，叙治疗之法，广博而精详，组方用药，法则严谨，药味精简，奠定了辨证论治理论基础，树立了组方用药的典范。

一、《伤寒杂病论》组方法

1. 立法组方，严依病证。方证相应，是仲景组方的一大特点，其原则是以"凭脉辨证"为基础，根据四诊所获得的具体脉症，严格依据病证而确定立法组方的原则，方证相应，乃是法依证立，方随法出，故要求组成方剂，必须与病证相对应，这就是仲景指出的"病皆与方相应者，乃服之"，可见病证是组方的标准和依据。然病证又包含有病因、病机、病位、病性、病势等多种方面的概括，针对这些方面，确定组成方剂的基本要点，即祛除致病因素；防止病势发展；调和病机，康复功能。可见仲景组方体现其"观其脉证，知犯何逆，随证治之"的严依病证的组方原则。同时，仲景组方是在辨证立法的基础上，选择功能恰当，疗效卓越的药物做为组方的基本药味，而且尊重《内经》"主病之为君，佐君之为臣，应臣之为使"的组方层次，做为方剂的组成结构，故仲景所组之方，每首方剂之君、臣、佐、使，层次分明，配伍协调，功能明确，充分发挥其卓越效果。

2. 辨证用方，原则恒定。仲景运用方剂的恒定原则，是以"辨证"为前提，依据辨证结果，作为论治标准，以此选用方剂。如风寒表证当发汗或解肌，则采用麻、桂剂；里证热实，当攻下清里，则采用承气剂；里证虚寒，当建中温里，则采用建中、理中剂；表寒里饮，表寒里热，当表里双解，采用青龙剂等等，皆是先行辨证，继而立法；然后用方，这是固定不变的原则。同时，在方剂加减变化时，亦严格遵守"方随证变"的原则，即在辨清主证的基础上，查明兼症，根据主方加减变化，如太阳中风证兼喘，治以解肌祛风，兼以平喘，采用桂枝加厚朴杏子汤；太阳病误下，胸阳不振，脉促胸闷，治以解肌祛风，通阳散邪，采用桂枝去芍药汤；少阴病阴盛戴阳证，服白通汤发生格拒之象，治以破阴回阳，宣通上下，兼以咸寒反佐，采用白通加猪胆汁汤；"产后下利虚极"证，治以清热止利，养血补中，采用白头翁加甘草阿胶汤等。诸如此类，充分说明运用方剂及方剂的加减变化，均以辨证为用方的恒定原则。

3. 一病用数方，一方可多用。仲景运用方剂，常常灵活多变，这充分体现了"同病异治""异病同治"的精神。同是一种疾病，但由于人的体质或病机上的差异，或是病位的不同，故治法上往往有所区别。如同一胸痹病，因其有偏实、偏虚的不同，故论治用方有别。如阴邪偏盛，阳气不虚者，治宜通阳开结，泄满降逆，采用枳实薤白桂枝汤；若阳气已虚，当从缓救其本，治以补中助阳，采用人参汤。又如同是溢饮病，治疗"当发其汗，大青龙汤主之，小青龙汤亦主之"。就是针对溢饮的具体病情采用不同的汗法，可见同一种疾病，可以采用二、三首不同的方剂辨证施用，从而体现了"同病异治"的精神。另一种情况是，有时一方可以多用，多种不同的疾病，由于病因、病机或病位相同，故虽病名有异，症状不同，但其治法及用方亦可以相同，如原书中用肾气丸者有五：①治脚气上入，少腹不仁；②治虚劳腰痛，少腹拘急，小便不利；③治短气微饮，当从小便去者；④治男子消渴，小便反多，以饮一斗，小便一斗者；⑤治妇人烦热不得卧，但有饮食如故之转胞不得溺者。以上五种病名不同，症状有异，然其病机皆属于肾阳虚衰，气化不利，故皆采用肾气丸以扶助肾气。又如五苓散，既可用于痰饮，亦可用于消渴，这二种病证虽有差异，但皆属水邪为患，故同用五苓散。葶苈大枣泻肺汤，既可用于肺痈，又可用于支饮，前者属于风热为病，后者属于饮邪为患，病因虽异，病机皆是痰涎壅塞于肺，故均采用葶苈大枣泻肺汤。以上均属一方可以辨证用于多种不同病症之例，从而体现了"异病同治"的精神。《金匮要略》中将同一首方，用于治疗不同病证，反复用两次以上者，即有18首之多，除上所举，还有大、小承气汤、小柴胡汤、小建中汤、防己黄芪汤、桂枝加黄芪汤、当归芍药散、蒲灰散等，均可一方用于不同的病证。可见仲景运用方剂，一病可用数方，一方可治多种病证，然而形式上虽然表现不同，但实质上仍然反映了辨病与辨证相结合的论治精神。

4. “合方”法则，堪称创举　“合方”是指两首或两首以上方剂合并使用，是方剂加减化裁的一种特殊方式。这种合方论治的理论和运用，出自于《伤寒论》，可以说是仲景组方之心法。在《伤寒论》第23、25、27条明确提出了桂枝麻黄各半汤、桂枝二麻黄一汤、桂枝二越婢一汤，以及柴胡桂枝汤等。“合方”出现的前提，是在应用原有单一方剂出现某些不适应或效果不佳的情况下应运而产生的，是在应用原有单一方剂已不适合病证变化的情况下，根据辨证重新组合的方剂。如桂枝麻黄各半汤，是麻黄汤与桂枝汤两方相合，各取其剂量之半，即1：1用量合方，用于太阳病表郁邪轻之桂麻各半汤证，因为邪郁于表，不得汗出，但不宜麻黄汤峻发其汗，而桂枝汤调和营卫，又难以开其表闭，因此采取两方相合，集两方之功效于一方之中，既可解表发汗，又能调和营卫，刚柔相济，恰到妙处，而收小汗解邪之效。故形成辛温轻剂之小汗法。桂枝二麻黄一汤，为辛温轻剂之微汗法；桂枝二越婢一汤，是桂枝汤与越婢汤相合，为微汗宣郁清热之剂。此外有柴胡桂枝汤，是小柴胡汤与桂枝汤两方相合，取其两方各用半量而成，用于太阳、少阳并病，可收太阳、少阳双解之功。可见合方的原则，须根据病因病机与所合方剂的功效相结合而定。至于合方时所采用方剂的比例，则应根据病情的需要，决定其在合方中的主辅或均等关系，使所合方剂在合方中发挥它应有的疗效。仲景合方创出了组方的一种新途径，两方相合，作用协同，功效相加，同时可以在某些方面产生新的功效，故合方法对后世医学产生了极其重大的影响，而且延续至今，形成“合方”的三种形式，即经方与经方、经方与时方、时方与时方相合。以小柴胡汤举例而言，如《素问·病机气宜保命集》的柴胡四物汤（小柴胡汤合四物汤）；《景岳全书》的柴平散（小柴胡汤合平胃散）；《伤寒蕴要》的柴胡建中汤（小柴胡汤合小建中汤）等。以承气汤举例而言，如《伤寒直格》的三一承气汤（三承气汤合方）；《温病条辨》的承气陷胸汤（小承气汤合小陷胸汤）；《温疫论》的承气养营汤（小承气汤与四物汤合方）等；此外，如八珍汤（四君子汤合四物汤）；胃苓汤（五苓散合平胃散）等，后世这些合方的产生，无疑均源于《伤寒论》的启迪。仲景合方法的研究在日本亦受到重视，如《皇汉医学》的柴苓散（小柴胡汤合四苓散）；柴陷汤（小柴胡汤合小陷胸汤）等，可见仲景合方理论为后世医学尤其是方剂学的发展奠定了基础。

5. 一方二途、综合调节　仲景组方往往一方之中包括不同的治疗途径，以达到综合调节的作用，从而提高方剂的疗效。一部分经方具有综合调节作用，概括有几种：①开合相济法：见于桂枝汤治太阳中风证，以桂枝解肌发汗，开表祛风，芍药敛阴和营，固表止汗，桂芍相配，于发汗之中寓有敛汗之意，和营之中具有调卫之功，发汗以止汗，一开一合，相济而彰。又如防己黄芪汤用于风水表虚证，黄芪益气固表，防己利水祛风，亦开合相济。②寒热并用法：见于半夏泻心汤治寒热错杂痞。以黄芩、黄连苦寒以泄热，干姜、半夏，辛热以散寒，寒热并用，辛开苦降，清热不伤正，散寒不助热，相得益彰。③阴阳两补法：如炙甘草汤治“脉结代，心动悸”，以炙草、人参、桂枝益心气壮心阳，生地、阿胶、麦冬、麻仁，养心血、滋心阴，温热壮阳而不损阴，寒凉滋阴而不伤阳，阴阳互根，两补皆受益。芍药甘草附子汤治汗后恶寒之虚证，芍药、甘草酸甘化阴，附子辛热，温经复阳。肾气丸治虚劳证，以地黄、丹皮、山茱萸、山药、泽泻、茯苓，补阴之虚以生气，以附子、桂枝暖肾益火，助阳之弱以化水，此乃温阳益阴之良剂。④攻补兼施法：如十枣汤治悬饮，以甘遂、芫花、大戟逐水攻邪，肥枣甘温益气而扶正，乃收攻补兼施之效。鳖甲煎丸治“结为癥瘕，名曰疟母”，以桃仁、䗪虫、鼠妇、葶苈、瞿麦、芒硝、大黄等祛瘀通滞行水，人参、阿胶补气养血，并配柴胡、桂枝、半夏等品调寒热，畅气机，此亦攻补兼施之剂。⑤滋利同用法：如猪苓汤治阴虚水热互结小便不利证，以二苓、泽泻、滑石淡渗清热利水，阿胶益阴润燥，而收利水不伤阴，滋阴不碍湿的效果。⑥宣降共调法：如半夏麻黄丸治“心下悸”，伴有喘、呕等饮盛阳郁致悸者，以麻黄通阳宣肺，半夏蠲饮降逆，此宣降同调，宣而不逆，降而不陷，恰到好处。⑦润燥同治法，栝蒌瞿麦丸治下寒上燥之“小便不利者，有水气，其人若渴”，此方用栝蒌根、薯蓣清热生津润燥，附子温阳燥湿，瞿麦、茯苓淡渗利水，此方配伍附子温燥而不耗津，栝蒌根寒润而不伤阳，而能温阳化气，使津液上承，水气下利，达到润燥同功；又如柴胡桂枝干姜汤治疗少阳病兼气化失常证，方用干姜、栝蒌根，亦具有润燥同治之功。诸如上述，仲景组方往往使用一方二途，综合调节以适应错综复杂的疾病或证候中存在着的相互矛盾的病理机转，而收到更好的治疗效果。这一组方方法，开拓了临床辨证和治疗用方的思路和方法。总之，仲景组方法的特点，可概括为：组方严谨，药味精简，法依证立，方随法出，方证相应，原则明确，化裁灵活。

二、《伤寒杂病论》用药法

1. 重视单味药的功效。仲景针对病机，专病使用专药，充分发挥单味药的主治功能。如用茵陈退黄、黄连泻火、苦参杀虫、蜀漆祛痰疗疟，鸡矢白散以治转筋入腹等，均突出了单味药的专用意义。

2. 重视配伍，发挥“药对”功效。药物的配伍，主辅作用的发挥，不同功能的协同，尤其是“药对”协同作用的发挥更是其一大特长。例如桂枝一味药的配伍，应用于不同方剂之中，即可发挥多种不同的功效。如桂枝汤之桂芍相配，调和营卫；麻黄汤之桂、麻相伍，增强发汗之力；黄连汤之桂枝、茯苓相伍，化气行水；桂枝人参汤之桂、参相伍，补虚解表；炙甘草汤之桂枝、生地相伍，滋阴补阳；桃核承气汤之桂枝、大黄相伍，化瘀泄热；此外，桂枝加桂汤、桂苓五味甘草汤，用以下气降逆；小建中汤、黄芪建中汤，用以健运中气；桂枝乌头汤，用以散寒止痛，等等。又如附子的配伍应用，配干姜回阳救逆；配白术温散寒湿；配薏苡仁缓急止痛；配大黄温阳通便；配乌头峻攻阴邪等，不胜枚举。如上所述，药物的原有功能，经过配伍，既可增强疗效，又能扩大应用范围，从而形成许多“药对”，是仲景用药的一大特长，亦为后人开创了用药的规律。

3. 方剂中药物加减变化灵活。仲景用药既有按法立方，据证用药的严格原则，又有化裁的灵活变化。唐容川称曰“仲景用药之法，全凭乎证，添一证则添一药，易一证亦易一药。”这正是仲景加减用药的原则。对药物的变化采用如下方法：①药味增减：如治胸痹病，解除胸痛，只选用栝蒌薤白白酒汤；若见水饮上逆，而不得卧者，则加半夏，形成栝蒌薤白半夏汤。如太阳中风证，用桂枝汤调和营卫，解肌发汗，若兼阳虚漏汗者加附子，形成桂枝加附子汤；若兼项背拘急不舒者，加葛根，形成桂枝加葛根汤等。②药量增减：如桂枝加桂汤，加重桂枝以平冲降逆；小建中汤倍芍药以缓急止痛，通脉四逆汤重用干姜以温阳散寒等，均是药物剂量的改变而增强或扩充了方剂的功用。

4. 重视药物炮制煎服事宜。仲景对药物炮制、煎服方法，皆以病证需要而变化。如附子的用法，生用则回阳救逆；炮用则温经止痛。甘草炙用则温气，生用则泻火等，又如大黄酒洗，水蛭须熬，皆在炮制之例。对方药的煎服法要求更是考究，如①药物煎法：有先煎后下、煮去上沫、去滓再煎、煮丸冲散；②煎药溶剂：有水煎、水酒各半、甘澜水、潦水、清浆水、苦酒等。③药物服法：温服一升、日服二三次、顿服之、少少温服、少少含咽、先食而服、平旦服等。④药后护理：如服后啜粥、温覆取汗、多饮暖水、汗多温粉等。⑤药后宜忌：如禁食生冷、粘滑、肉麦、五辛等。诸如上述皆视病情需要而取之。

5. 观察药效，“严守法度”。服药后须严密观察病情，对药效的发挥，掌握“以知为度”，不可太过，亦不可不及，仲景在“方后注”中常有注明，大致分为不效继服或中病即止。如服桂枝汤后，“汗出病差”，见效停药；“不汗更服依前法”，并缩短服药间隔。大陷胸汤，“得快利，止后服”，大承气汤，“得下，余勿服”；桃核承气汤，“当微利”；牡蛎泽泻散，“小便利，止后服”；桂枝去桂加茯苓白术汤，“小便利则愈”；五苓散，“汗出愈”等，均说明见效停药，中病即止，不可过剂。再如抵当汤，“不下复服”；理中汤，“腹中未热”须增加药量；十枣汤，病不除者，可增加药量等，均是谨守病机，严守法度，以平为期，可见对药效的观察，具有很高的科学性、法则性、规律性、实用性，临床不可忽视。

6. 创制了多种药物剂型。如有酒剂，饮剂、煎膏剂、醋剂、洗剂、浴剂、熏烟剂、熏洗剂、滴耳剂、吹鼻散剂、外用散剂、舌下散剂、软膏剂、阴道栓剂、肛门栓剂等，可施予不同的病证。

总之，上述仲景用药法的丰富经验，通过实践证明，皆为行之有效的制剂方法，直至今日仍为中医药学所运用，并取得了优越的效果，为制剂学增添了丰富的内容，也确是值得提倡开发的技术。

方证对应研究

张兰凤　王　阶　中国中医研究院西苑医院
王永炎　中国中医研究院

方证对应是对方剂与证候两者间关系的一种阐述，它强调方与证的对应性，方证对应，则如百钧之弩，一举贯革，方证不对应，虽弓劲矢疾，去的弥远。因此方证对应成为临床取效的前提，有较大的实用价值。本文就方证对应相关理论探讨如下：

一、方证对应的概念及渊源

方证对应也称方证相应，是指方剂的主治病证范畴及该方组方之理法与病人所表现出来的主要病症或病机相符合。无论是先辨证后处方（辨证论治），或是先有处方，后辨方与证相符与否（方剂辨证），都以方证对应为原则。即方证对应是辨证论治与方剂辨证的总目的。

方证对应的思想就是以药物（方）的阴阳寒热之偏来纠机体阴阳寒热之偏（证）。热证用寒药，寒证用热药，虚证用补药，实证用泻药。这种法则在《素问·至真要大论》中有诸多论述，如："热者寒之，寒者热之，微者逆之，甚者从之，坚者削之，客者除之，劳者温之，结者散之，留者攻之，燥者润之，急者缓之，散者收之，损者温之，逸者行之，惊者平之，上之下之，摩之浴之，薄之劫之，开之发之，适事为故"等等。

《汤液经法》中记述前人所用某个方剂的组成和其适应证[1]，如：大小、二旦、六神等方剂及方剂的适应证，较明确的体现出方证的对应关系。张仲景本《神农本草经》与《汤液经法》撰《伤寒论》，即高度重视《汤液经法》中的方证对应关系，明确提出方证对应。如：《伤寒论》中的桂枝汤方证源于《汤液经法》中的大青龙汤方证，黄芩汤方证源于小阴旦汤方证，小柴胡汤方证源于大阴旦汤方证，白虎汤方证源于小白虎汤方证，竹叶石膏汤方证源于大白虎汤方证，黄连阿胶鸡子黄汤方证源于小朱鸟（雀）汤方证，真武汤源于小玄武汤方证……。《伤寒论》第16条："观其脉证，知犯何逆，随证治之。"第317条："病皆与方相应者，乃服之"，使方证对应更趋明确。

二、方证对应的发展

辨证论治过程中应该先明证候，并据证立法，由法定方，方证对应，使方具有明确适应证，这种方法是理法方药一体化的归结，张仲景《伤寒杂病论》问世，创立六经辨证论治体系，把前人总结起来的方证对应思想纳入六经体系，开创了方剂辨证的先河。有是证则用是方，以方名证。如"柴胡证仍在，复与柴胡汤"。经方方证结合紧密，有证即有其方，有方即有其证，经方依证而立，证方非常贴切，成为临床取效的关键，故运用历经千年而不衰。

仲景之后，方证对应为医家临证所用，渐成气候。隋唐孙思邈遵循张仲景方证相应的这一原则，对《伤寒论》病脉证并治体系进行了重构，建立了"方证同条，比类相附"的方证体系，使方证互相对应，合而一起，互不分离，医者只要视方与证相符，可随即施药。宋代孙奇等在校正《金匮要略》时，于序中称："尝以对方证对者，施之于人，其效若神"可见检验方证之相符者，施之于人的风气在当时已相当流行。宋代朱肱对方证相应说作了更明确的阐述，他将方证简称为药证，他说："所谓药证者，方前有证也，如某方治某病是也"，并指出，"须是将病对药，将药合病，乃可服之"。

清代以后，仲景方证相应说越来越受到医家的重视，如喻嘉言将方证相应说通俗地解释为"有是病即用是药，病千变药亦千变"喻氏之后，伤寒家柯韵伯在《伤寒来苏集》中高度评价方证相应的思想，认为"仲景之方，因症而设，非因经而设，见此症便与此方，是仲景活法"。清代名医徐灵胎对方证相应说的阐述更为深刻，他在《伤寒论类方》中指出："方之治病有定，而病之变迁无定，知其一定之治，随其病之千变万化而应用不爽。"

至近现代，方证相应说仍为许多医家所推崇，曹颖甫、陆渊雷、祝味菊等医家在中医处在危急存亡之际，致力于方证研究，为保存中医学术作出了贡献，现代名医岳美中、吴佩衡、范中林、胡希恕等临床擅用经方，在方证识别和古方今用方面积累了许多经验[2]。堪可垂范后人。

三、方证对应的现代认识

1. 方证对应是方剂与主证相对应　证有主证、兼证、变证、夹杂证之分，主证是指决定全局而占主导地位的证候，针对主证处方才能解决主要矛盾，主证得以解决，对附属于主证的兼证、变证、夹杂证也就自然迎刃而解[3]。例如太阳中风的桂枝汤主证是以汗出、发热、恶风为主，伤寒的麻黄汤证以无汗、恶寒身痛为主，少阳病的柴胡汤主证为口苦、喜呕、胸胁苦满为主，因此以汗出、发热、恶风为主证者给以桂枝汤，以无汗、恶寒身痛为主证者，给以麻黄汤，以口苦、喜呕、胸胁苦满为主证者，给以小柴胡汤。以此而收主证主方，方证相应之效。

2. 方证对应指征不变方亦不变，方随证变，随证加减　《伤寒论》方剂配伍极其严谨，具有规范性，又有灵活性，往往是一味药的变动，或仅是一味药的增减，作用就显著不同，故仲景示人在辨证治疗中要随证加减。论中小青龙汤、小柴胡汤、真武汤、通脉四逆汤、理中汤等方后都附有加减法，条文中也屡见不鲜，如"发汗吐下后，虚烦不得眠，若剧者必反复颠倒，心中懊憹，栀子豉汤主之。若少气者，栀子甘草豉汤主之。若呕者，栀子生姜豉汤主之”。

3. 方证对应是方证间病势、病位、病情、病性相对应　证包含4个基本要素，即病变部位（定位）、病势缓急（定势）、病情盛衰程度（定量）和疾病性质或属性（定性），相应地，方也包括4个基本要素，即方药作用部位（定位）、方药作用缓峻（定势）、方药作用强度（定量）和方药作用性质或属性（定性），因此方证对应关系应遵循定位同步原则、定势同步原则、定量同步原则以及定性同步原则[4]，这些原则使方证对应达到了较高的境界。

4. 方证对应是一个动态对应　医生综合临床信息，进行临床思维，以方对证或据证用方，使方与证相对应，药物进入人体后，证对方有亲和、选择作用，没有这样一个证，方的这部分有效成分就不能或难以发挥作用，甚至可能是无效成分。方作用于证，使证递减与转化，方的利用率发生变化，方药利用则呈下趋之势。此时方证之间就产生一定差距，由对应到不对应或对应程度较差，临床上就应密切注意观察病情变化，及时调整和缩短方证之间的误差和距离，直到疾病痊愈。

5. 方证对应中方剂是有证而为，无证而不为　伊藤嘉纪通过对五苓散方证的研究认为，五苓散的利尿作用是通过调整渗透压的调节点来恢复水液代谢正常的，给正常人和动物服用五苓散，看不到利尿现象，如让人和动物出大量的汗，造成津伤表虚出现五苓散方证后，再给五苓散，则看到明显的利尿作用。因而认为五苓散方与五苓散证之间存在着特异的方证对应关系。肝火犯胃，胃失和降，嗳气吞酸等，可用左金丸，肝寒犯胃，胃失和降，胃痛嘈杂，舌淡苔白，则用反左金。通过动物造模制成胃热证与胃寒证，用左金丸治疗胃热证，则可看到胃黏膜损伤有修复，而用于治疗胃寒证，胃黏膜损伤没有修复，用反左金治疗胃寒证，则可看到胃黏膜损伤有修复，用于治疗胃热证，胃黏膜损伤没有修复。以上实验说明对证治疗时，才能体现药物的治疗作用。不对证治疗或机体处于非证候状态时，则治疗作用不明显。

6. 方证对应可以是一方多证　方证对应不仅可一方与一证相对应，也指一方与多证相对应。方剂由药物组成，其中蕴含了药物功效、四气五味、归经等方面的特性，方剂的功效取决于药物的特点。研究发现，一种药物在同一首方中，取其中的功效，对应相关的疾病，由于同一药物的不同组分具备另外的功效，故本方还能对应另一种疾病。改变方剂的某一药的配伍或配比，即出现不同的功效，从而主治不同的病证。即一方可与多证相对应。例如旋覆代赭汤《伤寒论》中用于治疗“伤寒发汗，若吐，若下，解后，心下痞硬，噫气不除者”。切中痞证的胃气上逆，噫气不除，是方证相符。《本草纲目》谓代赭石：“除五脏血中热……大人小儿惊气入腹……止胃吐血鼻衄”，可入肝。旋覆花可“利大肠，通血脉”，李时珍认为可人肺与大肠经，因而旋覆代赭汤可用于肝火结痰犯肺兼鼻衄之疾，代赭石镇肝除热止鼻衄，旋覆花可利大肠降肺气，通血脉使血行正常，半夏化痰，人参、大枣、生姜和胃健脾，以防金石伤胃，又可培土生金防肝气再犯，则是药证相符，故能取效，并历用千年而不衰。

7. 方证对应是中医治病的优势和特色　中医学在认识疾病过程中，没有采用西医的分析还原的方法，治病也没有从寻找特异性病因入手，而主要观察和辨别患者的机体反应状态，即使病因不同，主要反映状态相同，也给以相同的方药治疗。另一方面，按西医诊断认为是同一种疾病，由于患者的反应状态不同，所处的方药就不同。所以方证成为中医学诊断治疗最为重要的单位。临床上疾病谱不断变化，但机体反应方式的证没有变，抓住证候，就能使用古方治今病。即使是那些病因尚不明确或无特效疗法的疾病，中医仍有其治法。目前用黄连解毒汤治疗脑血管意外，用白虎汤治疗乙型脑炎，用半夏泻心汤治疗幽门螺旋菌感染，用小柴胡汤治疗艾滋病等报道，即是中医特色优势的最好诠释。

四、方证对应与辨证论治的关系

1. 方证对应是辨证论治的重要环节　辨证论治是理、法、方、药的有机结合体，辨证是理，论治是立法、处方、用药，理、法、方、药环环相扣，证变则法、方、药都变，即随证治之，证不变则法、方、药都不变，即方证对应。经过千百年的不断研究总结，辨证论治形成了八纲辨证、六经辨证、卫气营血辨证、气血津液辨证、脏腑辨证、病因辨证、经络辨证、三焦辨证、方剂辨证等多种辨证方法。不管何种辨证方法，最后总要落实到一个证和一个或几个与之相对应的方剂上进行治疗，证与方剂之间愈是丝丝入扣，疗效就愈佳。这是由于方剂是根据证而立法选药、配伍组合而成，方与证之间有着内在的牢固的对应关系。这就是辨证论治中的方证对应。因此，当辨证论治成为一个完整的中医诊治体系时，方证对应便成为辨证论治中的一个重要环节。方证一体是《伤寒杂病论》的治疗体系，有是证用是方，每一个方剂都有明确的适应证候，方与证相对应，到了“非此方不能治此病的”程度。

2. 成方应用是辨证论治、方证对应的产物　成方产生于辨证论治，有其适应证，辨证论治是成方后对证用方，也是遵循方证对应的原则。著名医家邓铁涛[6]说：“有人认为用专方专药治病就不是辨证论治，这是误会。专方专药用在辨证之后，治疗用药有大方、小方、奇方、偶方、复方，专方专药是论治上的取舍……有人认为经常转换方药才是辨证论治，这也是一种误解。证变则方亦随之变，证不变则效不更方。当然若对慢性病，服药时间较长，根据患者的证情，加减一二味，亦每每有好处，但治疗之大原则未变。”有些成方往往是在临床应用中对其适应证疗效显著，可重复率高而被作为成方使用。对于不断变化的证候，成方的应用不如汤剂的灵活性大，但对于一些稳定性慢性病，成方与成方的配合应用也可弥补这方面的缺点。而对于急性病，适应证吻合的成方也有其用武之地。

方证对应为辨证论治原则之一。在临床应用中遵循辨证论治、方证对应的原则而产生了方与适应证的一套规则。方证贴切，疗效显著，进而产生了以方辨证，又是一种独特的辨证模式，属于辨证论治方法的一种。方证对应与辨证论治并不矛盾，辨证论治包括方证对应，方证对应是中医辨证论治原则的体现。成方的应用既是辨证论治的结果，也是遵循方证对应原则的体现。抓住方药与证，寻找证与方药的对应关系，弄清方药所以取效的机理，具有中医特色，且临床运用价值极大。

参考文献

[1] 刘秀清，冯世纶.《伤寒论》的方证体系初探. 中国中医基础医学杂志，1995；1（1）：50－52.
[2] 黄煌. 论方证相应说及其意义. 中国中医基础医学杂志，1998；4（6）：11－13.
[3] 刘渡舟. 方证相对论. 北京中医药大学学报，1996；19（1）：3－5.
[4] 袁冬生. 论方剂教学中的方证对应关系. 江西中医药，2000；31（3）：4.
[5] 方证从化说理论探索. 司瑞圣，尚海峰，石洪超. 中国中医基础医学杂志，2001；7（7）：25－28.
[6] 邓铁涛. 再论辨证论治. 新中医，1999；31（4）：8－9.

《伤寒论》方族及其研究

傅延龄　郑全雄　丁晓刚　陈美惠
北京中医药大学

一、《伤寒论》方族

所谓《伤寒论》方族，是指《伤寒论》方以及在其基础上衍生出来的方剂形成的一个个方剂群。一首方剂及其衍生方组成一个方族。

人们比较熟悉“类方”的概念。“方族”与“类方”不同。类方仅仅表示方剂在结构上属于同一类别。而方族除了表明方剂在结构上属于同一类别以外，还表达出类方在源流上的母子关系和在时间上的先后关系。

二、母方与子方

在论方族时，《伤寒论》方可以称为“母方”，其衍生方可以称为“子方”。如由小柴胡汤衍生出“柴胡四物汤”和“柴胡加芒硝汤”等，小柴胡汤是母方，而柴胡四物汤和柴胡加芒硝汤等便是子方。

1. 子方的标准

（1）母方的变化较小，如加减一、二味药物而形成的方剂，母方的整体结构没有大的改变。如“四苓汤”“四君子汤”“三拗汤”等。在这种情况下，子方的方义可能与母方保持基本一致，但也可能有较大的变化。

（2）方剂名称表明是《伤寒论》方加减变化而来的方剂，如“丁蔻理中汤”“茵陈五苓散”“柴胡加芒硝汤”“三一承气汤”等。在这种情况下，即使子方对母方加味很多，它也是该母方的子方。如“柴胡加龙骨牡蛎汤”，母方7味，加桂枝、茯苓、龙骨、牡蛎、铅丹、大黄6味，无论从绝对数还是从相对数来讲，加味都已很多，但它无疑还是小柴胡汤的子方。又如罗应章《经验医库》“加减大柴胡汤”，其方由柴胡、黄芩、大黄、枳壳、桔梗、青皮、连翘、栀子、厚朴、黄连组成，增损甚多，但它无疑还是小柴胡汤方族的子方成员。

（3）制方者明确说到其方是由《伤寒论》化裁而来的方剂：如俞根初《通俗伤寒论》增减黄连泻心汤：小川连八分，青子芩钱半，飞滑石六钱，淡竹沥二瓢，小枳实钱半，仙半夏钱半，尘苡仁五钱、生姜汁二滴同冲。原书明确地说，此方“从仲景方加减”，故它也是一首《伤寒论》子方。

此外，还有一类方剂，其创制人已经说明该方是根据《伤寒论》方的立意而创制，如张锡纯的“代麻黄汤”“犹龙汤”，《通俗伤寒论》的代抵当汤等，从某种意义上讲，这类方剂也可以视为《伤寒论》的子方。

2. 子方出现的原因　《伤寒论》子方出现的原因较多，首先是临床治疗的需要，其他如医生对疾病和方剂的理解和认识、医生的用药习惯等，都促使他们对《伤寒论》方进行化裁，创制新方。有一个值得指出的原因是，创制新方的医学家，他们其实都是张仲景方的爱好者，他们部分的是经方派医家，如陶华、徐大椿、俞根初者便是。归纳起来，《伤寒论》子方的出现大抵有六类原因。兹分述如下：

（1）复杂临床病情的需要：《伤寒论》仅有113方，数量无多。方有限，病症无限。若不加减，定难满足临床需要。《伤寒论》方原为外感疾病而设。即使为外感疾病，其方也不够应用，更何况其应用早已扩展到了内伤疾病。在内伤杂病临床上，《伤寒论》原方更加不敷应用。此外，古今疾病谱也是在不断变化，后世出现的一些病症，仲景时代可能也并不多见。故《伤寒论》方必须加减化裁，乃能满足临床之需。

（2）制方者医学观念的影响：应该承认，不同的医家对于《伤寒论》方的认识可能会有不同。如避温热药物，小青龙汤去麻辛汤，炙甘草汤演变为复脉汤等。须知这样表述并不是说方剂的变化是疾病的需要，而只是医生的认识问题，包含较多的主观性。如清·徐大椿《伤寒约编》桂枝去姜桂加龙骨牡蛎汤，方由龙骨三钱（煅）、牡蛎三钱（煅）、甘草五分、白芍钱半（炒）、大枣三枚组成。主治伤寒被火，惊狂，起卧不安，脉数。徐氏自解方义：“火迫劫汗，心阳外亡，故惊狂烦躁，起卧不安也。芍药、甘草缓中敛血，合大枣补中气，以振营卫之阳。龙骨、牡蛎咸以补心安神，涩以益阴固脱，俾阴阳和平，则神明得旨，而惊狂烦躁无不自安矣。此安神救逆之剂，为虚神不守舍之专方。”徐氏却没有解释去姜、桂的原由。《伤寒论》对于此种火迫劫汗，心阳外亡，惊狂烦躁，起卧不安病症的治疗，用桂枝救逆汤，乃桂枝汤去芍药加蜀漆、牡蛎、龙骨，未尝去姜、桂。本症心阳亡伤，当补益心阳，不用姜、桂，阳何以复？笔者认为，徐氏用此方，所以去姜、桂者，大概是出于避其辛温的考虑。

（3）《伤寒论》方本身存在不足：毋庸否认，仲景《伤寒论》方不可能是十全十美的。而任何方剂，相对于某种病症来讲可以称得上是一首很好的方剂，而倘若超出这一定的范围，它可能就显示出某些不足。从这种意义上讲，任何方剂都存在不足。所以对方剂进行加减化裁往往是必要的。下面举例说明之：

①调胃承气汤（俞根初《通俗伤寒论》）

生锦纹一钱酒浸、清炙草五分、鲜生姜一片、元明粉五分、大红枣二枚。

何秀山按：“调胃者，调和胃气也。大黄虽为荡涤胃肠之君药，而用酒浸，佐甘草者，一籍酒气上升，一籍炙甘草甘缓，皆以缓大黄之下性。然犹恐其随元明粉咸润直下，故又使以姜、枣之辛甘，助胃中之升发之气。元明粉之分量，减半于大黄，合而为节节弥留之法。否则大黄随急性之元明粉一直攻下，而无恋膈生津之用，何谓调胃耶？此为阳明燥热初结胃腑之良方。”由何秀山这段话可见，《伤寒论》调胃承气汤旨在清泄热邪，调和胃气，虽然采取了大黄酒制、甘草缓之、大黄甘草同煮的“节节弥留”之措施，但其方的恋膈之性犹嫌不足，故又使以姜、枣，以助胃中之升发之气。

②新加白虎汤（俞根初《通俗伤寒论》）

苏薄荷五分、拌研，生石膏八钱，鲜荷叶一角、包，陈仓米三钱，白知母四钱，益元散三钱、包，鲜竹叶三十片，嫩桑枝二尺、切。

按照何秀山的解释，此新加白虎汤，加薄荷、荷叶、竹叶、益元散，轻清宣透，淡渗去湿，去甘草之壅，以利于外散下渗，如此加减，“既有分解热郁之功，又无凉遏冰伏之弊，较长沙原方尤为灵活。此为辛凉甘寒、清解表里三焦之良方。”由何秀山此论可见，白虎汤原方似乎有导致凉遏冰伏的可能。

（4）制方者用药习惯的影响：不少医家在临床上形成了用药习惯，治疗某些病，就爱用某些药，于是就将那些药物加进原方。如有一些温病学家，不敢用《伤寒论》方，或用《伤寒论》之方，而惧怕其中的温热药物，畏若蛇蝎。最为典型的例子是温病学家用小青龙汤去麻黄、细辛，用炙甘草汤去生姜、桂枝，如此便产生了相应的子方。三拗汤用麻黄而不用桂枝，其实也是习惯问题。桂枝本来有治咳喘的作用，去之何益？用之何妨？吴鞠通看到了这种现象，故他说：“医者之于药也，不可有丝毫成见。不可有好用之药。有好用之药，必有不当用而用者，病人死于是矣。不可有畏用之药。有畏用之药，必有当用而不用者，病人又死于是矣。”（《医医病书》）如庞安常在治疗邪气在表时，喜用防风、川芎、羌活、白芷等物，故他即应用《伤寒论》方，也每每添入这几味药物，如：

疏邪实表汤：桂枝三分，赤芍、白术各一分，防风、川芎、羌活各八分，甘草二分。水二盅，姜三片、枣二枚，槌法加胶饴二匙煎之，温服。

升麻发表汤：麻黄四分，桂技、甘草各三分，杏仁（去皮尖）、白芷、防风各八分，升麻五分，羌活、川芎各一钱。水二盅，姜三片、葱白二茎，槌法加豆豉一撮煎之。热服取汗，宜厚被覆首。

（5）立方者弄巧：有些医家对《伤寒论》方作加减化裁，另立新方，以新名名之，并不是方剂的需要，也不是疾病的需要。他们如此别出心裁，很难说不是故作高深，或以炫已能。此类行为，正如清代名医徐大椿所说“好为高论以欺人”。其所加所减，虽不能说一点道理也没有，但究竟是否必需？如明·秦景明《症因脉治》桂枝芍药汤：由桂枝、陈皮、甘草、生姜、白芍药组成，主治寒气腹痛，面黄唇白，手足多冷，恶寒不热，二便清利，腹中绵绵作痛，脉左关弦紧。其方即《伤寒论》桂枝加芍药汤，去大枣，加陈皮。其主治病症与《伤寒论》太阴脾络寒凝所致腹痛疾病相同，何以不径用桂枝加芍药汤治之？若此者，难免弄巧之嫌。

（6）新药物的出现：后世医家应用的有些药物在仲景以前和仲景当时尚无应用，或应用不甚普遍，他们将这样的药物加入《伤寒论》方，便形成了新的方剂。

三、子方结构变化规律

子方的形成，无非是对母方进行加减化裁而来，或者变化其药味，或者变化其药物用量。以《伤寒论》方为例，桂枝加厚朴杏子汤、桂枝去芍药加附子汤为药味增损，而桂枝加桂汤、桂枝加芍药汤为药物用量增减。子方在药味增损方面的变化总不出君臣佐使之规律。一般只是变动臣药、佐药和使药，而较少变动原方的君药，但也不是绝对没有君药变动的情况。《伤寒论》桂枝去桂加茯苓白术汤，原方君药即被减去（当然，学术界对此尚有不同看法），小青龙汤之君药麻黄也可以减去，虽然仲景并未另立方名。子方结构变化有一定规律可循，下面分而述之。

1. 药味增减

（1）增味以强化原方某方面的作用。即原方已经具备某方面的作用，但制方者虑其力量不够，故另加入具有这方面作用的药物以强化之。如清·陈复正《幼幼集成》桂枝防风汤：桂枝、防风各一钱半，白芍药二钱，炙甘草、生姜各一钱，大枣五枚。水煎热服。原书言本方主治幼儿伤寒初起，恶寒发热，体重面黄，或面白喘息，口中气热，呵欠顿闷。本方为《伤寒论》桂枝汤加防风一味而成。桂枝汤解肌散邪，调和营卫，加防风辛温，作为臣药，助桂枝汤发越外邪。如此则使桂枝汤的发散风邪的作用得以加强。当然，由于防风为“风药润剂”（《本草求真》）性质温和，于祛邪之时而略具补气之功；桂枝汤调和营卫，解肌祛风，《幼幼集成》以之治疗幼儿体虚感邪，故桂枝汤加防风较之加别药为优。

（2）增味以补充原方不具备的作用。此类加味，《伤寒论》方如桂枝加厚朴杏子汤、栀子甘草豉汤、栀子生姜豉汤、小柴胡加芒硝汤、桂枝加大黄汤等，俱为其例。后世方剂如清·黄元御《四圣悬枢》小承气加芍药地黄汤：大黄五钱（生），厚朴三钱（生），枳实三钱（生），芍药三钱，生地一两。小承气通泄实热，行气除满，主在攻邪。然阳明燥热，阴液多亏，但攻其邪，恐伤其正。且阴液亏者，无水行舟，泄热而不增液，祛邪而不扶正，亦可能因里虚而“又不大便”。本方加养血润燥之芍、地，正可以补其方之不逮。

（3）增味以减轻或消除原方的副作用或毒性。《伤寒论》113方，用药87味，绝大多数为平和之品，无明显毒性。附子、半夏、甘遂、芫花、大戟、巴豆少数几味药物有毒，然仲景制方，多已采取制约之法，如仲景用半夏，几乎总是与生姜配伍，用甘遂、大戟、芫花，则用大枣汤制之，用附子、巴豆，则通过炮制减弱其毒性。或许正因为这些原因，故为减轻母方毒性而立新方的例子无多。但为减轻或消除母方副作用而创立的新方则不在少数。如清·俞根初《通俗伤寒论》加味小建中汤：生白芍三钱，饴糖三钱，鲜生姜八分、蜜煨，广橘白络各一钱、炒，川桂枝一钱、蜜炙，清炙草八分，大红枣二枚、去核，春砂仁六分、分冲。何秀山说：“俞氏仿喻西昌法，佐以橘白、橘络，使以砂仁者，深虑甘药太过，令人气滞中满耳。此为温和肝脾、调理营卫之良法。”由此可见，按照俞根初的看法，此方“甘药太过”，虽然宜于部分患者，而于另一部分患者并非所宜，服之可能有令人气滞中满之虞。加入橘白、橘络、砂仁行气运脾，正可以克服这一副作用。

（4）减味以消除原方于病情不宜的作用。如《金匮要略》肾气丸，其方所用附子辛大热，不宜于久服。故《济生方》则去之，使更加温和、安全。又如宋·陈直《养老奉亲书》四顺散，麻黄（去节）、杏仁（去皮）、炙甘草、荆芥穗各等分，为末，每服一钱，入盐汤点热服。主治老人四时伤寒。方为麻黄汤去桂枝加荆芥穗。年老之人，正气不足，虽患外感，亦不耐峻汗之剂。麻、桂相配，发汗之力较强，故去桂枝。非桂枝不宜于老人外感，乃麻、桂配伍不宜。本方去桂枝而加性较平和之荆芥穗，以达到发汗而不过，祛邪而顾正的效果。本方四季皆可应用，故以“四顺”名之，《伤寒论》有许多此类变化，但一般没有重新立方。如小柴胡汤，口渴者，去半夏；腹痛者去黄芩，《金匮要略》用小青龙汤，去麻黄，以免发越阳气等。

2. 剂量增损　对《伤寒论》原方的药味维持不变，而增损其用量，由此创立新的方剂。《伤寒论》桂枝加桂汤、桂枝加芍药汤等方即其例。桂枝加芍药生姜各一两人参三两新加汤，既有药味的变化，亦有剂量的变化。《伤寒论》没有减轻药物用量而另立一方名的例子。曾有学者认为，第28条桂枝去桂加茯苓白术汤，其去桂不是全去，而是减去部分药量。由于仲景方药物用量问题至今未有定论，又由于临床病情的复杂性，故《伤寒论》方在后世其用量变化很大，出入甚多，但一般并不给予新的命名，仍以原方目之。无小柴胡加柴胡汤，或炙甘草减甘草之说。

四、《伤寒论》方族研究的意义

对《伤寒论》方族进行研究，遍阅历代论著，博采众方，考证源流，分别门类，解析机理，探讨规律，指陈得失，探讨相关学术问题，其主要意义大约如下述：

1. 有利于临床应用　《伤寒论》方仅113首，其数量很有限，远远不能满足现实临床的需要。朱丹溪《局方发挥》说：“或问曰，仲景治伤寒一百一十三方，治杂病《金匮要略》二十有三门，何也？答曰，仲景诸方，实万世医门之规矩准绳也。后之欲为方圆平直者，必于是而取则焉。”又曰：“天地气化无穷，人身之病，如变化无穷。仲景之书，载道者也。医之良者，引例推类，可谓无穷之应用。借令略有加减修合，终难逾越矩度。”加减修合，便产生了子方。子方的出现大大的扩展了《伤寒论》方的应用范围，如茵陈五苓散、楝茴五苓散、辰砂五苓散、苍附五苓散、桂苓甘露饮等，它们扩大了五苓散的临床应用范围。又如附子理中汤、桂附理中汤、枳实理中汤、丁蔻理中汤、加味理中汤、连理汤、治中汤等，它们扩大了理中汤的临床应用范围。凡此皆能够更好地满足临床需要。真正是引例推类，可为无穷之用。搜采散在于各种方书中的《伤寒论》子方，分门别类，予以解析，这种研究工作有利于临床医生较好地应用《伤寒论》方，以适应临床的需要。

2. 利于造就高水平的临床医师　为何学《伤寒论》有利于培养高水准的临床医师？原因是多方面的，其中较为重要的一个方面的原因便是学习了《伤寒论》方。《伤寒论》方是方剂的根源，是方剂之母，蕴育了后世无数子方，并由此形成了一个一个的方族。研究《伤寒论》方族，使人能从源到流，执简驭繁，曲尽变化，为无穷之用。使用者根据中医的基本原则，对母方进行加减化裁，那么《伤寒论》113方何止于113方？借用一句《内经》的话说，真正是数之可十，推之可百；数之可千，推之可万；万之大不可胜数。如此一来，经方的适应证又得到更大的扩展。清代名医曹先生说，仲景理中汤，可以加减应用，变化无穷，“古人成方，苟能方如此用法，何患不成名医哉”。(见《增评柳选四家医案》)

3. 认识方剂配伍原则和演变规律　《伤寒论》子方是对母方进行加减化裁而成，其中存在一些规律，有其原则，也有巧妙之处，值得学习和借鉴。虽然子方和母方之和已经很大，但是与临床实际情况相比，与复杂多变的临床病症相比，固定的成方仍然远远不能满足临床的需要。所以，研究方剂加减变化规律，掌握方剂化裁的原则和技巧，就十分必要。洞悉方剂变化规律，掌握方剂化裁的原则和技巧，如此便可以应付临床病证的无穷之变。日·丹波元简《伤寒论辑义》说：“古今方书，用仲景方立医案，及为之加减者，足以启发运用之机。”

4. 研究方剂发展方向　《伤寒论》方族的发展，加减化裁，君臣佐使，单方复方，其变化轨迹提示方剂未来发展的方向。有一个值得思考的现象：方剂在产生后经历了一个在结构上的由简至繁、药味由少变多的过程。东汉时期方剂的药物大多4~7味，到明清时代，方剂药味增加了不少。《伤寒论》子方大多是加味方，药味比母方多。但是在今天，更多的是需要对方剂进行精简。这就提出了一个问题：方剂的药味增多是否有其必要？对方族进行研究，有助于明确方剂的发展方向。

此外，研究《伤寒论》方族也有助于认识一些相关的基础医学问题。

《伤寒杂病论》眩晕病机探讨

沈志秀　严季澜　北京中医药大学

眩晕是临床常见病证之一。张仲景在《伤寒杂病论》中共有31处条文论及眩晕，对该病的病因病机及治疗作了诸多的论述。我们在分析的基础上对其病因病机加以归纳概括，以期对理论和临床研究有所裨益。

一、感受外邪，上扰清空

外感风寒湿热诸邪，可使卫阳被阻，玄府不通，经气不利，邪气上扰。《伤寒论》198 条云："阳明病，但头眩，不恶寒，……"，即指阳明中风，感邪后入里化热，热邪上扰于头而发眩晕。王肯堂曰："成无己谓阳明病身不重，但头眩不恶寒者，阳明中风，而风气内攻也。"《金匮要略·中风历节病脉证并治》第 8 条中也记录了体虚外感风湿之邪，流注肌肉关节，阻遏卫阳，气血运行不畅，阳气不升，因而有"诸肢节疼痛，身体尪羸，脚肿如脱，头眩短气……"。

外感之邪亦可侵犯相关脏腑，使脏腑受损，或功能紊乱，而发眩晕。《金匮要略·五脏风寒积聚病脉证并治》第 1 条："肺中风者，口燥而喘，身运而重，冒而肿胀。"第 4 条"肝中风者，头目瞤，两胁痛，……"。前条所云为风热伤肺、肺之清肃之令不行、浊阴不降的眩冒；后条为风热之邪中肝，肝阴受损，以致风阳上扰，而发眩晕。

此外，仲景在论述合病、并病时，也涉及到了眩晕，这些眩晕的产生，系外邪所致。如《伤寒论》142 条、171 条即是太阳表邪未解，邪气传入少阳，两经并病时的眩晕。

二、实邪阻滞，清阳被遏

1. 水气内停　因痰饮水湿停聚体内，使气机运行受阻，清气不能升达阳位，水湿并可上逆脑窍，使头目昏蒙，是形成眩晕的一个重要病机。仲景在《伤寒杂病论》中多处详尽地论述了痰饮眩晕的病机。

《伤寒论》67 条："伤寒，若吐、若下后，心下逆满，气上冲胸，起则头眩……"指出了误治后中焦脾胃虚弱，运化呆滞，水饮蓄积，阻遏清阳之头眩。而 92 条："太阳病发汗，汗出不解，其人仍发热，心下悸，头眩……"和《金匮要略·妇人妊娠病脉证并治》第 8 条："妊娠有水气，身重，小便不利，洒淅恶寒，起则头眩……"则指出了太阳病汗不如法，致下焦阳虚，膀胱气化不行；或妊娠期间，膀胱受胎气影响，气化受阻，而导致水湿不能温化，水气泛滥，清阳被犯，头目昏眩。与之相应，《金匮要略·痰饮咳嗽病脉证并治》中的多条论述，更加直接地揭示了水饮停留，清阳遏而不升，浊阴不化而上犯，眩晕之证发作的病机。如第 16 条："心下有痰饮，胸胁支满，目眩……"，25 条："心下有支饮，其人苦冒眩"，31 条："假令瘦人……吐涎沫而癫眩，此水也"，34 条："久咳数岁……其脉虚者必苦冒。其人本有支饮在胸中故也……"，38 条："支饮者法当冒"等等。

2. 腑气壅滞　胃肠内有积滞，腑气壅塞不通，里热壅盛，火热上干，可见"小便不利，大便乍难乍易，时有微热，喘冒不能卧……"。（《伤寒论》242 条）张隐庵说："喘冒者，火热之气逆于上而不下。……此里有燥屎也。"

《金匮要略·黄疸病脉证并治》3 条："阳明病，脉迟，食难用饱，饱则发烦头眩……"及 13 条："谷疸之为病，寒热不食，食即头眩……"说明湿热阻滞中焦，中焦运化乏力，饱食后更加加重脾胃负担，使积热上蒸，故见头眩。《金匮要略心典》曰："脉迟胃弱，则谷化不速；谷化不速，则谷气郁而生热，而非胃有实热……"可见此处上攻之热邪，乃食入之谷气郁滞而成，所以"虽下之，腹满如故"，与内结燥屎是有区别的。

三、虚不上荣，浮阳扰动

1. 阳不上达　脑窍清明，有赖阳气的温煦助养。如阳气匮乏，不能上充；或阳气被阻，难于伸展，不能上达头目，均可使清空失养，头目昏蒙，引发眩晕。

《伤寒论》93 条："太阳病，先下而不愈，因复发汗，以此表里俱虚，其人因致冒……"与 160 条："伤寒吐下后，发汗……八九日心下痞硬，胁下痛，气上冲咽喉，眩冒……"此二条所言之眩冒，系由失治误治之后，阴阳表里皆虚，阳气虚少，不能上荣清窍而生。

如因上焦肺气虚寒，宣降失常，胸阳被阻，阳气不升也可导致眩晕。如"肺痿吐涎沫而不咳者，其人不渴……，此为肺中冷，必眩……"（《金匮要略·肺痿肺痈咳嗽上气病脉证并治》第 5 条）所言之眩即为肺中虚冷、阳不上达所致。

2. 虚阳上越　阴不制阳，孤阳上腾，同样可上冲脑窍，头晕目眩。《金匮要略·呕吐哕下利病脉证并治》34 条曰："下利脉沉而迟，其人面少赤，身有微热，下利清谷者，必郁冒汗出而解，病人必微厥。所以然者，其面戴阳，下虚故也。"指出了脾气虚寒，下利阴伤，逼阳上越，虚阳上冲，可使清窍被扰而发眩晕。

更有甚者，阴液枯竭，阳无所附而亡于上，也可有眩晕发生，但病情危重。故《伤寒论》297 条云："少阴病，下利止而头眩，时时自冒者，死。"

章虚谷论此曰："阳既下陷，如残灯复焰上腾，则头眩时时自冒而死。"

3. 精血不充　脑为髓之海，目为精之聚，髓海不足，清窍失于濡养，则会有"脑转耳鸣，胫痠眩冒"。《金匮要略·血痹虚劳病脉证并治》第8条："夫失精家少腹弦急，阴头寒，目眩，发落……"，第5条："男子脉虚沉弦，无寒热，……时目瞑，……此为劳使之然。"即属失精，或过劳伤气，气不生精，精血衰少的眩晕。

由于女性特有的生理特点，因而更易有失血伤阴的现象发生。《伤寒杂病论》中有多条述及。如《金匮要略·妇人产后病脉证并治》第1条中："问曰：新产妇人有三病，一者病痉，二者郁冒，三者大便难，何谓也？师曰：……亡血复汗，寒多，故令郁冒"提示妇女产后失血复汗，汗血同源，不能上养头窍，加之寒邪外束，阳不外达，更易发生眩晕。第2条中："产妇郁冒，……所以然者，血虚而厥，厥而必冒……"提示产后血虚阳厥、上窍不养的病机。《医宗金鉴》云："产妇昏冒，脉微弱者，是气血俱虚应得之诊也。"此外，虚冷结气伤于带脉以下的"胞门"，也会"奄忽眩冒，状如厥癫"。(《金匮要略·妇人杂病脉证并治》)

此外，正邪相争，阳气遏阻，也可导致眩晕。如《伤寒论》46条："太阳病脉浮紧……此当发其汗。服药已微除，其人发烦，目瞑……麻黄汤主之。"这里的"发烦目瞑"乃由太阳伤寒日久，阳气闭郁较重，服药后正邪相争剧烈所致。

综上所述，仲景在《伤寒杂病论》中论及眩晕之处颇多，但概括起来看，眩晕的病因多由感受外邪、或因误治而致；病机不外虚、实两个方面，以痰饮眩晕和虚证眩晕为多见。仲师承袭了《内经》"诸风掉眩皆属于肝"的理论，并为后世"无痰不作眩"和"无虚不作眩"等理论的提出提供了依据，对现代理论和临床研究仍有重要的指导意义。

论《伤寒论》方剂加减化裁妙用

高树良　河北玉田县医院

《伤寒论》是一部指导临床医学的古典医籍。该书以理辨证，按证方法，依法遣药组方；方剂药味虽少，但组织严紧，疗效卓著，对后世产生了深远影响，与《金匮要略》所载诸方，素称"经方"。运用经方贵在变通。本文试就《伤寒论》所载诸方加减化裁作一初步探讨。

《伤寒论》方虽112首，（88条禹余粮丸有名无方）药仅83味，却全面反映出方剂学上的组成变化形式。如1. 药味增减变化，在主证不变而出现兼证时，往往在原方基础上增加或减少药味，以适应兼证变化。如太阳中风兼有喘咳者，用桂枝汤加厚朴下气泄满，杏仁降逆定喘。又如桂枝汤证候用下法，桂枝证仍在，但兼见脉促胸闷，用桂枝汤减去芍药，因误下伤阳气，减去酸寒之芍药，使阳气易于上升外达，以消除胸满并有利于解肌散邪。2. 配伍变化：由于主要药物配伍的变化可以改变原方的性质，因而主证也就有所不同。如麻黄汤以麻黄为主药，配桂枝以增强辛温解表发汗散寒的作用，治太阳伤寒无汗而喘的表实证；而麻杏石甘汤则以麻黄配石膏，治汗出而喘表无大热而热郁在里（肺）之证。3. 剂型改变：新病势急多用汤剂，病久证缓则以丸剂缓图，如抵当汤证与抵当丸证则有新久缓急之分。4. 剂量变化：有些方剂药味完全相同，只是用量稍有不同，作用不同，方名也随之改变。如桂枝汤和桂枝加桂汤、桂枝加芍药汤三方药物完全相同，而桂枝汤的作用是调和营卫解肌祛风；重用桂枝就平肾邪降奔豚；重用芍药就破阴结治腹痛，这说明药物的加减，甚至用量的加减也有深刻意义。

方剂形式的变化应该了解掌握，但探讨变化的机理具体指导临床运用，更有实际意义。日人丹波元简云："用方之妙，莫如于加减，用方之难，亦莫如于加减，苟不精仲景之旨，药性不谙，配合不讲，见头治头，滥为增损，不徒失古方之趣，亦使互相牵制，坐衍事机者往往有之，加减岂易言乎！"研究《伤寒论》方的加减法，有助于加深病理认识，启发思路，促进临床时心灵手活。

一、证同因同，用药相同

相同的症状出现在不同的方证中，因病机相同，用药亦相同，这也可以看作《伤寒论》用药的一般规律。

1. 呕者加生姜、半夏，如172条黄芩汤证，316条真武汤证，317条通脉四逆汤证皆有呕吐的兼证，皆为胃气上逆所致，都用半夏豁痰饮降胃气之逆，生姜为治呕要药，且可制半夏之毒，二者相配，一方面加强半夏止呕作用，另一方面又可减少半夏的副作用。

2. 咳者加五味子、干姜，如316条真武汤证，96条小柴胡汤证，318条四逆散证这些兼证之咳皆由肺寒气逆所致，故加五味子之酸以收逆气，干姜之温以祛肺寒。

3. 腹中痛加芍药，如96条小柴胡汤兼有腹痛者，木伤土也，芍药酸寒能于土中泻木，去邪气止腹痛，黄芩苦寒不利脾阳故去之；317条通脉四逆汤证，腹中痛脾络不和也，加芍药以通脾络。《伤寒论》中芍药甘草往往同用，能除血痹、缓挛急、对腹挛痛有效。

4. 小便不利加茯苓，如96条小柴胡汤证，101条柴胡加龙骨牡蛎汤证，318条四逆散证，71、156条五苓散证，40条小青龙汤证，28条桂枝去桂加茯苓白术汤证，皆有小便不利的见证，皆为膀胱气化功能失职，水饮内停所致，有的原方即有茯苓，如五苓散，有的另加茯苓，以淡渗利水（多与白术配伍，以增强利水之功）。茯苓这种功效也可从316条真武汤小便利者去茯苓得到反证。

5. 烦惊加龙骨牡蛎，如107条柴胡加龙骨牡蛎汤，112条桂枝去芍药加蜀漆龙骨牡蛎救逆汤，118条桂枝甘草龙骨牡蛎汤，仲景用龙骨牡蛎一是取其收敛，如桂枝加龙骨牡蛎汤《金匮要略》用治亡血失精汗出，一是取其镇静，如107、112、118条三方。单用牡蛎不配龙骨是取其软坚，如小柴胡汤、柴胡桂枝干姜汤都是针对胁下痞鞕的。

二、证同因异，药随因变

同一证候，出现在不同的方证中，由于病理机制不同，适用药物也就不同。

1. 腹痛，在386条理中丸的加减法中是加人参足前成四两半。因为理中丸所主是脾胃虚寒证，这种腹中痛的兼证为虚痛、痛必喜按，所以在理中丸的基础上加重人参用量，以补中气而缓急止痛。318条四逆散兼有腹痛是加附子。四逆散证乃由肝气郁结，阳郁于里，不能通达四末，腹中痛的兼证有可能是虚寒腹痛，就当加附子；如系肝木侮土之腹痛，就不须再加附子了。96条中柴胡汤证兼有腹痛是去黄芩加芍药，此证腹中痛乃木邪伤土，黄芩苦寒，不利脾阳故去之，芍药酸寒，能于土中泻木，去邪气止腹痛。297条桂枝加芍药汤证，本太阳病，下后腹自痛，是误下邪陷胃肠之外脉络之间，使气血壅滞所致，加芍药以破阳结，通脾络而止腹痛；大实痛者加大黄，祛瘀通络，泻经脉之炅气。100条伤寒阳脉涩，阴脉弦，法当腹中急痛，与小建中汤，乃中焦虚寒气血不足，小建中汤即桂枝汤倍芍药加饴糖而成，变解表之方而有建中之效，方中饴糖甘温补中，倍用芍药，酸甘化阴，养营益血，有缓解急迫之功。更配桂枝通心脾之阳，故能温中健脾，补虚缓急，兼补阴阳，调和气血，中焦虚寒气血不足多可用之。

2. 口渴，386条理中丸加白术足前成四两半，此证之渴欲得水是脾不散津，水饮停蓄，与津伤燥渴不同，故加重白术用量以培土制水健脾运湿。26条白虎汤是加人参，因此证的口渴系服桂枝汤后汗出太多，肌表之邪虽去，而胃中津液反为耗伤，胃燥化热，故出现大烦渴不解，以白虎汤清阳明炽盛之热，加人参以救胃中耗伤之津，人参功能生津止渴。96条小柴胡汤是去半夏加栝蒌根，渴者木火内烦而津虚气燥也，故去半夏之温燥，而加人参之甘润、栝蒌根之凉苦，以清热而生津也。147条柴胡桂枝干姜汤是瓜蒌根（花粉）干姜并用，因水饮内停，津液不能上潮则口渴，干姜宣化停饮，瓜蒌根止渴生津。

3. 小便不利有多种原因，当为细辨。59条小便不利系由于亡津液，当然不能再用利小便之法。174条桂枝附子汤则由于阳虚湿不能化所致，故加重桂枝用量以温阳化气。147条柴胡桂枝干姜汤之小便不利是由于饮邪内停，用桂枝汤宣阳化停饮，而小柴胡汤，五苓散之小便不利是由于膀胱气化不行，水气不化所致，故用茯苓以渗利。

三、探讨加减，系统诸方

从方剂的加减中不但可以加深理解所以出现这些症状的内在因素，而且可以把有关方剂系统起来，便于记忆和掌握。

1. 桂枝系　桂枝汤能调和营卫，解肌祛风，为《伤寒论》群方之冠，其加减化裁灵活多变。

140条本桂枝证兼项背强几几，乃是风邪侵人足太阳之经脉，以致经气不舒，阻滞津液的运行，经脉失去濡养所致，用桂枝加葛根汤在解肌发表之中且可鼓舞胃气上行，升津液以濡润经脉而解项背拘急。

18条素有喘痰之人最易因风寒外感而触发，此证当有头痛发热汗出恶风脉缓等证，用桂枝汤解肌祛风调和营卫，而加杏仁宣肺降气，厚朴下气消痰，以治气逆作喘。仲景治喘多用杏仁，而治咳则多用干姜、五味子。

62条兼营气不足身痛证，发汗后身痛不减，知非纯为表证之身痛，而是发汗太过兼损营气，筋脉失养之故。由于营气不足，不能充盈脉道，故脉象沉迟。用桂枝汤加重芍药用量以和营血，桂枝与甘草同用，不但能调和营卫以解肌，同时也能温经通脉以止痛；加重生姜用量以宣通阳气，并加人参益气养营而补汗后之虚。本证不宜复发其汗，重损营阴，而须用桂枝加芍药生姜各一两人参三两新加汤以益气和营，营气恢复，筋脉和利，则身痛自止。

21条脉促胸满系太阳病误下而损伤胸中阳气，

外邪将陷而暂尚未陷。正气仍能抗邪，正邪交争故见胸闷，治宜调和营卫而通胸阳，因芍药为酸苦阴柔之品，用之恐敛邪不散，去芍药之酸收，才有利于桂枝之温通，使阳气上升外达，以期解表而不留邪，通阳而无碍解表。

22条若脉微恶寒胸满者，是阳虚较重，加附子以温经复阳。

20条阳虚漏汗，因发汗太过，汗漏不止，大汗后一则表证尚在一则阳从汗泄，因其阳虚不能固摄于外，故大汗不止；小便难是阳虚不能化气，更兼汗出过多，津液不足之故(《伤寒论》中提到的小便难者凡五条20、98、111、231、284，皆为津伤阳虚而小便难，与小便不利者不同，皆不用渗利之品)。综合全部病情，不独表证未解，阳气已虚，而且津液不足，但治法不必救其阴液，只需扶阳解表，阳气恢复，自可化生津液，仍用桂枝汤调和营卫，加附子温经复阳固表止汗，阳复津回则诸证可愈。此即桂枝加附子汤之含义。

28条兼脾虚水停，汗下后脾虚水停，表证不解，桂枝去桂加茯苓白术汤主之。本条争论较多，有认为去桂是去芍药之误，但方后注云："小便利则愈"(《伤寒论》方后注亦不应忽视，用药目的往往从方后注中反映出来)。可见本方目的是化水饮利小便，而不是发汗。因为《伤寒论》中用桂枝治水多有心悸气上逆，原方虽能调营卫发汗，但因内有水饮不能出汗，有人主张去芍药，因胸满恶芍药，但此证心下满实因水饮而来，故不去芍药，意在破阴结，针对心下满微寒，以增强苓术利小便之功，并能防止利水伤阴。

117条心阳虚奔豚证，桂枝加桂汤，因误治心阳虚损，下焦之寒气乘虚上逆，小建中汤等也都是桂枝汤的变法，这一加一减有时是为了加强其解表作用，有时是为了照顾兼证，更有时使方剂的作用全盘变了。

2. 柴胡系　小柴胡汤升清降浊，通调经腑，是和其表里以转枢机，故为少阳病之主方。其或然症则随人而异。胸中烦而不呕者，是热邪郁结胸胁而未涉及胃腑，热聚则不宜甘补，不逆则不必辛散，故去人参之甘、半夏之辛而加瓜蒌实之寒，以除热而荡实。渴者，木火内烦而津亏气燥，故去半夏之温燥，而加人参之甘润、瓜蒌根之凉苦，以彻热而生津也。腹中痛者，木邪伤土也，黄芩苦寒不利脾阳，芍药酸寒，能于土中泻木，去邪气，缓挛急止腹疼。胁下痞鞕，邪聚少阳之募，大枣甘能增满故去之，牡蛎咸可软坚（牡蛎以柴胡引之能去胁下痞也)。心下悸小便不利者，水饮蓄而不行，水饮得冷则停，得淡则利，故去黄芩加茯苓。不渴外有微热，里和而表未解也，去人参之补里，而用桂枝之解外也。咳者肺寒而气逆也，加五味子之酸以收逆气，干姜之温以祛肺寒，参枣寸壅不利于气逆，生姜之辛亦恐其散气（且已有干姜)，总的作用是以和解为主，但从条文七个或然证来看，方中人参、半夏、黄芩、生姜、大枣都可减掉不用，只有柴胡、甘草不减，而在大柴胡汤和柴胡加龙骨牡蛎汤中连甘草也减掉了，只有柴胡不减，可见变化之灵活。

104条柴胡加芒硝汤条少阳兼里实误下后的证治，潮热未解，里实未去，本欲通下，但因柴胡证仍在，加之先已误攻，大便微利，故先以小柴胡汤和解，若病不愈，再以柴胡加芒硝汤兼治里实，因正气较虚，里实不甚，是为和解兼清里之轻剂。

103条大柴胡汤治少阳兼里实重证（里证较柴胡加芒硝汤证为重)，系小柴胡汤与小承气汤合方加减而成。用小柴胡汤和解少阳，但因里实已成，故去人参、甘草以免补中留邪，因实邪壅滞心下急迫，故用大黄、枳实以攻下热结，芍药敛阴和营，缓腹中急痛，合为外解少阳，内泻热结之剂（原方无大黄，方后注：一方加大黄二两，若不加，恐不为大柴胡汤。参考《金匮要略》）方有大黄，故以有大黄为是)。

147条柴胡桂枝干姜汤治少阳兼水饮证，少阳枢机不利，疏泄反常，则三焦因之壅滞，而失决渎之职，致水饮停留，小便不利，桂枝干姜温化水饮，瓜蒌根、牡蛎逐饮开结（瓜蒌根兼能生津止渴)，因正气不虚且水饮内阻，故去参枣之壅补，减半夏者，以其不呕恐助燥也，仍用黄芩佐柴胡以除往来寒热，且可制干姜不益心烦，诸药寒温不一，必须甘草以和之。

107条柴胡加龙骨牡蛎汤治伤寒误下，邪气弥漫，烦惊谵语证，误下之后邪热内陷，弥漫全身，表里俱病，虚实互见之疫证。加桂枝使内陷之邪从外解，龙骨牡蛎、铅丹（现多用生铁落代）重以镇怯而止烦惊，大黄泻热和胃而止谵语，茯苓宁神而利小便，因邪热弥漫故去甘草之缓，以求病邪速去，本方和解泻热重镇安神，使错杂之邪得从内外而解。近年报道，凡属神经精神方面的病态，属热证实证者，或偏热偏实者，用它药无效可用本方观察治疗（李文浦. 浙江中医杂志 6：288. 1980)。

318条四逆散治肝失调运，气郁致厥之证，原文虽冠少阴病之名，实与心肾阳虚阴盛的厥逆根本不同，此证乃肝气郁结，气机不利，阳郁于里，不能布达四肢所致，本方取柴胡疏肝解郁，枳实行气散结，芍药和营而调肝脾，甘草缓急和中，合而成方，使肝气条达，郁阳得伸，则肢厥自愈。至于肝木侮土出现的腹痛泄利下重，用本方使肝脾调和自可解除，此亦小柴胡汤之变法也。

3. 理中系　386 条理中丸原治霍乱寒多不用水者，实系太阳虚寒之主方，病情以在里之虚寒为重且急，治宜温中散寒。脐上筑者，系冲气上逆引起的脐周硬，脾虚不运，肾气上乘，即欲作奔豚之类也，故去白术之壅滞，加桂温肾行水以平冲逆；吐多是浊气上逆，去壅气之白术，加生姜以和胃降逆，下利严重是水湿偏胜而下趋，脾阳不升，所以还用白术以升运脾阳培土胜湿；心下悸是水气凌心，加茯苓甘淡以利水；渴欲得水是脾不散津，水饮停蓄，与津伤燥渴不同，故重加白术以培土制水，健脾运湿，输布津液，腹中痛加人参，此为虚痛，痛必喜按，加人参以补中气而缓急止痛，寒者乃里寒太盛，须重加干姜以温中散寒；腹满是阳气不充，寒邪阻遏，所以去白术之壅补，加附子辛热以助阳胜寒。

163 条桂枝人参汤系理中丸的变法。因误下伤脾，外有形寒身热的表证，内有脾虚腹泻的里证，表里同病，虽太阳表证未解，但以太阴虚寒为主，故用理中汤以治痞鞭与下利，仅用桂枝一味以和表。方名不曰理中而曰桂枝人参者，言桂枝与理中表里分头建功也。重仍在理中，故先煮四味，后纳桂枝，虽人参不佐桂枝实表，但亦与桂枝相忤，故直名桂枝人参汤。

4. 泻心系　仲景五泻心汤系针对痞证而设。痞是病人自觉心下满闷，痞塞不通，有气痞与痞鞭两种，气痞是胃腑受下药挫伤，无形之热邪郁聚心下所致，所以虽觉壅闷，但按之不硬，154 条用大黄黄连泻心汤泻热消痞；兼有恶寒者，当辨清是表未解还是表阳虚，表未解者多兼有表热，治当先解表后攻痞，155 条表阳虚者，多无热汗出，当用附子泻心汤，沸水浸泡大黄、芩、连苦寒之品，取其味满气轻，使之清泄上部邪热而发挥消痞之效，附子另煎取汁，使辛热之药，醇厚之性发挥温经扶阳作用。

痞鞭是脾胃气机呆滞，脾不升清，胃不降浊，以致湿浊壅聚，心下所以按之较硬，清气不升浊气不降，就会兼有呕吐而泄泻，法当健脾和胃，辛开苦降。149 条半夏泻心汤证以呕为主，故以半夏为主药，降逆止呕；157 条兼伤食停饮干噫食臭，生姜泻心汤以生姜为主药，取其和胃降逆，宣散水气而消痞满；158 条吐泻过于急迫，干呕不止、心烦不安、下利频繁者用甘草泻心汤和胃补中，降运消痞。本方加重甘草用量，取其调中补虚之意，适用于心下痞而脾胃虚较重，痞利俱甚者（原论本方无人参，参考金匮方有人参，根据半夏泻心汤、生姜泻心汤均有人参，故本方以有人参为是）。

泻心汤共九味药，加减化裁成五个方剂，配伍有三个类型，芩连苦降，泻热；姜、夏辛开散痞；参、枣甘补脾胃，有的侧重清热，有的兼以扶阳，有的偏于开结，有的兼顾补中，各有妙用。黄连汤旋覆代赭汤皆可看作泻心之变法。

以上所谈《伤寒论》方剂加减化裁仅就原书之变化举例说明，意图在探索病机掌握用药之规律有助于经方临床实践之灵活运用，内容不能概括《伤寒论》所有方系，更未能反映出后世贤哲运用经方之成就，挂漏颇多，舛错难免，请教于同道之先者，共勉于初学之同志。

试论《伤寒论》制法组方规律

李赛美　广州中医药大学

仲景之方以组方严谨，配合精当，药少效宏而称雄于世，被誉为“方书之祖”。仲景所著《伤寒论》，载方 113 首，理法方药一线贯通，无处不体现辨证论治精蕴。其立法，“法内有法”，层次分明，其制方：“方外有方”，多样灵活。方从法立，法出方定，有常有变，交融错构，演绎并编织出一幅变幻无穷的中医治疗图谱。深入探寻《伤寒论》组方规律，对于提高中医辨证论治思维能力和临床疗效，无疑是一条有效途径。现略陈笔者心得，以抛砖引玉。

一、法内有法

仲景立法，“汗吐下和温清补消”八法俱备。各经病证皆有常法。如太阳病之汗法、阳明病之清下法、少阳病之和法、太阴病之温法、少阴病之补法、厥阴病之寒温并用法等，为六经病证主证主因而设。由于患者质有强弱，病有兼挟，症有轻重，势有缓急，位有偏颇，则论治有别。

汗法　为表证而设，由于各自情形不同，而呈现峻汗之麻黄汤，取汗之桂枝汤，小汗之桂枝麻黄各半汤，微汗之桂枝二麻黄一汤之层次变化。若兼清里热有大青龙汤，桂枝二越婢一汤，兼和解有柴胡桂技汤，兼温里有桂枝人参汤、麻黄附子细辛汤、麻黄附子甘草汤，兼利湿退黄有麻黄连翘赤小豆汤。

下法　为阳明腑实证而设，根据病情偏重及轻重不同，有峻下之大承气汤，轻下之小承气汤，缓下之调胃承气汤，润下之麻子仁丸，导下之蜜煎导、土瓜根导、猪胆汁导。由于兼挟有别，又有下瘀血的抵当汤、桃核承气汤，下水饮的大陷胸汤，下燥屎的大承气汤，下热结的大黄黄连泻心汤，通腑退黄的茵陈蒿汤。

和法　根据和者调和之意，有和少阳的柴胡汤系列，和气机的四逆散，和营卫的桂枝汤，和表里的桂枝人参汤、柴胡桂枝汤、麻黄附子细辛汤、麻黄附子甘草汤，和阴阳有阴中求阳、阳中求阴、阴阳互补的芍药甘草附子汤、炙甘草汤，协调阴阳、防其格拒的通脉四逆加猪胆汤、白通加猪胆汁汤，和寒热有半夏泻心汤、生姜泻心汤、甘草泻心汤、黄连汤、栀子干姜汤、干姜黄芩黄连人参汤，和虚实有厚朴生姜半夏甘草人参汤。

温法　“寒者温之”。根指病位不同，温心阳有桂枝甘草汤、桂枝甘草龙骨牡蛎汤、桂枝去芍药加蜀漆牡蛎龙骨救逆汤，温脾阳有“四逆辈”，即理中汤、理中丸之类，温肝阳有吴茱萸汤，温肾阳有四逆汤、通脉四逆汤、白通汤。依据病机差异，有温阳利水的真武汤，温散寒湿的附子汤，温阳逐饮的三物白散，温阳除烦的干姜附子汤、茯苓四逆汤，温阳利咽的半夏散及汤，温阳降逆的旋覆代赭汤，温阳止利的桃花汤，温阳通痹的桂枝附子汤、去桂加白术汤、甘草附子汤。

清法　“热者寒之”。根据病位不同，清上焦的有栀子豉汤、麻黄杏仁甘草石膏汤，清中焦有白虎汤、白虎加人参汤，清下焦有猪苓汤。依据主症不同，又有清热消痞的大黄黄连泻心汤，清热利咽的甘草汤、桔梗汤，清热止利的葛根芩连汤、白头翁汤，清热退黄的栀子柏皮汤，清热化痰的小陷胸汤。

补法　“虚者补之”。仲景在《伤寒论》中用补，主要体现在刻刻顾护胃气，以阳气为本。如白虎汤中用粳米，十枣汤中有大枣，“得快下利后，糜粥自养”，用大承气汤的先与小承气汤试探，“得下余勿服”，“若更衣者，勿服之”，用大柴胡前先与小柴胡汤，与小柴胡汤前先与小建中汤。

消法“其实者，散而写之”。仲景之消法，主要为消瘀血、消积滞。如桃核承气汤、抵当汤、抵当丸治疗太阳或阳明蓄血证，如有食积者，常加大黄以消之。

吐法　“其高者，因而越之”，是一种因势利导的祛邪方法。仲景用吐，包括吐痰气、吐脓血、吐蛔虫。代表方如瓜蒂散。“呕家有痈脓者，不可治呕，脓尽自愈”

二、方外有方

仲景组方，药味精练，严谨有序。一般方剂三至五味药，如四逆汤、四逆散、理中汤、白虎汤、承气汤、陷胸汤、泻心汤、真武汤、桂枝汤、麻黄汤之类，少则一、二味，如桔梗汤、甘草汤、文蛤散、桂甘汤之辈。君、臣、佐、使分明，并常用药对，如桂枝配麻黄发汗，半夏伍生姜止呕，细辛、半夏、五味子温化寒饮，桂枝合甘草温补心阳，干姜合甘草温补脾阳，附子合甘草温补肾阳，茯苓、猪苓、泽泻利水等。然一药多效，加之配伍不同，炮制有别，煎煮、调护有异，则复方功效殊然。

方不变，药味变，功效有别。仍以桂枝汤为例，以桂枝汤倍芍药加饴糖，为小建中汤，变调和营卫之方为补益气血之剂；桂枝汤加大黄，为桂枝加大黄汤，功在和脾通络，兼泻实导滞；桂枝去芍药汤即为桂枝汤去芍药，功在温阳通痹，治疗心阳不振之“脉促胸满者”。

药不变，剂量变，功效有别　仍以桂枝汤为例，桂枝加桂汤，即桂枝汤中加大桂枝量，由三两增至五两，功以平冲降逆，治疗奔豚病。桂枝加芍药汤，即桂枝汤中芍药增至六两，功在和脾通络，主治太阴腹痛症。

量不变，调护变，功效有别　桂枝汤若用于表证，则需啜热粥，温覆其被以解肌取汗，若旨在调和营卫，用于营卫不和之自汗症，则不需如此调护。

量不变，服法变，功效有别　如调胃承气汤，若重在通腑，则取“顿服”，若旨在泄热以止谵语，则宜“少少温服之”。

两两相合，功效叠加　三承气汤均治疗阳明腑实证，调胃承气汤偏治燥实，小承气汤偏治痞满，大承气汤则治疗痞满燥实俱全者。从组方言，大承气汤实质是小承气汤与调胃承气汤的合方。又如柴胡桂枝汤，主治少阳与太阳合病者，其方亦为主治太阳病之桂枝汤与主治少阳病之小柴胡汤组合而成。

两两相合，减其剂量，功效趋中　如治疗太阳表郁轻证之桂枝麻黄各半汤与桂枝二麻黄一汤，实由峻汗之麻黄汤与取汗之桂枝汤之组合，由于减轻了药量，功效折中，为微汗或小汗之剂，主治太阳病病久表郁邪微之证。

增大剂量，功效放大　四逆汤主治“下利清谷，脉微欲绝，四肢厥逆”之少阴病寒化证，功在回阳救逆。若组方不变而加大干姜、附子之量，则名通脉四逆汤，主治“身反不恶寒，其人面色赤”

之少阴病阴盛格阳证。又如半夏泻心汤、甘草泻心汤均治疗寒热错杂痞，甘草泻心汤即为半夏泻心汤加重甘草剂量而成，功效则由重在降逆和胃转变为重在和中益气。

主方不变，药随症变，功效灵活　在主证不变前提下，由于体质、宿疾等不同，病情常有兼夹。在《伤寒论》中，大量兼夹症的处理，多采取主方不变，随症加减之形式。如桂枝证兼项背强急者，用桂枝加葛根汤；若兼喘者，用桂枝加厚朴杏子汤；若兼阳虚漏汗者，予桂枝加附子汤。

三、讨论

《伤寒论》理法方药交融贯通，一变十，十变百，百变千，以不变应万变，全文贯穿“变、辨、活”三字，蕴含丰富的医理、哲理及数学原理。以其组方严谨有序、药少效著而著称于世，被誉为“方书之祖”。复方是中医治病的特有的工具和载体，也是中医理论的集中体现，在中医理论指导下，以人为本，注重整体、协调、全面、个性化是中药复方的特色和优势，越来越受到医学界重视。深入探讨中药复方多途径、多靶点、多效应的奥妙，揭示其组方规律，对于丰富中医理论、进一步提高临床疗效、促进中医现代化均具有重要的意义，并将为生命科学作出特有的贡献。

随着现代科技发展和中医理论研究的深入，人们运用正交设计、血清药理学方法及受体、基因学说对中医复方进行了大量开拓性探索，取得了一定成绩，但尚存在脱离中医理论、重药轻医或重药弃医倾向，中药复方研究满足了中药西用，但于中医学术、临床疗效关联甚少。

为此，笔者建议：(1) 中药复方研究不能脱离中医理论，否则将“劳而无获”，或“用而出乱”，再现日本“小柴胡汤吃死人”之怪论；(2) 中药复方功效不是简单两两叠加。根据中医理论，部分或呈放大效应，或由量变到质变而产生新的功效。应不断寻找新的物质，注意指标多层次、多途径综合表达；(3) 注重产品的后续化研究。如服法、调护、溶剂、体质、时辰等因素对产品不同病种临床疗效的影响。

《伤寒论》三大注本体系之一
——影响深广的“方、喻系”简介

余瀛鳌　中国中医研究院

我国临床医学的奠基之作——《伤寒论》，素为中外学者及医家所推崇。此书有关伤寒六经辨证、治疗上的诸法兼备，以及相当数量的实用经方，尤为后世所广泛称颂。自北宋校正医书局将世传《伤寒论》诸版本重予整理、编校、刊行后，据不完全统计，已出版、流行于世的《伤寒论》注本或研究性著作不下五百余种，其中的注本又明显多于研究性著作。

在多不胜数的注本中，大致有三大注本体系。其一为“成无己系”。宋、金时代的成无己，他所编撰的《注解伤寒论》是我国第一部《伤寒论》全注本，其学术特色重在“以经解论”，并“以论证经”。后世注家如张卿子、王朴庄、邹汉璜、汪琥、吴谦等名家多宗之。其二为“方、喻系”，指方有执和喻嘉言。本文将对此系作专文阐介，兹不赘述。其三为“钱塘二张系”，即指清初钱塘（今浙江杭州市）张志聪和张锡驹。志聪虽受业于明末张卿子，但学术见解不同。他强调《伤寒论》六经编次须条理通贯，原文不应随便去取，并主张削《伤寒论·序例》，移“脉、辨脉”篇，并将仲景原文进行“汇节分章”。张锡驹的学术观点与之基本相同，他主张融会《内经》理论，直接阐注《伤寒论》（其注本名之为《伤寒论直解》）。宗于二张的则有黄元御、陈修园、陈恭溥、唐容川、薛公望等名家。

在《伤寒论》三大注本体系中，“方、喻系”的影响最大，现择要阐介如下。

在古代的《伤寒论》注家中，明·方有执和明末清初的喻嘉言，由于他们对《伤寒论》的学术见解趋于一致，后世往往方、喻并提。方氏《伤寒论条辨》（刊于1592年）和喻氏《尚论篇》（其全称为《尚论张仲景伤寒论》，刊于1648年）对其后研读《伤寒论》的学者影响很大。

方氏深研《伤寒论》，对原文采取逐条辨难，寻求端绪，并予排比成篇，一一推论仲景原意，为之考订，故颜其书名曰“条辨”。反映于本书的最大特点是，方氏认为世传的宋本《伤寒论》和成无己的《注解伤寒论》，其原文编排颇多错简，遂移易世传本仲景原文的次序，重予编注，所谓“错简”说，实自方氏始。

众所周知，《伤寒论》是由西晋王叔和加以整理、编次的。方有执认为：《伤寒论》经王氏编次后，已非仲景原著面貌。他推断“宋本”中之卷一“平脉法”“辨脉法”“伤寒论”及卷7～10所述汗吐下、诸可诸不可诸篇，都是王叔和“述仲景之言，附己意以为赞经之辞”。但又认为“平、辨脉法”两篇，尚有羽翼仲景原论的学术价值，故将之置于篇末，而删去“伤寒论”全文。

方氏对《伤寒论》的主要组成部分——“六经辨证”的看法是，仲景原著以六经辨证为纲，六经则以太阳为纲。又将太阳分为“风伤卫”“寒伤营”“风寒两伤营卫”三纲，即后世所谓的“三纲鼎立”说。此说虽渊源很早，但由于方氏予以具体化，并作为重要的伤寒学理论加以提出。他在改订《伤寒论》太阳篇时，分列“卫中风”“营伤寒”“营卫俱中伤风寒”三篇（或称“三证”）凡桂枝汤证及其辨证相关条文，列于“卫中风”篇；凡麻黄汤证及原文中有“伤寒”二字列于条首的，归纳于“营伤寒”篇；凡青龙汤证及原文中有“脉浮紧”“伤寒脉浮”诸条，汇为“营卫俱中伤风寒”篇。对阳明病至厥阴病等篇，亦有所调整，还另立辨温病、风温、杂病脉证并治篇。方氏主观上认为，按照他的编次，就比较接近《伤寒论》原著面貌。其实“三纲”“三证”说，王叔和启之于前，孙思邈、许叔微、成无己等辨之于后。但方氏本人殚二十年的精力编成《伤寒论条辨》，在学术上将“错简”说和“三纲”“三证”加以突出是其学术特色。

喻嘉言是注家中对《伤寒论》有较大贡献的名家。他认为方氏《伤寒论条辨》“削去叔和‘序例’，大得尊经之旨。然未免失之过激，不若‘受礼存羊’，取而驳正之，是非既定，功罪自明……”。对方氏改动王叔和编次，及以风寒之伤营卫分属编排列纲，誉为“卓识超越前人”。方有执认为伤寒六经辨证“有纲有目，经为纲，变为目，六经皆然”。喻氏治医素以主张规范化著称，于此亦从方氏，大倡纲目之说。他又十分强调“法”，“遂举三百九十七法隶于大纲之下……”，认为这才符合仲景学术原貌。

喻氏在尊崇和承袭方有执学术思想的同时，也体现了某些变化和发展。如他在《尚论篇》中，以冬伤于寒，春伤于温，夏秋伤于暑热为主病大纲；四季中以冬月伤寒为大纲；伤寒六经之中，仍以太阳为大纲；太阳篇中亦仍沿用方氏“三纲”之说。其余《伤寒论》原文则六经各自为篇，每一经之前均叙述证治大意。以下则以“法”为目，“法”下分列条文，并予诠注。又将合病、并病、坏病、痰病四类附于三阳经末，使全书显得提纲挈领，条理清楚。可以说《尚论篇》的编纂法较之方有执更进了一步，对后世的影响也更大。其后张璐、程知、舒驰远、吴仪洛等在编注《伤寒论》时，更多地宗法于喻。现列述《伤寒论》“方、喻系”中的主要注本如下。

1. 《伤寒缵论》：清·张璐撰，刊于1667年。张氏初读《伤寒论》诸家注本，有“多岐而不一”的感慨，当他阅习《伤寒论条辨》和《尚论篇》后，则“向之所谓多岐者，渐归一贯”。但在对待方、喻的著述方面，更赞赏喻嘉言的学术见解和编法。其后他编撰《伤寒缵论》，祖仲景之文，宗喻昌之说，采各家之注，参以己见编成此书，但在一定程度上割裂了《尚论篇》原文的编次。张氏研习《伤寒论》，虽以宗喻立说，但对喻氏伤寒、温热不能明辨分析，则颇持异议。张璐另有《伤寒绪论》之作，系博采诸家之说以补《伤寒论》原书证治所未备者。

2. 《伤寒经注》：清·程知撰于1669年。程氏认为在《伤寒论》注家中，惟喻嘉言能“破前人窠臼，开后学之悟门”。但又认为《尚论篇》中对仲景原文的处理或有缺漏，编次、分节亦有欠妥之处，而喻氏注文中偶有臆见妄断，与仲景经旨未能尽合。有鉴于此，程氏遂以喻书为基础，结合个人心得予以参互考订，在对待三百九十七法、一百一十三方问题上，他提出“不必尽泥其方，定守其法”。体现了程氏不泥于古的进步思想。

3. 《伤寒论后条辨》：清·程应旄撰于1670年。程氏学承方、喻，而又希望对《伤寒论条辨》有所补阐。他在方氏“条辨”的基础上，根据个人对仲景原文的理解，又一次“条其所条，辨其所辨”。其编纂的另一特点是，以仲景原文及方、喻二书的篇次附于后。他认为“《伤寒论》之有六经，非伤寒之有六经也。乃因伤寒而设六经，辨以勘豁之。凡一部书，谆谆辨脉辨证，无非从伤寒角立处定局，从伤寒疑似处设防。处处是伤寒，处处非伤寒也。”程氏此说，对于研究伤寒学和其他临床学科的关系方面很有参考价值，但其补阐部分则颇多赘笔。

4. 《伤寒溯源集》（原名《重编张仲景伤寒论证治发明溯源集》）清·钱潢撰于1710年。，钱氏服膺方、喻，在重视“三纲”学说、强调病因的前提下，更注意到伤寒病证的转化问题。他基本上用“效三纲汇论”“按症候编次”两种不同的方法整理《伤寒论》。钱氏认为要深入研究《伤寒论》，必须“直溯源流，深究根底，推求《灵（枢）》《素（问）》、辨论阴阳、援古证今，分经辨证”。可以看出他在这部著作中善以《内经》的理论辨析张仲景原文蕴义，还纠正了方、喻“三纲”学说的一些错漏部分。有关伤寒六经的学术观点，虽宗方、喻为主，但又不篡改“宋本”《伤寒论》的原文和编次。值得注意的是，其注文在吸取方、喻等诸家学说的同时，也部分地引述了成无己的有关论述，并颇多地阐发了个人的学术见解。

5.《伤寒论三注》：清·周扬俊撰于1677年。所谓“三注”，是周氏以方、喻二家的《伤寒论》注文为基本内容，加上他个人研读仲景原著后所补充方、喻二家论所未及的疏注，合为“三注”。周氏对于条文的编次，亦不尽同于方、喻，如他将“病有发热恶寒者，发于阳也；无热恶寒者，发于阴也”这一条，列于太阳上篇的首条，对这条原文的看法也和方、喻不同。方、喻是从“风伤卫，气为阳；寒伤营，血为阴”的角度立论；周氏则谓：“阳经受病则恶寒发热，阴经受病则无热恶寒”。近人则有将此条列为“伤寒总纲”（见余无言《伤寒论新义》）者，认为“发热恶寒”或“无热恶寒”，是由人体卫气、营血对外邪反应的强弱所决定。此外，周氏此著于每篇前，首揭经脉环周之理，这是方、喻二氏所未言者，但此说并不为后世医家所重。

6.《伤寒六经辨证治法》：清·沈明宗编撰。沈氏编注仿效《尚论篇》，此书的特色在于突出六经主病，并以辨证论治统驭全书。沈氏在学术见解上虽宗方、喻为主，但书中阐述仲景原文颇为精要，说理也较透辟。

7.《舒氏伤寒集注》：清·舒驰远编注，初刊于1750年，后舒氏予以重订，于乾隆庚寅（1770年）复予刊行，书名《再重订伤寒集注》。舒氏为喻嘉言再传弟子，他于《伤寒论》注家中，尤推崇喻氏，认为《尚论篇》之出，“则仲景斯道，焰如日月”。他并在《再重订伤寒论集注》中盛赞《尚论篇》“条晰诸法，纲举目张；厘正六经，井井不紊；义例之善，无出其右”。但又指出仲景著述“虽由《尚论》而明，其间遗义尚多”，于是舒氏“参考百家，征以证治”以补充喻书之不足。他还补订了一百一十三方方论，将原方列于条文之下，阐析立方之旨、命名之义以及药物的性能主治，在《伤寒论》注本中是以详于论治为特色的一种。

8.《伤寒分经》：清·吴仪洛撰于1766年。吴氏推崇《尚论篇》，认为喻氏“将三百九十七法分隶于大纲之下，极得分经之妙”，故以“分经”为书名。但吴氏此书基本上只是承袭或补阐喻氏学说，较少有作者个人的发挥。

9.《伤寒论本旨》（即《医门棒喝·二集》）清·章虚谷撰于1835年。章氏对伤寒、温病均有较深的造诣。此书主要参考方有执“三纲”之说，继述各经病证，对仲景原文能博采众说以“辨别义理，证其讹谬，以期合乎经旨”，故以“本旨”为书名。此书在辨析伤寒六经病证方面颇为明晰，但对“烧裈散”持肯定赞赏态度，殊不可取。

10.《伤寒尚论辨似》：清·高学山撰。高氏于前人《伤寒论》注本中，比较爱读《尚论篇》，认为该书有许多发明之处。但也有一些批评，指出《尚论篇》中对一些仲景原文的诠注，多有似是而非、未尽恰当之处。遂予以反复推敲，论辨经义，并以“辨似”为书名。高氏此书的编次方法亦与喻氏书有所不同，他分析六经病证，不乏独到的见解。

11.《伤寒论条辨续注》：此书为清·郑重光在方有执《伤寒论条辨》的基础上予以重订编成。郑氏与方有执同里，对方氏著作有较高的评价。他说：“其书叙六经于篇首，系各条于六经，而太阳一经又分三篇，使风寒分合，各有攸归。虽少阳未及分编，三阴间晦经旨，要其全力独注太阳三篇，故至三阴经则气稍馁，而提挈纲维，开示阃奥，使三百九十有七法、百十有三方，莫不确乎其所以然，而可以适乎证而施之法”。郑氏对方氏原著进行加工，“删其支词，更傍及《尚论》《缵论》《后条辨》《伤寒论翼》诸书，谬以己意，折衷一是，僭为《续注》”。其编次较方氏有所更动，对原文错简处，亦有所移干。

此外，清·徐彬（字忠可，喻嘉言门人）《伤寒图说》、史以甲《伤寒正宗》等著作，在理论上亦均宗喻氏《尚论篇》。从以上方、喻系所涉及的注本之多，可见其较为深广的影响，是其他注本体系所难以比拟的。

逆向思维析经方配伍

——方剂配伍效应探析

张兰凤　王　阶　中国中医研究院西苑医院

仲景经方，历经千年，百亿万人次验证临床疗效确切，而经方一方多病的治疗也有很多报道。研究经方配伍效应理论，明确经方一方治多病的理论基础，对确立经方的临床应用价值具有重大意义，值得深入探讨。

一、经方组创应用思维解

1. 顺向思维创经方　《金匮要略》冠“病脉证并治”为篇名的体例，体现出张仲景“病下系证，证下系方，方随证出，随证治之”的顺向创方思维，即通过辨病辨证从而立法，根据法则组方遣药形成方剂的思维方式。《伤寒论》第101条载："伤寒中风，有柴胡证，但见一证便是，不必悉具"，也体现出"有是证用是方"的顺向用方思维。

2. 逆向思维用经方　顺向思维创方后，对方中药物再分析，探求方药不同的功效、性能及所主病证，这种思维方式称为逆向思维方式。《伤寒论》第338条"……蛔厥者，乌梅丸主之，又主久痢"，启示我们逆向思维用经方。通过逆向思维应用经方，可对经方有更深刻的认识和更灵活的把握。一方几味药的组合可治疗多种疾病，引起我们对方与病证关系的思考，从而提出一些问题值得研究。大量临床实例的推广应用，为我们提供最客观的材料，便于对经方进行深层次的现代化研究。

二、逆向思维解经方

1. 从药物的不同功效看所主病证　从药物的功效看，一种药物的功效一般有几种，而在一首方剂中，它只起1～2个功效作用，抛开它在立方时的用意，分析其他功用，可立其另主病证。例如旋覆代赭汤张仲景用于治疗"伤寒发汗，若吐，若下，解后，心下痞硬，嗳气不除者。"《本草纲目》言代赭石"除五脏血中热……大人小儿惊气入腹……止胃吐血鼻衄"，可入肝。旋覆花可"利大肠，通血脉"。李时珍认为可入肺与大肠经，因而旋覆代赭汤可用于肝火结痰犯肺之疾，代赭石镇肝除热止鼻衄，旋覆花可利大肠降肺气，通血脉使血行正常，半夏化痰，人参、大枣、生姜和胃健脾，以防金石伤胃，又可培土生金防肝气再犯。

2. 从药物的不同性能看所主病证　有时药物在方剂中的作用体现在性味上，如《伤寒论》第29条"……得之便厥，咽中干，烦躁吐逆者，作甘草干姜汤与之，以复其阳。""若厥愈足温者，更作芍药甘草汤与之，其脚即伸"。张仲景采用甘草干姜汤辛甘化阳，但从功效上分析，干姜可温肺化饮，《本经》云"主胸闷，咳逆上气，温中止呕"。甘草有去痰止咳之功，而且现代研究证明，甘草黄酮、甘草次酸均有明显的镇咳作用，去痰作用也较显著，因此甘草干姜汤又可用于寒饮咳嗽，而起温肺化饮止咳的作用。芍药甘草汤，张仲景取之酸甘之性，酸甘化阴，治疗伤寒夹虚误汗阴虚而脚挛急者。再从功效分析，芍药与甘草同用，能治中枢性或末梢性肌痉挛，以及由痉挛引起的疼痛，如腹痛及腓肠肌疼痛，故又可用于各种痉挛性疼痛。

3. 从药物的组配方式看所主病证　一首方中的多种药物可有几种组配方式，即"方中有方"的现象，最典型的例子就是柴胡桂枝汤。《伤寒论》第146条用以治疗太少合并之轻证。张仲景创柴胡桂枝汤取桂枝汤原方半量，调和营卫，以解太阳之表，取柴胡汤原方半量，和解枢机，以治少阳之里。《金匮要略·腹满寒疝宿食病脉证治第十》：《外台》柴胡桂枝汤：治心腹卒中痛者。王慈臣先生曰："柴胡桂枝汤，补虚第一方。"柴胡桂枝汤的多种用法是由它的组方配伍的物质基础决定的，李绍康先生[1]对柴胡桂枝汤的分析很透彻。柴胡桂枝汤乃桂枝汤与小柴胡汤各取其半组成，广其功效，集二方的优点，又优于二方。除桂枝汤、小柴胡汤二方外，尚寓有黄芩汤之义，可用于春温之邪在少阳胆经气分，有解表清热坚阴之用，又可治泄利，有固护胃肠的作用。柴胡合白芍，炙甘草配以姜枣，又有四逆散之法度，乃疏肝理气、通畅阳气之基础方，桂枝汤配党参又有桂枝加人参汤的功效，又柴胡桂枝合用，走胸胁，桂枝配人参而温经补虚，桂枝伍半夏又可化痰而通经络，半夏与黄芩相合，又有辛开苦降之意……，由此可见，柴胡桂枝汤之变化无穷，临床应用极其广泛，用于解表退热，以除外感之邪，调理脾胃以平木土相乘之交，安和胃肠以正清浊相扰之苦，益气升阳以解中气下陷之虞，清热平肝、强心安神以调心神被扰之患，宣通经脉以疗血流瘀阻之疾。

三、析方剂配伍的多种效应

理论上讲，方剂配伍会产生多种效应，几千年的实际应用，也证实了这一点。不同的医家对同一病证可能有不同的组方配伍方法，但可达到相同的目的，同理，同一个方剂，从不同的角度分析其组方配伍方法，可治疗不同的病证。下面以乌梅丸为例，分析方剂配伍多效应的应用。

张仲景创乌梅丸（乌梅、黄连、黄柏、干姜、细辛、桂枝、附子、川椒、人参、当归）治蛔厥，其组方配伍的依据是："蛔得甘则动，得苦则安，闻酸则静，得辛热则止。"配伍规律是：以乌梅之酸，连柏之苦，姜辛桂附椒之辛以安蛔温脏而止其厥逆。加人参者，以蛔动中虚，故以安中而止吐，且以御冷热诸药之悍耳[2]。以乌梅丸治疗蛔厥是顺向用方思维。逆向思维分析乌梅丸，还可用于治疗久痢、哮喘、皮肤瘙痒等证。

1. 乌梅丸治久痢　乌梅丸以参姜附椒辛之辛温，补肾阳暖脾和中，治疗久痢时脾肾功能虚衰，以乌梅、当归、桂枝养血补肝，疏木达郁，制约肝木乘脾土之泻，又以乌梅之酸固肠止利，黄连黄柏清热燥湿坚阴止利，全方共奏温肾暖脾固肠止利之功。研究证明，乌梅中含有齐墩果酸样物质，特别对伤寒杆菌、痢疾杆菌有效[3]，黄连、黄柏含有小檗碱，有广谱抗菌作用，对痢疾杆菌有明显抑制效果，川椒也有抗菌止泻的作用[4]。

2. 乌梅丸治疗哮喘反复发作者　哮喘反复发作者[5]，究其根本，与肺肾密切相关，而反复发作者肾气已衰，必有寒饮内停，若感邪复发，肺先受邪，可出现寒热相兼、虚实互见之证，而乌梅丸一方，寒热药同用，可清上温下，以黄连清上热，姜附暖下元之肾阳，辛椒桂入阴散寒可化饮，人参补中气，当归、甘草补血止咳，乌梅酸敛定喘，可用于久咳不止者。如此分析方剂，与上述之证甚为合拍，治疗定有疗效。研究证明，细辛挥发油能松弛组织胺、乙酰胆碱引起的离体支气管痉挛[6]，桂皮油有去痰止咳的作用，当归含正丁烯副内酯和藁本内酯，有平喘的作用[7]。花椒油中也含有平喘的成分[4]。

3. 乌梅丸治疗老年皮肤瘙痒证　老年皮肤瘙痒证[8]，是脏腑阴阳虚损、气血亏乏，导致营卫不和，肌肤失养，作者观察到这种患者均有脾胃虚弱、肾阳不足之象。又据《金匮玉函要略》“主胃虚……药亦用寒热之品治之”，悟出了该方扶正祛邪的本意，从皮肤科的角度对乌梅丸重新认识认为，乌梅为君，内能敛肺涩肠，以提高机体的免疫能力，外能通达肌表，以降低皮肤的敏感度和增强体表的抗邪能力，辅佐药中又有补阳坚阴、和营活血、清热燥湿之品，如附辛姜桂连柏等，参归附桂等强胃益脾，温肾助阳，用于老年皮肤瘙痒者，屡见功效。现代药理研究证明，乌梅丸中大部分药物有抗真菌、抗过敏的作用[9]。

四、小结

通过相关研究，我们可以认为：一方面方剂配伍的多效性与药物本身特点有关，一种药物可包括多方面的性能，一首方中药物组合极具灵活性，使得一首方可能有几种潜在的功效，对于不同的疾病发挥其相应特有的功用。一首方的一种功效可引发几种不同的效应，如“温肾”这一功效，可引发温肾散寒、温肾化气利水、温肾祛湿、温肾止泄等多种效应。另一方面方剂的多效性只有药物与机体相互作用才能体现出来，根据方剂作用的多效性，结合现代医学有关知识推断：当药物进入病态的人体时，药与人之间发生整合作用，在药物功效所对应的疾病范围内，对不同的疾病，同一药物会有不同的作用方式与作用靶点，因而表现出药物的不同效应。

参考文献

[1] 李跃冲，李绍康．运用柴胡桂枝汤的经验．刘渡舟，赵清理，党炳瑞主编．当代医家论经方．中国中医药出版社．1993：615.

[2] 清．尤怡著，张慧芳校注．伤寒贯珠集．中医古籍出版社．1998：152.

[3] 郑虎占，董泽宏，佘靖主编．中药现代研究与应用（第二卷）．学苑出版社．1997：1204.

[4] 郑虎占，董泽宏，佘靖主编．中药现代研究与应用（第三卷）．学苑出版社．1997：2220.

[5] 杨家茂．乌梅丸新用验案．刘渡舟，赵清理，党炳瑞主编．当代医家论经方．中国中医药出版社．1993：577.

[6] 王本祥主编．现代中药药理学．天津科学技术出版社．1997：49.

[7] 郑虎占，董泽宏，佘靖主编．中药现代研究与应用（第二卷）．学苑出版社．1997：1290.

[8] 王光晃．乌梅丸治疗老年皮肤瘙痒证浅谈．刘渡舟，赵清理，党炳瑞主编．当代医家论经方．中国中医药出版社．1993：507.

[9] 谢鸣主编．中医方剂现代研究（下卷）．学苑出版社．1997：1554.

对《伤寒杂病论》中两则经方的认识

陈德春

一、《金匮》黄连粉方条

黄连粉方，主治浸淫疮，仅见于传世本《金匮·疮痈肠痈浸淫病脉证并治》中。条文凡二：一曰“浸淫疮，从口流向四肢者可治；从四肢流来入口者不可治。”说的是预后；一曰“浸淫疮，黄连粉主之。”说的是治疗。因原注“方未见”，后世注家则多从黄连一味立说。有清尤在泾说：“大意以此为湿热浸淫之病，故取黄连一味为粉，粉之。苦以燥湿，寒以除热也”。后出的《金匮要略译释》（南京中医学院金匮教研室编）、《金匮要略新解》（何任著）、《金匮要略心释》（王渭川著）、《杂病治疗大法》（左季云著）、《金匮玉函经辑义》（日·丹波元简著）大多从之。

就笔者目力所及，有清陈修园父子倒思过半矣。修园说：“黄连粉方未见，疑即黄连一味，为粉外敷之，甚者亦内服之。”元犀说：“或敷或服，随宜择用”。博学的日人丹波元简根据《医心方》《极要方》，附一痒不止方于其下：

“黄连一两　黄柏一两　芦茹一两　礬石一两

甘草一两　生胡（粉）一两

右捣甘草已上为散，胡粉于枪子中煮熬令黄，和之为散，欲傅（敷）药，先以苦参汁洗之，故帛拭干，即著药。不过三四度即差”。

这，当然不算仲景原方。惟桂林古本《伤寒杂病论》可补《金匮》之阙。该书卷第十五《辨瘀血吐衄下血疮痈病脉证并治》黄连粉主之条下：

“黄连粉方

黄连十分　甘草十分

右二味，捣为末，饮服方寸匕，并粉其疮上。”

并移薏苡附子败酱散方与大黄牡丹汤方于此。法律严谨，文气一贯。

该书系仲景四十六世孙张绍祖家藏本，一传有清左盛德，再传桂林罗哲初（手抄），一九五六年为罗的儿子继寿献出。左氏序谓“张绍祖先生之言曰：吾家伤寒一书，相传共有一十三稿，每成一稿，传抄殆遍城邑，兹所存者为第十二稿。”犹今之一版再版，如陈新谦《新编药物学》已出十四版一样。张仲景寿享古稀，屡易其稿是很有可能的。况且，该书始平脉法卷第一，终辨妇人各病脉证并治卷第十六，合张机自序卷数，则更可征信。总而言之，桂林古木“合二为一”，如果不囿于真伪之争，单从学习角度出发，与“一分为二”的宋本比较，窃以为其内容更加宏富而连贯，可读性强，诚不失为研习“仲景学”的好文本。

二、《伤寒论》麻黄附子细辛汤方条

麻黄附子细辛汤方出《伤寒论》，赵开美本又作麻黄细辛附子汤。药仅三味，却开后世助阳解表之先河，其运用范围代有扩展，姑且勿论。鉴于仲景笔法多所互文、省文，就太少两感证而言原著亦语焉不详。

《伤寒论》第301条云：“少阴病，始得之，反发热，脉沉者，麻黄附子细辛汤主之。”乃本方仅见之条文。“脉沉”是少阴病的着眼点，或微或细，总无浮象。以其病本里虚，无力鼓邪外出也。从“反发热”句，衬出无发热是少阴病的另一特征。

惟初起兼挟太阳在表之邪，未尝随机衍变转归成热化寒化之前，一反常态而呈现发热症状，但势必伴有无汗、恶寒诸症。否则，功擅发汗散寒之麻黄断难为伍。清·柯琴在《伤寒来苏集》中指出“本条当有无汗恶寒症”，颇中肯綮。

太阳经证，仲景设桂枝汤以治有汗恶风，麻黄汤以治无汗恶寒。今撷麻黄一味，以药测证，其意已明。何况第302条：“少阴病，得之二三日，麻黄附子甘草汤微发汗，以二三日无里证，故微发汗也。”其组方只辛、草一味之易，按甘草性缓于细辛，旨尚发汗，则本方之寓意发汗乃不言而喻。

两条合参，一者蒙前省略发热脉沉，须两解；一者蒙后省略邪犹在表，宜发汗。虽少阴本寒，作为内源性因素固然同样存在，但正虚有微甚之别。太阳标热，作为外源性因素同样未曾入里，但邪实有轻重之分。而两者之太阴挟表的性质雷同，故一合细辛之辛散，一合甘草之甘缓。

又，本方证首冠“太阳病”，则须具备太阴病主证提纲之“但欲寐”。虽不至于昏愦沉睡，但当有神疲倦怠正不胜邪的表现。只有循此望诊所得迹象结合切诊脉来沉细，苔白、质润，才能确定病位主在少阴。然后基于“一分恶寒未尽，一分表证未除”的认识，判为复感寒邪而束之于表。盖足少阴肾为水脏，寒淫于内，首先受之；足太阳膀胱主一身之藩篱，与之表里感应，故尔同病。仲圣组方遗意，赖附子之扶阳，助麻黄以达表，寓攻于守，以俾表里阴寒尽蠲除。

笔者运用斯方体会有三：一、不必死于“始得之”“得之二三日”句下，相反地施于抱病逾候逾旬者居多。因此时可获未尝转化之依据，而免“或已发热，或未发热”之虞。二、患者当以恶寒为主诉，发热一症不必悉具，即使自觉尚有发热，其体温不得超过38.5℃，否则附子难投。三、药后未必都有出汗，通常与发热程度成正比：热度低，出汗少；热度高，出汗多。

仲景“病痰饮者，当以温药和之”之我见

刘贵成　南阳市中医中药研究所

痰饮是以喘咳、呼吸困难为特征的哮证、喘证的基本病理因素。医圣张仲景在《金匮要略·痰饮咳嗽病脉证并治》篇提出：“病痰饮者，当以温药和之”，迄今一直有效指导着临床实践。笔者认为，能否坚持和怎样坚持“温药和之”是影响临床疗效的关键所在。为此，应该做好以下几点，不妥之处，请同道指正。

一、“温药和之”为治疗大纲，不可偏离

痰饮是人体水液输布运化失常，停聚凝滞而成。《内经》曰：“形寒寒饮则伤肺”，肺失宣肃，津聚为痰；或脾虚转输失司，水谷精微失于运化，上储于肺而为痰；或因肾阳不足，蒸化无力，水津停聚成痰。换言之，肺赖脾散精以供养，肺气耗

散，子盗母气则脾虚；肺与肾金水相生，共司气的摄纳和津液敷布，母病及子则肾虚，终至肺脾肾三脏俱虚。加之痰瘀内阻，体虚易感，反复发作，互为因果，终成痼疾。作为病理产物的痰饮形成以后，有形之实邪乃相继出现，不论痰饮也罢，气道分泌物增多也罢，总属阳虚阴盛，本虚标实之证。本虚为阳气不足，标实为水饮留聚。虽然表现有寒饮或饮郁化热，但笔者认为寒饮是其正常病理表现，而饮郁化热不过是其在特定条件下的异常表现而已。

由于肺为娇脏，主气、司呼吸，开窍于鼻，外合皮毛，不耐寒热。所以一旦痰饮形成，即可影响肺主气司呼吸之功能，出现喘促鼻张，甚或喘息不得平卧，或喉中水鸣声之哮喘症状。正如《景岳全书·喘促》篇曰：“喘有夙根，遇寒即发，或遇劳即发者，亦名哮喘。未发时以扶正气为主，即发时以攻邪气为主，扶正气者须辨阴阳，阴虚者补其阴，阳虚者补其阳。攻邪气者须分微甚，或散其风，或温其寒。然发久者，气无不虚，故于消散中宜酌加温补，或于温补中量加消散。此等证侯，当眷眷以元气为念，必使元气渐充，庶可望其渐愈，若攻之太过，未有不致日甚而危者。”

由于痰饮是人体脏腑功能低下，阳气不足所致的病理产物，会更进一步引起气行不畅、气滞血瘀的病理变化。而仲景“当以温药和之”之法恰合病机，既能温散痰饮，又能温阳化气，恢复脏腑正常生理功能，清除发病夙根。吴鞠通曰：“盖饮为阴邪，非温不化”，正与仲景“温药和之”相吻合。我曾于2001年4月治疗一位男性患者，40岁，乡政府干部，6年前因上感诱发喘急气促，在乡卫生院一直输液并用抗生素，热退而喘咳不能平息。后在该县医院诊为哮喘，用氨茶碱后即缓解，也用过口服及静脉激素（未用过表面激素），因听说激素副作用大而不规范间断使用。以致出现了脸胖、色晦、痤疮、背厚等副作用而始终未能较好控制病情。现感冒即喘，遇凉即鼻塞流涕欲作喘，花粉过敏，食欲尚可，口不渴或喜热饮，苔白腻，脉沉细弱。笔者从脾肺俱虚，痰湿内蕴着手，遵仲景“温药和之”之法健脾化痰，益气固表，药用陈夏六君子汤合玉屏风散，加地龙、蝉衣、僵蚕解痉平喘，去瘀生新，白芥子、苏子、炒莱菔子降气化痰。辅以每天400微克英福美吸人，虽盛夏亦不停药，服药近一年，竟然收功，随访半年未复发。患者亦很有信心，并遵医嘱，适寒温，调饮食，坚持锻炼，争取痊愈。

二、饮郁化热时，仍遵“温药和之”之大法

痰饮壅滞，郁而化热，以致痰热胶结阻肺，肺失清肃，其气上逆，会出现气促息涌，痰鸣如吼，不得平卧，咳痰色黄，或痰白质粘难咯，苔黄腻脉滑之饮郁化热证。病人恐中医缓不济急，往往先求治于西医，大剂量抗生素，激素，氨茶碱和输液，效则效矣，唯是咳喘不利等后期症状长期不能平息，不得不再来求治于中医。根据病理演变过程：痰饮$\frac{\text{感受风热等外因}}{\text{郁伏化热等内因}}$热哮喘咳。仲景早给我们立下了有效治法，仍以“温药和之”为基础，辛开苦降，佐以清肺，如射干麻黄汤，小青龙加石膏汤之类。这种情况基层颇为常见，余曾治一14岁男童，二周前，发热38.9℃，喘咳，吐黄白痰，在乡卫生院经抗生素、输液一周后，体温已退，咳喘未愈，痰白粘而难咯，口虽干不欲饮，闻及轻度哮鸣音，苔白腻，脉浮滑，余用射干麻黄汤合小青龙汤加地龙、蝉衣、藿香、黄芩、半枝莲等，二剂知，六剂愈。可见抗生素和输液虽能够迅速去其痰热，使体温正常，但不能除其痰湿，输液又易助湿恋邪，湿性粘滞，加用利湿化湿及熄风解痉之品后（因风药胜湿），确能获得较理想疗效。

三、体会

“温药和之”是医圣为我们确立的治疗大法，不可偏离，用之得当，效如桴鼓。《金鉴》曰：“稠浊为痰，阳之盛也，稀清为饮，阴之盛也，若痰无饮，当以凉药治之，有饮无痰，当以热药温之，若痰而兼饮者，此不可纯凉，又不可纯热，故当以温药和之也。”《本义》曰：“痰生于胃寒，饮存于脾湿，温药者，补胃阳，燥脾土，兼擅长之剂也，言和之则不专事，温补，既有行开导之品，亦慨其例义于温药之中，方谓之和也，而不可谓补之益之也。盖痰饮之邪，因虚而成，而痰也实物，必少有开导之品，总不出温药和之四字，其法尽矣”。妙哉斯言。

“痰饮之邪，因虚而成”，景岳早已说过，“凡非风之多痰者，悉由中虚然，观其强壮之人，任其多饮多食，则随食随化，未见其为痰也……可见天下实痰无几。故治痰当温脾强肾以治痰之本，根本渐充，则痰将不治而自去也”。验之临床，确实如此，玉屏风散补气固卫；金匮肾气丸温补肾阳；《谦斋医学讲稿》倡用阳和汤，麻黄配熟地等均谓之温补，不过不是大温大补，而是温运调和，使阳

气振奋，气化复常，饮邪消散罢了。因“痰也实物，必少开导之品”，仲景创辛开苦降法，射干麻黄汤为代表方，即为痰饮而设。仲景祛痰饮，不用峻剂逐之，而以麻黄宣肺平喘，射干豁痰利咽，苦辛并用；细辛、干姜、半夏温肺蠲饮降逆；紫菀、冬花、甘草化痰止咳；五味子敛肺、大枣和中，痰饮去而正气复，不离“温药和之”之大法，可见其圣心独俱。

同时还应注意疏理气机。因肝主疏泄，与气机升降出入相关。痰湿内阻则气机不畅，气化受阻则三焦不利，气郁则湿郁，湿郁则痰凝，以致恶性循环。故应调理气机以增肝用，如柴胡、枳壳、乌药、香附、陈皮等，则肝气得舒，气化正常，痰饮水湿根除有望。朱丹溪说：“善治痰者，不治痰而治气，气顺则一身之津液随之而顺矣”，此之谓也。

而今，社会经济越发展则感染性疾病趋于下降而过敏性疾病趋于增加，此已为工业化国家所证实，也是我国呼吸系统疾病逐年增加的现实。因此，我们的治疗手段也应发展并综合采用各家之长。如根据“风性数变，为百病之长”之理论，在哮喘性疾病中增加疏散风邪的药物可以提高疗效；中药雾化吸入，简便易行，值得推广使用；穴位注射的平喘作用有立竿见影之效；以及穴位贴敷，冬病夏治等。而西药的氨茶碱、博利康尼、帮备、沙美特罗、普鲁卡特罗等能解痉平喘，迅速控制症状，为进一步治疗建立平台。笔者认为合理地综合运用这此治疗方法必将使仲景“温药和之”的治疗大法在新的社会条件下进一步发扬光大。

浅析《伤寒杂病论》中药物剂型的运用及给药途径

吴立明　李书香　郝芬兰
南阳张仲景国医学院

张仲景《伤寒杂病论》不仅辨证清晰，组方严谨，用药精当，而且对药物剂型的运用及给药途径也形式多样，独具匠心，现浅析如下：

一、对药物剂型的运用

1. 汤剂　张仲景对汤剂的应用非常广泛，在《伤寒论》112个方剂中，汤剂就有98个。由于汤剂是临方制剂，对不同的病人可随证加减，表现出组方极大的灵活性，只要辨证准确，组方合理，便可达到最大有效性。而且，汤剂制备工艺简单，药材加水煎煮即可，并含较多种类的活性成分，能充分发挥方剂中药物的综合疗效。因此，中药汤剂仍是目前许多新剂型如冲剂、胶囊、口服液、注射剂等所无法取代的，甚至有人提出“汤剂与中医并存”的观点。仲景对汤剂的运用，也正是利用了汤剂的上述特点。仲景在对汤剂的运用中，还创制了中药“煮散”。中药“煮散”是汤剂的一种用药形式，具有汤剂的特点，但与汤剂相比具有节省药材，能短时间内煎出成分，节省能源、人力和物力等优点。《金匮要略》中记载“煮散”的方剂有9个，如抵当汤中注有“右四味，挫如麻豆，以水五升，煮取三升，去渣，温服一升”，即是中药煮散的制作方法。另如《伤寒论》中的四逆散、半夏散，也都属于“煮散”，并明确标示出将其药物捣细加水煎服的用药方法。研究表明，“煮散”比饮片煎出的有效成分高，且半剂量颗粒煮散与全剂量饮片煎汤的第一煎有效成分煎出率一样。这一结论为《伤寒杂病论》中煮散时“一方取半剂”的说法提供了理论依据。

2. 散剂　《伤寒论》中收载散剂8个，都是内服散，其中一个为单散（文蛤散），其余为复方散剂。张仲景对散剂的应用，主要是利用了散剂的散解作用，达到祛风邪、逐痰开胸、攻寒逐水等目的。仲景制备散剂，采用的“异捣下筛为散，更入臼中治之”及“各别捣筛，为散剂，合治之”的方法，与现代制备散剂的工艺是一致的。散剂为粉末状，表面积较大，具有易分散、奏效快的特点，因而中医常用来治疗急性病。目前，散剂仍是中医临床常用剂型之一。

3. 丸剂　《伤寒论》中收载的丸剂有5个，即抵当丸、乌梅丸、理中丸、大陷胸丸、麻子仁丸。张仲景主要利用了“丸者缓也”的特点，使峻药缓攻。如对蓄血虽重，但病势较缓者，不用破血逐瘀的抵当汤速攻，而用抵当丸达到缓泻目的。丸剂是一固体剂型，研究表明，丸剂口服后在肠胃道中要经过湿润、崩解、溶解等过程而逐渐释放药物，因此作用缓慢而持久，故多用于慢性病和体虚患者的治疗。可见，张仲景用丸剂的意图，是与现代医药学理论相符合的。

4. 栓剂　《伤寒论》中收载栓剂仅蜜煎导一方，方中只蜂蜜一味。蜂蜜经加热浓缩，逐渐变稠，冷却后即可成为坚硬的固体，纳入肛门中，可在体温中缓慢软化、溶解，在黏膜局部形成浓溶液，从而刺激肠黏膜产生通便作用。蜜煎导中虽一味蜂蜜，但它既作栓剂的基质，又兼作栓剂的药物，这充分体现出张仲景在创制蜜煎导方时的匠心独运。

二、给药途径

《伤寒杂病论》中方药多为内服，本文不予讨论，只对内服以外的其他给药途径进行浅析。

1. 舌下　张仲景在《金匮要略》中救治尸蹶时指出“尸蹶脉动而无气，气闭不通，故静而死也，——今人以桂梢着舌下”。临床证明，舌下给药确为有效治疗卒死的方法，现代医学也常用舌下给药治疗心绞痛，可谓是沿袭了仲景之法。

2. 皮肤　《百合狐惑阴阳毒病证治第三》中“百合病一月不解，变成渴者，百合洗方主之”。即以百合一升，以水一斗，渍之一宿，以洗身。百合病日久不愈，阴津亏损，虚火亢盛，则口渴不止。百合养阴润燥，用百合煎汤浴洗周身，通过皮肤的吸收，达到养阴清热、生津止渴的作用。另如用矾石汤浸渍足踝治疗脚气冲心，以败蒲席煎汤洗浴治疗坠马及一切筋骨损伤等方，都是通过皮肤给药来治疗疾病。

3. 肌肉　《疮痈肠痈浸淫病脉证并治第十八》中“病金疮，王不留行散主之。……合治为散，服方寸匕，小疮即粉之……”。王不留行散具有很强的清热活血、化瘀消肿功效，再通过针对性的局部肌肉直接用药，可对创伤起到迅速治愈的目的。

4. 肛门　《百合狐惑阴阳毒病证治第三》中“狐惑之为病……蚀于肛者，雄黄熏之”。雄黄燥湿解毒杀虫，用火煅后作用于肛门，通过肛门吸收药效，达到治疗狐惑病虫毒的作用。

5. 阴道、子宫　《妇人杂病脉证并治第二十二》中“蛇床子一味，末之，以白粉少许，和令相得，如枣大，绵裹，内人，自然温”。即用蛇床子和丸纳入阴道可治妇人阴寒。“……妇人阴中蚀疮烂者，狼牙汤洗之。”狼牙汤清热燥湿杀虫，直接作用于阴道湿烂处，可达到清除阴中湿热的效果。

6. 其他　仲景还常通过耳、鼻等特殊部位给药，治疗一些急重病症。如治疗卒死目闭时，用气味浓烈、刺激性强的薤白捣汁灌于耳中或鼻中，以开窍通闭醒神。另外，还有药物摩点药络齿、药物涂面及泔水洗头等给药途径的记载。

总之，《伤寒杂病论》非常重视对药物剂型的运用及给药途径的选择，常以不同的剂型、不同的给药途径，治疗不同的病症。现代研究表明，中药剂型及给药途径对中药疗效的发挥起着至关重要的作用。因此，我们在研究仲景辨证论治和遣方用药的同时，也要研究仲景方药的剂型和给药途径，使对张仲景学说的研究更深入，更全面。

浅谈仲景禁药不禁

李　俊　李　晓　河南省邓州市中医院

临床上医生在遣药配方中，有许多禁忌。如：禁止相恶药、相反药物的同用，在治疗疾病时，除了禁用同病证相反的药物外，妊娠病禁用毒性较强、药性猛烈的及有堕胎、滑胎作用的药物，历代医家对此颇为重视，视为畏途，唯仲景把握病机，方中屡有破禁，充分体现了他的辨证施治观念，现列举如下：

一、相反相成、相反之药相伍为用

1. 甘遂与甘草同用　《金匮要略》中《痰饮咳嗽病脉证并治》篇载：“病者，脉伏，其人欲自利，利反快，虽利，心下续坚满，以为留饮欲去故也，甘遂半夏汤主之。”方用甘遂与甘草，《神农本草经》认为相反。本方所主，为留饮重证，主攻水饮滞留，非急攻而不能通其阳，是以因其自利之反快而攻之，甘遂逐饮峻猛，用甘草、白蜜之甘以缓之，用芍药之酸收之，使攻利不太过，留饮重证须用甘遂，其性急峻猛，又须缓之以甘草，甘草与甘遂相反而同用，取其相反相成，驱邪不伤正气。本方为仲景的一大破禁。

2. 附子、半夏同用　附子与半夏同配伍，仲景用之有两处。《金匮要略·腹满寒疝宿食病脉证第十》载“腹中寒气，雷鸣切痛，胸胁逆满，呕吐，附子粳米汤主之。”《伤寒太阳篇》40 条“……小青龙汤主之……若噎者去麻黄加附子一枚……”。两方中均有附子、半夏同用，两者的病机均有水湿内停，前者论述脾胃虚寒，水湿内停的腹满痛论治，方中以附子为君，助阳驱寒，半夏为臣，降逆止呕；后者，以方测证，足见水寒相搏之甚，必用附子燥烈之性助干姜、细辛温阳之效，两方均有大枣、甘草调和，使得水寒自散，阳气得复，诸证自平，此附子和半夏相伍为仲景又一破禁。

3. 乌头与半夏同用　《金匮要略》中《腹满寒疝宿食病脉证并治》篇载，“寒气厥逆，赤丸主之。”方中半夏与乌头配伍同用，《太平圣惠方》谓其相反，赤丸所主寒饮内停所致的腹痛，以药测证，尚有腹痛、呕吐、头眩、心悸等症，此乃脾肾阳虚，寒饮内盛，非乌头不能祛其寒，非半夏不能降其逆，故同用。此方乌头与半夏同用，相反以攻坚沉寒。

二、妊娠病，有故无损，禁药不禁

仲景在《妇人妊娠病脉证并治第二十》中破禁有四。

1. 条文“妇人宿有癥病，经断未及三日，而得漏下不止，胎动脐上者，为癥痼害，妊娠六月动者，前三月经水利时，胎也，下血者，后断三月衃血不也，所以血不止者，其癥不去故也，当下其癥，桂枝茯苓丸主之。”

桂枝茯苓丸，活血去瘀，缓消癥块，治疗妊娠腹痛下血，常人必识为畏途，然仲景，首先论述癥病与妊娠的鉴别，妇人素有病，复受孕成胎，停经未三月，忽又漏下不止，并觉胎上似胎动，此乃癥病影响所致，治当祛瘀消癥，癥去则出血归经，胎元可养。方用桂枝行阳，芍药收阴调和营卫，茯苓渗湿，丹皮、桃仁破血而消癥，均为妊娠所忌，此不避，经谓：“有故无损，自无损也。”

2. “妇人怀娠六月，脉弦发热，其胎愈胀，腹痛，恶寒者，少腹如痛，所以然者，子脏开故也，当以附子汤温其脏。”

本条文论述妊娠阳虚寒盛，腹痛证治，妊娠六七月，忽然出现脉弦，发热，腹痛，恶寒，并觉胎胀大，少腹冷，病机是阴虚阳盛，其证发热非为外感，而是虚阳外浮之象，阳虚不能温煦胞宫，阳寒之气内盛，故治当温阳散寒，暖宫安胎，用附子汤。附子有破坚堕胎之弊，仲景独用以为安胎，这亦是有故无损的原因。

3. 条文“妊娠呕吐不止，干姜人参半夏汤主之。”

以药测证，此病病机为胃虚有寒饮，浊气上逆，方用干姜温中散寒，人参扶正补虚，半夏、姜汁，涤饮降逆，干姜、半夏是妊娠之禁忌之药，仲景加入人参以固胎气，是见仲景用药之妙。

4. 条文“妊娠有水气，身重，小便不利，洒淅恶寒，起即头眩，葵子茯苓散主之”。葵子滑利通窍，可致滑胎，仲景用葵子、茯苓相配伍，治疗妊娠水气内停，是有故无损禁药不禁的又一实例。

另外，在产后病的治疗中，因产后多虚多瘀，一般识为禁区，不宜发汗，用药不峻猛，然仲景独用之。用发汗攻下，破血的方法，均有运用，现不一一举例。

仲景这些用药方法，是以辨证为基础而用之，为辨证用药的先河，体现了中药配伍之妙，不愧为方书之祖。

论经方的配伍、剂量与时效

刘传珍　周丽华　浙江省宁波市江北区人民医院

医圣张仲景撰写的《伤寒论》和《金匮要略》的方剂，一般统称为经方。经方相对于时方而言，因药味相对较少，故应用难以掌握，有鉴于此，故本文总结经方的配伍、剂量与时效等规律与特点，以便合理运用经方，提高经方的疗效。

一、经方的配伍

1. 经方配伍的规律　历代医家经过研究发现，经方配伍具有以下特点：（1）方证对应严密，组方章法鲜明：在仲景的《伤寒杂病论》中常常出现以方概证如桂枝汤证、小柴胡汤证等；仲景方的适应证也非常明确，真正做到有是证用是方；仲景方还体现了君臣佐使、四气五味、七情和合、气机升降等配伍理论的娴熟应用。仲景方组方非常严谨，往往能够成为一个有机的整体，对药味稍作加减其适应证即发生大的变化。清代徐灵胎对仲景方“非此方不能治此病”，“非此药不能成此方”的评价，应不为过。（2）灵活加减：纵观仲景方，娴熟地应用药物配伍进行灵活的加减配伍。从桂枝与芍药的配伍方中可以看到配伍不同的药物作用方向也不同，并据此而认为仲景方确为方书之祖、后世楷模，亦为中肯。（3）巧用药对：在仲景有名有药的252张经方中，药味不超过5味的达180方，占全部方剂的70%，其中有40方仅有两味药组成，可以说是名副其实的药对[1]。此外，柴胡配黄芩、桂枝配芍药、麻黄配桂枝、半夏配黄连、人参配白术等均是著名的药对配伍。在药对配伍中“七情合和”理论应用达到前所未及的境界，如甘草配甘遂等[2,3]。

2. 合方中的配伍规律　“合方”一词首次见于林亿校注《伤寒论》的第23、25、27条按语中，即桂枝麻黄各半汤、桂枝二麻黄一汤、桂枝二越婢一汤等。“合方”是两首以上成方或成方与有一定明确功效的药组或药对的相加运用，与一般传统单味药物加减的使用不同，是中药方剂运用的一种特殊形式。合方的原则是以辨证论治为核心，据“证”或“病机”进行方与方、方与药对、方与药组之间的配伍，而非传统的药与药之间的配伍。

二、经方的剂量

1. 组成相同，剂量不同，功用不同　《伤寒论》中小承气汤，厚朴三物汤、厚朴大黄汤都由大黄、厚朴、枳实三味药组成。小承气汤中大黄用量倍于厚朴，其功能泻热通便、消痞除满；厚朴三物汤中厚朴倍于大黄，治腹满痛而大便秘结；厚朴大黄汤则治支饮胸满，兼有腑实便秘者。其药量在三方中各不相同，功效侧重点亦不同。另外如小半夏汤与生姜泻心汤、半夏泻心汤与甘草泻心汤等，都是同药异名的处方。

2. 同一药物，剂量不同，作用不同　有人说："中医不传之秘在剂量"，作为百代宗师的张仲景，在用药剂量方面，决不草率从事，其法度严谨、分量考究，都为医界公认。据统计，《伤寒论》用药出现率最高的是甘草（70 方次），作为主药在方中剂量最大的用 4 两（5 方次），作为调和药，剂量最小的仅用 36 铢（1/4 两），用量大小之比为 16∶1。此外，茯苓共用了 15 方次，其中茯苓桂枝甘草大枣汤，茯苓用量为半斤，麻黄升麻汤中茯苓仅用 6 铢，用量大小之比为 32∶1。由此可见，张仲景在总结前人经验的基础上，经过大量的临床实践验证，逐步完善了"经方"的组成，对每一味药剂量，可谓深思熟虑，绝非信手之举。

3. 同一处方，服量不同，作用不同　张仲景用药的另一特点，常常是多备药物，将煎好的药物分为数份，先服一份，如已效，停后服。如仍无效，则视病情决定是否再服。如桂枝汤服法云："若一服汗出差，停后服，不必尽剂；若不汗，更服，依前法；又不汗，后服少促其间，半日许，令之服尽；若病重者，一日一夜服，周时观之。服一剂尽，病证犹在者，更作服，若不出汗者，乃服二三剂。"这种服法，解决了处方药量一时难以确定的难题。

4. 有毒药物，体质强弱，用量不同　张仲景在应用有毒药物时，指出体质强壮者可加大用药量，羸弱者应减轻用药量，而不是采用所谓的常用量。如十枣汤服法云："强人服一钱匕，羸人服半钱。"从而避免了体弱者中毒的危险。

5. 特殊反应，或过量服用，尚备解法　张仲景在许多方后常告诉病人服药后的反应或稍过量的解救法。如大青龙汤服法云："温服一升，取微似汗，汗出多者，温粉扑之，一服汗者，停后服。"确定了服药反应的处理方法以及过量的补救措施。

三、经方的时效

1. 病证不同，服药时间不同　许多疾病只须或必须在某个特定的时间给药，才能发挥药物的最大效能，减轻毒副作用。首先，根据患者的生活习惯，如饮食、睡眠等，因人制宜，按时投药，以适应病人的喜恶，达到最佳服药效果。其次，病前给药，许多疾病只有在发病前给药才有效，如桂枝汤治"病人脏无他病，时发热自汗出而不愈者"，采取在发热自汗出发作之前服用即可治愈。另外，特定处方须特定给药，如攻逐水饮的十枣汤，于平旦时空腹温服，若下利后病不除者，须待第二日的相同时间才能再服药[4]。

2. 病证不同，服药次数不同　根据不同病证可以调节两次以上给药的间隔时间，使之更加切合病情的轻重缓急。如桂枝汤之"又不汗，后服少促期间，半日许令之服尽。"张仲景常根据不同的方剂治疗不同疾病而采取不同频率的服药法：有日一服（十枣汤），有日二服（大、小承气汤），大部分是日三服，还有半日三服（麻黄连翘赤小豆汤），有日三服夜二服（理中丸），有日五服（当归四逆加吴茱萸生姜汤），日六服（猪肤汤），治疗咽中生疮的苦酒汤则"少少含咽之"，一般而言，下病、危重病宜量大而顿服（大承气汤，独参汤），上病、表浅之疾宜量小而代茶顿服。病急不拘时服，病愈停后服。同样的处方治疗某种疾病，只须调节给药频率，即可取得最佳疗效，同时降低毒副反应。

3. 煎药时间不同，药效不同　煎药时间的长短急慢对药性药效之影响是不应忽视的。如《伤寒论》中附子的煮药时间，凡用生附子诸方，其煎煮时间皆短（30 分钟左右），而用熟附子诸方，其煎煮时间相对较长。附子生用煮时较短的原因主要有三：其一，用生附子的诸方所治之证都是真阳虚衰，亡阳在即的急重证，治之刻不容缓，不允许久煮；其二，更重要的是，附子大辛大热，若久久煮之，辛热之性耗散，如何能回阳于将亡？其三，附子的毒性与其辛热之性密切相关，若用于真阳虚衰，阴寒内盛的病证则不显毒性。观今日临床，医生本来就用炮附子，还小心翼翼，用量不大，又嘱多煮久煮，稳则稳矣，但必定影响疗效[5]。

4. 服药时辰，影响药效：择时用药，属当代时间治疗学的范畴，古今皆有应用，择时依据也是多方向的。如脾虚泄泻服用理中汤，采用巳时服药法，是依据经脉气血流注节律来确定的。巳时是气血流注于脾经，脾经经气旺盛的时辰（上午 9～11 时）。人的精气在各时辰有规律消长，处于动态平衡中，人就健康。消长失衡，阈值超高或偏低，使人生病。根据临床表现，落实到相关脏腑，在相关的时候治疗、服药，有的放矢，事半功倍。又如治肾气亏乏的肾气丸，其最佳服药时间是酉时（下午 5～7 时）。又如调节阴阳失调的桂枝汤，应在卯酉时服药。治阴阳更替失调疾病之小柴胡汤，以夜半子时与午时服药为宜。治外邪高热之麻黄汤，宜在9～15时服用（巳时至未时）最佳，此时阳气正盛，太阳经气最旺，适时下药，药借经气之旺，经得药力之助，病莫不除[6]。

参考文献

[1] 腾佳琳．药对沿革及理论研究概要．北京中医药大学学报，1995，18（3）．

[2] 赵鸣芳．经方特点初探．南京中医药大学学报，1999，15（5）：266～268．

[3] 吴子腾，洪玉美．试析《伤寒论》方剂配伍技巧与规律．安徽中医学院学报（6）：8～10．

[4] 李济仁．用方服药琐谈．见：詹文涛主编．长江医话．北京：北京科技出版杜，1989：830～831．

[5] 傅延龄、陈非、李东一等．《伤寒论》方的煮药时间．北京中医药大学学报，1998，21（6）：8～9．

[6] 赵鹤龄．谈谈治疗高热与时辰医学的关系．光明中医，1998，13（79）：6～7．

《伤寒杂病论》的二十种治法

柳　艳　河南省南阳张仲景博物馆
柳　凯　河南省南阳市骨科医院
柳　倩　河南省南阳市妇婴医院

张仲景所著《伤寒杂病论》熔理、法、方、药于一炉，开辨证论治之先河，奠定了中医治疗学的基础，后人将该书分为《伤寒论》和《金匮要略》。现存《伤寒论》载方112首，用药87种。《金匮要略》载方262首，用药116种。在治法具体运用上，包含汗、吐、下、和、温、清、消、补等，现总结二十种如下：

一、解表法

又称汗法，用于驱除表邪，解除表证的一种治疗方法。有辛温解肌法、解表发汗法和辛凉解表法。（一）辛温解肌法适用于太阳中风表虚证，以恶寒发热头痛、汗出、脉浮缓为特点。适应方剂：桂枝汤。（二）解表发汗，适用于太阳伤寒表实证，以太阳病无汗、脉浮紧为特点。适应方剂：麻黄汤。（三）辛凉解表，适用于外感风寒或温病初起，证见身热喘咳，口渴，脉数。适应方剂：麻黄杏仁甘草石膏汤。

二、催吐法

又称吐法。通过药物的作用，使蓄在喉咙、胸膈、胃脘的痰涎、宿食毒物从口中吐出。适应方剂：瓜蒂散。

三、通下法

又称下法。其功能是通腑泄热，荡涤积滞。有通腑泄热法和攻水陷胸法。（一）通腑泄热法，适用于阳明燥结成实，证见潮热、谵语、便秘、腹满而痛，脉沉实。适应方剂：大承气汤、调胃承气汤。（二）攻水陷胸法适用于水热结于胸，证见胸中按痛，心下硬满，短气烦躁，心中懊恼，适应方剂：大陷胸汤。

四、和解法

又称和法。具有和解少阳，调和寒热，表里双解等作用。（一）和解少阳法，适用于邪传少阳，证见寒热往来，胸胁苦满，默默不欲饮食，心烦喜呕，口苦咽干目眩。适应方剂：小柴胡汤。（二）调和寒热法。适用于寒热结于中焦，升降失常，而致心下痞满，恶心呕吐，肠鸣下利。适应方剂：半夏泻心汤。（三）表里双解法。适应于少阳、阳明合病。证见往来寒热，胸胁苦满，心下满痛，呕吐、苔黄、脉弦数有力，适应方剂：大柴胡汤。

五、清热法

又称清法。具有清热除烦，生津止渴作用。有四种具体治法。（一）辛寒清泄法。适用于邪犯阳明，气分热盛，症见壮热面赤，烦渴引饮，脉洪大有力。适应方剂：白虎汤。（二）清热除烦法。适用于热病之后，余邪留恋，虚烦发热，适应方剂：竹叶石膏汤。（三）苦寒降热法，适用于热聚胸脘，症见心下痞硬，按之濡，关脉上浮，适应方剂：大黄黄连泻心汤。（四）凉血解毒法。适应于热毒陷厥阴血分，气血与热毒相搏　下通大肠，脓血，赤多白少，适应方剂：白头翁汤。

六、化湿法

具有清热利湿，温阳通痹作用。有三种具体治法。（一）清热祛湿法，适用于少阳腑证，瘀热发黄，身、目、小便皆黄，黄色分明。适应方剂：茵陈蒿汤。（二）祛风散湿法，适用于伤寒八、九日，风湿相搏，骨节痛，不能自转。适应方剂：桂枝附子汤。（三）温化水湿法，适用于中阳不足，水饮内停，胸胁支满，目眩心悸，舌苔白滑，适应方剂：真武汤。

七、利水法

具有利水渗湿的作用，有两种具体治法（一）化气行水法，适用于水热互结的蓄水证，发热，渴欲饮水，水入则吐，适应方剂：五苓散。（二）攻逐水饮法，适用于水饮结邪，停聚胸胁，汗出，心下痞满，干呕短气，引胁下痛，汗出不恶寒。适应方剂：十枣汤。

八、回阳法

属于补法，其功能温里助阳，散寒通脉，有三种治法：（一）温中祛寒法，适用于中焦虚寒证，腹中时痛，喜暖欲按，自利不渴，舌苔白滑，脉沉细或沉迟，适应方剂：小建中汤。（二）回阳救逆法，适用于阳气衰微，阴寒内盛，四肢厥逆，下利清谷。适应方剂：四逆汤。（三）温经散热法，适用于阳气不足，经脉受寒，血行不畅，手足厥寒，肢体麻木或痹痛，适应方剂：黄芪桂枝汤、五物汤。

九、滋阴法

亦属补法，其功能滋补真阴，抑制相火。有三种治法：（一）滋阴清热法，适用于少阴病邪随热化，证见心中烦，不得眠，适应方剂：黄连阿胶汤。（二）养阴除烦法，适用于少阴阳虚，下利，胸满，心烦，咽痛。适应方剂：猪肤汤。（三）育阴复脉法，适用于心血不足，心气无力推动血脉，心动悸，脉结代。适应方剂：炙甘草汤。

十、安神法

具有安神定志的作用。治法有三种，（一）养阴清热宁心法，证见肝血不足，虚烦不安，头目眩晕，咽干舌红，脉弦细者，适应方剂：酸枣仁汤。（二）补益心脾宁神法，证见精神恍惚，悲伤欲哭，神疲力乏。适应方剂：甘麦大枣汤。（三）火劫致惊救逆法，适用于火劫发汗损伤心肝，心悸，惊狂，卧起不安，适应方剂：桂枝救逆汤。

十一、降逆法

具有降气平喘，降逆止呕作用。（一）宣气降逆法，适用于胃气虚弱，痰浊内阻，心下痞硬，噫气不除，适应方剂：旋覆代赭汤。（二）温阳止呕法，适用于胸中有痰饮，阻塞上逆，呕吐，头痛，口吐涎沫，适应方剂：吴茱萸汤。

十二、行气法

具有疏畅气机作用。有二种：（一）通阳逐饮行气法，适用于胸痹者胸阳不振，痰阻气滞，胸中闷痛，心痛彻背，短气，脉沉弦，适应方剂：瓜蒌薤白半夏汤。（二）开结化痰顺气汤法，适用于梅核气，七情郁结，气滞痰凝，上逆于咽喉之间，适应方剂：半夏厚朴汤。

十三、止利法

具有清热燥湿，健脾和胃，收肠固脱的作用。有三种：（一）清热止利法，适用于里热加表热下利，证见发热下利，脉促者，适应方剂：葛根黄芩黄连汤。（二）健脾温中法，适用于脾阳不振，虚寒下利，适应方剂：理中汤。（三）收涩固脱法，适用于下利日久，下焦滑脱，适应方剂：桃花汤。

十四、驱蛔法

具有安蛔止痛作用，适用于蛔厥，腹中痛烦，时发时止，心烦呕吐，肢冷吐蛔，适应方剂：乌梅汤。

十五、活血祛瘀法

具有活血祛瘀作用，适用于蓄血及各种瘀血阻滞病证。有三种：（一）破血下瘀法，适用于下焦蓄血证，少腹急结，小便自利，其人如狂，至夜发热，适应方剂：桃核承气汤。（二）温经散寒法，适用于冲任虚寒，瘀血阻滞，证见月经不调，痛经，有瘀块。适应方剂：温经汤。（三）活血缓消法。适用于瘀阻胞宫，腹痛拒按或漏下不止，血色紫黑晦暗。适应方剂：桂枝茯苓汤。

十六、止血法

有两种：（一）温阳止血法，适用于阳虚便血，证见气寒血脱，舌淡，脉弱无力，适应方剂：黄土汤。（二）苦寒凉血法，适用于热盛吐衄，气逆血热，面赤舌红，脉数有力，适应方剂：泻心汤。

十七、祛痰法

具有消除痰饮作用，有两种：（一）清热化痰法，用于痰热互结证，胸脘痞满，按之则痛，舌苔黄腻，咳痰黄稠，脉滑数，适应方剂：小陷胸汤。（二）温化寒痰，适用于寒痰证，证见咳痰清稀色白，舌苔白滑，适应方剂：苓甘五味姜辛汤。

十八、寒热并用法

具有调和阴阳，通达表里功能。适于表里寒热错杂证。（一）表里互用法，适用于伤寒误下，表邪内陷，正虚阳郁，适应方剂：麻黄升麻汤。（二）寒温互用，适用于阴盛格阳，适应方剂：通脉四逆加猪胆汁汤。

十九、表里兼治

具有表里兼治祛除病邪作用。有四种：（一）解表清里法：适用于风寒外束，郁热内闭，适应方剂：大青龙汤。（二）解表化饮法：适用风寒外束，内有水饮，适应方剂：小青龙汤。（三）解表温里法，适用寒疝兼有表证，里寒为内因，外寒为诱因，证见腹痛，手足不仁，牙痛，适应方剂：乌头桂枝汤。（四）解表攻里，适于太阳阳明合病，证见腹满而兼表证，适应方剂：厚朴七物汤。

二十、攻补兼施

适用于虚实错杂症候，见妇人水血俱结血室的证治。适应方剂：大黄甘遂汤。

论《伤寒论》之“和法”

聂惠民　北京中医药大学

《伤寒论》这部融理、法、方、药为一体的经典医著，论辨证之理，其意深奥，论治疗之法，博详精深，奠定了辨证论治的基础，尤其对“和法”的运用，更是变化多端，独具特长，被后世临床医学家视为圭臬。

一、《伤寒论》“和法”之涵盖

“和法”乃《伤寒论》中之治疗法则，它包括了治则和治法。和者，平也，和谐、协调、调和之意。《伤寒论》对和法之论述，体现于六经辨证之理、法、方、药中，散见于397条原文之内。仲景和法之确立，在于调和为基础，以和为法度，进行调和机体之阴阳表里，营卫气血，寒热虚实，使人体机能处于阴阳动态平衡之正常生理状态。从而观之，和法的涵盖范围较宽，内容颇详，妙意深幽。细分析之，所谓“和法”，有广义与狭义之分。广义者，则指以调和的治疗作用，祛除寒热，调其偏胜，扶其不足，达到祛邪愈病目的的一种治疗法则。故广义之和法，是指治疗法则，即包括治则与治法。正如《景岳全书·和略》之释：“和方之剂，和其不和者也，凡病兼虚者，补而和之；兼滞者，行而和之；兼寒者，温而和之；兼热者，凉而和之，和之为义广矣。亦犹土兼四气，其中补泻温凉之用，无所不及。务在调平元气，不失中和贵也。”可见和法之涵盖，面广意深，治则治法兼在其中。狭义者，专指治法。即“八法”（汗、吐、下、和、温、清、消、补）之一的和达。是指通过和解的治法，如和解枢机，调和营卫，调和脾胃，调和升降，调和内外等达到治疗目的。故狭义之和法，包括了治疗大法和具体治法。

二、“和法”为基本治则

治则，即治疗疾病的法则，是中医治疗疾病的一般规律和原则。《伤寒论》在六经辨证论治的基础上，对常用的治病基本治则，论述详细，其中“治病求本，调和阴阳”，是仲景论治学的精髓，故“和法”是《伤寒论》中的基本治则。

《素问·阴阳应象大论》曰：“治病必求于本”。本，指阴阳，即治病求本，调和阴阳。《伤寒论》在此基础上深入论述了“治病求本”的精神，提出一系列的辨病、治病、防病的基本规律与方法。人之机体，生老病死之规律，从阴阳上论，可谓“阴平阳秘”是人体正常生理状态；“阴阳失调”是疾病产生的根源；“阴阳盛衰”是疾病发展演变的条件：“阴阳存亡”是疾病预后的依据：“阴阳离决”是生命垂危的标志。所以诊察疾病，应首辨阴阳，即《素问·阴阳应象大论》曰：“善诊者，察色按脉，先别阴阳。”因此，治病求本，调和阴阳，是《伤寒论》治疗疾病的核心。《伤寒论》用三阴三阳将外感病分为阴阳两大类别，亦是辨别阴阳两大证型的总纲，以辨别疾病的发生、发展、演变的规律。《伤寒论》以调和阴阳作为六经病证的基本治则，古人将疾病的发生，看作是阴阳失去了平衡状态，即阴阳出现了偏胜或偏衰的病理变化，形成了不同的临床疾病表现。治疗疾病的手段，在于调和阴阳，使失去平衡状态的阴阳达到新的平和与协调，从而恢复正常生理功能。所以“和法”是《伤寒论》治病的基本治则。治疗疾病，不论采取扶正或祛邪，正治反治，调和阴阳，随证治之，皆不失“以平为期”的原则，即达到平和为目的。58条指出“凡病，若发汗、若吐、若下、若亡血、亡津液，阴阳自和者，必自愈。”可见疾病在病理发展演变之时，阴阳失去了平衡，欲使疾病痊愈，必须求得“阴阳自和”，亦就是达到新的阴阳平衡，因此，“阴阳自和”是治疗疾病，调整阴阳的目的，也是达到痊愈的标准。然而此条所谓“阴阳自和”

的含义，应当有二：一是指正气旺盛，机体内自身的调节机能，使阴阳之气，不借药力即能趋于平衡，其病自愈：二是在使用药物调和作用下，调整阴阳，促其和调与平衡，使疾病痊愈；可见本条突出了“和法”是论治六经病症的基本治则。

《伤寒论》中以和法为治则者，还有另一种情况，即对某些经过发汗、涌吐、攻下的疾病，或是并病、合病，而病邪未解的证候，采用缓剂、轻剂或峻剂小量，使病邪尽除而不伤正的治法，也都属于调和阴阳的范畴，皆为和法之良策。如 70 条“……不恶寒，但热者，实也，当和胃气，与调胃承气汤”。此胃家实热，取缓剂之调胃承气汤，调和胃气，清热愈病。又如 208 条“阳明病，脉迟……此外欲解，可攻里也……若腹大满不通者，可与小承气汤，微和胃气，勿令至大泄下。”251 条“得病二三日，脉弱，无太阳柴胡证，烦躁心下硬，至四五日，虽能食，以小承气汤，少少与，微和之，令小安……”这二条论述为阳明热实之证，仲景据病情采用小承气汤少少与之，微和胃气，功效在于微下，乃和调之意，不取泄下，妙义无穷。又如 232 条“阳明病，胁下硬满，不大便而呕，舌上白苔者，可与小柴胡汤，上焦得通，津液得下，胃气因和，身濈然汗出而解。”此为阳明病柴胡证未罢，阳明少阳两经同病，既有表邪，复有里邪，取小柴胡汤，调和内外，胃气因和，三焦畅达，枢机运转，一身皆和，汗出而解。“当消息和解其外”，指出外有表邪，不用汗法，而取桂枝汤调和营卫，即“小和”之意。如此等等，皆取和法为治则，达到愈病之良效。所以治疗求本，调和阴阳，以平为期，确立以和法为基本治则，实为《伤寒论》治疗疾病均须遵守的一般原则。

三、“和法”为基础治法

治法，是治疗疾病的方法，为医门“八法”之一。《伤寒论》所用八法，汗、吐、下、和、温、清、消、补，蕴寓于六经病治疗之中，论述甚广，使用灵活，是多种治疗方法的基础。

1. “和法”的代表方剂　《伤寒论》为“方书之祖”，其和法之用，广泛灵活，处处可见。对和法的代表方剂，《伤寒论》原文 387 条曰“吐利止而身痛不休者，当消息和解其外，宜桂枝汤小和之。”本条论霍乱里和而表未解之证，此为吐利之后，阳气大伤，津液未复，虽表邪未尽，然不宜大汗，故当斟酌病情轻重，以和解其外为原则，用桂枝汤调和营卫，不须啜粥及温覆取汗，即所谓“小和之”，尚有不令发汗之意。仲景于此处明确提出“和解”之法，所用之方为桂枝汤。清代医家王子接著《绛雪园古方选注》时，将《伤寒论》之方剂分为和、寒、温、汗、吐、下六种方剂。把桂枝汤剂、柴胡汤剂皆列为和剂之中，并称“桂枝汤，和方之祖，故列于首。”这种将桂枝汤列为和剂之首的编释，正与原著 387 条“当消息和解其外，宜桂枝汤小和之”的记载合拍，故将桂枝汤作为和剂之代表方。

《伤寒论》中仲景并未明确称小柴胡汤为和法之剂，亦未明言论述少阳证为半表半里证。然而将小柴胡汤作为和剂之代表方剂者，始于宋代著名医学家成无己，《注解伤寒论》对于 266 条注解曰：“太阳转入少阳，是表邪入于里……邪在半表半里之间……与小柴胡汤以和解之。”96 条注解曰：“……此邪气在表里之间，谓之半表半里证。”又在《伤寒明理论》小柴胡汤方下记载：“伤寒邪气在表者，必渍形以为汗，邪气在里者，必荡涤以为利，其于不外不内，半表半里，既非发汗之所宜，又非吐下之所对，是当和解则可矣，小柴胡为和解表里之剂也。”可见成氏对和法论述得十分明确，将“和解”作为具体的治法，小柴胡汤作为和解剂的法定代表方，后世医家多遵从此说，并有所充实，有所发展，代有争鸣，然皆见仁见智，更促进学术的提高。从而认定小柴胡汤、桂枝汤为和法的代表方剂。

2. “和剂”组方的基本结构　和剂以小柴胡汤、桂枝汤为代表，分别论其组方的基本结构。

（1）小柴胡汤组方结构；本方由柴胡、黄芩、半夏、人参、甘草、生姜、大枣七味药组成。按药物性味不同作用，可分为苦降、辛开、甘补三组。一组，苦降之品。柴胡、黄芩，是本方的主药。柴胡味苦微寒，功用有三：①解少阳经热，使半表之邪从外而解：②疏肝，解少阳气郁：③主心腹、胃肠中结气，消食化积，推陈致新。黄芩苦寒，清少阳腑热火郁，使半里之邪从内而彻，柴芩合用，表里同治，经腑共调，使气郁得畅，火郁得散，枢机和调。二组，辛开之品，生姜、半夏，功用有三：①调理胃气，降逆止呕，为呕家第一圣药；②佐柴、芩以逐邪；③行草、枣之滞腻，在降逆止呕之中，又见泄满行滞之功。三组，甘补之品，人参、甘草、大枣益气补脾，扶正祛邪。考仲景于解表剂中一般不用人参，而今取甘补之品，其意有三：①保元气：病入少阳，正气有衰，故以此益中气，和营血，助正抗邪。②防邪内入：因少阳为“阴阳之枢”，正虚之时，外邪易入三阴，故遵“见肝之病，知肝传脾，当先实脾”之旨，以防为先，使邪气勿得内入。③抑制柴芩之苦寒，以防伤害脾胃之气。本方药虽不多，但配合默契，既有柴芩苦寒清降，又有姜夏辛开散邪，更配参、枣、草之甘补调中，七药相辅相成，一举而收卓效。

从方药分析得出，小柴胡汤组方的基本结构，是以苦降、辛开、甘补三组药物作为主体框架，巧妙用药，有规律的配伍，取寒热并施，攻补兼用之妙，使其药物功效充分发挥，既能疏利少阳枢机，又能调达气机升降，更使内外宣通、气血畅达，将多种治疗方法综合于一方之中，功效和顺协调，故为和解之良剂，并以此方之苦降、辛开甘补的组方结构，作为和解剂的基本结构。

（2）桂枝汤组方结构：本方由桂枝、芍药、甘草、生姜、大枣五味药组成。桂枝辛温，解肌祛风，温通卫阳，以散卫分之邪，芍药酸寒，滋阴和营，以固护营阴。桂枝配芍药，用量相等，可于发汗之中有敛汗之意，于和营之中又有调卫之功。二者相配，既用桂枝发汗，又用芍药止汗，一散一收，一开一合，恰到好处。生姜辛散佐桂枝发散解肌。大枣甘平，配芍药益阴和营。甘草甘平，调和诸药。

从药物功用分析，桂枝汤中桂枝、芍药为主药，其组方基本结构，是以桂、芍、草三味药的性味功效为基础分为二组。一组是桂枝配甘草，此乃辛甘理阳之法，更佐生姜辛甘以助卫阳：二组是芍药配甘草，此乃酸甘化阴之法，更佐大枣，酸甘以滋营阴。辛甘、酸甘二者相合，一阴一阳，一表一里，滋阴和阳，形成本方的主体框架，从而达到调和营卫，调和气血，调和脾胃，调和阴阳的治疗作用，故谓之和剂。

3.“和剂”的演化网络　“和剂”的基本结构，理论雄厚，组方严谨，用药精简，有规可循，有矩可守，从而为和剂的灵活加减变化奠定了基础。

（1）小柴胡汤的演化网络：小柴胡汤的演化有柴胡汤剂及泻心汤剂二组方剂。

一组：小柴胡汤演化。

①柴胡桂枝汤：为和而兼汗法，即小柴胡汤与桂枝汤合方而成。功在双解太、少阳，适于太阳、少阳合病或太阳少阳并病。

②大柴胡汤：为和而兼下法，即小柴胡汤去人参、甘草，加枳实、大黄、芍药而成。功在和解少阳，兼通里实，适于少阳兼阳明里实热证。

③柴胡加芒硝汤：为和而兼下之轻法，即小柴胡汤加芒硝而成，功在和解少阳，兼清里热，适于少阳兼阳明里实热之轻证。

④柴胡桂枝干姜汤：为和而兼温法，即小柴胡汤去半夏、人参、大枣，加栝蒌根、牡蛎、桂枝，干姜易生姜而成。功在和解少阳，化气生津，兼温脾寒，适用于少阳兼气化失常证。

⑤柴胡加龙骨牡蛎汤：为和而镇惊法，即小柴胡汤去甘草，加桂枝、茯苓、大黄、龙骨、牡蛎、铅丹而成。功在和解少阳，镇惊安神，适用于少阳兼烦惊证。

二组：泻心汤演化。

①半夏泻心汤：为和而消痞法，即小柴胡汤去柴胡，加黄连，干姜易生姜而成。功在和调脾胃，降逆消痞。适用干呕而肠鸣下利，心下痞证。

②生姜泻心汤：为和而化饮消痞法，即半夏泻心汤减干姜之量，更加生姜而成。功在和调脾胃，化饮消痞。适用于干噫食臭．肠鸣下利之心下痞硬证。

③甘草泻心汤：为和而补中消痞法，即半夏泻心汤加重甘草用量而成。功在和调脾胃，补虚消痞。适用于干呕心烦，肠鸣下利日数十行，谷不化之心下痞硬证。

④黄连汤：为和而清温法，即半夏泻心汤去黄芩，加桂枝而成。功在和调升降，清上温下。适用于上热下寒之腹痛欲呕吐证。

⑤旋覆代赭汤：为和而化痰法，即生姜泻心汤去干姜、黄芩、黄连，加旋覆花、代赭石而成。功在和调脾胃，化痰降气。适于噫气不除，心下痞硬证。

⑥干姜黄芩黄连人参汤：为和而调中法，即半夏泻心汤去半夏、大枣、甘草而成。功在调和中焦，寒温并用。适于寒格吐下，食入口即吐之证。

（2）桂枝汤的演化网络

①桂枝加葛根汤：为调和营卫，疏通经络法，即桂枝汤加葛根而成，适于太阳中风兼项背拘急证。

②桂枝加芍药汤；为用阴和阳法，即桂枝汤加芍药而成。适于太阴脾家气血不和之腹痛证。

③桂枝加附子汤：为调和营血，复阳固表法，即桂枝汤加附子而成。适于过汗阳虚漏汗证。

④桂枝新加汤：为调和营卫，益气养营法，即桂枝汤加芍药、生姜各一两，人参三两而成。适于汗后气营不足身痛证。

⑤小建中汤：为调和血脉，建中补脾法，即桂枝汤倍芍药加饴糖而成。适于里虚腹痛，心中悸而烦证。

⑥桂枝加桂汤：为调和阴阳，养心平冲法，即桂枝汤加重桂枝而成。适于汗后阳虚奔豚证。

⑦桂枝加厚朴杏子汤：为调和营卫、下气平喘法，即桂枝汤加厚朴、杏仁而成，适于太阳中风兼喘证。

三、“和法”的运用优势

《伤寒论》集中医治则、治法之大成，其和法之用，独具优势。

1. “和法”为法中之法，用意深奥　《伤寒论》中运用和法，其理论坚实，临床丰验。和法是全论中的重要治疗原则，运用十分广泛，方法深奥巧妙。其优势有三：①和法，既是“治则”，又是“治法”。和法是治疗疾病的治则，《伤寒论》以治病求本，调和阴阳作为基本治则，亦是首要的治则。和法也是治疗疾病的方法，采用和剂，通过调和营卫、调和气血、调和升降、调和脾胃等法，治疗六经病证及杂病变证，皆有良效。②“和法”为法中之法。《伤寒论》对有些已用发汗、攻下、涌吐等法，而邪气未解的病证，多采用缓剂或峻剂小量的缓和治法，使病邪尽除，达到病愈而不伤正的目的，这亦属于和法，这种治法可称为法中之法，妙意无穷。③和是治疗手段，也是治疗目的。《伤寒论》常采用和法、和剂作为治疗手段，通过调和阴阳，达到邪祛正复，使阴阳得到新的平衡和顺而病愈的目的。

2. “和剂”为方中之最，交化层层：《伤寒论》以和剂著称，具有和解作用的方剂，即称和剂。在论中和剂之多，比例最大，远在领先。和剂组方，药味精简，结构严谨，既有规矩，也有方圆，变化层出不穷。如小柴胡汤（演化）→半夏泻心汤→生姜泻心汤→旋覆代赭汤……。变化多端，后世医家又有所发挥，有所充实，故和法具有十分重要的临床实用价值。

综观《伤寒论》“和法”，治疗作用之重大，结合个人临床之验证，由此启迪思维，以和法作为核心，统领诸法之应用，还会得到更大的疗效优势。

论张仲景和解九法

邱根全　西安交通大学第一附属医院
赵天才　陕西中医学院

和法，亦称为和解法，是指“用疏通调和的药，解除少阳（半表半里）病邪或调和脏腑气血的方法”[1]。此法原为治疗少阳病而设，后世医家通过实践扩大了其范围，如清·程国彭曰：“有清而和者，有温而和者，有消而和者，有补而和者，有燥而和者，有润而和者，有兼表而和者，有兼攻而和者，和之义则一，而和之法变化无穷焉。”[2]再如现代已故著名中医学家蒲辅周曾说：“寒热并用，补泻合剂，表里双解，苦辛分清，调和气血，皆谓和解。”又如高等教育中医药类规划教材《方剂学》指出：“凡具有和解少阳、调和肝脾、调和寒热、表里双解等作用，治疗伤寒邪在少阳、肝脾不和、寒热错杂，以及表里同病的方剂，统称和解剂。”[3]可见和法有和解与调和之义。若以此为据，深入分析《伤寒》《金匮》的有关内容，则张仲景和解法主要体现在以下九个方面：

一、和解少阳法

适用于伤寒六经病证之少阳证。其基本病机为邪侵少阳，正邪分争，枢机不利，胆火内郁，影响脾胃；主症有口苦、咽干、目眩、往来寒热、胸胁苦满、默默不欲饮食、心烦喜呕、脉弦细、舌苔白或薄黄等；病位在半表半里，故禁用汗、吐、下三法，治宜和解少阳，代表方为小柴胡汤。该方重用柴胡为君，以黄芩为臣，二者相配，疏解、清泄少阳半表半里之邪；半夏、生姜调理脾胃，降逆止呕；人参、炙甘草、大枣甘温益气和中，扶正祛邪。全方寒温并用，升降协调，攻补兼施，共奏疏利三焦、调达上下、宣通内外、畅利气机、和解少阳之功。

二、表里双解法

适用于表里同病中表证、里证的病情相当，而单治其一则病不解的证候。如《伤寒》146条云：“伤寒六七日，发热，微恶寒，支节烦疼，微呕，心下支结，外证未去者，柴胡桂枝汤主之。”此为太阳表证未罢，邪气又犯少阳，但病证轻微，故该方为小柴胡汤与桂枝汤原方半量之复方，以两解太阳、少阳之邪。若少阳病（相对阳明而言为表）兼阳明燥结里实，又见郁郁微烦、呕不止、心下急而痞硬、腹满痛、便秘或下利、舌表寒（太少两感证）的麻黄细辛附子汤，治太阳与阳明合病的葛根汤、葛根加半夏汤，治太阳病误下后表未解又见里热下利的葛根黄芩黄连汤，治太阳病误下而成里虚寒下利兼表证的桂枝人参汤，《金匮》中治腹满里实兼表证的厚朴七物汤等方，皆属表里双解之剂。

三、调和寒热法

适用于寒热错杂之证，以半夏泻心汤为代表。《伤寒》以该方主治寒热互结中焦，脾胃升降紊乱，气机壅塞之痞证，《金匮》用之治寒热错杂之呕吐。其主症有心下痞满、按之柔软不痛、呕吐、肠鸣下利、舌苔腻而微黄等。方中干姜、半夏辛温以温中散寒，降逆止呕，散结消痞；黄芩、黄连苦寒泄降，清热和胃；人参、炙甘草、大枣甘温益气补中，全方寒热并用，辛开苦降，补泻兼施，使寒热得解，升降有序，脾胃调和，则痞满呕利诸症自除。生姜泻心汤、甘草泻心汤两方证的病机、主症、方药组成等与半夏泻心汤大同小异。而治疗腹中痛欲呕吐的黄连汤（即半夏泻心汤去黄芩加桂枝而成）、治蛔厥的乌梅丸、治寒热格拒吐利证的干姜黄芩黄连人参汤、治正虚邪陷阳郁唾脓血泄利不止的麻黄升麻汤等方证，皆属上热下寒证候，均宜清上温下。以上调和寒热诸方常以辛温开散的半夏、干姜与苦寒泄降的黄芩、黄连等为主要配伍形式。

四、补虚泻实法

适用于虚实兼挟之证。如阳明病胃热盛而脾阴弱的脾约证，表现为大便结硬，或数日不行，或便出不畅，但无明显腹满痛感，小便频数，舌苔微黄，趺阳脉浮而涩，主治方为麻子仁丸。方中麻子仁、杏仁润燥滑肠；芍药敛阴和脾；大黄、枳实、厚朴泄热导滞，攻下通便；以蜜为丸，意在甘润缓下，全方润而不腻，泻而不峻，共奏润肠泄热，缓通大便之功。又如以健脾祛湿，宽中除满的厚朴生姜半夏甘草人参汤，治疗太阳病发汗后脾虚湿阻气滞的腹满证；《金匮》中以温补冲任、养血行瘀、扶正祛邪的温经汤，治疗妇人冲任虚寒兼有瘀血所致的崩漏下血等证；以清热止利、养血缓中的白头翁加甘草阿胶汤，治疗妇人产后热利伤阴之证等，亦属此法范畴。

五、调和阴阳法

适用于阴阳两虚证。如《金匮》曰：“虚劳里急，悸，衄，腹中痛，梦失精，四肢酸疼，手足烦热，咽干口燥，小建中汤主之。”此为阴阳两虚的虚劳证，通过建立中气，促进脾胃运化，使气血化源充足而达调和阴阳之目的。诚如《金匮要略心典》所释：“中者，四运之轴，而阴阳之机也，故中气立，则阴阳相循，如环无端，而不极于偏。是方甘与辛合而生阳，酸得甘助而生阴，阴阳相生，中气自立，是故求阴阳之和者，必于中气，求中气之立者，必以建中也”[4]。其他如桂枝加龙骨牡蛎汤及《伤寒》芍药甘草附子汤、炙甘草汤等方亦属调和阴阳之剂。

六、调和气血法

适用于气血失调之证。如《金匮》所论的肝着病，是因肝脏受邪而疏泄失职，其经脉气血郁滞而成，证见胸胁痞闷不舒，甚或胀满刺痛等，治以旋覆花汤行气活血，通阳散结。方中旋覆花善通肝络而降气散结，葱白温通阳气而散结，新降活血化瘀止痛。三药相合，使气血调畅，阳通瘀化，结滞得散则肝着自愈。又如妇人产后气血郁滞而见腹痛、烦满不得卧等症，治以枳实芍药散。方中枳实破气散结，炒黑既可行血分之滞，又能减缓其破气之性以防伤正；芍药和血止痛；大麦粥和胃安中。诸药相配，使气血宣通，气机畅利，则腹痛、烦满诸症自除。

七、调和营卫法

本法主要适用于太阳中风表虚证。该证的病因病机为风寒外袭，营卫失调；以头痛、发热、汗出、恶风寒、脉浮缓为主症；治以桂枝汤解肌祛风，调和营卫。方中桂枝辛甘温，能温通卫阳、发汗解肌祛风；芍药苦酸微寒，能养阴敛液而和营气，桂枝与芍药等量，一散一敛，具有调和营卫之功；生姜辛温，既助桂枝散表邪以调卫，又能和胃止呕；大枣甘温，健脾益胃，助芍药滋阴和营；炙甘草甘温既调和诸药，又补中益气，与姜枣共调脾胃，使营卫化生有源，且与桂枝相配有辛甘化阳之义，与芍药相合具酸甘化阴之功。全方发中有敛，散中有补，除解肌祛风，调和营卫之主要功效外，又能调和阴阳，调补脾胃。故张仲景治疗伤寒外感病变证及内伤杂病而以桂枝汤为基础化裁的方剂多达30余首。此外，治太阳病过汗而气营两伤身痛证的桂枝新加汤，《金匮》治黄汗的黄芪芍桂苦酒汤、桂枝加黄芪汤等方亦具有调和营卫之功。

八、调和肝脾法

适用于肝脾不和证。如《金匮》所论妇人妊娠腹痛，若因肝血虚，气机不畅，脾气虚，运化失职而水湿内停所致者，则见腹中拘急疼痛、小便不利、足跗浮肿等症，治宜养血疏肝，健脾利湿，方用当归芍药散。方中重用芍药养血柔肝、缓急止痛；佐以当归、川芎调肝和血；再配以茯苓、白术、泽泻健脾祛湿，共使肝血足气机调，脾运健湿邪除，肝脾调和而诸症自愈。该方亦可治妇人杂病腹痛而具有肝脾不调病机者，治疗肝脾失调、血虚湿热胎动不安的当归散方，亦属调和肝脾之剂。

九、调和肝胃法

适用于肝胃不和证。如肝胃气滞的四逆散证和肝寒犯胃的吴茱萸汤证。前者因于情志失调，恼怒伤肝而疏泄失常，或患热病而邪热内郁，影响及厥阴气机等，皆可使肝胃不和，气机不畅，阳气郁遏不能通达于四末，而见四肢厥逆（程度较轻）、胸胁胀闷、嗳气太息、脘痞食少、或腹痛泄利等症；治宜疏肝和胃，调理气机，透达郁阳。四逆散中柴胡苦辛微寒而升，入肝胆经，能疏肝解郁，和畅气机，兼以清热；枳实苦泄辛散而降，归脾胃经，行气散结之力颇强，两药相配，既可疏肝调胃以行肝胃之气滞，又升降相因以复肝胃升降之职；芍药养血敛阴柔肝，入血分行血滞，与枳实相配则调理气血，与柴胡相伍以防升散太过；炙甘草甘缓和中，补益脾胃，与芍药相合则酸甘化阴，缓急止痛。肝胃气机调畅，郁阳得伸则四肢厥逆诸症悉除。后者乃厥阴肝寒犯胃，浊阴上逆所致；足厥阴肝经挟胃上行，上连目系，与督脉交会于巅顶，故见干呕、吐涎沫、头痛（巅顶为甚）、眩晕等症；治以吴茱萸汤暖肝温胃散寒止痛，泄浊和胃降逆止呕。

综上可见，和解法的应用范围较广。尽管方剂学专著从不同角度一般将桂枝汤、小建中汤、吴茱萸汤、炙甘草汤等分别归入解表剂、温里剂、补益剂中，但这些方剂具有某种调和作用是不容置疑的。故本文仅从和解这一治法角度将其归类探讨。

就上述诸方证治来看，张仲景和解法的特点，一是适用面广，所治病证涉及内伤外感；二是辨证注重整体，善于区分矛盾双方的性质及相互关系；三是用药精当，配伍严谨，虽兼顾双方但主次有别，而非平均使用药力；四是方药作用相对较缓而不极于偏，重在调和，以平为期。后世医家受此启迪，亦创制了如蒿芩清胆汤、逍遥散、痛泻要方、防风通圣散等名方，是对张仲景和解法的继承应用和发展。

参考文献

[1]《中医辞典》编辑委员会. 简明中医辞典. 北京：人民卫生出版社，1979. 547.
[2] 清. 程国彭. 医学心悟. 北京：中国中医药出版社，1996. 18.
[3] 段富津主编. 方剂学. 上海：上海科学技术出版社，1995. 55.
[4] 清. 尤怡. 金匮要略心典. 北京：中国中医药出版社，1992. 42.

仲景外治法初探

杨凤莲　四川大学华西保健医院

仲景《伤寒论》载 113 方，外治法计 22 处，《金匮要略》载方 262 方，外治方计 34 处，两书共计 56 处，占两书 375 方的 14.9%。于此可见，外治法是仲景治法的重要组成部分。

一、仲景外治法的运用

1. 针法　仲景应用针法较多，两书共 17 处，占其外治法的 30.1%。“盛则泻之，热则疾之”。运用针法多治三阳之病，刺期门以泻肝邪，通利经脉，治小便不利，亦治少阴病下利便脓血，或针引阳气以疗血痹。

2. 灸法　仲景多取灸法回阳救逆之力，用治少阴病、厥阴病变；亦借其温经散寒之功以助药力，或用灸以测疾病之险夷。如以灸法温经散寒，温经扶阳，温阳升陷，回阳复脉，运行阳气，用于急救，预测病势等。

3. 粉　仲景所用粉（散）剂，即将各种不同的药物研成粉末，同时掺布于病变部位。如“浸淫疮，黄连粉主之”。浸淫疮及湿热火毒所致之皮肤病，故用泻火解毒燥湿之黄连粉外敷。“病金疮，王不留行散主之……小疮即粉之，大疮但服之。汗出多者、温粉扑之”。因服药而致大汗淋漓，有亡阳之虑，故用温粉外用止汗。

4. 熏　用药物燃烧后，取其烟气上熏，借药力与热力的作用，使腠理疏通，气血流畅而达到治疗目的。仲景治狐惑，“蚀于肛者，雄黄熏之”。治太阳病发汗不彻，表证不罢，仍应“解之熏之”，除药解之外，助以熏法，便其得汗而解。

5. 洗涤法　分淋洗，浸渍，坐浴等方法。仲景用百合洗方治百合病变渴者，治狐惑蚀于下部而咽干者，则以苦参汤洗之。以矾石汤浸脚治“脚气冲心”。用“矾石半斤，以水一斗半煮消，以浸脚令没踝，”救治“卒死而热者”。治妇人阴疮，以狼牙汤洗之，“以绵缠筋如茧，浸汤沥阴中、日四遍”。

6. 导法　用润滑类药物纳入肛门引起排便，因势利导。仲景治肠中津枯而便秘者，用食蜜七合，上一味，于铜器内，微火煎，当须凝如饴状，搅之勿令焦者。欲可丸，并手捻作挺，令头锐，大如指，长两寸许，当热时急作，冷侧鞭。以内谷道中，以手灌肠通便。

7. 坐药　《金匮・妇人杂病》治湿热带下，

以矾石、杏仁“末之，炼蜜和丸枣核大，内脏中”，用矾石丸为坐药纳入阴中，其证可除。若系阴冷寒湿带下，又当以蛇床子散为坐药，“绵裹内之暖宫除湿、杀虫止痒。开创妇科阴道纳药之先河”。

8. 纳（吹、灌）鼻　仲景治寒湿伤于头中而里无病者，“内药鼻中则愈”。《金匮·杂病方》载：吹皂荚末鼻中救卒死而目闭；吹菖蒲于鼻中治小儿卒死，用雄鸡冠血吹鼻中或灌鼻中救卒死。

9. 灌（吹）耳　治“卒死而目闭，捣韭汁灌耳中。”救自溢死，除采用按摩，服桂汤及粥外，尚可“令两人以管吹其两耳”进行抢救。

10. 舌下含药　治“小儿卒死，令人以桂屑着于舌下”，使其药性吸收、分布迅速，后世舌下给药法即源于此。

11. 烙　治“小儿疳虫蚀齿，”仲景用雄黄、葶苈“末之，取腊日猪脂容，以槐枝绵裹头四五枚，点药烙之”。方中四药皆具行气活血，消肿杀虫之功，油脂初溶，乘热烙其局部。

12. 导引、吐纳　“四肢才觉重滞、即导引、吐纳，针灸膏摩”。病邪初起，患者可自摩自捏行导引之术。

13. 摩摩者　涂擦外敷之意。“头风摩散方，大附子一枚（炮）、盐等分，上二味为散，沫了，以方寸匕，已摩疾上，令药力行。”头风病、病在头部经络，故用外治法涂搽头部，以奏散风寒止疼痛之效。

二、仲景外治法特点

1. 外治剂型多样，用药范围广泛　仲景外治用法灵活，剂型多样，计有洗、熏、导、坐、粉、散、丸、汤等八种。外治用药，扩大了用药范围，有些有效而有毒之品，如雄黄、铅粉之属，内服有投鼠忌器之虑，外用则毒副作用小，安全可靠。

2. 投药途径不同，药性直达病所　仲景所列外治法，将药物直接施于病变部位，便药性能直达病所，常收桴鼓之效。如皮肤给药法，“使药性从毛孔而入其腠理，通经贯络……较之服药尤有力”。用黄连粉外敷治浸淫疮，即是其例。妇人阴冷寒湿带下，用蛇床子散直接温其受邪之处，取其速效，是阴道给药法的一大特点。

3. 内治外治并行，外治以助药力　仲景外治内治二法合用，例举有十一条，占其外治法的 20%。如“太阳病，初服桂枝汤，反烦不解者、先刺风池，风府，却与桂枝汤则愈。”针药并用、取其速愈。少阴病恶寒者，“当灸之，附子汤主之”。灸药互施，奏效更捷。

4. 一法可治多病，多法用于一病　如针法仅刺期门即可治木旺侮土证、木火刑金证，热入血室证，亦可治太少并病误发其汗者。一病又可多法治之，如狐惑病可用苦参汤，亦可雄黄熏之。

5. 施治头面窍道，急救万法简便　投药于头面窍道，可通过经络传至全身，达到调整脏腑机能，使阴阳恢复平衡的目的。仲景救治急证，每多采用头面窍道给药，如卒死一证，可“吹皂荚末鼻中”，救自缢死则吹其两耳。

6. 洗涤外以通内，熏洗下以疗上　运用外治法不拘泥于局部之用，是仲景治病的又一特点。如百合病变渴，乃邪热留连肺胃，津液不能敷布所致，当以百合洗方渍水洗身，因肺合皮毛，其气相通，洗其外亦可通其内，可收清热养阴滋燥之效。

7. 内外妇儿各科，皆可取法外治　仲景运用外治法治内科病外，还涉及外、妇、儿科。外科以王不留行散疗金疮；妇人阴疮用狼牙汤洗之，带下以矾石丸为坐药纳之；小儿疳虫蚀齿则点药烙之。

三、结语

仲景治病，非独擅内治一法，而是同样重视外治法，因其具有应用广泛、疗效确切，安全可靠，副作用小，使用方便等特点。其内治有八法，外疗有七途。外治既有导、坐、粉、散、又有熏、洗、丸。内治外治，殊途同归；内病外治，尤臻其妙。仲景外治法，虽有一些被后世新法所替代，但大部分仍沿用至今。如仲景蜜煎导法开创了中医肠道给药的先河，历代医家沿用和发展了这一治法。近年来在中医肠道给药的理论研究、实验研究和临床探讨等方面取得很大的进展。认为中医肠道给药，药物吸收优于口服，药效快、疗效高，其作用特点是注入传导官，直达腑祛邪，由肠至肺布于全身，发挥整体治疗作用。能突出辨证论治、保持中医特色。仲景外治法丰富了中医外治的内容，至今仍有其指导意义。值得进一步研究和发扬。

仲景妇科病辨证及方药特点分析

林立佳　香港大学

张仲景《金匮要略》“妇人妊娠病脉证并治”“妇人产后病脉证并治”“妇人杂病脉证并治”三篇，是现存较早记载妇产科疾病证治的专篇，是妇产科发展史上一个重要的里程碑。它全面系统地继承了《黄帝内经》等《伤寒杂病论》成书以前诸医家的学术思想，结合大量的临床实践，不断创新与发挥，使妇科理论日趋完臻，对后世产生了较大的影响。现就仲景妇科病辨证及用药中重视情志因素的特点分析如下：

一、重视妇科病中的情志病因

在封建社会，妇女的社会地位与经济地位非常低下，造成了妇女半封闭式的生活环境，这是妇女多见情志病的原因之一。从《金匮要略》记载的常见病如：月经病、产后病、妇科杂病二十余种来看，不仅在“百合病”“脏躁”“梅核气”“奔豚气”等情志疾病中，重视情志因素的影响，而且在月经后期、痛经、闭经、癥瘕等病的形成中，情志因素占有重要的地位。

在情志因素中，以阴性的情志刺激引起的妇科疾病所占的比例较大，如：“嘿嘿”（默默）“默默欲眠”，脏躁之病“喜悲伤欲哭，象如神灵所致，数欠伸”。长期悲忧郁闷等阴性情志活动先引起气分的病变，继则导致血分病变，妇女以血为本，气血互化，气行则血行，气滞则血凝，最终引起气血不和，机体阴阳失调，脏腑功能失常。

精神情志活动以五脏所藏的精气为基础，肝藏血，血舍魂，脾藏营，营舍意，肾藏精，精舍志，心藏脉，脉舍神，肺藏气，气舍魄。五脏之中以心神为主导，以肝血肾精为物质基础。所以，七情所伤，除引起气血病变外，多影响到五脏，特别是肝肾，肝肾精血互化同源，与冲任二脉的充盛相关，冲任经脉气血不足，是妇科疾病形成的基础。所以，仲景明确提出情志病因，不仅强调了情志因素在妇科病形成中的特殊地位，也为妇科病的多种治疗方法的建立奠定了基础。

二、重视妇科病中的情志疾病

仲景详细的描述了百合病、脏躁等情志病的症候特点、病因病机、诊断、治疗、病程、预后等，其症状中分为两个方面，一是心肺阴虚，内热扰动，百脉受累，心神不安，以致出现饮食、行为、语言及感觉的失常，“意欲食复不能食，常默默，欲卧不能卧，欲行不能行……如有神灵者，身形如和”等精神恍惚不定症状，虽与脏躁之发作时精神失常，无故悲伤欲哭，或哭笑无常有别，但实属情志病初期多见症状，与现代医学的癔病、神经官能证的某些表现颇为相似，其二是阴虚内热引起的不变症状，仲景制百合地黄汤主之，如：脏躁多由情志不舒或思虑太过所致，“妇人脏躁，喜悲伤欲哭，象如神灵所作，数欠伸”，此病为更年期妇女多见，女子“七七，任脉虚，太冲脉衰少，天癸竭，地道不通，故形坏而无子也”，表明肾精肝血是情志活动的物质基础，精血亏虚，神无所舍，阴血虚，故经水时来时断，行经量减少，最终断经，同时表现出全身性的不适反应，莫可名状，汗出，烘热，时悲哭，烦躁易怒等证，现代医学将这些全身症状称之为植物神经紊乱。仲景治疗妇女情志，除药物治疗外，尚明确提出“诸药不能治”强调心理治疗在本病的防治中占一定的地位。

三、重视一般疾病中的情志症状

仲景重视在外感病和内伤病的发展变化不同阶段所表现出的情志症状，并将之作为判断疾病预后和转归的重要指标。治疗特点是：三阳经重在驱邪，如：太阳病表寒里热不汗出之烦躁，为里热外无宣泄之路所致，当以大青龙汤表里双解；太阳病蓄血证可见如狂、发狂、谵语，是热结下焦，下焦包括膀胱、血室（子宫），血蓄不行，心神无以奉养，故情志异常，治从血分，清热凉血，逐瘀宁神。阳明病之心烦、谵语或独语如见鬼状，惕而不安等症状不仅是阳明腑实证当用承气汤的鉴别症状，而且提出里热结实，中焦气机升降失常，有入无出，是形成精神症状的病机关键，因此是阳明急下之证，刻不容缓。少阳病之默默、心烦表明少阳半表半里之病变特点，既有属阳经的亢奋性情志病症表现，也有属阴经的抑郁性情志表现，仲景创小柴胡汤寒温并用，升降同调，通达上下，宣畅内外，为治疗情志病的要方。三阴经重在调养内脏心肝肾。如：少阴心肾与情志活动关系密切，心中烦，不得卧实属肾水亏于下，心火亢于上，心肾水火不交所致。肝肾泄藏功能对情志活动的调节有重要的意义。即“主闭藏者肾也，司疏泻者肝也”。肝主疏泄，调畅气机及气血津液的疏布，喜条达，恶抑郁，肾主闭藏，潜藏元阴元阳，宜固藏不宜妄泄。肝肾在气机升降的调控上也相反相成，相互制约。春应东方肝藏，与七情之怒、六淫之风相应，其气皆为升；冬应北方肾藏，与七情之恐、六淫之寒相应，其气皆为降。肝肾在物质基础上同源互化，肝肾同居下焦，肝藏血，肾藏精，精成于血，血化于精，二者同源互化。且肾内寓真水，为人体阴液之本，肝之阴血赖肾之滋养，即所谓滋水涵木之义。肝主疏泄，可助脾疏布水谷精微以养五脏，五脏精气盛则泻之于肾，肾之精血阴液对于肝阳有涵养敛摄的作用，从而保持肝体阴用阳的特性，协调关系的异常，脏腑之间失去平衡与协调的关系，而产生情志疾病。

四、仲景舒畅情志方药特点

1. 舒肝理气　肝为将军之官，其性刚暴，喜条达而恶抑郁，情志所伤，气机郁滞，升降失常，气、血、痰、水凝聚不散，变生多证。如：《妇人杂病篇》谓：以半夏厚朴汤治疗梅核气，半夏辛苦温，辛以舒散肝气，苦以降逆，温以化痰散结；苏叶或苏梗，芳香宣气解郁，茯苓淡渗利湿，以通利水浊，有利于肝气的疏泄。所以半夏厚朴汤以舒肝理气为首要，被后世誉为舒肝理气之祖方。

2. 柔肝开郁　肝体阴而用阳，非阴柔涵濡之，则暴戾恣睢，一发不可制。肝藏血，肾藏精，滋水涵木，当肝体虚时多肝阳亢，每易出现性情急躁。仲景治疗产后郁证用当归散，寓意柔肝之法。妇女产后多耗伤阴血，冲任脉虚，仲景以当归（血中气药）、芍药、川芎（气中血药）补肝血，养肝阴，柔肝理气，补而不滞，白术开中焦脾土之湿郁，以利肝气。另，仲景以甘麦大枣汤治疗脏躁，以小麦健脾化津生血，大枣甘润补中，阴血充足，肝血肝体得养，肾精得充，体柔郁自开，烦躁不宁自消。

3. 泻肝散郁　仲景治疗热入血室，经水适来适断，血热互结之谵语、发狂、如见鬼状，强调“当刺期门”，期门乃肝经之募穴，刺之可泻肝之郁热，散血之郁结。同时仲景借小柴胡汤清泄内陷之热，疏通肝经之郁，使瘀血内热从少阳转枢外出，此为以少阳之枢泻厥阴之用，调经气而散郁结之功，即开门揖盗之妙。

4. 滋水泻火　代表方黄连阿胶汤，属清心火、滋肾水要方。成无已云：阳有余以苦除之，黄连黄芩之苦以除热；阴不足以甘补之，鸡黄阿胶之甘以补血，芍药酸收，收阴气泻邪热，体现了仲景根据脏腑的功能活动特点进行调理的思想。

《伤寒杂病论》通络学术思想及贡献

王魁亮　新疆医科大学一附院

舒占钧　新疆医科大学

通络法是古今临床治疗大法之一，对久病难治性疾病中所谓络病的治疗，通络法的应用已显示出不可质疑的独特疗效。近年来运用通络法防治心脑血管疾病、糖尿病及并发症、肺纤维化、肝纤维化、肾功不全和周围血管疾病等，无论从临床还是机理研究方面都取得了长足的进步，正日益受到中医界的关注。然究其理法方药，无不源于《伤寒杂病论》。谨就仲景师在通络法学术思想及贡献谈一点拙见，以求教于同道。

一、络病及通络法的理论形成及《伤寒杂病论》的承前启后的作用

1. 络病和通络法肇端于《内经》　《灵枢·脉度篇》“经脉为里，支而横者为络，络之别者为孙”。《灵枢·痈疽篇》“血和则孙络先溢满，乃注之于络脉，皆盈，乃注于经脉”。《内经》认为经脉为直行粗大而深伏，而络脉为经脉的分支，包括五脏六腑十二经脉、奇经八脉、十六络脉、别络、呈现于体表的浮络、最细小的孙络。络脉受邪或久病可发的为络病。《灵枢·血络论》“奇邪而不在经者……血络是也”。《灵枢·百病始生篇》：“是故虚邪之中人也，始于皮肤……故皮肤病，留而不去则传舍于络脉……在络之时痛于肌肉……著孙络或著络脉”。由此可知：血络可位于体表，也可深藏居于体内，症状变幻多端，以疼痛和血瘀为主。《内经》治疗络病推崇“刺络”，《素问三部九侯》“经病者治其孙络，血病身有痛者治其经络。其病者在奇邪，奇邪之脉则缪刺之。瘦不移，节而刺之。上实下虚切而从之，索其结络脉，刺出血以见通之”。

2. 《伤寒杂病论》络病及通络法理论的承前启后的作用　张仲景勤求古训，撰用《素问》《九卷》《八十一难》……而为《伤寒杂病论》，合十六卷，后世分为《伤寒论》和《金匮要略》。《金匮要略》论杂病凡四十种，对络病和通络法从理、法、方、药都做出了巨大的贡献，形成络病证治的体系。中风、历节、血痹、虚劳、胸痹、心痛、肝着、疟母、肺痿、肺痈、咳嗽、上气等病的病机认识都从络脉瘀阻、痰瘀阻络、寒凝阻络、络脉空虚（络脉不荣）进行辨治，并有方药相对，堪为后世之楷模与规矩。以肝着为例：“肝着，其人常欲蹈其胸上，先未苦时，但欲饮热，旋覆花汤主之”。病人因胸胁痞闷不舒或甚胀满刺痛，故常欲以手捶打其胸部，欲饮热饮以宣通气机，并以旋覆花辛苦温消，化痰行气通络，配伍新绛活血化瘀，葱茎通阳散结。仲景还创用大黄䗪虫丸治疗内有干血、肌肤甲错的“干血痨”，以鳖甲煎丸软坚散结活血通络以治疗“疟母”，以抵当汤治少腑瘀结，下瘀血汤治疗治疗“腹中有瘀血着脐下”，创炙甘草汤、甘草汤治疗肺痿咳唾涎沫，用苇茎汤治疗肺痈，以栝蒌薤白白酒汤宣痹通阳治疗胸痹，九种心痛丸、乌头赤石脂丸治心痛。

3. 清代对仲景络病和通络法的发挥　清代叶天士是实践仲景通络法理法方药之大家。在《临证指南医案》中提出：“初病气结在经，久则血伤入

络”，指出凡外感寒暑湿热、内伤七情、饮食劳倦，皆可致气血阻塞而伤人经络。根据病情不同邪之性质各异，陷入络的病位不同，症状各异，通络方法有别。叶氏明确提出通络四法。一为辛润通络法，认为辛能宣散开达腠理，行津液通气血，用于治疗胁痛、胃脘痛等，方承旋覆花汤，药用旋覆花、新绛、青葱、当归、郁金、桃仁等；二为辛温通络法，以辛温散寒为主治疗寒湿凝滞，阴寒内胜，络脉瘀阻，用于胃痛积聚，药用桂枝、川椒、小茴香，方承大建中汤等；三为辛咸通络法，辛可行散，咸可软坚散结，用于治疗头痛顽痹、癥瘕积聚久治不愈者，为通络之峻法，方承抵当汤、下瘀血汤、大黄䗪虫丸、鳖甲煎丸，药用水蛭、虻虫、土鳖虫、全蝎、地龙等；四为辛香通络法，以辛味芳香走窜之品，认为“非芳香何以入络”，久病在络，气血皆空，当以辛香通络，用木香、香附、降香、檀香等。

清代吴鞠通《温病条辨》创香附旋覆花汤，治疗伏暑、湿温、胁痛或不咳无寒热的悬饮后胁痛。

清代《重订广湿热论》引用樊开周推广旋覆花汤提出系列宣络之法，如清宣瘀热汤、六花绛复汤、五皮绛复汤以清宣肺络，以蒌薤绛复汤宣通胸络以治气虚痰湿阻络，用二仁绛复汤、新加绛复汤清宣肝络；以四物绛复汤、鱼胶绛复汤、活血通络汤治血虚气郁络脉；以开郁通络饮治湿邪入络；以犀羚镇痉汤、羚麻白虎汤、灵犀白虎汤治疗络燥发痉等。从上可见清末对络病的认识日益深化，认为久病入络，络阻气机不畅，治络病之法从单一活血化瘀发展而宗仲景用轻清通灵之剂，渐渐拨醒其气机，宣通其络瘀，邪祛则正安。又多以虫蚁走窜之品搜剔络脉。对热邪入营血之络又创清宣通络、熄风通络、凉血通络等法。

二、仲景通络法

1. 解毒通络法　本法适用于毒蕴脉络，《金匮要略心典》“毒，邪气蕴结不解之谓也”，“邪盛谓之毒”，“无邪不有毒”，热从毒化，变从毒起。毒邪的来源有外感毒邪、内蕴毒邪两种，毒蕴脉络的致病特点有骤发，性烈而善变的特点，起病急，传变迅速，多直中脏腑，不断恶化，变证丛生。毒邪常与痰湿火热诸邪胶结，毒邪内壅，气血不畅，邪毒胶结愈甚而成毒瘀血结证。若毒邪内蕴体内，血络不通，耗伤气血、津液、脏腑，虚实夹杂之证生焉。仲景以葛根黄芩黄连汤治疗“脉促，喘而多汗”的毒损心络；甘草泻心汤治疗狐惑病，升麻鳖甲汤治疗阴阳毒。后世用黄连解毒汤治疗毒损脑络，三黄泻心汤治疗热损鼻络之鼻衄，桃红承气汤治疗糖毒入络，大黄牡丹皮治疗毒损肠络，抵当汤治疗毒损肾络。

2. 化瘀通络法　气虚血行不畅，气滞则血行不利或寒凝或血热互结或湿阻脉络、痰阻络道，毒蕴络脉皆可致络脉瘀滞。仲景有温经祛瘀、破血逐瘀、泻热逐瘀、养血祛瘀、益气化瘀、行气祛瘀等诸法祛瘀通络。近世宗仲景之法用于瘀阻心络，脑络痹阻，肝络痹阻，肺络痹阻，肾络瘀阻，糖毒入络，脂毒入络，并在血液流变学、血液凝聚、红细胞变形、血小板凝聚、血脂血栓形成及细胞因子水平进行研究并取得证据。

3. 搜风通络法　仲景“籍虫蚁血中搜逐以攻通邪结”，并“每取虫蚁迅速，飞走诸灵俾飞者升，走者降，血无凝著，气可宣通”，用辛咸之品以通络，常用水蛭、䗪虫、蜣螂、土螯虫等，后世用大黄䗪虫丸治疗肝络痹阻，抵当汤治疗肾络痹阻和下肢血栓形成。吴氏以通心络胶囊治疗心络痹阻，用水蛭、蛇毒等治疗脑络痹阻。

4. 化痰通络法　《杂病源流犀烛》“人自初生以至临死皆有痰…而其为物，则流动不测，故其为害，上至巅顶，下至涌泉，随气升降，周身内外皆到，五脏六腑俱有”。“火动则生，气滞则盛，风鼓则涌，变症百端，故痰为诸病之源，病皆由痰成也”。仲景论饮有四，论水有五，“水在心，心下坚筑短气”；“在肺吐涎沫”，“水在肝，胁下支满嚏而痛”，“水在肾，心下悸”，此属津液凝聚不能输布或滞于络中，或聚于络外。后世医家据此而治疗痰湿阻络诸证，如用南星、白芥子治疗痰阻络脉之痹证；以瓜蒌、胆星、天竹黄等治疗痰阻脑络；以橘皮、杏仁治疗痰阻肝络。

5. 理气通络法　《灵枢・脉度》说：“气之不得乏行也，如水之流，如日月之行不休。”气在络中运行不息，若邪气郁滞，首先影响气机的运行而产生气机郁滞。仲景治疗气机郁滞选用辛温、辛润、辛香之品以通络，叶天士认为“非辛香何以入络”，“久病在络，气血皆窒当以辛香缓通”。以旋覆花汤治疗肝着，薤白、川椒、桂枝辛通阳气治疗络病。用柴胡剂疏理肝气治疗胁痛，后世以此方治肝纤维化、瘀阻心络等证。

6. 益气通络法　络气不足最易导致络中出现血瘀和痰凝，仲景在血痹治疗中应用黄芪桂枝五物汤治疗血痹，以甘草汤等治疗肺痿咳唾涎沫不止，后世以补阳还五汤治疗脑络痹阻，炙甘草汤以益气活血方药治疗心络痹阻，通心络胶囊中用人参，即益气通络之宗旨。故益气通络法适用于络虚不荣之病证。

7. 温经通络法　“寒则泣而不流，温则消而祛之”，寒主收引，寒主凝滞，寒性主痛，寒邪克中络脉或久病致虚，寒从中生，气血瘀滞阻于络中，造成络脉拙急之证，仲景善用温经通络之法治疗，如用当归四逆汤治疗寒滞肝络，以乌头赤石脂丸、赤丸、九种心痛丸治疗寒凝心络的真心痛，以乌头汤治疗寒阻络脉的寒痹证。

我们有理由相信，随着中医界对仲景通络法认识的逐渐加深，通络法也将日益焕发生机和活力。

论仲景的食疗思想

白长川　大连市中医医院

“药食同源”是我国古老的饮食文化概念，药食并用以祛疾疗病也是祖国医苑中的一瑰宝。早在《内经》十三方就有用酒、米、雀卵、鲍鱼汁、豕膏、马膏等食品治疗疾病的方法。长沙马王堆汉墓出土的14种医学方书中，也有服食青梁米粥治疗蛇咬伤的记载。迨至汉代张仲景则继此而更有发展，在《伤寒论》和《金匮要略》中用食物20余种，与药物合用组方百余首。如用生姜68方，大枣65方，蜜24方，酒14方，粳米7方，豆豉5方，蜀椒5方，葱白3方等。并专列出“辨阴阳易差后劳复病脉证并治”，“禽兽鱼虫禁忌并治”和“果实菜谷禁忌并治”三篇以示后人，较系统地阐述了食疗食忌、食物中毒及解救方法，充分体现了祖国医学的药疗食养及预防医学和食品卫生等大卫生观。

一、食养助药　祛病尽之

《金匮要略》禽兽鱼虫禁忌并治篇指出：“所食之味，有与病相宜，有与身为害，若得宜则益体，害则成疾。”因此，仲景在治疗疾病时，善于取“与病相益”之食物协助药物发挥作用，既治愈疾病，又有益于身体。《伤寒论》12条桂枝汤煎服法中：“微火煮取三升去滓，适寒温服一升。服已须臾啜热稀粥一升余，以助药力。”桂枝汤解肌发表，调和营卫，主治太阳中风证，其中生姜辛散，温胃止呕，佐桂枝以通阳。大枣甘缓益气调中，助芍药以和阴。啜热稀粥以助药力，使谷气得充汗源得滋，协力以赴，正扶邪祛微汗而解。理中丸作汤法中也有“饮热粥”以助药力之法。治疗阳明经实热四大证的白虎汤，治疗胃虚津伤，余热未除之竹叶石膏汤，治疗下利便脓血的桃花汤，以及治疗腹满疼痛的附子粳米汤等，均用粳米益胃气补后天以助药效。当归生姜羊肉汤一方二见，一治寒疝腹中痛及胁痛里急者，另治产后腹中痛，腹中寒疝虚劳不足。取一味当归通经活血，取食品生姜温中散寒，妙用羊肉血肉有情之物大补气血，寓治于食。百合鸡子黄汤、黄连阿胶汤及排脓散中的鸡子黄清热滋阴，益胃养血，食药并用，甘润解毒，相得益彰。甘草小麦大枣汤治疗妇人脏躁，喜悲伤欲哭，用小麦入肝经养心气，大枣甘草缓中补脾。仲景用酒者计14方，凡酒水合煮之汤三，炙甘草汤、当归四逆加吴茱萸生姜汤和芎归胶艾汤，以酒通药性之迟滞。其他丸剂散剂以酒送服，旨在引药直达病所，调和气血，助势救偏。如肾气丸、薯蓣丸、侯氏黑散及白术散等。

二、甘味解毒　以缓药性

《素问·五常政大论》云：“大毒治病，十去其六，常毒治病，十去其七，小毒治病，十去其八。”顽证大疾非毒药攻之而难愈，正所谓“药不瞑眩，厥疾弗瘳”。仲景对毒药之妙用，堪称恰到好处。如乌头煎主治阴寒过甚之寒疝腹痛，手足厥冷。乌头辛热大毒，祛寒止痛，非此不任。用蜂蜜甘平解毒，补中缓急。《神农本草经》载蜜有“安五脏诸不足，益气补中，止痛解毒，除众病，和百药”之效，另治疗悬饮内停之十枣汤，方中大戟、芫花、甘遂均为攻下逐水之品，药力峻猛有毒。饮邪高悬，非三味莫属。又以大枣、糜粥制约其烈，攻补兼施。甘遂半夏汤治疗饮邪偏于胃之痰饮病，用蜜半升和药汁同煎服。《类聚方广义》说：“此方之妙，在于用蜜，故若不用蜜则不特不效，且瞑眩而生变。”仲景用蜜制丸剂除了解毒以缓药性之外，尚有补益矫味与防腐杀菌等作用。

三、饮食宜忌　将息调养

仲景在桂枝汤煎服法中指出啜热稀粥以助药力的同时，也强调，“禁生冷、粘滑、肉面、五辛、酒酪、臭恶等物。”桂枝加葛根汤煎服法中也有“余如桂枝法将息及禁忌”之明训。说明患者在服药中要有饮食禁忌和将息调养之法。《素问·热论》云：“病热少愈，食肉则复，多食则遗，此其禁也。”仲景发展了此说，并明确提出治疗方法。在“辨阴阳易差后劳复病脉证并治”中对阴阳易治以烧裈散，劳复治以枳实栀子豉汤，若有宿食者加大黄。差后腰以下有水气者，宜服牡蛎泽泻散。胸上有寒，喜唾久不了了者宜理中丸。脾胃气尚弱，不能消谷而出现日暮微烦者，损谷则愈。并将此条殿于全书之后以结煞，示后人病将愈或初愈之时，要特别注意将息调养和饮食宜忌。

四、食品卫生　中毒解救

《金匮要略》“禽兽鱼虫禁忌并治”篇中指出；“凡饮食滋味，以养于生，食之有妨，反能为害……切见时人，不闲调摄，疾疢竞起。”告诫人们要注意饮食卫生，预防疾病。如：“诸肉及鱼，若狗不食，鸟不啄者，不可食。”“秽饭、馁肉、臭鱼食之皆伤人。”“六畜自死，皆死则有毒，不可食之。”告知人们对腐烂变质，疫毒感染的肉鱼食品均不能食用，食之则中毒。《金匮要略》“果实菜谷禁忌并治”篇中指出：“桃子多食，令人热”，“杏酪不熟伤人”，“梅多食，坏人齿”，“李不可多食，令人胪胀”，“梨不可多食，令人寒中”，“樱桃、杏多食伤筋骨”等。《素问·脏气法时论》说；“毒药攻邪，五谷为养，五果为助，五畜为益，五菜为充，气味合而服之，以补益精气。”虽然食养以补益，然而多食偏食则营养失调，故要求人们饮食要有节制，谷果畜菜皆应食之，而不要过之或不足。“菜中有水莨菪，叶圆而光有毒，误食之令人狂乱，状如中风或吐血。治之方：甘草煮汁服之即解”。说明古人已认识到食物中毒者可服用药物以解之。“治啖蛇牛肉食之欲死方，以泔洗头，饮一升愈。牛肚细切，以水一斗，煮取一升，暖饮之，大汗出者愈。”“疫死牛肉，食之令病洞下，亦致坚积，宜利药下之。”“食鲙多不消，结为癥病，治之方马鞭草，上一味捣汁饮之。或以姜叶汁饮之一升亦消。又可服吐药吐之。”以上三条解毒之法是利用汗吐下使毒有出路，尽快排出体外，早在汉代我们祖先即有多种解救食物中毒的思路与方法实属难能可贵。

综上所述，足证仲景不仅把辨证施治与理法方药融为一体，成为临床治疗学的医方之祖，而且在食疗食养、食禁食忌、食物中毒及其解救等诸多方面均为后世创立了典范。他的食疗思想和食疗方法也为中医学食疗体系的形成奠定了良好的基础。

略论仲景学术中否定性病情资料在中医辨证中的意义

陈家旭　唐已婷　赵　歆　王利敏
陈青红　北京中医药大学

对病情资料属性的划分，是根据它们在辨病辨证中的作用、意义和性质而确定的对于病证而言，病情资料可划分为必要性资料、充要性资料、偶见性资料和否定性资料。必要性资料和充要性资料是诊断病证的主要依据；偶见性资料提示诊断的可能性，但难以确定诊断；否定性资料则能为鉴别诊断提供依据。因此，在病情资料中，不仅要有揭示病证的阳性症状或体征，而且要有鉴别病证的阴性症状或体征。

所谓否定性资料，是指某些症状或某些阴性资料，对于某些病或证的诊断具有否定意义，亦即指某一病或证在任何情况下都不可能出现的症状，如果出现，就可否定该种病证。因此，否定性资料对于病证的鉴别诊断有一定的意义。若能把握住相关病证和各自的否定性资料，则往往使诊断变得果断迅速。如子肿病只见于妊娠期妇女，如果浮肿病人不是妊娠妇女，则可否定子肿病；又如肝风内动证有肝阳化风、热极生风、血虚生风和阴虚动风等，若患者“动风”时并无高热症状，则可否定热极生风的可能。

对类似证难以从正面进行鉴别时，可从否定性病情资料这一反面寻找不属于某证的依据，通过否定而达到确定诊断的目的。如《伤寒论》第 61 条载：“下之后，复发汗，昼日烦躁不得眠，夜而安静，不呕，不渴，无表证，脉沉微，身无大热者，干姜附子汤主之。”六经皆有“烦躁”，究竟是何证呢？仲景用“无表证”否定其为太阳病证，用“不呕”否定其为少阳病证，用“不渴”否定其为阳明病证；于是病证可能在三阴，结合“脉沉微，身无大热”，便可确认其为少阴阳虚证，而用干姜附子汤治疗。仲景学术中有关否定性病情资料对于提示病证或病机均有一定的作用，现整理如下：

一、不呕

呕吐，症状名指胃中内容物自口吐出，语见《伤寒论》第 165、173、382 条。在伤寒中病机有二：（1）为少阳邪热犯胃，胃失和降。第 165 条：“伤寒发热，汗出不解，心中痞硬，呕而下利者大柴胡汤主之。”（2）外邪犯胃，升降失常。见于上热下寒，寒邪犯胃：第 173 条：“伤寒，胸中有热，胃中有邪气，腹中痛欲呕吐者，黄连汤主之。”（3）见于清浊相干，乱于肠胃；第 382 条：“问曰：病有霍乱者何？答曰，呕吐而利此名霍乱。”成无己曰：“邪在中焦，以饮食不节，寒热不调，清浊相干，阴阳乖隔，遂成霍乱。”

伤寒不呕

其人不呕提示邪未人少阳：见于《伤寒论》“太阳病，得之八九日，如疟状，发热恶寒，热多寒少，其人不呕，清便欲自可，一日二三度发，脉微缓者，为欲愈也；脉微而恶寒者，此阴阳俱虚，不可更发汗、更下、更吐也；面色反有热色者，未欲解也，以其不能得小汗出，身必痒，宜桂枝麻黄各半汤方”。

不呕提示病不属少阳：见于《伤寒论》“下之后，复发汗，昼日烦躁不得眠，夜而安静，不呕，不渴，无表证，脉沉微，身无大热者，干姜附子汤主之”。

或胸中烦而不呕提示邪犯胸胁，未犯胃腑：见于《伤寒论》“伤寒五六日中风，往来寒热，胸胁苦满，嘿嘿不欲饮食，心烦喜呕，或胸中烦而不呕，或渴，或腹中痛，或胁下痞鞕，或心下悸、小便不利，或不渴、身有微热，或咳者，小柴胡汤主之”。

渴而不呕提示胃气尚和：见于《伤寒论》“伤寒五六日，已发汗而复下之，胸胁满微结，小便不利，渴而不呕，但头汗出，往来寒热，心烦者，此为未解也，柴胡桂枝干姜汤主之”。

不呕不渴提示无少阳病变：见于《伤寒论》“伤寒八九日，风湿相搏，身体疼烦，不能自转侧，不呕，不渴，脉浮虚而涩者，桂枝附子汤主之。若其人大便鞕，小便自利者，去桂加白术汤主之”。

不呕提示邪未内传：见于《伤寒论》“太阳病，寸缓关浮尺弱，其人发热汗出，复恶寒，不呕，但心下痞者，此以医下之也。如其不下者，病人不恶寒而渴者，此转属阳明也。小便数者，大便必鞕，不更衣十日，无所苦也。渴欲饮水，少少与之，但以法救之。渴者，宜五苓散”。

其人反能食而不呕提示胃气尚存：见于《伤寒论》“伤寒三日，三阳为尽，三阴当受邪，其人反能食而不呕，此为三阴不受邪也”。

不吐者提示药力不够：见于“（瓜蒂散方后注）病如桂枝证，头不痛，项不强，寸脉微浮，胸中痞硬，气上冲咽喉不得息者，此为胸有寒也。当吐之，宜瓜蒂散。不吐者，少加，得快吐，乃止”。

不呕提示表邪未解、内迫阳明：见于《伤寒论》“太阳与阳明合病，必自下利，不呕者，属葛根汤”。

不呕提示胃和无病：见于《伤寒论》“太阳病，寸缓关浮尺弱，其人发热，汗出，复恶寒，不呕，但心下痞者，此以医下之也”。

不呕提示无少阳证：见于《伤寒论》“下之后，复发汗，昼日烦躁不得眠，夜而安静，不呕，不渴，无表证，脉沉微，身无大热者，属干姜附子汤”。

渴而不呕提示邪入少阳：见于《伤寒论》“伤寒五六日，已发汗，而复下之，胸胁满微结，小便不利，渴而不呕，但头汗出，往来寒热，心烦者，此为未解也，属柴胡桂枝干姜汤”。

风湿病无少阳证，不呕不渴：见于《金匮要略》“伤寒八九日，风湿相搏，身体疼烦，不能自转侧，不呕不渴，脉浮虚而涩者，桂枝附子汤主之。若大便坚，小便自利者，去桂加白术汤主之”。

支饮胃中饮邪暂去，水去呕止：见于《金匮要略》“呕家本渴，渴者为欲解，今反不渴，心下有支饮故也”。

饮停于胃中，上犯胸中，气机郁闭，似呕不呕：见于《金匮要略》“病人胸中似喘不喘，似呕不呕，似哕不哕，彻心中愦愦然无奈者，生姜半夏汤主之”。

二、不渴

口渴，指口干欲饮水。归纳起来不外三种：(1) 津液不足，如邪热伤津，汗下伤津等导致口渴；(2) 饮邪阻遏，津液不布，如水饮停蓄，脾虚水停，均可影响津液输布失常而致渴；(3) 气化不利或阳虚不能蒸化津液，津液不能上腾以润于口舌，故渴。以六经分证，则六经病皆有渴症，而其中以阳明病之渴最多、最突出，故有“渴属阳明”之说。

不渴提示无阳明里热证：见于《伤寒论》“下之后，复发汗，昼日烦躁不得眠，夜而安静，不呕，不渴，无表证，脉沉微，身无大热者，干姜附子汤主之”。

不渴提示水停中焦：见于《伤寒论》“伤寒汗出而渴者，五苓散主之；不渴者，茯苓甘草汤主之”。又见“伤寒心下有水气，咳而微喘，发热不渴，服汤已渴者，此寒去欲解也。属小青龙汤证”。

不渴提示里气和：见于《伤寒论》“伤寒五六日中风，往来寒热，胸胁苦满，嘿嘿不欲饮食，心烦喜呕，或胸中烦而不呕，或渴，或腹中痛，或胁下痞鞕，或心下悸、小便不利，或不渴，身有微热，或咳者，小柴胡汤主之”。（上七味，以水一斗二升，煮取六升，去滓，再煎取三升，温服一升，日三服。若胸中烦而不呕者，去半夏、人参，加栝蒌实一枚；若渴，去半夏，加人参合前成四两半，栝楼根四两；若腹中痛者，去黄芩，加芍药三两；若胁下痞鞕，去大枣，加牡蛎四两；若心下悸，小便不利者，去黄芩，加茯苓四两；若不渴，外有微热者，去人参，加桂枝三两，温覆微汗愈；若咳者，去人参、大枣、生姜，加五味子半升、干姜二两。）

反不渴提示为水寒所伤：见于《伤寒论》“病在阳，应以汗解之，反以冷水潠之。若灌之，其热被劫不得去，弥更益烦，肉上粟起，意欲饮水，反不渴者，服文蛤散；若不瘥者，与五苓散，寒实结胸，无热证者，与三物小陷胸汤，白散亦可服”。

不渴提示无阳明里热证：见于《伤寒论》“伤寒八九日，风湿相搏，身体疼烦，不能自转侧，不呕，不渴，脉浮虚而涩者，桂枝附子汤主之。若其人大便鞕，小便自利者，去桂加白术汤主之”。

自利不渴提示脾虚寒盛：见于《伤寒论》“自利不渴者，属太阴，以其脏有寒故也，当温之，宜服四逆辈”。

口中和提示无里热：见于《伤寒论》“少阴病得之一二日，口中和，其背恶寒者，当灸之，附子汤主之”。

风湿病并未传里，不呕不渴：见于《金匮要略》“伤寒八九日，风湿相搏，身体疼烦，不能自转侧，不呕不渴，脉浮虚而涩者，桂枝附子汤主之。若大便坚，小便自利者，去桂加白术汤主之”。

肺痈，邪在营分，咽干不渴：见于《金匮要略》“咳而胸满，振寒，脉数，咽干不渴，时出浊唾腥臭，久久吐脓如米粥，为肺痈，桔梗汤主之”。

肺痿，肺中寒冷，其人不渴：见于《金匮要略》“肺痿吐涎沫而不咳者，其人不渴，必遗尿，小便数，所以然者，以上虚不能制下故也。此为肺中冷，必眩，多涎唾，甘草干姜汤以温之。若服汤已渴者，属消渴”。

肺痈，热伤血脉，咽干不渴：见于《金匮要略》“咳而胸满，振寒脉数，咽干不渴，时出浊唾腥臭，久久吐脓如米粥者，为肺痈，桔梗汤主之”。

肺痈，热入营血，痈脓已成，咽干不渴：见于《金匮要略》“《外台》桔梗白散，治咳而胸满，振寒脉数，咽干不渴，时出浊唾腥臭，久久吐脓如米粥者，为肺痈”。

寒实内结，里无热，燥而不渴：见于《金匮要略》“病者痿黄，燥而不渴，胸中寒实，而利不止者死”。

不恶风，其腹如鼓，不渴：风水郁热不盛，其人不渴。见于《金匮要略》“师曰：病有风水、有皮水、有正水、有石水、有黄汗。风水，其脉自浮，外证骨节疼痛，恶风；皮水，其脉亦浮，外证跗肿，按之没指，不恶风，其腹如鼓，不渴，当发其汗；正水，其脉沉迟，外证自喘；石水，其脉自沉，外证腹满不喘。黄汗，其脉沉迟，身发热，胸满，四肢头面肿，久不愈，必致痈脓”。

身重反酸或咳而喘，不渴：见于《金匮要略》“太阳病，脉浮而紧，法当骨节疼痛，反不疼，身体反重而酸，其人不渴，汗出即愈，此为风水。恶寒者，此为极虚，发汗得之。渴而不恶寒者，此为皮水。身肿而冷，状如周痹，胸中窒，不能食，反聚痛，暮躁不得眠，此为黄汗。痛在骨节。咳而喘，不渴者，此为脾胀；其状如肿，发汗即愈。然诸病此者，渴而下利，小便数者，皆不可发汗”。

黄疸病邪浅热轻，疸而不渴：见于《金匮要略》“疸而渴者，其疸难治；疸而不渴者，其疸可治。发于阴部，其人必呕；阳部，其人振寒而发热也”。

妇人水血结在血室，小便微难而不渴：见于《金匮要略》“妇人少腹满如敦状，小便微难而不渴，生后者，此为水与血并结在血室也，大黄甘遂汤主之”。

三、小便利

小便不利，症状名；指小便排出不畅，一般有小便量少。此症状在《伤寒论》中有这样几种类型：（1）水蓄膀胱、气化不利，见于蓄水症。常与脉浮、发热、消渴、小腹满等症伴见，治之宜化气行水，用五苓散。见于第71、156条。（2）水气内郁，多伴见头项强痛，翕翕发热、无汗、心下满硬痛，治宜桂枝去桂加茯苓白术汤解水气之郁等。（3）湿热内蕴，多见于湿热发黄证。见于第134、199、200、236、260条等。（4）风寒湿邪阻遏，三焦水道不利。见于第175条。（5）阴虚水热互结，伴发热，渴欲饮水，心烦不得眠等症。（6）少阳枢机不利，三焦决渎失司，水饮内停。如“伤寒五六日，已发汗，而复下之，胸胁满微结，小便不利，渴而不呕，但头汗出，往来寒热，心烦者，此为未解也，属柴胡桂枝干姜汤”。（7）燥热伤津、津液不足。如“若被下者，小便不利，直视失溲”。（8）阳虚水饮不化。少阴寒化证所见者属于这种类型；此外阳明和太阴寒化证所见小便不利，亦属此种类型。

小便利者提示里热，津液下注：见于《伤寒论》“伤寒十三日，过经谵语者，以有热也，当以汤下之。若小便利者，大便当鞕，而反下利，脉调和者，知医以丸药下之，非其治也。若自下利者，脉当微厥，今反和者，此为内实也，调胃承气汤主之”。

小便利提示阳虚阴盛水泄：见于《伤寒论》“阳明病，反无汗，而小便利，二三日呕而咳，手足厥者，必苦头痛。若不咳不呕，手足不厥者，头不痛”。

小便自利提示津液下泄，以致津液内竭：见于《伤寒论》“脉浮而大，浮为气实，大为血虚。血虚为无阴，孤阳独下阴部者，小便当赤而难，胞中当虚，今反小便利，而大汗出，法应卫家当微，今反更实，津液四射，荣竭血尽，于烦而不眠，血薄肉消，而成暴液。医复以毒药攻其胃，此为重虚，客阳去有期，必下如污泥而死”。又“咳而小便利，若失小便者，不可发汗，汗出则四肢厥逆冷”。

小便复利提示里虚阳衰：见于《伤寒论》“呕而脉弱小便复利身有微热，见厥者难治，四逆汤主之”。

小便利提示肾阳虚，水饮内停：见于《伤寒论》“少阴病，二三日不已，至四五日，腹痛，小便不利，四肢沉重疼痛，自下利者，此为有水气。其人或咳，或小便利，或下利，或呕者，真武汤主之。

小便复利提示元阳大虚将脱：见于《伤寒论》“既吐且利，小便复利而大汗出，下利清谷，内寒外热，脉微欲绝，四逆汤主之”。

小便利提示水停中焦：见于《伤寒论》“太阳病，小便利者，以饮水多，必心下悸。小便少者，必苦里急也”。

今反小便利提示为蓄血：见于《伤寒论》“伤寒有热，少腹痛，应小便不利，今反利者，为有血也，当下之，不可余药，宜抵当丸”。

小便利、屎乃硬提示津液下泄，里实已成：见于《伤寒论》“得病二三日，脉弱，无太阳柴胡证，烦躁，心下痞。至四日，虽能食，以承气汤，少少与微和之，令小安。至六日与承气汤一升。若不大便六七日，小便少，虽不大便，初头鞕，后必溏，未定成鞕，攻之必溏。须小便利，屎定鞕，乃可攻之”。

得小便利提示津液回复：见于《伤寒论》“大下之后，复发汗，小便不利者，亡津液故也。勿治之，得小便利，必自愈”。

小便利、其病欲解提示肺通调水道之机复常：见于《伤寒论》“伤寒发热，啬啬恶寒，大渴欲饮水，其腹必满，自汗出，小便利，其病欲解，此肝乘肺也，名曰横，刺期门”。

小便利者、其人可治提示津液尚存：见于《伤寒论》“太阳病中风，以火劫发汗，邪风被火热，血气流溢，失其常度，两阳相熏灼，其身发黄。阳盛则欲衄，阴虚小便难。阴阳俱虚竭，身体则枯燥，但头汗出，齐颈而还。腹满微喘，口干咽烂，或不大便，久则谵语，甚者至哕，手足躁扰，捻衣摸床。小便利者，其人可治”。

《伤寒论》“伤寒脉阴阳俱紧，恶寒发热，则脉欲厥。厥者，脉初来大，渐渐小，更来渐大，是其候也。如此者恶寒，甚者翕翕汗出，喉中痛：若热多者，目赤脉多，睛不慧。医复发之，咽中则伤：若复下之，则两目闭，寒多便清谷，热多便脓血；若熏之，则身发黄；若熨之，则咽燥。若小便利者，可救之：若小便难者，为危殆”。

小便自利提示湿邪有出路：见于《伤寒论》“伤寒八九日，风湿相搏，身体疼烦，不能自转侧，不呕，不渴，脉浮虚而涩者，桂枝附子汤主之。若其人大便鞕，小便自利者，去桂加白术汤主之”。

小便利、色白者提示热邪已除：见于《伤寒论》“伤寒热少微厥，指头寒，嘿嘿不欲食，烦躁，数日小便利，色白者，此热除也，欲得食，其病为愈；若厥而呕，胸胁烦满者，其后必便血”。

小便利提示脾能转输、水气得化：见于《伤寒论》（桂枝去桂加茯苓白术汤后方注）“服桂枝汤，或下之，仍头项强痛，翕翕发热，无汗，心下满微痛，小便不利者，属桂枝去桂加茯苓白术汤”。

小便利提示水邪从尿而去：见于《伤寒论》（牡蛎泽泻散后方注）“大病瘥后，从腰以下有水气者，牡蛎泽泻散主之。方四。上七味，异捣，下筛为散；更于臼中治之，白饮和服方寸匕，日三服。小便利，止后服”。

小便当利提示服药所致（茵陈蒿汤）：见于《伤寒论》“阳明病，发热汗出者，此为热越，不能发黄也，但头汗出，身无汗，齐颈而还，小便不利，渴饮水浆者，此为瘀热在里，身必发黄，茵陈蒿汤主之。分三服，小便当利，尿如皂荚汁状，色正赤，一宿腹减，黄从小便去也。”服药（烧裈散）所致：“方烧裈散方，妇人中裈，近隐处，取烧作灰，小便即利，阴头微肿，此谓愈矣”。

湿病误下伤阳，阳虚不固小便利：见于《金匮要略》“湿家，下之，额上汗出，微喘，小便利者死，若不利者死”。

风湿病湿有出路，小便自利：见于《金匮要略》“伤寒八九日，风湿相搏，身体疼烦，不能自转侧……若大便坚，小便自利者，去桂枝加白术汤主之”。

消渴气盛迫水，小便利数：见于《金匮要略》“问曰：热在上焦者，因咳为肺痿。肺痿之病，何从得之？师曰：或从汗出，或从呕吐，或从消渴，小便利数……数实者为肺痈”。

肾着，下焦有寒，小便自利：见于《金匮要略》“肾着之病，其人身体重，腰中冷。如坐水中，形如水状，反不渴，小便自利，饮食如故，病属下焦，身劳汗出，衣里冷湿，久久得之，腰以下冷痛”。

黄汗病，气化正常，小便通利：见于《金匮要略》“不恶风者，小便通利，上焦有寒，其口多涎，此为黄汗”。

水气病，小便自利：见于《金匮要略》“里水者，一身面目黄肿，其脉沉，小便不利，故令病水，假如不便自利，此亡津液，故令渴也，越婢加术汤主之”。

肝水证，小便续通：见于《金匮要略》“肝水者，其腹大不能自转侧，胁下腹痛，时时津液微生，小便续通”。

女劳疸，小便自利：见于《金匮要略》“额上黑微汗出，手足中热，薄暮即发，膀胱急，小便自利，名曰女劳疸”。

虚劳，小便自利：见于《金匮要略》“；男子黄，小便自利，当与虚劳小建中汤”。

呕吐，肾虚不摄，小便复利”。

肠痈病在肠，未及膀胱，小便自调：见于《金匮要略》“肠痈者，少腹肿痞，按之即痛，如淋，小便自调，时时发热，自汗出，复恶寒。”

四、无热证

《伤寒论》中主要讲冷水击灌致成的烦躁及寒实结胸，无热证指明其症状与热实结胸的症状相鉴别。见于《伤寒论》“病在阳，应以汗解之，反以冷水灌之。若灌之，其热被劫不得去，弥更益烦，肉上粟起，意欲饮水，反不渴者，服文蛤散：若不瘥者，与五苓散；寒实结胸，无热证者，与三物小陷胸汤，白散亦可服”。

论仲景寒热错杂病的辨证施治

于殿生　山东省胶南市信阳镇卫生院

以疾病的性质而言，寒证自有一系列能表现出寒证的症状，热证自有一系列能表现出热证的症状。或寒证或热证，人皆易知之，唯寒热错杂，真假寒热难辨，就疾病的治则而言，寒者热之，热者寒之，亦人皆易知之，唯寒因寒用，热因热用，用药难以恰到好处。疾病的发生、发展和演变的过程，说穿了只有一句话，就是阴阳平衡的失调、正邪相争和消长的过程。正如《内经》所说的：“阴平阳秘，精神乃治；阴阳离决，精神乃绝”。疾病的性质与病人的素质密切关联。《伤寒论》云：“太阳病中风，以火劫发汗，邪风被火热，血气流溢，失其常度，两阳相熏灼，其身则发黄。阳盛则欲衄，阳虚则小便难，阴阳俱虚竭，身体则枯燥。”（《伤寒论》111 条）。此条说明同是太阳病中风被火劫发汗，但因素质不同，结果亦随之而异。同样感于六淫，或伤于七情，阳气素盛之人往往从热化而得热证，或上热下寒，或外热内寒，再因失治误治，更易成寒热错杂之疾。今不揣浅陋，就仲景寒热错杂病的辨证施治略陈管见，以期抛砖引玉，谬误之处在所难免，敬请师长同道指正。

以下分别以六经述之：

一、太阳病篇

太阳统摄营卫，主一身之表，为诸经藩篱。外感之邪自表入里，每先入犯太阳。

“太阳中风，脉浮紧，发热恶寒，身疼痛，不汗出而烦躁者，大青龙汤主之”（《伤寒论》38 条）。此条外有风寒束表内有郁热，故发表与清里并用，为表里双解之剂。

“太阳病，发热恶寒，热多寒少，脉微弱者，此无阳也，不可发汗，宜桂枝二越婢一汤方”（《伤寒论》27 条）。本条亦为表寒里热，与 38 条太阳伤寒证相类似，但轻重悬殊。此则轻发其汗，兼清里热；彼虽亦清里热，但为发汗重剂。若素体阳盛或有内热，每成外寒内热证即俗称“寒包火”证。发热汗出（或无汗）、心烦、脉数、咳喘（或无咳喘）者即用麻杏石甘汤主之。不汗出烦躁、脉紧、咳喘者，即以大青龙汤主之。曾治一中年男性，向有心烦口苦，不慎感寒，症见无汗身痛较剧，恶寒发热，鼻流清涕，心中烦躁，舌尖红，苔薄白，脉浮紧，证属外寒内热，予大青龙汤发汗，二剂愈。

“肺胀，咳而上气，脉浮者，心下有水气，小青龙加石膏汤主之”（《金匮要略·肺痿肺痈咳嗽上气病脉并治第七》）此为素有寒饮于肺，脉当沉，今脉浮必兼数，为复加外感风热或风寒日久化热或七情生火所致。寒饮非辛温不能散，烦躁非辛凉不能清。尝治一男性老年教师，患慢性支气管炎 30 余年，复受外感，加之情志不遂，证见发热咳嗽、吐泡沫痰、胸闷憋气心慌、胁肋胀满、面垢心烦、舌质淡、苔腻而略黄、脉弦数而浮，即予小青龙加石膏汤加蒌仁 30g　枳实 12g　六剂表证愈，咳喘亦大减。嘱以苓甘五味姜辛夏杏汤加味，易汤为丸久服巩固之。

风热之邪伤于素有风寒之人，则为外热内寒。外热非辛凉不能除，凉药太过又有重创虚阳之弊，此时寒凉药物中病即止，切勿太过。否则，风热外感病虽愈，腹满腹痛则加重，甚或便溏。此即“设当行大黄芍药者宜减之，以其人胃气弱易动”之意。一男性壮年，向有畏寒便溏，每患外感必为发热，今患风热且加情志生火，证见面赤发热，微恶寒，全身酸痛，口渴烦躁，大便成形，小便色黄，舌尖红赤，苔薄黄，脉数，体温39.5℃，即予麻杏石甘汤加双花、连翘。该患者略懂医术，见用石膏畏不敢服，自云曾服白芍亦使便溏加重。余劝说：“今患风热之疾，且心中烦躁，舌尖赤，脉数，故非辛凉不能取功，但中病即止，勿使辛凉太过，则不会损伤阳气。”令服二剂温覆取汗，一剂汗出，病减大半：二剂汗出，身凉烦除脉安，其后调理脾胃体渐健。

“温疟者，其脉如平，身无寒但热，骨节痛烦，时呕，白虎加桂枝汤主之”（《金匮要略·疟病脉证并治第四》）。里热炽盛故身无寒但热，热邪壅塞经络关节，故骨节痛烦；热邪伤胃，胃气上逆故时呕。此条所治无寒但热，然亦有寒热错杂者。余治一老妪，两下肢膝关节痛，问其畏寒肢冷，膝关节处尤甚，痛处得温痛减，视之关节不红不肿，心中已有桂枝附子汤主治之定论，但按其脉沉细而数，察其舌质红绛有裂纹，问其心中烦热，口干渴，综观脉症为热痹之候。其局部不红不肿，为热势尚未影响局部，得热痛减为得热后暂能使血脉流畅之故，即予白虎加桂枝汤（石膏48g，知母18g，甘草10g，粳米30g，桂枝12g，丹皮12g，生地30g，水煎服，取汗），三剂腿痛减半，又三剂除腿尚有不适外，余症皆除。再服黄芪桂枝五物汤加丹皮生地等五剂而愈。

“诸肢节疼痛，身体尪羸，脚肿如脱，头眩气短，温温欲吐，桂枝芍药知母汤主之”（《金匮要略·中风历节病脉证并治第五》）病因风寒湿外侵，渐次化热伤阴，故治需祛风除湿，温经散寒，滋阴清热并用。曾治一男性，20余岁，腰及四肢关节痛，晨起关节僵硬，脊柱尤甚，活动后稍差，经多家医院诊断为强直性脊柱炎。服用消炎痛、强地松、雷公藤等药2、3年，服药时症状减轻，停药后病如故，且病情逐渐加重，后延余诊治。察其面垢唇青，问其畏寒肢冷，时时觉有低热，夜间盗汗，舌质淡白，苔略厚，脉沉极细而数，即予桂枝芍药知母汤加味服60剂，病情渐渐缓解，再以丸易汤服年余，自觉症状尽消。基本方剂如下：黄芪60g桂枝12g，生姜10g，知母12g，白术60g，白芍40g，附子（炮）10g，麻黄10g，甘草40g，生地30g，黄柏10g，红花10g，花粉10g，当归10g，木通10g，桃仁12g，细辛10g，山萸肉20g，怀膝20g，共为水丸，每次10g，日服三次。

二、阳明病篇

阳明病在外感病的发展过程中，为阳亢热极的阶段，寒热错杂证较少见。因大凡转为阳明病者，或为素体阳盛之人，或因用辛热之药太过而致烦热口渴汗出便秘之阳亢热极之证。偶有寒热错杂者，乃或为上下阴阳不调，或外寒未解而内热已成者。余治一青年妇女，身体向健，精力充沛，大便秘结，但自觉有小腹发冷感，后加外邪，证见发热，微恶寒，胸胁胀满，心下烦热，便干，小腹自觉发冷，投大柴胡汤二剂诸症减，小腹冷感未愈，即予大柴胡汤加附子3g，二剂诸病痊愈。

“病腹满发热十日，脉浮而数，饮食如故，厚朴七物汤主之”（《金匮要略·腹满寒疝宿食病脉证并治第十》）或素有里实外加风寒或外寒未解而里实已成，治当以表里双解之剂。

“伤寒脉滑而厥者，里有热也，白虎汤主之”（《伤寒论》350条）。此条为阳明气分热郁于里，阳气不达四末而致厥，即内真热外假寒，但清郁热，郁热一散，阳气外达厥即自愈。

三、少阳病篇

少阳病属半表半里的证候。少阳病中的寒热错杂较少见。素体脾弱肝郁之人，外感病入少阳、枢机不利、正邪分争、邪热壅塞于上而为往来寒热，胸胁苦满，默默不欲饮食，心烦喜呕，脾虚于下而为肠鸣下利。若脾虚证暂解外邪化热而致下利者，攻下之药亦当慎用，此亦即“设当行大黄芍药者宜减之，以其人胃气弱易动”之意。又有一向情志不遂，肝郁气滞，木横土伤，脾胃受损，日久脾阳虚，亦为上热下寒证。

“伤寒五、六日，已发汗而复下之，胸胁满微结，小便不利，渴而不呕，但头汗出，往来寒热，心烦者，此为未解也，柴胡桂枝干姜汤主之”（《伤寒论》147条）。此条属少阳病兼水饮内结的证治，用柴胡桂枝干姜汤和解少阳温化水饮散结，但需临证察其寒热孰轻孰重而调整方中寒热药物之主次。余治一男性，胸胁胀痛，心烦口渴，大便时溏而不臭，舌质淡红，苔白略腻，脉沉弦细数，即以柴胡桂枝干姜汤加白术、五味子10余剂，诸症渐失，后用上药为散服两月巩固之。

四泻心汤亦可归属少阳。

“心下痞而复恶寒汗出者，附子泻心汤主之”（《伤寒论》155条）。此条所指或汗下太过而亡阳，或素体阳虚。此汤泻热消痞中兼顾护阳气，助阳之中不妨消痞。

“伤寒五、六日，呕而发热者，柴胡汤证具，而以他药下之，柴胡证仍在者，复与柴胡汤。此虽已下之不为逆，必蒸蒸而振，却发热汗出而解。若心下满而硬痛者，此为结胸也；但满而不痛者，此为痞，柴胡不中与也，宜半夏泻心汤”（《伤寒论》149条）。由于心下痞是由寒热错杂之邪痞塞于中焦，脾胃升降失调所致，以方测证，可知兼有恶心抑或呕吐或肠鸣下利等脾胃升降失调之症。半夏泻心汤为小柴胡汤加减化裁而来，由少阳枢机不利变为寒热错杂之邪痞塞于胃中，胃以降为顺，故去柴胡之升，为加强清热消痞之力故增黄连，更加干姜助黄连辛开苦降坚阴止利，助参夏以养胃，共奏消痞而又调理肠胃之功。余治一67岁之女性，苦胃痞数载，经钡透为胃炎，见其面色微红，自述胸中烦热，窒塞不通，口苦、恶心吐酸，但平时较他人畏寒，二便可，舌质淡白，苔薄黄，脉细弦，两关略浮。即予半夏泻心汤加吴茱萸、栀子、丹皮、龙牡，六剂病大减。

“伤寒汗出解之后，胃中不和，心中痞硬干噫食臭，胁下有水气，腹中雷鸣下利者，生姜泻心汤主之”（《伤寒论》157条）。本证是心下痞满而挟有水气之邪。生姜泻心汤即半夏泻心汤重加生姜四两、干姜由三两减至一两而成。生姜泻心汤重在水气，故加大量生姜以散之，水气散利即轻，故干姜可减量。

“伤寒中风，医反下之，其人下利日数十行，谷不化，腹中雷鸣。心下痞硬而满，干呕心烦不得安，医见心下痞谓病不尽，复下之，其痞益甚。此非热结，但以胃中虚，客气上逆，故使硬也。甘草泻心汤主之”（《伤寒论》158条）。本证与半夏泻心汤证极相似，所不同者甘草泻心汤证为误下后下利更甚，故加重甘草用量以补虚缓急。

“伤寒胸中有热，胃中有邪气，腹中痛欲呕者，黄连汤主之”（《伤寒论》173条）。此条为热在上寒在下，在胸在腹而不在心下，故不见心下痞证。黄连汤即半夏泻心汤去黄芩加桂枝。半夏泻心汤证寒热错杂痞塞于心下，中挟痰气以呕吐为主，故方中姜、芩、连并用，借助于辛开苦降以消心下寒热错杂之痞，至于黄连汤乃治寒热之邪分踞于上下，其中以腹中痛欲呕吐为主，故重用黄连并加桂枝，黄连清胸腹之热以坚阴，桂枝能交通阴阳以治腹痛（引自《伤寒论讲义》高等医学院校教材第五版）。

四、太阴病篇

太阴病属里虚寒，可由三阳治疗失当损伤脾阳而发病，也可由风寒外邪直接侵袭而成，或调摄失宜阴寒渐生。至于太阴病中的寒热错杂证，或本太阴之体而外感风热，或本太阴之体外感风寒化热，或风热误下，使外邪未尽而内寒已成。

“伤寒，医以丸药大下之，身热不去，微烦者，栀子干姜汤主之”（《伤寒论》80条）。误下而使脾阳受损，则下利腹满腹痛，邪热内郁胸膈，故身热不去，邪热尚轻而见微烦。而栀子干姜清上热祛中寒，可治寒热错杂之证。余治一青年男性，向喜热饮，睡眠多，性好静，近因饮酒频繁过度，证见烦躁，心悸心慌，头晕身沉重，嗜睡，口不渴，舌质淡红，苔黑黄相兼而厚腻，右脉滑而略浮；左手脉沉细。原因为饮酒过度，酒热郁蒸故烦躁，右脉浮滑，舌苔厚腻而黑黄相兼；水气凌心，热伤阴津，心失所养故心悸而慌，左手脉细。本太阴之体再加酒湿之助，故头晕身沉重、嗜睡、口不渴，舌质淡红。此人本太阴之素质，今虽有暂时的湿热在上，但太阴之质未变，故权加清热泻火之品，勿使太过，以免阳气受损，而以健脾运水湿为主，此亦为“设当行大黄芍药者宜减之，以其人胃气弱易动”之意。即予栀子干姜汤合五苓散加龙骨、牡蛎、生地、丹皮，五剂诸症剧减。嘱以后少量饮酒以助阳祛寒，加强锻炼以培元祛湿。

“胁下偏痛，发热，其脉紧弦，此寒也，以温药下之，宜大黄附子汤”（《金匮要略·腹满寒疝宿食病脉证并治第十》）。曾治一老翁，多年情志不遂，腹胀胁下痛数年，痛时喝热茶可减轻，揉之漉漉有声，口渴，畏寒，嗜睡，舌质淡白，苔薄白而略腻，脉沉弦而细。胁下有寒饮留结无疑，即与大黄附子汤（大黄27g，附子45g细辛（后下）27g，水煎服），嘱服三次。但该人治病心急，竟两次服尽。初服后约1.5小时即吐稀涎3000毫升左右，吐后腹部觉畅，遂明日更服，服后约1.5小时又吐稀涎约1000毫升，诸病霍然而愈。嘱服逍遥散加味两月以巩固疗效。

“虚劳里急，悸衄，腹中痛，梦失精，四肢痠痛，手足烦热，咽干口燥者，小建中汤主之”（《金匮要略·血痹虚劳病脉证并治第六》）。此杂病属气血俱虚，阴阳失调，寒热错杂之证。小建中汤气血阴阳皆调，甘温补气助阳而不伤阴，甘寒滋阴退热而不伤阳。平调阴阳中略偏于甘温，尤宜于兼有便秘者，若下利便溏者不宜用。

五、少阴病篇

少阴病属里虚寒证，为伤寒六经病变过程中后期危重阶段，故少阴病多死证。少阴病可由表证转变而来，也可因体虚外邪直接入侵而发病。其中或戴阳于上，或格阳于外，即为内真寒外假热的寒热错杂证。

“少阴病欲吐不吐、心烦、但欲寐，五六日自利而渴者，少阴也，虚故引水自救。若小便利色白者，少阴病形悉具。小便白者，下焦虚有寒不能制水，故令色白也”（《伤寒论》282条）。其中小便利色白，明言下焦虚有寒不能制水之故。阴寒凝于下，故自利小便色白；水精不能四布，水不上承故口渴；虚阳与实邪相争故心烦。阳虚阴寒凝于下为本，邪正相争之心烦为标。其治重在回阳祛寒，阳回寒去，水精四布下利口渴自止。

“少阴病下利清谷，里寒外热，手足厥逆，脉微欲绝，身反不恶寒，其人面赤色，或腹痛，或干呕，或咽痛，或利止脉不出者，通脉四逆汤主之”（《伤寒论》317条）。下利厥逆，脉微欲绝是阳气大衰，阴寒内盛所致。虚阳被格于外，故身反不恶寒；虚阳被戴于上故面赤。此即内真寒外假热之证。此条与《伤寒论》11条的“身大热反欲得近衣者，热在皮肤寒在骨髓也，身大寒反不欲得近衣者，寒在皮肤热在骨髓也”完全相反。11条指的是“常”，此条则指的是“变”。“身大热反欲得近衣”，言外表体温虽高但必有舌质淡、苔白、脉沉迟或微细、溲清便溏等症；“身大寒反不欲得近衣”，言体表发冷但必有舌质红、苔或黄腻、脉数有力、溲赤便秘口渴等症。“病发热恶寒者发于阳也，无热恶寒者发于阴也”亦然，阳气郁而不伸故恶寒，阳气与邪相争故发热；虚阳不能抗邪故但恶寒而不发热，此亦病之“常”也。余治一中年女性，素来畏寒肢冷，小便时有寒颤，长期便溏，今加外感，证见面赤口渴，身热烦躁，便溏，溲清长，舌质淡，苔薄白，脉沉细而迟，即予通脉四逆汤加人参、花粉10余剂利止脉出，再给调理脾胃而已。

“少阴病下利脉微者与白通汤，利不止，厥逆无脉，干呕心烦者，白通加猪胆汁汤主之”（《伤寒论》315条）。此条论述了阴盛格阳证服热药发生格拒的治法。以白通汤加人尿猪胆汁寒凉之药反佐之，导姜附之辛热下行。余友，青年男性，79年阴历3月19赴内蒙古探亲，时江冰始融，行走一夜于凌晨不慎落于江水中，落水前因急走而身上正出汗，上江岸后不久即头昏、嗜睡，身痛重不能转侧。因该地为偏僻山区，缺医少药，不得已只能渴热姜汤数碗发汗，身痛重渐愈。自后阳气受损，经常嗜睡，便溏，再后即常畏寒，下肢冷痛，腹部易受凉而肠鸣，大便日二、三次，小便清长，口不渴。82年春病渐加重，除上述症状外，更增口渴目干，日间烦躁，中午益甚，顷时饮热水约500毫升即减轻，日将落时即安静，整日嗜睡。到某医院请中医诊治，其医竟凭口渴目干烦躁而处龙胆泻肝丸。服药数日，口渴目干烦躁略轻，而下利更甚，再过数日病如故。遂延余诊治。询其便溏有腥臭味，小便日20余次且清长，睡时肚脐部需加盖衣被，否则肠鸣加剧，明晨必便溏加重；察其舌质淡、苔薄白略腻，按其脉沉细而数。综观脉症，自是一派里虚寒证，下焦不得阳气温煦，水精不得蒸化上腾，但只下趋，故小便多而口渴，白昼属阳，虚阳得助能与邪相争，故昼日烦躁，夜间属阴，虚阳不能与邪相争，故夜间安静。内真寒外假热既明，即予附子汤去茯苓加五味子、天花粉（附子20g，白术20g，白芍15g，干姜12g，五味子20g，花粉20g，水煎服）。三剂后渴即减，再服三剂竟无渴意，每觉似有一股清泉自胸中上升到口中，下利亦轻，但腹中仍觉透风怕冷。再服二十剂烦躁嗜睡除，大便尚不成形，即改服理中丸加五味子两月余体渐健。

“少阴病始得之二三日，反发热脉沉者，麻黄附子细辛汤主之”（《伤寒论》301条）。此条素体阳虚内寒复患风寒者，只发汗解表则更伤阳气：单纯温里则风寒不解，恐里阳未复而外寒又乘虚而入，故以此汤表里双解之。余治一老年男性，一向畏寒肢冷，胁下漉漉有声。今患外疾，症见无汗身痛较剧，舌质淡，苔薄白略腻。即予麻黄附子细辛汤，三剂汗出身痛愈，再服八味地黄丸10盒，畏寒肢冷渐瘥。

六、厥阴病篇

厥阴病是邪正相争的危重阶段，临床证候多寒热错杂，而以上热下寒者居多。

“厥阴病消渴，气上冲心，心中痛热，饥而不欲食，食则吐蛔，下之利不止”（《伤寒论》326条）。此条为厥阴病上热下寒证的提纲。木火燔炽于上，津液被耗，故心中痛热而消渴，肝木乘脾，脾运失职，日久下寒已成，复经寒下更损阳气，故利不止。

“伤寒脉微而厥，至七、八日肤冷，其人躁无暂安时者，此为脏厥，非为蛔厥也。蛔厥者其人当吐蛔，今病者静而复时烦，此为脏寒，蛔上入膈，故烦，须臾复止。得食而呕，又烦者，蛔闻食臭出，其人当吐蛔。蛔厥者，乌梅丸主之”（《伤寒论》338条）。此条形象地阐述了脏厥和蛔厥的证候特点和治法。此条并应与326条（厥阴篇首条）

联系起来理解，一般地说，蛔虫病患者不一定吐蛔，即是吐蛔并有腹痛、肢厥，也并非必有消渴、气上冲心、心中痛热、脉微等症。但二者均可用乌梅丸治之。余在吉林省遇一妇女，40余岁，面色整日如醉酒貌，口渴，烦躁易怒，胁胀，嗳气频作，心下痛，食欲不振，腹部常感不温，四肢畏寒。服凉药即下利，肢冷更甚；服热药即心烦加重，察其舌质淡，苔少有裂纹，六脉沉细弱而数。详问过去史，四年前得产后风腹胀如斗，治不得法，胀虽已消，然阳气受损而增肢冷便溏，加之长期情志不遂，木郁更甚，因致此寒热错杂之疾。即以乌梅丸易丸为汤加减治之。10剂去病大半，再将此汤变丸服一料而病愈。嘱其调情志节饮食，一年半后追访无复发。

两月前治一老年女性，74岁，自述下利后重20余年，询其始因身心劳累过度致下利后重，便脓血，腹中热如火烤，便时肛门灼热，至今未行正规治疗。现腹冷，常觉脐中透风，睡时常两手握脐，喝热汤口觉烫但腹中不觉热，尚后重腹痛，下利白冻，并见口苦，心烦易怒，嗳气觉舒，舌质淡，苔黄厚腻，右手寸关脉沉弦，左寸沉关芤，两尺沉细，证属上热下寒，显而易见为厥阴病。即予乌梅丸变丸为汤加罂粟壳、白芍。三剂利止烦减，再服三剂利止烦除，继予逍遥散以善其后。

“伤寒六、七日大下后，寸脉沉而迟，手足厥逆，下部脉不至，咽喉不利，唾脓血，泄利不止者，为难治，麻黄升麻汤主之”（《伤寒论》357条）。此条所论无疑为上热下寒证，而以下寒为主。大下后寸脉沉而迟，手足厥逆，下部脉不至，泄利不止皆为肾阳虚衰且利久伤阴之征，唯咽喉不利，唾脓血为热郁于上肺受热灼。然其治用麻黄升麻汤，方中只有干姜6铢、桂枝6铢、白术6铢之温，岂能敌石膏6铢、黄芩18铢、知母18铢之大寒？更加葳蕤18铢、白芍6铢、天冬6铢之甘寒，此证以下寒为主，此方以发越清热滋阴为主，故方证不合拍。清·柯韵伯“重汗散而畏补，乃后世粗工之技，必非仲景方”之异议值得重视。

余查桂林古本《伤寒杂病论》（广西人民出版社1960年第一版116～117页）中记载为：

伤寒六、七日，大下后寸脉沉而迟，手足厥逆，下部脉不至，咽喉不利，唾脓血，泄利不止者为难治，人参附子汤主之，不差，复以人参干姜汤与之。

人参附子汤方：

人参二两　附子一枚　干姜（炮）二枚　半夏半升　阿胶二两　柏叶三两　上六味以水六升，煮取二升，去滓，纳胶烊消，温服一升日再服。

此桂林古本《伤寒杂病论》人参附子汤条值得重视。以愚之见，方中附子、干姜回阳救逆以治厥逆脉沉迟，热郁于上则咽喉不利，唾脓血，故用半夏降逆利咽，柏叶清热凉血止血，泄利不止使阴伤太过故下部脉不至，人参阿胶滋阴补血以复脉，阿胶尚能助柏叶止血，干姜炮后亦有止血之功。诸药合用，回阳救逆养阳为主，清上热和辅，则诸病可愈。因此，该证是否以人参附子汤主之较妥？

七、综述

六经中皆有寒热错杂病，但各有特点。太阳病中的寒热错杂证为外热内寒或外寒内热，但总以表症为主。阳明病中的寒热错杂证极少见，或阳明里实已成而外寒未解，或下之过早或上下阴阳不调而成，但总以热渴便秘为主要矛盾。少阳病中的寒热错杂证多见，多表现为上热下寒或寒热往来，但总以上热之胸胁苦满心烦喜呕等症为主。太阴病之寒热错杂证总由素体阴盛，水气不能正常运行，复加风热所致。少阴病中的寒热错杂证病势危笃，其内真寒外假热之证较为难辨，但总以下利肢厥脉微细舌淡苔白为主，甚或戴阳于上或格阳于外。太阴病与少阴病的病理性质很相似而易混淆。若腹满而痛，便溏或下利，口不渴即为太阴病，若更见畏寒肢冷，下利较甚，口渴，脉微细则为少阴病。太阴病多为寒邪所伤或失于调养而致阴寒内盛，阳气、阴津未见大伤，故脉多不细；少阴病多为太阴病下利日久，或下利太甚，更损阳气，阴津初受耗损转变而来，故脉微细。然而少阴病治之得法阳渐回阴渐复可由脉微细变为不微细而沉迟转为太阴病，而渐向愈。厥阴病的寒热错杂证亦为上热下寒，易与少阳病中的上热下寒相混淆。厥阴病之寒热错杂证，上为木火燔炽，下为肾阳虚衰之下利厥冷，但以下焦虚寒为甚，少阳病中的寒热错杂证则以在上枢机不利之烦热，胸胁苦满为主而胃肠虚寒较轻微，脉可细数而弦，但无厥逆畏寒之证。然二者皆与肝郁有关，即现代医学称之为胆囊炎肝胆结石之属。

总而言之，运用之妙在乎一心。读仲景书用仲景方，都要体现出一个“活”字来，要以证测方，以药释方，以方审证。要站在全书精神的高度上将《伤寒论》和《金匮要略》两书的内容有机地结合起来，通过纵向横向对比分析综合研究，然后可活泼泼读仲景书，活泼泼用仲景方。在诊治疾病时，若能知常达变，举一反三，则每能得心应手，丝丝如扣，克病有期。

主要参考书目

《伤寒论讲义》高等医学院校五版教材

《金匮要略讲义》版本同上

《伤寒杂病论》桂林古本、广西人民出版社 1960年第1版

《伤寒论》《金匮要略》治郁方法

吴明珠　台北市立中兴医院

"郁"有广义和狭义之分，广义之"郁"指气、血、痰、火、食、湿等病理因素导致人体气机郁滞不通；狭义之"郁"则指精神情志抑郁导致肝气郁滞。《伤寒论》《金匮要略》二书对郁已有一定的认识。如《金匮要略·脏腑经络先后病脉证第一》曰："夫人禀五常，因风气而生长，风气虽能生万物，亦能害万物，如水能浮舟，亦能覆舟。若五藏元真通畅，人即安和。客气邪风，中人多死。千般疢难，不越三条：一者，经络受邪，入藏府，为内所因也：二者，四肢九窍，血脉相传，壅塞不通，为外皮肤所中也：三者，房室、金刃、虫兽所伤。以此详之，病由都尽。"认为各种疾病的发生均由三种原因所致，即经络受邪入脏腑、在外皮肤受邪和房室、金刃、虫兽所伤。但疾病发生与否，关键还在于人的正气，"若五脏元真通畅，人即安和"。否则，客气邪风中于皮肤，导致"四肢九窍，血脉相传，壅塞不通"，若正气不足，还可以侵入脏腑而为病。本条接着提出治疗和预防疾病的大法，"若人能养慎，不令邪风干忤经络，适中经络，未流传藏府，即医治之，四肢才觉重滞，即导引、吐纳、针灸、膏摩，勿令九窍闭塞；更能无犯王法、禽兽灾伤，房室勿令竭乏，服食节其冷、热、苦、酸、辛、甘，不遗形体有衰，病则无由入其腠理（腠者，是三焦通会元真之处，为血气所注；理者，是皮肤藏府之纹理也）。"指出在外"勿令九窍闭塞"，在内作为"三焦通会元真"和"气血所注"的腠理更宜以通畅为要。总之，这一认识贯穿于二书之中，是张仲景治郁的指导思想，并由此阐述了三种治郁大法。

一、理气治郁

仲景创立了许多疏达气机的方剂来治疗各种外感和内伤所致的郁证。

四逆散在《伤寒论》中主治少阴病四逆，或咳，或悸，或小便不利，或腹中痛，或泄利下重。其病由于少阴枢机不利，阳气内郁所致。方中柴胡和解枢机，升达郁阳，枳实行气破滞，与柴胡相伍一升一散，解郁开结；芍药甘草相合，调理肝脾，和血利阴；芍药柴胡相配，一收一散，助柴胡疏肝，且无伤阴之弊。四药合之，疏达郁阳，使气机宣扬。《医宗金鉴·订正伤寒论注》云："少阴病四逆……亦有阳为阴郁，不得宣达，而令四肢厥逆者。但四逆而无诸寒热证，是即无可温之寒，又无可下之热，惟宜疏畅其阳，故用四逆散主之"。四逆散实为治郁之祖方，后世治疗郁证的名方逍遥散、柴胡疏肝散均是在本方基础上加减而成。

小柴胡汤是治疗少阳病的主方。证见往来寒热，胸胁苦满，默默不欲饮食，心烦喜呕，或胸中烦而不呕，或渴，或腹中痛，或胁下痞硬，或心下悸，小便不利，或不渴，身有微热，或咳。主要病机是枢机不利、经气郁滞，方中柴胡疏肝、解少阳气郁，黄芩清少阳郁热，生姜、半夏和胃散结，人参、甘草、大枣甘补调中。七味药辛散苦降甘补，能疏利少阳枢机，调达气机，为和解之良方。

半夏厚朴汤也具有理气解郁之功。本方出自《金匮要略·妇人杂病脉证并治第二十二》，主治"妇人咽中如有炙脔"，即后世"梅核气"，多由情志郁结，气机不畅，痰凝气滞，阻于咽喉。仲景以理气化痰立法，用半夏、生姜辛以散结消痰，厚朴、紫苏理气解郁，茯苓健脾化痰。

二、祛邪解郁

《伤寒论》48条，"面色缘缘正赤者，阳气怫郁在表，当解之熏之。若发汗不彻，不足言，阳气怫郁不得越，当汗不汗，其人躁烦"。本条云"阳气怫郁"，指出"发汗"的治疗方法，因太阳病日久表阳闭郁太甚，治疗上解其表寒以治郁。再如前述少阳病，仲景治以小柴胡汤，不仅能疏泄肝胆，且通利三焦，从而使气血条达，外邪自解。

邪气致郁还包括湿、食、水、痰、血、火热等郁阻于内而发病。《伤寒贯珠集·阳明杂法》注云："湿热相得，瘀郁不解，则必蒸发为黄矣"。可见湿热发黄证为湿热郁结证，由无汗而热不能外达，小便不利而湿邪内停导致。仲景用麻黄连翘赤小豆汤、栀子柏皮汤、茵陈蒿汤。其中麻黄连翘赤小豆汤治温热发黄兼表，病势侧重于表者，以麻黄、生姜、杏仁解表，连翘、赤小豆、梓白皮清温热，甘草大枣健脾，使表里宣通，湿热泄越。栀子柏皮汤治湿热郁蒸三焦发黄，方中栀子、柏皮清热，通利水道。茵陈蒿汤治湿热郁蒸于里，用茵陈蒿、栀子清热利小便、大黄泻热导滞。总之，三方均能分消

湿热使内郁之邪气得解。对水郁证的治疗仲景常用温阳化气利水之法，如水饮内停，外发于表，太阳经气不利，见头项强痛、发热、心下满微痛、小便不利，治以桂枝去桂加茯苓白术汤。以茯苓、白术健脾行水，芍药散结利小便，生姜、大枣、甘草健脾和中。痰郁见“病人手足厥冷，脉乍紧者，邪结在胸中，心下满而烦，饥不能食者”，为痰停胸中，阻滞胸中阳气通达四肢，用吐法，治以瓜蒂散，涌吐胸中痰涎实邪。宿食停留，气机不畅，脉见微涩，以大承气汤通下积滞，以承顺胃肠之气(《金匮要略·腹满寒疝宿食病脉证并治第十》)。血郁“产后腹痛，烦满不得卧”，为气血郁滞，治以枳实芍药汤宣通气血(《金匮要略·妇人产后病脉证并治第二十一》)。对火郁证多采用清宣郁热之法。火郁证在《伤寒论》中有二：栀子豉汤证和麻杏甘石汤证。前证由汗吐下后，余热未尽，留扰胸膈所致。《伤寒明理论》亦云：“由下后表中阳邪，乘虚内陷，郁而不发，结伏于胸心之间，故如是也。”其症“心中懊侬”“胸中窒”“胸中结痛”反映出火热之邪郁阻气机的病机。治疗上，仲景采用清宣郁热法，用栀子苦寒清降，豆豉清宣透发，使胸膈火热之邪得解，气机通畅。后者为邪热郁肺证，证见无汗而喘，表无大热而热郁于肺，用石膏辛凉清解配麻黄辛温发散，麻黄杏仁宣降肺气。

三、补虚治郁

如脏躁，《金匮要略·妇人杂病脉证并治第二十二》云：“妇人脏躁，喜悲伤欲哭，向如神灵所作，数欠伸，甘麦大枣汤主之。”本证由情志不遂，肝郁日久，心脾两伤，心神失养所致。甘麦大枣汤重用小麦养心气、安心神、兼以疏肝，甘草和中益气缓急，大枣补中润燥。本方以甘味补益心脾为主，兼有缓急疏肝作用。

百合病是一种以精神恍惚、萎靡，自言乱语，行卧、饮食、寒热均不能自主，以及口苦、尿赤、脉微数为主要临床表现的疾病。其主要病机为心肺阴虚内热，百脉失养，常继发于热病之后或由情志不遂所致。《医宗金鉴·订正仲景全书》认为本病既有因“伤寒大病之后余热未解，百脉未和”而致病者，亦有因“平素多思不断，情志不遂，或偶触惊疑，卒临异异遇”而“形神俱病”者，明确指出了本病的发生可由情志抑郁、气机郁滞导致。《金匮要略》对此症作了论述：“百合病者，百脉一宗，悉致其病也。意欲食复不能食，常默默，欲卧不能卧，欲行不能行，欲饮食，或有美时，或有不用闻食臭时，如寒无寒，如热无热，口苦，小便赤，诸药不能治，得药则剧吐利，如有神灵者，身形如和，其脉微数”。滋养心肺阴血，清热安神，以百合地黄汤治疗。方中百合润养心肺，清气分虚热，生地滋养心血，清血分虚热，泉水煎药，取清热助阴，血热从小便下行之功。

再如，《伤寒论》四逆散方后加减法，“咳者，加五味子、干姜各五分，并主下利；悸者，加桂枝五分”，“腹中痛者，加附子一枚”，肺寒气逆，则为咳，心阳不足，则为悸，阳虚中寒，则腹中痛，这些或然见证皆因阳郁气滞兼有虚寒所致。故在原方中加五味子、干姜温肺，加桂枝助心阳，加附子温阳暖土，以达温阳解郁之功。

综上所述，《伤寒论》或《金匮要略》中均未明确提出“郁”的概念。但就散在的条文加以分析，仲景无疑十分重视“郁”这一病机。仲景继承了《内经》治郁五法的思想，强调调达气机，祛除邪气，但他又十分重视补虚治郁。最为重要的是，在治疗上仲景不仅树立了处方用药的典范，还提供了辨证论治这一宝贵思想，一直指导着后世对郁证治疗的发展。无怪后人对仲景推崇倍至，戴元礼《推求师意》在论述郁病治法时云：“大抵须得仲景治法之要，各守其经气而勿违。”

《伤寒杂病论》中肾病证治浅探

度景胜　湖北省郧县人民医院

张仲景的《伤寒杂病论》以六经分证外感热病，以脏腑诊治内伤杂病，创立了六经脏腑辨证体系。疾病的发展最终归属脏腑的病变。作为先天之本的肾脏，在疾病发生发展过程中其证危重、病变复杂。“穷必及肾”，不论外感热病还是内伤杂病，最后均累及肾脏。因此仲景十分注重肾病证治，在《伤寒论》立少阴专篇论述，《金匮要略》则散论诸病中。本文试就《伤寒杂病论》中肾病证治略作探讨，敬请斧正。

一、肾病证候

《伤寒论》281 条“少阴之为病，脉微细，但欲寐”。指出了肾病的主脉主证。因阳气虚弱鼓动无力故脉微；阴血不足充盈脉道故脉细；阳虚阴寒内盛呈现精神萎靡不振，神志恍惚昏沉的“但欲寐”状态。此条提示的为肾病危重之主脉证。由于感邪方法不同，个体素质差异，肾病诸证病变复杂，但仲景根据肾病发生发展中阴阳虚实状况而提纲挈领，分为四类证候。

1. 阳虚阴盛证本证　多见于疾病末期或病邪直中脏腑之时。此乃阳气衰微阴寒内盛所致，是疾病危急阶段。主要表现为：无热恶寒，身重呕吐、下利清谷、四肢逆冷、精神疲惫、小便不利、舌淡苔白脉沉微（287、317、314、389）。此为肾阳衰微机体功能极度低下，若不急救回阳，鼓动肾阳，容易出现亡阳。临床中见于疾病晚期心衰、肾衰等病证。

2. 阴阳虚弱证　此类多见于杂病之误治失治，或病久而累及肾脏，肾阳受伤，日久阳虚及阴，阴阳两虚。但以肾阳虚为主。肾阳虚弱、肾气不足，机体不得温煦，气化不行，常见于《金匮》中虚劳、奔豚、消渴、转胞及失精诸证。

3. 虚中挟实证　此类见于肾阳虚弱气化不行，水津代谢失调而致诸证。《金匮要略》中肾虚水泛，内停心下之水肿之证；肾阴不足，阴虚火旺之“心中烦不得卧”少阴热化证（303）；肾阳虚不化水，水热互结阴伤之小便不利证（319）。

4. 肾实证　本证多因外邪侵入或阻滞肾经，或湿热下注，或燥热内结而因湿、热、瘀、寒所致病证，见于《金匮》之中肾着、女劳疸及《伤寒论》少阴兼阳明证（310）。

二、肾病治疗

张仲景对肾病证治的论述颇为详细，在肾病治疗上既注重肾虚危重一面，又看到肾虚挟实及肾实的一面。提出对阳衰阴盛以直补回阳，使阳气振奋，肾气通利而救逆。对一般肾虚阴阳不足，以益阴助阳为法，尤注重以后天益养先天，对肾实诸证，在祛邪之中又佐以益肾之品，或扶正祛邪，或祛邪扶正。治疗中，仲景充分注重照顾肾脏生理特点，并创立了阴中求阳之法，所举方药仍用于临床。其治疗各法略述如下：

1. 急救回阳法　此法用于亡阴亡阳危重诸证。因阳衰阴盛，或格阳于外，或戴阳于上而见吐、利、逆、寒等证，以四逆汤为代表方，以急救回阳，用姜附为主药，附子温肾回阳，干姜温中散寒。“生附子、干姜彻上彻下，开辟群明，通阳归舍，交结十二经，为斩旗夺关之良将……”（长沙方歌诀）。在四逆汤基础上，依病证不同具体加减。若阴盛格阳于外之面赤，身不恶寒，脉微欲绝者（317）重用姜附名为通脉四逆汤，以大辛大热之品以破阴逐寒、宣通内外。若见吐下突止，乃阳亡阴竭，加猪胆汁名为通脉四逆加猪胆汁汤（389）益阴和阳。若阴盛戴阳于上，见下利、面赤（315）乃阴盛于下，不得温煦。当以四逆汤去甘草加葱白名白通汤宣通上下，解除格拒。若汗吐误治见恶寒、脚挛急、手足冷、烦躁者，乃是汗下太过，阴虚及阳至阴阳两虚，当以茯苓四逆汤（69）回阳益阴。若太阳病汗下太过，虚阳外脱见脉沉，无大热，烦躁不得眠者（61），以干姜附子汤急救回阳，四逆汤去甘草之缓，用姜附单刀直入。一次服用药力更强，其救阳之力较四逆汤为上。以上诸方均为四逆汤基本方化裁加减，临床上用之抢救虚脱或休克等证，颇见奇效。

2. 滋阴助阳法　仲景对一般肾虚诸证，主张以益阴助阳之法，以肾气丸为代表方，创立了千古补肾法门，特别是阴中求阳法，最为后世推崇，这是仲景据肾脏生理功能特点而创立的。肾内藏阴阳，肾阳上蒸，肾水下渗，一升一降，维持人体气化及水液代谢平衡。方中以地黄、山药、山萸三味补肾益脾固肝，以填精养血益阴，谓之“三补”；以茯苓、泽泻、丹皮益阴渗利疏通谓之“三泻”，达到益阴之功；以桂附蒸精化气，益阴助阳，从阴中求阳，使肾阳升腾。后世张景岳受此启发而提出阴中求阳、阳中求阴治疗方法，并创制了左右归饮（丸）。张仲景运用肾气丸，《金匮》中主要有四：①肾虚不固下消证，因阳虚之不能蒸津以润，下不能化气摄水故见“饮一斗小便一斗”，以肾气丸恢复蒸津化气之功则消渴自解。②妇人转胞证，因肾虚膀胱气化不利，肾气丸振奋肾阳，气化复常则“但利小便则愈”。③饮证：阳虚水泛心下故见“短气”以“肾气丸养阳气以化阴”（尤在泾），温肾水则饮去。④虚劳：见腰痛、小便不利，少腹拘急乃阴阳俱虚，肾气丸助阳之弱以化水，滋阴之虚以生气。肾阳振奋则诸证消失。与肾气丸类似还有治疗下焦积水、上焦燥热之小便不利证之栝蒌瞿麦丸。方以瞿麦利水渗湿消下焦积水；栝蒌根生津止渴，炮附温阳，茯苓渗水，使津蒸水下，乃为肾气丸之变制。仲景运用小建中汤治疗虚劳之“少腹满”“梦失精、手足热”之阴阳两虚证，提出了以后天补先天，补脾以益肾之法，阴阳俱虚，不能以寒治热或以热治寒，“欲求阳气之和者，必求于中气，求中气之立者，必以建中”（尤在泾语）。以“建中土灌四旁”，中气四运，从阴引阳，从阳引阴，而阴阳协调则虚劳证消。肾水奔豚之桂枝加桂汤因汗后心阳不足，肾水之泛，以通阳之法而益心阳以制肾水，则奔豚自止，另外《金匮》中天雄散治“男子失精，腰膝冷痛；治阳虚烦躁之桂枝加龙牡汤均是益阴助阳方法的应用，临床中对肺气肿、肝腹水、肺心病、慢性肾炎、糖尿病、尿崩症、肾病综合征等病均可依本法治疗。

3. 益肾祛邪法　益肾祛邪法，用于治疗阳虚水湿内停、外邪犯肾及阴虚火旺诸证。

（1）温阳利水法：主治肾阳虚弱，水湿泛滥而腹痛、小便不利、四肢沉重、水肿证（316）。乃阳虚水湿不化所致，以肾气丸温阳散寒而利水气。临床用于治疗肾性、心性以及营养不良性诸水肿等。

（2）滋阴利水法：主治肾虚水热互结，水气不利证，见小便不利短赤，咳呕下利，心烦不眠。以猪苓汤滋阴利水清热，临床可治疗急、慢性肾炎而小便不利者。

（3）滋阴降火法：主治少阴热化证，见心中烦，不得卧、口燥咽干、舌红少苔、脉沉细数（303）。乃阴虚火旺，以黄连阿胶汤育阴清热降火，临床多用治疗失眠，心悸等。

（4）温阳解表法：主治少阴兼表证，见少阴病反发热脉沉者（301）。以麻黄附子细辛汤温经扶阳解表，临床多用治疗肾虚外感证。

4. 泻肾法　自宋代钱乙“肾主虚无实也”之说后，许多医家多偏肾虚之论，治则唯补是法。很少论及肾实之证，早在《灵枢·本神》有“肾气虚则厥，实则胀”记载，仲景也注意到肾实之证，并以“泻其有余”为法而立泻肾之则。

（1）温经散寒法：主治肾着证。乃因寒湿痹阻肾腑，“其病不在肾之中脏，而在肾之外府”（尤在泾）。证见腰冷如坐水中，身重、不渴，小便利。以甘姜苓术汤散寒渗湿、补土制水，临床治疗风寒湿痹、肾虚腰痛、妊娠水肿等证。

（2）清利湿热法：主治肾与膀胱湿热证。见小便不利、尿痛、少腹急痛、血淋、膏淋等以蒲灰散、滑石白鱼散、茯苓戎盐汤以益肾健脾利湿散瘀。临床多用于治疗热淋、血淋等。

（3）除湿消瘀法：主治肾中瘀热之女劳疸，证见膀胱急、少腹满、身尽黄、大便黑、足下热、额上黑者，以硝石矾石散除湿去瘀。

（4）急下存阴法：主治少阴兼阳明证。乃肾阴不足、肠道燥实。土实水竭见咽干口燥、腹胀便秘或热结旁流。以大承气汤急下存阴。临床对尿毒症、肾炎见便秘者可用之。

另外少阴呕吐之吴茱萸汤证及虚寒下痢桃花汤证均属泻肾治疗方法。

三、治疗禁忌

肾病偏虚，尤以肾阳、肾阴虚及阴阳两虚多见。治疗以补虚为主，一般不主张乱用汗下之法。《伤寒论》286 条云：“少阴病、脉微，不可发汗，亡阳故也。阳已虚，尺脉弱涩者，复不可下之。”阳虚不可汗，汗则亡阳，阴虚不可攻下，误下更竭其阴（284）。但禁下汗之法，应具体分析，若见肾虚本证不可汗下，“少阴病，脉沉细数，病为在里，不可发汗”（285）。若兼有表证，或挟燥热，可采用温阳发汗或急下存阴之祛邪调肾法。

小结：综上所述，张仲景《伤寒杂病论》中对肾病的证治论述比较完整。尤其肾病治疗中求阳法及培中补肾法对后世具有很大影响。其治疗原则及方药仍指导着临床，因此，对张仲景的肾病证治值得进一步深入、细致的探讨。

仲景治眩晕十法探析

吴艳华　广州中医药大学
《新中医》编辑部

眩晕是临床常见的病症，与现代医学中的“梅尼尔病”颇为相似。临床表现以发作性眩晕、耳鸣、耳聋、运动错觉、恶心呕吐等为特征。张仲景《伤寒杂病论》中对本病证的描述生动具体，治疗方法详备，基辨证立法、处方用药颇有规律，如苓桂术甘汤、五苓散、真武汤等，至今仍为众多医家用于治疗本病证。本文试将仲景论治眩晕归纳为十法，并浅析如下：

一、健脾利水、温阳蠲饮法

本法适用于脾虚水停之眩晕。主要表现为头晕目眩，胸胁支满，或见咳嗽痰多，气促心悸，小便不利。舌淡胖边有齿印、苔白润，脉弦紧或沉弦，代表方为茯苓桂枝白术甘草汤。方中重用茯苓，配白术健脾利水，桂枝、炙甘草通阳化气，更助苓术利水蠲饮。药仅四味，健脾逐水之力甚专，使水邪去，阳气通，清阳升，眩晕则除。唐·孙思邈《千金要方》中有用茯苓桂枝白术甘草汤（桂枝改桂心，更名甘草汤）治疗心下痰饮、胸胁支满、目眩等。《伤寒论集注》有记载：一人患脐下动悸，时时近于心下，眩晕卒倒，头中如戴大石。他方医治无效，予苓桂术甘汤加味，服之数旬，积年之疴，脱然而愈。若是脾虚运化失常，胃中痰饮内停者，则可合用泽泻汤治疗。现代药理研究证明，茯苓、白术均含有钾盐，有调节水液代谢功能，利尿作用明显，与健脾利水功能发挥有关。

二、温肾化气利水

本法适用于阳虚水泛之眩晕。临床症见头晕目眩，时时欲倒，心悸，耳鸣，四肢及头面浮肿，腹痛下利，小便不利，舌淡胖、苔白腻或白滑，脉沉细或沉微，方用真武汤。方中附子辛热，温壮肾阳，化气行水；茯苓、白术健脾利水；生姜温胃散水，芍药敛阴和营，与诸药共奏温肾阳利水气之功。肾寒得温，水饮得利，使清阳升，髓窍通，则眩晕、耳鸣、心悸、浮肿等症皆去。本方除用于阳虚水泛之眩晕外，对脾肾阳虚而水邪泛滥并不明显者，用之亦效。药理研究表明，本方中主药附子具有强心作用，配白术能增加血液循环；茯苓、生姜有利尿作用，白芍通过中枢神经系统而发挥镇痛等功效。研究还提示真武汤有调节肾上腺皮质功能，调节醛固酮代谢水平，维持内耳内环境恒定，使其功能恢复。这些都有利于内耳性眩晕的缓解。

三、和解少阳，疏肝利胆

本法适用于邪犯少阳，肝胆郁结之眩晕。症见头晕目眩，耳鸣，口苦咽干，胸胁苦满，心烦喜呕，舌红苔少，脉弦，方选小柴胡汤。方中柴胡苦平，解郁透邪；黄芩苦寒，清泄胆热；二药合用，既能和解少阳之邪，又可疏利肝胆之郁热。法半夏、生姜和胃降逆止呕，治胸胁烦满而呕；人参、甘草、大枣扶正气以祛邪。诸药合用，少阳之邪得去，肝胆郁结得解，则眩晕等症当愈。若配合通下与利尿药，效果甚佳。特别是伴有大便秘结或大便不烂者，均可用之。便秘明显时用大柴胡汤，往往取效更捷。药理研究证明小柴胡汤有抗炎、抗过敏、抗变态反应、促进蛋白合成、增加糖原、改善高脂血症、诱导干扰素及调节抗体产生等功效。因此，本方治眩有效，乃是其综合作用所致。

四、降逆止呕，化饮利水

本法适用于胃逆水停之眩晕。症见头晕目眩，心悸，呕吐清水痰涎，胸满，舌淡、苔白或白滑，脉弦或弦紧，常选用小半夏加茯苓汤，以小半夏汤降逆化痰止呕，加茯苓健脾化饮利水。胃逆止，水饮除，则眩晕、心悸、呕吐痰涎等症皆去。古今医家多喜用小半夏汤及小半夏加茯苓汤治疗眩、悸证。《圣济总录》则有用本方治疗目眩悸动，心下痞满，膈间有水之记载。姚立丹等[2]曾用小半夏汤治愈1例内耳眩晕症，随访2年未见复发。杨百茀等[3]亦常用小半夏汤加味治疗因痰湿中阻、上扰而致的眩晕等证获效。笔者常用小半夏加茯苓汤治疗膈间停水、浊阴上逆之眩悸证，并重用法半夏、生姜降胃中逆气，化膈间痰饮。研究证明，小半夏加茯苓汤中法半夏对呕吐中枢有抑制作用，其所含葡萄糖醛酸的衍生物中有较强的抗马钱子碱、乙酰胆碱作用；生姜含姜油酮和姜烯酮等，具有促进血液循环、健胃止呕、抗菌消炎等作用，茯苓含钾盐，有较好的利尿作用。这些都有助于本方对眩晕心悸的治疗。

五、辛寒清热

本法适用于阳明经热扰清阳所致之眩晕。症见眩晕，身热，心烦时呕，汗多口渴，舌红、苔黄燥，脉滑数或洪大，方选白虎汤。方中以石膏、知母相须为用，其清泄阳明邪热，除烦止渴效强；甘草、粳米和胃气，益胃阴，止烦呕，并可防石膏、知母寒凉伤中。药虽四味，配伍精当，使阳明经热尽去，清阳免于烦扰，则眩晕、烦热、呕吐等症顿除。临床上常见许多眩晕病人邪热不退，眩晕不止，经用本方则热退眩晕除而神清。若属阳明热盛津气受伤之眩晕，则用白虎加人参汤治疗效佳。研究表明[4]，白虎汤具有抗炎、抗过敏、解热等作用，其中石膏所含硫酸铁、硫酸镁、硫酸钙等微量元素及知母提取物黄色结晶C等，均是白虎汤取效的主要成分。

六、通腑泄热

本法适用于阳明腑实，腑气上逆之眩晕。症见眩晕耳鸣，潮热盗汗，腹胀满硬痛，不大便，谵语，舌红、苔黄燥，脉滑而疾，方用小承气汤。方中大黄泻热通便，厚朴行气消胀除满，枳实破结消痞。三药合用，使肠腑通畅，三焦通利，腹中壅滞之热实之邪从下而泄，则眩晕得愈。研究证明，小承气有较广的抗菌、消炎、解热、抗过敏及改善血液循环等作用，并有较明显的促进肠道蠕动功能。笔者用本方治疗1例眩晕患者杨某，女，48岁，眩晕发作周余，日渐加重，眩晕如天旋地转、如坐舟车，呕吐恶心频作，水米难进，伴腹胀，大便3天未解，汗多，舌红、苔黄厚中略见腻，脉数略弦滑。诊断为眩晕，辨属阳明腑实、腑气上逆之眩晕证，治以通腑降逆止呕。方用小承气汤加味：大黄、法半夏、竹茹各10克、厚朴12克、枳实15克、生姜6克。服药2剂，大便已通，眩晕呕吐等症大减；续服2剂，大便稀烂，眩晕呕吐停止，黄苔渐化，脉转缓。但使用本方时应注意：年老体弱、虚证明显者，不宜用此方，痞满轻燥实重者，可选调味承气汤，痞满燥实俱甚者，当用大承气汤，年老肠燥便秘者，选用麻子仁丸。

七、温中散寒，健脾补虚

本方适用于脾胃虚寒之眩晕。症见头晕目眩，呕吐，脘腹胀痛，纳呆，舌淡或淡胖、苔白腻，脉缓弱，方用理中汤。方中取干姜温中散寒；人参、炙甘草健脾益气补虚；白术健脾燥湿。诸药合用，共奏温中散寒、健脾补虚之功；使中阳恢复，脾虚得健，湿浊得除，则眩晕等症皆去。本方常用于虚证眩晕。若脾肾阳虚者，可用本方加附子而成附子理中汤，其温健脾肾、补虚止眩之功更著。如治一女性患者陈某，42 岁，平素怕冷，时时胃中泛酸，喜吐唾沫。日前因着凉后出现眩晕、头重，稍动则觉天旋地转，恶心呕吐，脘腹冷痛，舌淡、苔白润，脉沉细。此乃脾胃虚寒，浊阴上逆。治以温胃散寒，降逆止呕。用理中汤加味，党参 20 克，干姜、白术各 12 克，法半夏、炙甘草各 10 克。服 3 剂后，眩晕头重减轻，恶心呕吐停止，续服 3 剂，眩晕已愈，脘腹冷痛等症亦除。仍觉疲倦乏力，纳食欠佳，再以参苓白术散加减善后调理。

八、温肾阳，滋肾阴

本法适用于肾阴阳两虚之眩晕。主要表现为眩晕耳鸣，腰膝疼痛，少腹拘急，小便不利，舌质淡胖、苔白滑，脉沉细，方用金匮肾气丸加减。本方为阴阳双补之剂，方中六味丸滋养阴液，补肾填精，再佐以少量桂、附之温药入滋阴药中，取其“从阴引阳”“少水生气”之意，起温肾助阳作用。使肾之阴阳得补，机能趋于平衡，故眩晕耳鸣、腰膝酸痛等症可愈。偏于脾肾阳虚者可用茯苓四逆汤；偏于脾肾阴虚者可用本方去附、桂，或用杞菊地黄丸。研究证明，肾虚患者多见于副交感神经调节紊乱，神经中枢细胞代谢异常，其所支配和调控的组织器官反应性随之改变，而出现眩晕耳鸣，腰腹疼痛等种种症状。肾气丸正好有调节神经中枢细胞代谢，降低副交感神经的兴奋性，改善肾功能等作用。因此，本方为临床治疗眩晕之常用方剂。

九、镇肝和胃，降逆化痰

本法适用于肝气犯胃，胃虚痰阻证，症见眩晕，恶心，呕吐痰涎，呃逆频作，心下痞硬，舌淡、苔白，脉弦或弦滑，代表方为旋覆代赭汤。方中旋覆花和胃理气化痰，人参、大枣、炙甘草补益胃气。诸药合用，使上逆之气得降，胃虚得补，痰饮得化，则眩晕、恶心呕逆等症可除。古今大量医案显示，本方治疗眩晕之疗效确实。实验证明[5]，代赭石主要成分为三氧化二铁及镁、铝、钙、等元素，对中枢神经有镇静作用，旋覆花黄酮对组织胺引起的豚鼠支气管痉挛性哮喘有明显的保护作用，生姜之姜油酮及姜烯酮，具有降逆止呕，促进循环、健胃止泻、抗菌消炎、祛痰镇咳等作用。对本方治疗胃虚痰阻之眩晕证，可起到积极的作用。

十、化气行水、逐饮降逆

本法适用于水蓄下焦，气化不行，痰饮上逆之眩晕。临床表现为头目眩晕，少腹胀满，脐下动悸，或吐涎沫，小便不利，舌淡或胖、或白或白滑，脉浮滑或弦滑。因水蓄膀胱，气化不利，水饮上逆则“吐涎沫而癫眩”。治以化气行水，逐饮降逆。方用五苓散，重在“通、化”二字。方中猪苓、茯苓、泽泻利水化饮；白术健脾制水，更巧用桂枝通阳化气，使气机畅，小便利，痰饮除，水逆去，则眩晕自止。临床不少案例表明，五苓散治疗水饮所致之眩晕，效果较好。其他类型之眩晕，亦可配合应用本方而取效。笔者曾治 1 例黄姓女性患者，39 岁，患眩晕 3 年，反复发作，近半年来发作频繁，发则头晕目眩如坐舟车，恶心呕吐，泛吐清涎，少腹胀满，小便不利，舌淡胖、苔白，脉弦略滑。辨证属水邪蓄于下，痰饮逆于上之证。治以化气行水，逐饮降逆。方用五苓散加味：茯苓 30 克，猪苓 15 克，桂枝 9 克，泽泻、白术、法半夏各 12 克，紫苏叶 10 克，生姜 6 克。服药 4 剂，眩晕减轻，呕吐停止，小便较前通利。续服 1 周，头目晕眩、泛吐清涎、少腹胀满等症基本消退，后以陈夏六君汤加减调理而愈。随访半年未见复发。

综上所述，经方治疗眩晕内容广泛、丰富，充分体现了仲景治眩晕从整体论治，立论精当，其理、法、方、药至今不愧为医界明鉴。仲景不仅继承了《内经》等从“风”“痰”“虚”入手治眩之法，更进一步创立了从“水湿”“阳热”“肝胆郁火”“腑气壅滞”等入手治眩。特别是从“水”论治，如泽泻汤、五苓散、真武汤、苓桂术甘汤等，更显其药简而效高之特点。至于白虎汤、承气汤治眩晕，仲景虽未明确论述，但在 197 条原文中已有论及阳明病邪热上扰清阳之头眩。而 242 条原文更进一步点明了“燥屎”所致喘冒（气喘而头晕目眩）宜用大承气汤治疗。验之临床，用承气汤、白虎汤类方治阳明之眩晕，每获良效。医者临证时需细心辨之，实则攻之，虚则补之，万不可偏执一端，延误病情。

参考文献

[1] 刘炯夫. 眩晕十例. 浙江中医杂志，1981，（5）；219.
[2] 姚立丹等. 眩晕十则. 中医杂志，1980，(7)；16.
[3] 杨百茀等. 实用经方集成. 北京：人民卫生出版社，1996. 462. 349.

［4］邓文龙．中医方剂的药理与应用．重庆：重庆出版社．1990．77．
［5］季宇彬．中药有效成分药理与应用．黑龙江：黑龙江科学技术出版社．1995．558．

浅论张仲景治喘

陈玉川　陈富重　河南省南阳市卧龙区中医院

一、散寒逐饮法

此法是治疗表邪不解，里有水气，外寒触动内饮而引起的喘证。如《金匮·痰饮咳嗽病篇》云："咳逆倚息，不得卧，小青龙汤主之。"此条的喘证为素有停饮，外寒引动，搏击于肺，肺气不利所致。故用小青龙汤外散风寒，内逐水饮，其与风寒外来的喘证，虽同属于伤寒兼表邪。但彼则重于表寒；此则甚于内饮，往往咳嗽并见，兼有痰涎清稀。上气而喘兼有烦躁者，可加石膏以除烦。如《金匮·肺痿肺痈咳嗽上气篇》说：肺胀咳而上气，烦躁而喘，脉浮者，心下有水，小青龙加石膏汤主之。"本条具有小青龙汤证兼有烦躁，故加石膏以清热除烦；又因本条之肺胀是饮重于热，所以重用麻黄、桂枝、干姜、细辛等以温散；而轻用石膏之清凉。若其人喘的厉害以致"目如脱状"，为饮热郁闭之实证，用越婢加半夏汤。如《金匮·肺痿肺痈咳嗽上气篇》曰："咳而上气，此为肺胀。其人喘，目如脱状，脉浮大者，越婢加半夏汤主之。"本条以越婢汤清宣肺热，加半夏祛痰降逆。上述两条都是肺胀有热的证候。但越婢加半夏汤证为热重于饮，故方中重用石膏以清热化饮，小青龙加石膏汤证为饮重于热，故方中石膏用量较轻，主要是解表散饮除烦。上述两方均有麻黄，其用意不专在解表，主要在于发越水饮，可见仲景处方用药精审之一斑。

二、温肺化痰法

肺有寒饮内停，致成肺气不宣而咳喘者，用射干麻黄汤。如《金匮·肺痿肺痈咳嗽上气篇》云："咳而上气，喉中有水鸡声，射干麻黄汤主之。"咳而上气，喉中有水鸡声，说明寒饮郁肺，喉间有痰涎阻滞。治以射干麻黄汤散寒、开肺、化痰。

苓甘五味姜辛汤亦为肺寒之痰饮证而设。因肺部寒饮未除。所以咳嗽胸满又复发。用本方温肺散寒以治咳喘胸满。《金匮·肺痿肺痈咳嗽上气篇》35~40条，可以说是仲景对咳逆不得卧的医案记录，服小青龙汤后，尽管病情万变，而对茯苓、甘草、五味、干姜、细辛五药始终不减，甚至胃热上冲所致的"面热如醉酒"，亦只加杏仁以宣肺利气，加大黄以清其胃热，可见仲景每以苓甘五味姜辛汤为寒饮致喘之要药。

三、开壅除痰法

此法适于痰浊壅塞，肺中气机不利，频吐稠痰，吐而咳逆满不减，但坐不得卧者，方用皂荚丸，如《金匮·肺痿肺痈咳嗽上气篇》曰："咳逆上气，时时吐浊，但坐不得眠，皂荚丸主之。"方中皂荚辛散走窜，有强烈的荡涤痰浊作用，并用酥蜜为丸，以缓和其烈性，并兼顾脾胃。本方主要作用于涤痰，适用于稠痰壅塞，咳逆上气，吐浊不得卧者，如徐灵胎说："稠密痰粘肺不得清涤，非此不可。"由于本品荡痰浊之力峻猛，故临床应用时要因人而异。

四、泻肺行水法

痰涎壅于肺，致喘不得卧者，方用葶苈大枣泻肺汤。如《金匮·肺痿肺痈咳嗽上气篇》云："肺痈，喘不得卧，葶苈大枣泻肺汤主之。"本方适用于肺痈初起，尚未成，而肺壅特甚，属于实证者；同时对于痰饮病亦多用之，但必须掌握具有咳嗽喘息不得卧，胸胁满，痰涎多而稀薄。甚则有全身面目浮肿等证，如《金匮·肺痿肺痈咳嗽上气篇》说："支饮不得息，葶苈大枣泻肺汤主之。"因支饮本来就是饮停胸膈之证，易影响肺部，致成肺气被水饮阻塞而产生喘息。方中葶苈苦寒，善泻肺平喘，止咳除痰，偏治痰水在胸膈。佐以大枣甘温健脾，以缓和药力。如李时珍云："葶苈甜者下泄之性缓，虽泄肺而不伤胃，苦者下泄之性急，既泄肺而易伤胃，故以大枣辅之；然肺中水喷满急者，非此不能除。"

五、温脾祛湿法

饮为阴邪，易伤阳气，遇寒则聚，得温则行，脾为湿土，赖阳气以健运，若饮邪伤人，先困土气，脾失健运，肺气壅滞不能化水，则升降失常，水饮停聚，上逆为咳喘短气，或伴心下悸，小便不利，胸胁支满等证，治宜"当以温药和之"，方用苓桂术甘汤。如《金匮·肺痿肺痈咳嗽上气篇》谓："病痰饮者，当以温药和之。"又云："心下有痰饮，胸胁支满，目眩……夫短气有微饮，当从小便去之，苓桂术甘汤主之。”所谓“温药和之”则有振奋阳气、开发腠理、通调水道的作用，实为治疗广义痰饮的大法。温性药有健运中州、布化阳气的作用，故用以温（脾）阳化气以利水。综观仲景苓桂合用诸方（五苓散、苓桂甘枣汤、茯苓桂枝白术甘草汤、木防己去石膏加茯苓芒硝汤、苓桂五味甘草汤等）均有利水作用。

六、滋阴降火法

虚热肺痿是由于肺胃阴虚，津液枯燥，虚火上炎，致成肺叶不举而为病。证见“脉数虚”，咽喉不利，咳喘短气，“口中反有浊唾涎沫”。治疗用麦门冬汤，如《金匮·肺痿肺痈咳嗽上气篇》云：“大逆上气，咽喉不利，咳逆下气，麦门冬汤主之。”方中用麦门冬滋肺胃之阴以生津液，参、草、枣补脾益胃。在益阴中佐以温燥之半夏，开胃行津，降逆下气，行滞化痰，既含“阳生阴长”之义，又具有补而不滞之长，使脾能散精上归于肺，则肺津复而虚火平，逆气降而咳嗽止。

伤寒痞证辨治探讨

陈鉴清　广西北海市中医院

痞，是胸腹间气机阻塞不舒的一种自觉症状[1]。临床常见于急、慢性胃炎而不以疼痛为主证的患者，以及部分胸膈、上腹间的疾病。《伤寒论》曰[2]：“但满而不痛者，此为痞。”（154）（注：表示原经文讲义序号，以下同。）《周易·否卦》云[3]：“天地不交而万物不通也。”盖上下阴阳之气不相交通则痞矣。本证在《伤寒论》中有较多的论述，据粗略统计约有27条。日本·浅田宗伯曰[4]：“痞有柔硬，证有虚实。”兹试探之。

一、虚痞证治

1. 中阳虚损　“证见胁热而利，利下不止，心下痞硬”。（168）是下伤中阳，邪气陷人，因作虚痞。“按之自濡，但气痞耳，”（156）桂枝人参汤主之。朱肱曰[4]：“伤寒本无痞，应当发汗，医反下之，遂成痞耳，最宜枳实理中丸。此亦虚滞之治法，与桂枝人参汤大致相同。”如证见太阴病，脾阳本虚，若复下之，致中焦虚寒，客气乘虚，结于膈间，“必胸下结硬”。（273）此类患者，临床中较为常见。余于1996年9月8日接诊1男性患者，50岁，因上腹部胀闷3个月余，嗳气泛酸，口淡喜唾，腹部恶寒，纳呆便溏。胃镜示：慢性浅表性胃炎、胃轻度下垂。中西药并施妄效。唇淡无华，面白神疲，舌质胖嫩，苔白而腻。余据其有形劳而饮冷的发病史，辨为脾胃虚弱，寒饮内伏。拟附桂理中汤加味投治：炒白术、炙黄芪各30g，党参15g，桂枝、干姜各12g，熟附子（先煎）、檀香（后下）、甘松（后下）各9g，白豆蔻、炙甘草各9g，川花椒3g，日一剂，守法调理20余天告愈[5]。

2. 胃虚气逆　“伤寒中风，医反下之，其人下利日数十行，谷不化，腹中雷鸣，心下痞硬满，干呕，心烦不得安，”是因“胃中虚，客气上逆，故使硬也，甘草泻心汤主之。”（163）清·秦之桢曰[6]：“此方以泻心汤，重加甘草，示明误下损中，心下痞硬，反忌甘温作胀者。细玩泻心诸方，示后人练方治病，惟在分两上轻重加减。”

3. 中虚挟饮　证见“虚烦，脉甚微，八九日心下痞硬，胁下痛，气上冲咽喉，眩冒，”（165）或“噫气不除者。”（166）是中阳气虚，水饮内动也。旋覆代赭汤主之。《活人书》云：“有旋覆代赭石汤证，其人或咳逆，气虚者，先服理中丸，后服此汤为良”[7]。笔者亦常用此方合止嗽散，体虚及年老人则合理中汤或附桂理中汤化裁，治疗急、慢性支气管炎见胸闷气逆咳喘者，以及急、慢性胃炎见胸痞脘闷嗳气属虚寒者，甚觉满意[5]。

二、热痞证治

1. 表阳虚证　“太阳病，医发汗，遂发热恶寒，因复下之，心下痞，表里俱虚，”（158）“而复恶寒汗出者，附子泻心汤主之”。（160）姜春华谓[8]：此方“通用于痢疡胃肠证之恶寒者，慢性炎症可加参、芪。”尤氏说：“此证邪热有余，而正阳不足”[8]。

2. 邪结心下　证见“发热，汗出，复恶寒，不呕，但心下痞，”（246）“按之濡。”（159）皆是邪热聚结于心下而成痞者。“攻痞，宜大黄黄连泻心汤主之”。（169）据《金匮》泻心汤曰：“心气不足，吐血，衄血，泻心汤主之；亦治霍乱。”现代用法：主治邪火内盛，迫血妄行之吐血、衄血、下血，心烦便秘；心腹胀满，按之濡，以及小便赤涩，目赤肿痛，口舌生疮，痤痱疖肿等证，包括现代医学中的多种感染性疾病。

3. 热壅少阳　见有小柴胡汤证，又具“胁下痞硬”（98），小柴胡汤去大枣加牡蛎主之。若见“头项强痛，或眩冒，时如结胸，心下痞硬，”（147）是太阳与少阳并病，邪气内结，经俞不利，当刺大椎第1间，肺俞、肝俞；若加“发热，微恶寒，肢节烦疼，微呕，心下痞结，”（151）则是太阳少阳合病矣，可与柴胡桂枝汤。如证见“心下急，郁郁微烦，”（106）或“心下痞硬，呕吐而下利，”（170）则是少阳病邪合阳明燥热也，宜大柴胡汤。本证临床上多见于慢性胃炎，尤其是胆汁反流性胃炎以及胆胃综合征、胆道疾患等。笔者于1997年4月2日接诊1位36岁的女性患者。胸痞脘闷反复发作6年，每因生气而加剧，两胁刺痛，乳胀头晕，心烦易怒，嗳气泛酸。口苦纳差，夜寝不安，神疲乏力，大便稀而不爽。胃镜示：十二指肠球部溃疡、慢性浅表性胃炎。证属肝脾不和，气郁化热，拟调和土木，理气清热法。方以四逆散加味：柴胡、栀子各10g，黄芩、党参、佛手、制香附各9g，砂仁、甘草各6g，川黄连3g，守法调治月余而愈[5]。

4. 寒热互结　仲景曰：“但满而不痛者，此为痞，柴胡不中与之，宜半夏泻心汤。”（154）姜春华谓[8]：本方“通用于痢疾腹痛，呕吐，心下痞硬，每食汤药有漉漉声转泄者（腹中雷鸣）；急性胃炎。”予于1995年3月12日接诊1男性患者，49岁。既往有胃出血史。于10年前行胃大部分切除术。自去年以来，出现恶心呕吐，口苦嘈杂，脘腹痞满隐痛及泛酸。胃镜示：慢性糜烂型胃炎，胆汁反流性胃炎。溺时黄时清，渴不欲饮，心烦梦多，每因情志不遂或过食辛辣而症状加重，脉弦缓。证属寒热错杂，胃失和降。治宜寒热并施，理气降逆。方以半夏厚朴生姜甘草人参汤加味：法半夏15g，川朴、生姜、枳实各10g，党参、竹茹各12g，甘草、黄芩各9g，青皮、柴胡、桂枝各6g。守法调治2个多月而停药，随访1年未见复发，告愈[5]。

三、痰痞证治

“病人手足厥冷，脉乍紧者，邪结在胸中，心中满而烦，饥不能食，”（354）“胸中痞硬，气上冲喉咽不得息者”，（171）是胸中有痰饮结聚，当吐之，宜瓜蒂散。清·汪讱庵曰[7]：“瓜蒂散，吐实邪；治卒中痰迷，涎涎壅盛，癫狂烦乱，人事昏沉，五痫痰壅，及火气上冲喉，不得息，食填太阴，欲吐不出。”诚备急要方也。然今有吸痰机等现代救急设备已相当普及，临床亦极少采用此方吐痰。而用鹅毛，或压舌探吐法，则民间尚常用于酒食积滞，消化不良以及急性食、药物中毒早期亟需催吐者。至若心肺脑病、危急重症，出现痰涎壅盛，甚至神识昏迷者，则宜及时用现代救急技术进行抢救，慎不可误也。

四、寒饮痞证辨治

1. 寒饮结聚　证见“不能卧，但欲起，心下必结，脉微弱。”（143）或“心下逆满，气上冲胸，起则头眩，脉沉紧。”（67）是寒饮结聚于心下也，苓桂术甘汤主之。本方乃蠲饮良剂，临床上甚是常用。凡由脾阳虚弱，膀胱气化失宣，水饮留伏中焦而见胸胁痞满，眩晕心悸，或短气咳逆，或脘痞便溏，纳呆不渴，或小便不利等，辄可用之。若脾气虚甚，更可加参、芪；随证配合，应用甚广。

2. 水饮内停　证见“心下痞，与泻心汤，痞不解，其人渴而口燥，烦，小便不利。”（161）是水饮内停心下，津液不行之水痞，宜五苓散。若“其人汗出，发作有时，头痛，心下痞硬满，引胁下痛，干呕短气，汗出不恶寒者。”（157）是水饮停聚胸胁也，十枣汤主之。姜春华谓[8]：“本方为逐水峻剂，通用于肺水、胸水、腹水，肠胃积液。”

3. 水停食宿　证见“胃中不和，心下痞硬，干噫食臭，胁下有水气，腹中雷鸣，下利。”（162）是水停胁下，食宿胃中者，生姜泻心汤主之，陆渊雷先生说：“此条乃胃扩张兼胃肠卡他性炎症[8]，亦用于急慢性胃肠炎及消化不良。

参考文献

[1] 中医研究院，广东中医学院合编．中医名词术语选释．第1版．北京：人民卫生出版社．1973，6：334～335

[2] 成都中医学院主编．伤寒论讲义．第1版．上海：上海科学技术出版社．1964，2：106

[3] 王赣主编，牛力达，刘兆玖编著．古易新编．第1版．济南：黄河出版社．1998，12：462

[4] 日·松本一男．伤寒杂症辨证通释．汉方の临床．1983，30（5）：42（304）．

[5] 陈鉴清．胃脘痛治疗六法举隅．江苏中医．1999，3：426

[6] 清·秦之桢著．伤寒大白．第1版．北京：人民卫生出版社．1982，2：216.

[7] 清．汪讱庵著．医方集解．新1版．上海：上海科学技术出版社．1959，3：111，56

[8] 姜春华著．伤寒论识义．第1版．上海：上海科学技术出版社．1985，10：72，68，72

《伤寒论》中针灸副作用的剖析

张世平　香港浸会大学中医药学院

针灸一向被认为是一种安全、副作用少的疗法。然而，不论是什么疗法，都有其适应症。在使用不当时，就会产生副作用，即中医所说的误治。《伤寒论》中对针灸的副作用有不少记载。本文尝试用现代医学的观点，对其中关于针灸副作用的内容进行分析，并探讨其规律性。

一、针灸的副作用

《伤寒论》中有约69条条文与针灸有关。大部分条文都只涉及一种针法或灸法，只有少数条文针、灸法并提，这给分开讨论针法和灸法的副作用提供了条件。

1. 针刺的副作用　《伤寒论》中有10条论述针刺的正确使用，其中9条是用于三阳病（8、24、108、109、142、143、171、216、231条），一条用于少阴病（308条）。在关于正确使用针刺的条文中，针法均为单纯的刺法，不涉及温针或烧针。与此相比，有7条记载了针刺的副作用（29、117、118、119、153、221、267条）。

在分析了有关针刺副作用的7条条文后，发现了两个规律。一是所记载的针刺副作用全部都是由温针或烧针而引起；二是温针和烧针的副作用全部见于三阳证，即太阳、阳明和少阳病。温针、烧针带来的副作用有：怵惕、惊、烦躁、不得眠、谵语、发热甚、衄等。例如，第221条："阳明病，脉浮而紧，咽燥口苦，腹满而喘，发热汗出，不恶寒，反恶热，身重。若发汗则躁，心愦愦，反谵语；若加温针，心怵惕，烦躁不得眠……"另外，烧针后"针处被寒"，可引起奔豚证（117条）。但这是间接的副作用，而不是直接由烧针引起的。

2. 温灸的副作用　《伤寒论》中明确记载温灸法的条文有9条。这并没包括有关使用温热广泛刺激身体的条文，即没有计算药熨（如110条）或火熏（如114条）等条文。温灸法多用于治疗虚证和寒证（如117、292、304、325条），或用于回阳救逆（如343、349、362条）。论述灸法副作用的条文只有2条：如有"脉浮""热甚"的表热证而施行灸法，可出现咽燥、吐血（见115条）：如见"微数之脉"的阴虚证而用灸法可出现"烦逆"（见116条）。

综上所述，从《伤寒论》中可清楚看到，温针、烧针和温灸治疗用于阳证或阴虚内热证时就会产生副作用。

二、温热刺激的生理作用

温针、烧针和艾灸均为局部的温热刺激。直到现在，关于人体对局部温热刺激所产生的生理反应的研究还为数不多。从现有的文献中可发现，局部温热刺激能令支配心脏和肾脏的交感神经兴奋，心率加快，并令肾上腺素和去甲肾上腺素的分泌增加[2]。这些反应皆为功能亢进的表现，属阳。中医认为，"温可补阳"。可见现代生理研究的结果和中医对温热刺激的认识是一致的。

三、《伤寒论》中疾病的特点

《伤寒论》是研究外感病的专著。所论述的疾病皆因外邪而引起。从现代医学观点来看，外邪可以为环境因素，如寒冷的天气等，亦可以是病毒或细菌的感染，或兼而有之。人体对这些外来的致病因素的反应，与个体的体质及病情的长短有关。张仲景把这些反应区分为三阳病及三阴病。从现代医学的观点来看，三阳病是患者机体对外来致病因素反应亢进的表现，而三阴病则是抑制的表现。另外《伤寒论》中的部分感染性疾病发展迅速，变化莫测，其症状和表现复杂，完全可能超出三阳病及三阴病范围[3]。

四、温针、烧针和温灸产生副作用的原因

既然有部分疾病的发展不能预测，就不能肯定针灸后所见的新症状全部是副作用。然而，从以上对《伤寒论》中散在的针灸条文分析，可以看到副作用的产生并非出于偶然，而是很有规律性：只见于温针、烧针和温灸用于治疗阳证或阴虚内热证之条文中。这就值得我们进一步探讨温热的刺激与阳证或阴虚内热证之间的关系。

三阳证中功能亢进的具体表现是多样化的，但发热可以是它们共有的症状。第116条以"微数之脉"为特征的阴虚内热证亦很可能伴有低热的症状。以发热为特征的功能亢进状态，可能是导致温针、烧针和温灸副作用产生的关键。身体发热是体温调节中枢受到刺激所致。发热会令心率加快和交感神经兴奋性增加[4]。既然温热刺激亦令交感神经兴奋和心率加快[2]，可以推论，当温热刺激作用于有发热症状的病人时，会把原来已经亢进的状态推向极点。《伤寒论》中描述的"发热甚"，是体温调节中枢受到进一步刺激的后果；"烦躁"，是中枢神经系统因发热等原因受刺激的结果；"怵惕"，除了与中枢神经系统受刺激有关外，还可能与心交感神经受到过分刺激、心率加快有关。

其实，张仲景对温热刺激产生副作用的规律已经有所认识。在《伤寒论》中这种副作用称为"火逆"。见于116条："微数之脉，慎不可灸。因火为邪，则为烦逆，追虚逐实，血散脉中，火气虽微，内攻有力，焦骨伤筋，血难复也。脉浮，宜以汗

解。用火灸之，邪无从出，因火而盛，病从腰以下必重而痹，名火逆也。”

五、温针、艾灸的使用

温针、艾灸适用于虚证、寒证，历代医家没有异议；但对使用于热证则有不同的看法。以张仲景、张景岳为代表的一派认为阳盛阴虚的热证不宜用灸，而以元代朱丹溪为首的另一派则认为热证可灸[5]。应该注意的是，从《伤寒论》中我们并不能确定温针、艾灸产生副作用的机会的多与寡，不知道“火逆”的出现是偶然的，还是必然的。通过分析温热刺激的生理作用可解释温针、艾灸的部分副作用，但不能排除在某些情况下这些副作用并不一定出现的可能性。确实，当今也有关于用温针、艾灸治疗少阳病和外科感染性疾病的报道[6]。看来目前对温热刺激在人体的作用的认识还很不完善，有必要进一步研究。

无论如何，《伤寒论》对针灸的适应证与副作用作了规律性的提示，对后世针灸的发展有着不可低估的影响。

参考文献

[1] 重庆市中医学会编注.（新辑宋本）伤寒论. 重庆人民出版社. 1955.

[2] Sato A, Sato Y, Schimdt RF. The impact of somatosensory input on autonomic functions. Rev, Physiol. Biochem. Pharmacol. 1997：130.

[3] 尹改珍.《伤寒论》中“火逆”新探. 新疆中医药. 1998, 61：24.

[4] Ohashi K, Saigusa T. Sympathetic nervous responses during cytokine induced fever in conscious rabbits. Pflugers. Arch. 1997, 433（6）：691. 8.

[5] 魏稼主编. 针灸医籍选（第5版）. 上海科技出版社. 1983.

[6] 秦黎虹，王伟. 艾熏灸治疗外科感染的临床与实验研究. 中国中医药信息杂志. 2000, 7（6），34. 35.

[7] 焦焰. 针灸治疗少阳证40例临床体会. 湖南中医杂志. 1990, 6（1）：31～32.

运用仲景学说论治“非典”述要

岳新立　岳双宝　郜中明

河南省南阳市张仲景医院

非典者，中医之伤寒所属矣，是一种急性传染性外感热病。故《内经》曰：“今夫热病者皆伤寒之类也”，“五疫之至，皆相染易，无问大小，症状相似”，《难经》称：“伤寒有五，有中风，有伤寒，有湿温，有热病，有温病”。

去冬今春至夏，非典在我国和世界许多国家的部分地域，几乎于同一时期相继发生并流行。其特点是发病急，传变快，病情亘而凶险，有很强的传染性。它以肺为病变中心，以首发高热、咳嗽、少痰、胸闷、气促、胸满、喘憋为主证，并伴见头痛、腰痛、关节肌肉酸痛、乏力、呕吐、纳呆、腹泄等症状，甚则多脏器功能受损、衰竭而死。目前，现代医学尚无针对性药物对其进行救治。

其实，早在1800多年前，我国汉代医学家张仲景早已是诊治非典的神工圣医了。今时非典所呈现的种种表现与特征，无不赫然于他的《伤寒杂病论》这部医学巨著之中。仲景留给后世的这部巨著及其辨证论治思想，实乃吾辈今天抗击战胜非典的强大武器之重库，普救天下苍生之法宝。今择其要，试述于后：

一、病因病机

仲景在《伤寒杂病论·六气主客·伤寒例·杂病例》（桂林古本）中．明确指出，“从霜降以后至春分以前，凡有触冒寒冽、霜露，体中寒即病者，谓之伤寒也，”“以其最盛杀疠之气”：“不即病，寒毒藏于肌肤，至春变为温病，至夏变为暑病”；若加时邪“异气”，或“重感于寒者，变为温疟；更伤于风者，变为风温；更遇温热者，变为温毒；更遇疫气者，变为温疫，以此冬伤于寒为温病也”。于此可知，本病的发病季节常见于冬春，亦可延及于夏秋。其致病因素，乃天地间最盛毒烈杀疠之气的寒毒及其变异。其范畴包括温病、温疫等。而“冬时不调”，“形体有衰”，“五脏元真不畅”，“触冒”杀疠寒毒及其变异之邪，“袭腠理，干经络，入脏腑”，“乘于肺”，致“四肢九窍血脉相传，壅塞不通”，则是本病发病的基本病理机制。

仲景认为，寒毒袭人，化热甚快，传变极速，病情多笃。故在论中提示曰：“须知毒烈之气留在何经，必发何病”，“凡伤于寒，传经则为病热”。传经变病者多不可治；两感于寒而病者多死”；“不知人者，六日死。”若不加异气者，一般在发病治疗13日后，即可“大气皆去，病人精神爽”而痊愈。“若过13日以上不间，尺寸陷者，大危”。“若加异气”而失治、误治，必致“三阴、三阳、五脏、六腑皆受病，则营卫不行，五脏不通而死矣。”如此高论，诚可谓绝妙经验之谈。

二、辨治原则

论中“观其脉证，知犯何逆，随证治之”，乃是本病辨证施治的总则。

纵观大论，仲景辨治伤寒，有以下几个要点：

1. 由于太阳主一身之表，总六经而统荣卫，而天气通于肺，肺为娇脏，居上焦，为五脏之华盖，布卫气于表。若寒毒袭表，太阳首当其冲而为病，因此，仲景强调邪在太阳，除热去邪，务早务尽，阻其传变，发于机先。提出“凡人有疾，不时即治”，“适中经络，未流传腑脏，即医治之”，“勿令九窍闭塞。”

2. 重视“土地温凉高下不同，物性刚柔，飡居亦异”的个体差异，因人施治。如初中寒毒，热势虽高，但总属寒邪郁闭太甚，邪无所出而致，可放胆以辛温或辛凉重剂，峻而汗之；对体虚或患有基础病者亦可加入扶正之品。对于“桂枝下咽，阳盛则毙”之论须活看，不必拘泥高热禁温散，初病忌补益也。

3. 中期阶段：邪热亢盛，急当清而泄之，若寒热错杂，邪正分争，又当寒温并用，佐以扶正；偏寒之体，虽有大热，须于苦寒清泄之中，寓以护阳益气之品，切记“承气人胃，阴盛则亡”之训。

4. 在热、毒、湿、瘀互结的极期阶段，祛邪之中要尽早加入活血化瘀之品，以防“邪客人虚之室，则恶血住留，变而成著”。

5. 密切注意动态观察，谨防“伤寒之病，逐日浅深”，传经变病，两感于寒，及坏证等接踵而“轻者因笃，重者必死”的危情发生。

6. 又，本病重而多危，服药次数可酌情增加。仲景言：“方虽言日三服，若病剧不差，当促其间，可半日进三服。病重者，一日一夜晬时观之，如服一剂，病症犹在，固做本汤服之。”对服“汗汤，得汗即止，下汤，得利即止，不必尽剂。”对脾失运化者，“服汤又不可过量。”

三、辨治示例

辨治本病可分为以下四期：

（一）初期

1. 表寒迫肺　骤发高热，无汗而喘，咳而烦躁，伴头痛、身疼、腰痛，骨节疼痛，脉浮急数。

治法：峻汗清泄，宣降肺气，大青龙汤主之方。

方药：麻黄6两，石膏如鸡子大，桂枝、炙甘草各2两，生姜3两，大枣12枚，杏仁40枚。

2. 挟饮迫肺　发热，恶寒，口渴，咳嗽，气促或喘。

治法：散寒化饮，小青龙汤主之；初化热者，小青龙加石膏汤主之。

方药：小青龙汤：麻黄、桂枝、干姜、芍药、细辛、炙甘草各3两，半夏、五味子各半升。

小青龙加石膏汤：即上方加石膏2两。

后人赞仲景治表寒退大热保肺之效如神曰：“大青龙升天而行云雨，小青龙鼓浪而奔苍海”。

3. 挟风迫肺　发热、头痛、恶风寒、喘、咳汗出。

治法：表散风寒、降气平喘，桂枝加厚朴杏子汤主之。

方药：桂枝、芍药、生姜各3两，炙甘草2两，大枣12枚，厚朴2两，杏仁50枚。

余如桂麻各半汤、桂二麻一汤、越婢加半夏汤、厚朴麻黄汤，皆可随证选用。

方药：（略）

4. 挟湿迫肺　一身尽疼，发热，口晡所剧咳而气促者，麻黄杏仁薏苡甘草汤主之。

治法：祛湿退热，宣降肺气。

方药：麻黄、杏仁、薏苡、炙甘草各1两。

又见小便不利者，猪苓加黄连丹皮汤主之。

方药：猪苓、茯苓、阿胶、泽泻、滑石、黄连、丹皮各1两。

（二）中期

1. 两感于寒（表里同病，治宜扶正达邪）

（1）一日太阳受之即与少阴俱病，则头痛、口干、烦满而渴、脉时浮时沉、时数时细，大青龙加附子（一枚）汤主之。

（2）二日阳明受之即与太阴俱病，则腹满身热，不欲食，谵语，脉时高时卑，时强时弱者，大黄石膏茯苓白术枳实甘草汤主之。

方药：大黄4两，石膏1斤，茯苓3两，白术4两，枳实3两，炙甘草3两。

（3）三日少阳受之即与厥阴俱病，则耳聋，囊缩而厥，水浆不人，脉乍弦乍急，乍细乍散，宜当归附子汤主之。

方药：当归4两，附子大者一枚，人参、黄连、黄柏各3两。

2. 邪犯胸胁　往来寒热，热多寒少，胸满胁痛，呛咳，少痰，气短目眩，心烦喜呕，不欲饮食，脉弦数。

治法：和解少阳，小柴胡汤主之。

方药：柴胡8两，黄芩、生姜、人参、炙甘草各3两，半夏半升，大枣12枚。

兼见潮热、便秘、腹痛、下利而咳喘者，大柴胡汤和而泻之。

方药：柴胡8两，芍药、黄芩各3两，大黄2两，枳实4枚，半夏半升，大枣12枚，生姜5两。

若加温邪合乘于肺，更见咳血丝而喘，谵语者，小柴胡加黄连牡丹皮汤主之。

方药：即小柴胡汤加黄连3两，丹皮、栝蒌根各4两。

3. 邪热壅肺　汗出而喘，身无大热；或高热恶热，干咳带血丝而胸痛，气促而喘，咽干口渴；或大热大汗，烦渴不解，脉洪大滑数。

治法：清热解毒，化痰平喘，可据情酌选麻杏石甘汤、芩杏石甘汤、白虎加人参汤治之。

方药：麻杏石甘汤：麻黄4两，杏仁50枚，炙甘草2两，石膏半斤。

芩杏石甘汤：黄芩3两，石膏半斤，知母6两，炙甘草2两。

白虎加人参汤：石膏1斤，知母6两，炙甘草2两，粳米6合，人参3两。

4. 肺热移肠　发热汗出，咳嗽气喘，口渴，下利灼热，脉滑数。

治法：清热泻肺，坚阴止利，葛根芩连汤主之。

方药：葛根半斤，黄芩、黄连各3两，炙甘草2两。

（三）极期

1. 邪结胸膈　证见胸胁疼痛，咳而短气，喘息不得卧，伴心下硬满而痛者，小陷胸汤主之。

治法：开胸散结、清热化痰。

方药：瓜蒌1枚，黄连1两，半夏半升。

若见潮热汗出、烦躁，从心下致少腹硬满而痛不可近、口渴、便秘者，大陷胸汤主之。

方药：芒硝1升，大黄6两，甘遂1钱匕。

若无发热而便秘者，属寒实结胸，三物白散主之。

方药：巴豆1份，贝母、桔梗各3份

2. 邪结肺脏　胸中闭塞，咳喘、不得息，肩背痛，脉短而涩者，百合贝母茯苓桔梗汤主之。

方药：百合7枚，贝母、茯苓各3两，桔梗2两。

若咳而唾血丝，胸中痛者，葶苈栝蒌桔梗牡丹汤主之。

方药：葶苈子3两，栝蒌实1枚，桔梗3两，牡丹皮2两。

若热移于肠，见便秘或下血者，桔梗甘草枳实芍药加地黄牡丹皮汤主之。

方药：桔梗3两，炙甘草2两，枳实4枚，芍药3两，地黄3两，牡丹皮2两。

若热盛伤阴者，地黄知母黄连阿胶汤主之。

方药：地黄3两，知母4两，黄连3两，阿胶1两。

3. 肺痈（合并感染）　高热振寒，胸满迫塞、胀痛，气促咳喘，时吐浊唾腥臭，久久吐脓如米粥，脉数者，桔梗汤主之。

治法：排脓解毒、益气宽胸。

方药：桔梗1两，炙甘草2两。

若更见：潮热汗出，谵语，昏不知人，循衣摸床，惕而不安，喘冒直视不能卧，腹满硬痛，不欲食，大便干结不行，或热结旁流者，立当清热解毒，急下存阴，更加大承气汤救之。

方药：大黄4两，厚朴8两，枳实5枚，芒硝3合。

4. 肺痿　咳而吐涎沫不止，咽燥，口渴，气短，脉浮细而数者，炙甘草汤主之。

治法：益气养阴，生津保肺。

方药：炙甘草4两，桂枝5两，麦门冬、麻仁各半升，地黄1斤，阿胶2两，人参、生姜各3两，大枣30枚。

若似咳非咳，短气微喘，唾多涎沫，不热不渴者，此为肺冷，甘草干姜汤主之。

方药：炙甘草4两，干姜2两。

甚者，枳实橘皮桔梗半夏生姜甘草汤主之。

方药：枳实4枚，橘皮2两，桔梗、生姜各3两，炙甘草2两，半夏半升。

5. 阴盛阳脱　大汗出，热不去，内拘急，四肢痛，下利厥逆而恶寒，脉沉或微细，急温而固之，四逆汤或四逆汤加人参汤主之。

治法：回阳救逆，益气固脱。

方药：四逆汤：干姜1两半，炙甘草2两，附子大者1枚。

四逆加人参汤：即上方加人参1两

（四）恢复期

此期气阴两伤，或脾肺气虚，仲景示方证有五：

（1）脉弱、口渴汗出，神昏气短者，竹叶石膏汤主之。

方药：石膏1斤，竹叶2把，半夏半升，麦门冬1升，人参3两，炙甘草2两，粳米半斤。

（2）火逆上气，咽喉不利，止逆下气，麦门冬汤主之。

方药：半夏1升，人参3两，炙甘草3两，大枣12枚，粳米3合，麦门冬7升。

(3) 太阴病，下利口渴，脉虚而微者，人参白术芍药甘草汤主之。

方药：人参、白术、芍药各3两，炙甘草2两。

(4) 太阴病，不吐不满，但矢气无度者，虚故也，理中加黄芪汤主之。

方药：人参、白术、炙甘草、干姜、黄芪各3两。

(5) 太阴病，有宿食，脉浮滑而实者，宜厚朴枳实白术甘草汤。

方药：厚朴、枳实各3两，白术、炙甘草各2两。

小结：综上所述，仲景治伤寒疫病，辨证精确，组方严谨，而方方皆法，诚乃一法之中，八法备焉，八法之中，百法备焉，大启明清及近代医家之创新（此不赘述），为中医辨治非典揭示了新的思路和方法。在医学科学发展的今天，采用中西医结合，发挥中医优势，对于缩短病程，减轻中毒症状，减少并发症和西药副作用及危重证候的发生与恶化等，都必将起着无可替代的作用。

仲景治眩晕诸方辨析

李　静　天津中医学院第一附属医院

眩晕是临床常见的症状，指头晕眼花，轻者闭目自止，重者如坐舟船旋转不定，不能站立，或伴有恶心、呕吐、汗出，甚则昏倒等症状，它可以因多种原因引起而出现在许多病证中，包括了现代医学中颈性眩晕、美尼尔综合征、椎一基底动脉供血不足、高血压或低血压性眩晕、贫血、植物神经功能失调等疾病。

仲景《伤寒杂病论》中虽无“眩晕”之名，但文中所论“眩”“晕”“冒”等症状即后世所论之眩晕；并在许多条文中都涉及了此症状的治疗，且提出若干方剂，为后世所习用，为进一步研讨仲景对眩晕一证的辨证选方规律，现将诸方归纳如下，不确之处请斧正。

一、苓桂术甘汤

《伤寒论》第67条云：“伤寒若吐若下后，心下逆满，气上冲胸，起则头眩，脉沉紧，发汗则动经，身为振振摇者，茯苓桂枝白术甘草汤主之。”《金匮·痰饮咳嗽病》篇第十六条云：“心下有痰饮，胸胁支满，目眩，苓桂术甘汤主之。”前者为太阳伤寒，本应汗解而反用吐下，损伤脾胃之阳，中阳虚，脾运失职不能制水，水饮冲逆于上，清窍被蒙而致眩晕。后者为饮阻于中（胃），清阳不升而致头目眩晕。均可用苓桂术甘汤温阳蠲饮，健脾利水，方中桂枝辛温通阳，茯苓淡渗利水，二者合用可温阳化水；白术健脾燥湿，甘草益气和中，两药合用可补土以制水。

二、五苓散

《金匮·痰饮咳嗽病》篇第31条云：“假令瘦人脐下有悸，吐涎沫而颠眩，此水也，五苓散主之。”此条病机为膀胱气化不行，水无去路，反逆而向上而致头眩。临床上以脐下动悸、头眩、吐涎沫、小便不利为主证。方用五苓散以化气利水，使水气下行。方中桂枝通阳化气，白术健脾散水，茯苓、猪苓、泽泻导水下行。

可见，苓桂术甘汤与五苓散二方中均用辛温之桂枝以助阳气运化，苦温之白术健脾燥湿，淡渗之茯苓因势利导使水液下行。但二方所针对之病机有所差异，用药而有所不同。前方治脾胃阳气受损，运化不力，水遏中焦，清阳不布而发的眩晕，除眩晕症状外还有心下逆满、胸胁支满等症，故除重用桂枝外，辅以白术及补中益气之甘草，仅用茯苓一味淡渗之品，体现此方以助脾胃阳气运化为主，以淡渗利水为辅；后方所治为膀胱阳气受困，气化不行，水遏下焦，浊阴上逆而发的眩晕，除眩晕症状外还有脐下悸动，小便不利，吐涎沫等症，故除用桂枝、白术外，淡渗之品茯苓、泽泻、猪苓三物并施，旨在以导浊畅流为主，温阳化气为辅。

三、小半夏加茯苓汤

《金匮·痰饮咳嗽病》篇第30条云：“卒呕吐，心下痞，膈间有水，眩悸者，小半夏加茯苓汤主之。”此为饮停于胃，致清阳不升，浊阴不降而发的眩晕。临床上以眩晕、呕吐、心下痞满为主证。故用小半夏加茯苓汤散饮和胃，降逆行水。方中生姜散饮和胃止呕，半夏散饮降逆，茯苓导水下行，使水饮去清阳得升。

四、泽泻汤

《金匮·痰饮咳嗽病》篇第25条云：“心下有支饮，其人苦眩冒，泽泻汤主之。”此为水停心下，郁遏清阳，清阳不升，浊阴上冒而致头目昏眩。临床上以眩冒为主证。治以泽泻汤，用泽泻利水除饮，白术补脾制水。

上两方证均为中焦停饮，但前者胃失通降之呕吐症状较突出，故重用生姜、半夏散饮和胃降逆；后者以水饮上逆之眩冒为主，故重用泽泻利水。

五、葵子茯苓散

《金匮·妇人妊娠病》篇第8条云："妊娠有水气，身重小便不利，洒淅恶寒，起则头眩，葵子茯苓散主之。"此证多因于胎气影响，膀胱气化被阻，水湿停聚，清阳不升而致。以葵子茯苓散治之。其主治证除起即头眩外还伴有身重，小便不利，洒淅恶寒等。方中以葵子滑利通窍，茯苓淡渗利水，使小便通利，水有去路则气化阳通，诸症可愈。

以上五方均用于治疗水饮而致的眩晕证，水饮为阴寒重浊之邪，停聚于上、中、下三焦均可阻遏气机升降，蒙蔽清阳而发为眩晕，虽同为水湿为患，但病位有高低，病情有轻重，病机有差异，兼证有不同，而治方有所不同。

六、小柴胡汤

《金匮·妇人产后病》篇第2条云："产妇郁冒，其脉微弱，呕不能食，大便反坚，但头汗出，所以然者，血虚而厥，厥而必冒，冒欲解，必大汗出……小柴胡汤主之。"此为产妇之阴血不足，虚阳上厥而致郁冒，产妇郁冒除有头目眩冒郁闷不舒之症外，尚有呕不能食、大便坚、但头汗出、脉微弱等症。治用小柴胡汤，方用柴胡、半夏升降同施，黄芩、生姜寒温并用，人参、炙草、大枣益气和中，合而用之扶正达邪，使枢机运转则阴阳相和而郁冒自愈。

七、大承气汤

《伤寒论》42条云："病人小便不利、大便乍难乍易，时有微热，喘冒不能卧者，有燥屎也，宜大承气汤。"此为燥屎内结肠腑，浊气攻冲于上所致的眩晕。其临床主证为眩冒、气喘不能卧、小便不利、大便乍难乍易等；若腑热结实损伤津液则二便皆不通利。以大承气汤泻热去实，方用苦寒泻热通腑之大黄与咸寒软坚之芒硝，辅以宽肠下气之枳实、厚朴，共奏通腑泻热之功，腑气通邪热除，则眩晕自止。

八、茵陈蒿汤

《金匮·黄疸病》篇第13条云："谷疸之为病，寒热不食，食即头眩，心胸不安，久久发黄为谷疸，茵陈蒿汤主之。"此为病邪外感、饮食内伤导致脾胃运化失常，湿热内蕴，上冲而致眩晕。临床上以恶寒、发热、不思饮食、食后眩晕加重、心胸不安、发黄为主证。方用茵陈蒿汤清泄湿热，方中茵陈、栀子清热利湿，大黄泄热退黄，使阳明（肠胃）之瘀热从大小便而泄。

九、桂枝芍药知母汤

《金匮·中风历节》篇第8条云："诸肢节疼痛，身体魁羸，脚肿如脱，头眩短气，温温欲吐，桂枝芍药知母汤主之。"此为风湿合邪上犯于头目而致的眩晕。其病机特点在于风湿内盛，日久不解而化热伤阴。临床以关节疼痛，肿胀甚则变形，眩晕欲吐等为主证。故以桂枝芍药知母汤祛风除湿，通阳行痹，养阴清热。方用麻黄、桂枝祛风通阳，附子温阳散寒止痛，知母、芍药滋阴清热，白术、防风祛风除湿，生姜、甘草和胃调中，如此并用则风湿去，虚热除，病自愈。

十、甘草干姜汤

《金匮·肺痿肺痈咳嗽上气》篇第5条云："肺痿吐涎沫而不咳者，其人不渴，必遗尿，小便数，所以然者，以上虚不能制下故也。此为肺中冷，必眩，多涎唾，甘草干姜汤以温之。"此主证为肺中阳气虚衰，津气不布而致眩晕。故除眩晕外，临床尚可见吐涎沫、遗尿、小便数等症。故以甘草干姜汤温肺复气，方用干姜、甘草甘辛化阳，温胃以温肺，振奋中阳，培土以生金。

十一、真武汤

《伤寒论》82条云："太阳病，发汗，汗出不解，其人仍发热，心下悸，头眩，身瞤动，振振欲擗地者，真武汤主之。"太阳病误治，伤及少阴阳气，致少阴阳虚，水不化津而泛滥，上扰清阳而致的头目眩晕。临床以头眩、心悸、小便不利、身瞤动甚则站立不稳欲仆倒等为主证。治以真武汤温阳利水，方用附子温阳利水，白术健脾利水，茯苓淡渗利水，生姜温胃散水，芍药益阴，诸药合用则肾阳复，水气行而眩晕停。

十二、桂枝加龙骨牡蛎汤

《金匮·血痹虚劳病》篇第8条云："夫失精家，少腹弦急，阴头寒，目眩，发落，脉极虚芤迟，为清谷、亡血、失精，脉得诸芤动微紧，男子失精，女子梦交，桂枝加龙骨牡蛎汤主之。"此为遗精之人阴阳失调，心神不敛，精血衰少，不能上承而致眩晕。临床以头目眩晕、发落、脉虚芤迟为主证，日久阴损及阳尚可见少腹弦急、外阴寒冷之证。治以桂枝加龙骨牡蛎汤调和阴阳，重镇摄纳。方中桂枝汤调和阴阳，加龙骨牡蛎重镇摄纳，使阴阳相交，精不外泄，则眩晕自止。

通过对仲景治眩晕诸方的辨析，可见张氏治疗眩晕是在准确的辨证之后来立法、处方、用药的；虽同为眩晕一证，治之却有十二方之不同，充分的体现了中医辨证施治这一重要原则。

《伤寒论》“桂枝去桂加茯苓白术汤”刍议

温长路

《伤寒论》第28条云：“服桂枝汤，或下之，仍头项强痛，翕翕发热，无汗，心下满微痛，小便不利者，桂枝去桂加茯苓白术汤主之。”此条是仲景对汗下后脾虚水停，表证不解的证治。

关于本证用“桂枝去桂加茯苓白术汤”问题，历来争论颇多，众说纷纭，至今没有定论，争论的焦点就是“去桂”二字上。有云：“去桂即去掉桂枝”者，此论以柯韵伯为代表；有云“去桂”为“去芍药”之误者，此论如以《医宗金鉴》为代表的各家，有云桂枝、芍药皆不必去，而加茯苓、白术利小便行饮者，此论以成无己为代表，有云去桂、去芍不必空争，按证候而决定取舍者，此论近年来多有所闻，如南京中医学院编写的《伤寒论译释》就坚持这一观点。以上四种观点各有道理，究竟仲景立此方时的本意为何，仍是一个悬而未决的问题。

近年来，本人翻阅了不少《伤寒论》的版本和注释，学习了仲景的治学思想，推敲了各家之说，觉得这些观点与《伤寒论》本意均有一定距离。本人认为，“桂枝去桂加茯苓白术汤”之“去桂”者，为减少桂枝用量之意，现就这一观点妄加刍议。

一、从辨证观点看

张仲景是一位很有作为的医学家，他曾愤慨地斥责“当今居世之士，曾不留神医药，精究方术”，“但竟逐荣势，企踵权豪，孜孜汲汲，惟名利是务”的恶劣作风，而他本人则“勤求古训，博采众方”，勤于发奋，精于治学，在《伤寒论》一书中，处处可以看出他严格的辨证施治思想。纵观《伤寒论》113方，与桂枝有关者共39个，用量小者半两，大则六两，中则一两、两半、二两、三两、四两、五两之不等，证不同量亦不同，或加或减，运用自如，一加一减，绝非偶然。

本条“桂枝去桂加茯苓白术汤”为汗下后脾虚水停，表证不解的证治。“头项强痛，翕翕发热，无汗，心下微痛，小便不利”是服桂枝汤或运用下法以前就有的证情，因为从条首“服桂枝汤”和症状前冠有“仍”字可考。但桂枝汤证尚有“热自发”，“汗自出”，“啬啬恶寒，淅淅恶风”，“鼻鸣干呕”之症状。前后相比，可见服桂枝汤后症状已有减轻，表证已有缓解。“无汗，心下满微痛，小便不利”为脾虚水停之象，非表虚，汗不能解；非里实，攻不奏效。此时表证尚存，里证又添，实乃表里同病。因此，减桂枝之量以解未解之表证，加茯苓、白术以利水行饮健脾，解表利水之法并行。可见仲景用意之审慎，用药之严明。表证减而未解，桂枝用而减量：里证对症治之，新加茯苓、白术。

成无己“与桂枝汤以解外，加茯苓、白术利小便行留饮”之说与成都中医学院主编的《伤寒论讲义》（1974年版中医学院试用教材重订本）对本方按语“验之临床，此类病证，常用桂枝汤加苓、术取效”之云大有道理。但仲景既有“去桂”之说，又有“去桂”之由，若按减少桂枝之用量再加苓、术二味理解，则更符合本方辨证和仲景立方之本意，同样会取得验之有效的结果。湖南中医学院高德教授在《伤寒论方医案选编》（见湖南科学技术出版社1978年版该书第25页）中记有一例，很能说明这一问题。据书中所述：患者患流感，有鼻塞头胀，喉痒咳嗽诸证，服桂枝汤（重用桂枝）未愈，又见痰多而伴胸闷，胃胀欲吐之症状。高氏减桂枝之量为6克．加茯苓、白术各12克，两剂病愈。桂枝汤中桂枝用量3两，按成无己《注解伤寒论》“云三两者，即今之一两”之注，高氏用量与桂枝汤相比确实是减少了，但治疗效果很好。这就从实践的角度又一次证实了本方之“去桂”当为“减少桂枝用量”之意。

辨证用药之说，无可非议。但仲景为辨证论治之大师，他继《内经》提出辨证论治的理论后，结合临床，第一个完善了这一理论，因此，他的处方无不按辨证而立，他立方必有所指，所指皆不含糊，决无“某某情况去芍留桂”“某某情况去桂留芍”之假设。后人按此法推之自然也是允许的，但对理解仲景立方之本意是无益的。如果按照这一说法，不仅可以“去芍留桂”或“去桂留芍”，而且还可以“去桂留草”或“去草留桂”，因为证不同，方理应不同，随证加减是中医处方的法则，但这一法则只能是后人对经方的灵活应用，而决不能将自己假设的观点强加于前人。

把“去桂”理解为“去掉桂枝”之说恐与辨证不符，因为表证未解，去掉桂枝后方中并无可以解除“头项强痛，翕翕发热”之药，况桂枝有通阳之功，通阳对于治疗“心下满微痛，小便不利”之兼证并不矛盾，相反有内外兼治之功，所以自不能去。

二、从《伤寒论》方名确定原则看

《伤寒论》方证相吻，十分讲究方名。考113方，以主药命名为仲景的主要原则之一。既以主药冠名，主药去则方无以存，正如仲景《自序》中所说：“皮之不存，毛将安附焉?”况桂枝汤为众方之祖，桂枝为祖中之首，祖系可千变万化，祖首若去，则祖系安存？因此，“桂枝去桂加茯苓白术汤”既以“桂枝”名之，又属从桂枝汤演变而来，决无去之之理。

翻阅《伤寒论》各方，凡方名涉及的药物不论多少种，皆用药之全称。新增或减掉的药物除“去桂”“加桂”而外，也绝无省写之先例。足见这种用法既非偶然，更非作者疏忽，而定有道理寓于其中。《伤寒论》113方中，涉及桂枝与“加”有关者有七：桂枝加附子汤、桂枝加厚朴杏子汤、桂枝加芍药汤、桂枝加芍药生姜人参新加汤、桂枝加大黄汤、桂枝加葛根汤、桂枝加桂汤，其中前六方为增加药物，均用药之全名，后一方为增量不增药，而用一“桂”字省写，以示区别。同样道理，《伤寒论》113方中涉及桂枝与“去”有关的五个方子中也应这样理解：桂枝去芍药汤、桂枝去芍药加附子汤、桂枝去芍药加蜀漆龙骨牡蛎救逆汤三方，有增有减，汤名虽然较长，药物也并无省写；桂枝附子去桂加白术汤和桂枝去桂加茯苓白术汤二方，药名用“桂”省“枝”，其中前者桂枝、附子同为主药，并列方名，去掉桂枝尚可理解（是否由作减少桂枝用量理解，存疑待考，此处不谈，另篇再论，可以争论），但后者去掉桂枝，此汤名也就失去了立方命名的意义了。

从以上比较可知：“桂枝加附子”与“桂枝去芍药”法同理亦同，那么“桂枝加桂”与“桂枝去桂”也当法同理同。“加桂”者，增加桂枝用量，“去桂”者，当为减少桂枝用量。“枝”字之省非出无意，是仲景用字措词有规，有意加以区别，足见作者之匠心。

三、从仲景治学态度看

张仲景治学严明为历代所公认和称颂，为了写《伤寒论》一书，他曾“勤求古训，博采众方，撰用素问、九卷、八十一难、阴阳大论、胎胪药录并平脉辨证”，对外感热病的发生、发展提出了独创的见解，对40多种杂病的防治作了系统的阐述，确立了辨证施治的原则，奠定了理、法、方、药的理论基础，为祖国医药学的发展作出了重大的贡献，被人们誉为“医圣”“辨证论治的首创者”“方剂学的鼻祖”“临床医学的奠基人”。他的著作《伤寒论》和《金匮要略》被后人列在祖国医学的四大经典中。

张仲景憎恶那些不关心医学的“居世之士”和对于医学因循守旧、敷衍塞责的医疗作风，批评他们是“不念思求经旨，以演其所知”的庸医。而他自己则用弃官就医的行动献身祖国医学事业，把一丝不苟的精神贯注于《伤寒论》的字里行间之中。凡是读《伤寒论》的人都会发现这部书不仅是医学专著，而且也是一部优秀的文学著作，他用字简要准确，用词妥贴中肯，造句条理不乱，成文前后照应。可想而知，这其中不知包含作者多少辛勤的汗水和心血，因此以《医宗金鉴》为代表的各家认为本条“去桂是去芍药之误”的说法，无论从哪一方面说都是不好理解的，因为它与仲景严格的辨证施治观点和严明的求知治学精神是格格不入的。当然，我们并不排除历史上战争给本书造成的散佚以及后世整理、转抄、校勘、印刷中的失误，但在没有足够证据的情况下，用“误”来理解和解释经典的说法是不符合科学态度的。

总之，我们要用严肃的态度来研究《伤寒论》，对于它的一方一证、一文一条都不可凭“想当然”理解，而要准确审其义，灵活用其意，由约到博，由博返约，反复推敲，努力掌握，本人之学挂一漏万，故立论粗浅而又理不足，所以题目中已声明为“刍议”，旨在抛砖引玉，争得帮助。通过争鸣，使仲景的医学成就得以光大、仲景的治学精神得以发扬，让祖国医学在人类健康事业中发挥她更大的作用。

小柴胡汤治疗慢性乙型肝炎的研究近况

朱南方　广东省广州市儿童医院
李小苹　广东省广州市东山区人民医院

小柴胡汤是医圣张仲景《伤寒论》中记载的重要方剂之一，为治疗少阳病的主方。实际上小柴胡汤是中医临床上应用最广泛并且疗效非常显著的经方之一。现就近年来国内应用小柴胡汤，包括加味小柴胡汤以及与其他药物联合治疗慢性乙型肝炎的概况作一综述，简介如下。

一、临床研究

孙氏等[1]用小柴胡汤加味治疗慢性乙型肝炎72例，结果基本治愈42例，好转25例，无效5例，总有效率93%。治疗前后肝功能比较差异非常显著（$P<0.01$）。本方对慢性乙型肝炎主要临床症状、体征的改善有明显作用。缪氏等[2]选择慢性乙型病毒性肝炎患者50例，随机分为用中药小柴胡汤合丹参注射液的治疗组30例及用西药肝得健的对照治疗组20例。结果两组治疗后临床症状、肝功能改善方面无明显差异（$P>0.05$），但治疗组乙肝病毒标志物阴转明显优于对照组（$P<0.01$）。提示中药小柴胡汤合丹参注射液，不但能改善临床症状及肝功能，并且能有效地抑制病毒复制，对预防肝纤维化有积极意义。黄氏[3]用小柴胡冲剂加干扰素治疗慢性乙型肝炎40例，与单用干扰素组对照。结果治疗组减轻干扰素不良反应、降低ALT及肝纤维化指标与干扰素组比较，差异有显著性（$P<0.05$或0.01）。HBeAg、HBV—DNA阴转率分别为57.5%、60%，与干扰素组比较，差异有显著性（$P<0.05$）。提示干扰素联合小柴胡冲剂，能改善肝功能及胶原代谢功能，抑制病毒复制，减轻用药反应，提高整体治疗慢性乙型肝炎的疗效。董氏等[5]，用小柴胡汤、联苯双酯联合治疗慢性乙型肝炎，将65例慢性乙肝患者随机分为治疗组和对照组，治疗组用加味小柴胡汤及联苯双酯口服，对照组采用常规治疗。治疗组的治疗效果、症状改善情况及实验室指标与对照组比较有显著性差异。张氏等[5]用小柴胡冲剂合甘利欣联合治疗慢性乙型肝炎，将84例慢性乙型肝炎随机分为两组，治疗组44例，使用小柴胡冲剂合甘利欣联合治疗，对照组40例，用甘利欣治疗。结果治疗组患者的症状和ALT改善明显，SB下降较快。余氏等[6]用加味小柴胡汤与病毒唑联合治疗慢性乙肝，将112例慢性乙肝患者随机分为治疗组57例（以病毒唑静滴，联用加味小柴胡汤煎服），对照组55例（单用病毒唑静滴），两组疗程相同。结果两组ALT复常率无明显差异（$P>0.05$），但ALT复常时间治疗组明显短于对照组（$P<0.05$）。HBeAg阴转率及HBV—DNA阴转率治疗组较对照组为优（$P<0.05$）。

二、实验研究

刘氏等[7]按人体公斤体重折算，分为小柴胡汤20、10、5倍不同剂量组，根据所含药物不同，分成小柴胡汤全方组、半方组和单味柴胡组，分别观察其抗DHBV的不同作用，并与抗病毒西药无环鸟苷（ACV）进行比较，结果小柴胡汤20倍剂量组对DHBV的抑制作用最佳，小柴胡汤不同组别对DHBV均有一定的抑制作用，而全方组作用较半方组及单味柴胡组为优，分别于给药后第7、14天其自身前后及与病毒对照组比较，差异有显著性（$P<0.05$，$P<0.01$，$P<0.05$），且其抗DHBV作用较为持久，停药后无反跳，而ACV组抑制DHBV作用虽然强于各中药组，但停药后即反跳至用药前水平。提示小柴胡汤的作用机理在于扶正祛邪；增强或调节机体的免疫机能，达到治疗慢性乙型肝炎的目的。陈氏等[8]采用重庆麻鸭乙型肝炎动物模型，用小柴胡汤胶囊口腔灌服治疗1个月，观察其体内抗鸭乙型肝炎病毒（DHBV）的作用。用药前后检测血清中的DHBVDNA及血清转氨酶（ALT、AST）、肝组织HE染色病理检查。结果小柴胡汤胶囊大剂量组用药2周、1个月及中、小剂量组用药1个月能使血清中DHBVDNA滴度水平显著降低（$P<0.05$）或极显著降低（$P<0.01$），但停药1周后有DNA滴度回升现象。其抗病毒效果与剂量大小有关，中、小剂量组用药2周后无明显的抑制病毒DNA的效果，而大剂量组用药2周后有明显的降低病毒DNA的效果。此外，肝脏病理检查及治疗1个月、停药1周后血清转氨酶检查未发现该药对鸭肝组织学和转氨酶有明显的影响。提示小柴胡汤胶囊在鸭体内有一定的抗鸭乙型肝炎病毒的作用。郑氏等[9]用四氯化碳制备大鼠肝纤维化模型，探讨复方小柴胡汤对肝纤维化鼠血浆氨基酸代谢及转氨酶的影响。结果复方小柴胡汤治疗组的支链氨基酸/芳香族氨基酸比值明显高于肝纤维化模型组，血清转氨酶明显低于后者。提示复方小柴胡汤具有

纠正氨基酸代谢紊乱，改善肝功能的作用。任氏等[10]采用CCl4肝纤维化模型，用放射免疫方法测血清PcⅢ、HA、LN含量，观察小柴胡汤、大黄䗪虫丸、鳖甲煎丸对不同时期肝纤维化大鼠血清透明质酸（hyaluranicAcid，HA）、层粘蛋白（Laminin，LN）及血清Ⅲ型前胶原（ProcollagenⅢ，PcⅢ）的影响，结果小柴胡汤预防及肝极轻度损伤时可显著降低血清LN、HA含量，示小柴胡汤治肝纤维化当早期用药。任氏等[11]再用CCl4制造肝纤维化模型，分别于造模第1天、第5周、第9周时分别加入上述三方制成的混悬液，用药时间均为4周，处死取材后HE及免疫组化染色，观察三方在肝纤维化不同时期对胶原Ⅰ，Ⅲ，Ⅳ的影响，探讨小柴胡汤、大黄䗪虫丸、鳖甲煎丸治疗肝纤维化的机理。结果小柴胡汤预防组及治疗Ⅰ组肝脏病理变化不明显，胶原Ⅰ，Ⅲ，Ⅳ阳性程度轻。提示小柴胡汤治疗肝纤维化当早期用药，轻度肝纤维化大黄䗪虫丸疗效最优，亦可用鳖甲煎丸，较重的肝纤维化鳖甲煎丸疗效最优，亦可用大黄䗪虫丸。

参考文献

[1] 孙明强，伊伊利．柴胡汤加味治疗慢性乙型肝炎72例．山东中医杂志，2000，19（9）：536～537.

[2] 缪伟峰，李惠义．加减小柴胡汤合丹参注射液治疗慢性乙型病毒性肝炎30例观察．实用中医药杂志，2001，17（6）：3～4.

[3] 黄和冲．干扰素联合小柴胡冲剂治疗慢性乙肝40例疗效分析．苏州医学院学报，2001，21（5）：561～562.

[4] 董琳，赵健雄．小柴胡汤、联苯双酯联合治疗慢性乙型肝炎及甲胎蛋白阳性者的临床观察．宁夏医学杂志，2002，24（8）：484～485.

[5] 张玉萍，蒋开平，何应伟．小柴胡冲剂合甘利欣治疗慢性乙型肝炎44例．实用医学杂志，2001，17（8）：778～779.

[6] 余安清，王克奇，张文鼎，等．加味小柴胡汤与病毒唑联用治疗慢性乙型肝炎．浙江中西医结合杂志，2000，10（3）：133～135.

[7] 刘中景，熊曼琪，张洪来．小柴胡汤抗鸭乙肝病毒的实验研究．中国中西医结合杂志，2000，20（11）：853～855.

[8] 陈压西，郭树华，齐珍元，等．小柴胡汤胶囊抗鸭乙型肝炎病毒的实验研究．中西医结合肝病杂志，2000，10（2）：17～19.

[9] 郑丽娜，韩涛，钱绍诚，等．复方小柴胡汤对实验性肝纤维化鼠血浆氨基酸代谢及转氨酶的影响．天津医科大学学报；1999，5（1）：19～20.

[10] 任小巧，卢跃卿，陈永旭，等．仲景三方对大鼠肝纤维化不同时期血清Ⅲ型前胶原、透明质酸及层粘蛋白作用的观察．北京中医药大学学报，2001，24（3）：35～37.

[11] 任小巧，卢跃卿，陈永旭，等．仲景三方对大鼠肝纤维化不同时期胶原Ⅰ Ⅲ，Ⅳ影响的观察．中国中药杂志，2001，26（4）：266～268.

柴胡汤主治功效古今览析

刘英锋　胡正刚　江西中医学院

小柴胡汤，作为六经辨证少阳之主方、和法之代表，其主治病症之多、适用病种之广，似已远远超过少阳病之范围，加之其配伍之巧妙、功效之奇特，也更增其临证化裁之用途，故历代医家对其推崇备至，诚如日本的丹波元简所慨叹：“伤寒诸方，惟小柴胡汤为用最多，而诸病屡称述之。”然而，其主治与功效中所蕴含的丰富精义，却着实令人深思。因此，古今医界倍加关注，并从不同的角度加以了阐述与发明。所谓历代伤寒注家号称百家，而柴胡之说也有不下二十余种之多。我们若能从中去粗取精，博采众长，对于开拓灵活运用此等经方的辨证思路会大有裨益。笔者下面就其中较具独立性和代表性的观点，择要分类如下，以求共研。

一、主治少阳胆经病证说

此说出现最早，其立说的主要根据是六经各有主证，主证各有主方的一般规律，联系少阳提纲与《内经》足少阳病症相似，而小柴胡汤却可治疗胆热口苦、胁痛、呕逆等病症，故认定之。尤其得到后来治疗西医胆道感染的实验佐证，更使之为众多中医、中西医结合乃至西医学家所普遍认同。不过因对少阳实质的理解差异 其“主治胆病”的实际所指也同中有异。

1. 少阳胆经和表之剂——即少阳病在胆经，胆经病有表里，小柴胡汤乃其经和表之剂。

代表医家为宋代庞安时（1098年），他根据《内经》“尺寸俱弦者，少阳受病也。”与《论》中“脉弦细，头痛发热，属少阳”的联系，认为“仲景少阳证，唯小柴胡乃和表药耳。”（《伤寒总病论》）

2. 和解肝胆脾胃之剂——认为少阳病证实即肝胆同病之类，小柴胡汤乃疏肝利胆、间和脾胃之剂。

代表医家如民国的张锡纯、恽铁樵等。他们结合西医病种之比较，认为：“凡得少阳之病，其未病之先，肝胆恒有不舒，木侮土，脾胃亦恒先受其扰”，“若胆中素有积热，偶受外感，即可口苦，心烦，寒热往来”。(《医学衷中参西录》)

3. 疏达胆木清透外邪之剂——认为少阳病变乃感受外邪，以致胆木犯胃之证，小柴胡汤重在疏利胆木之气，以达邪外出。

如建国后，俞长荣《伤寒论汇要分析》提出：“少阳病…它的性质属阳、属热，病位在半表半里，受病经络是肝胆两经。”

普通高等教育中医药类规划教材《伤寒论选读》(柯雪帆）也根据少阳提纲三症反映胆火为病的一般意义，把少阳病划定为足经胆热范围，认定小柴胡汤为清透胆火之剂。

二、主治少阳表里之半说

此说流行最广，其立说依据主要是根据六经开合特性、循行地带与主病表里的关系，认为太阳为开，循身之背，故其病主表；阳明为阖，循身之腹，故其病主里；少阳为枢，循身之侧，故其病主半表半里，而小柴胡汤之主治症候与之相应，故认定本方是和解少阳半表半里之专方。然由于对少阳之半的理解同中有异，其和解之义也不尽相同。

1. 和解一身半表半里之剂——即少阳为枢，病在一身内外之半，汗下不可得，唯宜柴胡汤和解主之。

首揭此义者为金代成无己，他根据《伤寒论》中有“此为半在里半在外也……可以小柴胡汤”之明文，更结合柴胡汤证的主要表现，提出“邪在表则寒，邪在里则热。今邪在半表半里之间，未有定处，是以寒热往来也。……其于不外不内，半表半里，既非发汗之所宜，又非吐下之所对，是当和解则可矣，小柴胡为和解表里之剂也”(《注解伤寒论》)。

此说由于突出显示了太阳主表主汗、阳明主里主下、少阳主半主和的大经大法，故对后世影响最广，其后众多医家皆尊崇此义，因而和解少阳半表半里之说得以盛行医界。

2. 和解少阳经腑之剂——认为少阳病变也有经腑之分，因小柴胡汤能和解内外，故皆可以之加减权衡而为主方。

代表医家为清代张璐。他提出“少阳证统而言之，邪居表里之半；析而言之，亦有在经在腑之分。然其治总不越小柴胡随证加减为权衡。……盖少阳为枢职司开阖而转运其枢者。……主以小柴胡和解内外。”(《伤寒攒论》)

3. 转枢少阳半表之剂——认为少阳虽为一身之半，但病有在经在腑之分，即半表为经证、半里为腑证，而柴胡之和解乃偏在半表之经。

代表医家为清代陈修圆。陈氏提出：“少阳主寒热，属于半表则为经，属于半里则为腑，其症虽无寒热往来于外，而有寒热相搏于中，有痞痛利呕四症之辨。……然寒热游行于外，则有柴胡等法，而寒热互搏于中，则为痞呕，又有诸泻心汤、黄连汤、黄芩汤等法。……欲与小柴胡汤，必究其病在半表。”(《伤寒医诀串解》)

4. 辛凉宣透少阳表热之剂——认为少阳本有经络，受病也有表证，小柴胡汤之辛凉透热，即主治其病在经络之表热者。

如当代的乐氏根据小柴胡汤抗感冒确有助汗退烧的解表功效，认为小柴胡汤证为少阳经病之表热证，并非“半表半里”证，因此，小柴胡汤为扶正祛邪辛凉解表之剂，而非“和解之剂”。

王氏也认为小柴胡汤的功效应理解为辛凉解表、生津和胃之扶正解表方剂，主治少阳病表热证。认为柴胡主方中用量达半斤，意在充分发挥柴胡辛凉解表的主导作用。

5. 调和分治阴经阳经之剂——认为少阳半表半里乃在二阳三阴之间，小柴胡汤之和解乃在调理兼治由阳入阴之半。

代表医家为清代黄元御。他认为：“少阳篇半言脏病，半言腑病，少阳居半表半里之中，乃表里之枢机、阴阳之门户。阳盛则入腑，阴盛则入脏，少阳之经病如小柴胡汤证，乃脏病腑病之连经，非第经病也，……少阳经在太阳阳明之里，三阴之表，表则二阳故为半表，里则三阴故为半里，半表者居二阳之下，从阳化气而为热，半里者居三阴之上，从阴化气而为寒。小柴胡清解半表而杜阳明之路，温补半里而闭太阴之门，使其阴阳不至偏胜，表邪解于本经，是谓和解。”(《伤寒悬解》)

三、主治少阳三焦膜腠说

此说是对少阳半表半里之实质基础深入探讨的结果，即根据六经病变是以诸脏腑经络、精气体窍为物质基础的，犹如太阳主表不离乎太阳所属之经脉、膀胱外应之皮毛，阳明主里不离足经所属之胃腑、手经所属之大肠，少阳之半表半里，也必有其所本，然少阳之经脉虽循身侧，较之太阳主背阳明主腹恰当其间，但到底经脉在外，部位表浅，不足以胜任内外转枢之职，唯有少阳三焦，正当表里之间，适具内外转枢之机。

1. 升达少阳膈膜之剂——认为少阳半表半里病在胸膈膜肓之处，小柴胡汤为少阳入膈达膜之剂。

此说始出于元代杜清碧，其《鳌氏伤寒金镜录》首先提出：“太阳之邪已入少阳……邪在半表半里膈膜之间。……故用小柴胡汤以达膈膜之邪。”

清代尤在泾《伤寒贯注集》也提出：“少阳居表里之间，当肓膜之处。……而惟小柴胡一方和解表里，为少阳正治之法”

2. 通达少阳腔隙之剂——认为少阳半表半里病在躯壳之内、脏腑之外，两夹界之隙地，小柴胡汤即为转枢腔膜间隙之剂。

代表医家为明代方有执，他指出：“往来寒热者，邪入躯壳之里，脏腑之外，两夹界之隙地，所谓半表半里，少阳所主之部位，故入而并于阴则寒，出而并于阳则热，出入无常，所以寒热间作也胸胁苦满者。……此小柴胡之一汤，所以为少阳之和剂与。”(《伤寒论条辨》)

其后清代喻昌、钱璜、尤在泾、吴谦等也推崇其说，强调：“少阳之脉，虽行身之侧，而其实则躯壳之里层也，向外则由阳明达太阳而为三阳，表也，向内则躯壳中之脏腑为三阴，里也，少阳居于表里之间，故为半表半里。……故立小柴胡汤以升发少阳之郁邪。”(《伤寒溯源集》)“邪传少阳惟宜和解，汗、吐、下三法皆在所禁，以其邪在半表半里，而角于躯壳之内界。在半表者，是客邪为病也；在半里者，是主气受病也。邪正在两界之间，各无进退而相持，故立和解一法”(吴氏《医宗金鉴》)。

至民国陆渊雷，更结合西医知识加以说明，认为少阳柴胡证乃是胸膜膈膜病变，小柴胡汤乃疏利少阳胸膈膜病之剂。他认为“太阳证在头项、在躯壳，头项为上、躯壳为表也；阳明证在肠在腑，腑为里、肠行大便为下也（阳明之胃实指肠，三泻心治在胃者注家犹指为少阳焉）；而少阳证在胸胁、在胸膜若膈膜，胸胁与膈膜为上下之间、胸膜为表里之间也，腹膜病不属少阳者，位已近下，虽在表里之间，不在上下之间故也。”(《伤寒论今释》)

3. 转运三焦水火之剂——认为少阳之半为病，乃三焦气机不利而水火失运之证，小柴胡汤正乃疏利少阳气机以转运水火之剂。

代表医家为清代柯琴。他首先将和解少阳枢机之半说，与三焦气机之出入、相火之游行联系起来，指出：“少阳处半表半里，司三焦相火之游行。……少阳为游部，其气游行三焦，循两胁，输腠理，是先天真元之气，所以谓之正气。……少阳主人身之半，胁主一身之半，故胁为少阳之枢，而小柴胡为枢机之剂也。”(《伤寒论翼》)。

清末唐容川更进一步借西以畅中，推崇以三焦水火之说阐发少阳证治，指出少阳半表半里之实质就是三焦腠膜，小柴胡汤依此而能转枢达邪、散火降水。他强调：“少阳是三焦，内为膜网，外为腠理。居半表半里之间，界内阴外阳之际，故内经以枢机比之。”“是少阳三焦膜中之水火郁而为病也，统以小柴胡汤散火降水主之。各演其证之所见，而随证加减，无不确切。”(《伤寒论浅注补正》)

4. 疏利三焦淋巴之剂——认为少阳手经三焦，实即淋巴系统，柴胡之剂特以疏利其道为治。

代表有清末曹颖甫。他参西以释中，认为：“欲问所谓少阳者，手少阳乎？抑足少阳乎？……吾谓此当属少阳三焦。手少阳三焦，唐容川概谓之网油。非也。《内经》云：‘上焦如雾，中焦如沤，下焦如渎。’如雾者，淋巴管中水液排泄而出，已化为气，未受鼻窍冷空气者也。如沤者，淋巴管中始行排泄之水液，有动气者也。如渎云者，即肾与膀胱交接之淋巴系统，西医直谓之输尿管，水由肾脏直接膀而外泄。”(《伤寒发微》)以后民国的章太炎也大致尊同此说。

5. 疏透三焦膜腠之剂——即承扬少阳枢机之说，力畅三焦膜腠主义，认为柴胡和解少阳之半的实质就是内疏肓膜、外达腠理。

如徐大桂的《伤寒论类要注疏》曰：“小柴胡汤证第一条（98）……以上形证皆三焦气机阻抑而为柴胡原方之的症也。……”小柴胡汤专为清透少阳三焦而设。”

黄竹斋《伤寒杂而论会通》也叙述到“少阳者，躯壳之内，肠胃之外，五脏膜原，三焦部位之术语。……凡皮肤外感风寒，或肠胃内伤食饮，失治而传入半表半里，内薄五脏膜原，致三焦之气失和者，皆为少阳病。……少阳居表里之间，当肓膜之处，外不及于皮肤，内不及于肠胃。汗之而不从表解，下之而不从里出，故有发汗、吐、下、温针之禁。特立小柴胡汤为和解表里正治之法。”

四、疏利手足两经气机之说

此说较为折衷公允。即根据少阳统属手足两经及其脏腑的一般原理，提出少阳病变与胆腑、三焦通有关联，小柴胡汤即是总疏少阳手足两经气机之主方。

1. 疏达少阳，利胆为主——即认为少阳病变乃邪动胆火，兼涉三焦，故柴胡汤和解之法以清宣胆火为主，兼利三焦。

伤寒论前三版统编教材都持此说。

如《伤寒论释义》（二版教材）提到：“少阳属胆与三焦，由于经脉络属的关系，肝与胆相表里，三焦与心包相表里，因此少阳病的证候，与这些脏腑经络的病理变化有密切关系……。

在病理状态下，如外邪侵犯少阳，肝胆之气火便会受到影响，上逆或上亢，因而出现口苦、咽干、目眩的证候。同时由于邪犯胆腑，则胆气不得下降，从而导致胃气上逆。……故出现心烦喜呕、默默不欲饮食等消化功能失常的证候。若邪犯少阳，气机不畅，升降不利，即可发生胸胁苦满的证候。……若正气较弱，不能抗邪外出，邪正分争，则往来寒热……”。

少阳病的治疗原则，应以和解表里为主，……（小柴胡汤）本方为和解少阳的主方。柴胡气质轻清，苦味最薄，能疏少阳郁滞，其邪可解。黄芩苦寒，气味较重，能清胸腹之热，烦满可除。……本方寒热并用，攻补兼施，有疏利三焦气机，调达上下升降，宣通内外，运行气血之功，故称和剂。”

刘渡舟等《伤寒论诠释》也认为：少阳病主证，乃因少阳不和，胆热犯胃，胃失和降所致。或见证，则是因肝胆气郁，引起三焦之气不利。因此病变所及可达表里内外、以及上中下，而“病在少阳半表半里，其治既不能发汗，更不能吐下，只有疏解少阳之郁滞，使枢机得利，三焦得通而达到表解里和的目的，这就叫作‘和解之法’，小柴胡汤则是和解法的代表方剂。”

2. 疏达少阳，胆焦并重——即认为少阳病变三焦也占据突出地位，故小柴胡和解之法，疏利三焦是转运枢机的基础。

如冉雪峰(《冉雪峰伤寒论》1981 年）即同时强调了手经三焦的重要性，其曰：“按柴胡汤为少阳病主方，……手少阳三焦，内经谓三焦发源肾系，内连脏腑，外通皮毛，此言五脏六腑，皆归三焦连系为一，并外出腠理，通于皮毛。按少阳主枢，……外枢是少阳连系太阳，内枢是太阳联系阳明，所以谓之半表半里，所以谓之少阳为阳枢。……（三焦）外枢用小柴胡；（胆腑）下枢用大柴胡”。

3. 疏达少阳，揉和两说——即意欲胆焦并举，但病证上突出胆腑、治法上突出三焦，证治未能达到一贯到底。

如高等医药院校试用教材《伤寒论选读》（四版教材）和高等医药院校教材《伤寒论讲义》（五版教材）论及少阳病及小柴胡汤证治时指出：

“外邪侵犯少阳，胆火上炎，枢机不运，经气不利，进而能影响脾胃，出现口苦、咽干、目眩、往来寒热、胸胁苦满、默默不欲饮食、心烦喜呕、脉弦细、舌苔白等，称为少阳病……。

柴胡气质轻清，苦味最薄，能疏少阳之郁滞。黄芩苦寒，气味较重，能清胸腹蕴热以除烦满。……柴、芩合用，能解少阳半表半里之邪。半夏、生姜调理胃气，降逆止呕。人参、炙草、大枣益气和中、扶正祛邪。本方寒温并用，升降协调，有疏利三焦、调达上下、宣通内外、和畅气机的作用。且方用去滓再煎之法，是取其气味醇和，且有和解少阳枢机之功，故称为和剂”。

五、通治多经多脏之说

此说乃变通主义，即主要根据《伤寒论》小柴胡汤出现在多经病篇，主治病症丰富多样、不限于一经一证的文献事实，认为小柴胡汤并非少阳专方，实有通治多经多脏之功效。具体例如：

1. 兼达太阳之表邪　清代陈修园《伤寒医诀串解》曰：“太阳主一身最外一层，邪从外来，须要驱之使出。服上（麻桂）二汤，尚不能出，或留本经，或侵他经，必藉少阳之枢转以达太阳之气而外出也。故小柴胡汤，为太阳篇之要剂，今人不知，擅改为少阳主方，失之远矣。故无论桂枝证麻黄证，若值三日、九日、十五日，少阳主气之期，必藉其枢转而出。”

当代的姚氏梁氏等认为小柴胡汤非少阳病主方，乃太阳病之主方。寒热往来本为太阳病多种寒热类型之一，柴胡证为太阳病证之一，大凡因胃中有热，胃气不和，升降失常，中气壅滞所致病证都可用之，而少阳病见此病理变化，亦可斟酌用之，故不宜称之为少阳主方。到反应为太阳之主方之一。

2. 兼和阳明之里气　清代吴谦即言“阳明病，不大便，胁下硬满而呕，是阳明传少阳病也。若舌上黄苔涩者，为阳明之热未尽，则当与大柴胡汤两解之。今舌上白苔滑者，是已传少阳，故可与小柴胡汤和解之。俾上集得通，则呕可止，津液得下，则便可通，胃气因和而硬满除，则身心濈然汗出而解矣。”（《医宗金鉴》）

3. 兼护太阴之正虚　清代吕震名则曰：“少阳病兼见太阴，即于柴胡汤中加芍药，即本方之加芍药是也。……本方中自有柴胡人参生姜半夏，已足以升举阳气，而理脾胃之困。但加芍药以约阴，则邪返于阳而阴亦安，不除痛而痛自止，仍不离和解之法也。（《伤寒寻源》）

4. 调解三阳之纷乱　明代方有执曰：“身热恶风，太阳表也。颈项强，有阳明也。胁下满，少阳也。然则三阳俱见病矣。手足温而渴者，邪凑半表半里而里证见也。夫以三阳俱见病而独从少阳之小

柴胡以为治者，太阳阳明之邪微，少阳近里而里证见，故从少阳一于和而三善则皆得也。”（《伤寒论条辨》）

5. 透拔阴分之邪陷　清代吕震名曰：“妇人热入血室，是热邪已乘虚陷入阴分，何以主小柴胡汤少阳之药？按三阴三阳，少阳为从阳入阴之枢纽，阳经热邪，已越少阳而陷入阴分，亟当从阴分领出其邪，使还从少阳而出也。”《伤寒寻源》

六、泛调杂治诸气之说

此说乃泛化之义。即主要根据后世医家对小柴胡汤的灵活变通，尤其是现代临床实践的推广运用，发现小柴胡汤的治疗范围非常广泛（已涉近五十余种病证），以至大多病例并非需要出现少阳征候，即可用之取效，于是他们从对小柴胡汤证与少阳病证的对属关系发生了质疑，并从不同角度对其主治功效进一步提出了不少新的观点或补充。诸如：

1. 疏肝理气、安中和胃之剂　如段氏等认为《方剂学》各版教材皆只言小柴胡汤“和解少阳”，临床用治肝胃不和诸病每多见良效，故应将“疏肝和胃”补入小柴胡汤的功效。

刘氏结合临床经验，强调小柴胡汤的功效不仅为和解少阳，其疏利肝胆，而开郁调气，以利升降出人之机的作用更不应忽略。聂氏结合个人体会，将小柴胡汤的功用归纳为九种。

2. 通调三焦、调和上下之剂　白氏、正氏则认为小柴胡汤实有通调广义三焦之功。即：①通调上焦，治肺卫、心神等某些疾患。②其令“津液得下”意义有二：一是针对“不大便”而言，二是有下焦不通之谓，论中所述不大便、小便不利、热入血室等证均属下焦。③调和胃气，小柴胡汤尤以治胃气不和之“不欲食”颇有良效。

3. 调和阴阳、杂治解纷之剂　如郭氏则认为小柴胡汤的治疗机理除了调理三焦之气，使水液、气机代谢循其常道之外，还可通过调整整体的阴阳错位，平调脏腑精气，恢复脏腑生理功能，从而达到“阴平阳秘，精神乃治”的健康状态。

江西的陈瑞春教授，以善用经方著称，他灵活变通小柴胡汤的运用方法有15种之多，然欲挚其要领，则有一言蔽之，即小柴胡汤具有并调表里寒热虚实之功，无论外感内伤、内外妇儿，大凡发病表里寒热虚实同时夹杂者，多可以此“和解“取效。

七、简要评析

纵览上述，对小柴胡汤的主治与功效的认识，古代医家的研究主体上是紧密伴随着对少阳病机的研究同步提高，其大致经历了一个由少阳、半表半里之和解等粗疏、含混的观念，到经腑、枢机、胆焦之疏利、转运、透达等细致、深入概念的发展过程，其中基本一致的看法是小柴胡汤乃少阳病证之主方，有和解少阳的独特功效，且因此而有变通、兼理多经它脏之用，但由于少阳病机的复杂性与柴胡方理的多样性，故对其具体的实质涵义，未能达到比较一致的沟通。

近代医家则由于受到西学东进的影响，较多地参西以释中，淡化无形之气，注重有形之质，着实肝胆、淋巴、胸膈之类，论方则强调疏气利胆、行湿清热等通俗说法。

现代医家则由于受到继承与创新的双重压力，一方面在不彻底的继承中，承袭了以上未经系统整理与沟通的各家之争，另一方面在西学观念的创新中，对了解未深的传统理念提出了更多的质疑，以致有试图绕过六经理论的困惑，以比较朴实易懂的脏腑、气血、八纲辨证取而代之之势，这些更增加了通行界说的不确定性和不完整性。

总之，对小柴胡汤主治功效认识的统一，主要受制于以下问题：1. 少阳之半的实质究竟何在？2. 少阳病与柴胡证的关系如何？3. 胆与三焦在柴胡证中的地位与关系怎样？4. 小柴胡汤和解的实际意义如何？5. 其主治少阳又能泛治他病的内在统一性是什么？6. 如何把握病机与鉴别，达到“但见一证便是，不必悉具”和知常达变地灵活运用？这些亟需明确的核心问题，正妨碍着当代中医对小柴胡汤及其证治规律的认识与运用，以致出现了对已有理论把握与实践能力在总体水平上徘徊、下降甚至倒退的趋势，责其原由，首先是有关的论述散漫于诸家，历版教材与研究者未能对其加以整理沟通和总结提炼，其次是有关的理论研究缺乏临床事实的充分引导和印证，结论不免失之空泛或偏颇，这都使得研究结果，不能充分令人信服或普遍适应临床，因而难以得到公认。

有鉴于此，笔者认为今后该方面的研究，重点不应再是各别学说的出新出奇，而是整体界说的沟通与提高，即将以往散漫多样的研究成果，能够不失时机地连结起来，形成一个比较清晰和完整的理论框架，才能充分发挥理论研究有效指导临床实践——辨证用方的作用，才能为近一步的中西医实验研究与方药开发提供一个比较稳定可靠的理论平台。

小柴胡汤临床新用

郝芬兰　河南省南阳市中医药学校
陈桂英　河南省南阳卫校

小柴胡汤是《伤寒论》中仲景治疗少阳证的主要方剂，以往来寒热、口苦、咽干、胸胁苦满、脉弦等症状为辨证要点。由柴胡、黄芩、半夏、人参、生甘草、生姜、大枣7味药组成。仲景用小柴胡汤治疗以少阳病为主的多种病证。后世医家根据仲景思想理论在两千多年的实践中总结出了更多的作用，近年来，又发现了新的用途。

一、仲景用小柴胡汤

1. 治少阳受邪，经气不和　见《伤寒论》96条："伤寒五六日，中风，往来寒热，胸胁苦满，嘿嘿不欲饮食，心烦喜呕，或胸中烦而不呕，或渴，或腹中痛，或胁下痞硬，或心下悸，小便不利，或不渴，身有微热，或咳者，小柴胡汤主之。"

2. 三阳同病，治从少阳　见《伤寒论》99条："伤寒四五日，身热恶风，颈项强，胁下满，手足温而渴者，小柴胡汤主之。"

3. 少阳不和兼太阴脾虚　见《伤寒论》100条："伤寒，阳脉涩，阴脉弦，法当腹中急痛，先与小建中汤；不瘥者，小柴胡汤主之。"

4. 少阳不和兼有阳明胃热　见《伤寒论》229条："阳明病，发潮热，大便溏，小便自可，胸胁满不去者，与小柴胡汤。"

230条："阳明病，胁下硬满，不大便而呕，舌上白苔者，可与小柴胡汤。"

5. 少阳不和兼太阳表邪　见《伤寒论》101条："伤寒中风，有柴胡证，但见一证便是，不必悉具。凡柴胡汤病证而下之，若柴胡证不罢者，复与柴胡汤，必蒸蒸而振，却复发热汗出而解。"

6. 瘥后复发热　见《伤寒论》394条："伤寒瘥后，更发热，小柴胡汤主之。"

7. 热入血室（胞宫）　见《伤寒论》144条："妇人中风，七八日续得寒热，发作有时，经水适断者，此为热入血室。其血必结，故使如疟状，发作有时，小柴胡汤主之。"包括外感病来月经，经期患外感，月经未净患外感，血室空虚，肝经失和等妇科疾病均可用之。

笔者根据伤寒论仲景的学术思想，每遇以上病证，予以小柴胡汤，每用必效，体会到仲景用小柴胡汤奥妙。

二、现代用小柴胡汤

1. 治疗慢性肝炎　慢性肝炎最常见的乙型肝炎、丙型肝炎，据杂志报道，用小柴胡汤原方水煎剂，治疗乙肝，每日2次，三个月为一个疗程，观察16例，1～3个疗程后，化验血清转氨酶，γ－球血蛋白均有明显下降。大多数患者去氧核糖核酸聚合酶（DNAP）的阳性转阴，肝细胞坏死明显减轻或好转。日本有人用小柴胡提取剂治疗慢性丙型肝炎57例，连服24周后，肝功能检查，各项指标均有明显改善。另据报道用本方治疗传染性肝炎100例，效果较为满意。药理实验证明，其煎剂能诱生小白鼠体内的干扰素，明显增强巨噬细胞的吞噬功能，及自然杀伤细胞（NK）的细胞毒活性，对淋巴细胞转化具有一定的调节作用。此外，能降低感染甲肝病毒鸭子的去氧核糖核酸聚合酶（DNAP），同时对小白鼠四氯化碳中毒所致的肝损伤及D－半乳糖胺所致肝损害具有保护作用，而且能防止血清转氨酶活力上升。

2. 治疗胃炎及胃溃疡　小柴胡汤加减治疗胃炎、胃溃疡患者，每日1剂，15剂为一疗程，观察150例，治愈84例，有效49例，无效18例，有效率88.7%。日本学者用小柴胡汤制剂治疗慢性胃炎，观察32例，用药半年，结果：患者从第2周开始自觉症状改善，除3例中途停药外，其余21例患者恶心、呕吐、胃痛、呃逆、饮食不振等症状均消失。内窥镜检查结果：浅表性胃炎10例全部改善，但萎缩性胃炎11例没有改善。结果表明小柴胡汤能降低幽门螺旋菌感染率，能预防慢性胃炎的发病，还能促进消化，有抗应激性溃疡的作用。

3. 治疗胆囊炎　用小柴胡汤加郁金等制成胶囊，0.25/粒，1g欲，3次/日，治疗慢性胆囊炎，观察94例，总有效率98.93%，实验证明小柴胡汤有抗菌、消炎、利胆作用。并能调整肝胆和肠胃功能，促进胆汁排泄。

4. 长期低热　治疗长期低热患者，临床观察54例，发热时间为10～30天不等。用小柴胡汤加减每日一剂，水煎服，治疗6～14天，结果治愈44例，好转7例，无效3例，有效率94%。实验研究证明，小柴胡煎剂有明显的解热作用，能使正常大鼠和伤寒、副伤寒混合菌致热大鼠的体温下降。临床观察，亦证实其退热效果显著，有效率为97.5%。

5. 治疗爱滋病　美国的Migamotokoji报道，经流式细胞仪微量测定法测定小柴胡汤，具有抑制HIV在体内复制因子产生作用。通过对40例爱滋病病人的治疗观察测定，表明小柴胡汤能刺激淋巴细胞，T4、B细胞网络系统，能提高爱滋病病人的机体免疫力，延长存活时间。实验证实，小柴胡汤有增强T细胞、B细胞、巨噬细胞等免疫网的作用。活性氧能激活被称之为转录因子后NFXB而促进HIV增殖，小柴胡汤对活性氧产生有抑制作用，有利于爱滋病的治疗。既可激活免疫功能，又可清除活性氧，具有利于细胞与不利于病毒的双重作用，并有抑制爱滋病病毒的作用。

此外，小柴胡汤在治疗胰腺炎、高血脂、高血压、面神经麻痹、三叉神经痛、中耳炎、腮腺炎、乳腺炎、肝脾肿大、肝硬化、百日咳、精神抑郁症、不孕症等多种疾病中，均发挥了良好疗效。

体会：在传统医学理论中认为小柴胡汤能和枢机，解郁热，达三焦、攻补并施，虚实并用，温而不燥，寒而不凝，表里虚实寒热均可运用。配补药能扶正祛邪，配血分药可以活血养血，配生津药能生津止渴，配利尿药可以利水消肿，配行气药、化痰药则能行气化痰，配温阳药能疏郁通阳，配养阴药能调气育阴，加减得当，左右逢源，男女老幼皆可使用，临床应用极为广泛。后人用小柴胡汤治疗咳嗽、胃脘痛、抑郁症、感冒发热、疟疾、胸胁疼痛、偏头痛、牙痛、咳嗽等病症，取得了良好的疗效。现代医学研究证实，小柴胡汤有抗菌、抗炎、抗病毒、抗肝损害的作用。有解热、镇静、利胆、镇咳、镇呕、祛痰的作用，还能增强机体的免疫力，有促消化、降血脂、抗溃疡等多种作用。故临床用小柴胡汤治疗发热性疾病，肝、胆疾病及消化系统疾病，机体免疫力下降等多种病症亦取得了较好疗效，从而使小柴胡汤的临床运用范围更为广泛。

参考文献

[1] 李培生等. 伤寒论讲义. 上海科技出版社，1985.

[2] 周孜. 小柴胡汤的药理研究概况. 中成药研究，1987：(12)：38.

[3] 张志军译. 国外医学. 中医中药分册，1985. 17：(3).

[4] 祝建华. 小柴胡汤治疗胃脘痛151例临床总结. 河南中医，1995. 15 (4)：212.

[5] 权依经. 古方新用. 甘肃人民出版社，1987：16～25.

伤寒治痞方药探微

陈鉴清　广西北海市中医院

《伤寒论》关于痞证的论述颇详，通篇体现同病异治、异病同治，辨证施治的精神，堪称临床遣药组方的楷模。兹试探之。

一、辨病位，制方有法

如邪热结聚于心下，“按之濡，”（159）（注：表示原经文讲义序号，以下同）“不呕，但心下痞，”（246）以大黄黄连泻心汤以攻其痞：大黄2两，黄连、黄芩各1两。《保命集》云：伤寒之痞，从外之内，故宜苦泄。”此之谓也。如痰饮结聚胸中，证见心中满而烦，（354）胸中痞硬，（171）则用瓜蒂散以吐其痰涎：瓜蒂一分（熬黄），赤小豆一分，为散。每服1钱匕，香豉汁送，温顿服。不吐者，少少加，得吐快，乃止。《素问·阴阳应象大论》曰，“其高者因而越之，”此之谓也。如热入少阳，痞在胁下，见柴胡汤证，胁下痞硬，（98）则用小柴胡汤去大枣加牡蛎以和解少阳，软散痞硬。盖少阳在半表半里，不得汗、吐、下也，止宜和解。《素问·至真要大论》曰：“结者散之，”此之谓也。

二、审病机，遣药循度

同是虚痞，中阳（气）虚损，若但气痞，按之自濡，（156）胁热下利，心下痞硬，（168）用桂枝人参汤，即理中汤加桂枝主之。《素问·至真要大论》曰：“损者温之”，“寒者热之，”此之谓也。若胃中虚，客气上逆，而见干呕，心烦不得安，下利日数十行，谷不化，腹中雷鸣，心下痞硬满，（163）则用甘草泻心汤主之，即大黄黄连泻心汤去大黄，重用黄芩3两，加炙甘草4两，半夏半升，大枣12枚。清·秦之桢曰：“此以泻心汤，重加甘草，示明误下损中，心中痞硬，反忌甘温作胀者。”以中气虚，脾气不运，结而不散而为痞故耳。若挟痰饮，水停胁下，证见虚烦，心下痞硬，胁下痛，气上冲咽喉，眩冒，（165）或噫气不除。（166）则用旋覆代赭汤主之：旋覆花3两，人参2两，生姜5两，代赭石1两，炙甘草3两，半夏半升，大枣12枚。《活人书》云，有旋覆代赭证，其人或咳逆，气虚者，先服理中丸，后服此方为良。”若是寒热互结于心下而为痞，但满而不痛者，（154）则用半夏泻心汤主之；即旋覆代赭汤去旋覆、代赭、生姜，加黄芩3两，黄连1两，干姜3两，人参1两为3两。以芩连去热，重用干姜、人参祛寒补虚，分而治之，相反相成。如是表里俱虚，（158）心下痞而复恶寒汗出，（160）则用附子泻心汤治之，即大黄黄连泻心汤加炮附子1枚”。《金鉴》说：“心下痞而复恶寒汗出者，非表不解，乃表阳虚也。故以大黄、黄连、黄芩泻痞之热，附子温表之阳，合内热外寒而治之。”李中梓说：“以三黄之苦寒清中济阴，以附子之辛热温经回阳，寒热互用，攻补兼施而不悖，此仲景妙用之入神也。”独汪讱庵谓：“大抵诸痞皆热，故攻之多寒剂。此加附子，恐三黄重损其阳，非补虚也。”亦各有其理。

三、异病同治，谨抓病机

如伤寒痰厥，病人手足厥冷，脉乍紧，心中满而烦，饥不能食，是病邪结在胸中，当须吐之，宜瓜蒂散，（354）而胸中痞硬，气上冲咽喉不得息者，此为胸中有痰，亦当吐之，宜瓜蒂散。（171）上二条证虽不同，但病机则一，都是胸中有痰涎窒塞，急需吐出者，故仲景同用瓜蒂散取吐。清·何梦瑶曰：“大抵胸为清阳之分，浊阴干之，则气不行为虚痞，甚则痰涎停聚为实痞，更甚则痛也，东垣谓痞但满而不痛。视胸痹有痛，证虽不同、理则无二。”又如太阳病，见柴胡证仍在者，先与小柴胡汤，若服药后呕不止，心下急，郁郁微烦者，（106）为未解也，并阳明里实有燥热焉，仲景用大柴胡汤下之，同理，“伤寒发热汗出不解，心下痞硬，呕吐而下利者，”（170）仲景亦用大柴胡汤主之，则是“通因通用”的反治法也。又如仲景用五苓散，既用于太阳中风，发热六七日不解而烦，有表里证，渴欲饮水，水入即吐的“水逆”证，（74）亦用于汗后胃中干，烦躁不得眠，渴欲饮水而不解，小便不利，微热消渴者；（174）复用于伤寒痞满，服泻心汤不解，渴而烦躁，小便不利的水痞证。（161）因为，这些病证的机理都是水饮内停，津液不行所致，故用同一方法治疗。可见仲景辨证，意在抓住病机，虽临床症状不同，只要发病机理一样，即用同样的方药投治。

刘嘉企说；“古代是以证代症，证与症不分。从而辨证论治中的证乃病与症的意思，即病既可概括主症在内，症指兼变证而言。”故本文所指“同病异治”“异病同治”，即涵此义。

四、同病异治，随证选饵

同是水饮为患，若见病人不得卧，但欲起，（143）起则头眩，心下逆满，气上冲胸，（67）是寒饮结聚在心下之水痞证，用苓桂术甘汤主之：茯苓4两，桂枝3两，白术、炙甘草各2两。若其人心下痞，服泻心汤不解，渴而口燥，烦，小便不利，（161）亦是水停心下，津液不行之水痞，则用五苓散主之，即苓桂术甘汤去甘草，加茯苓、泽泻，并小其制而为散，白饮和服以取汗图愈。盖前者重在健脾温阳化水，后者意在通阳化气行水。若是水停胁下，并有食宿胃中，证见心下痞硬，干噫食臭，胁下有水气，腹中雷鸣，下利。（162）亦是水痞，却兼宿食者，故用生姜泻心汤主之。即半夏泻心汤减用干姜为2两，加生姜4两。其意重在宣散水气，降逆和胃。

五、辨证施治，用药分量有讲究；组方治病，剂型服法犹相宜

清·秦之桢曰：“细玩泻心诸方，示后人练方治病，惟在分量上轻重加减。”观诸泻心汤，用炙甘草多为3两，唯甘草泻心汤及桂枝人参汤用5两，以其中阳气虚重也。

《保命集》云：“脾不能行气于四脏，结而不散则为痞。[2]故重用炙甘草补其虚也。如用黄芩1两，唯大黄黄连泻心汤及附子泻心汤有之，且不用煎煮，附子别取汁，余药用麻沸汤渍须臾，绞去渣，分温再服；而其余诸泻心汤都用黄芩3两，且要煎煮，并日三服。盖其痞热之重也，意在泻热除痞。《金鉴》说：“其妙尤在以麻沸汤渍三黄须臾，绞去渣，内附子别取汁，意在泻痞之意轻，扶阳之意重也。”这却是对附子泻心汤而言的，若胃气逆甚，则重用生姜：如大柴胡汤“呕吐”，旋覆代赭汤“气上冲咽喉”，“噫气不除，”都用生姜5两，重以降逆止呕，生姜泻心汤用4两，意为和胃降气；其余诸方中用3两~1两半，以为佐使也。再如太阳少阳合并病，两阳经证见，则用桂枝汤与小柴胡汤各半的分量合而成柴胡桂枝汤，一半解表，一半和里，使表解里和而愈。至于瓜蒂散之为散剂，以应急而欲速取效也。五苓散之为散剂，以通阳化气，宜利水饮，以散其滞也，是则开鬼门，洁净府之法俱备矣。故药方的组成，剂型及服法的设计，总要切合临证治病的需要。这也正是现代中医药发展战略所需要研究的重大课题。今天，学习仲景的方药学术思想，其深远的现实意义也正在此耳。

总之，单从仲景治痞一隅，即可见其用药“是因病立法，以法制方，随证用药为原则的。”唐容川说其“添一证则添一药，易一证亦易一药”，是十分恰切的。这也正是中医辨证施治的精髓，继承发扬光大之本也。

参考文献

［1］成都中医学院主编．伤寒论讲义．上海：上海科学技术出版社，1964，2：110．
［2］清·汪讱庵著．医方集解．新1版．上海：上海科学技术出版社，1959，3：214，111．
［3］清·秦之桢著．伤寒大白．北京：人民卫生出版社，

1982，2：216.
[4] 清·何梦瑶辑. 医碥. 上海：上海科学技术出版社，1982；6；123.
[5] 刘嘉企. 试从《伤寒论》之辨病与辨证探讨辨证论治的涵义. 中华名医专家创新大典. 北京：中医古籍出版社，1998，12：71.
[6] 成都中医学院主编. 金匮要略选读. 上海：上海科学技术出版社，1980，6：4.

谈人参在《伤寒论》中的应用

杨小欣　南阳张仲景国医学院

医圣张仲景《伤寒杂病论》一书，文辞古奥，医理幽深，是我国第一部理、法、方、药兼备的医学典籍，一千七百多年来，对开创中医辨证论治的治疗原则，做出了重大贡献。书中选药精简，配伍严谨，组方不拘一格，随证处施，不偏于一家之见，为后世医家学习之楷模。我们学习和研究《伤寒论》，应该对医圣张仲景的学术思想，用药特点，尤其是每味药物在《伤寒论》各条文中是怎样灵活运用的，进行深刻地研究与探讨。

人参为五加科植物人参的根，最早见于《神农本草经》，列为上品。“人参味甘微寒，主补五脏，安精神，定魂魄，止惊悸，除邪，明目，开心，益智，”其性味甘、微苦，微温。归脾（胃）、肺、心经。具有大补元气，补脾益肺，益气生津，宁心安神之功效。在《伤寒论》中，仲景应用人参共40次，入22方。各方疗效显著，为后世所推崇。其用药特点主要体现在以下几方面：

一、大补元气以复脉

人参甘温气薄味厚，具有大补元气之功，正如徐大椿所言：“人参得天地精英纯粹之气以生，与人之气体相似，故于人身无所不补。”张仲景在《伤寒论》所用人参的22方中，有4方是取其大补元气以复脉，治疗伤寒脉结代，心动悸；少阴病下利清谷，脉微欲绝及阳虚寒湿身痛等证。①配炙甘草，入炙甘草汤，治伤寒脉结代，心动悸（177）。甘草（炙）四两（12g），生姜（切）、桂枝（去皮）各三两（9g），人参、阿胶各二两（6g），生地黄一斤（48g），麦冬（去心）、麻仁各半升（9~15g），大枣（劈）三十枚，以清酒七升，水八升，先煮八味，取三升，去渣，内胶烊消尽。温服一升日三服。方中人参大补元气，配炙甘草、大枣益气补心，配生姜、桂枝辛温通阳，配地黄、麦冬、阿胶、麻仁甘润滋阴，养心补血，全方共收益气复脉之功。②配附子，入附子汤治少阴病阳虚寒湿，口中和，背恶寒，身体痛，手足寒，骨节痛，脉沉（304、305）。附子（炮，去皮，破八片）二枚（15~20g），茯苓、芍药各三两（9g），人参二两（6g），白术四两（12g），以水八升，煮取三升，温服一升，日三服。方中用炮附子温经散寒镇痛，与人参相伍，温补以壮元阳，而治阳虚寒湿凝滞骨节，身痛、骨节痛为主；配附子，入通脉四逆汤（加减）治少阴病，下利清谷，里寒外热，手足厥逆，脉微欲绝，利止脉不出（317）。本证为少阴病，下利清谷，导致阳气大虚，阴液内竭，则利止而脉不出。方以四逆汤加大补元气之人参，而具回阳益气，救逆固脱，使阳气回复，阴血自生而脉复出。配附子，入四逆加人参汤，治霍乱，恶寒，脉微而复利，亡血（358）。本方具有回阳复脉，益气生津之功。方以四逆汤回阳救逆，加人参益气固脱，生津滋液，为回阳复脉之法。

二、补脾益气以固本

脾居中焦，为后天之本，主运化而司升降。若脾胃阳气虚弱，则运化无权，升降失常，见脘腹胀痛，恶心呕吐，或吞酸吐涎或腹痛下利，不思饮食，舌苔白滑，脉沉细或沉迟等证。人参味甘，微苦，入足太阴脾经、足阳明胃经，补脾气，益胃气，理中焦，为治中焦脾胃阳气虚弱之要药。仲景在《伤寒论》中共有14方选用人参，均取其补脾益气以固本，治疗中焦脾胃虚寒，运化无权，升降失常，而致脘腹胀满，腹痛下利等。常配甘草、大枣，入理中汤、桂枝人参汤、半夏泻心汤、小柴胡汤、吴茱萸汤等方，治汗后脾虚，腹胀满（66）；太阳病数下，挟热下利，利下不止，心下痞硬（163）；少阳病，嘿嘿不欲饮食（104）；阳明中寒，食谷欲吐（243）等。①配甘草，入理中丸（又名人参汤），治中焦虚寒，寒湿内盛，腹中冷痛。如“霍乱，头痛，发热，身疼痛，寒多不用水者，理中丸主之”（386）。理中丸方：人参、干姜、甘草（炙）、白术各三两（9g）。共捣筛，蜜和为丸，如鸡子黄许大，以沸汤数合和一丸，研碎，温服之。日三服，夜二服。腹中未热，益至三四丸，然不及汤。方中人参、甘草健脾益气，干姜温中散寒，白术健脾燥湿。脾阳健运，寒湿得去，则中焦升降调和而吐利自止。本方温中祛寒，补气健脾，为治疗太阴虚寒病证的主方，因其具有温运中阳，调理中焦之功，故取名“理中”。②入桂枝人参汤，治太阳病误下后脾气虚寒而表邪不解。如“太阳病，外证未除，而数下之，遂协热而利，利下不止，心下痞硬，表里不解者，桂枝人参汤主之”（163）。本方是理中汤加桂枝而成。方中以理中汤温中散寒止利，用桂枝后下以解太阳之表，而具温中解表之功。用以太阳病，表不解，理应用汗法解表，反误用攻下，使表邪不去反伤脾阳，致脾气虚寒，运化失职，升降失常而利下不止。③入小柴胡汤，治少阳病，寒热往来，嘿嘿不欲饮食。“伤寒五六日，中风，往来寒热，胸胁苦满，嘿嘿不欲饮食，心烦喜呕，或胸中烦而不呕，或渴，或腹中痛，或胁下痞硬，或心下悸、小便不利，或不渴，身有微热，或咳者，小柴胡汤主之”（96）。方药组成：柴胡半斤（12g）、黄芩三两（9g）、人参三两（6g）、半夏洗，半升（9g）、甘草炙（5g），生姜切，三两（9g），大枣劈，十二枚（4 枚）。上七味，以水一斗二升，煮取六升，去渣，再煎，去三升，温服一升，.日三服。本方为和解少阳之主方。柴胡、黄芩合用，能解少阳半表半里之邪；半夏、生姜调理胃气，降逆止呕；配甘温补气之人参，加炙草、大枣益气和中，既扶正以助祛邪，又实里而防邪人。人参在此方中的作用正是取其补脾益气而扶正固本。④入半夏泻心汤，用于小柴胡汤证误用下剂，损伤中阳，脾胃升降失常，气机痞塞，呕而发热，心下痞满不痛。（149）本证以呕为主证，故用半夏以降逆止呕；痞因寒热错杂，气机痞塞而成，故用黄芩苦寒以泄热，姜夏辛温以散寒；因中阳受损，脾胃升降失司，故用人参甘温以补脾而和中，中气得和，上下得通，升降正常，呕吐痞满自除。⑤入吴茱萸汤，用于胃中虚冷，食谷欲吐（243）；厥阴头痛，干呕，吐涎沫（378）；少阴吐利，手足不温，烦躁欲死。（309）吴茱萸汤主治虽有病在阳明、少阴、厥阴之别，但证都有呕吐，皆与胃中虚寒、浊阴上逆有关。方中吴茱萸苦辛大热，温肝暖胃，散寒降浊；人参甘温益气，固本而补中；生姜温胃散寒；大枣益气补脾。诸药配伍，共奏温中补虚，降逆止呕之功。此外，尚入乌梅丸、黄连汤、柴胡桂枝汤、旋覆代赭汤、干姜黄芩黄连人参汤、厚朴生姜半夏甘草人参汤等方，均以补脾益气、补虚固本为功。

三、益气生津以止渴

人参味甘主补，具有补元气、益肺胃、生津液而除烦止渴之功。张仲景在《伤寒论》中有 3 方选用人参，取其益气生津，除烦止渴。配甘草，入白虎加人参汤、竹叶石膏汤等方，治阳明热盛，气阴两伤，大烦渴不解，脉洪大；伤寒解后，余热未清，气阴两伤。①配甘草，入白虎加人参汤（又名人参白虎汤），此方在《伤寒论》中出现 5 次，皆以人参益气生津而止渴除烦。如“服桂枝汤，大汗出后，大烦渴不解，脉洪大者，白虎加人参汤主之”（26）；“伤寒无大热，口燥渴，心烦，背微恶寒者，白虎加人参汤主之”（169）；“伤寒若吐、若下后，七八日不解，热结在里，表里俱热，时时恶风，大渴，舌上干燥而烦，欲饮水数升者，白虎加人参汤主之”（168）；“若渴欲饮水，口干舌燥者，白虎加人参汤主之）（222）。方药组成：知母六两（18g）、石膏（碎，绵裹）一斤（30g）、炙甘草二两（6g）、粳米六合（18g）人参三两（9g）。以水一斗，煮米熟，汤成去渣，温服一升，日三服。功能清热除烦，益气生津。用于伤寒表邪已解，热盛于里，气津两伤，大汗出，大烦渴不解，脉洪大；阳明里热太盛，津气两伤，口燥渴，心烦及伤寒误用吐下法后，津液受损，热结在里，大渴，舌上干燥而烦。本方以白虎汤清阳明气分亢热，加人参益气生津，止渴除烦。②入竹叶石膏汤，用于伤寒解后，余热未尽，气阴不足而虚羸少气。如“伤寒解后，虚羸少气，气逆欲吐，竹叶石膏汤主之”（397）。方药组成：竹叶二把（15g）、石膏一斤（30g）、半夏（洗）半升（9g）、人参二两（6g）、麦门冬（去心）一升（15g）、甘草（炙）二两（6g）、粳米半升（15g）。以水一斗，煮取六升，去渣，内粳米，煮米熟，汤成，去米。温服一升，曰三服。本方竹叶、石膏清热除烦以去热邪；人参、麦冬益气生津以补正虚；甘草、粳米和中养胃；半夏降逆止呕，并行人参、麦冬之滞而调和胃气。诸药合用，共奏清热生津、益气和胃之功。此方乃仲景先生治伤寒解后，余热未清，气阴两伤，虚弱消瘦，少气不足以息而气逆欲吐以及伤寒愈后调养之方。

四、补气宁心以安神

人参具有补五脏，安精神，定魂魄，止惊悸，以达宁心安神之功。仲景的《伤寒论》中有一方是取其补气宁心而安神的。如人参配茯苓、附子、干姜等，入茯苓四逆汤，治伤寒汗下后阴阳俱虚，烦躁。“发汗，若下之，病仍不解，烦躁者，茯苓四逆汤主之”（69）。药物组成：茯苓四两（12g）、人参一两（3g）、附子（生用，去皮，破八片）一枚（6g）、甘草（炙）二两（6g），干姜一两半（5g）。上五味，以水五升，煮取三升，去渣。温服七合，日二服。方用附子、干姜回阳救逆；人参益气生津，安精神，定魂魄：姜附与人参配伍，回阳之中有益阴之效，益阴之中有助阳之功；茯苓健脾、安神，与人参同用，增强益气健脾，宁心安神之功；甘草益气和中，且能调和诸药。本方回阳救逆，益阴安神，而用治太阳病，汗不得法则伤阳，误下则又伤阴，致阴阳俱虚，水火失济，故见烦躁不宁。综上所述，医圣张仲景在《伤寒论》中灵活选择人参，加减化裁，组方应用，疗效显著。人参功在补虚，是大补元气以复脉，故炙甘草汤之脉结代，四逆加人参汤之脉微；通脉四逆汤之脉不出，皆有人参以复脉。二是补脾益气以固本，像补脾如理中丸（汤）、黄连汤，补胃如生姜泻心汤、半夏泻心汤，补肝如乌梅丸、吴茱萸汤，均用人参以补气固本。三是益气生津以止渴，如白虎加人参汤、竹叶石膏汤，皆用人参益气以生津液，止烦渴。四是补气宁心以安神，茯苓四逆汤正是用人参补气以安精神，定魂魄。人参的这些功效现仍广泛地运用于临床，指导人们用药。

杏仁在《伤寒论》中的运用

邢运生　方红哲　河南省唐河县祁仪乡卫生院

临床实践中，杏仁一般做为止咳平喘药，经常使用。在《伤寒论》和《金匮》二书中，杏仁更是被张仲景通过巧妙配伍，施用于多种疾病，得到了广泛运用。

一、宣肺解表

风寒外束，肺失肃降，证见恶寒发热，头痛脉浮，咳喘气逆者，仲景往往以杏仁、麻黄并用，开腠理而宣肺气，以奏发表平喘的功效，如麻黄汤、大青龙汤、厚朴麻黄汤、桂二麻一汤、文蛤汤等，均是麻、杏并用，用于外感风寒者。于此可见，杏仁与麻黄相配，可以解表散邪，降逆平喘。但是，在具体运用时，往往因运用目的不同而增减其药量并异其配伍。如：麻黄汤证与大青龙汤证，都有恶寒发热、脉浮无汗、身体疼痛等证，但前者因寒郁肺气，升降不得自如，故除恶寒发热头痛等表证外，且有喘证；大青龙汤证是寒邪外束，而里已化热，故除恶寒无汗脉浮等表证外，且见烦躁，所以仲景于前证主用麻黄汤，重用杏仁（七十个）取苦降肺气而定喘；于后证则主大青龙汤，用轻量的杏仁（四十个），盖因无喘证，故不必重用苦泄，仅略取其小量以佐麻、桂即可。但是已化热而烦躁，势必配石膏之寒以清之。由此可知，杏仁与麻黄相配，主治表寒证时，可因其用量不同而异其效。若因寒湿邪，侵于肌表，为身本烦疼，骨节疼痛，恶寒发热者，则往往以杏仁、麻黄、苡仁、白术之类相配伍，如麻杏苡甘汤、麻黄加术汤其例。若内有郁热，上壅于肺，咳逆上气，甚或喘气鼻煽者，则以杏仁、麻黄、石膏并用，且重用石膏，取其辛凉疏泄，苦降平喘，如麻杏石甘汤。若伤寒瘀热在里，身体发黄者，则以杏仁、麻黄、连翘、赤豆并用，即宣邪与清利湿热之品相配，如麻黄连翘赤小豆汤；若外感风邪，表虚有汗，胸满喘咳者，则用杏仁与桂、芍、厚朴相配，如桂枝加厚朴杏子汤。因表虚有汗，故不取杏仁配麻黄，而用杏仁配桂、芍，使发中有敛，散邪而不伤表，苦降以平喘逆，方证全合。总之，从治“咳逆上气”“咳痹”等语，可知杏仁确具解表宣肺的功用，而经仲景临床再实践，更广泛应用于风寒表证、风湿表证以及肺热咳喘、湿热发黄等证，其运用之精，立方之当，确是异曲同工。

二、润肠通便

肠燥津枯，腑气不通，传导失宜，大便秘结者，仲景以杏仁配麻仁、芍药等品，以润肠通便，方如麻子仁丸。《伤寒明理论》论述此方时云：“润可去枯，脾胃干燥，必以甘润之物为主，是以麻仁为君，杏仁为臣……”可见此处用杏仁是取其润导之功。后世五仁丸，主治“津液枯竭，大便秘涩，传导艰难”，亦用杏仁为主组方，实即师仲景之意而来。又《金匮要略》载走马汤方，但“治中恶，心痛腹胀，大便不通”，用杏仁与巴豆相配，“取巴豆极热大毒，峻猛之剂，急攻其邪，佐杏仁以利肺与大肠之气，使邪从后阴一扫尽除，则病得愈”。

三、润干血，行血脉

本经谓杏仁主“产乳金疮”，可见此物有润血行血之功，故仲景往往运用于有关血分的病变，如《金匮要略·妇人杂病篇》云：“妇人经水闭不利，脏坚癖不止，中有干血，下白物，矾石丸主之”矾石丸即杏仁、矾石二味组成。其用药意义为：“矾石却水除热，合杏仁破结、润干血也”（见《金匮要略心典》）；又如大黄䗪虫丸，是祛瘀生新的著名方剂，方中亦配杏仁。据张石顽称：“夫五劳七伤，多缘劳动不节，气血凝滞，郁积生热，致伤其阴，世俗所称干血劳是也。所以仲景乘其元气未漓，先用大黄、䗪虫、水蛭、虻虫、蛴螬等蠕动啖血之物，佐以干漆、生地、桃、杏仁行去其血，略兼甘草、芍药以缓中补虚，黄芩以开通热郁，酒服以行药势，待干血行尽，然后纯行缓中补虚收功。”于此可见，杏仁与蠕动噉血之品相配，可起行血祛瘀之功。

四、利气机、化水湿

前人称：“气为水之母，气行则水行”，仲景始为这一理论的奠基者。仲景治疗水饮湿肿之证，往往配伍杏仁，使气化则湿亦化，如茯苓杏仁甘草汤，治水气停于胸中，胸部气塞短气者，故主苓、杏以利水；又如苓甘五味加姜辛夏杏汤，因“其人形肿”故；“加杏仁主之”（《金匮要略·痰饮咳嗽病篇》）若水湿较重，邪盛证实者，则用杏仁与攻逐之品并用，如大陷胸丸即是杏仁和葶苈子、甘遂、硝、黄并用者，以治邪热内陷，水结在胸之结胸证。柯韵伯在阐述此方应用杏仁时云：“用杏仁之苦温，以开胸中之气，气降则水下矣。”是亦取其利气行水者。

五、消食化积

《金匮·禽兽虫禁忌篇》记有用杏仁治疗肉食不消致病者二条，其一为：“治食犬肉不消，心下坚，或腹胀口干，心急发热，妄语如狂，或洞下方，杏仁一升，合皮熟研用，以沸汤三升，和取汁，分温三服，利下肉片大验。”这是治食犬肉不消而致腹胀等证者，其治疗方法，即是一味杏仁。杏仁之所以能治疗，在于“犬肉畏杏仁，故能治犬肉不消”，其二为：“治食马肉中毒欲死方：香豉二两，杏仁三两。右二味，蒸一食顷，熟，杵之服，日再服。”程云来称此方以“香豉解毒，杏仁利气，则毒可除。”后世治一切食停气满膨胀，亦以杏仁为主组方。张元素在总结杏仁作用时归纳为三种功效，其中之一，即是消食，他说：“杏仁气薄味厚，浊而沉坠，降也，阴也，入手太阴经，其用有：润肺也，消食积也，散滞气也。”于此可见，前辈医家对杏仁能消食化积这一点，是有其一致认识的，也是一脉相承的。

博碁子考识

——《伤寒论》第392条大黄用量试测

秦思甲　南阳地区中医研究所

《伤寒论》自宋英宗治平二年由林亿等人校正并由朝廷颁行全国后，才有了统一版本。但该版本第90条“禹余粮丸方”有方无药：第181条：“伤寒，脉浮滑，此表有热，里有寒，白虎汤主之”。脉、证、治与本论常识有异，第392条“内大黄如博棋子五、六枚”。因博棋子实物失传而无法确定大黄剂量标准。以上三条由于年陈代远、加之实物和真本失传而无法进行考校，遂成为《伤寒论》学术上的三大千古悬案。

博碁子一词在《伤寒论》中的出现，见卷七辨阴阳易差后劳复病脉证并治第十四文中：“大病差后劳复者，枳实栀子豉汤主之……若有宿食者、内大黄如博碁子五六枚，(《外台》《千金》作一枚）服之愈。”（392)；又卷三辨太阳病脉证并治中第六：“伤寒八九日……一身尽重，不可转侧者，柴胡加龙骨牡蛎汤主之…… 内大黄切如碁子。”(110)，(外台、成本作博碁子)。又卷十及“桂林古本”亦见此说。

博碁子究系何物？历代伤寒注家缄口。

今五版教材释其为围棋子，更有望文生义者将其释为“种子”“果实”之属，岂不有误后学？唯《千金方》卷二十七服松脂方云：“博棋子长二寸、方一寸，”因叙述过简，亦使人不得其详。

考博之通簙，《康熙字典》引《玉篇》云：“博乃簙之讹字”。《说文段注文》云：“簙，古戏，今不得其实”。因其失传已久，故使今人在经文学习、临床用药、教学科研中，凡及此处皆无据可依。

据近年河南南阳、新野、唐河以及其他省分所出土的汉画像石中，发现不少刻有“投箸行棋”的对博图像[1]。新野等地出土的汉画像砖也印有对博图像[2]。此外，在浙江、湖南、河南等地也尚有六博铜镜发现[3]。知博戏乃古人一项通常的娱乐活动。

博戏不仅历史悠久，名称亦不统一。《方言》云：“博谓之蔽，或谓之箘（音郡），秦晋之间谓之博，吴楚之间谓之蔽。或谓箭裹，或谓簙毒、或谓夗（音碗）专、或谓匯（音诠）璇、或谓之綦（同棋）”。《史记·殷本纪》：“帝武乙无道，为偶人谓之天神与之博，令人为行，天神不胜，乃缪辱之”。《列子．说符篇》：“设乐陈酒、击博楼上”。《战国策·齐策》：“临淄富甚而实，其民无不吹竽瑟鼓……陆博踏蹴者。”知商周之时已有此戏。而秦汉之季，上至天子，下至百姓无不以此作乐。《风俗通·正失》载：“武帝与仙人对博，棋没石中”。《太平御览》引《娄春秋旧事》：“倪宽为汉司农卿，与太子（汉昭帝）博”。《史记．滑稽列传》的记述更为传神：“若乃州闾之会，男女杂坐，行酒稽留。六博投壶，相为引曹，握手无罚，目眙不禁”。在制度上，西汉朝廷还专设博侍诏官[4]。

而民间亦有人以博戏为职业[5]。当时还出现了博戏专著——《大博经》。汉魏时期，沉缅于博戏的行乐者甚至到了废寝忘食的程度。据《魏志·韦曜传》载："今世之人，多不务经术，好玩博奕，废弃事业，忘寝与食；穷目尽明，继以脂烛"。

不难看出，仲景大论喻切大黄如博棋子状，在当时社会是家喻户晓，无人不知的。隋唐以后，由于博戏的演变与失传，旧时博具也随之成谜。博棋子自然也鲜为人知了。

据考古发现，秦汉时期的博具由掲、棋、箸组成[6]。桐（同局）就是棋盘，用一长方形或方形木版制成，边长在 30 ~ 45 厘米之间。髹漆，多有底足。喷面或朱绘，或阴刻，或用象牙镶嵌成 ┏、┛、┬十二曲道(《说文》：「，古文曲)。曲，专供行棋所用，故谓之曲道。棋，就是棋子，全称即博棋子。每套共 12 枚，分为二组，黑白各六（另有一种，每组一大五小，大曰枭，小曰散)。边长在2 ~5 厘米之间，用象牙、也有用青玉、水晶及骨制成长方体状，或饰以鸟兽花纹（图略)。箸，很象今之筷子，长约为棋子十倍，为一细长的半边竹管填以金属粉末用铜丝加固而成。外髹漆。棋具大小本无定制，棋子随掲的大小呈正比变化。

博时，二人（或四人）向；桐而坐（图略)。上置棋子十二颗，方各六枚。箸六根双方合用。开博时，先由一六手持方箸往称（无称也可）上一掷，然后按投箸结果行棋（四人局，双方各有一人投箸，一人行棋)。至于如何投箸，如何行棋，如何算作取胜，尚为今人所不知。

一九七三年，湖北江陵凤凰山八号西汉墓出土的骨制博棋子呈（2.1 × 1.4 × 1.1） cm^3 长方体状[7]。同年发掘的湖南马王堆 3 号墓，出土的大象牙博棋子为（4.2 ×2.2 ×2.3） cm^3，共十二颗，黑白各六，小象牙博棋子（2.9 × 1.7 × 1） cm^3 二十颗[8]。因大博棋子质优价昂，非王宫侯府莫属，寻常之家焉能置备？知仲景所云者必通常之品。故舍大取小，取骨制及小象牙博棋子体积换算〔切大黄成 2.1 × 1.4 × 1.1cm^3 （一组)；2.9 × 1.7 × 1cm^3 （二组）状各五六枚测定〕。结果仲景谓"内大黄如博棋子五六枚"的剂量，相当于现在 13 ~ 24 克生品，恰在《中华人民共和国药典》（一部）大黄（RADIX EI RHIZOMA RHEl） 标准量 3 ~ 30 克范围之内。

古今度、量、衡器标准不一，孔鲋《小尔雅》："二十四铢曰两，两有半曰捷，倍捷曰举，倍举日锊（音略)，锊谓之锾（音环)，二锾四两谓之斤"。《汉书·历律志》："一龠容千二百黍，重十二铢，两之为两，二十四铢为两，十六两为斤"。颜师古注："十黍为累（音类)，十累为铢"，则汉代五铢钱重五百黍。

据出土的汉代正统官炉五铢钱一枚重 3.18 克，则每铢重 0.77 克，知汉制一两 = 24 铢 = 18.28 克。又据 1981 年五月出土的"阳信家铜器"（见《文物》1982 年 9 期 18 页）有铜锭一件，名曰："阳信家铜锭。高尺六寸，重九斤"重量为 2543.33 克，以《小尔雅》之制求之，则汉制九斤 = 2543.33 克，一汉斤 = 282.592 克，一汉两 = 17.66 克，一株 = 0.7359 克 = 0.74 克。与五铢钱每铢有 0.03 克误差，因汉代至今时万二千年左右，铜钱遭锈蚀磨损之缺亦不可免，观此条文之大黄剂量言以约数。故今求其大概，误差与磨损不计。可知：

一组：五枚重 13 克

13 克 ÷0.77 克/铢 =17 铢

二组：六枚重 24 克

21 克 ÷0.77 克/铢 =31.2 铢 = 一两七铢

由上可知、《伤寒论》392 条"内大黄如博棋子五六"的剂量折汉制十七铢 ~ 一两七铢。

测定结果发现与该条文大黄剂量与《伤寒论》其他条文比较，剂量尤显轻平。结合该条内容分析，这一剂量正好体现了仲景辨证用药的审慎态度。

本方是专为劳复疾患所设的表里双解轻剂，与 170 条"大柴胡汤"立意相同而药物与剂量迥别，有异曲同工之妙。大柴胡汤主表里皆实，故药峻而力宏。斯病乃病后真元大虚，气血未复，余热未清，因强力劳作而复发热，"如死灰之复燃，虚热从内而发者，"虽亦当从汗而解，然此已不比外感之邪可用辛温取汗之法，断不可以实邪论治。故仲景立枳实栀子豉汤泄热除烦，散表和中。诸药气味轻薄，用量精当，溶剂与煎法尤为考究。若证兼宿食，自当及时攻下，非如此将酿它变。然劳复之人，"如大水浸墙、水退墙酥"，汤武之师岂可轻犯？故推陈之大黄剂量把握在十七铢至一两七铢之间，视正气与宿食程度而择之，恰中病机即可，与主证立法及药量前后符节。若遣药孟浪，则伤阴损阳。由是可知，该条文大黄剂量测定结果符合该条文所反映的疾病实质及仲景的辨证论治法则。

由于大黄质地不一，比重自然稍有差异，加之两汉衡制尚未比较，上述测定与换算也不尽准确，然籍此已可基本体会该条文大黄的剂量标准。

参考文献

［1］《文物》1973 年 6 期 19 ~ 29 页.

[2]《考古》1964 年 2 期.
[3] 同①.
[4]《汉书 · 吾丘寿王传》.
[5]《后汉书 · 王充 · 列女传》.
[6]《云梦睡虎地秦墓》51、56，文物出版社 1981 年.
[7]《论秦汉时期的博具、博戏、兼及博局纹镜》见《考古学报》1986 年 1 期 22 ~ 23 页.
[8] 同⑦.
说明：本文所引《伤寒论》条文编号采用成都中医学院主编《伤寒论释义》的条文号。

浅析《伤寒论》大黄的辨证运用

孙长燕　云南省玉溪市李棋镇卫生院

《伤寒论》在六经辨证治的基础上，用药精炼，尤其对大黄的运用颇为重视，至今对临床具有重要的指导意义。原书中涉及大黄方药运用的相关条文多达数十条，贯穿六经辨证论治的始终，便于学者共同探讨，本文拟就书中的相关条文，作一浅析。

一、太阳、阳明病蓄血证

“太阳病不解，热结膀胱，其人如狂，血自下，下者愈。其外不解者，尚未可攻，当先解其外。外解已，但少腹急结者，乃可攻之”。原文见 106 条；“其人如狂者，以热在下焦，少腹当硬满，小便自利者，下血乃愈者”，见 124 条；“阳明证，其人喜忘者，必有蓄血……屎虽硬，大便反易，其色必黑者”，见 237 条；“病人无表里证，发热七八日，虽脉浮数者，可下之。假令已下，脉数不解，合热则消谷善饥，至六七日，不大便者，有瘀血”，见 257 条。仲景辨治太阳、阳明病蓄血证，病机为邪热与瘀血结于下焦，太阳病蓄血证病位在膀胱，阳明病蓄血证病位在大肠，以病人证见发狂，少腹硬满痛，小便自利，或大便硬、大便下血、或大便反易，但大便必黑为特点。仲景紧抓病机，血与热结在下焦，可用攻下之法以攻逐瘀血，选用桃核承气汤、抵当汤、抵当丸，三方中都有大黄，利用大黄苦寒之性直达下焦，配合诸药以达荡实除热、破血消瘀的功效。正如程郊倩所说：“血既蓄而不行，自非大下其血不愈，破其坚垒，斯血去，邪不留而愈”。

二、热实结胸证

“结胸者，项亦强，如柔痉状，下之则和”，原文见 131 条；表证误下而形成结胸，如“医反下之，动数变迟，膈内拒痛，胃中空虚，客气动膈，短气燥烦，心中懊侬，阳气内陷，心下因硬，则为结胸，”见 134 条；太阳经原发的大结胸证，如“伤寒六七日，结胸热实，脉沉而紧，心下痛，按之石硬者，”见 135 条；“舌上燥而渴，日晡所小有潮热，从心下至少腹硬满而痛，不可近者，”见 137 条。“脉沉紧”，“心下痛”，“按之石硬”是辨识结胸的三大证，仲景辨治热实结胸，病机为热邪内陷，与痰水有形之物相搏，结于胸膈，病位在胸膈，偏以上焦总属实邪结于胸腹，以祛邪开结为主要治法，仲景创立大陷胸汤及大陷胸丸峻缓两方，用大黄泻热破结，以荡实邪，助甘遂等药，峻逐胸膈水饮，破其结滞。成无己说，“结胸为高邪，陷下以平之”。在临床运用上，对现代医学胸腔积液的治疗，具有重要的指导作用。

三、痞证

辨热痞证治“心下痞，按之濡，其脉关上浮者，大黄黄连泻心汤主之”，见 154 条；“伤寒大下后，复发汗，心下痞……攻痞宜大黄黄连泻心汤，”原文见 164 条；热痞兼阳虚证治，“心下痞，而复恶寒汗出者，附子泻心汤主之”，见 155 条。仲景辨痞病成因，为太阳病误治或饮食、情志所伤，其里虚，邪气乘机内陷，影响脾胃升降功能，致气机痞塞。病机是痞塞不通，病位在中焦。病人表现为心下堵闷不舒，然以手按之却柔软无物。结胸为实，而按之硬痛，痞病为虚，而按之自濡。仲景用大黄黄连泻心汤泻热消痞而治热痞，治热痞兼阳虚取附子泻心汤而泻热消痞，扶阳固表，仲景将大黄寒药以滚开水浸泡、绞汁，以取其气，薄其味，使之利于清上部无形邪热，而不在泻下里实之法，热去结开，痞自消。尤在泾对附子泻心汤证的治疗作用及煎服方法的分析，“按此证，邪热有余而正阳不足……此方寒热补泻并投互治……方以麻沸汤渍寒药，另煮附子取汁，合和与服，则寒热异其气，生熟异其性，药虽同行，而功则各奏，乃先圣之妙用也。”

四、阳明实证

（一）调胃承气汤证

太阳病汗后转阳明胃实证治，如“发汗不解，蒸蒸发热者，属胃也，”原文见 248 条；阳明燥实腹满的证治如“伤寒吐后，腹胀满者，”原文见 249 条；阳明内实热郁心烦的证治，如“阳明病，不吐，不下，心烦者，”见 207 条。

（二）小承气汤证

阳明多汗致津伤胃燥内实的证治，如“其人多汗，以津液外出，胃中燥，大便必硬，硬则谵语，”见213条；辨腑实轻证治法，如“谵语，发潮热，脉滑而疾者，”见214条；太阳病误治伤津致热结成实的证治，如“太阳病，若吐、若下、若发汗后，微烦，小便数，大便因硬者，”见250条。

（三）大承气汤证

二阳并病，转属阳明腑实的证治，如“但发潮热，手足汗出，大便难而谵语者，下之则愈，”见220条；阳明腑实重证及正虚邪实的危候治法，如“日晡所发潮热，不恶寒，独语如见鬼状，若剧者，发则不识人，循衣摸床，惕而不安，微喘直视，”原文见212条；“伤寒六七日，目中不了了，睛不和，无表里证，大便难，身微热者，”见252条；阳明腑实燥屎内结的证治，“病人小便不利，大便乍难乍易，时有微热，喘冒不能卧者，有燥屎也，”见242条，其他辨治见原文254条、255条、256条、215条、217条、238条。

综上条文，阳明实证病因是外邪入里化热，津液受伤，燥结成实，或邪热与肠中糟粕相搏结而成燥屎，腑气通降失顺。病机是燥屎内结，腑气不通，病位在胃肠，病人见潮热，谵语，腹满硬痛，或绕脐疼痛，大便硬结，手足濈然汗出，脉沉实有力，舌苔黄燥或焦裂起刺。通过辨证论治，仲景所创立的三承气汤，原方中大黄均为四两，主治病势是由轻到重，治疗的目的是由缓下到峻下。三证均有腹胀满，不大便，如证见蒸蒸发热，或心烦，或谵语，当用调胃承气汤泻热去实，以调和胃气；若阳明腑实，虽见潮热谵语，但以痞满为主，或无潮热，而其证重在“腹大满不通”，宜用小承气汤，以泻热去实，利气消满；若证见潮热，谵语，手足濈然汗出，腹痛拒按，大便不通，脉沉迟有力等，是里热偏亢，燥结又甚，宜用大承气汤，峻下实热，涤除燥结；更有阳明腑实重证，发则不识人，循衣摸床，惊惕不安，微喘直视，或目中不了了，睛不和，或阳明病发热汗多，或出汗不解，腹满痛，则是阳热偏亢，阴液潜消，也急用大承气汤，变峻下热实为急下存阴。仲景所创立的三承气汤对现代医学的急腹症，具有重要的临床参考价值。

五、阳明病发黄证

阳明瘀热在里发黄的证治，如“阳明病……但头出汗，身无汗，齐颈而还，小便不利，渴引水浆者，此为瘀热在里，身必发黄，”见236条；“伤寒七八日，身黄如橘子色，小便不利，腹微满者，”见260条。病因为热与湿合，湿热瘀结中焦不解，湿热内郁而不得下行，因而发黄，病人见身、目、小便发黄，小便不利，黄色鲜明并有身热口干，心烦懊侬，脘腹痞闷，大便难解。仲景立方茵陈蒿汤，以大黄除瘀热，推陈致新，使湿热壅遏之邪，尽从大小便而出，助茵陈、栀子疏利肝胆，以达到清热利湿而退黄的目的。

六、少阳病兼变证之大柴胡汤证

少阳病兼里实的证治，“呕不止，心下急，郁郁微烦者，为未解也，”见103条；“伤寒发热，汗出不解，心中痞硬，呕吐而下利者，”见165条。病因是少阳枢机不利，邪入阳明化燥成实，病机是少阳病兼里实，仲景立方大柴胡汤主治，本方是小柴胡汤化裁，加大黄二两，以达和解少阳，通下里实，合为少阳兼里实两解之剂，是现代医学急、慢性胆囊炎，胆石症伴大便秘结者所常用之方。

七、太阴病腹痛证

太阴病误下，邪陷太阴的证治，如“本太阳病，医反下之……大实痛，桂枝加大黄汤主之”，见279条，病因为本太阳病，误下伤脾，脾络不和，腐秽凝滞至腹满，大实痛，仲景辨证为阴寒实证，立方桂枝加大黄汤，以达温阳泻实之效。

八、少阴三急下证

燥实伤津，真阴将竭，如“口燥、咽干者，急下之，”见320条；热结旁流，火炽津枯，如“自利清水，色纯青，心下必痛，口干燥者，急下之，”见321条；肠腑阻滞，土实水竭，如“少阴病，六七日，腹胀，不大便者，急下之，”见322条。以上三条，病机是少阴热化，阴虚邪实，肠腑燥实，灼伤真阴，仲景立方大承气汤主治，果断急下阳明之燥实，以救将竭之真阴，与阳明病三急下证的区别，在于成因不同，阳明实证的成因是阳明热盛，燥实内结，少阴三急下证的成因是少阴热化伤阴，邪传阳明，其次是津伤部位和程度的不同等。

九、厥阴病辨下利

下利有寒热虚实之别，今374条，“下利谵语者，有燥屎也，”因知此证属于阳明里实，应是大便秘结，何以反见下利？仲景辨治，肠中有燥屎阻结，邪热逼迫津液从旁而下，所下之物皆为清稀粪水，不夹渣滓，臭秽难闻，下利为热结旁流，治用小承气汤，泻热通滞，里实去，则谵语下利自止。

总结：综上所述，仲景在《伤寒论》中以大黄为主或为辅，所立的方有桃核承气汤、抵当汤、抵当丸、大陷胸汤、大陷胸丸、大黄黄连泻心汤、附子泻心汤、调胃承气汤、小承气汤、大承气汤、茵陈蒿汤、大柴胡汤、桂枝加大黄汤共十三方，所涉及的条文多达数十条，足见仲景对大黄的重视。大黄苦寒、性主沉降，走而不守，直达下焦，善于荡涤肠胃实热积滞，具有泻下攻积，泻火凉血，活血祛瘀，利胆退黄的功效。[1]。《伤寒论》有方113方，用药仅90味，用药重复率高，配伍不同而功效各异[2]。仲景在《伤寒论》中对大黄的辨证运用，不管是实证、虚证、寒证、热证，只要夹有实邪之证，均可配伍运用，并且在仲景急救治疗的思想中对大黄的运用得心应手，当用则用，以免延误病机，中病即止，以免损伤正气，值得现代临床借鉴应用。

参考文献

注：本文条文序号排列及条文辨证按李培生主编.《伤寒论讲义》.（上海科学技术社，1985年5月第一版）

[1] 成都中医学院. 贵阳中医学院·中药学，1988、2：132～133.

[2] 刘金元、卫艳玲、刘红虹. 《伤寒论》用药特点剖析. 四川中医，2002，：13.

由《本草纲目》栀子的气味主治分析《伤寒论》栀子的用法

蔡坤坐　北京中医药大学

《本草纲目》对综合明以前名家用药的经验，已达十分完整的地步，故对理解《伤寒论》的病理有很大的参考价值。在《本草纲目》中栀子的气味主治的按述，已可谓阐尽无馁，足供研究《伤寒论》时佐证，并起到引导的作用。

一、无催吐的作用

栀子的气味，《本草纲目》综合明以前医家的说法云："苦寒、无毒"，未言可以催吐。在《伤寒论》中使用栀子的方剂共有八方：栀子柏皮汤（261条）、栀子豉汤（76、77、78、221、228、375、81条）、栀子甘草豉汤（76条）、栀子生姜豉汤（76条）、栀子干姜汤（80条）、栀子厚朴汤（79条）、枳实栀子豉汤（393条）、茵陈蒿汤（236条、260条）。

此八方中，注云："得吐者止后服"。亦即有催吐作用的只有栀子豉汤、栀子甘草豉汤、栀子生姜豉汤、栀子厚朴汤、栀子干姜汤。而治劳复的枳实栀子汤中虽然也用栀子14枚、豆豉1升，而枳实并无止吐的作用，此方却无催吐作用，可见栀子加豆豉可能没有催吐作用，亦即：催吐作用与此二药无绝对关系。

再者，栀子厚朴汤不加豆豉，虽有催吐作用；用栀子配加他药，却无催吐作用的有栀子柏皮汤、茵陈蒿汤，可知是否催吐，与栀子加何药无关。由以上纵横交错的比较，可以知道：是否催吐，与单用栀子或栀子加何药无关，简单说：栀子并无绝对性的催吐作用。之所以能催吐，完全是方剂与病证配合的病理反应。

再就版本学的角度来看：

76条、79条、80条，即：栀子豉汤、栀子甘草豉汤、栀子生姜豉汤、栀子厚朴汤、栀子干姜汤条中，有注明"得吐者止后服"的版本有宋本、康平本、桂林古本、千金翼方本（栀子汤，即栀子豉汤与栀子干姜汤，作"得快吐，止后服"，栀子厚朴汤作："快吐，止后服"）。至于《贞元伤寒论》中的栀子豉汤、栀子甘草豉汤、栀子生姜豉汤，与《外台秘要》中的栀子豉汤《卷二张父仲栀子豉汤》并无"得吐、止后服"。只有《卷二》仲景的栀子豉汤有"得吐，止后服"。

就现存《伤寒论》越后期的版本，注文搅入正文的情况越多的现象可以推知：十分有可能《贞元伤寒论》的版本早于其他版本，亦即：在原始《伤寒论》的版本中，本就没有"得吐，止后服"的内容。再查《本草纲目》中，古今名家的经验，亦未发现栀子所结合形成的方剂中有催吐的作用。所谓催吐的作用，十分可能是后世部分临床医师在使用此等方剂时，发现有部分的病患服此方后有催吐的作用而加注上去，后来演为正文的，其实并非栀子类方剂的典型作用。

在历史上，成无己的《注解伤寒论》亦认为并非吐剂，"吐"等为讹传。张锡驹《伤寒真解》认为"吐"、为"汁"之误。丹波元简《伤寒论辑义》认为此疾病燥热郁结，故用栀子豉汤"发开"郁结，栀子豉汤本身无催吐作用。至于服栀子豉汤"温进一服得吐者"，有学者（《四川中医，1986，（10）：3》）认为是因为此人汗吐下之后，病邪向上涌越所致。便如程国彭治疗寒痰闭塞之厥逆昏迷，用半夏、橘红、姜汁等非涌吐药亦出现涌吐作用，即为一例。此说当为确论。

二、祛心胃之虚热

在《本草纲目》卷36引《本经》云："主治

五内邪气，胃中热气”。引〈别录〉云“疗目赤热痛、胸心大小肠大热、心中烦闷”。引《甄权》云：“去热毒风、除时疾热、解五种黄病、利五淋、通小便、解消渴、明目、主中恶、杀虫毒”。

刘元素曰：“栀子其用有四：去心经客热一也。除烦躁二也。去上焦虚热三也。治风四也。”朱震亨曰：“栀子泻三焦之火，及痞块中火邪，最清胃肠之血。其性屈曲下行，能降火从小便中泄去。”总之，专祛心胃之虚热。兹以《伤寒论》条文申论其病理。

1. 以栀子豉汤为言 在论中六条条文中，就病因而言：76、77、78 条属太阴病。若依气化的标本中气理论来说，太阳寒水之气相应于太阳病，此病从本气而化，故寒水之气为其主要的变化。《素问·五常政大论》云：“太阳司天，寒气下临，心气上从，心热烦，热气妄行，寒乃复，甚则心痛。”此处太阳病既经发汗，吐下后，可知已无表邪、里邪，然而仍然“虚烦不得眠，若剧者，必反复颠倒，心中懊侬”；“烦热胸中窒”；“身热不去，心中结痛，未欲解也。”可知是“心气上从，热气妄行”之故。心结痛是心热妄行太过之故。

《素问·评热病论》云：“邪之所凑，其气必虚”，之所以太阳寒水之气下临之时，心气就上行，是因为寒水太旺，必克伤心火。病者素体心火若旺，当然不受水克。心火若是素虚，自然受克，而经虚热上攻，虚热妄行，而虚烦不得眠，反复颠倒，心中懊侬，严重的成为心中结痛。而心火何以虚？《素问·六节藏象论》云：“心者，生之本也，神之变也”。《灵枢·本神篇》：“忧愁思虑则伤神，神伤则恐惧自失。”《难经·四十九难》云：“忧愁思虑则伤心。”有忧愁思虑以伤心神的前因，再受太阳寒水之淫邪，则虽表里之邪已去，自然发生虚烦不得眠，心中懊侬，烦热胸中窒，心中结痛等的心经病状。因此等病的部位是在心中、胸中。胸中的范围大于心中，也不离心病的意涵。姜元安老师认为“心中懊侬”的病位在于胃肠而不是胸隔。若是如此，仲景何不直书“腹中”或“胃中”？在《伤寒论》中，胸胁、腹中、心下、心中、肋、小腹的定义截然不同，亦代表不同的病机，何能互用？

虽然大陷胸汤证、大承气汤证，以及阳明湿热等腹中胃阳太盛的病证也有“心中懊侬”，并不代表“心中懊侬”就是太阳之病。以 134 条大陷胸汤证为例：此病是太阳表未解，医反下之，胃部当虚。太阳寒水之气下陷与风热之邪攻筑于胃中，所以原本主虚痛的动数脉变迟，而膈内拒痛，胃中空虚，客气动膈。此客气动膈，即指加临的太阳寒水与风热之邪，故产生短气躁烦，心中懊侬的心病状。此寒水风热的客气之邪再与上从的君火热邪结合化热，成为阳气内陷，产生心下硬的结胸的症状。亦即：此结胸证的心中懊侬乃寒水与风热袭伤心火所产生的，懊侬的部位仍在心中。

再者 221、228 条的阳明病，由于阳明病从乎中气而化，中气即太阴湿土之气，故阳明病除了产生白虎汤的经证与承气汤之腑证外，极易变成茵陈蒿汤、栀子柏皮汤、麻黄连翘赤小豆汤等的湿热发黄证，此为其从乎中气的正常变化。

以 221 条为例：阳明病，本当燥气横行。然而脉欲浮缓。可见是阳明与太阳的合病。咽燥口苦，腹满而喘为阴明腑证，发热汗出为太阳表证，故下文有发汗之误治。然而由于有阳明腑证，故不恶寒反恶热、身重。此合病的症状若误下之，则胃中空虚；而寒水邪乃随之内陷，“心气上从”，故产生心中懊侬的心病症状。由于阳明从乎湿气而化，只要遇寒水之气，立即化为湿热而舌上有厚苔。故用栀子豉汤以清心胃虚热，并引湿邪从小便去。

以 228 条为例：阳明证既然有可下不可下之证，也已下之，故知腑证已去。然而其外有热，手足温，表示另有他邪。而阳明篇 187 条：“伤寒脉浮而缓者，手足自温，是为系在太阴”，既然其外有热，表示尚有表邪，此病理意近脉浮而缓的太阳之邪未去。手足温，故知系在太阴，亦即受太阴湿邪所中。湿邪虽入里，然而并未形成结胸证，因此形成湿阻中焦的饥不能食，但头汗出的症状。由于只要太阳寒邪入里，心气就上从，因而出现心中懊侬的心病症状，故用栀子豉汤清心胃虚热，利小便。胃和卧则安，心惊烦则平，故懊侬可愈。

2. 以栀子柏皮汤、茵陈蒿汤为言：栀子柏皮汤见 261 条，茵陈蒿汤见 260、236 条，这三条是阴明燥病。其中 236 条是热瘀在里并从湿化，湿热不从小便而去，也不从汗泄，而致身黄。260 条是燥湿夹杂小便不利，腹微满，故用大黄二两，微下其满；以茵陈蒿六两利其小便。261 条的发热，即金匮“额上黑，微汗出，手足中热，薄暮即发，膀胱急，小便自利”的女劳疸之意，故用黄柏二两泻其少阴虚热。260、261 条皆因伤于寒水之气，心火上从，夹阳明所化之湿而成黄病。

而这三条中，栀子柏皮汤伤及少阴，故有心病症状。茵陈蒿汤有小便不利之证，此亦心热之证，何以说？《素问·至真要大论》云：“少阴之胜，…腹满痛…赤沃。”即：心火胜，则少腹满痛，传为赤沃，即小便红赤，甚至不能小便。因为伤寒胃中燥热成，上乘于心，故小便不利。心为热冒，则神昏而语言多出，故《金匮》谷疸以茵陈蒿汤，其病有心胸不安之证。酒黄疸，治以栀子大黄汤，其病有心中懊侬，或热痛之证。黄疸，治以大黄硝石汤，其病有小便不利而赤之证。

由上可以明白：黄疸病不管由阳明化湿热瘀而来，或阳明病因伤于寒而燥湿夹杂，乃至《金匮》的酒疸、谷疸，莫不有心胃虚热，故皆用栀子清其虚热，使从小便出。

三、附记

1. 由于栀子并无催吐作用，其作用乃在泻心胃之虚热，故临床上栀子豉汤类方剂多用于治疗神经官能证，如癫证、狂证、喑病、失眠等。（见《伤寒论汤证论证》，李文瑞、李秋宝主编，中国科学技术出版社 2000. 9. ）。

2. 由以上的病理分析，可知：黄疸病除了阳明病化湿并夹太阳寒水之气外，必兼有忧愁思虑伤心的前因。这一点在问诊上可以作为重要的辨证依据。

3. 若依气化理论来说：栀子豉汤类方剂，若见于太阳病伤寒，亦即寒邪入太阳，则为五邪中之正邪。其证若又有大下的症状，则知为太阳、阳明的合病，亦即当见于燥金司天加临太阳寒水司天之时。栀子豉汤若因下后出现化湿之症状，并且原有太阴湿土之邪，则此病乃阳明燥金与太阴湿土的合病，也就是阳明、太阴之气至相加临的气化所产生的病理现象。此气机产生的时间可按斗历占之。

至于茵陈蒿汤的气化、加临，亦可由此推知。

参考文献

[1] 姜元安.《伤寒论》栀子豉汤证治剖析. 北京中医药大学学报，1999，22（1）：15－18

经方中桂枝的使用

江永平　美国明尼苏达州针灸中药学院

桂枝的性味，桂枝味甘、辛，性温。根据四运五气原理，辛、甘属阳桂枝是一个纯阳中药。辛可以发散，甘可以温煦，性温可以助阳温运，所以桂枝不仅是一味发散表寒的药物同时还是治疗阳虚不足的药物。发散之中含有温运，温运之中含有发散。因为桂枝补益作用不是很强，所以不归属于补益药，但是因为它性温所以具有一定助阳作用。

一、助阳解表

由于桂枝的性温，一般用于外感风寒证。

1. 外感风寒实证

证候：外感风寒（以寒为主），营卫受阻。

症状：恶寒，发热，无汗，头身剧痛，脉浮紧（或数）。

处方：麻黄汤，小青龙汤，大青龙汤，葛根汤，麻黄加术汤。

所有以上方剂都包含麻黄和桂枝。既然麻黄性辛温，有很强的发散风寒的作用，为什么要和桂枝相须为用呢？其解释为桂枝不仅可外散风寒，还可助卫实表的功用。

外感风寒属于实证。寒邪侵犯，营卫受阻，产生诸如恶寒，发热，头身疼痛，无汗，脉紧等明显症状。麻黄为发散风寒之峻药，但在此情况下，卫阳与营阴皆受阻，单凭麻黄驱邪之功用（发散而不温通）不能解除郁阻。但桂枝通阳扶卫，温散寒邪，恰好可弥补麻黄之不足。

2. 外感风寒表虚证

证候：外寒风寒（以风为主），营卫失调。

症状：恶寒，发热，头痛，汗出，脉浮缓（或弱）。

处方：桂枝汤，桂枝加葛根汤。

麻黄汤证为风寒外袭，以寒为主；与之相比，桂枝汤证为风寒侵袭，以风为主。风为阳邪，其性开泄善行，所以风邪袭表，易伤卫阳，使肌表开泄，致使病人汗出，脉缓（或弱）。此情况正与麻黄汤无汗，脉紧，痛剧相反。这也是桂枝汤证被视为虚证的原因。此虚证并非指本虚，而仅仅是与麻黄汤证对比，桂枝汤相对虚而言。既然肌表已开泄，诸如麻黄之类的解表峻品实不必要，而桂枝有解表助卫之功，用之适宜。

总结以上外感风寒证，不论是风邪（开邪）为主，还是寒邪（闭阻）为主，卫阳皆伤，不能固护肌表。桂枝既能外散风寒，解除闭阻，又有温卫实表之功用，实为治疗外感风寒表实证和表虚证的有效药物。

二、助阳通经

1. 寒凝经脉

证候：寒凝经脉。

症状：关节肌肉疼痛，畏寒等。

处方：桂枝附子汤，甘草附子汤，当归四逆汤，桂枝芍药知母汤，麻黄加术汤。

经脉为气血运行之通道，寒凝经脉，气血运行受阻，致使气血不能正常温煦和营养机体。此为实证，表现为疼痛和寒症。

以上方剂均治疗寒凝经脉证。桂枝附子汤和甘草附子汤侧重于治疗阳虚证，当归四逆汤治疗血虚证，桂枝芍药知母汤和麻黄加术汤治疗风寒挟湿证（因为它们包含麻黄和桂枝）。桂枝之所以运用于这些方剂是因为它的温通经脉和助阳作用。

2. 热郁经脉

症候：热郁经脉。

病机：寒邪化热，或风湿热直接侵袭经脉。

症状：关节红肿热痛，触之觉热，发热，口渴，舌红等。

处方：白虎加桂枝汤

第一个问题是为什么桂枝是热药，却用于热证？答案是桂枝用在这里不是清热而是通经解郁。第二个问题是为什么通经的寒凉药不能代替桂枝？答案是具有发散和行气作用最强的是辛味的药物，温通郁阻最强的是温药或热药。因此，象桂枝这样的温（或热）药温经通络的最好药物。

第三个问题是桂枝作为温药，会不会阻碍清热？答案很明确是否定的。白虎加桂枝汤是白虎汤加桂枝。此方剂最初见于《金匮要略》，清热药石膏和知母的数量是 1 斤（48 克）和 6 两（18 克），而桂枝的数量仅是三两（9 克）。白虎汤是清热的寒凉峻方，但不能清除经脉郁阻。加入桂枝，此方剂不仅保持其清热功能，还增加了治疗经脉阻塞的作用。

三、助阳温补里虚

1. 心阳虚

证候：心阳虚。

症状：心悸动，脉结代等。

处方：桂枝甘草汤，桂枝甘草龙骨牡蛎汤，桂枝加桂汤，炙甘草汤。

在上述列举的方剂中，桂枝甘草汤治疗心阳虚引起的心悸；桂枝甘草龙骨牡蛎汤治疗心阳虚心不藏神的心悸；桂枝加桂汤治疗心阳虚损，肾中寒气上冲心胸所致的“奔豚气”；炙甘草汤治疗心阴和心阳不足引起的心悸动，脉结代。

这些方剂中均为心阳虚且桂枝与甘草合用。根据《内经》“辛甘化阳”理论，将桂枝的辛甘温之性配伍甘草的甘味以温补心阳。可以说，桂枝甘草汤是典型的、基础的温补心阳的方剂，可惜现在的课本没有载入它和桂枝加桂汤。

2. 脾阳虚

证候：中焦虚寒。

症状：腹部抽掣而痛，时有发作，喜温喜按，倦怠，纳少等。

处方：小建中汤，黄芪建中汤。

这两个方剂用来治疗脾脏“虚劳”，属虚寒证，主要症状为腹部抽掣而痛，时有发作。此证的治疗方法是建中补脾止痛。桂枝用于这两个方剂中，是因为它有健脾温散寒邪之功用。

3. 肾阳虚

证候：肾阳虚兼水气。

症状：少腹疼痛，短气，口渴伴尿频尿急，或小便困难，或浮肿。

处方：金匮肾气丸。

金匮肾气丸温补肾阳，温化水气。桂枝在此方剂中有两个作用，一个是温补肾阳以强肾，二是通过温化功能以排泄水气。

四、助阳除里实

1. 痰饮聚肺

证候：痰饮聚肺。

症状：咳嗽伴痰少清晰，喘息，少气等。

处方：泽气汤，桂苓五味甘草汤。

泽气汤治疗由于肺脾气虚痰饮聚肺引起的咳痰脉沉。桂苓五味甘草汤治疗咳痰，气从少腹上冲胸喉，手足不温，小便困难等。均由阳虚水气射肺引起。

泽气汤中桂枝助肺阳温化痰饮，同样在桂苓五味甘草汤中，桂枝温化痰饮，助阳并抑制气逆。

2. 痰阻胸阳

证候：痰阻胸阳兼气滞。

症状：胸痛，胸及上腹部堵塞感，少气，气从气上冲胸感。

处方：枳实薤白桂枝汤。

在此方剂中，桂枝助心阳，温化受阻之阳气与痰。

3. 脾胃湿阻

证候：湿阻脾胃兼脾胃阳气虚滞。

症状：恶心，呕吐，腹胀，肠鸣，短气，头晕等。

处方：苓桂术甘汤。

在此方剂中，桂枝有两个作用，一个是温补脾胃阳气治其虚，令为温化脾胃聚集水湿及阻滞之阳气。

4. 水聚膀胱

证候：水聚膀胱失调。

症状：小便困难，口渴，或发热，饮水即吐，或头晕腹泻等。

处方：五苓散。

五苓散的基本证候为水聚膀胱导致膀胱气阻，有或无外邪入侵。在此方剂中，桂枝助膀胱阳气，温水化气，并且若感外邪可驱除邪气。

5. 血瘀下焦

（1）温经汤

证候：冲脉、任脉虚寒，兼下焦瘀血。

症状：少腹疼痛，腹满，痛经，月经不调，或闭经，或不孕等。

处方：温经汤。

在此方剂中，桂枝助阳，温散寒邪，温通血脉且通行血瘀。

（2）桂枝茯苓汤证

证候：下焦血瘀。

症状：少腹肿块，闭经，或异常子宫出血，少腹疼痛等。

处方：桂枝茯苓汤。

在此方中，桂枝通经络行瘀血。

（3）桃核承气汤证

证候：血热互结下焦。

处方：桃核承气汤。

这就是血蓄下焦证。在此方中，桂枝可以活血化瘀。这就是桂枝用于治疗热证的另一种类型。机理与白虎加桂枝汤类似，桂枝不是用于清热而是用于祛瘀。

而且，因为桂枝温心阳，温通经脉，所以桂枝是用于治疗心血郁结的很好药物。

总而言之，因为桂枝味甘、辛，性温，决定了它可以助阳解表，助阳去里实，补阳虚（心阳虚，脾阳虚，肾阳虚），助阳去邪实（痰饮、瘀血）。

对仲景运用栝蒌组方的探讨

李富汉　河南省新野县中医院

张仲景擅用栝蒌伍于不同之方剂中，随其所宜，治疗诸多疾病。据笔者统计，仲景共用栝蒌组方 17 首（以桂林白云阁藏本木刻版十二稿《伤寒杂病论》十六卷为准，因该本较宋本多三分之一内容，故此），其中以栝蒌实组方 7 首，栝蒌根组方 10 首。兹就其运用栝蒌组方之经验，试作归纳于后。

一、胸痹作痛，主栝蒌开胸散结

仲师认为，胸痹之因，乃“阳微阴弦”之故。“阳微”者，胸阳不足也，“阴弦”者，阴邪（痰饮或水饮）内盛也。阴实之邪上乘阳虚之胸，则胸痹作矣。痹者，为邪入之，而邪之入，正先虚。此邪入是标，正虚为本。仲师急则治其标，恒以栝蒌而治胸痹之急。如卷十五《辨胸痹心痛病脉证并治》篇云：“胸痹，喘息咳唾，胸背痛，寸脉沉迟，关上小紧数者，栝蒌薤白白酒汤主之”。方中以栝蒌实为君，专涤垢腻之邪，最豁胸中之痰，宽中下气而开胸之结，为治胸痹之药，得薤白白酒佐之，“既辛散而复下达，则所痹之阳自通矣”（周禹载）。再如主“胸痹不得卧，心痛彻背”之栝蒌薤白半夏汤，治“胸痹心中痞，留气结胸，胸满，胁下逆抢心”之枳实薤白桂枝厚朴栝蒌汤，莫不是以栝蒌荡涤痰邪，开胸散结。仲师开治胸痹之先河，迄今仍为临床治疗胸痹之有效方药。仲师于胸痹用栝蒌者，据今之研究，有扩张冠状动脉，增加冠脉血流量的作用，临床证明治疗冠心病、心绞痛有效，并有降血脂作用。

二、结胸脏结，辅栝蒌清热涤痰

卷八《辨太阳病脉证并治下》篇云：“小结胸病，正在心下，按之则痛，脉浮滑者，小陷胸汤主之”。“肺脏结，胸中闭塞，喘咳善悲，脉短而涩，百合贝母茯苓桔梗汤主之。若咳而唾血，胸中痛，此为实，葶苈栝蒌桔梗牡丹汤主之”。结胸之成因，是由热邪内陷，与痰饮相结心下而成，而肺脏结，乃因热毒、痰涎、浊气互结于肺脏所致。故二方均伍以栝蒌实，清热涤痰，其力尤胜，且性甘寒，能降下焦之火，俾痰气下降，以达清肺开结，宽胸下气之目的。

三、津伤诸证，使栝蒌润燥生津

津伤之证，起因多端。仲师恒于暑燥所伤、霍乱吐利，疟疾、痉病、水气病、百合病及少阳病兼证等，咸以栝蒌根伍于诸方之中，各随所宜，以清热润燥，生其津液，而止其渴，兹分述于后：

1. 伤于暑燥　卷五《伤暑病脉证并治》篇云：“伤暑，心下有水气，汗出，咳嗽，渴欲饮水，水入则吐，脉弱而滑，栝蒌茯苓汤主之”。“伤暑，发热无汗，水行皮中故也。脉必浮而滑，先以热水灌之，令汗出，后以竹茹半夏汤主之”。前者为水湿内蓄，外感暑热，水热交蒸，是故“渴欲饮水”。虽“水入则吐”，然非津液未伤，乃水湿内蓄为患。故方中君以栝蒌根清肺止咳，生津止渴。后者由水湿外蓄，暑入相搏，湿盛热涵而为，论中虽未言渴，然暑为阳邪，最伤阴液，必有口渴之证。故辅以栝蒌根清肺燥，生津液。

仲师认为，燥邪所犯，五脏皆可乘之。在卷五《伤燥病脉证并治》篇中，主燥邪乘心之栀子连翘甘草栝蒌汤，燥邪乘肝之黄芩牡丹栝蒌半夏枳实汤，燥邪移肾之地黄黄柏茯苓栝蒌汤，论中虽有咽干而未直言口渴之证，然燥易涸津液，既有咽干，则必有口渴。是故仲师于上叙燥证，皆以栝蒌伍于治燥诸方之中，以清热润燥，生肺中津液，则渴自止。且燥邪乘心、乘肝分别有“胸中痛”“胁下痛”之兼证，使以栝蒌兼开胸结。

2. 霍乱吐利　卷十二《辨霍乱吐利病脉证并治》篇云；“霍乱吐利，口渴，汗出短气，脉弱而濡者，理中加人参栝蒌汤主之”。霍乱吐利，其势峻猛，尤多伤津耗液，终成中虚阴伤之证。故以理中汤理其中焦，和其阴阳。加人参益气滋阴，以治汗出短气，加栝蒌根清肺生津以止口渴。

3. 疟病劫津　卷十三《辨疟病脉证并治》篇云：“疟病发渴者，柴胡去半夏加栝蒌根汤主之”。疟之为病，多在少阳之界。今疟病作渴，乃少阳木火之势劫夺胃津使然。故仲师仍予小柴胡汤进退少阳而为治，去半夏之温燥，加栝蒌根急生津液，而止其渴；此外，治疟疾寒多热少，或但寒不热之柴胡桂枝干姜汤，亦配栝蒌根一作生津，二为反佐。

4. 液枯成痉　卷十二《辨痉阴阳易差后劳复病脉证并治》篇云：“太阳病，其证备，身体强，几几然，脉反沉迟，此为痉，栝蒌桂枝汤主之”。太阳病当见浮脉，今反沉迟，可知津液不足，筋脉失养，风邪化燥，遂成柔痉之证。故以栝蒌根味苦入阴，擅生津彻热为君，大生其太阳经脉既枯之液，以濡润筋脉之所急，合桂枝汤调和营卫，其痉乃平。

5. 下寒上燥　卷十四《辨咳嗽水饮黄汗历节病脉证并治》篇云：“小便不利，其人有水气，若渴者，栝蒌瞿麦薯蓣丸主之”。论中之渴，是肾阳不温，水不化气，津不上承，燥火独聚于上所致。“夫上浮之焰，非滋不熄，下积之寒，非暖不消”（尤怡）。故是方主栝蒌、山药滋阴清热，生津止渴，以润上焦之燥，附片之温，以暖下焦之寒，茯苓、瞿麦渗泄水气。“寒润辛温，并行不悖”（尤怡），上下同治，其渴可止。

6. 阴气末复　卷十二《辨百合狐惑阴阳毒脉证并治》篇云：“百合病一月不解，变成渴者，百合洗方主之。不差，栝蒌牡蛎散主之”。百合病日久不解成渴，予百合洗方不效者，乃内之阴气未复，热盛伤津，中乏津液，药不胜病之故。方中以栝蒌根之苦寒，清胸中之热，而生津止渴，使牡蛎咸寒以引热下行，使火不上灼，其渴自可解。

7. 湿热壅滞　卷十二《辨阴阳易差后劳复病脉证并治》篇云：“大病差后，从腰以下有水气者，牡蛎泽泻散主之”。本条述证过简，若以方测证，本证当属病后余邪未尽，湿热壅滞，膀胱气化失常，而致小便不利，故腰以下有水气。湿热内蕴，热盛伤津，当有口渴。故方中使以栝蒌根生津止渴，兼清下焦之热。且方中有商陆之峻利，恐利之太过，有损津液，故栝蒌根在该方中更有反佐之意，俾水去而津液无伤。

8. 少阳病兼证　在少阳病药物加减法中，仲师有“若胸中烦而不呕者，去半夏、人参，加栝蒌实一枚。若渴者，去半夏加人参，合前成四两半，栝蒌根四两（卷七《辨太阳病脉证并治中》篇)。“胸中烦”者，邪热聚于胸膈也。热聚则不宜甘补，更不宜用燥，且不作呕，故去人参、半夏，加栝蒌实之苦寒导火热下降，除胸中烦热。“若渴者”，木火内烦而津虚气燥也，故去半夏之燥，倍人参之甘润，加栝蒌根之凉苦，以清热滋阴，生津止渴。此外，主少阳病兼水饮微结证之柴胡桂枝干姜汤（卷八《辨太阳病脉证并治下》篇)，因论中有口渴及“胸胁满微结”，故方中配以栝蒌根，生津止渴，宽胸开结。

综上所述，仲师运用栝蒌，组方严谨，灵活多变，是长期临证实践的结晶，是留给后世的宝贵经验。

仲景用酒法初探

张清旺　张清旭　河南省邓州市中医院

仲景用酒主要作用温阳散寒、活血通瘀、理气止痛、泄热利湿以及行药势、增加药物溶解、吸收等方面，至今沿用临床，运用广泛。本文着手从酒能致病、入药、制药、煎药、服药、禁忌等方面进行初步探讨。

仲景十分注重用药法度，每一方后对药物炮制、煎药用水、服药方法及药后调理都提出了严格要求，示后人以法。其中酒的运用，可谓独具匠心，既提出酒能致病，又指出酒能入药，开创了中医方书用酒之先河。常用有酒、白酒、苦酒、清酒。酒、清酒多用于服药；白酒即米酒多入药；苦酒即醋，或入药或制药。治疗疾病有疟母、妊娠腹痛、产后腹痛、月经不调、胎动不安、寒疝、黄汗、黄疸、历节、下利、胸痹、蛔厥、虚劳等疾病。

酒能致病：虽然仲师在病因分类上没有直言酒

能致病，但从历节、酒疸、吐血三证中指出了酒能伤人致病的作用。如《中风·历节篇》谓："盛人脉涩小、短气、自汗出、历节痛不可屈伸，此皆饮酒汗出当风所致"。指出肥体多湿，又有余于外，不足于内，而受外风；饮酒当风，风与湿搏，形成历节病。《黄疸病篇》指出"心中侬而热，不能食，时欲吐，名曰酒疸"。饮酒过度致酒热内蕴，上薰于心，升降受阻，形成烦热不安，食少，恶呕的酒疸病。《惊悸吐衄下血腹满瘀血篇》："夫酒客咳者，必致吐血，此因极饮过度所致也"。嗜酒之人湿热蕴和于胃，薰蒸于肺则咳，灼伤血络故吐血。这充分说明了过度饮酒能伤人致病作用。

酒能入药：恰当用药，既可强身壮体，又能入药治病。主要是酒能通阳散寒、行气活血、祛瘀止痛、泄热利湿，如治疗阳虚阴寒内盛的胸痹，瓜蒌白酒汤、瓜蒌半夏汤两方取白酒湿热之性能祛寒通阳，与瓜蒌、薤白、半夏相伍，通阳散结、豁痰下气而宣通胸痹。黄汗证乃卫郁营热，黄芪芍药桂枝苦酒汤中，以桂枝、芍药调和营卫，黄芪走表祛湿，苦酒泄营中郁热，共用而调和营卫，流通气血，黄汗即去。妇人血气腹痛，因气滞不行，红兰花与酒相伍，以活血而止痛。临床上有许多疑难杂症，适当用酒治疗，可获奇效。

用酒制药：仲师十分讲究药物加工，并利用酒制药物，以增加辛散、酸涩作用，提高疗效。选用药物如乌梅、大黄、防己，防风、桂枝、甘草等。治疗蛔厥证的乌梅丸以"苦酒渍乌梅一宿，然后作丸"，取酒酸涩增强安蛔作用；治疗妇人经水不利的抵当汤，"大黄三两酒浸"；治疗下利的大小承气汤，均用"大黄四两酒洗"，取酒辛窜之性，助大黄峻猛之功而破瘀通滞。防己地黄汤，将桂枝、防己、防风、甘草"以酒一杯，浸一宿，绞取汁"，以酒行药势，直达病所。以上五方酒制药物均采用冷浸法，现在在此基础是又有了热浸、酒炒等加工炮制方法。

用酒煎药：仲师在煎药上要求不同的病证有不同的选择，常用的溶剂有水、浆水、潦水、甘澜水、酒等，其中采用酒煎或水酒同煎的目的能使药物有效成分充分溶出，并取其活血、逐瘀，以行药势作用，如疟母证鳖甲煎丸能扶正祛邪、消疟化瘀，用"清酒一斛，五斗浸灰"制丸，酒能行药入血分，增加活血化瘀作用。妇女产后的瘀血腹痛之下瘀血汤"以酒一升煎一丸，取八合顿服之"，用酒煮丸，祛瘀之力更峻。胶艾汤治妊娠下血腹痛，"以水五升，清酒三升，合煮取三升，酒水同煮，可行药势"。

用酒服药：仲师善用丸散剂，虽然不及汤剂快，但依病证不同，用酒送服，一是增加吸收，二则提高药效。如治疗脾虚寒湿和血虚湿热所致胎动不安的白术散、当归散、妊娠腹痛的当归芍药散，均以酒送散。具有健脾温中，除湿化热，疏肝养血作用。治疗月经不调瘀血内阻的土瓜根散、虚劳瘀血的大黄䗪虫丸用酒送服，可使活血化瘀通滞力专。治疗虚劳不足的肾气丸、薯蓣丸、天雄散，用酒与诸药相调，增加吸收达到补阳、扶正、祛邪作用。治疗寒饮腹痛的赤丸"以酒送下三丸"。历节病的侯氏黑散以酒服药，增加散寒、化饮降逆、祛湿止痛之功。

用酒禁忌：仲师在充分利用酒的基础上，提出了对酒的禁忌。饮酒应适度，否则可致酒疸、历节、吐血等证。有些病证在药后须禁酒，如桂枝汤服后禁生冷、粘滑、肉面、五辛、酒酪、臭恶等物，因病忌酒亦示后人以法。

浅谈《伤寒论》少阴病吴茱萸汤证

李家生　南阳张仲景国医学院

少阴病吴茱萸汤证见于《伤寒论》第309条："少阴病，吐利，手足厥冷，烦躁欲死者，吴茱萸汤主之"。历代注家对本条汤证与治法，在认识上有所困惑，向来是伤寒学者研究、教学与临床的疑难点之一。为探求经旨，弘扬仲景学说，笔者不揣浅陋，提出粗浅看法。

一、历代论述、教学的难点

《伤寒论》把309条证归属于少阴病，历代医家认识的困惑成为伤寒学者教学研究的难点。如沈明宗曰："此少阴并夹厥阴而乘胃也……用吴茱萸专驱肝肾之寒而下逆气。"[1]沈氏之论是少阴夹厥阴乘胃。王子接曰："吴茱萸汤厥阴阳明药也，厥阴为两阴交尽，而一阳生气实寓于中，故仲景治厥阴以护生气为重"。[2]王氏之识显指是厥阴阳明病。《医宗金鉴》曰："名曰少阴病，主厥阴药也，以少阴、厥阴多合病，证同情异而治别也。少阴有吐利，厥阴亦有吐利；少阴有厥逆，厥阴亦有厥逆；少阴有烦躁，厥阴亦有烦躁，此合病而证同者也。少阴之厥有微甚，厥阴之厥有寒热；少阴之烦躁则多躁，厥阴之烦躁则多烦。盖少阴之病，多阴盛格阳，故主以四逆之姜附，逐阴以回阳也；厥阴之病，多阴盛郁阳，故主以吴茱萸之辛烈，迅散以通阳也。"[3]《金鉴》之论认为不是少阴而是少阴厥阴合病。舒驰远曰："案此条（296条）与前吴茱萸汤证无异，彼证未言死，此证胡为乎不主吴茱萸汤而之曰死？是何也？于中疑有缺文。"[4]舒氏显然怀疑论中有缺文，也可谓贤者之一失。1964年《伤寒论》中医学院试用教材（二版）对本条解释为"其本证重在呕吐，虽有下利，必不甚剧……呕吐由于寒邪犯胃，胃中虚冷，故用吴茱萸汤以驱寒温胃，降逆止呕。"至1985年高等医药院校教材《伤寒论讲义》（五版）认为"它并不是少阴病的证治方法"。另有学者认为本证既不是厥阴病，也不是少阴病，而是少阴类病。1996年普通高等教育中医药类规划教材《伤寒论选读》（六版）认为："本证属肝气犯胃，胃气虚寒……而毋需用四逆汤回阳救逆。"总之，历代注家对本条证与治的见解，或疑惑或歧义，致成伤寒论研究和教学的难点之一。

二、辨条文汤证、解临床疑点

《伤寒论》吴茱萸汤可用治阳明寒呕；少阴吐利，手足厥冷，烦躁欲死；厥阴干呕吐涎沫、头痛三病。那么何为汤方的主治证？后人一提少阴病，必是脉微细，但欲寐，或是四逆汤证，或是白通汤证等。而本条首冠"少阴病"三字，该证是否就是少阴病？后世多谓吴茱萸汤是厥阴阳明药，吴茱萸可温肝胃之寒而降逆气，而何以又为治疗少阴虚寒证的方剂？这些疑问也正是后世学者"毋需用四逆汤回阳救逆"的理由。鉴此，病证的复杂性，汤方的多用性，药理解释时代的局限差异性，致使吴茱萸汤证成为临床辨治的疑点之一。

1. 吐利与少阴病　呕吐与下利，在《伤寒论》六经病中属常见症状，病性可有虚实寒热之分。吐利一证在典型少阴病中，均属阳虚寒盛的表现症状之一。

下利是少阴病的主证之一。《伤寒论》282条："少阴病，欲吐不吐，心烦，但欲寐，五六日自利而渴者，属少阴也。"可见少阴病的发病过程，只吐不利，还不能算典型少阴病，只有经过五六日，自利而渴症状出现，才是典型的少阴病。因此，下利才是少阴病的主要症状。在治疗少阴虚寒下利治法上，《伤寒论》有两大法门。一是常法，当用四逆汤为主（包括通脉四逆汤和白通汤）以回阳救逆。阳回寒祛，下利自止，呕厥自除。也正如日人尾台榕堂指出"四逆汤主以下利逆冷"[5]。二是变法，如159条云："利不止……此利在下焦，赤石脂禹余粮汤主之。"本条之利属下焦虚寒滑脱不禁，仲师用赤石脂禹余粮汤，涩肠固脱止利，以复下焦之阳，此属急则治标之法。又如306条："少阴病，下利便脓血者，桃花汤主之。"此证之利，亦属少阴虚寒，统摄无权，大肠滑脱不固。治疗不用四逆汤而用桃花汤，以温中涩肠，固摄滑脱。此亦属少阴病治标应急之策。可见吴茱萸汤仲师辨治少阴病下利，未尝不是变法之一例。

呕吐亦是少阴病常见症状，但纵观少阴病篇条文，呕吐或作为或然证，或作为伴随症状出现，或表现轻微，如"欲吐不吐"（282条）、"干呕"（324条，315条）等，病理多属少阴阴寒迫胃，胃寒气逆所致。唯有309条吴茱萸汤证的呕吐具有显著的特点，而成为本证的主要症状，即呕吐较剧，乃至烦躁欲死。在病机上，是少阴阳虚，阴寒犯胃，胃寒气逆。从标本关系讲，少阴病的基本病机为本，胃寒气逆为标。少阴病，下利、手足厥冷主证为本，呕吐、烦躁症状为标。遵循急则治标原则，先以吴茱萸汤温胃散寒下气以治标，待呕吐平抑，再以四逆汤回阳救逆以治本，庶为万全之策。这也正如丹波元简所说的吴茱萸汤证"要皆以呕吐气逆为主，与四逆之吐利厥逆自异"。

吴茱萸汤证论中凡三见，不论是阳明病的食谷欲呕；少阴病吐利，厥逆，烦躁；厥阴病的干呕吐涎沫，还是《金匮要略》'呕而胸满"。其共同之处都是以呕吐为主证，都是以胃寒气逆为病机。可以认为吴茱萸汤是治疗胃寒气逆呕吐的专用方药。《神农本草经》言吴茱萸"温中下气，止痛"。今人多言吴茱萸入厥阴经、温肝云云，实脱离了仲景时代的用药背景。其入厥阴温肝，这是宋金元时代以后的认识，仲景时代尚无此说，故不可与《伤寒论》原旨相悖。无怪乎六版《伤寒论选读》教材有"本证属肝气犯胃、胃气虚寒"之论。若研究或教学《伤寒论》这样诠释是不妥当的。若从临证角度来理解汤方功能，亦有识证不当和片面之嫌了，因为这样诠释不是仲景的用药思路。中药归经理论是金元时期张元素的认识，又经东垣、好古发展，《纲目》总结而成。归经理论的建立和发展，在理论和实践上与《伤寒论》有渊源的关系，但不可否认与仲景时代在药物认识，体用方面的差异。这不仅在研究吴茱萸汤中存在这样问题，而在研究《伤寒论》其他方剂（如：四逆散，厥阴病吴茱萸汤证等）也存在同样的问题。

2. 烦躁欲死与少阴病　研究309条"烦躁欲死"不是死证，而296条躁烦却是死证。这样后世不少注家把研究的注意力集中到烦躁和躁烦的不同上。谓296条证是先躁后烦，以躁为主，独阴无阳主死；309条证是先烦后躁，以烦为主，犹有阳争之能，故主以吴茱萸汤主之，主生。那么，果如其然吗？其实《伤寒论》中烦和躁通常是连用的，其意是融汇的。《说文》释烦：以页从火，作热头痛也，可引申为烦闷，心烦意乱。可见是病人内在的情志自觉症状。《释名》释躁：躁，燥也，物燥而动，而飞扬也。引申为躁扰不宁。可见是病人外在的动作他觉症状。二者虽然病状形象不同，但在病理上可相互影响和联系；在病机病性上有所区别。成无己曰："烦为阳盛所致，躁为阴盛所生（烦属阳，躁属阴）。"故大论有时依据烦躁的有无，作出不同的诊断。如289条："少阴病，恶寒而蜷，时自烦，欲去衣被者，可治。"其"时自烦"的含义，表述少阴病阳衰阴盛，但虚阳仍能与阴争，有阳回之势，病人心中时有心烦闷不安之感，故为可治。又如298条："少阴病，四逆，恶寒而身蜷，脉不至，不烦而躁者，死。"其"不烦而躁"的含义，是表述少阴病，在阴阳离决之际，有阳亡之势，病人无意识地循衣摸床，撮空理线的状态，故主死。

《伤寒论》中烦躁与躁烦的连用是大量存在的，既是可分的，又是混用的。其中最有代表性的就是本条的"烦躁"和296条的"躁烦"，几为所有注家辩争焦点。成无己首先提出："所谓烦躁者，谓先烦至躁也：所谓躁烦者，谓先发躁而迤逦复烦者也。"[6]此言一出，对后世影响甚大，几为众人所从。成氏此说单从文理思维讲似有些道理，结合临床面对病人则非然。故二者混用情况亦不可小视，或视而不见。如第4条："若躁烦，脉数急者，为传也。"第48条："其人躁烦，不知痛处，乍在腹中，乍在四肢，按之不可得。"第110条："胃中水竭，躁烦必发谵语。"等等不一而足。可见二者在《伤寒论》中的混用情况，又非成氏之论所能概括。

《伤寒论》中躁烦有死证，如296条。而烦躁亦有死证，如133条；"结胸证悉具，烦躁者，亦死。"300条："少阴病，脉微细沉，但欲卧，汗出不烦，自欲吐，至五六日，自利，复烦躁不得卧寐者，死。"有学者说，六经病均有烦躁，三阳病以烦为主，三阴病以躁为主。针对仲景所论及后世学者见解，确需结合临床实际，全面正确认识躁烦与烦躁的辨证意义。

烦躁和躁烦，在《伤寒论》中，实际是一个词汇的前后置换使用现象。如239条："病人不大便五六日，绕脐痛，烦躁发作有时，此有燥屎，故使不大便也。"而《金匮玉函经·卷三》作"躁烦"。296条之"躁烦"，《金匮玉函经·卷四》作"烦躁"，这难道是巧合，或勘误或讹文吗？这种现象正如论中"眩冒"和"冒眩"，"叉手"和"手叉"，"手足逆冷"与"手足厥冷""手足厥逆""手足厥寒"的意义一样。或是仲景时代的方言习惯，或是语言现象。如果机械作解，以偏概全，则有失《伤寒论》旨义和临床辨证意义。

《伤寒论》第296条文的理解，突出的是"死"字。其含义一或是对少阴病阴盛阳亡，预后的判断：二或是病后死亡，回顾性的病案总结。第309条文"烦躁欲死"，突出的是"欲死"二字，虽"欲死"，但未竟死。这与《金匮要略·奔豚气病脉证并治》曰："奔豚病，从少腹起，上冲咽喉，发作欲死"一样。这些"欲死"都无死证的含义，都是表述病证痛苦难忍的情形和程度。这与今人习语"疼死了""渴死了""痒死了"的语言形式则无不同。根据本条文所示：本证既具有少阴病的一般特征：下利，四肢厥冷，脉微细，但欲寐；又突出汤证的特点：泛恶呕吐，窘迫难忍，气机逆乱，心神被扰而烦躁至极，胃脘不适殊甚，无以言表而呼号欲死。其汤证病机是少阴阳虚，阴寒犯胃，浊阴上逆。由此可知，309条吴茱萸汤证是少阴病病理过程之一证，属少阴阳虚阴盛，胃寒气逆证。故仲景辨证（借）用吴茱萸汤治疗，是急则治标之法。

三、举案例证，解释疑惑

吴茱萸汤历代医家多遵经旨，或以病机，或以方药药理，临床应用颇为广泛。对急慢性胃炎，胃十二指肠溃疡，妊娠呕吐，神经性呕吐，美尼尔氏综合征，血管性头痛，神经性头痛，高血压，青光眼及反胃、吞酸等病证均取得了较好的疗效。但对少阴病阴寒呕吐失明案则鲜有介绍。笔者临床一得，可作为辨疑解惑之佐。

刘某，女，32岁，农民，河南省南召县人，1989年5月16日诊。

患者呕吐频作，神志不清，失明20余天。家人代诉：20天前上山送饭，至半山途中，突然两目昏花，看不清道路，蹲下休息片刻，视力恢复，又继续爬山至半腰，双目失明不能行走。后由丈夫背负回家，至家即呕吐频频，神志不清，急送至附近某厂医院，诊为"电解质失衡"。用药输液两周，呕吐渐止出院。第2天呕吐又作，遂邀予诊治。诊见患者卧床，形体消瘦，声低细微，呼之则有所醒，随之又昏昏欲睡，双目失神，不能分辨指数，瞳孔轻度散大，对光反应较为迟钝，指压眼球压力较高，四肢微厥，无下利、头痛。家人代诉，晨起让进食两汤匙面汤，随即呕出。脉沉微细，舌红无苔。处方：吴茱萸15g，生姜30g，党参50g，大枣10枚，炙甘草12g，石决明30g。服药一剂，呕吐不作，精神略振，能进食半碗面汤，视力能看清20

米左右物体。二诊，上方加当归15g，白芍15g，附片10g，继服至6剂，身体恢复如常，能操持家务劳动。

按 本例初诊，虽呕吐频作，汤水难下，四肢微厥，但无下利、烦躁、头痛等症；虽见脉微细，但欲寐，但舌光红无苔。脉证疑似难辨，当会通诸论而求理，参合脉证而求机。脉微细，但欲寐，四肢微厥，虽无下利、头痛、烦躁，但属少阴寒证无疑。呕吐频作，汤水难饮，则属少阴不通阳明，浊阴上逆所致。舌光红无苔，似是阴虚，实由胃寒呕吐、胃酸过多所致。双目失明乃少阴阳虚不精、体虚不用。此虽非少阴典型病证悉备，但《伤寒论》有少阴病吴茱萸汤之治。故疏方用吴茱萸、生姜温胃散寒，降逆止呕，党参、炙甘草、大枣益气补中以复脉，加用石决明咸寒补肾生水而明目。后加当归、白芍、附子，气血同理，肝肾同治而收功。

此案之诊，足以说明吴茱萸汤证是少阴病病理过程之一证，乃少阴阳虚阴盛，胃寒气逆之证。此案之治，足以证明伤寒大论之旨微矣，仲景之言为大道之言，经方之至效可谓神矣。

四、结语

本文针对《伤寒论》309条证与治归属少阴病的问题，结合历代医家的注解和认识，进行探讨。从而证明少阴病吴茱萸汤证属少阴病阳虚寒盛病理过程之一证。其病机为少阴阳虚，阴寒犯胃，胃寒气逆。少阴阳虚阴盛是其本，胃寒气逆是其标。故属少阴阳虚阴盛，胃寒气逆证。方用吴茱萸汤治疗，属少阴病急则治标，辨证用方，辨证方法之一。

吴茱萸汤近人多谓是一首“暖肝温胃，益气降逆止呕”的方剂，以致造成“合观三条（243条、309条、378条），见证虽有不同，但肝气犯胃、胃气虚寒的病机是一致的，所以均可治以吴茱萸汤”[7]之论。究其原因主要是受后世药物归经理论的影响。这实际脱离了仲景时代的用药背景，与《伤寒论》原旨是相悖的。从仲景辨证用方理论和临床实际出发，吴茱萸汤是一首温胃补虚，降逆止呕专药。柯韵伯说的好：“此（吴茱萸汤）拨乱反正之剂，与麻黄附子之拔帜先登，附子真武之固守社稷者，鼎足而立也。”“用此方鼓动先天之少火，而后天之土自生，培植下焦真阳，而上焦之寒自散，开少阴之关，而三阴得位者，此方是欤。”[8]

以上浅论，目的在于对少阴病（及至全论）吴茱萸汤证的研究，教学与临床或有所俾益。错误难免，望同道赐正。

参考文献

［1］沈明宗.《伤寒六经辨证治法·卷七》.
［2］王子接.《绛雪园古方选注·上卷》.
［3］吴谦等.《医宗金鉴·伤寒论注·卷七》. 人民卫生出版社，1979.
［4］舒驰远.《新增伤寒集注·卷九》.
［5］尾台榕堂.《类聚方广义》. 日本大安株式会社，日.昭和37年.
［6］成无己. 《伤寒明理论》. 上海科学技术出版社，1959.
［7］《伤寒论选读》（六版教材）. 上海科学技术出版社，1996.
［8］柯韵伯.《伤寒附翼卷下·少阴方总论》.

浅析仲景服药方法

张顺茹　河南镇平县中医院

张仲景的《伤寒杂病论》中所记载的服药方法，已全面地介绍了汉代的服药经验。其从服药的量、次数、时间、体质等方面，详尽的论述，给后人留下了宝贵的经验。但是，现在许多人，包括医生、病人，为了方便省事，方法单一，不论何种情况，均为每日3次，其许多利弊不能完全显示，特总结其中一部分，供同道斧正。

一、常规服药法

即每日服三次，在《伤寒杂病论》中，共有71个方剂。这种方法许多人易于接受，且不浪费药物。综观其71个方剂中，汗、吐、下、和、温、清、消、补、软坚、安神等方法均可用此服法。如：大、小柴胡汤、泻心汤类、白虎汤、建中汤、理中汤、真武汤、旋覆代赭汤、五苓散、大黄䗪虫丸等，均用此法。说明如果病人无特殊情况，病情无特殊要求，均可用常规服法。

但是，分3次服法，仲景又具体情况具体方法不同，有的药物峻猛，先少服，后再三服，如桃核承气物，以强调慎重用药。有的强调在短时间内将一剂药三服。如大黄汤“分温三服，服后如人行四、五里，进一服”；用桂枝汤病人发汗不出时，“半日许，令三服尽”等等，均要求在一定时间内服药三次，集中药力，以达速效。

二、分两次服药法

《伤寒杂病论》中共有54个方用此服法。此类方剂中有一日服二次，有分两次服但无固定时间，有先服少量如三分之一量，有先服一半，需要时再服等方法。一日服二次之方有：桂枝二麻黄一汤、甘草汤、肾气丸等，其目的是由于病情轻缓，以轻剂或缓剂而同步治疗。有分二次服用，但无固定时间之方剂有：麻杏石甘汤、桂枝二越婢一汤、四逆汤、百合知母汤、厚朴大黄汤、小半夏汤等，这些药物有发汗、清热、和解少阳、荡涤时邪、回阳救逆、温中祛寒、和胃止呕、养阴清热等方剂。有一日服二次，先服三分之一的方法，如茯苓四逆汤，用于回阳救逆，用于抢救重症患者，先服三分之一量，慎用大剂，急中有稳，以免误用而造成不可挽回的损失。对于一付药先服二分之一量的方剂，张仲景提出的有：大陷胸汤，大、小承气汤，白头翁汤等11个方剂，提示了峻剂祛邪之方，必须稳中求胜，中病即止，祛邪而不伤气，给后世以警示。

三、一次服药法

其分为顿服和一日服一次。张仲景据患者病情，药剂的峻猛，体质的强弱不同，而提出这种服药法。顿服之药如：大陷胸丸，十枣汤系平旦（早晨）服，瓜蒂散，三物白散，葶苈大枣泻肺汤，大黄牡丹汤，干姜附子汤，均属“顿服”之剂，意即“必要时”服。但他仍强调顿服不可过量，不能急于求成，如瓜蒂散“不吐者，少少加，得快吐乃止，”下瘀血汤“炼蜜和为丸，以酒一升，一丸取八合顿服之。”红兰花酒“顿服半量”等等，所有这些顿服之剂，均为急救用药而设，以取快效。一日服药一次和顿服似有相似，实则不同。一日服为一次为常服之剂或峻剂而设，而顿服因快速取效而用。

另外，张仲景服药方法还有许多种，如分5次服药法；六次服药法；十次服药；旦昼日服完；少少含咽法；昼夜服药法；逐渐加量法；一服邪尽，余药不再服用；对发作性疾病在发病前服药等，其将服药之法分得细致入微。

体会：综观仲景用药，注重了汤剂的第一次服用，同时对传统服药法一日三次特别重视，他也注重了特殊疾病的特殊服药方法，同时，他注意到服药的护理，除了强调饮食、生活起居的慎重外，还十分重视饮水，吃了以助药力。但是仲景用药也有弊端，有的方药是说明前期服药法，而未提出后来如何服；还有某些药物的煎法，不符合现代需求，我们医务工作者要区别对待，不能生搬硬套，吸取精华，剔除其糟粕。

论张仲景对腠理学说的卓越贡献

袁培智　新疆博乐农五师医院

一、张仲景首注腠理，纠正对腠理的误解

腠理一词发端于《内经》，其理论内涵丰富，更具微妙无穷的临床实践意义。但时至仲景年代，一般医家却对腠理内涵仍存在认识上的模糊，简单地将腠理只视为皮肤的纹理，甚或误解为玄府，对其博大精深的内涵理解甚少。故熟谙《内经》的仲景对腠理作出注解，以免继续误解而贻误后学。

于《金匮》首篇，仲景提出“五脏元真通畅，人即安和”。而怎样使人安和少疾？答以“养慎”说，并为此提出了各种养慎防病措施；又将各种养慎措施最终要达到的目的，归结为“不遗形体有衰，病则无由入其腠理”。接着注腠理为：“腠者，是三焦通会元真之处，为气血所注；理者，是皮肤脏腑之文理也”。此注精辟而准确，为后学正确理解腠理含义，提供了坚实依据，是仲景留给中医学的宝贵财富。

二、对张仲景腠理注文内涵的剖析

1. 张仲景正确剖析总结了《内经》对腠理功能的阐述词。腠理一词，应首出《素问·上古天真论》：“气血以流，凑理以密”句。凑腠古时通用，故凑理即腠理。腠写为凑凑之水旁，起一种喻示作用，讲腠理的功用与江河灌渗相似，是类比用词。写成肉旁，意在指人：二相合参，其义明彰。《阴阳应象大论》译述腠理功能，先以天地之间气物交换作类比说：“清阳为天，浊阴为地；地气上为云，天气下为雨；雨出地气，云出天气”；接着推论人体腠理功能说：“故清阳出上窍，浊阴出下窍；清阳发腠理，浊阴走五脏；清阳实四肢，浊阴归六腑”。仲景认定，腠理是负责维持人与自然进行气物交泰的复杂组织结构及其功能的概括。

2. 张仲景破译了《阴阳应象大论》对腠理功能的描述词为互备辞文法

文中三“清阳”，三“浊阴”，仲景视其为互辞。理解为‘清阳浊阴出上窍，清阳浊阴出下窍；清阳浊阴发腠理，清阳浊阴走五脏；清阳浊阴实四支，清阳浊阴归六腑’也可简而读为‘清阳浊阴出上窍、发腠理、实四支；清阳浊阴出下窍、走五脏、归六腑。’仲景认为，此处清阳浊阴，无非是阴阳气血互根为用的别称词，旨在强调说明，升降出入是保障气血周流一身各个组织器官，进行气物交换的运动形式。

3. 张仲景对《阴阳应象大论》论述腠理功能的字辞，做出了深入细致全面准确的理解。文中“窍”字，仲景把它理解为具有贯通功能的组织器官。《淮南子·俶真》：“神农黄帝，剖判大宗，窍领天地”。窍即贯通之义。《玉机真脏论》也说；“五脏相通，移皆有次”。贯通气血，必有经隧为之灌注。故仲景从功能，推导出‘窍’是解剖结构的管系组织，故注“腠者，是三焦通会元真之处，为气血所注”。注文“通会”二字，一是来自对窍字的正确认识；二是考明了“腠”是许多事物聚在一起的意思。“为气血所注”，‘为’即被或做的意思。注文含一“为……所……”式，表示腠理是被用做灌注气血的处所，在人即指管道系统，故《调经论》也说；“五脏之道皆出于经隧，以行于气血。”

文中“出”字，仲景求其为“出”的引申义“行”。《荀子·儒效》：“出三日而五灾至”，此“出”即引申为“行”。出三日即行三日。故“出上窍”或“出下窍”，即指清阳浊阴既行走于上窍，也行走于下窍。“出”解作“行”，则与“发”“走”“实”“归”同为动词，只“实”为意动，讲如使四肢实，能表示出清阳浊阴升降出入的动态运动形式，恰合《六微旨大论》：“出入废则神机化灭，升降息则气立孤危。……是以升降出入，无器不有”的经旨。

“理者，是皮肤脏腑之文理也”。“理”讲为纹理，是从理为治玉引申而来。玉虽至坚而治之得其文理，则成器不难。古人于觎理解为自外可以知中，引申为凡物之纹理；意为观察剖析一物外在的纹理，便可知内也有文理。故仲景准确地将“理”注为“皮肤脏腑之纹理”。由皮肤纹理推知五脏六腑均有纹理，是仲景对腠理学说的又一贡献。皮肤指外，脏腑指内，合之可赅人身整体，示意人身处处有腠理。惜今日辞书，于腠理只说是皮肤的纹理，这是有违腠理学说深邃内涵的。

三、今人对张仲景腠理注的理解

注文“三焦”，即指三焦所辖的脏腑。脏腑是人体的核心系统，可以赅整体。“通会”，指众多脏腑组织聚会在一起，相互贯通为用的意思。“元真”，在此应指大自然的原始大气而言。仲景曾云：“人禀五常，因风气而生长”，强调人与万物，是凭借原始大气演化而来，并永恒借其而生存。又云：“五脏元真通畅，人即安和”。强调以脏腑为代表的

人体，必须与自然界的精气保持交换上的通畅，人才安和。再者，腠理学说要解决的核心问题，是天人如何实现了一体而生存？鉴于以上理由，元真二字不能理解为人体的先天之气明矣。“处”，即处所义。“为气血所注”，“注”即灌注。“为……所……式”，是指代动作、行为对象的，以此式表明腠理是被用做气血灌注汲渗的组织器官。

注文中“脏腑”二字，是重要而精深之处。一是避免了对腠理认识理解上和狭义性的误解；二是科学地阐明了腠理是一个广义的组织结构及其功能的概念。“文理”，其含义是什么？纹理是指各脏腑组织结构中的间隙组织。有间隙方显纹理，故间与纹理是同一个意思，纹理来自个体生命的实体结构，没有实体结构就没有纹理，故纹理与结构又不能分离。

郑玄注《仪礼·乡饮酒礼》中的“腠”即理也。《内经》中，有称肌腠，肌理者。《联绵字典》载腠理一词。据上说明腠理为一联绵词。

《联绵字典》记载腠理有三义：1. 皮肤间也。2. 肌脉也。3. 腠谓津液渗泄之所；理谓文理逢会之中（唐·王冰注）。这些注文，对正确理解仲景注文有裨辅。其中皮肤间的“间”，实指纹理。肌脉，指肌肉纹理。按联绵词定义讲，腠理是不能分训的。但仲景、王冰却都将腠理二字分训，怎样看待这个问题？是否可以这样解释，当一个联绵词，用一个短句，不能概括其内涵时，可以用看似分训实为互备文法，来表达复杂的含义。按这种说法，仲景注文可以理解为腠理者，是三焦通会元真之处，皮肤脏腑之纹理，为气血所注，这样就易于拾缀起腠理的复杂含义。

综合上述，今人怎样理解仲景对理的注文含义呢？笔者历经揣摩，勉以：理是人体以五脏为中心与体表相通，并籍体表腠理为媒介，与大自然实现气物交换的诸组织器官的实质结构和间隙组织及其功能的概括。以此不成熟的理解为基础，对腠理试作如下探讨：

1. 扫描《内经》和《伤寒杂病论》，推展在我们视野的腠理，是一个全方位、多渠道、多角度、多层次、多网络与时空发生沟通的有机立体组织结构及其功能的概括。

全方位，指腠理可赅人体从表到里、自上而下的全部组织器官，大到整体，中到某一组织器官，小到一根毫发，微观至一个细胞，都有腠理存在。

多渠道，指腠理可赅诸脏腑组织中的各级经隧组织结构。举凡人体组成部分的实体及间隙，均有腠理互相贯通而协同完成灌注汲渗气血津液的生理功能。

多角度，指腠理是无数纵横斜辐射状的多形交织体，不是等齐划一的组织模式，每个脏器都有适合其发挥功能的腠理结构形式，故《素问·五常政大论》：“腠理开合之常，太少有异耳”，讲的就是上述意思，开合有异则结构有异。

多层次，指腠理是无数层形态各异的实体及间隙剖面镶嵌而成，你中有我，我中有你，腠理当中有腠理。其大中有小，于小中见大，有机而相互不能分离。

多网络，指腠理包容的任何组织结构，都有大小不一而又符合各自生理需要的间隙，既能管束精微物质的输送内敛，又能使废浊气物及时逸泄于外。

讲与时空沟通，指腠理对周围世界气温时差等变化有感知力，能由表及里，又由里及表进行自我调节，以不断适应时空交替推移的变化而立身自然，所以《素问·针解篇》：“人皮应天”之说，指的就是皮肤居外，是最大的组织器官，对自然的感知力最为敏感，毫毛为其触脚，是信息的感应点。

讲有机立体组织结构，指腠理从宏观上讲是人体各分部的组织结构，合之则是整体组织结构。从微观上看，分之是单元细胞的壁质核，合之是一个独立完整的细胞，能主动与自然吐故纳新。这就是《素问·上古天真论》：“呼吸精气，独立守神”的蕴义。能否自主呼吸精气，是生命个体能否立身自然的根本所在，所以《生气通天论》强调说：“自古通天者，生之本，……五脏、十二节，皆通乎天气”。

2. 腠理的生理功能及病理机制简述

（1）腠理是人体复杂的组织结构。正因为具备了这种组织结构，气血津精液才得以升降出入。气物是凭借腠理的管腔而灌注，借腠理的间隙而回汲，从而实现了物质的运转。在灌注与回汲循环往复的道路中，始终存在着人体由内向外的渗透力与自然界对人体的反渗透力，它们的同步运转，保障了将气物输送周布于全身而达于毛脉合精为一的循环过程。若灌而无渗，则不得濡养万物不荣；若渗而无灌，则不周流万物失衡。故非灌无渗，非渗无灌，灌渗相贯，如环无端，万物始荣。

中医的升降出入学说，已十分精辟与完善。升降指人体里气的贯通回旋；出入指里气与外界的吐故纳新。然却忽视了升降出入的凭借是腠理。昔往认为升降出入的凭借是经脉，未明腠理可以赅经脉，经脉仅仅是腠理的一个组成部分。人体腠理，犹宇宙空间，它看似无形实为有形的组织结构，对人身有统摄作用。腠理是万物凭借其与空间而交通，进行有机运动变化的道路。没有空间，人不能行步，水不能流淌，气不能流通，万物窒焉。人无腠理，生机失矣。天人是如何实现了一体的？腠理是实现天人一体的交通枢纽。所以《六微旨大论》说："出入废则神机化灭，升降息则气立孤危"。恩格斯在《自然辩证法》中说："生命存在的基本因素在于和周围的外部自然界的不断的新陈代谢"。《老子》："故有之以有利，无之以为用"。都是论述人与自然的关系，就是中医的天人一体观。腠理实现了天人合一，是创造其词的渊源。

（2）腠理有一定范围的可塑性，延展性及收缩性，是病损组织得以修复再生的物质基础。

（3）腠理结构的间隙组织，是防御六淫毒邪入侵人体的第一屏障。当腠理开合正常，则能有效抵御外邪入侵，也能防范邪自内生或内外合邪。人体在生理潜汗、二便调畅、呼吸均顺时具最佳防御状态。防御病邪的功能来自腠理的网孔结构。当人体受到病邪刺激时，腠理能在一定范围内，自主调节网孔而滤过、阻挡、驱除病邪，使其不能深入组织核心；并通过腺体、二便、咯痰等分泌形式驱其外出。故人虽无疾或微疾，但与病邪的斗争却永恒进行着，直至消亡。这就是张仲景强调防御病邪入于腠理，才觉微疾就积极治疗驱邪外出的深刻含义。治疗学上歼病于这个阶段，意义十分重要。若病邪突破第一防线，侵入腠理的核心部分，则屏障作用大为减弱，生命进入生死攸关之际，虽经治疗，却随正邪消长决定存亡。

（4）腠理是驱邪外出的捷径便道。在病理上讲，凡病之初，首先表现为局部或整体的腠理郁闭或过张，故选用针对病机的治法，尽快恢复腠理生理开合度，使气机通畅津液周流，务使邪有外出之机，是病愈的关键，否则气血痰瘀互结必成痼疾。故《至真要大论》等篇三次强调："开腠理，致津液，通气也"蕴义于此。"开"，在此指解除郁闭滞塞状态之腠理。

（5）腠理是病邪入侵人体的渠道。《伤寒论·少阳篇》："血弱气尽，腠理开，邪气因入"。"开"，在此指腠理过度开张失去收缩度。说明人体虚弱，腠理失常，若腠理开收过度则网孔增大削减了滤过、阻挡、驱除病邪的能力，邪气得自然界反渗透力增强而乘机入于人体并深入组织。故"不遗形体有衰，病则无由入其腠理"有精深的科学内涵。

3. 腠理学说在治法中的实践意义　不论八法中的何法，于用祛病，最终目的都是为了调整内外失衡的腠理功能，使其恢复正常开合度，则能达到阴阳平衡而康复。

阳明腑实证，是病理作用下，大肠腠理的气血津液灌注不足，使局部肠管失濡，干涸瘀阻而成热结，甚者可导致粪结嵌顿而肠腐肉烂。急下存阴正体现截断上述的恶性循环，恢复大肠腠理的灌渗，使干涸得濡，有水行舟，可救危亡。明乎此，为我们不失时机大胆正确的使用下法提供理论依据。

湿热证的大便粘腻，严重干扰阻塞了肠道腠理的开合度。若湿热不攘，其两种性质相反的病邪，作用于同一人体，热邪造成腠理开大于合，湿邪造成合大于开。开大于合则秽浊气物被大量吸收，致人头晕目眩；合大于开则气机壅遏，使人闷胀不堪……。清热利湿佐消导通腑活血解毒，使肠道腠理复常，则疾易愈。

以肺泡为例，假若肺泡壁上没有腠理及其间隙，当吸气时，就会因过度膨胀而崩裂；呼气时又会因过度收缩而闭合不开，再度吸气时就无法重新膨胀而完成呼吸运动。心肌细胞若没有腠理及其间隙，钠钾钙一三磷酸腺苷就不能快速进行细胞内外的交换而维持心功。

因病引起各种类型的脱水，严重影响腠理开合，导致水精不能四布，五经不能并行，则水、电解质、酸碱代谢失衡；现代通过输液及时补充纠正其失衡，恢复腠理开合度，病可速愈。治法与腠理，以举例类推，自能明了于心而付诸实践。

谈《金匮》中全科医学的预防思想

程　红　北京市丰台区卢沟桥医院

全科医学是一门新型的综合性临床医学，它立足于社区，向个人和家庭提供六位（防、治、保、康、健康教育、计划生育指导）一体的连续、方便而经济的、以人为中心的基本医疗服务，以提高群体健康素质为目标的终生服务，提出了生物一社会一心理医学新模式。《金匮要略》是我国现存最早的一部研究杂病的专书，它以整体观念为指导思想，以脏腑、经络学说为理论依据，研究脏腑、经络的病理变化，提出了根据脏腑、经络的病机结合八纲进行病与证相结合的辨证方法，理法方药悉备，内容精要，为后世医家进一步阐发内伤杂病学说，开辟了先河，被誉为"方书之祖，医方之经"。《金匮》中虽未明确提出全科医学概念，但综观全书，然其全科方面的论述，特别是其预防思想，内容十分丰富，且独具特色。

一、其预防思想源于内经

仲景在《金匮·脏腑经络先后病脉证篇》指出："上工治未病，何也？夫治未病者，见肝之病，知肝传脾，当先实脾，四季脾旺不受邪，即勿补之；中工不晓相传，见肝之病，不解实脾，惟治肝也……"以肝病传脾为例提出了"治未病"的预防思想，防病为上，治病为次，阐明了与其救治于有病之后，不若摄养于无病之先的道理。重视顾护胃气，强调内养正气，顺应四时，外慎风寒以御邪，其预防思想源于《内经》，如《素问·四气调神大论》说："四时阴阳者，万物之本也。所以圣人春夏养阳，秋冬养阴，以从其根，故与万物浮沉于生长之门，逆其根，则伐其本，坏其真矣。故四时阴阳者，万物之终始也，死生之本也，逆之则灾害生，从之则苛疾不起，是谓得道。"《素问·生气通天论》说："法于阴阳，和于术数，食饮有节，起居有常，不妄作劳，" "虚邪贼风，避之有时，" "志闲而少欲，心安而不惧，形劳而不倦"，"嗜欲不能惑其目，淫邪不能惑其心"，"恬淡虚无，真气从之，精神内守，病安从来。"

二、预防疾病具体方法

仲景在《金匮·脏腑经络病》篇指出："若人能养慎，不令邪风干忤经络，适中经络，未流传脏腑，即医治之……更能无犯王法、禽兽灾伤，房室勿令竭乏，服食节其冷、热、苦、酸、辛、甘，不遗形体有衰，病则无由入其腠理，"提示人们预防疾病的方法，有调节精神，合理膳食，顺应环境，房室适度，有病早治等等……。

1. 仲景强调饮食有节，五味不偏，脏腑功能健旺，人体不会发生疾病，正如《内经》云："谷肉果菜，食养尽之，无使过之，伤其正也。"《金匮·脏腑经络病篇》指出："五脏病各有所得者愈，五脏病各有所恶，各随其所不喜者为病。"一旦发生疾病，仲景重视饮食养生，《内经》曰："肝色青，宜食甘；心色赤，宜食酸；肺色白，宜食苦；肾色黑，宜食辛；脾色黄，宜食咸。""肝病禁辛，心病禁咸，脾病禁酸，肺病禁苦，肾病禁甘。"

2. 自然界气候的变化，必然影响人体，因此顺应四时，外慎邪灾，可防疾病于未然，《金匮》曰："夫人禀五常，因风气而生长，风气虽能生万物，亦能害万物"。《内经》指出："春三月，此谓发陈。天地俱生，万物以荣，夜卧早起，广步于庭……夏三月，此谓番秀。天地气交，万物华实；夜卧早起，无厌于日……秋三月，此谓容平。天气以急，地气以明；早卧早起，与鸡俱兴……冬三月，此谓闭藏。水冰地坼，无扰乎阳；早卧晚起，必待日光……"

3.《内经》云："醉以入房，以欲竭其精，以耗散其真，不知持满，不时御神，务快其心，逆于生乐，起居无节，故半百而衰也。"仲景《金匮》中指出血痹、虚劳、消渴、痰饮、黄疸、妇人之病等，皆可因房劳过度所致，因此《金匮》强调："房室勿令竭乏"。节制房室，可预防疾病。

4. 仲景强调一旦感受外邪，即"导引、吐纳、针灸、膏摩，勿令九窍闭塞"，有病早治，预防传变。

三、预防思想的现实意义

防患于未然，就是采取预防措施，防止疾病的发生。"邪之所凑，其气必虚"，只有抗病能力降低的条件下，才会生病。强身是防病之道。增强体质，讲求养生之道是预防疾病的根本性措施。疾病在萌芽状态，或在潜伏期就积极予以治疗，是高明医术的具体体现，称为"上工治未病"。患病初期，轻浅阶段就积极治疗，避免酿成重症、大病再治，这也是"上工治未病"的另层涵义。故云"善治者治皮毛，其次治肌肉，其次治骨髓，其次治脏腑。治脏腑者，半生半死也"。

笔者认为我国经济尚不发达，人口众多，且正处于老龄化时期，要解决12亿人口的卫生保健问题，是一个巨大的社会工程，必然走投入少、效能高的路子，因此倡导积极防病，积极治疗，是祖国医学一贯倡导的预防思想，具有非常重要的现实意义。

综上所述：仲景不仅把辨证施治与理法方药融为一体，成为临床治疗学的医方之祖。而且他的预防思想和预防方法奠定了中医在全科医学中的优势和作用，为发展具有中国特色的全科医学奠定了基础。把我国的中医药学结合世界上全科医学的新观念、新方法，以此构建中国特色的全科医学学术框架，是可行性的。

论《金匮》中的"优生"思想

沈继泽　南京中医药大学

"优生"是繁衍后代的重要国策。东汉张仲景在《金匮要略》（下称本书）中虽未明确提出"优生"二字，但综观全书，对此是有或隐或现的描述。本文仅从张氏对孕妇卫生保健方面的内容作一简要论述。

一、治病保胎

妊娠期间由于全身各系统的改变，对内外环境的适应能力均有不同程度的下降，每易产生一些疾病，这不仅有伤母体，亦能影响胎儿发育（如发育迟缓、畸形、智力低下）。因此治疗妊娠期间的各种疾病，是保证胎儿正常发育（即保胎）的重要环节之一。对此，仲景虽未一言道破，但他在本书中却首立专篇论述妊娠病的证治（详见本书“妊娠病脉证治第二十”，下称该篇）。就其内容而言，充分体现了本书强调保胎之要在于治病祛邪的观点。

保胎，一般运用补脾肾、益气血等法。张氏非然，他在该篇突出以治病为主，立意以祛邪保胎为原则。制方十首，虽有调和阴阳的桂枝汤，但更注意用以下诸方祛邪治病以保胎元。

当归芍药散（当归、芍药、芎䓖、茯苓、白术、泽泻），疏肝除湿，主治肝脾不和的“怀妊，腹中㽲痛”；葵子茯苓散（葵子、茯苓）化气利水，主治“妊娠有水气，身重，小便不利”。《类聚方广义》曰：“妇人妊娠，每有水肿而坠胎”，故用此方专以通窍利水；干姜人参半夏丸（干姜、人参、半夏、生姜汁）温胃蠲饮，主治因寒饮而致的“妊娠呕吐不止”；当归贝母苦参丸（当归、贝母、苦参）清热润燥，利肺安胎，主治血虚郁热，肺气郁结“妊娠小便难”；桂枝茯苓丸（桂枝、茯苓、牡丹、芍药、桃仁、蜜）消瘀化癥，主治妊娠癥病，即《金匮要略本义》所说：“癥自下而胎自存”；胶艾汤（芎䓖、阿胶、甘草、艾叶、当归、芍药、干地黄、清酒）养血暖宫，行滞安胎，主治血虚寒疑气滞的“胞阻”。《金匮要略本义》曰：“血不足而凝，血之凝者……甚则伤胎而动，动而意坠”，故以“胶艾汤主之”；附子汤（方未见）温经散寒，暖宫安胎，主治“妇人怀娠……脉弦发热，其胎愈胀，腹痛恶寒者，少腹如扇”。该方“温其藏，则胎自安”（《张氏医通》）；白术散（白术、芎䓖、蜀椒、牡蛎）似为养胎而设，但从方后注文“病虽愈”不难看出它为治病祛邪而制，实可温化寒湿，主治胎动不安；当归散（当归、黄芩、芍药、芎䓖、白术）原文未载治疗何病，而《金匮要略心典》已曰：“去其湿热而胎自安耳”。

观上九方，分别有除湿、清热、化饮、消瘀、去寒、利水之功，对于控制流产、早产是有一定作用的，由此保证了胎儿正常生长发育与分娩，为优生提供了先决条件。

根据现代文献报导，九方所用药物其药理作用分别有降压（如地黄、丹皮、川贝等）、利尿（如茯苓、蜀椒、苦参、泽泻等）、消炎（如黄芩、艾叶、苦参等）及解毒（如半夏）等作用。除此，有的还含有大量保胎作用的维生素 E（如当归、川芎）、促进胎儿生长的钙（如牡蛎等），这些似可借助以说明仲景所制之方的确能够治病保胎。

二、防病伤胎

药物每会影响胎儿的智力与身体发育（尤在怀孕早期），有的会造成胎儿畸形，严重的可导致胎儿死亡（如抗肿瘤药物）。《育婴家秘》中也说：“妊娠有疾不可妄投药饵”。强调了孕妇用药应当谨慎，防其伤胎。对此，《金匮》中早有注视，具体表现在下方面：

制方配伍严谨。该篇中制方十首。用药 26 味，其中祛邪药物就有 16 味，占总药味数的 66%，后世认为有碍胎者 6 味（桂枝、附子、桃仁、葵子、半夏、丹皮），尽管如此，者药用之，胎未伤而得保，其原因除仲景熟谙“有故无殒，亦无殒也”之旨外，制方配伍严谨，亦是不可忽视的重要因素之一。例如干姜人参半夏丸中半夏伤胎，但仲景在方中配入人参以扶正气，免伤胎元。正如陈修圆云：“半夏得人参，不惟不碍胎，且能固胎”。

多用丸散之剂，以缓图之。择用剂型，均据证情缓急而定。剂型不同作用有异。一般而言，汤剂力强于丸散，孕妇用药不宜过猛，故诚如《金匮要略论注》云“仲景妊娠篇凡十方，而丸散居七，汤居三。盖汤者，荡也，妊娠当以安胎为主，则攻补皆不宜骤，故缓以图之耳”。

除上述外，用药量亦轻。如桂枝茯苓丸虽为去瘀破癥之方，但用量仅兔屎大，每日服一丸，不知才加至 3 丸。

仲景用药之慎，与现今优生学中强调孕妇尽量少用药（特别是在妊娠早期）的精神是基本一致的。其目的是为了“病去于母而子亦无损矣”。

三、杜绝劣胎

本书中叙及杜绝劣胎的措施概括有二。一是中断妊娠，该篇曰：“妇人得平脉……不能食……名妊娠，桂枝汤主之，于法六十日当有此证，设有医治逆者，却一月加吐下者，则绝之”。

妊娠之后血聚气搏，经水不行，至六十日始凝成胎，若气血化于下，荣气不足，卫不独行，中焦不和，胃气上逆而不能食，宜桂枝汤化气调阴阳，使脾胃调和则能食，胎有所养，若经过一段时间医治，症状未除，并增吐泻，说明脾胃复损，气血生化乏源，胎失营养，易致胎动、或坠，甚至形成劣胎，故当中断妊娠。

原文"于法六十日"与"却一月"大约是胎儿发育的三胚层期（即妊娠第18～56天）。各脏器和系统经过重复分化，胚胎初具人形，在此期，胚胎易感性最大，对所有致畸因素特别敏感，可发生功能及形态方面的畸形。此时在生化乏源的情况下，仲景能提出"则绝之"合乎科学中断妊娠的创见，乃是实践的总结，至今还未失其实用价值。此与现代优生学中为了避免劣胎、防止畸形而采取必要的人工流产术的精神大体是相吻合的。

二是告诫孕妇不食腥辛之品。本书第24篇中明确指出："妇人妊娠不可食兔肉、山羊肉及鳖、鸭令子无声"；"妇人妊娠，食雀肉令子淫乱无耻"；"麋脂及梅李子，若妊娠食之令子青盲"，第25篇又说："妊妇食姜，令子余指"。

饮食适度是保证母体健康和胎儿生长发育的物质基础，反之有害，山羊、鳖、鸡、鸭、雀等肉，均为动物类食品，虽含有丰富的蛋白质，能补益人体，然而，其质厚味腥，性味各异。有些孕妇食之不当，易伤脾胃，或致人体阴阳失调，可使母子成疾。如羊肉性温，多食火盛，每易引起胎火炽盛，胎儿分娩以后可见目赤多眵，甚则眼睑糜烂；姜味辛性热，多食久服"损阴耗血"，孕妇任意食之，有损母子。

当然，仲景以上所叙及之品非绝对不可食，更不能拘泥于食之令子"无声""淫乱无耻""青盲""余指"之言。领会原文之精神大要是孕妇不宜过食辛腥之品，应以清淡为宜。这与优生学中提倡孕妇要多食蔬菜与水果等类食品，以防维生素缺乏而引起畸形、死胎等不良现象的实质是大致相符的。

概而言之，本书中的优生思想主要体现在治病保胎、防药伤胎、杜绝劣胎等方面。对我国的民族繁荣昌盛起了一定的作用，至今仍有现实意义。

《金匮》杂病调治阳气法及其用药特点

张　琦　成都中医药大学

在《金匮要略》中，无论是内科病，还是外科病、妇科病，阳气被阻遏或受损，以及阳气虚弱的病理环节都较为常见。究其原因，涉及外感风寒湿邪、劳倦太过、房室过度、七情失调等多种因素。阳气作为推动和调控脏腑功能活动的动力，在体内发挥着推动、兴奋、升发的作用，与阴气的宁静、抑制、肃降相互协调，维持着人体脏腑经络的功能正常。阳气还具有温煦、防御的功能，使人体维持相对恒定的体温，有助于各脏腑、经络、形体、官窍进行正常的生理活动，精血津液正常循行、代谢，免受外邪的入侵。若阳气受阻抑或阳气虚弱，其推动激发之力减弱，失于温煦、卫外的作用，则会导致人体脏腑经络生理活动减弱、失调，精血津液代谢失常、运行迟缓，产生虚寒病变，易受外邪侵犯等诸种病变。对此，仲景分缓急，别轻重进行调治，以恢复阳气温煦、卫外、推动、兴奋、升发的作用。

一、速祛阴邪，通阳、复阳

在《金匮要略》论述的杂病中，寒、湿、水、饮等阴邪是最常见的致病因素，尽管其种类不同，来路有别，病状也不一，但容易阻遏阳气、损伤阳气的特性却是相同的。上述阴邪不除，阳气就难以通行畅达，也就无法发挥其推动、兴奋、升发、温煦、防御等作用。因此，仲景在治疗这些病证时以祛除阴邪为先，或兼助益阳气，其用药多不避辛温（热）刚燥或峻猛，力图速去阴邪，令阳气畅达，恢复其功能。根据其调治阳气的不同方法，可归纳为以下几方面：

1. 祛风散寒、除湿利水，通达卫阳　卫阳行于脉外，布散全身，外而皮肤肌腠，内而胸腹脏腑，能"温分肉，充皮肤，肥腠理，司开阖"（《灵枢·本藏》）。若外感风寒湿邪或水饮浸渍肌腠皮下，常常阻遏卫气，使其功能失职，乃见恶风寒、无汗、身体疼重或浮肿等症，如湿病、溢饮、中暍、皮水、气分、黄汗、妊娠水气之类。仲景每用祛风、散寒、除湿、利水诸法，祛除阴邪，多取麻黄、桂枝、炮附子、生姜、防己、茯苓诸品，如麻黄加术汤、大小青龙汤、甘草附子汤、白术附子汤、桂枝附子汤、葵子茯苓散等。若兼卫阳虚者，则于前法中兼助益卫阳，常用黄芪、炙甘草、白术等，方如黄芪桂枝五物汤、芪芍桂酒汤、桂枝加黄芪汤、防己黄芪汤。

2. 散寒除湿利水，运脾阳、通胃阳　脾主运化、统摄血液，其气主升。若脾阳不足，运化失司，统摄无权，每易滋生痰饮水湿，或导致血逸脉外。而寒湿、痰饮、水气停滞，又会加重脾气的困遏，使脾气不升，胃气不降，故可出现头昏目眩，背冷如掌大，身体沉重冷痛、四肢不温、呕吐、哕逆等症状，如痰饮、肾着、恶阻等病证。对此阴邪偏重者，即便有脾胃阳虚或受损，仲景亦是以祛除阴邪为当务之急，常用生姜或干姜散寒，茯苓、泽泻、防己利水除湿，半夏化饮，再用桂枝配白术温运脾阳。特殊情况下（如妊娠时），也可加人参补益阳气。方如苓桂术甘汤、甘姜苓术汤、防己茯苓汤、黄土汤、橘皮汤、半夏干姜散、小半夏汤、干姜人参半夏丸之类。

3. 涤痰宽胸，振奋心阳　心位居胸中清旷之区，具有主血脉、主神志之功。心阳充沛，与心阴协调共济，才能保证血液在脉管中畅行，周流不息，营养全身，使面色红润光滑，脉象和缓有力。若心阳不足，阴寒凝滞，或饮邪凌心，则会导致心阳阻遏，经脉壅滞，使血行不畅，呈现心悸、胸满或胸中气塞，甚至胸背痛、卧起不安、面色晦暗等，病如胸痹、心痛、惊悸。在治疗这些病证时，仲景常用栝蒌实、半夏、蜀漆等涤痰化饮，宽胸散结，并配以薤白、白酒、桂枝等宣痹通阳，使阴邪去，心阳振奋。栝蒌薤白白酒汤类方、蜀漆汤、桂枝去芍药加蜀漆牡蛎龙骨救逆汤皆属此类。

4. 逐寒破阴，温复肾阳　肾阳为一身阳气的根本，“五脏之阳气，非此不能发”（《景岳全书·传忠录·命门余义》）。肾阳充盛，则脏腑形体官窍得以温煦，精血津液得以正常化生、运行、输布，各生理活动才能有序进行。若肾阳虚衰，温煦、推动等功能减退，脏腑功能减弱，遂出现虚寒病变，如精神萎弱、四肢厥冷、呕吐、下利清谷、腹胀腹痛等。值此阴寒内盛，肾阳虚衰之时，仲景每用生附子、干姜逐寒破阴，温复肾阳，以挽欲脱之阳气，方如四逆汤。若肾阳虽虚但尚无外脱之势，而以阴寒水饮之邪偏盛，又兼心、脾阳虚，仲景则用炮附子或兼乌头破阴逐寒为主，配以细辛、蜀椒、干姜、半夏之类逐寒化饮，以速复肾阳，兼顾心、脾阳气，如桂枝去芍药加麻黄细辛附子汤、乌头赤石脂丸、赤丸、附子粳米汤等。遇特殊情况（如妊娠期间），仲景则以逐阴寒的附子配温补的人参、白术，以保护胎元，如附子汤。

二、温补并行，扶阳、养阳

在《金匮要略》杂病当中，一些病证表现为脾阳或肾阳虚弱为主，阴寒病邪轻微，如虚劳腹痛、虚劳腰痛、微饮短气、消渴病等，仲景采取了与阴寒病邪偏盛不同的调治方法，即以扶助脾阳、温养肾阳为主，用药上反映了温补并举，润燥相济，和缓补阳的特点，充分体现了“少火生气”的精神。

1. 甘温柔润扶脾阳　虚劳病见里急、腹中痛、悸、衄、四肢酸疼等证，表明脾阳虚弱为主，里寒不甚，故仲景取甘温柔润的胶饴与炙甘草为主，并配伍辛温刚燥的桂枝、生姜，旨在扶助中阳；对阳虚气弱明显者，又添黄芪充虚塞空，此即小建中汤、黄芪建中汤之意。人参汤也是脾阳虚为主，阴寒次之，故用人参、白术、甘草补益脾阳，干姜散寒温中。若阳气虚弱与阴寒之邪并重，则甘温柔润扶脾阳与辛温刚燥祛阴寒并重，如治脾阳虚阴寒甚的“心胸中大寒痛”，既有蜀椒、干姜逐寒温阳，又有人参、饴糖补虚扶阳，故名曰“大建中汤”，实乃建中阳之意。

2. 温燥滋润补肾阳　肾阳与肾阴乃由肾气所分化，肾气又为肾精所化生，故肾精与肾气、肾阴与肾阳突出地体现了物质与功能的相互依存、密切相关。所以，欲补肾阳之虚，必须注意同时补养肾阴，这样才能为肾阳提供一定的物质基础，并使肾阳与肾阴保持协调共济，则肾气冲和畅达。如虚劳病出现腰痛、小便不利、少腹拘急，消渴病见饮一溲一等，皆系肾阳不足为主，阴寒病邪轻微，仲景取少量温燥的炮附子、桂枝配伍多量滋润的干地黄、山茱萸、山药，如此组合，既使虚弱的肾阳得以补益，又不至偏亢，阳得阴涵，肾气才能发挥激发、推动、资助、蒸化等诸多功能，故方名曰“肾气丸”。

结语：综上所述，在《金匮要略》杂病诸证中，无论是阴寒病邪为主，造成阳气阻遏或阳气受损，还是因阳虚，继发阴寒、水湿、痰饮内盛，只要是阴寒邪气偏盛，仲景每以祛逐阴寒病邪为先，用药不避辛温刚燥峻猛，意在迅速通阳、护阳。结合其证候特点，此类病证大多表现较急，如此用药，则取效快。但应注意的是，此类方药不宜久服。而对阳气虚弱为主，阴寒病邪轻微的病证，仲景则以温养阳气为主，祛除阴寒病邪为辅，用药多滋润刚燥互济，意在缓缓肚益脾、肾之阳。如此用药，则无化燥生热之虞。就其病情而言，此类病证表现一般不甚急，病程较长，往往用药需一定时日始见效，故此类方药可以长服。

浅述《金匮要略》止痛十法

谭彩群　惠州市中心人民医院

《金匮》治痛，多是通过全身调理治疗，很少见痛止痛；对于少数疼痛剧烈的情况，才适当加入一些止痛的药物，从而缓解病情之急。归纳《金匮》中对痛的治疗，主要有以下方法。

一、发汗祛湿止痛法

该法采用发汗祛湿的方法，来达到止痛的目

的，适用于风湿之邪侵入机体，痹阻经络所导致的疼痛。如机体素有内湿，复感寒湿以致经络痹阻，身体肌肉疼痛且重者，治用麻黄加术汤以散寒祛湿，湿邪去卫阳得通，则疼痛自止。如机体素有内热，复感风湿，风湿热三气交阻者，痹阻经络，症见肌肉关节游走性疼痛，甚至关节红肿灼热者，仲景用麻黄杏仁薏苡甘草汤祛风除湿，使湿随汗而出，风湿从表而解，疼痛自能解除。

二、温阳散寒止痛法

该法以温阳散寒的药物为主以达到止痛的效果，主要适用于阴寒内侵，阳气不足所导致的疼痛。如寒湿留于关节，痹阻经络，气血运行不畅所导致的关节剧烈疼痛，不能屈伸的关节疼痛，方用乌头汤加减以温经散寒止痛；如寒气内结、阳气不行所导致的寒疝绕脐痛，可用大乌头汤以破结止痛；内外皆寒，表里同病的寒疝腹痛和身痛，用乌头桂枝汤祛寒止痛，表里双解，均是温阳散寒止痛的代表。

三、通阳散结止痛法

主要适用于阴寒之邪侵入体内，痹阻经络，或寒痰阻滞，阳气郁闭所导致的胸痹疼痛。如胸阳不振，痰浊蒙蔽心窍之证，可用栝蒌薤白半夏汤来治疗；如上焦阳虚，阴寒痼结寒气攻冲于心而致心痛彻背，背痛彻心的胸痹，方用乌头赤石脂丸以温经散寒，峻逐饮邪而止痛。

四、攻下止痛法

适用于寒实、实热、食积、瘀血等实邪积于体内，阻滞气机而引起的疼痛。如产后瘀阻兼阳明里实，症见少腹坚硬疼痛、恶露不尽、便秘、发热、烦躁、脉实等，治用大承气汤攻下；如寒实内结所导致的胁下偏痛、发热、脉紧弦等情况，可采用大黄附子汤温阳散寒，攻下止痛。

五、逐饮止痛法

适用于饮邪停留于胸胁所导致的缺盆及胸胁疼痛。如“饮留胁下”，咳唾引痛者，可用十枣汤攻下水饮；如水饮停肺，肺气上逆，饮邪阻遏心阳者，可出现“心中烦”和“胸中痛“的临床症状，此时应速以十枣汤峻逐水邪，饮邪去，阳气通则心痛可止。

六、疏肝理气止痛法

适用于肝郁气滞所导致的胸腹胁肋痛或痞闷疼痛等。其特点为痛无定处，拒按，每因情志不畅而发作或加重。如实热内积，气滞不行所导致的“痛而闭”者，仲景用厚朴三物汤行气通下来达到止痛的目的；如，惊恐恼怒，肝气郁结化热，随气上逆为奔豚病，症见脘腹疼痛，往来寒热者，可用奔豚汤以疏肝清热降逆平冲止痛。

七、活血止痛法

用于瘀血阻络所致的疼痛，此类疼痛多固定不移，且疼痛多呈刺痛。如妇人“腹中血气刺痛”者，仲景用红蓝花酒来治疗；如产后干血着脐下，仲景用下瘀血汤来治疗，均是通过活血的方法来达到止痛的目的。

八、清热解毒止痛法

主要适用于热毒之邪内侵，蕴结脏腑或局部，导致气血凝滞，阻滞不通或热盛肉腐所引起的疼痛。如肠痈引起的“少腹肿痞”，按之即痛可用大黄牡丹汤治疗，“面赤斑斑如锦纹，咽喉痛”者，可用升麻鳖甲汤来治疗，皆是清热解毒止痛的范例。

九、补虚止痛法

适用于气血阴阳亏虚所引起的疼痛。如补气止痛，养血止痛，温阳止痛等方法。如胸痹之偏虚者，用人参汤来治疗；妇人产后，血虚里寒，“腹中疞痛者，用当归生姜羊肉汤来治疗；“寒疝腹中痛，及胁痛里急者”用当归生姜羊肉汤来治疗；如虚劳里急的腹中疼痛，用小建中汤来治疗，均是补虚止痛的典型例证。

十、安蛔止痛法

用于体内，蛔动气逆，导致的心腹疼痛，休作有时者。如“蛔虫之为病，令人吐涎，心痛发作有时，毒药不止”者，可用甘草粉蜜汤安蛔以止痛。

综上所述，《金匮》对疼痛论述周详、细致，对疼痛的分类、辨证以及治疗，都具有非常独到的认识，值得认真研究，细细体味。

对《金匮要略》腰背部病证的探讨

黄仰模　林昌松　刘丽娟　赵诗哲
陈立洳　广州中医药大学

医圣张仲景所著《金匮要略》（以下简称：金匮）成书于公元210年，是治疗杂病的专书。金匮总结了汉代和汉代以前劳动人民与疾病作斗争的经验，至今仍指导着临床实践。腰背部病证是临床常见病证。金匮所论述的腰背部病证内容丰富、实用。兹探讨如下。

一、感受风寒湿可致腰背部病证

痉病“病者身热足寒，颈项强急，恶寒，……背反张者，痉病也”。风寒之邪郁滞太阳筋脉而颈项强急，风寒之邪伤及太阳筋脉而背反张即角弓反张。“太阳病，其证备，身体强，几几然”，此为风伤太阳筋脉所致。“湿家，其人但头汗出，背强”，外感寒湿，湿困经脉，故背强。“黄汗之病，……腰髋弛痛”，黄汗病由湿而起，下焦湿胜，故腰髋弛痛。

二、外邪入里化热，热盛伤筋可致腰背部病证

“痉为病，……卧不着席，……可与大承气汤”，表证失于开泄，邪气内传，郁于阳明，热盛伤筋，可致痉病而卧不着席即背反张之甚。

三、肾脏虚衰可致腰背部病证

腰为肾之外府，肾主骨，肾虚可引起腰背部病证。“人年五六十，其病脉大者，痹侠背行”，痹侠背行即脊柱两旁有麻木感，为精气内衰，经脉失养。“病人脉……浮者在后，……腰痛背强不能行”，是因肾虚精髓不充，腰脊失养所致。“虚劳腰痛，……八味肾气丸主之”。腰为肾之外府，肾中阴阳虚衰，不能濡养腰脊，故腰痛。

四、阴邪阻遏阳气不达可致腰背部病证

“心痛彻背，背痛彻心，乌头赤石脂丸主之。”，阴寒痼结，心背阳气受阻，故心痛彻背，背痛彻心。“心中寒者，……剧者心痛彻背，背痛彻心”，心中寒邪，阳气闭结不通，故心背痛甚。“夫心下有留饮，其人背寒冷如掌大”。饮邪留积，阳气被阻不能展布，故背部一块寒冷。

五、腰背部病证的主要表现

1. 项背强　痉病“病者身热足寒，颈项强急，……背反张者”，柔痉“身体强，几几然，脉反沉迟”，痉病“口噤，卧不着席”，湿病“背强”，虚劳“人年五六十，其病脉大者，痹侠背行”，产后中风“颈项强”。

2. 项背痛　阳病即外表经络的病证“项、……脊、……痛”，心痛病、心中寒均见“心痛彻背，背痛彻心”，痰饮病伏饮“发则寒热，背痛腰疼”。

3. 腰痛　脏腑经络病“腰痛背强不能行”，阳病“腰、脊、……痛”，虚劳病“虚劳腰痛”，肾着病“腰以下冷痛”，伏饮“背痛腰疼”，水气病肾水“脐肿腰痛”，黄汗病“腰髋弛痛”。

4. 腰中冷　肾着病“腰中冷”。

六、祛除风寒湿热之邪是腰背部病证的主要治法

1. 祛风邪调营卫　“太阳病，其证备，身体强，几几然，脉反沉迟，此为痉，栝蒌桂枝汤主之”。几几形容颈项强急，俯仰不能自如之貌。本条论述了柔痉兼表证的治疗，方用栝蒌桂枝汤。方中栝蒌根清热生津，滋养筋脉，桂枝汤调和荣卫，解太阳卫分之邪。笔者常用本方治背部肌肉痉挛、颈椎病之项背强。

2. 温阳散寒，峻逐阴邪　“心痛彻背，背痛彻心，乌头赤石脂丸主之”。本条证属阴寒痼结之心痛，其疼痛特点是心背互相牵引。方用乌头赤石脂丸。方中乌头、附子、蜀椒、干姜大辛大热，逐寒止痛，赤石脂收敛阳气。本方既可治疗阳虚寒盛之真心痛，也可治疗阳虚寒盛之胃痛，均有疼痛向背部放射的表现。

3. 祛除寒湿　“肾着之病，其人身体重，腰中冷，如坐水中，形如水状，……身劳汗出，衣里冷湿，久久得之，腰以下冷痛，腹重如带五千钱，甘姜苓术汤主之”。本条论述肾着病的成因和证治。肾着多由劳动汗出，腰部感受寒湿，阳气痹着不行所致，症见腰和腰以下冷、重、痛。方用甘姜苓术汤。方中重用干姜配甘草以温中散寒，茯苓配白术以健脾除湿。笔者用本方治疗近水或在水中作业因寒湿而致肾着患者多例，取得良好的效果。

4. 通腑泄热，急下存阴　“痉为病，胸满，口噤，卧不着席，……可与大承气汤”。卧不着席，即背反张之甚，亦即角弓反张。本条证属邪入阳明之里，热甚耗灼津液，筋脉失于濡养而拘挛。方用

大承气汤。方中大黄、厚朴、枳实芒硝直攻阳明之热，泄热存阴。

七、调补肾脏是腰背部病证的常用治法

“虚劳腰痛，少腹拘急，小便不利者，八味肾气丸主之”。腰为肾之外府，肾虚则腰痛。治以调补肾中阴阳，方用八味肾气丸助阳之弱以化水，滋阴之虚以生气，肾气振奋则腰痛可愈。在临床中，背部或腰部疼痛或疲软均可用肾气丸治疗，可酌加桑寄生、牛膝、狗脊、杜仲等补肾壮腰之品。强直性脊柱炎患者多见腰背部强直疼痛，笔者的经验多用标本兼治之法，即除祛风寒湿或祛风湿热外，还强调用补肾法，比单用祛邪法的效果好。

八、扶正祛邪是腰背部病证的兼用治法

妇人中风用竹叶汤就是扶正祛邪的体现，方中以竹叶、葛根、桂枝、防风、桔梗解外邪，人参、附子扶正，当出现“颈项强，用大附子一枚”时，附子用量加大，说明阳虚更甚，此法对强直性脊柱炎等的治疗颇有启发。

九、小结

本文对金匮腰背部病证进行了探讨，认为感受风寒湿邪可致腰背部病证；外邪入里化热，热盛伤筋可致腰背部病证：肾脏虚衰可致腰背部病证；阴邪阻遏阳气不达可致腰背部病证。腰背部病证的主要表现是项背强、项背痛、腰痛、腰中冷。祛除风寒湿热之邪是腰背部病证的主要治法，包括祛风邪调营卫、温散寒邪、祛除寒湿、通腑泄热。调补肾脏是腰背部病证的常用治法。扶正祛邪是腰背部病证的兼用治法。

《金匮要略》治疗肺系病诸方探讨

童红旗　张利明　河南省南阳市卧龙区中医院

肺系病在《金匮要略》中包括：咳嗽上气、支饮、肺痿、肺痈、肺胀。书中有关肺病的论述不仅所占篇幅大，病种多而且理法方药具备，内容甚详，对后世肺系病辨治具有重要的临床指导价值。

一、病机重寒饮，用药多辛温

肺脏是体内外气体交换的场所，通过吐故纳新与外界自然之气息息相通，当非其时而有其气，六气转变为六淫时，皆可从皮毛、口鼻直接内侵犯肺。六淫邪气中又以寒邪伤肺于临床中较为多见，《难经·四十九难》“形寒饮冷则伤肺”，《灵枢·邪气脏腑病形第四》“形寒寒饮则伤肺”，都强调了寒易伤肺。很多咳喘病人（急慢性支气管炎/肺气肿等）多在气候寒冷时发病或加重，从现代病因学角度看，寒冷刺激可使呼吸道抵抗力下降，继而诱发病毒和细菌感染。寒为阴邪，其性凝滞、收引，寒邪伤肺多致肺气郁闭不宣，《灵枢·决气第三》：“上焦开发，宣五谷味，熏肤、充身、泽毛，若雾露之溉是谓气”，《素问·经脉别论》：“饮入于胃，游溢精气，……，上归于肺，通调水道。”所以一旦寒邪闭肺，上焦即不能开发，布散精微，又不能通调水道，下输膀胱，使水津聚而成饮，终致寒饮郁肺。综观《金匮》肺病诸方 14 首，以饮邪（包括寒饮及饮郁化热）郁肺为基本病机的多达 6 首，分别是：射干麻黄汤、厚朴麻黄汤、小青龙汤、小青龙加石膏汤、苓甘五味姜辛汤、越婢加半夏汤。而且《金匮·痰饮咳嗽脉证并治篇》把痰饮与咳嗽合为一篇，亦昭示后人，痰饮是咳喘病的基本病理因素。该篇中共有条文 41 条，其中与肺有关的 18 条，他脏影响肺而引起的咳喘有 9 条，可见痰饮与肺的关系极为密切。14 首方剂使用药物 27 味，使用频率（出现次数/14%）最高的前几味药（除甘草、大枣）依次是：半夏 50%；麻黄、干姜、细辛均为 35%；桂枝、石膏、五味子均为 28%。可以看出辛温药在肺病诸方中占有较大比重，这与仲景在病机上强调寒饮为患相一致，亦与“病痰饮者，当与温药和之”的治疗原则相吻合。

二、宣中有降，寓收于散

肺的宣发与肃降是相辅相成的矛盾运动，在生理情况下互相依存，相互制约，在病理情况下，又常常相互影响，没有正常的宣发就没有很好肃降，反之亦然。故宣中有降，寓收敛于宣散肺气之中，把宣开肺气之品与敛降肺气之药合用是仲景制方的一大特点，本类方剂有：射干麻黄汤、厚朴麻黄汤、苓甘五味姜辛汤、小青龙汤及小青龙加石膏汤。上述方证虽具体证情不同，但病机总由饮邪郁肺、肺气不宣所致。饮为阴邪，最易伤人阳气，反之，若能以温药振奋阳气，通行水道，饮亦自消，所以说：“病痰饮者，当与温药和之”。对寒饮郁肺者，仲景既遵“温药和之”的治疗大法，又紧切肺气宜宣宜降，宜开宜合，升降开合相因的生理特点，把温宣与敛降肺气融为一方。所谓：“备用辛温以散水，兼用酸苦以安肺”。温肺化饮每用麻黄、桂枝、细辛、干姜、半夏等辛温之品，视病情或

麻、桂、姜、辛共用，如小青龙汤；或取之二三，如：射干麻黄汤、厚朴麻黄汤。其中麻黄性温，味辛苦，辛温可宣发肺气，味苦则能降气肃肺，一味麻黄宣中有降，功兼两用，对寒饮郁肺的咳喘证尤具功用。“肺欲收，急食酸以收之”，少佐五味子、白芍取其酸收肺气之能，旨在宣中有降，开中有合，且可避免辛温发散耗伤肺气之弊。

三、饮郁化热，必以石膏

对寒饮郁肺、久而化热者，仲景或以寒热并用为法，本类方剂有：厚朴麻黄汤、小青龙加石膏汤及越婢加半夏汤。综观三方，不难发现仲景清肺中饮郁之热，皆以石膏而不用苦寒之芩、连。何也？因为饮为阴邪，治当温化切忌寒凝，所以清饮郁之热，当用清热而又无寒凝之弊的药物。唯石膏辛甘而寒，寒能清热，辛可宣肺，清肺热而无寒凝肺气之弊，而且黄竹斋认为：“石膏反佐，领热药入寒水之中，使水饮得遂就下之性而无上逆水火相击之患”，故饮郁之热必以石膏清之。

四、紧切病机，君药重投

仲景遣方用药泾渭分明，君臣佐使常常是一目了然，麦门冬汤堪称后世制方之典范。组方时紧紧抓住肺胃阴虚、虚火上逆之病机，重以麦门冬为君，润肺养胃，并清虚火，其用量“鹤立鸡群”，七倍于半夏。仲景君药重投意旨有二：一是紧切病机，集中药力，以求速效；二是半夏性本苦燥，若非与大量滋润之麦冬相伍，又何以取其降逆之能，而远其苦燥伤阴之弊病呢？全方虽寥寥几味药，但结构严密，配伍精当，耐人寻味。

五、顾护正气，峻药缓投

肺为娇脏，喜清恶浊，痰浊壅盛，气道闭塞，证见“咳逆上气，时时吐浊，但坐不得卧”，若不速为扫除，很可能有痰壅闭窍的危险，此时一般的祛痰药常常是药力不逮，皂荚辛咸，能宣壅导滞，利窍涤痰，除痰最猛，此时非之莫可，但虑其药力峻猛，劫夺正气，故用酥炙蜜丸，枣膏调服，以缓其峻烈之性，并兼顾脾胃，使痰除而正不伤，所谓：“以药慓悍，缓其势也”。又如：“肺痈，喘不得卧，葶苈大枣泻肺汤主之”论述肺痈实证喘甚的治法。葶苈子苦寒，能降泄肺气，具有泻下逐痰之功，用治本证常有捷效，但恐其猛泻而伤正气，故佐以大枣甘温安中而缓和药性，使泻不伤正，这与皂荚丸之用枣膏同是峻药缓投之义。皆在“既不使邪气之盛而不制，又不使元气之虚而不支”。

六、视病缓急，“甚者独行”

宣中有降，开中有合，是《金匮》肺病诸方的制方原则，但是，如果宣降失常的某一方过于突出，则又当甚者独行，即：只宣不降，或只降不宣。肺痈初起，喘鸣迫塞及“肺痈喘不得卧”。虽说没有正常的宣发，就没有很好肃降，反之亦然。但就上述症状分析，病机以肺气不降为主、为急，故当知常达变，“甚者独行”，主以专于肃肺达痰的葶苈大枣泻肺汤。又如麦门冬汤证病机是肺胃阴虚，虚火上逆，此时肺气逆而不降是主要矛盾，也是当务之急，所以说“火气上逆”。麦门冬汤功主润肺降逆，方中无宣肺之品，亦取“甚者独行”之意。

《金匮要略》津液代谢障碍类病证辨与治思路辨析

蒋　明　南京中医药大学

《金匮要略》津液代谢障碍类病证主要集中在痰饮病、水气病、咳嗽上气、及湿病等病篇。其中痰饮病篇讨论的主要是饮病。水气病讨论的即是今之水肿病。咳嗽上气病讨论的主要是饮停于肺的证治。至于《金匮》的湿病则主要是一种外感湿邪在表的病证，并兼论了湿邪内停的治法。

“湿、饮、水，异名同类也”，三病一源三岐，均由津液不归正化，形成病理产物（这时的湿邪多指里湿）而致的病证。中医认为，湿、饮、水邪的产生与肺脾肾三脏功能的失常密切相关，因肺主输布津液，并有通调水道的功能，若肺失宣降，水津不能通调输布，便可使水湿停聚，变为溢饮、支饮、悬饮，或者变为风水；脾主运化水液，若脾脏受病或脾气本虚，运化不力，亦可使水湿不行，停聚而为痰饮、悬饮、支饮、溢饮，或为皮水；肾主蒸腾气化水液，若肾阳不足，蒸化无力，气不化水，亦可导致水湿潴留，而为痰饮、正水、石水。

虽然，由于津液代谢障碍类病证病机性质相近，病变脏腑相关，“病理本质均属水液的停留，且既可相互转化，又可合并为病，临床难以截然划分，以致常互相通称，如痰饮、痰湿、水饮、水湿、湿饮、湿痰等”[2]，且“因四者源出一体，在一定条件下又可互相转化”。[1]但是《金匮要略》根据所属病证的不同，在辨证与治法的思路上仍表现出各守其规，各按其法的特征。

一、湿病辨表里属性，以因势利导为则

《金匮》湿病主要指外感湿邪在表的病证。以发热恶寒的表证表现，与身重、骨节剧烈疼痛的湿性重浊、湿流关节，阻滞经气运行等湿邪特征的表现为主症和特征。同时《金匮》还论述了湿停于里的证候。以“小便不利，大便反快”为特征。乃是由于湿邪困脾，脾不健运之故。其他尤可见黄疸、痹痛、带下等证候。湿邪在表证的治法是“发其汗，但微微似欲出汗者”，归纳为微发其汗法，属汗法中的轻微之法，以保持服药以后出现持续的小汗出为判断指征。

这是因为，其一，病邪在表，故应以汗法解之；其二，因是湿邪为患，湿为阴邪，其性重浊腻滞，不易速除，故采用保持药后持续小汗出的方法。持续出汗，可使湿邪缓缓蒸发而去；仅只是维持小汗出，可保正气最大程度地不受戕伤。

里湿以利湿法为治，即通常所说的“治湿不利小便，非其治也”之法。湿病在《中医内科学》中甚至不是一个独立的病种，而是散在一些疾病的具体证型中。里湿属内湿，多与脾肾不健，留生湿邪有关，利小便法可使在里之邪以小便为去路，利而去之。但这时的利小便法往往采用的是健脾温肾利湿之法，脾肾正常则湿不得生，小便利则湿有路出。

从正与邪的角度来说，外湿的治法是一种单纯治标的方法，里湿的治法是一种标本兼顾的治法。

因表湿属新感外邪，病程短暂，正气受损不明显，故以祛邪为主；又因其湿系从外界感受而来，脏腑津液代谢功能尚正常，故一汗可使病解。

里湿则多由脏腑功能失调所产生，单纯祛邪并不能使脏腑功能恢复正常，故纯粹治标的方法不能根治里湿；又因湿病不是水肿病，标邪不急，不需采取先治其标或者说急则治标的方法。利小便法不同于攻逐水湿法，它多是一种健脾利湿或温肾利尿的方法。是一种更倾向于标本同治的方法。里湿的产生主要责之于脾肾二脏，所以这时的治本主要指健脾益肾。

二、饮病辨邪之部位，以标本同治为则

痰饮是脏腑功能失调所产生的内生之邪。《金匮》所言之痰饮主要以饮为主。因古无“痰”字，这里的痰饮应是指淡饮，形容饮邪在人体内的一种澹荡动摇之态。

《金匮要略》对饮病的辨证，主要是辨别其饮停的部位。

饮邪的产生，主要是脾所承担的津液转输环节出现了障碍。与水气病比较而言，因其排泄出路多无障碍，属少部分的津液存留体内为患，故其病灶多较局限，根据饮邪停积的部位不同，影响机体的功能不一，则症候表现亦呈现出相当大的差异。故中医历来有“怪病从痰治”之说。

如饮停胃肠的痰饮病，或曰狭义的痰饮病，其症候表现即有如：素盛今瘦、肠间沥沥作声、背寒冷如掌大、心下坚满，得利则舒、呕吐、眩晕、胸胁支满、腹满胀大等多种表现，尤其难以辨识的是，这些表现可各自独立出现。

张仲景把痰饮病的辨识重点放在了饮邪所停的部位上。根据其饮停的部位，主要采用了分为四饮的四分类法。即分为痰饮（狭义）、悬饮、溢饮、支饮。

痰饮（狭义）指饮停胃肠，脾不健运者。症状表现与影响所停部位功能有关，又形态多样。其中偏于饮停于胃者其主症以反复呕吐，呕吐物为清稀痰涎，口渴不欲饮水或口渴饮水与呕吐交替出现为特征；亦可表现为心下坚满，得利稍减；或者是背部胃俞部位出现如手掌大病灶的寒冷、沉重、疼痛感；或者是胸胁部位支撑胀满不舒；或者是发为眩晕，如坐舟船，不能视物等。偏于饮停于肠者其主症可有腹满胀大，二便不通；或为腹中肠鸣，沥沥作声；或为脐下动悸，状若奔豚等。狭义痰饮并可见体形素来丰盛，今却日渐消瘦；口舌干燥；心中悸动等。

悬饮指饮停胸胁，肝肺气机不舒者。症状表现以胁下咳唾引痛为特征，并可痛引缺盆。后世在此基础上有长足发展。

溢饮指饮溢肌肤，肺卫失宣者。症状表现以不汗出，身体疼重为特征。中医对该病证认识尚不够清晰，《中医内科学》认为其属风水范畴。

支饮指饮停于肺，肺失宣降者。症状表现以影响了肺的通气功能如咳嗽、吐清稀泡沫痰或黄稠痰，气喘、胸满、不能平卧、或喉中哮鸣音，若水鸡叫声为特征，若病程日久，病情严重，还可影响其他脏腑，出现如心下痞坚，面色黧黑，大便干结，面浮肢肿等。

《金匮要略》为饮病设立的治疗大法是“当以温药和之”，即指该类方剂的组成必须满足下列两项条件的方法。这就是组成方剂的药物，在功能上既能振奋人体脏腑功能的阳气，又能通过开发腠理（即汗法）、通行水道（指通利小便）以祛除饮邪，在性味上属温热之性的药物组成。

振奋人体脏腑功能的阳气，可使新的饮邪不再

产生，因为饮邪是脏腑功能失调所化生。温化的方法，可以振奋脏腑的阳气功能；开发腠理，通行水道，可使既停之饮得以祛除。用温化的方法，是因为饮为阴邪，中医取类比象于自然界现象后得出，湿、饮、水等阴寒性质的水湿之邪有得寒则凝，得温则化的特点。

从标与本的角度来说，温药和之的方法是一种标本兼治的方法。这是因为饮病是少部分津液存留体内为患，一般情况下，标急情况不甚明显，不需先治其标。又因脏腑功能失调是饮邪产生的根本因素，单纯祛邪的方法不能从根本上纠治此病，故为该病治疗设从调整脏腑功能和祛除既停之饮同时施治的大法，使旧饮既去，新饮不生，从而根绝饮病。

“温药和之”是根治痰饮病的大法。这不仅因为在饮邪壅盛时，《金匮》捐弃此法而暂用己椒苈黄丸等方急则治标，单纯祛邪（以此亦可看出，饮病还需辨邪之多寡缓急）；同时从篇中“夫短气有微饮，当从小便去之，苓桂术甘汤主之，肾气丸亦主之”之内容亦可以看出此意。所谓微饮即饮之轻微者，这时标既不急，方药所设当是从本治之。苓桂术甘汤或肾气丸是用温性的药物来或从脾、或从肾以振奋脾肾的阳气功能；同时通过对脾肾功能的调整，使残余之饮得以“从小便去之”的方法。也正是“温药和之”之意。

因痰饮水湿在病理上的多种联系，故“温药和之”实为津液存留体内类疾病皆可适用的根治大法。水病经汗、尿、下法，使邪去十之八九，标不甚急时，应转从调整脏腑功能，标本并图为治。因为水邪与饮邪在病邪的性质上，俱属阴邪，尤其是阴水，所谓水肿“凡饮食劳倦，房劳过度，损伤正气，证见里、虚、寒证者，多从阴水论治”[1]，而实际上截止二十世纪70年代之前，对于阴水水肿中医的治疗还仅独重温补脾肾一种方法，这种温补脾肾，利尿消肿的方法正符合“温药和之”之含义。另外湿病中的里湿，治亦可参照此法。陈潮祖在《中医病机治法学》中即说：“祛湿是治标，调理脏腑功能才是治本，标本并图已成一般祛湿方法的配伍常规。临证之际，或以治标为主，或以治本为主，全在医者权衡，殊无定法”[2]。

三、肺胀支饮辨脏腑寒热，以开肺为则

《金匮》肺中停饮主要涉及痰饮病篇的支饮及咳嗽上气病。

支饮指饮停于肺，肺失宣降者。症状表现以影响了肺的通气功能如咳嗽、吐清稀泡沫痰或黄稠痰，气喘、胸满、不能平卧、或喉中哮鸣音若水鸡之叫声为特征，若病程日久，病情严重，还可影响其他脏腑，出现如心下痞坚，面色黧黑，大便干结，面浮肢肿等。

咳嗽上气即指由肺气上逆所致、以咳嗽为主症之疾。重点论述了肺胀。

肺胀是一种夙饮内停，复感风寒，触动内饮，饮郁化热的病证。症状表现根据原文以咳而上气，烦躁而喘，目如脱状，脉浮大为特征。

肺胀与支饮都以肺为主病脏腑，病机都以痰饮为重要因素，所不同者，是在寒热的属性、标邪的病势上。

肺胀以标急为主，病机中有热的因素。治疗多采用急则治标的方法，主要有越婢加半夏汤、及小青龙加石膏汤二方。皆以麻黄与石膏相配。其中以热为主者，重用石膏；以饮为主者，石膏用量轻，并配伍以细辛、干姜等温肺化饮之品。

支饮则较复杂：

其一，饮停于肺典型证候为寒饮郁肺，治疗用小青龙汤为主方，以麻黄与细辛、干姜相配，温肺化饮，配半夏化痰，并配桂枝以散表寒；

其二，若浊痰壅肺，肺气闭郁，则应泻肺逐痰，既可从肺治，用葶苈大枣泻肺汤、皂荚丸；亦可从通腑治，用厚朴大黄汤；

其三，若病变扩展到心下，并兼有化热正虚者，以木防己汤为主方，用防己配桂枝通阳利水，以石膏清热，人参补虚；若水湿较盛，则加茯苓、配芒硝前后分消逐水下行。支饮与肺胀只是《金匮要略》针对饮停于肺不同情况所设置的两个病证名，根据临床可知，这两种病证的划分是有其局限性的，它们都是以肺为中心并可影响其他脏腑的病变，病机都以痰饮为重要因素，故我们应该将其综合领会。

即在辨证上：一辨脏腑，主要辨其他脏腑的参与情况；二辨寒热，主要辨痰饮化热与否；三辨虚实，主要辨正气的虚损情况；四辨病势缓急，主要辨病势病情的标本缓急情况。在治疗时急则治标，缓时可标本兼顾。根据痰饮是否有热，可用清宣肺气法（多用麻黄与石膏相配）、温化痰饮法（多用麻黄与细辛、干姜相配）、泻肺逐痰法（用葶苈子或皂荚）、荡涤肠胃以开宣肺气法（用承气类方）。停饮扩展到其他脏腑时，可结合通阳利尿或更增通导肠腑的方法。

四、水病辨所主脏腑，以先治其标为则

《金匮》水气病即相当于今日之水肿病。《金匮

要略》主要把水气病分为风水、皮水、正水、石水四类。

因水肿病可肿及全身，不方便以水肿的所在部位进行分类，故主要以其病变的重点脏腑分类。如风水主要是肺失通调所致，皮水主要是脾失健运所致，正水与石水主要是肾不蒸腾气化所致（其中石水所指尚不确定）。其中风水类似于今之阳水，正水石水类似于今之阴水，皮水则跨越阳水阴水之间，其中在脾失健运阶段时，主要隶属于阳水；在脾气虚、脾阳虚阶段时，则多属阴水范畴。

各类主症主要由两部分组成：肿的特征及相关脏腑的相应症候。

如风水的特征是以头面部肿为主，或肿从头面开始，并继而泛及全身；并有肺卫不宣的症状：脉浮、骨节疼痛、恶风恶寒、发热等。

皮水包括有脾失健运、脾气虚、脾阳虚等多个阶段。其肿可以是周身浮肿，按之没指，或为下肢浮肿，按之凹陷不易恢复，小便短少；并有脾病的表现：身体困重，脘腹胀闷，纳减便溏，神倦肢冷等。

正水以下肢浮肿为特征，按之凹陷不起，小便短少；并有肾阳不足的表现：腰部酸重，四肢厥冷，面色皖白或灰滞，怯寒神疲，舌质淡胖苔白，脉沉细或沉迟无力等。

石水因其概念不清，学者目前尚无一致的认识。根据《金匮要略》原文，其症是“脉自沉，外证腹满不喘。”似乎是一种类似于臌胀腹水之类的病证。

从中可看出痰饮病与水肿病的另一区别是，饮病因病灶局限，虽根据其饮停部位的不同，有其重点病变脏腑的问题，但在其证较轻时，可不出现相应脏腑的症状，如可仅素盛今瘦，或仅背寒冷如手大，或仅嗜睡、或仅局部肌肉皮肤轻微跳动、或仅脐下筑筑动悸、或仅腹大如棉絮等各症独立出现。识病较难。而水肿病识病虽易，但因其停水远较痰饮之病为著，病情相对严重，脏腑功能被累及的现象亦较明显，其疗效与预后相对不佳。

《金匮要略》为水气病设立的治法是：腰以下肿，当利小便；腰以上肿，当发其汗；及水湿壅盛时用攻逐水湿的方法。三法俱以驱邪为主，从标与本的角度而言，是一种单纯治标的方法。

这是因为，在肺脾肾三焦参与的津液代谢环节中，水病主要是在津液代谢的排泄环节上出现了障碍，故水病多见小便不利。因其大部分的水液潴留在体内（与饮病相对而言），不能排出体外，这时标（水邪）相对饮而言，总是急的，根据急则治标之则，治法从汗、尿、大便各途径祛除水邪。

这种从纯粹祛邪的手段来治疗水病的方法，与表湿亦用纯粹祛邪法含义有别，应该理解为是一种阶段性的应急措施，即是一种先治其标的方法。这是因为水邪亦为脏腑功能失调所产生，既生水病之后，脏腑功能被累及的现象明显，单纯祛除水邪的方法并不能纠正脏腑功能，使新的水邪不再产生。故水病经治，邪气大衰后，即应转从标本共图的方法。

当今中医学将水肿病分为阳水与阴水两类，其中阳水以祛邪法为主，阴水以扶正祛邪为主，亦说明了祛邪法不是水肿病的根治之法（但阴水之时，若水湿壅盛，亦可采用先祛邪后扶正的方法）。

除水肿病可选用此法外，痰饮病饮邪壅盛时，亦可取该类方法。如痰饮病篇中大、小青龙汤条的发汗治疗溢饮法；甘遂半夏汤条、己椒苈黄丸条、十枣汤条、厚朴大黄汤条等的攻逐饮邪法等，这些方剂或攻下，或利尿，完全走单纯祛邪之路径，显然与“温药和之”之法不相符合。同时因《金匮》水气病篇中未为攻逐水湿法设立具体方剂，这些汤方正好丰富了水病用方。

另里湿壅盛时，亦可取此类方法。如陈潮祖在《中医病机治法学》中也说到：“祛除水湿，当为水湿寻求出路。导邪外出之路有三：……湿在表者，可用祛风胜湿药物，……湿在腠理三焦，可用淡渗利水药物，导湿从前阴而出，……水饮内停胸腹，邪盛而实，渗湿之品鞭长莫及，则非峻泻不为功，可用泻下逐水药物使从后窍而下”。

五、小结

《金匮要略》津液代谢障碍类疾病辨与治的规律根据湿、饮、水病的所属不同，而有所差异。其中痰饮病主要是辨邪停的部位，治疗以标本同治为则；水肿病主要是辨所病的脏腑，以先治其标为则；湿病有表里之分，以因势利导为则，其在表者，主要是单纯祛邪的汗法，其在里者，多用标本同治法。

突破病的界限而言，津液代谢障碍类疾病在辨证上主要有两条主线：一是病变部位，二是病变脏腑；在治法上亦有两条主线：标甚时（或正未虚时）先治标，根据邪停的部位，在表者用汗法；在里者首选利小便法；若里湿壅盛，则用攻逐法，以因势利导。标缓时则标本共图，图本宜用温性药物。图标时多是利小便之法（因为此时病多在里，且病势不急）。至于辅线，则是一些兼夹证（如化热）的辨治。

津液代谢障碍类病证实质是一些以共同的病理产物为基础的病证，它们尚各自包含着若干现代医学的病证内容。在相关的论文中[4]，我们已经阐述过，中医治法用方的特异性是由病决定的，这个病必须是揭示了疾病病变规律的病种。所以津液代谢障碍类病证在上述由共性的病理产物而产生的共性辨治思路的基础上，另一项重要的、不可或缺的内容是必须与病相结合的问题。如水肿由肾小球肾炎所致者，因反复感染是影响其疗效的重要因素，故后世创立有清热解毒利水消肿法。其他由病的要求而创立的如活血化瘀利水消肿法、滋阴利尿法等。悬饮（胸腔积液）系癌性者应在温药和之法代表方桂苓术甘汤的基础上加用活血化瘀等品；而系由结核所致者，则应以阴虚燥热为本，而不应用温药和之法善后。

参考文献

[1] 张伯臾. 高等医药院校教材. 中医内科学. 上海：上海科技出版社，1985：54、84、228.

[2] 朱文锋. 高等医药院校教材. 中医诊断学. 上海：上海科技出版社，1995：137.

[3] 陈潮祖. 中医病机治法学. 成都：四川科技出版社，1988：83.

[4] 蒋明. 从《金匮要略》病证结合的医学模式谈中医辨证辨病关系问题. 南京中医药大学学报，2003；(1)：1.

《金匮》虚劳证治浅析

张再良　上海中医药大学

《金匮》虚劳病篇记载了对虚劳病辨证论治的较为系统的理法方药，是目前所能见到的最早的有关虚劳病临床具体证治的文献。虚劳病是指由五脏虚损所致的慢性衰弱性病证，也可以说是多种严重的慢性消耗性疾病的总称。《金匮》对虚劳病的论治有特色，但也有未到之处，学习原文，当注意补其不足。秦汉时期虚劳与肺痨混，晋唐时期对肺痨有尸注、鬼疰、传尸之称，并定其主症为骨蒸发热，《三因方》以“痨瘵”名，《普济方》指出病因为“肺虫”，可见后世医家对肺痨的充分关注，临证时当注意《金匮》虚痨与后世肺痨在证治上的区别。

一、内容

1. 表现

（1）脉：原文中描述到的脉象有18种之多[1]，如：浮、大、芤、革、微、迟、虚、细、小、动、涩、沉、弦、紧、动、结等。并且对脉象的描述多又以复合脉的形式出现，如：虚沉弦、虚弱细微、极虚芤迟、芤动微紧、浮弱而涩、沉小迟等，于此可以体会古人对脉象观察的细致入微。篇中另立虚劳脉象的大纲，有谓“脉大为劳，极虚亦为劳”，此处“大”言其形，“极虚”言其力，其实临证时二者并非绝对分离。总的提示我们，脉象表现尽管散漫多变，终可以“大”和“极虚”收住，亦即大凡见到外形有余而力度不足，或极度无力的脉象皆当考虑到虚劳。

（2）症：原文中描述了虚劳病的具体表现症状共37个[1]。其中有偏于阳虚的症状，如：手足逆寒、阴寒、精气清冷、少腹弦急、腹中痛、喘、短气、面色白、小便不利等；有偏于阴虚的症状，如：盗汗、虚烦不得眠、手足心热、咽干口燥、羸瘦、肌肤甲错、马刀、侠瘿、梦交、发落、瘦削不能行、衄血等；也有一般虚损的常见症状，如：面色薄、悸、目瞑、目眩、失精、无子、亡血、半产、漏下、四肢酸痛、腰痛、两目黯黑、不能饮食、腹满、肠鸣等。其中有些特别应该引起注意的是各种反复的出血、慢性持续性的疼痛（如腰痛、腹痛）、性机能异常（如精气清冷、不育、阴寒、失精、梦交），还有失眠、出汗异常、肌肤甲错且色黑、食欲减退、顽固性腹泻等。其实，虚劳并无特定的主症，而是一种综合性的判断，所以，临证时应该注意症与症之间的主次、关联等，此有助于辨证遣方用药。

2. 病因　对病因，原文中提到几个方面，如：食伤、忧伤、饮伤、房室伤、饥伤、劳伤、经络营卫气伤等，提示虚劳的形成与饮食饥饱、精神状态、过度劳累相关，其中经络营卫气伤是结果，实际上可以理解为五脏气血阴阳的亏损或障碍，由此引出各种虚损的表现。

原文中明确讲病因的不多，但也可以作某些推测，如男子精气清冷无子、脉虚弱细微喜盗汗等与禀赋、体质相关；腹满不能饮食、羸瘦、肌肤甲错、两目黯黑、内有干血等与客邪久留、疾病迁延相关；而虚烦失眠、失精梦交等则与情志、劳倦、饮食嗜欲等相关。《金匮》原文的重点在“证”和“治”上，对病因病机的认识和阐述有待补充。

3. 方治　首先让我们来考虑虚劳病篇中所出的方治：

（1）桂枝加龙骨牡蛎汤：本方为桂枝汤加龙骨牡蛎而成，桂枝汤的功效有“内证得之补虚调阴阳”之谓。本方证若按原文所述，已非一般轻浅之证，久患失精的病人，少腹弦急，阴头寒，目眩，发落，脉极虚芤迟，或脉得诸芤动微紧，男子失精，女子梦交。此由精血久亏而阳无所附，阴损于下，阳浮于上，故治疗在桂枝汤调和阴阳的基础上，参以龙骨牡蛎，以奏潜镇摄纳之效。但临床上本方对遗精、多汗、遗尿等寒象热象均不明显者疗效尚可，若见腹痛、阴寒等寒象明显者，则应参考篇中附方天雄散。

（2）小建中（或黄芪建中）汤：本方也是桂枝汤加减而成，用药体现了温补、甘缓、酸收、寒降的治法，从治法也可理解其证情的错杂，既见腹痛里急，又见悸、衄、梦失精、四肢酸疼、手足烦热、咽干口燥。治疗以甘温建中缓急为主，也不排斥以酸寒之品降下升浮之内热。《千金要方》以小建中加黄芪、人参，治疗病后羸弱不复，气血亏虚患者，叙证较为详尽。

（3）肾气丸：本方证在原文中叙述过简，仅“腰痛，少腹拘急，小便不利者”，而本方在临床应用甚广。究其缘由，实在方药配伍寓有深意，所谓补泻兼施、阴阳并调、阴中求阳等，且以丸药缓图。此方法在虚损的治疗中独树一帜，开启后人思路，以至于形成蔚为大观的肾气丸系列，目前临证应用之广，仲景也始料不及。肾气丸其方其治所显示出的经典性，经得起多方面的推敲。

（4）酸枣仁汤：本方证主要针对虚劳引起的虚烦失眠症，临床上常伴有烦躁不安，头晕目眩，口渴咽干，舌红少苔等症。酸枣仁汤体现的是滋阴清热安神之法，在《金匮》虚劳病的健脾补肾、甘温扶阳的主干旁，示人手眼，另辟滋养阴血之途径。

（5）薯蓣丸：本方的服用，强调“一百丸为剂”，警示“虚劳诸不足”的调治无速效可求。虚羸之体，极易感受风气百疾，故薯蓣丸乃气血双补、祛风散寒、邪正兼顾之剂，扶正以薯蓣健脾，以四君、四物双调气血。此亦提示，关于体质调理的方剂，古人早有运用。

（6）大黄䗪虫丸：本方证与薯蓣丸证同为虚实夹杂，但治疗重点移到了祛瘀之上。提示临床上“至虚有盛候”，治疗也非一味补虚所能见效。如原文所述，本方证既见虚极羸瘦，腹满不能饮食，又见肌肤甲错，两目黯黑，且内有干血积聚。此时治疗已感棘手，姑且投用祛瘀生新之丸剂，消磨干血，迂回曲折，以求虚损之恢复，也不失为一种治法。

（7）炙甘草汤：本方作为虚劳病的附方，引自《千金翼方》，称：“一云复脉汤，治虚劳不足，汗出而闷，脉结代，心动悸，行动如常，不出百日，危急者十一日死。”《伤寒论》中本方对心动悸，脉结代有疗效，乃本方有气血阴阳并补之效。温病学家去方中辛热之品称作救阴之用，亦为善用古方之一例。

其次，虚劳病篇以外的有关方治也可作为参考。

（8）百合地黄（知母）汤：百合病为热病以后未康复，阴液未复，余热未尽，其后有谓情志不遂，内郁化火类似神经官能症者，有谓阴虚生内热类似疲劳综合征、病后综合征者。但本方证总以口苦、小便赤、脉微数以及神志恍惚为特征，不管是否与虚劳相关，其治法甘寒滋阴清热，实在可补虚劳治法之不足，如临床上常与酸枣仁汤相合，用于虚烦失眠的治疗；与甘麦大枣汤相合，用于烦躁不安的治疗。

（9）黄芪桂枝五物汤：本方宣痹通阳，治疗血痹，也从桂枝汤加减变化而来。血痹之病多见于骨弱肌肤盛之尊荣人，其人外形有余而阴阳俱微，虽仅见身体不仁，如风痹之状，但治疗已经刻不容缓，黄芪益气，桂枝、芍药通脉，生姜加量以散邪。本方对体虚易感者的调理，也为的当之剂。

（10）当归生姜羊肉汤：本方虽出自寒疝病篇，但并非典型的寒疝发作之治。或谓本方主要用于寒疝缓解期间的体质调理，倒也颇合实际。本方养血活血散寒，又以血肉有情之物温补填精，不管是男子羸弱，精气清冷不育，还是女子血虚内寒，腹中隐痛，均为理想选择。

（11）甘草干姜汤：本方治疗肺痿（肺中冷），因上虚不能制下，而见遗尿、小便数、其人眩而多涎唾。甘草干姜，药仅二味，其治以辛甘温热之品，温肺复气，温中散寒，虚寒治法，由此变化引申而出，如胸痹偏虚之人参汤，肾着寒湿之甘姜苓术汤等。

（12）当归芍药散：本方出在妇人病中，治疗腹痛。原文简略，虽与虚劳无涉，但方药配伍得当，以当归、川芎、芍药对白术、茯苓、泽泻，疏肝健脾，活血利水，行气化湿。肝脾并调，水血兼治，临床上有用治贫血、水肿者，也有报告用于老年痴呆的预防有效者，其方药配伍当予以足够重视。

（13）温经汤：本方调补冲任，兼祛瘀血，药由桂枝汤、四物汤、吴茱萸汤、麦门冬汤等相叠而成，对冲任亏虚、宫寒不孕之体，有调经种子之效。原文所述，妇人年届五十，天癸欲绝，漏下不止，又见暮即发热，少腹里急，腹满，手掌烦热，唇口干燥等，诸多症状，皆出更年期间。本方的治法，也可供虚劳借鉴。

以上方治，出自虚劳病篇以外者，仅为举例而已。虚劳的概念有限定，但虚劳与其他病证并非就没有一点联系。特别在治疗方法上，联系更加广泛，临证时若能熟练驾驭相关方药，化裁得当，则治疗也就不难游刃有余了。

二、特点

1. 注意阴阳互损　虚劳病在表现上的复杂，当从阴阳互损的角度理解。虚劳之成，一般都有一个过程，及至症状出现，都不是单纯的情形了。阴阳互损，表现出来的就是阴阳两虚，就是气血双亏，就是寒热错杂等等。可以说，在虚劳病篇中，阴阳互损的观点从证候的描述，到病机的认识，一直贯穿到治疗方药。

2. 注意五脏虚损　对阴阳气血作进一步的探究，必然涉及五脏。五脏之中，《金匮》首重脾肾，脾肾对五脏阴阳气血的作用，可以从精气的互相化生来理解。从具体方治看，如建中汤之健脾、肾气丸之温肾、炙甘草汤之养心、酸枣仁汤之补肝，另外麦门冬汤和甘草干姜汤的润肺、温肺虽不在虚劳病篇，但也可借作参考。对五脏的虚损应注意从具体方证中去揣摩。

3. 注意甘温治损　从治法而言，《金匮》治虚劳以甘温扶阳为主轴。治虚七方中甘温者占五，其基点是立在阴阳互损，扶阳为先。治虚从甘温健脾入手，如清代医家尤怡所说："欲求阴阳之和者，必于中气，求中气之立者，必以建中。"健脾为治虚开一法门，后世众多医家于此发挥，形成系统学说，临床应用也早已不限于虚劳病证。

三、源流

《素问·通评虚实论》所谓"精气夺则虚"，是泛指，而《素问·玉机真脏论》所出五虚，如："脉细、皮寒、气少、泄利前后、饮食不入。"则可视为虚劳病证的具体表现。《素问·宣明五气篇》的五劳所伤，如："久视伤血，久卧伤气，久坐伤肉，久立伤骨，久行伤筋。"又是对虚劳病因的论述。《素问·三部九候论》"虚则补之"，是治疗总则，《素问·至真要大论》提出"劳者温之"，"损者温之"，可见温振阳气在《内经》中已经得到倡导。然，《素问·阴阳应象大论》更有所谓"形不足者温之以气，精不足者补之以味"的归纳，使虚劳治法稳妥而无偏倚。

《难经》中的五损，从五脏立论，提出虚损常见之症，如："皮聚而毛落；血脉虚少，不能荣于五脏六腑；肌肉消瘦，饮食不能为肌肤；筋缓不能自收持；骨痿不能起于床。"后世医家有将五损归纳为：损于肺者见咳喘、劳嗽；损于心者见惊悸、不寐、盗汗；损于脾胃者见食减、腹泻；损于肝者见郁怒、胁痛；损于肾者见遗浊、经闭、淋漏等。五脏有上下，病情有轻重，凡五脏皆累及者，预后不佳，所谓"从上下者，骨痿不能起于床者死；从下上者，皮聚而毛落者死。"另外，又有"自上损者，过于胃则不可治，自下而损者，过于脾则不可治"之说[2]，虚劳病人，待到脾胃衰败之症出现，亦属难治。

《难经》对虚劳从五脏立治则，所谓"损其肺者，益其气；损其心者，调其营卫；损其脾者，调其饮食，适其寒温；损其肝者，缓其中；损其肾者，益其精也。"一直为后世所遵循。鄙见认为，五脏之治可分，但也不宜作过分强调，应当注意治法之间的联系。

隋唐以及宋元时期的医家对虚劳的证治皆有归纳、发挥，此在《诸病源候论》《千金要方》《外台秘要》《本事方》《济生方》以及李东垣、朱丹溪、葛可久等的论著中均有反映。

明代张景岳[3]对虚劳常用的补法，阐述甚为全面："凡气虚者宜补其上，人参黄芪之属是也；精虚者宜补其下，熟地、枸杞之属是也；阳虚者宜补而兼暖，桂附干姜之属是也；阴虚者宜补而兼清，门冬芍药生地之属是也。"然后话锋一转，又强调："其有气因精而虚者，自当补精以化气；精因气而虚者，自当补气以生精。又有阳失阴而离者，不补阴何以收散亡之气；水失火而败者，不补火何以醒垂寂之阴，此又阴阳两济之妙用也。故善补阳者，必于阴中求阳，则阳得阴助而生化无穷；善补阴者，必于阳中求阴，则阴得阳升而泉源不竭。"此在王太仆"壮水""益火"的基础上，更上了一层楼。最后提出："故凡阳虚多寒者，宜补以甘温，而清润之品非所宜；阴虚多热者，宜补以甘凉，而辛燥之类不可用。"寥寥数语，无所偏颇，而治法意蕴，尽在其中了。

明代绮石[4]在《理虚元鉴》中提出的"治虚有三本"和"治虚有二统"，可补《金匮》之不足，可广临证之思路。所谓治虚三本，"肺脾肾是也。肺为五脏之天，脾为百骸之母，肾为性命之根。治肺、治脾、治肾，治虚之道毕矣。"治虚二统，"统之于肺脾而已。凡阳虚为本者，其治之有统，统于脾也；阴虚为本者，其治之有统，统于肺也。"绮石在治法上对肺有独到之处，于清金保肺，补肺以滋肾水之源等，议论详尽，透达精微。所列方剂，如百部清金汤、固金养荣汤、清金加减百合固金汤、清金甘桔汤、清金养荣丸等皆可供临证参考。

纵观历代虚劳病治法方药的演变，可以体会仲景所奠定的基础至关重要。考虑《金匮》虚劳证治，要以虚劳病篇为基础，但也不必受其局限。清人有谓："理阳气当推建中，顾阴液须投复脉。"[5]也是着眼阴阳，以仲景法贯穿始终。其实辛甘化阳如桂枝甘草汤、甘草干姜汤，酸甘化阴如芍药甘草汤，甘寒养阴清热的百合地黄汤，咸寒滋阴清热的黄连阿胶汤，以及寒温并用、阴阳并调的桂枝汤、炙甘草汤等，仲景方治无不垂范后世，度人金针。

参考文献

[1] 夏翔. 对虚劳病的辨证论治体会.《金匮要略》讲座资料选编（中医学会上海分会）. 1984. 8.

[2] 柯雪帆. 虚劳证治三要点.《金匮要略》讲座资料选编（中医学会上海分会）. 1984. 8.

[3] 张景岳. 景岳全书. 上海：上海科技出版社，1959：974.

[4] 绮石. 理虚元鉴. 南京：江苏科技出版社，1981：3－5.

[5] 叶天士. 临证指南医案. 上海：上海科技出版社，1959：79.

浅谈《金匮要略》妇科方药

刘玉红　河南省南阳市正骨医院

张仲景所著《金匮要略》中妇人病三篇，即"妇人妊娠病脉证并治第二十""妇人产后病脉证并治第二十一""妇人杂病脉证并治第二十二"，论述了妊娠病、产后病、月经、带下及其他杂病，内容广泛，方药精妙，为中医妇产科学的发展奠定了基础，至今仍有积极的临床意义，为后世所推崇。本文就三篇的方药结合临床，归纳其义，浅议如下。

一、归类综述

张氏在三篇中共设条文四十四条，立方三十二首，用药达七十四味，内服方二十八首，外用方四首，可归类为：

治疗妊娠恶阻的二法二方：即调营卫、和阴阳之桂枝汤，温中散寒、降逆止呕之干姜人参半夏汤。

治疗妊娠腹痛有四法五方：下焦寒冷腹痛用附子汤温散之，心腹冷痛用白术散健脾安胎、驱寒止痛，胞中气血不和下血腹痛用胶艾汤养血止血、缓痛安胎，脾虚湿阻之妊娠腹痛以补血健脾祛湿之当归芍药散疗之，血虚偏热之妊娠腹痛则以当归散养血活血、健脾清热。

治疗妊娠水肿小便困难的有二法二方：当归贝母苦参丸清热利水，养血安胎；葵子茯苓散健脾渗湿，利水通阳。

治疗产后发热的四法四方：和解表里之小柴胡汤，峻下泄热之大承气汤，表里同治之竹叶汤，调和营卫之阳旦汤。

治疗产后腹痛的四法五方：当归生姜羊肉汤养血补虚散寒，枳实芍药散行气活血，大黄甘遂汤、下瘀血汤活血逐瘀，大承气汤泄热通便。

调经止带有三法五方：其一为活血温补用温经汤、胶艾汤，其二为活血化瘀之土瓜根汤、抵当汤；其三为燥湿收敛治白带之矾石丸。

二、方药特点

（一）辨证求因、对症下药

一般妇科传统用药规律认为，产前无大虚，产后无大实，产前一盆火，产后一盆冰。而仲师在注意照顾产后伤津、气血俱虚的特点之外，根据临床症候，具体分析，该发汗就发汗，该攻下就攻下，毫不拘泥。产后篇中"病解能食，七八日复发热者，此为胃实，大承气汤主之"。产后大便难，属阳明腑实，仍须峻下。又如下瘀血汤主治产后瘀血内滞腹痛，方中三味药相合，破血之力颇猛，用蜜为丸，是缓其性而不使其骤发，此乃切中病机，药到病除。

（二）贵在活血，重在祛瘀

妇人以血为主，无论胎前产后，调经止带，均以血为病。三篇中癥瘕、小腹胀满疼痛出血、寒热、经闭带下，或因寒、因湿、因气滞气虚，皆可导致血瘀。仲师对瘀血症的贡献不但表现在对机理的诊治而且反映在多种治瘀方法的运用。其一活血先治气，气为血帅，气行则血行，如当归芍药散、枳实芍药散。其二活血利水，水血同源，水与血互结造成癥瘕经闭，小便不利，如大黄甘遂汤。其三温经活血，以温经汤、红兰花酒、胶艾汤为代表方。其四活血化瘀，以土瓜根汤散活通并行。其五破血逐瘀，缓下法首推桂枝茯苓丸、祛瘀峻剂以抵当汤、下瘀血汤为代表方。其六泄下逐瘀，瘀血兼阳明腑实证用大承气汤下之。

（三）配伍灵活，剂型多样

三篇中仲师从药物配伍到煎服剂型都有许多精辟之处。如治疗妊娠水肿的葵子茯苓散，方中葵子滑利，茯苓渗湿，两者一滑一健，既行水消肿，又不动胎气。另有当归生姜羊肉汤治疗产后腹痛，血虚有寒，血虚不宜大辛燥烈之品，重灼其阴，而生姜羊肉为血肉有情之品。还有干姜人参半夏丸用姜汁糊丸，当归贝母苦参丸以炼蜜为丸，都是缓其药性，以免袪邪伤正。其他如酒调和煎服的土瓜根散、胶艾汤、当归芍药散，以酒佐药力，使血流得畅。用麦粥送服枳实芍药散，行气导滞而不伤胃。有的还用醋浆水、小麦汁分别调服，从而看出仲师以病情为宜，采用药食并用，注意形式多样的煎服法度。

在剂型方面，内服有丸、散、汤、酒，外用有薰、洗、坐、纳。特别提出的是酒剂（红兰花酒），为现代酊剂、药酒之先驱。还有矾石散，采用阴道纳药，狼牙汤利用药物冲洗，为最早的外洗方。以上这些外用方剂的制定运用为后世妇科阴道冲洗、阴道栓塞、宫颈上药、保留灌肠等启开先河。

三、古方新用，发扬光大

妇人病脉证并治篇中许多著名方剂，被历代医家所录用，并不断丰富和发展，至今在临床上仍起重大作用，不断扩大其治疗范围。如桂枝茯苓丸治疗癥瘕（子宫肌瘤、卵巢囊肿）疗效显著。胶艾汤除治疗崩漏、月经过多（功能性子宫出血）。根据报告加味胶艾汤还可治疗现代医学的流行性出血热、肝性血卟啉病。温经汤为治疗湿寒崩漏、闭经、痛经、宫寒不孕的常规方。小建中汤除治中焦虚损腹痛外，加味可治小产后气虚不固、淋漓出血。红兰花酒临床内服被广泛用来治疗痛经（子宫内膜异位症），外用可治跌打损伤。当归生姜羊肉汤可防治历年手足冻疮，对于大病后气血亏损者，可促其康复。下瘀血汤对产后恶露、胎盘残留有良效。蛇床子散治疗白带、外阴瘙痒（滴虫性阴道炎、外阴湿疹、外阴白斑）也有效。

总之，妇人病三篇是张仲景为后世留下的宝贵财富，有待我们继续整理、发掘和研究，以进一步发扬光大，为人民身心健康发挥更大作用。

风引汤方义解析

陶汉华　山东中医药大学

风引汤是《金匮要略·中风历节病》篇治疗中风病为数不多的几首方剂之一，因其论先列方名，后述症状，与《金匮》其他条文体例不同，故历代许多医家认为此非仲景方，致使后学多轻视或忽略此方的学习和研究，然而此方在组方和治疗应用上有其独到之处，有必要进一步深入研究和探讨，以挖掘和发扬此方的临床应用价值。

一、风引汤本为仲景方

《金匮·中风历节病》篇云："风引汤：除热瘫痫。大黄四两，干姜四两，龙骨四两，桂枝三两，甘草二两，牡蛎二两，寒水石六两，滑石六两，赤石脂六两，白石脂六两，紫石英六两，石膏六两。右十二味，以粗筛，以韦囊盛之，取三指撮，井花水三升，煮三沸，温服一升"。程云来《金匮要略直解》、吴谦《医宗金鉴·订正金匮要略》皆认为此方是宋代林亿、高保衡等在校订《金匮要略方论》时附入唐之方，遂在注解中删去不释。但也有许多医家认为是仲景方，且非常重视和赞誉此方，喻昌在《医门法律·中风门》中说："风引汤治大人风引，少小惊痫瘛疭，日数十发，医所不疗，除热方可。……明此以治入脏之风，游刃有余矣。何后世以为石药过多，舍之不用，而用脑、麝以散其真气，花蛇以增其恶毒。智耶愚耶，而不解矣。"

《千金要方·风癫》："紫石煮散，治大人风引，小儿惊痫瘛疭，日数十发，医所不药者方。紫石英、滑石、白石脂、凝水石、石膏、赤石脂各六两，大黄、龙骨、干姜各四两，甘草、桂心、牡蛎各三两。右十二味治下筛为粗散，盛以韦囊，悬于高凉处。欲用，取三指撮，以新汲井水三升，煮取一升二合，大人顿服，未百日儿服一合，未能者绵沾著口中。热多者日四五服，以意消息之。"此方唯甘草、牡蛎用量及方后注略有差别外，其组方、煎服法和主治基本一致，只是方名不同而已。因此，二者可以认为是同一方。此外，《外台秘要·风痫》记载紫石汤方，内容与前基本相同，但方后注记载更详细。尤其引人注意的是，方后注记载"此本伤寒论方，古今录验范汪同"。由此可知，在唐代的一些医学书籍中如《古今录验》《外台秘要》等均记载风引汤为张仲景方，北宋仁宗年间王洙所发现的《金匮玉函要略方》也正式记载此方，所以林亿等人在校订时，将此方作为正方移于中风条文下。如果是林亿等人附入唐人之方，定会象其他附方一样注以"附方"二字。

二、方药组成与分析

此方共12味药物组成，其中有8味药物属矿物类药物。寒水石又名凝水石、白水石，性味辛寒，清热泻火，利窍消肿。长用于时行热病，积热烦渴等症。石膏辛甘寒，生用解肌清热，除烦止渴。滑石性味甘寒，主要含硅酸镁，清热，渗湿，利窍，在本方中通过利小便而清泄湿热。白石脂，味甘平，主要成分为水化硅酸铝，功能涩肠止血。《本经逢原》云：“白石脂敛肺气，涩大肠，《金匮》风引汤用之，专取其杜虚风复入之路也。”赤石脂，甘涩温，其主要成分除水化硅酸铝外，还含有较多的氧化铁等物质。其功能涩肠止血，收湿生肌。石脂有青、赤、黄、白、黑五色，功用大体相同，《本经》：“主治黄疸、泄痢肠澼脓血，阴蚀、下血赤白，邪气痈肿，疽痔，恶疮，头痒，疥搔。久服补髓益气，肥健，不饥，轻血延年。五石脂，各随五色补五脏，生山谷中。”《本草纲目》云：“除烦，疗惊悸”。此方用赤、白石脂，其作用有二，一是对由热引起的惊痫，有镇惊疗悸作用；二是对热盛动血，特别是胃肠道出血者，有涩肠止血之功。紫石英性味甘温，功效镇心安神，降逆气，暖子宫。此方中主要起镇心安神作用。龙骨甘涩平，主要含碳酸钙、磷酸钙，功能镇惊安神。牡蛎性味咸平，也主要含钙类物质，功能敛阴、潜阳、涩精止汗，在本方中主要镇潜阳气，治惊痫。此方妙在用大黄以苦寒泻下，使热毒随大便而出，以期热盛风动得以平息。干姜、桂枝、甘草温中调脾胃，以防诸多石类药物及大黄克伐脾胃。

此方名为“风引汤”是以主治症候而命名的，“风引”即风痫掣引，也即抽搐。但导致风引的主要病理是发热，故本方的主要作用首先是祛热，所以方后注云为“除热方”。据此推论，此方应以清热为主的寒水石、石膏为君药。滑石、大黄助君清热泄火祛湿热为臣药。尽管《千金要方》《外台》取紫石英为方名，但紫石英不是君药，紫石英、赤石脂与白石脂均为温性药，其与龙骨、牡蛎皆是用来镇惊安神定悸，为佐药。干姜、桂枝、甘草调和药性并温中调胃，其与下热气，宜煎一切痰火气血药的井泉水同为使药。此方虽以祛热为主，但并不一味用寒凉药物，而是寒温并用，辛散与收敛同施，此方既能清热，又能燥湿，既能辛散邪气，又能顾护正气，可谓配伍精到。

此方石类药物用量较大，全方共计 55 两，矿石类药物占 41 两，但病人每次服药量相对较小。《金匮》中每次取三指撮，《外台》中每次用一方寸匕，二者相仿，据考证 1 方寸匕滑石粉约 9g[1]，由此推知，风引汤方 1 方寸匕约 10g 左右。《外台》中对风引汤的煎服法记载较详细，除提出加水二升，煎取一升二合顿服外，又提出“少小未满百日服一合，热多者日二三服。”常人一天服三次约 30g，按一两约等于 14g 计算，一剂药要服 25～30 天，从制药剂量及服用时间来看，说明此病治疗较难，非能短时取效，服药时间要长。

三、临床适应症

《金匮》云：“风引汤，除热瘫痫”，“除热瘫痫”虽寥寥四字，但指出了风引汤的最主要的适应症。“瘫”即瘫痪，现代医学认为，随意运动动能减弱或消失，均称为瘫痪。按照病变部位，可分为上运动神经元性瘫痪（中枢性瘫痪）、下运动神经元性瘫痪（周围性瘫痪）、肌病性瘫痪。上运动神经元性瘫痪的病变部位主要在脊髓、脑干和大脑。脊髓病变临床上常见的疾病有急性脊髓炎、脊髓蛛网膜炎、脊髓外伤等。脑干病变常见有脑干梗塞、脑桥出血等。大脑病变最常见的是脑动脉血栓形成、脑出血、血栓闭塞性脑脉管炎等。临床上的大多数中风病人主要指此而言。下运动神经元性瘫痪常见有急性脊髓灰质炎、格－林巴利综合征等。此外临床常见的还有重症肌无力、周期性麻痹和癔病性瘫痪等。凡是突然出现肢体截瘫或者偏瘫，中医统称为中风。凡是脑部病变引起的中风，如脑出血病人往往伴有发烧、或伴有肢体痉挛、或有癫痫样发作；再如一些脑部感染性疾患如风湿性脑脉管炎或急性播散性脑脊髓膜炎，以及各种原因所致的脑膜炎、脑炎等，大都具有热、瘫、痫的症状特点。因为病人出现癫痫样发作，四肢表现阵发性强直性抽搐，四肢收引，故方名为“风引汤”。现将有关风引汤的临床应用报道略举一二，进一步说明风引汤的适应症。

1. 刘某，男，57 岁。患者素有高血压史。1 天前突然跌倒，神识不清，半身不遂。入院后经腰穿，证实为脑溢血。经止血、脱水治疗两天，仍昏迷不醒，躁动不安，呼吸气粗喉间痰鸣，瞳孔等大，口角向左歪斜，颈项强硬，右侧肢体不能活动，入院后一直未解大便，小便黄赤，赖导尿管排尿。舌红苔黄，脉弦滑数。体检：体温 38.8℃，血压 24.0/14.7Kpa，心率 114 次/分，律齐，无杂音，双下肺有少许湿罗音。此为肝阳暴盛，痰郁化热，风痰闭窍，横窜经络。治宜清热熄风，豁痰开窍，方以风引汤加减：大黄 10g（后下），寒水石 15g，赤石脂 15g，紫石英 20g，生龙骨 20g，生牡蛎 20g，生石膏 30g，滑石 15g，桂枝 5g，胆南星 6g，丹皮 10g，羚羊角 1g（磨水服），水煎服。两剂后发热见减，痰涎减少，大便通，躁动止，已有知觉，呼之能应。上方加石菖蒲又服两剂，热退净，小便恢复正常，能自动排尿，神识转清，但语言蹇涩，右侧肢体仍不能活动，后用补阳还五汤加减治疗半年，生活能基本自理[2]。

按 本案之昏仆，不省人事，高热瘛疭，半身不遂，乃肝阳化风，挟痰热蒙蔽清窍，横窜经络所致。正符合风引汤瘫、热、痫的病机。方中未用干姜，而加胆南星、羚羊角、丹皮、石菖蒲等，进一步加强了清热化痰、熄风定惊之效，故而取得较好效果。

2. 黄某，男，5岁。因高热惊厥、呕吐而入某医院，确诊为“结核性脑膜炎”。继又伴发麻疹，已40多天，病情加剧。诊见精神痴呆，形体瘦弱，左半身不遂，低热不退，体温38℃，午后面红，口唇干燥，大便秘结，舌红苔黄，脉弦数有力。治宜清热镇心，潜阳熄风，豁痰宣窍。用风引汤加减：生石膏15g，寒水石、大生地各9g，生大黄、白僵蚕、赤石脂、天竺黄各4.5g，紫石英、生龙牡各6g，桂枝、全蝎各2g，蜈蚣1条，牛黄清心丸1粒（研细冲服）。水煎服，3剂后，发热渐退，神识略清，能进流汁饮食。守方加减又服7剂，热清纳增，肌肉略丰，已能说话，但欠灵活，左半身能轻微活动，舌苔薄黄，脉弦略数。神志清醒后，去牛黄清心丸。一月后言语清楚，已能步行如常，但不灵活，尚欠持久，舌光少苔，脉细，共服风引汤加减50余剂，后易补肝肾、益气血之剂，调理月余，恢复正常[3]。

此外，根据报道本方还可用于治疗癫痫、精神分裂症、癔病性抽搐、小儿惊厥等。总之凡肝阳化风、肝风内动，而具有发热、肢体活动障碍，瘫痪或掣引抽搐，或有癫痫样发作者均可用此方治疗。宋代林亿等在方后注中曰：‘巢氏云：脚气宜风引汤。”脚气为《诸病源候论》所记载的一种病名，古名缓风，又称脚弱。因外感湿毒风邪，或饮食厚味所伤，积湿生热，流注于脚而成。其症先起于腿脚，麻木、酸痛、软弱无力，或挛急、红肿、发热，进而入腹攻心，病机属于湿热下注，故亦可用此方治疗。

参考文献

[1] 汉华. 经方药量换算与考证. 山东中医药大学学报. 1997. 21（4）：307～308.

[2] 昌国. 运用仲景方治疗危重急症举隅. 湖南中医杂志. 1988；5：16.

[3] 益丰. 《金匮要略》风引汤治案. 浙江中医杂志. 1982；3：117

（四）对仲景学说的临床应用和实验研究

张仲景《伤寒论》在辨证论治上既掌握了空间又抓住了时间

岳美中　中国中医研究院

后汉张仲景所著的《伤寒论》，揭示出诊治外感热性病的规律，能够指导实践。在辨病、辨证分析问题的前提下，如实地去解决问题。

《伤寒论》总标题，是：“辨病、脉、证并治”。

在总的辨病上，既审察到病在空间上的客观存在，又抓住时间上的发展变化。如太阳病痊愈、欲解之候与传经之时，有“太阳病法当七日愈，若欲作再经者，针足阳明，使经不传则愈”。《内经》谓：“伤寒一日，巨阳受之”，又云“七日巨阳病衰，头痛少愈”。抓住病愈与传经的时间，则能掌握到疾病应施治与不施治。

“太阳病，欲解时，从巳至未上”。

巳午为阳中之阳，故太阳主之，至未上者，阳过其度也。人身阴阳，合于大自然气候，至太阳之时，人身太阳之病，得籍其主气而解。六经病各随其主气而解。阴阳在一日一夜的六气上，随着时间的过度变化，子时一阳生，午时一阴生，是阴阳交替之际，卯时阳与阴平，酉时阴与阳平，“生物时钟”、最为显著，已为现代所发现。我国医学，本着日夜的长短，寒暖的推移，四时的节气以观察六气之交替，而进行一年外感时行疾病之辨证论治。

我在五十年治病经过中，根据大自然阴阳气交之变化，曾于病人有所体认，略述于下，以资印证。虽不够精密，但约略得其宏观的整体，愿与中医界贤明商榷之。

人类和动物生生化化于宇宙间，是与大自然浑然不可分离之一体，生息于大地之上，日星之下，因其旦暮昼夜之变化，春夏秋冬二十四节气发展之不同，而种种生物自然随之，各有其生命之抑扬起落，或张或弛之现象，所以产生了现代“生物时钟”的说法。其所谓周期性、节奏性规律云者，盖不外此也。

今天科学家所引起注意研究之事理，上溯我国古医学早在悟见辨认中，而且久已应用之于诊断治疗中，《内经》《伤寒论》论之详矣，用之确矣。

［例一］昔年我在唐山市曾诊治一中年妇女陈姓之患经血漏下者。其病经过中西医多次诊治，讫无效验。后就我求诊，给予治血漏的古今方数剂亦罔效。因细询其漏血时间是在昼在夜。她说只在上午，余时不见。我想白昼属阳，上午为阳中之阳，考虑病情是阳气虚，无力摄持阴血，届上午即行漏下。因处以四物汤加炮姜炭、附子炭、肉桂。方：熟地黄炭五钱，白芍炭四钱、川芎二钱、当归五钱、附子炭二钱、炮姜炭二钱、肉桂钱半。服药三剂，经漏即止，追访长期未复发。

［例二］又曾治一季姓之女孩，其父抱持而来，合眼哆口，伏在肩上，四肢不自主地下垂软瘫，如无知觉之状。其父主诉孩子之病已三天，每到上午午时，夜半子时上下即出现这种症状，呼之不应。但过一小时即醒来如常人，延医诊视，不辨何病，未予针药。我见病状及聆病情，亦感茫然，讶为奇症。乃深加思考，得出子时是一阳生之际，午时是一阴生之际，子午两时，正阴阳交替之候，而该女孩于这两个时辰出现痴迷及四肢不收之病象，则治疗应于此着眼。但苦无方剂。又辗转思维，想到小柴胡汤是调和阴阳之方剂，故投以二帖试治，不意其父隔日来告，服药二剂，已霍然如恒状，明日即拟上学读书云。

一日十二时之子午卯酉，一年廿四节气之二分（春分、秋分）二至（冬至、夏至），为一日与一年最关键时刻，是阴阳气交的枢机，是时间的发展变化。因为子午与二至，是阴阳交替之候，卯酉与二分，是阴阳平衡之际，能注意到这些时令的发展变化，就能测度出阴阳的消长与平衡，对外感急性病，可以掌握到它的欲解向愈、转化与传变的时刻，即使是慢性疾患，也可观察到它的痊愈与恶化的趋向，甚至可以推断危亡的时刻。

我临症五十年，本着以上日、年的运行规律，曾诊断过几例，幸而获中，兹述说如下：

在三十年代间，于乡村曾诊治一吴姓青年，患肺病，中医认为是痨瘵症，脉数急，右部更甚，吐血咳嗽，汗出气短，患病年余，体力已极端困惫。我接诊系在农历年终，认为此证是阴阳俱虚而阳虚更甚，予以气津双补之剂。延至次年二月，其脉尤数疾无伦次，且手未及脉，则指端有似火焰上燎之动觉，我把这种脉叫为“攒尖”，痨瘵病末期多有之，是距危候不远征兆。即告其亲友，患者约在春分之日死去。其友追问能确吗？一日是早是晚？我根据其脉右部数疾，是阳脱现象，断为早晨六时左右而逝去，因卯时为阳与阴平之候也。后果应余言，时日未爽。

又一九三六年间，曾治唐山市一工人，李姓年三十余岁，患痨瘵症，脉证俱虚极，而左部脉尤数疾。断为偏阴虚的肺痨病，时在农历六、七月间，求我诊治，初稍有效，到七月末脉尤加数急，阴虚之象更显，其家各处求医求药，但每周邀我诊脉一二次，有时也处方予服。到距秋分节令十日前，病人尚还下床行动，饮食尚可。其家人追问我推断此病如何？我细诊患者之脉有“攒尖”之动象，说难以度过秋分那一日的晚六时酉刻，其家人似信非信，仍去天津购贵重药品，因当此时患者尚行动饮食如恒，只稍较委顿些，但我断言不出秋分之日必死亡，且在酉刻，后果如余言。何以断定酉时，酉为阴就阳平之候也，其人阴虚，安不得死于是刻。

又曾在唐山诊治一年四十余之妇女，久患虚劳症，但未卧床，在我接诊时，其脉数疾而有“攒尖”现象，时距春分五日，我断其死于是日，其翁父亦知医，认为未必然。后果应余言而逝去，其翁问我据什么脉证以断，余答以依阴阳运行变化，其人似未领略。

青壮年痨瘵病，似是阴阳互相斗争，到二分与酉卯之时，阴阳需要平衡，而斗争剧烈，致使离决，则精气乃绝矣。

心阳式微之症，老年人之患虚性喘嗽者多是。每发于夜半后丑寅之时刻，初喘继而烦躁坐起汗出，继而喘抬两肩，不能自解平复，则危亡立至。若接近卯时，则逐渐平复如常。这是因为夜半子时一阳当生而不能生，挨至丑寅之际，阳当转旺而仍式微，则喘咳作矣，继而烦躁汗出而转重，若阳气渐复，则慢慢喘平汗敛而生，否则危亡至矣。这种病例，如果能心中有数的加以观察，往往发现不少。

老人危亡多在冬至夏至阴阳交替之时，一九七五年十二月间，前卫生部×××逝世，其时正当廿二日冬至节。年寿八十。新经医院检查无病，并祝其可再活四十年，不意十数日而遽逝。

阴阳之理至微，死生之事至大。阴阳抱负之机缄，阴阳消长之理论，早见于两千年前之《内经》，即以“阴平阳秘精神乃治，阴阳离决，精气乃绝”之精确理论，断定人之健康与危殆。溯诸我国历代所遗留下来的古医籍既能辨客观存在的具体疾病，又能觉察到时间发展变化的证与脉，从而分析，加以解决急性病与慢性病。今就后汉张仲景《伤寒论》加以按实而评说之。

举伤寒太阳病中风为例。

太阳中风，即外感风邪或挟有寒邪在表的病。其证是：汗出恶风，脉缓发热，头项强痛，或恶寒等，以桂枝汤主之。

桂枝汤的方义，治疗方面看，它以解肌和营为主，用发汗力轻的桂枝来解除肌表之邪，以调整正气，芍药敛阴以调和营血，生姜散寒，佐桂枝以解肌，大枣养脾，伍芍药以缓急，甘草“通经脉、利血气”（《别录》），可以助桂枝以通畅血行，使疼痛得到解除。从扶正祛邪的方面看：桂枝既温阳通脉，芍药既和血敛阴，桂枝芍药相配伍，是一阴一阳的两个属性，一开一合的两个功能，在相互依赖，相互制约的作用下，起到阴阳得和，营卫得调的效验，更佐以甘草之安中益气，使以姜枣之开胃养脾，既能攘外，又能安内。在患中风病的当时空间客观存在的症状上，共达到扶持正气，以祛邪外出之治疗目的，所以最宜于体弱易于感冒之汗出恶风患者，尤其对于卫阳不足体力已衰每易触邪的老年患者。

桂枝汤治中风，不仅在方剂的组合上非常严谨，非常得体，而在方后煮服法和将息上如“上五味，㕮咀三味，以水七升，微火煮取三升，去滓，适寒温，服一升”。注意了时间变化的重要性，不令病轻药重，有药过病所之弊。这是初步服药的细心处理。

“服已，须臾，啜热稀粥一升余，以助药力。温覆令一时许，遍身漐漐微似有汗者益佳，不可令如水流漓，病必不除”。针对中风病情，亦适可而止的服药更取饮食及盖覆法以助药力发汗，并谆嘱不可令如水流漓，病“必”不除，下一“必”字，是何等苦口婆心。凡仲景条文及附语中着“必”字，读者必须十分注意，切勿滑口读过，免得在临症时发生错误。这是在时间上第二层的细心处理。

“若一服汗出病差，停后服，不必尽剂。若不汗，更服，如前法；又不汗，后服小促其间，半日许，令三服尽。”在此节更看出治病须细心，不可有一点马虎，如“若不汗，更服如前法”是令患者服药后，啜稀粥，温覆取汗，不可简单地只服药。“又不汗，后服小促其间，半日许令三服尽”。这种小心翼翼地掌握在时间上取汗法，是恐怕粗心大意的给药，起到反作用的第三层细心处理。

“若病重者，一日一夜服，周时观之，服一剂尽，病证犹在者，更作服。若汗不出，乃服至二、三剂”，这是掌握了时间发展变化的重要性，不遗余力必令汗出病愈的第四层的细心处理。

关于将息上：“禁生冷、粘滑、肉面、五辛、酒酪、臭恶等物”。这是在病中与病后一个短时期的禁忌，恐生冷遏邪、粘滑肉面恋邪、五辛发邪、酒酪臭恶闭邪助邪，这是最终的细心处理。

这种中风汗出恶风的疾病，不是什么太严重的大症，而仲景却在给药上，护理上这样重视，我初步体会到，他诊察出病虽不大，而素质虚弱，抗病力量不够，在治疗和护理上，一有疏忽，会出现想不到的枝节。保持慎重的给药作法，耐心细致的护理态度，这种措施，看似细小，实关重要，是堵住漏洞，免致溃决的战术。是合乎医生凡事要坚持“过细”的作风，要有完全为病人服务的精神的，尤其对治疗老人外感热性病，在衰残体格高年身上，容易缠绵，且一星之火，可以燎原，更应当过细的观察病情，加以精心的护理，才能很好地完成对老年人理疾任务。

从仲景对中风症用桂枝汤治疗具体措施里面，还发现一个极关重要的原则问题。即在“辨病辨证脉并治”既掌握了客观存在的空间，又抓住了发展变化的时间。从那里见得呢？一个太阳中风的病证，有一个针对性强的桂枝汤，不就可以解决得很好吗？为什么他又在桂枝汤的基础上，于后面拟出十几个方剂呢？宇宙间没有不变的事物，没有不发展变化的疾病，况且外感热性病，属炎上的火，而中风症，又体质素弱抗病力不足，更容易起到变化，不抓住它的时间上的运动，只静止地孤立地掌握到它的空间上的客观存在，那会随时碰壁，捉襟见肘，穷于应付。仲景以高度的智慧，敏捷的手腕，捉住了疾病运动的时间，随病机以赴，毫不失时地加以分析问题。自使病无遁情，方无虚发的解决问题。

有人问，病证在空间上的客观存在，有具体的症状表现是不难的，象刹那刹那顿生顿灭、刹那刹那顿灭顿生，如逝水与电光石火般的分秒不停空洞无物不可捉摸的时间，又如何能抓得住呢？这一问题的提出颇关重要，需要说明一下。

时间和空间，纵横地交织在一起，才形成宇宙，人在其间，生存下去，繁殖下去，是须臾不能离开它的。人在生理上既随着四时的运行，昼夜的转变适应它的规律而健康的生活着。一有疾病，无论是风、寒、暑、湿为其外界的诱因或直接受到侵袭影响机体，它本身既有变动不居性，若使治疗不及时与不恰当，则更必迅速的发展，这虽然比较空洞现象抽象，但仔细观察，也有它的客观存在，蛛丝蚂迹的迹象可寻。人在疾病中生活的过程，容易受外界的影响，体内的支配，如气候的诱因，情绪的刺激，与夫饮食男女的活动不当，这些物体既占有空间位置而物体活动亦可假借空间而得到辨认。物体观念的形成与空间观念的形成是直接的，宇宙万象，都在变化流转不定，看似难以掌握但也是间接的展现在人的面前，也可以说是直接的，在不可得时，则惟取其约略相当的，于瞬息万变中从患者自身感觉和医工的诊察上，摄取其片断而固定化之，以约略相似（大致不差）的为其代表，假手于一时，这与广大空间之展现有关，节取它的一时所见而不放松的抓住它，以便依据为规划设计之所资，实为必要与可能。

观仲景之对桂枝汤的进退加减，都是在空间的存在上而抓住时间的运动变化加以施治，例如：太阳病，初服桂枝汤，反烦不解者，先刺风池、风府，却与桂枝汤则愈”。

这条治中风之变，在时间上已初服桂枝汤一升，反烦不解，热郁于心而烦者谓之烦，发于皮肉者，谓之热，服汤反烦而热不解，非桂枝当用也，以外感之风邪重，内之阳气亦重，风邪本自项入，必刺风池风府，疏通来路，以出其邪，仍与桂枝汤以和营卫，则病得已，审度时间，针先汤后，以辨证施治。

“太阳病，得之八九日，如疟状，发热恶寒，热多寒少，其人不呕，清便欲自可，一日二三度发。脉微缓者，为欲解也……面色反有热色者，未欲解也，以其不能得小汗出，身必痒，宜桂枝麻黄各半汤”。

其人热多寒少，而面色缘缘正赤者，是阳气怫郁在表不得越，当汗不汗，其身必痒，八九日来，正气已虚，表邪未解，不可发汗，又不可不汗，故立此法以小汗之，在时间上加以考虑也。

“与桂枝汤，大汗出，脉洪大者，与桂枝汤，如前法。若形似疟，一日再发者，汗出必解，宜桂枝二麻黄一汤”。

风寒乘汗客于玄府，必复恶寒发热如疟状。然疟发作有时，日不再发，此则风气留其处，故曰再发。必倍加桂枝以解肌，少与麻黄以开表。这在中风症的发展变化上相度病情以治之。

“太阳病发汗，遂漏不止，其人恶风，小便难，四肢微急，难以屈伸者，桂枝加附子汤主之”。

柯韵伯曰：“太阳固当汗，若不取微似有汗而发之太过，阳气无所止息，则汗出不止矣。汗多亡阳，玄府不闭，风乘虚入，故复恶风。汗多于表，津弱于里，故小便难；四肢者，诸阳之末，阳气者，精则养神，柔则养筋，开合不得，寒气从之，故筋急而屈伸不利也。此离中阳虚，不能摄水，当用桂枝以补心阳，阳和则漏汗自止矣。坎中阳虚，不能行水，必加附子以回肾阳，阳归则小便自利矣。

漏不止，与大汗出同，若无它变证，仍与桂枝汤，若形似疟，是玄府反闭，故加麻黄，此玄府不闭，故加附子，若大汗出后而大烦渴，是阳陷于内，急当滋阴，白虎加人参汤。此漏不止而小便难，四肢不利，是阳亡于外，急当扶阳，此发汗虽不言何物，其为麻黄汤可知，盖桂枝汤有芍药而无麻黄，故虽大汗出，而玄府能闭，但使阴陷于里，断不使阳亡于外也”。此证病情复杂而且严重，经柯的分析，知用什么方，不用什么方，在病例中则不至再犯错误，使病横生枝节了。

“发汗后身疼痛，脉沉迟者，桂枝加芍药生姜各一两人参三两新加汤主之”。

表虚，不得更兼辛散，故去生姜，脉沉为在里，迟为血不足，身痛是血少失其濡养，故加芍药，配甘温之品以和营，更兼人参以通血脉。里和而表自解矣。此在发汗后而表不解，在时间上的内外皆虚，故用人参以补中益气，率领桂枝甘枣以通血脉，则表里自和。

“发汗后，其人叉手自冒心，心下悸，欲得按者，桂枝甘草汤主之”。

心为阳脏，而汗为心之液，发汗过多，心阳则伤，其人叉手自冒心者，里虚欲为外护也。悸，动也。欲得按者，心中筑筑不宁，欲得按而止之也，是宜补助心阳为主。桂枝甘草，辛甘相合，乃生阳化气之良剂。这纯是用发汗剂不当，在时间上遗留下来的虚证之补救法。

“烧针令其汗，针处被寒，核起而赤者，必发奔豚，气从少腹上冲心者，灸其核上各一壮，桂枝加桂汤主之，更加桂二两也”。

“发汗后，其人脐下悸者，欲作奔豚，茯苓桂枝大枣甘草汤主之”。

二症基本都是奔豚症，一欲发，一已发。已发者，灸其核上各一壮，桂枝加桂枝汤主之。我于前年曾诊治一妇女奔豚症，气从少腹上冲心，则心下鼓起一拳大之气核，在乡村延医治疗三年余，讫未治愈，来京央余治之。其症起因非缘烧针起核而发，余即直接用桂枝汤更加桂二两，成五钱之量（伤寒论之一两作一次服，可折作一钱）予服。服三剂后，即感觉上冲之势已杀，又服数剂而痊愈，其后追访未复发。

奔豚症在临床常见，有的很难根治，而桂枝加桂汤看似平平无奇之方剂，桂枝汤本方即治上气冲之症，但仲景却益桂二两，用治奔豚，确认桂能伐肾邪，遵而用之，在临床则取到显效。这种知己知彼百战百胜的宝贵遗产，应当继承下来，而加以发扬光大。

其欲作奔豚者，则用苓桂甘枣汤以遏止其发展，具体问题，具体解决，是何等精确地掌握了疾病的空间和时间。

“火逆下之，因烧针躁烦者，桂枝甘草龙骨牡蛎汤主之”。

火逆复下，已误复误，又加烧针，在时间上是三误也。火气内攻，心阳内伤，则生烦躁，桂枝甘草，以复心阳之气，龙骨牡蛎，以安烦乱之神。这是在中风症过程的时间里，辨证施治均有错误，而救逆的方剂。

“伤寒脉浮，医以火迫劫之，亡阳，必惊狂，卧起不安者，桂枝去芍药加蜀漆牡蛎龙骨救逆汤主之。

尤在泾曰：“亡阳者，火气通于心，神被火迫而不守，此与发汗亡阳者不同，发汗者，摇其精则厥逆，肉瞤筋惕，故当用四逆；被火者，劫其神则惊狂，起卧不安，故当用龙牡，其去芍药者盖欲以甘草急复心阳，而不须酸味更益营故也。蜀漆，即常山苗，味辛，能去胸中邪结气，此证火气内迫心包，故须以之逐邪而安正也”。尤氏此论分析入微，见逆证所致之源，是启发读者审证候之思想。

“太阳病，医反下之，因而腹满时痛者，属太阴也，桂枝加芍药汤主之”。于桂枝汤更加芍药三两，共六两。

“大实痛者，桂枝加大黄汤主之”。

腹满而未实，痛而不甚者，可以桂枝加芍药而解之，若大实大痛者，邪气成聚，必以桂枝加大黄，越陷邪而去实滞也。

此外如小建中汤、柴胡桂枝汤等症不都是在短时间辨明饮食大小便和精神上抓住时间发展变化的片断而固定化吗？因而随病机以赴，很恰合分寸的解决问题。

《伤寒论》中除桂枝汤后在空间和时间辨证论治的分析病情解决疾病外，如病情严重与复杂者四承气汤、五泻心汤、六栀子豉汤、柴胡类方、四逆辈方等，都是既掌握了空间又抓住时间针对病情，很仔细地随机以应付之。总之，中医的理论和实践，前人留下了很丰富的宝贵遗产。几千年历史，都有创造和发明。尤其是后汉张仲景所著的《伤寒》《金匮》对于急性热病和慢性杂病，既掌握了空间和时间的辨证规律，示人以法程，我们如果能体会到他的辨证论治的规律性，则可加快中西医结合的步伐，创造出统一的新医学和新药学，不难作出应有的成绩。

这个任务西医固然有的掌握了现代科学，对创造新医有很好的条件，但在辨证论治上尚未能随地抓住疾病在时间上的发展变化，不能弥补西方医学形而上学的缺点，在中医加深温课，以辩证唯物主义的观点立场和方法，找出前人的理论和实践的规律所在，传授给愿意学好这些东西的西医同志，很密切地沟通起来，在医学上是会实现伟大导师和敬爱周总理所倡导的创造我国统一的新医学新药学遗愿的。

后汉张机所遗留下来的《伤寒论》，他揭示出治疗外感病的辨证论治的规律，能够指导着实践，在辨证地分析问题的前提下，如实地去解决问题。

《伤寒论》总标题是："辨病、脉、证并治"。举太阳病为例："太阳病，发热汗出，恶风脉缓者，名为中风"。"太阳病或已发热，或未发热，必恶寒，体痛呕逆，脉阴阳俱紧者，名为伤寒"。分析中风与伤寒的症状，中风是机体衰弱，抗病能力不足，故汗出恶风，脉缓发热，治以桂枝汤解肌退热。伤寒是机体壮实；抗病能力旺盛，故有必恶寒的特征，体痛呕逆，脉阴阳俱紧，治以麻黄汤解表发汗。一样外感，两样辨证，两种绝然不同的治法，看似平易，内中实寓有中医"祛邪存正、护正祛邪"的辨证论治的规律性。人的肌体素常衰弱，感受通常外邪则影响肌表较重，在汗出恶风的症状下，在方药中若不顾护正气，孟浪地加以解表退热，则必致节外生枝，变证不测。故桂枝汤，先以桂枝解肌，辅以芍药敛阴，炙甘草补正，佐以生姜大枣调和营卫，维护胃气，取见热不退热，注重协调阴阳，巧妙地使营卫和谐，漐漐汗出而告愈。

不仅方药入细，而在服药和将息方面，更标示出应有的细则。看桂枝汤方下煎药、服药并将息法"右五味、㕮咀三味，以水七升，微火煮取三升，去滓，适寒温，服一升，服已须臾啜热稀粥一升余，以助药力，温覆令一时许，遍身漐漐微似有汗者益佳，不可令如水流漓，病必不除。"这是服法的第一层医嘱。适寒温，服一升，不令过量，服已须臾，啜热稀粥一升余，恐药力不够，以饮食平和之品，辅助药力并令覆被取微汗。在服桂枝汤药汁，为什么不服多一升，爽快的令汗出呢？我们要知道，中风证大汗淋漓，是病"必"不愈的，下一"必"字，是谆谆教导医者，不可令大汗出，适当地取漐漐微汗，桂枝汤虽用顾护正气的措施下祛邪外出，毕竟桂枝通阳之力很大，过量服用，分寸上一有差误，会造成不应有的病证，所以小心翼翼地采取啜稀粥和覆盖的平和办法，万举万当的取到微汗，这是对病人何等负责，对疾病何等的细心，对治法的何等稳妥！仲景之书，要细细的读，要谨遵的用，就这一点平常施治足司为临床医生应学习的法规，应持有的态度。不仅这些，下面还有"若一服汗出病差，停后服，不必尽剂。若不汗，更服，依前法；又不汗，后服小促其间，半日许令三服尽。"这一套在仔细观察中，更进一步的务令达到把病治愈的目的。这又是何等为病人负责的精神。下面更考虑到"若病重者，一日一夜服，周时观之，服一剂尽，病症犹在者，更作服，乃服至二、三剂"，除病务尽，不令有邪气稽留侵蚀正气致发生有后遗证，这是临床者应为患者全心全意的服务不可缺少的精神。最后在将息法上更谆淳告诫"禁生冷滑粘肉面五辛酒酪臭恶"等，以免恋邪助邪，迅速达到痊愈目的。

以上这种细密的辨证和谨慎的施治，示人以很谨严的规律对素体虚弱患有外感热性中风病的既重要而又细密的遗产，有什么理由我们不认真的继承下来，加以运用和发展它呢？

从仲景对中风证用桂枝汤治疗具体措施下，里面还发现一个极关重要的一个原则，既在辨病辨证脉并治，掌握了客观的空间的存在，又抓住了变化发展的"时间"的运动，这从那里见得呢？一个太阳中风的病证，有一个针对性强的桂枝汤，用之得当，不是就可以解决得很好吗？为什么他又在桂枝汤的基础上，又拟出十几个方剂呢？宇宙间没有不变的事物，没有不发展变化的疾病，况巳外感热性病，属炎上的火，而中风证又体质素弱抗病力不足，更容易起到变化，不抓住它的时间上的运动，只静止地孤立地掌握到它的空间上客观存在，不随着它的变化而变化，那会随时随地的碰壁而穷于应付。仲景以高度的智摹的心，敏锐的手腕，捉住了疾病运动的时间，随病机以赴，毫不失时地加以解决，自使病无遁情，方无虚发，胜利愉快的解决疾病。

有人问，病证在空间上的客观存在，有具体的症状表现，得到认识，比较容易，那分秒不停，顿生顿灭，顿灭顿生又空洞无物、不可捉摸的时间，又如何能抓得住呢？这不是一高妙的空间吗？使人如何继承又如何发展呢？这一问题的提出，颇关重要，须得把它说明一下揭示出来。

时间和空间，交织在一起，才形成宇宙，人在其间，受大自然的支配——既受空间和时间的支配，生存下去，繁殖下去。空间和时间，运动不息的存在着，人在生理上是随着四时推移，昼夜运转而适应着、健康的生活着，一有疾病，无论是风、寒、暑、湿的诱发疾疫，或是外因直接影响肌体，它本身既有变化性，而且迅速的发展，这虽抽象比较空洞，但仔细观察，也有它的客观存在，有迹象可寻。物体既占有空间位置，物体移动亦可假借空间而得辨认，物体观念之形成与空间观念之形成要不可分，宇宙万象都在变化流转不定，势难加以掌握。不可得时，则惟取其约略相当的，于瞬息万变中，但从患者的疾病的自身感觉和医生的观察，摄取片断而固定化之，以约略相似（大致不差）的为其代表。亦可体认假借于一时，这与广大空间之展现有关，节取它的一时所现而抓住它，以便掌握为规划设计之所资，实为必要。观仲景之对桂枝汤的进退加减，都是在空间的存在而捉住它时间运动变化以施治，例如“烧针令其汗，针处被寒，核起而赤者，必发奔豚，气从少腹上冲心，桂枝加桂枝汤主之。”

“发汗后，其人脐下悸者，欲作奔豚，茯苓桂枝大枣甘草汤主之。……等

二证基本都是奔豚证，一已发，一欲发，欲发者即在桂枝汤方的基础上。加桂枝之量，已发者加茯苓，具体问题，具体解决，是何等精确地掌握了空间和时间。

发汗后，其人叉手自冒心，心下悸欲得按者，桂枝甘草汤主之。

这是在发汗后时间变化的心下悸证，仲景减桂枝汤的药味，只存桂枝、甘草以解决现实空间的存在证候。

其他如转化为恶寒，汗漏不止，小便难，四肢微急，则于原方加附子。

火逆下之，因烧针烦躁者，则于原方加龙骨牡蛎。

本太阳病，医反下之，因而腹满大实痛者，桂枝加大黄汤主之，即桂枝加芍药汤再加大黄。

此外如小建中汤、黄芪建中汤等，都是在时间发展变化中，抓住运动的现象，而固定化之，以解决体虚抗病力不足的桂枝汤的转化证。倘能辨证不误，用方得当，都能很快很好地解决疾苦。

经方派老中医岳美中教授用经方起大症之经验

陈可冀　李春生　中国中医研究院西苑医院

著名老中医岳美中教授曾云：“专用古方治病，时起大症。”岳老这里所说的“古方”，主要指的是张仲景之经方；所谓“大症”，则指急性热证、危重证和疑难证等。岳老在深厚学问的根底上，采用经方，匠心独运，起“大症”很多，现谨举数则，略事阐发，以窥其一斑。

一、经方治疗急性热证

《经方》：桂枝汤，白虎汤，白虎加桂枝汤，葛根芩连汤。

急性高热，有时中西医治疗上均感棘手。岳老解放前悬壶唐山，曾治开滦矿物局某14岁女孩，患发热症，体温高时达40℃，多法治疗无效。岳老诊此孩时，以其但渴不多饮，二便自调，舌苔淡黄，知不是真热；发热恶风，脉见浮缓，时有汗出，系中风证未罢，营卫失和。拟桂枝汤原方如法服之，三剂而痊。

1971年6月，岳老在××医院会诊一男性病人，54岁。“发烧待查”，高烧七、八日，体温持续在38℃～38. 8℃之间，有时达40℃，屡进西药退热剂，旋退旋起。诊察证候，口渴、汗出、咽微痛、舌苔薄黄、脉象浮大，认为系温热已入阳明经气分之象。投以白虎汤，用生石膏60克，加连翘、鲜芦根、鲜茅根清解透达。连进五剂，热退获安。

1958年8月，岳老治一3岁男孩，患此病高热达40℃，人迎脉数，面赤，汗出微喘，是有表邪；舌黄不燥，呕恶上逆，大便溏泻且次数多，是脾胃蕴有，暑湿挟热下利。乃予葛根黄芩黄连汤原方，连服三剂而热减，大便转佳，呕恶亦止。继服此方，很快痊愈出院。

疟疾高热，虽有抗疟西药治疗，未能尽愈所有病人。岳老曾治一间日疟患者，寒少热多，用奎宁无效，予柴胡剂亦无转机。诊之见汗出热盛，乃白虎汤证。仿《金匮》：“温疟者，其脉如平，身无寒但热，骨节痛烦，时呕，白虎加桂枝汤主之。”遵明训治病，病自霍然。

二、经方治疗肾脏病证

《经方》：越婢加术汤，小柴胡汤，防己黄芪

汤，猪苓汤，理中汤，真武汤，肾气丸。

中医认为，肾者作强之官，伎巧出焉。肾藏精，主水，司二便及生殖功能，分野在下焦，膀胱为其腑。故岳老所说的肾脏病证，是以现代医学泌尿生殖系统病变为主的疾病，包括急慢性肾炎、尿毒症、肾盂肾炎、膀胱炎、肾结石、前列腺肥大、男性不育症及顽固性腹泻等。

经方对急慢性肾炎有较好之疗效。岳老曾治一慢性肾炎患儿，上半身肿，屈风，按仲录理论当用汗法。口渴，脉数大，为里有热。取麻黄加术汤治疗，麻黄解表发汗，苍术助麻黄解表祛湿，石膏清里与麻黄配伍，令湿由小便去，因而收到良效。岳老还指出：无论急慢性肾炎，周身洪肿，心胸苦闷，小便不利，均可以小柴胡汤治之。若脉弦数，舌苔白黄，里热较盛，可再加石膏。凡治水肿总不外“开鬼门，洁净府，去菀陈莝”三个大法，柴胡石膏生姜半夏都能解表，可以使湿从汗走；而党参半夏甘草姜枣可以健脾和胃以利湿，使水从小便而去。尤在泾云：“升浮之气叮以行沉滞之湿。”柴胡味薄气升，当然也可胜湿，因而小柴胡汤加石膏一方，虽然主要是用以和解少阳，而不是当作一股消肿方剂，当然事实上仍寓有消肿之意。着浮肿兼有肝脾肿大者，当仿仲景十枣汤意，于小柴胡汤去甘草加大枣至30枚，送服子龙丸（即控涎丹）5粒，一日二次，连服五次以逐水。又有风水之属虚者如傅某，症见下肢沉重，是寒湿下注；面胫浮肿，是水湿停滞；汗出恶风，是卫气虚，风伤肌腠；舌质淡白有齿痕，脉浮虚数，是患病月久：体虚表虚舌脉亦虚之现象。选用防己黄芪汤坚持服用，浮肿及尿蛋白消失。肾炎浮肿消失后，岳老主张用肾气丸加车前、牛膝，或配合黄芪粥常服，温肾补气，使体力恢复，以免有复发之虞。

急性肾功能衰竭，经方有一定效果。1958华岳老曾治一女性病人，患胃穿孔合并腹膜炎作外科手术，术后血压一直很低，尿量极少，甚至无尿，持续数目，渐呈半昏迷状态。肌肉抽动，血液非蛋白氮150毫克%，西药无效。岳老会诊时，见患者神志欠清，脉细肢凉，显然阳气式微，不能温养四肢。肾气从阳则开，从阴则阖，肾关因阳微而不能开，遂成尿闭。病人时而躁动，手抽肉瞤，是阴阳俱虚，不能煦濡筋脉所致。病在少阴，故用真武汤去生姜，加西洋参、生苡米、以鼓阳利尿，兼扶气阴。肾关得阳则开，尿毒之患可解。果然一剂之后，四肢渐温，自排小便，肉瞤筋惕亦止。但仍疲乏无神，懒于言语，正气尚未恢复，二诊时采用健脾补气利尿之剂，病情逐日好转。

肾盂肾炎及膀胱炎以女性多见，常反复发作，尿急尿频，或腰酸低热，迁延难愈，治疗常感棘手。岳老曾治某院一女性患者，病肾盂肾炎，初用抗菌素有效，但迁延年余，复发愈频，他医曾投清热解毒之剂未中病机。岳老诊其脉六部皆弱，嘱发作时用猪苓汤原方，间歇期用金匮肾气丸，如遇外感，停用此药。患者服药三个月后来告，虽有复发，然间歇延长，至半年后不再复发。又，某病房护士，流产后患膀胱炎，溺后少腹不适，尿中脓球很多，舌淡苔净，脉缓大，两尺弱，曾用中西药多种，未能控制病情，岳老予猪苓汤加大小蓟、黄柏、栀子、石苇煎服，五剂痊愈。

尿路结石合并肾盂积水，可用肾气丸增损。岳老治一男性患者，右侧输尿管有结石两块，已引起肾盂积水。腰痛，有肉眼血尿，切其脉虚，两尺短，皆为不足之征，肾气尤虚。肾气虚不能化水，故积水而小便不利。方用肾气丸加车前、牛膝、苡米、金钱草煎服，连服五十余剂，结石影消失，肾盂积水亦不复存在。

前列腺肥大引起之排尿困难或尿潴留，亦可用肾气丸剂。岳老于1971年治国外某老年患者，患此病合并脑动脉硬化、震颤麻痹，尿线变细有分叉、排尿困难，溺色清，无尿路刺激症状，脉稍数无力。证属相火已衰，肾阳已虚，气化不行，下焦排泄功能减损。肾虚则子盗母气，令肺气不足，气血流行不畅，造成筋肉失养，故又有小腿无力，行步不正等中风先驱症状。遂予补阴配阳、化气行水之剂为主，佐益气通络之味，投金匮肾气丸改汤剂，加黄芪、地龙、橘络治之。四剂服已，溺即通畅，排尿次数减少，精神体力改善。十五剂之后，大见起色，排尿趋于正常，气力倍增，步态渐正。

鸡鸣晨泻，属肾阳不足，脾气亦虚，可用经方。岳老于1963年治一老年患者，三年来鸡鸣腹泻，谷食不化。某医曾用理中汤、四神丸、附子理中丸等，好转二三日，辄复作泻，迄未能愈，求诊于岳老。察其苔净、两手脉俱弱，岳老云：“此肾虚作泻，理中者理中焦，此乃下焦之泻，必投理中，须去甘草加味而治之。”即处以此方去甘草，加细辛引药入肾以激发肾阳，驱除浊阴之邪；增吴萸温肝以暖肾，畅水而降浊阴。进药三剂病愈，三个月末复发。

肾司生殖，男性不育，属肾阳不足，经方亦验。岳老于1936年在山东荷泽县医院，曾治一患者裴某，年20余，因妻妾均不受孕而检查精液，发现精子活动力极差。岳老以其两尺脉俱弱，无其他病象，乃投金匮肾气丸以鼓舞肾气，嘱坚持久服。半年后，其妾怀孕，自此连生三子女。

三、经方治疗肝脏病证

《经方》茵陈蒿汤、茵陈五苓散、竹叶石膏汤、小陷胸汤、大柴胡汤、小柴胡汤、柴胡加龙骨牡蛎汤、大黄䗪虫丸。

中医认为，肝者将军之官，谋虑出焉。肝藏血舍魂，为刚脏，主疏滞升发，外合于筋，胆为其腑，故岳老临证所治之肝脏病证，大抵属现代医学肝胆系统和神经系统病变为主的疾病，包括急慢性肝炎、胆囊炎、肝硬化、癫痫等。

传染性肝炎，用经方效果颇佳。岳老曾治谭某，患急性黄疸型肝炎。谷丙转氨酶1360单位。症见全身皮肤及巩膜明显黄染，恶心呕吐，右上腹发胀，溺黄。属阳黄热重，投以茵陈蒿汤加味，症状逐渐消失，黄疸减轻，以后改用茵陈五苓散。住院27天，黄疸指数降至正常，但谷丙转氨酶波动在172～327单位之间。岳老发现患者脉数，舌质深红有少量黄苔，胸闷气短，口干渴喜饮，认为系上焦燥热，改投竹叶石膏汤加龙胆草、连翘以清之。五剂后，口渴止，谷丙转氨酶降至正常而出院。又有姬某，患慢性肝炎一年余，轻度黄疸不退，谷丙转氨酶高达1570单位。岳老切其脉左关浮弦，右脉滑大，望其舌中部有干黄苔，此属少阳阳明并病而阳明热重，选用大柴胡汤，治少阳蕴热之黄疸与阳明痞结之胀满；更辅以小陷胸汤，专开心下热结。连服十余剂，诸症消失，谷丙转氨酶正常而出院。至若慢性肝炎患者之顽固腹胀，午后胀甚，矢气不畅。兼干噫食臭，烦闷懒言，纳少口苦便溏，肝区时痛，舌苔白润微黄，脉沉而有力，右关略虚。为寒热夹杂，阴阳失调，升降失常。取仲景泻心汤以调和之，亦常获效。

经方抬疗慢性胆囊炎有较好效果。岳老曾治一女性患者，患此病右季肋部有自发痛与压痛，常微热，恶心，食欲不振，腹部膨满，鼓肠嗳气，脉弦大。投大柴胡汤疏解少阳阳明之热，加金钱草、滑石、内金以利肝化积。连服11剂，食欲增进，腹胀大减，胁痛亦轻。唯微热未退，后改小柴胡汤加青蒿、鳖甲、秦艽、郁金调理至愈。

早期肝硬化，经方大黄䗪虫丸有一定疗效。岳老曾治张性病人，患此疾脾脏肿大，体有肝臭，肝区疼痛，面黧目黄，舌边尖红有瘀斑，脉大数而涩。证属血瘀气滞，病久入络。处以大黄䗪虫丸日二丸，《冷庐医话》化瘀汤日一贴，间服加味柴芍六君子汤。前后计服大黄䗪虫丸240剂，化瘀汤180剂．一年后肝脾已不能扪及，肝功能化验正常，面华神旺，恶心呕吐，胁痛基本消失，纳食增进，恢复工作。

仲景小柴胡汤，能和解少阳，疏达肝气，调理阴阳，善治某些神经系统疾病。岳老在唐山开业时曾治一季姓十岁女孩，其父抱持而来，合眼哆口伏在肩上，四肢不自主下垂软瘫，如无知觉之状。其父谓此孩病已三天，每日上午午时，半夜子时上下即出现此症状，呼之不应，一小时后醒起如常人。延医诊视，不辨何病，未予针药。岳老初亦茫然，讶为奇症。经深加思考，得出子时是一阳生之际，午时是一阴生之际，子午两时，正阴阳交替之侯，该女于此二时辰出现痴迷及四肢不收之病象，治疗似应着眼于此。但苦无方剂，又辗转思维，想到小柴胡汤是调和阴阳之方，姑投以二贴试治。不意其父隔日来告，服药二剂，已霍然如恒状，明日即拟上学读书云。又曾治十一周岁女孩，患非典型性癫痫，诸西药无效。就诊时每日犯病十次左右，每次发作长达约十分钟至半小时，手脚乱颤，两眼直视上吊，两腿上弯，骤然下挺，脚伸直，反复多次，或角弓反张，腹部挺起一尺多高；有时喊叫，昏迷，乱动；有时在地上来回走动，呼叫不应，证属肝阳无制，上扰清窍，蒙蔽灵明。其脉浮弦而滑，当为阳痫，不可强制，唯取和解之剂，以协调而使之驯服，并辅以摄纳之品，育阴潜阳，柔以制刚，取"因势利导"之旨。以柴胡加龙骨牡蛎汤去青铅治疗，坚持守方服药四月余，病势基本稳定。乃常服甘麦大枣汤加味，以及安神化痰丸剂以善后。三年后随访，精神正常。

四、经方治疗心脏病证

《经方》：枳实薤白桂枝汤、苓桂术甘汤、人参汤、炙甘草汤、当归四逆加吴茱萸生姜汤。

中医认为，心者君主之官，神明出焉。心主血脉而藏神，为阳中之太阳，其华在面，开窍于舌，心包代其行令，小肠为其腑。故岳老所治之心脏病证，大抵属于现代医学心血管系统为主的疾病，包括心绞痛、心律紊乱、肢端动脉痉挛病等。

心绞痛之症，《金匮要略》将其列入"胸痹"范围，有"阳虚知在上焦"之训，岳老遵之，常戒从学者遇此病勿过用阴寒之味。岳老曾治一心绞痛患者陈某，轻微劳累，精神紧张，或吸烟时，即感短气，左胸部堵塞作痛，重则心痛彻背，服滋补之剂无效。察其脉濡弱，左手尤甚，舌本及沿中线偏右处有黄底白苔，乃浊阴上犯胸阳之象。以枳实薤白桂枝汤合苓桂术甘汤为治，痛少减。乃改投枳实薤白桂枝汤，心痛大减。但脉仍濡细，继用人参汤加桂枝，病情逐渐好转，仅行路过多时，方觉胸前隐痛。

心律紊乱，常见心中动悸，仲景炙甘草场有良效。岳老曾治一男性病人，患心动悸证，脉小弱无力，两腿酸软，予以炙甘草汤，服八剂症状若失。又曾治一刘某，患脉结代心动悸证，他医投炙甘草汤三剂未效，求治于岳者，察其药量不符合炙甘草汤比例，因而改量予之；效竟如桴鼓。

肢端动脉痉挛病，经方疗效亦佳。岳者曾治朱某，女性，患此病一年余，两手指尖最初发白，继而青紫，发紧麻木，厥冷，抽搐，置热水中则痛，右食指末稍破溃，中西药及针刺均未效。诊其脉细弱，舌尖红，两侧有白腻苔，病属厥阴，外邪侵入则阴血阻滞，不能荣于四末，故见脉细肢厥之症。乃投仲景当归四逆汤通阳和营，加吴茱萸生姜泻其寒实之邪。服药16剂，指锤发紫大减，右食指疮口愈合，舌两侧腻苔消退，脉已渐大，令其继续服用，手指坏疽入冬后未发。另有冻伤一症，手足厥逆，卧难转侧，此方亦效。

五、经方治疗其他病症

《经方》：桂枝芍药知母汤、黄芪桂枝五物汤、甘草干姜汤、桂枝加龙骨牡蛎汤。

风湿性关节炎，中医属痹证范畴。岳老曾治一17岁男性患者，因去河中捉鱼受凉，数日后左股关节肿痛，渐及两膝关节，亦发红肿大疼痛，左侧尤甚，不能行走，两膝屈伸不利，发热38℃左右已四个月，多方医治无效。属风湿内侵，久郁化热。岳老投以桂枝芍药知母汤，数剂见功。

血痹之病，外症身体不仁。某女性患者，产后出血过多而罹此疾，周身麻木，医治未效，求诊于岳老。脉现虚弱小紧，面色皖光，舌质淡，是产后重症血虚，予服黄芪桂枝五物汤补卫和营。三剂后，脉虚小紧渐除，汗出，周身麻木已去，乃改投玉屏风散，三痹汤善后。

鼻中大量衄血，素称急症。岳老治一男性汽车司机，患鼻衄势如泉涌，历5小时余不止，家属惶急无策，深夜叩诊。往视之，见患者头倾枕侧，鼻血仍滴沥不止，炕下承以铜盆，血盈其半。面如白纸，近之冷气袭人，抚之不温，问之不语，脉若有若无。属阳络受伤，出血过多，阴液骤失，阳无所附，又值夜半，阴自旺于阳时，阳气暴亡之象毕现，乃急疏甘草干姜汤以回其阳，印令煎服，二小时后手足转温，神志转清，脉渐起，能出语，衄亦遂止。

项部自汗，系疑难症。岳老曾治患者李某，项部自汗竟日淋漓不止，频频作拭。颇感苦恼，脉浮缓无力。岳老以项部是太阳经所过，长期汗出，是经气向上冲逆，持久不愈，必致虚弱。因投以仲景桂枝加龙骨牡蛎汤，和营降逆，协凋营卫，收敛浮越之阳气，服四剂而汗止。

结语

本文整理经方派老中医岳美中教授运用经方起大症之临床案例和经验。这些案例说明，经方确可起大症。岳老曾指出：“仲景《伤寒》《金匮》是方剂之祖，学习必须入细；才能成为有源头的活水，临证触机即发，特有会心；才能理大症及复杂症，收到起沉疴废顽疾的效果。否则，专学《伤寒》《金匮》而不精，容易涉于粗疏，粗疏常致偾事。”学者若能参照岳老上述经验，当有借鉴之助。

对张仲景狐惑病的认识及其临床运用

路志正　中国中医研究院广安门医院

狐惑病临床变化较多，症状缠绵难愈，容易造成误诊，治疗常有反复，至今仍属疑难病症之一。因此，有必要进一步研究《金匮要略》探讨其辨治规律。

一、张仲景对狐惑病的认识和贡献

狐惑病始见于《金匮要略》。仲景认为其主要临床表现有三个方面，即咽喉、阴部、眼部的损害。并首次指出三者之间具有内在的联系，是一个独立的综合性疾病，命名为狐惑病。仲景把狐惑与百合病分在一篇中进行讨论是有一定寓意的，两病在精神情志和饮食两个方面的临床见症相近似，在病机上则多属热病后期余毒未尽，也有共同之处。狐惑病的治疗有内治法和外治法，内治法是以甘草泻心汤为主方，外治法有熏、洗两种。后世虽有所发展，然治疗仍未能超出仲景制定的治则、治法范围。

狐惑病与西医的白塞氏病相似。仲景远在公元210年左右对本病已有较详的论述。认识到尽管咽喉、眼、二阴的部位不同，却是一个独立的综合性疾病，既有治则与方药，又主张内外合治，至今仍有很高的疗效。较之西医对本病的认识要早1700余年。仲景对狐惑病的认识在世界医学史上是首屈一指的，他对狐惑病的治疗同样也做出了重要的贡献。

二、有关狐惑病机理的探讨

狐惑病是涉及人体几个脏腑的综合征疾病，临床表现可分为局部和全身两组症状。局部症状是确定诊断的基本症状，全身表现在反映其病机上具有重要意义。临床凡见一处局部症状兼有全身表现者即应考虑本病；凡见两处以上局部症状兼有全身表现者可确认为本病。

狐惑病由湿热邪毒所致，多侵犯肝脾胃等脏腑。肝经起于大趾丛毛之际，入毛中，过阴器，循喉咙之后上入颃颡。连目系，环唇内；脾经起于大趾之端，挟咽，连舌本，散舌下；胃经起于鼻之交頞中，还出挟口环唇，下交承浆，循喉咙。肛为肠之下口，肝开窍于目，眼胞属脾，面部归属阳明。故湿热邪毒蕴积日久，则蒸腐气血，化为瘀浊，循肝、脾、胃经。上则蚀于咽喉、口、唇、舌、目，下则蚀于前后二阴，并见目四眦黑、目赤如鸠眼。其面目乍赤乍黑乍白。若病久不愈，而湿热化燥，多损伤肝肾之阴，若病变后期阴损及阳，或湿热伤阳，病从寒化，则见脾肾阳衰之证。

三、狐惑病的辨证施治体会

临床治疗狐惑病宜根据病机区分为不同阶段用不同的方法。以湿热为主，化燥伤阴不明显者，溃烂部位渗出物多，甚则有膜状物复于溃疡之止，兼口苦而粘，不欲饮水，便溏溺赤，苦腻，脉濡数。治宜清热解毒燥湿为主，内外治法兼施。内服药以调整脏腑功能，去除病邪，用甘草泻心汤化裁，常酌加用苦参、黄柏、败酱草、土茯苓、地肤子、炒槐角、密蒙花，草决明等药。外用药以作用于局部，其力专一而直达病所，先以苦参汤加黄连、白矾、马鞭草，桃仁、甘草之属水煎熏洗阴部，再用文蛤散撒于患处，以清热燥湿，止痛敛疮；口腔溃疡可外用冰硼散、锡类散。

若病变经久不愈见咽干口燥，两目干涩，视力减退，腰酸腿钦，舌红而干，脉弦细数者，是湿热蕴久化燥，损伤肝肾之阴所致，治宜有所变化，应以养肝血，以肾阴为主，稍佐清热利湿之品，可酌情选用一贯煎、杞菊地黄丸等方加味。若病变后期阴损及阳，脾肾阳衰而见形寒肢冷，脘腹冷痛胀满，神疲食少，小便清长频数等证者，应首先顾其阳气，法随机转，可选用理中汤、肾气丸等方加减变化，切勿专事清利一法，而贻害于人。

狐惑病病程长，病证顽固，宜早认证，早治疗。治疗本病不但要有方，且贵在有守。临证常见病人用药多时而见效较微，坚持用药则病有转机，而终于痊愈者，故守方是治愈本病的必不可少的条件之一。医者必须向病人讲明病情，以增强其战胜疾病的信心，使之坚持治疗，不轻试则止，反复更医，医病密切配合才能提高疗效。治疗后期注意勿致苦寒过用，化燥伤阴。病人全部症状清失后不宜立即停药，仍应嘱其服药一个阶段，以资巩固。

试论水气上冲证治

刘渡舟　北京中医药大学

水气上冲证，为临床的常见病和多发病。历来医家比较重视，在治疗方面也有所发展。此证源出《伤寒论》及《金匮要略》 仲景提出以苓桂为主方的相应治法，为后世治疗水气上冲创立了理论基础。但原文中的苓桂诸方证，分列于不同的疾病篇章，缺乏系统归纳和方证之间有机联系，使人难以掌握全面。为此，综合各条有关方证，结合个人临床体会，试论水气上冲证治，如有错误之处，请指正。

水气的概念

古人对水气的概念，有认为水气是水之寒气。如成无己注水气上冲："小寒相搏，肺寒气逆"；也有认为水气即水饮，如钱天来注，"水气，水饮之属也"。我认为上述不同见解，似乎各自说对一半，因水与寒，往往统一发病 水指其形，寒则指其气。正如影之随形，不可分隔。水气的概念，既有水饮，也有寒气。这样理解，则较恰当。

水气上冲的病机与脉证

水气上冲的证机是和心、脾、肾的阳气虚衰有关，而心阳虚衰，又为发病中的关键。心属火，为阳中之阳，上居于胸，行阳令而制阴下。若心阳不足，坐镇无权，不能降伏下阴，寒水泛滥，则发为水气上冲。辨此证在于有明显的"上冲"症状，如水邪先犯心下的胃脘部位，而气上逆，则胃中胀满；若在上于胸，胸为心之城廓，阳气之所会，今被水寒所抑，则发生憋闷；心阳同时受伤，又可出现心悸与短气；若再上抵咽喉，则气结成痹，如"梅核气"状，梗塞喉间，吐之不出，咽之不下，再往上冲，必致清阳蒙蔽，头目眩晕等证。水气上冲的色脉变化，在临床更有辨证意义：

脉诊：仲景认为水气上冲，脉当沉紧，质诸临床，实为沉弦。盖弦与紧，古人有时借用，故以脉沉弦为确。沉脉主水，弦脉主饮，两脉皆为阴，故可反映水寒之邪为病。

舌诊：因心阳先虚，舌质必见淡嫩，水从下而上，苔则水滑而津液不化。

色诊：水为阴邪，上凌于心，心之华在面，今阴来搏阳，营卫凝涩，心血不荣，其人除面带虚浮，其色黧黑，或出现水斑（额、颊、鼻、口角等处，皮里内外，出现黑斑，类似色素沉着）。昔陈修园望丁攀龙“面上皮里黧黑，环口更甚，卧蚕微肿，鼻上带青，……直告之曰；君有水饮之病，根挟肝气，面横行无忌，”质之丁证，果如所言。

上述水气上冲，如见一证或两证，审为水气上冲，便可用苓桂剂治疗，不必诸证悉具，否则易坐失治疗机会。

水气上冲证治

仲景原文说：“心下逆满，气上冲胸，起则头眩，脉沉紧者……，茯苓桂枝白术甘草汤主之”，“夫短气有微饮，当从小便去之，苓桂术甘汤主之……。”用温药治饮，是治疗水气上冲的可靠途径。本方由四药组成，取茯苓之淡渗，以利水邪之泛；用桂枝之温通，以制水气上逆；白术协茯苓补脾以利水；甘草助桂枝扶心阳以消阴。诸药协调同用，疗效确实，故为苓桂诸剂之冠，下述加减诸证，皆以此方证衍绎而来。

1. 苓桂杏甘汤证　若水气上冲，迫使肺气不利，上见咳喘气逆，下见小便困难，因而面目出现浮肿。上方应减白术之守中，加杏仁以利肺气，俾津液下行，而小便自利，则诸证自解。

2. 苓桂杏苡汤证　水邪上逆，每多挟湿，水与湿不同性，但常相因而发病。其证以咳嗽痰多，头重如裹，胸满似塞，小便不利，周身酸楚，以及不欲食等证，于上方减去白术、甘草，恐碍于利气，加杏仁、苡米上开肺气以治咳，下利州都以去湿，务使三焦无阻，则水湿之邪，自可外出。此方又治“阳气微漓，浊阴上泛，高年久嗽，寤不成寐”之证，叶香岩有案可稽，此处从略。

3. 苓桂味甘汤　病因下虚，肾气不摄，气从少腹上冲于胸，甚或为下厥巅疾，头目弦冒，面亦如醉，心悸，脉结，少气而喘。于上方减白术，加五味子。五味子性味酸温，摄纳冲气下归于肾，又有敛肺治咳，补心理脉等作用。此证亦可见于肾元素虚之人，误服小青龙汤发动肾气引发上冲等证。叶香岩用本方加生姜、大枣，治老人下虚，不主归纳，饮从下泛，气阻升降，而为喘咳之变，他从脾肾温养定论，深得仲景用方之旨。

4. 苓桂芥甘汤证　水为阴邪，性多从下，若发为上冲，每因肝气激扬使然，清人张令韶、陈修园等人，注苓桂术甘证，有“脾虚肝乘之，故逆满”的说法，是有一定的见解，可以参考。为此，余在临床见到气冲作嗳，头晕目胀，又以夜晚为甚，脉沉弦，则于上方减去白术之壅滞，少加白芥子使其协助桂枝，疏肝下气，开凝消阴，每收功效。

5. 苓桂姜甘汤证　此证为中阳虚衰，水饮潴留于胃，胃气与饮相搏，则以心下悸动不安为主证：若胃中水寒阻遏清阳，不达四肢，则见手足厥冷，若水饮逆其胃气，亦可兼见呕逆；若水饮下流肠间，则可兼见腹泻。此证应借用腹诊之法，以掌按于上腹部，而上下振动腹肌，如有水裹中囊而漉漉作响，则可确诊胃中蓄水无疑。于上方减白术之守，加生姜之散，使其健胃消饮，通阳行水则愈。

6. 苓桂姜夏汤证　此方即上方减白术，加生姜汁、半夏。叶香岩用此方治饮邪内结为病，余读其案，取其义，用治水饮挟痰，脉弦而滑，痰多作呕，眩晕不支，临床效果极佳。

7. 苓桂枣甘汤证　心阳上虚，寒水上动，待发未发，先见“脐下悸”，“欲作奔豚”。于上方减白术，而加大枣。此方亦治奔豚已发同样有效。奔豚证：为气从小腹上冲咽喉，憋闷欲死，使人精神紧张，而气冲所经之处，或胀，或悸，或窒，皆历历有征，少顷气往下行，其证则减。

8. 苓桂茜红汤证　此方即减白术，加红花、茜草而成。例如冠心病，患者既有水气上冲的主证，复有心前区疼痛控背和手麻等证，其脉弦迟，舌边有瘀斑。乃以苓桂通阳化饮，加红花、茜草后血脉而行瘀，服后效果极显。后人治水气上冲同时其人血压又高，头目胀痛不已，于方中再加一味牛膝，也有较好的疗效。

9. 苓桂龙牡汤证　本方即上方减去白术，加龙骨、牡蛎而成。用治水气上冲兼见惊悸，睡卧不安，头晕耳噪，夜不成寐等证。

10. 五苓散证　五苓散是苓桂术甘汤减甘草，加猪苓，泽泻而成。能治“渴欲饮水、水入则吐”的“水逆”证，和“脐下有悸，吐涎沫而癫眩，此水也”的癫痫证。

以苓桂剂为治水气上冲的基本方，尚不止以上十种，唯在于随证增减，触类旁通而已。

六经病欲解时的机理及其临床价值

李克绍　山东中医药大学

《伤寒论》的六经病，各有不同的欲解时，过去的注家们大都解释为六经病各值其经气旺之时而解，但六经的经气旺之时为什么又各不相同，则尚欠说明。作者认为，古人对于六经病分别指出不同的欲解时，颇合乎近代新兴起的生物钟学说，应当从理论上加以探讨，也必须从实践中找到证明。从这一思想出发，下面谈谈作者在这方面的一些看法，不当之处，敬请指正。

一、十二支的时空概念

在探讨之前，有必要先把十二支的时空概念说明一下。

十二支依次是子、丑、寅、卯、辰、巳、午、未、申、酉、戌、亥。古人将十二支分配于周天的空间，也分配于每一昼夜的时间（年月的地支与水文关系不大，从略），空间和时间都以太阳的运行为标志，所以是统一的。子方为正北，子时为夜半，午方正南，午时为日中。以子午为经，太阳左升右降，升于卯方卯时，降于酉方酉时。卯酉为纬，与子午共同标志着夜半，日出、日中、日入四个中心方位与时间。夜半和日中，太阳子中、午中的方位和时间是不变的，而日出日入，则随着季节的不同，方位和时间则略有改移，日出日入最标准的时间和方位是二分，无论春分或秋分，太阳都是出于卯中，入于酉中，昼夜相平，各五十刻。但在二至就不同了，冬至太阳出于辰初初刻，入于申正四刻，夏至则出于寅正四刻，入于戌初初刻。前者昼长41刻，夜长59刻，后者则与此相反，是昼长59刻，夜长41刻（见《类经图翼·气数总论》）。这可见在昼短夜长时，太阳是辰时出辰方，申时入申方，而昼长夜短时，又是寅时出寅方，戌时入戌方，都不是出卯入酉。由于寅在东方偏北，辰在东方偏南，申在西方偏南，戌在西方偏北，都属四隅，所以综合全年来说，日出的空间和时间，就不仅仅是卯上，而是寅至辰上，日入的空间和时间，也不仅仅是酉上，而是申至戌上。这也是六经病欲解时为什么各占有三个时辰的原因之一。另外，夜半至平旦、至日中，阳生于子而极于午，阳之进者阴之退；自日中而黄昏，而夜半，阴生于午而极于子，阳之退者阴之生。阴阳的进退升降，一日之内既然按时而不同。人们日出而作，日入而息，随着天阳的变化，其自身的阳气，也会因时而有盛有衰，这就必然对于抗邪产生影响。由于六经病的病位、病情、病势不同，所以六经病就会有不同的欲解时，下面作较细致的探讨。

二、六经病欲解时与天阳的关系

太阳病的欲解时，是从巳至未上；阳明病的欲解时，是从申至戌上；少阳病的欲解时，是从寅至辰上，太阴病的欲解时，是从亥至丑上；少阴病的欲解时，是从子至寅上，厥阴病的欲解时，是从丑至卯上。所谓从×至×上，有一个中心时间，如从巳至未上，是以午时为中心，即太阳病解于午前午后，也就是早不超过巳时　晚不后于未时的意思。依次类推，则阳明病解于酉前酉后，少阳病解于卯前卯后，太阴病解于子前子后，少阴病解于丑前丑后，厥阴病解于寅前寅后。

三阳病的欲解时，分别是日出、日中、日入的前后，共占九个时辰。《素问·生气通天论》云："阳气者一日而主外，平旦人气生，日中而阳气隆，日西而阳气已虚"。张景岳注云："平旦人气生，以日初升也，日中阳气隆，以日当午也，日西阳气虚，以日渐降也"。人体之阳，若天与日，天阳由于日之升降而有盛衰，人亦应之，卯属东方，是日出阳升之时，少阳病解于此时，是被郁之少火，随天阳之升而容易舒发，这和柴胡之发越郁阳有相同之处。午属南方，午时则日丽中天，阳光普照，是一日中阳气最盛之时，太阳病解于此时，是人体阳气随天阳而盛于外，亦犹太阳病得麻黄桂枝可以助阳解表之意。酉属西方，是日入之时，日入则阳气已虚，阳明病本属阳热过亢，其解于阳虚之时，亦犹得石膏、硝、黄可以泻热之义。所以三阳病的欲解时，其理论根据是来自《素问·生气通天论》的。至于三阴病的欲解时，则都在夜半之后至日出之前的这段时间，共占四个时辰。其中太阴病为什么解于子前子后呢？这仍然可以从阳气的变化中得到解释。《金匮要略·脏腑经络先后篇》云："冬至之后甲子夜半少阳起"，《伤寒论》也说"夜半阳气还"。张景岳云："阳生于子而极于午"，"阳之进，阴之退"，所以子时是阳气又从内生的新开始。阳从内生，有如干姜之温脏，所以太阴病解是以夜半子时为中心。子午卯酉，是北南东西四个正中方位，代表着夜半、日出、日中、日入等天阳的不同变化，人体之阳既然随着天阳的变化也有盛衰升降的不同，那么太阳、阳明、少阳、太阴四经病的欲解时，也就不难理解了。

这里需要深入探讨的倒是少阴病为什么解于丑前丑后，厥阴病为什么解于寅前寅后。丑和寅都属于东北隅，它不代表阳气生、阳气隆、阳气虚、阳气还，为什么却解于此时呢？这是不是说少、厥二阴病的欲解时可以与阳气的变化无关呢？否！这更是与阳气密切相关的问题。丑和寅虽然都不是正中方位，但它关于阳气的活动是和太阳病主时之子、少阳病主时之卯相蝉联，子丑寅卯共同构成阳气从初生到出地这一统一的但每阶段的程度又是不同的这样一个全过程。更明确一点说，丑在子后，寅在卯前，丑是子的发展，寅是卯的前奏。明白了这一点，就可以了解少阴病和厥阴病之所以欲解的关键所在。因为夜半阳气还，虽然有助于扶阳抑阴，但子时之阳，毕竟是阳之初生，只可缓解太阴之脏寒，未必能消除少阴病之肾阳虚衰，心肾交惫，所以仅仅是阳之初生还不够，还有待于阳生之后再逐渐伸张。因此，其欲解的中心时间不是子时，而是子时稍后的丑时。子和丑是有差别的，《汉书·律历志》云："万物磁于下，孳萌于子，纽芽于丑"。可见子是阳之始萌，丑是阳之渐伸。太阴病和少阴病相比，太阴病是肠胃局部虚寒，而少阴病则是全身性衰竭，太阴病尚轻，少阴病则较太阴病为重，故太阴病以守而不走的干姜温中即可，而少阴病则需配入走而不守的附子，用以振奋肾阳，走十二经。既然是走十二经，说明回少阴之阳就不能仅仅满足于孳萌，而需要象征着由初生之"孳萌"，进入"纽芽"的伸张状态那样的药物了，故少阴病解于此时。再讲一下厥阴病为什么解于寅前寅后。按，寅在卯前，是太阳即将出干地面的前奏。寅，《汉书·律历志》："万物始生，螾然也"。螾亦通蚓，螾然，即蚯蚓在土中蠕动之状，这表示寅时之阳，不但已经纽芽，而且进一步显现出即将出地之象，它和少阳主时之卯，只差一个时辰。《晋书·乐志》："卯，茂也，谓阳气生而孳茂也"。《说文》："冒也，二月万物冒地而出"。可见寅与卯之分是：即将出地却暂未出地，已螾然也，即为寅，达到冒地而出则为卯。这和《素问·阴阳离合论》："天复地载，万物方生，未出地者，命曰阴处，名日阴中之阴，则出地者，命曰阴中之阳"，又曰"厥阴之表，名曰少阳，'金匮真言论'阴中之阳，肝也"，都是一个意思。又，《素问·阴阳类论》："一阴至绝作晦朔"，这也是说，厥阴和少阳，本同一气，未出地之前，犹如每月之晦，则为厥阴，已出地之后，犹如每月之朔，即为少阳。所以张令韶说"厥阴解于此时者，中见少阳之化也"。可见寅前寅后之螾然，就是阴尽阳生，即将冒出地面的形象。厥阴篇有"厥阴中风，脉微浮，为欲愈"之文，脉象之所以微浮，就是相火即将由阴出阳，"螾然"之象也。

从以上所述可以看出：1. 三阳病解，虽然有早、午、晚之分，但都在昼间，"阳气者，一日而主外"，人体之阳气应天时之升降或壮大，有助于正气之驱邪。2. 三阴病解都在夜半至天明的稍前或稍后，这是阳生或阳气渐长之时，阳生阳长，有助于扶正。3. 任何一经的病解，都与阳气的活动有关。

三、六经病欲解时的内在因素

六经病解，虽然都与天阳的活动有关，但外部影响只不过是一个有利的条件，究竟能否自解，关键仍决定于邪正进退的情况。也就是说，只有在患者自身正气逐渐充实，邪气逐渐衰退的情况下，才有自解的可能，否则便不会欲解。举例说，阳明病本当解于申至戌上，但是阳病发潮热也在这时，为什么呢？原因就在于：一是病势在衰退，一是病势在发展。尤在泾云："阳明潮热，发于日晡，阳明病解，亦于日晡，则申酉戌为阳明之时，其病者邪气于是发，其解者正气于是复也"。其所谓"于是发者"，是指邪气盛时而言，"正气于是复者"，则指邪气衰时而言，邪气盛时，病势在发展，凡偏外的肌肉肤表之热，当申至戌上，必随天阳之降而趋向于里，"由外之内而盛于内"，使阳明胃腑之热更张，由身热变为潮热。论中对潮热的病理解释是："此外欲解，可攻里也"，"外欲解"是外部之势尽归中土的意思。至于邪气衰者，是指病情在缓解。病邪已不向里发展，值日西而阳气已虚之际，更有利于退热，故病则欲解。由此可见，同一经病，在天阳盛衰升降的同样条件下，可因病势的或进或退，而出现截然不同的反应。

四、六经病欲解时的临床体验

六经病的欲解时，只是说那时人体阴阳气血的变化，有利于扶正或驱邪，病有自解的的趋势，也有自解的可能，却不一定必解。但这对于医务工作者来说，正好可以利用这一有利时机，对疾病作出明确的诊断，拟定圆满的治疗措施，而且还可以对疾病的预后作出正确的估计。譬如对诊断来说，如391条，"病人脉已解，而日暮微烦"，日暮是阳明主气之时，烦在日暮，就可以确定病位在胃，但此烦是出现在霍乱剧吐、剧利的大虚之后，而且只是微烦，所以知是"脾胃气尚弱，不能消谷"。病在阳明，但与阳明热盛之胃家实，轻重悬殊，故勿须攻下，而是"损谷则愈"。又如《金匮·妇人产后篇》：产后七、八日，无太阳证，少腹坚痛，此恶露不尽，不大便，烦躁发热，切脉微实，再倍发热，日晡时烦躁者不食，食则谵语，至夜即愈，"宜大承气汤主之"。明明说"少腹坚痛"，明明说"此恶露不尽"，为什么不用治"产后腹痛烦满不得卧"的枳实芍药散主之，或用治"腹中有干血着脐下"的下瘀血汤主之，却采用大承气汤呢？就是因为这个产妇虽然恶露不尽，但其谵语是至夜即愈，而不是暮则谵语，其烦躁发热，又是日晡为甚，故知此证虽然也有恶露未尽，但其主症突出为阳明胃实。主以大承气汤是抓住主症，使阳明热解之后恶露亦可能自下的缘故。如果本条的烦躁发热，不是日晡加剧，而仅仅凭患者不大便，便很难作出明确的诊断，因为新产妇人有三病，大便难就是其中之一么。

对于治疗，同样可以借助于六经病欲解时以达到更理想的效果。譬如《医垒元戎》有“大发春宜吐、夏宜汗、秋宜下”之说，若按《灵枢·顺气一日分为四时篇》“一日分为四时，朝为春，日中为夏，日入为秋，夜半为冬”来推论，就等于是朝宜吐、日中宜汗、日晡宜下。也就是吐宜寅至辰上，汗宜巳至未上，下宜申至戌上，这正好与阳病解的机理相一致。也可以再补一句“冬宜温”，也就是夜半当温，这又与太阴病欲解时也相符合了。正因天时对治疗有一定意义，所以《此事难知》有服发汗药应在日午之前的论述。近来也有人报导服洋地黄以清晨3~4点钟效果为最好。前者是使其汗解的时间在巳至未上，而后者正好与少阴病的欲解时相符合。

至于予后，各经病的欲解时，同样有非常重要的参考价值，这在《伤寒论》原文中就可以看到。如第30条“夜半阳气还，两脚当热”，332条“后日脉之，其热续在者，期之旦日夜半愈”（旦日，明日也，夜半即子时。按朱子曰：‘子时前四刻属今日后四刻属明日’，旦日夜半，就是今晚刚过半夜的意思），这都是根据阳生于子所作的估计。又如“厥阴中风，脉微浮为欲愈”，脉必当浮在丑至卯上；39条“伤寒脉浮缓，身不痛但重，乍有轻时”，其乍有轻时当在巳至未上。至于三阴病之手足自温，下利自止，其最轻者，可能在亥至丑上，较重者，则可能在子至寅上。因为这些估计，都符合于各该经的经气旺之时。

又如93条，“太阳病先下而不愈，因复发汗，从此表里俱虚，其人因致冒，冒家汗出自愈”，94条“太阳病未解，脉阴阳俱停，必先振栗汗出而解”，这些，论中虽然没有把汗出的时间强作规定，但我们体会一下，无论郁冒汗出而解，或者振栗汗出而解，都不是通过药物，而是自解，既然是自解，又是太阳病，那么和太阳病的欲解时结合起来，推想其大多数是在巳至未上汗出而解。不是没有道理的。

周禹载云：“太阳病自解，固如是也（指从巳至未上），服汤而解，亦如是乎？曰，然。纵使服汤有先后，则其解应无定期　然亦必至其所旺之时而精神慧爽也”。这话是有道理的。发汗药的作用，只能是驱敌歼之，但驱敌之后要搜剔余邪，恢复常态，则仍有赖于正气随天阳而充实。因此可以设想，“风家表解而不了了者，十二日愈”，必愈在第十二日的巳至未上，才真正“了了”，彻底痊愈。

五、如何正确看待六经病欲解时

如上所述，可见六经病欲解时对于临床是有指导意义的，但疾病是复杂的　天时人事也常有不同的变化，因此对于六经病的欲解时也不可掌握得太死，更不要生搬硬套。《伤寒论》对于各经病的欲解时，是在中心时间的以前或以后，又各延伸了一个时辰，使每经病的欲解时前后共达六个小时之久，这就为临床观察留有充分的余地。此外还要考虑到：天有风雨晦明，人有老幼强弱，工作有或昼或夜，疾病也有兼、夹、新、旧，还可能有不同的治疗经过，都能使其病理变化由单纯而复杂，则病解之时，自不能全然划一。譬如风湿一身尽痛，法当汗出而愈，可是值天阴雨不止，就是发汗也只能使风气去而湿气在，若想不发汗而自解于巳至未上，那是不可能的。又如夜间工作者，其卫气之行显然不是昼行于阳夜行于阴。又如61条“昼日烦躁不得眠夜而安静”的干姜附子汤证，如145条“昼日明了暮则谵语如见鬼状”的热入血室证，其或作或止之或在昼或在夜，是因为一在气分，一在血分，一是里阳虚而表尚微热，一是阴血热而热入血室，都比单纯的六经病复杂，所以作止只有昼夜之分，而没有六经主时那样明显的界限差别。又如以潮热为例，杂病的潮热，或从寅至申，从申至寅，就不限于日晡。总而言之，一日之间，人体的阳气，有升有降，有盛有衰　有出有入，邪气也有在气在血，在表在里，在腑在脏，或进或退，甚且有表里兼病虚实错杂者，因而临床症状，作止时间，也必然错综复杂，种种不同。所以除伤寒六经病有不同的欲解时外，《灵枢·顺气一日分为四时篇》还有旦慧、昼安、夕加、夜甚之说，而且有“不应四时之气，脏独主其病”而“其时有反者”。《伤寒论·辨脉篇》还有“夜半得病明日日中愈，日中得病夜半愈”的记载，都是在各不相同的条件下，反映出时间对疾病的不同影响。可知《伤寒论》所提到的欲解时，只适用于六经提纲那样单纯的、典型的、属于伤寒的六经病，而《伤寒论》中有不少杂病也分属于六经，即使是伤寒六经，也常有兼证、夹证或变证，那么推测病解的时机，一概用六经病欲解时生搬硬套，也就讲不通了。

病向阳明病转化的辨证。

《伤寒论》辨证方法在临床上的应用

魏富有　河南省内乡县人民医院

《伤寒论》是在祖国医学史上首创辨证论治体系的经典著作，在辨证论治中，蕴含着丰富的辩证法思想。在一分为二的基础上，从生理到病理，从治则到方剂，时时都体现辩证法。

一、脉证结合辨证法

《伤寒论》六经病篇的标题都强调了脉证结合的重要性。《伤寒论》太阳病上篇第1条“太阳之为病，脉浮，头项强痛而恶寒”。就是脉证结合辨证法的例子。如第92条“病发热、头痛、脉反沉，若不差，身体疼痛，当救其里，宜四逆汤”。第265条“伤寒脉弦细，头痛发热者属少阳”。联系起来看，头痛、发热、脉浮属太阳，头痛、发热、脉弦属少阳。头痛发热、脉沉则可能属少阴。由此可见，都是头痛、发热症状，证虽同但脉诊不同，辨证治疗的方法也就大异了。所以在脉证辨证结合方法中，脉证必须合参，而脉诊尤是重要，如果脉诊不正确、辨证必然有误，治疗的效果也就可想而知了，因此，要求我们一定要认真的研究脉诊。

病案举例：

刘××，62岁，1991年12月初诊，自述“发热，身疼痛，无汗，苔薄白，脉浮紧”，辨证风寒束表，治则解表散寒，方药大青龙汤，两付而愈。

二、脉证动态辨证

证是以症为主要基础的。辨证必须依靠四诊所得的症状，体征包括舌象脉象，症在不断变化，证也是在不断变化。因此，辨证时，必须注意症状、体征的动态变化。如发热的升高、减退与骤降，恶寒的明显、轻微与消失，舌苔的厚薄润燥、脉搏快慢强弱等。不仅要认识现症的意义，还要认识症的变化，然后才能作出正确的辨证结合。证型初步确定之后，还要注意它的动态变化。如表证入里，寒证转热，实证转虚，虚实夹杂等。总之，脉证动态辨证有两层意义：一是从症的动态变化中辨证；二是从证的动态变化中作进一步的辨证。

《伤寒论》应用脉证动态辨证法，具体实例很多，如183条问曰：“病有得之一日，不发热，而恶寒者，何也?”答曰：“虽得之一日，恶寒将自罢，即自汗出而发热也”。这就是不发热而恶寒，转化为不恶寒而发热的动态变化中，作出病由太阳病向阳明病转化的辨证。

三、症状相关辨证

《伤寒论》中运用症状相关辨证有两种形式：一种是根据一组相当的症状、用以决定一个汤证的辨证点。如第2条“太阳病发热、汗出、恶风、脉缓者为中风”，其中发热、汗出、恶风、脉缓就是一组相关症状、依此，就能作出太阳病中风证的辨证结论。一般认为，辨证，首先要抓住主证，然后进行分析。这是常规。但有些病症，特别是在外感病中，有时难以确定一个主证。如太阳中风证“发热、恶寒、汗出”三症哪一个也少不了。

四、症状比较辨证法

症状比较辨证法是《伤寒论》中鉴别相似病证的重要方法，具体应用有以下四种：

（1）以一个证的几个症状、体征与另一个证的症状、体征作综合比较，以明确这两证的主症与性质。如第二条、第三条，以汗出与不汗出、脉缓与脉紧、恶风与恶寒，比较太阳中风证与伤寒证。再如：第157条和158条以下利次数多少，心下痞的轻重，心下除痞满外是否有胀满等一系列症状、体征作比较，以辨明痞证中生姜泻心汤与甘草泻心汤的区别。（2）比较关键症状确定两类证候的基本性质。第7条以发热恶寒与无热恶寒辨阳证与阴证。第185条，发热无汗与发热汗出辨别太阳病与阳明病。（3）抓主症进行比较，以辨别不同的病证。第145条柴胡汤证误用下法之后，发生变证。出现心下满而鞭痛的是结胸，心下满而不痛是痞证。第125条、第126条在太阳病由表入里，出现“发热身黄，脉沉结，少腹硬痛”等情况下，如果小便不利，可能是蓄水证，小便自利可能是蓄血证。（4）比较不同的脉象，以辨别相似的证候。例如212条都是阳明危重症状相似，而确有脉弦者生，脉涩者死。

五、识别假象辨证法

《伤寒论》第11条指出，在辨证中，必须识别假象。提出表面现象（皮肤）可能是假象，内在本质（骨髓）必然是真的理论，并以病人的喜恶作为识别真假方法。《伤寒论》具体运用识别假象辨证法例子很多。如317条通脉四逆汤证就是一个真寒假热的证候，证属“里寒外热”，其中“不恶寒，面色赤”就是假热。辨别真寒假热的关键是脉微欲绝或利止而脉不出。321条大承气汤证是真实假虚，“自利清水”症状似虚证都是假象，“心下痛、口干燥”才是辨证的关键，反映了实证的本质。一般认为真假问题主要体现在寒热辨证与虚实辨证之中，这就是真寒假热，真热假寒，大实有羸状，至虚有盛候。而在表里辨证中，一般辨表里先后，不言真假。

六、治疗反馈辨证法

一般说来，中医治病是辨证在前，治疗在后，但是，一方面症证并非一次治疗就能完成。需要反复多次的辨证施治，这样，前一次治疗的效果，就是下一次辨证的一个重要依据，这是治疗反馈辨证法。外感疾病，危重病症变化速而复杂，及时掌握治疗后的反应，应用治疗反馈辨证法，尤为重要。

《伤寒论》阳明篇214条，服小承气汤之后“腹中转气者，更服一升。”若“不转气者，勿更与之”。就是服药后的肠胃气机以决定能否连续使用承气汤的例证。221条阳明病脉浮而紧，咽燥口苦，腹满而喘，发热不恶寒，汗出身重。用攻下法之后，如出现心中懊侬是实热法，余热留扰，可用栀子豉汤；如出现渴欲饮水仍口干舌燥者，是下后实邪已去，热邪仍盛，气阴两伤，可用白虎加人参汤；如出现脉浮发热，渴欲饮水，小便不利者，是实热已去，余热伤阴，水气停留，宜用猪苓汤。这是一条比较典型的治疗反馈辨证法。再如，太阳篇24条、25条、26条则是太阳病服桂枝汤后出现的四种不同的变化，视其四种不同脉证，随证治之，亦属治疗反馈方法。

七、时相辨证法

任何病证都有发生、发展、转归的时间过程，而疾病之症状、体征在一定时间内也有一定的变化、转归。根据这些时间因素进行辨证就是时相辨证法。外感的证候发展迅速，阶段性特别明显，应用时相辨证法更为重要。时间变化就是伤寒六经辨证的基础因素之一，虽然我们不能机械地按日期确定六经病变，但是，时间因素对外感热病辨证重要性不可忽视。

外感病呈阶段性发展。《伤寒论》大体上以六天为一个发展阶段，第8条说“太阳病，头痛至七日以上自愈者，以行其经尽故也”。一经结束，一般外感病可能热退，病得基本好转。正气较弱不能完全驱邪外出，病虽不重，而病程可能拖延下去。所以第10条说：“表解而不弱者，十二日愈”。如果病邪较盛，病情加重，就可能发展到第二阶段，即在五六日或者六七日之间，往往出现病症的转变。如96条“伤寒五六日，中风，往来寒热，胸胁苦满……小柴胡汤主之。”124条“太阳病六七日，表证仍在，脉微而沉，反不结胸，其人发狂者，以太阳随经，瘀热在里故也”。252条“伤寒六七日，目中不了了，睛不和，急下之，宜大承气汤”。在《伤寒论》中，六七日发生变证的条文不下三十余条。如果病邪较盛，或正气不足，则转变较快，可以在发病后的三日之间发生各种变证。以上举例足以说明时相辨证法对外感病的辨证重要性。时间因素不仅对六经传变起着重要作用。就是在同一证型的细小变化中也起作用。如厥阴篇341条“伤寒发热四日，厥反三日，复热四日……四至七日，热不降者，必便脓血”。342条“伤寒厥四日，热反三日，复厥五日，其病为进”，这是以厥冷和发热这两个症状持续的长短，以辨别厥阴病的病理变化。

时间因素对明确一个症状出现的症状性质也有重要意义。如外感病初起就有发热恶风的，太阳中风可能性大。外感病初起，有只恶寒而短时，未发热，太阳伤寒的可能性大，治法也就不同。

以上七种辨证法，应用极广，具体病例很多，在这里省去不加叙述。

《伤寒论》《金匮要略》关于热性病的辨证施治及临床指导意义

王文钦　福建省福州市华安医院

在医圣张仲景所著的《伤寒论》《金匮要略》两部医学专著中，论述热性病辨证施治的条文较多，涉及的病种范围较广。讨论热性病从其脉证入手，抓住病理特征，重视疾病的鉴别，在阐明热性病的病理机制的基础上，合理地用药组方，订立了许多为后世医家所推崇的代表方，从而建立起热性病辨证施治的思维体系。其论述热性病的辨证施治是纲领性的，既是古代医学临床实践经验的高度总结，又是指导医者临时辨证施治的指南。《伤寒论》和《金匮要略》概括出辨证治疗热性病的纲要，注重病机的分析，病机相同则方药经常通用，病机不同则治法方药不同，或以常用方化裁或另拟新方，从而使理、法、方、药在病机辨证的基础上得到统一。如：《伤寒论》在论述阳明热证的辨治时，对于里热证表现为“发热汗出，不恶寒反恶热，咽燥口苦”时，用栀子豉汤治疗；对于阳明病下之后余热留扰胸膈的病症表现为“其外有热，手足温，心中懊侬，饥不能食，但头汗出”时，由于病机仍属阳明气分有热，故也用栀子豉汤治疗。又如：“猪苓汤证”是阳明热证之一，病机特点是水热互结，阳明津伤；而《金匮要略》在叙述小便不利、淋病证治时，分析其病机特点仍然是水热互结，热久伤阴，因此仍用猪苓汤治疗。就热病小便不利而言，有用五苓散、猪苓汤等汤方，若热初水与热结阴分未伤，可用五苓散，若热久阴分已伤，则要用猪苓汤育阴清热。体现了病机有变则治法随变的思想。再如：《金匮要略》叙述中暑病的辨治时，存在两种病理机制，一种是暑热直中太阳经，出现“汗出恶寒，身热而渴”，用白虎加人参汤治疗，另一种是伤暑挟湿，表现为“身热疼重，而脉微弱”，皮肤有水气，用一物瓜蒂汤发散皮肤水气。同样是中暑，一伤无形之气，一伤有形之水，则治法迥异。

《伤寒论》《金匮要略》治疗热性病的理论脱胎于《内经》，如《素问·热论篇》就指出：“今夫热病者，皆伤寒之类也”，说明外感性疾病多引起热性病，接着讨论了热性病在六经传变的主证、变化规律、预后等，并提出治疗热性病的原则是“治之各通其藏脉，病日衰已矣。其未满三日者，可汗而已；其满三日者，可泄而已”，即根据病位不同，治法也不同。若邪犯三阳经，位置较浅，可用发汗的方法使邪从外解；若病邪已经传里，则当以清泄里热为宜，多用下法。这里所用的汗法、泄法主要是指针刺疗法。本篇指出了外感热性病的常规治疗方法。《素问·至真要大论》则把“热者寒之”作为治疗热性病的总纲，该篇总结了发生疾病的病机共十九条，属于热属于火的颇多，如：“诸热瞀瘛，皆属于火；诸禁鼓慄，如守丧神，皆属于火；诸逆冲上，皆属于火；……。”从病因学的角度指出各种疾病的性质以热性病居多，具有广泛的临床指导意义。《素问·评热论》《灵枢·五禁》则提到了热性病的某些复杂危重病症，如“阴阳交”“风厥“、“劳风”“五逆证”。《内经》的这些论述成为张仲景著述《伤寒论》，创立六经辨证体系的理论源泉。

《伤寒论》在总结前人经验的基础上，论述热性病的辨证施治更加具体、详细，同时把针刺治疗的机理推广运用到方药上，把有关热性病的症、因、脉、治分述于六经分证中。其中以外邪侵袭三阳经所发生的热性病较多见。太阳经的本证伤寒表实证、表虚中风证、表郁轻证在其症状表现中虽然都有可能存在发热，但并不等同于热性病，这可以从其治疗所使用的方剂“麻黄汤”“桂枝汤”均为辛温解表汤药就能得到证明。而且仲景指明太阳病的脉证提纲是“脉紧，头项强痛而恶寒”，发热与否只是作为一个依据，用以辨别疾病是发于阳还是发于阴。若有发热，是正气仍盛，能与邪抗争，治疗上只要用桂枝汤调和营卫，鼓舞正气，则病邪必无留恋之所而自去。若无发热，是邪不胜正，治疗上则要用辛温峻剂来发散寒邪。若见太阳病的脉证，同时又见“发热，口渴，不恶寒”的症状，这是温病，属于热性病，禁用热法，否则会引起变证。太阳病的兼变证中有一部分是属于热性病，如“栀子豉汤类证”“麻杏石甘汤证”“白虎加人参汤证”“葛根芩连汤证”“黄芩汤与黄芩加半夏生姜汤证”“太阳蓄水证”“太阳蓄血证”“热实结胸证”及“热痞证”，由于病机的复杂性，分别用表散、清泄、攻下、和解之法达到解热除病的效果。张仲景在辨识这些热性疾病的时候是非常严谨、细腻的，注重病机的变化和方药的调整，如“栀子豉汤类证”，若邪热内陷，热扰胸膈表现为“虚烦不得眠，心中懊侬者”，用“栀子豉汤”；若兼见少气，是邪火伤正，用“栀子甘草豉汤”扶正除热；若见呕者，乃胸膈郁热，脾胃枢机不利，则用“栀子生姜豉汤”调理脾胃气机，降逆止呕。细微变化，正是医经要旨所在。

阳明经多气多血，在外感病邪入阳明经的过程中，多发生阳气偏亢，邪热极盛的证候。阳明病的本证如阳明热证、阳明实证和阳明病的兼变证如发黄证、血热证等大部分都属于热性病，阳明热证，病机为邪热炽盛于中焦，表现为“大热汗出，烦渴，脉洪大”，治疗当清解阳明盛热，主方用白虎汤，若阳热伤津出现大渴引饮不解用白虎加人参汤补气生津；若热扰于胸膈，则宜清解上焦郁热，用栀子豉汤；若热入膀胱，水热互结，症见发热脉浮，渴欲饮水，小便不利，当清利下焦瘀热，用猪苓汤。阳明实证，病机为邪热入里与肠中宿食结为燥屎，热伤津液，根据胃气受伤，津液被灼的程度分别用“调胃承气汤”“小承气汤”“大承气汤”攻下实热，护胃存津。发黄症亦当辨明是瘀热在里还是寒湿在里，瘀热在里为阳黄，症状特征为“身、目、小便俱黄，黄色鲜明”，伴有身热、口干、心烦懊侬、胸脘痞闷、身体倦怠、舌苔黄腻、脉多濡数，治宜清热除湿退黄，主方用“栀子柏皮汤”，属于清法；若见里实热重，症见腹胀腹痛，大便不畅，用“茵陈蒿汤”，属清里而兼下法。阳明气分热不解传入血分，症见“口干、但欲漱水不欲咽、必衄”，治疗当清血分之热。阳明蓄血证乃患者宿有瘀血，复与阳明邪热相结合，使神志失常，表现为“喜忘，屎虽硬，大便反易，其色必黑”，治疗上应破血消瘀，清热解毒，方用抵当汤。从阳明病的证治可以看出治疗热性病的手法多样，关键仍是病机，无形邪热当清解，热与实邪搏结当清热与攻伐同用。

少阳主火化，受邪容易出现热性病症，少阳病提纲“口苦，咽干，目眩”代表了其病机为少阳胆火循经上扰清窍，少阳经的本证、兼证多有热性病的特征。少阳经的本证为“小柴胡汤证”，主要是外邪入于半表半里，正气虚弱郁滞而表现出“往来寒热，胸胁苦满，默默不欲饮食，心烦喜呕”的病证特征，少阳证的治法主要是用和解法。若少阳既病又兼有太阳表证，表现为“发热，微恶寒，支节烦疼，微呕”，是表证未除而邪已入于半表半里，法当解太阳未尽之邪，和解少阳邪之微结，用“柴胡桂枝汤”二经同解。若少阳兼有阳明里实热证，表现为“郁郁微烦”或“日晡所发潮热”，当用枳实、大黄或芒硝泻下热结，用大柴胡汤或柴胡加芒硝汤，以和解兼通下之法祛除二经之热邪。妇女感受外邪发热后，适逢月经来潮，热入血室，表现为“续得寒热，发作有时”或者神昏“谵语”，当刺期门以泻热，或用小柴胡汤因势利导，从枢外解，使邪有出路而能自愈。

少阴病多里虚寒证，但因患者体质的不同或病因的性质不同，亦会出现邪从热化而产生少阴热化证。少阴热化证多因肾阴虚于下，心火亢于上，表现为心烦不得眠、舌红、脉细数等症状，治宜“黄连阿胶汤”滋阴清热除烦。若兼有水气，表现为“下利，咳而呕渴，心烦不得眠”，则用猪苓汤养阴清热利水。若兼有阳明里实热证，又恐阳明燥热更伤真阴，故用大承气汤攻下里实热结，挽救肾阴避免亏竭。少阴之热还可转归膀胱形成热移膀胱证，表现为“一身手足尽热，便血”。若阴虚内热，虚火上炎会引起咽痛证，病以阴虚为主，不宜苦寒直折，用滋阴润燥的“猪肤汤”治疗。少阴经循咽喉，若邪热客于少阴经也会发生咽痛，与阴虚无关，法宜清解，用甘草汤方或桔梗汤方。若咽伤生疮宜用苦酒汤，清解热毒。

厥阴病多寒热夹杂，厥阴病中出现的热性病主要病机有三方面。一是真阳大虚，阴阳不能维系，各趋其极的上热下寒证，治应清上温下，用“乌梅丸”为代表方；其二是病体的阴阳两方面此消彼长，以一方为突出的阴阳胜负证，其特点是厥热交替发作。若发热不罢，是阳复太过，热伤上焦气分则为喉痹，热伤下焦血分则发生大便脓血，热伤脉络则发生痈脓。其三是肝热下迫所致的热利下重，宜清热燥湿，凉肝解毒，用“白头翁汤”。

六经辨证以中医脏腑经络为分类依据，层层剖析了各个脏腑经络的发病规律。对于各种热性病的辨证施治虽然分散叙述于各类疾病中，但以病机辨证为主要线索，总结出热性病的病因、病位、病机特点、症状表现、治疗法则和处方用药，形成了富有临床指导价值的思维体系。热性病多由外感所致，也兼有内伤，人体有阴阳两个方面，阳盛则以邪热为疾病的主要方面，阴虚则以本不足为疾病的主要方面，阴虚阳亢则表现为虚热。治疗热性病若病位在表较浅可以用汗法，病位在里较深则要用攻下法、清泄法，若病位在半表半里则用和解法，病机越复杂，治疗上越要照顾多方面，“知犯何逆，随证治之”。热性病若由阴虚引起，阳必亢盛，发为虚热证，则要以滋阴清热作为治疗大法。

《金匮要略》是张仲景论治杂病的专著，其脉证中有不少是属于热性病的范畴，如痉病中的刚痉、中暑病、阴阳毒、温疟、中风病中的风引证、肺痿肺痈病、消渴、淋病、黄疸等。对这些热性病的辨证以脉证表现为主，突出病机变化，沿用了《伤寒论》的辨证论治体系，只要在病机上符合六经辨证规律的，就用《伤寒论》中的代表方来治疗该病，如：论治中暑病，病机是暑热直犯阳明经，与阳明热证的机理相同，虽然存在脉证的区别，伤寒中的白虎证脉多洪大，而中暑的脉多虚微，但不碍整体的病机，故都用白虎汤为主，所不同的是中暑病暑伤气机，正气受损，故于白虎汤中加入人参，旨在恢复正气。又如辨治温疟，证见“脉如平，身无寒但热，骨节疼烦，时呕”，与“疟脉自弦”“弦数者多热”等条文互参，提示温疟的病机是表邪未解，热伤胃气，亦属于阳明热证，仍用白虎汤，因其表邪未解，故加用桂枝解表。再如论治妇女热入血室的病证“故使如疟状，发作有时，小柴胡汤主之”，指出妇女伤寒中风适逢经期，邪气内陷，入于半表半里，为肝胆所主，感邪有自己的特征“如疟状，发作有时”，病机符合《伤寒论》少阳病的特点“但见一证便是，不必悉具”，故用《伤寒论》方小柴胡汤。

由此可见在辨证施治方面，《伤寒论》和《金匮要略》的思想体系是一脉相承的，但《伤寒论》所论述的热性病病因较为单纯，总是外感病邪流窜经络，临床表现多择其典型加以认识和鉴别，所出的方剂往往是代表方。而《金匮要略》所论述的热性病的病因多复杂，邪热可以合并于暑、湿、水饮、痰结、瘀血而形成复合病因共同为患，因此临床病理机制呈现多样化，它们与《伤寒论》所讨论的热性病之间没有明显的有机联系，如果某一种病的病机契合《伤寒论》六经辨证系统，则可运用《伤寒论》中的治疗法则和代表方药，如前所述。

如果病因病机复杂，非六经规律能够概括解释，就当于临症时详察疾病发生发展的过程，抓住病理特点，审因论治，另立新方。如《金匮要略》论述阴阳毒时云“阳毒之为病，面赤斑斑如绵纹，咽喉痛，唾脓血。……升麻鳖甲汤主之”，这里的“毒”是指邪侵经络，日久热淫营卫，搏结于里，热炽成毒。阳毒症属于热性病，颇似阳明经证，若从六经辨证治疗，当清热泻火，直折其热势，选用苦寒甘凉之品。而今用升麻鳖甲汤治疗，既非发汗，也非攻下，似与《伤寒论》中治疗热性病的思想相悖，其实不然，这正是仲景审病求因，灵活辨证的思想的具体体现，此处热已于气血相搏结，直折之法无益，转用升麻、甘草升散热毒，热毒入血，恐其伤阴，故用鳖甲、当归调理阴血，截断传变途径，佐治阳毒，此法奥妙在于病起于阳而和于阴，用和解法治疗热性病当属热性杂病论治上的一项创举。

辨证是《伤寒论》和《金匮要略》中的思想精粹，《伤寒论》为外感热性病的辨证治疗创立了一个思维框架，疾病发展到某一阶段，可以用思维框架中所蕴含的尺度来衡量，病同则药同。这一思维方式同样被应用到了《金匮要略》中。如《金匮要略》在论述“痉病”的证治时说“痉为病，胸满，口噤，卧不着席，脚挛急，必龂齿，可予大承气汤”，病属太阳表邪不解，入内化热，阳热内攻而产生脚挛龂齿，究其疾病性质，乃太阳之邪并于阳明，阳明受邪而热甚，病机与阳明热证相同，故用“大承气汤”清热下气，使两经邪热一并从脾胃枢机而解。又如论述“呕吐病”脉证时说到“呕而发热者，小柴胡汤主之”，症属少阳，故从少阳论治，用小柴胡汤和解。再如《金匮要略》中论治“消渴证”时说“脉浮，小便不利，微热，消渴者，宜利小便、发汗，五苓散主之”，脉浮、微热是表邪未清，渴、小便不利是里有热，表邪宜发散，里热宜下达，五苓散集中了汗、下两法。又说“脉浮发热，渴欲饮水，小便不利，猪苓汤主之”，猪苓汤即以滑石、阿胶易去五苓散中的桂枝、白术，说明表邪已衰，里热复盛，小便不利将使病情朝不利的方向转化，故以茯苓、泽泻导水，用阿胶、滑石滋阴荡热。即便是对同一种病，病情有轻重，病机有侧重，要注重辨识，遣方用药方能得当。

《金匮要略》中对于热性病的辨治有不少沿用了《伤寒论》中的方法，两部医著之间有密切的联系。但《金匮要略》叙述的毕竟是热性杂病，其辨证具有相对的独立性，在治疗上同中求异，或者另辟新途，不墨守成规，对于热性病还用了其他治法，如吐法，“太阳中风身热疼重，而脉微弱。此以夏月伤冷水，水行皮中所致也，一物瓜蒂汤主之”。感受的是复合病因，内伤于水，外为暑热所困，其中水为有形之物，故用瓜蒂汤吐之。脉微弱为暑伤中气，复为水邪所阻，内气危殆，吐之后，水去则气机恢复，外暑可解。又如下瘀血法，“病者如有热状，烦满，口干燥而渴，其脉反无热，此为阴伏，是瘀血也，当下之”。瘀血可以导致发热、烦渴等状如阳明的热象，当攻下瘀血，热必自除，文中不出方，盖条文前后去瘀血的方皆可借鉴之故。再如补法，治虚热不以补养为重，而以和解之法退其虚热。如杂疗方指出“退五脏虚热，四时加减柴胡饮子”，此热非外感表邪发热，亦非阴虚内热，乃气分壅热，故借助柴胡善解表里阴阳，佐以生姜，宣邪于外，佐以槟榔，散邪于内，故能四时退虚邪发热。

有些《伤寒论》中的汤方通过加减变化还可直接用于治疗《金匮要略》中的热性杂病，从而扩大了经典汤方的治疗范围。如前述的“白虎加人参汤”治疗中暑病就是一个很好的例证。又如甘草泻心汤，《伤寒论》用它治疗外感误下，脾胃气虚，邪气内陷，气机痞塞所致的虚痞证。而《金匮要略》则用它治疗狐惑病的分证“狐惑之为病，……蚀于上部则声，甘草泻心汤主之”，病由热毒壅上，故用人参、甘草、干姜内壮中气，使脾能化湿，芩连清其里热，则毒无由生，抓住疾病的源头，釜底抽薪，以绝病根。用甘草泻心汤，病机总和中气虚弱，脾胃枢机不利相关，在本一致，在标则不同，故在《伤寒论》中治虚痞以和中气为主，所以不用人参一味；而在《金匮要略》中以杜绝病源为主，标本同治，所以用人参补脾助运，从根本上治疗湿热毒。

总之，《伤寒论》为外感热性病的辨证施治作了总体上的概括，而《金匮要略》进一步补充了热性病的复杂性，两部医经共同构筑了热性病的诊治体系。归纳热性病的病理有外感和内伤两类，外感热性病有表证有里证有半表半里证，治疗方法有很大的差别，分别用汗、下、和法，要注意鉴别；内伤热性病的关键是正虚，属于邪盛正虚的病证，在驱邪的同时辅以扶正，如白虎加人参汤；属于阴虚内热的病证，着重于滋阴清热。共同以条文的形式总结了热性病的病因、病机、治则和方药，形成了较为完整的辨治热性病的基础架构，在中医学领域中发挥着承前启后的重要作用。

葛根汤加味合针刺治疗椎动脉型颈椎病36例

杨冬东　王瑞永

笔者在临床实践中采用葛根汤加味合针刺治疗椎动脉型颈椎病36例，疗效显著，现报道如下：

一、一般资料

本组36例病例均为1988年10月～2001年10月收治患者，其中男21例，女15例；年龄38岁～72岁。病程1年以内7例，1～5年17例，5年以上12例。

诊断依据：患者诉眩晕头痛、颈项疼痛、颈部活动受限等，眩晕的发作与颈部体位改变有关。X线照相除可发现颈椎病特征性的椎节不稳及列线改变外，尚可发现钩椎增生及椎间空狭小和椎骨畸形等异常所见。

二、治疗方法

（一）中药汤剂

葛根汤加味：葛根30g，麻黄10g，桂枝12g，白芍20g，生黄芪20g，当归12g，熟地30g，甘草6g，生姜3片，大枣10枚，每日1剂，水煎后分早晚两次温服，10剂为1疗程，每疗程间隔3天。

（二）针刺

取穴：风门，风府，风池，大椎，大杼，足三里，太溪。穴位局部皮肤常规消毒，以2寸毫针垂直刺入，风府穴应缓慢刺入，患者有酸麻胀感后即出针，其余穴位施提插法得气后，行平补平泻手法，每10分钟捻转1次以增强针感，留针30分钟。每日1次，治疗10次为1疗程，每疗程间隔3天。

汤剂内服和针刺2个疗程后统计疗效。

三、治疗效果

本组病例经两个疗程治疗后，临床治愈：眩晕头痛、颈项疼痛消失，颈部活动正常计22例；显效：眩晕头痛、颈项疼痛明显减轻，颈部活动正常计9例；有效：眩晕头痛、颈项疼痛、颈部活动受限好转计3例；无效：所有症状均无改善计2例。有效率94．4%，有效病例随访3个月，均未见病情反复。

四、体会

古医籍中没有明确的椎动脉型颈椎病名称，与椎动脉型颈椎病病因、症候较为相似的描述，散见于“痹证”“项强”“头痛”“眩晕”“颈筋急”“颈肩痛”等条目之下。中医学认为：外因是致病的条件，内因是致病的根据。外因通过内因起作用。颈椎病也不例外。人年轻时，体质强壮，气血旺盛，肝肾充实，筋骨强健，承受外界的暴力和风寒湿邪侵袭的能力较强，不易发生颈椎病。反之，中老年人或素体虚弱者，则易感风寒之邪而引发颈椎病，出现项背强痛、转侧不利、肩臂疼痛等症状。痹症《诸病源候论》：“由体虚，腠理开，风邪在于筋故也。邪客关机，则使筋挛；邪客足太阳之络，令人肩背拘急也。”人体抵抗力下降时，风寒湿外邪乘虚而入，往往首先侵犯太阳经，导致太阳经输不利，颈项强痛，并可影响督脉，使项背挛急，头颈转动受限。颈项为脑髓之门户，除手厥阴心包经和带脉之外，几乎所有十二经脉和奇经八脉都由此通过，颈项部经脉气血运行失常，必定导致脑髓失于正常的濡养，以致出现眩晕头痛，甚至耳聋耳鸣等。

先病为本，后病为标；正气为本，邪气为标。根据治病求本的原则，在治疗中，以恢复颈项部经脉气血的正常运行为核心，充分重视风寒入侵的外在诱因和肝肾气血不足的内因。

《伤寒论》太阳篇中，言“太阳病，项背强几几，无汗恶风，葛根汤主之。”据原著所论，葛根汤具有疏风散寒、升津舒经之功，用治太阳伤寒表实证而经气不利之项背强急。而后世医家在继承的基础上，更注重其舒筋通络、调理气血功效的延伸和拓展，以之广泛治疗各类经脉不利、气血失和的痛、痹、痉挛病症，并不以风寒表证之有无而限定眼目，且取得良好疗效。究其原因，是因葛根汤的组方不仅针对了病因，更重要的是体现了辨证论治的中医治疗精髓，即针对了病邪侵入人体后正邪斗争而形成的反映疾病阶段性病理本质的证。所以无论患者有无太阳表证，均可综合其病因、病性、病位、病机和病势而合理的化裁应用葛根汤。颈椎病多发于中年之后，人体呈现生理性机能下降，且大多病程长久，久病最易挟虚，故而在葛根汤中加生黄芪、当归、熟地补益肝脾肾，俾正气充实而鼓邪外出，经输通利；又可实卫表、培下元，使邪不复侵。

风门穴又称热府，为足太阳与督脉之会，是风寒侵入的门户，风府为督脉与足太阳和阳维脉之会，是治疗风邪侵犯脑府的要穴，二穴合用可疏调太阳与督脉经气，祛风散寒，宣肺发表。大椎为诸阳之会，主一身之阳，取之可宣通诸阳经气，配大杼手足太阳少阳之会，主治伤寒脉浮、头项强痛而尤以项背筋急酸痛不得屈伸为显著者，有疏解项背强急之效。风池穴为治风要穴，故表实证兼太阳经输不利者，用之可效。足三里为胃经合穴，调补阳明以培后天化源而使气血健旺，太溪为肾经原穴，补益阴精而强健筋骨。

汤剂内服和针刺治疗相辅相成，合《内经》“先其所因，而伏其所主”之旨，使邪气外出，气血得充，经络得畅，筋骨得坚，髓海得养，故而绝大部分病例症状缓解，疗效巩固。分析疗效不佳的有效和无效病例，5例患者病程皆在5年以上，且年龄均高于65岁，这也反映了病久邪气缠绵和年高正气不足是影响预后的两个重要因素。

大柴胡汤异病同治举验

河南省方城县中医院　贾太谊

大柴胡汤载于《伤寒论》，由柴胡、黄芩、芍药、半夏、枳实、大黄、生姜、大枣组成，原为少阳兼里热实证而设，功能和解少阳、内泻热结，其功效卓著，颇受后世医家称颂。吾善用此方，宗异病同治之旨，在临床中用于胆囊炎、阑尾炎、胰腺炎和部分长期高热等，取得较好疗效，体现了经方在临床运用中的实用性和广泛性，谨择数案于后，以供同道商榷。

一、胆囊炎

马某，女，47岁，1998年6月2日初诊。右上腹隐痛一周，经常嗳气、腹胀、厌食油腻，来诊当天早餐后，疼痛持续发作，阵发性加剧。并向右肩部放射，伴恶心，呕吐，T39℃，口苦咽干，纳呆，尿少而黄，大便秘结，舌质红，苔黄燥，脉弦滑。查见：右上腹压痛明显，肌紧张，莫菲氏征阳性。化验血常规 WBC17 $\times 10^9$/L，W－LCRO. 91，血清胆红素 29umol/L，尿胆红素阳性，B超示：胆囊 9.1×3.4cm，壁厚3cm，囊内可探及多个强回声光团，大者0.4×0.3cm，西医诊为胆结石伴急性肌囊炎。脉证合参，此为阳明少阳之邪热蕴结于内，治宜疏肝利胆：清热化湿，方用大柴胡汤加枳壳15g、木香12g，茵陈30g，服药2剂，大便先下老黄燥粪数枚，后下稀便三次，腹胀痛缓解，继用疏肝和胃之方调理十天而愈。

按：本例胆结石伴胆囊炎急性加重，属中医“胁痛”范畴，与结石刺激合并感染有关。祖国医学文献中虽无胆囊炎的名称，但类似本病的症状却有丰富的记载：《灵枢·胀论》说：“胆胀者，肋下痛涨，口中苦，善太息”，《伤寒论·辨太阳病脉证并治下》中亦有心下部坚硬胀满、疼痛、拒按、气短等描述，与胆囊炎的临床表现极为相似，所列大陷胸汤、大柴胡汤等方剂简单实用，屡试皆验，为后世及至现在中西医结合治疗本病提供了宝贵资料。

二、阑尾炎

李某，男，34岁，1997年4月30日初诊。自述近日因长途跋涉，体力下降，出现倦怠乏力、纳差、便秘，来诊前1天晚食生冷米饭后自觉上腹部隐痛逐渐加重，延及后半夜疼痛转移于右下腹呈持续性。刻诊：腹胀痛以右下腹为甚，恶心，不时呕吐，小便黄，大便三日未排，体温38.5℃，微恶寒，舌边尖红，苔黄腻，脉细弦。食见：腹膜刺激征（+），右下腹固定性压痛，麦氏点反跳痛明显，腰肌试验阳性，娄夫辛征阳性，闭孔试验阳性。血常规 WBC12.4 $\times 10^9$/L。W－LCR0.82；B超示：未发现阑尾脓肿。西医诊为急性阑尾炎。中医辨证属气滞血瘀、热蕴于内，治以行气祛瘀，通腑泄热，处方：柴胡、赤芍、木香各12g，酒黄芩、枳实、川朴各15g，生大黄30g（后下），公英、败酱草各20g，焦三仙各20g，大枣3枚，2剂，1剂水煎频服，另1剂水煎清洁灌肠用。禁食，同时配以抗生素疗法。用药五小时，大便得下，痛胀减；又三小时，连排稀便4次，诸症明显减轻。调理一周，病告痊愈。

按：本病属中医“肠痈”之初期，尚未形成包块，临床上若保守治疗，配用中药口服或灌肠，往往能收到事半功倍之效。就其发病机理及脉证，早在《内经》时期即有明确记载，《素问·厥论》，“少阳厥逆……发肠痈”，《灵枢·上膈篇》亦有小“……人食，虫上，管下虚，而邪气睛之，积聚已留，留则痈”；至汉代医圣张仲景始开肠痈分未成脓已成脓辨治之先河，如《伤寒论》170条：“伤寒发热，汗出不解，心下痞硬，呕吐而下利者，大柴胡汤主之”，106条“伤寒发热，汗出不解，心下痞硬，呕吐不止，心下急，郁郁微烦者，为未解也，大柴胡汤下之则愈”，更是沿用至今。

三、胰腺炎

林某，男，39岁，1999年8月16日初诊。患者原有胆道感染病史，二天前突发左上腹疼痛，伴呕恶，在附近医院按胃炎、胆囊炎药用青霉素针、西米替丁针等药物治疗无效。刻诊：全上腹部呈持续性疼痛，并向左腰背放射，发热憎寒，体温38.9℃，伴恶心、呕吐，吐后疼痛仍不缓解，腹部胀痛，舌红，苔黄腻，脉两关弦滑。查示：急性病容，表情痛苦，肝脾未及，莫菲氏征（-），黄疸（-），上腹部剑突下压疼，化验血 WBC14.8×10⁹/L，W-LCR0.86，血清淀粉酶（索氏法）360°，尿淀粉酶720°，B超示：水肿型胰腺炎，诊为急性胰腺炎。虑其起病骤急，脾胃实热为病之本；胃腑热结，致使胃失和降，产生恶心、呕吐，腑气不通，则胀满疼痛；热自内生，气机不畅，阳气不得伸展，则壮热憎寒，总属温热蕴结、气机不展，治宜通里攻下，处方：柴胡，生姜半夏，枳实各12g，黄芩、生大黄、木香、赤芍各15g，苏梗、连翘各10g，公英20g，山楂30g，水煎分多次频服，同时予以禁食和西药对症治疗，用药一剂后排燥屎若干，继下粘腻夹白沫便，胀痛明显减轻，停用西药，上方稍作出入，连用三付，胀痛消失，但仍纳谷不香，神倦乏力，随用香砂六君子合四物汤加减善后。

按：祖国医学文献对本病虽无专述，但类似急性胰腺炎的症状则散于脾心痛、胃心痛，结胸等论述中，如《灵枢·厥病篇》记载："腹胀胸痛，心尤痛甚，胃心痛也……痛如以锥针刺其心，心痛甚者，脾心痛也"；《伤寒论》所论结胸的有关条文，一些理法方药对本病的辨证施治起到了很大的指导作用。

四、长期高热

王某，女，27岁，1999年6月20日初诊。患者一月前因受风寒感冒，恶寒发热，头疼身疼，流鼻涕，未重视治疗，一天后转为高热，T：38.8～40℃，每日午后高热为甚，后半夜好转，经治疗仍时轻时重，持续近一月不解，伴口苦、咽干，脘腹痞满，大便秘结，小便黄，纳差，舌红苔黄，脉弦紧，查血 WBC90×10⁹/L\N0.70，胸透未见异常。观其病历，前医诊治大抵处以小柴胡汤类而证情不减，此时四诊合参当辨为少阳阳明合病，治宜和解少阳、清阳明实热，予大柴胡汤2贴，服后，热退病除，未再复发。

按：此病长期高热，西医体检理化检查未发现明显异常，单用西药退热等对症处理仅可收效一时，不能根治。就其主证，乍看颇似小柴胡汤证，然以此论治无效，说明药证不符；余诊时偶见大便干结一症，疑为大柴胡汤证，按少阳阳明合病治疗而愈，从而可以看出医圣仲景辨证立法之严谨，也印证了先师所谓立法处方"但见一症便是"之明训。

运用《伤寒论》论治非典型肺炎的研讨

王春生　江西省波阳县中医院

东汉末年，时疫流行。"建安二十二年，疠气流行，家家有僵尸之痛，室室有号泣之哀；或阖门而殪，或覆族而丧"（曹植《说疫气》）。当时张仲景深有感慨："余宗族素多，向馀二百，建安纪年以来，犹未十稔，其死亡者，三分有二，伤寒十居其七"（《伤寒论·自序》）。可见那场瘟疫虽不能说是非典型肺炎（简称"非典"），但通观《伤寒论》原文，其所描述的病证的临床表现与危害性，与"非典"又何其相似乃尔。

张仲景目睹当时的惨状，"感往昔之沦丧，伤横夭之莫救，乃勤求古训，博采众方，撰用《素问》《九卷》《八十一难》《阴阳大论》《胎胪药录》，并《平脉辨证》，为《伤寒杂病论》合十六卷（《伤寒论·自序》）。是对急性传染性疾病救治的经验总结和理论升华。今天我们研究非典型肺炎的证治，若能深入探讨《伤寒论》的相关条文，则"虽未能尽愈诸病，庶可以见病知源"，对于提高临床辨证效果能思过半矣。

一、明确揭示了温病的证治概要

非典型肺炎的临床表现与中医温病的特点有其一致性，当属温病范畴。"太阳病，发热而渴，不恶寒者为温病"（《伤寒论》原文及序号均按成都中医学院主编《伤寒论讲义》1964年版）。与"伤寒""中风"并列为太阳病的三种类型。"伤寒""中风"的发热，必恶寒而口不渴，"温病"的发热必口渴而不恶寒，这是它们的根本区别。"冬伤于寒，春必病温""冬不藏精，春必病温"，"邪之所凑，其气必虚"，"血弱气尽腠理开，邪气因入"。卫阳抗邪能力下降，风热邪毒乘虚而入。"中而即病"出现的太阳温病，一般为新感温病；"不即病者，邪毒藏于肌肤，至春变为温病，为少阴温病，谓之伏邪温病。"温病的发病多带时行，"非其时而有其气，是以一岁之中，长幼之病多相似者，此则时行之气"（《伤寒例第三》）。

《伤寒论》虽然主论伤寒，兼论温热，但其辨证论治的大法方药，同样适用于温病的辨证与治疗，是临床各科的基础，既是基础医学，又是临床医学。六经辨证，明辨阴阳、表里、寒热、虚实，进而判断病证的病性、病位、病势（邪正盛衰）以及疾病的传变、转归的规律。放之伤寒、温病、外感、内伤诸病而皆准。更何况论中散见于六经之中的治疗温热的方药，诸如麻杏甘石汤、栀子豉汤、葛根黄芩黄连汤、白虎汤、竹叶石膏汤、大、小陷胸汤、三承气汤、麻子仁丸、猪苓汤、茵陈蒿汤、栀子柏皮汤、麻黄连翘赤小豆汤、黄芩汤、白头翁汤、猪肤汤、甘草汤、桔梗汤等及其加减方，均为治疗温热（湿热）证而设，成为《伤寒论》的重要组成部分，并且是后世温病学说发展的基础。《伤寒论》的治疗原则始终贯串着“扶阳气”和“存津液”的基本精神。“存得一分津液，便有一分生机”，是温病的治疗总则。

《辨太阳病脉证并治》第6条明确指出太阳温病忌辛温发汗，因温邪化热最速，易于内陷心肺，而出现“脉阴阳俱浮，自汗出，身重多眠睡，鼻息必鼾，语言难出”等误汗后邪热熏灼的表现；忌攻下，因温邪最易伤阴，不可妄用攻下夺其津液。“若被下者，小便不利，直视失溲”；忌用火法（温针、熏、熨等治法），以免阴液更加枯涸，热陷厥、少二阴，侵扰神明。“若被火者，微发黄色，剧则如惊痫，时瘛疭。”处处以祛邪热、保津液为第一要务。论中虽有证无方，但其治疗原则已定，大法已成，临证有规矩可循。

二、《伤寒论》对非典型肺炎的辨证论治

“非典”是肺系的急性传染病，《伤寒论》虽无“非典”病名，但“非典”的临床表现，在《伤寒论》中还是有据可查，有法可依的。兹根据“非典”的发病、传变、转归的症状、体征，从《伤寒论》中探讨其证治。

参照卫生部《传染性非典型肺炎临床诊断标准》（试行），临床症状与体征：起病急，以发热为首发症状，体温一般>38℃，偶有畏寒；可伴有头痛、关节酸痛、肌肉酸痛、乏力、腹泻；常无上呼吸道卡他症状；可有咳嗽，多为干咳，少痰，偶有血丝痰；可有胸闷，严重者出现呼吸加速、气促、或明显呼吸窘迫。肺部体征不明显，部分病人可闻及少许湿啰音，或有肺实变体征。实验室检查：外周血白细胞计数一般不升高，或降低；常有淋巴细胞计数减少。胸部X线摄片检查：肺部有不同程度的片状、斑片状浸润性阴影或呈网状改变，部分患者进展迅速，呈大片状阴影；常为多叶或双侧改变，阴影吸收消散较慢；肺部阴影与症状、体征可不一致；若检查结果阴性，1~2天后应予复查。抗菌药物治疗无明显效果。发病前2周内曾到或居住于报告有传染性非典型肺炎病人并出现继发感染疫情的区域。“非典”目前多认为冠状病毒是其病原体，但尚无有效的针对性治疗药物，临床上尚无很成熟的治疗方案。中医认为系温邪疫毒侵犯肺卫，邪热壅肺所致。其发病、传变涉及于太阳、阳明、少阳、少阴、厥阴等经。三阳病以祛邪为主，病入三阴，热化伤津，以育阴清热为主，始终贯穿“存津液”的原则。临床应当“观其脉证，知犯何逆，随证治之”（16）。

1. 太阳温病，邪犯肺卫，肺热壅盛。“发汗后，不可更行桂枝汤，汗出而喘，无大热者，可与麻黄杏仁甘草石膏汤（63）。“下后，不可更行桂枝汤，若汗出而喘，无大热者，可与麻黄杏子甘草石膏汤”（167），“非典”出现发热不恶寒，口渴，咽干，咳嗽，胸痛，气促等症，汗出而喘，发热者，表热内迫壅肺，可用辛凉宣透的麻杏甘石汤加味。柯韵伯说：“麻杏甘石汤为温病发汗逐邪之主剂，……此证头项强痛与伤寒同，惟不恶寒而渴以别之，证系有热无寒，故予麻黄汤去桂枝之辛热，易石膏之甘寒，以解表里俱热之证。”此时如见寒饮挟热的喘咳，“烦躁而喘，脉浮者，心下有水”（《金匮·肺痿肺痈咳嗽上气病脉证治第七》。为外邪尚未化热，如有饮邪郁热，可用小青龙加石膏汤（麻黄、芍药、桂枝、细辛、甘草、干姜、五味子、半夏、石膏），温寒并进，水热俱捐。

2. 太阳温病，热郁胸膈，扰及心与肺。“发汗吐下后，虚烦不得眠，若剧者，必反复颠倒，心中懊侬，栀子豉汤主之；若少气者，栀子甘草豉汤主之；若呕者，栀子生姜豉汤主之”（78）。“非典”初起，邪热留扰胸膈，内干心肺，以致发热、烦躁不安，可用栀子豉汤清热除烦。栀子苦寒，导火热下行，豆豉气味轻薄，既能解表宣热，又能调中下气，二药清热解表，开郁除烦。如邪热内陷，与素体痰液相结于胸脘者，出现“小结胸病，正在心下，按之则痛，脉浮滑者，小陷胸汤主之”（142）。药用黄连、半夏、瓜蒌实清热涤痰开结。

3. 阳明温病，邪热下利。肺热不得及时宣透，下移于大肠，出现身热、咳嗽、口渴、下利秽臭、肛门灼热、腹痛、舌苔黄、脉数等。“太阳病，桂枝证，医反下之，利遂不止。脉促者，表未解也；喘而汗出者，葛根黄芩黄连汤主之。”（34）本方清热利湿，坚阴止利，用于温热夹湿之“非典”甚为对症。

4. 阳阴温病，邪热充斥，表里俱热。“非典”出现高热、神昏、谵语、遗尿、肢厥，有大汗、大烦、大渴、脉洪大见症者，为阳明邪热亢盛，里热熏蒸于外，宜辛凉重剂白虎汤清热生津，达热出

表。石膏、知母可清阳明独盛之热，甘草、粳米调中护胃，益气存津。如津气耗伤，脉大而芤者，可西洋参或北沙参。

5. 阳明温病，有形热结。肺热不得清宣，下清阳明入肠腑，与糟粕相结而成燥屎，阻塞肠道，出现潮热、谵语、腹满硬痛或绕脐痛、不大便、手足濈然汗出、脉沉实有力、舌苔黄燥或焦裂起刺等。“非典”发热、咳嗽、胸痛，同时又有阳明腑实见征者，可选用承气类方加入杏仁、石膏、鱼腥草、蒌仁等治之。高热神昏时亦宜加服安宫牛黄丸或紫金锭。

6. 少阳温病，邪郁半表半里，“正邪分争”，出现寒热似疟，或午后热甚，或夜热早凉，湿热蕴郁少阳，疏泄不利，“胸胁苦满，嘿嘿不欲饮食，心烦喜呕，或胸中烦而不呕，或渴，或腹中痛，或胁下痞硬，或心下悸、小便不利，或不渴、身有微热，或咳者，小柴胡汤主之”（98）。“非典”发热持续不退，出现少阳见症，“有柴胡证，但见一证便是，不必悉具”（103）。即可辨证使用柴胡剂。若湿重者去参、枣，加苍术、苡仁、秦艽、青蒿等。

7. 少阴温病，损及心肾。心肾阳衰，病从寒化，“脉微细，但欲寐”（281）。“非典”后期，热见骤降，面色苍白，神昏肢厥，气促，痰鸣，或“汗出不解，其人仍发热，心下悸，头眩，身瞤动，振振欲擗地者”（84），“或咳，或小便利，或下利，呕者”（316），舌质淡，苔白滑，脉沉细，少阴阳虚，水泛凌心、射肺，治宜真武（茯苓、芍药、生姜、白术、附子）加味，或合四逆汤（炙甘草、干姜、附子）以回阳救逆、温阳化气行水。

8. 少阴温病，心肾阴液亏耗，病从热化，虚热内扰。“非典”病至后期，余热未清，津液受损，元气未复，出现“虚羸少气，气逆欲吐”（396），或低热汗出，或午后潮热，或手足心热、五心烦热，或咳嗽气促，心烦口渴，少气神疲，舌红干少苔，脉虚数。证属病后余热未净，津伤气馁。治宜竹叶石膏汤（竹叶、石膏、半夏、麦门冬、人参、甘草（炙）、粳米合生脉散（人参、麦冬、五味子）加减以清养之。

《伤寒论》对失眠的证治

马作峰　河南省南阳中医药学校

失眠在《伤寒论》中被称为“不得眠”“不得卧”“不能卧”“卧起不安”等，通篇共有14条论及本证，其中有言病理不及方药者，有据失眠而断预后者，有方药详实，说理透彻者。因《伤寒论》行文简约，加之涉及失眠的内容分布全书，使后学者不便比较掌握，本文试对其进行归类剖析，希望能对同道研究学习仲景学说有所裨益。

一、热邪致失眠

热为阳邪，易致躁动不宁，卧起不安，故因热邪入里，扰动心神而致失眠者尤众，仲景将其分为三类：一者下后邪陷入里化热，二者汗吐下后余热留扰，三者误用温针，助火生热，兹分述于后。

1. 余热留扰胸膈　76条云：“发汗吐下后，虚烦不得眠，若剧者，必反复颠倒，心中懊侬，栀子豉汤主之…”。本证之失眠冠之以“虚烦”二字揭示了病变本质。“虚”言其病机，说明汗吐下后正气受伤，同时邪热虽陷而未与有形实邪相结，病性属虚；“烦”言其兼症，谓其伴有心中烦扰不宁。此证邪热未与有形实邪互结，自不可下；烦乱不眠说明病邪已离表入里，又非汗法所宜，只能据《内经》“火郁发之”理论，以苦寒之栀子清泻三焦里热，配伍豆豉轻清宣透，散胸膈之邪热于外。《医宗金鉴》说；“未经汗吐下之烦多属热，谓之热烦；已经汗吐下之烦多属虚，谓之虚烦……因汗吐下之后，邪热乘虚客于胸中所致，既无可汗之表，又无可下之里，故用栀子豉汤顺其势以涌其热，自可愈也。”这一论述可谓言简意赅。

2. 热留胸腹胃　79条云：“伤寒下后，心烦，腹满，卧起不安者，栀子厚朴汤主之。”张隐庵认为：“此言伤寒下后，余热留于胸腹胃者，栀子厚朴汤主之也。夫热留于胸则心烦，留于腹则腹满，留于胃则卧起不安。”伤寒不当下而误下，最易致使邪陷入里化热，本证无腹痛拒按、大便不通，说明犹是无形邪热郁结，自不可以硝黄攻下；与栀子豉汤比较，病变已波及中焦，故不用豆豉宣透，因而栀子厚朴汤以清热除烦，行气宽中除满为法，选栀子配伍枳实、厚朴从本论治，不用安神之品，可收安神之效。

本证与栀子豉汤证同为邪陷化热之失眠，因其病位高下、病情浅深不同而用药迥异，仲景用药之精由此可见一斑。

3. 温针助火　221条云：“阳明病，脉浮而紧，咽燥，口苦，腹满而喘，发热汗出，不恶寒，反恶热，身重…若加温针，必怵惕，烦躁不得眠…”。脉浮紧似属太阳，口苦咽燥与少阳相仿，发热汗出，不恶寒，反恶热，又系阳明病外证，如此复杂之表现，最易使医者不知所从。但太阳病脉浮紧，必见恶寒发热，无汗身痛；少阳病口苦咽干，当伴寒热往来，目眩。综观本证既非太阳、亦非少阳，显属阳明里热炽盛。里热上冲犯胃而咽燥口苦，里热外扬而脉浮，邪热成实而脉紧，法当以白虎清泻，若误用温针强发其汗，则以火济热，必致心神被扰而烦躁不得眠。此证实里热盛致失眠之典范。

二、阴虚致失眠

阳主动，阴主静，阴平阳秘是睡眠正常的前提。若阴虚，则静不足而动有余，心神妄动而不藏，失眠乃作。根据阴虚程度和是否兼挟它邪的不同，仲景分三类施治。

1. 胃阴不足，胃腑失和　“太阳病，发汗后，大汗出，胃中干，烦躁不得眠，欲得饮水者，少少与饮之，令胃气和则愈”（71）。太阳病发汗乃正治之法，但若汗不如法，大汗出易损耗津液而胃阴不足，一则阴虚神不潜藏而妄动；二则胃不和则卧不安，因而见烦躁不得眠。本证乃胃津受伤之轻证，津不足自欲饮水以润其燥，只需少量频服汤水至胃津恢复，胃气调和，诸症自除。

2. 阴虚阳亢　“少阴病，得之二三日以上，心中烦，不得卧，黄连阿胶汤主之”（303）。病至少阴，正气已衰，根据阴虚、阳虚的不同，可分少阴寒化、少阴热化二证。本证心烦不得卧，显属少阴热化，此时真阴已虚，邪火又炽，二者互为因果，失眠必深重无疑。单纯邪热，可予清透；单纯阴虚，补水滋阴，今二者并存，自当滋阴清火同施。对黄连阿胶汤的功效，成无已说：“阳有余以苦除之，黄芩黄连之苦以除热；阴不足以甘补之，鸡黄阿胶之甘以补血；酸，收也，泄也，芍药之酸，收阴气而泄邪热。”对阴虚邪火并存之失眠，本方堪为正治之方。

3. 阴虚兼水热互结　319 条云；“少阴病，下利六七日，咳而呕渴，心烦不得眠者，猪苓汤主之。”少阴病下利有寒热之分，今见咳而呕渴，心烦不眠，显属里热之证。少阴热化之心烦不眠，已有黄连阿胶汤，此处为何以滋阴利水为法施以猪苓汤？林澜解释为：“渴则必恣饮，多饮必停水，是邪热既不能解，而蓄水证复作也。可见，本证与少阴热化证相比，停水是关键，水气犯肺则咳，犯胃则呕，因而失眠的同时又伴咳而呕渴。猪苓汤以二苓泽泻渗利水湿，阿胶育阴润燥，滑石清热利湿。全方既可育真阴、清里热，又可渗利水湿，切合本证病机，故可使心烦不眠诸症悉除。

三、阳虚致失眠

1. 心阳亡失，神不敛藏　阳虚之人以倦怠、嗜卧者居多，本无致失眠之理，但阳气是生命活动的原动力，阳气充足是脏腑功能活动正常的前提，若误治亡阳，或阳气衰微，可致心阳衰无力藏神，导致神不敛藏而浮越，由是则烦躁不寐乃作，似合“重阴必阳”之理。大青龙汤方后注说：“若复服，汗多亡阳，遂虚，恶风烦躁，不得眠也。”明确提出汗多亡阳可致不得眠，此阳衰致失眠之重证。

2. 虚阳盛阴交争　61 条云：“下之后，复发汗，昼日烦躁不得眠，夜而安静，不呕，不渴，无表证，脉沉微，身无大热者，干姜附子汤主之。”汗下之后患者不呕、不渴、无表证，病邪显已离阳入阴；脉沉微，身无大热，说明汗下之后阳气已伤。若阳气外亡，当见阴盛格阳而身大热，今无大热，其阳虚显然未达外亡程度。阳虚为何反见烦躁？成无已谓：“阳主子昼，阳欲复，虚不胜邪，正邪交争，故昼日烦躁不得眠；夜阴为主，阳虚不能与之争，是夜则安静。”干姜附子汤方用干姜附子可回阳破阴，使阴阳平衡，烦躁不眠自除。

3. 心阳亡失，痰浊上泛　阳位上，阴位下，若误治亡阳，易致阳衰水液不化，聚而成痰，水饮痰浊等阴邪僭越，窃踞阳位，心阳恶之，必心烦不眠；水饮痰邪乘机扰心，故见惊狂、卧起不安，仲景处以桂枝去芍药加蜀漆牡蛎龙骨救逆汤，取桂枝甘草复心阳，蜀漆涤痰，既可纠正火疗导致的心阳亡失，又可祛除因阳衰水停所生之痰，如此心阳得复，扰心之痰得祛，惊狂、失眠诸症自解。

四、血虚致失眠

86 条云：“衄家不可发汗，汗出必额上陷，脉急紧，直视不能眴，不得眠。”本条在明确衄家治禁的同时，也揭示了血虚与失眠的关系。“血汗同源”，衄家本已血虚，复发其汗，阴血更伤。血是神志活动的物质基础，血虚心神失养，故不得眠。此条虽未出施治方药，但为后世创归脾汤等补血剂治疗奠定了理论基础。

五、阴阳离决，躁不得卧

300 条、344 条均有“下利、烦躁、不得卧者，死”的描述。少阴病见脉微细、但欲寐乃肾阳衰微之征，为病脉症相符之证，当以四逆辈温之，若失治，阳衰日甚，下利乃作，终致盛阴格阳于外，虚阳外越而烦躁不得卧寐，此时已经来不及挽救，故属死候（300）。

厥阴病发热有阳复和阳亡两种可能，若阳复当利止厥回，今发热与下利厥冷共存，可见非阳复而是虚阳外亡，阳浮于外，无力敛养心神，则心神浮越躁不得卧，所以断为死候（344）。

上述两证均以睡眠状况作为判断死生的依据之一，这在《伤寒论》辨证施治理论中可算一个亮点。

六、腑实致失眠

242 条指出：“……喘冒，不能卧者，有燥屎也。”宜卧之机理，注家解释不一，有据《内经》“胃不和则卧不安”，认为燥屎阻结，胃腑失和是其原因；有认为是邪热深伏于里，攻冲于上致神明被扰所致；也有认为是秽浊之气不得外泄而上攻。各家对本证不能卧之机理虽有不同见解，但都认同以大承气汤攻下，说明诸家均认可腑实致失眠理论。

七、结语

综观《伤寒论》全书对失眠的有关论述可以看出，仲景对患者睡眠状况非常重视，除将失眠作为辨证依据以外，危重病人还据此而断死生，并指出失眠的病位有高低之分，病情有虚实之别，治法则因证而异，或清或下，或滋或温，为后世辨证治失眠奠定了坚实的理论基础。

伤寒方治喘咳

梁柳文　广州中医药大学第一临床医学院

咳喘，是肺系疾病的主要症状，它是病发于肺或由其他脏腑病变累及于肺而发生。历代医学对咳喘的辨证论治积累了丰富的经验。自明代张景岳把咳嗽分为外感与内伤以来，使中医对咳喘的辨证论治更趋完善，但仲景所载传之方药治疗咳喘，仍然不失其临床意义，现把伤寒方（10 首）治疗咳喘，简介如下，以供同道们参考。

一、麻黄汤

本方由麻黄、桂枝、杏仁、炙甘草组成。《伤寒论》为治太阳伤寒（表实证）而设。典型的太阳伤寒证有“无汗而喘”。阐明此喘由风寒外束，腠理紧闭，毛窍开合失司，肺气失宣所致，故仲景以麻黄汤辛温发汗，宣肺平喘。由于麻黄汤具有“宣肺”的作用，所以也可用它治疗外感风寒的咳嗽。临床表现为恶风寒发热，头痛，无汗，咳喘，舌质淡红，苔薄白，脉浮紧。其辨证要点是咳喘与风寒表实证同时存在，且咳喘的轻重随风寒表实证轻重的变化而变化，治疗选用麻黄汤。但临床多见外感风寒的咳嗽（喘），表实证并不典型，而咳嗽（喘）则十分明显，为此运用本方应加以化裁。如《和剂局方》的三拗汤即是麻黄汤去桂枝加生姜，用于外感风寒表实证不明显，而咳嗽明显者则比较相宜。但若风邪较重者，本方驱风之力又显不足，笔者常适加苏叶、防风、荆芥，以加强解表驱风之功而提高疗效。

二、桂枝加厚朴杏子汤

本方由桂枝、芍药、生姜、大枣、炙甘草、北杏仁、厚朴组成。《伤寒论》为治素有喘疾，外感风寒后诱发喘咳而设。由于本证为“喘家”，则“久病必虚”可知，所以本方虽亦适用外感风寒之喘咳，但其外感风寒后，却表现为太阳中风（表虚证），证见恶风寒，发热，头痛，汗出，喘咳，舌质淡，苔薄白，脉浮缓弱。其辨证要点是喘咳与风寒表虚证同时存在，但喘咳的轻重与感受风寒的轻重无直接的关系，治疗当用桂枝汤以调和营卫以解表，以杏仁、厚朴宣肺降气以止喘咳。

三、小青龙汤

本方由麻黄、桂枝、芍药、干姜、细辛、半夏、五味子、炙甘草组成。《伤寒论》为治外感风寒，内有水饮，寒水搏击而喘、咳、呕而设。证见恶风寒，发热，头痛，无汗，喘咳，咳痰清稀起泡沫，舌质淡紫，苔白滑，脉浮滑。其辨证要点是咳喘痰稀起泡沫，治疗当用本方辛温散寒，解表化饮。但由于本方作用重在散寒化饮，所以只要具备喘咳而痰稀白起泡沫，不论有无表证皆可使用。笔者对于外感风寒表证不明显者，多去桂枝，适加神曲、麦芽、山楂等以消食导滞而断生痰之源。另加僵蚕、毛冬青、地龙等以加强解痉平喘止咳之力。

四、麻杏甘石汤

本方由麻黄、杏仁、石膏、炙甘草组成。《伤寒论》为治邪热壅肺而设。证见发热，汗出，喘咳，痰黄，舌质红，苔黄，脉数。其辨证要点为发热，喘咳，痰黄。治疗当用本方清热平喘止咳。笔者对于肺热喘咳者，常用本方合千金苇茎汤治疗。对于咳痰稠黄难咯者，适加瓜蒌仁、浙贝、川贝、鱼腥草、天竺黄等以清热豁痰。

五、调胃承气汤

本方由大黄、芒硝、炙甘草组成。《伤寒论》

为治阳明燥热内结而设，并无治喘咳的作用。大、小承气汤所治为阳明燥热内结的腑实重证，虽证可见“腹满而喘”“微喘直视”，但方治并非针对喘咳，而是通过泻下，大肠通畅，肺气得以肃降而达到止喘之目的。据此机理，笔者临床所见因咳喘日久，纳食减少，气机失和而多日不大便者（即使腹无所苦），亦可因腑气不通而令喘咳缠绵不愈或反而加剧者，故此时当在止咳平喘的同时，配合通腑导下，令肺气得降而收到较好的疗效。在选方用药方面，若用大承气汤，恐为力峻，故选用小剂量调胃承气汤，或小承气汤去枳实，才能恰到好处。

六、茯苓甘草汤

本方由茯苓、桂枝、生姜、炙甘草组成。《伤寒论》为治水停心下而设。但胃虚不化，水饮内停，则可“停而成痰，留而成饮”，故胃虚停水是痰饮生化之源，痰饮上贮于肺，肺气失宣则可见喘咳。使用本方者，证见喘咳痰稀，多涎，口淡，心下悸动，小便不利。治疗当用本方温胃散水。但本方无平喘止咳之功，故当适加杏仁、白前、冬花、半夏等以宣肺下气止咳平喘以治标。

七、小陷胸汤

本方由瓜蒌、黄连、半夏组成。《伤寒论》为治痰热互结的小结胸病而设。但临床所见，痰热互结既可在心下，亦可在胸中，痰热互动在心下者，则以“按之则痛，脉浮滑”为主证；痰热互结在胸者，则可阻碍肺气的宣发与肃降而见喘咳。其辨证要点为咳而胸痛，痰黄稠难咯。治疗使用本方相宜，但笔者为了加强豁痰之功，常加天花粉、鱼腥草、冬瓜仁、天竺黄、川贝等，以提高临床疗效。

八、四逆散

本方由柴胡、枳实、芍药、炙甘草组成。《伤寒论》为治少阳枢机不利，阳气不达于四肢而厥冷所设。而少阳枢机不利，亦可导致肺气不利，故《伤寒论》原文318条的或然证中就有“或咳”，这是四逆散治咳的明示，但却往往被临床医生所忽略。笔者体会到，使用本方所治的咳嗽，常有胸胁郁闷不适，甚则咳甚胸痛，或咳甚腹痛，或咳甚小便出。治疗用四逆散枢转气机，通达内外，沟通上下，则喘咳自平。笔者常对于病人痰多者，加薤白、蒌皮、芒果核、前胡、杏仁等化痰理气、平喘止咳之品，疗效极佳。

九、旋覆代赭汤

本方由旋覆花、代赭石、半夏、人参、生姜、大枣、炙甘草组成。《伤寒论》为治肝气横逆犯胃，胃气上逆而“噫气不除”而设。但根据手太阴肺的经脉“起于中焦，下络大肠，环循胃口，上膈属肺……”，所以当肝气横逆犯胃，胃气上逆时亦可引起肺气上逆而见喘咳。使用本方所治的喘咳，病者常伴见烦躁易怒，胸胁不适，并时时有气逆之感。若咳痰稀白，舌质淡红，苔白而润者，则方证合拍；若痰黄稠，舌质红，苔黄者，则本方应去人参、生姜、大枣，酌加黄芩、浙贝、冬瓜仁、鱼腥草等清热化痰，方能适应病情。

十、麻黄细辛附子汤

本方由麻黄、细辛、附子组成。《伤寒论》为治太阳与少阴两感而设。痰饮内留是引起喘咳的重要原因之一，而痰饮的产生，虽因中焦运化失职，水液内停，“停而成痰，留而成饮”，但其根源在下焦（先天）阳虚。属少阴阳虚而见喘咳者，证见喘咳痰白清稀，面色皖白，手足冷，舌质淡胖，苔白滑，脉沉。其中喘咳痰稀，面色皖白，手足冷，脉沉是其辨证要点。治当用本方温补肾阳，散寒除饮。但本方平喘止咳之功力薄，故笔者常加杏仁、白前、干姜、五味子、茯苓、白术等以增其温化寒饮，平喘止咳之功。

体会与说明：

1. “咳”与“嗽”，“喘”与“咳”的定义区分严格，自有不同，但其病机基本一致，故现代多以“咳嗽”“喘咳”并称，均可采用相同的辨证论治。

2. “喘咳”是肺、支气管病变的主要症状，包括了现代医学的急慢性支气管炎、各种原因的肺炎、支气管哮喘、肺气肿、肺部肿瘤等多种呼吸系统的疾病。为此有必要对病人进行X线、血液分析等方面检查，以明确诊断，以便作更有针对性的治疗。

3. 本文所述小青龙汤、茯苓甘草汤、麻黄细辛附子汤三方所治之喘咳，皆有寒邪作祟，咳痰稀白。使用小青龙汤者，一或兼有太阳表证，二则由于风痰相搏而痰稀起泡沫。使用茯苓甘草汤者，除咳痰稀白外，必有饮留心下而见心下悸，以及有如口淡、多涎等胃虚不化水饮内留之征。适用麻黄细辛附子汤者，则有因少阴阳虚而见手足冷，恶寒，无热脉沉等可佐。麻杏甘石汤所治之喘咳，以邪热外发为主，故喘咳必兼发热、汗出；小陷胸汤所治之喘咳则以邪热炼津为痰、痰热交结，痰黄稠难咯为主，临床只要仔细审证，立法、处方、用药自能中的。

刘渡舟教授应用半夏泻心汤经验

李宇航　北京中医药大学

刘渡舟教授是我国著名中医学家、首任中华中医药仲景学说专业委员会主任委员，行医、执教半个多世纪，为推动仲景学术的发展，为中医药事业做出了杰出的贡献。今根据笔者的从师笔录和刘老的相关论述，总结导师应用《伤寒论》半夏泻心汤的临床经验，继承传播当代名医学术思想，发扬光大仲景学说。

一、方证结合、注重辨证

刘老认为，使用经方，必须辨证无误，方证结合严密，才能达到预期目的。方与证是《伤寒论》的核心，也是打开大门的一把钥匙。《伤寒论》的“方”，叫作“经方”。经方的特点，药简而精，神奇非凡，效如桴鼓，乃是“神农学派”的精华结晶。至于“证”的意义，所涉甚广。简而言之，凡人之疾病，反映体之内外上下，以及各种痛痒，各种异常现象，一些蛛丝马迹，都可以概称之为证。[1]

《伤寒论》泻心汤是为心下痞而设，心下痞可见于伤寒，又可见于杂病，为临床常见的一种疾病。它的成因，可来自于伤寒的误下，又可发生于饮食不节和脾胃不和，故它属于脾胃病范畴。但是，“心下痞”的病位，却赋予了一定的辨证意义。因为“心下”处于胸之下，腹之上的狭隙，而为阴阳之交，所以脾气之升，胃气之降无不从“心下”的交界为必由之路。为此，心下痞的出现，多反映人的阴阳上下不和，升降不利，以及脾胃失调的问题[2]。

痞者塞也。“心下痞”指心下（相当于胃脘）发生痞塞；这是气机不利的病变，并无实邪凝结，故有“但气痞耳”之说。所以，用手按之濡软无物而为辨。也有个别患者，亦可见到心下突起一包块，形如鸡卵大小，用手按之则消，抬手则随之即起，这种病情，也同属“气痞”的范围，而不必为之惊慌。另外《伤寒论》记载的“心下痞”是没有疼痛的，但临床观察，不痛与痛两种情况皆有，为此不要一刀切，庶免于片面[2]。

半夏泻心汤所主治的“心下痞”由脾胃阴阳之气不调而引起，阴不得阳则生寒，脾寒不升则作泻；阳不得阴则生热，胃热不降则上逆。溯其原因，又在于脾胃的斡旋无力，枢纽废驰之所致[2]。

半夏泻心汤证，是心下痞满而挟有痰饮的一种证候。它的见证，《伤寒论》中是作为与大陷胸汤证相比较而提出的，即“心下满而硬痛者，此为结胸也，大陷胸汤主之；但满而不痛者，此为痞……宜半夏泻心汤。”《金匮要略·呕吐哕下利病脉证治篇》则作了较为详细的描述：“呕而肠鸣，心下痞者，半夏泻心汤主之。”从两书所举之证并结合临床可以看出，心下痞、呕恶、肠鸣下利或大便不调，脉弦滑、苔白腻等，是为半夏泻心汤的辨证要点[3]。

二、以“和”为本、斟酌药量

半夏泻心汤与生姜泻心汤、甘草泻心汤，均可谓小柴胡汤的变方，属和解之法而治心下痞。但三方中，又以本方为代表方。因本证以呕吐、心下痞、大便不调为特点，而《神农本草经》言半夏“主伤寒寒热，心下坚，下气……，胸胀，咳逆肠鸣”，既能化痰降逆，又能消痞散结，故本方以半夏为君，而定名为半夏泻心汤。本方由七味药物组成，实系小柴胡汤去柴胡，加黄连，以干姜易生姜。半夏、干姜辛开而温，以散脾气之寒；黄芩、黄连苦泄而寒，以降胃气之热；人参、甘草、大枣甘温调补，和脾胃，补中气，以复中焦升降功能，此即“辛开苦降甘调”之法。总之，本方寒温并用、苦辛相投，攻补同施，具有和阴阳，顺升降，调虚实之功，故为和解治痞之良方[4]。

五泻心汤以半夏泻心汤为纲，半夏泻心汤以半夏为主，因此应用本方，主要是要抓住半夏。古人用半夏，不是祛痰的，是治胃的，治痰是后世的发展。半夏一味，就可调阴阳不和，大树下分出两枝，一如干姜，一如芩连，又有参甘枣调和脾胃。因此，临床应用之时，根据病机要考虑到辛开、苦降、甘调三方面的力量均衡。

《长沙方歌括》[5]曰：“三两姜参炙草芩，一连痞证呕多寻，半升半夏枣十二，去滓再煎守古箴。”然而，今人之病，与古人之方的用药剂量有时相合，有时也不尽相同。因此，导师临床掌握本方药量，主要针对本证脾胃功能失调而导致阴阳不和的病理特点，一是抓住君药半夏，二是注重对寒热药物用量比例的调整，从而突出本方和解剂的特点。刘老运用半夏泻心汤常用药量如下：半夏12～24克，干姜6～10克，黄芩3～6克，黄连6～10克，党参10～16克，炙甘草6～10克，大枣7～12枚。

三、观其脉证、灵活化裁

刘渡舟教授指出，使用经方必须掌握两种情况：第一，对经方不能随意改动药味及其剂量，以保持古人制方之意。第二，在特定的情况下，必须对经方加减变通，以求适应疾病变化的要求[1]。由于半夏泻心汤证病机复杂，寒热错杂，痰气交阻，虚实互见，病位在中焦，往往影响上下，兼证颇多。因此，在临床上要想取得佳效，还须根据具体情况灵活加减。总结导师应用半夏泻心汤加减化裁，有如下规律：

1. 痞塞气滞，见胸中气塞、短气、呕吐气逆者，加橘皮、枳实、生姜。

2. 兼肝气不舒者，加佛手、香橼皮、香附、川芎。

3. 兼气血痰火湿食六郁者，合越鞠丸。

4. 兼肝郁血虚，影响脾土不和者，与逍遥散合方。

5. 兼肝气郁滞，气郁化火，胸腹胁肋疼痛者，加金铃子散（延胡索，川楝子）。

6. 湿盛不运，口淡无味，苔白厚腻者，加平胃散。

7. 呕多者，加生姜。

8. 肠鸣下利，小便不利，加茯苓。

9. 兼食积者，加焦三仙。

10. 泛酸不止，苔白厚者，加苍术；苔黄者，增黄芩。

11. 寒多者，酌增干姜；热多者，酌增芩连。

12. 胃脘痛者，属痰结苔厚腻者，重用半夏；属气滞血瘀者，加颠倒木金散（即木香，郁金。《医宗金鉴·杂病心法要诀》[6]曰："属气郁重者，以倍木香君之。属血郁痛者，以倍郁金君之。"）。

四、古今接轨、博采众长

张仲景方，我们叫经方（古方），经方以后之方，我们叫时方（今方）。中国文化，上下五千年，历史悠久，英雄辈出，继仲景之方后，如雨后春笋，又产生了数以万计的"时方"，使方剂学大兴。方虽有古今之分，亦有同气连枝之义，都是我们伟大宝库中的瑰宝。应当兼收并蓄，使其古今相互补充，互相借鉴，因证制宜，把古今方，变成既有淳朴的古意，又有灵活的新态，且能切中病情，一针见血的达成"古今接轨"创举。切不要厚古薄今，更不要倡新而非古，应当主动积极地创造古今之方接轨的新产品[1]。

上述刘渡舟教授运用半夏泻心汤兼肝郁血虚，影响脾土不和者，与逍遥散合方；兼气血痰火湿食六郁者，合越鞠丸；兼肝气郁滞，气郁化火，胸腹胁肋疼痛者，加金铃子散；湿盛不运，口淡无味，苔白厚腻者，加平胃散；胃脘痛，属气滞血瘀者，加颠倒木金散等等；都是刘老"古今接轨论"学术思想在临床应用方面的具体体现。

刘渡舟教授是伤寒大家，同时他又十分重视汲取历代名家经验。他指出：半夏泻心汤的应用到后世得到了进一步发展，特别是明清时期叶天士、吴鞠通等温病大师，结合临床使用本方，加减变化，运用自如。叶天士继承《伤寒论》半夏泻心汤，加减化裁灵活运用治疗多种温病，如暑湿、湿温、疟、噤口痢等。《临证指南医案》中应用此方，常去参、草、枣之守补，加枳实之宣通。若湿浊阻遏，加厚朴、郁金、香附、白蔻仁、滑石。食滞者，加保和丸。暑热伤气成疟者，加厚朴、杏仁。肝风犯胃者，加白芍、乌梅。暑秽蒙蔽三焦者，加黑山栀。腹痛下痢者，加白芍。阳虚者，加附子。酒热痰湿者，加茯苓。湿热上攻心胸者，加茯苓。吴鞠通吸取叶氏应用半夏泻心汤之经验，参以心得编入《温病条辨》共有五个泻心汤，即半夏泻心汤去人参、干姜、大枣、甘草加枳实、杏仁方；半夏泻心汤去人参、干姜、甘草、大枣加枳实、生姜方；人参泻心汤（人参、白芍、干姜、枳实、黄芩、黄连）；加减人参泻心汤（牡蛎、人参、干姜、生姜、枳实、黄连）；加减泻心汤（黄芩、黄连、干姜、银花、山楂炭、木香汁、白芍）。概括其加减规律，大致分为以下几个方面：偏湿热者，去参草枣，加枳实、杏仁。呕者，加生姜。里虚者，仍用参。护阴，加白芍。肝强伤胃，口粘反酸者，加牡蛎。湿热成噤口痢者，加银花、山楂炭、木香汁。刘老强调，这些宝贵经验，都值得我们很好地学习。只有古今接轨，博采众长，方能知常达变，左右逢源。

五、谨守病机、广泛应用

刘渡舟教授临床运用半夏泻心汤，广泛应用于多种疾病的治疗。其关键在于谨守病机，抓住寒热错杂、中焦脾胃升降失职这一病机实质。他精辟的指出，张仲景所立半夏泻心汤，实为内科治疗脾胃疾病开辟了法门。临床所见单纯胃寒或胃热证，均不难治，若遇寒热错杂证则较棘手，但善用泻心汤者，则有方可施，随手拈来。现代医学所谓急慢性胃炎、胃肠炎、溃疡病、消化不良，以至肝胆病等疾患，常出现这类证候，运用此法，化裁得当，多能收效[7]。

为进一步反映导师运用半夏泻心汤的经验特点，此附录刘渡舟教授应用半夏泻心汤的门诊病例三则：

1. 胃溃疡

袁某某，男，39岁。患胃溃疡2年余，胃脘疼痛，泛吐酸水，口干，口苦，心烦，胁胀，眠差，头晕，大便稀溏，腹中肠鸣，舌淡红，苔白腻，脉沉。处方：半夏12克，干姜6克，黄芩6克，黄连6克，党参10克，大枣7枚，炙甘草6克，川楝子6克，元胡10克。5剂，诸症明显缓解，仍时有泛酸，上方加牡蛎12克，7剂而愈。本证属中焦寒热错杂兼肝气郁滞，故用半夏泻心汤与金铃子散合方；复诊加牡蛎参吴鞠通肝强伤胃口粘反酸加牡蛎之法。

2. 胃痛兼胸中气滞

张某某，女，75岁。胃脘胀痛，胸中憋闷，嗳气频频，恶心头晕，两手发麻，大便数日一行，初硬后溏，舌淡苔白腻，脉弦细。处方：半夏12克，干姜3克，黄芩3克，黄连6克，党参10克，炙甘草10克，大枣12枚，陈皮10克，枳实6克，生姜15克。6剂而愈。证属痰气痞，故以半夏泻心汤为主方；痞塞气滞，兼见气逆、胸中气塞，故加橘枳姜汤。

3. 酒伤脾胃呕吐

张某某，男，36岁。素有饮酒癖好，因病心下痞满，时发呕吐，大便不成形，日三四次，多方治疗，不见功效。脉弦滑，舌苔白。处方：半夏12克，干姜6克，黄芩6克，黄连6克，党参9克，炙甘草9克，大枣7枚。服一剂后，大便泻下白色痰涎甚多，呕吐遂减十分之七；再一剂，其痞与呕吐俱减。又服两剂，其病痊愈。证为酒伤脾胃，升降失调，痰从中生，故应用半夏泻心汤原方，以和胃降逆、去痰消痞。刘老[2]按曰："半夏泻心汤治心痞，早已被人所公认，按照注家的意见，此方是治'痰气痞'的，余对此说昔常疑之。本案大便泻白色痰涎甚多，病竟从此痊愈，方知古人之言，信不我欺"。

参考文献

[1] 陈明、刘燕华、张保伟. 刘渡舟伤寒临证指要. 北京：学苑出版社，1998. 50~58.

[2] 刘渡舟. 泻心汤与心下痞. 北京中医学院学报，1983，(3)：10~11.

[3] 刘波舟. 伤寒论通俗讲话. 上海：上海科学技术出版社，1980. 52.

[4] 刘渡舟. 伤寒论诠解. 天津：天津科学技术出版社，1983. 96.

[5] 陈修园. 长沙方歌括. 上海：上海科学技术出版社，1980. 59.

[6] 吴谦，等. 医宗金鉴·杂病心法要诀. 北京：人民卫生出版社，1985. 1130.

[7] 刘渡舟. 新编伤寒论类方. 太原：山西人民出版社，1984，92.

方和谦老师谈《伤寒论》治喘诸方的辨证应用

赵铁良　首都医科大学附属北京红十字朝阳医院

方和谦教授是名老中医，临证五十载，颇有医名。我从师多年，深知他对仲景学术理论进行过全面的研究，对其中的许多方剂有独到见解。下面方老结合自己经验，谈谈《伤寒论》治喘诸方的辨证应用，公诸同道，以资交流。

首先方老认为喘是一种证候，是呼吸急促的表现，均与肺有关。凡是能引起肺的机能失调，气机不顺而上逆的各种因素，都可导致喘证的发生。因此他说："喘不离肺，但与其他脏腑有关。"在《伤寒论》中涉及到与喘证有关的条文二十余条，其中部分条文有论无方，大部分条文有方有药，方药齐全，而且各具特色。纵观全书，综合分析仅就有方药的条文分别介绍如下：

一、有表邪存在的喘证：桂枝加厚朴杏子汤、麻黄汤

在《伤寒论》太阳篇首论喘证的是桂枝加厚朴杏子汤。其中包括有两段条文。一条说："喘家作，桂枝加厚朴杏子佳。"另一条说："太阳病，下之微喘者，表未解故也，桂枝加厚朴杏子汤主之。"前一条是阐述了素有喘疾之人，又感受了风寒之邪，内迫于肺致肺寒气逆而喘。后一条指出误下后正气不虚，表证仍在，邪气抗争于表，肌腠不宣，肺气不得肃降而喘作。这两条的病因不一，但病机相同，所以用同一方药治疗。方老说本方是以营卫失调的中风表虚证为其前题，是属本虚标实之证，所以治疗上采用标本兼顾的方法，以桂枝汤调和营卫治其本，以厚朴、杏仁降逆平喘治其标。

麻黄汤的喘是由于风寒之邪，侵袭机体，卫阳闭郁，营阴郁滞，皮毛闭塞，肺气不宣而喘作。方老认为本段条文是历来基础理论的重要内容，是辨风寒表实证的关键，为后世诸多方药的衍化发展做出过杰出贡献，但由于时代的变迁，现代医学的飞

跃发展，使得疾病谱也有相应的改变，许多病种在初期即被迎刃而解，因此于临床上原方不变的应用频率并不高。方老认为对待本条应师其法而不泥其方，灵活变通，才能适应疾病谱的不断变化。

二、外寒内饮的喘证：小青龙汤

原文说：“伤寒表不解，心下有水气，干呕，发热而咳，或渴，或利，或噎，或小便不利，少腹满，或喘者，小青龙汤主之”。方老认为本方是治寒邪束表，水饮内停的代表方剂，外寒内饮相互搏击，壅塞于肺，则咳嗽喘息。在这个汤证中，干呕，咳，喘为其主症。余渴，利，噎，小便不利，少腹满等或然症是随水饮所到之处的证候群。因此方老说这是临床上最为常见，行之有效的最好方剂，不管是咳喘之证急或慢的发作，只要见到有水饮停蓄之征，本方临床疗效都是非常满意的。

三、表里同病的喘证：葛根芩连汤

原文说：“太阳病，桂枝证，医反下之，利遂不止，脉促者，表未解也，喘而汗出者，葛根黄芩黄连汤主之。”这段条文讲的是由于误下之后，造成胃肠受伤，中气受损，虽有中气受损，但正气不虚，仍能抗邪，外邪尚未完全陷于里，而表证仍在。又可见到患者喘而多汗，知邪热已经内传，影响了大肠的传导功能，更由于肺与大肠相表里，里热壅盛，上蒸于肺则喘逆。也就是说其病的表里同病，治法亦用表里两解之法，以葛根芩连汤治疗，热清利自止，喘自平。方老说本条文中主症是下利，喘是兼症。在临床上主要还是应用本方治疗现代医学所说的肠炎，痢疾等多见。

四、内有郁热的喘：麻杏石甘汤、白虎汤、大承气汤

方老说本条文所述之喘都是由于内热所引起，但引起内热的机制则不同，故治疗的方药也各异。麻杏石甘汤证中的喘是由于汗不得法，或误用下法，使得邪热内传，病情较重。文中说：“……汗出而喘，无大热者，可与麻杏石甘汤……。”无大热者，是指表无大热，可是内有大热，而使肺热壅盛，气逆而喘。白虎汤与大承气汤也见喘，这两首方剂同是出自《伤寒论》阳明篇。病到阳明阶段是邪正相争最剧烈的时期，它的性质是里实热证。阳明又有经腑二证之分。白虎汤是有热无积滞属于无形的实热。大承气汤是有热有积滞属于有形实热。白虎汤为经证，大承气汤属腑证。白虎汤之喘是阳明经热独盛的表现，所以白虎汤重用石膏、知母，使热清喘自平。大承气汤的喘是实热壅滞，气机不得通降，故腹满短气而喘促。大承气汤所主之证乃痞、满、燥、实、坚五证俱全。推究其机理，缘于胃肠实滞不去，实滞不去，缘于腑气不通，腑气不通，缘于燥热内扰。故大承气汤重用枳朴破其壅滞，复以硝黄攻其热结，则可使痞、满、燥、实、坚皆去，喘促自然平复。方老在分析以上三种类型的喘证时说：“麻杏石甘汤”的喘是真正的本脏病，是客寒包火之证。其余白虎汤和大承气汤所见之喘是疾病在传变过程中的并发症。经过以白虎汤和大承气汤清热通腑治疗，所伴随喘满之症而自除。

五、寒痰饮邪所致的喘证：苓桂术甘汤、真武汤

方老说这两首方剂中所出现的喘息一证都与水液代谢异常有关，水液代谢的异常变化是由于肺、脾、肾、三焦的功能失调所致。苓桂术甘汤是由于误施吐下后损伤了脾胃之阳，致中虚水停，由于水饮内停导致一系列的病理改变。正如《金匮要略》所云：“膈间支饮，其人喘满，心下痞坚，其脉沉紧。”又云：“心下有痰饮，胸胁支满，目眩”。再云：“其人振振身瞤剧，必有伏饮。”方用茯苓，白术以蠲饮气，桂枝，甘草以生阳气，正所谓“病痰饮者，当以温药和之”之义。真武汤是《伤寒论》少阴寒化证的主要方剂之一，原文中所说：“腹痛，小便不利，四肢沉重疼痛，自下利者，此为有水气”这是主症。“其人或咳，或小便不利，或下利，或呕者”，是或然症。主症反映出内脏虚寒，阳虚不能制水，或然症是由于水寒之气所到之处而引发。但总之是脾肾阳虚，水寒内停所致。由于水饮内停，随气机升降，无所不到，水气上逆犯于肺，就可出现水寒射肺的咳喘之证。治疗时可在真武汤基础上加用五味子、细辛、干姜等，以温散水饮，收敛逆气而平喘。方老在总结这两首方剂时说：“这两首方剂的特点都是以水患痰饮为其病理特征。二方都是温阳化饮之剂。苓桂术甘汤证情较轻，真武汤病情严重。苓桂术甘汤是脾虚水停，真武汤是肾阳虚衰，水饮不化。这两首方剂都是从根本上着手，杜绝痰生之源的有效措施。

六、邪踞半表半里的喘证：小柴胡汤

原文说：“伤寒五六日，中风，往来寒热，胸胁苦满，嘿嘿不欲饮食，心烦喜呕，或胸中烦而不呕，或渴，或腹中痛，或胁下痞鞭，或心下悸，小便不利，或不渴，身有微热，或咳者，小柴胡汤主之。”方老认为小柴胡汤中也可出现咳喘证。这就

得从少阳病的病因病理谈起，它的病因是由于气血虚弱，肌腠疏松，卫阳不密，因而邪气直入。由于邪气侵入虚弱的机体，呈现出一系列的病理变化，如胸胁苦满，往来寒热，心烦喜呕，嘿嘿不欲饮食，因邪踞半表半里，它出与阳争则热，入与阴争则寒，其中的咳证就是与阴争时肺寒气逆证。咳急咳甚则可出现喘。咳喘时所出现的痰多是白泡沫状。因此在治疗时以柴胡汤中去参、枣、生姜易干姜，加五味子，这样既可温肺，又可敛饮平喘。因此方老说："小柴胡汤虽未见喘，但喘自在其中。"

小　　结

1. 以上我们分析了引起喘证的六种情况，总的来看，不管它的原因如何，却都能引起肺的功能失调，气机不顺而上逆。麻黄汤，桂枝加厚朴杏子汤之喘是由外感表邪所诱发。小青龙汤之喘是由于外寒内饮相互搏击而作。葛根芩连汤的喘是表里同病。麻杏石甘汤的喘是客寒包火，邪热内传，肺热壅盛而上逆。白虎汤的喘是阳明经热独盛的表现。大承气汤的喘是由于燥热内结，腹气不通所引发。苓桂术甘汤与真武汤的喘是脾肾阳气虚衰，水饮不化上干于肺，小柴胡汤之喘是因咳甚而致喘，由于体虚之人复感外邪所出现的邪正相争于半表半里之证。

2. 从以上所阐述的喘息一证不难看出，从表到里，从寒到热，由实到虚，从五脏到六腑，都可引起喘证的发生。《内经》云："五脏六腑皆令人咳，非独肺也。"那么我们是否也可引证，肺为五脏六腑之华盖。若脏腑功能失调，致使气机不畅而上逆，肺清肃之令被扰，气急，气促则喘亦可随机而作。治喘者，自当不可见喘治喘，而忽略治病求本的意义。据此，我们应该从《伤寒论》对喘一证的辨治中得到启示，喘不只是肺的问题，它是一个全身的问题，喘只是肺部病变的外在表现，它的内因却是与脏腑功能失调密切相关。因此说这启示对今后指导临床实践，对仲景学术思想的探讨更有其重要意义。

陈瑞春教授运用五苓散的经验

梁银秀　江西南昌铁路中心医院

陈瑞春教授崇尚仲景学说，擅用伤寒论方治疑难杂病，疗效卓然。我有幸侍诊两年余，收集病案逾千，今择五苓散案数则，以飨读者。

一、癃闭（前列腺增生）

张××，男，68岁，退休干部。患者小便频数不畅经年，近年来明显加重。曾服各种"清热通淋"和"消炎利尿"之中西药物，效不著。西医检查诊为"前列腺增生肥大"，建议手术治疗，因而转诊于陈师。诉小便点滴而出，淋漓不尽，伴有口干不欲饮，小腹胀痛，甚时尿道灼热疼痛，尿黄、夜尿2~3次，大便溏薄。余无所苦。舌淡红苔薄黄，脉细弦。辨为肾气不足，膀胱气化不利，方用五苓散加味：茯苓15g、猪苓10g、白术10g、桂枝10g、泽泻10g、白茅根15g、赤芍15g、淮牛膝15g，服7剂后自觉症状明显好转，舌红转淡，苔黄转白，脉细弦。守方7剂。三诊：药后小便较前畅利，尿道灼痛解除，舌脉平。守方去白茅根、赤芍，加益智仁10g、台乌10g、鹿角霜15g。服药15剂，诸症若失，小便畅利，睡眠后基本无尿。

二、淋证（慢性尿路感染）

章××，女，48岁，干部。有急性尿路感染病史，经治好转。嗣后经常尿频、尿急、甚时尿道刺痛，反反复复已经两年余，查尿常规：蛋白（-）、白血球无~+不等。无寒热，无口干苦。初服"氟哌酸"等消炎药可以控制，渐而无效。舌淡红苔薄白，脉细滑。予五苓散加味：茯苓15g、猪苓10g、泽泻10g、白术10g、桂枝10g、滑石15g、竹叶10g。服5剂即感好转。尿检无异常。守方继服月余，两年痼疾霍然。一年后随访，未见反复。

三、小儿遗尿

余姓男孩，4岁。形体消瘦，纳食不香，每夜遗尿，寐多梦话，偶有腹痛以脐周为著，小便混浊量不多，大便较干结。舌尖略红苔厚浊，脉细略数。证属禀赋不足，后天失养，内有积热。治宜分两步：先去积热，后益脾肾。首用四逆散合六君子汤加胡黄连，炒谷麦芽、鸡内金服6剂。诸症好转，纳食增加，腹痛解除，大便顺畅，不说梦话，但遗尿如故。继以五苓散加味：茯苓10g、猪苓5g、白术5g、泽泻5g、桂枝3g、石菖蒲3g、远志3g、桑螵蛸5g、益智仁5g。服4剂即见转机，有尿能醒而不自遗，守方调理月余，逐渐夜眠后无尿而告愈。

四、消渴

文××，女，66岁，退休干部。诉口干喜饮冷热不拘已经多年。除外糖尿病。近来口干加重，伴有咽喉干燥疼痛，纳食无味，时感恶心，手足关节疼痛。察其形体消瘦，舌苔薄白尚润，脉细。先后用百合、知母、生地、沙参、麦冬、花粉、石斛、淮山药、扁豆、太子参、黄芪、五味子、乌梅等养阴清热、益气养阴或滋水生津，口干丝毫不减。陈师沉思良久，谓伤寒论有“渴欲饮水，水入则吐者，名曰水逆，五苓散主之”的明训。患者虽无“水入则吐”，但时感恶心，同样提示内有水饮。故改弦更张，用五苓散原方试之：茯苓 15g、猪苓 10g、泽泻 10g、白术 10g、桂枝 10g。3 剂后口干减轻，即守方调治十余天，症状逐渐缓解。

体会

五苓散《伤寒论》为太阳蓄水证而设，功能化气行水兼以解表。主治表邪随经入腑，膀胱气化不利，水蓄膀胱。陈师教研《伤寒论》四十余年，深得奥旨，又勤于临床实践，师古而不泥古，多有阐发。一首五苓散，看似平淡无奇，经陈师灵活化裁，大大拓宽了其应用范围。既有外感寒热，又有内伤虚损；既治尿急尿闭，又疗小便自遗；还有口干咽燥之消渴诸症，均能效如桴鼓，不能不叹其功效之神奇！然细细推究其组方意义，又无不合医理之处。所治诸病虽病名不同，表现各异，但病机则一，即膀胱气化不利。如癃闭证，因年老肾衰，气化功能失常致开合失司而小便不利；淋证日久，损伤正气，气化不利而小便失制；小儿先天不足，肾不化气而小便自遗；例四之消渴源于口干喜饮多年，致饮水太多，加之年过花甲，肾虚不能化气利水而致水逆证。可见诸证乃殊途同归，均有肾虚、膀胱气化不利。故同用温肾化气行水的五苓散均能取效。

然而，各证又有不同成因，应视其不同症状适当进行加减，疗效会更迅捷。如癃闭有增生之实体，加赤芍、牛膝等活血化瘀；淋证有余邪留恋，可用滑石、竹叶等清利之品；遗尿主因是肾虚不固，选用桑螵蛸、益智仁等固涩之品。例四之口干喜饮为表象，实则为水不化气，津液不布，故不能用滋润药以助水湿。总之，临床实践中辨证审因准确，立法施治才能有效。

李寿山教授活用经方治疗“慢肝”经验

于家军　李　戈　张　恕
辽宁省大连中医医院
李志民　辽宁省大连第四人民医院

慢性肝炎是老师李寿山教授所擅治的内科疑难疾病之一。笔者跟师侍诊，目睹所治慢性乙、丙肝炎患者逾百例，逐渐体悟到老师辨证入微，病证结合，活用经方，药轻效宏的独到经验。兹不揣浅陋，将李师治疗“慢肝”的宝贵经验略述一、二，探讨如下。

一、急则降酶退黄，辨治慢活肝

慢性肝炎（主要指乙、丙两型）是由于疫毒湿浊之邪侵犯机体，内伏血中，着肝附脾，久则影响肝之疏泄及脾之运化，进而导致湿热蕴结，疫毒留恋，出现黄疸和乙肝病毒持续存在；正气虚损，阴阳失衡，免疫功能紊乱或低下，使脏腑、气血、津液的功能失调而变生诸症。从而表现出正虚邪恋，虚实夹杂的临床特点。所以治疗上，李师重视整体调节，从整体论治，而不拘泥于一脏一腑。辨证之中，首先应详辨邪正的盛衰，邪盛者，或为湿、热，或为痰、瘀，其病理产物则表现为血清总胆红素和（或）转氨酶的增多。二者亦是慢性活动性肝炎的主要标志。所以临证中出现黄疸和转氨酶升高时，多可从芳香化浊、活血化瘀论治。其次，要辨明患者自身体质之阴阳，如《素问·至真要大论》指出：“谨察阴阳所在而调之”。从而，确定祛邪扶正，标本兼治之治疗大法，通过降酶退黄，以达到抑制乙肝病毒复制，减轻肝损害，促进肝病缓解的目的。具体分型如下。

1. 素体阳盛者，湿热疫毒蕴结肝胆，肝胆失其疏泄，胃肠壅滞，湿浊弥漫三焦，表现为身、目、小溲俱黄，黄色鲜明，胁肋胀痛，口苦口臭，恶心厌油，大便不爽，兼见发热或身热不扬，烦躁或倦怠，舌苔黄腻，脉弦滑或数者。治宜清热解毒，芳香化湿法。方药：清热化湿汤。组成：茵陈、炒栀子、蒲公英、藿香、板蓝根、泽兰、丹参、垂盆草、车前子。本方系茵陈蒿汤化裁而成。方中茵陈、栀子、车前子清热利湿退黄；公英、板蓝根、垂盆草清热解毒降酶；泽兰、丹参活血化瘀利湿以助降酶退黄之效，通过祛邪以减轻湿热邪毒对脏器的损伤，邪去则正自安。兼见恶心呕吐者加半夏、竹茹、生姜；食欲不振者，加枳实、内金等。

2. 素体阳虚者，阳不胜湿、湿邪偏重，湿阻阳遏，肝郁脾困，症见：胁痛胀满，身目微黄，头昏纳呆，体倦乏力，舌苔白滑，脉象濡缓。治宜化湿通阳，健脾疏肝。方药：化湿疏肝汤。组成：柴胡、赤白芍、枳实、藿香、法半夏、厚朴、茯苓、茵陈、内金、郁金、三七。本方系四逆散合藿朴夏苓汤化裁组成。方中柴胡、赤白芍、枳实疏肝理气以祛瘀：藿香、茵陈芳化除湿退黄；厚朴、茯苓、内金健脾渗湿和胃；郁金、三七和血养肝以降酶。若大便溏泄者，加白术、白蔻以增健脾之功；虚胖萎黄者，可用草决明、虎杖以解毒化痰；肢冷恶寒者，加桂枝、仙灵脾通阳助阳。

3. 素体阴虚者，热毒久羁，耗气伤阴，痰瘀阻络。症见：面色晦黄或黧黑，胁下积块胀痛，甚则腹大坚满，青筋显露，伴头晕耳鸣，腰膝酸软，五心烦热，目睛干涩，赤缕红斑（肝掌、蜘蛛痣等），舌红少苔或有瘀斑，舌下络脉淡紫粗长或怒张，脉弦或沉细，肝脾肿大，血清转氨酶及总胆红素升高，总蛋白降低，白球比例倒置等。治宜益气养血，育阴软坚，活血化瘀。方药：补益软肝汤。组成：人参、黄芪、当归、丹参、三七、生地、麦冬、五味子、枸杞子、青蒿、制鳖甲、炮山甲，水红子。本方益气养阴，化瘀软坚，以达降酶退黄之效。因为此时病人多热瘀成积，邪实正愈虚，如张洁古《活法机要》云：“壮人无积，虚则有之。”故治疗上，“若遂以磨坚破结之药治之，疾虽去而正已衰矣，故治积者，当先养正则积自除。”若热入营血，有出血倾向者，方中去水红子，加丹皮、藕节、仙鹤草；兼见腹胀胁痛者，加柴胡、枳实、白术、郁金等。

二、缓则降脂抗纤，防止肝硬变

慢性迁延性肝炎或慢活肝病情趋于稳定，此时，其病机特点多表现为：其一，湿热留恋，蕴于脾胃，脾胃失和，痰湿更盛，失于正化，则成脂浊，若如薛雪所言：“太阴内伤，湿邪停聚，客邪再至，内外相引，故病湿热。”而使病情复发或加重。其二，疫毒内伏，着于肝体，郁滞肝气，劫伤肝阴，下耗肾水，精血亏虚，久则血瘀成积，体用失调，肝微循环障碍，结缔组织增生，而成硬化之痼疾。所以治疗上，应从降脂抗纤入手，化痰开瘀，清除免疫复合物，防治肝纤维化，以阻断慢肝向肝硬化发展的主要环节。缓而图之，长治久安。

1. 土壅木郁，脂浊为患。症见：脘腹痞满，口淡乏味，身体困倦，纳少便溏，舌淡胖大或边有齿痕，苔白，脉沉弦。治宜健脾疏肝，化浊降脂。方药：健脾疏肝降脂汤。组成　柴胡、赤芍、枳实、白术、党参、茯苓、全栝蒌、姜半夏、地龙、穿山龙、黄芪、丹参、虎杖、生山楂。本方由四逆散、枳术丸、小陷胸汤等化裁组成。方中四逆、枳术加党参、茯苓，健脾疏肝；小骆胸汤加二龙祛痰开结：佐黄芪、丹参、虎杖、生山楂益气活血，化浊降脂。诸药合用，达到健脾而不滞脾，行气而不耗气，化痰而不留瘀之功效，而使脾健肝舒，痰脂渐化。

2. 肝肾阴虚，瘀血阻络。症见：面色晦暗，或见赤缕红斑，胁痛隐隐或胁下积块，腰膝酸软，少寐多梦，舌红少津，舌下络脉紫暗粗长，脉细涩或数。治宜滋肾柔肝，软坚化瘀，方药：滋水柔肝化瘀汤。组成：黄芪、丹参、沙参、生地、麦冬、当归、女贞子、旱莲草、柴胡、鳖甲、生牡蛎、桃仁、莪术、甘草。本方由一贯、二至加味化裁而成。方中一贯、二至滋肝肾，补阴血，肝阴足则体用和谐，肾阴足则水润木昌，从而使肝体自柔，疏泄自如。在此基础上，加入大队软坚化瘀药，佐黄芪、丹参益气养血活血，柴胡、莪术疏肝解郁破结，诸药合用，以达养阴不滋腻，化瘀不伤正，补泻兼施，滋水柔肝，软坚散结之效。改善微循环，防治肝纤维化，从而预防肝硬化的发生，使慢肝向愈转化。

总之，李师治疗慢肝，三张病证的结合，结合现代的理化检查结果，动态地辨证地分期治疗。应根据肝体阴而用阳、肝病传脾的生理特性，以及正虚邪恋、久病致脂浊血瘀壅阻肝络的病理特性而选方用药。另外，李师常谆谆告诫吾辈，治疗慢肝用药宜简，剂量宜轻，于错综复杂之病证中，详辨病机，抓住主因，有的放矢。不可为取奇效，而用大剂重方，加重肝损害。

经方治利验案辨析

张　宁　中国中医研究院望京医院

“下利”泛指大便次数增多，粪质清稀，及排便异常而言。在《伤寒论》中，原方论下利者有100多条，治疗下利的方剂有30多首，用于治疗各种下利，如《伤寒论》中所称的下利清谷、吐利、自利、自利清水、热利下重、泄利下重者，包含了后世所言的泄泻、痢疾，即现代医学的急慢性肠炎、急慢性痢疾、慢性结肠炎、溃疡性结肠炎、肠功能紊乱等。笔者在临床上应用经方治利多收良效，现将典型验案辨析如下。

一、急性结肠炎

患者马某，男，18岁。诉腹泻近一周，每日泻下近10次，泻下物黄褐，臭秽粘稠，肛门灼热，时伴腹痛，恶心欲吐，伴微有发热，汗出不畅，服用抗炎药物治疗数日，腹泻有减而未除，舌尖红，苔薄黄微腻，脉滑数，查大便常规，WBC5～7/H。辨证属湿热蕴结，脾胃失和，兼有表热未解，治宜清热利湿止泻，兼散邪疏表。方用：葛根10克、黄芩10克、黄连6克、茯苓15克、马齿苋15克、香薷6克、竹茹10克、炙草4克，予四剂水煎服，药后症除。

本例属“协热下利”之热利证，其病机关键是里有湿热蕴结，而外有表热未解。治疗宜用葛根芩连汤。葛根芩连汤见于《伤寒论》34条，用于治疗里热挟表之下利。葛根芩连汤中以葛根为主药，其味辛性凉，既可解肌热，又可清肠热，还可升胃肠津液；黄芩、黄连苦寒专清里热，坚阴止利，甘草和胃安中，协调诸药。四药配合，内清里热，外解表热，表里双解，热清利止。

在临床上，应用葛根芩连汤治疗协热下利每获良效，其辨证的关键是：①泻下急迫，肛门灼热，泻下物黄粘而臭秽；②身热汗出与下利并见；③腹痛，甚则口渴，脉急促数，苔黄。本方虽能清热解表，但以清里热为主，故不必拘泥表证的有无。若本方加入马齿苋、茯苓等清热渗湿之品，效果尤佳；若兼腹痛，可加木香、白芍；若兼呕吐，可加半夏、竹茹；若兼食滞，可加山楂、麦芽。

二、慢性结肠炎案

患者，男，51岁。患慢性结肠炎十余年，时轻时重，大便稀溏，每日四～五次，甚则十余次。近日病情加重，腹泻每日十余次，稀水便，夜间排便1～2次，腹痛喜按，喜暖，手足清冷，形体消瘦，面色暗黄无华，体倦神乏，经多方治疗未收显效，脉沉无力，舌淡苔薄白。中医辨证为寒湿留中，脾运失健而致腹泻。治以温中散寒，兼以利湿。取桂枝人参汤合五苓散化裁。处方：党参15克、炒白术12克、干姜6克、炙甘草6克、桂枝10克、茯苓10克、猪苓10克、泽泻10克、山药12克，水煎温服。进药六剂，证减大半，守方调治月余，诸证皆除，一年未复发。

本例患者腹泻十余年，其病机要点是脾阳不足，脾失健运，寒湿内停。治疗选方用桂枝人参汤合五苓散，旨在温中散寒，健脾渗湿止泻。桂枝人参汤方见于《伤寒论》第163条，用于治疗太阳证误下后，表邪未去反伤脾阳，致里寒挟表热之下利证。

桂枝人参汤由理中汤加桂枝组成，方中干姜、白术温中以去寒湿之凝；人参、甘草补中益气，以治脾阳之虚，桂枝以解太阳在表之邪，又善温通阳气。临床应用桂枝人参汤的辨证关键是：①表里同病，既有太阳发热之表证，又有太阴下利之里证，表里皆寒，以里寒证为主。②便下清稀，甚则完谷不化，腹痛喜暖，恶寒，苔白，脉迟缓等虚寒象。③表热与下利协同，心下痞硬与下利不止并存。

五苓散在《伤寒论》中主要用于治疗小便不利，其功用能健脾利湿，通阳化气，可用于治疗因清浊相混，水湿内停而致的下利，其辨证关键在于下利如水，兼见小便短少，取其淡渗利湿，分利水道而实谷道之意。

三、溃疡性结肠炎

杨某，男，21岁。主诉下利便脓血半年余，每天大便次数不等，轻则数次，甚则数十次，时轻时重，伴有腹痛。大便常规：白细胞、红细胞满视野，大便未查到阿米巴原虫；乙状结肠镜检查示：慢性溃疡性结肠炎，直肠癌不除外；直肠分泌物涂片：未见癌细胞。西医诊断为①慢性菌痢；②慢性溃疡性结肠炎。服用氯霉素、痢特灵等及中药（白头翁汤、葛根芩连汤等）效果不显，遂来诊。自诉下利半年，伴脓血，便色稀淡，有时如洗肉的血水，腥气为重，日下利16～18次，甚则排气时粪便随矢气而出，每次便量不多，稍有里急后重，腹部隐痛，喜暖喜按，手足清冷，不欲饮食。形瘦神倦，面色皖白，脉沉细无力，舌质略淡，苔薄白。证属少阴阳衰阴盛，下焦不固，滑脱下利，治以温中散寒，固涩止利，宗桃花汤化裁。方用赤石脂15克（先煎），干姜6克，粳米一小撮，猪苓、茯苓各10克，炒白术10克，泽泻10克。水煎服，进药三剂，诸证皆减，服药一周，诸证大减，守方调治月余而愈。

本病例之特点是久利不止，下利伴有脓血，腹痛喜暖喜按，手足清冷，舌淡脉沉细，一派虚寒之象，故辨证属少阴虚寒，脾肾阳虚，阴寒内盛，阴虚无以约束下焦，关门不利，故滑脱不禁，虚寒久利，气不摄血，络脉不固，故见下利而便脓血。治疗选桃花汤为主方，旨在温散寒邪，固涩止利。

桃花汤见于《伤寒论》306条，具有温中固脱，涩肠止利之功，用于治疗少阴虚寒，阳衰阴盛，久利滑脱，气病及血之下利脓血证，症见久利不止，便下脓血，腹痛，小便不利。桃花汤方中以赤石脂之体重性温，入下焦血分，固脱止利，涩肠止血，而治下利赤白；干姜之辛温，暖下焦气分，而补虚温中。二药合用，擅治虚寒下利滑脱之证。粳米之甘温，养胃和中，佐赤石脂、干姜以厚肠胃，共奏温中涩肠止利之功。在《伤寒论》中，煎服法中要求将赤石脂一半全用入煎剂，取其温涩之气；一半为末，并以小量冲服，直接留着肠中，更有收敛作用。

临床应用桃花汤治利，其辨证关键在于：①久利不止，滑脱不禁；②便下稀薄，脓血夹杂，血色晦暗无泽，其气腥冷不臭；③腹痛喜暖，舌淡苔白，脉沉微细等虚寒之象。

四、植物人肠功能紊乱

患者刘××，女，61岁。因患脑出血，开颅术后合并感染而进入植物状态近半年。依赖静脉营养及鼻饲以维持生命，本次无明显诱因而发生腹泻十余天，每日泻下近十次，泻下物清稀，无臭，时有粪水自肛门内自行流出。面色苍白，手足不温，形体消瘦，腹部平软。舌质偏淡，苔薄白，脉沉细。已经服用黄连素，氟哌酸，思密达等治疗无效。查大便常规（－）。辨证属脾肾阳虚，关门不固。治以温中散寒，涩肠止利。方用附子理中汤加味。处方：制附子6g，党参10g，炒白术10g，干姜6g，炙草4g，茯苓15g，肉豆蔻10g，枳壳3克。水煎温服，进药三剂后，下利止，大便转为黄色软便，每日一次，追访一年，未再发生腹泻。

此例表现为泻下清稀，手足不温，面色苍白。舌淡脉沉，一派虚寒之象。辨证属脾肾阳虚，关门不固。治疗选用附子理中汤加味，取其温中散寒涩肠止利之意。理中汤见于《伤寒论》之第386条，用于治疗脾阳不足，寒湿留中之太阳下利。理中汤方中以人参、甘草健脾益气；干姜温中散寒，白术健脾燥湿；使脾阳健运，寒湿得去，则中州升降调和而吐利自止。若肾阳不足表现明显，症见四肢逆冷，下利清谷，腹中冷痛者，加附子而成附子理中汤，以加强温补肾阳，温中祛寒之力。

临症应用理中汤之辨证关键是：①自利益甚，有日趋加重之势；②呕吐下利以利为主，腹满腹痛以胀满为重；③兼见舌淡、苔白、脉迟缓等虚寒之象。

除上述论及的各个治利方剂外，在《伤寒论》中，尚有诸多治利方剂。如适用于治疗太阳阳明合病自下利证的葛根汤；适用于太阳少阳合病自下利证的黄芩汤；适用于湿热下利症的白头翁汤；适用于寒热错杂，升降失职而致下利的三泻心汤和适用于寒热错杂之久利的乌梅丸，等等。针对不同的下利证，辨证选用论中经方，每能取得良效。

经方治疗痹证临床举隅

马志才　北京济舟中医药研究所

痹证治疗所用之方药，种类繁多，临床疗效各异。但穷究其源，均源于《伤寒论》和《金匮要略》，都是在经方的基础上加减化裁而出。因此，了解经方治疗痹证，掌握经方临床辨证应用其要，是继承和发扬“古圣之经方”的重要途径。现将本人在临床上使用经方治疗痹证的体会浅述如下：

一、麻黄加术汤

原文主治：“湿家身烦痛”。

病案举例：患者刘××，女，本院西医师。素有肢节烦痛病史，时遇今冬北京气温变暖，着装过简受寒，突发高烧，体温39.5℃，咳嗽，恶寒无汗，周身骨节沉重疼痛，经服中西药物治疗，症状不减，求诊于中医，观其舌苔白厚腻，脉浮而数。

辨证：风寒湿痹寒邪为盛在表之证。

处方：麻黄6g（先煎去沫），桂枝10g，杏仁10g，炙草4g，白术10g，苍术10g。

3剂水煎热服，药后1剂汗出，体温恢复正常，2剂关节舒展，疼痛大减，3剂尽服，周身犹如雨过天晴，诸证痊愈。含笑称赞：“吾身为西医，实在佩服中医”。

二、麻黄杏仁薏苡甘草汤

原文主治：“病者一身尽痛，发热，日晡所剧”。

病案举例：患者杨××，女，28岁，证券交易所工作。既往四肢关节疼痛，近年来经常出现手膝关节红肿疼痛，活动不利，皮下偶发结节性红斑，经地方和部队医院检查，可疑红斑狼疮，通过西医激素和中成药治疗半年有余，红斑时消时起，疼痛不能缓解，经常彻夜难眠。后按类风湿性关节炎治疗无效。刻下：身体沉重乏困，午后发烧38℃左右，血沉快40～60mm/h，皮下有红斑结节，溲黄赤便不爽，询问平日生活多以高粱厚味为嗜，住地潮湿闷热，又长期在中央空调室内工作，多易发生痹证。观其舌苔白而厚腻，脉濡而数。

辨证：风寒湿痹以湿邪为盛在表之证。

处方：麻黄6g（先煎去沫），杏仁10g，生苡米30g，炙草3g，忍冬藤30g，海风藤12g，苍术10g，水红花子6g。

共服10剂，热退，血沉正常，关节疼痛及红斑结节消失。按上方加减共服30剂，追访半年未见复发。

三、桂枝附子汤

原文主治："身体痛烦不能转侧，不呕不渴，脉浮虚而涩"。

病案举例：患者张×，男，50岁，开滦矿工人。患者从事井下作业20余年，近2年来身体沉重酸痛无力，关节活动不利，时有头晕嗜睡，汗出恶风，当地医院CT、脑血流图检查，诊断为脑供血不足，给予复方丹参片、维脑路通及天麻丸等治疗无效，症状日渐加重。喜闻余回乡探亲，赶至就诊。见其人身高体壮，恶风怕寒，五月天气仍着棉衣，切脉不到一分钟，额头虚汗即出。经常腰疼，活动不利，难以胜任井下作业。视其舌嫩苔白，脉沉应指不利。

辨证：风寒湿痹阳虚风邪为盛之证。

处方：桂枝15g，附子10g（先煎），生姜10g，炙草10g，大枣12枚，泽泻30g，白术10g。先后共服14剂痊愈。

四、白术附子汤

原文主治："上方之证兼有大便坚小便自利"。

病案举例：患者王×，男，60岁，退休工人。患有习惯性便秘多年，久服果导片、通便灵、麻仁丸等通便药物，只有一时便通，停药即犯，就诊时仔细追问病史，发现除便秘外还有周身疼痛，恶寒怕风，腰腿关节不利，西医诊断为风湿性关节炎，长期服用抗风湿药，造成肠胃运行不利。视其舌淡苔白，脉沉而涩。

辨证：风寒湿痹阳虚湿邪为盛之证。

处方：白术30g，附子10g（先煎），炙草10g，生姜10g，大枣7枚，肉苁蓉30g。进药7剂，诸证大减，效不更方，此方进退20剂痊愈。

五、桂枝芍药知母汤

原文主治："诸肢节疼痛，身体尪羸，脚肿如脱，头眩短气，温温欲吐"。

病案举例：张××，女，49岁，部队干部，主诉四肢关节疼痛，时有发热二个月。刻下，双手及踝关节轻度红肿变形，西医化验检查，血沉40mm/h，抗"O"1000以上，类风湿因子（+），诊断为类风湿性关节炎。使用地塞米松效果明显，但症状时起时伏，头晕，胸闷，欲呕，舌质红苔白腻，脉细数。

辨证：风寒湿痹郁久化热伤阴之证。

处方：桂枝10g，白芍15g，知母10g，防风10g，附子10g（先煎），炙草6g，麻黄4g，生姜6g，白术10g，桑枝10g，忍冬藤30g，鸡血藤30g。此方加减60剂，诸证痊愈。追访一年未见复发。

六、乌头汤

原文主治："病历节不可曲伸，疼痛"。

病案举例：李×，女，60岁，退休干部。患者类风湿性关节炎病史20余年，久治不愈，病情逐渐加重，手膝关节变形，曲伸不利，膝关节肿胀积水，行走困难，痛如犬咬，夜间加重，痛不入眠，服芬必得亦无法止痛，就诊时泣不成声，有欲死之念。观其舌质青紫、苔白，脉弦而紧。

辨证：风寒湿痹寒凝脉阻不通之证。

处方：川乌10g，草乌10g，加蜂蜜250ml，煎至50ml，麻黄6g，细辛4g，白芍15g，黄芪20g，炙草4g，豨草30g，忍冬藤30g。

水煎去渣，内蜜煎中更煎之，分3次热服。此方进药7剂，疼痛缓解能入睡。前后共服30剂，膝关节积液消失，手关节伸曲自如，后以调养肝肾之品治疗半年，病情稳定，行走恢复正常。两年来未见复发，特赠锦旗一面以示感谢。

［按语］经方治疗痹证尚有甘草附子汤、防己黄芪汤、千金三黄汤等方。由于篇幅所限，不一一论述，仅以上述6个方剂管窥一豹。

使用时，应按吾师刘渡舟教授"抓主证"的论点，只要辨证无误，处方适量，就能效如桴鼓。

桂枝汤及其类方在老年病中的运用

朱红梅　福建厦门大学海外教育学院

桂枝汤是《伤寒论》第一方，由桂枝、芍药、炙甘草、生姜、大枣组成。方中桂枝辛温，温通卫阳而解肌祛风；芍药苦酸微寒，益阴和营；生姜辛温，佐桂枝辛甘化阳；大枣味甘益脾和胃，助芍药益阴以和营；甘草味甘性温，补益中气，调和诸药，伍桂姜可化阳；配芍、枣能化阴。诸药配伍，不仅具有解肌祛风，调和营卫之功，而且还有调和气血、调和脾胃、调和阴阳的功效。故柯韵伯称桂枝汤为"群方之冠，乃滋阴和阳，调和营卫，解肌发汗之总方也。"仲景又以桂枝汤为主方随证加减，治疗很多病证。如桂枝加葛根汤治疗太阳中风兼项背强几几；以桂枝加附子汤治疗太阳表虚漏汗不止；用桂枝加厚朴杏子汤治疗太阳中风兼喘者。伤寒论中桂枝汤类方不下29方，一向被历代医家所重视。桂枝汤类方是以桂枝汤为主体，临床上亦与桂枝汤的运用相近，主要用于治疗桂枝汤证的兼挟证。

老年病的特点是“多虚多瘀”。虚主要表现在脏腑机能衰退，气血亏弱和阴阳虚损，阴阳易于失衡。因虚又可致瘀，正如《读医随笔》中云：“凡人气血犹源泉也，盛而流畅，少则壅滞，故气血不虚不滞，虚则无有不滞者。”桂枝汤及其类方正可补阴阳，和气血，调脾胃昌化源。气血旺盛则百脉通畅。方中更有桂枝通利血脉一举两得。基于此笔者常将桂枝汤及其类方用于治疗老年性疾病，取得满意疗效。现举例如下：

一、感冒

陈某，女，55岁。2002年4月6日就诊。感冒已有三天，某医以辛凉宣化法治之未效。诊见：头痛，肢体骨节烦疼，恶风自汗，胃脘不适，口微苦，舌淡苔黄厚腻，脉弦滑。证属风寒外袭，营卫不和，用桂枝汤加味。处方：桂枝9g，白芍9g，甘草6g，生姜3片，红枣3枚，荆芥6g，防风6g。嘱药后啜热稀粥并温覆取微汗。每日1剂，连服3剂，诸证悉平。

按 恶风汗出是使用桂枝汤的重要指针。然该例患者身体烦疼，口苦，舌苔黄厚腻，脉弦滑，似又不宜用桂枝汤。此时当仔细审察病情，分清标本虚实。该例患者素体脾胃虚弱（有慢性胃病史），加之年过半百，气血营卫不足为本。因脾胃虚弱，运化无力，水湿不化，湿蕴为热，湿热内阻为标。其苔虽黄厚腻，然舌色浅淡。脉弦滑乃因其宿有高血压血管弹性差之故。“太阳病，头痛，发热，汗出，恶风，桂枝汤主之。”可见仲景对桂枝汤的运用关键在于抓主症。老年患者常有许多慢性病，其舌脉多较复杂，临证运用桂枝汤应着重抓住主要症状，有是症则用是药，不必过多考虑其他因素，避免用药杂乱难获良效。

二、支气管炎

刘某，男，63岁。2000年5月13日来诊。感冒后咳嗽已历5月余，西医诊断为支气管炎。曾服多种抗生素、止咳药、抗过敏药均未获效，转诊中医。现诊：咳嗽伴有喉痒，微有气喘，咳吐少量清稀痰，易汗出而微恶风寒，精神疲惫，形瘦面黄，素有胃病史，舌淡苔薄，脉缓弱。营卫不和，风痰留恋，肺失宣肃，方用桂枝加厚朴杏子汤加味。处方：桂枝9g，芍药15g，厚朴6g，杏仁9g，桔红9g，半夏9g，荆芥6g，甘草6g，生姜5片，大枣5枚。水煎服，每日1剂，连服5剂，喉不痒，咳已微，自觉胃肠亦舒，效不更方，原方加黄芪15g、白术9g，调治半月余，历时数月之咳嗽获愈。

按 素体脾肺虚弱，营卫不足。感受外邪则易致营卫不和而汗出恶风。肺卫不足，抗邪无力，风痰留恋不去，肺失清肃则咳嗽喉痒、气喘。桂枝汤能祛风寒、调营卫，厚朴、杏仁肃肺化痰，止咳平喘，荆芥、桔红、半夏祛风化痰止喉痒。诸药相伍，调和营卫，祛风化痰，直切病机，故药到病除。

三、过敏性鼻炎

陈某，男，65岁。2001年11月3日来诊。患过敏性鼻炎已有2年，自诉每于清晨起床和傍晚即打喷嚏流清涕，历时约1个小时左右，自动缓解。天气转暖病情会好转，近又临深秋，凉风习习，鼻炎发作较频繁。诊见：面色不华，易汗出，轻微恶风，舌暗红，脉细弦。肺卫不足，风寒入侵。方用桂枝汤合玉屏风散化裁。处方：黄芪15g，白术9g，防风9g，桂枝9g，白芍9g，炙甘草6g，生姜5片，大枣5枚，辛荑9g，苍耳子9g。水煎服，每日1剂，连服5剂，鼻炎发作明显减轻，又进10剂，诸症悉平，继以补中益气丸善其后，随防一年未见发作。

按 过敏性鼻炎中医称为“鼻鼽”。临床症状以流清水样鼻涕为主。由于肺虚卫气失固，抗御外邪能力减弱，风寒乘虚侵入所致。鼻炎与感冒往往互为因果，桂枝汤既可固护卫气，又可疏风宣肺，一并两得。用于过敏性鼻炎可使肺卫之表坚固，能抵御风寒入侵，鼻炎自然得以痊愈。

四、慢性心功能不全

王某，女，67岁。素有低血压病史，经西医心功能及血流变学检查：血粘稠度增高，心功能低下，肺静脉压增高，嘱服活血化瘀药，药后心中难受而来就诊。诊见面色萎黄，每至夜晚心悸不宁，莫名难受，夜寐不安。平素四肢不温，疲乏无力，纳差便溏，舌淡而黯，苔薄白微腻，中后根有小块剥苔，脉弦细。心阳不足，神失所主。方用桂枝甘草加龙骨牡蛎汤化裁。处方：桂枝9g，白芍12g，龙骨20g，牡蛎20g，丹参15g，甘草6g，党参15g，茯苓15g，半夏9g，黄芪15g。每日1剂，连服7剂。心悸已除，唯觉食后腹胀，减去龙骨、牡蛎，加白术9g，厚朴9g，陈皮6g，连续服药一月余，纳增，腹胀已除，大便成形。继以八珍丸及香砂六君丸善其后。

按 心悸一证，多为阴血不足，心神失养，治疗主以滋阴养血，宁心安神。本例心悸乃素体心气不足，复以活血攻伐之药重伤心阳，神失所主，故药用桂枝、甘草温通心阳，以龙骨、牡蛎镇摄心神。佐参、芪以增益心脾之气。苔有小许剥落而脉细，虑阴亦不足，故又以芍药滋阴和营。经药味增减，方中又有建中之意，故又补脾胃之虚。标本兼顾，新病旧疾霍然而愈。

五、老年皮肤瘙痒症

黄某，女，66岁。1999年12月25日就诊。皮肤瘙痒二月余，每至夜晚入睡时全身皮肤痒若虫行，以下肢为甚。白天如常人。经服抗组织胺类药物及局部涂肤轻松，效果不明显。诊见形体瘦弱，皮肤干燥，有糠状脱屑，散在的血痂。舌淡苔白，脉浮细。证属营卫不足，风寒侵表。方用桂枝二麻黄一汤加减。处方：桂枝9g，赤白芍各9g，麻黄4.5g，生姜3片，红枣3枚，甘草6g，当归9g，地肤子9g。每日1剂，连服7剂，瘙痒明显减轻，脉细软，原方去麻黄，加黄芪15g、首乌15g又进7剂，瘙痒告愈。

按 老年皮肤瘙痒症多因神经系统功能障碍，皮肤萎缩退化变性、弹力组织减少、皮肤腺体功能低下、皮肤干燥等情况而发生。本病与季节关系明显，多在秋冬发病，春暖逐渐消失。中医古籍记载之“痒风”“瘾疹”与此病类似。中医学认为本病的发病根本原因是老年人气血虚衰，阴阳失调，肌肤失养。标为外感风寒湿热之邪郁于肺经。内外二因相合导致皮肤气血运行迟滞，血行不畅而作瘙痒。桂枝汤内能滋阴和阳，调补气血，外能祛风散寒，畅运血行。一举两得，内外兼治。本方与参、芪、四物相比走表而效速。更加麻黄以增止痒之效。

桂枝茯苓丸在妇科临床的应用

李鲁炎　江苏省扬州市中医院

桂枝茯苓丸出于《金匮要略》，由桂枝、茯苓、丹皮、芍药、桃仁五味药物组成，为祛瘀化癥小剂。在临床中，笔者将其改丸为汤，随症加减，泛用于由血瘀引起的诸多妇科疾患，收效颇佳，兹举验案如下：

一、人工流产后恶露不绝

赵某，30岁，95年4月2日初诊。主诉：人工流产后恶露持续1个半月未净，量或多或少，色或鲜或紫。近2天来，阴道出血增多，伴见血块，少腹胀痛，脉细弦，舌质红，苔少。证属血瘀夹热，治宜清热化瘀，方以桂枝茯苓丸加味。桂枝10g、茯苓20g、桃仁10g、赤芍10g、丹皮炭10g、炒山楂10g、茜草炭10g、柴胡6g、益母草30g、甘草5g。3剂，水煎服，日1剂。4月6日复诊：服上方第2天阴道出血增多，夹有大血块，之后出血渐止，腹胀全消。刻诊：仅感腰酸，少腹坠胀，头晕，纳呆，脉细，舌质红，苔薄白。治宜扶正养血，佐以清热以收全功。上方去炒山楂、茜草炭，改赤芍为白芍，加黄芪30g，阿胶10g。3剂后诸症皆瘥。

按 人流后恶露不绝虽有虚实之分，但笔者根据临床观察发现，患者常常是气虚、血热、血瘀的症状并存，仅程度各有侧重而已。所以笔者用桂枝茯苓丸为主方，随症加减，疗效堪称满意。

二、慢性盆腔炎

徐某，34岁，98年3月27日初诊。主诉：腰痛、肛门坠胀3个月。近3个月来，腰部及小腹疼痛，肛门有坠胀感，月经前后加重，平素白带较多，经西医检查诊为宫骶韧带炎。曾按清热利湿、温经散寒等法治疗，症状未减轻。舌质暗红，苔薄白，脉弦滑。证属气滞血瘀，经脉阻滞。治宜行气活血，通脉化瘀。方以桂枝茯苓丸加味。桂枝10g、茯苓30g、赤芍20g、桃仁15g、丹皮15g、当归10g、乌药10g、元胡15g、五灵脂10g、生蒲黄10g。5剂，水煎服，日1剂。7月3日复诊：腰痛及肛门坠胀基本消失。效不更彰，原方继服10剂，以巩固疗效。随访半年一般情况尚好。

按 从其临床特点来看，痛有定处为气滞血瘀所致，因本病仅兼有下焦湿热，故先用清热利湿、温宫散寒之法未能奏效，遂以行气活血、通脉化瘀之法时症状才见改善。

三、痛经

陈某，25岁，97年8月6日初诊。患者既往月经周期正常，无痛经。近1年来，每次行经时小腹疼痛，且逐月加重，经水色紫，夹有血块。刻诊：月经将届期，小腹疼痛2天。脉紧弦，舌质淡，苔薄白。气滞血瘀，冲任失调，经遂不通，不通则痛。治宜行气活血。桂枝茯苓丸加味。桂枝15g、茯苓10g、赤芍20g、桃仁10g、白芍20g、当归10g、柴胡10g、淡吴萸5g。3剂，水煎服，日1剂。1剂痛减，3剂痛经痊愈。嘱其下次经前预服5剂。随访半年，无复发。

按 引起痛经的因素比较复杂，而且相互交错或重复出现，虽可归纳为几种类型，但论其性质无非虚实两大类，不能认为痛经的病理实质为气滞血瘀，经脉不通，就可以用桂枝茯苓丸通治一切痛经疾患，对于虚性痛经则需随证加减，不可执一。

四、体会

桂枝茯苓丸按“坚者削之”“结者散之”“除之以渐”“兼调营卫”的原则，桂枝辛温通阳，芍药苦酸开阴，茯苓淡渗益脾，丹皮凉血化瘀，桃仁活血化瘀引诸药直达症瘤之处，合之瘀结消去而新血无伤，为祛瘀化癥之小剂、缓剂。改丸为汤后其力峻，临床中只要辨证准确，用本方灵活加减，治疗颇能得心应用。适用于瘀血内阻的痛经、闭经、产后恶露不下等证，对于治疗盆腔炎、输卵管炎、卵巢囊肿、宫颈糜烂、子宫肌瘤、不孕症等均可取得较好疗效。但药物用量及其增减均需随证变通，随证加减之法甚多，加减变化各有法度。

桂枝茯苓丸这类活血化瘀方，有时用于没有瘀血的证候，是利用这类药物增强气血通行作用，以达治疗疾病的目的。所谓“治风先治血，血行风自灭”“调其气血，各所其乡”，如活血调经、养血驱风止痒、活血解毒等均属此意。

从小柴胡汤治腹痛谈肠系膜淋巴结炎的治疗

李 波 河北省中医院

《伤寒论》曰：“伤寒五六日，中风，往来寒热，胸胁苦满，嘿嘿不欲饮食，心烦喜呕…或腹中痛…小柴胡汤主之”。那么小柴胡汤为什么能治腹痛，它治疗的腹痛是哪一种类型，其病理基础又是怎样呢？笔者就自己的临床体会谈以下认识。

笔者认为小柴胡汤加减治疗的腹痛其病理基础应当是腹内网膜的病变，其一种表现方式即肠系膜淋巴结炎。现代医学把此病分为特异性和非特异性两种，本文讨论后者。临床上肠系膜淋巴结炎与阑尾炎临床表现有一定的相似之处，可误诊为阑尾炎，而阑尾炎术后发病又可误诊为肠粘连、肠扭转、肠套叠等。

Rosenburg等认为本病可分为慢性、急性、爆发性和化脓性等四种类型。

病理检查发现远段回肠系膜缘组淋巴结肿大，受累的淋巴结表面的肠系膜以及末段回肠、盲肠以及阑尾之浆膜充血、水肿、腹腔内可有少量积液。

临床上时常可见病人以腹部剧烈疼痛而就诊，疼痛的程度难以忍受。常可被误诊为上消化道穿孔或肠扭转、肠套叠。表现如下：

1. 病人主诉剧烈腹痛，医师却找不到与之相对应的确切的客观的腹部体征，如反跳痛、肌紧张、移动性浊音等。疼痛缓解时可健如常人，而发作时却又死去活来。

2. 发作时周围血白细胞可达10000～15000/ml，中性粒细胞70～90%。但1～3日后即可恢复正常。

3. 压痛点不固定，可在麦氏点、右下腹、脐中、或左下腹，左侧卧位时，压痛点可左移。

4. 有的病例发作前可有上呼吸道感染及肠道感染的症状，往往是先有发热症状，体温38～39℃之间，而后出现腹痛症状，这种情况下腹痛一般较轻，不伴有明显的血象变化。然而临床上不伴有发热的病例也不少，病人直接以腹痛就诊，这时腹痛剧烈难忍，而且伴血象明显升高，脉象可见迟脉、伏脉等。

笔者临床体会此病从中医角度认识，其基本病理变化是腹内三焦郁热，相火宣达失职，致气血郁闭。《难经·六十六难》曰：“三焦者，原气之别使也，主通行三气，经历五脏六腑。”三气者，宗气、营气、卫气也。三焦相火郁闭，宗气通行受阻，则脉迟，脉闭而肢冷；营气通行受阻，则腹痛剧烈；卫气通行受阻，则血象骤升，汗出淋漓。三焦郁热外达则肌肤发热而腹痛不剧，血象变化不著。少阳之上，相火治之，中见厥阴。厥阴与风气相通，风之性善行数变，故本病临床表现扑朔迷离。

病在少阳，当以柴胡汤和解之。《神农本草经》载：“柴胡，苦干无毒，主心肠胃结气，饮食积聚，寒热邪气，推沉致新…”近代名医唐容川曰：“少阳者，水中之阳，发于三焦，以行腠理，寄居胆中，以化水谷，必三焦之膜网通畅，肝胆之木火通和，而水中之阳乃能由内达外…膜网有纹理，与肌肤相腠，故名腠理。”少阳木火，郁于腠理而不达者，则作寒热，此为柴胡汤经证；郁于腹内膜网者则腹痛，此为柴胡汤腹证。故此，肠系膜淋巴结炎的中医治疗当以柴胡汤解之。如病机有外出太阳之势，则以小柴胡汤加减；如若病机有内趋阳明之势，则以大柴胡汤加减为宜，大柴胡汤内应当不用大黄，因为大柴胡汤是下少阳而非下阳明。

典型病例：刘先生，38岁。于1998年8月12

日就诊，主诉腹痛剧烈，汗出淋漓，查体温37.5℃，WBC：10000/ml，中性粒细胞82%，淋巴细胞18%，腹平软，脐中及右下腹压痛，无反跳痛及肌紧张，肠鸣音可，腰大肌、闭孔内肌试验阴性。为排除肠扭转而做腹平片检查未见异常。舌尖边红，苔薄黄，脉弦迟，诊为肠系膜淋巴结炎。处方：柴胡25g、黄芩10g、半夏10g、枳实15g、白芍15g、连翘20g、甘草3g、焦三仙30g，水煎服。三日后，诸症消除，复查血象正常。

小柴胡汤加减治疗功能性消化不良122例临床观察

潘金辉　黄　坚　黄文锋
广东省湛江市第一中医医院

功能性消化不良（FD）又称非溃疡性消化不良，是一组以上腹部不适伴腹胀、早饱、嗳气、泛酸、烧心、恶心、呕吐为主的临床综合征，中医认为属“胃脘痛”“痞满”等范畴。临床上，现代医学以促胃动力药取得一定的疗效。自97年以来，我们采用小柴胡汤加减治疗，取得较好的疗效，现报告如下。

一、临床资料

1. 一般临床　本组病例均为97～98年期间在本专科住院及门诊病人，按随机分为治疗组及对照组。治疗组122人，其中男性65例、女性57例；<30岁38例，31～40岁43例，41～50岁23例，50～65岁18例。年龄最小18岁，最大65岁，病程<1年30例，1～5年76例，>5年16例。对照组50例，其中男性27例，女性23例；<30岁16例，31～40岁18例，40～50岁9例，51～65岁7例。年龄最小21岁，最大61岁；病程<1年16例，1～5年29例，>5年5例。

2. 临床辨证分型　治疗组脾胃虚寒40例，肝郁气滞43例，脾虚湿阻22例，寒热错杂17例。对照组：脾胃虚寒16例，肝郁气滞18例，脾虚湿阻10例，寒热错杂6例。

两组所观察的病例在性别、年龄、病程及中医辨证分型中，经统计学处理，两组无显著性差异，（P>0.05）具有可比性。

二、诊断与临床标准

1. 诊断标准　根据1987年芝加哥国际专题工作会议确定的标准。①具有反复发作上腹部或胸骨后疼痛，饱胀、泛酸、嗳气、烧心、恶心、呕吐等症状，病程超过4周；②内镜检查，排除胃黏膜糜烂、溃疡及肿瘤等器质性病变；③实验室、B超、X线等检查排除肝胆胰等器质性病变者及其他全身性主要疾病患者。

2. 疗效判断标准（观察以服药4周为限）采用半定量法，即治疗前对8大症状分轻、中、重三级（无症状为0分，偶尔出现，轻度为1分，经常出现，中度为2分，持续存在，严重为3分）评出治疗前后症状总分，求出疗效指数以判定疗效。公式：

$$治疗指数=\frac{治疗前症状总分-治疗后症状总分}{治疗前症状总分}\times 100\%$$

显效：疗效指数>75%，有效：疗效指数25～75%，无效：疗效指数<25%。

三、治疗方法

治疗组予小柴胡汤加减：柴胡8g，黄芩8g，法夏15g，枳壳10g，藿香10g，党参20g，川朴10g，白术18g，生姜2片，砂仁8g，佛手10g，槟榔10g，脾胃虚寒去黄芩、生姜加干姜、肉桂、良姜、附子，气滞加青皮、台乌，湿热盛加川连、绵陈，瘀积加延胡、灵脂，呕吐加旋覆花、白蔻仁。

对照组：吗叮啉10mg，tid、谷维素20mg，tid、维生素$B_1$20mg tid。

四、治疗结果

1. 二组治疗前后主要症状比较：（表1）

	上腹不适	腹胀	早饱	嗳气	泛酸	烧心	恶心	呕吐
治疗组：								
治疗前	122	98	62	104	49	15	49	12
治疗后	31	15	15	22	20	4	9	1
对照组：								
治疗前	50	39	30	45	20	8	15	6
治疗后	43	11	8	11	18	7	2	1

从表1示，治疗组治疗功能性消化不良的各种症状的改善明显优于对照组（P<0.01）。而对照组对改善嗳气、恶心、呕吐效果稍佳，但对其他症状改善不明显。

2. 两组近期疗效比较：（表2）

	n	显效	有效	无效
治疗组	112	46（37.7）	66（54.1）	10（8.7）
脾胃虚寒	40	14（35.0）	23（57.5）	3（7.5）
肝郁气滞	43	19（44.1）	21（48.8）	3（6.9）
脾虚湿阻	22	7（31.8）	12（54.5）	3（13.6）
寒热错杂	17	6（35.3）	10（58.8）	1（5.8）
对照组：	50	7（14.0）	24（48.0）	19（38.9）
脾胃虚寒	16	2（12.5）	7（43.7）	7（43.7）
肝郁气滞	18	2（11.1）	10（55.5）	6（33.3）
脾虚湿阻	10	2（20.1）	5（50.0）	3（30.0）
寒热错杂	6	1（10.1）	2（33.3）	3（50.0）

表2示：治疗组总有效率和治愈率都明显高于对照组，经统计学处理，差异均有非常显著性（$P<0.01$）。治疗组中以肝郁气滞型疗效最优。

五、讨论

FD在人群中的发病率很高，根据各地的综合报导，约占消化专科门诊的30～40%，其发病机制虽未完全阐明，但国内外学者大多认为胃动力障碍是主要因素。当前以促动力药治疗为公认的有效办法，但尚不理想。本文取用了中药以小柴胡汤加减治疗，并设用西药吗叮啉组作对照，结果表明小柴胡汤配合临床辨证用药，其效果显著，比吗叮啉对照组有显著性差异，且无不良反应发生。

中医认为本病是病在胃而涉及肝脾两脏。脾乃后天之本，为胃行精微津液而输布全身。内经云："饮入于胃，游溢精气，上输于脾，脾气散精，上归于肺，通调水道，下输膀胱，水精四布，五经并行"。所以脾升胃降，百脉通畅，使人体气机生生不息。但脾胃的升降运化，有赖肝的疏泄条达之功。如肝郁气结，则脾壅胃逆，腹胀嗳气，纳差、恶心、呕吐等诸症丛生。所以疏肝理脾、降逆消痞、宣畅三焦为治疗本病的大法。本文以小柴胡汤加减获取良效。

小柴胡原出张仲景伤寒论98条"伤寒五、六日，中风，往来寒热、胸胁苦满、嘿嘿不欲饮食，心烦喜呕，或胸中烦而不呕，或渴，或腹中痛、或胁下痞鞕、或心下悸、小便不利、或不渴、身有微热、或咳者，小柴胡汤主之"。103条经文补充说："有柴胡症，但见一症便是，不必悉具"。仲景明言，小柴胡不仅仅为邪入少阳之往来寒热而设，只要是邪扰少阳、肝胆失枢、心烦喜呕、口苦咽干、目眩或腹中痛、或胁下痞满等诸症均可扩展应用。而功能性消化不良临床上表现诸症，上腹胀满不适、腹胀纳差、早饱、嗳气、恶心、呕吐等症恰与小柴胡汤症相合，故设以小柴胡汤加减，方中柴胡不用以解热，而用以疏肝和胃，故量当小；枳壳、法夏助胃气以下降，用量当大；党参、白术扶脾阳以助升，藿香、砂仁醒脾化湿止呕，川朴、莪术消积除满，木香行气，白芍柔肝缓急，全方攻补兼施，疏利三焦、调和上下、宣通内外、和畅气机，使肝条达以疏、脾升胃降的功能得复，诸症自除。现代医学研究表明，柴胡、枳壳有增强胃肠排空的功能，白术能促进胃肠运动并随剂量的加大而作用增强。

在应用过程中，根据病情的变化而灵活辨证加减，由于治病用药标本兼顾，并具有一定的灵活性，所以比西药吗叮啉单一用药疗效要佳。在整个治疗过程中，未见有任何毒副作用，且患者的依从性较好。

大柴胡汤加减治疗胆囊炎胆石症60例临床观察

丁二可　谭宗章　河南省南阳市南石医院

胆囊炎胆石症是临床常见病之一，我国发病率在10%以上，并呈逐年上升趋势。我们用仲景方大柴胡汤随证加减对胆囊炎胆石症60例患者进行治疗，效果满意，现报道如下：

一、临床资料

1. 一般资料　选择符合胆囊炎胆石症诊断标准的门诊和住院病例为观察对象。本组60例，男23例，女37例；年龄最大72岁，最小23岁，平均年龄38.6岁；病程最长26年，最短9天，平均3.6年。全部病例均经B超等检查确诊为胆囊炎胆石症。其中慢性胆囊炎36例，胆石症24例。中医辨证分型：肝胆湿热型33例，肝胃不和型25例，肝郁脾虚型2例。

诊断标准：中医辨证分型和西医诊断参照《最新国内外疾病诊疗标准》（学苑出版社.1992年出版社）①符合中医辨证标准；②符合西医诊断为胆囊炎、胆囊结石或胆总管结石；③多发性肝内胆管小结石，胆红素泥沙样结石，手术难取尽者；④手术后残余或复发性结石；⑤胆囊炎胆石症伴有其他重要脏器疾病或因年老体弱而不能耐受手术者。排除标准：①急性坏疽性胆囊炎，急性梗阻性化脓性胆管炎、胆囊穿孔腹膜炎、胆囊嵌顿引起胆囊积液、积脓、积血；胆囊萎缩充满结石，胆道狭窄，胆管或胆道口括约肌狭窄，胆囊或胆管肿瘤。②胆囊结石长径与宽径均≥0.5cm，总胆管结石长径与宽径均≥1.0cm者；③孕妇或在服药期间有可能怀孕者；④合并有心、肝、肾和造血系统等严重疾病者；⑤凡不符合纳入标准，未按规定服药，无法判定疗效，资料不全等影响疗效判断者。

2. 治疗方法　以大柴胡汤加减为基础方：柴胡、黄芩、白芍、大黄、乌梅、半夏、枳壳、金钱草、虎杖、醋郁金、醋三棱、醋莪术。水煎服，每日一剂，四周为一疗程。随证加减：湿热偏重加龙胆草、海金砂；气滞偏重者加青皮、广木香、制香附；脾虚者加太子参、焦白术，去黄芩、大黄；金钱草、虎杖常规用量减半；久病兼有血瘀者，加制乳香、制没药、延胡索。

3. 观察指标　一般观察项目包括主要症状（有上腹痛、腹胀、恶心呕吐、食欲不振、口苦、大便变化等）、舌象、脉象、腹部体征。实验室检查血常规、尿常规、肝、肾功能，影像学检查（如B超、胆囊区X线平片，口服及静脉胆囊或胆管造影）等。分别在治疗前后各检测一次，必要时随时检测。

4. 疗效评定标准　参照文献[1]标准。①中医证候疗效标准：根据治疗后3，7，21d积分与治疗前积分比较而判断。疗效指数减少≥90%为临床治愈；疗效指数减少≥60%～<90%为显效；疗效指数减少≥30%～<60%为有效；疗效指数减少<30%为无效。②综合疗效评估标准：服药后症状消失，影像学检查胆囊病变消失或结石消失为临床治愈；服药后症状明显减轻，影像学检查胆囊病变明显改善或结石数量减少和（或）体积变小>1/2为显效；服药后症状有减轻，影像学检查胆囊病变有改善或结石数量减少和（或）体积变小，但<1/2为有效；服药后症状无改善，影像学检查胆囊病变无改善或者结石数量和（或）体积不变者甚至增大者为无效。

二、结果

中医证候疗效：见表1。

综合疗效：见表2。

治疗前后临床症状变化：见表3。

表1　中医证候疗效　　例（%）

中医证候	例数	治愈	显效	有效	无效	总有效
肝胆湿热	33	19（57.58）	10（30.30）	4（12.12）	0（0）	33（100）
肝胃不和	25	11（44.0）	8（32.0）	4（16.0）	2（8.00）	23（92.0）
肝郁脾虚	2	0	0	1（50.0）	1（50.0）	1（50.0）

表2　综合疗效例

分类	例数	治愈	显效	有效	无效	总有效
胆囊炎	36	19（52.8）	11（30.6）	5（13.89）	1（2.78）	35（97.22）
胆石症	24	7（29.16）	8（33.33）	4（16.66）	5（20.83）	19.（79.17）

表3　治疗前后临床症状变化（例）

	右胁痛	纳差	腹胀	口苦	嗳气	恶心
治疗前	48	45	36	42	33	28
治疗后	2	1	0	2	0	0

三、讨论

胆囊炎胆石症是现代医学的病名，中医学把本病归于肝胀、胆胀、胁痛、黄疸等门类中。例如《灵枢·胀论篇》说：“肝胀者，胁下满而痛引小腹。……胆胀者，胁下痛胀，口中苦，善太息。”《金匮要略·黄疸病脉证治篇》说：“诸黄腹痛而呕者宜柴胡汤。”由此可见，早在古代，中医学家对胆囊炎胆石症的认识和治疗就蕴藏着不少宝贵经验。根据中医学理论，本病多由肝气郁结，肝胆湿热蕴结所致。胆为“中清之府”，肝胆以疏泄通降为顺。在正常情况下，肝胆同主疏泄，助脾胃之消化，一遇胆汁受湿邪或邪热阻遏，排浊不畅，肝胆气机郁滞，胆失通降，肝失疏泄，气滞血瘀则成胆病，最常见为胆囊炎，若湿热内蕴，煎熬日久，即为胆石症。笔者以仲景大柴胡汤加减，以疏肝清热治其本，化湿利胆，行气止痛治其标。方中以金钱草、虎杖为主，清化湿热，活血通络，通经止痛；大黄攻里通下，清利胆腑，化瘀通络；柴胡疏肝解郁，理气止痛；郁金、枳壳助柴胡理气疏肝；乌梅、白芍、甘草缓急解痉止痛，同时酸能软坚散结，消溶结石；半夏和中止呕；醋三棱、醋莪术，化瘀散结消坚。现代药理研究表明，金钱草、虎杖、大黄等均有利胆作用，并能促进肝细胞的胆汁分泌，有利于溶石排石；乌梅对胆道口括约肌有弛缓作用，能增加胆汁分泌，并使胆汁趋于酸性，促进胆囊收缩和排胆作用，利于引流胆汁，减少和防止胆道感染，也有利于减少蛔虫卵留在胆道内而形成胆石核心，从而可减少胆石症的发生；柴胡郁金枳壳，理气散结，不仅有促进胆汁分泌量增加，而且使胆盐浓度升高而有利于溶石排石，并和芍药甘草共同对胆道平滑肌选择性疼痛和溶石排石。临床应用表明，本方对胆囊炎胆石症有较好的疗效，并能较快而显著改善患者的主要临床症状如右上腹痛，恶心呕吐，腹胀，口苦等，且有较好的溶石排石，利胆止痛作用。临床疗效与证型的关系结果显示，肝胆湿热型疗效最佳，肝胃不和型次之，肝郁脾虚型最差，因例数太少，尚不能说明问题。此结果表明，本方适用于肝胆湿热型和肝胃不和证，与原方的立意也是吻合的。故临床选方用药，应谨守“辨证论治”这一原则，才能收到理想效果。

大柴胡汤在妇科的运用

梁　健　广东省阳江市人民医院

大柴胡汤出自张仲景《伤寒论》，载于103条，并在136、165条复出，属和解方，即小柴胡汤去人参、炙甘草，加大黄、枳实、白芍，是和解少阳兼攻下里实的治法，用治少阳兼里实证，如呕不止、热结下痢等。笔者将其灵活运用于妇科诸证，疗效明显。现介绍如下：

一、月经不调

李姓女，29岁，1999年5月10日初诊，病者诉近三月来月经提前五至十天来，伴见胸胁闷痛，口苦口干，小便黄大便干结，舌质红，苔黄厚，脉弦实。诊为月经不调，月经先期，方用大柴胡汤和解少阳，调经通络。处方：柴胡10g，半夏10g，黄芩15g，大黄10g，白芍10g，枳实10g，大枣20g，生姜三片。服二剂，胸胁闷痛减，大便通畅，月经提前三天来。下一周期，提前服药，月经依期而至，观察一年，月经均准时而至。

按　该例病人为少阳经气不利，热入血室，里热搏结所致，治以和解少阳兼攻下里热，热去正安，月经依期而至。

二、经期紧张综合征

张姓女，32岁，2001年8月3日初诊，病者半年以来每经前期，自觉皮肤忽寒忽热，眩晕头痛，胸闷，乳房胀痛，口干，大便干燥，三四天一解，舌质红，苔黄干，脉弦数，方用大柴胡汤和解少阳，攻里通腑，处方：柴胡10g，半夏10g，黄芩15g，白芍10g，枳实10g，大枣20g，一剂则寒热胸胁闷痛减，二剂大便通畅，精神舒畅，再调理以巩固疗效。

按　妇女月经前后，血室空虚，易受外邪，邪中半表半里，则寒热往来，邪阻少阳则胸胁乳房胀痛，兼里热结聚而成便秘。治以和少阳，攻里热，邪去正安。

三、产后发热

陈姓女，28岁，2000年10月初诊。初者于10月13日顺产下一男婴，产后第二天出现发热恶寒，体温达39度，胸中烦闷，口干欲饮，小便黄，大便溏泻，日解二、三次，胞衣不下，恶露紫暗，舌质暗红，苔黄，脉弦，为产后热入血室之发热，方用大柴胡汤加味，处方：柴胡10g、大黄10g、枳实10g、白芍10g、黄芩10g、半夏10g、大枣20g、益母草15g、仙鹤草15g，服二剂，则寒热解，三剂则恶露鲜红，大便质软，诸证遂解。

按　妇女产后，血室更形空虚，易受外邪，与热互结，而成寒热邪正相争之势，热结成便溏、胞衣不下、恶露不通，以大柴胡汤和解通里，可收良效。

四、更年期综合征

王姓女，50岁，2002年9月初来诊，病者三年来月事先后不定期，胸胁闷痛、眩晕头痛，心悸，眼花不欲饮食，腰酸痛，尿多，睡眠差，大便五至十天解一次，质硬，舌质红，苔黄干，脉弦数，方用大柴胡汤加味，处方：柴胡10g、大黄10g、枳实10g、白芍10g、黄芩10g、半夏10g、大枣20g、女贞子15g、旱莲草15g，连服五剂，大便通畅，胸胁闷痛、眩晕头痛心悸诸证减轻，以滋补肝肾方调补，巩固疗效。

按　本例为更年期妇女，本有肝肾阴虚，外有邪实，当走攻下里热，外解邪热，而后调养肝肾，以收全效。

五、皮肤色素沉着

张姓女，38岁，2000年7月初诊，病者平素大便不通，三至七天一解，质硬，月经或先期或后期，色暗红有瘀块，三月来双颧部出现黄褐斑，伴心烦胸闷，易怒，舌质红，苔黄，脉弦，为肝胆经不畅，热毒内蕴所致，方用大柴胡汤，处方：柴胡10g、大黄10g、枳实10g、白芍10g、黄芩10g、半夏10g、大枣20g。一月经周期用药后，大便质软，月经色鲜红，二周期用药后月经基本如期而至，黄褐斑颜色变浅，心烦诸证减轻，经四个周期用药后黄褐斑颜色几近于无。

按 黄褐斑属皮肤色素沉着，为妇女内分泌失调时出现，本例为肝胆郁滞，热毒内蕴所致，治以疏利肝胆，通便排毒，效果明显。

分析：《伤寒论》中论大柴胡汤的原文："太阳病，过经十余日，反二、三下之，后四五日，柴胡证仍在者，先与小柴胡，呕不止，心下急，郁郁微烦者，为未解也，与大柴胡汤下之，则愈。""伤寒发热，汗出不解，心中痞硬，呕吐下利者，大柴胡主之。""伤寒十余日，热结在里，复往来寒热者，与大柴胡汤。"指出本方用于少阳兼里实热证，是和解少阳兼攻下里实的治法。其辨证要点是既有少阳半表半里证，又兼有里实热证，但并未拘泥于寒热往来，大便秘结等证，妇女易肝胆郁滞，有月经、妊娠等生理特点，血室空虚，易受外邪，这些都使妇女易于出现大柴胡汤证，辨证准确，每用之，必有奇效。

经方在中风病中的应用举隅

河南省方城县中医院　贾　磊

《伤寒杂病论》中的方剂，组方严谨精炼，功专效宏，用于临床每获良效。近年来，余试用于中风病的治疗，效果较好，报道如下。

一、脑梗塞

患者男性，50岁，农民，于1998年10月20日，因情志不畅，突然出现头晕目眩，左上肢麻木不适，病情迅速加剧，曾在当地按脑血管病治疗，用药（药名不详）四天后无明显好转。就诊时证见：左侧肢体瘫痪，口眼歪斜，言语不利，口气浊秽，口苦咽干，渴欲饮水，急躁易怒，寐不安，大便四日未行。检查：T：36.8℃，P：75次/分，R：15次/分，BP：180/105mmHg。左侧额纹偏少，右侧鼻唇沟变深，左上肢肌力为0级，左下肢肌力为Ⅰ级，左侧痛、温觉减弱，左侧腱反射亢进，巴氏征左侧阳性。头颅CT示"右颞顶叶缺血性脑梗塞"。综观症舌脉，中医诊为"中风（中经络）"属肝阳上亢，瘀血阻络。治宜滋阴潜阳，活血通络，方用风引汤加减。处方：大黄、干姜、龙骨各20g，桂枝15g，甘草、牡蛎各10g，寒水石、滑石、赤石脂、紫石英、石膏各30g，丹参30g，桃仁15g，麦冬25g。每日一剂，水煎服。5剂后，急躁，口苦咽干，口渴减轻，守方继服7剂，右侧肢体已可在床上活动，此后随证治之，病告痊愈。

按：风引汤功效重镇潜阳，清热熄风，用于肝阳亢盛，风邪内动之证。该方用于本病，药物用龙骨，牡蛎，赤石脂，石英重镇安神；原方于大队寒凉药中伍以干姜，遏制过于寒凉损伤脾胃之弊，由此可见仲景用药之精妙；加麦冬以养阴增液，加丹参、桃仁以增强原方活血化瘀之功效：诸药合用，共奏滋阴潜阳，活血通络之功，与该病案药证相符，故用之收效甚好。

二、脑栓塞合并冠心病

患者女性，50岁，干部，95年曾患冠心病，经治好转，96年10月20日下午，活动后出现左侧肢体麻木，胸闷不适，未予治疗。夜晚突然心前区压榨样疼痛，胸闷气短加剧，端坐呼吸，服速效救心丸8粒，约5分钟后疼痛缓解；10月21日晨起时发现左侧肢体活动无力速来我院。刻下：左侧肢体不遂，胸闷、气短、舌质淡灰暗，苔白厚腻，脉沉滑。查血压为130/85mmHg，心率为80次/分，律齐，左侧上、下肢力均为Ⅱ级，左侧腱反射亢进巴氏征左侧阳性。头颅CT示：右颞叶缺血性脑梗塞，心电图示：1. 下壁心肌缺血；2. 左心室高电压。证属痰瘀互阻，气虚血瘀，治宜益气活血，化痰通络，方以黄芪芍桂苦酒汤、栝楼薤白半夏汤加减。处方：黄芪3g，芍药、桂枝、薤白、蒌皮各15g，半夏12g，丹参3g，川芎15g，黄酒30ml，醋15ml为引。每日一剂水煎服。6剂后诸症减轻，胸痛发作一次而程度较前减轻，左下肢已可抬起离床。药已中病，守方继服10剂，左上肢较前有力，胸痛未作，胸闷气短消失，嘱其加强肢体功能锻炼，调整月余病告痊愈。

按：黄芪芍桂苦酒功效调和营卫，祛散水湿，用于治疗阳郁而营血有热的黄汗病，栝蒌薤白半夏汤是治疗痰饮壅盛，闭塞心脉，胸阳痹阻的有效方剂。二方合用，与本例患者病机相符，加减后共奏益气活血，化痰通络之功，故用之效如桴鼓。

三、脑梗塞后遗症

患者男性，55岁，工作，98年10月5日来我院就诊，患者诉97年11月出现右侧肢体活动障碍，经治未愈，近日因劳累而自觉病情加剧，97年头颅CT报告显示“左侧颞顶叶缺血性脑梗塞”。就诊时症见：右侧肢体不遂，患肢麻木欠温，面色不华，唇淡略紫，舌质暗红，脉弦沉细而涩，证属气虚血瘀，阴液亏耗，诊断为中风后遗症，治宜益气养阴，活血通络，方用黄芪桂枝五物汤合百合地黄汤加减。处方：黄芪、芍药、桂枝各15g，生姜30g，大枣12枚，生地20g，百合10g，益母草15S，红花、苏木10g；水煎服，每日一剂，服7剂后肢体明显减轻，面色红润，脉细有力。守方加减，继服10余剂，可扶杖缓行。药已中病，嘱其加强锻炼，按时服药，以求全功。

按：中风病属气滞血瘀所致者较多，临床上治疗多以行气活血化瘀法，所用药物除黄芪外，多为莪术、土鳖虫、虻虫、三棱等破血之品，此类药性多燥烈，久用则易使阴血耗损津液亏乏。而黄芪桂枝五物汤治疗以局部肌肉麻木为主症的血痹证的重要方剂，具有益气活血，调和营卫之作用；百合地黄汤只有滋养心肺，凉血清热之作用，用于百合病的治疗。二方合用并加减后可起到滋阴养血，活血通络之功效。脑中风后遗证的治疗中，使用本方，可使气血充足，血脉通畅，筋脉得养，则肢体功能恢复较快。

柴胡龙骨牡蛎汤加减治疗更年期综合征的临床观察

周　会　徐新国　河北玉田县医院

柴胡龙骨牡蛎汤源《伤寒论·辨少阳病脉证并治》篇少阳病兼胃热谵语证。以胸满烦惊，小便不利，谵语，一身尽重不可转侧为证候特点。现运用此方加减治疗更年期综合征，通过临床观察疗效显著，报告如下：

一、临床资料

本组共15例，女性14例，男性1例。年龄45～55岁，平均年龄51岁。均有心悸、心烦、善叹息、纳差、自汗、怕冷、失眠、多梦、月经不调、性欲减退等。且能排除器质性病变。

二、治疗方法

柴胡龙骨牡蛎汤加减：柴胡10g、龙骨20g、牡蛎20g、黄芩10g、茯苓10g、半夏8g、桂枝6g、生地10g、沙参12g。

加减：心悸失眠加酸枣仁9g、夜交藤20g。痰热者加天竺黄10g、胆南星6g。气虚者加黄芪15g。气滞胸闷加瓜蒌10g、枳壳8g。每日一剂，水煎二次，早晚分服。

三、疗效标准

治愈：临床症状全部消失。

好转：临床症状明显减轻。

无效：临床症状无明显改变。

四、结果

治愈5例，有效8例，无效2例，总有效率86.7%。

五、病案举例

张某，女，51岁，1991年1月1日初诊，患因一月前情志不遂与家人争吵　出现心烦、急燥、失眠，自汗，伴头晕、口苦、胃脘不适，绝经半年，舌红，苔薄白，脉弦细。证属肝气郁结，气血逆乱。治以疏肝理气、化痰解郁。方药：柴胡10g、龙骨15g、牡蛎15g、黄芩10g、茯苓10g、半夏10g、桂枝6g、生地10g、沙参12g、栀子10g、浮小麦30g、白蔻10g、白芍15g、酸枣仁10g，7剂。1月24日二诊，诸证减轻，头晕、胃脘不适消失。原方减白蔻加入知母10g，7剂后痊愈。

六、讨论

更年期综合征中医认为病机多为肝气郁结，气机不畅，气血逆乱，阴阳平衡失调，营阴不足，神失所养，故治以疏肝理气，和中缓急，养阴为主。柴胡疏肝理气和解少阳之邪，桂枝通阳和表，龙骨、牡蛎重镇潜阳而安神明，茯苓宁心安神，黄芩、半夏清热化痰。现代医学认为本病的发生多与内分泌机能减退，代谢功能、植物神经功能失调有关。而实践证明，柴胡龙骨牡蛎汤对调节内分泌、植物神经功能紊乱及改善临床症状有一定的作用，值得进一步研究。

肝炎在伤寒六经中的证治及微观辨证的关系

翟慕东　王小平　成都中医药大学

肝炎在中医学中属于“胁痛”“黄疸”范畴，临床上又将“黄疸”大致分为阳黄和阴黄两大类，在《伤寒论》中，类似肝炎症状的证治条文可见于：原文96："往来寒热，胸胁苦满，默默不欲饮食，心烦喜呕，或胸中烦而不呕，或渴，或腹中痛，或胁下痞硬，或心下悸，小便不利，或不渴，身有微热，或咳者，小柴胡汤主之。"原文98："……胁下满痛，面目及身黄，颈项强，小便难者，与柴胡汤。"原文199："阳明病无汗，小便不利，心中懊侬者，身必发黄。"原文229："阳明病、发潮热，大便溏小便自可，胸胁满不去者，与小柴胡汤。"原文231："阳明中风，脉浮大而短气，腹部满，胁下及心痛，久按之气不通，鼻干，不得汗，嗜卧，一身及目悉黄，小便难，有潮热，时时哕……. 与小柴胡汤。"原文236："……但头汗出，身无汗，剂颈而还，小便不利，渴引水浆者，此为瘀热在里，身必发黄，茵陈蒿汤主之。"原文259："伤寒发汗已，身目为黄，所以然者，以寒湿在里不解故也。以为不可下也，于寒湿中求之。"原文260："伤寒七八日，身黄如橘子色，小便不利，腹微满者，茵陈蒿汤主之。"原文261："伤寒身黄发热，栀子柏皮汤主之。"从这些条文中内容来看，可见有急性肝炎初期的症状，有湿热黄疸型肝炎的症状，亦谈到了寒湿黄疸型慢性肝炎的证治。它们分属于太阳、阳明、少阳、太阴不同的篇章。传统的解释及目前教材的内容都认为是外感表证误治后，根据病人不同的体质而出现的各经不同证候的传变和转归。实际上，从"病"的角度来认识，它是由不同证型的疾病本身的发展规律所决定的。

参照1991年12月中华全国中医学会内科肝病专委会天津会议制定的病毒性肝炎中医辨证标准，将肝炎分为：湿热中阻、肝郁脾虚、肝肾阴虚、脾肾阳虚、瘀血阻络等五种证型。对这些不同证型的肝炎患者，进行各个侧面的微观指标的测定、观察比较，可以加强中医辨证的内容及对疾病的整体把握。

1. 从以下五个方面对不同证型患者进行临床检测。

（1）肝功能：血清谷氨酸酶一丙酮酸转氨酶（ALT）、血清谷氨酸酶一草酰乙酸转氨酶（AST）、血清γ-谷氨酰转移酶（GGT）；（2）血浆蛋白：白蛋白（A）、球蛋白（G）；（3）Ⅲ型前胶原肽（PⅢP）；（4）病毒学指标：抗-HCV、HCV-RNA（PCR法）；（5）肝组织活检。检测结果显示。

（2）辨证分型与肝功能检测指标的关系：ALT以湿热中阻证最高，平均值达214.63U，其次为肝肾阴虚证，再依次为瘀血阻络证、证型不明者、脾肾阳虚证及肝郁脾虚证。湿热中阻证患者的ALT与肝郁脾虚证、脾肾阳虚证、瘀血阻络证及证型不明者相比差异有显著性（$P<0.05$）。

AST亦以湿热中阻证最高，平均值达97.12U，其次为肝肾阴虚证，再依次为瘀血阻络证、脾肾阳虚证、肝郁脾虚证及证型不明者。湿热中阻证患者的AST与肝郁脾虚证及证型不明者相比差异有非常显著性（$P<0.01$），与脾肾阳虚证及瘀血阻络证相比差异有显著性（$P<0.05$）。

GGT亦以湿热中阻证最高，平均值达103.1U，其次为脾肾阳虚证，再依次为肝肾阴虚证、瘀血阻络证、肝郁脾虚证及证型不明者。湿热中阻证患者的GGT与肝郁脾虚证及证型不明者相比差异有显著性（$P<0.05$）。

辨证分型与ALT、AST、GGT的关系（$\bar{X}\pm SE$）

证　型	例数	ALT（U）	AST（U）	GGT（U）
湿热中阻证	16	214.6±64.64	97.12±15.55	103.1±22.51
肝郁脾虚证	9	47.89±7.95*	44.67±7.09▲	48.44±6.07*
肝肾阴虚证	16	81.31±7.84	78.25±8.44	62.29±3.48
脾肾阳虚证	12	53.75±6.44*	48.58±6.29*	78.63±7.77
瘀血阻络证	34	66.12±5.30*	60.82±4.12*	56.08±3.48
证型不明者	21	56.90±9.57*	44.05±4.26▲	37.24±6.08*

与湿热中阻证比较 *$P<0.05$，▲$P<0.01$

（3）辨证分型与血浆蛋白及Ⅲ型前胶原肽的关系：血浆白蛋白以瘀血阻络证和脾肾阳虚证最低，平均值为3.16g/100ml，其次为肝肾阴虚证，再依次为湿热中阻证及肝郁脾虚证及证型不明者。瘀血阻络证患者的白蛋白值与湿热中阻证、肝郁脾虚证及证型不明者相比差异有非常显著性（$P<0.01$）。

球蛋白以肝肾阴虚证最高，平均值达3.96g/100ml，其次为瘀血阻络证，再依次为证型不明者、湿热中阻证、肝郁脾虚证，脾肾阳虚证最低。肝肾阴虚证的球蛋白值与湿热中阻证、证型不明者、脾肾阳虚证及肝郁脾虚证相比差异有非常显著性（$P<0.01$）。

PⅢP的检查结果说明，瘀血阻络证的PⅢP值最高，平均值达 1.08U/ml，其次为脾肾阳虚证、证型不明者、肝肾阴虚证、湿热中阻证及肝郁脾虚证，瘀血阻络证患者的 PⅡP 值与其他五个证型相比差异均有非常显著性（P<0.01）。

辩证分型与 A、G、PⅢP 的关系（X±SE）

证　型	例数	A（g/100ml）	G（g/100ml）	PⅢP（U/ml）
湿热中阻证	16	4.03±0.01	3.12±0.17	0.80±0.03
肝郁脾虚证	9	4.12±0.09	3.01±0.15	0.77±0.02
肝肾阴虚证	16	3.23±0.11	3.96±0.10	0.84±0.03
脾肾阳虚证	12	3.16±0.14	2.89±0.10	0.89±0.03
瘀血阻络证	34	3.16±0.14	3.55±0.10	1.08±0.03
证型不明者	21	4.36±0.07	3.08±0.11	0.86±0.06

4. 辩证分型与肝组织活检结果的关系：CAH 多见于瘀血阻络型，其次为肝肾阴虚证及湿热内阻证：CPH 多见于证型不明者，其次为肝郁脾虚证、脾肾阳虚证。因病例数尚少，未进行统计学处理。67 例 CAH 中，合并肝硬化者占 29 例，其中瘀血阻络证占 21 例，肝肾阴虚证占 8 例。

辩证分型与肝组织活检结果的关系

证型	CAH 例数	CPH 例数	合计
湿热中阻让	12	4	16
肝郁脾虚证	1	8	9
肝肾阴虚证	14	2	16
脾肾阳虚证	6	6	12
瘀血阻络证	33	1	34
证型不明者	1	20	21

上述各证型理化检测指标的变化可为中医辨证客观化、规范化提供部分依据，为治疗用药的选择提供参考。

2. 从中医传统的两大分类——阳黄和阴黄的角度来探讨二者之间的微观辩证关系。

通过观察阴黄与阳黄患者的症状与体征，并检测肝功能、胆红素、红细胞容积分布宽度、T 淋巴细胞亚群、胆酸、透明质酸、层粘蛋白等项目，发现阴黄与阳黄患者之间不仅在症状、体征方面有明显区别，其实验室多项指标也有显著差异。初步认为阴黄是黄疸后期肝细胞处理胆红素功能降低、胆红素来源偏多、肝脏微循环异常、肝脏纤维化、机体代谢低下等多种复合因素造成的“综合征”。阴黄病理特点为邪衰、正伤、胆郁与血瘀。

（1）肝功能变化比较：阴黄患者血清 ALT<80U/L，阳黄患者 ALT77－1230U/L，升高及变化幅度较大，两组差异极为显著（P<0.01）。阴黄组血清 CHE、SB 值均低于阳黄组，差异非常显著（P<0.01）。

阴黄与阳黄患者肝功能指标比较（X±S）

分组	例数	ALT（U/L）	CHE（U/L）	SB（μmol/L）	CBl/UB
阴黄组	76	61.50±15.20*	37.2±6.2*	62.8±21.2*	1.12±0.1*
阳黄组	84	440.8±239.5	43.4±4.2	98.6±88.7	1.66±0.1

（2）外周血检测比较：阴黄组 RBC、WBC、PLT、ALT 非常显著低于阳黄组（P<0.05 或 P<0.01），阴黄组 RDW 明显高于阳黄组（P<0.01）。

阴黄与阳黄患者外周血检查比较（X±S）

分组	例数	RBC（$\times10^{12}$）	WBC（$\times10^{9}$）	PLT（$\times10^{9}$）	RDW（%）	A（g/L）
阴黄组	76	3.25±0.36*	3.30±0.37*	62.78±28.68*	16.50±3.42*	34.45±9.45*
阳黄组	84	3.80±0.27	4.89±0.77	96.34±34.23	12.15±2.12	41.42±12.75

（3）血清、胆汁酸透明质酸及层粘蛋白的比较：阴黄组胆酸（CG）、透明质酸（HA）、层粘蛋白（LN）均明显高于阳黄组（P<0.05 或 P<0.01）。

阴黄与阳黄患者血清胆酸、透明质酸及层粘蛋白比较（X±S）

分组	例数	CG（mg/L）	HA（μg/L）	LN（μg/L）
阴黄组	57	8.29±3.82*	477.5±208.8**	186.3±46.92**
阳黄组	64	7.23±1.45	143.6±45.34	112.2±21.11

两组比较 $*P<0.05$，$**P<0.01$

（4）免疫指标变化的比较：黄疸组 IgG、IgM 均明显高于健康组（P 均 <0.01），C_3、LTT 均明显低于健康组（P 均 <0.01），阴黄组 IgG 亦明显低于阳黄组（P<0.01），IgM、C_3，虽低于阳黄组但尚无显著差异（P>0.05）。黄疸组 CD_3，CD_4、CD_8、CD_4/CD_8 明显低于健康人组（P 均 <0.01），且阴黄组 1、3 项指标明显低于阳黄组（P 均 <0.01），CD_4/CD_8 明显高于阳黄组（P<0.01）。

阴黄与阳黄患者免疫指标变化比较（X±S）

分组	例数	IgG（g/L）	IgM（g/L）	C_3（g/L）	LTT（%）
健康组	30	12.5±3.5	1.01±0.98	1.23±0.35	62.1±9.03
阴黄组	63	15.4±6.2*▲	1.69±0.75*	0.78±0.51*	52.1±5.48*
阳黄组	74	18.6±5.7*	1.92±1.10*	0.93±0.40*	52.9±7.83*

*与健康组比较 P<0.01；▲与阳黄组比较 P<0.01

阴黄与阳黄患者 T 淋巴细胞亚群分析（X±S）

分组	例数	CD_3（%）	CD_4（%）	CD_8（%）	CD_4/CD_8
健康组	30	71.0±2.4	45.1±2.4	26.0±1.1	1.73±0.6
阴黄组	59	65.2±4.5*▲	39.4±2.1*	25.2±1.6*▲	1.56±0.4*▲
阳黄组	61	67.9±1.3*	36.8±2.8*	31.3±2.2*	1.18±0.4*

*与健康组比较 P<0.01；▲与阳黄组比较 P<0.01

（5）血瘀积分及血液流变学变化比较：阴黄、阳黄患者血瘀积分分别为 19.8±2.39 和 11.44±1.53 分（P<0.01）。全血粘度高切、全血粘度低切、血浆粘度黄疸组均高于健康组（P 均 <0.01），阴黄组全血粘度高切、低切值又明显高于阳黄组（P<0.01）。

阴黄与阳黄患者血液流变学指标分析（X±S）

分组	例数	全血粘度	全血粘度	血浆粘度	红细胞压积
健康组	30	4.50±0.48	5.89±0.58	1.65±0.28	43.00±4.27
阴黄组	62	5.24±0.78*▲	6.42±0.65*▲	2.06±0.65*	41.30±4.07
阳黄组	64	4.98±0.37*	6.23±0.34*	1.98±0.34*	42.20±5.31*

与健康组比较 P<0.01；▲与阳黄组比较 P<0.01

（6）溶血试验检查比较，阴黄患者 19 例做三项溶血试验，其中酸溶血与糖溶血试验呈弱阳性者 6 例，阳黄患者 19 例中仅有 1 人 1 项溶血试验呈弱阳性。

上述的观察结果对肝炎的动态规律及微观辨证研究提供了新的依据。

3. 从慢性肝炎、肝硬化的角度，来探讨不同中医证型患者血清肝纤维化指标的不同关系。

通过测定 160 例慢性肝炎肝硬化患者的血清肝纤维化标志物透明质酸（HA）、Ⅲ型前胶原（HPCⅢ）和Ⅳ型胶原（Ⅳ－C）3 项。结果显示，各中医证型组的肝纤 3 项指标均较对照组升高，但改变有各自的特点，其中肝郁脾虚组的平均升高幅度最小。同时发现，湿热中阻组肝 3 项均有显著性升高，肝肾阴虚和瘀血阻络组以 HA、HPCⅢ升高为主，脾肾阳虚组以 HA、Ⅳ－C 升高为主。湿热留恋可能是肝纤维化的启动因素，而血瘀则贯穿于肝纤维化的整个过程。

各中医证型组与对照组肝纤3项指标的比较（X±S）

组别	例数	HA	HpcⅢ	Ⅳ－C
对照组	35	43.90±24.02	44.48±15.66	36.19±11.22
肝郁脾虚	49	141.56±116.50*	132.56±66.65*	80.81±53.40*
湿热中阻	43	527.43±266.61*▲▲	396.22±184.28*▲▲	231.76±135.75*▲▲
肝肾阴虚	31	600.32±255.06*▲▲	286.80±169.00*▲▲	138.08±98.51*▲▲
瘀血阻络	29	703.91±146.97*▲▲	250.87±84.81*▲▲	112.65±60.92*▲
脾肾阳虚	8	740.00±171.27*▲▲	175.00±94.40*	365.00±153.20*▲▲

*与对照组比较：*P<0.01；与肝郁脾虚组比较▲P<0.05，▲▲P<0.01

附表表示，各中医证型慢性肝炎肝硬化患者的HA、HPCⅢ、Ⅳ－C均明显升高，与对照组比较存在显著性差异（P<0.01）。以升高的幅度而言，肝郁脾虚组是各型中升高幅度最小的组别，分别为对照组肝纤3项指标的3.2、3和2.2倍。将各中医证型组与肝郁脾虚组分别进行比较，结果发现，湿热中阻组肝3项指标均升高，并存在显著性差异（P<0.01），分别为肝郁脾虚组的3.7、3和2.9倍；肝肾阴虚和瘀血阻络组均升高（P<0.05或P<0.01），分别为4.2、2.2、1.7和5、1.9、1.4倍；脾肾阳虚组则以HA和Ⅳ－C的升高为主（P<0.01），分别为5.2、4.6倍。进一步的两两比较检验表明，除肝郁脾虚组外，其他各中医证型组的HA值均较高，且有逐渐升高的趋势，但彼此的组间差异无统计学意义（P>0.05）；肝郁脾虚组的HPCⅢ与脾肾阳虚组比较差异无显著性（P>0.05），两者与湿热中阻、肝肾阴虚、瘀血阻络组比较均存在显著性差异（P<0.01）。尤其以湿热中阻组HPCIII的升高最明显；肝肾阴虚、瘀血阻络组Ⅳ－C的升高与肝郁脾虚组比较差异有显著性（P<0.05或P<0.01），三者与湿热中阻、脾肾阳虚组比较亦有显著性差异（P<0.01），尤其以脾肾阳虚组Ⅳ－C的升高最明显。

近年来针对这些成分及其降解产物的血清含量进行了广泛的研究，发现了一些能较好地反映肝纤维化的血清标志物，其中HA、HPCⅢ是临床用于肝纤维化的常用指标。研究发现，Ⅳ－C也是诊断肝维化的良好指标，在早期或轻度肝纤维化时血清Ⅳ－C即明显上升，而后其他胶原才随之增多。

4. 慢性病毒性肝炎属于中医“疫毒”“黄疸”“胁痛”的范畴，肝硬化属于中医“积聚”“臌胀”的范畴，两者的病因病机常涉及湿热疫毒和气滞血瘀，临床上常辨证分型为肝郁脾虚、湿热中阻、肝肾阴虚、瘀血阻络、脾肾阳虚等。中医并无肝纤维化的相应病名，临床上通常按照慢性肝炎的辨证方法进行分型治疗，然而肝纤维化的中医病因病机本质及肝纤维化标志物与慢性肝炎肝硬化辨证分型之间的关系如何，目前尚不甚清楚，显然对这方面问题的探讨将有助于深化中医对肝纤维化过程的认识。

从中医的分型辨证，结合《伤寒论》原文条文的描述，可以看出肝炎在不同类型体质患者的身上，所展现的不同的发病轨迹：肝炎初期外感风寒诱发或炎症反应，均可见到太阳病表证，随着病程的发展，可以见到太阴证、阳明证，又包括湿偏重、热偏重、表邪偏重等不同。不同的证型，在微观检测指标方面表现又各有特点。如果从“病”和“证”结合入手，根据专病病变的特性，结合六经中“证”的变化，从动态角度进行其规律探讨，并充实以微观的检测指标，“保存中医经典特色，进行现代辨证研究”，有了新的定性，定量客观指标，将会使辨证施治达到一个更高的水平。

参考文献

[1] 潘志恒. 慢性肝炎肝硬化患者中医证型与血清肝纤维化指标的关系. 中医杂志，40（8）：494.

[2] 1991年中华全国中医学会内科肝病专业委员会天津会议制定. 病毒性肝炎中医辨证标准（试行）. 中医杂志，1992，33（5）：39.

[3] 王宝恩. 肝纤维化研究的现状. 中国中西医结合脾胃杂志，1995，3（1）：3.

[4] 张俊富，崔丽安. 慢性肝炎及肝硬化辨证分型与血清肝纤维化指标的关系. 中西医结合肝病杂志，1995，5（4）：10.

[5] 吴婉芬，黄丽芬，易俊卿，等. 50例慢性丙型肝炎的临床、病理及中医分型. 中西医结合肝病杂志，1996，6（2）：2.

[6] 薛焕得，刘晓艳. 中医辨证治疗慢性活动性乙型肝炎80例临床观察. 中医杂志，1998，39（8）：476.

[7] 金实. 慢性肝炎中医辨证分型与临床检测指标关系的探讨. 中医杂志，1998，39（4）：232.

[8] 叶维法，钟振义主编. 肝炎学大典. 天津：天津科学

技术出版社，1996：609.

[9] 李家帮．肝胆湿热证的研究．中医杂志，1998，39（1）：44.

[10] 潘雪飞．阴黄形成机理的研究．中医杂志，1997，38（9）：56.

[11] 潘雪飞，张长法，常洁等．阴黄辨治探讨，山西中医，1996，（4）：52.

[12] 任泽久，邱兴兰，刘敏等．鲁米那治疗肝炎后高胆红素血症32例．中西医结合肝病杂志，1996：6（1）：44.

[13] 李伟道．肝纤维化血清标志物的新进展．国外医学．临床生物化学检验分册，1994，15（1）：53.

[14] 潘雪飞，张长法，邱蔚蔚，等．慢性肝病患者血清层粘蛋白及透明质酸的变化．新消化病学杂志，1996，4（7）：373.

[15] 吴诗品，黄自存．肝硬化患者红细胞容积分布宽度变化及其临床意义．中西医结合肝病杂志，1996，6（1）：9.

[16] 王子骥．病毒性肝炎微循环障碍的临床研究．中华传染病杂志，1991，9（2）：102.

[17] 陈亚冈，马亦林，屠中元．乙型慢性活动性肝炎患者外周血淋巴细胞亚群及IL2受体表达．中华传染病杂志，1992，10（1）：48.

小建中汤应用与中医继承

马志才　北京济舟中医药研究所

小建中汤，出自医圣张仲景书，共有五见：《伤寒论》太阳病脉证并治法中篇第105条“伤寒，阳脉涩，阴脉弦，法当腹中急痛，先与小建中汤；不差者，与小柴胡汤主之”；第108条“伤寒二三日，心中悸而烦者，小建中汤主之”；《金匮要略》血痹虚劳病脉证并治第六第13条“虚劳里急，悸，衄，腹中痛，梦失精，四肢酸痛，手足烦热，咽干口燥，小建中汤主之”；黄疸病脉证并治第十五第22条“男子黄，小便自利，当与虚劳小建中汤”；妇人杂病脉证并治第二十二第18条“妇人腹中痛，小建中汤主之”。

由于书中条文较少，病证论述文字简要，处方又很平淡，所以近些年来此方已被人们逐渐淡忘，临床应用越来越少，有关小建中汤的研究更是凤毛麟角。一次吾给患者开小建中汤，跑遍京城都未能配齐药方，号称百年老字号同仁堂药店也无饴糖，让患者失望而归，这种有方无药的现状令人遗憾，使人难解，难道小建中汤应用过时没有用武之地吗？否，现举两例小建中汤治愈的疑难病症，现身说法以示同道重视。

病例一：肠澼便血久治不愈案。

患者杨××，女，26岁，北京人，初诊2000年5月13日。患者自1996年秋，原因不明阵发性腹痛，随即便血近千毫升，以后每年不间断地出现腹痛便血，少则几百毫升，多则千余毫升，便血后病人出现恐惧、心悸、心烦、疲乏、失眠等症状，靠输血止血，给液支持体力。京城各大医院，先后诊断为肠结核，溃疡性结肠炎，肠血管炎，克隆氏病等，不排除肠道肿瘤。经B超、CT检查未见异常，肠纤维镜检查发现降结肠部部分充血，黏膜糜烂，给予抗菌、消炎、抗过敏、激素及灌肠给药等治疗均罔效，西医主张剖腹探查。因其母是本院口腔医师，顾及后遗症未同意手术，经人推荐求中医试治而来。

刻诊：患者面色萎黄，精神疲惫，语气低微无力，自觉腹中冷痛，而身体焚热，失眠多梦，纳食不馨，口咽干燥，月经少而不调。腹诊：左腹上部拘紧，按之微痛，舌淡苔白，脉浮取缓而无力，沉取微弦而细。敬阅前医病历，多为营养、补血、止血及进口抗菌素等药物，此乃棘手之难症，如何处理？此时想起恩师刘渡舟教授“疑难病症，去找仲景”的教导，观其脉证，病属肠澼之证，与“虚劳里急，悸，衄，腹中痛，四肢酸痛，手足烦热，咽干口燥”方证相符。疏方：小建中汤原方：桂枝15g，炙草10g，大枣12枚，白芍30g，生姜10g，饴糖20毫升，其煎服法遵仲景意，上六味，以水1500毫升泡两小时，煮取300毫升去渣，内饴糖，更上微火，消解，温服100毫升，日三服，并嘱禁食生冷、粘腻，停用一切药品，以显示中医疗效。

二诊：5月20日

七剂药后腹痛缓解，腹中凉转温，腹痛拘紧消失，便血得控，唯悸、烦、身热未退，神疲无力尚未消除，此乃阴阳失调，虽暂有缓解，但营卫气血之源耗损日久尚不能一时得充，故需标本兼治，脾肺双调。上方再加黄芪40g，当归15g，陈皮6g，砂仁3g（后下），取黄芪建中合当归补血汤之意。加陈皮、砂仁以防芪、归之滞，又能和胃醒脾，以促生化之源。

三诊：5月30日

又进十剂，患者纳增寐安，精神体力大增，便血止，可以半日工作。但悸、烦之症仍未得到控制，此为阴不能与阳和，其阳热独行之故，且不能以寒治热，投以甘温除热之法。上方加升麻6g，柴胡6g，红参6g，再进十剂。

患者先后共进27剂，诸症息平，重新回到工作岗位。为巩固疗效，继服加减小建中汤 30 剂。追访二年至今病未复发。

病案二：肠痹腹中包块久治不愈案

董××，女，64 岁，北京退休工人。初诊 2001 年 9 月 30 日。患者三年来自觉腹中脐旁有一包块，压之疼痛，推之移动，时隐时现，伴有腹痛，大便溏薄，日行 3～4 次，怀疑腹腔肿瘤。多次到医院进行 B 超检查未见异常，X 光钡透，肠中有大量气体，未见占位病变。肠镜检查发现结肠下端局部充血。大便化验阴性，经中西医治疗二年之久未见效果而就诊。

追问病史，发现每次发病都与情绪和进食有关。患者中年丧偶，独自居住，饮食节奏不调，冷热饥饱不均；又与儿媳关系长期不和，心情抑郁。望诊：患者表情淡漠，目光呆滞。舌质偏紫，苔薄白。切脉：沉而弦。腹诊：脐旁可触及约 10 厘米条形包块，不固定，压之软而痛，时有肠鸣辘辘之声。脉证表现为脾虚肝郁“法当腹中急痛，先与小建中汤”先治脾虚。疏方：小建中汤原方，煎服法皆按仲景原意。桂枝 15g，炙草 10g，大枣 12 枚，白芍 30g，生姜 10g，饴糖 15 毫升。十剂后，腹痛便溏得解，包块明显缩小。

二诊 10 月 10 日。小柴胡汤去黄芩，加白芍 40g，饴糖 25 毫升，生姜易干姜 10g，白术 10g。取伐木以平肝胆之气郁，理中建脾散寒以补脾虚之意，经治月余，诸证消除，随访至今未发。

上述两个病例，充分显示出小建中汤的临床“效如桴鼓”，应该继承，发扬光大。但是小建中汤为何无人问津？

一、药源断流。小建中汤的主要成分饴糖无药源，其原因是，此药生产、保管麻烦，无利可图，导致医院、药店无货供应。

二、使用甚少。目前，临床使用经方不多，小建中汤已是被遗忘的方剂。

三、学不到手。中医院校教学中经典著作学习课程时间少，对小建中汤的学习，只知方名，不求甚解。

四、教不到位。当前，教师队伍水平不高，对经方内容，只能讲，不会用，学生不能得到真功夫。

总之，中医继承工作重视不够，这是出现上述现象的根本所在。如此下去，不仅小建中汤将失传，就连中医特色也将失去光泽，中医现代化将成为无本之源。

因此，我认为抓好中医继承工作才是发展中医事业之根本。

小青龙汤加味治疗脾肾阳虚型哮喘 128 例疗效观察

李明春　李　震　河南省邓州市第二医院陈湾卫生所

笔者自 1986 年以来，用伤寒论“小青龙汤加味”治疗脾肾阳虚型哮喘 123 例，获得良效，现报告如下：

一、资料

128 例患者，男性 84 例，女性 44 例，最小年龄 34 岁，最大年龄 72 岁，平均年龄 53 岁，其中，属脾肾阳虚型 96 例，挟寒饮内停者 32 例。病程半年以上 6 例，1～3 年者 46 例，4～10 年者 40 例，10 年以上者 36 例，病人病情往往呈周期性，与天气变化密切相关，此病病程长，复发率高，多数患者曾在县以上医院做综合检查与治疗数次，部分症状虽有改善，但最终收效欠理想，属内科疑难杂病范畴。

二、治疗方法

小青龙汤加味。

方药：炙麻黄 6g，杭白芍 20g，辽细辛 10g，炮干姜 15g，炙甘草 6g，桂枝（去皮）12g，北五味 12g，姜半夏 12g，红参 12g，焦白术 15g，茯苓 15g，一日一付，水煎浓汁 400ml，分早晚两次温服。

三、加减法

痰多腹胀加胆星、炒莱菔子；若口渴去半夏加天花粉；肾阳气虚者去麻黄，加蛤蚧一对；脾阳虚者加焦白术茯苓；心悸加远志、柏子仁；舌质紫黯者加丹参、赤芍，胃酸甚者去炮干姜，改用黑姜，加重用量。

四、治疗效果

服 1～6 付药后，喘咳气急明显见效者 72 例，占 56%，7～10 付药见效者 48 例，占 37.5%，10 付以上见效者 6 例，占 4.69%，效果不明显 2 例，占 0.156%，总有效率达 98.5%。

五、病案举例

张女士、36 岁，本市某机械厂职工。患者 12 年前患感冒合并支气管炎未治愈，以后逐年加重，反复发作达12年之久，曾服中西药治疗，收效甚微，常年喘咳、闷气，每晚至黎明或阴雨天和冬春换季前后病情加重，不能平卧，四肢发凉，出冷汗，吐白痰，胃口泛酸、纳差，经市医院胸部拍片，片示肺纹理增粗，轻度透明度增强，确诊为：慢性支气管炎合并肺气肿。1999年10月6日来所就诊，证见：患者阵发性咳嗽，气喘，喉间痰鸣，面色青黄稍肿，毛发焦枯，形瘦神疲，四肢厥冷，腰背酸困，出冷汗，胸闷，舌淡、苔滑腻，脉象细微无力，此属脾肾阳虚，由于病人长期营养不良，调摄失宜，损伤阳气。脾虚中阳不振，健运失职，聚湿生痰，痰阻气机，肺失肃降，则咳嗽闷气，喉间痰鸣，脾为后天之本，脾虚气血不足，则面色萎黄稍肿，毛发焦枯，神疲，中阳虚久之，引起脾肾阳虚，卫外不固则出冷汗，阳虚不达四肢，故肢冷面青，腰困，夜半为厥阴之时，一阳之气始升，自然界的阳气可以助人体之阳气以引助体内伏痰致正邪之争，而咳喘增剧，黎明后阳气更盛，伏痰得以外泄，气机得畅，则咳喘缓解。治以温补脾肾，佐以化痰止咳平喘，小青龙汤加焦白术，茯苓、红参。服后，病情好转，但还有咳嗽闷气，但无大发作，能平卧安眠，四肢转温，食量增加，上方加熟地，继服6付，服药后不喘不咳、不吐，面色红润，气壮有力，食量大增，夜能寐，效不更方，守方连服30付，症状全部消除，随访至今未复发。

六、讨论

小青龙汤是伤寒论治外束风寒、内停水饮的名方，是由麻黄汤去杏仁，加干姜、细辛、五味、白芍、半夏而成，麻黄辛温宣肺平喘又能利水，配桂枝以增强散寒通阳之功，干姜温化补肾阳，况且麻黄又能温肺散寒止喘，麻黄得细辛温中散寒利水，则即有温经散寒平喘之能，半夏降逆与干姜相配，有温化中焦寒邪。以上诸药，皆为辛温之性，又恐辛散为最，耗阴助阳，损伤正气，故加五味敛肺止咳，炙甘草和中护正，白芍敛阴护阴，并焦白术、茯苓健脾祛湿，人参补气纳肾，故能平喘，止嗽，益气，补脾，壮肾阳，而诸症自愈。

上药共用8剂，配合青霉素静点，治疗十天，患者症状消失。案：此例急腹痛，病机性质亦为湿热毒邪积滞肠府、壅遏不通、气机失疏、肠络受伤、继而延误治疗、湿热毒邪更加炽烈、蒸腐营血、罹患腹膜。投上方，切中病机而获痊愈。

湿疹

张某，女，40岁，农民。2003年7月11日初诊。

主诉：肛周及外阴瘙痒，流黄水月余。查患者体胖、痰多，胸脘满闷，身困乏力，大便黄。近十日内大便杂有少量红、白粘液，有后重感。白带量多色黄，舌质红、苔黄腻、脉滑数。辨证：属水湿困脾，郁久化热、湿热下注、壅滞成毒，溢于肌肤。

治宜：健脾燥湿，清热解毒，佐以祛风止痒之品。

方药：白头翁12克，川黄连8克，黄柏9克，秦皮10克，法半夏15克，子黄芩12克，苦参15克，蛇床子15克，土茯苓20克，炒苡米25克，地肤子20克，干姜6克，甘草10克，姜枣引，水煎，日服一剂，早晚顿服。

随访：上药共用十二剂，患者症状消失。

案：本例湿疹，患者体胖，胖而多湿，水湿困脾，郁而化热，湿热下注，外溢肌肤为患。方中白头翁、黄连、黄柏、秦皮、苦参，相配伍，清热燥湿健脾；半夏、苡米、干姜温运脾阳；蛇床子、土茯苓、地肤子，祛风止痒。用药后，湿热毒邪除，脾运健，风热清，患者自安。

讨论：白头翁汤共四味药，皆大苦大寒。其中白头翁清热解毒、凉血止痢，尤善清胃肠湿热及血分热毒为主药；黄连、黄柏二味清热燥湿、解毒止痢、坚阴厚肠、退热除蒸为辅药；秦皮苦而兼涩，清热燥湿，并具收涩止痢之功。诸药合用，相辅相成，清热解毒，燥湿凉血，止痢之效俱全。临床上除用于“热利、下重”证之外，还可用于病机切合湿热疫毒壅滞为患的其他多种病证。

本方四味药皆大苦大寒，临床上使用应“中病即止”不宜多服、久服，以免败胃伤阳。

四逆汤临床应用体会

陈　亮　贾彦焘　孙一予　赵　成
天津中医学院第一附属医院
（指导　贾英杰）

四逆汤是仲景《伤寒论》中的一首名方，更是倍受历代医家推崇的温里回阳剂。仲景以四逆汤创立了温里回阳这一大法，对后世治疗阳虚内寒证产生了深远的影响。随着笔者对《伤寒论》学习体会的加深，越来越钦服仲景审证用药的神思妙悟。现就四逆汤方证特点，及自己应用的点滴体会赘述如下。

四逆汤是阳虚内寒证的主方，《伤寒论》中该方先后出现七次，其主治脉证多为汗吐下太过，脉沉迟或微细，手足厥冷，恶寒，体痛，四肢或腹内拘急等，《素问·厥论》曰："阳气衰于下则为寒厥"。《伤寒论》中亦指出："厥者，手足逆冷是也"。阳虚内寒是四逆汤的主要病机。或为素体阳虚，或汗吐下太过，致中阳亏虚，寒邪内生，阴阳不相顺接，故现手足逆冷；寒主收引故拘急；阴阻气血故脉迟；阳气衰则脉微细。因此冠以四逆汤方名。

经云"寒淫于内，治以甘热。"又曰"寒淫所胜，平以辛热，佐以苦甘"，阳虚内寒之甚者，非纯阳之品不能破阴寒而复阳气。四逆汤以辛甘大热之附子荡涤内外寒气为君药，以干姜守中回阳为臣，后世有"附子无干姜不热"之说，再使以甘草，正和辛甘化阳之经旨，可谓尽善尽美。阳气来复，大气一转，寒气乃散。由于该方选药精当，伍用合理，果能药证相符，可挽危救难于顷刻之间。特别是以附子作为君药，是温里回阳法不可或缺的精华之处。后世许多医家发扬温里回阳法，药物的千变万化总是不离附子为君药的原则。通过对四逆汤的加减运用形成了自己的专方特色。

元代名医王好古善用温里回阳法治疗三阴证，在他的《阴证例略》中，特将仲景温里回阳诸方证加以反复阐述，尤重四逆汤、理中丸等方证。主张温养脾肾，并创下以附子为主药的返阴丹、霹雳散等温肾方剂。《阴证例略》记其治门人之母呕逆不食，已服半硫丸、黄芪建中汤不效，渐延身热烦躁，神愦不醒。家人衣之以待其毙。好古诊脉沉细，断为阳虚，予姜附桂之剂日十余服，方得阳脉出，作汗而愈。愈后元秘大小始得通利，盖其人久好三生茶积寒所致也。此深得仲景大法，认证准确。姜附入胃，阳气来复，寒气乃散。

四川名医郑寿全，治病尤其重视阳气，善用四逆汤类方，并化裁出潜阳丹等特色方剂，素有火神派之称。他治病重视阳气，认为："夫人身之命，全赖这一团真气流行于六步耳……天道有恒故不朽，人心无恒，损伤真气，故病故死。唯仲景一人明得阴阳这点真机……气不足便是寒，寒胜者阳必衰，如仲景四逆汤，回阳饮是温经救阳之法。"他对阳虚内寒证的种种外在表现，及四逆汤类方的证治特点，进行了深刻详尽的阐发，并对四逆汤类方的应用多作发挥，或治目肿头痛，或治咳喘自汗；或治身热消渴；或治泄利肢厥。几无所不至，而每收桴鼓之效。

津门伤寒名家赵寄凡，对三阴证颇有研究，善用四逆汤，有起死回生之效。赵氏认为：《伤寒论》除少阴篇以外，其余各篇均有四逆汤可见，可知四逆汤不仅治少阴的元阳虚脱证。阳气是生命的动力，又是抗病的主力。故凡外感寒邪正气不足以达邪外出者，皆用此方助人阳气祛邪外出。赵氏诊一新婚男子房事后因天热吃冰块一碗，视诊见其人病势危急，鼻孔黑如烟煤，倚卧喘息，辨为房劳过度，误食生冷致阳虚内寒。急予大剂四逆合理中汤，药后阳回腹泻一次，翌日再进一剂愈。

笔者应用四逆汤类方治疗阳虚内寒病人数例，亦屡试屡效。病例一，患者咽痛间作三四年，发作则咽痛缠绵，痛势不剧。应用抗生素治疗，疗效不显著，并且病情反复发作。西医诊为"慢性咽炎"。初诊患者形体虚弱，脉微细。追问平素怯冷体倦，辨为阳虚内寒之咽痛，病在少阴，予四逆汤加桔梗，三服而愈，平时服金匮肾气丸，咽痛数年未发作。病例二，其人口苦腹满大便难，甚则十余日一行，大便先硬后溏，形寒背冷，精神萎靡，常诉"小腹如冰"。西医诊为"习惯性便秘"，自服通便药物，常得便泄，而后复秘。诊脉沉弱，舌白滑，辨为阳虚内寒之便秘，阳虚寒凝，气机不利故作。予四逆汤加木香砂仁，附子60克。一剂大便得下，质软。后予四逆汤合香砂六君汤出入治疗一月，患者大便成形，日一行，腹中温暖，脉起有神，精神倍增，宿疾得除。

关于四逆汤的证治要点，笔者体会，畏寒肢冷，体倦嗜卧是关键。毕竟四逆汤是少阴病主方审证时要注意询问这一点。关于君药附子的用量，众多医家有不同见解和体会。有人认为附子有毒，最大剂量用到10克，多则会中毒；也有人认为附子小毒，动辄数百克。笔者体会关键在于审证，正如仲师之明训"少阴病，脉微细但欲寐"审证时，要注意抓住这一关键点。若为阳证即使几克也易中毒，阴证时，笔者最高用到120克未见不适，正所谓有是证用是药。关于附子的煎服法笔者体会，阳虚内寒多用制附子，15克以下一般不用先煎，30克时，多先煎30分钟至一小时，60克以上时应煎90分钟以上，甘草干姜与附子同煎可使附子毒性大减。大剂四逆汤不宜久服，因附子辛燥，劫液动火，易犯疮毒，并多使毛发焦干。

综上所述，以四逆汤为始的温里回阳法，开后世治疗阳虚内寒证之先河。使用得当，能在临床发挥巨大作用，使许多看似复杂的疑难杂症迎刃而解，不但形成后世的医学流派，更造就了众多温热派名家，这是仲景学说对人类的一大贡献。

四逆散半夏泻心汤合方治疗慢性浅表性胃炎的临床疗效观察

刘德才　台湾仁济中医联合诊所
王庆国　北京中医药大学

慢性浅表性胃炎（Chronic Superficial Gastritis. 简称 CSG）是以上腹疼痛和饱胀为主要临床表现的胃病。本病无典型与特异的临床症状，可归属于中医脾胃病之“痞满”“胃脘痛”等范畴。台湾地区，由于生活紧张、饮食习惯、加之气候因素，CSG 已成为门诊胃病的常见病、多发病。

科学中药浓缩制剂四逆散半夏泻心汤合方是我们根据随证合方的原则应用于临床的。二方均首见于《伤寒论》，是治疗消化疾病的常用方。我们采用科学中药浓缩制剂，观察合方治疗 CSG 的临床总疗效、症状疗效及相应的治疗机制，并阐释疗效的影响因素，以明确四逆散半夏泻心汤合方的组方意义、适应证和病机，为该合方的临床应用提供较为客观的依据。

一、临床资料

1. 一般情况　本组病例共 56 例。其中男 25 例，女 31 例。年龄小于 20 岁 8 例，年龄 20～30 岁 14 例，31～40 岁 9 例，41～50 岁 10 例，大于 50 岁 15 例。病程一年以内 15 例，1～5 年 34 例，5 年以上 7 例。

2. 发病原因　本组病人中有烟酒浓茶嗜好者 13 例，嗜食厚味、辛辣及饮食不节者 16 例，情志紧张、忧郁及易怒者 27 例。

3. 临床症状　胃脘疼痛者 56 例，痞满者 53 例，嘈杂者 47 例，泛酸者 56 例，嗳气者 47 例，纳呆食少者 47 例。大便干或秘者 21 例，大便溏而不爽者 26 例，大便不调（时干时稀）者 8 例，正常者 1 例。舌质红或绛者 13 例，舌质淡白者 20 例，正常者 23 例。苔薄黄者 15 例，苔薄白腻者 18 例，苔黄腻者 9 例，苔滑者 2 例，苔黄白相间者 2 例，正常者 9 例。出现频率较高的脉象中，见滑者 8 例，见沉细或弱者 12 例，见弦者 37 例，见数者 9 例。

4. 临床证型　本组患者 56 例。其中肝胃不和、脾胃虚弱、脾胃湿热证三证并重者（GWPP）22 例，肝胃不和脾胃湿热两证为主者（GWPW）16 例，脾胃虚弱脾胃湿热两证为主者（PXSR）14 例，脾胃湿热证为主者（PWSR）4 例。

二、病例选择标准

1. 经胃镜检查证实的慢性浅表性胃炎。

2. 除外合并肝、胆、胰等脏器疾疾病及恶性肿瘤。

3. 符合中医辨证。

三、辨证分型要点

参照《慢性胃炎中西医结合诊断、辨证和疗效（试行方案）》：[1]

1. 肝胃不和证

主症：胃脘胀痛或痛窜两胁，嗳气频作，嘈杂，泛酸。舌脉：舌质淡红，苔薄白或白厚，脉弦。

2. 脾胃湿热证

主症：胃脘灼热胀痛，嘈杂，口苦口臭，尿黄，脘腹痞满，渴不欲饮，大便不调或不爽。舌脉：舌质红，边尖深红，苔黄厚或腻，脉滑或弦。

3. 脾胃虚弱证

主症：胃脘隐痛，胃痛喜按喜暖，食后痞满或胀，嘈杂，纳呆少食，便溏或腹泻，乏力，四肢酸软。舌脉：舌质淡红，苔薄白或有齿痕，脉沉细。

出现两项或两项以上主症（嘈杂除外），舌脉基本符合者，则该证判断为合方方证的主要证型。

四、观察项目及方法

1. 症状观察　对主要症状（胃脘疼痛，痞满，嘈杂，泛酸，嗳气，纳呆食少等），疗前、疗后的变化情况进行观察记录，并作等级化处理。

2. 血清幽门螺杆菌抗体　放免法，Roche 罗氏药厂提供检测试剂。

五、疗效判定标准

1. 显效　等级症状资料积分减少 2/3 以上。

2. 好转　等级症状资料积分 1/3～2/3。

3. 无效　等级症状资料积分减少不足 1/3。

六、治疗方法

根据随证合方的原则，全部采用台湾胜昌制药厂公司提供的科学浓缩制剂，其制造流程如下图：

饮片 ⇨ 称量 ⇨ 配方 ⇨ 提炼 ⇨ 过滤 ⇨ 浓缩 ⇨ 造粒 ⇨ 整粒 ⇨ 包装 ⇨ 浓缩颗粒成品

药物组成及含量：

1. 半夏泻心汤　半夏 25%，黄芩 15%，干姜 15%，人参 15%，甘草 10%，黄连 5%，大枣

15%。

2. 四逆散　柴胡25%，芍药25%，枳实25%，甘草25%。用法：四逆散半夏泻心汤科学中药浓缩制剂，每次四克，一日三次，饭前服用。疗程四周。

七、结果

1. 临床总疗效　显效17例（30.36%），有效31例（55.36%），无效8例（14.28%）。总有效率83.72%。对肝胃不和、脾胃虚弱、脾胃湿热证并重者有效率90.91%，肝胃不和脾胃湿热两证为主者，有效率87.50%，均高于总有效率。

2. 临床症状疗效　临床症状总有效率68.96%，其中胃脘疼痛有效率96.43%，嗳气有效率85.11%，泛酸有效率76.79%，痞满有效率75.47%，均高于总有效率。对各症状疗效见表2：

表1　辨证分型疗效表（n）

辨证分型	例数	显效	有效	无效	有效率（%）
GWPP	22	5	15	2	90.91
GWPW	16	8	6	2	87.50
PXSR	14	3	8	3	78.57
PWSR	4	1	2	1	75.00

表2　症状疗效表（n）

症状	例数	显效	有效	无效	有效率（%）
胃脘疼痛	56	40	14	2	94.43
痞　满	53	10	30	13	75.47
嘈　杂	47	4	27	16	65.96
泛　酸	56	10	33	13	76.79
嗳　气	47	9	31	7	85.11
纳呆食少	47	2	21	24	48.94

3. 症状起效和消失时间　症状平均起效时间为6.5天，胃脘疼痛4天，嘈杂6天，均低于平均起效时间。症状平均消失时间为12天，嘈杂10.5天，低于平均消失时间，胃脘疼痛12天，痞满12天，纳呆食少12天，与平均消失时间相同。

4. 其他症状改善　对舌苔的改善较舌质好，对红或绛舌改善较淡白舌好。对大便改善较好的是便溏不爽及大便不调两类，而对便干较差。

5. 血浆幽门螺杆菌抗体检查结果　血浆幽门螺杆菌抗体前后疗效用配对t检验。结果 $P < 0.01$，治疗前后有显著差异。

表3　治疗前后血浆幽门螺杆菌抗体比较（U/ml）

组别	例数	血浆HP抗体
治疗前	56	92.58 ± 47.40
治疗后	56	37.01 ± 35.09**

** $P < 0.01$ 与治疗前相比

6. 疗效与病程的关系　将病程以一年为限，分一年以内和一年以上。可以看出，本方对病程一年以内者有效率为95.45%，高于临床总有效率83.72%，而对一年以上者有效率为79.41%。

7. 疗效与病因的关系　本方对嗜酒和辛辣厚味者疗效为81.25%，低于临床总有效率83.72%，而对无饮食偏嗜者的疗效为87.50%。饮食不节是影响本方疗效的主要因素。

八、讨论

通过对台湾地区CSG发病规律的研究，我们发现CSG的病机主要为：①肝失疏泄，脾胃不和。慢性胃炎多伴情绪紧张、忧郁及易怒等情志改变，而这些变化最易导致肝失疏泄，郁结犯脾。《玉机微义》曰："脏气不平，胜乘相因为病，怒伤肝，肝克脾，脾气不正，必胀于胃"。因此导致痞满疼痛、嘈杂、泛酸、脉弦等症。②虚实互见，寒热错杂。由于烟酒浓茶嗜好，且多嗜食厚味、辛辣及饮食不节，日久必致脾胃虚弱，湿热留结，或寒热错杂，或虚实并见，导致中焦气机不畅，出现脘腹痞满、纳呆食少、大便溏、舌白苔黄等症。

随证合方是仲景运用合方的主要原则，这里的"证"实际包含了病机和证候两方面的内容。根据CSG病机及方证对应的关系，我们假定四逆散半夏泻心汤汤证主要由三种临床常见证组成，即肝胃不和证、脾胃湿热证、脾胃虚弱证。临床研究中，不论何种证型为主一律处以四逆散半夏泻心汤，以观察其疗效，从而明确其适应证及病机。

本项观察表明：

（1）四逆散半夏泻心汤合方对慢性浅表性胃炎有较好的疗效，总有效率83.72%。其疗效与病程有一定关系，对病程在一年以内的患者，本方疗效较好。

（2）研究表明本合方对肝胃不和、脾胃虚弱、脾胃湿热证三证并重者，及肝胃不和、脾胃湿热两证为主者疗效较好。合方方证中虽然均存在肝胃不和证、脾胃湿热证、脾胃虚弱证，但所占的比重可能不同。对于脾虚证不突出者，因合方中有人参、炙甘草等甘温壅滞助热，故其疗效反不及三证并重者。另一方面，鉴于合方对脉弱患者的疗效（66.67%）远低于脉弦患者（94.18%），同时对纳呆食少、舌质淡白等脾虚证候疗效较差，对脾胃虚弱证突出者宜酌加甘温之品。因此，我们认为在合方证中脾虚症状宜见而不宜见多，应以出现主症两项或主症一项且舌脉基本符合为好。脾胃湿热为主一型因病例少尚不能确定疗效。

（3）临床症状疗效方面，对胃脘疼痛疗效最好，其次依次为嗳气、泛酸、痞满，而对嘈杂、纳呆食少疗效差。以上症状中最先得到改善的是胃脘疼痛。合方对舌苔的改善较舌质明显，其中对舌质的改善以红绛舌为优。对大便改善较好的是便溏不爽及大便不调两类，而对便干较差。总之，合方对肝胃不和证和脾胃湿热证的主要症状疗效要优于脾胃虚弱证。

（4）通过对治疗前后血浆幽门螺杆菌抗体的检查，发现治疗后 HP 抗体明显低于治疗前。表明，四逆散半夏泻心汤合方能杀灭 HP，且疗效显著。结合先前动物实验研究[2]，我们认为该方可能是通过增加胃黏膜屏障功能，减弱致病因素而发挥治疗作用，同时其广泛的调节作用很可能是其改善各项症状的基础。

根据上述结果，四逆散半夏泻心汤合方的适应证的病机应当是肝胃不和，脾胃湿热兼见脾虚。其辨证标准应当包括肝胃不和证、脾胃湿热证、脾胃虚弱证的症状。主症包括：胃脘灼热胀痛，嗳气，泛酸，痞满食后加重，食少，嘈杂，便溏不爽或大便不调，苔薄黄，或白腻，或黄腻，或黄白相间，脉弦，或滑，或兼数，或见沉细者。另外，病因、病程等因素对本方的疗效有一定影响，在治疗当中应当禁酒和辛辣厚味。由于台湾当地医疗实际情况的影响，我们未能采用随机对照临床试验方法，因此不能显示出中西医两种疗法的区别，但本研究的明显疗效为将来进一步的 RCT 研究奠定了基础。

通过观察发现，尽管该合方方证的病机可以简单的归纳为四逆散证和半夏泻心汤证病机的相合，但合方方证的主症已经发生了变化。根据台湾《胜昌制药成方药品要览》，浓缩制剂四逆散主治“肝胃不和，胁肋疼痛，胸膈不快，脘腹痞胀，太息食少者”；半夏泻心汤主治“寒热互结，肠胃不和，心下痞满，干呕或呕吐，肠鸣下利”。《伤寒论方证证治准绳》将二方的主要诊断指针归纳为：四逆散证“腹痛、食欲不振、恶心呕吐、往来寒热、胸胁痛、便秘、腹胀”[3]；半夏泻心汤证：“胸脘痞满、纳呆、呕吐、腹泻、神疲乏力、胃脘痛”。但经观察，合方所治与之有一定差别。可见，合方后确实产生了一些新的功效，其组方含义值得我们重新认识。

从药物组成来看，合方后寒热并用，辛苦甘酸俱备，疏达气机、虚实并治、通补兼施，立法较全面。辛开苦降甘补是调理脾胃的主要治法，但当兼有肝气郁滞时则理气之力稍显不足。四逆散，《医宗金鉴》云：“君柴胡以疏肝之阳，臣芍药以泻肝之阴，佐甘草以缓肝之气，使枳实以破肝之逆，……则肝胆疏泄之性遂”。但方中柴胡，《神农本草经》云：“主心腹胃肠中结气”，枳实，苦能降逆，《长沙药解》云：“入阳明胃经，泄痞满而去湿，清陈宿而还清”。可见，二方合用不仅具有了疏肝之功，而且使宣通中焦之力大增。同时，枳实与人参、炙甘草等补气之品同用，消补兼施，这一功效也是原方所没有的。芍药在本方中除与甘草缓急止痛外，还通过配伍产生了不少新的功效，如酸苦甘相合用以补阴泄热，达去邪而不伤正的目的。合方的这些新的功效可能是其临床疗效的基础，同时也是对胃脘疼痛、嗳气、泛酸疗效最好的原因。《本草思辨录》指出：“以《别录》心下急、痞痛、逆气、邪风痛等绎之，夫泻心诸汤治心痞，……枳实宜可用矣，而皆不掺入，何故？盖痞为虚邪，宜轻散不宜实攻”。合方疏达气机之力较强可能是对痞满疗效不及胃脘痛的原因。仲景《伤寒论》280 条指出：“太阴为病，脉弱，其人续自便利，设当行大黄芍药者，宜减之”。因此推测，合方不宜用于脾胃虚弱较重患者的重要原因可能是因方中枳实性寒力猛、芍药阴柔之故。

参考文献

[1] 中国中西医结合研究会消化系统疾病专业委员会制定．慢性胃炎中西医结合诊断、辨证和疗效（试行方案）．中西医结合杂志，1990，10（5）：318～319.

[2] 李宇航，王庆国等．半夏泻心汤配伍意义的拆方研究．北京中医药大学学报，1999，22（5）：49～52.

[3] 关庆增主编．《伤寒论方证证治准绳》．大连出版社，1998 年 2 月．

附子泻心汤在儿科临床推广应用经验介绍

徐荣谦　北京中医药大学
东直门医院

附子泻心汤为《伤寒论》方。方由大黄、黄连、黄芩、炮附子组成。原方主治心恶寒汗出者。

本方以三黄之苦寒，清中济阴；以附子之辛热，温经固阳。寒热并用，攻补以施而不悖，此仲景之妙用入神也。为后世医家所推崇。我们在儿科临床实践中，发现许多小儿疑难疾病，由于症情复杂，并不仅仅表现为单纯的寒证或单纯的热证。而常常表现为寒热错杂的证候，临床选方用药十分棘手，影响了临床疗效的提高。经过我们多年临床实践的探索和钻研，发现许多表现为寒热错杂的儿科疑难疾患用附子泻心汤治疗，常常收到意想不到临床疗效。兹举例介绍如下：

一、治疗小儿过敏性紫癜

李某，男，12岁，初诊：1995年10月27日。患儿鼻塞流涕3日后突然在小腿部位出现小米粒大小的斑丘疹。次日皮疹明显增加，漫及大腿，在当地医院诊为“过敏性紫癜”后，在当地医院经服用以“犀角地黄汤加减”之中药，症状非但未减，反而日渐加重。慕名前来来我院就诊。刻下：双侧小腿可见密集的红色斑丘疹，大腿部位可见稀疏的红色斑丘疹，其他部位未见。伴有恶心呕吐，呕吐物为胃内容物及咖啡样物。腹部疼痛，得温则舒。大便色黑而稀，日行6~8次。面色晦暗无华，舌质暗，苔白腻，脉沉滑。实验室检查：末梢血象WBC 8.8×10^{9}、RBC 4.09×10^{12}、PLT 221×10^{9}，便常规：ERW 10/Ul、PRO 0.25g/l。CO_2CP 19.7mmol/L，K^+ 3.4mmol，Na^+ 132mmol，CI^- 95mmol。大便常规：外观为血粘便、红细胞满视野、白细胞0~2、大便潜血（+）。证属中焦寒湿内凝，下焦湿热壅滞。上寒下热，形成寒热错杂之证。治宜温中摄血与凉血止血并用，佐以降逆和胃。方用附子泻心汤加减：附子10g、黄芩15g、黄连3g、生地15g、白茅根30g、水牛角20g、丹皮10g、炙甘草10g、白芍15g、焦三仙各10g、伏龙肝30g煎汤代水。

二诊：1995年11月3日。患儿服上方7剂后腹痛、呕吐、便血等症状消失，皮疹颜色转暗变淡，未见新的斑疹，饮食正常，喜食温热之饮食。大便成形，颜色正常。面色转润，舌红苔白腻，脉滑有力。实验室检查：小便常规（-），CO_2CP 21.6mmol/L，K^+ 3.8mmol，Na^+ 130mmol，CI^- 100mmol，大便常规：外观为不成形便，RBC（-），WBC（-）。证属中焦内凝之寒温渐散，下焦壅滞之湿热渐解。治当继守前法，效不更方，继用上方加减：附子10g、黄芩15g、黄连3g、生地15g、白茅根30g、水牛角20g、丹皮10g、白芍15g、炙甘草10g、焦三仙各10g、伏龙肝30g煎汤代水。

三诊：1995年11月10日。患儿继服7剂，斑消疹退，来再出现新的皮疹，亦未再出现恶心、呕吐、腹痛、便血等症状。面色红润，舌质红，苔薄白，脉象平和。证属寒湿已解，湿热已去，正气已复。但虑寒湿与湿热常深伏内凝，易于反复。为防止其死灰复燃。继守前法，继用附子泻心汤加减，连续服用2个月，以固疗效。患儿病情稳定，经反复复查大小便常规等实验室检查项目，均在正常范围。停药后，继续观察追访2年，无反复。

按：小儿过敏性紫癜为西医学病名，属结缔组织疾病。又称许兰—亨诺综合征。是一种以小血管炎为主要病变的变态反应性疾病，其发病与感染因素有密切的关系。临床典型症状为皮肤紫癜，伴关节肿痛，胃肠道症状和肾脏损害等。本病皮肤紫癜相当于中医“斑疹”的范畴。胃肠道症状则相当于中医的“呕吐”“呕血”、”泄泻”“便血”等病证的范畴。临床以血热妄行证多见，以凉血止血为主，多用犀角地黄汤等凉血止血之方药。而本例患儿则表现为寒热错杂地的证象，以寒湿凝聚中焦为本，郁而化热，形成湿热。湿热蒸腾，损伤血络，外发于肌肤，则现斑疹；湿热上熏，烁伤胃络，胃气上逆则恶心、呕吐、呕血；湿热下注，烁伤肠络，则大便下血。湿热仅为其标。若仍以凉血止血之常法，用犀角地黄汤为主进行治疗非但不效，反见加重。小儿过敏性紫癜之寒热错杂证临床并不少见。治当寒热并用，内解寒凝为主，兼以清热利湿。使寒湿去而湿热消，病可痊愈。此与古代儿科医家治疗痘疹倒塌用丁香、肉桂之意相似。犀角地黄汤等凉血止血之方药治疗小儿过敏性紫癜为正治之法，而附子泻心汤治疗小儿过敏性紫癜为变通之治法，适用于小儿过敏性紫癜的寒热错杂证。临床应用时要注意辨证准确，防止以偏盖全，变生它证。

二、治疗小儿哮喘

姜某，男，8岁。初诊：1996年11月16日。患儿自3岁以后，哮喘反复发作。曾在北京多家医院就诊，几乎用遍所有治疗哮喘的中、西药物，仍未能控制哮喘的发作。近因感寒后哮喘又发作，经服西药后，喘憋虽然减轻，但至今半月余，仍有微喘，咳痰不止而慕名前来就诊。刻下：面色皖白无华，恶寒怕冷，鼻塞流涕，喉中痰鸣，咯痰黄白相兼，胸满痞闷，双肺可闻及痰鸣音及少量哮鸣音。舌质暗淡，苔腻微黄。脉象弦滑。证属病久体虚，阳气式微，痰湿内生，郁而化热，壅塞肺络，肺失宣肃，则咳喘发作。又复感外邪，外内和邪，加重肺气的闭阻，喘咳发作不已。治宜温阳化饮与清热化痰并并施，佐以宣肺解表。方用附子泻心汤加减：附子6g、黄芩15g、黄连3g、制大黄10g、炙甘草10g、炙麻黄4g、葶苈子10g、桑白皮15g、白果10g、苏子10g、细辛3g、紫苑10g。

二诊：1996年11月23日。患儿服上方药7剂后，喘消咳减，痰亦减轻，鼻塞减轻，恶寒怕冷亦减轻，胸满痞闷症状消失，但仍喉中有痰，以稀白痰为主。面色仍皖白无华，两肺呼吸音略粗，未闻及干湿啰音。舌质暗淡，舌苔白腻，脉象弦滑。证属表邪渐解，肺气闭塞减缓，故咳喘减轻。但正气来复，痰湿未消。治当继续温阳化饮为主，佐以清热化痰。效不更方，继续以附子泻心汤加减：附子6g、黄芩15g、黄连3g、制大黄10g、炙甘草10g、葶苈予10g、苏子10g、细辛3g、紫菀10g、桂枝10g、桑白皮15g、茯苓15g、炒白术10g。

三诊：1996年12月23日。患儿服上方1个月后，病情继见好转，喘平咳止，仅有偶咳，痰亦减少，鼻塞、恶寒怕冷等症均消除，两肺呼吸音清，未闻及干湿啰音，面色亦好转，舌质淡红，舌苔薄白，脉象平和。证属痰浊渐去，肺气宣畅，正气渐复。治当温阳扶正，补益肺气，佐以清热化痰。继用附子泻心汤加减；附子6g、黄芩15g、黄连3g、黄芪15g、制大黄5g、炙甘草10g、葶苈于10g、苏子10g、细辛3g、紫啰10g、五味子10g、桂枝10g、桑白皮15g、茯苓15g、山药10g、防风39、炒白术10g。采用每两天服1剂药的方法，观察治疗2年，病情平稳，无反复。

按：哮喘属顽症，夙根难除，反复发作，难以根治，往往成为终身痼疾。小儿由于体禀“少阳”，正处于生长发育过程中。具有阳气偏亢而又尚未强大的双重性。其生机蓬勃，发育旺盛，机体修复能力较强的生理特点占主导地位。因此，同样的疾病在成人是难于根治的，而在小儿则有治愈的可能性。小儿哮喘即如此。经过恰当的治疗，相当数量的小儿哮喘是可以治愈的。小儿哮喘在临床上往往由于感受外邪而发作，表现为发作期与缓解期界限不清，虚实并见，寒热错杂。纯用补益肺、脾、肾三脏之法难于实施。反而补虚与祛邪并用，清热与温化并用之法则更为实用。本例患儿即是采用温阳化饮与清热化痰相兼之法并用，使深伏凝结于肺络之中的痰饮得化，痰热得清，肺气得以恢复，宣肃复常，阳气复原，修复之能力恢复，则病可痊愈，身体康复。

三、治疗小儿顽固性肾病综合征

陈某，男，12岁。初诊：1995年10月19日。患儿自8岁患肾病综合征后，虽然经服用强的松等西药及中药治疗，病情时轻时重，至今已4年，尿中蛋白和红细胞始终未能消除。今慕名前来就诊。刻下：面色皖白无华而虚浮，腹部畏寒，双小腿轻度可凹性水肿，饮食尚可，小便色淡多泡沫，大便时溏时干。舌质暗淡，舌苔白腻，脉沉滑。末梢血常规：WBC8.8 × 10^9/l，N58%、E2%、L40%，RBC4.37×10^{12}，血红蛋白98g/L，血清总蛋白48g/L，血清白蛋白28g/L，血清球蛋白20g/l，血清总胆固醇6.6mmol/L，血清甘油三脂2.1mmol/L，血清高密度脂蛋白胆固醇2.3mmol/L，血清低密度脂蛋白胆固醇3.8mmol/L，血清尿素氮3.8mmol/L，血清肌酐98μmmol/L。小便常规检查：蛋白0.5g/L，红细胞10～15/HP，管型2～4/HP。免疫球蛋白：IgA0.29g/L，IgG7.06g/L。IgM3.66g/L，IgEl.2mg/L，补体$C_3$0.38g/L，补体$C_4$0.21g/L。证属湿热未尽，正气已虚，寒湿内生，阻于中焦。治宜清热利湿，温阳散寒。方药用附子泻心汤加减：黄芩15g、黄连3g、制大黄10g、附子10g、黄芪15g、生地30g、当归15g、车前草30g、白茅根30g、鸡内金10g。

二诊：1995年11月26日。患儿服用上方7剂后，症状明显好转，面色略显好转，腹部畏寒症状减轻，小便泡沫减轻，大便正常，小腿水肿减轻。舌质淡红，舌苔薄白，脉象弦滑有力。小便常规检查：蛋白0.25g/L，红细胞3～5/HP。药中病机，湿热渐解，寒湿渐消。效不更方，继守前法，附子泻心汤加减：附子10g、黄芩15g、黄连3g、制大黄10g、黄芪15g、生地30g、当归15g、车前草30g、白茅根30g、白及6g、半枝莲15g、益母草15g。

三诊：1995年11月26日。患儿继服上方1个月后，面色红润，腹部畏寒症状消失，小腿水肿消退，二便正常，舌质红润，舌苔薄白。末梢血常规：WBC6.9 × 10^9/L，N56%、E3%、L41%，RBC4.62×10^{12}，血红蛋白128g/L，血清总蛋白72g/L，血清白蛋白49g/L，血清球蛋白23g/L，血清总胆固醇5，2mmol/L，血清甘油三脂1.3mmol/L，血清高密度脂蛋白胆固醇1.6mmol/L，血清低密度脂蛋白胆固醇2.8mmol/L。免疫球蛋白：IgA 1.22g/L，IgG 10.9g/L，IgM 0.97g/L，IgE 0.6mg/L，补体C_3 1.18g/L，补体C_4 0.31g/L。小便常规化验检查正常。证属湿热、寒湿均已消退，正气渐复。但是，湿热与寒湿极易深伏内凝，故应除恶务尽，以防其死灰复燃。况患儿病已4载，正气虽复，体质尚未完全康复强健。治当继续温阳扶正，佐以清热利湿。继用附子汤泻心汤加减：附子10g、黄芩15g、黄连3g、制大黄10g、黄芪15g、生地30g、当归15g、车前草30g、白茅根30g、白及6g、半枝莲15g、益母草15g、茯苓15g、白芍30g、炒白术10g。

四诊1996年2月26日。患者继续服用上方3个月后，诸证悉除，身体复原。恐其复发，故继以上方加板蓝根10g、菊花15g，采用两天服1剂药的方法，继服1年以固疗效。在服药期间，病情稳定，反复检查小便常规等实验室检查项目，均在正常范围而停药。追访3年无反复。

按：肾病综合征是由于多种肾小球疾病所致肾小球通透性增高，从而大量血浆蛋白由尿中丢失而导致的一种综合征。中医属于“水肿”“溺血”等病证的范畴。儿童发病率较高，一般的轻型病例，调治适宜，多数可顺利康复。若病情较重，或失治、误治，护理不当等皆可使病情迁延不愈，甚至成为终身不愈的痼疾。肾功能不全，甚至肾功能衰竭则对小儿生命构成极大的危害。中医治疗本病有着数千年的临床经验，疗效确切，有待我们进行深入挖掘和探讨，以解决小儿顽固性肾病综合征这一难题。从临床实践来看，小儿顽固性肾病综合征在临床表现上，往往虚实夹杂，寒热错杂。在本虚的同时，又极易反复，复感外邪。症情十分复杂，治疗用药非常棘手。本病例为湿热内羁，经久未消，正气渐虚，寒湿内生，形成虚实夹杂，寒热错杂的证候。治以清热利湿与温阳散寒并用。方用附子泻心汤加减。附子泻心汤中的附子维系的小儿生生之阳气，又可内散寒湿。黄芩、黄连、制大黄苦寒燥湿清热，使湿化热去。再佐黄芪、茯苓、白芍、白术以扶正气，佐以生地，车前草、白芨、益母草、白茅根等药清热止血。全方共奏湿化热去，消除血尿，内寒消散，正气复原而精气不下泄则蛋白不丢失之功，陡病渐向愈，机体康复。

四、治疗小儿单纯性肥胖症

许某，女，8岁。初诊：1997年4月12日。患儿3岁以前无异常，3岁以后食欲渐增，形体渐丰。刻下：食欲旺盛，面色红润，形体肥胖，腰围86cm，体重58kg，身高116cm。舌质红，苔黄腻。脉滑数。证屑湿热内蕴，积于中焦，则大腹便便。堆于皮下，则体丰形肥。治宜清热利湿，温阳补肾，助长减肥。方用附子汤加减：附子10g、黄芩15g、黄连3g、制大黄10g、藁本10g、升麻10g、茯苓10g、苍术10g、鸡内金10g、焦三仙各10g。辅以必要的运动锻炼（游泳、压腿、蹦跳等）与调整饮食结构（以牛羊肉等瘦肉为主，控制高糖及淀粉类饮食）。服用1个月，腰围减为84cm，体重减为56kg，身高增至117cm。继续用上方加减调治半年，腰围减为80cm，体重减为52kg，身高增至122cm。

按：小儿单纯性肥胖症目前日渐增多，儿童减肥又十分困难，节制饮食与泻下之法对小儿生长发育影响较大，故临床均不宜应用。而附子泻心汤之独特的方药组成，十分适合小儿单纯性肥胖症患儿。附子泻心汤中之附子可维系小儿赖以生长发育的生生之阳气，以利小儿生长发育，通过生长发育之身高的增加达到相应的减肥之目的。黄芩、黄连、制大黄清热利湿，消中焦之壅滞，除皮下之堆积，达到消除皮下多余脂肪的目的。诸药配合，全方可收到助长与减肥的双重功效，适用于小儿单纯性肥胖症。

四逆散的现代研究

徐晓东　浙江中医院

随着现代研究方法的引用，四逆散在临床各科的应用领域不断拓展，研究报道盛况空前，不断赋予其新的内涵，一定程度上揭示了仲景遣药组方的实质及临床运用的客观指标。

为便于了解四逆散当前研究的状况及水平，兹就四逆散的应用及配伍研究概述如下：

一、应用研究

应用研究主要以四逆散具有透邪解郁、疏肝理气，主治阳郁厥逆证及肝脾不和为主题而展开。其研究涉及到的范围主要有以下几方面：

1. 胃肠疾病的研究　本方广泛运用于慢性胃炎、胃溃疡、肠胃易激综合征、肠炎等病的治疗。黄氏等[1]用本方合左金丸治疗慢性浅表型胃炎40例，临床症状好转率为76%～100%；组织糜烂好转率为88%；幽门螺旋杆菌阴转率为32%。张氏[2]以本方为主，治疗慢性浅表性胃炎125例，显效45例，好转68例，无效12例，总有效率90%。魏氏等[3]以本方为主，治疗慢性萎缩性胃炎68例，显效39例，有效22例，无效7例，总有效率89.8%。幽门螺杆菌（HP）情况：治疗前HP阳性者41例，治疗后HP阳性者5例，杀灭HP有效率

87.7%。孙氏[4]以本方合平胃散为基本汤剂，治疗肠胃易激综合征86例，结果痊愈34例，显效28例，好转14例，无效10例，总有效率88.37%。实验表明[5]，四逆散能够阻止、缓解水浸制动造成的应激性溃疡。从生理学角度看，它可抑制胃酸分泌，拮抗胃蛋白酶，改善黏膜的血液循环等，表明该方具有抑制损伤因子及增强防御因子两方面的作用。日本高桥周史等通过中断血运后恢复血运导致胃黏膜损伤的动物模型，表明该方有清除超氧化物和羟自由基活性作用，并能抑制大鼠脑血浆自动氧化过程，此抗氧化作用是防治胃黏膜损伤的重要机理之一。日本小林隆实验表明，该方具清除活性氧作用与抑制脂质过氧化作用，从而抑制C48/80所致的胃黏膜损伤。另外，四逆散能对抗乙酰胆碱、氯化钡所致的肠痉挛，与肾上腺素的肠管抑制作用有协同作用[6]，所以对胃肠平滑肌有一定的作用。

2. 肝胆疾病的研究　张氏[7]认为，乙肝及澳抗阳性携带者，大都由于湿热毒邪侵入与正气受损而成正虚邪实之病变。由于湿热困遏脾胃，损伤肝体，脾失健运，肝失疏泄，肝脾同病，故选用调和肝脾为主的四逆散佐异功散治乙型肝炎。共治35例乙肝及澳抗阳性者，其中治愈21例，好转13例，无效1例，总有效率为97.1%。廖氏[8]等用复方四逆散治疗慢性活动性乙型肝炎43例，痊愈20例，占45.5%，好转15例，无效8例，总有效率为81.4%。封氏[9]以本方加川楝子、使君子等治疗胆道蛔虫症40例，均获痊愈。吴氏[10]以本方为主，治疗胆石症66例，显效5例，好转59例，总有效率97%。邓氏[11]用四逆散加味治疗肝硬化32例，血清腺甙脱氨酶和T细胞亚群OKT8显著降低（$P<0.01$），血清白蛋白含量及白/球蛋白比值和T细胞亚群OKT4/OKT8比值明显升高（$P<0.05$）等指标观察，表明本方能改善肝功能，阻止肝硬化进展。

3. 妇科疾病的研究　本方加味治疗因肝郁气滞、经络受阻导致的月经后期、痛经、闭经、带下等症，每获良效。认为妇女的生理、病理与肝脾关系密切，故可用四逆散加味调治。实验表明[12]，对未孕家兔的离体子宫呈抑制作用，使子宫节律性收缩减少，子宫肌弛缓，并对抗肾上腺素对子宫的兴奋作用；对家兔在体子宫，经耳静脉给药后，呈兴奋作用，使子宫收缩力及张力均增强，收缩频率加快，其作用与0.1单位垂体后叶素相似。这可能是治疗月经疾病的药理基础之一。

4. 抗心律失常的研究　管氏[13]用本方制成冲剂，治疗冠心病早搏31例，结果心悸症状改善，早搏次数减少。实验研究表明[14]，本方能对抗乌头碱诱发大鼠心律失常，也能降低氯仿所致小鼠室颤率，有明显抗心律失常效果。并能对抗利多卡因对心脏的毒性作用，通过改善心脏功能，提高耐缺氧力，抗心律失常达到保护心脏的目的[15]。

5. 对血压的影响　董氏[16]用四逆散加味治疗功能性低血压70例，总有效率97.1%。实验研究表明[12]，本方静脉注射可使狗血压明显升高，维持时间2~9分钟，并呈量效关系，升压作用强度与去甲肾上腺素0.01mg/kg的升压相似，可被α-受体阻断剂妥拉苏林所对抗，推测其升压作用可能与兴奋血管α-受体有关。由于本方有较强的升压作用，所以对家兔或狗的内毒性休克、心源性休克、失血性休克及胰岛素休克均有明显的保护效果，对实验中麻醉意外所致的低血压状态，静注四逆散水醇沉液也立即使血压回升[17]。

6. 对脑动脉硬化的研究　龚氏[18]等用本方煎液对轻中度脑动脉硬化患者的观察表明，该方能改善脑血流图、脑电图及舌微循环。另外，本方还可降低实验性小白鼠胆固醇的含量。实验结果提示四逆散能改善脑组织微循环，提高脑血流量，促进脑网状结构与大脑皮质的正常电活动。其降脂作用可能与通过影响脂质吸收和排泄有关。张氏[19]对15例中度脑硬化患者进行脑血流图测定，结果表明服本药后，左侧波幅明显升高，左侧流入容积速度明显加速，波幅差值于服药后有60%人明显降低，上升时间左右侧有不同程度缩短。提示本药对脑血管有一定扩张作用，升高平均动脉压，增加脑血流量，可使休克时脑缺血现象得以改善。

7. 对耐缺氧能力的影响　小鼠口服本药煎剂，在常压耐缺氧状态下的存活时间可明显延长，并具有对抗异丙肾上腺素引起缺氧的作用；对小鼠结扎双侧颈总动脉后的生存时间也明显延长。血氧分析表明：小鼠和兔分别腹注和静注本药，可使氧分压明显升高；正常人口服本药后1小时，血氧分压亦具有同样效果[17]。

8. 对血液流变学的影响　本药能抑制ADP诱导的血小板聚集，抑制率达90%以上，并呈一定的量效关系。对正常小白鼠、家兔血小板计数和家兔血流变学参数均无显著影响；对体外血栓形成有明显抑制作用。给药组血栓长度、湿重和干重均明显短和轻于对照组，提示该药对休克时弥漫性血管内凝血具有一定的防治作用[17]。

二、配伍研究

由于现代仪器分析手段的进步和中药化学的涉

入，对四逆散复方的研究已渐见报道。如四逆散微量元素含量分析[20]表明四逆散所含微量元素对人体的生长发育、核酸及及蛋白质的合成、中枢神经系统的构造及生理功能的维持、血液代谢、调节机体免疫及抗感染方面均有至关重要作用。四逆散的药物配伍是按照一定规律组合而成的。单味药的药理研究对方剂的药效研究也是很有裨益的。通过拆方研究认识配伍理论，为正确理解方剂配伍的合理性提供可能。将四逆散拆方药理研究表明[21]：柴胡、白芍、甘草有显著的保肝利胆作用。特别柴胡能对抗多种生物或化学毒性所致的肝损伤，能使胆汁及胆盐成分排出量增加。与对等量的甘草合用，能显著抑制四氯化碳所致的大鼠肝脏变性、坏死，使血清 GPT 明显下降，阻止脂肪在肝内蓄积，促进纤维吸收使肝硬化减轻。甘草、白芍、柴胡还有抗实验性胃溃疡的作用，其机制与抑制胃液分泌，增强胃黏膜的抗溃疡能力，抑制胃蛋白酶活性等有关。甘草、芍药均有显著的镇静、镇痛、抗炎及解热作用，两药合用有明显的协同效果。柴胡也具有显著的抗炎作用，能抑制多种实验性炎症。另外，甘草、柴胡均有较复杂的免疫药理活性，白芍能增强腹腔巨噬细胞吞噬能力，并可促进网状内皮系统对血中异物的廓清能力，这些作用可能有助于对多种炎症的治疗。龚氏等以四逆散方枳实为主，将该方分解组成七种不同配方的水提醇沉液制剂。结果以枳实、柴胡、白芍相配伍的制剂和枳实、柴胡、甘草相配伍的制剂升压效果最强（+37%）。认为该方提升血压的主要成分是枳实，但对血氧分压无影响，却有提高心肌自律性作用，且毒性作用也比四逆散大，提示复方既提高疗效，又降低了副作用。并认为枳实、白芍方，在抗休克应用上具有更大优越性。赵氏[15]等认为，神经系统与肝功能有密切关系，当肝气郁结，可影响一些胺类物质代谢，使神经突触传递发生障碍，出现精神神经症状，四逆散能产生中枢神经的制约效应，这可能是它疏肝解郁的药理基础之一。

综上可见，这可能是本方和解肝脾作用的一些重要药理基础，也可能有助于缓解少阴病主证，有利于对感染性炎性疾病的治疗。

由于配伍研究尤其是复方的配伍研究起步尚晚、难度大，目前的研究仍有待进一步深入与细致。这也恰为今后的研究提出了新的课题。

参考文献

[1] 黄淑美，等."左金散"合"四逆散"治疗慢性浅表型胃炎 40 例观察. 青岛医学院学报，1995；9，30，31（3）：250

[2] 张福产. 四逆散治疗慢性浅表性胃炎 125 例观察. 黑龙江中医药，1991；（5）：11－12.

[3] 魏茂华，等. 加味四逆散治疗慢性萎缩性胃炎 68 例. 四川中医，1997；8，15；15（8）：34.

[4] 孙元勤. 平胃四逆汤治疗肠胃易激综合征 86 例. 陕西中医，1996；07，05；17（7）：304.

[5] 王勇，等. 四逆散临床应用概况及实验研究进展. 贵阳中医学院学报，1997；19（2）：60－61

[6] 郑有顺. 四逆散对家兔离体肠管活动的影响. 中药药理与临床，1985，（创刊号）：28.

[7] 张彩玲. 第五次全国病毒性肝炎学术会议论文摘要汇编，1987 年 11 月 210 页.

[8] 廖云龙，等. 复方四逆散治疗 43 例慢性活动性乙型肝炎的临床观察. 江西中医学院学报，1996；03，15；8（1）：4－5.

[9] 封德源. 四逆散和金铃子散加减治疗胆道蛔虫症 40 例，广西中医药，1985；（1）：14.

[10] 吴逢旭，等. 四逆散加味治疗胆石症 66 例. 中西医结合实用临床急救，1997，04，25；4（4）：180.

[11] 邓银泉. 四逆散加味治疗肝硬化 32 例几项实验指标的观察. 辽宁中医杂志，1996；23（4）：169.

[12] 谢碧桃. 四逆散的药理作用研究. 泸州医学院学报，1980；（2）：9.

[13] 管喜文，等. 中药药理与临床，1992；8（4）：37.

[14] 龚传美. 四逆散对麻醉猫心功能的影响. 中药药理与临床，1985；（创刊号）：18.

[15] 赵光东，等. 四逆散对利多卡因毒性的影响. 中药药理与临床，1989；5（4）：6.

[16] 董尔军. 实用中西医结合杂志，1992；5（1）：35.

[17] 龚传美. 四逆散的抗休克作用研究. 中药药理与临床，1989；5（2）：1.

[18] 龚传美，等. 四逆散改善轻、中度脑动脉硬化患者症状的观察. 中药药理与临床，1991；7（1）：29－30.

[19] 张敏. 四逆散对轻中度动脉硬化者脑血流图的影响. 实用中医内科杂志，1988；（3）：107.

[20] 李成勇，等. 四逆散微量元素含量的初步分析. 国医论坛，1998；13（1）：39.

[21] 邓文龙. 中药方剂的药理与临床. 重庆：重庆出版社. 第一版，1990；280－282

当归四逆汤临床应用举隅

徐亚君　北京市老年病医院

当归四逆汤源于汉·张仲景《伤寒杂病论》，原治厥阴伤寒、手足厥寒、脉细欲绝之症。笔者在临床工作中根据异病同治的原则，应用本方治疗多种疾病均取得良好效果，现举例如下：

一、血栓闭塞性脉管炎

林某，男，40岁，干部，1999年5月10日初诊。

患者嗜烟酒，一月前出现左下肢麻木，皮肤发凉、未就医。近二周来左下肢出现疼痛，活动后疼痛加重，喜暖恶凉，步履跛行，睡眠正常，食纳及二便尚可。查左足部皮肤暗红，触之冰凉，舌质淡苔薄白，脉沉迟，左足趺阳脉搏动减弱。下肢血流图提示：左下肢动脉缺血。西医诊为“血栓闭塞性脉管炎”。中医诊断：脱疽。证属：寒凝血滞。治宜温经散寒、活血通脉。

方药：当归四逆汤加减。

当归10克、白芍10克、桂枝10克、细辛3克、通草5克、炙甘草5克、鸡血藤10克、怀牛膝10克、生薏米30克、水蛭6克。

7剂，水煎服。嘱戒烟酒，注意肢体保暖，防足部外伤。

5月17日复诊，左下肢疼痛症状稍缓解，饮食，睡眠及二便正常。上方加红花6克、丹参10克，7剂继服。

5月25日三诊，诸症明显好转，皮肤颜色趋于正常，左趺阳脉搏动较前明显有力，治疗有效，守17日方再继服一月，隔日一剂。

一月后复诊，下肢疼痛消失，皮温皮色正常，足背动脉搏动正常，无不适，临床治愈。

体会：脱疽相当于现代医学的“血栓闭塞性脉管炎”，主因肝肾亏虚，脾虚不健，寒湿侵袭凝滞脉络所致。脾肾阳虚不能温养四肢，复感寒湿之邪，气血凝滞，四肢不充，则肢体出现麻木、疼痛、恶寒喜温，日久寒郁化热蕴毒，湿毒侵淫，肢末失养则焦黑坏死甚至脱落，病久则气血两虚，笔者认为本方仅适用于脱疽早期证属寒湿凝滞型，而不适宜其他证型。

二、雷诺氏病

杨某，女，23岁，工人，售货员，2002年2月21日初诊。

患者半月前因家庭琐事忿怒后出现双上肢对称性麻木疼痛，初起皮肤苍白，继而青紫，怕凉喜温，遇温后症状缓解，每遇寒冷或情绪激动后发作，偶有心悸，食欲不振，睡眠欠佳，二便正常，双上肢色苍白，触之发凉，舌质淡、苔薄白，脉沉细。诊为：雷诺氏病。中医诊断：痹症。证属血虚感寒，寒邪凝滞。治宜养血散寒，温通经脉。

方药：当归四逆汤加减。

当归10克、桂枝10克、白芍10克、细辛3克、通草5克、甘草5克、酸枣仁15克、鸡血藤10克、吴茱萸6克、威灵仙10克、大枣5枚。6剂，水煎服。

一周后复诊，自诉双上肢较前变暖，发作次数明显减少，睡眠好转，食欲转佳，用药有效，前方继服6剂。

7日后再复诊，双上肢颜色温度已正常，诸症消失，临床治愈。

体会：雷诺氏病是由于血管神经功能紊乱所引起的肢端动脉痉挛性疾病。目前病因尚未完全明确，无器质性血管疾病，严重时可发生指（趾）端皮肤浅溃疡或局限性坏疽。属中医“痹症”范畴，主要为寒凝血瘀、气血运行失调所致，临床上随病情发展分为阴寒凝滞、瘀血阻滞、湿热内蕴等几个证型。笔者认为该方用于阴寒凝滞型效果良好，其他证型须辨证施治。

三、糖尿病下肢血管病变

张某，男性，49岁，司机，2000年10月12日初诊。

患者有糖尿病史8年，服用消渴丸降糖治疗，血糖控制不理想，近半月来，双下肢疼痛麻木，尤以右侧为甚，疼痛于夜间加重，重时夜不能寐，疲倦乏力，双下肢皮肤干燥无水肿，色苍白，右下肢皮温低，无多饮多食，二便尚可，舌质淡，苔薄白，脉细弱，右侧趺阳脉搏动减弱，左侧正常。西医诊断为糖尿病下肢血管病变。中医诊断：血痹。证属气血亏虚、寒凝血瘀。治宜：补气养血、活血温经。

方药：当归四逆汤加减。

当归10克、桂枝10克、白芍10克、细辛3克、通草5克、生黄芪30克、太子参10克、桃仁10克、丹参10克、鸡血藤10克、川牛膝10克、甘草5克。

6剂，水煎服，同时调整降糖药用量，使血糖保持在正常水平，适量运动。

10月20日复诊，双下肢疼痛减轻，尤以夜间缓解明显，仍觉疲倦乏力。前方去通草加川芎15克，黄芪用至45克，继服6剂。

10月27日三诊，双下肢疼痛明显缓解，疲倦减轻，右下肢皮温已正常，睡眠好，治疗有效，用10月20日方加红花10克，继服6克。

11月2日复诊，双下肢已不疼痛，乏力缓解，右侧趺阳脉搏动明显有力，病情缓解。嘱患者严格控制饮食，按时复查血糖，及时调整降糖药用量。

体会：糖尿病不能满意控制血糖，血糖过高，出现下肢血管病理性改变，最终管腔狭窄、血管阻塞、造成末端缺血、缺氧、坏死。在血管发生病变的同时，多伴有周围感觉神经病变，引起触觉、温觉、痛觉的降低以致消失，使组织受损不易被患者发觉，伤口极易感染，出现溃疡、坏疽。属中医“血痹”“脱疽”范畴。根据病情的发展主要分为血虚寒凝、阴虚毒热、气血两虚等证型。当归四逆汤主要适用于血虚寒凝之证。

总结：当归四逆汤由当归，桂枝、芍药、细辛，甘草、通草、大枣7味药组成，其中当归，白芍养血和营；桂枝、细辛温经通脉；甘草、大枣补益中气；通草通行血脉而利关节。诸药合用共奏养血散寒、温经通脉之功。在临床应用中须根据病情灵活加减化裁，其中寒邪较重者加附子、炮姜之属；血虚明显者加鸡血藤、丹参之品；瘀血较著加桃红、水蛭以活血化瘀；夹湿者用薏米、苍术；内有久寒者选用当归四逆加吴茱萸生姜汤。总之，凡属阴血虚衰，阳气不足，寒入经络之病均可以本方为主化裁应用。

《伤寒论》承气汤临床应用举隅

周天寒　重庆市第二卫生学校
张安富　江津市中医院

《伤寒论》中的几个承气汤是近些年来治疗急性单纯性肠梗阻、粘连性肠梗阻、蛔虫性肠梗阻、急性胆囊炎、肠道疾病术后不排气、不排便，以及某些热性病过程中出现高热、神昏、谵语、惊厥、发狂而有阳明腑实证者的常用代表方。笔者根据《伤寒论》有关原文，兹就承气汤的临床应用经验，举例于后。

一、大承气汤

大承气汤由大黄12克（酒洗四两），厚朴15克（去皮炙半斤），枳实15克（炙五枚），芒硝9克（三合）四味药物组成。

方中大黄苦寒泄热通便，荡涤肠胃，为主药；辅以芒硝咸寒泻热，软坚润燥；佐以厚朴，枳实行气散结，消痞除满，助大黄、芒硝加速积滞排泄，合为“破气散结，泻下清热”之方。笔者临床应用该方，归纳其主要适应证有：大便秘结，腹部胀满，硬痛拒按，甚者潮热谵语，手足汗出，或神识昏蒙，循衣摸床，或目中不了了（即视物不明）睛不和（指眼珠转动不灵活）等阳明腑实证。前人归纳为“痞、满、燥、实”四大证。“痞”是自觉胸脘有闭塞压重感；“满”是脘腹胀满，按之有抵抗感；“燥”是指肠中粪便，既燥且坚；“实”是指肠胃有燥屎与热邪互结，而见便秘，腹痛拒按，或下利清水臭秽而腹痛拒按。由于本方能峻下热结，承顺胃气下行，使塞者通，闭者畅，故名“承气”。诚如吴鞠通《温病条辨》所说：“承气者，承胃气也。盖胃之为腑，体阳而用阴，若在无病时，本系自然下降，今为邪气盘踞于中，阻其下降之气，胃虽自欲下降而不能，非药力助之不可，故承气汤通胃结，救胃阴，仍系承胃腑本来下降之气……故汤名承气。”

临床上大凡遇到以下几种情况，为大承气汤的适应症：

1. 全身症状：面目俱赤，语声重浊，呼吸气粗，喘满不得卧，多汗，齿唇焦红，口臭，鼻孔干燥，渴饮冷水。

2. 热型：蒸蒸发热，或但热不恶寒，或日晡潮热。

3. 神识症状：神昏谵语，心中烦乱，目中不了了，甚则循衣摸床，惕而不安。

4. 胸腹症状：胸腹痞鞕，腹满剧痛，拒按，腹皮灼热，或见肠形。

5. 二便舌脉：大便秘结，数日不解，或热结旁流，肛门灼热，小便黄赤短少。

舌质红或紫赤色，舌苔黄燥或焦黄，干燥起刺或焦黑。脉滑实或沉数有力。

本方仲景为阳明腑实证而设，但随人体质有差异，感邪有轻重，病程有长短，以及病变部位的不同，故疾病往往变化多端，为了更切合病情变化的需要，临床应用本方又宜酌情加减，务使方药更加切合病情。大抵高热、口渴、喘促不宁、痰涎壅盛而证属阳明腑实证者，宜用本方加石膏、杏仁；若兼胸膈烦热，口舌生疮，小便黄赤短少，宜用本方加栀子、竹叶、木通；若兼口苦、胁肋疼痛，或寒热往来，脉弦有力者，宜加柴胡、黄芩；若兼皮肤斑疹，或见衄血、吐血等热毒盛者，宜加黄连、黄芩、丹皮、栀子，并送服十灰丸急止其血，若邪热内陷心包，证见神昏谵语、躁扰不宁、舌生芒刺，宜用本方送服安宫牛黄丸醒脑开窍；若邪热伤阴，证见舌红少津，口干咽燥者，宜加玄参、麦冬增水行舟。

例1：肠梗阻术后再梗阻

周××，男，27岁，农民。1975年11月21日初诊。

患者于五天前因急于赶集，途中感觉腹胀腹痛，继而呕吐三次，呕出少量食物，故此急诊入院。经检查诊断为“肠梗阻”。先保守治疗未效，次日手术，术中证实梗阻存在，按常规解除梗阻，术后以抗感染、输液等继续治疗。术后三天一直未见排气排便，经插肛管，补充氯化钾，服中药等，仍未见效。患者腹胀难忍，阵阵剧痛，总计已有九十余小时未排气排便，腹部可闻及气过水声，故西医考虑可能为“再梗阻”，准备第二次手术。病人拒绝，于是邀中医会诊。检查见患者神志清楚，面色潮红，心烦躁扰，腹部胀满，痛而拒按，舌质红，苔黄，脉弦数有力。此为热结胃腑，传化失司之候。治宜泻热通便，行气散结。拟大承气汤加味；大黄15克、厚朴15克、枳实12克、芒硝18克（冲服）、炒莱菔子24克、赤芍18克。服后半小时，肠鸣如雷，随即排气，1小时后连续泻大便多次，泻出粪便及蛔虫两条。泻后患者顿觉腹部舒适，不胀不痛，精神转佳，检查肠鸣活跃，腹部平坦柔软。是气机运转，升降恢复之征兆，表明病已脱险，继以养阴益胃而作善后之图。

按　升降出入及人体运化之生机。《内经》云：“出入废则神机化灭，升降息则气立孤危。”患者腹胀腹痛达五日之久，虽经手术也未达全效，是气机升降出入受阻，以致胃肠腑气不行，传化停顿之故，即所谓“关格”之证。此等证候总当审证求因，泄腑通幽，以恢复运化，枢转气机为急务，故以大承气汤加味泻热通腑而获效，免除了第二次手术之苦。

二、小承气汤

本方即大承气汤去芒硝，且以大黄为主，枳实、厚朴为辅，减其剂量，欲缓下其邪。仲景用以治疗阳明腑实而以痞满为主的证候。正如《伤寒论》218条所说：“阳明病，其人多汗，以津液外出，胃中燥，大便必鞭，硬则谵语，小承气汤主之。”252条亦说：“太阳病，若吐若下若发汗后，微烦，小便数，大便因鞭者，与小承气汤和之愈。”以上可见本方的适应证是潮热、腹胀满，大便难、多汗、谵语等。适用于以痞满为主而燥症未具的证候，与大承气汤用于痞满燥实证候不尽相同，应予区别。临床以本方加味治疗急性胆囊炎，急性单纯性肠梗阻，蛔虫性肠梗阻等出现谵语，便秘、潮热，胸腹痞满，或痢疾初起腹痛，里急后重，舌苔老黄，脉滑而疾等症状者，均有很好的疗效。

例2：急性胆囊炎

蔡××，女，42岁，工人。1975年4月16日初诊。

素有上腹部反复疼痛史，多在夜间发作，劳累或吃油腻食物易诱发。曾多次诊断为“胆囊炎”。此次发作在饱餐后，初在右上腹绞痛，以后整个上腹部胀痛，疼痛放射至右肩背，持续钝痛，伴有恶心呕吐，吐出食物残渣，大便三日未解，尿黄赤短少。前医诊为肝胆湿热，以清热利胆为法，用龙胆泻肝汤加减治疗，未效，故此来我校就诊。检查见右上腹有明显触痛，可扪及梨形大小的块物，有反跳痛，轻度肌紧张。诊其脉弦数有力，舌质红，苔微腻，此为热郁肝胆，通降失调之候，治宜泻热通腑，疏肝利胆。拟小承气汤加味：大黄15克、枳实12克、厚朴12克、柴胡31克、延胡索10克、金钱草31克、郁金15克。两剂症减，守上方8剂而愈，后以柴胡四逆散加味调理善后，迄今随访亦未再发。

按　胆为六腑之一，六腑以通为用，查腑气不行的原因多端，有胃肠结热，有寒凝气滞，有瘀热内结，有肝气不疏，有津液匮乏等。本例患者右上腹胀痛，拒按，大便不解，舌红苔黄，脉弦数有力，说明是热结而非寒凝，是气滞而非血瘀，病机总为“不通”所致，故治疗总宜掌握好一个“通”字。“通”是广义的，温中散寒，使寒散则气行，是“通”；通里攻下，使传化有常，是“通”；疏肝理气，使气机通畅，是“通”；通经活血，使血液流畅，是“通”；消食导滞，使运化有常，也是“通”。总之，“通”是广义的，可用于各种情况，本例患者虽病在胆，但因肝胆疏泄之令不行，以致肠道传化停顿，上下关格，出入废止，大便因而闭塞；滞塞不运则胀；气机郁滞，不通则痛；升降悖逆则呕。故治疗上除了要注意疏肝理气外，泻下通腑法也不可忽略。本案的治疗始终贯穿着一个广义的“通”字，故能满意收效。

三、调胃承气汤

本方即大承气汤去枳实，厚朴加甘草而成，欲取其调和承顺胃气之义，非若大小承气汤专以攻下。仲景用以治疗阳明燥结，燥实而坚的证候。正如《伤寒论》212条所说：“阳明病，不吐不下，心烦者，可与调胃承气汤。”250条亦说；“太阳病三日，发汗不解，蒸蒸发热者，属胃也，调胃承气汤主之。”以上可见本方的适应证是发热、胃气不和、心烦、腹中不适、有燥屎、不大便、或腹痛等。适用于以燥实为主而无痞满的证候，与大承气汤苦寒峻下，与小承气汤泄热消痞不尽相同，应予区别。临床本方多用于急性单纯性肠梗阻，胃肠道术后不排气、不排便，习惯性便秘，以及各种热性病出现热邪结胃、口渴、心烦或谵语、腹满、便秘、舌苔正黄、脉滑数者，每获良效。

例3：胆道蛔虫症

胡××，女，12岁，学生。1982年10月18日初诊。

素有蛔虫病史，腹痛经常发作，时痛时止。两天前突然腹痛剧烈，伴呕吐，经当地医院治疗，罔效，故此来校急诊入院。西医检查诊断为“胆道蛔虫症”。经抗感染、解痉等治疗，效果不显，家属要求改用中药治疗。检查见患儿急性病痛苦面容，精神欠佳，神志清楚，检查合作，右胁下疼痛拒按，压痛明显，已三日未解大便，舌质深红，苔黄干，脉弦数有力。此乃蛔热内结，升降失调之明证。治宜泻热通腑，安蛔止痛。方用调胃承气汤加味：大黄12克、芒硝12克（冲服）、炙甘草6克、乌梅12克、川楝10克、黄连3克。两剂便通，泻下蛔虫十余条，继以柴芍六君子汤加味调理善后。

按 胆为六腑之一，助消化，以通降下行为顺，滞塞上逆为病。本例患儿因虫热互结，虫不安位，上窜胆道，致使胆气不利，腑气不通，传化失常，引起呕、痛、闭三大主证。“不通”是本病最基本的病机，根据六腑以通为用的理论，故以通下为主，佐以安蛔而获效。

四、桃核承气汤

本方即调胃承气汤加桃仁，桂枝而成。欲取大黄荡涤邪热，芒硝咸寒软坚，桃仁活血化瘀，桂枝温通血脉，甘草调和诸药。合用而有泻热祛瘀之功。仲景用以治疗邪入少腹，瘀血不行的蓄血证。正如《伤寒论》109条所说：“太阳病不解，热结膀胱，其人如狂，血自下，下者愈。其外不解者，尚未可攻？当先解其外。外解已，但少腹急结者，乃可攻下，宜桃核承气汤。”可见本方适用于下腹部急结及小腹两侧有索状物，有压痛感，拒按，或发热，或发狂等下焦蓄血的证候，与大小承气，调胃承气汤实有不同，应予区别。临床凡妇人先期作痛，经闭不行，产后恶露不下，急性盆腔炎，附件炎，肠梗阻属瘀热互结，证见少腹拘急胀满，疼痛难忍，大便色黑，小便自利，谵语烦渴，至夜发热，其人如狂者，尤可酌情选用本方。

例4：急性阑尾炎

谢××，男，28岁，农民。1997年4月7日初诊。

患者三天前因冒雨受凉感冒，未曾服药，次日又饮酒少许，夜间突然上腹部疼痛，恶心呕吐，当夜去×医院就诊，按“急性胃肠炎”常规处理，凌晨疼痛加剧，痛点转移到右下腹，同时伴有寒战高热，西医检查诊断为“急性阑尾炎”，须用手术。患者畏惧开刀，故图治于中医，邀吾诊治。诊脉滑数有力，右下腹压痛明显，腹皮灼热，腹肌紧张，小便黄赤短少，大便已三日未解，舌质红，苔黄。此为邪入少腹，瘀热不行之候，治宜泻热祛瘀，散结消肿。拟桃核承气汤加减：大黄15克、芒硝12克（冲服）、桃仁12克、甘草6克、红藤24克、赤芍18克，连翘18克、败酱草24克。服两剂后，泻下数次，泻出臭秽浊物，诸症悉平，脉亦缓和，前法既效，率由旧章，继以上方去芒硝加紫花地丁31克，连进六剂告愈。

按 此案为中医之“肠痈”，系胃肠积热，瘀热为行所致，故朱丹溪云：“肠痈大肠有热，积死血流注而成。”患者右下腹痛，拒按，大便不解，舌红苔黄，脉滑数，皆为瘀热内阻之征，故应泻热祛瘀，使热去瘀除，络通血畅，诸症亦愈。桃核承气汤仲景用以治疗邪入少腹，瘀血不行的蓄血证，本案痛在少腹，具备瘀热特点；恰中桃核承气汤的病机及适应证，故用之效如桴鼓，八剂而愈。笔者临床每逢此类患者，均用此方随证加减，深感有效。

加味白虎汤治疗病毒性脑炎2例

高连仲　郑国玉　河北玉田县医院

病毒性脑炎是因虫媒或呼吸道传播感染病毒而引的中枢神经系统损害的急性传染病。在中医学属春温、暑温、暑湿等范畴。治疗上，由于西医对各类病毒性脑炎均无特效药物，所以存在高热不退，病程延长，预后较差的缺憾。据统计，病毒性脑炎病程多为2~5周，30%患者可完全康复，30%转为慢性、留有各种后遗症，病死率也占30%左右。笔者在温长路教授指导下，运用张仲景《伤寒论》中白虎汤进行加味对症治疗2例病毒性脑炎患者，均获满意疗效，报告如下：

一、临床资料

2例中，一为女性，15岁；一为男性，40岁；病程7~10天。两例均见高热持续不退（39℃~40℃以上），头痛剧烈，项强，烦躁，睡眠不安，口渴引饮，大便秘结，小便短赤；女性患者，见皮肤斑疹隐隐。

二、治疗方法

加味白虎汤治疗。基本方：生石膏30g、知母10g、贯仲18g、金银花18g、石菖蒲15g、川芎10g、白芷3g、沙参12g、麦冬12g、山栀子12g、甘草6g、朱砂1.5g。水煎服日一剂，早晚分服。高热极期加重石膏用量30～60g，并加大青叶12g、竹叶10g、青黛10g；烦躁、头痛甚、口渴明显者加五加皮12g、葛根12g、芦根12g；睡眠不安者加柏子仁15g；胸闷呕恶苔腻者加胆南星10g、郁金12g、薏苡仁12g；口苦舌红苔黄脉弦者加柴胡9g、黄芩12g、山栀子12g、斑疹隐隐者加紫草9g、丹皮9g；小便涩痛者加蒲公英12g。

三、治疗效果

两例患者服药一剂后体温下降，发热时间明显缩短；三剂后体温降至正常，全身症状基本消失；续以益气滋阴凉血解毒数剂善后，一年以上未复发。

四、病案举例

（1）董某，女，15岁，玉田县信用联社家属。暑温（病毒性脑炎）。

2002年7月16日初诊。西医已治疗一周，仍见高热烦躁，口干，意识模糊，斑疹隐现。

首诊以生石膏20g、黄芩12g、栀子10g、野菊花12g、贯众15g、白芷3g、郁金12g、柴胡9g、胆南星10g、石菖蒲10g、芦根12g、淡竹叶6g、朱麦冬9g为方，急进一剂，当晚热退身凉，可入睡，但次日热象又现。遂将生石膏加至30g、野菊花加至15g，去栀子、石菖蒲、芦根、淡竹叶，易大青叶12g、紫草9g、知母10g、麦冬12g，又急进一剂。当晚热象又去，患者胃口大开，思饮食。三诊将上方中胆南星加至18g，贯众减至12g，去大青叶、郁金、白芷，易丹皮9g、石菖蒲9g、薏苡仁12g。患者服药后饮食、睡眠、体温、精神均一如常人，遂投益气滋阴之剂三贴善后，处方为：太子参12g、百合12g、生地10g、麦冬12g、玄参10g、白芍12g、五味子10g、贯众15g、大青叶12g、薏苡15g、云苓10g、柏子仁10g、大枣5枚。

（2）李某，男，40岁，鸦鸿桥镇河东村人。春温（病毒性脑炎）。

2003年4月5日初诊。头痛、头晕，颈部抵抗，咽部红肿，腰穿后确诊为病毒性脑炎。有感冒病史，入院后，出现高热39.7℃～39.8℃，用西药治疗无效，病房请求中医会诊。见患者面红目赤，口干喜饮；心烦、失眠；纳差，大便三日一行，不干燥，小便黄；舌红起刺，苔白欠润，脉洪。遂用金银花18g、麦冬12g、贯众18g、白芷3g、生石膏50g、五加皮12g、石菖蒲15g、青黛10g、沙参12g、柏子仁15g、栀子12g、甘草6g、朱麦冬10g，急进一剂。患者服药后，热退神复，饮食、睡眠情况好转；但次日下午体温又有反复，但不超过38℃。见患者舌红苔白腻，脉虚大。上方去麦冬、五加皮、柏子仁、青黛，易胆南星10g、葛根12g、知母10g、柴胡9g，加川芎12g，再进二剂。三日后，患者体温降至37.3℃，睡眠、饮食正常，脉舌同前。遂将上方中生石膏量减至30g、葛根10g，去胆南星、知母、川芎，易丹皮9g、蒲公英12g，以凉血解毒，护卫正气。4月18日四诊，病情稳定，时有面部烘热之感。上方去生石膏，易大青叶18g。三剂服后痊愈。

五、讨论

病毒性脑炎目前发现的临床种类有很多，如甲型脑炎、乙型脑炎、单纯疱疹病脑、流行性脑膜脑炎等。尽管各类病毒性脑炎的好发季节不同，发病人群的年龄各异，但临床特征均有高热、头痛、颈项强硬、呕吐、嗜睡、阳性脑膜刺激征，且高热时间越长病症越重，甚者出现狂燥、谵语、抽搐、深昏迷、严重病者因脑实质广泛病变及脑疝而发生中枢性呼吸衰竭死亡等严重后果。白虎汤在伤寒论中，是治疗阳明气分热盛证的方剂。今用白虎汤之辛寒清气泄热保津，更加金银花、贯仲、竹叶、大青叶、青黛清热解毒之品，轻清透热，达热出表；针对脑实质炎性水肿出现的烦躁、头痛症状，加入能够透过血脑屏障的醒脑开窍、芳香燥湿、活血止痛之品的香药石菖蒲、川芎、白芷、五加皮等，可有效改善病理症状，消除或预防脑水肿的发生，使病程大为缩短。方中的沙参、麦冬等，滋养阴液；栀子、黄芩等，清透三焦郁热；柏子仁、朱砂等，养心安神。诸药配合，于辛寒泄热中，共奏邪去正复之功，药到病除，效如桴鼓。

肾气丸治疗不育症的微量元素探讨

邹学正　赵　金　贵阳中医学院

肾气丸首载于《金匮要略》，又俗称金匮肾气丸。它是治疗肾虚诸证的祖方，仅在《金匮》中就记载治疗了“虚劳腰痛”“男子消渴”“妇人转胞不得溺”“短气有微饮”“脚气上入、少腹不仁”

五种病证。同时它也是千百年来，古今治疗男女不育的主方。例如：《金匮虚劳篇》云："男子脉浮弱而涩，为无子，精气清冷"，这就是由肾中阴阳精气俱不足而导致的男性不育症。多数医家也都是采用此方"从阴引阳""从阴中求阳"达到治疗肾气虚，肾阴阳两虚的男女不孕不育症。古今文献报导治验等，亦屡见不鲜。

我们用此方系统治疗100多例中医辨证属肾气虚的特发性少精不育者，有效率达95%。为了扩展中医药研究，试图从微量元素领域探索金匮肾气丸治疗男性不育的作用机理，故对该方药进行Zn、Cu、Fe、Mn、Mo、Mg、Co、Cr、Se、Pb10种与生殖关系最密切的元素含量进行测定，并对其结果与不育的关系作初浅探讨如下：

一、微量元素测定

1. 材料与方法　按金匮肾气丸原方药加仙灵脾、鲜羊睾。诸药按古今用量比例换算后配制、烘干、打粉供测试。测试工作由中科院地球化学研究所完成：采用美国551型原子吸收光谱仪进行原子火焰法测定药粉中的九种元素（方法细则参见冶金部标准YDG－140－8.4），Se元素采用荧光分光光度法测定。（方法参见冶金部标准YDGr140－8.5）。

2. 测定结果　同一批药物样品，经三次送检测定，按统计学处理，结果如下表：

肾气丸药粉10种微量元素测定结果（μg/g）

元素	X̄	SD	元素	X̄	SD
Zn（锌）	56.70	14.38	Co（钴）	4.20	1.42
Mn（锰）	146	38.5	Cr（铬）	18.30	4.30
Se（硒）	0.22	0.11	Fe（铁）	4537	457
Cu（铜）	8.10	3.63	Mg（镁）	2530	365
Mo（钼）	0.82	0.21	Pb（铅）	5.21	2.46

二、作用探讨

1. 肾藏精，主生殖。男性不育患者的精液化验多表现：精液量少、活动力不强、或成活率低下，精子总数低于2000万/ml。在排除其他器质性疾病因素后，即可诊断为"特发性少精症"。通过中医辨证，多属肾气虚所致，故延用肾气丸，补肾之气以生精，肾强精足，阴阳和则自能孕育。何况在原方中加入"具有雄性激素"和"有利精子生成""与"受精有关"的富含硒（Se）元素的仙灵脾、鲜羊睾，则更加强了肾气丸的生精助育作用。

2. 微量元素测试结果与生殖的关系　从测试结果看，肾气丸中含有十分丰富的人体必需微量元素。其中的Zn、Se、Mn、Fe不但能促进生精细胞的发生、发育，与生育关系最为重要，Se元素还有抗癌、抗衰老作用。方中有利生殖的Zn、Se、Mn、Fe等含量远远超过同类方药含量数倍，可以说此方无论从中医理论上和富含有利生殖的微量元素上，都证明是治疗男性肾虚而少精不育的效验方。

3. 影响不育的主要元素作用分析　据国内外文献报道："男性不育精液中的Zn、Mn、Se等元素含量均低于同地区的健康生育男子。而Pb、Cu含量则高于健康者"。特择要分析之：

锌：国内外研究公认，它是与生命攸关的必需微量元素，人体中80多种酶活性都依赖锌的参与，它对动物及人的生精细胞的发生发育、生殖功能的调节都具有重要作用。故被誉为"生命之花""生命之本"的美名。人体内的锌含量，主要分布在睾丸、附睾和前列腺及精液中，尤以精液中含锌量最高。据此可以推论：人体缺锌时，首先突出表现在生殖腺体缺锌，导致功能紊乱。缺锌而导致不育的机理，大致有以下三方面：①首先影响下丘脑—垂体—睾丸性腺轴的内分泌功能；②各种含锌酶活性下降；③性器官、性腺及生殖细胞发育障碍。这三方面综合作用的结果，必将造成脑垂体促性腺激素分泌不足，血清睾丸酮与性激素水平下降，酶活性不足，使睾丸等性腺发育不良、生精功能障碍而最终表现为：精子生成减少、活动弱、成活率低、畸形率高而不能使卵子受精而不孕。

硒：硒与细胞谷胱甘肽过氧化物酶活性有关，可能是精子线粒体外膜硒蛋白的成分之一。美国调查"高硒地区人口出生率比低硒地区高"，并研究认为"硒与精子生成有关""硒与受精有关"，"硒在人类胚胎发育过程中属必需物质之一"。此外，近年研究还发现硒有明显的抗癌、防衰老等多种生理作用。

锰：普遍认为锰是RNA多聚酶，超氧化歧化酶（SOD）的重要成分，Mn－SOD减少，可引起抗氧化作用降低而促使动物衰老。锰对动物的作用，孔氏认为“缺锰后，可致动物精子减少，曲细精管退行性变，失去交配力、不育、性机能减退、性周期紊乱”及“锰能阻止和预防遗传性疾病的表现型出现，能防止突变基因显性减少，精子及胎儿畸形”。

铁与钴：两元素在体内含量正常时，对血液的生成有协同作用。我国缺铁情况十分普遍，故患有小细胞低色素性贫血的发病率较高。“缺铁可使甲状腺功能减退，影响维生素 E、C 吸收，使生殖器官发育不良，第二性征发育迟缓、性机能紊乱、睾丸萎缩、生精不良而不孕”。

钴能刺激造血外，补充钴还可增加锌的吸收，从而间接地对生殖功能有助益。

铜：人体内“含量过高，能干扰孕酮生成，影响排卵”，“铜对精子也有毒害作用”，然而铜值过低，又会影响造血功能，亦会间接导致不能孕育。

铅：是公认的人体有害元素。100 年前即有职业性铅中毒导致不育、流产、死胎率增加的报导。因铅可损伤生殖细胞，降低精子活动力、致使生育力降低乃至不育或自发性流产。

综上分析，人体锌、硒、锰、铁、钴、镁含量正常，则有益于生殖器官、腺体及精子的生成和发育，精液质量高而使女方受孕率亦高，反之则受孕率低，而形成不（孕）育症。肾气丸不但能补肾生精助生殖，而且富含人体有益生殖的多种必需微量元素，能有效地从调节内分泌、促进生殖器官及精子发育等方面促进生殖，所以它是治疗肾虚、微量元素缺乏所致不（孕）育的行之有效的千古名方。

真武汤为主治疗 78 例血栓闭塞性脉管炎的临床疗效观察

罗德轩　唐文生　彭建华

河南省邓州市中医院

我们跟随唐祖宣多年，通过临床以真武汤为主对 78 例阳虚型血栓闭塞性脉管炎患者进行了临床治疗，并对患者治疗前后的微循环变化作了详细观察，经统计学处理，真武汤在改善微循环方面有显著的疗效，现将临床疗效观察和微循环变化报告于下：

一、材料与方法

1. 一般资料　78 例患者中，男 77 例，占 98.7%，女 1 例。职业：农民 29 例，工人 31 例，干部 12 例，教师 2 例，其他 4 例，住院 48 例，门诊 30 例，年龄最大者 59 岁，最小者 18 岁，13 至 50 岁者 76 例，占 97.4%，病程最短 2 天，最长 23 年，平均 4 年零 2 个月。

诊断标准：按“1971 年全国中西医结合治疗血栓闭塞性脉管炎经验交流学习班”制定的诊断标准和分期，局部缺血期（Ⅰ期）17 例，营养障碍期（Ⅱ期）36 例，坏死期（Ⅲ期）25 例，本组病人均经上级医院和几个医院确诊，大部分采用过不同的治疗方法未显效，或显效后复发者。

吸烟情况，有吸烟嗜好者 61 例，占 78.2%，不吸烟者 17 例，占 21.8%。发病诱因，寒冷刺激者 25 例，外伤者 18 例，原因不明者 25 例，患病肢体情况，左下肢者 7 例，右下肢者 10 例，两下肢者 31 例，两下肢一上肢者 6 例，一上肢者 2 例，一下肢者 1 例，两上肢者 1 例，四肢者 20 例。

微循环检查：微循环检查包括底色、管袢清晰度、管袢血色、管袢数目、管袢长度、血流速度、管袢排列、管袢外形、血液流态、血管运动计数等。实验室温度保持在摄氏 15℃～25℃之间。

2. 治疗方法　所有病例均服用真武汤加味，其方剂组成如下：炮附片、白芍、潞参，甘草、丹参、红花、水蛭、当归、黄芪、白术、茯苓。上药加水 1000ml，先煎炮附片半小时，内诸药，煎药 15 分钟，过滤，再加水 500ml，煎 20 分钟，过滤，二煎兑于一起，混匀，分 3 次口服，每日 1 剂。

3. 创面处理　对干性坏疽用三黄酊清洗创面，用消毒干纱布包扎，若创面红肿多脓者，用三黄酊或 0.1% 雷弗奴尔溶液湿敷创面。坏死组织多时外敷紫草膏或九一丹。肉芽组织比较新鲜，脓液少时用玉红膏油纱布外敷。待坏死组织分界线清楚后可作分离切除术。

二、疗效分析

疗效标准：按“1971 年全国中西医结合治疗血栓闭塞性脉管炎经验交流学习班”制定的疗效标准评定疗效。

1. 78 例患者总疗效　78 例患者中治愈 49 例，占 62.82%，显著好转 15 例，占 19.23%，好转 9 例，占 11.54%，无效 5 例，占 6.41%，总有效率占 93.59%，疗程最短 7 天，最长 368 天，平均 113 天，服药剂数平均 115.5 剂。

2. 症状疗效　本组病例主要症状疗效统计见表 1

表1 主要症状变化

主要症状	例数	治疗后症状变化				有效	无效
		消失	显效	好转	加重		
静止痛	78	49	15	9	5	93.59%	6.41%
间竭跛行	78	50	15	10	3	96.15%	3.85%
皮色改变	78	47	13	11	7	91.03%	8.97%
溃疡	78	13	6	1	5	93.59%	6.41%

通过临床实践证明，78例患者，静止疼痛效果好，有效率为93.59%，而肢体动脉搏动的恢复效果最差。治疗前25例足背动脉消失，治疗后2例恢复，胫后动脉治疗前25例消失，治疗后3例恢复。腘动脉治疗前9例消失，治疗后2例恢复。股动脉治疗前2例消失，治疗后1例恢复。尺动脉治疗前2例消失，治疗后1例恢复。虽然大部分患者动脉仍无，但自觉症状有不同程度的改善，远与患者自觉症状不相符。这可能是治疗后有侧支循环建立或伴有动脉周围炎使血管纤维化，不易恢复肢体动脉搏动所致。

3. 微循环变化情况　管袢数目，清晰度及排列治疗前后变化情况，对照组与治疗前相比，管袢总数、正常管袢、排列、清晰度均为 $P<0.01$。有非常显著的差异，治疗后与治疗前相比，管袢总数、正常管袢、清晰度 $P<0.01$，有非常显著的差异，管袢排列 $P<0.05$，有显著差异。

血栓闭塞性脉管炎患者外周微血管减少，治疗后微血管增加，虽然动脉搏动恢复较差，但自觉症状有明显好转，这说明服中药后使血管增加，代偿了外周微循环而取效。

由于外周血管供血不足，故血管管袢不清晰，服药后清晰度有显著好转，证明了中药有扩张外周血管促进微循环的作用，血栓闭塞性脉管炎病人病程长，外周血管受到较大的破坏，故治疗后微循环虽有改善，但血管排列的变化疗效较差，有待以后深入研究。血色的深红和暗红，主要是缺氧，治疗后血色有明显的改变，可能是由于中药促进了循环，使外周血管流量增加，促进了代谢，所以血色得到明显的变化。

动静脉长度，动静脉口径，袢项宽，对照组和治疗前相比，有非常显著的差异，治疗前与治疗后相比 $P<0.01$ 有非常显著的差异。益气活血药物作用于外周血管，对动静脉管袢长度的增加有着较好的疗效，这佐证了中医“气滞则血凝”“气行则血行”“瘀阻者脉不通”“血活则瘀祛”道理的正确性。血栓闭塞性脉管炎虽是动静脉同时受累的血管疾病，但小静脉的口径较小动脉大，加之受累没有动脉重，所以能代偿小动脉所供血的回流，由于小动脉的舒缩机制病变较重，口径缩小。服药后微动脉口径的改善，证明中药对微动脉口径有扩张作用。

血流速度：对照组和血栓闭塞性脉管炎治疗前相比，治疗前血流缓慢（$P<0.01$），有非常显著的差异，治疗后血流速度和治疗前相比（$P<0.01$），有非常明显的差异（见表2）。血栓闭塞性脉管炎血流缓慢是肯定的，治疗后血流速度显著加快，说明中药能改善外周血管的灌流不足。

表2 管袢数目、清晰度、排列及动静脉管袢的变化（M ± SD）

组别	例数	管袢数目（根/mm）		清晰度（%）		排列（%）		动静脉管袢（μm/根）	
		总数	正常	清楚	模糊	整齐	紊乱	动脉	静脉
治疗前	78	3.27 ± 1.56	3.55 ± 1.10	15 19.23	63 80.77	5 6.41	73 93.59	135.71 ± 26.73	171.28 ± 26.97
治疗后	78	9.55 ± 1.5※	5.3 ± 1.54※	69 88.46	9 11.54	40 51.28	38 48.72	176.13 ± 29.23※	211.38 ± 30.12※

注：治疗后与治疗前相比，* $P<0.01$

三、体会

我们在中医辨证治疗此病取得疗效的基础上，对78例阳虚型血栓闭塞性脉管炎患者进行服药前后的微循环对照，进行临床观察，除临床症状和体征改善外，微循环也有较大的变化。说明中医治疗血栓闭塞性脉管炎的疗效机制是应该肯定的。我们通过微循环观察，了解到本病并不是单纯的中小动脉疾患。而是并行的动静脉腔内都有血栓形成，如微血管内流速不畅或减慢，流态异常。有微细胞聚集，微血管内的血液呈颗粒状，由于微循环障碍进一步加重了局部病变，造成恶性循环，所以纠正微循环障碍，不仅有利于临床症状的缓解，而且对预防肢体坏死的发生也有一定的积极作用。

桃仁承气汤外敷治疗膝关节创伤性滑膜炎48例报告

沈连波　河北省玉田县医院

作者采用桃仁承气汤药物为末外敷，治疗膝关节创伤性滑膜炎，经临床48例病人观察，效果显著，现总结效果如下：

一、临床资料

1. 一般资料　本组48例，男27例，女21例，年龄最小16岁，最大72岁，病程最短3天，最长3月，其中左膝23例，右膝25例，48例均有膝关节外伤史，来院前行关节抽液，加压包扎，口服伤泰胶囊21例，X线提示轻度膝关节退行性改变者12例。

2. 诊断标准　膝关节有明显外伤史。伤后关节肿胀疼痛，屈伸受限，局部发热或皮色暗红，压痛明显，浮髌实验阳性。X线检查无明显异常，或膝关节退行性改变，其他原因所致的膝关节滑膜炎除外。

二、治疗方法

关节积液明显者，局部消毒，抽出关节腔积液，然后取桃仁40g、生大黄40g、芒硝20g、桂枝20g、生甘草6g共为细末（一次量），蜂蜜适量，与药末调匀成糊状，均匀敷于肿痛部位，外以纱布缠敷固定，2日换药一次，10日为一疗程，两疗程间隔1～2天。用本法时，停用其他疗法。

三、疗效分析

1. 疗效标准　痊愈：肿胀、疼痛完全消失，关节功能正常，一月内未复发。显效：肿胀、疼痛明显消失，过劳时轻度肿痛，关节功能基本正常。有效：肿胀，疼痛大部缓解，关节功能轻度受限。

2. 治疗效果　本组48例，治疗时间最短1个疗程，最长2个疗程，按上述标准评定，结果治愈率31例，占64.6%；显效12例，占25%；有效5例，占10%。所有病例均未见皮肤过敏及其他不良反应。

四、讨论

膝关节创伤性滑膜炎为膝部较常见的一种软组织损伤疾病，多由于急性外伤或慢性劳损引起滑膜血管扩张，组织充血，白细胞及胶原纤维渗出，关节内压力增高，酸性产物堆积，关节滑膜受刺激而出现肿胀，疼痛，发热，活动受限等临床症状。久之滑膜增厚，纤维机化引起粘连，可致膝关节严重的功能障碍，因此，早期诊断及时正确治疗非常重要。

该病中医称之“痹证”“伤筋”。膝为筋之汇，赖血濡之，由于局部创伤，气血逆乱，血瘀气滞，脉络痹阻，津血失布，化湿化热，潴留局部，故膝关节肿胀、疼痛，局部发热，功能受限。日久瘀血凝结，湿热成疾，瘀疾痹阻，筋脉失常，使病情加重，缠绵难愈。桃仁承汽汤为张仲景《伤寒论》方，功能破血下瘀，治疗下焦蓄血引起的少腹急结，小便不自利，谵语烦渴，至夜发热，甚则其人若狂。后世作为汤剂内服，治疗跌打损伤所致的脏腑气血逆乱，瘀热内结，腑肠结滞，不得通利之疼痛，不能转侧，二便秘涩证，将本方药为末，作为外敷剂，应用于局部，治疗痹证，报道尚少。方中桃仁破血行瘀，大黄下瘀泻热，二药合用，破瘀血，化瘀热，共为君药。芒硝咸寒，泻热利湿，软坚消肿，助核桃破血行瘀，桂枝助桃核破瘀血，引大黄发肌腠，为佐药；甘草性温，益气和中、缓急，制约诸药峻烈之性为使；配以消炎镇痛的蜂蜜为粘合剂。诸药合用，破血泄热，除湿消肿。直接用于局部，使瘀湿浊之邪，一从局部肌腠渗出，一从机体代谢而散，则肿痛、发热得以速解，关节功能得以恢复。

本方使用方便，作用迅速。临床根据瘀热湿邪的轻重不同，还可适当加大相应药量，或配伍活血、清热、利湿药物。由于本方为克伐之剂，虽局部用药，但对寒湿凝结、脾胃虚寒者及孕妇均应慎用。用之亦需“中病即止”，并辅以健脾、补肝肾之剂护卫正气，巩固疗效。

当归生姜羊肉汤加味治疗产后身痛36例

王秀春　河南省南阳市第二人民医院

当归生姜羊肉汤方出自《金匮要略》一书。是治疗产后腹中疼痛，并治腹中寒疝，虚劳不足之方。笔者多年的临床验证，以当归生姜羊肉汤加味治疗产后身痛，取得了满意疗效，现报道如下：

一、临床资料

本组共36例，门诊病人32例，住院病人4例；年龄最小23岁，最大38岁；初产妇28例，经产妇8例；病程最短7天，最长96天。

二、治疗方法

采用当归生姜羊肉汤加味，药物组成：当归20g，红枣20g，生姜20g，鲜羊肉200g，黄芪30g，白芍15g。桂枝10g，鸡血藤15g。用法：先将羊肉切成薄片，与红枣、生姜一同入沙锅，加水2000毫升，煮沸30分钟后，再加入中药（用纱布包着，用清水浸泡30分钟），用文火煎煮40—60分钟即可。服时可佐少量食盐，分3次热服，吃肉喝汤，每日1剂。

三、疗效标准及结果

疗效标准：痊愈：肢体酸痛，麻木，重着等不适感觉完全消失。有效：肢体酸痛，麻木重着基本消失，仅在劳累后感觉轻微麻木。无效：服药7天后病情无明显改善者。结果：本组痊愈32例，占88.88%，有效3例，占0.83%，无效1例，占0.27%，总有效率97.22%，疗程最短7天，最长21天，平均14天。

四、病案举例

方某，女，26岁，2001年12月22日初诊。主诉：产后遍身关节酸痛，肢体麻木月余。病史：患者因生产时失血过多，致身体虚弱，动则易汗出。产后半月因不慎受风寒，开始感觉四肢关节发凉怕冷，继而遍身关节酸痛，麻木不适，以下肢为重，其家人曾配单方服及艾叶煮水熏洗未见效。故来院就诊，诊见患者精神不振，面色萎黄，舌质淡红，苔薄，脉细弱。检查：T36.8℃，P82次/分，R20次/分，BP110/80mmHg，听诊：心肺（－），腹软，肝脾不大，腹无压痛及反跳痛，四肢关节无红肿，实验室检查：血WBC6.8×10^9/L，NO 68%，L 0.32%，HB 88g/L，RBC3.0×10^{12}/L。ESR 10mm/h，ASO＜500单位，RF（－），尿检：正常。辨证：产后失血过多，百骸空虚，风寒乘虚而入，痹阻脉络，筋脉关节失养所致。治法：补血养血，和络止痛。处方：当归20g，红枣15g，生姜20g，鲜羊肉200g，黄芪20g，白芍15g，桂枝10g，鸡血藤15g，桑寄生15g，按上法服用9天，诸证消失，告痊愈。半年后随访无复发。

五、体会

产后身痛，是妇女在产褥期常见病之一，证见遍身肢体酸痛，骨节不利，或麻木，重着等。其发病机理，主要是产后气血亏损，运行无力，或风寒湿邪乘虚侵袭，致血留滞于经络肌肉之间气血运行不畅，不通则痛。由于气虚血少，不能充养周身，四肢百骸空虚，筋脉关节失于濡养，营卫失和，故见肢体麻木，产后气虚，脏腑功能减弱，水湿运行无力，故有全身重着感。

当归生姜羊肉汤中，当归性味甘温，补血活血，温经通脉；生姜辛温，温中散寒；羊肉温补气血，此即《内经》所谓：“形不足者温之以气，精不足者补之以味”的道理。再加桂枝以温通血脉，调和营卫；黄芪益气行血，配当归，鸡血藤又能生血养血通络，白芍补血养血且能缓解桂枝辛热之燥性，以防伤阴；红枣补中健脾、益气养血，诸药合用，共奏益气补血，温经通络，散寒止痛之功。产后身痛多发于冬春严寒季节，与产后多虚、多瘀有关，一般以正虚邪实者多。治疗以补气养血，通络止痛为主，在养血之中，应佐以通络之品，以标本同治；祛邪之时，当配养血补虚之品，以助祛邪而不伤正。临证用药，可根据疼痛部位的不同随证加减，若上肢痛，加桑枝、羌活；下肢痛，加牛膝、松节；痛甚肢体屈伸不利者，加海风藤、伸筋草；痛如针刺者加姜黄、没药、乳香；冷痛明显者加细辛。总之，务使气血周流，身痛自愈。

仲景治痞对慢性胃炎饮食形态的启示

——不同形态饮食对慢性胃炎预防与康复182例临床观察

雷正荣　胡陵静　重庆市中医院

慢性胃炎是由不同病因所致的一种慢性胃黏膜炎症，该病是消化系统的常见病、多发病，以慢性浅表性胃炎和慢性萎缩性胃炎为多见。慢性浅表性胃炎，迁延日久转变成慢性萎缩性胃炎（CAG），其发病率在各种胃病居首位，约占门诊胃镜检查病人的80%～90%，年龄越大，发病率越高，国内翁强等对4120例慢性胃炎统计，其中60岁以上者占23.13%[1]。特别是1978年WHO将CAG伴发的中重度不典型增生和非完全肠化生列为胃癌前状态，目前是公认的胃癌前病变，该病严重危害了人类的身体健康，故慢性胃炎，尤其CAG的诊治已成为当前研究的热点。而不同形态结构饮食对慢性胃炎的预防和康复影响的研究在国内则是空白，具有重要的社会意义。

我院消化科从 1993.3～2002.5 在仲景治痞的启发下，采用不同形态饮食结构观察慢性胃炎患者 182 例，现将临床观察总结如下：

一、一般资料与方法

1. 观察对象　以门诊和病房病人作为观察对象，所有病例均经胃镜检查确诊为慢性浅表性胃炎或慢性萎缩性胃炎。诊断标准和中医辨证参照 1995 年《中药新药临床研究指导原则》。将 182 例病例分为粗食组和软食组。粗食组 95 例，其中男性 63 例，女性 32 例，年龄 22～71 岁，平均年龄（47.5±4.8）岁，病程 6 个月～19 年，平均病程（6.8±2.8）年，慢性浅表性胃炎 59 例，慢性萎缩性胃炎 36 例。中医辨证属肝胃不和证 32 例、脾胃虚寒证 21 例、寒热错杂证 23 例、胃阴不足证 19 例。软食组 87 例，其中男性 58 例，女性 29 例，年龄 23～70 岁，平均年龄（46.2±4.3）岁，病程 5 个月～20 年，平均病程（7.2±2.1）年，慢性浅表性胃炎 55 例，慢性萎缩性胃炎 32 例。中医辨证属肝胃不和证 29 例、脾胃虚寒证 19 例、寒热错杂证 22 例、胃阴不足证 17 例。

两组在年龄、性别、病程、证型经统计学处理无明显差异，具有可比性。

2. 观察方法　按不同形态结构饮食分为两组

粗食组：嘱进食米饭、蔬菜、水果等固体食物，并少饮或不饮汤水。

软食组：嘱进食牛奶、果汁、稀饭、面条等流汁、半流汁易消化之品。

两组均嘱其饮食定时定量，除粗食组和软食组在饮食不同形态结构上的差异外，不作其他饮食性质、内容要求。

两组均采用中医药汤药治疗：肝胃不和证选用四逆散加减，脾胃虚寒证选用黄芪建中汤加减，寒热错杂证选用半夏泻心汤加减，胃阴不足证选用益胃汤加减。日 1 剂，煎取汁 3 次，合计 300ml，每于饭后服 100ml，日 3 次，每周服药 5～6 剂，服药 3 个月。

两组均观察半年，停用其他相关药物。

二、症状变化判定标准

痊愈：临床症状及体征完全消失，停药 3 月内未复发；好转：临床症状及体征部分消失；无效：临床症状及体征无好转，甚至加重。

三、结果

1. 两组观察前后临床症状比较见表 1

2. 两组两种疾病复发率比较见表 2

表 1　两组观察前后临床症状比较

组别（例数）		上腹痞满	不思饮食痛	胃脘疼	嗳气	腹胀	恶心欲吐
粗食组（95）	前	95※	81※	75※※	68※※	33※	26※
	后	6	7	8	10	5	4
有效率（%）		93.7%	91.4%	89.3%	85.3%	84.8%	84.6%
软食组（87）	前	87	39	42	20	20	18
	后	16	11	9	4	9	8
有效率（%）		81%	71.8%	67.3%	80%	55%	55.6%

* 与软食组比较存在显著差异（$P<0.05$）

* * 与软食组比较无显著差异（$P>0.05$）

表 2　两组两种疾病复发率比较

组别	例	慢性浅表性胃炎			慢性萎缩性胃炎	
		复发	复发率（%）		复发	复发率（%）
粗食组	59	4	6.8	36	3	11.1
软食组	55	12	21.9	32	11	34.4

两组两种疾病复发率比较有显著性差异（$P<0.005$）

四、讨论

1. 本观察取法仲景治痞，当少饮水，勿碍中焦气机升降。

慢性胃炎，最多见的是慢性浅表性胃炎和慢性萎缩性胃炎，临床主要表现为上腹胀瞒、食欲减退，恶心、嗳气等，多属于中医“痞满”，今称“胃痞病”范畴。

对“痞满”的阐述，最早见于《内经》，在《内经》中称痞、满、否膈、否满等。认为其病因多为饮食不节、起居不时、寒邪内侵等，《素向·异法方宜论》云：“脏寒生满病”。《素问·阴阳应象大论》云：“寒气生浊，……浊气在上，则生䐜胀”。

仲景对痞满的认识更加深入，并奠定了痞满辨证论治基础。《伤寒论》云：“满而不痛者，此为痞”，“脉浮而紧，而复下之，紧反入里，则作痞。按之自濡，但气痞耳”。认为误下伤中，中虚邪陷，中焦脾升胃降气机失调，是痞证的主要病机。列有半夏泻心汤、生姜泻心汤、附子泻心汤、大黄黄连泻心汤等治痞证。其药用辛开苦降等味，复其脾升胃降气机运行生理功能。半夏、生姜、甘草等泻心汤煎服法，“……以水一斗，煮取六升，去渣，再煎取三升，温服一升，日三服。”水饮属阴，赖阳气蒸化，又有碍阳气升发。“再煎取三升”，其用意似在浓缩药汁，减少饮水量。以防饮水多而碍中焦脾升胃降气机运行。又如仲景桂枝汤服用：“忌生冷、粘滑、肉面、五辛、酒酪、臭恶等物，”其意在勿碍脾升胃降化生营卫之源泉。

李东垣倡脾胃内伤论，《兰室秘藏·中满腹胀论》云：“脾湿有余，腹满食不化。……亦有膏粱之人，湿热郁于内有成胀满者。……或多食寒及脾胃久虚之人，胃中寒则生胀满，或脏寒生满病”。《脾胃论》“补脾胃泻阴火升阳汤”服法云：“大温服，……服药之时，宜减食，宜美食；服药讫，忌语话一、二时辰许及酒、湿面、大料物之类，忌大湿热之物复助火邪而愈损元气也。亦忌冷水及寒凉、淡渗之物及诸果，恐阳气不能生旺也。宜温食及薄滋味以助阳气。大抵此法此药，欲令阳气升浮耳”。

可见，仲景治痞用半夏泻心汤等方，“再煎取三升”浓缩药水，少予饮水量，同时药用辛开苦降之品，在助脾升胃降气机运行。

《千金方》记载：“肠胃之中，常留谷二斗四升，水一斗一升，……”说明一般情况下，胃肠中以谷（固体食物）为主，以水（液体食物）为辅的。

江氏[2]主张：“萎缩性胃炎病人在用膳时及用膳后2~3小时，应尽量少饮水，以免冲淡本来就少的胃液，”

本观察在仲景治痞启示下，并考东垣“补脾胃泻阴火升阳汤”饮食忌宜法等，在辨证论治的同时，将慢性胃炎分为粗食组（固体食物，少予饮水）与软食组（液体食物），观察饮食形态对慢性胃炎预防与康复的影响。

2. 本观察以粗食助胃肠“更满更虚”运动，促进慢性胃炎康复。

中医关于脏腑生理认为：胃肠“更满更虚”运动，是人体气机升降、五脏安定的重要因素。《灵枢·平人绝谷》云：“平人胃满则肠虚，肠满则胃虚，更满更虚，故气得上下，五脏安定，血脉和利，精神乃居。”胃被称为“水谷之海”，与脾紧密联系，互为表里，共同完成饮食物营养的消化吸收，胃主受纳水谷，其性属阳，恶刚燥喜凉润，其气主降，有腐熟和传输食物到小肠的作用，故“其气降则顺”；脾主运化水谷、水湿，化生气血，其性属阴，体柔润喜温燥，其气主升，以将水谷精微输转全身，故“其气升则安”。胃肠“更满更虚”交替运动，是脾升胃降“气得上下”功能的基础，也是“五脏安定，血脉和利”……等的重要前提。

粗糙食物有利胃肠运动，促进胃肠“更满更虚”。近代，杨志一《胃病研究》记“孙总理疗胃法”，称之为胃抵抗疗法，“令病者戒除一切肉类及溶化流动之物，及粥糜、牛奶、鸡蛋、肉汁等，而食坚硬之蔬菜鲜果，服取筋多难化者，以抵抗肠胃，使自发力，以复其自然之本能。”[3]

现代研究认为：一般食物与胃排空的速率和留在胃内食物的平方根成正比，胃内容物刺激胃窦黏膜释放的胃泌素不仅促进盐酸的分泌，而且对胃运动也有中等强度的刺激作用，促进胃排空。……胃黏膜血流量增加可保证黏膜营养物质供应，维持能量代谢，促进上皮细胞 HCO_3^- 的分泌，以中和 H^+ 保护胃黏膜屏障[4]。粗糙食物久留在胃中，可以刺激胃持久运动，胃在持久运动状态下，可增快胃组织的血液循环，改善对胃的供氧和营养，促进上皮细胞 HCO_3^- 的分泌，以中和 H^+，保护胃黏膜屏障，促进胃健康和胃炎的康复。

据此，本观察将患者饮食形态构成分为粗食（固体食物）组、软食（液体食物）组，观察结果证实：慢性胃炎患者以固体食物为主，对胃炎康复有显著促进作用。这可能与固体食物较液体食物更能促进胃肠“更满更虚”运动，助脾升胃降气机运行，使脾胃本身“血脉和利”“安定”有关。

参考文献

[1] 周文泉，李梓国主编．实用中医老年病学．北京：人民卫生出版社，2000：276.
[2] 江伟琚主编．临床实用营养学．北京：北京医科大、中国协和医学大学联合出版社，1992：91.
[3] 陆拯主编．近代中医珍本集．内科分册．浙江科学技术出版社，1991：543~544.

[4] 许国铭等主编. 现代消化学. 人民军医出版社, 1999：676.

小半夏加茯苓汤治疗十二指肠壅积症21例临床观察

厉永龄　宋树林　河北省玉田县中医院

十二指肠壅积症，病程一般迁延较长，多呈间歇性反复发作。我们用小半夏加茯苓汤治疗21例，收到了较好的稳定疗效。

一、一般资料

本组男6例，女15例，年龄最小20岁，最大57岁，平均35.3岁。病程最短3个月，最长11年。诊断标准：临床症状以呕吐（涎水或食水挟杂）为主症，或伴有心下痞闷、脘痞不适，腹胀嗳气，胃脘疼痛，有振水声，纳差者，并经我院或外院钡餐透视，确诊为十二肠壅积症者。

二、治疗

口服小半夏加茯苓汤，即半夏24克、生姜10克、茯苓30克，水煎每日一剂，早晚二次分服。呕甚者，少量多次频服。脘痞运化迟缓者，加枳实10克、白术12克。胃脘痛者，加延胡索18克、白芍12克、甘草4克。心下痞鞭嗳气者，加代赭石24克、旋覆花10克（包煎）、人参6克。脾虚腹胀者，加厚朴18克、人参3克、甘草3克。口苦胸闷，舌苔黄腻者，加竹茹12克、黄连3克、桔皮10克。临床症状基本消失后，用外台茯苓饮或香砂六君子汤加减，以巩固疗效。经治疗，本组痊愈16例（临床症状消失，经钡餐透视，影像恢复正常，随访一年未复发），显效5例（主要症状消失，其他症状基本消失，钡餐透视示十二指肠黏膜皱襞粗乱，不规则，肠管无扩张，钡剂通过顺利，随访三个月未复发）。疗程最短2天，最长65天，平均22天。

三、典型病例

袁××，女，22岁，1984年4月9日入院，呕吐一年余，伴胃脘微痛。自述幼年经常胃脘隐痛，着凉或情志不畅即发。一年前又患呕吐，屡治不效，且逐日加重。钡餐透视示胃内空腹滞溜液较多，十二指肠降段、水平段肠管扩张，黏膜皱襞粗乱，钡剂通过迟缓，逆蠕动，局部压痛，30分钟后取左侧位观察，可见钡剂部分通过。西医诊为十二指肠壅积症，中医辨为肝胃不和，脾胃虚寒之呕吐，胃脘痛。服舒肝和胃、温中散寒之药数剂及补液等支持疗法均无效。

1984年5月12日会诊，患者神清，呈痛苦病容，面色白皖，心肺正常，胃脘压痛，有振水声，肝脾未解及，余（－），呕吐频作，食则吐食，饮则吐饮，或清稀痰涎，心下痞闷，口渴喜热饮，形体消瘦，舌质淡红，舌苔薄白，脉沉细。辨为痰饮呕吐证，予小半夏加茯苓汤一剂，呕吐脘痛明显减轻；再剂，临床诸症霍然消失，精神好转，饮食增加。经钡餐透视复查，一切正常，于5月15日带原方两剂出院。一年后多次随访，疗效稳定，至今未复发。

四、讨论

十二指肠壅积症属“痰饮呕吐”范畴，多缘饮食不节，情志失调，伤及脾胃。中气既戕，脾阳消乏，坤德有惭，失其为胃行其津液之权，阳和失布之区，即阴邪窃踞之地，久延，心下壅积痰饮而成本病。饮邪既结，停蓄心下，则胃失和降，随气上涌，循其近窍而出之，故呕吐清稀宿水，或痰涎挟食，是为本病临床之主症。《内经》谓：“诸病水液，澄彻清冷，皆属于寒”。如，胃脘隐痛，心下痞满，有振水声，舌淡苔白等中宫虚寒诸症，皆可视为本病伴随之候。

且饮为阴邪，非阳不化。本方最合“温药和之”之旨，半夏味辛性燥，辛可散结，燥可蠲饮。生姜辛温，和胃降逆止呕，加茯苓之甘淡渗利，以去其水。药仅三味，看似平淡无奇，但合而用之，和胃降逆止呕之功甚著。但须指出，运用本方，药味一般不加不减，且用量宜重，放胆用之，二、三剂后，临床症状迅即减轻，甚或消失，上消化道钡透影像也随之恢复正常，疗效颇佳。

由于本方疗效显著，我们有意识地摸索、扩大、验证它的治疗范围，凡经钡餐透视确诊为十二指肠壅积症者，不管辨证属于什么类型，只要临床表现以“呕吐”为主症，我们一律主以本方，随证加减，每获良效。

经方加味辨证治疗心衰验案三则

贾太谊　贾　磊　河南省方城县中医院

一、冠心病心力衰竭

万某，男，53岁。发作性胸骨后疼痛伴心慌气短1年余，因感冒或劳累可诱发加重，立即停止活动或服“速效救心丸”可缓解症状，每次发作约2min~3min。曾以“下壁心肌缺血”在某医院治疗4个月（用药不详）无效，此间，曾赴河南医科大学一附院检查，动态心电图示：偶发室性早搏，偶发房性早搏；心电图：心肌灌注，左室下后壁心肌灌注减低。多普勒示：心脏结构未见异常。胆固醇6.2mmol/L，抗“O”、血沉均正常，胸片（—）。1995年2月7日因夜间阵发性呼吸困难加重2周入某院继续按“冠心心衰型”治疗。曾服卡托普利、氨茶碱、消心痛、心达康，静滴“脉络宁”“镁剂”等效均不佳。每天晚间因出不来气憋醒，多时每夜可达5次~7次，常在夜23时一翌晨3时发作，时心率可达108次/min，憋闷，咳嗽，用西地兰、可待因不能很好控制。为防止夜间发作，其妻常在发作时说话相陪，避免入睡，3时以后方可入睡。2月21日来我院住院。住院号：95015。

检查：T：37℃，P：92次/min，R：22次/min，BP：20/12.6kpa。肥胖体型，神清，气稍短，无发绀，两下肺偶可闻及少许散在干罗音，心尖搏动位置触诊不明确，心浊音界正常，心率92次/min，律齐，S_1稍低，$A_2 \geqslant P_2$，心尖部可闻及Ⅱ级—Ⅲ级柔和吹风样杂音，肝脾不大，无下肢浮肿。证见：胸闷胸骨后疼痛，心中痞满，时觉心悸，心慌气短，动则气喘，夜来憋气，神疲乏力，肢冷，口干，心烦汗出，舌体红嫩少苔，脉沉细数。入院诊断：心痹（心阳不振、气阴两亏）。西医诊断：冠心病（心力衰竭Ⅱ级）。证候分析：心居胸中，为阳中之阳，心主血脉，靠心气的推动，血液才能运行全身，心痹宗气不行，经脉不通，胸中阳气不展，不能贯注心脉，影响循环，故见心悸气短、胸骨后疼痛、神疲、自汗、肢冷等症。夜属阴，入夜阴得阴助，阴盛阳弱，故子至丑时，胸闷憋气；昼属阳，至寅时，阳气渐盛，阳得阳助，始能入睡。如此反复不愈，气损及阴，致气阴亏虚，故兼见口干、心烦、汗出、舌红嫩少苔，治则：补中助阳，佐以养阴行气逐瘀。投人参汤加味：红参10g，干姜9g，焦白术12g，甘草9克，麦冬30g，甘松30g，山楂60g，麦芽15g。

上方加减服20余剂，胸骨后疼痛、夜来憋气消失，诸症悉减。1个月后出院上班，1年后随访无复发。

按：《金匮要略·胸痹心痛短气病脉证治》篇云：“胸痹心中痞气，气结在胸，胸满，胁下逆抢心，枳实薤白桂枝汤主之，人参汤亦主之”。本条是指胸痹属于气虚偏寒的证治。言阳气未虚者用前方，其虚者用后方，补中助阳，阳气振奋，则阴邪自散，此即同病异治之例。加入甘松其气芳香，能醒脾开郁，具温通之功，而无燥热之弊，使气郁得以疏通，脾运得以健旺，则化血有源，肝血得藏，神魄自安；加麦冬既能补气阴亏虚，又有改变血液流速；加麦芽、山楂乃取逐瘀生新的作用。诸药共奏补中温阳，养阴逐瘀之效。

二、风心病慢性心力衰竭

陈某，男，61岁，工人，1994年9月20日入院。住院号：941347。罹风心病10余年，动则胸闷、气急、心悸，心尖区搏动弥漫，收缩期杂音Ⅲ级—Ⅳ级，心率100次/min，早搏5次~7次/min，肝下界肋下锁骨中线处6cm，剑突下4cm，颈静脉怒张，肝颈静脉回流征（+），BP：20/12kPa。症见：形体虚弱，倦怠，精神萎靡，面色苍黄，两颧暗红，口唇紫绀，舌淡胖边有齿印、尖有瘀点，形寒肢冷，脉结代。入院诊断：心痹（心肾两虚）。西医诊断：风心病《慢性心力衰竭》。证候分析：年愈花甲，体质渐衰，早年患痹证，日久累及于心，遂患心痹，屡治不愈。心痹病，脉不通，气血痹阻，滞而为瘀，以致心失濡养故心悸；胸阳不振，水气凌心则胸闷而喘；阳气衰微不能温养四肢，故形寒肢冷；阳虚，膀胱气化不利则下肢颜面肿甚，舌淡胖，有齿印；舌尖瘀点，脉结代皆为心阳不振，血脉凝涩之象。此危候也。治当温阳利水，俟胸中阳气振奋，运行有力，再拟活血化瘀，益气通络养心之法以调养之。投真武汤加味：熟附片10g，赤白芍各12g，焦白术12g，干姜10g，桂枝15g，万年青根15g，黄芪30g，远志9g，茯苓皮30g，炙甘草9g。

上方服2剂，口唇淡红，下肢肿及两颧红消失，心率80次/min，早搏2次~3次/min，R：19次/min，BP：20/10kpa，神清纳健。原方继进4剂，心衰诸症消失，1周出院。

按：病属右心衰竭病例，为心肺肾阳气虚损。真武汤为治疗阳气衰竭的主方，按陈修园《伤寒真方歌括》附子壮元阳，则水有所主；白术建土气，则水有所制；合芍药之苦以降之，茯苓之淡以泄之，生姜之辛以行之，总使水归其壑。加万年青根以强心利尿，远志以安神养心。符合治水病强心、宣化、利尿之原则，但临床须根据疾病情况灵活加减运用。

三、肺心病心力衰竭

吴某，男，61岁，农民，住院号：941217。罹慢支10余年，每逢冬春易发，缠绵不愈，1周来咳吐白色泡沫痰，每日约400ml，夜来喘作，不得卧。经服消炎、平喘药乏效，渐渐加重，1994年8月20日入院。经检查，T：37.8℃，P：118次/min。R：24次/min，BP：16/10kPa。唇绀，颈静脉怒张，两肺可闻及干湿性罗音，两肺底布满湿罗音，腹水征（+），腰围79cm，心律齐，三尖瓣区可闻及Ⅱ级收缩期杂音；双下肢凹陷性浮肿，化验：血常规、尿常规，肝功能、肾功能均正常。心电图示：左心室肥大。胸片示：①慢支合并感染。②肺心病。刻下症见：面色憔悴，心慌，气急，稍动则喘，脘腹胀满，纳差，小便不利，双下肢浮肿，舌淡，苔薄滑，脉弦滑数。入院中医诊断：咳喘（正虚邪盛）。西医诊断：肺气肿，肺心病，心力衰竭Ⅱ级。证候分析：其人素有痰饮，复感外邪，引动痰饮，则咳嗽喘息不得卧，病久肺虚，不能通调水道，影响水液输布，故见浮肿以下肢为甚。治则：宣肺化饮，温阳利水，佐以活血化瘀。投小青龙汤加减：葶苈子10g，麻黄10g，桂枝10g，细辛5g，半夏10g，干姜10g，五味子9g，赤芍15g，附片12g，川芎15g，红花9g。

服药4剂，咳喘平，夜卧安，脘腹胀满减轻，小便利，下肢浮肿消失，腰围65cm，唇色变红，腹水（±）。再拟补肾纳气之剂调养旬日出院。

按：肺心病缠绵不愈，偶遇外邪则引动内饮，逆而犯肺，以致肺气壅塞。治当宣肺通表，理气化水，用小青龙汤。此属治水的开鬼门法。心衰患者常有不同程度的瘀血征象，配合使用活血化瘀之品，常可收到更好的效果。使用要视病人体质强弱、正气虚损程度以及瘀血轻重而定。

四、讨论

“充血性心力衰竭”是指慢性心功能不全而言。因心脏血液循环障碍，心脏负荷超过最大限度，导致心机能不全，造成左右心室肥大或扩大，最后引起代偿机能丧失而发生心力衰竭。其结果是：肺循环瘀血；发生心脏性喘息或体循环瘀血，水液滞留于肢体腹腔脏器，发生肝脾肿大及全身水肿。祖国医学虽无此病名，但其主要表现早在《内经》中已有描述。《素问·水热穴论》篇：“水病下为跗肿大腹，上为咳喘不得卧。”《素问·汤液醪醴论》：“五脏阳以竭也，津液充廓。”此外，《金匮要略》云：“心下者，其身重而少气，不得卧，烦而躁，其人阴肿”对于呼吸困难与水肿的关系，认为是标本同病，指出了心力衰竭属正水范围，并提出与心有关。

心力衰竭多分属于中医心悸、喘证、水气、痰饮以及虚劳等疾病的范畴。以上病例，分别介绍了“冠心病”“风心病”“肺心病”三病的心衰治疗情况，临床根据不同的证型，采以相应的治法，是完全有效的。由此，不难看出，中医治疗水肿之法与现代医学治疗心力衰竭的原则不仅是相似的，而且在方法上更为丰富。心衰的治疗并不是非用洋地黄之类不可，经过多方验证，完全可以用中药控制并改善症状。以上病例仅是对轻型心衰的治疗，对重型心衰以及长期合并肺部感染的病症，仍有待于进一步探索，以提高疗效。

半夏泻心汤临证活用举隅

黄家诏　广西中医学院

半夏泻心汤是仲景《伤寒杂病论》之名方，在论中本方主要治疗伤寒误治而致的“心下痞硬”之证。全方由半夏、黄芩、干姜、党参、黄连、炙甘草、大枣七味药组成。根据本方的配伍作用，其有辛开苦降，调和脾胃，升降气机，消结散痞等作用。后世医家在临床实践中对本方作了较为深入的研究，应用范围亦大有扩展。尤其在经方之间的合用或经方时方合用方面，笔者自有体会，在治疗肠胃方面疾病，更收到满意效果，现举验案数则于下。

一、半夏泻心合理中汤案

何某，女，42岁，食堂工作人员。1990年12月28日初诊。主诉大便溏烂并腹痛近3年，近2个月来加重。由于工作环境的原因，经常服食煎炸肥腻及酸辣之品，初病时偶见腹痛呕吐，泻下粘秽大便，肛门坠胀，常服保济丸、土霉素、黄连素之类药，一时见效，可病根未断。近2年来常见腹痛隐隐，肠鸣漉漉，大便常夹粘液，次数增多，有时每天4～5次，腹泻时作时止，稍进饮料、牛奶、蛋品等则症状加重。经某医院作肠纤维镜检查诊为“过敏性结肠炎”“肠功能紊乱”。刻诊所见，面色皖白，神虚体羸，腹痛绵绵，口干不欲饮，纳呆便溏，月经错后7～10天不等，经色稀淡，舌质淡，苔白腻，脉弱。病属脾虚不运，湿阻肠胃，虚实夹杂之慢性泄泻。治宜调和脾胃，健脾燥湿，方用半夏泻心汤合理中汤加减。处方：党参15g，白术12g，干姜6g，黄芩10g，黄连7g，半夏10g，地榆25g，薏苡仁30g，炙甘草6g。每日水煎服1剂。属服药期间忌食生冷、酸辣及酒酪之品。

1991年1月7日二诊：服药9剂后，大便次数减少，每天1～2次，基本成形，腹痛明显减轻，但仍有肠鸣、口淡，舌苔由腻转干，此乃湿去而脾气未复之象。仍守上方加神曲10g，以加强健脾理气之功，再续进15剂。

1月24日三诊：病已大有好转，腹痛已止，大便不烂，排解顺利。惟2天前因吃水煮红薯后，便次有所增加，此乃脾胃未健，甘壅滞脾之故。仍守上方将白术增至15g，连服20剂后，病告愈，后以香砂六君汤加减调治月余，以巩固疗效。门诊随访半年，病未再发。

按 本病由饮食伤脾，脾虚致泻。《罗氏会约医镜·泄泻》谓："泻由脾湿，湿由脾虚"。《中藏经》亦说："脾脉不及则令人中满，不食，乏力，手足缓弱不遂，涎引口中，四肢肿胀，溏泄不时……泄泻不已"。本案为脾虚兼夹湿热，虽不是误治成痞，但起因则是饮节不节而致，脾胃虚寒而肠热，故用半夏泻心合理中汤温中健脾，清肠热而去湿邪，方中加用地榆是为清肠热，加用薏苡仁可增健脾利湿之力。全方寒温并用，标本同治，故收良效。

二、半夏泻心合藿香正气案

石某，男，75岁，某机关离休干部。2001年6月5日初诊。患者诉20多年前参加某自卫反击战，因战争环境及条件所限，饮食失节，损伤肠胃，渐成慢性腹泻，长期消化不良，腹痛腹泻，每遇风寒或冷饮，则病情加重，甚时则便中挟脓血。由于长期患病，便次多而急迫，常不敢外出，即使偶到新的地方，则先察看厕所方位，常自感尴尬。屡经区内多家医院诊治，多以"慢性结肠炎"为治，某医院1998年则诊断为"慢性非特异性溃疡性结肠炎"，诊断甚为明确，但历治罔效。近日天气热而外感，稍食生冷西瓜而腹泻又作，经人介绍来求中医诊治。刻诊：腹痛肠鸣，恶心欲呕，胸膈满闷，便前则腹痛隐隐，大便稀烂，日3～4次，其质呈粘液之状，脘痞纳呆，恶寒阵作，舌苔白而厚腻，脉细滑略数。证属脾胃虚寒，复感外邪，内伤湿滞。由于内伤湿滞于中，气机不畅，湿邪阻滞，升降失常，故见痛、呕、泻等症状。治以健脾化湿，理气和中。处方：半夏10g，党参15g，干姜5g，黄芩10g，黄连8g，藿香10g，陈皮6g，神曲10g，白术10g（炒），地榆30g，薏苡仁30g，炙甘草6g。每日1剂，水煎服3次。服药期间注意预防外感，忌食生冷。服药6剂，大便基本成形，便次减少，腹痛肠鸣减轻，已无恶寒。但纳食尚差，时有呕恶，舌苔转薄腻，脉滑细。于本方去干姜加生姜10g以加强开胃化湿，降逆止呕之力。以后用本方为主连续调治2个月，病告愈。随访一年未复作。

按 本案病由饮食失节，损伤脾胃，升降失调，发为慢性腹泻，病程迁延日久不愈，今又被寒湿之邪乘虚而入，病情虚实夹杂。用半夏泻心汤合藿香正气散，旨在温中健脾，理气和胃，化湿祛寒。方中半夏、干姜配黄芩、黄连，辛开苦降，坚肠止利；党参、白术、炙甘草健脾补中；地榆、薏苡仁用以加强清热利湿；藿香、陈皮、神曲行气止痛，解表祛湿。本案两方合用，旨在标本同治，相得益彰，故虽病经数年，辨治仍获良效。

三、半夏泻心合金铃子散案

陈某，男，37岁，1999年8月6日初诊。主诉：右上腹反复疼痛3年多，近一周来加重。患者素有烟酒嗜好，长年在外经商，起居失常，饥饱酸辣之食素无规律，久致胃疾。初起只是饥时胃部隐痛，腹部痞胀不适，时有打呃，常自购药品陈香路白露、田七胃痛胶囊等药内服，可图暂缓其痛，然并未断其病根。曾于1999年6月在某医科大学附院作胃镜检查诊为"慢性胃窦炎"，"十二指肠球部溃疡"。近来由于应酬频繁，酒酪辛辣之品过多，胃痛症状加重，自购中西成药内服未效而求中医诊治。刻诊：胃脘胀痛，痛时有痞闷烧灼感，嗳气吞酸，腹中嘈杂，痛甚则欲呕吐，食纳欠佳，口苦而干，大便烂而粘腻不爽，舌苔黄腻，脉细数而弦。证系胃脘痛（虚实夹杂型），治以清热消痞，健脾利湿，行气止痛之法，方用半夏泻心汤合金铃子散加减。处方：党参15g，白术12g，半夏10g，黄芩10g，黄连8g，薏苡仁30g，干姜5g，延胡索10g，金铃子10g，炙甘草6g。每日1剂，水煎分3次内服。嘱服药期间禁食酒酪、酸辣、生冷之食物。

二诊：8月13日，诉谓服药6剂后，胃脘胀痛减半，嗳气吞酸减少，腹中痞胀肠鸣亦大有好转，大便顺爽，食欲增，舌苔白稍腻，脉弦细。药已中的，于本方稍事加减即可，再守方加瓦楞子30g，木香6g（后下），用瓦楞子加强制酸，而加木香是增其行气止痛之力。前后共进24剂，诸证基本消失，以后再以四君子汤合金铃子散加味调治月余，当年11月胃镜复查报告病已治愈。

按 半夏泻心汤在《伤寒论》中为误下伤中而设，本案虽不属误下，但由饮食伤胃，中阳受损则一。病者由于嗜好烟酒、辛辣无常，使中阳损伤，虚实夹杂于脾胃，致气机痞塞，升降失常，故用半夏泻心汤攻补兼施，寒温并用，是以泻心下之痞疾也。合用金铃子散是为治其气滞化热所致之胃脘疼痛，以金铃子散能清热而行气止痛，故两方相配用于本病，能健脾理气和胃，最为合拍，故病能治愈。

桂枝麻黄各半汤临证运用举隅

周海虹　厦门大学海外教育学院

桂枝麻黄各半汤见于《伤寒论》第23条，系桂枝汤与麻黄汤的合方，由桂枝、芍药、生姜、大枣、麻黄、杏仁、甘草组成。原方主治太阳病延日数久，正气略虚，表邪势减未解，或疟疾热多寒少，肢体惰痛者。笔者临证用本方为主治疗多种外感及内伤杂证，获得较好疗效，现择例介绍如下。

一、产后感冒

女，28岁，2003年4月11日初诊。诉分娩后22天，9天前因哺乳，不慎着凉，次晨即出现恶寒，发热，鼻塞，流清涕。经服用中西抗感冒药，效果不明显。刻诊仍有怕风，鼻塞，发热（T37.3℃），微微汗出，精神疲倦，偶有咳嗽，舌淡红，苔薄白，脉浮虚。证属产后气血亏虚，腠理不固，外感风寒，营卫失调。治拟疏达皮毛，调和营卫，扶正驱邪。处方：桂枝9g，白芍9g，麻黄6g，杏仁99g，黄芪15g，白术9g，防风6g，甘草6g，生姜3片，大枣5枚。服3剂而愈。

按　产妇分娩时因产伤和出血，以致元气受损，血虚营亏，腠理空疏，风寒邪气易于乘虚而入。本例虽邪势不盛，然正气无力驱邪外出，使得表邪延至八、九日而不解。故选用发表之轻剂桂枝麻黄各半汤配合玉屏风散，取方中桂枝汤调和营卫，为汗液之源；麻黄汤疏达表邪，为发汗之用；玉屏风散益气固表，为增抗邪之力。三者相互为用，刚柔并济，标本兼顾，达到小汗邪解而又不伤正气之效。

二、过敏性鼻炎

林某，女，29岁，2001年10月20日初诊。鼻痒、鼻塞、打喷嚏、流清涕反复发作5年余。每当在空调环境中，或接触异味、粉尘及受凉后上述症状即发作。西医诊断为过敏性鼻炎，迭经中西药物治疗，效果不佳。伴神疲乏力，面色苍白，形寒畏冷，易感冒，舌淡，苔薄白，脉浮细。检查：鼻黏膜苍白水肿，鼻腔见水样分泌物。证属肺脾虚寒，清阳下陷，卫外不固，风寒客肺，肺窍失利。治拟补气升阳，温肺散寒，通利鼻窍。处方：桂枝9g，白芍9g，麻黄6g，防风9g，细辛6g，辛夷12g，苍耳子9g，黄芪20g，白术9g，党参15g，柴胡6g，蝉蜕9g，炙甘草6g，生姜3片，大枣6枚。上方服5剂后，鼻痒、鼻塞、流涕、喷嚏均明显好转。守上方续服2周，诸症缓解，嘱服补中益气丸1个月，以善后巩固。随访1年多未见复发。

按　过敏性鼻炎属中医鼻鼽范畴，临证表现多为虚证、寒证，病位主要在肺脾。肺脾虚寒，清阳无以出上窍为病之本，风寒壅塞，肺窍不利为病之标。故以桂枝麻黄各半汤合补中益气汤化裁，取温经散寒，通利肺窍，益气升阳，扶正祛邪之功，立法用药切合病因病机。现代药理研究表明，桂枝、麻黄、蝉蜕、防风等能够阻止过敏介质的释放，并可拮抗组织胺而具有抗过敏作用；黄芪、党参、白术、大枣能增强机体的免疫功能，从而提高抗病力，减少复发率。

三、慢性荨麻疹

黄某，男，48岁，2002年3月22日初诊。宿患荨麻疹病史6年，迭进中西药物未能控制复发。近半年来，两上肢、颈部及躯干皮疹此起彼伏，夜重昼轻，先为散在粟粒状丘疹，抓后迅速融合成淡红色片状之扁平隆起。西医用氨茶碱、赛庚啶、扑尔敏、钙剂等治疗无明显效果。舌淡暗红，苔薄白腻，脉细。证属风寒袭表，久稽不解；内舍于络，营卫不和，邪气与气血搏结而形疹于外。治拟扶风散寒，和营透表，活血通络。处方：桂枝9g，白芍9g，麻黄9g，防风9g，当归9g，生地15g，川芎6g，桃仁9g，红花6g，紫草12g，蝉蜕9g，生姜3片，大枣6枚，甘草6g。服用6剂后，皮疹基本消退，仅在夜晚感觉局部皮肤瘙痒。风邪已有外透之势，然病久气血亏虚，正不御邪，仍有复感再发之虑，遂于上方去麻黄、生姜，加黄芪20g，夜交藤30g。连续服用2周，随访至今未见复发。

按　荨麻疹为皮肤黏膜毛细血管及小血管扩张，通透性增加所致的局限性真皮水肿，属过敏性疾病，中医称之为“痞瘤”“瘾疹”。本病的发生多因禀赋不耐，腠理失固，风寒侵袭，佛郁肌肤而成。若风邪久稽不去，则内舍于络，致营卫不和，瘀血内阻而使瘾疹反复发作，顽固难愈。此时虽以祛风为法，又非一般疏风药荆防之辈所能奏效，故用桂枝麻黄各半汤为主，取桂枝汤调和营卫，疏通血脉，祛除稽留之风邪；麻黄汤疏风散寒，通达经络，驱邪达表；合用桃红四物汤养血活血，便周身气血畅通，则“血行风自灭”。

四、病态窦房结综合征

李某，女，52岁，1999年6月3日初诊。患者3年前发现心率慢，胸憋闷，头晕等症，曾有2次晕厥。心电图示窦性心动过缓（心率48次/分），频发逸搏，偶发房早，并有T波改变。阿托品试验阳性。西医诊断为病窦综合征，冠心病。常服速效救心丸、心宝等药稍有改善。近1周来，因劳累症状加重。刻诊：胸闷憋气，心前区闷痛，放射至肩胛部，头晕心悸，困倦乏力，腰酸肢冷，心率50次/分，舌淡暗而胖，苔白，脉沉迟而弱。证属心肾阳虚，阴寒凝滞，血脉闭阻。治拟温阳益气，散寒通脉。处方：红参10g，黄芪20g，制附子10g，淫羊藿15g，熟地15g，桂枝10g，白芍10g，炙麻黄6g，干姜6g，丹参15g，大枣6枚，炙甘草9g。服完6剂后，胸闷心慌，头晕肢冷等症状明显减轻，心痛消失，心率56次/分。继以上方加减连服5周，上述诸症基本缓解，体力渐复，心率维持在55～62次/分。

按 病窦综合征属中医“胸痹”“心悸”范畴，以心率缓慢为突出表现，多由心气亏虚，心阳不振，鼓动乏力，血流滞缓所致。久必及肾而见心肾阳虚之症。故治疗当以红参、黄芪、附子、淫羊藿、干姜等温阳益气为主，用桂枝麻黄各半汤之意，在于取风药辛温之性，能畅达阳气，振奋人体气化功能，使气血运行，血脉通畅，则阴霾得以消散。现代药理研究也表明，麻黄有温和、缓慢而持久的兴奋心脏的作用，使心收缩力增强，心率加快，心输出量增加；桂枝能明显增加冠脉流量，改善冠脉循环。这些为本方治疗病窦综合征提供了一定依据。

大黄甘草汤新用

杜普昌　湖北省荆州市
荆州区中心卫生院

临床上很多疾病有呕吐一症，不但进食即吐，而且治疗疾病的药物服下亦复吐出，以致影响治疗效果，是临床医生颇感棘手的问题。读《金匮要略·呕吐哕下利病脉证治第十七》篇中“食已即吐，大黄甘草汤主之。”是仲景先师创立下这有惊人疗效的方剂。此方仅以大黄四两、甘草一两，以水煎三升，煮取一升，分温再服。用以治疗因实热阻于胃肠，腑气不通，而见进食即吐之证。笔者根据这一指导精神，灵活地改良煎服法，用于临床上进食进药即吐者，用此方后可以安然进药，常获良效，今整理出来供同道参考。

一、病毒性肝炎

张某，23岁，身目俱黄，尿色黄赤，身困乏力，厌油恶心，进食进药均呕吐不止，在当地医院治疗一周，因进药即吐，其效不显。遂来我科住院治疗。中西药均按常规方法治疗。考虑患者进药即吐，遂以大黄甘草汤投之。方用大黄5克、甘草2克，以少量热开水浸泡3分钟后，服下药液，候3～5分钟后，再服下治疗药，未见患者发生呕吐。以后继续按上述方法服药，患者再未见服药进食即吐之现象。病情也逐渐好转。如此治疗两周，病愈出院。

二、急性胆囊炎

熊某，男，62岁，右上腹部胀痛剧烈，拒按，后背胀痛，发热，身目俱黄，尿黄便秘，呕吐苦黄水，不能进食进药。口服治疗药无法奏效，以大黄甘草汤投之，先用热开水100毫升乘热浸泡大黄7克，甘草4克，亦如前法服药，未见患者呕吐。除按常规方案治疗。如此治疗一周，病愈出院。

三、不全性肠梗阻

陈某，男，37岁，患者昨起尿频尿急，右腰部胀痛剧烈，恶心呕吐，进食进水均呕吐不止，大便已三日未解。腹部胀满不适。门诊以“尿道结石”收住入院。入院后以针灸止痛，并以大量液体静脉治疗，疼痛见减，小便见长，但大便仍未解，有时仅只少许矢气，腹部胀满疼痛加重，进食进水呕吐更甚，立即以生大黄10克、甘草5克，亦如前法泡服，继以大剂大承气汤加莱菔子、广木香等一剂水煎服，患者未吐，大便得解。一剂服后告愈。

四、中暑

邓某，40岁，值夏季气候炎热时外出，因此感受暑热，自觉精神不振，肢软乏力，胃脘满闷灼热欲冷饮，但进水进食进药即吐，服药无法奏效。往年曾患此疾，皆用西药治疗，其效不速。此次要求改服中药治疗。仍以大黄4克、甘草2克，亦如前法泡服，随即饮服藿香正气水一支，病情很快得到改善，连续用上法治疗，两次即告痊愈。

五、体会

仲师独树一帜用大黄甘草汤治吐，此方笔者灵活应用于临床上，每获奇效。仲师曾于《金匮》一书中明确指出“夫诸病在脏欲攻之，当随其所得而攻之。如渴者与猪苓汤，余皆仿此。”“余皆仿此”之意何谓也？余认为诸病在腑亦然。大黄甘草汤之治乃胃腑实热内壅，腑气不通，失其和降上逆之呕吐，前人有“六腑以通为用，腑病以通为补”的理论，大黄在《神农木草经》谓其有“荡涤肠胃，推陈致新，通利水谷，调中化食”之效。《中药大辞典》论述其泻下作用约有效成分乃蒽醌甙，如果此种甙水解而失去糖的部分，成为游离的蒽醌类（如大黄素）效力即减弱。甘草《神农本草经》谓其主“五脏六腑寒热邪气……”《本经疏注》中指出：“攻者，下而不上，如……大黄甘草汤等……，若无甘草调剂其间，其往而不返，以行险侥幸之计，不异于破釜沉舟，可胜而不可不胜，拒诚决胜之道耶。”实乃中肯之论。笔者以温开水将大黄甘草浸泡少时，未破坏大黄之蒽醌甙，其荡涤之性犹强，推陈致新，其排空作用更胜，佐以缓急和中之甘草，使五脏六腑之寒热邪气得解，则胃内实热得清，留得一方清静之处。候治疗药物服下，不致上逆呕吐，药效得展，愈疾则如利刃破竹。

大黄甘草之用量当视患者病情之重轻，体质之强弱，年龄之老少，灵活掌握不可拘泥，且大黄甘草用热水浸泡之法，简捷便利，不需耗费时间，立配立用，患者也乐意接受，实乃事半功倍之举。

桂枝汤治疗豚鼠变应性鼻炎的实验研究

李上云　孟繁志　辽宁中医学院

桂枝汤作为《伤寒论》第一方，药简而意奥，治疗变应性鼻炎的临床报道颇多。现代药理研究表明桂枝汤对免疫系统有调节作用[1-3]。本文旨在从实验研究角度系统地观察桂枝汤对变应性鼻炎豚鼠血、鼻黏膜中环核苷酸含量及鼻黏膜局部症状的影响，以探讨桂枝汤治疗变应性鼻炎的作用机制。

一、材料与方法

1. 变应性鼻炎动物模型制备及药物治疗

（1）动物分组：健康豚鼠 40 只，雄性，六月龄，体重大约 350～450g。（购自沈阳药科大学实验动物中心。）按体重将大鼠随机分为五组，即 A 组：桂枝汤治疗组；B 组：扑尔敏治疗组；C 组：大佛水治疗组；D 组：模型对照组；E 组：空白对照组。

（2）造模方法：除空白对照组外，每只豚鼠以卵白蛋白 0.3mg 作抗原，氢氧化铝粉末 30mg 作为佐剂，加生理盐水 1ml 形成混悬液，腹腔注射，隔日一次，共 7 次，为基础致敏。再以 0.25% 卵白蛋白的生理盐水溶液 2ml 超声雾化吸入，每日一次，连续 5 天，为强化致敏。间歇一周后鼻腔内以 1% 卵白蛋白溶液 20～100ul 攻击。整个治疗过程中，仍给予 1% 卵白蛋白溶液 50～100ul 滴鼻，隔日一次。空白对照组以生理盐水代替卵白蛋白，方法同上[4]。

（3）给药方法

①桂枝汤治疗组：中药购于辽宁中医学院附属医院药局。桂枝，芍药，炙甘草，生姜，大枣，经生药学鉴定其原植物分别为 Cinnamomum cassia BI，Paeouia Pall，Glycyrrhiza uralensis Fisch，Zingiber officinal Rosc，Zixyphus jujuba mill Var Inermis（Bunge）Rehd。药物剂量分别为 27g，27g，18g，7 枚[5]。药料混合，加 10 倍量蒸馏水，浸泡 1 小时后微火煮沸半小时，共两次，滤液浓缩至 200 毫升，冰箱保存。2 毫升/次，日二次口饲（6g 生药/公斤/日，按体表面积换算），共十五天。

②扑尔敏治疗组：0.6% 扑尔敏液 2 毫升/次，日二次口饲，共十五天。

③大佛水鼻喷雾剂治疗组：1 次/3 天，共十五天。

④空白对照组及模型对照组：蒸馏水 2 毫升/次，日二次口饲，共十五天。

（4）豚鼠死亡情况：造模第 10 天、12 天各死一只，表现为烦躁不安，磨擦鼻子，呼吸困难，抽搐惊厥，死亡。

2. 测定指标方法

（1）行为学观察：

①鼻分泌量测定：用滤纸法收集鼻分泌物，滤纸条 5mm×40mm 大小，一端为 1mm×13mm，以便放入鼻腔，5min 后取出，测量滤纸浸湿长度。

②喷嚏计数：在每次测试前，给予 1% 卵白蛋白溶液 50～100ul 滴鼻，观察 30min，计喷嚏次数，每二日观察一次。

③鼻抓痒次数：同上。

（2）环核苷酸测定：试剂盒由上海中医药大学同位素室提供。标本处理及检测方法参见盒内说明。

3. 数据处理　结果均用 $\bar{X} \pm S$ 表示，显著性比较采用方差分析，q 检验。

二、结果

1. 行为学指标结果

（1）治疗过程中各豚鼠行为学指标变化情况

①各组鼻分泌量：桂枝汤组随着进一步给药，鼻分泌量逐渐减少，一周后分泌量少于造模组、扑尔敏组、大佛水组。15 天后桂枝汤组接近正常组，较治疗前鼻分泌量减少 61.63%。统计学处理，（q 检验），15 天后桂枝汤组与造模组比较有显著性差异（$P < 0.01$）。

②各组的抓量计数：桂枝汤组在治疗初抓痒明显，一周后明显减少，15 天后，接近正常组。造模组仍持续较高，经统计学处理，桂枝汤组与造模组相比差异有显著性（$P < 0.01$）。

③各组的喷嚏观察情况：桂枝汤组在治疗开始时喷嚏症状明显，一周后喷嚏计数（$\bar{X} \pm S$）显著减少，15 天后接近正常组，而造模组仍处于较高水平。统计学处理，15 天后桂枝汤组与造模组比较有显著差异（$P < 0.01$）。

（2）治疗后各组豚鼠行为学指标比较。

表一　桂枝汤对变应性鼻炎豚鼠的鼻分泌量，鼻抓痒次数，喷嚏次数的影响（$\bar{X} \pm S$）

组别	动物数（只）	鼻分泌量	鼻抓痒次数	喷嚏次数
桂枝汤治疗组	8	$11.75 \pm 3.4^{*\#@}$	$3.875 \pm 1.0^{*\#\$}$	$2.25 \pm 0.5^{*\#\$}$
扑尔敏治疗组	8	$19.25 \pm 1.04^{*}$	$11.75 \pm 1.04^{*}$	$4.5 \pm 1.07^{**}$
大佛水鼻喷雾剂治疗组	7	$13.85 \pm 1.95^{*}$	$8.24 \pm 0.5^{*}$	$3.28 \pm 0.95^{*}$
模型对照组	7	32.57 ± 2.7	18.28 ± 1.5	6.29 ± 1.10
空白对照组	8	$5.13 \pm 1.36^{*}$	$1.375 \pm 0.9^{*}$	$1.0 \pm 0.75^{*}$

注：（1）与模型对照组比较 *$P < 0.01$

（2）与扑尔敏治疗组比较#$P < 0.01$

（3）与大佛水鼻喷雾剂治疗组比较 \$$P < 0.05$，@$P > 0.05$

由表一可见，桂枝汤治疗组，扑尔敏治疗组，大佛水治疗组与模型组比较均有显著性差异（$P < 0.01$），说明这三种药都可缓解豚鼠的鼻炎症状；且桂枝汤治疗组与扑尔敏治疗组，大佛水治疗组（除对鼻分泌量影响）比较亦有显著性差异（$P < 0.01$，$P < 0.05$），说明桂枝汤疗效较其他二者显著。

2. 环核苷酸指标结果

（1）治疗后各组豚鼠血中环核苷酸的变化

表二　桂枝汤对变应性鼻炎豚鼠血中 cAMP，cGMP 及 cAMP/cGMP 比值的影响

组别	动数物	$\bar{X} \pm S$ cAMP	pmol/ml cGMP	cAMP/cGMP
桂枝汤治疗组	8	$23.875 \pm 7.338^{*@\$}$	$4.875 \pm 1.144^{*@\$}$	$5.268 \pm 0.951^{*\#\$}$
扑尔敏治疗组	8	$21.5 \pm 7.211^{*}$	$5.5 \pm 1.562^{*}$	$3.899 \pm 0.731^{*}$
大佛水鼻喷雾剂组	7	11.714 ± 4.271	7.743 ± 1.246	1.552 ± 0.658
模型对照组	7	11.571 ± 6.503	8.314 ± 1.839	1.3350 ± 0.458
空白对照组	8	$26.625 \pm 6.139^{*}$	$4.338 \pm 0.819^{*}$	$6.031 \pm 0.937^{*}$

注：（1）与模型对照组比较 *$P < 0.05$

（2）与扑尔敏治疗组比较@$P > 0.05$，#$P < 0.05$

（3）与大佛水鼻喷雾剂治疗组比较 \$$P < 0.01$

由表二可见，桂枝汤治疗组，扑尔敏治疗组与模型对照组比较均有显著性差异（$P < 0.05$），大佛水鼻喷雾剂组与模型对照组比较无显著性差异（$P > 0.05$），说明桂枝汤与扑尔敏可使血中 cAMP 含量增高，cGMP 含量降低，cAMP/cGMP 比值升高，大佛水则无此作用，但桂枝汤与扑尔敏间无显著性差异（$P > 0.05$，除比值一项）。

（2）治疗后各组豚鼠鼻黏膜中环核苷酸的变化

表三 桂枝汤对变应性鼻炎豚鼠黏膜 cAMP，cGMP 及 cAMP/cGMP 比值的影响

组别	动数物	$\overline{X} \pm S$ cAMP	pmol/ml cGMP	cAMP/cGMP
桂枝汤治疗组	8	4.451 ±0.629 *#$	0.181 ±0.075 *#$	27.496 ±8.753 *#$
扑尔敏治疗组	8	3.376 ±0.520 *	0.293 ±0.092	13.712 ±5.193 *
大佛水鼻喷雾剂组	7	4.317 ±0.806	0.214 ±0.071	21.072 ±3.637
模型对照组	7	2.386 ±0.744	0.38 ±0.149	6.652 ±2.214
空白对照组	8	4.72 ±0.626 *	0.168 ±0.071 *	31.248 ±8.801 *

注：（1）与模型对照组比较 * P <0.05

（2）与扑尔敏治疗组比较#P <0.05

（3）与大佛水鼻喷雾剂治疗组比较 $ P >0.05

由表三可见，桂枝汤治疗组、大佛水鼻喷雾剂治疗组与模型对照组比较均有显著性差异（P <0.05），扑尔敏治疗组与模型对照组比较无显著性差异（P >0.05），说明桂枝汤、大佛水鼻喷雾剂可使鼻黏膜 cAMP 含量增高，cGMP 含量降低，cAMP/cGMP 比值升高，而扑尔敏此作用不显著。但桂枝汤与大佛水鼻喷雾剂间疗效无显著性差异。

三、讨论

变应性鼻炎是现代医学病名，与祖国医学中的“鼽嚏”，“鼻鼽”，“鼽水”相类似。其病因为感受风寒异气之邪，病性多属虚属寒，主要脏腑责之于肺，为本虚标实之证。《辨证录》云：“兹但流清涕而不腥臭，正虚寒之病也。……寒证应用温和之剂，倘概用散而不补，则损伤肺气，而肺金益寒愈流涕矣。”故而扶正祛邪是治则，祛风散寒、温补肺脏是具体治法。

桂枝汤为《伤寒论》首方，药简意奥，仅由五味药物组成：桂枝，芍药，生姜，大枣，炙甘草。方中桂枝为君药，有温肺阳、脾阳的作用，阳之与气，异名同类，温阳即所以补气。故桂枝能温补肺气，祛风散寒，温通经脉，调畅气血。肺主水，为水之上源。桂枝可通过对肺宣发肃降功能的调节来调节水液代谢，使水津得以四布，而不积聚于鼻以解除鼻塞，鼻流清涕，鼻黏膜苍白水肿的症状。且桂枝有补气行瘀之功，对久病气虚血瘀亦有效。芍药为臣药，阴柔可补益营阴，通调血脉之功又可助桂枝行瘀。生姜，大枣为佐药。生姜助桂枝祛风散寒，温肺通阳。大枣，甘温，协助桂枝、芍药补气益阴。甘草为使药，益气而有内守之功，使桂枝不致过于走散。方中桂姜主散属阳为“动药”走表，二药与枣草相配，辛甘化阳，使补阳力雄；芍枣草主收属阴为“静药”走里，三药相配，酸甘化阴，使补阴之力专，故桂枝汤除解表之用外更有补益之功。古方桂枝汤不仅能解肌祛风，调和营卫，更能温补肺气，行瘀利水，符合陈士铎所说：温和之剂，且散而有补，可治疗鼻鼽。

环核苷酸作为第二信使普遍存在于一切生物细胞中，它参与调节多种生理功能，其相对浓度和比值对维持机体生命活动的平衡起着十分重要的作用。环核苷酸种类较多，但最主要的是以下两种：3，5-环-磷酸腺苷（cAMP），3，5-环-磷酸鸟苷（cGMP）。两者中的一方增高或降低会出现“二元论”阴阳假说中的阳性（兴奋）反应或阴性（抑制）反应，具体表现在对淋巴细胞的转化，抗体的形成与分泌，淋巴细胞释放淋巴因子和激杀靶细胞作用，及介质释放的影响。研究表明：cAMP 与 cGMP 处于动态平衡状态，相互作用，相互拮抗。cAMP 可抑制淋巴细胞转化，cGMP 则促进淋巴细胞转化；cAMP 能抑制免疫反应，特别是阻止释放抗体，而细胞免疫活性的增强却与细胞内 cGMP 含量的升高有关。cAMP 可抑制淋巴因子的释放。cAMP 与 cGMP 的含量影响了免疫应答，同时二者的含量情况也反映了机体的免疫状况。研究表明桂枝汤有肾上腺皮质激素样作用，并可升高体内前列腺素 E2（PGE2）的含量，促进过量的乙酰胆碱灭活。而肾上腺皮质激素与 PGE2 均可活化腺苷酸环化酶（AC），在 AC 作用下，三磷酸腺苷（ATP）转化为环腺苷酸（cAMP）。乙酰胆碱可激活鸟嘌呤环化酶，增高 cGMP 含量，灭活乙酰胆碱间接地减少 cGMP 含量。甘草酸对 cAMP 降解酶-磷酸二酯酶的活性有抑制作用。同时大枣中含有的 cAMP 样活性物，易被肠吸收进入血及组织中。可见桂枝汤一方面促进 cAMP 的合成，一方面抑制 cAMP 的分解，从而使 cAMP 含量增高，cGMP 含量减少，桂枝汤通过对环核苷酸的调节来抑制变态反应，阻止介质释放，减轻局部炎症反应。

四、结论

1. 桂枝汤能治疗豚鼠变应性鼻炎，且疗效明显优于扑尔敏和大佛水鼻喷雾剂。

2. 桂枝汤不仅能发汗解肌，调和营卫，更有温肺益气，行瘀利水之功。

3. 桂枝汤治疗变应性鼻炎的机制为通过提高体内 cAMP 含量，降低 cGMP 含量，抑制变态反应，阻止介质释放，减轻局部炎症反应。

参考文献

[1] 魏德煜，等．试从免疫角度探讨桂枝汤的药理作用．北京中医杂志，1986；(6)：41.

[2] 吕秀凤，等．桂枝汤免疫抑制作用的实验研究．中西医结合杂志，1989；9 (5)：283.

[3] 卢长安，等．桂枝汤的药理研究——六，对免疫功能的双向调节作用．中药药理与临床，1990；6 (1)：1.

[4] 章如新，等．P 物质能神经阻滞剂治疗变应性鼻炎的实验研究．中华耳鼻喉科杂志，1994；29 (5)：282.

[5] 刘云．论经方汉今剂量的折算．河南中医，1984；(3)：7.

栝蒌薤白汤对肺纤维化大鼠肺组织中肿瘤坏死因子 α 表达的影响

宋建平　李瑞琴　李　伟　刘方州　张　瑞

河南中医院

肺间质纤维化包括特发性和继发性两类，其发病率逐年上升，预后不良。本病目前尚无治疗良策。我们曾观察到栝蒌薤白汤能明显减轻平阳霉素所致的大鼠肺泡炎及纤维化程度，抑制支气管肺泡灌洗液中层粘连蛋白、Ⅲ型前胶原含量的增高[1]。本实验进一步观察了栝蒌薤白汤对平阳霉素所致的肺纤维化大鼠肺组织中肿瘤坏死因子 α（TNF－α）表达的影响。

一、材料和方法

1. 实验材料

（1）实验动物：普通级健康 SD 雌性大鼠，体重 180～210g，由河南省动物实验中心提供，饲养于河南省中医药研究院动物观察室，室温 22±2℃，相对湿度 60%，常规饲料喂养，饮水量不限。

（2）造模用药：平阳霉素（PYMS），天津太河制药有限公司，批号 PBW020501，使用时用生理盐水配制成 3mg/ml；盐酸氯胺酮：上海第一制药厂，批号 010901。

（3）动物用药栝蒌薤白汤：全栝蒌、薤白（比例为 2：1），药材购自河南省中医学院第三附属医院，经鉴定为正品药材，加水 8 倍水煎、过滤、浓缩为 1.35g 药材/ml 药液备用。

（4）主要试剂及实验仪器：兔抗人鼠 TNF－α 多克隆抗体，武汉博士德生物工程有限公司，产品编号：BA0131；即用型 SABC 免疫组化试剂盒，武汉博士德生物工程有限公司，产品编号：SA1022；DAB 显色试剂盒，武汉博士德生物工程有限公司，产品编号：ED1022；L－200 型万分之一精密分析天平，日本岛津；HPIAS－1000 高清晰度彩色病理图文分析系统，同济医科大学千屏影像工程公司。

2. 实验方法

（1）动物分组：将动物按体重随机分为 3 组：正常对照组、模型对照组、栝蒌薤白汤组，除正常组动物为 10 只外，其余各组动物均为 12 只。

（2）动物造模与用药：正常对照组正常饲养不作任何处理，模型对照组及用药组大鼠按文献方法造模，以氯胺酮腹腔麻醉大鼠，取仰卧固定位，常规消毒，行颈正中切口，钝型分离暴露气管，经气管软骨环间隙向心端穿刺注入平阳霉素生理盐水溶液 0.2～0.3ml（平阳霉素 3mg/kg 体重），立即将动物直立并行旋转，使药液在肺内分布充分、均匀，缝合皮肤，待动物自然清醒后置笼内常规饲养。造模后第 2 天开始用药，中药组分别按 2ml/kg 体重灌胃药液，模型对照组灌胃等量去离子水，每天给药 1 次，每周复查动物体重以调整给药量，共用药 28 天。

（3）取材、检测指标与方法

①观察实验动物一般情况：体重、饮食、毛发、活动状况等。

②肺部形态学观察：取左肺外侧矢状面用 4% 多聚甲醛固定液固定，常规脱水，石蜡包埋，切片，进行免疫组织化学、HE 染色。参照文献[8]将肺泡炎或肺纤维化程度分为（－～＋＋＋）级，（1）无肺泡炎或无纤维化（－）；（2）轻度肺泡炎或纤维化（＋），受累面积少于 20%；（3）中度肺泡炎或纤维化（＋＋），占 20%～50%；（4）重度肺泡炎或纤维化（＋＋＋），受累面积 >50%。

③肺组织中肿瘤坏死因子 α（TNF－α）表达：以免疫组化 SABC 法检测，DAB 显色。用 HPIAS－1000 计算机图象分析系统对染色后的切片进行定量分析。计算每张切片阳性细胞染色程度，免疫组化切片以细胞胞浆中呈清晰棕黄色为阳性，按染色程

度不同分为5级：胞浆深棕色（4分）；胞浆棕黄色（3分）；胞浆淡黄色（2分）；微染色（1分）；无着色（0分）。高倍镜（×400）下观察，随机选上、下、左、右、中央5个视野，以病灶边缘正好进入检测光栏为准，在40倍物镜下测定标准测量光栏中阳性区域百分比、平均灰度和积分光密度。

（4）统计学处理：数据采用SPSS10.0统计软件处理。对服从正态分布的组间计量资料数据以均数（$\bar{x}$）±标准差（s）表示，组间差异性判断采用单因素方差分析，方差齐时用LSD法，方差不齐时用Dunnett T_3检验。用Ridit分析法比较各组肺泡炎及肺纤维化程度。

二、结果

1. 一般情况　正常对照组大鼠皮毛光滑，身体健壮，饮食、活动、体重增长正常，至实验结束时无动物死亡；模型对照组大鼠皮毛干枯稀疏，精神不振，反应迟钝，身体消瘦，进食、排便、活动均减少，喘鸣明显，呼吸急促，死亡4只，体重较造模前略有增加，个别体重下降；中药治疗组大鼠皮毛尚可，身体较壮，饮食、活动、体重增长基本正常，无死亡。

2. 病理组织学检查

（1）整体形态观察：正常对照组肺外观无明显异常，呈粉红色，表面光滑；模型组两肺呈暗红色，部分肺叶呈灰白色，弹性明显降低，可见散在的大小不等的点片状灰白色斑块，大部分动物肺脏体积缩小，硬度增加；中药治疗组两肺外观病变明显好于模型组，两肺颜色略暗红，大部分动物肺脏弹性尚可，部分肺叶偶尔可见散在的点状灰白色斑块。

（2）光学显微镜观察：正常对照组肺组织正常，无炎性细胞，无间质纤维组织增生。模型组大鼠的肺纤维化比较明显，肺泡间隔增宽明显，间质中大量淋巴细胞浸润积聚，出现大量胶原纤维和成纤维细胞，肺泡壁破坏，部分肺泡实变，肺泡腔内有多少不等的炎性细胞浸润，多呈3级纤维化和1级肺泡炎改变。中药治疗组大鼠的肺纤维化程度均较模型组大鼠明显减轻，大多只有轻度肺纤维化形成，肺泡间隔轻度增宽，部分有少量炎性细胞浸润，多呈1级纤维化改变，肺泡炎不明显。

统计结果显示：模型对照组肺泡炎及肺纤维化程度显著重于正常对照组及瓜蒌薤白组 $P<0.05$，提示动物模型复制成功，栝蒌薤白汤有减轻平阳霉素所致大鼠肺泡炎和肺纤维化病变的作用。各组大鼠肺泡炎及肺纤维化程度比较见表1。

表1　各组肺泡炎及肺纤维化比较（Ridit分析法）

组别	n	肺泡炎					肺纤维化				
		－	＋	＋＋	＋＋	R值	－	＋	＋＋	＋＋＋	R值
正常对照	10	10	0	0	0	0.333★	10	0	0	0	0.166★
模型对照	8	0	6	2	0	0.833▲▲★	0	2	3	3	0.916▲▲★
栝蒌薤白	12	8	3	1	0	0.500▲	4	8	0	0	0.500▲

与正常对照组比较，▲$P<0.05$，与栝蒌薤白组比较，★$P<0.05$

3. 各组肺组织中TNF－α的分布及表达镜下观察免疫组化结果：TNF－α蛋白质阳性表达呈棕黄色细颗粒状，或呈棕黄色丝网状。正常对照组大鼠肺组织切片见少许阳性棕黄色产物分布于肺泡巨噬细胞和支气管上皮细胞；模型组大鼠肺组织可见棕黄色颗粒状或丝网状阳性表达产物明显增多，在肺内间质也出现明显的棕黄色反应产物；用药组动物肺组织中TNF－α蛋白质的表达量较模型对照组明显减少。用药组的灰度值与模型组比较，$P>0.05$，差别无显著的统计学意义；阳性面积百分比与积分光密度均明显低于模型组，$P<0.05$，提示栝蒌薤白汤可抑制纤维化大鼠肺组织TNF－α过度释放，各组数据统计结果见表2、表3。

表2　各组肺组织中TNF－α分布比较（$\bar{x}\pm s$）

组别 细胞	n	肺泡巨噬 上皮细胞	支气管	肺内间质 细胞	结缔组织
正常对照	10	1.10±0.74★	0.80±0.42★	0.00±0.00★	0.80±0.42★
模型对照	8	3.38±0.74▲	2.75±0.89▲	2.63±0.92▲	3.13±0.99▲
栝蒌薤白	12	1.92±0.67▲★	2.00±0.85	1.75±0.45▲	0.83±0.72★

与正常对照组比较，▲$P<0.05$，与模型对照组比较，★$P<0.05$

表3　各组肺组织中 TNF－α 表达比较（$\bar{x}\pm s$）

组别	n	阳性面积百分比	积分光密度	灰度值
正常对照	10	38.78±7.43★	82.22±18.58★	117.18±16.91★
模型对照	8	67.43±8.10▲	130.99±22.75▲	96.51±17.21▲
栝蒌薤白	12	54.53±7.03▲★	107.43±11.67▲★	105.77±14.59

与正常对照组比较，▲$P<0.05$，与模型对照组比较，★$P<0.05$

三、讨论

栝蒌、薤白是汉代张仲景治疗胸痹的主药，胸痹以喘息咳唾、胸背痛、短气为主症，肺纤维化病人以进行性呼吸困难为主要临床特征，并可见咳嗽，部分病人有胸痛，与中医所论胸痹临床表现相似。《素问·痹论》曰“淫气喘息，痹聚在肺”，《类经》曰“痹者，闭也，风寒湿三气杂至，则壅闭经络，气血不行而病为痹”[3]。西医学认为肺纤维化由多种因素造成，其病理检查显示肺脏缩小、硬化，切面布满灰白色结节和暗红色实变，镜检可见肺泡变形、不规则甚至闭塞，毛细血管数量减少[4]，与中医所论痹证病机相似。栝蒌开胸中痰结，薤白通胸中阳气，文献报告其用于治疗以咳喘为主症的慢阻肺及因长期吸入大量含有游离二氧化硅的粉尘引起的肺纤维化（即矽肺）获得良好疗效[5,6]。肿瘤坏死因子α（TNF－α）作为一种细胞毒细胞因子，最早是由于具有诱导某些肿瘤出血性坏死而得名，它可增加中性粒细胞和嗜酸性粒细胞的功能，并刺激其产生超氧化物，释放溶酶体酶，对其周围组织细胞产生毒性作用，它还可介导其他细胞因子和炎症因子的表达，刺激成纤维细胞的增殖。巨噬细胞是分泌 TNF－α 的主要细胞，肺组织损伤后，巨噬细胞被募集到损伤组织周围并被激活，释放大量的 TNF－α，大量释放的 TNF－α 一方面加重炎症反应，另一方面又促进成纤维细胞的增殖并分泌大量的胶原，在纤维结合素的共同作用下，形成初期的肺泡炎症，最后导致肺纤维化。Piquet 等研究发现，在体内 TNF－α 局部释放可引起局灶性成纤维细胞和胶原的聚集，在动物和肺间质纤维化患者支气管肺泡灌洗液（BALF）中，肺泡巨噬细胞分泌的 TNF－α 较正常对照组明显增加，在动物实验中，用抗 TNF－α 单克隆抗体可减轻肺间质胶原的沉积，再次肌肉注射重组 TNF－α，胶原沉积又明显增加[7]。蔡后荣等在灌注博莱霉素 A5 的大鼠肺组织中发现 TNF－α mRNA 表达水平明显高于正常对照组，且 TNF－α mRNA 表达增强先于前胶原－Ⅰ［Proal（Ⅰ）］和前胶原—Ⅲ［Pro al（Ⅲ）］mRNA 的表达，认为 TNF－α 在肺间质纤维化的发生发展中起重要作用[8]。细胞因子在肺纤维化中的作用是目前研究的热点，大量的动物实验和临床研究表明，肺纤维化的发病过程中，促进炎症及/或促进细胞分裂增殖的细胞因子大量产生，它们之间及其与炎症细胞、肺脏组织细胞之间可以相互作用、相互诱生，发生一系列复杂的反应，加重肺组织炎症或免疫损伤，刺激纤维母细胞分裂增殖，促进细胞外基质的产生和沉积。本实验结果表明栝蒌薤白汤组动物肺组织中 TNF－α 蛋白质的表达量较模型对照组明显减少，提示抑制肺组织 TNF－α 过度释放可能是该药减轻肺间质纤维化的作用机制之一。

参考文献

［1］宋建平，楚瑞芬，刘方州，等．栝楼薤白汤对肺纤维化大鼠支气管肺泡灌洗液中层粘连蛋白、Ⅲ型前胶原含量的影响．北京中医药大学学报，2002（4）：29～30.

［2］何冰，赵桂荣，刘新民，等．白细胞介素－1 受体拮抗剂对肺间质纤维化的影响．中华结核和呼吸杂志。1994；17（1）：21～23.

［3］明·张介宾．类经．北京：人民卫生出版社，1965：558.

［4］钟南山，府军，朱元钰．现代呼吸病进展．北京：中国医药科技出版社，1994：507～516.

［5］奚照庆．复方薤白胶囊治疗慢阻肺 36 例．中医杂志．2000；41（4）：218.

［6］游祖生，朱维葵．矽肺病从胸痹论治探讨．实用中西医结合杂志．1991：4（9）：534.

［7］Piquet PF，Collart MA，Grau GE，et al. Tumo nnecrosis factor/cachecctin plays a key role in bleomycininduced pneumopathy and fibrosis. J Exp Med，1989；170：655～663.

［8］蔡后荣，郑培德，戴令娟，等．肺间质纤维化前胶原和肿瘤坏死因子α基因表达．中华结核和呼吸杂志，1998；21：753～755.

半夏泻心汤对大鼠胃黏膜血流量的影响

米子良　兰秀峰　内蒙古医学院

半夏泻心汤源于《伤寒论》，临床治疗胃肠疾病多有报导，为探讨其作用机理，我们观察了本方对胃黏膜血流量影响的实验研究，现将结果报导如下：

一、材料与方法

1. 实验材料

（1）器材：721 型分光光度计，上海第三分析仪器厂；电子分析天平，上海天平仪器厂，型号 TG－328B；小注射器及带细管的输液针头；输液夹；大剪刀及其他手术器械和材料，移液管与比色管。

（2）药物：半夏泻心汤，按文献方法煎煮，即半夏 55.7g、黄芩 46.8g、干姜 46.8g、人参 46.8g、甘草 46.8g、黄连 15.6g、大枣 42g，将上药以水 2000ml 煮取 1200ml，去渣再煎至 600ml，将所得药液用双层纱布过滤，水浴蒸发至 300ml，使每 ml 煎剂相当于生药 1g。将制备的半夏泻心汤用 6 个 50ml 小烧杯装好，置冰箱待用。

（3）试剂：中性红指示剂；乌拉坦注射液；1M NaOH 溶液；0.1M 盐酸；乙醚（分析醇）天津化学试剂厂，批号 960520；生理盐水（0.9% 氯化钠注射液），包头康力药业有限公司；中性红生理盐水溶液，配成 0.1%，按 8mg/kg 体重静脉注射。

（4）动物：健康 Wistar 纯种大白鼠，雌雄各半，共 46 只，体重 250 ± 20g，随机分成 6 组，分别作为对照观察组（0.5 小时组 7 只，2.5 小时组 8 只，4.5 小时组 8 只）。

对照组所有动物，均于实验前禁食不禁水 48 小时，于实验前 6 小时禁水，使胃充分排空，先给动物胃内灌注 0.1M 盐酸 2ml 后，立即用乌拉坦 20% ～25% 的浓度，以 0.48ml/kg 体重腹腔注射法麻醉，之后行幽门结扎术，即用旧式刀具刮掉腹壁毛，碘酒酒精常规消毒，取剑突下腹部正中切口 3cm 左右，用组织剪进入腹腔后，左右各用一把小弯止血钳，夹腹分向两侧以扩大术野，用钝镊和弯止血钳，在腹中线偏右侧肝脏下，将十二指肠轻轻钩中，同时在左侧肋缘部，用指轻轻向上一推，则胃体暴露于切口处，用弯止血钳钝性插穿幽门下无血管处的大网膜，将手术用 7 号缝线避开血管从幽门下穿过，并在幽门与十二指肠相交处结扎，剪线后将胃与十二指肠送回腹腔原处，随即关腹。术后分别以 8mg/kg 体重的量，于立刻、2 小时、4 小时，从大鼠舌下静脉推注已配备的中性红生理盐水注射液，分别于给药后半小时，将大鼠二次开腹，结扎贲门后取出胃，由助手负责抽取胃液及胃内其他物质，一并收入离心管，仍以 1500rpm 离心 15min 后取上清液并记录胃液量；取胃液的同时将大鼠断头，取血约 3ml，胃液和血液待提取中性红。

实验组所有动物，均于实验前禁食不禁水 42 小时，此期间给 4 次半夏泻心汤，每次 1g/只，于实验前 12 小时停止给汤药，实验前 6 小时开始禁水，余与对照组同。对照组亦按上述时间，于胃内灌注生理盐水 2ml/次。

2. 实验方法与步骤

（1）制作标准管及求标准曲线：用分析天平认真称取 18.75mg 中性红基质，加入到 0.1M 盐酸 50ml 中作为原液，然后分别稀释为每 4ml 含 1.5、3.0、6.0、12.0 和 24.0μg 作为标准管、将标准管置于分光光度计中测吸光度，将所得各值做浓度和吸光度曲线：

浓度与吸光度测量表

浓度（μg/4ml）	1.5	3.0	6.0	12.0	24.0
吸光度 A	0.035	0.075	0.140	0.258	0.485

经回归计算，求得其回归方程为：$A = 0.01977 + 0.01475X$（相关系数 $r = 0.999$）

注：浓度和吸光度曲线在理论上不能有截距，但对于 721 分光光度计来说是不可避免的，为保证本实验的客观性，在计算时仍保留截距。

（2）大鼠血内中性红测定：将大鼠血样本 3ml 加入 1M NaOH 0.1ml 播匀，加 10ml 乙醚，充分振荡并放置 10 分钟后，使几乎所有（96.3 ± 2.2%）中性红溶于乙醚中，用移液管吸出上层含中性红的乙醚，放入一个有塞比色管内，加入 0.1M 盐酸 2ml 充分摇匀，目的是将中性红提回至 0.1M 盐酸水层中，将此盐酸吸置于分光光度计专用盛具中，用 721 分光光度计取波长 540nm，测吸光度，利用标准曲线求出浓度值及中性红值。

（3）大鼠胃液中中性红测定：方法同上，仅加 1M NaOH 溶液 0.5ml 与上不同，目的是为了充分使胃液呈碱性，以利于中性红向乙醚转移。

（4）根据公式 $C = G/B \times v/t$，可推算出胃黏膜中性红清除率，即胃黏膜血流量（ml/h），其中 C 为清除率，G 为胃液中性红浓度，B 为血中中性红浓度，v 为收集胃液量，t 为时间。

二、实验结果，见表：

组别	0.5h 胃黏膜血流量 X ± SD	只数	2.5h 胃黏膜血流量 X ± SD	只数	4.5h 胃黏膜血流量 X ± SD	只数
生理盐水加半夏泻心汤组	3.8796 ± 0.6448	7	3.1226 ± 0.2693	8	4.6460 ± 0.5950	8
生理盐水组	1.9207 ± 0.2949 * * *	7	1.9511 ± 0.1048 *	8	2.8117 ± 0.2727 *	8

经统计学处理，两组间在 0.5h 时，为 P < 0.001，有显著性差异；在 2.5h 和 4.5h 均为 P < 0.05，也具有统计学意义。证明半夏泻心汤具有增加胃黏膜血流量的作用，尤其在用药早期效果更为明显。

三、讨论

通过实验证明，半夏泻心汤具有增加动物胃黏膜血流量的作用，这一作用对于运用该方治疗和预防胃溃疡及其相关疾病的解释，提供了可靠的理论依据。由于提高了胃黏膜的血流量，可改善局部代谢和黏膜的血流状态，使胃黏膜获得更多的营养和能量，这就为胃黏膜的自我修复，形成较强的细胞保护能力和抗病能力，促进溃疡愈合创造了有利条件。

甘草泻心汤治疗实验性反流性食管炎的实验研究

刘晓霓　高艳青　司银楚　牛　欣
北京中医药大学

甘草泻心汤是《伤寒论》治疗心下痞满、呕而肠鸣的痞证一著名经方，为历代医家公认的治疗脾胃病的良方之一，广泛应用于食管炎、胃炎、肠炎、消化道溃疡等消化道疾病的治疗。本实验以反流性食管炎为模型，对该方治疗反流性食管炎的作用机理进行初步研究。

一、材料和方法

1. 材料

（1）动物：60 只 SD 大鼠，雌雄兼用，250 ± 20g，由维通利华动物实验中心提供，合格证号：SCXK－2002－0003。

（2）药材和试剂：半夏、黄芩、黄连、干姜、党参、甘草、大枣购自同仁堂药店。原方配比见表 1，常规方法煎煮并浓缩至 1g 生药/ml 备用。其他试剂均为国产分析纯。MDA、SOD、GSH—PX 试剂盒由南京建城生物工程研究所公司提供。

表 1

半夏	干姜	黄芩	黄连	党参	大枣	甘草
8.1g	6.8g	6.8g	2.3g	6.8g	6.1g	9.0g

2. 方法

（1）分组：60 只大鼠，雌雄各半，体重 220 ± 20g 随机分为对照组、模型组、甘草泻心汤组，每组 20 只。

（2）模型制备[1]：大鼠术前禁食不禁水 24 小时，手术时用 1% 戊巴比妥钠（30～45mg/kg）麻醉，固定在手术台上，严格进行无菌操作，腹部正中切口，进腹后将食管下段分离出神经和血管，切断食管；缝合贲门并荷包包埋入胃中，保留全胃，食管下端与十二指肠侧壁侧行端侧吻合。对照组行伪开腹术。

（3）给药方法：甘草泻心汤组于造模后一周开始灌胃给药（大鼠用药剂量为人用药剂量的 10 倍），对照组一周后给相同剂量的常水，连续 3 周，末次给药后 1 小时断头处死。

（4）肉眼食管炎指数评分标准[2]：0 为正常，1 为充血大于 50% 组织，2 为非融合性黏膜及黏膜下出血，3 为融合性壁内出血及糜烂。

（5）食管系数：食管重量/体重。

（6）组织学观察：每组各取五只动物食管下段，10% 甲醛溶液固定、石蜡包埋，常规 HE 染色后，光镜观察各组大鼠食管组织学改变。

（7）食管 MDA、SOD、GSH－PX 含量测定：将大鼠食管从咽部至吻合口整段取出，称重后用生理盐水制成 10% 匀浆，4℃、3500r/min 离心，取上清待测，按试剂盒说明操作。

二、结果

1. 一般状态　术后对照组体重下降不明显，模型组、甘草泻心汤组体重下降明显。1 周后，模型组和甘草泻心汤组大鼠体重开始上升，但增长幅度明显低于对照组（P＜0，05）。模型组死亡率为20%，甘草泻心汤组死亡率为10%。

2. 大体形态观察　术后4周，各实验组均出现不同程度“树皮样”黏膜高度增生外观，范围累及可达食管各段，食管壁明显增厚，下段扩张。

3. 各组大鼠食管系数和黏膜损伤程度：

与模型组相比，甘草泻心汤组大鼠食管系数有降低趋势，食管黏膜损伤显著减轻（P＜0.05）。

表2　各组大鼠食管系数和食管黏膜损伤程度

组别	例数	食管系数	黏膜损伤评分
对照组	20	3.46±1.32	1.09±0.33
模型组	16	10.42±3.79*	3.01±0.76*
甘草泻心汤组	18	8.20±2.57	1.78±0.69**

与对照组相比，P＜0.01；**与模型组相比，P＞0.05

4. 各组大鼠组织学观察　模型组的组织学改变主要为：1）炎性细胞浸润：主要为中性粒细胞和淋巴细胞；2）鳞状上皮过度增生：可见食管上皮层不同程度增厚，以基底层和棘细胞层为主；3）固有层乳头延伸：向表面延伸达上皮层厚度的2/3，浅层毛细血管扩张、充血；糜烂、溃疡和柱状上皮化生未见；肌层和浆膜层改变不明显。甘草泻心汤组上述病理改变有不同程度减轻，对照组基本正常。

5. 各组大鼠食管SOD、GSH－PX、MDA的影响

与模型组相比，甘草泻心汤组大鼠食管组织中SOD、GSH－PX活力明显升高，MDA水平显著降低。

表3　各组大鼠食管SOD、GSH－PX、MDA的影响

组别	例数	SOD（U/mg prot）	GSH－PX（U/mg prot）	MDA（U/mg prot）
对照组	12	2078.67±638.66	205.92±81.25	8.42±2.46
模型组	10	1180.80±390.84*	118.40±71.43*	21.01±1.90*
甘草泻心组	12	2048.33±1248.41***	244.17±90.78***	14.18±4.92***

*与对照组相比，P＜0.01；***与模型组相比，P＞0.01

三、讨论

中医认为反流性食管炎的病机主要由于外邪内袭、饮食停滞、情志不畅等病因导致肝失疏泄或肺失肃降或脾胃亏虚而致的胃气上逆、酸水上逆。而甘草泻心汤有消痞止利，和胃补中之功效，是治疗消化系统疾病的良方之一。本实验以反流性食管炎为模型，探讨该方治疗食管炎的机制，为其临床应用提供科学理论依据。实验结果显示，甘草泻心汤可减轻食管肉眼黏膜的损伤程度，组织病理也较模型组明显改善，说明该方有良好的治疗反流性食管炎的作用。甘草泻心汤组食管系数较模型组有降低趋势，是否该方可抑制食管黏膜的增生，尚有待于进一步研究。该方可降低食管局部MDA的含量，提高SOD和GSH－PX的活力，提示该方减轻反流性食管炎损伤的作用可能与提高食管局部清除自由基和抗氧化能力有关。

参考文献

[1] 王雯等. 不同方式建成3种反流性食管炎模型. 解放军医学杂志，2000：(3)：171～173.

[2] 于中麟. 反流性食管炎的诊断标准及存在问题. 中华内科杂志，2000；39（3）：210.

黄芩汤有效成分配方抗大鼠实验性溃疡性结肠炎的实验研究

丁晓刚　傅延龄　北京中医药大学

溃疡性结肠炎（Ulcerative Colitis，UC）是以腹泻、粘液脓血便、腹痛和里急后重等为主要症状，以结肠黏膜慢性炎症和溃疡形成为病理特点的一种消化道疾病。由于本病治愈难度大，且常易复发，并与结肠癌的发病存在一定的关系，因此被世界卫生组织列为现代难治病之一。目前，氨基水杨酸类药物和皮质类固醇类药物是治疗溃疡性结肠炎的主要药物，但存在停药后易复发，长期用药副反应多，部分顽固性病例疗效并不理想等缺点。中药在我国治疗溃疡性结肠炎方面有显著优势，具有较突出的开发研究价值。

黄芩汤出自《伤寒论》，用来治疗太阳与少阳合病所致之下利，有清热止利、缓急止痛之功效。本方药味精简、力专效宏，后世医家在此方基础上

加减化裁，用于治疗下痢、泄泻等病证，故清·汪昂《医方集解》中称："仲景此方遂为万世治痢之祖矣"。而从疾病症状表现来看，溃疡性结肠炎应属于下痢、泄泻等病证的范畴。在临床上，应用黄芩汤治疗溃疡性结肠炎也确实具有较好的疗效[1]。本实验采用黄芩汤中单味药有效成分配伍组方，观察对大鼠实验性溃疡性结肠炎的治疗效果和作用机制。

一、材料和方法

1. 材料

（1）实验动物：健康三级SD大鼠，雌雄各半，体重200～220g，北京维通利华实验动物养殖中心提供。购入后适应性饲养7天。

（2）实验药物：柳氮磺胺吡啶（海南红惠制药有限公司，批号010501）、黄芩苷（北京中医药大学药厂，批号B3－00－7，含量95.12%）、甘草酸（北京绿色金可生物技术有限公司，批号20000912，含量99.1%）、白芍浸膏粉（成都恩威集团，批号000415，芍药苷含量15%。购入后用大孔树脂精制，高效液相色谱法检测芍药苷含量为40.83%）。

（3）试剂与器材：无水乙醇（分析纯，北京化工厂），三硝基苯磺酸（美国，sigma公司），芍药苷标准品（中国药品生物制品检定所），大孔树脂HP－20型（北京绿百草科技发展有限公司）。IL－1β、IL－4ELISA、SOD、MDA检测试剂盒（北京邦定生物医学公司）。

724微机型可见分光光度计（上海光学仪器厂），840型高效液相色谱仪（美国，Waters公司），2550型酶联免疫检测仪（美国，Bio－Rad公司），水平离心机（北京医疗仪器修理厂）。

2. 方法

（1）大鼠实验性溃疡性结肠炎模型的建立：健康SD大鼠，体重200～220g，采用Morris[2]报道的2，4，6—三硝基苯磺酸（TNBS）法造模：将大鼠禁食24h后麻醉，一次性将TNBS（100mg/kg）和0.25ml的50%乙醇溶液用橡胶输液管缓慢注入距肛门约8cm处的肠腔内。造模后第3天，治疗组开始给药。

（2）实验分组及给药：动物随机分为正常及模型对照组，予以生理盐水灌胃，每日1次，共5周；阳性药对照组，选用临床常规用药——柳氮磺胺吡啶（SASP），按相当于人的中等治疗剂量，灌胃给与大鼠SASP混悬液0.3g/kg，每日1次，共治疗5周；有效成分组方按黄芩苷：白芍总苷：甘草酸=6：2：1配成悬浊液，低剂量组、中剂量组、高剂量组分别按4.83、14.5、43.5g/kg灌胃给药，每日1次，共治疗5周。

（3）观察指标及测定方法：5周后，各组大鼠经10%水合氯醛（400mg/kg）麻醉，颈动脉取血，待测血清分别供IL－1 β、IL－4测定。大鼠取血完毕后，立即开腹分离结肠，沿肠系膜缘剪开肠腔，取病变处结肠1cm～2cm速冻于液氮中，后转至－70℃保存，留待测SOD、MDA。

（1）血清IL－1 β含量测定：IL－1 β试剂盒ELISA方法检测，测定方法按试剂盒的说明操作，结果用ng/L表示。

（2）血清IL－4含量测定：IL－4试剂盒ELISA方法检测，测定方法按试剂盒的说明操作，结果用ng/L表示。

（3）结肠组织匀浆中SOD含量测定：采用黄嘌呤氧化酶法测定，结果用NU/mg蛋白表示。

（4）结肠组织匀浆中MDA含量测定：采用硫代巴比妥酸反应产物比色法测定，结果用nmol/mg-prot表示。

（4）数据处理

实验数据用$\bar{x} \pm s$表示，各组间进行t检验。

二、结果

1. 大鼠血清中IL－1 β、IL－4含量的变化结果见表1。

2. 大鼠结肠组织中SOD、MDA含量的变化结果见表2。

表1　各组大鼠血清中IL－1 β和IL－4含量的变化（$\bar{x} \pm s$）

组别	动物数（只）	IL－1β（ng/L）	IL－4（ng/L）
正常组	10	81.173±16.255	130.037±13.079
模型组	8	141.049±16.585***	80.160±16.395***
阳性药对照组	10	89.313±12.016##	124.560±14.803##
低剂量组	10	140.505±8.878***	96.722±16.487*
中剂量组	9	108.697±12.367*#	116.483±10.677##
高剂量组	9	112.989±8.261***#	120.193±11.949##

注：与正常组比较*P＜0.05，***P＜0.001；与模型组比较#P＜0.05，##P＜0.01。

表2　各组大鼠结肠组织中 SOD 和 MDA 含量的变化（$\bar{x} \pm s$）

组别	动物数（只）	SOD（NU/mg 蛋白）	MDA（nmol/mg 蛋白）
正常组	10	133.391 ± 21.627	15.081 ± 3.397
模型组	8	60.269 ± 16.386 ***	38.395 ± 6.515 ***
阳性药对照组	10	104.443 ± 18.519 *###	20.314 ± 4.829##
低剂量组	10	92.043 ± 26.919 *#	25.904 ± 8.267 *#
中剂量组	9	113.208 ± 22.986###	18.639 ± 4.461##
高剂量组	9	102.873 ± 21.641##	20.295 ± 3.618##

注：与正常组比较 * P < 0.05，* * * P < 0.001；与模型组比较#P < 0.05，##P < 0.01，###P < 0.001。

3. 病理切片

模型组：溃疡处结肠黏膜糜烂、溃疡，黏膜及黏膜下层有大量炎性细胞浸润，腺体破坏，溃疡面大，数量多。阳性药对照组：大鼠结肠黏膜部分见炎症充血、水肿，结肠黏膜上皮明显增生，肠腺增生明显，黏膜下肌层增厚，溃疡少，尚可见肠黏膜形成瘢痕组织。低剂量组：病理改变与模型组基本相同。中、高剂量组：大鼠结肠黏膜有炎症充血、水肿，炎性细胞浸润，肠腺增生，溃疡少，尚可见肠黏膜形成瘢痕组织。说明黄芩汤有效成分配方对溃疡的修复有明显的促进作用。

三、讨论

IL－1 是一种具有多种生物活性并能作用于体内多种组织和器官的细胞因子，它在炎症及免疫反应中起重要作用。目前认为，异常的免疫反应或正常免疫调节的破坏是 UC 发病的重要环节。IL－1 被公认为是由单核巨噬细胞产生的并能介导 UC 发病的细胞因子之一，IL－1 可以产生对中性粒细胞等炎症细胞的趋化作用，吸引其进入肠道病变部位，从而引起一系列的肠道病变，如结肠上皮的损伤、小血管炎、隐窝脓肿等，最终造成 UC 的发病。本实验表明，模型组的 IL－1β 含量与正常组比较有显著性升高（P < 0.001）；阳性药对照组的 IL－1β 含量与正常组比较无差异（P > 0.05），而与模型组比较则有显著性降低（P < 0.01）；有效成分配方低、中、高剂量组的 IL－1β 含量与正常组比较有升高（P < 0.05），而中、高剂量组的 IL－1β 含量与模型组比较则有降低（P < 0.05），而低剂量组的 IL－1β 含量与模型组比较无差异（P > 0.05）。

IL－4 是 T 细胞来源的细胞因子，具有多种生物学功能，最令人关注的是其抑制炎症的特性。[3] 大量研究资料证实 IL－4 能抑制单核巨噬细胞产生 IL－1β 和 TNFα，能下调活化的单核巨噬细胞分泌氧自由基的能力，而且存在剂量效应关系。[4] IL－4 还能抑制前列腺素 E_2 和 IL－8 的产生。而且 IL－4 能诱导 IL－1ra 产生，提高 IL－1ra/IL－1β 的比例。[5] 本实验表明，模型组的 IL－4 含量与正常组比较有显著性降低（P < 0.001）；阳性药对照组的 IL－4 含量与正常组比较无差异（P > 0.05），而与模型组比较则有显著性升高（P < 0.01）；有效成分配方低剂量组的 IL－4 含量与正常组比较有降低（P < 0.05），与模型组比较无差异（P > 0.05），中、高剂量组的 IL－4 含量与模型组比较则有显著性升高（P < 0.01）。

超氧化物歧化酶（superoxide dismutase，SOD）是体内最重要的自由基——超氧阴离子自由基的天然清除剂，可以保护细胞免受损伤。通过 SOD 活力的检测可以间接了解自由基在体内的状况和机体清除氧自由基的能力。[6] 本实验表明，模型组的 SOD 活力与正常组比较有显著性降低（P < 0.001）；阳性药对照组的 SOD 活力与正常组比较有降低（P < 0.05），与模型组比较有显著性升高（P < 0.001）；有效成分配方低剂量组的 SOD 活力与正常组比较有降低（P < 0.05），但与模型组比较则有升高（P < 0.05），中、高剂量组的 SOD 活力与正常组比较无差异（P > 0.05），与模型组比较则有显著性升高（P < 0.01）。

机体通过酶系统与非酶系统产生氧自由基，后者能攻击生物膜中的多不饱和脂肪酸，（polyunsaturated fatty acid，PUFA）引发脂质过氧化作用，并因此形成脂质过氧化物，如：醛基（丙二醛）、酮基、羟基、羰基、氢过氧基或内过氧基，以及新的氧自由基等。因而测试 MDA 的量常常可以反映机体内脂质过氧化的程度，间接地反映出细胞损伤的程度。本实验表明，模型组的 MDA 含量与正常组比较有显著性升高（P < 0.001）；阳性药对照组的 MDA 含量与正常组比较无差异（P > 0.05），但与模型组比较则有显著性降低（P < 0.01）；有效成分配方低剂量组的 MDA 含量与正常组比较有升高（P < 0.05），与模型组比较则有降低（P < 0.05），中、高剂量组的 MDA 含量与正常组比较无差异（P > 0.05），与模型组比较则有显著性降低（P < 0.01）。

综上所述，本实验证明了（1）溃疡性结肠炎大鼠的外周血 IL－1β 含量显著升高，与既往报道的实验结果相一致[6]，进一步证实了 IL－1β 在溃疡性结肠炎发展过程中的重要作用。IL－4 具有下行调节作用，可抑制 IL－1β 产量，抑制超氧化物阴离子形成。本实验表明 IL－4 含量显著降低，同时 SOD 的活力也降低，这在一定程度上则加重了 IL－1β 等细胞因子的致炎作用和氧自由基对细胞的损伤，MDA 含量的升高则证实了这一点。（2）溃疡性结肠炎大鼠经黄芩汤有效成分配方治疗后，IL－1β 和 MDA 含量降低，而 IL－4 和 SOD 含量升高，炎症损伤程度也有明显减轻。因此，黄芩汤有效成分配方对 IL－1β、IL－4、SOD、MDA 均有一定的调节作用，对大鼠溃疡性结肠炎的治疗是有效的，并从细胞因子和自由基角度说明了本方的作用机制，反映出中药多环节、多途径、多靶点的作用特点。（3）黄芩汤有效成分配方的三个剂量组中，低剂量组基本无治疗效果，以中、高剂量组的治疗效果为佳。

目前，氨基水杨酸类药物和皮质类固醇类药物是治疗溃疡性结肠炎的主要药物，但存在停药后易复发，长期用药副反应多，部分顽固性病例疗效并不理想等缺点。中药在我国治疗溃疡性结肠炎方面具有较显著的优势，具有较突出的开发研究价值，但传统剂型存在作用机理不明确、质量控制不稳定、煎服不方便等缺点。本实验通过中药有效成分配方治疗溃疡性结肠炎，克服了传统剂型的上述缺点，并且具有较好的疗效，因而值得进一步深入研究。

参考文献

[ ] 王立基. 慢性结肠炎治疗体会. 辽宁中医杂志. 1987，11（2）：26.

[2] Morris GP，Beck PL，Herridge MS，et al. Hapten－induced model of chronic inflammation and ulceration in the rat colon. Gastroenterology，1989，96：795－811.

[3] 丁伟群，林庚金，徐三荣，等. 溃疡性结肠炎发病中白介素水平的变化. 复旦学报（医学科学版）. 2001，28（4）：330～333.

[4] Stefan S，Thomas H，Ulf P，et al. Impaired response of activated mononuclear phagocytes to IL－4 in inflammatory bowel disease. Gastroenterology，1995，108：21.

[5] Gail AW，Toshihiro M，Alan DL，et al. IL－4 in inflammatory bowel disease and mucosal immunere activity. Gastroenterology，1996，110：1683.

[6] 朱峰，钱家鸣，潘国宗. 细胞免疫反应性炎症性肠病动物模型的建立. 中国医学科学院学报. 1998，20（4）：271～278.

鳖甲煎丸对免疫性肝纤维化大鼠 PDGF－BB 表达的影响

谢世平　王　勇　席军生　李志毅　程传浩

河南中医学院

肝纤维化是慢性肝病共有的病理改变，是肝硬化的必经阶段。不同病因，如病毒、乙醇、寄生虫、铜铁沉积等，引起慢性肝损伤，以胶原为主的细胞外基质（ECM）合成增多，降解相对不足，沉积在肝内引起肝纤维化。肝脏合成 ECM 的细胞，主要是被激活的贮脂细胞（HSC）。HSC 的激活，是肝纤维化发生的中心环节[1,2]。而细胞因子在 HSC 的激活、调节 ECM 生成方面发挥了重要的作用，成为近年来肝纤维化研究的热点。

本课题拟应用免疫性肝纤维化模型进行研究，运用免疫组化技术检测 PPGF，分析细胞因子在肝纤维化过程中对胶原形成的影响，探讨鳖甲煎丸抗肝纤维化的作用机理；并与西药秋水仙碱作对照，比较它们之间的差别，为临床防治肝纤维化用药提供科学依据，也是从分子生物学角度对仲景方药研究的深化。

一、材料和方法

1. 材料　雄性 Wistar 大鼠，体重 180～200g，90 只。由河南省实验动物中心提供，随机分为 6 组，正常对照组、病理模型对照组、鳖甲煎丸预防组、鳖甲煎丸治疗组，秋水仙碱预防组、秋水仙碱治疗组；每组 15 只。鳖甲煎丸由杭州胡庆余堂制药厂生产，秋水仙碱片由西双版纳制药厂生产，未灭活猪血清，郑州佰安生物工程公司生产。抗 PDGF－DB、SABC 免疫组化染色试剂盒均购自武汉博士德公司。

2. 方法　本实验选用猪血清诱导免疫损伤性肝纤维化模型[3]。除正常对照组外，其余各组均采用来灭活猪血清腹腔注射，每周两次，每次 0.5ml/只，连续 10 周。鳖甲煎预防组于造模同时给药，每天上午灌胃 1 次，0.5g/kg 秋水仙碱 0.3mg/kg 每天上午灌胃 1 次。连续 10 周，各治疗组于造模第 6 周给药，方法及剂量同预防组，至第 10 周结束。各组均饮用自来水，食用普通块状饲料。各组均于造模 10 周结束后随机取 10 只大鼠断头处死，采血制血清。同时取 0.3×0.5×0.5cm 肝组织，各组取材部位基本一致，由郑州大学病理实验室作常规石蜡切片。

（1）免疫组化染色：以 SABC 免疫组化法检测细胞因子 PDGF－BB。用 MPLAS－1000 计算机图象分析系统（由郑州大学形态实验室提供）对染色后的切片进行定量分析。视域数为 10。

（2）统计学处理：数据采用 SPSS11.0 统计软件处理，组间计量资料采用 T 检验和方差分析。

二、结果

1. 大鼠一般情况　正常对照组皮毛保持光滑亮泽，体格健壮，饮食正常，喜活动，善打斗，体重增长正常，无死亡。模型对照组皮毛逐渐干枯稀疏，精神不振，反应迟钝，身体消瘦，进食、排便、活动均减少，死亡 2 只，体重较造模前略有增加。鳖甲煎丸预防组和治疗组大鼠皮毛尚可，身体较壮，饮食较正常，活动力强，常有打斗，体重增加明显。鳖甲煎丸预防组死亡 2 只大鼠；鳖甲煎丸治疗组死亡 1 只大鼠。秋水仙碱预防组和治疗组皮毛尚光滑，缺少光泽，身体较壮，饮食不佳，活动力弱，偶有打斗，体重有所增加。秋水仙碱预防组死亡 3 只大鼠；秋水仙碱治疗组死亡 1 只大鼠。

2. 鳖甲煎丸对 PDGF－BB 表达的影响

表 1　免疫性肝纤维化大鼠 PDGF－BB 的表达（$\bar{x} \pm s$）

组别	n	面密度（$\mu m^2/\mu m^2$）	平均灰度	阳性单位（PU）
正常对照组	10	21.92 ±12.70#	168.04 ±12.14#	21.39 ±7.64#
模型对照组	10	74.66 ±16.82△	132.58 ±12.52△	46.35 ±9.88△
秋水仙预防	10	68.19 ±23.59△■	127.73 ±11.61△■	38.51 ±8.79△
秋水仙治疗	10	64.15 ±21.81△	131.62 ±11.35△■	37.65 ±12.02△
鳖甲煎预防	10	46.41 ±23.44△■▲	152.55 ±10.78△	32.88 ±5.87△■
鳖甲煎治疗	10	42.39 ±18.15△#■★	159.01 ±9.87#▲★	30.89 ±10.12△#

检验水准：α＝0.05，两两比较：△，vs. 正常对照组：#，vs. 模型对照组；▲，vs. 秋水仙预防组；★，vs，秋水仙治疗组。

提示，模型对照组同正常对照组有显著性差异（$P<0.05$），表明 PDGF－BB 在肝纤维化大鼠肝脏大量表达。鳖甲煎丸各组同秋水仙碱各组相比，指标平均灰度和面密度提示差异显著（$P<0.05$），阳性单位提示无显著性差异（$P>0.05$）。表明鳖甲煎丸能显著减少 PDGF－BB 的表达，而秋水仙碱的作用不显著。

三、讨论

细胞因子在肝纤维化中具有关键作用，各种细胞因子通过自分泌和旁分泌彼此相互作用，形成细胞因子网络，共同调控肝纤维化的发生和发展。这些细胞因子不仅加重炎症、坏死，而且可檄活 FSC，促进以胶原为主的 ECM 合成、分泌与沉积。HSC 的激活包括启动（initiation）和持续（perpetuation）两个阶段[2]。启动阶段是基因表达和表型的早期变化，持续阶段是 HSC 激活状态的维持及产生纤维化的过程，激活的 HSC 在多种促有丝分裂因子作用下分裂增殖，表型变化，向肌成纤维细胞转化[4]。其自身也分泌多种细胞因子，进一步促进静止状态的 HSC 的激活，并使已被激活的 HSC 快速转化为肌成纤维细胞。激活的 HSC 和肌成纤维细胞大量合成胶原等 ECM，最终导致肝纤维化。PDGF 旧称“创伤因子”，是 HSC 的强烈有丝分裂原，除促 HSC 增殖外，也促 HSC 趋化，并诱导 HSC 合成 IGF、TGF 等细胞因子，PDGF 能呈时间依赖性增加入 HSC 的 P13－K，而 P13－K 特异性抑制剂可阻断 PDGF 诱导的 P13－K 活化，提示 PDGF 诱导的细胞有丝分裂需要 P13－K 的活化。PDGF 能通过细胞内储存 Ca^{2+} 释放和激活 T 型钙离子通道，使细胞外 Ca^{2+} 内流等形式，明显升高细胞内 Ca^{2+} 浓度。在肝纤维化时，HSC 表面的 PDGF 受体以 β 亚单位为主，与 PDGF－BB 具有强的亲合力，故 PDGF－BB 和 PDGF 受体 β 的作用在肝纤维化过程中尤为关键。PDGF 可以增强 HSC 的 $Na^+ = H^+$ 泵活力，提高细胞内 pH，促进 HSC 增殖[5]。细胞外信号调节激酶（ERK）激活对激发细胞增殖是必不可少的，同时 ERK 途径与细胞外基质成分胶原的产生有密切关系。PDGF 可以增加 ERK 活性，通过激活 ERK 途径起作用，故对 ERK 的作用进行干预可抑制 PDGF 诱导的 HSC 增殖。PDGF 是 HSC 的强烈有丝分裂原，除促进 HSC 增殖外，也能促进 HSC 趋化，并诱导 HSC 合成 IGF、TGF 等细胞因子[6]。

鳖甲煎丸是医圣张仲景《金匮要略》中治疗疟疾癥瘕的名方，它具有寒热并用，攻补兼施，行气化瘀，软坚散结，利水祛湿，益气养血之功。临床多用于治疗肝炎、肝硬化、血吸虫病及热病后所致肝脾肿大。本课题组前期研究表明，鳖甲煎丸对免疫性肝纤维化大鼠有降低血清转氨酶 ALT、AST 及肝纤维化血清学指标 HA、LN、PCⅢ、Ⅳ－C 的作用，证明中药鳖甲煎丸具抗纤维化作用，可用于临床。本实验结果表明，鳖甲煎丸能有效地减少PDGF－BB的表达，提示在鳖甲煎丸是通过抑制PDGF－BB的表达来减少HSC合成Ⅰ、UI型胶原等ECM，从而达到防治肝纤维化的目的，也进一步证实了细胞因子网络在调控纤维化的发生和发展过程中的重要作用。

参考文献

[1] 李石．肝纤维化发生机制．中华消化杂志，1999；19（1）：4850.

[2] Li D，Friedtman SL．Liver fibrogenesis and the role of hepatic stellate cells．JG stroe nterol Hepatol，1999；14：618～663.

[3] 中野雅行，小形岳三郎．猪血清所致肝硬变样纤维化的形态学研究．日本病理学学会会志，1982；7：319.

[4] 程明亮，刘三都主编．肝纤维化的基础研究及临床．北京：人民卫生出版社，1995：17～50.

[5] Bissell DM，Wang SS，Jarnagin WR，et al．Cell－specitic expression of transforming growth factor－beta in rat liver．Evidence for autocrine regulation of hepatocyte proliferation．J Clin lnvest，1995．96（1）：447.

[6] Davis BH，Chein A，Beno DWA．Raf and mitogen－activated protcin kinase regulate stellate cell collagcn gene expression．J Biol Chem，1996，271（3）：11039.

真武汤对肺心病并右心衰血流动力学影响的实验研究

陈建彬　江　泳　成都中医药大学

本实验主要研究《伤寒论》[1]中真武汤对实验性肺心病并右心衰血流动力学的影响。

一、实验材料

1．药物　药物组成及用药比例为：制附片：茯苓：生姜：白芍：白术＝1：3：3：3：2。所有生药均由成都同仁堂药店提供，其品系经鉴定符合药用标准[2]。

2．药物制备　中药煎剂制备：将白术单煎提取挥发油后，泌出药液备用。同时将附片另煎，水开后2小时，放入茯苓、生姜、白芍，分两次泌出药液混合，再与白术药液混匀后浓缩，滴入挥发油，制成2g/ml、1g/ml浓度的中药煎剂，加入0.2%食用苯甲酸钠，冷却备用。西药药液制备：将卡托普利片（汕头金石制药总厂产品，批号：020401）研成细粉，用蒸馏水稀释成2mg/ml浓度，灭菌后备用。

3．实验动物　日本大耳成年兔48只，雌雄各半，体重2.0～2.5kg，由成都中医药大学动物实验中心提供，动物合格证号：川动管质（99011）号。

4．主要试剂　戊巴比妥钠（3%），批号：990901，佛山市化工实验厂产品。肝素（125u/ml），批号：990813，成都生化制药厂产品。食用苯甲酸钠（0.2%），批号：010302，武汉有机合成化工厂产品。三氯化铁（分析纯），批号：991206，天津耀华化工厂产品。

5．主要实验仪器及设备　3400多道分离记录仪（美国歌德公司）；JB－3型定时恒温磁力搅拌器（上海雷磁新泾仪器有限公司）；挥发油提取器（四川省万科仪器设备有限公司）。

二、实验方法

1．分组　将48只日本大耳兔适应性喂养3天后，按完全数字随机法分为6组（雌、雄各半），即正常对照组、肺心病并心衰模型组、真武汤预防高、低剂量组、真武汤治疗组、西药对照组，每组各8只。各组均精饲料喂养、自由饮水。

2．造模及给药方法　参考浙江医科大学俞秋棠家兔肺心病模型建立方法[3,4]，耳缘静脉注射0.7%三氯化铁水溶液，隔日一次，每次0.4～1.2ml，连续21次。造模同时，真武汤预防高、低剂量组分别按17g/kg·d、8.5g/kg·d（成人体重60千克生药剂量的10倍、5倍），以真武汤药液灌胃给药；正常对照组、肺心病并心衰模型组按等容积灌以蒸馏水；造模结束后，正常对照组、肺心病并心衰模型组、真武汤预防高、低剂量组送检，真武汤治疗组、西药对照组以17g/kg·d分别灌以真武汤药液及卡托普利水溶液，连续灌胃21天后送检。

3．取样检测21d后，行右心导管术检测血流动力学变化，包括右心房、右心室及肺动脉收缩压、舒张压、平均压。

4．统计处理　运用SPSS11.0统计软件进行数据处理，各组数据均采用均数±标准差（$\bar{x} \pm s$）表示；多个样本间均数比较，采用单因素方差分析。

三、实验结果

1．真武汤对肺心病并右心衰兔右心房收缩压、舒张压、平均压的影响

表1　各组右心房收缩压、舒张压、平均压及各组间比较结果（单位：Pa）（x ± s）

组别	动物数	收缩压	舒张压	平均压
正常对照组	6	4.00 ± 1.10	1.08 ± 0.92	2.06 ± 0.88
肺心病并心衰模型组	6	7.83 ± 0.75**	2.83 ± 1.60*	4.50 ± 1.28**
真武汤预防高剂量组	7	4.43 ± 0.98△△	0.43 ± 0.79△△++	1.76 ± 0.66△△
真武汤预防低剂量组	6	3.67 ± 0.52△△	0.34 ± 0.52△△++	1.44 ± 0.46△△
真武汤治疗组	7	5.57 ± 1.40△△	1.14 ± 1.68△	2.62 ± 1.52△△
西药对照组	7	4.29 ± 1.38△△	0.57 ± 1.13△△	1.81 ± 1.20△△

注：模型组与正常组比较：* 表示 P < 0.05，** 表示 P < 0.01；药物组与模型组比较：△表示 P < 0.05，△△表示 P < 0.01；中药组与西药对照组比较：#表示 P < 0.05，##表示 P < 0.01；中药预防组与治疗组比较：+表示 P < 0.05，++表示 P < 0.01（下表同）

结果表明：造模结束后，模型组动物右心房收缩压、平均压均较正常对照组明显升高，有显著性差异（P < 0.01）；右心房舒张压较正常对照组升高，有统计学意义（P < 0.05）。与模型组比较：真武汤预防高、低剂量组、西药对照组右心房收缩压、舒张压、平均压均明显降低，有显著性差异（P < 0.01）；真武汤治疗组右心房舒张压较模型组降低，有统计学意义（P < 0.05）；右心房收缩压、平均压则明显降低，有显著性差异（P < 0.01）。中药预防组与治疗组比较：真武汤预防组对右心房舒张压的改善明显优于治疗组，有显著性差异（P < 0.01）。

2. 真武汤对肺心病并右心衰兔右心室收缩压、舒张压、平均压的影响

表2　各组右心室收缩压、舒张压、平均压及各组间比较结果（单位：Pa）（x ± s）

组别	动物数	收缩压	舒张压	平均压
正常对照组	6	20.83 ± 2.14	1.58 ± 1.63	8.00 ± 0.96
肺心病并心衰模型组	6	30.00 ± 2.76**	4.50 ± 2.59*	13.00 ± 2.53**
真武汤预防高剂量组	7	20.29 ± 2.14△△	1.14 ± 3.02△△	7.52 ± 2.37△△
真武汤预防低剂量组	6	23.00 ± 3.22△△	0.50 ± 1.22△△++	8.00 ± 1.62△△
真武汤治疗组	7	24.25 ± 3.54△	1.57 ± 2.64△	9.29 ± 2.59△△
西药对照组	7	23.14 ± 4.49△△	2.00 ± 1.15△	8.52 ± 1.75△△

结果表明：造模结束后，模型组动物右心室收缩压、平均压均较正常对照组明显升高，有显著性差异（P < 0.01）；右心室舒张压较正常对照组升高，有统计学意义（P < 0.05）。与模型组比较：真武汤预防高、低剂量组右心室收缩压、舒张压、平均压，真武汤治疗组右心室平均压，西药对照组右心室收缩压、平均压均明显降低，有显著性差异（P < 0.01）；真武汤治疗组右心室收缩压、舒张压及西药对照组右心室舒张压较模型组降低，有统计学意义（P < 0.05）。中药预防与治疗组比较：真武汤预防低剂量组对右心室舒张压的改善明显优于真武汤治疗组，有显著性差异（P < 0.01）。

3. 真武汤对肺心病并右心衰兔肺动脉收缩压、舒张压、平均压的影响

表3　各组肺动脉收缩压、舒张压、平均压及各组间比较结果（单位：Pa）（x ± s）

组别	动物数	收缩压	舒张压	平均压
正常对照组	6	19.50 ± 1.76	11.50 ± 2.26	14.17 ± 1.91
肺心病并心衰模型组	6	27.17 ± 0.75**	17.83 ± 3.54**	21.00 ± 2.49**
真武汤预防高剂量组	7	19.43 ± 2.76△△	9.71 ± 2.06△△#+	12.95 ± 1.92△△++
真武汤预防低剂量组	6	20.50 ± 4.04△△	9.50 ± 2.17△△#+	13.17 ± 2.72△△
真武汤治疗组	7	23.86 ± 3.29	16.03 ± 2.51#	19.24 ± 2.63#
西药对照组	7	20.71 ± 4.54△△	13.71 ± 4.35△	16.05 ± 3.53△△

结果表明：造模结束后，模型组动物肺动脉收缩压、舒张压、平均压均较正常对照组明显升高，有显著性差异（P < 0.01）。与模型组比较：真武汤预防高、低剂量组肺动脉收缩压、舒张压、平均压、西药对照组肺动脉收缩压、平均压均明显降低，有显著性差异（P < 0.01）；西药对照组肺动脉舒张压较模型组降低，有统计学意义（P < 0.05）；真武汤治疗组肺动脉收缩压、舒张压、平均压虽较模型组有降低趋势，但无统计学意义（P > 0.05）。与西药对照组比较：真武汤预防高、低剂量组降低

肺动脉舒张压作用优于西药对照组，有统计学意义（$P<0.05$）；而西药对照组对肺动脉舒张压、平均压的改善优于真武汤治疗组，有统计学意义（$P<0.05$）。中药预防与治疗组比较：真武汤预防高剂量组对肺动脉舒张压、平均压的改善，真武汤预防低剂量组对肺动脉舒张压的改善优于真武汤治疗组，有统计学意义（$P<0.05$ 或 $P<0.01$）。

四、讨论

肺心病并右心衰乃多种慢性肺系病证，反复迁延不愈，累及脾、肾、心而逐渐发展形成。研究表明，肺心病并右心衰的发生机理是：慢阻肺病呼吸功能损害使肺泡气氧分压降低和低氧血症，肺小动脉因缺氧而痉挛收缩，导致肺血管阻力增强、肺动脉高压，长期的肺动脉高压导致右心室肥厚、扩大，甚至右心衰竭[5,6]，因此国内外颇多文献报道认为血流动力的变化，是衡量肺心病并右心衰时肺、心功能的重要指标[7,8,9]。血流动力学的改变是由于感染、缺氧、二氧化碳潴留等因素导致白三稀（LT_3）、血小板激活因子（PAF）、血管紧张素等肺的代谢物质紊乱，使肺血管收缩，肺血管阻力增加，肺动脉压力增高，导致肺血管顺应性降低，右心室负荷增大，右心功能受损而导致的[10,11]，这一机理与中医脾肾心阳气虚衰，蒸腾气化功能障碍，不能温化水饮，导致水饮停滞，壅塞心肺，心阳亏虚，血脉失于鼓动，加之肺气胀满，不能肃降，肺朝百脉功能不利，助心行血之功减退的病理机制相吻合。饮邪上壅于肺，阻塞气道，则见喘咳难卧、气短难续；心肺不足，复饮邪上犯心肺，肺朝百脉、心主血脉功能受损，则见心悸、怔忡；脾阳不足，运化失司，则见腹胀胸闷；心肾阳虚，不能温化水液，水饮内停，气化失司，水液代谢失常，则见尿少身肿；饮邪凌心，阻碍正常血脉通行，血行瘀滞，则见唇甲青紫，面色发绀，这正符合肺心病并右心衰的临床表现，因此说明阳虚水停乃肺心病并右心衰发病的重要环节及病理因素。

真武汤出自张仲景《伤寒杂病论》，由炮附子、茯苓、白术、白芍、生姜五味药组成，具有温阳化饮的作用，适应于阳气虚衰，气不化水，水气内停为患的病证，乃治疗阳虚水泛为患的代表方剂。方中附子辛热，善补命门真火，温复肾阳，助少阴气化，启动下焦，以通三焦散寒饮，且尚能入脾温土，助脾运化，固护脾肾真阳；白术燥湿健脾，补土制水；生姜辛开肺气，启上闸以开水源，又可辛散以通毛窍，既助脾肾化湿浊，散水气，通水道，又于温化之中寓以开表达邪；茯苓淡渗利水，《用药心法》谓其“淡能利窍，甘以辅阳，除湿之圣药也”，其与附子相伍，共奏温阳利水之功，使水饮有所出路，正如开沟引水，沟渠宽阔，水流自畅；再用芍药活血脉，利小便，既能和阴，又制姜附刚燥之性，使温经散寒而不伤阴[12]。正如张锡纯所言：“用附子之辛温壮肾之元阳，则水有所主矣，白术之温燥，建立中土，则水有所制矣，生姜之辛散，佐附子以补阳，于补水中利水之道焉，而尤重在芍药之苦降，其旨甚微，盖人身阳根于阴，若徒以辛热补阳，不少佐以苦降之品，恐真阳飞越矣”[13]。该方药虽五味，但配伍精当，诸药合用，肺脾心肾四脏兼顾，既有附子、白术振奋阳气，恢复心肺脾肾的生理功能，协调四者之间的平衡，使气化正常，水津四布，以绝水饮酿生之源，针对阳虚之本；又有生姜、茯苓、白芍发越水气，开启上源，疏导下焦，通利血脉，针对饮停之标，如此温阳化饮，标本兼顾，正好符合肺心病并右心衰阳虚衰败为本，水邪上泛为标的病机特点，必能纠正肺心病并右心衰的病理改变，有效改善肺心病并右心衰血流动力学指标，对预防和治疗肺心病并右心衰的发生发展起到一定疗效。

同时我们发现，真武汤治疗组对血流动力学的改变较预防组差，由此可知 由于真武汤治疗组是在肺心病并右心衰模型形成后施以真武汤治疗，此时水饮这一病理因素已经存在，水饮停滞，凌心射肺，阻塞气道，使肺失肃降 心失鼓动，导致血脉不利，循环阻力增加，心肺功能异常，组织实质发生改变，由于此改变乃心肺组织器质性病变，故通过真武汤温阳化饮治疗后，已停水饮虽然得消，可防止其损害程度进行性加重 使血流动力学指标得到一定改善，但要纠正已经形成的器质性病理改变，使之恢复正常难度较大；而通过真武汤预防后，有效的遏止了水饮的形成，阻断了凌心射肺，阻塞气道，导致心肺不利的病理过程，使心肺实质组织未受到严重损害，因此真武汤预防组对血流动力学的改善优于治疗组。此结果证实了如肺心病早期在辨证论治基础上，配合温阳化饮法以控制水饮的形成，对改善肺循环，减轻肺动脉高压，有效防治肺心病并右心衰的发生发展很有意义。

参考文献

[1] 李培生主编．伤寒论讲义．第一版．上海：上海科学技术出版社，1994，61，168.

[2] 郭兰忠主编．现代实用中药学［M］．北京：人民卫生出版社，1999，215.

[3] 俞秋棠，王宝林．家兔肺心病模型病理学的初步观察．浙江医科大学学报，1978；7（3）：44.

[4] 俞秋棠，卞如濂，等．家兔肺心病模型复制的进一步研究．浙江医科大学学报，1978；7（4）：37.
[5] 郭仓．防治肺心病应从慢阻肺病的研究开始．第二次中西医结合呼吸病专题会议资料，1984，7.
[6] Weitizenblum E，et，al．Prognostic Value of pulmonary artery pressure in chronic.
[7] obstructive pulmonary disease．Thorax，1981；36：752.
[8] Silver K，Aurigemma G，Krendel S，et al．Pulmonary artery hypertension in severe aortic stenosis：Incidence and mechanism．Am Heart J，1993：125（1）：146.
[9] Ge ZM，Zhang Y，Fan DS，et al.
[10] Simultaneous measurement of pulmonary.
[11] artery diastolic pressure by Doppler.
[12] echocardiography and catheterization in patients with patent ductus arteriosus.
[13] Am Heart J，1993：125（1）：263.
[14] 徐永健，张珍祥，段生福．慢性阻塞性肺病患者肺动脉顺应性测定与肺血流动力学．中华内科杂志，1991；30（3）：138.
[15] 王鸣歧．肺的代谢功能与呼吸系统病．中华结核和呼吸病杂志，1990：13（1）：53.
[16] 程德云，陈文彬．血小板激活因子与肺动脉压的研究近况．中华结核和呼吸病杂志，1993；16（1）：49.
[17] 陈潮祖．中医治法与方剂．第三版．北京：人民卫生出版社，2000：913.
[18] 张锡纯．医学衷中参西录．第一版．河北：河北科学技术出版社，1985：126.

益气养阴化瘀法对糖尿病大鼠心肌纤维化的影响

李庆云　柳成钢　田　晔
李雪丽　王雪华　姜德友
黑龙江中医药大学

糖尿病性心肌病是一种特异性心脏病。心肌纤维化是其重要的病理改变。心肌间质主要由成纤维细胞及其分泌的Ⅰ型、Ⅲ型胶原蛋白形成的纤维组成。心肌纤维化以心肌胶原浓度增加或心肌胶原容积分数增高为特征。因此对胶原愈合动态过程的干预，逆转心肌间质纤维化，对整个心脏功能恢复的影响颇为重要。

心肌纤维化是糖尿病性心肌病的重要病理表现，本课题试图通过对链脲佐菌素致糖尿病性心肌病大鼠模型的研究，从糖代谢和组织学角度探讨其生化和病理形态学改变，以及益气养阴化瘀法的治疗作用。

一、材料

1. 实验动物　Wistar大鼠60只，雄性，体重200～230g（由黑龙江中医药大学实验动物中心提供），分笼饲养，每笼饲养5只，室温18±2℃，相对湿度56～60%，通风良好，每日光照12小时，自由摄食、饮水。

2. 实验药物　糖心康：浓度为1：1（即1ml水煎剂含1g生药）水煎剂。黑龙江中医药大学附属第一医院制剂室制备。

链脲佐菌素（STZ）：美国Sigma公司产品。

二、方法

1. 造模与分组　雄性Wistar大鼠60只，禁食12小时，称重，在避光下，将棕色小瓶置于冰块上，配制2% STZ溶液（溶于0.1mmol/L柠檬酸－柠檬酸钠缓冲液中，PH4.2），临用前配制。以25mg/kg STZ左下腹腔注射，每天上午注射一次，连续五天。造模1小时后，大鼠自由饮水、进食。造模1周后测血糖，空腹血糖＞11.1mmol/L者，喂以高热量饲料（1%胆固醇、10%猪油、1%蛋黄粉、1%蔗糖、余78%为基础饲料），共喂养12周，继续喂养普通饮食10周。

空白组行左下腹注射相同体积的柠檬酸缓冲液，普通饲料喂养。

2. 给药方法　模型组：糖心康按正常成人（70kg体重）与大鼠给药剂量系数折算：27.6g/kg。空白组：以生理盐水灌胃。

3. 标本采集　将禁食12小时的大鼠用3%戊巴比妥钠麻醉，取出心脏，剪取近心尖部迅速切成1mm^{3}的小组织块，2.5%戊二醛固定，供电镜观察；其余均用4%多聚甲醛固定，供光镜观察。

4. 观察方法与指标检测

（1）空腹血糖：禁食12小时，尾静脉取血，动态观察造模前、造模后1周、8周、16周、22周不同点的血糖值，自动血糖仪测量。

（2）心功能的测定：将麻醉大鼠用3%戊巴比妥钠麻醉，经右侧颈总动脉插管至左心室，用多导记录仪测量左室收缩压（LVSP）、左室舒张末压（LVEDP）、左室腔内压力变化率最大值（±dp/dt-max）。

（3）组织形态学观察

①光镜样品制备：采用HE染色、Mallyore染色。

②电镜样品的制备：将心肌组织块，置于3%

戊二醛固定液中，常规制备，电镜观察。

（4）免疫组织化学方法

①载玻片防脱片剂处理，②切片常规脱蜡至水，③3% H_2O_2 灭活内源性酶，④微波修复抗原，⑤滴加正常山羊血清封闭液，⑥滴加一抗，⑦滴加生物素标记的二抗，⑧滴加 SABC 工作液，⑨DAB 显色，⑩苏木素轻度复染，⑪常规脱水、透明、封片、显微镜观察。

5. 统计学处理　t 检验和方差分析，SPSS 软件处理，结果以 $\bar{x} \pm s$ 表示。

三、结果

1. 糖心康对糖尿病大鼠血糖的影响（见表 1）

表 1　各组大鼠不同时期空腹血糖水平的比较（$\bar{x} \pm S$）

组别	例数（n）	0 周（mmol/L）	1 周（mmol/L）	16 周（mmol/L）	22 周（mmol/L）
空白组	10	3.76 ± 1.15	4.75 ± 1.18	3.76 ± 1.41	3.78 ± 1.24
模型组	10	3.59 ± 1.07	14.72 ± 2.16	19.36 ± 2.76	22.62 ± 2.49 *
治疗组	12	3.78 ± 1.08	14.67 ± 2.13	19.41 ± 2.60	8.87 ± 1.28 ☆

注：1. 与空白组比较：* P < 0.01，2. 与模型组比较：☆P < 0.01

实验结果表明，模型组大鼠血糖明显升高，且随着时间的延长，血糖呈逐渐升高的趋势，与空白组比较，有极显著差异，说明链脲佐菌素造模成功；治疗组与模型组比较，有极显著差异（P < 0.01），说明糖心康有良好的降糖作用。

2. 糖心康对糖尿病大鼠心功能的影响（见表 2）

表 2　糖心康对糖尿病大鼠心功能的影响（$\bar{x} \pm S$）

组别	例数（n）	LVSP（kpa）	LVEDP（kpa）	+ dp/dtmax（kpa/s）	− dp/dtmax（kpa/s）
空白组	10	19.35 ± 2.25	0.27 ± 0.14	861.21 ± 39.60	667.92 ± 25.74
模型组	10	11.89 ± 1.57 *	1.81 ± 0.32 *	591.01 ± 23.22 *	432.72 ± 17.81 *
治疗组	12	17.74 ± 1.89 ☆	0.66 ± 0.23 ☆	745.67 ± 24.40 ☆	586.64 ± 23.54 ☆

注：1. 与空白组比较：* P < 0.01　2. 与模型组比较☆P < 0.01

表 2 可见，造模后左室收缩压（LVSP）、左室内压最大上升和下降速率（± dp/dtmax）明显下降，左室舒张末压（LVEDP）明显升高，与空白组比较，有显著差异（P < 0.01），说明糖尿病心肌病变造模基本成功；治疗组与模型组比较，有显著差异（P < 0.01），说明糖心康有较好的改善心功能的作用。

3. 组织形态学观察

（1）光镜观察

①HE 染色

正常组：心肌纤维走行正常，无肥大，心肌细胞核呈圆形或椭圆形，居细胞中央，心肌间质及微血管等结构正常。模型组：心肌纤维肥大，心肌纤维间有大量灶性 PAS 阳性物质沉积，甚至心肌纤维出现局灶性、片状坏死；心肌毛细血管管腔狭窄，管壁增厚，有大量糖蛋白沉着，管壁内皮增生伴乳头状突起，突向管腔内。

治疗组：无心肌纤维肥大，心肌内偶有少量的 PAS 阳性物质沉积，局部偶有嗜酸性变，微血管的管壁、管腔均正常。

②Mallyore 染色

正常组：心肌细胞内可见散在蓝染胶原，多在心肌细胞膜周围。

模型组：血管周围胶原纤维增多，心内膜下片状、放射状蓝染胶原向心肌细胞内浸润生长，有的区域红染的心肌组织几乎完全消失。

治疗组：心肌细胞内可见散在蓝染成分。

（2）电镜观察

正常组：肌细胞膜结构清晰，肌丝排列整齐，各带明显，肌丝间线粒体丰富，嵴密集，糖原散在分布，肌质网发育正常。

模型组：肌细胞膜溶解，核表面有小切迹，核膜下电子密度增大。肌丝局灶性溶解，闰盘断裂，线粒体膜结构不清，形成高电子密度颗粒。间质血管内皮细胞肿胀，核固缩。细胞器溶解。

治疗组：肌细胞膜结构清晰，核异染色质聚集，线粒体嵴密集，可见少量的溶酶体，糖原未见。间质血管丰富，纤维母细胞多见。

4. 免疫组织化学结果

判断标准：根据 I 型胶原表达的深浅和有无分为 4 级：（ − ）阴性；（ + ）弱阳性；（ + + ）阳性；（ + + + ）强阳性。

表3 糖心康对糖尿病大鼠Ⅰ型胶原的影响（$\bar{x} \pm S$）

组别	例数（n）	PCD −	+	++	+++
空白组	10	2	8		
模型组	10		2	3	5
治疗组	12		7	5	

根据Ridit检验方法，结果显示，空白组10例大鼠可见8例弱阳性表达，有少量Ⅰ型胶原；模型组10例大鼠均有不同程度的Ⅱ型胶原阳性表达，与空白组比较，有极显著差异（$P<0.01$）；治疗组虽然也有不同程度的Ⅰ型胶原表达，但与模型组比较有极显著差异（$P<0.01$）。

四、讨论

1. 立法原则　糖尿病病程漫长，其病理变化始终以气阴两虚为核心。《金匮要略·消渴小便不利淋病》篇载："渴欲饮水，口干舌燥者，白虎加人参汤主之"，明确提出消渴病应从气阴两虚论治。中医学认为"久病必瘀""久病必虚"。因为气为血之帅，气行则血行，气虚无力推动血行而致瘀，阴虚燥热，津亏液少，不能载血循经畅行亦致瘀。笔者认为，气阴两虚是贯穿糖尿病全过程的基本病理变化，瘀血阻滞是发生并发症的重要病理环节。糖尿病性心肌病是糖尿病的慢性并发症之一，其病因病机以气阴两虚兼瘀血为主。为此，提出益气养阴化瘀法是治疗本病的基本治法。

2. 糖心康对心肌纤维化的作用　在细胞水平上，心室重构包括心肌细胞的重构和心肌间质的重构，其中心肌间质的主要成分是心肌胶原网络，心肌间质重构主要是心肌胶原网络的重构。心肌胶原网络重构，可出现心室功能紊乱并最终导致充血性心力衰竭。

通过光镜、电镜观察糖尿病大鼠心肌的病理形态及超微结构证实：糖心康有减轻心肌损伤，抑制心肌间质胶原的沉积，改善心室重构，从而达到改善恢复心功能的目的。

综上所述，糖心康对实验性糖尿病大鼠的心肌病变有良好的保护作用，其机制可能与多方面有关，糖心康通过降低血糖、减轻心肌损伤，抑制心肌间质胶原的沉积，改善恢复心功能，因而对防治糖尿病性心肌病的发生和发展有积极意义。

下瘀血汤对糖尿病肾病大鼠肾脏保护作用的实验研究

柴可夫　覃志成　李　慧　杨明华
浙江中医院

糖尿病肾病（DN）是糖尿病最重要和最常见的并发症之一。糖尿病可引起从肾小球、肾血管到肾间质等肾组织的受损，最终致肾功能衰竭，这是糖尿病死亡的主要原因之一。本实验探讨了下瘀血汤对DN大鼠血糖及24小时尿蛋白量、血清一氧化氮、血清及肾脏组织匀浆超氧化物歧化酶（SOD）、丙二醛（MDA）等生化指标的影响。揭示下瘀血汤对DN肾脏组织的保护作用的初步机制，为进一步的研究奠定基础。现报告如下：

一、材料与方法

1. 实验动物及分组　三月龄健康雄性Wistet大鼠30只，体重：170±10g，由浙江中医学院动物实验中心提供。按随机方法将大鼠分为三组。正常对照组（A组）10只，糖尿病肾病生理盐水对照组（B组）10只，糖尿病肾病下瘀血汤治疗组（C组）10只。

2. 糖尿病肾病模型建立　按照徐叔云《药理实验方法学》造模[1]。B、C两组共20只大鼠尾静脉一次注射链尿菌素（STZ）60mg/Kg，造成糖尿病模型，3天后尿糖在+++以上，确定为糖尿病模型。在注射STZ后两周可成糖尿病肾病的早期阶段，两周后，检测糖尿病大鼠尿白蛋白在15ug/ml以上，确定为糖尿病肾病早期模型。

3. 下瘀血汤制备及给药方法　下瘀血汤方：大黄10g、桃仁10g、䗪虫10g，水煎浓缩（每毫升含生药0.51g），由浙江省中药研究所提供。糖尿病肾病模型建立后，B、C两组分别给予生理盐水及下瘀血汤干预，每日一次，每次2ml，正常组不做任何干预，共八周。

4. 观察项目及方法

（1）24小时尿蛋白检测：第九周时，将大鼠置于代谢笼内，先禁食18h，禁水3h，搜集24h尿，测定24h尿蛋白量（考马斯亮兰法）

（2）血糖及血清一氧化氮（NO）的测定：摘眼球取血，测血糖Glu（酶法测定）。分离血清，测定NO，具体步骤按试剂盒说明书操作。

（3）血清及肾脏组织匀浆的超氧化物歧化酶（SOD）、丙二醛（MDA）的测定。

取30μl血清，用751分光光度计，在550nm处比色，测定SOD。取100μl血清，在532nm处比色，测定MDA。取部分肾脏组织制成10%的肾组织匀浆，取上清液，分别测定SOD和MDA。具体步骤按试剂盒说明书操作。

（4）统计方法：计量资料数据均数 ± 际准差（$\bar{X} \pm S$）表示，统计用t检验。

二、结果

1.3 组大鼠血糖、血清NO、24小时尿蛋白量变化（见表1）

表1

组别	动物数	Glu（mmol/L）	NO（umol/L）	24h尿蛋白（mg）
A	10	9.35 ± 1.57 *	95.71 ± 8.61 *	20.17 ± 3.92 *
B	10	35.54 ± 1.60	62.42 ± 7.61	105.72 ± 14.47
C	10	27.16 ± 5.66 *	86.82 ± 6.32 *	71.36 ± 11.59 *

注：与B组比较：＊P<0.01，＊＊P<0.001

由表1可见，造模后B组的Glu、NO、24小时尿蛋白较A组均有显著的差异，而经下瘀血汤治疗后C组有明显的改善。

2.3 组大鼠血清和肾组织匀浆SOD、MDA的变化（见表2）

表2 3组大鼠血清和肾组织匀浆SOD、MDA的比较（$\bar{X} \pm S$）

组别	动物数	血清		匀浆	
	（只）	SOD（Nu/ml）	MDA（nmol/l）	SOD（Nu/ml）	MDA（nmol/l）
A	10	200.60 ± 19.29 *	3.61 ± 0.52 *	9380. ± 6.91 *6	2.13 ± 0.23 *
B	10	163.47 ± 14.16	4.60 ± 0.44	66.58 ± 8.18	3.20 ± 0.24
C	10	195.03 ± 12.32 *	3.57 ± 0.39 *	88.48 ± 6.35⁵	2.24 ± 0.31 *

注：与B组比较：＊P<0.01，＊＊P<0.001

由表2可见，造模后，B组清及肾组织SOD显著降低，而MDSA显著升高，经下瘀血汤治疗后C组SOD、MDA均明显好转。有显著性差异。

三、讨论

糖尿病状态下，高血糖的持续存在对糖尿病肾病的发生和发展过程起着极为重要的作用。英国公布了对3867例2型糖尿病患者进行胰岛素强化治疗的前瞻性研究，经过八年的观察，证明胰岛素强化治疗能明显降低糖尿病肾病的发生[2]。这肯定了高血糖在糖尿病肾病发生中的作用。本课题研究结果显示，下瘀血汤治疗糖尿病肾病大鼠模型后，在明显降低其血糖的同时，也降低了其24小时尿蛋白量。说明下瘀血汤有可能通过降低血糖来调整糖代谢异常，而起到改善糖尿病肾病的作用。

NO是由血管内皮细胞合成释放的一种内皮依赖性舒张因子，是介导平滑肌舒张神经传递和炎症控制的重要细胞间信使。近年，实验研究表明，N0可以调整肾脏入球小动脉、肾小球系膜细胞的张力及出球小动脉，而调整肾血流动力学[3]。严重的NO阻滞3周内即可引起血压和肾血管阻力进行性升高，肾小球滤过率降低和蛋白尿的形成[4]。而在DN状态下由于SOD的活性降低，无法清除过多的超氧阴离子，而使N0灭活加剧[5]，改变肾脏血流动力学，引起蛋白尿。本实验研究表明下瘀血汤可以明显升高血清和肾组织SOD及血清NO，降低24小时尿蛋白，延缓糖尿病肾病的发生。

下瘀血汤是《金匮要略》中用于治疗血瘀证的基本方，方中大黄下瘀血血闭，桃仁活血润燥，䗪虫破血逐瘀，三药合用，活血化瘀，消癥除积，安宁肾络。许多中医药研究人员认识到血瘀证在糖尿病肾病中的重要作用，并从现代医学的血流动力学、血液流变学、血小板功能等方面研究，表明糖尿病肾病有明显的高凝状态，符合中医血瘀证[6]。现代药理研究表明，大黄不仅可以抑制肾脏细胞外基质的增生，而且其主要成分之一大黄酸能明显抑制TGF－β1所引起的系膜细胞葡萄糖摄入的异常增高[7]；桃仁具有促进纤溶，抑制细胞外基质的合成作用[8]；䗪虫降低大鼠血瘀模型纤溶系统中纤溶酶原活化抑制物的活性，使纤溶酶原激活物的活性增高[9]。这都表明下瘀血汤具有抑制细胞外基质的合成，延缓肾小球硬化的作用。本实验研究结果是否与其抑制细胞外基质的作用有直接的联系值得进一步探讨。

参考文献

[1] 徐叔云，卞如廉，陈修. 药理实验方法学. 人民卫生

出版社，2001 版，1239～1240.
[2] 刘志红，黎磊石. 糖尿病肾病发病机理. 中华肾脏病杂志，1999；(15)：2120～123.
[3] Jamie Daanaaberg, Richard S. Sider, Roger J, Grekin. Sustained hypertension induceb by orally administered Nitro－L－Arginine, Hypertension. 1993；21：359.
[4] Deng AH, Baylisc, Locally produced EDRF controls preglomrular resistance and Ultrafiltration coefficient. Am J Physiol, 1993, 264；212.
[5] 陶凯忠. 高血糖与糖尿病血管病变及机制. 中国糖尿病杂志，2001；(9)：5306～307.
[6] 张永华，裴林. 糖尿病肾病血流变学改变及桃红四物汤的治疗作用. 浙江中医杂志，1995：30 (2)：88～89.
[7] 章精，刘志红，李颖健. 大黄酸对系膜细胞葡萄糖摄入的影响及其机制. 肾脏病与透析肾移植杂志，1999，(8) 4：307～311.
[8] 阴健. 中药现代化研究与临床应用. 北京：人民卫生出版社，1993，第一版，294.
[9] 陈瑛. 水蛭、土鳖虫水提物对高分子葡聚糖所致大鼠血淤模型的纤溶系统的影响. 中药药理与临床，1995；(1)：33～34.

清热利湿活血解毒法治疗痤疮的临床研究

张友堂　鲁美君　王　历
黑龙江中医药大学

痤疮是青春期和围青春期常见的一种毛囊皮质腺慢性炎症性皮肤病，给广大青少年及部分中年人带来了较大痛苦。几年来，我们运用清热利湿活血解毒法，以茵陈蒿汤与栀子柏皮汤中的药物为主加味制成冲剂，配合外用搽剂，治疗 2000 余例本病患者，取得良好疗效。现选择经过严格科研设计的 162 例报告如下。

一、一般资料

1. 诊断标准　①颜面及躯干部（常见于胸背肩）出现散在性粉刺、丘疹、脓疱、结节及囊肿等，可伴轻微痒痛。②病程在一个月以上。③排除颜面湿疹、过敏性鼻炎、颜面播散性粟粒性狼疮。

2. 病例选择　162 例痤疮病例全部来源于黑龙江中医药大学第一专科门诊痤疮科，随机分为治疗组和对照组。治疗组 82 例，男 29 例，女 53 例。年龄最大 48 岁，最小 14 岁，平均年龄 23 岁。病程最长 12 年，最短 1 个月。对照组 80 例，男 32 例，女 48 例。年龄最大 42 岁，最小 15 岁，平均年龄 22 岁。病程最长者 10 年，最短者 2 个月。

二、治疗方法

1. 治疗组　内服痤疮灵冲剂（由《伤寒论》茵陈蒿汤和栀子柏皮汤加味而成。药用茵陈、大黄、栀子、黄柏、黄芩、穿山甲、白芷、桃仁、虎杖、连翘等），每次 1 袋，每日 3 次，空腹冲服；外用痤疮灵搽剂（100% 茵陈提取液 20ml，加氯霉素 1.0g，洁霉素 1～2g，再加 75% 酒精成 100ml 溶液），用棉签蘸药液外搽患处及易发部位，每次 1～2 遍，每日早晚各 1 次，于洗脸后外用。

2. 对照组　内服红霉素 0.25g，甘草锌 0.25g，每日三次。外用药组成为：水杨酸 2.0g，氯霉素 1.0g，甲硝唑 0.5g，75% 酒精加至 100ml，用法同治疗组。

治疗期间注意事项及日常护理：①忌食辛辣厚味油腻之品，多食新鲜蔬菜水果及富含维生素类食物；②避免使用含油脂及粉质过多的化妆品及糖皮质激素制剂；③避免挤捏、搔抓等刺激。

全部患者由门诊观察治疗，1 个月为 1 疗程，用药 1～3 个疗程，观察疗前疗后痤疮数目和皮损变化及兼有症的改善情况。

三、结果

1. 疗效判定标准

痊愈：皮损完全消退，无新出痤疮。3 个月以上不复发。

显效：皮损及痤疮数量消退三分之二以上，或皮损消退后，三个月内有少量复发者。

有效：皮损及痤疮数量消退三分之一以上，或皮损消退后，三个月内有较多复发者。

无效：皮损及痤疮数量消退不足三分之一者。

2. 结果　治疗组临床总有效率为 97.56%，对照组为 78.75%，经统计学处理 $P<0.05$。说明痤疮灵系列药物治疗痤疮有较好疗效，综合总有效率明显高于对照组，详见表 1。

表 1　综合疗效分析

分组	N	痊愈例（%）	显效例（%）	有效例（%）	无效例（%）	总有效率%
治疗组	82	44（53.65%）	29（35.36%）	7（8.54%）	2（2.44%）	97.56%
对照组	80	23（28.75%）	21（26.25%）	19（23.75%）	17（21.25%）	78.75%

注：经 Ridit 分析，$U=4.36$，$P<0.05$

四、讨论

1. 清热利湿活血解毒法的立法依据　从痤疮的发病原因看，大多是由湿热毒邪郁聚于局部；或嗜食辛辣刺激，肥甘厚味，饮食不节，使脾失运化，水湿内生，湿郁化热，熏蒸于上；或因工作、学习紧张，思则气结，情志不调，气郁化火，火热与湿相合，日久成瘀化毒，郁于颜面、胸背而发为痤疮。

从痤疮的发病过程看，痤疮初起多为与皮肤同色的小丘疹（即粉刺），可挤出白色皮脂腺分泌物，此即湿郁阶段；逐渐发展则丘疹变大，变红，或轻度痒痛，此即化热化毒阶段；进一步瘀久化脓，则成脓疱、囊肿，久则破溃或形成结节、瘢痕。以上各阶段可互相夹杂，此起彼伏，从而形成湿热瘀毒并存的错杂病机。

从治疗效果看，在研究之初，我们单纯采用清热利湿的方法，选用茵陈、栀子、黄岑、黄连、茯苓、泽泻等，经过长期临床观察，疗效不是很理想，后来在临床上不断摸索总结，配合实验研究，在清热利湿基础上加上解毒化瘀之品，终于取得满意疗效，这也印证了痤疮的病机是湿热瘀毒夹杂，因此确立清热利湿活血解毒之法。

2. 痤疮灵冲剂药物配伍意义　方中茵陈、黄柏、黄芩均能清热利湿，为本方之主药，针对本病主要病机而设。茵陈偏于利水渗湿而清热；黄柏、黄芩偏于清热燥湿，泻火解毒；栀子、连翘清热解毒，利湿散结；穿山甲、桃仁、虎杖活血化瘀，消疮散结；大黄活血化瘀，导湿热毒瘀从大便而出；白芷消肿祛瘀排脓，与穿山甲合用，能共同起到消肿排脓止痛生肌的作用。

3. 治疗与护理体会　痤疮可分为寻常性痤疮、聚合性痤疮、暴发性痤疮、职业性痤疮、药物性痤疮、婴儿痤疮等，其中寻常性痤疮临床最为常见，大约占90%以上，清热利湿活血解毒法及痤疮灵冲剂、搽剂主要为本型而设，但亦可作为其他类型痤疮的辅助治疗。

在内服外搽的基础上，若能及时（一般每周1次）用排针排除堵塞于毛囊内的皮脂腺，使腺口通畅，防止合并细菌感染，疗效会更迅速，更显著。

饮食禁忌是非常重要的，曾有数例因食辛辣或饮酒而复发或加重，即使痊愈仍要禁食辣椒，禁饮白酒1~2年，以减少复发。

通过大量临床观察和科学统计，发现疗效与病程无显著相关性，$P>0.05$。这主要是由于痤疮不同于其他慢性疾病有随时间加重的趋势，痤疮常可持续7、8年，甚至10余年，但有的病情始终较轻，这时应用本方药，多能获得满意疗效。有些患者虽仅患病几个月，但囊肿结节较多或深重，疗效有时却不甚满意。通过统计分析，疗效与病情的轻重和类型显著相关（$P<0.01$），以粉刺型、炎性丘疹型、脓丘疹或脓疱型疗效较好，痊愈和显效率高，而结节型或囊肿型疗效较差。

通过长期临床观察和科学统计分析，我们注意到疗效与疗程亦密切相关（$P<0.01$），应尽量动员患者服用1~2个疗程。有些患者虽服用半个月就达临床治愈，但若停药过早，往往容易复发，应在临床治愈基础上再服用半个至1个疗程，同时注意饮食与护理，这样才能减少复发。

《伤寒杂病论》活血方剂最新研究

——治疗胸痹、心痛、短气证的中医方剂和薤白对血小板凝集和癌症诱发实验的抑制效果

奥山徹　日本明治药科大学

在日本成人病的防治已经成为一项紧迫的研究课题。癌症、心脏病和脑血管疾病成为死亡率最高的疾病，心脏病中冠心病和心肌梗塞的原因为血栓形成，不断增加的糖尿病合併症等也多与血液运行异常有关。

在《金匮要略》中已有关于“胸痹、心痛、短气”病症的脉、证及治疗记载。胸痹指胸廓内闭塞、疼痛，心痛则指心脏部位疼痛，短气指气的短小。胸痹相当于现代医学的冠心病，心痛为急性腹症引起的疼痛，短气为呼吸困难。我们对天然药物进行开发和应用，探讨其对抗血小板凝集、抑制血液凝固以及促进纤溶作用。血栓形成、免疫失调与癌症发生有密切关系，我们通过筛选实验对有活血作用的方剂进行了癌症诱发的抑制作用实验研究。

＊具有抗血小板凝集、抑制血液凝固以及促进纤溶的天然药物研究

从《金匮要略》和《伤寒论》所载方剂中，选择以栝蒌仁、薤白为主药的栝蒌薤白白酒汤、栝蒌薤白半夏汤、枳实薤白桂枝汤，枳实、以生姜为主药的桂枝生姜枳实汤、橘皮枳实生姜汤，以及以人参、干姜为主药的人参汤、桂枝人参汤（详见表1），进行了血小板凝集活性试验观察。

表1 实验用汉方方剂和药物组成

	方剂名	药物组成	
A组：	栝蒌薤白白酒汤[a]	栝蒌实 薤白	
	栝蒌薤白半夏汤[a]	栝蒌实 薤白	半夏
	枳实薤白桂枝汤[a]	栝蒌实 薤白	枳实 桂皮 厚朴
B组：	桂枝生姜枳实汤[a]	枳实 桂枝 生姜	
	橘皮枳实生姜汤[a]	枳实	生姜 橘皮
C组：	人参汤[a]	干姜	人参 甘草 白术
	桂枝人参汤[b]	桂皮	干姜 人参 甘草 白术

a "金匮要略"、b "伤寒论"

用2－ADP作为激发物，观察其对人血液的影响。结果显示，在含薤白的方剂中，按栝楼薤白半夏汤＞栝蒌薤白白酒汤＞枳实薤白桂枝汤顺序，血小板活性有较强的抑制作用。其中薤白、枳实、生姜、干姜、人参对血小板一次凝集和二次凝集均有抑制作用。栝蒌仁、半夏对二次凝集抑制作用明显。桂皮对一次凝集无作用，但对二次凝集有促进作用。厚朴、甘草、白术对血小板活性无明显作用。

薤白有效成分：薤白对血小板一次凝集和二次凝集均有抑制效果，从中可分离出两种氨基酸（N－p－coumaloyl tyramine 和 N－trans－feruloyl tyramine）及有很强的抗血小板凝集作用的化合物（adenosine）。

＊栝蒌薤白白酒汤、枳实薤白桂枝汤、桃核承气汤的癌症诱发抑制作用实验研究

应用具有强血小板凝集抑制作用的薤白、含薤白成分的栝蒌薤白白酒汤和枳实薤白桂枝汤、以及含多数活血药物的桃核承气汤，进行小鼠皮肤癌和肺癌的诱发抑制实验，实验结果如下。

薤白和栝蒌薤白白酒汤在皮肤癌二阶段诱发实验（表2）、肺癌诱发二阶段实验（表3）中，均显示有抑制作用。枳实薤白桂枝汤皮肤癌诱发实验中未见明显抑制作用，但在肺癌诱发实验中有抑制作用。

表2 薤白及含薤白方剂的皮肤癌二阶段诱发抑制实验

检定群	发生肿瘤小鼠数（%）	平均肿瘤数（个）	抑制率（%）
对照	100	15.14	
薤白冲剂	80	8.00	47.2
栝蒌薤白白酒汤	71	6.86	54.7
枳实薤白桂枝汤	87	13.20	12.8
桃核承气汤	93	9.53	37.1

表3 薤白及含薤白方剂的肺癌二阶段诱发抑制实验

检定群	发生肿瘤小鼠数（%）	平均肿瘤数（个）	抑制率（%）
对照	100	8.43	
薤白冲剂	80	4.10	51.4
栝蒌薤白白酒汤	73	2.55	69.8
枳实薤白桂枝汤	86	3.71	56.0
桃核承气汤	75	2.17	74.3

参考文献

[1] 和汉药の血小板凝集に及ほす影响．保尊正辛、川田忠典、长田博昭、野口辉彦、奥山徹、紫田承二、医学のあゆみ，132（8）、584～585（1984）．

[2] 和汉药の血小板凝集に及ほす影响（第4报）－胸痹心痛，短气の病に用じられる汉方方剂．奥山徹ら、生药学杂志、42（2）、147～152（1987）．

[3] Effect of oriental Plant Drugs on Platelet Aggregation. Ⅲ. Effect of Chinese Drug "Xiebai" on Human Platelet Aggreagation: T. Okuyama, et al. Planta Medica, 52 (3), 171～176 (1986).

[4] 天然资源の化学発かん预防に关する研究XI. 薤白及び薤白を构成生药らする汉方方剂の発かんブづロモーションヨン抑制作用. 奥山徹ら、Natural Medicines, 49, 261 – 265 (1995).

[5] Studies on Cancer Chemoprevention by Traditional Folk Medicines. XXV. Inhibitory Effect of Isoliquiritigenin on Azoxymethane – Induced Murine Colon Aberrant Crypt Focus Formation and Carcinogenesis: M. Baba and T. Okuyama, et al. Biol. Pharm. Bull. 25 (2), 247 ~ 250 (2002).

[6] Isoliquiritigenin Suppressers Pulmonary Metastasis of Mouse Renal Cell Carcinoma: S. Yamazaki, and T. Okuyama, et al. Cancer Letters, 183, 23 ~ 30, 2002.

·2012 年 –2014 年·

（一）张仲景学术思想文献研究

《金匮要略》脏躁名称及证治源流考辨

叶莹　成都中医药大学

一、脏躁病名称考辨

关于脏躁名称，有“脏躁”与“脏燥”两种说法。晋·王叔和《脉经·卷第九·平咽中如有炙脔喜悲热入血室腹满证第六》言：“妇人脏燥，喜悲伤，欲哭，象如神灵所作，数欠，甘草小麦汤主之。”《医门补要·卷下·医案》载有：“一妇小产去血太多，血虚液涸，火灼脏燥，扰动心神，悲喜不知自主，似神鬼所凭数伸欠者，以甘麦大枣汤，当归、阿胶、红花、丹参、柏子仁、大枣二枚、甘草、白芍、杞子、小麦二合，入腹即平。”《张氏医通·卷六·神志门·悲》曰：“……金匮云。妇人脏燥。善悲伤欲哭。有如神灵所作。数欠伸。甘麦大枣汤主之。脏燥者。火盛烁津。肺失其润。心系了戾而然。故用甘草缓心系之急而润肺燥。大枣行脾胃之津。小麦降肝火之逆。火降则肺不燥而悲自己也……”此外，《金匮》注家尤怡、黄元御等都言“脏燥”。而清·周学海《脉义简摩·卷七妇科诊略·脏躁脉证》中则说：“妇人脏躁，喜悲伤欲哭，状如神灵所作，数欠，甘草小麦汤主之。”宋元方书《太平圣惠方》《妇人大全良方》，明清方书《急救良方》《普济方》等都曰“脏躁”，《金匮》注家高学山、丹波元简等亦曰“脏躁”。那么，“脏躁”与“脏燥”谁者更符合仲景原意和临床特点，尚需考究古汉语中“躁”与“燥”的含义。“躁”在古汉语中常用含义有六：①性情急，不冷静；②浮躁，不专一；③动；④疾，中医指脉盛急速；⑤骄狂；⑥狡猾，狡诈。“燥”的含义常有：①干涸，水分少；②焦急；③中医病因“六淫”之一；④（药性）干热，燥烈。言“脏燥”之医家，乃取“燥”干涸之意，即指脏腑阴液枯涸，心失所养的病机。然而，《金匮》言“脏躁”，不但未提及阴虚不足的症状，且其主方中三味药皆甘润、平和之品，并未使用滋阴增液之药。可见，“脏躁”更加符合《金匮》本意，“躁”作变动、躁动不安解。

二、脏躁病证治源流考辨

（一）病位

脏躁为情志疾病。《内经》中虽无“脏躁”之说，但关于情志致病早有记载。《灵枢·本神》云：“气自，休惕思虑则伤神，神伤则恐惧自失……脾，愁忧而不解则伤意，意伤则悗乱，四肢不举……肝，悲哀动中则伤魂，魂伤则狂妄不精，不精则不正……肺，喜乐无极则伤魄，魄伤则狂，狂者意不存人……’肾，盛怒而不止则伤志，志伤则喜忘其前言，腰脊不可以俯仰屈伸……”可见，五脏皆藏神，任何一脏失调均可引发情志失调，神乱不安。关于脏躁之“脏”所何在，古代医家众说纷纭。徐忠可、黄树曾认为“脏指五脏”；赵以德、周扬俊认为“肝虚肺并”；尤怡认为“子宫血虚”；孙一奎、李处等认为病位在肺；吴谦认为“脏，心脏也”；高学山则说“脏指心肺而言”。

脏躁之主症为“喜悲伤欲哭，象如神灵所作，数欠伸”。《灵枢·卫气》言：“神生于五脏，舍于五脏，主导于心。”《金匮要略·五脏风寒积聚篇》云：“邪哭使魂魄不安者，血气少也；血气少者属于心……。”心主神明需要心之阴血的濡养才能以司其职，心之阴血又靠后天脾胃运化水谷精微并上输泌至，才能保证心阴血之化源充足。同时，肾主水，心之阴血又必须得到肾水的上输滋润才能与心之阳气保持动态平衡。肝主疏泄，若枢机失利，导致各脏腑气机紊乱，五志的失常，从而影响到人的情志。《素问·阴阳应象大论篇第五》又云：“……在脏为肺……在声为哭……”。

综上，关于脏躁之病位见仁见智，各据其理，均有参考价值。笔者认为，察仲景在《伤寒论》《金匮要略》中关于“脏”病位的论述，主要有“经络受邪，入脏腑”“在络、在经、在腑、在脏”等，仲景强调的是“病在内脏、不在形体”，疾病影响到“神”，以“脏”反映邪气之位深。脏躁之“脏”，当同仲景书中的“脏厥”“脏寒”和“脏结”一样，泛指五脏而言。盖本病与五脏皆关系密切。

（二）病因病机

究其本病的成因，乃与七情失调有关。脏躁一病虽多见于女子，然而男子亦有。仲景之所以将其列入《妇人杂病篇》讨论，盖因女子患情志病者更多也。而脏躁之病机，历代医家大多从七情不遂，伤阴耗液，心神失养着眼，然而，以方测证并结合当时之背景，脏躁的发生尚且与营养不足有关。东汉末年，政局动荡，战乱纷繁，低下的生产力水平必定造成人体的营养不良，使脾胃无所化源，五脏得不到充分的濡养而影响五志。主方中小麦、大枣乃药食同源之品，配合甘草，补益心脾，从而使营养得充，五脏得养。此外，尚需注意，脏躁并非单纯的“虚证”，脏阴的不足只是病理过程中的一面笔者认为由于情志失调脏腑气机功能紊乱阴阳失衡才是致病的关键甘麦大枣汤乃遵循调为主，补为辅的原则，除可补益心脾，安神宁心外，平动乱之气机，调失衡之阴阳才是其关键所在。

（三）治疗

仲景首创甘麦大枣汤治疗脏躁，此方历经数千年，时至今日仍被广泛推崇，用以治疗脏躁。仲景“勤求古训，博采众方”，理论之源上承《内》《难》。《素问》云：“肝苦急，急食甘以缓之。”《灵枢》曰：“心病者，宜食麦。”甘麦大枣汤中小麦甘平养心安神，健脾气，补肺津，益肾阴疏肝郁。《本草经集注》曰其：“味甘，微寒，无毒。主除热，止燥渴咽干，利小便，养肝气，止漏血，唾血。”甘草甘平，补益中气、调和诸药、缓急解痉。《本草汇言》曰其“健脾胃，固中气之虚羸：协阴阳，和不调之营卫”。大枣甘温，具有补脾益气、养血安神、甘缓和中的作用，《长沙药解曰“人参之补土，补气以生血也；大枣之补土，补血以化气也，土虚木燥，风动血耗者，非此不可。”《古今名医药论》中，杜文燮曰：“甘草，能补上中下三焦元气；甘缓，调紊乱之气机”；邹澍曰“大枣，推安中之极功，能使气之乱者收，则除天惊矣；推助十二经之极功，能使经气擅代者无留滞，则除四肢宣矣”。如此，方中三药配伍共达和阴阳，平躁动之功。后世医家所载治疗脏躁的“甘草小麦汤”（如《脉经》）、“大枣汤”（如《妇人大全良方》）、“小麦汤”〔如《三因极一病证方论》）等方，或为甘麦大枣汤之异名，或有所剂量调整而得。

除甘麦大枣汤外，后世医家还有用其他方剂治疗脏躁的记载。如《赤水玄珠·第二十二卷·脏躁悲伤》曰：“……一妊妇悲哀烦躁，其夫询之，云：我无故但自欲悲耳。用淡竹茹汤为主，佐以八珍汤而安。……淡竹茹汤（治）妊娠心虚惊悸，脏躁悲伤，或作虚烦。麦冬小麦半夏（汤泡，各一钱半）人参白术、茯苓（各一钱）甘草（五分）加姜、枣、竹茹，水煎服。……又方治脏躁悲哭。红枣烧存性，为末，米饮调下二钱。”《资生集·卷四·胎前门下·附方·脏躁方》：“……淡竹茹汤治妊妇心虚惊悸，脏躁悲伤，又治虚烦甚效。麦冬小麦半夏（各一钱半）人参茯苓甘草（五分）上加生姜五片，枣一枚，淡竹茹一团，水煎服。……一方治脏燥悲哭及自笑自哭。红枣烧存性研末，米饮调下。”《重订通俗伤寒论·第八章·伤寒兼证·第十九节·发狂伤寒》载有：“治悲苦狂（其人数欠伸，喜悲伤欲哭，象如神灵所作，妇女最多此病，金匮名曰脏燥、曰医名曰脏躁。）以加减散花去癫汤。（生白芍一两、当归、麦冬各三钱、焦栀、元参、辰茯神、杜牛膝各三钱、川柴胡二钱、生甘草、白芥子、鲜石菖蒲各一钱、当门子五厘冲。）”《辨证录·卷之十·自笑门（附自哭三则）有用转愉汤（人参、甘草、小麦、大枣、白术、茯神）治疗“人有无故自悲，涕泣不止，人以为魅凭之也，谁知为脏燥之故乎”的记载。可见，以上治疗脏躁诸方皆乃甘麦大枣汤或加以疏肝理气、化痰开窍，或增之补益气血阴阳而成。

当然，甘麦大枣汤亦不局限于用以专治脏躁，如唐·孙思邈在《千金翼方》中就以本方加竹根、·麦门冬为竹根汤治疗‘产后虚烦”；加淡竹叶、茯苓、生姜为竹叶汤治疗“产后心烦闷不解”。仲景创甘麦大枣汤，为后世运用调补心脾以燮理阴阳、平定不安治疗情志病开辟了蹊径。随着社会压力的增大，脏躁病在当今临床颇为常见。我们于临床中不但应该根据辨证的不同具体遣方用药，还应该注意心理疏导的重要性。

［《全国第二十次仲景学说学术年会论文集》2012：202］

《金匮要略妇人杂病第二十二》韵文考证

陈　明　姚海强　胡东升
北京中医药大学

《金匮要略·妇人杂病第二十二》：“妇人之病，因虚、积冷、结气，为诸经水断绝，至有历年，血寒积结胞门，寒伤经络。凝坚在上，呕吐涎唾，久成肺痈，形体损分；在中盘结，绕脐寒疝，或两胁疼痛，与藏相连；或结热中，痛在关元。脉数无疮，肌若鱼鳞，时着男子，非止女身。在下未多，经候不匀。冷阴掣痛，少腹恶寒，或引腰脊，下根气街，气冲急痛，膝胫疼烦，奄忽眩冒，状如厥癫，或有忧惨，悲伤多慎，此皆带下，非有鬼神，久则羸瘦，脉虚多寒。三十六病，千变万端。审脉阴阳，虚实紧弦，行其针药，治危得安，其虽同病，脉各异源，子当辨记，勿谓不然。”以上文字引自何任教授主编之《金匮要略校注》，句读一仍其旧，唯文字由繁体改作简体。该段条文押韵，以下拟结合音韵学加以探究。

一、韵部及韵例

（一）韵脚归部

依王力先生《汉语音韵》所分古韵三十部及唐作藩先生《上古音手册》，将上段韵文分列其韵脚字及其古韵归部如下：

元部：疪、连、元、寒、烦、寒、端、安、源、然

真部：年、鳞、身、匀、癫、慎、神、弦

文部：分

真、元、文三部在先秦时期界限昭然不得混用，然而三部合韵通押正是汉韵之特点，段玉裁曾道：“三百篇及群经、屈赋分用画然。汉以后用韵过宽，（真文元）三部合用。”后经现代音韵学家研究，虽则汉人真文合为一部，真文与元并没有完全混为一部，然而三部合韵的例子则甚普遍。证之以下节所引《伤寒论》韵文，可知《伤寒论》《金匮要略》用韵正合汉人常法。

（二）《伤寒论》韵例

《金匮要略》与《伤寒论》本为一书，后为人所离析而为两部，故而研究《金匮要略》韵例必先求诸《伤寒论》。按《伤寒论》韵文共见二则，现引其条文，并于括号中列其韵脚字之韵部如下：（条文依据2004年中医古籍出版社影印之《仲景全书·伤寒论》）

（1）材料一：《伤寒论·卷第一·平脉法》：

问曰：

脉有三部，阴阳相乘（蒸），荣卫血气，在人体躬（冬）。

呼吸出入，上下于中（冬），因息游布，津液流通（东）。

随时动作，效象形容（东），春弦秋浮，冬沉夏洪（东）。

察色观脉，大小不同（东），一时之间，变无经常（阳），

尺寸参差，或短或长（阳），上下乖错，或存或亡（阳）。

病辄改易，进退低昂（阳），心迷意惑，动失纪纲（阳）。

愿为具陈，令得分明（阳）。

师曰：

子之所问，道之根源（元）。脉有三部，尺寸及关（元），

荣卫流行，不失衡铨（文）。肾沉心洪，肺浮肝弦（真），

此自经常，不失铢分（文）。出入升降，漏刻周旋（元），

水下百刻，一周循环（元）。当复寸口，虚实见焉（元），

变化相乘，阴阳相干（元）。风则浮虚，寒则牢坚（真），

沉潜水搐，支饮急弦（真）。动则为痛，数则热烦（元），

设有不应，知变所缘（元）。三部不同，病各异端（元），

大过可怪，不及亦然（元）。邪不空见，终必有奸（元），

审察表里，三焦别焉（元）。知其所舍，消息诊看（元），

料度府藏，独见若神（真）。为子条记，传与贤人（真）。

（2）材料二：《伤寒论·卷第九·辨不可下病脉证并治》：

脉濡而紧，

濡则卫气微，紧则荣中寒（元），阳微卫中风，发热而恶寒（元），

荣紧胃气冷，微呕心内烦（元）。医谓有大热，解肌而发汗（元），

亡阳虚烦躁，心下苦痞坚（真），表里俱虚竭，卒起而头眩（真），

客热在皮肤，怅快不得眠（真）。不知胃气冷，紧寒在关元（元），

技巧无所施，汲水灌其身（真）。客热应时罢，栗栗而振寒（元），

重被而覆之，汗出而冒巅（真），体惕而又振，小便为微难（元）。

寒气因水发，清谷不容间（元），呕变反肠出，颠倒不得安（元），

手足为微逆，身冷而内烦（元），迟欲从后救，安可复追还（元）。

其中《平脉法》一则，上段为蒸东冬阳合韵。其中蒸冬两部声音接近“弓穹雄”等字，本属蒸部三等，汉代转入冬部，则此二部合韵亦属自然之理。先秦韵东冬分为两部乃孔广森最早提出，其后王念孙亦将二者析分，但是到汉代二部虽未相合，但是通押之例已多有出现，此外东部与阳部协韵在东汉时期中亦多见。《辨不可下病脉证并治》一条亦为真元合韵，与《金匮要略》相同，上节已有论述。经过以上分析可知《伤寒论》《金匮要略》用韵与汉代通例相合。

由以上两则韵文材料可知，《伤寒论》之韵例为：起首一句不入韵，其后则严格遵循 OAOA 韵式（0 表无韵，A 表入韵），无一句失韵。至于韵位则皆为韵脚，未见虚字脚。此《伤寒论》韵例乃为推断《金匮要略》韵文之重要依据，因二书皆仲景所述，本为一体，故而其韵例理应统一。

二、依韵理校

依上节所得出之《伤寒论》韵例来分析《金匮要略·妇人杂病第二十二》之韵文，则前半段多有失韵之处，而后半段为明显之四字句，亦符合以韵式，则可依次来推断前半段中之仁舛误。

理校之名乃由陈援庵先生提出，“遇无古本可据，或数本互异，而无所适从之时，则须用此法”。此《金匮要略》韵文，目前可见之邓珍本、赵开美本、俞桥本及徐镕本此段共有三条异文，分别为：“痛”字俞桥本作“病”，“冷”字徐熔本作“令”，“辨”字赵开美本作“辩”，而失韵之处则诸本并无异文，确系无所适从，故而只能依音韵而求诸理校之法。王念孙在《读淮南子杂志书后》归纳出十八条古书失韵致误的情况，亦正是依韵理校之方法，现将本文所涉及到之条例简列如下：①有因字误而失其韵者；②有因字倒而失其韵者；③有因句倒而失其韵者。陈援庵评理校法为“最高妙者此法，最危险者亦此法”，本文所操之术虽与高妙无涉，然至其危险则心有余悸，特不揣浅薄，以求正于方家。

（一）“诸”字通“旗”考

“妇人之病，因虚、积冷、结气，为诸经水断绝，至有历年”一句，依后半段四字句之例以及全段之音韵而定其句读为：“妇人之病，因虚积冷，结气为诸，经水断绝，至有历年”。此说与前人迥异，按杨树达《古书句读释例》正有“因不识古韵而误读”一则，并列出五条例证[6]，可见此类情况亦为古书中所常有。此外又依《伤寒论》韵例起首句不入韵，以及 OA 以韵式，则“诸”字之处应为韵脚。然“诸”在上古音属鱼部，与下文之真、文、元部不能通押，此处失韵。按此“诸”字与“旃”相通假，此处当读若“旃”，亦正是因字误而失其韵者。诸为章钮鱼部，旃为章钮元部，二者双声音近；旃，段玉裁《说文解字注·㫃部》：“旃，段借为语助，如尚慎旃哉。传曰：旃，之也”；王念孙《广雅疏证·释言》：“旃者，之、焉合声，故旃训为之，又训为焉”。诸，《论语注疏·雍也第六》“山川其舍诸”条邢昺疏：“诸，之也”；《广韵·鱼部》：“诸，之也，旃也”。由以上材料可知，诸、旃二字声近义同，即清儒所谓一声之转，旃为元部，与韵相叶。该句义为：妇人之病，乃由虚、积冷、结气三者所致。

（二）“血寒积结胞门，寒伤经络”句倒衍文考

“血寒积结胞门，寒伤经络”一句，依该段之韵例观之，“络”古音为铎部，与真元部不叶，此处失韵，恐有错并；依四字之句式分析，则“血寒积结胞门”一句当有衍文。“寒积”二字或为后人小注而混入正文。按此句当为“寒伤经络，血结胞门”，门字属文部，入韵。此外由医理来看，“血结胞门”与“寒伤经络”二者有先后之逻辑关系，当先有寒伤经络而寒凝血中，血行滞涩渐而积于胞门之中。既已寒伤经络，则寒邪必与血相凝结，虽不言“寒积”而其义早已暗含，可知二字当为衍文。此条正是王念孙所言“因句倒而失其韵者”，且又有衍文。

（三）“凝坚在上，呕吐涎唾”倒文考

“凝坚在上，呕吐涎唾”句，唾为歌部，与真元部不通押，此处失韵。按该句当为“凝坚在上，呕吐唾涎”，涎属元部，协韵。此条正属王念孙所言之“有因字倒而失其韵者”。按“呕吐涎唾”当为后人不谙古书“倒文协韵”之例而妄改。俞曲园论曰：“古书多韵语，故倒文协韵者甚多…后人不达此例而好以意改，往往失其韵矣。”如《庄子·山木篇》“一上一下，以和为量”当为“一下一上，以和为量”；《庄子·秋水篇》“无东无西，始于元冥，反于大通”当为“无西无东，始于元冥，反于大通”此皆后人据口耳习熟之语而妄改古书。

（四）“或两胁疼痛”句疑有衍文

“在中盘结，绕脐寒疝，或两胁疼痛，与藏相连”句，其中“或两胁疼痛”不合四字之句式，与全段整伤之态抵牾不谐，其中恐有衍文。然此者仅为据理推测，至于何字为衍，则难以确定。

（五）“或引腰脊，下根气街”倒文考

“或引腰脊，下根气街”句，街字属支部，与真文不通押，失韵，按此处亦属王念孙所论之“有因字倒而失其韵者”，当为“或引腰脊，气街下根”，根属文部，与韵相协。“下根气街”亦为后人不谙古书“倒文协韵”之例而妄改。

三、结论

通过以上考证，厘定出该段条文之文本与句读如下：

妇人之病，

因虚积冷，结气为肪（元），经水断绝，至有历年（真），

寒伤经络，血结胞门（文）。凝坚在上，呕吐唾涎（元），

久成肺痈，形体损分（文）。在中盘结，绕脐寒病（元），

或两胁疼痛，与藏相连（元）；或结热中，痛在关元（元），

脉数无疮，肌若鱼鳞（真），时着男子，非止女身（真）。

在下未多，经候不匀（真），冷阴掣痛，少腹恶寒（元）；

或引腰脊，气街下根（文），气冲急痛，膝胫疼烦（元），

奄忽眩冒，状如厥癫（真）；或有忧惨，悲伤多慎（真），

此皆带下，非有鬼神（真），久则羸瘦，脉虚多寒（元）。

三十六病，千变万端（元），审脉阴阳，虚实紧弦（真），

行其针药，治危得安（元），其虽同病，脉各异源（元），

子当辨记，勿谓不然（元）。

[《全国第二十次仲景学说学术年会论文集》2012：182]

《伤寒杂病论》消渴文献研究

文颖娟　杨景锋　陕西中医学院

张仲景《伤寒杂病论》中对于消渴未有明确的分类，其中所论多指口渴，也有谈及消渴，并探讨了消渴的病因病机以及具体的治疗方药，并指出其可能引发的变证。以下从文献、特点几方面对其中有关消渴的研究作一探讨：

一、文献回顾

张仲景有关消渴的论述集中在太阳病篇、厥阴病篇以及《金匮要略》的相关章节，其中详细阐述了消渴的主要症状、病因病机、治疗方法以及消渴病证可能引发的变证。如《伤寒论·辨太阳病脉证并治》“太阳病，发汗后，大汗出、胃中干、烦躁不得眠，欲得饮水者，少少与饮之，令胃气和则愈；若脉浮、小便不利、微热、消渴者，五等散主之。”《伤寒论·辨厥阴病脉证并治第十二》“厥阴之为病，消渴，气上撞心，心中疼热，饥而不欲食，食则吐蛔，下之利不止。”“太阳病，发汗后，大汗出，胃中干，烦躁不得眠，欲得饮水者，少少与饮之，令胃气和则愈。若脉浮，小便不利，微热消渴者，与五苓散主之。”《金匮玉函经·卷第八·附遗》“猪肚黄连丸，治消渴饮水，用雄猪肚一枚，入黄连末五两，栝楼根、白粱米各四两，知母三两，麦门冬三两，缝定蒸熟，捣丸如梧子大，每服三十丸，米饮下。”《金匮要略·消渴小便不利淋病脉证并治第十三》“厥阴之为病，消渴，气上冲心，心中疼热，饥而不欲食，食即吐，下之不肯止。”“趺阳脉浮而数，浮即为气，数即为消谷而大坚（一作紧）。气盛则溲数，溲数即坚，坚数相搏，即为消渴。”“男子消渴，小便反多，以饮一斗，小便一斗，肾气丸主之（方见脚气中）。”“脉浮，小便不利，微热消渴者，宜利小便发汗，五苓散主之。”《金匮要略·肺痿肺痈咳嗽上气病脉证治第七》“问曰：热在上焦者，因咳为肺痿。肺痿之病何从得之？师曰：或从汗出，或从呕吐，或从消渴，小便利数，或从便难，又被快药下利，重亡津液，故得之。”“肺痿吐涎沫而不咳者，其人不渴，必遗尿，小便数，所以然者，以上虚不能制下故也。此为肺中冷，必眩，多涎唾，甘草干姜汤以温之。若服汤已渴者，属消渴。”

其中消渴的主要症状为发热、口渴、小便不利或小便赤涩；病因病机集中在三个方面：郁热内蒸，肾阳虚衰以及由此引起的气化不利；针对于此，张仲景提出了相应的治疗方法，包括以针对口渴、饮水过多为主症的猪肚丸，针对小便不利、发热、口渴为主症的五苓散，针对小便不利为主的肾气丸；并指出消渴日久，则耗伤津气，肺为娇脏，失其濡养，则引发肺痿，症见咳嗽、短气，治以麦门冬汤。

二、特点评述

1. 消渴的病因病机以寒邪凝滞、肾阳亏虚与胃中郁热为主　张仲景认为消渴总以口渴为主，但结合其他症状分析则消渴的病因病机有三点：

其一，太阳病不解，寒邪郁于膀胱，气化不利，津液停滞症见小便不利，津液停滞难以上乘口舌症见口渴，表证不解其脉则浮。如《伤寒论·辨太阳病脉证并治中》“太阳病，发汗后，大汗出、胃中干、烦躁不得眠，欲得饮水者，少少与饮之，令胃气和则愈；若脉浮、小便不利、微热、消渴者。”

其二，肾阳亏虚，难以蒸腾气化布散津液，津液难以上乘口舌，症见渴欲饮水；津液难以布散，反渗于下，症见小便量多。如《金匮要略·消渴小便不利淋病脉证并治第十三》“男子消渴，小便反多，以饮一斗，小便一斗。”

其三，胃中郁热，腐熟水谷，症见消谷；热灼津液，小便赤涩；津液亏少，则症见口渴。如《金匮要略方论·消渴小便不利淋病脉证并治第十三》“趺阳脉浮而数，浮即为气，数即为消谷而大坚（一作紧）。气盛则没数，漫数即坚，坚数相搏，即为消渴。”

2. 消渴的治法方药以滋养阴津与蒸腾肾气为原则　与《内经》比较，张仲景对于消渴的治疗有明确的方药：针对热伤津液，以口渴饮水为主，方选猪肚黄连丸，用雄猪肚一枚，入黄连末五两，栝楼根、白粱米各四两，知母三两，麦门冬三两，缝定蒸熟，捣丸如梧子大，每服三十丸，米饮下。其中以黄连清热，猪肚补虚损，健脾胃，化生精微治疗口渴；瓜蒌根、知母、粳米、麦冬滋阴生津。针对膀胱气化不利引起消渴，伴见小便不利者，以五苓散治疗，其中桂枝温阳化气，白术健脾利水，茯苓、猪苓、泽泻利水渗湿；针对肾阳亏虚，难以蒸腾津液引起口渴，兼见小便反多者，以肾气丸治疗，其中以桂枝、附子温补阳气，促进肾阳蒸腾布散津液，熟地、山药、山萸肉补益脏腑，促进其功能恢复，以运行津液；茯苓、泽泻、丹皮以泻浊邪，恢复肝脾肾诸脏“满而不实”之功，促进精气充满以运行津液。

3. 消渴常易引发消耗性的变证　张仲景指出消渴病久不愈，易耗气伤津，引发肺痿，《金匮要略方论·肺痿肺痈咳嗽上气病脉证治第七》“问曰：热在上焦者，因咳为肺痿。肺痿之病何从得之？师曰：或从汗出，或从呕吐，或从消渴，小便利数，或从便难，又被快药下利，重亡津液，故得之。”说明消渴为津液消耗为主的疾病，且随着病情的进展，易引发其他变证，临证应引起重视。

三、文献比较

汉以前与消渴有关的著作包括四部《内经》《伤寒杂病论》《中藏经》《神农本草经》，其中《神农本草经》主要介绍了与消渴有关的部分药物，而《内经》《伤寒杂病论》《中藏经》则对消渴的分类、病因病机、治疗用药有一定的阐述。形成了对消渴病名、病因病机、症状表现、治疗用药以及相关变证等较系统的认识。其中消渴病名包括消渴、脾消、消痒、消中、肺消、扁消，已有了按部位命名的雏形。其病因病机主要集中在诸多原因导致津液的运行失常，引起机体津液不足形成消渴，如外感风寒或风热之邪，久存体内，郁而化火，灼伤津液，形成消渴，症见口渴。饮食失常，包括过食膏粱厚味、过度饮酒等，导致脾胃失其运化之职，津液停滞形成水湿，或蕴而成湿热，阻滞脾气布散，津液难以上乘口舌，形成消渴，症见发热、口渴、胸脘痞闷等。其他原因导致脏腑功能失常，如过度纵欲、乱服金石之品，久之，积于肾中，导致下焦虚热，耗伤津液，渐成消渴，症见发热、口渴、消瘦等；或素体虚寒，外受寒邪，内外相引，使肾阳失其蒸腾气化之职，津液难以布散，形成消渴，症见小便不利，或小便过多，口渴等；或心病及肺，肺失宣发肃降，通调水液失职，则难以上乘口舌症见口渴，反渗于下症见小便反多，预后多不好；其他如肝病、脾病、肾病等若见脉象微小多可形成消渴。在症状表现中，有关消渴的脉象也有一定的描述，不同的脉象也预示其预后发展，如脉象实大，且病程较久，则预后好，可以治疗；若，脉象悬小而坚，病程较久，则不可治，预后较差。结合其病因病机，其治疗大法以清热、滋阴、利湿、温阳为主，以黄连、黄芩、石膏、枳实、龙胆草等清热，以麦冬、玉竹、瓜蒌根、枸杞、人参等滋阴，以猪苓、茯苓、泽泻等利水渗湿，以桂枝、附子等温阳化气，方选猪肚丸、五苓散、肾气丸、华佗消渴神方等，而《神农本草经》则对有关消渴的用药总结为七种：白石英、枸杞、丹雄鸡、葛根、知母、栝楼、水萍。其中枸杞、知母、栝楼在此期有关消渴的方剂中较多使用。且此期已认识到消渴是一种病因复杂、病机虚实并见，病位涉及肺、脾胃、肝、心、肾等脏的复杂疾病，其治疗不及时，则可引发一些变证，如肺痿、水气之病，并可波及五脏六腑等。

［《全国第二十次仲景学说学术年会论文集》2012：202］

淳化本《伤寒论》初探

程磐基　上海中医药大学

由宋代医官王怀隐等编集、成书于淳化三年（992）的《太平圣惠方》卷8载录了《伤寒论》的一种传本，马继兴先生认为“卷8全文应是古传本之一，可称为淳化本《伤寒论》，而高继冲本为其底本。”钱超尘先生等据史料考证认为是六朝传本。《太平圣惠方》收录了宋以前大量中医药文献资料，淳化本《伤寒论》是宋以前一个十分重要的传本。本文就其内容及学术特点等作初步探讨，不当之处就正于同道。

一、主要内容与渊源

淳化本《伤寒论》主要内容有《伤寒叙论》，《辨伤寒脉候》，《伤寒受病日数次第病证》，《辨太阳病形证》35条，《辨阳明病形证》37条，《辨少阳病形证》6条，《辨太阴病形证》5条，《辨少阴病形证》24条，《辨厥阴病形证》13条，《辨伤寒热病两感证候》，《辨伤寒热病不可治形候》35条《辨可发汗形证》10条，《辨不可发汗形证》12条，《辨可吐形证》6条，《辨不可吐形证》6条，《辨可下形证》16条，《辨不可下形证》12条，《辨可灸形证》4条，《辨不可灸形证》1条，《辨可火形证》1条，《辨不可火形证》4条，《辨可水形证》4条，《辨不可水形证》2条，《辨可温形证》6条，《伤寒三阴三阳应用汤散诸方》载方50首（含蒸汗法）。

《伤寒叙论》内容主要出自《诸病源候论》及《千金要方》。如开首“论曰：春气温和，夏气暑热，秋气清凉，冬气冰冽，此四时正气之序也”至“此则天行之气也”一段，见于《诸病源候论·伤寒候》。论述伤寒、温病、暑病、天行等外感热病的涵义及形成原因。此段文字也见于《千金要方·伤寒例》及现行宋本《伤寒论·伤寒例》。所不同的是个别文字有差异，如“论曰”，《千金要方》作“《经》言”，宋本《伤寒论》作“《阴阳大论》云”。“肌骨”宋本《伤寒论》作“肌肤”。“天行”，《千金要方》、宋本《伤寒论》均作“时行”等。病证的涵义无明显不同。这种内容安排反映了王怀隐等在编集《太平圣惠方》时以《诸病源候论》内容冠在相关篇章之首的编写体例。

又如“人生天地之间，命有遭逢，时有否泰，吉凶悔吝，苦乐安危，喜怒爱憎，存亡忧畏，关心之虑，日有千条。谋身之道，时有万计”至“必不可令病气自长，恣意攻人，拱手待毙，斯误矣”一段，明确说明出自《千金方》。又“夫得病一日在皮，当摩膏火灸，淋浴发汗则愈。若不解者，二日在肤，可法针，服解肌散发汗，汗出则愈”至“以病人各有强弱，人有难易，效相倍也”一段，见于《千金要方·伤寒例》载录的华佗“伤寒学说”。只是个别文字有差异。文中提到五苓散、猪苓散、神丹园、六味青散、竹叶汤、橘皮汤等方剂，在《千金要方·伤寒例》中也属华佗“伤寒学说”。由于避讳因素，神丹园，《千金要方》作“神丹丸”。此外，六味青散，《千金要方》作“六物青散”。对照《千金要方·伤寒例》内容，淳化本《伤寒论》少崔文行度瘴散、赤散、雪煎等方剂。

而“夫表和里病，下之则愈，汗之则死。里和表病，汗之则愈，下之则死。夫如是则神丹不可以误发，甘遂何可以妄攻……”一段，其中“表和里病”“里和表病”，《千金要方》分别作“阳盛阴虚”“阴盛阳虚”，并明确注明出自王叔和。而此段文字也见于宋本《伤寒论·伤寒例》。此外，也有既不见于《诸病源候论》，又不见于《千金要方》，而见于宋本《伤寒论·伤寒例》的文字，如“又土地寒热温凉高下不同，物性则刚柔餐居亦异。是故黄帝兴四方之问，岐伯举四疗之能。以训后贤，开其未悟。临病之工，宜须详审也。”只是文字稍有出入。

从内容看《伤寒叙论》有伤寒概论含义，当由王怀隐等编集者从《诸病源候论》《千金要方》等采摘而成，并作为《太平圣惠方》的外感热病总论。文中有关伤寒、温病、暑病、天行等外感热病的涵义，贯彻于《太平圣惠方》全书。如卷9至卷18分别论述了伤寒、时气、热病等外感热病的辨证论治。

《辨伤寒脉候》内容出自宋本《伤寒论·辨脉法》及《金匮玉函经·辨脉》，内容基本相同。所不同的是《伤寒论》某些句首有“问曰”“答曰”“师曰”二字。从内容看淳化本《伤寒论》较宋本《伤寒论》少，约有8处较为明显的脱文。也说明《辨脉法》内容很古老，比现行宋本《伤寒论·平脉法》要早，也证明《辨脉法》《平脉法》两篇来源不一。

《伤寒受病日数次第病证》内容出自《诸病源候论·卷7》的《伤寒一日候》至《伤寒七日候》及《伤寒候》，文字基本相同。不同的是六经病名称前加“足”，意为六经病是足经病证。本篇当由王怀隐等增入，并遵循《素问·热论》以日数排列病证的观点，也体现了编集者推崇《内经》的学术思想。此外，“凡五脏不和，六腑不通，荣卫不行……其未满三日者，可汗而已；其满三日者，可下而已也”一段，见于《素问·热论》。引入此段内容有强调胃在疾病转归中的重要作用及据日数不同分别用汗法、下法治疗之意。

《辨太阳病形证》等六经病篇内容（约120条）见于宋本《伤寒论》六经病篇，内容明显少于宋本《伤寒论》，可见淳化本《伤寒论》是一个辑录本，而非全本。其特点是每篇第1条均以“伤寒一日”“伤寒二日”开首，反映了以日期排列疾病的体例特点。部分原文与现行宋本《伤寒论》有出入，如“太阳与阳明合病而自利，宜术附汤。”宋本《伤寒论》用葛根汤。所载条文对于校勘宋本《伤寒论》具有重要意义。此外，六经病篇每条原文后均出方，是否原貌有待进一步研究。

《辨伤寒热病两感证候》内容出自《诸病源候论·卷7·伤寒候》，而《诸病源候论》引自《素问·热论》，因而也见于《素问·热论》，由此可知也由王怀隐等增入。主要论述两感病证的临床表现及预后，内容基本相同，只是个别文字有差别。此外，篇末“阳为腑，主表。阴为脏，主里。脏腑俱病，故曰两感。三日而死者，为一日两经受病，故云两感。是表里俱病，故六日而死矣”一段，不见于《诸病源候论》与《素问·热论》。从内容看是对“两感”的阐发，出处待考，也不排除由后人增入。

《辨伤寒热病不可治形候》当由王怀隐等增入，从标题看属外感热病中的“不治之证”“死证”，意在突出危重病证的辨证。内容据钱超尘先生考证散见于宋本《伤寒论·伤寒例》《灵枢·热病》《诸病源候论》等。古医籍中尚无类似整篇内容。

“诸可与不可”共13篇，较宋本《伤寒论》的8篇多5篇。除汗、吐、下法之外，又增灸、火、水、温法等。汗、吐、下三法的“可与不可”，大多见于宋本《伤寒论》《金匮玉函经》《脉经》等，但文字有差异。灸、火、水、温法的“可与不可”，主要见于《伤寒论》《金匮玉函经》《脉经》等的相关内容。本篇条文有不见于淳化本《伤寒论》六经病篇，而见于宋本《伤寒论》的，也有不见于宋本《伤寒论》《金匮玉函经》《脉经》等古医籍的，故内容不是简单的重复。与六经病篇是二个独立的内容，值得进一步探讨。

《伤寒三阴三阳应用汤散诸方》载方50首（含蒸法出汗）。其中方名与药物组成与现行宋本《伤寒论》基本相同的有43首，如桂枝汤、小柴胡汤、白虎汤等。有些方剂药物组成相同但方名不同，如术附汤即宋本《伤寒论》的桂枝附子汤、厚朴汤即厚朴生姜半夏甘草人参汤、赤茯苓汤即茯苓桂枝汤、泻心汤即大黄黄连泻心汤（缺黄芩）、玄武汤即真武汤、龙骨牡蛎汤即桂枝甘草龙骨牡蛎汤，而小承气汤（大黄、芒硝、甘草）实为宋本《伤寒论》的调胃承气汤等。

此外，有不见于现行宋本《伤寒论》的方剂7首，如桂枝芍药汤（桂枝、赤芍药、人参、甘草、生姜、枣），半夏汤（半夏、桂心、甘草、生姜、枣），神丹圆（朱砂、附子、川乌头、半夏、赤茯苓、人参、蜜、生姜汤下），甘遂散（甘遂、白芷），蒸法（蚕沙、桃叶、柏叶、糠、麦麸），六味青散（川乌头、桔梗、白术、附子、防风、细辛、生姜汤调服），橘皮汤（陈橘皮、生姜）。其中神丹圆、甘遂散、六味青散、橘皮汤据《千金要方·伤寒例》所载文献属华佗，蒸法属晋代医家陈廪丘，但药物组成有异同。桂枝芍药汤、半夏汤待考。

方后煎服法都用煮散的方法，姜、枣常在煎服法中出现。而茯苓一般都用赤茯苓，附子用炮附子而不是生附子等，体现了宋代特点。此外，本书所载方剂独立成篇并编排于最后，而不是如宋本《伤寒论》方证同条，说明《伤寒论》早期传本中存在着前论后方的体例。

二、学术特点与探讨

（一）六经提纲具雏形

淳化本《伤寒论》六经病篇首有后世被认为是“提纲”的条文：“太阳为病，头痛项强而恶寒，其脉浮数，宜桂枝汤。”“伤寒二日，阳明受病。阳明者，胃中寒是也，宜桂枝汤。”“伤寒三日，少阳受病，口苦干燥目眩，宜柴胡汤。”“伤寒四日，太阴受病，腹满吐食，下之益甚，时时腹痛，心胸坚满。若脉浮者，可发其汗，沉者宜攻其里也。发汗者宜桂枝汤，攻里者宜承气汤。”“伤寒五日，少阴受病，其脉微细，但欲寐……”“伤寒六日，厥阴受病，其脉微浮为欲愈，不浮为未愈也，宜建中汤。”

从上述内容看除厥阴病外，后世所称的六经病提纲内容在淳化本《伤寒论》已基本具备。如太阳病提纲现行宋本《伤寒论》为：“太阳之为病，脉浮，头项强痛而恶寒。”孙思邈《千金翼方·卷九》本条作二条，“太阳之为病，头项强痛而恶寒。”“太阳病，其脉浮。”阳明病提纲《千金翼方》作“阳明之为病，胃中寒是也。”与淳化本《伤寒论》同。少阳病、太阴病、少阴病提纲文字内容与现行宋本《伤寒论》基本相同。

造成上述文字不同的原因，是《伤寒论》在流传过程中形成不同版本所致。如南北朝陈延之在当时就遇到了不同的版本，其在《小品方·自序》中曰：“《张仲景辨伤寒并方》有九卷，而世上有不啻九卷，未测定几卷，今且以目录为正。”也可以是后人在前人基础上增损修改所致。如杨绍伊《伊尹汤液经》认为“六经提纲”是叔和与仲景弟子所为。

将淳化本《伤寒论》与现行宋本《伤寒论》六经病提纲比较，可以认为宋本《伤寒论》六经病提纲是由后人不断修改完善而形成的，已非原来文字，这是中医古籍形成、流传、发展的特点。

（二）厥阴病证亦佚失

《辨厥阴病形证》篇首无后世认为属提纲的条文，内容据病证日期拼凑而成。所载13条条文前面都有“伤寒六日”“伤寒病六日后”等文字。涉及的方剂有建中汤、猪苓汤、小承气汤、小柴胡汤、大柴胡汤、栀子汤、小柴胡桂枝汤、白虎汤、术附汤、桂枝麻黄汤等。这些方剂见于现行宋本《伤寒论》太阳病、阳明病、少阴病等篇，与宋本《伤寒论》原文对比，某些条文被增添了“伤寒六日”等文字而归入了“辨厥阴病形证”篇。可以认为厥阴病内容当时已经散佚。此外，现行宋本《伤寒论》厥阴病提纲见于《脉经·卷7》及《诸病源候论·卷5·消渴候》，王怀隐等没有采摘补入，说明淳化本《伤寒论》是一个独立的传本，也是一个古老的传本。

对于厥阴病篇历来有不同看法与编排，现行宋本《伤寒论·辨厥阴病脉证并治》篇名后有“厥利呕哕附”五个小字，当是宋代校正《伤寒论》的林亿等的注文。文义十分清楚，即将厥利呕哕病证的内容附在厥阴病篇，而不属厥阴病。被林亿等称为“同体别名”的《金匮玉函经》将厥阴病篇单独排列名为《辨厥阴病形证治》，条文仅有“厥阴”打头的4条条文。而将附在厥阴病篇的“厥利呕哕”内容另行成篇，名为《辨厥利呕哕病形证治》。遗憾的是现行《伤寒论》教材还是将厥利呕哕病证内容混入厥阴病编排、诠释，导致病证概念上的混淆，不符合《伤寒论》原文精神。

《辨厥阴病形证》篇载录了不见于现行宋本《伤寒论》的文字：“伤寒六日，烦满而囊缩，此则毒气在藏，可下而愈，宜小承气汤。”此条“烦满而囊缩”等内容见于《素问·热论》，也见于《伤寒论·伤寒例》与《诸病源候论·卷7·伤寒六日候》。当是淳化本《伤寒论·辨厥阴病形证》篇形成时一起补入的，是否《伤寒论》佚文有待进一步考证。

（三）条文对比有新意

淳化本《伤寒论》所载条文在学术上有重大意义，可以让人们了解《伤寒论》的流传过程与学术思想的流传、发展。

宋本《伤寒论》原文12条：“太阳中风，阳浮而阴弱，阳浮者热自发，阴弱者汗自出，啬啬恶寒，翕翕发热，鼻鸣干呕者，桂枝汤主之。”对于“阳浮而阴弱”通常有二种解释，一指脉象，二指病机。淳化本《伤寒论》载本条：“太阳病中风脉，阳浮而弱，浮者热自发，弱者汗自出，啬啬恶寒，翕翕发热，鼻鸣干呕，宜桂枝汤。”可见当是脉象为妥，也符合《伤寒论》《金匮要略》以脉象论病机的行文特点。

宋本《伤寒论》原文53条：“病常自汗出者，此为荣气和，荣气和者，外不谐，以卫气不共荣气谐和故尔。以荣行脉中，卫行脉外。复发其汗，荣卫和则愈，宜桂枝汤。”本条通常释为杂病的自汗，用桂枝汤调和营卫治疗自汗。但与原文有矛盾之处，因为杂病一般是不用汗法治疗的，更不必“复发其汗”。淳化本《伤寒论》载本条：“太阳病自汗出，此为荣气和，卫气不和，荣行脉中，卫行脉外。复发其汗，表和即愈，宜桂枝汤。”可知本证当是太阳病的自汗出，用桂枝汤复发其汗，调和营卫。这样解释更符合《伤寒论》用桂枝汤发汗治太阳病的一元化观点（也不排斥桂枝汤治杂病自汗的灵活应用）。

又如宋本《伤寒论》原文100条：“伤寒，阳脉涩，阴脉弦，法当腹中急痛，先与小建中汤；不差者，小柴胡汤主之。”本文通常理解为少阳兼里虚寒的腹痛，先与小建中汤治腹痛，后用小柴胡汤治少阳病。淳化本《伤寒论》本条小柴胡汤改为大柴胡汤，似乎更符合医理与临床，即小建中汤证与大柴胡汤证均可见腹痛，前者为虚寒，后者为实热，先与小建中汤治疗，不差，改用大柴胡汤治疗，体现了对腹痛的寒热虚实辨证与治疗。

又如“太阳病，若下之，其脉促，胸中满，宜桂枝汤。”本条在现行宋本《伤寒论》中是用桂枝去芍药汤，方后有小字注文“本云桂枝汤，今去芍药。”可见用桂枝去芍药汤是经后人修改的。同样“少阴病，下利水谷，里寒外热，手足厥逆，脉微欲绝，身反恶寒，其人面赤。或腹痛，或干呕，或咽痛，或时利止而脉不出者，宜四逆汤。”本条在现行宋本《伤寒论》中是用通脉四逆汤，可是也是由后人修改变动的。

诸如此类的例子很多，值得进一步探讨。

（四）原文佚文需考究

淳化本《伤寒论》条文内容明显少于宋本《伤寒论》，但也载录了不见于宋本《伤寒论》等的条文，如：

伤寒六日，烦满而囊缩，此则毒气在藏，可下而愈，宜小承气汤。（《辨厥阴病形证》）

伤寒，胸满痰逆，干呕热嗽及肺壅唾脓等，宜吐之。（《辨可吐形证》）

诸虚羸，不可吐之。（《辨不可吐形证》）新产者，不可吐之。（《辨不可吐形证》）

病者恶寒而不欲近衣，不可吐之。（《辨不可吐形证》）

……

这些条文有的不见于现行宋本《伤寒论》，但见于《金匮玉函经》《脉经》等《伤寒论》的其他传本。是否一定为《伤寒论》的原文或佚文，有待进一步考证。也不排除在《伤寒论》流传过程中由后人增入。今天整理研究这些条文关键在于这些条文的学术价值与临床意义。

（五）流传后世有影响

淳化本《伤寒论》由于其独特的内容与学术价值使其流传于后世。明代永乐四年（1406）成书的《普济方》中有淳化本《伤寒论》内容。如《伤寒叙论》采摘《千金要方》的文字内容载录于《普济方·伤寒总论》，六经病篇凡不同于宋本《伤寒论》的部分条文见于相应的篇章（遗憾的是人民卫生出版社1959年11月版的《普济方》删去了这些条文，四库全书本《普济方》保留了上述条文），《伤寒受病日数次第病证》载录于《普济方》卷126，《辨伤寒热病两感证候》《辨伤寒热病不可治形候》、"可不可"篇，载录于《普济方》卷129。淳化本《伤寒论》也见于朝鲜金礼蒙等编集的约成书于明·正统十年（1445）的《医方类聚》。可见淳化本《伤寒论》在流传过程中具有一定影响，也值得今人进一步研究。

综上所述，淳化本《伤寒论》是宋以前一个十分重要的传本。具有重大学术价值。所载方剂也值得进一步研究。其独特的内容与学术价值使其流传于后世，并产生了一定影响。但是当今缺乏对淳化本《伤寒论》的研究，应该深入系统研究，为现代服务。

［《仲景医学求真（续四）——中华中医药学会第十六届仲景学说学术研讨会论文集》2012：141］

魏晋南北朝姚僧垣《集验方》与仲景医方比较研究

亢　森　梁永宣　北京中医药大学

《集验方》系北周名医姚僧垣（499～583）所著，是我国魏晋南北朝时期一部重要方书，对唐宋医学的发展有一定影响。据《天一阁藏明钞本天圣令·医疾令卷第二十六》中记载："诸医及针学，各分经受业。医学习《甲乙》《脉经》《本草》，兼习张仲景、《小品》《集验》等方。"可知宋仁宗天圣七年（1029）修成的《天圣令》中明确规定，《集验方》为医生兼习之书。宋臣孙兆在《校正王焘先生外台秘要方序》中亦云："古之如张仲景、《集验》《小品方》，最为名家。"可见，在北宋时期，《集验方》曾与仲景著作享有同等重要的地位。

《集验方》虽已亡佚，但其文字散见于中国《外台秘要》《证类本草》、日本《医心方》、朝鲜《东医宝鉴》等医书中。其中《医心方》为日本医家丹波康赖（912—995）于日本永观二年（984）撰成并呈献给朝廷，是日本现存最古老的医书，它系统而全面地收集了中国10世纪以前的大量医学文献，使不少已经散佚但极为珍贵的古医学文献得以保存，且标注原文出处，未经宋代校正医书局校订，在中日两国医学交流传播方面发挥着巨大的作用。目前存世的《医心方》版本较多，但目前保存比较完整，被日本政府定为国宝者是半井家旧藏本《医心方》，1991年由日本オリエン出版社影印出版，本研究将以此为据。仲景著作原文，则参考2004年中医古籍出版社影印的善本《仲景全书》中的《伤寒论》和《金匮要略方》。因魏晋南北朝时期度量衡频繁变化，以下讨论暂不考虑药物药量的影响。现分述如下：

一、《集验方》与仲景医方内容基本一致者

研究发现，《集验方》中共有3处记载与仲景方有直接关联。

①治干呕方

《医心方·卷九咳嗽部·治干呕方第十》：集验方治干呕或哕，手足逆冷方：橘皮四两，生姜六两。切，以水六升，煮取三升，服一升。千金方同之。

上方在《金匮要略方论·呕吐哕下利病脉证治第十七》中可见：

干呕，哕，若手足厥者，橘皮汤主之。橘皮

汤：橘皮四两，生姜半斤。右二味，以水七升，煮取三升，温服一升。下咽即愈。

又《外台秘要方·卷第二·伤寒呕哕方一十四首》中亦载此方：

仲景《伤寒论》……又疗干呕哕，若手足厥冷者，小橘皮汤，兼主天行方。

橘皮四两　生姜八两，去皮

右二味，狭长切，以水七升，煮取三升，去滓，小冷服一升，下咽则愈。(《救急》同。出第十六卷中)

由上三书记载可见，《医心方》所载《集验方》中有主证、药物而无方名，《金匮要略》中方名橘皮汤，与《集验方》相比主证、药物原文基本相同；《外台秘要》中方名为小橘皮汤，主治、药味与前二书基本相同，且明言出自仲景《伤寒论》。

②治伤寒汗出后不除方

·《医心方·卷十四治卒死并伤寒部·治伤寒汗出后不除方第七册》：集验方大汗出后，脉犹洪大，形如疟，日一发，汗出便解方：

桂心一两十六铢　芍药一两　生姜一两　炙甘草一两，炙　大枣十四枚　麻黄一两，去节　杏仁廿三枚。凡七物，切，以水五升，先煮麻黄再沸，下诸药，煎得一升八合，服六合。

上方在《伤寒论卷第二·辨太阳病脉证并治上第五》中见有：

服桂枝汤，大汗出，脉洪大者，与桂枝汤如前法，若形似疟，一日再发者，汗出必解，宜桂枝二麻黄一汤。方十二。

桂枝一两十七铢，去皮　芍药一两六铢　麻黄十六铢，去节　生姜一两六铢，切杏仁十六枚，去皮尖　甘草一两二铢　大枣五枚，擘。右七味，以水五升，先煮麻黄一二沸，去上沫，内诸药，煮取二升，去滓，温服一升，日再服。

一此方在《外台秘要方·卷第一杂疗伤寒汤散丸方八首》中亦有载：又服桂枝汤大汗出后，脉洪大者，与桂枝汤如前法。若形如疟，一日再发者，汗出便解，属桂枝二麻黄一汤主之方。

桂心一两十七铢　杏仁十六枚，去尖皮　芍药一两六节　麻黄十六铢，去节生姜一两六铢，切甘草炙，一两二铢　大枣五枚，擘。右七味，切，以水五升，先煮麻黄一两沸，掠去沫，乃内诸药，煮得二升，去滓，温服一升，日再。……本张仲景《伤寒论》方，《集验》疗天行。

比较三书，《医心方》所载《集验方》中有主证、方药，但无方名；《伤寒论》《外台秘要》方名均为桂枝二麻黄一汤，主证、药物基本相同，且《外台秘要》中明言出自张仲景《伤寒论》，并提及《集验》还可疗“天行”。

③治伤寒阴毒方

《医心方·卷十四治卒死并伤寒部·治伤寒阴毒方第卌五》：集验方云：阴毒者，或伤寒初病一二日便成阴毒，或服汤药六七日以上至十日变成阴毒。身重背强，腹中绞痛，喉咽不利，毒气攻心，心下强，短气不得息，呕逆，唇青面黑，四肢厥冷，其脉沉细紧数，此阴毒候。身如被打，五日可治，七日不治方。医门方同之。

甘草二分炙　升麻二分　当归一分　蜀椒一分　鳖甲四分。凡五物，㕮咀，以水五升，煮取二升半，分三服，行五里复服，温覆，中毒当汗，汗则愈，若不汗，病除重服之。

上方在《金匮要略方论·百合狐惑阴阳毒病证治第三》中载为：

阴毒之为病，面目青，身痛如被杖，咽喉痛，五日可治，七日不可治，升麻鳖甲汤去雄黄、蜀椒主之。

升麻鳖甲汤方

升麻二两　当归一两　蜀椒炒，去汗，一两　甘草二两　雄黄半两，研鳖甲手指大，一片，炙

右六味，以水四升煮取一升，顿服之，老小再服取汗，

《肘后》《千金方》：阳毒用升麻汤，无鳖甲有桂；阴毒用甘草汤，无雄黄。

《外台秘要方·卷第一·<古今录验方>八首》中有相关记载：

《古今录验》……又阴毒汤，疗伤寒初病一二日，便结成阴毒，或服汤药六七日以上至十日，变成阴毒。身重背强，腹中绞痛，喉咽不利，毒气攻心，心下坚强，短气不得息，呕逆，唇青面黑，四肢厥冷，其脉沉细紧数。一本无数字。仲景云：此阴毒之候，身如被打，五六日可疗，至七日不可疗，宜服甘草汤方。

甘草炙　升麻　当归各二分　蜀椒一分，出汗　鳖甲大如手一片，炙

右五味，切，以水五升，煮取二升半，分再服，如人行五里顷复服，温覆当出汗，汗出则愈。若不得汗，则不解，当重服令汗出。忌海藻、落菜、觅菜。《千金》《集验》《备急》、文仲、《小品》《肘后》同。并出第二卷中。

在《千金方卷九·伤寒方上·发汗汤第五》中亦有记载：阴毒汤，治伤寒初病一二日，便结成阴毒，或服药六七日以上至十日，治伤寒初起一二日便结成阴毒，或服药六七日以上至十日变成阴毒。

身重背强，腹中绞痛，咽喉不利，毒气攻心，心下坚强，短气不得息，呕逆，唇青面黑，四肢厥冷，其脉沉细紧数。仲景云此阴毒之候，身如被打，五六日可治，至七日不可治也，甘草汤方。

甘草　升麻各半两　当归　蜀椒各六铢　鳖甲一两

右五味，㕮咀，以水五升，煮取二升半，分三服，如人行五里顷更进一服，温覆取汗，毒当从汗出，汗出则愈。若不汗则不除，重作服。仲景方去蜀椒。

比较上述四书，《医心方》载《集验方》中有主证、药物，无方名，《外台秘要》和《千金方》关于阴毒的症状描述与《集验方》基本相同，而《金匮要略方》中症状与前三者有所不同。

为便于进一步分析，将上述四书中治疗阴毒方剂药物组成及文后注列表如下：

书名	方名	药物组成	条文后注
集验方		甘草、升麻、当归、蜀椒、鳖甲	
金匮要略	升麻鳖甲汤去雄黄、蜀椒	甘草、升麻、当归、鳖甲	肘后、千金方：阳毒用升麻汤，无鳖甲有桂；阴毒用甘草汤，无雄黄。
外台秘要	甘草汤	甘草、升麻、当归、蜀椒、鳖甲	
千金方	甘草汤	甘草、升麻、当归、蜀椒、鳖甲	仲景方去蜀椒。

从《金匮要略方》宋臣注文："肘后、千金方：阳毒用升麻汤，无鳖甲有桂：阴毒用甘草汤，无雄黄。"以及《千金方》和《外台秘要》条文可知，治疗阴毒方用甘草汤。同时《外台秘要方》和《千金方》中明确指出"仲景云"阴毒之候用甘草汤，足以说明甘草汤原出自仲景，原方组成包括甘草、升麻、当归、蜀椒、鳖甲五味。从上表亦可看出：《集验方》所载药物与《外台秘要》和《千金方》所载甘草汤相同。然《金匮要略方》宋臣注文"阴毒用甘草汤，无雄黄"，未提及蜀椒。当然不能排除有可能宋臣在校《金匮要略方》时亦对此候用药存疑而加注说明。关于这一点日本学者森立之研究认为："今本《金匮》升麻鳖甲汤去雄黄蜀椒主之，'蜀椒，二字衍文。"而《千金方》后注文"仲景方去蜀椒"，与其条文中言"仲景云此阴毒之候，身如被打，五六日可治，至七日不可治也，甘草汤方"自相矛盾。由于现存的《金匮要略》《千金方》均系宋臣于北宋治平三年（1066）所校，出现此文字解释不能排除原系宋臣在同一时期校订医书时原依据的医籍不同所致。这点有待今后详考。综上所述，干呕方、治伤寒汗出后不除方、治伤寒阴毒方3首医方原在《集验方》中均未俱方名，这也许是当时方书的特点，但宋臣校订后的《金匮要略》和《外台秘要》中均有方名，名橘皮汤、桂枝二麻黄一汤、甘草汤，且有明确记载原方出自仲景。那么仲景书中的方名是否为宋臣所加，也有待继续深入研究。但可以推测，《集验方》中收载的3方当与仲景有密切关联，原方当源于仲景。

二、《集验方》与仲景医方相近者

经查，《集验方》中有1处记载：治伤寒阳毒方

《医心方·卷十四治卒死并伤寒部·治伤寒阳毒方第卅六》：集验方云：阳毒者，或伤寒一二日便成阳毒，或服药吐下之后变成阳毒。身重，腰背痛，烦闷不安，面赤狂言，或走，或见鬼，或下利，其脉浮大数，面斑斑如锦，喉咽痛，下脓血，五口可治，七口不可治方。医门方同之。

甘草二分炙　当归一分　蜀椒一分去目　升麻二分　雄黄二分　桂心一分

凡六物，㕮咀，以水五升，煮取二升半，分三服，行五里顷复服，温覆手足，中毒则汗，汗则解，不解重作。今世有此病，此二方实未经用。

《金匮要略方论·百合狐惑阴阳毒病证治第三》中有相似记载：阳毒之为病，面赤斑斑如锦文，咽喉痛，唾脓血，五日可治，七日不可治，升麻鳖甲汤主之。（用药参见前条"治伤寒阴毒方"文字）

《外台秘要方·卷第一＜古今录验方＞八首》中亦有相似记载：《古今录验》阳毒汤，疗伤寒一二日便成阳毒，或服药吐下之后，变成阳毒。身重腰背痛，烦闷不安，狂言，或走，或见神鬼，或吐血下利。其脉浮大数，面赤斑斑如锦文。喉咽痛，唾脓血。五日可疗，至七日不可疗也，宜服升麻汤方。

升麻二分　当归二分　蜀椒汗，一分　雄黄研　栀子　桂心各一分　甘草二分，炙　鳖甲大如手一片，炙。右八味，切，以水五升，煮取二升半，分三服，如人行五里久再服，温覆手足，毒出则汗，汗出则解，不解重作，服亦取得吐佳。阴毒去雄黄。忌海藻、落菜、生葱、苋菜。张仲景方无栀子、桂心，阴毒去雄黄、蜀椒。

同样内容《千金方卷九·伤寒方上·发汗汤第五》中亦有记载：阳毒汤治伤寒一二日便成阳毒，或服药吐下之后，变成阳毒。身重，腰背痛，烦闷不安，狂言，或走，或见鬼，或吐血、下痢，其脉浮大数，面赤斑斑如锦文，咽喉痛，唾脓血，五日可治，至七日不可治，宜服升麻汤方：

升麻　甘草各半两　当归　蜀椒　雄黄　桂心各六铢

右六味，㕮咀，以水五升，煮取二升半。分三服，如人行五里进一服，温覆手足，毒出则汗，汗出则解。不解，重作服之，得吐亦佳。（仲景无桂心，有鳖甲手大一片；肘后与千金同：古今录验有栀子六铢、鳖甲如手一片。）

综观上述诸书记载，在《集验方》《外台秘要方》《千金方》中，关于阳毒的症状描述基本相同，且在后两者中均言原方与仲景相关。

比较四书治疗方剂药物组成及文后注，列表如下：

书名	方剂	药物	注文
集验方		甘草、升麻、当归、蜀椒、雄黄、桂心	
金匮要略	升麻鳖甲汤	甘草、升麻、当归、蜀椒、雄黄、鳖甲	
外台秘要	升麻汤	甘草、升麻、当归、蜀椒、雄黄、鳖甲、栀子、桂心	张仲景方无栀子、桂心，阴毒去雄黄、蜀椒。
千金方	升麻汤	甘草、升麻、当归、蜀椒、雄黄、桂心	仲景无桂心，有鳖甲手心大一片

按《外台秘要》中升麻汤原有栀子、桂心，但方后注“张仲景方无栀子、桂心”；《千金方》方后注“仲景无桂心，有鳖甲手大一片”；再结合《金匮要略》所载，可知仲景治疗阳毒之候所用方剂组成应包含升麻、当归、蜀椒、甘草、雄黄、鳖甲六味。与之相比，《集验方》中药物多桂心而少鳖甲。由于现存的《外台秘要》《千金方》《金匮要略》均系宋臣所校，注文很有可能为其所加，即推测三种书的校订者当时应看到了原仲景医方中的升麻鳖甲汤，《集验方》也有可能是在仲景方基础上加减化裁而来。

总之，通过对上述《医心方》所引的《集验方》中治干呕方、治伤寒汗出后不除方、治伤寒阴毒方、治伤寒阳毒方4首方剂的分析可知，《集验方》中的前3首方剂原应出自仲景医方，分别是橘皮汤、桂枝二麻黄一汤、甘草汤；治伤寒阳毒方可能是在升麻鳖甲汤基础上加减化裁。据此，笔者推测，姚僧垣撰著《集验方》时当参考过张仲景医书，而这一点也符合原书名“集验”之意。即在49—583年当有仲景医书内容流传，并非《千金方》卷九所述之“秘仲景要方不传”。《集验方》所载无方名的4首方剂，后被《外台秘要》《千金方》《金匮要略》所载，名为橘皮汤、桂枝二麻黄一汤、甘草汤、升麻鳖甲汤，三书同为北宋校正医书局所修订，这对探讨原始仲景方是否具备方名有一定参考价值。

［《全国第二十次仲景学说学术年会论文集》2012：336］

（二）张仲景理法方药学术思想研究

《伤寒论》中的辨证论治思想及其临床应用

郭喜军　张颜伟　河北省中医院

辨证论治是中医学基本特点之一，《内经》提出了疾病的基本治则及治法，为祖国医学辨证论治的基本理论奠定了基础，东汉末年张仲景“勤求古训，博采众方”，在继承《内经》《难经》等古典医籍的基础上，结合自己的临床实践，著成《伤寒杂病论》一书，该书集理、法、方、药为一体，构成了完整的辨证论治体系。《伤寒论》16条言：“太阳病三日，已发汗，若吐、若下、若温针，仍不解者，此为坏病，桂枝不中与之。观其脉证，知犯何逆，随证治之……”则是其辨证论治思想最集中的体现，以下分述之。

一、对“观其脉证，知犯何逆，随证治之”的理解

本为太阳病，因汗不得法、或过汗，或误用吐法、下法、温针法，病仍然不解，此时病机已发生了变化，原来的证已经不存在了，故桂枝不中与之也，当施于何法何方？张仲景为我们提出了诊治的基本法则，即“观其脉证，知犯何逆，随证治之”。观者，即运用望、闻、问、切四诊审视病情变化；知犯何逆，即判断病机之关键，或虚或实，或寒或热，或表或里，或虚实、寒热、表里错杂；随证治之，即依据所辨之证，立法处方用药。“观其脉证，知犯何逆”即“辨证”的过程，“随证治之”即“论治”的过程。此十二字是仲景辨证论治思想的集中体现。

二、《伤寒论》中辨证论治思想的特点

（一）治病求本

《素问·阴阳应象大论》曰：“阴阳者，天地之道也，万物之纲纪，变化之父母，生杀之本始，神明之府也。治病必求于本。”求本就是辨别阴阳。张仲景以阴阳学说为指导，并将其运用于辨证论治中，创立了六经辩证，“六经”就是把阴阳各分三份，即三阴、三阳，所以六经是由阴阳演化出来的系统概念。进行六经辨证，应当首先辨病发于阳还是病发于阴，《伤寒论》第7条言：“病有发热恶寒者，发于阳也；无热恶寒者　发于阴也”，该条是辨别阴阳的提纲。张仲景以调和阴阳作为基本治疗法则。《素问·生气通天论》曰：“凡阴阳之要，阳密乃固，两者不和，若春无秋，若冬无夏，因而和之，是谓圣度。故阳强不能密，阴气乃绝，阴平阳秘，精神乃治，阴阳离决，精气乃绝。”诸病的产生，其根本原因在于阴阳失衡，治疗的目的就是调和阴阳，使其恢复“阴平阳秘”的状态。如《伤寒论》58条曰：“凡病，若发汗，若吐，若下，若亡血，亡津液。阴阳自和者，必自愈。”治病必求于阴阳之本，该理论在《内经》中首先提出，并且在《伤寒论》中得到了具体的应用。

（二）标本缓急

“急则治其标，缓则治其本”，一般情况下重在治本，当出现标证较急时，则应“急则治其标”，如少阴三急下证。《伤寒论》320条：“少阴病，得之二三日，口燥咽干者，急下之，宜大承气汤。”321条：“少阴病，自利清水，色纯青，心下必痛，口干燥者，可下之，宜大承气汤。”32条：“少阴病，六七日，腹胀，不大便者，急下之，宜大承气汤。”前两条为少阴阴亏，阳明燥实，真阴欲耗，病重势急之证，故出现口燥咽干的肾阴亏虚之证。后一条中腹胀是燥屎内结，积滞极甚之表现。此时不可增液养阴，扬汤止沸，急当泻下阳明燥实，釜底抽薪，急下存阴。肾藏元阴元阳，为一身阴阳之根，虽肾阴伤损为本，阳明燥实为标，但治标的目的仍在于固本。病有标本，证有缓急，我们在临床施治时当辨清标本缓急，确定治则治法。

（三）同病异治　异病同治

《伤寒论》以辨证论治贯穿始终，其中“同病异治，异病同治”亦是辨证论治的主要体现之一。

1. 同病异治——以治喘为例

《伤寒论》中治疗喘症的方证主要有四个：麻黄汤证、桂枝加厚朴杏子汤证、小青龙汤证和麻杏石甘汤证。《伤寒论》35条：“太阳病，头痛，发热，身疼，腰痛，骨节疼痛，恶风，无汗而喘者，麻黄汤主之。”麻黄汤是治疗太阳伤寒表实证的主

方，其病机为卫遏营郁，肺合皮毛而主表，表闭无汗，影响肺气的宣降，故作喘，以麻黄汤发汗解表，肺气恢复宣降功能，喘自愈。《伤寒论》18条：“喘家，作桂枝汤，加厚朴、杏子佳。”素有喘疾复感风寒，或新感引动宿喘，以桂枝汤解肌发表、调和营卫，加厚朴、杏仁降气平喘。《伤寒论》40条：“伤寒表不解，心下有水气，干呕、发热而咳，或渴，或利，或噎，或小便不利、少腹满，或喘者，小青龙汤主之。”41条：“伤寒，心下有水气，咳而微喘，发热不渴。服汤已，渴者，此寒去欲解也，小青龙汤主之。”小青龙汤证的病机是外寒内饮，寒饮迫肺，肺气上逆，故见喘。以小青龙汤外散表邪，内化水饮，饮去肺气降，则咳喘止。’《伤寒论》63条：“发汗后，不可更行桂枝汤。汗出而喘，无大热者，可与麻黄杏仁甘草石膏汤。”162条：“下后，不可更行桂枝汤；若汗出而喘，无大热者，可与麻黄杏仁甘草石膏汤。”麻杏石甘汤治疗邪热奎肺之喘，麻黄、石膏并用，石膏用量为麻黄的二倍，可见本方以泄热平喘为主。从喘症的辨治中可以看出仲景采用辨病与辨证相结合的方法，但处方用药更重视病机的变化即证的变化，依证立法，依法处方，则切中病机，药到病除。

2. 异病同治——以吴茱萸汤为例《伤寒论》243条：“食谷欲呕，属阳明也，吴茱萸汤主之。得汤反剧者，属上焦也。”肝胃虚寒可致胃气上逆而出现阳明胃寒的呕吐；309条：“少阴病，吐利，手足逆冷，烦躁欲死者，吴茱萸汤主之。”少阴病兼有胃寒的吐利，兼手足逆冷，烦躁欲死，此因胃寒频繁呕吐而出现，与阴寒极盛、真阳欲绝之四逆汤不同；378条：“干呕吐涎沫，头痛者，吴茱萸汤主之。”肝寒循经上逆而出现厥阴头痛，以巅顶痛为特点。三条论述证候各异，但肝胃虚寒，浊阴上逆的病机是其共同点，故阳明寒呕、少阴吐利、厥阴头痛均治以吴茱萸汤。总之，异病同治亦为辨证论治的体现之一，我们临床在辨病的同时，更重要的是辨证，正所谓：“有是证，用是方”。

（四）随证加减

《伤寒论》中在方后附有随症加减用药的方证共有七个，即：小柴胡汤、小青龙汤、四逆散、通脉四逆汤、真武汤、理中汤、枳实栀子豉汤。此处仅以小柴胡汤为例加以说明，小柴胡汤为少阳病主方，主要病机为少阳经脉受邪，枢机不利，因少阳属半表半里，故其枢机不利，会出现表里上下之不同证候。仲景在方后以七个“若”举例说明了出现不同症状时的加减用药。结合同病异治，异病同治及随症加减等，可见仲景将辨病、辨证、辨症相结合，并以辨证为核心，灵活加减用药，对临床用药有很大的指导意义。

三、结语

总之，辨证论治是中医的基本特点之一，它始于《内经》，张仲景将其应用于临床，为后世医家诊治疾病树立了典范。本文通过对辨证论治思想含义及特点的阐述及验案举例，说明辨证论治思想具有重要的理论及实践意义，我们当深刻理解“观其脉证，知犯何逆，随证治之”的内涵并用于临床，以提高疗效。

［《全国第二十次仲景学说学术年会论文集》2012：33］

《内经》重阳思想对张仲景慢性虚劳病治疗的影响

张银柱　北京中医药大学
李宝珍　山西省长治医学院

《黄帝内经》是我国现存医学文献中最早的一部典籍，它比较全面地论述了中医学的基本理论、理论原则和学术思想，构建了中医理论体系的框架，为中医学的发展奠定了基础。中医学发展史上出现的许多著名医家和众多医学流派，从其学术思想的继承性来说，基本上都是在《内经》理论体系的基础上发展起来的。

张仲景，东汉末年伟大的医学家，著有《伤寒杂病论》一书，奠定了中医学辨证论治体系。在其《伤寒杂病论》自序云：“乃勤求古训，博采众方，撰用《素问》《九卷》《八十一难》《阴阳大论》《胎胪药录》，并平脉辨证，为《伤寒杂病论》合十九卷”。从其自述中可知，其《伤寒杂病论》之撰写，是以《素问》《九卷》为依据，可见张仲景《伤寒论》一书，是以《内经》理论的依据的。

《内经》十分重视人体的阳气，《素问·生气通天论》云：“凡阴阳之要，阳密乃固，两者不和，若春无秋，若冬无夏，因而和之，是谓圣度，故阳强不能密，阴气乃绝”。又云：“阳气者，若天与日，失其所则折寿而不彰，故天运当以日光明。”《内经》之本意，在于强调阳气之主导作用，保护阳气，使其致密，起到护卫和调节机体的作用，是身体强健之保障。如再分析一下阳气究竟是什么？在人体有哪些重要性，根据《内经》精神归纳起来有下列三个方面：

一、运行和生化作用

人体血液、津液……等运行循环，均须要阳气为之敷布运行。而血液、津液等，所以能营养全身而产生精神…活动和一切的脏腑机能活动，又需要通过阳气的气化作用，才能生化不息。

二、宣化输送五谷精微

“上焦开发，宣五谷味，熏肤，充身，泽毛，若雾露之溉，是谓气。《灵枢·决气》这是说明五谷精微的生成和宣化输送，都须通过阳气才能温养全身和润泽皮毛。

三、卫外作用

“阳者卫外而为固也”。这是指阳气有防御和抵抗外邪等卫外作用。

从以上的归纳来看，阳气的功能是比较广泛的，有关人体的营养消化，以及保卫身体抵抗外邪等都离不开阳气的功能。因此古人把比作天与太阳的关系。如果天空中没有太阳，或失去正常的运行规律，则宇宙间黑暗而不明，万物亦不能生长。所以天的运行，必须要有太阳的光明。而人身的阳气，要调和才能发挥其卫外作用；不然，就会招致病邪的侵袭，而造成夭折寿命的危险。另一方面，没有阳气很好的进行消化运行，则营养来源缺乏，也可导致身体的衰弱。于此可见阳气在人体的重要性。

慢性虚劳病变集中体现在张仲景所著的《金匮要略·血痹虚劳脉证并治第六》篇中。在这篇中第三条中说：“夫男子平人，脉大为劳，极虚亦为劳”。以脉象的“大”和“极虚”，揭示虚劳病的病因病机在于脾肾精血不足，阳气内虚，由于脾为后天之本，肾为先天之本，脾肾两虚，虚劳病会出现一系列衰弱的证候，如里急、心悸、鼻衄、腹中痛、梦失精、四肢酸痛、手足烦热、咽干口燥、喘喝、失眠、盗汗、腰痛，发落、痹侠背行等等症候。通过分析，我们大致可以得出张仲景是以阴阳为纲来分辨虚劳病变的，属于阴虚的有酸枣仁汤证、属于阳虚者，有天雄散、桂枝加龙骨牡蛎汤等。阴阳两虚者，有小建中汤证、黄芪建中汤证、八味肾气丸证等；有风气者，治以薯蓣丸；有干血者，治以大黄䗪虫丸。从导致虚劳的病因来看，主要是阳虚而致劳。如第七条：“男子脉浮弱而涩，为无子，精气清冷。”由于阳虚不敛而脉浮，阳虚无力鼓动血脉而脉弱，气虚血寒，精气清冷，故不能生育。虽未给出方药，但根据病因病机，可以考虑给予温阳疗法。第八条桂枝龙骨牡蛎汤证的病因也是由于肝肾阳虚故少腹弦急，外阴部寒冷；清阳不能上于空窍，故目眩；阳损及阴，精血损伤，故头发脱落；阳虚不固，所以时常滑精，女子梦交等症。其他如盗汗证，痹侠青行，脱气，虚劳里急，虚劳腰痛，妇女的半产漏下等证均与阳虚有关。从其所治的方药来看，治疗虚劳病的有桂枝龙骨牡蛎汤、天雄散、小建中汤、黄芪建中汤、八味肾气丸、酸枣仁汤、薯蓣丸、大黄䗪丸，加上附方《千金翼》炙甘草汤和《肘后》獭肝散。共计十个方剂。其中桂枝龙骨牡蛎汤、天雄散、小建中汤、黄芪建中汤、八味肾气丸和附方《千金翼》炙甘草汤及《肘后》獭肝散七个方剂均与阳虚有关，从阳论治的，即使是治疗风气百疾的薯蓣丸证也是以益气补中焦以去风散邪，治疗干血症的大黄䗪虫丸也是以温通经络攻癖血以缓中补虚，严格来说也可以说是从阳虚而立论的。

综上所述，《内经》是以阴阳学说为立论依据的，对阴阳的认识，《内经》独重阳气对人体生理、病理的影响，认为阳气与人体的防御能力、食物的消化吸收，精微的输布，以及体内精血的运行密切相关，这一重阳思想深深地影响着医圣张仲景，在其所论的虚劳病中，无论在论述其病机、病因、以及治疗中，均以阳虚而立论。

［《中华中医药学会第十二届全国内经学术研讨会学术论文集》2012：400］

《伤寒论》病证治疗权变

曲　夷　山东中医药大学伤寒教研室

权变思想强调事物总是处于运动变化之中，应当根据对客观情境的分析，因地、因时、因人而宜。这一思想肇始于《易经》变易的思想。在诸子百家的学术思想中也都有所体现。《春秋公羊传》曰：“权者何？权者反于经，然后有善者也”。指出权虽表面看来与经相反，但必以“善”为目的。“权不离经”“行经必假之以权”的权变思想是中国古代哲学的重要内容。中医学受中国古代哲学的影响，其整体、宏观、动态、平衡的辩证思维特点，成为临证权变的重要基础。《伤寒论》是第一部理论与临床相结合的医学著作。“阐常述变”是其写作特点，本文重点分析《伤寒论》在病证治疗上的权变方法。

一、六经病治法权变

《伤寒论》六经病各有其正治常法，如太阳病之汗，少阳病之和，阳明病之下及三阴病之温。然而又具有相当大的灵活性。如太阳病又有太阳表虚、太阳表实之分，而治表虚的桂枝汤以芍药、大枣和营益阴，实有“汗中寓补”之意。与之相应的小建中汤，主治里虚不耐邪扰，感邪之初即见“心中悸而烦”者，又为“补中寓汗”之法。如阳明病以燥热为特征，治以清、下为常法。但仲景又在大量热实证中，列述阳明中寒证，阳明中寒治当温补，此又示阳明病治法之权变。如少阳病之和，又有针对并病与合病所设的和汗并用法、和下并用法。三阴病虽以温为常法，如太阴病“当温之”，少阴病“急温之”。但根据病情虚实亦有权变之治。如太阴病若脏虚络实，见“腹满时痛”“大实痛”者，则当温脏寒、通脾络，在桂枝汤基础上加芍药、大黄以活血祛瘀，通络止痛。如少阴病心肾阴阳虚损，而有热化证、寒化证的不同。治法上或育阴清热，或温经回阳。病至厥阴，阴尽阳生，寒热错杂，寒热往来，证候表现错综复杂，治法上也有温、清、补、泻的区别。厥阴病主方乌梅丸则寒热并用，补泻兼施，升降两调，温清并举，而决非一“温”法能概括之。

二、证候治法权变

从每一具体病证的角度来看，《伤寒论》中的常变治法内容更为丰富，对后世产生了较大影响。如痞证，除了以“泻心”命名，专以泻心消痞的五泻心汤外，还有亦可见“心下痞”，但非为痞证的其他证候，可视为“痞”的权变治法。如隐气不除伴心中痞硬，当和胃降逆治以旋覆代赭汤：下利不止，伴心下痞硬，当温中补虚治以桂枝人参汤：小便不利伴心下痞，当化气行水治以五苓散等。如下利证，除寒利之四逆汤与桃花汤、热利之白头翁汤与葛根芩连汤之常规治法外，尚有权变之治。如太阳表邪郁闭使津液反趋大肠者，治以葛根汤，发散表邪以生津止利，开后世“逆流挽舟法”之先河；少阳胆火内迫阳明者，治以黄芩汤，《医方集解》称此方为“万世治痢之祖方”，后世治痢名方芍药汤即由此方演化而来；热结旁流见“自利清水，色纯青”者，治以大承气汤，成为“通因通用法”的典型例证。此外，《伤寒论》中许多病症的治法有别于后世总结的所谓常法，为临床上的疑难病证的辨治提供了思路。以下与五版《中医内科学》为对照，举例说明《伤寒论》病证治疗的变法。

（一）狂证之权变治法

《素问·至真要大论》曰：“诸躁狂越，皆属于火。”《素问·病能论篇》又说：“有病狂怒者，此病安生？岐伯曰：生于阳也……治之奈何？岐伯曰：夺其食即已。”提示狂证多为阳亢于上，心神被扰，神明逆乱所致。在《中医内科学》中狂证分为痰火上扰、火盛伤阴两种证型，分别治以泻火涤痰、滋阴降火之法。除上述常证常法外，《伤寒论》提出狂证还可见于：①阳虚致狂。如“伤寒脉浮，医以火迫劫之，亡阳，必惊狂，卧起不安者，桂枝去芍药加蜀漆牡蛎龙骨救逆汤主之。”（112）此乃心阳虚，心神失其所主，不得潜敛而浮越。阳虚致狂，治当温通阳气，重镇安神。②血瘀致狂。见于太阳蓄血重证，证见“脉微而沉，反不结胸，其人发狂……少腹当硬满，”治当“下血乃愈”。提示瘀血致狂的一种特殊病机，开活血化瘀法治疗精神疾病之先河。

（二）咽痛之权变治法

咽痛多责之于外感热毒郁结或阴虚之火上炎，以清热解毒、养阴清热为常用治法。《伤寒论》在少阴病篇专论咽痛证，也提示咽痛多与少阴热毒或阴虚有关，如甘草汤、桔梗汤、猪肤汤之治。但其所列举的治法又多有变通：半夏散及汤散寒涤痰开结止痛，可治疗风寒外束，痰湿阻络的寒实咽痛；通脉四逆汤加桔梗回阳救逆，利咽止痛，可治疗少阴阳虚阴盛，虚阳浮越导致的虚寒咽痛。提示了咽痛治以温散、温通的变法治疗思想。刘力红在《思考中医》中以咽痛的变法治疗证明“临证察机”的重要性。所举两例病人皆咽喉肿痛：一者，据脉浮紧，舌苔白腻诊为太阳表寒夹湿，治以麻黄加术汤；一者，据面色青，唇舌色淡，手冷，脉沉细诊为中焦虚寒，治以归芪建中汤、附子建中汤。可见辨识疑难病症必须知常达变，抓住病机关键，若拘于西医的“炎症”及中医常法，是难以取得好的疗效的。

（三）面色赤之权变治法

面色赤，是指面部皮肤发红，红于正常状态。依面赤的范围及程度的不同。论中又分别称之为“面色缘缘正赤”“面合色赤”“面少赤”及“面有热色”。典型的面赤为“面合色赤”，即满面通红，面赤按常法辨证当为热证，故《伤寒论》见于热郁阳明经表，热势弥散充斥表里内外，由于热尚未悉聚于阳明胃腑，里实未成，故“不可攻之”。结合219条三阳合病的病证表现，面色除发红外，还可见“面垢”，乃热盛蒸散于面，面部垢秽，如蒙油妆，可以白虎汤清透热邪。除此之外，太阳表证邪气稽留不解，阳气怫郁在表可见面赤，病人必伴见发热恶寒等表证。治以桂枝麻黄各半汤辛温开腠，小发其汗；阴寒极盛，阴盛格阳，虚阳浮越于上，亦可见面赤。其色必娇嫩无光泽，在两颧部游移不定，伴有下利清谷，四肢厥逆，恶寒倦卧，脉微欲绝等，治以通脉四逆汤。可见面赤虽为热色，属于阳证，但其所反映的病机有真热假热、表里虚实之别。治疗上以清透热邪为常法，辛温发表、温阳散寒为之变法。

（四）厥证之权变治法

《伤寒论》337条曰："凡厥者，阴阳气不相顺接便为厥。厥者，手足逆冷者是也"。而导致阴阳气不相顺接的常见原因不外乎阳虚无以温之，故治法之常当为温阳（或回阳）散寒，主以四逆汤、通脉四逆汤、当归四逆汤等，此为治厥之常法。除此而外，仲景还提出由各种原因导致阳气被郁，不能通达于四末而厥逆者。这些非阳虚的厥证，则需根据不同的病因病机采用变通治法。如阳郁气厥，治以四逆散疏畅气机，透达郁阳；热厥证，治以白虎汤清透热邪；蛔厥证，治以乌梅丸清上温下，补虚安蛔以治厥；痰厥证，治以瓜蒂散涌吐痰浊；水厥者，治以茯苓甘草汤温胃散水。后世温病学家叶天士针对湿热病湿重热轻证的治疗提出"通阳不在温，而在利小便"，提出针对湿遏热邪情况下，通阳而温的常法之外，又有一种通过"利小便"渗湿通阳的权变治法，这与仲景厥证权变之治的思维正相吻合。

三、治疗手段权变

仲景在治疗方法上的变通还体现在不同治疗手段的运用。《伤寒杂病论》以药物治疗为主，但也运用了针刺、灸、导、熏等外治法。这些疗法或单独使用，或与药物疗法相配合，起到协同治疗的效果，而这又往往体现了治法之权变。如"初服桂枝汤，反烦不解者"，证属邪郁经络，不必拘于12条方后注守方继进之常法，当先针刺风池、风府穴疏通经络以泻邪，辅助桂枝汤发挥解肌祛风的作用。烧针逼汗而致的奔豚证，若"针处被寒，核起而赤者……灸其核上各一壮"，疏通气血，使局部红肿消散，利于消除表邪。病至少阴、厥阴，剧烈吐利而突现"脉促""脉微"，甚则"脉不至""无脉"，手足厥冷（逆）、烦躁者，为阳气暴脱之危候，煎药内服缓不济事，可用灸法急救。阳明实证中阳热之气最少的少阳阳明证，不必按常法用承气汤内服通腑泻热，可以蜜煎外治导而通之。狐惑病，蚀于喉而咽干者，以苦参煎汤熏洗，蚀于肛门者，烧雄黄以外熏，等等。多种治疗手段的灵活应用，加之"少少与饮之""损谷""啜热粥""禁五辛、酒酪、生冷、粘滑、臭恶等物""不利，进热粥一杯；利过不止，进冷粥一杯"等调护之法，可更好的发挥治疗作用。

权变哲学提出"权不离经"。各种治疗手段灵活运用的前提是必须对使用方法、疗效、可能存在的不良反应有充分的了解，若滥用可使变证丛生。论中有多处提到误用温针、烧针、灸、熏、熨等火法导致的变证：太阳温病证，误火而致"微发黄色，剧则如惊痫，时瘛疭，若火熏之"。111～118条专门论述了太阳病误用火法可导致发黄、衄、小便难、谵语、躁、惊狂、便血、吐血、奔豚等变证。此外阳明病误火可致"额上微汗出，而小便不利者，必发黄"。(200）少阴病误火可致下利、谵语、小便难。(284）仲景从未以温针、烧针之法治疗疾病，且反复提示误火的变证，可见火法在当时是某些医生喜用的外治法，由于把握失度，反致变证。对于中医传统疗法，应当广泛收集，合理使用，确定其有效性，了解不良反应的情况，这是我们临床权变使用各种疗法的重要前提。

四、结语

"权变"是相对于人们的习惯经验和思维定势而言。实施权变诊疗，要求医者除了要有坚实的理论基础、丰富的临床经验、融会贯通的能力外，还必须具备灵活变通的思维，即所谓"知常达变"。《伤寒论》中所举变证条文颇多，皆为非典型病证，属临床疑难病之列。这种看似不够规范、条理的辨证体系，更接近于临床实际，更符合中医的辨证特色，也是《伤寒论》历经千年仍具有学习和研究价值的重要原因。

［《全国第二十次仲景学说学术年会论文集》2012：72］

《伤寒论》关于气失常的证治思想初探

欧金涛　结小停　张晓琳　云南中医学院

成书于东汉末年的《伤寒论》是一部阐述多种外感病及杂病辨治的专书，是我国第一部理法方药一线贯穿，理论联系实际的中医经典著作。成书千余年来，至今仍有效的指导着临床。兹就学习仲景《伤寒论》关于气功能及运行失常的辨治方法予以总结归纳。

一、气功能失常的证治

（一）推动不及

气的推动功能是指气具有激发和推动的作用。人体血液的生成、运行，津液的输布和排泄都要靠气的推动来完成。《伤寒论》第17条“伤寒，脉结代，心动悸，炙甘草汤主之”，此为心之气血阴阳不足，心气推动无力，则血液运行艰涩，故见脉道失充，心脏动悸。治以炙甘草汤通阳复脉，滋阴养血，阴阳并治，气血双补。

（二）温煦失职

温煦功能主要指气对于人体的温暖，熏蒸的作用。机体表里内外，全身各部均受到气的温养。《伤寒论》第1条“太阳之为病，脉浮，头项强痛而恶寒”，太阳为一身之藩篱，主表而卫外，外邪犯表，损伤卫气，致不能温煦肌肉腠理，便出现了恶寒之症，治疗当以发汗解表，表邪祛除则恶寒等症自愈。若属于阳虚而致身体、四肢失于温煦的里寒证，治宜四逆汤回阳救逆，温阳祛寒。

（三）防御减弱

气的防御功能是指气护卫肌表，抗御邪气的作用，在《伤寒论》中就具体表现为卫气的卫外防御功能。如《伤寒论》第97条“血弱气尽，腠理开，邪气因入。”其论述气血虚弱之人，正气亏损，无力抗邪，腠理不固，则外邪易乘虚而入少阳半表半里，治宜和解少阳，扶正祛邪。

（四）固摄失常

气的固摄功能，是指气对于血液、津液、精液等人体精微物质的统摄，以防止无故流失的作用。《伤寒论》第20条“太阳病，发汗。遂漏不止，其人恶风，小便难，四肢微急，难以屈伸者，桂枝加附子汤。”本证因发汗太多，阳气过伤，固摄无力而致漏汗不止，此时在桂枝汤基础上急加附子一枚，固阳以摄阴以止汗。

（五）气化不利

中医学关于气化的含义有二：一是指自然界六气的变化；二是泛指人体内气的运行变化。这里主要讨论后者。《伤寒论》第71条“太阳病，发汗后，胃中干，烦躁不得眠，欲得饮水者，少少与饮之，令胃气和则愈；若脉浮，小便不利，微热消渴者，五苓散主之。”本证是太阳之邪随经人太阳之腑，影响膀胱的气化功能而成太阳膀胱蓄水证。膀胱气化不利而见小便不利；水气停滞，不能布津于上故渴欲饮水。治宜五苓散通阳化气利水。

《伤寒论》除论述了以上各种气功能失常的辨证论治外，还论述了多种气运行失常的证治。在生理情况下，气的运行是有规律的，以升、降、出、入为其基本表现形式。《内经·素问·素问六微旨大论》云：“出入废则神机化灭，升降息则气立孤危。非出入，则无以生长壮老已：非升降，则无以生长化收藏。是以升降出入，无器不有。”说明气的出入及升降运行正常决定着人体正常生理活动的维持，所以极为重要。

二、气运行失常的证治

（一）气滞

气滞是指气的运动受阻。当气在某些局部发生郁滞不通时，会影响局部的血液运行，其中血，津等的停滞会影响气的运行，而气又是推动人体津液运动的基本物质，所以气滞又容易引起血液、津液等的进一步停滞，造成津液结聚，停于体内为瘀血，痰饮等。如《伤寒论》第6条“发汗后，腹胀满者，厚朴生姜半夏甘草人参汤主之”，此证为发汗损伤脾胃之气，脾胃运化失职，湿阻气滞导致的腹胀满，治宜厚朴生姜半夏甘草人参汤温运健脾，消滞除满。

（二）气逆

气逆是指气的上升运动太过。《伤寒论》中多处论及气逆的症状，尤其以奔豚证为最具代表者。在《伤寒论》第117条“烧针令其汗，针处被寒，核起而赤者，必发奔豚，气从少腹上冲心”，此证因心阳虚，使下焦阴寒之气上逆而致。治宜桂枝加桂汤温通心阳，平冲降逆。另外在《伤寒论》中还论述了如“气上冲胸”，“气上撞心”，“其气上冲”，“臆气不除”等气逆于上的表现。

（三）气陷

气陷是指气的上升不及或下降太过。气虚无力升举而反致下陷，常由气虚证进一步发展而来，或者劳动用力过猛，过久损伤某一脏气所致。这种病机在《伤寒论》第325条“少阴病，下利，脉微涩，呕而汗出，必数更衣，反少者，当温其上，灸之”。本条论述了下利病久，阴血不足，阳虚气陷，便次增多，量反减少之症。故以艾灸上部穴位，温阳升陷。而最佳部位则为百会穴，灸之可益气升阳，固脱止陷。

（四）气脱

气脱是指气的外出太过。由于邪气太盛，正气骤伤；或长期损耗，正气衰竭；或大汗、大吐、大出血致气随液脱、气随血脱等原因，导致气不内守而外逸脱失的危重病理表现。如《伤寒论》第299条“少阴病，六七日，息高者，死。”肺主气，司呼吸。人体的呼吸功能虽是由肺所主，但是却需要由肾纳入，防止呼吸的表浅。息高者，即呼吸表浅，不能下达于胸腹，这是肾气衰竭，摄纳无权，气不归根的表现。肾气绝于下，肺气脱于上，此属危候也，故曰“死”，当急以参附汤回阳固脱。

（五）气结和气郁

气结和气郁都是指气出入运动不及而结聚于内。《伤寒论》第318“少阴病，四逆，其人或咳，或悸，或小便不利，或腹中痛，或泄利下重者，四逆散主之”，本证是因肝胃气滞，阳气郁滞不能通达四肢所致。治宜四逆散调理气机，透达郁阳，使肝胃得以调和，气机升降复常，郁阳得升则诸症自除。《伤寒论》第35条“太阳病，头痛发热，身疼腰痛，骨节疼痛，恶风，无汗而喘者，麻黄汤主之”，太阳伤寒证，风寒束表，卫阳被遏，营阴郁滞而致毛窍闭塞，经气不畅，症见头痛发热，身疼腰痛，骨节疼痛，恶风，无汗而喘等。治宜麻黄汤辛温解表，宣肺平喘。

（六）气闭

气结聚于内最甚者称为气闭。在《伤寒论》多见于厥症，并有多处经典的证治。列举的痰食厥、水饮厥、蛔厥、寒厥等都是各种病因病机导致人体的阴阳气血不能顺接，四肢逆冷，甚至神识不清等症状。并指出了具体的治法方药：痰食厥治用瓜蒂散，因势利导，涌吐痰食。水饮厥用茯苓甘草汤，温胃化饮，利水通阳。蛔厥治用乌梅丸，清上温下，安蛔止痛。寒厥按部位及受邪的不同则有：血虚寒凝治用当归四逆汤，养血散寒，温经通脉。冷结下焦，治以温阳祛寒或温下寒实。脾胃阳虚，中寒逆乱，用吴茱萸汤温中散寒，泄浊降逆。心肾阳虚之寒厥，治用四逆汤回阳救逆，温阳祛寒。

在人体中不论是气的功能、运动的异常，还是气的量的异常都会导致人体的病理出现相应的反应。《伤寒论》中还论述了多种因外感或是内伤引起的气虚的症状表现。如阳明热盛，津气两伤者，治宜白虎加人参汤辛寒清热，益气生津。中焦脾胃阳虚者，治宜理中丸温中散寒。气营两虚者，治宜桂枝加芍药生姜各一两人参三两新加汤调和营卫，益气和营。这些方剂中都或多或少地运用了人参来治疗气虚营虚，对后世虚损病证的治疗起到很大启迪作用。

总之，《伤寒论》在《黄帝内经》的基础上大大丰富和发展了中医气的理论认识，对促进中医对气失常的辨证论治，丰富和发展对气失常的治法方药等方面，起到了积极的作月。通过对《伤寒论》气失常的证治方药规律的总结，可以更加准确有效地指导临床治疗。

［《全国第二十次仲景学说学术年会论文集》2012：363］

《伤寒论》经方用量之浅见

成　玉　徐姗姗

成都中医药大学伤寒教研室

《伤寒论》经方配伍精良，疗效显著，历经千年而不衰，广泛用于临床各科疾病的治疗。由于东汉时期所用度量衡与今天不同，而中医又素有“不传之秘在于用量”之说，因此经方用量一直是众医家研究的热点。仲景经方一两到底重多少，一直是个“历史谜团”，从古至今有多种考证结果，从3克到15.6克，多种意见始终没有统一。目前，对经方药物的用量，一方面存在医生在开处方时，常常因为一些药物的用量超过药典用量而必须在处方上多个药物处签名，如果不签名则无法取药的现实；但另一方面在学术界却更推崇经方用量必须要大剂量才行，重剂起沉疴，只有重剂才能反应经方的实质。

笔者认为经方药物用量应以辨证为基础，根据病情轻重而用量，剂量该大则大，该小则小，不能一概而论之，重剂虽能起沉病，但小剂亦可见奇效。仔细研究仲景《伤寒论》经方，不难发现仲景药物用量既有大剂、又有小剂，没有偏轻、偏重之别，一切皆以辨证为原则，本文将从以下3方面为例，和同道一起探讨《伤寒论》经方的用量。

一、药物组成相同，剂量不同而功效不同

仲景不少方剂在药物组成方面基本相同，但由于某些药物用量不同，整方功效主治便不同。典型的如四逆汤与通脉四逆汤，《伤寒论》323条：“少阴病，脉沉者，急温之，宜四逆汤。”四逆汤方：甘草二两（炙），干姜一两半，附子一枚（生用，去皮，破八片）。《伤寒论》317条：“少阴病，下利清谷，里寒外热，手足厥逆，脉微欲绝，身反不恶寒，其人面色赤，或腹痛，或干呕，或咽痛，或利止脉不出者，通脉四逆汤主之。”通脉四逆汤方：甘草二两（炙），附子大者一枚（生用，去皮，破

八片），干姜三两（强人可四两）。

四逆汤、通脉四逆汤二者药物组完全相同，所不同的的通脉四逆汤干姜、附子用量均较四逆汤大，四逆汤为普通大小附子一枚，干姜一两半；通脉四逆汤附子为大者一枚，干姜三两半。四逆汤证少阴真阳虽已衰，但不重，故附子、干姜温阳之药用量偏小，但通脉四逆汤证已出现阴盛格阳、虚阳外越之象，必需重用大辛大热之药以破阴回阳。从以上，我们可以看到仲景用量即没有偏重大剂，亦没有轻视小剂，药物重量完全依据病情之轻重，不可一味大剂。

二、辨证相似，病情轻重不同，药物剂量亦不同

《伤寒论》中亦有辨证虽相似，但因病情轻重不同，而药物用量轻重不同者，如桂枝二越裨一汤、大青龙汤。《伤寒论》27条：“太阳病，发热恶寒，热多寒少。脉微弱者，此无阳也，不可发汗。宜桂枝二越裨一汤。”桂枝二越裨一汤方：桂枝（去皮）、芍药、麻黄、甘草（炙）各十八株，大枣4枚（孳），生姜一两二铢（切），石膏二十四株（碎，绵裹）；《伤寒论》38条：“太阳中风，脉浮紧，发热恶寒，身疼痛，不汗出而烦躁者，大青龙汤主之。若脉微弱，汗出恶风者，不可服之。服之则厥逆，筋惕肉消，此为逆也。”大青龙汤方：麻黄六两（去节），桂枝二两（去皮），甘草二两（炙），杏仁四十枚（去皮尖），生姜三两（切），大枣十枚（擘），石膏如鸡子大（碎）。桂枝二越裨一汤、大青龙汤均为治疗外有表寒，内有里热之方剂，从药物组成来说，桂枝二越裨一汤方可以看作是大青龙汤去杏仁而加芍药，但桂枝二越裨一汤药物剂量小，适用于表寒、里热均轻者，而大青龙汤剂量重而适用于表寒、里热均重者。以麻黄为例，大青龙汤麻黄用量为桂枝二越裨一汤6倍之多，石膏用量差距亦很大。

“用药如用兵”，以上二方药物用量的巨大差别，亦证明仲景用药剂量大小完全是依据病情轻重而定，没有独好大剂。笔者在临床曾遇一病人，述一年前重度感冒之后，一直恶寒（轻度）、无汗，头目不清爽，舌淡苔薄白，脉浮弱，辨证为太阳病表郁之轻证，方用麻黄桂枝各半汤，麻黄6g，桂枝6g，白芍6g，杏仁6g，生姜3g，炙甘草3g。3剂后，患者复诊述服药1剂后全身疼痛，2剂、3剂后症状同服药前，没有变化。考虑辨证未错，又想起仲景脉微弱者，此无阳也，不可发汗，将麻黄、桂枝用量均改为3g，3剂后痊愈。此病例亦说明病轻用轻药，病重用重药，“杀鸡用宰牛刀”不一定就比杀鸡刀更好。

三、同一药物不同方剂，剂量大小不同

仲景不少方剂，同一药物在不同的方剂中用量不同，以桂枝甘草汤、桂枝甘草龙骨牡蛎汤的桂枝用量为例，同为治疗心阳虚证，仲景根据不同病情而桂枝用量亦差异很大。如《伤寒论》64条：“发汗过多，其人叉手自冒心，心下悸，欲得按者，桂枝甘草汤主之。”桂枝甘草汤方：桂枝四两（去皮），甘草二两（炙）。《伤寒论》118条：“火逆下之，因烧针烦躁者，桂枝甘草龙骨牡蛎汤主之。”桂枝甘草龙骨牡蛎汤方：桂枝一两（去皮），甘草二两（炙），牡蛎二两（熬），龙骨二两。

桂枝甘草汤用于治疗心阳不足之轻证，而桂枝甘草龙骨牡蛎汤则用于治疗心阳虚弱，心神不敛之证，单从心阳虚的程度来说，桂枝甘草龙骨牡蛎汤要更重一些。桂枝具有温通心阳之功，按理说桂枝甘草汤龙骨牡蛎汤中用量应更重一些，但仲景却只用了一两，仅为桂枝甘草汤中的四分之一，其原因是由于心神浮动于外，如药物过于辛散，则更易耗伤心阳。以上桂枝的用法，进一步说明临床用药因以实际情况为原则，量大未必就能起沉疴，有时可以更加重病情。

四、小结

综上，临证用药因以辨证为基础，根据不同病情而斟酌药物剂量，既不能墨守成规只用药典规定剂量，又不能脱离病情实际，一味强调重剂。

［《全国第二十次仲景学说学术年会论文集》2012：198］

《伤寒论》误汗刍议

王洪弘　指导教师：李成卫
北京中医药大学

仲景《伤寒论》条文中论述汗法者颇多，汗出得法，邪去正安；汗不得法，变症丛生。凡误汗，有伤卫阳致漏汗不止、恶风、小便难、四肢微急者，有伤心阳致其人叉手自冒心、心下悸欲得按、欲作奔豚者，有伤胃津致大烦渴不解、脉洪大、大便硬、谵语等；有言伤阳，有言伤阴，部位深浅各异。笔者以为诸症虽繁杂，然其或有规律可循，故仔细分析伤寒论原文，摘出相关条文，结合《黄帝内经》关论述，对伤寒论误汗所伤做一总结，并试

着分析其规律。

一、汗法与过汗

《素问·阴阳应象大论》曰："其有邪者，渍形以为汗，其在皮者，汗而发之"。汗法是通过开泄腠理、调畅营卫、宣发肺气等作用，使在表的外感六淫之邪随汗而解的一种治法。它不以汗出为目的，而是通过出汗以祛邪外出，使正气调和。除用于治疗外感六淫之邪所致的表证外，凡腠理闭塞，营卫郁滞的寒热无汗，或腠理疏松，汗出而寒热不解者均可使用。

汗出得法的最佳指征是"遍身漐漐微似有汗者益佳，不可令如水流漓，病必不除"。若用之得当，立竿见影，药到病除，故《内经》有"体若燔炭，汗出而散"之言；用之不当，易生变证或加重病情，甚至死亡。而用之不当（即误汗）主要包括汗出不彻，汗出太过，不当汗而汗三种情况。其中过汗包括以下两种情况，一为药物本身的发汗力量太过，超过疾病透邪外出所需力度；二为药物本身发汗力度并不为过，但因患者素体体质虚弱，一经发汗即为过汗。

二、《伤寒论》中诸篇误汗相关条文

笔者通过总结发现，现通行《伤寒论》条文398条中，有关误汗的条文共有60条，其中太阳病篇41条，阳明病篇13条，少阳病篇1条，少阴病篇3条，厥阴病篇2条，太阴病篇、霍乱病篇及阴阳易差后劳复病篇共0条。条文选取标准有二：(1) 诸疾以汗法治疗后未愈，出现变证，条文中明言其症状、病机或治疗方药以供分析者，选入；无，不选。(2) 对于火劫、被火、熨背、灸法等疗法，若其后明言"大汗出"或"发汗"者，则选入；无，则弃。

（一）辨太阳病脉证并治篇

太阳主表，太阳病的治疗以发汗解表为总则。该篇相关条文共60条，所包含的条文序号为6，20，25－26，29，38，48，59－72，75－77，82－89，93，110－112，117，122，142，157，160和164。误汗所伤共包括以下几种情况：

1. 伤营卫　见条文20，62和68。汗不得法损伤营卫每可令肌肤失于濡养，腠理失于温煦，而致恶风、小便难、四肢急和身疼等症。如20条"太阳病，发汗，遂漏不止，其人恶风，小便难，四肢微急，难以屈伸者，桂枝加附子汤主之"，言卫阳虚漏汗不止，兼阴伤者，用扶阳固表之桂枝加附子汤。62条"发汗后，身疼痛，脉沉迟者，桂枝加芍药生姜各一两人参三两新加汤主之"，言损伤气营身疼痛者，用调和营卫，益气合营之新加汤。

2. 伤胃肠津气　见条文26，48，59—61，70，77，110，142，157和160。误汗损伤胃中津液常常可致津伤化燥，而见烦渴、发热、大便硬、小便难、短气、谵语、脉洪大等症。如26条"服桂枝汤，大汗出后，大烦渴不解，脉洪大者，白虎加人参汤主之"，言素体阳盛之人过汗，转属阳明气阴两伤见大烦渴脉洪大者，用清热益气生津之白虎加人参汤。71条"太阳病，发汗后，大汗出，胃中干，烦躁不得眠，欲得饮水者，稍稍与饮之，令胃气和则愈"，言若胃中津液损伤较轻一时不足烦躁欲饮者，少少与饮之，令胃气和则愈。若损失较甚，邪入太阳腑者，用化气行水，兼以解表的五苓散。

3. 伤脾胃阳气　见条文66－67，76，122，157，160和164。误汗损伤脾胃阳气可致脾虚不运，气机失调，水湿内蕴；胃中虚冷，不化水谷，而见脘腹胀满、气上冲、头眩、呕吐等症。如6条"发汗后，腹胀满者，厚朴生姜半夏甘草人参汤主之"，言伤脾气，致脾虚气滞腹胀者，用行气除满，运脾宽中之厚朴生姜半夏人身甘草汤。122条言"病人脉数，数为热，当消谷引食，而反吐者，此以发汗，令阳气微，膈气虚，脉乃数也。数为客热，不能消谷，以胃中虚冷故也"，言轻伤胃阳，致胃中虚冷吐逆。76条"发汗后，水药不得入口为逆，若更发汗，必吐下不止"，言重则中阳衰败，脾胃气机升降失常而吐下不止。

4. 伤心阳　见条文64－65，112，和117等。过汗损伤心阳可致"内无所恃"，心肾不交，而见心悸、奔豚、惊狂等症。如64条"发汗过多，其人叉手自冒心，心下悸，欲得按者，桂枝甘草汤主之"，言心阳受损之心下悸欲得按者，用温补心阳之桂枝甘草汤。65条"发汗后，其人脐下悸，欲作奔豚，茯苓桂枝甘草大枣汤主之"，言心阳虚损不能制约肾水，欲作奔豚者，用温通心阳，化气行水之苓桂术甘汤。112条"伤寒脉浮，医以火迫劫之，亡阳必惊狂，卧起不安者，桂枝去芍药加蜀漆龙骨牡蛎救逆汤主之"，言心阳亡，发惊狂者，用温通心阳，镇静安神，兼祛痰浊之桂枝去芍药加蜀漆牡蛎龙骨救逆汤。

5. 伤肾阳　见条文82和75。误汗损伤肾阳，可致水气上泛，凌心射肺，而见头眩、心悸、饮水则喘、耳聋等症。如82条'太阳病发汗，汗出不解，其人仍发热，心下悸，头眩，身瞤动，振振欲擗地者，真武汤主之”，言伤少阴阳气，阳虚水泛之心悸头眩身瞤动者，用温阳利水之真武汤。

6. 阴阳两虚　见条文 29，3S，68 和 111 等。误汗既可损伤阳气，又可损伤阴津，常常阴虚、阳虚症状并见，轻者阴虚失于濡养，阳虚失于温煦，可见体表之恶风，自汗，脚挛急等症；重者阴阳俱竭，厥逆，手足躁扰，神志不清，循衣摸床，甚至死亡。如 29 条“伤寒脉浮，自汗出，小便数，心烦，微恶寒，脚挛急，反与桂枝汤，欲攻其表，此误也。得之便厥，咽中干，烦躁，吐逆者”，言阴阳两虚外感，当用桂枝加附汤反用桂枝汤致阴阳更伤者，先用甘草干姜汤复其阳，再用芍药甘草汤复其阴。In 条“太阳病中风，以火劫发汗。邪风被火热，血气流溢，失其常度，两阳相熏灼，其身发黄。阳盛则欲衄，阴虚小便难。阴阳俱虚竭，身体则枯燥，但头汗出，剂颈而还。腹满、微喘、口干、咽烂，或不大便，久则谵语，甚者至哕、手足躁扰、捻衣摸床。小便利者，其人可治”，言阴阳俱竭之症，其预后多取决于津液存亡。

（二）他篇误汗变证

1. 阳明病篇误汗伤胃肠津液　共 13 条，包括条文 179，181，185，200，203，211，218，221，233，23，245 和 250。其中 185 条言太阳病汗出不彻转属阳明，条 181 和 250 言太阳病过汗，损伤胃津，化燥转属阳明，余文皆言阳明病误汗变证。阳明病误汗多伤胃肠津液，致大便硬、烦躁谵语、发黄等症。如 203 条“阳明病，本自汗出。医更重发汗，病已瘦，尚微烦不了了者，此必大便硬故也。以亡津液，胃中干燥，故令大便硬”，言胃津受损较重，殃及大肠，致胃肠干燥大便硬微烦。另外，虽未经误汗，但阳明热盛，汗出太过者，亦可致胃肠津液损伤。221 条“阳明病，脉浮而紧、咽燥、口苦、腹满而喘、发热汗出、不恶寒反恶热、身重。若发汗则躁，心愦愦反谵语。若加温针，必怵惕烦躁不得眠”，言阳明热炽误汗，津液更伤，里热愈炽，热扰心神而致烦躁谵语等症，后文言可用清宣郁热之栀子豉汤治疗。

2. 少阳病篇误汗伤胃津　共 1 条。265 条“伤寒，脉弦细、头痛发热者，属少阳。少阳不可发汗，发汗则谵语，此属胃，胃和则愈，胃不和，烦而悸”。

3. 少阴病篇误汗伤津动血　共 3 条，包括 284，286 和 294。如 284 条“少阴病，咳而下利、谵语者，被火气劫故也。小便必难，以强责少阴汗也”，言误汗劫伤津液，火热之邪上扰心神谵语、小便难。294 条“少阴病，但厥，无汗，而强发之，必动其血，未知从何道出，或从口鼻，或从目出者，是名下厥上竭，为难治”，言强发少阴汗致下厥上竭出血。

4. 厥阴病篇误汗伤脾胃之阳　共 2 条。364 条“下利清谷，不可攻表，汗出必胀满”，言脾肾虚寒下利兼表证误汗，更伤脾肾之阳致腹部胀满。380 条“伤寒大吐大下之，极虚，复极汗者，其人外气怫郁，复与之水，以发其汗，因得哕。所以然者，胃中寒冷故也”，言极汗更伤中阳，水饮不能为中阳所化，寒水相搏，胃失和降，气逆则哕。

三、讨论

综上可知，误汗既可伤阳，又可伤阴；既可独伤一脏阴阳，又可同时损伤多脏。其中伤阳以心肾脾胃卫为主，伤阴以胃津、营阴为主。而损伤又以胃津、卫阳为最轻，以阴阳俱竭为最重，以津液存亡为辨别生死之关键。《黄帝内经》有言“人所以汗出者，皆生于谷，谷生于精。”（《素问·评热论》）即谷气生于精，精气盛乃为汗，汗液来源于脾胃化生的水谷之精。故误汗可伤脾胃。又言“阳加于阴谓之汗”（《素问·阴阳别论》）、“卫气者，所以温分肉，充皮肤，肥腠理，司开阖也。”（《灵枢·本脏》）即汗出机理是阳气蒸化津液经玄府达于体表，津液是汗化生的物质基础，阳气是汗出的动力，卫阳更是玄府开合之主司。故误汗既可伤阳又可伤阴。再有“津液和调，变化而赤，是谓血”（《灵枢·痈疽》），即血汗同源，故汗出过多可以动血。而误用汗法，究竟是伤心阳还是脾阳，其所伤何从，私以为正是那句“邪之所凑，其气必虚”。

［《全国第二十次仲景学说学术年会论文集》2012：360］

《伤寒论》学术体系的理论核心与实用价值

聂惠民　北京中医药大学

《伤寒论》在我国中医药学术史上是一部具有辉煌成就的中医经典著作，为后世临床医学奠定了坚实的基础，对中医药学的发展产生了深远的影响，具有很高的科学水平和实用价值。纵观中医学的发展，《伤寒论》是其中内容最丰富，亦是中医领域里研究最活跃的学科。历经 180 多年的实践研究，《伤寒论》得到了不断充实与发展，突出了《伤寒论》的重大成就与实用价值，更彰显出《伤寒论》长盛不衰的生命活力。《伤寒论》学术体系的理论核心内容分为三大主干线，一为六经辨证论治理论体系；二为理法方药运用规律；三为奠定了临床医学基础。

一、六经辨证理论体系

（一）传承前人医学成就

《伤寒论》系统总结了秦汉以前的医学成就，发展了《内经》《难经》《神农本草经》《汤液经法》等经典中医理论，并结合个人的丰富经验将理论与临床实践相结合，完成我国第一部理法方药完备的经典医籍，对中医药学发展作出了重大的贡献，同时对世界医学的发展也有着深远的影响。

（二）创立辨证理论体系

《伤寒论》首先创立了独特的六经辨证理论体系，仲景在《素问·热论》六经分证的理论基础上，创造性地把外感疾病错综复杂的证候表现及其演变规律加以总结、分析归纳，创立了完整的六经辨证理论体系，为外感杂病的辨证建立了辨证规律和纲领。《伤寒论》六经辨证理论体系，同时包括脏腑辨证、经络辨证、八纲辨证、病因辨证、营卫气血及三焦辨证等多种辨证方法，为中医学理论体系与临床医学的发展，奠定下坚实的基础。

（三）确立“辨证论治”法则

《伤寒论》这部中医经典巨著，构成了仲景学说的主体，仲景将《内经》的阴阳学说、脏腑学说，以及病因病机、诊断方法、治疗法则等学术理论有机的联系在一起，并根据六淫、内伤等三因为病的病理变化，判明病位所在、病性所属、病势进退、正邪盛衰、预后吉凶等，提出科学实用的辨证方法和治疗措施，确立了辨证论治的原则，成为中医学的核心内容。“辨证论治”是中医学独有的学术特色和优势，为后世临床医学的发展奠定了基础，故前贤赞曰“辨证论治是伟大的发明”，亦正是仲景对中医学的一大贡献。

二、理法方药运用规律

（一）确立理法方药基础理论与运用规律

在辨证论治的原则下，掌握理法方药运用规律，论其辨证，以辨别阴阳表里、寒热虚实、营卫气血、真假证候、主证兼证，从而判明脏腑经络病变所在及其相互转化，充分体现了辨证的对立统一法则与整体观、恒动观。其论治，必须在辨证前提下，因证立法，因法立方，因方选药，严守法度，并选用汗、吐、下、和、温、清、消、补的治则与治法，为外感热病及内伤杂病确立了科学实用的论治措施，使理论与实践紧密结合，树立了理法方药一以贯之的学术体系，确定了辨证论治的理论与临床运用规律。

（二）承研创制效验名方

《伤寒论》创载了诸多经典方剂。《伤寒论》之方，选药精当，组方严谨，应用得当，疗效甚佳，称为“经方”。经方有三大实用特长，试简析如下。

1. 经方为母，化裁多变　后世医家赞《伤寒论》为“活人之书”“方书之祖”；誉仲景为“医圣”。如晋·皇甫谧称仲景之论“用之多验”，唐·孙思邈曰：“江南诸师秘仲景要方不传。”说明仲景医术的高明及其效验，引起了世医的高度重视和珍爱。如清·陈修园说：“经方愈读愈有味，愈用愈神奇”。可见经方效力之大，影响之深，受益之广。经方总结前人经验，发挥特长，是后世“医方之源”，更是后世“医方之母”。突显经方承前启后之圣功，更加丰富了方剂学内容，扩大了经方应用范围，故大医成无已称经方“最为医方之祖”。

2. 经方之长，效价优良　经方的效价可概括为：“普、简、廉、效”，正是仲景组方用药的四大特点，即采用经济实惠，效果佳优的常用药品，以精简的药味，科学的配伍，组成方剂，用于治疗外感与杂病。经方之长，精明简练，学之有规，用之有矩，融会贯通，效如桴鼓。仅就现代经方治疗与研究来看，其研究领域之宽，应用范围之广，适应病证之多，治疗效果之佳，均有长足的发展。总之，经方广泛用于治疗临床各种疑难杂病，经久不衰，效价优良。

3. 首立合方，创新法则　仲景首创“合方”之用，记载于《伤寒论》第 23、25、27 条原文。“合方”之词，始见于林亿等校注《伤寒论》的按语中。从此“合方”法则便应用于临床，发挥其独特的优势。仲景合方论治堪称创举，是其组方原则的一大特色，蕴含着极大的实用价值，对后世方剂学的发展影响深远。

（三）创研药物诸多剂型

仲景对药物的应用，采取依病证所需，注重炮制并选择相应的剂型，以取得最佳疗效。如有汤剂、丸剂、散剂、酒剂、含咽剂、煎膏剂、醋剂、洗剂、浴剂、熏洗剂、外用散剂、肛门栓剂、灌肠剂等。经实践证明，皆为行之有效的优良方法，至今仍为医药界所采纳，为临床实用与药物制剂学增添了丰富的内容。

三、开奠临床医学基础

（一）对临床各科的论导

《伤寒论》的六经辨证，脏腑经络辨证及理法方药的规律，既适用于外感热病，也适用于内、外、妇、儿及男科等疾病。就其内容而论，包括了心肺，肝胆，脾胃，'肾与膀胱，大、小肠，生殖系等诸多脏腑病症，故仲景的辨证论治学术思想指导着临床各科，至今仍行之有效。

1. 内科杂病　仲景在病因方面提出“千般疢难，不越三条”，即内因、外内、不内外因的“三因”为病的病因分类学说，提出了人体发病的三条途径，为内科杂病的审因辨证提供了依据。在证候学方面，阐述了外感热病的多种证候，以及各种杂病的证候表现。在论治学上，对辨证论治原则和方法，皆有详细阐述。如论治法则，集汗、吐、下、温、清、补、和、消八法之大成；论治原则，有表里先后、标本缓急、扶正祛邪、正治反治、攻补兼施、寒热并用等。此外，突出强调在临床治疗的运用中，必尊“三因制宜”的原则；在方药上创立了诸多名方，屡用屡效。

2. 妇科病　仲景在妇人三篇中，精辟地阐述了妇科病的病因、病机、辨证论治、立法遣方以及方药。将妇人疾病分为三类：即经带、胎产及杂病，为妇科学术理论与临床实践奠定基础。至今仍有效地指导着临床论治，其妇科专方，沿用至今其效不衰，显示出其重大学术价值。

3. 儿科病　儿科病记载甚少，只在《金匮要略》中见“小儿疮虫蚀齿方”，其他恐虑已佚。余对小儿时令病及其杂病，选用六经辨证、脏腑辨证为准则，酌取经方论治，效果良好，屡用皆爽。故以《伤寒论》为指导，在儿科病中取“经方今用”开辟论治新途径有着重要的意义。

4. 外科病　《金匮要略》有“疮痈肠痈浸淫病脉证并治”专篇论述痈肿、肠痈、金疮、浸淫疮等外科部分疾病，在外科领域里，其方药也为常用之剂，如三承气汤、大柴胡汤、大陷胸汤等用于急腹症等，获得满意疗效。对男科病、喉科、眼科等有亦有相关的论述。

（二）急症学与传染病学的论导

《伤寒论》成书，实属疫情的需要，客观的必然，作者的勤奋。古人云：“百病之急，无急于伤寒”，可见这部巨著的产生是以治疗急症为主要目的。从所论内容与临床实践来看，是书可谓是我国现存最早论述急救医学的医著，它开创了中医急症辨证论治的先河。《伤寒论》六经辨证规律指出外感热病，发病速、病程短、传变快、症状急、易传染的特点，说明六经病证包含多种传染性疾病与各种急症，六经病治法包含多种治疗急症的原则与方药。然不论伤寒或杂病，凡发病突然、证情急迫、急需救治的病证，皆属急症范畴。《伤寒论》一书为后世传染病与急症的治疗作出极大的贡献，仲景实为中医急症学的奠基人，对现代中医急症学研究及临床产生了深远的影响。

（三）对预防医学的论导

《伤寒论》中“未病”和“治未病”的学说，是中医学独特的预防医学理论，尊《黄帝内经》引申发展了这一理论，将“上工治未病”冠为全书之首要宗旨。因此“治未病”是仲景辨证论治的重要原则，意在对“未病”者须预防，防为首要；“已病”者必早治，以防病变；病愈康复，重防复发。仲景论述“治未病”的规律与法则，实为精辟的预防医学理论，具有重要的理论和实践意义，为现代预防医学研究开创了思路。

（四）对免疫学的论导

《伤寒论》寓有丰富的现代免疫学内容与方法。从人体正气与免疫学来看，仲景论述人之正气具有抵抗病邪，免受侵犯，保持健康的功能。如：“血弱气尽，腠理开，邪气因入。”说明机体的抗病能力与疾病发生发展的密切关系。可见仲景所指人体正气与免疫学中的免疫力，均有保护机体、抵抗外邪的作用，仲景辨证论治十分重视正气的作用，故“扶正祛邪”是大原则。如“令胃气和则愈”“阴阳自和，必自愈”等，均体现了“保胃气”增强正气抗邪愈病的能力。仲景“治未病”的学术思想与现代免疫学说有着内在的联系，至今仍有很高的实用价值与研究意义。

（五）对护理学的论导

《伤寒论》提出疾病在治疗期间必须重视护理，并强调护理的整体性，开创了“医护结合”的护理学及“辨证施护”的方法。形成以人为中心，注重“天人相应”“脏腑相关”的中医整体护理学的学术思想，对后世护理学做出了重大贡献。

四、结语

总之，《伤寒论》经过历代的发展，现已不再是单纯的一部医书，若从它的内容与其在中医学中的地位、学术价值，以及历代医家研究者所取得的学术成就，现代对其研究的现状及其成果来看，

《伤寒论》在中医学中已形成一个独立的、完整的学科－“伤寒学”。

[全国第二十次仲景学说学术年会论文集，2012：1]

从《金匮要略》治瘀特点探讨风湿痹病化瘀方法

王海隆　中国中医科学院广安门医院

风湿痹病中的痹，主要是泛指机体为病邪闭阻而致气血运行不利，或脏腑之气阻滞所发生的各种病证，主要表现为局部经脉运行不利，瘀而致肌肉关节疼痛，痛点固定，局部红肿，或关节肿大畸形，屈伸不利，故常用化瘀药物治疗。“瘀血”之名张仲景在《金匮要略》中首次提出，并用活血化瘀法治疗各科疾病，开后世治疗血瘀证之先河。久病入络，瘀血内阻，加重病情，治当活血化瘀。故有“人知百病生于气，而不知血为百病之胎也”之说（《医学入门》）。但《金匮要略》有瘀血之篇名，而治疗却散在于其他各病中，如疟病、虚劳、肝着、黄疸、妇人癥病、阴阳毒、肺痈、肠痈等，用方有鳖甲煎丸、大黄䗪虫丸、旋覆花汤、桂枝茯苓丸、温经汤、当归芍药散等。揭示出，瘀血既成，病机已非单纯，往往气滞、寒凝、痰阻、水停、热郁等兼夹错杂，治法上也相应复杂，下面就其规律探讨如下。

一、化瘀以温为通

《素问·举痛论》云：“寒邪客于经脉之中，则血泣，血泣则不通”。寒邪收引凝敛，血属寒性粘滞，故血分受寒，最易导致血瘀。《金匮要略·妇人杂病》中“血寒积结，胞门寒伤，经络凝坚”，血分受寒，或寒邪侵袭胞门，血脉凝敛血运障碍，经脉凝滞不通，瘀血积结，而导致痛经、闭经、癥瘕等病。寒凝而血瘀者，寒凝为本，血痛为标，若仅祛瘀而寒凝不散，血脉不得畅通，仍易致瘀，据《素问·调经论》的“血气者，喜温而恶寒，寒则泣不能流，温则消而去之”的治则。仲景取固本之法，以温为通。辅以祛瘀，使痛去血行，标本兼治。如温经汤治冲任虚寒、瘀阻胞宫之月经不调、痛经等病症，君药用桂枝、吴茱萸温经散寒，通利血脉；辅以川芎、当归、牡丹皮活血化瘀；又温通之品性多刚躁，易耗血动血，故配以阿胶、麦冬、芍药柔润之品，使其温通经脉而燥烈，养血柔润而不碍血行，相制又相用。

二、化瘀不忘治水

津液与血同源而异类，功能相似。《灵枢·邪客》云：“营气者，泌其津液，注之于脉，化以为血”。《素问·调经论》中云“血气未并，五脏安定，孙络水溢，则经有留血”。津液在脉络内外相互渗透是维持津血代谢平衡的主要方式。若津液不布，化为水湿痰饮，阻塞脉络，至使气机血行不畅，瘀血内停，脉络瘀滞，水积脉中而外渗，水气停聚或泛滥为患，即所谓“血不利则为水”。故治瘀须治水。如《金匮·水气病》中“先病水，后经水断”，即水气运化不利导致经血瘀阻不通，故妇人妊娠，腹中绵绵作痛。因其为脾气虚而水湿运化不利，营血生成不足，致使肝血亏虚而血脉涩滞，用当归芍药散健脾运湿，养血通脉，此为湿瘀并治。胸痹为胸阳不振，痰湿阻滞，血脉不畅致胸膺部憋闷疼痛或胸痛彻背，治当通阳祛痰，活血化瘀。方用栝蒌薤白白酒汤、栝蒌薤白半夏汤、栝蒌薤白桂枝汤等，方中薤白、白酒、桂枝等都具有不同程度的活血通脉功能，但《金匮》治胸痹重化痰轻活血。后世治疗胸痹在《金匮》基础上采用化痰与活血并重之法，取得了较好的疗效。还有大黄甘遂汤中大黄与甘遂，蒲灰散中蒲灰与滑石，桂枝茯苓丸中的桃仁、牡丹皮与茯苓等皆为活血与治水并举之范例。受其影响《血证论》有“血结亦病水，水结亦病血”，“凡调血，先须调水”之说。

三、化瘀必以理气

“五脏之道，皆出于经隧，以行气血，气血不和，百病乃变化而生，是故守经隧焉”（《素问·调经论》），“气行则血行，气止则血止，气滑则血滑，气寒则血凝，气有一息之不通，则血有一息之不行”。（《直指方》）。血为气母，气为血帅，气行（旺）则血行，气滞（虚）则血瘀，二者互为因果，密不可分。仲景对瘀血证的治疗上，化瘀中非常注重调气。气机不畅常由于外邪侵袭、情志郁结等因素造成。在《血痹虚劳病脉并治》篇中血痹病即气虚致痛，谓治血痹宜针引阳气令脉和强调瘀血应先治气，气得宣通，则血可行，而不可专治其血。血痹重证乃阴阳气血营卫俱虚，风寒侵袭，致局部肌肤阳气痹阻，血行淤滞，方用黄芪桂枝五物汤益气温阳，行消瘀血，以黄芪补气推动血行。又如《金匮·妇人杂病》腹中痛，即妇人经后或产后气血本不足，邪风乘虚侵入腹中，与血气相搏，气阻血瘀，腹中刺痛，方用红蓝花汤。肺痈为风热毒邪侵袭，致肺气血壅阻，瘀热成痈。七情抑郁或过激，气机失调，气血逆乱则可致瘀。《金匮》对妇人瘀血病证在病因特别强调“结气”“忧伤”“悲伤多嗔”等情志因素，遣方用药上配伍行气药促其血行。如治疗产后气血郁滞成实，气机痹阻不通之腹痛，治当宣通气血为要，方用枳实芍药散以枳实烧黑入血分，以行血中之气，破气行滞；芍药和血益营，则腹痛诸证自除。治金疮血瘀肿痛之王不留行散，以王不留行、蒴细叶化瘀通络止痛，厚朴行气滞以助血行。尤在泾称其为“行气血和阴阳之良剂”。另如，旋覆花汤中旋覆花配新绛，鳖甲煎丸中大黄、地鳖虫、桃仁等配柴胡、厚朴均取气行则血行之意。

四、攻补兼施

祛瘀生新《素问·痹论》云：“病久入深，营卫之行涩，经络时疏，故不通”，即久病必瘀，《金匮·血痹虚劳》中调“五劳虚极羸瘦，腹满不能饮食，食伤、忧伤、饮伤、房室伤、饥伤、劳伤、经络营卫气作，内有干血，肌肤甲错，两目暗黑，缓中补虚，大黄地鳖虫丸主之”。即虚劳加七伤致脏腑功能失调，气血运行不利而凝滞成瘀，结为干血，干血是瘀血的进一步发展，瘀血凝结，留而不去新血无以化生，即久瘀，此为虚实夹杂之证。瘀血内结阻碍血行，法当祛瘀。然久病其正气已不足，而活血化瘀之品性多破泄，仅用攻瘀之药，更为损伤其正，所以仲景在祛瘀之中兼以扶正，攻补兼施，使瘀消而正不伤，瘀祛则新生。方用大黄䗪虫丸，方中大黄、桃仁、干漆配地鳖虫、水蛭、虻虫等通血闭，祛瘀阻，干血去而新血生，重用生地黄、芍药甘草滋养补虚。尤在泾云：“濡以润其干，虫以动其瘀，通以去其闭，而仍以地黄、芍药、甘草和养其虚”。又如鳖甲煎丸之大黄、桃仁、地鳖虫等配人参、芍药、阿胶，温经汤用桂枝、吴茱萸、当归、川芍温经活血配以芍药、麦冬、阿胶等，皆取攻补兼施祛痰生新之意。

五、峻药缓攻

有故无琐阴血喜流通而忌结聚，若阴血停滞不行则为瘀血，瘀血阻塞局部脉络则可渐而形成癥积。其主因为“石瘕生于胞中，寒气客于子门，子门闭塞，气不得通，恶血当泻不泻，衃以留止，日以益大，状如怀子”（《灵枢·水胀》）。《金匮·妊娠病》中“妇人素有征病即瘀血日久而形成癥瘀积块，治用桂枝茯苓丸消癥化瘀。行血逐瘀消瘀之品，破泄猛峻，对痛结癥积之孕妇、体弱之人不宜攻之，仲景知达常变，治之以峻，行之以缓，用消微祛瘀之品配以蜂蜜、甘草等，以丸缓治，小量服用，取峻药缓攻之法。妇人妊娠宿有癥积而致胎漏下血之证。瘀症不消，漏下终不能止，久之势必影响胎元，然逐瘀过猛，又易损胎，以桂枝茯苓丸渐消缓散，方中桂枝通利血脉，桃仁破血化瘀消癥，丹皮行血散瘀，芍药养血活血，茯苓渗利下行，丸以白蜜，缓和诸药破泄之力，所谓“有故无殒，亦无须也”。大黄䗪虫丸于峻猛破血之药中配以甘缓柔润之品以蜂蜜和以为丸，每服小豆大 5 丸，亦含峻药缓攻之意。诚如《金匮》“妇人杂病”篇所说“因虚积冷结气，为诸经水断绝，至有历年，血寒积结，胞门寒伤，经络凝坚”。

六、讨论

瘀血病机治法之复杂，除去新停之瘀可攻可下之外，其他均非单一方法可以解决。故《金匮要略》治瘀血之方，化瘀药常配伍以理气之品，或佐以扶正，或化痰利水。峻药缓攻，不伤正气，温经化瘀，又刚柔并济。总之，张仲景活血化瘀诸方，可谓用药精当，法度严谨，配伍巧妙，旨在“五脏元真通畅，人即安和”。其指导临床遣药组方意义深远。其对风湿痹病的治疗有很强的借鉴意义。

［《中华中医药学会第十六届全国风湿病学术大会论文集》2012：280］

从经方角度浅谈脾肾关系

刘　凡　天津中医药大学针灸学院

脾肾两脏是中医五脏系统中密切关联的子系统，脾为后天之本，肾为先天之本，两者之间生理上互促互助，病理上相互影响，互为因果。脾肾两脏都参与水液代谢，脾气运化水液须赖肾气的蒸化及肾阳的温煦，肾输布代谢水液又须赖脾气与脾阳的协助，其中任何一脏发生病理改变，都势必影响到另一脏正常生理功能的充分发挥。仲景在临证中尤为重视脾肾，集中体现在《金匮要略》虚劳病的治疗方剂中。而《伤寒论》中变证、坏证多由汗、吐、下所致，其皆伤胃气，胃气一伤，中气虚损，气机失调，升降逆乱，“有胃气则生，无胃气则死”，所以仲景善用甘草、人参、大枣等顾护胃气，即保得一分胃气，便有一分生机。同时肾为一身之根本，内寄元阴元阳，为生命之根。病入少阴，多危且重，如 295 至 30 条，为“少阴六不治”，提示少阴病是伤寒六经病变发展过程中的危重阶段。据以上所述，本文通过分析经方临证应用，探讨脾肾之间相互关系，以期揭示经方之深远内涵与独特理念。

一、苓桂术甘汤与肾气丸

苓桂术甘汤与肾气丸两方均为痰饮病治本之方，皆本仲景“病痰饮者，当以温药和之”的理论指导所创，《金匮要略·痰饮咳嗽病脉证并治第十二》言：“夫短气有微饮，当从小便去之，苓桂术甘汤主之，肾气丸亦主之。”由于水饮内停，上泛于肺，气机不利，故而短气有微饮。为什么此证用苓桂术甘汤与肾气丸两方治疗呢？《素问·经脉别论》言：“饮入于胃，游溢精气。上输于脾，脾气散精。上归于肺，通调水道。下输膀胱，水精四布，五精并行。”由此可见肺、脾、肾三脏在水液代谢过程中的重要作用。针对痰饮的形成，乃是脾肾阳虚，水饮运化无权所致，故选用苓桂术甘汤或肾气丸。两方着眼点不同，但同用茯苓、桂枝温阳利水，同时苓桂术甘汤方用白术、甘草健脾益气，补土制水，而肾气丸用附子温肾化水，根据临床实际，也可合方使用。水液其主在肾，其制在脾。故在治疗水液代谢失调疾病时，当分清脾、肾孰轻孰重，根据病情的不同，分别采取治脾为主、治肾为主、脾肾并治等治则。

二、苓桂术甘汤与真武汤

《伤寒论》67条：“伤寒，若吐若下后，心下逆满，气上冲胸，起则头眩，脉沉紧，发汗则动经，身为振振摇者，茯苓桂枝白术甘草汤主之。”82条：“太阳病，发汗，汗出不解，其人仍发热，心下悸，头眩，身瞤动，振振欲擗地者，真武汤主之。”我们可以将两方先后联系，苓桂术甘汤证乃中阳虚弱，水饮内停所致，重点在心脾，病势轻，而以水气上冲证候为主。但发汗误治后，更伤阳气，累及肾阳，故可用真武汤治疗，真武汤证病变重点在肾，病势重，且多伴有少阴阳虚证候。真武汤组方严谨，方中炮附子温肾利水，茯苓、白术健脾利水，生姜宣肺利水，主水三脏均有考虑，肺脾肾兼顾，实为利水之圣剂。其既有温补肾阳而主水之功，又有补火生土、培土制水之力。因肾为水脏，必赖肾阳之蒸化，则水湿不得为患，若肾阳虚怯，不能蒸化水湿而泛滥为患，水注下焦，或泛滥全身，或寒湿浸渍筋脉关节。同时，肾阳虚怯，火不暖土，脾不运化，水失所制，则水湿之邪愈逞其势。是故肾阳不足，则土德不及；土不制水，肾阳愈伐，水湿更甚，二者互为因果。二者在治疗上均当温补元阳，培土制水，以伐肾邪。

三、理中丸与四逆汤

太阴之病，温脾当以理中丸治之。如《伤寒论》27条：“自利不渴者，属太阴，以其藏有寒故也，当温之，宜服四逆辈。”此证虽未见少阴阳衰阴盛的“脉沉”“恶寒倦卧”“手足逆冷”等症，但因下利急剧，有元阳随液而脱之危症。故“宜服四逆辈”，在温脾阳的同时兼以温复肾阳，未雨绸缪，先安未受邪之地。

少阴寒化证主要是阳衰阴盛的病证，病至少阴寒化时，往往脾阳损伤在前 故少阴虚寒多兼脾阳亦弱。从38条的“吐利汗出，发热恶寒，四肢拘急，手足厥冷者，四逆汤主之”。389条的“既吐且利，小便复利而大汗出，下利清谷，内寒外热，脉微欲绝者，四逆汤主之”。及228条的“下利清谷”，354条的“大下利而厥冷”，376条的“呕而脉弱”等。可见吐、利虽为少阴阳衰阴盛的常见症状，但同时少阴阳衰，火不暖土，亦加重吐、利症状。少阴受邪脾阳多已亏乏，甚者脾阳衰败，吐、利不止。少阴阳衰证以急回元阳为目的，温脾可益生化之源以助温肾之功。人身之阳根于肾而资生于脾，肾阳恢复必赖中焦水谷精微的充实，只有恢复脾阳保其化源，肾阳方能得后天之充养，而有生化之机，并使已回之阳得以巩固。故温肾的同时，温补脾阳亦不容忽视。四逆汤的组方体现了张仲景回阳不忘温脾的治法。方中生附子味辛大热，大壮下焦元阳，逐在里之阴寒；干姜辛热，既助附子回阳，又可温运脾阳以救助肾阳；炙甘草更是补益脾气。通脉四逆汤于四逆汤倍干姜，加大附子剂量而名，其回阳之力更强，从倍干姜可知张仲景尤其着意于恢复脾阳，温补脾阳对急回肾阳有着十分重要的意义。

四、甘姜苓术汤与肾气丸

两方均出自《金匮要略》，都可以治疗腰痛，但其立意迥然不同。甘姜苓术汤，即肾着汤，由甘草、干姜、茯苓、白术4味药组成，具有温脾胜湿的功效。“肾着之病，其人身体重，腰中冷，如坐水中，形如水状，反不渴，小便自利，饮食如故，病属下焦，身劳汗出，衣里冷湿，久久得之，腰以下冷痛，腹重如带五千钱，甘姜苓术汤主之。”甘姜苓术汤全方主要作用于中焦脾胃，但其病名却称为“肾着之病”，“肾着”之“着”，从湿邪“着而不移”和“湿气重者为着痹”等可知，“着”乃系湿邪为病，“肾着”即是寒湿之邪下侵肾之外腑所致的寒湿腰痛，故主症为腰以下重、冷、痛。其治疗立足于中焦之脾，一者脾主肌肉，亦当主腰间肌肉；二者脾主运化，能够运化水湿，寒湿痹着，当以温药以祛寒湿，通过甘姜苓术汤温中散寒、培土制水即可达到治疗目的，这正是张仲景辨证论治、治病求本思想的体现。方中重用干姜配甘草以辛甘扶阳，温中散寒，重用茯苓配白术以健脾利湿。针对病因病机入手，药简而效宏。尤在泾对此有精辟论述："肾受冷湿，着而不去，则为肾着。身重，腰中冷，如坐水中，腰下冷痛，腹重如带五千钱，皆冷湿着肾，而阳气不化之征也。……然其病不在肾之中脏，而在肾之外府，故其治法，不在温肾以散寒，而在燠土以胜水。甘、姜、苓、术，辛温甘淡，本非肾药，名肾着者，原其病也。"

肾气丸，见于《金匮要略·血痹虚劳病脉证并治第六》："虚劳腰痛，少腹拘急，小便不利者，八味肾气丸主之。"肾主藏精，主骨生髓，腰者肾之外候，肾虚则腰痛。肾气丸之腰痛有别于肾着病，其病因在肾，故用八味肾气丸助阳之弱以化水，滋阴之虚以生气，使肾气振奋，则诸症自除。所以对于腰痛的治疗，当以从脾、肾两脏分别考虑，灵活辨证，切忌只顾补肾。

五、结语

总之，从以上方剂间的对比中，我们可以清晰地领会仲景辨证选方之精准，组方思路之严谨独到，也更加深入地了解到临床治疗中脾肾之间的密切联系，足可见经方乃垂法后世之典范。

［《全国第二十次仲景学说学术年会论文集》2012：80］

从脉象谈四逆散方证的辨识

冯学功　北京市中西医结合医院

四逆散由柴胡、枳实、芍药、炙甘草四味药组成，其方证见于《伤寒论》318 条："少阴病，四逆，其人或咳，或悸，或小便不利，或腹中痛，或泄利下重者，四逆散主之。"因该方在少阴篇中提出，且只列出主症为四逆，其他都是或然证，故给医家认识其方证造成了较大的困惑。脉诊是仲景诊病的重要内容，对准确辨识方证不可忽略。笔者通过学习实践，认为脉象在四逆散方证的辨识中有重要意义，弦脉应是该方证的主脉。

一、识别四逆散方证脉象当从少阳切入

四逆散方证位列少阴篇中，少阴病提纲证为"少阴之为病，脉微细，但欲寐"，说明少阴病的主脉应是虚弱不足之脉，治疗当以虚则补之为要。分析四逆散方中四药，可知该方绝非为补益之用。那么四逆散在六经辨治中应该归于何证？对此，经方大师胡希恕先生已有明确论述："热邪郁结于胸胁心下，气血受阻，因使脉细肢厥，形似少阴四逆证，因以少阴病冒之。其实此乃热厥之属，而非寒厥，属少阳证，不属少阴"。四逆散所治四逆系气机不畅，因热致厥，应属少阳，之所以放在少阴篇，是为了提醒医者，厥有寒热之分。此番论述，简单明了，且符合临床实际，余深以为是，并据此认为，考察四逆散方证尤其是其脉象，当从少阳切入。

二、弦细脉是少阳病的主脉

少阳病的主症除口苦、咽干、目眩外，寒热往来、胸胁苦满、默默不欲食、心烦喜呕四症也是其重要内容。那么有代表性的少阳病脉象是什么？《伤寒论》265 条："伤寒，脉弦细，头痛发热者，属少阳。"此条本意是患者外感后有头痛发热的表现，此表现太阳、少阳均可出现，应如何鉴别？通过脉诊。如脉浮紧、头痛、发热，则属太阳。如脉弦细，头痛、发热，则属少阳。这里就提出弦细是少阳病具有特征性的主脉，比气机不利的脉弦，更多了一个细，体现了少阳病发病成因是血弱气尽这个关键因素。少阳为半表半里阳证。外邪侵袭后，起初正气聚集于表，与邪气交争于皮肤骨肉，则出现太阳病。如几日后，津液虚、正气虚"血弱气尽，腠理开，邪气因入，与正气相搏，结于胁下"，则发为少阳病。《伤寒论》37 条："太阳病，十日已去，脉浮细而嗜卧者，外已解也；设胸满胁痛者，与小柴胡汤；脉但浮者，与麻黄汤。"此处言本太阳病，但外已解，出现嗜卧，提示病已至少阳，就是说少阳病可以出现嗜卧。之所以少阳病可以出现脉弦细、嗜卧等不足的表现，皆因少阳病有正气不足的因素在内。

三、四逆散方证的主脉应是弦脉

如上所述，少阳病的主脉是弦细脉。那么同属少阳病的四逆散方证脉象是什么呢？以方测证、以药测证，是研究经方方证的重要方法。小柴胡汤是治疗少阳病的主方，方中有补益的人参也可以反证形成少阳病有正虚存在。胡希恕教授认为：《伤寒论》源于（《神农本草经》《汤液经》,《本经》是认识《伤寒论》中药物功效的重要基础与依据。四逆散由柴胡、枳实、芍药、炙甘草四味药组成，

《本经》认为：“柴胡……主心腹肠胃结气，饮食积聚，寒热邪气，推陈致新；枳实……除寒热结，止痢等”；“芍药……主邪气腹痛，除血痹，破坚积，止痛，利小便”；“甘草……主五脏六腑寒热邪气。”如此分析，四逆散方中诸药无明显补益功效，提示四逆散方证虚象并不明显，而是以热郁气血阻滞为主，临床应以胀痛等为主要临床表现，这也就是后世医家经常以四逆散作调和肝脾之用而少用其治四逆的原因。既然少了虚的因素，表现在脉象上也就应该虚象不显，即临床上四逆散方证的脉象少见弦细，而多见弦脉。由此也可以推测小柴胡汤方证的成因应多由正气不足，由太阳表证传变所致，而四逆散方证多由表证之外的其他因素形成。

四、来自临床的启示

弦脉作为四逆散方证中的主脉，在临床上有指导意义吗？答案是肯定的，现举笔者临床验案二则以证此说非谬。一女性患者，72岁，多汗，畏风，头晕，心悸，乏力，舌暗苔白，脉弦。曾治以桂枝加龙骨牡蛎汤合玉屏风散加附子、红景天、三七粉等治疗2个月，无明显效果。反复考虑，患者汗出、恶风明显，来诊病时总是戴厚毛线帽，太阳表虚证明显，但为何扶正固表无效？仔细诊察患者脉象，弦而有力，与虚象表现不符。心想这可能类似于热郁致厥，阳气内郁，不能布达于表，卫表失固，则汗出恶风。试以四逆散疏利少阳，处方：柴胡12g，白芍12g，枳实12g，生龙牡各30g，三七粉3g，红景天12g，炙甘草6g，颗粒剂，水冲服，日1剂。服上方7剂后，患者复诊，欣喜告余，汗出、畏风已明显减轻，继服7剂，汗出恶风基本缓急。另一女性患者，56岁，患血小板增多症5年，一般血小板在60火10g/L左右，头晕、面浮肢肿、乏力、四逆明显，初以真武汤治疗，效果显著，诸症曾显著减轻，血小板正常。后病情反复，头晕、乏力、四逆，再以真武汤治之不效。后观其舌质偏红，弦脉明显，治以四逆散为主方加味治疗，效果良好，病情又趋稳定。这些说明弦脉是应用四逆散的重要指征，临证不可不察。

［《全国第二十次仲景学说学术年会论文集》2012：137］

从升降出入谈《金匮要略》奔豚气病

李　慧　成都中医药大学

一、升降出入的机理

气机升降出人是人体脏腑功能和生命活动的基本形式之一，气机的不断运动，维持着人体正常生命活动，即《黄帝内经·六微旨大论篇》曰：“出入废则神机化灭，升降息则气立孤危。故非出入，则无以生长壮老已；非升降则无以生长化收藏。是以升降出入，无器不有。故器者生化之宇，器散则分之，生化息矣。故无不出入，无不升降。化有大小，期有远近，四者之有，而贵常守，反常则灾害至矣”。从这段经文可以看出，人之所以有生命与生理活动，就是因为有了气机的升降出入。气机的升降出入使人体体内气机与体外气机场有了很好的交流与沟通，从而带动了五脏六腑功能的运化。出入升降功能一旦紊乱，人体的生命和健康状态就会受到极大的影响。

1. 中焦是气机的枢纽中焦是脾胃所居，乃人体气机升降之枢纽，后天之本。脾气升，方能运化水谷精微以灌溉四旁；胃气降才能受纳、腐熟水谷，传送糟粕于体外。脾气上行则肝气随之上升；胃气下行则胆火、大小肠亦随之下降。

2. 脏腑的升降是气血津液出入的主动力

（1）自然界的升降出入万物在天地交泰中有春生夏长秋收冬藏之化，即阳生阴长，阳杀阴藏的节律，表现为春天阳气生发而发陈出新，夏天阳气隆胜而万物繁秀，秋季容平阳气渐收而有肃杀之象，冬季冰冻阳气潜藏百虫皆蛰伏，由于阳气的升降，影响着四季阳气的生长收藏。

（2）人体脏腑的升降出入升降出入是脏腑运动的特性，一般说来，五脏贮藏精气，宜升；六腑传导化物，宜降。就五脏而言，人处于自然，同时人体应四时节律的变化也有自身的生长壮老死的变化，在体内也有生长收藏来调节气机的出入。在中医脏象理论中，肝心肺肾应木火金水象生长收藏。因此肝气生发，为出，气血津液得肝气生发而向外出而疏泄，如春天之欣欣向荣。心气生长，为出，气血津液得心气生长而进一步向外输送，如夏季枝繁叶茂。肺气收敛，为入，气血津液得肺气之收敛而入内，如秋季纷纷落叶。肾气收藏，为入，气血津液得肾气之收藏而进一步使收敛的气血收藏入血分，如冬季之万物归土，便于春天更好的生发。

3. 各孔窍是气出入的门户

刘河间曰："皮肤之汗孔者，谓泄汗之孔窍也。一名气门，谓泄气之门户也。一名腠理，谓气液之隧道纹理也。一名鬼门，谓幽冥之门也。一名玄府，谓玄微之府也。然玄府者，无物不有，人之脏腑、皮毛、肌肉、筋膜、骨髓、爪牙，至于万物，悉皆有之，乃出入升降道路门户也。"人体气血出入于脏腑、肌肉、筋膜、骨髓、经络穴位、皮毛等，最终从汗窍、眼、耳、口、鼻排出。

二、奔豚气病的机理

《金匮要略·奔豚气病脉证治第八》云："奔豚病，从少腹起，上冲咽喉，发作欲死，复还止，皆从惊恐得之。"奔豚气病是一种发作性的疾病，其特征为自觉有气从少腹上冲胸咽，发作时痛苦难忍，发作后冲气渐平，诸症悉去，即如常人。

对于奔豚气病的病机，各医家有不同见解，各版教材的解释也有所不同。具体有以下几种观点：①"肝气随冲气上逆而发奔豚""寒气引动冲气"；②"肝气郁结化热，随冲气上逆""阳虚寒逆引起气冲"；③"肝火、寒邪、水饮等诸因素，导致冲脉之气上逆"；④"气机失常，而引发冲气""肾的寒水之气内盛，引动冲气上逆"。

各种解释乍看各有各的道理，仔细思来，却顿生疑惑。临床中肝气郁结化热、肝火、寒邪、水饮、阳虚等的病人很常见，何以发奔豚的病人却极少见？现从气机升降出入的角度分析如下：

《素问·经脉别论篇》："饮入于胃，游溢精气，上输于脾。脾气散精，上归于肺，通调水道，下输膀胱。水精四布，五经并行，合于四时五脏阴阳，揆度以为常也。"即是说，饮食进入人体胃腑后，通过脏腑的升降作用，水谷精微转化成人体所需要的气、血、津液等，然后输布于全身，周而复始，不断循环，维持人体生命不息。

伤寒论中把这一过程分为三阴三阳辩证，太阳、阳明、少阳统称为三阳病，属表；太阴、少阴、厥阴统称为三阴病，属里。总的来说，伤寒三阴三阳是体与用的关系，三阴，经脏腑的升降作用生成气血的过程三阳是气血出入的过程人体整个气化过程必经过三阴升降化气血三阳出入运气血的过程。只有这整个过程中升降清浊正常，才能使"清阳出上窍，浊阴出下窍，清阳发腠理，浊阴走五脏，清阳实四肢，浊阴归六腑。"在升清降浊的过程中，机体才能不断维持新陈代谢和能量转换的动态平衡，升者有度，降者有约，使脏腑功能井然有序，否则就会引起六经病变和杂病变生。

从上可以分析奔豚气病发生的条件：奔豚气病是自觉有气从少腹上冲胸咽，发作时痛苦难忍，发作后冲气渐平，诸症悉去，即如常人。气血生成后，正常气血通过肝的疏泄肺的收敛将气血由内向外向下输布于全身，经三阳而出，途经阳明、少阳、太阳，如遇外邪阻滞，皆可郁滞而成三阳经病。而奔豚气病气从少腹上冲胸，是气血不能通过正常途径排出人体，而见上冲。所以必有阳经气机的阻滞。

然伤寒三阳经病并非所有三阳经不利就发奔豚。如果气血遇阳经阻滞不能出，则阴经血分会加强气血的输布，以解除郁滞，打开出路。如喷嚏、发热等一系列正气向外抗邪的反应。脏腑升降功能未减，仍然可以生化气血补充气血，沿着出的道路以抗邪。所以不发奔豚，当脏腑升降功能也失调时，气机外不能出，内没有正气气血补充，则像断线的风筝，气性向上，所以就向上冲。当气冲出体外后，则冲气渐平，诸症去也。所以可以归纳奔豚气发病的条件为：1、必有阴经气机升降失调，气血化生失调（内因）；2、必有阳经气机出入阻滞，气血出入受阻（外因）。

三、证治分析

（一）奔豚汤证

奔豚气上冲胸，腹痛，往来寒热，奔豚汤主之。奔豚汤方：甘草、川芎、当归各二两；半夏四两；黄芬二两；生葛五两；芍药二两；生姜四两；甘李根白皮一升

上九味，以水二升，煮取五升温服一升，日三夜一服。

因少阳郁滞，则往来寒热，因脾气不升，肝气不疏，所以腹痛。外有少阳郁滞，内有脾气不升，肝气郁滞，肝脾气机不升，致气血化生不利，少阳郁滞得不到内正气向外抗邪的补充。所以郁滞的气团只能往上冲，从而出现气上冲胸，腹痛，往来寒热。用甘李根白皮味苦性寒，功专降奔豚逆气；黄芬佐李根白皮以清少阳郁热；葛根升脾阳；半夏生姜降胃气；川芎、当归、白芍养血，行血止痛，使血气运行而无滞。血分通畅，脾阳升，胃气降，则升降复，气血生化不竭。少阳郁滞除，气机出入无碍，而奔豚气自止。

（二）桂枝加桂汤证

发汗后，烧针令其汗，针处被寒，核起而赤者，必发奔豚，气从少腹上至心，灸其核上各一壮，与桂枝加桂汤主之。

桂枝加桂汤方：

桂枝五两；芍药二两；甘草二两（炙）；生姜三两；大枣十二枚

上五味，以水七升，微火煮取三升，去滓，温服一升。

发汗后，外邪不解，又用温针再逼汗出，说明阳经郁滞，外邪仍未解。而重发其汗，必致阴液外泄而心阳受损。表阳虚不能卫外，复感寒邪：邪因虚而滞于针处，导致血行瘀滞，形成硬结，状如果核。心阳虚则升降失职，不能制阴寒，水火既济的升降运动突然被打破，外表邪又郁滞，阴寒之气无出路则必定上冲。治疗外用灸法，温散局部寒邪以通血脉；内服桂枝加桂汤助阳气。桂枝汤外调和营卫，内调脏腑气血，既能温通血脉，又可温阳助气化，去太阳之邪。加桂更增其辛温助心阳，通脉止逆的作用。心阳得温，升降正常，血脉通畅，营卫调合，表气郁滞得解，则冲气平。

（三）苓桂枣甘汤证

发汗后，脐下悸者，欲作奔豚，茯苓桂枝甘草大枣汤主之。

茯苓桂枝甘草大枣汤方：

茯苓半斤；甘草二两（炙）；大枣十五枚；桂枝四两

上四味，以甘澜水一斗，先煮茯苓，减二升，内诸药，煮取三升，去滓，温服一升，日三服。甘澜水法：取水二斗，置大盆内，以杓扬之，水上有珠子五六千颗相逐，取用之。

发汗后，表明有表邪的郁滞，则采用了汗法。脐下悸者，是因为下焦素有水饮内停，发汗后如果伤心阳，不能制下焦水邪，就会有脐下悸，提示汗后伤及心阳。故用茯苓使水饮去；桂枝温通心阳；大枣甘草培土制水，心脾升降得解。如汗后表证未除，则将会发奔豚。所以本条言欲发奔豚，而不是必发奔豚。

四、小结

由此可以看出，人体气机的升降失调、出入障碍是引起奔豚气病的必要条件。如果气滞于少阳，肝脾机制失调者，用奔豚汤治之；如果有表邪，又发汗、烧针导致心肾阳气突然不足，或者因惊恐导致心肾气机失调，引起水火既济中断，并发奔豚者，用桂枝加桂汤治之；如果有水饮停于下焦，此时发汗或者因惊恐使心阳下降功能受阻者，用茯苓桂枝甘草大枣汤治之。可见，奔豚病主要是在内因和外因的共同作用下引起了人体的气机升降出入功能的失调所导致的。两者缺一则不可引起奔豚，如果只有脏腑升降失调，但气机可出者，气无法聚而上冲；只有表气郁滞，而脏腑化生气血充足，则气机仍向外抗邪亦不上冲。

［《全国第二十次仲景学说学术年会论文集》2012：367］

对《伤寒论》火郁发之理论应用的思考

陈　建　福建中医药大学伤寒论教研室

“火郁发之”源于《黄帝内经》，为火郁之证的治疗确立了大法。《伤寒论》继承了《黄帝内经》的学术思想，对“火郁发之”理论进行了较为深入的阐述，为该理论的应用树立了典范。今对《伤寒论》中“火郁发之”理论的应用进行探讨，希望对临床有所启发。

一、火郁的形成机理

《伤寒论》中对于火郁形成机理的认识大致有两种情况，其一，火因郁而生。如在太阳伤寒表实证的发病过程中，由于风寒外束，肌表郁闭，阳气无从宣泄，郁而化火。论中第46条“太阳病，脉浮紧，无汗，发热，身疼痛，八九日不解，表证仍在，此当发其汗。服药已微除，其人发烦目瞑，剧者必衄，衄乃解。所以然者，阳气重故也……”即是由于表郁日久而化火，从而内扰上攻而致衄血。当然衄血仅是举例，火郁既生，其症又何止衄血一端，大青龙汤证之“不汗出而烦躁”，与此机理类似，却又是另一番景象。可见，太阳伤寒表实证虽为轻浅之证，亦不可轻视。故仲景在16条郑重提出：“桂枝本为解肌，若其人脉浮紧，发热汗不出者，不可与之也。常须识此，勿令误也……。”桂枝汤毕竟为解肌祛风之剂，其发汗之力非麻黄汤可比，典型的伤寒表实之证，误用桂枝汤，则病重药轻，汗不得出，热药入内，与阳气相并，即化为郁热，仲景可谓用心良苦。再如少阳主疏泄，内寄相火，若邪犯少阳，疏泄失职，枢机不利，气机郁闭，相火遏郁而不宣，即化为郁热。其二，火邪陷于局部而无从出，气血因而郁滞，反而困遏火邪，二者相互影响，遂生火郁。论中221条云：“阳明病，脉浮而紧，咽燥，口苦，腹满而喘，发热汗出，不恶寒，反恶热，身重……若下之，则胃中空虚，客气动膈，心中懊憹，舌上胎者，栀子豉汤主之。”本为阳明无形之热，正当以清法治之，反用下法，则不仅热邪难除，又损伤胸膈，致“胃中空虚”，余热乘势留于虚处，形成热郁胸膈证。火郁的形成虽然有多种原因，但其病理机制的重点却在于火邪的郁滞，这与其他火热之证是不同的，正如清代医家何梦瑶在《医碥》中指出：“郁者，滞而不通也，百病皆生于郁。”对于火郁的理解有一定的参考价值。

二、火郁的致病特点

火郁证的病机包括“火”与“郁”两个方面，重点在于气机的郁滞，对神志、津液代谢、气血运行等方面的影响有其自身的特点。由于“火”与“郁”二者相互影响，“火”因“郁”而愈炽，“郁”因火而愈甚，火郁于内，无从宣泄，内扰心神，往往烦躁而无可奈何之感。论中如栀子豉汤证的“虚烦不得眠”“心中懊憹”等，即是火郁的典型表现。大青龙汤证的“不汗出而烦躁”，虽为热扰心神所致，然其根源仍是肌表郁闭，汗不得出，是故病人在烦躁的同时有求一汗而后快之意。就如夏日大雨之前天气懊热郁蒸，须一场大雨才能云开天阔。程应旋对此有深刻理解，其云：“……不汗出而烦躁，是阴寒在表，郁住阳热之气在经，而生烦热，则并扰其阴而作躁，总是阳气怫郁不得越之……龙升雨降，郁热顿除矣。”火郁于内，又常可影响气血的运行，轻者气机不畅，出现如栀子豉汤证之“胸中窒”、小柴胡汤证之“胸胁苦满”等，重者波及血分，则如“心中结痛”等。火热内郁不能透达于外，难以蒸达津液外出，往往身无汗。反因火势炎炎而蒸腾于上，出现但头汗出，此为火郁致汗的特点。如大青龙汤证的“不汗出”、栀子豉汤证的“但头汗出”、少阳病阳微结之“但头汗出”等皆可佐证。反观白虎汤证之热，是为表里俱热，因其为散漫之热，自能逼迫津液外泄而大汗，与之可形成鲜明的对比。

三、“火郁发之”的应用

《伤寒论》在处理火郁证时，重视解决其火邪郁结的状态，并根据火郁部位的不同，而灵活地立法、遣方、用药，对后世医家产生了积极的影响。张景岳所言：“火郁之病……当因其势而解之，散之，升之，扬之，如同开其窗，如揭其被，皆谓之发，非独止于汗出。”实是受了《伤寒论》“火郁发之”具体应用的影响。

（一）重用“发之”的药物以解决“郁”的状态

《伤寒论》中对火郁证的治疗，往往重用“发”的药物，重在解决“郁”的状态。大青龙汤证之“烦躁”，缘由火郁内扰，火郁乃由不汗出，不汗出是因表郁，层层相因，故治疗的重点不在于清热除烦，而是开其表郁。故重用六两之麻黄峻开其表，用鸡子大之石膏，其量远较麻黄为轻，知其并非全为清热而来，而是旨在监制麻黄峻烈之性，以免过汗伤正，体现了“和”的思想。从整个立方之意来看，其重点仍在于解其表郁，故重用“发”药而轻用“清”药。再如热郁胸膈证，以栀子豉汤清宣郁热，其中栀子苦寒清泄火邪，香豉辛凉宣散郁滞。其栀子 14 个约 7 克（据新世纪全国高等中医药院校规划教材第二版《伤寒学》，香豉四合约 48 克。本是热证，香豉的剂量却远大于栀子，何故？实是由于火郁之证的重点在于“郁”，只有解决其郁滞之势，火热才能易于消散。如若重用寒凉之药，则寒凉凝遏，气机闭郁更甚，火邪反而难以清除。联系钱乙创立的泻黄散，则其意更明。泻黄散为治疗脾胃伏火的一张名方，方以山栀、石膏寒凉清热，藿香叶、防风升散脾胃之伏火，亦寓“火郁发之”之意。方中藿香叶 7 钱、防风 4 两，山栀 1 钱、石膏 5 钱，其辛温升散之药亦远大于寒凉之药。后世医家多不解，如张山雷在《小儿药证直诀笺正》泻黄散方下指出：“方为脾胃蕴热而设，山栀、石膏，是其主宰；佐以藿香，芳香快脾，所以振动其生机。甘草大甘，已非实热者必用之药，而防风实不可解，又且独重，其义云何，是恐有误。乃望文生义者，且曰取其升阳，又曰以散伏火。须知病是火热，安有升散以煽其焰之理……”认为既是火热之证，应以寒凉药为主，而不应重用升散之药。实际上，火郁之证重在发之，《内经》既云“火郁发之”，而不言“火郁清之”，其意自明，《伤寒论》中亦有明训，张氏不解其旨，妄加评论，是不当也。

（二）根据火郁部位的不同灵活立法遣方用药

1. 汗而发之　热从外解

对于火因表郁而化生者，每以汗法发越表郁。论中第 5 条云：“伤寒脉浮紧，不发汗，因致衄者，麻黄汤主之。”此画血因于火郁，郁火缘由表闭，追根溯源，开表发汗即可解除表郁。表闭一开，则火热即宣泄而出。此不治衄血而衄血自止，实寓清法于汗法中矣。在治疗大青龙汤证的“烦躁”时，仲景也是以开表发汗为主，稍佐寒凉之药。寒闭于表故不汗出，火热内郁故烦躁，治疗仍需发汗开腠。与上条不同的是，上条纯用辛温之麻黄汤，此条则以麻黄伍以石膏，辛温与辛凉并用，是因表郁较之上条为重，故重用麻黄六两，而又以石膏监制之。虽用石膏，整方仍以发汗为主，冀表郁一开，郁热得散，则烦躁自除，即张景岳所谓“开其窗”以散热之意。吴缓在谈到大青龙汤时说道：“大青龙汤仲景治伤寒……其人烦躁不安，身心无如之奈何……急用此汤发汗则愈。乃仲景之妙法也。譬若亢热已极，一雨而凉，其理可见也。若不晓此理，见其燥热，投以寒凉之药，其害岂胜言哉。”蒲辅周亦曾曰：“热病最怕表气郁闭”，诚如所言，若妄用寒凉之剂，则表闭难开，火郁无从宣泄，不仅火势难消，而又变证峰起矣。

2. 清宣郁滞　火从上散

对于胸膈郁热证则采用清宣并用之法。胸膈处于手太阴肺与足阳胃之间，并非具体指某个脏腑，既不属太阳之表，也不属阳明之里。火郁胸膈，汗法固非所宜，下之亦不合适，但毕竟属上焦，故苦寒清热的同时，重用辛温宣发之品，方用栀子豉汤。豆豉轻清上浮，合栀子，意在宣达郁滞，使邪气从上而出，寓因势利导的治疗思想。因火郁于胸膈，既不得上，又不得下，一旦豆豉宣开郁结，则正气合药力驱药外出，可能会发生呕吐，即栀子豉汤证后“得吐者，止后服”，实是邪气得解的一种自然反映，与大青龙汤证得汗而解的机理是一致的。有些医家囿于“得吐者，止后服”的说服，机械地认为栀子豉汤是催吐剂，仅仅看到其表面现象，却没有认识到“得吐”并非是栀子豉汤的手段，而是火郁得解的结果，从而产生错误的认识。已故伤寒大家刘渡舟认为“服药后而作吐的，是因为胸脘火热蕴郁太甚，得药力与之相搏，郁极及发而上逆作吐，故这时的吐是郁开热解而致愈的一种机转”，真是一针见血。

3. 转运枢机　达热外出

少阳主疏泄，病则最易气郁，少阳火郁证病机重点仍是郁滞的状态，治疗亦当遵“火郁发之”之旨。然则少阳为半表半里，火郁少阳，既不在表也不在里，汗、下之法皆非所宜，故治疗重在疏达少阳，转运枢机，方能透邪外出，其代表方为小柴胡汤。方中柴胡为君药，量用半斤，为方中之最，乃疏达少阳气机之要药，以之为主，重在“发之”。半夏、生姜之用，亦不仅为呕吐而设，其性味辛温，能助柴胡疏达气郁，协力以除少阳之郁结。论中230条云：“可与小柴胡汤。上焦得通，津液得下，胃气因和，身濈然汗出而解。”从“上焦得通”来看，服小柴胡汤后，枢机运转，少阳郁滞得解，故火郁顺势外出，而“身濈然汗出而解”，实是“火郁发之”的具体应用。

四、结语

“火郁发之”的理论肇端于《黄帝内经》，《伤寒论》则对其进行了具体的阐释，后世医家受其影响，又进一步发挥，从而使“火郁发之”理论更加丰满与完善，从而有效地指导临床。

［《全国第二十次仲景学说学术年会论文集》2012：105］

基于中国古代哲学观与现代系统论探析张仲景“人体自和”观

张茂云　长春中医药大学

汉代《伤寒杂病论》张仲景认为人体患病的原因，是体内阴阳不相和谐的结果，中医学治病的过程是调和阴阳，使其和谐的过程，即调动人体的自主系统—“自紊态”，笔者将仲景此理论归纳为“人体自和”，其体现的‘和”非现代医学之对抗性治疗措施，所谓“谨察阴阳所在而调之，以平为期”。张仲景“人体自和”观强调人体（患者）内在自主功能的恢复，而不是无限扩大外界（医生）的作用。仲景原文提到“五脏元真通畅”，“通畅”二字意义非常，意谓人体不仅不虚，还强调运动、统一。

“自和”即指人体所具有的自行恢复健康状态的能力，既指不药而愈，即《金匮·五脏风寒积聚病》“不须治，久则愈。”又指经过医生的正确诊治，因药而愈者，即药而自和。

一、“人体自和”之古代哲学溯源

所有的自然科学都会自觉、不自觉地反映某个特定时代的哲学思想，中医学的“人体自和”理论属于中医“和谐”思想的一部分，也必然能从中国古代的传统文化中寻到根源。

我国春秋时期就有所谓“合同之辨”，“夫和实生物，同则不济”。孔子也尝云：“君子和而不同，小人同而不合”。《易传》中“与天地和其德，与日月合其明，与四时合其序，与鬼神合其吉凶”的“大人”境界充分表明先哲们对人的自我和谐的关注。

中医理论体系可追溯到我国商周时期，由于中国古代地理环境的隔绝状态，个体农业和手工业相结合的自给自足的自然经济基础，决定了中国传统的大陆性的农耕文化，而这种特定的传统文化背景又决定了中国的人文倾向是内敛性、自省性的，而不是外拓性、扩展性的。即这种文化的主旨倾向于一种温和的“调和”。而这种思想渗透到中医领域，又是和中国古代传统的宇宙观密切联系在一起的。《礼记中庸》提到中国传统文化的健康观，即“喜怒哀乐之未发谓之中，发而皆中节谓之和”。《内经》“阴平阳秘”属人体动态平衡、“人体自和”的高度概括。阴阳平和、协调并保持相对的平衡，乃是人体健康的基本条件，反之阴阳不和则是人体患病的根本原因。

二、“人体自和”之现代系统论支持

“人体自和”说从现代科学来看其动力学原理是什么，以下从现代系统理论对“人体自和”说实质进行阐释。

1968年，美籍奥地利生物学家，一般系统论和理论生物学创始人贝塔朗菲在其著作《一般系统论》中特别提出，生物跟非生物系统不一样，非生物系统是越来越趋向于杂乱无章，但生命现象却正相反，而是越来越趋向于有序。所以其又提出，生命现象是有组织、相互关联，有序和有目的。在他所创立的“一般系统论”中，把生命现象的有序性和目的性同系统的结构稳定性联系起来，即目的性是指系统要走向最稳定的系统结构，并且正因为系统有了有序性，才使系统结构稳定。此观点涉及到生命是自组织系统的性质，即与仲景的“人体自和”观不谋而合，如仲景原文说：“夫人察五常，因风气而生长，风气虽能生万物，亦能害万物，如水能浮舟，亦能覆舟”。充分说明人体正气充一足、营卫通畅，能够很好地适应自然而不掺病，即“人体自和”的过程。

三、张仲景“人体自和”观

中医理论充分强调世界的物质性和物质在绝对运动中所体现的相对的、暂时的静止和稳定，这一点体现在人体上，即人体是否处于健康状态就取决于人体是否处于和谐状态一人体自和的能力。而人体是否具有“自和”的能力就取决于机体处于正常的生理状态还是处于失衡的病理状态。而中医诊治疾病就是要寻找导致人体不和状态的原因，运用中医治疗手段将人体不和的状态重新转化为“自和”状态，从而维持人体正常的生命活动。

（一）《伤寒论》“自愈”论

张仲景在《伤寒论》一书中记载了许多自愈的条文，六经病各篇、霍乱病篇、阴阳易差后劳复篇中如“愈”“欲愈”“必自愈”“必愈”“解”“欲解”“差”“自止”等充分体现了仲景“人体自和”观。《伤寒论》58条云：“凡病，若发汗、若吐、若下、若亡血、亡津液，阴阳自和者必自愈。”367条“呕家，有痈脓，不可治呕，脓尽自愈”。71条：“太阳病，发汗后，胃中干，烦躁不得眠，欲得饮水者，少少与饮之，令胃气和则愈。”这些条文在文字表述方面虽然不同，但其皆说明伤寒病到了某一特定阶段，出现自动向愈的趋势，提示医者要审察病机，勿失良机，因势利导，促使人体“自和”，通过患者自稳调节达到康复的目标。

（二）仲景“人体自和”观诊断依据

在诊断方面，仲景《伤寒论·辨脉法》：“寸口、关上、尺中三处，大小浮沉迟数同等，虽有寒热不解者，此脉阴阳为和平，虽剧当愈。”《金匮玉函经·证治总例》：“古者上医相色，中医听声，下医诊脉……上医相色知病者，色脉与身形不得相失，黑乘赤者死，赤乘青者生之类。中医听声知病者，声合五音，火闻水声，烦闷惊悸，木得金声，恐畏相刑。”仲景在此以脉和、色和、声和、味和等作为诊断依据，即人的脉象平和有力，面色红润光泽，声音和谐悦耳，是健康的标志，反之则是疾病的征兆。

《伤寒论。平脉法》：“春弦秋浮，冬沉夏洪……肾沉心洪，肺浮肝弦。”明确指出脉象与四季和、与五脏和则为正常，不和则异常，即为病态。《金匮要略。脏腑经络先后病》：“病人有气色现于面部，愿闻其说？师曰：鼻头色青，腹中痛，苦冷者死。鼻头色微黑者，有水气。色黄者，胸上有寒。色白者，亡血也……色青为痛，色黑为劳，色赤为风，色黄者便难，色鲜明者留饮。”指出人体面部各个区域分别对应内在不同的脏腑，如果某区域的颜色一与脏腑主色不和，则提示相应脏腑的异常与病变。《金匮要略·脏腑经络先后病》：“病人语声寂然，喜惊呼者，骨节间病；语声喑喑然不彻者，心膈间病；语声啾啾然细而长者，头中病。”指出声音的不和也提示了疾病的存在。

（三）仲景“人体自和”观治法应用

只有当人体无法仅以自身之力达到“人体自和”的时候，仲景才辅之以药物，以协助机体驱邪外出。

如《伤寒杂病论》中桂枝汤及其变方的应用。桂枝汤是仲景创立的典型的促进人体“自和”的方剂，其具体体现在太阳中风桂枝汤及产后风阳旦汤之调和营卫；桂枝汤变方小建中汤之调和脾胃、调和气血；桂枝汤加葛根麻黄汤调和营卫，主治项背拘急，转侧不能自如，汗出恶风者；桂枝汤加厚朴杏仁调和解表，主治喘病或感风邪恶寒者；桂枝加附子汤调和经络，治疗湿痹；桂枝汤加芍药汤，桂枝加大黄汤调和脾络、调和气血；桂枝汤加栝楼调和筋脉，治疗痉病；黄芪桂枝五物汤通阳，调和阴阳气血不足，治疗血痹；黄芪建中汤调和脾胃，调和阴阳，调和营卫，调和气血；桂枝加龙骨牡蛎汤调和阴阳，调和气血；桂枝加桂汤调和寒温，温通心阳；桂枝汤加乌头汤调和表里寒痛。

《伤寒来苏集》："此为仲景群方之魁，乃滋阴和阳，调和营卫，解肌发汗之总方也。凡头痛发热恶风恶寒，其脉浮而弱，汗自出者，不拘何经，不论中风、伤寒、杂病，咸得用此发汗……但见一症便是，不必悉具……"营卫乃是人体阴阳的具体物质形式，因此桂枝汤调和营卫的功能，归根到底就是调和人体阴阳，促使人体"自和"的过程。

仲景"人体自和"观治法特点还表现在其治病通常中病即止，不必尽剂，即在运用汗、吐、下等法治疗时，如果药力较强，或者患者正气较弱，则服药应该适可而止，一般以得汗、得吐、得下为度，不必尽剂。如《伤寒论》12 条桂枝汤方后"若一服汗出病差，停后服，不必尽剂。"38 条大青龙汤方后"一服汗者，停后服。"374 条小承气汤方后"若更衣者，停后服，不尔尽服之。"320 条大承气汤方后"一服得利，止后服。"395 条牡蛎泽泻散方后"小便利，后服。"充分体现了仲景利用机体"自和"这一特点，借助于药物手段来协助机体"自和"，以达到使人体痊愈的目的。

当机体足以凭借自身之力而达到"自和"的时候，即人体正气来复之时，仲景往往较少使用药物或者不使用药物，而是充分给予机体自和的机会，即通过治疗前期药物的祛除邪气（或者说是部分祛除邪气），治疗的后期通过人体"自和"的机制使机体痊愈。当然，如果此时疾病未得痊愈，可以再次重复前面的方法，即所谓"不尽，行复如法"。

（四）正气在"人体自和"中的作用

基于以上仲景"人体自和"理论的治疗特点，可以清晰地意识到，在促使人体"自和"的终极目标下，药物治疗以及医生的作用仅仅是辅助性的，"人体自和"的关键在于人体自身的正气，正气的强弱在"人体自和"的过程中起着主导作用，这在仲景的医事实践中得到了充分的验证与应用：仲景治病注意补益脾肾照顾正气，即使祛邪也未忽视保护正气。

正气乃人体的抗病能力，正气虚损则法、药均难以奏效。仲景《金匮要略》中肾气丸和小建中汤的确立即是其重视人体正气的具体体现，即确立补益脾肾是治疗内伤杂病的治本之法，此法仲景在《金匮》多处发挥。如第六篇第十六条曰："虚劳诸不足，风气百疾，薯蓣丸主之。"虚劳诸不足是指人体气血阴阳都不足，此时最易感受外邪成病。因虚而受外邪致病的治法应着重扶正，单纯祛邪反而损伤正气，所以本证以薯蓣丸健脾胃为主。再如第十三篇第三条："男子消渴，小便反多，以饮一斗，小便一斗，肾气丸主之。"本条是论述肾阳虚所致下消证的治法，肾气丸补肾之虚，温养其阳，以恢复其蒸津化气之功，则消渴自解。此两条一条言健脾胃，一条言补肾阳，然而均使病自愈，故补益脾肾却为治疗内伤杂病，促使人体"自和"的关键之法。

仲景的"人体自和"理论能够有效避免现代医学对抗性治疗所致的过度治疗及副作用：现代医学对抗性治疗系针一对患病之人的单方面的直接干预或直接对抗，即去除特有的病因（如使用各种抗生素治疗感染类疾病），纠正病理（如血糖高降血糖，血压高降血压），对抗特有的病变（如直接切除病位、器官置换、介入疗法），直接用药物到靶点去对抗或补充（如受体阻滞剂，通道阻滞剂，激素替代疗法），而不考虑这些外界的对抗性的干预救治方法也可能一导致人体这个复杂的系统失去自我平衡，如药物的耐药性、毒副作用、人体的排异反应等诸多问题。

因此，张仲景的"人体自和"观对医学的积极作用在于，以"人体自和"作为一切医疗活动的目标，积极调动、激发体内的"自和"功能，使人体达到"自稳态"是真正意义上的以人为本的健康理念。对仲景"人体自和"治疗理论的深入挖掘，能够更好地服务于临床实践，造福人类。

［《中华中医药学会第四次中医学术流派交流会论文集》2012：296］

建立《金匮要略》治眩晕方病案数据库的研究

钱占红　韩雪梅　麻春杰　任常胜
张明锐　内蒙古医科大学中医学院

眩晕是临床常见病证，眩指眼花或眼前发黑，晕指头晕甚或感觉自身或外界景物旋转。二者常同时出现，故统称为"眩晕"。轻者闭目可止；重者如坐车船，旋转不定，不能站立，或伴有恶心、呕吐、汗出、甚者昏倒等症状。仲景虽未对眩晕独立成篇论述，但其对眩晕的病因、病机、辨治的理法方药俱备，在7个篇章论及头眩、头重眩、癫眩、眩、冒、眩冒等名称，涉及经文19条，方剂10余首，发前人之未发。现就依据相关篇章条文所述治疗眩晕方药，整理收集治疗眩晕的医案编辑汇总作为病案数据库，以期对临床辨治本病有所裨益。今后可以将病案数据库应用于教学中病案讨论及本科考试题库的使用。

一、《中风历节病篇》

1. 原文："头风摩散方：大附子一枚（炮），盐等分"王照恒医案：周某，女，48岁。1日91年7月10日就诊。述于1984年7月，一日于田间锄草，暴雨突来，发如水洗，衣裳尽湿，到家即觉头部沉重疼痛，尔后便寒战发热，乡医予服九味羌活丸，扑热息痛片，寒热得除，然头痛未愈。刻诊：其人首裹重巾，面色萎黄，额部汗出如流珠，脉之阳浮而阴弱。令其先服桂枝汤3剂，后以头摩散加川芎方，指明穴位，嘱其依法而行，果一次痛减过半。二次去其所裹，三次其病如失。观察至今，未见复发。

2. 原文第8条："诸肢节疼痛，身体魁羸，脚肿如脱，头眩短气，温温欲吐，桂枝芍药知母汤主之"。文中头眩是由于风湿侵犯，正虚不足，其气血阴阳亏虚，清阳不升所致。谭日强医案：彭某，女，32岁。患类风湿性关节炎已三年，四肢关节疼痛，手指变形如梭状，每遇阴雨或感受寒湿即发，头眩短气，温温欲吐，舌苔白滑，脉象濡缓。此风寒湿三气合邪，痹而为病。治以祛风除湿，温阳通痹。用桂枝芍药知母汤：桂枝10克，酒芍10克，知母6克，麻黄3克，防风10克，白术10克，炮附子10克，甘草3克，生姜3片，服五剂，诸证减轻。后用三痹汤（桂枝、防风、秦艽、独活、细辛、茯苓、党参、黄芪、熟地、当归、白芍、川芎、杜仲、续断、怀牛膝、大枣）以扶正祛邪。

二、《血痹虚劳病篇》

原文第8条："夫失精家，少腹弦急，阴头寒，目眩，发落，脉极虚扎迟，为清谷亡血，失精。脉得诸芤动微紧，男子失精，女子梦交，桂枝加龙骨牡蛎汤主之。"叶益丰医案：程某某，男，56岁，1981年10月8日诊。眩晕月余，诊为高血压病，服降压药眩晕益甚。现症：眩晕耳鸣，心悸寐差，汗多怕风，面色萎黄，舌淡白，脉浮缓。血压180/96毫米汞柱，乃阴虚阳浮，虚阳上越之证。治宜益阴扶阳，镇纳潜阳。桂枝、芍药、甘草各10克，龙骨、牡蛎各50克。

三、《肺痿肺痈病篇》

原文第5条："肺痿，吐涎沫而不咳者，其人不渴，必遗尿，小便数，所以然者，以上虚不能制下故也。此为肺中冷，必眩，多涎唾，甘草干姜汤以温之。若服汤已渴者，属消渴"。文中眩为肺中虚冷，阳气不足所致。谭日强医案：张某，女，45岁。患慢性支气管炎，每届冬季即发，咳吐涎沫，头眩短气，小便频数自遗，其人身体白胖，平时容易感冒，舌苔薄白，脉象虚弱。此肺气虚冷，不能制下之故，治宜温肺化饮，益气制下，先用甘草干姜汤：甘草15克，干姜10克，加黄芪12克，益智仁6克，服五剂，小便自能控制，后用六君子汤加干姜、细辛、五味，服五剂，咳吐涎沫亦止。

四、《黄疸病篇》

原文第13条："谷疸之为病，寒热不食，食即头眩，心胸不安，久久发黄为谷疸，茵陈蒿汤主之。"文中头眩，是由于谷疸为胃热脾湿，湿热郁遏，寒热不食，食即头眩所致。《丁甘仁医案》："刁，抑郁起见，肝病传脾，脾不健运，湿自内生，与胃中浊气相并，下流膀胱，膀胱为太阳之府，太阳主一身之表，膀胱湿浊不化，一身尽黄，小便赤涩，食谷不消，易于头眩，此谷疸也。治病必求与本，疏肝解郁为主，和中利湿佐之：银柴胡一钱，云茯苓三钱，大砂仁八分，苍术、白术各一钱，当归二钱，生、熟谷芽各三钱，陈皮一钱，赤芍钱半，生、熟薏仁各三钱，川朴一钱，茵陈钱半，车前子三钱，黑山栀二钱。"

五、《痰饮病篇》

本篇章所见眩晕均为阳虚不能运水，水湿内停，上犯清阳所致。

1. 原文第16条："心下有痰饮，胸胁支满，目眩，苓桂术甘汤主之。"原文中目眩为胃阳虚，水液不运，痰饮停于心下，清阳不升，浊阴上冒则清窍不爽所致。谭日强医案：柳某，女，45岁。患风湿性心脏病，其证：头眩短气，心悸，胸闷，动则气喘，双下肢有凹陷性水肿，小便不利，大便反快，舌质淡，苔薄白，脉象沉细不整。此水气凌心，心阳不振之故，拟通阳利水，定悸消肿，用苓桂术甘汤：茯苓15克，桂枝10克，白术10克，炙草5克，加防己10克，吴茱萸5克，槟榔10克，木瓜10克，生牡蛎30克，服10剂，小便通利，腿肿稍消；再服十剂，心悸短气之证减轻，但脉仍细涩不整，继用炙甘草汤以善其后。

2. 原文第25条：“心下有支饮，其人苦冒眩，泽泻汤主之。”原文中冒眩为心下有支饮，饮为阴邪，清阳被郁所致。《吴鞠通医案》载：“陈，五十一岁。人尚未老，阳痿多年。眩晕昏迷，胸中如伤油腻状，饮水多则胃不快，此伏饮眩冒证也。先与白术泽泻汤逐其饮，再议缓治湿热之阳痿，岂有六脉俱弦细，而恣用熟地，久服六味之理哉？冬于白术二两，泽泻二两，煮三杯，分三次服”又，饶云忠医案：赵某某，男，57岁，1989年9月28日入院。患者自觉四周及自身在旋转，反复发作已7天，并伴有头重、耳鸣、胸闷、恶心、呕吐，时有水平性眼球震颤。舌质淡红，苔白厚腻，脉弦滑。甘油试验+，诊为美尼尔氏征。拟：泽泻70克，白术30克。2剂后诸证均消。效不更方，再进三剂巩固出院。后改用散剂：泽泻240克，白术80克，研细末，每服5克，每日2克。随访至今未复发。再如刘渡舟医案：朱某某，男，50岁，湖北潜江县人。头目冒眩，终日昏昏沉沉，如在云雾之中。两眼懒睁，双手颤抖，不能握笔写字。迭经中西医治疗，病无起色，颇以为苦。视其舌肥大异常，苔呈白滑而根部略腻，切其脉弦软。疏《金匮》泽泻汤：泽泻24克，白术12克。服第一煎，未见任何反应。患者对其家属说：此方药仅两味，吾早已虑其无效，今果然矣。孰料第二煎后，覆杯未久，顿觉周身与前胸后背漐漐汗出，以手拭汗而粘，自觉头清目爽，身感轻快之至。又复三剂，继出微汗少许，久困之疾从此而愈。

3. 原文第30条：“卒呕吐，心下痞，隔间有水，眩悸者，小半夏加茯苓汤主之。”原文中眩为隔间有水，清阳不升所致。《张青医案》：“朱(左)，停饮凝痰，聚于胃府，胃府之气，升多降少，五七日辄呕粘痰涎水，二便不利，脉象沉弦。夫痰之与津，本属同类，清气化，则津随气布而上供，清气不化，则液滞为痰而中阻，气之化与不化，悉视脾阳之转运如何，所以《金匮》有饮家当以温药和之之例也。然刚燥之药，多服劫阴，攻逐之剂，正虚难任。惟有分清别浊，使清津上升，浊液下降，虽难速愈，或可减轻耳。制半夏二钱，云茯苓八钱，老生姜一钱，来复丹一钱，药汁送下。

4. 原文第31条：“假令瘦人脐下有悸，吐涎沫而癫眩，此水也，五苓散主之。”原文中癫眩为脐下有水，水气上逆，清阳不升所致。谭日强医案：陈某，男，38岁。因夏暑劳动汗出，未得休息，继用井水沐浴，致微寒壮热，肌肤粟起，头痛无汗，舌苔薄白，脉象浮大，曾用五物香薷饮加杏仁、竹叶两剂，汗出热退，但头眩短气，渴欲热饮而不能饮，小腹胀满，小便不利，此水停下焦，津不上承所致，拟温化膀胱之气，以利小便为法。用五苓散：茯苓15克，白术10克，泽泻10克，桂枝6克，猪苓10克，共研为末，每服10克，温开水下，日三服，未终剂而小便通利，诸症豁然。

5. 原文第36条：“青龙汤下已，多唾口燥，寸脉沉，尺脉微，手足厥逆，气从小腹上冲胸咽，手足痹，其面翕热如醉状，因复下流阴股，小便难，时复冒者，与茯苓桂枝五味甘草汤，治其气冲”。原文中冒是饮邪上蒙，清阳被郁所致。《丁甘仁医案》：“申（左），咳嗽气喘，卧难着枕，上气不下，必下冲上逆，脉象沉弦，谅由年逾花甲，两天阴阳并亏，则痰饮上泛，饮与气涌，斯咳喘矣。阅前方叠以清肺化痰，滋阴降气，不营助封为虐，况背寒足冷，阳气式微，藩篱疏撤，又可知也。仲景治饮，必以温药和之，拟桂苓甘味合附子都气，温化痰饮，摄纳肾气。桂枝八分，云苓三钱，炙甘草五分，五味子五分，生白术五钱，炙半夏二钱，炙远志一钱，炒补骨脂五钱，熟附块五钱，怀山药三钱，大熟地三钱，核桃肉二枚。”

6. 原文第38条：“额满即止，而更复渴，冲气复发者，以细辛、干姜为热药，服之当遂渴，而渴反止者，为支饮也，支饮者法当冒，冒者必呕，呕者复内半夏，以去其水。桂苓五味甘草去桂加干姜细辛半夏汤方。”原文中冒由于饮蒙于上所致。《吴鞠通医案》：“颜，嗽不欲饮，倚息不得卧，胁痛自汗不得寐，脉弦缓。议小青龙去麻辛加杏仁、薏仁，再加重半夏。二诊：《金匮》谓桂枝、干姜为热药，服之当遂渴，今反不渴，饮也，兹证不惟不渴，反呕凉水不止，其为寒饮无疑。既真知其为饮，虽重用姜桂何惧乎？世人之不能立方者，皆未真知病情也，畏而不敢服者亦未真知病情也。桂枝八钱，小枳实二钱，干姜七钱，焦白芍四钱，茯苓连皮四钱，半夏二两，五味子一钱五分，广皮三钱，炙甘草二钱，生姜五片。”

六、《妇人产后病篇》

原文第2条：“产妇郁冒，其脉微弱，呕不能食，大便反坚，但头汗出。所以然者，血虚而厥，厥而必冒。冒家欲解，必大汗出。以血虚下厥，孤阳上出，故头汗出。所以产妇喜汗出者，亡阴血虚，阳气独盛，故当汗出，阴阳乃复。大便坚，呕不能食，小柴胡汤主之。”文中产妇血虚，故令郁胃。沈衡甫医案：刘某，女，28岁。病史：第一胎第一产，足月分娩。产前血压上升到150/110毫米汞柱，曾一度发痉。产后第七天，体温上升到39.6℃，白细胞13.4×10^9个/升。当时曾先后给予青霉素、链霉素治疗，以及冬眠灵静脉滴注，安乃近穴位注射等，高热持续不退3天，第四天邀中医会诊，治案：第一胎产后一旬，恶露虽少未净，腹不胀痛，寒热往来，连日不解，头痛面浮，口苦作呕，胸痞，时太息，舌淡红，苔薄白腻，脉弦数。拟小柴胡汤加减。醋炒柴胡2.4克，炒黄芩4.5克，人参片4片，当归9克，炒芍药4，5克，姜半夏9克，丹参9克，甘草1.5克，益母草9克，炒荆芥2.4克，生姜1片。服上药一剂，得汗而热减，服2剂后热退，服3剂热罢，最后以和养之剂调治，服8剂而收功。

七、《妇人妊娠病篇》

原文第8条："妊娠有水气，身重，小便不利，洒淅恶寒，起即头眩，葵子茯苓散主之。"文中头眩因水气不化，清阳不升所致。葵子滑利通窍，若系体质虚弱的妊娠妇女慎用。后世医家每用五皮饮加紫苏治疗，效果满意，以备参考。

八、结语

综上所述，金匮篇章中眩晕病案数据库的建立研究，可提高医者对眩晕辨证论治的认识，更好掌握眩晕的诊治，就病因而言，临床以痰饮所致最为常见。仲景在《金匮要略》中用很大的篇幅讲述痰饮导致眩晕，同时创立了"病痰饮者，当以温药和之"治疗大法。此对后世医家影响很大，如对《丹溪心法》的"无痰不作眩"理论奠定了基础。

[《全国第二十次仲景学说学术年会论文集》2012：64]

论《伤寒论》的保胃气思想及其临床辨治中的应用

王振涛　曾垂义　韩丽华　河南省中医院

仲景著《伤寒论》，分六经辨治，系统地阐述了多种外感疾病及杂病的辨证论治，理法方药俱全，实现了中医理论和实践的高度结合。所载方药简而效验，后世称为"经方"。《伤寒论》全篇多处论及脾胃在疾病中的重要地位和作用，将"保胃气"思想贯穿于治疗、调护始终，对以后脾胃学说的发展起到重要作用。而今，将其"保胃气"思想运用于临床，仍大有裨益。

一、保胃气思想贯穿于《伤寒论》始终

脾胃为后天之本，如李东垣"人以胃气为本"之说，有胃气则生，无胃气则死。《素问·平人气象论篇》曰："平人之常气禀于胃，胃者平人之常气也，人无胃气曰逆，逆者死""人以水谷为本，故人绝水谷则死，脉无胃气亦死。所谓无胃气者，但得真脏脉，不得胃气也"。胃气的功能就是对饮食的消化吸收能力，《灵兰秘典论》说："脾胃者，仓禀之官，五味出焉"。《玉机真脏论》说"五脏者，皆禀于胃气，五脏之本也"。它是水谷化为原精的动力，是五脏六腑、经脉之气的源泉，胃气盛则荣卫充足，营卫气满则经脉畅通，经气恒通则六腑健运、五脏精满、元气充盛。这样就能奇病不起，尽终其天年，反之则灾害穷生，因而其盛衰关系疾病转归。

《伤寒论》多处有关脾胃论述。如论及胃气在化血中的作用，"谷入于胃，脉道乃行，而入于经，其血乃成。"以趺阳脉测脾胃之虚弱，"今趺阳脉浮而涩，故知脾气不足，胃气虚也"。辨"阳结""阴结"除以脉象区分外，以能食与否、大便为重要依据，"其脉浮而数，能食，不大便者，此为实，名曰阳结也，期十六日当剧。其脉沉而迟，不能食，身体重，大便反硬，名曰阴结也"。以胃气强弱探知疾病的转归，"伤寒，始发热六日，厥反九日而利，凡厥利者，当不能食。今反能食者，恐为除中。食以索饼，不发热者，胃气尚在，必愈"，说明只要胃气存在，精血极亏的厥阴证也有治愈的希望。倘若出现胃气消亡的除中证，则人必死无疑。可见胃气的存与亡、多与少，决定着疾病的转归。

正因胃气在人体的重要地位，《伤寒论》也列举了治疗不当可损伤胃气，甚至导致疾病逆转，告诫临床中不可误治。常见导致胃气损伤的因素为误汗、误吐、误下所致。误汗、误吐、误下可伤及气血津液，损伤脾胃，反过来又可导致气血津液的进一步亏虚。如太阳病大汗致阴液亏，烦躁不得眠，饮水胃气和则缓解，"太阳病，发汗后，大汗出，胃中干，烦躁不得眠，欲得饮水者，少少与饮之，令胃气和则愈。"《伤寒论》中所提到的"阳明病，本自汗出，医更重发汗，病已差，尚微烦不了了者，此大便必硬故也。以亡津液，胃中干燥，故令大便硬。"是医者见自汗出，误以为是桂枝汤证，用桂枝汤重发其汗，导致胃中阴液亏虚，燥邪偏胜，邪灼其津，中土之津液不能固，故引起大便

硬。误吐例证可见隐含盛阳不足之吐下证，因误吐而吐下更甚，“伤寒，本自寒下，医复吐下之，寒格，更逆吐下，若食入口即吐，干姜黄连黄芩人参汤主之”。论中还有“医见心下痞，谓病不尽，复下之，其痞益甚，此非结热，但以胃中虚，客气上逆，故使硬也，甘草泻心汤主之。”见脾胃中土升降不相调和的心下痞证，不调和中气而误用下法使胃中空虚，邪气未去胃气反虚，脾胃的气机更加不能输布，故使心下由痞满转变为硬满。

既然胃气极为重要，且胃气易伤，在治疗中又该如何顾护胃气？仲景在《伤寒论》中有较全面论述。

为众所周知的桂枝汤服法中，明确提出服药后，“啜暖热稀粥一升余以助药力”，同时“禁生冷、粘滑、肉面、五辛、酒酪、臭恶等物”，体现了药物煎服中“保胃气”的思想。因啜热稀粥借谷气益胃以充汗源，助药力驱邪外出。而生冷、黏滑、肉面、五辛、酒酪、臭恶等物均阻碍胃气的生成和运行，导致胃气不足，使胃中空虚，邪凑虚处，使疾病往里传变，且不利外邪祛除。此外，告诫服药后汗出度的把握，“微似有汗者益佳，不可令如水流漓，病必不除。若一服汗出病差，停后服，不必尽剂”，充分反映了中病即止，不可过汗，保胃存津的重要思想。同样思想也体现在“承气入胃，阴盛以亡，死生之要，在乎须臾，视身之尽，不暇计日”中，如误用承气，胃阳损伤，阴寒内盛，可致立死。

仲景在《伤寒论》诸方中，始终不忘保胃气药物应用。《伤寒论》所载112方中，多方可见保胃气药物，最常用者甘草、生姜、大枣等。方中共有71方应用甘草，40方应用大枣，姜、枣同用者37方，姜、枣、草同用31方。上药虽有些为治疗之用药，但更多在于补益脾胃，调中养胃，顾护胃气，防止胃气受损。如十枣汤多为峻猛之药，加大枣即为“缓药毒性”“顾护胃气”“培土祛邪”；调胃承气汤于泻下剂中用甘草为“甘缓和中”。

《伤寒论》中保胃气思想还可体现在药物治疗“中病即止”方面。“辨阳明病脉证”篇提出服大承气汤“得下，余勿服”，小承气汤“若更衣者，勿服之”，大陷胸汤也指出，“得快利，止后服”，警示用药不可过度，一旦邪去，不可再下，以免攻伐太过损伤胃气。仲景还指出，对于峻猛之药，要观察药物反应，逐渐加大药量，不可开始即给全量，损伤胃气。如“十枣汤”指出“强人服一钱匕，羸人服半钱，温服之，平旦服。若下少病不除者，明日更服，加半钱，得快下利后，糜粥自养”。“瓜蒂散”之“不吐者，少少加，得快吐乃止”等。

总之，仲景《伤寒论》中保胃气思想在全书中得到充分体现，为后世脾胃学说的发展奠定了基础。到金元时期，李东垣创脾胃学说，自成一派，自此脾胃理论在浩瀚中医体系中逐渐发展壮大。

二、路志正先生对保胃气思想的发挥

吾师路志正先生，精通典籍，崇尚脾胃学说，对于张仲景保胃气思想领悟最深，注重对脾胃的调理，在理论和临床上，博采众长，疗效显著，屡起沉病。他将保胃气发展为调理脾胃法，运用于治疗内科杂病如眩晕、习惯性感冒等，有自己的独特见解，辨证用药特点鲜明。

在《浅议从脾胃论治眩晕》一文中，路老指出：脾胃为仓廪之官，水谷之海，居于中土而灌溉四旁，胃主受纳、腐熟水谷，脾主运化，输布精微。脾胃互为表里，燥湿相济，升清降浊，其在眩晕的发病和诊治中地位至关重要。文中详述了其作用体现的五个方面，如风土乘侮，无风不作眩，肝脾关系密切，土疏木摇、土壅木郁，是以脾胃功能失常则波及它脏功能。治以培土植木、理脾和胃则眩晕可除。脾又为生痰之源，痰浊蒙蔽，清阳不升则发为眩晕则治当健脾祛痰。张景岳言：“无虚不作眩”，脾胃乃气血生化之源，五脏六腑之海，后天之本也。是以脾胃即壮，精血得益，眩晕立瘦。脾主升发清阳，胃主通降浊阴，为人体气机之枢轴。脾升则健，胃降则和，脾胃升降有序，清阳出上窍，浊阴出下窍，清阳发腠理，浊阴走五脏，气机调畅则眩晕自除。脾胃不止与风痰虚密切相关，还常与它脏同病，共致眩晕，故调理脾胃之外还应综合考虑，灵活辨证，兼顾它脏，才能更好提高疗效。

“邪之所凑，其气必虚”，路老对反复性感冒也有其独特经验，读《路志正教授从脾胃论治反复感冒经验》，路老认为：土不生金非皆因虚，亦可由中焦虚实兼夹，寒热错杂，枢机不利所致。对青壮年之本证患者，更应注意有无脾胃不和的情况。饮食不节，上中焦郁热，灵则腠理开；脾胃寒湿，与外界风寒同气相求，以内外相引；情志不畅，木郁克土，脾运失健，不能散精于肺。此三种情况皆可导致反复感冒。路老对其病因病机、治则治法也做了精要阐述。

路老重脾胃之治，因脾胃为元气之本，气血生化之源，有胃气则生，无胃气则死；脾胃为气机升降之枢纽；脾居中州，灌溉四旁；且脾为易受邪之地。临床应用路老强调注重调节脾胃升降，调理脾胃润燥喜好，强调三因制宜，重视湿邪，用药轻灵，综合治疗，调护有方。正如路老所强调："中气之健旺，执中州而驭四旁也"。

三、个人运用保胃气思想治疗心血管病临床体会

笔者长期从事心血管病的治疗，尤其参与了国家973课题"路志正教授调理脾胃法治疗冠心病的临床和实验研究"课题，用路老化湿去浊方从脾胃调理冠心病，每获良效。个人体会在各种心血管疾病的辨治中，临床遣方用药时需"保胃气"。

首先，心血管疾病往往见于中老年人。《素问·上古天真论》曰"五七，阳明脉衰，面始焦，发始堕"，说明中年之后，脾胃功能即已衰退。胃肠道平滑肌开始萎缩，弹性减低，蠕动变慢，食物在胃肠道中行进（消化）速度减慢，易于滞留；同时，胃肠道内的表面的黏膜逐渐变薄，消化腺也逐渐萎缩，消化液分泌减少，对食物的分解能力降低。这些生理的变化，就造成了中老年人的脾胃逐渐衰弱，消化功能下降，从而易发生纳差、胸腹疼痛、腹胀、大便不调等。

其次，现代社会生活节奏快，工作、家庭、经济等各方面的压力，很多人中青年往往饮食不节，吸烟、饮酒、熬夜等不良生活习惯，使脾胃造成损伤，到年龄稍大，脾胃功能即明显下降，一旦患心血管疾病，脾胃症状表现即凸现出来。

再次，心血管疾病患者往往需要服用多种药物，而这些药物往往对脾胃造成损伤。常见如阿司匹林片、氯吡格雷片、他汀类药物等，这些药物本身即可对胃造成伤害，联合应用时损伤更大。部分患者服药后出现胃脘部疼痛不适、腹胀、食欲下降等，严重者可出现胃出血，需要联合应用胃保护剂治疗。

基于此，心血管疾病患者在治疗时应同时顾护胃气，将保胃气思想贯穿治疗之中。

心血管疾病常见为"胸痹心痛""心悸""心衰病""眩晕"等，而这些疾病目前中医对其病机认识多为本虚标实之证，往往虚实夹杂。而虚证之中以气虚、阴虚、气阴亏虚多见。中医认为，脾胃为气血生化之源，脾胃虚弱可导致气虚、血虚，阴（津）血同源，同样可导致阴虚、气阴亏虚，因而补中土以固本为多数心血管疾病的基本治法之一。

另外，在心血管病发生、发展过程中，痰湿、瘀血为重要的病理因素，痰湿本性粘腻，最易困脾，使脾失健运，胃失和降，从而导致脾胃功能障碍。而在临床上表现为胃痛、痞满、泛酸，烧心等症状。这些症状往往又能诱发心血管病的发作。若临床治疗只顾治心，而忽略胃气的顾护，往往是心病未愈，又见胃病，顾此而失彼。因此在临证中可酌加木香、砂仁、焦三仙、炒鸡内金等辛香消导之剂来顾护胃气。若胃阴不足而致之胃痛，可加用百合乌药汤（百合309，乌药109）。吞酸加用煅瓦楞、浙贝母、海螵蛸。腹泻可加用芡实、炒山药、炒扁豆、诃子等。岳美中老中医曾有言："若医者治慢性病懂得培土一法，思过半矣"。这句话同样适用于心血管病。有时径从脾胃入手调制心血管病，亦能收到事半功倍的效果。因此，顾护胃气应贯穿于心血管病治疗的始终。

［《第三届黄河心血管病防治论坛论文集》2012：133］

论半夏散及汤之生半夏为散剂的意义

唐　瑛　泸州医学院

"半夏散及汤"见于《伤寒论》313条："少阴病，咽中痛，半夏散及汤主之。半夏散及汤方：半夏（洗），桂枝（去皮），甘草（炙），上三味，等分。各别捣筛已，合治之。白饮和，服方寸匕，日三服。若不能服散者，以水一升，煎七沸，内散两方寸匕，更煮三沸，下火，令小冷，少少咽之。半夏有毒，不当散服。"方名"散及汤"，指可作散剂吞服，也可作煮散汤剂含咽。方后"半夏有毒，不当散服"，似强调不能用散剂，与方名前后矛盾。而玉函、成本均无此说，故有观点认为系为后人所加。本文考古今相关文献，探讨仲景生半夏为散剂的意义。

一、仲景用半夏考

纵观仲景《伤寒杂病论》中用半夏者计43方，其中《伤寒论》18方；《金匮要略》32方，其中7方与《伤寒论》重复；另外还出现于4个方的加减中，足见仲景运用半夏占有广泛而重要的地位。从剂型来看，散剂1方（半夏散及汤），煮散剂2方（半夏散及汤、半夏干姜散），丸剂4方余均为汤剂。可见，仲景对半夏的使用以汤剂为主要方式。那么，明白能否用散剂？什么情况下用散剂？对于安全使用半夏具有重要的意义。

半夏正品，古今都公认为天南星科植物半夏 Pinellia ternanta（Thunb.）Breit. 的干燥块茎。最早收载于《神农本草经》，列为下品，记载有"多

毒，不可久服”。因此，自《神农本草经》起，历代的本草文献均将其记载为“有毒”。为减轻其毒性，在历代的医药书籍中，都要对半夏进行炮制。1973年，中国中医研究院中药研究所编撰出版了《历代中药炮制资料辑要》，该书对半夏的炮制方法收集了历代各种文献记载的有70多种。《伤寒杂病论中》半夏无论何种剂型，使用之前都要“洗”。这在《金匮玉函经》有较明确的记载：“凡半夏㕮咀，以汤洗数十度，令水清滑尽，洗不熟有毒也。”半夏有毒，使用之前要“洗”，而且要用“汤”洗，东汉许慎《说文解字》：“汤，热水也”，因此“以汤洗数十度”就是用热水反复泡洗凡十次，直到水液清澈，令半夏“滑尽”，即半夏本身的“隙涎”被除掉。《雷公炮炙论》言：“半夏上有隙涎，若洗不净，令人气逆，肝气怒满。”因此，仲景炮制去毒的方法是以“汤洗”进行，要求洗至半夏“水清滑尽”，才可入药使用。考《药典》2010年版：“生半夏，洗净，除去外皮和须根，晒干”。可见，仲景使用半夏类似现生半夏。《药典》载生半夏的用法“内服一般炮制后使用，外用适量。”记载半夏炮制品3种（法半夏，清半夏，姜半夏）。从《药典》看，生半夏因其毒性，现代已经不主张内服使用。那么，仲景生半夏的使用，还有意义吗？

二、生半夏毒性考

关于半夏毒性，《名医别录》载“生令人吐”。梁·陶弘景《本草经集注》“戟人咽喉”。清·岳赦《药性集要便读》“生半夏有毒，误服失音不语”。历来认为生半夏最主要的中毒反应就是对咽喉黏膜的刺激反应。半夏作为妊娠禁忌中药，在现存文献中最早见于南宋·朱瑞章《卫生家宝产科备要》一书，明·李时珍《本草纲目》等进一步确认这一观点，认为其有“动胎”之弊。但《金匮要略》仲景用干姜人参半夏丸治疗妊娠呕吐不止。可见，仲景并不认为半夏为妊娠禁忌。

现代研究发现：生半夏对口腔、喉头和消化道黏膜有强烈的刺激性，可引起失音、呕吐、水泻等副作用，严重的喉头水肿可致呼吸困难，甚至窒息。这与古代文献记载一致。但考其实验所选用的家兔、家鸽、豚鼠等均为健康动物。临床也有报道口服生半夏，酒泡生半夏中毒病例，但没有明确辨证结论，其在什么状况下使用的生半夏不清楚。中医用药，辨证论治是其灵魂，任何的药物都必须对证使用。中药的毒性应结合病证，进行综合评价和科学认知，不能孤立地“就毒性论毒性”。正如清末名医郑钦安所说：“病之当服，附子、大黄、砒霜，皆是至宝，病之不当服，参、芪、归、地，都是砒霜。”

生半夏辛温，能燥湿化痰，降逆止呕，消痞散结。《神农本草经》记载：“主喉咽肿痛。”仲景用半夏散及汤主治寒闭咽痛，其中生半夏能散寒化痰散结，以畅咽喉气血运行。设想其本来对咽喉黏膜的刺激作用，能否正是其疗寒闭咽痛的功效？此有待进一步研究。

三、半夏散及汤组方运用特点

散剂是将药研成粉末供其内服外用的中药剂型。散剂的特点是制作简便，吸收较快，节省药材，便于服用及携带。李东垣说：“散者散也，去急病用之。”半夏散治疗寒闭咽痛，取其直接作用咽喉部，吸收快，有利于迅速止痛。针对散剂不耐受者，其煮散剂，也要求“少少咽之”，可见，仲景非常重视其对咽喉部的直接作用。并且仲景在用量和服法上也很考究。

1. 用量

半夏散方中半夏、桂枝、炙甘草三药等量，一次服用一方寸匕。草木药末一方寸匕为1g左右。因此，一次服用生半夏粉末的量约为0.3g。煮散剂为两方寸匕，生半夏量约为0.7g。可见，仲景用半夏为散的剂量是非常小的，约0.3～0.7g。

2. 用法

半夏散方后要求用“白饮和”，白饮即白米汤。现无实验研究用白米汤和半夏，能否减轻半夏对咽喉的刺激性。舒应德报道半夏散及汤治疗少阴咽干呕逆，用半夏散6g，白饮和服，无咽喉刺激感。黄荫儒报道生半夏末2～3分以粉衣（粉衣即是将大米磨成粉后蒸熟作为一种薄片的食品）包裹吞服，无口腔辛麻刺喉等副作用。

目前临床常用半夏散及汤之汤剂，治疗慢性咽炎、急性扁桃体炎、失音等病。半夏多用法半夏、姜半夏等炮制品。生半夏毒性虽强，但其具有非常好的散结止痛的作用，这是各种炮制半夏无法比拟的。因，惧其毒性而不用，甚是可惜。正如陈修园说：“今人以半夏功专祛痰，概以白矾煮之……制法相沿之陋也”。张山雷谓：“生者以舌涨之，螫人口吻，故善能开泄结气，降气定逆……而六朝以降，始讲制药……药物本真，久已消灭，甚至重用白矾，署之悠久，而辛开润降之实，竟无丝毫留存，乃一变而为大燥之渣滓。”余国俊说：“生半夏其功伟哉！顽痰宿瘀致病，特别是癌性疼痛，制半夏无能为力，应当大胆重用生半夏（久煮去其毒性)。”可见，矾制半夏后，其散结止痛作用大大降低，有失仲景原意。故“半夏有毒，不当散服”当为后人所加。

四、结语

总之，中药是在中医理论指导下，以药物之偏纠人体之偏。任何药物都具有功效和毒性两个方面，对证则为功效，不对证则为毒性。只有结合适应证的背景研究中药，才能对中药进行科学评价，更合理、安全地使用。半夏散因其生半夏的毒性，在临床运用越来越少，本文强调只要辨证准确，把握好用量和服法，就能充分发挥生半夏散寒化痰，散结止痛的杰出疗效。

[《全国第二十次仲景学说学术年会论文集》2012：169]

论桂枝汤将息法的操作程序

刘　洋

中国中医科学院中医基础理论研究所

张仲景的《伤寒杂病论》开创了中医临床治疗学辨证论治体系的先河，所制经方的药物组成、用量、炮制、加减、制剂、服法等，精确清晰，基本涵盖了整个中医临床用药过程。其规式作用，也是被后世尊为方书之祖的原因之一。桂枝汤为仲景经方第一首，系“众方之祖”，其煎制服法、将息禁忌，仲师论之最详，为经方榜样，亦为后世应用经方树立规则。

宋版《伤寒论·辨太阳病脉证并治上》，从桂枝加葛根汤方后注“如桂枝法将息及禁忌”开始，该篇中的桂枝加附子汤、桂枝去芍药汤、桂枝去芍药加附子汤、桂枝麻黄各半汤、桂枝二麻黄一汤，均注曰“将息如前法”。至《辨太阳病脉证并治中篇》的麻黄汤、葛根汤（亦见《金匮要略·辨痉湿暍病脉证并治》也有“如桂枝法将息”的方后注。可见仲景非常重视服药后的“将息”，并将“桂枝法将息”作为上述方剂服后的重要程序。清·徐灵胎指出：“病之愈不愈，不但方必中病，方虽中病而服之不得其法，则非特无功而反有害，此不可不知也。”（《医学源流论·服药法论》）因此，服药后将息也是方药能否获效的一个不可忽视的因素。

一、将息的含义

1. 将息的一般意义

将息的本义是休息，如《管子．弟子职》曰：“先生将息，弟子皆起，敬奉枕席，问所何趾”。引申为休养，如《朱子语类·论学》：“将息不到，然后服药；将息到，则自无病”。李清照《声声慢》“乍暖还寒时候，最难将息”。

2. 桂枝汤法的将息含义

现将桂枝汤方剂药物组成与方后注原文录下。

“桂枝三两（去皮），芍药三两，甘草二两（炙），生姜三两（切），大枣十二枚（擘）。

上五味，㕮三味，以水七升，微火煮取三升，去滓，适寒温，服一升。服已须臾，啜热稀粥一升余，以助药力。温覆令一时许，遍身漐漐微似有汗者益佳；不可令如水流离，病必不除。若一服汗出病瘥，停后服，不必尽剂。若不汗，更服，依前法；又不汗，后服小促其间，半日许令三服尽。若病重者，一日一夜服，周时观之。服一剂尽，病证犹在者，更作服；若汗不出，乃服至二三剂。禁生冷、粘滑、肉面、五辛、酒酪、臭恶等物”。

详睹以上原文，能反映“将息”一般含义的休息、休养的意思并不明确。主要包括药物组成、方剂制备与服药事宜，药效观察与应对措施、禁忌等。由此可见，“如桂枝法”的“将息”不是指休息、休养，而是另有含义。

何谓将，《尚书·胤征》“今予以而有众，奉将天罚”。孔安国传“将，行也。奉王命行王诛。”（《尚书注疏·卷六》）即，将有进行、施行之意。何谓息，《周易·乾卦》“天行健，君子以自强不息”。《广韵·职韵》“息，止也”。因此，根据上述，将息的另一种意思就是行止。张仲景的“如桂枝法将息”，即应用了将息的“行止”意义，是说要按照桂枝汤方后注给出的操作程序措置行止。

二、桂枝汤的将息程序

分析原文，开始部分为方剂组成与煎制服法，最后为禁忌。根据每首经方分别有各自的煎服法，以及“如桂枝法将息及禁忌”，即把将息与禁忌并列的说明，表明煎服法和禁忌不属于将息的内容。因此，仲师指示的桂枝汤的将息程序，当从“服已须臾”开始，至“乃服至二三剂”为止。

1. 服已须臾，啜热稀粥一升余，以助药力

这是有关药后食粥的规定，包括药粥间隔时间、粥的温度、粥的质量、食粥目的等内容。服桂枝汤后一定要吸粥，药粥的间隔时间是“须臾”。那么“须臾”究竟有多长时间?《礼记》“君子曰，礼乐不可斯镇去身”。郑玄注“斯须犹须臾也”。（《礼记注疏·卷四十/又）元·敖继公说“须臾者，言不敢久也”。（清·盛世佐《仪礼集编·卷十

二》）须臾，是古人描述时间短暂的用词，为何时间短暂称为须臾，没有查到文献依据。《辞源》释须臾为片刻（商务印书馆，1979，3385），这样须臾所指示的时间就可以通过计算得出。《说文》“片，判木也，从半木”。《说文段注》“谓一分为二之木”。即，片者，半也。片刻者，半刻也。古时一昼夜为一百刻，一刻的时间长度换算成今天的时间分钟度量为：1 刻二 60 分 × 24（小时）/100（刻）二 14.4 分。半刻为 7.2 分。即须臾指谓的时间为 7.2 分钟。当然，须臾是对较短时间的模糊估测，不可能绝对精确。

服药后约七八分钟间，当啜热稀粥。“热稀”描述了粥的两个物理性质，用“啜”来描述食粥的动作，体现了粥的温度足够热，足够热便不能一口气喝完，需要一口一口地啜。同时也说明粥的性状要足够稀，不需要借助餐具，嘴啜就可以完成。“啜”相当于俗语的“吸溜”，粥如果稠便吸（吸溜）不下去了。

粥在古时称为飦（zhān）或酏（yi）。至唐时仍因此谓，如《新唐书·刘济传》尚有“渴索酏浆”的说法。关于粥的制法，据《礼记·内则》，一是“为稻粉，糔溲之以为酏”；二是“取稻米举糔溲之，小切狼臅膏，以与稻米为酏”。二者的原料都是稻米，前者是将稻米磨粉，后者直接用稻米，并加入狼的胸部脂膏。稻米也称粳米，即大米。联系《伤寒论》中凡用米皆用粳米，如白虎汤类方、桃花汤等，文献与实例合参，此处当为大米煮粥。考东汉时一升为 200 毫升，桂枝汤一服量为一升，啜粥量为一升余，要多于 200 毫升，是谓粥量要胜于药量。

啜粥的目的是助药力，《伤寒论》16 条谓“桂枝本为解肌”，《素问·藏气法时》“粳米牛肉枣葵皆甘”，朱丹溪发挥说“粳米甘而淡者，土之德也，物之属阴而最补者也”（《格致余论·茹淡论》）。粳米味甘入脾，“热稀”米粥如饮，“饮入于胃，游溢精气，上输于脾，脾气散精，上归于肺”（《素问·经脉别论》），脾主肌肉，肺主皮毛，从脾到肺，从肌肉到皮毛，环环相扣，正好解肌发汗。此便是啜粥助药力的道理。进而思之，之所以药粥之间要有“须臾”的间隔，可以这样考虑，药粥继进则胃纳难容，易于逆呕，又恐稀粥冲淡药力；若药粥间隔过久，药已过胃，粥来姗姗，则药粥分离，药无粥助，难于入脾解肌。

2. 温覆令一时许，遍身漐漐微似有汗者益佳；不可令如水流离，病必不除

是讲药后护理观察与注意事项。“温覆”指不能睡凉床，覆凉物，并有避风的意思。“一时许”，指一个时辰，现在 2 小时。提示一服桂枝汤能否发汗，就观察 2 小时，2 小时左右未发汗，这服桂枝汤就不能发汗了，也不用再等候了。同时说明桂枝汤的药效作用，就在服药后 2 小时内。

遍身漐漐微似有汗者益佳，其中的关键点是“微似”，有作稍微似乎解释者。日·山田宗俊据“《小雅·斯干》篇云，似续妣祖。毛传云，似，嗣也。又《周颂·良耜》篇云，以似以续，续古之人。毛传云，嗣前岁，续往事也。孔疏云，似则为嗣，嗣续一义。乃知似字，不独训肖，又训为嗣为续矣。由兹考之，所谓微似有汗者，即微微似续有汗之谓”。即微汗连续不断。其实漐漐就是形容出汗貌，遍身则是头身手足俱到。不遍身漐漐出汗，恐“汗先出不彻，因转属阳明”（伤寒论 48、185 条）。桂枝汤发汗要头身手足漐漐微汗持续不断，才是正汗。不出汗不行，汗出如水流离也不行，恐亡阳失津变成坏病。如何控制汗量，仲景明示“温覆令一时许”，即温覆不要超过 2 小时。

3. 若一服汗出病瘥，停后服，不必尽剂

强调了服桂枝汤，既要汗出，又要病情消失，便可以停后服，不必尽剂。也提示了桂枝汤证不得汗，病不能瘥。

4. 若不汗，更服，依前法；又不汗，后服小促其间，半日许令三服尽

第一升桂枝汤服后“一时许”（2 小时），如果未出汗，马上就得“更服依前法”，服第二升，同样要啜粥、温覆。第二次服药后，根据“后服小促其间”的说法，就不需要像第一服那样观察 2 小时，应缩短观察时间，如还不发汗，就应该服第三升。因为“半日许令三服尽”，最长在 4 小时以内，一剂桂枝汤，便三服完毕。第三服仲景虽未言啜粥温覆，但据上述，只要未发汗，还应继续啜粥温覆。以上可见仲景治外感用药之急，古人有“走马看伤寒”之说，从桂枝汤上述服法也可见一斑。

5. 若病重者，一日一夜服，周时观之。服一剂尽，病证犹在者，更作服。若汗不出，乃服至二三剂。

对于病重者，仲景要求“一日一夜服，周时观之”，说明当时是建立了医生需要守候在病人身边的病房制度。服桂枝汤得效的指征就是出汗，如果汗不出，在辨证准确、方药对症的前提下，以此种服药频度下，可连续“服至二三剂”，说明桂枝汤安全性极佳。虽每剂药量不增加，每次服药量也不增加，但服药的次数可以增加，服药的间隔时间可以缩短，以这种方法提高“血药浓度”，这也是中

国传统理念“以时间换空间”的做法。此种用法在后世医案中亦可见到，确实能够取得佳效。

适用于桂枝法将息的八首经方中，值得注意的是桂枝加葛根汤（宋版有麻黄）、麻黄汤、葛根汤（《金匮》）均有说明“不须啜粥”，提示麻黄为主的方剂不须啜粥便可以发汗。

三、桂枝汤方的补充提示与小结

桂枝汤方及方后注中，属于药物制备者，包括药物的预处理和炮制，如桂枝去皮，甘草炙，桂芍草的㕮咀，切生姜，擘大枣（仲景用大枣是要掰开的，而不是囫囵的）。属于煎法者，包括煎水用量，煎煮用火（如无特殊标明，一般都是微火（文火）煮到底，而不是现在的先武火（大火）煎开，再调到小火）。煎煮次数（凡煎剂均煎一次）、煎成药量。属于服法者，包括服药温度、一服药量、药后服食（药食间隔时间、食物温度、食物质量）、服药次数、药后护理、药效观察（起效时间、起效指征、无效指征）、无效处理，以及服药（病中愈后）禁忌等。

通过以上解析可以看出，桂枝汤将息法是非常缜密的操作程序。医生能在开出方剂后，制定出如此详细的观察处理程序，使人切实体会到仲师临证的严谨、细致，以及对病情走势、方剂功效、治疗变数、应对措施等了然于心的苍生大医境界，以至“未尝不慨然叹其才秀也”。

［《全国第二十次仲景学说学术年会论文集》2012：132］

论张仲景应用细辛与现代中药药理的相关性

曹魏敏　胡　雨　王惠君　天津中医药大学

细辛，《神农本草经》云：“细辛味辛温。主咳逆，头痛，脑动，百节拘挛，风湿，痹痛，死肌。久服明目，利九窍，轻身长年。一名小辛，生山谷。”在《伤寒杂病论》中，张仲景对细辛的应用较为广泛，使用细辛的方剂共有20首。随着现代中药药理研究的发展，对细辛的药理作用了解得更加深入。本文拟从现代中药药理角度对仲景应用细辛的情况进行分析探讨，为仲景应用细辛的合理性提供现代理论基础。

一、细辛止咳逆与松弛支气管平滑肌

在仲景应用细辛的20首方剂中，止咳平喘的方剂占9首。其中，“咳而上气，喉中水鸣声”用射干麻黄汤，“咳而脉浮者”用厚朴麻黄汤，“伤寒表不解，心下有水气，干呕，发热而咳，或渴，或利，或噎，或小便不利，少腹满，或喘者”用小青龙汤，“肺胀，咳而上气，烦躁而喘，脉浮者，心下有水”用小青龙加石膏汤，尤其是“冲气即低，而反更咳、胸满者用桂苓五味甘草汤去桂加干姜、细辛，以治其咳满”以及其后的桂苓五味甘草去桂加姜辛夏汤、苓甘五味加姜辛半夏杏仁汤、苓甘五味加姜辛半杏大黄汤，真武汤方后加减中“若咳者，加五味子半升，细辛、干姜各一两”等，均全面而深刻地反映出仲景擅用细辛以止咳逆的用药思路。现代药理研究表明，细辛能松弛支气管平滑肌，对支气管痉挛有明显的对抗作用，其挥发油中的甲基丁香油酚对豚鼠离体气管亦有显著松弛作用。由此，细辛对支气管平滑肌的松弛作用可作为细辛以止咳逆的现代中药理论基础。

二、细辛止疼痛与局部麻醉

治疗蛔厥的乌梅丸中，细辛与乌梅、川椒等相配以制蛔止痛。治疗胁下偏痛的大黄附子汤中，细辛与大黄、附子相配以温阳通便止痛，尤其是《金匮要略·妇人妊娠病脉证并治第二十》妊娠养胎的主方白术散方后加减中“心烦吐痛，不能食饮，加细辛一两，半夏大者二十枚”，更反映出仲景应用细辛止痛的专属性。而细辛究竟通过何种机制发挥其高效的止痛作用呢？有资料表明，细辛可以通过产生局部麻醉以达到止痛的作用。局部麻醉的作用机制，一是在神经细胞膜内侧阻滞 Na^+ 通道，干扰神经冲动在神经纤维上的传导而发挥作用。有药理实验表明，浓度50%的细辛煎剂的麻醉效价与1%普鲁卡因接近，细辛具有阻滞蟾蜍坐骨神经冲动传导的作用，起阻滞作用的时间大多数在7～8分钟，而且其作用是可逆的。二是可能与含有阿片样物质有关，通过阿片受体发挥镇痛作用。通过应用热板法对小鼠进行阿片受体阻断试验表明，阿片受体阻断剂纳络酮可阻断细辛水煎液的镇痛作用，表明细辛水煎液的镇痛作用可能有阿片受体的参与。三是可能与缓激肽和组织胺的抑制有关。有现代中药药理学者认为，细辛具有强效的镇痛作用，其毒副作用小，作用时间长，有可能替代吗啡等镇痛剂而成为新型镇痛药剂。

三、细辛散寒邪与扩血管

《金匮要略·腹满寒病宿食病脉证治第十》“寒气厥逆，赤丸主之”，细辛与附子、乌头相配以祛散寒邪治疗厥逆。“手足厥寒，脉细欲绝者，当归四逆汤主之”，细辛配当归、桂枝以通利血脉，温散寒邪以治疗手足厥冷。其中，《金匮要略·痉湿暍病脉证治第二》篇防己黄芪汤方后加减法中明确指出“下有陈寒者加细辛”，是仲景应用细辛专以散寒的有力证据。

现代医学认为，手脚冰凉可能是血液循环系统疾病征兆，例如血栓闭塞性脉管炎、闭塞性动脉硬化症、雷诺氏病、心血管疾病等，也可能是甲状腺低下、贫血等内科疾病所引起。当人体处于寒冷环境时，会产生一连串的生理反应以保持体温恒定。首先藉由皮肤及脑中枢的温度感觉接受器感受外界温度变化，随即将讯息传递至下视丘和脑干中枢，造成自律交感神经亢奋，使得周边血管收缩，以减少体热流失，同时也增加新陈代谢速率以产生热量。如果此时周边血管收缩太过，导致四肢所获得的血液灌流过低，会造成四肢末端冰冷现象。因此，需要扩张血管以保持血液流量，以治疗手足冰凉。现代药理实验表明，细辛可以扩张血管，与它药配伍，治疗手足冰冷。由此显示出，细辛是通过扩张血管以起到祛散寒邪温暖手足目的的。

四、细辛解表邪与解热

《伤寒论》301 条中麻黄附子细辛汤治疗“少阴病，始得之，反发热，脉沉者”，《注解伤寒论》认为：“反发热者，病在表也”，故“当温剂发汗以散之”，即辛温解表之意。现代药理研究表明，细辛具有显著的解热作用。细辛挥发油口服或复方煎剂灌肠给药，均有显著的解热作用。对异物注射引起的发热，以及伤寒疫苗和细菌内毒素引起的发热，均有良好的降温解热作用。辽细辛挥发油对正常小鼠的体温有降低作用且持续时间长。由此，细辛良好的解热退热作用可从一定角度上作为仲景应用细辛以解表散邪的药理依据。综上所述，一千八百年前张仲景遵循着中医辨证论治的理念，在应用细辛的过程中把握着细辛止咳逆、止疼痛、散寒邪、解表邪四个作用，用药精当，直达病所。科学技术日益精进的今天，结合现代中药药理的研究成果，为仲景应用细辛的合理性提供良好而适当的药理佐证，对临床应用细辛提供更多的用药思路，乃吾辈之所幸。

［《全国第二十次仲景学说学术年会论文集》2012：356］

论治伤寒学的十种关系

姜建国　山东中医药大学

几十年品读、研究《伤寒论》，有两个问题一直萦绕在脑海，第一个问题：我们为什么要学习《伤寒论》?《伤寒论》尽管开创了中医学辨证论治的先河，但终究是距今 1800 年的医学著作，时代在变迁，医学在发展，此时强调学习《伤寒论》岂不是典型的崇古守旧？关于这个问题，我在《中国中医药报》（2008 年 5 月 7 日）以“我们为什么要学《伤寒论》”为题，做过较为详细的论述。第二个问题：我们如何学习《伤寒论》？关于这个问题，我在《中国中医药报》（2008 年 5 月 9 日）从“破迷信，学伤寒”的角度，粗浅的讨论过。近年随着中医界倡导“读经典”，热爱《伤寒论》的中医学子越来越多，各种问题或思潮也随之而来，“如何学习《伤寒论》”成为一个焦点问题。众所周知，《伤寒论》语言简朴却医理深奥，异议迭出而争鸣不休，因此属于极为难学的经典。通过多年研读《伤寒论》，我发现，治学思维在伤寒学的研究中具有举足重轻的作用。在此就治伤寒学应该摆正的十种关系谈一点个人的体会，以作引玉之砖。

一、《伤寒论》与《内经》的关系

提及这个问题，主要针对日本汉方医家，当然也包括国内一些《伤寒论》研究者，否定《伤寒论》与《内经》相关，割裂两大经典在理论上的传承关系。很难想象抛开《内经》能够学好《伤寒论》，因为连“六经”的源头在哪里都搞不清楚，如何理解三阴三阳病的实质?!

《伤寒论》流传到日本后，随之确立了医学的核心地位。作为任何一门学科，基础理论一定是学科的奠基石，可是日本汉方医家重实用轻理论，将《内经》等理论著作排除在医学核心之外。大厦缺了根基，倾倒在所难免，所以日本汉方医学走向衰亡是很自然地事情。中医学经历了数千年的风雨，尤其是近年来诸如不科学的质疑之声不绝于耳，但是它不但不会衰亡，而且生命科学的发展证明越来越显示出旺盛的生命力。如欧美五十年代才兴起的全科医学的“生理——心理——社会”医学模式，实际上就是中医学“整体观念”的医学观。中医学不会消亡的根本原因，就是它具有深厚的、系统的理论作为基础。根深才能叶茂，可惜这样简单的道理，很多急功近利的人体会不到。

由于割裂《伤寒论》与《内经》的关系，日本汉方医学主流的古方派虽然对张仲景无限崇拜，对《伤寒论》用功颇深，但终究因为视野局限，胸中有“尘”，只知病症，不晓辨证；只认经方，不识六经，从而走向简单的方证相应，乃至将经方当作验方，将《伤寒论》视为验方书的歧路。为了否定《伤寒论》与《内经》的关系，他们否定《伤寒论》“自序”是仲景所撰，因为自序中明言“撰用《素问》《九卷》”。且不说“自序”是否为仲景所撰尚无定论，即使已经证明是王叔和，甚至是无名之辈所撰，也难以否定《伤寒论》与《内经》在阴阳学说、脏腑理论、辨证思想上千丝万缕的联系。也就是说，“自序”是不是张仲景写的并不重要，重要的是六经病篇的实质内容。

二、《伤寒论》与《汤液经》的关系

有人认为六经辨证体系与《内经》无关，而是源于《汤液经》。中医学古代有四大学派，即医经、医方、神仙、房中。《内经》应该属于医经派，《汤液经》则属于医方派。《伤寒论》与《神农本草经》《汤液经》密切相关是毫无疑义的，皇甫谧的《针灸甲乙经》序、宋刻本《伤寒论》序以及陶弘景等，均有明确的推断和论述。其实，仲景在其自序中已经清楚地表明“博采众方”，《伤寒杂病论》记载的数百方剂和药物，肯定是其“博采众方”的结果。而所谓的“众方”，肯定离不开同属于“经方十一家”的《本草经》和《汤液经》等。关于这一点，从来没有人否认。

但是，《伤寒论》的六经辨证体系，不只是经方和药物组成的。还包括阴阳理论、脏腑理论、经络理论、辩证思维、病因学说、病机学说、治则治法、康复理论，当然也包括药性理论、配伍理论等等，总之，是病脉证治、理法方药、煎服禁忌、一线相贯的完整体系。而这些内容从现今看到的《本草经》和《汤液经》中，远远不能涵括。事实雄辩的证明，仲景写作（伤寒杂病论）继承和借鉴的不只是《本草经》和《汤液经》。可以推知，仲景自序中的“勤求古训”，应该指的是辨证理论的《内经》；而“博采众方”，应该指的是论治方药的《汤液经》。

三、六经与脏腑经络的关系

否定六经辨证与脏腑经络有关，也是目前治伤寒学的一种观点。《本草经》与《汤液经》重点讲述药物功能和方剂配伍，未有涉及脏腑经络学说，是可以理解的。但是，《伤寒论》是讲辨“病脉证治”的，不可能绕过脏腑经络去阐述六经的“病脉证治”及其病机，也不可能撇开脏腑经络去揭示辨证的思维方法。这样所谓的六经辨证势必成为无源之水，无本之木。大家不是都在强调理法方药一线相贯吗？试问：离开脏腑经络如何阐释“理”和“法”？不了解“理法”，如何与“方药”一线相贯?!

《中国中医药报》（2010 年 8 月 18 日）曾经发表过“《伤寒论》三阴三阳位序体现经方发展史”一文，文中有一个观点就是否定六经与脏腑经络有关，并引用清代伤寒注家徐灵胎“治病不必分经络脏腑论”为证，我曾撰文商榷过（《山东中医药大学学报》2011 年第四期）。其实，徐灵胎在《医学源流论》中还有“治病必分经络脏腑论”，与“治病不必分经络脏腑论”是相对应的，而且是先讲的“必分”，后讲的“不必分”，前后主次一目了然。遗憾的是作者断章取义，从而从根本上曲解了徐氏的精神。这样的读书与写作，实在是对古贤的大不敬。

《伤寒论》的六经病真的与脏腑经络无关吗？太阳病蓄血证的“热结膀胱”（106），阳明病的“胃家实”（180），少阳病的“脏腑相连”（97），太阴病的“脾家实”（277），少阴病的“心中烦”（303），厥阴病的“脏厥”等等不足而已，至于经络与针灸的内容就不必列举了。六经辨证既不是脏腑辨证，亦非属经络辨证，但其又与脏腑经络密切相关，这就是辨证的看问题。

四、六经与八纲的关系

在否定六经辨证与脏腑经络无关的同时，有人认为六经辨证的构建源于阴阳表里虚实寒热，即八纲。关键是表里，并以表、里、半表半里规范三阴三阳。用一种新的理论解释六经，无可厚非。但是要有三个原则：一是尊重《伤寒论》原意，二是理论系统合理，三是符合临床实际。例如半表半里，对于少阳病，仲景只讲过“半在里半在外”（148），没有讲过半表半里。至于将厥阴病列为阴寒虚的半表半里者，更是缺乏原文为证。所以，那种认为“正是由于张仲景于八纲辨证中加入了半表半里理念，病位由二变为三，才形成了六经辨证理论体系”的说法，实在是经不起推敲。因为半表半里概念是金元伤寒注家成无己首先提出的，如果说半表半里概念发现的较晚，所以少阳和厥阴排在阳病阴病之末，岂不是说是成无己排列的六经位序？关键的是，撇开《内经》讲六经阴阳，源和流的关系搞颠倒了。因为三阴三阳，是先有的太少阴阳，后有的阳明与厥阴。

总之，仲景是用阴阳理论，具体说是用三阴三阳理论构建的六经辨证体系的，而不是什么八纲。六经辨证包涵了八纲的内容，但六经辨证又不是八纲辨证，这就是六经与八纲的辨证关系。

五、经方与药量的关系

抛开《内经》理论，实际就是丢弃了“观其脉证，随证治之”灵动的六经辨证论治精神；崇尚实用主义，势必走向僵化的、教条的方证相应的路子。日本汉方医家对待经方的加减和药量的变化，也体现了这种极端、刻板的法则。

首先是经方不得加减。受此影响，目前有的医者甚至以仲景原方治病为临床用方标准。方剂是死板的，病证是活泛的，甚至是不断传变动态的，所谓的“随证治之”，讲的就是这个意思。何况仲景在《伤寒论》中还专门列出五个随证加减的方证以示治例，如小青龙汤、小柴胡汤、真武汤、四逆散和理中汤，何况还有栀子豉汤、半夏泻心汤、四逆汤等加减类方。其提示的核心思想，就是经方运用必须适应病情，随证加减，不断变化。经方不得加减，表面看是对仲景包括经方十分的尊崇，实际上却背离了仲景的辨治精神。追求像安装组合家具那样严丝合缝的方证相应，很难想象临床上能够做到活用经方。

其次是药量不得变更。不用说病情的千变万化，就以药物而言，属地、品种、炮制、度量、性味、药效、煎法、服法等，古今肯定有所变化和异同，药量的处理也必须与时俱进，这是基本的常识。仲景在药量上也有桂枝汤与桂枝加桂汤、桂枝加芍药汤的示例，即所治之病不同，可以药味不变，单单药量有变。其实，经方药量的可变与否是个伪命题，变与不变的关键在于所用之量能否适应具体病情。

六、经方与时方的关系

约定成俗的说法，经方，指的是仲景之方；时方，与经方相对，指的是仲景之后医家所创立的方剂。首先应该肯定，经方简洁精练，符合中医的基本理论，体现方药的配伍规律，经得起临床的检验。现代中医高等院校教材《方剂学》，可谓历代名方之集大成者，经方或其衍生方占据几近二分一之一就足以说明问题所以很多医生喜用经方但不能因为极端喜欢经方而轻视时方或者人为地将经方与时方对立起来。也就是说，应该摆正经方与时方的关系。

俞根初讲过“六经钤百病”，这句话喜欢《伤寒论》者尤为赞同。可是请注意，俞氏讲的是“六经”钤百病，而不是“经方”钤百病。讲六经，视野大；讲经方，视野小，因为经方只是六经辨证的内容之一，“六经”本身就包括经方。讲六经，讲的是六经辨证的大法和规律，对“百病”具有广泛性的指导意义。经方，尽管临床疗效很好、使用率较高，但说到能够“钤百病”，肯定是言过其实。因为临床证实，有的病是不适合运用经方的。如果经方药物药量均不可改动，那么方证相应的几率就会更加局限。其实，经方或时方孰重孰轻并不重要，更没有必要人为地将二者对立起来。无论经方还是时方，各具特点与优势，都是历代医家经验的结晶，应该深刻体会其配伍之理，在辨证的基础上灵活运用。

七、注家与仲景的关系

毋庸置疑，伤寒注家，包括日本汉方医家注解《伤寒论》，对阐发仲景学说做出很大的贡献；同样也毋庸置疑，由于学识、思维、经验的差异，他们在注解《伤寒论》的同时，也对仲景学说存在某种程度的曲解或者淡化。有一个现象就很能说明问题：注家的注解本来是阐释仲景学说的，结果注解之文晦涩虚玄，竟然比仲景原文还难以理解。并创出诸如三纲鼎立、经证腑证、循经传等等不符合仲景原意、不切合临床实际的名词概念。

即使是著名注家，如柯韵伯。柯氏的《伤寒来苏集》是大家公认的立论最为深奥、学术影响力最大的伤寒注解书，笔者对其敬佩不已。但这并不能代表柯氏所注句句反映仲景之意，句句合乎医学之理。如其注解阳明篇221条阳明误下形成的三种变证：栀子豉汤证、白虎加人参汤证、猪苓汤证，云：“栀豉汤所不及者，白虎汤继之；白虎汤不及者，猪苓汤继之；此阳明起手三法。”此段注解存在三个问题：其一，三个方证本来属于阳明病误下形成的“坏病”，换言之，非属典型的阳明本证，尤其是栀子豉汤证与猪苓汤证。也就是说，“阳明起手三法”的说法很难成立；其二，除了白虎加人参汤治疗阳明下后伤损气阴外，将其他两方当作治阳明病之方，实属牵强；其三，继223条猪苓汤证之后，仲景又紧随写了224条，指出“阳明病，汗出多而渴者，不可与猪苓汤。”清楚的表明猪苓汤不但不是治疗阳明病之方，而且还是阳明病的禁忌方。仔细品读柯注，发现柯氏之所以将三方视为治阳明病依次递进的并列三方，其根本原因是将栀子豉汤当作“吐之一法”了。而栀子豉汤决非吐法之方，已有公论。可见，即使是名家注解，也需要分析批判的阅读，判断正误的关键点之一，就是注解是否符合《伤寒论》的本意。

注解《伤寒论》，可以纠正仲景之误，可以发展仲景学说，但一定要摆正注家与仲景的关系。尤其不能将自己的诸如“张仲景于八纲辨证中加入了半表半里理念”的观点强加给仲景。

八、理论与临床的关系

李克绍先生在《伤寒解惑论》中曾对很多的传统观点进行过批判，他评判的标准之一，就是理论是否符合临床。例如，关于传经理论，循经传、越经传、表里传、首尾传、传手不传足等等，尽管这个理论不切实际，如所谓的循经传、首尾传，从古到今千百年的临床找不到一位这样“传经”的实例，但因为这个传经理论已经上升到“传统”，众多喜欢《伤寒论》者仍然津津乐道，盲目相信。尽管李氏进行了细致而系统的论证批驳，但是由于惯性思维在作怪就是得不到认可。

理论与临床，除了互相切合的关系，更为重要的是还有一种递进的辩证关系。理论是临床的基础，理论是指导临床的，反过来临床验证理论的真伪正误。现在浮躁的社会心态，急功近利的快餐文化，直接影响到中医学术界，普遍沉不下心来多读书，尤其不重视经典理论的学习。

所谓的“读经典”，就是必须具备深厚的理论基础；所谓的“多临床”，就是强调具有丰富的临床经验。还要加上一句，就是“善思考”，意思是掌握灵活的辩证思维方法。要想成为一名“上工”，三者缺一不可。而“读经典”则尤为重要，如何读就更为重要。

九、教材与原著的关系

我给全国“优秀中医临床人才培训班”作有关半夏泻心汤讲座时，有人当场提出“你讲的与全国教材不一样，我们听谁的”这样的质疑。说明了教材的学术影响力是巨大的，几乎成为判别正确与错误的唯一标准。同时也证明，读书的视野、分析的思维、思考的能力，都受到了教材的局限。

我们重视教材是对的，因为教材的编写，除了必须具备“五性”等统一的硬性标准和原则外，关键是编委会的组成汇集了国内本学科顶尖的学者和专家，其学术水平是不容置疑的，所以具有权威性。但有一点必须明确：教材不是真理的化身，更不能作为判别正误与否的标准。更何况我们目前的大学教材由于过分强调“规范化”，不利于创新思维的培养。例如，我主编七年制教材《伤寒论》，在主编会议时我提出为了有利于培训学生的怀疑精神和创新思维，主张将《伤寒论》的疑难争论问题编入教材，当场就受到几位专家的强烈反对。可见，我们中医高等院校教材目前已经编写到第八版，我认为至今还没有搞清楚“教材究竟是干什么用的”这种最基本的问题。太过于注重知识的传授而忽视分析思维的培养，是我们现在教材的通病，也是我们很难培养出创新性人才的根源之一。鉴于教材的现状，我主张学习《伤寒论》，应该以读原著为主体，以教材为参考，逐渐涉猎注家之书。因循渐进，步步深入，结合临床，反复品读，日进月累，必有所获。

十、《中医内科学》与《伤寒论》的关系

《中医内科学》是各门临床课程的基础。传统观点认为，《中医内科学》是讲述杂病的，用的是八纲辨证和脏腑辨证；《伤寒论》则是讲述外感病的，用的是六经辨证，这就是二者之间的区别所在。其实，这纯属误解。仔细品读《伤寒论》就会发现，虽然仲景受《内经二热论》的影响，六经以外感病开始，但纵观整个六经病篇，论述的绝大部分是杂病。即使是太阳病篇，178 段条文仅仅三分之一论述的是外感病，其他全是“坏病”。所以正确的表述是：《伤寒论》是一部论述外感病和内伤杂病辨证论治的医书。这个表述决定了六经辨证决非单纯外感病的辨证纲领，进而又证明了俞根初“六经钤百病”的合理性。

那么《中内》与《伤寒》的区别何在？二者究竟是何关系？我认为用“知常达变”区别最为妥切。《中内》的知识结构和辩证思维体现的基本属于常法：内科疾病中的常见病因、常见病机、常见证型、常见脉症、常用治法、常用方剂、常规加减、常规调护等，总之，一切重在阐“常”，主在叙述规律。变法的病脉证治、非规律性的内容、灵动的辩证思维等就比较欠缺。所以，《中内》讲述的是辨证论治基础性的知识，是临床常见病的诊治参考标准，是适合培养“中工”的教科书。

因此，要想培养“上工”人才，要达到诊治复杂性、疑难性疾病的辨证水平，就必须深入研读以《伤寒论》为代表的经典，尤其要是学习六经辨证。因为六经辨证蕴含了复杂性辨证论治思维，充分体现了中医辨证最本色、最精髓的东西，即变的、动的、活的辩证思维方法。

十一、结语

以上所论，是从治学思维方法的角度，阐述学习、研究《伤寒论》过程中所涉及的各种关系，不可避免的会涉及不同的学术观点。争鸣是学术进步的源头所在，动力所在，望与伤寒同门共勉。

［《全国第二十次仲景学说学术年会论文集》2012：21］

浅谈《伤寒论》方剂的“中和”配伍思想

王宗柱　杨鉴冰　陕西中医学院

医圣张仲景著《伤寒论》通篇都体现着“中和”的文化精神，从他的处世立德到养慎保健，从论病察机到论治立法，无不反映出张仲景继承和重视传统文化，弘扬“中和”精神的基本思想，本文试就《伤寒论》用药配伍中所体现的“中和”思想略陈管见，以与同道交流。

一、方剂“中和”配伍的根源与依据

在《伤寒论》的113方中，药味具有明显相反相制配伍关系的就有63方，占56%。这种配伍用药的独到之处在于不仅使药物各施所长，处方功用扩大，而且使药物性味相制，方剂功效不偏，既能祛邪愈病，又无致偏失和之弊，故李时珍谓其：“一冷一热，一阴一阳，阴阳相济，最得制方之妙。”张仲景善于如此配伍用药者可归结于两方面的原因：①张仲景生活在一个饱受和睦文化熏陶的大型家族环境中，具有中正仁爱的个人素养，形成了和善处事的行为追求。身体力行的倡导着人与自然和谐、人与社会和谐、人体自身和谐，以求“五脏元真通畅，人即安和”的自身健康。②张仲景从“中和”的文化修养出发，必然形成了“平和”的生理观和“失和”的疾病观。认识到人是一个复杂的矛盾复合体，各种基本矛盾之间的动态平衡以及主要矛盾对立双方的相对平衡才能维持人体生理机能的正常运行。反之疾病正是上述矛盾之间的生理平衡被破坏的结果，即所谓正常的矛盾关系“失和”的结果。生理状态下的复杂矛盾关系也预示了病理状态下的矛盾关系也可能是复杂的。所以张仲景在以“求和”思想论治立法时，自然考虑到疾病复杂矛盾的多个方面，善用药物性味的相反相制关系配伍成方，形成了兼顾不同病机方面，药物各施所长，方剂功效不偏的“中和”的配伍特征。

二、方剂“中和”配伍的基本形式

（一）寒热相制

《伤寒论》中寒热并用的配伍较多，主要针对寒热邪气并存或湿（痰饮）热邪气郁结的复杂病机而设，其配伍使温清之法熔于一炉，祛寒不燥烈，清热不损阳，苦辛之味各得所长，相反相制，性味不亢，邪去而正气无伤。但由于寒热之邪或湿（痰饮）热邪气所在部位不同，具体病机相异，故寒热并用之方，药味配伍亦各有别。以证候所见主要有：

1. 表寒里热证

大青龙汤证和附子泻心汤证是两个典型表寒里热证，前者重在表寒束闭，邪热内郁，方中麻、桂、姜辛温发汗，以散风寒之邪，石膏辛甘大寒以清郁热，配甘草、大枣和中，全方重在外散风寒、兼清内热、具表里双解之功。类似方剂还麻黄连翘赤小豆汤、桂枝二越碑一汤。后者重在无形邪热痞结心下，卫表阳气亏虚，方中三黄苦寒清泻以祛里热而消痞结，配伍附子温经通阳，固表扶正。从而使热郁气滞之邪得解，卫阳亏虚之正气得复。

2. 上热下寒证

黄连汤证和干姜芩连人参汤证同是典型的上热下寒证，前者重在下寒，方用黄连清上热、干姜温下寒，并配伍半夏温中散寒，降逆止呕，桂枝通阳散寒，人参、甘草益胃和中。姜、连寒热并用，一以复中焦升降之职。后者重在上热，故方中重用黄芩、黄连直折上焦胃脘之火热，使热清气降而呕自止，配干姜辛热祛下寒，使脾气升而利自止，更有人参补中益气，助胃气运转之力。此类方剂还有栀子干姜汤、乌梅丸等。

3. 寒（痰湿）热痞结证

半夏、生姜、甘草三泻心汤均用治胃气素虚、寒（痰湿）热痞结心下、脾胃升降失常的证候，方中既用黄芩、黄连之苦寒泄热，又用干姜、半夏之辛温祛寒，再配以人参、甘草、大枣补中和胃，本方寒热并用，辛开苦降，以调和寒热，宣通气机，消除痞满之证。处方配伍温而不炽，清而无冰，平调阴阳，攻补相宜。且临证时可依据阴邪阳邪之多寡来调整芪、连与姜、夏之用量，使方药与证候的病机更能相得。

4. 胆胃不和证

邪入少阳，枢机不利，胆胃不和，此时汗、吐、下诸法均不适宜，仲景特立“柴胡汤”一法，以柴、芩之辛苦寒凉配以参、夏、姜之甘温，寒温相制，既解少阳邪热，又能温胃化饮，止呕补虚，共成和解半表半里之方。类似方剂还有柴胡桂枝汤、柴胡桂枝干姜汤等。而在胆热内郁，内迫阳明，导致下利、呕逆的黄芩加半夏生姜汤证治中，用黄芩苦寒清热燥湿，泻火解毒，配半夏辛温，燥湿化浊；生姜辛温温中止呕。其配伍重用黄芩既清解胆中郁热，又有半夏、生姜之辛温和胃益中，降逆止呕，使邪热得解，胆胃得舒，呕利自止。

《伤寒论》中寒热并用方剂还有在大剂辛热药物中，少佐寒凉之品的反佐用药法，如白通加猪胆汁汤用于救治阴寒内盛、阳气欲上脱、阴气欲下脱的危重证候，方用辛温通阳之葱白合姜、附以通阳复脉，又佐以苦寒的猪胆汁、人尿以滋阴而和阳，使姜、附不致为阴寒所格拒，从而能更好地发挥回阳救逆的作用。类似方剂有通脉四逆加猪胆汁汤等。

（二）散收相宜

《伤寒论》方在祛邪外解的治疗中，每用辛温宣散之剂，但宣散太过又伤耗正气，破坏气机的出入协调，故张仲景利用药味辛散酸收的属性，常将两者配伍使用。既散邪气，又敛正气，使散而不伤正，收而不恋邪，该出者出，该入者入，使内外气机的出入运行恢复正常功能。如桂枝汤和小青龙汤。前者用桂枝之辛温发散在表之邪气，用白芍之酸寒收敛营阴之气；白芍酸收之性制约桂枝使辛散不能太过，以合表虚之病机，桂枝辛散温通之性使白芍之酸寒不致凝敛而影响气机表里之宣通；故吴谦说：“桂枝君芍药，是于发汗中寓敛汗之旨；芍药臣桂枝，是于固表中有微汗之道焉”。后者外治风寒，内化水饮，其方配伍用药特点有二：一以麻黄、桂枝辛散在表之风寒，配白芍酸寒敛阴以制约麻桂，不使辛散太过，故祛外邪而散中有收；二取干姜、细辛、半夏之辛温，温化胸肺之痰饮，配五味子酸敛肺气，不使辛散宣发太过而耗伤娇脏，故温化内饮而开中有合，使散不伤正，收不留邪。其方药之性中和不偏，表里双解各得相宜。另外，还有调和肝脾的四逆散方，在以柴胡之辛散疏肝解郁，宣透郁阳的同时，又用芍药酸寒柔敛，益阴养肝，二者相伍一散一敛，既补肝体，又疏肝用，确为疏肝解郁之良法。

（三）升降相因

《伤寒论》方在祛邪扶正的治疗中，亦相当注意调整气机升降运动的协调，故处方配伍常使升浮药与沉降药同用，使气机当升者升、当降者降，升降有序。如：麻黄汤和麻黄杏仁甘草石膏汤，在用麻黄之辛温升宣肺气的同时。又用杏仁之苦温肃降肺气，使升降相因相随，既能止咳又能平喘。旋覆代储汤中主以旋覆花代赭石重降逆气又用人参甘草大枣补益脾胃提升中气升降之用均在中焦，但降中有升，使降无气陷之虑。吴茱萸汤中用吴茱萸、生姜降逆止呕，又以人参、大枣补中气之虚，其升降相因之理与旋覆代赭汤相似。麻黄升麻汤既用麻黄、升麻、桂枝之辛温宣散肺气，发越郁阳，又用黄芩、石膏、知母之苦寒清降肺气。四逆散的药味中，除体现散收相宜的配伍关系外，方中的柴胡升发阳气，疏肝解郁，而又枳实下气破结，与柴胡为伍，一升一降，调理肝脾，舒畅气机，共奏升清降浊之效。又如大柴胡汤在治疗少阳兼阳明里实证时，亦是升用柴胡、黄芩和解少阳，降有枳实、大黄泻结实之燥热，升降相因，既泻热祛邪，又调畅了肝胆胃肠之气机。葛根黄芩黄连汤，既用葛根散邪升津舒利经脉，又用芩、连清降胃肠之里热等等。

（四）攻补相得

《伤寒论》方在针对外感病的治疗中加强了祛邪攻逐的力度，但张仲景在具体组方用药时，又特别注重顾护人体之正气。他往往根据病情，将攻邪与补正的药味有机地配伍起来，组成既能补益正气又能攻泻邪气的方剂。使攻补兼施两相得。如旋覆代储汤治疗胃虚痰阻、浊气上逆之嗳气、呕哕证，其中旋覆花消痰下气，代赭石重镇降逆，生姜、半夏和胃止呕，合而用之是为祛邪，又以人参、甘草、大枣益气养胃，安定中焦，是为补虚，全方配伍，攻不伤正，补不恋邪，相得益彰。麻子仁丸治疗胃肠燥热、阴津不足之脾约证，方中重用火麻仁润肠泻下，并与杏仁、白芍、蜂蜜相配伍，更能益阴润燥，再有大黄、枳实、厚朴泄热导滞，组成攻补相得之剂，可使腑气通畅，阴津得充，燥热结滞得下而正气不伤。厚朴生姜半夏甘草人参汤更是著名的攻补相得之方，全方治疗脾虚气滞腹胀证，其中有厚朴、半夏、生姜苦辛宣降，下气行滞，开结除满是为祛邪之用，又有人参、甘草甘温补益，健脾气而助运化，诸药配合补而不滞，攻而不伤。半夏等三泻心汤在用芩、连与姜、夏辛开苦降以祛邪的同时，又配伍人参、甘草、大枣补中益气，健脾和胃，以促中焦气机的清升浊降，也是攻补兼施的配伍之法。类似的配伍关系在桂枝人参汤、白虎加人参汤、猪苓汤、黄连阿胶汤等方剂中都显然易见。此外，仲景在某些专以攻逐祛邪气方剂中，因其药物过于峻猛，常配伍少量补养之品，以护其正气，如峻下逐水的十枣汤，方中甘遂、大戟、芫花药性峻烈有毒，易伤正气，故用大枣煎汤送服，意在益气护胃，缓和药性，使之攻邪不伤正。再如白虎汤中配伍粳米、甘草等用意亦当类似。

（五）刚柔相济

《伤寒论》祛风逐寒除湿的方药，其性味多有阳刚燥烈之性，用之若过易致阴伤津亏，故张仲景常将刚燥之药与阴柔之味相互配伍，使药物发挥相互制约、相互协调的作用，形成刚柔相济，润燥不偏之性，既能有效祛邪疗疾，又无损阴伤正之弊。如真武汤本为治疗阳虚水泛之方，方用附子辛热燥烈，属纯阳之品，专以温经壮阳，但倘若一味辛热，纯阳无阴，温燥太过则易致阴血亏耗；即使对阳虚患者也难免有损阴之嫌，而阳虚证候又每多损及于阴，易导致阳未复而阴已竭之势，故方中配以芍药阴柔养血，属纯阴之品，可益阴缓急。与附子相互配合，有扶阳益阴之功，制约附子燥烈之性，使扶阳而不耗阴，益阴又不损阳，以达到阳复阴固之目的。小青龙汤中用麻、桂、姜、夏、细辛等大队辛热刚燥之品，虽有解表化饮之功，但不能不虑其伤阴耗津损肺之可能，故张仲景在方中配伍了酸收阴柔之芍药，既可收敛肺气止咳，又能制约诸药辛热燥烈之性，以防出现耗阴伤正之弊。又如治疗病后余热未清，津气两伤证的竹叶石膏汤，更是以半夏与麦冬同用，取甘凉阴柔之麦冬养阴生津，配以辛温燥烈之半夏降逆和胃，使麦冬得半夏则滋阴而不腻滞，半夏得麦冬虽温燥而不伤阴，刚柔相济，则祛邪扶正两相适宜，此类配伍还有芍药甘草附子汤、附子汤等。

（六）守中求和

在《伤寒论》的方剂配伍中，“守中”是体现“中和”思想的重要方面，即重视脾胃，培补中气。张仲景认识到脾胃为后天之本的重要性，指出其具有“居中主土，万物所归，无所复传”的生理病理地位。所以在《伤寒论》的辨证施治中他十分重视顾护“胃气”，在全书113方中注意调治脾胃者有70余方，在所用60余味药物中具有调治脾胃功效者过半，仲景如此重视“守中”，是因为只要中气不衰，人体就会清升浊降，气血生化有常，阴阳自和之机健旺，病可“使经不传则愈”所以，“守中”即重胃气成为学界对《伤寒论》学术思想的重要共识。而张仲景“守中”的本意在于“求和”，即求阴阳之和。

三、结语

总之，《伤寒论》方剂中体现的“中和”配伍思想，是张仲景深厚的传统文化修养的一个侧面，是其医药学术思想形成的文化基础和思想工具，所以，探析《伤寒论》方剂的“中和”配伍关系，对于学习、理解和研究张仲景医药学术思想必多益助。

［《全国第二十次仲景学说学术年会论文集》2012：49］

浅谈《伤寒论》之“阳明发黄证”

李　丽　指导老师：王　苹

“发黄”一词即言“黄疸病”，关于黄疸的论述，仲景于《伤寒论》中虽未及《金匮要略》中黄疸病专篇论述，然在《伤寒论》中散在多处关于黄疸病的论述。考其仲景《伤寒论》中无论黄疸病起于太阳病还是阳明病或是太阴，病位终究不离阳明。此外太阴病篇中亦有发黄证的论述，太阴与阳明相表里，故谈黄疸病不可不言及太阴。《伤寒论》在发黄证治法上以通利小便为核心治法，仲景有言“黄家所得，从湿得之”，并有“治湿不利小便，非其治也”，同时运用“汗、清、下、温、和”多种治法，并留有著名治黄三方，尤在泾就言其曰：“茵陈蒿汤，是下热之剂，栀子柏皮汤，是清热之剂，麻黄连翘赤小豆汤，是散热之剂”。本文将以阳明发黄的病机为基础，浅析发黄诸方证的证治机理及特点。

一、阳明发黄湿热郁里证——茵陈蒿汤、栀子柏皮汤

《伤寒论》第236条曰：“阳明病，发热汗出者，此为热越，不能发黄也。但头汗出，身无汗，剂颈而还，小便不利，渴引水浆者，此为瘀热在里，身必发黄，茵陈蒿汤主之”。第260条“伤寒七八日，身黄如橘子色，小便不利，腹微满者，茵陈蒿汤主之。”第261条曰：“伤寒身黄发热，栀子柏皮汤主之”。

从原文可知，阳明病不能发黄是因发热汗出，热得以外越，湿随之外泄，故曰：“此为热越，不能发黄也”。若阳明病仅头部汗出，周身无汗，说明热邪内郁，难以外散，只可上蒸于头；湿遏热伏，胶结难解，故兼见小便不利，渴饮水浆。湿郁热蒸，瘀热在里，故见身黄如橘子色之鲜明的阳黄特征，治当泄热利湿退黄，方用茵陈蒿汤或栀子柏皮汤以主之。

二方治有不同，若湿热内郁阳明成瘀热里实，

症兼见腹满、渴饮水浆等症，则以茵陈蒿汤主治。方中茵陈、栀子、大黄苦寒清热燥湿，大黄泄热通腑攻瘀，茵陈、栀子利小便。药后小便增多，尿如皂荚汁般色赤，使黄速从小便而解，正如论中方后注说，“一宿腹减，黄从小便去也”。若阳明湿热为患，身黄，以发热为重，未见腹满成实者，乃湿热郁遏于里，不得宣泄所致，治以栀子柏皮汤清热利湿退黄。方中栀子苦寒，善清内热，治郁热结气，泄三焦之湿，使湿从小便而出。黄柏苦寒，清热燥湿，治五脏肠胃热结发黄。炙甘草，甘缓和中，防栀子、黄柏苦寒伤胃。诸药伍用，有清热泄湿退黄之功，适用于里热重而湿轻未实之阳黄证。诚如尤在泾在《伤寒贯珠集·阳明篇下》中说：“此瘀热而未实之证，热瘀故身黄，热未实，故发热而腹不满。栀子撤热于上，柏皮清热于下，而中未及实，故须甘草以和之”。

二、阳明发黄兼表证——麻黄连翘赤小豆汤

《伤寒论》第262条曰：“伤寒瘀热在里，身必黄，麻黄连翘赤小豆汤主之”。

本条叙证简略，以方测证可知，本证属湿热郁壅偏表的发黄证。其症身黄兼发热、无汗、身痒。此证之治，与腹满湿热郁里发黄的茵陈蒿汤不同，治宜因势利导，“开鬼门”以发汗散热祛湿，方用麻黄连翘赤小豆汤。方中方中麻黄末去节与杏仁、生姜相伍以辛开肌表，仲景取其开肺气微汗以散表湿；连翘、赤小豆、生桑白皮以清热利湿，使在里湿热从小便而解，亦以甘草、大枣和中调理脾胃，全方辛散表邪，去里热除湿，湿热之邪得解，黄当退。方证互参，可知本证之治乃以湿热之邪分别从汗和小便而走以治黄。

本证虽湿热偏表，治用麻黄，但终究属于里证，仲景恐人误解，故曰“瘀热在里”，提示虽伤寒表证虽在，但仍强调病在里，本证之治，意在揭示湿热黄疸治法的又一特点。正如仲景在《金匮要略·黄疸病》篇中所述：“诸病黄家，但利其小便；假令脉浮，当以汗解之”，其黄疸病的辨治思维在本方中可得到很好的体现。

三、阳明发黄兼邪郁少阳——小柴胡汤

《伤寒论》第231条曰：“阳明中风，脉弦浮大而短气，腹都满，胁下及心痛，久按之气不通，鼻干不得汗，嗜卧，一身及目悉黄，小便难，有潮热，时时哕，耳前后肿，刺之小差，外不解，病过十日，脉续浮者，与小柴胡汤”

本条实是论述阳明中风，脉弦浮大，以脉定证，弦为少阳，浮为太阳，大为阳明，此为三阳合病之脉。症状上：短气、腹满、鼻干、身目悉黄、潮热、嗜卧、时时哕等证，此些症乃是阳明湿热郁闭，里热内盛同时为湿困，气机被阻滞，湿热之邪交蒸而出现发黄；胁下及心痛，久按之气不通，不得小便，耳前后肿等症，少阳、阳明经脉均循行于耳，为少阳、阳明邪热郁聚不通。少阳阳明合病之证，于法当用大柴胡汤，然本病是湿热为患，虽腹满却未成腑实之证，非大柴胡汤之和解攻下所能解。此证若妄用攻下，反而致湿热之邪结滞于阳明不解，甚者损伤太阴，而至湿热之邪入太阴。若于此，那治法何如？条文明确指出先用刺法，刺后“小差”，说明其刺法仅是以泻经络郁闭之热，泻阳明热邪。此时阳明热解，少阳之证仍在，少阳相对于阳明为外，有是证用是药，故可与小柴胡汤治之。柯韵伯言：“刺之，是刺足阳明，随其实而泻之。少差，言内证俱减，但外证未解耳，非刺耳前后，其肿少差之谓也”。小柴胡汤方本有清热透邪，宣畅气机，气化则湿亦化，小便通利，则阳明发黄兼邪郁少阳诸症可解，临证时亦可合用茵陈蒿汤等其他退黄方剂治疗此类发黄证。

四、太阴阳明发黄证——于寒湿中求

《伤寒论》第195条曰：“阳明病，脉迟，食难用饱，饱则微烦头眩，必小便难，此欲作谷疸。虽下之，腹满如故，所以然者，脉迟故也。”第256条曰：“伤寒发汗已，身目为黄，所以然者，以寒湿在里不解故也。以为不可下也，于寒湿中求之。”

后世将伤寒论第195条归纳为寒湿发黄证，第256条则为太阴发黄证。第195条归于阳明病篇中，条文论述时明确点出“阳明病”、腹满等拟明胃家实之证；然患者表现的“脉迟，食难用饱，饱则微烦头眩”，其脉非阳明脉之洪大而是迟，迟脉表明患者内有寒，或是内有寒湿素体中阳太阴不足，太阴阳明合病。若此时医者以为阳明热盛赋予寒凉之药下之，则太阴更伤，中阳不足，寒湿内生病邪更甚，脾虚寒湿失运则生胀满，即言“腹满如故”，太阴阳明证不能单纯治以下法、清法。一接着伤寒论第256条提出太阴阳明发黄证，当于寒湿治法以治之，仲景在伤寒论中虽未其具体方药，但文中点名“于寒湿中求之”，更进一步表明了太阴发黄证中机体内有寒湿是致病的关键，于此相应的治疗方法为温中健脾除湿，其以利寒湿驱邪为主，后世据此认为太阴发黄治以茵陈术附汤、茵陈四逆汤或茵陈理中汤。然根据《金匮要略》黄疸病篇第18条

"黄疸病，茵陈五苓散主之"，本文认为茵陈五等散为治疗与湿有关的黄疸病之主方，对湿热黄疸湿重于热者用原方茵陈蒿十分，五苓散五分，以茵陈蒿清热利湿为主，辅以五苓散通阳利水除湿；若太阴寒湿发黄证轻者，则可重用五苓散通阳利水除湿，辅以茵陈利湿退黄，变清热利湿退黄为散寒除湿退黄，此为茵陈五苓散之变治。

由上诉的论述可知，伤寒论中论述发黄证终不离阳明，又不拘泥于阳明，考虑到黄疸病临证之多样性，治疗上除利小便法外，可多种治法并用。黄疸属阳明兼有表证或是湿热之邪偏表证，予开鬼门洁净府之法，使湿热之邪分从汗和小便走以达治黄之目的。若黄疸病证见湿热之邪内盛于阳明之证，以"腹满"辨其成实否，用茵陈蒿汤与栀子柏皮汤分而治之。若黄疸兼邪郁少阳证，则可予"小柴胡汤"或是合其他退黄之剂以透邪清热，疏通气机，气化湿化退黄。若遇黄疸患者寒湿结滞于内、寒湿内盛者，或是兼有素体太阴不足、中阳虚，为太阴阳明发黄证，则应从寒湿而治之，当于利湿退黄之中加以温阳之法。

《伤寒论》论述黄疸证辨证施治之精辟，治黄方药之经典，虽未明确分阳黄和阴黄，却有湿热和寒湿之分，其中湿热郁蒸，瘀热在里乃发黄的病理关键，而太阴发黄证为后世阴黄理论奠定了基础；同时仲景之法均注重驱邪、因势利导，综合运用"汗、清、下，温、和"法，以祛湿为核心，由此仲景《伤寒论》中治黄法于《金匮要略》中病黄家治法相呼应。

[《全国第二十次仲景学说学术年会论文集》2012：354]

浅谈临床应用经方治疗杂病的点滴体会

温桂荣　　香港荣丰堂中医诊所

在临床上运用经方治病，除了要纯熟掌握辨证论治之外，还要注意一些细节问题。在临床上，一个医师若能每每愈疑难病症，在很大的程度上取决于他的医术和技巧。要想医术精湛，就要努力学习。因此，一方面从医学期刊，或学术会议，或名家学者的经验中学习，另一方面从《伤寒杂病论》中找答案。虽是古代的医学著作，但能常读常新，不但能启人智慧，而且能解决临床上的问题。现试述如下，还望专家学者斧正。

一、病症复杂，解郁为先

随着现代社会的迅速发展，患者在治疗过程中心理的微妙变化，以及社会因素的影响是不可忽视的。要想在临床上取得良好的效果，除了病机吻合，辨证准确，方药对症之外，必须取得病人的信任和合作才成，否则的话，病人不服药，半途而废，怎能治好病呢？笔者在临床上偶然也碰到如下的几种病人：

1. 一些年纪老迈的长期病患者，由于病程长，疾病缠绵，反复难愈，体质比较差，抵抗力相当脆弱，患者对治疗疾病已失去信心，抱着"过一天和尚，敲一天钟"，或"烂罐子烂摔"的心态。

2. 有一种病人已经无数的中西医治疗而效果不显，除了找医师治疗外，还时常上网找资料，或到图书馆看医学书籍，希望找到最好的治疗方法。由于找到的资料很少，一知半解，聊胜于无，但他以为有闻一知十的悟性了，自己以为已很清楚了，懂得不少了，有时还故意用语言去试探医师，要是医师的初诊和他看的资料有点出入，便把医师提出的诊疗意见视如秋风过耳，不放在心上。他怎知道医学的书籍浩如烟海，他所知道的只是一鳞半爪，同一种疾病，有早、中、晚期之分，同一种病在不同的人身上表现各异，怎能都用同一种方法治疗呢？再者，有些医师善于临床，不善于口才，加上诊务繁忙，怎能都解释清楚呢？

3. 还有一种病人也许是长期受家庭父母的影响，自小至大从不找中医，有病就找西医治疗，喜欢用维他命丸调理身体，对西医检查化验的数据十分佩服，而对中医药却半信半疑，认为是"古老十八代"的东西。要是疾病反复难愈，实在没有办法才找中医试一试。由于病情迁延，久未治愈，心情抑郁，情绪十分低落，时常长吁短叹，食不甘味，寝不安席，言不及义。正如《伤寒论》第318条所曰："少阴病，四逆，其人或咳，或悸，或小便不利，或腹中痛，或泄利下重者，四逆散主之"。其病机为久病未愈，肝气郁结，气机失畅，故出现精神抑郁，情绪低落，善太息，胸胁胀满，心动悸，或腹中痛等症。条文文字虽不多，却一语道破了症状的核心所在，医者要细心领会，才不致误。方中柴胡与炙甘草配伍，柴胡疏肝解郁，调畅气机，是治肝气郁结要药；炙甘草既健脾益气，又甘能缓急。二药相配，舒肝解郁，益气缓急，调和肝脾。枳实与白芍合用，枳实行气消滞，白芍养血柔肝，行血活血。一气一血，行血中气滞，使气血调和。诸药合用，善治肝气郁结，气机失畅的病症。病症虽复杂，但气机不畅则先治郁。因此，只要患者出现焦虑不安，闷闷不乐，胸闷，善太息，心动悸，头胀头痛等症，都可用四逆散加减治疗。正如《方药传真——全国老中医药专家学术经验精选》所载：“本方疏肝理气、和营解郁，大凡肝气不舒引起胸闷郁痛均可用之”。

由此不难看出，面对复杂的病症，不管是器质性病变，还是功能性病变，除了有良好的医术去治疗气郁、痰郁、血郁、湿郁等之外，还要尽量消除患者心理障碍，用恰当的语言疏导患者，取得患者信任，增强信心，配合治疗。正如已故名医吴阶平所指出：“同一病人，同样的药物，来自病人信任的医生，效果就好。这是心理因素造成的，是客观的。要取得病人信任，必须讲求服务艺术”。

二、病症复杂，识病为先

中医治病主要在于分析病机，辨证论治，治法方药。在临床上，接触到的许多病都是经西医诊治而来，病症诊断已十分明确。若能熟悉西医辨病，再结合中医的辨证论治，疗效更好。如《伤寒论》第71条所载：“若脉浮，小便不利，微热消渴者，五苓散主之”。其病机是水热互结，外邪随太阳经脉入里，邪与水结膀胱而成。从中医的角度上看，小便不利既有寒热虚实之分，又有脾肾阳虚，膀胱湿热，肝郁气滞之别。要是小便不利，烦渴引饮，但水入即吐，舌质淡，苔白腻，脉弦紧，可用利水渗湿，温阳化气的五苓散治疗。但在临床上，对于一些小便不利者，就不一定有效了，不但无效，而且还会加重病情。问题在哪里呢？这就要从病因病机、证候和用药去推敲了。

1. 从病因病机上分析，需是久病体虚或年老体衰而致脾肾阳虚，兼有湿热蕴结下焦，膀胱气化不利者，可果断用五苓散加牛膝、白茅根、冬葵子、生薏米、车前子等治疗。要是身体壮实而膀胱湿热，或肝郁气滞导致小便灼热刺痛，口苦咽干，大便秘结，舌苔黄腻者，就不可用五苓散治疗。

2. 从症状上看，五苓散主治的尿频、尿急、尿痛，需伴有疲倦乏力，口不干渴，舌质淡，胖大，苔薄白微腻等症，并不是所有与小便不利有关的证候都可用五苓散治疗。

3. 从病类上分别，在临床上碰到尿频、尿急、尿痛的患者，有不少兼有腰痛的症状。在尿频、尿急、尿痛比较轻微，而腰部酸痛又比较明显的情况下，则必须弄清楚腰痛是由膀胱湿热引起，还是其他疾病引起，因为腰痛既可见于内科病，又可见于妇科病，还可见于跌打扭伤。例如腰肌劳损、腰椎间盘突出症、风湿性多发性肌肉痛、肾脏病、胰腺疾病、妇人盆腔疾病等。在临床上所见，一些女性腰部酸痛，实际上是泌尿生殖系疾病所致。因此，准确的早期诊断能使患者及时得到正确的治疗，识病，是重要的一环。

4. 从方药上推敲，“五苓散非治水热之专剂，乃治小便不利之主方也。君泽泻之咸寒，咸走水府，寒胜热邪；佐二苓之淡渗，通调水道，下输膀胱，则水热并泻也；用白术之燥湿，健脾助土，为之堤防以制水也；用桂之辛温，宣通阳气，蒸化三焦以行水也”（《医宗金鉴·订正仲景全书伤寒论注·卷一》）。五苓散实为利水渗湿，温阳化气而设。而近代已有不少名家学者采用五苓散化裁治疗泌尿系统疾病。如名家聂惠民教授常用本方治膀胱炎，症见尿急、尿频、尿痛者，本方加通草、车前子、竹叶、炙甘草、生地等。从古代医书和近代专家学者的经验可知，五苓散确实是治脾肾阳虚，兼有湿热蕴结下焦的经典名方。

如治患者，女，46岁，2009年3月12日初诊。主诉小便频数，小腹拘急反复发作3年余，诱发加重2天。已经中西医诊治，西医确诊为：尿道综合征，经治时愈时发。2天前因过劳诱发加重，前来求诊。刻诊：尿频、尿急、尿微涩痛，小腹拘急，腰脊酸痛，四肢冰冷，纳呆。舌质淡，苔薄白，脉沉。中医诊为“淋证”，证属肾阳不足，湿热下注，膀胱气化不利。治宜温补肾阳，利水化湿，方用五苓散加减，药用：桂枝、制附子各9g，茯苓、泽泻、白术、巴戟天、肉苁蓉、淫羊藿、冬葵子、车前子各15g，猪苓、生薏米各30g。3剂。每日1剂，水煎服。药后症状明显减轻，照上方加减12剂而愈。半年后因感冒来诊，查询未见复发。

此外，西医辨病，中医也辨病。西医的辨病多从实验室检查着手，从微细处探索，精确度高，临床医疗技术好像手机一样发展迅速，日新月异。而《伤寒杂病论》的辨病从整体着眼，再结合天人相应去分析、去探讨，从望闻问切中收集到的资料中去综合分析，从相互联系中去处理病症、治则、方药，层次分明，一丝不苟。正如王庆国教授指出：《伤寒论》是一部辨证论治的临床巨著，总结了六经病证的基本规律，将理、法、方、药融为一体，对于每一经病证以及每一个方证都厘定出了主证、兼证、变证以及夹杂证的层次，为正确地运用辨证论治提供了必要的条件。而已故名家李克绍对此体会最深，其曰：（1）依据证候群；（2）排除可能出现该症状的其他疾病；（3）掌握主脉、主证；（4）辨脉辨证要对比鉴别、细致入微；（5）从治疗经过找问题；（6）发病时间的特异性等等。虽然现代科技发展一日千里，但是《伤寒杂病论》照样能指导临床。

2009年4月16日诊治一位晚期肺癌患者，年近80岁，数月前在步行时好像轻微扭伤右脚，此后右脚常感不适，疼痛，有时咳一二声，但无流鼻水，打喷嚏，恶风寒等症状，曾找跌打医师和骨科医生治疗，效无寸进，且有越来越加重之势，患者只好到某医院求诊，而负责人却安排患者住进骨科病房治疗，经多方面治疗不但无效，且剧烈疼痛，迅速消瘦，咳嗽加重，吐黄绿痰，有时咯血痰，胸闷痛，口干渴，纳差，心烦失眠，卧床难于转侧。患者家属打电话找我，要求协助，根据患者的症状，再三叮嘱患者要求住院医生作详细的CT、MRI检查，才知道是“晚期肺癌”，且已转移至骨骼。很明显这是中医的“瘿瘤”，属痰瘀蕴结型，试用小陷胸汤加桔梗、北杏、鱼腥草、半枝莲、仙鹤草、北沙参、百合、太子参、全蝎等。药后：咳嗽，失眠等症均有改善。患者如果没有经过详细的CT、MRI检查，就无法知道他是晚期肺癌，也不知道已转移至骨骼，更加不能针对肺癌来治疗，错过了早期治疗，使病情由轻变重，由简单变复杂，进而危及患者生命。因此，病症复杂，识病为先，有必要时采用现代医学的医疗设备，既可迅速而准确的诊断，又可根据病症采取必要的治疗措施。既要辨证，也要辨病。

三、病症复杂，危重为先

临床上要认症准，辨病准，用药准，就必须要熟读（伤寒杂病论）和其他医学专著，才能熟能生巧。尤其是面对复杂病症，要抓主证，顾兼证，因为在一系列症状中必然有一些起决定性作用的，其他症状都是在主症的基础上发展变化而来，因此，抓主证，以证立法，依法选方，随症加减，灵活用药，才能妙手回春。如《伤寒论》第38条：“太阳中风，脉浮紧，发热恶寒，身疼痛，不汗出而烦躁者，大青龙汤主之”。仲景透过现象看本质，从烦躁一症，看出内热炽盛，采用大青龙汤才能解决问题，仲景教人从整体着眼，从微细处入手。在临床上，时常接触到的一些患者，虽然是以感冒病而来求诊，但患者已有危重病而懵然不觉，处理起来也煞费苦心。由于是疑难病症，一些病在未完全显露之前，在很多时候往往被一些感冒病或小毛病所掩盖，或被一些微不足道的症状所迷惑，使人毫不察觉，患者也懵懵懂懂，糊里糊涂，到察觉时已是晚期，这样失治误治的病例在临床上也常见到。

患者，女，62岁，2008年4月2日初诊。患者主诉：眩晕伴有咳嗽2天。现症见：阵发性眩晕，头沉重感，有时感觉天旋地转，站立不稳，要坐一会儿休息才能再走路，一过性一侧肢体无力，恶风寒，流清稀鼻水，咳嗽，吐白色清稀痰，肢体困重，口不干渴，纳差。舌质淡，苔白腻，脉浮而滑。查血压136/80mmHg。西医诊为“短暂性脑缺血发作”，“感冒”。中医诊为“中风先兆”，“眩晕”，“感冒”。证属痰瘀阻滞，兼外感风寒。治宜疏风散寒，化痰熄风，活血通络。方用桂枝加厚朴杏子汤合半夏白术天麻汤化裁：桂枝、苏叶、半夏、厚朴、北杏、僵蚕各9g，白术、天麻、山楂、桃仁各12g，茯苓15g，陈皮、炙甘草各5g。2剂，每日1剂，水煎服。服上方2剂后眩晕、头痛和咳嗽均明显减轻，照上方加减6剂而愈。

按语：本病例既有外感风寒，又有中风先兆之症，病情颇为危急，若失治误治，则会渐渐地出现脑血管意外，后果不堪设想。根据病症，采用桂枝、苏叶驱风散寒；半夏、北杏、陈皮、白术、茯苓行气健脾祛湿，又降逆化痰止咳；僵蚕、天麻、桃仁、山楂活血通络，息风止头晕。从痰瘀着手，标本兼顾，主次有序，层次分明，故能向愈。

在临床上经常接触到一些长期慢性病患者，有些是几种疾病相互交织，缠绵难愈。既有寒热错杂，虚实互现，又有表里兼病。由于某些疾病在危重的阶段，或使用药物掩盖了病情，使得证候表现与内在本质不相符甚至相反。若能抓重点，以点带面，常常会转危为安，转弱为强。正如《伤寒论》第224条所载：“三阳合病，腹满身重，难于转侧，口不仁，面垢，谵语遗尿。发汗则谵语，下之则额上生汗，手足逆冷。若自汗出者，白虎汤主之”。从条文上看，虽然病症复杂，令人眼花瞭乱，必须以危重为先，果断地用白虎汤治疗，问题就解决了。仲景治病的思路和方法，为我们在临床上处理复杂病症时得到启示。

如治某女，73岁，2009年4月9日初诊。患者主诉：恶风寒咳嗽已5天。5天前因感受风寒之邪而咳嗽，自服止咳水等未能见效，前来求诊。刻诊：恶风寒，流清涕，头痛，项背强，咳嗽，吐白色痰，胸闷，右胁隐痛，纳差，饭后上腹饱胀，消瘦（自述2个月间已消瘦了过10多斤），皮肤巩膜黄染，疲倦乏力，四肢冰冷。舌质淡，苔厚腻，脉弦细。根据患者的症状，除了感冒咳嗽之外，还有消瘦乏力，皮肤巩膜黄染，右胁隐痛，胃肠道症状等等，种种迹象显示可能是肝癌，嘱患者立即到深圳市某医院做甲胎蛋白（AFP）、异常凝血酶原

(DCP)、GT、GGT－H 和 CT 等检查，待检查结果后再作决定。经过详细检查，确诊为“原发性肝癌”（晚期）。建议患者立即到医院住院治疗，因医院的各式各样设备一应俱全，专家学者云集，临床经验丰富，或有一线生路。但是 2 个月后患者的家属告知，由于本病属晚期且扩散转移，医院的医生虽已尽心竭力，还是未能转危为安。

本病例既有晚期肝癌，又有感冒咳嗽，病情既危且重，要是只从感冒咳嗽去治疗，即使感冒咳嗽很快缓解了，也无法延长患者生命。因此，若是碰到既有器质性病变，又有功能性病变；既有里证，又有表证；既有危重病，又有轻病，几种疾病相互交织，错综复杂，证候表现与内在本质不相符时，就要静心下来反复推敲，细心分析，抓住要害，果断用药，才能转危为安。病症复杂，危重为先，就可避免人云亦云，失治误治。

［《全国第二十次仲景学说学术年会论文集》2012：96］

浅析《金匮要略》部位辨证思想

庞博　王颖辉　指导教师：赵进喜
北京中医药大学东直门医院

张仲景所著之《金匮要略》（以下简称《金匮》）以病名为纲，创造性地发展了具有整体观念的辨证论治诊疗模式。该书撰用《素问》《九卷》《八十一难》等为其学术渊源，对疾病强调脉证互参、病证相合的辨证观念。后世医家吴鞠通在《内经》三焦概念基础上，受到《金匮》强调病证部位观与重视部位辨证思想的启发，著成《温病条辨》一书，创三焦辨证，为后世温病学说发展创立了重要的理论基础。现结合有关内容，将《金匮》部位辨证的学术思想及其对后世三焦辨证的影响论述如下：

一、体表、脏腑部位观

《金匮要略。脏腑经络先后病脉证第一》即有“清邪居上，浊邪居下，大邪中表，小邪中里……湿伤于下，雾伤于上”的论述，阐明阳邪亲上，阴邪亲下，六淫多中肌表，七情多伤脏腑的部位观念。黄树曾认为，无形之燥热和温暑之邪为“清邪”，多从上受，首先犯肺。此说虽然存在一定争议，但是温病学中“温邪上受”“温病起手太阴”的观念却符合清邪居上、阳邪亲上的论述。

《金匮要略·百合狐惑阴阳毒病证治第三》中“蚀于喉者为惑”即蚀于上部；“蚀于阴者为狐”即蚀于下部。这种体表位置的上下差异，作为症状的外在表现，亦可同时而见，虽然所蚀部位不同，然其均为湿热毒邪所致，但根据病位不同，仲景以“声喝”“咽干”以别在喉在咽、在阴在阳之异，故立法处方亦不同。即便同属蚀于下，仲景亦针对蚀于阴、蚀于肛而立不同之外治法。正所谓法随证立，体现了仲景体表部位辨证的思维过程。

至于《金匮》中脏腑部位观主要体现在通过对寸口（心肺）、趺阳（脾胃）、少阴（肾）三部脉的描述上，如《金匮要略·水气病脉证并治第十四》云“寸口脉沉而迟，沉则为水，迟则为寒，寒水相搏。趺阳脉伏，水谷不化，脾气衰则鹜塘，胃气衰则身肿。少阳脉卑，少阴脉细，男子则小便不利，妇人则经水不通；经为血，血不利则为水，名曰血分。”即通过对寸口、趺阳、少阳、少阴脉象的诊察，阐明了寒水犯肺、肺失通调；脾胃阳虚、运化失职；肾虚三焦无充、气化失司决渎无权的病机变化，进而说明了肺、脾胃、三焦、肾等脏腑对水气病形成的机理。为后世明确上焦属肺与心（包），中焦属脾与胃，下焦属于肝与肾的脏腑部位奠定了基础。

此外《金匮要略·痰饮咳嗽病脉证并治第十二》《金匮要略·腹满寒疝宿食病脉证治第十二》两篇中亦分别有“膈上病痰”“宿食在上院”之语，叙证的同时明确指出了病变部位所在，体现了仲景对机体、脏腑部位辨识的重视。

二、证候、病机部位观

《金匮要略·五脏风寒积聚病脉证并治第十一》中有“热在上焦者，因咳为肺瘘：热在中焦者，则为坚；热在下焦者，则尿血，亦令淋秘不通”之论，虽同受热邪，但由于受病上、中、下三焦部位的不同而产生了不同的症状。上焦肺热，失于清肃，气逆为咳，热伤气阴发为肺痿；中焦热盛，耗伤脾胃津液，为硬为燥为满闷皆属坚类；下焦热灼，伤及肾与膀胱之阴络则尿血，热结气分膀胱气化不利则为瘀闭。为后世三焦辨证辨别上焦表热证、中焦里热证、下焦里虚证的证候性质奠定了基础。

《金匮要略·妇人杂病脉证并治第二十二》云“妇人之病，因虚、积冷、结气，为诸经水断绝，至有历年，血寒积结胞门，寒伤经络。凝坚在上，呕吐涎唾，久成肺痈，形体损分；在中盘结，绕脐寒疝；或两胁疼痛，与脏相连；或结热中，痛在关元。脉数无疮，肌若鱼鳞，时着男子，非止女身。

在下未多，经候不匀。冷阴掣痛，少腹恶寒；或引腰脊，下根气街，气冲急痛，膝胫疼烦，奄忽眩冒，状如厥癫；或有忧惨，悲伤多嗔，此皆带下，非有鬼神。”该段以“因虚、积冷、结气”为纲，分述“在上”“在中”“在下”产生的多种复杂病证，比较充分的体现出仲景在述证方面对上、中、下三焦的部位观念，由虚寒郁之部位不同，推而至脏腑病机的变化，突出了部位辨证与脏腑辨证的紧密联系。

《金匮要略·中风历节病脉证并治第五》的桂枝芍药知母汤证“诸肢节疼痛，身体尪羸，脚肿如脱，头眩短气，温温欲吐。”一条仲景以“肢节疼痛”明确历节病主证，以“身体尪羸”说明正邪盛衰；继以“脚肿如脱，头眩短气，温温欲吐”三个证候分述了上、中、下三部的病机。风邪上犯肺卫、湿邪困阻清阳，故在上为头晕、目眩、气短；湿邪阻于中焦、气机上逆，故在中为呕恶；湿邪无以出路、留浊下焦，故在下为双脚肿胀、麻木不仁。行文述证之中证候与病机部位观念得到充分展示。

如《金匮要略·五脏风寒积聚病脉证并治第十一》云：“肾着之病，其人身体重，腰中冷，如坐水中，形如水状，反不渴，小便自利，饮食如故，病属下焦……”仲景以“不渴”和“饮食如故”说明了上焦（肺）、中焦（脾）未受邪气，进而点明“病在下焦”的病机，既符合“清湿袭虚，病起于下”，又体现了仲景临证注重部位辨证的思想。又如《金匮要略·胸痹心痛短气病脉证治第九》云“今阳虚知在上焦，所以胸痹、心痛者，以其阴弦故也。”则更明确地体现出仲景对于“阳虚”“阴盛”病机的部位辨证。后世《温病条辨》中“连声哕者，中焦；声断续，时微时甚者，属下焦。《金匮》谓哕而腹满，视其前后，知何部不利，利之即愈”等论述实与仲景之部位辨证思想出于一辙。

在部位辨证过程，仲景还很重视不同部位病机的差异与联系。如《金匮要略·痉湿暍病脉证治第二》云“湿家……若下之早……舌上如苔者，以丹田有热，胸上有寒”的论述就体现了仲景对于部位上下不同，而存在的病机差异的重视。至于《金匮要略·水气病脉证并治第十四》中“寸口脉浮而迟，浮脉则热，迟脉则潜，热潜相搏，名曰沉。趺阳脉浮而数，浮脉即热，数脉即止，热止相搏，名曰伏。沉伏相搏，名曰水。沉则络脉虚。伏则小便难，虚难相搏，水走皮肤，即为水矣。”“寸口脉弦而紧，弦则卫气不行，即恶寒，水不沾流，走于肠间。少阴脉紧而沉，紧则为痛，沉则为水，小便即难。”的两段论述，则通过脉象（寸口脉主上焦，趺阳脉主中焦，少阴脉主下焦）分别阐述了上焦与中焦、上焦与下焦的病理联系。同为水肿病，第一段说明肺、脾之间“沉伏相搏”的病理关系，脾胃热盛运化失常水津不散，肺有郁热气机不利，通调水道失司，故水气停滞而“为水”。第二段紧接着又探讨了水肿病中肺、肾的病理关系。正如《素问·水热论》所言：其本在肾，其末在肺，皆积水也。

此外《金匮》还十分重视三焦部位之间的相互影响。如《金匮要略·五脏风寒积聚病脉证并治第十一》中“上焦受中焦气未和，不能消谷，故能噫耳。下焦竭，即遗溺失便，其气不和，不能自禁制，不须治，久则愈”一句，仲景阐明上焦受气于中焦，心主血统营气，肺主气宣卫气，而营卫皆有赖中焦脾胃化生水谷精微的充养，故如若中焦失于运化，则清阳不升、浊阴不降，波及上焦则“噫”。同样中焦、上焦亦可影响下焦，正如《金匮要略·肺痿肺痈咳嗽上气病脉证治第七》曰：“肺痿吐涎沫而不咳者，其人不渴，必遗尿，小便数，所以然者，以上虚不能制下故也”。所谓“不须治”是不治下焦，而和中焦之气机，则三焦气机自和。同时下焦亦可影响中焦的病理变化，如“趺阳脉微弦，法当腹满，不满者必便难，两胠疼痛，此虚寒从下上也，当以温药服之”一句说明本脾胃阳虚，而肝气自下上逆侵侮中焦，进而使得病位发生了变化。如此《金匮》部位辨证的内涵得到了进一步的扩展，也为后世温病三焦传变的立论奠定了基础。

三、病势、预后部位观

《金匮要略·脏腑经络先后病脉证第一》有“吸而微数，其病在中焦，实也，当下之即愈。虚者不治。在上焦者，其吸促；在下焦者，其吸远，此皆难治”之论，仲景从吸气一症辨别病位之在上、中、下三焦，并论述了其相应的预后，“吸而微数”由于邪实壅塞中焦影响气机升降，故肺气不降，需要增加吸气以弥补入气的减少。若肺气虚不能下达于肾，入而即出为“促”，病在上焦；或肾虚不能摄纳，吸气深长艰难为“远”，病在下焦。气根于肾藏于肺，遇有此肺肾气虚者实为难治。《温病条辨》中亦多有“邪气深入下焦阴分，正无捍邪之意，直听邪之所为，不死何待”之类关于疾病预后与病位相关的论述。

又如《金匮要略·呕吐哕下利病脉证治第十七》云“下利手足厥冷……少阴负趺阳者为顺也。”

陈修园认为负为负载之意，所谓肾在下而胃在中，少阴脉有根则趺阳脉可生。仲景从肾与胃的部位与负载关系出发，通过对两部脉象的比较阐明了疾病的发展顺逆。

四、诊法、治法部位观

《金匮要略·脏腑经络先后病脉证第一》“鼻头色青，腹中痛，苦冷者死……色黄者，胸上有寒”一段从色诊的角度，分别阐述了脾肺阳气不足、下焦阴寒上犯；寒饮内停中焦、上干胸阳的病理变化，通过诊法将部位的信息传达出来。而《金匮要略·五脏风寒积聚病脉证并治第十一》中“诸积大法，脉来细而附骨者，乃积也。寸口，积在胸中；微出寸口，积在喉中；关上，积在脐旁；上关上，积在心下；微下关，积在少腹；尺中，积在气冲。脉出左，积在左；脉出右，积在右；脉两出，积在中央。”一段则为仲景在总结《素问·脉要精微论》与《难经·十八难》脉法的基础上，结合临床叙述了诊测积病发病部位的方法，并提出“各以其部处之”的辨部位论治的治疗思想。

再如《金匮要略·水气病脉证并治第十四》提出“诸有水者，腰以下肿，当利小便；腰以上肿，当发汗乃愈。”阐明在上者为阳，在下者为阴，各当因势利导以治，所谓“开鬼门，洁净府”是也，充分体现了仲景辨部位论治法的思维过程。

仲景在治疗禁忌中也有部位思想的体现，如《金匮要略·妇人杂病脉证并治第二十二》“妇人伤寒发热……此为热入血室，治之无犯胃气及上二焦，必自愈”明确提出“无犯胃气及上二焦”的禁忌，实际上也阐明了此“谵语”并非腑实内结的承气汤证、胃热炽盛的白虎汤证、火热扰心的少阴被火证及误治伤津化热诸证，故仲景实则借“下焦血室”与“上二焦”的部位差异，提出此证禁汗、吐、下、火诸法的治疗禁忌。为后世提出“治上不犯中下”“治中不犯下”的理论，以及“淡渗之禁”“苦寒之禁”“数下之禁”等温病治禁树立了典范。

此外，仲景在遣方用药、甚至煎煮法方面亦有辨部位的思想，如高学山认为茯苓甘草汤证，之所以用甘澜水法，实为奔豚上逆一证治宜“凭高弹压”，但水性下趋，茯苓先下，以致全方渗泄下行力强，然恐药力不能顾及上焦，故水扬作甘澜，减缓下趋之势，使药力少少留连于上焦，顾及心肾两脏，以发挥作用。

虽然金匮中“三焦”一词的含义与后世不尽相同，但吴鞠通之《温病条辨》以三焦为纲，以病名为目，分述各病在上中下三焦的表现和诊治方法，在篇名病症中多提到六经之名，并仿仲景逐条叙证，行文之中每每提到《金匮》之名，承《金匮》之部位辨证观念，对于温病的脉、证、治均按三焦深加辨析。吴氏还在《医医病书》中论述了对内伤疾病的三焦辨证，从而将三焦辨证的含义进一步丰富与扩展，其中按脏腑辨别病位，并根据脏腑体用选方用药的思想受到了《金匮》辨证治疗杂病三焦分治和六经脏腑病机理论的启迪。

综上《金匮》一书的部位辨证思想，贯穿于脏腑、证候、病机、病势、预后、诊法、治法等各个方面，上承《内》《难》之旨，下启叶桂、吴鞠通等后世医家之思，为三焦辨证体系的创立与完善奠定了基础。

［《北京中医药学会2012年度学术年会论文汇编》2012：227］

浅析经方中附子白术的配伍规律

刘亚娟　山东中医药大学

附子、白术是经方中十分常用的药物，二药不同的用量配伍，可用于治疗多种病证，临床证明有良好的疗效。探研经方中附子、白术的配伍规律，对于深入理解和用好相关的经方颇有现实意义。

一、附子功效

《神农本草经》中记载：“附子，一名莨，味辛，温，有大毒。主风寒咳逆邪气，温中，金疮，破癥坚，积聚，血瘕，寒湿踒痹，拘挛，膝痛，不能行步。生山谷。”而关于附子的功效分析，清代陈修园在《神农本草经读》中分析的比较到位，他认为：“风寒咳逆邪气，是寒邪之逆于上焦也；寒湿踒痹，拘挛，膝痛，不能行走，是寒邪著于下焦筋骨也；癥坚积聚血瘕，是寒凝结，血滞于中也。……大意上而心肺，下而肝肾，中而脾胃，以及血肉筋骨营卫，因寒湿而病者，无有不宜。”最后总结出附子的主治特点：“阳气不足，寒气内生”。据此，附子之功效可以概括为：驱除三焦及血肉筋骨营卫之中的寒气，简言之：散人体之寒邪，也可以理解为：散寒气，助阳气。

二、白术功效

《本经逢原》云：“白术，生用有除湿益燥，消痰利水，治风寒湿痹，死肌痉疸，散腰脐间血，及冲脉为病，逆气里急之功；制熟则有和中补气，止渴生津，止汗除热，进饮食，安胎之效。”其性味苦甘温，归脾胃经，具有补气健脾、燥湿利水、止汗安胎的功效。

三、附子、白术配伍规律

张仲景是善用附子第一人，在《伤寒论》经方之中，用附子者计23方；《金匮要略》中用附子者计有26方，共计49方。《伤寒论》中，用白术者计10方，《金匮要略》中用白术者计有25方，共计35方。而附子、白术相配，《伤寒论》《金匮要略》中共见7方，为：附子汤、甘草附子汤、去桂加白术汤、白术附子汤、桂枝芍药知母汤、黄土汤、真武汤。其中《金匮要略》的白术附子汤组成、用药比例、主治与去桂加白术汤相同，只是方中诸药的用量均是此方的半数。

1. 附、术重用，祛风除湿，善治风湿痹痛

附子汤、甘草附子汤、去桂加白术汤、白术附子汤、桂枝芍药知母汤，这都是仲景治疗风湿痹痛之方。张洁古谓：“附子以白术为佐，谓之术附汤，除寒湿之圣药也。”附子汤中：附子（二枚）、白术（四两）：去桂加白术汤中：附子（三枚）、白术（四两）；白术附子汤中附子（一枚半）、白术（二两）；桂枝芍药知母汤中：附子（二枚）、白术（五两）；甘草附子汤中：附子（二枚）、白术（二两）。据文献记载：附子大者1枚30克，中等大者1枚25克；还有认为中等大者1枚20克。总之，附子1枚20~30克，取其均数按附子1枚25克换算。

从这几张方子附、术二药的用量配比不难发现，祛风胜湿者附子、白术用量偏重。如附子汤、去桂加白术汤，均用白术四两；桂枝芍药知母汤中白术用至五两。唯有甘草附子汤中白术用量偏少，仅用二两。去桂加白术汤、白术附子汤、甘草附子汤三方都用治风湿阳虚的病证，但各有特点，去桂加白术汤、白术附子汤用治表阳虚的风湿病证，湿重于风，故白术用量重；而甘草附子汤用于表里阳虚的风湿病证，特点是表里阳气皆虚，故白术用量减少，加甘草与附子配伍以助阳除湿。此配伍中，附子常用二枚，去桂加白术汤中附子用三枚，是术、附相配中附子用量最大的一方。且附子均炮用。既取其温阳散寒除湿之功，又防其辛热燥烈之性耗散正气。由此可见，附、术相配祛风除湿，多重用。若兼有阳虚，则附子量多大于白术量；无阳虚，则白术量大于附子量。

2. 附、术相配，可温中健脾

黄土汤中附子三两、白术三两，附子、白术等量使用，且附子炮用，重在发挥温阳散寒、健脾补中之效。

3. 附、术相配，亦有脾肾兼治之功

真武汤中附子一枚、白术二两，本方中虽然亦是白术量大于附子量，但与治疗风湿痹痛不同的是二药用量均不重。炮附子温肾阳，化水气，功在下焦；白术燥湿健脾，功在中焦。二药相配，发挥脾肾兼治之功。

四、结语

通过对《伤寒论》《金匮要略》中运用附子、白术的7张方剂进行整理、分析和归纳，总结出仲景方中附子、白术的配伍规律：一、附子、白术配伍，祛风除湿，治风湿痹痛。此配伍中，二药一般重用，若兼有阳虚，则附子量多大于白术量；无阳虚，则白术量大于附子量；二、附、术配伍，可温中健脾。此配伍中，附子、白术用量相等；三、附、术配伍，亦有脾肾兼治之功。此配伍中，亦是白术量大于附子量，但二药均不重用，这是与治疗风湿痹痛最大的不同之处；四、这7张经方之中，所用附子均是炮用。在临床治疗中，我们应以这些配伍规律为指导，病症结合，选择适当的药物配比，以期发挥最大的临床疗效。

［《全国第二十次仲景学说学术年会论文集》2012：164］

试析《伤寒论》中祛邪思想

陶春晖　湖北中医药大学伤寒教研室

中医学治疗疾病的基本原则是扶正祛邪。其中邪气是导致人体阴阳失衡的重要因素，祛邪亦是治疗疾病的基本方法之一。早在《黄帝内经》中，对于不同部位邪气的治疗就确立了不同的治疗法则。如《素问·阴阳应象大论》曰：“其高者，因而越之；其下者，引而竭之；中满者，泻之于内。其有邪者，渍形以为汗；其在皮者，汗而发之；其慓悍者，按而收之；其实者，散而泻之。”另外，《素问·至真要大论》亦云：“坚者削之，客者除之，……结者散之，留者攻之，……上之下之，薄之劫之，开之发之，适事为故。”而《伤寒论》更是将《内经》中有关祛邪的治疗法则具体化，现将仲景《伤寒论》中祛邪思想陈述如下。

一、因势利导，予邪以出路

（一）邪随汗解

汗为津液所化，所谓“阳加于阴谓之汗”，属于人体正气的一种，亦是人体祛邪外出的载体之一，对于调节人体的阴阳平衡有非常重要的意义。仲景使用解表散邪的方剂祛除肌表之邪，汗出而邪解，以麻黄汤、桂枝汤为典型代表；使用宣畅气机的方剂，使三焦调畅，表里气机相合，邪随汗一解，以小柴胡汤为典型代表；另外尚有通过针刺，疏通经气，祛邪外出，濈然汗解等。概言之，均是通过汗出，达到祛邪外出的目的。

（二）邪随吐解

呕吐既是一个常见症状，亦是祛除邪气的途径之一。正如论中376条（据宋本《伤寒论》顺序，下同）所言：“呕家有痈脓者，不可治呕，脓尽自愈。”此时的呕吐，正是痈脓的出路。另外，诚如《内经》所言：“其在上者，因而越之”，论中瓜蒂散证正是此法的典型代表。因痰涎壅塞上焦，阻遏胸阳，气机不畅，甚至可以导致四肢厥冷，故以瓜蒂散涌吐痰涎，使实邪自呕吐而出，因势利导，祛邪外出。

（三）邪随下解

邪随下解，主要是通过下法排除实邪，即通过泻下通便，使积聚在体内的宿食、燥屎、冷积、瘀血、水饮等有形实邪排出体外。如三承气汤攻下肠中燥屎，使燥实得除，腑气得通；大陷胸汤（丸）泻热逐水破结，使邪水得下，诸症得除；桃核承气汤及抵当汤（丸），活血化瘀或破血逐瘀，使下焦蓄血得去；十枣汤攻逐水饮，使胸膈停饮得下；三物白散温寒逐水，涤痰破结，邪随下解等。以上均是邪从后阴而出，随大便而解，排除有形之实邪。

（四）邪随小便解

小便为人体重要的排泄物之一，亦是邪气外出的重要途径之一。如236条之湿热发黄，服茵陈蒿汤，方后注云：“小便当利，尿如皂荚汁状，色正赤，一宿腹减，黄从小便去也。”其发黄为湿热内蕴中焦，肝胆疏泄失常，胆汁外溢所致。服茵陈蒿汤，清热祛湿，通利小便，使湿热之邪自小便而出，邪自小便而解。

（五）邪随血解

血为水谷精微所化，为人体正气之一，具有营养和滋润全身的作用，行于脉中，而不宜外泄，故一般不作为邪气外出的载体。但是特殊情况下，邪气亦可随血而解。如论中47条所述：“太阳病，脉浮紧，发热，身无汗，自衄者愈。”是风寒之邪久郁，太阳之经不解，邪气不能从汗外泄，势必伤及血络，而发生自衄，邪气借衄而外泄，从而病愈，故后世又有“红汗”之称。另外，月经是妇女特有的生理现象，若热入血室，经水适来，则邪可借经水而外出。如145条云：“妇人伤寒，发热，经水适来，昼日明了，暮则谵语，如见鬼状者，此为热入血室。无犯胃气及上二焦，必自愈。”此为邪入血室，正值行经，则邪可借经水而外出。此外论中106条谈到蓄血轻证，可见“血自下，下者愈”，除了上述所言邪随大便而出外，女性患者尚可见邪随月水而解。

由上述可见，病邪侵犯人体引起疾病，其治疗多要予邪以出路，以利邪解，或从汗，或从口，或从二便，或从血等，此为祛邪之要务。

二、祛邪扶正，邪去正自安

诚如前述，祛邪的最终目的，还是在于使正气恢复，重新达到《内经》所云“阴平阳秘，精神乃治”，或者《伤寒论》中所云“阴阳自和”的状态。许叔微曾言：“古人称‘邪之所凑，其气必虚’留而不去，其病则实。盖邪之入也始因虚，及邪居中反为实矣。”如太阳伤寒证，症见发热恶寒、头身及关节疼痛、无汗等，系因外感风寒，卫遏营郁，经气不利，邪气留滞于人体，“留而不去”所致。此当发汗解表，祛风散寒，祛邪外出，邪随汗解，则正气自复。而太阳中风证是因外感风寒，而导致卫不固外，营不内守，营阴外泄。若邪气不去，汗泄不止，则正气不断损伤，故解肌祛风调和营卫，使邪随汗解，营卫调和，则正气自不再伤。论中多条涉及水饮的条文，如苓桂术甘汤证、真武汤证等，亦是祛邪扶正的重要例证。因误治或其他原因导致正虚，从而就有病理产物水饮的生成，同时水饮又作为致病因素进一步损伤正气。因而祛除水饮在治疗疾病当中是不可或缺的，如苓桂术甘汤和真武汤中的茯苓淡渗利水即为例证。此外，阳明三急下证和少阴三急下证是因邪热伤津，阴液欲竭，燥热不去，则终将亡阴而预后不良。此时，用大承气汤泻热通腑，急下燥结，釜底抽薪。

三、中病即止，勿过伤正气

人体的抗病能力须依赖正气，正气损伤，药物治疗就难于奏效。虽然邪气不去，正气难复，但是在祛邪的同时也要注意顾护正气，不可令正气损伤太过，所谓“中病即止，不可尽剂”。仲景在使用汗法时强调不可过汗。他在桂枝汤方后着重提出，要使："遍身漐漐微似有汗者宜佳，不可令如水流漓"，否则"病必不除"。且"一服汗出病瘥，停后服，不必尽剂。"中风表虚之兼证，如桂枝加葛根汤证、桂枝加厚朴杏子汤证，伤寒表实兼证如葛根汤证、葛根加半夏汤证、大青龙汤证等均仿此例，"覆取微似汗"或"取微似汗"。大青龙汤证还说"一服汗者，停后服"；若复服，则造成汗多亡阳，等等。仲景在使用吐法时，如瓜蒂散方后服法中谈到："不吐者，少少加，得快吐乃止。诸亡血虚家，不可与瓜蒂散。"亦是小量递增，见吐则止，特别强调诸虚证者不可服用本方，亦是强调在祛邪之余顾护正气之意。仲景在使用下法时，如大陷胸汤证方后"得快利，止后服"；大陷胸丸证方后"如不下，更服，取下为效"；十枣汤证方后："若下少，病不除者，明日更服，加半钱"，"得快下利后，糜粥自养"；小承气汤证方后"若一服谵语止者，更莫复服"，"初服汤当更衣，不尔者尽饮之。若更衣者，勿服之"；大承气汤证方后"得下，余勿服"等等，均是使用下法时，中病即止的典范。

四、小结

总而言之，祛邪作为一种中医治疗原则，其重要性毋庸置疑。祛邪的最终目的在于扶正，重新建立起人体的阴阳平衡。根据疾病所处阶段的不同，灵活运用祛邪的方法，往往能取得较好的临床效果。《伤寒论》中采用了多种祛邪的具体方法，丰富了《内经》的内容，并提出很多祛邪应该注意的事项，对于我们合理运用祛邪法有重要的启示。

[《全国第二十次仲景学说学术年会论文集》2012：115]

思考《伤寒论》成书的疾病背景

张再良　上海中医药大学

六经病证几年前曾经读过付滨等的文章"从疾病演变史探'伤寒'原义"，脑海中留下过深刻的印象。最近又一次拜读，又有收获，同时翻阅相关的资料，联想很多，越发感觉这个问题的重要，而在现实中对此加以关注的人并不多。好像"伤寒"是什么病并不重要，大多数人只把注意力放在对《伤寒论》原文的注释和发挥上，热衷于从理论上过度推敲，无限拔高。把《伤寒论》的六经病证原文完全看作是抽象的东西固然很好，各人的理解也是精致细密，各有所到，多少都能让人受到些启发。但这样做了好像总还是缺少些什么，让人感觉还不能完全释怀。于是，事情不得不回到它的原点，即《伤寒论》中所描述的"伤寒"究竟是什么疾病呢？

如果我们一旦搞清了'伤寒"原来是这样的疾病，即《伤寒论》成书的疾病背景，那么我们对原文的理解也许就会方便得多，很多问题都可以迎刃而解，同时也可以平息很多无谓的争论。用现代医学的知识来说明以往所经历过的临床实际，是否有点犯忌？实在出于无奈，为了要在学术上搞清楚一些问题，有时不得不硬着头皮试试看。本着探讨和交流的目的，以下把我最近学习和思考得到的一些认识，稍加整理，算是与付滨的文章唱和，也希望能够引起大家对这一问题的注意和兴趣。

一、必须了解现代医学对流行性出血热的认识

其实，现在大部分人对流行性出血热也许不那么了解了，而且都会把它轻轻放过。但是，为了深刻理解《伤寒论》，倒是十分有必要先熟悉一下这方面的现代知识，这是认识问题的前提。这样的知识只有今天才能得到，可以说这是前人所不可能具备的。由于现代知识的详尽，可以写出厚厚的一本书，而古代的记载比较简略和散乱，二者能否对应，也许是个问题，但作个对照还是可以的，应该会有助于思考。如果不联想，我们就只能永远停留在字面上，而无法深入到事物的本质。下面先将有关出血热的情况作一简单介绍。

流行性出血热，可以说是迄今为止临床上病情最重、表现最复杂（并发症240多种，与死亡相关因素140多种）的疾病，它的表现和治疗广泛涉及到临床各科。流行性出血热，世界上共有15、6种，是由某些不同种类的病毒所引起的一组病毒性疾病，病毒常由蚊、蜂、蜎及其他昆虫和啮齿动物传播给人（传染源全球有173种，我国有67种）。该病在1930年以后被陆续报道，直到1962年才提出"流行性出血热"的病名，据说也有文献曾经记载了塔吉克斯坦在12、13世纪出现过该病的流行。世界卫生组织曾在1980年将该病命名为"肾病综合征出血热"，以强调肾损害的严重性。

流行性出血热，也可以说是一组由病毒引起的严重的多系统损害的综合征（身体多个器官受影响），其特征是整个脉管系统受到破坏，身体调节能力受到损害，并多伴有出血。出血常因内脏器官、皮肤、黏膜的毛细血管受损而引起，出血本身

有时对生命并无大碍。有些病毒引起的临床表现相对较轻，但许多病毒可以引起对生命有严重威胁甚至致命性的病变。流行性出血热以突起发热、肌肉关节疼痛、出血和休克特别是出血为特征。

引起流行性出血热的病毒，有多嗜细胞特性，可以直接侵害全身所有的器官和组织，1978 年被分离出来。在病理上可以造成全身广泛小血管的损害和血液循环的障碍，导致全身器官或组织的损害和功能障碍，出现广泛性的水肿、充血、出血，体腔内多数器官可见出血性坏死。临床的主症为发热、出血和肾损害（也可见脑、肺、心、胃肠、肝等脏器的损害），常见的表现可以分为流感型、胃肠型、急腹症型、肺型、脑型、肾型、肝损型、败血症型、类白血病型等。临床上可以并发休克、弥散性血管内凝血、肾功能衰竭、心功能衰竭、肝损害、肺水肿、脑水肿、脑炎或脑膜炎、腹膜炎、胃肠炎、胸腹腔积液、各种出血、高血容量综合征、酸碱和水电介质平衡紊乱等。病程一般为 10～14 天，常常容易误诊为流感、食物中毒、钩端螺旋体病、急腹症等。初次接触地容易呈现暴发感染，大多数病人 3～4 周恢复。恢复期多见全身疲软，食欲不振，头晕、尿频，多汗，肢麻，腰酸等。该病的流行地域主要在亚洲，我国是重疫区（占 90%），在新疆荒漠、欧亚北部及东北、朝鲜、俄罗斯等世界各地都有不同种类的出血热流行。一般以发生在冬春季多，8 年有一个高峰，惟患者以 20～40 岁从事野外作业（农林水利、军事）的壮年者多。

这里，还必须提一下新疆出血热。新疆出血热流行于春末夏初，一般暴发型在 7～9 天死亡，轻型则在 2 周后恢复，重症患者的中毒、出血严重，多死于休克和出血。该病的临床主要表现可以作如下归纳：①全身中毒症状：突然畏寒，寒战，极度乏力，恶心呕吐，食欲不振（食欲下降与发热同时，其他如腹痛呕泻迟于发热，持续时间的长短不一），剧烈头痛，腰痛，周身疼痛等。3～5 天后中毒症状仍在，同时见到出血，有些患者呈昏睡状，神情淡漠，颜面颈部潮红。第 7 天起体温下降，中毒症状开始缓解；②发热中毒症状：突起畏寒发热，多稽留热，也有弛张热或双峰热，一般 7～12 天，大量出血者体温降低或正常（低血压休克或循环衰竭），低血压一般出现在第 5 天；③充血出血症状：颜面颈胸潮红，眼结膜及咽部充血，早期可见鼻出血和口腔出血，鼻血可以一日数次，继而出现尿血、便血、呕血、子宫出血等，出血一般出现在发病后的第 3～4 天，部分病人出现黄疸；④中枢神经系统症状：烦躁、失眠、谵妄、昏睡、昏迷（出现率为 9%），出现这类表现提示预后较差。部分发生心功能衰竭、肾功能衰竭、肝功能衰竭、肺水肿、脑水肿（占死亡率的 70%）。该病整体上愈后较好，一般不会留下后遗症。

对于流行性出血热，今天我们可以认识的很细，这些都有现代临床资料，但是汉魏时期的具体情况实在缺乏详细可靠的资料，只能作些大概的推测，估计新疆出血热的可能性大，当然，此也仅仅是估计而已。本文的展开，则以流行性出血热为基础。

二、古代文献中有关“伤寒”的描述

《内经》《难经》中有“伤寒”的名称，当时呈散发，也许这种热病的发病季节和初始见症决定了“伤寒”的名称。当时的记载，伤寒的死亡皆在六七日间，而痊愈则在十日以上。仲景在“伤寒卒病论”序文中称：“卒然遭邪风之气，婴非常之疾，患及祸至，而方震栗，降志屈节，钦望巫祝，告穷归天，束手受败”。据称建安年间人口的骤减，当不亚于后来横扫欧洲的鼠疫，可见医药的能力也是有限，人们更多的只能求神拜佛。

“伤寒例”中的有些基本观点我们必须加以注意：①伤寒为毒，最成杀厉之气，中而即病；②君子固密，不伤于寒。辛苦之人，春夏多温热病；③伤寒之病，逐日浅深，以施方治。一般认为《伤寒论》中的“伤寒例”以及后面的“可不可”由王叔和所为，可见王叔和仍然面临着疫病流行的局面，所以有必要对《伤寒论》进行编次，其增加的前后部分都是出于当时临床实际的需要。

《诸病源候论》中有“伤寒候”，同时并立在一起的有时气病、热病、温病、疫病病。尽管区别分类如此其实界限并不那么绝对，所以应该互参。伤寒候的内容最多，其中列有：呕哕、厥痉、结胸、发黄、衄血、阴阳毒、百合病、狐惑病、瘀血、毒攻眼等 7 候。时气候有时行伤寒、时行寒疫，温病诸候中提到人感乖决之气而生病，则病气转相染易，乃至灭门，延及外人，有发斑、狂言、发黄、出血、小便不通等，热病与温病大体相仿。

另外，我们也可以从魏晋南北朝时期的一些方书中作一些了解，如当时流行的《小品方》《范汪方》《深师方》《集验方》等书中，都专门有治疗伤寒病的诸方，涉及到与伤寒相关的发热、出血、呕哕、烦渴、咽痛、小便不利、狂语、匿疮、发斑、阴阳毒、百合病等，所出方药，有的与《伤寒论》同，有的则为《伤寒论》中所无。可以说，仲景以后伤寒的流行还没有完，而直到唐代，疫病才平息，所以孙思邈会感叹“江南诸师秘仲景要方不传”。

翻看相关的医籍，很明显宋以后对伤寒的直接记载减少，而更多的则是对《伤寒论》的研究了。

三、从流行性出血热的临床证治看《伤寒论》

1. 汉末魏晋流行性出血热肆虐的可能性

一种传染病的流行，必然有它一定的背景。所以，我们还有必要了解汉代的政治军事经济等方面的某些基本情况，如下几点应该加以注意：汉代与北方匈奴的战争没有停止过，军队出征，凯旋而归中原腹地，带回了大量的羊群等战利品，同时也有可能带回了疫病；匈奴降汉，牧区南移，变耕地为草场，疫区也有可能因此而扩展到了中原地区；病原欺生，长期居住在中原地区的人们缺乏免疫，所以疫病的流行就相对容易发生；北魏以后，匈奴西去，耕区逐渐恢复，疫病也随之消退。由此，后人竟然不知“伤寒”为何物，所以对《伤寒论》会信疑参半。

应该说，仲景之前就有伤寒，古今相传，称伤寒为难治之疾。一说伤寒是雅士之辞，天行、瘟疫是民间的称呼，《肘后方》中称：“三名同一种耳”。当时只能从发病与节气的角度作出判断，其实，伤寒就是疫病，理论上区别的意义并不很大，因为在治疗上基本变化不大。所以可能针对的都是流行性出血热，只是一件事情的不同表述而已。但是实际中阳明与少阴、阴毒与阳毒的鉴别却很重要，因为治法方药不同。今天，我们才清楚地了解到流行性出血热属于自然疫源性疾病，其病原在自然界不依赖人类及人类活动而存在，人类只是偶然介入了这个循环之中，才得以感染致病，如鼠疫等也如此。

2. 伤寒六经证治的内容与流行性出血热的临床实际大体相似

伤寒六经病证有明显的传变过程，即阶段性的进展移动，《素问·热论》中所谓“一日一经”的表述再明显不过了。而出血热的阶段性变化也十分明显，先后呈现出发热期、低血压休克期、少尿期、多尿期、恢复期的规律性走向。

流行性出血热的发热期往往有前驱症状，以感冒或消化道症状为主。发热的轻重与病情的轻重直接相关，发热达到40℃者低血压休克发生率37%，35℃以下者无休克。发热期可以和休克期、少尿期重叠。热退后或休克纠正后又见到发热，则以并发感染的可能性大。发热期也可以见到各脏器功能障碍的症状，神经系统的症状多见迟钝、淡漠、嗜睡，或表现为烦躁、谵妄等。

从流行性出血热的角度，可以把三阳病一起归入发热期。太阳、阳明、少阳把一个发热期区分为几种不同的表现，但三阳也有重叠，故有二阳、三阳合病、并病的称呼。发热以稽留热、弛张热（或双峰热）多见，开始见有头痛、身痛、腰痛，然后见到项背强或痉（脑水肿）、脉迟（相对缓脉）、黄疸（肝损害）、头痛、烦躁、失眠、谵妄（神经精神症状）、目中不了了、睛不和（结膜炎）、痞证（胃炎）、结胸（腹膜炎）、蓄血（便血）、尿血、衄血、阴道出血（热入血室）、肺出血、颅内出血等众多复杂表现。临床观察，腹痛的发生率在32～87%，主要由于腹腔血性积液。发热期的临床表现最错综复杂，所以在《伤寒论》中太阳和阳明病的内容最多。阳明病高热后，一般向愈者多，故原文有“万物归土，无所复传”的讲法。当然，出血、休克纠正后也有病情向愈者。治疗上一般以缓解症状为先，同时应该“观其脉证，知犯何逆，随证治之”。所以除了麻黄汤、桂枝汤、白虎汤、柴胡汤、理中丸、四逆汤等基本方之外，还必须有葛根汤、青龙汤、承气汤、陷胸汤、抵当汤、泻心汤、五苓散、十枣汤、建中汤、真武汤等备用。

太阴病以胃肠道症状为主，可见腹满，腹痛，呕吐，腹泻等（胃肠炎），此时全身的一般状况还可以，所以脉缓，肢温。关于治疗，原文强调“脏有寒故也，当温之，宜服四逆辈”，临证用大黄、芍药都应该减量。如果小便自利，原文讲不能发黄，是指进入多尿期后一般向愈，不再会有肝损害的情况出现。

少阴病很明显是低血压休克期，少阴病则偏重在厥逆（休克或低血压，如脉微欲绝、手足逆冷等）。低血压休克的发生率一般在5%～20%，最高可达50%，多发生在疾病的第4～7天，最早出现在第2～3天，最迟在第10天，仍有发热，休克往往成为死因（病死率40%～60%）。这种休克又叫作“血管损伤性血浆渗出性低血容量性休克”。低血压期要扩充血容量、调整血管张力、强心。在这个阶段死亡率高，如原文提到：吐利，躁烦，四逆者，死；下利，头眩，时时自冒者，死；脉不至，四逆，恶寒，身蜷，不烦而躁者，死等。通脉四逆汤证有里寒外热，尽管有面赤、不恶寒、下利、腹痛、呕吐、咽痛、但以脉微欲绝，四肢厥逆为急，故当急温。少阴病的治疗，强调脉微沉细数不可汗，尺脉弱涩不可下，手足厥冷不治，手足温可治。少尿期的治疗要利尿、通便，泻下可以减轻腹腔组织水肿和肾水肿，减少血容量，前提是休克状态已经纠正。少阴病有可能多尿，小便排出多，故引水自救，原文讲下焦虚寒，不能制水，故令色白。

厥阴病位于六经最后阶段，病机的特征为厥热胜复，也是发热与休克的交替，临证的处理实际是走在少阴和阳明，作为热病最后危重阶段的治疗，显然仅用乌梅丸搪塞是不行的。热深厥深，热微厥微，提示了发热和厥逆的相关。“四逆，厥不可下”是临证治疗的原则。四逆散证的四逆，则可以伴有咳、悸、小便不利、腹痛等，但这个四逆不重，并不一定是休克，正因为是流行性出血热，所以会有那么多的或有症。当然，“厥应下之”是事物的另一面，但也有前提，应该排除低血压休克，针对的是发热或有腹部症状，仅有轻度肢冷的情况，如用白虎汤的脉滑而厥。原文提到的脏厥当是严重的休克状态，脉微而厥，肤冷，躁无暂安时。而轻者如热少微厥，默默不欲饮食，烦躁，数日后小便利，欲得食，则疾病向愈。原文提到厥少热多者愈，手足温者生。厥多热少者病进，厥不还者死，脉不还者死等，都是指休克的危重状态。其实在厥阴病的阶段，仍然交错着发热、厥逆、腹满、下利、出血等情况。

流行性出血热的死亡原因，依次为休克、尿毒症、出血、肺水肿、继发感染、多器官功能衰竭、心衰、脑水肿。如果病初就见到低血容量则不能下，而要温，所以原文要强调先表后里的规矩，先用下法则容易导致休克。

少尿期为肾损害（障碍或衰竭）所致，见有尿毒症、出血、水电解质和酸碱平衡紊乱等，主要出现少尿或尿闭。一般出现在第5~8天，早的第3天，晚的第10天。一般出现越早提示病情越重，而且持续的时间与严重程度也成正比。临床多见小便不利（少尿）、眩（低血压，见恶心、厌食、呕逆、尿量减少）、小便自利（多尿）。进入多尿期，如果无意外，一般恢复顺利，可以渡过危险阶段而康复。少尿期也可见高血容量综合征，开始的大量渗出此时由于血管功能的恢复，又急速回流进血管，造成血容量骤增，而肾功能尚未恢复，又不能排出过多的水分。此时血压升高，可以并发充血性心力衰竭，肺水肿、脑水肿、高血压脑病和严重出血。在处理上可以用通利二便的方法来达到缓解的目的。

从流行性出血热的角度，将《伤寒论》六经病证的内容稍加整理，如消化系统（腹部）的症状可见结胸、痞症、懊侬、身黄、呕利、蓄血、除中等；肾功能障碍的症状可见小便不利、小便难等；神经系统的症状可见痉、项背强、烦躁欲吐、头痛、嗜卧、直视、不识人、独语如见鬼状、喜忘、惊狂、语言难出、默默不欲食、循衣摸床等；各种出血的症状可见衄血、蓄血、热入血室、便血、下血、便脓血、唾脓血、咽痛（烂）等。从流行性出血热考虑，痉湿暍、百合狐惑阴阳毒等内容都容易理解了，甚至《金匮》中的很多病证其实都和“伤寒”有着密切的关联，只是当时无法认识，错把一个疾病看作了多种不同的疾病，如此而已。

作为治疗，在整个疾病的过程中，汗、吐、下、和、温、清、补的用法和适应证的掌握是个关键，所以除了六经的叙述以外，最后还列有“可不可”的归纳，特别是汗吐下治法要用得恰到好处，无过与不及。事实上临证往往把握不好，所以容易出现误治（其实有些病证不完全由误治造成）。今天有了对流行性出血热的全面认识，能够帮助理解，如汗法只用在初期无汗或有汗时。

综上所述，试作如下归纳，流行性出血热临床表现的特殊性决定了六经证治的普遍适用性，它的特殊体现在：①病程有明显的阶段性，一般的过程为2周；②对机体影响的广泛性，几乎所有的内脏均被累及；③临床见症的丰富多样，发热、出血、肾功能衰竭，各脏器的炎症、充血、水肿等；④病毒感染，无特效药物，只能辨证、对症，以调整机体状态为主；⑤有自愈倾向，死亡率不是很高（鼠疫在97%），使临证的观察、总结成为可能。设想一下，如果换成像鼠疫那样的烈性传染病，或者是一般流感那样的轻浅之证，那么可以说，再怎么总结也不会有六经病证的出现吧。当然，这里必须补充一句，本文提出伤寒与流行性出血热的相关，只是一个大体轮廓和主要线条，并不排除其他疾病同时发生的可能性，比如流感、鼠疫、斑疹伤寒、急性胃肠炎等等，也正是这样错综复杂的情况，才是临床面对的现实。

3. 正是流行性出血热使伤寒六经证治具备了临证的普遍指导意义

有一个问题必须正视，即张仲景在当时并不具备全面总结外感热病证治规律的可能性。这话实在大逆不道，因为我们已经习惯了一般的定说和固定的思维。事实上，历史上任何医家都有局限，所以作为个人的经验都应该是具体的。姜春华说过，我们读《伤寒论》，不是读圣经。古代医家尚不具备总结整个热病证治规律的可能性，但是，这并不是说热病证治的规律在古代医家的实践中不可能有所反映。偶然中寓有必然，流行性出血热这一疾病的特殊性产生了六经证治方法的普遍性，从而使六经证治有可能成为临证治疗的基础。由于不了解真正的病因（哪怕真的了解了），因为缺乏针对性的有效疗法，所以只能随证治之，即治疗只能以及时调整病人的当下状态为目标，这也是临证的基本原则，临床上至今仍然如此。

研究历史必须以事实为基础，大凡历史事件都带有一定的偶然性，而偶然中又包含着某种必然的规律，医学的进步应该也是如此。还原历史的现实，回到临床的实践中，我们看到的人都是具体的，疾病也该如此，抽象拔高往往是后人所为。所以，我们是否应该有两个《伤寒论》，一个是在具体的疾病证治中形成的《伤寒论》，一个是反过来具有指导所有疾病证治价值的以六经辨证治法方药体系为基础的《伤寒论》，二者紧密相关，但又有不同。看清楚这一点很重要，也很有意思。作为狭义伤寒研究，必须注意原文的具体描述，将大多数文字落到实处，而不必作过多的无限的发挥。对狭义伤寒的认定，可以免去许多无谓的争论，可以冰释很多疑团。作为广义伤寒被推广（疾病的证治原则、规律），强调基本原理的普遍适用，已经不同于流行性出血热的具体证治规律了，所以作为整个《伤寒论》的研究，应该抓大放小，整体把握住抽象出来的规律、原则、框架即可。

4. 从时代的疾病流行背景理解热病证治中的寒温变化

伤寒六经证治体系形成以后，特别是在宋代《伤寒论》校订刊行以后，《伤寒论》受到了普遍的重视，但医家对《伤寒论》的态度却褒贬不一。褒者着眼于其中的普遍规律，到清代有“六经乃百病之六经”“以六经钤百病”等的认识。贬者看到的仅是具体的疾病传变顺序和治法方药，从金元开始，提出“古方今病不相能”，努力“脱却伤寒，辨证温病”。到了明清时代进而有瘟疫、温热、湿热等的强调，形成卫气营血和三焦辨证等方法，在热病证治中形成了明显的寒温对垒。有趣的是，流行性出血热的证治孕育出了六经证治的方法，到了现代，对流行性出血热大家反而比较习惯用卫气营血辨证来处理了。从具体治法来看，按照六经的辨治的顺序，开始用温，中间用清，接着再用温，而温病始终用清。辨证直接关联着治法方药，方药本身是无所谓对和错的，有是证，用是方，如此而已。所以对一个病的辨治，六经和卫气营血的方法应该是并存的，当然，六经辨治的框架相对平稳，而卫气营血辨证的针对性更强。

今天我们想要理解历史上曾经发生过的寒温之争，还是要注目于当时的临证事实，即金元时期的疾病有了什么变化？也就是为什么河间要主火主热，东垣为什么强调劳役脾胃？这些医家遭遇到的也许是鼠疫，而不是流行性出血热，如果套用六经方药就要出问题，所以张子和会说：“勿滞仲景纸上语”。明清时代，很多温病学家活动在江南一带（吴又可、吴鞠通有在北方生活的经历），也许遇到的又不完全是鼠疫，而是呼吸道和消化道的重度感染较多，所以有叶天士的温邪上受，首先犯肺。中医的治法方药出自临床实际，实践决定一切。我们今天思考和理解过去，也必须考虑当时临床的实际情况如何，每个医家的具体经历如何。“学问在空间，不在纸上”（吕思勉）。汉唐时期在临床实践中对“伤寒”病证治的归纳总结，至宋金元时期一变而成为对《伤寒论》的研究，医家倾心于对原文的解释，大家着力于文字上的发挥，日积月累，形成了洋洋大观的专门领域，不少人硬是把活生生的学问变成了毫无生气的纸上功夫！这种情况，即便是在今天不也仍然值得我们认真反省吗？

最近阅读费振钟的《中国人的身体与疾病》，书中讲到宋代的医学，对《伤寒论》表达了这样的意思：“伤寒”是这样一种疾病的完整解释体系，它在张仲景的时代由临床观察和身体阅读而构成。但《伤寒杂病论》经过校理、印刷行世后，这个体系迅速被“文本知识”化。三世纪以来民间秘传式的临床传授，已被多数人抛弃，“伤寒”惟在知识维度上得以阅读与学习，庞安时的《伤寒总病论》即是这一维度上的继续传播，十二世纪的宋代，“伤寒”已成为主要疾病的知识总汇。临床观察不再成为医学知识的来源，“一种任由形而上学作祟的医学大行其道”。宋代医学的天平倾向文本知识，并且开始由精英文化阶层掌握，左右着医学发展。这个时期的医学不可避免地走向思辨理论、形而上学、哲学乌托邦，临床医学被边缘化，显得冷落萧条，而文字医学大显其道。费氏的如上见解，我认为不乏历史的大视野，确实值得我们认真思考。

将“伤寒”与流行性出血热相联系，并不会限制经方的应用。古方古用，有它针对和特定的范围，古方今用，是它的扩展和变化。中医的方药大多着眼于调节机体的整体状态，所以有时可以万病一方。又因为一种疾病临床也会变化多端，所以一病又必须备万方。这也就是我们经常说的“同病异治”和“异病同治”。从流行性出血热的证治形成一本有 113 方的《伤寒论》，从伤寒六经证治又走向所有疾病的治疗，这正是一个最有说服力的事实。

在本文的结束之际，要深深感谢付滨等的文章和林永焕先生的著作，没有他们的启发，不会有我以上的思考！

［《全国第二十次仲景学说学术年会论文集》2012：172］

谈经方运用的五项原则

王庆国　北京中医药大学

“经方”一词首见于西汉・刘向父子编撰的《汉书・七略・方技略》。“经方”的传播与发展历经数千年，广播海内外，关于其概念范围，有以下几种认识：其一指经验之方，即经过长期实践而证明有效的经验药方，并经广泛传抄而流传后世，包括民间应用的方剂；其二指《黄帝内经》《伤寒论》《金匮要略》等中医经典著作中收载的方剂；其三特指仲景之方，即张仲景《伤寒论》与《金匮要略》中的方剂，这是与宋元以后的“时方”概念相对而言，第三种定义基本为学术界所公认。经方历经两千年许，为亿万人的无数次医疗实践证明有卓著疗效，成为“众法之宗，群方之祖”。随着近年来“读经典、做临床”口号的提出，对中医经典理论的学习更是日渐受到重视。目前经方研究具有范围广、力度强、规模大的特点，发展势头良好，是中医学术研究之热点，并呈现出明显的国际化趋势。数十年来，国内外相关研究成果层出不穷，就研究内容而言，无论其深度和广度，均属史无前例，而其研究方法和手段，更是令人耳目一新。在文献梳理、理论探索、临床运用、实验研究等诸方面，均取得了丰硕的成果。简言之，普及与提高相结合，继承与创新并重，成为经方研究的显著特点，同时也昭示了仲景学术研究的发展方向。

一、熟谙经旨，打牢基础

经方历经两千年许，为亿万人的无数次医疗实践证明有卓著疗效，成为“众法之宗，群方之祖”。成无己曰：“自古诸方历岁浸远，难可考详，唯仲景之书，最为群方之祖。”张元素曰：“仲景药为万世法，号群方之祖，治杂病若神。后世医者，宗内经法，学仲景心，可以为师矣。”经方之所以备受推崇，经久沿用，是因其配伍严谨，用药精简，主辅安排之恰当，君臣佐使之驱遣，分量多寡之裁定，煎法服法之规矩，无不斟酌精蕴，体现了“方以法立，法以方传”的特点。但用好经方，则需下一番坚实功夫，临证学用经方，首先必须熟读原文，打牢基础。《伤寒杂病论》是一部东汉时期的古典医著，距今已有1800多年的历史，汉代文字与现代文字已有不少区别，有其鲜明的时代特点。比如一些词句，如“更衣”“哕”等词义与当今已有很大不同。在写作方面，仲景书中的几种重要笔法，如倒装、省笔、插笔、互文见义等均应当有所熟悉，否则很难弄通仲景原文。因此，要从文字词句入手，掌握好古汉语基础知识，弄清原文的涵义。然后熟读熟诵，领会书中主旨大意，记住辨证中的证候要点，以及方剂的宜忌、剂量大小和煎服方法等。因仲景的学术思想涵载于字里行间，若不能熟记辨证论治要点及治疗方药，也就谈不上临床上的正确运用。

二、紧扣病机，抓住关键

众所周知，《伤寒杂病论》是一部理论密切联系实际的医学巨著。仲景在书中以六经论伤寒，脏腑论杂病，将脉因证治融为一体，理、法、方、药一线贯穿，从而构成一个以辨证论治为核心的诊疗体系，对临床具有重要的指导作用。因此，要运用仲景之方，若不明仲景书中之理，那就必然会失去理论指导。仲景在论中一再强调“平脉辨证”，“辨某某病脉证并治”，“观其脉证，知犯何逆，随证治之”，即为明例。这里的“证”是由相互联系的症状、体征构成，它是疾病某一阶段病理状态的综合反映，所以“证”是运用经方的一个关键问题。“证”是表象，它的后面隐藏着病机。所谓“凭证立法”，实际上是据病机立法；“方从法出”，实际上是据病机立法的基础上进行选药制方，这正是仲景能够做到方证相应的一个重要原因。仲景著书时明写方证，暗寓病机，立法制方之理涵蕴其中，只要能抓住这一内在联系，临证时对经方既能运用自如，又可触类旁通。辨证析机，因机立法，因法施方是中医诊疗的一般程序，而抓住病机，就抓住了拓展经方运用的关键。正如《伤寒分经》言：“然古今元气不同，南北察受各异，其间有宜师其意而遵用其法，有宜师其意而不尽泥其方，学者惟能神明于规矩之中，变通于法度之外，斯为善读仲景书尔。”盖以症状为表象，病机为实质，抓住病机即为扩大《伤寒论》方运用范围之重要途径。不可仿日本汉方医家拘泥于“方证相对”，惟重症状，不求病机，机械呆板的做法；不仅强调“方证相对”，更重视病机分析，探求脏腑经络、气化等病理改变，故而灵活有度，大大拓展了经方运用。例如麻黄连翘赤小豆汤原治湿热在表之黄疸，若师其法而不泥其症，抓住本方证属湿热内蕴，兼以外泛于表之病机，本方可灵活用于治疗皮肤痉痒症、荨麻疹、湿疹、痤疮等病证，临床收效明显。又如薏苡附子败酱散本治肠痈，抓住本方“下焦阳虚兼有湿热”之病机，临床施治慢性盆腔炎、溃疡性结肠炎、肠易激综合征等病证，亦收佳效。此皆为抓病机，扩展经方运用之实例，凡此种种，不胜枚举，读者当明辨之。

三、病证结合，适应需求

病证结合即辨病辨证相结合，是一种既重视对病的诊断又注重辨证论治的临床诊疗体系。辨病是对疾病的病因病机、病情的发展、预后等从整体上的把握，辨证则注重根据病情某一发展阶段的病理特点而做出阶段性判断。病证结合的实质是将疾病概念与证候概念相结合，研究疾病的发生发展规律，揭示中医药学基础理论的科学内涵，指导疾病防治。病证结合，辨病为先，辨证为主的诊疗模式，仲景早有示范。仲景首创了以病为纲、病证结合、辨证论治的临床诊疗体系，仲景确立的以病为纲，以证相辅的医学模式，促进了中医临床医学的丰富和发展。病证结合的医学模式是中医整体恒动观的生动体现，二者如同中医认识疾病的经纬线，缺一不可。因此，经方作用中的病证关系研究是解释经方现代临床应用科学内涵的关键环节之一。在“病证结合，方证相应”研究思路的指导下，通过建立“病证结合，方证相应”的经方作用机制研究方法，以柴胡桂枝干姜汤、加味桂枝芍药知母汤和加味桃核承气汤等为模板，针对相应的病证结合动物模型，探讨干预作用的现代科学内涵，提供经方临床应用的科学依据，丰富了经方现代研究的传统理论内涵。

同时应指出，时代不同，需求在变化；在当前医疗环境下，最大程度规避医疗纠纷是医生面临的严峻问题，中医大夫同样面临着这一挑战。由于传统中医在诊断分析、药物剂量、疗效评判诸多方面缺乏客观统一标准，而现实法律采用举证倒置制度，讲究证据，这必然要求中医临床要引入现代医学的诊断、疗效评价体系，以现代医学的生化、病理指标来判断中医临床疗效等。临床不可以所谓纯中医自居，把现代医学拒之门外。曾亲历一患者，胸闷呕恶，脘痞身重，饮食不下，小便短赤，舌胖大，苔如积粉，求诊于某位名老中医。据脉辨证，此为典型的甘露消毒丹证，当时老中医未让病人进行相关化验检查，患者服药三月，症状不减，后检查确诊为贲门食道癌转移，耽误了最佳治疗时机。又如肝炎病人，肝区不痛，无疲乏劳累，诸证均可，舌脉正常。但检查转氨酶、胆红素均高，病毒复制活跃，若以中医辨证，可以不予诊疗。但若不施治，则病情加重，可进展为肝纤维化、肝硬化等。凡此均应引起中医界同仁警醒。

四、科学评价，有利交流

经方组方严谨，疗效确切，但过去囿于时代、条件所限，对其功效、配伍规律的阐述，大多停留在临床经验所得的模糊认识，难以揭示其组方配伍的奥妙。而当今采用现代实验研究、数理统计等方法，为探讨经方药物组成之间的相互关系和配伍的科学内涵，揭示经方的内在物质基础，科学评价经方疗效，推广经方临床应用等提供了重要支撑。自20世纪60年代开始，随着中医药现代研究的开展与深入，对传统方剂药理药效与配伍规律的研究越来越引起人们的重视。近年来，从分析中药复方的作用机理和药效物质基础的研究入手，探索经方配伍的研究已成为中医药研究的热点。如在“半夏泻心汤对Cajal间质细胞调节作用的实验研究”“半夏泻心汤配伍规律与shay平衡学说相互关系的研究”以及“半夏泻心汤配伍规律的实验研究”等国家自然基金课题的研究中，以半夏泻心汤这一辛开苦降、消痞散结的代表方剂为切入点，按照药物性味特点，将半夏泻心汤全方药物分为辛味药组（半夏、干姜）、苦味药组（黄芩、黄连）和甘味药组（人参、炙甘草、大枣），进行交互组合，分别为辛苦药组、苦甘药组、辛甘组、全方组共7组。实验研究结果表明单性味药物经配伍成为多性味药物组合后，发生了新的药理药效，不同性味药物间产生了新的关系，从而为性味配伍理论提供了实验支持。课题组以半夏泻心汤为模板，在“方从法立，以法统方”的组方理论基础上，提出“法依病机，拆方依法”的经方配伍研究新方法；以半夏泻心汤及其类方为模板，通过中医性味理论拆方实验研究及分子水平物质基础研究，创建并应用了“优化拆方-数据挖掘-知识发现”（OD-DH-KD）的经方配伍理论分析新方法。同时我们也要做到循证医学、统计学、流行病学等现代方法，都要为我中医所用。以循证医学为例，它并非只强调随机、对照、双盲的RCT试验，诸如中医个案病例、医家学术经验等均是循证医学评价体系的一部分，它们作为层级较低的证据，也有其重要意义。在当今科学技术条件下，对经方的应用不能仅仅停留在传统的经验和理论上，而必须采用现代科学方法予以阐明。

五、掌握规律，有的放矢

经方树立了中医组方用药的典范，可通过以下途径，掌握经方运用规律，明晓经方配伍特点与仲景用药心法，临床运用方能得心应手。

（一）方证对比，明晰差别

仲景著书言简意赅，许多内容，或详于前而略于后，或详于后而略于前，或一方的适应证见于多条，或多条综合才能构成完整的一个病证，或数证临床表现近似，或多方药物组成雷同。这就需要对全书内容前后归纳，上下对比，才能从总体上把握证候的鉴别和方剂的应用。以半夏泻心汤与黄连汤为例，两方仅一味药之差，即黄芩易为桂枝，则功用主治大异。半夏泻心汤治疗寒热错杂之心下痞，而本方证则是寒热上下阻隔，寒自为寒，热自为热，并无心下痞主症，故以黄芩易桂枝，以交通上下，协调上下之寒热阴阳，则阻隔自消。又如真武汤与附子汤，亦仅一味药之差，加人参去生姜即为附子汤，但真武汤证以少阴阳气不足，在里之水邪泛滥为主，所以用生姜配附子温阳宣散水邪；而附子汤证以少阴阳气不足，在外之寒湿凝滞于肌肤骨节为主，所以用人参配附子，且附子用量倍于真武汤，其温补元阳元气之旨，显然可见。

（二）适宜禁忌，不可不知

经方药重力雄，作用明显，用之得当，常有覆杯之效，但用之不当，势必带来不利后果，祸不旋踵。故而仲景对服药将息法，诸如：煎药事宜、服药方法、药物宜忌以及护理方法等，交待颇为详明，对后世有重要启迪。仲景桂枝汤服用方法最具典型意义，如药后啜粥、温覆取汗、见效停药、不效继服以及药后禁忌等，堪为仲师垂法后世的典范。又如服用调胃承气汤，少少温服之，少与以和胃气，恐伤正气。大陷胸汤方则“得快利止后服”，恐过剂损人之正气，用时宜注意。三物小白散方及十枣汤则“羸者减之”，大、小承气汤则“得下利勿服”，“若更衣者，勿服之”。皆提示用药须中病即止，勿伤正气，特别要注意病人体质，斟酌用药。如“麻黄发其阳”，尤其老年人正气衰残，根本不固，若用之不当，则下拔肾根，发越阳气，每致偾事。凡此俱当引起注意。

（三）加减化裁，皆是心法

唐容川言：“仲师选方用药全凭乎证，添一证则添一药，易一证亦易一药。”可谓慧眼独具。吾常以《伤寒论》中7张经方的加减法举例，强调这是仲景用药的精华所在，绝不可等闲视之。如小柴胡汤后加减法：“若胁下痞硬，去大枣，加牡蝠四两”即具有典型性。此乃邪郁少阳之经，阻遏较重，故去大枣之壅滞，加牡蛎以咸寒软坚。故而后世医家承继仲景心法，凡见胁下痞硬，必加煅牡蛎以软坚消痞，我在临床亦多用之，每收良好效果。又如280条：“太阴为病，脉弱，其人续自便利，设当行大黄芍药者，宜减之。”此条太阴经脉受邪，气血失和的证候，伴见脉弱，提示病人尚有中气不足。设当行大黄芍药者，宜减之，这是因为其人中气较弱，容易被苦寒阴柔的药物所伤动而引起下利，可见芍药可通利大便，临床以当归30g，芍药30g，全瓜蒌30g，牛膝15g组方，以养血润肠立法治疗习惯性便秘，常收显效。

六、结语

经方不仅历经筛选，具有确切的临床有效性和实用性，而且是后世方剂发展的典范，不仅最能反映中医组方理论之原始面貌，而且具有扎实的现代药理实验研究基础。因此，经方集中体现了中医药理论和实践的精华。临床应用经方，只要病机相符，主症明确，用之必有效验，而抓主证更是取得最佳疗效的关键。《伤寒论》是一部辨证论治的临床巨著，总结了六经病证的基本规律，将理、法、方、药融为一体，对于每一经病证以及每一个方证都厘定出了主证、兼证、变证及夹杂证的层次，为正确地运用辨证论治提供了必要的条件。在这一辨证层次中，应该说抓主证是最重要的。主证是纲，纲举则目张，随之而兼证、变证、夹杂证等也就可以迎刃而解，此等论述对临床有重要指导价值，吾辈当细心领悟学习，必将有助于临床。

［《全国第二十次仲景学说学术年会论文集》2012：8］

探析仲景养生思想

张玉苹　北京中医药大学养生康复系

张仲景《伤寒杂病论》虽然为方书之祖，但在仲景著作中也存在着丰富的养生思想，而且很多中医的各种养生观点、原则在他的著作中几乎无一遗漏。仲景著作中直接两次提到“养生”一词，除此之外，还有很多类似的说法比如“养慎”“保身（长全）”“爱身（知己）”等，可见仲景对养生非常重视。仲景认为养生的目的是事“君亲”“爱人知人”“保身长全”。在《伤寒杂病论序》中指出：“怪当今居世之士，曾不留神医药，精究方术，上以疗君亲之疾，下以救贫贱之厄，中以保身长全，以养其生。但竞逐荣势，企踵权豪，孜孜汲汲，唯名利是务。崇饰其末，忽弃其本，华其外而悴其内。皮之不存，毛将安附焉”[1]？此处已经非常明确地提出了养生的概念。仲景批评当时社会上人们不重视养生，强调养生的重要性。仲景虽以儒医名世，但他的思想受当时“儒道合融”的文化影响，又与道家的思想渊源深厚。

中医养生主张动以养形，静以养神，动静结合，这一点在仲景的著作中得以充分体现，仲景主张形体的保养要以动为主，起到疏通经络、畅通气血的目的，神要静养，要做到形神兼养。仲景主张全面综合的调摄，采取多种养生方法比如顺应自然、饮食养生、情志养生、导引按摩、房事养生、避邪养生等，达到疏通经络、畅通气血的目的。仲景所论的养生方法散在各篇之中，主要包括以下几方面：

一、顺应自然

仲景已经注意到天地阴阳变化对人体的生理、病理都会产生影响，《伤寒论》原序指出：“天布五行，以运万类，人察五常，以有五藏。”张仲景承袭了《内经》天人相应的理论，在《伤寒论·平脉法第二》曰：“人之脉象春弦秋浮，冬沉夏洪。”脉象是人体脏腑功能、气血盛衰、阴阳盛衰的反应。人体五脏与四时之气相应相通，脉象也应四时而变。自然界阴阳变化影响人体的阴阳气血盛衰，所以脉象在四季有不同的常象，正如《素问·四时刺逆从论》说：“春气在经脉，夏气在孙络，长夏在肌肉，冬气在骨髓中。”说明经气运行随季节变化而发生变化。仲景在《金匮要略·脏腑经络先后病脉证》指出：“夫人禀五常，因风气而生长。风气虽能生万物，亦能害万物，如水能浮舟，亦能覆舟。”四时气候有异，每一季节都有各自不同特点，因此疾病的发生与自然界阴阳变化有关。《金匮要略·血痹虚劳病脉证并治》：“劳之为病，其脉浮大，手足烦，春夏剧，秋冬瘥。”《金匮要略·惊悸吐衄下血胸满瘀血病脉证治第十六》曰：“从春至夏，衄者太阳，从秋至冬，衄者阳明。”因此仲景认为养生、防病治病都要从天人相应的观点出发，养生要外避邪气、内养正气，不令邪风干忤经络。

仲景传承了《内经》“春夏养阳，秋冬养阴”的思想，在《伤寒论·伤寒例》说：“君子春夏养阳，秋冬养阴，顺天地之刚柔也。”仲景进一步根据天人相应的观点提出了养生要“顺天养生”。仲景在《金匮要略·脏腑经络先后病脉证》篇中提出四种与时令不相符的反常气候，如“未至而至”“至而不至”“至而不去”“至而太过”等，凡是气候先至、不至、不去、太过皆属异常之气候，这些自然界不正之气，被仲景称为“邪风”，这些异常的自然现象可以导致疾病的发生或加速疾病的恶化，因此人们养生要外避邪气，内养正气，只有这样，才能保持健康，若调摄不当，则会导致“客气邪风，中人多死。”

二、饮食养生

仲景非常重视饮食养生，在仲景著作中出现常见的34种日常食物、28种食药同源食品，17个食品性方剂，除此之外，还有很多食疗药膳方。在《伤寒论》中虽未列专篇阐述食物疗法，但全书中散载着许多与饮食相关的理论及具体实践方法，仲景饮食养生的内容主要见于《金匮要略·禽兽鱼虫禁忌并治》及《金匮要略·果实菜谷禁忌并治》两篇中，大约包含有160条专论饮食宜忌的条文，可概括为饮食有节、饮食搭配、饮食禁忌、饮食卫生等方面。

仲景在《金匮要略》首篇即云：“人能养慎，不令邪风干忤经络……服食节其冷、热、苦、酸、辛、甘，不遗形体有衰，病则无由入其腠理”，“节”就是无太过无不及，即指出饮食要有节制，不可偏嗜。合理安排饮食对预防疾病十分重要，饮食冷热适当、五味要调和、无所偏嗜，这样方能保证机体阴阳调和，正气充足，而无由致病。

仲景在《禽兽虫鱼禁忌并治第二十四》指出：“凡饮食滋味，以养于生，食之有妨，反能有害。自非服药炼液，焉能不饮食乎？切见时人，不闲调摄，疾疹竟起，若不因食而生？苟全其生，须知切忌者矣。所食之味，有与病相宜，有与身为害，若得宜则益体，害则成疾，以此致危，例皆难疗。”这段话简明扼要告诉人们，饮食适宜则对身体有益，不适宜则对身体有害。孙思邈的《千金要方》第二十六卷“食治”篇，分“果实、菜蔬、谷米、鸟兽虫鱼”四大门，对150余种食物详加论述，是现存最早的饮食疗法专篇。孙思邈在《千金要方·食治》指出他之所以作《食治》一卷，正是受仲景上述论述的影响。

三、情志养生

情志致病首先影响人体的气机的通畅，导致人体气机的紊乱。仲景重视情志因素对人体的影响，将情志作为一个重要的致病因素。尽管他在著作中没有专立情志学的长篇大论，但其情志学思想是极其丰富的，比如在《伤寒论》398条原文中，以情志为病因或主症之一的有关条文计40条，涉及情志的条文计8条。在113个方中，以情志为主因或主症之一的有2方，涉及的有34方[2]。《金匮要略》中亦有许多条文涉及到情志异常，如烦躁、神昏、谵语等，但多属于杂病过程中出现的情志症状。比如因七情刺激而引起的病证，或以情志病变为主症的病证，主要有百合病、梅核气、脏躁、奔豚气、虚烦不眠、惊悸、郁冒和乳中虚等[3]。

中医养生非常重视精神的修养，《内经》中有很多精神静养的论述，比如《素问·上古天真论》提出："恬淡虚无，真气从之，精神内守，病安从来。是以志闲而少欲，心安而不惧，形劳而不倦，气从以顺，各从其欲；皆得所愿……无恚慎之心，行不欲离于世……举不欲观于俗，外不劳形于事，内无思想之患。"还有很多心性修养的论述，比如"形体不敝，精神不散""无恚慎之心""以恬愉为务、以自得为功"。张仲景非常重视精神养生，强调调神养生，在《伤寒杂病论·序》中批评当时的一些人，"竞逐荣势，企踵权豪，孜孜汲汲，惟名利是务。"张仲景极不赞同人们"唯名利是务"的做法，主张无私寡欲，清净养神。张仲景这种调神养生观符合道家养神的观点，和老子、庄子的"清净无为"的养生观是不谋而合。

四、房事养生

张仲景认为房事不可过度，指出："房室勿令竭乏……不遣形体有衰，病则无由入其腠理"。这符合养生的一般原则：无太过不及，过犹不及，不及犹过。在仲景"房室勿令竭乏"的原则指导下，提出一系列保养肾精的方剂，对后世房事养生学产生了重大影响。

仲景重视房事因素对健康的影响，仲景在《金匮要略》第一卷开章即指明"房室伤"是一种重要的致病原因，如《脏腑经络先后病脉证第一》指出："千般疢难，不越三条：一者，经络受邪，入脏腑，为内所因也；二者，四肢九窍，血脉相传，壅塞不通，为外皮肤所中也；三者，房室、金刃、虫兽所伤。以此详之，病由都尽。"《血痹虚劳病脉症并治第六》说："五劳虚极羸瘦，腹满不能饮食，食伤，忧伤，饮伤，房室伤，饥伤，劳伤，经络营卫气伤，内有干血，肌肤甲错，两目黯黑。"后世陈无择"三因学说"正是由此发展而来，至今仍具有重要的指导作用。仲景所谓房事伤，包括两方面含义，一方面，房事不节制，纵欲对身体带来的伤害；另一方面，房事方法不当、不注意房事禁忌带来的伤害。而仲景关于"房室勿令竭乏"的观点，则是仲景房事养生观的集中体现。

五、导引按摩

仲景在《金匮要略》指出："四肢才觉重滞，即导引、吐纳、针灸、膏摩，勿令九窍闭塞。"仲景列举了四种常见的养生方法：导引、吐纳、针灸、膏摩。这四种养生方法无论古代还是现代都是重要的养生防病方法，导引、吐纳、针灸、膏摩这些养生方法都能起到疏通经络、促进气血运行的目的。比如《论衡·道虚篇》："道家或以导气养性，度世而不死。以为血脉在形体之中，不动摇屈伸，则闭塞不通，不通积聚，则为病而死。"[4]可以看出，导引可以舒畅血脉之气。

除了上述养生方法，仲景的养生思想体现了辨证施养的原则，主张养生要因时制宜、因地制宜。仲景已经注意到不同年龄的人存在不同的体质特点，并且仲景重视四时气候以及地理环境对人体生理、健康、病理的影响，仲景的养生思想对后世医家以及现代社会人们的养生防病有积极的指导意义。

参考文献

[1] 宋·成无己注. 注解伤寒论. 北京：人民卫生出版社，1981，5.
[2] 杨俏田，秦华，高金虎，等. 中医心身疾病治疗学. 太原：山西科技出版社，201，119.
[3] 宋东眷. 金匮有关情志病内容当议 [J]. 甘肃中医学院学报，1998，15 (1)：10～12.
[4] 黄晖. 论衡校衡. 台北：台湾商务印书馆，1983，331.

[《第十次全国中医养生康复学术会议论文集》2012：29]

探赜《金匮要略方论》之血痹

王　寅　向　阳　云南中医学院

血痹一病，凡修习中医者皆熟知，其载于《金匮要略方论》一书的"血痹虚劳病脉证并治第六"篇，临床表现以肢体的局部麻木为主要症状，所载黄芪桂枝五物汤为后世医家广为应用。观历代注家对此病的解释，歧义并不多见。然对本病的解释，笔者却认为有几个问题值得研讨，特简述之。

一、解析"尊荣人"

从原文第一条"夫尊荣人，骨弱肌肤盛，重困疲劳汗出，卧不时动摇，加被微风，遂得之。”句中可知，“尊荣人”是本病发病的主要潜在群体。所谓“尊荣人”，《金匮玉函经二注》中曾言：“言天下惟尊荣人，为形乐志苦。形乐，故肌肤盛。志苦，故骨弱。骨弱则不耐劳。肌盛则气不固，稍有劳困，汗易出也。夫汗者，血之液也。卫不固，斯汗出。汗出斯阳气虚，虽微风且得以袭之，则血为之痹。”《医宗金鉴》云：“血痹属伤血也，血伤肿，故麻木也……尊荣人，谓膏粱之人，素食甘肥，故骨弱肌肤盛，是以不任疲劳，疲劳则汗出，汗出则腠理开。亦不胜久卧，卧则不时动摇，动摇即加被微风，亦遂得以干之。此言高粱之人，外盛内虚，虽微风小邪，易为病也”。现在通行的各种版本的《金匮》著作或讲义大多是将尊荣人解释为好逸恶劳，养尊处优的人。他们缺乏锻炼，体质很弱，稍微一动即汗出。其实，这种解释并不恰当。试想古代的尊荣人体质真有那么弱吗？笔者认为对本条原文解释当结合房事。其理由为：其一，仲景为东汉人，其时西汉董仲舒“三纲五常”说已问世，更兼有班昭的《女诫》，世风多奉“男尊女卑”为尚。仲景自撰《伤寒论》序中道：“余宗族素多，向余二百”，可想而知，一个数百人的大家庭，恐非一夫一妻制吧；其二，仲景曾官至长沙太守，当为那时代的尊荣人，而那时风行房中术，从刘向的《七略》、班固的《汉书艺文志》可见其端倪；其三，仲景在《伤寒杂病论》书中多次提及“男子”若干处，并记载有阴阳易病、有烧裈散等内容，可知其对相关内容并非不知；其四，从原文来看，很容易与房事联系起来，“夫尊荣人，骨弱肌肤盛，重因疲劳汗出，卧不时动摇，加被微风，遂得之”，现代研究证明，一次同房消耗的能量大约是10卡路里，或约等于爬六楼或跑五十米，也只有这样，才能合理解释汗出，导致腠理疏泄，也才能被风邪所袭而为病，否则，稍微一动即汗出受病，未免有点言之太过了。在民间，“房后受风”说是很普遍的说法。卢继业认为血痹之病，非“尊荣人”所独具，但凡阳虚、阴血不足之体皆易引发，临床尤以40岁左右妇女为多见。仲景在此言之为“尊荣人”，无非是将其定位为容易患血痹病的潜在人群吧，但绝不是唯一。对此，后人在学习时是需要明确的。

二、探赜血痹病机

血痹是以肌肤麻木不仁为主症的病证。所谓言其“血”，是指病在血分；而所谓“痹”是何意呢？清人陈梦雷在《古今图书集成·医部·皮门》中注释相关语句时，很明白地讲道：“痹者，闭也，邪闭而为痛也。”此说为后学者广知。但是，这就产生一个问题，为什么此病没有疼痛？其实，在这里对“痹”的理解，应该是要回归于《内经》的。《素问·五脏生成篇》中有“卧出而风吹之，血凝于肤者为痹”之说，似乎与后世“痹者，痹也”相同，但在《内经》中论及“痹”的还有《素问·宣明五气篇》中：“邪入于阳则狂，邪入于阴则痹”，而《灵枢·九针篇》更明确地论及：“邪入于阴，则为血痹”。这就说明只要是病邪深入于阴的，就称之为“痹”，而“血痹”病就是风邪入于血分，血属于阴，故其病就言之为“痹”，此是从病机上言之。不能把“痹者，闭也”推而广之。那为什么会麻木而不痛呢？后世金·成无己在《伤寒明理论》曰：“伤寒不仁，何以明之？仁，柔也；不仁，谓不柔和也，痒不知也，痛不知也，痛不知也，寒不知也，热不知也。任屈伸灸刺，不知所以然也，是谓不仁也。由邪气壅盛，正气为邪气闭伏，郁而不发”。此说把麻木不仁的病机解释为：“荣卫血气虚少，不能通行，致斯然也”并不全面。原文“脉自微涩，在寸口、关上小紧”提示为气虚血滞症，是感受风寒邪气的表现，但正虚不甚，感邪轻浅。主要表现为肌体局部轻微麻木不仁感，此时脉微涩，且小紧脉只表现在寸口、关上，此处可理解为：尊荣人“重困疲劳汗出”“加被微风、遂得之”引起脉道内血行受阻不以常速，运行缓慢，犹如公路上车辆太多，限制了正常车速，呈拥塞不通之状，看似堵塞，但却在缓缓蠕动，此即血痹之血行迟滞，故而表现为肢本局部麻木不仁、不见疼痛的主证。如是血痹的病机概括为“血行迟滞”较为妥当。

三、定位“芍药”功效

血痹证的治疗分轻与重两证，轻者以“宜针引阳气，令脉和紧去则愈”；重证则以“黄芪桂枝五物汤主之”。黄芪桂枝五物汤方：“黄芪三两，芍药三两，桂枝三两，生姜六两，大枣十二枚。上五味，以水六升，煮取二升，温服七合，日三服。”对其方解，《金匮要略浅注》曰：“经云阴阳形气俱不足者，勿刺以针，而调以甘药。兹方和营之滞，助卫之行，甘药中亦寓针引阳气之意也。其方即桂枝汤，妙在以易草，倍用生姜也。虽血痹之病机属于血行迟滞，但究其主因，则由患者正气亏虚感受外邪之后而致血行迟滞，故治疗应以通阳补气活血为法。”清·陈念祖《金匮方歌括》又说：“此即桂枝汤去甘草之缓，加黄芪之强有力者，于气分中调其血，更妙倍用生姜以宣发其气，气行则血不滞而痹除，此夫唱妇随之理也”。从中可以看出，这些古今方解侧重的都是黄芪、桂枝、生姜等一类温通药功效的解释。其实，对本方的方解不容忽视的反而是对芍药的解释。仲景以黄芪桂枝五物汤治疗血痹重症，以黄芪、桂枝、大剂生姜及大枣一类辛温药物主以温补阳气，以图矫正血行迟滞之弊；但此类药物皆为气药而不入血分，并不能直接解决血行迟滞的病机，当用芍药阴柔入血分之品，引各药达其病所，如是才能有效发挥温阳益气，行血通痹的功效。后世吴鞠通在《温病条辨》中创立了青蒿鳖甲汤，其论曰：“此方有先入后出之妙，青蒿不能自入阴分，有鳖甲领之入也。鳖甲不能独出阳分，有青蒿领之出也。”所论青蒿与鳖甲的配伍原理，对于我们正确定位黄芪桂枝五物汤中的芍药之功效其实是很有帮助的。

四、结语

总之，由上述对血痹一证的分析可见，对中医经典不断地解释、不断地挖掘其所蕴含的精义，以准确继承，并以此作为推动中医学术传承与发展的动力之一，是多么的重要与紧迫。时至今日，这一工作仍然需要加强、深入和充实。

[《全国第二十次仲景学说学术年会论文集》2012：54]

张仲景饮食养生思想与方法浅析

赵鲲鹏　甘肃中医学院中医医疗系

在《伤寒论》《金匮要略》中，有着丰富的饮食养生思想。如《金匮要略·脏腑经络先后病脉证并治第一》中指出饮食的一个重要原则是“服食节其冷热苦酸辛甘。”一个“节”字，就将饮食应该注意质和量两个方面的合理性表达明白。又如《金匮要略·禽兽虫鱼禁忌并治第二十四》：“凡饮食滋味，以养于生，食之有妨，反能为害。自非服药炼液，焉能不饮食乎？切见时人，不闲调摄，疾疹竞起，若不因食而生？苟全其生，须知切忌者矣。所食之味，有与病相宜，有与身为害，若得宜则益体，害则成疾，以此致危，例皆难疗。”这段话简明扼要地总结了饮食养生之道，提出了“得宜则益体，害则成疾”的食疗思想，颇为后世医家称道。为了充分发掘张仲景饮食养生思想与方法，笔者结合《伤寒论》《金匮要略》中的原文，进行了总结归纳。

一、研究张仲景饮食养生思想与方法的主要依据

张仲景饮食养生方法的主要内容主要见于《金匮要略》中的《禽兽虫鱼禁忌并治第二十四》及《果实菜谷禁忌并治第二十五》二篇。此二篇到底是否属于仲景原文，历史上有不同看法。丹波元简《金匮要略辑义》曰：“《金鉴》云：《金匮要略》廿二、廿五两门，原列在卷末。其文似后人补入。注家或注或删。但传世已久，难以削去。”笔者认为，第廿四篇和第廿五篇虽然可能夹杂着一些后世医家和后世养生家的文字，但其主要部分应该是仲景所作。其依据如下：

①北宋翰林学士王洙发现的《金匮玉函要略方论》本有此二篇内容。北宋仁宗时，诏令设立校正医书局，整理刊印最重要的几部医书，其中就有《伤寒杂病论》。据参与其事的医官高保衡、孙奇、林亿在《金匮要略方论·序》中说：“张仲景为《伤寒杂病论》合十六卷，今世但传《伤寒论》十卷，杂病未见其书，或于诸家方中载其一二矣。”是知其时《伤寒杂病论》中的杂病部分已经失传，吉光片羽，仅能于“诸家方中”窥其一二而。幸运的是，据高保衡等所撰序文，当时，“翰林学士王洙在馆阁日”居然“于蠹简中得仲景《金匮玉函要略方》三卷，上则辨伤寒，中则论杂病，才数家耳。尝以对方证对肯，施之于人，其效若神，”由于是从拾蠹简，“或有证而无方。或有方而无，救活治病，其有未备。”可知这是一个有残缺的传抄本。该本计三卷，上卷为伤寒，中卷论杂病，下卷则载其方，并有疗妇人之法。后宋朝诸臣校订时，以杂病及饮食、禁忌编成今之《金匮要略》，共二十篇传世。这个抄本是接近原貌的，因此，可以间接证明此二篇为仲景原文。

②二篇内容的一部分在晋·葛洪《肘后备急方》、唐·孙思邈《千金要方》和唐·王焘《外台秘要》等书中早已存在。如《千金要方·食治》中有“食甜粥，食盐即使吐。”“鱼无肠胆食之，三年丈夫阴疾不起。”“生枣味甘辛，多食令人热渴气胀。”说明这些内容并不晚于唐代，很可能是孙思邈和王焘在编著其著作过程中从仲景著作录入。

③仲景本来很重视饮食卫生，《伤寒论》和《金匮要略》方后注常有饮食宜忌。按照一般的写作习惯，在《伤寒杂病论》全书之末列食物宜忌，分别关于动物类食品和植物类食品，便于读者从总体把握，这也是情理中事。

④《千金要方·食治》有一段文字：“人体平

和，唯须好将养，勿妄服药，药势偏有所助，令人藏气不平，易受外患。夫含气之类，未有不资食以存生，而不知食之有成败”。这段文字按照孙思邈的说法应当为仲景原文，而他之所以作《食治》一卷，也正是因为受到了仲景此段语言的影响。

二、张仲景的饮食养生思想的主要内容

简要地说，张仲景的饮食养生之道主要有如下内容：

（一）摄取对生命有益的饮食物

如仲景说：“凡饮食滋味，以养于生”，“所食之味，若得宜则益体”。古代养生家讲究食物五味与五脏对应，仲景亦不例外。《金匮要略·脏腑经络先后病脉证并治第一》说：“夫肝之病，补用酸，助用焦苦，益用甘味之药调之。酸入肝，焦苦入心，甘入脾……”说的就是这个意思。

（二）避免进食对身体有害的食物

关于避免进食有害食物的问题，《金匮要略》第廿四篇和廿五篇用大量的篇幅记载了这方面的内容，十分丰富。今天看来，其中绝大多数的内容是正确的或比较正确的，应当予注意：

①有些本来很平常的食物，其某个部位或许有毒，对身体有害。如葵菜乃平常食物，但是《金匮要略》说：“葵心不可食，伤人”。

②有些食物一般是没有毒性的。但在某个特定的时间里却可能具有一定毒性。如《金匮要略》说：“凡蟹未遇霜，多毒，不可食用”。

③有些寻常的食物，不知由于何种原因出现变异，不仅其形状改变，其性质也发生变化，营养性物质而变为有毒之物，食之害人。如《金匮要略》第二十四篇第94条说：“虾无须及腹下通黑，煮之反白者，不可食之”。

④食物腐败，或受到污染，对身体有害，不可食用。

⑤有些具有毒性的非食用性植物或动物，其形状与寻常无毒的食物相似，很容易被人误食，伤害身体。如有毒蘑菇，人若误食之，或狂或笑不休，甚危及性命。

（三）注意食物的合理搭配

在《金匮要略》第廿四、廿五二篇论述中，仲景列举了一些于身体有害的食物搭配。如“羊肉不可共生鱼、酪食之，害人”，“马肉、豚肉共食，饱醉卧，大忌。”

（四）注意进食时间

按照仲景的观点，食物之宜忌受到进食时间的影响。有些食物在特定的时间内服用于身体有益。若不在适宜的时间内进食，则对身体有害。如（金匮要略》说：“春不食肝，夏不食心，秋不食肺，冬不食肾，四季不食脾。”又如“凡蟹未遇霜，多毒”，不可食。

（五）注意食量

饮食过量将危害身体。如在《金匮要略·果实菜谷禁忌并治第二十五》明确提出“贪食，食多不消”。《金匮要略》又有《腹满寒疝宿食病脉证并治》一篇，论宿食为病。对宿食之病，仲景或用硝黄下之，或用盐汤、瓜蒂吐之，这些内容也间接说明，饮食过量会伤害身体。《伤寒论》第398条“损谷则愈”的护理原则也从另一个侧面说明了节制食量对身体的益处。此外，即使对生命有益的饮食，多食亦为害。如《金匮要略》说：“桃子多食，人热；仍不得入水浴，令人病淋沥寒热病。”“梅多食坏人齿。”“李不可多食，令人胪胀。”

（六）饮食宜与天时相应

在不同的季节，人体亦有不同的状态，需要不同的饮食。从反面讲，处于不同季节、不同状态的身体，它与某些饮食也不相适宜，应当避免食用。归纳起来，在饮食宜与天时相应方面，《金匮要略》中大致有如下几个方面的内容：

①善养生者要注意四时饮食宜忌，其原则为保持脏腑之气平和协调，不可虚虚实实，以致脏腑之气出现偏盛偏衰；“春不得食肝”。

②善养生者亦要注意一日早暮饮食宜忌。如：“夜晚不可食姜，夜食诸姜、蒜、葱等，伤人心”。

③生活经验的总结。如“四季勿食生葵，令人饮食不化，发百病，非但食中，药中皆不可用，深宜慎之”。

④迷信的产物。如“六甲日，勿食鳞甲之物”。古人认为六甲日有六甲之神值日，食有鳞甲的动物则犯其禁忌。

（七）食物与身体状态相宜

张仲景与其他养生家一样，充分考虑到患者的个体差异，强调饮食的针对性。归纳起来，仲景在《金匮要略》中提出要从如下几个方面考虑饮食的针对性：

①为体质状态：人的体质有寒热虚实之异，实者忌补，虚者忌泻。如仲景指出：羊肉热，故“其有宿热者，不可食之。”食之内热必增，不唯无益，反而有害。

②疾病状态：仲景很重视人在疾病过程中的饮食禁忌，即民间俗称的‘忌口”。如《金匮要略》

说：“扁豆，寒热者不可食之。”又说：“病人不可食胡荽及黄花。”不仅疾病过程中当讲求饮食禁忌，即使是在疾病的恢复阶段，患者的饮食也要注意。如仲景说：“时病差未健，食生菜，手足必肿。”

③妊娠状态：如仲景说，“妊妇食姜，令子余指”。又说：“妇人妊娠，不可食兔肉、山羊肉，及鳖、鸡、鸭，令子无声音”。这些妊娠食禁虽然尚缺乏严格的科学依据，但主张孕妇应该注意饮食宜忌，有选择性地进食，防止劣胎、畸胎，却是有着积极意义的。

（八）其他饮食养生方法

仲景著作中，还提到其他一些饮食养生方法：

①饮食当如法烹饪制备，否则不可食之。如“杏酪不熟伤人”。在《金匮要略》第廿四、廿五两篇中，仲景多次提出鱼、肉、蔬菜，不可生食。在古代社会，缺乏有效的卫生监控，生食的安全性难以得到保证，故生食往往是不安全的。

②饮食当适寒温。《金匮要略》说：“食冷物，冰人齿”。《伤寒论》和《金匮要略》诸汤药的服法，仲景皆指出要适寒温。

③饮食不可使冷热相搏。《金匮要略》说：“食热物，勿饮冷水”。又说：“食肥肉及热羹，不得饮冷水”。仲景反对饮食忽而热食，忽而冷饮。

④见异常现象的食物不可食。如“凡水及酒，照见人影动者，不可饮之。”“鳖目凹陷者，及厌下有王子形者，不可食之。”在没有确保安全的情况下，即贸然吃那些不知可不可吃的东西，此为饮食养生之忌。

⑤食物讲究礼节情义。如《金匮要略》说：“父母及身本命肉，食之令人神魂不安”。又说：“凡心皆为神识所舍，勿食之，使人来生复其报对矣”。

⑥发生了食物中毒的情况应尽快解救。如“凡诸毒，多是假毒以投，无知时宜。煮甘草、荠苨汁饮之，通除诸药毒”。《金匮要略》所列的诸种解毒方法，有一些是科学的，行之有效的。如用甘草汁解毒，用荠苨汁解毒，用大豆汁解毒，用硝、黄攻下，用盐汤催吐，从体内清除毒性物质等，现在仍为人们应用。也有一些解毒方法，现在对其科学性尚难评说，如用猪骨解毒，用人粪解毒，用洗头水解毒等，既难以让人从心理上接受，也难肯定其效果。

综上，笔者体会到，仲景饮食养生法有二个基本原则，其一曰“趋利”，其二曰“远害”。趋利即上面所说的“饮食得宜”，远害饮食“勿犯禁忌”。趋利便要远害，远害即是趋利，二者是一种辨证的关系。如果知道哪些食物、哪些饮食方法对身体有害，从而避之，如此便能保护身体。总之，深入发掘《伤寒杂病论》中的养生学思想，尤其是其中的饮食养生思想与方法，无论对于我们研究仲景学术思想还是指导现代养生都有着重要的意义。

参考文献

[1] 明·赵开美刻．仲景全书（据明·万历己亥赵开美刻本影印）［M］．北京：中医古籍出版社，1997.

[2] 汉·张仲景著．注解伤寒论（据赵开美刻本的影印本）［M］．北京：人民卫生出版社，1982.

[3] 何任主编：《金匮要略校注》，北京：人民卫生出版社，1990 年.

［《第十次全国中医养生康复学术会议论文集》2012：34］

仲景方用药剂量古今折算及配伍比例标准研究

李宇航　北京中医药大学

药物剂量及配伍比例是中医组方寓意和治疗立法的具体体现，与方剂效应密切相关。古今皆言，经方用之得当，“其效如神”。然仲景所用药物的度量衡属汉制，与现代有很大差异；部分药物的品种、产地、炮制法也与现代有一定的出入。虽然历代学者对仲景方药物剂量古今折算问题进行诸多的探讨研究，但因研究方法不同等原因，至今尚未有统一的结论。本课题组在国家科技支撑计划项目资助下，采用文献考证与实测相结合、药物品种复原、加权频数统计处理等综合方法，开展了汉代度量衡考证、仲景方药物剂量古今折算、仲景方特殊剂量药物实测、方剂配伍比例等研究。现将主要结果总结如下：

一、汉代度量衡考证及单位换算

文献考证表明，汉代度量衡承秦制，虽经西汉、新莽、东汉三个历史时期，但其度量衡制基本固定，其相应换算关系如下：长度单位制：10 分 = 1 寸，10 寸 =1 尺，10 尺 =1 丈，10 丈 =1 引；重量单位制：24 株 =1 两，16 两 =1 斤，30 斤 =1 钧，4 钧 =1 石；容量单位制：4 圭 =1 撮，5 撮 =1 龠，2 龠 =1 合，10 合 =1 升，10 升 =1 斗，10 斗 =1 斛。

二、汉代度量衡的古今折算研究

1. 度量的古今折算

迄今为止，出土的东汉尺数量众多，如由国家计量总局、中国历史博物馆、故宫博物院主编的《中国古代度量衡图集》载尺度7件，并附有实测和考订数据。经对有资料可查的85支东汉尺统计表明：有65支汉尺长在23～23.6厘米之间，更有40支在23～23.3厘米之间，经加权平均值统计，汉尺为23.2厘米。

2. 重量的古今折算汉代重量古今折算曾是汉代度量衡考证中争议最大的部分，其主要原因是学者们所采用的考证方法不同。既往所采用的权衡器考证法、货币考证法、累黍考证法，因金属受蚀、黍米品种不一、大小不定等原因，其测量难免存在误差；而水和黄金则较为稳定。经水密度法和黄金密度法综合考证可得，汉一两为15克，一斤为240克。

3. 容量的古今折算

目前出土的东汉时期的量器有30件之多，其中“大司农”颁发的5件量器制作精美且有刻铭，属国家级标准器，可以将其作为考证东汉容量值的依据。1953年甘肃省古浪县出土的“建武大司农铜斛”实测19600毫升；1989年山东省嘉祥县出土的“永平大司农铜斗”实测容量2000毫升；现藏于上海博物馆的“光合大司农铜斛”“元初大司农铜斗”实测容量分别为20400毫升和19700毫升；现藏于南京博物院的东汉“永平大司农铜合”实测为200毫升。根据以上文物实测，可以得出1升平均为199.4毫升。考虑误差因素，可将东汉1升厘定为200毫升。

4. 特殊剂量单位药物的计量标准研究

除重量单位计量外，仲景方中还有部分药物使用非重量单位计量，如厚朴一尺、附子一枚、半夏半升等。实物测量无疑是实现这些特殊剂量向标准衡量换算的有效手段，但易受药物来源、炮制法、品种差异等因素影响。在对药物进行系统考证的基础上，实测表明：半夏半升约60克，吴茱萸一升约85克，豆豉一升约120克；附子一枚小者约15克、大者约30克，枳实一枚约12克，杏仁半升约60克，芒硝半升约80克，麻仁一升约90克，五味子半升约40克，栀子14枚约12克，大枣12枚约35克，石膏如鸡子大约90克，等等。上述实测数据基本符合有关药物相应方剂中的比例。

三、《伤寒论》方剂配伍比例标准研究

仲景方具有选药精当，用量准确，变化巧妙等特点，方中药物主辅作用的发挥，不同功能的协同与药物间配伍比例密切相关。课题组在汉代度量衡考、仲景方剂量折算、药物实测研究基础上，对《伤寒论》112方原载剂量进行了剂量折算，并结合《中华人民共和国药典》（2010年版）提出其现代临床参考比例，为临床组方遣药提供参考。如白头翁汤原载剂量为白头翁二两、黄连三两、黄柏三两、秦皮三两；按照考证结果其剂量折算为白头翁30克、黄连45克、黄柏43克、秦皮45克，而其现代临床参考用药比例为白头翁6克、黄连9克、黄柏9克、秦皮9克，为临床提供参考。

四、结语

应用传统文献学结合现代统计学方法，对东汉度量衡进行考证研究，为仲景方用药剂量的古今折算提供了重要参考依据。但中药的临床剂量是个十分复杂的问题，其中既有药物因素，也与病人体质差异、季节环境、配伍、煎服方法等因素有关。现代临床，应当参考药物在仲景方中的配伍比例，结合国家药典，根据具体病情合理掌握药量。

[《全国第二十次仲景学说学术年会论文集》2012：123]

仲景学术研究学科发展概要

王庆国　李宇航　陈　明
北京中医药大学

仲景学术研究学科（以下简称“本学科”）是以张仲景学术思想及其辨证论治体系为研究核心的一门学科，包括《伤寒论》和《金匮要略》两门课程。中华中医药学会仲景学说分会（原全国仲景学术专业委员会）成立于1991年，委员覆盖全国28个省市自治区（含香港特区）。2010至2011年，本学科在文史考证、理论研究、学科建设、方药应用、治略治法、科学研究、人才培养等诸多领域，均取得了长足进步和可喜成绩，有力的促进了仲景学术研究的发展与提高，兹简述如下，以期对仲景学术发展有所裨益。

一、学科发展现状

（一）学科人才队伍现状

2011年6月至7月，本分会在北京、广州、湖

北、山东、河南、福建等14个省市或自治区所进行了学科调研，结果表明：本学科教授、副教授、讲师所占比例分别为38.5%、26.7%、9.4%；其中具有研究生学历的占80.3%、博士生导师占10.2%、硕士生导师占4.1%；学科教师中同时从事临床工作的占75.6%。数据表明，本学科具有高级职称的专家学者师资力量雄厚，发展态势良好；中级或初级职称的青年教师所占比例较低，提升空间较大；本学科有75.6%的人员从事临床工作，凸显了本学科理论与实践相结合的特点，为培养中医临床人才奠定了坚实基础。

（二）学科学术研究现状

1. 版本考证与比较研究

北京中医药大学钱超尘教授通过细致研究，首次确证台湾故宫本系赵开美目睹手抚之工作本，有“东海仙蠹室藏”朱章为证；日本内阁文库本不是赵本原刻本而是据赵本首刻本之翻印本；日本安政本据内阁本翻刻，改其大量讹字，惜改误未尽；中国所藏赵本分首刻本与修订本，中国中医科学院本、上海图书馆本、上海中医药大学本是首刻本，有讹字，台湾故宫本、沈阳中国医科大学本为修订本[1]。中外学者[2~3]对吴迁本《金匮要略方》研究后，首次明确“吴迁本浓厚地保存了北宋小字本旧态，系独一无二的善本。”这些研究成果对仲景著作的训话、注释等均有重要参考价值。

2. 经典理论及经方临床应用

近两年，有超过300篇文献对仲景学术进行研究：在理论研究方面，包括词解、训诂、脉证、类证、经文阐释与发挥、药证、药对、煎服法、方（汤）证、类方、剂型、刺灸法、康复与护理等诸多方面[4~5]。临床研究则涵盖了六经辨证、脏腑辨证、方（汤）证辨证等辨证理论体系、特色应用和方法学研究；经方原方或加减化裁治疗消化系统、循环系统等各科常见病、疑难病的验案报道、病证规律、加减规律、配伍规律等[6~7]；经方临床诊疗体系、经方临床治则治法、经方学术流派及其学术思想等[8]。

3. 多学科融合

开展科学研究有学者将理论研究与哲学、数学、语言学等学科结合，使仲景学术的理论表述和阐释进一步严谨深入[9]；或借鉴现代科学技术如免疫学、病理学、药理学、毒理学、基因组学、蛋白组学等开展经方作用机制、量效规律、配伍机制的研究[10]；或运用循证医学，系统生物学等开展经方治疗现代疾病的临床疗效的客观评价研究；以及多学科交叉融合开展的经方剂量折算标准研究[11]等。

4. 教育教学与学术交流

2010~2011年度的中华中医药学会国家级教育项目中，以中医经典理论及临床应用、四大经典临床应用、经方治疗疑难病等为培训内容的研修班的共计有12项，彰显了仲景理论、经方在治疗常见病、疑难病中的优势和特色。以本学科专家学者为主讲人，主办的经典理论与临床应用研修班、师资培训班、经方研修班等继续教育项目，搭建了学术交流平台，促进仲景学术的发展。

积极开展仲景学说研究的学术交流、扩大仲景学说在国内外的影响是本学科的基本任务之一。2010—2011年，本学科分别在贵州贵阳、甘肃兰州召开了第18次、第19次全国仲景学说学术年会，有国内代表（含港澳台）约30余人参加了会议；大会收到论文40余篇，编撰会议论文集2部，内容涵盖仲景学说的理论研究、文献研究、经方临床应用、经方科研思路与方法、教育教学等多个方面，有力地促进了仲景学说的发展与临床应用水平的提高。

二、学科发展成果

1. 阐释发展经方临床应用和科学内涵的关键理论与技术问题

经方是中医经典的核心组成部分，具有极高的历史地位和应用价值，但是也存在很多问题，如经方的临床应用不够普遍、疗效评价不够确切、作用机制与配伍不清、加减化裁不规范等。本学科针对以上关键问题，经过4代人、近30年的努力，由北京中医药大学与广州中医药大学联合攻关，开展了《经方现代应用的临床与基础研究》，探索经方现代应用可遵循的规律，取得可喜成果。该项目获得了2010年国家科学技术进步二等奖[12]。本项目以7首代表性经方为模板，针对临床常见的11种疾病，从临床运用和基础研究两方面进行了深入研究。在研究过程中，提出了“法依病机，拆方依法”的经方配伍规律研究思路；发现并总结了“组方变化，重在方元”的经方临床应用化裁规律；创建了泻热逐瘀法治疗2型糖尿病等代谢性疾病的新治法；发展了经方治疗风湿痹痛的诊疗思路与方法。发表论文20余篇，相关研究成果写进教材6部；获省部级以上奖励12项；培养了研究生19人；申请专利9项，获批5项；形成了两个国家级重点学科，两个国家级教学团队，两门国家级精品课程。“法依病机，拆方依法”的拆方方法起到了很好的示范作用，被广泛运用于其他方剂的现代研究。此外，该项目还取得了良好的社会效益和经济效益。

2. 经方剂量古今折算标准研究

经方药物的度量衡属汉制，与现代有很大差异；部分药物的品种、产地与炮制法也因年代久远与现代有一定出入。虽然历代学者对仲景方药物剂量折算问题进行诸多探讨研究，但因研究方法的不同等原因，至今尚未定论。

近2年来，在国家科技支撑计划、国家973计划等项目资助下，众多学者采用文献考证与实测相结合、药物品种复原、数理统计学等综合方法进行研究，以还原仲景方药物剂量和配伍比例原貌，其主要研究结果如下：①对汉以来历代（主要包括汉、晋、南北朝、唐、宋、明清）容量、长度及重量单位制（如解、斗、升、合的单位制）及单位值（如升、尺、两的单位值）进行了考证研究。②文献考证与实物测量相结合，开展仲景方非重量单位药物的剂量（如尺、枚、把等）古今折算研究。③基于文献考证、药物实测和问卷调查，完成行业推荐标准《仲景方用药度量衡古今折算标准》和《伤寒论方配伍比例标准》的送审稿。

3. 以经方药效为基础，建立中药新药创制平台

仲景方在临床各科均得到广泛应用，亦有很多经方中的名方已通过剂型改革为成药被广泛应用，如黑龙江中医药大学研制的圣堂都美丸治疗痤疮，已在临床推广使用。清开灵是北京中医药大学早年创制的中药注射剂，疗效肯定，主治范围广。学科主任委员王庆国教授带领的科研团队应用分子生物学技术，发现清开灵组方中的四种成分是其治疗缺血性中风的有效成分，研制出具有溶栓、神经保护、抗炎等多种功能的，符合现代质量标准的精制清开灵注射液。团队还通过对三草降压汤进行研究乒建立成分明确、质量可控、疗效确切、具有自主知识产权的中药治疗高血压的新标准；率先开展基于中药化学成分单克隆抗体的作用机制和化学生物学研究，自主构建了高血压、缺血性中风和哮喘等重大疾病的中药新药创制平台，在国内外产生了积极的影响[13]。

三、学科发展目标与方向

（一）学科发展目标

本学科总体发展目标是以仲景学术研究为立足点，以中医“辨证论治”的基本规律为主要研究内容，以指导临床应用为目的，进一步凝练学科研究方向，梳理学科发展脉络，为临床提供“理法方药”综合运用的方法和思路，为中医各学科研究提供有力支撑。

（二）学科发展方向

1. 仲景辨证论治体系的整理与继承

历代医家在不同时代、不同历史条件下研究仲景学说的成果，形成了大量文献，为本学科进一步研究提供了大量的信息资料。亟待运用信息技术和数据挖掘技术，以名医不同时期的学术专著、医案医话、学术论文等研究对象，探索他们的治学方法，梳理他们的学术观点和理论建树。包括仲景原著的文献研究、历代医家对仲景学术的继承和发展研究及近现代名老中医运用仲景学术思想的整理与继承。

2. 中医证候规范及应证组合规律研究

辨证论治是中医理论体系的特色和临床思维模式，其中证候无疑是确立治则治法、处方用药的基础和依据。本学科前期已经对证候的概念、外延与内涵，临床常见疾病的证候要素提取和规范，进行了大量研究。下一步可以临床常见病、疑难病的证候研究为切入点，建立古今文献数据库，应用回顾性临床研究与严格质量控制下的前瞻性临床流行病学调研的研究方法，通过多因素处理方法及数据挖掘，提取并规范证候要素，研究应证组合规律，完善现有的辨证方法，为建立被认可，立得住，能推广，易传承的规范化的辨证本系奠定基础。

3. 经方治疗常见病疑难病及其作用机制研究

经方具有立法严谨、组方精简、选药精良、疗效卓著的特点，开展全方位的经方防治常见病、疑难病的现代研究，具有重要的现实意义。本学科应在建设完善经方防治临床优势病种的医案数据平台的基础上，开展经方防治常见病、疑难病的临床研究、机制研究，以丰富与发展经方临床应用方法，拓展经方临床应用范围，发掘经方的现代临床应用价值，揭示经方的临床效应机制。

4. 经方配伍规律研究

针对经方配伍规律研究的关键问题，本学科提出“量化组方”“方剂要素与证候要素对应”等研究思路。在“方从法立，以法统方”的组方理论指导下，基于“法依病机，拆方依法”的经方配伍研究方法，开展经方“方剂要素”配伍规律、基于六经阴阳的量化组方研究及经方“药－方－证”相关性研究，从中医性味理论拆方实验研究及分子水平物质基础等角度，探索经方配伍理论研究的新方法，提炼经方理法方药运用规律，将有助于提高临

床治疗常见病、疑难病的疗效。

5. 中医临床经典理论与教学研究

《伤寒杂病论》的课程、教材、教学方法改革是中医教学改革的重要环节，也是本学科的重要任务之一。在中医经典课程教育教学方面，本学科应在先进的教育理念指导下，深入研究《伤寒论》《金匮要略》课程的理论教学模式，开展经典著作的教学法研究，理论与实践相结合，正确阐发经旨深意，做到正确理解，准确表达，循循善诱，深入浅出，提高教学质量，培养符合21世纪需求的高素质中医优秀人才。

四、结语

总之，随者社会发展和新技术与新方法的引入，为本学科发展提供了良好机遇和优越条件。“十二五”期间，本学科将进一步统一思想、团结协作，在教育教学、学科建设、医疗服务、科学研究等领域全面开展多层次的深入研究，齐心协力，为继承和弘扬仲景学术做出更大贡献。

参考文献

[1] 钱超尘．台湾故宫本《伤寒论》古今谈．江西中医学院学报，2010，2（6）：14～19.

[2] 段逸山，邹西礼．明抄北宋小子本《金匮要略方》研究．中医文献杂志，2010，2：65～74.

[3] 梁永宣，赵怀舟．仲景著作受日本学者重视一《善本翻刻伤寒论·金匮要略》丛书在日本影印出版．中国中医药报，2010－2－25（4）．

[4] 崔海月，王庆国．试从增效减毒论清开灵．陕西中医，2010，31（5）：598～59.

[5] 张友堂，黄雯静．浅析仲景对药配伍．河南中医，2010，30（11）：1045～1046.

[6] 王庆国，程华峰．试析清热解毒活血法是缺血性中风病急性期的重要治法．北京中医药大学学报，2011，34（3）：156～158.

[7] 李宇航，郑丰杰，钟相根，等．慢性阻塞性肺疾病中医病机特点及“从肠论治”的理论探讨．中华中医药杂志（原中国医药学报），2010，25（12）：1934～1937.

[8] 李赛美，郑身宏，金小沫．试论伤寒论学术流派的形成及发展．北京中医药大学学报，2010，33（5）：309～312.

[9] 贾春华．中医理论思辨录．北京中医药大学学报，2010，3（7）：441～443.

[10] 刘萍，王平，陈刚，等．应用代谢组学探讨中医药复杂理论体系的研究思路和方法．中华中医药杂志，2011，26（5）：993～998.

[11] 李宇航，郭明章，孙燕，等．仲景方用药度量衡古今折算标准研究，北京中医药大学学报，2010，33（9）：597～600.

[12] 陈斐然．经方现代应用规律可循．中国中医药报，2011－2－2（4）．

[13] 姜乃强．古典经方的跨时空传承一记北京中医药大学2010年国家科技进步二等奖团队．中国教育报，2021－2－20（1）．

［《全国第二十次仲景学说学术年会论文集》2012：17］

仲景学说的随儒逐流

史马广寒　毛秉豫

南阳理工学院国医学院

中医学的理论体系脱胎于中国传统哲学，历代医家及学说无不深受中国哲学与宗教的影响，所以在不同时期的哲学与宗教的主导下，形成了各具特色的学术风格和理论体系，如盛行老庄的魏晋，造就了葛稚川的道医风骨；崇尚佛教的隋唐衍生了孙思邈的佛医慈悲，而浓厚氤氲的东汉经学无疑是仲景儒医的成就者，仲景学说也就不得不随着儒家的地位而几经沉浮，几多离合了。

一、东汉经学的造就

公元22年刘秀与其兄刘縯起兵南阳，三年后灭掉了新王朝，于洛阳登基称帝，史称东汉。南阳从此便有了“帝乡”的特殊地位，号称“南都”。由于东汉十二帝的皇后有五位出自南阳，而“云台二十八宿”勋臣更有十六人来自南阳，于是南阳就获得了无与伦比的政治、经济和文化地位。

刘秀及其团队的出身背景与其祖刘邦截然不同，领队及主要成员大都来自于豪门世族，具有较高的文化层次，拥有明显的儒家文化特质。于是在其光复汉室之后堰武兴文，大兴教育之风，倡导儒家经学。作为“帝乡”的南阳更是“学校如林”[1]。永平十年，汉明帝出巡南阳，还“专招校官弟子作雅乐，奏鹿鸣，帝自御埙篌和之，以娱嘉宾”[2]。和帝永元年间，鲍德任南阳太守，张衡为主薄时，又重修郡学宴会诸儒，振兴学业。拥有如此的氛围、条件，身为望族子弟的仲景自然不会错过。经史典籍，诸子学说便成了青少年时代仲景的案头必读。他在《伤寒论序》中所表现的上忧于君亲，下忧于百姓的忠孝仁爱之心正是源于此时儒家思想的熏陶。

后来仲景游历京师，任守长沙，亲历了广大百姓夭亡于东汉末年的战乱与疾疫。于是便坐堂行医，省病问疾，破等级之戒律，开世风之先河，达国、民之两益，传千古之美谈。同时，由于仲景宗族中许多人在东汉末年爆发的多次时疫中相继死去，加之社会动荡，政治腐败，巫祝盛行。无限感伤的仲景便挂冠而去，回到家乡，专心于医。不仅救治了无数的病人，还为后世留下了旷世巨著－《伤寒杂病论》。该书的内容及风格体现了儒家思想的至少三大特征：

（一）入世哲学的实证精神

中医学的构成基本是两大模块：思辨哲学和实证经验，其中思辨哲学历来都是中医学的主要特质，而这一特质在道家身上表现的尤为显著，中医学的首部经典《黄帝内经》正是这一特质的集中体现，她流动而富于灵感，集文学性与哲学性于一体。像《内经》那种揉合哲学与临床的思维形式，构成了传统中医发展的主流。然而，仲景的《伤寒杂病论》却与之颇为迥异。他注重实践，重视临床证候，严守临证论述，不随意思辨发挥，不拘守阴阳五行的框架。[3]这种主要体现“实证精神”的风格，正是儒家思想重视实践的集中表现。

（二）中庸之道的和法治则

中庸之道的内涵就是：无“过”，无“不及”，强调的是“度”，讲究的是分寸，凡事到位即可，不可偏颇。《伤寒杂病论》之理、法、方、药无不体现了这种精神。仲景治病虽八法兼施，但其总领之法即为和法。不论攻伐补益，仲景都强调中病即止的治疗程度，遣方用药都非一味攻补，而是兼而有之，对其主性有所牵制，以防太过。同时甘草一味，尤为突出，调和诸药，常以为使。

（三）伦理纲常的组方原则

伦理纲常的法度历来是儒家推崇和遵守的准则，中医方剂学中“君臣佐使”的组方原则，正是这一法度的表现。虽然该原则首见于《黄帝内经》，但仲景之前的医家及著作却罕有显现，直至《伤寒杂病论》方才充分体现。《伤寒杂病论》中的方剂比起以往方剂，配伍精当，法则鲜明，意蕴深刻，施之临床疗效显著，故被誉为“方书之祖”，成为后世制方的典范。

打着深深儒家烙印的《伤寒杂病论》横空出世了，似乎他要给世人、医界带来雷霆般的震撼与影响，然而其随后的发展却并非如今人想象的那样一帆风顺。

二、晋唐千年的沉寂

帝乡的辉煌，在其末甘成就了医学的伟业，随之而来的就是将近四百年，几乎无休止的战争。仲景之书成书不久便遭散佚，幸有避地荆州的高平人王叔和搜集整理方才得以流传，但也仅有半部，即今之《伤寒论》部分。可惜，该书后因八王之乱，及永嘉之乱等战争关系，迭有散亡[4]。而后因荆州为孙吴所夺，叔和得以把仲景之学又传入江东。

然而，魏晋风流推崇老庄，嗜谈玄学。道家风范重视方术，追求长生不死，搜罗方、药便成了这一时期的医学主流。方以药组，术以方遣，故而本草、方书便成了这个时期的主要学术方向。《集注》之陶弘景，《肘后》之葛稚川就是这个时期的两个典型代表，他们的著作既体现了这个时期的医学成就，更彰显了这个时期的医学方向。

“南朝四百八十寺，多少楼台烟雨中”，南北朝时期兴起的佛教与由魏晋承袭而来的道教共同成为了盛世隋唐的主流意识形态，在此种文化形态的影响下，隋唐延续了两晋的学术方向，仍以本草、方书为其学术重点，著名的《唐本草》《千金方》《外台秘要》即是这一特点的集中表现。即使理论研究，也多偏于道味十足的《黄帝内经》，至于儒味之《伤寒杂病论》却鲜有医家问津。

由于晋唐医风重方不重论，所以此时的仲景学说也只有其中的《伤寒论》部分被巢元方、孙思邈和王焘分别收录于《诸病源候论》《千金方》和《外台秘要》中[5]，被列为方书。但较之这个时期动辄上千首的大部头方书而言，《伤寒论》区区113首方剂实不足为时医所重，加之仲景后裔对其学说又多秘而不传[6]，所以此时的仲景学说并无特殊尊崇地位而未成“显学”[7]。到了唐末五代，仍然散见诸书，而未有单独辑录，甚至几近湮灭。

三、宋元儒医的尊崇

宋太祖赵匡胤统一诸国，再次偃武兴文，继东汉之后再度把儒家思想定为国家意识形态中的主导，并搜罗天下典籍，其胞弟赵灵负责搜集医书。时任武宁节度使的前荆南国主高继冲进献了有自己编录的《伤寒论》本[5]，可惜当时未能得到重视，而被压在书府达百年之久。直到嘉祐二年，宋朝设立校正医书局后，经高保衡、孙奇、林亿等发现、校勘，并由林亿、成无己辈逐条注释，方才昭示于天下。《伤寒杂病论》至此才“从论上升为经”，仲景也从此才有了“医圣”的地位[7]。

北宋的“文官政治”和“尚儒”的意识形态

造就了大批的儒医。这些医家多是饱读经书之辈，所以他们并不满足于方书的总结，而是致力于经典的钻研和理论的探索，以儒家思想为主导，论病镇密，微言大义的《伤寒杂病论》便颇受青睐。同时，北宋政府对医学的支持力度也是前所未有的，校正医书局为此做出了堪称伟大的贡献卜解鹜的诸多典籍，因它而重见天日；后世的圭臬之本，因它而流传百世。张仲景和他的《伤寒杂病论》于是便从中受益，脱颖而出，获得了上段所述的崇高地位。

四、明清医家的分流

明清均承袭了前朝的治国思路，都以儒家思想为正统，朱元璋多次诏示："一宗朱子之学，令学者非五经孔孟之书不读，非镰洛关闽之学不讲。"儒学学风向以尊经崇古为传统，加之明之八股，清之文字狱的禁锢，学者著书立说不敢越四书五经范畴。影响到中医学，即徐大椿所说："儒者不能舍至圣之书求道，医者岂能外仲师之书以治疗?"于是，明清有关《伤寒论》的研究便空前活跃，不仅著述颇丰，而且学派纷呈，争鸣激烈。具有代表性的主要有三大流派：

（一）错简重订派

该派的代表人物为明代的方有执。方氏沉潜《伤寒论》二十余年，怀疑原书编次被王叔和"颠倒错乱"，于是将书中某些篇章删削、调整、重订整理，编成《伤寒论条辨》。

宗方氏"错简"说的有明末清初名医喻昌。他在方氏纲目学的基础上，著《尚论篇》，提出"三纲鼎立"说及桂枝、麻黄、大青龙三法统领伤寒诸病治法大纲的见解。其后的清代医家张璐、黄元御、吴仪洛、周扬俊等继续发挥。

（二）反对错简派

该派的代表人物为明末医家张遂辰。张氏主张《伤寒论》应"悉依旧本"，"不敢去取"，著《张卿子伤寒论》以成无己原本为基础，再参诸家注释，以增己见。

张氏子弟张志聪、张锡驹遵从师说，主张维护原有编次。志聪著《伤寒论宗印》《伤寒论纲目》，及其弟子续纂《伤寒论集》主张对原本应"至当不移"，并反对喻昌的三纲鼎立之说。锡驹的《伤寒论直解》认为原本是"医中诸书之《语》《孟》也"，尊经之风跃然纸上。钱塘诸张"悉依归本的主张得到了清代陈修园的响应，陈氏承张志聪对原文所划分的章节，主张分经审证。

（三）以方类证派

该派的代表人物为清初名医柯琴。柯氏不屑于在原文编次问题上纠缠争论，提出从方证角度研究运用《伤寒论》，撰《伤寒论注》《伤寒论翼》《伤寒附翼》三书，合而为《伤寒来苏集》。他在评说前代伤寒注家的基础上，以方为纲，归纳脉证。

其后医家徐大椿主张"类方不类经"撰《伤寒论类方》，将13方分作13类，以麻桂等主方命名，方下论述证治条文。

"儒之门户分于宋，医之门户分于金元"，这些学说流派的产生，其实是沿袭了宋儒门户所导致的金元医风，虽然各执一说，但其实质都是希望找到一种提纲挈领地学习和应用《伤寒论》的方法。所以不论其立说是否偏颇，但对学习、研究和应用《伤寒论》提供了多方位的思路和方法，都对《伤寒论》的发展、应用与普及产生了积极地推动作用，掀起了史上对《伤寒论》研究的最高潮。

现代之社会早已非传统儒、释、道所能涵盖，流传至今的《伤寒杂病论》也早已脱去了"门户的外衣"，与《内》《难》《本经》并称中医学四大经典，被世人参以新的视角和方法去研究领会，而其传奇的经历则被文献从事者作为小料去把玩回味。

［《中华中医药学会第四次中医学术流派交流会论文集》2012：299］

浅论当代中医耳科学中的伤寒学派六经辨证思想

孔　喆　广州中医药大学第二临床医学院
李云英　广东省中医院耳鼻咽喉科

伤寒学派开始于汉代仲景著《伤寒论》，确立了辨证论治的原则，汉唐之后有不少的医家通过研究《伤寒论》治疗疾病，从明代后基本形成了倡言错简派、维护旧论派、辨证论治派，在辨证论治流派中有以方类证、按法类证、分经审证的不同。从而形成了祖国医学中的伤寒学派。

当代中医耳科学以中医整体观念为指导思想，以脏腑经络学说为理论基础，吸取了现代先进的诊疗技术与方法，使当代中医耳科学重新焕发生机。当代中医耳科强调辨病与辨证相结合，局部辨证与整体辨证相结合，内治与外治相结合，在其疾病的辨证论治中并未明确提出六经辨证，但是伤寒学派思想六经辨证方法始终贯穿于其中。

六经辨证方法几千年以来有效地指导着中医学

的辨证施治。六经即太阳、阳明、少阳、太阴、少阴、厥阴。六经病证即太阳病、阳明病、少阳病、太阴病、少阴病、厥阴病，是六经所属脏腑经络的病理变化反映于临床的各种证候。六经辨证即以六经病证作为辨证论治的纲领，概括脏腑、经络、气血的生理功能和病理变化，用以说明病变部位、性质，正邪的盛衰，病势的趋向，以及六经病之间的传变关系。

病邪从外侵入，逐渐向里传播，由这一经的证候转变为另一经的证候，称为传经。循经传就是按六经次序相传，如太阳→阳明→少阳→太阴→少阴→厥阴，或太阳→少阳→阳明→太阴→少阴→厥阴。当代中医耳科学外感疾病包括旋耳疮，耳疖、耳疮、耳胀耳闭、脓耳等疾病，其辨证传变规律基本遵循六经传变规律。以下通过脓耳等病为例探讨伤寒学派思想六经辨证方法在中医耳科疾病的运用。

当代中医医家对耳病辨证及传变规律论述大同小异，笔者以十一五国家级规划教材《中医耳鼻咽喉科学》（以下简称规划教材）原文为例，阐述伤寒学派思想六经辨证方法在当代中医耳科的影响。规划教材中认为脓耳病分为风热外侵、肝胆火盛、脾虚湿困、肾元亏虚四个证型。

风热外侵证主要表现耳部症状耳痛，听力下降，或有流脓等，全身可见周身不适，发热，恶风寒或鼻塞流涕，舌质偏红，苔薄白或薄黄，脉弦数。伤寒学派思想把太阳经证分为三型，其一营卫不和，卫失固外开阖之权，肌表疏泄者为中风，其一卫阳被遏，营卫郁滞不通，肌表致密者为伤寒；其一外受温邪，津伤内热者为温病。此证出现周身不适，发热，恶风寒或鼻塞流涕，舌质偏红，苔薄白或薄黄，脉弦数等临床症状，故脓耳风热外侵证出现的临床症状当属太阳经证范畴。

肝胆火盛主要表现耳部症状耳痛甚巨，耳聋耳鸣，耳脓多而黄稠等，全身可见发热，口苦咽干，小便黄赤，大便干结，舌质红，苔黄，脉弦数有力。伤寒论少阳证是邪在肝胆的病变。《伤寒论》说："少阳之为病，口苦咽干目眩"；《伤寒论》又云："伤寒中风，有柴胡证，但见一证便是，不必悉具"。故此证出现的主要临床症状符合少阳病症状。

"伤寒五六日，中风，往来寒热，胸胁苦满，默默不欲饮食，心烦喜呕，或胸中烦而呕，或渴，或腹中痛，或胁下痞硬，或心下悸，小便不利，或不渴，身有微热或咳者"。"本太阳病不解，转入少阳者，胁下硬满，干呕不能食，往来寒热，尚未吐下，脉沉紧者"。故本证应为风热外侵证当属太阳经证外受温邪不解，循经传变出现少阳证。

脾虚湿困证主要表现耳部症状为耳内流脓缠绵日久、听力下降等症状，全身可有头晕，头重或周身乏力，面色少华，纳差，大便溏薄，舌质淡，苔白腻，脉缓弱。《伤寒论》说："太阴之为病，腹满而吐，食不下，自利益甚，时腹自痛，若下之，必胸下结硬"。此证临床上出现周身乏力，面色少华，纳差，大便溏薄，完全符合太阴病腹满而吐，食不下，自利，时腹自痛，脉缓弱等证。是脾虚湿盛，病在脾经病变，寒湿内阻，损及脾阳，或寒邪直犯脾经，损及脾胃都会影响水谷的消化和排泄，寒湿邪阻运化，故时腹自痛。寒湿犯胃故呕吐。胃气呆滞故食不下。寒湿不化，脾气不升，故见自利。脾虚湿困证出现的临床症状显然当属伤寒论太阴病范畴。

脓耳肾元亏虚证主要表现耳内流脓不畅，有恶臭气味等症状，全身可见头晕，神疲，腰膝酸软，舌淡红，苔薄白或少苔，脉细弱[2]。黄耳伤寒证见耳内流脓臭秽耳痛及头痛，喷射状呕吐，寒战高热，项强，神志不清，甚则抽搐，肢瘫，舌质红绛，少苔或无苔，脉细数，或弦数。《伤寒论》说："少阴之为病，脉微细，但欲寐"。少阴病阴血不足，故脉细。脓耳肾元亏虚证出现腰膝酸软，舌淡红，苔薄白或少苔，脉细弱等症状，属于心肾水火不济，病邪从火化热伤阴而阴虚阳亢，则出现热化症状。病情若加重，可出现黄耳伤寒证见耳痛及头痛，喷射状呕吐，寒战高热，项强，神志不清，甚则抽搐，肢瘫等症状。此证在《伤寒论》也有论述："少阴病，恶寒身蜷而利，手足逆冷者，不治"。因此肾元亏虚、黄耳伤寒证出现的临床症状当属伤寒论少阴病范畴。《赤水玄珠》亦云："凡耳中策策痛者，皆是风入肾经也。不治，流入肾则卒然变恶寒发热，脊强如痉之状，曰黄耳伤寒"，从另一方面也说明黄耳伤寒亦属病邪加重，传入少阴经所致。少阴病的治疗原则，以扶阳，育阴为主法。寒化则扶阳，宜温补法；热化则育阴，宜兼清热法，与规划教材中记载的治疗原则吻合。

从病变的性质与邪正的关系看，三阳病多热，三阴病多寒；三阳病多实、三阴病多虚。在治疗上其有重要的指导作用。六经病证的治疗原则，三阳病重在祛邪，三阴病重在扶正。可见，脓耳辨证风热外侵型（太阳病）、肝胆火盛型（少阳病）属热属实；脾虚湿困型（太阴病）、肾元亏虚型及黄耳伤寒（少阴病）属寒属虚；也符合六经辨证寒热虚实的思想。

六经病证从病变部位上讲，太阳病主表，少阳病主半表半里，阳明病主里，而三阴病统属于里。显然脓耳辨证风热外侵型（太阳病主表）、肝胆火盛型（少阳病主半表半里）、脾虚湿困型（太阴病主里）、肾元亏虚型及黄耳伤寒（少阴病主里）是一个病情由轻及重，由表及里的传变过程。

综上所述，脓耳病辨证规律遵循伤寒学派思想所论述太阳病、少阳病、太阴病、少阴病六经辨证规律，而且其传变规律亦遵循六经传变规律。运用六经辨证，能正确地掌握耳科外感病发展变化的规律。

伤寒学派思想六经辨证方法不是反映在某种单一病种中，而是贯穿在整个当代中医耳科外感病中，例如：耳带状疱疹，耳疖，耳疮辨证论治中首当风热湿邪耳窍证，究其本源当为伤寒论太阳病范畴；病情演化循经传变为肝胆湿热耳窍证，显然本证可属伤寒论少阳病范畴；之后其病越经传出现血虚化风证为太阴病表现。

旋耳疮初期风热湿邪犯耳型当属太阳经证，随着病情演化为血虚生风化燥型，属太阴病表现，符合伤寒学派六经辨证及传变表里传变规律。

中医耳科学自有记载的夏商时代开始，至清代积累了丰富的宝贵经验。但从鸦片战争之后西方医学逐步引进中国，祖国医学事业却被受到极大的冲击。但是，伤寒学派六经辨证思想这种质朴而缜密的辩证思维方式，在数千年来的临床实践中证明了其有效性和科学性，相信随着科技的发展祖国医学伤寒学派六经辩证思维方式将会焕发出更新的生命力。

［《2012 年“中华中医药学会耳鼻喉科分会第 18 届学术交流会暨世界中联耳鼻喉口腔科专业委员会第 4 届学术年会”中西医结合耳鸣耳聋新进展学习班论文集》2012：301］

（三）张仲景学术思想临床与实验研究

近年来仲景诊法研究论文概述

胡晓峰　李洪晓
中国中医科学院中国医史文献研究所

本文试对近年来有关仲景诊法研究论文进行简要概述，以便了解仲景诊法研究进展。

一、统计

本文收集近年来有关仲景诊法研究论文共52篇，其中四诊论文6篇，占论文总数12%；望诊论文9篇，占论文总数17%；闻诊论文2篇，占论文总数4%；问诊论文2篇，占论文总数4%；切诊论文33篇（腹诊12篇，脉诊21篇），占论文总数63%。

二、概述

（一）四诊

俞长荣将《伤寒论》的诊法归纳为问、望、闻、切四个方面。问诊内容有恶风、恶寒、发热、出汗、头痛、身痛、慎重、眩冒、便秘、下利、小便不利、不能食、咳喘、心烦、懊侬、呕吐、结胸、痞、腹满、腹痛、耳聋、口渴、咽干等；望诊内容有望色、望舌、望形态；闻诊内容有鼻鸣；切诊内容有切脉、按胸腹肌肤。王小华等简述《伤寒论》中的四诊八纲，其中望诊内容有外表、舌上；闻诊内容有谵语、郑声；问诊内容有问聋论虚；切诊内容有切动脉、按心下。何任认为《金匮要略》脏腑篇通过举例的形式阐述四诊，“既有它的概括性的宏观价值，同时也是作者张仲景从实践中得到的具体经验，因而也具有具体指导作用。”[1]田玉美论《金匮要略》中的四诊，望诊包括神、色、形、态，闻声音，问诊，切诊包括切脉、按诊。陈一江认为《金匮要略》的四诊特点是四诊合参，有所侧重；脉证并举，重视问诊；舌诊虽少，尤重望苔。统计书中症状94个，典型脉象50个，问诊所得71个，闻诊所7个，望诊所得8个，“大部分是问诊及脉诊所得，分别占46%和33%。”[2]严余明试论《金匮要略》诊法中的全息观，指出全息诊病，偏重望切，统计《金匮要略》原文中述及望切的条文，各占三分之一以上。

（二）望诊

刘鸿达统计《金匮要略》约130条原文运用了望诊，其中望形态55，望头面33，望排泄物28，望目13，望肌肤11，望精神10，望唇舌5，望其他2，特点是四诊合参，反复观察，形象逼真。李德龙统计《金匮要略》399条原文有关望诊的条文约134条，从望神态、色泽、形体、形态、动态、舌、齿、排泄物等方面，阐述了望诊的临床应用和重要性。黄志杰分析张仲景望形体诊法，强调望形态变化和望形体动静姿态变化，对分析病机、指导治疗、判断预后都具有十分重要的临床价值。张玉英通过望色、形态、神态、舌、排泄物浅论《伤寒论》中的望诊，认为望诊不仅用于诊断外感病，对其他染病及临床各科疾病诊断都有一定指导价值。王历等认为《伤寒论》的望诊是通过对病人反映在外的神、色、形、态及排泄物的色质变化，对病人进行多方位的观察，以了解病情，明确诊断，指导治疗，判断预后。

严桂珍总结《金匮要略》有关目诊的条文约22条，指出目诊法对于诊断疾病，辨别病因，推断预后具有重要意义。孙西霞浅谈张仲景目诊法，总结为察目色寻病因，审视觉辨虚实，观目症诊疾病，查眼部体征断疾病的传变和预后，以目辨证立治法等5方面内容。

张华军等统计《伤寒论》论及舌诊者共有23条，病证涉及太阳、阳明、少阳、少阴、三阳合病、少阳阳等，舌诊方法有察舌体、望舌苔、问舌觉，舌诊意义是指导治疗、判断预后。马居里等总结《伤寒论》论六经辨证中，有三经涉及舌诊；在内伤杂病方面，40多种疾病中有14种疾病运用过舌诊进行辨证，具有一定的规律，如观察三阳病及六腑疾病，重在于察舌苔的变化；对二阴病及五脏病变，则特别注意观察舌质的形态；察舌内容中首创察舌苔，对舌象观察涉及到舌质、舌苔、舌味觉等方面，丰富了《内经》的舌诊，将舌诊辨证的应用提高到一个新的水平。

（三）闻诊

邹书瑛谈仲景论闻诊涉及闻语言、呼吸、咳

嗽、喘息、呕吐、嗳气、肠鸣、喷嚏、悲哭、呵欠、阴吹、腥臭等声音和气味，具有揭示病因病机，判断疾病性质，确定病变部位，指导立法造方，预测疾病趋势等作用。郭小青等将《伤寒杂病论》闻诊归纳为听病人的声音、语言、呼吸、咳嗽、呕吐、呃逆、肠鸣，以及嗅痰之气味等内容，认为“张仲景非常注重听声音诊病，似乎不够注意嗅气味诊病，并未能将嗅气味真正视为诊法之一。”[3]

（四）问诊

刘康宏将《伤寒论》的问诊归纳为问所苦、问喜恶、问症状轻重、问病痛部位、问发作时间、问二便、问既往史、问服药后情况等8项内容。杨茂丁总结《伤寒论》从汗之有无、多少、部位、兼挟症状等4个方面阐述了汗诊法临床应用的重要性。

（五）切诊

切诊可以分为切脉和按胸腹肌肤两大类。

时振声对《伤寒论》《金匮要略》21种脉象进行详细探讨，归纳为脉象之间对比而言、一脉可见多病、一病可见多脉、脉象与病机结合、寸口趺阳少阴三部脉法等5个特点，指出“可以根据脉象对疾病的病因、病机、症状、转归、治疗作出一定的判断，由于张仲景脉法与后世脉学有不同之处，了解其脉法更有助于领会《伤寒论》及《金匮要略》条文的精神实质。”[4]张学能从寸口与趺阳、少阴等脉合参，审病因测病势，辨八纲定治疗，测预后知安危4个方面探讨仲景脉诊。高德将《伤寒论》脉诊作用归纳为证候的组成部分、以脉测证、反映病机及其变化、判断预后、反映病证的假象等5个方面。巴哈尔·哈德尔专论《伤寒论》舍症从脉诊法，主要有禁汗从脉、从脉而汗、禁下从脉、下之从脉、温法从脉、清法从脉等。曹远礼从凭脉诊明确六经辨证、审脉诊识别治法方药、举脉诊论述病理机制等方面，对《伤寒论》脉诊的特色进行了较为全面的探讨。徐剑秋等解析《伤寒论》脉诊的7个要点：一是根据六经病病理而确定的主症主脉，以此展开六经病经证、府证、正局、变局、合病、并病的辨证；二是注意脉象动态变化，及时了解病情的趋向和传变；三是以脉析证，确定可否汗、下的治疗原则：四是掌握脉的阴阳属性和组合规律，确定病因之异和虚实寒热之变；五是掌握寸、关、尺脉的个性与共性，判断不同的病位与病证；六是分析脉与症的内在联系，发现五脏间的生克乘侮病理；七是重视脉症相反时的脉象，判断阴阳气血乖戾的原因所在。王彦平等对《伤寒论》中脉诊特点进行分析，总结出4个主要特点：以脉统证，分述六经病证特点；细审脉象，详论病势进退及六经传变规律；别脉阴阳，确定疾病性质；三部合参，判断病位所在。范晔认为《金匮要略》非常重视脉诊，表现在以主脉指导辨证，以脉示其病位，以脉代症，推测病因病机，指导治疗，判断预后等方面。赵力维等从以脉象揭示病证、鉴别病证异同、推论病因病机、指导临床辨证阐述《金匮要略》脉诊的应用。张谷才从诊脉的部位、形状、主病、病机、辨证、施治、预后论述《金匮要略》的切诊。姜秀云等总结《金匮要略》脉诊具有关审脉求因、以脉测症、以脉别症、舍症从脉、以脉测预后、以脉论治等特点。朱虹等论述《金匮要略》脉诊与病因、病机、病位、病性、病势等方面的关系，阐明仲景脉诊理论对临床工作的指导作用。王鲁芬探析《金匮要略》脉诊运用，展现仲景凭脉识病、确定病位、推求病因病性、阐述病机、指导治疗、判断预后的独到之处。此外，周然宓、蔡旭、沈福道、李建东等分别论述了《伤寒论》脉诊。

刘爱民统计《伤寒杂病论》明确提出趺阳脉者有28处，所述30种脉象中，趺阳脉占13种之多，趺阳脉是仲景脉学的重要组成部分。邹大同分析《金匮要略》趺阳脉诊条文，多与脾胃病有关，临床应用于阐述病机、预测病候、指导治疗、判断预后等方面。张永利等指出趺阳脉诊法是中医脉学的重要组成部分，仲景在《伤寒论》《金匮要略》中多次论及趺阳脉诊法，但现代中医界基本上抛掉了趺阳脉诊这一重要的切诊方法。

烟建华等分析《难经》脉诊体系与《伤寒杂病论》辨脉诊病的关系，提出《难经》脉诊体系是仲景辨证论治体系的基础，两个体系有着密切的关系。

刘志勇从腹诊的辨证意义、腹诊的临床根据及其作用两方面论述张仲景腹诊法。郭家襄从鉴别证候、阐述病因病机、确定治疗原则、判断预后4方面介绍仲景腹诊法重要性。梅国强从胸胁、心下、大腹、少腹4个方面分辨仲景胸腹切诊法。吴杰从腹诊的作用（确定病名、指示病位、阐述病因、审察病机、辨别病性、确立治法、判断传变预后）和腹诊的辨证两方面探讨仲景腹诊法。柴可夫指出早在《内经》《难经》中就有对腹诊的阐述，《金匮要略》涉及腹诊的有10多篇，应用于内、外、妇科近30种腹部疾病的诊治，充实和发展了腹诊的内容。刘水英等从分辨病性、确定治则、判断预后三个方面阐述了张仲景按诊法的临床应用，并举例说明按诊法仍然对临床有深刻的指导意义。此外，黄家华、文棣、王锦章、张立德、谢梅轩、彭鼎三等分别对仲景腹诊法有论述。

三、小结

1. 将仲景诊法研究论文按望、闻、问、切四诊分类，切诊论文数量最多，共32篇（腹诊12篇，脉诊20篇），占论文总数62%；其次是望诊论文9篇，占论文总数17%；闻诊论文与问诊论文各2篇，各占论文总数4%。说明脉诊仍是中医诊法研究的重点目标。

2. 仲景诊法具有四诊合参，有所侧重；脉证并举，重视问诊；舌诊虽少，尤重望苔等特点。四诊中偏重问、望、切，闻诊论述较少。闻诊注重听声音诊病，不够注意嗅气味。

3. 脉诊中提倡趺阳脉法，有较丰富内容，反对“按寸不及尺，握手不及足，人迎趺阳，三部不参”。[5]

4. 脉与证不符时，根据具体情况可以考虑舍脉从证或舍证从脉。

5. 注重腹诊法，结合临床实践，充实和发展了腹诊内容，是仲景诊法的特点。

仲景诊法在继承《内经》诊法思想基础上，结合临床实践中的具体病证，丰富和发展了中医诊法内容，反映了汉代中医诊断发展水平，为后世中医诊法的传承奠定了基础。

参考文献

[1] 何任.《金匮》脏腑篇中有关四诊的临床意义[J].浙江中医学院学报，1991，15（5）：46.

[2] 陈一江.《金匮要略》的四诊特点[J].浙江中医学院学报，1999，23（6）：12.

[3] 郭小青，韩丽萍.略述《伤寒染病论》中闻诊的运用[F].陕西中医学院学报，2006，29（2）：16.

[4] 时振声.对《伤寒论》《金匮要略》中有关脉诊的探讨[J].云南中医学院学报，1980，（2）：21.

[5]《伤寒杂病论》原序.伤寒论手册[J].重庆：科学技术文献出版社重庆分社，1984：1.

[《全国第十一届中医医史文献学术研讨会论文集》2008：275]

仲景方剂妇科临床应用研究

马大正　温州市中医院

使用经方现状和原因尽管在我国《伤寒论》和《金匮要略》被中医学院列为必修课，但是学生大学毕业之后大都如《素问·著至教论》所云“诵而颇能解，解而未能别，别而未能明，明而未能彰。”致使在当前的中医临床中，仲景方剂运用的情况并不十分乐观。能够经常运用仲景方剂的医生不多，熟练运用的医生则少之又少，而能够变通活用仲景方剂的医生则更为鲜见。

1994年我曾赴日本参加第四届国际亚洲传统医学大会，与会期间观看了介绍现代日本中医现状的一个小展览，其中陈列对于中药、汉方的研究资料，尤其是以张仲景的方剂制成成药的研究资料和样品，方剂名目繁多，工艺十分精湛，每种方剂都具体介绍治疗的适应症，而许多适应症已经超出仲景原方的治疗范围，给我留下极为深刻的印象。如温经汤治疗指掌角皮症、头痛、腰痛；葛根汤治疗结膜炎、乳腺炎、湿疹；桂枝茯苓丸治疗更年期综合征；五苓散治疗宿醉、肾炎；柴胡加龙骨牡蛎汤治疗动脉硬化、高血压、神经性心悸亢进；柴胡桂枝汤治疗肋膜炎；小柴胡汤治疗支气管炎、贫血；大柴胡汤治疗高血压、动脉硬化、肥胖症、支气管炎、失眠、半身不遂；当归芍药散治疗心脏衰弱、痔核、脱肛、血压异常；防己黄芪汤治疗肥胖症、多汗症；真武汤治疗高血压、胃下垂；小建中汤治疗小儿夜啼、夜尿；柴胡桂枝干姜汤治疗心脏衰弱失眠；栀子柏皮汤治疗皮肤瘙痒；大黄牡丹皮汤治疗动脉硬化；半夏厚朴汤治疗心性哮喘、失眠等等，不一而足。有些成药是由经方通过变通而成的，如葛根汤加辛夷川芎、大柴胡去大黄汤等等。一些成药是由经方复方合成的，如排脓散及汤（即排脓散和排脓汤）、柴陷汤（即小柴胡汤和小陷胸汤）。据最近资料介绍，日本厚生省批准生产的汉方药仅限于张仲景的210种经方（张仲景创制的方剂据统计总共为260首），其中147种批准为“医疗用医药品”，可以在医院中使用。其余63种为“一般用医药品”，只能在药店柜台销售。日本药检局对凡是应用张仲景原方配制的成药一律给予免检。日本一些著名中药制药公司如小太郎、内田、盛剂堂等出品的中成药（浸出剂）中，伤寒方占到了60%以上（其中，有些很明显是伤寒方的演化方）。由此可见，日本医学界以及广大民众对张仲景学术推崇备至，已经到了无以复加的地步。

相比之下，我国当前开发的仲景方剂的成药才五种，即肾气丸、大黄䗪虫丸、鳖甲煎丸、桂枝茯苓丸、小柴胡汤。绝对可以这么说，日本对张仲景方剂的研制水平以及推广普及应用的程度已经走在我国的先头。

在这里，我们要把话再拉得远一点，就是日本究竟是个怎样的国家？

概括而言，日本是一个技术引进最多和技术创新最多的国家。07年汽车获得世界最大生产国的殊荣，06年产量1148万辆、机床业世界领头羊地位、电子家电产品产量占全球的1/4，创造了许多世界第一的奇迹。

他们为什么学习引进中医之后留下的主要是仲景的理论和方剂呢？因为他们觉得，仲景的理论和方剂是最最好的，是没有其他的东西可以取代的。

中日中药产业比较："百度"我国中药出口贸易增长缓慢的原因是什么？

目前的中国中药业具有较强的生产能力。截至2001年，专业中药生产厂家1059家，生产50多种剂型，6000多个品种的中药20多万吨，2004年国际中药年贸易额达160亿美元，其中日本和韩国分别占80%和10%，我国中药出口额仅为7.25亿美元，为世界中药市场（不含中国大陆）的3%至5%，且大部分为原料中药和保健品。

中药产品出口少的主要原因在于产品质量的不高。第一，我国超过半数的中药成品是由乡镇小型制药厂生产的，质量低劣；同样比例的中药材由不符合国际标准的药田生产。这样的产品无法被发达国家的中药市场认同。因为施用合肥、杀虫剂，含有超标的重金属含量，所以日本在我国圈地自己培植中药材。第二，我国许多中药产品外观、口味欠佳，也是无法得到国外用户青睐的重要原因，这与我们的固有观念不无关系。

此外，我国中药产业的研发能力同样不尽如人意。虽然目前我国拥有中医药科研人员八千余名，但2004年我国中医发明专利仅15件，且无一件国际专利。这是我国中药产业发展进途中的一大忧患，也是我国与日、韩、欧洲等其他中药生产国家最大的差距。

综上所述，虽然我国中药产业规模居世界首位，但中药生产仍处于量高质低阶段。其中的原因之一，是大量有价值的古代药方未被完全利用。这里就包含着仲景方剂的再利用。

日本中药产业现状：根据目前比较公认的说法，在公元五世纪中医从朝鲜传入日本。

严格地说，日本没有纯粹的中药生产。日本"中药"被称作"汉方药"——日本化的中药。日本是中国以外，最大的中药生产国与消费国。1976年以前，日本汉方药年产值不足一百亿日元。1976年，随着汉方药被纳入国家医疗保险，汉方药产业、中药材种植才取得了突飞猛进的发展。目前，日本汉方制药年产值超过1000亿日元。

有一篇"小药丸，大梦想"的文章讲述"救心丹"。宋代的"苏合香丸"1974年起，保心丸的主要研发人，复旦大学附属华山医院的戴瑞鸿教授，萌生了独辟蹊径、改进苏合香丸的想法，他和同仁们经过反复筛选，只留下苏合香脂、冰片、麝香三味中药；又加入了人参、蟾酥、肉桂、牛黄。这就是最早期的"苏心丸"70年代末，来自日本的"救心丸"从香港、广东开始登陆中国。因为其对心绞痛有显著的疗效，传媒更是把价格昂贵的"救心丸"称之为"救命丹"。救心丸的成分也是中药，是以龙脑、熊胆、珍珠、犀角为主，也有麝香，有"芳香开窍，行气止痛"的作用，不过，价格很高，一些冠心病心绞痛患者为了治病，还不惜代价托人到香港购买"救心丹"。上海中药制药一厂根据"苏心丸"配方，结合以往开发的"冠心苏合丸""苏冰滴丸"的经验，大胆创新，进行了微粒丸的试制。戴瑞鸿他们则一面继续临床应用，一面加紧对这七味中药进行动物实验和科学测定。在多方攻关的基础上，终于，于1981年诞生"麝香保心丸"。日本仅仅是"救心丹"一个品牌的中药，现在年销售额已达到6亿美元，这相当于我国中药全年出口总额。

韩国的东医90年代以来，韩国中药产业发展势头强劲。目前，韩国国民医疗支出里15%是东医药（中药）的开销，这一比例仅次于中国。韩国政府对中药产业采取大力支持的态度。1994年8月韩国政府资助的东医研究所，开始了药物的临床验证、疗效观察、安全性评价和质量控制。1998年－2010年期间政府斥资1.6亿美元用于药物的研究与开发。1600种东药中有514种列为法定药物（130种收录药典、384种列为部颁），1998年5月1日起全面开展标准化研究。韩国中草药原料种植业较为突出，是韩国中药产业的支柱。2004年韩国高丽参出口额超过3.5亿美元。与中国中药原料种植相比，其操作规范，标准严格，且包装宣传到位。据说，韩国从中医进口种植的人参，加工之后成为高丽参反销到中国。而相同等级的的参类产品单价是中国的25倍。

2000年11月11日作为浙江省卫生厅组织的名医团专家参加香港中医院首届名医义诊月活动。有机会见识韩国出口到香港的小建中汤咀嚼片。

韩国的中药已经到了我们的家中，如果我们不去深入研究、开发仲景方剂的临床推广应用，有可能在不远的将来，在家里会吃到由日本人制造的仲景方成药，难道我们学习、研究中医的人不会感到脸红吗？

如果我们的每个学科都深入研究仲景方剂的临

床应用，使仲景方剂得到最大限度的使用，就可以扶植我国的中药产业大力开发仲景方剂，走出低谷，走向世界。

1982 年随师浙江省高级中医师吴国栋主任，目睹先师熟谙运用数张经方治疗妇科疾病，药味虽简，却有“四两拨千斤”之慨，如费晋卿所语“古人立方有药味少而分两重者，专走一门，为功甚巨。”视经方疗效卓然，窃意欲发扬之。

当时先生的用方大约 30 首，有：当归芍药散、当归散、白术散、桂枝茯苓丸、桂枝汤、桂枝加龙骨牡蛎汤、小建中汤、白虎汤、白头翁汤、半夏厚朴汤、半夏泻心汤、大黄牡丹汤、当归生姜羊肉汤、当归四逆汤、吴茱萸汤、茯苓四逆汤、甘麦大枣汤、黄芪建中汤、理中汤、芍药甘草汤、酸枣仁汤、桃核承气汤、温经汤、小柴胡汤、薏苡附子败酱散、茵陈蒿汤、真武汤、栀子豉汤、猪苓散、竹皮大丸。

对仲景方剂的使用有两种方法：一种是继承式应用，一种是发挥式应用。

继承式应用就是严格按照文本条文来使用经方，凡是出现符合仲景条文内容的病症，就原封不动地使用该条文中的方剂来治疗，这是一种继承的验证式的研究。

发挥式应用可以分为：变通使用和超范围使用。所谓变通使用，是指所治疾病与《伤寒杂病论》中相同，但因临床表现的症状和个体存在差异，因此要在仲景方剂的基础上作适当的药物调整，以适合病症的变化和个体的需求，此时运用的方剂已非仲景的某一原方或复方，而是经过变通的方剂；所谓超范围使用，是指使用仲景的方剂治疗原方所治范围以外的疾病。所有这些，都属于发挥的开拓性的研究。

历史对仲景方剂的超范围使用由来已久，历代医书都留下了丰富的文字记载，如《医方集解》中用乌梅丸治疗胃府发咳，咳甚而呕，呕甚则长虫出；《伤寒类方汇参》用此方治疗腹痛饮冷，睾丸肿痛，巅顶痛等等。柯琴在《伤寒论翼·自序》中说：“治伤寒者，但拘伤寒，不究其中有杂病之理。治杂病者，以《伤寒论》为无关于杂病，而置之不问。将参赞化育之书，悉归狐疑之域。愚甚为斯道忧之……”（《伤寒来苏集》）柯琴就认为，治疗伤寒的理法方药同样可以治疗伤寒以外的疾病。

调整配方包括单方加减、方剂拆分、合成复方三种。

根据原来妇科方剂推导系列方剂的运用。桂枝汤治疗恶阻，推导出 18 首方剂；小柴胡汤治疗产后大便难、呕吐和热入血室的治疗，推导出柴胡加龙骨牡蛎汤、柴胡加芒硝汤、柴胡桂枝汤；大承气汤治疗产后发热、恶露不下推导出大、小、调胃承气汤，厚朴大黄汤、厚朴三物汤。

单方加减：单方的加减，见诸于仲景原书者，屡屡可数，如桂枝去芍药加附子汤便是。笔者用治疗奔豚气的奔豚汤去生姜加炮姜等治疗恶露不绝，经过变通，该方与生化汤的组成十分相近，且更合理。

1. 经期过长案

【原文】吐血不止者，柏叶汤主之。《金匮要略·惊悸吐衄下血胸满瘀血病脉证并治》

初诊：2005 年 3 月 7 日。李某，34 岁，末次月经 1 月 13 日来潮，至今近 2 个月未净，血量多如冲，血色鲜红，夹血块，面色苍白，下腹酸痛。平素月经周期定，5～6 天净。B 超发现子宫肌瘤 17mm×13mm，2 月份曾行宫颈息肉摘除术。生育史：1～0～3～1。舌淡红，苔薄白，脉细。

治法：温经化瘀，凉血止血。方剂：柏叶汤加味。

侧柏叶 15g　艾叶炭 6g　炮姜 6g　童便（入煎）100ml 水牛角（先浸、先煎）30g　生地（切薄、黄酒浸）30g　生白芍 30g　丹皮炭 10g　阿胶（烊冲）10g　乌梅炭 10g　仙鹤草 30g　海螵蛸 20g，3 剂。

二诊：2005 年 3 月 10 日。服药当晚，阴道出血即止，翌日浣洗衣服后阴道少量出血，再服上药，至今阴道未再出血，下腹酸痛亦除，舌脉如上。

2. 痛经案

初诊：周某，23 岁，未婚，痛经 5 年多未愈，腹痛拒按，经量多，色鲜红夹血块，伴恶心，大便频数，每次经期均需卧床休息。平素月经周期延后 5～20 天，带下量多，色白衬黄，质稠，无异味，纳可。现停经 40 多天未潮。舌淡红，苔薄白，脉细。西医诊断：原发性痛经。

治法：温经散寒，清热调冲。方剂：乌梅丸加味。

乌梅 9g　细辛 3g　干姜 3g　黄连 3g　当归 6g　淡附片 3g　川椒 3g 桂枝 3g　党参 10g　炒黄柏 5g　益母草 30g，7 剂。

二诊：服药当天月经来潮，痛经明显减轻，可以照常上班，经期大便也正常。

三诊：经前一周，无不适，舌脉如上。中药守一诊方，益母草改为 15g，12 剂。

四诊：月经来潮，无痛经，今已净，舌脉如上。

3. 亚急性盆腔炎

初诊：2003 年 5 月 23 日。林某，22 岁，50 天前在当地农村行药物流产，阴道出血 3 天净，术后即出现下腹疼痛，且逐渐加重难耐，疼痛向会阴及下肢放射，伴腰酸痛，曾入住某大医院妇科病房，经腹部 B 超、腹部摄片、骨盆 CT 平扫、腰椎核磁共振等检查，均未发现异常，妇科检查：左侧附件压痛，右侧增厚；静脉肾盂造影提示：左侧输尿管下端扩张。请泌尿科医师会诊后，拟诊为左侧输尿管结石。经多方治疗，下腹疼痛未能控制，呻吟叫号昼夜不已，因疼痛一直未能控制，便自动出院。来诊时患者痛苦不堪，呻吟不迭，弯腰搀扶。询问平时月经正常，现除腰腹部疼痛之外，手足逆冷，白带不多，大便秘结，胃纳不馨，无发热。舌淡红，苔厚腻，脉细。妇科检查：外阴无殊，阴道通畅，宫颈光滑，宫体后位，正常大小，活动，质地中等，压痛明显，两侧附件压痛明显，三合诊，两侧子宫骶骨韧带触痛明显。西医诊断：亚急性盆腔炎。

治法：清热活血，通腑导滞。方剂：大黄牡丹汤加味。

制大黄 10g　丹皮 10g　桃仁 10g　冬瓜仁 30g　玄明粉（冲）10g　延胡索 10g　蒲公英 20g　红藤 20g　血竭 4g，3 剂。

活血化瘀灌肠液（医院制剂）每次 50ml，每日 1 次保留灌肠。

药后大便下如糜粥，下腹疼痛顿除，手足转温，嗣后再用其他中药调理而安。

4. 经行寒热往来

【原文】伤寒六七日，发热微恶寒，支节烦疼，微呕，心下支结，外证未去者，柴胡桂枝汤主之。《伤寒论》

【组成】桂枝、芍药、黄芩、人参、炙甘草、半夏、大枣、生姜、柴胡

【功效】和解少阳，兼以表散。

初诊：1996 年 12 月 15 日。陈某，46 岁，经前 10 天开始阵发性全身发冷，随后发热，直至月经来潮之后上述症状方消失，同时伴倦息，口苦或口淡，嗳气，如此反复发作持续约 10 年。月经周期定，经量不多，经色紫，2 天净，无痛经。天气寒冷时两手指常常苍白发冷，面部色素沉着明显已 6 年。末次月经 11 月 25 日来潮。舌稍淡，苔薄白，脉细软。治法：和解少阳，调和营卫。方剂：柴胡桂枝汤加减。(去半夏)

桂枝 6g　炒白芍 6g　炙甘草 6g　柴胡 9g　黄芩 9g　党参 12g　生姜 4 片　大枣 5 个，3 剂。

二诊：1996 年 12 月 18 日。末次月经 12 月 17 日来潮，经行寒热往来现象消失，经量不多，色淡红，嗳气，舌脉如上。

治法：和血调经，佐以解肌。方剂：四物汤（《仙授理伤续断秘方》）加味。

5. 垂体手术后身冷背热

【原文】1. 黄汗之病，两胫自冷；假令发热，此属历节；食已汗出，又身常暮盗汗出者，此劳气也；若汗出已，反发热者，久久其身必甲错；发热不止者，必生恶疮。若身重，汗出已，辄轻者，久久必身瞤，瞤即胸中痛，又从腰以上必汗出，下无汗，腰髋弛痛，如有物在皮中状，剧者不能食，身疼重，烦躁，小便不利，此为黄汗，桂枝加黄芪汤主之。《金匮要略・水气病脉证并治第十四》。

2. 诸病黄家，但利其小便，假令脉浮，当以汗解之，宜桂枝加黄芪汤主之。《金匮要略・黄疸病脉证并治第十五》

【组成】桂枝三两　芍药三两　甘草二两　生姜三两　大枣十二枚　黄芪二两

【功效】益气，调和营卫。

初诊：2003 年 11 月 12 日。李某，41 岁，2003 年 6 月 25 日行垂体肿瘤切除术，术后月经至今未潮，纳欠，偶有恶心。平时月经周期规则，经量多，夹血块，7 天净。B 超检查：子宫三径 3.6cm × 2.6cm × 3.5cm，子宫内膜厚度 3mm。雌二醇 143.4pmol/L，泌乳素 779.9uIU/mL。于 10 月 20 日开始服用溴隐亭片，每日 2.5mg，同时用中药调理。因恶心呕吐，在服用溴隐亭片 3 天之后自行停服．胃肠道症状消失。就诊时气温微凉，但患者白天身冷寒颤．风雪衣加身。夜间背脊如火烧燎，蹬被卧篾席取凉，辗转反侧整夜少寐。舌淡红，苔薄白，脉细。

治法：温阳益阴，补任充督。

方剂：桂枝加黄芪汤加味。

生黄芪 15g　桂枝 6g　炒白芍 6g　炙甘草 6g　生姜 5 片　大枣 6 个　龟板胶（烊冲）10g　鹿角胶（烊冲）10g　紫石英 15g　酸枣仁 12g　远志 10g　菖蒲 6g，5 剂。

二诊：2003 年 11 月 20 日。身冷背热诸症悉除，舌脉如上。

拆分法：如将原来治疗伤寒误下之后出现“腹满时痛”的桂枝加芍药汤用于治疗妊娠恶阻伴发腹痛，是将原方拆分为桂枝汤和芍药甘草汤，前方《金匮》用于妊娠恶阻，后方常可治疗腹痛；

1. 妊娠恶阻腹痛

初诊：李某，25 岁，因继发不孕 3 年就诊，经

过治疗之后，现妊娠47天。恶心口淡，呕吐食物，纳差，小腹隐痛。舌淡红，苔薄腻，脉细滑。

治法：温中和胃，养血止痛。方剂：桂枝加芍药汤加味。

桂枝6g　炒白12g　炙甘草6g　生姜6片　大枣6个　半夏15g　陈皮12g，4剂。

二诊：口淡除，恶心减轻，未再呕吐食物，胃纳稍增，小腹痛除，昨天大便先硬后软，矢气多，舌脉如上。

2. 妊娠外感龈痛

【原文】发汗后，水药不得入口为逆。若更发汗，必吐下不止。发汗吐下后，虚烦不得眠，若剧者，必反复颠倒，心中懊侬，栀子豉汤主之。若少气者，栀子甘草豉汤主之；若呕者，栀子生姜豉汤主之。《伤寒论》

【原文】少阴病，二三日，咽痛者，可与甘草汤；不差，与桔梗汤。《伤寒论》

初诊：2004年12月22日。潘某，29岁，孕34周多，外感鼻塞，喷嚏咽痛，牙龈疼痛，连及左颊，大便秘结。舌稍红，苔薄白，脉滑。

治法：清疏风热，泻火解毒。方剂：栀子甘草豉汤合桔梗汤加味。

炒栀子10g　豆豉10g　生甘草6g　桔梗6g　牛蒡子12g　石膏10g　升麻12g　大青叶10g　生地12g　白芷6g，3剂。

二诊：2004年12月24日。脸颊疼痛明显减轻，鼻塞喷嚏缓解，大便已顺，偶觉下腹疼痛，舌脉如上。

中药守上方去白芷，加薄荷（后入）4g、葱白4条，3剂。

运用合成复方法：经方复方的运用，是我研究中最最常用的方法，一时两方、三方合用。其实，经方复方本出自仲景，如柴胡桂枝汤、桂枝麻黄各半汤、桂枝二越婢一汤等等。经方复方的运用最大的好处是可以增强疗效，改变方剂的性能，从而扩大治疗范围。笔者用治疗金疮化脓的排脓汤合用排脓汤治疗带下、用治疗咽痛或肺痈的桔梗汤合治疗狐惑病脓已成的赤小豆当归散加味治疗带下，便可以增强了临床疗效。用治疗阳明气分经热炽盛的白虎汤合治疗“伤寒发汗吐下后虚烦不得眠，心中懊侬，或烦热，胸中窒”的栀子豉汤治疗漏下，便是改变、扩大了原方的治疗范围。

1. 交接后淋证

【原文】百合病变发热者，百合滑石散主之。《金匮要略·百合狐惑阴阳毒病脉证治第三》

【组成】百合、滑石

【原文】若脉浮发热，渴欲饮水，小便不利者，猪苓汤主之。《伤寒论》

【组成】猪苓、茯苓、泽泻、阿胶、滑石

【原文】伤寒身黄发热，栀子柏皮汤主之。《伤寒论》(261)

【组成】肥栀子、甘草、黄柏

初诊：2006年5月8日。王某，31岁，小便频急热痛4年，屡治不愈，平均每1小时登圊一次，性生活之后发病尤甚，尿色黄。尿常规检查：红细胞+/高倍，白细胞4~6/高倍。B超检查提示右肾小结石。月经周期基本规则，经量过多，经色鲜红，夹大量血块，有痛经，经前乳房胀痛，腰部酸痛，带下量多，偶有异味，夜寐欠安，纳便正常。末次月经4月8日来潮。生育史：1~0~1~1。舌淡红，苔薄白，脉细。妇科检查：外阴无殊，阴道通畅，宫颈光滑，宫体前位，正常大小，活动，质地中等，压痛，两侧附件压痛。西医诊断：(1) 尿路感染。(2) 右肾结石。(3) 慢性盆腔炎。

治法：滋阴清热，利水通淋。方剂：百合滑石散合猪苓汤、栀子柏皮汤加减。

百合20g　滑石15g　茯苓皮30g　猪苓10g　泽泻10g　阿胶（烊冲）10g　炒栀子15g　黄柏10g　炙甘草6g 白术10g　海金沙10g，4剂。

二诊：2006年5月13日。开始进药之后，小便即觉舒服，尿量增多，减少至往昔正常次数。小便培养及药物敏感试验结果：金黄色葡萄球菌>1万细菌群落总数单位/毫升，左氧氟沙星敏感。月经5月11日来潮，经量较前明显减少，血块亦减，舌脉如上。

中药守上方续进7剂。

三诊：2006年5月20日。小便无不适，月经5月15日净，由于煎服药量过多，胃脘不适。嘱适量少服，舌脉如上。

中药守上方加减，续进35剂。

随访2个月至今，小便不适症状未再出现。

体会：将诸症条分缕析，当属阴虚有火，移热下焦所致，故以百合滑石散合猪苓汤以养阴安神，清虚火，利小便，合栀子柏皮汤、海金沙清湿热利小便。从服药伊始，小便频急热痛现象立即得到控制，尿量增多，次数减少，经量显减。四载之疴，愈于一旦，其效如《素问·至真要大论》所谓的“桴鼓相应，犹拔刺雪汗”，令人扼腕称奇！然此案完全得益于辨证论治，若依小便培养及药物敏感试验结果来处方用药，且罔论疗效如何，处方时必将举笔难下矣！

2. 痛经

【原文】寒气厥逆，赤丸主之。《金匮要略·腹满寒疝宿食病脉证治》

【组成与用法】茯苓、乌头、半夏、细辛

【原文】手足厥寒，脉细欲绝者，当归四逆汤主之。《伤寒论》(351)

【组成与用法】当归、桂枝、芍药、细辛、甘草、通草、大枣

初诊：黄某，28岁，自初潮开始痛经剧烈，连续不断已经13年，伴恶心呕吐，出冷汗，腹部喜温喜按，腰部酸痛，经量正常，经色暗红，夹有血块，经前乳房胀痛，带白不多，纳可，口臭，二便调匀。经期将近。生育史：1~0~1~1，已行输卵管结扎术。舌淡红，苔薄白，脉细。妇科检查：宫体压痛。西医诊断：(1)痛经。(2)子宫内膜炎。

治法：温经除湿，和血调冲。方剂：赤丸合当归四逆汤加味。

茯苓10g　淡附片5g　半夏10g　细辛5g　当归9g　桂枝6g　炒白芍10g　通草5g　炙甘草5g　百部10g　大枣6个，7剂。

三诊：进药一剂，月经来潮，这是平生第一次没有疼痛的月经，舒坦之极，无以言表，今经水已净。

以后经前服用赤丸合当归四逆汤加味。

连续观察4个月，痛经未再发生。

离开原文，重新解读经方，运用"非妇科经方"治疗妇科疾病，笔者用治疗"发汗后，其人脐下悸者，欲作奔豚"的茯苓桂枝甘草大枣汤治疗更年期综合征；用大柴胡汤证经过误治之后，先用小柴胡汤和解少阳之后续治潮热的柴胡加芒硝汤治疗月经后期，潮热汗出等。

案1. 妊娠恶阻小便频数

【原文】百合病，下之后者，滑石代赭汤主之。《金匮要略·百合狐惑阴阳毒病脉证治》

【组成】百合、滑石、代赭石

百合病为何病历代存有争议，至今未有定论。纵观临床表现，类似于现代神经官能症，而属于阴虚内热类型的病症。病以百合命名者，以百合能愈此病故耳。

初诊：2006年3月2日。陈某，28岁，妊娠50天，恶心口淡，口干喜饮，纳差，身冷，小便频数，外阴瘙痒，带下色黄，量多有臭气，小腹不适，腰背酸楚，寐欠安，寐中咽喉干焦，耳涩，大便秘结，3天一解。舌稍红，苔薄白，脉滑。

治法：养阴和胃，清理湿热。方剂：滑石代赭汤合麦门冬汤加味。

滑石15g　百合15g　代赭石15g　麦门冬12g　半夏12g　党参15g　甘草6g　粳米30g　大枣6个　萆薢10g，4剂。

二诊：2006年3月6日。恶心好转，嗳气，小便次数减少，大便日解一次，阴痒减轻。B超检查：宫内活胎，约妊娠50多天，舌脉如上。

中药守上方加陈皮12g、蔻仁(冲)4g，5剂。

三诊：2006年3月13日。恶阻消失，口干，嗳气少，小便次数已正常，阴痒轻微，舌脉如上。

治法：养阴和胃降逆。方剂：麦门冬汤加味。

麦门冬12g　半夏12g　党参15g　甘草6g　粳米30g　大枣6个　石斛12g　陈皮9g　椿根皮10g，5剂。

四诊：2006年3月18日。呕吐重现，口干，纳欠，头晕，小便微热。舌稍红，苔薄白，脉滑。

治法：养阴和胃，清理湿热。方剂：滑石代赭汤合麦门冬汤加味。

中药守3月2日方，加枇杷叶12g，5剂。

五诊：2006年3月24日。服药之后，恶阻立即消除，口干明显减轻，纳可，精神转佳，口水稍多，小便轻微热感，左侧少腹微坠。舌淡红，苔薄白，脉滑。

治法：养阴和胃，健脾渗湿。方剂：滑石代赭汤合猪苓散加味。

滑石15g　百合15g　代赭石15g　猪苓12g　茯苓12g　白术12g　半夏12g，4剂。

六诊：2006年3月31日。恶阻未再发生，小便热感消失，无明显不适，舌脉如上。

中药守上方续进4剂，以巩固疗效。

七诊：2006年4月24日。随访至今，恶阻及小便热感已愈。

2. 妊娠合并癫痫

【原文】寸口脉迟而缓，迟则为寒，缓则为虚。营缓则为亡血，卫缓则为中风。邪气中经，则身痒而瘾疹；心气不足，邪气入中，则胸满而短气。

风引汤除热瘫痫。《金匮要略·中风历节病脉证并治第五》

【组成与用法】大黄、干姜、龙骨、桂枝、甘草、牡蛎、寒水石、滑石、赤石脂、白石脂、紫石英、石膏。

【功效】清热熄风镇潜。

初诊：2006年12月26日。李某，24岁，妊娠6个月，有癫痫病史已10年，一直在服用丙戊酸钠片，近3个月来病情发作频繁，一周发作2~3次左右，每次发作持续1分钟，不省人事，昏仆在地，全身抽搐，口出白沫，喉中痰鸣，记忆力逐渐下降，反应迟钝，纳差，寐欠安，二便正常。生育

史：0~0~1~0。舌淡红，苔薄白，脉细。西医诊断：（1）癫痫。（2）中期妊娠。

治法：平肝熄风，清化痰热。方剂：风引汤加减。

炙大黄5g　干姜3g　龙骨20g　桂枝3g　甘草5g　牡蛎20g　寒水石20g　滑石10g　赤石脂15g　紫石英20g　石膏20g　半夏10g　天竺黄5g　茯苓10g，7剂。

2007年1月17日电话随访，由于患者身处僻壤，路途遥远，无人陪诊，更由于病情稳定，癫痫未再发作，故未续诊。

1. 人工流产后胎物残留

药理经根据现代药理证实，羊膜腔内注射甘遂注射液引产，可能导致损害胎盘，妨碍胎儿循环系统。当蜕膜组织发生变性、坏死时，蜕膜细胞内溶酶体膜受损，释放出PGFM和6－酮－PGFIα，使前列腺素的合成与释放增加，前列腺素可引起子宫平滑肌收缩而导致流产的机理，用《金匮要略·痰饮咳嗽病脉证并治》中原来治疗留饮欲去而未去，出现病者“脉伏，其人欲自利，利反快，虽利，心下续坚满”的甘遂半夏汤加味治疗人工流产之后胎物残留。

初诊：韩某，29岁，人工流产后17天，阴道仍有咖啡色带下渗出，右侧少腹隐痛，大便正常，咽痛4天，咽峡充血。B超发现宫腔内偏右侧宫角处一见15mm×8mm×13mm不规则絮状回声。舌淡红，苔薄白，脉细。

治法：攻下瘀血，清利咽喉。方剂：大黄甘遂汤合旋覆花汤加味。

炙大黄9g　甘遂10g　阿胶（烊冲）10g　旋覆花10g　葱14条　茜草12g　川牛膝30g　桔梗12g　射干5g，5剂。

二诊：2006年1月25日。服药一剂后，腹泻较剧，将甘遂减量，服后胃脘不适，恶露未净，B超显示宫腔内偏右侧宫角处有一强弱不匀团块，大小约9mm×10mm×12mm，右侧少腹隐痛，咽痛已除。舌淡红，苔薄腻，脉细。

治法：攻下瘀血，和胃。方剂：甘遂半夏汤合旋覆花汤、赤小豆当归散加味。

甘遂10g　半夏12g　炒白芍12g　炙甘草6g　旋覆花12g　茜草12g　葱14条　赤小豆30g　当归10g　川牛膝30g　大腹皮15g　益母草30g，3剂。

三诊：2006年2月8日。服药完毕，恶露即净，带白，无腹痛，B超检查宫壁回声正常，宫腔内未见异常回声，子宫内膜厚约8mm，舌脉如上。

2. 经期过长

药理用吴茱萸汤治疗妇科血证的临床报道罕见，吴茱萸味辛、苦，性温，现代药理证实，其所含的去氢吴茱萸碱、吴茱萸次碱和芸香胺可兴奋子宫，使子宫明显收缩，故《日华子本草》称其能“下产后余血”，余血下而血可止也。温经汤中也有吴茱萸一味，知茱萸能温而不知其能止血者甚众。我运用吴茱萸汤治疗经期过长，也是以此功效为用药依据的。

初诊：2005年8月9日。杜某，28岁，患者因原发不孕就诊，月经史：15岁初潮，周期先后不定，经量较多，9~15天净，5月份经行13天不净，使用妇康片后月经方止，6月份月经不潮用黄体酮针注射后，月经于8月1日来潮，经量中等，至8月9日经量未减，经色鲜红，吃冰西瓜后胃脘疼痛3天，昨又水泻一次，恶心。舌淡红，苔薄白，脉细。

治法：温中健脾，止血。方剂：吴茱萸汤合桃花汤加减。

吴茱萸5g　党参12g　炮姜6g　大枣6个　赤石脂20g　阿胶（烊冲）10g　荆芥炭10g，3剂。

二诊：2005年8月12日。进药一剂，腹泻未作，阴道出血今净。

3. 带下

排脓散【组成】枳实、芍药、桔梗

排脓汤【组成】甘草、桔梗、生姜、大枣

药理经查核《中医方剂现代研究》，排脓散和排脓汤对白细胞移动有抑制与促进双向作用，随剂量增减而变化；用琼脂稀释法排脓散和排脓汤分别对25种和24种革兰氏阳性和阴性菌株均有抑制生长作用，但后者稍弱；用金黄色葡萄球菌感染小鼠皮肤诱发形成脓肿，再服排脓散，在感染120小时后可见各组动物脓肿面积显著缩小，表现出很强的治愈倾向，脓肿面积与对照组比差异非常显著；而排脓汤与对照组比脓肿面积仍有明显差异，脓肿周围可见充血、浸润增强，脓肿有逐渐被吸收而向愈的倾向。提出排脓汤宜在化脓性疾病的初期及缓解期使用，而排脓散则应在极期即炎症浸润现象严重时应用。

初诊：彭某，28岁，带下量多如水2年有余，阴痒反复发作，伴小腹隐痛，腰部酸痛，月经周期基本规则，经量中等，色鲜红，一周净，纳便正常。末次月经11月12日来潮。B超检查无殊。生育史：1－0－2－1。舌淡红，苔薄白，脉细。妇科检查：外阴无殊，阴道通畅，宫颈中度糜烂，宫体前位，正常大小，活动，质中，压痛，两侧附件压痛。西医诊断：（1）慢性子宫颈炎。（2）慢性盆腔炎。

治法：清热解毒，排脓。方剂：排脓散合排脓汤加味。

枳实10g　芍药10g　桔梗9g　甘草9g　生姜4片　大枣6个　贯众20g　土茯苓15g　蒲公英15g　海螵蛸20g　白芷10g　白果10g，5剂。

二诊：药后带下消失，中药守上方，续进7剂，以善后。

此外，根据现代实验或药理，运用“非妇科经方”治疗妇科疾病。如原来治疗“少阴病四逆，其人或咳、或悸、或小便不利、或腹中痛、或泄利下重”的四逆散，经过家兔实验证实该方对输卵管炎症有肯定的疗效，在此基础上组方治疗慢性盆腔炎。

［《全国中医妇科第八次学术研讨会论文集》2008：360］

仲景方用于心律失常治验

罗陆一　深圳市中医院

心律失常，属于中医的惊悸、怔忡、眩晕、胸痹的范畴。汉·张仲景在《金匮要略》中，以惊悸为病名，《伤寒论》《金匮要略》中小建中汤、小柴胡汤、炙甘草汤等是治疗心悸的重要方剂，至今在临床广泛运用，现就仲景方用于心律失常治验举例如下：

一、桂枝加桂汤治疗窦性早搏

张某男23岁，心悸8天，面色皖白、神疲，肢冷畏寒，舌淡红，苔薄白，脉弱时有结。心电图示：提前发生的P波和窦性P波形态完全相同。早搏和前一心动保持固定联律。西医诊断：窦性早搏。中医诊断：心悸；心阳亏虚，阴寒上冲；治法：温通心阳，平降寒水。方药：桂枝加桂汤：桂枝25g，白芍15g，大枣12枚，炙甘草10g。服上方1日后心电图示：窦性早搏消失。

按：心阳亏虚，下焦。肾中阴寒之气上冲而犯阳位，故见心悸。阳气不足故见少气懒言神疲，肢冷畏寒，方中重用桂枝温通阳，炙甘草养心补气，白芍和中缓急，大枣益气补血。合用有温心阳，降寒水，平冲降逆之功，故可用于心阳虚，阴寒上冲之心悸。

二、小柴胡汤治疗房性早搏

刘某女37岁，近10天心悸，心烦，急躁，坐卧不安，失眠，多梦，舌边尖红，苔薄黄，心电图：提前发生的P波。P－R间期随早搏提前，P波下传的QRS波形态与窦性的相同。本例肝郁气滞，郁而化热，热扰心神，故见心悸、心烦急躁，舌边尖红、苔黄。中医诊断：肝郁气滞，气机失和。治法：和解少阳，疏肝行气。方药：小柴胡汤：柴胡20g，黄芩15g，生晒参15g，制半夏15g、大枣10枚，生姜5片，炙甘草10g。服药15剂后，心悸好转，心电图房性早搏消失。

按：情志不遂，气机郁结，气滞则血流不畅，心胸阳气不畅则见心悸，失眠、心烦、急躁，本例心悸为肝郁气滞，郁而化热所致，小柴胡汤可治胸胁苦满，亦可治心下悸，其可疏利三焦，调节气机，疏肝解郁，故用柴胡汤疏肝行气，调整枢机，治疗心悸，方中柴胡入肝，疏肝解郁，人参、大枣、炙甘草甘温扶助正气，半夏、生姜和胃，黄芩入少阳清解郁火。气机通，升降和，则心悸自平。

三、柴胡加龙骨牡蛎汤治疗房室交界性早搏

何某男46岁，惊惕20余天，口干，口苦，焦虑，紧张，大便干结、舌暗红，脉弦数，心电图提前出现的QRS波，其形态与窦性心动相同或出现差传。P波为逆传型。西医诊断：房室交界性早搏。中医诊断：心悸；肝郁化火，热结三焦，治法：和解少阳，泻热安神。方药柴胡加龙骨牡蛎汤：柴胡20g，炒大黄15g，制半夏15g，桂枝15g，黄芩10g，生龙骨30g，煅牡蛎30g，生晒参15g，茯苓20g，大枣6个。服药5剂后，惊悸好转，心电图示：房室交界性早搏消失。

按：该病为肝郁化火，热郁三焦，三焦气化不行所致，胆为将军之官，清净之府，邪热扰胆则胆虚。故见惊惕，烦躁易怒。伤寒论谓：柴胡加龙骨牡蛎汤方中柴胡、大黄疏肝清热利胆，茯苓、桂枝通阳安神，龙骨、牡蛎重镇安神，收敛神气。全方寒温并用，攻补兼施，协调三焦，疏理气机，使正气存，邪气解，早搏自愈。

四、甘草泻心汤治疗室性早搏

郑某男46岁，心悸，10余天，脘痞、胸闷、恶心、肠鸣、泄泻，舌淡红苔白厚腻，脉虚弱。心电图示：提早出现的QRS波宽大畸形，时限为0.12s，T波与QRS主波方向相反。代偿间歇完全。不规则出现而形成二联律。西医诊断：室性早搏。

中医诊断：痞症：胃气失和，邪热内陷；治法：和胃降逆，泻热清痞；甘草泻心汤：甘草 20g，生丽参 15g，黄芩 15g，黄连 15g，干姜 15g，制半夏 15g，大枣 12 枚。服上方半日后心悸脘痞、气短、减轻。心电图室性早搏早搏消失。

按：胸闷，脘痞、恶心气逆，属胃气素虚，邪热内陷，邪气内陷，邪气凝滞，胃失和降，故见脘痞、恶心气逆，属寒邪入里，胃寒肠热，虚实错杂之证。治以泻心除悸，和中消痞。本例寒热互见，虚实错杂，本虚标实，胃气失和，故用甘草泻心汤，方中甘草健脾和中，消痞除满，生人参、大枣健脾补气消痞，黄连、黄芩苦寒，泻心清热，干姜、半夏温中，以通上下。辛开苦降，寒温并用，和胃降逆治之而心悸愈。

五、黄连阿胶汤治疗 I 度房室传导阻滞

叶某女 57 岁，心悸，失眠 1 月余，潮热心烦，五心烦热，夜盗汗，口苦口干，面红目赤，舌红有瘀点，苔薄白，脉细数，心电图：I 度房室传导阻滞：P－R 间期 >0.2s，每次窦性冲动都能传到心室，每个 P 波后都有 1 个下传的 QRS 波。西医诊断：I 度房室传导阻滞。中医诊断：心悸；心肾阴虚，阴虚阳亢，治法养心滋肾。方药：黄连阿胶汤：黄连 10g，白芍 10g，阿胶 15g，黄芩 10g，鸡蛋黄 1 个。服上方 15 剂胸闷痛、心悸减轻。心电图 I 度房室传导阻滞消失。

按：心肾阴虚，阴虚火旺，火扰心神故见心悸烦躁。失眠潮热面红，手足心热，口干咽燥；阴虚阳亢，心阴不足，心失濡养，心脉不畅故发为心悸。黄连阿胶汤方中用黄芩，黄连清热泄火，用白芍、阿胶、鸡子黄以滋阴养心，便阴阳相交，热去阴复，心神得安，则愈。

六、桂枝去芍药加麻黄附子细辛汤治疗 Ⅱ度房室传导阻滞

黄某女 68 岁，眩晕反复 2 周，心悸气促，面色苍白，肢冷畏寒、脘腹胀满，面白肢肿，汗出淋漓，舌质淡，苔白，脉细微迟。心电图示Ⅱ度 I 型房室传导阻滞：P－R 间期逐渐延长，P 波后脱落一个 QRS 波，诊断：Ⅱ度 I 型房室传导阻滞，中医诊断为寒邪外束，阳气内虚，水饮内停。治法：温阳散寒，通表彻里，方药：桂枝加麻黄附子细辛汤：桂枝 20g，炙甘草 15g，麻黄 15g，制附子 15g。服上方 2 天后症减轻，上方加紫河车 30g，鹿角胶 10g，熟地 15g，仙茅 15g，仙灵脾 10g，继服 6 剂，Ⅱ度房室传导阻滞消失。

按：先天不足，肾阳亏虚，或老年虚弱，命门火衰，或久病迁延，劳倦内伤，肾阳虚衰，或寒湿外邪损伤肾阳，肾阳亏虚，不能鼓动心阳，心肾阳虚，阳虚水停，气血上凌心则导致心悸。阳虚积于胃则脘胀满痞硬，水溢四肢则肢肿，方中桂枝甘草温通心阳，麻黄以散在表寒阴之邪，附子细辛以温通阳气，合用有通表彻里温加散寒之功，使阳气通阴邪，逐水饮消而心悸解。阻寒水饮消后，再以紫河车、鹿角胶、仙茅、仙灵脾、熟地温补肾阳，合用之，对寒邪入里，素体阳虚房室传导阻滞较为适合。

七、理中汤治疗Ⅱ度Ⅱ型房室传导阻滞

朱某男 57 岁，近 20 天心悸，胸闷脘痞，少气懒言，神疲乏力，畏寒肢冷，舌淡红，脉沉微。心电图：Ⅱ度Ⅱ型房室传导阻滞，西医诊断：Ⅱ度Ⅱ型房室传导阻滞。中医诊断：中医诊断：心悸，脾肾阳虚。治法：温阳健脾。方药：理中汤加味：红参 20g，干姜 15g，白术 15g，炙甘草 15g，紫河车 30g，鹿茸 10g。服上方 5 周后气短胸痛减轻。心电图Ⅱ度Ⅱ型房室传导阻滞消失。

按：脾阳不足，中阳不运，寒饮内阻，寒饮凌心则见心悸；犯胃则见胸闷，脘痞，腹胀，便溏；脾虚气血不充四末由见畏寒肢冷；本例见心悸，胸痛，胸闷气短为脾胃阳虚所致。故用理中汤温阳健脾。方中人参温中健脾，大补元气，挽虚救脱，干姜温胃散寒，白术、炙甘草健脾益胃补中，脾阳得复，心悸自解。

八、小青龙汤治疗病态窦房结综合征

余某男 63 岁，气促，气喘十天余。有慢性支气管炎，肺气肿病史，近无，风寒咳嗽又作，伴恶寒肢冷，神疲乏力，舌暗红，边有齿印和瘀斑，苔薄白，脉沉迟。心电图示心率 38 次/分，窦性停搏，西医诊断：慢性支气管炎，肺气肿，病态窦房结综合征，中医诊断：喘症；寒邪外感，痰饮内阻。治法：解表散寒，温化痰饮，方药：小青龙汤：桂枝 15g，白芍 15g，麻黄 15g，干姜 15g，细辛 15g，五味子 15g，制半夏 15g，甘草 15g，服上方 1 剂，心悸减，上方加红参 15g，当归 15g，继服 15 剂，窦性心率达 52 次/分，窦性停搏消失。

按：心主火而恶水，水停心下则心悸不安，外感风寒，内有痰饮，寒饮相博，心阳受阻故心悸，气促。寒饮射肺，故咳嗽气喘，寒饮阻于四末，阳气不达，故肢冷畏寒，治疗当以温寒化饮，解表通里为法，方中麻黄辛温解表散寒为，桂枝助麻黄解

表，细辛，干姜辛温化痰，半夏辛温化痰，白芍，五味子酸收以防麻桂发散太过，当归，红参补气养血，炙甘草温中调和诸药以寒散阳通，痰饮得化则，心悸咳喘自平。

九、小陷胸汤治疗阵发性室上性心动过速

李某男34岁，心悸反复1周，咳吐黄痰，头重脘痞，苔黄腻，脉滑数。心电图示：心率180次/分，节律规整，P波为逆行性，P波与QRS波保持固定关系。西医诊断：室上性心动过速；中医诊断：心悸；瘀热互结，邪犯心络；治法：清热化痰。方药：小陷胸汤。瓜蒌15g，法半夏15g，黄连15g。服上方1剂后胸痛减轻。2剂后心电图频发室上性心动过速消失。

按：热与痰结，阻滞心下，心脉不畅，故见心悸，咯痰，口干，便秘结，故用小陷胸汤辛开苦降，清热逐痰治之，方中黄连苦寒泄热，半夏辛温化痰散结，瓜蒌涤痰散结，辛开苦降，清热化痰，散结开胸之功效，痰热清，气机畅，则频发室性早搏消失。

十、桂枝加龙骨牡蛎汤治疗心房颤动

赵某男47岁，心悸气促1天，面色苍白，四肢厥冷，大汗淋漓，神疲乏力，形体消瘦；舌质淡，苔薄白，脉沉迟促。心电图示：P波消失，见小f波，提示：心房颤动。西医诊断：阵发性心房颤动；中医诊断：心悸，心肾阳虚，阴阳相脱，治法：温阳固阴，养心安神。方药：桂枝加龙骨牡蛎汤加减：桂枝15g，甘草20g，红参30g，龙骨30g，牡蛎30g。服上方2剂心悸气促四肢厥冷缓解。

按：心气不足，阳气亏虚则见心悸气促；阳虚欲脱则见肢冷，大汗淋漓。桂枝加龙骨牡蛎汤桂枝、甘草二药，辛甘化阳，起到温助心阳作用，龙骨、牡蛎镇潜虚浮之阳气，起到养心安神作用，方中加红参可补心气安精神，定魂魄，治心悸、振奋心肾阳气，安神复脉，起到治疗心房颤动的作用。

十一、真武汤治疗心房扑动

邹某男45岁，胸闷1周，不能平卧，活动则气促，咳嗽，咯痰，神疲乏力，形体肥胖，畏寒肢冷，下肢水肿。肌肉颤动，心界扩大，双肺闻及少量湿啰音，二尖瓣闻及收缩期Ⅲ级杂音，舌淡、苔薄白腻、脉沉结。心电图示：心房扑动。心脏彩超示：心脏各腔室增大，二尖瓣中度返流。西医诊断：急性心功能不全，心衰C级；扩张性心肌病，心房扑动。中医诊断：心悸：脾肾阳虚，水饮凌心。治法：温阳健脾利水，方药：真武汤：制附子15克，白术20克，茯苓30克，生姜30克，白芍20克。服药5剂双下肢水肿明显消退。守上方继服7剂，双下肢水肿消退。诸症消除，心电图示：心房扑动消失。复查B超：心脏各腔室较前缩小，二尖瓣轻度返流。

按：胸闷、身瞤动、下肢水肿、肢冷畏寒为肾阳亏虚，阳虚水泛，水气上凌所致。《伤寒论》谓："太阳病，发汗，汗出不解，其人仍发热，心下悸，头眩，身瞤动，振振欲擗地者，真武汤主之"。"少阴病，二三日不已，至四五日，腹痛，小便不利，四肢沉重疼痛，自下利者，此为有水气。其人或咳，或小便利，或下利，或呕者，真武汤主之"。用真武汤温阳补肾，通调水道。方中附子回阳壮火，白术、茯苓补土利水，生姜辛温宣散水气，补阳必和阴，白芍酸收，敛阴和营。温阳利水，通调水道，水肿消退，水不凌心射肺，则心悸瘉，喘平，水肿自退。

心律失常是西医病名，临床多用抗心律失常药物，但很多抗心律失常药物又有致心律失常的副作用，而仲景方在治疗心律失常有较好效果，副作用又很少，值得我们进一步发掘。

［《第十次全国中医心病学术年会论文集》2008：292］

《金匮要略》月经病治疗浅述

叶峥嵘　陕西中医学院

月经病是指月经的周期、经期、经量、经色、经质的异常或伴随月经周期出现的症状为特征的一类疾病。该病居妇科四大病证之首，与女性机体的诸多病理状态关系极为密切。虽然《黄帝内经》中即有对于该病的相关论述，后世诸多中医学家对其均有不同程度相关的发挥，而其理论渊源的核心则均来自医圣仲景《金匮要略·妇人杂病脉证并治》的论述中。《金匮要略》开创了月经病理、法、方、药系统论治的先河，为后世医家治疗月经病树立了标准。现代中医学认为月经病的病因为外感寒、热、湿，内伤七情、体质因素和饮食劳倦、多产及房劳；病机概括为肾、肝、脾功能失调，气血失调，冲任损伤：总的治疗原则为调经，具体的治疗方法有调理气血、补肾、扶脾、疏肝等。随之而确立了许多相关的治疗方药，兼之众多妇科医家各自的临床经验又产生了诸多的治疗思路与治疗方法，形成了为数极为众多的治疗理论和方法。虽然它们

各自的正确运用均可取得较好的临床疗效，但如何较好的执简驭繁，简洁而灵便的掌握诸多月经病的临床证治，尚需从仲景经方立法处方的思路去考虑。而较好的认识《金匮要略》中对月经病的论述则是实现这一途径的良好法门。

一、《金匮要略》中月经病之病因病机阐释

《金匮要略·妇人杂病脉证并治》提出妇人月经病病因为“因虚、积冷、结气”。妇人气血贵乎充盈，且以血为用，平时下行为经水。血生于脾，藏于肝，统领于心，此三脏功能协调，温通流畅，则气血旺盛，血海充盈，脏腑藏泻得宜，月经按期而至，血尽复生，犹如月之盈亏，阴阳相合而有子。反之气血亏虚，必月经量少，不能如期而至，甚至身体羸瘦，终生不来月经，或致经气下陷，或致腹中疼痛；妇人素体阳气亏虚，命火不足，寒凝血脉，经络气血运行不利，瘀血积结，而成诸多妇科月经病；妇人之体气机贵乎调达，因气调则血调，气郁则血瘀，忧思悲伤或恼怒等情志不遂，致肝失舒泄，气血失调，形成“结气”，丛生诸多妇科月经病。而“因虚”“积冷”“结气”均可导致瘀血内生，日久亦可郁而化热；月经量多，或崩或漏，阴血耗伤，日久亦会产生内热。因此，仲景在治疗月经病上又注重了对热邪的祛除。《金匮要略》治疗月经病形成了消瘀、温阳、清热、行气、补虚诸多治法。

二、《金匮要略》中治疗月经病方证辨析

《金匮要略》中对月经病的论述有崩漏、月水过多、月水至期不来、经行不畅、陷经、闭经、热入血室、经行腹痛等，对月经病的治疗方药有温经汤、胶艾汤、旋覆花汤、土瓜根散、胶姜汤、抵当汤、小柴胡汤、红蓝花酒汤、当归芍药散和小建中汤等。由方药推理，仲景对于月经病的治疗多着眼于瘀、寒、热、郁、虚诸病机。温经汤一方在原文中出现频率最多，而其组方配伍，兼顾了虚、寒、热、瘀、郁诸多病机，均选用了针对性的药物。方中吴茱萸温经散寒暖宫，桂枝温经散寒通血脉，当归、川芎、丹皮养血活血祛瘀阻，阿胶、芍药、麦冬滋阴养血润燥，人参、甘草、半夏、生姜补脾胃启发化源。十二味药品配伍极为精当，仲景用它治疗崩漏、月水过多、月水至期不来等疾病，后世广泛运用其治疗诸多妇科月经疾病和不孕症、卵巢囊肿、子宫肌瘤等其他疾病；胶艾汤是针对寒、虚、瘀所致冲任虚寒不固的崩漏所设，在应用阿胶、艾叶、甘草温补的基础上，加用四物汤养血和血。全方以温为主，补中有通，调经止漏固崩；土瓜根散针对瘀血所致的经水不利，运用土瓜根、桂枝、地鳖虫活血化瘀，芍药调营血，方中寒热并用，重在通经；抵当汤方中运用了水蛭、地鳖虫、桃仁、大黄等峻猛的破血逐瘀药，治疗因瘀血滞结而形成的闭经病。全方药性偏凉，以化瘀通经为主要治法；胶姜汤是为妇人陷经所用，运用阿胶、干姜温补冲任，养血止血。针对冲任虚寒，不能摄血所设；对于旋覆花汤，虽然后世医家有虚寒和气滞血瘀之疑辩，但从组方分析，旋覆花通肝络而行气，新绛活血化瘀，葱茎温通阳气而散结。全方在注重通经活血化瘀的基础上，兼顾了肝郁气滞，因为肝气郁滞是女性发病中重要的因素；小柴胡汤后世多认为其为和解剂，实际上它也是针对了虚、寒、热、瘀、郁诸病机选方用药的，不过活血之力不足；红蓝花酒方中红蓝花行气活血，祛瘀通络止痛，酒煎可以助红蓝花活血通脉；当归芍药散用当归、芍药、川芎养血舒肝，茯苓、白术、泽泻健脾利湿；小建中汤方中桂枝、生姜温补脾胃，配胶饴、甘草辛甘化阳，以振奋中焦阳气，使生化不竭。芍药养阴活血并能缓解经脉拘急，消除疼痛，芍药与胶饴、甘草相伍，又可酸甘化阴以养阴血。从以上的分析可以看出，《金匮要略》中针对月经病的治疗较多的注重了对于血脉的疏通，气机的调达；对于因虚而致病的月经病治疗，在运用补益药物的同时，配伍活血化瘀、舒肝理气药；根据具体情况选择了寒性或者热性药品甚至寒热并用，注重于通调。虽然胶姜汤没有应用活血化瘀药，因为它是针对虚寒而致的经气下陷、下血不止所用，急当纯用温补以固经摄血。

三、总结

月经的正常出现是女性健康的生理保障，而出现异常的病理状况需要积极的治疗。现代医学对于月经病的治疗，多从调整体内激素水平、止血、补血、抗感染、消炎及子宫内膜等诸多方面去考虑，其中有治标的对症支持疗法，也有所谓的一些治本的方法。但鉴于它们均是基于当代医学发展认识的，对于体内激素水平的干扰难免引起相关的副反应，对于子宫内膜的局部治疗难免带来相应的机体损伤。中医药经过千百年来的临床实践和经验积累，在妇科方面形成和产生了诸多的妇科专著，构建了强大的中医妇科学学术体系，对于妇科病尤其是月经病有着卓越的临床疗效。经过笔者多年的临床体会，对于诸多所谓的妇科疑难月经疾病，经过诸多常规的现代医学疗法和中西医结合疗法，往往

难取疗效。而结合运用仲景经方对月经病的治疗方药和用药思路去加减用药，常常取得很好的疗效。中医治疗月经病应该着眼于瘀，注重于气郁，根据具体情况辨别寒热，详细了解症状，明辨虚实。具体用药在活血化瘀、通经调经、疏肝行气的基础上，酌加温经散寒药或清热凉血药甚或寒热药品共用。以实证为表现，着重于通经或寓补于通；以虚证为主要表现者，应该在补益的同时适当选用行气活血药，以防壅补。当然，此时的补益尚需根据具体情况选用补肾填精、扶脾补益气血等法。如此则会使机体的气血运行畅达，逐渐恢复正常的生理机能状态。

[《仲景医学求真（续三）》2009，269]

经方治验老年呆病

李聚梅
山西省太钢总院二部迎新街医院

老年呆病归属于中医“癫证”“狂证”“健忘”“文痴”“呆病”等疾病范畴。1990年中国中医药学会老年医学会制定了《老年呆病的诊断、辨证分型及疗效评定标准》[1]，明确了老年呆病范畴包括老年性痴呆、血管性痴呆及混合性痴呆。

经方是医圣张仲景医疗实践宝贵经验的结晶，是《伤寒论》理论精华在论治方面的集中体现。笔者重温中医经典，结合临症中运用经方加味治疗老年呆病的病例，谈谈体会。

例1：金匮肾气丸合真武汤治老年痴呆。

杨某某，女，68岁。家庭妇女。

2004年4月初诊。

健忘、记忆力减退2年。丈夫外出打工，经常不在家。子女工作繁忙，照顾不周而出现沉默少言。表情淡漠，纳少喜卧等症状后，自行不愿治疗。近日病情发展，独自走入新建的公园而迷路，彻夜未归。问其家庭住址而回答不出。刻诊：面色苍白，身体消瘦，呆坐少语，反应冷淡，手足冰凉，口中时有清涎。细问；腰困乏力，头晕便溏。舌质淡胖苔白腻脉沉细弱。此属：老年性痴呆轻症。证属：脾肾阳虚，痰迷心窍型。治疗：温肾健脾，涤痰开窍。方选：金匮肾气丸合真武汤加味。药用：熟地24g，山药12g山芋12g，茯苓9g，丹皮9g，泽泻9g，桂枝6g，制附子（先煎）6g，白芍9g，白术12g，菖蒲9g，远志9g，生姜5片。水煎服，日一剂，早晚温服。并嘱家人派专人照顾饮食起居，丈夫和儿女们多与老人沟通。连服24剂后，痴呆面容消失，反应较前灵敏，手足转温，记忆力较前恢复，能同想起一些过去的事，做过的事也能想起。改服桂附地黄胶囊合香砂养胃丸，早晚分服。并增加营养，避免老人家受到不良刺激，连服3个月后，诸症消失，一切如常。随访半年朱发。

按：本例辨证要点为：手足冰凉，口吐清涎，腰酸乏力，头晕便溏。舌质胖苔白腻，脉沉细弱。病机为：脾肾阳虚，痰浊上泛，蒙蔽清窍成痴。成无己云：“灵机记性之痴呆，则遇事多忘。”《素问·上古天真论》“女子七岁，肾气盛，齿更发长。二七而天癸至，任脉通，太冲脉盛，月事以时下，故有子……七七，任脉虚，太冲脉衰少，天癸竭，地道不通，故形坏而无子也。”说明人体由少壮到衰老，天癸至到竭，精气由溢泻到精少均与肾气的盛衰有关。又“肾主骨生髓”“脑为髓之海”说明人体人脑的衰老退化也是因肾虚引起。本例病人年迈体衰，脾肾不足，化生精血的动力亦不足，精亏血虚，髓海不足遂成呆。仲景金匮肾气丸合真武汤，温肾健脾，使水有所制而不生痰浊。又加远志、菖蒲等涤痰开窍之药使神清气清，思维恢复正常。本例属痴呆轻症，及时治疗，加之心理调节疏导，短时间痊愈。

例2：桃核承气汤合当归芍药散加味治疗血管性痴呆

黄某某，男，72岁，工人。

2005年8月初诊。

患者1年前患轻度腔隙性脑梗死病。近日与家人生气数日而突然行为异常。马路上无故人喊人叫，将陌生人误认为亲戚，有时在家中喃喃自语，或傻笑。观其：表情呆滞，肌肤甲错，两目晦暗无神。心烦失眠，人便5日未行，纳少。舌质暗红，舌络脉瘀点瘀斑多，苔薄黄脉弦涩。CT提示：多发性腔隙性脑梗死，中度脑萎缩。诊为：血管性痴呆。证属：气滞血瘀，脑络闭阻。治疗：理气活血，通窍逐瘀。方选：桃核承气汤加味。药用：桃核12g，枳壳9g，郁金9g，赤芍15g，地龙9g，当归15g，大黄（后下）12g，芒硝6g，木香6g。水煎服，每日1剂，早晚温服。3付后泄下少量黏液便。嘱又服3付，大便稀溏。表情有所改善，纳食好转。原方去硝、黄二药加白芍30g，党参15g，白术15g，黄芪12g，远志9g，菖蒲9g，炒枣仁30g，百合15g。水煎服，早晚温服。每晚睡前服安定片2.5g，治疗半个月后，情绪较前稳定，睡眠时间延长，狂言乱语减少，二便如常。嘱家人多与他沟通，多开展文化娱乐活动。如：听小说、看电视、听音乐等。同时，走访亲朋好友，使其心情舒畅。

再服10剂，基本能与周围人相处对答，生活能自理。表情较丰富，两目有神，各方面表现好。义嘱服养血归脾丸3个月调理，至今未发。

按：血管性痴呆又名多发性梗塞性痴呆。临床多表现为“健忘”，严重者伴有行为障碍。本例辨证要点为：肌肤甲错，目光无神，大便秘结，舌暗红，舌下络脉瘀点瘀斑等。病机为：气滞血瘀。患者年高脑髓空虚，复因肝气郁结而不行血，气滞血瘀使脑气与脏气不接，气血无法上注于头，脑失所养而成痴呆。《医林改错》指出：“凡有瘀血也令人善忘”。桃核承气汤出自《伤寒杂病论》原论下焦蓄血使人如狂，现用于此病，活血祛瘀加通腑开窍药，使气血得通，邪热得下，血瘀乃除，后用当归芍药散扶正养血，配以平肝安神开窍药，效果良好。当归芍药散出自《金匮要略》，原治疗妇人怀妊腹中痛。实验证明：当归芍药散可使实验动物体内，与学习记忆能力关系密切的单胺类递质，如去甲肾上腺素、多巴胺、乙酰胆碱的含量增加，从而促使动物学习记忆能力增强，改善了智力。[2]

体会：老年呆病，病机复杂，既有虚的一面，又有实的一面。病变在脑，病交在肾，治在心肝。清肝醒脑，化痰降浊，活血化瘀。何者为主，当根据病情而有所侧重，但很少单一用法。此病切忌大补，补则壅，使病更甚，当寓补于清中，做到补不壅滞，破不伤正。

经方是理、法、方、药具备的典范。我们在临症中，只要辨证精准，就可大胆使用，效果常意外之好。

老年呆病随着社会老龄化程度的提高，发病率逐步上升，已严重威胁老年人健康长寿和生活质量。现代医学对其虽做大量研究，从病机到治疗但至今仍未取得令人满意的结果[3]。而多项实验结果表明，中医中药对痴呆的防治作用是多层次、多靶点、多途径实现的。经方在本病中的使用已显示出中医中药的优越性。让我们秉承祖先的优秀文化精华，为人类的健康做出贡献吧！

参考文献

[1] 傅仁杰．老年呆病的诊断、辨证分型及疗效评定标准［J］．中医杂志，1991，32（2）：56.

[2] 舒斌，马世平．当归芍药散治疗老年痴呆病研究进展［J］．冲国老年杂志，2002，22（3）：236～237.

[3] 陈勇毅，郑永灿．老年病中医保健［M］．第2版．北京：人民卫生出版社，2006，62.

［《山西省中医药学会傅山医学专业委员会、内科专业委员会、妇科专业委员会学术年会论文集》2009：154］

谈《金匮要略·妇人三篇》腹痛证治

邢维萱

本篇共有6个病证，10个方（附子汤未见药物组成）其中有腹痛证的条文是：

一、《金匮·妊娠病篇》腹痛证治

1. 条文3所涉腹痛证治：

［原文］妇人怀娠六七月，脉弦发热，其胎愈胀、腹痛恶寒者，少腹如扇．所以然者，子藏开故也，当以附子汤温其脏。

症状：胎胀、腹痛、恶寒，少腹如扇、发热、脉弦。

病机：下焦阳虚、阴寒内盛、胞宫失煦。

治则：温刚散寒、暖宫安胎。

方剂：附子汤（原方药不可考）

案例：

李某，妊娠7个月，体瘦弱。因贪食生冷，小腹胀恶寒，手按腹部发凉，大便溏，舌淡苔白，脉滑。

辨证：此为阳虚阴虚内盛，加食生冷，胞脉失温，冲脉胞宫气血受阻、脾肾阳虚，脾阳虚运化无权、故便溏、腹胀。

治则：温里通阳，益气健脾。

方药：熟附片5g，白术15g，党参15g，茯苓10g，黄芪30g，干姜5g。

运用要点：

（1）确属阳虚阴盛者，妊娠晚期怀妊7月以后者方可用。

（2）附子有毒为胎禁忌药，若为阳虚阴寒内盛，必须扶正安胎人参（或党参）、白术、黄芪相配。

2. 条文4所涉腹痛证治：

［原文］师曰：妇人有漏下者，有半产后因续下血都不绝者，假令妊娠腹中痛，为胞阻，胶艾汤主之。

症状：妊娠出血淋漓，或流产后阴道出血不止，腹痛绵绵。

病机：冲任虚寒、失于固摄。

治则：调补冲任，养血止血。

方剂：胶艾汤

川芎、阿胶、甘草各二两，艾叶、当归各三两，芍药四两，干地黄六两。

方中当归、芍药、干地黄、川芎养血和血；阿胶养血止血、艾叶温经暖宫止血（改为艾叶炭更好），甘草调和诸药。

案例：

陈某，曾妊娠 3 次自然流产。此次妊娠 60 多天，5 天前不慎跌仆，阴道点滴出血，小腹阵发性痛，诊为先兆流产，用黄体酮治疗无效。（赵荣胜，治疗先兆流产 38 例介绍，浙江中医杂志，1984，(5)，228）。

辨证：此为滑胎（习惯性流产）又加之跌仆，复伤冲任、冲任虚损，不能统摄血脉。阴血不能内守以养胎，故腹中作痛，冲为血海，任主胞胎，冲任虚损，不能制约经血，故出血。

治则：宜外调冲任，养血安胎。

方药：阿胶 13g，当归 12g，艾叶 3g，白芍 10g，生地 10g，川芎 5g，桑寄生 10g，炒荆芥 l0g，太子参 15g。仙鹤草 15g，菟丝子 15g，血余炭 6g。

方中阿胶可养血止血安胎，艾叶温经止血，当归、白芍、生地、川芎养血调经，化瘀生新，以防止血留瘀，另加桑寄生、菟丝子、太子参、以补肾气，仙鹤草、血余炭以固胎止漏之功。

运用要点：

(1) 芎归胶艾方，即胶艾四物汤。本方是治冲任虚损，不能制约经血，阴血不能内守，病名曰胞阻，治宜调补冲任，养血安胎。临证时凡见因血虚而致腹痛、痛经、胎动不安、胎漏者均可用此方加减治疗。是为妇科中之主要方。

(2) 胶艾汤临症时注意，其证要点为妊娠下血，或月经失调，量少，色淡，质清稀，常伴头晕目眩、神疲体倦、舌淡、脉细等症，其病机为冲任虚损，血虚寒者可用此方。

(3) 临证加减：兼气虚者加黄芪、党参、升麻、五味子；兼阴虚者加枸杞子、女贞子。崩漏出血兼瘀血者加益母草、云南白药；兼肾虚腰痛者去川芎、加杜仲、苎麻根。

(4) 用川芎在保胎药方中，除必为血虚寒者，必见腹痛绵绵，为胎动不安者，胎儿存活率高者，而且用量不可过大。

3. 条文 5 所涉腹痛证治：

［原文］妇人怀妊，腹中㽲痛，当归芍药散主之。

症状：妇人妊娠，腹中疠痛（绞痛或绵绵作痛）。

病机：血虚肝郁、脾虚湿滞。

治则；养血舒肝、健脾利湿。

方剂：当归芍药散。

当归三两，芍药一斤，芎藭半斤一作三两，茯苓四两，白术四两，泽泻半斤。

方中重用芍药养血柔肝、缓急止痛，佐归、芎调肝和血，配茯苓、白术、泽泻健脾利湿。

案例：

于某，妊娠月余，自觉小腹阵发性隐痛，时作时止，妊娠 4 个月后痛及上腹，有时牵及两胁，呈游走痛、脘腹胀满，午后更甚，伴胸闷太息、暖气、身沉、食少、面色无华，脉弦滑，关脉弦细。

辨证：为肝郁脾虚湿滞，故两胁胀满、胸闷太息，湿邪内停脾胃、暖气、食少等证。

治则：调和肝脾，化瘀利水。

方药：当归、川芎、茯苓各 10g，白术、白芍各 15g、泽泻 6g。

方中芍药养血柔肝、缓急止痛、佐归、芎调和肝血；配茯苓、白术、泽泻健脾利湿。

运用要点：

(1) 必有肝血虚少证。如面唇少华、眩晕耳鸣，爪甲不荣，肢体麻木、腹痛拘急，或绵绵作痛，或月经量少、色淡、甚则闭经、脉弦细。

(2) 兼有纳呆食少，带下清稀，面浮肢肿，泄泻小便不利等脾虚湿邪内停之证。

以上话点依据其药物组成，有当归、川芎、芍药三味入血分调经之血药，亦有茯苓、白术、泽泻三味健脾利湿之水分药，所以本方有肝脾两调、血水同治特点，但妊娠服用时方中川芎用量应注意，因川芎为血中气药可辛温走窜。

现代临床应用：

本方广泛用于治疗妇科各种疾病、据不完全统计的报道，用于妇科有治胎位不正，先兆流产，功能性子宫出血。内科有治心绞痛，五官科治过敏性鼻炎，外科治慢性阑尾炎。

临证加减用药：

胎位不正者，加续断、菟丝子，桑寄生。

先兆流产者，加川断、桑寄生、菟丝子、苎麻根、黄芪、升麻。

功能性子宫出血者，加茜草，仙鹤草，黑蒲黄。

慢性盆腔炎者，加白花蛇舌草，红藤、败酱草等。

二、《金匮·产后病篇》腹痛证治

1. 条文 4 所涉腹痛证治：

［原文］产后腹中㽲痛，当归生姜羊肉汤主之；并治腹中寒疝，虚劳不足。

症状：产后腹痛绵绵。

病机：血虚里寒。

治则：温补气血，散寒止痛。

方药：当归生姜羊肉汤。

当归三两，生姜三两。羊肉一斤。

方中当归养血，生姜、羊肉温补散寒。

案例：李姓，女，24岁，妊娠2月流产，腹痛多日不适，伴腰脊疼痛，喜热恶寒，全身乏力，形伴瘦弱，面色无华，语言无力，不欲食，食则恶心，舌苔白腻，脉沉弱。

辨证：患者原本体质瘦弱。又加妊娠2月自然流产，气血亏虚，故全身乏力，面色无华，语言无力，加之寒从中生，寒主收引，血滞不运，腹痛隐隐不适，气虚中焦失运，则不欲食，食则恶心，阴寒内盛，阳气不足，腰脊疼痛，喜热恶寒，舌苔白腻，脉沉弱，均为气血虚里寒之象。

治则：养血益气，温中补虚。

方药：炒白芍30g，当归10g，党参20g，生姜20g，羊肉500g，炖服。

方中当归养血活血，白芍养血滋阴止痛，羊肉、生姜补血益气、温中散寒，党参益气。

运用要点

（1）临床常用产后或人工流产后，血虚呈寒证者，如月经量少，恶露色淡，小腹不适绵绵作痛，喜温喜按者。

（2）当归生姜羊肉汤，对体虚寒者每冬至季节，炖服可做食疗效果也好。当归用时应注意，若脾胃虚寒，便溏或完谷不化者应慎用。

2. 条文5所涉腹痛证治：

[原文] 产后腹痛，烦满不得卧，枳实芍药散主之。

症状：腹部胀满疼痛，以胀为主。

病机：行气散结，和血止痛。

方药：枳实芍药散。

枳实（烧全黑，勿太过）、芍药等分。

方中枳实行气散结，炒黑入血分能行血分之滞；芍药和血止痛。用大麦粥和胃安中。诸药配伍，使气血宣通，和血止痛。

案例：

杨某，产后7天，恶露量少，先症小腹隐痛，现诊小腹疼痛剧烈，面色苍白发青，烦躁满闷，不能睡卧，舌质淡紫，苔薄白，脉沉弦。

辨证：该患者产后7天，气血虚弱，恶露量少当下不下为有瘀，所以小腹由隐痛而疼痛剧烈，产后多虚多瘀，所以小腹由隐痛而疼痛剧烈，产后多虚多瘀特点，若单以补虚，亦使气血瘀滞冲任胞宫。气机不畅，故烦躁满闷，不能睡卧、舌淡紫、苔薄白，脉沉弦均为气血瘀滞之象，其病机为产后气血郁滞之实证。

治则：宜破气散结，和血止痛。

方药：枳实13g，芍药12g，蒲黄10g，灵脂10g。

方中枳实芍药散，破气散结，和血止痛，蒲黄、灵脂为失笑散，可破血止痛，使胎宫瘀之恶露尽除。

运用要点：

（1）枳实芍药散治产后腹痛要点为小腹胀痛，按之加剧，恶露不畅，心烦躁，或见胁肋胀痛，脉弦细，舌质暗等气滞证为主。

（2）根据临床报道，本方加减还用于治疗胃痛、腹痛、胃下垂、子宫脱垂，痛经等气血郁滞等病证。

3. 条文6所涉腹痛证治：

[原文] 师曰：产妇腹痛，法当以枳实芍药散，假令不愈者，此为腹中有乾血着脐下，宜下瘀血汤主之；亦主经水不利。

症状：小腹刺痛，腹满拒按、身热烦闷，口干，恶露不行，舌紫暗，脉沉涩。

病机：瘀血凝结，经脉阻滞，瘀久化热。

治则：破血逐瘀。

方药：下瘀血汤。

方中大黄荡逐瘀血，桃仁活血化瘀，䗪虫逐瘀破结。

案例：

王某，半年前因产后发热，腹痛如针刺状、恶露臭秽、量少，诊为产褥感染，急性盆腔炎，经输液，消炎治疗，病情好转。此后常感小腹坠胀作痛，每经行加重，经后减轻，带下量多，月经每40天才行，经量少，有小血块，伴便秘，面色萎黄，脉弦细，舌质紫暗，苔黄腻，B超及妇科检查诊为慢性盆腔炎，盆腔积液。

辨证：患者发病半年前，分娩后感染体质虚弱，小腹坠胀作痛，经期错后，经量少，有血块，每经行腹痛加重，均为气滞血瘀之象。带下量多，舌苔黄腻，舌质紫暗，脉弦细为湿热壅滞瘀血内停。

治则：活血除湿，兼补气血。

方药：用枳实芍药散和下瘀血加减。

当归10g，桃仁15g，丹参15g，黄芪10g，枳实10g，大黄5g，丹皮10g，泽泻10g，云苓10g，香附10g，赤芍30g。

服药近月余证减，复查盆腔积液消失。只子宫后位，活动欠佳，中药灌肠后症痊愈，方中黄芪补气，当归、桃仁、丹参、赤芍活血化瘀，丹皮、大黄清热活血，泽泻云苓除湿，香附，枳实利气。

运用要点：

（1）下瘀血汤辨证要点，适用于产后瘀血内停证，以产后脐下小腹或少腹疼痛拒按，或刺痛，恶露紫暗有块，量少不行等血瘀内结于脐下，胞宫为主要病机。

（2）据报道运用本方加减可治疗消化，神经，生殖等系统的瘀血病证。如乙型肝炎，肝硬化、溃疡病、精神分裂症、中风后遗症。主要用于妇科，急慢性盆腔炎、盆腔炎性包块，盆腔积液、痛经、闭经、宫外孕等。

（3）后世医家运用活血祛瘀方药，如生化汤、少腹逐瘀汤。张寿甫在《医学衷中参西录》书中用水蛭、虻虫等虫类活血祛瘀药，可能均受其影响。

4. 条文7所涉腹痛证治：

［原文］产后七八日，无太阳证，少腹坚痛，此恶露不尽；不大便，烦躁发热，切脉微实，再倍发热，日晡时烦躁者，不食，食则谵语，至夜即愈，宜大承气汤主之。热在里，结在膀胱也。

症状：产妇无表证。少腹坚硬痛疼，恶露不下，不大便，切脉微实，·烦躁发热，不食，食则谵语，至夜即愈。

病机：恶露未尽，瘀血内阻兼刚明实热，腑气不通。

治则：泻热荡实，通里攻下。

方药：大承气汤。

大黄四两（酒洗），厚朴半斤（炙、去皮），枳实2枚（炙），芒硝三合。

案例：

麦某，女，24岁，产后3日身体发热，至诊时6日末退，诊为发炎逐用抗菌治疗无效。临症见发热，体温38℃。心烦，面色两颧微赤，不能食，食后腹胀，已10日无大便，脉弦细，舌苔厚黄而干。

辨证：此为内结燥热，腑气不通。因素日大便秘结，燥实之邪郁久化热，故发热持续不退，热邪上蒸，故两颧红赤，燥实内结，不得下泄，浊热上扰心神，故必烦，体内食积，腑气不通故不能食而腹胀，舌苔厚黄而干。脉弦细均有燥热内结之象。

治则：通利热邪，荡涤肠胃，急下存阴。

方药：大承气汤加减。

枳实15g，川厚朴15g，大黄10g，芒硝10g，当归20g，麦冬15g，西洋参5g（另煎服）。

方中大黄、芒硝通腑泻热，急下存阴，配枳实、厚朴行气破气，以增泻下功能。加当归、麦冬、西洋参以养血，生津补气。

运用要点：

（1）产后发热采用攻下泻热法的适应证是，产妇一般气血虚弱，所以采用泻热法，不宜妄加攻逐，故不易做为产后病的常法。

（2）产后发热必由阳明实热引起，其症除壮热不恶寒特征外，尚见腹满胀痛拒按，大便秘结，脉沉有力，舌苔黄燥等胃实之证象，方可服用。此方，同时应配养阴补气之剂。

（3）一般产后大便难，多用润燥之品，如麻仁丸之类即可。

（4）大承气汤在临床常用于，手术后腹胀满痛、腑气不通，大便秘结等实热症状。

三、《金匮妇人杂病篇》腹痛证治

1. 条文9所涉腹痛证治：

［原文］问曰：妇人年五十所，病下利数十日不止，暮即发热，少腹里急，腹满，手掌烦热，唇口干燥，何也？师曰：此病属带下，何以故？曾经半产，瘀血在少腹不去，何以知之？其证唇口干燥，故知之。当以温经汤主之。

症状：下血，少腹里急，暮即发热，手掌烦热，唇干。

病机：冲任虚寒，瘀血内阻。

治则：温经散寒，养血祛瘀。

方剂：温经汤。

吴茱萸三两，当归二两，川芎二两，芍药二两，人参二两，桂枝二两，生姜二两，牡丹皮二两，甘草二两，半夏半升，麦门冬一升。

方中吴茱萸、桂枝、生姜温经散寒，通利血脉；阿胶、当归、川芎、芍药，丹皮活血祛瘀，养血调经；麦冬养阴润澡而清虚热；人参、甘草、半夏补中益气，降逆和胃。诸药共奏温补冲任，养血祛瘀，扶正祛邪之功。

案例：

周某，女，51岁，患者阴道不规则出血漏下半年。近月来病情加重，经水淋漓不断，经色淡，夹有小血块，时见少腹冷痛。西医诊为：“功能性子宫出血”。曾用西药治疗无效。并拒服性激素类药。近日患者身体日渐消瘦，面色皖白，五心烦热、午后潮热，口干咽燥，大便秘结、舌质淡红、苔薄白、脉细涩。

辨证：此为冲任虚寒、夹瘀之漏证。

患者年已五旬，病久出血，气血虚衰，冲任虚损。经色淡、夹血块为虚中夹瘀，少腹冷痛有寒象。长期下血不止，耗伤阴液，故口干咽燥，大便秘结，年五旬，冲任虚衰，阴阳失调，阴虚内热，故五心烦热，午后潮热、舌质淡红、脉细涩。

治则：温经散寒，养血行瘀。

方药：吴茱萸9g，当归9g，川芎5g，白芍15g，党参10g，桂枝6g，阿胶9g（烊化），丹皮10g，半夏10g，麦冬9g，甘草5g，炮姜炭5g，茜草10g，仙鹤草30g。

方中吴茱萸、桂枝温经散寒；白芍、当归、阿胶养血活血；川芎、丹皮活血祛瘀；人参、半夏、甘草益气补虚和中；麦冬养阴润燥而清虚热，全方可温经散寒而不留瘀，活血化瘀而不伤止。另加炮姜炭蒲草，仙鹤草加强温经补血之效。

运用要点

（1）用温经汤的辨证要点是：其证以少腹里急，腹满或疼痛拒按、崩漏不止；或月经后期、量少甚或闭经、经期腹痛，少腹寒凉，经行泻泄、或兼口干咽燥等证；兼有气血不足，或上热下寒，寒热夹杂等冲任虚寒，瘀血内停者。

（2）临床应崩

本方是妇科调经祖方，集温、润、活血、补于一方，既可滋养阴血，又能活血化瘀，所以现代临床常用治疗，因瘀血内阻，冲任气血不足之月经不调，痛经、崩漏、不孕症等病。据报道也有用于男子精寒、精少、精子活动率差等男性不孕症，一般加补肝肾壮阳之品。

（3）《校注妇人良方》一书是薛己对南宋时代，陈自明《妇人大全良方》的校注本。其中对温经汤的应用，被当今妇科教材采用，两个温经汤药物组成不同，作用不一样。《妇人大全良方》与《金匮》中温经汤，两方均在四物汤基础上加减，《良方》中温经汤加重了活血祛瘀及温补肾阳药，如莪术、牛膝、肉桂而减去了麦冬、阿胶养阴之品，所以临床见瘀重者可选用《良方》温经汤。若阴血虚甚者可选用《金匮》之温经汤。

2. 条文10所涉腹痛证治：

［原文］带下经水不利，少腹满痛，经一月再见者，土瓜根散主之。

症状：经水不利，经一月再现（月经行而不畅，或一月两次来潮），少腹胀满，疼痛拒按，并伴有少腹按之有硬块，月经量少，色紫有块，舌紫暗，脉涩等症。

病机：瘀血内结所致。

治则：祛瘀活血通经。

方药：土瓜根散。

土瓜根、芍药、桂枝，䗪虫各三两。

方中土瓜根（即王瓜根）、䗪虫祛瘀破血，桂枝。芍药调营止痛，加酒以行药势，瘀去则经自调。

案例：

魏某，女，26岁，1999年4月23日初诊。月经初期至今，月经量少而疼痛，几经治疗，从未改善。今经朋友介绍。前来诊治。月经点滴量少色暗，有血块，少腹痛，瘀血得下疼痛缓解，月经持续时间2～3天，手足不温，心烦，头汗出，舌略红，苔薄略黄，脉沉。（王付，仲景方临床应用指导，北京：人民卫生出版社，2001）。

辨证：患者月经点滴量少色暗有块，下腹疼痛，应为瘀血内阻之经水不利证。该患者尚兼心烦、头汗出、舌略红、苔薄略黄，故为瘀血内阻，兼化热证。

治则：活血化瘀通经。

方药：土瓜根散加味。

土瓜根9g，白芍12g，桂枝12g，䗪虫、水蛭、虻虫、丹皮各10g，桃仁9g，当归12g，6剂，嘱在月经前1周服用。

方中土瓜根、䗪虫、水蛭、虻虫破血祛瘀，桂枝温通血脉，芍药和营止痛，桃仁活血，丹皮凉血化瘀，当归养血活血，使攻瘀不耗血。

二诊：月经量较前增多，说明药已中病，连续5个月，每月经前服6剂。小腹不再疼痛，月经量正常，其他病除。随访一年，经期无不适。

运用要点：

（1）土瓜散证的辨证要点，经行不畅或一月两潮、量少、色紫暗有块，少腹满痛拒按舌质紫暗，脉涩等血瘀经血不利为主证。

（2）本方适用于瘀血内阻月经不调，量少等症状。土瓜根（王瓜根）现很少用。常以丹参、桃仁、鸡血藤、瓜蒌等代之。临床常用于治疗中枢性痛经、闭经、月经不调、输卵管不全梗阻，附件炎、盆腔炎性包块等痛证。

3. 条文13所涉腹痛证治：

［原文］妇人少腹满如敦状，小便微难而不渴，生后者，此为水与血俱结在血室也，大黄甘遂汤主之。

症状：少腹胀满，小便微难，伴口不渴，恶露不下，腹部疼痛。

病机：水与血俱结血室。

治则：破血逐水，养血扶正。

方药：大黄甘遂汤。

大黄四两，甘遂二两，阿胶二两。

方中大黄攻瘀，甘遂逐水，阿胶养血扶正，使邪去而不伤正。

案例：

谭秋香，三旬孀妇也。子女绕膝，日忙于生

计，操劳过度，悒悒于心，以致气血内耗，身体渐羸，月经不行，行动则喘促，数月与兹，随叔婶来治，口干大渴，大便燥结，两三日一行，小便短黄，少腹不仅肿胀，有时乍痛，虽闭经已久，尚无块状，切脉细数而涩（赵宁真治验回忆录，北京人民卫生出版社，1962）。

辨证：此为水血互结，化热伤阴之象，患忧思伤脾，忧郁伤肝，脾伤则运化失常，水湿不运，肝伤则气滞血瘀，加之操劳过度，以致气血内耗，且经闭不行亦可影响水津输布而停痰留饮化水，水血互结，阻滞气机，气不布津，故口干不渴；水血瘀阻日久，化热伤阴，故大便燥结，小便黄短；气血内耗，故身体渐羸，行动则喘促，脉细数而涩，亦为水血互结，化热伤阴之象。

治则：逐瘀行水。

方药：大黄甘遂汤与桂苓丸合剂。

大黄、阿胶各9g，甘遂15g（另冲），桂枝、丹皮各6g，茯苓129，桃仁9g。丹参15g。

方中大黄、桃仁破血攻瘀，甘遂逐水；丹参、丹皮活血行瘀；茯苓、桂枝化气利水：阿胶养血扶正，使邪去而正不伤。

运用要点

（1）本证的要点为少腹胀满，甚或突起如敦状，小便不利，伴闭经或产后恶露量少等瘀血内阻证。

（2）本方可用于产后恶露不尽，肝硬化腹水，月经不调，癃闭、膨胀，附睾瘀积症等病证。病机属水血互结血室者，在使用过程中注意祛邪不伤正。

（3）4条文14所涉腹痛证治：

［原文］妇人经水不利下，抵当汤主之。（亦治男子膀胱满急有瘀血者。）

症状：闭经，伴少腹硬满结痛，大便干，小便自利，舌质紫暗，脉沉涩实。

病机：瘀热内结成实，经脉闭塞不通。

治则：破血逐瘀，泻热通经。

方药：抵当汤。

水蛭三十个（熬），虻虫三十枚（熬，去翅足），桃仁二十个（去皮尖），大黄三两（酒浸）。

方中水蛭、虻虫攻瘀、大黄、桃仁下血。

案例：

余尝诊一周姓少女，住小南门，年约十八九，经事三月未行，面色萎黄，少腹微胀，证似干血劳初起，因嘱其吞服大黄䗪虫丸，每服三钱，日三次，尽月可愈。自是以后，逐不复来。意其著矣。越三月，忽一中年妇人扶一女子来请医。顾视此女，面颊以一几瘦不成人，背驼腹胀，两手自按，呻吟不绝。余怪而问之；病已奄奄，尤不能一尽心力。旁察其情状，皮骨仅存，少腹胀硬，重按痛益甚，此瘀积内结，不攻其瘀、病焉能除？又虑其元气已伤，恐不胜攻，思先补之。然补能恋邪，尤不可。（曹颖甫，经方实验录，上海：上海科技出版社，1984）。

辨证：患者先以大黄䗪虫丸治干血劳初起，然月经未行而正气已伤。又见月事半年来行，少腹胀硬疼痛，重按痛甚，此为瘀血内结实证。瘀血内停，营卫受阻，外不能濡养肌体，复因病久服大黄䗪虫丸伤正。故形体消瘦虚弱。其病机为瘀血内结，因实致虚，虚实错杂。

治则：攻瘀破血通经。

方药：抵当汤加减。

虻虫一钱，水蛭一钱，大黄五钱，桃仁五十粒，水煎服。

方中水蛭、虻虫攻瘀破血消；桃仁活血化瘀；大黄泻热导瘀。四味组方，为攻逐瘀血之峻剂，使瘀血去而新血生，则其经自行。

二诊次日母女复来，患者下黑血甚多，胀减痛平。说明药已中的，然患者病程甚久。气血太虚，不宜再下。且瘀血已去，新血将生，故用益气养血扶正为主，兼以活血行气之品善其后，以生地、黄芪、当归、潞党、川芎、白芍、陈皮、充蔚子，活血行气，导其瘀积。

三年后于途中遇该患者，方知其子已四五岁。

运用要点

（1）本证以闭经、少腹硬满疼痛拒按，或按之有硬块，或患者自诉腹胀，大便色黑易解、唇舌紫暗，脉象沉涩为辨证要点。

（2）本方适用于瘀血内结，形气俱实的闭经。现代临床用本方加减，治疗子宫肌瘤，急性盆腔炎，胎盘滞留，急性尿潴留，前列腺肥大、偏头痛、静脉血栓形成，顽固性痛经，精神分裂症等瘀血内结较重者。

（3）本方为破血逐峻剂，用时应掌握中病即止。对于老年、体弱、孕妇有瘀血者慎用。若非用不可，要做到“衰其大半而止”的原则。

［《山西省中医药学会傅山医学专业委员会、内科专业委员会、妇科专业委员会学术年会论文集》2009：222］

学习和运用《金匮要略》痰饮病方药的临床心得体会

柴瑞霭

张仲景《伤寒论》通篇充满了辨证论治思想，而且六经病脉证并治衔接紧密，不可分割，而其《金匮要略》则是分篇论述各种疾病的病脉证并治。因此，本文仅选《金匮要略》之“痰饮咳嗽病脉证并治第十二”篇，谈谈笔者对“读经典，做临床，救危重，辨疑难”的一些肤浅体会。我曾讲过，我“读经典”有三点体会：（一）要想学成一名中医，尤其是要学成一名临床实践的名中医，学习经典医著是必不可少的。如何读经典、做临床。柴浩然先生经常说：“一个中医不读经典就做不好临床，更不会治火病，治急症，治重病”；（二）学习中医经典必须是读原著，要同到最初的原点，学习和理解它的原本思想。要让原著回到它最初的原点，用最朴素的思想，还原它最本原的面目。只有这样才能学习和理解好《伤寒论》，才能了解张仲景真正的思想和《伤寒论》的真正含义；（三）学习中医经典医著，并非我们想象的那样难，只要方法得当。因为“方法可贵亦可畏”。学习方法对了也是一件容易的事。“做临床”也有三点体会：因为“读经典”需要慢慢的体会，“做临床”也需要慢慢的体会。因此我把做“做临床”运用经方的三点体会以三个阶段的认识、升华和体会来讲述。第一阶段：熟读经典，运用经方；第二阶段：遵守病机，活用经方；第三阶段：掌握原理，扩用经方。你熟读了经典，做好了临床，救危重，辨疑难也就在其中了。正如岳美中先生说过“除大症、起沉疴，必于仲景书中求之”。如上所述，“读经典”我是主张：一是要熟读经典；二二是要读原著；三是要掌握方法。因此本文“读经典”的部分，我将把自己40年前初学中医，读《金匮要略》原著“痰饮咳嗽病脉证并治篇第十二”的学习卡片（部分）原汁原味地呈现给人家，以冀能对大家学习《金匮要略》时有所启示；“做临床”的部分，我又将自己学中医后的40年中，在临床不断运用《金匮要略》痰饮病方药的临床医案原汁原味地呈现给大家，也希望对火家运用《金匮要略》的方药起到抛砖引玉的作用。

一、读《金匮要略》痰饮病篇的心得

“痰饮”古写的痰、澹、淡，形容水之淡淡流动貌，所以在古代医书里又称痰癊、淡癊、淡饮，虽然写法不同，但意义相通，都是说有痰或有水造成的疾病，故“痰饮”又名“水饮”。本篇虽然将痰饮、咳嗽相提并论，但是重点则在于痰饮。痰饮是一个病名，而咳嗽只是痰饮病中一个必备的主证，这里论述的咳嗽也是由痰饮所引起的，不包括所有的咳嗽在内。痰饮是根据病因和症状而命名，有广义和狭义之分，由于水饮流动不居，所以根据水饮停留的部位和表现不同的主证，又分为痰饮、悬饮，溢饮，支饮。前者是广义的，是概括四饮的总称，后者是狭义的，是四饮中的一种。本篇除四饮之外，还有留饮和伏饮之分：所谓留饮，是指水饮留而不行，伏饮是指水饮潜伏不出，留伏是意味痰饮病的新久深浅，而且四饮也不外乎留伏为患，并不是四饮之外另有留饮、伏饮。

痰饮病的形成：《素问·经脉别论》谓：“饮食入胃，游溢精气，上输于脾，脾气散精，上归于肺，通条水道，下转膀胱，水精四布，五经并行。”说明了人体水液正常代谢的大致情况，又因肾为先天之本，肾之真阳是全力生命活动的原动力，如果脾不散精，肺失通调，肾不摄水，均可导致水液代谢失常，因此，痰饮的形成于肺、脾、肾三脏有密切的关系。另外，与肝的疏泄失常、心阳虚心火不能温暖肾阳，亦有一定关系。

痰饮的证候：水饮流动不定，随处停留，因而形成多种证候不同的痰饮病，归纳分类不外如前所述四类：一般痰饮在肠胃，悬饮在胁下，溢饮在体表，支饮在胸膈，但四者不能截然分开，往往是相互影响。主要症状大体归纳为：“咳、喘、满、痛、眩、悸、呕、渴、肿”。

痰饮的病机：总的来说，是阳微阴盛（阳气衰微，水饮潴留）。

痰饮的治则：饮为阴邪，勿伤阳气；相反，饮为阴邪，得阳则化。所以，“当以温药和之”是治疗痰饮病的大则。由于痰饮的病情有上下表里之分，因此具体治法亦有：发汗、攻逐、利小便之别。但是必须注意：发生本病的原因多是因为阳虚。因此不论使用何方，常以温养阳气为念。即不得以使用攻下逐水剂，其目的也是为了使水饮去而阳气通行，因阳气不复，饮终难化。此外，痰饮久留，亦有极少数出现虚实寒热错杂的（饮从热化）。这是矛盾的特殊一面。但是根据矛盾的普遍性一面，除上述发汗、攻逐、利小便等方法外，尤以健脾温肾为诸饮治本之图。

痰饮与水气同源异流，虽然在某些证象上两者没有明显界限，在病因上痰、水同源一类，不好鉴别，在病机上都与肺、脾、肾有关；但“痰饮”是以咳喘为其主证；“水气”以水肿为其主证，在主证上完全不同，因此，“痰饮”和“水气”作为两种疾病，分篇论述。

全篇共记载条文41节，方剂19首。

问曰：夫饮有四，何谓也？师曰：有痰饮，有悬饮，有溢饮，有支饮。（12～1）

问曰：四饮何以为异？师曰：其人素盛今瘦，水走肠间，沥沥有声，谓之痰饮．饮后水流在胁下，咳唾引痛，谓之悬饮。饮水流行，归于四肢，当汗出而不汗出，身体疼重，谓之溢饮。咳逆倚息，短气不得卧，其形如肿，谓之支饮。（12～2）

此二条是总论述痰饮病并分辨四饮及其主证，是全篇的纲领。痰饮是一个总病名，其中又可分为痰饮、悬饮、溢饮、支饮四种。前者是广义的痰饮，是四种痰饮的总称，后者是仅指痰饮停留于某一局部的病变，其四种中的痰饮是狭义的痰饮。四饮如何分别？主要是根据水饮停留的部位和各种不同的主证，加以分析讨论。

水在心，心下坚筑，短气，恶水不欲饮。（12～3）

水在肺，吐涎沫，欲饮水。（12～4）

水在脾，少气身重。（12～5）

水在肝，胁下支满，嚏而痛。（12～6）

水在肾，心下悸。（12～7）

上五条是由四饮而推及五脏，论述水饮波及五脏，影响五脏的功能而出现与各脏有关的外候。词解：水，水饮。心下坚筑：坚言痞，筑言悸，是心下痞坚而动悸。支满，支撑胀满。水饮停心下，故心下痞坚而悸动，心阳被水饮所遏，故短气，恶水不欲饮。水饮影响肺之治节，饮独聚肺，故吐白沫痰涎；气不化津，故欲饮水。水饮影响脾之健运，脾精不运，故倦怠少气，水湿不化，故身重（脾主肌肉）。胁为肝之分野，水饮聚于胁。则肝失疏泄，故胁下支撑胀满，嚏而牵引疼痛。水饮影响肾气不化，肾阳虚不能蒸化，寒水之气上逆，故脐下冲逆而悸动。

夫心下有留饮，其人背寒冷如手大。（12～8）

留饮者，胁下痛引缺盆，咳嗽则转甚。（12～9）

胸中有留饮，其人短气而渴，四肢历节痛。脉沉者，有留饮。（12～10）

论述心下、胁下、胸中留饮的证脉。词解：夫，文言文发语词，在本篇凡五见。留饮：水饮之留而不去。历节：历，经历；节，关节：言遍历诸节。与《第五》的历节病不同。饮为阴邪，勿伤阳气，凡阴邪留积之处，阳气即被阻遏不能展布，功能受到障碍。心之腧穴在被，留饮心下，则阳气阻遏不达，故见背寒冷如掌大（言部位及范围）。足少阳经自缺盆入胁里，足厥阴肝经自少腹布胁肋，肝胆相表里，主气机之升降和疏泄条达。饮留胁下（即是悬饮）影响肝之疏泄条达，肝络失和，故胁下痛引缺盆；咳嗽震动，则疼痛更加甚。胸中为心肺所居，主呼吸行营卫，饮留胸膈，肺失宣肃，肺气不利，气不布津故短气而渴：水饮与湿同源一类，且流动不居，随营卫流行四肢，痹着关节，阳气不通故四肢历节痛。脉沉是留饮的必具脉。“凡饮病得脉沉者为留饮，沉为水饮将深之诊也”，以上三条不论饮留心下、胁下、胸中，均以脉沉为辨证依据。尤在泾：“四肢历节痛，为风寒湿在关节，若脉不浮而沉，又短气而渴，则知是留饮为病，而非外邪矣。”《金鉴》：“凡饮病得脉沉者为留饮，水邪将深之诊也。”李彬：“经云：沉潜水蓄是也。”

膈上病痰，满喘咳吐，则发寒热，背痛腰疼，目泣自出，其人振振身瞤剧，必有伏饮。（12～11）

论述伏饮及发作的证情（外寒内饮）。阳虚寒阴，是形成伏饮的主因。平素痰饮伏于胸膈而不觉，仅因饮伏膈上，阻碍肺气，常见胸满、喘咳、吐痰涎等证，一旦气候转变或外感风寒，心寒引动伏饮，内外合邪，不但满喘咳吐加剧，而且恶寒发热，背痛腰疼，一身经脉不舒，引发于内，寒束于表，阳气不得宣通，在满喘咳吐剧烈时，使目泣自出，周身瞤动振颤，不能自主。此即断为伏饮。（目泣自出，其人振振身瞤据是对临床症状的描述）

夫病人饮水多，必暴喘满。凡食少饮多，水停心下。甚者则悸，微者短气。

脉双弦者寒也，皆大下后喜虚。脉偏弦者饮也。（12～12）

论述痰饮的病因和脉象。上段主要是从外因上解释形成痰饮的原因。因为水为阴邪，最伤阳气，病人饮水多，必暴喘满，说明外邪的阴盛导致了阳虚，而形成的急性痰饮病。食少饮多。水停心下，是从外因的角度再次强调痰饮形成之因，并言及水饮时停于心下。由于水饮的病机是阳虚阴盛，所以甚者下焦阳虚，水寒太盛故心脐下悸，微者痰饮妨碍呼吸，故见短气。是举例说轻重不同的两个症状。下段时汉文借宾定主的语法。言以偏弦为主，双弦为客，主客对举，来说明痰饮的脉象。脉双弦者寒也，皆大下后喜虚，是言大下后里虚阳微，出现全身的虚寒证。弦脉主寒，故两脉俱弦也，是言饮邪流动不居，由于停聚的部位不同和所影响的五脏功能不同，弦脉亦主饮，所以只表现一手脉弦，或受水饮影响的某部脉弦。尤在泾："双弦者，两手皆弦，寒气周体也，偏弦者，一手独弦，饮气偏注也。"

肺饮不弦，但口苦喘短气。(12～13)

支饮亦喘而不能卧，加短气，其脉平也。(12～14)

论述饮脉亦有不弦的脉象。13、14条是承上条而言，说明弦为饮之主脉，是普通性；但也有不弦的，这是特殊性，示人不能只拘泥于脉。应脉证合参。12、13、14条主要讲对饮的辨证。13条言肺饮本篇凡一见，肺饮实指："水在肺，吐涎沫，欲饮水。"更有苦喘短气。12条言饮偏积一处同见弦，此条不弦是言饮偏积影响五脏功能则弦，饮不积则不弦，14条是承上条言支饮也，喘而不得卧、短气，其脉平，是脉象平和，与不弦同意，说明是轻症支饮，或因饮不留伏，故脉平和。瑞霭按：肺饮、支饮只是类举，实言痰饮脉弦为常，脉不弦为变。不弦是因饮轻。

病痰饮者，当以温药和之。(12～15)

论述痰饮病的治疗大则。饮为阴邪，得阳则化，故宜用温药（温运的方法）以振奋阳气，为治本之法。体会："温药和之"揭示了痰饮病的病机是"阳虚阴盛"，故在治则上以温养阳气为主。"温药和之"虽是治痰饮病的原则，但在具体运用上，尚有温行、温运、温化等细节的不同。痰饮病以阳虚为本，阳盛为标，所以用"温药和之"，这是常（普遍规律），若饮邪积重，痼结不化，阻碍阳气运行，这是阴盛上行为主要矛盾，故当攻下逐水，饮去则阳气运行，这是变（特别规律）。

心下有痰饮，胸胁支满，目眩，苓桂术甘汤主之。(12～16)。

论述痰饮（狭义）的证治。心下为中焦脾胃所居，饮停心下，故胸胁支撑胀满；饮阻于中，脾阳不能升清，清阳不升，故头目眩晕。此节痰饮的重心在中焦，病机为脾虚停饮，阻碍阳气，故以温阳蠲饮健脾利水的苓桂术甘汤治疗。瑞霭按：此节承15节正体现了"温药和之"的具体运用。

夫短气有微饮，当从小便去之，苓桂术甘汤主之；肾气丸亦主之。(12～17)

论述微饮的证治。微饮：水饮之轻微者。意同12条"水停心下，微者短气。"饮微故仅妨碍呼吸而短气。本条一证两方，说明病机不同，示人同病异治。苓桂术甘汤健脾利水，肾气丸温肾化水，虽皆属"温药和之"之意，然治脾治肾各有所主，而利小便的作用则一。

病者脉伏，其人欲自利，利反快，虽利，心下续坚满，此为留饮欲去故也，甘遂半夏汤主之。(12～18)

论述留饮欲去的证治。脉伏：是水饮停留不去，阳气不通之故，10条言"脉沉者，有留饮"，此又言"病人脉伏"，伏沉一类，沉者重按乃得，伏者推筋着骨，伏即沉之共也。病人脉伏，说明留饮久深，欲自利又说明气有阳复之机，留饮有欲去之势。利后虽因阴邪暂去，觉得舒快，但并未根除，旧饮虽去，新饮日积，故心下又继续痞坚胀满，此时应当借阳气回复，留饮欲去之机。因势利导，用甘遂半夏汤攻下逐水。以绝病根。日本和久田氏认为："此为留饮欲去故也"一句，应在"利反快"之下于里颇通。

脉浮而细滑，伤饮。(12～19)

论述痰饮初病的脉象。饮脉多弦，脉浮而细滑，非饮之常脉，以脉测病，知是骤被外来水饮一时所伤（痰饮初期）。瑞霭按：《金匮》有以脉代机，但无以脉代证，本节定有脱简，故不少注家存疑不解。

脉弦数，有寒饮，冬夏难治。(12～20)

言痰饮病脉证不符者，比较难治。脉弦主痰主饮，数脉主热；其证又言寒饮；脉证不相符。症状和病机复杂，表现寒热错杂，虚实互见，所以兼顾不易，治疗比较困难。按：以季节推测预后，不过举例而言。

脉沉而弦者，悬饮内痛。(12～21)

病悬饮者，十枣汤主之。(12～22)

论述悬饮的证治。脉沉而弦是以脉代机，沉为并在里，弦主饮主痛。悬饮内痛说明悬饮的主证时胸胁疼痛。结合脉证可知是水流胁下，影响肝的疏泄，气机不利，水饮内结，留而不去。病悬饮者，不言其证，是省文法，祥前略后，故用十枣汤，破积逐水。瑞霭按：此证《伤寒论》叙述共详，当互参。

病溢饮者，当发其汗，大青龙汤主之；小青龙汤亦主之。(12～23)

论述溢饮（一病两法）的证治。病溢饮，言其有2节的：水饮溢于肌表，当汗出而不汗出，身体疼重等。饮既外溢体表，便宜因势利导，法从汗解，然水溢于表则一，但内有挟郁热于兼里饮（寒伏）的不同，故列大、小青龙汤两方，当以方测证。瑞霭按：一病两法，病机不同。

膈间支饮，其人喘满，心下痞坚，面色黧黑，其脉沉紧，得之数十日，医吐下之不愈，木防己汤主之。虚者，即愈，实者三日复发，复与不愈者，宜木防己汤去石膏加茯苓芒硝汤主之。(12～24)

心下有支饮，其人若冒眩，泽泻汤主之。(12～25)

论述支饮轻症的证治。《内经》曰：清阳出上窍，浊阴出下窍。心下即指中焦（脾胃），清阳的升和浊阴的降均赖中焦，如果心下有停饮，清阳不能上升，浊阴上冒，故头目昏眩。以药测证，应有小便不利。

支饮胸满者，厚朴大黄汤主之．(12～26)

论述支饮胸满的治疗。支饮胸满用厚朴大黄汤，证显不全，定有省文，当以药测证。用厚朴大黄汤可测知病机时实热积滞，阻碍气机，影响肺气肃降，故喘咳胸满等。

支饮不得息，葶苈大枣泻肺汤主之。(12～27)

论述支饮肺气壅实的证治。肺居于胸中，主气而司呼吸，支饮阻于胸膈，痰涎壅塞，肺气不利，以致胸闷喘咳、呼吸困难、迫急不得卧，故急宜葶苈大枣泻肺汤，泻肺气之闭以逐痰饮。瑞霭按：此节“支饮不得卧”，与《肺痈篇》11节的“喘不得卧”病机相同，均为肺气壅实，肺失肃降的急症、实证。本方凡有此机均可使用，不惟限于痰饮。

呕家本渴，渴者为欲解，今反不渴，心下有支饮故也，小半夏汤主之。(12～28)

论述三点：1. 呕家与胃中停饮呕吐后口渴是两种不同机转，呕家本渴是借宾定主。2. 胃有水饮以呕吐后渴与不渴测知饮去与未去。3. 胃有水饮而致呕吐的治法。素有呕吐容易致伤胃津故应口渴。胃中有饮，呕吐后见口渴，则是饮随呕去，胃气得复，为欲愈之象。若呕吐后仍不渴，可知胃中停饮未去，故曰：“心下有支饮故也”。阴邪上逆继续呕吐的，当以小半夏汤和胃止呕，散饮降逆。

腹满，口舌干燥，此肠间有水气，已椒苈黄丸主之。(12～29)

论述痰饮与实热搏结的证治。腹满，口舌干燥并非痰饮主证，条首冠以二证，是仲景用轻点之笔，示人病机是实热壅滞，而非阳虚阴盛。此肠间有水气是2节水走肠间的互词，可知是痰饮。以上三句说明本节时水饮与实热搏结，或饮从热化，故已椒苈黄丸是水饮与实热搏结，或饮从热化，故已椒苈黄丸分消走泄，攻坚决壅。此节以二证只言病机。定有省文，以药测证，当有舌黄厚，脉沉迟有力等。

卒呕吐，心下痞，膈间有水，眩悸者，小半夏加茯苓汤主之。(12～30)

论述胃中停饮上逆呕吐的证治。胃有停饮，则胃失和降，反而上逆，故突然呕吐：水饮停积，故心下痞满；清阳不升，则头目昏眩；水上凌心，则心下悸。故治宜小半夏加茯苓汤，和胃止呕，降逆去水。瑞霭按：本节与28节之证类近，因有目眩，心悸，故加茯苓一味。又：这里的膈间有水。实水停心下，与28节“心下有支饮”同。

假令瘦人脐下有悸，吐涎沫而癫眩，此水也，五苓散主之。(12～31)

论述下焦水逆的证治。瘦人：即言素盛今瘦，说明是痰饮；同时也说明虚人。此不言膈间、心下、肠间，但言此为水。用五苓散以药测证，可知是下焦肾阳虚，膀胱气化不行，当有小便不利。化饮是阳气的职责，下焦阳虚，寒水之气上逆，故脐下悸，阳虚于下，阳盛于上，故吐涎沫而癫眩，故用五苓散温阳化气行水。

咳家其脉弦，为有水，十枣汤主之。(12～32)

论述水饮不去所致久咳的证治。咳家：指久咳不愈的病人。脉弦：为水饮之脉象（在此是以脉代机）。久咳而又见饮脉，说明咳嗽是因内有水饮，留而不去所致，不治其水饮，咳终难愈，故用十枣汤逐除水饮。

夫有支饮家，咳烦胸中痛者，不卒死，至一百日或一岁，宜十枣汤。(12～33)

久咳数岁，其脉弱者可治；实大数者死；其脉虚者必苦冒。其人本有支饮在胸中故也，治属饮家。(12～34)

论述痰饮久咳的脉证并测预后。久咳数岁，不只言其病程，意在正气已虚（久咳正气必虚），其脉弱是脉证相符，故为可治：实大数则脉证不符，提示邪盛正虚，故预后不良。其脉虚（仲景以弱言血虚，以虚言气虚，虚在此是言正虚），说止虚邪微，然此虽止虚邪微，然饮邪仍在，清阳不升则头目昏眩。因其人本有支饮停留胸膈，故仍当以治为法。李致重：“冒是止虚邪微，正虚尚能与邪气相争，如果正虚邪盛，正虚便不可能扰邪，故不会冒。冒是正邪相争之象。”

咳逆倚息不得卧，小青龙汤主之。(12～35)

言支饮用小青龙汤治疗。咳逆倚息不得卧，说明是支饮，但小青龙汤并非只是此一证，当以药测证。

青龙汤下已，多唾口燥，寸脉沉，尺脉微，手足厥逆，气从少腹上冲胸咽，手足痹，其面翕热如醉状，因复下流阴股，小便难，时复冒者，与茯苓桂枝五味甘草汤。治其冲气。(12～36)

承35条论述下焦刚虚服小青龙汤的变证及治疗。服青龙汤后，多唾口燥，是寒饮将去之征，与28条“渴者为欲愈”同一病机。寸脉沉，尺脉微是以脉代机，说明下焦阳虚，阴邪上盛。下焦阳气素虚之人，虽服温散之剂，寒饮得以暂解，但温散易于发越（耗散阳气），动其肾气，冲脉起于下焦，挟肾脉上行咽喉，肾气动虚阳随之上越，从少腹上冲咽喉，虚阳上浮于面，则其面戴阳，面翕热如醉，时而昏冒，冲气平，则又还于下焦，下焦阳虚不能化气故小便难，阳虚不能温煦四末故手足厥逆，甚则麻木。此时饮未尽愈，冲气又发，但以冲气未急，故用苓桂五味甘草汤治其冲气。体会：1. 服青龙后两种转归①肾阳不虚，多唾口燥为欲愈。②肾阳虚，可导致冲逆。2. 示人下焦阳虚而患痰饮的，当慎用小青龙，以免重伤阳气。

冲气即低，而反更咳，胸满者，用桂苓五味甘草汤去桂加干姜、细辛，以治其咳满。（12～37）

承36条论述服苓桂五味甘草汤后冲气平，饮复动的证治。服苓梓五味甘草汤后冲气平，又反增加咳嗽胸满，乃肺中隐伏的寒饮复动。此时病的重心由冲气转为咳嗽胸满，故去平冲降逆之桂，加姜辛散寒去饮，以除咳嗽胸满。

咳满即止，而更复渴，冲气复发者，以细辛，干姜为热药也。服之当遂渴，而渴反止者，为支饮也．支饮者法当冒，冒者必呕，呕者复内半夏以去其水。（12～38）

本条可分三段：1. 承37条论述服苓甘五味姜辛汤后因姜辛温燥，耗散阳气而致冲气复发。2. 服前方后以渴与不渴辨饮之去与未去。3. 论述冲气与饮气上逆的鉴别，并指出饮气上逆的治法。服苓甘五味姜辛汤后，咳满即止，是姜辛功效已著，为病好转现象；若服药后复口渴而冲气复发者，是因姜辛温燥而重耗散阳气，动其肾气，当再宜用苓桂五味甘草汤治疗。服上药后当口渴，此是饮去之象，如反不渴，是阴邪内盛而未去，意在言外当有咳满不止（支饮揭阳咳满，此承上咳满而言，故不再重其词）。如果是支饮不去，当有上逆冒眩，然冲气与支饮均具上逆冒眩。鉴别在于下焦阳虚冲气之眩冒，口渴而不呕；饮气上逆之眩冒，不口渴而必兼呕吐；不渴而呕，正是前方尚未能控制阴邪发作之势，故用前方加半夏以去水止呕。体会：此条继36条再一次论述下焦刚虚而冲气上逆，是告诫痰饮的病机是阳虚阴盛，在治疗痰饮病时一定要时时照顾到阳气。

水去呕止，其人形肿者，加杏仁主之。其证应内麻黄，以其人遂痹，故不内之．若逆而内之者，必厥，所以然者，以其人血虚，麻黄发其阳故也。（12～39）

承38条论述饮去呕止，而又见形肿的证治。服苓甘五味加姜辛半夏汤后，心下水饮渐去，故呕吐止，但由丁饮邪流动不居，如果肺气宣毒，便可外溢体表，而见其人形肿（同2条所述的“其形如肿”）。症见形肿本当用麻黄发汗消肿，然从36条的“尺脉微”，已知其人阳气不足，（参《伤寒论》49条“所以然者，尺中脉微”微为阳衰，故当禁汗）因此不用麻黄，而改用杏仁宣利肺气，肺合皮毛，肺气宜利，则肿自消。如违反病情而误用麻黄发汗，因其人正虚里阳不足，发虚人之汗，更耗散阳气，而出现厥逆之变。按：条文内“血虚”实即气血虚，当理解为“止气虚”为妥。

若面热如醉，此为胃热上冲熏其面，加大黄以利之。（12～40）

承上文论述水饮挟热（胃热上冲）的证治。“若”字是承上文而言，谓前证悉具，而义兼有面热如醉的症状。因阳明之脉循于面，屡服辛热致胃热上冲而熏其面。“此为胃热上冲熏其面”一句，意有双关，一言此条是胃热上冲（水饮挟热），一与36条“其面翕热如醉状”的浮阳冲气（虚阳上越）加以鉴别。即是胃热上冲，本不虑再用姜辛，但痰饮的本质是阳虚阴盛，胃热上冲只是一夹杂现象，故于上方加大黄泄其胃热。

对35至40条的总结：（略）

先渴后呕，为水停心下．此属饮家，小半夏加茯苓汤主之。（12～41）

论述胃中停饮而致呕吐的证治。先喝后呕，可知从前无呕吐，而是口渴饮水多之后，因心下停心，才发生呕吐。至于渴呕的先后不可泥，因呕与渴互为因果，当着眼于胃中停饮（水停心下），胃中停饮使津不上承故渴，使胃火利降故呕，所以说“此属饮家”故治以小半夏加茯苓汤。

二、用《金匮要略》痰饮病篇方药的体会

病案1 苓桂术甘汤治疗胃缓（胃痞）案

程某某，女，48岁。1990年5月2日初诊。

胃脘痞满闷胀6年。

初诊：患者时常胃脘部痞满、闷胀6年。钡餐造影示：1. 重度低张力胃；2. 胃下垂6cm。症见胃中漉漉有水声，常觉胃脘部痞满怕冷，食生冷或遇凉后胃脘闷胀，饮水多后干呕欲吐，喜食干燥食品，胃脘喜温喜按，精神萎靡，食欲不佳，口淡不渴，舌质淡红苔白滑，脉沉弦细无力。西医诊断为：胃下垂：中医诊断为胃缓，辨证属脾虚胃痞，痰饮内留。治宜温化痰饮利湿。健脾益气消痞。方用苓桂术甘汤合枳术丸加味。药用：茯苓30g，桂枝10g，炒白术16g，枳实8g，炙甘草6g，党参18g，鸡内金8g（捣），7剂，每日1剂，水煎

温服。

二诊（1990年5月10日）：药后精神好转，胃寒怕冷、胃中漉漉有水声减半，脉渐有力，继以原方再进7剂。

三诊（1990年5月17日）：药后精神好转，纳食增加，痞满闷胀、胃寒怕冷、干呕欲吐消失。原方又进7剂。随访胃中漉漉有水声未作，余症悉除，遂用六君子丸巩固疗效。

按：本案西医诊断为：1. 重度低张力胃；2. 胃下垂；中医诊断为：胃缓、痰饮。从主要症状为胃中漉漉有水声，饮水多后干呕欲吐，喜食干燥食品，胃脘喜温喜按，口淡不渴等，可知痰饮内留为患；胃脘痞满、闷胀，胃寒怕冷，纳少乏力等，足证脾阳虚弱，胃气痞滞。故遵《金匮要略》“病痰饮者，当以温药和之”，用苓桂术甘汤健脾温化痰饮；用《脾胃论》枳术丸健脾益气消痞，使脾气复健，痰饮温化，胃和痞消。

病案2苓桂术甘汤治疗风心病案；病案3苓桂术甘汤治疗背冷案；病案4十枣汤治疗悬饮（渗出性胸膜炎）案；病案5大青龙汤治疗高血压剧烈头痛案：病案6小青龙汤治疗支饮（肺气肿）案；病案7木防己汤治疗支饮（肺心病）案；病案8泽泻汤治疗支饮眩晕（梅尼埃氏症）案；病案9葶苈大枣泻肺汤治疗支饮喘促（高心病）案；病案10己椒苈黄丸治疗水臌（肝硬化腹水）案；病案11小半夏汤治疗呕眩（内耳眩晕症）案；病案12小半夏加茯苓汤治疗重症呕吐案：病案13小半夏加茯苓汤治疗呕眩（梅尼埃氏症）案；病案14五苓散治疗脑积水案；病案15茯苓桂枝五味甘草汤治疗痰饮（支气管炎）案，略。

[《山西省中医药学会傅山医学专业委员会、内科专业委员会、妇科专业委员会学术年会会议论文集》2009：210]

论《金匮要略》滋阴法运用

赵力维　于春阳
长春中医药大学基础医学院

滋阴法是运用生津液，补精血的药物治疗阴虚证的一种方法。仲景在《金匮要略》中不但指出了“亡津液”的病因病机，而且还提出了“存津液”的重要性。创立了许多滋阴益津的大法和名方，为后世温病学家开辟了养阴的先河。但目前对仲景养阴法论之者甚少，故笔者将其稍作归纳，以示后学，本文将从八个方面进行论述。

一、滋阴润燥法

此法用于脏腑阴虚者。五脏主藏精，不可伤，伤则失守而阴虚。如《金匮》之百合病，其病机为“百合病者，百脉一宗，悉致其病也。”人体百脉同出一源，在于心肺，因心主血脉，肺朝百脉，若心肺阴虚，气血失和，百脉俱受其累变生诸病，症状百出，而致精神恍惚等不正常的精神状态，饮食行动失于常态，以阴虚有热为主，故用百合地黄汤润肺宁心滋阴清热。再如虚热肺痿证，是由于上焦有热熏灼肺金，致肺气不降，久咳不止，肺气痿弱不能肃布津液，虚火内炽，邪火煎熬津液则出现咽喉不利，吐涎沫。方用麦门冬汤润肺止咳，滋阴清热。再有肝阴不足，一山血亏虚，相火偏亢，虚热内扰于神明则出现心烦失眠，口干咽燥，头晕目眩等症，治以养阴清热，宁心除烦，方用酸枣仁汤。再如虚劳病之阴阳两虚证，由于中气不足，阴阳失调，阴损及阳或阳损及阴，导致阴阳的偏盛偏衰，阳虚生寒，阴虚生热，阴不内守，气血虚衰，寒热错杂而致少腹拘急，心悸衄血，腹痛遗精，四肢疫疼，手足烦热，咽干口燥，治以建立中气，调和阴阳，用小建中汤治之。如妊娠小便难证，由于怀娠之后，血虚有热，气郁化燥，膀胱津液不足，肺气失于通调，故小便难而不爽，治以养血润燥，清热散结。方用当归贝母苦参丸治之。再如脾阴不足，不能为胃行其津液而肠道失润，胃热气盛，胃阴为其所伤，膀胱为其所迫，而致大便干结，小便短数而黄，口唇干燥，舌红少苔之胃强脾约证，治以泄热润燥，缓通大便，用麻子仁丸治之。使阳明燥热得泄，太阴津液可滋，脾约可愈。

二、滋阴补血法

此法用于阴亏血虚者。如《金匮》中之妇人下血的胶艾汤证，本证是由于冲任脉虚，阴血不能内守，而致漏下，妊娠腹中痛，口干渴而不多饮等阴虚血亏证，治以滋阴补血。调补冲任，方用胶艾汤治之。

三、滋阴解表法

此法用于阴虚表邪不解者。如《金匮》中痉病的治疗。若由风邪外束经脉，腠理开张，津液不能内敛而致津伤，筋脉失养，营卫运行不利，则见有口噤，背反张，颈项强急，独头动摇，加之太阳表虚证，治以清热养津，调和营卫。用瓜蒌桂枝汤。若由外感风寒，玄府闭塞，营卫三焦之气郁闭，邪气不能外达，里气不能宣行，津凝气滞，津液受伤筋脉失养而致痉病。方用葛根汤以养阴生津，发表祛邪，使邪去津生。再如温疟病，由于内热炽盛而伤津液，外挟表寒而致身无寒但热，骨节疼烦，时呕口渴，大汗出，治以清热生津解表，方用白虎加桂枝汤。

四、滋阴益气养阴法

此法用于阳明热盛而致津气两伤者。如白虎加人参汤证："太阳中热者，暍是也，汗出恶寒，身热而渴，白虎加人参汤主之。"本方是由于暑热燔灼气阴两伤，暑为阳邪，其性本热，伤及人体则汗出，暑热伤津则口渴，用白虎加人参汤主之；再如肺胃热盛，气津两伤，热则消伤津液，气虚不化津，津亏不上润则口渴欲饮水，口干舌燥，治以益气生津，清热止渴，亦用白虎加人参汤治之。

五、滋阴利水法

此法用于水邪既盛，阴液亦亏者。"夫诸病在脏，欲攻之，当随其所得而攻之，如渴者与猪苓汤，余皆仿此"；"脉浮发热，渴欲饮水，小便不利者，猪苓汤主之。"此因热与水结而致水热互结，热邪伤阴，所以用猪苓汤育阴利水而治之，水去而热除，渴亦随之而解。

六、急下存阴法

此法用于阳热亢盛而致阴虚者。如"痉为病，腹满口噤，卧不着席，脚挛急，必齘齿，可与大承气汤"，其为里热成痉，表证失于开泄，邪气内传，郁于阴明，热盛灼筋，不能濡养筋脉而致胸部胀满，角弓反张，四肢挛急而齘齿，又属阳明热盛，有化风鼓动筋脉之势，病情较为深重，此时若阳明里热不除，则津液难存，其筋脉亦不能舒缓，故可用大承气汤通腑泻热，急下存阴，以解其痉，此方即不用养阴药，而只用泻下药，使热从大便解，为泄热存阴，热去津自生之意。

七、回阳摄阴法

此法用于真阳不固，阴液欲竭者。"下利清谷，里寒外热，汗出而厥者，通脉四逆汤主之"。此为寒厥下利，阴盛格阳，阴从利而下竭，阳从汗而外脱，阴阳气不相顺接，故四肢厥逆病势危重，当急以通脉四逆汤，回阳固脱、摄阴。正如陆渊雷所说："津伤而阳不亡者，其津自能再生，阳亡而津不伤者，其津亦无后继，是以良工治病不患津之伤，而患阳之亡……少阴病之津液干结，阳亡而津不继也，回其阳则津自生。"

八、祛风滋阴法

此法用于风湿而阴虚者。如"诸肢节疼痛，身体魁羸，脚肿如脱，头眩短气，温温欲吐，桂枝芍药知母汤主之。"本条论述风湿历节的证治，病因风寒湿外袭，渐渐化热伤阴，气血不畅，湿注关节而致的关节疼痛，肿大，两脚肿胀，麻木不仁，头眩短气，温温欲吐，身体消瘦等证，治以滋阴清热，祛风逐湿，通阳行痹用桂枝芍药知母汤。

九、小结

以上从八个方面归纳了仲景滋阴法应用，及每方的病因病机治法方药。从中可以看出，仲景滋阴八法是补存体内津液的基本方法。仲景在运用此法的用药规律上有以下两个特点。第一、因津液与阳气相互依赖，相互滋生。而滋阴药又多粘稠而腻。用之不当，反能碍阳。故仲景运用滋阴药时，常佐以扶阳之品。如小建中汤在重用芍药滋阴的同时，又反佐桂枝以扶阳；胶艾汤在重用阿胶、四物补阴血的同时，又反佐艾叶以生阳。此亦为阳生而津亦生之意。第二，在滋阴方中多选用滋阴清热之药，因郁热或火热炽盛多易伤阴。而阴虚又生内热，内热又易伤阴，形成恶性循环。所以在方中多用清热之品，使热除而不伤津，津将自生，杜绝其在体内造成之恶性循环，亦是治病求本之法的体现。如大承气汤中之大黄清热泻下、保津，百合地黄汤之地黄滋阴清热：桂枝芍药知母汤，白虎加桂枝汤，酸枣仁汤等方中均选用了知母以滋阴清热。

[《中华中医药学会第十七届仲景学说学术研讨会论文集》2009：292]

金匮要略系统性红斑狼疮诊治体会

黄仰模　广州中医药大学

系统性红斑狼疮（systemic lupus erythematosus. SLE，以下简称 SLE）是自身免疫介导的，以免疫性炎症为突出表现的弥漫性结缔组织病。我国的发病率约为 $74.5/1\times10^5$。一般认为发病与遗传素质、性激素及环境等因素有关，病变常累及多个器官、组织，严重威胁着患者的身体健康。金匮要略（以下简称金匮）没有 SLE 的病名，但笔者在临床中，常运用金匮的理法方药来诊治 SLE，下面谈谈粗浅的体会，以抛砖引玉。

一、感受毒邪是系统性红斑狼疮的主要病因病机

“千般疢难，不越三条：一者，经络受邪，入脏腑，为内所因也；二者，四肢九窍，血脉相传，壅塞不通，为外皮肤所中也……”SLE 是千般疢难之一，其病因当然不越此三条。经络受邪，这个“邪”究究竟是指什么？有认为是热毒如日光阳毒；有认为是温热邪毒；有认为是感受风寒湿邪，化为热毒；金匮认为是阳毒、阴毒，所谓“阳毒之为病……阴毒之为病”。笔者认为这个“邪”值得进一步研究，即研究其更具体的属性。就目前的认识，这个“邪”能使人罹患 SLE，与患者的“内所因”有关，即“若五脏元真通畅，人即安和，客气邪风，中人多死”，就是人体真气充足，不容易患病，人体真气欠充足，客气邪风易侵犯人体而易患病。邪毒可损伤阴精、脏腑、气血、肌肤、关节，引起 SLE。

二、风湿侵袭是系统性红斑狼疮的常见病因病机

风湿是六淫之中的两“淫”，是外感致病的常见病因。其实风湿也是“邪”，前面已提到肤、关节，引起 SLE 感受风寒湿邪，化为热毒的病因病机。金匮的《痉湿暍病》《中风历节病》等篇章有较多的论述。如《痉湿暍病》的“太阳病，关节疼痛而烦，脉沉而细者，此名湿痹”“湿家之为病，一身尽疼，发热”“风湿相搏，一身尽疼痛”“病者一身尽疼，发热，日晡所剧者，名风湿”“风湿相搏，骨节疼烦掣痛，不得屈伸……小便不利”。《中风历节病》的“寸口脉沉而弱，沉即主骨，弱即主筋，沉即为肾，弱即为肝”“趺阳脉浮而滑，滑则谷气实，浮则汗自出”“少阴脉浮而弱，弱则血不足，浮则为风，风血相搏，即疼痛如掣”“盛人脉涩小，短气，自汗出，历节痛，不可屈伸，此皆饮酒汗出当风所致”。这里提到病者一身尽疼，发热，骨节疼烦掣痛，不得屈伸，小便不利等与 SLE 表现颇为相似。太阳病、风湿相搏、饮酒汗出当风所致等是感受风湿邪气的原因，但更重要的原因还是人体肝肾气血不足。

三、瘀血阻滞是系统性红斑狼疮的常见病因病机

阴虚不足津液虚少，或热毒煎熬津液亏损，血行艰涩迟滞；或气滞不畅血行受阻；或气虚不运血行无力，均可导致瘀血阻滞，脏腑、气血功能失常，遂发 SLE。金匮《虚劳病》《瘀血病》《妇人杂病》等篇有论述。如《虚劳病》的“五劳虚极羸瘦，腹满不能饮食，食伤、忧伤、饮伤、房室伤、饥伤、劳伤、经络营卫气伤，内有干血，肌肤甲错，两目黯黑”论述了劳伤等原因引起的“干血”（瘀血）症状。又如《瘀血病》的“病人胸满，唇痿舌青，口燥，但欲漱水不欲咽，无寒热，脉微大来迟，腹不满，其人言我满，为有瘀血。病者如热状，烦满，口干燥而渴，其脉反无热，此为阴伏，是瘀血也”论述了瘀血的证候。《妇人杂病》的“妇人六十二种风，及腹中血气刺痛”“带下经水不利，少腹满痛，经一月再见者”“妇人少腹满如敦状，小便微难而不渴，生后者，此为水与血俱结在血室也”“妇人经水不利下”“妇人中风，七八日续来寒热，发作有时，经水适断，此为热入血室，其血必结，故使如疟状，发作有时”“妇人伤寒发热，经水适来，昼日明了，暮则谵语，如见鬼状者，此为热入血室”“妇人中风，发热恶寒，经水适来，得之七八日，热除脉迟，身凉和，胸胁满，如结胸状，谵语者，此为热入血室也”“阳明病，下血谵语者，此为热入血室”等论述了妇科疲血的症状，其中热入血室的症状和 SLE 脑病颇为相似。

四、正气亏虚是系统性红斑狼疮的重要病因病机

《金匮·脏腑经络先后病》篇指出：“若五脏元真通畅，人即安和，客气邪风，中人多死”，就是人体真气充足，不容易患病，人体真气亏虚，客气邪风易侵犯人体而易患病。这是《内经》“正气存内，邪不可干”“邪之所凑，其气必虚”的思想体现。《虚劳病》的论述如“男子面色薄者，主渴及亡血，卒喘悸，脉浮者，里虚也”“男子平人，脉虚弱细微者”“虚劳里急，诸不足”“虚劳虚烦不得眠”论述了虚劳阴虚、阳虚、阴阳两虚、气血虚等正气亏虚的表现。SLE 的发病与正气亏虚密切相关。

五、清解毒邪是系统性红斑狼疮的主要治法

SLE 多有发热、面部及其他部位皮肤红斑、出血斑，太阳照射后病情转剧或骤发，红斑色紫红，渴饮，便秘，尿赤，舌红或紫暗，苔黄腻或黄干，脉弦数或洪数。“阳毒之为病，面赤斑斑如锦纹，咽喉痛，唾脓血”，证属热毒邪盛，宜清解毒邪。“阳毒之为病……升麻鳖甲汤主之”。升麻鳖甲汤方由升麻、当归、蜀椒、甘草、雄黄、鳖甲组成。方

中升麻“解百毒，辟温疾、瘴邪”，配甘草，清热解毒，并可散咽喉之邪毒，广东近代名医陈伯坛“我粤移治鼠疫，十者亦疗其过半”，重用升麻，是取其解毒之功；当归、鳖甲养阴、活血行瘀；雄黄解毒；蜀椒导火归原。临床使用宜同白虎加桂枝汤、甘草泻心汤加减化裁。

六、祛风胜湿是系统性红斑狼疮的常用治法

有较多的 SLE 患者具有痹证的表现如关节肿胀疼痛，活动不利，肌肉酸痛，或伴发热，舌正常或红，苔黄或黄腻，脉滑或细数。“病者一身尽疼，发热，日晡所剧者，名风湿……可与麻黄杏仁薏苡甘草汤“温疟者，其脉如平，身无寒但热，骨节疼烦，时呕，白虎加桂枝汤主之”“诸肢节疼痛，身体魁羸，脚肿如脱，头眩短气，温温欲吐，桂枝芍药知母汤主之。”临床宜根据证候的寒热偏胜，选用此三方，或把三方加减化裁，以达祛风胜湿或通络清热之目的。三方中麻黄、杏仁微汗解表，宣散风湿；薏苡仁清热除湿，并可制麻黄之温；炙甘草和中调药；石膏、知母、粳米清热生津；麻黄、桂枝祛风通阳；附子温经散寒止痛；白术、防风除湿祛风；知母、养阴清热；生姜祛风和胃止呕。我科把桂枝芍药知母汤适当化裁制成了“通痹灵”系列中成药，治疗 SLE，取得了较好的效果。

七、活血祛瘀是系统性红斑狼疮的主要治法

部分 SLE 患者在病程的某阶段，可出现瘀血的症状如皮肤红斑、出血斑；肌肤甲错，两目黯黑，唇痿舌青；妇人腹中血气刺痛，经水不利；妇人少腹满如敦状，小便微难而不渴；妇人中风，七八日续来寒热，发作有时，经水适断，此为热入血室，其血必结；妇人伤寒发热，经水适来，昼日明了，暮则谵语，如见鬼状者，此为热入血室。治法为活血祛瘀。可选用活血祛瘀方剂或在所开的方剂中加入活血祛瘀药物。金匮活血祛瘀方剂很多，举太多难掌握，精选几首较实用的方剂如大䗪虫丸、桂枝茯苓丸、抵挡汤。植物类活血祛瘀药如大黄、桃仁、芍药（改为赤芍）、丹皮、干漆；动物类活血祛瘀药如虻虫、水蛭、蛴螬、䗪虫。可根据瘀血程度选用若干植物类活血祛瘀药和/或动物类活血祛瘀药，一般认为动物类活血祛瘀药的作用更峻猛。热入血室谵语者多为狼疮脑病，可用小柴胡汤加活血祛瘀药和开窍药。

八、利水消肿是系统性红斑狼疮的重要治法

较多的 SLE 患者会发展为狼疮肾炎，主要表现是颜面及四肢浮肿，尤以双下肢为甚，腰膝酸软，形寒肢冷，面黄神疲，腹胀食少，尿少，严重者可出现悬饮，尿闭，痰鸣喘咳，心悸气促，不得卧，或腹大如鼓。舌胖嫩淡，苔薄白，脉沉细弱，合并外感时脉浮或滑。金匮虚劳、小便不利、水气病有相应的证候和治疗。“虚劳腰痛，少腹拘急，小便不利者，八味肾气丸主之”“脉浮，小便不利，微热消渴者，宜利小便发汗，五苓散主之”“小便不利者，有水气，其人若渴，栝蒌瞿麦丸主之”“脉浮发热，渴欲饮水，小便不利者，猪苓汤主之”“风水，脉浮身重，汗出恶风者，防已黄耆汤主之”“风水恶风，一身悉肿，脉浮不渴，续自汗出，无大热，越婢汤主之。”描述了小便不利、水肿的证候。治法多为利小便或发汗，除越婢汤以发汗为主外，多数方剂都有利水消肿的药物，笔者体会，脾虚表虚者选用防已黄芪汤，肾虚者选用八味肾气丸，有外感暂不用补脾补肾药，可利水消肿再加越婢汤。

九、扶正祛邪是系统性红斑狼疮的常用治法

SLE 早期及急性期以祛邪为主；中后期宜扶正为主，兼以祛邪。祛邪治法方剂前面已述，此仅探讨扶正治法方剂。金匮《百合病》《虚劳病》《咳嗽上气病》《妇人病》等篇有使用的方剂。“百合病……病形如初者，百合地黄汤主之”“虚劳里急，悸，衄，腹中痛，梦失精，四肢酸疼，手足烦热，咽干口燥，小建中汤主之”“虚劳里急，诸不足，黄芪建中汤主之”“虚劳腰痛，少腹拘急，小便不利者，八味肾气丸主之”“虚劳诸不足，风气百疾，薯蓣丸主之”“大逆上气，咽喉不利，止逆下气者，麦门冬汤主之”“妇人有漏下者，有半产后因续下血都不绝者，有妊娠下血者，假令妊娠腹中痛，为胞阻，胶艾汤主之”“妇人年五十所，病下利数十日不止……曾经半产，瘀血在少腹不去……当以温经汤主之。”阴虚可选百合地黄汤、麦门冬汤，气血两虚可选薯蓣丸，方中包含八珍汤，脾虚可选小建中汤、黄芪建中汤，肾阴阳两虚可选用八味肾气丸。女性 SLE 患者月经或阴道非正常出血，或有瘀血表现可选用胶艾汤或温经汤。

十、小结

本文从9个方面讨论了运用金匮的理法方药诊治系统性红斑狼疮的体会：感受毒邪是系统性红斑狼疮的主要病因病机；风湿侵袭是系统性红斑狼疮的常见病因病机；瘀血阻滞是系统性红斑狼疮的常见病因病机；正气亏虚是系统性红斑狼疮的重要病因病机；清解毒邪是系统性红斑狼疮的主要治法；祛风胜湿是系统性红斑狼疮的常用治法；活血祛瘀是系统性红斑狼疮的主要治法；利水消肿是系统性红斑狼疮的重要治法；扶正祛邪是系统性红斑狼疮的常用治法。

［《中国中西医结合系统性红斑狼疮研究学术会议论文集》2009：30］

经方在泌尿男科的运用

曾庆琪　南京中医药大学
李样元　昆山市第一人民医院

经方是历经千年验证的有效方剂，把握经方的理论与应用，是泌尿男科临床医生的基本功，对提高临床疗效具有十分重要的意义。

一、经方讲解

（一）经方定义

所谓“经方”，有经验方、经典方两种含义。

其一为经验方。据考证，“经方”一词首见于西汉·刘向、刘歆父子的《七略·方技略》，后东汉·班固《汉书·艺文志》中有“经方十一家”之说，主要是对当时收集到的验方，按其所治病证进行的分类，有痹病方、疝病方、风寒热病方、伤中方、妇人婴儿方等，均属于经验方。及至唐代，所言经方，仍沿有验方之意。孙思邈的《备急千金要方》《千金翼方》是唐代的验方集成。这一时期所称的“经方”即指经验方。

其二为经典方，即后世对仲景方的尊称。《伤寒论》载方113首，《金匮要略》载方226首。徐大椿谓：“古圣治病方法其可考者，惟此两书，真所谓经方之祖。”喻昌《尚论篇·序》称《伤寒论》《金匮要略》中所载方剂是“众法之宗”“群方之祖”，称仲景方为经方。后世所谓“经方”，即指《伤寒论》《金匮要略》中的方剂。今天讲座所讲之经方亦指仲景方。

（二）经方理论

1. 因证立法，以法统方

经方理论源于《内经》，结合临床经验总结，主要表现在因证而立法，以法统方，开创辨证论治之先河。如经云：“其在上者，引而越之。”仲景用方先辨病证，次立大法，再设方药的思维模式，而其辨证立法理论亦多源于《内经》等。

经方理论还表现在其每方必蕴大法。仲景书中常有“当发其汗，宜麻黄汤”“当须吐之，宜瓜蒂散”等证，明确表达了某方之大法。若以治法论，经方亦可归为汗、吐、下、温、清、和、消、补八法之中。汗法如麻黄汤，叶法如瓜蒂散，下法如大承气汤，温法如理中汤，清法如泻心汤，和法如小柴胡汤类，消法如小陷胸汤，补法如小建中汤等，充分体现了仲景以法统方的组方思想。

2. 精于配伍，体现整体

仲景组方多根据药物的寒温、升降、表里等进行配伍，如附子配大黄寒温并用、柴胡配枳实升降相因、麻黄配石膏表里同治等。而每一方必有固定组成，“非此药不能成此方”，以四逆散为例，《伤寒论》中说：“少阴病，四逆，其人或咳，或悸，或小便不利，或腹中痛，或泄利下重者，四逆散主之。”方中柴胡、枳实能升能降能开泄，芍药、甘草能收能敛能舒和，四者并用，具有升降开阖、通阳宣教之效，不可游移一味，既体现了仲景组方强调配伍，又表现为在方剂的组成构架上的整体性。

（三）经方特色

1. 药精效宏

经方用药多为3～7味。5味以下药物组成的方剂有180首，占经方总数的70%；5～7味药物组成的方剂124首，7味药物以下的方剂共计占89%；10味药以上的方剂只有10首，不到经方总数的4%。经方用药166种，药味虽少，但疗效确切。如芍药甘草汤仅芍药、甘草二味，有益阴荣筋、缓急止痛功效，治疗营阴不足、肝脾不和所致的手足拘挛、筋脉挛缩、脘腹疼痛有明显疗效。

2. 一药多用

经方中，同一药物常出现在不同功效的方剂中，如用桂枝的方剂有73首，用甘草的方剂数更多。仲景借助药物的配伍，来发挥同一药物的多种效能。如桂枝有和背、通阳、利水、下气、化瘀、补中的作用，配麻黄以发汗解衣（麻黄汤），伍芍药调和营卫（桂枝汤），合茯苓化气剂水（五苓散），配甘草通补阳气（桂枝甘草汤），配大黄以活血化瘀（桃核承气汤），配饴糖温中补虚（小建中汤）。

（四）用方要点

1. 重基础，融会贯通

要把经方用好，首先要学好中医理论基础。经方是“方以法立，法以方传”，受着“理”的指导。“理”通了，用起来就比较自觉，就能升华、发展。《内经》中的藏象、诊法、治则等理论，无不给应用经方以指导。再从《伤寒论》《金匮要略》来说，许多方剂是互用的，据统计，两书互用68方，相同的39方，略有加减的29方。就拿大黄黄连泻心汤来说，《伤寒论》用治“热痞”，而《金匮要略》用本方治心胃火旺之吐血、衄血。据此，有人用此方治疗实热血证，包括吐血、衄血、便血、尿血等。《伤寒论》和《金匮要略》要结合起来学习。

2. 求背诵，了然有名

要把经方用好，就要熟悉《伤寒论》和《金匮要略》的条文、方剂组成，剂量及功用主治。如干姜黄芩黄连人参汤的口诀是：“芩连苦降借姜开，济以人参绝妙哉，四物并行各三两，诸凡格拒此方赅。”

3. 相比较，分析界同

对许多经方要注意比较分析，如两个青龙汤，三个承气汤，五个泻心汤。有些是在临床实际中经常遇到的问题，如猪苓汤和五苓散同属利水之剂，但同有中异，临床应注意区别。猪苓汤疏湿浊之气，而不留瘀滞，亦可滋真阴而不枯燥，虽与五苓散同为利水之剂，一则用术桂暖肾以行水，一则用滑石、阿胶滋阴以行水。临证之时，应当明化裁，资比较，析异同，掌握用方规律。

4. 审病机，触类旁通

仲景方经过无数次的医疗实践，已不断扩大了它的运用范围，有时证候虽异，但病机相同，亦可举一反三。如乌梅丸是厥阴病的主要方剂之一，功能温脏安蛔，但对久痢、慢性结肠炎亦有较好的疗效，用本方调其寒热，扶其正气，酸以收之，其利自止。又如本方治寒热错杂、虚实并见的崩漏亦有很好疗效。

5. 善综合，方证参用

要比较全面地运用仲景方，就要善于从有关方剂中进行综合。如张仲景在《伤寒论》《金匮要略》中对黄疸病证形成了一套比较完善的治疗体系。麻黄连翘赤小豆汤属解表退黄法，运用于湿热于里，并见外邪的发黄；栀子橘皮汤、茵陈五苓散属于清利退黄法，用于阳明湿热熏蒸之发黄；茵陈蒿汤、栀子大黄汤、大黄硝石汤属通下退黄法，用于黄疸热盛兼实的发黄；茵陈附子干姜汤（据证选方）属温化退黄法，用于寒湿发黄；小柴胡汤属于和解退黄法，用于兼寒热呕吐的发黄；小建中汤属于补虚退黄，用于虚黄；抵当汤属于逐瘀退黄法，用于瘀血发黄；瓜蒂散属于涌吐退黄法，用于酒瘅欲吐发黄。以上归纳在汗、吐、下、和、清、温、消、补八法之内，就可以把握全貌。经过综合以后，就有利于针对不同证候进行治疗。

二、经方临证

《伤寒杂病论》论述了不少经方治疗疑难杂病及男科病的方法，如桂枝茯苓丸治疗癥瘕，黄土汤治疗下血，甘草泻心汤治疗狐惑；蜘蛛散治疗疝病，桂枝加龙骨牡蛎汤治疗失精，天雄丸治疗不育，苦参汤治疗前阴蚀烂。

（一）方药讲解

1. 四逆散

四逆散方出《伤寒论》，方用柴胡舒肝伸阳，枳实行气开郁，芍药柔肝缓急，甘草和中，全方有疏肝解郁、理气活血、调和脾胃、通达郁阳之功。临床常用于肝郁气滞所致的多种病证。不少男科疾病多与肝失疏泄有关，治肝之法多为常用，故男科临床中见有肝郁气滞、阳气郁遏者，用四逆散加味治之多效。

临床常用四逆散加味治疗阳痿，肝郁阳遏者，加蜈蚣、白蒺藜；肝郁血瘀者，加川芎、牛膝；肝郁肾虚者，加淫羊藿、菟丝子；肝郁脾虚者，加白术、茯苓等。

有专家总结四逆散方证指征：

《伤寒论》曰：少阴病，四逆，其人或咳，或悸，或小便不利，或腹中痛，或泄利下重者，四逆散主之。

方证指征：

①柴胡证或为对疼痛敏感、经常手冷、易紧张、肌肉易痉挛的柴胡体质；

②胁苦满、疼痛，腹痛腹胀；

③脉弦，舌质坚老而暗，或舌有紫点。

当今社会，人们生活水平提高，饮食结构的改变，嗜食膏粱厚味、辛辣烟酒，出现湿热痰瘀为患；竞争意识增强，生活节奏加快，所愿不遂，事与愿违，导致情志致病增多；男性承受的压力空前加大，长此以往，许多男人出现肝失疏泄，脾气被困，清阳不达四末之“阳郁四逆”症。本方证可运用于许多男科疾病，当辨证论治。杨欣以本方加味治疗阳痿、不射精、睾丸痛、早泄，效果满意。吴庆昕等以本方加减治疗附睾炎，效果较好。王志勇用本方加减治疗慢性前列腺炎。谢建华以本方加味治疗滑精症、血精症、不射精症、阳痿症、缩阳证，获显著疗效。四逆散治疗附睾炎，睾丸痛、早泄、慢性前列腺炎。

2. 桂枝茯苓丸

桂枝茯苓丸方出《金匮要略》，由桂枝、茯苓、丹皮、芍药、桃仁组成，方中桂枝温通行血，桃仁破血化癥，丹皮凉血消瘀，芍药和营养血，茯苓淡渗利湿，全方具有通调血脉、活血化瘀之效，原用于治疗妇人癥瘕。

临床常用桂枝茯苓丸治疗下焦气滞血瘀、脉络痹阻而见瘀结、肿胀、疼痛的男科病证。如治疗前列腺增生症，以桂枝茯苓丸加鳖甲、炮山甲、上鳖虫加强活血化瘀、缓消癥块；加路路通、威灵仙通络解痉，以利小便排出。对阴茎硬结疝痰瘀阻络疼痛者，以桂枝茯苓丸加白芥子、浙贝母、丹参、法半夏、橘络。

3. 桂枝加龙骨牡蛎汤

桂枝加龙骨牡蛎汤方由桂枝汤加龙骨、牡蛎而成，方中桂枝汤调和营卫、滋阴和阳，有安内攘外之功；龙骨、牡蛎固表敛汗，镇心安神，固肾摄精，全方具有调和营卫、镇纳固摄之功，可治虚劳心悸、易惊、汗多、男子失精、女子分义成遗溺之证。

桂枝加龙骨牡蛎汤是仲景为治疗“失精家，少腹弦急，阴头寒，目眩，发落，脉极虚芤迟，为清谷，亡血，失精，脉得诸芤动微紧，男子失精，女子梦交”而设。本方有调和营卫、潜阳入阴之功，可用之治疗虚劳遗精、夜间盗汗之证。临床常用此方加芡实、金樱子、酸枣仁治疗遗精滑泄，每多获效。

有专家总结其方证指征：

《金匮要略》中说：失精家，少腹弦急、阴头寒、目眩发落。

方证指征：

夫动悸、易惊、自汗盗汗、失眠多梦；

脉浮大无力，舌质嫩红、苔少。

张锡纯在《伤寒论立解》中认为：“用龙骨以保心气，牡蛎以益肾精，桂枝甘草所以资助中焦，而交通上下阴阳之气也”因此本方具有调和阴阳，镇潜摄纳，适用于阴阳两虚，阴阳失调之梦遗失精等症，使阴阳复，精神交，精乃内守。吴庆昕等以本方加减治疗不射精症，取得良好疗效。

4. 当归四逆汤

当归四逆汤方出《伤寒论》，由桂枝、细辛、通草、当归、芍药、大枣、甘草组成，方中桂枝、细辛、通草温经散寒通脉，当归、芍药养血活血，大枣、甘草补中气而调诸药，共奏养血补虚、温经散寒、通脉活血之功，为治血虚寒凝证之主方。

临床中常用此方化裁治疗肝血不足、厥阴受寒、经脉痹阻之男科病证。如少腹疼痛、阴茎有紧缩感者，加小茴香、肉桂、荔枝核；睾丸冷痛者，重用芍药、细辛，加吴茱萸、肉桂、白芷；阴冷汗出者，加附子、龙骨、牡蛎等。

有专家总结当归四逆汤方证指征：

《伤寒论》：手足厥寒，脉细欲绝者，当归四逆汤主之。

方证指征：

①厥寒、麻木、冷痛，甚至青紫；

②脉细；

③腹痛、头痛，或腰痛、腿痛、脚痛：

④舌淡苔白。

本方用于血虚而寒凝经脉证。病因为血虚有寒，病机为寒伤血气，脉道塞滞。有用于女性的月经不调、痛经、带下者，多见于体瘦、面青白的女性，经期四肢冰冷。腹痛、腰痛、头痛，带下见白带多而稀薄如水而气腥。叶进等用治慢性附睾炎、精索静脉曲张、阴缩者，疗效满意。

5. 肾气丸

肾气丸方出《金匮要略》，由熟地黄、山药、山茱萸、泽泻、丹皮、茯苓、肉桂、附子组成。方中用熟地黄补肾、山药补脾、山茱萸补肝，泽泻泻肾、丹皮泻肝、茯苓泻脾，共成滋阴壮水之用：配以肉桂、附片辛温之品，水中补火，而能益火之源。全方具有温补肾阳之功，可治疗肾阳不足而见小便不利、痰饮、水肿和妇人转胞等病证。

肾开窍于二阴，肾气不足，膀胱气化无权，则小便短频而不畅。此方治小便不利，利水而不伤阴，扶阳而不升火。临床上常用于治疗前列腺增生症的小便不利或反多，或失禁者，以本方加减，疗效较好。

有专家总结肾气丸方证指征：

《金匮要略》：虚劳腰痛，少腹拘急，小便不利者，八味肾气丸主之。

方证指征：

①脚软，半身以下常有冷感；

②少腹拘急，小便不利，或小便反多，入夜尤甚，阳痿早泄：

③舌淡而胖，脉虚弱，尺部沉细或沉弱而迟。

肾气丸是临床上常用之良方，在男科亦属良

剂。在辨证论治的前提下，本方可应用于诸多男科疾患。吴庆昕等以本方治疗前列腺增生症、不育症、性功能障碍等症，效果较好。林寿江以本方治疗男性乳房发育症、性功能低下、早泄、慢性前列腺炎，效果尚佳。王志勇取本方加味治疗弱精性不育症。

6. 黄连阿胶汤

黄连阿胶汤方出《伤寒论》，由黄芩、黄芪、芍药、鸡子黄、阿胶组成，方中黄连、黄芩降火除烦；白芍、阿胶滋阴养血；鸡子黄既能泻心火之有余，又能补肾阴之不足，五味相合，共奏滋阴降火、除烦安神之功，主治阴虚火旺、心肾不交之证。仲景用此方治疗“心中烦，不得卧”的少阴热化证，苦寒与咸寒并用，苦寒上清心火，咸寒下滋肾水，使心肾相交，坎离既济，这是“泻南方，补北方”的治疗方法，并为后世滋阴清热法开了先河。《张氏医通》用之治疗“热伤阴血便红”，现代临床常用于治疗阴虚火旺所致的心烦不眠等病证。

常用此方加百合、生地黄治疗阴虚火旺、心肾不交之男性更年期综合征之心烦、失眠等症。对于阴虚火旺、心肾不交导致的遗精、滑泄，则常用此方合三才封髓丹治疗。

7. 柴胡加龙骨牡蛎汤

柴胡加龙骨牡蛎汤方出《伤寒论》，由柴胡、黄芩、铅丹（王琦教授多用磁石代）、人参、桂枝、茯苓、半夏、大黄、龙骨、牡蛎、生姜、大枣组成，方中柴胡、桂枝疏肝达郁，大黄清泄里热，茯苓、半夏利水化痰，龙骨、牡蛎、铅丹重镇安神，人参、生姜、大枣益气养营，扶正祛邪，全方具有疏解肝郁、化痰镇惊、扶正达邪之功，用于治疗胸胁满闷、烦惊谵语、小便不利、全身困重、不能转侧之证。

《类聚方广义》云：“柴胡加龙骨牡蛎汤，治狂症，胸腹动甚，惊惧避人，兀坐独语，昼夜不眠，或多猜疑，或欲自死，不安于床者；又治痫症，时时寒热交作，郁郁悲愁，多梦少寐，或恶接人，或屏居暗室，殆如劳瘵者。狂癫二症，亦当以胸胁苦满，上逆，胸腹有动，每月及二三发者，常服此方勿懈，则免屡发之患。”现代临床多用于治疗肝郁、气滞、痰结等所引起的神昏、谵语、惊悸、怔忡、不寐、癫痫等精神神经系统疾病。

“胸满烦惊”足应用本方的着眼点，临床上用以治疗忧郁、惊悸、失眠、遗精、早泄等病证。伴舌红少苔、唇干等阴虚证者，加二至丸；伴多疑、善叹息等肝郁胆虚证者，合温胆汤化裁；伴精神不振、郁闷不乐，肝郁血虚证者，合逍遥散加减。

8. 猪苓汤

猪苓汤方出《伤寒论》，由猪苓（去皮）、茯苓、泽泻、滑石、阿胶组成，方中猪苓、茯苓、泽泻、滑石清利湿热，阿胶养阴补虚，合而用之，具有滋阴利水之功，主治阴虚水热互结，小便不利、渴欲饮水等病证。

我们常用本方治疗膀胱炎、尿道炎及尿路结石引起的尿痛、尿急、尿血等属阴亏水热互结者，有较好疗效。

9. 大黄䗪虫丸

有专家总结大黄䗪虫丸方证指征：

《金匮要略》：五劳虚极羸瘦，腹满不能饮食，食伤、忧伤、饮伤、房室伤、饥伤、劳伤、经络营卫气伤，内有干血，肌肤甲错，两目黯黑。缓中补虚，大黄䗪虫丸主之。

药物组成及用法：大黄十分（蒸）（300g）黄芩二两（60g）甘草二两（90g）桃仁一升（60g）杏仁一升（60g）芍药四两（120g）干地黄十两（300g）干漆一两（30g）虻虫一升（60g）水蛭百枚（60g）蛴螬一升（60g）䗪虫半升（30g）上十二味，末之，炼蜜和丸小豆大，酒饮服五丸，日三服。

方证指征：

①腹部疼痛或有硬块、腹满感、腹胀感；

②形体消瘦、面色暗晦、肌肤干燥如鳞甲、两目黯黑；

③舌质暗紫、或舌见瘀斑，脉细涩。

本方证用于正气虚损，瘀血内停之干血劳。《金匮心典》说其有“润以濡其干，虫以动其瘀，通以去其闭”之效。唐志明用本丸治疗前列腺增生症、慢性前列腺炎、精液不液化症、精囊炎性血精，效果卓越。

10. 麻黄附子细辛汤

有专家总结其方证指征：

麻黄附子细辛汤源于《伤寒论》原文为：“少阴病，始得之，反发热，脉沉者，麻黄附子细辛汤主之”。

药物组成及用法：麻黄二两（3~10g），附子一枚（5~10g），细辛二两（3~6g）上三味，以水一斗，先煮麻黄，减二升，去上沫，纳诸药，煮取三升，去渣。温服一升，日三服。

方证指征：

①汗、恶寒感明显、发热或不发热；

②精神萎靡，倦怠感明显、面色晦滞而缺乏光泽、手足冷；

③脉沉弱、或沉细、或沉迟；

④舌质淡、苔白润。

现代人不良的生活习惯，如：过度贪凉；不好的性观念及性行为，如过度手淫、房事不节；不利的精神状态，如恐惧、紧张、过度兴奋、缺乏信心、野外苟合、极度疲劳等，都会引起寒入少阴，阳气不运，从而出现麻黄附子细辛汤证。多用于阳痿、不射精、缩阳证等病。本方证的病机特点是：表实里虚，辨证阳气虚为主。凡符合方证指征的男科病症，均可应用。体现异病同治的特点。王道庆等以本方辨治阳痿、不射精、缩阳证等。王志勇以本方加减治阳痿。

（二）病案举例

1. 四逆散治疗阳痿

黄某，男，29岁，2004年2月10日初诊。阴茎勃起不坚3年，伴睾丸阴茎冷痛，失眠多梦，善太息，情志抑郁，舌淡苔薄白，脉弦细。诊为阳痿、子痛，属肝郁气滞、寒阻宗筋之证，治以疏肝解郁、行气通络，佐以暖肝散寒。处方：柴胡10g，枳实10g，白芍15g，炙甘草3g，白蒺藜20g，吴茱萸10g，蜈蚣1条。10剂，水煎服。

2004年2月20日二诊：阴茎睾丸冷痛消失，精神舒畅。守方再进7剂。后随访阴茎已能勃起，同房正常。

按：阳痿为男科常见病，多由肝郁气滞，肝经湿热、惊恐伤肾、命门火衰等原因所致。肾阳虚衰者有之，但肝气郁结、肝经湿热、脉络痹阻者临床更为多见。由情志不遂、肝气郁结所致者，症见阳事不举、胸胁胀痛、善太息；湿热下注，阻遏气机者，症见阴茎萎软、阴囊潮湿、肢体困倦、心烦口苦；脉络痹阻、宗筋失养者，症见阳事不单，或举而不坚，舌质紫暗；惊恐伤肾，气机逆乱者，症见阳痿不举，伴有心悸、多梦、胆怯等。以上种种皆不离疏肝，治用四逆散，取其伸达、疏利、宣通之功。肝气郁结较重者，可加丁香、香附、九香虫；肝经湿热者，加龙胆草、泽泻、车前子、蛇床子；瘀血阻络者，加丹参、蜈蚣、水蛭、赤芍；痰瘀阻络者，加地龙、僵蚕。本案因有睾丸、阴茎冷痛感，故加吴茱萸温通肝脉，白蒺藜加强疏肝宣郁之功，蜈蚣通经疏络，兴阳起痿。张锡纯《医学衷中参西录》认为，蜈蚣“走窜之力最速，内而脏腑，外而经络，凡气血凝聚之处皆能开之”。

2. 猪苓汤治疗血尿

何某，38岁，2003年11月15日初诊。血尿1个月，伴见神疲乏力，易出汗，头晕耳鸣，心烦，口干欲饮，腰膝酸软，双下肢轻度浮肿，小便短赤，舌质红，苔少，脉细数。曾在多家医院诊断为慢性肾炎，虽经治疗但尿检一直有红细胞。今查尿常规：RBC：20～30/HP；WBC：0～1/HP；PRO：微量，无管型。诊为血尿，肾阴亏虚，热伤血络证。治以滋阴清热，凉血止血，方取猪苓汤加味。药用猪苓15g，茯苓10g，泽泻12g，阿胶15g（另烊），滑石15g（包煎），炒蒲黄10g（包煎），茜草10g，三七粉3g（冲服），琥珀粉1.5g（冲服）。6剂，水煎服。

2003年11月21日二诊：患者诉症状有所好转，仍觉腰膝酸软、乏力。尿常规示：RBC2～5个/HP，WBC0－1个/HP。余无异常。仍守上方继服6剂。

2003年11月28日三诊：诉未见血尿，双下肢浮肿消失，惟仍觉腰膝酸软，双日干涩，舌红苔少，脉细数。查尿常规提示：RBC0－5个/HP。治以前方去琥珀粉、三七粉，加旱莲草15g。14剂，水煎服。再诊诸症悉除，尿常规提示RBC阴性。另，嘱服六味地黄丸，每次6g，每日2次，以巩固疗效。

按：血尿是指肉眼血尿或小便镜检有红细胞的一种病证。多因肾虚膀胱有热，邪热伤络，血溢于外，随尿而出。本案辩为肾阴虚，虚热久羁伤络。治宜滋阴补肾，清热凉血。《素问·气厥论》云：“胞热移出膀胱，则癃溺血。”指出血尿主要由热邪损伤膀胱脉络所致。临床血尿可分为实热、虚热和瘀血3个证型。治疗强调清热不伤阴，止血不留瘀，补虚不敛邪。本案其病机特点为，既有阴虚又有水气，既有湿热郁阻膀胱，又有肾阴不足之虚热，故用猪苓汤为基本方，另加凉血止血之旱莲草、茜草，颇有效机。用猪苓汤治血尿古今医家多有启示，《古方便览》载有“男子患血淋，二三年，一日血大出，痛不可忍，即予以（猪苓汤），渐收效，不再发。”故临床常用于肾盂肾炎、膀胱炎以及尿路结石之尿痛、尿急、尿血等湿热侵及下焦、阴亏水热互结者，每获良效。

3. 柴胡加龙骨牡蛎汤治疗遗精

朱某，男，29岁，2003年9月26日初诊。遗精、心烦、易惊惕7年，既往有忧郁症，曾服“安定”等药，遗精时有发生，曾服二妙九、知柏地黄丸等来效。现梦中遗精每周2～3次，心烦，易惊，偶有肌肉跳动，二便正常，舌淡红，脉弦滑。诊为遗精，辨属肝郁化火，痰热内扰，治予疏肝解郁，清热化痰，涩精止遗，取柴胡加龙骨牡蛎汤加减。

药用柴胡 10g，黄芩 10g，法半夏 10g，党参 15g，炙甘草 6g，桂枝 10g，龙骨 30g（先煎），牡蛎 30g（先煎），茯苓 15g，磁石 30g（先煎）。14 剂，水煎服。

按：该患者因肝郁化火，痰热内溢，扰动精室。治以柴胡加龙骨牡蛎汤化痰清热，潜阳入阴，宁谧精窍，使 7 年之疾得除。

4. 半夏泻心汤治疗痞证

储某，男，42 岁，2003 年 12 月 15 日初诊。胃脘胀闷、隐痛 6 年余，纳差，呕逆，舌质淡红，苔白腻，脉沉滑。西医诊断为慢性肾炎，中医诊断为痞证，辨为脾胃虚弱、痰气内结、寒热错杂证，治以健运中州，化痰消痞，取半复泻心汤加味。药用半夏 10g，干姜 6g，黄连 6g，黄芩 10g，党参 10g，炙甘草 6g，蒲公英 15g，大枣 7 枚。7 剂，水煎服。

2003 年 12 月 22 日二诊：患者药后背脘痛、呕逆好转，仍觉胃脘胀闷、纳差，舌质淡，苔薄腻，脉滑。仍守上方加厚朴 6g。7 剂，水煎服。

2003 年 12 月 29 日三诊：患者诉诸症悉减，尚有胃纳不佳，嘱继服上方 6 剂善后。

按：该患者因脾胃气虚，寒热错杂，痰气互结，故胃脘痞满、纳差；气机升降失常，则为呕逆。治疗当消痞散结，调补中州，以半夏辛开化痰，黄芩、黄连清泻痞热，党参、大枣补益中州，干姜、甘草温里散寒，加蒲公英清热行气、苦味健胃。二诊加厚朴以加强下气除痰、宽中消满之功。

5. 桂枝茯苓丸案

A. 桂枝茯苓丸治疗前列腺增生症

孙某，男，33 岁，2003 年 1 月 1 日初诊。主诉双侧睾丸胀痛 9 个月。患者自 2002 年 3 月份以来出现双侧睾丸胀痛，连及尿道、少腹，腰膝酸软，会阴部不适，舌淡，苔白腻，脉弦。2002 年 11 月 20 口 B 超提示前列腺增生，支原体（+）。拟用桂枝茯苓丸加味。川桂枝 10g，茯苓 10g，丹皮 10g，赤芍、白芍各 15g，桃仁 10g，炙甘草 10g，茜草 15g，败酱草 15g，马鞭草 15g，三七粉（分冲）1.5g。7 剂，水煎服。

二诊：2003 年 1 月 8 日。服上药后少腹部压痛减轻，大腿内外侧及会阴部胀痛，大便偏干，近日感冒，发热，咽痛，痰多，舌淡苔白，脉浮，上腹部疼痛，泛酸。仍予桂枝茯苓丸加减。川桂枝 10g，茯苓 15g，丹皮 10g，赤芍、白芍各 15g，桃仁 10g，炙甘草 6g，刘寄奴 15g，姜黄 10g，丹参 10g，制乳香、制没药各 3g，苏木 10g。14 剂。

2003 年 1 月 22 日三诊：左侧睾丸仍感钝痛，苔薄黄，脉弦。二诊方加茜草 15g，威灵仙 12g。7 剂，水煎服。后均予桂枝茯苓丸加减治疗，共服 60 余剂，患者双侧睾丸坠痛感及会阴部不适感均消失，B 超提示前列腺增生较治疗前明显减轻。

按：前列腺增生症属中医学癃闭范畴，主要是由于瘀血败精或肿块结石阻塞尿路，导致小便难以排出。临床以排尿闲难和尿潴留为主症，即张景岳所说："或以败精，或以搞血，阻塞水道而不通也。"针对其瘀血阻塞尿路的病机，我们把具有活血化瘀、消瘕作用的桂枝茯苓丸改用汤剂治疗本病。桂枝茯苓丸有"攻坚而不破气""破结而不伤精""通利而不伤阴""消瘕而不损正"的作用，方中桂枝温通血脉，茯苓渗利水湿二下行，有助于消散瘀血；牡丹皮、芍药、桃仁化瘀血，消瘕积，清瘀热。全方共奏活血化瘀、缓消瘕积之效，以达到散瘀血、通水道之目的。

B. 桂枝茯苓丸治阴茎痰核

王××，37 岁，工人。1992 年 10 月 5 日初诊。患者二周前突感阴茎抽痛，阴茎背侧有结块。检查：阴茎背侧有 2 个如黄豆大小的椭圆形斑块，质地如软骨样，无压痛，皮色如常，惟其勃起时胀痛而弯曲，舌质红有紫气，苔微黄，脉细涩。治以活血化瘀，化痰散结。方用桂枝茯苓丸加味，药宜桂枝 15g，茯苓 10g，丹皮 10g，桃仁 10g，赤芍 10g，制半夏 10g，川牛膝 15g，大贝母 10g，丹参 20g，莪术 10g，另服大黄䗪虫丸，每次 3g，每日 1 次。服 5 剂后无不适。续服 30 余剂而愈。

按：本病多责之于肝、脾、肾三脏，过食肥甘，或房事过劳过度频，日久血失畅，痰浊瘀阻，凝聚宗筋为病，用桂枝茯苓丸加味，另服大黄䗪虫丸共奏活血化瘀缓消痰瘀之功，使其瘀化、痰消、闭去、络通，诸症皆除。

6. 黄连阿胶汤案

A. 黄连阿胶汤治疗失眠

张某，32 岁，2004 年 10 月 12 日初诊。患者失眠多年，证见头晕而眩，面部升火，心烦，卧则更烦，不能安于枕席，口干易干，耳鸣，腰酸，舌质红少苔，脉细数。此由肾水不足、阳亏于下、心火上炎、阳亢于上、阳不入阴所致。用黄连阿胶汤加味。黄连 6g，黄芪 9g，白芍 9g，肉桂 3g，甘草 6g，龙骨、牡蛎各 30g（先煎），浮小麦 30g，阿胶（烊化兑服）9g，鸡子黄 1 枚搅匀和入。

2004 年 10 月 21 日二诊：患者心烦、口干好转，睡眠好转，效不更方，原方继进。共用此方加减调治月余，患者阴虚内热之证已除，睡眠已安。

按：此证为阴虚火旺、心肾不交所致心烦不寐，方用黄连阿胶汤加味，意在育阴清火，使既亏之真阴得以滋补，上亢之虚阳得安其位，如足则心肾交泰，自能入寐。

B. 黄连阿胶汤治早泄

朱××，28岁，工人。1994年4月10日初诊。患者自诉阳事易兴，瞬间即泄1年有余，日渐加重以致影响性生活，且伴有心烦心悸、失眠多梦、头晕目眩、耳鸣目涩、腰膝酸软，五心烦热，溲黄口干，舌红苔少，脉细数。治以滋阴降火，交通心肾。方用黄连阿胶汤化裁。药用黄连4g，黄芪6g，赤芍10g，白芍10g，鸡子黄2枚，阿胶（烊化）10g，生地10g，熟地10g，山萸肉10g，杞果10g，生龟板（先煎）15s，生龙骨（先煎）20g，牡蛎（先煎）20g。服28剂，早泄即愈，性生活恢复正常。嘱续服六味地黄丸1月，以巩固疗效。

按：早泄其发生与心、肝、肾三脏最为密切。本例据其临床表现属肾阴亏损、阴虚火旺，火动于心，下引相火，君相火旺，扰动精关，固摄失宜，虚性兴奋，不耐久战，迫精早泄。黄连泻心汤具清心火，滋肾阴作用。以治其心火炽盛，肾阴亏虚，少量芩连之苦除其火热，大剂地萸之甘滋其肾阴，以达阳和阴滋，心肾交通之功。

7. 小承气汤治癃闭

沈××，62岁，教师。1995年5月20日初诊。患者有前列腺增生症三年余，此次复作小便不通四日，检查：前列腺如鸭蛋大小。畏惧手术治疗，求治于中药缓解。刻诊：小腹胀满，胸腹痞闷不适，大便已四日未行，小溲滴沥而下，日较夜重，坐卧不安，腰痛如折，不思饮食，口干口苦，舌质紫暗，苔黄而干、脉弦滑有力。治当通腑祛瘀，清利湿热，药以小承气汤加味。投以生大黄（后下）10g，枳实10g，厚朴10g，粉草薢20g，乌药10g，车前子（包）15g，川牛膝20g，关木通10g，栀子10g，石菖蒲10g，4剂而愈。

按：六腑以降为顺，以通为用，以通为补，“通”“降”太过与不及皆属病态，今二便不通，据其症状，当调理二便，恢复其“宜通不宜滞”之特性，故选用小承气汤加清利之品，通腑祛瘀，调理二便，腑气通畅，其急性症状得以迅速控制。此与《景岳全书》：“大小便不通者，必先通其大便，则小便自通矣”之意亦相吻合，故获效其捷。

《伤寒论》《金匮要略》中有丰富的男科病论治方法，如桂枝龙骨牡蛎汤治失精、甘草泻心汤治狐惑、肾气丸治不育等，现代有越来越多的经方在男科运用报道。戚广崇以天雄散改为丸治疗32例男子不育症，取得较好疗效。其中生育者13人，占40.6%，精液好转13人，占40.6%，无效6人，占18.8%。李文瑞以天雄散加减治疗少精子或弱精子等症。吴一纯以当归贝母苦参丸治疗热淋，效果满意。在男科实践中辨证应用经方，颇有获益。

经方在男科病的治疗中占有很重要的地位。值得注意的是，男科疾病毕竟有自身的特点，运用经方也需圆机活法，即治不离辨证施治，据病情灵活加减，斟酌用量。同时，我们也应当看到，一、经方在男科的应用还处于零散的各人报道阶段，临床系统研究的少；二、经方对男性病作用机理的研究几乎是空白，值得我们重视，并进行全面的研究。

[《世界中医男科学术大会暨世界中医药学会联合会第三届男科学术大会、中华中医药学会第九届男科学术大会、国际中医男科学会第五届学术大会论文集》2009：551]

论仲景对肾病水肿的临床辨治

刘晓倩　中国中医科学院广安门医院
刘　敏　北京中医药大学

一、风水

风水是由于外邪侵袭，肺气不宣，通调失职，水气逆行而肿。其病在表，风邪在表故脉自浮，恶风；风与水湿之邪阻滞肌表，使关节肌表之气痹阻不通，故骨节疼痛。其症尚有头面浮肿兼发热。

1. 风水夹热

原文：“风水恶风，一身悉肿，脉浮不渴，续自汗出，无大热，越婢汤主之。”（二十二）因卫表被风邪所伤，故证见“恶风”“一身悉肿，脉浮”，水湿泛滥四溢，故而周身浮肿，脉浮是病在表。“续自汗出”，谓连续不断地自汗出，是相搏的风水累及于心，迫津外出所致；“无大热”是外无大热，而内有郁热。故以“越婢汤主之”，发汗行水，兼清郁热。方中麻黄、生姜宣散肌表水湿，配辛凉之石膏以发越水气，大枣、甘草以补益中气，且生姜之辛温能暖胃，以制石膏之寒而不伤其胃。因此，大枣、甘草、生姜和中补脾以扶正。本方加减常用于急性肾炎见颜面肢体浮肿，恶寒发热，舌质红，脉浮者。可考虑与麻杏苡甘汤、麻黄连翘赤小豆汤等加减。

2. 风水表虚

原文："风水，脉浮身重，汗出恶风者，防已黄芪汤主之，腹痛者加芍药。"（二十二）"风水"，当具备面目浮肿或四肢浮肿等症，风水相击于表，因而"脉浮"；"身重"者，是水湿浸淫肌肤，湿胜则身体重；"汗出恶风"，谓汗出后恶风更甚，是表虚卫气不固所致；从本证分析而知，此乃属表虚不固，风与水邪搏于肌表而引起，故可用防已黄芪汤主治。"腹痛加芍药"者，是因芍药缓急止痛。本方是治疗风水在表、卫虚不固的常用方剂。其辨证要点为：脉浮身重、汗出恶风。本方常用于治疗急、慢性肾炎偏于气虚者。

二、皮水

皮水是水气停留于皮肤之中，由里水外溢所致，病位尚在表，故脉亦浮；水气尚未入里化热，腹部不至于胀满，"腹如故而不满，亦不渴"。水湿溢于皮肤，故皮肤浮肿，按之没指；其症涉及脾、肺二脏，非外邪侵袭所致，故不恶风。风水与皮水，病位均在表，治当因势利导，发其汗，使水湿外出。

1. 皮水挟热

原文："里水者，一身面目黄肿，其脉沉，小便不利，故令病水。假如小便自利，此亡津液，故令渴也，越婢加术汤主之。方见下。"（五）"里水"应作皮水。因脾虚不能运化水湿，肺气失宣不能通调水道，下输膀胱，致水滞皮中而致，因此"一身面目黄肿"；"其脉沉"，是水气内盛，浸淫皮肤，阻碍脉气不鼓动于外所致。"小便不利"，是三焦气化受阻，水道不通，脾气虚弱，水不能下输膀胱之征，因此曰"故令病水"。对于这种皮水挟有郁热之证，治当发汗行水，兼清郁热，因此可用越婢加术汤治之。方中用麻黄、石膏发越水气，兼清郁热，以甘草、生姜、大枣调和营卫，以白术健脾利水，与麻黄相伍，以行皮中水湿，共奏发汗利水，清泄郁热之功。本方是治疗急性尿路感染，急、慢性肾盂肾炎的常用方剂。其辨证要点为：颜面浮肿明显，伴恶寒发热，或不恶寒发热，咳喘胸闷，咽燥口渴，纳呆腹胀便溏，尿少色黄，苔薄白或白黄而润，脉浮数或弦滑，脾虚水肿盛兼有热象者，有较好疗效。

2. 皮水表实

原文："里水，越婢加术汤主之，甘草麻黄汤亦主之。"（二十五）"里水"，仅以里水冠首，未言其证，故此"里水"当指："一身面目黄肿，其脉沉，小便不利"等症状。但皮水之病，并非皆挟里热，故不挟里热而属表实无汗者，越婢加术汤自不能用，因此当另设一方治之，故出甘草麻黄汤，以发汗宣肺，和中补脾。此乃一病而出两方之因。甘草麻黄汤，以麻黄发汗，宣肺利水，甘草和中补脾，从而达到肺气得宣，脾气得运，水从汗解，而水去肿消之目的。甘草麻黄汤用于水肿病，一身面目浮肿，小便不利，无汗，口不渴，脉浮。对肾小球肾炎初期，慢性肾盂肾炎属外有风寒，肺气郁滞之水气病症等有效。

3. 皮水阳郁

原文："皮水为病，四肢肿，水气在皮肤中，四肢聂聂动者，防已茯苓汤主之。"（二十四）"四肢肿，水气在皮肤中"，是因脾主四肢，脾阳虚而不运化水湿，水气潴留于四肢皮中之明证。此处突出其"四肢肿"，实是说明水邪之盛；"四肢聂聂动者"，谓四肢肌肉肿处轻微地动，是水淫四末，阳气为水遏，气与水相逐而致，以此形容，再次说明水邪潴留皮中之盛，正气之虚。病属脾肺两虚不运水湿，水与气相搏于皮中所致。故以"防已茯苓汤主之"，通阳化气，分消水湿，佐以健脾益气。方中防已能通腠理，去水湿，与黄芪相配以扶卫实表利水，使皮中之水从表而散；茯苓淡渗利水，配桂枝以通阳化气利水，使水邪从小便而去；且桂枝与黄芪相协，则通阳行痹，振奋卫阳，而使肌表之水湿散；甘草补中协黄芪补脾，脾旺则水湿得运，皮水自消。凡慢性肾功能不全、肝硬化腹水等属阳气不宣，水气泛滥者，可以本方加减取效。

4. 皮水湿热内壅

原文："厥而皮水者，蒲灰散主之。方见消渴中。"（二十七）此处独言其厥而未详述皮水之证，是突出本证之手足厥冷，非一般阳虚所致，属水邪外盛，而湿热内壅，阳气被遏，不达四肢而成。说明皮水之"厥"，实因于水，非责之阳虚不达于四末，证候偏实。病既属水盛于外，湿热壅于内而致，故以"蒲灰散主之"，以清湿热，利小便而通阳气。方中蒲灰、滑石清湿热、利小便。蒲灰有化瘀通窍之功，滑石清热利水，同用而使水湿去而热清，阳气通，厥逆解。临床较少单独使用本方，常配于其他方中，以治疗泌尿系疾病、血精等属湿热挟瘀者。

三、正水

正水由于脾肾阳虚，水气失于温化，聚而成肿。

原文："水之为病，其脉沉小，属少阴；浮者为风，无水虚胀者，为气。水，发其汗即已。脉沉者，宜麻黄附子汤；浮者宜杏子汤。”（二十六）正水有“外证自喘”症，喘在上、在表、在外，故当发其汗；而正水、石水病位偏重于腰以下，故其治当以利尿为主。因此，“属少阴”而又能用汗法当为正水，而非石水、肾水。治疗上，正水须兼顾肾阳，当助阳发汗，故“脉沉者，宜麻黄附子汤”。方中麻黄发汗平喘，附子助阳散水，甘草和中补脾，以达助阳解表，祛散水湿之效。

本方是治疗急性肾炎水肿、冠心病心律失常等属阳虚而四肢肿者的常用方剂。其辨证要点为：腰以上及眼睑浮肿，兼有恶寒、四肢不温、小便不利或清白、喘、腹满脐平、腰痛、脉沉细等。

四、石水

石水多因肾阳大衰，肝气郁结所致，石水与肾、肝关系密切。

原文：“石水其脉自沉，外证腹满不喘。”（一）“石水其脉自沉”，所谓石水者，《素问·阴阳别论》云：“阴阳结斜，多阴少阳曰石水，少腹肿。”此正说明石水之因，乃是阳气大衰，阴寒太盛，阴寒水气凝结于下焦少腹所致。其脉自沉，是其阳衰水寒沉伏于里，阴滞脉气不能鼓动而致。“腹满不喘”，“腹满”，当是少腹肿满坚硬如石状，是水寒沉结于少腹之征；“不喘”，乃水寒沉结于下焦，未泛及于上，肺未受邪，此恰是与正水“自喘”一证的明显区别。据《诸病源候论·石水候》记载：石水还可上引胁下胀痛，故石水其本虽在肾，其标则还可累及肝脾。总之，石水的形成，是因肾阳大衰，不能化气行水，阴寒水邪太盛，凝结于下焦少腹而致，故主症见少腹坚硬如石，较之正水之标本俱病而更甚，属水气病中之最重者，其治亦难。

对于本病，仲景未出具体方药，但可考虑用温肾化气、疏肝化瘀法治之。有人提出可用《卫生宝鉴》海蛤丸（赤茯苓、桑皮、葶苈、海蛤、防己、郁李仁、橘红、蜂蜜、米汤），或真武汤加川楝子、佛手、乌药以温阳利水、疏肝理气。临床可资借鉴。

五、小结

总之仲景治疗水肿，提倡发汗、利小便、攻下治法，实际上更加重视宣肺、健脾、温肾治法。但临床所见慢性肾病水肿，表现为阴虚、气阴两虚甚至阴阳俱虚者也不少。所以方剂可用猪苓汤、清心莲子饮、肾气丸加减。更多挟有瘀血、湿热等标实证，治疗必须同时配合活血化瘀、清热利湿解毒之药。总以保护肾功能为中心，不可过用温燥之剂。赵进喜教授曾提出所谓“三维护肾”治疗思路，主张上下同治、内外同治、前后同治，实际上体现了中医整体认识疾病、肺脾肾同治、整体调治的治疗思想。水气病名称及基本理论虽渊源于《内经》，但对水气病的临床表现与辨证治疗进行全面论述，当以仲景为先，此为后世医家对水气病证治研究的发展奠定了良好的基础，至今仍具有重要的临床实用价值，读者当细心学习，必有助于临床疗效提高。

[《全国第十八届仲景学说学术年会论文集》2010：219]

《伤寒论》使药在养生方面的药物规律研究

刘春慧　内蒙古医学院中医学院
程振芳
呼和浩特市金山开发区内蒙古医学院

整个中医学说就是广义的养生学。养生（又称摄生、道生）一词最早见于《庄子》内篇。所谓生，就是生命、生存、生长之意；所谓养，即保养、调养、培养、补养、护养之意。养生就是根据生命发展的规律，采取能够保养身体，减少疾病，增进健康，延年益寿的手段，所进行的保健活动。《伤寒论》为汉代著名医学专家张仲景所著，书中还包含了诸多宝贵的养生学思想，主要表现为：天人相应的整体观是张仲景养生学的基本出发点和指导思想；防病、抗病重视保津液；重视通过饮食防病、治病；时刻注意顾护胃气，调和阴阳；重视增强机体免疫力。其中，使药顾护胃气，调和阴阳是《伤寒论》养生的灵魂。

统计《伤寒论》112 首方剂，建立《伤寒论》数据库[1]。使药：有两种意义。一是引经药，引领方中诸药至特定病所的药物；二是调和药，具有调和方中诸药作用的药物。

总结这些方剂的使药药药物类别、四气、五味、归经、毒性的组方规律。

一、使药规律

下面是使药药的药物类别、四气、五味、归经、毒性的统计分析。

1. 药物类别统计

使药药物类别统计，见表1。

表1　使药药物类别统计表

药物类别 构成比（%）	频次
解表药 1.37	1
清热药 4.11	3
泻下药 2.74	2
利水渗湿药 1.31	1
活血祛瘀药 2.74	2
化痰止咳平喘药 1.33	1
补虚药 80.52	59
清浆水 1.3	1

由于补虚药所占比例最大，将补虚药做进一步统计。见表2。

表2　使药补虚药统计表

药物类别构成比（%）	频次
甘草 88.14	52
白术 1.69	1
蜂蜜 5.08	3
大枣 5.08	2

2. 使药四气统计

使药四气统计分析，见表3。

表3　使药四气统计表

四气成比（%）	频次
寒 12.68	9
凉 2.82	2
平 76.06	54
温 8.45	6

在表3中，平味药所占比例最大，是76.06%。

3. 使药五味统计

使药五味统计分析，见表4。

表4　使药五味统计表

五味构成比（%）	频次
辛 8.33	7
甘 78.57	66
酸 3.57	3
苦 9.52	8
咸 1.19	1
淡 1.19	1

在4表中，甘味药所占比例最大，是78.57%。

4. 使药归经统计分析

使药归经统计，见表5。

表 5　使药归经统表

归经构成比（%）	频次
心经 21. 93	59
肝经 2. 97	8
脾经 23. 42	63
肺经 23. 05	62
肾经 0. 37	1
胆经 0. 74	2
胃经 23. 79	64
大肠经 2. 23	6
心包经 1. 12	3

在表 5 中，胃经所占比例最大，是 23. 79%；脾经第二，所占比例是 23. 42%；肺经第三，所占比例是 23. 05%。

5. 使药毒性统计

表 6　使药毒性统计表

名称构成比（%）	频次
有毒 1. 37	1
无毒 98. 63	72

在表 6 中，可以看出有毒的药物仅仅占 1. 37%，无毒的药物所占比例很大，是 98. 63%。

6. 总结使药规律

通过上述几个统计表的分析，总结使药的规律是：在药物类别统计中，补虚药所占比例最大，是 80. 52%。在使药补虚药中，甘草所占比例最高，是 88. 14%。在四气统计中，平性药所占比例最高，是 76. 06%。在五味统计中，甘味药所占比例最大，是 78. 57%。在归经统计中，胃经所占比例最大，是 23. 79%；脾经第二，所占比例是 23. 42%：肺经第三，所占比例是 23. 05%。在毒性统计中，有毒的药物仅仅占 1. 37%，无毒的药物所占比例很大，是 98. 63%。

二、使药规律探析

为了更加直观的了解使药的规律，采用药物类别、四气、五味、归经、毒性的最大值，即表 7。

表 7　使药规律统表

名称构成比（%）	最大值名称	最大值
药物类别 80. 52		补虚药
四气 76. 06		平
五味 78. 57		甘
归经 23. 79		胃经
毒性 98. 63		无毒

使药：有两种意义。一是引经药，引领方中诸药至特定病所的药物；二是调和药，具有调和方中诸药作用的药物。

在药物类别统计中，补虚药所占比例是 80. 52%。一是重在调和药性，一是重在引领诸药直达病所。

在四气统计中，平性药的比例是 76. 06%。平性药，寒热之性不明显，这正好能充分发挥使药调和药性的功能。

在五味统计中，甘味药所占比例是 78. 57%。甘能补，能通过不同的配伍药物达到补脾气，扶胃阳，滋胃阴的作用。甘能缓能和，能缓急止痛，能调和药性。

在归经统计中，使药归胃经所占比例是 23. 79%。“五脏者，皆禀气于胃”。胃气为后天之本。因此，顾护胃气是调和药的关键所在。使药归胃经所占比例是 23. 79%。

同样，无毒性原则是选择使药遵循的原则之一，使药无毒药物是 98. 63%。

使药的规律是偏于调和。

为什么使药独重补虚药？使药补虚药不仅具有调和药性，引领诸药直达病所之功能，还有扶助正气，祛邪外出之功能。正如徐氏[2]所言：使药由调和药与引经药两部分组合而成，其原因主要皆因二者在形成方剂过程中均有增效之职能。

使以甘草，在补虚药中，所占比例是88.14%。甘草作为使药，有如下规律：一是调和诸药，例如桂枝汤；二是益气和胃，例如旋覆代赭汤；三是健脾利水，例如苓桂术甘汤；四是温通心阳，例如茯苓桂枝甘草大枣汤；五是入汗剂则解肌，例如麻黄汤；六是祛痰化饮，例如小青龙汤；七是引经药，例如麻黄杏仁甘草石膏汤。荣氏[3]和徐氏[4]所论，不谋而合，即甘草不仅是引经药，调和药，而且是增效药。

调和：和即平。寒热界限不很明显、作用缓和。调和药性的使药，多为甘平之品。在使药四气统计中，平性药所占比例最高：76.06%。在使药五味统计中，甘味药所占比例最大：78.57%。甘平之品，有补益脾气，和胃之功，脾胃功能失调，会引起全身脏腑功能失调。“内伤脾胃，百病由生”，因此，顾护脾胃之气，是调和药性的关键所在。《素问·至真药大论》“谨察阴阳之所在而治之，以平为期”。在《伤寒论》方中，调和的规律是顾护脾胃之气，调和阴阳。这也正是养生保健的核心思想。

参考文献

[1] 刘春慧.《伤寒论》方的君药组方原理理论研究进展[J]. 内蒙古医学院学报，2010，32（1）：52~55.

[2] 徐大鹏. 使药增效机制的探讨[J]. 陕西中医，2003；24（1）：70~71.

[3] 容景瑜，陈壮忠，李毅敏，等.《伤寒论》方中甘草应用规律的初探[J]. 国医论坛，2007；22（1）：4~6.

[《2010年中华中医药学会养生康复分会第八次学术年会论文集》2010：108]

运用仲景“内虚外风”论治疗面瘫体会

林再政　个体诊所（永安堂）

一、中风的病因病机

关于中风之因，历代有争议，唐宋以前主张“外风”学说，即以仲景“内虚邪中”立论。如《金匮要略·中风历节病》：“寸口脉浮而紧，紧则为寒，浮则为虚，寒虚相博……邪在于络，肌肤不仁；邪在于经，即重不胜；邪在于腑，即不识人；邪入于脏，舌即难言，口吐涎。”唐宋以后，则以“内风”为主，如《景岳全书·非风》：“非风一证，即时人所谓中风证也。此证多见卒倒，卒倒多由昏愦，本皆内伤积损颓败而然，原非外感风寒所致”。现代中医则认为中风之病机比较复杂，有外邪侵袭而引发者称外风，又称真中风（真中），无外邪侵袭而发病者，称类中风（类中、非风）。历代医家多将“口僻”（面神经麻痹）归入风门中。从临床上看，“口僻”之病机与《金匮要略·中风历节病》条文所述的“邪在于络”相符。

二、“内虚外风”论的临床体会

“内虚外风”即气血不足，络脉空虚，风邪入中于络，夹痰浊使气血痹阻，机窍不利。故出现口眼歪斜，患侧面部麻木不仁，甚至部分舌麻。因此对面瘫（风中于络）的治疗大法应为补虚、祛风、化痰，通络。

例1，蔡某，男，56岁。2005年2月16日初诊。过春节时因患者好打麻将，数昼夜劳累少眠突发口眼歪斜。诊见右侧口歪，鼓腮漏气，左眼闭合不全，左额纹消失，项痛，汗出，口渴，二便调，无半身不遂，舌淡红苔黄厚腻（烟民），脉虚缓。此为口僻（面瘫），气血亏虚，卫外不固，风寒夹痰乘虚侵入。法当补气养血，疏风散寒，祛痰通络。方用当归补血汤，桂枝加葛根汤合牵正散加味。

黄芪20g，当归10g，葛根20g，桂枝12g，白芍12g，生姜3片，大枣4枚，甘草8g，羌活10g，白附子6g，全蝎10g，僵蚕10g，地龙10g。

针灸治疗：风池（左），下关（左），地仓透颊车（左），阳白透鱼腰（左），合谷（右）手法均用泻法太冲（左）（手法平补平泻）；足三里（双）（手法补健侧泻患侧）。每日针一次，留针20分钟，每5分钟行针一次。

患者经治一周后，口歪好转，汗出，项痛，明显减轻，但闭目仍较差；又治一周，口歪有闭目基本正常，鼓腮不漏气：继续再治两周病愈（不留后遗症）。

例2，刘某，女，13岁，学生。2005年10月29日初诊。患者为进尖子班，学习加倍努力，因思虑过度而失眠，数天后又因早晨上学受风寒而突发口眼歪斜。诊见右眼闭合不全，右侧额纹消失，口歪向左侧，鼓腮漏气，项酸，口淡石渴。大便干，素有双手足汗出，舌淡红苔薄白，脉虚弦。此为口僻（面瘫），气血亏虚，风寒流外袭，津凝为痰，痹阻经络。法当益气养血，疏风散寒，祛痰通络。方用当归补血汤、桂枝加葛根汤合牵正散加味。

黄芪15g，当归10g，葛根20g，桂枝10g，白芍10g，生姜3片，大枣4枚，甘草8g，生白术15g，全虫8g，白附子6g，僵蚕10g。

针灸治疗：合谷（左），太冲（右），风池（右），下关（右），阳白透鱼腰（右），地仓透颊车（右），（手法均用泻）；足三里（右），（手法用补）。每日针刺一次，留针20分钟，每5分钟行针一次；起针后用梅花针轻扣右眼周。

西医治疗：强的松10mg，Vit B_1 20mg；每日2次口服。

患者经治一周后，口歪基本消失，鼓腮不漏气，右侧鼻唇沟变深，闭目近正常，项痛止，失眠好转，但手足汗出如前：将强的松减半量，继续治疗一周病愈。半年后随访病情无反复且不留后遗症。

结语：由于“内虚”有气虚、血亏，卫阳不足之别，邪中于络常夹瘀血。主证与兼证并见，故复方治之，扶正祛邪。一部分中风（脑梗塞）患者其发病确实与外邪密切相关。

对于中风的病机，仲景特别指出：“夫风之为病，当半身不遂，或但臂不遂者，此为痹。脉微而且数，中风使然。”文中的“此为痹”三字，历代医家有不同的看法：一种认为，半身不遂是中风，但痹不遂是痹证。而另一种则认为，“痹”是痹阻，即血脉痹阻。而临床上确实有“但臂不遂”的中风患者（CT确诊为轻度脑梗塞）。可见“但臂不遂”一症即可出现于痹证，亦可出现于中风，故不能作为中风与痹证之鉴别。

[《广东省针灸学会第十一次学术研讨会论文汇编》2010：450]

经方治疗胃食管反流病初探

李　矗　姜莉芸　昆明市中医医院

胃内容物（包括十二指肠液）反流入食管产生症状或并发症时，称为胃食管反流病（gastroesophagealrefulx disease，GERD）。为临床常见的消化系统疾病，典型的GERD症状有如明显烧心、反酸、胸骨后灼痛等，可伴有上腹部症状如胀闷、疼痛等，以及咽炎、哮喘、中耳炎等食管外伴发症状，症状较重时可严重影响患者工作及生活质量，长期不愈部分病人存在食管狭窄或癌病风险。西医治疗采用质子泵抑制剂（PPI）、H2受体拮抗剂、黏膜保护剂及促动剂等药物治疗，但存在药物在治疗过程中敏感性下降（PPI）、疗程长及易复发等诸多问题。近年来通过临床观察及本着“读经典，做临床”的思想，对仲景之书的理、法、方、药深入学习和体会，同时在临床实践中使用仲景经方治疗该病取得良好的疗效。笔者将其分为桂枝类、苓桂类和泻心类三类，现介绍如下并与同道交流。

1. 桂枝类：桂枝汤。桂枝加桂汤。桂枝去芍药加附子汤。桂枝加附子汤。桂枝加龙骨牡蛎汤。桂枝加芍药汤。

桂枝汤于《伤寒论》中为太阳病风伤卫第一方，使用桂枝汤类不可拘于“桂枝本为解肌”之语，而认其为辛温解表所设，执于风寒之剂。尤怡于《金匮心典》中引徐忠可之言：“桂枝汤，外证得之，为解肌和营卫，内证得之，为化气和阴阳。”东垣谓：“营属脾，卫属胃。”古法用桂枝汤解肌尚需热粥以鼓舞胃气。桂枝汤类自古以来用以治疗内伤疾病已不胜枚举，非为散风解肌而设。辛温之桂姜、酸苦之白芍以及甘温之枣草，辛温发散为阳，酸苦涌泄为阴，阴阳升降之意自在其中。该方推而广之，其意其用已不在表证，而在于脾胃升降。胃食管反流病若其证为脾胃气虚或有虚寒即可用桂枝汤为基础方加减治疗，若形寒肢冷，伴冲气上逆可再加桂枝即桂枝加桂汤以温中降逆平冲；若形寒肢冷，腹痛，反酸，或呕吐清水，则加附子以温脾肾；若形寒肢冷，进食生冷后反酸明显则去芍药加附子；若反酸嘈杂心烦者，桂枝加龙骨牡蛎汤（以肉桂易桂枝并减量）以和上下阴阳。反酸，腹痛喜温按可用桂枝加芍药汤亦即小建中汤。

如患者马某，男，54岁，以“反复反酸、上腹部疼痛10余年”为主诉。既往多次胃镜检查提示：反流性食管炎并食管溃疡形成（Ⅲ级）（1999年烟台会议标准，以下均同），长期服用PPI及铝镁盐制剂，间断服中药治疗，检视既往病历，所服中药多为清热养阴、清肝和胃及理气止痛之剂，现症见反酸，上腹部隐隐疼痛，痛时烦躁，进食生冷及难消之品加剧，自汗出，纳少，脉弦缓无力，舌质淡苔薄白；证属：中虚不足，肝胃不和；治以：温中和胃泻肝。拟方：桂枝10g，炒杭芍18g，炒吴萸6g，炒白术12g，鸡内金12g，川芎6g，生麦芽15g，大枣5个，生姜3片，炙甘草6g，每日一剂，四剂，患者自备雷贝拉唑，嘱其每次服10毫克，每日一次，开具铝碳酸镁片1g，每日三次嚼服。复诊时诉症状减轻，遂守方加减，每周服5～7剂，3个月后外院复查胃镜示：反流性食管炎（Ⅰ级），溃疡消失。该患者久病，久服伤中耗气之剂，脾胃气虚，继而中阳不足，致土虚木乘，故以桂枝汤治之，桂、术、姜、枣、炙草温中益气升阳；重用杭芍苦泄敛肝，配吴萸苦辛泻降肝气，适当伍以生麦芽理肝气，使不至于泻肝太过；久痛久病入络，稍佐川芎和血。该病例虽有肝胃不和，但中虚已甚，柴胡舒肝汤之类已属不宜，故疗效理想。

2. 苓桂类：茯苓桂枝白术甘草汤。茯苓桂枝生姜甘草汤。干姜茯苓白术汤。

在临床观察中发现，胃食管反流病在病程迁延过程中较多病人在治疗中不可避免的长期服用西药及清热之剂，而致中阳受损，水湿内生，留滞中焦，中焦气机失常，水饮随胃气上逆，扰乱清空为眩冒；食管，居于胸中，《难经》谓之："胃之系"，胃气不降携水饮上冲也可看作是胃食管反流病的一种表现形式，这种证候的出现多在该病的后期，多为失治误治所致。《伤寒论·平脉法第二》："上焦不归者，噫而酢吞；中焦不归者，不能消谷引食。"若胃食管反流病有反食，泛吐清水，伴见胸闷，头晕，或有头身困重，或形体肥胖者，可选用苓桂类方剂。《伤寒论·辨太阳病脉证并治法第六》："心下逆满，气上冲胸，起则头眩……茯苓桂枝白术甘草汤主之。"临床上完全不必拘于"起则头眩"一语。三方于临床使用大多合用，如中阳较虚时则加干姜温中化饮。如见中气不足，可合用旋覆代赭汤以补中降逆。如中焦阳气虚极，烧心、嘈杂不重，反酸、反食明显，肢冷，进食生冷加重，则合用理中汤。如在此基础上头痛，再重之以吴茱萸汤，吴茱萸汤为阳明、少阴、厥阴寒化证，病机特点为虚寒气逆，吴茱萸，性热，味苦辛，气味俱厚，温降上逆之寒气，生姜温胃散饮，参、枣甘温固中。

如患者王某，女，61岁。以"胸脘部疼痛、反酸27年，加重一年余"为主诉，以往胸脘部灼痛，反酸，口干苦，大便干，曾行胃镜检查，具体不详，长期服用牛黄解毒片、清火栀麦片等药，不规律服雷尼替丁胶囊及奥美拉唑胶囊。近一年来胸脘部隐痛，反酸加重，有时感腹中有气上攻，并出现心悸、头晕，多次住院检查，诊断：反流性食管炎，并排外心胸器质性病变。服用兰索拉唑、磷酸铝凝胶、多潘立酮等药，症状减轻不理想。通过解释，患者再次接受胃镜检查提示：反流性食管炎（Ⅱ级）。症见：反酸，反食，肢冷乏力，心悸头晕，胸脘隐痛，口渴喜热饮，面色淡白，便溏，舌淡嫩边有齿痕苔白滑，脉沉弱。证属：脾肾阳虚，水饮内停；治予温阳益气，降逆化饮，方用苓桂术甘汤合附子理中汤加减：黑附片60g（另包，开水先煎4小时），干姜12g，吴茱萸6g，茯苓30g，桂枝10g，炒白术12g，潞党参24g，生牡蛎15g，沉香末6g（另包，分次兑服），炙甘草9g。每日一剂，四剂，嘱其忌生冷豆类。同时开具兰索拉唑肠溶片30mg，Qd；铝碳酸镁片1g，Tid。复诊时述症状均显著减轻，续守上方，28天后症状消失，患者嫌煎药麻烦，嘱其自购附子理中丸每日三丸服用。一月后复诊，诉平时无特殊不适，偶尔饮食生冷刺激时感胃脘有不适感，已在外院复查胃镜提示：反流性食管炎（Ⅰ级）。《素问·举痛论》："寒气客于肠胃，厥逆上出，"患者长期服药苦寒败损中阳，日久后天虚及先天，脾肾阳虚，气化及旁布失司，寒饮内生而上逆，即见上述症状。阳虚多为气虚之渐，故参、术、炙草大补中气；该病机为上逆之候，恐诸药辛温之性升散，故以牡蛎、沉香镇之降之；吴茱萸味苦、辛，性热，《本草别录》谓其："主心腹痛，逆气"。苓桂类对于反流性食管炎迁延失治或误治所致中阳受损，水湿内生，上逆反流者，有时可获良效。

3. 泻心类：半夏泻心汤。生姜泻心汤。甘草泻心汤。黄连汤。黄芩加半夏生姜汤。干姜黄芩黄连人参汤。大黄黄连泻心汤。附子泻心汤。

胃食管反流病在治疗过程中由于失治、误治以及长期服用多种西药，部分病人在证候上会出现中焦寒热混杂、虚实并见、升降乖逆情况，治疗采用和解阴阳、通条上下、补泄同施，用药方面寒温并用、甘温补中、辛开苦降使中焦之气升降有序，以致冲和。临床上视其证候的侧重点选方，痰湿重，胸脘痞闷则用半夏泻心汤；兼腹胀肠鸣或泄泻，可用生姜泻心汤；中虚明显者以甘草泻心汤加味；胸膈上有热，而并见中焦虚寒，以黄连汤温中清上，交通上下，有很好的疗效，或用干姜黄芩黄连人参汤加味亦可；有胆汁反流，而症见口苦口干不思饮或饮水不多，或便溏，以黄芩加半夏生姜汤加味，清少阳而安胃降逆；长期服用苦寒泻热之品，不注重气味归经，热未除而命火已衰，有上热下寒之象，则用附子泻心汤清上温下，引火归原；如误服热药、或长期嗜酒、嗜食辛燥食物，致使上中焦实热内闭，可以大黄黄连泻心汤直折火气，导热下行，但应中病即止，勿令太过。胃食管反流病迁延日久寒热混杂，气血亏虚，证见胃脘嘈杂，气上撞心，心中痛热等症状，即可用乌梅丸（汤）加味，笔者曾治一该病（Ⅱ级）的男性中年患者症见反酸，胃脘嘈杂，气从胃脘上撞心，心中灼痛，以半夏泻心汤合栀子豉汤化裁。不效，反加重，便溏，乏力神疲，面白，舌淡，脉细弱，以该方14剂而反流、烧心、便溏悉解，后嘱其以成药乌梅丸缓服，三月后复查胃镜示：食管黏膜未见异常，病理学检查：上皮层内炎性细胞浸润。

4. 讨论

胃食管反流病无相应的中医诊断，而只能通过烧心、反流或上腹部的相关症状来明确，属于“胸痹”“吐酸”“嘈杂”“胃痛”“噎膈”“痞证”和“呃逆”等范畴，及现在《中医病症治法术语》：“食管瘅”这一相对应的中医诊断。证候方面的研究有报道认为其分型主要为肝胃郁热型（42.3%）、肝胃不和型（11.3%）、脾胃虚弱型（20.6%）、胃热气逆型（18.6%）、痰气郁阻型（7.2%）及一个综合1716例GERD病例进行证候研究提示：肝胃郁热（27.2%）、肝胃不和（23.2%）、痰气郁阻（18.9%）、脾胃虚弱（14.2%）、脾胃湿热（8.7%）、胃阴不足（4.0%）。

祖国医学对该病类似表现记述较早，相关病因病机的阐述也较多。《素问·至真要大论》说：“诸呕吐酸，暴注下迫，皆属于热。”食管自咽至胃，《难经集注》称之为“胃之系”。《丹溪心法·嘈杂》曰：“嘈杂，是痰因火动，治痰为先。”高鼓峰《医宗已任篇·四明心法·吞酸》云：“盖寒则阳气不舒，气不舒则郁而化热，热则酸矣，然亦有不因寒而酸者，尽是水气郁甚，熏蒸湿土而成也，或吞酸或吐酸也。又有饮食太过，胃脘窒塞，脾气不运而酸者，是怫郁之极，湿热蒸变，如酒缸太热则酸也，然总是木气所致”“凡是吞酸，尽属肝木曲直作酸也”。秦昌遇有论：“呕吐酸水之因，恼怒忧郁，伤肝胆之气，木能生火，乘胃克脾，则饮食不能消化，停积于胃，遂成酸淫之患矣。”明代医家龚廷贤《寿世保元·吞酸》：“酸水刺心也……，是饮食入胃，气虚不能运化，郁积已久，湿中生热，湿热相蒸，故作酸也。”以及《寿世保元·嘈杂》：“嘈杂者，有胃中痰因火动而嘈者。”综合而言，既往医家及医籍所论该病病因病机不外乎食、痰、湿、火（热）、寒、气，脏腑责之于肝、脾、胃，交织虚实。明代医家吴昆在《医方考》曾明确指出了该病之变证，即翻胃嗝噎（食管癌或重度食管狭窄），其曰：“吞酸，小疾也。然可暂而不可久。或以疾小而忽之，此不知其翻胃之渐也。”清代王清任《医林改错》中称食管为“胃管”，有“血府有瘀血……胃管弯而细，有碍饮食也，痊愈难。”的论述，这说明古代的医家已经认识到该病后期可出现食管狭窄以及癌变等恶性病变。

该病病机和证候纷繁芜杂，脏腑、寒热、虚实、气血、湿痰等诸因素，互为交织，兼证较多；很多病人在治疗过程中或因他病不可避免的服用多种西药，以及延治，从而使部分病人出现证候的传变，产生变证，治疗时易顾此失彼，而使治疗难度加大。从报道上看，辨证方面多为脏腑病机病症，中医药治疗该病所用方剂多为时方以及自制验方，经方使用相对较少。

笔者在临床中对胃食管反流病的观察与理解，驭简就繁，该病辨证诊治可立足于“反流”二字，究其病机本质则为各种原因所致中焦气机失于常道，而逆于上，兼虚实。痰、湿、水、饮以及气相互为因为病；或为寒，或为热，或为寒热混杂，或寒热上下格拒。故治疗应明该病之常变微著，不偏不倚，立足于中焦气机，谨守阴阳升降，即缪希雍：“升降者，治法之大机也。”之意。阴阳升降非只为单纯的气机升降，而是指清阳升，中阳固，浊阴降，上热泻，以调和阴阳为期，中气冲和，乃致“阴阳相得，其气乃行”。

[《中华中医药学会第二十二届全国脾胃病学术交流会论文集》2010：86]

仲景良方治疗奔豚气的临床报道及反思

崔占义　孙树枝
河北省沽源县中医院张家口

笔者1990年河北中医学院中医系毕业，从此走上中医之路。二十多年来一直从事中医内科的临床研究上作。日积月累，倒也用仲景良方治愈了多例奔豚气患者，颇具心得，在此愿与中医同道前辈们共同切磋一下。

奔豚之名，始见于《灵枢·邪气藏腑病形》：“肾脉微急，为沉厥贲豚，足不收，不得前后”。而《难经·五十六难》又云：“肾之积，名日贲豚，发于少腹，上至心下，如豚状”。仲景所论的奔豚气病，是一种发作性的疾病，以患者自觉气从少腹上冲至心胸为特点，其状如小猪之奔冲，发作时恐惧莫名，甚至有濒死的感觉，但移时冲气渐平，即和常人无多差异。由于奔豚气病在东方和西方国家发病现象普遍存在，发病率并不低[1]。而且此疾病的典型患者，发病过程皆有体感明显，过程清晰，症状典型等特点，这种“无中生出有，有又自化无”的气机病变聚集和消散过程，却又无可辩驳地证明了中医运气学说中气机生出病机的科学性[2]，特别值得我们去分析和研究。

一、资料与方法

1. 一般资料本组患者共48例，男17例，女31例；年龄最小19岁，最大64岁；病程最短1天，最长25个月。其中肝郁气逆，侮脾犯胃者28例；心肾阳虚，寒饮上逆者15例；水饮内动，欲作奔豚者5例。

2. 诊断标准参照国家中医药管理局1994年颁布的《中医病症诊疗标准》[3]制定。

3. 治疗方法所有病例均按仲景《金匮要略》奔豚气病脉证治第八之良方加减治疗：

（1）奔豚气上冲胸，腹痛，往来寒热，奔豚汤主之。方为：川芎15g、当归20g、半夏25g、黄芩15g、葛根30g、白芍20g、生姜15g、甘草10g、桑白皮（代替李根白皮）15g。日1剂2煎，分早晚服之，10天为1个疗程。

（2）发汗后，烧针令其汗，针处被寒，核起而赤者，必发奔豚，气从少腹上至心，灸其核上各义壮，与桂枝加桂汤主之。方为：桂枝30g、芍药24g、甘草8g、生姜12g、大枣12枚。用法同前。外用灸法灸之。

（3）发汗后，脐下悸者，欲作奔豚，茯苓桂枝甘草大枣汤主之。方为：茯苓30g、大枣100g、桂枝20g、炙甘草12g。用法同前。

4. 疗效标准痊愈：症状、体征全部消失，随访1年无反复；好转：症状、体征全部消失，随访1年有反复；无效：症状、体征全部大致好转，近期又有反复者。

二、结果

本组48例奔豚气患者，痊愈45例，好转3例，无效0例。总有效率100%。见下表：

分型	例数	痊愈	好转	无效	总有效率%
肝郁气逆型	28	28	0	0	100
心肾阳虚型	15	12	3	0	100
欲作奔豚型	5	5	0	0	100

三、典型病例

刘聪花，女，33岁，河北省沽源县二道渠人，农民。病起于惊恐，已近二年，发作时气从下腹上冲至胸部、咽喉，惊慌莫名，伴腹痛、冷汗，严重时甚至昏仆，不省人事（但无口吐白沫、四肢抽搐及遗尿等症），约20～30分钟可自愈，但觉浑身乏力。在张家口市附属医院曾做各种相关检查，未明确西医诊断，久治无效，且反复发作。此患者平素性情急躁，痰多，时有寒热往来，舌红、苔白腻，脉弦滑，病属中医之肝郁气逆型奔豚气无疑，治宜养血平肝，和胃降逆，奔豚汤主之。方用川芎15g、当归20g、半夏25g、黄芩15g、葛根30g、白芍20g、生姜15g、甘草10g、桑白皮（代替李根白皮）15g。日1剂2煎，分早晚服之，连服10剂。至第5剂时大便黑血若干，至此未再发作，尽剂而愈。随访多年，未再复发。至于李根白皮，即李子树根白皮，废用已久，药肆无售，只好代之以桑白皮。桑白皮功擅清肺平喘，利尿消肿，清金以平木，用于肝气肝火痰瘀，于理也通。

四、讨论

张仲景在《金匮要略·奔豚气病脉症治第八》中，将此病作了阐述。“病有奔豚，有吐脓，有惊怖，有火邪，此四部病皆从惊发得之”，仲景在此只是未揭示其中的气机原理，因为古中医从业者熟读《黄帝内经》，以《经》为宗旨，以精气神三宝为根本而揭示疾病，无需处处赘述。此说，阐明了奔豚气的病因与精神情志异常影响气机有关。惊，属于肾中情志气乱的诱发原因，其中惊为外因诱生；恐，则为内因生成，而并不是单纯是指惊吓或恐惧。因肾气为先天之本、后天之倚，奔豚气的病因，有因情志活动产生内邪之气，损伤肝肾而生成病气，亦可能下焦潴留寒水之气未化，复因汗出过多，外寒侵袭，汗后心阳之气不足，肾脏阴寒之水气乘虚上逆，以致病气从少腹上冲，直达心下。本证发病，多与肾、胃、肝、心生成的病气有关，并与冲脉的结构传输关系尤为密切。其辨证要点是气发脐中，其气上冲，“腹痛”常兼而有之，部分病例兼有“往来寒热”或者灼热、抽搐、昏厥。“气发脐中，其气上冲”的表现，患者常为明显或非明显地自觉有一股气，在脐内或脐周萌动以后，从下腹部上冲至胸咽区域；部分人对其气的上冲过程，并无明显感应，仅仅感觉咽喉或胸中窒塞而已。这类非典型性的病例，常伴有肝气久郁、情志失调的其他一些疾病共生存在。故对于非典型性的奔豚气疾病，应当认真分析与把握，避免误诊的可能性。

［《2010 年全国经方论坛论文集》2010：235］

仲景五脏温法思想探讨

杨开瑞　王新佩　北京中医药大学

一、心脏温法

心为火脏，为阳中之太阳，以阳气为本；心主血脉，血脉以通畅为用；心主藏神，心神以清明为要。血脉的通畅，心神的清明，皆以心阳的充盛为本，心阳足则血脉通，心神凝。

温补心阳法　《伤寒论》64 条曰："发汗过多，其人叉手自冒心，心下悸，欲得按者，桂枝甘草汤主之。"汗为心之液，发汗过多，心液外泄，心阳受损，不能助心行血，故见上述症状，治之当温补心阳，以复心阳之用，主之以桂枝甘草汤。桂枝味辛性温，入心可温通心阳，甘草味甘性平，补虚而益气，二味辛甘合化而心阳自生。本方是温补心阳之祖方。

温潜法　《伤寒论》118 条曰："火逆下之，因烧针烦躁者，桂枝甘草龙骨牡蛎汤主之。"

火疗之法不仅使汗出损伤心阳，且令阳气外张，心神浮越而见烦躁，故治之温补心阳，潜镇安神，桂枝甘草温补心阳，龙骨牡蛎潜镇安神。112 条曰："伤寒脉浮，医以火迫劫之，亡阳，必惊狂，卧起不安者，桂枝去芍药加蜀漆牡蛎龙骨救逆汤主之。"此条较之上条心神浮越之势更甚，以致精神错乱而出现惊狂之证，故治之以桂枝去芍药加蜀漆牡蛎龙骨救逆汤，因其病情急重，故以救逆名之。去芍药者，以其酸寒益阴，非亡阳所宜，加蜀漆者，以蜀漆之辛一以散火邪，一以拨错乱之心神以正，龙骨牡蛎用量较上方亦大，可见本证病势之重。温潜之法，以桂枝、甘草之温补令心阳壮，龙骨、牡蛎之潜镇令心神敛，壮而敛，敛而壮，互用之道也。

温阳通痹法　《金匮要略·胸痹心痛脉证并治第九》中曰："胸痹之病，喘息咳唾，胸背痛，短气，寸口脉沉而迟，关上小紧数，瓜蒌薤白白酒汤主之。"喻昌云："胸中阳气如离照当空，旷然无外，设地气一上，则窒塞有加，故知胸痹者，阴气上逆之候也。"故知胸痹之病，乃阴邪上逆，上干胸中而致。阴邪之形成由于中下之阳虚，阴邪之逆由于胸中之阳不足。故治之当温通痹阻之胸阳，降上逆之阴邪。心肺同居上焦，但心为阳中之太阳，当以温通心阳为要。瓜蒌薤白白酒汤以瓜蒌一则开通胸膈气机，一则豁痰下气，降阴邪；薤白温通心阳，宣痹止痛；白酒一味陈修园云："尤妙在白酒散痹通阳，引血气环转周身，使前后之气贯通无碍，则胸中旷若太空，有何胸痹之患哉。"若痰浊壅盛而见"不得卧，心痛彻背"，当加半夏以增化痰之力。温阳通痹之法以薤白之温通，瓜蒌之涤阴降逆以达胸阳通畅之效。

二、肺脏温法

肺为阳中之太阴，主气司呼吸，为气之本；肺主宣发肃降，通调水道，主行水。若肺中阳气不足，则外不能宣发津液于体表，内不能输布津液于脏腑，致津液停聚于肺，而致肺气不利病焉。

温开法　《伤寒论》35 条曰："太阳病，头痛发热，身痛腰痛，骨节疼痛，恶风，无汗而喘者，麻黄汤主之。"徐彬在《伤寒原方发明》中曰："皮毛者，肺之合也，肺主卫气，包罗一身，是证虽属太阳而肺实受邪气，轻则时兼面赤怫郁，咳嗽有痰胸满，重而暴则为喘，皆肺气膹郁也。"故治之当开宣肺气，用麻黄汤。方中麻黄宣肺开腠，宣散在表之寒邪；桂枝辛温，合甘草即为桂枝甘草汤，可通补心阳，此温心阳以助肺气而解表之意，且麻黄过汗易伤心阳，桂枝甘草汤可防止伤心阳；杏仁性温而降，合麻黄宣降相宜，以恢复肺气之宣降。表寒得去，肺复宣降，诸症自除。温开之法，宣中有降，以从肺之性也。

温补法　《金匮要略·肺痿肺痈咳嗽上气脉证病治第七》中曰："肺痿吐涎沫而不咳者，其人不渴，必遗尿，小便数，所以然者，以上虚不能制下故也，此为肺中冷，必眩，多涎唾，甘草干姜汤以温之。"此虚寒肺痿之病，仲景明言"肺中冷""上虚不能制下"，故知此为肺气虚冷之证，治之当温补肺气，用甘草干姜汤。甘草味甘补虚益气，干姜辛热温阳祛寒，二药合用共奏温补肺气之法。

温化法　肺主通调水道，肺失通调，则水饮内停，饮为阴邪，故温阳化饮，仲景常用半夏、细辛、干姜（或生姜），如治疗外寒内饮的小青龙汤，治疗寒饮郁肺之咳逆上气的射干麻黄汤，治疗寒饮挟热，病位偏表偏上之咳喘，三方中均用此三药，以温阳化饮，半夏苦温，降逆化饮，细辛辛温，温肺化饮，干姜和生姜，均可化饮，而干姜则偏于温化，生姜则偏于宣散，以此为异，诸药合用，是为温肺化饮之法。

三、脾脏温法

脾为太阴是土，主运化水湿，脾阳不足则水湿内停；脾主大腹，脾阳受损，脾络不通则腹痛；脾居中焦，为阴阳升降之枢，中气不立则阴阳失和。

温中化湿法 太阴脾土，健运失职，最易生湿，故当温太阴脾土，化中焦湿邪，用理中丸。湿为阴邪，故当以辛热之干姜温散之，白术苦温健脾燥湿，人参、甘草甘温益脾气，以阳弱气亦不足也。

温阳化饮法 《伤寒论》67 条曰："伤寒若吐若下后，心下逆满，气上冲胸，起则头眩，脉沉紧，发汗则动经，身为振振摇者，茯苓桂枝白术甘草汤主之。"此吐下后中阳受损，饮邪上逆所致，故当健运脾阳，化饮降逆。茯苓健脾利湿，温化水饮；桂枝温阳化气以行水，且可降水饮上逆之势；白术燥湿健脾，甘草培土和中，四药合用以成温阳化饮之法。

温脾通络法 《伤寒论》279 条曰："本太阳病，医反下之，因而腹满时痛者，桂枝加芍药汤主之。"《伤寒论疏义》云："此用桂枝汤取于辛热温中之义，倍芍药者，专于通壅也……本条既云太阳病，则邪已离表可知，且此段桂枝特异温里即非发表"，桂枝既可温太阳之表，亦可温太阴之里，关键在于配伍。桂枝、芍药等量而用则走表而调营卫，芍药倍桂枝则温里而通脾络。芍药为通脾络而止腹痛之专药，关仲景书中多言腹中痛者加芍药可知。

甘温建中法 《金匮要略·血痹虚劳病脉证并治篇第六》中曰："虚劳里急，悸，衄，腹中痛，梦失精，四肢酸痛，手足烦热，咽干口燥，小建中汤主之。"脾胃是气血营卫之源，脾胃有病，营养之源不继，气血亏损，失去阴平阳秘的生理状态，故见上述寒热错杂之证。本方证虽然阴证阳证俱见，但其病本在于中气不立，故治之当建中气，中气立则阴阳调和。《灵枢·邪气脏腑病形》篇云"阴阳形气俱不足，勿取以针，而调以甘药也。"故小建中汤君甘温之胶饴缓里急，桂枝汤倍芍药调和阴阳，通调血脉，以气血虚则易郁也。

四、肝脏温法

肝为厥阴风木，阴尽阳生之脏，生机寓焉，肝若寒则郁而不生；肝藏血，肝血虚复感寒，则寒凝血郁。女子以肝为先天，肝气不温，妇科诸证生也。

温肝通阳降浊法 《伤寒论》243 条曰："食谷欲呕者，属阳明也，吴茱萸汤主之。"309 条曰："少阴病，吐利，手足逆冷 烦躁欲死者，吴茱萸汤主之。"378 条曰："干呕，吐涎沫，头痛者，吴茱萸汤主之。"此三条皆主之以吴茱萸汤，而一云"属阳明"，一云"少阴病"，一则出自于厥阴病篇，似乎病机不同，其实则一，肝寒阳郁也。罗天益云："仲景之法，于少阴则重固元阳，于厥阴则固生气。厥阴肝木虽为两阴交尽，而一阳之真气，实起其中，此生气一虚，则三阴浊气直通中上，不惟本经诸证悉具，将阳明之健运失职，以致少阴之真阳浮露，而吐利厥冷，烦躁欲死，食谷欲吐，种种丛生矣。"故肝木温通则主化，肝木寒则阳明中土，少阴寒水皆受其累而水湿泛滥，故用吴茱萸汤温肝通阳降浊。吴茱萸得东方震气，辛苦大热，能达木郁，直入厥阴，降其阴盛之浊气；人参秉中和正气，甘温大补，能接天真挽回性命，升其垂绝之生气；生姜和胃降浊，大枣益气补中。

温经养血通脉法 "手足厥寒，脉细欲绝者，当归四逆汤主之。"此本肝血不足，又感寒邪，阳气不达四末而致，故用桂枝、细辛温阳通脉以散寒邪，当归、芍药养血益阴，通草通血脉，大枣、甘草调营卫，如此则外寒得散，肝血得养，而厥寒得去。

温阳化瘀调经法 《金匮要略·妇人杂病脉证并治第二十一》中曰："问曰：妇人年五十所，病下利数十日不止，暮即发热，少腹里急，腹满，手掌烦热，唇口干燥，何也？师曰：此病属带下，何以故？曾经半产，瘀血在少腹不去。何以知之？其证唇口干燥，故知之。当以温经汤主之。"此瘀血所致崩漏之证。冲为血海，任主胞胎，冲任虚寒，胞胎不固可见半产，胞宫不温可见瘀血，血失固摄，可见下血。冲任隶于肝，故治冲任之法在于治肝。肝得温则冲任得固，肝得调则血瘀得化，故用温经汤温肝化瘀调经。吴茱萸温肝散寒，桂枝，张锡纯谓其"善理肝木之郁使之调达"二药合用，温达肝气；当归、川芎活血化瘀以生新，丹皮清血分郁热；阿胶、麦冬、芍药滋阴养血；人参、甘草补中益气，半夏、生姜和胃降逆。

五、肾脏温法

肾为阴中之阴，人身元阳生于此，肾阳不足则外邪易袭；肾主水，肾阳不足则水邪易泛滥；身为水火之脏，水火相谐，化生肾气，水火失调，气化废矣。

温肾解表法 《伤寒论》315 条曰："少阴病，始得之，反发热，脉沉者，麻黄附子细辛汤主之。"

此本少阴肾阳不足，又外感寒邪，虽见发热之太阳表证，但不能只解太阳之表，而应温少阴之阳与开太阳之表并用，故用麻黄开太阳之表以散寒，附子温少阴之里兴阳，细辛既可合附子以散里寒，有可合麻黄以散表寒。316条曰：“少阴病，得之二三日，麻黄附子甘草汤微发汗。以二三日无里证，故微发汗也。”少阴病时间稍长，但下利等里证为见，仍可解表，但应微汗，故去细辛防其过散，加甘草固护脾胃，防麻黄过汗。

温阳胜湿法 《伤寒论》304条曰：“少阴病，得之一二日，口中和，其背恶寒者，当灸之，附子汤主之。”305条曰：“少阴病，身体痛，手足寒，骨节痛，脉沉者，附子汤主之。”此乃，肾阳虚，寒湿在表之证，当壮肾阳而逐寒湿。本方与真武汤仅一味之差，而功用却异。本方乃真武汤以生姜易人参，倍附子、白术而成，可见本方温阳之力胜。本方大温大补，是少阴固本御邪之剂，重用附子两枚，温补肾阳，以逐寒湿，人参补元气，白术、茯苓健脾除湿，使表湿从水道而走，且白术大剂量亦可走表二祛湿，芍药之酸敛，于一派刚燥药中，有刚柔相济之妙。

温阳镇水法 《伤寒论》316条曰：“少阴病，二三日不已，至四五日，腹痛，小便不利，四肢沉重疼痛，自下利者，此为有水气。其人或咳，或小便利，或下利，或呕者，真武汤主之。”此肾阳虚，水饮内停之证，故治之当温肾阳以治其本，化水饮以治其标。附子大辛大热，温壮肾阳，茯苓、白术健脾利水，以水饮泛滥，土受其害，当崇土以制水，生姜宣散水饮，芍药伍附子，可防附子之过散，且可利小便以去水饮，如此则肾阳得壮，水道得通，水饮自去。

温补肾气法 肾为水火之脏，内寓元阴元阳，阴阳和合，化生元气，阴阳不和，气化无权，而变症丛出。肾气丸在《金匮要略》中出现五次，虽症状各异，小便或少或多，但肾之气化失职之病机则一，故均治用肾气丸理阴阳，补肾气。干地黄、山药、山茱萸补肾中之水，桂附补水中之火，但滋阴药的数量远远超出助阳药之上，可见仲景立方本意不在补肾回阳以扶阳之不足，而在于微微少火以生肾气。诚如清·吴谦《医宗金鉴·删补名医方论·卷二》转引柯琴所言“此肾气丸纳桂、附于滋阴剂中十倍之一，意不在补火，而在微微生火，即生肾气也”。茯苓、泽泻、丹皮泻肾中之废水、邪火，乃祛邪安正之意。吾今虽列别五脏温法，然并非言某方某药只温本脏之阳而不及它脏，只是有偏重而已，且五脏相生相克，常多脏合而为病，如《金匮要略》虚劳病篇的病证皆非一脏之病；胸痹之病，虽心阳不足，然若中阳、肾阳充足而胸痹者未之有也，故临证处方不能没有五脏，亦不可拘泥于一脏。“天之大宝，在此一丸红日，人之大宝，在此一息真阳”，真阳损一分，则寿命减一分，故医者要时刻注意顾护患者之阳气，否则则为含灵巨贼。

［《全国第十八届仲景学说学术年会论文集》2010：86］

《伤寒论》辨治发热的思路

宋咏梅　山东中医药大学中医文献研究所

发热是临床常见症状，也是患者就诊的常见主诉。《伤寒论》中有100多个条文提及发热，系统总结《伤寒论》辨治发热的思路，对于指导临床实践具有重要作用。

一、辨证依据

1. 伴随症状

引起机体发热的原因很多，但是不同的原因引起发热的伴随症状也不同，依据伴随症状对发热的病因病机进行分析，是《伤寒论》的常用方法。如第3条“太阳病，或已发热，或未发热，必恶寒，体痛，呕逆，脉阴阳俱紧者，名为伤寒。”第6条“太阳病，发热而渴，不恶寒者，为温病……”可见恶寒是辨别伤寒发热与温病发热的重要依据。再如第182条“问曰：阳明病外证云何？答曰：身热，汗自出，不恶寒反恶热也”。柯韵伯注曰“但不恶寒，反恶热，是阳明一经之枢纽”。显然“汗自出、不恶寒”是表证已去，阳明热盛的诊断依据。第146条：“伤寒六七日，发热，微恶寒，支节烦疼，微呕，心下支结，外证未去者，柴胡桂枝汤主之”。本条发热类疑是太阳病，结合微呕与心下支结的少阳证候，则可诊断为外证未解少阳合病。

2. 发热时间

第240条“日晡所发热者，属阳明也。”《伤寒明理论》注释曰：“潮热，若潮水之潮，其来不失其时者也。一日一发，指时而发者，谓之潮热，若日三五发者，即是发热，非潮热也。潮热属阳明，必于日晡时发”。尤在经注解为：“申酉戌时，日晡时也。阳明潮热，发于日晡，阳明病解，亦于日晡。则申酉戌为阳明之时，其病者邪气于是发，其解者正气于是复也”。临床亦常见发热有定时的潮热现象，据其脉症多见阳明腑实热盛、阴虚内热炽盛、湿热壅遏气机等多种类型，辨证时当四诊合参，辨明表里阴阳。

3. 脉象特征

第23条“太阳病，得之八九日，如疟状，发热恶寒，热多寒少，其人不呕，清便欲自可，一日二三度发。脉微缓者，为欲愈也；脉微而恶寒者，此阴阳俱虚，不可更发汗、更下、更吐也；”第27条“太阳病，发热恶寒，热多寒少，脉微弱者，此无阳也，不可发汗。”第240条“病人烦热，汗出则解，又如疟状，日晡所发热者，属阳明也；脉实者，宜下之；脉浮大者，宜发汗。下之与大承气汤，发汗宜桂枝汤”正如上三条所见，《伤寒论》确定病名、辨别病位病性、判别病变趋势皆以脉证为依据。

二、辨证要点

1. 辨六病

《伤寒论》将外感病的演变情况，根据证候的属性，以阴阳为总纲分为两大类证，即太阳病证、阳明病证和少阳病证，合称为三阳病证；太阴病证、少阴病证和厥阴病证，合称为三阴病证。凡正盛邪实，抗病力强，病势亢奋，表现为热、为实的，多属三阳病证；凡正气虚衰，病邪未除，抗病力衰减。病势虚衰，表现为寒、为虚的，多属三阴病证。综观《伤寒论》可以发现发热多见于三阳病，且各有脉证特点：太阳病多“发热恶寒”；阳明病多“发热不恶寒，反恶热”，“日晡所发热”；少阳病多“寒热往来”；少阴病少见发热，若见“发热”多伴“吐利”“脉沉”“便血”（293条）；厥阴病多“时厥时热”伴见“下利”。

2. 分经腑

太阳主表，为诸经之藩篱，太阳经脉循行于项背，统摄营卫之气。太阳之腑为膀胱，贮藏水液，经气化而排出则为小便。风寒侵袭人体，多先伤及体表，初为太阳经证，有伤寒、中风之分：若太阳经证不愈，病邪可循经入腑，而出现太阳腑证，腑证有蓄水、蓄血之分。太阳经证与太阳腑证均可见发热，太阳经证发热伴见恶寒、头项强痛、脉浮；太阳腑证发热伴见邪与水结，膀胱气化不利所致小便不利，小腹满；或伴见邪热传里，与血相结于少腹所致的少腹急结，大便黑。阳明病是指伤寒病发展过程中，阳热亢盛，胃肠燥热所表现的证候，分为阳明经证、阳明腑证两类，均可见发热。阳明经证发热为邪热亢盛，充斥阳明之经所致，伴见不恶寒，反恶热，大汗，脉洪大；阳明腑证发热为邪热内盛，与肠中糟粕相搏所致，发热常现于日晡时，伴见汗出、腹满痛、便秘、脉沉实。

三、除热之法

因发热的病位病性不同，故治疗方法各异。《伤寒论》在六经辨证的基础上，坚持“治病求本”的原则，确立的除热之法主要有以下几种：

1. 解表祛热

解表祛热法通过发汗解表，宣通经脉与腠理，从而疏散表热，适用于太阳病发热。太阳为一身之表，太阳病病位表浅，“其在表者可汗而发之”。本法既可单独使用，亦可与他法联合。若病属太阳经证，则一法可治，如第35条“太阳病，头痛，发热，身疼，腰痛，骨节疼痛，恶风，无汗而喘者，麻黄汤主之。”若属太阳病与他病相合，则应据病证而多法联用，如第41条“伤寒，表不解，心下有水气，干呕，发热而咳，或渴，或利，或噎，或小便不利，少腹满，或喘者，小青龙汤主之。”本方证为太阳伤寒合心下有水气，治以发汗解表合以温阳化饮之法。

2. 和解退热

本方法通过和解少阳枢机，使气机升降协调，通达疏利三焦，宣通内外以退热，适用于少阳病发热。少阳居于太阳阳明之间，因病邪既不在太阳之表，又未达于阳明之里，亦称半表半里之证。邪在少阳半表半里，枢机不利，正邪分争，正胜则热，邪胜则寒，寒热交替出现。欲解少阳病之发热，不能发汗，发汗则损伤气津；不能泻下，泻下则引邪入里。当和解少阳祛邪透热。《伤寒论》第99条云：“伤寒四五日，身热，恶风，颈项强，胁下满，手足温而渴者，小柴胡汤主之”。以及第96条、97条、266条、229条等均指出少阳病发热用小柴胡汤治疗。方中柴胡气质轻清，能疏少阳之郁滞。黄芩苦寒，气味较重，能清胸腹蕴热，柴、芩合用能解少阳半表半里之邪。

3. 清气透热

清气透热法中根据“热者寒之”的治疗原则，使用寒凉药物为主，使内传之热得以清透，适用于太阳、少阳之热内传之证。如：“伤寒，脉浮，发热，无汗，其表不解，不可与白虎汤。渴欲饮水，无表证者，白虎加人参汤三之。”方中渴欲饮水为里热炽盛，阴津不足之象，故治发甘寒清热生津之法。再如“伤寒五六日，大下之后，身热不去，心中结痛者，未欲解也。栀子豉汤主之。”本条中发热为邪气由表传入胸膈，郁于胸中化热，故伴见胸中烦闷之象，因火郁当清之、发之，故施以苦寒清透之品。方中栀子苦寒，能导心火以下行；体轻，又能宣散郁结。该方颇受后世医家重视，临床沿用至今。

4. 通腑泄热

通腑泄热法是通过荡涤肠胃，泄下通便的方法使热邪得以从下而出，适用于阳明病发热。伤寒邪传阳明之腑，入里化热，与肠中燥屎相结而成里热实证，多现日晡潮热，及痞（心下闷塞坚硬）、满（胸胁脘腹胀满）、燥（肠中有燥粪，干结不下）、实（腹中硬满，痛而拒按，大便不通或下利清水而腹中硬满不减）等症。治当急下肠胃实热积滞，以救阴液。即“釜底抽薪、急下存阴”。如第248条云：“太阳病三日，发汗不解，蒸蒸发热者，属胃也，调胃承气汤主之”。220条：“二阳并病，太阳证罢，但发潮热，手足漐漐汗出，大便难而谵语者，下之则愈，宜大承气汤”。以及第212条，241条，252条，253条，215条等均指出阳明腑实的发热用承气汤类治疗。承气汤以承气命名，取其有泻热结，承顺胃气之下行，使塞者通，闭者畅则热自安之意。方中大黄苦寒泻热去实，推陈致新。芒硝咸寒软坚润燥，通利大便。

5. 助阳除热

助阳除热法是通过温养阳气，以驱邪外热，使发热得解。如《伤寒论》第301条云：“少阴病，始得之，反发热，脉沉者，麻黄细辛附子汤主之”。少阴病，是里虚寒证，一般不发热，今反见发热症，为阳气素弱，复感风寒，病位也较深。且阳弱而无力鼓邪外出，寒邪在表，未全入里，皮肤郁闭为热。在治疗时若纯用辛温峻剂则难得汗出表解，或虽得汗而阳随汗脱。当助阳与解表并重，才能既助药势以鼓邪外出，又免阳随汗脱，收立竿见影之效。本方附子辛热，补肾助阳，麻黄辛温解表，温通阳气，细辛佐附予以温阳，伍麻黄以解表散寒，三药合用，于温阳中促进解表，于解表中不伤阳气。

[《国际（中日韩）经方学术会议暨第二届全国经方论坛论文集》2011：240]

仲景痰饮治法在妇科疾病中的运用

乔红丽　周叔平　厦门大学医学院

临床上治疗妇科痰湿水饮病证，常用苍附导痰丸、青竹茹汤、参苓白术散、全生白术散等方剂。但临床实践表明，若单纯考虑痰饮之标，而不重视妇科生理特点，或单纯考虑症状表现，而不顾及水湿饮邪所致妇科疾病的病理特性，临床疗效常不如意。导师在妇科临证时，结合仲景治痰饮学术思想“以温药和之”，常加用苓桂术甘汤、五苓散、肾气丸等，取得理想疗效，现介绍如下：

一、妇科与痰饮相关疾病的病机探讨

“人知气血为病者多，而不知痰饮为病者尤多。”妇科痰饮病证临床多见，其与妇女的体质因素有关。女子以肝为先天，有余于气，不足于血，性情偏敏感而多思虑，抑郁伤肝，肝失疏泄，气滞水停，聚而为饮：思虑伤脾，脾胃虚弱，运化失职，痰湿内生。女子生殖功能的正常发挥，有赖于肾脏的维持，先天禀赋不足或房劳多产损伤肾气，均易致肾主水功能失常，水湿停留为患。又女子体质阴盛而阳弱，感受邪气，易致水液蒸腾气化无权，水湿不化，聚而为饮。痰饮作为继发性致病因素，可导致经、孕、胎、产等多种妇科疾病。

1. 月经病

若素体脾肾虚损，肾阳虚不能温煦脾阳，脾虚运化失职形成痰湿，痰湿内停，阻滞经络，与血相结，使血海不能按时满盈，可致月经后期；痰阻脾胃，后天运化失职，气血生化乏源，血无以下，可致月经过少；若痰湿阻滞冲任二脉，或与血相结，使血不得下行而致闭经；又因经前、经行时气血下注于胞宫而致脾肾更虚，气化运行失司，水湿泛溢肌肤则发为水肿，水湿下渗于大肠则发为泄泻。若因久病、劳倦所伤或素体脾胃虚弱，中气不运，痰湿内生，随冲气上蒙清窍，则发为经行头痛、眩晕、沉重如裹；随经行血下，胃气不足，和降失司，清阳不升，浊阴不降则经行呕吐痰涎，或经行泄泻等。

2. 妊娠病

若素体脾胃虚弱，孕后气以载胎，脾虚益甚，发为子嗽；孕后经血不泻而壅闭，冲脉之气上逆，健运失司，湿聚生痰，痰饮射肺，肺失肃降，则胃失和降，痰饮上泛，则发为恶阻。若素体脾肾虚弱，孕后土不制水，水渍胞中，则发为子满；妊娠中后期随着胎体渐长，气机易于壅滞，脾肾更虚，水湿不化，泛溢肌肤则发为子肿；若胎碍脏腑，升降之机不利，清气不升，浊气不降，饮邪上升，清窍失养则发为子眩。

3. 杂病

若素体脾肾阳虚，或嗜食膏粱厚味，痰湿内生，躯脂满溢，遮隔子宫，不能摄精成孕，或因痰阻气机，气滞血瘀，痰瘀互结，不能启动氤氲乐育之气，均可致不孕。若因脏腑功能失调，水液代谢失常，水湿痰浊内生，而致痰湿壅阻，凝滞气血，

痰湿瘀结于冲任、胞宫，积聚不散，日久则成癥瘕。

二、仲景痰饮治法与妇科疾病的联系

1. 仲景痰饮治法析义

“病痰饮者，当以温药和之”，是仲景在《金匮要略》确立的痰饮病治疗总则，即痰饮病的治疗应以“温药”为策略，以“和之”为原则。“温药”之意有二：痰饮病的用方整体属性应偏温；痰饮病的用方作用宜温和。其治疗意义在于：补脾肾之阳，以治病求本；苦温燥湿，顾护脾胃；辛温行水，发越阳气，针对标实，给饮邪以出路。而“和之”之意亦有二：和脾胃以调中；温和调理痰饮，寓意温药之中应有行（气）、消（痰）、开（阳）、导（二便）、清（郁热）的作用，使其既不刚燥伤正，又不温补诸饮。仲景《金匮》篇治疗痰饮病的常用药物有：桂枝、白术、附子、细辛、干姜、生姜、椒目、半夏、茯苓、猪苓、泽泻等。而体现其治疗总则的代表方当首推苓桂术甘汤，方中茯苓、桂枝、白术、甘草四药合用，温阳健脾以助化饮，淡渗利湿以平冲逆，全方温而不燥，利而不峻，标本兼顾，堪称治疗痰饮病之和剂。仲景用治痰饮病的常用方剂还有如肾气丸、五苓散、泽泻汤、小半夏加茯苓汤等。

2. 妇科痰饮病机理、治法特点析义

妇人阴质，痰饮湿邪易寒化，寒湿相搏，阻滞经脉，致胞宫、胞脉、胞络之气不通，冲任阻塞，气血运行不畅，可致前述多种妇科疾病。治病求本，使得温药在妇科痰湿饮邪疾病中的运用尤为重要。又女子阴柔之体，以血为本，肝藏血而为女子先天，脾统血而为后天之本，气血生化之源，肝气调，脾气运化有度，则能维持其正常生理功能。且肾为冲任之本，任通冲盛，则经、带、胎、产的生理活动止常。妇科疾病的治疗应以“和”法所特有的和缓、和解、舒畅、调和等作用，使机体脏腑功能恢复正常，阴平阳秘，冲任和调，从而治愈疾病。因而妇科痰饮病的治疗，必得于“温阳化饮”的治饮原则下以求治本。针对妇人机体特质、生理病理特点，以及常见肝郁气滞、脾胃虚弱、脾肾阳虚等证候类型，需用疏肝理气、健脾益气、温补脾肾之剂，此又可引申出和化气血、和调冲任之意。和化气血者，即和调脾胃，舒达肝气，气血生化之源司健，气机畅行则积聚无由生，痰饮无由成，方能完成脾胃化生之气血“上则为乳汁，下则为经血”的生理功能：和调冲任者，即通调经络，和化精血，而源于胞宫之冲任二脉气血通畅、血海充盈，则痰饮难以留聚胞宫冲任作祟。而和调肝脾，和化精血即补益脾胃肝肾。又因对痰饮之积、气血之积，先人早有论述：“壮人无积，虚人则有之”，故在“和之”治法中，必用补虚之品，亦即必合补益脾胃肝肾之品。

三、妇科痰饮病常用方剂

机体脏腑功能失调，痰湿阻滞，所致月经后期、月经过少、闭经、甚至不孕、癥瘕，治疗常用苍附导痰丸合小菟丝子丸加减。因其多有经水不利，可酌加活血调经药，如桃仁、红花、当归、泽兰、牛膝。此外或常合仲景桂枝茯苓丸、肾气丸等。若病人脾肾亏虚症状明显者，可合用四君子汤或右归丸加减。机体脾肾阳虚所致经行浮肿者，治宜温肾化气、健脾利水，方用肾气丸合苓桂术甘汤加减：其所致经行浮肿偏于脾虚者，治宜五苓散合参苓白术散加减，偏于肾阳虚者，治宜肾气丸合健固汤加减。妊娠期是妇女生理过程中的特殊时期，此时用药应注意慎伤胎元，应酌加固肾安胎之品。若孕妇脾胃虚弱，痰饮射肺所致子嗽，治宜苓甘五味姜辛汤合六君子汤加减；冲气上逆所致妊娠恶阻，治宜小半夏加茯苓汤合香砂六君子汤加减。脾虚肝旺、痰浊上扰所致子晕者，治宜半夏白术天麻汤加减。子肿因于脾虚不能运化水湿者，治宜苓桂术甘汤合全生白术散加减；其因于肾阳虚气化无权者，治宜真武汤合小菟丝子丸加减。而脾胃虚弱、土不制水、水渍胞中所致子满，治宜安胎鲤鱼汤合五苓散、当归芍药散加减。

以上诸方，多选用“茯苓、陈皮、半夏、生姜、白术、党参、甘草、香附、菟丝子、杜仲、巴戟天、补骨脂”等，终不离药性平和偏温之品，或健脾益气，或疏肝理气，或温补肾阳肾气，契合仲景“病痰饮者，当以温药和之”治则，以期脾气健运、肝气条达、肾阳肾气蒸腾气化，使得机体津液代谢、输布循其常道，则痰饮之邪无以化生。因痰多致瘀，痰瘀互结则致经水不利、日久病成癥瘕，故配合妇科通经化瘀治法，即配伍使用桂枝茯苓丸，以及桃仁、红花、当归、泽兰、牛膝之品。痰饮导致妊娠病，则宜温和化痰除饮兼顾安胎，方中多用白术、陈皮之属。更有选用鲤鱼炖药为汤做滋补之品者，亦为温和化水（饮）之意。有故无殒亦无殒”，运用通行利水祛饮药物，只要遵循仲景“温药和之”原则，配伍得当，则病以当药，而无伤胎之虑。

四、病案举例

李某，28 岁。主诉：月经渐少，体重渐增，不孕。结婚 4 年，未得孕育。经期往往延后，近年余经量渐少，经期腹痛，腰酸，躯体肥胖，面容不华。平时常感脘闷腹胀，频作噫气，头眩，便溏，频有带下。脉象沉小，舌色淡光。辨证属于脾虚痰盛，肝部气滞，冲任虚寒，血失宣调。方用苍术、茯苓、丹参各 15 克、制半夏、广木香各 6 克、肉桂 3 克、当归 18 克、制香附、党参、元胡各 12 克、紫石英 30 克。水煎服，送服肾气丸 6 克。医嘱：每经前服 14 剂。数月后诸症好转。后多次复诊，随证情照原法略事加减，约半年余，月字渐准，并得以怀孕。

【按语】本例患者素体脾虚健运失司，痰湿内盛，阻滞气机，久病伤及肾阴，冲任虚寒。治以健脾燥湿，理气化痰，温养胞宫。方中苍术、制香附、茯苓、制半夏、广木香、元胡燥湿健脾，行气化痰；党参健脾益气，痰湿得除；当归、丹参养血活血，通利经水；肉桂、紫石英温养胞宫虚寒；送服肾气丸补肾益气、温化痰饮。从本方的用药来看，大量温药少佐味苦微寒之品，理气而不耗气，养血而不滞血，化饮而不伤阴，温阳又不峻烈，以期“温药和之”之理。诸药合用，标本同治，肾气得充，脾运痰消，冲任得养，经脉通畅，则诸证自除，胞宫亦得妊养胎儿。

五、结语

综上所述，仲景痰饮病治疗总则“以温药和之”对妇科痰饮病临床有重要的指导意义。且因妇人体质特征、生理病理的特殊性，导师又对“温药和之”治疗思想做出相应的引申和拓展。将两者有机结合用于妇科临床，取得较好疗效。

[《全国第十九次仲景学说学术年会会议论文集》2011：279]

学《伤寒论》法、用《伤寒论》方
——简述白虎汤的临床应用

牛宝生　河南中医学院

医圣仲景首创六经辨证论治之先河，把错综的临床症候归纳为三阴三阳，使后世医家有证可辨，有法可依，有方可用。下面结合《伤寒论》谈谈清法的论述及对于临床的指导意义。关于清法的论述主要体现在阳明病篇，阳明病为里热实证，其治疗法则为清、下二法，而清法用时要注意邪热结聚的部位，在上者治宜清宣郁热，方用栀子豉汤；在中者治宜辛寒清热，方用白虎汤或白虎加人参汤；在下治宜育阴润燥，清热利水，方用猪苓汤。兹就辛寒清热的白虎汤、白虎加人参汤讨论如下。

一、《伤寒论》对于白虎汤及白虎加人参汤的论述

26 条曰：“服桂枝汤，大汗出后，大烦渴不解，脉洪大者，白虎加人参汤主之。”按语：桂枝汤本为调和营卫之剂，而非发汗之方，服用后而见大汗出，属于诊断、治疗失误所致。若见到“大烦渴不解，脉洪火者”病属津伤热盛，治宜清热益气生津，方用白虎加人参汤。

168 条曰：“伤寒，若吐若下后，七八日不解，热结在里，表里俱热，时时恶风，大渴，舌上干燥而烦，欲饮水数升者，白虎加人参汤主之。”按语：伤寒治宜辛温解表，若误用吐下之法，而致“热结在里，表里俱热”。若见“大渴，舌上干燥而烦，欲饮水数升者”，属于热盛津伤，治宜清热益气生津，方用白虎加人参汤。其中“时时恶风”当注意与太阳病鉴别，此因汗出腠理疏松，不胜风袭而不同于太阳表证之营卫不和。

169 条云：“伤寒无大热，口燥渴，心烦，背微恶寒者，白虎加人参汤主之。”按语：本条指出白虎加人参汤使用的诊断要点“口燥渴，心烦”。其“背微恶寒”一证注意与太阳病“恶寒”的鉴别。太阳病因寒闭肌表，周身恶寒；而本证因内热炽盛，腠理疏松，故见“背微恶寒”。“背”指“恶寒”的局限性；“微”指“恶寒”的程度轻。

170 条云：“伤寒脉浮，发热无汗，其表不解，不可与白虎汤。渴欲饮水，无表证者，白虎加人参汤主之。”按语：本条指出白虎汤的禁例及白虎加人参汤的使用。首先指出：太阳表证不解不可用白虎汤。胃中有热，外无表证，但见渴欲饮水（喜冷饮者）皆可使用。

176 条“伤寒脉浮滑，此以表有热，里有寒，白虎汤主之。”按语：168 条明确指出阳明热证的特点“表里俱热”，350 条指出“伤寒，脉滑而厥者，里有热，白虎汤主之”。本条之“里有寒”当为“里有热”。脉浮滑者，浮为表热，滑为里热，浮滑相搏，则表里俱热。此三条相互补充，扩大了白虎汤的使用范围：表里俱热证或里热外寒证皆可用白虎汤。

219 条“三阳合病，腹满，身重，难难于转侧，口不仁，面垢，谵语，遗尿。发汗则谵语，下之则

额上生汗，手足逆冷。若自汗出者，白虎汤主之。”按语：本条指出，三阳合病，独取阳明。虽云三阳合病，但“发汗则谵语，下之则额上生汗，手足逆冷”，知既不能用治疗太阳病之汗法、亦不能用治疗阳明里实证之下法。若见“自汗出者”，治用辛寒清热之白虎汤。邪入阳明当分清热证、实证或用清法、或用下法。

222 条云：“若渴欲饮水，口干舌燥者，白虎加人参汤主之。一按语：本条“渴欲饮水，口干舌燥”与 168 条“大渴，舌上干燥而烦，欲饮水数升”强调了白虎加人参汤证的病机在于。胃热津伤”，其诊断特点：渴欲饮水，且喜冷饮。

350 条云：“伤寒脉滑而厥，里有热，白虎汤主之。”按语：本条论述了里热外寒的热厥证。脉滑，里有热；厥，指手足逆冷证。脉滑而厥，指邪热深伏于里，格阴于外的热厥证。热厥证的治疗，《伤寒论》中有清下两法，治疗时当辨其属于无形、有形邪结；无形邪结治用白虎汤、有形邪结治用承气汤。

二、病案举例

病案 1：高热证

2002 年暑期在叶县中医院坐诊，一天下午五点左右，护士王某某告之，其父 48 岁，发热五天余。近几天在门诊输液治疗，输液后症状得以改善，但晚上回家后体温又开始升高，血常规检查没有明显的异常，能不能服用中药治疗。吾告之：可以。晚饭后随护士王某某到其家中，时值八月，天气炎热，但见其父坐在椅子上，满面通红，汗出连绵不断，体温 38.6℃，其脉浮大有力，舌质红，舌面干少津，患者自述：口干渴喜冷饮。此属阳明热证，治宜辛寒清热，方用白虎汤加味：知母 20 克、生石膏 60 克、炙甘草 9 克、二花 30 克、连翘 30 克。二剂水煎煮，连续服用，明天早上六点以前服完。

开完药又告知王护士，明天上午八点上班后到门诊找我。第二天上午十点以后，王护士到门诊找我告知，昨天晚上十点开始服药，十二点服用第二次，十二点以后体温开始消退，凌晨二点服用第三次，三点体温降至正常，早上五点服用第四次，早上八点上班前，体温正常。随访一日，体温正常。

【按语】对于高热病人，药物一定要注意连续服用，使药物能在血液中保持足够的浓度。如仲景在桂枝汤方后所云：半日许令三服尽，一日乃二三剂。外感疾病药物的服用与内伤杂病药物的服用不同，急者治宜急、缓者治宜缓。对于外感疾病一定要注意连续服药，服药的间隔时间不可长；内科杂病的临床用药，可根据疾病的情况或者一日两次、或者一日三次。疾病的诊断固然重要，但服药方法亦不可忽视。否则，方虽中病，而服之不得其法，非特无功，而反有害，临证不可不知。

病案 2：阳明经头痛

患者李某某，男，36 岁。自述患头痛四年有余，开始头痛发作程度较轻，疼痛时服用止痛片，疼痛很快即可以缓解，以后出现进行性加重，疼痛时间延长，疼痛程度乃以忍受，止痛片也随之增加，由过去的一片止痛药到现在的三片止痛药，而疼痛缓解的时间越来越短。由于止痛片的增加，胃中亦常感不适，西医检查未发现其他病变，特来求治于中医。患者说着就拿出止痛片，告知这些药物不能离身。问疼痛的部位，患者自述：痛在前额部位，自感口中有异味，二便如常，口干渴舌燥，喜冷饮，观舌质红，苔薄黄。此属阳明经头疼，因阳明经郁热，阻遏经络所致，治宜辛寒清热，佐以活血，方用白虎汤加味：

知母 15 克、生石膏 30 克、炙甘草 6 克、白芷 12 克、川芎 15 克、葛根 30 克。七剂，水煎服。

一周后复诊，自述疼痛减轻，疼痛发作时，不服用止疼药亦可忍受。又增加大山楂 30 克。三周后疼痛完全缓解。

【按语】本病因临床症状较少，而以头痛显著，其辨证方法，可采用循经辨证的方法，项背属太阳；两侧属少阳；前额属阳明，加之有口干渴，喜冷饮故诊为阳明经郁热证，由于病程较长，根据中医的理论，久病多淤，故在辛寒清热的基础上加入活血的药物，而川芎者能升能散，能通能行，上达巅顶，下通血海故加之；白芷偏走阳明之经，亦为治疗阳明经头痛的引经之药。

病案 3：糖尿病

患者卢某某，女，41 岁。

自感身困乏力，口干舌燥，饥饿时偶有心悸、头晕、汗出的症状，经检查血糖 7.6mmol/L，未服用降糖药。开始出现血糖增高时，如果注意饮食结构，少吃水果类，血糖亦可正常。观患者舌质红，舌体瘦，口干舌燥，时有心烦，自感身困乏力倦怠，脉细数无力。此属于血糖代谢紊乱期，还不能确诊为糖尿病。此为津伤气耗，胃中有热，治宜清热育阴，益气生津，方用白虎加人参汤加味：知母 15 克、生石膏 15 克、炙甘草 6 克、生晒参 12 克、天花粉 30 克、麦冬 15 克、五味子 6 克、生牡蛎 15 克。七剂，水煎服。

【按语】以清热育阴，益气生津为治疗原则，经过两个月的治疗，血糖恢复正常。白虎加人参汤对于治疗糖尿病有一定的疗效，但临床用药当注意辨证，不能认为糖尿病都可用白虎汤类。吾认为：糖尿病的早期，如果口燥渴，引水多，可以从胃阴不足，气津两伤论治。若病程长者，亦可伤及脾肾，其治疗当兼顾脾肾。

三、体会

《伤寒论》中对于白虎汤证及白虎加人参汤证的论述共有八条（26、168、169、170、176、219、222、350），其中 219 条“腹满身重，难于转侧，口不仁，面垢，谵语，遗尿”与 350 条“脉滑而厥，里有热”热邪郁结较重，其他条文基本上描述热盛津伤。现在的方剂学对于白虎汤的描述与归类是不准确的，突出其热的特点“壮热头痛，烦渴饮引，面赤恶热，大汗出，脉洪大”等。吾认为：白虎汤运用关键在于胃热津伤，临床有高热，属于胃热炽盛者可以使用，而内科杂病见到口干渴，喜冷饮者亦可用之。

学仲景法，用仲景方，是我们学习《伤寒论》要求掌握基本内容。法是方向，如走路要分清东西南北；临床用药要注意明辨表里寒热虚实。三阳属表、属热、属实；三阴属里、属寒、属虚。用六经辨证的方法指导临床辨证，首先根据临床的症状特点确定阴阳的多少，再根据阴阳的多少确定治疗的原则。若病属太阳，太阳病表，治宜辛温解表，方用麻黄汤或桂枝汤。若病属阳明，阳明病在里，治宜清下法：若属于无形邪结则用清法、若属于有形邪结则选用下法；清法使用注意辨别热的部位（上、中、下），下法使用注意燥结的程度（分别选用大、小、调胃承气汤）。若病属少阳，少阳为半表半里热证，治宜和解少阳，方用小柴胡汤。

[《全国第十九次仲景学说学术年会会议论文集》2011：50]

经方治疗动脉粥样硬化研究进展

王佑华　吴　申　刘　萍　周　端
上海中医药大学附属龙华医院

经方，就是仲景所创方剂。张仲景《金匮要略》设《胸痹心痛短气病脉证并治》篇，所涉方药临床应用于心血管疾病。仲景辨治胸痹心痛证设方有九，瓜蒌薤白白酒汤、瓜蒌薤白半夏汤、枳实薤白桂枝汤、人参汤、茯苓杏仁甘草汤、橘枳姜汤、桂枝生姜枳实汤、薏苡附子散、乌头赤石脂丸，主治各有所宜，从经方药物组成分析方药功用及主治病证，临床可用于不同类型冠心病。目前有学者将部分方药扩展用于动脉粥样硬化。进一步结合现代中医对动脉粥样硬化病因病机的认识，学者将《伤寒论》方用于动脉粥样硬化取得较大进展，本文综述如下。

一、瓜蒌薤白半夏汤

周凤军等[1]用瓜蒌薤白半夏汤加减治疗高脂血收到较好效果。王剑等[2]从调整动脉壁蛋白聚糖代谢角度观察化痰治法代表方剂－瓜蒌薤白半夏汤抗动脉粥样硬化的药理机制。应用高脂饮食兔动脉粥样硬化模型，研究发现瓜蒌薤白半夏汤可降低粥样硬化病变动脉壁硫酸软骨素蛋白聚糖、硫酸皮肤素蛋白聚糖含量，从而减轻动脉粥样硬化病变，但降低血脂作用不明显。王玲玲等[3]自拟加味瓜蒌薤白半夏汤治疗高脂血症收到较好临床疗效，血脂水平、血液流变学指标均有显著变化。

二、四逆汤

四逆汤由附子、干姜、炙甘草组成，回阳救逆，主治少阴病。四肢厥逆，恶寒踡卧，呕吐不渴，腹痛下利，神衰欲寐，舌苔白滑，脉微；或太阳病误汗亡阳。近年有学者研究了其抗动脉粥样硬化的作用。黑子清等[4]发现四逆汤能调节脂代谢，具有一定的抗动脉粥样硬化作用，可显著缩小主动脉斑块面积与及厚度；降低 TG、TG、LDL－C、apoB，降低丙二醛的含量。四逆汤低剂量组效果优于四逆汤高剂量组。黄河清等[5]还发现四逆汤可明显缩小主动脉内膜脂质斑块面积，降低血清总胆固醇、甘油三酯、低密度脂蛋白胆固醇、载脂蛋白 B 及血浆内皮素和丙二醛浓度，提高血清一氧化氮水平、载脂蛋白 A 含量与血浆超氧化物歧化酶活性，四逆汤高剂组效果为佳。此后课题组大量研究证实[6~9]，四逆汤良好的抗 AS 作用，主要机制为调节脂代谢、保护血管内皮细胞功能完整，其抗 AS 作用与降低总胆固醇（TC）、三酰甘油（TG）、低密度脂蛋白（LDL－c）、apoB 等脂代谢指标中 AS 的危害因子，提高 AS 的保护因子 apoA 的含量有关。

三、当归四逆汤、通脉四逆汤

唐丽等[10]观察当归四逆汤治疗动脉硬化闭塞症的临床疗效，提示当归四逆汤益气化瘀温经散寒，用于动脉硬化闭塞症疗效显著。李春等[11]采用中西医结合治疗动脉硬化性闭塞症 28 例，在西医常规治疗基础上，对 2 期、3 期以扶正祛邪、益气养阴、活血化瘀、通络解毒为原则，选用当归四逆汤加减收到较好效果。高巍[12]通脉四逆汤配合盐酸丁咯地尔注射液治疗糖尿病并双下肢动脉硬化症 50 例收到较好效果。

四、小柴胡汤

研究表明[13]，显示长期应用小柴胡汤可能会抑制动脉硬化发生，其作用是非特异的。作用机理包括减轻血管平滑肌损害，改善胆固醇代谢，抗氧化，调节血凝纤溶系统，抑制血小板凝集等。谢鸣等[14]SD 大鼠连续给予脂肪乳剂灌胃造模发现，小柴胡汤具有一定的降脂及抗肝脂肪变的作用。奚谷忠人等[15]的实验发现可改善胆固醇所致的胸腔动脉硬化，即对由无损伤光学体积弹性模数测定法（Ev）得到的组织学所见、胸腔大动脉粥样硬化指数、动脉脂类及动脉羟脯氨酸均有作用。表明可改善由高脂血症所致的动脉内皮和平滑肌损伤。

五、大柴胡汤

王凤荣等[16]探讨大柴胡汤对高胆固醇饲喂的家兔动脉粥样硬化（AS）形成及其磷脂氢谷胱甘肽过氧化物酶（PHGPX）的影响。发现大柴胡汤具有抗 As 作用，其机制可能与降低血脂、抗脂质过氧化有关。王凤荣等[17]还探讨大柴胡汤对高胆固醇喂饲的家兔实验性动脉粥样硬化（AS）形成及对血管壁平滑肌细胞表型及相关原癌基因 c－myc 表达的影响，发现大柴胡汤具有调整脂质代谢、抑制血管壁平滑肌细胞表型改变的作用。马丽娟等[18]的研究表明加味大柴胡汤抗 AS 作用与其降低血脂及抑制主动脉 ICAM－1、NF－KB 表达有关。

六、柴胡加龙骨牡蛎汤

KoizumiA 等[19]观察了柴胡加龙骨牡蛎汤对载脂蛋白－E 基因缺陷小鼠的抗动脉粥样硬化作用，结果：①用药组与对照组体重、血清总胆固醇、甘油三酯以及脂蛋白类型未见明显差异。②对照组小鼠动脉粥样硬化损害明显，以主动脉窦和主动脉弓处为重，可见纤维斑块，纤维帽下有泡沫细胞，周围分布平滑肌细胞、胶原纤维、弹性纤维、坏死的细胞核以及胆固醇沉积物。③用药组小鼠的动脉粥样硬化损害明显减轻，损害面积较小，管腔堵塞程度较轻，主动脉根部的损害亦有减轻趋势。上述结果提示，柴胡加龙骨牡蛎汤虽对高胆固醇血症没有改善作用，但可抑制动脉粥样硬化发生，表明该方可作为有效防治动脉粥样硬化的药物。

七、柴胡桂枝汤

柴胡桂枝汤用于治疗伤寒六七日，发热，微恶寒，肢节烦痛，微呕，心下支节，外证来去者，用此方加减治疗冠心痛属异病同治法。赵秀琴等[20]柴胡桂枝汤加减治疗冠心病心阳不振痰气痹阻型收到较好效果。日本学者杉本晃等[21]用 Pilsinell 方法造成海马回锥体细胞层的 CA1 区缺血性损伤的动物模型，观察发现柴胡桂枝汤对 CA1′区的缺血性损伤有保护作用。

八、当归芍药散

当归芍药散由当归、芍药、川芎三血药与茯苓、泽泻、白术三水药合方组成。阎艳丽等[22]观察当归芍药散对高脂血症家兔脂代谢及血液流变学的影响。发现当归芍药散高、低剂量组均可较好地调节高脂血症家兔脂代谢，抑制脂质在肝脏的沉积。可以改善血流变，降低血液黏度与红细胞的聚集性。阎艳丽等[23]还观察当归芍药散（DSS）对血脂异常大鼠抗氧化能力及动脉壁血管细胞黏附分子－1（VCAM－1）mRNA 表达的影响。结果 DSS 高、低剂量组均可较好地调节血脂异常大鼠脂质代谢，清除自由基、抗脂质过氧化损伤并下调动脉壁 VCAM－1 基因的表达，提示其具有保护血管内皮细胞功能的作用，可进一步阻抑动脉粥样硬化的发生发展。

九、茵陈五苓散

茵陈五苓散方功效化瘀清利痰浊为主，温化为辅，主治血分，兼治气分，化痰降浊，活血祛瘀，故用于抗 AS。王东生等[24]探讨茵陈五苓散对动脉粥样硬化大鼠的作用机理。采用高脂饲料喂饲法复制大鼠动脉粥样硬化模型，发现茵陈五苓散具有良好的抗动脉粥样硬化作用，其下调相关基因 bcl－2mRNA 的表达可能是其作用机理。杨梅等[25]观察茵陈五苓散对动脉粥样硬化（As）大鼠血液流变学及细胞凋亡的影响，结果表明茵陈五苓散疗效明显优于绞股蓝总甙片组，说明茵陈五苓散可能是通过调整 VSMC 凋亡而维持细胞超微结构，保护血管功能。李聚生等[26]茵陈五苓散具有良好的抗动脉粥样硬化作用，它可能是通过抑制细胞凋亡来实现的。殷文学[27]的研究表明其调整相关基因 PDGF－A mRNA 的表达可能是其治疗的分子机理。

十、桂枝汤

焦宏等[28]研究桂枝汤对长期高脂饲料喂养引

起的大鼠动脉粥样硬化模型血脂和血管内皮活性因子的作用，发现桂枝汤持续治疗6周后，相对于模型组，血清 TG、TC、LDL－C 浓度降低（P<0.01），HDL－C 浓度升高（P<0.01），ET 和 AngⅡ含量降低（P<0.01）。结论：桂枝汤可降低血脂和血管内皮活性因子，保护血管内皮，改善血管内皮功能。

十一、大黄䗪虫丸

大黄䗪虫丸具有疏通经络、破瘀生新、缓中补虚之功效，临床上主要用于肝炎肝硬化的治疗，近年来也用来治疗内有瘀血症的动脉粥样硬化[29]。贾运乔等[30]观察大黄䗪虫丸对大鼠动脉粥样硬化（AS）斑块及 CD40 表达的影响。发现大黄䗪虫丸具有抗动脉粥样硬化作用，其机制可能与降血脂和下调 CD40 表达有关。江玉娟等[31]动脉粥样硬化（AS）模型大鼠发现，大黄䗪虫丸通过提高血清胰岛素样生长因子 IGF－1 表达，抑制血管平滑肌细胞的凋亡，发挥抗 AS 的作用。李静莉等[32]复制家兔早期 As 模型探讨大黄䗪虫丸抗早期动脉粥样硬化（As）的机制。发现大黄䗪虫丸通过非降脂的作用机制抑制 As 的形成。李静莉等[33]还从血管平滑肌细胞（VSMC）增殖和凋亡、血管壁胶原合成等方面探讨大黄䗪虫丸（熟大黄，土鳖虫，水蛭，黄芩等）抗动脉粥样硬化（AS）的机制。提示大黄䗪虫丸可抑制血管壁胶原的合成，抑制 VSMC 的增殖并促进其凋亡，进而逆转血管重塑，这可能是其抗 AS 的机制之一。姬媛媛等[34]进一步观察大黄䗪虫丸各功效组分对家兔实验性动脉粥样硬化（As）的作用，结果大黄䗪虫丸各功效组分均有一定的抗 As 作用，其中以拆方1号作用最为明显，这可能与其疏通经络、活血化瘀、破瘀生新等功效有关。

十二、抵当汤

张忠等[35]探讨了中药加味抵当汤对颈动脉粥样硬化易损斑块稳定性的影响及其对相关炎症因子的作用。90 例经彩超确诊为颈动脉易损斑块的患者随机分为治疗组与对照组，将对照组服用拜阿司匹林 100mg/日，阿托伐他汀 20mg/日；治疗组在对照组的基础上加用加味抵当汤，治疗3月后治疗组颈动脉易损斑块数量及积分较对照组有明显下降（P<0.05）；治疗6月后治疗组还出现总胆固醇水平、炎症因子 hs－CRP 及 ICAM－1 水平较对照组也有明显下降（P<0.05）；终点事件急性脑卒中发生率比较无显著性差异（P>0.05）。提示中药加味抵当汤稳定和逆转颈动脉粥样硬化易损斑块疗效确切，优势明显，不良反应低，安全性好。

十三、鳖甲煎丸

鳖甲煎丸主治疟疾日积不愈，胁下痞硬有块，成为疟母。董超等[36]观察鳖甲煎丸对动脉粥样硬化大鼠血脂及主动脉壁细胞间黏附分子－1（ICAM－1）表达水平的影响。结果提示鳖甲煎丸能有效调节 AS 大鼠血脂的异常，降低 ICAM－1 表达，减轻血管内皮病变程度，这可能是其抗 AS 的分子机制之一。韩景辉等[37]发现鳖甲煎丸低剂量组与鳖甲煎丸高剂量组大鼠的血清脂联素水平、脂肪组织脂联素 mRNA 表达水平较模型组增高，差异有显著意义（P<0.05）。同通心络组比较无明显差异（P>0.05）。结论鳖甲煎丸具有抗动脉粥样硬化作用，其机制可能与升高抗炎因子水平有关。

十四、泻心汤

由大黄、黄连、黄芩组成。吴智春[38]研究了《金匮要略》泻心汤对实验性动脉粥样硬化大鼠主动脉细胞凋亡的影响。结果发现泻心汤可以通过影响动脉粥样硬化过程中诱导细胞凋亡的因素 ox－LDL、NO 等发挥抑制细胞过度凋亡的作用。认为该方既可用于动脉粥样硬化的防治，也可用于冠心病急性突发事件的预防。

十五、泽泻汤

泽泻汤由泽泻、白术组成，是《金匮要略》中用于治疗支饮冒眩的方剂。刘金元等[39]在辨证的基础上加入了桃仁、红花、丹参、川芎四味中药，组成加味泽泻汤，发现动脉粥样硬化模型大鼠的血脂、血液流变学指标有不同程度的改变，主动脉血管内皮有不同程度的损伤，经高剂量加味泽泻汤治疗后，血脂及血液流变学指标明显改善电镜下观察已遭损伤的血管内皮得以修复。提示加味泽泻汤对动脉粥样硬化大鼠血脂和血液流变学指标具有调节作用对受损血管内皮的修复具有显著的促进作用。

十六、苓桂术甘汤

黄艳[40]观察了苓桂术甘汤合参麦饮加减对冠心病心绞痛患者血液流变学的影响。发现苓桂术甘汤合参麦饮加减可改善冠心病心绞痛的症状及心电图缺血性改变和心律失常，可降低血小板聚集率和血液黏滞度。提示苓桂术甘汤合参麦饮加减治疗冠心病心绞痛效果确切，无明显不良反应。

十七、人参汤

人参汤由人参、甘草、干姜、白术各三两组成，主治胸痹心中痞，留气结在胸，胸满，胁下逆抢心。黄干初[41]选取临床冠状动脉粥样硬化性心脏病稳定型心绞痛患者采用人参汤治疗，采用具有温阳益气之功效的人参汤进行治疗。基本方：人参30g，白术12g，甘草10g，干姜10g。并与西药治疗做效果比较。结果观察组效果优于对照组。提示人参汤较西药治疗冠状动脉粥样硬化性心脏病稳定型心绞痛患者总有效率高，值得临床进一步的推广使用。

十八、葛根芩连汤

出《伤寒论》辨太阳病脉证并治中。组成：葛根半斤，甘草二两炙，黄芩三两，黄连三两。屈静等[42]观察和探讨葛根芩连汤加减治疗颈动脉粥样硬化火热证的临床疗效。将50例颈动脉粥样硬化火热证患者随机分为治疗组26例，对照组24例，对照组用西药基础治疗，治疗组加服葛根芩连汤加减方。结果治疗组在中医证候的改善率、症状的改善上优于对照组。提示葛根芩连汤加减合基础西药治疗颈动脉粥样硬化火热证具有良好疗效。

十九、葛根汤

葛根汤，是仲景治疗外感病的代表经方之一。由葛根、麻黄、桂枝、芍药、甘草、生姜、大枣七味药组成，具有解肌发表，升津舒筋，升发清阳的功效。葛根汤按5～10g/kg给予小鼠，可使异常升高的小鼠血清胆固醇含量降低20%以上。结果证实将其用于心脑血管病，降低胆固醇可能是其机理之一[43]。李蔚[44]报道自拟山楂葛根汤治疗高脂血症50例取得了较好疗效，总有效率92%。王平等[45]用葛根汤加丹参、当归、川芎、红花为基础再加减，1剂/d，水煎服。治疗缺血性脑梗塞58例，痊愈43例，好转14例，无效1例，总有效率98.3%。

二十、枳实薤白桂枝汤

《金匮要略·胸痹心痛短气病脉证并治第九》中的第5条云："胸痹心中痞气，气结在胸，胸满，胁下逆抢心，枳实薤白桂枝汤主之，人参汤亦主之"。郭来[46]用枳实薤白桂枝汤治疗胸痹30例，并设地奥心血康30例，经过临床观察，发现本方对胸痹气滞饮停、阴寒内结型、心血瘀阻型有较好疗效，心电图示与地奥心血康有同等疗效。魏慧渊等[47]观察到在西医常规治疗的基础上加用枳实薤白桂枝汤在改善心电图缺血性ST－T改变，减轻心绞痛症状等方面较单用西药效果明显。李亚平[48]用枳实薤白桂枝汤加味治疗心绞痛96例也收到较好效果。

结语与展望

综合文献，动脉粥样硬化主要病因不外乎内因：素体不足、年高正虚和外因：感受外邪、七情所伤、饮食不节（嗜烟酒）等导致机体虚弱而引起。总结动脉粥样硬化的病机主要在虚实两个方面，以气（阳）虚、气阴不足为本，痰浊、血瘀为标，涉及痰、湿、瘀、毒等。

近年学者将《伤寒论》方用于动脉粥样硬化取得较大进展，但多不离中医对动脉粥样硬化病因病机的认识，中医异病同治理论的应用也是特色之一。因经方组成用药较少，主治病证有其局限性，因此在用经方治疗动脉粥样硬化或者动脉粥样硬化相关疾病时，可将2个或3个药方有机地配伍，亦可适当加味用药，以冀方药更加切中证机，达到预期治疗目的，但这方面的研究甚为少见。中医药防治动脉粥样硬化以病因病机为基础，以辨证论治为依据，有其独特的优势，经方防治AS有着独特的疗效和广泛的临床应用前景，值得去挖掘、整理、运用。但大多数临床研究缺乏严格的临床对照试验，缺乏大样本的前瞻性观察，缺乏系统性、敏感性、实用性、可靠性、特异性的研究，疗效判定标准不一，缺乏一些与生活质量相关的重要指标，因此，临床可信度不高，难以作为循证医学证据。同时部分研究尚处于实验研究阶段，且低水平的重复实验较多，系统性深入性的研究较少；其起作用的具体成分不够明确，研究深度不够，研究剂型相对单一等。2个或3个药方有机地配伍防治动脉粥样硬化的研究甚为少见，建立合理的动脉粥样硬化动物模型并应用于经方防治动脉粥样硬化也是亟待解决的问题。相信经过进一步的深入和完善，中医药防治AS取得更大成绩。

参考文献

[1] 周凤军，赵自冰，王玲玲，等．瓜蒌薤白半夏汤加减治疗高脂血症50例临床观察．中国实用医药，2007，(32)：123.

[2] 王剑，黄水清，徐志伟．瓜蒌薤白半夏汤对兔动脉粥样硬化模型主动脉蛋白聚糖的作用．中国动脉硬化杂志，2008，16(4)：290～292.

[3] 王玲玲，张鹏凌，赵自冰，等．加味瓜蒌薤白半夏汤重用清半夏治疗高脂血症100例．中医杂志，2007，

48 (5): 431 ~432.
[4] 黑子清，吴伟康，等．四逆汤对兔实验性动脉粥样硬化斑块形成及血脂的影响．中国实验方剂学杂志，2003，9 (2): 27 ~29.
[5] 黄河清，吴伟康．四逆汤抗实验性动脉粥样硬化的作用及其机制．中国动脉硬化杂志，2000，8 (4): 302 ~304.
[6] 吴伟康，黑子清，孙惠兰，等．四逆汤对高胆固醇喂饲所致动脉粥样硬化形成和氧化损伤的影响．中国动脉硬化杂志，2003，11 (6): 505 ~508.
[7] 黄河清，吴伟康，罗汉川，等．四逆汤与维生素 E 抗实验性动脉粥样硬化的比较研究．中国病理生理杂志，2001，17 (2): 154 ~156.
[8] Wu W, Huang H, Tan H. The effect of sini tang on lipid metabolism and vascularendothe1ial function in rabbit with experimenta1 atherosclerosis. J FirstMilMeduniv, 2000, 20 (2): 143 ~145.
[9] 郁保生，刘娟，郜文辉．四逆汤对兔高脂血症血脂及一氧化氮、内皮素分泌影响的实验研究．中华实用中西医杂志，2007，15 (20): 1298 ~1302.
[10] 唐丽，唐祖宣．当归四逆汤治疗 36 例动脉硬化闭塞症的临床疗效观察．四川中医 2009，(08): 72 ~73.
[11] 李春，温忠．中西医结合治疗动脉硬化性闭塞症 28 例．吉林中医药，2004，24 (4): 30.
[12] 高巍．通脉四逆汤配合盐酸丁咯地尔注射液治疗糖尿病并双下肢动脉硬化症 50 例．光明中医，2011，26 (2): 337 ~338.
[13] 周德文．小柴胡汤防治动脉粥样硬化的药理作用．国外医药，植物药分册，1990 年 04 期．
[14] 谢鸣，杨卫红，刘月．小柴胡汤对高脂血症性模型大鼠的作用观察．浙江中医药大学学报，2010，34 (1): 54 ~55.
[15] 奚谷忠人，大野智子，等．大小柴胡汤、三黄泻心汤与祛脂酸对类固醇激素大鼠改善作用 的比较研究．国外医学．中医中药分册，1990，12 (2): 24.
[16] 王凤荣，杨关林，刘彤．大柴胡汤对家兔实验性动脉粥样硬化的形成及 PHGPX 的影响．中华中医药学刊，2007，25 (3): 454 ~455.
[17] 王凤荣，刘彤，郑娴，等．大柴胡汤对高脂饮食所致兔动脉粥样硬化的保护作用．中西医结合心脑血管病杂志，2007，5 (1): 36 ~38.
[18] 马丽娟，王凤荣，郑娴，等．加味大柴胡汤对动脉粥样硬化家兔主动脉细胞间黏附分子 -1、核因子 -κB 表达的影响．安徽中医学院学报，2009，28 (6): 46 ~50.
[19] Koizumi A. Mizukami, H. Ogihara, Y. Inoue, M. Anti - atherosclerotic action of Saikokaryukotsuboreito against apoE - deficient mice. JOURNAL OF TRADITIONALMEDICINES, 2005, VOL 22; NUMB 2/3, pages 34 ~38.
[20] 赵秀琴，孙雷闯．柴胡桂枝汤加减治疗冠心病心阳不振痰气痹阻型临床观察．黑龙江医药 1998，(2): 14 ~15.
[21] 刘杰，王延娟．与防治脑血管意外有关的中药方剂的实验研究实用．全科医学，2004，2 (5): 463.
[22] 阎艳丽，王鑫国，宋晓宇，等．当归芍药散对高脂血症家兔脂代谢及血液流变学的影响．辽宁中医杂志，2005，32 (2): 170 ~171.
[23] 阎艳丽，吉梅，宋晓宇，等．当归芍药散对血脂异常大鼠抗氧化能力及动脉壁血管细胞黏附分子 -1 基因表达的影响．中国实验方剂学杂志，2007，13 (2): 25 ~28.
[24] 王东生，唐发清，肖长江，等．茵陈五苓散抗大鼠动脉粥样硬化作用机理探讨．中医杂志，2008，49 (1): 67 ~69.
[25] 杨梅，王东生，毛晓健．茵陈五苓散对动脉粥样硬化大鼠血液流变学及细胞凋亡的影响．新中医，2006，38 (11): 84 ~86.
[26] 李聚生，王东生，陈方平，等．茵陈五苓散对动脉粥样硬化大鼠细胞凋亡的影响．湖南中医学院学报，2005，25 (6): 16 ~18.
[27] 殷文学．茵陈五苓散对动脉粥样硬化大鼠 PDGF - A _ mRNA 表达的影响．中国中医急症，2006，15 (12): 1377 ~1379.
[28] 焦宏，杜会博，陈彦静，等．桂枝汤对动脉粥样硬化大鼠血管活性物质的影响．河北北方学院学报（医学版），2009，26 (02): 4 ~6.
[29] 闫俊杰，陈信义．大黄廑虫丸实验研究进展．中国实验方剂学杂志，2000，6 (5): 60 ~61.
[30] 贾运乔．候桂英，司秋菊，等．大黄廑虫丸对大鼠动脉粥样硬化斑块及 CD40 表达的影响，河北中医，2010，32 (3)，426 ~427，463.
[31] 江玉娟，司秋菊，张艳慧，等．大黄廑虫丸对动脉粥样硬化模型大鼠胰岛素样生长因子表达的影响．中国老年学杂志，2009，29 (1): 39 ~41.
[32] 李静莉，刘俊田，苟伟，等．大黄廑虫丸抗家兔动脉粥样硬化机理研究．中国实验方剂学杂志，2006，12 (5): 32 ~34.
[33] 李静莉，刘俊田，苟伟，等．大黄廑虫丸对动脉粥样硬化模型家兔血管平滑肌细胞的影响．中成药，2006，28 (10): 1470 ~1472.
[34] 姬媛媛，刘俊田，等．大黄廑虫丸抗实验性动脉粥样硬化的拆方研究．中国中药杂志，2006，31 (22): 1886 ~1890.
[35] 张忠，黄若兰．加味抵当汤干预颈动脉粥样硬化易损斑块的临床研究．中医药通报，2010，9 (3): 42 ~43.

[36] 董超，黄威，高伟敏，等．鳖甲煎丸对动脉粥样硬化大鼠血脂及 ICAM－1 表达的影响．时珍国医国药，2011，22（1）．

[37] 韩景辉，李真，杨海燕，等．鳖甲煎丸对糖尿病合并动脉粥样硬化大鼠脂联素基因作用的实验研究．时珍国医国药，2011，22（4）：1017～1018.

[38] 吴智春．《金匮要略》泻心汤对实验性动脉粥样硬化大鼠主动脉细胞凋亡的影响及其机制研究．山东中医药大学学报，2003，27（3）：205～208.

[39] 刘金元，杨冬娣，张慧婕．加味泽泻汤对动脉粥样硬化模型大鼠的治疗作用．江苏中医药 2008，40（6）：86～88.

[40] 黄艳．苓桂术甘汤合参麦饮加减治疗冠状动脉粥样硬化性心脏病心肌缺血疗效观察．吉林医学，2011，32（9）：1762.

[41] 黄干初．人参汤对冠状动脉粥样硬化性心脏病稳定型心绞痛的疗效分析．中医临床研究，2011，3（10）：52～53.

[42] 屈静，丁元庆．葛根芩连汤加减治疗颈动脉粥样硬化临床研究．山东中医杂志，2007，26（9）：606～607.

[43] 西泽芳男．葛根汤提高颗粒细胞内 CAMP 的功能．西药与临床，1983，32（9）：136～136.

[44] 李蔚．山楂葛根汤治疗高脂血症 50 例．广西中医药，1998（4）：17.

[45] 王平等．葛根汤为主治缺血性脑梗塞 58 例．浙江中医杂志，1993，9：390.

[46] 郭来．枳实薤白桂枝汤治疗胸痹临床观察．陕西中医函授，1998，(2)：16～17.

[47] 魏慧渊，陈浩，苏伟，等．枳实薤白桂枝汤治疗不稳定型心绞痛 30 例．中国中医急症，11，20（3）：462～463.

[48] 李亚平．枳实薤白桂枝汤加味治疗心绞痛 96 例．现代中西医结合杂志，2007，16（3）：331.

［《中国医师协会中西医结合医师大会论文集》2011：68］

经方验案五则

于殿宏　吉林省松原市中医院

一、肺癌化疗后呕吐病案

杨某，女，60 岁，吉林油田职工家属。2006 年 10 月 3 日诊。该患者患肺癌一个月，于吉林油田职工医院术后化疗半个月，不进饮食已十余天，靠输液支持治疗。刻诊：面色虚浮无华，嗳气频繁，恶心呕吐，胃脘部隐痛，消瘦，乏力，便干，舌淡红，苔白微腻，脉沉细无力。中医诊断：呕吐证属中气不足，肝气犯胃，胃气上逆，予旋覆代赭汤加减：旋覆花 15g，代赭石 12g（先煎），党参 12g，制半夏（洗）30g，炙甘草 10g，生山药 20g，生芡实 15g，生姜 20g，大枣 10 枚，共服药 6 剂，嗳气、呕吐缓解，饮食如常，继服六君子汤 7 剂巩固。今随访患者仍健在。

按：该案乃肺癌术后化疗，损伤正气，脾胃亏虚，肝木乘其所胜，脾升胃降失常，而发呕吐。思《伤寒论》有“伤寒发汗，若吐若下，解后心下痞硬，噫气不除者，旋覆代赭汤主之”。噫气即为嗳气，根据方证对应，抓其主证“嗳气频繁”，故用旋覆代赭汤加减治疗。又思仲景原方半夏曾用温水洗而用之，以减其毒性。张锡纯先生曾论半夏曰：半夏味辛，性温，有毒，凡味辛之至者，皆禀秋金收降之性，为降胃安冲之三药。然今之半夏皆用矾炙以祛其毒，即是清半夏亦有用矾炙者，用以燥湿化瘀效佳，若用以止呕，殊不相宜（矾能致呕）。故其用半夏止呕，皆用生半夏，以凉水煮一沸，后晒干备用，若用制半夏，则用温水淘洗数次，然洗后半夏之辛味减，故加量用之方效捷，此皆仲圣之意也。故本方制半夏洗后重用至 30g；冲脉上隶阳明，下连少阴，胃气上逆，冲气亦随之上逆，故加生山药、芡实以补肾敛冲，冲气得平，亦可缓解胃气上逆之势，故用本方治之效捷也。

二、类风湿性关节炎案

赵某，女性，52 岁，我院护士姚某亲属，2007 年 11 月 20 日诊。患类风湿性关节炎 15 年，久服中、西药物效差，病日增。刻诊：周身关节疼痛，手足、膝、踝、腕关节肿胀变形，双手指指关节梭形变，持筷困难，纳差，消瘦，头晕，气短，口干，舌质淡红，苔白腻，脉沉细。中医诊断“痹症（骨痹）”予桂枝芍药知母汤加减：桂枝 15g，白芍 10g，麻黄 7.5g，知母 15g，防风 15g，熟附子（先煎）15g，白术 20g，炙甘草 10g，生姜 20g，露蜂房 10g，巴戟天 15g，干姜 15g，大蜈蚣 2 条。服 10 剂后疼痛与肿胀均减轻，饮食改善，仍觉乏力、头晕，气短，加生黄芪 20g，当归 15g，继服 10 剂，患者乏力、头晕，气短症状缓解，四肢关节遇凉时稍有疼痛，后用独活寄生汤加减治疗 1 个月，变形的关节有所恢复，肿痛消失，可以从事轻体力劳动，随访三年未复发。

按：类风湿性关节炎为全身性自身免疫性疾病，致残率高，中医称之为“骨痹”“尪痹”“鹤膝风”“风湿历节”西医尚无有效治疗方法。笔者运用中医中药治疗本病，取得了一定的经验。《金匮要略》历节病篇有“诸肢节疼痛、身体尫羸，脚肿如脱，头眩短气，温温欲吐，桂枝芍药知母汤主之。本例患者肢体关节肿胀、消瘦、头晕、短气，根据方证辨证，符合桂枝芍药知母汤证，故选而用之。盖本病主要病机为先天不足或后天失于调养，肝肾不足，受风寒湿邪侵袭所致。病久，寒湿常瘀而化热伤阴，故治以祛风除湿、温经散寒、滋阴清热之桂枝芍药知母汤。方中加巴戟天、干姜温肾散寒；露蜂房、蜈蚣善入络搜风，祛风湿止痛，且国医大师朱良春擅用之温补肾阳、治男子精少、阳痿等证，故用之；后用《备急千金要方》独活寄生汤加减，培补肝肾、滋养气血、祛风通络以治其本，收到预期效果。

三、冠心病，心衰案

王某，女，78岁，系我院王医生姑母，冠心病病史多年，近因感寒后出现胸闷、气短、呼吸困难，口服消心痛、丹参滴丸、螺内酯等药治疗5天，病情无明显好转。刻诊：胸闷、气短、呼吸困难，以夜间较重，腹胀，头晕，身体震摇，时有心烦，纳差，少寐多梦，手足凉，出冷汗，无浮肿，尿少，舌质暗红，苔白腻，脉沉中医诊断：胸痹证属阳虚血瘀，予苓桂术甘汤合桂甘龙牡汤、丹参饮加减：茯苓15g，桂枝12g，白术10g，生龙牡各20g，制附子(先煎)10g，丹参20g，檀香(后下)7.5g，砂仁(后下)10g，炙甘草10g水煎服服药7剂患者上述症状均消失，可以操持一些轻的家务。后患者病情偶有发作，照原方服3～5剂，病情即可缓解。

按：本案患者年近8旬，肾气虚弱，命门火衰，不能温煦脾阳、心阳，心、脾、肾阳气虚衰，痰浊、瘀血阻于心脉而发本病。根据方证辨证，患者“呼吸困难，腹胀，头晕，身体震摇”符合《伤寒论》：第67条苓桂术甘汤证中“心下逆满，气上冲胸，起则头眩，身为振振摇”之主证：“心烦，少寐多梦”，符合第118条桂甘龙牡汤证“火逆下之，因烧针烦躁”中“烦躁”之主证，故两方合而用之。本方桂枝以温通上焦之阳；白术、茯苓、甘草以理脾胃之湿即以通中焦之阳；方中加附子，因其为温补命门之主药，其力能升能降，能内达能外散，凡沉寒痼冷结于脏腑者皆能开之、通之，且温通之中，又大具收敛之力，能治汗多亡阳之证；而湿痰、瘀血凝聚其间，故选《时方歌括》之“丹参饮”，用丹参化瘀通络，檀香、砂仁芳香化湿通阳，以速其效也。此乃经方合方、经方与时方合方之案例也，为本人多年常用之法，临床只要抓住主证，将经方或经方与时方合而用之，多能收到满意疗效。

四、糜烂性胃炎案

徐某，女，45岁，业商，于2009年7月6日诊。患者上腹部胀痛年余，曾于市中心医院经胃镜检查诊断为糜烂性胃炎，久服奥美拉唑，果胶铋，阿莫西林等药不效。近因服某中医通腑泻下之中药5剂，上腹痛减，仍胀满，且出现恶心，肠鸣下利，饮食减少，体重下降等症，服氟哌酸、复方黄连素等药2天无小效，由朋友介绍来诊。刻诊：主证如上，伴心烦意乱、少寐多梦，舌质淡胖有齿痕，苔白腻，脉沉弦无力。中医诊断：痞证为脾虚湿阻、寒热夹杂之证予甘草泻心汤：炙甘草15g，黄芩10g，黄连6g，党参10g，干姜10g，炙甘草10g，大枣10枚，服上药5剂后腹部胀满、腹泻、恶心、烦躁症状消失，纳增，仍时有上腹部隐痛，后与柴芍六君子汤加公英、海螵蛸、丹参、蒲黄治疗月余，病瘥，至今病情稳定。

按：本案患者忙于业商，饥饱失常，又躬身筹算，久则肝郁脾虚，中焦受阻，脾胃升降失常，而发本病。医者误认实证，治以通下，致脾气愈虚，胀愈甚，且肠鸣下利，饮食减少，此为坏证，当辨其因，循其证，依法治之。《伤寒论》甘草泻心汤条有“医反下之，腹中雷鸣，心下痞硬而满，干呕，心烦不得安”句，正与本案症状相符，故选而用之，药后果诸症缓解，效若桴鼓。益叹仲圣认证之精，立方之妙。盖诊病必详查病原、细审病机，而后处方用药。仲圣恐后世医者按寸不及迟，握手不及足，便处汤药，诊病粗心大意，认证不准，故著《伤寒杂病论》书中皆列举出疾病的一些主要症状或体征，后以某方主之。此乃方证辨证，教医者只要所辨病证与某方相符合，就是某方的应用指征，就可以服用某方治疗。如其在《伤寒论》第317条少阴病通脉四逆汤证条文中说“病皆与方相应者，乃服之”，就已经直接说明了这一点。

五、失眠案

刘某，男，58岁，农民。2009年12月5日诊。患者15年前因家变故患失眠，夜梦繁多，后有时竟彻夜不眠，遍服中西药物，无效果。其亲属为我同事，介绍来诊。刻诊：除失眠外，别无他证。舌质暗红、苔黄微腻，脉象弦滑。据舌、脉、症，辨为痰热证，给予黄连温胆汤，舌有瘀象，加丹参、桃仁化瘀，并加龙骨、牡蛎安神。服药7剂，病无好转。细思本病病程15年之久，遍服中西药物，养心、安神之药必不少服。忽忆清代名医王清任有失眠症若广服养心、安神之药不效者，为有瘀血，用血府逐瘀汤治疗。故改投血府逐瘀汤：生地15g，桃仁15g，当归15g，红花10g，赤芍10g，牛膝15g，川芎10g，柴胡7.5g，枳壳10g，桔梗10g，甘草10g，服药10剂，患者睡眠稍有好转，仍夜梦繁多。因思《黄帝内经》有“半夏秫米汤”治“目不瞑”。试而用之。原方加法半夏30g，高粱米60g，夏枯草30g，5剂，患者服完5剂后竟很快入睡，且夜梦也显著减少，继服5剂，病愈。2010年12月随访，患者述药后睡眠情况一直很好。

按：顽固性失眠乃临床一疑难病症，西医有用强力镇静药治之者，久服则损伤肝脏，且停药后易复发。盖卫气昼行于阳二十五度，夜行于阴二十五度，分为昼夜，故气至阳而起，至阴而止，故日则寤，夜则寐。失眠症患者营卫运行乖乱，阳不能加于阴，故不寐。本例患者患不寐证多年，虽有营卫运行失常，但中医有久病入络之说，病久脉络间必有瘀滞，瘀不除，则卫难入于营。故选血府逐瘀汤以化瘀，瘀化尚需有引阳入阴之药以引领之。《黄帝内经》中“半夏秫米汤”用以治失眠，乃是取半夏和胃化痰，交通阴阳，使阳入于阴，盖半夏、生当夏半，乃自然界阴阳互交之时，据取类比象之理，自是引阳入阴之药；秫米不仅用于调半夏之辛烈，犹能治阳盛阴虚、夜不能寐。而夏枯草至盛夏而枯，亦为引阳入阴之药，故用之。此亦为经方与时方合用之例也。

[《国际（中日韩）经方学术会议暨第二届全国经方论坛论文集》2011：276]

经方序贯治疗哮病体会

许　勇　李　良　倪　伟　陈晓勤
上海中医药大学附属龙华医院
黄雪元　上海市嘉定区中医医院

中医的“哮病”即现代医学的“支气管哮喘”，以呼气性呼吸困难、双肺散在或满布哮鸣音为特征，《金匮要略》称为“上气”。《伤寒杂病论》正文主治中提到上气的经方有5首，此外，原治他病的部分经方也可移治哮病。经方治疗哮喘急性发作期的报道较多，对哮喘缓解之后如何控制或减少哮喘再次发作的报道却很少。笔者想病人所想，用经方序贯疗法治疗哮病，以更好地帮助患者减少哮喘复发，有较好的长期疗效。国内期刊目前尚无“经方序贯治哮”的专篇报道。笔者不揣浅陋，总结了经方序贯治哮的应用体会，并结合笔者经方验案，分析探讨如下。

一、经方序贯治哮概要

《丹溪心法》提出，“未发以扶正气为主，既发以攻邪气为急”。此乃治哮总则，为后人所遵循。《灵枢·五邪篇》：“邪在肺，则病皮肤痛、寒热、上气喘，汗出、喘动肩背。”“邪在肺”，邪气性质与病性以何为主？大致说来，哮喘病邪以寒饮为主，哮喘类型以寒哮为多。经方序贯治哮，是指在急性发作期准确辨证的基础上选用经方以控制哮喘病情，至症状消失或明显缓解后又斟酌选用经方善后，以减少哮喘复发。序贯治疗分前后两个阶段依序完成，第一阶段针对急性发作期，第二阶段治疗针对缓解期，我国新版《支气管哮喘防治指南》增设的“慢性持续期”，仍可参照第一阶段治疗进行选方用药。兹予分述。

1. 第一阶段治疗

寒哮类：因外寒闭肺而哮，麻黄汤主之；因风邪犯肺而哮，桂枝加厚朴杏子汤、或桂枝麻黄各半汤主之；因外寒内饮而哮，小青龙汤、或射干麻黄汤主之，症状减轻后改用苓甘五味姜辛汤、或苓甘五味加姜辛半夏杏仁汤化裁。外寒内饮化热而哮，小青龙加石膏汤、厚朴麻黄汤。寒哮而阳虚较重者，小青龙汤合用麻黄细辛附子汤或四逆汤。

热哮类：外寒内热而哮（又称为“寒包热哮”），需判断有汗或无汗，有汗用越婢汤合三拗汤，或用越婢加半夏汤、无汗用大青龙汤；若肺胃热重口臭便秘而哮者，麻杏石甘汤合大黄黄连泻心汤化裁；若醇甘厚味过敏而热哮者，麻杏石甘汤合小陷胸汤化裁，假如痰热寒化则按寒哮论治；炎热季节，若非夏季花粉与皮毛虫螨过敏而单纯因气候炎热引起哮喘者，笔者目前尚未见到，其治疗未敢妄言。

2. 第二阶段治疗

哮喘一旦缓解，应立即给予丸散膏丹或食疗善后。一些书籍，包括《中医内科学》教材，将哮喘缓解期的论治为分肺脾气虚证、肺肾两虚证二型，或肺气虚、脾气虚、肾气虚三型，所列方药纸上谈兵为主，大多不敢苟同，若真能获得控制哮喘复发之效，那是少之又少！治疗此类过敏性疾病，山西名老中医李可说过一段话，很精彩[1]：“种种过敏性疾病，皆责其先天不足……从肾论治，可谓治本之道，益气固表，脱敏止痒，隔靴搔痒而已”。此言独具慧眼，振聋发聩，足堪效法！哮喘之发，绝大多数因过敏所致，而过敏体质，多由父母遗传而来；肾为先天之本，过敏体质若不责肾虚更当何为？笔者在控制哮喘复发的善后治疗中，重点补肾，在补肾基础上再视其他脏腑虚实、阴阳气血、寒热痰瘀等偏颇情况而加减调理，可有效减少哮喘发作次数。关于寒哮善后调理，金匮肾气丸合玉屏风散，或苓甘五味姜辛汤合玉屏风散，或当归生姜羊肉汤之改良食疗方“附片生姜羊肉汤”，能明显减少寒哮复发，甚至完全控制复发。如何减少热哮复发？首要任务是清淡饮食，远离醇甘厚味、煎烤炙煿之品，其次是调理痰热体质或阳盛体质，如此，应可减少热哮复发。但因笔者的热哮病例少，缺乏系统的经方案例，留待日后补充完善。下面为经方序贯治哮的两则示例与体会。

二、经方序贯治哮案例

1. 小青龙汤－附片生姜羊肉汤案

例1、宋某之友，女，42岁，重庆人，远诊日期：2010年3月8日。主诉：喘息、咳嗽半年。喘息时轻时重，常因感冒或异常气味加重，常在重庆某医院就诊，诊断为支气管哮喘，多次吃药及用止喘气雾剂（药品不详），治疗当时有效，但每月复发数次，总体疗效欠佳，时而影响工作，颇感不便。经人介绍向余电话求治。诉喘促，干咳无痰、胸闷，冬季怕冷，腰酸，便软，偶渴，渴喜热饮，睡眠可。此为一位哮喘病人康复后介绍求治的重庆病例，因事忙不能亲来把脉，舌脉不明，诊断：阳虚哮喘。病机：内外俱寒、阳失温运而发哮喘。当即告知分阶段治疗：先用小青龙汤等方煎服以改善症状，后予当归生姜羊肉汤食疗以调补体质。处方：桂枝30，麻黄20，干姜30，细辛20，炙甘草20，五味子20，厚朴30，制附片30先煎，枣皮20，补骨脂20。3付，煎服。电话复诊：喘息干咳好转，胸闷消失，不渴，上方再吃3付。三诊：偶有喘气，干咳已不明显，腰酸消失。大便正常，不渴。改用苓甘五味姜辛汤化裁：茯苓60，五味子30，炙甘草20，干姜30，细辛20，麻黄20，杏仁15，补骨脂20，当归20，肉桂15，5付。四诊：咳喘完全消失，嘱：①平时服金匮肾气丸早晚各10粒；②另服当归生姜羊肉汤方，当归易附片：制附片100克，生姜100克，羊肉500克。上剂量为炖一次吃三日的量；煮法：清水适量，加花椒少许、白酒半两、盐适量，高压锅煮开半小时，吃肉喝汤，分3天吃完，一周炖服一次。5付。随访半年无复发。

按：小青龙汤证治在《金匮要略》有3条，在《伤寒论》有2条，主要治疗外寒内饮之喘哮，或支饮咳逆倚息，或溢饮身重，或妇人吐涎沫。徐灵胎云“此方专治水气。”例1为笔者远诊的哮喘病人，《内经》曰“善诊者，察色按脉，先别阴阳”，而笔者远诊同事同学的亲友数十例，虽不能察色按脉，亦可细别阴阳，此时对医家问诊技巧要求很高，望读者勿擅自模仿。该哮喘患者虽有干咳而渴，不能误认为阴虚哮喘而施以甘寒润肺，此人冬季怕冷、腰酸便软、虽渴而渴喜热饮，寒哮无疑，小青龙汤主之，因无痰去半夏，因不欲酸收去芍药，加附子配原方中桂麻姜辛扶阳散寒，加厚朴降气平喘，加枣皮补骨脂补肾强腰，首诊喘息干咳好转，三诊明显减轻，改苓甘五味姜辛汤化裁，原方茯苓四两，据出土的东汉铜权考证，汉代一两等于15.625克[2]，茯苓甘淡平和，足量用60克，本方其他药均为三两或半升，斟酌减量，加麻杏桂归、补骨脂宣肺补肾，症状消失后即转为第二阶段治疗。金匮肾气丸熟地用量八倍于桂附，阴中求阳，尊《内经》“少火生气”之旨，为温阳补肾之名方，张仲景用之治疗虚劳腰痛、消渴、转胞等症，很适合寒哮后期长期服用以调理阳虚体质。附片生姜羊肉汤，改良于《金匮》当归生姜羊肉汤，当归改为附片后，附片生姜与羊肉，三者相合，温补温散相得益彰，为近代火神派治疗阳虚体弱者顽症痼疾的重要善后食疗方。此哮喘频发者，经前后两阶段序贯治疗，随访半年无复发，病人颇为欢喜。

再按：“附片生姜羊肉汤”很适合阳虚体弱的妇儿老年患者，对增强体质、减少复发很重要。该方寓温补于食疗，携附子一味，能补命门之衰火，扶垂危之元阳，借生姜一味，既能解表散寒，又能温中化饮，使全方补中有散，服肉汤期间即使小感冒，亦能并治之。或问，烹调该汤是否加调料？若乱加调味品必致败事。火神派著名医家唐步琪用附片生姜羊肉汤时，不加调料[3]，清水白味煮吃，正如仲景之用当归生姜羊肉汤。笔者临床使用时发现一些患者不愿吃，嫌肉汤难吃。经琢磨改良后老少喜食之。改良法两点：①嘱加少量白酒、花椒做调料，有三益，一者去羊肉之腥，二者增温阳之性，三者改善口感；②稍加少量食盐为反佐，监制全方不要过于温燥，且使肉汤有淡盐味，反增补肾之力，正如杜仲炮制加盐炒后可增强补肾之功。食盐咸寒，少用补肾，多则伤肾，个中道理，《黄帝内经·生气通天论》曰“阴之所生，本在五味，阴之五宫，伤在五味。”如此，稍加酒、盐、花椒三种佐料，可大大改善口感，经临床验证又不影响疗效，令患者食疗依从性明显增强。切忌为迎合患者口味，多加调味品，食疗烹成菜品，必致疗效降低。

2. 射干麻黄汤－附片生姜羊肉汤案

例2、姚某，男，7岁。初诊2009年3月21日。主诉：反复受凉后发生哮喘2年，复发3天。喘息，气促，喉间痰鸣，咳嗽，痰多清稀，鼻流清涕，精神差，纳少，不渴，大便软，舌红苔白，脉浮紧而数。其母叙述：以前多次因受寒引起哮喘，前年发作哮喘2~3次，但自去年始哮喘发作频繁，患儿一受凉即小发（轻度），需门诊输液及吸入喷雾剂数日才会好转；每一两月一大发（中重度），要住院治疗十余日才能缓解；平时找医生吃过很多中药西药，复发次数无丝毫减少，全家人为之苦恼去年患儿哮喘后输液十余日好转不太理想，曾到我处开中药辅助治疗，疗效获得提高，这次来诊，遂请求完全用中药治疗，并问能否减少以后发作。答曰：有希望、试试吧。诊断：阳虚哮喘。治疗思路：先用射干麻黄汤合麻黄、细辛附子汤改善症状，后予当归生姜羊肉汤调补体质，处方：射干10g，麻黄10g，干姜10g，南细辛10g，制半夏12g，炙甘草10g，紫菀20g，冬花20g，苏子10g，制附片20g先煎一小时，桂枝15g，羊藿20g，4付煎服，两日吃一付。复诊：咳喘大减，痰量无明显减少，清涕仍多，舌淡滑，脉转沉细而弱，此外邪驱散未尽而虚像显露，加大姜附剂量以扶阳化阴：桂枝20g，干姜30g，南细辛15g，炙甘草20g，制附片50g先煎一小时，苏子15g，辛夷10g，龙骨30g，砂仁15g，黄芪30g，防风10g。4付煎服，2日一付。三诊：咳喘愈，痰液大减，鼻涕消，精神饭量增加，晨起时偶有吐痰，舌淡润脉细无力，立即转第二阶段治疗：①汤剂温阳扶正：桂枝20g，干姜30g，南细辛15g，制附片50g先煎一小时，炙甘草30g，羊藿20g，黄芪30g，防风15g。7付，两日吃一付。②附片生姜羊肉汤：附片60g，生姜120g，羊肉一斤，加少许盐、花椒、黄酒，炖汤2小时，吃肉喝汤。7付，炖一次吃3天，一周两次。随访一年半无复发。2010年8月1日有小感冒，咳嗽咽痒有汗，给予桂枝汤加防风细辛紫苏麻黄而愈，亦未发哮喘，未输液，患儿体质明显增强。

按：①支气管哮喘的发病，本人很欣赏清朝李用粹《证治汇补》的精彩论述："内有壅塞之气，外有非时之感，膈有胶固之痰，三者相合，闭拒气道，搏击有声，发为哮病"。该患儿从5岁即见哮喘，先天禀赋必虚，受寒后哮喘痰多反复发作，必有沉寒伏痰。②小青龙汤为仲景治疗外寒内饮哮喘之主方^遂化用之；小青龙去白芍五味子之酸收，加附子扶阳固本散寒，此为火神派用此方之重要经验，首诊化入射干麻黄汤中的菀、冬、射，加苏子以增强宣肺祛痰平喘之力，加羊藿温补肾阳扶阳止咳，加黄芪防风两药，为王清任之"黄芪防风汤"，益气祛风治疗体虚感冒，实乃玉屏风减白术而成，为我常用；复诊哮喘大减，但仍痰多涕多，说明温阳化痰力量不足，加倍姜附剂量，去菀、冬、射，加辛夷开鼻窍，加砂仁龙骨温中祛痰，且导阳归肾、防止大剂姜附而致阳气上浮、烦渴鼻衄，此为成都中医药大学曾辅明教授不传之心法，而本文特别点明，以传有心学者。再服4付喘平，痰量大减，说明大剂姜附见效而非过量，共8剂控制哮喘，疗效较理想。③后期巩固，仍斟酌化用小青龙汤、王清任"黄芪防风汤"，加附子扶阳固本，汤剂服7付，炖服附片生姜羊肉汤7周。方义如前所述，特点是小儿对白酒非常敏感，因而改用低浓度的黄酒，且高压锅炖半小时改用普通锅或砂锅炖汤2小时，以尽可能减少患者的酒精不适感。该顽固哮喘儿，经两个阶段序贯治疗，一年多未发哮喘，其母感激不已。

以上为笔者应用经方序贯治疗哮病的案例与体会。需要说明的是，案例名称虽标之曰"小青龙汤－附片生姜羊肉汤案""射干麻黄汤－附片生姜羊肉汤案"，这仅是以主要经方代表前后序贯治疗的两个阶段，意在突出序贯治疗之主方大法，遣方用药并非完全局限于这两个方剂。望解真意，勿生异议。序贯治哮法，来之不易，远期疗效大多较好，虽未尽善，弥足自珍。若有错误，恭请指正。

参考文献

［1］李可．李可老中医急危重症疑难病经验专辑［M］．太原：山西科学技术出版社，2002：283.

［2］张家礼，主编．金匮要略（七年制教材）［M］．北京：中国中医药出版社，2004：490~501.

［3］唐步琪．咳嗽的辨证论治［M］．成都：四川出版集团巴蜀书社，2005：138，202.

［《国际（中日韩）经方学术会议暨第二届全国经方论坛论文集》2011：242］

经方在寒热错杂证中的应用思考

唐旭东　张北华

中国中医科学院西苑医院

寒热错杂证，是指寒证与热证交错在一起同时出现的证候，包括表里寒热错杂证、上下寒热错杂证、中焦寒热错杂证等。它是机体脏腑阴阳失调的结果，属于《灵枢·根结》所说的"阴阳相错"。

"寒热错杂"一词，原本用于对《伤寒论》诸痞证的病机概括，主要是以方测证归纳而来。从古今文献报道来看，寒热错杂证在脾胃病中最多见。从汉代张仲景《伤寒论》所载寒热错杂方证的症状描述看，主要以干噫食臭、呕吐、心下痞硬、腹痛、腹中雷鸣、泄泻久利、饥而不欲食等胃肠症状群为主：有学者[1]曾统计唐、宋、元、明、清时期医著所载寒热错杂方证中的症状，结果显示以脾胃肠症状为主；任氏[2]曾对99例HP感染阳性者进行中医分型，发现寒热错杂证HP阳性率最高，达94.4%。临床中各种慢性病、疑难病也常出现寒热错杂证，病情复杂，治疗棘手，而《伤寒论》为我们提供了许多治疗寒热错杂证效验的经方，所以有必要对其应用特点进行研究。

一、寒热错杂证的证候特点

早在《内经》中就有寒热错杂相关症状的简要记述，如"胃欲寒饮，肠欲热饮，两者相逆"，直到张仲景《伤寒论》的出现，才对寒热错杂证进行详细的描述，并提供了具体的治疗方药，如栀子干姜汤证、半夏泻心汤证、乌梅丸证等。

若秋[1]曾以《伤寒论》中治疗寒热错杂证的10个经方为基础，博采历代医家用此类方所取得的验方效案，以统计学方法为主，系统分析了寒热错杂证的证候特点。基于《伤寒论》原文、历代医著和现代杂志发表的寒热错杂证证治验案中的症状、体征分析显示：寒热错杂证是以脾胃肠等脏腑功能失调所派生出的一类证候群，并与肝的疏泄功能紊乱有重要关系；寒热错杂证一般是从性质互逆症状的并见为着眼点进行确诊的。其主要证候表现多以自觉症状为主，如四肢厥冷、腹痛、心下痛，很难用一个客观的标准来判定这个复杂的病证。其中饥而不欲食、心下痞闷、四肢厥逆、脐腹动悸、久利及大便异常为其特征性症状，舌苔黄腻或黄白相间，脉弦为其常见的舌脉特征。

上述结论揭示了寒热错杂证的规律性特征，具有较普遍的指导意义。但在临床实际中，疾病的表现是错综复杂的，特别是一些慢性病、疑难病久治不愈，要远远超出以上所列症状特征，有的甚至没有明显的寒热错杂特征，而投以寒热并用之剂往往收到良好的效果，说明寒热错杂证多有病程较长的特点。

二、寒热错杂证的病因病机

寒热错杂证的形成，必有寒热之邪并存于体内。邪之所至，一由外感，一由内生，具体来讲不仅与外界环境、自身体质有关，还与脏腑功能失调、误治、失治有关。病机总属寒热错杂，新病多实证，久病多虚实夹杂。

1. 脏腑生理病理因素

寒与热作为中医辨证的纲领，其实质是阴阳失调在病证属性上的反映。从寒热错杂的证候特点来看，其形成与脾胃关系最密切。脾主升清，喜燥恶湿，若脾虚清阳不升，温煦失职则生内寒，若湿困脾阳，脾阳受损则虚寒内生，中焦虚寒，所谓"虚则太阴"，若脾阳虚损伤及肾阳，则引起下焦虚寒，所以脾虚是引起寒证的主要病理基础。胃主通降，喜润恶燥，胃气易于壅滞，郁而化热，所谓"实则阳明"，若胃火上炎则波及上焦，所以胃气壅滞是引起热证的主要病理基础。脾与胃，一脏一腑，互为表里，升降相因、纳运相协，燥湿相济，脾胃同病常出现寒热错杂证，若病情进展，极易形成上热下寒证。

2. 邪气与体质因素

从中医学发病观点来看，疾病的发生发展离不开正邪斗争，所谓"正气存内，邪不可干"。体质是机体由于脏腑经络气血阴阳等盛衰偏颇而表现出来的素质特征，代表着正气。素体阳盛者，若外感寒邪，易入里化热，如大青龙汤证，或过食生冷，伤及脾阳等均可形成寒热错杂证；素体虚寒者，若复感外热或过食辛辣之品也可导致寒热错杂证：久病体衰者，脏腑阴阳失衡，或阴盛格阳，形成真寒假热证，或阳盛格阴，形成真热假寒证。由此可见，患者体质的偏颇在寒热错杂的形成中也起着重要的作用。

3. 误治、失治因素

患病之初，多数患者病情简单，或为寒证，或为热证，或为实证，或为虚证，一旦误治、失治，疾病迁延不愈，则易形成寒热错杂证，虚实夹杂证。如本为实热证，治疗时过用寒凉之药，不但不能使热邪尽除，反而伤及脏腑阳气而出现寒证，从而形成寒热错杂证；或病情复杂，多种疾病集于一身，治疗时不能全面考虑，顾此失彼，也容易导致病情变化形成寒热错杂证。所以对于误治、失治造成的久病不愈的疾病应考虑其寒热错杂、虚实夹杂的病机特点。

三、经方在寒热错杂证中的应用

寒热错杂证寒邪与热邪共存于一体，病情复杂，单纯治疗寒证或热证往往难以取效，仲景《伤寒论》为我们提供了许多治疗寒热错杂证效验的经方，并在后世的临床中广泛应用。现将常用的经方总结如下：

1. 表里寒热错杂证

表里寒热错杂证，包括机体表有寒、里有热的证候和表有热，里有寒的证候。如《伤寒论》中桂枝二越婢一汤证、大青龙汤证，均为表寒里热证。桂枝二越婢一汤证是表寒重里热轻之轻证，其方为桂枝汤与越婢汤2：1用量的合方，为表里双解轻剂，其中桂枝汤调和营卫，外散表寒，用越婢汤取其辛凉之性，宣泄在里之郁热；大青龙汤证为表寒重里热轻之重证，方中重用麻黄，佐桂枝、生姜辛温发汗，外散风寒，加辛甘寒之石膏，以清郁闭之热，甘草、大枣和中以滋汗源。两者均用麻黄、桂枝等辛温之品以散表寒，以石膏等辛寒之品清里热，寒热并用，表里双解。另外，阳盛格阴之表寒里热证和阴盛格阳之表热里寒证，因其不具备寒热错杂的病机特点，在此不作阐述。

2. 上下寒热错杂证

上下寒热错杂证，包括上有热，下有寒和上有寒，下有热的证候。从《伤寒论》的方证分析看，临床中以上热下寒证多见。如栀子干姜汤证、黄连汤证、干姜黄芩黄连人参汤证、乌梅丸证等。栀子干姜汤证以苦寒之栀子清胸膈之郁热以除烦，以辛热之干姜温中焦之阳而散寒；黄连汤证以苦寒之黄连清在上之热，以辛热之干姜温在下之寒，辛开苦降，复中焦升降之机，半夏降逆和胃止呕，桂枝通阳散寒，交通上下寒热阴阳，人参、大枣、甘草健脾和中；干姜黄芩黄连人生汤证以苦寒之黄芩、黄连泄降胃热，辛热之干姜通阳祛寒，甘温之人参补中益气，清上温下则呕利止；乌梅丸证重用酸性之乌梅，益阴柔肝，敛阴涩肠，以苦寒之黄连、黄柏泄热止呕，以附子、干姜、细辛、蜀椒、桂枝温阳散寒，以人参、当归补养气血，全方酸甘辛苦复法，温脏与清热并用。总而言之，此类方证均以黄芩、黄连等苦寒之品清在上之热，以附子、干姜等辛热之品温在下之寒。

3. 中焦寒热错杂证

中焦寒热错杂证，主要指误治、失治使中焦脾胃升降失常，气机痞塞，寒热错杂于中的证候。《伤寒论》主要提到了半夏泻心汤证、生姜泻心汤证、甘草泻心汤证等。半夏泻心汤证以半夏、黄芩、黄连清胃热降逆止呕，佐以人参、干姜、甘草、大枣健脾温中，使脾升胃降，中焦气机调畅，痞证自除；生姜泻心汤证重用辛温之生姜，开胃气，散水气，干姜治补中州，半夏、生姜、黄芩、黄连合用，辛开苦降以和胃气，干姜、人参、大枣、甘草温脾补虚以运四旁，脾升胃降，上下斡旋，其痞自消；甘草泻心汤证重用甘草以温中补脾，佐以干姜、人参、大枣则温脾散寒、补中益气，半夏降逆和胃止呕，黄芩、黄连清胃中邪热，诸药协和，使虚得以补，热得以清，寒得以温，脾胃升降之机复司。总而言之，此类方证主要采用辛开苦降甘调之法恢复脾胃升降功能，使中焦气机调畅，痞消邪除。

四、经方治疗寒热错杂证的启示

“寒热错杂”一词源于经典，其经方应用验之于临床。在疾病错综复杂的今天，学经典，用经方，有必要对古人遗留下来的宝贵经验进行思考，以提高临床诊治水平。

1. 慢性病、疑难重病当辨识是否有寒热错杂的病机特点

从《伤寒论》寒热错杂方证的分布特点来看，主要属于太阳病变证和厥阴病，多由误治或病情迁延难愈所致。随着社会的发展，致病因素和影响疾病的因素日益增多，疾病谱逐渐扩大，对于各种慢性病和疑难重病，西医没有确切的治疗方法，根据古人的经验，中医治疗当考虑其寒热错杂的病机特点，辨证施药或许可提高临床疗效。

2. 治疗寒热错杂证当用寒热并用之法

《素问·至真要大论》曰：“寒者热之，热者寒之。”《神农本草经》亦云：“疗寒以热药，疗热以寒药。”这是立法、遣方、用药的基本法则，即针对病情的寒热用寒凉药以清热，用温热药以散寒。寒热错杂证是寒证与热证并存的证候，二者相互联系，单纯以寒药清热则助寒，单纯以热药散寒则助热，只有寒热并用才能使寒热之邪并除。

“寒热并用”是指将寒性中药与热性中药同用在一首方剂中，使之能够各自发挥功效的一种常用配伍方法，有“取性取用”“舍性取用”“舍用取性”三种表现形式。因“舍性取用”和“舍用取性”的配伍形式，只针对单一的寒或热病机，所以治疗寒热错杂证当选用既取其性，又取其用的配伍形式，使寒热药物的性味和功效都能发挥。

3. 寒热并用药效发挥需满足一定的条件

寒性药和热性药是性味、功用完全相反的两类药，将其集于一方之中，其药效能否抵消呢？陆渊雷认为：“中医学上所谓寒与热，别有意义，与一般的寒热之观念不同。例如热水与冷水合并，则相

混而中和成温水……而药性之寒热则不然，一方中寒热并用则各奏其效，并不中和成温凉适中之剂。”但从《伤寒论》中寒热并用方剂应用分析来看，其疗效肯定并非是寒热两种药物的随意堆砌，而需要满足一定的条件。

（1）根据药物的性味归经合理选择药物

寒热温凉每类药物因其性味归经不同，进入人体后有走表走里，上升下降的不同趋势，应根据寒热的表里上下病位不同，有选择地运用清热药和散寒药，使之各行其道，就可以同时收到寒以治热，热以治寒的效果，避免相互干扰抵消或寒以增寒、热以增热之弊。以治表寒里热的大青龙汤为例，麻黄、桂枝辛温入太阳膀胱经而走表，石膏辛寒入阳明胃经而走里，同时服用，麻黄、桂枝走表以散寒，石膏走里以清热，不但各不相扰且互相呼应，故能奏双解表寒里热之效。倘散寒不用麻黄、桂桂而用干姜、附子，清热不用石膏而用银翘，则不但不能分别化解寒热，反有寒以增寒，热以增热之弊。

（2）寒热两类药物剂量相当

不同的配伍剂量往往影响着方药的寒热偏性和功效的发挥，为了使起主要作用的寒、热药物能够并行不悖、相反相成，在寒热并用中，常使寒热药对的配伍剂量大致相当。如黄连汤中黄连用三两以清胸中之热，干姜用三两以温胃肠之寒，两者寒热并用、剂量相等，以平调寒热、清上温中。

（3）选择适当的煎煮方法

《伤寒论》中半夏泻心汤等寒热并用方剂采用了“去滓再煎”的煎煮方法，这可能在寒热并用药物性味、功效的发挥中起着一定的作用。“去滓再煎”即以水煎方中诸药，去渣后再进行煎煮的一种方法。清代医家徐灵胎《伤寒论类方》中有云：“去滓再煎者，此方乃和解之剂，再煎则药性和合，能使经气相融，不复往来出入。”治疗寒热错杂证的方剂多寒热并用、辛苦并用，药性和药势不同，所以治疗上下寒热错杂证和中焦寒热错杂证，煎煮药物时当借鉴古人“去滓再煎”的经验，以求达到平调寒热、药性和合的目的。

总而言之，寒热错杂证是临床中常见而复杂的证候，正确把握其病机特点，借鉴仲景治疗寒热错杂证的思路，对于提高中医诊治慢性病、疑难重症的临床疗效当有所裨益。

［《中国中西医结合学会养生学与康复医学专业委员会委员会议暨第七次学术研讨会论文集》2011：32］

经方治疗妇科病验案3则

向阳红　重庆市中医院

汉・张仲景所著《伤寒论》《金匮要略》两部经典古籍，不仅是中医各科的基础，更是中医妇科临证必备的教材，对于我们治疗现代妇科疾病有着极其重要的价值。现举验案3则如下。

一、潮热

刘某，女，48岁，2004年9月21日初诊。半年来自觉阵性烘热，随即面颈部出汗，清晨醒来常汗湿衣襟。外院曾诊断“更年期综合征”。予服谷维素、维生素E、更年宁心胶囊等，症状仍反复出现，且每因心情不佳时症状加重。现在症：阵发性烘热汗出，夜间盗汗，情绪易激动，甚至心悸失眠，伴手足心热，头痛头晕，月经稀发等，舌红少苔，脉弦细。证属肾阴亏虚，阴虚阳亢，水不涵木，肝心火旺。治宜育阴潜阳，清心平肝。方用柴胡加龙骨牡蛎汤加减。

处方：

柴胡12克　酸枣仁12克　黄芩12克　山茱萸15克　生地黄15克　丹参15克　白芍15克　生龙骨先煎30克　生牡蛎先煎30克　炒栀子6克　黄连6克　甘草6克　肉桂2克　每日1剂，水煎服。

共服15剂后，潮热明显减轻，情绪、睡眠基本正常。嘱服知柏地黄丸调理善后。

按：柴胡加龙骨牡蛎汤出自《伤寒论》，由柴胡、龙骨、牡蛎、黄芩、茯苓、半夏、党参、桂枝、大黄、生姜、大枣、铅丹组成。具有清胆调气，清心安神之效。适应于胆心热证，证见胸满，心烦，易惊，谵语，一身尽重，不可转侧，或小便不利者。患者年届七七，天癸将竭，肾气渐衰，机体阴阳失衡。肾阴不足，水不涵木，则肝阳偏亢；水不济火，则心火独旺。治宜清心平肝，育阴潜阳。方以柴胡、黄芩、黄连、栀子平肝清心泄热；生龙骨、生牡蛎、酸枣仁、丹参镇静安神，生地黄、山茱萸、白芍滋补肝肾、调节阴阳；少佐肉桂引火归元。诸药合用，切中病机，使阴阳平衡，水火相济，诸恙俱除。

二、产后痉证

王某某，女，29岁，2007年6月23日初诊。主症：产后一周，抽搐6天。曾诊断产后破伤风，已经用破伤风抗毒素、头孢类抗生素，以及中药华佗愈风散等治疗，病情稍有好转。现在症：T39.2℃，呼吸急促，面红目赤，神昏谵语，项背强直，口噤不开，大便7日不解，下腹按之硬满，舌红苔黄厚腻，脉滑数。中医诊断：产后痉证。辨证：产后亡血伤津，瘀血内结胞宫，风邪外侵兼阳明腑实证。治宜通腑化瘀泄热。方用桃核承气汤加减。

处方：

大黄后下12克　羚羊角粉兑服0.5克　芒硝兑服12克　桃仁12克　丹参30克　甘草6克　3剂。每日1剂，水煎，分4次服用。

药后，大便先硬后溏，曾暗褐色，2日后抽搐缓解，神情清爽，进而能少量进食，唯感口干舌燥，小便淋漓涩痛，伴少腹胀痛。予养阴利尿治疗而愈。

按：产后痉证，为《金匮要略》新产妇人三病之一。“新产血虚，多汗出，喜中风，故令病痉。”产后亡血伤津，百脉空虚，为风所侵，导致发痉。外感邪毒多因产时接生不慎，或产创伤口不洁，邪毒乘虚而入，直窜经络以致发痉。临床可见包括产后破伤风、产褥感染所致的痉病。病情危急，严重威胁妇女生命安全。治疗不可拘于产后亡血伤津，而妄用滋补，明确有实证时，当用攻下之法。这一点在“产后七八日，无太阳证，少腹坚痛，此恶露不尽；不大便，烦躁发热，切脉微实，再倍发热。日晡时烦躁者，不食，食则谵语，至夜即愈，宜大承气汤主之。热在里，结在膀胱也。方见痉病中。”就有记载。本证病情复杂，除瘀血内结胞宫兼阳明腑实，还饼见外感邪毒，《金匮要略》云“胸满口噤，卧不着席，脚挛急，必龂齿，可与大承气汤”。桃核承气汤为《伤寒论》方，其主症为“其人如狂、少腹急结”的下焦蓄血证。产后痉用此方，不仅可以攻下阳明腑实，而且可以化瘀血或使瘀血随热去便通而下，故而能获一举两得之效。

三、经期热入血室

朱某，女，28岁，2005年5月17日初诊。主诉经期感冒7个月。7月前曾经义务献血一次，当时有轻微感冒症状，约一周后月经来潮，即量多，淋漓约十余天方净。此后每逢经前一天，即感头痛、发低热、疲乏、甚者呕吐、泄泻，经净即止。反复治疗未愈。现在症：经期第1天，感头痛发热，身软乏力，恶心，腹泻已4次，查：T38.6℃，咽部（—），舌红少苔，脉浮数。辨证为热入血室，治疗以小柴胡汤和解少阳，凉血行瘀。

处方：

柴胡12克　丹皮12克　炒栀子12克　黄芩15克　半夏15克　生地15克　麦冬15克　白芍15克　大枣15克　薄荷后下10克　生姜3片　甘草6克　5剂，每日1剂，水煎服。月经干净，继服5剂。

此后经前3天复诊，前方加减再进5剂，连续3月，随访未再复发。

按：患者献血时外感未愈，经期随至。时值秋季，风热之邪趁虚而入，与正气相争，搏结于血室，形成热入血室的症候。热入血分，迫血妄行，故月经量多，淋漓不净。以后发生周期性经行发热。每至经期，血室之热循经上扰，肝胆不和，枢机不利，表现为“续来寒热，发作有时，”以及呕恶等正症状。肝旺克脾则腹泻，脾虚湿困则四肢倦怠。故予小柴胡汤酌加凉血之品清肝利胆，调理气机而治愈。

［《中国医师协会中西医结合医师大会论文集》2011：86］

学习仲景方运用毒性中药的几点体会

黄敏娜　暨南大学附属第一医院

毒性中药是指含有一定的毒性成分，对人体可以造成明显的伤害，在中药药性上属于有毒的一类中药。在中医药学几千年的发展历史中，毒性中药占有其重要的一席，中医常利用毒性中药“以毒攻毒”治疗各类疾病，特别是在疑难重症、肿瘤等方面疗效显著。但据中国中药协会调研发现，毒性中药目前在临床使用的品种及用量急剧减少[1]，现状令人堪忧。临床上毒性中药得到合理有效运用，最大限度发挥其疗效，是毒性中药应用发展中有待进步的一大方向。张仲景历来被誉为“医中之圣，方中之祖”，其所著之《伤寒杂病论》乃中医的经典著作，其所载之方在后世也广为应用。近来本人学习《伤寒论》和《金匮要略》，诚感张仲景运用毒性中药之妙，今略述一二，倘有疏误，敬祈赐教。

《伤寒论》载方112首，使用药物87种；《金匮要略》载方201首，使用药物147种，去掉附方以及与《伤寒论》重复的方药，两部书共载方253首，用药166种。其中含有毒性中药的方药有119首，使用毒性中药22种，分别为：半夏42方，附子36方，苦杏仁22方，桃仁9方，甘遂6方，乌头、吴茱萸各5方，土鳖虫4方，水蛭、虻虫、雄黄、蜀漆各3方，艾叶、铅粉、皂荚各2方，巴豆、瓜蒂、干漆、商陆、芫花、朱砂、大戟、蛇床子、铅丹、泽漆、天雄、蜣螂、蛴螬、蜂巢、蜘蛛各1方。含毒性中药的方剂占总方剂的47%，说明张仲景重视毒性中药的运用，仲景方中对毒性中药应用在施治、配伍、炮制、剂量、服法和预后上具有独到之处，现浅析如下：

一、施治考究，配伍精当

正确选药，合理配伍，可以使药物起到协同作用，增强疗效。而精当的施治先要进行正确的辩证。著名学者张长恩教授认为对仲景用药研究宜将药物放在“病－证－方证”三级结构中加以探求，如附子应用是通过少阴病－阳虚阴盛证－四逆汤证(扶正－回阳救逆－四逆汤)[2]。少阴病因少阴真阳虚衰，阴寒内盛所致，附子乃大辛大热之品，能“大补命门之真阳，治下焦逆上之害邪”，在四逆汤中为君药，佐以干姜为臣药，《本经疏证》说：“附子以走天下，干姜以守中，有姜无附，难收斩将夺旗之功，有附无姜，难取坚壁不动之效”，干姜有助以附子伸发阳气，到达病灶，还可减弱附子之毒性。另配以炙甘草，一有合化阳气之功，起佐助作用；二可制附子、干姜之烈性，调和诸药；三可解附子之毒。四逆汤仅用了附子、干姜、炙甘草三味药材，在配伍上能各显其长而避其短，附子配干姜相辅相成，佐以甘草刚柔并济，体现了仲景熟知各药的习性，深谙其施治之法和配伍之道。

在甘遂半夏汤中，甘遂和半夏皆通过“痰饮病一留饮证一甘遂半夏汤证”三级结构应用，甘遂用于祛邪一攻逐水饮，半夏用于祛邪一散结祛痰、降逆和胃。痰饮证以痰饮留就心下为主要病机，方中甘遂取其逐饮泻水，尤善于泻胸胁、腹部之水的功效，半夏散结祛痰，降浊下行，两者配伍芍药、甘草，散结和中、护液调中，一方面可制药物之毒，另一方面可增强药物的疗效。煎煮后取汁与蜜同煎，可缓甘遂峻猛之力，解甘遂、半夏之毒，消甘遂、甘草之冲突。有学者认为此方乃攻逐留饮之猛剂，甘遂、甘草二药相反，两者同用可激荡久留深伏之饮邪[3]”，取两者相战得以成功。高学山认为甘遂、甘草相反，是其缓急之性相反，并非增其毒性。现代实验研究表明：甘遂与甘草配伍，甘草用量等于或少于甘遂，无相反作用；但如甘草用量大于甘遂，则又相反作用。故该方在临床上合理应用是可避其毒性，发挥其治病救人之功效。

在仲景方中运用附子共36方，其中附子与干姜、甘草、甘草及干姜配伍的汤剂达22方之多。用半夏42方中，与干姜、生姜、白蜜配伍的汤剂有35方。其他如乌头汤，以白蜜配之。十枣汤，以大枣汤配芫花、甘遂、大戟三味药材。张仲景精当、合理的配伍方法，不仅可减轻毒性中药之毒，还有利于发挥药物的功效。

二、炮制灵活、减毒增效

炮制对于毒性中药的应用至关重要，炮制方法用若得当，不仅可以去药物之毒，还可发挥药物最大的疗效。仲景根据病因病机，病症之不同，活用炮制，使药物应用于不同病症时发挥其最适应的疗效。仲景方中应用附子采用炮制品的有28方，采用生品的有8方，在应用生附子的8方中，皆取其大辛大热之功用于回阳救逆，在这8方中，必配伍干姜，入汤剂，长时间煎煮成汤药，此皆借干姜之力和长时间煎煮来减弱附子的毒性，现代研究表明附子中有毒成分乌头碱在长时间煎煮条件下可水解成毒性较小的有效成分[5]。半夏在仲景方中皆用其生品，多标注用水洗，入汤剂，在《金匮玉函经》中提到，用半夏要“汤洗十数度，令水清滑尽，洗不熟有毒也”。现代研究表明，高温煎煮可破坏半夏的毒性成分，说明仲景对半夏的水洗也颇有法度，熟知半夏的毒性和减毒的方法。而且应用半夏时多与干姜、生姜同用，如在生姜半夏汤中，半夏配生姜，主治呕吐属寒证，辛散寒饮；在半夏干姜散中，半夏佐以干姜，主治胃中虚寒，温中和胃。半夏方应用于不同病症时配以生姜或干姜，皆因生姜味辛微温，取其辛散的功效，干姜性味辛温，温多散少，取其散寒之效，由此可知半夏用不同的姜制可发挥其不同的功效。

仲景方中对其他毒性中药的炮制也颇有讲究，常在方后注明所用药物的制法，如：附子的制法用炮、破，雄黄用研，半夏用洗，桃仁、杏仁去皮尖、熬，蜀椒去污、去腥，土鳖虫去足、熬，虻虫去翅足，熬，天雄炮，乌头炮或蜜制，皂荚酥制，巴豆、瓜蒌、商陆、芫花、乌头、蜘蛛、蜣螂、水蛭皆用熬。

三、剂量权宜，服法多样

“中医不传之秘在于量”，药物用量的大小，可决定整个方剂的功效和主治，仲景方疗效卓著，已为后世医家无数次验证，其应用方药的剂量因人因病权宜，颇有考究。如在四逆汤与通脉四逆汤中，两方药物相同，但后者由于加重了附子、干姜的用量，温阳驱寒力更强，用于治脉微欲绝。而在干姜附子汤中去掉了炙甘草，减少干姜的用量，用法为一次顿服，此因该方用于急救回阳，病势变化迅速，去掉炙甘草缓恋，减弱干姜守中之效，加以顿服，药力集中，发挥附子急救回阳的功效。仲景在方后提出“病皆与方相应者，乃服之”，说明选方遣药，必须符合病症，因病制宜，才能发挥药物的最大功效，收到预期效果。

抵挡汤和抵挡丸所用药材相同，而所治主症不同，抵挡汤用于破血逐瘀，抵挡丸用于散血消瘀，缓下去积，此因两方用药量用法不尽相同，抵挡汤中水蛭、虻虫各三十个，桃仁二十个，“以水五升，煮取三升，去滓。温服一升。不下，更服”。抵挡丸中水蛭、虻虫各二十个，桃仁二十五个，水蛭、虻虫量少，桃仁量增多，增强了桃仁缓和之力，削弱了水蛭和虻虫破血逐瘀之功，抵挡丸的用法是：“分四丸。以水一升煮一丸。取七合服之。晬时当下血，若不下者，更服”，说明抵挡丸煎煮时间较短，服用量不到抵挡汤的四分之一，故其破逐瘀血的势不似抵挡汤峻猛，用于病势较缓的蓄血证，而抵挡汤则用于病势迅猛的蓄血证。

仲景方中应用毒性中药的汤剂，多数温服，但因适应症的不同，在治疗上也有宜冷服的汤药，如用于咽痛的半夏汤有“内散两方寸匕，更煮三沸，下火令小冷，小小咽之”。生姜半夏汤中也指出“若服药呕吐者，可用冷服法”。用法上有顿服的半夏干姜汤，使其药力集中，收效迅速；也有日三服的附子汤，用于温补元阳，袪邪扶正；还有温分五服的当归四逆加吴茱萸生姜汤，用于日久的血虚寒凝，养血通脉，温经散寒。

四、观察细致，重视预后

现代临床非常重视病人的预后情况，在东汉时期仲景也非常重视病人服药后的观察。如服用乌头桂枝汤后的预后有“其知者，如醉状，得吐者，为重病”。服用白术附子汤后可能出现“其人如冒状，勿怪，即是术附并走皮中，逐水气，未得除故耳”的症状。大青龙汤有“汗出多者，温粉扑之”。大承气汤“初分温再服。得下，余勿服”，说明了以泻下为度，得下即至。瓜蒂散应“得快吐乃至”。牡蛎泽泻散曰：“小便利，止后服”等等。

五、结语

仲景方应用毒性中药在施治、配伍、炮制、剂量、服法和预后上有很多独到之处，可为临床提供参考。仲景学问是祖国医学的一大宝库，仲景方被历代医家誉为经方，其应用毒性药材之巧妙，内涵之丰富，我学习所得的体会也难窥其万一，有冀学者们深入研究，发扬光大。

参考文献

[1] 张东风．毒性饮片生产与监管亟待加强［N］．中国中医药报，2010－11－05（7）．

[2] 张长恩．张仲景用药解析［M］．北京：人民军医出版社，2007.

[3] 杨骏兴，邓宜恩，冯兴奎，等．金匮要略读本［M］．北京：化学工业出版社，2006.

[4] 崔伟．浅谈有毒中药的毒性成分及中毒机理与炮制［J］．河北中西医结合杂志，1998，7（6）：894.895.

[5] 杨殿兴，邓宜恩，冯兴奎，等．伤寒论读本［M］．北京：化学工业出版社，2006.

[6] 王竹星．医圣张仲景奇方妙用［M］，天津：天津科学技术出版社，2011.

［《2011年全国毒性中药饮片学术研讨会会议论文集》2011：39］

经方临床疗效评价方法及应用研究现状与思考

刘卫红　首都医科大学附属
北京中医医院中医研究所

临床疗效是中医学赖以生存和发展的根本，中医临床疗效评价是当前中医研究的热点之一。客观、全面、准确地反映出治疗性干预措施的效果，对于治疗方案的贯彻实施和保证最终的疗效都极为重要。

目前为止，中医药临床疗效评价存在如下问题[1]：一是疗效指标以经验为主，缺乏客观指标。比如一些老中医仍采用主观判断和粗略估计来判断疾病的转归，这种经验式的总结方法曾经对中医学的发展起到过巨大的推动作用，然而，随着时代的进步、科学的发展，这种临床疗效评价的方法已经不能适应当今社会的需要。二是疗效评价方法生搬硬套，照搬西医过去生物医学模式的疗效评价方法，着重于“金指标”的改变。三是疗效评价指标陈旧落后，如按照《中药新药临床研究指导原则》显效、有效、无效等界限不清，操作性很差的指标来判断。四是疗效评价未能体现中医特色，缺乏中医形神一体观等理论的指导，只重视生物学指标的改变；忽视精神心理和社会环境等的影响。五是对疗效评价的方法学重视不够，缺乏严谨合理的设计。因此，建立符合中医自身特点的疗效评价方法和体系是中医学发展亟待解决的问题。

本文通过对古今中医临床疗效评价方法及应用的分析，提出个人的思考。

一、古代中医临床疗效评价方法及应用

古代中医很早就注重对疗效的评价，各代的文献中都可以看到对疗效评价的表述，虽然未见相应的专著，千百年来却都是沿用共同的评价方法和指标，古代中医将疗效评价的意识融入到了临床实践的具体应用当中。李君[2]通过对部分经典的、代表性的古代中医文献进行系统的研究，认为古代中医文献中存在丰富的疗效评价内容。古代中医对疗效的评价有两种主要的评价方法和相应的两种评价指标。方法一是根据治疗前后证候表现的对比进行评价，这是文献中和临床上最常见、也是最多见的一种评价方法。该方法主要以患者的切身感受（即患者报告）为评价依据，充分体现了古代中医疗效评价对患者的尊重及以患者评价为核心的理念。方法二即指医生根据治疗后的病机变化来判断疗效。这是古代中医判断疗效的一种重要的、特有的方法，充分体现了中医辨证论治的特点。古代中医临床实践中，既有这两种评价方法各自的单独运用，更多地常表现为二者相辅相成、紧密结合、综合运用的形式。

古代医家朴素地根据患者的主观症状和体征来判定疾病的向愈与否，并以个案报道这种原汁原味的记录，促进了中医的传承和发展，但是其疗效评价是随机的，具有描述性、个体化，难以重复。

二、现代中医临床疗效评价方法及应用研究现状

1. 循证医学方法　循证医学指慎重、准确和明智地应用当前所能获得的最好的研究证据，结合医生的技能和经验，充分考虑患者的价值观和选择，做出合理的医疗决策[3]。

（1）Meta 分析。

Meta 分析是利用统计技术，综合多个独立的同类研究结果，对结果或某特定方法/措施的效应进行定量分析[4]。通过 Meta 分析，可以对有争议甚至互相矛盾的研究结果得出较为明确的结论。而且将同类研究结果进行定量综合，能达到增大样本量，改进和提高统计学检验功效的目的。此外，通过 Meta 分析能发现以往研究的不足之处，揭示单个研究中存在的不确定性，提出新的研究课题和研究方向[5]。

关于中医药的系统分析逐渐增多，如沈朝斌等[6]做了中医药创伤修复疗效的 Meta 分析；李可建[7]进行了脉络宁治疗缺血风急性期 Meta 分析；许卫华等[8]的雷公藤制剂治疗类风湿关节炎系统分析等。但是，能够达到国际标准的中医药系统综述/Meta 分析较少。

（2）随机对照试验（Randomized Controlled Trial，RCT）方法

随机对照试验已被国际上公认为临床防治性研究方法的金标准，主要有两种设计形式：解释性随机对照试验和实用性随机对照试验。解释性 RCT 一般用来评价干预措施的疗效，指干预措施在严格控制的理想条件下，对经过严格标准筛选后的受试者产生的治疗性作用。实用性 RCT 目的在于测量干预措施的实际效果，即干预措施在接近于临床实践的条件下能够取得的治疗性作用。

1）解释性随机对照试验

国内外采用 RCT 方法来评价中医药疗效的学者越来越多，如 Bensoussan 等[9]采用随机双盲评价中草药治疗肠易激综合征；Hon 等[10]采用随机双盲安慰剂对照试验评价传统中草药外用治疗儿童特异性皮炎；Mok 等[11]采用随机双盲对照试验评价中药治疗乳腺癌化疗的毒副作用；Foster 等[12]采用随机对照方法观察针灸治疗骨性关节炎的疗效。在国内，张伯礼等[13]采用多中心、随机双盲对照的研究方法开展中医药治疗血管性痴呆的研究；杨宇飞等[14]采用随机双盲观察中药对大肠癌术后复发转移的作用；张瑞明等[15]采用随机双盲对照方法研究丁桂油软胶囊治疗肠易激综合征的疗效。

目前，国内中医药 RCT 方法仍存在如研究设计和报告质量不高、随机方法应用不当、样本量估计不合理、观察指标测量不明确等等。同时，解释性随机对照试验方法学上的缺陷直接影响了其在中医药临床疗效评价中的应用，使中医药研究的科学价值难以得到国际上的认可。

2）实用性随机对照试验

实用性 RCT 是用来测量干预措施在常规临床实践中能够取得的治疗效果，更适合用来评价以个体化辨证论治和复杂性干预为特点的中医药疗法的临床效果。如宇文亚[16]采用实用性 RCT 实验设计，并采用虚拟事实因果模型评价缺血性中风早期康复中医方案的临床疗效。

2. 临床流行病学方法

（1）队列研究

队列研究作为经典流行病学观察性研究方法之一，在探讨与健康相关的影响因素方面，其研究结果比病例报告、现况研究、病例对照研究等观察性研究方法更有说服力，在临床研究中被广泛应用。如王舒等[17]采用队列研究观察中医综合疗法对缺血性中风恢复期患者运动功能的影响。

（2）病例对照研究

病例对照研究属于一种流行病学观察性研究，该方法的应用已从病因研究逐步扩大到疗效评价，可为队列研究和临床试验提供依据。病例对照研究对于中医药的研究有两个方面的意义，其一，研究中医药整体作为一个暴露因素与疾病结局的关系；其二，探讨中医药各个组成要素分别作为独立暴露因素与疾病结局之间的关系。在国内，临床流行病学方法也已被广泛应用于中医药研究的各个方面。

3. 量表法

（1）生活质量量表

随着医学模式的转换，人们对健康的认识与以往比较有了根本性的不同。作为从多维度反映患者主观感觉为主的社会医学指标生存质量受到了人们的极大关注。将生存质量引入中医药治疗疾病的临床疗效评价指标中，对于体现中医药治疗疾病的特色和优势，促进中医药的发展和现代化进程具有重要意义。王畅等[18]将有中医特色的生存质量评价指标引入皮肤病的中医疗效评价。朱蔓佳等[19]讨论将生存质量作为中医药治疗轻度认知功能障碍疗效评价重要指标的必要性。游捷[20]研制由中医临床及研究人员参与、能全面而准确反映中医治疗肿瘤临床疗效的肿瘤患者生活质量量表。

（2）PRO

病人报告的临床结局（Patient Reported Outcomes，PRO）指通过访谈、自评问卷或其他数据捕捉工具，如有关病人日常生活、健康状态和治疗措施等方面的日志，得到的直接来自于病人报告的相关资料[21~22]。惠建萍[23]等认为 PROs 评价将是对胃癌前病变中医临床疗效评价的重要内容。张丹婷[24]自行研制《COPD 合并慢性肺源性心脏病 PRO 中医主症量表》，作为该病中医临床疗效评价的重要补充。王其进[25]对已研制的重症肌无力 PRO 量表进行反应度考核，可以用作重症肌无力患者生存质量的调查研究，并用于中西医疗效评价。

4. 定性研究方法　定性研究是指在自然环境中，通过现场观察、体验或访谈收集资料，对社会现象进行分析和深入研究，并归纳总结出理性概念，对事物加以合理解释的过程[26]。当前补充替代医学领域可供选择的定性研究方法包括：访谈法；焦点组访谈；观察等方法。

虽然国内发表的医学定性研究还很少见，但随着医学定性研究方法的传播和国外大量相关研究的发表，定性研究已引起国内医学界，特别是中医药领域，对定性研究方法的逐渐关注和重视。余涛等[27]基于半结构化访谈法挖掘和分析肠癌患者中医症状，提炼出一组症状作为肠癌患者的中医疗效评价指标。

5. 数据挖掘方法　数据挖掘是一个涉及多学科交叉研究的领域，它融合了数据库技术、人工智能、机器学习、统计学、知识工程、神经网络等最新技术的研究成果，通过数据收集、整理、挖掘以及挖掘结果的评估进行分析决策。在数据挖掘中经常用到的如聚类分析、回归分析、神经网络、贝叶斯网络、粗糙集理论、灰色理论以及信息熵等，数据挖掘与传统的数据处理方法不同，能以线性和非线性方式进行数据解析，适宜对包含大量模糊和定性数据的中医证候规律及临床疗效评价研究。一些学者也尝试将数据挖掘技术运用于中医药疗效评价研究。如张哲等[28]提出引入模糊数学进行中医药临床疗效评价。孙继佳等[29]提出一种基于相似匹配测度的中医临床证候判别与证候疗效评价方法。高凡珠等[30]应用数据包络分析进行中医疗效综合评价。王雪峰等[31]应用数据挖掘技术探索性研究小儿肺炎中医疗效评价指标和方法。谢仁明[32]采用加权秩和比对 2 型糖尿病早期微血管病变的中医疗效进行综合评价。

6. 综合评价方法　综合评价是指对一个复杂系统用多个指标应用定性定量方法，对数据进行加工和提炼，以求得其优劣等级的一种总体评价的方法。中医临床疗效的综合评价，就是指对中医临床疗效这个复杂系统用多个指标或多种方法综合进行总体评价的方法[33]。目前综合评价方法得到许多学者的认可，在中医药临床疗效评价中得到广泛应用。张亚军等[1]提出建立形神一体观指导下能体现中医药优势和特色的综合的疗效评价体系。王阶等[34]基于模糊数学模型结合专家共识的研究方法建立冠心病心绞痛中医疗效评价指标体系。黄咏菁[35]建立多维评价指标体系，对中药滋阴清热狼疮胶囊治疗活动期系统性红斑狼疮的小样本 RCT 研究进行验证。

三、经方临床疗效评价方法研究

目前专门论述经方疗效评价方法的研究极少。随着中医药临床疗效评价方法的丰富和完善，必将促进经方疗效评价体系和疗效评价标准的研究。杨红[36]采用循证医学的方法和手段，对《伤寒论》112 方的临床研究文献进行系统的整理、分析和评价。其中小柴胡汤治疗慢性肝病和小青龙汤治疗哮喘的临床疗效得到了随机对照试验证据的支持，未报告严重的不良反应。然而，由于纳入的这些 RCT 报告的质量较低，对疗效的评价可能会夸大，目前的证据还不能得到国际上的认可，因此，研究结果的外推性受到一定限制。建议采用设计严谨的多中心、大样本、随机双盲、安慰剂对照试验对经方治疗特定疾病的疗效和安全性进行验证。

四、思考

1. 发挥经方整体调节的优势，重视结局指标的选择。结局指标，主要是指终点事件（死亡、病死率）。中医的整体调节在多因素综合控制方面具备先天的优势，对于高血压、糖尿病、高脂血症等具有共同病理基础的多因素慢性代谢性疾病，中医药降压、降糖、降脂的作用可能不如西药靶点明确。但是如果通过较长时间的随访，并做生存分析等进一步的研究，中医药干预的患者可能在病死率等方面不次于甚至优于西药组。主要原因在于中医强调整体观念，对病人进行全身性综合调理，使患者的各方面平稳地趋向正常，不致出现大的波动。而这种长期的平稳调理对于改善高血糖、高血压、高血脂病人的结局非常重要。

2. 体现以患者评价为核心的理念，借鉴 PRO 和生活质量。古代中医最常见的疗效评价方法是根据治疗前后证候表现的对比进行评价，主要以患者的切身感受即患者报告结局为评价依据，充分体现了古代中医疗效评价对患者的尊重及以患者评价为核心的理念。临床症状是病人的主观感觉，是病人最感痛苦的和最为关心的。临床上，很多情况下实验室指标并不能非常客观、灵敏地反映病情的变化，而病人的主观感觉才是最灵敏的。因此作为临床疗效评价来说，理应更多考虑临床症状与症状群。不管采用单个症状还是症状群，都应是在一段时间内比较持续而稳定地影响病人的主观感觉，才比较适合于作为疗效评价指标。患者报告的临床结局为评价临床症状的改善提供了技术支持。生存质量是人主观上对自己生活状态的满意程度，也可以说是对生活状况优良劣差的一种主观评价。中医在改善症状方面具有独到的优势。改善病人最感痛苦的症状，可以使其主观满意度明显上升。这些症状的主观满意度，绝大多数是属于生存质量的范畴。以病人报告的临床结局和生存质量来评价经方的临床疗效，既能反映中医的特色和优势，也比较容易得到国际公认，不失为一个好的着眼点。

3. 构建综合疗效评价体系，客观全面评价经方临床疗效。目前构建中医综合疗效评价体系得到大多数学者认可，综合疗效评价体系至少包括患者自我感受的症状、生存质量、医生关注的症状与体征、终点指标、生物学指标等评价指标。综合疗效评价体系可以保证评价结果更加客观、全面。比如糖尿病新药研发的近半个世纪，基本上是以传统消渴理论为指导，开发了近百种治疗消渴的中成药，但绝大多数并没有明确的降糖疗效，以至于中医界自身也普遍认为中医不能独立降糖，只能辅助降糖，并在这方面几乎达成了高度共识。仝小林[37]对于未用西药治疗的初诊 2 型糖尿病患者，即使血糖水平很高，只要未出现糖尿病昏迷都首选中药，降糖迅速平稳。分析从辅助降糖到独立降糖的研究历程，认为除了对病机的再认识、对药物的剂量应用过于局限，不能突破常规等原因外，过多关注证候、对辨病治疗关注不够是降糖不利的思想基础。因此，构建综合疗效评价体系，可在疗效评价的指标选择层面促进经方治疗各种疾病的研究。

参考文献

[1] 张亚军，李友林，胡立胜，等．构建形神一体观指导下的临床疗效评价体系中华中医药杂志（原中国医药学报）；2008，23（9）：72～773.

[2] 李君．古代中医疗效评价的文献研究．中国中医科学院 2009 届博士学位论文．

[3] 刘建平，曹卉娟．从循证医学看国内发表的中医药临床研究现状及改进策略．中国中西医结合杂志，2010；30（I）：5～8.

[4] 汤旦林，李晓强．统计在生命科学中的实践和认识（Ⅳ）Meta 分析－一种量化的信息综合方法（上）：数理统计与管理，1997，16（4）：59.

[5] 郭志忠，蒋健，苏式兵．中医临床疗效评价探讨．世界科学技术－中医药现代化，2009：11（5）：653～659.

[6] 沈朝斌，顾增，林千里．中医药对创伤修复作用的 Meta 分析，上海中医药杂志，2004，35（3）：56～59.

[7] 李可建，马丽虹．脉络宁注射液治疗缺血性中风急性期随机对照试验的 Meta 分析．中国中医基础医学杂

志，2006，12（11）：565～567.
[8] 许卫华，谢红．雷公藤制剂治疗类风湿关节炎随机对照试验文献方法学质量评价．中华风湿病学杂志，20（4），8（12）：740～742.
[9] Bensoussan A，Talley NJ，HingM. et al. Treatment of irritable bowel syndrome with Chinese herbal medicine：a randomized controlled trial. JAMA，1998，280（18）：1585～1589.
[10] K. L. E. Hon，T. F. Leung，P. C. Ng，et al. Efficacy and tolerability of a Chinese herbal medicine concoction for treatment of atopic dermatitis：a randomized，double－blind，placebo－controlled study. British Journal of Dermatology，2007，157（2）：357～363.
[11] T. S. K. Mok，W. Yeol，P. J. Johnson，et al. A double－blind placebo－controlled randomized study of Chinese herbal medicine as complementary therapy for reduction of chemotherapy－induced toxicity. Annals of oncology，2007，4（18）：768～774.
[12] FosterNE，Thomas E，Barlas P，et al. Acupuncture as an adjunct to exercise based physiotherapy for osteoarthritis of the knee：randomized controlled trial，BMJ12007，335（7617）：436.
[13] 张伯礼，王永炎，陈汝兴，等．健脑益智颗粒治疗血管性痴呆的随机双盲临床研究．中国中西医结合杂志，2002，22（8）：577～560.
[14] 杨宇飞，许云，吴煌，等．祛邪胶囊减少大肠癌术后复发转移的临床随机双盲对照研究．中国中西医结合杂志，2007，27（10）：879～882.
[15] 张瑞明，王营，杨晓楠，等．丁桂油软胶囊治疗肠易激综合征寒凝气滞证的随机双盲安慰剂对照多中心临床研究．中西医结合学报，2007，5（4）：392～397.
[16] 宇文亚．基于虚拟事实因果模型的缺血性中风早期康复中医方案疗效评价研究．中国中医科学院2009届博士研究生论文．
[17] 王舒，朱倩．中医综合疗法对缺血性中风恢复期患者运动功能影响的临床观察－队列研究。2010年中国针灸学会学术大会论文集，298～304.
[18] 王畅，杨志波，匡琳．生存质量研究与皮肤病的中医疗效评价．中医药导报，2006，12（6）：5～7，13.
[19] 朱蔓佳，张虹，赵凌．生存质量与中医治疗轻度认知障碍疗效评价体系的建立．辽宁中医杂志，2010，37（5）：810～811.
[20] 游捷．研制肿瘤患者生活质量S表中医版的意义及必要性．中西医结合学报，2006，4（5）：473～477.
[21] PatrickDL. Patient－reported outcomes（PROs）：an organizing tool for concepts，measures，and applications［J］. Quality of life news letter，2003，31：1～5.
[22] Acquardo C，Berzon C. Incorporating the Patient's perspective in to Drug Development and Communication：An Ad Hoc Task Force Report of the Patient－Imported Outcomes（PRO）Harmonization Group Meeting at the Food and Drug Administration［J］，Value in Health，2001，6（5）：522～531.
[23] 惠建萍，沈舒文，刘力．基于胃癌前病变患者报告的临床结局的研究与思考．辽宁中医杂志，2010，37（9）：1845～1847.
[24] 张丹婷．慢性阻塞性肺病合并肺源性心脏病中医主症病人报告结局量表的评介．广州中医药大学2010届硕士学位论文．
[25] 王其进．中医重症肌无力患者报告结局量表反应度考核．广州中医药大学2008届硕士学位论文．
[26] 刘建平．定性研究与循证医学．中国中西医结合杂志，2008，28（2）：165～167.
[27] 余涛，刘曼曼，侯风刚，等．基于半结构化访谈法的肠癌患者中医症状的挖掘和分析．成都中医药大学学报，2010，33（4）：18～20.
[28] 张哲，罗智博，张会永，等．基于模糊数学创新中医临床疗效评价方法探析．中华中医药学刊，26（1）：158～160.
[29] 孙继佳，陆奕宇，苏式兵．基于相似匹配测度的中医证候疗效评价方法研究．中国中医药信息杂志，2010，17（11）：6～9.
[30] 高凡珠，谢雁鸣，王永炎．引入数据包络分析法用于中医临床疗效综合评价．中医杂志，2010，51（9）：790～792.
[31] 王雪峰，董丹，梁茂新，等．数据挖掘技术在小儿肺炎中医临床疗效评价研究中应用的思路与方法．中国中西医结合杂志，2007，27（10）：949～951.
[32] 谢仁明．2型糖尿病早期微血管病变中医疗效的加权秩和比（WRSR）综合评价．中国中医科学院2005届博士研究生论文．
[33] 李毓秋，刘福艳，王莹莹．试论中医临床疗效的综合评价．世界中西医结合杂志，2007，2（10）：607～609.
[34] 王阶，何庆勇，熊兴江．冠心病心绞痛中医疗效综合评价体系的研究方法探讨．世界科学技术－中医药现代化，2009，11（1）：11～14.
[35] 黄咏菁．中医药治疗系统性红斑狼疮多维疗效评价指标体系构建的研究．广州中医药大学2010届博士学位论文．
[36] 杨红．《伤寒论》112方现代临床研究的循证医学评价．北京中医药大学2008届博士学位论文．
[37] 仝小林．从中医药降糖的进步谈新药研发中几个值得关注的问题．中国新药杂志，2010，19（14）：1201～1203.

[《国际（中日韩）经方学术会议暨第二届全国经方论坛会议论文集》2011：55]

近30年岭南地区经方运用发展趋向

陈　妙　北京大学深圳医院
李赛美　广州中医药大学

近些年来，许多疑难杂病在无计可施时，都在经方中寻求突破。经方的临床运用展现了独特的魅力，而岭南地区经方运用有什么规律尚不明确，因此笔者对近30年岭南地区经方临床运用发展历程、规律特色进行研究。笔者搜集了CNKI中国知网的数据库中1980年至2011年的所有关于经方在岭南地区运用的期刊论文。采取的检索方法为：对“关键词”为“经方”，进行一次检索，得到相关文献2742篇，然后对这结果分别进行“全文”为“广东”“广西”“香港”“澳门”“海南”的二次检索。得到相关文献284篇。其中广东地区169篇，广西地区72篇，香港地区30篇，海南地区13篇，澳门地区则没有。文献入选标准：1、运用伤寒、金匮方；2、作者及工作单位为岭南地区（包括广东、广西、海南、香港、澳门）；3、研究对象来自于岭南地区。

笔者对近30年岭南地区经方运用发展历程分为三阶段，第一阶段：1980～1989年；第二阶段：1990～1999年；第三阶段：2000年以后。具体分述如下：

一、第一阶段（1980～1989年）

1. 论文分布

笔者检索1980～1989年关于岭南地区经方的研究论文共5篇。

2. 特征

（1）诊察要细，认证要准

所谓“桂枝下咽，阳盛则毙；承气入胃，阴竭乃亡”，正告诫不得孟浪从事也。梁武误用桂枝汤一案，误在诊察不细，忽略了咽部诊察，舌尖红也未重视，凭脉缓弱、恶风、汗出，即将风热乳蛾误为外感中风证，一投桂枝以温助热，使其变为声嘶难出之症。后医以银翘散加减治之方才挽回。此非经方不善，乃认证不真之咎。因此，经方只要认证准确，便能应手取效，否则不效或徒生它病。

（2）化裁加味

由于时代的变迁，病证特点表现呈多样化，经方药物精简，药味少。临床运用一般要因人、因时、因地，谨守病机，辨证施治，经方化裁加减。如陈福如临证应用经方化裁：邪客太阳，营卫不和，湿走经络证，用桂枝汤合玉屏风散，加五加皮、附子。少阳风热证，治以和解少阳，降逆止呕，用小柴胡汤加枇杷叶。太阳表证未解，邪入于腑，膀胱气化不利，治以化气行水，解表清热，用五苓散加滑石、甘草、芦根。

（3）临床新用

小建中汤有用于皮肤科的报道，如广州中医学院张超老中医曾使用本方治愈二例慢性荨麻疹。一例患者尚有过敏性鼻炎，使用小建中汤加辛夷，四剂而取效。另一例尚有溃疡病史，使用小建中汤三剂而取效。这两剂患者在发作时均有胃脘痛，且舌淡苔薄，脉缓，病机为中焦虚寒，风邪入侵，治用小建中汤温中补虚，脾旺不受邪而收效。由于岭南湿邪较重，湿为阴邪，易损伤人体之阳气，加之岭南凉茶、冷饮的广泛滥用，更易损伤脾胃之阳。因此在岭南地区中焦虚寒病机的皮肤病、胃肠病等病人比较多见。

黄芪桂枝五物汤即桂枝汤去甘草，倍生姜，加黄芪组成，全方有益气通阳，和营行痹之效。如陈氏曾用本方加味治疗表虚营卫不和的荨麻疹，效果满意。

桂枝茯苓丸由桂枝、茯苓、桃仁、赤芍、丹皮组成，《金匮要略·妇人妊娠病脉证并治第二十》“所以血不止者，其癥不去故也，当下其癥，桂枝茯苓丸主之”。本方治疗妇人癥病，有祛瘀化癥之效。后世有人用于治疗证属血瘀之皮肤病。如陈氏据神经性皮炎的皮疹表现为苔藓样变，认为属肌肤甲错范畴，而肌肤甲错为血瘀之证，当用活血化瘀之剂，使用本方有一定疗效。小柴胡汤为疏肝利胆，通调三焦，和解少阳之主方。王伯章用小柴胡汤治疗肾绞痛。熊曼琪教授运用加味桃核承气汤（片）治疗糖尿病临床疗效观察，结果表明单纯“加味桃核承气汤”组有效率为90%，其中显效率为55%，中西药合用组有效率为80%，其中显效率为100%。

二、第二阶段（1990～1999年）

1. 论文分布

笔者检索1990～1999年关于岭南地区经方运用的研究论文共20篇，从而可知，本阶段文献量逐渐增多，本时期岭南地区经方的临床运用研究在不断发展中。

2. 主要内容

（1）岭南当代伤寒家（广用经方巧变通）

全国名中医、著名中医学家夏洪生教授，从事中医临床、教学、科研40余年，精通岐黄，学验俱丰，他一向尊师重道，对《伤寒论》有很深的造诣，临证立法遣药，首崇仲景，以经方组方严谨、用药精炼、疗效卓著而为世人所推崇。

（2）岭南地区擅用经方

岭南地区应用较多，且方法灵活，疗效卓著的有以下数方：

①桂枝汤类方

a. 桂枝汤。为桂枝汤类方的代表，《伤寒论》向被中医界誉为方书之祖，而桂枝汤又是《伤寒论》的第一首方，因此柯韵伯在《名医方论》称："此方为仲景群方之冠。乃滋阴和阳、解肌发汗、调和营卫之第一方也。凡中风、伤寒、杂症、脉浮弱、汗自出而表不解者，成得而用之"。目前已广泛用于内、外、妇、儿、皮肤科辨证属于营卫不和的疾病。

近年来随着科技发展，人民生活水平的不断提高，空调的逐步普及，岭南地区夏令天气炎热，腠理开泄，汗出当风，岭南人好进食冷饮，或频繁进出凉风侵袭的空调环境，或长期在空调环境下工作和生活，易为风寒之邪所中而得病。正如近代名医曹颖甫先生提出"桂枝汤方独于夏令为宜也"之说，把桂枝汤誉为"夏日好冷饮而得表证者之第一效方"。桂枝汤乃夏教授运用经方中最常用方剂，如治疗以下疾病：①感冒，尤其是虚人感冒或老年人外感风寒。②发热，以发热汗出、舌淡脉弱为特征。③植物神经功能紊乱。④过敏性鼻炎属肺虚卫气失调、卫外不固者。⑤各种皮肤病如荨麻疹、各类皮炎、湿疹、皮肤瘙痒等，乃取其调和营卫，使"血行风自灭"之效。⑥合瓜蒌薤白半夏汤治疗冠心病。

b. 小建中汤。夏教授用此方治疗各种胃肠疾患，如溃疡病、慢性胃炎、慢性结肠炎、胃肠功能紊乱，均获良效。

c. 芍药甘草汤。目前其被广泛运用各种痛证。夏洪生教授认为此乃止痛第一要方，常以之为基本方，广泛用治胃脘、腹、胸、肢体等各种疼痛。

d. 黄芪桂枝五物汤。全方有益气通阳，和营行痹之效。如秦家泰教授运用本方加味治疗寒湿凝滞骨节，气血通行不畅所致血痹（风湿性关节炎），以益气补血，温阳通痹。

②柴胡汤类方

以小柴胡汤为代表。夏洪生教授常以之为基本方灵活加减治疗以下疾病：

a、外感发热，或感冒后、余邪未尽、邪在半表半里，或小儿发热，或无名热；b、用于虚中夹实之大便秘结者；c、用治皮肤病如荨麻疹、过敏性皮肤病等；d、用治各种消化系统疾病如肝炎、胃肠疾患、胰腺炎等；e、用治神经官能症，多与养心安神药合用。

③泻心汤类方

夏洪生教授以之治疗a、消化道溃疡；b、慢性胃炎、慢性结肠炎，大便干结者加生大黄，大便溏泄者加炒白术、茯苓等；c、幽门梗阻；d、复发性口腔溃疡，以甘草泻心汤为主；e、治疗白塞氏病。如麦燕芳运用半夏泻心汤加味治疗慢性萎缩性胃炎42例，结果治愈5例，显效23例，好转12例，无效2例，总有效率为95.24%。如黄彬运用半夏泻心汤加减治疗返流性食管炎临床观察，结果治愈49例，好转8例，无效3例，总有效率95%。

三、第三阶段（2000年以后）

1. 论文分布

笔者检索2000年以后关于岭南地区经方运用的论文有269篇。从而可知，本期岭南地区关于经方的论文文献量快速增长，本期岭南地区经方的运用研究进入快速发展繁荣期。

2. 出版著作

具有代表性的书籍是2008年9月李赛美主编的《经方研究与临床发微》；2009年7月郝万山、李赛美主编的《伤寒论》《理论与实践》；2009年10月沈庆法、李赛美主编的《中医经典百题精解丛一《伤寒论》；2010年1月李赛美主编的《经方临床运用》；2010年6月廖世煌、黄仰模主编的《金匮要略临床精要》等。

3. 特征

（1）岭南地区经方治疗病种

笔者对2000年以后岭南地区运用经方治疗各科疾病论文篇数进行比较，见表1、表2：

表1　非内科系统经方运用的文献统计

妇科	篇数	骨伤科	篇数	皮肤科	篇数	五官科	篇数	儿科	篇数
带下	1	颈椎病	1	湿疹	1	喉痹	3	小儿咳喘	2
月经失调	3	骨质疏松症	1	荨麻疹	3	耳鸣	1	小儿多动症	1
附件炎	1	肌肉拉伤	1	夜间脱发	1	耳疮	1	小儿久泻	1
产后病	2	肩手综合征	1	水痘	2	口疮	2		
更年期综合征	1	腰椎间盘突出症	1	带状疱疹后遗神经痛	1	过敏性鼻炎	1		
		末梢关节炎	1	慢性丹毒	1	舌痛	1		
		落枕	1	扁平疣	1				

表2　内科系统经方运用的文献统计

呼吸系统	篇数	消化系统	篇数	消化系统	篇数	消化系统	篇数	内分泌系统	篇数
发热	2	慢性胃炎	5	腹痛	3	癌热	3	消渴病	2
感冒	3	慢性结肠炎	2	肝硬化腹水	2	原发性肝癌	2	消渴病合并症	10
咳嗽	9	胃肠功能紊乱	1	胰腺炎	1	肝邪虫积胁痛	1	腺垂体功能减退症	1
喘证	5	消化道溃疡	1	呃逆	3	鼓胀	1	痛风	1
喘咳危证	1	严重厌食症	1	肝炎	1	幽门梗阻	1		
外感	2	呕吐	1	黄疸	5				
神经内科	篇数	神经内科	篇数	循环系统	篇数	泌尿系统	篇数	其他	篇数
颤证	1	嗜睡	1	病毒性心肌炎	2	慢性肾衰	1	痹症	6
头痛	2	癫痫	1	胸痹	4	水肿	1	汗证	3
癔病	1	痿证	1	心悸	3	遗尿	1	奔豚	1
郁证	3	眩眼症	2	高血压病	2	尿崩症	1		
失眠	2	多发性硬化	1	心力衰竭	2	前列腺炎	3		
椎基底动脉供血不足	1	脑外伤和中风	1						

从以上二表可以看出，岭南地区医家运用经方广泛治疗各类疾病，其中糖尿病、慢性胃炎、咳嗽、痹证、胸痹、汗证等较常见。

（2）岭南地区擅用的经方

笔者对2000年后岭南地区运用较多的各类经方论文篇数进行比较，见表3：

表3　各类经方论文篇数统计

经方	篇数	经方	篇数	经方	篇数
桂枝汤类方	45	柴胡汤类方	26	泻心汤类方	8
四逆汤类方	14	五苓散类方	29	麻黄汤类方	21
炙甘草汤	3	桃核承气汤	3	乌梅丸	5
薏苡附子败酱散	4	茵陈蒿汤	4		
麦门冬汤	4	黄连阿胶汤	4		

从以上表可以看出，经方在岭南地区应用最多的为桂枝汤类方，其次是五苓散类方、柴胡汤类方、麻黄汤类方、四逆汤类方、泻心汤类方。

综上所述，对近30年岭南地区经方临床运用发展历程分为三个阶段。第一阶段、1980～1989年为岭南地区经方运用研究平缓期；第二阶段、1990～1999年为岭南地区经方运用研究发展期；第三阶段、2000年以后为岭南地区经方运用研究繁荣期。经方在岭南地区广泛应用于临床各科。

经方在岭南地区广泛运用于临床各科杂病，包括内、妇、儿科，皮肤科，五官科，骨科等，尤其治疗外感、咳嗽、喘证、慢性胃炎、呃逆、胁痛、黄疸、头痛、汗证、焦虑证、郁证、失眠、眩晕、消渴、水肿、遗尿、痰饮、心悸、胸痹、痹证、鼻炎、荨麻疹、神经性皮炎、瘙痒症、疑难杂症等病症，且疗效显著。岭南地区应用较多，且方法灵活，疗效卓著的经方有桂枝汤类方、柴胡汤类方、泻心汤类方、四逆汤类方、五苓散类方、麻黄汤类方、桃核承气汤、乌梅丸、薏苡附子败酱散、茵陈蒿汤、炙甘草汤、麦门冬汤、黄连阿胶汤等。

［《全国第十九次仲景学说学术年会论文集》2011：58］

经方麻杏石甘汤干预小儿病毒性肺炎的 Meta 分析

王　子　王雪峰　魏　巍　李　楠
辽宁中医药大学附属医院

病毒性肺炎是小儿的常见病，尤其在婴幼儿时期较为多见，严重威胁儿童的健康。常见病毒病原主要包括呼吸道合胞病毒（RSV）、流感病毒（IV）、副流感病毒（PIV）、腺病毒（ADV）及人偏肺病毒（mHPV）等。其中，RSV是3岁以下儿童病毒性肺炎的主要病原。在美国，每年约有350～400万4岁以下儿童感染RSV，10万人因此住院[1]。

目前国内外病毒性CAP的一般性支持疗法、对症疗法和加强护理等仍居重要地位，而特异性病因治疗仍有局限[2]。从1986年美国使用利巴韦林作为抗病毒药物雾化吸入治疗严重性RSV肺炎至今，时有文献报道利巴韦林在降低RSV治病率及呼吸恶化方面的作用并不明显[3]。而干扰素、免疫球蛋白等新的治疗RSV感染肺炎药物仍处于试验阶段，对于其疗效及不良反应尚不明确[4]。另有实验研究表明静脉注射利巴韦林治疗严重腺病毒感染的肺炎疗效尚不明确[5]。

中草药治疗小儿肺炎已有两千多年的历史。古代中医文献中并没有病毒性肺炎的明确记载，但有关可供借鉴的相关论述。《素问·通评虚实论》就记载了婴儿因为感受风热之邪，产生喘鸣的症状，这与我们所探讨的各种呼吸道病毒引起喘憋性肺炎的症状相似。麻杏石甘汤始见于东汉名医张仲景《伤寒论》一书，其主要作用是辛凉宣泄，清肺平喘，用于治疗表邪未解，邪热壅肺之咳喘。中医认为病毒性肺炎的病机多为痰热壅肺，肺气郁闭，另有现代药理研究表明，麻杏石甘汤具有抗病毒、解热、平喘、镇咳作用，故认为麻杏甘石汤适用于治疗儿童病毒性肺炎。

一、方法

1. 纳入标准　同时符合以下条件的研究被纳入：①符合《小儿肺炎防治方案》[6]或《褚福堂实用儿科学》[7]制定小儿病毒性肺炎的诊断标准；②试验为随机对照试验（randomised clinical trial，RCT）和半随机对照试验（quasi－RCTs）；③干预措施：试验组予以经方麻杏石甘汤为主方的中药汤剂治疗，对照组予病毒唑、病毒唑＋青霉素类或青霉素类治疗。

2. 排除标准　(1) 病毒以外病原感染引起的肺炎；(2) 单纯的描述性研究，无对照组：(3) 非 RCT；(4) 虽为 RCT，但采用自身对照；(5) 对照组、试验组均使用以经方麻杏石甘汤为主方的中药汤剂；(6) 对照药物非抗生素或非抗病毒药。

3. 疗效判定指标

(1) 主要指标　临床治愈：症状、体征完全或基本消失，客观指标恢复正常，治疗后积分减少 90% 以上：临床显效：主要症状、体征明显缓解，客观指标接近正常，治疗后积分减少 67 ~ 89%；临床有效：主要症状、体征好转，客观指标有所改善，治疗后总积分减少 33 ~ 67%。

(2) 次要指标　安全性；副作用、毒性反应及心肝肾功能障碍的发生情况。

4. 文献检索策略

(1) 数据库：中国生物医学文献数据库（1978 年 1 月至 2010 年 12 月）：中国期刊全文数据库（1979 年至 2010 年 12 月）：中文科技期刊全文数据库（VIP - 维普）(1989 至 2010 年 12 月)，手工检索：相关杂志、专业资料和网络上的信息。筛选有关以经方麻杏石甘汤为主方的中药汤剂治疗小儿病毒性肺炎方面的国内文献。

(2) 检索策略　中文检索式：随机对照试验 AND 儿 AND（病毒性肺炎 OR 喘憋性肺炎 OR 喘息性肺炎 OR 毛细支气管炎）AND（麻杏石甘汤 OR 麻杏甘石汤 OR 麻黄杏仁石膏）。

5. 文献纳入和排除及质量评价方法　由 2 位评价者完成，独立检索和核对文献摘要，按照 JADAD 量表[8]，独立进行质量评价和数据提取，交叉核对结果，凡遇到不一致之处由第三方一起讨论解决。

6. 统计学方法　采用 Cochrane 协作网提供的 RevMan 5. 1 软件进行资料的统计分析。计数资料采用比值比（RiskRatio，RR），计最资料采用加权均数差（weighted mean difference，WMD）表示治疗效应，两者均以效应值及其 95% 可信区间（confidence intervals，Cl）表示。对纳入研究进行临床异质性和方法学异质性分析，采用 X^2 检验分析各研究结果间的统计学异质性。当确定 meta 分析结果存在异质性（P < 0. 1）时，用随机效应模型（random effects model）表达，反之（P ≧ 0. 1）用固定效应模型（fixed effects model）表达。

二、结果

1. 文献概况

最初检索出已发表的文献 181 篇，其中 165 篇来自电子检索，16 篇来自手工检索。阅读文题和摘要后，剔除重复文献 15 篇；按照本研究采用的文献质量评价方法，排除评分 < 1 分及不符合文献纳入标准的文献 157 篇，仅有 9 篇被纳入系统评价[9~17]，共计 1294 名病毒性肺炎患儿。其中，2 组试验的文章 8 篇，3 组试验的文章 I 篇。所有 RCT 报告了病毒性肺炎患儿分配到接受以经方麻杏石甘汤为主方的中药汤剂治疗，对照药物包括单用病毒唑 7 篇，病毒唑联合青霉素 1 篇，单用青霉素 1 篇。8 篇试验未进行治疗后随访，1 篇提及，但未标明随访时间。所纳入的 9 篇文献的临床一般特征见表一，纳入研究的方法学质量见表二。纳入研究报告的结局指标有临床症状体征，退热时间，气喘消失时间，肺部罗音消失时间，胸片片影吸收有效率，住院时间。

表一　纳入试验的临床特征

试验	病例（男/女）		疗程	年龄（X ± s，年）	
	治疗组	对照组	（天）	治疗组	对照组
Liu LJ[9]	NA	NA	5 ~ 7	NA	NA
Fan RG[10]	NA	NA	7	NA	NA
Yuan B[11]	112/54	111/55	10	2. 84 ± 1. 7	2. 23 ± 1. 22
Liu Gl[12]	25/8	21/12	10	NA	NA
Xu L[13]	19/15	22/10	10	NA	NA
Ren XZ[14]	NA	NA	10	NA	NA
Song TD[15]	57/40	27/20	7 ~ 14	NA	NA
Zhang PZ[16]	NA	NA	NA	NA	NA
Wang SC[17]	18/12	17/13	7 ~ 21	3. 48 ± 1. 50	3. 75 ± 2 02

NA；在文中未提及。

表二　纳入研究的方法学质量

	随机序列的产生	随机化隐藏	盲法	病例退出与缺失	Jadad 得分
Liu LJ[9]	不清楚	不清楚	未使用	无	2 分
Fan RG[10]	不清楚	不清楚	未使用	无	2 分
Yuan B[11]	恰当	恰当	单盲	有	7 分
Liu GL[12]	不清楚	不清楚	单盲	无	3 分
Xu L[13]	不清楚	不清楚	单盲	无	3 分
Ren XZ[14]	不清楚	不清楚	单盲	有	4 分
Song TD[16]	不清楚	不清楚	未使用	无	2 分
Zhang PZ[16]	不清楚	不清楚	单盲	有	4 分
Wang SC[27]	不清楚	不清楚	未使用	无	2 分

9 篇纳入的随机对照临床试验中，Jadad 计分为 7 分的试验 I 篇[11]，4 分的试验 2 篇[14,15]，3 分的试验 2 篇[12,13]，2 分的试验 5 篇[9.10.16.17]。3 篇评价为高质量，其余 6 篇试验随机分配隐藏不清楚，方法学质量较差（Jadad 积分在≦3 分）。没有 1 篇试验报道了样本量估算的依据。3 篇试验[11,14,16]报道了从试验撤除的病例数及撤除，其中，只有 1 篇试验报道了撤除的原因[11]。

2. 临床疗效分析

9 篇 RCT 文章均采用了综合性疗效评价标准，参照国家中医药管理局 1994 年发布的《中医病证诊断疗效标准·中医儿科病证诊断疗效标准》[18]肺炎喘嗽的疗效评定标准和中华人民共和国卫生部《中医新药临床研究的指导原则》评价[19]。以总有效率即基本治愈、显效和有效率之和表示临床综合疗效。

其中，7 篇试验对照药物为病毒唑，1 篇为病毒唑联合青霉素 1 篇，1 篇为青霉素，予以亚组分析及合并分析。异质性检验 $P<0.00001$，有统计异质性，采用随机效应模式。治疗组与对照组分析结果表明两者的差异无统计学意义（$RR=0.99$；95% CI［0.95～1.03］）。合并效应检验 $Z=0.52$（$P=0.060$）提示异质性，结果存在偏倚。

3. 不良反应

5 篇试验报告了试验药物不良反应的观察。其中，4 篇[11～13,16]试验的文章确切注明是以治疗前后血常规，尿常规，便常规，肝肾功能等理化定最指标的变化来进行不良反应的标准化检测，且试验两组均未发现不良反应。另 1 篇[10]试验未说明获得不良反应结局的方法，但报道了治疗组出现 1 例轻度腹泻，停药后即愈；对照组则出现 2 例厌食，1 例贫血，2 例腹泻，对症治疗后缓解。

三、讨论

本系统评价综合分析和按照单个结局分析结果提示以经方麻杏石甘汤为主方的中药汤剂治疗病毒性肺炎患儿的临床痊愈率显著优于西药治疗，并且在止咳、平喘、胸片片影吸收、减短住院时间几方面具有一定效果；但在对发热缓解、肺部罗音吸收疗效尚不显著。

目前，国内进行了大量的中草药或中成药治疗小儿病毒性肺炎的临床试验研究[20]。其中，大部分研究仅仅针对某一药物中抗病毒成分进行体内外实验及临床研究。一方面，其临床研究的方法学质量尚待权威评价；另一方面，其忽略了中医药加减配伍组成方剂的整体观。在文献中，只有小部分对中医经典方剂干预小儿病毒性肺炎进行了研究，并且在试验的方法学质量上仍有待提高。建议临床随机对照试验中应详细报告随机分配序列的产生方法及随机方案的隐藏，盲法的使用，病例报告中病例丢失的情况与原因；采用国际公认的治疗方案作为西药对照；疗效判定标准的选择应遴选国内外临床试验之精粹，形成有中国特色的中西医结合疗效标准；增加治疗后随访，进行长期观察临床结局，如病情复发与转归；调查药物的安全性应采用客观化、标准化检测方式或者规范的病例不良事件报告。

［《第 28 次全国中医儿科学术大会会议论文集》2011：67］

《伤寒论》四诊方法撷微

李赛美　广州中医药大学

初涉中医者，对四诊方法的了解大多源于《中医诊断学》，而中诊之源头又在经典。《内经》奠定了诊断学基础，《伤寒论》与临床紧密结合，是四诊在临床运用的具体体现。作为首部理法方药一脉贯通的经典之作，其四诊方法与运用有其独到见解，对当今临床仍具有重要指导价值。现结合《伤寒论》相关原文，对其具体内容与运用方法，概述如此。

一、望

1. 望神

少阴六死症、厥阴六死症，以及白虎汤证之重证、承气汤证、脏厥证、蛔厥证等，均论及“躁烦”或“烦躁”。“烦”轻、“躁”重，“烦”是自觉症状，“躁”是他觉症状。躁扰不宁，躁动不安，往往是病情危重之标志，或心肾虚衰，或邪盛上扰，致心不藏神，·神不守舍。有阳虚阴盛典之干姜附子汤证之“昼日烦躁不得眠，夜而安静”、茯苓四逆汤证之烦躁不分昼夜：有热盛邪扰之栀子豉汤证之“虚烦不得眠，反复颠倒、心中懊侬”、白虎汤证之“谵语遗尿”，桂甘龙牡汤证“因烧针烦躁者”。有桂枝去芍药加蜀漆牡蛎龙骨救逆汤证之“惊狂”、柴胡龙牡汤证之“烦惊、谵语”。有桃核承气汤证之“其人如狂”，抵当汤证之“其人发狂”。而“但欲寐”，作为少阴病提纲证表现之一，则反映了心肾阳虚，心神为阴寒困阻病机特征。

2. 望色

面色赤，往往是阳明经热表现，如206条提出“阳明病，面合色赤者，不可攻下”。23条“面色反有热色者，未欲解也，以其不得小汗出，其身必痒”，48条“设面色缘缘正赤者，阳气怫郁在表，当解之熏之”，均提出表郁内热之轻证辨证要点。219条白虎汤证重证有“口不仁面垢”，为阳明之热循经上熏所致。而当病情危重，阴盛格阳或戴阳时，也会“其人面色赤”，然与阳明之真热有浮游与凝重之别。

3. 望形

对于有毒的方药，仲景因人体重、体形有异，如热实结胸证，服三物白散方，提出“强人半钱匕、羸人减之”；悬饮证，服十枣汤“强人服一钱匕、羸人服半钱”。对于热病后期，余热未尽，气阴不足之竹叶石膏汤证，仲景描述为“虚羸少气”者。

4. 望态

对于肾阳亏虚，水泛经脉者，82条描述为“身瞤动，振振欲擗地者”，第67条“发汗则动经，身为振振摇者”；对于心阳亏虚，心失所养者，第64条描述“其人叉手自冒心，心下悸，欲得按者”，第75条有“未持脉时，其人手叉自冒心”。第295条“少阴病，恶寒身倦而利，手足逆冷者，不治”为少阴病寒化证之危候。

5. 望舌

《伤寒论》中舌诊不多，仅四处：第230条“阳明病，胁下硬满，不大便而呕，舌上白苔者，可与小柴胡汤”，指出阳明兼少阳，然阳明腑实未成，燥热尚轻者；第221条“……若下之，则胃中空虚，客气动膈，心中懊侬，舌上胎者，栀子豉汤主之”，暗指舌苔黄，作为热证鉴别要点。第129条“……如结胸状，饮食如故，时时下利，寸脉浮，关脉小细沉紧，名日藏结。舌上白胎滑者，难治。”第130条“藏结无阳证，不往来寒热，其人反静，舌上胎滑者，不可攻也。”指出藏结证脏气虚衰，阴寒凝聚之特点。

6. 望排泄物

辨呕吐物，清稀者为寒，黄稠者为热。第378条“干呕吐涎沫，头痛者，吴茱萸汤主之”另：如朝食暮吐、暮食朝吐为胃阳虚；下利清谷为脾肾阳虚，火不暖土；而葛根芩连汤证之喘、麻杏甘石汤证之喘为热，其痰嗽必黄稠，黄连汤证之“腹中痛，欲呕吐”，其呕吐为上热所致，必臭秽酸腐。第338条“蛔厥者，其人当吐蛔”吐蛔，是蛔厥证重要依据。

7. 望局部体征

第117条“烧针令其汗，针处被寒，核起而赤者，必发奔豚”，第29条……微恶寒，脚挛急，反与桂枝汤欲攻其表，此误也……若厥愈足温者，更作芍药甘草汤与之，其脚即伸……”或强调内外合因，内外同治；或突出主要矛盾，找到治疗切入点。阳明三急下证有“目中不了了，睛不和……”为燥热亢极，阴津欲竭之危候，故与承气汤急下存阴。

二、闻

1. 闻声音

第75条“未持脉时，病人手叉自冒心，师因教试令咳，而不咳者，此必两耳聋无闻也。所以然者，以重发汗，虚故如此。”第312条“少阴病，咽中伤，生疮，不能语言，声不出者，苦酒汤主之”

2. 闻呼吸

第299条“少阴病，六七日，息高者死”第362条“若脉不还，反微喘者，死。”

3. 闻言语

第210条“夫实则谵语，虚则郑声，郑声者，重语也”“言而微，终日乃复其言，此夺气也”。

4. 闻呕哕

桂枝汤证有“鼻鸣干呕”，五苓散证渴欲饮水，水入即吐之“水逆”；半夏泻心汤之“呕利痞”，少阳病之“心烦喜呕”，阳明病之“食谷欲呕”，太阴病之“腹满而吐”，少阴病之“欲吐不吐，心烦，但欲寐”，厥阴病“食则吐蛔”．干姜黄芩黄连人参汤证“食入口即吐”；第232条“若不尿，腹满加哕者，不治。”第194条“阳明病，不能食，攻其热必哕，所以然者，胃中虚冷故也”，第226条“若胃中虚冷，不能食者，饮水则哕”，第381条“伤寒哕而腹满，视其前后，知何部不利，利之即愈”。呕哕不止乎胃，也不离乎胃。

5. 闻咳喘

麻黄汤证为“无汗而喘”，麻杏甘石汤证为“汗出而喘”，桂枝加厚朴杏子汤为“喘家作桂枝汤”，承气汤证是“腹满而喘”，葛根芩连汤证是“下利兼喘”，小青龙汤证是“干呕发热而咳”，还有小柴胡汤证之“或喘”，猪苓汤证之“咳而呕渴”，真武汤证之“或咳”，四逆散证之“或咳”等。咳喘不止乎肺，也不离乎胃。

三、问

1. 问寒热

三阳病皆有发热，太阳病之发热恶寒同时并见，少阳病之往来寒热，阳明病之但热不寒。三阴病以恶寒为主，一般不发热，但若兼表，或脏病还腑，阴证转阳，或真寒假热亦可见发热。故第7条“病有发热恶寒者，发于阳也；无热恶寒者，发于阴也”。更细者，桂枝汤证为“翕翕发热”，调胃承气汤为“蒸蒸发热”，大承气汤证为“日晡所发潮热”；太阳病“脉浮、头项强痛而恶寒”，阳明病“不恶寒，反恶热”，白虎加参汤证之“背微恶寒，时时恶风”，附子汤证“身体痛，手足寒，骨节痛，脉沉者”，通脉四逆汤证“身反不恶寒，其人面色赤”，可见，寒热之症贯穿六经病。

2. 问汗

太阳病中，桂枝汤证与麻黄汤证鉴别要点是有汗与无汗；桂枝汤既可治疗营卫不和自汗症，又可治疗太阳中风表虚之“发热、汗出，恶风，脉缓者”。阳明病之，汗出濈濈然，小柴胡汤证有战汗，麻黄汤证有红汗；少阴病第283条“病人脉阴阳俱紧，反汗出者，亡阳也，此属少阴，法当咽痛而复吐利”。《伤寒论》中有“汗家”，有汗法。汗出即是祛邪的道路，也代表了里热炽盛而津未亡。若热盛无汗，或为阴虚，如196条“阳明病，法多汗，反无汗，其身如虫行皮中状，此以久虚故也”，或为湿热内蕴，将作黄疸。如第236条“阳明病，发热汗出者，此为热越，不能发黄也。但头汗出，身无汗，齐颈而还，小便不利，渴引水浆者，此为瘀热在里，身必发黄，茵陈蒿汤主之”。

3. 问头身

头痛根据部位不同，病位有别：太阳头痛在后项，少阳头痛在头侧，阳明头痛在前额，厥阴头痛在巅顶；身痛状况不同，病位病性有异：太阳病身痛无汗者为寒邪郁表，如麻黄汤证之“身疼腰痛，骨节疼痛”，桂枝新加汤证之”脉沉迟，身疼痛”，为气营不足，经脉失养，附子汤证之“身体痛，手足寒，骨节痛，脉沉者”，为肾阳虚衰，寒湿凝聚骨节所致，桂枝汤证之“身痛不休者”为营卫不和，经脉失养，还有“风湿相搏，身体烦痛，不能自转侧”之桂枝附子汤证、去桂加白术汤证，“风湿相搏，骨节疼烦，掣痛不可屈伸，近之则痛剧”之甘草附子汤证。

4. 问二便

“便硬”有血分、气分之异：阳明蓄血证，除“其人喜忘者，必有畜血”外，第237条指出其大便性状“屎虽硬，大便反易，其色必黑者，宜抵当汤下之”，其色黑粘如漆，与阳明腑实“燥屎”之黑晦如煤必有不同。

便脓血，有寒热虚实之别。第258条“若脉数不解，而下不止，必协热便脓血也”，第371条“热利下重者，白头翁汤主之”，为阳明或厥阴热盛，迫血妄行，血热相蒸，腐败为脓所致，实热痢必色鲜红而秽臭；虚寒痢色必暗赤不泽，味腥不臭，白多红少，甚至下白冻，如第306条“少阴病，下利便脓血者。桃花汤主之”。

小便色“白”或“清”是里证、寒证依据，第56条“伤寒不大便六七日，头痛有热者，与承气汤。其小便色清者，知不在里，仍在表也，当须发汗”。第282条“……若小便色白者，少阴病形悉具，小便白者，以下焦虚有寒，不能制水，故令色白也”。小便色黄则是热证或发黄证重要标志。如第236条“尿如皂荚汁状，色正赤，一宿腹减，黄从小便去也”，第206条“阳明病…色黄者。小便不利也”。

5. 问饮食

饮食反映脾胃受纳与运化功能，是胃气存亡重要标志。厥阴病之“饥而不欲食”，为胃热脾寒；少阳病“默默不欲饮食”为肝木乘土；瓜蒂散证“邪结在胸中，心下满而烦，饥不能食”。病症由不能食，到稍能食、能食转变，为胃气恢复，病情向愈，如霍乱病之”下利后当便硬，硬则能食者愈，今反不能食，到后经中，颇能食，复过一经能食，过之一日当愈，不愈者，不属阳明也”；热厥轻证，“伤寒热少微厥，指头寒，默默不欲食，烦躁，数日小便利，色白者，此热除也，欲得食，其病为愈”。而厥阴病之“除中”，虽能食，但为胃气衰败。“伤寒脉迟六七日，而反与黄芩汤彻其热。脉迟为寒，今与黄芩汤，复除其热，腹中应冷，当不能食，今反能食，此名除中，必死。”

6. 问胸腹

《伤寒论》太阳病变证中结胸、痞证、上热下寒证，阳明实证，少阳病，太阴病等，均涉及胸腹症状。一般言，结胸无虚证，其病因为热邪或寒邪，与体内之水饮或痰饮相搏结，病症为“从胸下至少腹，硬满痛不可近”“脉沉而紧，心下痛，按之石硬者”；痞证多虚实夹杂证，其心下“按之濡，但气痞耳”，或“按之痞硬”；少阳病之“胁下痞硬”“胁下硬满”“胸胁苦满”“心下急”；太阴病提纲证之“腹满而吐……时腹自痛”，或太阴腹痛证之“因而腹满时痛…大实痛”；阳明实证则为“腹大满不通”或“绕脐痛”；还有，气血不足，经脉失养之“腹中急痛”小建中汤证；气虚气滞腹胀之厚朴生姜半夏甘草人参汤证。

7. 问聋

肾开窍于耳，心寄窍于耳，少阳经脉外绕耳廓。耳聋常为肾气亏虚表现，但与少阴、少阳密切相关。实证如第264条“少阳中风，两耳无所闻”，为胆火上炎，清窍被扰；虚证如第75条有“未持脉时，其人手叉自冒心，师因教试令咳，而不咳者，此必两耳聋无闻也。所以然者，以重发汗。虚故如此”发汗太过，损伤心阴心阳，耳窍失养。

8. 问渴

《伤寒论》中有阴伤之渴，如阳明病热证，尤其白虎加参汤证“大烦渴不解”“欲饮水数升者”，厥阴病上热之“消渴”；有水饮内停，膀胱气化失司五苓散证之“消渴”“烦渴”“渴欲饮水，水入则吐者”；有寒饮内停，津液不布小青龙汤证之“或渴”“或不渴”“服汤已渴者”；有肾阳虚，津液不化，或因下利太甚而致阴伤之“五六日自利而渴者，属少阴也，虚故引水自救”；还有湿热发黄茵陈蒿汤证之“渴饮水浆者”；肝热内追阳明之白头翁汤证之“热利下重者”“下利欲饮水者”；小柴胡汤证，枢机不利，化热伤津之“或渴”。

9. 问经期

《伤寒论》少阳病热入血室证，共3条论及妇人经水：第143条“妇人中风，发热恶寒，经水适来，得之七八日，热除而脉迟身凉……此为热入血室也……当刺期门，随其实而取之”，第144条“妇人中风，七八日续得寒热，发作有时，经水适断者，此为热入血室，其血必结……小柴胡汤主之”，第145条“妇人伤寒，发热，经水适来，昼日明了，暮则谵语，如见鬼状，此为热入血室，无犯胃气，及上二焦，必自愈。”妇人经期感邪，寒热如疟，胸胁下满，并出现精神症状者，称之为“热入血室”。其治疗或邪随经下，或刺期门，或小柴胡汤和解枢机。

10. 问宿疾

宿疾，或称痼疾，慢性病，或特殊体质者。《伤寒论》太阳病桂枝汤证兼证有“喘家”作桂枝汤，用桂枝加厚朴杏子汤，指素有喘疾者兼太阳病处理方法；第17条“若酒客病，不可与桂枝汤，得之则呕，以酒客不喜甘故也”，指出内蕴湿热者禁用桂枝汤；第10条“风家，表解而不了了者，十二日愈”，指常受风患病者，得太阳病尚需一定时间调养。第81条“凡用栀子汤，病人旧微溏者，不可与服之”，指出素有脾寒便溏，当慎用栀子豉汤。另：在峻汗禁例中有“淋家”“疮家”“亡血家”“汗家”“衄家”等，提示某种体质，或原有慢性病，病久气血阴阳俱虚，故不能发虚人之汗，因而作为禁例。

11. 问喜恶

患者之喜恶，往往是内在环境真实反映，可作为病证鉴别重要依据。如第11条“病人身大热，反欲得衣者，热在皮肤，寒在骨髓也；身大寒，反不欲近衣者，寒在皮肤，热在骨髓也”。外有所缺，内有所需，第282条“……五六日自利尿而渴者，属少阴也，虚故引水自救”，第71条“太阳病，发汗后，大汗出，胃中干，烦躁不得眠，欲得引水者，少少与饮之，令胃气和则愈”。阳明病里热炽盛，故其证候特点为“身热，汗自出，不恶寒，反恶热”。吴茱萸汤证为胃中虚寒，浊阴上逆，若为热证则不得受纳，故第243条言“……得汤反剧者，属上焦也”。

12. 问治疗过程

尽管不同治疗方法，由于体质原因，病症变化具有一定规律。但治疗经过仍是十分重要的辨证信息。《伤寒论》中记录了大量因失治、误治而成“坏病”的案例，从另一侧面反映了仲景对治疗经过的重视。一般言，汗吐下等祛邪之法，多损正，素体阴虚者多转为热化证，多从少阳、阳明或少阴热化；素体阳虚者，则多转化为寒化证，多从三阴，尤其少阴寒化证。如第131条“病发于阳，而反下之，热入因作结胸；病发于阴，而反下之，因作痞也”。同时，因脏腑虚损不同，而病位有异。如第61条之肾阳虚烦躁证，“下之后，复发汗，昼日烦躁不得眠，夜而安静……脉沉微，身无大热者，于姜附子汤主之”，第118条心阳虚烦躁证，“火逆下之，因烧针烦躁者，桂枝甘草龙骨牡蛎汤主之”，第67条脾虚水停证，“伤寒若吐、若下后，心下逆满，气上冲胸，起则头眩，脉沉紧，……茯苓桂枝白术甘草汤主之”等。

13. 问药后反应

药后反应往往可作为前车之鉴，并提供治疗方向。如第159条“伤寒服汤药，下利不止，心下痞硬。服泻心汤已，复以他药下之，利不止，医以理中与之，利益甚。理中者，理中焦，此利在下焦，赤石脂禹余粮汤主之。复不止，当利其小便。”运用小承气汤，依据药后反应，如“……腹中转气者，更服一升，若不转气者，勿更与之，”对于大承气汤证判断，先与小承气汤试探，如第209条“若不大便六七日，恐有燥屎，欲知之法，少与小承气汤，汤入腹中，转失气者，此有燥屎也，乃可攻之，若不转失气，此但初头硬，后必溏，不可攻之，攻之必胀满不能食也”。运用大柴胡汤，先与小柴胡汤试探，由于小柴胡汤能通达上下，治疗“阳微结”，但攻下力较弱，相对较安全，若不解决问题，再与火柴胡汤攻下。如第103条“太阳病，过经十余日，反二三下之，后四五日，柴胡证仍在者，先与小柴胡。呕不止，心下急，郁郁微烦者，为未解也，与大柴胡汤，下之则愈”，第24条“太阳病，初服桂枝汤，反烦不解者，先刺风池、风府，却与桂枝汤则愈”。

药后反应能对疾病预后做出判断，如第41条小青龙汤证为外寒内饮，病人不渴，或渴，“服汤已渴者，此寒去欲解也”，第46条麻黄汤证，“……服汤已微除，其人发烦目瞑，剧者必衄，衄乃解。所以然者，阳气重故也。”

四、切

1. 切脉

《伤寒论》脉诊内容十分丰富，贯穿六经病证全程。并设有“辨脉篇”“平脉篇”专篇论述脉象之阴阳。

脉诊三部：如第166条“寸脉微浮，胸中痞硬，气上冲喉咽，不得息者，此为胸有寒也。当吐之，宜瓜蒂散”。第247条麻子仁丸证“趺阳脉浮而涩。浮则胃气强，涩则，便数，浮涩相搏，其脾为约。一第357条麻黄升黄汤证“寸脉沉而迟，手足厥逆，下部脉不至”。

尽管三部脉在《伤寒论》条文中来显全面记载，但《自序》中，仲景批评当时医者敷衍作风有表达：“观今之医者，不念思求经旨，以演其所知，各承家技，始终顺旧，省病问疾，务在口给，相对斯须，便处汤药。按寸不及尺，握手不及足；人迎趺阳，三部不参；动数发息，不满五十。”

有一病多脉：如太阳病“脉浮”，而桂枝汤证为“脉浮缓”、麻黄汤证为“脉浮紧”、太阳温病为“脉浮数”；有一证多脉：如桂枝汤证有“浮缓”“浮弱”“浮数”“洪大”之别，麻黄汤证有“浮紧”“浮”“浮数”，反映了由于体质与状况不同，脉象的复杂性与多样性。

同时，以脉代证、以脉代病机的表达比比皆是。如第12条桂枝汤证之“阳浮而阴弱”，既指真实的脉象浮弱脉，又指代病机，为卫阳浮盛，营阴不足。第154条热痞证“心下痞，按之濡，其脉关上浮者，大黄黄连泻心汤主之”，说明热痞证中焦热郁之病机。麻黄汤灵活运用之第51条、52条“脉浮者，病在表，可发汗，宜麻黄汤”“脉浮而数者，可发汗，宜麻黄汤”，即以“浮脉”代表一组麻黄汤证候。

以脉提示治法。也是《伤寒论》特色之一。如第323条“少阴病，脉沉者，急温之，宜四逆汤”，第394条“伤寒差以后，更发热，小柴胡汤主之。脉浮者，以汗解之；脉沉实者，以下解之”。以脉象反映病势传变，如第4条“……脉若静……为不传……脉数急者，为传也”以脉象提示禁例，如第285条“少阴病，脉细沉微，病为在里，不可发汗”，第27条“脉微弱者 此无阳也，不可发汗”，第38条指出大青龙汤对于“若脉微弱，汗出恶风者，不可服之”。以脉象判断预后，如第132条“结胸证，其脉浮大者。不可下，下之则死”，第315条少阴病白通加猪胆汁汤证，“服汤脉暴出者死，微续者生。”

2. 切肤

切肤，主要通过触摸支肤与肢体温度，把握病性之寒热虚实。

一般言，寒者多阳虚，或阳亡、或气郁：《伤寒论》中有“指头寒”“手足厥寒”“手足厥冷”“手足逆冷”之描述。第338条论脏厥时指出“伤寒脉微而厥，至七八日肤冷，其人躁无暂安时者，此为脏厥，非蛔厥也”，是病情危重凶险之表现。第333条提出试探法，了解胃气衰亡与否“今与黄芩汤，复除其热，腹中应冷，当不能食，今反能食，此名除中，死。”另外，根据症状与病机不同，厥阴病篇论述了11种厥证：包括脏厥、蛔厥、寒厥、热厥、水厥、痰厥、血虚寒凝厥、气郁致厥、痰热厥、冷结下焦关元厥、亡血之厥。重在同病异治，突出鉴别诊断。

热者，反映里热炽盛，或为阳气回复，或兼表证：如第293条：“少阴病，八九日，一身手足尽热者，以热移膀胱，必便血也”，为脏病还腑，阴证转阳，病邪由里达表之征。第278条“伤寒脉浮而缓，手足自温者，系在太阴”，为太阴中风，正邪交争之表现。少阴病之预后，与阳气存亡息息相关，有阳则生，无阳则死，故第288条言“……手足温者，可治”。

3. 切腹

腹诊，指对腹部施加一定压力，通过其反应以获取对病变部位、病性虚实信息的诊查方法，在《伤寒论》中独具特色，日本对此有深入探讨和临床发挥，并作为伤寒方运用重要指征。在太阳病结胸证、蓄水证、蓄血证，阳明腑实证，少阳病及太阴病等篇章描述较多。按性质分，有虚实之别。一般言，虚者，按之柔软无物，即空虚感。如痞证之心下痞，“按之自濡”，第347条“伤寒五六日，不结胸，腹濡，脉虚复厥者，不可下，此亡血，下之死”；实者。硬满拒按，有抵抗感。如“腹大满不通”“硬满痛不可近”“大实痛者”。

按部位分，有心下、胁下、大腹、少腹、小腹（膀胱）之异。

心下：如痞证，有大黄黄连泻心汤证之“心下痞，按之濡”；半夏泻心汤证之“但满不痛者，此为痞”；生姜泻心汤证“心下痞硬，干噫食臭”；甘草泻心汤证“心下痞硬而满，干呕心烦不得安”；痰气痞“心下痞硬，噫气不除者”；水痞证“痞不解，其人渴而口燥烦，小便不利者”。热痞为无形之热郁所致，故“但气痞”，若夹痰湿、食滞、水饮有形之实邪，则为“痞硬”。

胁下：如少阳病，有小柴胡汤证之“胸胁苦满”“胁下硬满”“胁下痞硬”，大柴胡汤证“心下急”，大柴胡汤证“胸胁满微结”，热入血室“胸胁下满，如结胸状”，少阳阳明合病之“胁下硬满”。

大腹：如阳明病、太阴病篇相关症状表现于腹。阳明者，胃与肠也；而脾又主大腹。实则阳明，虚则太阴。阳明病实证，包括三承气汤证、麻子仁丸证、润下法相关方证多有腹胀腹痛，不大便。如“腹满痛者”“腹满不减，减不足言”“绕脐痛”“短气腹满而喘”“腹大满不通者”；太阴病脾阳不足、寒湿内阻之“腹满而吐…自腹自痛”，太阴气血失和，经脉不畅之腹痛证：“因而腹满时痛者……大实痛者”。

另：还有水与邪气互结之结胸证，小结胸为“正在心下，按之则痛”，大结胸证“从心下至少腹硬满而痛，不可近者”，“脉沉而紧，心下痛，按之石硬者”。

少腹（膀胱）：第167条脏结证“病胁下素有痞，连在脐旁，痛引少腹，入阴筋者”，第392条阴阳易病“其人身体重，少气，少腹里急，或引阴中拘挛”。邪结膀胱，有蓄血与蓄水之分。如桃核承气汤证“热结膀胱……少腹急结”，抵当汤证“……以热在下焦，少腹当硬满，小便自利者，下血乃愈”；五苓散证“少便少者，必苦里急也”；冷结膀胱关元厥“小腹满，按之痛”；热移膀胱证“一身手足尽热者，以热在膀胱，必便血也”尽管原文未描述局部症状，但小腹痛隐含其中。

总上所述，望闻问切，乃中医四诊方法，古今一脉相承。尤其《伤寒论》全面、系统、细致、有效地运用了四诊方法，给现代留下了宝贵而真实的史料；并为《伤寒论》方证准确运用，提供了客观指征与依据，是中医辨证论治体系中重要组成部分。《伤寒论》不但是中医临床辨证论治的经典，也是中医诊断学运用的经典。

[《全国第十九次仲景学说学术年会论文集》2011：81]

浅谈《伤寒论》中和法的应用

黄祥武　湖北省荆州市中医院

一、概述

清·程国彭著《医学心悟》，力倡汗、吐、下、和、温、清、消、补八大治疗法则。又曰：“寒温并用谓之和”。这里所言之“温”包含有“热”“火”之意，亦即有“寒热并用”。“寒火并用”之意。乃因“热为火之渐，火为热之极”是也。由此推之：温为热之渐，热为温之极也。可见：温、热、火之性质一类也，然程度不同也。由是可谓：

"和"法乃"寒温并用","寒热并用"之意也。这里的寒、热、温、火均指药物的寒热温凉之性，仅其程度不同罢了。

《黄帝内经·至真要大论》云："寒者热之，热者寒之"，"治热以寒，治寒以热"。为临证治疗寒证，热证制定了治疗总纲。然这段文字的味外之意，弦外之音是否还表明，寒热错杂之证又当寒温并投，乃后世所言"和"法也。

"和"之为法，乃指在中医药理论的指导下，根据病情的寒热互见的性质，在一张药方中，其药物的药性既有寒凉药，又有温热药，正确组方，合理选药，有机配伍，寒凉并施，相辅相成，整体调治，针对性强。共同发挥"祛邪扶正""治病求本""调整阴阳""以平为期"的治愈疾病的目的。

"和"法作为治疗寒热错杂之证的大法，其理论基础渊源于《内经》临床应用肇端于《伤寒论》，继承发展于后世。仲师开"辨证施治"，寒温并施之先河，乃"和"法之首创者。书中之方剂有组方严谨，药味少，疗效著之特点。众多方剂如小柴胡汤、附子泻心汤，甘草泻心汤，生姜泻心汤、半夏泻心汤、栀子干姜汤、大黄附子汤、麻杏石膏汤、白通加猪胆汁汤，黄土汤，乌梅丸、大青龙汤等，皆为具有代表性的寒温并施之"和"法方剂。堪称为"和"法方剂之典范而垂法后世。历代医家在《内经》《伤寒杂病论》的基础上，又多有创新和发展，为寒热错杂之证制定了常规有效的治疗法则。医疗实践证明：只有寒热药物并用之"和"法，才能有效地治愈寒热夹杂之病证。

二、"和"法在书中的辨证运用

"阳胜则热，阴胜则寒"。阴阳失调是寒热错杂之证的病理基础。人生存在天地之间，与大自然息息相关，人体在生产、生活中、受到内外因素的影响，阴阳在对立和斗争的过程中若失去相对平衡，则会出现阴阳各偏一隅的证候，或上热下寒，或上寒下热，或表热里寒，或里热表寒，或寒少热多，或寒多热少，或寒热对峙，或寒进热退，或热进寒退，对于这样的病证：书中均"观其脉证，知犯何逆，随证治之"。

1. 寒温并用，和解少阳

《伤寒论》98条（按明·赵开美版本序号，下同）云："伤寒五、六日，中风、往来寒热……小柴胡汤主之。"本条文论述邪入少阳，枢机不利，正邪分争于半表半里的证治。正邪分争，正胜则发热，邪郁则恶寒，如此则寒热往来。治疗则寒温并用，和解少阳，方用小柴胡汤。方中柴胡苦平，疏解少阳郁滞，黄芩性味苦寒，清里之郁热，二药合用，和解表里，透泄郁热．半夏、生姜和胃，降逆、止呕，人参、大枣、甘草益气调中。诸药合用，疏利三焦，畅达气机、宣通表里，和解少阳，如是则病愈矣。

2. 辛温散寒甘寒清热

38条云："太阳中风，脉浮紧，发热、恶寒、身疼痛、不汗出而烦躁，大青龙汤主之"。本条文论述表寒里热的证治，寒邪束表，证见："脉浮紧，发热、恶寒、身疼痛不汗出。"寒束于表，里阳郁遏化热，证见："烦躁"，故为表寒里热之证。方用大青龙汤。该方为麻黄汤加石膏。姜枣而来，方中加重麻黄的剂量以成发汗峻剂，伍用桂枝，生姜以散表寒，用石膏以清里热，麻黄石膏伍用，透解在里之郁热，大枣甘草和中以资汗源，共奏表里双解之功。

3. 辛散表寒除湿清热

263条云："伤寒、瘀热在里，身必黄，麻黄连翘、赤小豆汤主之"，本条文论述湿热兼表发黄的证治。乃由湿热内蕴，复感外邪使然。外感寒邪，湿热在里，不得宣泄，郁蒸肝胆，胆汁不循常道，溢于肌肤而身黄。身黄湿热而成，故言"瘀热在里"。方用麻黄连翘赤小豆汤治疗。麻黄、生姜、杏仁辛温发散。散寒解表，连翘、赤小豆汤生梓白皮苦寒除湿清热。合为外敌风寒、内消湿热之"和"法也。需要注意的是：本方治湿热黄疸、朱用茵陈、后世治黄疸必用茵陈，黄疸均可以退去，这就提醒我们：此为治湿热黄疸之古法也。

4. 清热泄肺温中散寒

357条云："伤寒六、七日，大下后，寸脉沉而迟，手足厥逆，下部脉不至，喉咽不利，唾脓血，泄利不止者，为难治。麻黄升麻汤主之"。本条文论述肺热脾寒的见证与方药。本汤证临床虽少见，然属于寒邪外束，阳虚内存，咽有热毒，肠有虚寒之寒热错杂，上溃下泄之危候。方用麻黄升麻汤。乃是虚实寒热兼治之法，故用药亦较复杂。方中重用麻黄、升麻、桂枝外散寒邪，干姜温中散寒，天冬、芍药、玉竹养阴润燥　石膏、黄芩、知母清肺泄热，白术、茯苓、甘草健脾除湿止泻利而交通上下。全方聚寒、温、补、泄药于一剂，药味虽稍多，然多而不杂，辨证立法选药精当，主治分明，重点突出，真可谓复杂险证"和"法用药之范方。

5. 暖脾清胃调解格拒

359条云："伤寒本自寒下，医复吐下之，寒格，更逆吐下。若食入口即吐，干姜、黄芩、黄连、人参汤主之"。本条文论述寒热格拒吐逆的方证。脾寒胃热，脾气不升。胃气不降，胃气上逆则见呕吐或食入即吐，脾气不升则下陷而下利。是为寒热错杂之证。方用干姜、黄芩、黄连、人参汤。方中干姜辛温助阳，阳复则脾气升，人参补益脾胃，黄芩、黄连苦寒清胃热，热清则胃气得降，阳复热清，脾胃升降复常，寒热格拒自除，吐利自止。

6. 辛开苦降和胃消痞

157 条云："伤寒汗出解之后，胃中不和，心下痞硬。干噫食臭，胁下有水气，腹中雷鸣下利者，生姜泻心汤主之"。本条文论中焦寒热互结的汤证。乃胃虚食滞致痞。尚有 149 条论述的脾胃不和致痞的甘草泻心汤证，158 条脾胃虚弱致痞的甘草泻心汤证，均为寒热错杂于中使然。故治疗皆以辛开苦降，和胃消痞为法。以苦寒清热之黄芩、黄连与辛温发散之干姜。半夏联用，清热散寒和胃而消痞满。生姜泻心汤证乃因胃虚食滞，除心下痞满，按之柔软不痛外，尚有干噫食臭，胁下有水气肠鸣下利之证，故以半夏泻心汤减少干姜用量，另加生姜组成生姜泻心汤。方中生姜伍半夏宣散水气，降逆止呕。达到和胃消痞除满之目的。

7. 寒温联用清上温中

178 条云："伤寒，胸中有热，胃中有邪气，腹中痛，欲呕吐者，黄连汤主之"。本条文论述中焦有寒，上焦有热的上热下寒之寒热错杂的证治。胸中烦热，欲呕吐乃邪热上扰之见证，腹中痛是寒阻中焦，阳气不得宣通的表现。治疗以黄连汤。方中黄连苦寒清上焦之邪热，干姜辛温散中焦之寒邪，桂枝温通阳气，半夏降逆止呕，人参、大枣、甘草补中焦以和胃，共同发挥清上温中，和胃降逆，通阳止痛的作用。

8. 清热生津益气和胃

396 条云："伤寒解后，虚羸少气，气逆欲吐，竹叶石膏汤主之。"本条文论述阳明燥热津伤气逆的证治。治宜清热生津益气和胃。方用竹叶石膏汤，乃白虎加人参汤去知母加竹叶、半夏、麦冬组成。方中竹叶、石膏清热除烦，半夏降逆和胃止呕，人参、甘草、麦冬、粳米益气生津。半夏与麦冬合用，可除麦冬之腻，去半夏之温、补虚而不留邪。相得益彰。如此则热去津生，气复胃和。本方尚可治疗热病后期，余热未清，气阴未复，呕逆、烦渴、虚烦不得眠等证。

9. 滋阴通阳养血复脉

182 条云："伤寒，脉结代，心动悸，炙甘草汤主之。"本条文论心阴心刚两虚的证治。心阴虚则心失所养，心阳虚则鼓动无力，脉不能续行，表现为心动悸，脉结代。用炙甘草汤以滋阴通阳、养血复脉。方中炙甘草、大枣补中益气，人参气血双补，生地、阿胶、麦冬、麻仁滋阴养血，桂枝、生姜通阳，方中尚加少量清酒（甜米酒，或黄酒）以加强行血通脉之力，合而滋阴以养血，通阳以复脉。

10. 辛热温阳酸苦泄热

326 条云："厥阴之为病，消渴，气上撞心。心中疼热，饥而不欲食，食则吐蛔，下之，利不止。"又 338 条："得食而呕，又烦者，蛔因食臭出。其人常自吐蛔，蛔厥者，乌梅丸主之。"一本条文论述蛔虫引起的寒热错杂以及寒热互见的下利证治。如呕吐、心烦、消渴、气上撞心、心中热，饥为上热之象．不欲食、下利、心中疼。四肢冷属下寒。治以乌梅丸。方中乌梅用醋渍。增强其酸性、因蛔虫有迂甘则动、迂酸则静、迂苦则伏、迂辛则止之说。故配细辛、干姜、附子、当归、蜀椒、桂枝辛温散寒，黄连、黄柏苦寒清热，人参补益脾胃。方中辛热酸苦并用，乃安蛔止痛之要法。本方尚可治疗寒热错杂之久利。

11. 和解少阳温化水饮

152 条云："伤寒五、六日，已发汗两复下之，胸胁满微结，小便不利，渴而不呕，但头汗出，往来寒热，心烦者，此为未解也，柴胡桂枝干姜汤主之"。本条文论述少阳证兼水饮内停的证治。方用柴胡桂枝干姜汤治疗。本方为小柴胡汤去法夏、人参、大枣、生姜加桂枝、干姜、瓜蒌根，煅牡蛎而成。方中柴胡、黄芩和解少阳。干姜、桂枝、甘草温化水饮，瓜蒌根、牡蛎散结逐饮。共奏和解少阳温化水饮之功。

12. 清热止痢降逆止呕

177 条云："太阳与少阳合病，自下利者，与黄芩汤、若呕者、黄芩加半夏生姜汤主之"。本条文论述少阳病，兼阳明下利证治。原文中虽言"太阳与少阳合病"。然以方测证，乃主要是论述的少阳兼阳明下利证。黄芩汤为治热痢的主要方剂。方中黄芩苦寒清热止利，芍药敛阴和营止痛，甘草、大枣和中缓解，若呕吐者，加半夏、生姜和胃降逆止呕，黄芩加半夏生姜汤寒温并用，合而清热止利，降逆止呕。

三、"和一法的理论基础浅探

"和"法是《伤寒论》中治疗寒热错杂证的基本法则。四季有寒热交替，人病有寒热错杂。治疗此证当寒热并用，和解其病。然其理论基础是什么呢？这里从以下几方面粗浅探讨：

1. 寒热药物的性、味、归经、功能不同

一张方剂中，寒热并投、温清同施，寒热药物能各司其职，解热化寒，而不出现热以增热，热极着火，寒以增寒，寒极结冰之势，也不出现药物相互干扰而抵消疗效，是何原因呢？中药的基础理论告诉我们：寒热药物寒、热、温、凉、平的药性及酸、苦、甘、辛、咸、淡的药味不同，故其归经和功能亦各不相同，作用的部位亦不同。

故药物进入人体后，各归其经，各行其路，各就其位，各司其职，各行其事，如工、农、商、学、兵一样，工人上班到工厂做工，农民出工到田里种地，商人赚钱到店铺经商，学生上学到教室上课，士兵出操到校场练武。各归其位，各行其事。寒热药物进入人体后，据其性、味、归经、功能，有的走表，有的走里，有的上浮，有的下沉，顺着归经的经络循行的方向和路线，各达作用部位，发挥其"热者寒之，寒者热之"的治疗作用。所以，药物的性、味决定了药物的归经、作用部位以及功能。

故药物进入人体后，各归其经，各行其路，各就其位，各司其职，各行其事，如工、农、商、学、兵一样，工人上班到工厂做工，农民出工到田里种地，商人赚钱到店铺经商，学生上学到教室上课，士兵出操到校场练武。各归其位，各行其事。寒热药物进入人体后，据其性、味、归经、功能，有的走表，有的走里，有的上浮，有的下沉，顺着归经的经络循行的方向和路线，各达作用部位，发挥其"热者寒之，寒者热之"的治疗作用。所以，药物的性、味决定了药物的归经、作用部位以及功能。

2. 寒热错杂证候的病机相关

寒热互结之证，有病机相关者，有病机不相关者。若病机不相关者，治疗时，当根据其寒热的轻重缓急，按照"急者先治"的原则，先治其急，后治其缓而先后治之。若病机相关之寒热互见之证，则当采用寒温并用之"和"法治疗。如大青龙汤证，乃外有表寒内有里热，在里之郁热，乃因风寒外束，里之阳气不能外达使然，假若只是辛温解表，因表寒里热的病机牵连，尽管麻、桂辛温亦难以疏解表寒，且有助里热之弊。同理，纯以清里热亦难以获效；因此，"和"法适宜于寒热互见，病机相关之证，这就是说："和"法的机理之二是化解寒热互见，病机相关的寒热错杂之势的同时，分别祛除寒热之证。

3. 调整阴阳、铲除了寒热之邪结聚夹杂的根基

寒热互结之证，乃阴阳失调，升降失常而成。如《伤寒论》中之痞证即是其例。《伤寒论》特设三泻心汤治疗寒热互结之痞。其中，半夏、干姜（或生姜）辛温散寒通阳，连、芩苦寒清热燥湿泻阴，诸药合用，辛开则宣通清阳，苦降则泄降浊阴，如此则阴阳升降复常，中焦之寒热得以化解，痞证乃消。可见："和"法机理之三是通过解热化寒，调整阴阳，使之升降复常，祛除寒热结聚夹杂之根基。是治疗病机相关的寒热互助证的标本兼治之法。

4. 寒热药物互相监制及反佐作用

"和"法用以治疗寒热互见之证，根据其病机的相关性，选择其归经，作用部位相同的寒温药物聚于一方，除选药的温清并投外，在配伍上也非常注重相互监制和反佐用药。

祖国医学理论告诉我们，疾病有阴、阳、表、里、寒、热、虚、实之性. 药性有寒、热、温、凉、平之别，治法有汗、吐、下、和、温、清、消、补治则，组方选药，根据疾病的性质，病机，确定其治疗法则，再根据药的性、昧、归经，作用部位，功能，选用适当的药物。但是，在临证时，会遇到药物的功能符合病情，而药性与疾病的寒热之性不吻合，此时，则采用药性相互监制，以取其功用，制其寒热之药性。以适应病情的需要。监制法一般是在药物的主治功效和药性不能兼用的情况下，为取用其功效而对药性进行监制改造的方法。值得注意的是：选用发挥监制作用的药物必须是归经、作用部位相同，药物寒热药性不同的药物，才能起到相互监制，除去寒热药性的作用。反佐法是中医组方选药的又一独特方法，主要是防止病性对药物寒热之性的格拒，以致病不纳药的一种方法。其机理在于利用与病性相同的佐药，引导与病性相反的主治药物直达病所而发挥治疗作用。反佐药的药性虽与主药相反，然其归经作用部位必须相同，方可起到"引导"的作用，以防出现喧宾夺主而影响主药的治疗作用。值得注意的是，反佐法与反治法两种截然不同的方法。反佐法是组方选药的一个法则，"寒热温凉，反从其病"的论述是针对反佐药而说的。而起治疗作用的主药当是"治热以寒，治寒以热"的正治（逆治）作用。其治疗的病证乃是真热真寒。而从治（反治）则是与正治法相反的另一种方法。是针对疾病表现出来的证候与疾病的本质相反的假候（如真热假寒、真寒假热）而使用与假候相同属性的方药进行治疗的方法。如 350 条云："伤寒脉滑而厥者，里有热，白虎汤主之"。就是真热假寒一例证，乃热深厥亦深之证。白虎汤乃是"寒（剂）因（假）寒用"之例。此为反治之法。以从其假象，故又称从治。相对正治（逆治）而言恰相反，故称反治法。

四、结语

寒温（热）并用之“和”法，《伤寒论》主要从两个方面予以运用：一是作为治疗法则，针对病机相关的寒热错杂之证，采取“和”法治之，以解热化寒，恢复阴阳平衡，达到阴阳升降动态平衡的状态；二是制方遣药配伍的“和”法，或借药物的寒热相互制约而保持药物的功效，消除其寒热属性以符合病情的需要，或以与病情的属性相同的药物为佐药，以防主治药因与病的寒热属性相同而相互格拒而病不纳药影响治疗。《伤寒论》按照《内经》“寒者热之”“热者寒之”之旨，创造性地对寒热错杂证采用寒热并用的“和”法治疗，成为治疗寒热错杂证的重要方法和组方选药的根本法则。在正确辨证的基础上，掌握“和”法的机理和使用原则，选择归经，作用部位、功能恰当的药物，是正确运用“和”法治疗寒热错杂病证的关键。

［《全国第十九次仲景学说学术年会会议论文集》2011：97］

浅谈《伤寒论》中中药不良反应的预防预警

李元红　志　华

河南中医学院第一附属医院

在医学不太发达的仲景时代，医、药、护的分工尚不明确．故仲景既是一位名医。又是一位出色的药学和护理工作者。故《伤寒论》是集医、药、护三为一体典范，成为后世从事中医、中药、中医护理的必读之物。同时，也为我们最大限度的减少药品不良事件（反应）提供了思路。在《伤寒论》中，仲景为保证临床用药的安全有效着重对易失阴亡阳的虚证、重证、危证、急证以及毒、剧、峻方药的临床应用进行了严格控制、实时监测及精心护理，现简述如下：

1. 在辨证的基础上严格控制用药：中医用证来概括疾病的性质、程度和阶段，因疾病和人的个体差异不同，所表现出的证也不尽相同。如有属阴、属阳、属实、属虚、属轻、属重、属缓、属急、属表、属里等。因此，仲景以自创的六经辨证拟定出不同的用药方剂，大部分延用至今，如麻黄汤、桂枝汤、四逆汤等。并已达到了十分精细的程度，使用同样的药味处方，通过调整处方中某一味药的剂量来治疗不同的证。如太阳中风证用桂枝汤，心阳奔豚证用桂枝加桂汤，太阴腹痛证用桂枝加芍药汤，上述三个处方均由桂枝、芍药、甘草、生姜、大枣五味中药组成，只是调整了处方中桂枝和芍药的用量，达到治疗上述三种证的需要，从而达到了安全有效的目的。

2. 据证进行中药炮制：中药炮制是中药用药的一大特点，炮制有为增强疗效、降低毒性而因药制宜，也有因证制宜，如用于里寒重证、急证的四逆汤、干姜附子汤用生附子，一般的证如附子汤、真武汤用炮附子，从而降低了附子的毒性和副作用。

3. 辨证选择不同剂型：如同样是阳明腑实证，因证的轻重缓急和个体差异分别选用了大承气汤、小承气汤、调承气汤、麻子仁丸和蜜煎栓剂三种剂型。一般中药以口服为主，但阳明证津伤肠燥的用润导法，以蜂蜜、土瓜根、猪胆汁等导入肛内。以润燥通便，进一步完善了辨证用药的内涵。实验证明，中药的不同剂型，起效速度、生物利用度等方面均有显著的不同，在临床上发挥着不同的作用。

4. 辨证煎煮中药：如大黄在治疗阳明腑实证中要求后下，用于其他证时不要求后下。研究证实，大黄中结合型蒽醌苷类是治疗阳明腑实证即致泻作用的有效成分，结合型蒽醌苷类对热不稳定，加热后因分解而失去致泻作用。但加热分解后的游离性型蒽醌类及其他成分是大黄清热解毒、活血化瘀的有效成分，证实了辨证煎药的科学性。后下是为了有效，不后下是为了安全。

5. 因证服用药物，并精心护理如一般疾病为每日一剂，分两次服用，而重证、急证则要求顿服，有“凉者热服，热者凉服”，甚者在严格监护下服用。如调胃承气汤的服用，阳明初发“少少服之”，否则“温顿服之”。桂枝汤须“温服一升，同时服热粥一升余”，并加盖棉被以助发汗，一旦汗出，立即停服。“不必尽剂”，如汗不出如前法继续用之等等。从而防止了因过度泻下及过度出汗造成失阴过度的不良反应。

6. 重证监护：如对易亡阳的太阳证中风证、霍乱证等，在床旁实时观察病情、对证用药，随时调整治疗方案及护理方案。如太阳中风证，要求“若一服汗出病差，停后服，不必尽剂。若不汗，更服依前法。又不汗，后服小促其间，半日许令三服之。若病重者，一日一夜。周时观之”。阳明腑实证泻下易伤胃气，故在治疗过程“周时观之”，如用小承气汤“若一服谵语止者，更莫大复服”，“初服汤当更衣，不尔者尽饮之，若更衣者，勿服之”；用大承气汤“分温再服，得下，余勿服”“若一服利，则止后服”等。

可见，在仲景时代为保证临床用药的安全有

效，在医、药、护理三方面进行了药物治疗过程的监测；其理论是中医药理论。其依据是中医临床不断变化的“证”。这与现代临床医学要求医生、药师及护士组成一个不可分割的医疗团队不谋而合。同时，也体现了仲景一切为病人着想的高尚品德，是我们学习的榜样。因为人以阴阳为本，调整人体的阴阳平衡是中医治疗的根本目的。作用剧烈的药物或危重证往往因纠偏过度导致阴阳重新失衡，故仲景对太阳中风证（虚证）、霍乱证（危重证）、阳明腑实证（急证）等，以及麻黄汤、大承气汤（峻剂）等进行了治疗过程的全程监护。

今天，中医药学与西医药学一样。不断分化，并日趋完善。中医药已经分化为中医学、中药学及护理学，中药学作为一级学科又分为临床中药学、中药药理、中药化学、方剂学、鉴定学、炮制学、制剂学等二级学科。学科的分化使之朝纵深方向发展，并获得了喜人的成果。但学科的分化同时也带来了更加详细的分工，加上严格意义上的医疗团队尚未形成，从而造成了各种各样毒副反应的产生。还好，卫生部根据国际医药学流行趋势。从97年开始实施医院的临床药师制，2010年4月22日召开了试点工作的总结大会，并逐渐在全国推广。从行政上对医、药、护团队的形成提供了支持，为下一步临床用药的安全有效打下了良好的基础。

[《全国第十九次仲景学说学术年会会议论文集》2011：162]

《伤寒论》误治与救误法的研究

符标芳　黄家诏　广西中医学院

《伤寒论》乃祖国医学史上一颗璀璨的明珠，自问世以来一直备受后世医家的推崇。张仲景创造性地提出了六经辨证理论和一系列治疗坏病、挽救失误的成功经验，其记载的398条条文中，就有近130条的条文涉及辨误与救误。清代徐大椿在《医学源流论》一书中评价《伤寒论》说到：“正治之法，一经不过三四条，余皆救误之法。”他把仲景误治思想总结为“救误法”，现对《伤寒论》的误治与救误情况加以阐述如下：

一、误治的原因

李国鼎提出中医误诊误治的常见原因有病人方面的原因、医者方面的原因及中医学本身的原因。从医者方面的原因来讲，李文龙认为主要是医生的医德医风、基本素质、专业素质的问题，从而导致了辨病、辨证、论治的错误。

二、六经误治与救误法的分析

误，《说文解字》曰：“谬也”。误治，顾名思义，就是错误的治法。在《伤寒论》中，条文往往以“反”字提出此乃误治，如“反与桂枝汤”“医反下之”“反汗之”……另外，还有以“若”字来反证不好的后果，如“若下之”“若吐”“若温针”则“此为坏病”，告诫医生不该如此治疗（“不可”），否则则为误治。李庆生提出，误治辨证中，误汗吐下为多见，误火攻致病常多急，邪气犯脏乱阴阳多危。在具体条文中太阳病误治的条文最多，有94多条，其次便为阳明病，26条、厥阴病、少阳病、太阴病、少阴病。从这些误治的坏病中可以发现，病在太阳多变化，病在厥阴多难治，而在这六经中，关于少阳、少阴、太阴的误治就比较少，仅2、3条。

1. 太阳经的误治与救误分析

李永安认为变证、坏病多集中在太阳，因疾病早期阶段犹如花草初露，难以辨认。析其原因，太阳居于人体之表，乃人身之藩篱，人体感受邪气，多从太阳而起，此时人体正气强，邪气亦强，正邪斗争剧烈，所以变化也快。加上由于太阳病也较为轻浅，从医者往往并没有特别重视，遣方用药不够谨慎，所以比较容易出现误治。若在疾病一开始的时候，能够正确地治疗，发汗解表，那么邪气也就随着“微汗”而出。在太阳病篇的误治中，《伤寒论》条文44明确指出：“太阳病，外证未解，不可下也，下之为逆”。条文134条说到：“太阳病，脉浮而动数……表未解也。医反下之，动数变迟……则为结胸，大陷胸汤主之”。这里阐述了太阳病误用下法后，表邪内陷，与痰水互结于胸中，而成结胸。结胸证多为阳证、实证，可根据其病情轻重程度予小陷胸汤或大陷汤则愈。另外，刘兴方等提出误下一可伤及脾阳，肾中元阳，二可伤及津液，三可导致寒热错杂。

2. 阳明经的误治与救误分析

在阳明病的误治中，以误汗及误下最多，而阳明本身乃邪正俱盛，其病多热证，容易伤津耗液，若是经误汗误下后，津液更是严重受损。治疗阳明病应据在经在腑之异而区别应用清泄里热或下其燥实之法。条文206说道：“阳明病，面合色赤，不可攻之；攻之必发热，色黄者，小便不利也。”这条条文指出了阳明病中对无形邪热的误治法。阳明病，面合色赤，多是无形热邪郁于经中，只需以白虎之类清之即可。若以有形实滞误攻之，则邪热乘势入里，与湿相合，必见发热、身黄、小便不利。王猛对阳明腑实证的误治病案进行了分析，并指出阳明腑实证阳明实证是因外邪失治入里化热与肠中燥热相合，伤津耗液，结合燥屎，阻于肠中影响腑气通降而致，用承气汤类泻热去实，排除肠中燥热，以达到治病求本、釜底抽薪之妙。

3. 少阳经的误治与救误分析

少阳病居于太阳、阳明表里之间，因病邪既不在太阳之表，又未达阳明之里，故少阳病亦称半表半里证。也正因如此，少阳不能以汗法而解表，也不能以吐下之法而去实邪，而应以和法解之。264条，是少阳病误用吐下法之证治，其结果导致了“悸而惊”。267 条亦提出了少阳病吐、下、发汗。温针后会出现“谵语”，乃“坏病”，当“知犯何逆，以法治之”。李秀珍认为少阳病误汗则徒伤其表，吐下则误伤其里，均可造成病邪深入，另外她进一步提出，因手少阳与厥阴心包相表里，少阳病邪可以不按传变顺序而直中厥阴经，出现难以预料的危急症候。

4. 太阴经的误治与救误分析

三阴病属里、属虚、属寒，正虚邪恋为其基本矛盾，若是复经误治，则阳气愈衰，而终成危证。故其治疗在一开始应以扶正为主，当用温里扶阳之四逆、理中之辈或寒热错杂而用乌梅丸等。太阴病为六经病发展变化的中间阶段，病由外而入可传至少阴、厥阴，病退又可自里出表而达太阳，所以坏病相对少。如条文 273 条提到：“太阴之为病，腹满而吐，食不下，自利益甚，时腹自痛。若下之，必胸下硬结”，条文开头所指之证，乃病人脾阳虚弱，寒湿内盛所致，而若是把它的腹满、食不下、腹痛当成阳明腑实之征而用下法，则会导致脾阳更虚，脾胃虚弱，使得中焦运化无力，湿滞内停，日久而渐成结胸。而对于此自利者，若不渴，当以“四逆辈”“温之”（条文 277 条）。任永叔等认为太阴病变证为脾气损伤，脾络不和，腐秽凝滞，治当温阳益脾，和络导滞，并提出以桂枝加芍药汤或桂枝加大黄汤治之，若素体脾气虚、胃气弱，则应随证加减大黄、芍药用量。

5. 少阴经的误治与救误分析

少阴包括手少阴心经和足少阴肾经，心属火，肾主水，所以少阴病有少阴热化和少阴寒化之分，而少阴病若“以火劫之”“强发汗”，则会使得水火不相济济，出现“咳而下利”“谵语”“小便难”，若是发汗过甚，使得元阳大伤，阴寒内盛，虚阳浮越，而“动其血”，导致“下厥上竭”（条文 284、294）。魏本军对《伤寒论》的死证进行了分析，他指出，少阴之死证以阳气衰脱为主，失治误治可导致阳气虚极和阳气外脱。寒为阴邪，最易伤阳，而少阴为二阴，在脏为心肾，病至少阴，心肾阳虚，“阳存则生，阳亡则死”。

6. 厥阴经的误治与救误分析

而关于厥阴病，笔者认为，厥阴病的重点不在于手足厥阴之肝胆，而是在于“厥”与“阴”。“厥”可分为热厥和寒厥。《素问·厥论》曰：“阴气衰于下，则为热厥。”《药症忌宜》：“阳厥即热厥。其证四肢厥逆，身热面赤，唇燥大渴，口干舌苦，目闭或不闭，小便赤涩短少，大便燥结，不省人事。”由此可见热厥乃阴气虚衰，格阴于外的一种表现。寒厥又名阴厥、冷厥。《素问·厥论》曰：“阳气衰于下，则为寒厥。”又言：“寒厥之为寒也，必从五指而上于膝者，阴气起于五指之里，集于膝下而聚于膝上，故阴气胜则从五指至膝上寒。其寒也，不从外，皆从内也。”由此可推测寒厥乃阳虚太过，格阳于外。厥阴属一阴，阴本不足，加上它为六经中最后一经，阳气亏损较重，正气抗邪力弱，病邪犯脏，阴阳被损，互不相约，甚至离绝，多发生危重死证。若再误下，势必造成阴枯而成死候。如条文 347 所说：“伤寒五六日，不结胸，腹濡，脉虚复厥者不可下，此亡血，下之，死”。此条文中，伤寒五六日而非结胸证，见腹软，脉虚而厥，这是因为阴血亏虚而不能濡养四末所致，若强行下之，则会出现危证。而对于热厥证，则宜清泻而不宜辛温发汗，否则必伤阴动血而“口伤烂赤”（条文 335）。而厥阴寒证，则应温不应清泻。若误用清法治厥阴寒证，可因阳气极度受损，虚寒极甚，从而导致“除中”证的发生（条文 333）。李松柏分析自身误治肾痈一案，印证了陈实功的“肾痈囊痈之病，治之切莫太寒”的观点，并强调了“诸四逆厥者，不可下之”。

三、救误法

关于这些种种的误治，仲景提出了一个总的原则：“观其脉证，知犯何逆，随证治之”（条文 16）、“知犯何逆，以法治之”。后世医家在他的这个基础上进行了进一步的阐述，成无己在《注解伤寒论》中说到：“审观脉证，知犯何逆，而治之逆者，随所逆而救之”“详其因何治之逆，以法救之”。而黄元御在《伤寒悬解》中则进一步指出：“其逆犯不同，则病坏不一，知其所犯，治之以法”。认为不同的误治产生不同的脉症变化，据误治后的脉症便可推知所犯何误，从而指导治疗。李家庚提出救误当先了解逆治之因在于辨证失误，而治疗应分先后重点在于辨证论治，进而防患于未然而先安未受邪之地。在李祖勤具体总结了仲景救逆方法为解表补虚法、解表利水法、扶阳制水法、健脾利水法、清热救阴法、清宣泄热法、扶阳化阴法、补泻兼施法、表里双解法、攻瘀破结法、和胃消痞法、分证止利法、宣透并用法、扶正安神法、和解攻里法等。

综上所述，《伤寒论》对误治的条文论述得比较丰富，也相应地提出了部分救治的内容。可以说，关于误治与救治的学说，《伤寒论》的阐述是比较早的。它对后世医家在误治与救治方面亦有着很大的影响，也对我们临床辨证论治起到很大的帮助作用。

[《全国第十九次仲景学说学术年会论文集》2011：276]

《伤寒论》与《金匮要略》汤剂煎煮方法初探

郑虎占　魏宝忠　刘迪谦
北京中医药大学

《伤寒论》和《金匮要略》是东汉末年医圣张仲景撰写，被后世医家奉为经典，其方剂被称为经方。其中《伤寒论》是关于外感疾病论治的专著，113 首。《金匮要略》是关于杂病论治的专著，载方 262 首。汤剂是这两部经典的主要用药形式，其煎煮方法乃煎药“圣法”。本文基于古为今用的原则，分别对《伤寒论》[1] 和《金匮要略》[2] 汤剂用药味数、饮片用量、煎煮用水量、煎取药液量等进行了初步整理及分析，希望对于促进现今中医临床的合理用药与合理调剂提供有益参考，不足之处，请予扶正。

一、《伤寒论》汤剂煎煮方法

《伤寒论》载方剂 113 首，其中汤剂 96 首。本文采用文献学方法，对该书汤剂的用药味数、全方饮片总重量、煎煮用水量、煎煮药液量等进行了研究。由于古今度量衡有异，故整理过程中，按照古今度量衡换算法，换算为现今计量。换算规则是：东汉 1 斤 =16 两，1 两 =4 分 =24 铢。1 斗 =10 升，1 升 = 10 合。东汉一两约折合现今 13.92g，一升 200mL。计数单位则按大枣一枚 4g，杏仁十个 4g，粳米一合 18g，附子一枚 10 ~ 15g 等计算。结果详见表 1。

表 1　《伤寒论》汤剂用药与煎煮情况

编号	方剂名称	药味	饮片量（g）	加水量（g）	药液量（g）	加水量（mL）/饮片量（g）	药液量（mL）/加水量（g）
1	桂枝汤	5	201.12	1400	600	6.96	43
2	桂枝加葛根汤	7	270.72	2000	600	7.39	30
3	桂枝加附子汤	6	230.04	1400	600	6.08	43
4	桂枝去芍药汤	4	159.36	1400	600	8.79	43
5	桂枝去芍药加附子汤	5	174.36	1400	600	8.03	43
6	桂枝麻黄各半汤	7	104.48	1000	360	9.57	36
7	桂枝二麻黄一汤	7	107.34	1000	400	9.32	40
8	白虎加人参汤	5	483.84	2000	米熟汤成	4.13	
9	桂枝二越婢一汤	7	86.76	1000	400	11.53	40
10	桂枝去桂加茯苓白术汤	6	284.64	1600	600	5.62	37
11	甘草干姜汤	2	83.53	600	300	7.18	50
12	芍药甘草汤	2	111.36	300	600	5.39	50
13	调胃承气汤	3	129.87	200	600	4.62	33
14	四逆汤	3	58.72	240	600	10.22	40

续表

编号	方剂名称	药味	饮片量（g）	加水量（g）	药液量（g）	加水量（mL）/饮片量（g）	药液量（mL）/加水量（g）
15	葛根汤	7	270.72	600	2000	7.39	30
16	葛根加半夏汤	8	256.80	600	2000	7.79	30
17	葛根黄芩黄连汤	4	222.72	400	1600	7.18	25
18	麻黄汤	4	111.76	500	1800	16.11	28
19	小柴胡汤	7	382.69	2400	600	6.27	25
20	大青龙汤	7	291.96	1800	600	6.17	3
21	小青龙汤	8	336.85	2000	600	5.94	30
22	大柴胡汤	7	440.77	2400	1200	5.45	30
23	桂枝加厚朴杏子汤	7	262.88	1400	600	5.33	50
24	干姜附子汤	2	23.92	600	2002	25.08	43
25	桂枝加芍药生姜各人参新加汤	6	270.72	2400	600	8.87	25
26	麻黄杏仁甘草石膏汤	4	214.88	1400	400	6.52	29
27	桂枝甘草汤	2	83.52	600	200	7.18	33
28	茯苓桂枝甘草大枣汤	4	254.88	甘澜水 2000	600	7.85	30
29	厚朴生姜半夏甘草参汤	5	321.40	2000	600	6.22	30
30	茯苓桂枝白术甘草汤	4	153.12	1200	600	7.84	50
31	芍药甘草附子汤	3	98.52	1000	300	10.15	30
32	茯苓四逆汤	5	128.32	1000	600	7.79	60
33	茯苓甘草汤	4	111.36	800	400	7.18	50
34	栀子豉汤	2	70.60	800	300	11.33	37
35	栀子甘草豉汤	3	94.88	800	300	8.43	37
36	栀子生姜豉汤	3	140.20	800	300	5.71	37
37	栀子厚朴汤	3	148.68	700	300	4.71	43
38	栀子干姜汤	2	48.84	700	300	14.33	43
39	真武汤	5	168.12	1600	600	9.52	37
40	桂枝人参汤	5	236.64	1800	600	7.61	33
41	小建中汤	6	293.26	1400	600	4.77	43
42	桃花汤	3	348	1400	煮米令熟	4.02	
43	柴胡加芒硝汤	8	180.24	800	400	4.44	50
44	桃核承气汤	5	154.20	1400	500	9.08	36
45	柴胡加龙骨牡蛎汤	12	302.71	1600	800	5.29	50
46	桂枝去芍药加蜀漆牡蛎龙骨救逆汤	7	326.40	2400	600	7.35	25

续表

编号	方剂名称	药味	饮片量（g）	加水量（g）	药液量（g）	加水量（mL）/饮片量（g）	药液量（mL）/加水量（g）
47	桂枝加桂汤	5	242.88	1400	600	5.76	43
48	桂枝甘草龙骨牡蛎汤	4	97.44	1000	500	10.26	50
49	抵当汤	4	72.76	1000	600	13.74	60
50	大陷胸汤	7	285.25	2000	1200	7.01	60
51	小陷胸汤	3	190.21	1200	400	6.31	33
52	柴胡桂枝汤	9	219.19	1400	600	6.39	43
53	柴胡桂枝干姜汤	7	334.08	2400	600	7.18	30
54	半夏泻心汤	7	285.25	2000	600	7.01	30
55	生姜泻心汤	8	313.09	2000	600	6.39	30
56	甘草泻心汤	6	257.41	2000	600	7.77	30
58	旋覆代赭汤	7	299.17	2000	600	6.69	30
59	麻黄升麻汤	14	128.76	2000	600	15.53	30
60	黄芩黄连人参汤	4	167.04	1200	400	7.18	33
61	黄芩汤	4	145.44	2000	600	13.75	30
62	黄芩加半夏生姜汤	6	222.61	2000	600	8.98	30
63	黄连汤	7	299.17	2000	1200	6.69	60
64	桂枝附子汤	5	204.36	1200	400	5.87	33
65	去桂加白术汤	5	218.28	1200	400	5.50	33
66	甘草附子汤	4	141.36	1200	600	8.49	50
67	炙甘草汤	9	521.24	清酒 1400 水 1600	600	5.76	20
68	大承气汤	4	294.24	2000	400	6.80	20
69	小承气汤	3	137.52	800	240	5.82	30
70	猪苓汤	5	69.6	800	400	11.49	50
71	茵陈蒿汤	3	132.36	2400	600	18.13	25
72	吴茱萸汤	4	243.28	1400	400	5.75	29
73	栀子柏皮汤	3	54.26	800	300	14.74	37
74	麻黄连翘赤小豆汤	8	371.76	潦水 2000	600	5.38	30
75	桂枝加芍药汤	5	242.88	1400	600	5.76	43
76	桂枝加大黄汤	6	284.64	1400	600	4.92	43
77	麻黄细辛附子汤	3	70.68	2000	600	28.30	30
78	麻黄附子甘草汤	3	70.68	1400	600	19.81	43
79	黄连阿胶汤	5	178.12	1200	400	6.74	33

续表

编号	方剂名称	药味	饮片量（g）	加水量（g）	药液量（g）	加水量（mL）/饮片量（g）	药液量（mL）/加水量（g）
80	附子汤	5	197.04	1600	600	8.12	37
81	猪肤汤	1	222.72	2000	1000	8.98	50
82	甘草汤	1	27.84	600	300	21.55	50
83	桔梗汤	2	41.76	600	200	14.37	33
84	白通汤	3	103.92	600	200	5.77	33
85	白通加猪胆汤	5	143.92	600	200	4.17	33
86	通脉四逆汤	3	84.60	600	240	7.09	40
87	白头翁汤	4	153.12	1400	400	9.14	29
88	四逆加人参汤	4	72.64	600	240	8.26	40
89	通脉四逆加猪胆汤	4	99.60	600	240	6.02	40
90	枳实栀子汤	3	199	清浆水1400	400	7.04	29
91	竹叶石膏汤	7	244.01	2000	1200	8.20	60
92	当归四逆汤	7	322.72	1600	600	4.96	37
93	大黄黄连泻心汤	3	41.76	麻沸汤400		9.58	93
94	白虎汤	4	442.08	2000	米熟汤成	4.52	94
95	大黄黄连泻心汤	2	41.76	麻沸汤400	9.58		95
96	附子泻心汤	4	70.68	麻沸汤400	5.66		96
平均	5±2	206.04±103	1463±581	518±217	8.14±4.40	37.53±9.48	平均

二、《金匮要略》汤剂煎煮方法

《金匮要略》是中医经典古籍之一，是东汉时期张仲景原撰《伤寒杂病论》十六卷中的“杂病”部分。经晋·王叔和整理后，其古传本《金匮玉函要略方》，共3卷，上卷为辨伤寒，中卷则论杂病，下卷记药方。北宋·林亿等人根据当时所存的蠹简文字重予编校，取其中以杂病为主的内容，仍厘订为3卷，改名《金匮要略方论》，简称《金匮要略》，流传至今。全书共25篇，列举病证60余种。所述病证以内科杂病为主。古今医家对《金匮要略》推崇备至，称之为方书之祖、治疗杂病的典范。本文对其95首汤剂（与伤寒论重复者不计）用药及煎煮情况进行了整理，结果详见表2。

表2　《金匮要略》汤剂用药与煎煮情况

编号	方剂名称	药味	饮片量（g）	加水量（g）	药液量（g）	加水量（mL）/饮片量（g）	药液量（mL）/加水量（mL）
1	栝楼桂枝汤	6	228.96	1800	600	7.86	33
2	麻黄加术汤	5	167.20	1800	500	10.77	28
3	白头翁加甘草阿胶汤	6	208.80	1400	500	6.70	36
4	三物黄芩汤	3	97.44	1600	400	16.42	25

续表

编号	方剂名称	药味	饮片量（g）	加水量（g）	药液量（g）	加水量（mL）/饮片量（g）	药液量（mL）/加水量（mL）
5	白术附子汤	3	109.14	600	200	5.50	33
6	一物瓜蒂汤	1	25	200	100	8	50
7	百合知母汤	2	86.76	泉水800	300	9.22	37
8	滑石代赭汤	3	126.76	泉水800	300	6.31	37
9	百合鸡子汤	2	57.50	泉水400	200	6.96	50
10	百合地黄汤	2	145	泉水400	300	2.76	75
11	苦参汤	1	150	2000	1400	13.33	70
12	升麻鳖甲汤	6	119.40	800	200	8.70	25
13	甘草小麦大枣汤	3	231.76	1200	600	5.13	50
14	牡蛎汤	4	180.96	1600	400	8.84	25
15	柴胡去半夏加栝楼汤	7	368.16	2400	600	6.52	25
16	柴胡桂姜汤	7	348	2400	600	6.90	25
17	内补当归建中汤	6	298.56	2000	600	6.70	30
18	半夏厚朴汤	5	236.88	1400	800	5.91	57
19	桂枝芍药知母汤	9	433.68	1400	400	3.23	29
20	乌头汤	5	192.04	600	200	3.12	33
21	竹叶汤	10	268.96	2000	500	7.44	25
22	续命汤	9	322.24	2000	800	6.21	40
23	三黄汤	5	55.68	1200	400	21.55	33
24	温经汤	12	414.32	2000	600	4.83	30
25	越婢加术汤	6	380.16	1200	600	3.16	50
26	黄芪桂枝五物汤	5	256.80	1200	400	4.67	33
27	桂枝加龙骨牡蛎汤	7	284.64	1400	600	4.92	43
28	酸枣汤	5	321.44	1600	600	4.98	37
29	射干麻黄汤	9	386.40	2400	600	6.21	25
30	厚朴麻黄汤	9	496.96	2400	600	4.83	25
31	大黄甘遂汤	3	111.36	600	200	5.39	33
32	麦门冬汤	6	765.68	2400	1200	3.13	50
33	葶苈大枣泻肺汤	2	75	600	200	8	33
34	越婢加半夏汤	6	366.48	1200	600	3.27	50
35	小青龙加石膏汤	9	358.40	2000	900	5.58	45
36	生姜甘草汤	4	213.12	1400	900	6.57	64
37	桂枝去芍药加皂荚汤	5	158.36	1400	900	8.84	64

续表

编号	方剂名称	药味	饮片量（g）	加水量（g）	药液量（g）	加水量（mL）/饮片量（g）	药液量（mL）/加水量（mL）
38	苇茎汤	4	198	2000	400	10.10	20
39	奔豚汤	9	375.16	4000	1000	10.66	25
40	栝楼薤白白酒汤	2	76	1400	400	18.42	29
41	栝楼薤白半夏汤	3	129.76	2000	800	15,41	40
42	枳实薤白桂枝汤	5	298.96	1000	400	3.34	40
43	人参汤	4	167.04	1600	600	9.58	37
44	茯苓杏仁甘草汤	3	75.68	2000	1000	26.43	50
45	橘枳姜汤	3	375.84	1000	400	2.66	40
46	桂姜枳实汤	3	215.28	1200	600	5.57	50
47	厚朴七物汤	7	422.32	2000	800	4.74	40
48	附子粳米汤	5	190.92	1600	米熟汤成	8.38	
49	厚朴三物汤	3	257.04	2400	600	9.34	25
50	大建中汤	3	91.92	800	300	8.70	37
51	大黄附子汤	3	114.6	1000	400	8.73	40
52	当归生姜羊肉汤	3	334.08	1600	900	4.79	56
53	狼牙汤	1	41.76	800	100	19.16	13
54	甘草干姜茯苓白术汤	4	167.04	1000	600	5.99	60
55	苓桂术甘汤	4	167.04	1200	600	7.18	50
56	甘遂半夏汤	4	66	水400蜜100	160	7.56	32
57	木防己汤	4	185.28	1200	400	6.48	33
58	木防己去石膏加茯苓芒硝汤	5	203.14	1200	400	5.91	33
59	泽泻汤	2	97.44	400	200	4.11	50
60	厚朴大黄汤	3	211.52	1000	400	4.73	40
61	小半夏汤	2	195.36	1400	300	7.17	21
62	小半夏加茯苓汤	3	237.12	1400	300	5.91	21
63	桂苓五味甘草汤	4	188.12	1600	600	8.51	37
64	苓甘五味姜辛汤	5	215.96	1600	600	7.41	37
65	桂苓五味甘草去桂加干姜细辛半夏汤	6	206.30	1600	600	7.76	37
66	苓甘五味加姜辛半夏杏仁汤	7	313.96	2000	600	6.37	30
67	苓甘五味加姜辛半杏大黄汤	8	355.72	2000	600	5.62	30
68	越婢汤	5	324.48	1200	600	3.70	50
69	防己茯苓汤	5	236.64	1200	400	5.07	33

续表

编号	方剂名称	药味	饮片量（g）	加水量（g）	药液量（g）	加水量（mL）/饮片量（g）	药液量（mL）/加水量（mL）
70	甘草麻黄汤	2	83.52	1000	600	11.97	60
71	麻黄附子汤	3	84.60	1400	500	16.55	36
72	黄芪芍药桂枝苦酒汤	3	153.12	苦酒 200 水 1400	600	10.45	37
73	桂枝加黄芪汤	6	243.96	1600	600	6.56	37
74	桂枝去芍药加麻黄细辛附子汤	7	230.04	1400	400	6.09	29
75	枳术汤	2	153.84	1000	600	6.50	60
76	栀子大黄汤	4	248.92	1200	400	4.82	33
77	大黄硝石汤	4	189.54	1200	200	6.33	17
78	麻黄醇酒汤	1	41.76	清酒 1000	500	23.95	50
79	桂枝救逆汤	7	326.40	2400	600	7.35	25
80	柏叶汤	3	95.52	水 1000 马通汁 200	200	12.56	20
81	黄土汤	7	361.92	1600	600	4.42	37
82	泻心汤	3	55.68	600	200	10.78	33
83	茱萸汤	4	243.28	1000	600	4.11	60
84	大半夏汤	3	461.76	水 2400	100	5.20	8
85	大黄甘草汤	2	69.60	600	200	8.62	33
86	茯苓泽泻汤	6	320.16	2000	500	6.25	25
87	生姜半夏汤	2	142	600	300	4.23	50
88	橘皮汤	2	167.04	1400	600	8.38	43
89	橘皮竹茹汤	6	574.88	2000	600	3.48	30
90	紫参汤	2	153.12	1000	300	6.53	30
91	大黄牡丹汤	5	250.60	1200	200	4.79	17
92	排脓汤	4	123.52	600	200	4.86	33
93	甘草粉蜜汤	3	97.44	600	煎如薄粥	6.16	
94	胶艾汤	7	278.40	水 1000 清酒 600	600	5.75	37
95	还魂汤	3	83.68	1600	600	19.12	37
平均		5 ± 2	220.81 ± 130	1429 ± 550	519 ± 242	7.96 ± 4.61	37.27 ± 12.89

三、对《伤寒论》《金匮要略》汤剂用药及煎煮情况分析

（一）《伤寒论》与《金匮要略》汤剂用药情况及煎煮情况对比

《伤寒论》与《金匮要略》均系张仲景所撰，其用药的味数、全方饮片重量、煎煮加水量、煎取药液量等，经统计学分析，均无显著差异。详见表3。

表3　《伤寒论》与《金匮要略》汤剂用药及煎煮情况对比

编号	方剂（首）	药味	饮片量（g）	加水量（g）	药液量（g）	加水量（mL）/饮片量（g）	药液量（mL）/加水（mL）
伤寒论	96	5±2	206.04±103	1463±581	51±217	8.14±4.40	37.53±9.48
金匮要略	95	5±2	220.81±130	1429±550	51±242	7.96±4.61	37.27±12.89

（二）《伤寒论》与《金匮要略》汤剂用药及煎煮情况分析

《伤寒论》与《金匮要略》所载方剂，用药及煎煮规律如下：

1. 经方的用药味数：每剂药用药5±2味，约占80%。

2. 经方的总重量：每剂药饮片总量200±100g，约占70%。

3. 经方的煎煮用水量：每剂药用水量1400±600mL，约占75%；其中1g中药饮片平均用水量为6～8mL（±4mL），即加水量为饮片量6～8倍，煎煮一次即可，约占80%。

4. 经方的煎取药液量：每剂药煎取药液量600±200mL，分三次一日服完，平均每次200mL，约占80%；100mL水煎取药液量30～35mL（±10mL），约占75%。

中药煎煮时的加水量是一个很关键的问题，加水量的多少直接影响汤剂的质量。药多水少，会造成“煮不透，煎不尽”，有效成分煎出不完全，稍有蒸发，药汁即干涸，甚至药物有效成分可因局部高温而被破坏。药少水多，虽能增加有效成分的溶出量，但汤液量过大，不宜病人服用，况且若为减少汤液量而延长煎煮时间，根据浸出扩散分式可知，溶液浓度达到与溶质平衡时，延长煎煮时间不能增加溶出物的量，反使溶液中杂质增多，且由于受热过久使某些有效成分被破坏，从而影响药效[4]。正如李时珍所言：“剂多水少，则药味不出；剂少水多，又煎耗药力也。”[3]。可见，加水之多少，贵在适宜，少则药性不出，多则久煎而耗散药力，不可不究。本文整理的加水量按照饮片量的6～8倍计算，可供参考。

中医经典著作《伤寒论》和《金匮要略》，不独用药丝丝入扣，其煎煮方法也十分严谨，我们认真学习其煎药法度，对于中医师临床合理用药，中药师临床正确指导患者煎药都具有重要的指导价值。本文对于经方用药的计量单位换算基本准确，但对计数单位（个，枚）、拟量单位（鸡子大）、估量单位（少许）等的换算虽参考文献报道进行，但其中还存在一定问题，今后应进一步通过实测与深入研究，将经方的剂量转换为现今通用单位，再行探究。本文旨在抛砖引玉，希望各位中医药工作者在深入研究经典煎煮技术的基础上，为制订中药煎煮的标准化操作规程而共同努力。

参考文献

[1] 东汉·张机著（李培生，成肇仁主编）：伤寒论［M］．北京：人民卫生出版社，2006.

[2] 东汉·张机著．金匮要略方论［M］．北京：人民卫生出版社影印，1959.

[3] 明·李时珍著（陈贵廷校注）：本草纲目［M］．北京：中医古籍出版社，1994.

[4] 林德元，徐锦池．浅谈煎药用水与时间［J］．时珍国医国药，1999，(12)：25.

［《全国中药调剂与临床合理用药学术会议论文集》2011：19］

《伤寒论》针灸疗法临床应用探讨

田康康

《伤寒论》398条论述中，与针灸有关的论述

共23条，虽然内容不多，但仍值得去探讨。一是通过归纳整理《伤寒论》中有关针灸论述为现代针灸理论研究和临床治疗提供启迪和思路（如在临床治疗中更加重视针灸治疗与药物治疗相结合等）；二是从文献学的角度，研究张仲景时代针灸理论和临床研究状况。《伤寒论》中对针灸的论述，可分为以下几方面。

一、六经药物治疗配合针灸治疗（针灸药并用），增强临床疗效

如治疗太阳病本证——中风表虚证，提出“太阳病，初服桂枝汤，反烦不解者，先刺风池、风府，却与桂枝汤则愈”（第24条）。此乃针对太阳中风之较重证型，单纯的药物治疗，尽管辨证准确，但疗效不佳，如果在治疗上先刺风池、风府疏通经络以泄邪，再配合药物治疗，则祛邪之力倍增，病可得愈。对少阴病阳虚寒湿证，仲景在治疗上主张灸法与汤药并进，增强疗效。“少阴病，得之一二日，口中和，其背恶寒者，当灸之，附子汤主之”（第304条）。

现代医学理论研究和临床实践也证明了针灸配合药物治疗某些疾病，特别是那些病机为风、寒、湿、瘀阻滞经络的虚实夹杂之证，临床疗效显著提高。如治疗骨关节炎，针药并用疗效较单纯用中药为佳，中药补肾壮骨重在治本虚，针刺疏经活络重在治标痹，二者相得益彰。此外，针灸药结合治疗皮肤瘙痒、湿疹、糖尿病视网膜病变等都获得了较好疗效。说明当疾病单用针灸或药物疗效不佳时，可采用针、灸、药并用的方法治疗。

二、六经病证特别是少阴病属虚寒证者，针灸治疗可振奋阳气，祛湿散寒

如“少阴病，下利便脓血者，可刺”（第308条）。“少阴病，吐利，手足不逆冷，反发热者，不死。脉不至者，灸少阴七”（第292条）。“少阴病，下利，脉微涩，呕而汗出，必数更衣，反少者，当温其上，灸之”（第325条）。“伤寒脉促，手足厥逆，可灸之”（第349条）。《伤寒论》强调八纲为辨证施治的纲领，尤以阴、阳为总纲。在辨证施治运用针灸疗法的过程中，张仲景确立了“三阳经病宜针，三阴经病宜灸”的原则，既强调了三阳病的性质俱为邪实而正不虚，只宜针刺疏经达邪，不宜用灸法助阳生热；同时，亦阐明了三阴病性质俱为虚，不宜用针法劫夺正气。如8、24、171等条文均为属实属热之三阳经病，故皆用刺法；292、325、349等条文均为属虚属寒之三阴经病，故皆用灸法。以上论述表明张仲景是务实的医学家，他毫无门户之见，总是根据疾病辨证的结果和针灸与药物治疗所长有针对性的采用，以求临床最佳疗效。

三、针灸特别是温灸及其他火疗法的误治及其补救措施

灸法造成误治的情况较多。如第16条、第112条、第118条、第29条、第110条、第114条、第116条、第221条、第200条、第267条、第284条、第294条，以上这些经文表明灸法等火疗法在当时非常盛行。当然，火疗法只要用得恰当，确有较好疗效，但如果对阴虚或实热者误施以温针或温灸，必然导致诸多变证。

首先注意误针后引起的变证，归纳如下：（1）伤寒表证误用温针的变证。《伤寒论》第119条曰：“太阳伤寒者，加温针，必惊也”。（2）误用烧针取汗致发奔豚证。《伤寒论》第117条曰：“烧针令其汗，针处被寒，核起而赤者，必发奔豚。”

其次为误灸后引起的变证：（1）太阳病，脉浮，热甚，属于温病，误灸可引起火邪上逆而致咽燥吐血。如《伤寒论》第115条云：“脉浮，热甚，而反灸之，此为实。实以虚治，因火而动，必咽燥，吐血。”（2）虚热证或表邪未解，误用灸法的变证。如《伤寒论》第116条云：“微数之脉，慎不可灸，因火为邪，则为烦逆，追虚逐实，血散脉中，火气虽微，内攻有力，焦骨伤筋，血难复也。脉浮，宜以汗解。用火灸之，邪无从出，因火而盛，病从腰以下必重而痹，名火逆也。”

因此张仲景谆谆告诫后世医者，在行针施灸时，要注意针灸宜忌。综上所述，针灸疗法在《伤寒论》中或与汤药并用，或以针灸为主，体现了张仲景针灸学术思想和对针灸治疗学的贡献。《伤寒论》条文中用穴甚少，常选穴位有：风池、风府、大椎、肺俞、肝俞、期门、巨阙、劳宫、关元等；虽然有些条文中仅有“针足阳明”“可刺”“灸少阴七壮”“灸厥阴”“当灸之”等，未述及穴名，但后世医家却相应地补充了足三里、太溪、复溜、涌泉、膈俞、气海、百会、太冲、行间、章门、神阙等穴名，并验证了其临床疗效。由此可以看出，《伤寒论》中针灸疗法的论述对后世的影响是不容忽视的。

四、以针灸穴位说明病理

“病者手足厥冷，言我不结胸，小腹满，按之痛者，此冷结在膀胱关元也”（第340条）。

五、以针（灸）法判断预后

如“伤寒六七日，脉微，手足厥冷，烦躁，灸厥阴，厥不还者，死”（第343条）。“下利，手足厥冷，无脉者，灸之不温，若脉不还，反微喘者，死。少阴负趺阳者，为顺”（第362条）。

以上分析表明，张仲景作为一位伟大的临床医学家，不仅对伤寒而且对针灸研究也是颇有造诣的，他根据六经病证的实际情况，或施以针（灸）药并用或单纯以针（灸）治疗；对针（灸）造成的误治原因作了说明并提出补救措施；指明了针灸的适应证、禁忌证，甚至以针灸判断预后，这些都说明在张仲景时代，针灸学的发展已相当完善。

参考文献

[1] 王玲玲．针灸学临床研究［M］．北京：人民卫生出版社，2009.1.

[2] 郝万山，李赛美．伤寒论理论与实践［M］．北京：人民卫生出版社，2009.7.

[3] 柴瑞震．《伤寒论》针灸疗法枢要［J］．中国中医药，2005.10（3）．

[4] 朱小俊．浅谈伤寒杂病论与针灸［J］．辽宁中医学院学报，2005.5（9）．

[5] 何刚．张仲景针灸学说浅析［J］．针灸临床杂志，2005.21（7）．

[6] 许明辉．张仲景针灸学术思想探析［J］．广西中医药，2004.27（1）．

[7] 文清华．浅谈《伤寒论》针灸治疗学思想［J］．新疆中医药，1990（01）．

[8] 刘文安．《伤寒论》辨证论治简析［J］．中医药学报，1984（02）．

［《中国针灸学会年会会议论文集》2011，45］

从《伤寒论》谈临床辨治九步曲

李赛美　广州中医药大学

临床运用落脚点关键在识证、立法、选方、用药，即理法方药，辨证论治，简称为“辨治”，其运用过程是一项系统工程。笔者结合临床与教学所得，将辨治过程归纳为九步曲，既体现于思维过程，也涉及相关步骤与能力。具体言，辨证立法过程包括：归纳、鉴别、探究、融会；选方用药过程包括：变通、制控、预测、结合、善后。现结合《伤寒论》分述如下。

一、归纳

归纳，即指对纷繁复杂的事物进行理性抽提概括的思维过程。《伤寒论》大量运用了此方法。如六经辨证提纲证，为六经病诊断标准，仲景通过反复临床观察，自觉或不自觉地运用了循证医学模式，是对病症核心与要领进行反复提炼与概括的结果。如太阳病“脉浮，头项强痛而恶寒”，阳明病“胃家实是也”，少阳病“口苦，咽干，目眩也”等等，或从主要临床症状，或从病机特点，或从病症特征入手进行归纳与表述。

在《伤寒论》中，方证运用表述有“主之”“宜”“可与”，语气由肯定到斟酌，也是一种方、证、效关系的归纳。《伤寒论》除了方证，还有一些纲领性条文，如原文第7条“病有发热恶寒者，发于阳也；无热恶寒者，发于阴也”，第11条“病人身大热，反欲得衣者，热在皮肤，寒在骨髓也；身大寒，反不欲近衣者，寒在皮肤，热在骨髓也”，第337条“凡厥者，阴阳气不相顺接，便为厥”，无一不是从大量临床实践中归纳出来的要点、关键，具有重要的临床指导价值。

验之于当今临床，复杂病证比比皆是，甚至有患者从头到足，从里至外无一安好之处。唯恐遗漏，就诊时还带上几页文字材料来补充。可谓错综复杂，不知所云。如何抓住头绪，这就是对临证者归纳能力的考验。或是从主诉入手，或是从病证特征切入，每能抓到要领。此为望闻问切四诊后，辨证论治启动的第一步。

二、鉴别

同病异治，异病同治是辨证论治的具体体现，其关键点在于透过现象，捕捉“蛛丝马迹”，进而抓住疾病病机本质与核心。如原文第14条“太阳病，项背强几几，反汗出恶风者，桂枝加葛根汤主之”，原文第31条“太阳病，项背强几几，无汗恶风者，葛根汤主之”，两证同有项背强几几，均为营卫不和，经脉失养所致；但一为汗出，一为无汗，腠理开闭有别，病机虚实之异彰然。

其论“胸满”，原文第21条“脉促胸满者，桂枝去芍药汤主之”，第22条“若微寒者，桂枝去芍药加附子汤主之”，第36条“太阳与阳明合病，喘而胸满者，宜麻黄汤”，还有小柴胡汤证之“胸胁苦满”，柴胡桂枝干姜汤证之“胸胁满微结”，柴胡加龙骨牡蛎汤证之“胸满烦惊”、热入血室之“胸胁下满”。同是“胸满”，病位有心、肺、少阳胆经之别，病机有心阳不足，太阳邪气内陷；或肺气不利；或少阳经气受阻之异。贵在佐症不同，必有可鉴别之所。

关于麻杏甘石汤证，原文第63条“发汗后，不可更行桂枝汤，汗出而喘，无大热者，可与麻黄杏仁甘草石膏汤”。其病症特点是“汗出而喘”。究其病机，有太阳病桂枝加厚朴杏子汤证，阳明病白虎汤证、承气汤证，葛根芩连汤证，但原文否定句前置，已排除了太阳病桂枝汤证系列；无大热，排除了阳明病系列；由于是“汗出而喘”，排除了伤寒表实之麻黄汤证与小青龙汤证之喘；故定位为邪热壅肺证。所谓同中求异，善用排除法，非对临床辨证有素，对病位病机把握分寸入微者难以至此。

原文第25条“服桂枝汤，大汗出，脉洪大者，与桂枝汤如前法”，第26条“服桂枝汤，大汗出后，大烦渴不解，脉洪大者，白虎加人参汤主之”，尽管脉症相似，但一用桂枝汤解表，一用白虎加参汤清热益气生津，关键点是“大烦渴不解”，为热盛津伤，此为阳明病辨证眼目。

三、探究

探究力，即透过现象看本质，也是洞察力表现。原文第11条“病人身大热，反欲得衣者，热在皮肤，寒在骨髓也；身大寒，反不欲近衣者，寒在皮肤，热在骨髓也”，此为根据患者喜恶来判断寒热之真假。原文第75条“未持脉时，病人手叉自冒心，师因教试令咳，而不咳者，此必两耳聋无闻也。所以然者，以重发汗，虚故如此”从表现“手叉自冒心”，反映由于发汗太过，损伤心阳，心寄窍于耳，心虚故耳无闻。此为从症候推其病位病机所在。少阴病篇第282条“少阴病，欲吐不吐，心烦，但欲寐。五六日自利而渴者，属少阴也。虚故引水自救。若小便色白者，少阴病形悉具。小便色白者，以下焦虚有寒，不能制水，故令色白也”。又“自利不渴者，属太阴”。故282条所述病证病位在少阴，证属虚证，而少阴虚衰有伤阳寒化、伤阴热化之别。进一步探究，根据小便色自，辨为虚寒证，至此辨证确立。

又324条“少阴病，饮食入口则吐，心中温温欲吐，复不能吐。始得之，手足寒，脉弦迟者，此胸中实，不可下也，当吐之。若膈上有寒饮，干呕者，不可吐也，当温之，宜四逆汤”。前者之吐烦，脉必弦迟有力，无但欲寐，为胸中痰湿阻滞所致；后者之吐烦，定有但欲寐，且脉微细，为少阴病阳虚寒饮内生所致，一实一虚，一攻一补。尤其少阴病寒饮之吐，病症表现在上，而病位病根在下，故宜四逆汤温肾阳，治其下。这是从整体观探究病机的结果还有阴盛格阳、阴盛戴阳证、以及“除中”，均是在病情较危重时出现的一种真寒假热、真虚假实，临床尤当辨识清楚，否则“一逆尚引日，再逆促命期”。第281条“少阴之为病，脉微细，但欲寐也”，临床要善于见微知著，把握时机，方能立于不败。原文第323条“少阴病，脉沉者，急温之，宜四逆汤”，非一定洞察力，莫能至此境地。

四、融会

仲景在《原序》中写道“感往昔之沦丧，伤横夭之莫救，乃勤求古训，博采众方，撰用《素问》《九卷》《八十一难》《阴阳大论》《胎胪药录》，并《平脉辨证》，为《伤寒杂病论》合十六卷。”

仲景之学秉岐黄之道，其方书又承伊尹《汤液》之法。学贯古今。博采众长，故成就了《伤寒论》作为汉之前临床医学巅峰之作。如《内经》之阴阳学说，在《伤寒论》中运用较多，或概括病机，如第337条“凡厥者，阴阳气不相顺接，便为厥”；或病证分类，如第7条“病有发热恶寒者，发于阳也；无热恶寒者，发于阴也”；或为治法大要，如第58条“凡病，若发汗，若吐，若下，若亡血、亡津液，阴阳自和者，必自愈”；或表病机与脉象，如第12条“太阳中风，阳浮而阴弱，阳浮者，热自发，阴弱者，汗自出”，第274条“太阴中风，四肢烦疼，脉阳微阴涩而长者，为欲愈”。

而今，学习经典一定要善于融会贯通，方能吸纳前人成果，站在巨人肩膀上，而有新的建树。《伤寒论》详于寒而略于温，《温病学》继承了《伤寒论》外感病理论，并发扬光大，补充了相关理法方药，完善了三焦与卫气营血辨证体系。而寒温统一，必将构建完整的外感病辨治新体系。

《伤寒论》与《金匮要略》，均出自于《伤寒杂病论》一体之作，也是仲景之本意，外感与内伤不分家。由于历史的原因，后为宋代分别刊行而为两部经典。然而，从临床实际出发，外感病与内伤杂病常共生共存；且方证相互通用，所论详略有别，临证当互为补充。六经辨证离不开脏腑经络辨证，为所有辨证体系之基础，且具有脏腑经络辨证之雏型，反映了疾病由表而里，由寒化热，再由热转寒，由实转虚，由轻转重的纵向发展过程。因而具有普遍的指导价值。而《金匮要略》强调了杂病辨治方法，以类相论，尤重鉴别诊断。

《内经》作为中医“大基础”概念，是中医理论之根和源。从预防、保健到治疗、康复，提出了大法和准则。学仲景，学《伤寒论》，更须问仲景治学之道。四大经典，是中医学发展史上的里程碑。《内经》问世，代表着中医理论体系的完成；《伤寒论》《金匮要略》问世，代表着中医学由“理”到“治”的飞跃；《温病学》形成，标志着中医外感病辨证体系的完成：还有金元四大家、以及各家学说……学术争鸣。学术流派形成。汲古纳今，学术传承，不断超越，代有新人，是仲景之道，也是中医学术发展之道。

五、变通

随着时空的移行，任何学问均显露出一定局限性。不变是相对的，变是永恒的。

从《伤寒论》看到了临床辨治的四种模式：一是方证对应，如“某某方主之”，证、治、效高度吻合；二是主方加减，如小青龙汤、小柴胡汤、四逆散、通脉四逆汤、理中丸、真武汤、枳实栀子豉汤，均体现了主证不变，随症加减之思路；三是合方运用，如桂枝麻黄各半汤、桂枝二麻黄一汤、桂枝二越婢一汤、以及柴胡桂枝汤等；四是“方元”衍化，如由桂枝甘草汤、桂枝甘草龙骨牡蛎汤、到桂枝去芍药加蜀漆牡蛎龙骨救逆汤，均在温补心阳之桂枝甘草汤基础上，随着心悸、烦躁、惊狂之症情演变，方药随之调整，以更加贴近病机，方证对应，临床也显示出一定规律性。

在治法方面，对于阴阳两虚证，仲景有三种处理思路：一是扶阳以固阴，如桂枝加附子汤治疗阳虚漏汗症；二是先扶阳，后养阴，如“先予甘草干姜汤”治肢厥，“后予芍药甘草汤”治脚挛急；三是阴阳双补，如芍药甘草附子汤、炙甘草汤等。

表里同病，有四种处理原则。一是表证急，先表后里，如桃核承气汤证兼表者；二是里证急，先里后表，如抵当汤证兼表者；三是病势较缓，表里之证相当，则表里双解，如太少两感之麻黄细辛附子汤证、麻黄附子甘草汤证，太阴兼表之桂枝人参汤证，少阳兼太阳之柴胡桂枝汤证；四是扶正以祛邪，所谓“虚人外感建其中”，用小建中汤治疗“伤寒二、三日，心中悸而烦者”。具体变通方法则取决于临证者之中医理论根底与经验积累，也取决于对治疗艺术与技巧的把握。

《伤寒论》的精髓在于“辨”“变”“活”三字。其对原文及方证的理解与掌握是学习的初级阶段，有学者称之为学习《伤寒论》的显价值；跳出《伤寒论》，善读无字之处，则是学习《伤寒论》潜价值的方法。我们学《伤寒论》，若将其方证作为案例来研读，视其为仲景临证模式与思路的示范，并循其思路轨迹进行演绎与拓展，将是临床有效的学习方法。

六、制控

医学是最复杂的科学。上工治未病，不用药的医生才是最好的医生。是药三分毒，药可以治病，也可以致病。故任何方药有其适应证，必有其禁忌证。《伤寒论》中方药禁例值得重视。如桂枝汤为《伤寒论》第一方，在外调营卫，解肌发汗，在里补气血，调阴阳。用以治疗太阳中风表虚证，及杂病中营卫不和自汗症。但有四个禁忌证：“其气上冲者，可与桂枝汤，方用前法。若不上冲者。不可与之”“若酒客病，不可与桂枝汤”“凡服桂枝汤吐者，其后必吐脓血也”“若其人脉浮紧，发热汗不出者，不可与之也”。

麻黄汤为辛温发汗，宣肺平喘之方，主治伤寒表实证，但有九个禁忌症：如咽喉干燥者、淋家、疮家、汗家、衄家、亡血家、胃中冷者、尺中脉微、尺中脉迟者。小柴胡汤对于脾虚寒饮者不宜服之。栀子豉汤对于“病人旧微溏者，不可与服之”。仲景没有回避中药的毒副作用，在《伤寒论》中有大量原文描述，如麻黄汤之“衄血”、桂枝汤服后“反烦不解”，小柴胡汤服后出现“战汗”等。关键是方证对应，紧扣病机，因势利导，化害为利，避害趋利，时时刻刻以维护患者健康。

七、预测

从时空分析，疾病发生、发展和变化是有规律可循并可预测的。医者最大的优势是熟悉疾病发展转化进程，并对其施行早期干预，阻止发展，以获取最大的社会效益。

有关理念，在《伤寒论》中运用得淋漓尽致。如太阳病辨证纲要中，原文第4、第5、第8条，特另提出“辨太阳病传变与否”，并指出“太阳病，头痛至七日以上自愈者，以行其经尽故也。若作再经者，针足阳明，使经不传则愈。”第10条“风家，表解而不了了者，十二日愈。”第37条“太阳病。十日以去，脉浮细而嗜卧者，外已解也。”尤其对疾病提前干预，是其预测力最好的体现。如太阴病之治疗，提出“以其脏有寒故也，当温之，宜服四逆辈”，而非理中汤。由于肾和脾，为先、后天之本，肾阳虚必然导致脾阳不足，而脾阳虚将进一步发展为肾阳虚。四逆汤用干姜、附子，脾肾双补，补火以生土，且从源头上解决脾阳虚问题。

小柴胡汤为少阳病代表方，方中人参、甘草、大枣同用，寓意深刻。一是扶正以祛邪，解决“往来寒热，休作有时”，正气不足，难与邪一战到底之困境；二是阻止病邪内传太阴，“见肝之病，知肝传脾，当先实脾”“少阴病，脉沉者，急温之，宜四逆汤”，在少阴病尚未出现典型危候“手足厥逆，下利清谷，脉微欲绝”之前，见微知著，提前干预，运用扶阳法阻止病情进一步恶化。

关于厥阴病之预后，通过观察患者四肢厥逆与发热时间长短之比较来判断；服小承气汤转矢气，以对大承气汤证进行判断；服黄芩汤对“除中”进行判断，均为后人提供了宝贵的临床经验。

其预测方法，还包括六经病欲解时，仲景或从脏腑相关、经络相贯，或从五行生克，或运用运气理论，“夫天布五行，以运万类，人禀五常，以有五脏，经络府俞，阴阳会通，玄冥幽微，变化难极，自非才高识妙，岂能探其理致哉！”从天、地、人“大宇宙”中进行探索。对疾病进行预测和预防，也是仲景治病一大特色。

八、结合

特指当今医院之现实，临床模式几乎均是“中西医结合”，从诊断标准到治疗方案，中医与西医比肩。为节约资源，防止过渡治疗，减少副作用，宜对西药进行中医药性归类探讨，以避免重复用药。如激素类类似于中医温阳剂，抗生素类似于中医清热剂，维生素及支持疗法，类似于中医补法，手术、放疗、化疗类似于中医攻法。在中、西药合用过程中，尽量减少同类药相加，并在中医理论指导下进行整体设计。如肿瘤患者，已上了放疗、化疗与手术疗法，则中医治疗重心不应在清热解毒，而应放在扶正同本、减少两药对人体的毒副作用上。

另一结合的概念，是综合治疗。包括针药同用、灸药并举。刺法偏泻，灸法偏补。对于病位在经，或病证较急者常合用之。《伤寒论》中有20余条原文讨论此方法运用。如第117条之奔豚病治疗“灸其核上各一壮，与桂枝加桂汤更加桂二两也”，第95条“初服桂枝汤，反烦不解者，先刺风池、风府，却与桂枝汤则愈”。

九、善后

《伤寒论》各方证后有调护内容，如原文第12条在桂枝汤调护法中，强调中病即止，药后戒口：“禁生冷、粘滑、肉面、奶酪、臭恶等物”，以防止脾胃受伤，影响药物吸收和疾病康复。第338条蛔厥证，服乌梅丸的注意事项“禁生冷、滑物、臭食等”，防止蛔虫扰动，加重病情。

而《阴阳易差后劳复篇》，更是直击疾病的康复问题，是临床治疗过程中不可或缺的重要组成部分。余热朱清者用枳实栀子豉汤；复发热者，或汗、或下、或和解；下焦湿热者用牡蛎泽泻散；中寒饮停用理中丸；余热朱清，气阴损伤者用竹叶石膏汤；日暮微烦兼食滞者，“损谷则愈”。并非一味用补，仍强调辨证施治，重在调理。通补、清补结合。结合“阴阳易”病，及第398条“脾胃气尚弱，不能消谷”因此，仲景调护重心仍是围绕顾护先天之本肾与后天之本脾展开，值得借鉴。

《伤寒论》既是一本“活人书”，也是一部最经典的临床“教科学”，辨证论治的原则与方法贯穿于中，辨证过程与思路无一不揽，既传术，又载道。正如《张仲景原序》所言“虽未能尽愈诸病，庶可以见病知源。若能寻余所集，思过半矣。”

[《全国第十九次仲景学说学术年会论文集》2011：33]

从经方理论浅谈咳嗽变异性哮喘的临床辨证用药

冉志玲　程刘海　马君蓉
泸州医学院附属中医院儿科

咳嗽变异性哮喘（Cough variant asthma，CVA）又称咳嗽型哮喘（Cough Type Asthma），是指以慢性咳嗽为主要或唯一临床表现的一种特殊类型哮喘，属祖国医学“咳嗽”“哮证”“喘证”等范畴，认为其病位在肺，与脾肾密切关系，病理因素主要为痰。但笔者从仲景经方理论的角度上有不同的看法，认为本病多从外感引起，经久难愈，吸入冷风或异味气体、活动、情绪激动时可加重，病机则系首重于表，渐而营血瘀滞，证兼寒饮，咳久则阳明郁热内起，不外乎“表”“瘀”“饮”“热”四端，涉及太阳、少阴、太阴、阳明，四者合病，相互因果。现将其临床辨证用药的理法简述于下：

一、衷中参西，首重于表

中医所言的“表”。多从病位及证候而言，系属于八纲，从仲景经方来论，而是太阳病，病多在皮肤、上焦（包括头面官窍），与“风”有关。风邪有“善行而数变”，“风为百病之长”，“其性轻扬”的特性。《素问》“伤于风者，上先受之”，“风为阳邪，易袭阳位”。咳嗽变异性哮喘，临床表现常为慢性、剧烈性、刺激性干咳，常伴有咽痒。每因受风、吸入冷空气或异常气味、活动、情绪激动等因素而使嗽加重，且四季均有发作。咽痒刺激往往是这类咳嗽的先兆，咽痒则咳嗽不止，咽痒减轻则咳嗽症状缓解，中医认为“风盛则痒”“风盛则挛急”，而《伤寒论》中亦有“不得小汗出，身必痒”“痒为泄风”的著名论述，故此是辨证论治的其中一个关键点。其二，从2003年中华医学会儿科分会呼吸学组的诊断标准中的“过敏原（变应源）检测阳性”来看，也充分体现了本病应该首责于“表证”，其表明患儿可有较明确的过敏性疾病史，如过敏性鼻炎、湿疹等，部分患者可追溯到有家族过敏史。例如过敏性鼻炎，其喷嚏、鼻痒、流涕和鼻堵是最常见的四大症状，此为最典型的“表证”。所以从本病的临床表现来看，有明显的风邪致病的特点，是本病证发生、发展和演变过程中的主要致病因素，故当首重于表，治从太阳。此处治疗有两大要点：一者，辛温散邪：二者，降逆利咽。多选用麻黄、防风、桂枝、杏仁、荆芥，五者同投。其中，麻黄必不可少，量也不可以少，小而基本上用10至15克，但如今人畏其如虎狼，惧其汗出如水流漓，但麻黄性味却如《神农本草经》言“性温，味苦微辛”，是以苦味为主，“药王”孙思邈及李时珍均持此种观点，《内经》“酸苦涌泄”，其势是往下为主，配伍防风、桂枝、生姜等解表之品，以达到涌泄外邪的效果，从而突出“主中风、伤寒头痛，温疟。发表出汗，去邪热气”的主治目的，是为解表第一要药，暗合“发表不远热”正理，并且以用生麻黄效果更佳。而降逆利咽，则是以桂枝、杏仁为主，桂枝，虽然《用药心法》：“桂枝气味俱轻，故能上行发散于表”，但此品在《神农本草经》中则是“主上气咳逆，结气喉痹”，显示出降逆止咳、利咽的作用，同时杏仁也有“主咳逆上气雷鸣，喉痹，下气”的效果，两者配伍，相得益彰。

二、卫营瘀滞，证必有“饮”

在仲景经方理论之中。刘志杰先生言“卫气营血，在六纲病位的归属上是这样严谨对应的。太阳一卫、少阴一营”[1]。而卫气营血四者有相瓦转化与影响。其中卫与营，就是太阳与少阴的关系。《伤寒论》：“病常自汗出者，此为荣气和，荣气和者，外不谐，以卫气不共荣气谐和故尔。以荣行脉中，卫行脉外，复发其汗，荣卫和则愈，宜桂枝汤（宋本第53条）”，可见营卫的正常巡行是相互交融，畅行于脉中。今太阳受邪而病，卫阳滞而难行，必定影响少阴营气之畅通，日久而营血瘀滞，此正合“久病多瘀”之说，并且与“肺主气，朝百脉，主治节”的助心行血的功能不谋而合。在临床上，患儿也有相应的表现，如黑眼圈、舌质暗、口唇或鼻唇沟周围紫绀等，治疗上则是通营活血，祛瘀行滞，多用当归、川芎、白芍。在这里，当归用之甚妙，不仅有活血养血之功，还有降逆止咳之用，《神农本草经》则记载：“味甘，温。主咳逆上气”。现代药理研究已证明，当归成分正丁烯夫内酯和藁本内酯对气管平滑肌具有松弛作用：并能对抗组胺－乙酰胆碱引起的支气管哮喘。咳嗽变异性哮喘，患儿多有纳差或者纳呆，在祖国医学中，与脾胃相关，胃主受盛，脾主运化，同居中焦，属于经方中“胃气”的范畴，是不可分割的。“胃气”强则纳食正常，胃气弱则纳差或者纳呆。同时，“胃气”居于中焦，也用于制约下焦“阴水”的作用，使其不泛滥成“饮”，而今“胃气”虚弱，则“饮”已内生，故在经方辨证中是必有“饮”。“饮”，为水液代谢失常之病理产物，在广义上为水饮痰湿之总称。归属于太阴。究其原因，如下两点：一者“久病多虚”，病传太阴：二者素体不足，太阴受邪。故治疗太阴者，当如《金匮要略》：中言“病痰饮者。当以温药和之”，方用茯苓桂枝白术甘草汤。正如《注解伤寒论》：“阳气不足者。补之以甘，茯苓、白术生津液而益阳也；里气逆者，散之以辛，桂枝、甘草，行阳散气”。《内台方议》：“此阳气外内皆虚也，故用茯苓为君，白术为臣，以益其不足之阳。”经曰：“阳不足者，补之以甘”是也：以桂枝为佐，以散罩之逆气：以甘草为使，而行阳气，且缓中也。”足见此方温化水饮之功，也有降逆补虚之效，使得外邪不得停留。内外同治，是为上乘之法。

三、阳明郁热，虽微犹重

阳明热。也是小儿咳嗽变异性哮喘的一个特点。在《伤寒论》中记载“阳明热”的条文甚多，如“问曰：阳明病外证云何？答曰：身热、汗自出、不恶寒反恶热也。”（宋182），“脉浮、发热，口干、鼻燥、能食者则衄。（宋227）”，“发汗、吐下后，虚烦不得眠；若剧者，必反复颠倒，心中懊憹，栀子豉汤主之：若少气者，栀子甘草豉汤主之；若呕者，栀子生姜豉汤主之。（76）”等等。患儿在临床上所具备的症状不外乎口唇干燥、烦躁、汗出、大便干、小便黄中的一症或者多症。多由痰饮水湿或者营血瘀滞化热而成，是为郁热。但此时的阳明热并不盛，而是比较微的，与表证、营血瘀滞、水饮相比可能不及其十之一二，但是对治疗有着指导作用，是一个非常重要的治疗环节，可以言：郁热不除，咳喘难愈。经云：“清可祛热”，治疗以生石膏、黄芩、防己为主。其中生石膏，《神农本草经》：“味辛微寒。主中风寒热，心下逆气惊喘，口干，苦焦”，是取白虎汤之本义，以治疗阳明之邪热。黄芩，《神农本草经》：“主诸热黄疸，肠僻，泄利。逐水，下血闭。（治）恶疮，疽蚀，火疡”，既可除湿热，也可祛瘀血，是清除饮邪以及瘀血化热之妙药。三味同用，何愁郁热不除。更有郁热而伤滓液者，或有久咳伤津液者，投以白人参即是。白人参。是东北之生晒参，此品味甘，微寒，《神农本草经》：“主补五脏，安精神，定魂魄，止惊悸，除邪气，明目，开心益智。”，如仲景之白虎加人参汤以治疗阳明津液损伤之“大烦渴”以大补元气，生津止渴。也符合“甘寒养阴”之说。

运用仲景经方理论来治疗咳嗽变异性哮喘，其实质即是抓住“表”“瘀”“饮”“热”四端。病机变化，重点为“饮”“热”二邪，如“饮”加重者，可投干姜、姜不过临证过程中当应注意半夏等，更甚而元阳不足者，需用附子；如“热”渐重者，可用知母、生石膏，如有湿热夹杂者，则可用黄芩、黄连。当然，也有随症状而加减者，如咽痒干咳甚，则可投射干；皮肤瘙痒者，则可用枳实、徐长卿等等。此方能广用经方、不泥于条文，以达到“方证对相”“药症相应”的“效如桴鼓”境界，其中道理不可不知。

[《第28次全国中医儿科学术大会论文集》2011：56]

寒热药性在《伤寒论》三阴三阳论治中的体现

尹　妍　郑丰杰　李宇航
北京中医药大学

寒热是辨别病证属性的纲领，与阴阳、表里、虚实相辅相成，共同构成八纲辨证。一般来说，寒证表示机体阳气不足或感受寒邪所致的证候，热证表示机体阳气偏盛或感受热邪所致的证候。寒热在《内经》中论述颇多，如《素问·阴阳应象大论》谓“阳胜则热，阴胜则寒”，《素问·至真要大论》又提出“寒者热之，热者寒之”的治则等等，高度概括了寒热病证及其治法。张仲景继承和创新了《内经》寒热理论，依据六经病证特点，分三阴三阳，辨寒热真假、寒热位置、寒热先后、寒热转化、寒热消长等，遣方用药，构建了寒热辨治的基本规范和典型范例。本文以《伤寒论》寒热证相关辨治为基础，对仲景应用寒热药物的选药特点及配伍规律进行初步探讨。

一、邪闭阳郁，辨寒热消长，热以散寒

《素问·玉机真藏论》言：“是故风者百病之长也，今风寒客于人，使人毫毛毕直，皮肤闭而为热，当是之时，可汗而发也。”是谓外感风寒之邪，致阳气闭郁，通行受阻，临床表现为发热、恶寒、身痛等证，治当顺其病势，汗而发之。仲景常以麻黄、桂枝相伍，发汗解表、宣肺平喘、通经除痹，并依据发热恶寒病证之不同，辨正邪消长，因邪郁表闭之轻重，变通麻桂之比例，辨证选方，如麻黄汤、桂枝麻黄各半汤、桂枝二麻黄一汤。如病程日久，郁而化热，成表寒里热证，仲景又依寒热多寡，进退用药。以麻黄、桂枝、生姜等辛温发汗，以散在表风寒之邪：佐用辛甘寒之石膏以清里热，甘草、大枣和中以资汗源，共奏外散风寒，内清郁热，表里双解之功。类似选药组方的方剂有大青龙汤、桂枝二越婢一汤。

若正气不足，邪气直中三阴，表里同病，祛邪当兼顾里虚。如太阴表证宜用桂枝汤、桂枝人参汤，扶正解表，寓补于汗。如寒中少阴，闭阻阳气，发为少阴伤寒，治以麻黄附子细辛汤、麻黄附子甘草汤，方中麻黄、附子、细辛性温热，既能散表之寒，更具温里之阳，表里阳气通达，外邪可祛；若病至厥阴，伤及血分，血虚寒凝，经脉不通，为手足厥寒、脉细欲绝者，治养血通脉，温经散寒，以当归四逆汤主之，方中当归、芍药补肝养血以调荣，桂枝、细辛通阳疏肝以散寒，甘草大枣补脾胃而滋津液，通草轻以去实、淡以利湿并能疏通经脉，诸药合用，阴血充、客寒除、阳气振、经脉通，手足温而脉亦复。

总之，以上诸方，均遵“治寒以热，治热以寒”之旨，以辛温（或热）之品散寒，但又虑及寒热消长、正邪进退，伍以辛凉、温补之品，辨证施治，诚为“方士不能废绳墨而更其道也”。

二、热盛内外，辨无形有形，寒以清泻

世人多谓《伤寒论》‘详于寒而略于温”，然细研《伤寒论》，可以发现仲景对于热证的治疗，遵《内》《难》二经，并有所发展。对热证分虚实、气血、有形无形，辨证论治，充分体现了“因势利导”的治疗思想。

《素问·六元正纪大论》云：“火郁发之”。所谓“郁”者，是指病人除了有邪热内盛之机外，尚有气机郁闭之态。“郁”愈甚，则火愈盛。治当因势利导，疏泄火邪，用药则往往以辛寒或辛温药与寒凉药相伍，取辛温宣散郁闭，解其邪热增盛之源，寒凉清热泻火，两者相伍，气机和畅，内郁得解，火邪得消，此正是治本之道。

如肺卫郁闭、邪热壅盛、宣降失司，仲景以辛

温之麻黄开肺卫之郁、以辛甘寒之石膏清透肺中郁热；若因误下，症见“虚烦不得眠”“反复颠倒，心中懊憹”“胸中窒”“心中结痛”等症，属热郁胸膈，仲景以栀子苦寒清其热，豆豉辛温通其闭，相合则气顺火消，郁热顿除。如少阳胆火内郁，治以小柴胡汤，方中柴胡能清能透、黄芩苦寒清热，加之生姜、半夏味辛能开，合之则少阳气机条达，郁火得除。如若无形邪热壅于中焦，邪热弥漫充斥于全身，是为“表里俱热”，治以白虎汤，用石膏辛寒清、透其热、知母苦寒直折其势，辛寒、苦寒并用，清、透、泻兼施，对于邪热弥漫全身者实是正治之法。若胃热炽盛，不上不下，又未与实邪相结，实无排邪之出路，又以大黄黄连泻心汤以苦寒之黄连、大黄直折其势，攻其一点。此方煎药之法甚妙，以“麻沸汤”渍之，取其气之轻清上行，如此运用，既能清泄心下无形之热以消痞，又无大黄苦寒泻下之弊，亦寓“火郁发之”之意。以上诸法，虽分邪热郁滞表里上下，但终归为于无形，故总以宣通为要。

对于热与实邪相结之证，仲景往往针对热邪所依附的病理产物不同，或通腑泻下、或利水消痰、或活血逐瘀，“随其实而取之”，则邪实去而热邪除。若邪气入里化热与胃肠糟粕相结，成阳明腑实。仲景根据热结之轻重，立三承气汤以攻下通便。三方中主要药物如大黄苦寒泻热通便、芒硝咸寒软坚散结、枳实、厚朴行气导滞，合则荡涤肠腑，热随便下。若邪热陷于内与痰、水相搏，成热实结胸、或水热互结之局面，仲景又以常在寒凉药中伍以甘遂、瓜蒌、滑石、猪苓、泽泻等，以逐水消痰。若邪热循经入里，陷于血分，遂成蓄血一证，治以桃核承气汤证、抵当汤证、抵当丸等。下焦瘀热之治重在导瘀而不在清热，故仲景以桃仁、水蛭、虻虫，入血分活血化瘀，以大黄既活血又泻热，携芒硝、甘草成调胃承气之剂，诸药相合，可谓集活血化瘀药之大成，攻逐瘀血外出，热亦随之而泄。

三、阳气虚衰，辨脏腑经络，辛温以扶阳

阳气虚衰是《伤寒论》三阴病证的主要病理特点，治当以温补为要。然则，仲景根据三阴经络脏腑的生理特点及其阳气虚衰之不同，补阳用药之法又泾渭分明。如，若太阴脾阳虚衰、运化失司、寒湿内阻，证见腹满时痛、食不下、食难用饱、自下利等，仲圣常以甘草干姜汤、桂枝人参汤、理中丸、甚或四逆辈，但总以辛热之干姜配甘温之炙草辛甘化阳，为温扶脾阳之基本药对。如发汗太过，损伤心阳或素体心阳虚衰，证见叉手自冒心、心下悸、欲得按、胸闷、烦躁、惊狂、卧起不安者，又以桂枝甘草汤、桂枝甘草龙骨牡蛎汤、桂枝去芍药汤、桂枝去芍药加蜀漆龙骨牡蛎救逆汤、桂枝加桂汤主之。此类方药均以桂枝甘草合剂为基本药对，以振奋心阳。

若病程日久，累及少阴，证见四肢厥逆、恶寒倦卧，或下利清谷、大汗亡阳、脉沉微、但欲寐者等，辨为阴盛阳衰，真阳竭绝，生死反掌易撤之时，则以大辛大热之四逆汤、四逆加人参汤、通脉四逆汤、通脉四逆加人参汤、茯苓四逆汤、干姜附子汤、白通汤等辨证施治，但总不离大辛大热之附子配干姜，以回阳救逆，使阴霾消散，阳气来复。若少阴阳虚兼水气上泛下渍，心悸头眩、下利、四肢沉重或背微恶寒，又以真武汤、附子汤以温阳利水除湿。其他如若寒滞厥阴肝脉，血虚寒凝，手足厥寒，脉细欲绝，干呕、吐涎沫、头痛者，又以辛苦温之吴茱萸伍辛温之生姜以散寒温中降浊，方如当归四逆汤、吴茱萸汤、当归四逆加吴茱萸汤；肺阳虚衰，寒饮蕴结，咳吐白色泡沫痰者，又以干姜、细辛，大辛大热，散寒宣肺，化痰涤饮，方如小青龙汤。以上诸方，虽均已辛温之药为主，祛阴寒而理阳气，但又依据脏腑经络之别，分别选用桂枝、干姜、附子、细辛、吴茱萸等，以彰显扶阳之层次，临证不可不辨。

四、寒热错杂，辨气机升降，寒热并用以和

寒热错杂证病因病机错综复杂，往往是寒热之邪并存，如单用温热，则热邪难除，如纯用寒凉，则寒邪不消，故当寒热并用。即寒凉药与温热药相互配伍运用，相反相成，共同发挥治疗作用。寒热并用法要求在方药配伍时应顺应脏腑经络生理特性，适应病邪特点，据病证变化选择合适的寒性药、热性药共同组方，既要相互制约又要相互促进，以行并治寒热、平调阴阳之效。李时珍曾盛赞寒热相伍云：“此皆一冷一热，一阴一阳，寒因热用，热因寒用，君臣相佐，阴阳相济，最得制方之妙，所以有成功而无偏胜之害也”。

查《伤寒论》中，寒热并用方共计 32 首，其中痞证 5 方，少阳证 6 方，上热下（中）寒证（包括蛔厥证）5 方，热扰胸膈证 4 方（其中栀子干姜汤既属上热中寒证又属热扰胸膈证），表寒里热证 3 方，以及治疗格阳证、戴阳证、小结胸证、蓄血证、阳明腑实证、心阴心阳两虚证、黄疸病余热未清兼气液两伤证、脾约证、太少合病热利兼呕证等

证各1方。如寒热错杂于中焦，脾胃升降失常，见“满而不痛”之痞证，仲景立半夏泻心汤、生姜泻心汤、甘草泻心汤三方，以苦寒之黄芩、黄连泄热和胃，伍辛热（温）之半夏、干（生）姜祛寒散结，以甘温之人参、大枣、甘草补益脾胃以复其升降之职，如此寒热并用，辛开苦降，阴阳双调，共奏和中消痞之功。

若邪入少阳，既有入里化热之机，又有走表外解之势，正邪交争邪在半表半里，见少阳病证，仲景创柴胡剂，代表方为小柴胡汤。以柴胡、黄芩之苦寒以清泄少阳之郁火；以生姜、半夏之辛温以化痰，共奏辛开苦降、疏通气郁、和胃降逆之功；再以人参、大枣、甘草扶正祛邪，如此寒热并用、攻补兼施，和解少阳。其类方的作用机制亦大抵如此。若上热下寒，热邪在上（胸）、寒邪在下（胃肠），证见“取中痛，欲呕吐”者，仲景拟黄连汤，用苦寒之黄连清上热，辛热之干姜温下寒，辛温之半夏降逆止呕，辛温之桂枝交通上下之阳气。

若大下之后，中阳不足，外邪内陷，郁热胸膈，为上（胸膈）热中（脾）寒证，拟栀子干姜汤，用苦寒之栀子清热除烦，散在上之热，用干姜温脾散寒，祛中焦之寒。若下寒格热于上，成寒格之证，则制干姜黄芩黄连人参汤，以黄连、黄芩苦寒清热，热清则胃气降，以干姜辛热祛下寒，寒祛则脾气升，如此寒热格拒之势得解。而麻黄升麻汤证则因表邪内郁，气机不伸，上（肺）热下（脾）寒，此证阴阳上下并受其病，虚实寒热错杂，故治其阴则阳必伤，若补其虚则碍其邪，如此难治之证，非寒热并用、虚实兼治不可。方中麻黄、升麻宣发陷下阳郁之邪，用寒凉之黄芩、石膏清肺胃之热，桂枝、干姜通阳温中以祛寒，余药则调补阴阳气血。乌梅丸则是为寒热错杂、上（肝）热下（脾）寒之蛔厥或久利证而设。方中用乌梅敛肝安胃、益阴和阳，用辛温大热之附子、干姜、桂枝温经祛寒，用味辣性温之川椒、细辛通阳破阴杀虫，用苦寒之黄连、黄柏清热，人参补气健脾，当归补血养肝，诸药合用，使寒热去，阴阳调，肝安胃和，气血调畅，则病乃除。其他如桂枝二越婢汤、大青龙汤等治表寒里热，前已详述。

综上，张仲景32首寒热错杂方中，以性寒性热之药并用，但并非仅为“治寒以热，治热以寒”的简单组合。仲圣宗温热药属阳，能发散、宣通、温阳、引阴药以入阳；寒凉药属阴，能清解通降、沉敛下行、引阳药而入阴之性。辨脏腑经络、轻重缓急、气机失序，合理选配寒热之品，以调畅气机、平和阴阳。正如《中庸》所云：“喜怒哀乐之未发谓之中，发而中节谓之和。中也者，天地之大本也；和也者，天下之达道也。”

五、小结

总之，医圣张仲景宗《内经》“寒者热之，热者寒之”“治寒以热，治热以寒”之要旨，在《伤寒论》中，因寒热所在表里脏腑不同，寒热多寡不一，正邪盛衰各异，立方多种、治法多样，但始终将“平调阴阳”“补不足，损有余”的思想贯穿在三阴三阳病证辨治过程中，以求“阴平阳秘，精神乃治”。正如《汉书·艺文志》所云：“经方者，本草木之寒温，量疾病之深浅，假药味之滋，因气感之宜，辨五苦六辛，致水火之齐，以通闭解结，反之于平。”

［《全国第十九次仲景学说学术年会会议论文》2011：255］

地黄类中成药临床应用辨析

倪　诚　张　葱　李英帅
北京中医药大学

自东汉张仲景所创金匮肾气丸（原名八味肾气丸）问世以来，历代医家有冠以“地黄”如地黄丸、八味地黄丸、桂附地黄丸、桂附八味地黄丸等称谓，并衍化出加味肾气丸、六味地黄丸、知柏地黄丸、杞菊地黄丸、桂附地黄丸、麦味地黄丸、归芍地黄丸、明目地黄丸等类方。后世根据金匮肾气丸及其类方的中成药方名中均有地黄，将其统称为“地黄类中成药”。本文鉴于“地黄类中成药”的源流发展中出现的“同方异名”和“同名异方”现象，以及在功效、主治及应用方面易于混淆等诸多问题，拟从文献学、方剂学与临床学的多维角度予以正本源，释疑解难。

一、金匮肾气丸与桂附地黄丸辨析

（一）金匮肾气丸成药与仲景原方属同名异方

1. 金匮肾气丸原方并非温补肾阳方　长期以来，古今医家论著与《方剂学》历版教材及《金匮要略》多版教材一直将肾气丸作为温补肾阳方，用以治疗肾阳不足证，方中以桂枝、附子为君药。笔者在考察原方主治特征和方药配伍特点的基础上，曾于2006年提出“肾气不足，气化失司”之方证病机、“补肾化气”之功效及“地黄为君药”的论点[1]。近期有学者也持同样观点[2]。

（1）肾气不足，气化失司，水液代谢失常为其方证病机：仲景金匮肾气丸原治虚劳腰痛，少腹拘急，小便不利者；短气有微饮；男子消渴，小便反多，以饮一斗，小便一斗；妇人病饮食如故，烦热不得卧，而反倚息者，此名转胞，不得溺也。《金匮要略·中风历节病脉证并治第五》附方崔氏八味丸还治脚气上人，少腹不仁。上述虚劳、痰饮、消渴、妇人转胞及脚气诸病均伴见小便不利见症，无教材所谓“身半以下常有冷感，阳痿早泄”等里寒见证，以示肾气不足，气化失司，水液代谢失常之共性病机。盖肾与膀胱相表里，肾气不足，不能化气行水，水停于内，则小便不利，少腹拘急，甚则发为水肿、转胞；肾气虚馁，膀胱失于约束，水液直趋下焦，则小便反多甚或尿崩，入夜阳消阴长，故夜尿尤频；肾气不足，不能蒸化水液，津不上承，故消渴；液聚成痰，则发为痰饮。本方证以腰痛、痰饮、水肿、消渴、脚气、转胞等病伴见小便不利或小便反多（入夜尤甚）、舌淡而胖、脉虚弱尺部沉细为辨证要点。

（2）补肾化气行水为其功效：肾藏精，内寓元阴元阳。《素问·六节脏象论》曰：“肾者……精之处也”。《素问·上古天真论》云：“二八，肾气盛，精气溢泻”。说明肾气是肾精的功能表现，肾精是肾气的物质基础，肾精通过化生肾气在人体生命活动中发挥着重要作用。关于肾精、肾气、肾阴、肾阳四者的关系，有研究者认为肾精化生肾气这个过程通过肾阳蒸化肾阴来完成，指出肾气的强盛与否，主要取决于肾精素禀是否充盛以及肾精内部阴阳是否协调平衡[3]。

（3）干地黄为君药：金匮肾气丸为肾气不足，气化失司，水液代谢失常所致病证者而设，组方配伍以大队滋阴益精药与少量温阳补火药为伍，意取“阴中求阳”“少火生气”，并佐用通散渗利之品，寓泄于补，以泄助补。方中重用干地黄为君，滋阴补肾填精，《本草经疏》谓：“干地黄乃补肾家之要药，益阴血之上品。”臣以山茱萸补益肝肾敛精，山药补脾益肾涩精，二药合干地黄滋阴补肾填精，阴生阳长；炮附子温阳补火，桂枝温通阳气，合而温肾助阳化气。方中补阳药少量轻而滋阴药多量重，可见其立方之旨，并非峻补元阳，乃在微微生火，鼓舞肾气，即取“少火生气”之义。正如柯琴所云：“此肾气丸纳桂、附于滋阴剂中十倍之一，意不在补火，而在微微生火，即生肾气也”（《医宗金鉴·删补名医方论》）。佐以泽泻、茯苓利水渗湿，配桂枝又善温化痰饮；牡丹皮活血散瘀，合桂枝可调血分之滞。三药寓泄于补，以泄助补。诸药配伍，针对肾气虚弱、气化失司证机而发挥补肾化气功效。纵观全方，制方特色有二：一是阴中求阳，少火生气；二是寓泻于补，以泻助补，使之补而不滞。

2. 金匮肾气丸成药与原方同中有异

现市售“金匮肾气丸”成药并非张仲景《金匮要略》原方，而是根据《卫生部药品标准中成药制剂第20册》（以下简称《部颁第20册》）的配方制作而成。张仲景《金匮要略》原方组成是：干地黄（八两），山茱萸（四两），薯蓣（四两），泽泻（三两），茯苓（三两），牡丹皮（三两），桂枝（一两），附子（炮，一两）；《部颁第20册》所载金匮肾气丸配方[4]是：地黄108g，山药27g，山茱萸（酒炙）27g，茯苓78g，牡丹皮27g，泽泻27g，桂枝27g，附子（炙）4.5g，牛膝（去头）27g，车前子（盐炙）27g。可见，《部颁第20册》金匮肾气丸比《金匮要略》原方新增牛膝、车前子两药，而且地黄：山茱萸：山药：泽泻：茯苓：牡丹皮：桂枝：附子的量比也由原方8：4：4：3：3：3：1：1变为24：6：6：6：17.3：6：6：1[5]。尽管如此两方在肾气不足主证与补肾化气功效方面并未改变所不同的是，《部颁第20册》金匮肾气丸因配伍牛膝、车前子，较之金匮肾气丸原方，其利水消肿之力较强，故还可用治肾气亏虚所致水肿等。

（二）成药金匮肾气丸与济生肾气丸并非同方异名

现代学者基于金匮肾气丸成药与原方不，有认为中成药金匮肾气丸与济生肾气丸两方接近属于同方异名[5~6]。考《济生方·卷四》所载加味肾气丸组成为：附子（炮，二个），白茯苓、泽泻、山茱萸（取肉）、山药（炒）、车前子（酒蒸）、牡丹皮（去木）各一两，官桂（不见火）、川牛膝（去芦，酒浸）、熟地黄各半两；2010年版《中华人民共和国药典》（以下简称《药典》）济生肾气丸组成：熟地160g，山茱萸（制）80g，牡丹皮60g，山药80g，茯苓120g，泽泻60g，肉桂20g，附子（制）20g，牛膝40g，车前子40g。《部颁第20册》金匮肾气丸与《药典》（2010年版）济生肾气丸两方虽然同用地黄、山茱萸、山药、泽泻、茯苓、牡丹皮、附子、牛膝、车前子补肾利水以治肾虚水肿，但是组成药物有桂枝与肉桂之分，配伍量比[5]有24：6：6：6：17.6：6：1：6：6与8：4：4：3：6：3：1：1：2：2之别。前方重在补肾气利水而主治肾气虚水肿，后方侧重温肾阳利水而主治肾阳虚水肿，两方在功效与主治方面因此有异，并非同方异名。

（三）桂附地黄丸与金匮肾气丸属异名异方

仲景金匮肾气丸原名有三：一是《金匮要略·中风历节病脉证并治第五·附方》名崔氏八味丸，二是《金匮要略·血痹虚劳病脉证并治第六》名八味肾气丸，三是《金匮要略·妇人杂病脉证并治第二十二》名肾气丸。嗣后同方异名者较多，如地黄丸（《太平圣惠方》卷98）、八仙丸（《养老奉亲书》）、补肾八味丸（《圣济总录》卷51）、八味丸（《如宜方》，录自《普济方》卷401）、八味地黄丸（《小儿痘疹方论》）、附子八味丸（《证治要诀类方》卷4）、金匮肾气丸（《赤水玄珠全集》卷7）、桂附八味丸（《简明医彀》卷4）、桂附地黄丸（《简明医彀》卷8）、桂附八味丸（《医方论》卷1）、桂附八味地黄丸（《胎产心法》卷1）等。

《药典》1953年版未收载金匮肾气丸。1963年版始载金匮肾气丸（与桂附地黄丸并列），以后各版药典一直仅载桂附地黄丸，而金匮肾气丸只载于上述《部颁第20册》中。

上述《简明医彀》卷8所载桂附地黄丸实乃金匮肾气丸异名，与现今市售成药桂附地黄丸属同名异方；《部颁第20册》所载金匮肾气丸与《药典》各版所载桂附地黄丸则属异名异方。

考桂附地黄丸在宋代陈师文等人奉敕所撰《太平惠民和剂局方·卷之五·治诸虚（附骨蒸）》（以下简称《局方》）中取名“八味丸”，云其“治肾气虚乏，下元冷惫，脐腹疼痛，夜多旋溺，脚膝缓弱，肢体倦怠，面色黧黑，不思饮食。又治脚气上冲，少腹不仁，及虚劳不足，渴欲饮水，腰重疼痛，少腹拘急，小便不利；或男子消渴，小便反多；妇人转胞，小便不通，并宜服之……久服壮元阳，益精髓，活血驻颜，强志轻身。”不难看出，《局方》“八味丸”主治虽与金匮肾气丸原方相似，但方证病机定为“肾气虚乏，下元冷惫”，故将金匮肾气丸原方中的桂枝改为肉桂，干地黄改为熟地黄，变补肾气方为“壮元阳”之剂。中成药桂附地黄丸质量标准收载于《中国药典·一部》（2005年版），处方组成与配伍量比与《局方》八味丸相同，功具温补肾阳，用于肾阳不足证。

二、六味地黄丸及其类方辨析

（一）六味地黄丸为滋阴补肾祖方

本方原治肾怯失音，囟开不合，神不足，目中白睛多，面色皖白等症。现代主治肾阴虚证，以腰膝痠软，头晕目眩，口燥咽干，或有耳鸣耳聋、盗汗、遗精、消渴、手足心热、牙齿动摇、足跟作痛、小儿囟门不合、舌红少苔、脉沉细数为临床特征，主要反映肾阴亏虚，虚热内扰之方证病机。腰为肾之府，肾主骨生髓，齿为骨之余，肾阴不足则骨髓不充，故腰膝酸软无力、牙齿动摇、足跟作痛、小儿囟门不合；脑为髓海，肾阴不足，不能生髓充脑，故头晕目眩；肾开窍于耳，肾阴不足，精不上承，或虚热上扰清窍，故耳鸣耳聋；肾藏精，为封藏之本，肾阴虚则水不制火，相火内扰精室，故遗精；阴虚生内热，甚者虚火上炎，故消渴、盗汗、舌红少苔、脉沉细数。

本方证以肾阴亏虚为本，虚热内扰为标，且有肾不主水、湿浊易生机转，组方配伍遵循“壮水之主，以制阳光”理论，以滋阴补肾为主，兼清虚热、泄肾浊立法。方中重用熟地黄滋阴补肾，填精益髓，为君药。山茱萸补养肝肾，固涩精气，取“肝肾同源”之意；山药补益脾阴，固肾涩精，补后天以养先天，共为臣药。三药配合，肾肝脾三阴并补，是为“三补”，但熟地黄用量是山萸肉与山药之和，故仍以补肾阴为主。泽泻利湿而泄肾浊，并能减熟地黄之滋腻；茯苓淡渗脾湿，既助山药之健运，并协泽泻以泄肾浊；丹皮清退虚热，并制山萸肉之温涩。三药称为“三泄”，均为佐药。诸药配伍，针对肾阴亏虚之证而发挥滋阴补肾功效。

本方系宋代钱乙从《金匮要略》的肾去桂枝、附子，易干地黄为熟地黄而成。原名“地黄丸”，用治肾怯诸症。《小儿药证直诀笺正》说：“仲阳意中，谓小儿阳气甚盛，因去桂附而创立此丸，以为幼科补肾专药”。后世将其作为滋补肾阴之组方，并衍化出知柏地黄丸、杞菊地黄丸、桂附地黄丸、麦味地黄丸、归芍地黄丸、明目地黄丸等类丸

（二）知柏地黄丸为滋肾降火剂

知柏地黄丸，是在六味地黄丸基础上加盐炒知母、盐炒黄柏各二钱而成，从而变滋肾补阴剂为滋肾降火之方。《医方考》卷5原名六味地黄丸加黄柏知母方，原治肾劳，背难俯仰，小便不利，有余沥，囊湿生疮，小腹里急，便赤黄者；肾气热，则腰脊不举，骨枯而髓减，发为骨痿。《简明医彀》卷4名知柏八味丸，治阴虚火动，肾水不足，五心烦热，口燥咽干，溺赤。《玉案》卷5名八味丸，治肾虚淋沥，茎中涩痛，或时作痒。《景岳全书》卷51名滋阴八味丸，治阴虚火盛，下焦湿热。《医宗金鉴》卷27名知柏地黄丸，治阴虚火动，午热

骨痿，两尺脉旺。现代主治肾阴虚火旺证，头目昏眩，耳鸣耳聋，虚火牙痛，五心烦热，腰膝痠痛，血淋尿痛，遗精梦泄，骨蒸潮热，盗汗颧红，咽干口燥，舌质红，脉细数者。本方对肾阴虚夹湿热者，亦可发挥滋肾阴、清湿热作用。

（三）麦味地黄丸与归芍地黄丸辨析

麦味地黄丸（《汤头歌诀》），原名八味地黄丸（《医部全录卷331引《体仁汇编》）。本方在六味地黄丸基础上加麦冬、五味子，遂由滋肾补阴之方变为滋肾补肺之剂，主治肺肾阴虚证，虚烦劳热，咳嗽吐血，潮热盗汗者。

归芍地黄丸，原名归芍地黄汤（《症因脉治》卷2），原方去六味地黄丸中的熟地黄，加当归、白芍（原书未注用量）而成。《药典》所载归芍地黄丸未去六味地黄丸中的熟地黄，并加当归、白芍，从而变单纯滋肾阴方为滋肝肾、补阴血之剂，主治肝肾阴血亏损证，头晕目眩，耳鸣咽干，腰酸脚软，足跟疼痛，潮热盗汗，咳嗽吐血，两胁疼痛，舌红苔少，脉细数或乳而涩者。

麦味地黄丸与归芍地黄丸两方均以六味地黄丸为基础方，同具滋阴补肾之功，主证均见肾阴虚表现。麦味地黄丸因加补敛肺阴之麦冬、五味子，故主治肾阴虚兼肺阴不足证；归芍地黄丸因加养血补肝之当归、白芍，故主治肾阴虚兼肝血不足之证。

（四）杞菊地黄丸与明目地黄丸辨析

杞菊地黄丸，《麻疹全书》原名杞菊六味丸（在六味地黄丸基础上加枸杞子、菊花各三两而成），谓其有清肝肺，明耳目之效。《医家四要》名为杞菊六味汤，云其补肾水以涵肝木，治肝血虚，目耗散而不明。《医级》卷8始载杞菊地黄丸，治肝肾不足，目生花歧视，或干涩眼痛。现代主治肝肾阴虚证，两目昏花，视物模糊，或眼睛干涩，迎风流泪者，发挥本方滋肾养肝明目之功。

明目地黄丸源自《中药成方配本》，是在《饲鹤亭集方》所载明目地黄丸基础上加当归、白芍而成。《饲鹤亭集方》所载方由六味丸一料、甘菊三两、杞子二两、石决明、白蒺藜（石决明、白蒺藜用量原缺）组成，用治男女肝肾两亏，风邪外袭，热气上攻，畏日羞明，瞳神散大，视物不清，迎风流泪，内生翳障，及时服之后，久不还元，一切目疾。现市售成药根据《药典》所载明目地黄丸配方制作，具有滋肾平肝、祛风明目功效，主治肝肾阴血亏损，肝阳偏亢，目涩羞明，迎风流泪，视物模糊，伴有眩晕或头痛等。

从以上两方组成可以看出，明目地黄丸与杞菊地黄丸均在六味地黄丸基础上加枸杞子、菊花，因此同具滋肾养肝明目之功，均可治疗肝肾阴虚所致两目昏花，视物模糊，眼睛干涩，迎风流泪等症。然明目地黄丸复加当归、白芍、白蒺藜、石决明，较之杞菊地黄丸，其补肝养血、平肝祛风之力更强，适用于肝肾阴亏兼见眩晕或头痛等血虚肝旺表现者。

三、结语

张仲景金匮肾气丸作为补肾化气的代表方（以下简称原方），用治肾气虚弱，气化失司所致诸症，自问世以来，该方及其类方发展演变大致有三大走势：一是向补肾化气行水方面拓展，成药金匮肾气丸因加牛膝、车前子，其利水消肿之力有增，尚可用于肾气虚水肿。二是向温补肾阳延伸，桂附地黄丸将金匮肾气丸原方中的桂枝易为肉桂、干地黄改为熟地黄，从而变补肾气之方为温肾阳之剂；加味肾气丸（即济生肾气丸）也将原方中之干地黄改为熟地黄，并加牛膝、车前子，遂成为温肾利水之方，适用于肾阳虚水肿者。三是形成补肾阴类方，六味地黄丸减去原方中的桂枝、附子，易干地黄为熟地黄，变成滋补肾阴用治肾阴虚证的基础方，进而加味衍化为六味地黄丸系列方，如加知母、黄柏组成的知柏地黄丸滋肾降火，适合肾阴虚火旺或兼湿热者；加麦冬、五味子组成的麦味地黄丸兼补肺阴，适用于肺肾阴虚证；加当归、白芍构成的归芍地黄丸兼补肝血，对肝肾阴血亏损者颇合；加枸杞子、菊花形成的杞菊地黄丸兼事养肝明目，专用于肝肾阴亏目疾；在杞菊地黄丸基础上又加当归、白芍、白蒺藜、石决明，更增养肝补血、平肝祛风之能，对于肝肾阴亏目疾兼见眩晕或头痛等血虚肝旺表现者尤可显效。

综上所述，张仲景金匮肾气丸并非传统认为的补肾阳之方。中成药金匮肾气丸与原方乃同名异方、与济生肾气丸也非同方异名；桂附地黄丸与金匮肾气丸系异名异方；根据金匮肾气丸化裁而成的六味地黄丸及其类方，实现了由补肾气向补肾阴的另一格局。

参考文献

［1］新编方剂学．北京：人民卫生出版社，2006：304～305.

［2］赵宇昊，高忠英，史成和，等．金匮肾气丸主治证候与君药辨析．中国实验方剂学杂志，2009，15（12）：112～114.

［3］闫志安．肾精、肾气、肾阴、肾阳析．中医药学报，2000，15（3）：14～15.

[4] 中华人民共和国卫生部药典委员会．中华人民共和国卫生部药品标准中药成方制剂第二十册．1998：191.
[5] 季原，陈绍红．解读成药金匮肾气丸与济生肾气丸．中华中医药杂志，2011，26（8）：714～1716.
[6] 宋建平，张腾飞．金匮肾气丸同名异方的情况亟待改变．中成药，2010，32（5）：849～850.
[《六味地黄类中成药与方剂临床应用研究论文集》2012：44]

柴胡加龙骨牡蛎汤加减治疗不寐的肝郁化火证的临床观察

张　勇　北京顺义区中医医院

不寐亦称失眠，是指睡眠不足或睡不深熟，经常不能获得正常睡眠为特征的一种病征。主要表现为睡眠时间、睡眠深度的不足，以及不能消除疲劳恢复体力与精力为主要证候特征，轻者入睡困难或时寐时醒，或醒后不能再睡，重则彻夜失眠。失眠症是睡眠障碍疾病中发病率最高的一类疾病，常影响人们正常的生活、学习、工作和身心健康。顽固性失眠，会给患者带来长期的痛苦，甚至形成对安眠药的依赖，而引起医源性疾患。我们自2008年5月一2009年2月运用仲景的柴胡加龙骨牡蛎汤加减治疗此证，取得了良好的近期和远期疗效。

一、临床资料

1. 一般资料

102例患者均来源于2008年5月～2009年2月我院内科门诊的患者，按抽签随机分为治疗组52例和对照组50例。治疗组52例中男性20例，女性32例，年龄18岁～60岁，平均41.2岁；病程2月～3年，平均（1.1±0.1）年，表现为入睡困难且易醒者25例，多梦或早醒者20例，彻夜不眠者4例。对照组25例中，男性19例，女性31例，年龄17岁～58岁，平均43.1岁；病程2月～3年平均（0.8±0.2）年，表现为入睡困难且易醒者25例，多梦或早醒20例，彻夜不眠者5例。两组年龄、病程经统计学处理，无显著性差异（P>0.05），具有可比性。

2. 诊断标准

西医诊断参照《中国精神障碍分类与诊断标准》中有关失眠症的诊断标准，中医诊断参照国家中医药管理局《中医病证诊断疗效标准》中关于“不寐”的诊断标准及辨证标准：中医辨证分型为肝郁化火证，症见：心烦不能入睡，烦躁易怒，胸闷胁痛，头痛面红，目赤，口苦，便秘尿黄，舌红，苔黄，脉弦数等。

3. 入选和排除标准

入选标准：符合失眠症的西医诊断标准及中医肝郁化火证不寐的标准。年龄在17～60岁之间，病程在1月～3年之内，所有入选病人均签署知情同意书。排除标准：排除其他躯体疾病或精神障碍症状导致的继发性失眠，排除孕妇、哺乳期或有对硝西泮类药物过敏者等，以及不能按观察方案完成治疗者，辨证不属此型者。

二、治疗与观察方法

1. 治疗方法

（1）治疗组：给予柴胡加龙骨牡蛎汤加减治疗。药物组成：柴胡10g，黄芩10g，茯苓10g，桂枝5g，生龙、牡各30g，清半夏10g，生赭石30g，生大黄6g（后下），生姜5g，大枣5枚，生白芍15g，生地15g，栀子10g，郁金10g。每1剂，水煎2次早晚分服，连服14天。治疗期间，停服西药安眠药。

（2）对照组：给予西药硝西泮片（江苏恩华药业股份有限公司，国药准字H32022966，5mg）治疗，每次5mg，每晚睡前30min口服，连服14天。

2. 观察方法

察治疗14天后及停药2周后，两组睡眠状况的改善情况和两组治疗前后主要伴随症状的改善情况。

中医症状指标：参考《中药新药临床指导原则》症状积分标准对失眠、头痛、心烦易怒、胸闷胁痛等进行评分。重度记6分，中度记4分，轻度记2分，无此症状或症状消失记0分。同时进行不良反应监测。

3. 统计学方法

采用SPSS10.0统计学软件，数据采用$\bar{x}\pm S$表示，均数采用t检验，率比较采用x^2，检验。

三、疗效标准与治疗结果

1. 疗效评定标准

参照国家中医药管理局《中医病证诊断疗效标准》中关于“不寐”的疗效评定标准进行疗效评价。

2. 治疗结果

（1）2组患者治疗后临床疗效比较：治疗14天后治疗组与对照组的总有效率分别为94.2%、88.0%，差异无统计学意义（P>0.05）。（见表1）。

表 1　两组治疗后临床疗效比较例（%）

组别	n	临床痊愈	显效	有效	无效	总有效（%）
治疗组	52	26（50.0）	18（34.6）	5（9.6）	3（5.8）	（94.2）
对照组	50	20（40.0）	16（32.0）	8（16.0）	6（12.0）	（88.0）

停药 2 周后治疗组总有效率为 90.4%，对照组为 52.0%，差异有统计学意义（P<0.01）。见表。2

表 2　两组停药 2 周后临床疗效比较例（%）

组别	n	临床痊愈	显效	有效	无效	总有效（%）
治疗组	52	23（44.2）	18（34.6）	6（11.5）	5（9.6）	90.4*
对照组	50	6（12.0）	8（16.0）	12（24.0）	24（48.0）	52.0

与对照组比较，*P<0.01

（2）两组患者治疗前后主要症状积分比较：治疗组在治疗后主要症状有明显改善，与治疗前比较，和与对照组治疗后比较，差异有统计学意义（P<0.01）。对照组仅烦躁易怒症状与治疗前比较，差异有统计学意义（P<0.05，见表 3）。

表 3　2 组治疗前后主要症状积分改善情况（分，$\bar{x}\pm S$）

主要症状	治疗组（n=52）		对照组（n=50）	
	治疗前	治疗后	治疗前	治疗后
失眠	3.50±0.34	1.00±0.22	3.20±0.37	2.64±0.34
烦躁易怒	2.75±0.3	0.88±0.20	2.80±0.35	1.76±0.2
头痛	3.06±0.28	0.94±0.20	3.36±0.30	2.72±0.28
胸闷胁痛	2.94±0.28	0.88±0.20	3.28±0.30	2.80±0.33

与治疗前后比较：*P<0.05，*P<0.01；治疗组与对照组治疗后比较：P<0.01

3. 不良反应监测结果

治疗组未出现不良反应，对照组中有 26 例出现白天头昏、困倦乏力等副反应停药 2 周后观察，治疗组未出现药物依赖，对照组有 22 例出现安眠药的依赖，而引起医源性疾患。

四、讨论

中医称失眠为“不寐”，多由情志不遂，肝失条达，气机郁结，肝用太过，魂不入肝所导致，而气结不舒，郁久化热，即所谓气有余便是火，火扰心神，又可加重失眠，气滞日久，血运不畅，气血不能上奉而心神失养，以致睡眠愈发不安。《内经》“云气心藏神，肝藏魂”，睡眠本乎阴，为心所主，神安则能寐，肝火上扰心神则难寐。不寐的肝郁化火证主要表现为心烦不能入睡，烦躁易怒，胸闷胁痛，头痛面红，目赤，口苦，便秘尿黄，舌红，苔黄，脉弦数等。此乃“阳浮于外，魂不入肝，则不寐”。阳浮上越，邪实标盛，急当治标，若专事苦寒泻火，将致气血凝结，郁火愈盛。当予疏肝理气，清肝泻火，佐以重镇安神，用柴胡加龙骨牡蛎汤加减。本方取小柴胡汤清泄肝郁，调和阴阳，配以龙骨、牡蛎镇肝安神。张仲景本意是以该方治疗伤寒下后邪陷少阳的小柴胡汤之变证，是为邪陷少阳使无形之火不能外出，循经扰于胸，故胸中烦满，少火移热于肝，则肝魂被扰、惊惕不安而设，以镇惊除烦。

方中以小柴胡汤调和阴阳、解郁泻火，加龙骨、牡蛎潜镇摄纳，剔除原方中铅丹，改用生赭石、镇固守神，潜其浮阳；用桂枝以通阳化气，用白芍养肝血、敛肝阴以藏魂，柔肝木以益脾土，且苦入心，微寒泻心火，配生地滋阴益肾柔肝，清热以生大黄、黄芩、栀子之类，虽性味苦寒，但配以养阴之品，可清火不伤阴，滋阴不恋邪。对气机不畅致胸闷胁痛者用解郁除烦之柴胡、郁金，茯苓以安神定志。

通过本临床观察证实，用柴胡加龙骨牡蛎汤加减治疗不寐的肝郁化火证患者疗效满意，近期睡眠症状改善疗效与硝西泮相当；但对照组出现白天困倦、安眠药的依赖，而引起医源性疾患的不良反应。治疗组在停药2周后，仍能维持良好的睡眠，远期疗效明显优于对照组；在改善睡眠症状的同时，可使心烦易怒、头痛、胸闷胁痛等症状得到明显改善，且未见有白天困倦、药物依赖等副作用，具有良好的临床推广价值。

[《北京中医药学会2012年学术年会论文集》2012：169]

《金匮要略》中五疸的中西医临床研究

张照琪　石家庄市第五医院

医圣张仲景总结前人的经验，结合自己的临床实践，将黄疸病划分为黄疸、酒疸、谷疸、女劳疸和黑疸五种，五疸的划分使后世医家在黄疸的病因、病机和疾病发展层次上有了进一步的认识。它的治疗法则和方剂至今仍有效地指导着中医临床实践。但《金匮要略》中有关五疸的记载不多，五疸的创立仍不完善。有待中西医学进一步研究。

黄疸病在西医学中可见于多种疾病，如病毒性肝炎、胆囊炎、胆石症、药物性肝炎、酒精性肝炎、肝癌、肝豆状核变形，也可见于流行性出血热、流行性脑脊髓膜炎、胆道蛔虫、肝外梗阻性疾病及各种原因引起的肝损伤及胆汁排泄障碍。它的原因有多种，如病毒、细菌、寄生虫和自身免疫障碍等，它的病理主要因为肝细胞大量损伤，胆道阻塞，造成胆红素代谢障碍，血液中胆红素过高而引起的周身皮肤及器官黄染。

五疸的命名在中医诊断和治疗上有重要意义，以色泽命名的有黄疸、黑疸，以病因命名的有酒疸、谷疸及女劳疸。各疸之间不完全孤立，而是有一定的联系，如酒疸与黑疸，文中谓：“酒疸下之，久久为黑疸”，指出同是疸病发黄，一个发病在先，一个因疸病持久不愈而成，治疗上就有质的不同。

关于临床证候，仲景做了详尽的描述有明显的临床特点。关于黄疸曰“师曰，病黄疸，发热烦喘，胸满口燥……一身尽发黄，肚热”“黄疸腹满，小便不利而赤，自汗出”。黄疸在临床上以发热，腹满，发黄，自汗，小便不利为主证。关于酒疸曰“心中懊憹而热，不能食，时欲吐，名曰酒疸”，夫病酒黄疸，必小便不利，其候心中热，足下热，是其证也”。酒疸在临床上以身热，欲吐，心中懊憹，发黄，小便不利为主证。关于谷疸曰“小便不通……身体尽黄，名曰谷疸”“阳明病，脉迟者，食难用饱，饱则发烦，头眩，小便必难，此欲作谷疸”“谷疸之为病，寒热不食，食则头眩，心胸不安，久久发黄为谷疸”。谷疸在临床上以寒热不食，头眩，发黄，小便不通为主症。以上黄疸、酒疸、谷疸的临床证候描述它们都有共同点即身热，发黄，小便不利，兼有心中懊憹，腹满，头眩，这些证候表现为热证、实证。从现代医学上讲，它们出现于急性疾病之中，如急性肝炎，急性胆囊炎，胆石症的急性发作期，流行性出血热等，关于女劳疸的临床证候，张仲景曰：“额上黑，微汗出，手足中热，薄暮即发，小便自利，名曰女劳疸……”，“黄家日晡所发热而反恶寒，此为女劳得之……”，女劳疸在临床上以额上黑，手足中热，日晡恶寒为主症。关于黑疸曰“酒疸下之，久久为黑疸，心中如啖蒜虀状，大便正黑，皮肤爪之不仁，其脉浮弱，虽黑微黄”。黑疸在临床上以面黑，皮肤爪之不仁，足下热，少腹满为主证，以女劳疸、黑疸的临床证候描述它们都有色黑之证，兼有恶寒，皮肤爪不仁之证，这些证候表现为虚证，虚实夹杂证。从现代医学上讲，它们多见于慢性疾病，如慢性肝炎，慢性胆囊炎，肝硬化等病。

五疸的病因仲景先师未能一一赘述，但他在《金匮要略·黄疸病脉证并治第十五》中讲到：“然黄家所得，从湿得之”。一语概括了疸病的总病因，这一点一直被历代医家所推崇，并由此而总结出“无湿不成疸”的名言，疸病自始至终被湿邪所侵淫，所以在治疗上祛湿之法是治疗疸病的大法。

关于疸病的病机，仲景先师言黄疸为“热在里”，言谷疸为“热留膀胱”。未直言酒疸，但酒为性热之品，故黄疸、谷疸、酒疸以湿热蕴于肝胆脾胃为主要病机，故临床上反映为急性热病，在治疗上仲景用茵陈五苓散、大黄硝石汤治黄疸，以茵陈蒿汤治疗谷疸，以栀子大黄汤治疗酒疸，总的治疗原则以祛邪为主，但各方剂又有差异，以药测证，并结合中医临床实际，茵陈五苓散偏于利湿退黄，临证以热象少，小便不利，舌苔白腻为主证；栀子大黄汤以清热除烦为主要功效，临证以身热、心中懊憹火，心胸热痛，时欲呕吐为主证，病位偏于上焦、中焦；茵陈蒿汤以清热利胆逐湿为主要功效，临证以身热、呕吐、身黄鲜明如橘色，腹满，舌苔黄腻为主，病位偏于中焦；大黄硝石汤以清泻内热为主要功效，临证以身热、腹胀满，舌苔黄厚腻，自汗出，里热内实之证为主，病位偏于中、下焦。这些方剂在中医临床治疗急性疸病中一直被广泛应用。尤其是茵陈蒿汤这一著名方剂在治疗急性肝炎、急性胆囊炎等常见疸病中为首选方剂，并且疗效显著。

有关女劳疸的记载文中较少，仲景未特指它的病因，但顾名思义，房事过度是一重要病因，故名曰女劳。房事过度，肾阴阳俱损，肾阳虚故湿浊内生，肾阴虚而致肝阴血虚，造成肝胆火炽，火热与湿蕴结而成疸病。从临床上看独因房事过度而引发者并不少见，其症状除额上黑，手足中热，薄暮即发，其腹如水状，大便黑外，尚多见腰膝酸软，乏力，目干涩，耳鸣，烦躁，失眠，舌质紫，脉沉细弦。仲景在治疗上应用硝石矾石散，一改治疗黄疸的苦寒药。硝石矾石散中硝石咸寒，咸能入肾润燥软坚，寒能清热，矾石酸寒，酸性收，不伤阴，寒能除热，此药能入阴血分，治疗法则以燥湿软坚逐瘀为主，其用药乖巧，攻邪而护脏。现代临床治疗女劳疸除用本方外，还需加用补益肝肾之品，如桂枝、寄生、川断、女贞子、夏枯草、赤芍、丹皮、山茱萸、白芍、枸杞、淫羊藿等药，以切合其虚实夹杂，正虚邪恋的病机。我们结合临床实践自拟益肾退黄汤，方药为：桂枝 10 克，山茱萸 10 克，牛膝 20 克，白茅根 20 克，赤芍 20 克，当归 10 克，淫羊藿 10 克，白芍 15 克，女贞子 12 克，水煎服，另服硝石矾石散 6 克。

黑疸在文中讲到的最少，黑疸的成因，仲景明确谈到："酒疸下之，久久为黑疸"，说明黑疸是酒疸的一种变证，实际上，不光是酒疸能演变成黑疸，各种疸病失治误治，黄疸经久不愈或时轻时重，最终都可成为黑疸。文中所载黑疸之征有目青面黑，心中如啖蒜虀状，大便正黑，皮肤爪之不仁，其脉浮弱，虽黑微黄。其中目青面黑，大便正黑，皮肤爪之不仁为瘀血之状，心中如啖蒜虀状为内有瘀热之状，其脉浮弱为病久，气血亏虚之状，从征候推断，黑疸之病机为气血亏虚，湿热内蕴，血脉淤阻为主，虚实夹杂。从现代临床看除以上见证外还常见胁下癥积，赤丝血缕，朱砂掌，舌质紫有瘀斑，有齿痕，苔腻或黄或白，腹胀满或腹部按之有如囊裹水状，临床常见于现代医学中的酒精性肝硬化、肝炎后肝硬化，慢性肝炎，肝癌等。《金匮要略》中关于黑疸的治疗法则和处方未有记载。根据黑疸的病机看，其治疗大法应为扶正祛邪，治则以健脾益气，养肝血，祛湿退黄，活血化瘀软坚为主，兼补养肝肾。药用黄芪、党参、茯苓、白术等益气健脾；当归、白芍、枸杞、何首乌等养肝血；矾石、白茅根、黄柏等祛湿退黄，赤芍、元胡、丹参、姜黄、鳖甲、牡蛎、桃仁、三棱、莪术等活血化瘀，软坚散结，可配用大黄䗪虫丸，鳖甲煎丸。我们结合临床实践自拟"消癥退黄汤"治疗黑疸，其方为黄芪 30 克，赤芍 30 克，白术 20 克，茯苓 15 克，桃仁 10 克，䗪虫 6 克，鳖甲 12 克，阿胶（烊化）15 克，桂枝 10 克，枳壳 10 克，女贞子 12 克，山萸肉 10 克，矾石 3 克，大腹皮 15 克，先煎鳖甲、矾石 20 分钟，纳诸药，煮 30 分钟，得药液 400 毫升，烊化阿胶。黑疸之病机为热虚瘀交织，其热有湿热、瘀热、虚热，虚因其病久体衰，气血阴阳虚损，瘀有血瘀、湿瘀、痰瘀。虚实夹杂，故治疗上对扶正可助邪，祛邪恐伤正的情况应通过详审病机，抓主要矛盾，邪盛者以祛邪为主，扶正为辅，反之则扶正为主兼以祛邪，详辨虚实，谨遵理法，巧施方药。五疸在现代医学中是常见的疾病，仲景关于五疸的论述在临床中有非常重要的指导意义，值得后世医家不断地研究和完善，进一步发扬光大。

[《中华中医药学会第十五届内科肝胆病学术会议暨国家中医药管理局专科专病协作组（肝病组、传染病组）会议》2012：662]

探讨《金匮要略方论》对黄疸的论治

贾建伟　天津市传染病医院天津

黄疸病首见于《素问·平人气象论》，曰："溺黄赤，安卧者，黄疸"　"目黄者，日黄疸。"在《伤寒论》中，张仲景曾有散在论述，而在《金匮要略方论》中则专篇论述，在理论和临床实践上都有较高的指导意义和实用价值。对后世黄疸治疗有着重大的指导意义。

一、黄疸病因病机

仲景在《金匮要略方论·黄疸病脉证并治》第1条云：“寸口脉浮而缓，浮则为风，缓则为痹，痹非中风，四肢苦烦，脾色必黄，瘀热以行。”本条从脉象上说明黄疸病的发病机理。脉浮而缓，在伤寒是外感表虚的脉象；在杂病浮则为风，“风”可作“外邪”理解，而缓为湿之征。“痹”有闭之义，指脾家蕴有湿热，从而阐明黄疸病“湿”“热”“瘀”三大因素，且明确地指出了黄疸病位在脾。

湿邪为黄疸发病的第一要素。清·徐彬云“此总言黄疸，初时由风，兼挟寒湿，后则变热也。其先辨之寸口脉，若浮而缓，浮缓亦主专风，然浮风也，自黄者言之，缓则挟湿，故曰痹。然热为病情，风为病因，风热乃阳邪，阳邪入阳，四肢为诸阳之本，邪入而苦烦，烦者风热也”。本条文的意思为：湿邪从外而来，湿邪痹阻于内，可见湿邪贯穿黄疸的发病。仲景在《金匮要略方论·黄疸病脉证并治》将其概括为：“黄家所得，从湿得之”。

“热”为黄疸发病的第二要素。《诸病源候论·急黄候》中记载：“脾胃有热，谷气郁蒸，因为热毒所加，故卒然发黄”，提出了热邪是黄疸的致病因素。《金匮要略方论·黄疸病脉证并治》也有：“瘀热以行”“一身尽发热而黄”，“趺阳脉紧而数，数则为热”“心中懊侬而热”，“其候心中热”进一步总结了黄疸发病与热邪相关。

“瘀”是黄疸发病的重要因素。仲景在《金匮要略》与《伤寒论》中反复重申“瘀热”是湿热发黄的病机。唐容川在《金匮要略方论浅注补正》中注解到：“一个瘀字，便见黄皆发于血分也，凡气分之热不能称瘀……故必血分湿热乃发黄也。”张璐在《张氏医通》中谓“诸黄虽多湿热，然经脉久病，无不瘀血阻滞”，补充了黄疸久病入络，深入血分的病机。由此可知，黄疸发病病位深及血分，瘀血是重要因素。

黄疸的病位在脾胃。素体脾胃虚弱或饮食劳倦思虑，外感伤脾，致脾运不健而生湿，湿邪蕴阻于血分而发黄。故仲景日“脾色必黄”。仲景黄疸病变在脾胃的思想不论是诊察疾病还是处方用药中都得到了体现。如“趺阳脉紧而数，数则为热，热则消谷”，其辨脾胃，而“紧则为寒，食则为满”指病在脾，清·尤怡《金匮要略心典》释曰“尺脉浮为伤肾者，风伤肾也，趺阳脉紧为伤脾者。寒伤脾也，肾得风而生热，脾得寒而生湿，又黄病之原也”，仲景通过脉诊来辨别黄疸的病变在脾胃。

二、黄疸的分类

仲景在《金匮要略方论·黄疸病脉证并治》中将黄疸分为四类，即：谷疸、酒疸、女劳疸、黑疸。

谷疸　“谷疸之为病，寒热不食，食即头眩，心胸不安，久久发黄，为谷疸”，“风寒相搏，食谷即眩，谷气不消，胃中苦浊，浊气下流，小便不通，阴被其寒，热流旁观，身体尽黄，名日谷疸”。文中指出了：谷疸系脾湿胃热，脾不能升清，胃不能够降浊，清浊不分，不思饮食，或食入不化，湿热交争，如油裹面，久久郁蒸，发为黄疸，此乃湿热俱盛。

酒疸　“心中懊侬而热，不能食，时欲吐，名日酒疸”“夫病酒黄疸，必小便不利，其候心中热，足下热，是其证也”。李东垣在《脾胃论》中认为：“夫酒者，大热有毒，气味俱阳，乃无形之物也”。可见酒乃辛温大热之品，故嗜酒者酒毒无以宣泄，内伤脾胃，湿热内蕴，熏蒸于心，则心中懊侬；下注于足，则足下热，蕴于膀胱气化不利，则见小便不利。可见酒疸乃湿热内蕴之证。

女劳疸　《金匮要略方论·黄疸病脉证并治》中云：“额上黑，微汗出，手足中热，薄暮即发，膀胱急，小便自利，名曰女劳疸”，“黄家日晡所发热，而反恶寒，此为女劳疸”。额上黑，微汗出，手足中热，薄暮即发，提示女劳疸乃肾虚内热。故《圣济总录·卷六十黄疸门》中云：“论日脾胃素有湿热，或缘大暑醉饱，房劳过度，引热归肾，湿气交攻，小水不利，少腹坚胀，湿毒流散于肌肉之中，则四肢身面发黄。故谓之女劳疸……”可见女劳疸乃是黄疸的后期，正所谓“五脏所伤，穷必及肾”。

黑疸　《金匮要略方论·黄疸病脉证并治》中进行了详细论述，文中有“酒疸下之，久久为黑疸，目青面黑，心中如啖蒜虀状，大便正黑，皮肤爪之不仁，其脉浮弱，虽黑微黄，故知之”，介绍了酒疸变证为黄疸的表现；亦有“膀胱急，少腹满，身尽黄，额上黑，足下热，因作黑疸”，介绍了女劳疸变证为黑疸的表现。

三、治黄之法

《金匮要略方论·黄疸病脉证并治》明确指出治黄大法是“诸病黄家，但利其小便”。但是其他治法如活血化瘀、通下祛邪等治法在方药中也均有涉及。

“治黄不利小便，非其治也”。利小便乃是治疗黄疸病的第一大法。黄疸发病以湿热为主要病机，故在治疗上当清热利湿，使湿热从小便分消。《伤寒论·第236条》：“阳明病，发热汗出者，此为热越，不能发黄也。但头汗出，身无汗，齐颈而还，小便不利，渴引水浆者，此为瘀热在里，身必发黄，茵陈蒿汤主之”，《金匮要略方论·黄疸病脉证并治》：“谷疸之为病，茵陈蒿汤主之”，注云：“小便当利，尿如皂荚汁状，色正赤，一宿腹减，黄从小便去”。明确说明了小便通利与否是判断预后的重要依据，湿热之邪当从小便分消。

“治黄必治血，血行黄易却”。瘀血是黄疸致病的重要因素，因此在黄疸治疗过程中，活血化瘀很重要。仲景在《金匮要略·黄疸》中运用了茵陈五苓散、栀子大黄汤、大黄硝石散、茵陈蒿汤、硝石矾石散五首方剂来治疗黄疸病。这五首方剂在药物组成上除有化湿利小便之品，亦佐有活血化瘀之品。如栀子大黄汤、大黄硝石散、茵陈蒿汤三首方剂中，均应用了大黄、栀子来清热活血化瘀。再如硝石矾石散、大黄硝石散方中都运用了硝石，硝石性味苦咸寒，能入血分，具有消除瘀热之功，也体现了活血化瘀的治法。还有茵陈五苓散更是巧妙地应用了桂枝，温通血脉而达到祛瘀活血。

“治黄不忘脾”。仲景云：“脾色必黄”，提示黄疸病位在脾。后世医家也都继承了这一观点。明·成无己在《伤寒明理论》中说：“脾者色也，黄为土色，脾经为湿热蒸之，则色见于外，必身发黄”。可见黄疸与肿胃关系密切。另脾脏喜燥恶湿，而黄疸乃湿热之邪致病，故黄疸易脾病，脾病则失健运，无以傍四方，脾胃相表里，则胃腑的腐熟、受纳功能受损，故治疗一虽然清热利湿是治疗黄疸的大法，调和脾胃亦不容忽视。

四、黄疸预后

在《金匮要略方论》中涉及黄疸预后的条文中主要有3条，总结与黄疸预后相关的因素：

（1）仲景曰：“腹如水状不治”“腹满者，难治”，尤怡在《金匮要略心典》中亦讲：“若腹如水状，则不特阴伤，阳亦伤矣，故曰不治”。可见脾肾两伤，阴阳受损者，难治。

（2）仲景曰：“疸而渴者，其疸难治，疸而不渴者，其疸可治”。渴者，说明热方炽而湿且日增，有入里化燥的趋势，难治。不渴者说明热已减而湿亦自消，故可治。可见湿邪化热，热盛伤及津液者，难治。

（3）仲景曰：“黄疸当以十八日为期，治之十日以上瘥，反剧为难治”。黄疸病位在脾，脾属土，无定位，寄王于四季之末各十八日，故以十八日为期，判断黄疸病的预后。十日左右症状好转，则易治，若十八日以上，症状不缓解，则提示邪盛正衰，难治。可见十八日系邪正交争的重要时期，临床当以此作为评价疗效的时间段。

五、难治性黄疸的论治

我们将临床治疗中难于消退或持续出现超过半年以上再或消退后反复的黄疸称之为难治性黄疸，属《金匮要略》“难治”“不治”的黄疸范畴。笔者根据临床经验结合经典，认为治疗难治性黄疸首先要遵循清热利湿之法，但以下几点也应辨证分析，随证加减。

（1）热之极重用清热凉血解毒之品。黄疸难治者此湿从热化，热之极为毒，毒热耗伤气血，瘀热以成，难解难分。“急则治其标”，故临床见此证者，当重用清热凉血解毒之品，如犀角粉或浓缩的水牛角粉、赤芍等，使药直捣病灶，快速控制疾病的发展。著名肝病专家钱英教授的“截断逆挽法”和汪成柏的重用赤芍法正是在古人的基础上发展而成的。

（2）化痰活血、通络化痰贯穿始终。①久病及血，瘀血阻滞肝络，肝失疏泄，胆汁瘀滞，泛溢肌肤，发为黄疸，正所谓：“气血不利则发黄”。②若湿热内蕴日久，燥化伤阴，必灼伤津液，成瘀成痰。所以在临床治疗上要活血通络化痰，常用桃仁、土鳖虫、半夏、陈皮、川贝母等。

（3）温补脾。肾之阳不可忽视。难治性黄疸多因病程日久，久病损及肝肾，肝肾之阴不足，阴阳同根，阴损及阳，脾肾阳虚也不容忽视，肾阳不足则可见面色黧黑。若脾肾阳虚，寒湿何能祛除，故在治疗久病之黄疸，当以温阳与祛湿同步方能缓慢奏效，切不可急功近利。故用制附子、干姜、白术、茯苓等温阳利湿以振奋阳气，化湿健脾。

（4）茵陈先煎功不可没。《伤寒论》提到：“……茵陈蒿汤方茵陈蒿六两，栀子十四枚擘，大黄二两去皮。上三味，以水一斗，先煮茵陈减六升，纳二味，煮取三升，去滓，分温三服，小便当利，尿如皂角汁，色正赤，一宿腹减，黄从小便去也。”仲景已明确指出茵陈蒿汤中应重用茵陈，且当先煎。①方中茵陈六两远大于栀子和大黄的剂量，按照北京中医药大学郝万山教授的研究汉代1两等于15.625g，茵陈蒿六两当为93.75g。②清·徐灵胎在《伤寒论类方》中云：“先煮茵陈……此秘法也”。《本草思辨录》曰：“茵陈发扬芳郁，……善解肌表之湿热，欲其驱邪由小便而去，必得多煮，以厚其力。”其意义是去其轻扬外散之气，以厚其味，使其专于苦降，不达表而直入里，以利湿热从小便而出，则黄疸自去；另茵陈质轻而用量大，煎煮时多蓬松漂浮在药液之上，先煎可使其浸透令药力析出。

总结

《金匮要略方论》论述了黄疸病的病因病机、分类、治则、方药，对后世影响颇深。笔者详读此文，结合临床经验认为：黄疸顺证病因湿、热、瘀为主，治当清热利湿、活血化瘀为主，兼顾脾胃。黄疸难治者多是久病，病因湿、热、毒、瘀、虚为主，治疗上当存清热利湿、活血化瘀的基础上注意凉血解毒、清热化痰、温阳健脾，特别注意要重用茵陈、先煎茵陈。

[《中华中医药学会第十五届内科肝胆病学术会议暨国家中医药管理局专科专病协作组（肿病组、传染病组）会议》2012：118]

六味地黄丸（汤）男科用验

曹　军　太和县人民医院男科

六味地黄丸是宋·钱乙根据汉·名医张仲景《金匮要略》中的肾气丸化裁而来，组成为：熟地黄八钱、山茱萸四钱、干山药四钱、泽泻三钱、茯苓三钱、丹皮三钱，具有滋阴补肾之功，主治肝肾阴虚导致的腰膝酸软、头目眩晕、耳鸣耳聋、盗汗遗精、小儿囟开不合之症，或虚火上炎而致的骨蒸潮热、手足心热、消渴、虚火牙痛、口燥咽干、舌红少苔、脉细数等。然近贤秦伯未认为六味地黄丸主要是治肾阴亏损引起的瘦弱腰痛等证，应用时要认清主因、主脏、主证，根据具体病情而加减，而非阴虚证都能通治。笔者结合读书临证，认识如下：

此方重用熟地，滋阴补肾，填精益髓，为君药；辅以山茱萸补养肝肾，并能涩精；山药补益脾阴，亦能固精，共为臣药。三药配伍，滋补肝脾肾，熟地用量是山茱萸和山药两味之和，共成三阴并补以收补肾治本之功，此为“三补”。泽泻配熟地黄泻肾降浊；丹皮配山茱萸清泻肝火；茯苓配山药淡渗脾湿，三药相配为“三泻”。六药相配，补泻并用，补中有泻，寓泻于补，相辅相成，补药用量重于泻药，是以滋补为主，肝脾肾三阴并补，又以补肾阴为主。早泄是成年男性中最常见的性功能障碍疾病，发病率约为35%～50%，现代医学认为早泄患者在生理上容易兴奋及过度敏感的反应，其发生的主因是男女性反应差异造成。中医认为早泄“或其心火旺，肾水衰……或其阳虚精脱，未交先泄，或乍交即泄，滑流不禁软”沈金鳌《杂病源流犀烛》，多责之心肾两虚，临床上可伴有腰膝酸软、耳鸣、失眠、多梦、神疲乏力、夜尿频数等，遣方用药以六味地黄汤为基础方，随症加煅龙骨、韭菜子、五味子、炒枣仁等药。

王米渠教授主编的《中医遗传学》市场上并不多见，书中经过对古方的梳理，发现用于男子不育多是以六味地黄丸补肾为核心，以当归补血汤养血，四君子汤补气为基础，以五子衍宗丸种子育精气为用。《素问·上古天真论》云：“男子二八肾气盛，天癸至，精气溢泻，阴阳和，故能有子；男子七八肝气衰，筋不能动，天癸竭，精少肾衰，形体皆极”。说明肾气盛，精气溢泻则有子；精少肾衰则无子。六味地黄丸组方科学，以肾、肝、脾三阴并补而重在补肾阴为主。少弱精子症为男子不育常见原因，余治此证，多宗上旨，间取“精之不足，补之以味”，常于临证之际，或参加斑龙（丸）二仙（汤），或配以复方玄驹（胶囊）等血肉有情之品，多有受益。

现在对六味地黄丸的研究已经广泛而深入，其增强免疫、抗衰老、抗疲劳、抗低温、耐缺氧、降血脂、降血压、降血糖、改善肾功能、促进新陈代谢等药理作用已被大量实验研究所证实，疗效肯定，临床应用也为广泛，该药通过作用于下丘脑－垂体－性腺轴而改善性激素分泌，促进精子生成，提高精子活动率，增强性功能，为其在男科方面的应用奠定了物质基础，但临床上还需注重辨证施治，才能更好地发挥其应有的作用。

[《第一届全国中西医结合男科论坛》2012：186]

桂附地黄丸与金匮肾气丸临床应用探讨

路军章　中国人民解放军总医院中医科
张　蕾
北京中医药大学2006级中医学七年制

《中华人民共和国药典》所载桂附地黄丸组成即仲景金匮肾气丸，而所载金匮肾气丸实乃严氏济生肾气丸。此二药均为温补肾阳之经典方剂，临床应用极为广泛，但同中有异，本文将从文献方解、辨证要点、适应病症、应用体会、注意事项五个方面对此二药进行初步探讨，以期对临床正确使用有所裨益。

一、文献方解

1. 桂附地黄丸此方即肾气丸，又名崔氏八味丸、八味丸、附子八味丸、八味肾气丸、八味地黄丸、桂附八味丸、金匮肾气丸，源自《金匮要略》。由肉桂、附子（制）、熟地黄、山茱萸（制）、牡丹皮、山药、茯苓、泽泻组成。功能温补肾阳，治肾阳不足而致的腰酸脚软、少腹拘急、小便不利、及脚气、痰饮、消渴、转胞等症。

《千金方衍义》："本方为治虚劳不足，水火不交，下元亏损之首方。专用附、桂蒸发津气于上，地黄滋培阴血于下，萸肉涩肝肾之精，山药补黄庭之气，丹皮散不归经之血，茯苓守五脏之气，泽泻通膀胱之气化"。《古方选注》："肾气丸者，纳气归肾也。地黄、萸肉、山药补足三阴经，泽泻、丹皮、茯苓补足三阳经。脏者，藏经气而不泄，以填塞浊阴为补；腑者，如府库之出入，以通利清阳为补。复以肉桂从少阳纳气归肝，复以附子从太阳纳气归肾"。《医方集解》释曰："熟地滋阴补肾，生血生精；山茱温肝逐风，涩精秘气；牡丹泻君相之伏火，凉血退蒸；山药清虚热于肺脾，补脾固肾；茯苓渗脾中湿热，而通肾交心；泽泻泻膀胱水邪，而聪耳明目"。"惟附子、肉桂，能入肾命之间而补之，故加入六味丸中，为补火之剂"。

2. 金匮肾气丸此方即济生肾气丸，又名资生肾气丸、加味肾气丸。出自《济生方》。由生地黄、山药、山茱萸（酒炙）、茯苓、牡丹皮、泽泻、桂枝、附子（炙）、牛膝（去头）、车前子（盐炙）十味药组成。"治肾虚腰重，脚肿，小便不利"。

明代张介宾曰："地黄、山药、牡丹皮，以养阴中之真水。山茱萸、肉桂，附子，以化阴中之真气。茯苓、泽泻、车前子、牛膝，以利阴中之滞，能使气化于精，即所以治肺也。补而不滞，利而不伐，治虚水方，更无有出其右者"。清代费伯雄在《医方论》中指出："此方之妙，全在导龙归海。命肾之火衰微，浊阴日渐凝结，始则小便不利，继则水气泛溢，腹胀肢肿。但用分利之剂，徒然耗正劫阴，小便仍不能利，惟用附、桂以直达命门，使命门之火得以熏蒸脾胃。肾中之真阳发越，同肾气通畅而寒水亦行，小便通则泛溢之水如众流赴壑矣。人但知水能克火，而不知火亦能制水，发阳光以消阴翳，此类是也"。

二、辨证指导

1. 桂附地黄丸辨证要点　主要脉证：腰膝冷痛、夜尿频多、遗尿或尿失禁、阳痿精冷、精少滑泄、宫寒不孕、痰饮喘咳等症，大便稀溏；舌体胖大，舌质淡嫩，舌苔薄白或水滑，脉沉细无力。辨证要点：肾阳虚衰，以上诸症但见一二症便是，不必悉具。

2. 金匮肾气丸辨证要点主要脉证　腰膝冷痛、周身浮肿、或双下肢水肿，小便不利，甚者癃闭、痰饮喘咳等症，大便稀溏；舌体胖大，舌质淡嫩，舌苔薄白或水滑，脉沉细无力。辨证要点：肾阳不足，气化不利，以上诸症但见一二症便是，不必悉具。

3. 鉴别要点　桂附地黄丸与金匮肾气丸在组成上的区别主要在于：桂附地黄丸用肉桂配熟地黄，金匮肾气丸用桂枝配生地黄，且多牛膝、车前子二药。

桂附地黄丸不用桂枝而用肉桂，肉桂味辛甘，性大热，功效补火助阳、益阳消阴，长于纳气，引火归元，守而不走，为治命门火衰之要药，配伍附子、熟地黄等，用治肾阳不足、命门火衰的阳痿宫冷、腰膝冷痛、夜尿频多、阳虚寒饮之痰饮咳喘等症。金匮肾气丸则用桂枝味辛甘而温通经脉、走而不守，配附子助阳化气之力较强，则能达到化气利水之功，更加人车前子人肾、膀胱经，性滑，其利水而不伤气；牛膝载药下行，即所谓"牛膝导引入肝，车前导引入肾，分头导纳，丝丝不乱"；对于肾阳虚而水肿，小便不利之症效果更好；徐大椿称此方为"俾肾脏阳回则湿不妄行，而蓄泄有权，浮肿、泄泻无不退矣。此补火利水之剂，为肾虚肿泻之方"。

同时桂附地黄丸中用熟地而金匮肾气丸用生地。生地性寒凉，而熟地性温，生地有一定的清热凉血之功，故其可入肾经而滋阴降火，养阴津而泻伏热；而熟地滋养功效比生地强，其入肝肾而功专养血滋阴、填精益髓。故桂附地黄丸中熟地黄、肉桂的温性明显强于金匮肾气丸中生地黄和桂枝，整首方的温性大增，其温补肾阳的作用更强；故桂附地黄丸在温补方面优于金匮肾气丸，而金匮肾气丸在补肾阳的方面更加偏于补肾气，使肾之蒸津化气之功得以发挥，同时加车前子、牛膝，利水之功远大于桂附地黄丸。

三、适应病症

1. 桂附地黄丸

（1）主要病症　虚劳腰痛：症见腰膝酸痛，形寒肢冷，精神倦怠，小腹拘急，小便清长，夜尿频数，甚至小便失禁，舌淡胖嫩，脉沉迟或脉沉细。证属肾阳不足，用桂附地黄丸温补肾阳。《金匮要略·血痹虚劳病脉证并治第六》云："虚劳腰痛，少腹拘急，小便不利者，八味肾气丸主之"。

阳痿及不孕不育：肾阳虚衰，肾不能主精，生殖无源，女子宫寒不孕，男子阳痿不育。桂附地黄丸能温阳补肾，对不孕、性功能障碍都有明确疗效，该方有效参与下丘脑的调节，作用于下丘脑－垂体－肾上腺素轴/性腺轴，增强上述两轴的功能。文献报道[11]日本有学者对52例男性精子缺乏症患者投以桂附地黄丸内服，连服3个月，其中女方妊娠11例，占21.2%；还有学者把121例确诊为特发性造精功能低下的男性不育症者随机分为中药组和西药组，中药组用桂附地黄丸内服，3个月为一疗程，结果中药组造精功能显著改善，女方妊娠者占34.6%，疗效明显优于西药组。

（2）拓展应用更年期综合征　多以闭经、出汗、怕冷怕热、心烦、失眠等为主症。中医认为其病机是由于妇女"天癸绝"以后，肾精、肾气日渐衰退，心肾不交。用桂附地黄丸可以减轻更年期综合征症状。

高催乳素血症：桂附地黄丸参与下丘脑的调节，增强肾上腺素轴、性腺轴功能，能有效降低由抗精神病药物引起的血清高催乳素水平。岳英等[2]用桂附地黄丸治疗精神分裂症患者使用抗精神病药物后出现的高催乳素血症，血清催乳素浓度下降20.1%。

2. 金匮肾气丸

（1）主要病症　癃闭（前列腺肥大及前列腺炎）：老年人出现排尿无力、小便淋沥不畅，甚至点滴不下，尿闭，畏寒肢冷，食欲不佳，大便溏薄，舌淡苔白，脉细无力。此属肾阳不足，化气无权，气不化水，故用"金匮肾气丸"，温补肾气，化气行水，使小便得以通利。《医寄伏阴论》"方名肾气者，盖以肾具水火之用，化肾气即以权水火也。真气化，则津生而肺利，土旺而脾和，于是水道通调，膀胱自利，小便自通矣"。如吴佳寅用济生肾气丸治疗前列腺炎，对照组用适普泰，两组总有效率分别为87.88%，54.69%，治疗组患者排尿症状明显缓解。

肾虚水肿（慢性肾炎及特发性水肿）：症见下肢及脚面水肿，腰膝酸软，小便不利，按之凹陷，畏寒肢冷。舌苔薄白，质淡，脉沉细无力。用金匮肾气丸温补肾阳，平补肾气，化气行水则肿自消。《医略六书·杂病证治》："肾脏阳虚不能统湿，而泛溢中外，泌别无权，故浮肿、泄泻、小便短少焉。此补火利水之剂，为肾虚肿泻之方"。如田利军等[4]用济生肾气丸治疗特发性水肿，总有效率94%。应姿[5]用济生肾气丸治疗女性功能性水肿，总有效率95.6%。

（2）拓展应用　消渴（糖尿病及尿崩症）：症见尿频清长，渴喜热饮，面色白或黧黑，畏寒，舌淡，苔白，脉沉细无力。《金匮要略·消渴小便不利淋病脉证并治第十三》云："男子消渴，小便反多，以饮一斗，小便一斗，肾气丸主之"。现代药理学研究表明地黄、山茱萸、茯苓、牛膝、车前子有改善水液代谢的作用，附子含有乌头碱，有镇痛和扩血管作用，可改善糖尿病神经系统病变。王琳[6]用金匮肾气丸治疗糖尿病（对照组优降糖），治疗组和对照组有效率分别为94.32%，83.82%。黄召谊等[7]用金匮肾气丸治疗糖尿病，对照组给予格华止合舒降之治疗，结果：治疗前后两组组内比较，血糖、血脂、脂联素、瘦素、游离脂肪酸、血清一氧化氮及血浆内皮素有显著性差异（$P<0.05$），两组之间同期比较差异无显著性意义。提示用金匮肾气丸治疗2型糖尿病合并高血脂症患者，能有效地降低血糖，调节血脂，增加一氧化氮、脂联素及瘦素水平，降低血浆内皮素和游离脂肪酸的水平。

痰饮喘咳（支气管哮喘及慢性心力衰竭）：肾阳不足，气化无权，津液代谢异常，停聚为痰饮，症见痰饮喘满，甚则倚息不得卧，面浮肢肿，舌淡而胖，脉沉细无力或结代。治疗时辅以金匮肾气丸。刘辉[8]在基础治疗哮喘急性症状缓解后中药组采用金匮肾气丸辅助治疗，对照组无其他辅助治疗。结果：中药组总有效率96.43%，对照组总有效率80.00%，两组比较差异有统计学意义（$P<0.01$）。

鼓胀（肝硬化腹水）：表现为腹大胀满不适，小便不利，神倦畏寒，肢冷或下肢浮肿，舌淡胖，脉沉细无力等。用金匮肾气丸可以温阳化气利小便以减轻患者腹水症状。孟庆芳等[9]对照组用肝泰乐，治疗组在此基础上加用中成药大黄䗪虫丸、附子理中丸、金匮肾气丸，治疗组和对照组总有效率分别为86.49%，59.46%。

认知功能障碍：赵振等[10]治疗老年轻度认知功能障碍，治疗组口服金匮肾气丸，对照组口服尼莫地平片，两组均服药3个月为1疗程，采用神经心理检测量表评估病人的认知功能，结果：两组认知功能均有改善，治疗组优于对照组（$P<0.05$）。

四、应用体会

我国已步入老龄化社会，衰老既是一种病理变化，又是一种不可避免的生理过程。衰老与肾密切相关，肾气虚损是衰老的根本原因。《素问·上古天真论》曰："丈夫八岁，肾气实，发长齿更；二八肾气盛……三八肾气平均……五八肾气衰……八八天癸竭，精少，肾脏衰"，"女子七岁，肾气盛，齿更发长二七而天癸至……三七肾气平均……七七任脉虚，太冲脉衰少，天癸竭"。突出说明肾的精气主宰人类的生长、发育、成熟和死亡的整个生命过程。张景岳认为"命门为元气之根，为水火之宅，五脏之阴气非此不能滋，五脏之阳气非此不能发"，"五脏之真，唯肾为根"。人到老年，由于肾气衰弱，不足以滋养五脏六腑，致使人体的正常生理功能减退，乃至出现病理变化，从而导致老年病的发生。老年患者临床多表现有腰痠、腿软、耳鸣、健忘、疲乏易倦、怕冷、夜尿多、尿后余沥未尽、性欲减退等一系列肾气虚乃至肾阳虚之象，而桂附地黄丸与金匮肾气丸为补肾气补肾阳的经典药物，同时兼有健脾益气养肝补血之功，如《医经溯洄集》："八味丸以地黄为君，而以余药佐之，非止为补血之剂，盖兼补气也。气者，血之母，东垣所谓阳旺则能生阴血者此也。夫其用地黄为君者，大补血虚不足与补肾也；用诸药佐之者，山药之强阴益气；山茱萸之强阴益精而壮元气；白茯苓之补阳长阴而益气；牡丹皮之泻阴火，而治神志不足；泽泻之养五脏，益气力，起阴气，而补虚损五劳，桂、附立补下焦火也。由此观之，则余之所谓兼补气者，非臆说也"。因此这两种药物既可以作为很多老年病的辅助用药，也可以作为保健药在中老年人中广泛使用。

五、注意事项

1. 用药禁忌　此二药温补之性较强，如有口干口渴，舌红无苔或少苔少津等阴虚火旺之证或者有外感表证者禁用。此时若用会导致阴血耗损而火旺加重，以及表证难去而加重病情。

2. 配伍禁忌　因肉桂与赤石脂"相畏"，故不能与含有含赤石脂的中成药（如安神赞育丸、抱龙丸等）合用。因附子与白及、白蔹、半夏、川贝、浙贝及瓜蒌"相反"，不能与含有以上成分中成药（如牛黄清心丸、柏子养心丸、香砂养胃丸）同时使用。

另外，现代研究肉桂、山茱萸均含有鞣质成分，与磺胺药合用可增加肝毒性及肾脏损害；山茱萸含有有机酸，与水杨酸类药（如消炎痛）合用，可增加后者在肾脏的重吸收，加重肾毒性；含钾量较高的泽泻如与洋地黄药物合用，降低后者效力，影响治疗效果；如与保钾利尿药合用（如安体舒通、氨苯喋啶）则会导致高血钾；含生物碱的附子、泽泻等如与阿托品、氨茶碱、咖啡因等合用，会致毒性增加，与氨基糖苷类抗生素（如庆大霉素、丁胺卡那霉素）合用，可增加后者对听神经的毒性。因此与含有以上成分的西药应尽量避免同用。

参考文献

[1] 边秀华，冯建国．桂附地黄丸方剂的临床应用进展．中外医学研究，2010，8（26）：61～62.

[2] 岳英，孙鹏，徐一峰．桂附地黄丸治疗抗精神病药引起的高催乳素血症．临床精神医学杂志，2007，17（4）：247～248.

[3] 吴佳寅．加减济生肾气丸对前列腺炎排尿症状影响的观察．天津中医药，2010，27（3）：242～243.

[4] 田利军，张会云，田静．济生肾气丸加减治疗特发性水肿50例疗效观察．河北中医，2010，32（11）：1662～1663.

[5] 应姿．济生肾气丸治疗妇女功能性水肿23例报告．实用临床医学，2010，11（11）：78～79.

[6] 王琳．金匮肾气丸加味治疗消渴病68例．实用中西医结合临床，2011，11（2）：57.

[7] 黄召谊，陈广，雷宏伟．金匮肾气丸治疗2型糖尿病并发高脂血症的临床研究．中华中医药学刊，2010，28（11）：2457～2459.

[8] 刘辉．金匮肾气丸辅助治疗非急性发作期哮喘28例．杏林中医药，2010，30（12）：1059.

[9] 孟庆芳，李太峰，崔延昌．中成药为主治疗早期肝硬化疗效分析．实用中医药杂志2011，27（6）：364～365.

[10] 赵振，赵力维．金匮肾气丸加味治疗老年轻度认知功能障碍临床观察．杏林中医药，2009，29（7）：579～580.

[《六味地黄类中成药与方剂临床应用研究论文集》2012：34]

含甘遂甘草反药组合的甘遂半夏汤及其拆方的急性毒性实验研究

柳海艳　钟赣生　王　茜　李怡文
刘　佳　欧丽娜　刘云翔　高　源
北京中医药大学

甘遂半夏汤首载于张仲景的《金匮要略·痰饮

咳嗽》篇“病者脉伏，其人欲自利，利反快，虽利，心下续坚满，此为留饮欲去故也，甘遂半夏汤主之”。由此可知甘遂半夏汤的主要功效是攻逐水饮，是治疗留饮的经典方剂。但由于其中含有甘遂甘草反药组合，因此在现代临床应用中，很多医家会有所顾忌。那么甘遂甘草反药组合在特定的病理条件下是产生疗效还是会表现出毒性有待于进一步探讨，因此本课题从临床应用的角度即在特定的病理模型下对甘遂半夏汤进行相关研究工作。

课题前期已经对甘遂、甘草、甘遂甘草配伍及甘遂半夏汤进行了急性毒性实验研究（文章另行发表），因此本实验在前期的基础上，选择含有炙甘草、醋甘遂的甘遂半夏汤进行拆方的急性毒性实验研究，以验证出现的毒或效的反应来自于甘遂甘草反药组合配伍应用或来自于甘遂、甘草本身，甘遂甘草反药组合在复方中应用，复方中其他药物是否也对毒效反应产生了影响。为了能更好地说明单味药、反药配伍以及复方的毒性大小，通过拆方的方法，在实验结果不满足于LD_{50}计算条件时，选择连续给药累计半数致死的天数即$LD_{50(n)}$来进行评价。

一、材料与方法

1. 实验动物

昆明种小鼠，SPF 级，体重 18～20g，雌雄各半。由北京维通利华实验动物技术有限公司提供，许可证号：SCXK（京）2006～0009。

2. 实验药物

法半夏（贵州长顺）：由安徽丰原铜陵中药饮片厂提供，批号：100701。经北京中医药大学基础医学院李伟老师鉴定为天南星科植物半夏 *Pinellia ternata (Thunb) Breit* 的块茎，经甘草和石灰炮制的炮制品。

白芍（浙江磐安）：由磐安科信中药材生产力促进中心提供，自行浸泡、切片、烘干制备实验所需饮片。经北京中医药大学基础医学院李伟老师鉴定为毛茛科植物芍药 *Paeonia lactiflora Pall* 的根。

醋甘遂：由安徽丰原铜陵中药饮片厂提供，批号：120301，经北京中医药大学李伟老师鉴定为大戟科植物甘遂 *Euphorbia kansui* T. N. Liou ex T. P. Wang 的干燥块根。

炙甘草：由安徽丰原铜陵中药饮片厂提供，批号：120201，经北京中医药大学李伟老师鉴定为豆科植物甘草 *Glycyrrhiza uralensis Fisch.* 干燥根和根茎。

3. 药物制备

（1）甘遂半夏汤的制备

甘遂半夏汤处方：甘遂 1.5g（研末）、法半夏 9g、白芍 15g、炙甘草 10g、蜂蜜 15g。

将炙甘草，法半夏，白芍混合加水煎煮 2 次，合并两次药液，加入蜂蜜，浓缩至浸膏呈缓慢流动状态，得 1.68g 生药/mL，4℃冷藏。使用时按处方配比将相应剂量的醋甘遂粉末加入浓缩浸膏中，加入适量蒸馏水稀释至 1.44g 生药/mL（以灌胃器不发生堵塞、不影响正常灌胃为准）。然后以 1∶0.85 的比例稀释为 5 个剂量组，即甘遂半夏汤组 1、甘遂半夏汤组 2、甘遂半夏汤组 3、甘遂半夏汤组 4、甘遂半夏汤组 5，分别给予小鼠灌胃。

（2）醋甘遂的制备

将醋甘遂饮片用 DFT－100 手提式高速中药粉碎机粉碎，过 80 目筛，得醋甘遂粉末备用。使用时用蒸馏水配制为 0.25g 生药/mL 的药液，然后以 1∶0.85 的比例稀释为 5 个剂量组，即醋甘遂组 1. 醋甘遂组 2、醋甘遂组 3、醋甘遂组 4、醋甘遂组 5，分别给予小鼠灌胃。

（3）炙甘草煎液的制备

炙甘草加水煎煮 2 次，将煎液浓缩至浸膏呈缓慢流动状态，得炙甘草浸膏浓度为 2g 生药/mL，临用前用无菌水以 1∶0.85 的比例稀释为 5 个剂量组，即炙甘草组 1、炙甘草组 2、炙甘草组 3、炙甘草组 4、炙甘草组 5，分别给予小鼠灌胃。

（4）炙甘草配醋甘遂混合液的制备

使用时取炙甘草浸膏，按药典剂量配伍，每 10g 炙甘草加醋甘遂粉末 1.5g 计算，称取与所取浸膏相应重量的醋甘遂粉末加入到浸膏中，制成需要浓度的药液，炙甘草与醋甘遂配伍后的药液 1.15g 生药/mL，然后以 1∶0.85 的比例稀释为 5 个剂量组，即炙甘草配醋甘遂组 1、炙甘草配醋甘遂组 2、炙甘草配醋甘遂组 3、炙甘草配醋甘遂组 4、炙甘草配醋甘遂组 5，给予小鼠灌胃。

（5）甘遂半夏汤去炙甘草药液的制备

将法半夏，白芍混合加水煎煮 2 次，合并两次药液，加入蜂蜜，浓缩至浸膏呈缓慢流动状态，得 1.54g 生药/mL，4°C 冷藏。使用时按处方配比将相应剂量的醋甘遂粉末加入浓缩浸膏中，加入适量蒸馏水稀释至 1.52g 生药/mL（以灌胃器不发生堵塞、不影响正常灌胃为准）。然后以 1∶0.85 的比例稀释为 5 个剂量组，即甘遂半夏汤去炙甘草组 1、甘遂半夏汤去炙甘草组 2、甘遂半夏汤去炙甘草组 3、甘遂半夏汤去炙甘草组 4、甘遂半夏汤去炙甘草组 5，分别给予小鼠灌胃。

（6）甘遂半夏汤去醋甘遂药液的制备

将炙甘草，法半夏，白芍混合加水煎煮 2 次，合并两次药液，加入蜂蜜，浓缩至浸膏呈缓慢流动状态，得1.97g生药/mL（以灌胃器不发生堵塞、不影响正常灌胃为准），4°C冷藏。然后以1：0.85的比例稀释为5个剂量组，即甘遂半夏汤去醋甘遂组1、甘遂半夏汤去醋甘遂组2、甘遂半夏汤去醋甘遂组3、甘遂半夏汤去醋甘遂组4、甘遂半夏汤去醋甘遂组5，分别给予小鼠灌胃。

（7）甘遂半夏汤去炙甘草醋甘遂药液的制备

将法半夏，白芍混合加水煎煮2次，合并两次药液，加入蜂蜜，浓缩至浸膏呈缓慢流动状态，得2g生药/mL（以灌胃器不发生堵塞、不影响正常灌胃为准），4°C冷藏。然后以1：0.85的比例稀释为5个剂量组，即甘遂半夏汤去炙甘草醋甘遂组1、甘遂半夏汤去炙甘草醋甘遂组2、甘遂半夏汤去炙甘草醋甘遂组3、甘遂半夏汤去炙甘草醋甘遂组4、甘遂半夏汤去炙甘草醋甘遂组5，分别给予小鼠灌胃。

4. 实验方法

取体重为18～20g的昆明种小鼠504只，适应性喂养3天后，按体重随机分组：除空白组外，各给药组根据预实验结果，每个药组以1：0.85的比例稀释分为5个剂量组，即甘遂半夏汤组1至5，甘遂半夏汤去炙甘草组1至5，甘遂半夏汤去醋甘遂组1至5，甘遂半夏汤去炙甘草醋甘遂组1至5，炙甘草组1至5，醋甘遂组1至5，炙甘草配醋甘遂组1至5，共36组，每组14只，雌雄各半。给试验小鼠进行灌胃给药，给药体积0.4mL/10g，每天固定时间点（上午8～9时）给药一次。给药期间观察试验动物死亡数，给药28天，观察试验组累计发生一半动物死亡时的天数，计算$LD_{50(n)}$。

5. 观察指标逐日观察动物饮食、外观、行为、分泌物、排泄物等中毒反应（中毒反应的症状、严重程度、起始时间、持续时间、是否可逆）等。每7日称重一次。对濒死应及时进行大体解剖，分析死亡原因。

6. 统计方法采用SPSS11.5软件进行数据处理，计量资料多组比较采用方差分析，方差齐选用LSD，方差不齐选用DunnettT3；计数资料采用非参数检验，以$P<0.05$有显著性差异。采用blisss法计算$LD_{50(n)}$。

二、结果

1. 一般情况

各组存活小鼠的毛发都比较粗糙，尤以炙甘草组小鼠严重，且炙甘草组小鼠肛门污秽的情况较其他给药组严重，将死亡小鼠剖开，胃肠胀气的情况比较多见。

2. 各药组小鼠体质量情况

给药前，各组小鼠体质量无统计学差异，（$P>0.05$），在给药的第7天，第14天和第21—天，各组小鼠之间体质量也无统计学差异（$P>0.05$）。见表1

表1　甘遂半夏汤及其拆方对小鼠急性毒性LD50（n）试验体质量变化的影响情况（$\bar{x}\pm s$）

分组	剂量（g/kg）	n	Dl	n	D7	n	D14	n	D21
空白组	0	14	20.90±1.23	14	26.07±3.02	14	29.36±4.69	14	31.26±5.00
甘遂半夏汤组1	57.6	14	21.06±1.39	5	23.40±0.55	3	27.00±1.31	3	27.30±1.78
甘遂半夏汤组2	48.96	14	21.01±1.14	14	24.71±3.50	14	27.48±4.16	14	29.28±4.65
甘遂半夏汤组3	41.62	14	21.15±1.51	14	24.29±3.31	14	28.23±5.24	14	30.14±5.48
甘遂半夏汤组4	35.37	14	20.46±1.48	13	24.62±3.50	13	29.63±3.91	13	31.47±4.16
甘遂半夏汤组5	30.07	14	20.63±0.97	14	24.00±2.99	13	28.36±4.51	13	29.72±4.65
甘遂半夏汤去炙甘草组1	60.87	14	20.99±0.92	13	24.77±2.59	12	27.95±5.08	12	29.10±3.54
甘遂半夏汤去炙甘草组2	51.68	14	20.85±1.57	14	23.56±3.86	8	26.09±4.19	8	26.90±4.55
甘遂半夏汤去炙甘草组3	43.93	14	20.74±0.96	13	23.77±3.63	10	27.79±3.82	10	29.54±4.67
甘遂半夏汤去炙甘草组4	37.34	14	20.61±0.82	10	23.70±2.00	9	28.19±2.91	9	29.60±3.72

续表

分组	剂量(g/kg)	n	Dl	n	D7	n	D14	n	D21
甘遂半夏汤去炙甘草组5	31.74	14	21.37 ±0.88	14	23.93 ±3.83	14	28.81 ±3.71	14	28.34 ±4.02
甘遂半夏汤去醋甘遂组1	78.8	14	20.96 ±1.10	10	27.00 ±4.32	10	30.69 ±4.96	10	31.62 ±5.29
甘遂半夏汤去醋甘遂组2	66.98	14	21.05 ±1.29	13	24.77 ±3.98	13	28.26 ±4.28	13	29.21 ±4.93
甘遂半夏汤去醋甘遂组3	56.93	14	20.94 ±1.23	14	25.50 ±3.32	13	29.18 ±4.65	11	30.66 ±4.16
甘遂半夏汤去醋甘遂组4	48.39	14	20.92 ±1.52	14	25.64 ±2.76	14	28.74 ±4.16	13	29.28 ±4.24
甘遂半夏汤去醋甘遂组5	41.13	14	20.66 ±1.39	13	25.69 ±3.45	13	27.46 ±3.78	13	30.48 ±4.56
甘遂半夏汤去炙甘草醋甘遂组1	80	14	20.49 ±1.42	11	26.18 ±3.63	11	28.65 ±4.26	11	30.77 ±4.58
甘遂半夏汤去炙甘草醋甘遂组2	68	14	20.97 ±0.73	13	25.31 ±2.90	10	25.71 ±1.20	10	27.12 ±2.09
甘遂半夏汤去炙甘草醋甘遂组3	57.8	14	20.61 ±1.22	13	25.92 ±2.56	11	27.60 ±2.59	11	28.90 ±2.90
甘遂半夏汤去炙甘草醋甘遂组4	49.13	14	20.06 ±1.72	14	26.21 ±4.12	14	28.84 ±4.38	14	30.76 ±3.88
甘遂半夏汤去炙甘草醋甘遂组5	41.76	14	20.90 ±1.28	14	25.50 ±2.50	10	30.40 ±2.77	10	31.15 ±4.56
炙甘草组1	68	14	20.83 ±1.01	6	25.17 ±2.71	3	30.30 ±3.32	2	33.35 ±0.07
炙甘草组2	57.8	14	21.00 ±1.39	7	26.43 ±3.87	5	29.60 ±4.98	5	31.68 ±5.66
炙甘草组3	49.13	14	20.07 ±1.30	11	25.00 ±3.16	7	27.40 ±4.76	6	28.28 ±4.04
炙甘草组4	41.76	14	20.87 ±1.05	11	25.82 ±2.44	7	27.44 ±4.47	5	29.30 ±4.71
炙甘草组5	35.5	14	20.65 ±1，24	13	23.90 ±2.87	10	26.15 ±3.64	9	26.34 ±4.42
醋甘遂组1	10	14	20.74 ±1.19	14	24.43 ±3.ll	13	28.23 ±3.93	13	29.11 ±4.18
醋甘遂组2	8.5	14	20.68 ±1.35	14	23.29 ±4.76	13	28.31 ±4.10	12	29.07 ±5.28
醋甘遂组3	7.23	14	21.00 ±1.24	14	25.21 ±2.78	13	29.62 ±3.86	13	30.87 ±4.01
醋甘遂组4	6.14	14	21.31 ±1.26	14	24.64 ±3.23	14	29.17 ±3.89	14	29.95 ±4.96
醋甘遂组5	5.22	14	20.93 ±1.49	14	24.07 ±2.53	14	27.02 ±3.97	14	28.44 ±2.86
炙甘草配醋甘遂组1	46	14	21.14 ±1.73	13	24.31 ±2.46	14	27.25 ±3.56	12	28.92 ±3.49
炙甘草配醋甘遂组2	39.1	14	20.71 ±1.19	14	24.29 ±2.09	14	27.41 ±4.05	14	28.94 ±4.24
炙甘草配醋甘遂组3	33.24	14	21.04 ±1.25	14	25.21 ±2.91	14	29.15 ±3.56	14	29.77 ±4.54

3. 各小鼠死亡情况

各组小鼠给药28天后剩余小鼠数量情况

甘遂半夏汤组1至5剩余小鼠数分别为：3、10、11、12、13

甘遂半夏汤去炙甘草组1至5剩余小鼠数分别为：8、10、11、12、14

甘遂半夏汤去醋甘遂组1至5剩余小鼠数分别为：10、13、11、11、13

甘遂半复汤去炙甘草醋甘遂组1至5剩余小鼠数分别为：11、10、11、14、11

炙甘草组1至5剩余小鼠数分别为2、6、8、7、11

醋甘遂组1至5剩余小鼠数分别为：13、12、13、14、14

炙甘草配醋甘遂组1至5剩余小鼠数分别为：6、10、11、12、14

各药组第一次出现死亡及累计半数死亡的天数情况（见表2）

表2　各药组第一次出现死亡及累计半数死亡的天数情况

分组	第一次出现死亡		半数死亡		未到半数致死实际死亡数
	天数（d）	剂量（g/kg）	天数(d)	剂量（g/kg）	
甘遂半夏汤组	2	57.6、35.37	6	57.6	/
甘遂半夏汤去炙甘草组	2	49.13	/	/	6（60.87g/kg组）
甘遂半夏汤去醋甘遂组	3	78.8	/	/	4（78.8g/kg组）
甘遂半夏汤去炙甘草醋甘组	3	80	/	/	3（80g/kg组）
炙甘草组	2	57.8	4	68、57.8、49.13	/
醋甘遂组	9	8.5、7.23、6.14	/	/	I（10g/kg组）
草加遂组	7	46	25	46	/

实验结果表明，各药组均不能做出LD_{50}，甘遂半夏汤去炙甘草组、甘遂半夏汤去醋甘遂组、甘遂半夏汤去炙甘草醋甘遂组及醋甘遂组小鼠连续给药28天仍达不到半数致死量，故以最大给药量作为最大耐受量，依次为：60.87g生药/mL、78.8g生药/mL、80g生药/mL，其余各药组$LD_{50(n)}$结果见表3。

表3　甘遂半夏汤及其拆方各组小鼠的LD_{50}（n）

药物	LD_{50}（n）天数	LD_{50}（n）剂量（g生药/kg）	95%可信区间 下限	95%可信区间 上限
甘遂半夏汤	LD_{50}（6）	51.01	45.85	62.44
炙甘草配醋甘遂	LD_{50}（25）	44.21	39.08	60.92
炙甘草	LD_{50}（4）	48.26	40.89	56.2

三、讨论

成书于东汉末期，我国现存最早的药学专著《神农本草经》指出甘草，术、干漆、苦参为使；恶远志；反甘遂、大戟、芫花、海藻，而甘草的相恶、相反同用，在古方中时有出现[1]。甘遂苦寒，有毒，归肺、肾、大肠经，具有泻水逐饮，消肿散结的作用[2]。二者配伍应用属于中医“十八反”的范畴。另有研究表明甘草—甘遂合煎液对大鼠离体回肠收缩的促进作用弱于甘遂单煎液和合并液，这可能是甘草－甘遂合煎液的总提取率比甘遂单煎液低，以及其中的总巨大戟二萜醇类化合物和假白榄酮型二萜类化合物的含量也低于甘遂单煎液所致[3]。也就是说甘遂与甘草合用后，其促进肠管运动的作用减弱，提示了甘草可能影响甘遂的“峻下逐水”功效而不宜合用，临床配伍使用时在某些条件下可能存在着配伍禁忌[4]。

本实验的结果显示，炙甘草组第一次出现死亡及达到半数死亡的时间最短，通过 Bliss 法算出的累计半数死亡的结果显示毒性的大小依次为炙甘草加醋甘遂组 > 炙甘草组 > 甘遂半夏汤组，由此也说明甘遂甘草反药组合单独配伍应用在一定的条件及剂量下可能会表现出相反的作用，而在复方中应用有可能会降低其单独配伍应用的毒性。炙甘草组表现出一定的毒性可能与其药液比较黏腻，影响消化吸收，导致胃肠胀气有关。另有文献报道甘草含甘草甜素（甜味成分），为甘草酸的钙、钾盐，甘草酸水解后产生葡萄糖醛酸和甘草次酸，其有效成分甘草次酸，能使水、钠潴留、血压增高、钾排出增加，具有类肾上腺皮质激素作用，因此甘草甜素的常见副反应是低血钾和高血压等假醛固醇增多症当古人在甘遂甘草的情况下出现低血钾和高血压相应的症状时，则认为是二者相反而不能同用。

在 LD_{50} 实验中各组均表现出一定的毒性，综合本实验的结果，所有各组的毒性大小依次为：炙甘草加醋甘遂组 > 炙甘草组 > 甘遂半夏汤组 > 甘遂半夏汤去炙甘草组 > 甘遂半夏汤去醋甘遂组、甘遂半夏汤去炙甘草醋甘遂组 > 醋甘遂组。由此说明甘遂甘草反药组合在复方中应用或含甘遂甘草反药组合的复方去掉其中的反药会降低其毒副作用发生的风险，但其确切的药理药效学机制还有待于实验进一步研究。

参考文献

[1] 杨继源，黄惠玲．古今运用甘草之相恶相反及研究概述．中国民族民间医药，2009，18（8）：26～28.

[2] 钟赣生．中药学［M］．北京：中国中医药出版社，2012. 151～152.

[3] 刘悦，杨士斌，宋风瑞等．甘遂甘草配伍的电喷雾质谱研究［J］．中华中医药学刊，2011，29（9）：1990～1993.

[4] 丁爱华，华永庆，段金廒等．甘草与大戟、甘遂、芫花的反药组合对大鼠离体回肠运动的影响．南京中医药大学学报，2012，28（4）：345～349.

[5] 杨继源，黄惠玲．古今运用甘草之相恶相反及研究概述．中国民族民间医药，2009，8（8）：26～28.

［《第五届全国临床中药学学术研讨会论文集》2012：75］

湖湘仲景学派发展概要

胡方林　刘仙菊　湖南中医药大学

一、湖湘龄仲最学说研究著作考证

郝氏[1]等考证建安七年（202），刘表攻破长沙之后，仲景被任命为长沙太守，从而留下了“大堂行医”的千古美谈。建安十八年（213），张仲景撰成《伤寒杂病论》。因此，在其任长沙太守期间为《伤寒杂病论》成书奠定了基础。由于《伤寒杂病论》因当时战乱而散失，故唐初孙思邈编撰《千金要方》时未能见到《伤寒论》古本的原貌全书，而仅仅见到的是零散条文，所以孙氏在书中感慨：“江南诸师秘仲景要方不传’，引以为憾。其中“江南诸师”引人浮想，所谓‘江南”究属何地，联系称仲景为张长沙，我们认为其中所谓“江南”即包括现今湖湘大地，因此也可以说仲景学说即发源和成熟于湖湘大地。据《湘医源流论》记载，自宋代以来，湖湘医家有关《伤寒论》《金匮要略》的研究著作有 35 种，但大多已佚。然亦留下不少卓有影响的著作，要目如下：

《伤寒心要》一卷：元都梁·镏洪（号瑞泉野叟）编撰，存。约成书于宋端平元年，《古今医统正脉全书》清光绪丁未京师医局修补，江阴朱文震重印。载《古今医统正脉全书·伤寒心要》《中国医籍考》《四库全书提要》。

《伤寒括要》二卷：宋·刘元宾（字子仪，号通真子）编撰。该书存。载《中国医籍考》。

《通真子伤寒诀》：宋·刘元宾编撰。《读书后志》记载该书一卷。已佚。载《中国医籍考》。

《增补伤寒金口诀》：明·毛世鸿编撰，该书存，载《湖南通志·人物·技术》《芷江县志·方技》《中医图书联合目录》。现中国中医科学院图书馆珍藏。《伤寒易知录》：清·郑修诚（字业居）（长沙人）编撰，刊于1922年，载《中医图书联合目录》，现珍藏于中国中医科学院图书馆。

《伤寒论笺》：清·陈贤书（长沙人）编撰，该书末见，载《湖南著者及著述日录》。

《伤寒扩论》四卷：清·罗健亨（字淫谷）编撰，曹太史饧宝作序，该书未见，载《湘潭县志·文艺》。

《伤寒来苏辨论》：清·杨士杰（新化人）编撰，该书未见。

《伤寒注抄》：清·梁衣奎（安化人）编撰，该书未见，载《湖南著者及其著述简表》。

《伤寒集注批解》四卷：清·金拔萃编撰，该书未见，载《沅陵县志·方技》。

《伤寒补注》：清·张官曙编撰，该书未见，载《永顺县志·人物·技艺》。

《伤寒经条》：清·汤日旦（字扶东）编撰，该书未见，载《衡州府志·方技·汤应龙传》。

《伤寒杂证歌赋》一卷：清·汤明峻编撰，该书未见，载《衡阳县志·艺文·经方类》。

《伤寒集注》：清·曹士菊（清泉人）编撰，该书未见。

《陈氏注解伤寒论》：清·陈德懋（字树之，零陵人）编撰，载《湖湘名医典籍精华·伤寒金匮卷上》。

《伤寒发明》：清·周世教（字孔四，号泗斋）编撰，该书未刊，载《宁乡县志·艺文录》。

《伤寒论笺》：清·周世教（字孔四，号洒斋）编撰，该书未刊，载《宁乡县志·艺文录》。

《伤寒歌诀》：清·罗味经（字师陶）编撰，该书未见，裁《宁乡县志·先民传》。

《伤寒约论》：清·袁实煌编撰，该书未见，载《宁乡县志·先民传》。

《伤寒约论》六卷：清·陶之典（字五徽，号儋庵）编撰，刊于康熙三十六年，载《宁乡县志·艺文·著书目录》，佚。

《伤寒论讲义》六卷：清·崔荫炎编撰，该书未见，载《宁乡县志·故事编·艺文》。

《伤寒论讲义》：清·朱鸿渐（字先民）编撰，该书未见，载《宁乡县志·人物·技术》。

《伤寒论注》：清·陈亮斯（常宁人）编撰，该书未梓，载《中国医籍考》。

《伤寒论金锦》：清·卢子冉（常宁人）编撰，刊行于世，载《广阳杂记》，佚。

《修辑伤寒六书》：清·孙承思（号芷邻）编撰，该书未见，载《直隶澧州志·文苑》。

《伤寒辩疑》：清·夏逢谕编撰，该书未见，载《益阳县志·艺文·书H》。

《伤寒全书》：清·曾绍孔（益阳人）编撰，该书未见，载《湖南著者及其著述简表》《我山草堂文集》。

《伤寒折中》二卷：民国·欧阳逸休编撰，刊于民国辛巳年。本书存。

《伤寒杂病论义疏》十六卷：民国·刘世桢（崑湘）述义，刘瑞融（仲迈）疏释，刊于民国二十三年。本书凡十六卷。本书存。

《伤寒论新元编》四卷：民国·王正枢编撰。本书存。

《伤寒方证歌括》：民国·罗振湘编撰。刊于1936年。载《中医图书联合目录》。现珍藏于湖南省图书馆。

《伤寒论会参》：民国·张拱瑞编撰（常德人）。该书末见。

《金匮要略歌诀》：清·罗味经（字师陶）编撰。该书未见。载《宁乡县志·先民传》。

《金匮折中》二卷：民国·欧阳逸休编撰。刊于民国癸未年。本书存。

《金匮方证歌括》：民国·罗振湘编撰。刊于1936年。现珍藏于上海中医学院图书馆。

此外，解放后湖湘名医在仲景学说研究有成就者也有以下几家：

《金匮要略浅述》：谭日强编著。书初稿成于1964年，后经反复修改补充后出版，并先后几次重印，颇受读者欢迎。该书首先对每条原文作了校勘；对难解的字句作了注释；浅述部分，包括提要、释义和方解在内，并加了按语；每个方后，选录了历代名医有关医案，或编者个人临床治验；对部分简缺条文，指出了补正意见，以提供整理金匮要略原著参考。每篇篇首，将全篇大意扼要地作了介绍；篇末又将全篇内容系统地作了小结；并附有内容归纳表，以备读者在系统学习、全面掌握的基础上，独立思考，巩固提高。

《伤寒论方医案选编》：高德编撰，湖南科学技术出版社1980年出版。选择涉及《伤寒论》104个方的医案590例，整理归纳，编成本书。

《金匮玉函经研究》：吴忠文编撰。中医古籍出版社出版，刊于2009年，湖南中医药大学图书馆有藏书。本书是对《金匮玉函经》校勘和研究的专著。

二、近代教育注重《伤寒》《金匮》的传授，弘扬仲景学说

近代以来，西方医学在我国广泛传播，中医药与中医教育面临着西洋医学潮流的冲击，不少中医有识之士努力吸取西方医学及其教育学知识，以求与全新的历史条件相适应，为了继承和保存祖国医学，兴办了一批中医学校。在湖南，1896年，长沙朱云谷率先在东乡棠坡创办乐全医馆，1923年，郑修诚创办民道医校。期间最有影响的为湖南国医专科学校，该校创建于1934年，停办于1941年，为现湖南中医药大学前身。其办学宗旨是用科学方法整理国医学术，培养造就国医药专科人才。学校的

几位著名教师均注重仲景学说的传授，开设相关课程[3]。如：

欧阳履钦：曾在衡阳首次创办中医针灸医馆，任教湖南国医专科学校，主讲《伤寒论》《金匮要略》，主要著作《伤寒折中》《金匮折中》，潜心研究仲景学说三十余年，擅长内科，提出了不少独特的见解。

孙鼎宜：1935年，执教于湖南国医专科学校，为湖南培养中医人才，以毕生精力从事古典医籍的编次、校订、疏证，主要著作有《伤寒杂病论章句》《伤寒杂病论读本》《难经章句》等。其著作特点包括分类编次，校纳正误，诠明经义等。

刘裁吾：祖父辈六代均系名医，自幼习医，精研医籍，担任湖南国医专科学校教师，主要著作有《伤寒汇方》《金匮鉴别》，曾编写《中西病理学讲义》作为该学校教材，尤其对治疗脑膜炎疾病有独特的见解。

三、近代湖南在特殊时期对保护、弘扬仲景学说的贡献

民国初年，湖南名医刘世桢（崑湘）漫游江西时，在一山谷中遇一张姓老者授以秘本《伤寒杂病论》，后经其宗人刘仲迈校后1932年于长沙石印公世，该书由何键抄写印行，即长沙古本，亦称湘古本。何键（1887~1956），字云泉、芸樵，号容园，长沙府醴陵人。1927年至1937年中，担任湖南省政府主席。其人虽在政治上倒行逆施，但好旧学，对国医比较感兴趣，提倡读经，“曾于1931年捐银1万元，令王纤青筹设湖南省国医院，典长沙市沙河街56号房屋为院址”，当时该医院设有总院与分院。湖南国医专科学校创办时捐资1千元，湖南国医专科学校创办后一直予以经济上的资助，经常到学校参观、演讲、训话，1934年，批准湖南国医专科学校同其他学校一样在南岳参加军训等。在当时历史条件下，何键的所作所为对于传承中医，发扬仲景学说可以说在国内较为罕见，因此湖湘大地对仲景学说研究和教学传承蔚然成风，影响较大的有刘崑湘、刘瑞融的《伤寒杂病论义疏》。

湘古本《伤寒杂病论》自1932年印行后，颇为医家所推重。浙江名医宁波周岐隐先生对此“深信以为长沙旧文复显于世，辄取古本所备与通行本阙佚之条，比类参互，撰《伤寒汲古》一书”[4]，于刘氏《义疏》成书之前一年（1933）问世（四明怡怡书屋铅印本），当时仲迈先生及名医张山雷等即为之作序。周氏在自序中写道：“伤寒原本，在叔和时已经散佚，林亿校本非仲景之原书，人莫不知之。宋元以还，注疏伤寒者，不下百数十家，……而伤寒真义日趋支离灭裂。……今得古本，千载疑团，一朝大白，瓦釜雷鸣，都成废语。且仲景撰用《内》《难》，向无全书可证，今按各卷佚文，与《内经》往往若合符节。而奇经八脉之治，五脏‘脏结’之分，又与《难经》互相阐发，不有古本，何由窥其全貌乎。”[4]《伤寒汲古》除备载佚文佚方外，主要是据以订正《伤寒论》条文之误，实际也就是湘本的摘录。著名医家冉雪峰对该书颇为重视，在《再注伤寒论》中，即多处引证《伤寒汲古》补订诸条，留作参考。

另如黄竹斋《伤寒论集注》于1934年再版时，“适获湖南刘仲迈《古本伤寒杂病论》十六卷。将其脉证佚方，及订误各条，依次附列，以资考证”[5]。后于1948年以白云阁藏本（今称桂本）为主，综合《伤寒》《金匮》撰《伤寒杂病论会通》，又据湘本补桂本之缺。对文同宋本者，注取百家之说，而于佚文则转引刘氏《义疏》以为释。此外，湖北叶发正研究员于1995年在其《伤寒学术史》一书中对湘本载文作了全面统计，并与宋本《伤寒论》逐字逐条相对照。[6]

由于湘古本公世早于桂本，加之刘氏《义疏》影响较大，因此严世芸主编《中国医籍通考》（1993年版）于补编部分，将该书所有序跋尽皆收录，而未及桂本一字。《中医大辞典》（1995年版）亦只有湘本辞条而失载桂本。

湖湘医家在注解《伤寒论》和《金匮要略》时精究考据，在伤寒病因病机、传变途径以及辨证施治方面均提出新说，并创制新方，形成了具有湖湘地域特点的仲景学派。此前我们做了初步的研究探讨[7~9]，虽有不足，但值得深入研究，以促进中医学术流派的争鸣和繁荣。

参考文献

[1] 郝恩，刘世恩．张仲景纪念与研究年表［J］．中华医史杂志，2007，37（2）：112~115.

[2] 曾勇．湘医源流论［M］．湖南长沙：湖南科技出版社，1991：257~258.

[3] 杨军辉．湖南国医专科学校校史研究［D］．湖南：湖南中医药大学，2001.

[4] 周歧隐．伤寒汲古［M］．四明怡怡11：屋铅印本，1933，5~7.

[5] 黄竹斋．伤寒论集注·凡例［M］．北京：人民卫生出版社，1957，4.

[6] 叶正发．伤寒学术史［M］．武汉：华中师范大学出版社，1995，277.

[7] 刘仙菊．湖湘仲景学术研究探略［J］．湖南中医杂

志，2009，25（6）.
[8] 刘仙菊．湖湘名医陶儋庵《伤寒源流全集》学术特色［J］，国医论坛，2010，25（3）.
[9] 刘仙菊．湖湘名医陈德懋注解伤寒论学术特色探悉［J］，中医药学报，2010，38（3）.
［《中华中医药学会第四次中医学术流派交流会论文集》2012：105］

黄家诏教授经方辩治疑难病举隅

徐笋晶
广州中医药大学2011级博士研究生
欧名菊　阳春市人民医院

导师黄家诏教授，为广西名老中医，是全国首批500名名老中医药专家之一秦家泰教授唯一的学术继承人，从事《伤寒论》教学、临床医疗、科研工作30余年。在30多年的临床从医生涯中，主要继承和发扬了秦家泰教授的学术经验，并自成风格。特别是在对经方与经方的合用，经方与时方的合用，经方与岭南中草药的合用上，活学活用，善用经方治疗疑难杂病及男性病，疗效甚佳。笔者有幸跟师随诊三年，略有一得，现撰文简述如下。

一、经方与经方合用

1. 五苓散与真武汤、防己黄芪汤合方治疗肾病综合征

肾病综合征在中医上属于“水肿”“尿浊”等范畴。《素问·经脉别论》曰：“饮入于胃，游溢精气，上输于脾，脾气散精，上归于肺，通调水道，下输膀胱，水精四布，五经并行”。《诸病源候论》指出：“水病者，由肺脾肾俱虚故也，肾虚不能宣通水气，脾虚不能制水，故水气盈溢，渗水皮肤，流通四肢，所以遍身肿也。”黄教授认为，从前贤的论述中，可以知道本病的形成，与肺脾肾三脏功能失调最为关键，一但这三脏功能失调，则使体内水津散布及气化功能发生障碍，脏腑日益虚损，而外邪反复感染，导致脏腑之间，正邪之间的恶性循环，故使本病反复发作，长期不愈。本病的病机特点为正虚邪实，虚实夹杂。而临床上又以脾肾阳虚，水湿浸渍为最常见之证候。故在临床上可选用《伤寒论》中治疗水蓄膀胱，气化不利的五苓散及少阴病肾阳虚，水气泛滥的真武汤合方治疗，两方相合，相得益彰，可收显著的温阳利水之功。

病例1，廖某，男，50岁。2010年10月9日初诊，患者曾因“肾病综合征”住院治疗，经对症用药后，未见好转，病情反复，双下肢水肿难消，尿蛋白+++，遂转诊中医治疗。刻诊：双下肢浮肿，按之没指，以足踝处为甚，小便短少，心悸气短，心烦，口渴欲饮水，腰背酸楚，身体困重，舌淡苔白腻，脉沉缓。四诊合参，考虑本病因肾虚水泛，水湿浸渍引起，处方真武汤合五苓散加减治疗。方药如下：茯苓15g，猪苓15g，泽泻12g，白术10g，桂枝10g，熟附子15g，白芍15g，生姜皮10g，大腹皮10g，桑白皮10g，甘草6g，每日1剂，水煎温服。服7剂后，患者水肿明显消退，唯余足踝处稍肿，无口干，小便量多，但仍少气乏力，面色萎黄，恶风，黄教授考虑其为肺肾气虚所致，在原方基础上合用防己黄芪汤以利水消肿，益气固表。方药如下：茯苓15g，猪苓15g，泽泻12g，白术10g，桂枝10g，熟附子15g，白芍15g，生姜皮10g，大腹皮10，桑白皮10g，甘草6g，防己10g，黄芪30g。后以此方加减治疗，续进30余剂后，水肿全消，查尿蛋白±，后再以理中汤、金匮肾气丸等加减调理治疗半年余，尿蛋白（-），随访1年，未见复发。

按：本例患者为脾肾阳虚而水气泛滥，浮肿明显，同时，脾的运化功能失职，致水湿内停，影响肾之封藏功能，迫精外出而见蛋白尿，故治疗上当注重运脾利湿，温阳化气。仲景真武汤和五苓散正适合本证治疗。真武汤中白术、附子温肾暖土，制水散寒；生姜、茯等温中散寒而利水；芍药破结行水以散水逆。五苓散中，妙在用桂枝通阳，此即《金匮要略》云“病痰饮者，当以温药和之”之意。黄教授特别指出，虽本例患者有渴欲饮水，心烦等症，但此水湿内停，脾不转输，水精不能四布所致，千万不能因此而惧桂枝辛温而不用。服7剂药后，水肿消退，小便量多，口不渴，此因水湿得化，津液得布，正如钱天来云：“天地阴阳之气交通，气化流行，而上下之气液皆通矣”。又注意到患者有少气乏力，面色萎黄，恶风，故加用防己黄芪汤已利水消肿，益气固表。而且黄芪功能补气固表，可以增强机体抵抗力，而避免肾病反复发作。全方标本兼治，肺脾肾同调，故取全效。

2. 半夏泻心汤合理中汤治疗慢性腹泻

慢性腹泻的发病原因与现代人生活无规律，饮食不节有很大关系，正如《素问·太阴阳明论》云，“食饮不节，起居不时者，阴受之……阴受之则入五脏……入五脏则月真满闭塞，下为飧泄，久为肠擗”。由于慢性腹泻的病程都较长，故在辨证上总以湿为核心，《时病论》谓“泄泻之病，属湿为多”。对于以肠鸣漉漉，便色黄烂，而有黏液，

食生冷之品则加重为特征的腹泻，多考虑其为脾胃虚寒而湿热下迫大肠所致，方选半夏泻心汤与理中汤合方治疗。

病历2，靳某，男，22岁，2009年10月20日初诊。患者大便溏烂1年余，发病以来，常腹痛隐隐，肠鸣泄泻，日4~5次，便色黄而有黏液泡沫，便后肛门灼热，并伴有头晕，倦怠等症，舌淡白，苔白腻，脉细。自己服用黄连素片，保济丸等药，虽能起效一时，却终未能断根。稍有饮食不慎，遇寒则泄泻频作。黄教授考虑，此病属饮食不节，脾虚不运，湿阻肠胃，虚实夹杂之慢性腹泻，治宜调和脾胃，健脾燥湿，方用半夏泻心汤合理中汤加减。处方：半夏10g，白术12g，党参15g，生姜15g，生姜10g，黄芩10g，川连3g，地榆25g，苡仁30g，甘草6g，每日1剂，水煎服，嘱服药期间，忌食生冷、酸辣及酒酪之品。服药7剂后，患者大便次数明显减少，基本成形，腹痛明显减轻，但胃纳欠佳，食后易腹胀，此乃湿去，而脾胃未健之象，再以上方加鸡内金10g消食健胃，枳壳10g行气消积，再进15剂，病告愈。后嘱咐患者以香砂六君丸调理月余，以巩固疗效。

按语：本案既有头晕倦怠，遇寒则泄泻频作，舌淡等脾胃虚寒之征，如《中藏经》云："脾脉不及则令人中满，不食，乏力，手足缓弱不遂，涎引口中，四肢肿胀，溏泄不时，泄泻不已。"又有便色黄而有黏液泡沫，便后肛门灼热等湿热下迫大肠之征，《灵枢·师传篇》所说："肠中热，则出黄如糜。"故治疗上用半夏泻心汤合理中汤温中健脾，清肠热而去湿邪，加用地榆清肠热，凉血而定痛，加用薏苡仁可增健脾利湿之功，全方寒温并用，标本同治，故收效甚良。

3. 苓桂术甘汤合泽泻汤、小半夏汤加茯苓汤治疗眩晕

眩晕一证，病因病机较为复杂，黄老师认为本证总以痰浊上犯，扰动清窍为常见。究其原因，是因为现代生活方式的转变，人们不知节饮食，畅情志，易过食肥甘及生冷之品，或因思虑过度，导致脾伤失运，痰湿中阻，而清阳不升，浊阴不降，而发为眩晕。故治疗上抓住脾虚痰阻这一病机，治以健脾化痰，渗利水饮为主，方用仲景苓桂术甘汤、泽泻汤、小半夏汤加茯苓汤化裁，疗效颇佳。

病案3：欧阳某，女，27岁，2010年3月12日初诊。患者眩晕2月余，前医皆用归脾，补中益气等补益类方剂治疗，症状未见明显改善，反有加重之象。经人介绍，遂来找黄教授治疗。刻诊：头晕，头胀痛，视物旋转，如坐舟车，行路不稳，发作时需人扶持。心悸气短，胸闷不痛，时欲呕吐，咽干，口淡，不思饮食，寐差，二便尚可。视其面色㿠白，眼周有黑圈，舌质淡嫩，苔水滑，脉细弦。四诊合参，诊断：眩晕（脾虚痰阻）。治以健脾化痰，渗利水饮。方用苓桂术甘汤合泽泻汤、小半夏汤加减：桂枝5g，白术12g，茯苓15g，半夏10g，生姜10g，泽泻12g，藁本10g，蔓荆子10g，钩藤10g，甘草6g。3剂，每日1剂，水煎服。服上方3剂，病情明显好转，眩晕止，头部自觉轻松，睡眠好转，食增，唯四肢冰冷，舌淡苔薄，脉沉细，黄教授谓痰饮已去，病已向愈，但其脾胃虚弱，气血不足，"急则治其标，缓则治其本"，当以补益气血为法，继予八珍汤加减，服10剂，后随访一年未见复发。

按语：本例眩晕为脾阳不足，痰湿内阻，阴阳升降失司，浊音蒙蔽清窍所致。然前医不辨虚实，犯了虚虚头头之戒，邪未去而误用补法，以致患者病情加重。本病虚中夹实，治当怯邪为主，先祛其痰饮，后补其本虚。《伤寒论》谓"心下逆满、气上冲胸，起则头眩，脉沉紧，茯苓桂枝白术甘草汤主之"。《金匮要略》云"心下有支饮、其人苦冒眩，泽泻汤主之"、又云"卒呕吐，心下痞，膈间有水，眩悸者，小半夏加茯苓汤主之"。本例所用方药，系以上方加减合方而成。方中茯苓健脾化湿，桂枝通阳而温化痰饮，白术、甘草健脾益气，泽泻、半夏消水燥痰，藁本、蔓荆子治头痛头眩而引药上行。诸药合用脾胃得健而痰浊可去，清阳得升而眩晕自止。

二、经方与时方合用

众所周知，经方以其药味少，配伍精、疗效捷而深受医者的推崇。但后世所创之时方，也有其独到之处，故在用方上当灵活变通，不拘泥于一方一法，经方与时方合用旨在取两者之长，针对病情，增强药力，提高疗效。

1. 四逆散合金铃子散治男子睾丸肿胀

对于附睾炎或睾丸炎，因其主要表现为睾丸疼痛，腹股沟区域的放射性疼痛，及少腹部的坠胀感，此皆属肝经循行所过之处，《灵枢·经脉》篇云："肝足厥阴之脉……循股阴，入毛中，环阴器，抵小腹"，临床上常从肝论治选用四逆散合金铃子散加减治疗。

病案4，冯某，男，33岁，2010年10月22日，初诊，因双侧阴囊疼痛，并连及双侧腹股沟处疼痛，右侧为甚，站久加重，无红无肿，小便余沥，大便2天1次，质烂，舌红苔薄，脉细，西医

诊断为附睾炎，中医辨证属肝经气血痰湿郁结所致，故处以四逆散合金铃子散加减治疗。方药如下：柴胡10g，白芍15g，枳壳10g，半夏10g，茯苓15g，玄胡15g，川楝子10g，荔枝核10g，小茴香10g，橘红10g，甘草6g。7剂药后，阴囊胀痛明显消退，效不更方，续以上方加减治疗，10剂后，诸症消失。

按语：四逆散出自《伤寒论》少阴病篇，为"疏肝理气，调和脾胃"的代表方，而金铃子散出自《素问病机气宜保命集》，又玄胡及川楝子组成，其功能疏肝泄热，活血止痛。本病的发生究其原因是因肝气郁结，气滞血瘀，久则痰热互结所致，故在治疗上选用四逆散合金铃子散疏肝理气，泄热散瘀，再加荔枝核、小茴香可助调畅肝气，又虑其痰热互结，故并加半夏、茯苓、橘红以化痰散瘀，诸药合用，使邪去郁解，气血调畅，故可获全效。

2. 以"四合一方"治疗心律失常

"四合一方"乃秦家泰教授自创之方，专用于治疗以心律失常为主要表现的"心悸""脉结代"等病证，疗效甚佳。本方名"四合一"，因其由桂枝甘草汤、当归补血汤、生脉饮、参附汤，四方组成，故名四合一方。《伤寒论》桂枝甘草汤有很好的温通心阳之效，虽药止两味，但临证应用的效果不可轻视，再配合其他三个方，则心气血阴阳皆可调，应用甚广。

病案5，蒙某，男，51岁，2010年4月2日初诊，患者有多年的冠心病病史，一直服用西药维持病情，近日，因休息欠安，自觉心悸频发，胸闷难耐故来就诊。刻诊见：头晕神疲，胸闷胸痛，心悸心慌，语声低微，夜寐差，胃纳尚可，大小便正常，舌暗，苔微黄水滑，脉弦小细而结代；心电图示：房性早搏。辨证为：心阳不足，胸阳不振，处方：四合一汤原方。党参15g，麦冬15g，五味子6g，熟附子15g，北芪25g，当归10g，桂枝10g，炙甘草6g，淫羊藿15g。每日1剂，服药5剂后，症状明显缓解，心悸胸闷气短等症状好转，继服上方20余剂，症状基本消失，未见明显的结代脉，查24小时动态心电图，示偶发房性早搏。后陆续在门诊调理半年余，病告愈。

按语：本合方中以生脉散益气生津，敛阴止汗；桂枝甘草汤用以温通心阳；当归补血汤大补脾肺之气，养血通脉；参附汤两味药可强心壮阳，温通血痹。又因患者四肢冰冷，故加淫羊藿以助强心壮阳，诸药合用，共收温通心阳，益气活血复脉之功。关于本方的加减法：若痰热痹阻，心痛彻背，背痛彻心则合用瓜蒌薤白半夏汤；瘀重者加丹参；阳虚肢冷加淫羊藿。

三、经方与岭南草药合用

广西地处岭南之地，岭南地卑土湿、气候炎热等地理环境特点和岭南人的体质差异，正所谓"一方水土养一方人，一方草药治一方病"，黄老师临证遣药常在中医辨证的基础上辨病选用一些岭南中草药，每能收到桴鼓之效。

1. 治肝病善用茵陈蒿汤与多味草药相配

因广西属于岭南地区，人们长期处于炎热潮湿的地理气候环境中，体质多偏湿热。急慢性肝炎及肝硬化等病证多因湿热之气蕴结肝胆所致，加之患者再受岭南炎热潮湿的气候环境影响，同类相感，故湿热邪毒更加厉害，伤人更深，患者表现出的湿热征象尤为明显。故治疗上总以清热解毒利湿为要，每在茵陈蒿汤基础上复加鸡骨草、黄根、三姐妹、田基黄、溪黄草、叶下珠等岭南草药，其效颇佳。

病例6，罗某，男，36岁，2009年9月4日初诊，患者因"乙肝大三阳"，到某西医院住院治疗。西医按常规给予处理，但病情尚日渐加重，腹部彩超提示肝硬化及腹腔大量积液，病势越发危急，遂决定出院，转中医治疗，刻诊症见：全身黄染，腹大胀满，食差，无呕吐，小便黄而不多，大便难解，舌苔黄腻，脉弦滑。实验室检查：AST/ALT = 211/72，总胆红素大于700Umol/L，中医诊断：黄疸，证属阳黄，辨证为肝胆湿热，木郁克土。治以利湿退黄。方用茵陈蒿汤加味。处方：茵陈25g，栀子10g，大黄6g，三姐妹25g，鸡骨草15g，田基黄25g，黄根30g，溪黄草15g，叶下珠15g，葛根20g，板蓝根15g，丹参15g，淮山15g，大腹皮10g，车前子10g，白术12g，甘草6g。10付药后，患者精神好转，效不更方，继续守上方加减30余副药后，2009年11月2日，患者复诊，查总胆红素81Umol/L，查B超未见腹水，后再以上方加六君子汤，进行调理，2010年1月26日，复查肝功能未见明显异常。患者神清，精神可，皮肤及巩膜未见黄染，自述一切正常，无不适，纳寐可，二便调。舌苔薄白，脉细。随访一年，未见复发。

按语：方中鸡骨草，功能清郁热，舒肝，和脾。（《岭南草药志》），广州部队《常用中草药手册》谓其能治急慢性肝炎，肝硬化腹水。叶下珠，《南宁市药物志》谓其性甘苦，功能清热平肝，治疗传染性肝炎。黄根，功能利湿退黄。（《中华本草》）。三姐妹，《全国中草药汇编》上记载其有清热利湿、解毒的功效。田基黄，《陆川本草》记载其能解毒消炎，利尿，止血生肌。治腹水。溪黄草，功能清热，利湿，退黄。（广州部队《常用中草药手册》）。黄家诏教授在临床治疗急慢性肝炎，肝硬化等病，在辨证的基础上，常以茵陈蒿汤并配伍此六药使用，临床疗效显著。黄教授认为，此六药相配一方面能清肝解毒，固护肝脏，对抑制肝炎病毒，并恢复肝功能有明显作用；另一方面又能有效地利湿退黄，对黄疸指数较高的患者，退黄的疗效确切。对于肝硬化后期产生的腹水，此六药相配能起利水消胀之功。同时此六药药性平和，合茵陈蒿汤能清肝利湿退黄又不伤津液。这六味岭南草药是治疗肝病处方中的重要组成部分。

2. 治痹证常用芪桂五物汤加石楠藤，透骨消，千金拔

痹证主要是风、寒、湿三邪合而为病。因此，在治疗痹证的时候主要以通阳利湿除痹为要。常在芪桂五物汤的基础上，加入石楠藤，透骨消，千金拔等岭南草药以祛风除湿，活血舒筋通络。

病案7：张少华，女，68岁。2010年9月22日初诊，症见：双下肢抽筋，伴麻木感，右侧为甚，运动后加重，屈伸不利，行走及下蹲困难，舌质淡苔灰黄，脉细涩。辨证为治以《金匮要略》黄芪桂枝五物汤加味。处方如下：北芪25g，桂枝10g，当归10g，首乌15g，秦艽10g，川续断12g，川木瓜12g，独活10g，白芍20g，透骨消15g，甘草6g，宽筋草15g。7付药后，患者诉疼痛感较前明显减轻，已不麻木，活动不受限。继续守上方加减治疗，半月后，所有症状消失。

按语：石楠藤，功能祛风湿，舒筋络，强腰膝，除痹痛。（《广东中药志》）。透骨消，功能祛风，除湿（《岭南采药录》）。千金拔，功能壮筋骨，去瘀积（《南宁市药物志》）。然岭南地区湿热为重，所以痹证往往兼夹热邪，而致湿热痹，故黄教授在治疗痹证的时候，除了注重通阳利湿除痹外，还会在药中适当选取一些性微凉而善于清热解毒，疏风通络之品，如络石藤，忍冬藤等，以除湿热之邪。络石藤：功能祛风，通络（《广西中药志》）；忍冬藤：功能清热解毒，疏风通络（《岭南采药录》）。

总之，黄教授认为无论何种痹证，总以通络利湿为要，若寒湿痹，则适当加入温通之品，若湿热痹，则加入清热之品，在辨证基础上加入不同的草药，能大大提高临床疗效。

以上所举7例，仅为管窥蠡测，黄师强调：《伤寒论》的方剂经千百年来屡用见效，但治疗总不能墨守成规，而经方与经方合用，经方与时方合用，经方与岭南中草药合用。不仅拓宽了经方运用范围，而且也符合辨证论治精神。只要在诊病时做到“观其脉证，知犯何逆，随证治之”，把这些方剂的组方原则、规律与疾病的病机、证候互相联系，有的放矢地使用，就会大大提高其临床疗效。

[《全国第二次仲景学说学术年会论文集》2012：35]

基于药证探讨真武汤临床拓展运用

陈云志　贵阳中医学院

药证是中医临床用药指征和证据，是构成方证的基础，药物的有机复杂整合，构成方证。药证相应天线了中医诊断与治疗的一体性原则。通过了解药证，可加深对仲景“观其脉证，知犯何逆，随证治之”的精神内涵的理解，拓展仲景方的临床运用，为高效方组成提供思路。

《伤寒论》所载真武汤主证共2处，一是《伤寒论》第82条：“太阳病发汗，汗出不解，其人仍发热，心下悸，头眩，身瞤动，振振欲擗地者，真武汤主之”。《伤寒论》第316条：“少阴病，二三日不已，至四五日，腹痛，小便不利，四肢沉重疼痛，自下利者，此为有水气。其人或咳，或小便不利，或下利，或呕者，真武汤主之”。具有温阳利水的功效，主治脾肾阳虚，水气内停证。小便不利，四肢沉重疼痛，腹痛下利，或肢体浮肿，苔白不渴，脉沉；太阳病发汗过多，阳虚水泛。汗出不解，其人仍发热，心下悸，头眩，身瞤动，振振欲擗地等症。方中药物组成为：附子、茯苓、芍药、白术、生姜。

一、药证

1. 附子药证：

《本经》：“主风寒咳逆邪气，温中，金疮，破癥坚积聚，血瘕，寒湿踒痹，拘挛膝痛，不能行步”。《别录》：“脚疼冷弱，腰脊风寒，心腹冷痛，霍乱转筋，下痢赤白，坚肌骨，强阴，又堕胎，为百药长。”吉益东洞《药征》：“主逐水也，故能治恶寒，身体、四肢及骨节疼痛，或沉重，或不仁，或厥冷，而旁治腹痛、失精、下利”。由上可总结附子主治为畏寒、肢厥、疼痛甚。现代研究表明附子具有抑制醋酸所致毛细血管通透性亢进，抑制肉芽肿形成及佐剂型关节炎，通过K－阿片受体介导，对神经病理性疼痛大鼠产生镇痛作用。可兴奋和激动β受体，具有扩张冠状血管和四肢血管，强

心作用。双向调节血压。

2. 茯苓药证：《本经》："主胸胁逆气，忧恚惊邪恐悸，心下结痛，寒热烦满，咳逆，口焦舌干，利小便"。吉益东洞《药征》："主治悸及肉瞤筋惕也，旁治小便不利，头眩、烦躁"。可总结茯苓主治头眩、心悸、口渴不欲饮、小便不利。现代研究表明能激活细胞膜上的 Na－K－ATP 酶，体外可竞争醛固酮受体，体内逆转醛固酮效应，不影响醛固酮的合成，有利于尿液排出，恢复肾功能，消除蛋白质。

3. 白术药证：《别录》："白术主大风在身面，风眩头痛，目泪出，消痰水，逐皮间风水结肿，除心下急满，及霍乱吐下不止，利腰脐间血，益津液，暖胃，消谷嗜食。"吉益东洞《药征》："主利水也，故能治小便自利、不利，旁治身烦疼、痰饮，失精，眩冒、下利，喜唾"。可总结白术主治头眩、口渴不欲饮、小便不利、四肢腰膝沉重疼痛、浮肿、肌肉痿软。现代研究表明白术双向调节胃肠道平滑肌兴奋和抑制，上调机体的免疫功能；增强机体对自由基的清除能力和抗氧化能力。白术可抑制 $Na^{+}-K^{+}$－ATP 酶的磷酸化反应，呈现显著和持续的利尿作用。降低骨骼肌乙酰胆碱受体敏感性作用，兼有 Ca^{2+} 拮抗作用，此二者使白术具有镇痛作用。

4. 白芍药证：《本经》："主邪气腹痛，除血痹，破坚积，治寒热疝瘕，止痛，利小便，益气"。吉益东洞《药征》："主治结实而拘挛也，旁治腹痛、头痛、身体不仁，疼痛、腹满、咳逆、下利、肿脓"。可总结白芍主治肌肉痉挛、大便秘结、出血等。现代研究表明抑制致炎因子合成。抑制豚鼠、兔、大鼠胃、肠管及大鼠子宫平滑肌，并能拮抗催产素引起的子宫收缩。扩张冠状动脉，降低血压。抑制小鼠扭体、嘶叫、热板反应，对吗啡抑制扭体反应有协同作用，并能对抗戊四唑所致惊厥。

5. 基于生姜药证的拓展：

《名医别录》："伤寒头痛、鼻塞、咳逆上气，止呕吐。又，……下气，止呕吐，除风邪寒热。"饨井饨《药征续编》："主治呕，兼治干呕、噫、哕逆"。可总结生姜主治呕吐、呃逆。生姜可通过阻断 5－HT 受体起到抗糖尿病及抗炎作用，同时具有抗运动病作用。

二、真武汤拓展运用

1. 基于附子药证拓展运用：基于对畏寒、肢厥、疼痛治疗作用，广泛运用于各种心力衰竭、甲状腺功能低下、肺心病、慢性关节炎、强直性脊柱炎、骨质增生等。如刘渡舟先生曾用本方治疗一头痛患者，发作时需拳掌捶击或服些止痛药方能缓解，运用本方治疗获愈。胡希恕先生用本方治疗颈椎病的患者，表现为头晕、心悸、左肩背疼痛，左手拘急疼，肘上下部亦酸疼获痊愈。

2. 基于白术、茯苓药证拓展运用：基于茯苓、白术主治头眩、心悸、小便不利、浮肿、肌肉痿软等。如尾台榕堂《类聚方广义》："主治产后下利，肢体酸软或麻痹，有水气，恶寒发热，咳嗽不止"。"治痿痹病，腹拘挛，脚冷不仁"。本方广泛运用于肾炎、肝硬化腹水、眩晕、高血压病、小儿秋季腹泻、伴有震颤的相关性疾病。

3. 基于白芍药证拓展运用：白芍主治肌肉痉挛、大便秘结、出血等。现代用于治疗更年期妇女面肌痉挛，腹痛、功能性子宫出血等。

三、总结

经方组方严谨，临床运用灵活多变，能抓住方中各药证，可以拓展经方的运用。如本方加减运用，每增减一味，效用变化无穷。真如汪苓友《伤寒论辨证广注中寒脉证》说："真武汤，专治少阴里寒停水，君主之药当是附了一味，为其走肾温经而散寒也。水来侮土，则腹痛下利，故用苓、术、芍药，以渗停水，止腹痛，四肢沉重是湿，疼痛是寒，此略带表邪，故用生姜以散寒邪；或疑芍药酸寒，当减之，极是。然上证是里气虚寒，方中既有姜附之辛，不妨用芍药之酸，以少敛中气。若咳者，水寒射肺既加细辛、干姜以散水寒；不妨加五味子以敛肺，但五味子酸味太厚，不需半升之多也；小便不利者，不得云无伏水，乃下焦虚寒，不能约束水液，其色必白，去茯苓者，恐其泄肾气也；若下利者，里寒者，故去芍药加干姜；呕者，水寒之气，上壅于胸中也，加生姜足前成半斤，以生姜为呕家圣药，若去附子，恐不成真武汤矣"。

由此可见，临证除治疗多种因阳虚而致的虚寒性病证。可根据药证特点在临床中灵活拓展运用，不必拘泥于《伤寒论》原文所述的症状。

参考文献

[1] 黄煌．张仲景 50 味药证．北京：人民卫生出版社，2007：9.

[2] 尾台榕堂．类聚方讲义．北京：学苑出版社，2009：7.

[3] 黄煌．经方 100 首．南京：江苏科学技术出版社，2006：1.

[4] 冯世纶．经方传真．北京：中国中医药出版社，2008：6.

[5] 吉益东洞，饨井饨．类聚力、药征及药征续编．北京：学苑山版社，2008：1.
[6] 阎爱荣，张宏．附子的药理研究．中国药物与临床，2008，8（9）：745～747.
[7] 金惠，赵英博，江维，等．茯苓药理作用及临床应用研究进展．湖北中医杂志，2008，30（4）：59～61.
[8] 王瑞娜，唐茜，何凤发．药用白术的药理作用及其综合开发利用．安徽农业科学，2010，38（11）：5610～5611，5627.
[9] 陈四平，张浩，李相冲，等．中药白芍的研究进展．承德医学院学报，2008，25（3）：293～296.
[10] 孙永金．生姜药理作用研究进展．现代中西医结合杂志，2007，16（4）：561～563.

[《中国中西医结合学会第六届全国诊断学术会议论文集》2012：25]

金匮麦门冬汤治咳之辨

张丹丹　　福建中医药大学

《金匮要略·肺痿肺痈咳嗽上气病》篇中指出："火逆上气，咽喉不利，止逆下气者，麦门冬汤主之"。每览及此，吾未然不慨叹先师之灵秀矣，遣词酌句，言简意赅，惜字如金。区区十九言，字字珠玑，寓意学者执简驭繁，详参条文背后的所蕴藏的深邃含义。麦门冬汤原文中未明显言及咳嗽表现，且方中药物仅半夏具有化痰止咳之功，其治疗咳嗽机理究竟何在，笔者欲以中医经典为基础，以"辨"为核心，以"变法"为手段，探析麦门冬汤治咳机理。

一、辨证

条文言及"火逆上气"，揭示了麦门冬汤的基本病机。火性炎上，循阳道而出，故有上逆之机；火为阳邪，易伤津耗气，导致气阴两伤。津伤于内，不能制阳，火气更甚；壮火食气，更伤津气；由此反复，循环不休。肺胃津伤，虚火上炎，肺失宣降，发为咳嗽。魏念庭曰："火逆上气，挟热气冲也；咽喉不利，肺燥津干也。"《成方便读》中亦云："夫肺与胃之气，皆以下行为顺"上行为逆，若肺胃阴伤，虚火内动，则气上逆矣。气上逆则痰涎随之，于是咽喉不利，所由来也。"咽喉乃肺胃之门户，肺胃虚火上炎，波及门户，皆可见咽喉不利的表现。"其咽喉不利，一因肺胃阴虚不得濡润，一因虚火上炎灼津碍气之故。"临床上咽痒、咽干、咽痛、咽中有异物感等咽喉不适的表现，皆属咽喉不利的范畴。综上述，麦门冬汤的基本病机为肺胃阴虚，虚火上炎。

二、辨脏腑

麦门冬汤病变脏腑在肺、胃、脾三脏。咳嗽的发生发展变化也与此三脏密切相关。《素问·咳论》指出"五脏六腑皆令人咳，非独肺也""其寒饮食入胃，从肺脉上至于肺，则肺寒，肺寒则内外合邪，因而客之，则为肺咳""此皆聚于胃，关于肺"。

这些条文都提示了咳嗽的病位不仅仅在肺，还与五脏六腑皆有密切的关系，尤与肺脾胃三脏关系最为密切。张介宾注："诸亥皆聚于胃，关于肺者，以胃为五脏六腑之本，肺为皮毛之合，如上文所云：皮毛先受邪气及寒饮食入胃者，皆肺胃之候也"。《内经》以寒饮为例，论述了咳嗽与肺胃的密切关系，然其无论寒热，咳嗽与肺胃（脾）都密不可分，究其原因，有以下几个方面。

经络上："肺手太阴之脉，起于中焦，下络大肠，还循胃口，上膈属肺"。手太阴肺经起于中焦，肺胃相连，胃之邪气可循经上犯于肺发为咳嗽。生理上：首先，脾胃为后天之本，气血生化之源。胃为五脏六腑之海，五脏六腑皆禀气于胃，脾居中央，灌四旁，脾脏者，常著胃土之精也。脾胃充盛则五脏安和，脾胃化源充足，肺气得充。其次，肺、脾、胃共同参与人体水液代谢。"饮入于胃，游溢精气，上输与脾，脾气散精，上归于肺，通调水道，下属膀胱，水精四布，五经并行"。人体的水液，入于胃中，化生精气，通过脾气散精，转输于肺，宣发肃降，布散全身。

再次，脾胃居于中焦，升清降浊，为全身气机之枢纽，脾胃枢纽以阴升阳降，运行五脏之气，呼吸之间，亦由脾胃所主。诚如《难经·四难》所言："呼出心与肺，吸入肾与肝，呼吸之间，脾受谷味也。"病理上：气的方面，肺主气而司呼吸，脾为气之本，气血生化之源。母病及子，脾为肺之母，脾胃虚弱，化源不足，宗气生成不足而引起肺气虚弱，宣降失常，发为咳嗽。津液代谢方面，饮入于胃而不溢，脾不散精，肺不布津，人体水液代谢失常，均可引起水液内停，上渍于肺，发为咳喘，故有"脾为生痰之源，肺为贮痰之器"之说。归于本证，病发咳嗽，不外乎两个方面，一则肺胃阴虚，虚火上炎，肺失宣降，上逆而咳；二则肺脾气虚，不能化津布津，津液留滞，虚火炼液为痰。

三、辨药

"病之为患也，小则耗精，大则伤命，隐然一敌国也。以草木偏性，攻脏腑之偏胜，必能知彼知己。”《孙子兵法》亦云：“知己知彼，百战不殆”。徐灵胎先生以用兵之道喻用药之法，医家治病，如行兵打仗，用药用兵，其理相通。药物性味，各有不同，寒热温凉平，酸苦甘辛咸，用之得当，则能以一当百，其效若神；用之不当，则疴疾难治，百害丛生。

麦门冬汤，方用：麦门冬七升，半夏一升，人参二两，甘草二两，粳米三合，大枣十二枚。

本方麦冬用量是半夏的七倍，二药相配刚柔并济，麦冬为至柔至润之品，张锡纯言：“麦冬，味甘性凉，气微香，津液浓厚，色兼黄白，能入胃以养胃液，开胃进食，更能入脾以助脾散精于肺，定喘宁嗽，即引肺气清肃下行，统调水道以归膀胱。”半夏一味，兼具辛苦之性，辛开苦降而能化痰散结，然半夏之性辛温燥烈，与大剂量麦冬配伍，以麦冬之柔润制约半夏之辛燥，取半夏降逆之用，去半夏温燥之性，滋而不燥，润而不腻。其余诸药，人参、大枣、粳米、甘草，味甘，均可入脾，补益脾胃，益气生津。本方为气阴双补之剂，纵览全方，大剂量麦冬用于养阴润肺，益胃生津，配合半夏止逆下气，二药合用润肺止咳，止气逆而调宣降；其余诸药皆可补益脾胃，以补土生金，从本论治，补益肺脾之气，恢复脾肺升降之机，以杜生痰之源，体现了仲景治疗疾病以脾胃为中心，重视脾胃的理念。全方虽不是以止咳化痰为主，但紧扣病机，知犯何逆，用药随证治之，肺脾胃同调，重在脾胃，喻嘉言说：“凡肺病，有胃气则生，无胃气则死，胃气者，肺之母气也。”肺病可通过调补脾胃之气而最终达到治肺咳止痰消的目的。

四、变法

临床病证千变万化，错综复杂，医者贵于提纲挈领，举变达常，抓住疾病的本质，掌握用药规律，审证万变不离其宗，随证变法，方随法立。导师王苹教授临证善用麦门冬汤治疗咳嗽，处方用药，随证加减，义理精妙。现列举病案二则，以探其精微。

案一：何氏，女，36岁。感冒一个月，刻下：咽痛，咳嗽夜间尤甚，痰白稀，呈泡沫状，口干喜饮，平素脘痞便溏，舌质红，苔薄黄，脉滑稍弦。处方如下：

麦冬20g，法半夏5g，浙贝母10g，干姜3g，黄芩10g，陈皮8g，桔梗6g，玄参12g，甘草3g。三剂，日一剂，温服。

案二：郑某，女，43岁。反复咳嗽半个月，干咳或少痰，咳剧时伴恶心呕吐，眠欠佳。刻下：咽痒、咽干喜饮，咳嗽，饮后咳减，舌质红绛，苔白，脉沉细。处方如下：

麦冬30g，姜半夏5g，玄参12g，射干10g，浙贝母12g，地龙干10g，党参12g，甘草3g。三剂，日一剂，温服。

按语：对比二则病案，病机侧重略有不同，案一患者肺胃阴虚的同时伴有脾阳不足的表现，案二患者舌质红绛，咽干喜饮，饮后咳减，火热较盛，津伤明显。故二者治疗上麦冬与半夏的比例不同，案一阴亏的同时兼有脾阳不足的表现，故麦冬用量稍减，冬夏比例为4：1；案二火热较盛，麦冬用量加大，冬夏比例为6：1。虽比例不同，但二者皆有阴虚火炎的病机，因此麦冬的用量皆远大于半夏的用量。《本草新编》对此有精辟的阐述：“但世人不知麦冬之妙用，往往少用之而不能成功为可惜也。不知麦冬必须多用，力量始大，盖火伏于肺中，烁干内液，不用麦冬之多，则火不能制矣；热炽于胃中，熬尽其阴，不用麦冬之多，则火不能息矣”。兼证不同，随证加减。两则病案均有咳痰、咽喉不利的表现，故加浙贝母、射干化痰利咽。麦门冬汤原方用人参，临证多用党参代替以补益脾肺，若兼见咽喉肿痛，则用玄参清热滋阴利咽；案一中兼有脾阳不足，脾运失常的表现，故加干姜温中健脾，陈皮理气化痰；案二中患者咽痒，咽喉不利症状显著，病程较长，乃患者所苦之症，故加地龙干入络搜风，利咽止痒。粳米多不常用，临床上导师常用山药来代替，言山药乃甘平之品，补益肺脾肾，母子同调，先后天同治。临证应用麦门冬汤，宜圆法变通，关键在于麦冬、半夏二者比例的掌握，多一分火热则多一分麦冬，少一分火热可适当提高半夏用量，二者寒温并用，刚柔并济，此消彼长；辛寒相配滋而不腻，润而不燥。二者合用，乃麦门冬汤机括所在。治疗的同时，不忘顾护脾胃，培土生金，从本论治，体现了脾胃为后天之本的重要性以及仲景以脾胃为中心辨治疾病的基本思想。

[《全国第二次仲景学说学术年会论文集》2012：69]

金匮肾气丸新用3则

张荣华　马秀娟　葛海波
福建中医药大学

金匮肾气丸是张仲景治肾名方，主要治疗肾阳不足之腰痛脚弱，小便不利，以及阳痿精冷，脐腹疼痛等。笔者在临床中用于治疗慢性肠炎、慢性溃疡性结肠炎、更年期综合征，取得了满意效果，现介绍如下。

一、慢性肠炎

姚某，女，28 岁，农民，2004 年 2 月 4 日初诊。

间断性腹泻 1 年余，遇寒加重，每次发作前有腰痛如风吹感，继而肠鸣泻下，大便稀溏，完谷不化，腹痛隐隐，不欲饮食，口淡无味，腰膝酸困乏力，多处以慢性肠炎诊治，口服抗生素治疗，但只能暂时缓解症状，停药后又复发。查脉沉迟无力，体形瘦弱，心肺正常，腹平坦，压痛不明显，肠鸣音活跃，两下肢无浮肿，舌质淡、苔薄白、舌体胖大、边齿痕，验血常规正常，大便常规水样便，脓球少数，红血球（+）。服用金匮肾气丸，每次 1 丸，日 2 次。服用 6 天后，自诉腰腹冷痛好转，大便成形。继以此药巩固治疗 10 余日痊愈。半年后随访，未复发。

二、更年期综合征

程某，女，55 岁，工人，2004 年 7 月 10 日初诊。

绝经后自汗，心烦，急躁易怒，失眠，心悸气短 1 年。刻诊症见汗出如浴，恶风，自觉腰如冰敷，时值夏日需用被褥裹腰腹，肠鸣泻下，水样便，食谷不化，心悸气短，夜寐不安，足浮肿，面色㿠白无光泽，舌淡、苔薄白，脉沉迟无力。心肺无异常，腹平坦，无压痛及跳痛，肠鸣音活跃，大便、血常规均正常。给予金匮肾气丸每次 1 丸，每日 3 次，25 天后泻下次数减少，腹痛、肠鸣音好转，出汗量减少，继用 2 月后汗止，便溏愈。

三、慢性溃疡性结肠炎

张某，男，69 岁，干部，2005 年 3 月 12 日初诊。

大便不成形，有黏液，每日泻下 6～8 次，伴腹痛，手足肿，小便不利，尿频数，夜尿多半年余，多处求治无效，确诊为慢性溃疡性结肠炎。查舌质淡、苔薄白润，脉沉迟无力。心律整，无杂音，左下腹压痛，两下肢水肿，血尿常规均正常，大便常规：脓球（++），红血球（+）。给予金匮肾气丸，每次 1 丸，每日 3 次。服用 40 天后精神好转，腰腹冷痛减轻，大便泻下次数 2～3 次/日，继续巩固治疗 2 月，泻下已愈，水肿减轻。随访半年未复发。

按：以上 3 例，皆为脾肾阳虚致病，阳虚泄泻，阳虚自汗。肾阳为诸阳之本，肾阳虚致脾阳不足，水谷不能腐熟，水谷并注肠间，故为泄泻，水湿泛溢肌肤，故见水肿，肾阳虚致卫表失固则阳虚自汗。治病求本，故用金匮肾气丸中的熟地、山萸肉补益肾阴而摄精气，山药、茯苓健脾渗湿，泽泻泄肾中水邪，丹皮清肝胆相火，而附子、肉桂则补命门真火，引火归源。肾中真阴真阳皆得补益，阳蒸阴化，肾气充盈，诸证皆消。金匮肾气丸治疗肾阳虚型慢性肠炎、更年期综合征、慢性溃疡性结肠炎等疗效可靠。

［《全国第二次仲景学说学术年会论文集》2012：64］

经方病证的寸口脉经验指感

罗　愚　武汉全景式脉诊工作室
赵厚瑞　湖北中医药大学诊断教研室
郗洪滨　泰安市中医医院
张广中　北京中医院

多年以来，我们从经方条文入手，研究其中的寸口脉诊，并尽可能在临证实践中观察、印证，略有一些体会。如条文所涉及脉象记录很多，有一些只是写作的需要；又如我们现在能更加深刻的认识到，经方体系属于广义的辨证论治范畴，脉诊是证据之一，毕竟脉表象不可能反应全部的人体变化。但是其客观、完整、即时、有效等特性，决定了它的确是最重要的证据，这就是脉证合参模式的实质。基于条文的经方固有寸口脉诊技术，与其他中医经典脉诊理法、后世脉诊实践及现、当代的脉诊实践结合，还有一定的完善空间，并且最终为确定方药直接对应，提供重要依据；再如，过去很少有人注意经方描述法，我们总结出，经方条文至少有三种脉象指感描述法，因为已经有专文论述，这里暂略。我们一直主张回归脉诊现场，然后还原经典脉诊原理、技术，本文有限的指感经验，是结合了包括《内》《难》《脉经》与后世、现代、当代寸口脉诊的相关知识，经实践总结而来。下面将经方病、证两个方面所对应寸口脉的相关经验指感，叙述于后，以供参考。

一、临证的六经病主脉象指感

我们对指感的描述，不完全是根据脉名规范，而是尽可能使用当代语言，作现场化的描述，以方便当代的学习者。强调一点，这里的指感都是典型的脉表象片断，而实际临证，多是连续而变化多端，不可不知。简单分述如下：

太阳病主脉为浮脉，浮脉的指感：在管体之上及管体，偶有管体略下的部分出现脉动，这个指感范围较宽；其分布以浮中、寸关层位为左手略先于右手变浮；胡希恕的促脉说，可以作为表病的特异脉象。经方条文中脉浮是最常见的字眼，可见经方本身尚未区分脉浮与浮脉的区别，脉浮只是强调整个脉管位置的向上、外移动倾向，而浮脉主要是脉搏的表层搏动，二者在实际现场会有不同层面的重合交叠现象。脉浮涉及到病势的向外、向上，病性的向外、向上，及其他复杂病理，而浮脉相对狭窄，主要是病邪在表，且以风寒为主，或邪正交争与表。临证注意表证与半表半里、阳明甚至少阴的连续性，即传变、合病、并病等，脉象会出现随从某一脉象倾向而变化，而没有变现为单纯的浮脉。

少阳病主脉为弦脉类，管体的变化为主，少阳经病适中的弦类脉指感：以管体的轴向延伸张力明显，应指较长或有长的动势指感；其分布在以关为中心，前后延伸，中取层为主，出现在左手寸关部意义相对要大一些。这里为区别计，强调一点，后世发展的七表脉，这个思路有实践支持的，如果与少阳存在连续过渡的关联性，或许更多表现为浮弦相合的弦脉，而未必是典型的偏中、沉的少阳弦脉。

阳明病主脉为大脉类，大脉的指感：是管体的扩张变粗与内容物的充盈，流动汹涌，可表现为大、洪中有滑；其分布以关部位中心，面积较大，浮、中为主，出现在右手意义相对大一些。同时，阳明腑实证，作为一个重要的、常见的证候，它单独可见一个重要的脉象类别，即沉实脉类，指感收敛而不紧张，充实而不沉静。其分布以中沉取的关尺层位为主。强调一点，右寸关出现枯燥指感，是《内》《难》的病理重点。

太阴病主脉为缓脉，也有紧实变化，典型缓脉的指感：管体张力减小，界限软，渐与周围组织融合而不分明，管内软而不空虚，其分布以中沉取关尺层位为主。右关尺意义较大，尤其整块呈低伏状的时候。

厥阴病主脉多变，太阳病中风脉、少阳病脉、太阴病脉、少阴病脉，甚至阳明病脉，都可能出现，其分布以中沉取为主，三部都可出现。有时候左手关尺整块，可以提示厥阴病，脉象应该极端化，或明显弱、或明显有力、或低伏。

少阴病主脉为弱类脉。通过一段时间的实践，初步认为，少阴类病，按后世脉名规范，出现微、弱、细类脉象约占七成以上。其他表现为少阴证候，经过辨证认定属于少阴病，而脉表象不是典型微、弱、细象的情形，约占二成。提纲的微细，是弱减无力，指下模糊稀薄，应指细小的指感，如果一定要从后世脉象里找到一个最近似的脉名，就是弱脉。典型弱脉的指感：应指偏细而无力，无力不仅是揸指的力不足，如果可以加力按下的话，指下更无力而稀薄无物，与周围界限较模糊而软。是有微脉倾向的弱脉。模糊稀薄到极端是脉微欲绝，较弱脉清晰一点就是细脉了。其分布以沉取为主．三部都有，而寸、尺为多。

二、临证的金匮病主脉象指感

我们认为，金匮病是六经病的复合，相对应的脉表象，大体也是六经病脉的复合，其他因素影响，相对次要。《金匮要略》也有特异脉象，这种特殊脉象的典型脉象未必常见，但是类似的隐约指感，临证常见，可以作为一个基本规律。但是也要注意与部分生理性表象区别，举一例，促脉和动脉，典型指感少见，胡希恕的促脉说，主要提示在表。动脉多示在里，在《惊悸吐衄血胸满瘀血病脉证治第十六》《奔豚气病脉证治第八》二章，一为血分，一为气分，实践观察，都有动象，即冲动而急疾的动势，或慌慌张张的动势，隐藏在脉象指感中，或部、或位，《胸痹心痛短气病脉证治第九》《痿肺痈咳嗽上气病脉证治第七》《痰饮咳嗽病脉证并治第十二》篇，身体部位或动势向上、向外的病类，也隐有冲动急疾的指感。生理性现象如月经期或前后，也会有类似动脉的指感。

因为临证经验的限制，目前还不能完整的总结出全部金匮病的一般脉表象规律，简述相对较成熟的几个金匮病的脉表象规律如下。

《中风历节病脉证并治第五》《湿暍病脉证治第二》的症状类似，可以同述，前者六经定位在表、里同病，以太阳、少阴、太阴三经为主，典型脉象软缓为主，偏向浮及中层，或濡，或不细的浮缓，或缓大，以寸关多，关尺则可见紧、弦的指感，整体指感的紧张收敛随病重明显，且向沉层收敛。逆证脉象虚大类芤革，或紧而按之不足，细窄而虚弱变，甚至微弱化。涉及症状的解剖部位更接近骨骼，肌腱，韧带。后者涉及症状的解剖部位接近皮肤，肌腱，韧带，也涉及骨骼。六经定位也在表、里同病，除了太阳、少阴、太阴，还常常涉及阳明，经、府证都常见，多为兼证。典型脉象偏充实的指感为主，向外向上表现洪类指感，向下表现为沉实，多兼有或偏缓软，或收敛弦紧，偏沉，中层为主，右手多，也可以表现虚乏而界限模糊，或虽浮层见脉动，按下不足。逆证与中风历节病脉类似。

《胸痹心痛短气病脉证治第九》《腹满寒疝宿食病脉证治第十》症状部分类似，病理近似，容易混淆，可以同述。前者六经定位在里，以太阴为主，厥阴、少阴也有，典型脉象多沉敛不充实，或虚，应指较完整，前面提到，可以出现冲动指感，其分布以沉中取、寸关层位为主，左手多见，症状明显时脉象吻合也多。后者六经定位也在里，以太阴阳明为主，厥阴、少阴也有，典型脉象是坚、紧和硬而模糊的指感，也有近乎滑形的，有时或硬或软混杂不清，管体或动势应指不完整，破碎而不均匀，也可以叫涩脉，临证确定虚证比较难，易混淆。二者见脉凸显、空大都预后不佳，浮而外散和极微细也是。其分布以沉、中位，关尺部为主，右手多见。

《血痹虚劳病脉证并治第六》的六经定位在里，以太阴为主，阳明、厥阴、少阴也有，典型脉象濡、弱、虚大，或似收敛不搏指的弦脉，按之不实，要注意大实有羸状的千血证，脉或也表现为虚弱，不显实象。其分布以浮、沉多，三部都有。个人实践证实，此病忌搏指有力，与后世对此病的脉象预后观点一致。

《肺痿肺痈咳嗽上气病脉证治第七》的六经定位是表里都有，或分或合，以太阳、太阴、阳明为主，典型脉象多兼数，即频率偏快，脉象较完整，或浮或沉，按之不实多。分布以右寸关为主。《痰饮咳嗽病脉证并治第十二》本来可以同述，但是此篇脉象变化太复杂，即或这类病证是临证较多的一类，也不能有入手的简单脉诊规律。《黄疸病脉证并治第十五》也是如此，六经都涉及，阳明经病和对应的洪大脉象少见一些，其余常见脉象和部、位都可能高频率出现，右手变化略为多见。《水气病脉证并治第十四》也是，而且一望即知，脉诊规律看似简单，都似乎不浮，或浮的不典型，因为水肿；论治的鉴别点，软和虚脉在水肿时也常很难区别，要使用后世或其他更全面的脉诊技法。

《奔豚气病脉证治第八》《惊悸吐血下血胸满瘀血病脉证治第十六》二篇，在前述提及了动脉指感的共同点。症状上，前者更像是后者惊悸、胸满部分的加强版，从腹部上冲而来；六经定位在里，以太阴为主，涉及部分少阴、厥阴，典型脉象松而冲动，或略紧而慌张，也常见脉象动变不明显的，其分布在浮中、关部前后，右手多见。后者定位在里，以太阴、少阴、厥阴为主，典型脉象虚弱而动，或动而按之衰减明显，也有实滑而动：其分布在中沉、关部前后，左手多见。

《消渴小便不利淋病脉证并治第十三》《呕吐哕下利病脉证治第十七》二篇有点相反的味道。

三、全景视野下的经方寸口脉

这部分是补充说明，有助充分理解前面内容。经方寸口脉诊虽然自成一系，较之古今整个的寸口脉诊而言，还有可以充实、清晰化的部分，以有助于经方更为广泛、精确的应用。经方条文中也有一些细化的指感，以比喻描写，需要深入体会，如《五藏风寒积聚病脉证并治第十一》的几条死脉的指感。脉诊部位毕竟是一个局部，还有自身的表现规律。这里提到的全景视野，是寸口脉自身全部表象。它既包括了寸口脉的个体化的形态和动势变化规律，生理性因素的影响等，也包括疾病的一般性脉象表现规律。在经方寸口脉表象体系中，前者没有作为主要内容出现在条文之中。而先天禀赋的不同，不说结节状管体等形态和动势的指感变化，单就管体偏细窄这一个要素，无论如何扩张，也呈现不出适中管体和偏粗管体那样宽大的指感，就大小这对指感要素而言，相同病理作用下出现的大小指感对比总是有明显差距的，临证脉诊现场的指感也因为这类原因变得复杂。再深一步说，临证的多要素指感彼此协调产生的指感变化，还有需要更细化的指感及其相应描述，如细窄管体的边界的软、硬、清晰、模糊，指下、按下的动势和内容物得质量等等，所呈现的指感则更为复杂，这个更涉及到制定新一轮的描述规范的问题。

细化脉象指感确定方药的举例说明。《以中风历节病脉证并治第五》《湿暍病脉证治第二》为例，见表证而脉偏沉，按下软实，在关部前后，或浮而软，按下软实，可以在任一二部，不占很大面积，管体或尺缘或桡缘应指细软得鲜明，先选择瓜蒌桂枝汤；浮而敛紧，或紧而偏沉，面积较大，或桡缘小段紧细，考虑葛根汤；前述紧的指感，可以不典型，只是僵硬的小段也是紧；按下偏实，不衰减，甚至搏指，要考虑泻下阳明；脉见紧软相兼，较完整，按下软兼不足，麻黄加术汤，按下更软，或软泡样指感，考虑麻杏薏甘汤；脉浮或软或略敛，类弦脉，按下不足，及虚大，管体界限可模糊，但一定偏宽大，应指完整，考虑防己黄芪汤：脉管体或搏动应指不完整，虚软，模糊又破碎，不耐按，界限也模糊，考虑桂枝附子汤；近乎微细脉，细弱而模糊，用甘草附子，临证很难时时精准使用，可以桂枝附子与甘草附子合用。另外，治疗此类疾病，不要忘记白虎汤类方，其脉象或冲动，见洪大和滑动指感，不拘虚实，或扩张，大而弦，界限清晰。

四、病例一则

金某，男，42岁，右肩背、踝及趾酸痛，左腰膝及踝也酸痛，怕冷喜热，易出汗，纳可，乏力思睡，大便软，小便黄，当下舌暗红，苔白黄，少许腻苔。屡服温通、化湿、清热解毒，和益气养血、解毒，疗效不显。细诊脉象，脉浮模糊，力不充实，分布范围零散，破碎不匀；按下虚软，有不规则软泡感，距离手指较远，在食指后、中指下、无名指前后，都有片段指感，尺部低下；重按到底，虚而乏。断为太阳、少阴的表虚证，或有太阴、少阳湿热。首选桂枝附子汤。脉不至微，虽不首先考虑甘草附子汤，毕竟已现明显破散，仍取甘草，加术去姜。曾考虑黄芪，他医用过，与附、桂重复，又为刻意保持大方向上尽量使用原方，遂放弃。拟方：附子18g、桂枝12g、炙甘草12g、苍、白术各9g、米仁24g、茵陈18g，水煎服四剂。复诊酸痛减轻，守方二次。后以清暑益气汤加减，金匮肾气丸收功。

［《世界中医药学会联合会脉象研究专业委员会第三届学术年会会议论文集》2012：39］

经方脉浮现象和太阳病凭脉论治经验

罗　愚　马红明　王　鹏
武汉全景式脉诊工作室

我们目前使用的经方凭脉论治方法，有六个来源。一是经方条文。经方全部条文是一个完整的脉证合参体系，此后唯一可以媲美的是温病体系，后者的严谨略逊，而通俗稍胜。二是伤寒杂病论的辨脉、平脉2篇。因为有争议，认为不是原文，且论述确实较条文所及宽厚，故而单列。三是《内》《难》二个经典来源。无论时空格局还是指感细节，都要包容经方条文的具体理法。运用是也更细腻、灵活、丰富。我们对其中的部分内容进行了总结，归纳为具体的方法，使之比较直观、易行。四是《脉经》及后世脉著。虽然很多著述都是对前述几个来源的汇总或罗列，但是遗珠不少，这是象法与正法的必然差异。五是近、现代衷中参西的正反经验。六是师承独特经验启示、个人实践积累和灵机收获。通过数年的实践，虽然有所收获，但是要达到脉诊与经方方药直接关联这个理想化的境地，还有相当大的距离。本文先简单谈一下经方脉浮现象和太阳病凭脉论治经验。

一、经方脉浮现象

《伤寒》部分398条有114条涉及脉浮，《金匮要略》部分也同样高频率地使用了脉浮概念。从这些条文看，脉浮对应的病理很复杂，表面看来几乎无所不包，如果以浮脉理解为脉浮，若使人坠雾里。

1. 基于条文的复杂的理法现象

关于脉浮对应表证条文的论述，今人往往是直接将脉浮对应为浮脉，并以为常，典型如王占玺列9种脉浮对应表证分类：1、394条为在表当汗；45条为表虚；37、170条为表实：6、115、118条为表热：140条为表热内陷；278条为里证夹表；71条表证为未罢里停饮；223、227条为里热；235条为里证夹表；29条为阴阳俱虚……且不论上述条文中223、227条里热脉浮等混乱、错误，毕竟多数还是用解表的方法治疗为正治。只看伤寒和金匮条文，有4处脉浮，反用吐法：290条、327条脉浮而示病情向愈，能简单确认脉浮是里是表，突兀的如257条，发热7、8日，脉浮数，可下之，这个有几个解读，可以是外证概念下的热向外透，也可以是表未解的里证脉象随从表证脉象变化了，里证脉象隐退。恐怕一般医家很难理解其中曲折，脉浮对应的病理过于复杂。

2. 后世各种解读

后世的实践更为丰富，但多数来源与经方条文或关联极大。仅举一例，金匮中虚劳病的浮脉，多是代偿性上浮，或内容物不济所致管体凸显，后世深明此理，在《诊宗三昧》则直言：“病久而脉反浮者，此中气亏乏，不能内守”，清晰、透彻。各家或有种种不同的解读，但是至少都认为，经方条文中的脉浮，不是仅仅对应表证或太阳病。

3. 脉浮与浮脉的指感差异

不仅理法意义上脉浮很复杂，不是对应单纯表证，在临证指感实践上，同样值得关注条文本身没有浮脉一词，后世才有浮脉一说，两个字换了个先后。脉经的说法，浮脉，举之有余，按之不足，这个指感描述虽然含糊，但是至少表明不是整个脉表象全部上浮，只是局部层面而已：浮脉惟从肉上行，如循榆荚似毛轻，我们认为这二句才真正涉及临证的浮脉指感，这个浮脉文字描述的最初来源，实际上是早于《伤寒杂病论》的《内》《难》二经，《素问》载：“如微风吹鸟背上毛，厌厌聂聂，如循榆荚”，它在现象描述上，为浮脉与脉浮的指感区分，留下伏笔。浮脉只是经方脉浮的一个部分而已，经方条文本身尚未厘清后世脉浮与浮脉的区别。

下面是一个典型的浮脉与脉浮混淆的现代版本："脉浮的现代概念是脉搏位置表浅，外周血管处于舒张状态，血管弹性阻力降低，血流量增加时呈现的脉搏形象。"浮脉的概念有两层含义：（1）指脉搏的位置表浅，轻触即应：（2）作为取脉方法中的部位，表示"浮、中、沉"取脉法的浮位。其指诊特点是，轻触脉搏应象清楚，脉来去流利，稍重按则觉脉搏力量减弱，无中空感觉。其形成机理：经实验研究证明，血管处于扩张状态或部位表浅时，均可出现浮脉。实验用适宜剂量的异丙基肾上腺素后，可以产生典型的浮脉图象。在临床上，素体健康者，正气盛，感外邪发热时，机体产生反应性心率加速，心输出量增加，同时因散热的需要，机体又产生调节性血管扩张，外周血管阻力下降而现浮而有力的浮脉象。这是发热的三个时相变化中出汗散热期的表现。这里也是开始就直接把脉浮过渡到浮脉了；所述内容本身自相矛盾，实验中用适宜剂量的异丙基肾上腺素后，产生的浮脉是整体向上、外倾向，而浮脉概念的描述，应该只是表层局部的指感。这里的浮脉显然无论从指感到理法，都可能与脉浮的指感和理法存在明显差异。

4. 我们对脉浮和浮脉的认识

脉浮只是强调整个脉管位置的向上、外移动倾向，轻取容易触及，操作时由搏动部分的水平位置与桡骨茎突、腕屈肌等的距离来参照确定。而浮脉主要是脉搏的表层搏动为主，可以包括其带动的管下部分浅层搏动和脉管周围组织搏动，以管体为主的这些搏动全部或片段局部出现搏动，触手可及，即为浮脉。二者在实际现场会有不同层面的重合交叠现象，如脉浮带动管内共同搏动，或整个脉搏向上搏动搅浑了浮脉搏动的单一层面，需要细化指感或搏动放大来鉴别。脉浮涉及到病势引发脉搏的向外、向上搏动，病性造成的向外、向上搏动，以及内容物或内容物相关动力下潜、衰减，导致管体被迫突显等其他复杂病理，广义或最初的脉浮内涵不仅包括浮脉指感，也是包括浮脉病理的：而浮脉所指相对狭窄，主要是病邪在表，且以风寒为主，或邪正交争于表。

浮脉的整个指感及空间分布是：在管体之上及管体，偶有管体略下的部分出现脉动，主要脉动是很浅的一层，可以用缓、紧这样的基本描述来划分指感，这个指感可带动的范围较宽；其分布以浮中、寸关层位为主，左手略先于右手变浮；如果再略细化，将管体分为桡、尺、中三条线的话，可能桡、中线出现浮脉的几率要高。管内搏动与管体表层虽然可以是连续相关的搏动，但是典型的浮脉与管体部是存在相当差异、可以彼此区分的，如外感早期、寒性外感、痛性外感等，脉管表层收敛，层次分明，尤其容易区分；并随同管体自身的形态、质地不同，呈现不同指感的浮脉。最典型的浮脉出现时，整个脉管位置也是偏向升高的，反过来说，整个脉搏属于脉沉，而见浮脉时，仍然是表证。胡希恕的促脉说，可以作为表病的特异脉象。管内搏动与管体表层搏动是连续相关的过程，所以很多表证的浮脉，还可能是融合有一个相应的管内搏动的复合的浮类脉，这就是所谓的七表脉。

二、简述太阳病凭脉论治经验

首先要有效的获取指感，其次加以有效分析，然后有效论治，而最终的论治是落实到方药，围绕这个目的，我们总结了3类指法、3个指感层次、4个从表论治法和2个论治层面。凭脉论治最终获效的实质，是对脉诊、理法、方药的有效掌控，并且相互融合。

1. 典型浮脉的指法操作

指法有3类，都属于抚皮法，一是一般的轻触法，一般可以准确的捕捉典型的浮脉以确定太阳病。操作时要注意与周围组织的界限；二是巧取法，是轻快而弹性的举、按，范围是管体浮动的浅层或部分管下搏动，如水漂木的范围应该就是浅浅的一层；三是灵机法，它不是着意或拘泥于脉管物质搏动本身，是一种韵味，相对无形，灵机法是妙手偶得之，不可以常规、高频率的使用。

2. 三个指感层次

一是正面对应的典搜浮脉，二是七表脉，即以浮脉为主要病理指感的复合脉。三是隐含于各种其他脉象的浮脉倾向，对应的捕捉法即灵机法。

3. 从表论治法

分4种，一是三高概率的从表论治法，三高，即太阳病发病的高概率、浮脉指感的高概率、太阳病主要的高概率。明确由浮脉或略有可疑浮脉即施以解表，药味主要是麻黄、桂枝、生姜、蜀椒，和后世部分风药如荆芥、防风、羌活、独活等。

二是针对可疑表证的复合脉象提示，主要是七表脉，或脉象分析排除法之后的表证认定。在解表一法的同时灵活兼用它法，以更广泛的使用解表就病理变化而言，临证注意表证与半表半里、阳明甚至太阴、少阴的连续性，即传变、合病、并病等，当时脉象会出现随从某一其他脉象倾向而变化，而没有变现为单纯的浮脉。药味在前述解表药基础上，多考虑柴胡及其类方，后世药是秦艽、威灵仙等。

三是偏执切入。偏执太阳病的广泛性，在病情复杂，他法无效之后，有限制的广泛使用解表法，而灵机指感，无疑是这些情形下的秘密武器。

四是四诊合参。这个合参当然以脉诊为核心，当指感头绪纷乱，不妨一问，回头再看脉诊。

4. 两个论治层面

即指导论治原则和确定论治方药 2 个层面。它们都有正反 2 个方面，即正向的、排除其他之后的确认与禁忌。

[《世界中医药学会联合会脉象研究专业委员会第三届学术年会论文集》2012：63]

经方旋覆代赭石汤在恶性肿瘤术后康覆治疗中的应用

陈建国　武警北京市总队第三医院

目前手术仍是恶性肿瘤的主要治疗方式之一。在早期进行手术治疗，可以起到根治肿瘤的作用。但很多肿瘤患者发病时年龄较大，体质较弱，具有一些伴随疾病。为了根治肿瘤，仍然会选择手术治疗。但是，术后恢复比较困难，很多患者因出现了术后并发症而影响了预后。因此，术后康复治疗具有非常重要的地位！中医药在恶性肿瘤患者术后康复治疗中具有举足轻重的地位，相关文献报道较多，很多自拟方剂疗效显著。但作为经方的研习者，笔者在临床工作中喜用经方，并且收到了较好的临床疗效。

旋覆代赭石汤是临床常用的经方之一。其源于东汉张仲景《伤寒杂病论》："伤寒发汗，若下，心下痞硬，噫气不除者，旋覆代赭石汤主之"。其组方为："旋覆花三两，人参二两，生姜五两，代赭一两，甘草三两（炙），半夏半升（洗），大枣十二枚（擘）。"

该方原系仲景为伤寒误经吐下，表证虽除，但中气损伤，邪气乘虚内陷，与痰饮结聚于胃成痞之"心下痞硬，噫气不除"之证而设。从病机上看，中气不运是其本，痰饮内聚是其标。作为一个治疗嗳气呃逆的著名方剂，方中旋覆花下气消痰，降逆止呕，代赭石甘寒质重，平肝降逆，二者并为主药，主降；而人参、甘草、大枣温补中气，治其虚，以升为主；半夏、生姜降逆化痰散其结，其中半夏和胃降逆，生姜重用意在散水饮以降逆。而参、赭相配，降气不伤正，补虚不助逆。诸药配合，一升一降，升清降浊，共成益气补中、消痰散饮、和胃降逆之方。以方测证可以看出，凡胃气虚弱，痰浊内结而致暖气呃逆，呕吐恶心，心下痞闷，大便干结等均可随证择用。其主要病理环节是中焦气机升降失调。旋覆代赭石汤则擅长调理中焦脾胃气机升降，故无论何种原因所致中焦气机升降失常均可应用该方治之。在恶性肿瘤患者术后的康复治疗中也凸显其优势。

一、术后返流性食管炎

反流性食管炎是指胃、十二指肠内容物反流至食管内引起的食管黏膜炎症。是食管癌、胃癌术后的常见并发症。主要表现为泛酸、胸骨后及胃脘部烧灼不适或灼痛、吞咽疼痛、恶心呕吐等。

典型病例

患者，张××，男，72 岁，食管癌术后近半年，诉食后脘腹胀满疼痛，泛酸，神疲乏力，服用法莫替丁、奥美拉唑等药症状虽可轻度缓解，但仍反复发作，舌质暗红，边有齿痕，苔薄白，脉弦滑。证系脾气亏虚，胃气上逆所致，治疗以健脾理气，降气和胃为法，予旋覆花 15g，代赭石 30g、柴胡 15g、八月札 15g、党参 30g、半夏 15g、生姜 5 片、白术 25g、木香 10g、赤白芍各 15g，焦三仙各 15g、炙甘草 6g，水煎服 7 剂后复诊，症状好转，但仍乏力，加黄芪 30g，7 剂水煎服。

按：本病属于中医"胸痛""胃痛"范畴。患者由于年老体衰，中气虚弱，水谷腐熟运化不及，故见食后脘腹胀满；气血生化乏源，故神疲乏力。方以旋覆花、代赭石镇逆止呕，党参、白术、木香、炙甘草、生姜健脾益气，半夏、焦三仙降气和胃，柴胡、八月札疏肝理气，赤白芍活血柔肝。

二、术后顽固性呃逆

膈肌痉挛又叫呃逆，是由于膈肌、膈神经、迷走神经或中枢神经等受到刺激后引起一侧或双侧膈肌的阵发性痉挛，伴有吸气期声门突然关闭，发出短促响亮的特别声音。如果持续痉挛超过 48 小时未停止者，称顽固性膈肌痉挛，也叫顽固性呃逆。

典型病例

张××，男，63 岁，胃癌术后 2 周，突然发作呃逆不止，持续 1 周未间断，纳少、乏力，胸膈满闷，舌苔薄腻，脉弦滑。证属气逆痰阻所致，治疗宜顺气降逆，化痰和胃，旋覆花 15g、代赭石 30g、党参 15g、生姜 6 片、甘草 10g、陈皮 15g、半夏 15g、柴胡 15g、赤白芍各 15g、炒栀子 6g、大枣 4 枚，焦三仙各 15g，水煎服，5 剂缓解。

按：本例属中医“呃逆”范畴，行消化道术后患者发生呃逆，其原因多为手术伤及胃络，血脉瘀滞，使胃气上逆令呃逆发作；常因情志不畅而诱发或加重，治宜和胃降逆，调畅气机为主。《古今医统大全咳逆门》谓：“凡有忍气郁结积怒之人，并不得行其志者，多有咳逆之证”故酌加疏肝理气之品。本证将代赭石的药量增大至30克，效果较为明显。

三、术后不全梗阻

腹部术后均会发生不同程度的腹腔内粘连，导致肠蠕动减弱或消失，形成不全肠梗阻。

典型病例

马××，男，49岁，胃癌术后1周，突然出现恶心、呕吐，时有呃逆，有自主排气、排便，量较少，腹略胀，乏力，易出汗，舌苔薄，脉弦细。证属气机上逆，治疗宜顺气降逆，化痰和胃，旋覆花15g、代赭石30g、党参15g，防风15g、半夏15g、白术15g、柴胡15g、生黄芪15g、熟大黄10g、厚朴10g、大小蓟各15g、木香6g水煎服，5剂缓解。

按：中医认为该病属于“肠结”范畴，主要病机为肠道气机不畅、气滞血瘀所致。因“六腑以通为用，以降为顺”，故治法以理气通腹为主，方选旋覆代赭石汤加减，方中旋覆花、代赭石行气导滞，厚朴寒中下气，熟大黄泻下通积，与党参、生黄芪同用，以增加泻下作用。大小蓟凉血祛瘀消积，柴胡气理气，木香行气。

四、术后胃瘫

腹部手术后并发的以胃排空障碍为主要征象的胃动力紊乱综合征，术后吻合口炎症水肿，迷走神经离断，远端空肠的正常运动功能受到影响，致使胃排空失调。其特点是在腹部手术后出现的非机械性梗阻所引起的胃排空障碍症候群，属功能性疾患。

典型病例

李××，男，42岁，主因结肠癌造瘘术后1月出现恶心、呕吐（不进食也呕吐），放置胃管引流减压，每日可引出胃内容物800～1500mL。行B超检查考虑胃瘫。口干口苦，舌质暗红，苔黄厚腻，边有齿痕，脉弱。证属湿热内阻，气虚上逆，胃失和降。治疗宜清热化湿，和胃降逆，旋覆花15g、代赭石30g、党参15g、防风15g、半夏15g、白术15g、柴胡15g、生黄芪15g、龙胆草15g、炒栀子15g、黄柏10g、赤芍15g、木香6g、生薏仁30g、焦三仙各15g水煎服，5剂缓解。

按：中医属于“呕吐”“反胃”“痞满”等范畴。主要病机为脾胃虚弱，受纳失司，中焦气机受阻，升降失常所致。因“六腑以通为用，以降为顺”，故治法以理气通腑为主，方选旋覆代赭石汤加减，方中旋覆花、代赭石行气导滞，党参、半夏、白术、焦三仙健脾益气，龙胆草、炒栀子、黄柏、生薏仁清热化湿，柴胡理气，木香行气，赤芍活血化瘀。

五、体会

经方流传千年，疗效显著。不仅在内科杂病中可以发挥疗效，在恶性肿瘤的康复治疗中也具有重要的作用。按照中医学辨证论治、异病同治的治疗法则处方用药，可以收到较好的治疗效果。所以，作为中医继承者，要加倍研习经方，使传统的中医药文化立足于以西医治疗为主的恶性肿瘤治疗中，使更多的患者从中受益！

［《2012年首届全国中医肿瘤高峰论坛论文集》2012：58］

经方验案四则

汪　剑　云南中医学院基础医学院

中医临证，以辨证为要，而仲景方在准确辨证的基础上，往往有具良好的临床疗效，向为学者誉为“经方”。笔者就自己在临床上运用经方治疗疑难病症的一些成功案例，撷取几则，讨论如下。

一、柴胡桂枝汤加减治疗小儿荨麻疹

鲁某，女，11岁，四川省德昌县人，2002年12月就诊。皮疹瘙痒近1月。患儿近1月前出现全身皮疹瘙痒，门诊治疗无好转，后到当地人民医院住院一个多周，诊断为荨麻疹，予抗敏治疗无效，遂转来我院儿科住院治疗。我院儿科予肌注赛庚啶，口服比特力、敏迪，静滴葡萄糖酸钙、氢化可的松等治疗一个多周亦无效，遂请中医会诊。当日上午九点会诊，刻诊见患儿皮肤苍白，全身满布皮疹，皮疹颜色淡红，伴剧烈瘙痒。家长诉该患儿荨麻疹已近一月，有一显著的特点是每日清晨六点左右开始全身发皮疹瘙痒，上午至高峰，到上午十一点以后则皮疹慢慢消失，稀稀疏疏，到第二日清晨再发，如此循环往复一月。

时为冬月，疹色又淡，舌淡苔薄白，当为寒冷型荨麻疹无疑。又想到患儿每日清晨定时而发，清晨为少阳木气升发之时，至上午皮疹又回，邪气似在少阳一经，少阳证有“寒热往来”一症，而此有“皮疹往来”，其机理实为一致。寒邪外感，胶着少阳一经，反复往来，发为皮疹。治疗当以辛温宣解、调和枢机，遂处以桂枝汤合小柴胡汤加防风：

桂枝10g，白芍10g，柴胡10g，黄芩6g，法半夏（打）8g，川党参10g，大枣10g，防风8g，生姜5片，炙甘草4g。三剂，水煎服，日一剂。

当日，处方煎好，即吃一付。不想疗效出奇的好，第二日便未再发荨麻疹，又住院观察五日，始终未再发，遂带药四剂出院。出院一周后，家长带患儿再来续开三付以图巩固，诉出院后亦一直未再复发。遂告治愈。

按语：《灵枢》以太阳为开，阳明为阖，少阳为枢，太阴为开，少阴为枢，厥阴为阖。少阳一经居于阴经与阳经之间，是三阴三阳间的出路，正常情况下，人体气机由此出入阴分阳分，病理状态下，邪气由此出入表里，故少阳为阴阳之道路、表里之枢机。患儿外受风邪不解，邪气纠缠于少阳一经，清晨肝气升发，犹如春生木长，则邪气顺势出表，发为皮疹，午后阳气衰，邪气入里，则皮疹消退，如此邪气往来，皮疹则反复出表入里。方以桂枝汤和解营卫，以小柴胡汤和解少阳，枢机得利，气机得以转动，邪气消灭于无形。

二、五苓散合温胆汤加减治疗高血压眩晕

李某，女，49岁，四川省峨眉山市人，2004年12月诊。眩晕、呕吐1周余。患者十多天前不慎受风感冒，咳嗽、咳痰、流涕，自服西药治疗后，咳嗽、咳痰、流涕症状好转，但出现眩晕，逐渐加重，视物旋转，动转即晕。5天前眩晕加重，伴发呕吐，渐至不能进食，进食即吐。于外院就诊，测血压180/110mmHg，诊为高血压眩晕，予口服心痛定、卡托普利降压，静脉营养补液治疗，治疗数日血压不降，眩晕无缓解。同时又就诊于某中医，处以旋覆代赭汤，但服药即吐，眩晕呕吐反加重。遂来我处就诊。刻诊：神情疲惫，动则眩晕呕吐，三天来不能进食，自诉喝水即吐，舌淡紫、苔白腻，脉弦滑。诊断考虑：太阳蓄水证。方拟五苓散合温胆汤加减：

茯苓20g，泽泻20g，猪苓12g，桂枝10g，生白术15g，枳壳12g，竹茹10g，法半夏12g，陈皮12g，葛根30g，益母草20g，钩藤20g，白菊花12g，丹参15g，明天麻10g，夏枯草20g，川牛膝12g，生甘草6g。两剂，水煎服，日一剂。

患者自述当天煎好药后，傍晚六点服药第一次，未呕吐，只感轻微恶心；晚八点过再服第二次，未吐，无恶心。晚十点突感眩晕症状消失大半，恶心呕吐症状缓解，胃中产生强烈饥饿感，因已几日未进食，当晚即将家中储存零食全部吃光。翌日，眩晕症状霍然消失，测血压140/100mmHg。

按语：患者系受风外感后出现眩晕，迁延一周余，渐至不能进食，饮水即吐。《伤寒论》云：“中风发热，六七日不解而烦，有表里证，渴欲饮水，水入则吐者，名曰水逆，五苓散主之。”加之自述平素痰多，舌苔白腻，脉弦滑，当为水饮痰湿内阻、气化不利、太阳蓄水证无疑。方中以五苓散化气行水，温胆汤合明天麻、夏枯草、钩藤、白菊花化痰熄风，葛根升清，益母草、丹参、川牛膝活血利尿，川牛膝并有引血下行之功。诸药合用，散水气、化痰饮、熄肝风，故取良效。

三、麻黄细辛附子汤合小柴胡汤加减治疗慢性头痛发热

高某，男，60岁，重庆涪陵人，2012年5月就诊。反复头痛伴发热3年。患者3年前无明显诱因出现头痛伴发热，证候特点为每日清晨起床后即头痛、发热，体温在38℃上下，发热每日持续两个小时左右而退，病情反复发作，时作时止，发作时迁延一月而发热不退。曾先后就诊于重庆医科大学第二附属医院、第三军医大学附属新桥医院、昆明医科大学第一附属医院等西医院，诊断不明确，治疗无好转。近一年因子女在昆明做生意，随子女长住昆明，遂到云南中医学院门诊部寻求中医治疗。刻诊：形体略消瘦，神差，神情默默而言语低缓，面色苍白而双颧略红，自诉左侧头痛连耳部、左侧颞部及左侧眉棱骨，清晨低热，舌质紫黯而乏生气，舌苔灰白厚而干，右脉沉细而微，左脉沉细而涩。病机考虑：寒湿闭阻，陈寒痼冷，阳虚气弱，太阳、阳明、少阳、太阴、少阴诸经经气不利。中药拟麻黄细辛附子汤合小柴胡汤加减：

制附片（先煎）15g，生麻黄8g，北细辛6g，桂枝15g，干姜12g，川芎15g，白芷15g，防风15g，羌活15g，葛根30g，藿香15g，佩兰15g，柴胡15g，青蒿15g，黄芩12g，明天麻10g，炙甘草6g。三剂，水煎服，两日一剂。

患者服药三剂，一周后复诊，诉病情减轻大半，早上只有轻微低热，头痛明显缓解。再予上方三剂，又服一周后复诊，早上已不发热，头痛轻微。舌质由紫黯乏生气转为舌淡紫边有齿痕，舌苔由灰白干厚苔转为薄白腻苔，继以麻黄细辛附子汤合五冬散加减善后调治。

按语：患者三年反复头痛发热，以清晨短暂发

热、左侧头痛为特点，考虑病邪结于少阳一经。牵扯眉棱骨，考虑病及阳明经。舌苔灰白厚干，舌质紫黯、左脉沉涩，为寒邪凝结、血脉不利之征。右脉沉细而微，左脉沉细而涩，神情默默，言语低缓，为少阴阳气不足之征。《伤寒论》云："少阴病，始得之，反发热，脉沉者，麻黄细辛附子汤主之。"此证当因外受寒湿之邪，日久经太阳、阳明、少阳、太阴、少阴诸经入里，故以麻黄细辛附子汤温扶阳气而透少阴阴寒之邪，干姜、炙甘草温扶太阴，柴胡、黄芩、青蒿透少阳邪气、疏利少阳之枢，白芷、葛根透阳明阴邪，麻黄、桂枝、羌活、防风透太阳阴邪，藿香、佩兰、青蒿、川芎芳香化湿辛透。诸药合用，以祛诸经寒湿。值得一提的是，患者第二次就诊时亦回忆提供了肯定笔者辨证的信息，自述数年前在重庆涪陵时主要做豆腐卖，每日早起，豆腐房中蒸汽重而湿度大，豆腐做好后，一大早便要拉出去卖，清晨冷风一吹，则风寒湿邪闭阻。如此日久，陈寒痼冷渐渐侵袭入里，阳气受损，经气不利，发为头痛低热。

四、麻黄细辛附子汤合五茶散加减治疗牙痛伴药疹

赵某，女，58岁，云南省昆明市人，2012年5月就诊。牙龈肿痛2周，药物性皮疹3天。患者既往有甲亢病史，后经西医院治疗，转为甲减，长期服用治疗甲亢、甲减的西药。此次于2周前发作牙龈肿痛，自服"消炎药""清火药"无好转，5天前就诊于私人诊所，予静脉滴注头孢噻肟钠、甲硝唑抗炎治疗两天，牙龈肿痛无好转，反而出现药物过敏，全身长皮疹、瘙痒，口服抗过敏药无效，遂来我处就诊。刻诊：神差，行动迟缓，家属扶入诊断室，语低声微，满脸浮肿，双目难睁，牙龈肿痛，全身散在粉红色药疹。舌质紫黯，舌体胖大有齿痕，舌苔白滑，右脉沉细无力，左脉沉细而滑。辨证考虑：阴寒内盛，虚阳上浮，水饮停聚。方拟麻黄细辛附子汤合五苓散加减：

制附片（先煎）15g，生麻黄8g，北细辛6g，茯苓20g，泽泻20g，猪苓10g，桂枝15g，炒白术12g，肉桂6g，炮干姜12g，川牛膝12g，荜拨15g，砂仁（打破后下）10g，骨碎补15g，紫草15g，玄参12g，白芷15g，防风15g，羌活15g，炙甘草6g。3剂，水煎服，两日一剂。

患者服药三剂，一周后复诊，牙龈肿痛痊愈，满脸浮肿亦霍然消退，全身药疹消散，唯剩右前臂稀疏几处皮疹。续以上方加减三剂善后。

按语：患者既往有甲亢病史，后西医治疗转为甲减，长期服用治疗甲亢、甲减的药物，伤及阳气，以致虚阳浮越于上，阳虚阴盛，发为牙龈肿痛。证属阳虚，故服"清火药"无效。又因药物过敏，药毒蕴积体内，更伤阳气，真阳耗伤，风邪、水饮、阴邪泛滥，发为药疹、浮肿。证属阳虚阴盛，故以麻黄细辛附子汤合五苓散加减。方中制附片、炮干姜、肉桂、荜拨、骨碎补温阳补火消阴，五苓散、羌活、白芷、北细辛、防风化气行水、疏风散邪，川牛膝、肉桂引火下行，砂仁回纳阳气，紫草、玄参清血中药毒。诸药合用，浮阳归元、阴邪水饮消散，故病情消退。

［《全国第二十次仲景学说学术年会论文集》2012：165］

刘渡舟教授治学特色、学术思想探析

闫军堂

北京中医药大学图书馆参考咨询部

刘晓倩　梁永宣　刘　敏　陈　明

王庆国　北京中医药大学

刘渡舟（1917～2001），北京中医药大学终身教授、博士生导师，首批全国老中医药专家学术经验继承工作指导老师。刘老16岁正式拜师学医，凡7年之久，博学强记，孜孜不倦，对中医四大经典及后世名家医著内容皆娴熟于心。出师后悬壶大连，每以奇方愈顽疾沉疴，而又宽厚仁爱，待人诚恳，故备受患者称颂，医名噪起。1950年，考入卫生部中医进修学校学习，学习西医基础知识及临床课程，毕业后在北京行医。1956年，调入北京中医学院（后更名为北京中医药大学），从事《伤寒论》的教学与研究工作，是我国首批中医硕士生导师和博士生导师之一。曾连续当选为第五届、第六届、第七届全国人大代表，兼任国务院学位委员会特邀成员、中国中医药学会常务理事、仲景学说专业委员会主任委员、北京中医药研究促进会名誉会长、《北京中医药大学学报》名誉主编等职。名老中医研究室是北京市中医管理局发起的挖掘、整理、继承和抢救京城名老中医学术经验活动，2007年10月，刘渡舟名家研究室被首批纳入"中医药薪火传承3+3工程"，研究室建设的核心目标为："继承张仲景学术思想，发扬刘渡舟博学精神"。本文系统总结刘老的治学特色、学术思想，旨在更好地全面整理、挖掘继承刘老积累多年的学术思想和临床经验，弘扬其博古通今的治学精神，以启迪中医界后学。

一、治学特色

刘渡舟从医、执教半个多世纪，积累了许多宝贵的治学经验，归纳起来，主要有以下几个方面。

1. 熟读经典，打牢基础

刘渡舟认为，一个良医必须首先具备扎实的理论基础，方能以理论指导临床实践，不光要知其然，更重要的是知其所以然。医生若只有望、闻、问、切的操作技能和处方用药的实践经验，而没有理论的指导，即使取得了较好的临床疗效，充其量只能算是“匠医”“开方医”，因为他们只知其然而不知其所以然。因此，真正高水平的临床医生，必须注重基础理论的学习。而要具备这方面的素质，研习中医的四大经典是必不可少的。他非常赞同清代医家徐灵胎在《慎疾刍言》中的一段话：“一议切道术，必有本源，未有目不见汉唐以前之书，徒记时尚之药数种，而可为医者。”这里所说的“汉唐以前之书”，指的就是《内经》《难经》《伤寒论》等中医经典著作。刘渡舟将其作为学医的根本，可见其对医学经典的重视。在经典著作中《伤寒论》继承发展了《内经》《难经》《本草经》的基础理论，总结了秦汉以前的医学成就，创立了中医辨证论治的诊疗体系，被后世称为“医门之圣书”。古今医家成大器者，大都得力于伤寒之学。刘渡舟毕生致力于《伤寒论》的研究。他认为，研习《伤寒论》要循序渐进。第一打好基础，尤其学好《内经》中的阴阳辨证思想、方法以及脏腑、经络的生理、病理。同时，把《医宗金鉴·伤寒心法要诀》和陈修园的《长沙方歌括》学懂吃透，并背诵如流，牢记不忘。第二，看不带注解的原文。《伤寒论》的原文是以条文的形式写，有389条之多，学习者首先要领会条文及其条文之间的内在联系和排列组合的意义，力从条文之中悟出条文以外的东西，并与作者的思想相共鸣。特别对六经提纲证和113方的适应证都应熟背牢记。第三，要参看各家之注解。《伤寒论》的注家有数百人，其认识各不相同。刘渡舟认为，以先看成无己的“伤寒三种”（《注解伤寒论》《伤寒明理论》《伤寒方论》）为好，成注以经解论，说理中肯。之后再读徐大椿《伤寒类方》柯韵伯《伤寒来苏集》尤在泾《伤寒贯珠集》以及方有执《伤寒论条辨》钱璜《伤寒溯源集》等。此后，可再看一些综合性的作品，其中以日人丹波元简的《伤寒论辑义》为理想。通过上述三个步骤坚持不懈的学习，可为以后研究《伤寒论》及走向中医临床打下坚实基础。此外，学习《伤寒论》还要和《金匮要略》结合起来，否则只能是半部仲景。刘渡舟苦研仲景学说，造诣极深。至晚年对《伤寒论》《金匮要略》原文，包括方后注中所言的煎服法、禁忌、加减等内容的记忆仍然准确无误。

2. 识明启悟，背功为先

在长期的中医教学及临床实践中，刘渡舟认为学好中医经典，打好中医理论基础，明识医理，启发蒙昧，首先练“背功”。背书应作为中医的基本功之一，这不仅是为了应付考试，主要是为了较全面地掌握书的内容，深入地理解中医的基本理论知识，并在此基础上将所学内容熟练地运用于临床辨证治疗。他在《学习中医的点滴体会》中指出：“背”是为了“书熟”“书熟”是为了“理明”“，理明”是为了“识清”，“识清”是为了临床辨证，最终达到提高临床疗效的目的。并经常引《医宗金鉴·凡例》中的一段话：“医者书不熟则理不明，理不明则识不精，临证游移，漫无定见，药证不和，难以奏效。”以此教育学生多背一些东西。同时，他认为背书有益启发自己的“悟”性。长期坚持不懈的背书，不仅可以使人的大脑更加灵活，而且可以使心中日积月累的理论知识不断得到感悟和启发，从而使自己对中医的“悟性”不断得以提高，临证时更加心灵手巧，所谓“熟能生巧”是也。然而，中医著作浩如烟海，不可能都一一诵记，当有主攻重点和方向。刘渡舟认为，《医宗金鉴》是最好的也是最先要背诵的书籍。是书由清政府组织编纂，突现中医经典书籍之宗旨，博采众论，取舍得当，并以容易诵记的歌诀形式写成，是学习中医不可多得的一部典籍，尤其是书中“伤寒心法要诀”“杂病心法要诀”“妇科心法要诀”等内容辨证精审，方药精练，疗效可靠，最具要义，可作为背诵的重点。在此基础上，进一步背诵《内经》重点条文和《伤寒论》《金匮要略》原文，尤其是提纲性、方论性原文，要求达到滚瓜烂熟、脱口而出的境地。

3. 主动自学，穷其理致

刘渡舟认为，自学是学习的主要形式，是每一位科学工作者达到科学巅峰的必由之路，自学可以将被动的接受知识转变为主动的学习知识，因为一个人不可能跟老师一辈子，都终究要走自己的奋斗之路，培养自学能力是一个人成材的关键。但自学要讲求方法，需制定一个切实可行的计划。并要注意三忌：一忌浮。读书时心要专一，深入书中，切忌浮光掠影，囫囵吞枣。二忌乱。自学时没有一个完整的学习计划和步骤，东瞧西看，蜻蜓点水，杂乱无章，这种学习必然学无所成。三忌畏难。学习过程中，难免有些内容难度较大，使学习出现困难。殊不知，凡是自己看不懂的地方，也正是知识贫乏之所在，当迎难而上，锲而不舍。如若畏难自弃，必然枉费心机，半途而废。本着这种学习精神，刘渡舟刻苦自励，寒暑不辍，如饥似渴地学习中医知识。阅读了大量的中医经典名著，如金元四大家著作，清代的伤寒注家、温病学家以及明、清其他有代表性医家的作品，深刻领会其精神实质，细细玩味其理法方药，穷其理致。并将诸家学说融会贯通，含英咀华，吸其精髓，由此打下了坚实的基础。

4. 学用结合，学以致用

刘渡舟特别强调，学中医基础理论是为了更好地在临床上防病治病，要将学到的理论切实运用到临床上去，达到“学用结合，学以致用”。他经常对学生们说，中医发展了几千年而经久不衰，一个重要的原因是中医在临床上能解决许多实际问题。在课堂上学好了基础理论，就是为了以后能更好地运用到临床实践上去。如果一个人只会高谈阔论，而不务实际，在临床上不会看病，“华其外而悴其内”，那他就不是一个真正的中医。刘老非常赞同陈修园所提倡的白日临证、夜晚读书的方法，临证可以检验所学的知识，而读书能够解决临证时所遇到的问题，两相促进，共同提高。他认为在理论联系实践的过程中，可以通过临床实践去验证理论的是非，反过来会更加激起对中医理论研究的兴趣，再从实践中去发展理论。比如《伤寒论》是一部辨证论治的专著，但有时叙证过于简略。如半夏泻心汤等方所治的“心下痞”一证，原文描述的是无痛为主，并按之柔软。但从临床所见，“心下痞”痛与不痛两种情况都有，《伤寒论》虽没有记载疼痛，但可以通过临床实践去发现和验证，从而扩大对“心下痞”一证的认识。因此在学习时如果离开临床实践，就有可能造成盲目地崇拜或者粗暴的否定，这对一个人学业的发展是非常不利的。

二、学术思想

刘老重视中医阴阳五行学说和脏腑经络学说，重视人体阴阳平衡、脏腑调和的重要性，强调整体观念和辨证论治，强调因人、因时、因地制宜原则和治病求本原则，这些学说思想几乎可以说是所有中医学家学术思想的共性。刘老学术思想特点主要有下列几个方面：

1. 六经实质论

关于《伤寒论》“六经”的实质问题，中医界可谓百家争鸣。其争论的焦点为是否以经络学说为基础？刘渡舟认为：六经是以经络学说为基础的，来源于《素问·热论》《灵枢·经脉》等篇章，张仲景有继承也有发展，使六经不但能辨热证、实证，而且扩大到辨阴证、虚证与寒证。在此认识基础上揭示出六经是脏腑、经络、气化的统一体这个实质，它具有以下特点：①整体观：经络内联脏腑，外络肢节，将人体连接为一个整体，因而使六经具有了整体观，如足太阳经具下焦而主一身之表、足少阳经具右胁而主半表半里等，因此，据经就可以分脏腑、辨阴阳、别表里、定寒热。②辨证观：六经不但具有整体观，还具有辨证观，无论病发于阴或发于阳，都不是一成不变的，具有一分为二的辨证观。据此掌握六经病证阴阳转化、表里出入、虚实交替、寒热变换的规律。

2. 方证相对论

刘渡舟指出：研究任何一门科学，都要讲究方法，治伤寒之学的方法，必须从方证大门而入。然在唐代以前，由于“江南诸师秘仲景方而不传”，其《伤寒论》的版本均是“证”无“方”，至孙思邈唐本《伤寒论》问世，才纠正了这种“旧法方证”相离的错误，只有做到方证相对，才能真正揭示仲景辨证论治的奥秘。要达到这一目的，第一是继承。对六经为病之证、误治救逆之法、随证施治之方，都要背诵如流，娴熟于心。第二是灵活运用。将大论之方与证，进行分析、研究、归纳，融汇贯通，会之一意，运用于临床实践，以建立自己的辨证治疗观。为此，刘渡舟在晚年专著“方证相对论”一文阐发之。

3. 辨证知机论

刘渡舟认为，学会辨证论治，是治伤寒之学的初级阶段，才达到形似。在辨证论治的基础上，要学会“辨证知机”。所谓“机”，乃事物初露苗头的先兆，为证之微妙之处。掌握了先机，方能见微知著，决断死生，达到神似。辨证论治与辨证知机两个层次，有高下精粗之分，不可混为一谈。他说：“张仲景在‘原序’中曾大加赞叹‘越人入虢之诊，望齐侯之色’一事，他望侍中王仲宣而预知其四十当眉落，眉落半年而死的一段史话，反映了仲景有‘知机’的学问，并说出了中医之机，不能离开色、脉之诊。”的确，临证从色、脉之诊参悟，预后死生，久而久之，就会出神入化，独领先机。刘渡舟曾治一患肺结核的男性患者，诊见皮肉瘦削，咳嗽多痰，脉来细数。刘对其家属曰：此为“阴痨”，病已深入，恐难救治。《医宗金鉴》说：“阴痨细数形尽死”。家属哀告曰：我们知己病深，众医束手，所以特请刘老高诊，无论如何也要开一方药，了尽全家心愿。刘渡舟为其配制“琼玉膏”，以百合固金汤送服之。服一周，家属欣然来告：病人稍见起色。但刘渡舟告之说：此药力恐不能长久维持，因现在是隆冬季节，少阴得气之时，天水相连，肺金未至于绝。等来年入夏，火气用事，伤肺灼金，就会使病情加重，依其色脉看，端午节前恐难以保。后病人果死于第二年阴历之五月初四日。刘渡舟经常对学生们说，辨证知机是一门科学，不要把它当作玄学来看，更不要视为难以做到的畏途，“月晕而风，石润而雨”，反映了唯物论与辩证法的思想，经天纬地的客观存在，掌握它有何之难哉？

4. 古今接轨论

《伤寒论》之方，叫经方；后世之方，叫时方。方虽有古、今之分，但却有同气连枝的内在联系，如后世方中的麻黄、桂枝、大黄、柴胡等药所构成的方剂，多是从《伤寒论》的麻黄汤、桂枝汤、承气汤、柴胡汤演变而来，因此，在临床运用中，既不能厚古而薄今，又不能倡新而非古，而应当兼收并蓄，相互补充，因证制宜，把古、今方有机的结合在一起，以提高临床疗效。因此在方剂的运用上，刘渡舟提出“古今接轨”的新观点。他说：经方为方之源，时方为方之流，二者一脉相承，当相互借鉴。然方随证立，证随方显，而古今人异气迁，以及体质强弱、生活习惯的改变，均可左右“证”的变化，如若机械地固守古方而不越雷池一步，就不能做到方证灵活，随机应变。故应当从临床出发，以实事求是的态度，把时方与经方进行巧妙地结合，以古方补今方之纤弱，用时方补古方之不全，使古方、今方、古今接轨方，三足鼎立，共同发展。

5. 主症论

和所有中医临床家一样，刘老在临床辨证方面是十分注重传统的。传统习用的辨证方法，

如病因辨证、脏腑辨证、八纲辨证等，都为他临床所常用。不过，由于专攻《伤寒论》，受《伤寒论》辨证论治方法的影响较大，故他更加重视六经辨证方法，坚持“六经为百病立法”的观点，认为六经辨证方法可以广泛地用于临床各科疾病的辨证论治。正是由于对仲景学说的长期研究和受仲景学说的长期熏陶和深刻影响，他更加重视和擅长运用“抓主症”的辨证方法，临床应用得心应手。他认为“抓主症”是中医辨证的最高水平，是中医成熟临床经验的体现。他说：“主症是辨证的关键，反映了疾病的基本变化，是最可靠的临床依据。”主症是纲，抓住了主症就抓住了纲领，纲举而目张；抓住了主症，治好了病，也就是发展了《伤寒论》的治疗范围，扩大了经方的应用领域（见《伤寒论十四讲》）。在这样认识的基础上，他曾多次撰文论述抓主症方法的意义及其具体操作方法。在中日中医学术交流会上，他也作了关于抓主症方法的学术报告，由此可见他对这种辨证论治方法的重视程度。抓主症是他临床辨证论治实践的主要特点之一，如临床见脚挛急、舌质红、脉弦细即投芍药甘草汤；见口苦咽干、胸胁满结、大便溏泻或时腹自痛、小便不利、手臂麻木、脉弦而缓者即投柴胡姜桂汤；见心下痞满、恶心呕逆、大便溏稀者即投生姜泻心汤；见大病瘥后虚羸少气、气逆欲吐，即投竹叶石膏汤。凡此种种，不胜枚举，的确达到了炉火纯青的境界，故极其简练。刘老强调指出，主症就是疾病的主要脉症，是疾病之基本的、本质的病理变化的外在表现，是证的诊断依据。在临床辨证过程中，抓住了主症就是抓住了疾病的本质，依据主症治疗就是治本，就能获得好的治疗效果。因此抓主症是中医成熟经验的反映。刘老指出，熟记并理解各种病证的主症是运用抓主症方法的基础，是基本功。要善于抓主症就要多读书，多记书。如果医生的记忆中没有储存足够的“主症”，那临床抓主症就只能是一句空话。

6. 气机论

刘老指出，气机运动是人体生命活动的基本特征，而气机运动的基本形式是升降出入。升降出入是气机调畅的基础，也是维持健康的必要条件。《内经》有言：“出入废则神机化灭；升降息则气立孤危。”人体的生理活动，包括人体之气与天地自然之气的交通，脏腑之间的生克制化，精微物质的流布代谢，正气对病邪的抵御驱逐等，都依赖气机的升降出入。外界病邪侵入人体以后，人体气机首先受到影响。在阴阳气血之中，气机受病最早，其受病的机率也最高。绝大多数疾病的病变在于气，未离于气。以气血相对而言，人身之病，其在气者十之七八，其在血者十仅二三。气病有不影响于血者，而血病每关乎气。他还指出，人体气机的升降出入虽然是诸多脏腑功能的反映，也是由诸多脏腑功能所维持的，但其中肝胆和脾胃的功能尤其重要。这是因为肝胆是人体气机出入的枢纽，而脾胃是人体气机升降的枢纽。脾胃同居中焦，以膜相连，脾主升，胃主降。胆主少阳春升之气，胆气运行的特点是“发陈”，阳气初生，由里向外；肝为厥阴，阴气初生，由外向里。胆气出，肝气入，故二者为人体气机出入的枢纽。肝胆脾胃四个器官的气机升降出入正常，则一身之气得以调畅；如果其

气机升降出入失常，则一身之气皆有可能受到影响。反过来，肝胆脾胃的枢纽作用也常常受到四者以外任何脏腑病变的影响。医生在治疗疾病时，要注意顺从其性，促进和恢复它们的升降出入。刘老指出，善治病者重视调气，善调气者重视调畅肝胆之气和脾胃之气。他在临床上善于用《伤寒论》柴胡剂和泻心剂调理肝胆和脾胃，认为张仲景用柴胡剂调畅肝胆，用泻心剂调理脾胃，此最堪为后世效法。柴胡最善调畅肝胆之气，推动气机出入，并由此促进脏腑功能的正常运行。《神农本草经》言柴胡主“肠胃中结气，饮食积聚，寒热邪气，推陈致新”，此说明柴胡可促进六腑的新陈代谢，能推动少阳枢机，并由此起到调和表里、消积化食的作用。在小柴胡类方中，柴胡辛散以助少阳胆气之出，黄芩苦寒以助厥阴肝气之入，柴芩并用，则出入如常矣。然二者之中关键在于柴胡的疏解，故《伤寒论》用柴芩运转枢机时，黄芩或可减去，而柴胡却是必用之品。依仲景法，柴胡剂中还可以用白芍之酸收，柴芍相伍，一出一入，一散一收，促进肝胆之气的出入。

调理脾胃升降主要就是要降胃升脾。胃气以降为顺，胃气不降每由火旺气实所致，故降胃每用黄连、黄芩，清火即是降胃。三黄泻心汤之治吐衄，干姜黄芩黄连人参汤之治寒格吐逆，皆属清火降胃。仲景亦习惯使用姜、夏降逆和胃，此大抵为痰饮所致者而设。脾气以升为常，脾气不升多兼里寒，故既用参、草益气，亦用干姜温中。脾胃升降之间存在相互促进、相互依赖、相互影响的关系。用仲景方法治理脾胃，不治气而气机自调，脾胃升降自然恢复正常。后世在使用半夏泻心剂时，又有加枳实、木香、砂仁的方法，直接使用理气之药调理脾胃，亦有道理。根据刘老的经验，运转枢机、疏利肝胆、调理脾胃是治疗疾病的重要途径。无论何种疾病，亦无论病情多么复杂，寒热夹杂，虚实疑似，表里不和，上下不通。看起来治之颇难；但只要表现出胸胁苦满，口苦纳差，其脉弦细，即可用柴胡剂调畅肝胆，枢机一转，病自向愈。只要表现出脘腹痞闷，胃不降而呕逆，脾不升而溏泻，即可用泻心剂调理脾胃，脾胃升降恢复正常，其病也能向愈。

刘老善于用调气方法治疗疑难杂病，如用四逆散治疗阳痿的经验就十分巧妙：一男子患阳痿不举，郁郁寡欢，情绪低落。刘老辨证曰：阳痿一证，有阳虚者，亦有阳郁者。阳虚者人多知之，而阳郁者人每有忽略。今患者郁郁寡欢，情绪低落，脉弦而舌红，是阳郁也。遂投四逆散，疏达肝气，配合以心理疏导，畅其情绪，双管齐下，其病很快痊愈。他在临床上亦善于在主治方剂中加用调气之品，以加强疗效。如在治疗肝病的方剂中使用气药，以治疗肝区疼痛为主的柴胡止痛汤与治疗腹水为主的白玉汤皆用紫苑、枳实；用五苓散治疗“水痞”时加生姜、枳实；使用小柴胡汤治疗少阳枢机不利所致胸闷气郁时加香附、川芎，或与越鞠丸联合运用，皆为此类。女子善怀，故他治妇女气郁之病，常用逍遥散、柴胡汤、越鞠丸，而常常也有玫瑰花、绿萼梅的加味之法。他在临床上一般使用的调气之品有青皮、陈皮、木香、砂仁、香橼、佛手、桔梗、枳壳、香附、川芎、紫苑、郁金、槟榔、厚朴、浙贝、枣仁等，各依具体病情及具体病位加味运用。刘老说，调气是治疗疾病的一个主要方法，但调气的手段并不仅仅局限于使用理气方药，针对引起气机不调的病因进行治疗。寒者温之，热者清之，虚者补之，实者泻之，发汗、吐、下，皆是调气。当然，使用理气方药是调理气机的最为直接的手段。

7. 攻邪论

刘老认为，从疾病发生学的角度来讲，正气不足是疾病发生的内在依据。邪气之所以能够侵犯人体，疾病之所以能够发生，都是因为正气先虚，此即《素问》所谓“邪之所凑，其气必虚。”但这只是就邪正力量的比较而言，只是说明发病过程，而决不是对病机的解释。如果从治疗学的角度来看，疾病一旦发生，邪气即成为矛盾的主要方面，这就是古人说的“虚处受邪，其病则实”。此时祛邪即成为治疗的首要任务。邪气去则正气自安，虚弱的正气在邪气离开人体之后即可自行恢复。因为人体正气的新陈代谢是一种自然本能，只要没有不利因素的影响，没有干扰和妨碍，正气即可生生不息。那些拘泥于“邪之所凑，其气必虚”理论，拘泥于“正气充盛则病邪自退”说法的人，不晓上述道理，欲在治疗中泛用补益，以期获得“正旺邪退”之效，殊不知如此处理在理论上和哲学上虽然有其道理，但在治疗实践中往往行不通。因为如果邪气未退而用补益，不仅可能滞邪留邪，还可能助邪；而且由于有邪气阻碍，正气却得不到丝毫的补充。刘老说，攻邪论并非金人张子和的发明，它是张子和根据张仲景《伤寒论》等著作提出来的。《伤寒论》治病就以祛邪为主，汗、吐、下、清、消诸法，俱是攻邪，不唯三阳病治宜攻邪，即或三阴病，其因于邪实而要用攻逐方法者也不少。基于这样的认识，刘老在临床上诊断辨证时注重对病邪的辨认，治疗时注重祛除邪气。一肾炎患者浮肿少尿，他医作肾虚治之，不效。刘老辨证曰，身面肿而脉浮，邪在表而肺气不宣，水之上源不清，当发其汗。用越裨加术汤，一剂汗出肿减，再剂小便利而肿消。他曾告诉学生，他早年在大连行医时，只知腰为肾之腑，腰痛者，肾虚也。于是治腰痛每用六味类补肾，往往收效甚微。后来知道腰痛多有湿热及水气所致者，用清利湿热或化气行水之法收效甚佳。他还指出，就目前临床所见病证来看，病证谱总的表现是：阳证多而阴证少，实证多而虚证少，热证多而寒证少。形成这种病证谱的原因是多方面的，其中最主要的原因是人生活在天地之间，处于风寒暑湿燥火之中，既得其益，亦可能受其害。此正如《金匮要略》所言“风气虽能生万物，亦能害万物。”六淫侵人身体，治之便当攻邪。从内因来讲，脏腑机能易于亢进，如心火过盛、肝阳上亢、胃热过激等。即使脏腑功能低下，但脏腑功能的低下又易于导致继发的病邪，如瘀血、痰饮、宿食等，而形成虚实夹杂之证。此外，如今人们生活富足，营养过剩，体内多有积热、蕴湿、痰饮、食滞。况且人们喜进补品，无病之时经常服用，既病之后亦用补益。医生亦有不少迎合病人心理，或漫无主见者，病人欲补即补之，以致目前用补之风愈演愈烈。诸如此类，便使邪实之证更加多见。这是应该引起医生注意的一个问题。在治疗时，实证自然要祛邪，即便虚实夹杂者亦要以祛邪为主。扶正以祛邪是间接祛邪，多宜于在正虚不任攻逐之时使用，否则收效不佳。不若用药直接攻邪取效快捷，待邪退之后再议扶正。所以“攘外安内”较之“安内攘外”的方法更为常用。刘老指出，临床医生要注意对假虚证的辨认。在不少情况下，本为邪实之证，却表现出一些虚弱的症状，为医者不可被这种假象所迷惑，误认为虚而用补剂。如身体壮盛之人，暴受邪气。或外感风寒，或内伤饮食，本气未必皆虚，受病之后，反而出现虚象。如动作衰乏、四肢无力、恶食、呕泻、少气、虚冒之类，此邪实为本。治之但当亟去其邪，不必误以为虚证或顾虑虚其正气，用药牵制。如临床上常见的慢性病毒性肝炎，其主要的症状之一是体疲乏力，不耐劳作，祛邪治之，患者即感身体轻快，补气治之反而会使症状加重。刘老在临床上常用发表攻邪、清泻里热、通泄腑实、除湿化浊、疏肝解郁、攻逐瘀血、利水化饮、镇肝熄风、化痰散结、行气导滞等方法，所治疗的病证十分广泛。

8. 火热论

刘老专攻《伤寒论》，兼及于《金匮要略》，对张仲景辨治火热病证的方法深有研究，颇多推崇。《伤寒论》中，凡病之属于阳明、少阳、厥阴而用清凉方法者十有七八；太阳变证中属热者亦甚多；六经病中属虚寒宜于温补者十仅三四，大多数病证兼有寒热，宜于凉温并用、攻补兼施方法，这说明张仲景《伤寒论》对火热病证是很重视的。他说，古人认识到，人身五行各一，唯火有二；六气之中，火与热居二。故《内经》病机十九条，属火者有五，这都说明火热致病的重要性和广泛性。后世医家对火热致病予以了足够的重视，其最为著名者有刘河间等人。刘老对刘河间的火热论作过较深入的研究，认为其“六气皆可化火”“五志过极化火”的学说很有道理。他晚年作有《火证论》，系统地论述了火证医学源流，论述了火郁、火中、火痞、火狂、火痛等常见火证的脉因症治，是一篇十分成熟的医论。在这篇医论中，他论述了实火、虚火、郁火、阳火、阴火的概念。提出实火宜泻、虚火宜补、郁火可发、阳火宜直折、阴火宜温导的治疗原则。不过他在临床上尤加重视的还是实火证治，常用大黄黄连泻心汤、黄连解毒汤、栀子金花汤、龙胆泻肝汤、化肝煎、泻青丸、清胃散、栀子豉汤、白虎汤、竹叶石膏汤、承气汤、导赤汤、葛根芩连汤、白头翁汤等清热泻火之剂。鉴于目前火证未能得到人们足够重视的情况，他深以为忧，故在其《火证论》一文中有“微斯人，吾谁与归”的感叹！刘老专攻《伤寒论》，似乎古代寒证论的学一说思想对他的影响较大。但他重视实际，根据当今火证多见的临床事实，提出了新的火证论，在研究寒证的同时，更加强调火热致病及寒凉清火方法的重要性，这对于我们是很有启发意义的。在临床上，他用清热泻火方法治疗脱发，而不是如一般常规那样用补药养血滋肾。如一余姓男子，24岁，患脂溢性脱发症，他投三黄泻心汤。患者服药3剂，大便通泻，小便甚黄，头皮瘙痒与脱发遂止。他用清热泻火方法治疗面瘫，而不是像一般常规那样用风药祛风解痉；他用清热泻火方法治疗身体疼痛麻木，而不是像一般常规那样散风湿通络脉。凡此种种，超出常规之外，又尽在医理之中，非有真知灼见，断无如此出奇制胜之法。他的这些经验对中医治疗学是极大的发展，为中医临床医学增添了新的内容。

9. 水证论

水证是指人体水液代谢障碍、水液内留而不能排出体外所引起的病证。《内经》言人体察木、火、土、金、水五行而生成，故水是人体的重要组成成分。水能载舟，亦能覆舟；有余不足，皆能致害。不足者即是燥证，有余者即是水证。水液在人体的代谢，《素问·经脉别论》论之精炼，与肺、脾、肾三脏及膀胱、三焦有密切的关系。水在人体内升降出入，循环不已。水液内留、停蓄为病，也与此三脏二腑的功能障碍密切相关，此人皆尽知者。不过，心脏属火，上居于胸，胸与火皆阳，为“阳中之太阳”。心脏阳气充足，则下焦寒水之气不能上冲为害；若心脏阳气虚弱，则下焦水寒之气便可能逆而上冲，致生诸病，这方面的生理和病理现象则为人所未能尽知者。水邪致病，范围甚广。因为水饮变动不居，上下表里，无所不到。其在表为浮肿，在里为胀满，在上为眩晕昏冒、聋盲噎塞，在下为鹜溏腹泻、小便不利，在心为悸动，在肺为咳喘，在胃为呕逆……刘老指出，水证的治疗方法，《内经》已提出了具体的原则，《伤寒论》《金匮要略》提出了很多行之有效的方法，包括许多至今在临床上仍广泛使用的方剂，为医者要谨记勿忘。其中需要着重提到的是，仲景通过治心、通过温心脏之阳以治水的方法，今日不可不讲。他在长期的临床实践中认识到，仲景苓桂术甘汤为温心脏之阳的代表方，用于今日临床上所常见的各种心脏病而具有水气上冲特征者，疗效十分可靠。在苓桂术甘汤的基础之上再加上仲景治疗寒饮所惯用的干姜、细辛、五味子，即在某种程度上能治疗小青龙汤所不及的寒痰冷饮疾病，这也是一种不可偏废的方法。苓桂术甘汤去桂枝加白芍即是苓芍术甘汤，亦即《伤寒论》桂枝去桂加茯苓白术汤。桂枝走表利于上，而芍药走里利于下，桂枝利于阳，而芍药利于阴，此二方正好组成一个阴阳、表里的方阵。刘老在临床上亦常将苓桂术甘汤与真武汤联合使用，如此者则表里并调，双补阴阳，更为全面。他在长期的临床实践中，不仅认识到了一系列的能够准确反映水饮的症状和体征，如他所称“水舌”“水色”“水脉”“水症”者，还创制了相当数量的治疗水证的有效方剂，凡此皆说明他十分重视水证证治，在水证辨证论治方面也十分精到。

10. 脾胃论

《伤寒论》非常重视脾胃，后世医家总结出“保胃气”是《伤寒论》的基本治疗思想之一、刘老受张仲景“顾护胃气”学术思想的影响甚大，同时受李东垣脾胃论学术思想的影响也很深，因而他十分重视脾胃。他认为，脾胃在人体生理、病理和疾病的治疗之中具有很重要的地位。这是因为，其一，脾胃是人体后天之本，气血生化之源。天食人以五气，地食人以五味。人得五味之养，全赖脾胃功能健全；脏腑及躯体的营养都依靠脾胃的消化功能。脾胃机能正常则人体气血充足，正气旺盛；脾胃机能不振则人体气血来源匮乏，正气虚衰。其二，脾胃居于中焦，是人体气机升降的枢纽，一身气机的升降调畅很大程度上取决于脾胃升降。脾胃升降失常则人体清气不升、浊气不降，上、中、下三焦都可能因此出现病变。这一方面的道理已见于前面“气机论”。其三，外邪伤人，其从口入者，先伤于胃；饮食劳倦是临床常见的病因，其伤亦中焦脾胃，故脾胃病以及与脾胃相关的疾病在临床上十分多见。他说，正因为脾胃在人体生理、病理以及治疗方面占有十分重要的地位，故临床医生应该重视对脾胃的治疗。治疗脾胃不等于补益脾胃，治疗脾胃仍然要遵循热者清之、寒者温之、实者泻之、虚者补之原则。

在补虚方面，他于四君子汤类方剂、补中益气汤类方剂、建中汤类方剂、理中汤类方剂都较常用。他说，张仲景四逆辈、建中汤以及李东垣补中益气汤系列皆可为后世效法，然二家在益胃养阴方面略嫌不足，叶天士等人养胃阴方法正可作为补充，羽翼圣贤。在调理脾胃气机升降方面，他较多使用的是仲景半夏泻心汤类方和东垣补中益气汤类方。他说仲景半夏泻心汤补脾泻胃，李东垣补中益气汤升清降浊，是临床升降脾胃的良好方法。此外刘老还较常用承气辈通泻胃腑。他对于杂证中兼见胃肠实邪壅滞的病变，往往于主治方剂之中加入少许大黄，以去其壅滞，推陈致新，清降胃气。用小陷胸汤清化胃中痰热，用大黄黄连泻心汤清降胃火，用枳实导滞汤清理胃肠、祛湿导滞，用泻黄散清泻脾家湿热，用平胃散除湿理胃，用桂枝加芍药汤理脾和络等，充分体现了他调理脾胃方法的丰富多彩。刘老说，调理脾胃既可以直接治疗脾胃病变，亦可以间接治疗与脾胃相关的病变。有些病变似乎与脾胃无密切关系，但若求之于中，却可以取得较好效果。如大病久病调之于中，阴阳虚损调之于中等。诸如此类，古代医生积累了较多经验，值得学习和研究。

11. 肝胆论

肝胆理论是藏象学说的重要组成部分，在《内经》《伤寒论》中都有较详细的论述，以后的《中藏经》《千金方》等著作又作了进一步的发挥，至金元时代朱丹溪提出“主疏泄者肝也”的观点，把肝脏看作是机体调节气血阴阳、新陈代谢的重要器官。刘渡舟博览群书，深受这些学术思想的影响。他认为，肝胆在人体生理、病理和疾病的治疗之中具有很重要的地位。这是因为：其一，肝胆主升发，通于春气。自然界的生、长、壮、老、已的变化规律始于春气，肝应春升之气，以此推动脏腑的气化功能。若肝不升发，则脏腑气化功能受阻，机体便缺少生命的原动力；其二，肝胆主疏泄，能条畅人体气血阴阳、新陈代谢，维持人体生命活动的旺盛力。肝主疏泄失常，则机体代谢之机颓废，形成诸如水气蓄积、痰浊内生、瘀血阻滞等代谢废物的滞留；其三，肝主储藏血液和调节血量。当人在工作或劳动的时候，肝输出血液以供机体之需。当人休息或睡眠的时候，多余的血液储藏于肝脏。肝血充足，则“目受血而能视，足受血而能步，掌受血而能握，指受血而能摄。”肝血不足，则五脏六腑、四肢百骸、五官九窍，皆失其养。基于此，刘渡舟总结出肝病的病理变化特点有二：一是肝病的基本矛盾在于体用失调。肝属厥阴，厥阴为两阴交尽，一阳始生，故体阴而用阳，发病则以“体”“用”失调为基本矛盾。二是肝病的主要临床表现是气血病证。肝为多气少血之脏，病则血常不足，气常有余，气有余便是火，火盛而更易耗血。而且气郁容易导致血滞。所以在肝病的过程中，初起只涉及到气分，病情发展，则入于血分。因此，他在治疗肝病时切实把握以下几个方面：（1）疏通气血，条达为要。肝病初病在气，渐及于血，所以无论在肝病的哪一个阶段，都要注意疏通肝脏的气机。但疏肝理气，亦有轻重之别，轻则疏气养血活血同用，重则理气活血化瘀同法。（2）体用结合，补泻适宜。治疗肝病结合肝体、肝用的特点，注意补肝体之不足，泻肝用之有余，以解决肝病体、用失调的基本矛盾。（3）明辨标本，缓急有度。在肝病发展的不同阶段，明辨标本缓急、转化，使治疗做到主次有序，泾渭分明。（4）整体治疗，疗养兼顾。人体是一个有机的整体，肝病可以影响到它脏，它脏有病亦可影响到肝，所以治疗肝病不能见肝治肝，而应从整体出发，协调各脏腑的功能，以达到治肝的目的，如水衰木无以生，地黄丸滋之；土衰木无以植，参苓白术培之；血虚有火木无以疏，丹栀逍遥达之；血虚无水木无以养，四物汤以养之；以及补火之法，下同乎肾；清火之法，上类于心等等都是从整体出发而确立的治疗法则。此外，肝胆寓一阳生生之气，不宜攻伐太过，以免损伤生阳之气，病去七八，当停药以调养之。刘渡舟临床善于治疗病毒性肝炎、肝硬化、胆囊炎、胆结石等肝胆疾病，使用气血阴阳的辨证方法辨别邪气留恋的不同阶段，据证分别使用疏肝理气、活血化瘀、滋养肝阴、温运脾阳等方法，常用四逆散、大、小柴胡汤、柴胡桂枝汤、柴平煎、越鞠丸、下瘀血汤、桃核承气汤、茵陈蒿汤、一贯煎、柴胡桂枝干姜汤、理中汤等方剂，并创制了柴胡解毒汤、柴胡活络汤、柴胡鳖甲汤、柴胡消石汤等许多治疗肝胆疾病的方剂，不但丰富了方剂学的内容，而且极大地提高了中医治疗肝胆病的临床疗效。

三、结语

总之，刘渡舟教授在60余年的教学、临床实践中，形成了独具个人特色的学术思想和医疗风格，特别是对《伤寒论》的理论研究及临床实践造诣精深，其理论体系对海内外伤寒学派有深刻的影响，被公认为是当代名医、伤寒大家。刘老治学范围极广，对唐宋明清以及近代著名医家的著作和学术思想均有极深研究，在临床上，刘老更是注重客观实际，讲求实效，从不凿分经方、时方，病情宜经方则用经方，宜时方则用时方。刘老博览全书，博闻强记，对后世名家方药皆能信手拈来。刘老常言：“中医学术流派的出现，是中医学术发展的必然结果，学术上的分歧对学术本身有积极作用，因为它可以丰富学术内容，推动医学不断向前发展。”正是这种重视经方而不薄时方，兼通诸家并蓄其长的思想风范，使刘老具备了博大精深的学术内涵，逐步形成了独特的学术思想和医疗风格，本文对刘老的治学特色和学术思想做一初步总结，以此缅怀刘老的丰功业绩，以期对启迪后学、推动中医学术发展有所裨益。

[《中华中医药学会第四次中医学术流派交流会论文集》2012：58]

六味地黄丸（汤）的临床应用研究

房　玲　王　蕾
首都医科大学中医药学院
樊永平　首都医科大学附属北京天坛医院

六味地黄丸出自北宋钱乙的《小儿药证直诀》，载称地黄圆，后世由《正体类要》改称六味地黄丸，为治小儿“五迟”（即立迟、行迟、发迟、齿迟、语迟）而设。本方系将张仲景《金匮要略》的肾气丸减去桂枝、附子，易干地黄为熟地黄而成。方中包括熟地黄、山茱萸、干山药、泽泻、牡丹皮、白茯苓。关于六味地黄丸方名的含义，有两种看法：一是由熟地黄、山茱萸、干山药、泽泻、牡丹皮、白茯苓六味药物组成，故称“六味”；一是方中酸苦甘辛咸淡“六味”俱备而称“六味”，如《王旭高医书全集》所说：“酸苦甘辛咸淡六味之名以此，曰‘地黄’者，重补肾也。”其功效为滋补肝肾，主治肝肾阴虚证。本文将从辨证指导、文献方解、适应病症、应用体会、注意事项五方面对六味地黄丸做一阐述。

一、辨证指导

本方是治疗肾阴虚证的基本方。原方主治肾怯失音，囟开不合，神不足，目中白睛多，面皖白症"。现代临床主治腰膝酸软、头晕目眩、耳鸣耳聋、盗汗、遗精、消渴、骨蒸潮热、手足心热、口燥咽干、牙齿动摇、足跟作痛，小便淋沥，以及小儿囟门不合，舌红少苔，脉沉细数。肾藏精，为先天之本，肝为藏血之脏，精血互可转化，肝肾阴血不足又可相互影响。腰为肾之府，膝为筋之府，肾主骨生髓，齿为骨之余，肾阴不足则骨髓不充，故腰膝酸软无力、牙齿动摇、小儿囟门不合；脑为髓之海，肾阴不足，不能生髓充脑，肝血不足，不能上荣头目，则头晕目眩；肾开窍于耳，肾阴不足，精不上承，或虚热上扰清窍，则耳鸣耳聋；肾藏精，为封藏之本，肾阴虚损，水不制火，相火内扰精室，则遗精；阴虚生内热，甚者虚火上炎，则骨蒸潮热、消渴、盗汗、小便淋沥、舌红少苔、脉沉细数等。目前临床辨证当以腰膝酸软，头晕目眩，口燥咽干，舌红少苔，脉沉细数为使用依据。

二、文献方解

关于六味地黄丸的组成，历代文献的记载是相同的，六味地黄丸的用量历代文献所载大致与钱乙《小儿药证直诀·卷下诸方》相同，分别为熟地黄八钱、山茱萸四钱、干山药四钱、泽泻三钱、牡丹皮三钱、白茯苓三钱。中医认为肾藏有"先天之精"，为五脏六腑之本，生命之源，故有"先天之本"之称。肾阴不足，则变生诸证。本方组方科学，以肾、肝、脾三阴并补而重在补肾阴为主。方中重用熟地黄，味甘纯阴，主入肾经，长于滋阴补肾，填精益髓，为君药。山茱萸酸温，主人肝经，滋补肝肾，秘涩精气，取"肝肾同源"之意；山药甘平，主人脾经，"健脾补虚，涩精固肾"（《景岳全书》），补后天以充先天，同为臣药。三药配合，肾肝脾三阴并补，是为"三补"，但熟地黄用量是山茱萸与山药之和，故仍以补肾为主。肾为水脏，肾元虚馁每致水浊内停，故又以泽泻利湿泄浊，并防熟地黄之滋腻恋邪；阴虚阳失所制，故以牡丹皮清泄相火，并制山茱萸之温；茯苓淡渗脾湿，既助泽泻以泄肾浊，又助山药之健运以充养后天之本。三药称为"三泻"，均为佐药。六药合用，三补三泻，以补为主；肝、脾、肾三阴并补，以补肾阴为主。

三、适应病症

1. 高血压病　任昌伟等[1]以本方汤剂加仙茅根、淫羊藿，治疗阴阳两虚证老年高血压病患者70例，4周为1疗程，治疗2个疗程，结果显示：降压显效41例，有效27例，无效2例，总有效率97.14%；症状改善显效43例，有效26例，无效1例，总有效率98.57%。黄飞翔等[2]将75例阴虚阳亢型原发性高血压病患者，随机分为治疗组50例和对照组25例，对照组口服洛汀新等，连续服用12周；治疗组用药同对照组，另外加服六味地黄丸8丸，日3次；胰激肽原酶120u，日3次。结果显示：中医症状：治疗组总有效率94%，对照组总有效率76%；治疗组肾小球滤过率（GFR）显著升高、尿微量白蛋白（mAlb）降低；说明六味地黄丸合胰激肽原酶能够减轻阴虚阳亢型高血压患者的肾损害，同时又能改善临床症状，提高疗效。

2. 糖尿病王辉等[3]观察本方对糖耐量低减（IGT）患者转化为糖尿病（DM）的干预影响，随机分为对照组（35例）和治疗组（29例），对照组仅嘱限制饮食和增加运动，治疗组为在上述饮食运动基础上加用六味地黄丸12丸/次，日2次，随访2年。结果发现：对照组糖耐量转为正常7例（20.6%），仍为IGT14例（41.2%），转为DM13例（38.2%），DM的平均年转率为19.1%。治疗组糖耐量转为正常18例（62.1%），仍为IGT9例（31.0%），转变为DM2例（6.9%），DM的平均年转率为3.4%。对照组发生DM的危险是本方组的5.6倍，表明本方对防止IGT发展成DM具有显著作用。张庆祝[4]报道以本方治疗阴虚型2型糖尿病患者150例，口服六味地黄丸每次2粒，日3次，疗程60d。结果显示治疗后患者空腹血糖、餐后2h血糖、糖化血红蛋白与治疗前比较均有下降，C-肽水平与治疗前比较有所升高，且在应用过程中未出现低血糖及心、肝、肾功能损害等不良反应。

3. 骨质疏松　张宏波等[5]观察本方治疗对肾阴虚型原发性疏松症骨密度（BMD）的影响，随机分为治疗组30例，予六味地黄丸每次8丸，日3次；对照组30例，予钙尔奇D0.6g，日1次。结果显示对照组显效率6.7%，有效率53.3%，总有效率60%；治疗组显效率60%，有效率30%，总有效率90%，治疗组疗效明显高于对照组；治疗组腰椎、股骨、颈骨Ward's变化率分别为8.45%、4.39%、4.04%，均明显高于对照组；治疗组尿Ca/Cr治疗后明显降低，对照组治疗前后无明显变化。关俭等[6]以本方治疗绝经后骨质疏松症（PMOP），治疗组30例，口服六味地黄丸，每次8丸，日3次；对照组30例，口服钙尔奇D，1次0.6g，日1次。疗程为6个月。结果治疗组显效12例，有效14例，无效4例，总有效率为86.7%；对照组显效6例，有效12例，无效12例，总有效率为60.0%。治疗组PMOP患者腰椎、股骨颈、桡骨远端BMD值明显升高，对照组患者上述部位BMD值无明显变化。

4. 老年性痴呆　卿照前[7]应用本方治疗老年性痴呆，治疗组50例予六味地黄丸，每次10g，每天2次，温盐开水送服；对照组52例予脑复康，每天3次，每次0.8g。两组服药疗程均为6个月。结果在简易智能状态检查（MMSE）评分、日常生活能力量表（ADL）评分、老年临床评定量表（SCAG）评分方面，治疗前后比较均有显著性差异。研究表明本方在改善老年痴呆症患者的力、生活能力、记忆等方面有一定疗效。

5. 帕金森病（PD）　钟强等[8]将治疗组53例，在常规帕金森氏病药物治疗基础上加服六味地黄丸（每日30～50g），对照组36例予常规帕金森氏病药物治疗，疗程6个月。结果：治疗组临床治愈3例，显著进步27例，好转13例，无效10例，总有效率81%；对照组临床治愈2例，显著进步6例，好转14例，无效16例，总有效率61.5%，明显优于常规西药对照组。薛红等[9~10]分别对65例和45例已接受多巴胺替代治疗的PD患者合用本方，得出结论：PD患者显示出明显的多系统自主神经症状，而本方可在泌尿系统、体温调节和性功能等多方面改善PD自主神经症状；PD患者显示出明显的执行功能损害和视空间障碍，而本方可在执行功能方面改善PD认知功能。

6. 脑卒中　翟小燕[11]观察以本方加减治疗脑梗死恢复期临床疗效，随机分为治疗组30例予六味地黄汤加枸杞子、菟丝子、鹿角胶、龟板胶，日1剂。对照组30例予盐酸川芎嗪160mg加入0.9%氯化钠注射液500ml，每日1次静脉滴注。15d为1个疗程。结果：治疗组治愈10例，好转14例，未愈6例，总有效率80%；对照组治愈6例，好转12例，未愈12例，总有效率60%。2组总有效率比较差异有统计学意义。

7. 慢性肾小球肾炎　何泽云等[12]观察肾阴虚型慢性肾小球肾炎患者，以本方联合西药对症处理及单纯西药对症处理治疗情况。治疗组22例，对照组21例，两组均西医常规对症治疗，治疗组同时口服六味地黄汤浓缩剂，100mL次，2次/d。疗程2个月。结果显示本方较对照组能有效改善慢性肾小球肾炎患者中医证候，并能明显消除水肿、有效消除尿蛋白，明显改善肾功能。

8. 泌尿系感染　王丽霞[13]以攻补兼施法治疗老年尿路感染疗效显著，对照组30例，予八正散，治疗组31例予八正散合六味地黄汤随症加减，结果：治疗组治愈11例，显效15例，有效3例，无效2例，总有效率93.55%；对照组治愈5例，显效9例，有效10例，无效6例，总有效率80%。两组疗效差异有统计学意义。

9. 肺结核　徐庭辉等[14]观察以本方配合抗结核化疗治疗复治涂阳肺结核的临床疗效，随机分为治疗组36例，对照组36例，疗程8个月。在临床症状恢复改变、痰菌阴转及胸片改变方面，均优于单纯抗结核化疗药物的对照组；说明本方能明显减轻肺结核状，加快痰菌阴转，促进肺部病灶吸收，缩短疗程。

10. 女性更年期综合征　刘静娟[15]观察96例女性更年期综合征患者，随机分为治疗组50例：以六味地黄汤为主，腰酸乏力加太子参、杜仲；头晕目眩、烦躁易怒加钩藤、龙骨；心悸失眠加夜交藤、珍珠母；潮热汗出明显加炒黄柏、浮小麦；对照组给予更年安片，日3次，每次4.8g，两组疗程均为60d。结果显示：治疗组显效29例，有效17例，无效4例，总有效率92.0%；对照组显效8例，有效24例，无效14例，总有效率70.7%，两组疗效差异有统计学意义；且治疗前后的症状综合评分也有显著的差异。

11. 其他除上述疾病外，本方对于泌尿系结石[16]、前列腺增生[17]、月经不调[18]、不孕症[19]、小儿多动症[20]、小儿汗症[21]、小儿遗尿症[22]、慢性咽炎[23]、复发性口疮[24]、老年功能性便秘[25]、迟发性痤疮[26]、过敏性紫癜[27]、黄褐斑[28]、性早熟[29]、狼疮性肾炎[30]、跟痛症[31]等亦有较好效果。

四、应用体会

六味地黄丸（汤）是一应用极广泛的传统滋阴补肾方，可以治疗内、外、妇、儿、五官、皮肤等临床各科疾病，但主要应用于辨证为肾阴不足、肝肾亏虚、或兼有虚火上炎的疾病，为“异病同治”代表方剂之一。在临床实践中，应用六味地黄丸（汤）原方的较少，绝大部分是在原方的基础上化裁的，这就使得六味地黄的临床应用极为广泛，如地黄丸系列中滋阴降火的知柏地黄丸，温补肾阳的金匮肾气丸，滋肾养肺的麦味地黄丸，滋肾养肝的杞菊地黄丸，纯补肾阴的左归丸、左归饮，纯补肾阳的右归丸、右归饮等；以及针对一些兼症做加减化裁或两方并用，如阴虚阳亢，头晕目眩者，加石决明、龟板以平肝潜阳；肾府失养，腰膝酸软者，加怀牛膝、桑寄生益肾壮骨；肾虚不摄，遗精滑泄者，加覆盆子、煅龙骨、煅牡蛎以涩精止遗；阴虚肠燥，大便干结者，加玄参、火麻仁以润肠通便；脾虚不运，纳差腹胀者，加白术、陈皮等以理气健脾；阴虚血热，崩漏下血者，合二至丸以凉血止血等。目前临床上常用的剂型有六味地黄汤、六味地黄丸（水蜜丸、大蜜丸、浓缩丸）、六味地黄胶囊等。六味地黄汤剂吸收快，药效发挥迅速，而且可以根据病情的变化随证加减，能较全面、灵活地照顾到每个患者或各具体病变阶段的特殊性；丸剂、胶囊与汤剂相比，吸收较慢，适用病症单一，但便于服用与携带，需依据病人病情的复杂性以及病人的依从性选择本方适合的剂型服用。然而，在本方的研究中也存在不少问题，如主治病证缺乏统一标准，原方的加减随意性较大，不利于处方的进一步优化；对其临证运用技巧和规律性的认识还不够清晰与完善。在以后研究中，应加强临床主治病证的规范化的研究，制定统一标准。实际使用过程中也存在滥用的现象，有的将其作为保健品长期服用，临床上还需注重辨证施治，才能更好的发挥其应有的作用。

五、注意事项

凡是具有腰膝酸软、头晕耳鸣、烦热口渴，舌红少苔者均可以使用。而脾虚食少便溏者及痰湿痰热内积者，不宜使用。

参考文献

[1] 任昌伟，刘卫东．六味地黄丸化裁治疗老年高血压病．河南中医，2005，25（5）：67.

[2] 黄飞翔，叶盈，严萍，等．六味地黄丸合胰激肽原酶干预高血压病肾损害的疗效观察福建中医学院学报，2004，14（5）：9～11.

[3] 王辉，梁晓平，于晓明，等．六味地黄丸对IGT的干预观察—辽宁中医杂志，2002，29（12）：758～759.

[4] 张庆祝．六味地黄丸治疗阴虚型2型糖尿病疗效观察．现代中西医结合杂志，2006，15（10）：1282.

[5] 张宏波，李程洋．六味地黄丸汉寸原发性疏松症（肾阴虚型）骨密度影响的临床观察．中国中医骨伤科杂志，2011，19（6）：18～20.

[6] 关俭，唐洁凤，郭荣林．六味地黄丸对绝经后骨质疏松患者骨密度的干预作用．海南医学，2009，20（5）：79～80.

[7] 卿照前．六味地黄丸延缓老年痴呆症50例疗效观察．中国中医药科技，2007，15（5）：373～374.

[8] 钟强，邓志，何其胜，等．六味地黄丸治疗帕金森氏病53例．现代医药卫生，2004，20（8）：661.

[9] 薛红，掳周科，刘漩．六味地黄丸对帕金森患者自主神经功能的影响中医学报，2010，25（2）：283～285.

[10] 薛红，掳周科．六味地黄丸对帕金森患者认知功能的影响．中国医药指南，2010，8（15）：18～20.

[11] 翟小燕，顾玉潜，陈思好．六味地黄丸加减治疗脑梗死恢复期的临床研究．河北中医，2009，31（6）：873.

[12] 何泽云，徐元美一六味地黄汤治疗肾阴虚型慢性肾小球肾炎的临床研究一湖南中医学院学报，2004，24（1）：35～37.

[13] 王丽霞．攻补兼施治疗老年尿路感染疗效观察．中国误诊学杂志，2010，10（15）：3589～3590.

[14] 徐庭辉，王毅，曾垂万．六味地黄丸辅助治疗复治涂阳肺结核72例临床疗效观察．中国民族民间医药，2010，19仍：135～136.

[15] 刘静娟．六味地黄汤加减治疗更年期综合征的临床观察．国际医药卫生导报，2006，12（13）：117～118.

[16] 王海洲．六味地黄汤为主治疗泌尿系结石106例．新中医，2008，40（1）：74～75.

[17] 杨莉．六味地黄丸加味治疗前列腺增生56例疗效观察．甘肃中医，2005，18（3）：25～26.

[18] 周玉娟．妇科调经片合六味地黄丸治疗月经病110例．现代中西医结合杂志，2008，17（14）：2177～2178.

[19] 尤鸿珠．克罗米芬联合六味地黄丸法治疗多囊卵巢综合征不孕疗效研究．海峡药学，2011，23（6）：103～104.

[20] 付万苍．六味地黄汤加味治疗儿童多动症52例．中国临床康复，2004，8（27）：5787

[21] 匡凤明．六味地黄丸加味治疗小儿汗证50例疗效观察．云南中医中药杂志，2008，29（3）：19～20.

[22] 王红欣，齐丽娜，周云亮．六味地黄丸加补骨脂治疗遗尿症临床观察．现代中西医结合杂志，2011，20（29）：3705.

[23] 王蕊．六味地黄丸加减治疗慢性咽炎45例．实用中医内科杂志，2003，17（4）：284.

[24] 童丽平，冯健．六味地黄口服液治疗复发性口疮．临床医学，2008，28（7）87～88.

[25] 李艳花，张元震，董沤芹．六味地黄软胶囊治疗老年功能性便秘52例．山东医药，2005，45（17）：77.

[26] 潘秋花，虞永池．六味地黄丸治疗迟发性痤疮43例观察．浙江中医杂志，2010，45（4）：273.

[27] 宋歌．六味地黄汤加味治疗过敏性紫癜的临床观察．中医药学报，2004，32（1）：43.
[28] 袁惠英．六味地黄丸治疗黄褐斑112例疗效观察．湖南中医药导报，2001，7（1）：26～27.
[29] 李新梅．六味地黄丸治疗性早熟的临床观察．湖北中医杂志，2004，26（2）：32.
[30] 郑为超，胡顺金，方琦，等．六味地黄丸对激素及环磷酰胺治疗狼疮性肾炎的干预作用．中国中西医结合杂志，2005，25（11）：983～985.
[31] 朱志强．六味地黄丸加味治疗跟痛症30例临床报告陕西中医函授，2002（1）：15～16.

[《六味地黄类中成药与方剂临床应用研究论文集》2012：105]

梅国强教授运用六经辨证治疗心系疾病的经验

刘松林　黄玉贝　张仕玉　邢　颖
岳澄澄　湖北中医药大学

梅国强教授是全国名老中药专家学术经验继承工作指导老师，长期从事《伤寒论》的教学、临床和科研工作，积累了丰富的经验。梅教授临床擅长治疗运用《伤寒论》六经辨证辨治心系疾病、脾胃病及疑难病症，常运用《伤寒论》六经辨证之太阳、少阴、少阳理论辨证论治心系疾病，并据此理论进行遣方用药，疗效显著，现介绍于下。

一、梅国强教授从六经辨证论治心系疾病的理论分析

梅教授认为，六经辨证是张仲景以《内经》六经分证等中医经典理论为基础，在《伤寒论》中创造性地把外感疾病错综复杂的证候及其演变规律加以总结而创立现代最早的一种辨证理论体系。六经辨证奠定了中医学辨证方法的基础，对中医临床辨证具有重要的指导作用。梅教授认为六经辨证是六经所系的脏腑经络、气血阴阳、津液的生理功能和病理变化为基础，结合人体抗病力强弱，疾病病因属性，病势进退缓急等因素对疾病进行整体分析和辨证的方法。具体而言，就是对外感疾病演变过程中所表现的各种病症，进行综合分析、辩证，归纳其病变部位、证候特点、传变特点、寒热趋向、邪正盛衰等，并进行相应诊断、治疗的辨证方法。

对于心系疾病的治疗，梅教授多从《伤寒论》六经辨证太阳、少阴、少阳三篇理论作为基础进行阐明和发挥。在临床运用过程中常常结合外感内伤相因学说等理论，进行综合分析、辨证论治心系疾病，同时注重对具体症状的辨析。梅教授在遣方用药方面，也重视六经辨证的指导作用。

（一）对太阳与心之间关系的认识

太阳包括手太阳小肠经、足太阳膀胱经以及两经相络属的小肠、膀胱两腑。梅教授认为太阳篇营卫理论与心相关，心系疾病临床证候表现也常于《伤寒论》六经辨证之中。

1. 太阳司营卫与心相关

足太阳膀胱经外主皮毛，统摄营卫。营卫皆源于中焦，卫为阳，行于脉外，营为阴，行于脉中。卫行脉外，而敷布于表，司固外开阖之权；营行脉中，调和于五脏，洒陈于六腑。心主血，与营气相关，故太阳外统营卫之职，可影响及心。外邪侵袭人体，太阳首当其冲，常可出现外感风寒，营卫不调之证，《伤寒论》常以桂枝汤外散风寒，内调营卫之法治疗，方中桂枝、甘草等辛甘之品具有化生阳气、温补心阳之功。因此梅教授常以此为依据，作为治疗外感疾病初发影响及心的理论基础。此外，《伤寒论》还对营卫理论进行了扩大论述，如第53条："病常自汗出者，此为荣气和，荣气和者，外不谐，以卫气不共荣气谐和故尔。以荣行脉中，卫行脉外，复发其汗，荣卫和则愈，宜桂枝汤"，第54条："病人脏无他病，时发热自汗出而不愈者，此卫气不和也，先其时发汗则愈，宜桂枝汤"。此两条为其病在表者，从不同侧面提出杂病自汗的主要病机在于营卫不和，治以调和营卫，而不使病内传。故梅教授认为太阳外司营卫，故临证之中，又可以从杂病角度进行扩展，以营卫理论治心系疾病。

2. 太阳病脉促与心相关

《伤寒论》第21条曰："太阳病，下之后，脉促胸满者，桂枝去芍药汤主之"。第22条曰："若微寒者，桂枝去芍药加附子汤主之"。梅教授认为，以上二条与心的相关性可从四个方面深入分析：①病于太阳之表，则卫气首当其冲。卫气不固，则营阴不能内应而与之和谐，必可间接受其影响；②表病之初即见促脉，非其常也。《伤寒论》中所云促脉者，数中一止，脉搏与心搏相应，脉搏之止，必因心搏之止，此即外邪犯营卫，内舍于血脉、心系之证据；③胸满（闷），促脉发生时尤甚，乃少阴心阳虚衰，其脉于微弱之中仍兼中止之象，不惟胸满（闷），重者可恶寒征象；④桂枝去芍药汤，除具辛甘发散解除表之功外，还有温通复脉之效。桂枝去芍药加附子汤，温养少阴，强心通脉之功更为

显著。梅教授在临床上，以脉促、胸闷等证候作为依据指导心系疾病的治疗，常以此二方辨证投药，随证加减，独具匠心。

3. 太阳病心悸之病位在心

心悸一证，其病位在心，所致原因较多。其一、心阳虚证。论中第64条：“发汗过多，其人叉手自冒心，心下悸，欲得按者，桂枝甘草汤主之”。此条为过汗致心阳受损而发心悸之证。心阳不足，心神失于温养，空虚无主，故见心悸不宁，可用此方辛甘相合，温通心阳；其重者，第171条：“火逆下之，因烧针烦躁者，桂枝甘草龙骨牡蛎汤主之”，乃心阳受损更重，导致心神失养而浮越于外，故另加龙骨、牡蛎以重镇安神。第121条：“伤寒脉浮，医以火迫劫之，亡阳，必惊狂，卧起不安者，桂枝去芍药加蜀漆牡蛎龙骨救逆汤主之”，此证心阳虚损更重，心神浮越外亡，复兼痰浊上扰心神。本条较前两证之心阳虚损更为严重，故加祛痰之蜀漆及重镇潜敛，安定心神之龙骨、牡蛎，共奏温通心阳，镇惊安神，兼祛痰之功。梅教授认为临床上对于心悸喜按、烦躁，兼见胸满、气短、乏力、惊狂、动惕不安等属心阳虚损或兼夹痰浊者，均可以桂甘龙牡汤及救逆汤化裁治之。其二、阳虚水泛凌心证。太阳与手少阴心、足少阴肾互为表里，太阳失治误治可累及心肾。第82条：“太阳病发汗，汗出不解，其人仍发热，心下悸，头眩，身瞤动，振振欲擗地者，真武汤主之”，此为太阳病误治后内伤少阴阳气之证。肾主水而属少阴，少阴阳虚，不能化气行水，则水气不行。水气上凌于心，则心下悸；上逆蒙蔽清阳，则头晕目眩；阳虚不能温养肌肉则时时跳动，身体震颤，站立不稳而欲倒于地；虚阳外越于表则仍发热。故本条以肾阳虚水停为根本，水饮上逆而心悸，故其治疗以真武汤温阳利水而治其本，水去则心自宁。梅教授对于风湿性心脏病、肺源性心脏病等急慢性充血性心力衰竭其临床表现见心悸、心慌、气短、夜不得卧、下肢水肿、尿少等辨为阳虚水停者，常常以本方化裁治疗。其三、心阴阳气血虚衰证。《伤寒论》第177条曰：“伤寒，脉结代，心动悸，炙甘草汤主之”，梅教授认为外感及杂病见结代之脉、动悸之证者多与心阴阳气血受损相关。此外，梅教授还详细辨析了其临床证候特征。梅教授指出，脉结与代皆属阴类，临证之中可相间而见，即或结或代，无一定规律。其临床表现与一般心跳加快不同，病者每于心悸之余，欲止之际，觉一次心跳较为强烈，心前区有较强之冲击感，随即脉搏中止，则病者心前区又有突然之失落感，其时精神紧张，甚至恐惧。至于其治疗，梅教授认为此种心悸，病位在心，当针对其心阴心阳两虚之病机，常以炙甘草汤作为首选方剂。

（二）对少阴与心之间关系的认识

少阴包括手少阴心和足少阴肾。心为君主之官，主血脉，主神明；肾主藏精，内寓真阴真阳，为先天之本。心肾两经两脏关系着全身的阴阳气血，故少阴病多表现为全身性里虚证。由于致病因素和个体的差异，临证可表现为从阴化寒的寒化证和从阳化热的热化证。因寒邪最易伤阳，所以少阴病虽具寒热两证，但以寒化证多见。《伤寒论》第323条云：“少阴病，脉沉者，急温之，宜四逆汤”，此为少阴阳虚寒盛的本质，用温补心肾，回阳救逆法治之。第316条云：“少阴病，二三日不已，至四五日，腹痛，小便不利，四肢沉重疼痛，自下利者，此为有水气。其人或咳，或小便利，或下利，或呕者，真武汤主之”，此证与太阳篇第82条相类，均为少阴肾阳虚衰，水饮内停，上逆凌心所致，当以温阳化气利水之法治疗。在临床上出现心悸，气短，身目浮肿、小便不利或清长，其病机为少阴阳虚，水饮内停的慢性充血性心力衰竭等疾病，可用此方配合活血利水之药物心肾同治。上述心肾之间关系及其病理演变，形成少阴阳虚水停兼瘀血的证候是梅教授以少阴理论为指导进行心系疾病的理论基础。

（三）少阳与心之间关系的认识

《伤寒论》少阳包括手少阳三焦和足少阳胆。《灵枢·经别》云：“足少阳胆经……别者，入季胁之间，循胸里，属胆，散之，上肝，贯心，以上挟咽”；手少阳三焦经脉起于小指次指之端，出臂上贯肘，上肩入缺盆，布膻中，散络心包，下膈，循属三焦。梅教授指出，足少阳胆经贯心、手少阳三焦经散络心包，故少阳与心之间存在着经脉联系。此外，《伤寒论》第96条：“伤寒五六日中风，往来寒热，胸胁苦满，默默不欲饮食，心烦喜呕，或胸中烦而不呕……或心下悸，小便不利……小柴胡汤主之”，此为少阳气郁，枢机不利，其中胸满、心烦、默默，以及或然证中心下悸等均与少阳气郁化火，上扰心神或少阳三焦不利，水饮内停凌心密切相关，故治疗仍宗和解之法，以小柴胡汤治疗。少阳经脉与心在经脉上的相互联系关系、少阳所属脏腑功能影响及心，则是梅教授从少阳论治心系疾病的理论基础。梅教授认为临床上出现胸满或闷、心烦、心悸、口苦咽干，下肢浮肿、小便不利等症状之少阳气郁、或兼痰热内阻病证，譬如胆心同病的胆心综合征等可用小柴胡汤，或合小陷胸汤化裁治疗。

二、梅国强教授从六经辨证论治心系疾病的案例举隅

案1：王某，女，54岁。于2009年7月3日初诊。

主诉：胸闷、心悸10天。

患者自诉五年前曾患感冒发热，伴心慌胸闷等不适，经住院给予抗生素等治疗数日后感冒痊愈（具体用药不详），但仍有心悸胸闷间断发作。当时西医诊断为：病毒性心肌炎频发房性早搏。十天前因患感冒后自觉胸闷、心悸症状加重，伴有气短，左侧头胀，盗汗，夜寐差，食纳可，脉沉细或结代，苔薄白。

此证属心气阴两虚。治以益气养阴之法。拟炙甘草汤合生脉散加疗，处方：

炙甘草25g、桂枝10g、党参10g、阿胶（烊化）10g、麦冬15g、大枣10g、制附片10g、干姜10g、五味子10g、黄芪30g、生晒参8g（另包，泡水饮用）、煅龙牡各15g、茯苓60g。7付，每日一付，水煎分三次服。

服药一周后复诊，患者诉心悸、胸闷减轻，头胀、短气亦减轻，脉沉细，苔薄白。守方加减，服药至30余剂，病情明显好转，偶发胸闷，持续2～3分钟可自行缓解。

按语：本案病证辨为心之气阴两虚，兼瘀血内阻证。患者感受外邪后，心阳虚损，心失所养，瘀血阻滞，故见胸闷、心悸、气短。阴血不足，虚火内生，虚热内扰，故见夜寐差，盗汗。气血亏虚，虚火上扰清窍，故见头胀。脉沉细或结代，苔薄白均为气阴两虚，阴虚为主之证。因此选用炙甘草汤阴阳双补，加阴柔之品，合生脉散共奏益气养阴补心之功。方中炙甘草用至25g，则茯苓60g，可制甘草肿满之弊，又可增宁心之功。

案2：王某，男，56岁。

主诉：反复胸闷气促1年，加重伴胸痛三天。

患者自诉一年前无明显诱因出现胸闷气促，不伴呼吸困难，心前区或胸骨后疼痛，多在劳累后发作，休息后可缓解，每次持续时间可达数小时。夜间可以平卧，时有夜间憋醒及端坐呼吸。发作严重时曾住院治疗，具体用药不详，症状好转出院，出院诊断为：1. 冠心病　慢性充血性心力衰竭　二尖瓣狭窄并关闭不全　心衰Ⅱ度 2. 高血压病三级极高危。当时心电图示：左房增大、左房室肥厚伴劳损。心脏B超示：左房、左室大，二尖瓣轻中度返流。

近三日来持续胸闷，气促，胸痛，夜间不能平卧，时伴背部疼痛。现症见胸闷，气促，咳黄黏痰，夜间不能平卧，乏力，睡眠差，纳差，口苦，小便量少，大便干结，双下肢轻度水肿，口唇紫绐，舌质紫暗，苔白厚腻，脉虚数。证属阳气虚衰，上焦痰热，兼血瘀水阻。治以温阳利水，清热活血。拟真武汤合麻杏石甘汤化裁治之。处方：

制附片10g、茯苓30g、白芍10g、焦术10g、干姜10g、麻黄10g、杏仁109、甘草5g、黄芪30g、鱼腥草30g、泽泻10g、猪苓10g、泽兰10g、益母草30g。7付，每日一付，水煎分三次服用。

一周后复诊，诉症状较前缓解。故于上方加减，坚持服药月余，虽仍感胸闷气促，但已无胸痛，偶尔有咳嗽，夜间可平卧，下肢水肿消失。

按语：本案证属少阴阳气虚衰，上焦痰热，兼血瘀水阻。阳气虚微，胸阳不振，心气虚衰无以鼓动营血，心失所养故见胸闷、气促。肺气不足，肃降失权，水气上犯，故夜间不能平卧。阳气不运，水湿内结，郁久化热，酿湿成痰，故有咳嗽黄黏痰。肾阳衰微，气不化水，水邪泛溢于肌肤，故可见下肢轻度水肿。口唇紫绀，舌质紫暗，苔白厚腻，脉虚数均为阳虚血瘀，水湿内停之征。以真武汤温阳化气利水，麻杏石甘汤清热化痰，因石膏为大寒而质地沉凝之品，量少则乏效，量多则副作用明显，故而临床中梅教授多取清轻上浮之黄芪、鱼腥草代之，再加泽泻、猪苓加强利水之功，泽兰、益母草加强活血利水之效。

[《全国第二十次仲景学说学术年会论文集》2012：48]

伤寒方煎服宜忌的临床应用

高中祖　贺文龙　云南中医学院

《伤寒论》载方113首，在历代医家临床应用中效果显著而流芳至今，笔者行医30余载，对伤寒方煎服宜忌的临床应用可谓体会深刻，杏林之余心得体会无私与同行分享交流。本文主要讲述桂枝汤、小柴胡汤、十枣汤、半夏苦酒汤、麻黄、附子等经典方药煎服宜忌的临床应用。

一、桂枝汤煎服宜忌

伤寒方煎服宜忌充满了仲景的辨证论治精神，重视并学习、应用，具有很大的临床意义。其中最典型的莫过于桂枝汤的煎服宜忌。笔者认为桂枝汤

是所有外感热病方煎服方法的楷模。

桂枝三两（去皮），芍药三两，甘草二两（炙），生姜三两（切），大枣十二枚（擘）

上五味，㕮咀三味，以水七升，微火煮取三升，去滓，适寒温，服一升。服已须臾，啜热稀粥一升余，以助药力。温服令一时许，遍身漐漐微似有汗者益佳，不可令如水流漓，病必不除。若一服汗出病瘥，停后服，不必尽剂。若不汗，更服如前法；又不汗，后服小促其间。半日许，令三服尽。若病重者，一日一夜服，周时观之。服一剂尽，病证犹在者，更作服。若不汗出，乃服至二三剂。禁生冷、粘滑、肉面、五辛、酒酪、臭恶等物。首先，为了易于煮取，㕮咀诸药；再者啜热粥以微发其汗，并益胃而助汗源，以利营卫的调和：在辨证准确的条件下，若一服不效，更服如前法，甚至一日三付尽，再不效，昼夜服之，直至微汗出病瘥为度；同时，生冷、粘滑、肉面、五辛、酒酪、臭恶等物一定要禁服，笔者在多年临床中发现，如果不注意这些禁服之物，不但会影响药效的发挥，甚者会加重病情。

二、小柴胡汤煎服宜忌

小柴胡汤的煎服也很有代表性。小柴胡汤原文是以水一斗，煎去六升，去渣，再煎药液三升。去掉药渣后再煎的方子在伤寒论共有七处。去渣后再煎，使其充分和合。在仲景所有寒热平调，调和阴阳、表里的方子中，都要去渣后再煎，如泻心汤类等，都体现了仲景的辨证思想。

三、大黄附子细辛汤煎服宜忌

大黄附子细辛汤中大黄用开水泡，而不入煎剂，附子煎后和大黄同服，体现了药物各走其道，大黄泡用取气走上，附子煎之取味走下，既能清上热，又能除下寒。

四、苦酒汤煎服宜忌

苦酒汤中用苦酒煎半夏治疗咽痛，声音嘶哑，咽痛有很好的作用。笔者在临床当中治疗咽部息肉，语音难出等症状，用醋煮半夏，往往收到意想不到的效果。

半夏（洗，破如枣核）十四枚鸡子一枚（去黄，内上苦酒，着鸡子壳中）。上二味，内半夏苦酒中，以鸡子壳置刀环中，安火上，令三沸，去滓，少少含咽之。不差，更作三剂。

苦酒即今天的醋，有酸甘化阴的作用，可以去半夏之燥，又可以软坚散结，可见仲景配方之妙，煎药方法之巧。

五、承气汤的煎服宜忌

仲景用承气辈治疗燥屎内结的煎服也很有特点，一般先煎枳实、厚朴，后下大黄，最后内芒硝；枳实、厚朴气味俱厚之品，先煎的话会变成味厚气薄，药势会向下向内，通达六腑，配合大黄夺关斩将之功，芒硝的软坚散结，能够起到很好的治疗作用。如果反过来先煎大黄、芒硝，再内厚朴、枳实的话，则药的作用就是相反的了。

六、十枣汤煎服宜忌

在仲景方剂中服药方法也很有临床意义。如十枣汤中芫花、大戟、甘遂，三药为散，不入煎剂，用十枚肥大枣煎汤冲服，每天平旦空腹服用，如不效，第二天再服。用大枣汤冲服即可养胃而不受药之伤，又可节制利下药的力度，以期达到病除而正不伤的效果。

七、麻黄和附子的煎服法

1. 麻黄的煎服

无论是不是主药，仲景都要先煎，去上沫。这是什么道理呢?《药类法象》上说：“去节，煮三二沸，掠去上沫，不然，令人心烦闷。”《得配本草》也说：“先煎十余沸，用竹片掠去浮沫，沫能令人烦。”笔者在临床发现，煮麻黄不去上沫易引起患者心烦，失眠，去上沫后则不会出现以上副作用。所以说仲景煮麻黄去上沫是非常科学的。发汗用麻黄去节者，以其节有止汗的功效，故去之。

2.《伤寒论》中附子的煎服方法，经方中附子分为炮附子和生附子，无论生附子还是炮附子都是破八片，除大黄附子细辛汤外，附子都是与它药同煎，不会产生毒副作用。现在我们都要先煎 2～4 小时，在低碳生活的今天，是严重浪费资源。现在医学认为附子先煎是为了减轻毒性，但是在本人三十年的行医生涯当中，60 克以下的附子和它药同煎，未见明显的不良反应。笔者认为只要辩证准确，用量合理，一起煎只会更好的发挥附子的功效。临床时间证明，附子的煎服方法与它药没有区别，但要改变附子现在先煎的方式还需要国家相关法律法规的支持和广大中医工作者的努力。

八、水酒同煎方

水酒同煎的方子有两个。一个是炙甘草汤，一个是当归四逆加吴茱萸生姜汤。本人在一九八六年治疗过一个大面积心梗的患者，是云南军区的干部李某某。病人得大面积心梗半年，半年来采用中西医治疗收效甚微，自述心中无心、无力。请北京某教授诊断后，处以炙甘草汤，但是方中生地用了巧克，炙甘草用9克，服药后效果不明显。后请余诊治，本人仔细诊断后，仍用仲景炙甘草汤方。但药量谨遵原方剂量，生地用到50克，炙甘草30克，用五十度高粱酒一小碗，开水一大碗同煎，三剂后，感觉心中有心，症状缓解，体力也有所恢复，可从四楼走到一楼；共服三十一剂，诸症消失，一切指证恢复正常，各项指标大有好转，其中T波倒置变为低平，ST段上移恢复正常。这些都充分体现了该方水酒各半煎对疗效的重要性。余曾治疗一糖尿病病人，其人双脚沾地时脚底疼痛无比，无法行走。多方求医无效，笔者用仲景的当归四逆加吴茱萸生姜汤原方，水酒各半煎，两剂愈。

九、方药的煎服

在服用方法上有顿服、再服、三服、五服几种，煎服上有先煎后下之说，一般主药先煎，如麻黄汤先煮麻黄，葛根汤先煮葛根等。还有枳实栀子豉汤的先空煮清浆水，再入药煎；用甘澜水煮药等，皆是仲景根据病情、药性而定煎服宜忌，也体现了中医的整体观念。

十、小结

综上所述，仲景伤寒方中的煎服宜忌充分体现了中医的辨证论治思想，具有很大的现实临床意义。应引起当代医者的思考和重视。

［《全国第二十次仲景学说学术年会会议论文集》2012：142］

少阳病临证辨识心得

冯学功　张　娆　北京市中西医结合医院

少阳位居半表半里，是病情表里传变的重要阶段。因涉及脏器多，临床表现复杂，加之传统的少阳病提纲简单且特异性较差，故临证要想准确辨识少阳病有一定难度。下面就如何辨识少阳病浅谈心得如下：

一、主症主脉是辨识少阳病的关键

少阳为枢，位居半表半里。外邪侵袭后，正气聚集于表，与邪气交争于皮肤骨肉，则出现太阳病，据表虚表实而有太阳伤寒与太阳中风之别。如“血弱气尽，腠理开，邪气因入，与正气相搏，结于胁下”，则发为少阳病。邪入半表半里后如何准确辨识少阳病，从少阳病的主证或提纲入手，则是辨别该病的重要途径。邪入半表半里，则致少阳气机不利，郁热内生，形成少阳的阳证，热邪顺孔窍上涌，就会出现口苦、咽干，热邪上扰，则目眩。所以口苦、咽干、目眩就成为少阳病的提纲，也就是辨识少阳证的特征。那么这三大主症作为少阳病特征可以满足临床需求吗？答案是否定的。因为从上述三症的形成机制分析。可以作为少阳病特征，但在临床上特异性不强。因为阳明热邪上亢上扰也可以出现头晕目眩、口苦、咽干的表现。因此，如想准确辨识少阳证，尚需参考其他症状。

《伤寒论》96条：“伤寒五六日，中风，往来寒热，胸胁苦满，默默不欲饮食，心烦喜呕……小柴胡汤主之。尽管这一条列了一些或然症，但寒热往来，胸胁苦满，默默不欲食，心烦喜呕是应用小柴胡汤的四症。从发热性疾患的热型来看，恶寒发热为太阳病，但热不寒为阳明病，寒热往来则为少阳病；从发病部位看，胸胁乃少阳之地，故四症中寒热往来、胸胁苦满二症对辨识少阳病尤为重要。

脉诊是仲景诊病的重要内容。弦脉可以见于少阳病，但并不特指少阳，寒、痛等均可出现此脉。如《伤寒论》100条“伤寒，阳脉涩，阴脉弦，法当腹中急痛，先与小建中汤……。”小建中汤证因里有寒，又表现为腹中拘急疼痛，故出现弦脉。那么较有特征性的少阳脉是什么？265条：“伤寒，脉弦细，头痛发热者，属少阳。”此条本意是患者外感后有头痛发热的表现，此表现太阳少阳均可出现，应如何鉴别？通过脉诊。如脉浮紧、头痛、发热，则属太阳。如脉弦细，头痛、发热，则属少阳。这里就提出弦细是少阳病具有特征性的主脉，比少阳气机不利脉弦，更多了一个细，体现了少阳病发病成因是血弱气尽这个关键因素。

如此看来，要想准确辨识少阳病，仅靠传统的少阳病提纲是不够的。必须与少阳病的四症（寒热往来，胸胁苦满，默默不欲食，心烦喜呕）尤其四症中的寒热往来、胸胁苦满二症，外加脉弦细，诸症合参，辨识少阳病的准确性就会大大提高。临证时不能依靠“但见一症便是，不必悉俱”，过分强调少阳病的不典型性，仅根据个别症状，就随意应用小柴胡汤，容易贻误病机，甚至产生不良反应。上世纪九十年代，在日本因滥用小柴胡汤制剂引发多名患者出现间质性肺炎这一不良事件，也说明了这一点。

二、不能惑于少阳病的特殊表现

如上所述，比较完整的少阳病证候应是少阳病提纲、少阳病四症及脉象的综合体。此外，少阳病尚有特殊的临床表现。《伤寒论》37条："太阳病，十日已去，脉浮细而嗜卧者，外已解也；设胸满胁痛者，与小柴胡汤；脉但浮者，与麻黄汤。"此处言本太阳病，但外已解，出现嗜卧，提示病已至少阳，就是说少阳病可以出现嗜卧。临床上有这种情况吗？一女性患者，60岁，无诱因出现头晕、嗜卧2月余。每日感头晕，头昏脑涨，头重脚轻，睡眠多，每日上下午均可睡2～3个小时，晚上照常睡眠，但多梦。头颅CT提示透明膈囊肿。前医考虑脑供血不足，先后静滴天麻素注射液等药20余天，并121服银杏叶片、活力苏口服液、清脑复神口服液、天丹通络胶囊等药治疗近2个月，效果不著。平素体力好，爱好踢毽，可连续踢毽1千个。就诊时除头晕、嗜卧外，尚感心烦，恶心，口苦、口干，咽部不适，大便干。体形壮硕，舌淡红，苔薄白，脉弦。患者头晕、心烦、恶心、口苦口干，脉弦，病属少阳无疑，此外尚有明显主诉，即嗜卧。"少阴之为病，脉微细，但欲寐也"为大家所熟知。但此人壮硕，体力常人不及，从体质及临床表现看，不应属少阴病，仍辨为少阳病，处以小柴胡汤治之，七剂后头晕显著减轻，嗜卧缓解，反证了少阳病诊断的正确性。

《伤寒论》中除37条外，231条中也有少阳嗜卧的记载。临床实践中嗜卧是少阳病较为特殊的症状。考察少阳病的成因是血弱气尽，腠理开，邪气因入。从三阳病来说，病至少阳，机体正气较太阳为虚，所以少阳病因精气不足，临证出现嗜卧也就不足为奇。其实临床大量的病人还是病至少阳时，出现精神差、疲惫的表现，默默不欲饮食，神情默默是也，本例患者只不过表现突出罢了。对此有了足够的认识，临证时也就不会因为嗜卧这个特殊表现，对少阳病的辨识产生干扰作用。

三、不可忽视的少阳湿热证

小柴胡汤是治疗外感发热的常用方剂。需要指出的是：在面对发热，同时有一些少阳病的征象时，只是提示病在少阳，在辨具体方证时，不可囿于惯性思维，简单的认为是小柴胡汤证。因为少阳病除常见的少阳郁热外，因体质及兼挟邪气的不同，还有少阳湿热等证的存在，如不仔细分辨，则致方不对证，贻误病机。例如一男性患者，53岁。因发热6天来诊。每日均发热，下午为重，体温多在38.5～39℃，无明显恶寒。服用退烧药"对乙酰氨基酚缓释片"后可汗出热退，旋即复升。伴口苦，口渴，心烦，舌偏红，苔薄黄，脉弦。考虑少阳病小柴胡汤证，予小柴胡汤加石膏治疗无效（柴胡30克、生石膏60克）2剂无效。后观察患者有呕吐，详询病史，诉平素大便粘腻不爽明显，便后马桶需反复冲洗才能洗净，湿邪内蕴可知，遂诊为少阳挟湿热证，予蒿芩清胆汤和解少阳兼清湿热，一剂即热退病安。

蒿芩清胆汤源于清代名医俞根初《重订通俗伤寒论》，本方与《伤寒论》小柴胡汤同治邪在少阳之证，但本方系针对少阳热重、湿热中阻之证而设，有清透少阳，分消痰湿之功。上述发热病案初以小柴胡汤和解不效，是因少阳阳明合病挟湿，后以蒿芩清胆汤和解分消收功，说明临床上在辨清六经后，再细辨方证的重要性。少阳湿热证，嘱后人在仲景少阳之论基础上的进一步发挥，治疗少阳发热时不可不察。

［《国际（中日韩）经方学术会议暨第二届全国经方论坛论文集》2011：152］

王孟英应用仲景法

张　蕾　刘桂荣　山东中医药大学济南

王孟英（1808～1867年），字士雄，号梦隐，浙江海宁人，是我国清代著名的温病学家。然而，王氏对张仲景极为推崇，对《伤寒论》有深入研究。其代表作《温热经纬》即是以《黄帝内经》《伤寒论》为"经"，以叶桂、薛雪等言论为纬，足见王氏对仲景思想的重视，并列"仲景伏气温病篇""仲景伏气热病篇""仲景外感热病篇""仲景湿温篇""仲景疫病篇"，专篇阐发张仲景的观点。其治病善用经方，多灵活化裁，反映了其对经方、对仲景法的独到认识，说明王氏临证一以治病求本、辨证论治为圭杲，取法乎上，不存门户之见，此种治学态度大有裨益于学术发展、临床疗效的提高。

一、灵活化裁经方

王氏案中多用经方，如白虎汤、竹叶石膏汤、小陷胸汤、瓜蒌薤白酒汤、甘麦大枣汤、旋覆代赭汤等均是常用之方。然而用经方原方者较少，大都经过加减变化，反映了其对经方的独到理解和临证特色。

如对白虎汤的应用，王氏治疗霍乱病时提出

"粳米须用陈仓者，或用生苡仁亦妙。"（《随息居重订霍乱论·第四药方篇·方剂》）易粳米为陈仓米，以防新米力厚助邪，或用生苡仁，兼有健脾燥湿之用，化裁后更适合于霍乱病湿浊偏盛的特点。又论加减如下："白虎汤神于解热，妙用无穷，加人参则补气以生津，加桂枝则和营而化疟，加苍术则清湿以治痿，变而为竹叶石膏汤，则为热病后之补剂。余因推广其义，凡暑热霍乱之兼表邪者，加香薷、苏叶之类；转筋之热极似寒，非反佐莫能深入者，少加细辛、威灵仙之类；痰湿阻滞者，加厚朴、半夏之类；血虚内热者，加生地、地丁之类：中虚气弱者，加白术、苡仁之类；病衰而气短精乏者，加大枣、枸杞之类，无不奏效如神也。"（《随息居重订霍乱论·第四药方篇·方剂》）可见王氏经验丰富、用药之妙。

又如其应用治疗脏躁的名方甘麦大枣汤，患者朱氏素性畏药，虽极淡之品，服之即吐。患晡寒夜热，寝汗咽干，咳嗽胁痛。月余后，渐至减餐经少，肌削神疲。孟英诊之，左手脉弦而数，右部涩且弱。"既多恨郁，又善思虑，所谓病发心脾是也。而平昔畏药，岂可强药再戕其胃，诚大窘事。"再三思量，以甘草、小麦、红枣、藕四味，煮汤频饮勿辍。病者尝药大喜，径夜服之。逾旬复诊，脉证大减。王氏论曰："此本仲圣治脏躁之妙剂，吾以红枣易大枣，取其色赤补心，气香悦胃，加藕以舒郁怡情，合之甘、麦，并能益气养血，润燥缓急，虽若平淡无奇，而非恶劣损胃之比，不妨久任，胡可以果子药而忽之哉！"惜守两月，病果霍然。此案患者病发心脾，胃气已虚，且素畏药，极难处方，王氏竟以甘麦大枣汤化裁，平淡之味而愈大病，令人称奇。几以红枣易大枣，以入心经，又加藕以解郁，加减化裁后，不失仲师原意，却又更加契合病情。其他又有竹叶石膏汤"宜用地浆煎更妙"，清热同时更兼顾养脾土；金匮麦门冬汤，以竹叶易半夏，用于气液两亏、不能受重剂峻补者等等，不胜枚举。

二、善用经方合方

除对经方灵活加减化裁外王氏还多用经方合方，有经方与经方合方者，亦有经方与他方合方；有诸方功效相似，相辅相成，以增药效者；亦有立法迥异、以照顾兼证者。这种合方应用，以及上文所言之经方加减，从所加药物来看，味数大都较多，药力较为单一，合方或加减后，经方的应用仍不失其法度。而这种大量的加味、合方，又较叶桂、薛雪、吴塘三家而独具特色。

经方与经方合方，功效相辅相成者。如何史案，年八旬，冬月伤风，面赤气逆、烦躁不安，伤风亦有戴阳证，真阳素扰，痰饮内动，卫阳不固，风邪外入，有根蒂欲拔之虞。用东洋人参、细辛、炙甘草、熟附片、白术、白芍、茯苓、干姜、五味、胡桃肉、细茶、葱白，一剂而瘳（《王氏医案·卷一》）。此案为真武、四逆合用，以回阳镇饮、攘外安内。又有黄履吉截疟后浮肿案，误经温补，呃逆不休，气冲碍卧，饮食不进，势濒于危，请孟英决死期。王氏方处瓜蒌薤白合小陷胸、橘皮竹茹汤，加柿蒂、旋覆、苏子、香附、赭石、紫菀、把叶为方。四剂而瘳（《王氏医案续编·卷二》）。经方瓜蒌薤白汤与小陷胸汤合方，又加理气转运枢机之品。此二案经方合方，功效相似，前案均为温阳，后案重在理气，取其相辅相助之义。

合方补泻兼施，兼顾正虚邪实者。如赵菊斋仲媳案，素患阴虚内热，时或咯血，孟英治愈后，产后患泻，他医误进温热，咳嗽乃作，又授养营，滑泄必加。孟英投以甘麦大枣配梅连之法，证渐轻减。继又为他医作蛮补而误，腹痛减餐，日下数十行，皆莹白坚圆，如白蒲桃之形，上萦血丝。孟英予仲景当归生姜羊肉汤，每剂吞鸦胆仁二十一粒，以龙眼肉为衣。两服而便转溏，痛即递减。再行调理而愈（《王氏医案·卷七》）。经方当归生姜羊肉汤温补治虚，鸦胆子清利湿热治下利，合方应用，补泻兼施。与此相似，又有婺源詹耀堂子案，年二十患霍乱，服姜桂数剂，泻不止，大渴而脉弦数。予白头翁汤合封髓丹，加银花、绿豆、石斛，一剂知，二剂已（《随息居重订霍乱论第三医案篇》）。经方白头翁汤清利湿热，封髓丹滋养肾阴，二者合方，正虚、邪实得以兼顾。

经方与他方合方所治各有偏重者，如韩名谅之儿妇孕中患热病，局中诸医皆虑胎殒，率以补血为方。旬日势已垂危，急请王氏诊之。王氏曰：胎已腐矣，宜急下之。以调胃承气汤合犀角地黄汤，加西洋参、麦冬、知母、石斛、牛膝投之，胎落，神气即清，热亦渐清，次与养阴生津之品调治而安（《王氏医案·卷一》）。调胃承气汤与犀角地黄汤均可清除热邪，调胃承气汤使热邪从下而解，犀角地黄汤善清血分之热。又如徐艮生室，年四十余，于酷暑之时患病，沈悦亭连与清解，不能杀其势。王氏视其体厚痰多，脉甚滑数，扬掷谵妄，舌绛面赤，渴饮便涩。与大剂白虎加犀角、元参、银花、花粉、贝母、大黄、竹叶、竹茹、竹沥，送滚痰丸。服后大便下如胶漆，脉证渐和（《王氏医案续编·卷三》）。白虎汤与滚痰丸均针对邪实，然白虎汤重在清无形之热，而滚痰丸功在逐有形之实邪，并配伍清热生津化痰之品，诸证兼顾。

三、师法而不泥方

王氏案中亦有仅用仲景之法，取经方之义，而不用其方而获效者。如急下存阴，为仲景阳明篇提出的治法之一，因腑中热实炽盛，煎灼津液，病势危急，当急下之以保阴津，方用大承气汤。王氏在具体应用中，有了进一步的创新和发挥，仅取其义，而不用大承气汤。

如张养之之妻，饮食如常，肌肤消瘦，信事如期，色紫淡，两腓发热，别处仍和，面色青黄，隐隐有黑气，脉似虚细，而沉分略形弦滑。王氏辨为阳明有余，少阴不足，土燥水涸之证。当急下存阴，治以甘寒，以西洋参、生地、白芍、石膏、知、柏、苓、栀、麦冬、花粉、枳实、丹皮、木通、天冬等，大剂服用，急清其热，服至数斤，而愈（《王氏医案·卷一》）。王氏于此案中分析："仲景有急下存阴之法，方用大承气汤。然此案不同，仲景大承气法，用于外感，有余之邪可以直泻，而从下解。而此患者为内伤，无形之热不可攻泻。急治存阴之理则一，而具体治法则二。"指出，此证与仲景急下存阴证，一为无形之热，一为有形之实，证候不同，故取其法而变其方。

又如郑芷塘令岳母，年逾花甲，仲春患右手足不遂，舌蹇不语，面赤便秘。医与疏风不效，第四日延诊于孟英。诊得右脉洪滑，左脉弦数，为阳明腑实之候，疏石菖蒲、胆星、知母、花粉、枳实、蒌仁、秦艽、旋覆、麻仁、竹沥为方。病家虑便泻欲脱，置不敢用，又迁延至二旬，病势危急。再延孟英诊时，苔裂舌绛，米饮不沾，腹胀息粗，阴津欲竭，非急下存阴不可。即以前方加大黄四钱绞汁服，连下屎矢五次，舌蹇顿减，渐啜稀糜。继与滋阴生津合方，渐收全绩（《王氏医案续编·卷三》）。是案患者有腑实证，法当急下存阴，王氏取其义，以大黄绞汁入方而取效，可谓深得仲景三昧。

综上，王氏之学颇能集思广益，撷取精华。真正善于博采众长，纳诸家之精魂；又能灵活变通，冶众妙于一炉；还能补仲景所未备，开后学之法门。善学者无门户之别，方能拓展视野，洞彻学理，发展创新。由此我们认识到，学术争鸣是学术发展推动，学术思想的冶炼，亦大有利于医学的发展，有利于临床诊治水平的提高。

[《中华中医药学会第四次中医学术流派交流会会议论文集》2012：93]

温阳法治疗糖尿病探析

单留峰　郑州市中医院

《黄帝内经》撰著于战国至秦汉时期，汇编成书于西汉中后期，是我国现存最早的医学典籍。消渴之名首见于《素问·奇病论》中云："脾瘅……此人必数食甘美而多肥也，肥者令人内热，甘者令人中满，故其气上溢，转为消渴"。《素问·阴阳别论》曰："二阳结，谓之消"，就已指出胃肠热结、耗伤津液是消渴病发病的主要机理。然同时对阳虚消渴亦有所认识。《素问·气厥论》云："心移寒于肺，肺消，肺消者饮一溲二，死不治"，提出肺消是由寒所致，从其症状及预后"饮一溲二，死不治"来看，此"寒"如为外感实邪，应无"死不治"的道理，应为虚寒所致。汉·张仲景在《金匮要略·消渴小便不利淋病篇》说："男子消渴，小便反多，以饮一斗，小便一斗，主之"，肾气丸是补肾阳名方，所治当为虚寒消渴。唐·王焘《外台秘要》云："消渴者，原其发病，此责肾虚所致……腰肾既虚冷则不能蒸于上，谷气则尽下为小便者也，故甘不变。"明确指出了消渴病病机在于"腰肾虚冷"。明·张景岳《景岳全书》对消渴阴阳虚实辨证论述较详，"淮证有阴阳，尤不可不察……火盛则阴虚，是皆阳消之证也。至于阴消之义，则未有知之者"。张氏指出《素问》气厥论之"肺消"和脏腑病形篇"五脏之脉细小者"皆为"阴消"，即肾阳虚之消渴。指出阳虚消渴的病机为"阳不化气则水精不布，水不得火则有降无升，所以直入膀胱而饮一溲二……是皆真阳不足，火亏于下之消证也"。清·章楠《医门棒喝》曰："脾胃之能生化者，是由肾中之阳气之鼓舞。"肾阳虚衰汽化失职，气不化则津不行，津不上达，故口渴不止，愈饮愈渴，水气不化，水液直趋膀胱而为小便，则饮一溲一；肾阳不能鼓舞脾阳，水谷精微不布，不能满足机体的营养供应，胃便代偿性地加倍受纳，故多食善饥，愈食愈瘦；脾肾不足，中气不升，固摄失权，精微下注，则见尿频、尿甜。近代名医张锡钝《医学衷中参西录》曰："下消谓饮一斗溲亦一斗，系相火虚衰，肾关不固，宜用八味肾气丸"。可见古代医家对阳虚消渴亦有较多论述，我们从临床角度出发提倡温阳法治疗消渴病，有着深厚的理论基础，值得认真研究学习。

在消渴病辨证论治方面，历代医家虽多采用"滋阴清热"之法，然采用"温阳"之法亦屡见不鲜。如张仲景以“肾气丸”温补肾阳治疗消渴病，开创了温阳之法，方中附子大辛大热，为温阳诸药之首；桂枝辛甘而温，乃温通阳气要药，二药相合，补肾阳之虚，助气化之复，共为君药[1]。唐·王焘《外台密要》在治疗消渴病的填骨煎方和肉苁蓉丸方中，还分别应用了桂心、附子、菟丝子和肉苁蓉、巴戟天、韭子等温肾助阳之品[2]。

明·赵献可《医贯》提出对肾虚消渴可用桂附以壮少火，使“灶底加薪，枯笼蒸溽，枯禾得雨，生意维新”，对中气虚寒之消渴，可用理中汤送八味地黄丸。清·陈士铎《石室秘录》曰：“虚火必须火引……大补肾中之水，并温命门之火，引火归原而火气自消，正不必止渴而渴自除”[3]。清·周学霆《三指禅》云：“余尝治是病，发于阳者，十居二三……用桂附数斤而愈者，火炽水腾而渴自止”。现代医家的认识：名老中医桑景武[4]认为，救治肾阳虚衰，未过仲景的真武汤，且附子用量要大。黄腾蛟认为[5]糖尿病久治不愈者均用不同程度的阳虚血瘀表现，临床上多无口干易饥等症。胡亚丽[6]遵循《内经》“重阴必阳，重阴必阳”，遵循“善补阳者必于阴中求阳，善补阴者，必于阳中求阴”的原则，方用附片、黄芪、淫羊藿、补骨脂、桂枝温阳益气，于阳中求阴；枸杞、黄精、山药、地黄、山萸肉、丹皮、石斛育阴生津，于阴中求阳，配合化痰除湿或化瘀通络对治疗素体虚弱，久病真阴亏损，真阳不足的糖尿病取得满意的疗效。韩明[7]认为消渴病以阴虚津伤为常，以阳虚真气损耗为变。病的中后期，在健脾益肾的基础上，适当地加用一些辛温助阳药物，以加强气化，振奋阳气，促进阴精的化生，多获事半功倍之效。翟联霞[8]认为糖尿病性多发性神经病变是由于病程发展，阴损及阳，阳气不足，导致气血运行不畅，阻滞经络。以温阳活血的真武汤合桃红四物汤化裁治疗37例，总有效率达91.89%。黄河清[9]应用金匮肾气丸加味温阳益肾气、滋肾阴济肾水以顾其本，并随肾精气阴阳虚损的程度增减乌附片、肉桂剂量，治疗2型糖尿病38例临床愈合8例、显效16例，有效12例，无效2例。以上可见，在临床上已经认识到温阳法在治疗糖尿病及其并发症的重要意义。

综上所述，消渴病作为一种复杂的慢性疾病。临床治疗多采用“滋阴清热法”之法。特别在疾病初期。然在当今形势下，消渴病患者多年龄较大，病程较长，脏器损害较重，阳虚及阴阳两虚患者临床亦不少见。肾阳虚不能蒸精化气，肾气不足又不能化津液上润肺胃，则肺胃燥热，可出现口渴喜饮、多食善饥等消渴标急之象。至老年体虚，阳气渐衰；或病程迁延日久，变症百出，亦耗损阳气，致阴阳俱虚，成为消渴发病之源。重视温阳法的理论研究，为治疗消渴病开辟了新的思路，对消渴病的中医药防治有着积极重要的作用。切不可拘泥于阴虚燥热而一味采用养阴清热之法。正如张景岳在《景岳全书新方八阵补略》中提出的“善补阳者，必于阴中求阳，则阳得阴助，而生化无穷；善补阴者，必于阳中求阴，则阴得阳升，而泉源不竭。”此即阴求阳、阳中求阴的治疗方法。阴阳互根互损，久病少有阴阳一方衰而另一方独盛者。肾为先天之本，性命之根，消渴治疗亦以治肾为要。肾为水火之脏，内居元阴元阳，故治肾宜遵“阳中求阴，阴中求阳”法度，阴阳并重为佳。相信随着对消渴病病机研究的不断深入和临床治疗经验的积累，在治疗消渴病中温阳法会越来越受到重视。

[《2011年第十四届全国糖尿病大会论文集》2012：260]

运用《金匮要略》“阴伏”理论治疗皮肤病的体会

江　泳　成都中医药大学
韦章进　云南中医学院

一、何谓“阴伏”

张仲景在《金匮要略·惊悸吐衄下血胸满瘀血病脉证治第十六》第11条云：“病者如热状，烦满，口干燥而渴，其脉反无热，此为阴伏，是瘀血也，当下之。”本条顺该篇第10条“病人胸满，唇萎舌青，口燥，但欲漱水不欲咽，无寒热，脉微大来迟，腹不满，其人言我满，为有癖血”后而设，两者均明确为“瘀血”，何以第11条仲景另设“阴伏”之名？两条对比，不难看出，在第10条瘀血见症（如局部胀满作痛，唇绀，舌瘀，脉涩）的基础上，第11条出现了“热”“烦”等字，表示患者新增烦躁、自觉发热（体温不一定升高）等症状，并由第10条的口渴不喜饮转变为燥渴欲饮，说明瘀血郁久，已然化热。因瘀血阻滞，日久不去，在内化热，故病人自觉发热；瘀血内阻，碍阻气机，热扰心神，故见烦满，甚至神志如狂；瘀血化热，伤津耗液，故口干燥而渴，常欲饮水等。但既然化热，为何脉又无热象（即脉无实大洪数之象）？是因瘀血内阻，脉道不利，加之瘀血化热，热伏血分，伤耗血中之液，脉道不充，所以脉不见洪数等，常表现为沉滑或沉细之象。

由此可见，所谓“阴伏”即为瘀血郁久化热，瘀热互结，内伏血分，由于血属阴，故命名为阴伏。其病机要素为：一者强调瘀血内阻日久，已然化热；一者强调病位在血分，病位较深。

二、“阴伏”之治

对于“阴伏”，仲景提出治疗“当下之”，即逐瘀泻热，使瘀热内结之邪从大便而去，使瘀血及郁热无所依，诸证自除，即《内经》所云：“血实宜决之”“留者攻之”之意，亦体现了仲景“欲攻之，当随其所得而攻之”的审因论治思想。

但仲景在此只出治法却未举出处方用药，主要是示人活法。而方随法出，仲景书中其实已有诸多攻下方剂皆可辨证选用，如后世《医宗金鉴》云：“血瘀者当下之，宜桃核承气、抵当汤丸之类也”，黄树增说：“当用大黄、桃仁、䗪虫等药下其瘀血也”，均可参考。但笔者认为活看仲景“下之”之意，尚需注意三点：（1）所谓“下之”，给邪以出路，并非只是用泻下通便的药，而是既要重视泻下通腑，又要重视瘀血从下而出。所以选药时宜首选既能泻下又能通腑之品，如大黄、桃仁之属；或以硝、黄等泻下之品配合桃、红、䗪虫、虻虫、水蛭等（2）阴伏之证，虽仲景仅言“下之”，但结合临床，还需根据瘀热互结的轻中重，施以不同的方药，真正做到“随证治之”：轻者，可选桃核承气汤、大黄牡丹汤为基础方进行加减；病情偏中者，可用抵当丸之类；重者，则可用大黄䗪虫丸峻逐瘀血。（3）既然热伏于血分，欲清其热，必须选择可入血分的清热之品，如生地、赤芍、丹皮、紫草之属。（4）既然“阴伏”是指瘀血内阻已然化热，那热伏血分还易耗伤血中之津液，证见“口干燥而渴”即是其见证，治疗若仅用硝黄之类加活血化瘀或破血逐瘀之品，尚不能兼顾血中之液伤，且血中之液已经暗耗，纯用硝黄泻下易损耗津液，破血逐瘀难免耗血动血，所以治疗还应该兼顾血中阴液，方为妥当。而笔者以为，善补血中之液者，既入血分，清热凉血散血，又能补津液品，最好还兼可“增水行舟”（即兼有通下之效），此品首推生地、大黄、白芍，此外，鳖甲、玄参、百合之类虽效不及上三味全面，但也能发挥多种功效。由此就不难理解仲景“大黄䗪虫丸”中重用干地黄（即生地黄）达十两之意了，是故陈修园云“存津液是真诠”，此可谓深得仲景经旨。

三、“阴伏”证治在皮肤病中的运用

皮肤病（如荨麻疹、湿疹、银屑病等）发生在皮肤，且以瘙痒为主要临床表现之一，故中医常据皮肤病位表浅，“风胜则痒”“治风先治血，血行风自灭”等理论，以疏风透表、止痒活血为其主要治法。但笔者根据临床辨治皮肤病的经验发现，皮肤病起病之初病位在表，多以风邪犯表为主要病机，但也有不少病人证属里证，病位在血分，病机以瘀热互结，伏于血分为主，非常符合仲景所言“阴伏”病机，而用阴伏的治法方药效果明显，其辨治要点如下：

1. 病程特点：一般较长，多有反复发作，经久不愈的特点。由于皮肤病症在局部，起病之初症状较轻，对工作、生活没有造成明显影响时，常延误就诊时间，待到就医之时，其病程往往已经较长；或者经过外用药、西医抗过敏药或中医治疗暂时缓解后反复不愈等，导致病已离表入里，久病入血入络，此为瘀血内阻日久的特点。此外，也有病人因为素体血热内伏，发病即病在血分者。

2. 皮肤症状特点：瘙痒、发疹、出斑等症状常以夜间，或热水浴后加重，此为血热内伏的诊断要点；各种皮损局部较干燥，或脱屑，甚或皮肤甲错（即摸之碍手），此为血热伤及血中之津液，津血不能濡养肌肤所致。

3. 舌象特点：舌质红或者黯红，舌边尖常有瘀点、瘀斑、瘀条（即舌两边从根至尖青紫），抑或整个舌质瘀紫，舌下脉络瘀阻，舌苔或白或黄，或厚或薄，但常有不同程度的裂纹或舌面乏津，甚至可见光剥无苔，这是热灼津液的见证。

4. 脉象特点：正如仲景所说，“脉反无热”，笔者以为这是运用“阴伏……当下之”理论治疗皮肤疾病的重点。由于阴伏之热为内积郁热，病位深而里，其势较缓，故绝不同于外感表热，或气分热盛的脉象那般势如波涛，洪数或数有力，而往往呈现出脉沉伏或沉细之状，且脉次多正常而不数。这是鉴别热伏于血分的关键点，尤其在舌质红的情况下，诊断有热是显而易见的，但其热位浅或深呢？仅凭舌红难以明确，此时若能触及洪、大、数等脉象，提示热势表浅，方能势如洪水，脉见热象；但若脉沉不数，又有舌红及上述皮肤症状的特点，就能明确其为阴伏，热伏于血分。

5. 其他兼证特点：可有口渴、烦躁、自觉发热、出汗、大便干燥或者秘结等。需要说明的是，从卫气营血辨证一般热在气分则渴，热在血分则不渴，但瘀血内遏，阻滞气机，气不得通，不能载水津上升；加之日久郁而化热，热灼津液，自然口渴且喜饮。正如唐容川在《血证论》中指出："瘀血在里则口渴，所以然者，血与气本不相离，内有瘀血，故气不得通，不能载水津上升，是以发渴，名曰血渴"。血渴的特点，是血中之郁热伤及血中之津液，因已有津伤，故口渴而欲饮水，这与仅有瘀血尚未化热的口渴而不欲饮水有明显区别；但由于热郁血分，伤的是血中之津，故虽欲饮水，但饮量不大，与热在气分之口渴饮多亦不难区别。

6. 主要方药特点：前已详述阴伏之治，而在证属阴伏的皮肤病中选方用药的特点可概括为兼顾"瘀""热""下""痒"四点，即多以既能活血又能清血中之热，还可泻热通腑或兼能止痒功效的药物为主，除前述所举生地、大黄等，笔者以为在此类皮肤病的辨治中，苦参、紫草既能清热凉血，还善杀虫止痒；蝉蜕、僵蚕、全蝎等既擅通络活血，又长于祛风止痒，亦为上品。就处方而言，仲景百合地黄汤合大黄䗪虫丸，兼顾了上述诸治疗特点，故临床常以此为基础方随证加减，并视病情的轻中重，调整方中诸药剂量和增减药味。方中部分破血逐瘀药物如虻虫、干漆、蛴螬等目前药房稀缺，多用全蝎、蜈蚣、蝉蜕等代替，于皮肤病中更为切合。

7. 治疗更方指征：药后大便质稀，日 2～3 次，为显效之眼目，如此内伏瘀热诸邪，方能从下就近而出，不至内郁体内"为非作歹"。

四、病案举例

魏某，男，69 岁，出生于成都，退休人员。初诊：

2010 年 12 月 5 日。主诉：全身皮肤散发湿疹，伴明显瘙痒 10 余年。病史：10 年前因过食海鲜引发全身湿疹，瘙痒灼热，经西医抗过敏治疗后疹退痒止。愈后 1 月无明显诱因复发，此后起即间断发作，季节交替、饮食偏辣、感冒等皆可诱发。疹发以四肢为主，严重时波及腹背。初起约 3～6 个月发作一次，近 2 年来发作频繁，四季皆发，几乎皮损无痊愈之时。发时疹呈点状，密集成团，抓之有少许渗液。洗澡后或夜间睡至身暖后瘙痒明显加重，导致夜不能眠。近几年来，四处寻医，凡听人介绍某处某医治疗皮肤湿疹有效即前往医治，西医以抗过敏及钙剂为主、中药多以疏风止痒为多，如消风散、升降散等，也不乏使用虫类药者，但均以散在表之风邪为主，外用、内服齐出，且饮食已极为清淡，凡鱼腥燥辣皆不再进，海鲜更是 10 年未曾再食用过，依然无法解决此证，痛苦不堪。此经人介绍来诊现症：全身散发湿疹，以下肢（膝以下）为多，点疹密布，融合成片，高出正常皮肤，颜色偏暗红，胫前皮损破溃明显，局部有渗液，但自觉无灼热。瘙痒明显，尤夜间熟睡身暖后瘙痒加重，严重影响睡眠，痛苦不堪。纳可，食味无特殊偏好，口渴喜饮，二便正常。舌质紫黯红，舌两边有瘀条，苔薄黄，中间有深纵裂纹，脉沉弦。辨治：此病日久，入血入络，瘀热互结，伏于血分，辨为"阴伏"，病情偏重。治以泻下逐瘀增液凉血，止痒解毒；另虑其皮损长期破溃渗液，考虑有久病气虚不能生肌之弊，加之瘙痒影响睡眠，故辅以益气托里，安神助眠。处方：

土鳖虫 15g，川红花 30g，全蝎 10g（另包，洗净去盐），丹参 30g，防风 30g，熟大黄 15g，当归 30g，生地黄 50g，百合 50g，白芍 30g，炒枣仁 30g，鳖甲 30g，生黄芪 50g，炒白术 20g，合欢皮 30g，煅龙骨 30g，煅牡蛎 30g，夜交藤 50g，白芥子 30g，野菊花 30g，白花蛇舌草 30g。3 剂，水煎服，一日三次，饭后一小时温服。饮食宜清淡，忌辛辣海鲜等。

二诊：2010 年 12 月 26 日。服上方 6 剂，四肢皮损少部分结痂，有散在新发红色点状皮疹，仍有破溃渗液，瘙痒稍减，尤其夜间瘙痒发作频率减轻，睡眠好转。大便不稀，日一次。舌脉同前。守法守方，加重力量。处方：

川红花 30g，水蛭 10g，蜈蚣 2 条，皂角刺 30g，丹参 30g，牡丹皮 30g，生地黄 50g，百合 40g，玄参 30g，生大黄 10g（另包），酸枣仁 30g，生龙骨 30g，生牡蛎 30g，苦参 30g，生甘草 20g，白鲜皮 30g，薏苡仁 40g，地肤子 30g，天花粉 30g，青蒿 30g，鳖甲 40g（打碎），蒲公英 30g，金银花 30g，野菊花 30g，白花蛇舌草 30g。3 剂，生大黄单独用鲜开水泡服，使每日大便达 3 次，则当日停服。饮食宜清淡，忌辛辣海鲜等。

三诊：2011 年 1 月 9 日。服上方 3 剂，症状停滞，既不继续改善，亦未加重，大便质偏稀，但仍一日一次。处方：

生地黄 50g，百合 50g，苦参 30g，苍术 30g，汉防已 30g，金银花 50g，生龙骨 40g，生牡蛎 40g，炒酸枣仁 30g，水蛭 10g，川红花 30g，丹参 30g，牡丹皮 30g，赤芍 30g，白芍 30g，生大黄 25g（另包泡服），生黄芪 60g，川黄连 20g，薏苡仁 50g，党参 50g，茯苓 30g，生甘草 20g，白鲜皮 30g，地肤子 30g，茵陈 50g，鳖甲 5g（打碎），青蒿 50g。3 剂。

四诊：2011 年 2 月 27 日。上方服至第 2 剂起大便日2~3次，皮损面开始愈合，3剂服完后大部分皮损破溃已愈，感效佳而自行复配2剂而痊愈。春节期间赴以海鲜为主餐宴，自觉湿疹已痊愈，加之病后近10年未再接触海鲜，恋其鲜美，贪食少许，近半月又见有所复发，但仅右侧拇指内侧近鱼际处及右侧肘底部散发少许，时有瘙痒，但较轻，遂以三诊方服用1剂，症状缓解。

担心发作严重，遂再来诊。舌淡红偏紫，苔薄少苔中间有浅裂纹，脉略沉滑。处方：黄芩20g，青蒿30g，鳖甲40g（打碎），牡丹皮30g，知母30g，生地黄50g，丹参30g，水蛭10g，生黄芪60g，防风20g，炒枣仁30g，苦参30g，地肤子30g，百合30g，土鳖虫10g，汉防己30g，生大黄15g（另包泡服），生龙骨30g，生牡蛎30g，白鲜皮30g，羌活20g，山茱萸30g，银花30g，乌梅30g，炙甘草15g。3剂，煎服法如前。再次叮嘱饮食宜清淡，忌辛辣海鲜等。2011年6月19日电话随访，诉药进2剂复发之皮损即愈，大便服药时日2次，停药后大便恢复正常。

现已停药3月，未再复发。

按：该患者从主证舌脉来看，自当辨为“阴伏”，故以百合地黄汤合大黄䗪虫丸为基础化裁。然初诊只获小效，尚有新疹散发，乃因病情较重，血分热毒深伏，而药后大便未像预期稍泻，热毒无所出路，恋滞体内所致。而皮损有明显渗液，提示尚有湿滞肌肤，一诊除湿之力不足。故二诊加强通腑解毒，凉血活血之功，再佐燥湿之品，故用青蒿配鳖甲透解血中伏热，且增用苦参、薏苡仁燥湿渗湿，但依然疗效不彰。三诊心中已生动摇，但思量再三仍坚持原来的辨证和治疗大法，考虑一因病重药轻，二者药后大便仍然不泻，此为收效甚微的关键。故在剂量上作了大胆调整，且重用生大黄达25g，以期予邪有出路。然处方后，本嘱病家1周后复诊，却迟未复诊，心中不免惶惑，疑虑辨证是否错误。待到节后患者前来四诊，方知疗效显著，不禁慨叹中医临床，一须辨证无误，施药正确；二要把握病情轻重，用量得当；三者还当明析药后起效标准何如，以便判断是否辨证错误，还是坚持守法而治，如此才能药到病除，更好的辨证论治。

［《全国第二十次仲景学说学术年会论文集》2012：215］

张仲景对痹病的认识

张艳艳　山东省中医院

《素问·痹论》曰：“风寒湿三气杂至合而为痹也，其风气胜者为行痹，寒气胜者为痛痹，湿气胜者为着痹。”张仲景在前人的理论指导下，在《金匮要略·脏腑经络先后病脉证》中提出：“千般疢难，不越三条：一者，经络受邪，入脏腑，为内所因也；四肢九窍，血脉相传，壅塞不通，为外皮肤所中也；三者，房室、金刃、虫兽所伤。以此详之，病由都尽。”并提出了太阳中风和太阳伤寒的理论，《伤寒论》第2条云：“太阳病，发热，汗出，恶风，脉缓者，名为中风。”第3条云“太阳病，或已发热，或未发热，必恶寒，体痛，呕逆，脉阴阳俱紧者，名曰伤寒。”外感六淫致病，并非单一病邪治病，各种致病因素常常相兼，而风善行而数变，为百病之长，《金匮要略·脏腑经络先后病脉证》曰：“夫人禀五常，因风气而生长，风气虽能生万物，亦能害万物”。

“病者一身尽疼，发热，日晡所剧者，名风湿。”湿邪重浊，侵袭体表，可见周身困重，四肢倦怠，留滞经络关节，可见关节疼痛重浊，故湿邪偏胜的痹证，又称为“着痹”。又因风性行而数变，风邪致病，病位游移，行无定处，故关节疼痛多呈游走性、间歇性。关于其基本的治疗原则，仲景指出说：“风湿相搏，一身尽疼痛，法当汗出而解，值天阴雨不止，医云此可发汗，汗之病不愈者，何也？盖发其汗，汗大出者，但风气去，湿气在，是故不愈也。若治风湿者，发其汗，但微微似欲出汗者，风湿俱去也。”风湿病的治法应为发汗解表，祛风除湿，使邪从外出。《伤寒论》说：“观其脉证，知犯何逆，随证治之”，《金匮要略·痉湿暍病脉证治》中根据不同的证候而确立不同的立法方药，如“此病伤于汗出当风，或久伤取冷所至也，可与麻黄杏仁薏苡甘草汤。”此方是为风湿在表而欲化热之征而设：“风湿，脉浮，身重，汗出当风者，防己黄芪汤主之。”此方多用于病人素体肌腠疏松，卫阳虚弱，感受风湿的痹证；“伤寒八九日，风湿相搏，身体疼烦，不能自转侧，不呕不渴，脉浮虚而涩者，桂枝附子汤主之。”此方主治风湿在表，湿胜而卫阳不足之证；“风湿相搏，骨节疼烦掣痛，不得屈伸，近之则痛剧，汗出短气，小便不利，恶风不欲去衣，或身微肿者，甘草附子汤主之。”此方为表里阳气俱虚而风湿皆盛者而设。

“湿家病，身疼发热，面黄而喘，头痛鼻塞而烦，其脉大，自能饮食，腹中和，无病，病在头中寒湿”寒湿之邪侵袭人体，临床上即可见寒邪的收引凝滞的特点，正如《内经》所谓：“寒湿中人也，皮肤不收，肌肉坚紧，营血泣，卫气去。”亦可见湿邪的重浊粘滞之性，可见肢体关节冷痛、重着、痛有定处，疼痛昼轻夜重，得热痛减，遇寒痛增；关节肿胀、变形，或屈伸不利；晨僵感明显。上症每因气候寒冷或阴天下雨而诱发，舌质淡，苔白腻，脉弦紧或沉紧。对于寒湿之邪引起的痹证，方可选麻黄加白术汤，《金匮要略》曰：“湿家身疼烦，可与麻黄加术发其汗为宜，慎不可火攻之。”麻黄加术汤由麻黄汤加白术而成，为寒湿在表的表实痹证而设，具有较强的发汗解表、散寒除湿能力。此外，《金匮要略》亦曰：“病历节不可屈伸疼痛，乌头汤主之。”方中乌头、麻黄发散通阳、驱寒止痛，黄芪、芍药固表和营，为寒湿历节所常用。

“湿家病身疼发热”“湿家之为病，一身尽疼、发热”“湿家身烦痛”以及对发热的描述为“日晡所剧”等，此即为仲景对湿热之邪致痹的认识。湿热之邪痹阻经络、骨节，或热毒炽盛，造成气血凝滞，阻塞不通所致，故湿热之邪致痹，临床上最常见骨节的疼痛、肿胀、灼热三种主要表现。《中风历节病脉证并治》提出了历节病的病机为“趺阳脉浮而滑，滑则谷气实，浮则汗自出，”说明中焦脾胃湿热，热蒸迫液，腠理开泄，汗出当风或久伤取冷所致也。由于湿为阴邪，易伤阳气，重着粘滞，阻碍气机，故与热邪相合，如油和面，进一步形成湿热蕴毒，痹阻经络筋脉，流注骨节，侵蚀皮肤造成气血凝滞，阻塞不通所致重着感。湿热之邪易生瘀血、痰浊，正如《金匮要略》认为：“热之所过，血为之凝滞”。《素问·四时刺逆论》，指出：“厥阴有余病阴痹；不足病热痹。”成为后人辨证治疗热痹的理论依据。张仲景未提出关于湿热痹病的专门治疗，而对感受寒湿郁而化热者，载有“诸肢节疼痛，身体魁羸，脚肿如脱，头眩短气，温温欲吐，桂枝芍药知母汤主之。”首次创立了治疗外感寒湿，郁而化热致热痹的代表方。

仲景热病篇首论“热”与“温”及“传经化热”之异同。“热之为病，有外至，有内生。外至可移，内有定处，不循经序。舍于所合，与温相似，根本异源。传经化热，伏气变温，医多不晓，认为一体，如此杀人，莫可穷极。为子条记，传与后贤”。外感风热邪毒，或从口鼻而入，或直中肌肤、经络、骨节，形成风热毒痹阻证。风热之邪引起痹热的病位有卫气营血之不同，临床多见恶风、发热，大关节肿胀、灼热、疼痛，烦渴，小便黄赤，便秘，舌红，苔黄，脉浮数等症状。《金匮要略·疟病脉证并治》曰：“温疟者，其脉如平，身无寒但热，骨节疼烦，时呕，白虎加桂枝汤主之”风热之邪侵袭人体，里热盛且兼有表寒时，可选用白虎加桂枝汤，取其清热生津，解肌发表之功效。方中石膏辛寒清热；知母苦寒养阴清热；甘草、粳米益胃养阴。共奏清热、养阴、止呕之效。加桂枝解表祛寒，调营卫、通经络清热通痹。

《伤寒论》太阳病证候的表证分别有“中风”与“伤寒”的不同证型。太阳中风的病因病机曰表阳虚，肌腠空疏，卫外不固，为风邪所中，主要表现为恶风、汗出、脉缓，治疗必须以桂枝汤类扶阳固表，调和营卫。太阳伤寒的病因病机是寒邪束表，玄府不通，腠理闭塞，阳气不能达表，主要表现为恶寒、无汗、脉紧，治疗必须以麻汤类发散寒邪，取汗解表。而风邪、寒邪两种病邪往往相兼而至，形成风寒之邪，而侵袭机体。《内经》曰：“正气存内，邪不可干”“邪之所凑，其气必虚”，营卫和调，卫外御邪，营卫不和，卫外不固，之邪乘虚而入，外邪留着营卫，气血痹阻不通而发为痹病，正如《类证治裁·痹证》所云“诸痹，良由营卫先虚，腠理不密，风寒湿乘虚内袭，正气为邪气所阻，不能宣行，因而留滞，气血凝滞，久而成痹。”《金匮要略·中风历节病脉证治》云：“浮者血虚，络脉空虚”，并明确指出“邪在于络，肌肤不仁”。即气血虚弱，络脉空虚，营卫不足，表气不固，邪随虚处停留，闭塞经络则发为中风，出现“半身不遂”，或“但臂不遂者，此为痹”。《金匮要略·血痹虚痨病脉证并治》进一步提出“血痹”概念，其临床主要表现为“身体不仁，如风痹状”，“脉自微涩”，原因在于营卫不足，血虚肌肤失养，卫阳不能固表，复汗出而风邪乘之，血凝肌表而成。关于风寒之邪所致痹病的治疗，《金匮要略·血痹虚劳篇》谓：“血痹阴阳俱微……外证身体不仁，如风痹状，黄芪桂枝五物汤主之。”取其益气温经，和血通痹之功效。

综上所述此即为仲景对于各种病邪所致痹病即其治疗的认识在《内经》“风寒湿三气杂至合而为痹”的理论基础上，对痹病的认识更加具体深刻。

［《全国第十届中西医结合风湿病学术会议论文集》2012：53］

仲景方对小儿哮喘的临床应用分析

程志源　武义县第一人民医院

张仲景《伤寒论》凡10卷22篇、合398条、共113方。《金匮要略方论》凡3卷25篇、共262方，现代中医辨证论治，将其用于小儿哮喘，每获效验。本文选择性分析了1999～2011年报道应用小青龙汤等8首仲景方治疗各类证型小儿哮喘的经验，并对其脉证、病机与方药进行分析，虽挂一漏万，或可见现代医家应用仲景方于儿科临床之一斑。

一、小青龙汤加减治外寒内饮哮喘

樊淡[1]以小青龙汤加减（蜜麻黄、细辛、炮附子各3g，白芍、干姜、桂枝、五味子、半夏、杏仁各6g，葶苈子、茯苓、枯黄芩、地龙各15g，生石膏3g，鲜竹沥20mL。）内服，结合药饼（葶苈子、苏子、白芥子、莱菔子各等分，共研细末，每次15g，同鲜葱白5根捣成泥状，加蜂蜜适量调匀，24h更换1次。）外敷膻中穴，治疗肺寒型咳嗽变异性哮喘36例。以7天为1疗程，连用两个疗程。结果治疗组对咳嗽变异性哮喘患儿的临床症状改善情况明显优于对照组。王宇春等[2]用小青龙汤加减（麻黄5g，桂枝3g，细辛2g，干姜3g，半夏8g，五味子5g，白芍药6g，生甘草3g。随症加减，年龄大于或小于6岁者酌情增减。）治疗寒性哮喘患儿28例，结果疗效明显高于对照组。张涤[3]以小青龙汤（炙麻黄3～6g，桂枝3～6g，白芍6～9g，半夏6～9g，干姜3～6g，五味子6g，细辛0.5～1g，生甘草3～6g。随症加减，每日1剂，水煎2次，早晚各服1次，7d为1个疗程，连续治疗2个疗程。）配合抗生素、氨茶碱静滴等治疗急性发作期小儿支气管哮喘33例，并与单纯应用西药组对照。结果两组有效率比较有显著性差异，并发现调节Th1/Th2的平衡可能是小青龙汤治疗哮喘的重要作用机理之一。

脉证方药分析：小青龙汤证《伤寒论》第40条曰“伤寒表不解，心下有水气，干呕，发热而咳，或渴，或利，或噎，或小便不利、少腹满，或喘者，小青龙汤主之。”本方乃治疗外寒内饮之良方，方中麻黄平喘利水，得桂枝通阳化气宣散，其效益著；桂、芍相伍，调和营卫；干姜、细辛，辛开运化；半夏温化寒饮，降逆止呕；五味子酸收，敛肺止咳；炙甘草补中益气，调和诸药。全方辛温发散、温化水饮，共奏表里双解之功。凡寒饮咳喘，无论有无表寒，皆可用之。现代药理实验研究表明，本方既有抗过敏、抗胆碱能作用，又有直接松弛气管平滑肌的作用。张友堂等[4]对小青龙汤古今医案116例的脉证分析研究表明，小青龙汤主要用于呼吸系统疾病，其中使用频率较高的前五类疾病为急慢性支气管炎、支气管哮喘、百日咳、肺心病、过敏性鼻炎，主症为咳而喘、恶寒发热、胸闷、痰多清稀，兼证为小便不利、干呕、少腹满、利、渴、噎，代表舌苔为舌质淡、苔白，代表脉象为滑、弦滑或滑数。

二、大青龙汤治外寒内热哮喘

程斌等[6]以大青龙汤加味（大青龙汤加地龙、桔梗、瓜蒌壳、茯苓、防风、蝉蜕、黄芩）治疗支气管哮喘60例，并与喘咳宁片组30例对照。结果治疗组中医症候疗效、喘息症状疗效、哮鸣音疗效与对照组比较均无显著性差异。说明大青龙汤治疗支气管哮喘疗效确切。

脉证方药分析《伤寒论》第38条“太阳中风，脉浮紧，发热，恶寒，身疼痛，不汗出而烦躁者，大青龙汤主之。”大青龙汤为麻黄汤重用麻黄，加石膏、生姜、大枣而成，方以麻黄汤加生姜辛温发散以除表闭，石膏辛寒清里热以除烦躁，大枣甘温培中以资汗源。临床多用于外寒内热、表证较重之肺炎、支气管哮喘等疾病。关庆增[6]对81例医案的统计分析结果表明，本方主要适用于流感和呼吸系统疾病，凡具有发热恶寒、无汗而喘、烦躁而渴、脉浮紧或数、舌红或淡红、苔薄白或黄为主要表现者，皆可应用。

三、小柴胡汤治肝火偏旺哮喘

梁辉等[7]用小柴胡汤加减（柴胡、黄芩、法半夏、苦杏仁、薄荷、菊花、五味子、甘草，热象明显者加牡丹皮、栀子）治疗平素肺脾气虚、肝火偏盛而见咳嗽少痰或无痰，咳甚而咽痛，咽干，口苦纳差，烦躁，夜睡不安，舌淡红或舌尖红、苔薄白或淡黄，脉弦细的小儿咳嗽变异型哮喘，取得较好疗效。

脉证方药分析：小柴胡汤为和解少阳之主方，方中柴胡苦平，气质轻清，能疏解少阳之郁滞；黄芩苦寒味重，能清胸腹蕴热以除烦满；生姜、半夏调理脾胃降逆止呕；人参、炙甘草、大枣甘温益气和中，扶正祛邪。全方寒温并用，升降协调，有疏利三焦，调达上下，宣通内外，和畅气机的作用。关于加减治疗咳喘，《伤寒论》对本方就有“若咳者，去人参、大枣、生姜，加五味子半升、干姜二两”的记载。意为若咳者，乃肺寒而气逆，故加干姜以去里寒、五味子之酸以收逆气，去人参、大枣免生壅滞，去生姜是因其性走而不守、不利于温里寒。现代实验研究表明，本方具有抗炎、解痉、增强非特异性免疫功能和抑制变态反应等作用，尤其适用于平素肺脾气虚、肝火偏旺或兼感风热之邪者，其辨证要点在于咳嗽少痰或无痰。

四、射干麻黄汤治疗寒饮郁肺哮喘

曾莺[8]用射干麻黄汤加减（射干8g、炙麻黄5g、细辛3g、法半夏6g、紫菀8g、款冬花8g、五味子5g、生姜4g、大枣6g、干地龙8g、蝉衣5g）治疗小儿咳嗽变异性哮喘35例，结果表明治疗组疗效明显优于西药对照组。张德生等[9]研究表明射干麻黄汤配合西替利嗪治疗小儿咳嗽变异性哮喘有明显的协同作用。陈志兴等[10]研究加味射干麻黄汤对小儿咳嗽变异性哮喘外周血中细胞因子如肿瘤坏死因子－α（TNF－α）、白细胞介素（IL－10、IL－13）的影响。结果证明，加味射干麻黄汤（射干6～9g、炙麻黄3～6g、细辛3g、地龙6g、法半夏6g、紫菀9g、款冬花9g、太子参10g、黄芪10g，每天1剂，水煎分2次服）可提高小儿咳嗽变异性哮喘的疗效，并可调节患儿血清TNF－α、IL－10、IL－13水平。

脉证方药分析：《金匮要略》第六条“咳而上气，喉中水鸡声，射干麻黄汤主之。”由于寒饮郁肺，肺气失宣，故咳嗽气喘；痰涎阻塞，气道不利，痰气相击，故喉中痰鸣似水鸡叫声。射干麻黄汤，为寒饮郁肺之咳嗽上气而设，是治疗寒性哮喘发作的常用有效方剂。方中射干消痰开结，麻黄宣肺平喘，半夏、生姜、细辛温散寒饮，款冬花、紫菀温肺止咳，五味子收敛肺气，并制麻、辛、姜、夏之过散，大枣安中扶正，调和诸药全方散中有收，开中有合共奏止咳化痰、平喘散寒之功。本方广泛应用于咳喘喉中痰鸣、咳痰色白为主要特征之支气管哮喘、喘息性支气管炎、支气管肺炎等病的治疗。

五、旋覆代赭汤治疗肺燥气逆哮喘

祝冬灿[1]本着抑木清金的原则，采用旋覆代赭汤加减（旋覆花包10g，代赭石先煎24g，黛蛤散包12g，海浮石15g，光杏仁10g，南沙参10g，天花粉10g，苦桔梗5g，射干6g，川贝母5g，生甘草5g。咳甚加炙马兜铃15，天竺子10g；多汗加瘪桃干20g，五味子10g；便干加全瓜蒌15g，生大黄10g。小儿用量酌减。）治疗咳嗽变异性哮喘86例，结果治疗组有效率明显优于对照组，说明旋覆代赭汤治疗咳嗽变异性哮喘疗效确切。以旋覆代赭汤加减重镇降气，清润豁痰，避免了激素长期吸入产生的副作用。

脉证方药分析：旋覆代赭汤载于《伤寒论》第161条原文曰：“伤寒发汗若吐若下解后心下痞硬，隐气不除者，旋复代赭汤主之。”临床多用本方治疗胃气虚弱、气逆不降或肝胃不和、肝气犯胃、妊娠恶阻等所致的嗳气或呃逆；也用于因脾胃虚弱生痰、痰阻肺气不降而致的咳嗽气急。本方旋覆花消痰下气，软坚散结；代赭石重镇降逆，配生姜、半夏和胃化饮而消痞；合人参、甘草、大枣补益脾胃。全方具有和胃化痰、重镇降逆、安定中焦之功效。

六、麻杏甘石汤治肺热壅盛哮喘

王惠娟[12]运用中西医结合方法（酌情使用抗生素、激素、解痉平喘西药的同时，加用麻杏石甘汤加味：炙麻黄5g，杏仁6g，生石膏12g，金银花10g，连翘6g，前胡6g，黄芩5g，鱼腥草12g，全瓜蒌6g，川贝母6g，甘草3g，根据月龄及体重酌情加减剂量）治疗以发热、咳嗽气喘、气短、喉中哮鸣、甚则张口抬肩、不能平卧为主要临床表现的小儿哮喘30例，结果表明中西医结合治疗小儿哮喘的远期效果明显优于单纯西药常规治疗组。黄平[13]用芍药甘草汤合麻杏石甘汤加味（芍药、黄芩、制半夏、麻黄、杏仁、生石膏、桑白皮、茯苓、百部、鸡内金、前胡、甘草）治疗小儿热性哮喘，屡治屡效。

脉证方药分析：《伤寒论》63条“发汗后，不可更行桂枝汤。汗出而喘，无大热者，可与麻黄杏仁甘草石膏汤。”又《伤寒论》第162条“下后，不可更行桂枝汤；若汗出而喘，无大热者，可与麻黄杏子甘草石膏汤。”此言误用汗下，而致邪热内传、肺热壅盛。肺热蒸腾、迫津外泄，故见汗出；邪热壅肺、气不宣泄，故喘息。“无大热”，是指表无大热而热壅于里，并非热势不甚。本方麻黄配石膏清宣肺热而定喘，且石膏用量倍于麻黄使宣肺平喘而不温燥、清泄肺热而不凉滞；杏仁宣降肺气，协同麻黄以增平喘之功；甘草缓急和中、调和诸药。本方应用范围甚广，除用于治疗哮喘外，还可用于急性支气管炎、小儿痉挛性咳嗽、毛细支气管炎、老慢支、肺炎等肺热病证。

七、小陷胸汤合麻杏石甘汤治痰热互结哮喘

董幼棋[14]治以一8岁女孩，从4岁起哮喘反复发作，再发1月，经强的松、氨茶碱、青霉素治疗，哮喘未平。诊见喘促痰鸣，脘腹胀闷，咳痰不爽，咽红，纳差，便下干结，小便短少，舌红，苔黄腻，脉滑数。证属痰热互结，肺气失宣。投小陷胸汤合麻杏石甘汤加减（麻黄、甘草各3g，川连2g，杏仁、射干各6g，石膏20，瓜蒌仁、姜半夏、甜葶苈、地龙各10g）5剂后症状十衰八九，再拟原方增损，继服5剂，以资巩固。

脉证方药分析：小陷胸汤，载于《伤寒论》，方用黄连苦寒以清泄心下之热，半夏辛温以化痰蠲饮而散结，瓜蒌仁甘寒滑润、清热涤痰而开结，三药配伍，辛开苦降，共奏清热化痰散结之功。由于本方药性平和，清热化痰散结疗效可靠，故临床运用十分广泛。董幼棋将其与清宣肺热之常用方剂麻杏石甘汤合用，不失为治疗痰热互结、肺气失宣之哮喘的最佳组合。

八、桂枝加厚朴杏子汤治营卫不和哮喘

郑宏[15]报道郑启仲运用桂枝加厚朴杏子汤（桂枝6g，炒白芍6g，厚朴3g，杏仁3g，白术6g，茯苓6g，炙甘草3g，生姜2片，大枣2枚）治一7岁男患，2岁时因受凉而发哮喘，后每遇冷即发哮喘已4年余。经西药解痉平喘、中药多方治疗终未能愈。此次发病3天，证见呼吸喘促，喉中痰鸣，畏寒怕冷，时自汗出，大便稀，小便清，舌淡苔白，脉浮体温37.2℃。辨证：营卫不和、肺气不利。予上方调和营卫，降逆平喘3剂，诸证悉平。为防复发，拟善后之方调理4个月停药观察，随访3年未再复发。

脉证方药分析：《伤寒论》第18条“喘家作，桂枝汤，加厚朴杏子佳。”第43条载“太阳病，下之微喘者，表未解故也，桂枝加厚朴杏子汤。”第18条论素有肺寒咳喘宿疾，因外感风寒而诱发；第43条论太阳表证，因误下而风寒内袭于肺。两者成因不同，而病机同为风寒表证而兼肺寒气逆，故同用一方，此异病同治是也。桂枝加厚朴杏子汤，系桂枝汤加厚朴杏仁而成，桂枝汤解肌祛风、调和营卫，加厚朴苦辛温以消痰除满、下气降逆，杏仁苦温以宣肺化痰、止咳平喘，实为素有咳喘而兼外感之良方。现代临床主要用本方治疗急、慢性支气管炎、支气管哮喘及病毒性肺炎等临床表现以营卫不和、气血失调或痰饮阻滞为病机者。郑启仲以上诊治药证相符，故能效如摇鼓。

九、体会

1. 经方有许多，一方可以治多病，一病可以用多方。一病用多方是我们中医“同病异治”的优势所在，其关键在于同一种疾有不同的病因与病机。如，本文所综述的小儿哮喘由于证型有外寒内饮、外寒内热、肝火偏旺、寒饮郁肺、肺燥气逆、肺热壅盛、痰热互结、营卫不和的不同，所以可以应用小青龙汤、大青龙汤、小柴胡汤、射干麻黄汤、旋覆代赭汤、麻杏甘石汤、小陷胸汤、桂枝加厚朴杏子汤等不同的经方，故在临床运用时，关键要准确地把握病机、辨证论治。

2. “看杂志”与“读经典”相结合非常重要。经方的临床应用之所以有效，自有它的理论基础。有些论文援引了经典原文，通过学习让我们了解了其所以然；有些论文没有说明经典的理论依据，通过查阅原文可以使我们知其所以然，同时也加深了对原文的理解。

3. 无论是经方还是杂志报道的验方都需要灵活地掌握与运用。因为，中医的特色和优势在于个性化治疗，同一张经方或验方用于不同的人须有加减。

［《第二十九次全国中医儿科学术大会会议论文集》2012：45］

仲景平衡阴阳法及用药特点

张建荣　陕西中医学院

《素问·调经论》云：“阴阳匀平，以充其形，九候若一，命曰平人。”《素问玄机原病式》云：“殊不知一阴一阳之为道，偏阴偏阳之为疾，阴阳以平为和、偏为疾，万物皆以负阴抱阳而生，故孤阴不长，孤阳不成。”《金匮要略·脏腑经络先后病》云：“有阳无阴，故称厥阳。”厥阳为阳盛阴竭，阴不涵阳，致阳气独行而上逆，此乃典型的阴阳失衡。《素问·至真要大论》云：“谨察阴阳所在而调之，以平为期。”中医认为疾病发生的关键是阴阳失之平衡协调，故临证审查阴阳变化，用药物调理，以达“阴平阳秘”，阴阳平衡，是治病的最终目的。如《金匮·百合狐惑阴阳毒病脉证》云：“百合病见于阴者，以阳法救之；见于阳者，以阴法救之。”此见阴救阳，见阳救阴，即能使阴阳处

于平衡状态。下文对仲景平衡阴阳大法及用药特色试作探讨。

一、调和营卫——桂枝汤

卫为阳，营为阴，营卫失调，阴阳亦失调；若营卫谐和，则阴阳亦谐和。《伤寒论》12条云："太阳病中风，阳浮而阴弱，阳浮者热自发，阴弱者汗自出……桂枝汤主之。"太阳中风，卫阳浮盛于外，与邪抗争，故发热；又因卫阳不固，营阴不内守，故汗自出，因营阴相对卫阳而不足，故曰"阴弱者汗自出"。此为太阳中风，卫强营弱，致营卫失调。桂枝汤为调和营卫的代表方，方中桂枝、生姜辛温解肌祛风助卫阳；芍药、大枣酸甘敛阴益营阴，加甘草调和诸药，亦可调和营卫。《伤寒论》53条云："病常自汗出者，此为荣气和，荣气和者，外不谐，以卫气不共荣气谐和故尔。以荣行脉中，卫行脉外，复发其汗，荣卫和则愈，宜桂枝汤。"病常自汗出，也有营卫失调者，其主因是卫气不能固护于外，营气虽和，而卫气不与之谐和，营自行脉中，卫自行脉外，两者相离，致营阴失固而自汗出。此杂病汗出，亦可用桂枝汤使营卫和谐，阴阳平衡。

二、扶阳益阴——小建中汤

《金匮要略》所论虚劳病，多因五劳、六极、七伤致脏腑气血阴阳俱虚，或阴损及阳，或阳损及阴，使阴阳平衡失调。小建中汤、黄芪建中汤、桂枝加龙骨牡蛎汤皆能调理气血阴阳，尤其小建中汤用辛甘药以扶脾阳，用酸甘药以养胃阴，乃调理脾胃阴阳的典范。脾为阴（湿）土，胃为阳（燥）土，脾胃又是后天之本，气机升降之枢纽，治疗必须阴阳互调，否则补阳则伤阴，滋阴则碍阳。小建中汤是桂枝汤变化方，也是调理脾胃阴阳的基础方，徐灵胎云："桂枝汤外证得之为解肌调和营卫；内证得之为化气调和阴阳。"方中桂枝、生姜配胶饴、炙甘草辛甘化阳，以振奋脾阳；芍药配胶饴、炙甘草酸甘化阴，以顾护胃阴。尤在泾《心典》认为：小建中汤能从阳引阴，从阴引阳，使阴阳平衡。另外，小建中汤除芍药外，其他药物均为甘温之品，故本方又侧重甘温建中，扶阳益阴，使阴阳平衡协调。

三、阴中求阳——肾气丸

五脏皆含阴阳二气，阴中有阳，阳中有阴，阴阳衡动互生，维持生命动。其中以肾中阴阳二气犹为重要，因肾为水火之脏，阳气之根，内寄真阴真阳，是生命之根本。《素问·上古天真论》云："肾者主水，受五脏六腑之精而藏之"。肾之阴精滋养五脏六腑，灌溉四肢百骸，肾之阳气是机体活动的原动力。肾之阴阳平衡协调，则诸脏阴阳平衡协调；若肾之阴阳偏颇失衡，则机体阴阳失衡，疾病丛生。《金匮要略》肾气丸是治疗肾阳虚的代表方，但其用药却着眼于调理肾之阴阳二气。方中以桂枝、附子为主药温肾阳；辅干地黄、山茱萸、山药滋肾阴，助肾阳；佐茯苓、泽泻、丹皮利水饮，通阳气，活血脉。本方虽以温补肾阳为主旨，但用药却突出滋补肾阴药及量，仅用少量温补肾阳药，凸现了仲景治疗肾阳虚的用药特色，此配伍思路源于"阴中求阳"及"少火生气"之理，后来《景岳全书》亦明确提出："善补阳者，必于阴中求阳，则阳得阴助而生化无穷。"因肾阳为阴中之阳，命火为水中之火，故欲补肾阳必欲阴中求阳。对肾阳虚的患者，假若重用桂附，必然燥动肾中虚阳，甚至耗伤肾阴。

四、通阳降阴——瓜蒌薤白白酒汤

清阳出上窍，浊阴出下窍，清阳居上，浊阴居下，上下阴阳衡动制约，始终处于平衡状态。在病理情况下，阳虚则阴盛，阴盛则阳虚；阳虚失之制约，则阴邪乘虚上逆，阴逆则阳更伤或遏阻不通。如《金匮·胸痹心痛短气病》云："夫脉当取太过不及，阳微阴弦，即胸痹而痛，所以然者，责其极虚也。今阳虚知在上焦，所以胸痹、心痛者，以其阴弦故也"。"太过不及"与"阳微阴弦"，反映诊脉辨证应首辨阴阳是否平衡协调及邪正盛衰。"阳微"即上焦阳虚，胸阳不振，谓之"不及"；"阴弦"即下焦痰浊水湿阴寒之邪盛，谓之"太过"。上焦阳虚，下焦阴盛，阴阳失衡，阴阳相搏，阴邪乘虚痹阻胸胃，致胸阳或胃阳遏阻不通，即发生胸痹、心痛。瓜蒌薤白白酒汤、瓜蒌薤白半夏汤、枳实薤白桂枝汤、人参汤、桂枝生姜枳实汤皆能通阳、扶阳，并能降浊、抑阴。此通阳降阴法，可调畅上中下三焦阴阳之气，使阳通阴降，以恢复清阳出上窍，浊阴出下窍的生理常态。又如桂枝加桂汤、茯苓桂枝甘草大枣汤治疗心阳虚，下焦寒气上逆，或下焦寒饮欲逆的奔豚，亦是通过通阳降阴，使上下焦阴阳恢复平衡状态。

五、损阳就阴——小柴胡汤

阴阳互根，阴虚则阳亢，阳亢则阴虚。《金匮·产后病脉证并治》用小柴胡汤治疗产后郁冒，即反映了损阳就阴法的具体应用。原文曰："亡血复汗，寒多，故令郁冒”“所以产妇喜汗出者，亡阴血虚，阳气独盛，故当汗出，阴阳乃复。”产妇汗出多是产后常见现象，因产后阴亏阳亢，汗出可散解体内阳热之气，使阴阳处于相对平衡状态。郁冒为产后津血亏耗而阳气亢逆，又感受寒邪，致肌表腠理闭塞，汗不得出，同时体内阳热之气郁遏不得外散，反而向上逆上冲。“血虚而厥，厥而必冒”：厥，逆也，乃血虚阳气亢逆上冲。“冒家欲解，必大汗出”，郁冒的解除，须用药物治疗使周身微微汗出，邪热随汗外散，即所谓“损阳就阴”法，俣阳热之气消减，阴阳之气则趋于平衡协调。所谓“必大汗出”，并非指大发其汗，亦非麻黄汤所宜。小柴胡汤扶正达邪，和利枢机，宣通上下，通达表里，故既能解散邪热，又能补益津血，使阴阳平衡协调。另外，小柴胡汤和解少阳枢机，既可转邪外出，又可防邪深入，治疗邪在半表半里，半阴半阳之疾病，亦显示了该方和调阴阳的作用。

六、阴阳贯通——随机用方

阴阳应衔接顺畅，相互贯通，保持“五脏元真通畅”，若阴阳不能贯通则病生。《伤寒论》337 条曰：“凡厥者，阴阳气不相顺接，便为厥。厥者，手足逆冷是也。”手足厥冷是许多疾病的主要表现，但其病机关键是阴阳遏阻，不能相互贯通畅行的结果。厥阴病的手足逆冷，阴阳不相顺接者较多见，因厥阴肝经为阴尽阳生之脏，主管一身阴阳交接，但其他许多疾病也可出现手足逆冷及阴阳之气不相顺接，如少阴病、水气病等。阴阳之气不相顺接，包括表里之气不相顺接、营卫之气不相顺接、脏腑之气不相顺接等，究其原因多为邪气偏盛所致，或为阳虚阴盛，或为血虚寒凝，或为实热内陷，或为水气阻塞，或为寒热错杂等。

《伤寒论》分别用四逆汤、通脉四逆汤、当归四逆汤、白头翁汤、麻黄升麻汤、乌梅丸等方随证治之，皆能促使阴阳贯通，气血平衡，疾病康复。《金匮·水气病脉证并治》云：“阴阳相得，其气乃行，大气一转，其气乃行。”水气病经过治疗，使阴阳之气贯通协调，气机升降出入畅达，气血环转不息，水气则随之消散。如桂枝去芍药加麻辛附子汤，既可振奋卫阳，又可振奋里阳，表里阳气振奋通畅，不利水则水气消散。又如“厥而皮水者，蒲灰散主之”，即水气盛于外，阳气遏阻不通而化热，蒲灰散清热利小便，水去热散，阳气通行，手足厥冷自然回暖。

[《全国第二十次仲景学说学术年会论文集》2012：128]

仲景合方应用举隅

吴修符　任国峰　山东中医药大学

合方是方剂化裁的一种特殊形式，是以契合病机为基础，在中医辨证论治思想指导下的以两首或两首以上方剂为框架重新组方，而非任意两方的直接拼凑。当疾病病机单纯，表现证候单一时，单一方剂即可奏效，如有兼证出现，方剂的加减应用亦可适应病情的需要；当有两个或者两个以上主证并存，则合方的应用势在必行，前者是一个模式的变化，后者是两个模式的并存。这种方剂的形式，与《黄帝内经》中所记载的“重方”极为相似。《素问·至真要大论》中讲到：“奇之不去则偶之，是谓重方”。明代张景岳释为：“即后世所谓复方也”。然而，最早体现了重方的形成、形式与内容的莫过于张仲景的《伤寒杂病论》。

合方理论是仲景学说的重要内容亦是仲景组方原则的一大特色，蕴含着极大的临床实用意义与价值。从实践来看，不论是经方或时方，一首行之有效的方剂，均是前人智慧与经验的结晶，又经过历代医家的实践检验，常盛不衰。中国医学历史悠久，名方佳剂，层出不穷，如能以合方法则为指导，将这些方剂采用合方形式组创新方，使其发挥更大的效价，可谓是上策。合方应用，是将前贤的已有成果直接用于实践，远比以药物自组方剂要来的更简捷、更速效。然而，合方并非简单的方剂拼凑，而是建立在准确的辨证基础之上，找出契合疾病发展过程中病机、证候的源方剂，结合因时、因地、辨病、辨质等诸多因素进行加减相合。决不能像日本汉方医学那样，虽然依据现代科学手段创出了很多经典合方，但在临床运用过程中却一成不变、千篇一律拘泥于药物味数与剂量，不加任何改变，这其实是与中医辨证论治思想相悖。合方运用对现今临床出现的复杂性疾病的治疗给予极大启示。本人临床运用合方治疗疑难病证，取得了很好的临床疗效，现举案论之。

一、四逆散与当归四逆汤合方治疗月经异常

刘某，女，39 岁，2010 年 11 月 15 日初诊。

主诉：月经异常 6 个月，经多方中西医治疗无效而专程前来诊治。患者月经史 14～5/28～30，以往月经正常，6 个月前月经出现异常，此期间经期阴道内流出清晰透明或者白色液体，量少，持续时间短。妇科就医时，专家均怀疑为卵巢、子宫恶性病变，但在千佛山医院、省立医院做过各类妇科检查均正常。患者冬季手、脚、背部发凉，口不渴，不欲饮水，饮食、二便均可，舌淡苔白，两手脉沉弦无力。辨证为血虚寒凝，治宜温经散寒，养血通脉，给予当归四逆汤。

处方：当归15g，桂枝9g，赤、白芍各15g，川芎9g，细辛3g，通草9g，炙甘草6g，大枣3枚。5剂，每天1剂，水煎2次，分2次口服。

二诊：2010年11月29日，手、脚、背部发凉之症减轻，月经来潮，但偶见粉红色，仍不见红色。患者两手脉象由沉弦无力转为沉弦，且弦象愈加明显，再三追问之后得知此证因家庭突遭变故，一直处理家中事宜，数月来心情烦闷，时常暗自哭泣，苦于无处倾诉。前辨证为血虚寒凝，未虑及肝郁之证，故用方单一，遂给予当归四逆汤合以四逆散。

处方：柴胡12g，枳实12g，当归15g，桂枝9g，赤、白芍各15g，川芎9g，细辛3g，通草9g，炙甘草6g，大枣3枚。5剂，每天1剂，水煎2次，分2次口服。7日后患者打电话说月经已潮，量少，色正常，小腹稍感冷痛。持续观察，本次月经持续5天，心情稍感舒畅。遂告知每月月经前7天服用此方5剂，随访半年，未再复发。

按语：本例经血为白色液体，临床罕见。主要诱因为突遭家庭变故，悲伤、愤怒等情志过极，导致全身气机紊乱，致使肝脾气郁，肝失疏泄，复加平素体质偏于血虚，故而月经无法顺利准时达致。据此辨为肝脾气郁，血虚寒凝。故选用四逆汤疏肝解郁理脾；当归四逆汤温经散寒，养血通脉。方中柴胡入肝胆经，升发阳气，疏肝解郁；白芍敛阴养血柔肝；枳实理气解郁破结；当归、赤芍养血活血和血，桂枝、细辛温经散寒，温通血脉；通草温通经脉，以畅血行；大枣、炙甘草益气健脾养血。两方相合，疏肝健脾，调气活血，温经散寒，故而取效。

二、五苓散与大黄黄连泻心汤合方治疗顽固性湿疹

李某某，男，48岁，2011年3月19日初诊。主诉：患湿疹1年半，周身有皮肤瘙痒，红疹，抓之有渗出，肘、膝、指关节处尤为明显。患者2009年8月，腿上不明原因出现3个红色疙瘩，奇痒难忍，抓破后有渗出，山东省立医院诊断为病毒感染，局部配药抹，治疗半个月后红疹消失。以后经常有散在红疹出现，用上述药膏涂抹，均可治愈。2009年12月份，上身、两踝、左小腿处出现大量红疹，山东省中医院诊断为湿疹，用医院自产药膏涂抹，时好时坏。2010年2至5月份一直服用外科大夫所开的补脾祛湿为主的中药处方，效果不佳。停药后又经别人介绍服用同仁堂“皮肤病血毒丸”4个月，收效甚微。此后半年又坚持服用皮肤科大夫所开的清热祛湿为主的中药处方，效果亦不明显。近因症状加重而前来诊治。症见：上身、两踝、左小腿处呈现多处湿疹，大者成片状，小者散在呈小米样，疹呈红色，遇风瘙痒加重，抓挠溃破后流黄水，冬季时好转，夏季流汗时加重，怕冷，大便稀，小便少，口淡，不欲饮水，喜食热饮，舌质红，苔薄黄，脉弦滑。中医诊断为湿疹，证属三焦、膀胱气化失司，水液代谢失常兼有内热。治宜化气行水，清泄内热，给予五苓散与大黄黄连泻心汤合方加味。

处方：桂枝10g，猪苓10g，茯苓30g，炒白术15g，泽泻15g，赤、白芍各15g，大黄6g，黄连12g，苦参12g，车前子15g（包煎），当归15g，花椒3g，炒神曲15g，黄芪15g，徐长卿15g，10剂，每天1剂，水煎2次，分2次口服。

二诊：2011年3月26日，服药后无明显变化，但湿疹无新起，小便量增多，大便质稀无改善，舌红苔白，脉弦滑。一诊方去苦参、徐长卿，加丹参15g，炮附子10g，干姜6g。

三诊：2011年4月2日，服药后湿疹明显好转，大部分均已消退，两肘关节处散见单个湿疹，不痒，大便仍然不成形，一星期内偶见一到两次大便成形，舌淡苔白，脉弦滑之象减轻。予3月26日方，继服6剂。

四诊：2011年4月11日，服药后平妥，偶见1~2个单个湿疹，不痒，大便仍不成形，兼有上火症状，大便仍不成形，小便正常，舌淡苔白，脉滑。4月2日方去炮附子，加苍术10g，乌梅6g。6剂。

五诊：2011年4月25日。湿疹已全部消退，没有再起，大便3~5天一次，便已成形，舌淡苔白，脉滑。4月2日方继服6副。5月2日前来门诊致谢，大便已成形，排便正常，湿疹没有再复发。嘱咐4月2日方继服6副，一副分两天喝，用以巩固。随访半年未复发。

按语：湿疹为常见病临床往往从风、湿等证论治，常用消风散治疗。本例患者湿疹兼口淡不欲饮水，大便质稀、排便不爽，小便少，怕冷，乃为三焦、膀胱阳气虚弱之象，三焦乃水道，膀胱为州都，二腑气化失司，水液代谢异常，进而影响皮肤，《内经》云：“三焦膀胱者，腠理毫毛其应”；本案患者湿疹呈红色，抓挠流黄水，舌质红，苔薄黄，为水湿内郁，日久化热；湿热蕴结于里则大便

不畅。据此辨为三焦、膀胱气化失司，水液代谢失常兼有内热之证，选五苓散化气行水，恢复三焦、膀胱气化职司；大黄黄连泻心汤清热燥湿。方中桂枝温经通脉，黄芪补气燥湿，大黄、黄连、苦参清泄湿热，燥湿止痒；当归、赤白芍活血补血；茯苓渗利湿浊；花椒温化止痒。诸药合用，共奏化气行水，清热止痒之功，从而取得治疗效果。

三、四逆汤、瓜蒌薤白半夏汤与生脉散相合治疗慢性心力衰竭

王某某，女，72岁，2011年5月4日初诊。主诉：胸闷、气喘，活动后加重，不能平卧5年，加重3个月。患者10年前因丈夫去世，每日悲伤，以泪洗面，逐渐积劳、忧、悲而病。经西医检查，诊断为2型糖尿病，高血压病，慢性心力衰竭，支气管哮喘。现症：胸闷、气喘，活动后加重，不能平卧。下肢浮肿，按之凹陷。面色发黄，精神萎靡不振，食欲不佳，喜食热饮。血压180/110mmHg，空腹血糖10mmol/L，大便硬，小便可。病人每日服用大量氨茶碱、洋地黄等药物维持，对生活失去信心，有厌世之感。舌淡苔白，且中间厚，并且牢固难以刮掉，脉沉细数，并有结代。辨证为阳衰寒厥，胸阳不振，气阴两虚治以温阳散寒，补气养阴。方药：炮附子5g，干姜5g，人参6g，瓜蒌20g，薤白15g，清半夏9g，枳壳15g，丹参15g，青、陈皮各15g，焦三仙15g，川芎10g，檀香10g，麦冬15g，麻子仁10g，炙甘草6g。6副，水煎服，每日1剂，分两次服。

2011年5月11日复诊，自诉服药后气喘、胸闷减轻，下肢浮肿较以前稍微减轻，饮食尚可，大便仍干，精神好转，西药服用量减为原来的二分之一，前方加黄精10g，6付水煎服，如前法。

2011年5月18日三诊，服药后上述症状大减，自己能上下楼，能散步，且不再喘，夜间可以平卧。舌苔中间的白腻苔萎缩成一条线状。不再有轻生、厌世的情绪。用上述方剂继服6付。

2011年5月26日四诊 上述症状均大减活动自如且不再喘，饮食、睡眠皆好转，血压已平稳（135/95mmHg）。氨茶碱已停用，现只服用营养心肌的药物。治以温阳化水，气阴双补，遂更改处方，以真武汤合生脉散加减。炮附子5g，干姜5g，麦冬15g，人参6g，丹参10g，川芎10g，炙甘草6g。嘱咐病人可不拘时服用20付左右以善其后。

随访一年，心衰已愈，惟有2型糖尿病与高血压病仍在服用中成药与西药，外加饮食调节来控制。

按语：瓜蒌薤白半夏汤首见于《金匮要略·胸痹心痛短气病脉证治第九》，主治“胸痹之为病，喘息咳唾，胸背痛，短气，寸口脉沉而迟，关上小紧数。”

由于痰饮壅塞胸中，致使胸中气机不畅，而出现胸闷、胸痛、气短等症。用瓜蒌薤白半夏汤宽胸理气，荡涤痰饮。瓜蒌薤白半夏汤由瓜蒌、薤白、半夏三味药组成。瓜蒌开胸涤痰，薤白疏滞散结，半夏逐饮降逆，三药相合，共成通阳散结、豁痰下气之功。四逆汤为《伤寒论》中治疗阳衰阴盛少阴寒化证的方子，方中附子温补肾阳，干姜温中散寒，姜附配合，附子走而不守，干姜守而不走，二药相须为用，温阳力大且持久。生脉散始载于张元素《医学启源》，由人参、麦冬、五味子三味药组成。因其具有“气充脉复”之作用，故名生脉散。方中以人参大补元气为君，麦冬养阴生津，清热除烦为臣，五味子酸收敛肺止汗为佐使，三药相合，一补一清一敛，共奏益气养津，敛阴止汗之功。

生脉散为治本之法，标本结合，疗效故佳。总之，由上述治验案例可以看出，运用合方应谨守病机，灵活化裁，斟酌加减，方能治病求本，取得良好的临床疗效。

[《全国第二十次仲景学说学术年会论文集》2012：293]

第五篇　研究、纪念张仲景的主要学术机构和活动

张仲景在医学领域里的伟大创造和他所取得的非凡成就是世人瞩目和公认的，他因此被后人称为“医圣”“一代宗师”“医家周孔”“经方之祖”等。为张仲景建祠、勒石、设堂、列馆、雕像、写传者，历代有之。各种祭拜活动也颇具影响，在老百姓心目中甚至被“神化”，还夹杂有经久不衰的香火。中华人民共和国建立之后，出现的各级纪念和研究机构更多，开展的各种纪念活动规模更大。这些机构和活动，有官方的，也有民间的，有地方性的，也有国家乃至国际性的。应该承认，仲景学说能够成为祖国医学的重要组成部分，并不断得到传承和发展，除了张仲景本人卓越的才华和创造外，与后世医家对这一学说进行的坚持不懈和连续性的研究和发挥是分不开的。这种研究工作由自发的个人开始，随着其影响的日益扩大，后来逐渐发展成为群体的、有组织的和有序的重要工作了。特别是新中国成立以来，政府对中医工作的重视，推动了仲景学说的研究和发展，使张仲景这面旗帜更显得鲜艳夺目。从广泛意义上讲，仲景学说不只属于张仲景个人，而是属于全社会的共同财富。

本章所介绍的纪念张仲景的学术机构和活动，不是全部，而是“主要”的，这在标题中已经说明。原因是这些机构和活动的数量太多，延续的时间太长，涉及的面也太大。一因编者视野所限，没有办法把他们全部收集齐备；二因篇幅所限，也不可能说得面面俱到。加之仲景学说早已超越了医学和国籍的界线，这个题目已经成为一篇永远也做不完的大文章。他的勤奋、创新、献身精神和启迪、教化、感召作用，已铸成一座丰碑，牢牢矗立在世代人民的心目中。透过这些局部的介绍，也足可以看到仲景学说的崇高地位和医学界乃至社会各界对仲景学说的重视，这正是本章所要达到的目的。

一、主要机构

南阳医圣祠

南阳医圣祠，是我国东汉时期伟大的医学家张仲景的墓地，始建年代无考，明清时期屡有修葺。清末至民国时期，医圣祠所有土地均被没收或侵占，祠内花草树木砍伐一空，亭台楼阁荡然无存。至新中国建立之前，医圣祠仅存荒冢一座、破殿数间，其荒凉景象，目不忍睹。

新中国建立后，党和人民政府十分重视对医圣祠的修复和保护工作，从中央到地方，曾多次组织过对医圣祠的大规模修建。除收回原有土地、恢复原有建筑格局外，还重新规划了部局，增加了祠内建筑，净化了祠周围的环境，修整了祠门前的道路，逐渐扩大了其占地的面积。经过几十年的努力，使这座古建筑呈现出殿堂巍峨、亭榭隽美、花木葱郁、鸟歌禽鸣的花园式园林，为国内外人民凭吊、祭祀、纪念医圣提供了一个肃穆、壮观、优致、雅静的处所。1963 年，河南省人民政府将医圣祠确定为省级文物遗迹保护单位；1988 年，中华人民共和国国务院把张仲景墓及祠确定为全国第三批重点文物保护单位。

为了加强对医圣祠的保护和对医圣文物的研究，南阳市人民政府建立了医圣祠、张仲景博物馆、张仲景医史文献馆等专门的管理机构。目前，这三个单位共有职工 45 人，同一套班子，合署办公，享受政府财政的全额供给。他们负责着医圣祠的管理、保护、研究、开发等全面工作，使中国文化更加光芒永放。

涅阳学社

这是目前可以找到的有文字记载的我国民间成立最早的纪念和研究张仲景的学术组织。据南阳张仲景医史文献馆张胜忠先生的考证，该社约成立于 1930 年 7 月，社址在江苏省如皋县栟茶东街。该社有正规的章程，刊于 1930 年 8 月中国药学会（苏州）主办的《中国药学》第二期上。章程规定了会员的种类、权利、义务等内容和从事的主要学术活动。据章程中所述，该社的宗旨是“联系同志研究医学，专以仲景学说发挥之，参以科学新知而光大之”。由此看来，社名以仲景的出生地“涅阳”名之是颇具意义的。该社编辑出版有刊物《日新医药学报》，全年 12 期。除江苏外，杂志还在上海设有“驻沪办事处”。1930 年 7 月、10 月，《日新医药学报》两次在中国医药学社（广州）出版的《医药学报》上刊登“启事”，以约稿和进行发行宣传。

南阳张仲景研究会

南阳张仲景研究会成立于 1981 年 12 月 12 日，是新中国成立后国内建立较早的专门以研究仲景学术为宗旨的社团之一，在成立之初实际上具有全国性专业学会的性质。新华社为学会的成立发了新闻稿，《人民日报》《健康报》《河南日报》等多家全国和地方性报刊都作了报道。参加这次大会的有来自全国范围内的对仲景学说研究有建树的大家岳美中、任应秋、耿鉴庭、刘渡舟、米伯让、李今庸、李振华、赵清理、邵经明等和全国各地勤于张仲景研究的 272 名中医界人士，岳美中、任应秋、耿鉴庭、米伯让、张赞臣、何任、李聪甫、李今庸等教授被聘为研究会名誉会长，闫熙照（南阳地区卫生局局长）为第一任会长。大会通过了研究会章程，河南省卫生厅副厅长郭峻松及南阳地、市的主要领导同志到会讲话。陕西省中医研究院院长米伯让，向南阳医圣祠捐赠了他精心保存多年的《伤寒杂病论》白云阁藏木刻版。会议期间，同时召开了全国首次张仲景学术讨论会，就医学史上张仲景是否真有其人和《伤寒杂病论》是否只适用于北方等问题达成了共识。

2001 年 7 月 26 日，该会换届，国家中医药管理局副局长房书亭、河南省卫生厅副厅长兼中医管理局局长夏祖昌、南阳市委副书记焦锦淼担任名誉会长，王保云（南阳市卫生局局长）担任会长。

南阳张仲景研究会成立20多年来，不断壮大发展，为张仲景学术的弘扬做了许多扎扎实实的工作，其贡献功不可没。由他们编写、出版的一批研究性著作和《张仲景研究》杂志，都在全国范围内产生了重要影响。

中华中医药学会仲景学说分会

中华中医药学会仲景学说分会，1991年由北京中医药大学伤寒教研室主任刘渡舟教授倡导发起，立即得到了国内外有识之士的积极响应，也得到了北京中医药大学和中华中医药学会的大力支持。1992年，中华中医药学会正式批准的仲景学说专业委员会在京成立，该会挂靠北京中医药大学。根据总会的统一调整，2004年该会改称为“中华中医药学会仲景学说分会”。

分会自成立以来，先后共组织举办了大型学术会议11次，其中4次为国际会议。发表高水平论文632篇，出版专著179部，承担国家级课题11项、省部级课题63项，获得国家级、省部级成果32项。其中刘渡舟教授主编的《伤寒论校注》一书，荣获国家科技进步二等奖；王庆国教授在抗“非典”工作中，组织完成了多项中医药科研攻关课题，被中华中医药学会评为2003年先进兼职干部，本会也因此被评为先进分会。

2001年2月3日15时20分，第一届主任委员刘渡舟教授因病在京去世。卫生部部长张文康、副部长兼中医局局长佘靖等300多人参加了遗体告别仪式。2002年2月，为纪念刘渡舟教授对仲景学说研究所做出的贡献，刘渡舟教授门人、仲景学说分会委员马志才创办了北京济舟（继舟）中医药研究所暨刘渡舟学术研究会。

2002年4月9日，在南阳市举办的“首届张仲景医药工程暨经贸洽谈会”（即“张仲景医药节”）期间，中华中医药学会仲景学说研究会进行了改选换届，产生了新一届学术委员会。北京中医药大学副校长王庆国，当选为第二届中华中医药学会仲景学说分会主任委员。

［附］中华中医药学会仲景学说研究分会第一届委员会名单

顾问：祝谌予　李培生　李克绍　杨百茀　殷品之　傅世垣　高鹤亭　张灿玾　张　琪　戴慧芬　张海岑

主任委员：刘渡舟

副主任委员：何　任　高　德　聂惠民　熊曼琪　刘燕池　方和谦

秘书长：聂惠民　苏宝刚

委员：马德孚　马志才　王庆国　王秉岐　王雪华　牛元起　邓家刚　乔　模　米子良　杜雨茂　李广钧　李浩鹏　苏宝刚　吴生元　吴林鹏　邹德琛　沈继泽　张一平　张启文　陈亦人　陈瑞春　周　衡　庞　鹤　赵自强　赵清理　柯雪帆　姚玉浩　夏洪生　袁金声　郭子光　郭忠印　梅国强　傅延龄　童增华　陈纪藩

中华中医药学会仲景学说研究分会第二届委员会名单

顾问：何　任　李培生　陈亦人　傅世垣　高　德　梅国强　柯雪帆　赵清理　夏洪生　刘燕池　杜雨茂　陈瑞春　周　衡　郭子光

主任委员：王庆国

副主任委员：聂惠民　熊曼琪　何新惠　顾武军　姜建国　陈国权　关庆增　梁化龙　孙耀志

秘书长：李宇航

副秘书长：李赛美

委员：刁军成　马志才　马德孚　于志强　于俊生　王庆国　云正华　王兴娟　王兴华　王建康　王伯章　牛宝生　方家选　关庆增　朱西杰　米烈汉　孙耀志　刘力红　刘　杰　刘培民　刘道清　刘燕池　成肇仁　汤　毅　何新慧　李元翰　李发枝　李宇航　李幸仓　李金田　李家庚　李　铁

李赛美　陈文照　陈国权　陈继婷
张友堂　张国俊　张笑平　张喜奎
杨克彬　吴林鹏　吴修符　宋俊生
邱明义　赵鸣芳　郁保生　宫晓燕
庞　鹤　郝万山　姜建国　郭广义
陶汉华　顾武军　袁金声　唐祖宣
莫　愚　聂惠民　钱　静　梁华龙
黄仰模　章　恪　黄家诏　喻方亭
董正华　塔其一　蒋　明　曾定伦
傅延龄　韩　奕　谢世平　粟锦迁
雷正荣　熊曼琪　蔡鸿彦　樊友平

张仲景国医学院

张仲景国医学院创办于1985年，是国内首次以招收少年班学员（初中毕业生）和进行大学专科教育的中医药院校之一，原名为“张仲景国医大学”。1992年8月，与南阳中医药学校（前身为河南省云阳中医药学校）合并，划归南阳理工学院管理，更名为“张仲景国医学院”。

学院与中外闻名的武侯祠相毗邻，占地216亩，建筑面积9.5万平方米，并有附属医院、药用植物园、饮片加工厂和38个教学实习基地。学院创办的《国医论坛》杂志，坚持以弘扬仲景学说为特色，面向国内外公开发行。现有教职工400人，专职教师226人，具有中、高级职称的166人。建校以来，学校始终坚持“面向基层、农村，培养合格医药卫生人才”的方向，陆续开办了医疗、中药、营销、护理、针灸、骨伤、康复、管理等11个专业，在校生总数达5000余人，生源遍及全国17个省、市。迄今，学校已为社会输送各类人才万余名，其中62人考取硕士研究生，12人考取博士研究生，大部分毕业生正在基层医疗单位发挥着骨干作用。

学校将继续把突出张仲景学说作为办学重心，以为国家培养出更多的有用人才。

南阳市中医中药研究所

南阳市中医中药研究所，成立于1980年9月18日，是一个专门以仲景学说研究为龙头，综合研究中医中药学术的市级科研机构。建所20多年来，由他们牵头成功地举办了多次仲景学说研讨会、创办了《张仲景研究》杂志，整理和编辑、出版了一批对仲景学说研究有重要意义的文献资料，培养和造就了一批有志于仲景学术研究的骨干人才，为仲景学说的继承、普及、宣传、发展做出了重要贡献。该所的附属医院，还在仲景经方的研究、运用、开发上取得了突出成绩，为当地人民的健康做了大量的有益工作。该所的“张仲景医史文献图书馆”收藏有大量的有关仲景学术研究的书籍，有不少版本在国内是少见的。

南阳市人民政府于2000年开始的“张仲景医药创新工程”，给中医中药研究所带来了新的机遇和挑战，要求他们为弘扬、光大仲景学术做出更出色的工作。目前，由他们牵头的《张仲景经典医学研究》《张仲景药用本草》《南阳名老中医学术思想和临床经验总结》等三项课题已开始启动，其他以仲景学说为主题的多项活动也正在筹划和进行中。根据政府规划，2005年该所将撤所升格，正式建成“南阳张仲景研究院”。

二、纪念张仲景的主要活动

张仲景医药节

张仲景医药节，是仲景故里河南省南阳市人民继承和弘扬仲景精神、打造人文南阳的重要举措和纪念活动之一，由南阳市人民政府举办。这一活动从2001年6月开始筹备，经过全市动员、媒体宣传、城市改造、市民教育等将近一年的热身，于2002年4月8日在南阳市成功举办。会议的名称为“首届张仲景医药工程暨经贸洽谈会”，旨在以纪念和弘扬仲景精神为桥梁，带动和促进南阳经济的全面发展。来自海内外的8000多名来宾和客商参加了这次盛会，全国政协副主席张思卿、国家卫生部副部长兼中医药管理局局长佘靖、河南省人民政府副省长张洪华及南阳市的主要领导与会并讲话，世界卫生组织驻华代表安努士博士向大会发了贺电。新华社、人民日报、光明日报等大陆和港澳地区的40多家新闻媒体的记者采访了大会，并发表了消息。会议期间，举办了国际张仲景学术思想研讨会，并隆重举行了祭拜医圣张仲景活动等，为医圣新立了题为《祭张仲景文》的纪念碑（碑文为北京中医药大学著名教授钱超尘撰写）。这次会议为南阳市的经济发展注入了活力。会议期间成功引进中医药以及其他方面的合作项目757个、资金67.8亿元，展现了张仲景医药文化的无穷魅力。

会后，南阳市人民政府认真总结了经验，决定继续围绕张仲景学说的开发和研究，筹建和完善张仲景药用植物园、张仲景中药材科技示范园、张仲景医药博物馆、张仲景研究院、张仲景国医大学、张仲景中医药康复保健中心、张仲景中医药研究开发中心、张仲景中药材配送中心、张仲景医药工业园、张仲景中药企业集团等10项重点工程，并改“会”为“节”，每年一届，坚持办下去，以保持对张仲景纪念活动和由此带来的经济发展的连续性。2003年10月12日，第二届仲景国医文化节如期在南阳市召开，其规模、成就都较首届更宏大、更辉煌。

[附] 祭张仲景文（作者　钱超尘）

惟2002年4月9日，中华中医药学会常务理事会同人，谨以香烛时馐清酌之奠，敬祭医圣仲景先师灵墓之前。

先师讳机，字仲景，河南南阳人也。官长沙太守。年少岐嶷，和气内凝，总角造访何?，终以名医见称。学医于同郡张伯祖，而术业过之，时称上手，远近飞声。

建安十稔前，感往昔之沦丧，伤横夭之莫救，乃勤求古训，博采众方，著伤寒杂病论，一十六卷。为天地立心，为中医立极，为往圣继绝学，为万世开康平。诚大德以覆宇，与日月而同辉，济元功于九有，固举世之所推。

值汉代之末绪，逢政途之多违，兵燹接踵，饥疫相随。先师殁后，其书残阙，叔和编纂，得以不坠。七录隋志，频加著录，唐志宋志，亦著于篇。书名卷数，时隐时现，江南诸师，秘而不传，歧异纷?，错节盘根。思邈晚岁，得其遗篇，著于翼方，堪称宝卷。王焘外台，亦录遗篇。著录歧互，披阅不便。北宋治平，据继冲本，细加校雠，篇卷秩然。成氏无己，精研伤寒，沉潜其中，详加研诠。先师之学，历历绵绵，精而用之，皆得十全。民族昌盛，实有赖焉。

先师殁于建安之末，迄今千八百余载，其学与造化而同侔，历千秋而不泯。卓彼先师，心与民通，求民之瘼，惟德是馨。探赜索隐，垂教无穷，精论所在，我医是宗，医方之祖，孰云不从。今逢盛世，国泰民宁，继承遗志，中医是兴。谨陈辞而荐酒，惟天日而鉴明。呜乎尚飨！

新中国成立后纪念张仲景的部分活动

☆1950年，南阳市人民政府正式成立医圣祠管理机构；

☆1956 年，中央卫生部拨款，责令对南阳医圣祠进行初步建修。除对原有房舍、仲景像、仲景墓等修饰一新外，另建大门和围墙，并与门前立“医圣张仲景故里”石碑一幢（此碑由清光绪年间南阳知府博凤所制）；

☆1959 年，张仲景纪念馆成立。9 月 26 日，中央卫生部部长李德全，为纪念张仲景纪念馆亲笔题词，称张仲景为“东方医哲”，并勒石于纪念馆前。是年 12 月，中国科学院院长郭沫若题写“医圣祠”三个大字，并勒石镶嵌于医圣祠大门上方；

☆1963 年 6 月 20 日，河南省人民政府确定张仲景祠、墓为河南省第一批重点文物保护单位；

☆1981 年，国家卫生部、河南省人民政府和南阳地区行政公署拨款，再次对张仲景祠进行全面整修。祠内新塑了张仲景雕像，增加了张仲景生平及著作展览；祠外新落成“南阳医圣祠”大门一座，门外一对高 13.6 米的子母汉阙拔地而起，汉白玉栏杆护卫下的九级青石台阶雄伟壮观。门内过厅内竖起高、宽各 3.5 米的大石屏风，上刻《伤寒论》原序和张仲景生平传略。同年 12 月 12 日，南阳张仲景研究会成立暨全国首届张仲景学术讨论会召开；在这次大会上，陕西省中医研究院院长米伯让向医圣祠捐赠了由他和其师黄竹斋珍藏多年的古本《伤寒杂病论》木刻版；也是在这一年，《张仲景研究》杂志创刊，著名中医文献专家任应秋题写刊名；

☆1982 年清明节，全国人民代表大会副委员长谭震林为整修一新的南阳张仲景祠题词，称张仲景为“医家圣祖”；国家卫生部部长崔月犁为医圣张仲景赋诗，称张仲景为“医宗”。

☆1984 年 9 ~ 10 月，《医圣张仲景与医圣祠》大型展览在河南省博物馆展出；

☆1985 年 1 月，南阳市人民政府决定成立“张仲景医学基金会”筹委会；2 ~ 3 月，《医圣张仲景与医圣祠》大型展览在北京中国历史博物馆展出；10 月，在国家卫生部中医司司长吕炳奎陪同下，日本国东洋医学会会长矢数道明率团来中国“朝圣”。在医圣祠，他们祭拜了张仲景墓，栽上了象征中日友谊的樱花树，树立了“张仲景敬仰之碑”。同年，由廖国玉创作的电视连续剧《张仲景》拍峻并在海内外播放；

☆1986 年，恢复了位于仲景墓东西两侧的行方斋、智圆斋、广济馆、仁术馆、素问亭、仲景堂等多处古建筑，重修了医圣祠大门东侧的仁济桥；

☆1988 年 1 月 13 日，中华人民共和国国务院公布张仲景祠、墓为全国第三批重点文物保护单位。同年，在医圣祠内修建了一座面积约 730 平方米的荷花池、湖心岛和十龙雕塑；

☆1989 年 1 月，南阳市政府拨款完成了医圣祠内张仲景坐堂行医群雕和医和、华佗、王叔和、李时珍四大名医雕像，并修复了祠内的春台亭；同年，由吴林鹏牵头、历时 5 年编撰成书的《〈伤寒论〉检索》正式出版，《伤寒论》微机检索系统也同期完成；

☆1990 年，河南省文物局拨款对张仲景墓、亭进行了全面维修，原有的水泥墓丘改为仿汉砖石结构的墓冢，并于墓前新建拜殿一座；

☆1991 年，医圣祠内新塑张仲景像和岐伯、扁鹊、葛洪、皇甫谧、孙思邈、成无己等古代六大名医像；同年，日本中医药研究会会长渡边武率团来中国“朝圣”，在医圣祠举行了隆重的祭拜活动。

☆1999 年，南阳市开始启动以“六大产业体系”“十大产业基地”为中心内容的“张仲景医药创新工程”。南阳市对张仲景医药资源重新进行整合，把南阳张仲景制药厂并入宛西制药集团，把“大圣”牌产品正式改为“仲景”牌。

☆2001 年 6 月，南阳市再次拨款对医圣祠进行全面绿化美化工程，以迎接来年举办的首届张仲景医药节。为配合这一活动，国家邮政部发行“南阳医圣祠”纪念封 1 枚，图案为医圣祠大门及门外的子母汉阙。

☆2002 年 4 月 8 日，首届“张仲景医药节”在南阳市举办；4 月 9 日，出席医药节的领导、来宾和全体代表在医圣祠隆重举行祭拜医圣仪式，并为“张仲景祭”揭碑；全国中医药界“纪念张仲景百幅名医字画展”同时在南阳张仲景医院展出，“张仲景大药房”在医圣祠内开业。

同年，宛西制药集团举办了“张仲景经方研究会”“仲景杯临床应用征文颁奖大会”“张仲景文化笔会”等多种纪念活动。

☆2003 年 10 月 12 日，南阳市举办第二届“张仲景医药节”。10 月 13 日，出席医药节的领导、来宾和全体代表在医圣祠再次隆重举行祭拜医圣仪式。同日，全国张仲景学术思想研讨会开幕、张仲景纪念邮票发行、张仲景基金会揭牌、张仲景经方应用研讨会召开。

☆新中国建立后，国内外不少医疗、科研、教学、制药单位和专业人士纷纷为张仲景画像、塑像、雕像、铸像，以表示对医圣的崇仰、纪念之情。究竟目前这些作品有多少，实在无法准确统计，本章仅列出影响较大的若干家作为代表：1982 年夏末，著名画家蒋兆和先生为张仲景画像。南阳烙花厂据此制成巨幅烙画，藏于南阳张仲景医学研究所内；1982 年，著名国画大师李燕先生为张仲景造像，此像坐落于南阳医圣祠；1982 年，著名画家宋大仁先生为张仲景画像，此像存于南阳医圣祠；1982 年，著名画家杨云清先生为张仲景画像，此像存于南阳医圣祠；1982 年，著名国画大师程十发先生为张仲景画像，此像存于南阳医圣祠；1982 年，著名画家刘去病先生为张仲景塑像，此像坐落于南阳医圣祠；1982 年，张一平、谢翔、刘天印共同为张仲景塑像，此像坐落于南阳医圣祠；张仲景医史文献馆馆长张一平为张仲景画像，此像于 1982 年 9 月由天津人民美术出版社出版；张一平先生为张仲景塑像，此像坐落于南阳医圣祠；刘天印先生为张仲景塑坐堂行医像，此像坐落于南阳医圣祠；刘天印先生为张仲景塑像，此像坐落于南阳医圣祠；谢翔、刘天印共同为张仲景塑像，此像坐落于南阳医圣祠；1985 年 12 月，著名医史专家李经纬先生创意为张仲景铸造铜像。全国人大常委会副委员长彭冲题写“张仲景”三字，此像坐落于中国中医研究院办公楼内；北京中医药大学为张仲景塑像，此像坐落于北京中医药大学校园内；1987 年 10 月，沈阳鲁迅美术学院孙家彬先生为张仲景塑像，此像坐落于南阳张仲景国医学院；1993 年 12 月，南阳市人民政府为张仲景塑像，此像坐落于南阳仲景药都街中心；1993 年 12 月，刘天意先生为张仲景塑像，此像坐落于张仲景制药厂院内；1994 年，扬子江药业集团为张仲景塑像，此像坐落于该集团总部所在地江苏泰州的新厂区内；1995 年 6 月，武金勇等先生为张仲景塑像，此像坐落于张仲景国医学院校园内；2000 年 9 月刘世恩先生创意、王传福先生制作张仲景画像，此像存于南阳张仲景医学研究所……

☆2005 年 2 月 26 日至 28 日，河南南阳医圣祠举办为期 3 天的医圣祭拜仪式及民俗活动，以纪念张仲景诞辰 1855 周年。在纪念医圣张仲景诞辰 1855 周年活动期间，南阳周围县市的内乡宛梆剧团及民间自发组织的舞狮子、跑旱船等民俗表演活动将在医圣祠大门外的广场举行。同时，医圣祠内还开展丰富多彩的灯谜竞猜和历代名医翻牌游戏等游园活动，并向游人发售有关张仲景的祝福牌、仲景凉茶等，以此加深人们对中医文化的了解。2005 年上半年，南阳医圣祠博物馆将对医圣祠大殿进行修复，重塑医圣金身，以此来扩大医圣祠的规模及影响，弘扬仲景文化。

☆2010 年 4 月 1 日，首届大学生仲景文化节暨第九届大学生科技文化艺术节在河南中医学院新校区仲景广场前隆重开幕。仲景文化节是学风建设的需要，是学校发展的需要，是中医药大学生成长的需要，是中医药事业振兴的需要。文化节是全校大学生的文化大餐，精神盛宴、青春盛会和才艺舞台。

☆2011 年 2 月 20 日，农历辛卯年正月十八，是医圣张仲景诞辰 1861 周年纪念日。为表达对医圣张仲景的深切怀念之情，弘扬和传承张仲景中医药文化，宛西制药集团全体中高级管理人员、员工代表携社会各界虔诚志士，身披黄色绶带，肃立于中华医圣苑，隆重举行祭拜东汉末年伟大医学家张仲景大典，纪念医圣诞辰 1861 周年。

☆2011 年 3 月 31 日下，首届中医学（仲景学术传承实验班）专业拜师仪式在河南中医学院老校区第一教学楼十楼会议室隆重举行。省卫生厅副厅长、省中医管理局局长夏祖昌，副局长韩新峰、业务处处长张健锋、业务处主任董新刚，河南省宛西制药集团副总经理李明黎，院长郑玉玲、副院长李建生，“仲景班”32 名导师及 39 名大学生，教务处及相关部门负责人参加了拜师仪式。

☆2013 年 2 月 27 日，南阳市举行纪念张仲景诞辰 1863 周年系列活动。当天，医圣祠内举办了灯谜竞猜、游园和中医专家义诊等活动。各界群众前往医圣祠纪念、拜谒医圣张仲景。

☆2013 年 10 月 22 日，首届“医圣仲景南阳论坛”开讲仪式暨主题报告会举行，论坛上发表《南阳宣言》。该论坛以“弘扬仲景文化，成就健康梦想”为主题为仲景医学的继承创新和中医药事业的全面发展提供智力支撑。国家卫生和计划生育委员会副主任、国家中医药管理局局长、中华中医药学会会长王国强敲响了“医圣仲景南阳论坛”开坛铜锣，南阳市委书记穆为民作了题为《传承医圣仲景文化成就健康中国梦想》的主题报告。穆为民在报告指出，南阳将围绕“医圣故里、美丽南阳、健康之都”的目标，大力发展仲景健康产业，创建全域一体化的国家首个健康服务产业经济特区——国家健康服务业 CBD，形成魅力活力无限、美丽创意万千，保持山水园林自然风光、充满人文生态的祥瑞健康生命城乡综合体，带动千家万户共同致富，努力打造国际健康文化名城。

第六篇　对张仲景学术思想的弘扬和开发

在中国，在世界上的许多地方，张仲景的名字是人所共知的。张仲景的学术思想，已成为人类共有的取之不尽、用之不竭的宝贵财富。如今，以研究、弘扬仲景学说为宗旨的企事业单位遍及中国乃至地球上的许多地域，以张仲景的名字为单位或产品命名已成为体现人文精神的一种时尚。这种将学术发展与经济腾飞结合一起，互为补益、互为促进的方法，不仅弘扬了张仲景学术，也提高了这些企事业单位的知名度，是新形势下出现的一种值得称道的崭新模式，应当肯定。“张仲景”这个闪光名字的价值，本身就是一个价值连城的品牌一份不可估量的无形资产。

纵观与仲景学说相关联的这些单位，无名有实的，可以说几乎波及到国内所有与医与药有关的行业（包括教学的、科研的、临床的、制药的、种药的、售药的等）；有名有实的，也难以计数，仅仲景故里河南省南阳市就有张仲景国医学院、张仲景医院、张仲景医药研究所、张仲景医药书店、张仲景制药厂、张仲景药店、张仲景药膳餐厅等。介绍这些单位，旨在进一步弘扬仲景学说的精神，彰显仲景学说的广泛影响，并以此为契机，带动和促进经济建设的发展。要展示全国所有与仲景学说有关联单位的风貌是非常困难的，本章所能介绍的，只是这些单位中的代表。

一、一般情况介绍

北京同仁堂科技发展股份有限公司制药厂

主要产品：金匮肾气丸(《金匮要略》肾气丸)
联系地址：北京市丰台区南三环中路20号（100075）
联系电话：(010) 67621166　67615182（传真）
网　　址：www. trtkj. com

河北药都制药集团有限责任公司

主要产品：金匮肾气丸(《金匮要略》肾气丸)
联系地址：河北省安国市东方药城（071200）
联系电话：(0312) 3526666　3558888（传真）

成都金鼎药业有限公司

主要产品：桂枝茯苓丸(《金匮要略》)
联系地址：四川省成都市跳蹬河北路84号（610051）
联系电话：(028) 4334565　4333342（传真）
网　　址：www. jindpn. com

南京中山制药厂

主要产品：枳术丸(《金匮要略》枳术汤)
联系地址：江苏省南京市双龙街1号（210012）
联系电话：(025) 4712410　4701394　4716978（传真）
网　　址：www. zspharm. com

广西仁盛制药有限责任公司

主要产品：小柴胡冲剂(《伤寒论》小柴胡汤)
联系地址：广西防城港市上思县城南郊（505500）
联系电话：(0770) 8519938　8519928（传真）

江西百神药业

主要产品：小柴胡颗粒(《伤寒论》小柴胡汤)
联系地址：江西省赣州市五里亭（341000）
联系电话：(0797) 8183500　8182816（传真）

江西济民可信药业有限公司

主要产品：小青龙合剂(《伤寒论》小青龙汤)

小柴胡颗粒(《伤寒论》小柴胡汤)
三黄片(《金匮要略》泻心汤)
联系地址：江西省宜春市高士路127号（336000）
联系电话：800－8691178　（0791）8217432（传真）
网　　址：www. jmkx. com

吉林紫鑫药业股份有限公司

主要产品：茵陈五苓丸(《金匮要略》茵陈五苓散)
联系地址：吉林省柳河县英利路88号（135300）
联系电话：（0448）7210408　7210428（传真）
网　　址：www. jilinzixin. com. cn

北京双鹤高科天然药物有限责任公司

主要产品：茵栀黄口服液(《伤寒论》茵陈蒿汤)
联系地址：延庆县妫水南街11号（102100）
联系电话：（010）81192559

吉林森工健今药业有限责任公司

主要产品：大黄䗪虫胶囊(《金匮要略》大黄䗪虫丸)
联系地址：吉林省临江市三公里（134600）
联系电话：（0439）5225408　5230367（传真）

湖南德康制药股份有限公司

主要产品：大黄䗪虫胶囊(《金匮要略》大黄䗪虫丸)
联系地址：长沙市河西观沙岭工业园（410013）
联系电话：（0731）8680825　8681344（传真）
网　　址：www. hndk. com

天津市中央药业有限公司

主要产品：麻仁软胶囊(《伤寒论》麻子仁丸)
联系地址：天津市北辰区富锦道1号（300400）
联系电话：8008180768

佛山雅来制药有限公司

主要产品：麻仁软胶囊(《伤寒论》麻子仁丸)
联系地址：广东省佛山市轻工二路1号（528000）
联系电话：（0757）3981345　2218181（传真）

吉林涌源药业

主要产品：苦参片(《金匮要略》苦参汤)
联系地址：吉林省梅河口市（135027）
联系电话：(0448) 4893001　4891299（传真）

珠海联邦制药股份有限公司

主要产品：妇康宝合剂(《金匮要略》胶艾汤)
联系地址：珠海南油大酒店玻璃楼七楼（519015）
联系电话：(0756) 3362616　3362636　3362816（传真）
电子信箱：zhtui@ mail. zhuhai. gd. cn
网　　址：www. tui. com. cn

河南宛西制药股份有限责任公司

经营项目："仲景牌"六味地黄丸等系列产品
通讯地址：河南省西峡县（474500）
联系电话：(0377) 4665688　4663117（传真）
网　　址：www. chna - medicines. com

张仲景大药房（南阳）

经营项目：经方成药及经方传统散剂等
联系地址：河南南阳市医圣祠街医圣祠内（473001）
联系电话：(0377) 3037149

张仲景书店（南阳）

经营项目：仲景著述及后世对仲景学说研究书目、纪念品等
联系地址：河南南阳市医圣祠街医圣祠对面（473001）
联系电话：(0377) 3201728

二、重点单位简介

承前启后医圣路　继往开来仲景旗

张仲景家乡规模最大的中医医院——南阳市中医院

秀丽的门诊楼广场

南阳市中医院，始建于1984年，是集医疗、教学、科研、康复、保健为一体的国家二级甲等中医医院，河南省中医工作先进单位、南阳市文明单位和医疗保险定点医院，附设“南阳同济肝胆外科、器官移植中心”、“南阳市颈肩腰腿痛研究所”、“南阳市烧伤治疗中心”、“南阳市小儿脑科疾病研究所”和“南阳市脑出血、脑积水治疗中心”。

医院占地2.4万多平方米，建筑面积2.8万多平方米，固定资金4000万元。现有职工386人，卫生技术人员占79%，其中高级职称45人，中级职称80人，形成了高、中、初梯度合理的人才结构。医院按中西医结合综合医院标准设置，门诊开有32个临床科室，诊疗范围涵盖所有病种；病房设开放床位300张，分为心血管病、脑血管病、肿瘤、肾病、外科、骨伤科、烧伤科、妇科、儿科、脑外科等九个病区。

拥有螺旋CT、彩色B超、电子胃镜、全自动生化分析仪、腹腔镜、汽化电切镜、血液透析机、液晶碎石机、800mAX光机、中药浓缩提取等大型医疗设备100余台(件)，初步形成了全方位的医疗服务体系。

建院二十年来，医院坚持以弘扬仲景学说为己任，牢固树立“以病人为中心，以质量求发展”的理念，重人才，抓改革，创名牌，使医院规模不断扩大，服务功能日臻完善，综合效益逐年提高。先后获得省、市级科技进步奖63项，国家发明专利4项，出版专著72部(本)，发表学术论文780余篇。其中外科开展的肝肾移植术、心血管病科开展的扩冠通络法治疗缺血性心脏病、肾病科开展的中药非透析疗法治疗慢性肾衰、骨伤科开展的中药三联疗法治疗股骨头缺血性坏死等研究都取得了可喜的进展，吸引了国内不少专家和日本、瑞典、加拿大等国学者前来参观考察，成为南阳市中西医结合治疗中的一个亮点。

通讯地址：河南省南阳市七一路939号

邮政编码：473003

联系电话：

(0377)3176380　3170120

壮观的医院住院部大楼

继承医圣精华　创新仲景名牌

仲景故里历史最早的中医医院——南阳市张仲景医院

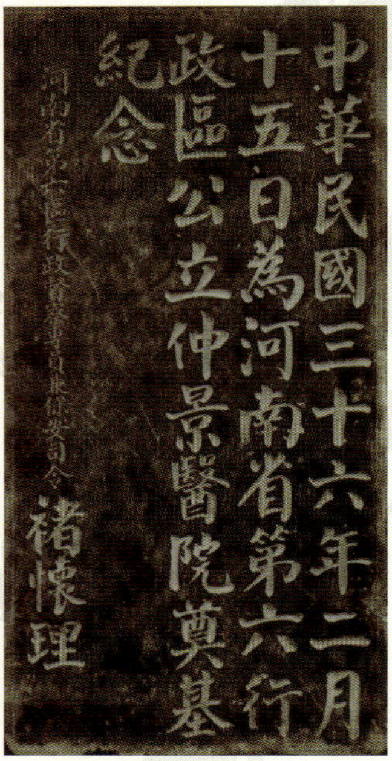

建院时的奠基碑

南阳张仲景医院，于民国三十六年(1947 年)二月十五日破土动工，1948 年建成，是南阳医学史上第一家以中医药治疗为主的中医医院。后几经变迁，于 1979 年 11 月 1 日，经南阳市地方政府批准，正式恢复“ 南阳市张仲景医院 ”建制。经过新中国建国后几十年，特别是近几年的努力，如今已成为一所环境优美舒适、医疗条件完备、服务功能齐全的集医、教、研为一体的特色型综合中医院。

该医院共占地 12.2 亩，开放床位 150 张，固定资产 987 万元，职工 185 人(其中专业技术人员 152 人，中、高级专业技术人员 90 余人)，拥有内、外、妇、儿、骨、五官、皮肤、肛肠、针灸、理疗等 25 个专科和多种大型医疗设备，年门诊量 10 余万人次。先后被河南省人事厅、卫生厅、中医管理局和南阳市人民政府命名为“ 河南省中医工作先进集体 ”、南阳市“ 文明单位 ”和河南中医学院“ 教学医院 ”。

该院以挖掘、发扬、光大医圣学术为宗旨，弘扬仲景学说承先人精华，振兴祖国医学展一代雄风。他们坚持中医办院方向，突出专科专病特色，“ 不求大而全，但求精、尖、专 ”，在患者中树立了良好的信誉。中风病和肝病专科，是该院的拳头科室，也是南阳市的重点专科，由仲景名方“ 大黄 虫丸 ”化裁而成的“ 脑脉康颗粒 ”制剂，是他们研制的院内秘宝，在对脑出血、脑梗塞、老年性痴呆等疾病的治疗中疗效显著，总有效率达 90% 以上，临床治愈率达 80%，明显降低了患者的死亡率和致残率。专科建设带动了医院发展，近年来该院的专科专病收入已占有全院总收入的近 80%。截止目前，该院共完成科研成果 28 项，其中省、部级以上 6 项，市级 22 项；发表学术论文 400 多篇。

古朴典庄的医院门楼

通讯地址：河南省南阳市医圣祠街 129 号

邮政编码：473000

联系电话：

(0377)3037079　3588190

弘扬仲景学说　再造中医辉煌

集医教研于一体的特色医院——**南阳中医药学校附属医院**

清新秀美的医院门诊楼

南阳中医药学校附属医院，位于河南省南阳市风景秀美的卧龙岗上，与中外驰名的汉丞相诸葛亮故居——武侯祠相毗邻。该院始建于1995年6月，由云阳中医药学校附属医院和张仲景国医大学门诊部合并而成。总占地面积16亩，建筑面积3800平方米。现有正式职工93人，兼职人员20人，其中具有正、副主任医师职称的高级医务人员20人，中级职称医务人员28人，初级职称医务人员45人，形成了一支结构合理的阶梯式技术队伍。同时，医院以学校为依托，将48名具有多种技术和专科特长的中医药专家、教授汇集于一堂，形成了独有的人才优势。

医院以中医为主，中西医结合，医教研一体。除设有常规的内、外、妇、儿、口腔、五官、针灸、理疗等科室及大型X光机、彩色多普勒、动态心电图、心电监护仪、血细胞自动计数仪、半自动生化分析仪等医疗设备外，还设有肛肠、心脑血管病、康复三个重点专科和与之相配套的肛肠蹲位检查机、洗肠机、24小时holter等专用设备。医院成立的针灸研究所、肝病研究所等，以件景学说为主导，有针对性地开发适应于患者需要的新成果。医院拥有的饮片加工厂，除对本院用药进行严格的筛选、加工、炮制外，还对外承制丸、丹、散、膏、胶囊、口服液等各种制剂的加工，以满足患者的不同需求。其生产的仲景系列药茶，对减肥、降脂、养颜、消暑等分别具有相应的效果，深受广大消费者欢迎。

医院立足于人才开发和专科专病建设，各科整体水平和特色优势不断得到加强和发挥。目前已成为“全国高血压病”和“中医血疗”的网络建设基地，并被授予“全国百姓放心示范医院”荣誉称号。

具有中医特色的门诊药房

通讯地址：河南省南阳市卧龙岗

邮政编码：473061

联系电话：(0377)3512468　3371488

举张仲景旗帜　承王清任风范

王清任故乡规模最大的医院——**玉田县医院**

玉田“古人种玉处”

在我国清代伟大的医学科学家王清任先生的故乡——河北省玉田县，一座现代化的综合医疗机构——玉田县医院，在新中国建国的号角声中诞生了。迄今，这家有50多年历史，集医疗、教学、科研、康复、保健、急救为一体的大型现代化综合的医院，已拥有土地面积2.27万平方米，建筑面积3.6万平方米，年收住院病人1.7万人次，开展手术6000余例，成为冀东地区医疗战线的一颗灿烂明星。该院已先后获得国家二级甲等医院、爱婴医院和河北省及唐山市文明单位、文明服务三星级医院等百余项殊荣；2004年初，正式通过ISO9001(2000)国际质量管理体系认证。

玉田县医院技术力量雄厚，医疗设备先进，现拥有床位400张，职工670余人(其中中、高级技术人员100多名)，各类科室40余个，大型医疗设备(如美国产GE磁共振、全身CT、杜邦全自动生化仪、德国产西门子彩色B超、500MA数字遥控化X光机、动态心电诊断监护仪、颈颅多普勒、高压氧仓、超声乳化仪、血液透析仪等)200余台(套)，并建有高标准ICU、CCU病房。在科研上，已有一批成果脱颖而出，如神经外科开展的颅脑损伤修复术、心胸外科开展的心内直视手术、骨病中心开展的矫形术和断指再植术、神经内科开展的脑卒中规范诊治研究(国家“十五”攻关项目)、皮肤病研究所开展的顽症综合治疗术等，均在京东地区名列前茅，有的已获省、市科技进步奖。

在新世纪里，一座高14层、建筑面积为2万平方米的外科大楼在该院拔地而起，成为该县建设史上的一个创举和一道靓丽的风景线。玉田县医院人决心发扬张仲景、王清任百折不挠的奋进精神，努力创新，开拓进取，为人民的健康事业不断做出新贡献！

通讯地址：河北省玉田县察院街1号
邮政编码：064100
联系电话：(0315)6158001　6158157

新建的医院外科大楼

结　　语

当我们掩卷写下“结语”这段文字的时刻，无疑是标志着《张仲景研究集成》这部历时两年多的作品编纂工作的结束，这出戏到了该谢幕的时候了。戏唱得好不好，不敢自夸，但所选用的素材肯定是过得硬的，因为张仲景及其所创造学说的伟大是举世公认的事实。至于观众对演技的评价，则是另一回事，正如俗语所说的“众人心里一杆秤”，那样，他们最有发言权。

张仲景是一千七百多年前生活于东汉末期的一位医学家，由他创造的仲景学说自问世至今所以能够左右着祖国医学前进的舵轮、表现出永恒的生命，本身就是对其学说科学性再好不过的证明。他的一部《伤寒杂病论》，把中医对外感热病及40多种杂病诊疗的理法方药说得明明白白；他创立的六经辨证理论，把中医纷纭复杂的理病关系道得清清楚楚。条分缕析，理清义明，纲举目张，知真见灼，无愧于一字千金、一论万钧之作！后人在整理过程中，将《伤寒杂病论》分为《伤寒论》和《金匮要略》两大部分。前者共22篇，是辨治外感热病的大论。它把疾病的发生、发展、传变、转归、预后统归于六经之下，论之、辨之、防之、治之，113方表现了汗、吐、下、和、温、清、补、消等所有不同的治法，达到了出神入化的地步；后者共25篇，是辨治多种杂病的专论，有16篇是谈内科病的，3篇是谈妇科病的，2篇是谈外科病的。说之、道之、剖之、析之，262方囊括了汤、丸、散、丹、酒、洗、敷、坐等各种适宜的剂型，“治未病”的思想和重后天、扶正气的法则贯穿于章头句尾。书中所谈到的对许多病的论治方略，被认为是中医治疗学的源头。

《伤寒杂病论》的出现，是中国医学史上的里程碑，标志着祖国医学辨证施治原则的完善和确立，把祖国医学的理论和实践推向了一个划时代的历史新阶段。难怪后世医家对它尊崇倍至、盛赞有加，说它“集群圣之大成”（陈修园），是“大圣之作”（成无己）、“圣人之妙用”（徐灵胎），为“活人之书”（华佗）、“众方之祖”（陶弘景）、“众法之宗”（喻嘉言）、“万世之法”（李东垣）、“医门之规矩准绳”（朱丹溪），“特有神功”（孙思邈）等，张仲景也因此有了“医圣”“鼻祖”“万世医宗”“医门孔子”“医中亚圣”等称谓。

透过《伤寒杂病论》的字里行间，不难发现，全书在谈医论药之外，还包含着博大精深的医学文化思想，主要可以概括为十个方面：善于博采众长的继承法古思想、敢于继往开来的创新发展思想、勇于实践探索的敬业献身思想、坚持以人为本的贵人贱物思想、乐于救死扶伤的仁术厚德思想、提倡“天人合一”的宗法自然思想、创立辨证论治的哲学思维思想、施行标本兼顾的整体合一思想、推行未病先防的防微杜渐思想和注重心、身、食疗的综合养生思想等。正是这些系统的思想，加之其精辟的医学理论、精湛的专业技术、精诚的医疗道德、精要的诊疗经验，共同构成了一种完整的科学学说，即仲景学说。

需要明确的是，仲景学说的确立，除了张仲景本人的聪明智慧和创造性劳动外，与后人长期不懈地继承、发挥、完善、补充、研究、发展是分不开的。据本书编者掌握的资料，自《伤寒杂病论》问世至今，已正式出版的各种版本达到600多种，刊印次数超过千次；历代研究仲景学说的专著达到1000余种，涉及中医理法方药的各个领域；近百年来公开发表在各类医学学术刊物上的论文有2万多篇，文章作者辐射包括港、澳、台地区和西藏、青海、内蒙古等边远地区在内的全国所有省份，无一空缺。这些书籍、文章，无不是后人倾注于仲景学说的心血之作，它们在对仲景学说的延续和发展上起到了不可磨灭和无可替代的作用。因此从广义上说，仲景学说是以张仲景的《伤寒杂病论》及其人文思想为核心的数代医家研究成果的汇集和经验结晶，是人类共同创造的社会财富。

《张仲景研究集成》，既立足于对仲景学说的追根溯源，致力于对张仲景生平家世、学说形成、学说价值等的历史学角度研究；又立足于对仲景学说的延伸弘扬，致力于后世对仲景学说的发扬光大、应用拓展、实验探索等发展观角度的研究，它的立意是非常广阔的。无奈的是，限于篇幅，又不可能把上述内容一字不漏地收入这部虽有500万字含量而实难将全部文献收其一二的杯水之中。为了不失《集成》之名、弥补篇幅安排上的困难，在编写原则上采取的是多综合少分类、多纲目少全文、多记实少议论的方法，尽量把已经搜集到的资料提纲挈领式地收录于书中，至于大量已出版了的原著原作，只能选录少量（约占总量的1/20）作为代表，就无法全面展现其原貌了。不过，本书总算给读者提供了一份比较完备的参考性索引，使读者很容易从书中找到自己所需资料的出处来。本书把截止日期，界定为2003年年底。就在成书过程的最后半年（2004年上半年）中，又目见一批与仲景学说有关的颇具新意的著作、论文面世，欣喜之余，而又无法再把它们收入书中，只好待再版时补入或留给后人去做了，遗憾之外又添了一层惋惜。

千搜万集难全美，左压右缩愁煞人，一部小小的《集成》无论如何也容纳不了仲景学说的浩瀚内容、表现不了仲景学说的丰厚积淀。我们期望的是，这部《集成》能作为引玉之砖，以引出瑰丽的琼玉、宏大的巨厦来，以不断丰富仲景学说的辉煌宝库、装点祖国医学的灿烂春天！

（2004年6月结集于北京中医药大学）

图书在版编目(CIP)数据

张仲景研究集成 / 钱超尘,温长路主编 .- 增订本 . - 北京: 中医古籍出版社,2015.8
ISBN 978-7-5152-0797-1
Ⅰ.①张... Ⅱ.①钱...②温... Ⅲ.①张仲景-人物研究②张仲景-医学思想-研究
Ⅳ.①K826.2②R2-092
中国版本图书馆 CIP 数据核字(2015)第 064693 号

张仲景研究集成

主　　编　钱超尘　温长路

责任编辑　刘从明
特邀编辑　杨英豪　杨六香　王俊聪
　　　　　袁仁智　唐　鹏　牛崇信
装帧设计　陈　娟
出版发行　中医古籍出版社
社　　址　北京东直门内南小街 16 号(100700)
经　　销　全国各地新华书店
印　　刷　北京金信诺印刷有限公司
开　　本　787mm×1092mm　1/16
印　　张　242.25　　彩插 6 幅
字　　数　8011 千字
版　　次　2015 年 8 月第 1 版　2015 年 8 月第 1 次印刷
印　　数　0001 ～ 1500 册
书　　号　ISBN 978-7-5152-0797-1
定　　价　600.00 元(全三卷)

医圣张仲景

国家级文物保护单位——医圣祠

《张仲景研究集成》（增订版）编委会

内 容 提 要

张仲景是生活在我国东汉末年的一位杰出的医学家，他从祖国医学的基本理论和原则出发，结合临床实践，以自己的聪明智慧创造性地总结出了中医对急性热病和部分疑难杂症的诊治经验，写出了千古不朽之作《伤寒杂病论》，完善、发展了中医辨证施治的理论，开创了祖国医学六经辨证的先河。

近两千年来，仲景学说已经逐渐发展成为一种重要的学术流派，直接关系和影响着我国传统医学的发展和进步。迄今《伤寒杂病论》的各种版本已达700多种，研究仲景学说的专著已有1500多种，公开发表的各类论文近4万来篇。一个医学家，能如此感动人类、影响社会，这不能不说是一个奇迹。

本书全方位地汇集了仲景生平家世、学说起源、学术精华、研究应用、传承发展等浩繁博大的内容，将《伤寒杂病论》问世以来，特别是近百年来国内外专家、学者研究仲景学说的成果融为一炉，并经过周密细致的设计、分类、加工、剖析，大跨度地表现了张仲景不平凡的一生和仲景学说在祖国医学史上的崇高地位及巨大影响。其视野之广阔、构制之宏大、内容之丰富、资料之翔实，是目前国内外同类著作中仅有的。

本书具有文献和工具书的性质，既是对仲景学说的历史总结，又是对后世研究成果的全面展示，为读者学习和研究仲景学说提供了一部系统的参考书。适合于中医药界各阶层的读者，适合于各级中医药院校、科研单位、医疗单位、制药业图书馆及医学工作者个人阅读和收藏。

序

张仲景是我国东汉末年的一位杰出医学家。他关心民众疾苦、热爱医学，并将自己的一生献给了这一伟大的事业。他根据祖国医学理论的基本原则和精神，“勤求古训，博采众方，撰用《素问》《九卷》《八十一难》《阴阳大论》《胎胪药录》，并平脉辨证”，结合自己的临床实践，创造性地总结出了中医对急性热病和部分疑难杂症的诊治经验，写出了千古不朽之作《伤寒杂病论》，完善、发展了中医辨证施治的理论，开创了祖国医学六经辨证的先河。他对祖国医学的贡献之大，是后世公认的，诸多赞语之中，以著名学者徐衡之先生所论最切：“仲景实验派医学，万民于今受赐，其有光中国文化，实不在孔墨庄老之下。中国文化史，苟无仲景其人，则岂止医学一门黯淡无色，中华民族恐已成无医之国矣。”

近两千年来，仲景学说已经逐渐发展成为一种重要的学术流派，直接关系和影响着我国传统医学的发展和进步。在全国乃至世界范围内，研究仲景学说的人数颇多，研究成果也颇显丰硕。据有关资料表明，迄今《伤寒杂病论》的各种版本已达到600 多种，刊印次数超过千次；研究仲景学说的专著达到1000余种，涉及中医理法方药的各个领域；公开发表的各类论文约2 万来篇，几乎遍布于国内出版的所有中医药学刊物中，文章作者来自内地各省、香港、澳门特区及台湾省。

全面总结历代对仲景学说研究的成果，并介绍给广大的读者群，这不仅关系着仲景学说研究工作的质量，也是关系到如何进一步搞好中医学术继承和发展，推动其走向世界的重要工作。钱超尘、温长路两位教授，以高度的责任感和事业心，带领全国40 多位有志于仲景学说研究的中医界同仁，继《王清任研究集成》《李时珍研究集成》出版后，又经两年多的墨耕笔耘，完成了《张仲景研究集成》这部500万字的大型文献学著作。

《张仲景研究集成》，提纲挈领式的把包括张仲景家世、学说起源、学术精华、研究应用、传承发展等浩繁博大的内容汇于一书，把一千多年来，特别是近百年来国内外专家、学者研究仲景学说的成果融为一炉，大跨度地表现了张仲景不平凡的一生和仲景学说在祖国医学史上的崇高地位及巨大影响。该书具有文献和工具书的性质，为读者提供了一部系统的研究参考书，这对于继承和发展仲景学说，促进中医学术发展，将起到积极的推动作用。值此成书付梓之际，应钱、温两位教授之约，我欣然写了这段话，以为之序。

中华人民共和国卫生部副部长
兼国家中医药管理局局长　佘靖

2004年6月26日

前　言

《张仲景研究集成》，属《中华古代名医名著研究集成》系列丛书之一，是继《王清任研究集成》《李时珍研究集成》出版之后的又一部大型文献学著作。已编辑的这三部著作，是按照从清代——明代——汉代这和时间倒叙的方式进行的，在这段历史隧道的漫步中，越向前走，就越使人有一种沉甸甸的感觉。这绝不仅仅是因为这些著作在字数表现出的由180万、200万到500万字的递次增加，重要的是它在内容上所凸显出的越来越厚重的分量。

张仲景，是我国东汉末年出现的一位惊世骇俗的医学家。在国家动乱、疾病流行的纷争年代，他选准了与人类生存休戚相关的医学之路，并为之奋斗一生。他用自己的亲身实践和心血铸成的那部一字千金的《伤寒杂病论》，作为对祖国医学的继承和发展，构建了祖国医学理论的崭新体系，也构筑了仲景学说的精华和灵魂。《伤寒杂病论》包括《伤寒论》和《金匮要略》两大部分。前者共22篇，是阐述外感热病的专论。它以六经为纲，对疾病表现出的阴阳、虚实、表里、寒热证候进行辨证，然后分别施以汗、吐、下、和、温、清、补、消等不同的治法，集中医药科学的固有知识与作者的聪明智慧于113个具有代表性的处方之中。祖国医学的辨证施治原则从此确立，中医理法方药的纲目从此更加明确。后者共25篇，是专论杂病治疗的，其中有16篇谈的是内科病，3篇谈的是妇科病，2篇谈的是外科病。它论治的病种有40余种，载方262首，剂型涉及汤、丸、散、丹、酒、洗、敷、坐等多种。书中所谈到的对许多病的论治，是中医治疗学的源头；提出的“治未病”思想和重后天、扶正气的法则，对祖国医学的理论和实践都有重要的完善、发展作用。

《伤寒杂病论》，被公认为是中国医学史上的里程碑，它的出现，把祖国医学推向了一个划时代的历史阶段。翻遍后世医籍，可以说，没有哪家不直接或间接运用仲景学说的。历代医家对张仲景及其学说都给予了很高的评价：说“张仲景者，医家之周孔也；仲景之《伤寒论》《金匮要略》，医家之六经也”（《金匮要略论注·序》）。“仲景一部，最为众方之祖”（《本草经集注·序例》）。“仲景诸方，万世医门之规矩准绳也，后之欲为方圆平直者，必于是而取则焉”“仲景之书载道者也，医之良者引例推类，可谓无穷之应用”（《局方发挥》）。“仲景药为万世法，号群方之祖，治杂病如神，后之医者，宗《内经》

法，学仲景心，可以为师矣”（《内外伤辨惑论》）。仲景之学“与《素问》《难经》并重，得其一知半解，皆可以起死回生，则亦岐黄之正传，和扁之嫡嗣矣”（《四库全书》）。

仲景学说，说到底是一种思想、一种文化，一种将人文科学与自然科学融为一体的特殊的医药文化思想。他的同姓同乡、现代南阳作家张庆军先生，把他的这种思想概括总结为七个方面，即：博采众长的开放发展思想、救死扶伤的民本主义思想、追求真理科学的“天人合一”思想、勇于认知实践的继承创新思想、实施辨证论治的哲学思想、倡导整体预防的“治未病”思想和注重食疗调补的养生保健思想（见华夏出版社2003年版《张仲景医药文化》）。纵观历代所论，他的总结是中肯的和实事求是的，没有夸大造势之词，我们在编辑《张仲景研究集成》一书中所接触到的大量史料也肯定了这一点。下面的一组数据，或许更能为以上的结论提供佐证：一、自《伤寒杂病论》问世至今，正式出版的各种版本约600种，刊印次数达千次以上，仅清代就有百余种。有些版本是反复刊印的，如《宋本伤寒论》已出版过40多次，《注解伤寒论》出版的次数则超过了50次。在国外，《伤寒杂病论》也广为流传和运用，日本一个国家就出版了100多次，《朝鲜史》第十卷中原汁原味地收入了仲景方，东南亚不少国家也都组织过出版。一本医学专业之书，能这样轰动世界医林，这在古医籍出版、传播史上实在是了不起的现象！二、历代注解、研究仲景学说的专门著作不少于1000种，内容涉及学说滥觞、学术发展、理论探讨、实践运用、现代研究等方方面面，其中不少著作也是被几十次刊印的，如喻嘉言的《尚论张仲景伤寒论重编三百九十七法》、柯韵伯的《伤寒来苏集》、舒诏的《舒氏伤寒集注》、张志聪的《伤寒论集注》等，其出版次数都不下于30次；陈修园的《伤寒论浅注》《金匮要略浅注》两书的出版次数最多，起码都在50次以上。三、近代研究仲景学说的人数之众、论文数目之多、涉及范围之广，在祖国医学史上都是首屈一指的。据本书编者的不完全统计，从1924～2003年的80年间，已公开在学术刊物上发表的各类研究性文章多达2万篇左右，还不包括一些专业会议出版的论文集在内，创造了祖国医学理论研究史上的奇迹，造就了若干代具有真才实学的医生和一批成就卓著的名医、大家、国手。四、在历史上，纪念张仲景的活动一直没有间断过，从民众自发的祭祀到政府组织的公祭、从国内人民的瞻仰活动到国际友人的朝圣寻根，张仲景的形象几乎到了被神化的程度，其教化作用不言而喻。以造像为例，迄今为止，为张仲景的造像就有30余种，形式包括画像、木刻像、泥塑像、石雕像、烙画像、铜铸像等多种，中文版外，还有英文、日文等多种外文形式。他们之中，既有大量的名家名品，也有出自民间艺人之手的乡土之作。如今可以看到的张仲景造像，除部分属明代塑像和木刻像外，大都是近代人的作为，著名的如王吉民、伍连德、蒋兆和、宋大仁、程十发、李苦禅、李燕、杨云清等创作的画像，刘去病、张一平、谢翔、刘天印、孙家彬、武金勇、李经纬等创作的塑像。宛西制药集团股份有限公司注册的张仲景商标像、国家邮政总局发行的张仲景邮票像，影响尤为广泛。日本、新加坡等国家的艺术家和医学家们为张仲景的造像也非常之多，仅日本就有近十种。悬挂而外，目前在国内可见的立体雕塑就有广东省药王庙、上海科技馆、河南中医学院、北京药王庙、北京先医庙、北京同仁堂、北京市中医院、北京中医药大学、中国中医科学院等，就连国家最高的收藏机构中国历史博物馆里，也展示着张仲景的巨幅画像。当然，数量最多的还要数仲景故里南阳市，除医圣祠内的六尊雕塑外，张仲景药都街、张仲景国医学院、张仲景医院、张仲景制药厂等，到处都可以见到医圣的形象，他们都从不同角度、不同侧面展示了人们对医圣的尊重、敬仰和缅怀之情。

一位史书无传的医家，却能如此感动人类、流芳千古，透过这种奇特的现象，人们更进一步认识到了张仲景为人类健康事业孜孜不倦的创新、拼搏、奋斗的人生追求和他非凡、超人、过人的人格魅力，这也正是我们要启动《张仲景研究集成》一书创意、立论、编辑、出版的根据和产生决心、信心、勇气、动力的源泉。这部约500万言的著作，从策划到成书，共经历了两年多时间，是全国40余位专家、学者集体力量的结晶。在编写组织上，本书由主编、执行主编、副主编、编委共同组成强大的协作班子。主编，负责全书的策划、重要章节的撰写和全书的审查；执行主编，在主编的指导下带领副主编和编委分头完成各部分资料的检索、汇集、初编任务。这支队伍中，教授、副教授的人数占绝对优势，不少还是硕士生、博士生导师和学科带头人；部分有造诣的讲师、主治医师、药师及几位在校就读的优秀研究生参与了相关工作。本书还特意聘请了国家中医药管理局、中华中医药学会、河南省中医管理局、河南省南阳市卫生局的领导和专家担任学术顾问，以加强对它的质量调控和增加学术上的含金量。

本书具有文献的性质，其内容包括对张仲景生平家世的研究，对《伤寒杂病论》版本沿革和主要学术思想的研究，对张仲景学说形成、发展和应用情况的研究，后世运用和发展张仲景学说取得的成果，纪念张仲景重大活动、重要组织情况的综述等。编者将上述资料提纲挈领式地加以分类、总结、概括，以期读者能对仲景学说有一个概念性的系统了解和为读者的研究工作提供一部实用的参考工具书。书中的资料，部分由本书编委会的成员撰写，部分选自发表于各类杂志、报纸和书籍中的文章和在有关学术会议上交流的、具有代表性的论文。所选文章，包括香港、澳门、台湾和西藏、青海、新疆等边远地区在内的全国所有省份；同时还有意选入了部分国外学者的研究文章，以从多侧面体现仲景学说的影响和研究工作的广泛性。作为集成工作，尽管编者主观上想把所有研究仲景学说的资料能全部集齐，但客观上因研究仲景学说的资料内容太多，加之篇幅所限和编者接触资料的局限性，要实现这个愿望显然是不现实的，一些有价值的著述可能会因未能发现或取舍不当而未被收入。为了最大限度地给读者提供比较全面的资料，大量的文章和著述都是以目录的形式收编的；即便被收入的论文中，有的也是经过删节了的。对所选文章或书籍的作者、编者及其所在单位，书中都以统一的体例、显著的文字进行了标示，以表示对他们的尊重和感谢，并让人们永远记住他们为研究、光大仲景学说做出的卓越贡献！

本书在编辑、出版过程中得到了国家中医药管理局、中华中医药学会、河南省中医管理局、南阳市卫生局以及北京中医药大学、广州中医药大学、浙江中医药大学、中国中医科学院、中医古籍出版社等单位和有关领导的关心和支持，得到了河北省玉田县医院，河南省南阳张仲景医院、南阳市中医院、南阳中医药学校附属医院的鼎力资助，得到了国内外许多专家、学者的关爱和帮助，在此一并致谢！卫生部副部长兼国家中医药管理局局长佘靖同志非常关心本书的编纂工作，在百忙中为本书撰写了序言，感谢她对张仲景研究和中医药事业的重视和投入！

“医国医民功泽千秋溯东汉，圣功圣德馨香万世重南阳”（引自河南省南阳市书法家张焕然先生为医圣祠拜殿题写的楹联）。《张仲景研究集成》，是数代医人、学者智慧的汇集和综合，是中医药界多少年来共同奋斗的产物，是以仲景学说为代表的中医药成果的展示。相信它的问世一定能得到读者的支持、呵护，希望它能为仲景学说的深入研究和中医药事业的不断振兴发挥滴水之效！

《张仲景研究集成》编委会
2004 年 5 月 31 日

再版前言

《张仲景研究集成》初版于2004年9月，其收录的文章截止于2003年底。十年光阴荏苒，不仅原版的书籍早已售罄，不断有要求新书问世的呼声；而且研究内容也与日俱增，不断有建议修订改版的呼唤。于是，我们决定顺乎民意、顺乎学术进步之趋势、顺乎中医发展之需求，对这一著作进行一次全面增订，推出一个新的版本来。

本次修订，增加了近10年（2004－2013年）来研究张仲景学说的所有文章（原文或目录），使文字增加了近300万言，卷数由两卷变成了三卷，可谓一项不小的工程。这项工程的依托单位甘肃省中医院和中国中医科学院给了无私的支持，组织队伍、安排时间、培训人员，通过他们的睿智、辛劳的工作，经过了九个多月的努力终于圆满完成了所有修订任务，把一套新版的《张仲景研究集成》奉献到读者面前。

修订中文章的辑录，大大地得益于数据库和搜索引擎的便利，如百度、谷歌、搜狗、360、雅虎、腾讯、搜搜及迅雷资源搜索等，涉及的数据库有维普数据镜像系统、清华同方镜像系统、万方数据镜像系统、万方医学镜像系统等，通过张仲景、伤寒论、金匮要略、伤寒杂病论主题检索，共查获2004－2013年间相关文章近2万条，相当于2004年之前所有文章的总和。同时，《伤寒杂病论》的版本较之前增加了100余种，研究仲景学说的著作增加了近一半，这样的结果确实出乎意料！

鉴于以上所云，面对如此庞大的篇幅，限于人力、财力、时间等诸多因素，这次修订无法将原版内容与新增补的内容全部打乱进行重编重排，而只能采取“旧文旧办法，基本保持内容稳定不变；新文新办法，尽力按照当前的新体例进行规范化表达”的原则来处理了，请读者能够谅鉴。

对于中医来说，这十年可谓是机遇与挑战并显、传承与创新同辉、奋进与发展阔步、成果与收获俱丰的不平常的十年。在政府关怀、社会关注、民众关爱和中医人自己的不懈努力下，作为中医标杆的仲景学术不但没有沉沦，反而越发显出方兴未艾之势，不能不令人感叹！尤其值得一提的是，经方热的兴起，不断将仲景学说的研究从专业机构延伸至普通民众，从国内延伸至海外。十年间，全国举办的大型仲景学术活动多达十多次，比之前同期学术活动的频率和数量都有明显突破。数字背后隐含的内涵，也许更多的是世人的一种心态、一种情结、一种观念、一份理性和一份期待。显然，它们不仅仅是属于仲景个人的，也是属于整个中医的，属于人民和人类的。

仲景生则中医生，仲景不朽则中医不朽！

《张仲景研究集成》编委会

2014 年 10 月 1 日

总　目　录

（上　卷）

概　　说

张仲景其人其事 ……………………………………………………………… (2)
《伤寒论》流传简考 ……………………………………………………………… (4)

第一篇　有关《伤寒杂病论》版本的研究

一、《伤寒杂病论》版本目录 …………………………………………………… (25)
·1949 年之前· ……………………………………………………………… (25)
·1949 年 –2003 年· ……………………………………………………… (33)
·2003 年 –2014 年· ……………………………………………………… (38)
二、《伤寒杂病论》版本研究 …………………………………………………… (41)

第二篇　有关张仲景研究的医学和社会学著作

·1949 年之前· ……………………………………………………………… (185)
·1949 年 –2003 年· ……………………………………………………… (192)
·2004 年 –2014 年· ……………………………………………………… (201)

第三篇　已公开发表的研究张仲景及其著作的文章

一、公开发表文章的目录 ……………………………………………………… (213)
·1926 年 –2003 年· ……………………………………………………… (213)
·2004 年 –2014 年· ……………………………………………………… (389)
二、部分已发表文章选辑 ……………………………………………………… (638)
·1936 年 –2003 年· ……………………………………………………… (638)
（一）对张仲景生平事迹的考证和研究 ……………………………………… (638)
（二）对《伤寒杂病论》文献理论的研究 …………………………………… (680)

（中　卷）

（三）对《伤寒杂病论》理法方药的研究 ……………………………………… (1377)
（四）对仲景学说的临床应用和实验研究 …………………………………… (1999)
·2012 年 –2014 年· ……………………………………………………… (2163)
（一）张仲景学术思想文献与理论研究 ……………………………………… (2163)
（二）张仲景学术思想理法方药理论研究 …………………………………… (2234)

（下　卷）

（三）张仲景学术思想临床与实验研究 …………………………………（2723）

第四篇　有关张仲景研究的重要学术会议及论文选辑

A. 重要学术会议情况简介 …………………………………（3113）
B. 主要学术会议情况简介…………………………………（3116）
C. 学术会议论文选辑…………………………………（3122）
·1981 年 – 2003 年· …………………………………（3122）
（一）对张仲景生平事迹的考证和研究 …………………………………（3122）
（二）对《伤寒杂病论》文献理论的研究 …………………………………（3167）
（三）对《伤寒杂病论》理法方药的研究 …………………………………（3335）
（四）对仲景学说的临床应用和实验研究 …………………………………（3448）
·2012 年 – 2014 年· …………………………………（3552）
（一）张仲景学术思想文献研究 …………………………………（3552）
（二）张仲景理法方药学术思想研究 …………………………………（3565）
（三）张仲景学术思想临床与实验研究 …………………………………（3635）

第五篇　研究、纪念张仲景的主要学术机构和活动

一、主要机构 …………………………………（3810）
二、纪念张仲景的主要活动 …………………………………（3813）

第六篇　对张仲景学术思想的弘扬和开发

一、一般情况介绍 …………………………………（3818）
二、重点单位推介 …………………………………（3821）
结　语 …………………………………（3825）

目　　录

（上　卷）

概　　说

张仲景其人其事 …………………………………………………………… (2)
《伤寒论》流传简考 ………………………………………………………… (4)

第一篇　有关《伤寒杂病论》版本的研究

一、《伤寒杂病论》版本目录 ………………………………………………… (25)
·1949 年之前· ……………………………………………………………… (25)
·1949 年 –2003 年· ………………………………………………………… (33)
·2003 年 –2014 年· ………………………………………………………… (38)
二、《伤寒杂病论》版本研究 ………………………………………………… (41)

第二篇　有关张仲景研究的医学和社会学著作

·1949 年之前· ……………………………………………………………… (185)
·1949 年 –2003 年· ………………………………………………………… (192)
·2004 年 –2014 年· ………………………………………………………… (201)

第三篇　已公开发表的研究张仲景及其著作的文章

一、公开发表文章的目录 …………………………………………………… (213)
·1926 年 –2003 年· ………………………………………………………… (213)
·2004 年 –2014 年· ………………………………………………………… (389)
二、部分已发表文章选辑 …………………………………………………… (638)
·1936 年 –2003 年· ………………………………………………………… (638)
（一）对张仲景生平事迹的考证和研究 …………………………………… (638)
张仲景姓名事迹考 …………………………………………… 郭象升 (638)
张仲景郡望生卒之推测 ……………………………………… 洪贯之 (639)
谒南阳医圣张仲景祠墓记 …………………………………… 黄　谦 (641)
张仲景之伟大贡献 …………………………………………… 秦伯未 (642)
张仲景生平事迹考证 ………………………………………… 薛凝嵩 (643)
张仲景生平问题的讨论 ……………………………………… 宋向元 (646)
试论“汉末建安时张仲景官至长沙太守”的问题 ………… 邓　曼 (651)
张仲景在中国医药上的进步作用 …………………………… 薛凝嵩 (653)
论张仲景史略及其遗著问题 ……………………… 宋向元　李辰生 (656)
祖国伟大的医学家——张仲景 ……………………………… 陈邦贤 (659)
关于张仲景为王仲宣诊病故事的考察 ……………………… 许光岐 (661)
关于《伤寒论》与张仲景的考证 …………………………… 彭静山 (664)
南阳张仲景遗迹 ……………………………………………… 蔺雪帆 (666)
“勤求古训，博采众方”的张仲景 ………………………………… (667)

张仲景传略考 …… 尚启东（668）
关于张仲景生平一些问题的探讨 …… 杜雨茂（670）
试谈张仲景后裔去向 …… 张鸿盘（674）
仲景犯讳质疑 …… 马　锐（675）
张仲景其人其事其成就 …… 丁素珍（677）
从《伤寒论·自序》探讨张仲景精究方术的一生 …… 黄成汉（677）
（二）对《伤寒杂病论》文献理论的研究 ……（680）
中国历代伤寒书沿革略史 …… 曹炳章（680）
读《伤寒论》杂记 …… 周学海（683）
《伤寒论》原文订误 …… 曹尹甫（685）
《伤寒论》六经 …… 恽铁樵（689）
湖南新发现之《古本伤寒杂病论》批判 …… 易万育（692）
《古本伤寒杂病论》是否仲景秘本之商榷书 …… 张春江（694）
《伤寒论》六经概说 …… 姜春华（696）
张仲景的著述年代和现存《伤寒论》的编次问题 …… 洪贯之（698）
《伤寒论》非王叔和所编次商榷 …… 姜春华（700）
从古人对《伤寒论》的看法来认识《伤寒论》 …… 张海峰（701）
从巴甫洛夫学说来看仲景《伤寒论》 …… 何焕奎（703）
有关《伤寒论》的一些问题的商榷 …… 邓　曼（707）
古本康平《伤寒论》 …… 施启生（711）
评《金匮玉函经》 …… 李辰生（712）
《伤寒论》的内容分析 …… 陈方之（715）
《伤寒论》之讨论 …… 吴考槃（717）
学习张仲景《伤寒杂病论》的体会 …… 黄竹斋（718）
伤寒本义 …… 姜春华（721）
对于伤寒与温病的认识 …… 时逸人（726）
学习《伤寒论》以前须要明确的几个主要问题 …… 任应秋（727）
试讨论张仲景氏“汗法”之运用基本原则 …… 方药中（732）
六经浅解 …… 何云鹤（737）
关于《伤寒论》397 法 113 方 …… 萧　熙（740）
《伤寒论》基本精神的体会——整体观念 …… 金寿山（744）
《伤寒论》六经定义的讨论 …… 陈伯涛（747）
读张仲景替王仲宣诊病一则有感 …… 潘白尘（750）
读《伤寒论》书后 …… 陈子厚（751）
从《伤寒论》体会中医的辨证施治 …… 林乾良（755）
关于《伤寒论》“汗家重发汗，必恍惚心乱，小便已阴疼，宜禹余粮丸”条的讨论 …… 张志民（758）
论温病学上的“营卫气血”和“三焦” …… 王新华（761）
温病和伤寒的鉴别 …… 宋洛川（767）
对《伤寒论》“桂枝去桂加茯苓白术汤”之研讨 …… 吴考槃（770）
论《素问·热论》与仲景《伤寒论》六经主证的异同 …… 陆鸿元（771）
我对《伤寒论》的六经和辨证论治的初步认识 …… 曾昭耆（774）
我对伤寒与温病的看法 …… 翟冷仙（780）
从《金匮玉函经》“辨太阳病形证治第三”的首条看《伤寒论》次序之排列 …… 宗维新（784）
张仲景《伤寒论》“辨证论治”的精神实质 …… 胡光慈（785）

读《伤寒论》的一些体会 …………………………………………………… 郑宗洛（790）
略谈成无己《注解伤寒论》的内容和所附图解问题 ………………………… 徐荣斋（791）
《伤寒论》“六经”的初步探讨 …………………………………………… 王新华（793）
伤寒、温病的学术源流与辨证论治 ………………………………………… 欧阳锜（797）
《伤寒论》汇要分析 ………………………………………………………… 俞长荣（800）
我对《伤寒论》“桂枝去桂加茯苓白术汤”的认识 ………………………… 严子藩（805）
《伤寒论》研究和整理的我见 ……………………………………………… 裘沛然（806）
对伤寒与温病的体会 ………………………………………………………… 徐景藩（810）
对《伤寒论》第176条白虎汤证条文的初步商榷 ………………………… 凌春明（812）
《伤寒论》各型脉象汇考 …………………………………………………… 庞祝如（814）
《伤寒论》桂枝去桂枝加茯苓白术汤的探讨 ……………………………… 谷振声（819）
端正对《伤寒论》的认识 …………………………………………………… 张志民（822）
统一伤寒、温病学说的认识 ………………………………………………… 章巨膺（825）
从《伤寒论》尚有32条论文在《金匮要略》中残存来谈《伤寒论》的 ……… 何爱华（830）
伤寒六经的研究 ……………………………………………………………… 张　琪（832）
栀子豉汤是不是催吐剂 ……………………………………………………… 姜承第（834）
为什么白虎汤证会恶风寒 …………………………………………………… 万友生（835）
试谈温病学与《伤寒论》的关系 …………………………………………… 石集贤（837）
谈谈经方与时方 ……………………………………………………………… 赵恩俭（839）
对经方与时方的看法 ………………………………………………………… 赵寄凡（841）
不必强分经方时方 …………………………………………………………… 程鸿儒（842）
谈谈学习《伤寒论》 ………………………………………………………… 任应秋（843）
《伤寒论》397法113方的我见 ……………………………………………… 金寿山（846）
试论古代治“伤寒学”的概况及其流派的形成 …………………………… 任应秋（849）
张仲景著作略考 ……………………………………………………………… 姜春华（855）
《伤寒论》六经若干问题 …………………………………………………… 姜春华（856）
从《伤寒论》初探六经标本中气 …………………………………………… 松　涛（867）
同中有异、异中有同的伤寒与温病 ………………………………………… 蒋其学（870）
介绍张仲景《五藏论》 ……………………………………………………… 赵有臣（877）
对《伤寒论》与《内经·热论》关于六经问题的我见 ……………………… 张云鹏（880）
探讨《伤寒论》运用和发展《内经》的理论 ………………………… 章巨膺　于尔辛（882）
谈谈《伤寒论》的教学经验 ………………………………………………… 李克绍（886）
对宋本《伤寒论》原文第28条的质疑 ……………………………………… 王家喻（889）
六经初探 ……………………………………………………………………… 杨志一（890）
对《伤寒论》中几个问题的认识 …………………………………………… 许自诚（895）
《伤寒来苏集》和柯韵伯的学术思想 ……………………………………… 王衍生（898）
对《伤寒论》第15条“其气上冲”和第231条“其外有热”疑问 ………… 王华英（902）
对《伤寒论·少阴病脉证篇》第二条的认识 ……………………………… 陈　亮（904）
对“桂枝去桂加茯苓白术汤”药证的探讨 ………………………………… 权依经（905）
《伤寒论》六经病理初探 …………………………………………………… 施家珍（907）
《伤寒论》六经分证的精神实质 …………………………………………… 沈济苍（910）
对《伤寒论》一书几个问题的探讨 ………………………………………… 刘渡舟（913）
伤寒解惑论 …………………………………………………………………… 李克绍（917）
浅谈伤寒与温病 ……………………………………………………………… 孙泽先（939）
六经探索 ……………………………………………………………………… 孙泽先（942）
试谈伤寒与温病的异同 ……………………………………………………… 何志雄（946）

试论《伤寒论》六经传变的规律 …………………………………………………………………… 朱式夷（949）
六经辨证与脏腑、八纲、卫气营血辨证的关系 ……………………………………………… 潘澄濂（951）
《伤寒论》证治实质的探讨…………………………………………………………………… 郭子光（955）
《伤寒论文字考》条文部分补正……………………………………………………………… 岳美中（962）
试论《伤寒论》“六经”当为“六病” ……………………………………………………… 刘绍武（965）
略论伤寒六经传变问题 ……………………………………………………………………… 魏甫贤（968）
临床中学习《伤寒论》的点滴体会 …………………………………………………………… 封万富（969）
关于《伤寒论》厥阴病的讨论 ………………………………………………………………… 王　琦（971）
《伤寒论》对温病学的贡献…………………………………………………………………… 郑秉熊（973）
浅论厥阴证在六经传变中的位置 ……………………………………………………………… 施太源（975）
《伤寒论》药物的统计………………………………………………………… 林乾良　孙福顺（976）
浅谈对《伤寒论》学习法的体会 ……………………………………………………………… 孟琳昇（976）
试论《伤寒论》六病分证的特点及其意义 …………………………………………………… 张志民（978）
《伤寒论》研究性著作简介…………………………………………………………………… 余瀛鳌（980）
《伤寒论》研讨………………………………………………………………………………… 吴考槃（983）
《伤寒论》刍言………………………………………………………………………………… 刘渡舟（985）
试论仲景的学术思想 ………………………………………………………………………… 何绍奇（988）
关于《伤寒论》争论的几个问题 ……………………………………………………………… 鲁兆麟（991）
《伤寒论》版本及目录学研究概况…………………………………………… 王　琦　杨健武（994）
《脉经·卷七》初探…………………………………………………………… 刘　峰　杨维益（998）
关于《伤寒论》注家之研究…………………………………………………… 郭子光　段光周（1000）
《伤寒论》之提纲辩 ………………………………………………………… 刘渡舟　高　飞（1003）
试评研究《伤寒论》的三纲、症状二流派 ……………………………………………………… 沈敏南（1005）
对《伤寒论》的紧脉进行对比分析…………………………………………………………… 刘渡舟（1007）
《伤寒论》论治“坏病”的寓义析 …………………………………………… 孙雯霞　李庆生（1008）
《伤寒论》与《汤液经》 ……………………………………………………………………… 姜春华（1010）
“微似有汗”似字辨 …………………………………………………………………………… 李克绍（1011）
仲景医学与食疗食养…………………………………………………………………………… 李春生（1014）
介绍几种有关六经实质的学说 ………………………………………………………………… 贾太谊（1016）
《伤寒论》中纵横交错的辨证艺术 ……………………………………………………………… 温长路（1017）
《伤寒论》部分原文质疑 ……………………………………………………… 朱　倩　刘士敬（1019）
《伤寒论》397 法探……………………………………………………………………………… 董正华（1021）
张仲景《伤寒杂病论·平脉法》考辨 …………………………………………………………… 何爱华（1022）
仲景著作文献研究简议 ………………………………………………………………………… 张灿玾（1026）
祝味菊对伤寒六经的研究贡献 ………………………………………………………………… 曹留蓝（1030）
台湾对《伤寒论》若干问题的研究……………………………………………………………… 曾友长（1032）
张仲景食疗思想初探…………………………………………………………… 董凤娣　王雅琴（1034）
《伤寒论》名称流变考 …………………………………………………………………………… 崔锡章（1036）
高继冲本《伤寒论》与《永类钤方·伤寒》 …………………………………… 冈田研吉　郭秀梅（1038）
试论《伤寒论》三阴三阳为六病辨证体系的文献依据…………………………… 谢　光　朱　玉（1039）
《伤寒论》“四逆辈”探讨………………………………………………………………………… 李宇航（1042）
论张仲景与张元素学术思想的内在联系 ………………………………………………………… 董泽宏（1045）
论近代的《伤寒论》研究高潮…………………………………………………………………… 王振国（1046）
伤寒六经的实质及气一元论观探析 ……………………………………………………………… 杨在纲（1050）
《周易》与《伤寒论》 …………………………………………………………………………… 孟庆云（1051）
《伤寒论》“欲作”探究………………………………………………………… 温武兵　高京宏（1054）

李时珍对《伤寒论》的研究 …… 刘家骅（1056）
试论伤寒学研究之历史分期 …… 万晓刚（1058）
明代《伤寒论》研究对后世的影响 …… 欧阳兵（1059）
从细胞和细胞因子水平看《伤寒论》六经学说 …… 杨麦青（1061）
“阴阳自和”是人身阴阳的深层规律 …… 祝世讷（1065）
《伤寒论》“气上冲”辨治管窥 …… 温武兵（1069）
柯琴“温病症治散见六经”学术思想探讨 …… 李惠义 李 飞（1072）
《伤寒论》“急”治浅识 …… 吴 洁（1073）
国医革新导师章太炎 …… 胡 樾（1073）
《伤寒论》研究的反思 …… 贾春华 王海林（1076）
《伤寒论》“项背强几几”当读“项背强几几” …… 赵桂玉（1079）
《伤寒论》“大椎第一间”析 …… 王铁林（1079）
《伤寒杂病论》成书补考 …… 柯雪帆（1080）
谈《伤寒论》的设计 …… 朱元起（1082）
论伤寒的十大辩证关系 …… 刘义生 刘 敏（1085）
张仲景“虚则郑声”定义源流疏略 …… 贾孟辉 贺晓慧（1091）
对《伤寒论》几条原文注释的一点意见 …… 王玉明（1092）
明代《伤寒论》研究方法述略 …… 欧阳兵（1093）
《伤寒论》自序质疑 …… 廖又明（1096）
《伤寒论》99条“手足温而渴者”之辨析 …… 周益新 李银章（1096）
浅谈黄元御、陈修园应用运气学说在《伤寒论》研究中的贡献 …… 刘香春（1097）
论《伤寒论》的特色与优势 …… 陈亦人（1098）
论《伤寒论》编次的两派之争 …… 张大明 张国泰（1100）
《伤寒论》176条“里有寒”当为“里有实” …… 张保伟（1102）
清代伤寒书目著录评析 …… 姜永平（1103）
从《武威汉简》看仲景学说 …… 张定华 孙其斌（1105）
王叔和编次《伤寒论》质疑 …… 陈道纯（1106）
略论朱肱对《伤寒论》的整理编次 …… 李金田（1108）
日本江户中后期对《伤寒论》的研究 …… 胡玉玲 郭秀梅（1110）
《伤寒论》236条“瘀热”含义之我见 …… 刘国晖 赵致镛（1112）
《伤寒论》的魅力 …… 傅延龄（1114）
《伤寒论》病、证、症的结构与临床意义 …… 聂惠民（1116）
《素问·热论》与《伤寒论》的源流关系 …… 陈志强 曹 枫（1118）
《伤寒论》学术研究与未来发展探讨 …… 王兴华（1119）
《伤寒论》“汗出必额上陷脉急紧”句读之我见 …… 于 文（1121）
《伤寒论》“抵当汤”考析 …… 刘士敬 朱 倩（1122）
医易相通话伤寒 …… 陈桂苍（1123）
《伤寒论》厥阴病实质探析 …… 刘承仕（1124）
试论喻嘉言对《伤寒论》的研究 …… 熊曼琪（1126）
《伤寒论》特殊行文手法10例 …… 李宇航 许山鹰（1129）
论《伤寒论》学科发展方向与研究方法 …… 熊曼琪（1131）
伤寒两感论 …… 汪栋材（1133）
《伤寒论》中“乍”字用法再析 …… 聂惠民（1135）
《伤寒论》中“烦”字探析 …… 宋金香 王永君（1136）
张仲景古方称量考 …… 朱文惠 沈兰心（1137）
《伤寒论》六经研究41说 …… 王庆国 李宇航（1138）

从《内经》《难经》《伤寒论》、《金匮要略》《脉经》看独取寸口诊……王庆国（1145）
《伤寒论》中“火逆”新探 ……尹改珍（1149）
仲景著作价值的二重性 ……张大明　张国泰（1150）
东汉末建安大疫考 ……赖　文　李永宸（1152）
《伤寒论》几个问题的探讨 ……李树沛　姜建国（1156）
《注解伤寒论》所据祖本考 ……李玉清（1157）
从《伤寒论》“去桂不去桂”之争谈理校的局限性 ……李　华（1161）
《伤寒杂病论》对秦汉医药学的继承与发展 ……柯雪帆（1162）
论六经辨证与寒温统一 ……姜建国（1164）
《本草图经》引仲景方论考异 ……郭秀梅　冈田研吉（1167）
成无己训释《伤寒论》的特色……黄春丽　陈竹友（1169）
“辨证论治”的历史和方法 ……刘渡舟（1171）
《伤寒论》对温病学的影响辨识 ……朱松生（1173）
宋以前《伤寒论》传本及校勘整理研究……田思胜（1174）
《伤寒例》当为《伤寒论》概论析 ……赵永生（1178）
禹余粮丸方补缺初探 ……郭建国（1179）
浅探仲景著作一分为二之由来 ……赵体浩（1181）
《康平伤寒论》的发掘及其学术价值 ……王长凤　李华安（1182）
柯琴治《伤寒论》之创见……杨　利（1184）
正确认识和评价伤寒学说与温病学说 ……周永学（1186）
张仲景运用形象比喻写作手法探析 ……杨大华　张　芬（1193）
小柴胡汤同名方考 ……陈志英（1195）
张锡纯对《伤寒论》的研究特点……董正华（1196）
《伤寒论》阴阳含义类析 ……刘庆帮　姚惠萍（1199）
《伤寒论》第 319 条之病变趋势辨析 ……张国骏　汪　洋（1200）
仲景医方与《小品方》方剂比较研究……袁　冰　石东平（1202）
《伤寒论》国内外研究现状 ……万晓刚（1204）
文化仲景与伤寒正名……刘吉善（1207）
仲景学说现代研究思路 ……翟慕东　王小平（1210）
《伤寒论》求“正” ……吴修符　蔡　群（1213）
《伤寒论》辨疑四则 ……李心机（1214）
《医宗金鉴》校正《伤寒论》论评 ……李　华　王玉民（1217）
《伤寒论》“痓”字考辨……贾延利（1217）
《普济残卷高本伤寒论》简介 ……赵怀舟　闫永芳（1218）
从《内经》标本逆从论看《伤寒论》……张跃华（1220）
吴鞠通《温病条辨》对《伤寒论》的继承与发展……黄　海（1222）
《伤寒论》阳明病篇有关问题评述 ……顾武军（1225）
试论《伤寒论》是经典广义的外感病学……臧　凡（1229）
从《伤寒论翼》看柯韵伯在学术上的创见……宋俊生（1230）
华佗“六部三法”伤寒学说的历史意义……曹东义（1231）
喻昌对《伤寒论》发展的贡献……赵珍品（1235）
试论《伤寒明理论》的学术成就……董正华（1236）
以敦煌遗书《法要》探讨张仲景经方之源……张永文（1238）
《伤寒论》第 309 条之我见 ……张国骏　徐军娟（1239）
仲景学说的精神实质摄要……章　恪（1241）
《伤寒杂病论》著述的时代背景 ……任添华　张淑文（1244）

张仲景医方与《汤液经法》考……张灿玾　张增敏（1245）
《伤寒论》113方没有佚一方……韩社光　韩胜保（1248）
《伤寒论》理论研究的反思……瞿岳云　张凤娥（1248）
《伤寒论》之痞证当有疼痛辨……魏小萌（1252）
宋本《伤寒论·子目》及其源流初考……赵怀舟　刘莉萍（1253）
仲景医学理论的特点及应采取的研究方法……陈　萌　陈　强（1255）
《医宗金鉴》中的伤寒内容特色……黄　海（1257）
陈修园对《伤寒论》存津液的发挥……林慧光（1259）
张锡纯对《伤寒论》治学思想初探……刁志光　谢春锐（1261）
《内经》《伤寒论》重言词辨析……范开珍（1263）
构建六经辨证教学图示……李洪娟（1265）
运用逻辑学判明因果关系五法研究仲景用药心法……张大明（1268）
谈伤寒和温病的关系……李致重　刘颖恒（1270）
仲景学术研究需要返璞归真、正本清源……张大明（1273）
《伤寒杂病论》再溯源……冯世纶（1274）

《金匮要略》简介……谢仲墨（1279）
对《金匮》的展望……何云鹤（1280）
《金匮·痉痫篇》的语译……耿鉴庭（1282）
我对《金匮要略》的看法……任应秋（1287）
《金匮要略》的探讨……吴考槃（1289）
对《金匮要略》“痰饮”篇的研讨……沙星垣（1292）
《金匮要略·脏腑经络先后病篇》浅论……程元廉（1296）
乌扇非射干辨……陈　照（1300）
《金匮要略》基本理论的初步认识……张兆吉（1301）
如何学习《金匮要略方论》……任应秋（1306）
读《金匮要略讲义》书后……谢海洲（1308）
我对《金匮要略讲义》一书的浅见……张迪蛟（1310）
试论《金匮要略》若干特点……杨扶国（1312）
《金匮要略》析疑三则……李今庸（1314）
谈谈《金匮要略》的学习……何汝湛（1316）
再谈对张仲景氏“狐惑病”的认识……张发初（1318）
怎样学习《金匮要略》这本经典著作……陶葆荪（1319）
《金匮》“白津”考释……陈倩亮（1323）
《金匮》心痛概念及其部位之我见……李发枝（1324）
试析《金匮》中的“反”字……孙绍周（1325）
《金匮要略》释词析疑二则……夏祖昌（1326）
也析《金匮》“当随其所得而攻之”……夏祖昌　张重刚（1327）
《金匮要略》“其脉平”释……皇甫予苏（1327）
《金匮·中风历节病脉证并治》篇“脏”“腑”新释……贾太谊（1328）
简析叶天士对《金匮要略》的运用与发挥……吴仕骥（1328）
王洙与《金匮要略》的发现……伊广谦（1330）
《金匮·水气病篇》第八条试析……吴仕骥（1331）
读《金匮要略》妇人篇摭记……哈孝贤（1332）
《金匮要略》经文释解析疑二则……汤　红　王晓华（1333）
《金匮要略》“数”字本义探析……王居正（1334）

《金匮要略》“脉脱”之我见…………………………………………………………………………………… 柴中元（1335）
《金匮要略》“文蛤汤”条辨析…………………………………………………………………… 邓蕾祖 张笑平（1337）
析《金匮要略》中“风”“寒”“气”三字 …………………………………………………………… 金芷君（1338）
《金匮要略方论》“肺痿肺痈”篇错简浅析………………………………………………………………… 池建淮（1339）
八味丸补入《金匮要略》考评 ……………………………………………………………………………… 魏贻光（1340）
《金匮要略》定量一瞥 ………………………………………………………………………… 陈国权 李桂香（1342）
从《金匮要略》的校勘论《外台秘要》的方剂文献学价值………………………………………………… 连建伟（1344）
张仲景妇科文献研究简议 …………………………………………………………………………………… 张灿玾（1346）
《金匮要略》注释三则 ……………………………………………………………………………………… 吴仕骥（1349）
“转胞”识 …………………………………………………………………………………………………… 马德孚（1350）
论徐彬对《金匮要略》的贡献 ……………………………………………………………………………… 汪泳涛（1351）
《金匮要略》方中白酒名实辨 ……………………………………………………………………………… 魏道祥（1352）
《医宗金鉴》订正《金匮要略》校勘研究 ………………………………………………………………… 徐成贺（1354）
《金匮玉函要略方论疏义》研析 …………………………………………………………………………… 边玉麟（1356）
陈修园研究《金匮要略》的特点初探 …………………………………………………………… 林慧光 阮少涵（1358）
《金匮要略》质疑问难八条 ………………………………………………………………………………… 章 恪（1360）
我对《〈金匮要略〉质疑问题八条》一文第 4 条的看法………………………………………………… 张志恒（1361）
《金匮要略》“狐惑”病名探疑……………………………………………………………………………… 邓家刚（1362）
《脉经》中《金匮要略》条文的研究 ……………………………………………………………………… 崔锡章（1363）
《金匮要略》首篇“十七句”内涵辨识 …………………………………………………………………… 袁清思（1365）
《金匮要略》“其脉如蛇暴腹胀大者为欲解”析疑………………………………………………… 张保伟 朱平生（1367）
《金匮方论衍义》在《金匮要略》文献研究中的价值 ………………………………………… 陈大权 王立颖（1368）
风水病证析 ………………………………………………………………………………………… 刘 俊 叶 进（1370）
《金匮要略》中风第一条释义浅析 …………………………………………………………… 杜玉玲 王法祥（1372）
清代《金匮要略方论》稀见注本选介 ………………………………………………………… 胡 滨 严康维（1374）

概　　说

张仲景是我国汉代伟大的医学家，他一生“勤求古训，博采众方”，创造性地将古人的学术精华加以发挥、提炼，并结合自己的聪明、才智和大量实践，最终撰成《伤寒杂病论》一书，从此奠定了仲景学说的基础，开创了祖国医学理论和临床发展的崭新阶段，影响着祖国医学史几千年的进程，在国内外都产生了巨大的反响。

一个学说的构建，与其本身的影响和社会对它的承认和应用情况是分不开的。仲景学说的形成，是以人们对《伤寒杂病论》的研究为标志的。自《伤寒杂病论》问世始，围绕张仲景学术思想的研究之风就日渐兴起，且呈愈燃愈炽之势。这支研究队伍中，既不乏建树颇巨的理论大家，亦有普通临床医生，研究范围也从对原文的理解逐渐扩展到应用学科的方方面面，并朝着越来越精细的方向发展。迄今，人们可目睹到的发表于全国各类杂志上的研究论文数目约在40000篇左右，已出版的各类研究性著作超过1500种，其数量之多是中外医学史上所罕见的。国外学者发表的研究性文章、出版的研究性著作也不少，仅日本一国出版的相关著作就有100种以上，东南亚不少国家都有出版。可以肯定地说，这些论著对于增大仲景学说的外延、扩大仲景学说的影响和对仲景学说的传承、发扬是具有积极意义的。

由于历史的原因，上述研究中对张仲景生平、家世，著作传承、沿革等问题上也存在着一些有争议的看法，这些看法也反映于本书的不少内容中。为了使读者对这些问题有一个清晰的认识，有必要对它们的脉络进行一下梳理，这就是本“概说”要阐发的主题。

张仲景其人其事

张机，字仲景。“机”之名，始见梁陶弘景《辅行诀脏腑用药法要》：“汉晋以还，诸名医辈，张机、卫汎、华元化、吴普、皇甫玄晏、支法师、葛稚川、范将军等，皆当代名贤，咸师式此《汤液经法》”，“昔南阳张机，依此诸方，撰《伤寒论》一部，疗治明悉，后学咸尊奉之”，“张机撰《伤寒论》，避道家之称”。清《南阳府志》改“机”作“玑”，误。

仲景，东汉南阳郡南阳人，较早见《何颙别传》、唐甘伯宗《名医录》，后又见于南宋陈振孙《直斋书录解题》、宋张杲《医说张仲景方叙伦》、元马端麟《文献通考》、明徐春圃《古今医统》等书。郡辖县。确切县份难详。盖有四说：

涅阳说。《邓州志》《南阳府志》、清孙鼎宜《仲景传略》、陆九芝《张仲景传》《辞海》等皆持此说。

棘阳说。《襄阳府志》《湖广通志·方技门》等皆持此说。

枣阳说。黄竹斋《医圣张仲景传》持此说。

南阳说。《何颙别传》、唐甘伯宗《名医录》、陶宏景《辅行决脏腑用药法要》、章太炎《张仲景事状考》《简明不列颠百科全书》等持此说。

今多从南阳说。南阳为南阳郡所辖，而非为南郡所辖。清陆九芝《张仲景传》称“张机，字仲景，南郡涅阳人也”。大误。东汉南郡在南阳郡之南，涅阳为南阳郡所辖，非属于南郡。至今仍有袭用陆九芝误说者，当正。

今南阳市建有医圣祠，列为全国重点文物保护单位。

不但仲景里籍古今有异议，就是张机之名——“机”亦有异议。清孙鼎宜从训诂角度认为张机之“机”当作“羡”，此张羡长沙太守张羡。见孙氏《仲景传略》一文。章太炎先生亦有此说。考证此事较详者为20世纪郭象声《张仲景姓名事迹考》一文。今天我们不一定将张仲景称为张羡，但作为史料，当知此事。

仲景最为后人传诵者，为其预见王粲（字仲宣）20年后当眉落而死事，略考如次。

王粲（公元177～217），建安时期著名诗人，《三国志魏志》有传：“王粲，字仲宣，山阳高平人也。献帝西迁，粲徙长安。左中郎将蔡邕见而奇之。时邕才学显著，贵重朝廷，常车骑填巷，宾客盈座。闻粲在门，倒屣迎之。粲至，年既幼弱，容貌短小，一座尽惊。邕曰：此王孙也，有异才，吾不如也。吾家书籍文章，当尽与之。年十七，司徒辟诏黄门侍郎，以西京扰乱，皆不就，乃之荆州依刘表。表以粲貌寝，而体弱通俗，不甚重也。建安二十年从征吴，二十二年春，道病，卒，时年四十一。”皇甫谧《甲乙经序》云：“仲景见王仲宣，时年二十余。谓曰：君有病，四十当眉落，眉落半年而死，令服五石汤可免，仲宣嫌其言忤，受汤勿服。居三日，见仲宣，谓曰：服汤否？仲宣曰：已服。仲景曰：色候固非服汤之诊，君何轻命也！仲宣犹不信。后二十年果眉落，后一百八十七日而死，终如其言。”《医经正本书》引《甲乙经序》无“余”字，尤多启悟。即使有“余”字，此“余”字亦非多余之“余”，乃语助词。古诗《日出东南隅》：“一环五百万，两环千万余”，是其证。是仲景见仲宣在仲宣20岁，后二十年果死，后世据仲宣眉落而死判定仲宣死于麻风，实不然也。据《三国志·魏志·王粲传》、曹丕《与吴质书》、曹植《说疫气》《魏书·司马朗传》等史料，王仲宣非死于麻风而死于当时的大疫。

曹植《说疫气》云：“建安二十二年，厉气流行，家家有僵尸之痛，户户有嚎泣之哀。或阖门而殪，或覆族而丧。或以为疫者，鬼神所作。夫罹此者，悉被褐茹藿之子，荆室蓬户之人耳。若夫殿处鼎食之家，重貂累蓐之门，若是者鲜矣。此乃阴阳失位，寒暑错时，是故生疫。而愚民悬符压之，亦可笑。”

《后汉书》卷二十七《五行志》第五“疫”条云：“献帝建安二十二年大疫”注“魏文帝书与曹质曰：昔年疾疫，亲故多罹其灾。”考魏文帝《与曹质书》见《昭明文选》卷四十二：“二月三日，丕白：岁月易得，别来行复四年。三年不见，东山犹叹其远，况乃过之，思何可支？虽书疏往返，未足解其劳结。昔年疾疫，亲故多罹其灾。徐、陈、应、刘，一时俱逝，痛可言也？昔日游处，行则连舆，止则接席，何曾须臾相失？每至觞酌流行，丝竹并奏，酒酣耳热，仰而赋诗，当此之时，忽然不自知乐也。谓百年已分，可长共相保，何图数年之间，零落略尽，言之伤心。顷撰其遗文，都为一集，观其姓名，已为鬼录。追思昔游，犹在心目。而此诸子，化为粪壤，可复道哉！”李善注：“《典略》曰：初，徐干、刘桢、应汤、阮瑀、陈琳、王粲等与质并见友于太子。二十二年，魏大疫，诸人多死，故太子与质书。”

《三国志·魏志·王粲传》末云：“干、琳、汤、桢，二十二年卒。”

观上述史料，建安七子多死于建安二十二年大疫，王粲亦死于是年，非死于眉落之麻风病。仲景于仲宣二十岁时预见其二十年后必死观之，则料事如神，而死因之判断则非。

《二十五史补编·汉书艺文志》载《王粲尚书问二卷》，清姚振宗于该文下对王粲简况有综述：“粲字仲宣，山阳高平人也。曾祖父龚，祖父畅，皆为汉三公。父谦，为大将军何进长史。献帝西迁，粲徙长安，年十七，司徒辟诏除黄门侍郎。以西京扰乱，皆不就，乃之荆州依刘表。表以粲貌寝通俗，不甚重也。表卒，粲劝表子琮，令归太祖，太祖辟为丞相掾，赐爵关内侯。太祖置酒汉滨，粲奉觞贺曰：方今袁绍起河北，仗大众，志兼天下，然好贤而不能用，故奇士去之。刘表雍容荆楚，坐观时变，自以为西伯可归。士之避乱荆州者，皆海内之俊杰也。表不知所任，故国危而无辅。魏国既建，拜侍中。建安二十一年从征吴，二十二年春，道病卒，年四十一。”姚振宗注云：《献帝本纪》建安二十二年，是岁大疫，王粲、徐干等大命殒颓。

《王粲传》云“建安二十一年（公元216）从征吴，二十二年春，道病，卒。”考证王粲随从曹操军队征吴史事，对确认王粲之死因具有重要意义。

曹操征吴载《三国志·魏书·武帝纪》：“二十一年冬十月治兵，遂征孙权。十一月至谯。”《昭明文选》卷二十七载王粲《从军行五首》，第一首记录王粲于建安二十年三月从曹操西征张鲁事。李善注：“建安二十年三月，公西征张鲁，鲁及五子降。十二月至自南郑（按，南郑当今陕西汉中一带）。是行也，侍中王粲作五言诗以美其事。”第一首云：

从军征遐路

从军征遐路　讨彼东南夷
方舟顺广川　薄暮未安抵
白日半西山　桑梓有余辉
蟋蟀夹岸鸣　孤鸟翩翩飞
征夫心多怀　恻怆令吾悲
下船登高坊　草露沾我衣
回身赴床寝　此愁当告谁
身服干戈事　岂得念所私
即戎有授命　兹理不可违

此诗作于建安二十年冬。诗人精神振奋，情绪高昂，无病态。建安二十一年粲继续从征吴，作诗四首。第一首如下：

朝发邺都桥

朝发邺都桥　暮济白马津
逍遥河堤上　左右望我军
连舫逾万艘　带甲千万人
率彼东南路　将定一举勋
筹策运帷幄　一由我圣君
恨我无时谋　譬诸具官臣
鞠躬中坚内　微划无所陈
许历为完士　一言独败秦
我有素餐责　诚愧伐檀人
虽无铅刀用　庶几奋薄身

前人称此诗勃勃英气，结以自厉，无衰病之态。此诗作于谯（今安徽亳州一带），时当建安二十一年冬。建安二十二年春正月，曹军抵居巢（当今安徽省巢县一带），本月二十四日王粲卒。《王粲传》称“道病卒”者，谓卒于居巢也。此月大疫弥漫，死亡者众。《三国志·魏志·司马朗传》：“建安二十二年与夏侯淳、臧霸等征吴，到居巢，军士大疫，朗躬巡疫，致医药，遇疾，卒。时年四十七。”注：“《魏书》曰：朗临卒，谓将士曰：刺史蒙国厚恩，督师万里，微功未效，而遭此疫疠。”《昭明文选》卷五十六，曹植《王仲宣诔》云：“建安二十二年正月二十四日戊申，魏故侍中关内侯王君卒。呜呼哀哉！”考王粲仲宣，生于汉末灵帝熹平六年（公元177年），卒于建安二十二年（公元217年）正月二十四日，史有明文，则终年四十一岁无疑。关于仲景与王粲相见时仲宣之年龄，以《甲乙经序》为得实。

“建安”与“建宁”之争。《伤寒论序》：“余宗族素多，建安纪年以来，犹未十稔，其死亡者，三分有二，伤寒十居其七。”有谓“建安”当作“建宁”者，始倡其说者为日本山田正珍。山田正珍《伤寒论集成》云：

建宁，后汉灵帝年号。《医史》云：张机，字仲景，汉灵帝时举孝廉，官至长沙太守。由是观之，旧本作“建安”者，盖传写之误也。若夫“建安”，献帝年号，与下文“感往昔之沦丧”之文不合也。考《后汉书·五行志》，自建宁四年（171）至光和二年（179），相去仅九年，大疫三流行，与“未十稔”之文若合符契，可见其称伤寒者，果是天行疫疾无疑矣。否则未十稔间，何以至于病且死者若斯之甚乎？故《千金方》引《小品》云：伤寒是雅士之辞；天行瘟疫，是田舍间号耳。《外台·天行病》门引许仁则云：此病方家呼为伤寒是也。

考灵帝之时，大疫连发，情况如次：

建宁四年（公元171年）三月　大疫；

熹平二年（公元174年）春　大疫；

光和二年（公元179年）春　大疫；

光和五年（公元182年）二月　大疫；

中平二年（公元185年）春正月　大疫。

据史料观之，灵帝建宁年间，大疫相连，死亡甚众，则《伤寒论序》之“建安”作“建宁”于史有徵。

张仲景是否任长沙太守，医史学家颇有歧议。谓仲景为长沙太守者始见唐甘伯宗《名医录》：“名机，仲景乃其字也。举孝廉，官至长沙太守。”金刻本《注解伤寒论》于每卷前仅云“仲景述，王叔和撰次”，无“长沙太守”之称。明万历二十七年赵开美刊刻《仲景全书》于宋本《伤寒论》每卷前皆云“汉张仲景述，晋王叔和撰次”，乃承宋本旧貌也，亦无“长沙太守”字样。而《仲景全书》所收成无已《注解伤寒论》于每卷前题云：“汉长沙太守张仲景述，晋太医令王叔和撰次”。金刻本《注解伤寒论》早于明刻本，尚无此四字，疑“汉长沙太守”五字系赵开美据甘伯宗《名医录》所增也。后世多据此称仲景曾任长沙太守。清孙鼎宜考证当时长沙太守为张羡，“羡”与“景”同训，谓张羡即张机，张机即张羡。可备一说也。

唐甘伯宗称张仲景曾任长沙太守，必有所据，由于《后汉书》《三国志》中仲景无传，仲景事迹当以甘伯宗说为准。

张仲景在医学领域里的伟大创造和他所取得的非凡成就是世人瞩目和公认的，他因此被后人称为“医圣”“一代宗师”“医家周孔”等。为张仲景建祠、勒石、设堂、列馆、雕像、写传者，历代有之。各种祭拜活动也颇具影响，在老百姓心目中甚至被“神化”，还夹杂有经久不衰的香火。中华人民共和国建立之后，出现的各级纪念和研究机构更多，开展的各种纪念活动规模更大。这些机构和活动，有官方的，也有民间的，有地方性的，也有国家乃至国际性的。

南阳医圣祠，是张仲景的墓地，始建年代无考，明清时期屡有修葺。新中国建立后，党和人民政府十分重视对医圣祠的修复和保护工作，从中央到地方，曾多次组织过对医圣祠的大规模修建。经过几十年的努力，使这座古建筑呈现出殿堂巍峨、亭榭隽美、花木葱郁、鸟歌禽鸣的花园式园林，为国内外人民凭吊、祭祀、纪念医圣提供了一个肃穆、壮观、优致、雅静的处所。1963年，河南省人民政府将医圣祠确定为省级文物遗迹保护单位；1988年，中华人民共和国国务院把张仲景墓及祠确定为全国第三批重点文物保护单位，使它成为真正意义上的中国文化的麦加。

张仲景永垂不朽！

医圣精神永放光芒！

《伤寒论》流传简考

《伤寒论》，是仲景的传世之作。毫无疑问，它是构成仲景学说的核心内容，对祖国医学的继承、发展有着举足轻重的作用。但是，由于复杂的历史的原因，也造成了其版本众多、内容歧异、认识纷争的现状，甚至使后世学者在研究中出现莫衷一是的窘局。弄清它的流传史，无论是对于完整、正确理解仲景学说的本意，还是光大对仲景学说的传承、弘扬都有非常重要的意义，这正是本节要重点涉足的问题。

一、宋本《伤寒论》刊行前之流传与演变

（一）《伤寒论》勤求博采之书主要为《汤液经法》

《汉书艺文志·汤液经法》三十二卷，佚。宋王应麟《玉海》泛引杂书考证之，是知未见其书。梁·陶弘景（456－536）撰《辅行决脏腑用药法要》云：“商有圣相伊尹撰《汤液经法》三□，为方360首………实万代医家之轨范，苍生护命之大宝。今检录常情需用者60首备山中预防灾疾之用耳。”又云：“外感天行，经方之治有二旦、六神、

大小等汤。昔南阳张机依此诸方撰为《伤寒论》一部，疗治明悉，后学咸尊奉之。山林僻居，仓促难防，外感之疾，日数传遍，生死往往在三五日间，岂可疏忽？若能探明此数方者，则庶几无蹈险之虞也，今亦录而识之。”又云：“汉晋以还，诸名医辈：张机、卫汛、华元化、吴普、皇甫玄晏、支法师、葛稚川、范将军等，皆当代名贤，咸师式此《汤液经法》，愍救疾苦，造福含灵。其间增减，虽各擅其异，或致新效，似乱旧经，而其旨趣，仍方圆之于规矩也。”

以下诸方为《伤寒论》引自《汤液经法》者：

1. **小阳旦汤** 治天行发热，自汗出而恶风，鼻鸣干呕者。

桂枝三两 芍药三两 生姜二两切 甘草炙二两 大枣十二枚

上方以水七升，煮取三升，温服一升。服已，即啜热粥饭一器，以助药力。稍令汗出，不可大汗流漓，汗之则病不除也。若不汗出，可随服之，取差止。日三服。（按：此为《伤寒论》12 条之桂枝汤方。阳旦汤名见《伤寒论》30 条，有名无方。）

正阳旦汤 （上方）若加饴一升，为正阳旦汤。

2. **小阴旦汤** 治天行身热，汗出头目痛，腹中痛，干呕下利者。

黄芩三两 芍药三两 生姜二两切 甘草二两炙 大枣十二枚

上方以水七升，煮取三升，温服一升，日三服。服汤已，如人行三四里时，令病者啜白截浆一器，以助药力。身热去，自愈也。（按：此为《伤寒论》172 条黄芩汤加生姜。芍药作二两。服法文字少异）

3. **大阳旦汤** 治凡病汗出不止，气息惙惙，身劳力怯，恶风凉，腹中拘急，不欲饮食，皆宜此方。若脉虚大者，为更切证也。

黄芪五两 人参 桂枝 生姜各三两 甘草炙二两 芍药六两 大枣十二枚 饴一升

上七味，以水一斗，煮取四升，去滓，内饴，更上火，令烊已。每服一升，日三，夜一服。

4. **大阴旦汤** 治凡病头目眩晕，咽中干，每喜干呕，食不下，心中烦满，胸胁支痛，往来寒热方。

柴胡八两 人参 黄芩 生姜各三两 甘草炙二两 芍药四两 大枣十二枚 半夏一升洗

上八味，以水一斗二升，煮取六升，去滓，重上火，缓缓煎之，取得三升，温服一升，日三服。（按：此为《伤寒论》37 条小柴胡汤方，无芍药。）

5. **小青龙汤** 治天行，发热恶寒，汗不出而喘，身疼痛，脉紧者方。

麻黄三两 杏仁半升熬打 桂枝二两 甘草炙一两半

上方四味，以水七升，先煮麻黄，减二升，掠去上沫，内诸药，煮取三升，去滓，温服八合，必令汗出彻身，不然恐邪不尽散也。（按，此为《伤寒论》麻黄汤方。见 35 条）

6. **大青龙汤** 治天行，表不解，心下有水气，干呕，发热而喘咳不已者。

麻黄去节 细辛 芍药 甘草炙 桂枝各三两 五味子半升 半夏半升 干姜三两

上方八味，以水一斗，先煮麻黄，减二升，掠去上沫，内诸药，煮取三升，去滓，温服一升。一方无干姜，作七味。当从。（此为《伤寒论》小青龙汤方。见 40 条。《伤寒论》“温服一升”下之大段文字为北宋校正医书局孙奇等所加之注，疑《仲景全书》将此注文雕刻成与经文字体大小相同之字而窜入正文。成无己《注解伤寒论》将此大段文字引为小注，尚存古貌。）

7. **小白虎汤** 治天行热病，大汗出不止，口舌干燥，饮水数升不已，脉洪大者方。

石膏如鸡子大棉裹 知母六两 甘草炙二两 粳米六合

上四味，先以水一斗，熬粳米，熟讫去米，内诸药，煮取六升，温服二升，日三服。（按：此为《伤寒论》白虎汤方。见 176 条。主治表述异。白虎汤宋本《伤寒论》不分大小。）

8. **大白虎汤** 治天行热病，心中烦热，时自汗出，舌干，渴欲饮水，时呷嗽不已，久不解者方。

石膏如鸡子大一枚，打 麦门冬半升 甘草炙二两 粳米六合 半夏半升 生姜二两切 竹叶三大握

上方七味，以水一斗二升，先煮粳米，米熟讫去米，内诸药，煮至六升，去滓，温服二升，日三服。（按：此为《伤寒论》竹叶石膏汤方。见 397 条。将生姜换为人参。）

9. **小朱鸟汤** 治天行热病，心气不足，内生烦热，坐卧不安，时下利纯血如鸡鸭肝者方。

鸡子黄二枚 阿胶三锭 黄连四两 黄芩 芍药各二两

上五味，以水六升，先煮连、芩、芍三物，取三升，去滓，内胶，更上火，令烊尽，取下，待小冷，下鸡子黄，搅令相得。温服七合，日三服。（按：此为《伤寒论》黄连阿胶汤方。见 303 条。

主治表述异。朱鸟俗称朱雀。）

10. **大朱鸟汤** 治天行热病，重下，恶毒痢，痢下纯血，日数十行，羸瘦如柴，心中不安，腹中绞急，痛如刀刺方。

鸡子黄二枚 阿胶三锭 黄连四两 黄芩 芍药各二两 人参二两 干姜二两

上药七味，以水一斗，先煮连、芩、姜等五物，得四升讫，内醇苦酒二升，再煮至四升讫，去滓。次内胶于内，更上火，令烊。取下，待小冷，内鸡子黄，搅令相得即成。每服一升，日三夜一服。

11. **小玄武汤** 治天行病，肾气不足，内生虚寒，小便不利，腹中痛，四肢冷者方。

茯苓三两 芍药三两 白术二两 干姜三两 附子一枚炮去皮

上五味，以水八升，煮取三升，去滓，温服七合，日三服。（按：此为《伤寒论》真武汤方。见82条。）

12. **大玄武汤** 治肾气虚疲，少腹中冷，腰背沉重，四肢清，小便不利，大便鸭溏，日十余行，气惙力弱者方。

茯苓三两 白术二两 附子一枚炮 芍药二两 干姜二两 人参二两 甘草二两炙

上七味，以水一斗，煮取四升，温服一升，日三，夜一服。（按：此为《伤寒论》真武汤与理中丸合方。见386条）

13. **小勾陈汤** 治天行热病，脾气不足，饮食不化，腰痛，下利方。

甘草 三两 干姜 人参 各二两 大枣六枚去核

右四味，以水五升，煮取二升，温分再服（按，此即甘草干姜汤加人参大枣）

14. **大勾陈汤** 治天行热病，脾气虚，热邪入里，腹中雷鸣切痛，呕吐下利不止者方。

甘草 人参各三两 半夏一升洗去滑 生姜切二两 黄芩二两 黄连二两 大枣十二枚劈去核

右七味，以水一升，煮取六升，温服二升，日三（按，此即生姜写心汤去干姜）

15. **小螣蛇汤** 治天行热病，胃气素实，邪气不除，腹满而喘，汗出不止者方。

枳实三两 厚朴二两 甘草二两 芒硝二两

右四味，以水六升，煮取上三味至二升许，去滓，内芒硝，待焰已，顿服之。

16. **大螣蛇汤** 治天行热病，邪热不除，大便秘结，腹中大满实，汗出而喘，时神昏不识人，宜此方。急下之方。

枳实三两 厚朴 甘草 大黄 葶苈熬黑打如泥 生姜 芒硝后下

右（上）七味，以水一斗二升，先煮上六味至四升，去滓，内芒硝，待焰化已，温服二升。（生姜一作大枣）

大小勾陈、大小螣蛇四方为《伤寒论》所采录之方，后遗失。陶弘景云：“经方之治，有二旦、六神、大小等汤，昔南阳张机依此诸方撰为《伤寒论》一部，疗治明悉。”《伤寒论》原有此四方无疑。

上述16方，皆见于《汤液经法》而为《伤寒论》收录。这就确切证明《伤寒论》系依《汤液经法》撰著而成。《甲乙经序》对此说得很明白：

> 伊尹以元圣之才，撰（按，通“选”）用《神农本草》以为《汤液》……仲景论广《伊尹汤液》为十数卷，用之多验。近代太医令王叔和撰次仲景遗论甚精，皆可施用。

孙奇、林亿《伤寒论序》亦云：

> 夫《伤寒论》盖祖述大圣人之意，诸家弄其伦拟。故晋皇甫谧序《甲乙经》云：伊尹以元圣之才，撰用《神农本草》以为《汤液》，为十数卷，用之多验。近世太医令王叔和撰次仲景遗论甚精，皆可施用。是仲景本伊尹之法，伊尹本神农之经，得不谓祖述大圣人之意乎？

张仲景《伤寒论自序》亦云：“勤求古训，博采众方”，其勤求、博采者，主要为《汤液经法》。北宋校正医书局于《伤寒论》每卷首行标以“汉张仲景述”五字，于考证仲景之作关系至重。“述”者，循故言往行而陈述之。《说文》“述，循也”；《论语》“述而不作”；《中庸》“父作之子述之”，皆“述”字古义。北宋校正医书局标以“述”字，认定《伤寒论》为仲景所“述”而非所“作”，是为有识。北宋校正医书局如此标识，当亦有所本。《仲景全书》因北宋旧式翻刻之，字里行间透露出《伤寒论》为“述”的性质。

上述16方，不见于今本《伤寒论》者为大阴旦汤、大朱鸟汤、大小勾陈汤及大小螣蛇汤6方，其余诸方皆见于《伤寒论》，但方名已异。考《汤液经法》三十二卷之成书时代，当在马王堆《五十二病方》后，大体时代为西汉前期作品，观其诸方，已经具有成熟的方剂状态，而《五十二病方》则不然。因可知，我国方剂学在西汉前期已经进入成熟阶段。西汉前期道家思想颇受重视（见司马谈《论六家要旨》），因而方剂名称亦受到道家思想影响。东汉末社会思潮发生重大变化，影响到方剂名称亦随之而变。《辅行诀》对此有说：

阳旦者，升阳之方，以黄芪为主；阴旦者，扶阴之方，以柴胡为主；青龙者，宣发之方，以麻黄为主；白虎者，收重之方，以石膏为主；朱鸟者，清滋之方，以鸡子黄为主；玄武者，温渗之方，以附子为主。此六方者，为六合之正精，升降阴阳，交互金木，既济水火，乃神明之剂也。张机撰《伤寒论》，避道家之称，故其方皆为正名也，但以某药为名，以推主为识耳。

研究《伤寒论》勤求博采之书，必然要联系到陶弘景《辅行决脏腑用药法要》，下面将该书发现的曲折经历与现存状况作简要回顾：

法国传教士伯希和敦煌盗宝（1907）发现《辅行诀》，道士王园箓装箱时暗藏之。民国初年河北威县张渥南重金购之，传与其孙张大昌。“文革”被毁，有抄件存留。经李学勤、张政烺、马继兴鉴定，认为非后人伪托，其件可信。

《辅行诀脏腑用药法要》当为陶弘景所撰，弟子整理之。

《辅行诀》题“梁·华阳隐居陶弘景撰”。陶弘景生于南朝刘宋孝建三年，卒于梁大同二年。《南史》《梁书》有传。字通明，丹阳秣陵人（今江苏镇江附近）。《南史本传》：“至十岁，得葛洪《神仙传》，昼夜研寻，便有养生之志。谓人曰：仰青云，睹白日，不觉为远矣。”所论与《辅行诀》陶氏所云“凡学道辈，欲求永年，先须祛疾。或有宿痼，或患时恙，一依五脏补写法，服药数剂，必使脏气平和，乃可进修内视之道”之意合。永明十年（492 年），时年三十有六，上表辞官，诏许之。于是止于句容之句曲山，乃曰：“此山下是第八洞宫，名金坛华阳之天，周回一百五十里，昔汉有咸阳三茅君得道来掌此山，故谓之茅山。乃山中立馆，自号华阳隐居。人间书札，即以隐居代名。”自此，“华阳隐居”之名乃立。《南史本传》云，始从东阳孙游岳受符图经法，“遍历名山，寻访仙药，身既轻捷，性爱山川，每经涧谷，必坐卧其间，吟咏盘桓，不能自已。性好著述，尚奇异，顾惜光影，老而弥笃。尤明阴阳五行，风角星算，山川地理，方图产物，医术本草。”所著《学苑》百卷、《孝经》《论语集注》《帝王年历》《本草集注》《效验方》《肘后百一方》《古今州郡记》《图象集要》《玉匮记》《七曜新旧术疏》《占候》《合丹法式》等书，据《南史本传》云：“共秘密不传，及撰而未讫又十部，唯弟子得之。”《辅行诀》云：“依《神农本经》及《桐君采药录》上中下三品之药，凡三百六十五味，以应周天之度，四时八节之气。商有圣相伊尹，撰《汤液经法》三□，为方亦三百六十首。上品上药，为服食补益方者百二十首；中品中药，为疗疾袪邪之方，亦百二十首；下品毒药，为杀虫辟邪痈疽等方，亦百二十首。凡共三百六十首也。实万代医家之规范，苍生护命之大宝也。今检用常情需用者六十首，备山中预防灾疾之用耳。”观以上诸说，《辅行诀》乃陶隐居主据《汤液经法》并参考《神农本草》《桐君采药录》而亲撰者，以备山中隐居之用，并教导弟子以《辅行诀》之法祛除疾病，进修内视之道。据《南史本传》，陶氏所作，或秘密不传，或撰而未讫由弟子收藏。《辅行诀》当为弟子收藏而略加整理者。文中“隐居曰”“陶云”等语，是其证。由于《辅行诀》保存于弟子之手，久未外传，故阮孝绪《七录》未加著录，《隋志》因之亦未著于录。

《辅行诀》载于《敦煌古医籍考释》《敦煌医药文献辑校》，马继兴主编。

（二）《伤寒论》魏晋南北朝隋唐流传简考

1.《脉经》卷七、八、九

《脉经》卷七至九，为《伤寒杂病论》最集中卷次，为王叔和第一次整理者。《伤寒论》主要存于卷七，以“可”与“不可”之治法排列之。

“可”与“不可”施治，是两汉最通行的治病方法。在整个汉代，没有以三阳三阴理论和方法辨证施治的，都是按照“可“与”不可”方式辨证施治。两汉及三国皆无六经辨证之法。

班固《前汉书》卷五十四《苏武传》载，苏武在胡地病甚，以蒸法发汗而愈：“（武）引佩刀自刺，卫律惊，自抱持武，驰召医，凿地为坎，置煴火，覆武其上，蹈其背以出血，武气绝半日，复息。”此西汉之例。《三国志》《后汉书》之《华佗传》载，华佗除做手术之外，治疗其他疾病，皆用汗、下、吐之“可”与“不可”三法。如甘陵相夫人有娠，“于是为汤下之，果下男形，即愈。”县吏尹世四肢疼痛，佗曰：“试作热食，得汗则愈；不汗，后三日死。即做热食，而不汗出。佗曰：脏气已绝于内，当啼泣而绝。果如佗言。”府吏倪寻、李延俱患头痛身热，佗曰：“寻当下之，延当发汗。”彭城夫人虫螫其手，疼痛异常，“佗令温汤近热，渍手其中，令汤暖之，其旦即愈。”一人病咽塞，佗令饮醋泡蒜泥，“立吐蛇一枚”，病愈。一郡守病，“佗以为其人盛怒则差，乃多受其货而不加治，无何弃去，留书骂之。郡守果大怒，令人追捉杀佗。郡守子知之，属使勿逐。守嗔恚既甚，吐黑血数升而愈。”广陵太守陈登病胸中烦懑，佗“作汤二升，先服一升，斯须尽服之。食顷，吐出三升许虫，赤头皆动，半身是生鱼脍也，所苦便愈。”《华佗传》以“可”与“不可”方法治疗疾病之例甚多，不备举。华佗与仲景同时而年长。佗卒于荀彧（公元163～212）稍前。《华佗传》云，曹操欲杀佗，“荀彧请曰：佗术实工，人命所悬，宜含宥之。太祖曰：不忧，天下当无此鼠辈耶？遂拷竟佗。”因知佗卒于荀彧稍前。终佗之世无以三阴三阳辨证施治之例。就今存史料观之，两汉决无三阴三阳文字之记录，亦未见征引者，则两汉皆以“可”与“不可”之法施治，以三阴三阳辨证施治者，文献无征。

《伤寒论》中之三阴三阳排列顺序，系王叔和所整理。叔和于《脉经》卷七著录《伤寒论》材料甚多，《脉经》卷七凡24节，其中1～17节为“可”与“不可”。细绎叔和《脉经序》，知叔和于仲景知之极细极详，非耳目相接不能。《序》云：“仲景明审，亦候形证，一毫有疑，则考校以求验。故《伤寒》有承气之戒，呕哕发下焦之问。而遗文远旨，代寡能用。旧经秘述，奥而不售。遂令末学，昧于原本。”

民国初年杨绍伊撰《伊尹汤液经》，以丰富证据与严密逻辑论证《伤寒论》原始结构系按照“可”与“不可”排列。王叔和在《脉经》卷七里，按照“可”与“不可”结构载录仲景书：“其初撰之《伤寒论》载在《脉经》卷七。”这是第一次编次。王叔和又进行了第二次编次。这次编次的原则是，“于诸可不可门中，取其以太阳病三字冠首者，举而悉次为太阳病；以阳明病三字冠首者，举而悉次为阳明篇；以少阴病三字冠首者，举而悉次为少阴篇。唯余不止是三阳三阴之五十八条，犹留守于诸可不可篇内，未次入三阳三阴篇中。”

王肯堂《伤寒证治准绳·凡例》云：“王叔和编次张仲景《伤寒论》，立三阳三阴篇。其立三阳篇之例，凡仲景曰太阳病者，入太阳篇；曰阳明病者，入阳明篇；曰少阳病者，入少阳篇。其立三阴篇亦依三阳之例，各如太阴、少阴、厥阴之名，入其篇也。其或仲景不称三阳三阴之名，但曰伤寒某病用某方主之而难分其篇者，则病属阳证发热、结胸痞气蓄血衄血之类，皆混入太阳篇。病属阴证厥逆下利，呕吐之类，皆混入厥阴篇。唯燥屎及屎硬不大便、大便难等证，虽不称名，独入阳明篇者，由此证类属阳明胃实，非太阳厥阴可入，故独入阳明也。所以然者，由太阳为三阳之首，凡阳明、少阳之病，皆由太阳传来，故诸阳证不称名者，皆入其篇。厥阴为三阴之尾，凡太阴少阴之病，皆至厥阴传极，故诸阴证不称名者，皆入其篇。”

章太炎《章太炎医论·论伤寒论原本及注家优劣》一文说，三阴三阳乃叔和编次，但由于过分拘泥《素问·热论》一日传一经之说，而将《伤寒论》六经含义弄得十分混乱。

2. 两晋时期，《伤寒杂病论》分为《伤寒论》与《杂病论》两书流传（见陈延之《小品方序·残卷》）

二十世纪80年代，日本东京北里研究所小曾户洋先生在日本（财）前田育德会尊经阁文库发现古抄本《小品方》（残卷），北里研究所医史文献研究室整理编纂并撰写解题，于1992年3月20日初版影印发行。据小曾户洋先生《小品方书志研究·传来》一节所考，据避讳字考之，此残缺抄件时代在唐初李世民前。该件影印精致，字迹分明，绢纹清晰，堪为善本。现将《小品方》有关《辨伤寒》及《杂病论》内容引录如下：

《张仲景辨伤寒并方》有九卷，而世上有不啻九卷，未测定几卷，今且以目录为正。《张仲景杂方》有八卷。

右件皆是《秘阁四部书目录》所载录者也。

汉末有张仲景，意思精密，善详旧效，通于往古。自此以来，未闻胜者。

文中所云“秘阁四部书目录”，又称《晋元帝四部书目录》，东晋李充撰。是李充之作已著录《张仲景辨伤寒并方》九卷及《张仲景杂方》八卷，清楚表明东晋时期《辨伤寒》与《杂病》已分别流行。李充《秘阁四部书目录》，据西晋荀勖《晋中经簿》而成，梁·阮孝绪《七录序》已反复言之，《七录序》今存，收于《广弘明集》卷三，可参阅，则《辨伤寒九卷》与《张仲景杂方八卷》著录于《晋中经簿》决无疑义，是西晋时期仲景书已分为《伤寒》《杂病》流行矣。

3. 梁·阮孝绪《七录》“张仲景《辨伤寒》十卷”为六朝传本

《七录》，阮孝绪（479～536）撰，六朝时期非常重要的目录学著作，全书佚，今存序。“张仲景辨伤寒十卷”八字，载《隋书·经籍志》。《隋书·经籍志》，据阮孝序《七录》成；《七录》据刘宋·王俭《七志》成。王俭（公元452～489，宋·元嘉二十九年至齐·永明七年）《七志》，据东晋李充《晋元帝四部目录》成。《晋元帝四部目录》又称《秘阁四部书目录》。《秘阁四部书目录》称“张仲景《辨伤寒》并方有九卷”，即阮孝绪所称之《辨伤寒》十卷。李充《秘阁四部书目录》据西晋荀勖（公元？～289）《晋中经簿》而成。则

《辨伤寒》十卷(《小品方》称九卷)，于西晋《晋中经簿》中已经著录。

综上所述，张仲景《辨伤寒》十卷著录于《隋书·经籍志》，《隋志》据阮孝绪《七录》成，是知《七录》亦著录《辨伤寒》十卷；《七录》据刘宋王俭《七志》成，则《七志》亦著录《辨伤寒》十卷；《七志》据东晋李充《秘阁四部书目录》成，《秘阁四部书目录》据西晋荀勖《晋中经簿》成，则《辨伤寒》十卷亦必著录于东晋《秘阁四部书目录》及西晋《晋中经簿》也。

4. 淳化本《伤寒论》为六朝传本

北宋开宝九年（公元976年）十月癸丑，赵匡胤卒，次日甲寅，赵炅即帝位，是为宋太宗。此年十月改为太平兴国元年。太平兴国三年，赵炅诏王怀隐、陈昭遇等把他们收集的方书加以整理编纂。《宋史》卷四百六十一《方技传·王怀隐传》说：

王怀隐，宋州睢阳人，初为道士，住京城建隆观，善医诊。太宗尹京，怀隐以汤液祗事。太平兴国初，诏归俗，命为尚药奉御，三迁至翰林医官史。三年（按，指太平兴国三年，公元978年）吴越王遣子惟浚入朝，惟浚被疾，诏怀隐视之。初，太宗在藩邸，暇日多留意医术，藏名方千余首，皆尝有验者。至是（按，谓至太平兴国三年）诏翰林医官院各具家传经验方以献，又万余道。命怀隐与副使王佑、郑奇、医官陈昭遇参对编类。每部以隋太医令巢元方《病源候论》冠其首，而方药次之，成一百卷。太宗御制序，赐名曰《太平圣惠方》，仍令镂版颁行天下，诸州各置医博士掌之。怀隐后数年卒。昭遇本岭南人，医术尤精验，初为医官，领温水主薄，后加光禄寺丞，赐金紫。

此传显示，《太平圣惠方》始编于太平兴国三年，每部之前均冠以巢元方《诸病源候论》有关部分，后面列医方。宋·陈振孙《直斋书录解题》载：“太平兴国七年，诏医官使尚药奉御王怀隐等编集。御制序文。淳化三年书成。”据《王怀隐传》及宋·王应麟《玉海》卷六十三，始纂集《太平圣惠方》的时间应是太平兴国三年，而不是七年。《玉海》云：“《太平圣惠方》，太宗留意医术，自潜邸得妙方千余首。太平兴国三年，诏医官院献经验方，合万余首，集为《太平圣惠方》百卷。凡千六百七十门，万六千八百三十四首，并序论总目录，每部以隋巢元方《病源候论》冠其首，凡诸论证品药功效悉载之。御制序。淳化三年二月癸未赐宰相李昉、参政黄中沆、枢臣仲舒准。五月乙亥，颁天下，诸州置医博士掌之。（书目首卷，兴国中王怀隐等承诏撰。庆历四年正月赐德顺军。）”据《玉海》所述，《太平圣惠方》从太平兴国三年（公元978年）开始编辑，至淳化三年（公元992年）二月编成，历时凡14年而成书。通称书中之《伤寒论》为淳化本《伤寒论》。

《太平圣惠方》从南宋陈振孙《书录解题》著录以后，后世未见著录。清张金吾《爱日精庐藏书志》著录《太平圣惠方》宋刻残本三卷：“原本一百卷，今存眼齿两类三卷。”国内此书之全帙久佚，唯日本藏有南宋原刻本五十卷，后又补抄五十卷，而成全帙一百卷。

日本森立之《经籍访古志》叙述宋版原刻说：

大宋新修《太平圣惠方》一百卷，目录一卷。每半页高七寸五分，幅五寸，十三行，行二十五六字。第一百卷末云：‘福建路转运司今将国子监《太平圣惠方》一部一百卷二十六册，计三千五百三十九版对证，内有用药分量，及脱漏差误共一万余字，各已修改开版，并无讹舛，于本司公使库印行。绍兴十七年四月日。’次有邵大宁、宋藻、陈晔、黄　、范寅秩、马纯官衔六行。

日本冈西为人《宋以前医籍考·经方》第924页说：

此为南宋椠本，每卷末有金泽文库印。密行细字，字划遒劲，殆逼汴京物，其所存凡五十卷（按注云：系第五、第六、第七、第八、第九、第十、第十七、第十八、第二五、第二六、第二九、第三十、第三三、第三四、第四五、第四六、第四九、第五十、第五一、第五二、第五三、第五四、第五五、第五六、第五九、第六十、第六一、第六二、第六三、第六四、第六九、第七十、第七五、第七六、第七七、第七八、第七九、第八十、第八一、第八二、第八三、第八四、第八七、第八八、第九一、第九二、第九五、第九六、第九九、第一百，计五十卷），其余五十卷及目录，字行全同；盖据宋本补足者。逐卷首页格顶钤‘御本’二字朱印，乃骏府秘府旧本也。宽正甲寅（案指日本宽政六年，公元1794年），大朝借之尾藩，使于医库影模一本，以储之延阁。噫！是书诚为经方之渊薮，彼土则明以来失其传，而幸巍存于皇国。世间有钞本，然讹脱不鲜。今此本既幸蒙列祖之宝爱，遇恭庙好生之深心，遂能发幽光，以济斯民之夭札，其深仁厚泽，岂可不感仰耶！

清末杨守敬《日本访书志》亦云：

此本（案指森立之《经籍访古志》所说之本）首尾完具，真稀秘笈，计其所采方书，增于《外台秘要》数倍，虽每方不著所出原书，不如《外台》之例之善，然是书经诸名医类编，首尾十三年，颁诸天下，以之课士，知其非苟而已也。

1958年人民卫生出版社有排印本问世，其《出版说明》说："本书是根据北京市现存的四种手抄本为蓝本而排印的。从这四种抄本中选出戳有'养安院藏书'图记者为主要蓝本。"

《太平圣惠方》的许多卷，在朝鲜《医方类聚》中曾加收录。《医方类聚》编成于公元1445年（相当明正统乙丑十年），凡266卷。1852年左右，日本丹波元简曾为该书加入补残一卷（原缺第12卷，丹波氏据家藏之本补入），并于1861年刊行，通称江户学训堂本。《医方类聚》收集明以前医书达150余种，其中卷二十九"伤寒门"收录《太平圣惠方》卷八《伤寒论》，也就是淳化本《伤寒论》。日本冈西为人《宋以前医籍考·经方类》说："《医方类聚》所引，亦同宋本，可据以校钞卷。"今考淳化本《伤寒论》，并非《伤寒论》全本，它由以下几个部分组成：

1. 伤寒叙论；
2. 辨伤寒脉候；
3. 伤寒受病日数次第病证；
4. 辨太阳病形证（凡36条）；
5. 辨阳明病形证（凡39条）；
6. 辨少阳病形证（凡6条）；
7. 辨太阴病形证（凡6条）；
8. 辨少阴病形证（凡24条）；
9. 辨厥阴病形证（凡13条，其中一条为宋本所无，即无"伤寒六日，烦满而囊缩，此则毒气在藏，可下而愈，宜小承气汤"）。

与宋本《伤寒论》对照，《淳化本》六经病计有124条。

1. 辨伤寒热病两感证候（此节摘自《病源》及《素问·热论》）；
2. 辨伤寒热病不可治形候；
3. 辨可发汗形证；
4. 辨不可发汗形证；
5. 辨可吐形证；
6. 辨不可吐形证；
7. 辨可下形证；
8. 辨不可下形证；
9. 辨可灸形证；
10. 辨不可灸形证；
11. 辨可火形证；
12. 辨不可火形证；
13. 辨可水形证；
14. 辨不可水形证；
15. 辨可温形证。

与宋本《伤寒论》相对照，宋本《伤寒论》的"可"与"不可"为8部分，即"辨不可发汗""辨可发汗""辨发汗后""辨不可吐""辨可吐""辨不可下""辨可下""辨发汗吐下后"。

若再与唐传本《伤寒论》和《脉经》卷七对照，可以看出，《淳化本》的"可"与"不可"与唐传本《伤寒论》和《脉经》的"可"与"不可"相近，从对比中可以判断，宋本《伤寒论》的"可"与"不可"已经不全；同时也可以判断出，淳化本《伤寒论》的六经病条文与"可"与"不可"各条，来源很古。也就是说，这部分内容，在隋以前已经流传，它是六朝古传本之一。

在《伤寒论》发展史上，有一个问题经常引起伤寒学家的注意和辩论：《伤寒论》在较早的流传阶段，是方证同条呢，还是前论后方呢？我们现在可以有把握、有证据地说明，《伤寒论》在早期流传阶段是前论后方，即前面是《伤寒论》的条文，后面是方子。

证据何在？证据在：《金匮玉函经》是前论后方；孙思邈《千金翼方》卷九、卷十原来亦是前论后方，经孙思邈调整，才变成"方证同类，比类相附"；现在，我们又发现《淳化本》也是前论后方，这三个古传本都是前论后方，这不确切地证明《伤寒论》的早期传本是前论后方吗？像宋本《伤寒论》这样，方证同条，而且大量出现复出之方，是北宋校正医书局校定《伤寒论》时做出的调整。王怀隐等"编录"淳化本《伤寒论》时，还增加了《伤寒受病日数次第病证》和《辨伤寒热病两感证候》，这两段文字均主要摘自《诸病源候论》和《素问·热论》。《辨伤寒热病不可治形候》的条文，见《辨脉》《伤寒例》《病源》《灵枢·热病》，这些条文在宋本《伤寒论》、唐传本《伤寒论》及《金匮玉函经》未收。由于这段文字主要与《病源》有关部分相同，因此，《辨伤寒热病不可治形候》不是古传本所固有的内容，而是王怀隐等编录时增加进来的内容。

淳化本《伤寒论》"辨伤寒脉候"一大段长长的文字，与宋本《伤寒论》"辨脉法"相当，只是个别文字和句子不同。此段文字可与宋本《伤寒论》"辨脉法"、《玉函经》"辨脉"、敦煌《伤寒论》残卷相对校勘，从比较中可以发现，这部分内容也是古传本所固有的，而不是王怀隐编录时加进来的。这样说来，淳化本《伤寒论》属于王怀隐等编录进去的内容共有四部分，即《伤寒叙论》《伤寒受病日数次第病证》《辨伤寒热病两感证候》《辨伤寒热病不可治形候》，其余二十一部分，都是

《淳化本》所固有的。从《淳化本》六经病条文和诸“可”与“不可”各部分观察，它与宋本《伤寒论》、唐传本《伤寒论》《金匮玉函经》都来自同一个祖本，因为这四个传本在六经病和诸“可”与“不可”内容上，都有许多重合之处。

《淳化本》不但是流传于六朝少数医师手中的传抄本，而且在文献学上也具有十分重要的价值，它在临床上，同样具有重要参考意义。比如《辨阳明病形证》第182条淳化本云：“阳明病外证身热汗出，而不恶寒，但恶热，宜柴胡汤”，宋本、唐传本、《玉函经》都没有“宜柴胡汤”四字，而《淳化本》有此四字，这在临床上就有参考价值。《淳化本》六经病有124条，几乎每条都有相应的方子，而宋本、唐传本和《玉函经》这些条文中有的就没有方子，不便应用，如果对照淳化本《伤寒论》，就会有许多启发。

《太平圣惠方》镌刻于公元992年，后来只有少数传抄本，到了清代，据《爱日精庐藏书志》说，只存宋刻三卷，所以许多学者很难见到此书。1958年人民卫生出版社排印2000册，能读到此书者亦不多，而淳化本《伤寒论》又掩藏在卷帙浩繁的书中，王怀隐等在编纂《太平圣惠方》时也没有指出卷八的《伤寒论》流传始末，所以，了解《淳化本》来龙去脉的人就更少了。《淳化本》初刻至今，已经一千年了，还有许多问题需要考证和研究。至于以《太平圣惠方》卷八即淳化本《伤寒论》为底本，采用有关《伤寒论》传本作为校本而加以校雠者，迄今尚未见到。

5.《金匮玉函经》为六朝传本

《金匮玉函经》与《伤寒论》同体而别名，名称有异而内容相同。此书为六朝传本。

关于《金匮玉函经》的编者，主要有两种意见。

一是由王叔和编次；一是由南朝医师编纂。主张由王叔和编纂的主要有以下几家：《隋志》《旧唐志》《新唐志》及林亿，见林亿所写的《校正金匮玉函经疏》；晁公武《郡斋读书志》：“《金匮玉函经》八卷，汉张仲景撰，晋王叔和集。”宋末元初王好古《医垒元戎》：“《金匮玉函》，即仲景之书称也。”《宋史·艺文志》载：“金匮玉函经八卷，王叔和集。”明徐镕：“夫《金匮玉函经》八卷，东汉张仲景祖书名也。”陈世杰《重刻张仲景金匮玉函经序》：“金匮玉函经八卷，汉张仲景论著，晋王叔和所撰次也。”

二是由南朝医师编纂。代表人物有章太炎先生，及日本江户后期山田业精。太炎先生在1932年10月写了一篇《覆刻何本金匮玉函经题辞》，收在《苏州国医杂志》编纂的《章校长太炎先生医学遗著特号》。此文是所见到的研究《玉函》流传史最有深度的一篇文章。

附章太炎考证文章一篇

覆刻何本《金匮玉函经》题辞

民国二十一年十月章太炎

《金匮玉函经》八卷，清康熙末年何焯所钞宋本，而医师陈世杰为之校刻者也，其书即《伤寒论》，顾篇第、条目、方法或少异，宋林亿等校定序目，略言之矣。案《宋史·艺文志·医书类》“张仲景伤寒论十卷”又“金匮要略方三卷”，注“张仲景撰，王叔和集”，又“《金匮玉函经》八卷”注“王叔和集”，三者划然，不以相乱。《崇文总目》有张仲景《金匮要略》三卷，《绍兴秘书目》有《金匮玉函》八卷，数与宋志相合。自晁公武《读书志》混《金匮玉函经》与《金匮要略》为一，其后马端临，徐镕皆不能别。讫于清修四库，且无《金匮玉函》之目。盖晁氏作志时，盖闻有《金匮玉函》名，未窥其书，故强以《要略》方后传，悬牛头，卖马脯，不自知其非，然于八卷三卷之异，亦不比考，可其疏失至于是也。明中叶，叶文庄次《 绿竹堂书目》，有《玉函经》一册，不著卷数，其为是书与杜光庭《玉函经》，未可知也。

余观赵开美所刻《伤寒论》，方下有林亿等校语，颇引《玉函》以见异同。成无己《伤寒论注》，许叔微《本事方》亦时时道及之。而《千金方·诊候篇》引张仲景曰“欲疗诸病，当先以汤涤五藏六府”等二百五十七字，不知所从来，及得是经，则诸家所引，皆在其中。《千金·诊候》所述，即是经《证治总例》之文也。

详其篇次，先以《证治总例》，其文与叔和《伤寒例》绝异。删《平脉》篇，视“论”本为阙。又《热病阴阳交并生死证》篇，视“论”本为增。《厥阴篇》惟录纲领四条，而《厥利呕哕》自为篇。汗吐下可不可诸条外，更有可温、可火、可灸、可刺、可水，而火灸刺，复有不可，又出叔和法外。惟《千金翼方·伤寒宜忌》别出九目，本于是经。此篇第与《伤寒论》有不同也。《痉湿暍》篇有“脊强者五痉之总名”等三十一字，“论”本与《要略》皆无之。“太阳病三四日不吐下，见芤乃汗之”一条，“论”本所无，而《千金翼方》所述有是。又“寒实结胸无热证者与三物小白散”，与《千金翼方》所述及林亿等所引一本皆同，不云“可与小陷胸汤”。此条法与《伤寒论》有不同也。列方一百十五道，盖增柴胡加大黄芒硝桑螵蛸汤，又别有甘草汤，即甘草一味者，皆旧所不著。此方目与《伤寒论》有不同也。

仲景游宦之迹，多在荆州，江南诸师，闻其遗法者盖众矣。亿等校定是经，谓亦叔和所集，宋志因之。寻叔和已集《伤寒论》，必不自为歧异。且其《证治总例》言“地水火风，合和成人，四气合德，四神安和，人一气不调，百一病生，四神动作。四百四病，同时俱起。”此乃本之释典，非中土方书所有。叔和当魏晋间，释典虽已入中国，士人鲜涉其书，知是经非叔和所集，而为江南诸师秘爱仲景方者所别编。六朝人多好佛，故得引是以成其例耳。

唐时孙思邈多取是经。宋馆阁虽尝校定，传者已稀，元明以来，不绝如线。幸有何氏得宋本，写授其人刻之，下去乾隆校四库时，才六十余岁，而四库竟未列入。盖时校录诸臣，于医书最为疏略。如《伤寒论》只录成无己注本，不录治平原校，而时程永培所为购得诸书，往往弃之不采，即其比也。余前得日本覆刻陈本，惊叹不已。后十余岁，医师徐衡之，章成之又以陈氏初印本进，距其校刻时，二百十六年矣。衡之等惧其书不传，将重为镂版以行，而质于余。余观陈刻，亦间有不正者，如 改为驶，失气改为矢气，皆由不达古字古言，以意点窜，因悉为校正。其余俗字可通者皆仍其故，并列陈、何旧序于前，以志缘起。校成，授衡之等覆刻，乃为题辞云尔。民国二十一年章炳麟。

按，此文原载1932年《昌明医刊》第2期，后载《医学文苑》，又载1936年夏出版的《苏州国医杂志》第10期，再载于1938年出版的《太炎文录续编》卷二上，又载于1994年12月上海人民出版社出版的《章太炎全集》第八册。

将《金匮玉函经》与孙思邈《千金翼方》卷九、卷十之《伤寒论》校读，发现孙思邈《千金翼方》之《伤寒论》乃取资《金匮玉函经》者。

6.《伤寒论》在隋代的流传

《伤寒论》以“鞕”避“坚”，为《伤寒论》在隋代流传的标志。元·马端临《文献通考》卷一百七十四《经籍考》云：“炀帝即位，增秘书省官百二十员，并以学士补之。帝好读书著述，自为扬州总管，置王府学士至百人，常令修撰。以至为帝前后近二十载，修撰未尝暂停。自经术、文章、兵农、地理、医卜、释道乃至捕搏鹰狗，皆为新书，无不清洽，共成三十一部，万七千卷。初，西京嘉则殿有书三十七万卷，帝命秘书监柳顾言等诠次，除其复重猥杂，得正御本三万七千余卷，纳于东都修文殿。又写五十副本，分为三品，上品红琉璃轴，中品绀琉璃轴，下品漆轴，于东都观文殿东西厢构屋以储之。”此谓隋炀帝时期整理抄写图书之事。《伤寒论》必在抄写整理之列。隋代颇重避讳，乃将“坚”改写为“鞕”或“固”及“鞕”（见《诸病源候论》）。由避讳字可以考证出《伤寒论》在隋代流传的基本概貌。《金匮玉函经》与《千金翼方》卷九、卷十不避“坚”，是该书流传于六朝的证据。

7. 唐传本《伤寒论》

《唐传本伤寒论》，指唐初孙思邈（公元581～682）《千金翼方》卷九、卷十收录之《伤寒论》。张仲景著《伤寒杂病论》一十六卷，汉末兵燹频仍，不久散乱，幸有魏太医令王叔和整理编次而得以流传（晋·皇甫谧《甲乙经序》写于魏甘露中，称：“近代太医令王叔和撰次仲景遗论甚精，皆可施用”，是王叔和为魏太医令也）。王氏整理编次之《伤寒论》著录于王叔和《脉经》卷七。自叔和之后，至北宋治平二年（公元1065年）林亿、孙奇校定《伤寒论》之前凡八百载，《伤寒论》之流传，显晦离合，不一而足，目录记载，亦多歧异，致令研治此书者，难于沿流溯源，学者憾焉。

唐继隋祚，寰区一统，文治武功，远迈前朝。孙思邈怀济世之志，成《千金要方》三十卷，惜未得《伤寒论》之全。故林亿《校正千金翼方后序》云：“孙氏撰《千金方》，其中风疮痈，可谓精至，而伤寒一门，皆以汤散膏丸，类聚成篇，疑未得其详矣。”今详计《千金要方》所录《伤寒论》六经病方证，经与宋本《伤寒论》比照，有如下诸条：12、13、15、16、17、19、25、34、35、38、40、42、43、45、52、53、54、57、63、66、67、77、82、95、106、125、126、128、131、135、137、166、168、169、170、208、209、210、218、222、236、237、320、322、324、397，凡四十余条，是则孙思邈于撰讫《千金要方》之时，未睹《伤寒论》之全，信矣。故孙氏深深慨叹云：“江南诸师，秘《仲景要方》不传！”

迨三十年后，成《千金翼方》三十卷，为《要方》之辅翼，成一家之学。林亿《千金翼方后序》云：“又著《千金翼方》三十卷，辨论方法见于《千金》者十五六，惟伤寒谓大医汤药虽行，百无一效，乃专取仲景之论，以太阳方证，比类相附，三阴三阳、宜忌、霍乱、发汗吐下后、阴易劳复病为十六篇，分上下两卷，亦一时之新意。此于《千金》，为辅翼之深者也，从而著之。论曰：‘伤寒热病，自古有之，名贤濬哲，多所防御，至于仲景，特有神功，寻思旨趣，莫测其致。'有以见孙氏尊而神之之心也。"按孙氏所见之《伤寒论》，非分上下两卷，以《千金要方》分为上下两篇，分置卷九、卷十，故《千金翼方》亦将《伤寒论》分上下两篇，置于卷九、卷十。

研究《唐传本伤寒论》，不但对于医家临证裨益宏多，而且对于《伤寒论》文献学之研究，亦具有极大意义，下面举例言之。

首先，可藉以考证《伤寒论》自叔和至北宋治平二年前流传之概貌。《隋书·经籍志·医方类》"医方论七卷"下注云："梁有张仲景《辨伤寒》十卷，亡。"此《辨伤寒》十卷，即《伤寒论》十卷也。日本丹波元简（公元1755～1810年）《伤寒论辑义·综概》云："隋《经籍志》注载，梁《七录》张仲景《辨伤寒》十卷。今《伤寒论》每篇尽冠'辨'字，此即指今《伤寒论》。而云其亡者，盖《千金方》称江南诸师秘仲景伤寒方法不传。然则《隋志》云亡者，其实非亡也。"按元简说是也。《伤寒论》每卷皆冠以"辨"字，如卷一"辨脉法"、卷二"辨痉湿暍脉证""辨太阳病脉证并治上"、卷三"辨太阳病脉证并治中"、卷四"辨太阳病脉证并治下"、卷五"辨阳明病脉证并治""辨少阳病脉证并治"、卷六"辨太阴脉证并治""辨少阴脉证并治""辨厥阴脉证并治"、卷七"辨霍乱病脉证并治""辨阴阳易差病脉证并治""辨不可发汗病脉证并治""辨可发汗病脉证并治"、卷八"辨发汗后病脉证并治""辨不可吐""辨可吐"，卷九"辨不可下病脉证并治""辨可下病脉证并治"、卷十"辨发汗吐下后病脉证并治"，故亦称之为《辨伤寒》，且十卷之数亦相合，则《七录》之《辨伤寒》十卷即今之《伤寒论》十卷，断无疑义也。

《隋志》称此书为"梁有"者，谓梁·阮孝绪（公元479～536）之《七录》有此书也。《梁书·处士传》云："阮孝绪，字士宗，陈留尉氏人也……大同二年卒，时年五十八。门徒诔其德行，谥曰文贞处士，所著《七录》等书二百五十余卷行于世"。《七录》成书于梁普通四年（公元523年）。又据《隋书·经籍志·序》称："普通中，有处士阮孝绪，沉静寡欲，笃好坟史，博采宋齐以来王公之家，凡有书籍，参校官簿，更为《七录》。一曰经典录，纪六艺；二曰记传录，纪史传；三曰子兵录，纪子书兵书；四曰文集录，纪诗赋；五曰术技录，纪数术；六曰佛录，七曰道录。其分部题目，颇有次序。"阮氏《七录》今亡，然《七录序》《古今书最》及《七录目录》完整保存于唐初释道宣（公元596～667年）《广弘明集》卷三。

《七录目录》内篇术技类载："医经部：八种，八帙，五十卷"，"经方部：一百四十种，一百八十帙，一千二百五十九卷。"是《辨伤寒》十卷即著录于经方部。考阮氏《七录》亦上有所因。据《古今书最》载，《七录》参阅之前人书目，除刘歆《七略》、班固《汉书·艺文志》、西晋荀勖《晋中经簿》、东晋袁山松（？～1401年）、《后汉艺文志书》（按以上四种书目，为阮氏所亲见，然已亡佚许多种书）外，尚有东晋李充、丘渊之、刘宋·王俭，齐·谢朏，梁·刘孝标等人编撰之目录，而受益王俭《七志》尤多，观《七录序》可知。

王俭（公元452～489），《南齐书》有传："王俭，字仲宝，琅琊临沂人也……解褐秘书郎。太子舍人，超迁秘书丞。上表求校坟典，依《七略》撰《七志》四十卷，上表献之，表辞甚典。"又据《隋书·经籍志·序》称："俭又另撰《七志》，一曰经典志，纪六艺、小学、史记、杂传；二曰诸子志，纪古今诸子；三曰文翰志，纪诗赋；四曰军书志，纪兵书；五曰阴阳志，纪阴阳图纬；六曰术艺志，纪方技；七曰图谱志，纪地域及图书。其佛道附见，合九条。然亦不述作者之意，但于书名之下，每立一传。"王俭《七志》今亡，依该书体例，《辨伤寒》十卷必著录于术艺志中也。又据日本（财）前田育德会尊经阁文库藏陈延之《小品方》残卷载，《秘阁四部书目录》著录"张仲景辨伤寒并方有九卷""张仲景杂方有八卷"，而《七志》系据刘宋、两晋诸目录而撰成，则《辨伤寒》十卷上溯至刘宋及东晋书目亦无可疑。

《七录》以后，载《辨伤寒》十卷之目者为《隋书·经籍志》。《隋志》主要由魏徵、李延寿等撰。《旧唐书·魏徵传》云："隋史序论，皆徵所作，梁陈齐各为总论，时称良史。"《隋志》成于贞观年间，依据之书目主要为王俭《七志》、阮孝绪《七录》及《隋大业正御书目》等。然则，《隋志》何以云《辨伤寒》十卷"亡"耶？

隋代立国，文帝雅好图籍，采纳秘书监牛弘（公元545～610）广开求书之路建议，致令隋代藏书极富。《隋书·经籍志·序》云："隋开皇三年（五八三年），秘书监牛弘表请分遣使人搜访异本，每书一卷，赏绢一匹，校写既定，本既归主。于是民间异书，往往间出。及平陈以后，经籍渐备，检其所得，多太建（按陈宣帝年号）时书，纸墨不精，书亦拙恶。于是总集编次，存为古本，召天下工书之士——京兆韦霈、南阳杜頵等，于秘书内补续残阙，为正副二本，藏于宫中，其余以实秘书内外之阁，凡三万余卷。”

今之《伤寒论》“坚”字皆改为“鞕”，以避隋文帝杨坚之名讳，显系隋代抄写《伤寒论》所改，则终隋炀帝之世，《伤寒论》十卷仍在流传而未亡。那么为何至编写《隋志》时忽然说《伤寒论》十卷亡了呢？

据《隋书·经籍志·序》说：“大唐武德五年（公元622年），克平伪郑，尽收其图书及古籍焉。命司农少卿宋遵贵载之以船，溯河西上，将致京师，行经底柱，多被漂没，其所存者，十不一二，其目录亦为所渐濡，时有所缺。今考现存，分为四部，合条为一万四千四百六十八部，有八万九千六百六十六卷。”《伤寒论》十卷本或遭此水劫，亦未可知。然自此孙思邈于唐初撰《千金要方》时而不得见。

《旧唐书·孙思邈传》云：“初，魏徵等受诏修齐梁陈周隋五代史，恐有遗漏，屡访之，思邈口以传授，有如目观。……自注《老子》《庄子》，撰《千金方》三十卷，行于代。”其时孙氏正为未见《伤寒论》而慨叹，告诉了魏徵，魏氏于撰《经籍志》时遂于《医方论》七卷条下注云“亡”，此即《隋志》所写“亡”字之历史背景也。

《伤寒论》自两晋、宋、齐、梁、陈至隋，流传一直不衰，唐初暂时衰微，约至高宗永徽以后复出（孙思邈《千金要方》撰成于永徽二年——公元651年），终于收录于《千金翼方》中。由此可知，《唐传本伤寒论》乃沟通《伤寒论》自两晋至唐初流传之桥梁，若无此书，则《伤寒论》在唐以前之流传难于考索矣！难于取证矣！

《伤寒论》于唐初复出后，一直流传不衰。据《唐会要》卷八二载：“乾元元年（公元758年）二月五日制：自今以后，有以医术入仕者，同明经例处分。至三年（公元760年）正月十日，右金吾长史王淑奏：医术请同明法选人，自今已后，各试医经方术策十道、本草二道、脉经二道、张仲景《伤寒论》二道、诸杂经方义二道，通七以上留。”

唐苏冕辑唐高祖至唐德宗各朝典章制度为《会要》四十卷，唐宣宗大中七年（公元853年）诏杨绍复续叙德宗至宣宗各朝事，成《续会要》四十卷。宋初王溥据苏、杨二家原本补宣宗至唐末史事，成《唐会要》百卷。乾元三年试医以《伤寒论》等事，乃出于苏冕所录，是以知《伤寒论》于唐中期为医家必读之书，流传较为普遍。

唐·王焘（公元670～755）《外台秘要》屡引《伤寒论》条文与方剂，且注云出某卷中，与今本《伤寒论》对勘，大多相符。如《外台秘要》卷一引小建中汤、小柴胡汤方证，卷二引葛根汤方证，注文皆云：“出第三卷中”，与今本合。卷二引五苓散、白散方，引小柴胡桂枝干姜汤方，均注云：“出第四卷中”，亦与今本合。故丹波元简云：“王焘《外台秘要》载《金匮要略》方，而曰出张仲景《伤寒论》某卷中，则唐时其全帙十六卷不易旧目者才存台阁中。王氏知弘文馆图籍方书等时，特得探其秘要，而载之其著书。今所传十卷，虽重复颇多，似强足十卷之数者，然逐一对勘，大抵与《外台》所引符，则今《伤寒论》，不可断为非《七录》及《唐志》之旧也。”（《伤寒论辑义·综概》）又考林亿等《校定备急千金要方后序》云：“臣尝读唐令，见其制：为医者皆习张仲景《伤寒论》”，是北宋林亿等所见唐代政府命令，督导业医者必习《伤寒论》也。

上述三事证明，唐高宗以后，《伤寒论》逐渐成为业医者必读之书。自唐以后直至北宋，《伤寒论》传而不废，至北宋治平二年林亿、孙奇选《伤寒论》十卷本为底本加以校定，以《唐传本伤寒论》为主校本，自此《伤寒论》之传本始定于一。

综上所述，《唐传本伤寒论》乃连接两晋至唐初《伤寒论》流传最直接最有力之证据，在中医文献史上具有重大意义。

第二，可考察《伤寒论》不同传本之联系。自六朝至唐，《伤寒论》传本主要有：①《脉经》卷七；②《辨伤寒》十卷本，此本系今通行之《伤寒论》十卷本之古本（今称“宋本”）；③《小品方》收录本；④淳化本；⑤《金匮玉函经》；⑥《千金要方》卷九残卷本；⑦收于《千金翼方》中之《伤寒论》（今称唐传本）等。综考诸本，虽有小异，而六经病之条文基本相同。

唐本、宋本及《玉函》三本相异较大者，在“可”与“不可”诸篇。《唐传本伤寒论》“可”与“不可”计十六部分，《金匮玉函经》亦为十六部分，惟《玉函》之条数远较唐本为多，缘《玉函》将三阴三阳中诸条，大多收入“可”与“不可”中，而唐传本“可”与“不可”所收三阴三阳之条文，仅四十余条。宋本之“可”与“不可”则仅有八部分，无“可温”“不可灸”“可灸”“可刺”“不可刺”“不可水”“可水”“不可火”“可火”。三书综合观之，《唐传本伤寒论》在结构、条序上，与《玉函》更相近。可证《玉函》亦为唐朝以前之古传本。

第三，明清学者，谓《唐传本伤寒论》为张仲景《伤寒论》之定本，评价极高。明王肯堂（公元

1549～1613)《千金翼方序》云:“《千金方》收入《道藏》,今关中江右,皆有刻,乃至宋元刻本藏书家多有之,而独《翼方》不传,《道藏》亦不载,世多有不知其名者”,“后获《千金翼方》于故友徐士彰谏议家,则前所疑者悉无有,而释氏玄门千金不传之秘,前书所不及者,往往而见,于是益知此为真人晚年定本”。

清·王丙,字朴庄(公元1733～1803)《清史稿·艺术传》有传云:“著《伤寒论注》,以唐孙思邈仅采王叔和伤寒论序例,全书(按谓《伤寒论》全书)载翼方中,次序最古,据为定本”。王朴庄《回澜说》云:“昔先祖尝论《伤寒》以序例为主,以《千金翼》之定本为宗,而痛惩方中行、喻嘉言之僭说。”又云:“孙真人出玄门法力,魔所畏也,集医学之大成,著《千金方》,编入脉经;又撰《千金翼》,而《伤寒论》之序次,复有定本焉。”又云:“忆余学医时,先祖已殁,藏书甚多。读伤寒家言,人各一说,罕得要领。至其诋叔和也,则异口同声,牢不可破,犹幸及闻先祖,伤寒例不可不读及千金翼有定本之语,中有所主,始不为方喻所蔀。”《回澜说》著于乾隆五十九年(公元1794年),定本之说闻之于先祖,则自明末清初以来,学者称《唐传本伤寒论》为定本,亦云久矣。清末陆懋修在《伤寒论注》后记中云:“伤寒论自注家各自为说,例乱已极,惟此为唐时序次,最古之本,犹见仲景当时原次,大可宝贵。”

二、宋本《伤寒论》刊刻后之流传与演变

(一)宋本《伤寒论》所据底本为高继冲进献本考

宋本《伤寒论》,指北宋治平二年(公元1065年)校正医书局奉旨刊行之本。孙奇、林亿等《伤寒论序》云:“国家诏儒臣校正医书,臣奇续被其选。以为百病之急,无急于伤寒,今先校定《伤寒论》十卷,总二十二篇,证外合三百九十七法,除复重,定有一百一十二方。今请颁行。”又云:“治平二年二月四日进呈。奉圣旨镂版施行。”此即北宋最初刊行之本,称为《伤寒论》初刻本。初刻本字形大,册数多,售价高,一般士人无力购买。北宋元佑三年(公元1088年)九月奉圣旨另刊小字本以便流通,故又称治平本为“大字本”,元佑本为“小字本”。宋代原刻之大字本及小字本久佚,明万历二十七年,常熟赵开美据偶得之小字本翻刻之,以接近原貌,故通称赵开美本为“宋本《伤寒论》”,赵所据之北宋原刻小字本在翻刻后亦亡。今赵开美本世上仅存5部:北京中国中医研究院图书馆1部、沈阳医学院图书馆1部、中山医学院图书馆1部;台湾省台北市故宫博物院文献馆1部;日本国立公文图书馆内阁文库图书馆藏1部。上述5家图书馆共藏5部。北京国家图书馆原藏一部,抗战前转移至台湾,今存缩微胶卷一套。

北宋校正医书局校正《伤寒论》所用底本,《伤寒论序》略有所述:“自仲景于今八百余年,惟王叔和能学之,其间如葛洪、陶景、胡洽、徐之才、孙思邈辈,非不才也,但各自名家,而不能阐明之。”这一段说明《伤寒论》自王叔和至孙思邈数百年之流传大略,对于后人沿流溯源、寻找这数百年《伤寒论》流传轨迹颇多启悟。宋本所据之底本为高继冲进献本。下面一段文字是关于底本之说明。文字虽简,涵纳甚多:

> 开宝中(赵匡胤纪年,公元968～976年),节度使高继冲曾编录进上,其文理舛错,未尝考证,历代虽藏之书府,亦缺于雠校,是使治病之流,举天下无或知者。

1. 荆南国末主高继冲世系考略

高继冲(公元942～973)是五代十国(公元907～960年)荆南国最后一位国君,荆南国史事见《旧五代史》卷一百三十二《世袭传》《新五代史》卷六十九《南平世家》、宋王禹称《东都事略》《资治通鉴》卷二百七十五、卷二百七十六、卷二百八十、卷二百八十七、卷二百八十八、《续资治通鉴》卷一、卷二、卷三。

高继冲的曾祖父高季兴,于907年任南平节度使,南平即荆南。《资治通鉴》云:“荆南节度使高季兴寝疾,命其子行军司马、忠义节度使、同平章事从诲权知军府事。丙辰,季兴卒。”季兴卒于公元928年。荆南国由其子高从诲(公元891～948)主掌。高氏家族主掌荆南国凡五世,惟二世从诲读书明礼,披览经史。《资治通鉴》卷二百七十九云:“从诲谓梁震曰:吾自念平生奉养,固已过矣。乃捐去玩好,以经史自娱。”

高从诲卒于公元948年,由其子高保融掌荆南。保融为第三代荆南国主,继冲之父。《资治通鉴》卷二百八十八云:“荆南节度使南平文献王高从诲寝疾,以其子节度副使保融判内外兵马事,癸卯,从诲卒,保融知留后。”保融极昏庸,耽于淫乐,一切事务皆委其弟保勖。《宋史》卷四百八十三《世袭传》云:“保融性迂阔淹缓,御兵治民,一时术略政事,悉委于母弟保勖。”《续资治通鉴》卷一云:“保融性迂缓,御军治民皆无法,高氏始衰。”保勖亦荒淫贪婪。《续资治通鉴》卷一云:

“（公元961年）九月甲子，以高保勖为荆南节度史。保勖淫恣，好营造台榭，穷土木之工，军民咸怨，记室孙光宪谏，不听。”高保勖卒于公元962年11月，此年相当北宋赵匡胤建隆三年。保勖为荆南国第四代国主。

荆南国第五代国主亦即最末一代国主为高继冲。其叔保勖临终时问何人可继主荆南。《续资治通鉴》卷一云：“荆南节度使高保勖寝疾，召牙内都指挥使京兆梁延嗣曰：我疾将不起，孰可付后事者？延嗣曰：先子舍其子继冲，以军府付公，今继冲长矣。保勖曰：子言是也。即以继冲权判内外军马事。甲戌，保勖卒。”从公元962年11月始继冲以荆南节度副使执掌荆南国国柄。963年正月庚辰，晋升为荆南节度使。《续资治通鉴》卷三云：“正月丙子，以荆南节度副使权知军府事高继冲为荆南节度使。”

五代十国之荆南国为十国中之弱国。凡五代。世系如下：

高季兴（1）→高从诲（2）→高保融（3）→高保勖（4）→高继冲（5）。

2. 高氏家族何以有《伤寒论》

高氏家族世系清楚，凡五代，曾祖季兴陕州硖石人，一介武夫，梁开平元年（公元907年）以军功任荆南节度使，为高氏家族统治荆南奠定基础。第三代保融、第四代保勖迂阔懦弱、淫恣害民，不恤政事，不亲书卷，是《伤寒论》约非得于此三人时期。唯第二代高保融能“以经史自娱”，尚知书卷礼乐于修身治国不可或离。保融个人有此品德，尚须辅以客观条件。这个条件是——“劫掠”。

荆南国当今武汉一带，扼四方水陆交通要冲，于十国中为蕞尔小国。《新五代史》叙其国云：

荆南地狭兵弱，介于吴楚为小国。自吴称帝，而南汉、闽、楚，皆奉梁正朔，岁时供奉，皆假道荆南。季兴、从诲常邀留其使者，掠取其物。而诸道以书责诮，或发兵加讨，即复还之而无愧。其后汉与闽、蜀皆称帝，从诲所向称臣，盖利其赐予。俚俗语谓夺攘苟得无愧耻者为赖子，犹言无赖也。故诸国皆目为高赖子。

此书决非高氏家族历代相传所固有，极有可能在高季兴、高从诲时期以掠取手段而获得，诸道或发书责难、或发兵加讨，乃奉还金宝，余下书卷等细物，至高继冲危难之际，乃献之朝。

3. 高继冲为何进献编录本《伤寒论》

高继冲任荆南节度使时，时当北宋赵匡胤乾德元年（公元963年）。此时距大宋建国（公元960始建国）已3年余。赵匡胤久有统一天下之志，此时正在酝酿征服荆南之计：以收服湖湘为词假道荆南以灭之。据《续资治通鉴》卷一云：

（公元963年）庚申，以山南东道节度使兼侍中慕容延钊为湖南道行营都部署，枢密副使李处耘为都监，发兵会襄阳以讨张文表。先是，卢怀忠使荆南，帝谓曰：江陵人情去就，山川向背，吾尽欲知之。怀忠使还，报曰：继冲控弦之士不过三万，年谷虽登，民困于暴敛，其势日不暇给，取之易耳。于是帝召宰相范质等谓曰：江陵四分五裂之国，今假道出师，因而下之，蔑不济矣。遂以成算授处耘等。

《续资治通鉴》卷二详细记述以假道之计削平荆南过程以及高继冲无可奈何之态：

李处耘至襄州，先遣阖门使临洺丁德裕喻继冲以假道之意，请薪水给军。继冲与其僚佐谋，以民庶恐惧为词，愿供刍食百里外。处耘又遣德裕往，(孙) 光宪及延嗣请许之。兵马副使李景威说继冲曰：“王师虽假道以收湖湘，恐因而袭我，愿假兵三千设伏荆门险要处，候其夜行，发伏攻其上将，王师必自退却，回军收张文表以献于朝廷，则公之功业大矣。不然，且有摇尾乞食之祸。”继冲不听，曰：“吾家累岁奉朝廷，必无此事。”孙光宪曰：“景威，峡江一民耳，安识成败！且中国自周世宗时已有混一天下之志。宋兴，凡所措置，规模益宏远，今伐张文表，如以山压卵耳。湖湘既平，岂有复假道而去耶？不若早以疆土归朝廷，则荆楚免祸，公亦不失富贵。”继冲以为然。景威知计不行而叹曰：“大事去矣，何用生为？”因扼吭而死。景威，归州人也。继冲遣延嗣与其叔保寅奉牛酒来犒师，且觇师之所为。

壬辰，师至荆门，处耘见延嗣等，待之有加。延嗣喜，驰使报继冲以无虞。荆门距江陵百余里，是夕，延钊与延嗣等宴，饮于其帐，处耘密遣轻骑数千倍道前进。继冲但俟保寅、延嗣之还，遽闻宋师奄至，即慌恐出迎，遇处耘于江陵北十五里。处耘揖继冲，令待延钊，而率亲兵先入，登北门。比继冲与延钊俱还，宋师已分据冲要，布列街巷矣。继冲大惧，遂尽籍其三州，十七县，十四万二千三百户奉表来归。

春秋时代，晋国曾假道于虞以伐虢，回师灭虞，今故事再演，戏剧性地灭掉荆南。

高继冲于公元962年11月任荆南节度使，963年2月国除，任职3月余。灭国伊始，赵匡胤“复命高继冲为荆南节度使”，然令“枢密承旨王仁瞻赴荆南巡检”，对高继冲加以监视。《续资治通鉴》云：公元963年“六月乙未诏：荆南兵愿归农者听，官为葺舍，给赐牛酒、种食。”遣散节度使统领的全部官兵。继而，又命王仁瞻为荆南节度使。《续资治通鉴》卷三云：“六月丁酉，命王仁瞻权知荆南军府事”，解除高继冲荆南节度使之职。963年12月“癸未，改命继冲为武宁节度使”，从此高继冲离开荆南国。《新五代史》卷六十九《南平世家》云：“季兴兴灭年世甚明，诸书皆同。盖自梁开平元年（公元907年）镇荆南，至皇朝乾德元年（公元963年）国除，凡五十七年。”

高继冲转任武宁节度使后，为求免祸，不断上献珍宝乃至户口簿、帐簿等。《宋史》卷四百八十三《荆南高继冲传》云：

继冲籍管内刍粱钱帛之数来上，又献钱五万贯、绢五千匹、布五万匹，复遣支使王崇范诣阙贡金器五百两、银器五千两、锦绮二百段、龙脑香十斤、锦绣帷幕二百事。

《续资治通鉴》卷三：

（乾德元年五月甲子）高继冲籍伶官一百四十三人来献，诏悉分赐诸大臣。

高继冲在献无所献的情况下，想到《伤寒论》。为什么进献此书呢？

这与赵匡胤之弟赵炅韬晦养志编纂医书有密切关系。宋初，赵炅为编辑方书而搜罗名贵医书及名方异术玄针。赵炅《太平圣惠方·序》云：

朕昔自潜邸，求集名方异术玄针，皆得其要，间收得名方千余首，无非亲验，并有准绳，贵在救民，去除疾苦，并遍于翰林医官院各取到经乎家传应效药方合万余道，令尚药奉御王怀隐等四人，校勘类编，凡诸论证，并该其中，品药功效，悉载其内。

赵炅“求集名方异术玄针”的时间在开宝年间，这个阶段，正是高继冲任武宁节度使之时，朝不虑夕，危不旋踵，忧患缠身，计无所出。恰好此时赵炅在求集医书医方，《伤寒论》为方论同集之作，乃进献之，希冀政治处境有所好转。孙奇、林亿《伤寒论序》云：“开宝中，节度使高继冲曾编录进上。”开宝凡9年，“开宝中”当指开宝四年或五年，约献于此时。但是他没有达到自己的愿望。《宋史》卷四百八十三《荆南高继冲传》云：“开宝六年（公元973年）卒，年三十一。”献书不久即含恨逝去。史书未载高继冲生于何年，从卒年上溯31年，其生年为五代后晋天福七年（公元942年）。

高继冲于史事无足言，唯一可供后人思念者为献书事。

4. 高继冲进献本特点

高继冲进献《伤寒论》本之特点，从《伤寒论序》中可大体考知。

第一，“节度使高继冲曾编录进上”。“编”者，编次也，即对原书之次序作些调整；“录”者，抄录也，即将原书于进献前加以抄录。编录者为谁，已不可知。此书在北宋校正医书局校正以前（治平二年校正毕，公元1065年），其结构乃条列于前方汇于后者，即前论后方（其模式大体存留于《金匮玉函经》），现在的方证同条模式乃校正医书局所改动。进献本卷数与今本同，亦十卷。《序》云：“今先校定张仲景《伤寒论》十卷”，指此。

第二，“其文理舛错，未尝考正，亦缺于雠校。”进献本未经校勘，讹、衍、倒、夺，时有所见。古代传抄本类多如此。今本避“玄”为“真”等，非出自进献本，乃出于校正医书局。

第三，“历代藏之书府，是使治病之流，举天下无或知者。”此尤可见此本之重秘，为人间难得宝卷。梁代阮孝绪《七录》著录《辨伤寒十卷》，与高继冲进献本为同一系统之本。

第四，高继冲进献本未被收入由赵炅主持、王怀隐编辑的《太平圣惠方》中。赵匡胤驾崩后，其弟赵炅即位，是为宋太宗。他在开宝年间收集的名方异术玄针于登极后16年即淳化三年（公元992年）刊行成书，名为《太平圣惠方》100卷，其中卷8～14为《伤寒》卷，与进献本大异。淳化本亦为六朝传本，但与进献本非同一传授系统。由此可知，进献本献于朝廷后，被珍藏于皇家书府，以至皇帝亦难得一见，故云“举天下无或知者”。

第五，从进献之初（约开宝四年或五年，公元971或972年）至校正医书局以此本为底本而校之（治平元年——公元1064年始校，治平二年——公元1065年校毕），中间凡90余年，皆藏于皇家书府，无校勘、无著录，秘扃尘封，“举天下无或知者。”至治平元年选此本为底本乃始见天日。北宋校正医书局以此本为底本，极为有识。

此本流传至今，乃天不丧斯文，故有献之者（高继冲），有校之者（孙奇林亿），有翻刻者（赵开美），嘉惠我民族于无穷，岂非我民族之大幸哉！

（二）宋本《伤寒论》在中日两国流传与演变

北宋原刻本有大字本与小字本之别。小字本今无存。1908年有名矩庵者称他家藏有大字本《伤寒论》一本，未知今尚存否。

明万历二十七年，江苏常熟赵开美据偶得之北宋原刻小字本《伤寒论》摹刻之，以逼真原貌，通称赵开美摹刻本为宋本《伤寒论》。赵开美本有初

刻与补刻之不同。·

1. 赵开美初刻本

现存于日本内阁文库，有大量墨丁与讹字，缺《伤寒论后序》。书口黑白交错。虽有许多讹误，然版本价值甚高。1988 年日本燎原出版社影印出版。1856 年（日本安政三年）崛川济据初刻本摹刻刊行，中国许多大型图书馆有藏。此本对中国《伤寒论》之流传至关重要。该书在汉字旁附日文反点符号。1923 年恽铁桥据崛川济本影印之，擦去日文反点符号，侈称影印宋本《伤寒论》，1955 年重庆中医学会编辑之《新辑宋本伤寒论》即据崛川济本为底本，非以赵开美本为底本也。1958 年南京中医学院所编《伤寒论译释》亦以崛川济本为底本，亦非以赵开美本为底本也。凡崛川济本有墨丁之处，重庆本与南京本一仍其旧。

2. 赵开美补刻本

鉴于初刻本讹误严重，赵开美请当时著名刻板家赵应期将讹字铲掉重刻，并将《伤寒论后序》刻于书末，是为补刻本。台湾本、中国中医研究院本、沈阳医学院本、广州中山大学图书馆所藏皆为补刻本。识别补刻本的标志在宋本卷四末方形木印："世让堂翻刻赵氏家藏印"及卷十末长形木印："长州赵应期独刻"。中医古籍出版社已将补刻本影印出版。

3. 杨守敬伪造"影抄北宋本伤寒论"揭秘

杨守敬（道光十九年～民国四年，即公元 1839～1915），字惺吾，号邻苏，湖北省宜都县人。同治元年（公元 1862 年）举人。光绪六年（公元 1880 年）应聘东渡，为首任驻日公使何如璋随员。其时日本明治维新改革风气尚盛，土苴汉学，鄙视汉医，中国古籍从中秘大量外流，不以为贵。守敬学养有素，慧眼识真，知何者为珷玞，何者为美玉，不数年间，守敬积书数十万卷。每得善本，辄考原委，撰写题识，积稿二十余册。光绪十年归国，任教黄州，筑藏书楼曰"邻苏园"以藏其书，以苏东坡曾游该地，故曰邻苏。后执教武昌，筑"观海堂藏书楼"以贮秘籍。民国四年杨守敬逝世，藏书售予北洋政府，北洋政府将其一部分置于北京北海公园内松坡图书馆，善本书归故宫博物院。故宫博物院图书馆馆员何澄一将馆藏杨氏善本书编成《观海堂书目》四卷。杨守敬所藏原书今藏台湾省故宫博物院。

杨守敬归国后，将昔日所撰文稿整次成册，名曰《留真谱》。关于影抄北宋本《伤寒论》，杨守敬说明如下：

《伤寒论》十卷，影北宋本伤寒一书，后人多所更乱。而所据者，大抵以成无己注本为集矢。不知成本亦非叔和所编真面目。盖叔和于每证治法相同者，不嫌复载，成氏则但载其初见者，以后则云见某证中以省烦。然医道至密，古人不惮反复叮咛，意自有在。今省去之，反开后苟简之弊。然自成氏注解后，林亿校进本遂微，著录家亦皆以成氏本为原书，冤矣！余在日本初得其国宽文本，见其与成氏注解本不同，而刻手草率，误字甚多。厥后得翻刻明赵清常《仲景全书》本，而后知成氏本果非叔和原书。然开篇题名下，即署赵开美校刻，沈琳仝校字样，是已非宋本旧式。最后于书肆得此影写本，每半页十行，行十九字。首题《伤寒论》卷第一；次行题汉张仲景述，晋王叔和撰次；再下行低三格《辨脉法第一》《平脉法第二》；再下顶格问曰云云。乃知赵氏本根源于宋刻，但为题校勘姓名，遂移其行第（清常收藏名家，亦为流俗所染）。此本影写精致，俨然北宋旧刻。唯第五一卷、第六上半卷、第八、九、十、十三卷，摹写稍弱，纸质亦新，当又是后来补写也。窃怪日本著录家，皆以赵开美本为最古，而此本尚存其国，未见甄异，余乃无意得之。归后屡劝人重刻，竟无应者。念此书为医家本经，日本翻刻，赵本其版已毁，恐他日仍归湮灭，故特录其经进官阶于左，以审世之存心济世者。

欲考察杨守敬是否真的收购到北宋影刻《伤寒论》，必须亲睹杨守敬所说的北宋影抄本。此书今藏台湾省台北市国家图书馆。由于海峡两岸睽隔多年，大陆学者不能前往台湾图书馆查阅图书，台湾学者很少有暇顾及此等细事，所以杨守敬从日本购归的"影抄北宋本"真实情况如何，两岸学者无人论及。

首先注意此事者，是日本东京北里东洋医学研究所小曾户洋先生。

中国中医研究院马继兴先生在其所著《中医文献学》（上海科技出版社，1990 年第一版 125 页）有如下说明：

1880～1884 年间，杨守敬出使日本时曾收集到日本佚名氏的影写宋本《伤寒论》一种（见《日本访书志》及《留真谱初编》）。经与赵本《伤寒论》对照，行格、字数均同，唯此本无"明赵开美校刻　沈琳仝校"以及"仲景全书"等字样。故杨氏推为据"北宋旧刻"所抄录。但杨说并无确据。今其书展转收入台北中央图书馆中。经小曾户洋氏核对此书实物，发现有剪贴挖补的明显痕迹（即挖去上记赵本所增书名及校者字样，而将以下各行原文依次剪贴向前推移），且此本并无宋讳缺笔等，而确定其非宋本，而是源于影抄赵本的剪贴本。

日本真柳城教授对所谓影抄北宋本进行了考察。他说：

杨守敬捏造的《影抄北宋板伤寒论》抄本收藏于台北国家（旧称中央）图书馆，这是将摹写赵开美板剪切后贴在中国纸上的。杨守敬在日本使人摹写，回到中国后制作的。其书式与柯逢时的《武昌医学馆丛书》所收的《伤寒论》完全相同。小曾户发表论文时，不知道存在有《武昌医学馆丛书》中的《伤寒论》，故未提及。

也就是说，整个过程是这样的：杨守敬在日本以赵开美本请人进行摹写→将其剪贴后在中国伪造了《影抄北宋版伤寒论》→转交给柯逢时刻入《武昌医学馆丛书》中→剪贴本作为“影抄北宋伤寒论”出售给吴兴张氏适园，为此书前附有题记“此影北宋伤寒论”→此题记收录于杨氏《日本访书志》。

笔者在调查中亦发现，杨守敬为了夸耀自己的藏书，同时意欲出售高价，作了一些元版、明版、宋版的伪题记。他的《日本访书志》虚伪之处甚多，不能尽信。

1998年6月台湾国家图书馆特藏组编写《国家图书馆善本书志初编·子部》，此书关于“影抄北宋本伤寒论”书志作如下描述：

《伤寒论》十卷四册　日本抄本　05895

汉·张机撰，晋·王叔和编。

匡高17.7公分，宽13公分，左右双边，每半页十行，行十九字。版心白口，单白鱼尾。中间记卷第，下方记页次。

首卷首行顶格题“伤寒论卷第一”，第二行低四格题“汉张仲景述　晋王叔和撰次”。

封面书签题“宋本伤寒论序目一之二”；书根题书名《伤寒论》，并以“元亨利贞”为册次。

卷首有张机“伤寒卒病论集”、次林亿等数人“伤寒论序”，次有圣旨一通。

次目录。护页内有近人杨守敬手书题记，并附印记。

书中钤有“国立中央图/书馆收藏”朱文长方印、“近圃/收藏”朱文长方印、“飞青/阁藏/书印”白文方印、“吴兴张氏适园收藏图书”朱文长方印。

书影旁写有如下文字：“《伤寒论》十卷四册　汉张机撰　晋王叔和编　日本抄本　框18×13.1　近人杨守敬手书题记　（05895）”。观其标号皆为“05895”，则图书馆书志所写之《伤寒论》即为杨守敬所谓之“北宋影抄本伤寒论”。对这张复印件，任何人都能一眼看清剪贴推移的明显痕迹，因为粘贴的技术太粗糙、太草率、太拙劣、太不经心，漏洞百出。如：

①上框的横栏界左右没有对齐，出现上下双边；

②下框的横栏界向下移位，与原有的下框左右栏界未能对齐，出现犬牙交错现象；

③杨守敬将书口剪下后稍加处理就向右推移三行，由于粘贴不细致，竟然把原有书口的一段黑线贴在书页中间。

考证至此，问题已经十分清楚：

①所谓“影抄北宋本伤寒论”千真万确是杨守敬所伪造；

②当今世界上根本不存在“影抄北宋本伤寒论”；

③杨守敬所伪造的“影抄北宋本伤寒论”所据的底本是赵开美本；

④赵开美本所依据的是北宋元祐三年刊刻的小字本。

4. 武昌医馆翻刻“影抄北宋本《伤寒论》”考

民国元年（1912年）十二月，柯继文于武昌医馆刊印影宋本《伤寒论》。为考证此本与赵开美本之关系，笔者与赵本作了较详细对比。如下：

第一，目录比较

（1）辨脉法、平脉法：赵本占一行，医馆本占两行；

（2）伤寒例、辨痉湿暍脉证　赵本占一行　医馆本占两行；

第二，书口比较

（1）赵本书口上端有“仲景全书”四字，医馆本无，刻以墨条；

（2）赵本鱼尾下刻以卷次，医馆本在黑条下为黑书口，其下刻以“论某”，“某”指卷次。

（3）赵本书口底部刻以页次，医馆本亦刻以页次，页次下为墨条书口。

第三，卷一首页比较

（1）赵本卷一首页第一行为“伤寒论卷第一　仲景全书第一”12字，医馆本无“仲景全书第一”6字；

（2）赵本第三行为“宋林亿校正”5字，　医馆本无；

（3）赵本第四行为“明赵开美校刻”6字，医馆本无

（4）赵本第五行为“沈琳仝校”4字，　医馆本无。赵本第三行、第四行、第五行馆本是以杨守敬伪造本为底本翻刻的。当是杨守敬将剪贴推移本

出卖给或赠送给武昌医馆刊刻流布。

（5）赵本卷一首页第十行倒数最末一句话是“阳病见阴脉者死”7字，武昌医馆本对应之页第十行倒数最末一句为“大便反鞕（音硬下同）”，与杨守敬伪造本全同。

第四，文字词句比较

（1）武昌医馆本增字：赵本《辨脉法第一》“故知当屎脓也（《玉函》作溺）”，武昌医馆本于“玉”字上增“屎”字。赵本《辨脉法第一》“噎而出之声嗢（乙骨切）”，武昌医馆本在“切”字下增“嗢”字。

（2）字型比较：

①赵本“热”字下面的四点皆刻为“火”字，全书皆然，武昌医馆本“热”字下皆为四点。

②赵本《辨脉》“故欲裸身”之“裸”左半边作“示”旁，武昌医馆本改为“衣”旁，是。虽然改正了赵本误字，但已失赵本真面。

③赵本《辨脉》“盛夏欲着複衣”之“複”的左半边作“示”，武昌医馆本“衣”旁，是。虽然改正了赵本误字，但已失赵本真面。

④赵本《辨脉》“鼻中燥者必衄也”之“衄”，右半边作“刃”，武昌医馆本作“丑”，是。

（3）句子不同：

《平脉》赵本“肾为脾所胜”，武昌医馆本作“肾谓所胜脾”。

上面所有这些不同，根源有二：

①武昌医馆本以杨守敬伪造本为底本翻刻，故与杨本同。

②杨守敬出使日本寻到赵开美本，请日本书手摹写，故台湾国家图书馆关于此本的题记与《留真谱》皆云“日本抄本”，杨氏回国后加以剪贴推移造假。由于抄写者是日本书手，所以书法、字型与赵本有异。

5. 恽铁樵据日本崛川济本影刻《伤寒论》考证

恽铁樵（公元1875～1935），江苏武进人，著有《群经见智录》《脉学发微》《生理新语》等书，刊刻过《仲景全书》。恽氏所刻《仲景全书》极易与赵开美本《仲景全书·伤寒论》初刻板相混，需加辨正。

赵开美本刊行后，日本曾加翻刻，1856（日本安政三年）崛川济《翻刻宋版伤寒论》翻刻最佳。该书以藏于日本枫山秘府的赵开美《仲景全书·伤寒论》初刻板为底本而翻刻之，逼近赵本原貌。1923年恽铁樵以日本安政三年本为底本影印之。

经与安政三年本详细对比考察，确证恽铁樵本源自安政三年本，唯将安政返点削去而已。举例如下：

（1）安政本《平脉法》“若见损脉来至为难治（肾谓所胜脾，脾胜不应时）”，恽铁樵本同。按，小注“肾谓所胜脾”五字，北京国家图书馆、台湾中央图书馆藏本皆作“肾为脾所胜”。

（2）安政本卷五242条“病人小便不利，大便乍难乍易，时有微热，喘冒（一作■■）”，恽本同，“作”字下亦为两个墨钉。中国中医研究院图书馆藏本、北京国家图书馆藏本、台湾本“作”字下两个墨钉皆作“怫郁”。

（3）安政本卷七385条“恶寒脉微（一作■）而复利”，小注“作”下为一个墨钉，恽本同。北京国家图书馆、台湾本、中国中医研究院图书馆藏本墨钉皆作“缓”字。

证据尚多，不备举。

结论是明显的：恽铁樵本是以日本安政三年崛川济本为底本削去返点符号而翻刻者。此本在我国影响非常巨大，国内各大图书馆均有收藏，此后国内不少《伤寒论》研究著作称所据底本为赵开美本者，实据恽铁樵本也。

恽铁樵本源于日本安政三年崛川济本，近60年前著名中医文献学家叶橘泉老先生早已言之。叶老先生在《康平本伤寒论序》中云：

> 赵刻至今又三四百年，其书已稀如星凤，除东国枫山秘府藏有一部外，国内唯吾友范行准先生有其书，至民国初年，恽铁樵氏影印《伤寒论》，号称明赵开美本，实则原本为日本安政间崛川济氏据秘府藏本所覆刻者，恽氏固未见赵刻原书耳。

6. 重庆市中医学会《新辑宋本伤寒论》所据底本为恽铁樵本考察

1955年，重庆市中医学会编辑一本《新编宋本伤寒论》，重庆人民出版社出版。起自太阳上“太阳之为病，脉浮，头项强痛而恶寒”，止于“辨阴阳易差后劳复”之“损谷则愈”条。正文前有《内容说明》，关于底本作如下说明：

> 目前《伤寒论》的通行本有两种：一是金成无己的注本，即《注解伤寒论》，一是宋镌治平（1065）本，即高保衡等的原刻本，前者以明嘉靖间汪济川的刊本为善，后者原刻已不可得，现在仅存有明赵开美的覆刻本。总之，宋金时代的原刻《伤寒论》已不易见，所能看到的都是明刻本。两者相较，成氏注解本已渗进了许多己见，又经展转翻刻，出入尤多；高校本虽是赵氏覆刻，而赵氏是依照原书复制的，可能逼真于治平面目，因此我们决定把它采用了。

笔者从追寻赵开美宋本《伤寒论》下落的目的出发，对《新辑宋本伤寒论》所用底本问题进行了比较仔细的考察。发现《新辑宋本伤寒论》有多处与赵开美本不同，而与恽铁樵本相一致。下面举几个突出的证据：

①12条桂枝汤服法《新辑》本“不可令如水流離”句中作繁体“離”字，与崛川济本、恽铁樵本同，而赵开美本作“漓”。

②141条白散方服法《新辑》本“更于臼中杵之”，与恽铁樵本同，赵开美宋本“杵”字作“治”。

③385条“恶寒脉微（一作■）”，《新辑》本“作”下作墨丁，与恽铁樵本同，赵开美本作“缓”。

《新辑》本删卷七“辨不可发汗病脉证并治”（含）至卷十“辨发汗吐下后病脉证并治”，与恽铁樵本相同之处如何已不可考。但仅就上述几例已足以说明《新辑宋本伤寒论》所据底本断然不是赵开美翻刻宋本《伤寒论》，而是源于恽铁樵本。

7. 南京中医学院伤寒教研室《伤寒论译释》所据底本为恽铁桥本考察

在20世纪50年代末至60年代初中国广袤的大地上产生了“大跃进”的群众运动，高等学校教学教法和教材编写也进行“大跃进”式的群众性科研运动，在这样的政治气氛下，南京中医学院伤寒教研室以集体的力量编写了一部堪称优秀的《伤寒论》学术著作——《伤寒论译释》。该书《序言》云：

本书是依据宋代治平本明代赵开美覆刻本进行语译，并根据历次教学过程中所吸收的改进意见以我们的主观看法用现代语汇将原文的精神实质有重点地加以综合的论述。

在《体例说明》中，对底本又作了说明：

据宋治平本明代赵开美覆刻本进行语译。

这就好象在20世纪50年代重庆、南京各存一部明代赵开美本宋本《伤寒论》，而赵本是天壤奇珍，人们当然要追查它的来源与后来的下落。因此考证《伤寒论译释》本使用的底本，在《伤寒论》版本学上具有很大的重要性。

由南京中医药大学伤寒教研室集体编写、由上海科技出版社于1959年出版的《伤寒论译释》在推动中医界深入研究《伤寒论》以及在中医教学中起到了非常重大的作用，直到今天，这部著作仍然具有强大生命力。经笔者仔细核查，《伤寒论译释》所用底本不是赵开美《仲景全书·伤寒论》，而是恽铁樵据日本崛川济安政三年本覆刻者。笔者将中医古籍出版社影印本、北京图书馆珍藏本（缩微胶卷冲洗放大）、台湾本、恽铁樵本、译释本5本书平铺一起仔细校读，发现《伤寒论译释》本与恽铁樵本同而与赵开美本异。举例说明：

（1）肾谓所胜脾：见《平脉法》“若见损脉来至为难治”小注。译释本、恽本皆如此，北京图书馆本、台湾本、影印本作“肾为脾所胜”。

（2）伤寒阴阳易之为病：见《辨阴阳易差后劳复》。语译本、恽本皆如此，北图本、台湾本、影印本无“阳”字。

（3）恶寒脉微（一作■）而复利：见385条。译释本、恽本皆如此。北图本、台湾本、影印本墨钉处作“缓”字。此例极富启发，若果用赵本，断然不会出现墨钉。

尚有其他例证，不烦举。

《伤寒论译释》本以恽铁樵本为底本确切无疑。但这不是南京中医药大学伤寒教研室的失误，而是恽铁樵本所造成的，恽铁樵表明他自己据明赵开美本覆刻，骗取了许多人的信任。恽铁樵本以崛川济本为底本而影刻之，逼真安政本，安政本接近赵本，在赵开美本没有在社会上流传的条件下使用恽本，无可厚非；但是我们这里讨论的是哪个本子是真赵本，哪个本子是伪赵本，不含使用恽本作底本而进行注释就是不好的书籍的意思。指出《新辑宋本伤寒论》《伤寒论译释》两本书使用的底本不是赵开美本《仲景全书·伤寒论》，这对于考证赵本在中国的流传、在版本学上无疑是很有意义的，绝对不含贬低和指责这两个优秀著作的意思。

8. 刘渡舟本《伤寒论》所据底本为宋本《伤寒论》

1983年，北京中医药大学刘渡舟教授主编的《宋本伤寒论校注》，以北京图书馆宋本《伤寒论》（缩微胶卷）为底本而校注之，这是自1599年赵开美刊行宋本后第一次以赵开美本为底本而校注之本。

综上所述，仲景学说的构建，除了张仲景本人的聪明智慧和创造性劳动之外，与后人长期不懈地继承、发挥、完善、补充、研究、发展是分不开的。从真正意义上说，仲景学说是以张仲景的《伤寒杂病论》及其人文思想为核心的数代医家研究成果的汇集和经验结晶，是人类共同创造的社会财富。

第一篇　有关《伤寒杂病论》版本的研究

《伤寒杂病论》，是汉代医家张仲景留下的传世之作。它大约成书于公元205年（建安十年）左右，是张氏“勤求古训，博采众方，撰用《素问》《九卷》《八十一难》《阴阳大论》《胎胪药录》，并平脉辨证”而汇成的十六卷大论。遗憾的是，由于历史上战争和科学技术等多方面的复杂原因，使后人不能目睹其原作之面目。人们所能看到的该书的前半部《伤寒论》，是由西晋太医令王叔和整理、编次的；《金匮要略》发现得更晚，是北宋翰林学士王洙在馆阁中发现的。二者均经过宋代林亿等校正，而得以刊行和广泛传播。《伤寒论》的主题是阐述外感热病，它以三阴三阳为纲，对疾病表现出的阴阳、虚实、表里、寒热证候进行辨证，然后分别施以汗、吐、下、和、温、清、补、消等多种治法，体现于113个代表处方之中。中医的辨证施治原则从此确立，理法方药的纲目从此更加明确。《金匮要略》的主题是谈杂病治疗的，全书25篇中，有16篇是谈内科诸证治疗的，3篇是谈妇科疾病治疗的，2篇是谈外科疾病治疗的。它论治的疾病有40馀种，载方262首，剂型涉及汤、丸、散、丹、酒、洗、敷、坐等多种。书中所谈到的对许多病的论治，是中医治疗学的源头。提出的“治未病”思想和重后天、扶正气的法则，对祖国医学的理论和实践都有重要的完善、发展作用。《伤寒杂病论》，被公认为是中国医学史上的里程碑，把祖国医学推向了一个崭新的历史阶段。历代医家对它及以它为中心而形成的张仲景学说都给予了充分的肯定和很高的评价，说“张仲景者，医家之周孔也；仲景之《伤寒论》《金匮要略》，医家之六经也”（《金匮要略论注·序》）。“仲景一部，最为众方之祖”（《本草经集注·序例》）。“仲景诸方，万世医门之规矩准绳也，后之欲为方圆平直者，必于是而取则焉”，“仲景之书载道者也，医之良者引例推类，可谓无穷之应用”（《局方发挥》）。“仲景药为万世法，号群方之祖，治杂病如神，后之医者，宗《内经》法，学仲景心，可以为师矣”（《内外伤辨惑论》）。仲景之学“与《素问》《难经》并重，得其一知半解，皆可以起死回生，则亦岐黄之正传，和扁之嫡嗣矣”（《四库全书》）。

自王叔和编次本问世之后，我国乃至国外（主要是日本国）医家对《伤寒杂病论》的研究趋之若鹜，成果累累，所涌现出的版本之多，在所有医籍中是首屈一指的。如果把王叔和的编次本称为“祖本”的话，由它派生出的对后世影响最大的《伤寒论》“子本”莫过于唐代孙思邈（习惯上称为《唐传本伤寒论》）、金代成无己(《注解伤寒论》）和明代赵开美（习惯上称《宋本伤寒论》）所整理、研究、注释、校刻的三个珍本了。后世研究《伤寒论》的专著虽多，但从脉络上看，均是从以上三个珍本的基础上衍生出来的“孙本”。他们或根据原著重新分类编次，或根据原文逐条注释校勘，或在原著的基础上阐释发挥，或汇集各家的研究成果进行评述，或结合西学进行演绎创新等，都从不同的角度上推进了《伤寒论》的传承、研究、发展。根据中医古籍出版社 1991 年编辑出版的《全国中医图书联合目录》和本书编者从中国中医研究院、北京中医药大学、中国医学科学院等专业图书馆及国家和首都图书馆检索到的内容，结合从其他途径搜集到的相关资料证实，目前在国内可以看到的《伤寒论》的各种版本多达700 种，刊刻次数在1000 次以上，其影响之大是不言而喻的。其中，中华人民共和国建立前的1700 多年间，共刊印过400 多种，国内以清代的本子最多，总数超过100 种；国外主要是日本的本子，约100 种上下。中华人民共和国建立后的60 多年中，共刊印过300 多种，平均出书率高于历史上任何时代。相比之下，《金匮要略》的本子少于《伤寒论》，在中华人民共和国建立前，有60 种上下。《伤寒论》与《金匮要略》合刻的本子数量不多，现在所能看到的不超过100 种。

本书收入的所谓版本，主要是指原著的正本、别本、校释本，对象是已正式刊印的书目和虽未刊印但保存完整的原始稿本。考虑到手抄本可能含有的水分和考据工作的困难，故对至今尚未经整理、考订的这类本子一概未收。新中国建立后出版各种教材、讲义，因出于不同的需要，往往以节选、分割、重组、演绎等多种灵活的形式出现，即具有版本的属性，又多侧重于研究、发挥方面的内容，很难对其归属做出统一的界定，故未将它们收入本篇，而是把它们放入概念比较宽松的“著述篇”中去了。本篇在编次上，以中华人民共和国建立为界，整体上分为《伤寒杂病论》《伤寒论》《金匮要略》三个类目。出版形式以木刻本、活字本、石印本、影印本、铅印本等字样加以说明，合称“刊本”；现代出版的电脑排印本，则不加标示。同一书目多次刊印的，只在书后作简单说明，不再全部列出。其刊印的次数，是从现藏于国内图书馆的书目中确定的，实际刊印的次数肯定超过这一统计结果。每种书籍的出版商，明确的则写入，不明确的则空缺。各种刊本的排列，以刊印的时间先后为序，没有标明出版年代的版本，集中放在同一时段内有明确出版年代的书目之后。

一、《伤寒杂病论》版本目录

·1949年之前·

一、《伤寒杂病论》（即《伤寒论》与《金匮要略》合印本）

1. 明·万历二十七年己亥（1599）海虞赵开美校刻本：（明）赵开美编《仲景全书》；

2. 明·步月楼刻本：无名氏编《伤寒全书》；

3. 清·雍正二年甲辰(1724)兼济堂刻本:(清)魏念庭注《伤寒论本义金匮要略义本义合刻》；

4. 日本·宽政三年辛亥（1791）温故堂抚松亭刻本：田中荣信（日）编《长沙正经证汇》（又名《长沙证汇》，见《皇汉医学丛书》）；

5. 日本·文政二年己卯（1819）大岛燮即省庵刻本：内藤希哲（日）编《伤寒杂病论类编》十三卷；

6. 清·光绪十九年癸巳（1893）刻本：（清）李缵文撰《订正张仲景伤寒论释义》（附《针线拾遗》，又名《订正医圣全集》《保寿经名医必读》，宣统元年上海文瑞楼曾石印此本）；

7. 清·光绪二十年甲午（1894）成都邓氏崇文斋校刻本：无名氏注《仲景全书》（与赵开美本为同名异本，1916年和1929年上海曾两次出版刻书的石印本）；

8. 清·光绪二十八年壬寅（1902）刻本：（清）包桃初撰《伤寒杂病论方法》（此本含《无妄集活法医书》内）；

9. 清·光绪刻本：（清）汪仲沂撰《伤寒杂病论合编》；

10. 清·宣统元年己酉（1909）渭南严氏刻本：（清）陈念祖注《伤寒论浅注金匮要略浅注方论合编》；

11. 清·刻本：无名氏撰《伤寒论读本》；

12. 古刻本：无名氏撰《要略厘辞》；

13. 日本刊本：德内常矩（日）撰《伤寒杂病全论解》；

14. 1926年中和堂黄氏铅印本：黄维翰编《伤寒杂病论集注》十六卷（此书于1935、1936年又两度复印）；

15. 1929年中华书局铅印本：汤本求真（日）撰、周子叙译《皇汉医学》三卷（此书于1930、1931、1934、1935、1939、1952年多次再版，1956年人民卫生出版社铅印出版）；

16. 1929年汉口武汉印书馆铅印本：王和安撰《伤寒论金匮要略新注》；

17. 1929年大理乐真堂刻本：余道善编《仲景大全书》；

18. 1930年上海东派学社铅印本：汤本求真（日）撰、刘泗桥译《皇汉医学》三卷；

19. 1932年据清·乾隆稿本影印本：曹家珍编《伤寒杂病论》十六卷；

20. 1932年黄竹斋校订石印本：《伤寒杂病论》（1939年张钫复刻此本）；

21. 1932年中华书局铅印本：孙鼎宜编《伤寒杂病论读本》三卷（见《孙氏医学丛书》，1936年中华书局又重印此书）；

22. 1932年刊本：孙鼎宜编《伤寒杂病论章句》十六卷（见《孙氏医学丛书》，1936年中华书局又重印此书）；

23. 1932年长沙石印本：刘瑞瀜校《古本伤寒杂病论》十六卷（之后，涪陵雨春楼、上海大成书社、常德国医公会、张钫、成都日新印刷工业社、贵阳文通书局、千顷堂书局等上十次重印此书）；

24. 1934年上海少年医药社铅印本：叶劲秋撰《仲景学说之分析》（1936年此书再版）；

25. 1936年上海医界春秋社铅印本：黄维翰校订《伤寒杂病论读本》（同年中国医药书局铅印）；

26. 1936年铅印本：章太炎撰《伤寒杂病论读本》；

27. 1936年北京华北国医学院铅印本：周介人编《仲景学说讲义三种》；

28. 1937年豫南信阳义兴福印书馆铅印本：胡毓秀撰《伤寒论金匮要略集注折中》（同年上海中医科学书局铅印）；

29. 1937年北京华北国医学院铅印本：杨叔澄编《伤寒金匮折中》三卷；

30. 1939 年铅印本：惠和祖撰《伤寒金匮补遗合编》（附《碎玉补拾》，1941 年此书重印）；

31. 1941 年上海中华书局铅印本：蔡陆仙等编《伤寒杂病论》；

32. 1946 年张公让铅印本：张公让自著《伤寒金匮评注》；

33. 1948 年一钱阁曾福臻铅印本：杨师伊考次、刘民权补修《伊尹汤液经》六卷；

34. 1948 年邵阳灵兰中医学会石印本：何舒编《伤寒金匮方易解》二卷（此本含《寿康之路》内）；

35. 1949 年黄竹斋石印本：黄竹斋自著《伤寒杂病论会通》十六卷（1979 年陕西中医学院出版铅印本）；

36. 民国中华书局铅印本：（清）田伯良集《汉张仲景伤寒杂病》（此本含《中华古医圣大全》内）；

37. 民国中华书局铅印本：（清）田伯良集《张仲景伤寒杂病之方解》十五卷（此本含《中华古医圣大全》内）；

二、《伤寒论》

1. 宋・乾道七年辛卯（1171）姑孰郡斋刻本：（宋）李柽撰《伤寒要旨》一卷；

2. 元・刻本：（晋）王叔和编、（金）成无己注《注解伤寒论》十卷（此书自明、清到新中国建立之前，各种版本已达 30 种以上。新中国建立后的 1955 年，商务印书馆首出铅印本，之后陆续出版的各种版本亦有 20 余种）；

3. 明・万历二十年壬辰（1592）歙县方氏刻本：（明）方有执撰《伤寒论条辨》八卷（此书在新中国建立前有近十种版本，1957 年四川人民出版社和人民卫生出版社同时推出铅印本）；

4. 明・万历二十七年己亥（1599）赵开美校刻本：（晋）王叔和撰次，（宋）林亿校正，（明）赵开美校刻（又名《校正伤寒论》《宋本伤寒论》。此书被认为是《伤寒论》的“正本”；

5. 明末・清畏堂刻本：（明）万密斋撰《伤寒摘锦》二卷（此书在清代又有 3 次刊刻）；

6. 明・刻本：（明）王肯堂校、卜康信注《校定伤寒论旧文理镜》六卷；

7. 明・刻本：（明）张遂辰注《伤寒论》七卷（之后有明、清和日本刻本 8 种，1956 年上海卫生出版社首出铅印本）；

8. 明・刻本：（明）卢之颐《仲景伤寒论疏钞金杯》（此书在清代有 3 次刊刻）；

9. 清・顺治五年戊子（1648）锡环堂刻本：（清）喻嘉言《尚论后篇》四卷（又名《尚论张仲景伤寒论重编三百九十七法》，此书自清至民国共有刊本 30 余种）；

10. 清・顺治五年戊子（1648）锡环堂刻本：（清）喻嘉言编、徐彬录《伤寒尚论篇编次仲景原文》（此本含《尚论篇附篇》内）；

11. 清・顺治五年戊子（1648）锡环堂刻本：（清）喻嘉言编、徐彬编《伤寒抉疑》（此本含《伤寒尚论篇》内）；

12. 清・顺治五年戊子（1648）锡环堂刻本：（清）徐彬撰《徐忠可伤寒图论》（此本含《伤寒尚论篇》内）；

13. 清・康熙四年乙巳（1665）刻本：（清）张璐《伤寒缵论》二卷（此书在清代的各种刻本不下十种）；

14. 清・康熙六年丁未（1667）刻本：（清）施瑞教撰《伤寒手援》；

15. 清・康熙三十八年己卯（1699）澹远堂刻本：程扶生撰《伤寒经注》十三卷；

16. 清・康熙十年辛亥（1671）式好堂刻本：程应旄撰《伤寒论后条辨》十五卷（此书在清代共有七个刻本）；

17. 清・康熙十二年癸丑（1673）刻本：（清）张志聪撰《伤寒论纲目》九卷；

18. 清・康熙十二年癸丑（1673）刻本：（清）张志聪编《伤寒卒病论》（此本含《伤寒论纲目附录》内）

19. 清・康熙十七年戊午（1678）刻本：（清）史以甲编《伤寒正宗》八卷；

20. 清・康熙十九年庚申（1680）刻本：（清）林观子《伤寒折中》二十卷；

21. 清・康熙十九年庚申（1680）刻本：（清）汪苓友《伤寒论辨证广注》十四卷（此书在清代又复刻 2 次。新中国建立后，1958 和 1959 年上海卫生和上海科技出版社分别推出影印本）；

22. 清・康熙二十二年癸亥（1683）刻本：周扬俊编注《伤寒论三注》十六卷（此书在清代共有 10 个刻本）；

23. 清・康熙三十六年丁丑（1697）刻本：（清）陶憺庵编《伤寒源流》六卷；

24. 清・康熙四十一年壬午（1702）兰松堂刻本：（清）吴人驹撰《医宗承启》六卷（此书在清代共有 4 个刻本）；

25. 清・康熙四十四年乙酉（1705）广陵秩斯堂刻本：（清）郑重光绪注《伤寒论条辨续注》十

二卷；

26. 清·康熙四十五年丙戌（1706）刻本：（清）柯韵伯撰《伤寒来苏集》八卷（此书至新中国建立前共有各种刊本30余种，1956年上海卫生出版社首出铅印本）；

27. 清·康熙五十一年壬辰（1712）钱塘三余堂刻本：（清）张锡驹撰《伤寒论直解》六卷（此书在清代共有4个刻本）；

28. 清·康熙五十二年癸巳（1713）刻本：（清）周扬俊编、刘宏璧删补《伤寒论三注》十六卷（此书在清代6共有个刻本）；

29. 清·康熙五十六年丁酉（1717）上海陈世杰秀堂刻本：（宋）林亿注《金匮玉函经》八卷（此书在清代共刊刻过5次，其中1次为日本刻本，1955年人民卫生出版社推出影印本）；

30. 清·康熙年间李秀芝宋诚甫刻本：（清）徐彬编《伤寒尚论篇全书》（此书1696年日本曾刊刻一次）；

31. 清·康熙年间世德堂刻本：沈明宗编《伤寒六经辨证治法》八卷（此书在清代共刻印过3次）；

32. 清·康熙年间刻本：（清）张志聪注《伤寒论宗印》八卷；

33. 清·康熙年间刻本：（清）魏荔彤撰《伤寒论本义》十八卷（此书在清代共有6个刻本）；

34. 清·雍正五年丁未（1727）刻本：（清）徐五成集注《伤寒论集注》十卷（乾隆十七年此书又复刻1次）；

35. 清·乾隆二年辛丑（1737）武林大顺堂刻本：无名氏撰《张仲景伤寒心法集注》；

36. 清·乾隆七年壬戌（1742）武英殿聚珍版刻本：（清）吴谦等撰《订正伤寒论注》十五卷（此本含《御览医宗金鉴》内）；

37. 清·乾隆十四年己巳（1749）虚白堂刻本：钱天来撰《伤寒溯源集》十卷（此本在清代共有4个刻本，其中一次是日本刻本。新中国建立后，1957年上海卫生出版社首次推出铅印本）；

38. 清·乾隆十八年癸酉（1753）刻本：（清）朱音恬编《伤寒论注》（此本含《医理元枢》内）；

39. 清·乾隆二十年乙亥（1755）昆山马氏绥福堂刻本：（清）柯韵伯撰《伤寒论注》四卷（此书至民国止，共有各种刊本近20种）；

40. 清·乾隆二十五年庚辰（1760）刻本：（清）舒诏撰《舒氏伤寒集注》十卷（此书在清代共刻印过20次）；

41. 清·乾隆三十年乙酉（1765）宁俭堂刻本：（清）沈尧封撰《伤寒卒病读》（又名《伤寒论读》，有清刻本3个）；

42. 清·乾隆三十一年丙戌（1766）硖川利堂刻本：（清）吴仪洛订《伤寒分经》十卷；

43. 日本·明和九年壬辰（1772）一方堂刻本：刘田良（日）撰《伤寒论刘氏传》四卷；

44. 清·乾隆三十九年甲午（1774）无锡师俭堂刻本：（清）沈金鳌撰《伤寒论纲目》十六卷（此书有清刊本5个，1958和1959年分别由上海卫生出版社和上海科技出版社推出铅印本）；

45. 清·稿本：乾隆四十一年丙甲（1776）（清）王更生编《伤寒论参注》；

46. 清·乾隆四十一年丙甲（1776）刻本：（清）王鉴庵编《伤寒易简》；

47. 清·乾隆四十六年辛丑（1781）武林大顺堂刻本：（清）熊寿式编《伤寒论集注》（此书在清代有4个刻本）；

48. 日本·天明七年丁未（1787）逢原居刻本：津田世赏（日）编《伤寒论选注》二卷；

49. 清·乾隆五十三年戊申（1788）嘉善屠氏稽古堂刻本：（清）屠人杰编《伤寒经集解》九卷；

50. 日本·宽政元年己酉（1789）杏花园刻本：山田正珍（日）撰《伤寒论集成》十卷（此书在日本还有另一家的刻本）；

51. 日本·宽政二年庚戌（1790）澄霞园刻本：中西维忠（日）撰《伤寒论辨正》（此书在日本共有3个刻本）；

52. 清·乾隆年间刻本：张志聪撰高世栻注《伤寒论集注》六卷（此书在新中国建立前共出版各种刊本20余个）；

53. 清·乾隆年间刻本：（清）孟承意撰《伤寒点睛》二卷（此书在同治十三年有重刻本）；

54. 清·嘉庆二年丁巳（1797）三让堂刻本：（清）陈修园集注《伤寒论浅注》六卷（此书至民国时期共有各种刊本45种）；

55. 日本·享和元年辛酉（1801）刻本：本山观、稻叶德基（日）撰《伤寒论考文》；

56. 日本·文化元年甲子（1804）蒙园刻本：及川达（日）撰《伤寒论古训传》五卷（此书在日本共有3次刊刻）；

57. 清·嘉庆十五年庚午（1810）朱陶性活字本：（清）尤在泾《伤寒贯珠集》八卷（此书在新中国建立前共有各种刊本十余种，1956年上海卫生出版社首出铅印本）；

58. 日本·文化七年庚午（1810）折肱堂刻

本：广冈元编《家刻伤寒论》七卷；

59. 清·嘉庆十九年甲戌（1814）明彰堂刻本：（清）上元谌编《伤寒论正误集注》十卷；

60. 日本·文化十三年丙子（1816）奉萋园刻本：川越正淑（日）撰《伤寒论脉证式》八卷；

61. 日本·文化年间昭昭坊刻本：原元麟（日）撰《伤寒论精义》五卷；

62. 清·嘉庆二十一年丙子（1816）白鹿山房刻本：（清）柯韵伯撰《伤寒晰疑》四卷；

63. 日本·文政二年己卯（1819）大岛燮即省庵刻本：内滕希哲（日）编《伤寒杂病论类编》十三卷（此书存有稿本）；

64. 日本·文政五年壬午（1822）聿修堂刻本：丹波元简（日）编注《伤寒论辑义》七卷（此书在1884年版归杨守敬后，在国内重印1次；1939年在上海出了铅印本）；

65. 日本·文政八年乙酉（1825）旻旻堂活字本：平山直则（日）撰《伤寒论要解》；

66. 日本·文政八年乙酉（1825）复阳堂刻本：早川宗安（日）撰《伤寒论实义》五卷；

67. 日本·文政九年丙戌（1826）覞斋刻本：中茎谦（日）撰《伤寒论正解》八卷；

68. 日本·文政十二年（1829）刻本：唐·孙思邈编辑《伤寒论》（又称“元大德本”，见孙思邈《千金翼方》卷九、卷十。1994年，中国医药科技出版社以《唐本伤寒论》为书名出版；2002年，该书收入该社出版的由钱超尘主编的《中华经典医书》，更名为《唐传本伤寒论》）；

69. 清·道光九年己丑（1829）沈阳达三松崔氏刻本：（清）王华文编《伤寒节录》；

70. 日本·天保三年壬辰（1832）稿本：扶阳老人（日）撰《伤寒论集义释字草稿》一卷；

71. 日本·天保八年丁酉（1837）加门苇校刻本：和田璞（日）撰《伤寒论正义解》；

72. 日本·天保九年戊戌（1838）刻本：浅田惟常（日）撰《伤寒辨术》（此书于1847年由勿误药室复刻）；

73. 日本·天保十年己亥（1839）皇都书林刻本：种杏道人（日）编《和训伤寒论》；

74. 日本·弘化三年丙午（1846）丛桂亭刻本：原昌克（日）撰《伤寒论夜话》四卷；

75. 日本·弘化四年丁未（1847）混成堂刻本：冈鲁昌平（日）注《伤寒论圆机》四卷；

76. 日本·弘化四年丁未（1847）刻本：金古景山（日）注《伤寒水火交易国字辨》五卷；

77. 清·道光二十七年丁未（1847）海隐书屋刻本：（清）胡嗣超编注《伤寒杂病论》（内容实为《伤寒论》）；

78. 日本·嘉永元年戊申（1848）群芳轩刻本：小原良直（日）校正《订字标注伤寒论》；

79. 清·道光二十九年己酉（1849）五云楼刻本：（清）陈焕堂编《伤寒论归真》七卷（此书在清代共刊刻过3次）；

80. 清·咸丰元年辛亥（1851）刻本：（清）陈恭溥编《伤寒论章句·伤寒方解》六卷（此书在清代共有4次刻本，1957年福建中医药学术研究委员会首次铅印）；

81. 日本·嘉永六年癸丑（1853）包荒堂刻本：柳田济（日）撰《伤寒论绎解》十卷；

82. 日本·安政三年（1856）观理药室翻刻宋版《伤寒论》，在所有翻刻本中，此本最善。

83. 清·咸丰六年丙辰（1856）刻本：（清）张志聪撰、高世栻纂注《伤寒论集注》六卷（此书自清至民国期间刊印过24次，1954年锦华书局出版石印本）；

84. 日本·安政五年戊午（1858）京都书林刻本：释了纯录户上玄裴校《康治本伤寒论》（此书在日本又影印1次。1982年，国内的中医古籍出版社也据日本的原本出版了影印本）；

85. 清·咸丰十年庚申（1860）绍雅堂刻本：（清）黄妙山编《伤寒》（此本含《金匮启钥》内）；

86. 日本·文久三年癸亥（1863）织田信贞、山田春隆同刻本：古矢知白（日）编《伤寒论正文复圣解》四卷；

87. 清·同治七年戊辰（1868）刻本：（清）栗山痴叟撰《伤寒读本》二卷（1914年又有刻本）；

88. 清·同治十年辛未（1871）刻本：（清）戴耀墀撰《伤寒正解》四卷；

89. 清·同治十二年癸酉（1873）刻本：（清）蔡宗玉编、林昌彝补《六经伤寒辨证》四卷；

90. 清·光绪元年乙亥（1875）刻本：（清）郑寿全编注《伤寒恒论》十卷（此书在清代有4次刊刻）；

91. 清·光绪九年癸未（1883）刻本：（清）顾观光撰《伤寒杂病论补注》（此书在清代3次刊刻）；

92. 日本·明治二十四年辛卯（1891）桧皮屋善七刻本：云林院了作（日）撰《伤寒论国字解》；

93. 清·光绪十六年辛卯（1890）诚心堂刻

本：（清）庞润田撰《证治集解》；

94. 清·光绪十七年癸巳（1891）芸经堂刻本：（清）黄宝臣编《伤寒辨证集解》八卷；

95. 清·光绪十八年壬辰（1892）上海图书集成印书局铅印本：（清）陈修园注《伤寒论浅注补正》七卷（此书的各种刊本至民国时期止约在15种以上）；

96. 清·光绪二十年甲午（1894）稿本：（清）王念祖撰《伤寒类经》；

97. 清·光绪二十一年乙未（1895）刻本：（清）翁藻编《六经定法》（此本含《医钞类编》内）；

98. 清·光绪二十一年乙未（1895）刻本：（清）翁藻编《伤寒总略》（此本含《医钞类编》内）；

99. 清·光绪二十八年壬寅（1902）刻本：包育华、包识生编《伤寒论章节》（1920～1936年曾3次出版铅印本）；

100. 清·光绪三十二年丙午（1906）刻本：（清）徐定超编《永嘉先生伤寒论讲义》

101. 清·光绪三十三年丁未（1907）上海六艺书局石印本：（清）徐大春撰《六经病解》；

102. 清·光绪三十三年丁未（1907）稿本：赵廷玉编《伤寒条解》（此本含《赵双修医书十四种》内）；

103. 清·宣统元年己酉（1909）渭南严氏汇刻医学初阶本：（清）陈修园撰《伤寒论浅注方论合编》六卷；

104. 清·宣统元年己酉（1909）天津新华印书局铅印本：张锡纯撰《伤寒讲义》（此本含《医学衷中参西录》中）；

105. 清·宣统二年庚戌（1910）上海文明书局铅印本：吉益猷（日）删定《删定伤寒论》（此书在1916年此书分别由上海医学书局和上海商务印书馆铅印）；

106. 清·宣统二年庚戌（1910）刻本：（清）王朴庄撰、陆懋修校《伤寒论注》六卷（1934年此书由上海中医书局出版铅印本）；

107. 清·宣统三年辛亥（1911）石印本：（清）李榕撰、程有为补正《李千古伤寒论》；

108. 清·宣统三年辛亥（1911）铅印本：陈药娴撰《伤寒六经明义》（1936年又有铅印本）；

109. 清·刻本：无名氏撰《张仲景伤寒心法集注》；

110. 清·刻本：（清）陈修园注《回春集》；

111. 清·刻本：（清）郭元峰注《伤寒论》；

112. 清·刊本：沈灵犀编《伤寒分类集成》三卷；

113. 清·铅印本：（清）吴槐绶撰《伤寒理解》十二卷（此书在民国期间有铅印本）；

114. 清·稿本：（清）沈元凯撰《伤寒大乘》；

115. 清·稿本：（清）戈颂平撰《伤寒指归》十卷（此本含《戈氏医学丛书四种》内）；

116. 清·稿本：（清）秦冠瑞撰《寄梦庐伤寒述注》八卷；

117. 清·稿本：（清）高学山撰《伤寒论尚论篇辨似补抄》；

118. 清·稿本：（清）沈灵犀编《伤寒分类集成》三卷（此本含《泉唐沈氏医书九种》内）；

119. 日本·刻本：吉益为则（日）删正、桃井安贞编《古文伤寒论》

120. 日本·刊本：橘南溪（日）撰《伤寒论纲要》（又名《伤寒论分注》，见《皇汉医学丛书》）；

121. 日本·稿本：河野通定、河野通德（日）撰《伤寒论撮解》；

122. 日本·刻本：水野笃雅、安久八已（日）编注《伤寒论笺注》三卷；

123. 1915年陕西医学讲习所铅印本：王溶编《伤寒论讲义》；

124. 1915年上海神州医药书报社铅印本：包识生编《伤寒论讲义》（此书于1930年再次铅印）；

125. 1916年盖平汤池印字馆铅印本：高愈明编《伤寒论溯源详解》八卷；（此书于1917年由沈阳私立医学讲习所重印）；

126. 1917年广州中汉印务局铅印本：冯应琭编《伤寒论讲义》；

127. 1919年成都存古书局刻本：廖季平撰《伤寒杂病古本》三卷；

128. 1919年四川田氏刻本：田启荣（日）撰《张仲景伤寒杂病论表识新编注释》九卷；

129. 1920年上海扫叶山房石印本：汪莲十编《伤寒论汇注精华》九卷；

130. 1920年河南商水王氏石印本：（清）王广运编《伤寒论集注》四卷；

131. 1922年北平国医学院铅印本：朱壶山撰《伤寒杂病论精义折中》（1934和1936年，此书又两度复印）；

132. 1922年铅印本：张之基、杨海峰合编《伤寒七十二问汤证讲义》；

133. 1922年北平京华印书局铅印本：朱壶山撰《最新伤寒论精义折中》（1934、1936此书又两度复印）；

134. 1922 年铅印本：张之基、杨海峰合编《伤寒七十二问汤证讲义》；

135. 1922 年上海广益书局石印本：（清）宝斋氏编《济世元真伤寒全部讲义先圣遗范》六卷；

136. 1923 年铅印本：赵雄驹编《伤寒论旁论》二卷；

137. 1924 年石印本：陈金声编注《伤寒辨注》；

138. 1924 年函授中医学校铅印本：恽铁樵撰《伤寒广要讲义》（此本含《铁樵函授中医学校讲义十正种》内）；

139. 1925 年广东中医药专门学校铅印本：冯瑞鎏编《伤寒学讲义》；

140. 1925 年崇正草堂铅印本：黎天佑编《伤寒论崇正编》八卷；

141. 1926 年昆明铅印本：陈开乾撰《伤寒论串解》；

142. 1927 年天津新中医学社铅印本：李遂良编注《伤寒论新注》四卷；

143. 1928 年上海商务印书馆铅印本：恽铁樵撰《伤寒论辑义按》六卷（此书至新中国建立前共印 3 次）；

144. 1928 年信阳强华石印馆石印本：胡毓秀编《伤寒论集注折中》七卷（1937 年信阳义兴福印书馆出版铅印本）；

145. 1929 年武汉印书馆铅印本：王和安撰《伤寒论新注》；

146. 1929 年梅县中医学校铅印本：黄公伟编《伤寒切解》；

147. 1929 年日本东京文荣堂铅印本：浅田贺寿卫（日）撰《校正宋版伤寒论正解》（此本含《和汉医籍学》内）；

148. 1930 年上海宏大善书局石印本：胡剑华编注《伤寒论新注》（同年上海中医书局出版铅印本）；

149. 1930 年上海陈养福堂刻本：陈伯坛撰《读过伤寒论》十八卷；

150. 1930 年扬州教场街业勤文化社印刷所铅印本：孙春萱撰《伤寒六经指掌》；

151. 1931 年上海六也堂医药局铅印本：浅田惟常（日）撰《伤寒论识》六卷（1936 年和 1940 年该书局又铅印 2 次）；

152. 1931 年上海国医学院铅印本：陆渊雷撰《伤寒论今释》八卷（此书在新中国建立前共印刷过 3 次）；

153. 1931 年上海昌明医药学社铅印本：曹颖甫撰《曹氏伤寒发微》四卷；

154. 1931 年上海祝味菊诊所铅印本：祝味菊撰《伤寒新义》（1940 年上海中医卫生局出版铅印本）；

155. 1931 年上海中医书局铅印本：孟承意撰《伤寒纲要》；

156. 1932 年上海新医编译社铅印本：邓源和编《伤寒全书》；

157. 1932 年四川省江北县鱼镇医学传习所石印本：陈绍勋编注《增订条注伤寒心法》（同年，邻水县国医讲习所出石印本）；

158. 1933 年四川高等国医学校铅印本：何仲皋编注《伤寒原旨》；

159. 1933 年上海读者书局铅印本：费通甫撰《伤寒条辨》（1937 年上海中国医学院再次铅印）；

160. 1933 年日本春阳堂刻本：木村博昭（日）撰《伤寒论》；

161. 1933 年四明怡怡书屋铅印本：周岐隐编《伤寒汲古》；

162. 1934 年长沙商务印书馆铅印本：刘世桢撰、刘瑞瀜注《伤寒杂病论义疏》十六卷；

163. 1935 年铅印本：陈逊斋撰《伤寒论改正并注》；

164. 1935 年福建仙游国医专校石印本：江幼三编注《伤寒论句解》；

165. 1936 年厦门国医专门学校铅印本：吴锡璜撰《伤寒纲要讲义》；

166. 1936 年广东中医药专门学校铅印本：罗绍祥编《伤寒辑注》（此本含《广东中医药专门学校各科讲义》内）；

167. 1936 年广东中医药专门学校铅印本：冯守平编《伤寒论概要》（此本含《广东中医药专门学校各科讲义》内）；

168. 1936 年世界书局铅印本：橘南溪（日）撰《伤寒论纲要》（此本含《皇汉医学丛书》内）；

169. 1936 年上海大众书局铅印本：潘澄濂编《伤寒论新解》（该书局共刊印 3 次）；

170. 1937 年成都义生堂刻本：张先识补校《伤寒论脉证式校补》八卷；

171. 1937 年仁龕学舍铅印本：王一仁编《伤寒读本》；

172. 1937 年华北国医学院铅印本：杨淑澄撰《伤寒折中》；

173. 1937 年中国医学院铅印本：包天白编《伤寒发微》（此本含《中国医学院讲义十四种》内）；

174. 1937 年上海涵熙庐铅印本：陈拔群编《伤

寒新释》；

175. 1937年铅印本：巫伯荣编注《伤寒论广训》；

176. 1937年岳池陈氏铅印本：陈云门编《伤寒讲义》；

177. 1937年日本汉方医学会铅印本：大冢敬（日）注《康平伤寒论》；

178. 1938年赣县春华印刷所铅印本：廖鼎新注《伤寒论新解》；

179. 1939年天津中西医学研究社铅印本：王趾周编《国医伤寒新解》；

180. 1940年上海中华书局铅印本：余无言编《伤寒论新义（图表注释）》；

181. 1940年北京朱壶山医庐铅印本：朱壶山撰《伤寒论通注》；

182. 1940年天津中国国医函授学院铅印本：天津国医学院编《伤寒科讲义》；

183. 1940年铅印本：欧阳逸休编《伤寒折中》二卷；

184. 1942年长春国风印刷社铅印本：宋志华编《伤寒论讲义》；

185. 1944年光华国医学社铅印本：于有五编《伤寒论讲义》；

186. 1947年中国医药研究社铅印本：夏禹甸撰《伤寒论新诠》二卷（湖南湘潭中医药出版社亦有铅印）；

187. 1947年北平国医砥柱月刊社铅印本：谭次仲撰《伤寒评志》（又名《急性传染病通论》）；

188. 1948年南宁合利印刷所石印本：范敏言编《伤寒论机义》；

189. 民国·北洋医学堂活字本：朱鸿渐编《伤寒讲义》；

190. 民国·北洋医学堂活字本：曹运昌编《伤寒讲义》；

191. 民国·湖北省医会夜校铅印本：胡书城《伤寒讲义》；

192. 民国·北平国医砥柱总社铅印本：杨医亚编《伤寒论讲义》；

193. 民国·广西省立南宁医药研究所铅印本：黄樨门编《伤寒学讲义》；

194. 民国·成都国医讲习所铅印本：廖莫阶撰《伤寒学》；

195. 民国·铅印本：陆渊雷撰《伤寒论今释选》；

196. 民国·铅印本：邱宗山撰《伤寒论浅说》；

197. 民国·铅印本：赵述尧撰《伤寒论讲义》；

198. 广州汉兴国医学校铅印本：邓柏游编《伤寒论讲义》；

199. 广州光汉中医药专门学校铅印本：陈英畦、鞠日华合撰《伤寒门径》；

200. 广州光汉中医药专门学校铅印本：许振庆编《伤寒论讲义》；

201. 广州光汉中医药专门学校铅印本：鞠日华撰《伤寒读法与伤寒门径》；

202. 天津国医专修学校铅印本：天津国医专修学校编《新国医讲义——伤寒科》；

203. 广州厚朴社铅印本：蔡剑魂编《伤寒论读本》

204. 石印本：张有章编《伤寒论讲义》；

205. 石印本：程铭谦注《伤寒论注疏考证》；

206. 稿本：高知一撰《伤寒论发微》；

207. 稿本：金铸撰《伤寒六经方证学——三阴病篇伤寒论存疑条》；

三、《金匮要略》

1. 元·至元六年庚辰（1340）邓珍序刻本：（晋）王叔和集、（宋）林亿校《金匮要略方论》三卷（此书在明代有2个刻本、清代4个刻本、日本有7个刻本、民国时期有3个刊本）；

2. 清·康熙十年辛亥（1671）刻本：（清）徐彬注《金匮要略论注》二十四卷（此书在清代共有10个刻本，1914年上海校经山房推出石印本）；

3. 清·康熙十二年癸丑（1673）刻本：（清）程林注《金匮要略直解》三卷（此书在新中国建立前共有3个刊本）；

4. 清·康熙二十二年癸亥（1683）文瑞堂刻本：（清）张志聪注《金匮要略注》四卷；

5. 清·康熙三十二年癸酉（1693）致和堂刻本：（清）沈明宗编注《张仲景金匮要略》（此书在清代共有7次刊刻，其中一次为日本刻本）；

6. 日本·元禄九年丙子（1696）刻本：名古屋玄医（日）编注《金匮要略注解》二十三卷（此书于1788年由大阪书林崇高堂重刻）；

7. 清·康熙五十九年庚子（1720）兼济堂刻本：（清）魏荔彤注《金匮要略方论本义》二十二卷（此书在清代共有4个刻本，1925年成都昌福公司出版铅印杰）；

8. 清·雍正十年壬子（1732）遂初堂刻本：（清）尤在泾集注《金匮心典》三卷（此书自清至民国共有21次刊印，其中上海广益书局一家就印刷过3次；1955年之后，锦章书局和上海卫生、上海科技、上海科技卫生、上海人民出版社等多次推出过铅印本）；

9. 清乾隆七年壬戌（1742）尊经阁刻本：（清）吴谦等撰《订正金匮要略注》八卷（此本含《御览医宗金鉴》内）；

10. 清乾隆十八年癸酉（1753）刻本：（清）朱音恬撰《金匮要略注》（此本含《医理元枢》内）；

11. 日本·文化四年丁卯（1807）一方堂刻本：刘栋（日）撰《金匮要略方论衬注》三卷；

12. 日本·文化六年己巳（1809）刻本：丹波元简（日）撰《金匮玉函要略辑义》六卷（1811年，此书在日本又有一次复刻）；

13. 清·道光十年庚寅（1830）刻本：（清）陈修园撰《金匮要略浅注》十卷（此书自清至民国期间共刊刻过31次，其中清代的刊本就达29次）；

14. 清·道光十二年壬辰（1832）吴郡经义斋刻本：（元）赵以德衍义、（清）周扬俊补注《金匮玉函经二注》（此书在清至民国时期共刊刻10次）；

15. 清·道光二十年庚子（1840）稿本：（清）邹汉璜编《金匮要略解》（此本含《邹氏纯懿庐集》内）；

16. 清·道光年间刻本：（清）周孝垓编《金匮要略集解》三卷；

17. 日本·安政元年甲寅（1854）存诚药室刻本：丹波元简（日）撰《金匮玉函要略述义》三卷（此书1935年由上海中医书局出版铅印本）；

18. 日本·安政四年丁巳（1857）稿本：山田业广（日）编《金匮要略集注》；

19. 清·咸丰十年庚申（1860）长沙徐树铭燮和精舍刻本：（清）黄元御注《金匮悬解》二十卷（此书在清代的各种刊本共有8种）；

20. 日本·文久元年辛酉（1861）学训堂活字本：喜多村直宽（日）撰《金匮要略疏义》六卷；

21. 清·光绪十九年癸巳（1893）石印本：（清）陈修园注、唐容川补注《金匮要略浅注补正》九卷（此书自清至民国时期共有各种刊本16种）；

22. 清·光绪二十二年丙申（1896）吉林东兴印书馆铅印本：（清）何德藻编《长沙杂病》五卷（此本含《拾慧集》内）；

23. 清·宣统元年己酉（1909）渭南严氏刻本：（清）陈修园撰、严嶽莲编《金匮要略浅注方论合编》十卷；

24. 清·稿本：（清）高学山注《高注金匮要略》；

25. 日本·跻寿馆铅印本：（清）朱光被撰《金匮要略正义》二卷（1936年上海仁庵学舍出版由王一仁校注的铅印本）；

26. 1913年著者自刻本：许宗正撰《金匮论方合解》七卷；

27. 1924年宁波钧和印刷公司铅印本：严鸿志撰《退思庐金匮广义》四卷（1934年又复出铅印本）；

28. 1924年函授中医学校铅印本：恽铁樵撰《金匮辑义》六卷（此本含《铁樵函授中医学校讲义十正种》内）；

29. 1924年石印本：陈金声撰《金匮辨注》；

30. 1926年广州铅印本：罗绍祥编《金匮辑览》二卷；

31. 1928年云南崇文印书馆铅印本：陈开乾撰《杂病论串解》九卷；

32. 1929年伯坛中医专校铅印本：陈伯坛撰《读过金匮卷十九》（1940年香港伯坛中医专校重印此书）；

33. 1929年上海千顷堂书局石印本：吴考槃编《金匮要略五十家注》二十四卷（此书于1931年重印）；

34. 1929年武汉印书馆铅印本：王秉钧撰《金匮要略新注》；

35. 1929年日本东京文荣堂铅印本：浅田贺寿卫（日）编《金匮要略讲义》（此本含《和汉医籍学》内）；

36. 1930年中医书局铅印本：程云来著《金匮要略直解》；

37. 1933年铅印本：包识生编《杂病论章节》（此本含《包氏医宗》内）；

38. 1933年铅印本：包识生编《杂病论讲义》（此本含《包氏医宗》内）；

39. 1934年中国指导社铅印本：秦伯未撰《金匮杂记》；

40. 1934年上海陆氏医室铅印本：陆渊雷撰《金匮要略今释》（此书1935、1939、1948年分别由3家书局复印）；

41. 1934年苏州文新印书馆铅印本：顾允诺编《金匮辑要》（此本含《顾氏医径读本》内）；

42. 1935年信阳义兴福铅印本：胡毓秀撰《金匮要略集注折中》九卷（此书于1937年由该社和上海中医学书局同时铅印）；

43. 1936年华北国医学院铅印本：杨叔澄撰

《金匮折衷》二卷；

44. 1936年成都彬明印刷社石印本：陈绍勋述、周德馨录《金匮要略讲义》；

45. 1936年华北国医学院铅印本：无名氏撰《杂病论精义折中》二卷；

46. 1936年成都著者自刻本：张骥校补《金匮要略方论正本》；

47. 1936年浙江中医专门学校铅印本：陆无病等编《金匮要略讲义》（此本含《浙江中医专校讲义三十三种》内）；

48. 1942年中国医药文化服务社铅印本：邓绍先著《伤寒论释》；

49. 1942年铅印本：朱茀山撰《杂病论通注》九卷；

50. 1942年铅印本：欧阳逸休撰《金匮折中》二卷；

51. 民国湖北省医会夜校讲义铅印本：骆晴晖编《金匮讲义》；

52. 民国上海中医专科学校石印本：时逸人编《金匮讲义》二卷；

53. 华北国医学院铅印本：邱宗山撰《金匮经解》；

54. 广东光汉中医药专门学校铅印本：李光策编《金匮讲义》二卷；

55. 广州国医学校讲义铅印本：胡镜文编《金匮讲义》；

56. 四川省国医学院铅印本：李斯炽撰《金匮要略新注》；

57. 南京国医内科讲习所石印本：杨宝年编《金匮要略讲义》；

58. 天津高级职业函授学校铅印本：该校自编《金匮要略讲义》；

59. 民国・铅印本：（清）吴槐绶撰《金匮方证详解》六卷（此本含《吴氏医学丛刊》内）；

30. 石印本：谢诵穆编《金匮补充讲义》；

61. 稿本：无名氏撰《金匮讲义》；

・1949年－2003年・

一、《伤寒杂病论》（即《伤寒论》与《金匮要略》合印本）

1. 1949年著者自出石印本：黄维翰编《伤寒杂病论会通》（十六卷）；

2. 1952年中华书局铅印本：《皇汉医学》（三卷）；

3. 1956年人民卫生出版社铅印本：《皇汉医学》（三卷）；

4. 1979年陕西中医药研究院铅印本：黄维翰编《伤寒杂病论会通》（十六卷）；

5. 1980年广西人民出版社本：《伤寒杂病论》；

6. 1980年广西人民出版社本：《桂林古本伤寒杂病论》；

7. 1980年东洋学术出版社（日）本：日本汉方协会学术部编《伤寒杂病论》；

8. 1986年天津科学技术出版社本：该社编《袖珍中医四部经典》；

9. 1992年河南科学技术出版社本：蔡德元编著《古本伤寒杂病论校评》；

10. 1994年河北科学技术出版社本：刘建平等编著《伤寒杂病论》；

11. 1996年中医古籍出版社本：傅景华校点《中医四部经典》；

12. 1998年天津科学技术出版社本：马鲁丁编著《伤寒杂病论》；

13. 1999年中国广播电视出版社本：赵凌云编著《简明伤寒杂病论校注及临床应用》；

14. 1999年湖南科学技术出版社本：《伤寒金匮卷》；

15. 2000年华龄出版社本：刘世恩、毛绍芳点校《伤寒杂病论》；

16. 2001年学苑出版社本：李顺保编著《伤寒论版本大全》；

17. 2001年学苑出版社本：森立之（日）著，郭秀梅等校点、崔仲平审订《伤寒论考注》（附《金匮要略考注》残卷）；

18. 2002年中国医药科技出版社本：姜元安等点校《伊尹汤液经》（比本含《中华医经全书》内）；

19. 2003年中医古籍出版社本：柳术军编译《伤寒杂病论》；

20. 2003年河北科学技术出版社本：刘建平等编著《伤寒杂病论》；

二、《伤寒论》

1. 1949年上海中华书局铅印本：余无言编《伤寒论新义》；

2. 1949 年稿本：陈祖同编《伤寒论注辑读》四卷；

3. 1952 年著者自出铅印本：陆渊雷撰《伤寒论今释》；

4. 1953 年著者自出铅印本：陆渊雷撰《伤寒论今释》；

5. 1953 年千顷堂书局铅印本：余无言编著《（图表注释）伤寒论新义》；

6. 1954 年锦章书局石印本：（清）张志聪撰《伤寒论集注》；

7. 1954 年北京人民出版社影印本：陈伯坛撰《读过伤寒论》；

8. 1954 年上海千顷堂书局铅印本：大塚敬节（日）校注《康平伤寒论》；

9. 1955 年商务印书馆铅印本：（晋）王叔和编、（金）成无已注《注解伤寒论》；

10. 1955 年人民卫生出版社影印本：（唐）孙思邈撰《千金翼方》；

11. 1955 年人民卫生出版社影印本：（宋）林亿校《金匮玉函经》；

12. 1955 年上海锦章书局石印铅印本：（清）喻嘉言撰《尚论篇》；

13. 1955 年重庆人民出版社铅印本：《新辑宋本伤寒论》；

14. 1955 年人民卫生出版社铅印本：陆渊雷编著《伤寒论今释》；

15. 1955 年人民卫生出版社铅印本：阎德润编《伤寒论评释》；

16. 1955 年千顷堂书局铅印本：《古本康平伤寒论》；

17. 1956 年人民卫生出版社影印本：（晋）王叔和编、（金）成无已注《注解伤寒论》；

18. 1956 年上海卫生出版社铅印本：（明）张遂辰注《张卿子伤寒论》；

19. 1956 年上海卫生出版社铅印本：（清）柯韵伯撰《伤寒来苏集》；

20. 1956 年上海卫生出版社铅印本：（清）尤在泾撰《伤寒贯珠集》；

21. 1956 年人民卫生出版社铅印本：陆渊雷撰《伤寒论今释》；

22. 1956 年上海千顷堂书局石印本：曹颖甫撰《曹氏伤寒发微》；

23. 1956 年江苏人民出版社铅印本：承淡安注解《伤寒论新注》；

24. 1956 年千顷堂书局铅印本：余无言编著《伤寒论新义》；

25. 1957 年四川人民出版社铅印本：（明）方有执撰《伤寒论条辨》；

26. 1957 年人民卫生出版社铅印本：（明）方有执撰《伤寒论条辨》；

27. 1957 年上海商务印书馆铅印本：（明）方有执撰《伤寒论注三种》；

28. 1957 年上海卫生出版社铅印本：（清）钱天来《伤寒溯源集》；

29. 1957 年福建中医学院铅印本：（清）陈恭溥编《伤寒论章句》；

30. 1957 年四川人民出版社铅印本：（清）陈修园撰《伤寒论浅注方论合编》；

31. 1957 年上海卫生出版社铅印本：任应秋编著《伤寒论语译》；

32. 1957 年人民卫生出版社铅印本：黄竹斋注《伤寒论集注》；

33. 1958 年上海卫生出版社影印本：（清）汪苓友撰《伤寒论辨证广注》；

34. 1958 年上海卫生出版社铅印本：（清）沈金鳌撰《伤寒论纲目》；

35. 1958 年人民卫生出版社铅印本：《高继冲本伤寒论》；

36. 1958 年科技卫生出版社铅印本：任应秋编著《伤寒论语译》；

37. 1958 年人民卫生出版社铅印本：阎德润编《伤寒论评释》；

38. 1958 年江苏人民出版社铅印本：江苏省中医学校伤寒教研组编《伤寒论释义》；

39. 1958 年河北人民出版社铅印本：河北中医学院编《伤寒论简明释义》；

40. 1959 年上海卫生出版社铅印本：（清）柯韵伯撰《伤寒来苏集》；

41. 1959 年上海科技出版社铅印本：（清）尤在泾撰《伤寒贯珠集》；

42. 1959 年上海科技出版社影印本：（清）汪苓友撰《伤寒论辨证广注》；

43. 1959 年上海科技出版社铅印本：（清）钱天来《伤寒溯源集》；

44. 1959 年上海科技出版社铅印本：（清）沈金鳌撰《伤寒论纲目》；

45. 1959 年上海科学技术出版社本：南京中医学院伤寒教研组编《伤寒论译释》；

46. 1959 年人民卫生出版社铅印本：中国中医研究院编《伤寒论语译》；

47. 1960 年吉林人民出版社铅印本：孙纯一编著《伤寒论注释要编》；

48. 1962 年人民卫生出版社铅印本：（晋）王叔和编、（金）成无已注《注解伤寒论》；

49. 1963 年人民卫生出版社铅印本：（晋）王叔和编、（金）成无已注《注解伤寒论》；

50. 1964 年科学技术出版社铅印本；成都中医学院主编《伤寒论释义》；

51. 1965 年日本民族医学研究所影印本：《康治本伤寒论》；

52. 1972 年人民卫生出版社铅印本：（晋）王叔和编、（金）成无已注《注解伤寒论》；

53. 1972 年台湾正文书局铅印本：（清）陈修园注《伤寒论浅注》；

54. 1973 年人民卫生出版社铅印本：（晋）王叔和编、（金）成无已注《注解伤寒论》；

55. 1973 年台湾国风书局铅印本：《宋本伤寒论》；

56. 1974 年人民卫生出版社铅印本：中国中医研究院编《伤寒论语译（第二版）》；

57. 1975 年台湾旋风出版社铅印本：包识生编《伤寒论讲义》；

58. 1976 年台湾新文丰出版股份有限公司铅印本：（清）喻昌撰《尚论后篇》；

59. 1976 年上海人民卫生出版社铅印本：《宋本伤寒论》；

60. 1977 年台湾新文丰出版股份有限公司铅印本：（清）吴六吉等纂《订正伤寒论注》；

61. 1977 年台湾旋风出版社铅印本：《伤寒论科学化新注》；

62. 1978 年台湾益群书局铅印本：（清）陈念祖注《伤寒论浅注》；

63. 1978 年台湾益群书局铅印本：（清）陈念祖注、唐容川补正《伤寒论浅注补正》；

64. 1978 年台湾力行书局铅印本：（清）陈念祖注、唐容川补正《伤寒论浅注补正》；

65. 1978 年人民卫生出版社铅印本：李克绍编著《伤寒论语释》；

66. 1978 年台湾乐群出版事业有限公司铅印本：杨惟杰编《伤寒论精解》；

67. 1980 年上海科学技术出版社铅印本：南京中医学院伤寒教研组编《伤寒论译释（第二版）》；

68. 1981 年上海科学技术出版社铅印本：成都中医学院主编《伤寒论释义》；

69. 1981 年台湾启业书局有限公司铅印本：启业编辑部编《伤寒论释义》；

70. 1981 年台湾文光图书有限公司铅印本：《伤寒论新释》；

71. 1982 年人民卫生出版社影印本：（晋）王叔和编、（金）成无已注《注解伤寒论》；

72. 1982 年湖南科技出版社铅印本：朱佐武校注《宋本伤寒论校注》；

73. 1982 年山东科学技术出版社铅印本：李克绍编著《伤寒论语释》；

74. 1982 年中医古籍出版社影印本：《康治本伤寒论》；

75. 1982 年台湾集文书局排印本：《宋本伤寒论》；

76. 1982 年科学技术文献出版社铅印本：冉雪峰编著《冉注伤寒论》；

77. 1983 年上海科学技术出版社铅印本：《伤寒论》；

78. 1983 年天津科学技术出版社铅印本：刘渡舟、傅世垣编著《伤寒论诠解》；

79. 1983 年陕西科学技术出版社铅印本：成友仁编著《伤寒论阐释》；

80. 1983 年台湾国兴出版社铅印本：李育德编《伤寒论》；

81. 1983 年台湾昭人出版社铅印本：吴国定编《伤寒论诠释》；

82. 1984 年学林出版社铅印本：（明）何渊撰《伤寒海底眼》二卷；

83. 1984 年江西人民出版社铅印本：（清）喻嘉言撰《喻嘉言医学三本书》；

84. 1984 年台湾文光图书股份有限公司铅印本：承淡安注解《伤寒论新注》；

85. 1984 年台湾启业书局有限公司铅印本：启业编辑部编《伤寒论译释》；

86. 1984 年台湾正中书局股份有限公司铅印本：吴国定编著《伤寒论》；

87. 1985 年人民卫生出版社影印本：（唐）孙思邈撰《千金翼方》；

88. 1985 年中医古籍出版社线装本：（清）陶憺庵编《伤寒源流》；

89. 1985 年上海科学技术出版社铅印本：姜春华著《伤寒论释义》；

90. 1986 年中国书店影印本：（清）陈修园注《伤寒论浅注》；

91. 1986 年新世界出版社排印本：罗希文译《伤寒论（英文版）》；

92. 1986 年台湾新文丰出版股份有限公司铅印本：（清）吴六吉等纂《订正伤寒论注》；

93. 1988 年江西科学技术出版社铅印本：马继兴主编《敦煌本伤寒论》；

94. 1988 年贵州人民出版社铅印本；赵健雄著《敦煌医粹》；

95. 1988 年中医古籍出版社本：夏洪生编著《伤寒论训解》；

96. 1988 年湖南科学技术出版社铅印本：《古本康平伤寒论》；

97. 1990 年人民卫生出版社铅印本：刘渡舟主编《伤寒论语译》；

98. 1990 年人民卫生出版社铅印本：李心机编著《伤寒论通释》；

99. 1990 年上海三联书店铅印本：上海中医学院中医文献研究所编《历代中医珍本集成·伤寒论》；

100. 1991 年人民卫生出版社铅印本：《伤寒论》；

101. 1991 年人民卫生出版社铅印本：刘渡舟主编《伤寒论校注》；

102. 1992 年上海科学技术出版社铅印本：陈亦人主编《伤寒论译释》；

103. 1992 年甘肃科学技术出版社铅印本：刘举俊主编《伤寒论释义》；

104. 1993 年学苑出版社铅印本：《高继冲本伤寒论》（含钱超尘《伤寒论文献通考》内）；

105. 1993 年中国书店铅印本：《伤寒论》；

106. 1994 年中国医药科技出版社铅印本：钱超尘辑校《唐本伤寒论》；

107. 1994 年中医古籍出版社铅印本：傅景华等编《中国科学院图书馆馆藏善本医书·伤寒论》；

108. 1994 年中医古籍出版社铅印本：丛春雨主编《敦煌中医药全书》；

109. 1995 年中国中医药出版社本：马堪温、赵洪钧著《伤寒论新解》；

110. 1996 年天津科学技术出版社本：郭霭春、张玲编著《伤寒论校注语译》；

111. 1997 年中医古籍出版社本：厉畅、梁丽娟点校《伤寒论》；

112. 1997 年辽宁科学技术出版社本：鲁兆麟主校《注解伤寒论》；

113. 1997 年中医古籍出版社影印本：《仲景全书》；

114. 1997 年辽宁科学技术出版社本：《千金翼方》点校本；

115. 1998 年中国医药科技出版社本：顾武军主编《伤寒论》；

116. 1998 年人民卫生出版社本：梁尚博编著《张仲景伤寒论新编》；

117. 1999 年科学技术文献出版社本：黄志杰等主编《伤寒论精译》；

118. 1999 年中医古籍出版社本：徐道隆著《伤寒论崇实注》；

119. 2000 年中国中医药出版社本：王庆国主编《伤寒论》；

120. 2000 年山西科学技术出版社本：苗润田等编著《伤寒论》；

121. 2000 年人民卫生出版社本：熊曼琪主编《伤寒论》；

122. 2000 年广东科技出版社本：林培明编著《伤寒论对译》；

123. 2000 年广东科技出版社本：闻言点校《注解伤寒论》；

124. 2001 年中国中医药出版社本：吴凤全、卢月英主编《伤寒论》；

125. 2001 年科学普及出版社本：李国华编译《伤寒论特译》；

126. 2001 年中医古籍出版社本：姚廷周主编《新伤寒论校注》；

127. 2001 年学苑出版社本：森立之（日）著《伤寒论考注》；

128. 2002 年中国医药科技出版社本：钱超尘点校《宋本伤寒论》（此本含《中华医经全书内》；

129. 2002 年中国医药科技出版社本：钱超尘考注《唐传本伤寒论》（此本含《中华医经全书》内）；

130. 2002 年中国医药科技出版社本：马僿点校《金匮玉函经》（此本含《中华医经全书》内）；

131. 2002 年中国医药科技出版社本：张清苓点校《金匮玉函经二注》（此本含《中华医经全书》内）；

三、《金匮要略》

1. 1952 年陆氏医室铅印本：陆渊雷编《金匮要略今释》；

2. 1955 年商务印书馆铅印本：（晋）王叔和集、（宋）林亿校《金匮要略方论》；

3. 1955 年上海锦章书局铅印本：（清）尤在泾集注《金匮心典》；

4. 1955 年人民卫生出版社铅印本：陆渊雷编《金匮要略今释》；

5. 1956 年人民卫生出版社影印本：（晋）王叔和集、（宋）林亿校《金匮要略方论》；

6. 1956 年上海卫生出版社铅印本：（清）尤在泾集注《金匮心典》；

7. 1956 年上海卫生出版社铅印本：（清）高学山注《高注金匮要略》；

8. 1956 人民卫生出版社铅印本：黄树曾编《金匮要略释义》；

9. 1956 年人民卫生出版社铅印本：丹波元简（日）撰《金匮玉函要略辑义》；

10. 1957 年四川人民出版社铅印本：（清）陈修园撰《金匮要略浅注》；

11. 1957 年人民卫生出版社铅印本：黄维翰编《金匮要略方论集注》；

12. 1957 年人民卫生出版社铅印本：陆渊雷编《金匮要略今释》；

13. 1957 年人民卫生出版社铅印本：丹波元简（日）撰《金匮玉函要略述义》；

14. 1958 年上海科技出版社铅印本：（清）尤在泾集注《金匮心典》；

15. 1958 年上海科技卫生出版社铅印本：（清）陈修园集注《金匮要略浅注》；

16. 1958 年上海科技卫生出版社铅印本：（清）程林注《金匮要略直解》；

17. 1958 年人民卫生出版社本：秦伯未编著《金匮要略简释》；

18. 1959 年上海科学技术出版社铅印本：（清）尤在泾集注《金匮心典》；

19. 1959 年上海科学技术出版社铅印本：（清）陈修园集注《金匮要略浅注》；

20. 1959 年上海科学技术出版社铅印本：（清）程林注《金匮要略直解》；

21. 1959 年上海科学技术出版社铅印本：（清）高学山注《高注金匮要略》；

22. 1959 年上海科学技术出版社本：任应秋编《金匮要略语译》；

23. 1959 年人民卫生出版社本：中国中医研究院编《金匮要略语译》；

24. 1959 年人民卫生出版社本：何任主编《金匮要略校注》；

25. 1959 年江苏人民出版社本：南京中医学院金匮教研组编《金匮要略译释》；

26. 1961 年山东人民出版社本：山东中医学院编《金匮要略浅释》；

27. 1963 年商务印书馆铅印本：（晋）王叔和集、（宋）林亿校《金匮要略方论》；

28. 1963 年人民卫生出版社铅印本：（晋）王叔和集、（宋）林亿校《金匮要略方论》；

29. 1963 年上海人民出版社本：湖北中医学院编《金匮要略释义》；

30. 1975 年上海人民出版社铅印本：（清）尤在泾集注《金匮心典》；

31. 1980 年甘肃人民出版社本：尚坦之、毛翼模主编《金匮要略释义》；

32. 1981 年山东科学技术出版社本：刘献琳编《金匮要略语译》；

33. 1985 年中国书店本：（清）陈修园集注《金匮要略浅注》；

34. 1988 年福建科学技术出版社本：（清）陈修园集注《金匮要略浅注》；

35. 1989 年人民卫生出版社本：李克光主编《金匮要略》；

36. 1990 年人民卫生出版社本：何任、范永昇主编《金匮要略语译》；

37. 1990 年上海科学技术出版社本：阮继源、张光霁编著《金匮要略》（汉英对照本）；

38. 1990 年山东科学技术出版社本：大冢（日）著《康平伤寒论评注》；

39. 1991 年上海古籍出版社本：徐忠可撰《金匮要略论注》；

40. 1992 年甘肃人民出版社本：刘举俊主编《伤寒论释义》；

41. 1993 年人民卫生出版社本：（清）徐忠可著《金匮要略论注》；

42. 1993 年上海科学技术出版社本：李克光等编写《金匮要略译释》；

43. 1993 年天津科学技术出版社本：刘渡舟等编著《金匮要略诠解》；

44. 1993 年中华医学音像出版社本：朱杰主编《金匮要略》；

45. 1993 年中国书店本：《金匮要略方论》；

46. 1997 年中医古籍出版社本：于志贤、张智基点校《金匮要略》；

47. 1998 年中国医药科技出版社本：沈继泽主编《金匮要略》；

48. 1999 年中国中医药出版社本：郭霭春、王玉兴编著《金匮要略校注语译》；

49. 1999 年天津科学技术出版社本：李指严著《金匮要略新解》；

50. 2000 年人民卫生出版社本：陈纪藩主编《金匮要略》；

51. 2000 年山西科学技术出版社本：乔模等编著《金匮要略》；

52. 2000 年上海中医药大学出版社本：张再良、叶进主编《金匮要略》；

53. 2001 年中国中医药出版社本：丁跃苓、方朝义编著《金匮要略》；

54. 2001 年三秦出版社本：董正华、杨轶主编《金匮要略通解》；

55. 2003 年上海科学技术出版社本：阮继源、张光震主编《金匮要略》；

56. 2003 年中医古籍出版社本：吕志杰等编著《金匮要略注释》；

57. 2003 年中医古籍出版社本：喜多直邨宽（日）编著，边玉麟、谭瑛校注《金匮玉函要略疏义》；

·2003 年 –2014 年·

1. 袁军．张仲景医方精要 – 金匮篇．河北科学技术出版社，2004.

2. （金）成无己．注解伤寒论．人民卫生出版社，2004.

3. 郝万山．伤寒论．科学出版社，2004.

4. 柯雪帆．伤寒论选读．中国盲文出版社，2004.

5. 姜建国．伤寒论．中国中医药出版社，2004.

6. 何廉臣．增订通俗伤寒论．福建科学技术出版社，2004.

7. （汉）张仲景撰．何任，何若苹整理．金匮要略．人民卫生出版社，2005.

8. （汉）张仲景著，李顺保校注．金匮玉函经．学苑出版社，2005.

9. 王庆国．《伤寒论》新释．中国中医药出版社，2005.

10. 刘观涛．活解伤寒论．军事医学科学出版社，2005.

11. （汉）张仲景述；（晋）王叔和集，李玉清，黄海量，吴晓青点校．金匮要略方论．中国中医药出版社，2006.

12. （汉）张仲景著．金匮要略．内蒙古人民出版社，2006.

13. （汉）张仲景述．伤寒论．中国中医药出版社，2006.

14. （汉）张仲景述．伤寒论．内蒙古人民出版社，2006.

15. 李顺保．伤寒论版本大全．学苑出版社，2006.

16. 杨殿兴．伤寒论读本．化学工业出版社，2006.

17. 郝万山．伤寒论选读．人民卫生出版社，2006.

18. 强志鹏．伤寒杂病论译释．甘肃文化出版社，2006.

19. （清）柯琴撰；王晨，张黎临，赵小梅校注．伤寒来苏集．中国中医药出版社，2006.

20. （清）尤在泾编著．伤寒贯珠集．山西科学技术出版社，2006.

21. 赵鸣芳，吴洁．伤寒论·金匮要略．上海中医药大学出版社，2006.

22. 苏德生．中医经典钢笔字帖 – 伤寒论．上海中医药大学出版社，2006.

23. （汉）张仲景著．订正金匮要略演义．学苑出版社，2007.

24. （汉）张仲景著，（宋）林亿校正，杨鹏举，侯仙明，杨延巍注释．金匮要略．学苑出版社，2007.

25. （汉）张仲景著，罗希文英译．伤寒论．新世界出版社，2007.

26. （汉）张仲景著，罗希文英译．金匮要略．新世界出版社，2007.

27. （汉）张仲景著；（晋）王叔和撰次；杨鹏举，杨延巍，曹丽静注释．伤寒论．学苑出版社，2007.

28. 李赛美，李家庚．伤寒论．科学出版社，2007.

29. （宋）庞安时著．伤寒总病论．人民卫生出版社，2007.

30. （金）成无己著．伤寒明理论．中国中医药出版社，2007.

31. 王庆国．伤寒论讲义．高等教育出版社，2007.

32. 边正方．伤寒论译注．中医古籍出版社，2007.

33. 李俊德．中医必读百部名著 – 伤寒卷．华夏出版社，2007.

34. 刘世恩．张仲景全书．中医古籍出版社，2007.

35. （清）柯琴撰．伤寒来苏集．中国中医药出版社，2008.

36. （清）尤在泾编注．伤寒贯珠集．中国中医药出版社，2008.

37. 陆渊雷．伤寒论今释．学苑出版社，2008.

38.（汉）张仲景著，刘彬编．伤寒杂病论．中医古籍出版社，2008.

39. 李俊德．中医必读百部名著－续－伤寒卷．华夏出版社，2008.

40.（汉）张机著．金匮要略方论．时代文艺出版社，2008.

41.（汉）张仲景．图解金匮要略．陕西师范大学出版社，2009.

42. 沈元良．绍兴伤寒学派与通俗伤寒论今释．中国中医药出版社，2009.

43. 柯琴．伤寒来苏集．学苑出版社，2009.

44. 方有执．伤寒论条辨．中国中医药出版社，2009.

45. 方有执．伤寒论条辨．山西科学技术出版社，2009.

46. 尤在泾．伤寒贯珠集．学苑出版社，2009.

47.（汉）张仲景原著．注解伤寒论．学苑出版社，2009.

48.（清）郭元峰撰．伤寒论．广东科技出版社，2009.

49.（金）成无己．伤寒明理论．学苑出版社，2009.

50. 沈庆法．伤寒论．人民卫生出版社，2009.

51.（汉）张仲景原著．图解伤寒论．山东美术出版社，2009.

52.（清）徐大椿撰．伤寒论类方·伤寒方论．学苑出版社，2009.

53.（明）方有执撰；（清）郑重光注，黄金玲，桑方方校注．伤寒论条辨续注．中国中医药出版社，2009.

54. 于已百．《伤寒论》释义．甘肃科学技术出版社，2009.

55. 张隐庵．伤寒论集注．学苑出版社，2009.

56.（汉）张仲景著．仲景全书之伤寒论·金匮要略方论．中医古籍出版社，2010.

57.（汉）张仲景著．金匮要略．山西科学技术出版社，2010.

58.（汉）张仲景著．金匮要略．湖南科学技术出版社，2010.

59.（汉）张仲景著．金匮玉函经．中医古籍出版社，2010.

60.（汉）张仲景著．金匮要略方论译注．中国人民大学出版社，2010.

61.（汉）张仲景著．金匮要略心典译注．中国人民大学出版社，2010.

62.（汉）张仲景著．全注全译伤寒论．贵州教育出版社，2010.

63.（汉）张仲景著．全注全译金匮要略．贵州教育出版社，2010.

64.（汉）张仲景著．金匮要略全书．内蒙古人民出版社 2010.

65.（汉）张仲景著．伤寒论．科学技术文献出版社，2010.

66. 柯琴．伤寒来苏集．山西科学技术出版社，2010.

67. 李瑞．中医必读经典口袋书－伤寒卷．北京科学技术出版社，2010.

68. 李瑞．中医必读经典口袋书－金匮卷．北京科学技术出版社，2010.

69. 王竹星．金匮要略白话精解．天津科学技术出版社，2010.

70. 陈亦人．伤寒论译释．上海科学技术出版社，2010.

71.（汉）张仲景著．金匮要略译注．上海古籍出版社，2010.

72. 庞安时．伤寒总病论．山西科学技术出版社，2010.

73. 李彣．金匮要略广注校诠．海南出版社，2010.

74.（汉）张仲景著．明洪武钞本《金匮要略方》．上海科学技术文献出版社，2010.

75.（汉）张仲景著．伤寒论（青花典藏珍藏版）．吉林出版集团有限责任公司，2011.

76. 柯琴．伤寒来苏集　中国医药科技出版社，2011.

77. 俞根初．重订通俗伤寒论．中国中医药出版社，2011.

78. 程应旄．伤寒论后条辨，读伤寒论赘余．中国医药科技出版社，2011

79. 郭雍．伤寒补亡论　山西科学技术出版社，2011.

80. 朱壶山．伤寒论通注．学苑出版社，2011.

81. 熊曼琪．伤寒论．人民卫生出版社，2011.

82. 陆渊雷．伤寒论今释．学苑出版社，2011.

83. 尤在泾．伤寒贯珠集．中国医药科技出版社，2011.

84.（金）成无己．注解伤寒论．中国医药科技出版社，2011.

85. 钱超尘．中医临床必读丛书合订本－伤寒·金匮·温病卷．人民卫生出版社，2011.

86.（汉）张仲景著，王丽娜点校．金匮要略．

第二军医大学出版社，2012.
87. （汉）张仲景著，杨学点校．伤寒论．第二军医大学出版社，2012.
88. 张琦，赵天才主编．金匮要略．中国医药科技出版社，2012.
89. 中医出版中心整理．金匮要略方论．人民卫生出版社，2012.
90. 李瑞．中医必读经典口袋书－金匮卷．北京科学技术出版社，2012.
91. （汉）张仲景著．图解伤寒论．译林出版社，2012.
92. 闫松．中医四大名著－伤寒论．线装书局，2012.
93. 闫松．中医四大名著－金匮要略．线装书局，2012.
94. 张玉萍主编．伤寒论．福建科学技术出版社，2012.
95. 付国英．康治本·康平本伤寒论．学苑出版社，2012.
96. 李瑞．中医必读经典口袋书－伤寒卷．北京科学技术出版社，2012.
97. （汉）张仲景著．《伤寒杂病论》大字诵读版．中国中医药出版社，2012.
98. 赖国全．伤寒论．广东经济出版社，2012.
99. 李赛美．伤寒论．中国医药科技出版社，2012.
100. 钟相根．张仲景传世名方－伤寒卷．中国医药科技出版社，2013.
101. 钟相根．张仲景传世名方－金匮要略卷．中国医药科技出版社，2013.
102. 成都中医药大学主编．伤寒论释义．上海科学技术出版社，2013.
103. 人民卫生出版社编．注解伤寒论金匮玉函经．人民卫生出版社，2013.
104. （汉）张仲景著．金匮要略．中国医药科技出版社，2013.
105. （汉）张仲景著．伤寒论．中国盲文出版社，2013.
106. （汉）张仲景著．金匮要略方论．中国盲文出版社，2013.
107. （汉）张仲景撰，黄仰模，田黎点校．高注金匮要略．中医古籍出版社，2013.
108. 李瑞．中医入门经典口袋书－金匮卷．北京科学技术出版社，2013.
109. 尤怡．伤寒贯珠集．山西科学技术出版社，2013.
110. 刘渡舟．伤寒论语译．人民卫生出版社，2013.
111. 刘渡舟．伤寒论诠解．人民卫生出版社，2013.
112. 刘渡舟．伤寒论校注．人民卫生出版社，2013.
113. 张玉萍．伤寒论．福建科学技术出版社，2013.
114. 李瑞．中医入门经典口袋书－伤寒卷．北京科学技术出版社，2013.
115. 周仲瑛．中医古籍珍本集成－伤寒金匮卷．湖南科学技术出版社，2013.
116. （汉）张仲景著．白云阁藏本《伤寒杂病论》．中原农民出版社，2013.
117. 周仲瑛，于文明．中医古籍珍本集成－伤寒金匮卷：伤寒论纲目上下．湖南科学技术出版社，2013.
118. 周仲瑛，于文明．中医古籍珍本集成－伤寒金匮卷：伤寒明理论，伤寒活人指掌补注辩疑，伤寒兼证析．湖南科学技术出版社，2013.
119. 周仲瑛，于文明．中医古籍珍本集成－伤寒金匮卷：伤寒悬解．湖南科学技术出版社，2013.
120. 周仲瑛，于文明．中医古籍珍本集成－伤寒金匮卷：伤寒直格伤寒贯珠集．湖南科学技术出版社，2013.
121. 周仲瑛，于文明．中医古籍珍本集成－伤寒金匮卷：伤寒溯源集上下．湖南科学技术出版社，2013.
122. 周仲瑛，于文明．中医古籍珍本集成－伤寒金匮卷：注解伤寒论．湖南科学技术出版社，2013.
123. 周仲瑛，于文明．中医古籍珍本集成－伤寒金匮卷：伤寒来苏集，伤寒论注，伤寒论翼．湖南科学技术出版社，2013.
124. 周仲瑛，于文明．中医古籍珍本集成－伤寒金匮卷：伤寒补亡论．湖南科学技术出版社，2013.
125. 周仲瑛，于文明．中医古籍珍本集成－伤寒金匮卷：伤寒百证歌伤寒九十论伤寒要旨药方．湖南科学技术出版社，2013.
126. 李浩．伤寒杂病论．北京科学技术出版社，2014.
127. 刘献琳．《金匮要略》语释．中国医药科技出版社，2014.
128. （汉）张仲景著．金匮要略校注集释．上海古籍出版社，2014.

二、《伤寒杂病论》版本研究

钱超尘　北京中医药大学
温长路　中华中医药学会

张仲景，名机，字仲景。陈寿《三国志》、范晔《后汉书》无传。唐甘伯宗《名医录》云："南阳人，名机，仲景乃其字也。举孝廉，官至长沙太守，始受术于同郡张伯祖。时人言，识用精微过其师。"甘何据不详。后世多据此详加考证。今为以下诸考，对仲景生平及《伤寒杂病论》文献问题以考镜焉。

第一章　张仲景生平事迹考略

第一节　仲景生卒年代考

仲景《三国志》《后汉书》无传。唐初史学家刘知几深感遗憾，于《史通·人物篇》卷八云："夫人之生也，有贤不肖焉。若乃其恶可以诫世，其善可以示后，而死之日，名无得而闻焉，是谁之过欤？盖史官之过也。"又云："当三国异朝，两晋殊宅，若元化、仲景，时才重于许、洛，何桢、许询，文雅高于扬、豫，而陈寿《国志》、王隐《晋史》，广列诸传，而遗此不编。此亦网漏吞舟，过为迂阔者。"清浦起龙《史通通释》云："仲景，遍检《三国》裴注，绝无其人。刘意岂谓张仲景邪？皇甫谧《释劝》：华佗存精于独识，仲景垂妙于定方。盖仲景医圣，与佗齐名。《隋志》方书，亦二人连载，并注汉人，汉末魏初也。而陈寿只传华佗，不及仲景。知几特举出之，理或然邪？《读书志》：《名医录》云：仲景，南阳人，名机，举孝廉，官长沙太守。著《伤寒论》二十二篇，证外合三百九十七法，一百一十二方。《书录解题》：仲景文词简古奥雅，古今治伤寒未有能出其外者。按，《史通》云：才重许洛，地亦合。"由于史书无传，为考证仲景生卒时间、撰书时地、是否举孝廉、官太守等，带来重重困难。之所以不为立传，谢立恒有说（见1936年《国医文献·张仲景特辑》）云："陈、范二史，皆不为仲景立传，论者多疑之。余谓此无足异也。古之视医，不过执技之流，越人、元化，盖亦后世草泽铃医之类耳。仲景尝为太守，则史家不复厕之方技之列矣。"理或然也。今综汇古今贤达述作，综考如下。

略载仲景事迹者，首见唐甘伯宗《名医录》，已佚。此书始著录于《新唐书·艺文志·医术部》："甘伯宗《名医传》七卷。"《名医传》即《名医录》。此后北宋《崇文总目》卷三医书类亦云："《名医传》一卷。"（按，《崇文总目》久佚，清钱侗有辑佚本，名《崇文总目辑释》，于《名医传》卷数辩证如下："侗按，《玉海》云：《历代名医录》书目七卷，唐志作《名医传》，《崇文目》同，今考《唐志》亦七卷。"依钱侗所考，《崇文总目》作一卷非，当作七卷）。南宋《秘书省续编到四库阙书目》云："《名医传》七卷，唐甘伯宗撰"，南宋郑樵《通志·艺文略》："《名医传》七卷，唐甘伯宗撰。"《宋史艺文志》卷二："甘伯宗《名医传》七卷。"皆云甘伯宗《名医传》七卷。《名医传》书目又著录为《历代名医录》，实为一书。《中兴馆阁书目辑考》卷四医家类云："《历代名医录》七卷。"王应麟《玉海》卷六十三《艺文艺术部》："唐《历代名医录》，书目七卷，唐甘伯宗撰。自伏犧至唐一百二十人。"《宋史艺文志》："甘伯宗《历代名医录》七卷。"（按，《宋史艺文志》重载此书，一名《名医传》，一名《历代名医录》，实一书也）。此书疑亡于宋元之际，两宋犹存。北宋林亿于《伤寒论序》云："张仲景《汉书》无传，见《名医录》。云：南阳人，名机，仲景乃其字也。举孝廉，官至长沙太守。始受术于同郡张伯祖。时人言，识用精微过其师。"《金匮玉函经》林亿序云："国家诏儒臣校正医书，臣先校定《伤寒论》，次校成此经——治平三年正月十八日。"则《伤寒论》校定于治平二年（1065年）也。先是，北宋太宗朝普编类书。《宋稗类钞》卷一《君范·第十一则》云："太平兴国中，诸降王薨，其群或宣怨言。太宗尽收置之馆阁，使修群书，如《册府元龟》《文苑英华》《太平御览》《太平广记》之类。卷帙既浩博，并丰其廪膳赡给，以役其心。后多老死于文字之间。"《太平御览》经始于太平兴国二年三月十七日，清本完成于太平兴国八年十二月十九日（公元977～984），共用六年九个多月。下距《伤寒论》校定本完成之时间凡八十年。在《太平御览》内亦有关于仲景生于南阳之文字。《御览》卷444《人事部·知人·下》云："《何颙别传》曰：颙字伯求，有人伦鉴。同郡张仲景总角造颙，颙谓曰：君用思精而韵不高，将为良医。卒如其言。"《御览》卷722《方术部·医·二》亦载"同郡张仲景总角造颙"之事，文繁不引。考《后汉书》卷97《党锢传》云："何颙，字伯求，南阳襄乡人也。"则仲景与何颙为同郡人，然皆未言仲景生卒之年。

河南中医学院梁华龙教授《伤寒论讲义》（1994年12月河南科学技术出版社）综合报刊杂志有关文章对仲景生平及著作有考，上海何时希《中国历代医家传录》（1991年9月人民卫生出版社）第二册"张仲景"条列举古今有关资料进行汇编，以资选用。1936年春上海中国医学院所编《国医文献》杂志之第一卷第一期为《张仲景特辑》（今藏北京图书馆），收录考据论文40余篇，颇多精见。今综考诸书，时加己见，以综考之。

《伤寒论讲义》云："晋皇甫谧《甲乙经序》、晋王叔和《伤寒论序例》《太平御览·何颙别传》《唐甘伯宗·名医录》、唐王冰《素问序》、唐刘知己《史通·人物篇》、宋林亿等《校定伤寒论序》、宋张杲《医说》《襄阳府志》等，虽皆提到张仲景的事迹和著作，但都是一鳞半爪，不能全窥仲景的生平。至明李廉《医史》，始撰《张机补传》，有关仲景的事迹，较为完整，自此张仲景始有传记行世。近人章太炎、黄竹斋等也撰有张仲景传略，虽然各有所本，但也各有增改。其中陆九芝先生疏于考证，凡是有关仲景的材料，咸悉载录，一律都以为信史。陈邦贤所撰《中国医学史》对仲景事迹不加考校，仅据陆传照录。综观论仲景者，大致晋以后多据皇甫谧，唐以后多据甘伯宗，而近代则多据陆九芝。陆传虽较完备整，而附会因袭者多。总之，由于对仲景的有关问题考校不足，致使一千七百多年来，尤其是近代对仲景故里、生卒年代、举孝廉、官至长沙太守、为王粲诊病等一系列问题争论不休，讫无定论，竟然成了医学史上众所瞩目的悬案。"

以笔者所见，考察仲景生卒时代，难以确指生卒之年，只能得其近似时期。卒年较生年易考。近时多指仲景卒于建安二十四年（公元219年）。此近似之卒年也。人皆知仲景东汉末人。《隋书经籍志》著录："张仲景方十五卷。仲景后汉人。"刘完素《素问玄机原病式序》："汉末之魏，有南阳太守张机仲景"（按，仲景卒时尚未建魏），吴澄《活人书辨序》："汉末张仲景著伤寒论"，日本山田正珍《伤寒论集成序》："特以汉末张仲景伤寒论一书，实为千载医家之模范"。清末孙鼎宜《仲景传略》："仲景者，东汉时。"自注云："近人补仲景传者，皆不著时代，今创补东汉时三字。"所有《中国历史年表》虽皆著录建安二十五年之号，然据《后汉书·献帝纪》："建安二十五年三月，改元延康。冬十月乙卯，皇帝逊位，魏王丕称天子。"则称仲景卒于建安二十四年，乃约略之时。故《张仲景特辑》载洪贯之《张仲景郡望生卒之推测》一文云："今推定其卒年，大约在诊仲宣至建安十七年中，如果不误，则其卒年，实未尝满六十也。"亦未确指卒年。其他考据之文，大率如此。

考证仲景生年颇为复杂。考其生年首先在于考证仲景造访何颙之年龄与当时何颙所交接者。《太平御览·何颙别传》："同郡张仲景总角造颙，谓曰：君用思精而韵不高，后将为良医。""总角"一词始见《诗经》之《氓》与《甫田》。《氓》云："总角之宴，言笑宴宴"。毛传："总角，结发也。"《甫田》："婉兮孌兮，总角丱兮"，毛传："总角，聚两髦也。丱，幼稚也。"孔颖达疏："《内则》云：男女未冠并者总角，所以覆发。故知总角聚两髦，言总聚其髦以为两角也。"则"总角"者，乃幼年或少年之称。《新华词典》"幼年：三岁左右到十岁左右的时期。""少年：十岁左右到十五六岁的阶段。"幼年与少年皆为"总角"时期。疑仲景似以十二三岁少年时期造访何颙为宜。《张仲景特辑》载洪贯之《张仲景郡望生卒之推测》一文云："考何颙之卒，在初平元年三月，即董卓迁都之后，惜其生年，未能考得。"虽考得其卒年，于考证仲景生年亦无大补。《张仲景特辑》所载章太炎《张仲景事状考》一段文字于考证仲景基本生活时代最具启发："颙于郭泰、贾彪为后进，而能先识曹操、荀彧，仲景与操、彧殆行辈相若者也。"

《后汉书》卷九十七《何颙传》："初，颙见曹操，叹曰：汉家将亡，安天下者，必此人也。操以是嘉之。尝称颍川荀彧王佐之器。"考操生于155年（桓帝永寿元年），卒于220年（建安二十五年）；彧生于163年（桓帝延熹六年），卒于212年（建安十七年）。以何颙嘉许操、彧，而仲景晚于颙，则仲景生于桓帝时，必无大误。总之，仲景生于桓帝时期，中经灵帝、献帝，而卒于建安之末，则为事实。章次公《张仲景在医学上的成就》一文指出："仲景一生处于后汉末年政治黑暗、兵戈扰攘的桓帝（公元147年）、灵帝（公元168年）、献帝（公元190年）三朝，正是著名的党锢和黄巾起义、董卓迁都等天下大乱、民弃农业、诸军并起的时代。"如此之说，虽未明言生卒之年，但符合事实程度较高。宋向元《张仲景生平问题的探讨》(《新中医药》1953年10月号)一文考证，仲景生于公元150年（汉桓帝和平元年），卒于公元211年（汉献帝建安十六年）。中国中医研究院医史文献研究所陈邦贤认为仲景生于公元150年，卒于219年（建安二十四年）；有人认为仲景生年为公元142年至145年之间，卒于210年左右。总之，指实其生卒之年，实为难事。诸家指实生卒之年，仅可备参，不可以为确论。

第二节　仲景名字考

甘伯宗《名医录》:“南阳人，名机，仲景乃其字也。”清及其后一些考据学家以张羡曾为长沙太守，南阳人，而“羡”与“景”同训，仲景为长沙太守于史无征，故发仲景之名为张羡之论。

清末孙鼎宜《仲景传略》云：“意者，机字，为羡之讹。张羡其字仲景，与名字相应。”（自注云：“《周礼·典瑞》璧羡。司农注：羡，长也。《考工记·玉人》璧羡注：羡，犹延。《尔雅·释诂》：延，长也；景，大也。长、大，古训相通。《吕览·本味》注：长泽，大泽。《知度》注：长犹盛也。《观世》注：长，多也。皆大之意。此一说也。《文选·思玄赋》：羡上都之赫戏兮。旧注：羡，慕也。《独断》：下致志大图曰景。《后汉书·刘恺传》注：景，犹慕也。此又一说也。再按羡字，今皆读去声。别有羡字，从次第之次。《汉书·地理志》：江夏郡沙羡。晋灼曰：音夷。《佩觿》：羡，以脂切，则字当入脂韵。但今韵书不收。《广韵》脂、微本通。羡、羡二字又极易混淆，疑唐时误羡为羡，遂声转误机耳。”）其时与地皆同，而官阶与所宦之地与一时同为汉室之官，又无不同一（自注云：“王粲《汉末英雄记》：“张羡，南阳人，建安初，官至长沙太守。”粲书亡，今据范、陈二史注引，仅此。）孙氏从景、羡同训，羡与羡形音俱异、羡与机音近互讹三端考之，谓张羡即张机。此处当申述者有：《康熙字典》羡与羡为两字两音。而《辞源》《汉语大字典》仅收羡字，不收“羡”字。此二字字形极近，极易混淆。“羡”字下部形体为“次”，左侧两点水，《康熙字典》引《佩觿》云：“以脂切。江夏地。与羡异。”今音yi。在《广韵》脂韵。而羡字下部形体之左侧为三点水。三点水者音xian。在《广韵》里属线韵。而“机”字在《广韵》属微韵，古代脂韵字与微韵字作诗时可通押，不算出韵；由于这两个韵类之字韵母相同，所以有时也有互讹者。孙氏以为两点水的“羡”（古音yi）与三点水的“羡”（音xian）字互混，而“羡”（yi）字古音与“机”字音近，故讹为“机”。古人之“名”与“字”皆字义相通，若作“机”字，则与“仲景”之字不相侔。

二十世纪有名郭象升者，撰《张仲景姓名事迹考》一文，收《张仲景特辑》，详证张羡即为张机，此文发表于60余年前，不仅难于一睹，且所考亦颇有开悟人处。郭氏以为张羡乃仲景之别名，羡之叛刘表乃忠于汉之表示。谨摘引如下：

“以余论之，则张羡者，实即仲景也。范书刘表传李注、陈志刘表传裴注，皆引《英雄记》曰：张羡，南阳人。先作零陵、桂阳长，甚得江湘间心。然性倔强不顺，表薄其为人，不甚礼也。羡由是怀恨，遂畔表。藉则长沙，官则长沙太守，年则建安，其为仲景何疑？仲景名机，而史以为羡者，羡非仲景本名，则必为别名也。汉末人士，有别名者多矣。裴松之注《三国志》，援证历历。余尝悉心钩稽，计得三十余人。如曹操一名吉利，荀爽一名谞，韩遂一名约，边章一名元（按，下面举例甚多，从略）。仲景有机、羡二名，又何足疑？华佗与仲景并为汉末名医，佗固别名旉矣。夫羡之为言慕也(《文选。思玄赋》：羡上都之赫戏兮。旧注：羡，慕也。）而景亦训慕(《后汉书。刘恺传》：景化前修，有伯夷之节。注：景犹慕也。）字仲景而名羡，于义允协。机则与景，义不相切附。”又云：“《伤寒论序》云：建安纪年以来，犹未十稔，确然为张羡之语。羡即机，机即羡。不克建安十年之前，别有一张机者作长沙太守也。刘表虽外貌儒雅，而心多疑忌。新去一南阳人之张羡，又用一南阳人之张机，有是理哉？”又云：“使张羡而非仲景，则与刘表本无宿昔，谓之叛何欤？抑张羡之为南阳人也，官长沙太守也。当建安时也，古今读史之人谁不知之？而卒无一人疑其即是仲景者，岂非病羡之叛乱，谓仲景不致此耶？以余论之，羡之叛，特叛表耳，非叛汉也。岂唯不叛汉，又且以叛表忠于汉。《桓阶传》曰：太祖与袁绍相拒于官渡，表举州以应绍。阶说其太守张羡曰：夫举事而不本于义，未有不败者也。故齐桓率诸侯以尊周，晋文逐叔带以纳王。今袁氏反此，而刘牧应之，取祸之道也。明府必欲立功明义，全福远祸，不宜与此同之也。羡曰：然则何向而可？阶曰：曹公虽弱，仗义而起，救朝廷之危，奉王命而讨有罪，孰敢不服？今若举四郡，保三江，以待其来，而为之内应，不亦可乎？羡曰：善。乃举长沙及旁三郡以拒，遣使诣太祖。太祖大悦。夫曹操虽为汉贼，而建安初年，未有逆迹。叛刘应曹，未为非也。仲景有道之士，何必不出此乎？晋之殷仲文、唐之许敬宗、宋之高若纳，皆奸邪小人，而医术皆精绝，人品与技能，从来固不相掩矣。假使仲景倔强不顺，怀恨不叛，如《英雄记》所言，亦不足为其医学之累。况乎忠心王室，大义昭然哉?”

张羡即张机之说出，郭文论证较详。章太炎《张仲景事状考》虽未论之，但在《医故眉批》一文中，明确指出：“仲景名机，亦无确证，张羡之为仲景，盖无疑义。”近人多不从“羡”“机”同人之说。梁华龙教授云：“若张羡与张仲景为同一人，则史书在写张羡时一定会提到他精通医术之事”，而史书无此记载，则张羡乃张机之说存疑可也。

要之，在唐甘伯宗《名医录》前，多称张仲景，如叔和《脉经》、陈延之《小品方》《隋书经籍志》等，惟陶弘景《辅行诀脏腑用药法要》称仲景为“张机”：“外感天行，经方之治，有二旦、六神、大小等汤。昔南阳张机，依此诸方，撰为《伤寒论》一部，疗治明悉，后学咸尊奉之。”自《名医录》出，特别是北宋林亿等将《名医录》附于《伤寒论》之前，明赵开美《仲景全书》继之而扩大影响，人人皆知仲景名“机”。自此亦展开考证与争论。有谓张机即张羡者，孙鼎宜文考证深刻丰富，太炎先生亦认为张羡即仲景。盖张机又名张羡，一人而二名，汉代常有，如《后汉书》《三国志》皆云华佗字元化，又名敷，是一人而二名也。至清代《明清一统志》又将“机”字改为“玑”(见孙鼎宜文所引)，隐含人们对仲景之敬爱。

第三节　仲景里籍考

仲景，南阳人，见《何颙别传》《名医录》，引文见前。又见宋陈振孙《直斋书录解题》、宋张杲《医说·张仲景方序论》、元马端临《文献通考》卷122、《医林列传》、明徐春圃《古今医统》、陈梦雷《古今图书集成·医部全录》卷505等。陈振孙云：“伤寒论十卷。长沙太守南阳张仲景撰。建安中人。其文辞简古奥雅。又名《伤寒卒病论》。凡一百一十二方。古今治伤寒者，未有能出其外者也。”马端临云：“仲景，南阳人，名机，仲景，其字也。”《医林列传》云：“张机，字仲景，南阳人也。受业于同郡张伯祖。善于治疗，尤精经方。举孝廉，官至长沙太守。后在京师为名医，于当时为上手。以宗族二百余口，建安纪年以来，未及十稔，死者三之二，而伤寒居其七，乃著论二十二篇，证外合三百九十七法，一百一十二方。其文辞简古奥，古今治伤寒者，未有能出其外者也。其书为诸方之祖，时人以为扁鹊仓公无以加之。故后世称为医圣。”《古今医统》卷一云：“张机，字仲景，南阳人，受业张伯祖，医学超群。举孝廉，官至长沙太守。建安年间，病伤寒，死者十居其七。机按《内经》伤寒治法，存活甚众。著论二十二篇，合三百九十七法，一百一十三方，为方书之祖。凡医治诸证如神，后人赖之为医。又有《金匮方》亦其遗意”，陈梦雷引湖北《襄阳府志》云：“按，《襄阳府志》：张机，字仲景，南阳棘阳人，学医于同郡张伯祖，尽得其传。灵帝时，举孝廉，官至长沙太守。少时与同郡何颙客游洛阳。颙谓人曰：仲景之术，精于伯祖。仲景宗族二百余口，自建安以来，未及十稔，死者三之二，而伤寒居其七，乃著伤寒论十卷行于世。华佗读而喜曰：此真活人书也。又著《金匮玉函要略》三卷。汉魏迄今，家肄户习，论者推为医中亚圣，而范蔚宗《后汉书》不为仲景立传，君子有遗憾焉。”光绪三十年《南阳县志》卷十一《人物》篇亦云：“张机，字仲景，南阳涅阳人也。灵帝时，举孝廉，官至长沙太守。少学医于同郡张伯祖，尽得其传。奇方异治，施世者多，不能尽记其本末。见侍中王仲宣，时年二十余，谓曰：君有病，四十当眉落，眉落半年而死。令服五石汤。仲宣嫌其言忤，许受汤，勿服。居三月，见仲宣，谓曰：服汤否？仲宣曰：已服。仲景曰：色候固非服汤之诊，君何轻命耶？仲宣犹不信。后二十年，果眉落，后一百八十七日而死。仲景论广《伊尹》为十数卷，用之多验。仲景宗族二百余口，自建安以来，未及十稔，死者三之二，而伤寒居七。乃著《伤寒论》十卷。华佗见而喜曰：此真活人书也。又著《金匮玉函要略》三卷。汉魏迄今，家肄户习，论处者推为医中亚圣。初，仲景总角，造同郡何颙，谓曰：君用思精，而韵不高，后将为良医。卒如其言。国朝顺治初叶，县训导冯应鳌得仲景墓于县东郭门外仁济桥西，乃为祠祀焉。”观上所述，仲景为南阳郡人无异辞。

然自陆九芝撰《仲景传》后，仲景之里藉乃有南郡之说。郡辖县，自明以后，竟有南阳、涅阳、棘阳、枣阳四县之说。考辨如下：

南郡之说大误。陆九芝《张仲景传》：“张机，字仲景，南郡涅阳人也。”考《后汉书·郡国志》卷32，荆州刺史部郡七：南阳、南郡、江夏、零陵、桂阳、武陵、长沙七郡，凡三十七城，528551户，2439618口。是南郡与南阳郡划然有别，不可混而同之也。考《中国历史地图集》第二册《东汉荆州刺史部》页60~61（中国地图出版社，1975年第一版），南阳郡郡治在宛城，涅阳县在宛城南面偏西，东临棘阳。南郡在南阳郡南，两郡毗邻，地跨今湖北省北部东部及今四川省东部，郡治在江陵，南郡无涅阳县。是“南郡涅阳人也”之“南郡”二字误也，当云“南阳郡”。清末孙鼎宜《仲景传略》云：“林亿《伤寒序》引唐甘伯宗《明医录》，但言南阳，书郡不书县也。”据《明清一统志》载，仲景为涅阳人。陆懋修云：《河南通志》亦云涅阳，故冠南阳于涅阳之上。又按《襄阳府志》称仲景为枣阳人。枣阳秦置，分割南阳地。仲景医名大噪，故州、县、府志，各争载之，实则涅阳是也。懋修补《传》，意存为文，摭拾范史陈言，以相聊属，其考证多疏。如仿《左雄传》称南郡涅阳，不检《地理志》。南郡无涅阳，涅阳自属南阳郡，《左雄传》郡当作阳字之误也。何颙，襄乡人，范史称南阳襄乡。张衡，西鄂人，范史称南阳西鄂，不曾云南郡，可据。”

陆九芝《仲景传》影响甚大。中国中医研究院中国医史文献研究所研究员陈邦贤《中国医学史》依陆九芝之说云：“张仲景，东汉南郡涅阳人。”日本冈西为人《宋以前医籍考》收录陆氏之文，1936年《国医文献张仲景特辑》亦收录之，近世撰写中医文献及医史者参考之，故仍有沿用“南郡涅阳人”之说者。如《中医大辞典。医史文献分册》张仲景条：“张机（二世纪中至三世纪），东汉时期杰出医学家。字仲景，南郡涅阳（今河南南阳）人。”（人民卫生出版社1981年10月第一版），全国高等中医院校统编第四版《中国医学史》亦云：“张仲景，名机，南郡涅阳人。”凡称涅阳属南郡者皆误，其误　始九芝。

汉末南阳当今何地，《仲景特辑》载洪贯之《张仲景郡望生卒之推测》一文有考。其文曰：

今考历史上南阳凡四，分列于后：

（一）地名

甲·春秋晋地——即今河南沁阳县。

乙·战国齐地，本春秋平阳邑。汉置平阳县。

（二）郡名　秦置。河南旧南阳府，湖北襄阳府之地。

（三）府名

元置，明清皆属河南。今废。——今河南县旧治也。

（四）今县名

周申国。春秋楚宛邑，秦置宛县。为南阳郡治。隋改南阳县。明清皆为河南南阳府治。

除上第一条地名之（乙）为山东邹县治与本文无关外，综合其余各条，则南阳郡盖为今河南湖北两省之地，余者亦均属今河南省。再考《何颙别传》称同郡张仲景，范氏《后汉书》亦有“张氏为南阳族姓”之语，则仲景之为南阳郡人，绝无疑义。今《湖北襄阳府志》《河南通志》均载有仲景事略，而《襄阳府志》称其为南阳枣阳人。考枣阳县系隋置，清属湖北襄阳府，是仲景之时，尚无枣阳之名。此或为后世误传，未可知耳。至《河南通志》所载南郡，亦秦置，非南阳郡。凡湖北旧荆州、安陆、汉阳、武昌、黄州、德安、施南诸府，及襄阳府之南境，皆其地。治郢，故楚都也（隋亦置南郡于此）。而涅阳县，河南镇平县之西北，汉时属南阳郡，非南郡。故《通志》所言南郡，恐为南阳郡之误耳。唯仲景是否为南阳涅阳之人，则迄今尚未发现确实文献可资证明也。”

考东汉末南阳郡之较确切位置，当参阅《中国历史地图集》第二册第60～61页。概括言之，南阳郡郡治在宛县（当今南阳市），淯水纵穿郡治，从北南流；郡治西面较远处为涅水，汇入淯水，经新野南流。涅水之阳置涅阳县。宛县之南偏东处为棘阳，位于淯水之东。遥想当年南阳郡之郡治，必在宛县也。

仲景诞生之地是否在郡治处，后世颇有异说。概括言之，凡有四说。

1. 生于涅阳

明嘉靖《邓州志》卷十六《人物列传·方技传》：“张机，字仲景，涅阳人。”《河南通志》：“张机，涅阳人。”陆九芝“张机，字仲景，南郡涅阳人。”孙鼎宜《仲景传略》：“仲景者，东汉时南阳涅阳人也。”《辞源》：“张机，东汉末名医。南阳郡涅阳人。字仲景。”（商务印书馆，1989年3月，合订本）新《辞海》试行本：“张仲景，我国伟大医学家，汉末（约150～219年）南阳郡涅阳人。”然东汉末涅阳当今何地，其说不一，有谓当今南阳县者，有谓当今镇平县者，有谓当今邓县者，有谓当今河南南阳以南湖北襄阳以北者。梁华龙教授《伤寒论讲义》引李浩澎考证云：“涅阳旧址即今邓县穰东镇张寨村。1. 清乾隆《邓州志》载：知州刘振世于镇置铺曰涅阳旧馆。涅阳城合在穰东之南。涅水即赵河。2.《邓州志》载：今穰东迤南十里有涅阳故址。3. 光绪末年（1908年）穰东城北门上尚刻有古涅阳县铭文碑额。4. 民国时，穰东镇曾设涅阳中学。由上可知，穰东镇即汉之涅阳城。”

2. 生于棘阳

《襄阳府志》：“张机　字仲景，南阳棘阳人。”《湖广通志·方技门》亦有相同记载。《元一统志》：“棘阳故城在湖阳、新野间。”《清一统志》：

"棘阳故城在新野东北。"棘阳亦为南阳郡所领。今人更有确指汉末棘阳与今南阳县黄台岗乡西下河村相当。

3. **生于枣阳**

黄竹斋《医圣张仲景传》云："按《后汉书·郡国志》：棘阳、涅阳，皆南阳郡所属城。棘阳，今湖北省枣阳县。"洪贯之云："有称其为南阳枣阳人者，考枣阳县系隋置，清属湖北襄阳府，是仲景之时，尚无枣阳之名，此或为后世误传。"

4. **生于南阳**

《辅行诀脏腑用药法要》："弘景曰：外感天行，经方之治，有二旦、六神、大小等汤。昔南阳张机，依此诸方，撰为《伤寒论》一部，疗治明悉，后学咸尊奉之。"《何颙别传》、唐甘伯宗《名医录》《仲景全书·医林列传》等皆称仲景生于南阳。《简明不列颠百科全书》亦云："张仲景，中国东汉医学家，名机，南阳（今属河南省）人。"（中国大百科全书出版社，1986 年，第九册，318 页）。章太炎《张仲景事状考》："张机，字仲景，南阳人也。"称仲景为南阳人者甚众，不备举。

综上四说，其称涅阳、棘阳、枣阳者，皆出明清以后，且乏史料佐证，以仲景医名大噪，州县府乡，为荣里藉，故争载之。其称生于涅阳者，载书较多，然其中不乏人云亦云者。在缺乏史料支持情况下，以称生于南阳为平实。

第四节　仲景见仲宣时地考

王粲（177～217 年）《三国志·魏志》卷二十一有传："王粲，字仲宣，山阳高平人也……献帝西迁，粲徙长安。左中郎将蔡邕见而奇之。时邕才学显著，贵重朝廷，常车骑填巷，宾客盈座。闻粲在门，倒屣迎之。粲至，年既幼弱，容状短小，一座尽惊。邕曰：此王公孙也。有异才，吾不如也。吾家书籍文章，尽当与之。年十七，司徒辟诏黄门侍郎，以西京扰乱，皆不就。乃之荆州依刘表。表以粲貌寝，而体弱通侻，不甚重也，建安二十一年从征吴，二十二年春，道病，卒。时年四十一。"粲徙长安之年，乃献帝西迁之年。《后汉书。献帝纪》云："初平元年（公元 190）二月丁亥，迁都长安，董卓趋徙京师百姓悉西入关。三月乙巳，车驾入长安，入未央宫。乙酉，董卓焚洛阳宫庙及人家。"此年粲十四岁。在长安居留三年，于十七岁，南赴荆州，时在 193 年（初平四年）。《甲乙经序》："仲景见侍中王仲宣，时年二十馀。"孙鼎宜《张仲景传》谓"馀"字乃语助词，非"多馀"之"馀"："盖馀字古多用以足句。如《日出东南隅》诗：一环五百万，两环千万馀。其明证也。"按，孙说是也。则仲景观仲宣色候以验病，仲宣时年二十岁，时当建安元年相见也。

王粲远离长安南赴蛮荆依表，一为长安扰乱已极，民不聊生。《后汉书·献帝纪》："兴平元年（194 年），是岁谷一斛五十万，豆麦一斛二十万，人相食啖，白骨委积。"是为其时民生写照。二为荆州社会风气较好，独为乱世一片绿州。四方贤杰之士，竞往归之。王粲至荆州后，回忆一路所见，作《七哀诗》，云："西京乱无象，豺虎方构患。复弃中国去，远身适荆蛮。亲戚对我悲，朋友相追攀。出门无所见，白骨蔽平原。路有饥妇人，抱子弃草间。顾闻号泣声，挥涕独不还。未知身死处，何能两相完。（李善注：此妇人之词也）驱马弃之去，不忍听此言。南登霸陵岸，回首望长安，悟彼下泉人，喟然伤心肝。"此诗载《文选》卷二十三。同卷又有王粲《赠文叔良一首》。李善注："献帝初平中，王粲依荆州刘表。"此注与《三国志》王粲十七岁依刘表合。其时唯荆州社会治安较安定。《后汉书》卷 105《刘表传》云："初平元年（190），长沙太守孙坚杀荆州刺使王睿，诏书以表为荆州刺史。"表诛杀地方盗首十五人，州郡稍安。"表遂理兵襄阳，以观时变。"约于初平四年（193）或兴平元年（194），表招募天下贤良豪杰之士，设立学校，博求儒术，于是四方贤良，竞往归之。表《传》云："荆州人情好扰，加四方骇震，寇贼相扇，处处糜沸。表招诱有方，威怀兼洽，其奸滑宿贼，更为效用。万里肃清，大小咸悦而服之。关西、兖、豫学士，归者盖有千数。表安慰赈赡，皆得资全。"观"关西、兖、豫学士，归者盖有千数"语，仲景或于此时归荆州依刘表，与王粲依刘表时间同年或稍后一年，盖在 193 年或 194 年也。197 年（建安二年）仲景为仲宣诊病，《太平御览》《甲乙经序》皆载之，确有其事，无可置疑。唯预断死于眉落，与史实不合。

仲景为王仲宣诊病之地，孙鼎宜认为在山阳。孙氏《仲景传略》云："为医或在京师（洛阳），或在山阳（今兖州郡。《湖北通志》又谓仲景曾与何颙客游于洛，或者因谓诊王粲病正在洛阳。云山阳者，以粲为山阳王畅之子故也。恐非。）在京师时，多所治疗，尤精经方，人皆称上手（见《医林列传》）。当张绣求附刘表之岁（建安元年），仲景过山阳（见《何颙别传》），尝遇王仲宣。谓仲宣曰：君体有病，宜服五石汤"云云。

第五节　《伤寒论》“建安”当作“建宁”考

《伤寒论序》：“余宗族素多，向馀二百，建安纪年以来，犹未十稔，其死亡者，三分有二，伤寒十居其七。”有谓“建安”当作“建宁”者。首倡其说者，为日本江户中期著名伤寒学家山田正珍之《伤寒论集成》。山田正珍（1749～1787），字玄同，号图南。该书初刻于1802年（日本享和二年）。收于《皇汉医学丛书》。山田正珍将《伤寒论序》“建安纪年以来”之“安”字改为“宁”字，并申述云：

“‘建宁’，后汉灵帝年号。《医史》云：“张机，字仲景，汉灵帝时举孝廉，官至长沙太守。”由是观之，旧本作建安者，盖传写之误也。若夫建安，献帝年号，与下文“感往昔”之文不合也。又考《后汉书·五行志》，自建宁四年（171），至光和二年（179），相去仅九年，大疫三流行，与所谓“未十稔”之文合若符契，可见其称伤寒者，果是天行疠疫无疑矣。否则“未十稔”之间，何以至于病且死，若斯之甚乎？故《千金方》引《小品》云，“伤寒”是雅士之辞，“天行温疫”，是田舍间号耳。《外台·天行病门》亦引许仁则云，此病方家呼为伤寒是也。”

若谓“建安”为“建宁”之误，当解决三个问题。第一，“伤寒”是否与“温疫”相同。第二，“感往昔之沦丧”之“往昔”指多长时间。第三，“建安”与“建宁”何时流行大疫。山田正珍在文章中，试图回答这三个问题。

关于伤寒与温疫之关系，他解释道：

“或问曰：吾子谓伤寒即疫，疫即伤寒，非为二病，然而尝见疫气之流行，或自西而东，或自南而北，小则一乡一里，大则数郡数州，无男女，无老幼，不婴其气者几稀矣。若夫伤寒，则一人自病，而不与众同病，其或染人，亦为不过三五人，由是观之，昔人以疫为鬼神所作，别立之论治，不可谓无其理也。曰：否。此唯由天时之失常，与人气之失常而已。其为风寒之邪则同矣。盖人之腠理，逢温热则开，得寒凉则闭。是以自季春至仲秋之际，天时温热，腠理常开，若当是时，有非节之暴寒，则腠理不能先之密闭，寒邪乘虚而入；自季秋至仲春之际，天时寒凉，腠理常闭，若当是时，有非节之暴温，则腠理为之开发，寒邪窥虚而入，故一乡有非节之气，则一乡同病，一州有非节之气，则一州同病。”他以较长文字进行论证，其结论是：“可见伤寒与疫，其名虽异，实则一病也。”山田正珍认为，鬼神为害之妄说，更不足辨矣：“谓疫为鬼神，曹植既辨其妄，予尚何言。”（下引《太平御览》卷742曹植《说疫气》文，本文从略）。

关于“感往昔之沦丧”之“往昔”，他说：“是盖在献帝时，追记其往事，否则不可言往昔。”

关于大疫之事，谓公元171至197大疫流行三次，疫情堪称严重。

山田正珍《伤寒论集成》于1936年在中国初版发行，收于《皇汉医学丛书》（见1957年人民卫生出版社第一版第一次印刷《出版者的话》）。初次印行时，在中医界引起很大震动，医家及考据家争相研阅。洪贯之于1936年四月十二日撰文，亦称“建安”当作“建宁”。洪氏之文名为《张仲景郡望生卒之推测》。文前小序云：“比年以来，国中关于文化专史及名人传记等著述，时有出现，其中独有医药学史及古医家传记，尚付阙如。此稿为余昔年所撰《张机评传》之一页，兹特略加修正，录出发表。只以案头书少，参考资料搜集无多，不能成篇，殊为遗憾，甚望当世博学，匡其不逮，为幸何如。”其文曰：

“建安之安字，应据《医史》作“宁”字。建宁为灵帝年号。序文有云：余宗族素多，向馀二百，建宁纪年以来，犹未十稔，其死亡者，三分有二，伤寒十居其七。感往昔之沦丧，伤横夭之莫救，乃勤求古训，博采众方。以此观之，盖谓自灵帝纪年以来，未及十稔，而死亡者，三分有二，伤寒十居其七。更观往昔之沦丧一语，尤可知其习医之时，上距族人夭亡，已有若干年，故建宁云云，为追述往事。再证以史志，则灵帝时，确系时有大疫。兹录于后，以资考证：

建宁四年（公元171）三月，大疫。

熹平二年（173）春　大疫。

光和二年（179）春，大疫。又，五年（182）二月，大疫。

中平二年（185）春正月，大疫。

至于献帝之时，史传并无大疫记载，虽或不免遗漏，但其时即使有之，必不若灵帝时流行之烈可知矣。”

观洪文文前小序，知其未见山田正珍所考，谓“建安”乃“建宁”之误，乃出于读书心得。洪文收于《宋以前医籍考》，影响乃大。此后，谓“建安”当作“建宁”者，时或有之。

日本执中医文献研究之牛耳者丹波元简《伤寒论辑义·综概》谓仲景之“伤寒”乃广义之伤寒，包括温病在内；“温病”即“瘟病”，即瘟疫之病。

丹波云：

序称：宗族馀二百，建安纪年以来，犹未十稔，其死亡者，三分有二，伤寒十居其七。感往昔之沦丧，伤横夭之莫救，遂作此书。考《论》中，伤寒乃外感中之一证。太阳病，或已发热，或未发热，必恶寒体痛呕逆，脉阴阳俱紧者，名为伤寒。此即麻黄汤之所主。其十分之七，岂尽以麻黄汤一证而死乎？盖伤寒者，外感之总称也。《难经》：伤寒有几？曰有中风、有伤寒、有湿温、有热病、有温病。《千金方》引《小品》云：伤寒，雅士之辞。云天行温疫，是田舍间号耳。《肘后方》云，贵胜雅言，总呼伤寒，世俗因号为时行。《外台秘要》许仁则论天行病云：此病方家呼为伤寒，而所以为外感之总称者，盖寒为天地杀厉之气，亘于四时，而善上人，非温之行于春、暑之行于夏，各王一时之比也。是以外邪之伤人，尽呼为伤寒。仲景所以名书者，只取于此而已(《后汉·崔实·政论》：夫熊经鸟伸，虽延历之术，非伤寒之理。呼吸吐纳，虽度纪之道，非续骨之膏。按所谓伤寒，乃指天行病，盖用雅士之辞也。张子和《儒门事亲》云：春之温病，夏之暑病，秋之疟及痢，冬之寒气及咳嗽，皆四时不正之气也，总名之曰伤寒。孙应奎《医家类选》云：凡风、寒、暑、湿、热、燥天之六气，自外而中人六腑十二经络者，四时之中，皆得谓之伤寒。程氏《后条辨》云：伤寒有五之寒字，则只当一邪字看。)

按，由丹波氏所论观之，他无疑认为，《伤寒论序》“伤寒十居其七”之“伤寒”，乃广义之伤寒，其中包括瘟疫之病在内，则其死亡者，必有因疠疫而死者。

山田正珍关于“建安”当作“建宁”之说出现不久，日本中医文献学家森立之明确表示不同意其说。森氏在其名著《伤寒论考注》中指出：“《后汉·五行志》之五云：献帝建安二十二年，大疫。注引《魏文帝书》及陈思王《说疫气》，宜并参。又魏文帝《与吴质书》曰：昔年疾疫，亲故多罹其灾，徐、陈、应、刘，一时俱逝。按：正珍以建安改作建宁者，非也。”(《伤寒论考注》，学苑出版社，2001.10 北京第一版。上册第 18 页)

按，建安二十二年春一二月间大疫弥漫流行，王粲死于是年正月二十四日，而《伤寒论序》非成于此年也。则建安二十二年之大疫，与序言“其死亡者伤寒十居其七”无涉。且自建宁四年至灵帝光和二年（171～179）未及十稔大疫多次流行，死亡者巨，张仲景家族“其死亡者三分有二，伤寒十居其七”，当属此年间事。

笔者以为，“建安”当为“建宁”之误，山田正珍、洪贯之诸家所考甚是。灵帝时期大疫频繁发作，见于《后汉书·五行志》卷二十七。灵帝时疫情记录从建宁四年（171）始，中平二年（184）正月止，凡 14 年，皆云“大疫”。如果从《五行志》中寻找“犹未十稔其死亡者三分有二”的“犹未十稔”疫情线索，则有“建宁四年（171 年）三月大疫”“熹平二年（174 年）正月大疫”“光和二年（179 年）春大疫”，凡三次大疫。据孙思邈《千金要方》卷九，建宁二年尚有疫情一次，《五行志》失载。卷九云：“汉建宁二年（公元 169 年），太岁在酉（按，此年为己酉），疫气流行，死者极众。即有书生丁季回从蜀青城山来，东过南阳，从西市门入，见患疫疠者颇多，遂于囊中出药，人各惠之一丸，灵药沾唇，疾无不差。市中疫鬼数百千余，见书生施药，悉皆惊怖而走。”是建宁二年南阳大疫肆行，“死者极众”。仲景世居南阳，建宁二年家人必有罹此大疫而死亡者。此段文字可为仲景序“其死亡者三分有二伤寒十居其七”作注脚。

又《三国志》卷十一《王修传》亦有建宁年间南阳大疫流行背景材料，云：“王修字叔治，北海营陵人也……年二十，游学南阳，止张奉舍。奉举家得疾病，无相视者，修亲隐恤之，病愈乃去。初平中，北海孔融召以为主薄守高密令……郡中有反者，修闻融有难，夜往奔融。贼初发，融谓左右曰：能冒难来，唯王修耳。言终而修至。”王修生卒年不详，但与孔融年相若。孔融生于桓帝元嘉三年（公元 153），卒于建安十三年（208）。姑以王修约生于 153 年前后，其“年二十游学南阳”，正当灵帝建宁、熹平大疫流行期间。其时南阳瘟疫颇重，故张奉“举家得疾病，无相视者”，此正大疫流行之状况。

总之，《伤寒论序》之“建安”作“建宁”乃与时代背景相合。

第六节　仲景任长沙太守考

仲景任长沙太守之事见林亿《伤寒论序》所引唐甘伯宗《名医录》：“名机，仲景乃其字也。举孝廉，官至长沙太守。”甘据何为说，今不详。赵开美摹刻宋版《伤寒论》每卷首页仅有如下字样：

汉　　张仲景述

晋　　王叔和撰次

宋　　林亿校正

明　　赵开美校刻

　　　沈琳仝校

后世翻刻宋本皆如此。翻刻宋本最佳者为日本安政三年丙辰九月（1856）朔江崛川济校点翻刻之《影刻宋本伤寒论》，每卷首页字样与宋本同。唯《仲景全书》中之《注解伤寒论》首页所刻著者校者字样与宋本大异。其式如下：

汉　长沙守张仲景述

晋　太医令王叔和撰次

宋　聊摄人成无己诠解

明　虞山人赵开美校正

而早于《仲景全书·注解伤寒论》之金刻本《伤寒论注解》于每卷卷首却写作：

仲景　述

王叔和撰次

成无己注解

金刻本关于著者、撰次者及注解者之书写体例当为成无己著作原始书写之体例。

《仲景全书》关于著者、撰次者及注解者之书写体例，或为赵开美所增补与调整。所云“长沙守”系据甘伯宗为说，唯因刻于每卷之首，加之宋本无注，南宋末以后，逐渐为成本代替，读者所见多为成本，故仲景为长沙太守为读《伤寒论》者所深知。南宋目录学家陈振孙《直斋书录解题》沿成氏之说著录云：“伤寒论十卷，汉长沙太守南阳张机仲景撰。”

仲景是否为长沙太守，诸家所考颇有异说。

称其为长沙太守者多，然著文考据者鲜。史料较详者有陆九芝、孙鼎宜、郭象升、章太炎、钱超尘、梁华龙等。其考据结果亦不尽同。

陆九芝《张仲景传》云：“张机，字仲景，南郡涅阳人也。灵帝时举孝廉，以廉能称。建安中，官至长沙太守，在郡亦有治迹。”按，“在郡亦有治迹”一语，系出推想。

孙鼎宜谓长沙太守张羡即为张仲景，时在建安中。孙鼎宜《仲景传略》云：“为长沙太守时，会大疫流行，仲景治法杂出，民赖以全活者甚众。”又云：“意者，机字为羡之讹。张羡其字仲景，与名字相应，其时与地皆同，而官阶及所宦之地与一时同为汉室之官，又无不出一。长沙太守孙坚，初平二年为刘表兵射死，其子策复继之。建安二年迁策为会稽太守讨袁绍，然则张羡之领长沙，其以是年哉？不然，建安五年，长沙既归于表，十三年八月降于曹，十二月武陵、长沙、桂阳、零陵又降于刘备。二十年，遂分荆州、长沙、江夏、桂阳以东属孙权，南郡、零陵、武陵以西属备，不得复为汉地矣。使仲景非羡，则机又以何年补太守哉？且夫建安之中，长沙亦多事矣。机为太守，卒无一表见何哉？但苦无别佐证及羡有能医之名，又未得羡之字，未敢遽改之。意者，范晔、陈寿之徒，以其术之经常，故仅为华佗立传与？或者王粲素不信其医，故《汉末英雄记》或未言之，而李贤、裴松之之徒亦无从述之也。”观孙氏行文，对张机即张羡虽力主之，然尚不敢最终确定也。

1936年《张仲景特辑》载郭象升《张仲景姓名事迹考》一文，以断然语气肯定张机即张羡，张羡即张机，张羡本名机，别名羡。范晔《后汉书·刘表传》所书之张羡，乃张机之别名也。简录该文有关部分如下：

“医圣张仲景，世传其名曰机，南阳人，建安中，官至长沙太守。而《后汉书》无传，生平事迹无所考，论者憾焉。元和陆懋修博采群书，为之补传。余取而观之，亦未谛也。按范氏《后汉书》、陈氏《三国志》，灵帝中平四年（187）孙坚始为长沙太守。献帝初平三年（192）为袁术攻刘表，战死。袁术以苏代领长沙。苏代守长沙，事无可考，盖术败与之俱去矣。范书《刘表传》，建安三年（198），长沙太守张羡，率零陵、桂阳二郡畔表。陈寿《刘表传》云：‘表攻之，连年不下。羡病死。长沙复立其子怿。表遂攻并怿。’史不言其在何年也。建安十三年，表卒，子琮降曹操。曹辟刘巴为掾，使招纳长沙、零陵、桂阳三郡(《蜀志·刘巴传》)。曹操兵败北归。先主征江南四郡。长沙太守韩玄降(《蜀志·先主传》)。则不知玄为曹操新任欤，抑刘表旧属也。《蜀志·黄忠传》：忠为刘表中郎将，与表从子磐共守长沙攸县。及曹公克荆州，假行裨将军，仍就故任，统属长沙太守韩玄。然则玄与忠，正刘巴之所招纳者也，其为表之旧属明矣。表克张怿，当以玄继守长沙。《廖立传》：先主领荆州牧，擢立为长沙太守。此则继玄者也。时在建安十四年。及建安二十年，吕蒙掩袭南三郡，立脱身走。自此之后，凡六年而汉亡。然六年中，长沙太守皆吴所委任，不复关汉也。由是观之，仲景之守长沙，必在建安十三年，刘表未死之前。而考之于史，孙坚、苏代之后，张羡父子称兵历年，仲景作守，竟在何时耶？以余论之，则张羡者，实即仲景也。范书《刘表传》李贤注，陈寿《刘表传裴注》，皆引《英雄记》曰：张羡，南阳人。先作零陵、桂阳长，甚得江湘间心。然性倔强不顺，表薄其为人，不甚礼也。羡由是怀恨，遂畔表。籍则南阳，官则长沙太守，年则建安，其为仲景何疑？仲景名机，而史以为羡者，羡非仲景本名，则必为别名也。汉末人士，有别名者多矣。裴松之注《三国志》，援证历历。”又云：“仲景有机、羡二名，又何足疑？华佗与仲景并为汉末名医，佗固别名旉矣，夫羡之为言慕也。而景亦训慕。字仲景而名慕，于义允协，机则与景义不相切附。”

综上所述，郭文以为张羡若非仲景之本名则为仲景之别名。不管如何，张机即张羡。仲景如汉末士人一样，亦一人而二名，即机同羡也。

章太炎《张仲景事状考》云：“仲宣终于建安二十二年，前二十年遇仲景，时建安二年也。《魏志》：粲年十七，以西京扰乱，乃之荆州依刘表。仲景生南阳，仕为长沙太守。南阳、长沙，皆荆州部，故得与仲宣相遇。然据《刘表传》及《英雄记》，长沙太守南阳张羡畔表，表围之，连年不下。羡病死，长沙复立其子怿，表遂攻并怿。《桓阶传》：太祖与袁绍相据于官渡，表举州以应绍。长沙太守张羡举长沙及旁三郡拒表，则建安四、五年间事也。羡父子相继据长沙，仲景不得为其太守。意者，先在荆州，与仲宣遇，表既并怿，仲景始以表命官其地，则宜在建安七年后矣。南阳张氏，自廷尉释之以来，世为甲族，故《广韵》列张氏十四望，南阳次于清河。仲景自序，亦称宗族素多，其与羡、怿或为一宗，表亦无所忌。观桓阶说羡拒表，城陷自匿，表尚辟为从事祭酒，则于张氏同族，愈无嫌恨可知也。”太炎先生谓仲景与仲宣于建安二年相遇于荆州，表攻并羡、怿后，长沙无太守，表乃命仲景为长沙守。

黄竹斋《医圣张仲景传》谓仲景于建宁年间为长沙太守：“时贤丁仲祜《历代名医列传》附论谓：考《后汉书》《三国志》，自孙坚为长沙太守后，灵、献之间无仲景守长沙之日云云。今考《灵帝纪》，孙坚为长沙太守在中平四年，上距建宁纪元一十八年。盖仲景为长沙太守，在建宁年间。值党锢祸起，旋即致仕，故其佚事见于何颙别传也。”

钱超尘《伤寒论文献通考》（学苑出版社，1993年8月北京第一版）第一章第二节《仲景任长沙太守考》云：“仲景任长沙太守，《后汉书》《三国志》无说，最早见于唐甘伯宗《名医录》。明赵开美辑刻之《仲景全书·注解伤寒论》亦称汉长沙太守张仲景。《后汉书》卷105《刘表传》：‘建安三年（公元198），长沙太守张羡率零陵、桂阳三郡畔表，表遣兵攻围破平之。’考张羡所以畔表，盖有二因：（一）刘表不以礼待之。《后汉书·刘表传》李贤注：‘《英雄记》曰：张羡，南阳人，先作零陵、桂阳守，甚得江湘间心，然性倔强不顺，表薄其为人，不甚礼也。羡因是怀恨，遂畔表。’按，《英雄记》全名《汉末英雄记》，王粲撰。清·章宗源《隋书经籍志考证》云：‘《汉末英雄记》八卷，王粲撰，残缺，梁有十卷。’（二）投靠曹操。《三国志》卷二十二《桓阶传》中一段文字，对于考证张仲景任长沙太守，颇有启发。其文如下：

桓阶，字伯绪，长沙临湘人也。仕郡功曹。太守孙坚举阶孝廉，除尚书郎。父丧还乡里。会坚击刘表，战死，阶冒难诣表。乞坚丧。表义而与之。后太祖与袁绍相据于官渡，表举州以应绍（按指声援）。阶说其太守张羡曰：夫举事而不本于义，未有不败者也。故齐桓率诸侯以尊周，晋文逐叔带以纳王。今袁氏反此，而刘牧应之，取祸之道也。明府必欲立功明义，全福远祸，不宜与之同也。羡曰：然则何向而可？阶曰：曹公虽弱，仗义而起，救朝廷之危，奉王命而讨有罪，孰敢不服？今若举四郡，保三江，以待其来，而为之内应，不亦可乎？羡曰：善。乃举长沙及旁三郡以拒表，遣使诣太祖。太祖大悦。会绍与太祖连战，军未得南，而表急攻羡，羡病死，城陷。桓遂自匿。

《后汉书·刘表传》及《桓阶传》均未言明表攻羡所用时间。此事始于建安三年，中经曹操袁绍官渡之战（建安五年），平羡事犹未决。《三国志·刘表传》续有如下记载：长沙太守张羡畔表，表围之，连年不下，羡病死。长沙复立其子怿，表遂攻并怿。南收零陵、北据汉川，地方数千里，带甲十余万。是知平羡事至建安六年乃决。此时长沙无郡守，约于建安七年后表乃任仲景为长沙守。”

梁华龙《伤寒论讲义》综合报章杂志文章之论为长沙太守者，综述为文，可资参考。文长不录。

一些学者对张仲景未任长沙太守事亦进行考证。1956年第7卷第10期章次公《张仲景是人民医生》一文指出：“旧传他曾守长沙的故事，那是后人对他的附加，天津宋向元同志曾有考证，辨明其非。”宋向元于1953年10月在《新中医药》发表《张仲景生平问题的探讨》一文，对仲景诸多事迹进行考证。关于任长沙太守之事，宋以为不可信。梁华龙在《伤寒论讲义》中，对宋文此观点作如下综述：“宋氏认为仲景未作过长沙太守的理由有：1. 宋本《伤寒论》不论自序之后或《伤寒例》之前，都没有‘长沙守’字样，只有古时‘汉张仲景述’而已。2. 古时医者地位低下，此即华佗耻‘以医见业’之由。故《史记》载淳于意，大书其太仓公；皇甫谧《甲乙经序》径称‘仓公’，而称王叔和则为‘近代太医令’；王叔和著《脉经》卷首便属‘晋太医令王叔和撰’。若仲景为长沙太守，王叔和编次《伤寒论》时，决不会删去不录，宋本也不会去其官衔。3. 仲景《伤寒论序》中反映了仲景反对做官求名利，不象作过太守的口吻。4. 东汉末年，战乱频仍，长沙为军事要冲，非精于武功战略者，不能任太守。正如《后汉书·孙坚传》中所说：‘太守无文德，以征伐为功’。5.《何颙别传》称仲景将为名医，终如其言；皇甫谧《甲乙经序》载仲景为王粲诊病事，足证仲景确为名医。6.仲景师承张伯祖，传授于卫汎、杜度，可见仲景是一位专业医家。7. 王叔和编次《伤寒论》时，与仲景相去未远，对仲景事应知之较详，若仲景确为长沙太守，王氏决不会略而不述。由上述推测，仲景未作过长沙太守，亦未作过孝廉。”近人丁仲祜《历代名医列传》云：“考《后汉书》《三国志》，自孙坚为长沙太守后，灵、献之间无仲景守长沙之日。”

上海中医药大学裘沛然教授著文，亦谓仲景不曾为长沙太守。并举证云，近世于南阳发现一块据云为东晋咸和三年（328 年）古墓碑，上书“汉长沙太守医圣张仲景墓”十一字，人以此论证仲景曾任长沙太守。裘氏考证云，此碑系楷书，与晋人书法不类（按，黄竹斋谓此碑书法类晋人书。云：“仲景墓前有一小碑高二尺余，文曰：汉长沙太守医圣张仲景墓。字体遒劲，类晋人书。盖即明崇祯五年园丁穿井凿地所获者。”黄文见《医事丛刊·谒南阳医圣张仲景祠墓记》一文。《医事丛刊》见1982 年 8 月张仲景医史文献馆重印本）且“医圣”之称，最早始见宋代许叔微“不读仲景书，犹为儒不知本有孔子六经也。”金代严器之称伊尹仲景为“先圣后圣”，刘河间则云“仲景者，亚圣也。”清周扬俊称“仲景，医中之圣人也。”可证“医圣”之说形成甚晚，东晋断无此说也。

综上所述，仲景是否为长沙太守，考据家各执一词。今姑依甘伯宗“官至长沙太守”之说称之可也。由于史书无传，贸然定其然否，难免有意必之言，则权依甘氏之说为据，庶几近之。

第七节　仲景游蜀考

明·罗贯中《三国演义》第六十回有仲景为蜀名医之语：“杨修又问曰：蜀中人物如何？松曰：文有相如之赋，武有伏波之才，医有仲景之能，卜有君平之隐。九流三教，出乎其类，拔乎其萃者，不可胜计，岂能尽数？”此后医家有谓仲景游蜀者。明方有执《伤寒论条辨·引》云：“仲景者，姓张氏，名机。仲景，其字也。南阳人。张松北见曹操，以其川中医有仲景为诗。以建安言之，则松亦建安时人。”是肯定仲景曾入川也。今人黄竹斋《医圣张仲景传》对此加以考证云：“方中行《伤寒条辨》：张松北见曹操，以川中有仲景为诗。陆九芝曰：仲景入川，事无可据，明是稗官家言。考《后汉书·袁术传》，术畏卓之祸，出奔南阳，会长沙太守孙坚杀南阳太守张咨，引兵从术，表上术为南阳太守。（见《献帝纪》。事在初平元年）初，术在南阳，户口尚数十百万，而不修法度，以抄掠为资，奢恣无厌，百姓患之（事在兴平元年）。《刘焉传》云：初，南阳、三辅民数万流入益州，焉悉收以为众，名曰川东兵（事在兴平元年）。建安十三年，曹操自将征荆州，刘璋乃遣使致敬，曹加璋振武将军。璋因遣别驾从事张松诣。然则仲景入川，盖在初平年间袁术据南阳时。其后刘备袭川，旋即归隐，故其事迹无所表见。《易》称潜龙之德，仲景有焉。陆氏所称稗官家言，盖指《三国演义》。然所载张松云云，决非杜撰。但书阙有间，无可质证，故附辨于此。”按，南阳三辅之民数万虽流附益州，何证仲景必在流民之中？无证则其说难立，尤不可据《三国演义》为证也。

第八节　仲景祠墓考

仲景祠墓，位于南阳，发现过程，曲折迷离，虽近神话，有实可徵。传云盛德，其祀百世。医圣仲景，其如此乎。有关文字，引录如下，以供文献研究之一助云。

其一，叶县训导冯应鳌于崇贞戊辰（1628）初夏病寒热几殆，夜梦仲景金冠黄衣为之抚体，乃百体通畅，仲景并告语为其寻墓。冯应鳌乃撰《张仲景灵应碑记》，康熙中徐忠可《金匮要略论注》节录之。冯文已难得。1936 年 5 月南阳医学会编《南阳乡贤医圣张仲景祠墓志》一册，1982 年 8 月 20日南阳市张仲景医史文献馆重印，内有《张仲景祠墓之沿革》一文，全载冯文。冯文视为趣事謏闻则可，视为医史文献实录则有阙。冯应鳌《张仲景灵应碑记》云：

予自总角业儒以来，初不知仲景为何许人。偶于崇祯元年（1628）四月患伤寒濒危，几不知有人间事也。至十二日夜半，忽有神人黄衣金冠，以手抚余，百节俱活。余问生我者为谁，神言我南阳张仲景也，曾守长沙。我之生子，千古奇事，我亦有千古憾事，子曷为我释之。南阳府东四里许有祠，祠后七十七步有冢，岁久湮没，荡为平地，将穿井于其上，封之在子。言毕神乃不见，余亦苏。用是不远千里，跋涉而来，至城东仁济桥西，果有圣祖庙——三皇庙，即神农、伏羲、黄帝也。十大名医中，塑有仲景先生像，衣冠须眉，与余梦魂所睹者宛然。守庙道士言壁上有姓名。挥尘视之，果仲景也。冢则杳然。访之医家者流，或云仲景先生著有

《伤寒论》诸书，称医中亚圣，汉长沙太守，实南阳人。询之父老，亦云传闻庙后原有古塚，碑记为指挥郭云——字升波即石婆神——督修唐府时烧灰焚毁，遂无所考。历时既久，无徵不信，力不能得此一穴，备志厥事，以尽余心。若夫稽其步数，详考而封之，请此邦之善士云。戊辰（1628）九月，鳌之来此土也，果得先生之庙，睹先生之像。若先生之墓，则千载之馀，陵谷沧桑，鞠为园蔬矣。问其地主，则为祝姓，以贡士为县丞者。鳌欲求尺寸之地，偿其值而闲之，不封不树，只存其迹。祝怒而叱曰：子稚且狂，何妄诞乃尔。以数百里以外之人，言数百年前之事，欲以无稽之言，坏人四十亩园圃，世有买绫锦而剪其中之尺寸者乎？欲买则全买之，不然知果真，即指其地掘之，果有踪迹，愿捐其地；如无踪迹，子当有以自处。鳌笑而应之曰：鬼神之事，若有若无，危笃之言，如幻如梦。旁观之人，将信将疑。且某之至地，封古人之塚乎，掘之若无，鳌诚妄且诞矣；掘之若有，愈不忍也。知其意之坚，畏其言之厉，不得已乃立卷石记其事而去。去后一二年间，闻有恶其不便而碎其石者，所仅存者，步数耳。又一二年间，果穿井于今墓之西数步内，井方成而旋毁，且压浚井者于其下，掘之终日而出，其人犹无恙也。乃移井于今墓之所。穿之丈馀，得石碣，果先生墓也。下若石洞，幽深不测，如闻风吼，且步数悉与鳌言不爽，惧而封之，一时传为异事，始信鳌言非妄且诞也，始信鬼神之德之盛诚之不可掩也。逮癸酉（崇祯六年，1633）场屋中，遇宛南人士，往往为鳌言，鳌即欲复来谒先生庙，拜先生之墓，建祠广地而志之。但惧人微力绵，且妄冀倖拾青紫，或得如其志而上报先生。及癸未（崇祯十六年，1643）丙戌（顺治三年，1646），虽额再加点，终不列名正榜，益自愧不能如其志以上报先生也。且流氛土寇，途路梗塞，如是者又数年。戊子（顺治五年，1648）鳌以序充明经。癸巳训昆阳，人曰：昆阳今在草莽中，不可居。鳌私自度曰：叶为宛南属邑，且兵燹后，田多为石而易求。庶墓田可图如吾志以上报先生也。已而至叶，即来谒先生之庙。庙貌未烬，观先生之像，肖像唯存。及拜先生之墓，墓虽隆然而垒，但仍为溢流浸渍，畦田逼处也。鳌叹曰：有徵者如是，况前之无考者乎？求其故碑，而石已泐，碣已断，倾没于颓垣荆蓁中矣！鳌叹曰：二三十年如是，况千百万世乎？问之土人及住持，已若隔世事已不能言其概矣。鳌叹曰：睹面如是，况所闻所传闻者乎？问其地，而祝而包而杨，已三易其主矣。鳌叹曰：地无常主，果如是乎？即谋补前石，而断驳阙略，几不可考。幸有衲子洪秋者，昔卓锡此地，尝集碎碑而录之，迄今犹能腹笥藏也。后有匠氏王姓者，掘地而得其断石，与僧言相符，噫亦奇矣！乃求宛广文董拜恳之杨，杨也许近墓地及神道若干，既而以暂主业未果，未几而归之原业包矣。包孝廉公及乃弟任茂才，咸有捐地之志。会汉阳却月张公金坛，亦安王公俱以进士佐是乡，相继莅郡事，政暇来游于此。张公感其事，且伤鳌志之难成，慨为募疏请之上台，谋之同寅，倡诸州邑长，各输金若干，助工役若干，乃表先生之墓，专先生之祠于墓后。包孝廉公及乃弟任捐其地，南阳卫守司王公豁其租，永为先生祠墓地。整饬夜台，嵂嵂隆隆，两庑具备，正殿三楹，乃做重门，冠以高亭，捄之助之，百堵皆兴。经之营之，不日而成。碑墓神道，树之珍珉。募疏爰载，厥志唯永。鳌亦以二十金襄其厥功。因借唐藩修庙之碑阴题曰“汉长沙太守医圣张仲景祠墓”。志旁曰：“先生讳玑，举孝廉，南阳人。”以碑在庙前，即旧祠，且明祠墓之相连也。并求先生当年手著活人等书，藏之庙中，以活天下万世之人，庶几先生之志可行，先生之精神浩然流行于天地之间，鳌亦可借手以报先生之万一云。抑又近闻东门乡耆陈诚曰，传闻今新祠后高阜处，即先生故宅，迄今仍以张名巷。巷道之西，旧有去世祝先生所，今仍有石额其门曰张真人祠，其中之神，则为张仙，或传之久而讹误之耶？抑名医中如抱朴子亦有仙翁之称，而孙思邈、华元化诸人，又有真人之号，或真人与仙乃至人之通称乎？汉阳公初有二仙祠之议，或亦有见于斯而然欤？是二是一，总未可知。俟稽古君子或搜遗书而考，或进父老而问。要先生之故宅，又从此闻矣。因补前石而附记之。其前石不增损一言者，存旧也；并断碣藏于其下者，志实也；更为附名并藏者，虑远也。兼使儿辈各执微劳于片石者，示世世子孙无忘兹土，且以永报也。时顺治十有三载丙申之桂月也。然自丙申（顺治十二年，1656）上朔之戊辰（崇祯元年，1628），草木已三易矣。

其二，黄竹斋先生据冯文并参考桑芸《张仲景祠墓记》节缩为文，词语简洁。竹斋先生文载1980年陕西省中医研究所文献医史研究室编《医事丛刊》，1982年8月20日南阳张仲景医史文献馆重印之。黄氏文见《医事丛刊·谒南阳医圣张仲景祠墓记》。其文曰：

予自弱冠，时读《伤寒论》《金匮要略》，即欲详知张仲景先生之历史。乃检《后汉书》《三国志》而无其传。后考各家医书，及子集稗史，间有载其佚事，东鳞西爪，详略互见。于是搜集诸书，撰《张仲景传》，列于拙著《伤寒杂病论集注》卷首。而仲景祠墓，则自汉迄明，志乘失载，文献无徵。有清康熙中，徐忠可著《金匮要略论著》，卷首载《张仲景灵应记》、桑芸《张仲景祠墓记》而成者。桑芸《记》云：兰阳诸生冯应鳌，崇祯戊寅初夏，病寒热几殆，夜梦神人金冠黄衣，以手抚其体，百节通鬯。问之。曰：我汉长沙太守，南阳张仲景也，今活子。我有憾事，盍为我释之？南阳城东四里有祠，祠后七十七步有墓，岁久湮没，将穿井于其上。封之唯子。觉而病良愈。是秋应鳌即千里走南阳城东，访先生祠墓于仁济桥西，谒三皇庙，旁列古名医。内有衣冠须眉宛如梦中见者。拭尘视壁间，果仲景也。因步庙后，求先生墓。已为明经祝丞蔬圃。语之故，惊骇，不听。询之父老，云：庙后有古冢碑记，为指挥郭雲督修唐府烧灰焚毁。应鳌遂记石庙中而去。后四年，园丁掘井圃中，丈馀得石碣，果先生墓，与应鳌所记不爽尺寸。下有石洞幽窈，闻风雷声。惧而封之。应鳌以寇盗充斥，不能行。又十年余，应鳌训叶，叶隶南阳。入郡谒先生墓。墓虽封，犹在洫圃畦壤间也。问其主，易祝而包而杨，杨又复归包。包孝廉慨然捐其地。郡丞汉阳张三异闻其事而奇之，为募疏请之监司僚属，输金助工，立专祠重门殿庑，冠以高亭，题曰汉长沙太守张仲景祠墓。乡耆陈诚又云，祠后高阜，相传为先生故宅，迄今以张名巷。巷之西有张真人祠，名额存焉。祀张仙，或传之久而误也。祠墓成于顺治丙申年，距戊辰已三十稔。

黄竹斋先生将此事采入《医圣张仲景传》，复载《医事丛刊》，1982年六月陕西中医药研究院重印黄竹斋《伤寒杂病论会通》，书首冠以此传，乃流传日广。按，此说可为谈助，医史当慎引之。又《南阳人物志》及《古琴疏》载仲景为桐柏山老猿治病一事，事乃齐谐，与医史文献毫无关涉。《古琴疏》载日本丹波元胤《中国医籍考》、冈西为人《宋以前医籍考》、丁福保周云青《四部总录医药编》等书，此事聊供谈噱可也，不值一辩。

第九节　张仲景传

下附张仲景传及有关资料，供研究仲景事迹之参考。

一、仲景传

陆九芝

张机，字仲景，南郡涅阳人也。灵帝时举孝廉。在家仁孝，以廉能称。建安中，官至长沙太守，在郡亦有治迹。博通群书，潜乐道术，学医于同郡张伯祖，尽得其传。总角时，同郡何颙称之，许为良医，果精经方。有寒食散论解。寒食散寒食药者，世莫知焉。或言华佗，或曰仲景。考之于实，陀之精微，方类单省，而仲景有侯氏黑散，紫石英方，皆数种相出入，节度略同，然则寒食草石二方，出自仲景，非陀也。且陀之为治，或刳断肠胃，涤洗五藏，不纯任方也。仲景虽精，不及于陀。至于审方物之候，论草木之宜，亦妙绝众医。昔神农尝草而作本经，为开天明道之圣人。仲景元化，起而述之，故仲景《黄素》、元化《绿帙》，并有名称。而仲景论广《伊尹汤液》为数十卷，用之多验。即至京师，为名医，于当时称上手。见侍中王仲宣，时年二十馀，曰：君有病，四十当眉落，半年而死，令服五石汤可免。仲宣嫌其言忤，受汤勿服。居三日，见仲宣，谓曰："服汤否?"仲宣曰："已服"。仲景曰："色候固非服汤之诊，何轻命也?"仲宣犹不信。后二十年，果眉落，一百八十七日而死。终如其言。美哉乎，仲景之能候色验眉也。居尝慷慨叹曰：凡欲和汤合药针灸之法，宜应精思，必通十二经脉，知三百六十孔穴，荣卫气行，知病所在，宜治之法，不可不通。古者上医相色，色脉与形，不得相失。黑乘赤者死，赤乘青者生。中医听声，声合五音。火闻水声，烦闷干惊。木闻金声，恐畏相刑。脾者土也。生育万物，回动四傍，太过则四肢不举，不及则九窍不通。六识闭塞，犹如醉人。四季运转，终而复始。下医诊脉，知病原由。流转移动，四时逆顺，相害相生。审知藏府之微，此乃为妙也。又曰：欲疗诸病，当先以汤荡涤五藏六腑，开通诸脉，治道阴阳，破散邪气：润泽枯朽，悦人皮肤，益人气血。水能净万物，故用汤也。若四肢病久，风冷发动，次当用散。散能逐邪，风气湿痹，表里移走，居无常处者，散当平之。次当用丸。丸药者，能逐风冷，破积聚，消诸坚癖，进饮食，调和荣卫。能参合而行之者，可为上工。故曰：医者，意也。又曰：不须汗而强汗之者，出其津液，枯竭而死。须汗而不与汗之者，使诸毛孔闭塞，令人闷绝而死。勿须下而强下之者，令人开肠洞泄不禁而死。须下而不与下之者，令人心内懊侬，胀满烦乱，浮肿而死。不须灸而强与灸之者，令人火邪入腹，干错五藏，重加其烦而死。须灸而不与灸之者，令人冷结重凝，久而深固，气上冲心，无地消散，病笃而死。以宗族二百余口，死者三之二，伤寒居其七，乃引《阴阳大论》云：春气温和，夏气暑热，秋气清凉，冬气凛冽，此则四时正气之序也。冬时严寒，万类深藏，君子固密，则不伤于寒。触之冒者，乃名伤寒耳。其伤于四时之气者，皆能为病。以伤寒为毒者，以其最成杀厉之气也。中而即病者，名曰伤寒。不即病者，寒毒藏于肌肤，至春变为温病，至夏变为暑病。暑病者，热极重于温病也。是以辛苦之人，春夏多温热病，皆由冬时触冒寒冷所致，非时行之气也。凡时行者，春时应暖而反大寒，夏时应热而反大凉，秋时应凉而反大热，冬时应寒而反大温，此非其时而有其气，是以一岁之中，长幼之病多相似者，此则时行之气也。又引《素问》黄帝曰：夫热病者，皆伤寒之类。及人之伤于寒也，则为病热，五百余言，为伤寒日数。著论二十二篇，外合三百九十七法，一百一十三方。自序之，其辞曰。(文见前，从略）其文辞简古奥雅，凡治伤寒，未有能出其右者。其书推本《素问》之旨，为诸方之祖。华佗读而善之曰：此真活人书也。灵献之间，俗儒末学，醒醉不分，而稽论当世，疑误视听，名贤浚哲，多所防御，至于仲景，特有神功。乡里有忧患者，疾之易而愈之速，虽扁鹊仓公，无以加之。时人为之语曰，医中圣人张仲景。江南诸师，秘仲景要方不传。所传之世者，《伤寒杂病论》十卷，或称《方》十五卷，或又称《黄素药方》二十五卷，《辨伤寒》十卷，《评病要方》一卷，《疗妇人》二卷，《五藏论》一卷，《口齿论》一卷。弟子卫汛有才识。

论曰：凡言成事者，以功著易显。谋几初者，以理晦难昭。汉自中世以下，太官大医，异端纷纭，泥滞旧方，互相诡驳，张机取诸理化，以别草木之性，高志确然，独拔群俗。言者虽诚，而闻者未譬，其为雷同者所排，固其宜也。岂几虑自有明惑，将期数使之然欤？夫利不在身，以之谋事则智，虑不私已，以之断义必厉。诚能释利以循道，使生以理全，死与义合也，不亦君子之致为乎。孔子曰：危而不持，颠而不扶，则将焉用彼相矣。左邱明有曰：仁人之言，其利溥哉。此盖道术所以有补于世，后人皆当取鉴者也。机撰著篇籍，辞甚典美。文多，故不载。原其大略，蠲去重复，亦足以信意而感物矣。传称盛德，必百世祀。语云，活千人者，子孙必封。信哉。

按，陆九芝文引自《国医文献·张仲景特辑》第一卷第一期创刊号，于中华民国二十五年（1936年）春季创刊，上海中国医学院编辑并公开发行。现由北京中医药大学图书馆收藏。该文集170页选《鹤泉文钞·书汉张太守仲景碑阴》云：“参议桑公芸为碑记。噫！如碑言，太守灵甚著矣。顾不示于南阳近地，必假之甚远之冯生；又千余年不一显，必迟至有明将易代之际，虽显晦有时，理固有难解者。而卒使遗蜕所存，不终沉没，林庙蔚然，令后人过而生敬，则事确有实，而言之非诬！呜呼，太守功在万世，当报者岂特冯生？”

二、仲景传略

孙鼎宜

仲景者，东汉时（近人补仲景传者，皆不著时代，今创补“东汉时”三字）南阳郡涅阳人也（林亿《伤寒》序引唐甘伯宗《名医录》，但言南阳，书郡不书县也，据《明清一统志》载，仲景为涅阳人，陆懋修云：《河南通志》亦云涅阳，故冠南阳于涅阳之上。又按《襄阳府志》称仲景为枣阳人，枣阳隋置，分割南阳地。仲景医名大噪，故州县府志各争载之，实则涅阳是也。懋修补传，意存为文，摭拾范史陈言，以相聊属，其考证多疏，如仿《左雄传》，称南郡涅阳，不检《地理志》南郡无涅阳，涅阳自属南阳郡，《左雄传》“郡”当作“阳”字误也。何永，襄乡人，范史称南阳襄乡。张衡，西鄂人，范史称南阳西鄂，不曾云南郡，可据）。姓张氏名机（名机，始见《名医录》，唐以前无有称张机者，疑本以字行）别又作玑(《明清一统志》河南省人物，作张玑。《湖广省名宦》，作张机。事迹并同，实一人也。又按《隋·经籍志》道家别有张机，著《游玄桂林》二十二卷，则明系陈后主时张讥之讹，与此别为一人。汲古阁本《隋书》《陈书》字并作讥可据）。在家仁孝，以廉能称。灵帝时，举孝廉（灵帝在位二十二年，先是顺帝时，同县左雄定限年课试，年不满四十，不得举孝廉。有如颜渊子奇者，又不拘。不知仲景举孝廉，究在何年也，其生卒亦无考。今湘潭俗以正月十八日为仲景生日，群然举酒作乐，乐神，不足据）。献帝时，建安初官至长沙太守(《汉书·百官表》郡守，秦官，掌治其郡，秩二千石，景帝更名太守）。同郡襄乡何颙，有人伦鉴，先识独觉，言无虚发，仲景总角造颙，颙谓曰：“君用思精而韵不高，将为良医(《御览·知人·下》及《医下》皆引《何颙别传》，永即党锢中何颙，赵宋避讳改也。说见惠栋《后汉书》补注，《太平广记》引字尚作颙）。”时仲景亦博通群书，潜乐道术，后果学医于同郡张伯祖（伯祖无考，亦不知县），尽得其传，时人言识用精微过其师云（见《名医录》，《古今医录》《古今医统》同）。为医或在京师（洛阳），或在山阳（今兖州郡，《湖北通志》又谓仲景曾与何永客游于洛，或者因谓诊王粲病，正在洛阳。云山阳者，以粲为山阳，王畅之子故也，恐非）。在京师时，多所治疗，尤精经方，人皆称上手（见《医林列传》）。当张绣求附刘表之岁（建安元年），仲景过山阳（见《何颙别传》），尝遇王仲宣，谓仲宣曰：“君体有病，宜服五石汤（《御览》道部服饵，引《登真隐诀》云，服五石者，能一日九食，百关流淳，亦能终岁不饥，还老返婴，遇食则食，不食亦可，真上仙之妙方，断谷之奇灵也。又曰：服五石，镇五藏不坏。不识即此方否。然南北朝人服五石者，辄疽发背解体，自取颠覆，致孙真人思邈有遇方即焚、宁食冶葛之叹。《外台》亦详具解五石毒方，盖亦温凉补泻，各有不同。譬之服药治病，亦各有宜耳，仲景岂肯首唱以祸人哉今无可考见矣），不治且成，四十当眉落（《一统志》作发脱落，与此小异），眉落半年而死。”时仲宣年方二十，嫌其言忤，且以其贳长也（《御览》原注，贳，音赊）远（句绝），不治也。居三日，见仲宣，谓曰：“服汤否?”曰：“已服。”曰：“色候固非服汤之诊，君何轻命也?”仲宣犹不信，后二十年，果眉落，后一百八十七日而卒（恰如半年之数），时建安二十二年正月二十四日也（仲宣卒日，见《文选》卷56曹子建《王仲宣诔》。据《文选·魏文帝祭文》《魏志本传》，亦言粲以建安二十二年卒，年四十一。而《何颙别传》则作年十七，晤仲景后三十年，眉落死。初疑其年有四十七也。及按《本传》云，年十七司徒辟诏除黄门侍郎，粲以西京扰乱不就，乃之荆州依刘表。是粲年十七时的为初平四年，若以中平二年，为粲年十七，以求合三十年之说，则西京尚未扰乱，而刘表亦未领荆州刺史，不得如《本传》云云也。此《何颙别传》之误，今据《甲乙》序正。但《甲乙》序云年方二十余，盖余字古多用以足句。如《日出东南隅》诗：“一环五百万，两环千万余”。其明证也。《太平广记》医一，引小说又作年十七晤仲景，年及三十当眉落，后至三十果觉眉落，则更误）。为长沙太守时，会大疫流行，仲景治法杂出（杂出乃治疫之要法，后世欲以一方通治之。嚣嚣然曰：民皆病也，鸣呼难矣），民赖以全活者甚众（《一统志》《湖南通志》《尚友录姓氏谱》《湖南掌故考》并同，俱不著所出，疫之年月亦无考，大约在建安五年以前也）。今长沙城北，有张公祠，民岁以祀焉。居尝以“宗族素多，向余二百，建安纪年以来，犹未十稔，其死亡者，三分有二，伤寒十居其七。感往昔之沦丧，伤横夭之莫救，乃勤求古训，博采众方，撰《伤寒杂病论》十六卷。”其言精而奥，其法简而详（二语出林校《伤寒》序）。至今天下言方药者，由此书也。又尝自辨论之曰：凡欲和汤合药，针灸之法，宜应精思，必通十二经脉，辨三百六十孔穴，营卫气行，知病所在，宜治之法，不可不通古者。上医相色，色脉与形不得相失，黑乘赤者死，赤乘青者生。中医听声，声合五音，火闻水声，烦闷干惊，木闻金声，恐畏相形。脾者土也，生育万物，回动四旁，善者不见，死则归之。太过则四肢不举，不及则九窍不通，六识闭塞（“识”当作“府”，字误），犹如醉人。四季运转，终而复始。下医诊脉，知病源由，流转移运，四时逆顺，相害相生，审知藏府之微，此乃为妙也（见《千金》卷一《治病略例第三》），又曰：欲治诸病，当先以汤，荡涤五藏六腑，开通诸脉，治道阴阳，破散邪气。润泽枯朽，悦人皮肤，益人气血，水能净万物，故用汤也。若四肢病久，风冷发动，次当用散。散能逐邪，风气湿痹，表里移走，居无常处者，散当平之。次当用丸，丸者能逐风冷，破积聚，消诸坚癖，进饮食，调和营卫，能参合而行之者，可为上工。故曰：医者，意也（见《千金》卷一《论诊候》第四）。又曰：“不须汗而强汗之者，出其津液，枯竭而死。须汗而不与汗之者，使诸毛孔闭塞，令人闷绝而死。不须下而强下之者，令人开肠洞泄，不禁而死。须下而不与下之者，令人心内懊侬，胀满烦乱，浮肿而死。不须灸而强灸之者，令人火气入腹，干错五藏，重加其烦而死。须灸而不与灸之者，令人冷结重凝，久而弥固，气上冲心，无地消散，病笃而死（同上，据《伤寒》成注引《金匮玉函方》，其文具同。今本为后人削，故改名《金匮要略》也。仲景文存者绝少，三篇皆完好可读，故备载之）。”余所撰述最富，《黄素药方》二十五卷，《辨伤寒》十卷，《疗伤寒身验方》一卷（疑即仲景医案，故曰“身验”，疗当作治，仍唐讳未改），《评病要方》一卷（一作二卷），梁时俱尚存。《治子人方》二卷，《隋志》尚著录。《五藏口齿论》各一卷，《唐志》尚有其书。《脉经五藏营卫论》《疗黄经》各一卷。《宋史》独晚出，大凡十一部，共六十卷。除《伤寒杂病论》外，余皆亡（《宋志》又有张机《金石制药法》一卷，以未经人道及遂置之，诸如此类多）。其或称《张仲景方十五卷》，盖即斥《伤寒杂病论》舍序一卷言之（今仍原数，而《序》与《目录》至三卷者，以论文亡逸既多，而目录特为详具以备检）。或称《张仲景方》十卷，则王熙编次本矣。《神农本草经》有后汉郡县，陶弘景以为仲景、元化所加。《寒食散论》（盖论寒食散也）、《解寒食散》各一卷。亦或言华佗，或言仲景。皇甫谧曰：寒食药者，世莫知焉。考之于实，陀之精微，方类单省者，而仲景有侯氏黑散、紫石英方，皆数种相出人，节度略同，然则寒食、草石二方，出自仲景，非陀也（据谥此言，则紫石英方，乃寒食石散，疑若别有寒食草散者。又案候氏黑散方下云，常宜冷食，岂即寒食草散，与今俱不能明矣），且陀之为治，或刳断肠胃，涤洗五藏，不纯任方（见《病源》卷六），亦皆系臆说。惟《千金》内有《食治方》一卷，余尝疑其为仲景书。其序论云："仲景曰：人体平和，惟须好将养，勿妄服药，药势偏有所助，令人藏气不平，易受外患。夫含气之类，未有不资食以存生，而不知食之有成败，百姓日用，而不知水火至近而难识。余慨其如此，聊因笔墨之暇，撰《五味损益食治篇》，以启童稚。庶勤而行之，有如影响耳"（见《千金》卷二十六，《金匮》二十四、五，两篇亦多散见其文，纵明系后人所附，然其源则实出自仲景也。《神农本草经》屡经后人改窜，致不可诘究，则本草家当以此书为最古之本矣。）弟子卫汎为之记，辞甚典雅，附见于彼不载(《五味损益食治篇》，历代《艺文志》无著录者，惟《千金》内载有河东卫汎记一篇，即记其师仲景之书也。若以食治为思邈所撰，则卫汎何由得记于前邪。《汉志》有《神农黄帝食忌》，盖即此书之类，而《神农本草经》反不著录，岂古人偏重食治之方邪）。卫汎，河东人，好医术，少师仲景，有才识，撰《四逆三部厥经》《妇人胎藏》，《小儿颅囟方》各三卷，今皆亡（见《御览·医·下》引《张仲景方》序，河东二字据《千金方》九添入。《古今医统》又作卫沉，盖形误。《翼方》十二《养老食治论》，内有卫汎称扁鹊云云，是汎之文，并《千金》为两见）。曹魏时，有杜度者，亦少师仲景，得其禁方，多所救济，今其书亦亡（杜度本名操，字伯度，以名同魏武，遂以字行复去伯字。世称"杜度得机禁方，尚救济"，则其人也，见《古今医统》。韩文汉之时有杜度，亦即此人。《韩文考异》李涪谓杜度，魏人，疑退之误，不知鼎革之际，通称者多。朱晦庵疑为两人，则更误也）。宋孙奇曰：《伤寒杂病论》成，华佗读而善之（陀一作佗，通用字），曰此真活人书也。临刑之日，焚书狱中，曰："此可以活人"，亦即此书也（见林校《金匮》序）。郭雍曰："否，仲景之书出于元化之后也。或曰："异哉，仲景汉人，元化魏人，安得书出其后?"郭雍曰："仲景、元化，同为汉末人，仲景心乎为汉，故曰汉仲景。元化仕曹操，故世称曰魏陀也"（王冰《素问》序，汉有淳于公，魏有张公、华公，意即谓仲景与元化也。以仲景为魏人，冰弗深考，不如郭说为莹）。考之于史，元化死于吕布、陈登之际，计其时在建安之初，陀已百余岁矣（华佗生卒无考，《魏志》本传云：时人以陀年且百岁，而貌有壮容，盖以陀晓养性之术，故云尔，非真谓陀有百岁也。广陵陈登有病，陀为之医治，见本传注引《华佗别传》，大约死于建安三年以前也。《中藏经》陀甥有《华佗别传》云，陀年六十，其文浅俗，不足信。郭云："考之于史，未知据"）。且元化治伤寒法，具载《千金》，与仲景之术不类。仲景之术主学识，陀之术主心悟，心悟则变化无穷，自用多奇，而学者鲜能从。必欲溯上圣之精微，为百世之模楷，非仲景其谁哉。故仲景之于医，守其常，而元化则从其变也（郭雍，南宋河南人，与朱晦庵友善，世称白云先生，语出所著《伤寒补亡论》）。晁公武曰：仲景之书，诚为不刊之典矣。然有大人之病而无婴儿之患，有北方之药而无南方之治。此其所阙者，盖陈、蔡以南，不可用柴胡、白虎二汤，以治伤寒（见《文献通考·经籍》，今治妇人篇末，尚有治小儿疳虫蚀齿方一首，谓仲景书残阙可也，谓仲景无婴儿之患，则欠斟酌矣。小儿治法与大人同，但当小其剂，诸方下羸弱者减服，是其证也。晁以河南属北，臆说无南方之治，不知五方异宜，谓针灸导引，各有所尚耳。至于汤药，轻重寒热，虽地气各有所宜，然其理则出一也）。或者又曰：伤寒之方，只宜治冬病（执斯说者，不知伤寒是外感通称，温热即求之阳明，乃胶柱鼓瑟，牢不可破。岂业伤寒者，三季歇业哉）。方勺曰：仲景为汉武治消渴，处八味丸（即肾气丸也。方勺，宋人。语出所著《泊宅编》，明江瓘《名医类案》、赵养葵《医贯》、清汪昂《医方集解》皆载。之四人者，并不考建安为汉献年号，上距汉武且三百余岁也）。《古琴疏》曰：仲景入桐柏觅药草，有老猿来求医治(《分类字锦音乐》引《古琴疏》云："张机，字仲景，精于治疗，一日入桐柏觅药草，遇一病人求诊，仲景曰：子之腕有兽脉何也？其人以实具对，乃峄山穴中老猿也。仲景出囊中丸药畀之，一服辄愈。明日其人肩一巨木至，曰：此万年桐也，聊以相报。仲景斫为二琴，一曰古猿，一曰万年")。晋葛洪曰："仲景穿胸，以内赤饼"（此则郭雍所谓不类者也，语见《初学记》引《抱朴子》）。明方有执曰："仲景为医入蜀，张松北见曹操，曾一荐之"（语出《伤寒条辨》。按张松见《刘璋传》，璋荐松于操，操不存录，松以此疵毁之，劝璋自绝，后归西蜀，怀地图献先主以终。夫松有刘璋、杨修之荐，操且不纳，又何能荐仲景？有执据《三国演义》张松北见曹操，言川中医有仲景之一语，以为信史，以夸仲景入蜀，甚误）。凡斯之类，皆不足与辨，今不具载。呜呼！自针灸诸法之亡也，世皆推重方药，而独尊仲景为圣人，其有以夫，其有以夫！

孙鼎宜曰：余读仲景之书，心独向往之，虽未由睹其全，然而吉光片羽，贤于连篇累牍者多矣，为之章句，复欲睹其行事。于是博采载籍，以著于篇。虽然，余又考之，方汉之叔末，天下大乱，曹操号为兴义兵，袁绍最为强盛，刘表欲举荆州以应之，深相约结，以助李濆、郭汜之长安，众皆喜从矣，独桓阶说其太守张羡曰："夫举事而不本于义，未有不败者也。曹公虽弱，仗义而起，奉王命以讨有罪。"羡曰："善矣（桓阶，长沙人。语见《御览·游说》下引王沈《魏书》较《范史》及《魏志·桓阶传》，语颇为简要，故特取之。斯时也，曹操叛逆之形未著，故云然耳）。"乃率长沙、零陵、桂阳三郡，以拒表而附于操，表围之（据《后汉书·刘表传》，事当在建安三年，故下文曰连年不下），连年不下，会操又与袁绍相拒于官渡，亦未克来救也。羡于是病死长沙，复立其子怿，表攻怿，遂平之，时建安五年也。于是刘表地方数千里，带甲数十万，遂不修职贡而僭拟天子矣。余读史至此，盖未尝不三叹焉。意者，机字为羡之讹，张羡其字仲景，与名字相应（《周礼》典瑞"璧羡"，司农注，羡，长也。《考工记·玉人》璧羡注，羡，犹延。《尔雅·释诂》延，长也；景，大也。长大古训相通。《吕览·本味》注，长泽，大泽。《知度》注：长，犹盛也。观世注：长，多也。皆大之意，此一说也。《文选·思玄赋》，羡上都之赫戏兮，旧注：羡，慕也。《独断》下致志大图曰景，《后汉书·刘恺传》注：景，犹慕也，此又一说也。再按羡字，今皆读去声，别有羡字，从次第之次。《汉书·地理志》江夏郡沙羡，晋灼曰音夷。羡，以脂切，则字当入支韵，但今韵书不收，《广韵》支微本通，羡羡二字又极易淆混，疑唐时误羡为羡［按：羡、羡今形无别，古字其下为"次"者——两点水——音 yī，与机音近；古字其下为"次"者——三点水——音 xian。今字不分，皆作两点水之羡慕之羡了。］遂声转误机耳），其时与地皆同，而官阶及所宦之地，与一时同为汉室之官，又无不出一（王粲《汉末英雄记》，张羡，南阳人，建安初，官至长沙太守。粲书亡，今据范、陈二史注引，仅此）。长沙太守孙坚，初平二年为刘表兵射死，其子策复继之，建安二年迁策为会稽太守，讨袁术，然则羡之领长沙也，其以是年哉？不然，建安五年，长沙既归于表，十三年八月降于操，十二月武陵、长沙、桂阳、零陵又降于刘备（《蜀志·先主传》长沙太守韩玄降，今城南其墓尚在，乃蜀汉时太守也。张羡独无闻焉，殆以城破于怿与）。二十年，遂分荆州、长沙、江夏、桂阳以东属孙权，南郡、零陵、武陵以西属备，不得复为汉地矣。使仲景而非羡，则机又以何年补太守哉？且夫建安之中，长沙亦多事矣　机为太守，卒无一表见何哉？但苦别无左证，及羡有能医之名，又未得羡之字，未敢遽改之意者，范晔、陈寿之徒，以其术之经常，故仅为华佗立传与？或者王粲素不信其医，故汉末《英雄记》或未言之，而李贤、裴松之徒，亦无从述之也。嗟乎！士君子不得志于时，乃窃窃然欲以医自见，而卒以一生之大节，为其所掩，亦可悲矣。其名错误，可胜道哉！元化之名曰敷，而讹为陀。启玄之名曰砯，而讹为冰（元化名敷。《后汉书》本传注已明言之。启玄名砯，清人据晁公武《读书志》及《杜甫诗集·送重表侄王评事砯诗》，亦已改正，独张机无有道及者。至林亿谓冰为太仆，则并其官阶亦误矣。疑以传疑，通难骤改），皆医家之彰明较著者也。使机而果羡也，则羡未作长沙太守时，会为零陵、桂阳长，甚得江湘间民心，然性屈强不顺，表薄其为人，皆仲景之逸事。而仲景亦尝曰："怪当今居世之士，但竞逐荣势，企踵权豪，孜孜汲汲，惟名利是务。"又曰："哀夫趋世之士，驰竞浮华，进不能爱人知人，退不能爱身知已。"若皆为表而发焉者，不然忿时嫉俗之言，何为激烈一至于此之极也？王粲曰："表不礼羡，羡怀恨以叛。"粲为表客，何诬邪？羡固加于荀彧一等矣。

三、张仲景事状考

章太炎

林亿《伤寒论序》，引甘伯宗《名医录》："张仲景，名机，南阳人，举孝廉，官至长沙太守，始受术于同郡张伯祖，时人言识用精微过其师。"

《太平御览》七百二十二引《何颙别传》："同郡张仲景总角造颙，颙谓曰：君用思精而韵不高，后将为良医，卒如其言。颙先识独觉，言无虚发。王仲宣年十七，常遇仲景，仲景曰："君有病，宜服五石汤，不治且成，后年三十当眉落。仲宣以其贳长也远，不治也。后至三十，病果成，竟眉落，其精如此，仲景之方术，今传于世。"

皇甫谧《甲乙经序》："仲景见侍中王仲宣时，年二十余，谓曰：君有病，四十当眉落，眉落半年而死，令服五石汤可免，仲宣嫌其言忤，受汤勿服。居三日，见仲宣，谓曰：服汤否？仲宣曰：已服。仲景曰：色候固非服汤之诊，君何轻命也。仲宣犹不信。后二十年，果眉落，后一百八十七日而死，终如其言。此事虽扁鹊仓公无以加也。仲景论广伊尹汤液为数十卷，用之多验。”

《抱朴子·至理篇》：“仲景穿胸以纳赤饼。”

案：何颙在《后汉书·党锢传》，南阳襄乡人，《别传》言“同郡张仲景”，则《名医录》称仲景南阳人信矣。颙于郭泰、贾彪为后进，而能先识曹操、荀彧，仲景与操或殆行辈相若者也。颙《别传》载王仲宣年与《甲乙经序》不同，寻《魏志·王粲传》，建安二十一年，从征吴，二十二年道病卒，时年四十一，然则《甲乙经序》称年四十眉落后一百八十七日而死，视《何颙别传》为得实。仲宣终于建安二十二年，前二十年遇仲景，时建安二年也。《魏志》粲年十七，以西京扰乱，乃之荆州依刘表，仲景生南阳，仕为长沙太守，南阳长沙皆荆州部，故得与仲宣相遇，然据《刘表传》及《英雄记》，长沙太守南阳张羡叛表，表围之，连年不下，羡病死，长沙复立其子怿，表遂攻并怿。《桓阶传》，太祖与绍相据于官渡，表举州以应绍，长沙太守张羡举长沙及旁三郡拒表，则建安四五年间事也，羡父子相继据长沙，仲景不得为其太守。意者先在荆州，与仲宣遇，表既并怿，仲景始以表命官其地，则宜在建安七年后矣。南阳张氏，自廷尉释之以来，世为甲族。故《广韵》列张氏十四望，南阳次于清河，仲景自序亦称宗族素多，其与羡、怿或为一宗，表亦无所忌，观恒阶说羡拒表，城陷自匿，表尚辟为从事祭酒，则于张氏同族，愈无嫌恨可知也。何颙尝与王允谋诛董卓，未遂而卒。计卒时未笃老，仲景则为其所奖进者。《自序》称“建安纪年以来，犹未十稔”，是在建安七八年中，《伤寒论》于是始作。上与何颙相校，其时不过中身也。《抱朴》称“仲景穿胸以纳赤饼”，其绝技乃与元化相类，而法不传，魏晋间人，多以元化、仲景并称，其术之工相似也。计元化长于仲景盖数十岁。何以明之？《魏志·华佗传》，“时人以为年且百岁，而貌有壮容”，为太祖所收，荀彧请含宥之。太祖曰：“不忧，天下当无此鼠辈耶？遂考竟佗。”或以建安十七年死，元化死复在其前，而年且近百岁，其视仲景，盖三四十年以长，然两人始终无会聚事，穿胸之术，亦不自元化得之。《抱朴·至理篇》：“淳于能解颅以理脑，元化能刳腹以湔胃”，此则仓公已有刳治之术，仲景、元化盖并得其传者也。元化临死出一卷书与狱吏曰：“此可以活人。”孙奇以为即《金匮要略》，亦无据。寻《抱朴杂应篇》：“余见戴霸、华佗所集《金匮》《录囊》，崔中书《黄素方》，及百家杂方，五百许卷”，明元化书亦称《金匮》，奇乃误以仲景相传耳。仲景处荆州，元化谯人，踪迹多在彭城广陵间，故两人终身不相遇，且《甲乙经序》称华佗性恶矜技，焉肯谓他人书能活人也。仲景在《后汉书》《三国志》皆无传。《史通·人物篇》曰：“当三国异朝，两晋殊宅，若元化仲景，时才重于许洛，何桢许询，文雅高于杨豫，而陈寿国志，王隐晋书，广列诸传，遗此不编”，今谓仲景事何颙、依刘表、交王粲，所与游皆名士，疑其言行可称者众，不徒以医术著也。

按，此文引自《张仲景全集》第八集《医论集》，1994年12月上海人民出版社出版。

四、《医故》眉批

章太炎

《医故》二卷，清光绪年间郑文焯著，平江粹文阁《书带草堂丛书》刊有单行本，今藏上海中医药大学图书馆，今收于《章太炎全集》第八册《医论》。太炎先生谓仲景名机无确证，以名羡为妥，可补《张仲景事状》之不备。谨将有关文字引证如下。

《医故原文》：余考《汉书》既无仲景之名，《晋书》又缺叔和之传，隋唐官志，不载其书，晁陈私录，始论其世，方家依托，等诸无徵。

［**眉批**］：章炳麟按：汉、晋诸史，非若后世史家之繁冗。仲景、叔和不见列传，何足深怪？《隋志》言仲景后汉人，又录叔和《脉经》《论病》诸书。初唐良史，语必有徵。《晋书》之作，实与《隋书》同时，守此疑彼，何其偏谬。《金匮玉函经》隋唐志虽不载，然《隋志》张仲景《辨伤寒》十卷以外，尚有《张仲景方》十五卷、《张仲景平病要方》一卷、《张仲景疗妇人方》二卷。唐志有王叔和《张仲景方》十五卷，又《伤寒卒病论》十卷。则自《伤寒》而外，仲景固有他书，何以疑《金匮》之无徵耶？

《太平御览》七百二十二引《何颙别传》曰：“同郡张仲景，总角造颙，颙谓曰：君用思精，而韵不高，后将为良医。卒如其言。颙先识独觉，言无虚发。王仲宣年十七，尝遇仲景，仲景曰：君有病，宜服五石汤，不治且成，后三十年当眉落。仲宣以其言贯长也远，不治也。后至三十，病果成，竟眉落。其精如此。仲景之方术，今传于世。”又引《张仲景方序》曰：“卫汛好医术，少师仲景，有才识。撰《四逆三部厥经》及《妇人胎藏经》《小儿颅囟方》三卷，皆行于世。”又引高湛《养生论》曰：“王叔和，性沉静，好著述。考核遗文，采摭群论，撰成《脉经》十卷，编次张仲景方论，为三十六卷，大行于世。”又卷七百二十引高湛《养生论》曰：“王叔和，高平人也。博好经方，洞识养生之道，尝谓人曰：食不欲杂，杂则或有所犯，当时或无灾患，积久为人作疾。寻常饮食，每令得所，多餐令人彭亨短气，或至暴疾。夏至秋分，少食肥腻饼臛之属，此物与酒食瓜果相防。当时不必即病，入秋节变，阳消阴息，寒气总至，多至暴卒。良由涉夏取冷太过，饮食不节过也。而不达者，皆以病至之日，便谓是受病之始，而不知其所由来者渐矣。岂不惑哉！”

由上所引四事，高湛著书，在《晋书》《隋书》前，愈徵叔和撰次《仲景方论》之实。《何颙别传》之作，与范晔先后虽不可知，要之，汉人《别传》，作者必在魏晋，则仲景虽不见录于《后汉书》，其行迹自明白矣。

［医故原文］汉张仲景述，晋王叔和撰次。按，《名医录》云：“仲景，南阳人，名机，仲景其字也。举孝廉，官至长沙太守。”

［眉批］按：仲景事虽无可徵，以王仲宣事参考，则可知也。《王粲传》云：“年十七，司徒辟诏除黄门侍郎，不就，之荆州依刘表。”仲景遇仲宣，正在其十七岁时，盖方为长沙太守。长沙为荆州属郡，故于是时见之也。《王粲传》云：“建安二十二年卒，年四十一。”则十七岁时，当初平四年也。仲景《序》称：“建安纪年未及十稔”，则其在荆州甚久。据《刘表传》云：“长沙太守张羡叛表，表围之，连年不下，羡病死，长沙复立其子怿，表遂攻并怿。”裴松之引王粲《英雄记》曰：“张羡，南阳人，先作零陵、桂阳长，甚得江湘间心。”似张羡即仲景，岂一名机、一名羡欤？《后汉书》所以无传者，殆以隔在荆州，未入中夏，故姓名不彰欤？又仲景名机，亦无确证，张羡之为仲景，盖无疑义。

《史通·人物篇》：“当三国异朝，两晋殊宅，若元则、仲景，时才重于许洛，何桢、许询，文雅高于杨豫。而陈寿《国志》、王隐《晋史》，广列诸传，而遗此不编，此亦网漏吞舟，过为迂阔者。”《晋书·皇甫谧传》，谧为《释劝论》曰：“华佗存精于独识，仲景垂妙于定方。”是则《伤寒》《金匮》之方，晋初固传之矣。

《抱朴子·至理篇》曰：“文挚衍期以瘳危困，仲景穿胸以纳赤饼。”

按，章太炎先生精于张仲景事迹及《伤寒论》《金匮要略》文献之考证。太炎先生为20世纪著名国学大师，于经学、史学、文学、小学皆有极为精辟论述，于医学特别是关于张仲景及其《伤寒论》《金匮要略》更多精辟之论。先生是旧民主主义革命的先锋，是具有多方面成就的伟大学者，他的医学成就被其他方面的成就掩盖了。太炎先生逝世不久，苏州国医学校编辑《章校长太炎先生医学遗著特辑》一册，此册为《苏州国医杂志》第10期，封面刊太炎先生遗相。该特辑刊载太炎先生论文、讲话、题词凡五十七篇。关于张仲景及其著作考证者较多，尤重要者有如下论文：

1.《张仲景事状考》
2. 王叔和考
3. 古方权量之考证
4.《伤寒论单论本题词》
5. 覆刻何本《金匮玉函经题词》
6. 论《伤寒论》传经之非
7.《伤寒论》演讲词。

1957年人民卫生出版社出版章太炎《医论》，收文三十八篇，内有较多考证文章。其中《论伤寒论原本及注家优劣》《金匮玉函经校录》《论痉》诸篇对研究仲景著作及考证仲景事迹颇多开悟。

1994年上海人民出版社出版《章太炎全集》，其中第八册为《医论集》，收集医论138篇。该集《前言》指出：

《伤寒论》是太炎先生悉心钻研的中医经典著作，并予以很高的评价。他赞《伤寒论》为“吾土辨析最详”之著作，甚至认为“中医之胜于西医者，大抵伤寒为独甚”，故太炎先生对《伤寒论》之有关著作亦多，共二十余篇，在本集《医论集》汇集之文稿中，约占六分之一，由此也可见太炎先生对此探讨之深。

对医家之考证，太炎先生在多篇著作中考证了张仲景、王叔和之籍贯、年代、名字、官职等，始见于《医故眉批》之中，后有《张仲景事状考》《王叔和考》专著，又散见于《葑汉微言》之中，指出仲景确系南阳人，得仓公之传，于建安七八年间，始作《伤寒论》；明元化之书亦称《金匮》，元化临死出一卷书与狱吏，孙奇以为即《金匮要略》，实则元化长仲景数十岁，于建安十七年死，其临死出一卷书，此实无据，误以仲景相传耳。王叔和之名，在林亿所引《名医录》中无有，乃高平人，故《千金方·二十六食治篇》中之“高平王熙，即高平王叔和也，叔和名熙，乃赖此一见耳。”从上述太炎先生对古典及医家之训诂考证中，也可见他不愧为一位对史学、文学造诣深邃之学者。

《伤寒论》历来注家众多，太炎先生对王叔和、赵清常、林亿、宋文献、张隐庵、黄元御、陈修园诸家之注释均一一予以评注，指出其优劣长短，其中尤推崇林氏所校之《伤寒论》及柯氏《伤寒论翼》，由此可见太炎先生对《伤寒论》研究之深，也可作为后学者钻研《伤寒论》之参考。对《金匮要略》，太炎先生推崇其妇人妊娠、产后、杂证、脉证并治三篇是记载治疗妇人疾病最古之文，他指出“古虽重胎教之道”，“而不及于方药”，古之名医，扁鹊之为带下医，“华佗能为李将军妻下针治死胎”，但前者未尝有书，后者之书亦不传，故《金匮》是为最古治疗妇人疾病之书，为有关妇产科著作作了考证。

章太炎先生对张仲景事迹及《伤寒论》《金匮要略》的考证研究极为深刻，可惜他的论述尚未引起人们的关注，为了将仲景文献研究更深入地开展下去，研究太炎先生的有关论述，必须加以重视。

五、医圣张仲景传

黄竹斋　遗著（一九二四年）

张机，字仲景，南阳人也。学医于同郡张伯祖，尽得其传。工于治疗，尤精经方，遂大有时誉。汉灵帝时举孝廉，官至长沙太守。与同郡何永客游洛阳。永探知其学，谓人曰：“仲景之术精于伯祖，起病之验，虽鬼神莫能知之，真一世之神医也”。(《李濂医史》。林亿等校正《伤寒论》序曰：“张仲景，《汉书》无传，见《名医录》。云南阳人，名机，仲景乃其字也。举孝廉，官至长沙太守，始受术于同郡张伯祖，时人言，识用精微过其师。”《医说》：张仲景方序论云：张伯祖，南阳人，性志沉简，笃好方术，诊处精审，疗皆十全，为当时所重。同郡张仲景异而师之，因有大誉。《太平御览》：《何永别传》云：同郡张仲景总角造永。谓曰：君用思精而韵不高，后将为良医。卒如其言。永先识独觉，言无虚发。《古今医统》：作何颙。《襄阳府志》：张机，字仲景，南阳棘阳人。《河南通志》：张机，涅阳人。按：《后汉书》郡国志荆州刺史部郡七：南阳、南郡、江夏、零陵、桂阳、武陵、长沙。其棘阳、涅阳，皆南阳郡所属城。棘阳，今湖北省枣阳县。涅阳，今河南省南阳县。何永，字伯求。《后汉书》党锢列传。孙鼎宜《仲景传略》云：今长沙城北有张公祠，民岁以祀焉。湘潭俗以正月十八日为仲景生日，群然举酒作乐乐神。）后在京师为名医，于当时为上手。(《医说》引仲景方论序。）仲景见侍中王仲宣，时年二十余，谓曰：“君有病，四十当眉落，眉落半年而死。”令服五石汤可免。仲宣嫌其言忤，受汤勿服。居三日见仲宣，谓曰：“服汤否?”仲宣曰：“已服。”仲景曰：“色候固非服汤之诊，君何轻命也?”仲宣犹不信，后二十年果眉落，后一百八十七日而死，终如其言。此事虽扁鹊、仓公，无以加也。（皇甫谧《甲乙经》序。《太平御览》卷七百三十九《何颙别传》：张仲景遇山阳王仲宣，谓曰：君体有病，后年三十当眉落。仲宣时年十七，以其言实远，不治。后至三十疾，果落眉。又卷七百二十二《何颙别传》：王仲宣年十七，尝遇仲景。仲景曰；君有病，宜服五石汤，不治且成，后年三十当眉落。仲宣以其贯长也远，不治也。后至三十病果成，竟眉落，其精如此。仲景之方术，今传于世。孙鼎宜《仲景传略》：仲景过山阳，尝遇王仲宣，当建安元年，张绣求附刘表之岁。仲宣卒时，建安二十二年正月二十四日也。据《文选》魏文帝祭文，魏志本传，亦言粲以建安二十二年卒，年四十一。而《何颙别传》则作年十七，司徒辟诏除黄门侍郎，粲以西京扰乱不就，乃之荆州依刘表。是粲年十七时，的为初平四年。若以中平二年为粲年十七，以求合三十年之说，则西京尚未扰乱，而刘表亦未领荆州刺史，不得如本传云云也。此《何颙别传》之误。今据《甲乙经》序正。按：孙思邈《千金翼方》序云：仲景候色而验眉，盖本诸此。《抱朴子》内篇卷五云：仲景穿胸以纳赤饼。陆九芝曰：此不类仲景所为，或以华元化有涤脏缝肠之事，而仲景与之齐名，遂附会其说欤。）仲景垂妙于定方。(《晋书》皇甫谧传。）宗族二百余口，自建安以来未及十年，死者三之二，而伤寒居其七。(《襄阳府志》。《后汉书》张湛传云：张氏为南阳族姓。《袁术传》云：初平三年，术据南阳，建安二年，僭号自称仲家。时天旱岁荒，士民冻馁，江淮间相食殆尽。）感往昔之沦丧，伤横夭之莫救。乃勤求古训，博采众方（本书论集）曰：“凡欲和汤合药，针灸之法宜应精思，必通十二经脉，辨三百六十孔穴，营卫气行，知病所在，宜治之法，不可不通。古者上医相色，色脉与形，不得相失。黑乘赤者死，赤乘青者生，中医听声，声合五音。火闻水声，烦闷干惊。木闻金声，恐畏相刑。脾者土也，生育万物，回助四旁，善者不见，死则归之。太过则四肢不举，不及则九窍不通。六识闭塞，犹如醉人。四季运转，终而复始。下医诊脉，知病原由，流转移动，四季逆顺，相害相生，审知脏腑之微，此乃为妙也。”(《千金方》。此段之文，与本书平脉法及杂病例，多相发明。）又曰：“欲疗诸病，当先以汤荡涤五脏六腑，开通经脉，理导阴阳，破散邪气，润泽枯槁，悦人皮肤，益人气血。水能净万物，故用汤也。若四肢病久风冷发动，次当用散。散能逐邪风湿痹，表里移走，居无常处者，散当平之。次当用丸，丸能逐风冷，破积聚，消诸坚症，进饮食，调营卫，能参合而行之者，可谓上工。故曰：'医者意也'。"又曰："不须汗而强与汗之者，守其津液，令人枯竭而死。须汗而不与汗之者，使诸毛孔闭塞，令人闷绝而死。不须下而强与下之者，令人开肠洞泄，便溺不禁而死。须下而不与下之者，令人心内懊侬，胀满烦乱，浮肿而死。不须灸而强与灸之者，令人火邪入腹，干错五脏，重加其烦而死。须灸而不与灸之者，令人冷结重凝，久而弥固，气上冲心，无地消散，病笃而死。"(《金匮玉函经》。此篇文二百五十八字，将一部《伤寒杂病论》汤液丸散之功用、汗下温灸之原理，阐发尽致，学者所当深玩也。《千金方》引此，题曰张仲景，信矣。《中藏经》亦载此篇，其文少异，盖后人伪纂也。濒湖未审，《本草纲目》序例作华佗曰，误也。)又须珍贵之药，非贫家野居所能立办，由是怨嗟，以为药石无验者，此弗之思也。(《金匮玉函经》。此段叙经方所以不取珍贵药品之意，仁人之言，其利溥哉。)又曰："人体平和，惟须好将养，勿妄服药，药势偏，有所助，令人脏气不平，易受外患。夫含气之类未有不资食以存生，而不知食之有成败，百姓日用而不知，水火至近而难识。余慨其如此，聊因笔墨之暇，撰《五味损益食治篇》，以启童稚。庶勤而行之，有如影响耳。"(《千金方》。此段文，盖序附禽兽鱼虫果实菜谷禁忌二篇，于杂病论后之意。而赵、魏、尤诸氏以杂疗方以下三篇，为后人伪注，删之过矣。)撰用《素问》《九卷》《八十一难》《阴阳大论》《胎胪药录》，并平脉辨证，为《伤寒杂病论》，合十六卷。(本书论集。梁《七录》：《张仲景辨伤寒》十卷。《隋书》经籍志：《张仲景方》十五卷，《张仲景疗妇人方》二卷。《唐书·艺文志》：王叔和《张仲景药方》十五卷，《伤寒杂病论》十卷。《宋史》艺文志：《张仲景脉经》一卷、《五脏营卫论》一卷、张仲景《伤寒杂病论》十卷、《金匮要略》三卷，张仲景撰，王叔和集。张仲景《疗黄经》一卷，《口齿论》一卷、《金匮玉函经》八卷，王叔和集。林亿等校正序曰：张仲景为《伤寒杂病论》，合十六卷，今世但传《伤寒论》十卷，杂病未见其书，或于诸家方中载其一、二矣。翰林学士王洙，在馆阁日，于蠹简中得仲景《金匮玉函要略方》三卷，上则辨伤寒，中则论杂病，下则载其方，并疗妇人，乃录而传之士流，才数家耳。今先校定张仲景《伤寒杂病论》十卷，总二十二篇，证外合三百九十七法，除复重，定有一百一十二方。次校定《金匮玉函经》今又校成此书，仍以逐方次于证候之下，使仓卒之际便于检用也。又采散在诸家之方，附于逐篇之末，以广其法。以其伤寒文多节略，故所自杂病以下。终于饮食禁忌，凡二十五篇，除重复，合二百六十二方，勒成上、中、下三卷，依旧名曰《金匮方论》，此仲景书，自汉建安十年，至宋治平二年，上下八百五十六年中，分合隐显之大概也。《太平御览》引高湛《养生论》云：王叔和编次张仲景方论为三十六卷，大行于世。《千金方》伤寒门云：江南诸师秘仲景要方不传。今考《千金方》所载《金匮方论》，十之八九，亦载《伤寒论》，惟甚简略，疑即王洙由馆阁所获之本。孙氏晚年始获《伤寒论》，收载《千金翼方》中。天宝时，王焘撰《外台秘要》，所载仲景《伤寒论方》，合今《金匮》，计一十八卷。与史志所载卷数皆不合。盖镂板印刷之术，始于五代冯道，其先书籍皆系抄写，故分卷各不同也。孙兆《外台秘要疏》云：张仲景《集验》《小品》最为名家，今多亡佚。是知仲景尚撰有《集验》《小品》二种，其书久佚，今幸于《外台秘要》中，得窥其崖略。)其文辞简古奥雅，古今治伤寒者，未有能出其外者也。(《文献通考》引陈振孙书目题辞。)最为众方之祖，又悉依本草。但其善诊脉，明气候，以意消息之耳。(陶弘景《名医别录》序。《阴证略例》：文潞公云：仲景为群方之祖。《唐书》于志宁传：《本草》所载郡县多在汉时，疑张仲景、华佗窜记其语别录者。)华佗读而喜曰："此真活人书也。"(《襄阳府志》。孙奇校《金匮方论》序云：臣奇尝读魏《华佗传》云：出书一卷曰：此书可以活人。每观华佗凡所疗病，多尚奇怪，不合圣人之经。臣可谓活人者，必仲景之书也。《朱肱活人书》张蒇序：华佗指张长沙《伤寒论》为活人书，昔人又以《金匮玉函》名之，其重于世如此。然其言雅奥，非精于经络不可晓会。府志之言，盖有所本。《巢氏病源》：华佗之为治，或刳断肠胃，涤洗五脏，不纯任方也。仲景虽精不及于佗，至于审方物之候，论草石之宜，亦妙绝众医。)论者推为医中亚圣，而范蔚宗《后汉书》不为仲景立传，君子有遗憾焉。(《襄阳府志》。丁仲祜《历代名医列传》谓，考《后汉书》《三国志》，自孙坚为长沙太守后，灵献之间无仲景守长沙之日云云。今考《灵帝纪》，孙坚为长沙太守在中平四年，上距建宁纪元一十八年。盖仲景为长沙太守在建宁年间，值党锢事起，旋即致仕。故其佚事见于《何颙别传》也。方中行《伤寒条辨》：张松北见曹操，以川中有仲景为夸。陆九芝曰：仲景入川，事无可据，明是稗官家言。考《后汉书》袁术传，术畏卓之祸，出奔南阳，会长沙太守孙坚杀南阳太守张咨，引兵从术，表上术为南阳太守。《献帝纪》，事在初平元年。初术在南阳，户口尚数十百万，而不修法度，以钞掠为资，奢恣无厌，百姓患之。《刘焉传》云：初南阳、三辅民数万流入益州，焉悉收以为众，名曰东川兵。（事在兴平元年）建安十三年，曹操自将征荆州。璋乃遣使致敬，曹加璋振威将军。璋因遣别驾从事张松诣操。然则仲景入川，盖在初平年间袁术据南阳时。其后刘备袭川，旋即归隐，故其事迹无所表见，易称潜龙之德，仲景有焉。陆氏所谓稗官家言，盖指《三国演义》，然所载张松云云，决非杜撰，但书阙有间，无可质证，故附辨于此。《南阳人物志》：张机又得杨励公之传，精于治疗。一日入桐柏山觅药草，遇一病人求诊。仲景曰：子之腕有兽脉，何也？其人以实具对曰：吾乃峄山老猿也。仲景以囊中丸药畀之，一服辄愈。明日肩一巨木至，曰：此万年桐也，聊以相报。仲景斫为二琴，一曰古猿，一曰万年。（见《古琴记》）元嘉冬，桓帝感寒疾，召玑调治。病经十七日，玑诊视曰：正伤寒也。拟投一剂，品味辄以两计，密覆得汗如雨，及旦身凉。留玑为侍中，玑见朝政日非，叹曰：君疾可愈，国病难医。遂挂冠遁去，隐少室山，及卒，葬宛城东二里许，后人尊为医圣，以上文又见《神仙通鉴》，所云仲景事迹怪诞，且名时不符，有类齐谐。无足辨也。）

清顺治初，叶县训导冯应鳌，得仲景墓于南阳县东郭门外，仁济桥西，乃为祠祀焉。（《南阳县志》。徐忠可《金匮要略论注》载《张仲景灵应记》云：兰阳诸生冯应鳌，崇贞戊辰初夏，病寒热几殆。夜梦神人金冠黄衣，以手抚其体，百节通畅。问之。曰：我汉长沙太守南阳张仲景也，今活子。我有憾事，盍为我释之。南阳城东四里有祠，祠后七十七步有墓，岁久湮没，将穿井于其上，封之惟子。觉而病良愈。是秋，应鳌即千里走南阳，城东访先生祠墓于仁济桥西。谒三皇庙，旁列古名医，内有衣冠须眉宛如梦中见者，拭尘视壁间，果张仲景也。因步庙后求先生墓，已为明经祝丞蔬圃，语之故，骇愕不听。询之父老，云庙后有古冢。碑记为指挥郭云督修唐府烧灰焚毁。应鳌遂记石庙中而去。后四年，园丁掘井圃中，丈余得石碣，果先生墓，与应鳌所记不爽尺寸。下有石洞幽窈，闻风雷声，惧而封之。应鳌以寇盗充斥，不能行。又十余年，应鳌训叶，叶隶南阳，入都谒先生墓，墓虽封，犹在溢流畦壤间也。问其主，易祝而包、而杨，杨又复归包。包孝廉慨然捐其地。郡丞汉阳张三异，闻其事而奇之，为募疏，请之监司僚属，输金助工，立专祠，重门殿庑，冠以高亭，题曰：汉长沙太守医圣张仲景祠墓。耆老陈诚又云：祠后高阜，相传为先生故宅，迄今以张名巷。巷之西有张真人祠，名额存焉，祀张仙，或传之久而误也。祠墓成于顺治丙申年，距戊辰已三十年云。节录桑芸《张仲景祠墓记》，及冯应鳌《医圣张仲景灵应记》。按：仲景祠墓见于载籍者始此。阑阳，今名阑封，在开封东。仲景墓在今南阳县东郭北隅医圣祠内，墓高八尺，东距郭垣仅五步。考南阳环城郭寨，建筑于清同治五年。三皇庙在祠南七十步，其中神像于民国十七年为驻军所毁。仁济桥在庙东郭寨外。而冯应鳌所刊之记事碑，淹没者三百年。余于癸酉孟冬获见，舁竖殿左，并撰制楹联，文曰：道缵农黄，德侔孔孟。悬诸殿前，籍表景仰之诚。嗣赴京沪，联合医界同人，发起募捐重修南阳医圣祠董事会，并订简章提案呈请中央国医馆暨二届全国医药界代表大会。）

杜度，仲景弟子，识见宏敏，器宇冲深，淡于矫矜，尚于救济，事仲景，多获禁方，遂为名医。（《医说》引仲景方序。）卫汎，好医术，少师仲景，有才识，撰《四逆三部厥经》，及《妇人胎藏经》《小儿颅囟方》三卷，皆行于世。（《太平御览》引张仲景方序。《千金方》卷二十六食治序论：河东卫汎记云：扁鹊云：人之所依者形也，乱于和气者病也，理于烦毒者药也，济命扶危者医也。安身之本必资于食，求疾之速必凭于药。不知食宜者，不足以存生也，不明药禁者，不能以除病也。是故食能排邪而安脏腑，悦神爽志以资血气。若能用食平疴，释情遣疾者，可谓良工。长年饵老之奇法，极养生之术也。夫为医者，当须先洞晓医源，知其所犯，以食治之。食疗不愈，然后命药。药性刚烈，犹若御兵。兵之猛暴，岂容妄发？发用乖宜，损伤处众，药之投疾，殃滥亦然。《千金翼方》：卫汎称扁鹊云：安身之本，必须于食。救疾之道，惟在于药。不知食宜者，不足以全生。不明药性者，不能以除病。故食能排邪而安脏腑，药能恬神养性以资四气。故为人子者，不可不知此二事。是故君父有疾，期先命食以疗之。食疗不愈，然后命药。故孝子须深知食药二性。其方在《千金方》第二十六卷中。）

王叔和，高平人也，博好经方，尤精诊处，洞识摄养之道，深晓疗病之源。采摭群论，撰成《脉经》十卷。编次《张仲景方论》为三十六卷，大行于世。（东晋张湛《养生方》。皇甫谧《甲乙经》

序：近代太医令王叔和，撰次仲景选论甚精，指事施用。唐·甘伯宗《名医传》：仲景作《伤寒论》，迨西晋高平人王叔和撰次成序，得成全书。《太平御览》引高湛《养生论》云：王叔和，性沉静，好著述，考核遗文，采摭群论，撰成《脉经》十卷。编次《张仲景方论》，为三十六卷，大行于世。孙鼎宜曰：《甲乙》序作于甘露元年，上距建安五年仅五十六年。而叔和伤寒编次已成，则与仲景为并世之人也。高保衡校定《伤寒论》序云：自仲景于今八百余年，惟王叔和能学之。成无已曰：仲景之书，逮今千年而显用于世者，王叔和之力也。）

按，此文引自《张仲景研究》杂志1982年第1期，南阳张仲景研究会、南阳地区中医中药研究所编，内部刊物。又见《伤寒杂病论会通》，1982年陕西省中医药研究院文献医史研究所编，内部读物。

六、祭仲景文

钱超尘

2002年4月9日，河南省南阳市举办"中国南阳张仲景医药创新工程推介暨经贸洽谈会"，盛况空前。中华中医药学会仲景学说委员会同时在此举行学术研讨会，并进行换届选举。笔者应南阳市之邀赴会。前此，中华中医药学会嘱写《祭仲景文》，立石刻碑。钱超尘遵嘱撰《祭仲景文》，成于2002年2月22日。4月9日上午10时卫生部副部长、国家中医药管理局局长佘靖同志揭幕。立碑者为中华中医药学会，捐资刻石者为南阳宛西制药有限责任公司，撰文者钱超尘。

祭仲景文

惟2002年四月九日，中华中医药学会常务理事会同人，谨以香烛时馐清酌之奠，敬祭医圣仲景先师灵墓之前。

先师讳机，字仲景，河南南阳人也。官长沙太守。年少歧嶷，和气内凝，总角造访何颙，终以名医见称。学医于同郡张伯祖，而术业过之，时称上手，远近飞声。建安十稔前，感往昔之沦丧，伤横夭之莫救，乃勤求古训，博采众方，著伤寒杂病论，一十六卷。为天地立心，为中医立极，为往圣继绝学，为万世开康平。诚大德以覆宇，与日月而同辉，济元功于九有，固举世之所推。值汉代之末绪，逢政途之多违，兵燹接踵，饥疫相随。先师殁后，其书残阙，叔和编纂，得以不坠。七录隋志，频加著录，唐志宋志，亦著于篇。书名卷数，时隐时现，江南诸师，秘而不传，歧异纷挐，错节盘根。思邈晚岁，得其遗篇，著于翼方，堪称宝卷。王焘外台，亦录遗篇。著录歧互，披阅不便。北宋治平，据继冲本，细加校雠，篇卷秩然。成氏无已，精研伤寒，沉潜其中，详加研诠。先师之学，历历绵绵，精而用之，皆得十全。民族昌盛，实有赖焉。先师殁于建安之末，迄今千八百余载，其学与造化而同侔，历千秋而不泯。卓彼先师，心与民通，求民之瘼，惟德是馨。探赜索隐，垂教无穷，精论所在，我医是宗，医方之祖，孰云不从。今逢盛世，国泰民宁，继承遗志，中医是兴。谨陈辞而荐酒，惟天日而鉴明。呜乎尚飨！

第二章　《伤寒杂病论》版本考

第一节　史志目录与仲景著作考证之关系

张仲景《伤寒杂病论》一十六卷，首见于仲景《伤寒论序》，正史《隋书经籍志》《旧唐书·经籍志》均未著录。自叔和整理编集仲景遗文后，在正史中，此书名为《张仲景方》，最早著录于《隋书经籍志》，至唐末犹存。欲考仲景著作之流传、演变，必首先从《隋书经籍志》入手。

一、考证遗文　必资史志

"史志"指正史中之《经籍志》《艺文志》。考证仲景著作，除从《隋书经籍志》入手外，尚需考证《旧唐书·经籍志》《新唐书·艺文志》《宋史·艺文志》对仲景著作之著录。"史志"对古书之流传及遗文之散佚，均有反映。历史学家、文献学家莫不重视史志之重大价值。唐初刘知几（公元661～721）撰《史通》，其时目录著作多存于世，故对《隋书·经籍志》历记隋代以前书籍之目录及存亡，颇有微词。《史通·书志》云："夫前志已录，而后志仍书，篇目如旧，频烦互出，何异以水济水，谁能饮之乎？且《汉书》之志天文、艺文也，盖欲广列篇名，示存书体而已。文字既少，披阅易周，故虽乖节文，而未甚秽累。既而后来继述，其流日广。天文则星占、月会、浑图（原注"浑天"）、周髀（原注"盖天"）之流，艺文则《四部》《七录》《中经》《秘阁》之辈，莫不各逾三箧，自成一家。史臣所书，宜其辍简。而近世有著《隋书》者，乃广包众作，勒成二志，骋其繁富，百倍前修。非唯循覆车而重轨，亦复加阔眉以半额者矣！"刘知几认为，《隋书·经籍志》所列书目，在《汉书·艺文志》、西晋荀勖《晋中经薄》、东晋李充《晋元帝四部书目录》、宋王俭《七志》、梁阮孝绪《七录》及宋齐梁陈的秘阁书目中均已著录，《隋书·经籍志》再从上述各目录书中抄录下来，"非唯循覆车而重轨，亦复加阔眉以半额矣"，等于繁文，宜加删削。所以他又指出："但自史之立志，非复一门，其理有不安，多从沿革。唯艺文一体，古今是同，详求厥义，未见其可。愚谓凡撰志者，宜除此篇（按，谓宜除去艺文志这一篇），必不能去，当变其体。近者宋孝王《关东风俗传》亦有《坟籍志》，其所录皆邺下文儒之士，雠校之司。所列书名，唯取当时撰者。刁兹楷则，庶免讥嫌。"

刘知几生于唐初，其时古代图书目录大半皆存。今考《隋志·薄录篇》所载当时所存之目录书有：《别录》二十卷，刘向撰；《七略》七卷，刘歆撰；《晋中经薄》十四卷，荀勖撰；《晋义熙已来新集目录》三卷；宋元徽元年《四部书目录》四卷，王俭撰；《今书七志》七十卷，王俭撰；梁天监六年四部书目录四卷，殷钧撰；《七录》十二卷，阮孝绪撰；陈秘阁图书法书目录一卷；《隋大业正御书目录》九卷，等等，上面摘录至唐初犹存之重要书目，并非囊括全部。《隋志·薄录类》云："古者史官，既司典籍，盖有目录，以为纲纪，体制堙灭，不可复知。孔子删书，别为之序，各陈作者所由。韩毛二诗，亦皆相类。汉时刘向《别录》、刘歆《七略》、部析条流，各有其部，推寻事迹，疑则古之制也。自是之后，不能辨其流别，但记书名而已。博览之士，疾其浑漫，故王俭作《七志》、阮孝绪作《七录》，并皆别行。大体虽准向歆，而远不逮矣。其先代目录，亦多散亡，今总其见存，编为薄录篇。"至《旧唐书·经籍志》四部书目类，上述重要书目仍然存在，因此，刘知几称后世史书之书目宜删或宜简，是从当时具体状况而发。但世事沧桑，人事难测，唐初尚存之古代重要书目，中经安史之乱，古籍目录丧失者不知其几；再经唐末广明之乱，古籍目录，丧失殆尽。故知史志通记书籍流传，对于考证古书存留及亡佚时间，至关重要。

综上所述，欲考古籍，必凭目录，欲考仲景遗文，必资史志，否则，总不脱游谈无根之习。

二、隋志著录　上溯晋薄

仲景著作，著录于《隋书经籍志》。《史通》卷十二《古今正史》篇云："初，太宗以梁、陈及齐、周、隋氏并未有书，乃命学士分修，事具于上，仍使秘书监魏徵总知其务，凡有赞论，徵多预焉。始以贞观三年创造，至十八年方就，合为《五代纪传》，并目录凡二百五十二卷。书成，下于史阁。唯限十志，断为三十卷，寻拟续奏，未有其文。又诏左仆射于志宁、太史令李淳风、著作郎韦安仁、符玺郎李延寿同撰。其先撰史人，唯令狐德棻重预其事。太宗崩后，刊勒始成。其篇第虽编入《隋书》，其实别行，俗呼为《五代史志》。"据刘知几所说，撰写《五代史志》者凡四人：于志宁、李淳风、韦安仁、李延寿。又据《李淳风传》云，李预修五代史，其《天文志》《律历志》《五行志》皆淳风所作。又据李延寿《北史序传》所载《上北史表》云："梁陈齐周隋五书，是贞观中敕撰，以十志未奏，本犹未出。然其书及志始末，是臣所修。"则《隋书》"十志"中的《经籍志》为李延寿修无疑。清姚振宗《隋书经籍志考证》云："按本志（按，谓《隋书·经籍志》）天圣（按，北宋仁宗纪年，公元1023～1032）以前本，题唐侍中郑国公魏徵等撰，今本题唐太尉扬州都督监修国史上柱国赵国公及长孙无忌等撰。按李延寿上表言十志是臣所修，此断非虚语。《旧唐书》言延寿受诏与敬播同修，亦断非虚事。《史通》云，太宗使魏徵总知其务，凡有赞论，徵多预焉。此言《五史纪传》之论赞，与本志不相涉。"李延寿撰《经籍志》断无疑义，并始改《艺文志》之名为《经籍志》。

《隋书·经籍志》虽被刘知几讥评为"加阔眉以半额"，但它在保存文献史料上，具有重大价值。仅从考证仲景遗书而言，此书非常重要，可由《隋书·经籍志》直溯西晋荀勖的《晋中经薄》。

《隋志》对仲景著作，作如下著录：

《张仲景方》十五卷。注：仲景后汉人。

《张仲景辨伤寒》十卷。

《张仲景评病要方》一卷。

《张仲景疗妇人方》二卷。

此四书合计二十八卷。但此二十八卷书不是指仲景除《张仲景方十五卷》外，尚撰有《张仲景辨伤寒十卷》《张仲景评病要方一卷》《张仲景疗妇人方二卷》。后三种著作是医家从《张仲景方十五卷》中根据需要分别抄出，姑且定名，流传于社会，而被收入于《隋志》。

上面说，由"隋志"可上溯于西晋荀勖《晋中经薄》，这是有文献可徵的。据《隋志》序，在《隋书·经籍志》以前，曾有如下重要目录著作传世，并为李延寿编撰"隋志"所参考和引用。除隋朝编写的《隋大业正御书目录九卷》为李延寿参用外，尚根据梁·阮孝绪（公元479～536）《七录》、齐·王俭（公元459～489）《七志》、东晋·李充

《晋元帝四部书目录》、西晋·荀勖《晋中经薄》撰成，尤其注重对《七录》《七志》的引用和核对。《隋书·经籍志》的历史渊源在考证仲景遗文的流传上，具有重要意义，需要对从荀勖至《隋书·经籍志》的历史发展的承继关系，作一考察。

“隋志”序指出：“魏秘书郎郑默始制《中经》。”《中经》亡佚。为与《晋中经薄》在名称上相对照，学术界通称《魏中经薄》。此书成于魏明帝青龙三年（公元235年），上距张仲景卒年约20年左右。叔和整理撰次仲景遗文，约在公元220至235年之间，则《魏中经薄》或有可能著录张仲景著作，当时又称《张仲景方论》。《太平御览》卷720云：“高湛《养生论》（按“当作张湛。《隋志》载《养生要集十卷》张湛撰。张湛即注《列子》者，见《晋书·范宁传》。《太平御览》所云之《养生论》即《养生要集》，故高湛当作“张湛”）曰：王叔和性沉静，好著述，考核遗文，采摭群论，撰成《脉经》十卷，编次《张仲景方论》，编为三十六卷，大行于世。”这里所说的《张仲景方论》就是《伤寒杂病论》。谓之“三十六卷”者，系指医家将《伤寒杂病论》根据所需传抄为三十六卷也。

所谓《中经》，指宫廷书库收藏之书籍。王叔和为魏太医令，其撰次引用书籍恰当以宫廷所藏为主，故《张仲景方》（又称《张仲景方论》）著录于《魏中经薄》当属情理中事。

距《魏中经薄》撰成不久，西晋武帝秘书监荀勖根据《魏中经薄》，撰成《晋中经薄》。《隋书·经籍志》序指出：“秘书监荀勖（公元？～289年），又因《中经》，更著《新薄》，分为四部，总括群书。一曰甲部，纪六艺及小学等书；二曰乙部，有古诸子家、近世子家，兵书、兵家术数；三曰丙部，有史记、旧事、皇览薄、杂事；四曰丁部，有诗赋、图赞、汲冢书。大凡四部，合二万九千九百四十五卷，但录题及言，盛以缥囊（缥piao，青白色丝织物），书用缃素（缃 xiáng 浅黄色丝织物），至于作者之意，无所论辩。”从“隋志”序观之，李延寿撰《隋书经籍志》时，对《晋中经薄》（又称《新薄》）作了深入研究。荀勖《晋中经薄》始创甲乙丙丁四部分类之法，在中国图书分类上贡献巨大。据《晋书·荀勖传》，“荀勖字公曾，颍川颍阴人（案今河南许昌），汉司空爽曾孙也。仕魏，辟大将军曹爽掾，参文帝大将军军事。（晋）武帝受禅，封济北郡公，固辞，为侯，拜中书监加侍中，领著作，俄领秘书监。与中书令张华，依刘向《别录》整理记籍，及得汲郡冢中古文竹书，诏勖撰次之，以为《中经》，列在秘书，太康十年卒。”清姚振宗《隋书经籍志考证》云：“案郑默撰《魏中经》，荀勖因之，著新薄，名之曰《中经新薄》，盖袭用郑默日名也。然则四部之体，发端于郑，而论定于荀。荀郑同时人，二人所撰，先后相去十余年（案此句有误。郑默《魏中经薄》撰成于公元235年，荀勖《晋中经薄》撰成于公元279年，相距四44年），其时唯以甲乙丙丁为部，尚未有经、史、子、集之名。”又清会稽章宗源《隋书经籍志考证》（案收于《二十五史补编》）云：“《周礼·天官》正义引《晋中经薄》所载《子仪本草经》一卷。”由是可知，荀勖《晋中经薄》载《张仲景方》等书。必无疑义。

继西晋荀勖之后，有东晋穆帝著作郎李充，于永和五年（公元349年）撰成《晋元帝四部目录》。梁阮孝绪《七录序》说：“（充）因荀勖旧薄四部之法，而换其乙丙之书（案荀勖之乙部收子部书，丙部收史部书，至李充始改为乙部收史部书，丙部收子部书），没略众篇之名，总以甲乙为次，自时厥后，世相祖述。”《隋书·经籍志》序亦云：“惠怀之乱（案指西晋惠帝怀帝时全国动乱），京华荡覆，渠阁文籍，靡有孑遗。东晋之初，渐更鸠聚。著作郎李充，以勖旧薄校之，其现存者，但有三千一十四卷。充遂总没众篇之名，但以甲乙为次。自尔因循，无所变革。”

李充以后，又出现一些目录著作，其中尤以王俭（公元452～489年）《七志》最为重要。《隋书经籍志》序说：“元徽元年（公元473年，宋后废帝刘昱年号），秘书丞王俭又造书目（按，此书目名为《秘阁四部书目录》。阮孝绪《七录序》云：“宋秘书丞王俭更撰目录。”又阮孝绪《古今书最》云：“宋元嘉元年，《秘阁四部书目录》二千二十帙，一万五千七十四卷”，大凡一万五千七百四卷。俭又别撰《七志》，一曰经典志，纪六艺小学史记杂传；二曰诸子志，纪今古诸子；三曰文翰志，纪诗赋；四曰军书志，纪兵书；五曰阴阳志，纪阴阳图纬；六曰术艺志，纪方技；七曰图谱志，纪地域及图书。其道、佛附见，合九条。然亦不述作者之意，但于书名之下，每立一传。”王俭《七志》在探讨《汉书·艺文志》至《隋书·经籍志》数百年古籍之流传存佚上，十分重要。《七志》是在《晋中经薄》、李充《晋元帝四部目录》的基础上撰成的。《文选》卷46《仁彦升王文宪集序》：“公讳俭，字仲宝，琅琊临沂人（案，今山东人）……初拜秘书郎，迁太子舍人，以选尚公主拜驸马都尉。元徽初，迁秘书丞。于是采公曾之《中经》，刊弘度之《四部》，依刘歆《七略》，更撰《七志》。”文中所说“采公曾之《中经》”，指收采荀勖《晋中经薄》之书（王隐《晋书》云：“荀勖，字公曾，领秘书监，与中书令张华，依刘向《别录》，整理错乱，又得汲冢竹书，身自撰次，以为《中经》）；文中所说“刊弘度之《四部》”，指选录李充《晋元帝四部目录》之书（臧荣绪《晋书》云：“李充字弘度，为著作郎，于时典籍混乱，删除烦重，以类相从，分为四部，甚有条贯，秘阁以为永制）。《太平御览》卷601文部“著书上”云：“《齐春秋》曰：王俭，字仲宝，以四部聚书，盈溢机阁，自刘歆《七略》以来，应更区别，乃著《七志》上之，时人以比相如封禅焉。”王俭《七志》虽亡，但其内容为《隋书经籍志》所收录，《隋书经籍志》已著录《张仲景方十五卷》《张仲景辨伤寒十卷》《张仲景评病要方一卷》《张仲景疗妇人方二卷》，则王俭《七志》著录仲景诸书，断然无疑。

梁阮孝绪（公元479～536年）在荀勖、李充、王俭目录著作基础上，于梁普通四年（公元523年）撰成《七录》十二卷，《隋书经籍志》序云：“普通中，有处士阮孝绪，沉静寡欲，笃好坟史，博采宋齐以来王公之家，凡有书籍，参校官薄，更为《七录》。”《七录》与《七志》性质一样，亦为全国性图书目录。《七录》在前代各家图书目录基础上，勤加搜讨，凡绅缙王公之家藏书，阮氏必持《晋中经薄》《晋元帝四部书目》《七志》等书目加以核对，寻找数百年来群书存佚。他在《七录》自序中，很明确地说明了他编撰《七录》的情形：

魏晋之世，文籍愈广，皆藏在秘书、中、外三阁。魏秘书郎郑默，删定旧文，时之论者，谓为朱紫有别。晋领秘书监荀勖，因魏《中经》，更著《新薄》，虽分为十有余卷，而总以四部别之。怀惠之乱，其书略尽。江左草创，十不一存。后虽鸠集，淆乱已甚。及著作佐郎李充，始加删正。因荀勖旧薄四部之法，而换其乙丙之书，没略众篇之名，总以甲乙为次，自时厥后，世相祖述。宋秘书监谢灵运、丞王俭，齐秘书丞王亮、监谢朏等，并有蕲进，更撰目录。宋秘书殷淳，撰大四部目。俭又依《别录》之体，撰为《七志》。其中朝遗书，收集稍广，然所亡者，犹太半焉。齐末，兵火延及秘阁。有梁之初，缺亡甚众，爰命秘书监任昉，躬加部集。又于文德殿内，别藏众书，使学士刘孝标等，重加校进。乃分数术之文，更为一部，使奉朝请祖暅撰其名录。其尚书阁内，别藏经史杂书，华林园又集释氏经论。自江左文章之盛，未有逾于当今者也。

孝绪少爱坟籍，长而弗倦。卧病闲居，傍无尘杂。晨光才启，缃囊已散。宵漏既分，绿帙方掩。犹不能穷究流略，探尽秘奥。每披录内省，多有缺然。其遗文隐记，颇好搜集。凡自宋齐以来，王公缙绅之馆，苟能蓄积坟籍，必思致其名薄。凡在所遇，若见若闻（按，“若”，或也），校之官目，多所遗漏。遂总集众家，更为新录。其方内经史，至于术技，合为五录，谓之《内篇》；方外佛道，各为一录，谓之《外篇》，凡为录有七，故名《七录》。

上两段摘自阮孝绪《七录序》。第一段说明从汉末至梁图书目录发展简史及重要目录著作的特点；第二段说明他自己撰写《七录》的方法。“自宋齐以来，王公缙绅之馆，苟能蓄积坟籍，必思致其名录”，是说阮孝绪对齐梁众多藏书之家，不但亲访藏书，目览秘籍，而且还要得到藏书家书目，以作撰著之用。因此，《七录》著录之书，较前代目录为多。“凡在所遇，若见若闻，校之官目，多所遗漏”，是说阮氏在寻访采阅各藏书之家时，同时用以前的官府目录，如荀勖之目录、李充之目录、谢灵运之目录、王俭之目录等等，一一加以核对，发现这些目录在著录图书上，“多有遗漏”。于是他在众目录的基础上，加上他新发现的一些书籍，汇编为《七录》。刘知几《史通·点烦篇》卷十五说：“阮孝绪《七录》，书有文德殿者，丹笔书其字。”所谓“书有文德殿者”，指梁·刘孝标《文德殿四部目录四卷》。阮孝绪《七录》中，凡录自《文德殿四部目录》之书，阮氏皆以丹笔书写，以加区分。《史通》这则史料说明，阮氏在撰写《七录》时，确实对“遗文隐记，颇好搜集”，“若见若闻，校之官薄”。

阮孝绪《七录》亦著录《张仲景方十五卷》等书。我们之所以肯定知道《七录》著录《张仲景方十五卷》等书，是因为：首先，《隋志》著录仲景此书，而《隋志》是据王俭《七志》、阮孝绪《七录》，尤其是据《七录》而成的。刘知几《史通》卷五《因习篇》：“当晋宅江、淮，实膺正朔，嫉彼群雄，称为僭盗。故阮氏《七录》以田、范、裴、段诸纪，刘、石、苻、姚等书，别创一名，题为《伪史》。及隋氏受命，海内为家，国靡爱憎，人无彼我，而世有撰《隋书经籍志》者，其流别群书，还依（按一本作“同”）阮录。”清《四库提要》在《目录类·崇文总目》条说：“《隋书经籍志》参考《七录》，互注存佚。”又清章宗源（乾隆丙午科举人）《隋书经籍考证》云：“隋志依《七录》。”

其次，《隋书·经籍志》著录“梁有《张仲景辨伤寒》十卷，亡”，谓此书在编“隋志”时已亡，而对《张仲景方十五卷》《张仲景评病要方一卷》《张仲景疗妇人方二卷》未注云“亡”，说明此三书至编“隋志”时犹存。《隋书·经籍志》所说之“梁有”，谓梁阮孝绪《七录》中有此书，所谓“亡”者，谓编“隋志”时亡佚。从“隋志”之“梁有”一词中衬托出，《张仲景方》等仲景著作，必著录于《七录》中。

综上所述，仲景著作著录于《隋书经籍志》，而“隋志”依《七录》而成；《七录》依王俭《七志》而成；《七志》依《晋元帝四部目录》而成；《晋元帝四部目录》依《晋中经薄》而成；《晋中经薄》依《魏中经薄》而成。上面详引各种原始资料，足以证明各代目录书承前启后之关系。仲景著作既已著录于“隋志”，则可直接上溯于《晋中经薄》及《魏中经薄》，从而直接与王叔和之步武相接了。

三、《张仲景方》 唐代犹存

《旧唐书·经籍志》成于唐末五代的后晋刘昫【xù】。刘昫全据唐代。

毋煚【guàngjǐng】《古今书录》成书。《古今书录》系据唐《群书四录》压缩而成。为综合考察仲景著作在唐代的流传，需扼要叙述《群书四录》《古今书录》撰写情形及背景。

唐代开元年间，社会承平，经济文化较为发达，目录之编纂亦在此时进行。开元三年（公元715年），唐玄宗对左散骑常侍褚无量、马怀素说，内库有许多前代藏书，亟需整理编目，否则难于阅读，诏令他们整理。经过马怀素，褚无量，毋煚、元行冲等人数年努力，于开元九年（721年）十一月整理完毕，撰成《群书四录》，又称《群书四部录》。《旧唐书·经籍志序》云：“开元三年，左散骑常侍褚无量、马怀素侍宴，言及经籍。玄宗曰：内库皆是太宗、高宗先代旧书，常令官人主掌，所有残缺，未遑补缉，篇卷错乱，难于检阅，卿试为朕整比之。”开元五年（717年）12月，马怀素上疏，请求续编《七志》撰成以后书目。据《旧唐书》卷102《马怀素传》云：“是时秘书省典籍散落，条疏无叙，怀素上疏曰：南齐以前，坟籍旧编，王俭《七志》，已详著述，其数盈多，隋志所书，亦未详悉。或古书近出，而前志阙而未编，或近人相传，浮词鄙而犹记。若无著录，难辨淄渑，望括检近书篇目，并前志所遗者，续王俭《七志》，藏之秘府。上于是召学涉之士国子博士尹知章等，分部撰录，并刊正经史，粗具首尾，会怀素病卒，年六十。”考马怀素卒于开元六年7月。褚无量整理书籍之事，见《旧唐书·褚无量传》。开元五年“玄宗令（无量）于东都乾元殿前施架排次，大加搜写，广采天下异本。数年间，四部充备，仍引公卿以下入殿前纵观焉。”至开元六年8月，整理工作基本完成，但尚未编出目录。据《新唐书·马怀素传》称：“怀素不善著述，未能有所绪别。会卒，诏秘书官并修书学士，草定四部，人人意自出，无所统一，逾年不成。有司疲于供拟，太仆卿王毛仲奏罢内料。又诏右常侍褚无量、大理卿元行冲，考绌不应选者。无量等奏修撰有条：宜得大儒综治。诏委行冲。”据《旧唐书·元行冲传》，行冲继续从事编目工作。“元行冲，河南人。开元七年，拜太子宾客、弘文馆学士。先是秘书监马怀素集学者续王俭《今书七志》。散骑常侍褚无量于丽正殿校写四部书。事未就而怀素、无量卒，诏行冲总代其职。于是行冲表请通撰古今书目，名为《群书四录》。岁余，书成奏上，上嘉之。”

今综考诸史实，整理书籍之议，始于唐初令狐德棻、魏徵之议，开元三年玄宗诏马怀素、褚无量从事整理，开元五年怀素上疏请接《七志》续修书目，其事未果，至元行冲三持其事，乃撰通贯古今之书目，名《群书四录》200卷，开元九年奏上。《群书四录》书成之后，原参与撰著者毋煚批评《群书四录》不足之处有五，另撰《古今书录》40卷，仅当《群书四录》五分之一。毋煚指斥《群书四录》之文具载《旧唐书·经籍志序》，文繁不录。近人余嘉锡《目录学发微·原流篇第九》说：“其时有修书学士毋煚，自怀素在时，即与修撰。于是《四录》成，煚又自著《古今书录》四十卷，每部皆有小序，每书皆注撰人名氏，有释有论，然卷数少于《四录》。盖如《别录》之外，又有《七略》。《旧志》载其自序，颇指陈《四录》之失。是则因随众修书，其志不行，故别成著述，追雪遗恨。既与班固之因人成事者殊科，亦与《简明目录》之剪载《提要》者不同。煚又有《开元内外经录十卷》，录释、道经，至宋皆亡。然《旧唐书·经籍志》，全抄自《古今书录》，但去其小序论释耳，犹可见其时藏书之大略也。”

由于《旧唐书·经籍志》是抄录《古今书录》而成，所以它收书的时代下限仅至《中宗实录》而止。《旧唐书·经籍志》著录仲景著作如下：

《张仲景药方》十五卷　王叔和撰

在《隋书·经籍志》中称《张仲景方》十五卷，《旧唐志》增“药”字，仍为十五卷，则《张仲景药方》即《张仲景方》。与“隋志”相较，《旧唐书·经籍志》无《张仲景辨伤寒十卷》《张仲景评病要方一卷》《张仲景疗妇人方二卷》。难道这些书亡佚了吗？这又要从《新唐书·艺文志》中寻觅了。

《旧唐书·经籍志》著录书籍的时代下限仅至《中宗实录》而止，不是唐朝全部著作的综录。卞孝萱《五代史话》136页云：“《旧唐书·经籍志》只记载到《中宗实录》为止，《新唐书·艺文志》则记载到《武宗实录》为止。”北宋欧阳修等修《新唐书》，对唐代著作进行补充著录。因此，考察有唐一代著作，必须同时披阅《新唐书·艺文志》。《新唐志》依据的资料是《开元书目》，并参阅宋代编纂的《崇文总目》。欧阳修《宋史·艺文志序》云：“自汉以来，史官列其名氏篇第，以为六艺九种，《七略》至唐始分为四类，曰经、史、子、集，而藏书之盛，莫盛于开元。其著录者，五万三千九百一十五卷，而唐之学者自为之书者，又二万八千四百六十九卷。呜呼。可谓盛矣！”这就是说，欧阳修根据《开元书目》已著录的五万三千九百一十五卷，又增加了唐代学者撰著的著作以及编《开元书目》未收的前代著作共二万八千四百六十九卷，经过整理，共著录三千二百七十七部，五万二千〇九十四卷，从此，唐代藏书才有了较为完备的著录。

《新唐书·艺文志》对仲景著作作了如下著录：

王叔和《张仲景药方》十五卷，又《伤寒卒病论》十卷

读上述十九字著录，应注意两个问题：

第一、《张仲景药方》的撰者。《隋志》仅著录书名，未言撰集者。《旧唐书·经籍志》根据当时所见之书，确认《张仲景药方》为王叔和撰次整理，故明确注云“王叔和撰”。此四字至关重要。它从史料上证明王叔和确曾撰次、整理仲景遗文，书之名称为《张仲景方》，或称为《张仲景药方》。《新唐书·艺文志》复著录“王叔和《张仲景药方》十五卷”，益加肯定此书之撰次者为王叔和，绝对确切无疑。

第二、《隋书·经籍志》著录仲景著作凡四种二十八卷，《旧唐书·经籍志》著录仲景之作凡一种十五卷，《新唐书·艺文志》著录仲景之作凡二种二十五卷，怎样解释这些歧异呢？首先，《张仲景方》（又称《张仲景药方》）在三部史志中皆有著录，证明此书从晋历宋齐梁陈隋至唐，历传不衰。其次，《旧唐志》无《张仲景辨伤寒十卷》，而《新唐志》著录《伤寒卒病论十卷》，则《伤寒论》在唐代仍然存在，未曾失传。考《伤寒论》每篇皆以“辨”字冠首，如“辨太阳病脉证并治”“辨阳明病脉证并治”等等，且二书卷数相同，故知《张仲景辨伤寒十卷》，即张仲景《伤寒卒病论十卷》。

《伤寒论》在唐代仍然流传，绝对未曾失传，尚有如下证明：

第一唐初孙思邈撰写《千金要方》时，为未睹《伤寒论》全书而仅见零散条文感慨不已，云：“江南诸师秘《仲景要方》不传”。今与《隋志》《旧唐志》《新唐志》参照研究，孙思邈说《仲景要方》乃指《张仲景方》。所以增加一“要”字者，以显示此书之重要，犹如《伤寒论》一书，孙思邈在《千金翼方》卷九自序中称为《伤寒大论》一样。《千金要方》撰毕约三十年后，孙氏又撰成《千金翼方》三十卷，其卷九卷十为《伤寒论》全文，即《七录》中之《辨伤寒》，亦即《新唐志》中的《伤寒卒病论》。

第二《唐会要》卷八十二《医术》条：“乾元元年（757年）2月5日制：自今已后，有以医术入仕者，同明经例处分。至三年正月十日右金吾长史王淑奏：医术请同明法选人，自今以后，各试医经方术策十道、《本草》二道、《脉经》二道、《素问》十道、《张仲景伤寒论》十道、诸杂经方义二道，通七以上留，已下放。”此段史事，人多疏略。有崛川济者，日本江户末人，1856年翻刻赵开美本《伤寒论》，跋云：“考是经自唐乾元中始列学官”，指此。是知考证医书故实，宜读史籍。

第三唐·王焘（公元670～755年）《外台秘要》屡引《伤寒论》方证，且自注出某卷中，与《伤寒论》对照，时多相符；

第四林亿《校定备急千金要方后序》云：“臣读唐令，见其制：为医者皆习张仲景《伤寒论》。”

第五《旧唐志》《新唐志》皆未著录《张仲景评病要方》《张仲景疗妇人方》，而《隋志》著录之，是否此二书在唐朝失传？考《宋史艺文志》亦未著录，但今传之《金匮要略》之末载疗妇人方三篇，其名为《妇人妊娠病脉证并治》《妇人产后病脉证并治》《妇人杂病脉证并治》计三篇，当即《隋书经籍志》所载《张仲景疗妇人方二卷》也。

总之，《张仲景方》在考证仲景著作之流传演变上，至关重要。仲景著作从王叔和整理之时起，至北宋治平二年林亿、孙奇校定颁行之时止，凡八百余年，传本歧出，书名互异。考证仲景著作之流传，必须从《张仲景方》的流传演变入手。今综考医书及“史志”，《张仲景方》之著录，见于以下诸书：

1. 葛洪《肘后备急方》卷一第一：“《张仲景诸要方》捣薤汁以灌鼻中”。卷一第三：“《张仲景诸药方》：麻黄四两杏人七十个甘草一两，以水八升，煮取三升，分令咽之，通治诸感忤。”按，《张仲景诸要方》即《张仲景方》。

2. 又名《张仲景方》。见《太平御览》卷七二二：“《张仲景方》序曰：卫汎好医术，少师仲景，有才识。”

3. 又名《张仲景方论》。见《太平御览》卷七二二。引文见本书“隋志著录上溯晋薄”一节。

4. 又名《张仲景方》，见《隋书·经籍志》。

5. 又名《张仲景药方》，见《旧唐书·经籍志》。

6. 又名《仲景要方》，见孙思邈《千金要方》卷九：“江南诸师秘《仲景要方》不传。”

7. 《新唐书·艺文志》亦名《张仲景药方》。

8. 日本名医丹波康赖所撰《医心方》引张仲景著作计十九条，皆云出自《张仲景方》。

9. 九世纪末日本藤原佐世奉敕编撰《本朝见在书目录》（后世通称《日本国现在书目录》）亦载《张仲景方》书名。

10. 日本前田育德尊经阁文库，秘藏《小品方》（残卷）云：“张仲景《辨伤寒并方》有九卷，而世上有不啻九卷，未测定几卷，今且以目录为正。《张仲景杂方》有八卷。”

书名虽有小异，内容则完全相同。近代著名目录学家余嘉锡指出：“王叔和所编次者，为《张仲景药方》十五卷。”综上所述，张仲景遗著，经叔和整理，始见录于《隋书经籍志》，复著录于《旧唐志》与《新唐志》，则《张仲景方十五卷》（又称《张仲景药方》《仲景要方》等）至有唐一代皆存而未佚。而《张仲景方十五卷》，系叔和整理，它保留着《伤寒杂病论》的全部内容或主要内容。

四、《张仲景方》析于五代

《宋史艺文志》著录仲景著作如下：

张仲景《脉经》一卷。又《五藏荣卫论》一卷。张仲景《伤寒论》十卷。《五藏论》一卷。《金匮要略方》三卷，张仲景撰，王叔和集。张仲景《疗黄经》一卷。又《口齿论》一卷。《金匮玉函经》八卷，王叔和集。

《宋志》著录凡八种二十六卷，无《张仲景药方》十五卷。难道此书亡佚了吗？《宋志》著录之书名，既多于《隋志》，亦数倍于《旧唐志》与《新唐志》，且卷数亦与二述史志不合。试问《宋志》这些仲景著作从何而来？与《张仲景药方》十五卷有何关系？这是研究论证仲景著作必须回答的问题。

经考证，《张仲景药方》十五卷未失传，而是在五代时离析为若干分册与若干卷，《宋志》著录的八种二十六卷，就是从《张仲景药方》中离析出来的，流传于社会，至北宋著录于《崇文总目》，继而又著录于《宋志》的。这是一段颇为纷繁复杂的历史，下面分三个问题叙述。

（一）《宋志》透露离析原因

《宋志序》云：“历代之书籍，莫厄于秦，莫富于隋唐。隋嘉则殿书三十七万卷，而唐之藏书，开元最盛，为卷八万有奇，其间唐人所自为书，几三万卷，则旧书之传者，至是盖亦鲜矣。陵迟逮于五季（按，“五季”谓五代末年），干戈相寻，海宇鼎沸，斯民不复见《诗》《书》《礼》《乐》之化。周显德中（按，显德后周世宗柴荣纪年，公元955～959），始有经籍刻板，学者无笔札之劳，获睹古人全书。”

这段文字，重点叙述两事：1·从“历代之书籍”至“至是盖亦鲜矣”凡六十四字，说明秦皇燔书后，至隋唐藏书乃为最盛。2·从“陵迟逮于五季”至“获睹古人全书”凡四十八字，说明五代战乱频仍，海宇沸腾，文化遭受摧残；而在此时，刻板印书之术，得以扩大使用，书籍刻印较易，书籍易于分化离析。

（二）刻板印刷为离析提供了条件

印刷术是我国古代四大发明之一。把书写好的文字图画原稿反贴在硬木板上，按字和图的原样刻出，制成印板，然后用棕刷涂墨于板上，铺上纸，用干净的棕刷在纸上擦过，字与图印在纸上，揭下来，就印成了一页，如此反复，叫作印刷，也叫“模印”“摹印”“刻板印刷”“雕板印刷”，简称“印刷”，这种技术叫作“印刷术”。“印刷术”肇始于隋，稍行于唐，扩大于五代，精卓于宋。

为了追踪和考证《张仲景药方》离析的背景与原因，需要对印刷术的发展过程、尤其是五代扩大使用印刷的史实，作出论证，并引用史料加以说明。

世多以五代冯道（公元882～954）为首先使

用印刷术者。其实，冯道仅是于后唐长兴三年（公元932年）奏议以唐石经本之九经校定经书，组织刻板印刷，开官府大规模印书尤其是印刷经书之端，非即印刷术始自冯道。南宋叶梦得（公元1077～1148年）《石林燕语》卷八说："世言雕板印书始冯道，此不然，但监本五经板，道为之耳。《柳玭家训序》言其在蜀时，尝阅书肆，云：字书、小学，率雕板印纸——则唐固有之矣，但恐不如今之工。"（见《石林燕语》1984年中华书局版，第116页）。按《柳玭家训序》所言在蜀书肆中亲见雕板印刷之字书小学，事出唐僖宗中和年间。清顾怀三《补五代史艺文志》云："《石林燕语》则谓唐柳玭家训序，中和三年（公元883年）在蜀见字书雕本，是唐时已有印板矣。"宋晁公武《郡斋读书志》卷九《柳氏序训》条云："右唐柳玭序其祖公绰已内外事迹，以训其子孙。"按，据《郡斋读书志》，此书当名《柳氏序训》，全书一卷，今佚。《全唐文》卷816有柳玭《戒子孙》及《家训》，《资治通鉴考异》亦偶有引用，尚可窥见此书之一斑。

唐时蜀地虽已雕板印刷字书、小学及佛经，但为数较少，学者读书，仍靠抄写。《石林燕语》卷8又云："唐以前，凡书籍皆写本，未有模印之法，人以藏书为贵。人不多有，而藏者精于仇对，故往往皆有善本。学者以传录之艰，故其诵读亦精详。五代时，冯道始奏请官镂六经板印行。国朝淳化中，复以《史记》《前、后汉》付有司摹印，自是书籍刊镂者益多，士大夫不复以藏书为意。"这主要是说，"唐以前（按含唐）"读书皆以手抄，而雕板印刷人罕见之。

刻板印刷广泛应用于五代，后唐长兴三年冯道倡议雕板印刷五经，这对刻板书无疑起了推动作用。《冯道传》云："道以诸经舛谬，与同列李愚、委学官田敏等，取西京郑覃所刊石经，雕为印板，流布天下，其国子监五经印板，则太常博士李锷所书也。"（转引自顾怀三《补五代史艺文志》）。下面把后唐长兴三年及其后雕板印刷书籍史事引证于后，证明五代之末印刷术之风行，促进了书籍的流行。

1.《旧五代史》卷43《明宗纪·九》："长兴三年二月辛未，中书奏请依石经文字刻九经印板，从之。"按"石经"指唐开成石经。

2.《五代会要》："长兴三年二月，中书门下奏请依石经文字，刻九经印板，敕令国子监集博士儒徒，将西京石经本，各以所业本经，广为钞写，仔细看读，然后雇召能雕字匠人，各部随帙刻印板，广颁天下。如诸色人要写经书，并请依所印刻本，不得更使杂本交错。"

3.《资治通鉴》卷277《后唐纪》明宗长兴"三年二月辛未，初令国子监校定九经，雕印卖之。"胡三省注："印卖九经始此。"

4.《补五代史艺文志》："长兴三年，命太子宾客马镐等，充详勘九经官，于诸选人中，召能书者，写付雕匠，每日五纸。"

5.《补五代史艺文志》："开运元年（按后晋出帝纪年，944年）三月，国子监祭酒田敏以印本五经进。案《玉海》艺文部作田敏以印本五经字样二部进，凡一百三十册。"

6.《补五代史艺文志》："乾祐元年（按乾佑后晋高祖纪年948）五月乙酉朔，国子监奏《周礼》《仪礼》《谷梁》《公羊》四经，未有印板，欲集学官考校雕造。从之。"

7.《补五代史艺文志》："广顺三年（按广顺后周太祖纪年953），尚书左丞田敏，以印板九经进。"

8. 宋佚名氏《爱日斋丛钞》："《通鉴》载后唐长兴三年二月辛未，初令国子监校定九经，雕印卖之。"又曰："自唐末以来，所在学校废绝，蜀毋昭裔出私财百万营学馆，且请板刻九经，蜀主从之，由是蜀中文学复盛。"又曰："唐明宗（按谓后唐明宗李亶）之世，宰相冯道、李愚，请令判国子监田敏校定九经，刻板印卖，从之。后周广顺三年六月丁巳，板成献之，由是虽乱世，九经传布甚广。"

9. 南宋王明清《挥麈录》："毋昭裔贫贱时，尝借《文选》于交游间，其人有难色，发愤异日若贵，当板以镂之遗学者。后仕王蜀为宰相，遂践其言刊之。印行书籍，创见于此，事载陶岳《五代史补》。后唐平蜀，明宗令太学博士李锷书五经，仿其制作，刊板于国子监，为监中刻书之始。"

10. 宋朱翌《猗觉寮杂记》："雕印文字，唐以前无之，唐末益州始有墨板，后唐方镂九经，悉收人间所有经史，以镂板为正，见两朝国史，此则印书已始自唐末矣。案柳氏家训序：中和三年癸卯夏，銮舆在蜀之三年也，余为中书舍人，旬休阅书重城之东南，其书多《阴阳杂记》《占梦》《相宅》《九宫》《五纬》之流，又有字书小学，率雕板，印纸浸染，不可尽晓。叶氏《燕语》正以此证刻书不始于冯道。而沈从中又谓，板印书籍，唐人尚未盛行为之。自冯瀛王始印五经，自后典籍皆为版本。大概唐末渐有印书，特未盛行，后人遂以为始于蜀也。当五季乱离之际，经籍方有托，而流布于四方，天之不绝斯文，信矣！"（转引自《旧五代

史》卷43《唐书·明宗纪》注）

11.《宋板十三经注疏总目录阮元序》："后唐长兴三年，始依石经文字刻九经印板，经书之刻木板，实始于此，逮两宋，刻本浸多。"

12.清顾怀三《补五代史艺文志》："案马端临《文献通考·经籍门》以为刻书始于后唐冯道，而沈从中《笔谈》、孔平仲《说苑》、王仲言《挥麈录》、陶岳《五代史补》并同。然《猗觉寮杂记》云："雕印字，唐以前无之，唐末益州始有墨本。而《石林燕语》则谓唐柳玭家训序，中和三年在蜀见字书雕本，是唐时已有印板矣。至《河汾燕闲录》又谓，隋开皇十二年（按公元592年）十二月，敕遗经废象，悉令雕撰（顾氏注："按此自指佛经"），王新城尚书引之，以为刊书之所自始。然则雕板书，固肇于隋，行于唐，扩于五代，精于宋。信如胡应麟之说无疑也。郎瑛《七修类稿》又谓唐时不过间有一二，至冯道雕印五经，由是典籍皆为版本。当五代乱离之际，而坟典流布，嘉惠后学，天之不绝斯文，信矣夫！"

13.钱大昕《补元史艺文志序》："唐以前藏书，皆出钞写，五代始有印板，至宋而公私版本流布海内。自国子监、秘阁刊校外，则有浙本、蜀本、闽本、江西本。或学官详校，或书坊私刊，士大夫往往以插架相夸。"

上引史料，关于印刷之始虽略有出入，但始于隋乃为可信。《辞源》"印刷"条云："刻板印刷始于隋朝"，但其时皆印佛经佛象，唐偶或为之，至五代长兴三年以后，乃大为盛行，至两宋而精卓。雕板印刷术在五代的广泛使用，为书籍的流布，提供了条件。《张仲景方》十五卷，是实用性极强的理法方药结合于一的方书，雕板家根据医生临床需要，分为若干部分、若干分卷而雕板印刷，既可图利——当时经书尚可雕板出售更不必说方书了——又便于有不同专长的医家分科购买，于是《张仲景方》十五卷，在后唐长兴三年（九三二年）以后至北宋初年被离析了。《宋志》著录的八种二十六卷，正是《张仲景方》十五卷被离析印刷的结果。

《张仲景方》十五卷虽未著录于《宋志》，不是表明它亡佚了，而是被分印成若干部分了。近阅余嘉锡《四库提要辨证》卷十二子部，在成无已《注解伤寒论》书名之下，写了一篇较长文字，提示清末有人曾获《张仲景药方》十五卷之书，今将此文全引如下，公诸同好。或者天不丧斯文，幸而有人存有此书，而告语世人，则生民之大幸也。下面是余嘉锡的全文：

嘉锡案，以余考之，王叔和似是仲景亲受业弟子，故编定其师之书。皇甫谧《甲乙经序》曰："近代太医令王叔和撰次仲景遗论甚精，指事施用。"谧之言如此，则叔和之所撰次者，岂可轻诋乎？方有执、喻昌，其学未必高于谧，而乃纷纷重行考定《伤寒论》，竟似宋儒之考定《大学》者，虽有自谓复长沙之旧，亦见其妄而已矣。但事有出于意外者，清之末叶，仲景之原本《伤寒论》忽出于世，而又为人所秘，不可得，遂在若存若亡之间，甚可惜也！丁国钧《荷香馆琐言》（在《丙子丛编》内）卷上云："江宁濮部郎云依精医，为余言旗人鄗味清得《伤寒论》真本。鄗行医，秘之不示人，濮与熟习，始得见之。其编次首太阳，次阳明，次太阴，次厥阴，次少阴（原注：濮言甚多，余以下不能记），《金匮要略》则附在内，非别为书也。篇中与今本不同者甚多，皆今本所脱夺讹误。大活络丹中药，亦差二味（原注：已不记药名），鄗盖得之于长沙医生蔡三先生某者。蔡所居，邻古庙，光绪某年，当事新庙，蔡为经理。庙中旧有砖几一，蔡识为古物，置新几易得之。细察知系石函，开之，得书十五轴，则仲景《伤寒论》也。盖仲景所手书者（原注云："余按此殆唐以前卷子本，谓为仲景手书，恐非实事"。——此"余按"之"余"，谓丁国钧也）。录副秘之，由是医术益神。鄗时在长沙，有人中风请治，鄗为处方。病家言，尚延有蔡先生参证。鄗闻之，不平而出。蔡至，略改数味，一服病愈。鄗至病家，索方阅之，大惊。蔡适至，鄗再三求教。蔡乃言得书事，谓君有缘，可授吾道，惟吾自脉，不久人世，君可速来吾家取书云云。鄗嗜洋烟，懒未即去，后忆及，访之，则蔡已没。向蔡子求书，惟得副本，真本匿不肯出，后托有力者再索之，则蔡子亦死，仲景手书真本，不知存亡矣。濮云，仲景有《小品》三卷，最要药味，每方只二三味，极神效云。"国钧之叙此事，仅载濮某之言，而未尝传其书，自异乎作伪以欺世者。然吾以为蔡某所得者，盖即王叔和所撰次之传写本，不独非仲景手书，亦无所谓仲景真本也。何者？《隋书·经籍志》仅云：'梁有《张仲景辨伤寒十卷》，亡。《张仲景评病要方》一卷，亡。'又云：'《张仲景疗妇人方》二卷。'至《唐书·艺文志》始有王叔和《张仲景药方》十五卷，又《伤寒杂病论》十卷。今蔡某所得之《伤寒论》十五轴，明为王叔和所撰次之《张仲景药方》十五卷也。至《金匮要略》所以附在其后者，盖仲景著书，本无《金匮要略》之名，其中诸方，王焘《外台秘要》引之，皆作《伤寒论》，盖即《伤寒卒病论》，故得附于其中。卒者，杂字之讹。仲景序云，作《伤寒杂论》合十六卷，其为误写可知矣（余嘉锡注："以上用日人丹波元胤《医籍考》卷二十三引其父说"）盖叔和既撰仲景生平著述以为《药方》十五卷，又取伤寒杂病别行以为十卷。其后别行者，为后人所瞀乱，林亿等校之，即今之《伤寒论》，其本已失叔和之真。其后王洙得之于馆阁，除其上卷之论伤寒者，而传其中卷之论杂病，下卷之方药，并疗妇人者，即今之《金匮要略》。盖王洙所得，实叔和所编张仲景之残本，今蔡某所得，既系叔和之真本，固宜有《金匮要略》附在其内矣。濮云仲景有《小品》三卷，盖即《隋志》所录仲景之《评病要方》一卷及《疗妇人方》二卷也。凡《隋志》所谓梁有某书亡者，特谓武德五年（公元622）宋遵贵所运炀帝东都之书，遭水漂没而亡耳。其民间所藏，固无恙也。故《隋志》所亡者，往往《新唐志》复著于录。其后经唐末五代之乱，或无人刻行，或刻行而妄有窜乱，然后古书乃真亡耳。故《张仲景方》之失真，则林亿等之罪也。《伤寒论》古本，既与今不同者甚多，其今本脱夺讹误之处，惜濮某言之不详，丁国钧亦不能也。然则方有执喻昌所以归罪于王叔和者，古本原不如此也，岂不冤哉！

由余氏之文观之，是《张仲景药方》十五卷，至清末尚有抄本，蔡医得自古庙石几，传之其子某，其子将录副之本授之郮氏，郮氏秘之，出示令濮云依一观之，濮氏告语丁国钧，丁氏录此事于《香馆琐言》，而丁氏未见此书。此传本今不知所在。近阅李茂如《历代史志书目著录医籍汇考》533页《上善堂书目》条云，《上善堂书目》清·孙从添撰。从添江苏常熟县人，生活于康熙至乾隆时代，善医术，喜藏书，皆善本。《上善堂书目》又名《上善堂宋元版精钞旧钞书目》，一卷，散载医书24种，其中宋版3种，为：

宋版《伤寒论》三卷。朴学斋藏书。

宋版《外台秘要》四十卷。有补钞叶石君藏本。

宋版《张仲景方十五卷》汲古阁藏本。有毛子晋跋。

是《张仲景方》至清乾隆时尚存。尤为令人重视者有毛子晋跋一事。毛氏明代著名刊刻家，精鉴赏，明辨真伪，重要书籍多有其跋，或签其名章。除《上善堂书目》外，尚有《藏书纪要》，已刊行。另有《活人精要》一书，其稿本藏中国中医研究院图书馆，注明此稿为乾隆三年（1783年）遗稿，由此推之，或《宋版张仲景方十五卷》或许有可能尚存人间。

（三）《崇文总目》可作离析之证

北宋有一部巨大的官修目录《崇文总目》，这是考证《张仲景方》十五卷被离析后必须重视的一部著作。

《宋史·艺文志序》："宋初有书万余卷，其后削平诸国，收其图籍，及下诏遣使，购求散亡，三馆之书，稍复增益。太宗始于左升龙门北建崇文院，而徙三馆之书以实之。又分三馆书万余卷，别为书库，目曰秘阁。阁成，亲临幸观书，赐从臣及直馆宴。又命近习侍卫之臣，纵观群书。真宗时命三馆写四部书（按，谓经史子集四部书）二本，置禁中之龙图阁及后苑之太清楼，而玉宸殿、四门殿，亦各有书万余卷。又以秘阁地隘，分内藏西库以广之，其右文之意，亦云至矣……仁宗既作崇文院，命翰林学士张观等编四库书，仿《开元四部录》为《崇文总目》，书凡三万六百六十九卷。"此谓宋初承五代之乱，有书才一万余卷，及平定各割据之国，书籍渐备，储于崇文院。至仁宗朝，命大臣张观等编纂国家藏书目录，赐名《崇文总目》。编纂之事始于仁宗景佑元年（公元1034年）闰六月。宋·王应麟《玉海》卷五十二叙述《崇文总目》编纂之事云："庆历元年（公元1041年）12月乙丑，翰林学士王尧臣等上新修《崇文总目》60卷（按原注云："尧臣与聂冠卿、郭慎、吕公绰、王洙、欧阳修等撰，以四馆书并合著录。《中兴书目》66卷，《国史志》《崇文总目》66卷，序录一卷"）。景佑元年闰六月，以三馆秘阁所藏，有谬滥不全之书。辛酉，命翰林学士张观、知制诰李淑、宋祁，将馆阁正副本看详，定其存废，伪谬重复，并从删去。内有差漏者，令补写校对。仿《开元四部》，约《国史·艺文志》，著为目录，仍命翰林学士盛度等看详，至是上之。"此谓《崇文总目》始于仁宗景佑三年（1034），至庆历元年（1041）十二月编毕，汇总前此国家所有藏书。可惜此书已经失传，清代修《四库全书》时，馆臣据天一阁藏本及《永乐大典》引文辑为十二卷。公元1799年，钱侗等辑成《崇文总目辑释》五卷，《补遗》一卷。

极可庆幸的是，在《崇文总目辑释》中，著录有从《张仲景方》中离析出来的书籍。钱侗《崇文总目辑释》卷三《医书类》著录：

《金匮玉函要略》三卷　张仲景撰

《五藏荣卫论》一卷　张仲景撰

《五脏论》一卷　张仲景撰

《伤寒论》十卷　张仲景撰王叔和编

《张仲景口齿论》一卷

著录凡五种十六卷，较《宋史·艺文志》少《金匮玉函经》八卷、《张仲景脉经》一卷、《张仲景疗黄经》一卷。但由于《崇文总目》原书已佚，《崇文总目辑释》仅是辑录其残文，故较《宋史·艺文志》少三种十卷。从《崇文总目》之撰成，至北宋林亿、孙奇校定《张仲景伤寒论》十卷、《金匮要略》三卷、《金匮玉函经》八卷，中间相隔二十三四年，此间图书未有遗失，则《崇文总目》原必著录《金匮玉函经》八卷无疑，可惜《崇文总目》原书已佚，不得述其著录详情了。

五、《伤寒杂病》存于《张仲景方》

仲景《伤寒杂病论》经魏太医令王叔和整理，名为《张仲景方》（又名《张仲景药方》《张仲景要方》《张仲景诸要方》）十五卷，著录于《隋书·经籍志》《旧唐书·经籍志》《新唐书·艺文志》，至五代长兴三年以后，离析为八种二十六卷，著录于《宋史·艺文志》，前面均已作过充分证明。因此，《张仲景方》十五卷，是仲景遗著最早传本，最近仲景《伤寒杂病论》原貌。

仲景原书体式虽不可复睹，但从上述之史志中，可窥见《张仲景方》之组成。《张仲景方》为十五卷，而《伤寒杂病论》为十六卷，《张仲景方》缺一卷，是否《张仲景方》遗失一卷？考古人之分篇卷，不若今书之严格。余嘉锡《目录学发微·篇目篇第三》云：“编次之时，大抵量其字之多寡，度丝韦之所能胜，断而为篇”。因此，卷篇之分合，在整理、传抄过程中，每有更易。且魏晋以前，写书多用简册，简册穿之以皮条或丝绳，若韦丝磨断，则简册散乱，原有篇卷亦随之而散。岛田翰《古文旧书考》卷一《书册装演考》关于古书简册编联之法有如下说明：“周时史策之外，宫廷文书，类用木板，盖便于更换，不复编缀。而学士所习，则多用竹。故《周礼》每言方版，而六经则皆称简册。其编策也，用韦与丝。《史记》云：‘孔子晚喜易，韦编三绝。’《北堂书钞》引刘向《别录》云：“孔子书以杀青简，编以缥丝绳。《南史·王僧虔传》云：楚王冢书青丝编。大抵上品用韦，下品用丝也。其编连之法，上下各一孔，用韦及丝以贯其孔。古文册作【𠕋】，《释名》云：编之如栉齿相比也。观其字形，可以知其制也。”由是考之，《张仲景方》十五卷，虽较《伤寒杂病论》少一卷，非有遗失，而是在整理和传抄过程中，分并方法不同所致。

《张仲景方》十五卷，从《宋史·艺文志》著录的离析以后的篇卷观之，分为两大部分：

1.《伤寒论》部分

《金匮玉函经》即《伤寒论》，凡八卷。从《隋书·经籍志》著录考察，“张仲景《伤寒论》十卷”早在《张仲景方》十五卷成书不久即已离析出来，单独传抄流行。因此，《伤寒论》十卷在后来演变和流传过程中，已不包括在《张仲景方》十五卷内——但这绝不是说，它不是从《张仲景方》中离析出来的，而是因为它离析较早，单独流行，至宋犹存，所以著录于《宋史·艺文志》。至于《金匮玉函经》八卷，在后唐长兴三年被离析之前，它一直是《张仲景方》的一个组成部分。

2.《杂病》部分

这部分从《宋史·艺文志》考察，有下列篇卷：张仲景《脉经》一卷、《五藏荣卫论》一卷、《五藏论》一卷、《金匮要略方》三卷、张仲景《疗黄经》一卷、《口齿论》一卷，计八卷。

上述两部分合起来即为《张仲景方》，虽卷数在传抄和离析中已与《张仲景方》稍有不同，但《张仲景方》包括《伤寒》和《杂病》两部分主要内容，是确切无疑的，断无疑义的。

当然，各卷之间在内容上有所重复、交叉，也是难免的，但这对于《张仲景方》十五卷包括着《伤寒杂病论》的全部内容，是没有任何影响的。

关于从《宋史·艺文志》著录之仲景遗著，向上可以追溯至《伤寒杂病论》，前人已有论述，转引如下。清末曾朴《补后汉书艺文志并考》（见《二十五史补编》第二册第二五五六页）云：

按仲景诸书，晋王叔和为之论集，乱其原本，自后分并次序，一任医家之颠倒，名目众多，至不可诘难。然循流溯源，叔和去汉犹近，欲寻仲景之迹，舍叔和其何能明？欲知叔和所论集，则自以《隋志》为最得实。考《隋志》载仲景书曰：《张仲景方十五卷》（按原注云：“《唐志》同，云王叔和集。”）、曰《辨伤寒论十卷》、曰《评病要方一卷》（按原注云：“此书承叔和《论病六卷》之下，疑叔和撮《仲景要方》为之”）、曰《疗妇人方二卷》。据此，仲景书共四种二十八卷耳。而《宋史志》所载其目，倍于《隋志》，曰《脉经》、曰《五脏荣卫论》、曰《伤寒论》、曰《金匮要略方》、曰《疗黄经》、曰《口齿论》、曰《金匮玉函》，计之得七种（按，《宋志》尚著录《张仲景伤寒论十卷》，因此书久已单独流行，已脱离《张仲景方十五卷》而独立，故曾朴引《宋志》未计之），而《隋志》《疗妇人方》《评病要方》尚不及也，则仲景书已有九种矣。初不解其故，因取今所存《金匮要略》反复观之，恍然曰：《宋志》所载之七书，即《隋志》所载之《仲景方》，实一书。观其载《脉经》一卷、《五脏荣卫论》一卷，《金匮要略方》三卷、《疗黄经》一卷、《口齿论》一卷，《金匮玉函》八卷，合之适符十五卷之数，可证也。今其书杂糅于《金匮要略》中。其云《脉经》，即《要略·藏府经络先后病脉》一篇，云《疗黄经》，即《要略·黄瘅病证》一篇，云《五藏荣卫论》，即《要略·五藏风寒积聚病脉证治》一篇，《要略》末载疗妇人三篇，并《隋志》《疗妇人方》入之（按原注云："此可证《要略》诸书杂糅"）。试以《宋志》十五卷合以《伤寒论》十卷，《评病要方》一卷，而析出《要略》中《疗妇人方》二卷，非仍二十八之旧乎？

曾氏指出《隋志》之《张仲景方》十五卷后代离析为若干篇卷而著录于《宋志》是正确的；谓《金匮玉函经》八卷为《张仲景方》十五卷中之组成部分，是正确的；谓现行之《金匮要略》三卷已糅合进《隋志》之《评病要方》《疗妇人方》《宋志》之《金匮要略方》《口齿论》《疗黄经》《脉经》《五藏荣卫论》诸书而成《金匮要略》，也是合理的，可信的；谓欲考仲景遗著与叔和所集，必以《隋书·经籍志》为门径也是完全正确的。这样，对于长期聚讼不已的《金匮玉函经》八卷，是否为《伤寒论》早期传本，已可解决：它虽非叔和所整理，但它曾流传于晋及南朝，有《隋志》可徵，因而收入《张仲景方》中；对于《金匮要略》三卷的真实性也完全可以肯定。我们所以这样判断，是在对叔和整理之仲景遗著作了大量的充分的全面的考察，并考察各种《经籍志》《艺文志》和清人各种补志以后而作出的，我的结论与曾朴不谋而合。

日本冈西为人《宋以前医籍考》第十九类《仲景方论·上》（人民卫生出版社 1958 年版第 513 页）亦全引曾朴此段文字。

北宋仁宗英宗两朝，大规模整理、校定医书，林亿孙奇等于北宋治平二年校定毕《伤寒论》十卷，三年正月校定毕《金匮玉函经》八卷，接着又校定毕《金匮要略方论》。孙奇在《金要略方论序》中说："臣奇先校定《伤寒论》，次校定《金匮玉函经》，今又校成此书"，则此三书皆于治平年间校定完毕，从此，张仲景著作之传本乃定于一，有了官定的传本。要而言之，将今传之《金匮玉函经》八卷、《金匮要略方论》三卷合之，基本可得《隋志》《张仲景方》之主要内容。仲景著作巍然存于今日，乃生民之大幸！

第二节　《金匮要略》之发现及其与《伤寒论》之结构关系

一、《金匮要略》之发现与整理

现行之《金匮要略方论》三卷，不见于《隋志》《旧唐志》《新唐志》，而见于《宋志》。要而言之，《金匮要略》存于《张仲景方》，《张仲景方》著录于《隋志》《旧唐志》《新唐志》，＜张仲景方＞至唐犹存，五代分化为若干篇卷，乃著录于《崇文总目》，复著录于《宋志》，此即《金匮要略》始见于《宋志》的原因。后唐长兴三年（932 年）至北宋赵匡胤建隆元年（960 年），凡 28 年，《张仲景方》约离析于此时。北宋建国之初，仅有书一万余卷。《宋史·艺文志》序："宋初，有书万余卷。其后削平诸国，收其图籍，乃下诏遣使，购求亡书，三馆之书，稍复增益。"所谓"削平诸国，收其图籍，乃下诏遣使，购求亡书"，考诸史实，有如下各事。

（一）宋太祖赵匡胤建隆初年（公元 960 年）、乾德元年（963 年）、乾德三年（965 年）、乾德四年（966 年）、开宝八年（975 年）求书。元马端临《文献通考》卷 174《经籍考》第 1508 页云："宋建隆初，三馆有书万二千余卷。乾德元年平荆南，尽收其图书，以实三馆。三年平蜀，遣右拾遗孙逢吉，往收其图籍，凡得书万三千卷。四年，下诏购募亡书，'三礼'涉弼（按，涉弼人名，精于三礼，故称"三礼涉弼"）、'三传'彭乾、'学究'朱载等，皆诣阙献书，合千二百二十八卷。诏分置书府，弼等并赐以科名。闰八月，诏史馆凡吏民有以书籍来献，当视其篇目，馆中所无者收之。献书人送学士院，试问吏理，堪任职官者，具以名闻。开宝八年冬，平江南。明年春（976 年），遣太子洗马吕龟祥就金陵籍其图书，得二万余卷，悉送史馆，自是群书渐备。两浙钱俶归朝，又收其图籍。"按自宋初有书一万二千余卷，至开宝九年"群书渐备"，已达三万余卷。

（二）宋太宗赵炅太平兴国三年（978 年）建成崇文院，书籍正本副本合计达八万卷，太平兴国九年（984 年）下诏求书，端拱元年（988 年）建成秘阁，收藏天文、历算、阴阳、术数、兵法之书，藏书较前更富。《文献通考》卷174《经籍考》云，太平兴国二年二月崇文院建成。太宗亲幸，下诏曰：“国家聿新崇构，大集群书，宜赐嘉名，以光策府。其三馆新修书院，宜目为崇文院……院之东廊为昭文书库，南廊为集贤书库，西廊有四库，分经、史、子、集四部，为史馆书库。六库书籍，正副本凡八万卷，策府之文，焕乎一变矣。9年（984年）正月诏曰：‘国家宜明宪度，恢张政治，敦崇儒术，启迪化源。国典朝章，咸从振举，遗编坠简，当务询求，眷言经籍，无以加此。宜令三馆，以《开元四部书目》阅馆中所阙者，具列其名。’诏中外购募，有以亡书来上及三百卷，当议甄录酬奖。余第卷帙之数，等级优赐。不愿送官者，借本写毕还之。自是，四方书籍，往往间出。端拱元年，诏分三馆之书万余，别为书库，目曰秘阁……淳化二年（991）五月，以史馆所藏天文、历算、阴阳、术数、兵法之书凡五千十二卷，天文图画一百十四卷，悉付秘阁。”观此知医书及张仲景著作于991年藏于秘阁。

（三）从宋初至淳化，藏书日多，至真宗大中祥符，藏书已达三万六千余卷，宋仁宗景祐元年（1034）始制书目，庆历元年（1042）完成，名为《崇文总目》。《崇文总目》今亡，然据《崇文总目辑释》载，内有张仲景《口齿论》《五藏论》及《金匮要略》等。《文献通考·经籍考》云：“祖宗藏书之所曰三馆。秘阁在左升龙门北，是为崇文院。自建隆至大中祥符（公元1008～1016年）著录总三万六千二百八十卷……景祐初（1034年），命翰林学士张观、知制诰李淑、宋祁编四库书，判馆阁官复视录校。二年（1035年）上经史八千四百二十五卷，明年（1036年）上子集一万二千三百六十六卷，差赐官吏器币就宴，辅臣两制馆阁官进管句内侍一等。诏购求逸书，复以书有谬滥不完，始命定其存废，因仿《开元四部录》为《崇文总目》，庆历初成书，凡三万〇六百六十九卷。”

自宋初960年至景祐元年（1034年）凡74年，书籍从一万二千余卷，增至30669卷，仲景著作，亦在这三万余卷之中。《金匮要略方论》系王洙从蠹简中发现，孙奇《金匮要略方论序》云：

> 张仲景著《伤寒卒病论》，合十六卷，今世但传《伤寒论》十卷，杂病未见其书，或于诸家方中，载其一二矣。翰林学士王洙在馆阁日，于蠹简中得仲景《金匮玉函要略方》三卷，上则辨伤寒，中则论杂病，下则载其方，并疗妇人，乃录而传之士流，才数家耳。尝以对方证对者，施之于人，其效若神。

王洙《宋史》卷294有传，称其“汎览传记，至图纬，方技、阴阳、五行、算数、音律、诂训、篆录之学，无所不通”，曾校《史记》《汉书》，预修《崇文总目》，修《国朝会要》”等。但关于王洙得《金匮要略》之时间，罕有论及。今考宋·王应麟《玉海》卷52及宋·江少虞《宋朝事实类苑》卷31第11条，王洙得《金匮要略》时间在景祐元年（1034年）始编《崇文总目》之时。《玉海》卷52王应麟云，王洙参与编纂《崇文总目》之事。《宋朝事实类苑》云：“景祐初元，诏群儒即书府尽启先帝所藏，校定条目，翰林学士王尧臣、史馆检讨王洙、馆阁校勘欧阳修等，咸被其选。诗论撰次，其伪滥者删去之，遗缺者补辑之。摘其重复，刊其讹舛，集其书之总数，凡三万〇六百六十九卷。以类分门，为目成六十七卷。初，书府之制，废于五代。太平兴国之初，始建崇文院，合聚昭文、史馆、集贤之书。又起秘阁，则贮禁中之籍。逮兹著录，故赐名曰《崇文总目》。”

综合《宋史·王洙传》《玉海》《宋朝事实类苑》观之，王洙得此书于公元1034年。此书初得，极受珍重，传抄于士大夫之家，然传抄之数甚少。至仁宗嘉祐年间，设立校正医书局，始对《金匮要略》校定，宋陈振孙《直斋书录解题》卷13《外台秘要方》解题云：“按《会要》：嘉祐二年（公元1057年），置校正医书局于编修院，以直集贤院掌禹锡、林亿校理，张洞校勘，苏颂等并为校正。后又命孙奇、高保衡、孙兆同校正。每一书毕，即奏上，亿等皆为之序，下国子监板行。并补注《本草》、修《图经》《千金翼方》《金匮要略》《伤寒论》，悉从摹印，天下皆知学古方书。呜呼，圣朝仁民之意溥矣！”是从王洙发现《金匮要略》至校定毕此书——于治平三年或四年（1066～1067）校毕，中间相隔凡32或33年。

仲景《伤寒杂病论》中之“杂病”为何称为《金匮玉函要略方论》（简称《金匮要略》）？此书名起于何时？这与《伤寒论》被称为《金匮玉函经》的道理相同，因为六朝之人极为珍爱仲景书，故命以是名，以见宝爱之意。此名之起，在葛洪之后，即起于东晋时期，以后一直沿用此名。

北宋林亿孙奇当时所见《金匮要略》之蠹简——可证仲景书写于竹简，此乃散乱之重要原因，全书结构如下所述：“上则辨伤寒，中则论杂病，下则载其方，并疗妇人”。其重要特点是“论载于前，方会于后”，即“前论后方”。这种结构与

《金匮玉函经》的结构恰好相同。

林亿孙奇校定此书，作了三项重大改动：

第一，改变“前论后方”的结构，使论下为方，方证同条。《金匮要略序》云“以逐方次于证候之下，使仓卒之际，便于检用也。”

第二，在各篇之末，附诸家重要验方。《金匮要略序》云：“又采散在诸家之方，附于逐篇之末，以广其法。”

第三，删《金匮要略》前之《伤寒论》。《金匮要略序》云：“以其伤寒文多节略，故断自杂病以下，终于饮食禁忌，凡二十五篇，除重复，合二百六十二方，勒成上中下三卷，依旧名曰《金匮方论》。”

从林亿孙奇序中看到，《金匮要略》虽然三卷，但所含内容甚广，《宋志》所载之“杂病”均已纳入其中，故有二十五篇之多。由北宋校定以后，仲景之《杂病》不再传本歧出，乃定于一。

二、《伤寒杂病》　结构探微

仲景《伤寒杂病论》约于建安末散乱，原貌不可复睹。《伤寒杂病论》最早整理之本为《张仲景方》十五卷，而此书于五代被离析。但从《金匮要略序》《金匮玉函经》的结构上，尚可基本窥出《张仲景方》的原始结构；《张仲景方》的原始结构，已接近《伤寒杂病论》的基本面貌，则《伤寒杂病论》的结构大体可知。

《金匮要略》未经林亿、孙奇校定之前，在结构上——即内容排列次序上，与现行本不同。主要不同除林亿、孙奇附上诸家验方外，有两点不同应引起注意：《金匮要略》前面有残阙的《伤寒论》条文；262方处于卷末。这种结构形式，为我们探讨《伤寒杂病论》的原始结构，提供了重要依据。《伤寒杂病论》原始结构，如下所述：

（一）《伤寒论》112方与《金匮要略》262方居于全书之末。《伤寒论》方居于《金匮要略》方前，理由是：《金匮要略序》已明确说明该书曾是“前论后方”。

1. 《金匮玉函经》现今传本仍然是“前论后方”，而《金匮玉函经》是《伤寒论》之古本之一，可见《伤寒论》在初始阶段也是“前论后方”；

2. 唐初孙思邈《千金翼方》卷九卷十收录《伤寒论》，基本属于全帙，我们称之为唐传本《伤寒论》，当初也是“前论后方”，孙思邈认为把方证分开，不便临床选方用药，容易贻误病人，于是作了调整，使方证同条。《千金翼方》卷九小序云：“旧法方证，意义幽隐，乃令近智所迷，览之者造次难悟。中庸之士，绝而不思，故使闾里之中，岁致夭枉之痛，远想令人慨然无已。今以方证同条，比类相附，须有检讨，仓卒易知。”

3. 林亿《千金翼方后序》：“（思邈）乃专取仲景之《论》，以太阳方证，比类相附……亦一时之新意”，称孙氏使方证“比类相附”为一时之新意，则未经“比类相附”之时，是“前论后方”。综上理由，《伤寒杂病论》374方置于全书卷末，绝无疑义。

《伤寒论》之112方与《杂病论》之262方，其排次亦井然有序，《伤寒论》方居前，《杂病论》方居后，这在《金匮玉函经》中保留着痕迹。《金匮玉函经》115方，较《伤寒论》多三方，即多“柴胡加大黄芒硝桑螵蛸汤方”“黄芩人参汤方”“麦门冬汤方”。《伤寒论》最后一方是竹叶石膏汤方，而《金匮玉函经》最后一方是麦门冬汤方，在麦门冬汤方之前，是竹叶石膏汤方。又考“麦门冬汤方”不属于《伤寒论》方剂，而属于《金匮要略》方剂，见今本卷上《肺痿肺痈咳嗽上气病脉证治第七》，二书服法、药味、药量完全相同。这说明什么问题？说明《张仲景方》在最初流传阶段，书中所收的《伤寒论》就是今称之《金匮玉函经》（请注意：北宋林亿、孙奇所见之《玉函》已是“自晋以来，传之既久，方证讹谬，辩论不伦”，至清初孙世杰整理时之《玉函》，“讹脱者多，甚或不能以句，既无他本可校，乃博考众籍，以相证佐，补亡灭误，十得八九”。今传之《金匮玉函经》，即陈世杰“补亡灭误”所整理者。可见今本《金匮玉函经》，已与《张仲景方》所收之《玉函》不完全相同，但其内容和构架应该是可信的），而《金匮玉函经》方有一“麦门冬汤方”，这乃是《金匮要略方》写于《伤寒论》方之后，在离析的过程中，偶然遗留下来的。这一个无意中的残存，却反映了这样一种重要的信息：《伤寒论》之方居前，《金匮要略》方居后。

（二）《伤寒》与《杂病》的排列是：《伤寒论》居前，《杂病论》居后。理由是：

1. 张仲景称该书为《伤寒杂病论》，“伤寒”居前，“杂病”居后；

2. 《金匮要略》在经整理校定之前，确是前为伤寒（残卷），后为杂病。

总之，《张仲景方》的原始结构最近《伤寒杂病论》原貌。《伤寒杂病论》的原始结构基本框架如下：

（一）条文部分

1. 《伤寒论》

2.《杂病论》

（二）药方部分

1.《伤寒论》112 方（居前）；

2.《杂病论》262 方（居后）。

三、附：《金匮要略》字诂

孙世扬

《金匮要略字诂》，章太炎弟子孙世扬撰，始载于20世纪20年代《制言》杂志。此文对读《今匮要略》颇有裨益，今已难得，全文引录。

1. 脏腑篇　导引吐纳针灸膏摩

按，“导引”即《扁鹊传》之挢引案杌（音玩）。《索引》以为按摩是也。“膏摩”即《扁鹊传》之毒熨，如今炀药之比。《医宗金鉴》以“膏摩”为按摩，误也。本书有摩散，《千金方》有摩膏，皆属膏摩。

2. 又，腠者是三焦通会元真之处，为血气所注；理者，是皮肤脏腑之纹理也。元者，气之始。元真即《素问》所谓真气。真气者，经气也。武进恽先生云：肌肉各有薄膜裹之，其凑合也，薄膜相切，必有罅隙，荣气于是流行。以罅隙言，谓之溪谷；以荣行言，谓之经气。皮肤脏腑之相传者，亦各有罅隙，亦为荣气之道路。通言之曰三焦，局言之，曰募原。关节之相入，亦有罅隙，为荣气之道路，则谓之四肢八溪。文理犹分理也。

3. 又，厥阳独行

厥，《说文》作瘚，逆气也。《伤寒论》云：阴阳气不相顺接，便为厥。是故六经有厥阴。此又云厥阳，其实一也。

4. 槃饪之邪

槃（gu）为縠字传写之误。《五脏篇》，槃气《千金》引作縠气。《腹满篇》《黄疸篇》及《伤寒论》皆云縠气。

5. 又，风中于前，寒中于暮。

案，“前”当作“俞”。“暮”当作“募”。皆传写之误。“募”谓募原之间，“俞”谓五脏背俞也。中俞者，所谓伤卫也。中募者，所谓伤荣也。

6. 痉湿篇　刚痓柔痓原注作痉

成注《伤寒论》痓当作痉，传写之误。恽先生云：刚痉柔痉以神经张弛为辨。

7. 又，其脉如蛇

《脉经》作其脉浛浛如蛇。案，浛读若涵泳之涵。《五脏篇》云：曲如蛇行。

8. 又，丹田有热，胸上有寒

案，此湿温证淋巴吸收不健则渴不能饮，是之谓胸中有寒，血脉不足于水，则口燥烦，是之谓丹田有热。丹田者，动脉静脉交会之枢也。丹波元简云，寒热字当互易，大误。

9. 百合篇　声喝（一作嗄）

《论衡·气寿》云：‘嘶喝湿下”。“嘶”《说文》作斯，散声。又作誓　悲声。嗄，所嫁切。即嘶之声转。今江浙读如莎。

10. 虐病篇　牡虐

《外台秘要》引作牝虐。

11. 中风篇　汗出入水中，如水伤心。

案，《水气篇》云：汗出入水中浴，水从汗孔入。可知此“如”字乃“谷”字之误。

12. 又，四属断绝

林亿注《平脉法》云：“四属者，谓皮肉脂髓。”此承上文荣、卫、三焦而言，若解作四肢，则于病理不合。

13. 肺痿篇口中辟辟燥

辟辟，口中燥相著也。《庄子·田子方》“口辟焉而不能言。”

14. 胸痹篇　膈下逆抢心

《伤寒论》云：“气上撞心。”“抢”与“撞”音义并近。

15. 腹满篇　白津出

《千金》《外台》并作“自汗出”。案《淮南·修务训》亦云“白汗”。白汗即《素问》之魄汗。“魄”读若旁魄。

16. 五脏篇　身运而重

“运”读若“眩晕”之“晕”。如“月晕”亦作“月运”是。

17. 又，浮之大坚，按之如覆杯，洁洁状如摇

按，此当从林亿校《脉经》作“浮之大缓，按之中如覆杯，絜絜状如炙肉。”“洁”本作“挈”（千金引作挈），与“絜”形近而误。“摇”与“炙肉”亦形近而误。“如覆杯”谓动脉之形。“絜絜状如炙肉”，谓脉来之势。

18. 痰饮篇　沥沥有声

《巢氏病源》引作漉漉。案，漉涯声义并通。

19. 又，支饮

支犹拒也。支满、支结、支痛皆同义。

20. 又，幕泣自出

吴县汪旭初先生云，泣古泪字。

21. 水气篇水不沾流

沾读若沾治。《素问·经脉别论》云：“水精四布，五经并行”，是沾流之义。

22. 又，气击不去

案，下文当攻击冲气令止，可知此处“击”字不误。“气击”者，谓气为下药所击也。徐本改作

"繁"，魏本改作"气急"，并非是。

23. 又，气分

"分"读若名分之分。《尹文子》曰："名宜属彼，分宜属我。"

24. 又，四肢聂聂动者

《说文》"枫，厚叶弱枝善摇，一名欇"。聂聂即欇之省。

25. 黄疸篇　靖言了

《脉经》《千金》并作"靖言了了"。《外台》"靖"作"静"。案"靖言"即《公羊传》之竫言也。此明其无热不谵语。金口改作蠢言，大误。

26. 妇人篇　妇人之病因虚节韵

年　坚　涎　分　疝　连　元　鳞　身　匀　神　寒　端　弦　安　源　然

超尘按，此论《金匮要略》古韵也。《伤寒论》《金匮要略》押韵句段很少，《金匮要略》尤少。谨将此段押韵之文全引如下，在韵脚处标以古韵部，外加括号，并据韵考证此段之写作时代。

妇人之病，因虚、积冷、结气，为诸经水断绝，至有历年（元），血寒积结胞门，寒伤经络，凝坚在上，呕吐涎唾，久成肺痈。形体损分（文），在中盘结，绕脐寒疝（元）。或两胁疼痛，与脏相连（元）；或结热中，痛在关元（元）。脉数无疮，肌若鱼鳞（真），时着男子，非止女身（真）。在下未多，经候不匀（真）。冷阴掣痛，少腹恶寒（元）。或引腰脊，下根气街，气冲急痛，膝胫疼烦（元），奄忽眩冒，状如厥癫（真），或有忧惨，悲伤多嗔（真），此皆带下，非有鬼神（真），久则羸瘦，脉虚多寒（元）。三十六病，千变万端（元）。神脉阴阳，虚实紧弦（真），行其针药，治危得安（元），其虽同病，脉各异源（元）。子当辨记，勿谓不然（元）。

这是一段典型的真、文、元三个古韵部合韵的文章。段玉裁在《六书音韵表》里反复地明确地说，真、文、元合韵是汉代文章的特点。因此可以胡切证明这段文章是汉代的文章。

27. 形体损分

《素问·五常政大论》"分溃痈肿"注："分，裂也。"此论肺痈，故云。

28. 又，在下未多

"未"当作"沫"，莫割切。谓白物也。凡经水不利，必下白物。

29. 杂疗篇　紫石寒食散方

按，《千金翼》引此方有人参一两。沈存中云，乳石之忌参术，触者多死。至于五石散，则皆用参术，此古人处方之妙。然今见服钟乳而犯苍术、白术者，必头眩。

第三节　建安时期兵燹灾疫民生考

仲景《伤寒论》自序："余宗族素多，向馀二百。建安纪年以来，犹未十稔，其死亡者，三分有二，伤寒十居其七。感往昔之沦丧，伤横夭之莫救"云云，感情真挚深沉而哀痛。此段文字，非熟谙建安时期频繁兵祸、水火疾疫、民生苦痛等情，难于体察深刻。"感往昔之沦丧，伤横夭之莫救"之句，饱含无限血泪。王粲叙此时之情景云："出门无所见，白骨蔽平原。路有饥妇人，抱子弃草间。"（《七哀诗》）《三国志》卷一《魏武帝纪》建安元年裴松之注云："《魏书》曰：自遭荒乱，率乏粮谷，诸军并起，无终岁之计。饥则寇掠，饱则蔑余，瓦解流离，无敌自破者，不可胜数。袁绍之在河北，军人仰食桑椹；袁术在江淮，取给蒲蠃，民人相食，州里萧条。"《三国志》魏志《张绣传》称建安中，"是时天下户口减耗十才一（按，谓减少十分之九，仅余其一），在诸将封，未有满千户者。"《三国志·文帝纪》裴松之注："《魏书》曰：帝初在东宫，疫疠大起，时人雕伤。"又云："疫疠数起，士人雕落。"按文帝曹丕生于灵帝中平四年（公元187年），文帝十岁相当建安二年，则建安之初，疫情甚重。今摘录《后汉书》《三国志》《晋书食货志》《资治通鉴》等史书中有关兵燹、灾疫、民生若干史料，及可供考证《伤寒杂病论》撰写背景之史料，制成《建安时期兵燹灾疫民生表》，供研究《伤寒论》参阅。

建安时期兵燹灾疫民生表

时　间　建安元年（196年）

史　事

①《后汉书·献帝纪》："建安元年六月，是时宫室烧尽，百官披荆棘，依墙壁间。州郡各拥强兵，而委输不至，群僚饥乏，尚书郎以下，自出采稆【lü】，或饥死墙壁间，或为兵士所杀。"

②《后汉书·刘表传》："建安元年，骠骑将军张济自关中走南阳，因攻穰城。"

③《晋书·食货志》："建安元年，车驾出洛阳，宫闱荡涤，百官披荆棘而居焉。郡各拥强兵，而委输不至，尚书郎官，自出采稆，或不能自返，死于墟巷。魏武之初，九州云扰，攻城略地，保此怀民。军旅之资，权时调给。于是袁绍军人，皆资椹枣，袁术战士，取给蠃蒲。"

④《晋书·食货志》："建安初，关中百姓流入荆州者十余万家。"

⑤《资治通鉴》卷62《献帝建安元年》："中平（184~189）以来，天下乱离，民弃农业，诸军并起，率乏粮谷，无终岁之计。饥则寇掠，饱则弃余，瓦解流离，无敌自破者，不可胜数。袁绍在河北，军人仰食桑椹，袁术在江淮，取给蒲蠃，民多相食，州里萧条。"

⑥《资治通鉴》卷六十二《献帝建安元年》："张济自关中引兵入荆州界，攻穰城（按，胡三省注：穰城，属南阳郡）为流矢所中，死。荆州官属皆贺，刘表曰：济以穷来，主人无礼，至于交锋，此非牧意。牧受吊，不受贺也。使人纳其众，众闻之喜，皆归心焉。济族子建忠将军绣代领其众，屯宛。"

建安二年（197年）

①《后汉书·献帝纪》："二年夏五月，蝗。秋九月，汉水溢。是岁饥，江淮间，民相食。"

②《后汉书·五行志》："建安二年九月，汉水流害民人，是时天下大乱。"

③《三国志·魏书·武帝纪》：建安二年秋九月，曹操击袁术，"术走渡淮"。刘表张绣联合攻曹操。"十一月，公（按指曹操）自南征至宛。表将邓济据湖阳，攻拔之，生擒济，湖阳降。"

④《三国志·魏书·武帝纪》："二年春正月，公到宛，张绣降。"裴注："《献帝春秋》曰：袁绍叛卒诣公云：田丰使绍早袭许，若挟天子以令诸侯，四海可指挥而定也。公乃解绣围。"曹操撤宛，张绣叛操附刘表。

⑤据《甲乙经序》及《刘表传》推算，此年仲景见王粲仲宣。见章太炎《张仲景事状考》一文。

⑥《后汉书·袁术传》："刘表上术为南阳太守"，"术在南阳，户口尚数十百万，而不修法度，以钞掠为资，奢恣无厌，百姓患之。"

⑦《后汉书·袁术传》，建安二年，袁术窃僭帝号。

⑧建安二年春，曹操、张绣大战于南阳郡之淯水。《资治通鉴》卷六十二《献帝建安二年》："春正月，曹操讨张绣，军于淯水。肃举众降，操纳张济之妻，绣恨之；又以金与绣骁将胡车儿，绣闻而疑惧，袭击操军，杀操长子昂。操中流矢，败走。校尉典韦与绣力战，左右死伤略尽，韦被数十创。绣兵前缚之，韦双挟两人击杀之，嗔目大骂而死。"

⑨《资治通鉴》卷62《献帝建安二年》："冬，十一月，曹操复攻张绣，拔湖阳（按，胡三省注："湖阳县，属南阳郡。"）擒刘表将邓济；又攻舞阳，下之。"

⑩《资治通鉴》卷62《献帝建安二年》："颖川杜袭、赵俨、繁钦避乱荆州（胡三省注：繁音婆），刘表俱待以宾礼。"

建安三年（198年）

①《后汉书·刘表传》："建安三年，长沙太守张羡率零陵、桂阳三郡畔表，表遣兵攻围破平之。"裴松之引王粲《英雄记》云："张羡南阳人，先作零陵桂阳守，甚得江湘间心，然性倔强不顺，表薄其为人，不甚礼也。羡因是怀恨遂叛表。"按张羡于此年始叛表。按，孙鼎宜《仲景传略》、章太炎《医故》均谓章羡即张机仲景，参见本书第一章孙鼎宜及章太炎文。

②《三国志·魏书·武帝纪》："三年三月，公围张绣于穰。夏五月，刘表遣兵救绣，以绝军后"，刘表"悉军来追，（公）乃纵奇兵步骑夹攻，大破之。"

③建安三年，曹操、张绣复战于南阳郡之穰。《资治通鉴》卷62《献帝建安三年》："春正月，曹操还许（胡三省注：攻张绣而还也）。三月，将复击张绣。荀攸曰：绣与刘表相恃为强；然绣以游军仰食于表，表不供也，势必乖离。不如缓军以待之，可诱而致也。若急之，其势必相救。操不从，围绣于穰。""会绍亡卒诣操，云田丰劝绍袭许，操解穰围而还，张绣率众追之。五月，刘表遣兵救绣，屯于安众，守险以绝军后（胡三省注：《郡国志》，南阳郡有安众侯国）。操与荀淯书曰：吾到安众，破绣必矣。及到安众，操军前后受敌，操及夜凿险伪遁。表、绣悉军来追，操纵奇兵步骑夹攻，大破之。"

④《资治通鉴》卷62《献帝建安三年》："长沙太守张羡，性屈强（胡三省注：屈强，梗戾不顺从貌），表不礼焉。郡人桓皆说羡举长沙、零陵、桂阳三郡以拒表，遣使附于曹操，羡从之"（胡三省注：《魏志桓皆传》：袁曹官渡相拒而皆说羡。）

建安四年（199年）

①《三国志·魏书·武帝记》："冬十一月，张绣率众降，封列侯。十二月，公军官渡。"

②刘表围攻长沙郡守张羡。

建安五年（200年）

①曹操与袁绍大战于官渡。

②《三国志·刘表传》"长沙太守张羡畔表，表围之，连年不下。羡病死。长沙复立其子怿。表遂攻并怿。南收零陵，北据汉川，地方数千里，带甲十余万。"

③《三国志·桓皆传》："皆曰：曹公虽弱，仗义而起，救朝廷之危，奉王命而讨有罪，孰敢不服？今若举四郡保三江，以待其来，而为之内应，不亦可乎？羡曰：善，乃举长沙及旁三郡以拒表，遣使诣太祖，太祖大悦，会绍与太祖连战，军未得南，而表急攻羡，羡病死城陷。"

④《三国志·蜀书·先主传》："（曹）公东征先主，先主败绩。""曹操与袁绍相拒于官渡，汝南黄巾刘辟等叛曹公应绍，绍遣先主将兵，与辟等略许下。关羽亡归先主。曹公遣曹仁将兵击先主。先主还绍军，阴欲离绍，乃说绍南连荆州牧刘表。绍遣先主将本兵复至汝南，与贼龚都等合众数千人。曹公遣蔡阳击之，为先主所杀。曹公既破绍自南击先主。"

⑤《三国志·吴书·孙权传》建安五年裴松之注："《江表传》曰：初，（孙）策表用李术为卢江太守，策亡之后，术不肯事权，而多纳其亡叛，权移书求索，术报曰：有德见归，无德见叛，不应复还。权大怒……是岁，举兵攻术于皖城，术闭门自守，求救于曹公，曹公不救，粮食乏尽，妇女或泥丸而吞之。遂屠其城，枭术首，徙其部曲三万余人。"

⑥《资治通鉴》卷63《献帝建安五年》："刘表攻张羡，连年不下。曹操方与袁绍相拒，未暇救之。羡病死，长沙复立其子怿。表攻怿及零、桂，皆平之。于是表地方数千里，带甲十余万，遂不供职贡，郊祀天地，居处服用，僭拟乘舆焉。"

建安六年（201年）

①《三国志·魏书·武帝纪》："六年夏四月，扬兵河上，击绍仓亭军，破之。绍归，复收散卒，攻定诸叛郡县。九月，公还许。绍之未破也，使刘备略汝南。汝南贼龚都等应之。遣蔡阳击都，不利，为都所破。公南征备。备闻公自行，走奔刘表。都等皆散。"

②刘表继续攻张羡子张怿，此年平张怿。丹波元简《伤寒论辑义》："《英雄记》曰：张羡南阳人，盖仲景，羡之族。岂表破羡之后，使仲景代之乎？"按，元简此语虽短，但启迪极多，读者切勿忽之。

建安七年（202年）

①《三国志·魏书·武帝纪》，曹操下令曰："吾起义兵，为天下除暴乱，旧土人民，死丧略尽，国中终日行，不见所识，使吾妻怆伤怀。"

②五月，袁绍卒。《三国志·武帝纪》："绍自军破后，发病呕血，夏五月死。"曹操击袁绍子袁尚、袁谭于黎阳，"连战，谭、尚数败，退固守。"

建安八年（203年）

①《三国志·武帝纪》："秋七月，令曰：丧乱以来，十有五年（按，从献帝初登极至建安八年恰为十五年），后生者不见仁义礼让之风，吾甚伤之，其令郡国各修文学，县满五百户置校官，选其乡之俊造而教学之，庶几先王之道不废，而有以益于天下。""八月，公征刘表。"

②《资治通鉴》卷六十四《献帝建安八年》："连年战伐，介胄生虱，加以旱蝗，饥馑并臻，天灾应于上，人事困于下。"

建安九年（204年）

《后汉书·献帝纪》："九年秋八月戊寅，曹操大破袁尚，平冀州，自领冀州牧。

建安十年（205年）

《后汉书·五行志》："十年，曹操破袁谭于南皮。"《三国志·魏书·武帝纪》："十年春正月，攻谭，破之，斩谭，诛其妻子。"

建安十一年（206年）

《后汉书·献帝纪》："三月，曹操破高干于并州。"

建安十二年（207年）

建安十三年（208年）

①《后汉书·献帝纪》："曹操自为丞相。"

②《三国志·魏书·武帝纪》："秋七月，公南征刘表。八月，表卒，其子琮代。屯襄阳，刘备屯樊。九月，公到新野。琮遂降。备走夏口。公进军江陵，下令荆州吏民，与之更始。"又云："十二月，孙权为备攻合肥，公自江陵征备，至巴丘，遣张熹救合肥，权闻熹至，乃走。公至赤壁与备战，不利，于是大疫。吏士多死者，乃引军还，备遂有荆州、江南诸郡。"《后汉书·献帝纪》："曹操以舟师伐孙权，权将周瑜败之于乌林赤壁。"《后汉书·五行志》："十三年，禽吴黄祖，是岁刘表死。曹操略荆州，逐刘备于当阳。"

③《三国志·蜀书·先主传》："曹公南征表，会表卒，子琮代立，遣使请降。先主屯樊，不知曹公卒至，至宛乃闻之。遂将其众去，过襄阳，诸葛亮说先主攻琮，荆州可有。先主曰：吾不忍也。乃驻马呼琮，琮惧，不能起。琮左右及荆州人多归先主。比到当阳，众十余万，辎重数千两，日行十余里。亮遣关羽乘船数百艘使会江陵。或谓先主曰：宜速行，保江陵。今虽拥大众，被甲者少，若曹公兵至，何以拒之？先主曰：夫济大事，必以人为

本；今人归吾，吾何忍弃去？曹公以江陵有军实，恐先主据之，乃释辎重，轻车到襄阳，闻先主已过，曹公将精骑五千急追之，一日一夜行三百余里，及于当阳之长坂。先主弃妻子，与诸葛亮、张飞、赵云等数十骑走，曹公大获其人众辎重，先主斜趣汉津，适与羽船会，得济沔，遇表长子江夏太守琦众万余人，与俱到夏口。先主遣诸葛亮自结于孙权，权遣周瑜、程普为水军数万，与先主并力，与曹公战于赤壁。大破之，焚其舟船。先主与吴军水陆并进，追到南郡，时又疾疫，北军多死，曹公引归。先主表琦为荆州刺使，又南征四郡；武陵太守金旋、长沙太守韩玄、桂阳太守赵范、零陵太守刘度皆降。泸江雷绪率部曲数万口稽颡。刘琦死。群下推先主为荆州牧。治公安。”

④《三国志·吴书·孙权传》：“荆州牧刘表死，鲁肃乞奉命吊表二子，且以观变。肃未到，而曹公已临其境。表子琮举众以降。刘备欲南济江。肃与相见，因传权旨，为陈成败。备进驻夏口，使诸葛亮诣权。权遣周瑜、程普等行。是时曹公新得表众，形势甚盛，其议者皆望风畏惧，多劝权迎之。惟瑜、肃执拒之议，意与权同。瑜、普为左右督，各领万人，与备俱进，遇于赤壁，大破曹公军。公烧其余船引退，士卒饥疫，死者大半。备、瑜等复追至南郡，曹公遂北还，留曹仁、徐晃于江陵，使乐进守襄阳。”

⑤《资治通鉴》卷65：“《建安十三年》备以诸葛亮为军师郎将，使督零陵、桂阳、长沙三郡，调其赋税，以充军实。”

建安十四年（209年）

①《后汉书·献帝纪》：“十四年冬十月，荆州地震。”

②《三国志·魏书·武帝纪》：十四年秋七月，“辛未，令曰：自顷已来，军数征行，或遇疫气，吏士死亡不归，家室怨旷，百姓流离。”

③《资治通鉴》卷66《献帝建安十四年》：“权以备领荆州牧，周瑜分南岸地以给备（胡三省注：荆江之南岸则零陵桂阳武陵长沙四郡地也）”

建安十五年（210年）

《资治通鉴》卷66《献帝建安十五年》周瑜卒。“鲁肃劝权以荆州借刘备，与共拒曹操。权从之。”

建安十六年（211年）

①《后汉书·献帝纪》：“十六年秋九月庚戌，曹操与韩遂、马超战于渭南，遂等大败，关西平。”

②《资治通鉴》卷66，刘备入四川益州：“（备）乃留诸葛亮、关羽等守荆州，以赵云领留营司马，备将步卒数万人入益州。”

建安十七年（212年）

①《后汉书·献帝纪》：“秋七月，洧水颍水溢。螟。”

②《三国志·魏书·武帝纪》：“冬十月，公征孙权。”

建安十八年（213年）

①《后汉书·献帝纪》：“夏五月丙申，曹操自立为魏公，加九锡。”

②《后汉书·五行志》：“十八年六月，大水。”注：“《献帝起居注》曰：七月大水，上亲避正殿。八月，雨不止，且还殿。”

③《三国志·魏书·武帝纪》：“秋七月，始建魏社稷、宗庙。”

④《资治通鉴》卷66《献帝建安十八年》：“春，正月，曹操进军濡须口，号步骑四十万，攻破孙权江西营（胡三省注　大江东北流，故自历阳至濡须口皆谓之江西，而建业谓之江东）获其部督公孙阳。权率众七万御之。相守月余。”“初，曹操在谯，恐滨江郡县为孙权所略，欲徙令近内，以问扬州别驾蒋济，曰：昔孤与袁本初对军官渡，徙燕白马民，民不得走，贼亦不敢钞。今欲徙淮南民，何如？对曰：是时兵弱贼强，不徙必失之。自破袁绍以来，明公威震天下，民无他志，人情怀土，实不乐徙，俱必不安。操不从。既而民转相掠，自庐江、九江、蕲春、广陵，户十余万皆东渡江，江西遂虚，合肥以南，惟有皖城。”“五月，大雨水。”

建安十九年（214年）

《三国志·魏书·武帝纪》：“三月，天子使魏公（按指曹操）位在诸侯王上。改授金玺赤绂远游冠。秋七月，公征孙权。”《资治通鉴》建安十九年“夏四月旱。五月，雨水。”

建安二十年（215年）

①《后汉书·献帝纪》：“秋七月，曹操破汉中，张鲁降。”

②《三国志·魏书·武帝纪》：“十一月，刘备袭刘璋，取益州，遂据巴中。”

③《三国志·蜀书·先主传》：“二十年，孙权以先主已得益州，使使报欲得荆州。先主言：‘须得凉州，当以荆州相与。’权忿之，乃遣吕蒙袭夺长沙、零陵、桂阳三郡。先主引兵五万下公安，令关羽入益阳。是岁，曹公定汉中，张鲁遁走巴西。先主闻之，与权连合，分荆州、江夏、长沙、桂阳

东属，南郡、零陵、武陵西属。”

④《三国志·吴书·孙权传》：“是岁刘备定蜀，权以备已得益州，令诸葛瑾从求荆州诸郡。备不许，曰：‘吾方图凉州，凉州定，乃尽以荆州与吴耳。’权曰：‘此假而不反，而欲以虚辞引岁。’遂置南三郡长吏，关羽尽逐之。权大怒，乃遣吕蒙督鲜于丹、徐忠、孙规等兵二万取长沙、零陵、桂阳三郡，使鲁肃以万人屯巴丘，以御关羽，权住陆口，为诸军节度。蒙到，二郡皆服，惟零陵太守郝普未下。会备到公安，使关羽将三万兵至益阳。权乃召蒙等使还助肃。蒙使人诱普，普降，尽得三郡将守，因引军还，与孙皎、潘璋并鲁肃兵并进，拒羽于益阳。未战，会曹公入汉中，备惧失益州，使使求和。权令诸葛瑾报，更寻盟好，遂分荆州长沙、江夏、桂阳以东属权，南郡、零陵、武陵以西属备。”

⑤《资治通鉴》卷67《献帝建安二十年》：刘备孙权争荆州。“会闻魏公操将攻汉中，刘备惧失益州，使使求和于权。权令诸葛瑾报命，更寻盟好，遂分荆州，以湘水为界：长江、江夏、桂阳以东属权，南郡、零陵、武陵以西属备。”

建安二十一年（216年）

①《后汉书·献帝纪》：“二十一年夏四月甲午，曹操自进为魏王。”

②《三国志·魏书·武帝纪》：“冬十月治兵，遂征孙权。十一月至谯。”

建安二十二年（217年）

①《后汉书·献帝纪》曰：“是岁大疫。”

②《后汉书·五行志》：“献帝建安二十二年大疫。”注：“魏文帝书与曹质曰：昔年疾疫，亲故多离其灾。魏陈思王常说疫气云：家家有强尸之痛，室室有号泣之哀，或合门而殪，或举族而丧者。”

③《三国志·魏书·武帝纪》：“二十二年春正月，王军居巢。二月，进军，屯江西郝溪。权在濡须口筑城拒守，遂逼攻之，权退走。三月，王引军还，留夏侯淳、曹仁、张辽等屯居巢。”又云，冬十月，天子“以五官中郎将丕为魏太子。刘备遣张飞、马超、吴兰等屯下辩，遣曹洪击之。”

建安二十三年（218年）

①《三国志·魏书·武帝纪》：“秋七月治兵，遂西征刘备，九月至长安。冬十月，宛守将侯音等反，执南阳太守，劫略吏民，保宛。初，曹仁讨关羽，屯樊城，是月使仁围宛。”

②《三国志·魏书·武帝纪》：“二十三年春，正月，汉太医令吉本与少府耿纪、司直韦晃等反，攻许，烧丞相长史王必营。”《后汉书·献帝纪》：“二十三年春，正月甲子，少府耿纪，丞相司直韦晃起兵诛曹操，不克，夷三族。”

③《资治通鉴》卷68《建安二十三年》：“南阳吏民苦繇役（胡三省注：苦于供给曹仁之军也），冬十月，宛守将侯音反。南阳太守东里衮与功曹应余进窜得出；音遣骑追之，飞矢交流。余以身蔽衮，被七创而死，音骑执衮以归。时征南将军曹仁屯樊以镇荆州，魏王操命仁还讨音。功曹宗子卿说音曰：足下顺民心，举大事，远近莫不望风，然执郡守，逆而无益，何不遣之？音从之。”

建安二十四年（219年）

①《后汉书·献帝纪》：“二十四年夏五月，刘备取汉中。秋七月庚子，刘备自称汉中王。八月，汉水溢。冬十一月，孙权取荆州。”

②《后汉书·五行志》：“二十四年八月，汉水溢，流害人民。”

③《三国志·魏书·武帝纪》：“二十四年春正月，（曹）仁屠宛，斩（侯）音。“裴松之注：“《曹瞒传》曰：是时南阳间苦徭役，（侯）音于是执太守东里衮与吏民共反，与关羽连合。”“夏侯渊与刘备战于阳平，为备所杀。”

④《资治通鉴》卷68《献帝建安二十四年》：“八月，大霖雨，汉水溢，平地数丈，于禁等七军皆没。禁与诸将登高避水，羽乘大船就攻之，禁等穷迫，遂降。”“樊城中人马才数千人，城不没者数板。羽乘船临城。立围数重，外内断绝，羽又遣别将围将军吕常于襄阳。荆州刺史胡修南乡太守傅方皆降于羽”（胡氏注：汉建安中，割南阳右壤为南乡郡属荆州）。

⑤《三国志·吴书·孙权传》：二十四年，“是岁大疫，尽除荆州民租税。曹公表权为骠骑将军，假节领荆州牧。”

⑥《三国志·蜀书·先主传》：“时关羽攻曹公将曹仁，禽于禁于樊，俄而孙权袭杀羽，取荆州。”

建安二十五年（220年）

①《后汉书·献帝纪》：“二十五年春正月庚子，魏王曹操薨，子丕袭位。三月，改元延康。冬十月乙卯，皇帝逊位，魏王丕称天子。”

②《三国志·魏书·武帝纪》：“二十五年春正月至洛阳。权击斩羽，传其首。庚子，王崩于洛阳，年六十六。”

注：《后汉书》无《食货志》，《晋书·食货志》追溯东汉及三国时期经济民生，故引之。从建安元年至二十五年，战争连年，岁无宁日，致“白

骨蔽平原”，“旧土人民，死丧略尽”，“人相食啖”。战乱必致大疫，如建安十三年赤壁战后，“于是大疫，吏士多死亡者”，“家家有强尸之痛，室室有号泣之哀”。水灾、蝗灾，时有发生。凡此种种，诚如仲景《伤寒论序》所云：“感往昔之沦丧，伤横夭之莫救”，这是对悲惨民生的深痛概述。建安时期，户口锐减。据《后汉书》卷三十二《郡国志》云：“荆州刺史部郡七，县邑侯国百一十七”。仅以南阳郡而论，“南阳郡，三十七城。户：五十二万八千五百五十一。口：二百四十三万九千六百一十八。”辖宛、卷城、新野、章陵、鲁阳、博望、棘阳、随、阳聚、涅阳、赞等县。建安初，袁术为南阳太守：“不修法度，以钞掠为资，奢恣无厌”，户口锐减。建安二十三年，宛城守侯音屠戮宛城人民，二十四年曹仁“屠宛，斩音”。仲景逝世约在建安之末，仲景《伤寒杂病论》亦应在其卒后逐渐散乱。

第四节　勤求博采之书及《伤寒论》版本流传简史

一、仲景论广《伊尹汤液》考

皇甫谧《甲乙经序》：“伊尹以元圣之才，撰用《神农本草》，以为《汤液》。”又云：“仲景论广《伊尹汤液》为十数卷，用之多验。近代太医令王叔和撰次仲景遗论甚精，皆可施用。”林亿《伤寒论序》云：“夫《伤寒论》盖祖述大圣人之意，诸家莫其伦拟，故晋皇甫谧序甲乙经云：伊尹以元圣之才，撰用《神农本草》以为《汤液》，汉张仲景论广《汤液》为十数卷，用之多验。近世太医令王叔和撰次仲景遗论甚精，皆可施用。是仲景本伊尹之法，伊尹本神农之经，得不谓祖述大圣人之意乎？”是皇甫谧、林亿诸前贤皆谓《伤寒杂病论》在《伊尹汤液》一书基础上而成。仲景《伤寒论序》亦云：“勤求古训，博采众方”，仲景所求采者主要为《伊尹汤液经》。班固《汉书艺文志》经方类著录“《汤液经法》三十二卷”。久佚。宋王应麟《汉书艺文志考证》云：“《内经素问》有《汤液醪醴论》。《事物纪原》：《汤液经》出于商伊尹。《郊祀志》：莽以方士苏乐言，起八风台于宫中，作乐其上，顺风作《汤液》。皇甫谧曰：仲景论广《伊尹汤液》为十数卷。”由王应麟泛引诸书观之，是王氏于《汤液经法》一书不甚了了。清·姚振宗《汉书艺文志条理》在《汤液经法三十二卷》下云：“按后汉张机仲景取是书论次为十数卷”。姚振宗《后汉艺文志》在“张仲景方十五卷”下云：“按王应麟《汉书艺文志考证》引皇甫谧曰：仲景论广《伊尹汤液》为十数卷。按汉志经方家有《汤液经法三十二》卷，仲景论定者，盖即是书。”（按，姚氏两书收于《二十五史补编》）。

1988年中国中医研究院中国医史文献研究所马继兴教授主编《敦煌古医籍考释》（江西科技出版社1988年10月第一版）、1994年甘肃中医学院丛春雨先生主编《敦煌中医药全书》（北京中医古籍出版社1994年12月第一版）均收录《辅行诀藏府用药法要》、1998年10月由马继兴教授主编由江苏古籍出版社出版的《敦煌医药文献辑校》皆收录此书（下简称《辅行诀》）。《辅行诀》以确切的资料证明《伤寒杂病论》是在《汤液经法》一书的基础上撰成。下面分为几个问题论证《辅行诀》《汤液经法》《伤寒杂病论》三者的传承关系。

（一）《辅行诀》的作者、发现、存佚及研究

1. 作者

《辅行诀》题“梁·华阳隐居陶弘景撰”。陶弘景（456～536），生于南朝刘宋孝建三年，卒于梁大同二年。《南史》《梁书》有传。字通明，丹阳秣陵人（今江苏镇江附近）。《南史本传》：“至十岁，得葛洪《神仙传》，昼夜研寻，便有养生之志。谓人曰：仰青云，睹白日，不觉为远矣。”所论与《辅行诀》陶氏所云“凡学道辈，欲求永年，先须祛疾。或有宿痼，或患时恙，一依五脏补写法，服药数剂，必使脏气平和，乃可进修内视之道”之意合。永明十年（492年），时年三十有六，上表辞官，诏许之。于是止于句容之句曲山，乃曰：“此山下是第八洞宫，名金坛华阳之天，周回一百五十里，昔汉有咸阳三茅君得道来掌此山，故谓之茅山。乃山中立馆，自号华阳隐居。人间书札，即以隐居代名。”自此，“华阳隐居”之名乃立。《南史本传》云，始从东阳孙游岳受符图经法，“遍历名山，寻访仙药，身既轻捷，性爱山川，每经涧谷，必坐卧其间，吟咏盘桓，不能自已。性好著述，尚奇异，顾惜光影，老而弥笃。尤明阴阳五行，风角星算，山川地理，方图产物，医术本草。”所著《学苑》百卷、《孝经》《论语集注》《帝王年历》《本草集注》《效验方》《肘后百一方》《古今州郡记》《图象集要》《玉匮记》《七曜新旧术疏》《占候》《合丹法式》等书，据《南史本传》云“共秘密不传，及撰而未讫又十部，唯弟子得之。”《辅行诀》云：“依《神农本经》及《桐君采药录》上中下三品之药，凡三百六十五味，以应周天之

度，四时八节之气。商有圣相伊尹，撰《汤液经法》三□，为方亦三百六十首。上品上药，为服食补益方者百二十首；中品中药，为疗疾去邪之方，亦百二十首；下品毒药，为杀虫辟邪痈疽等方，亦百二十首。凡共三百六十首也。实万代医家之规范，苍生护命之大宝也。今检用常情需用者六十首，备山中预防灾疾之用耳。”观以上诸说，《辅行诀》乃陶隐居主据《汤液经法》并参考《神农本草》《桐君采药录》而亲撰者，以备山中隐居之用，并教导弟子以《辅行诀》之法袪除疾病，进修内视之道。据《南史本传》，陶氏所作，或秘密不传，或撰而未讫由弟子收藏。疑《辅行诀》为弟子收藏而略加整理者。文中“隐居曰”“陶云”等语，是其证。由于《辅行诀》保存于弟子之手，久未外传，故阮孝绪《七录》未加著录，《隋志》因之亦未著于录。

2. 发现

《辅行诀》原藏敦煌藏经洞。1907 年法国伯希和至敦煌盗宝，发现大批珍贵经卷，欲携回国，装箱时某道士见此件首尾完具，乃暗藏之。《辞海》介绍伯希和情况云：“伯希和，法国汉学家。曾任职于法国远东学院（河内）。1906 ~ 1908 年活动于中国甘肃新疆一带，盗窃敦煌千佛洞大量珍贵文物，运往巴黎。1911 年起任法兰西学院（巴黎）教授。1925 年主编东方学杂志《通报》，著有《敦煌千佛洞》等。”伯希和盗窃的敦煌文物近 2500 件（不包括藏文）。伯希和将斯坦因盗掠之余的两千余件经卷装箱，于 1908 年 10 月运抵北京。信息闭塞的国人，直至此时，尚不知敦煌宝卷已连续被盗。1908 年 12 月这些宝卷经由河内远东博古学院运往巴黎。1909 年 5 月伯希和携带少量敦煌经卷再至北京，向中国学者展示。消息传出，国人震惊，舆论大哗。1909 年 11 月日本人主办的《燕尘》杂志第二卷第十一期刊登署名“救堂生”的题为《敦煌石室中的典籍》一文，较详细地记录了救堂生与伯希和会面及他亲见敦煌卷子的情形。现把有关部分摘引如下：

敦煌石室中的典籍　救堂生

法兰西东方考古学校（在河内）教授伯希和乃十九世纪末二十世纪初法国最杰出的中国学家 E·沙畹之三大弟子之一，于甘肃省敦煌县石室中，获得深藏于该处之经卷古文书类。此次于归途返本国途中，滞留北京。余听闻其事，即赴八宝胡同假寓，通刺拜访。此事前未得与闻，踌躇间，但闻侍者曰“请”，引入客厅。P·伯希和氏系年仅三十之青年绅士，颇具学者气象。会晤之际，伯希和氏不以西洋语而以流畅之北京语交谈，并介绍其友人夏巴耐与曼佗罗，欢谈甚洽。

P·伯希和氏为研究清国西陲之地理古迹，于前年从本国出发，经俄属中亚西亚进入新疆，滞留库车八个月，乌鲁木齐两个月，吐鲁番数周，继续其研究。于乌鲁木齐听闻敦煌石室之事，遂经巴里绅、哈密至安西，知州某赠古写本一卷，系唐写本无疑。便于去年冬日至敦煌，滞留三月，终获三危山下石室所藏之写经与他物。

卷子大部已送回本国，仅示随身数十品，皆惊心骇目之贵重品，为唐写本、唐写经、唐刻及五代刻经文、唐拓本等。纸质不离黄麻、白麻、楮纸三种。《老子化胡经》不亚于《太平经》中最优者。《尚书·顾命》残页，文字雄劲，确系唐人书法。此石室系西夏兵戈之时所封以至近年。故石室之物皆五代以前，宋以下不见一纸。且西夏文字之物，亦不见半片，此为确证。鄙以为此乃学术上之大发现也。

余知识浅陋，于内容皆无知，仅以趣味观之，亦无价之珍品也。P·伯希和氏携此奇书，北京士大夫中学者，于古典具趣味者，继续造访，见此赍来之珍品，无不惊者……

救堂生文章刊布不久，日本《朝日新闻》于 1909 年 11 月 12 日刊登一篇长篇报道，对伯希和掠取书卷之意义等作了较详细分析。全文如下：

千年前古书卷十余箱　悉被法国人席卷而去

东京某氏近接清国文部参议官罗振玉氏报，此乃为足以耸动学术界之大发现。据所报，清国甘肃省敦煌县东南三危山下小川前，有寺庙三座，士人称其上寺、中寺、下寺。上中两寺为道教方士所栖居，独下寺为僧刹，寺左方不远处有石室数百。此石室自唐以来，俗称“千佛洞”，文人呼之“莫高窟”。洞中皆壁画，诚如千佛洞之名。上截刻几多几样佛罗汉之象，下截更刻刻佛像之人及姓氏里籍。光绪二十六年（1900 年。日本明治三十三年），为修治右侧之石洞，凿一石壁，意外发现众多书卷藏匿于此，其书始流落人间。然其地僻极西，犹未为世人瞩目。光绪三十三年（1907 年。日本明治四十年）冬，在北京之法国传教士伯希和赴中国西北新疆旅行，至迪化府。伊犁将军长庚以上述石室之书一卷相赠，并语该发现之事实。遂继续南向，入甘肃省。安西州牧某氏，亦以一卷相赠。伯氏久驻北京，于中国古书有极大之趣味，一见即确认系唐代写本。急赴石室之处，遍访搜寻，购得十余箱。此仅不过原存三分之一，余三分之二，散佚而无由收管。伯氏携之归北京，经史子集四部及经卷中之好者，即送法国，残余数种，罗氏于上月下旬得以观之。罗氏云：此乃西夏兵革之际，藏匿于此，系九百七十余年前之古书卷，弥足珍贵。且佛教衰颓，在五代兵乱之际，匿藏之古书卷中，又特多佛书，是亦一千余年前之古书卷也。

伯氏送归法国之书目略如左：

颜师古《玄言新记明老部五卷》《二十五等人图》《太公家教》《辩才家教》《孔子修问书》《天地开辟以来帝王记》《百行章》《何晏论语集解一、二、六卷》《毛诗卷九》（郑注柏舟诂训传）《范宁谷梁集解（闵公至庄公）》《孟说秦语中晋二》《庄子第一卷》《文子第五卷》《郭知言记室修要》《文选李善注第二十五、二十七卷》《冥极记》《新集文词教林》《秦人吟》《子赋》《李若立略出嬴金》《老子道德经义疏第五卷》《唐韵》《切韵》（二书小版五代刻本均残）《唐礼图》《辅篇义记二卷》《李荃阃外春秋一、四、五卷》《唐律一卷》《故陈子昂集八、十卷》《敦煌十咏》。

右列诸书，无一不是珍本。如《唐韵》《切韵》之五代刻本，足以是正此书刻本始于宋代之学者定论。又罗氏所见，多经卷拓碑之类。《尚书·顾命》之残本，《化度寺邕禅师碑》等，亦足惊有考古癖之学者。其珍绝足比以竹造经籍之我国京都高山寺等。此乃中国空前大发现也。

敦煌经卷被盗消息逐渐被国人所知，强烈要求清廷将盗余经卷运回清廷学部保管。宣统二年（1910）学部将劫余残卷运回学部，但又为国人之权豪势要巧取豪夺一部分，归于学部保藏者仅有八千余卷。陈垣先生编有《敦煌劫余录》，著录起止纸数、行数及内容。研究敦煌宝卷现在已经形成专门之学，名为敦煌学。上个世纪九十年代白化文、杨宝玉撰《敦煌学目录初探》，河北人民出版社出版，从中可以了解近一个世纪以来国内外研究敦煌学的概貌。

伯希和盗窃之经卷，现藏巴黎图书馆，皆已编号，每号前冠以 P 字，如 P. 3287 号为《伤寒论》残卷。以上所述是伯希和敦煌盗宝的大致情况。所幸的是，《辅行诀藏府用药法要》被道士暗暗藏在衣兜中，这样才保存了这一十分珍贵的文献史料。

3. 存佚

《辅行诀》虽然没有被伯希和盗走，却被国人自己在无可奈何的境况下剪毁了。

1988 年中国中医研究院中国医史文献研究所马继兴教授主编《敦煌古医籍考释》，序言专列《关于辅行诀藏府用药法要卷子的再发现过程》一节。全引如下：

十九世纪末，河北威县中医张渥南氏家传医学，所藏医书甚丰。敦煌卷子出土后，闻风前往，曾在驻洞道士手中以重金购得医学卷子一轴，名为《辅行诀藏府用药法要》。卷子首尾基本完整。其前尚绘有三皇、四神及二十八星宿之图。张氏视为珍宝。殁后传予其孙中医张大昌（为靖）先生。张大昌先生多取此书所载方论治疗疾病，获有显效，乃将此书传予弟子。弟子录有副本两种。1966 年“文革”期间卷子不幸被毁。1974 年初，张氏用“赤脚医生”之名将抄本寄送中国中医研究院。开初未引起重视。后此件转交我手。经我反复考察验证抄件中保留与引用的古俗讳字、药名、药量、人名、方名、书名、篇名以及病症名称、方剂配伍特征、文章结构与风格等多方面内容，确定绝非今人仿造赝品。其成书下限决不晚于宋初以前，因而由我写出了对该卷子年代的初步鉴定材料。为了进一步征求有关文史专家的意见，1975 年我曾将此卷子释文及其有关情况，请教了社会科学院张政烺和李学勤两位教授，经他们鉴定，在结论中也提到：“此书不是近代的伪作，但也不可能早到南北朝梁代的作品。作为一种古籍的传抄本，还是有保存的必要的。”与此同时，我院王雪苔同志也对此书寄与了很大的重视，并专门就此事直接去威县张大昌先生处作了详细的调查，并进一步获见保存于其弟子处的另一抄本。故本书此次的整理即特约请王雪苔院长据此两本互勘而厘定。

2002 年 10 月 12 日我超尘打电话给马继兴先生，说：“观这段文字上下文，似《辅行诀》的两本互勘与厘定出自王雪苔先生手，又似王雪苔先生亲自去河北省威县面见张大昌先生。是否果然如此？”马先生回答：“王雪苔先生未参与互勘和厘定，王先生也未亲自去面见张大昌先生。到威县去的是王淑民，你可以问问她。当时王先生是院长，这个工作要靠领导的支持，所以就写了王雪苔先生进行互勘和厘定。”

据此可知，对《辅行诀》首先进行鉴定、校勘、深入研究并肯定非赝品者为马继兴教授，王淑民受中国中医研究院中国医史文献研究所委托直接去河北省威县进行调查，获得张大昌弟子手抄本，于是《辅行诀》才保存下来。马继兴先生将张大昌记忆本、其弟子手抄本两个本子互相对照进行校勘厘定，收进《敦煌古医籍考释》一书，世人始见《辅行诀藏府用药法要》。2002 年 10 月 25 日，中国中医研究院中国医史文献研究所举行建所 20 周年纪念会，会间休息时钱超尘问马继兴先生："《辅行诀》有没有后人伪托的可能？您说《辅行诀》为陶弘景撰写的可能性很大，您现在的观点怎样？"马老说："后人伪托是伪托不出来的。我现在仍然认为《辅行诀》为陶弘景亲自撰写的可能性较大。"

4. 研究

这里所说的"研究"包括两方面内容。①校注；②论文。

①校注

据马继兴教授说，《敦煌古医籍考释·辅行诀》校注为马继兴教授亲撰。校注方法大致如下：

"此书历代未见著录。原为卷子本，藏于敦煌千佛洞。伯希和盗运敦煌文物时选中此卷，幸被一装车道士暗暗留下。民国初年售予河北省威县医师张偓南先生。偓南先生传予嫡孙张大昌中医师，世袭而藏。惜于1966年夏毁于横扫一切的浩劫。今存两种抄本。甲本乃张大昌的弟子之间转抄者，保留原貌较多，但在转抄中偶有省略及按抄者理解妄加改动处。乙本乃张大昌追忆而成，内容较全，但难免有误记之处。现以甲本为底本，并以乙本补入缺文。凡补入文字均在其下加重点符号·不另作注。书名冠以《辅行诀》，意思是将医药作为辅助修道之手段。古代方剂书、兵书、道书，常见书名带"诀"字者。陶弘景撰有《黄庭集诀》《药总诀》，即是其例。此书题为梁华阳隐居陶弘景撰，然观书中校注，知已经过后人整理。玄武汤皆未改为真武汤，不避宋讳，说明整理当在宋代以前。此书重视五行学说，以五行格局经纬五脏用药，独具一格。书中保存古佚书《汤液经法》《桐君药录》的某些内容，对于研究医学史和仲景学说价值颇大。"

校注中的"按语"，时有精见，阅读时应加注意。如关于《辅行诀》的作者之判定，按语云："此书题梁华阳隐居陶弘景撰，因从来未见著录，似难作定论。唯观此序，及本书内容、文字风格及道教思想，确与陶氏相近。陶弘景为齐梁间道教思想家、医学家，其著作亦喜用"诀"字命名，由此观之，此书为陶弘景撰之可能性确实很大。"结合《南史·陶弘景传》考之，《辅行诀》为陶弘景亲撰可能性较大。

②论文

就笔者所见，自《辅行诀》收录于《敦煌古医籍考释》至今已14年有余，研究论文不多。论文具有较高水准者，当推中国中医研究院中国医史文献研究所王淑民教授的四篇论文。其一，发表于1991年第3期《上海中医药杂志》的《敦煌卷子辅行诀脏腑用药法要考》（36~39页）；其二，发表于《中医杂志》1998年11月第39卷第11期的《辅行诀脏腑用药法要与汤液经法、伤寒杂病论三书方剂关系的探讨》（694~696页）；其三，发表于2000年上海《中医文献杂志》总第66期增刊的《五脏补写法例的研究》（40~43页）；第四，发表于2002年10月由中国中医研究院中国医史文献研究所编辑的《春华秋实继往开来》论文集的《汉书经方著作汤液经法佚文的研究》（140~148页）。

（二）《辅行诀》的结构与方剂数目

1. 结构

《辅行诀脏腑用药法要》系经整理厘定之本，今以马继兴教授《敦煌古医籍考释》为准，其结构如下。

全书分原文、校注、按语三项。

①原文

在"提要"中说："甲本乃张大昌弟子之间转抄者（详此句，大昌弟子非一），保留原貌较多，但在转抄中偶有省略及按抄者理解妄加改动处；乙本乃张大昌追记而成，内容较全，但难免有误记之处。现以甲本为底本，并据乙本补入缺文。凡补入文字均在其下加上重点符号'·'，不另作注"。

②校注

在原文之下为马继兴教授所作校注。综览全部校注，校注内容主要是对照甲乙两本改正误字，如小补肾汤条校注云："虚劳失精：甲本作精少，据乙本改。羸瘦甲本乙本羸皆讹作弱，今据张大昌回忆改。"

③按语

在"校注"项下偶有"按语"一项。此项最为重要。按语主要核查《辅行诀》引用文章与方剂出处，如阳旦汤按语云："此节诸方，皆为天行热病设，故亦多见于《伤寒论》与《金匮要略》。如本书小阳旦汤即《伤寒论》之桂枝汤；小阴旦汤即《伤寒论》之黄芩汤加生姜；大阳旦汤即《金匮要略》之黄芪建中汤加人参；大阴旦汤即《伤寒论》之麻黄汤，大白虎汤即《伤寒论》之竹叶石膏汤易人参为半夏；小朱鸟汤即《伤寒论》之黄连阿胶汤；小玄武汤即《伤寒论》之真武汤；大玄武汤即《伤寒论》真武汤与理中丸和方。本书此节各方与仲景著作相似，足以证明两者确实同源于《汤液经法》。"

④备参

《辅行诀》结尾处有"备参"两字，其下云：

“此卷子原件被毁，今存文字系据原卷收藏者张大昌先生追记本及其弟子间之转抄本互相参阅。”这段文字对于日后考证《辅行诀》之来源演变与存佚很重要。

2. 方剂数目

《辅行诀》云：“商有圣相伊尹撰《汤液经法》三口，为方亦三百六十首……实万代医家之规范，苍生护命之大宝也。今检录常情需用者60首，备山中预防灾疾之用耳。”今《伤寒论》载方112首，不足《汤液经法》三分之一，《伤寒论》之方当主要来自《汤液经法》。研究者据江西科技出版社出版的《敦煌古医籍考释》对《辅行诀》所含方剂数目进行统计，结果却统计不出60首。王淑民教授在《辅行诀脏腑用药法要与汤液经法伤寒杂病论三书方剂关系的探讨》一文云：“现《辅行诀》存医方56首，不足60首。”在《敦煌卷子辅行诀脏腑用药法要考》一文中王淑民教授又指出：“法要51方。”《辅行诀》60首方不但具有巨大的医疗实用价值，而且对于考证《汤液经法》之存佚、《伤寒杂病论》参阅何者以成书等诸多重要文献问题具有巨大价值，因此对《辅行诀》之方剂数目有重新详细统计之必要。下面按照《辅行诀》之结构分段统计之。统计方法是只举方名与主治，不举药名与药量。

壹、五脏虚实证候

甲、辨肝脏病证文并方：

①小泻肝汤：治肝实、两胁下痛，痛引少腹迫急者方。

②大写肝汤：治头痛目赤，多恚怒，胁下支满而痛，痛连少腹迫急无奈方。

③小补肝汤：治心中恐疑，时多恶梦，气上冲心，越汗出，头目眩晕者方。

④大补肝汤：治肝气虚，其人恐惧不安，气自少腹上冲咽，呃声不止，头目苦眩，不能坐起，汗出心悸，干呕不能食，脉弱而结者方。

乙、辨心脏病证文并方：

（1）心虚则悲不已，实则笑不休。

①小泻心汤：治心中卒急痛，胁下支满，气逆攻膺背肩胛间，不可饮食，食之反笃者方。

②大写心汤：治暴得心腹痛，痛如刀刺，欲吐不吐，欲下不下，心中懊侬，胁背胸支满迫急不可奈者方。

③小补心汤：治胸痹不得卧，心痛彻背，背痛彻心者方

④大补心汤：治胸痹，心中痞满，气结在胸，时从胁下逆抢心，心痛无奈方。

（2）治心包病方：“心包气实者，受外邪之动也，则胸胁支满，心中澹澹大动，面赤，目黄，善笑不休，虚则血气少，善悲，久不已，发癫仆。”

①小写心汤：治胸腹支满，心中跳动不安方。

②大写心塘：治心中怔忡不安、胸膺痞满、口中苦、舌上生疮、面赤如新妆、或吐血、衄血下血者方。

③小补心汤：治血气虚少、心中动悸、时悲泣，烦躁，汗出，气噫，脉结者方。

④大补心方：治心中虚烦，懊怔不安，怔忡如牛马惊，饮食无味，干呕，时或睡眠，其人脉结而微者方。

丙、辨脾脏病证文并方：

①小写脾汤：治脾气实，下利清谷，里寒外热，腹冷，脉微者方。

②大写脾汤：治腹中张满，干呕，不能食，欲利不得，或下利不止者方。

③小补脾汤：治饮食不化，时自吐利。吐利已，心中苦饥，或心下痞满，脉微，无力，身重，足痿，善转筋者方。

④大补脾汤：治脾气大疲，饮食不化，呕吐下利，其人枯瘦如柴，立不可动转，口中苦干渴，汗出，气急，脉微而时结者方。

丁、辨肺脏病证候文并方：

①小写肺汤：治咳喘上气，胸中迫满，不可卧者方。

②大写肺汤：治胸中有痰涎，喘不得卧，大小便闭，身面肿，迫满，欲得气利者方。

③小补肺汤：治汗出 口渴，少气不足息，胸中痛，脉虚者方。

④大补肺汤：治烦热汗出，少气不足息，口干，耳聋，脉虚而快者方

戊、辨肾脏病症文并方：

①小写肾汤：治小便赤少，少腹满，时足胫肿者方。

②大写肾方：治小便赤少，时溺血，少腹迫满而痛，腰如折，耳鸣者方。

③小补肾汤：治虚劳失精，腰痛，骨蒸羸瘦，脉快者方。

④大补肾汤：治精气虚少，腰痛，骨痿，不可行走，虚热冲逆，头目眩，小便不利，脉软而快者方。

己、又有写方五首。以救诸病误治，致生变乱者方：

①写肝汤：救误用吐法，其人神气素虚，有痰

澼发动，呕吐不止，惊烦不宁方。

②写心汤：救误用清下，其人阳气素实，外邪乘虚陷人，致心下痞满，食不下，利反不止，雷鸣腹痛方。

③写脾汤：救误用冷寒，其人阴气素实，卫气不通，致腹中滞张，反寒不已方。

④写肺汤：救误用火法，其人血素燥，故令神识迷妄如痴，吐血，衄血，胸中烦满，气结方。

⑤写肾方：救误用汗法，其人阳气素虚，致令阴气逆升，心中悸动不安，冒，汗出不止方。

庚、补五脏方

（1）小补五脏方（按，此为小补五脏方，其下尚有大补五脏方）。

①养生补肝汤：治肝虚，筋极，腹中坚澼，大便闷塞方。

②调中补心汤：治心劳，脉极，心中烦悸，神识慌惚方。

③建中补脾汤：治脾虚，肉极，羸瘦如柴，腹中拘急，四肢无力方。

④宁气补肺汤：治肺虚，气极，烦热，汗出，口舌渴燥方。

⑤固元补肾汤：治肾虚，精极，遗精，失溺，气乏无力，不可动转，唾血咳血

（2）大补五脏方。《辅行诀》云："若欲作大汤者，补肝汤内加羊肝，补心加鸡心，补脾加牛肉，补肺加犬肺，补肾加猪肾各一具即成也。"即：

①养生补肝汤 + 羊肝；

②调中补心汤 + 鸡心；

③建中补脾汤 + 牛肉

④宁气补肺汤 + 犬肉

⑤固元补肾汤 + 猪肾

综上所计，共 39 方。

贰、张仲景据《汤液经法》撰《伤寒杂病论》诸方：

"陶弘景曰：外感天行，经方之治，有二旦、六神、大小等汤。昔南阳张机，依此诸方，撰为《伤寒论》一部。疗治明悉，后学咸尊奉之。山林僻居，仓促难防，外感之疾，日数传变。生死往往在三五日间，岂可疏忽？若能甚明此数方者，则庶无蹈险之虞也。今亦录而识之。"以下是张仲景据《汤液经法》引证之方：

（1）小阳旦汤：治天行发热，自汗出而恶风，鼻鸣干呕者。此即《伤寒论》之桂枝汤。

（2）正阳旦汤：在小阳旦汤中"加饴一升，为正阳旦汤"。此即《伤寒论》之小建中汤。

（3）小阴旦汤：治天行身热，汗出，头目痛，腹中痛，干呕，下利者。此即《伤寒论》之黄芩汤加生姜。

（4）大阳旦汤：治凡病汗出不止，气息惙惙（chuo，疲劳），身劳力祛，恶风凉，腹中拘急，不欲饮食，皆宜此方。若脉虚大者，为更切证也。此即《金匮要略》之黄芪建中汤加人参。

（5）大阴旦汤：治凡病头目眩晕，咽中干，每喜干呕，食不下，心中烦满，胸胁支痛，往来寒热方。此即《伤寒论》之小柴胡汤加芍药。

（6）小青龙汤：治天行，发热恶寒，汗不出而喘，身疼痛，脉紧者方。此即《伤寒论》之麻黄汤。

（7）大青龙汤：治天行，表不解，心下有水气，干呕，发热而喘咳不已者。此即《伤寒论》之小青龙汤。

（8）小白虎汤：治天行热病，大汗出不止，口舌干燥，饮水数升不已，脉洪大者方。此即《伤寒论》之白虎汤。

（9）大白虎汤：治天行热病，心中烦热，时自汗出，舌干，渴欲饮水，时呷嗽不已，久不解者方。此即《伤寒论》之竹叶石膏汤，将竹叶石膏汤中之人参换为半夏。

（10）小朱鸟汤：治天行热病，心气不足，内生烦热，坐卧不安，时下利纯血如鸡鸭肝者方。此即《伤寒论》之黄连阿胶汤。

（11）大朱鸟汤：治天行热病，重下，恶毒利，利下纯血，日数十行，羸瘦如柴，心中不安，腹中绞痛，痛如刀刺方。此即在《伤寒论》黄连阿胶汤基础上加人参、干姜。

（12）小玄武汤：治天行病，肾气不足，内生虚寒，小便不利，腹中痛，四肢冷者方。此即《伤寒论》之真武汤。

（13）大玄武汤：治肾气虚疲，少腹中冷，腰背沉重，四肢清，小便不利，大便鸭溏，日十余行，气惙力弱者方。此即《伤寒论》之真武汤与理中丸合剂。

综上所计，共 13 方。其中正阳旦汤包括在小阳旦汤中，若不计正阳旦汤，则为 12 方。此 12 方加上述 39 方为 51 方，此即王淑民教授所统计 51 方之出处。

叁、开窍救卒死方。

"陶隐居云：中恶卒死者，皆脏气被壅，致令内外隔绝所致也。神仙有开五窍以救卒死中恶之方五首。录如左。"以下五首方与《金匮要略·杂疗方》体例有相近之处。

①点眼以通肝气方。

②吹鼻以通肺气方。

③着舌以通心气方。

④启喉以通肺气方。

⑤熨耳以通肾气方。

⑥灌耳方（此方附于熨耳以通肾气方下）。

第⑥方附于第⑤方之后，不应独立计之，则为5方。王书民教授统计为56方之出处源于此。陶弘景云："近检录常情需用者六十首，备山中预防灾疾之用耳。"陶氏谓《辅行诀》收录60首有效方剂，但我们审慎仔细统计只有56首。

陶弘景《辅行诀脏腑用药法要》一书剪毁后而得其传抄件，实为不幸中之幸。其重要价值绝不因其传抄而轻忽之。它有力地向人们确证张仲景《伤寒论杂病论》系以《汤液经法》为主要基础书籍并参考其他医籍而成，从而也就为"勤求古训，博采众方"找到了根据。

（三）"张机撰《伤寒论》避道家之称"

《辅行诀》陶氏云："外感天行，经方之治，有二旦、六神、大小等汤，昔南阳张机，依此诸方，撰为伤寒论一部。"接着介绍小阳旦、正阳旦、小阴旦、大阳旦、大阴旦、小青龙、大青龙、小白虎、大白虎、小朱鸟、大朱鸟、小玄武、大玄武等十二方的主治及组方。这表明此12首方是张仲景从《汤液经法》中选取出来著录于《伤寒论》中的。下面陶氏又对此六组方剂进行了总结："阳旦者，生阳之方，以黄芪为主；阴旦者，扶阴之方，以柴胡为主；青龙者，宣发之方，以麻黄为主；白虎者，收重之方，以石膏为主；朱鸟者，清滋之方，以鸡子黄为主；玄武者，温渗之方，以附子为主。此六方者，为六合之正精，升降阴阳，交互金木，既济水火，乃神明之剂也。"这段简明的总结与概括，起到了以简御繁的作用。接着又指出："张机撰《伤寒论》，避道家之称，故其方皆非正名也，但以某药名之，以推主为识耳。"按，青龙、白虎、朱雀（又名朱鸟）、玄鸟，古称"四神"。儒家经典和道家著作多有用之者。《礼记·曲礼上》"行，前朱鸟而后玄武，左青龙而右白虎。"《正义》："此名军行象天文而作阵法也。前南后北，左东右西。朱鸟、玄武、青龙、白虎，四方宿名也。"张仲景将这种命名方法改为以主要药味作为方剂名称的方法。通观《辅行诀》所载诸方，命名方法有三类。一。以主治命名。如大补肝汤、小补肝汤等。二。以道家特点命名，如大青龙、小玄武等。三。以治疗手法命名。如点眼以通肝气方、启喉以通肺气方。张仲景避开道家命名的方法，改用"以某药名之"，这在方剂学上是一次重大革命。

（四）《辅行诀》在《伤寒论》文献史上的重要启示

《辅行诀脏腑用药法要》在研究《伤寒杂病论》文献发展史上具有极为重大的意义。概括言之，有以下几点。

1. 找到《伤寒论序》"勤求古训，博采众方"的事实依据。《汤液经法》是张仲景勤求、博采的主要古医书。

2. 证明我国的方剂学至迟在西汉已经基本成熟。《汤液经法》32卷著录《汉书·艺文志》，这就证明《汤液经法》至迟也是西汉时代的医学著作。从《辅行诀》所载《汤液经法》六组方剂上观察，这些方剂具有神奇的疗效，证明西汉时期我国的方剂学已经趋于成熟。

3. 今传之《伤寒论》非为全帙。此虽为学者共识，但阙佚者何，难以确凿言之。今得《辅行诀》则可明确言之矣。举例言之。《辅行诀》阴旦汤分为大小两种，《伤寒论》《金匮要略》《千金翼方》《外台秘要》《太平圣惠方·卷八》均无其方。《千金要方》卷九第5节有其方名及组方，但不分大小，主治与组方亦与《辅行诀》略异。《辅行诀》阳旦汤分为大小两种，《伤寒论》有其名而无方。太阳上第30条云"证象阳旦，按法治之而增剧"，成无己注："阳旦，桂枝汤别名。"《辅行诀》白虎汤分为大小两种，《伤寒论》不分大小。《辅行诀》有朱鸟汤，《伤寒论》《金匮要论》《千金要方》《千金翼方》《外台》《太平圣惠方》诸书均无。《辅行诀》玄武汤分为大小，宋本《伤寒论》不分大小。宋本《伤寒论》避"玄"字，改玄武汤作真武汤。《辅行诀》不避"玄"字，可证《辅行诀》之整理时间至迟亦在宋初以前。《千金翼方》《太平圣惠方》玄武汤亦无大小之分。因可推知，《伤寒论》阙佚之方治不仅此也。

4. 《辅行诀》所载张仲景方之脉证并治之行文与《脉经》、宋本《伤寒论》《金匮玉函经》《千金翼方·卷九卷十》大异，与《千金要方·卷九》《外台秘要》所载张仲景方行文合，《辅行诀》之行文乃保留仲景原行文之古貌者。举例言之。《辅行诀》方前之文字皆为"治…"，而不象宋本《伤寒论》作"某某方主之"。如《辅行诀》小阳旦汤云："治天行发热，自汗出而恶风，鼻鸣干呕者"。小阳旦相当宋本《伤寒论》桂枝汤，云："太阳中风…鼻鸣干呕者，桂枝汤主之。"《辅行诀》小阴旦汤云："治天行身热，汗出，头目痛，腹中痛，干呕，下利者。”《千金要方·卷九·发汗汤第五》：“阴旦汤治伤寒肢节疼痛，内寒外热虚烦方”，其行文方式皆为“治某某病”，不云以何方治某某病，而以“治”字开头。据我初步考察，将“治”字改为“主”字，当始于唐高宗李治时期。唐代重避讳，唐高宗时代避“治”为“理”“疗”“主”。以“理”“疗”避“治”，例见唐高宗时代杨上善《太素》注及唐初孙思邈《千金要方》，或将“治”字最后一笔不写。以“主”避“治”举证如次。(1)陈垣《史讳举例》唐代避讳条。(2)敦煌卷子P3714；P3822；S4534。《脉经》方治行文体例虽与宋本同，但《脉经》系经宋臣大大修改过（见林亿序），且修改时间在校正《伤寒论》后，为与《伤寒论》条文取得基本一致，将“治”字改为“主”字，并调整语序。

5.《辅行诀》所载张仲景方，其药量药味有些与宋本不同。据陶弘景所云，这些不同，乃张仲景根据病情和他自己的医疗经验所增减。陶氏云：“汉晋以还，名医诸辈，张机、卫汎、华元化、吴普、皇甫玄晏、支法存、葛稚川、范将军等，皆当代名贤，咸师式此《汤液经法》，悯救疾苦，造福含灵。其间增减，虽各擅其异，或致新效，似乱旧经，而其旨趣，乃方圆之于规矩也。”陶弘景崇敬信仰《汤液经法》之情跃然纸上。陶氏又云：“《汤液经法》为尽要之妙，学者能谙于此，医道毕矣。”依此观之，《辅行诀》引用之张仲景方，乃求其原始出处者，即引自《汤液经法》者。《伤寒论》对诸方药量药味之增减，主要出自张仲景本人。此即皇甫谧《甲乙经序》所云“论广”之一端。

6.《辅行诀》大、小补写汤方之制定在研究中医理论与仲景著作上有何意义？何谓“大方”“小方”？确定大方、小方的理论根据是甚末？等等，这些都是研究中医理论和中医文献应该重视的问题。《辅行诀》除“救卒死中恶方”外，其余诸方皆有大方、小方之别。如大白虎汤、小白虎汤之类。将方剂分为大小奇偶，始见于《素问·至真要大论》：“帝曰：气有多少，病有盛衰，治有缓急，方有大小，愿闻其约，奈何？岐伯曰：气有高下，病有远近，证有中外，治有轻重，适其治所为故也。《大要》曰：君一臣二，奇之制也；君二臣四，偶之制也；君二臣三，奇之制也；君二臣六，偶之制也。故曰：近者奇之，远者偶之，汗者不以奇，下者不以偶，补上治上制以缓，补下治下制以急。急则气味厚，缓则气味薄，适其治所，此之谓也。”王冰注：“奇，谓古之单方。偶，谓古之复方也。单复一制皆有大小。古奇方云，君一臣二、君二臣三；偶方云：君二臣四、君二臣六也。病有小大，气有远近，治有轻重所宜，故云制也。”药味数量为奇数者谓之奇方或小方，药味数量为偶数者谓之偶方或大方。奇偶之方各有适应证治，见《素问》原文及王冰注。考《辅行诀》五脏补写汤有大小方计24首，张仲景引《汤液经法》方12首，合计36首。按照大小方制定的原则大小方当各为18首。综合观之，五脏补写汤小方之药味数为3，张仲景方之小方药味数为5；五脏补写汤大方之药味数为6，张仲景方之大方药味数为8。这是一个大体规律，还有一些例外。下面详考之。

①五脏补写汤大小方药味数量之例外：

A. 小补肝汤：桂枝　干姜　五味子　大枣计4味。

B. 大补肝汤：桂枝　干姜　五味子　旋覆花　代赭石　竹叶　大枣计7味。

C. 大补心汤：代赭石　旋覆花　竹叶　豉　人参　甘草　干姜计7味。

D. 小补脾汤：人参　甘草　干姜　白术计4味。

E. 大补脾烫：人参　甘草　干姜　术　麦冬　五味子　旋覆花计7味。

F. 小补肺汤：麦冬　五味子　旋覆花　细辛计4味。

G. 小补肾汤：地黄　竹叶　甘草　泽泻计4味。

H. 大补肾汤：地黄　竹叶　甘草　泽泻　桂枝　干姜　五味子计7味。

②张仲景引用《汤液经法》大小方例外方：

A. 小青龙汤：麻黄　杏仁　桂枝　甘草计4味（按，相当《伤寒论·麻黄汤》，亦4味）。

B. 小白虎汤：石膏　知母　甘草　粳米计4味（按，相当《伤寒论·白虎汤》，亦4味）。

C. 大白虎汤：石膏　麦门冬　甘草　粳米　半夏　生姜　竹叶计7味（按，相当《伤寒论·竹叶石膏汤》，亦7味。所异者，《辅行掘》之生姜《伤寒论》作人参）。

D. 大朱鸟汤：鸡子黄　阿胶　黄连　黄芩　芍药　人参　干姜计7味。

E. 大玄武汤：茯苓　白术　附子　芍药　干姜　人参　甘草计7味（按，相当《伤寒论》中真武汤与理中丸之合方。）。

综上所计，五脏补写汤方药味数量“例外”者凡8首，张仲景引用方“例外”者凡5首，合计“例外”之数凡13首，占总数三分之一强。之所以出现这种现象，笔者认为当有两种情形：其一，五脏补写方之“例外”极有可能是记忆或转抄之误。《辅行诀》原件已于史无前例的“文革”浩劫中不幸焚毁，今仅存张大昌先生记忆件，以及张先生诸弟子互相转抄件，无论记忆件还是转抄件，都不可能如原件准确可靠，有可能记错或抄错。其二，张仲景引用《辅行诀》之方，其“例外”所用药味数量皆与《伤寒论》所载对应方剂之药味数量同。这种情况反映了张仲景在组方上已经突破大方与小方在药味数量上的局限。陶弘景指出：张机等“咸师式此《汤液经法》，愍救疾苦，造福含灵，其间增减，虽各擅其异，或致新效，似乱旧经，而其旨趣，仍方圆之于规矩也。”由此可以看到，张仲景不仅大量引用了《汤液经法》的方剂，而且根据病情的需要，在《伤寒杂病论》一书中对药味数量有所增减，这正是张仲景对中医学的巨大发展。上面诸“例外”不可能是《辅行诀》原件将大方的药味数误写成单数，将小方的药味数误写成偶数。陶弘景对《汤液经法》弥加崇敬，不可能将他引用的书籍抄写错误。《辅行诀》大方小方的理论依据是《素问》引用的《大要》。《大要》久佚，但可以推知，《大要》早于《至真要大论》，《大要》至迟在西汉时期已经流行。

7.《五味补写体用图》应从中医理论与临床实践角度深入研究加以破解。《辅行诀》指出，《汤液经法》载360首方，从中选取60首方以备山中修道之需，又从60首药方中选取25味最有效中药作为最必备之药物。并说：“此25味，为诸药之精，多疗五脏六腑内损诸病，学者当深契焉。”为使此25味中药起到生克制化作用，又列一“五味补写体用图”。指出：“在天成象，在地成形，天成五气，化成五味，五味之变，不可胜数。今者约列二十五种，以明五行互含之迹，以明五味变化之用。”其下列一25味药生克制化之图，今命名为“五味补写体用图”。《辅行诀》对此图评价甚高：“此图乃《汤液经法》尽要之妙，学者能谙于此，医道毕矣。”图呈五角形，双层，有详细说明。本文图从略。此图理论上的依据《金匮要略》卷上《脏腑经络先后病脉证第一》第一段及《素问·宣明五气论》《素问·藏气法时论》《灵枢·五味论》《灵枢·九针论》《甲乙经·卷六第九》《太素·卷二·调食》诸篇。食物各有五味，药物亦各有五味，五味之生化补写，实为确有，非为虚论。此25味药物依其气味之生克制化关系而运用之，疗五脏之虚实，若影随形，立竿见影。

这里涉及到一个重要的学术问题——在西汉时代这些药物存在吗？如果存在，为何《汉书·艺文志》未载《神农本草经》呢？在先秦时代我国有药物知识记载吗？为了深入领会《五味补写体用图》所列25味药物的历史渊源，下面从广阔的历史背景略谈先秦时代关于药物知识的文献资料。

《周易》：“无妄之疾，勿药有喜。”

《国语·楚语》引武丁之言曰：“若药不瞑眩，厥疾不瘳。”是商周间已以本草治病。皇甫谧云：“伊尹以元圣之才撰用神农本草，以为《汤液》”，或非虚言。

《周书·王会篇》言芣苡宜子。

《诗》载贝母可愈思虑，许穆夫人知之。卫国夫人知萱草解忧。

《春秋左传》载申叔展了解山鞠穷可治疗腹疾。医缓治疗晋景公病时说“药不至焉”。藏武仲言“孟孙之恶我，药石也”。

《论语》记载季康子馈药。

《周礼·天官·疾医》汉末郑玄注：“五药：草、木、虫、石、谷也。其治合之剂，则存于神农子仪之术。”谓扁鹊弟子子仪始定《本草》，观上述资料则不然矣。识药效，明处方，必早于子仪。《周礼·疡医》“凡药：以酸养骨、以辛养筋、以咸养脉、以苦养气、以甘养肉，以滑养窍。凡有疡者受其药焉。”由是言之，以五味养疾，早在先前时代已经形成较为稳定的模式。

又《神农本草经》言草部首列菖蒲，这对于考证神农本草的早期历史极有启发。《吕览·遇合篇》记载“文王嗜菖蒲菹，孔子闻而服之，缩额而食之，三年然后胜之。”古人认为发虑宪、强心志，莫若菖蒲；求聪明，益智慧，宜勤服。故《千金要方》尚有服菖蒲方。周代将菖蒲视为上药。《神农本草经》将菖蒲列为草部首品，尚保留此书为周初医师编辑之痕迹。现传之本经序录多杂神仙之言，乃汉人所增，部类有所调整，亦汉人所为。西汉《急就篇》“灸刺和药逐去邪”七字下，罗列药物35种，其中见于《神农本草经》者达31种，这确切证明西汉元帝时《神农本草经》已经形成，故成帝时之楼护传载楼护能够诵医经、本草、方数书数十万言。

最令人关注者为浙江省杭州市萧山县跨湖桥的出土文物。2002年2月7日《北京晚报》第12版刊登这样一篇文章，题目是《14碳年代测定结果石破天惊浙江文明史上溯两千年》，文章第一段说：“北京大学博学院实验室对杭州萧山跨湖桥遗址五个地层所出土的六个木头标本进行14碳测定，今日公布的结果石破天惊——跨湖桥遗址所处年代为距今八千至七千年间，也就是说，比名扬世界的河母渡人至少还早两千年。”接着是关于中医药在七八千年前情况的介绍：“跨湖桥遗址中新近证实身份的中药罐，带给我们更大的惊喜——距今八千年前的跨湖桥人原来已会煎药治病！遗址出土了一只盛有植物茎叶的陶釜，从现场观察，当属因故（陶釜烧裂）丢弃的煎药罐，药材的具体药性与名称，因有机物质不足不能确定。医学界将中药起源定在《黄帝内经》出现的战国时代，但事实上史前人们就早已认识到自然物材的药用价值了。传说商初重臣伊尹发明复方草药，而这次出土的显然是单方草药。据业内人士评价，这一珍贵资料，对研究我国中草药起源尤其是煎药起源具有重要价值。”

据上述所言，先秦时代人们对药性药效已有所认识并且载于古书。《神农本草经》形成于先秦乃至周初，增补于汉代，《汉书·艺文志》所以无其名者，或与《汤液经法》32 卷合为一书亦未可知。

《汤液经法》不言谁作，西汉已经流传此书。《辅行诀》将《五味补写体用图》视为全书核心与机密，则其图当亦来源有自。

8.《伤寒论序》中的两段文字非为张仲景自撰，乃出于后人之手。

《伤寒论序》云：“乃勤求古训，博采众方，撰用《素问》《九卷》《八十一难》《阴阳大论》《胎胪药录》，并平脉辨证，为伤寒杂病论，合一十六卷。”从“撰用”至“平脉辨证”计 23 字，及《伤寒论序》“夫天布五行”至“夫欲视死别生实为难矣”，非张仲景所自撰，而为后人所增入。这一论断由以下文献材料所证明：

①孙思邈《备急千金要方序》标名引用仲景《伤寒论序》，无此 23 字。卷一第二节《治病略例第三》引用“天布五行”至“固亦难矣”一段文字未标引张仲景名。《千金要方》引文通例，凡引张仲景文，率标仲景名，如卷一《诊候之四》之例。

②日本古本《康平本伤寒论序》将此 23 字改为小字嵌注于“勤求古训，博采众方”8 字之下。“天布五行”至“固亦难矣”一段文字低张仲景序文一格，表示这段文字非原序所有，而为解释阐发性文字。

③20 世纪 30 年代中医文献学家杨绍伊《伊尹汤液》一书以较多篇幅论证这 23 字及最后一文字为王叔和所加，后来窜入正文。其文如下：

仲景序中，撰用素问、九卷、八十一难、阴阳大论、胎胪药录并平脉辨证五句，与若能寻余所集，则思过半矣至夫欲视死别生，实为难矣一节，悉出叔和撰次。知者，以此篇序文，读其前半，韵虽不高而清，调虽不古而雅。非骈非散，的是建安。天布五行，与省疾问病二段，则笔调句律，节款声响，均属晋音。试以《伤寒例》中词句滴血验之，即知其是一家骨肉。更证以《千金方序》文，中引当今居世之士，曾不留神医药，至彼何荣势之云哉一节，称张仲景曰。而《序例》中引“天布五行以运万类”，至“夫欲视死别生实为难矣”一节，不称张仲景曰。即知其语，非出自仲景之口。再以文律格之。“勤求古训，博采众方”，在文律中为浑说，“撰用素问九卷”等五句，在文法中为详举。凡浑说者不详举，详举者不混说。原文当是“感往昔之沦丧，伤横夭之莫救，乃勤求古训，博采众方，为伤寒杂病论，合十六卷。”此本辞自足，而体且简。若欲详举，则当云“感往昔之沦丧，伤横夭之莫救，乃撰用素问、九卷、八十一难、阴阳大论、胎胪药录并平脉辨证，为伤寒杂病论，合十六卷。”不当浑说后又详举也。且仲景为医中汤液家，汤液家举书不举《汤液经》而举《素问》，不数伊尹而数岐黄，何异家乘中不系祖祢而谱东邻也。至其下之“按寸不及尺，握手不及足，人迎趺阳，三部不参”云云，殊不知三部九候，乃针灸家脉法，非汤液家脉法。针家刺在全身，誓不能不遍体考脉，汤液家重在现证，脉则但候其表里寒热、脏腑虚实、荣卫盛衰以决其治之可汗、不可汗、可下、不可下而已。故诊一部亦已可定，不必遍体摩挲。以汤液家而用针灸家骂汤液家之语骂人，仲景纵亦精于针灸脉法，何至遽聩瞀而矛盾若是。

④21 世纪山西中医研究院中医文献学家李茂如先生在其尚未刊行的《医籍序录集稿》一书中对上引之 23 字及“夫天布五行以运万类”一段文字结合《辅行诀》有评说。李先生所著《历代史志书目著录医籍汇考》（1994 年 3 月人民卫生出版社 3 月第一版）享誉海内外，为研治中医学术及文献之必读书。李茂如先生已于 2000 年以八十余高龄仙逝，于逝世前一年将手抄稿（由山西中医研究院赵怀舟同志以工楷抄录）由赵怀舟同志送到北京通过钱超尘谋求出版，并请其写一篇序言。钱拜读以后，深感李老先生于中医古籍工力极深，于探微索隐慧眼独具，极多精辟之见，颇裨文献研究。于是亲赴四五家出版社找到有关领导乃至编辑热情推荐出版，终未如愿。下引李老一段文字，以窥李老考据之精深，开悟之无穷也。李老说：

考班固《汉书·艺文志》所载经方十一家中，

著录《汤液经法》三十二卷。班氏《汉志》成于和帝永元之际（一世纪末），下距张仲景著书之年即汉献帝建安前期（三世纪初）仅百年耳。谅为仲景所见。仲景事迹虽不见于史传，然参之皇甫谧之言，当可徵信。皇甫生当汉末或三国之初（一说生于汉建安二十年～215年，一说生于魏黄初四年～223年）去仲景存世之年甚近。皇甫于晋初所著《甲乙经序》称：伊尹以元圣之才，撰用《神农本草》以为《汤液》（按“伊尹”云者，盖为汉代医家伪托之词）……仲景论广伊尹《汤液》为十数卷”，是知仲景之书，乃取《汤液经法》之旧更博采众方推而广之之作，不必仅限于伤寒一门者也。今检陶氏《辅行诀》诸论，似《汤液经法》一书至梁犹存于世，且为陶氏所见，更足以证明仲景之书本属渊源有自，谓为承前启后则可，谓为医方之祖则显系失于考溯之误也。再考医门学派，自两汉以迄六朝，本有医经、经方之别，《汉志》分载医经七家，经方十一家；梁阮孝绪《七录》分载医经部八种，经方部一百四十种，典籍具在，昭然可稽。尽管二者至唐宋以降书目日繁，融之衍之，门类别创新例，然当汉末之际，仲景之学固属经方学派殆无疑义。乃观后世之论仲景之学者，或未获睹陶氏此论不足为怪，独对《汉志》所载《汤液经法》一书乃至对皇甫氏仲景论广伊尹汤液为十数卷之言，亦一并漠然置之，致使仲景学术本源，累世迷惑莫辨，诚不能无憾耳。或曰：仲景《伤寒论序》明言撰用《素问》《九卷》《八十一难》等书，是可确证仲景当日固以《素问》《灵枢》《难经》等书为据也；如上所议，岂非背弃圣训、另标新异、滋惑后人乎？应知现传《伤寒论序》出自宋臣所载，其文向以愤世洒泼称著，特专以文章为言耳；若果据以辨章学术，则须深知其文真伪错杂，绝难尽信。宋版《伤寒论序》大抵半属仲景之言，半出唐宋医家夸诞欺伪之词。试检唐初孙思邈《千金要方序》，标名引述云：张仲景曰：当今居世之士……何荣势之云哉一段，信属仲景之言；而夫天布五行……夫欲视死别生固亦难矣一段，别载于《千金方·治病略例第三》，则明系孙氏之言。举此，略证今本《伤寒论序》乃杂引后世之文，不可尽为考溯之据也。清代曹禾《医学读书附志》对此辨之甚详，不繁赘述。总之，治学贵在严慎辨察，去伪存真，所称撰用素问、九卷、八十一难云者，既非确属仲景之言，且亦不合《伤寒论》之实，盖为后人不察本源而妄事增附之文，岂可据为论证乎？

笔者认为，上引《千金要方》《康平本伤寒论》资料及杨绍伊、李茂如诸学者之考究极可凭信。上举之23字及“夫天布五行以运万类”一段其为后人增入，确无疑义。

补按：上面文章所据资料为马继兴教授主编的《敦煌古医籍考释》（1988年10月第一版，江西科技出版社），为追寻《辅行诀》之60首方的实际方名，笔者近又向马继兴教授借阅由他主编的《敦煌医药文献辑校》（1998年10月江苏古籍出版社），其中第十四篇收有《辅行诀脏腑用药法要》，这部书的资料较前一部书的资料略多，可以补足《敦煌古医籍考释》脱漏的部分，恰可统计出60首方。不仅如此，据第十四篇《解题》说：“大昌先生以此书教授弟子，又有三种传抄本，1966年“文革”期间，原卷子不幸被毁，仅三种传抄本得以保全，1974年大昌先生用赤脚医生名义将其抄本寄增中医研究院（以下简称甲本）当时由马继兴研究员写有鉴定意见，又请中国社会科学院张正烺、李学勤两教授作了书面鉴定。继而马继兴先生又请王淑民、陶广正去威县调查访问张大昌县先生，又发现了张氏传人的另外两种抄本（简称乙本、丙本），为进一步校勘此书原文提供了重要参考。”据此可知，《敦煌医药文献辑校》所收《辅行诀》系据三种传抄件校订者，而《敦煌古医辑文献考释》系据甲、乙两种校释者。马继兴在《敦煌古医籍考释·按语》中说：“今存两种抄本。甲本乃张大昌的弟子之间转抄者，保留原貌较多，但在转抄中偶有省略及按抄者理解妄加改动处；乙本乃张大昌追记而成，内容较全，但难免有误记之处。”是马继兴先生考释此书时未见丙本也，而《敦煌医药文献辑校》乃据甲乙丙三个传抄本而辑校者，故补充大小勾陈汤、大小螣蛇汤，《辑校》可补《敦煌古医籍考释》之不足。两书主要区别在如下几点：

1.《敦煌医药文献辑校》书末有三份材料：

ⅰ　马继兴《关于辅行诀脏腑用药法要的鉴定意见》，1974年3月；

ⅱ　《张政烺、李学勤鉴定书》，1975年5月；

ⅲ　王淑民、陶广正《采访张大昌先生追述原卷子发现经过及其特征的录音要点》，1991年8月。

2.《敦煌医药文献辑校》补充《敦煌古医籍考释》漏载的小勾陈汤、大勾陈汤、小螣蛇汤、大螣蛇汤四个方子。由于补足四个方子，恰好可以统计出来60首方。

现将上述材料照录或概述如下，这些材料对于考察《辅行诀》很有意义。

第一　马继兴的《鉴定意见》

马氏原文名称为“《辅行诀脏腑用药法要的鉴定意见》”，1974 年 3 月作。其基本意见为：“初步认为：《辅行诀脏腑用药法要》抄本所据的原书，不论在其所保留与引用的古俗写、讳字、古药名、药量、古经方名及其组成药味、所引古医书与篇目、佚文、古医家字号、别名、古病症名称以及方剂配伍特征、文章结构与风格等多方面内容，可以确定绝非近世或今人仿造赝品，因而其成书年代下限绝不晚于北宋初期以前，是很值得重视的。”此鉴定文字较长，谨概述其要点如下。

（1）讳字。如薯蓣，唐代宗名预，避蓣为薯；宋英宗讳曙，乃改为山药。宋始祖名赵玄朗，乃避玄为真。故宋本伤寒论称真武汤，而《辅行诀》称“玄武汤”。

（2）俗字。《辅行诀脏腑用药法要》中有大量俗字，如邪写作耶、快写作驶之类。

（3）药名古称。如称醋为截、又称为苦酒。

（4）所用药物皆汉代经方常用药物，这些药物亦见于《伤寒论》中。如：枳实　芍药　生姜　干姜　甘草　黄芩　大黄　桂枝　桂心　五味子　大枣　细辛　旋覆花　代赭石　龙胆草　戎盐　苦参　栀子　升麻　豉　栝楼　薤白　半夏　厚朴　杏仁　黄连　芍药　竹叶　人参　附子　麦门冬　葶苈子　茯苓　泽泻　蜀椒　韭叶　芒硝　胡麻油　葱叶　葱白　饴糖　白截浆　芥子　薯蓣　地黄　黄芪　苦酒醋　柴胡　石膏　粳米　知母　鸡子黄　阿胶　醇熟酒　术　樊石沉大海　皂角刺　硝石　雄黄　赤小豆　瓜蒂。

（5）处方所用药物计量单位与古代经方同。如两、升、枝、把、斗、三锭、五匕等

（6）保存古方名。如大青龙汤、小青龙汤、大白虎汤、小白虎汤、大玄武汤、小玄武汤、大朱鸟汤、小朱鸟汤、大阴旦汤、小阴旦汤、大阳旦汤、小阳旦汤等，皆古方名也。

（7）引用古代医学经典。引用《灵枢》《素问》《汤液经法》《桐君药录》等。曾引《灵枢·邪在篇》，其文见今本《灵枢》之《五邪篇》，可证本书撰者当时所见《灵枢》为另一种古传本。

（8）本书引用古病名。如天行热病、筋亟、脉亟、肉亟、气亟、精亟等称，均见于《诸病源候论》《千金》《外台》等书，后世不见。

根据以上所考，乃作出上述鉴定意见。

第二　《张正烺　李学勤鉴定》

1975 年 5 月

此鉴定全文如下：

卷子实物已不可见，不能直接进行考察，据所说情况有些可议之处。

陶弘景的著作今日流传尚多，并无此种。《华阳隐居内传（宋·贾嵩撰）》卷中之末有《华阳先生在世所著书》十九种一百六十六卷，《先生在山所著书》十三种五十七卷，其中皆无此书。

从书名看，“辅行诀”三字极可注意。现存佛教典籍有《止观辅行传弘诀》一书，唐释湛然著（频伽精舍本大藏经，阳字五、六、七号），是天台宗的著作。天台宗注重医学，这书里也谈到一些有关医疗的事，但将二书对照，看不出有什么关系。《止观辅行传弘诀》可以简化称为《止观辅行诀》，然如简称为《辅行诀》，把表明宗旨的“止观”二字省略，便很不妥当了。所以，看不出这两部书有关系。“辅行”二字连文最早见于《孟子·公孙丑·下》：“孟子为卿于齐，出吊于滕，王使盖大夫王骁为辅行。”“辅行”是副使即辅佐或辅再之意（按，原文如此）。之是一个代的词汇（按，原文如此），佛教道教的人都不妨用，不是什么宗教术语。

陶弘景著的《真诰》内为《运象篇》《甄命授》《协景期》《稽神枢》《阐幽微》《握真辅》《翼真检》等七篇，皆以三字标题，当时道教有此风气。又《华阳陶隐居集》卷二有《发真隐诀序》《药总诀序》等，知当时作书常以“诀”字为书名，盖亦风气如此。

通读此书数过，从内容上找不出可以肯定或否定的证据，这主要是因为我们不通医学，没有医学史的知识。一个感受是，如果此书是近代人伪作，总会流露一些近代的词汇，蛛丝马迹，容易察觉。但寻绎文义，亦非陶弘景自著之书，如云“隐居曰”“陶氏云”“陶云”，则作者自非弘景本人，疑是后人辑录陶说为之，为了尊崇本师，在书名下加题“梁华阳隐居陶弘景撰”一行。其实，这里边有许多不是陶弘景的东西。

总的意见：此书不是近代的伪作，但也不可能是早到梁代的作品。作为一种古籍的传抄本，还是有保存的必要的。

第三　《张大昌先生追述原卷子发现经过及其特征的录音要点》

采访人　王淑民　陶广正　1991 年 8 月

原文如下：

为了进一步考察敦煌卷子本《辅行诀脏腑用药

法要》的发现经过及其特征情况，我们在1991年夏特地专程赴河北省威县走访了八十高龄的中医师张大昌先生，张先生为我们详细叙述了此卷子得而复失的情况。以下是据录音整理的记录要点。

张大昌先生的祖父，名张光荣，号渥南，晚清时到日本留学，回国后曾任军马总稽查。听其祖父说，1915年奉命往张掖收购军马，随从为姚振阳军需官。因早就听说敦煌多古籍，故顺便前去探询，因遇风沙，遂留宿敦煌千佛洞，有位王道士问他们是何处人，什么事业，张光荣未敢暴露其真实身份，只说是行医的，王道士听罢说：法国人运走了六骆驼垛子卷子，我在装垛时暗中留下一卷，是医方，先生现在行医，我可将它卖给你，索价80块大洋，后经讨价，以75元成交。归途路过西安时，在西安画室将卷子重新裱褙，后送回原籍家中世袭珍藏。

1966年"文化大革命"中，受到运动的冲击，家中所藏典籍均被抄没散佚，此卷子亦在其中，另外尚有一些竹简。三四年后，在一村民家诊病时，见此卷子已被剪成鞋样。经询问，是西家孩子糊风筝所余之物。当时大昌先生尚未平反，朝不保夕，故未敢索回余物。说道卷子被毁，大昌先生禁不住痛哭失声。

据张先生回忆，此书是写在绫子上的，长约一丈二三，高尺许，卷首有三皇相，在三皇相的四周为二十八宿和朱雀、玄武、青龙、白虎四神，张先生并按记忆画了一张三皇图。张先生对医学、文学、佛学等方面均有一定的造诣，他对此卷子特别珍爱，年轻时曾将此卷子熟读背诵，并用其医方行医。八十岁高龄的张先生对此卷子的段落、医方尚能背诵。

第四　大小勾陈汤及大小螣蛇汤方

此四方在外感天行经方之治类大玄武汤之后，依次照录如下。

1. **小勾陈汤**　治天行热病，脾气不足，饮食不化，腰痛，下利方。

甘草三两　干姜　人参各二两　大枣六枚去核

右四味，以水五升，煮取二升，温分再服（按，此即甘草干姜汤加人参大枣）

2. **大勾陈汤**　治天行热病，脾气虚，热邪入里，腹中雷鸣切痛，呕吐下利不止者方。

甘草　人参各三两　半夏一升洗去滑　生姜切二两　黄芩二两　黄连二两　大枣十二枚劈去核

右七味，以水一升，煮取六升，温服二升，日三（按，此即升姜写心汤去干姜）

3. **小螣蛇汤**　治天行热病，胃气素实，邪气不除，腹满而喘，汗出不止者方。

枳实三两　厚朴二两　甘草二两　芒硝二两

右四味，以水六升，煮取上三味至二升许，去滓，内芒硝，待焰已，顿服之。

4. **大螣蛇**　汤治天行热病，邪热不除，大便秘结，腹中大满实，汗出而喘，时神昏不识人，宜此方。急下之方。

枳实三两　厚朴　甘草　大黄　葶苈熬黑打如泥　生姜　芒硝后下

右七味，以水一斗二升，先煮上六味至四升，去滓，内芒硝，待焰化已，温服二升。（生姜一作大枣）

按，上述四方无疑为《伤寒论》所求采之方，后遗失。陶弘景云："经方之治，有二旦、六神大小等汤，昔南阳张机依此诸方撰为《伤寒论》依部，疗治明悉。"是《伤寒论》原有此四方也。

第五　关于《辅行诀》60首方的统计

一、大小二旦六神方计16首

1. 小阳旦　（即桂枝汤）
2. 小阴旦　（黄芩汤加生姜）
3. 大阳旦　（黄芪建中汤加人参）
4. 大阴旦　（小柴胡汤去芍药）
5. 小青龙汤　（麻黄汤）
6. 大青龙汤　（小青龙汤）
7. 小白虎汤　（白虎汤）
8. 大白虎汤　（竹叶石膏汤加生姜）
9. 小朱鸟汤　（黄连阿胶鸡子黄汤）
10. 大朱鸟汤　（黄连阿胶鸡子黄汤加人参干姜苦酒）
11. 小玄武汤　（真武汤）
12. 大玄武汤　（真武汤加人参甘草）
13. 小勾陈汤　（甘草甘姜汤加人参大枣）
14. 大勾陈汤　（生姜写心汤去干姜）
15. 小螣蛇汤　（大承气汤去大黄加甘草）
16. 大螣蛇汤　（大承气汤加葶苈生姜甘草）

二、五脏补写方

（一）肝脏补写方

1. 小写肝汤
2. 大写肝汤
3. 小补肝汤
4. 大补肝汤

（二）心脏补写方

5. 小写心汤

6. 大写心汤
7. 小补心汤
8. 大补心汤
9. 小写心汤　（三黄写心汤）
10. 大写心汤　（三黄写心汤加芍药甘草）
11. 小补心汤
12. 大补心汤
（三）脾脏补写方
13. 小写脾汤　（四逆汤）
14. 大写脾汤
15. 小补脾汤　（理中汤）
16. 大补脾汤　（理中汤加麦冬、五味子、旋覆花）
（四）肺脏补写方
17. 小写肺汤
18. 大写肺汤
19. 小补肺汤
20. 大补肺汤
（五）肾脏补写汤
21. 小写肾汤
22. 大写肾汤
23. 小补肾汤
24. 大补肾汤
（六）救误治方
25. 写肝汤救误用吐法
26. 写心汤救误用清下法
27. 写脾汤救误用冷寒法
28. 写肺汤救误用火法
29. 写肾汤救误用汗法
（七）救劳损方
30. 养生补肝汤
31. 调神补心汤
32. 建中补脾汤
33. 宁气补肺汤
34. 固元补肾汤
（八）大补五脏方
35. 养生补肝汤加羊肝
36. 调中补心汤加鸡心
37. 建中补脾汤加牛肉
38. 宁气补肾汤加猪肾
39. 固元补肾汤加猪肾
（九）开窍救卒死方
40. 点眼以通肝气
41. 吹鼻以通肺气
42. 着舌以通心气
43. 启喉以通脾气
44. 熨耳以通肾气

总计60首方，与陶弘景所说“今检录常情需用者六十首备山中预防灾疾之用耳”合。大小勾陈与大小螣蛇方存于大昌弟子抄本之丙本中，马氏编写《敦煌古医籍考释》时似未见此件。《敦煌医药文献编辑校》为手写影印件，写后校勘不严，每有讹字，尤为不当者，是将《敦煌古籍考释》中之“六神”改为“四神”。青龙、白虎、朱雀、玄鸟是为“四神”。现行《伤寒论》只有此四汤，故称“四神”；而《辅行诀》有勾陈螣蛇，合四神为六神，文字昭晰，历历可见，改为“四神”，无据也，且徒增混乱。

《辅行诀脏腑用药法药》是一部重要的医学文献，对研究古代医学与方剂学的发展有非常重要的意义。可以确切证明者，仲景《伤寒杂病论》确系依《汤液经法》32卷勤求、博采而成。《汤液经法》虽已不存，但《辅行诀》可以提供研究此书之线索。阅读《辅行诀》应将马继兴教授主编的两部书对比研读，其中有多处个别文字之不同。

二、《汤液经法》考

《汤液经法》载于《汉书·艺文志》，属于经方类著作，全书32卷。在“汉志”之后，紧接其后者为《隋书经籍志》。“隋志”正文书目及注文书目皆无《汤液经法》名称。而梁陶弘景曾见之，陶氏与梁著名目录家阮孝绪同时。《七录·术技录》内著录“医经部八种八帙五十部，经方部一百四十种一百八十帙，一千二百五十九卷。”经方部所收方剂堪称宏富，远较医经为多。《汤液经法》或收于“七录”。在汉代，《汤液经法》为医家必读之作。《汉书·游侠传·楼护传》卷九十二：“楼护，字君卿，齐人，父世医也。护少随父为医长安，出入贵戚家。护少诵医经、本草、方术，数十万言，长者咸爱重之。”此所说“方术”者，紧接“医经”“本草”而言，因可知此“方术”指“经方”而言。虽未确知为何书，但《汤液经法》含于其内，当无疑义。

据《辅行诀》云：“依《神农本草》上中下三品之药，凡三百六十五味，以应周天之度，四时八节之气。商有圣相伊尹，撰《汤液经》三□卷，为方亦三百六十首，上品上药，为服食补益之方者百二十首；中品中药，为疗疾祛邪之方，亦百二十首；下品毒药，为杀虫辟邪之方，凡共三百六十首也。实万代医家之规范，苍生护命之大宝也。”《神农本草经》载药365味，《伊尹汤液》依其数制方

360首，由是知两书有密切关系。《汉书·艺文志》不载本草之名。考“本草”之名始见《汉书·平帝纪》卷十二、《汉书·郊祀志》卷二十五、《汉书·游侠传·楼护传》卷九十二，则前汉已有“本草”之书。《神农本草》之托名“神农”固不可确信产生于神农时代，但亦不可因为其书偶有后汉郡县之名而称其为后汉之作。北齐颜之推《颜氏家训·书证篇》谓书中后汉之郡县名“皆由后人所掺，非本文也”。《陶弘景本草集注序例》谓“今郡县之名，后人所改耳。”宋晁公武《郡斋读书志》卷十五《艺术类》谓“书中有后汉郡县名，盖上世未著文字，师学相传，至张机、华佗始为编著”。南宋王应麟《汉书·艺文志考证》亦有是说：“所载郡县，多是汉时，疑张仲景、华佗所记。”总之，几乎所有学者皆未因《神农本经》中有后汉郡县名称而怀疑其为上古之书。“上古”是一个朦胧的概念，本经大约是何代著作呢？近代学者余嘉锡在《四库提要辨证》卷十二医家类第二《神农本草经百种录》称《神农本草经》为“周末时扁鹊弟子子仪所作”。《章太炎全集》第八册《论本草不始于子仪》一文云：“《神农本草》，《汉志》未录，或据《天官·疾医》注云：五药，草、木、虫、石、谷也。其治合之剂，则存乎神农子仪之术。以为子仪始定本草，则不然。据《说苑》，子仪为扁鹊弟子，扁鹊与赵鞅同时，而《周书·王会篇》已说莩苡宜子，《诗》载许穆夫人已知贝母愈思，卫人之妇已知萱草解忧，《春秋传》载申叔展已知麦鞠、山鞠穷愈腹疾，殆医缓治晋景公，则言药不至焉，藏武仲言孟孙之恶我，药石也。许悼公饮太子止之药卒，《论语》亦记载康子馈药，唯许止、季康子与赵鞅同时，许穆夫人、卫夫人、申叔展、医缓、武仲皆在其前，《周书·王会》乃更远，则识药性、知处方者，必不始于子仪。”又云：“夫商周间既以药治病，则必先区其品为本草，后和其剂为经方。皇甫谧谓伊尹始作烫液，或非诬也。神农无文字，其始作本草者，当在商周间，代有增益，至汉遂以所出郡县附之耳……《汉志》烫液经法三十二卷，不言谁作，要西京已有此书，谧尚见之，或其中有伊尹事，故得明言之。”认为《神农本经》所载某些药物知识在先秦时代已经具备，经过逐渐积累增益乃载录成书。则《汤液经法》必成于《神农本草经》之后，至迟在西汉前期已经基本成书，故载于《汉书艺文志》。又从该书重药性五味生克制化观之，至迟亦为西汉早期之作。

《汉书·艺文志》著录《汤液经法》32卷，无撰人姓氏，其书久不传。二十世纪三十年代有廖季平高足名杨绍伊者，沉潜载籍，精思博考，著《伊尹汤液经》六卷，于《汤液经法》之书有详考。其《考次汤液经序》云：

> 兹再即士安语而详之。夫仲景书，既称为广汤液论，是其所作，必为本平生经验就伊圣原经依其篇节广其未尽，其义法著其变通，所论广者，必即以之附于伊经各条之后，必非自为统纪别立科门而各自成书。以各自为书，非为不得云广，且亦难见则柯，势又必将全经义法重为敷说。而仲景书中，从未见称引一语。知是就《汤液经》而广附之者。若然，则《汤液经》全文则在仲景书中，一字未遗矣。

若说“一字未遗”则不可，然其中包含《汤液经》之条文则必无疑义。何者为《汤液经》条文，何者为张仲景所“论广” 其分辨原则如下所述。下引张绍伊说供参考：

> 仲景书读之，触目即见其有显然不同之处。即一以六经之名作条论之题首，一以伤寒二字作条论之题首。再读之，又得其有显然不同之处。即凡以六经名题首者，悉为书中三条，凡以伤寒二字题首者，悉属篇中论广。而仲景即自谓其所作为《伤寒卒病论》。于是知以伤寒二字题首者，为仲景所广；以六经名题首者，为伊圣之经。标志分明，不相混窃。孰经孰传，读者自明。于以知士安之言，果不虚妄。

又云：

> 《甲乙经序》又云：近世太医令王叔和撰次仲景遗论甚精。按今本仲景书卷端，即题云王叔和撰次。以士安之言解之，所谓撰次者，即撰集仲景遗论，以之次入仲景书中是也。若然，则今本仲景书为伊圣之《汤液经》、张仲景之论广、王叔和之仲景遗论，撰三种集合而成。

按，考之全书体例，杨绍伊此说对于考证《伤寒论》中二书之区别，颇有启发。

《汤液经法》系以“伊尹”之名者，亦犹《内经》冠以“黄帝”之称，月以取信。“伊尹”，商初重臣，见《史记。殷本记》：“伊尹名阿衡。阿衡欲干汤而无由，乃为有莘氏媵臣，负鼎俎，以滋味说汤，致于王道。”“阿衡”，官名。“阿”者，倚也；“衡”者，平也。谓依倚之而使国家平安也。伊尹名挚。谓之“伊”者，《吕氏春秋》云：“母居伊水，命曰伊尹。”“尹”者，正也。谓佐汤以正天下也。以长于鼎俎滋味，故后世附会为能制方剂。《汤液经法》当为前汉早期之作，约后于马王堆出土之《五十二病方》之撰写时代。

魏晋及六朝之人皆称仲景依《伊尹汤液经》而撰其书，且自序亦云“勤求古训博采众方”，则《伤寒杂病论》之主体为搜采各家之方尤以博采《汤液经法》为主间加己意而成者，决无疑意。日本医史文献学家森立之《伤寒论考注》就宋本《伤寒论》每卷之首皆题“仲景述”三字申述云：“按，《医心方》卷二《灸例法第六》引张仲景述云：夫病，其脉大者，不宜灸也。据此则今本卷首题云张仲景述者，盖有所受而然也。但唐以上仲景书亦题云仲景述可知也。夫述者，述而不作之谓。仲景自序所云勤求古训博采众方者是也。”今又得到陶弘景《辅行诀脏腑用药法要》而考证之，则仲景依《汤液经法》而勤求博采，则断然可知矣！

三、高继冲本《伤寒论》所据古本溯源

宋本《伤寒论》指北宋治平二年（1065）校正医书局奉旨刊行之本。孙奇、林亿等《伤寒论序》云：“国家诏儒臣校正医书，臣奇续被其选。以为百病之急，无急于伤寒，今先校定《伤寒论》十卷，总二十二篇，证外合三百九十七法，除复重，定有一百一十二方。今请颁行。”又云：“治平二年二月四日进呈。奉圣旨镂版施行。”此即北宋最初刊行之本，称为《伤寒论》初刻本。初刻本字形大，册数多，售价高，一般士人无力购买。北宋元祐三年（1088）九月奉圣旨另刊小字本以便流通，故又称治平本为大字本，元祐本为小字本。宋代原刻之大字本及小字本久佚，明万历二十七年常熟赵开美据偶得之小字本翻刻之，以接近原貌，故通称赵开美本为宋本《伤寒论》，赵所据之北宋原刻小字本在翻刻后亦亡。今赵开美本世上仅存5部：北京中国中医研究院图书馆1部、沈阳医学院图书馆1部、中山医学院图书馆1部；台湾省台北市故宫博物院文献馆1部；日本国立公文图书馆内阁文库图书馆藏1部，上述5家图书馆共藏5部。北京国家图书馆原藏一部，抗战前转移至台湾，今存缩微胶卷一套。

北宋校正医书局校正《伤寒论》所用底本，《伤寒论序》略有所述：“自仲景于今八百余年，惟王叔和能学之，其间如葛洪、陶弘景、胡洽、徐之才、孙思邈辈，非不才也，但各自名家，而不能阐明之。”这一段说明《伤寒论》自王叔和至孙思邈数百年之流传大略，对于后人沿流溯源、寻找这数百年《伤寒论》流传轨迹颇多启悟。宋本所据之底本为高继冲进献本。下面一段文字是关于底本之说明。文字虽简，涵纳甚多：

开宝中（赵匡胤纪年，968～976），节度使高继冲曾编录进上，其文理舛错，未尝考证，历代虽藏之书府，亦缺于雠校，是使治病之流，举天下无或知者。

本文以此为线索，追踪高继冲编录进献之《伤寒论》直至《汉书艺文志》著录之《汤液经法》一千余年之流传轨迹，穷溯本末，一一抉所自来，从这个角度观之，本文是关于宋本《伤寒论》在宋以前之流传简史

（一）荆南国末主高继冲世系考略

高继冲（942～973）是五代十国（907～960）荆南国最后一位国君，荆南国史事见《旧五代史》卷132《世袭传》《新五代史》卷69《南平世家》、宋王禹称《东都事略》《资治通鉴》卷275、卷276、卷280、卷287、卷288、《续资治通鉴》卷1、卷2、卷3。

高继冲的曾祖父高季兴于907年任南平节度使，南平即荆南。《资治通鉴》云：“荆南节度使高季兴寝疾，命其子行军司马、忠义节度使、同平章事从诲权知军府事。丙辰，季兴卒。”季兴卒于928年。荆南国由其子高从诲（891～948）主掌。高氏家族主掌荆南国凡五世，惟二世从诲读书明礼，披览经史。《资治通鉴》卷279云：“从诲谓梁震曰：吾自念平生奉养，固已过矣。乃捐去玩好，以经史自娱。”

高从诲卒于948年，由其子高保融掌荆南。保融为第三代荆南国主，继冲之父。《资治通鉴》卷288云：“荆南节度使南平文献王高从诲寝疾，以其子节度副使保融判内外兵马事，癸卯，从诲卒，保融知留后。”保融极昏庸，耽于淫乐，一切事务皆委其弟保勖。《宋史》卷483《世袭传》云：“保融性迂阔淹缓，御兵治民，一时术略政事，悉委于母弟保勖。”《续资治通鉴》卷1云：“保融性迂缓，御军治民皆无法，高氏始衰。”保勖亦荒淫贪婪。《续资治通鉴》卷1云：“（公元961年）九月甲子，以高保勖为荆南节度使。保勖淫恣，好营造台榭，穷土木之工，军民咸怨，记室孙光宪谏，不听。”高保勖卒于公元962年11月，此年相当北宋赵匡胤建隆三年。保勖为荆南国第四代国主。

荆南国第五代国主亦即最末一代国主为高继冲。其叔保勖临终时问何人可继主荆南。《续资治通鉴》卷1云：“荆南节度使高保勖寝疾，召牙内都指挥使京兆梁延嗣曰：我疾将不起，孰可付后事者？延嗣曰：先子舍其子继冲，以军府付公，今继

冲长矣。保勖曰：子言是也。即以继冲权判内外军马事。甲戌，保勖卒。”从公元962年11月始继冲以荆南节度副使执掌荆南国国柄。963年正月庚辰，晋升为荆南节度使。《续资治通鉴》卷3云：“正月丙子，以荆南节度副使权知军府事高继冲为荆南节度使。”

五代十国之荆南国为十国中之弱国。凡五代。世系如下：

高季兴（1）→高从诲（2）→高保融（3）→高保勖（4）→高继冲（5）。

（二）高氏家族何以有《伤寒论》

高氏家族世系清楚，凡五代，曾祖季兴陕州硖石人，一介武夫，梁开平元年（907）以军功任荆南节度使，为高氏家族统治荆南奠定基础。第三代保融、第四代保勖迂阔懦弱、淫恣害民，不恤政事，不亲书卷，是《伤寒论》约非得于此三人时期。唯第二代高保融能“以经史自娱”，尚知书卷礼乐于修身治国不可或离。保融个人有此品德，尚须辅以客观条件。这个条件是——“劫掠”。

荆南国当今武汉一带，扼四方水陆交通要冲，于十国中为蕞尔小国。《新五代史》叙其国云：

荆南地狭兵弱，介于吴楚为小国。自吴称帝，而南汉、闽、楚，皆奉梁正朔，岁时供奉，皆假道荆南。季兴、从诲常邀留其使者，掠取其物。而诸道以书责诮，或发兵加讨，即复还之而无愧。其后汉与闽、蜀皆称帝，从诲所向称臣，盖利其赐予。俚俗语谓夺攘苟得无愧耻者为赖子，犹言无赖也。故诸国皆目为高赖子。

此书决非高氏家族历代相传所固有，极有可能在高季兴、高从诲时期以掠取手段而获得，诸道或发书责难、或发兵加讨，乃奉还金宝，余下书卷等细物，至高继冲危难之际，乃献之朝。

（三）高继冲为何进献编录本《伤寒论》

高继冲任荆南节度使时，时当北宋赵匡胤乾德元年（963年）。此时距大宋建国（960始建国）已三年余。赵匡胤久有混一天下之志，此时正在酝酿征服荆南之计：以收服湖湘为词假道荆南以灭之。据《续资治通鉴》卷1云：

（963年）庚申，以山南东道节度使兼侍中慕容延钊为湖南道行营都部署，枢密副使李处耘为都监，发兵会襄阳以讨张文表。先是，卢怀忠使荆南，帝谓曰：江陵人情去就，山川向背，吾尽欲知之。怀忠使还，报曰：继冲控弦之士不过三万，年谷虽登，民困于暴敛，其势日不暇给，取之易耳。于是帝召宰相范质等谓曰：江陵四分五裂之国，今假道出师，因而下之，蔑不济矣。遂以成算授处耘等。

《续资治通鉴》卷3详细记述以假道之计削平荆南过程以及高继冲无可奈何之态：

李处耘至襄州，先遣阁门使临洺丁德裕喻继冲以假道之意，请薪水给军。继冲与其僚佐谋，以民庶恐惧为词，愿供刍食百里外。处耘又遣德裕往，（孙）光宪及延嗣请许之。兵马副使李景威说继冲曰：“王师虽假道以收湖湘 恐因而袭我，愿假兵三千设伏荆门险要处，候其夜行，发伏攻其上将，王师必自退却，回军收张文表以献于朝廷，则公之功业大矣。不然，且有摇尾乞食之祸。”继冲不听，曰：“吾家累岁奉朝廷，必无此事。”孙光宪曰：“景威，峡江一民耳，安识成败！且中国自周世宗时已有混一天下之志。宋兴，凡所措置，规模益宏远，今伐张文表，如以山压卵耳。湖湘既平，岂有复假道而去耶？不若早以疆土归朝廷，则荆楚免祸，公亦不失富贵。”继冲以为然。景威知计不行而叹曰：“大事去矣，何用生为？”因扼吭而死。景威，归州人也。继冲遣延嗣与其叔保寅奉牛酒来犒师，且觇师之所为。

壬辰，师至荆门，处耘见延嗣等，待之有加。延嗣喜，驰使报继冲以无虞。荆门距江陵百余里，是夕，延钊与延嗣等宴，饮于其帐，处耘密遣轻骑数千倍道前进。继冲但俟保寅、延嗣之还，遽闻宋师奄至，即慌恐出迎，遇处耘于江陵北十五里。处耘揖继冲，令待延钊，而率亲兵先入，登北门。比继冲与延钊俱还，宋师已分据冲要，布列街巷矣。继冲大惧，遂尽籍其三州，十七县，十四万二千三百户奉表来归。

春秋时代，晋国曾假道于虞以伐虢，回师灭虞，今故事再演，戏剧性地灭掉荆南。

高继冲于962年11月任荆南节度使，963年2月国除，任职3月余。灭国伊始，赵匡胤“复命高继冲为荆南节度使”，然令“枢密承旨王仁瞻赴荆南巡检”，对高继冲加以监视。《续资治通鉴》云：963年“六月乙未诏：荆南兵愿归农者听，官为葺舍，给赐牛酒、种食。”遣散节度使统领的全部官兵。继而，又命王仁瞻为荆南节度使。《续资治通鉴》卷3云："六月丁酉，命王仁瞻权知荆南军府事"，解除高继冲荆南节度使之职。963年12月"癸未，改命继冲为武宁节度使"，从此高继冲离开荆南国。《新五代史》卷69《南平世家》云："季兴兴灭年世甚明，诸书皆同。盖自梁开平元年（907）镇荆南，至皇朝乾德元年（963）国除，凡五十七年。"

高继冲转任武宁节度使后，为求免祸，不断上献珍宝乃至户口簿帐簿等。《宋史》卷483《荆南高继冲传》云：

继冲籍管内刍粱钱帛之数来上，又献钱五万贯、绢五千匹、布五万匹，复遣支使王崇范诣阙贡金器五百两、银器五千两、锦绮二百段、龙脑香十斤、锦绣帷幕二百事。

《续资治通鉴》卷三：

（乾德元年五月甲子）高继冲籍伶官一百四十三人来献，诏悉分赐诸大臣。

高继冲在献无所献的情况下，想到《伤寒论》。

为什么进献此书呢？

这与赵匡胤之弟赵炅韬晦养志编纂医书有密切关系。宋初，赵炅为编辑方书而搜罗名贵医书及名方异术玄针。赵炅《太平圣惠方·序》云：

朕昔自潜邸，求集名方异术玄针，皆得其要，间收得名方千余首，无非亲验，并有准绳，贵在救民，去除疾苦，并遍于翰林医官院各取到经乎家传应效药方合万余道，令尚药奉御王怀隐等四人，校勘类编，凡诸论证，并该其中，品药功效，悉载其内。

赵炅"求集名方异术玄针"的时间在开宝年间，这个阶段，正是高继冲任武宁节度使之时，朝不虑夕，危不旋踵，忧患缠身，计无所出。恰好此时赵炅在求集医书医方，《伤寒论》为方论同集之作，乃进献之，希冀政治处境有所好转。孙奇、林亿《伤寒论序》云："开宝中，节度使高继冲曾编录进上。"开宝凡9年，"开宝中"当指开宝四年或五年，约献于此时。但是他没有达到自己的愿望。《宋史》卷483《荆南高继冲传》云："开宝六年（973）卒，年三十一。"献书不久即含恨逝去。史书未载高继冲生于何年，从卒年上溯31年，其生年为五代后晋天福七年（942年）。

高继冲于史事无足言，唯一可供后人思念者为献书事。

（四）高继冲进献本特点

高继冲进献《伤寒论》本之特点，从《伤寒论序》中可大体推知。

第一，"节度使高继冲曾编录进上"。"编"者，编次也，即对原书之次序作些调整；"录"者，抄录也，即将原书于进献前加以抄录。编录者为谁，已不可知。此书在北宋校正医书局校正以前（治平二年校正毕，1065年），其结构乃条论于前方汇于后者，即前论后方（其模式大体存留于《金匮玉函经》），现在的方证同条模式乃校正医书局所改动。进献本卷数与今本同，亦10卷。《序》云："今先校定张仲景《伤寒论》十卷"，指此。

第二，"其文理舛错，未尝考正，亦缺于雠校。"进献本未经校勘，讹、衍、倒、夺，时有所见。古代传抄本类多如此。今本避宋讳之字如避"玄"为"真"等，非出自进献本，乃出于校正医书局。

第三，"历代藏之书府，是使治病之流，举天下无或知者。"此尤可见此本之重秘、高贵，为人间难得之宝卷。梁代阮孝绪《七录》著录《辨伤寒十卷》与高继冲进献本为同一系统之本。阮本之承传系统，见下节《伤寒论六朝流传考》。

第四，高继冲进献本未被收入由赵炅主持由王怀隐编辑的《太平圣惠方》中。赵匡胤驾崩后，其弟赵炅即位，是为宋太宗。他在开宝年间收集的名方异术玄针于登极后16年即淳化三年（992年）刊行成书，名为《太平圣惠方》100卷，其中卷8～14为《伤寒》卷，与进献本大异。此本亦为六朝传本，但与进献本非同一传授系统。由此可知，进献本献于朝廷后，被珍藏于皇家书府，珍秘之甚也，以至连皇弟亦难得一见，故云"举天下无或知者"。

第五，从进献之初（约开宝四年或五年，公元971或972年）至校正医书局以此本为底本而校之（治平元年1064年始校，治平二年1065年校毕），中间凡90余年，皆藏于皇家书府，无校勘、无登录（无登录于书目），秘扃尘封，"举天下无或知者。"至治平元年选此本为底本乃始见天日。北宋校正医书局以此本为底本，极为有识。

此本可直接与《脉经》本之《伤寒论》乃至《伊尹汤液经》紧密联系起来，若合符契。此天不丧斯文，故有藏者献之（高继冲），有人校之（孙奇林亿），有人翻刻之（赵开美），乃流传至今，嘉惠我民族于无穷，岂非我民族之大幸哉！

（五）高继冲进献本历史渊源简考

高继冲进献本上承张仲景《伤寒论》直至《汉书艺文志·经方类》之《汤液经法》，下启北宋校正医书局校定的《伤寒论》（分为大字本与小字本两种，内容全同，仅字之大小有异）、明赵开美翻刻的《伤寒论》、日本安正三年（1856）崛川济《翻刻宋版伤寒论》、1991 年 6 月人民卫生出版社出版的由北京中医药大学刘渡舟任主编、钱超尘任副主编的宋本《伤寒论校注》以及 1997 年中医古籍出版社影印出版的《仲景全书·伤寒论》。近两千年来，人们研究之《伤寒论》本，无不旋转于高继冲本肘下。

由高继冲本向上考证该本之流传演变，困难重重，无所依傍；由此本向下考证其流传演变较为容易，且有赵开美本在。本段文字之中心在向上考证该本之演变与流传。方法是由后面的时代逐代向上面推进，犹如竹帘倒卷，由下及上。向下之考证见钱超尘《宋本伤寒论既刻后之流传与演变》一文。

考证此问题始于 1983 年，至今整整 20 年过去，久蓄胸中，犹如块垒，盘亘不去，今将读书所得奉献就正同道贤达。

1. 唐代《伤寒论》之流传及其与进献本之关系

唐代见于史志目录者之《伤寒论》：

《旧唐书·经籍志》：《张仲景药方》十五卷　王叔和　撰

《新唐书·艺文志》：

①王叔和《张仲景药方》　十五卷

②又《伤寒卒病论》十卷

现存文字保存《伤寒论》一些主要条文者主要有：

第一，孙思邈《千金要方》卷九，系《伤寒论》之残卷，保存着早期“可”与“不可”的几乎是近于《伤寒论》原始面貌的结构，在《伤寒论》流传演变史上具有巨大价值。

第二，孙思邈《千金翼方》卷九卷十，除太阳病为孙思邈所改编外，其余诸节与宋本大体相同。

第三，王焘《外台秘要》。《外台秘要·序》云：“主上尊贤重道，养寿祈年，故洪宝金匮、青囊绿帙，往往而有，则知日月所照者远，圣人所感者深。至于啬神养和，休老补病者，可得闻见也。余敢采而录之，则古所未有，今并缮缉，而能事毕矣。”《外台秘要》孙兆序：“唐王焘所集外台一书，则纂集自汉以来诸方汇萃成书，而历代之方于焉大备。唐以前之方赖此书以存。”其所引《伤寒论》18 卷含杂病在内，盖唐以前旧貌。

第四，敦煌《伤寒论》残卷 S202 及 P3287

唐代政府文件涉及《伤寒论》名称者主要有：

①臣读唐令，检其制：“为医者皆习《张仲景伤寒论》”（北宋林亿转引“唐令”，见《校定备急千金要方后序》）

②“乾元元年（758 年）二月五日制：自今以后，有以医术入仕者，同明经例处分。至三年正月十日右金吾长史王淑奏：医术请同明经法选人，自今以后，各试医经方术策十道：《本草》二道、《脉经》二道、《素问》十道、《张仲景伤寒论》十道、诸杂经方义二道。通七以上留，已下放。”（王溥《唐会要》卷 82《医术》条）以《伤寒论》为试士核心与重点，足见《伤寒论》在唐代受到何等重视。

上举著述，性质不尽相同。新旧唐志著录之《张仲景药方》15 卷，即张仲景《伤寒杂病论》16 卷之大体遗存，内涵《伤寒论》及《杂病论》两种，此书于五代分化为若二种，著录于《宋史·艺文志》。

《新唐志》之《伤寒卒病论十卷》非含《杂病论》在内，“卒”字乃“杂”字之俗讹字，此字流传于六朝隋唐间。故知《伤寒卒病论十卷》为《伤寒论》单一内容。

《伤寒卒病论十卷》上承梁阮孝绪之《辨伤寒十卷》，下启高继冲进献本之十卷。此书虽最早著录于《新唐书艺文志》，然其来源甚为久远。孙思邈《千金要方》卷九载录《伤寒论》残条近50条，及至《千金翼方》几得《伤寒论》之全，钱超尘于20世纪80年代撰著《唐本伤寒论》（中国医药科技出版社 1994 年 4 月版），详细与宋本《伤寒论》校读，发现二者内容基本相同，条数亦大体相同。与《金匮玉函经》更为相近，又可证明《金匮玉函经》与《唐本伤寒论》《宋本伤寒论》乃同一传本系统。换言之，高继冲进献本与《伤寒卒病论十卷》亦为同一系统之传本。

2. 隋代《伤寒杂病论》之流传及其与进献本之关系

《伤寒杂病论》在隋代之流传是有史料可考的。

第一，大业六年（610 年）前隋代《伤寒杂病论》流传概况：

“大业”，隋炀帝杨广纪年。隋文帝杨坚于公元 581 年建隋，是年为开皇元年。从 581 至 610 年 30 年间，隋无《伤寒论》之全帙，仅存残卷。

今存之《诸病源候论》由巢元方等奉敕编成于大业六年。日本宫内厅书陵部藏有宋版《诸病源候论》。该书卷一第二行题云：“大业六年太医博士臣巢元方等奉敕撰”。该书卷七为《伤寒诸病·上》，卷八为《伤寒诸病·下》，即卷七为《伤寒论》内容，卷八为《金匮要略》内容。考卷七内容，与今本《伤寒论》异，所引《伤寒论》条文与《脉经》近，且多为残文，是知大业六年前隋无《伤寒论》全帙。日本江户时期山本惟允恭庭撰《诸病源候论解题》，甚精。喜多村直宽跋云："右《诸病源候论解题》曩岁侍医山本恭庭（惟允）所录也。恭庭著有《诸病源候论疏证》，极称精确。书仅成四卷，未及脱稿，其人就地。惋惜之余，今借抄解题一篇，以冠于札记之首。嘉永戊申秋初，喜多村直宽识。"时人评价已如此，尤可见宫廷其识高卓。有关隋代大业六年前《伤寒论》流传情况，山本恭庭论述云：

《伤寒杂病论》合十六卷，其十卷乃今所传《伤寒论》。而《隋志》称梁有《仲景伤寒》十卷，亡。孙思邈亦云：江南诸师秘仲景要方不传。因考本书伤寒诸候多有《伤寒论》文，而不著仲景之名。妇人篇则往往著其名（见于带下三十六疾候、胞转候、大便不通候）。此知当时惟有《杂病论》而无《伤寒论》。详其所引之文，多与《脉经》相合，岂据其所收载而引之乎？其《杂病论》六卷即今《金匮要略》。其遗佚者，贾公彦疏《周礼》云：张仲景《金匮》云：神农尝百药，则炎帝者也（《疾医职》）。今《要略》无此文，而林亿辈亦云：以其《伤寒》文多节略，故断自杂病以下，终于饮食禁忌云云。然则当时所见之本，非今之要略明矣！

按，山本宫庭所考是也。考《诸病源候论》卷38《带下三十六疾候》云："张仲景所说三十六种疾，皆由子脏冷热劳损，而挟带下，起于阴内，条目混漫，与诸方不同。但仲景义最为玄深，非愚浅能解。恐其文虽异，其理实同也。"卷40《胞转候》云："张云仲景云：妇人本肥盛，豆举自满，全羸瘦，豆举空减，胞系了戾，亦胞转（据日本《宋版诸病源候论》。别本"豆"作"头"。按，"豆"通"头"）。卷40《大便不通候》："张仲景云：妇人经水过多，亡津液者，亦大便难也。"

今考《病源》所载《伤寒论》条文，不仅见于卷七，亦见于卷八，但与宋本《伤寒论》逐条对比，条文数较宋本为少，且《病源》所引《伤寒论》未出现"张仲景"三字，而引《杂病》文字必出仲景之名，因而推知在隋大业六年前，隋无全帙《伤寒论》。

马继兴教授在其《中医文献学》第三章第一节第三小节《六朝隋唐时期的各种传本》中说："伤寒论一书，在南北朝隋唐时期，虽已产生了各种传抄本，但多限于师徒传授，公开流传的较少，特别是在当时一些有影响的医学著作如《小品方》《范汪方》《诸病源候论》等书中，都极少引用。虽然《伤寒杂病论》在唐以前各种传本中均已失传，但仍可从现存的古医籍资料中间接考察出当时一些主要传本的线索。其中包括经北宋校正医书局校勘的《伤寒论》《金匮玉函经》《金匮要略》等书的祖本，现存的日本康平本、康治本《伤寒论》的古卷子本，收录于《千金要方》《千金翼方》《外台秘要》《医心方》等书的传本或佚文，敦煌出土的《伤寒论》残卷，以及散见于其他著作中的存目、佚文等，都是唐代或唐以前的一些既知传本。"这些话无疑是对的。这里补充一句，《诸病源候论》所引《伤寒论》条文也是唐以前十分重要的资料，极有深入研究探索的必要。总起来说，在隋大业六年以前隋无全帙《伤寒论》是可以肯定的。

第二，大业六年后全帙《伤寒论》复出。

大业六年至隋末凡8年（610～618），全帙《伤寒论》大约在此时复出，有如下史料可供考证。《隋书经籍志序》云："隋开皇三年（583），秘书监牛弘（545～610），表请分遣使人，搜访异本。每书一卷，赏绢一匹，校写既定，本即归主。于是民间异书，往往间出。及平陈以后，经籍渐备。检其所得，多太建（569～582）时书，纸墨不精，书亦拙恶。于是总集编次，存为古本。召天下工书之士，京兆韦霈、南阳杜郡等，于秘书内补缀残缺，为正副二本，藏于宫中。其余以实秘书内、外之阁，凡三万余卷。"这段大意是，隋文帝时期，藏书不多，依牛弘广开献书之策，民间异书，纷纷复出，皆手抄副本，凡三万余卷。《经籍志序》紧接着又说："炀帝即位，秘阁之书，限写五十副本，分为三品：上品红琉璃轴，中品绀琉璃轴，下品漆轴。于东都观文殿东西厢构屋以伫之，东屋藏甲乙，西屋藏丙丁。又聚魏以来古迹名画，于殿后起二台，东曰妙楷台，藏古迹；西曰宝迹台，藏古画。又于内道场集道、佛经，别撰目录。"很显然，炀帝时期搜集到的古书远比文帝时代要多。元代马端临《文献通考》卷174《经籍考》云："炀帝即位，增秘书省官员百二十员，并以学士补之。帝好读书著述，自为扬州总管，置王府学士至百人，常令修撰。以至为帝前后近二十载，修撰未尝暂停。自经术、文章、兵农、地理、医卜、释道，乃至捕搏鹰狗，皆为新书，无不精洽。共成三十一部，万七千卷，纳于东都修文殿。又写五十副本，分为三品：上品红琉璃轴、中品绀琉璃轴、下品漆轴，于东都观文殿东西厢构屋以伫之。”现传之《伤寒论》十卷，当以此时复出之《伤寒论》为基础而流传至今者。

日本著名中医文献学家丹波元简《伤寒论综概》云：

《隋经籍志》注载梁《七录》“张仲景辨伤寒十卷亡”。今《伤寒论》每篇尽冠“辨”字，此即指今《伤寒论》；而云其亡者，盖《千金方》称“江南诸师秘仲景《伤寒论》方法不传”。然则《隋志》云“亡”者，其实非亡也。《七录》《新唐书艺文志》并云“十卷”，考诸仲景自序，乃缺六卷。盖《伤寒论》十卷，《杂病论》六卷，各别行于世者。而王焘《外台秘要》载《金匮要略》诸方，而曰出张仲景《伤寒论》某卷中，则唐时其全帙十六卷不易旧目者才存台阁中。王氏知弘文馆图籍方书等时，特得探其秘要，而载之其著书。今所传十卷，虽重复颇多，似强足十卷之数者，然逐一对勘，大抵与《外台》所引符。则今《伤寒论》不可断为非《七录》及《唐志》之旧也。

按，元简所论甚是。梁阮孝绪《七录》所载《张仲景辨伤寒十卷》于隋朝未亡也，见于《新唐志》之《伤寒论十卷》即为从隋代下传之证明。

隋代颇重视避讳。《伤寒论》之“坚”字皆写为“鞕”以避杨坚之“坚”，可作《伤寒论》抄写于隋代的历史标志。避“坚”之字尚有“鞕”字（eng 去声），《诸病源候论》以“鞕”字以代“坚”字。隋朝之“隋”原作“随”，因为其中有“辵”字，“辵”义训“走”“奔跑”，为避免隋朝跑掉，于是诏令改为“隋”字。殊不知“隋”训“裂肉”，谓祭余之肉，义何吉乎？《二十五史·隋书·隋书目录考证》云：“按隋即随字，与古隋字音徒果切（DUO）者不同。胡三省（1230～1287）《通鉴》注曰：隋即春秋随国，为楚所灭以为县，秦汉属南阳郡，晋属义阳郡，后分置随郡，梁曰随州，后入西魏。杨忠从周太祖以功封随国公。子坚袭爵，受周禅，遂以随为国号。又以周齐不遑宁处，乃去从作隋，以从训走故也。按，考随作隋，当在文帝即位之后。此纪于父封随公、帝袭随公，进爵随王，并作隋字，盖史官追改耳。《通鉴》及《纲目》于随公、隋王并作随字，于称帝始作隋字，可谓确实。”从这些避讳事实中我们可以看到，《伤寒论》中的“鞕”字，乃此书流传并抄录于隋朝的历史标志。是《伤寒论》于隋末复出有史可徵也。

3. 六朝《伤寒论》之流传及其与进献本之关系

仲景《伤寒杂病论》在宋版以后之流传，脉络清楚，如指诸掌；宋版以前至仲景逝世凡八百六十余年，流传脉络，乱如紊丝。其中尤以六朝之流传，由于史料阙如，疑团重重。今可借助近年日本发现的《小品方》（残卷）、梁阮孝绪《七录》、梁陶弘景《辅行诀脏腑用药法要》探清《伤寒杂病论》在六朝流传之概况。

梁·阮孝绪《七录》著《张仲景辨伤寒十卷》，在《伤寒论》版本演变史上，具有非常重要的意义。

阮孝绪（479～536），南朝梁人，于梁·普通四年（公元523年）撰成《七录》12卷。《七录》是据齐秘书丞王俭（459～489年）《七志》、东晋穆帝著作郎李充《晋元帝四部目录》、西晋武帝秘书监荀勖《晋中经簿》并收录时人著作而成。《七录》已佚，其长序存于唐内典《广弘明集》卷三。《隋书·经籍志序》云：“普通中，有处士阮孝绪，沉静寡欲，笃好坟史，博采宋齐以来王公之家，凡有书籍，参校官簿，更为七录。”《七录》与齐王俭《七志》均为全国性通录古今图书之目录。阮孝绪《七录序》说：

魏晋之世，文籍愈广，皆藏在秘书、中、外三阁。魏秘书郎郑默，删定旧文，时之论者，谓为朱紫有别。晋领秘书监荀勖，因《魏中经》，更著《新簿》，虽分为十有余卷，而总以四部别之。怀、惠之乱，其书略尽。江左草创，十不一存。后虽鸠集，淆乱已甚。及著作佐郎李充，始加删正，因荀勖旧簿四部之法，而换其乙丙之书，没略众篇之名，总以甲乙为次。自时厥后，世相祖述。宋秘书监谢灵运、丞王俭、齐秘书丞王亮、监谢朏等，并有新进，更撰目录。……

凡自宋齐以来，王公缙绅之馆，苟能蓄积坟籍，必思致其名簿。凡在所遇，若见若闻（若，或也），校之官目，多所遗漏。遂总计众家，更为新录……名曰《七录》。

这段文字着重说明从魏郑默《魏中经簿》（成于公元235年）至梁阮孝绪《七录》近300年重要目录著作发展概况以及《七录》参阅何种目录著作以成书。尤当注意者，阮氏所云“自宋齐以来，王公缙绅之馆，苟有蓄积坟籍，必思致其名簿”，且“校之官簿”。这就等于说自宋齐以来至梁普通4年凡100年间几乎所有公私著作及目录皆在浏览之列。因此《七录》所载乃为魏至梁图书目录之实录。此书唐代犹存，后散佚。唐初编写《隋书·经籍志》时，主要参考三部目录著作，一为王俭《七志》，一为阮氏《七录》，一为《隋大业正御书目录九卷》。

以阮孝绪《七录》为起点，向上可溯《伤寒论》在魏及两晋时期目录著作著录情况；向下可寻《伤寒论》在隋唐时期目录著作著录情况。

据《七录序》，阮孝绪不仅详阅了王俭《七志》，而且参阅了东晋李充《晋元帝四部目录》及谢灵运、王亮、谢朏、任昉、刘孝标等人编纂的目录学著作。这些著作里无疑都著录着《辨伤寒》《杂病论》的名称。我们之所以敢于以这样肯定无疑的明确的语言说出这样的话，是因为我们掌握着一部具有重要史学意义的文献史料——《小品方》（残卷）古抄件。

上个世纪80年代日本东京北里研究所小曾户洋先生在日本（财）前田育德会尊经阁文库发现古抄本《小品方》（残卷），北里研究所医史文献研究室整理编纂并撰写解题，于1992年3月20日初版影印发行。据小曾户洋先生《小品方书志研究·传来》一节所考，据避讳字考之，此残缺抄件的时代在唐初李世民前。该件影印清晰，字迹分明，绢纹清晰，堪为善本。1995年4月日本茨城大学真柳诚教授赠送钱超尘一部影印件。现将《小品方》有关《辨伤寒》及《杂病论》内容引录如下，并依照魏至南朝目录著作发展顺序探寻《辨伤寒》《杂病论》在六朝流传概况(《小品方》引证医书目录较多，下面谨摘引有关部分)：

《张仲景辨伤寒并方》有九卷，而世上有不啻九卷，未测定几卷，今且以目录为正。

《张仲景杂方》有八卷。

《黄素方》有二十五卷

右件皆是《秘阁四部书目录》所载录者也。

汉末有张仲景，意思精密，善详旧效，通于往古。自此以来，未闻胜者。

《羊中散所撰方》有三十卷，是元嘉（按，刘宋424~453）中于新安郡所集，皆是江东得效者，于世乃可即用。

《秦承祖所撰要方》二十卷，多是《范东阳集》中单省者耳。且首数又少于次第，治不得周悉，不足传也。

右二件并是元嘉中撰也。

此序尤当注意者有二：一为《秘阁四部书目录》，一为《辨伤寒九卷》《张仲景杂方八卷》之著录。下分考之。

甲.《秘阁四部书目录》之作者与陈延之之时代

《七录序》云："宋元嘉八年《秘阁四部书目录》1564帙，14582卷。"

从东晋至南朝宋齐梁陈以"四部书目录"名书者甚多。东晋穆帝著作郎李充于永和五年（349年）撰成《晋元帝四部书目录》，记录晋元帝（东晋第一帝，317~323在位）时期及其以前的图书目录。《七录序》云："晋元帝四部书目，305帙，3014卷。"该书是在西晋荀勖《晋中经簿》的基础上增加一些书籍而成。荀勖原书按照"甲乙丙丁"次序排列书籍，甲部收录经书及小学，乙部收录子书，丙部收录史书，丁部收录集部。李充调换"乙""丙"次序，即乙部载史，丙部载子。郑默始创甲乙丙丁四部分类法，荀勖因之，后经李充修订而成为永制，为我国图书目录分类奠定基础。

荀勖著录的书籍凡29945卷，至东晋之初残缺严重，只剩3014卷，仅相当原数的十分之一。《隋书经籍志序》说："东晋之初，渐更鸠聚。著作郎李充，以勖旧《簿》校之，其见存者，但有三千一十四卷。充遂总没众篇之名，但以甲乙为次。自尔因循，无所变革。其次中朝遗书，稍流江左。宋元嘉八年，秘书监谢灵运造《四部目录》，大凡六万四千五百八十二卷……齐永明中，秘书丞王亮、监谢朏，又造《四部书目》。"《小品方》作者陈延之生卒时代史籍无载，近代大多数《中医人名词典》皆云陈延之晋人，大误。因为《小品方》引用南朝刘宋"元嘉中"之《四部目录》，可证《小品方》成书时代必在元嘉中以后，陈延之亦必为刘宋时代元嘉（424~453）后期人。《小品方》又云："右二件并是元嘉中撰也"，谓《羊中散方》《秦承祖方》两书均引自刘宋元嘉八年之《秘阁四部书目录》之目录书。则《小品方》撰于元嘉八年之后绝无疑义。因而陈延之之生活时代亦随之大体确定：陈氏生于东晋之末，卒于刘宋文帝元嘉末期或刘宋武帝时期。史家多以卒年论作者时代，故陈氏当为刘宋人。

《秘阁四部书目录》已载仲景书，则可确证《张仲景辨伤寒九卷》与《张仲景杂方八卷》在东晋前期已经流传。而《秘阁四部书目录》是据《晋元帝四部书目录》以及西晋荀勖《晋中经簿》与魏郑默《魏中经簿》撰成，那么李充《晋元帝四部书目录》《晋中经簿》《魏中经簿》著录张仲景《辨伤寒》《杂方》亦必无疑义。据皇甫谧《甲乙经序》，王叔和乃魏太医令，又据近代学者余嘉锡《四库提要辨证》所考，王叔和为仲景入室弟子，则叔和整理之仲景著作著录于《魏中经簿》大体可定。这样，《小品方》著录的《辨伤寒》与《杂方》就可以直接与张仲景步武相接，这对于追踪两书的流传历史具有巨大意义。

乙．《辨伤寒》《杂病方》之流传考

《小品方》云："张仲景《辨伤寒》并方有九卷，而世上不啻九卷，未测定几卷，今且以目录为证"。这几句话包含着丰富的内容。

"辨伤寒"一称，在《小品方》之前，人们只能从《隋书经籍志》"医方类"小注中见到它的名称："梁有《张仲景辨伤寒十卷》，亡。"（按，"亡"字困惑千余年《伤寒论》学者，其实未亡也。今之宋本《伤寒论》即《辨伤寒》之大体遗存）。此后，在正史目录及私人目录中再也见不到《辨伤寒》这一书名。现在我们从日本残存《小品方》古代抄件中看到《辨伤寒》名称从而使我们知道从两晋至刘宋时代仲景书流传的基本情况；不仅如此，从《辨伤寒》之名称上，亦可窥探六经辨证演变的大体面貌。

《小品方》："张仲景《辨伤寒》九卷"

《隋志·医方论》注云："梁有张仲景《辨伤寒》十卷，张仲景《评病要方》一卷，亡。"按，张仲景《评病要方》一卷或系医家依据需要从仲景著作中抄录某一部分临时命名者。隋志又有《张仲景方十五卷》《张仲景疗妇人方二卷》。其中《张仲景方十五卷》在张仲景著作之流传上，具有十分重要地位。此十五卷包括《伤寒杂病论》之全。

《小品方》："张仲景杂方八卷"

此即《杂病论》也。通称仲景《杂病论》6卷，而此为8卷，多两卷。古人分卷，文字多者，一卷可卷为两卷，故知此8卷即《杂病论》之6卷。从《小品方》著录《张仲景杂方》八卷上，我们看到张仲景《伤寒杂病论》十六卷在东西两晋时代已经分别流行。但又有尚未分开传抄之书在社会上流传，如《隋志》著录之《张仲景方十五卷》就是《伤寒杂病论》十六卷本的另一个名称，实为异名同实者。

《小品方》："黄素方二十五卷"

《隋志》："张仲景方十五卷"注云："仲景，后汉人。梁有《黄素方》二十五卷，亡。"按，《黄素方》25卷非仲景之作。新旧《唐志》皆著录。新《唐志》谓谢泰撰；葛洪《肘后方序》谓崔中书撰，云："余见戴霸、华佗所集《金匮绿囊》、崔中书《黄素方》"云云。丹波元胤云："按葛洪《肘后方序》有崔中书《黄素方》，似与是书不同"，谓与谢泰之《黄素方》不同也。考《黄素方》之名每附于《张仲景杂方》之后，则其书录人张仲景大量《杂病论》方剂无疑。

《小品方》所载书目在《隋书经籍志》中基本均能查找到。这说明《小品方》所据之《秘阁四部书目录》及谢灵运《四部书目》信实可据。由梁阮孝绪《七录》所载《张仲景辨伤寒十卷》追溯到《秘阁四部书目录》之《张仲景辨伤寒九卷》，进而又上溯到东晋李充《晋元帝四部书目录》亦载《张仲景辨伤寒》，而《晋元帝四部书目录》系据西晋荀勖《晋中经簿》而成，《晋中经簿》又是据魏郑默《魏中经簿》而成，而郑默与王叔和同为魏人，则仲景著作收录于《魏中经簿》当无疑义。如果从《魏中经簿》向下缕数之，《辨伤寒》《杂病方》著录于《魏中经簿》后，复为《晋中经簿》所载录，接着著录于《晋元帝四部目录》、谢灵运《四部书目》、刘宋王俭《七志》、阮孝绪《七录》，然后为《隋志》著录。阮孝绪《七录》虽佚，但是有《小品方》著录《张仲景辨伤寒九卷》，而且有古抄本为据，对于考证《伤寒论》《杂病论》在六朝时代之流传已经足够了。

丙．陶弘景称《伤寒论》依《汤液经法》而成

《辅行诀》云："商有圣相伊尹撰《汤液经法》三□，为方亦三百六十首，上品上药，为服食补益方者百二十首；中品中药，为疗疾祛邪之方，亦百二十首；下品下药，为杀虫辟邪痈疽等方，亦百二十首。凡三百六十首也。实万代医家之规范，苍生护命之大宝也。"又云："汉晋以还，诸名医辈，张机、卫汎、华元化、吴普、皇甫玄晏、支法师、葛稚川、范将军等，皆当代名贤，咸师式此《汤液经法》，愍救疾苦，造福含灵。其间增减，虽各擅其异，或致新效，似乱旧经，而其旨趣，仍方圆之于规矩也。"又说："外感天行，经方之治，有二旦、六神、大小等汤。昔南阳张机，依此诸方，撰为《伤寒论》一部，疗治明悉，后学咸尊奉之。山林避居，仓促难防外感之疾，日数传变，生死往往在三五日间，岂可疏忽？若能深明此数方者，则庶几无蹈险之虞也。"又云："阳旦者，升阳之方，以黄芪为主；阴旦者，扶阴之方，以柴胡为主；青龙者，宣发之方，以麻黄为主；白虎者，收重之方，以石膏为主；朱鸟者，清滋之方，以鸡子黄为主；玄武者，温渗之方，以附子为主。此六方者，为六合之正精，升降阴阳，交互金木，既济水火，乃神明之剂也。张机撰《伤寒论》，避道家之称，故其方皆非正名也，但以某药名之，以推主为识耳"，等等。详情可参阅《仲景论广伊尹汤液考》。

综上所述，张仲景《辨伤寒》《杂病方》在魏、西晋、东晋、宋、齐、梁、陈、隋流传的脉络

是清楚的。《小品方》残卷、《辅行诀》为我们研究《伤寒论》《杂病论》的流传提供了非常直接的有价值的文献资料。《伤寒论》《杂病论》的流传史最难考证的是六朝这一段。《小品方》残卷及《辅行诀》的发现，为考证《伤寒论》《杂病论》在六朝的流传提供了非常重要的线索。

《小品方》之《辨伤寒》即阮孝绪之《辨伤寒》，此本历经隋唐一直传到五代高继冲家族。

4. 王叔和撰次仲景遗论及其与进献本之关系考

林亿等称王叔和为晋太医令。《甲乙经序》："甘露中（魏高贵乡公曹髦纪年，256～260），吾病风加苦聋，百日方治，要皆浅近，乃撰集三部，使事类相从，删其浮词，除其重复，论其精要，至为十二卷。"谓《甲乙经》十二卷成书于魏甘露中。又云："近代太医令王叔和撰次仲景遗论甚精，皆可施用。"于魏甘露年间称王叔和为"近代太医令"，则叔和乃魏太医令，且长于皇甫谧，非晋太医令也。叔和至晋初或尚生存，林亿或沿用魏之官称谓之"晋太医令"，要之，叔和之太医令非为晋职乃魏官也。

仲景殁于东汉末，其后为三国魏、蜀、吴，则叔和与仲景乃踵指相接者，对仲景极为熟悉。《千金要方》卷26《食治篇·序论第一》河东卫汎引王叔和语。卫汎乃仲景弟子，见《太平御览》卷722引《张仲景方序》曰："卫汎好医术，少师仲景，撰《四部三逆厥经》及《妇人胎藏经》《小儿颅囟方》三卷，皆行于世。"章太炎先生《蓟汉微言》云："叔和与士安同时，晋初已老，疑叔和亲见仲景也。"余嘉锡《四库提要辩证》卷12子部《金匮要略论注》云："叔和又与仲景弟子卫汎交游，当可亲见仲景，章氏之言，不为诬也。"《脉经序》云："仲景明审，亦候形证，一毫有疑，则考校以求验。故伤寒有承气之戒，呕哕发下焦之问"，唯亲知者，乃能有此言。余嘉锡《四库提要辩证》卷12又云："以余考之，王叔和似是仲景亲受业弟子，故编定其师之书。"仲景遗著撰次于叔和手，无疑也。

叔和撰次仲景遗论非一次之功，而是进行两次。

《太平御览》卷720称王叔和编完《脉经》10卷后，又编辑《张仲景方论》。《张仲景方论》又名《张仲景方》，乃《伤寒杂病论》之通俗称谓。《太平御览》卷720云：

张湛（按，原作高湛，误，当作张湛）《养生论》曰：王叔和性沉静，好著述，考核遗文，采摭群论，撰成《脉经》十卷，编次《张仲景方论》，编为三十六卷，大行于世。

张湛即注释《列子》者，事迹附见《晋书》卷75《范宁传》，晓医术。张湛晋人，与王叔和时代相距不远，指出叔和"撰成《脉经》十卷"后，接着又说叔和"编次《张仲景方论》三十六卷"，是叔和编次仲景遗著凡两次，史有明文，非出悬想。

仲景殁后不久，王叔和进行第一次撰次。所撰次者见于《脉经》。《伤寒论》条文集中撰次于《脉经》卷七，卷八、卷九中亦有一些，散见其他各卷亦有少量条文。经笔者较详统计，《脉经》共收《伤寒论》条文250条，较宋本《伤寒论》之398条少148条。叔和第一次撰次之时，仲景之作已有较多亡佚。

尤当令人注意者，《脉经》关于《伤寒论》之排次不是按照六经病排列，而是按照"可"与"不可"排列。《脉经》之"可"与"不可"共有如下几项：

病不可发汗证第一
病可发汗证第二
病发汗以后证第三
病不可吐证第四
病可吐证第五
病不可下证第六
病可下证第七
病发汗吐下以后证第八
病可温证第九
病不可灸证第十
病可灸证第十一
病不可刺证第十二
病可刺证第十三
并不可水证第十四
病可水证第十五
并不可火证第十六
病可火证第十七

《脉经序》云："今撰集岐伯以来逮于华佗，经论要诀，合为十卷，百病根源，各以类相从，声色证候，靡不该备，其王、阮、傅、戴、吴、葛、吕、张，所传异同，咸悉载录。"显示《脉经》所载之"经论要诀"等乃为"咸悉载录"者，所做的工作仅为"以类相从"，即略加分类而已。因此，《脉经》所载之"可"与"不可"当是《伤寒论》最初始面貌，换言之，即《伤寒论》最初排列条文的方式是"可"与"不可"，而不是三阴三阳。三阳三阴是叔和第二次编次仲景遗文时所为。

明·王肯堂（1549～1613）《证治准绳·伤寒准绳·凡例》云：

王叔和编次张仲景《伤寒论》，立三阳三阴篇。其立三阳篇之例：凡仲景曰“太阳病”者，入太阳篇；曰“阳明病”者，入阳明篇；曰“少阳病”者，入少阳篇。其立三阴篇，亦依三阳之例。各如太阴、少阴、厥阴之名，入其篇也。其或仲景不称三阳三阴之名，但曰伤寒某病用某方主之而难分其篇者，则病属阳证发热、结胸、痞气、畜血、衄血之类，皆混入太阳篇；病属阴证、厥逆、下利、呕吐之类，皆混入厥阴篇也。唯燥屎及屎硬、不大便、大便难等证，虽不称名，独入阳明篇者，由此证类属阳明胃实，非太阳、厥阴可入，故独入阳明也。所以然者，由太阳为三阳之首，凡阳明、少阳之病，皆自太阳传来，故诸阳证不称名者，皆入其篇。厥阴为三阴之尾，凡太阴、少阴之病，皆至厥阴传极，故诸阴证不称名者，皆入其篇。后人不悟是理，遂皆谓太阳篇诸证不称名者亦属太阳，而乱太阳病之真。厥阴篇诸证不称名者，亦属厥阴而乱厥阴病之真，为大失仲景之法也。

“三阳三阴”初始概念只是六个部分之义，叔和按照三阳三阴排列条文，意在便于医家对于病情特点的掌握与概括，与《素问·热论》之六经意义不同。

王肯堂继续论述道：

凡曰太阳病者，皆谓脉浮、头项强痛、恶寒也；凡曰阳明病者，皆谓胃家实也；凡曰少阳病者，皆谓口苦、咽干、目弦也；凡曰太阴病者，皆谓腹满时痛吐利也；凡曰少阴病者，皆谓脉微细但欲寐也；凡曰厥阴病者，皆谓气上撞、心痛、吐蛔也。候如少阴病，不一一逐条曰脉微细但欲寐，而总用少阴病三字括之者，省文也。故各条或曰少阴病反发热脉沉用麻黄附子细辛汤者，谓脉沉细但欲寐而又反发热者用其方也。或曰：少阴病得之二三日以上，心烦不卧用黄连阿胶汤者，谓得脉微细但欲寐，二三日后变心烦不卧者，用其方也。后人不悟是理，遂皆不察少阴病三字所括脉微细但欲寐之证，但见发热脉沉便用麻黄附子细辛汤，见心烦不卧，便用黄连阿胶汤，尤为大失仲景之法也。

综观王肯堂上述两段文字，可以综括为三点：

首先，张仲景《伤寒论》原始结构不是三阴三阳，而是“可”与“不可”；

其次，叔和编次《伤寒论》时首次按照三阴三阳排列条文，形成今本《伤寒论》基本模式，为后人开启六经辨证及六经传变的思维；

第三叔和按照三阳三阴排列完《伤寒论》条文后，同时保留“可”与“不可”古老分类模式而不废，置于三阳三阴之后。这是因为“可”与“不可”辨证治疗是先秦两汉与三国时期最为通行的医疗理论与治疗手段。《汉书·苏武传》有生动记载。

“可”“不可”与“三阴三阳”的密切关系通过下述10个例证可以看得清清楚楚：

①《太阳上》第13条：“太阳病，头痛，发热，汗出，恶风，桂枝汤主之。”按，桂枝汤发汗，故又将此条置于卷七《可发汗》，唯“桂枝汤主之”作“属桂枝汤证”为异。

②《太阳中》第56条：“伤寒不大便六七日，头痛有热者，与承气汤。其小便清者（一云大便青），知不在里，仍在表也，当须发汗。若头痛者，必衄，宜桂枝汤。”按，此条有“当须发汗”句，故又见卷七第16节《可发汗》，又见第22节《发汗吐下后》。

③《太阳中》第106条：“太阳病不解，热结膀胱，其人如狂，血自下，下者愈。其外不解者，尚未可攻，当先解其外；外解已，但少腹结急者，乃可攻之，宜桃核承气汤。”按，此条有“当先解其外”及“乃可攻之”句，故又置于《可发汗》第16节及《可下》第21节。

④《太阳下》第165条：“伤寒发热，汗出不解，心中痞鞕鞕，呕吐而下利者，大柴胡汤主之。”按，依经文之意此条分置于“可下”及“发汗后”两节。

⑤《阳明》第240条：“病人烦热，汗出则解，又如虐状，日晡所发热者，属阳明也。脉实者，宜下之；脉虚浮者，宜发汗。下之宜大承气汤，发汗宜桂枝汤。”按，此条有‘宜下之”“宜发汗”句，乃置于《可汗》，文字有增删：“病人烦热，汗出即解，又如虐状，日晡所发热者，属阳明也。脉浮虚者，当发汗，属桂枝汤。”又置于《可下篇》，文字有增删：“病人烦热，汗出则解，又如虐状，日晡所发潮热者，属阳明也。脉实者，可下之，宜大柴胡大承气汤。”

⑥《少阳》第265条：“伤寒，脉弦细，头痛发热者，属少阳。少阳不可发汗，发汗则谵语，此属胃。胃和则愈，胃不和烦而悸（一云躁）。”按，条文中有“不可发汗”句，故又置于《不可汗》篇，文字有删减：“伤寒，脉弦细，头痛发热者，属少阳，少阳不可发汗。”

⑦《太阴》第273条：“太阴之为病，腹满而吐，食不下，自利益甚，时腹自痛，若下之，必胸

下结鞕。”按，文中有忌下之意，故置于《不可下》，删“若”字。又按文意将此条置于《发汗吐下后》篇。

⑧《少阴》第286条：“少阴病，脉微，不可发汗，亡阳故也。阳已虚，尺脉弱涩者，复不可下之。”按，句中有“不可发汗”，故置于《不可发汗》，文字有删减：“少阴病，脉微不可发汗，亡阳故也。”条文中又有“不可下之”句，故又置于《不可下》。

⑨《厥阴》第330条：“诸四逆厥者，不可下之，虚家亦然。”按，句中有“不可下之”，故置于《不可下》篇。又置于不可吐篇，将“下”字改为“吐”字。

⑩《厥阴》第335条：“伤寒一二日至四五日，厥者必发热，前热者后必厥，厥深者热亦深，厥微者热亦微。厥应下之，而反发汗者，必口伤烂赤。”按，据条文之意，此条又置于《不可汗》篇。此条有须校勘之处，“前热者后必厥”《不可发汗》篇第15节作“前厥者后必热”。观后两句“厥深者热亦深，厥微者热亦微”，作“前厥者后必热”是。

王叔和编次的《伤寒杂病论》（通俗称谓为《张仲景方论》或《张仲景方》）谨据古史资料综述书名与卷数变化如下：

①**《张仲景方论》，36卷。** 《太平御览》卷722引晋张湛《养生论》。

日本江户时期森立之《伤寒论考注》云：“按《现在书目》九卷，盖以二卷合为一卷者。《外台》所引18卷，盖是叔和之真面目。而《养生论》所云三十六卷者，以十八卷本分析一卷以为二卷者。凡《道藏》书中所收皆令卷数浩大，如《千金方》九十三卷之类是也。据此则王焘就台阁秘本所录卷数十八卷，宜以此为定也。应知合之为九卷，或析之为三十六卷也，盖是二九十八卷之数。”供参。

②**《张仲景辨伤寒并方》有九卷。** 见南朝刘宋陈延之《小品方》(残卷影印件)

③**《张仲景杂方》有八卷。** 见陈延之《小品方》(残卷)

④**“昔南阳张机依此诸方，撰为《伤寒论》一部”。** 见陶弘景《辅行诀脏腑用药法要》。

⑤**《张仲景诸要方》，** 见葛洪《肘后备急方》卷一第一。

⑥**《张仲景辨伤寒十卷》。亡。** 见《隋书经籍志》引梁阮孝绪《七录》。

⑦**《张仲景方》十五卷。** 见《隋书经籍志》又见《太平御览》卷722

⑧**《张仲景评病要方》一卷亡。** 见《隋书经籍志。医方论》所引

⑨**《张仲景方论》** 见《太平御览》卷722

⑩**《伤寒论》(残卷)** 见孙思邈《千金要方·卷九》。思邈云：“江南诸师秘《仲景要方》不传。”按，“仲景要方”为书名，非叙述语。

⑪**《伤寒大论》二卷** 见孙思邈《千金翼方》卷九卷十。按，“伤寒大论”之名，见《千金翼方》卷九孙思邈小序。北宋校正医书局曾以此书校宋本《伤寒论》。

⑫**《张仲景药方》十五卷　王叔和集** 见《旧唐书经籍志》及《新唐书艺文志》

⑬**《伤寒卒病论》十卷** 见《新唐书艺文志》

⑭**《张仲景伤寒论》十八卷** 见王焘《外台秘要》

⑮**《张仲景方》** 见日本丹波康赖《医心方》及日本藤原佐世《日本国见在书目录》

⑯**《伤寒论》十卷，高继冲编录进献本** 见林亿《伤寒论序》

综上所述，从王叔和编次仲景遗论至唐末五代，仲景著作一直流传不衰，所以历代绵延者，叔和之功也。从上述书名观之，高继冲进献本与陈延之《小品方》所引《张仲景辨伤寒并方九卷》及阮孝绪《张仲景辨伤寒十卷》相近，当与叔和编次之本相距不远。

5.《伤寒论》源于《汤液经法》考

赵开美《仲景全书》所收《伤寒论》对该书作者题曰“汉张仲景述”。此五字为北宋校正医书局孙奇林亿所题。南宋赵希弁《郡斋读书後志》卷二沿其说：“仲景伤寒论十卷，汉张仲景述。”明著名藏书家及刻书家毛氏《汲古阁毛氏藏书目录》亦云：“仲景伤寒论十卷，汉张仲景述”。“述”者，谓遵循旧说而不别立新义。《论语·学而》：“述而不作，信而好古，窃比我于老彭。”《墨子·非儒篇》“述而不作”作“循而不作”。《说文》：“述，循也。”谓沿循往轨也。《增韵》：“循，依也。”《左传·昭公·二十三年》“循山而南”，注：“依山南行也。”则“张仲景述”者，谓仲景遵行旧说整理古训而为书也。张仲景为时之大医，必有治验与医案融于《伤寒杂病论》中，然著作主体仍为循先贤之旧轨、录汤液之成方。故《伤寒论自序》云：“勤求古训，博采众方”。其勤求博采者，据皇甫谧《甲乙经序》、宋孙奇林亿《伤寒论序》谓《伊尹汤液经》。《伊尹汤液经》又名《汤液经法》，32卷，著录于《汉书艺文志》经方类。此书至梁

犹存。若寻仲景依《汤液经法》而为书，见梁·陶弘景《辅行诀脏腑用药法要》（下简称“辅行诀”）。《辅行诀》云：

商有圣相伊尹，撰《汤液经法》三□，为方亦三百六十首。上品上药，为服食补益方者百二十首；中品中药，为疗疾祛邪之方，亦百二十首；下品毒药，为杀虫辟邪痈疽等方，亦百二十首。凡共三百六十首也。实万代医家之规范，苍生护命之大宝也。

此段文字说明《汤液经法》之结构与重要价值。下一段说明汉末魏晋六朝医家皆以《汤液经法》为至宝，依为轨范，并有发展：

汉晋以还，诸名医辈：张机、卫汎、华元化、吴普、皇甫玄晏、支法师、葛稚川、范将军等，皆当代名贤，咸师式此《汤液经法》，愍救疾苦，造福含灵。其间增减，虽各擅其异，或致新效，似乱旧经，而其旨趣，仍方圆之于规矩也。

下面一段文字说明张仲景以《汤液经法》为依凭，撰写《伤寒论》一部。这就为我们确信皇甫谧《甲乙经序》、孙奇林亿《伤寒论》序称张仲景依《汤液经法》而为书提供了第一手可信资料：

外感天行，经方之治，有二旦、六神、大小等汤。昔南阳张机，依此诸方，撰为《伤寒论》一部，疗治明悉，后学咸尊奉之。山林僻居，仓卒难防，外感之疾，日数传变，生死往往在三五日间，岂可疏忽？若能深明此数方者，则庶无蹈险之虞也。今亦录而识之。

下面这些方剂原载于《汤液经法》，后被张仲景收录于《伤寒论》。《伤寒论》散佚甚多，下述16首方剂，在《伤寒论》中或有名无方，或名、方皆亡。谨录如下：

①小阳旦汤。治天行发热，自汗出而恶风，鼻鸣干呕者。

桂枝三两　芍药三两　生姜二两切　甘草炙二两　大枣十二枚

上方以水七升，煮取三升，温服一升。服已，即啜热粥饭一器，以助药力。稍令汗出，不可大汗流漓，汗之则病不除也。若不汗出，可随服之，取差止。日三服。（按，此为《伤寒论》之桂枝汤方，见12条。《伤寒论》阳旦汤名见30条，有名无方。）正阳旦汤。（上方）若加饴一升，为正阳旦汤。

②小阴旦汤。治天行身热，汗出头目痛，腹中痛，干呕下利者。

黄芩三两　芍药三两　生姜二两切　甘草二两炙　大枣十二枚

上方以水七升，煮取三升，温服一升，日三服。服汤已，如人行三四里时，令病者啜白※浆一器，以助药力。身热去，自愈也。（按，此为《伤寒论》黄芩汤加生姜也。见172条。芍药作二两。服法文字少异）

③大阳旦汤。治凡病汗出不止，气息惙惙，身劳力怯，恶风凉，腹中拘急，不欲饮食，皆宜此方。若脉虚大者，为更切证也。

黄芪五两　人参　桂枝　生姜各三两　甘草炙二两　芍药六两　大枣十二枚　饴一升

上七味，以水一斗，煮取四升，去滓，内饴，更上火，令烊已。每服一升，日三，夜一服。

④大阴旦汤。治凡病头目眩晕，咽中干，每喜干呕，食不下，心中烦满，胸胁支痛，往来寒热方。

柴胡八两　人参　黄芩　生姜各三两　甘草炙二两　芍药四两　大枣十二枚　半夏一升洗

上八味，以水一斗二升，煮取六升，去滓，重上火，缓缓煎之，取得三升，温服一升，日三服。（按，此为《伤寒论》小柴胡汤方。见37条。无芍药。）

⑤小青龙汤。治天行，发热恶寒，汗不出而喘，身疼痛，脉紧者方。

麻黄三两　杏仁半升熬打　桂枝二两　甘草炙一两半

上方四味，以水七升　先煮麻黄，减二升，掠去上沫，内诸药，煮取三升，去滓，温服八合，必令汗出彻身，不然恐邪不尽散也。（按，此为《伤寒论》麻黄汤方。见35条）

⑥大青龙汤。治天行，表不解，心下有水气，干呕，发热而喘咳不已者。

麻黄去节　细辛　芍药　甘草炙　桂枝各三两　五味子半升　半夏半升　干姜三两

上方八味，以水一斗　先煮麻黄，减二升，掠去上沫，内诸药，煮取三升，去滓，温服一升。一方无干姜，作七味。当从。（按，此为《伤寒论》小青龙汤方。见40条。《伤寒论》“温服一升”下之大段文字疑为北宋校正医书局孙奇等所加之注，或南宋小字本《伤寒论》或《仲景全书》将此注释雕刻成与经文字体大小相同之字而窜入正文。成无已《注解伤寒论》将此大段文字引为小注，可谓有识。）

⑦小白虎汤。治天行热病，大汗出不止，口舌干燥，饮水数升不已，脉洪大者方。

石膏如鸡子大棉裹　知母六两　甘草炙二两　粳米六合

上四味，先以水一斗，熬粳米，熟讫去米，内诸药，煮取六升，温服二升，日三服。（按，此为《伤寒论》白虎汤方。见176条。主治表述异。白虎汤《伤寒论》不分大小。）

⑧大白虎汤。治天行热病，心中烦热，时自汗出，舌干，渴欲饮水，时呷嗽不已，久不解者方。

石膏如鸡子大一枚，打　麦门冬半升　甘草炙二两　粳米六合　半夏半升　生姜二两切　竹叶三大握

上方七味，以水一斗二升，先煮粳米，米熟讫去米，内诸药，煮至六升，去滓，温服二升，日三服。（按，此为《伤寒论》竹叶石膏汤方。见397条。将生姜换为人参。）

⑨小朱鸟汤。治天行热病，心气不足，内生烦热，坐卧不安，时下利纯血如鸡鸭肝者方。

鸡子黄二枚　阿胶三锭　黄连四两　黄芩　芍药各二两

上五味，以水六升，先煮连、芩、芍三物，取三升，去滓，内胶，更上火，令烊尽，取下，待小冷，下鸡子黄，搅令相得。温服七合，日三服。（按，此为《伤寒论》黄连阿胶汤方。见303条。主治表述异。朱鸟俗称朱雀。）

⑩大朱鸟汤。治天行热病，重下，恶毒痢，痢下纯血，日数十行，羸瘦如柴，心中不安，腹中绞急，痛如刀刺方。

鸡子黄二枚　阿胶三锭　黄连四两　黄芩　芍药各二两　人参二两　干姜二两

上药七味，以水一斗，先煮连、芩、姜等五物，得四升讫，内醇苦酒二升，再煮至四升讫，去滓。次内胶于内，更上火，令烊。取下，待小冷，内鸡子黄，搅令相得即成。每服一升，日三夜一服。

⑪小玄武汤。治天行病，肾气不足，内生虚寒，小便不利，腹中痛，四肢冷者方。

茯苓三两　芍药三两　白术二两　干姜三两　附子一枚　炮去皮

上五味，以水八升，煮取三升，去滓，温服七合，日三服。（按，此为《伤寒论》真武汤方。见82条。）

⑫大玄武汤。治肾气虚疲，少腹中冷，腰背沉重，四肢清，小便不利，大便鸭溏，日十余行，气辍力弱者方。

茯苓三两　白术二两　附子一枚炮　芍药二两　干姜二两　人参二两　甘草二两炙

上七味，以水一斗，煮取四升，温服一升，日三，夜一服。（按，此为《伤寒论》真武汤与理中丸合方。见386条）

⑬小勾陈汤。治天行热病，脾气不足，饮食不化，腰痛，下痢方。

甘草三两　干姜　人参各二两　大枣六枚，去核

上四味以水五升，煮取二升，温分再服（按，此为甘草干姜汤加人参大枣。）

⑭大勾陈汤。治天行热病，脾气虚，邪热入里，腹中雷鸣切痛，呕吐下利不止者方。

甘草　人参各三两　半夏一升，洗，去滑　生姜切二两　黄芩二两　黄连二两　大枣十二枚，劈去核

上七味，以水一斗，煮取六升，温服二升，日三。（按，此为生姜泻心汤去干姜。）

⑮小螣蛇汤。治天行热病，胃气素实，邪气不除，腹满而喘，汗出不止者方。

枳实三两　厚朴二两　甘草二两　芒硝二两

上四味以水六升，煮取上三味至二升许，去滓，内芒硝，待焰已，顿服之。（按，此为大承气汤去大黄加甘草。）

⑯大螣蛇汤。治天行热病，邪热不除，大服秘结，腹中大满实，汗出而喘，神昏不识人，宜此方，急下之方。

枳实三两　厚朴　甘草　大黄　葶苈熬黑，打如泥　生姜　芒硝后下

上七味，以水一斗二升，先煮上六味至四升，去滓内芒硝，待焰化已，温服二升。生姜一作大枣。（按，此为大承气汤加葶苈生姜甘草。）

上述16方，皆见于《汤液经法》而为《伤寒论》收录。这就确切证明《伤寒论》是在《汤液经法》的基础上形成的。《甲乙经序》对此说得很明白：

伊尹以元圣之才，撰（按，通“选”）用《神农本草》以为《汤液》……仲景论广《伊尹汤液》为十数卷，用之多验。近代太医令王叔和撰次仲景遗论甚精，皆可施用。

孙奇、林亿《伤寒论序》亦云：

夫《伤寒论》盖祖述大圣人之意，诸家莫其伦拟。故晋皇甫谧序《甲乙经》云：伊尹以元圣之才，撰用《神农本草》以为《汤液》，为十数卷，用之多验。近世太医令王叔和撰次仲景遗论甚精，皆可施用。是仲景本伊尹之法，伊尹本神农之经，得不谓祖述大圣人之意乎？

张仲景《伤寒论自序》亦云：“勤求古训博采众方”，其勤求博采者，主要为《汤液经法》。北宋

校正医书局标以"汉张仲景述"，是为有识；《仲景全书》因其旧式，得存其真。

上述16方，不见于今本《伤寒论》者为大阴旦汤及大朱鸟汤，其余诸方虽见于《伤寒论》，但方名已异。考《汤液经法》32卷之成书时代，在马王堆发现之《五十二病方》后，大体时代为西汉前期作品，观其诸方，已经具有成熟的方剂状态，而《五十二病方》则不然。因可知，我国方剂学在西汉前期已经进入成熟阶段。西汉前期道家思想颇受重视（见司马谈《论六家要旨》），因而方剂名称亦受到道家思想影响。东汉末社会思潮发生重大变化，影响到方剂名称亦随之而变。《辅行诀》对此有说：

阳旦者，升阳之方，以黄芪为主；阴旦者，扶阴之方，以柴胡为主；青龙者，宣发之方，以麻黄为主；白虎者，收重之方，以石膏为主；朱鸟者，清滋之方，以鸡子黄为主；玄武者，温渗之方，以附子为主。此六方者，为六合之正精，升降阴阳，交互金木，既济水火，乃神明之剂也。张机撰《伤寒论》，避道家之称，故其方皆为正名也，但以某药为名，以推主为识耳。

张仲景"以某药为名，以推主为识"，改变前汉方剂名称之道家色彩，是方剂学的一次革命，这种嘉惠一直延续到今天。

本节的结论是：张仲景《伤寒论》以《汤液经法》为基础而成书，其力证为陶弘景的《辅行诀藏府用药法要》。

本文引申出来的两个结论是：

第一，我国的方剂学在西汉时期已经走向成熟，标志是《汤液经法》的成书，著录于《汉书艺文志·经方类》；

第二，"群方之祖"徽号，当归属于《汤液经法》的作者（作者不详）。诸家多称仲景《伤寒杂病论》为群方之祖，亦无过，因为《汤液经法》久已不存，唯仲景著作尚存于今，后世依之为法，故尊称群方之祖。然从学术考源角度观之，当知仲景之书所自出。清·钱曾《读书敏求记》云："《伊尹汤液》散见诸书，医家未睹其全，仲景独能广而行之。王好古复纂成此书——《伊尹汤液仲景广为大法一卷》，又为仲景之功臣矣!"按，王好古实亦未见《汤液经法》，以崇敬之甚，故搜罗百氏以求辑复，精神堪嘉。

四、宋本《伤寒论》刊行后流传演变简史

宋本《伤寒论》指北宋治平二年（1065年）刊雕之本，所据底本为荆南国末主高继冲所献，钱超尘对该本所据古本逐代进行洄溯与考证，成《高继冲本伤寒论所据古本溯源》一文；本节所考者为宋本既刻后之流传与演变。

北宋治平二年刊行之大字本《伤寒论》及北宋元祐三年（1088年）刊行之小字本《伤寒论》天壤间今已无存。明万历二十七年（1599年）江苏常熟赵开美据元祐本翻刻之，以基本逼近原书面貌，故今通称之"宋本伤寒论"乃指赵开美翻刻本，崇敬之情无以加也，

国内外今存赵开美《仲景全书》五部。

（一）治平本《伤寒论》校定者及该书特点

治平二年刊行的《伤寒论》通称林亿所校，不然也，实为孙奇校定。由高保衡、孙奇、林亿三人联名的《伤寒论序》云："国家诏儒臣校正医书，臣奇续被其选，以为百病之急，无急于伤寒。今先校定张仲景《伤寒论十卷》，总二十二篇，证外合三百九十七法，除复重，定有一百一十二方。今请颁行。"观序文，乃孙奇所校，序亦成于孙奇。《金匮玉函经序》云："国家诏儒臣校正医书，臣等先校定《伤寒论》，次校成此经"，文末由高保衡、孙奇、林亿三人联名落款，似三人合校此书。继读《金匮要略序》则云："国家诏儒臣校正医书，臣奇先校定《伤寒论》，次校定《金匮玉函经》，今又校成此书。"此序三次出现孙奇之名，则《金匮要略序》亦成于孙奇之手。由是观之，《伤寒论》《金匮玉函经》《金匮要略》三书皆由孙奇一人主校之，高保衡、林亿为协校之功。三书序皆有"国家诏儒臣"语，不仅示其荣耀，亦显示何等重要也，故孙奇于《伤寒论序》《金匮要略序》皆明书其名，复于《金匮要略序》中微示《金匮玉函经》之校定亦成于其手，甚委婉甚有巧思。

《伤寒论》《金匮玉函经》《金匮要略》各为理法方药集于一身之临证经典著作，奇虽以儒臣入选，却以精于医理与临证见称。邵伯温《邵氏闻见录》云：

仁宗初纳光献皇后，后有疾，国医不效。帝曰："后在家，用何人医?"后曰："妾随叔父官河阳，有疾，服孙用和药辄效。"寻召用和，服其药果验。自布衣，除尚药奉御，用和自此进用。用和本卫人，以避事客河阳。善用张仲景法治伤寒，名闻天下。二子奇、兆，皆登进士第，为朝官，亦善医。

《读书后志》云：

本朝士人如高若纳、林亿、孙奇、庞安常，皆以善医名世。

孙奇长于临证，北宋校正医书局校正之《外台秘要》亦出于孙奇手。孙奇《外台秘要序》及北宋皇祐三年（1051 年）朝廷关于校正《外台秘要》札子皆充分显示孙奇娴于临证。《外台秘要序》云：

王氏为儒者，医道虽未及孙思邈，然而采取诸家之方，颇得其要者，亦崔氏、孟诜之流也。且古之如张仲景、集验、小品方，最为名家，今多亡逸，虽载诸方中，亦不能别白。王氏编次，各题名号，使后之学者，皆知所出，此其所长也……国家诏儒臣校正医书，臣承命。以其书方证之重者删去，以从其简；经书之异者，注解以著其详；鲁鱼豕亥，焕然明白。臣谓三代而下，文物之胜者，必曰西汉，只以侍医李柱国校方剂，亦未尝命儒臣也。臣虽滥吹儒学，但尽所闻见，以修正之，有所阙疑，以待来哲。

宋皇祐三年（1051）五月二十六日札子云：

令秘阁简《外台秘要》三两本送国子监现校勘医书官仔细校勘。闻奏，札付孙兆。准此。至治平二年二月二日，准中书札子校正医书所状医书内有《外台秘要》一项。今访闻前校正官孙奇校对已成，所有净草现在本家，欲乞指挥下本家取赴本局修写进册。

由是观之，校定《伤寒论》选用孙奇，确为首当其选者。同时研究宋本《伤寒论》亦当参阅孙奇校定之《外台秘要》。

观《伤寒论序》《金匮要略序》又知孙奇于两书之底本来源、校定体例颇为明晰，于校定中作了哪些改动等等，叙述颇详。

孙奇校定之《伤寒论》具有以下特点：

1. 选用荆南国末主高继冲（942 ~ 973）于北宋开宝（968 ~ 976）中进献并经编录的《伤寒论》为底本。序云“开宝中，节度使高继冲曾编录进上，其文理舛错，未尝考证，历代虽藏之书府，亦阙于雠校，是使治病之流，举天下无或知者。”据今所掌握的历史资料考知，此本上承南朝阮孝绪《七录》之“张仲景辨伤寒十卷”及刘宋陈延之《小品方》之《张仲景辨伤寒九卷》之书，《小品方》据东晋李充《晋元帝四部书目》——通称《秘阁四部书目录》——而成，则高继冲进献编录之本，其来颇为悠久矣。此书历代藏之书府，至北宋治平元年始选为底本，在中国医学史上，影响深远，意义重大。关于高继冲进献编录本及其所自来，钱超尘《高继冲本伤寒论所据古本溯源》有详考。

2. 底本——高继冲进献本《伤寒论》为十卷之数，内含二十二篇。序云：“今先校定张仲景《伤寒论》十卷，总二十二篇。”校定者于卷数篇数皆依底本之旧，无所更动。

3. 删除重复之方。序云：“删复重，定有一百一十二方。”详此说，进献本重复之方较多，乃删重从简。观序文用“定”字，则一百一十二方之数，乃孙奇等所定，其先必不止此数。

4. 增加少量文字校勘与条文辨析。尤当注意者为卷六第十二节“辨厥阴病脉证并治”下小注：“厥利呕哕附”。其意是，将“厥利呕哕”篇与厥阴病篇的内容合并到一起。这是孙奇、林亿等所为。考《金匮玉函经》厥阴病与厥利呕哕尚分为两篇。《金匮玉函经》卷九：“辨厥阴病形证治第九”“辨厥利呕哕病形证治第十”。自成无己删去宋本诸小注及校勘语后，人们大多不知厥阴病篇之内容如此不相协的原因。继考孙奇林亿等合所不当合之原因时发现，将此两篇合为一篇，不始于孙、林，孙思邈《千金翼方》卷十《厥阴病状第三》已经将《金匮玉函经》的两节合为一节了(《千金翼方》卷九卷十以《金匮玉函经》为底本)。孙、林校定《伤寒论》时，曾以《千金翼方》为校本，受其影响而合之，但附小注以说明，为后人考证提供资料。

5. 新增子目。所谓“子目”，指每卷前统计“证”与“法”的文字。子目文字虽略有压缩，但与经文基本相同。子目价值巨大，可以考证“法数”与“方数”，可以考证宋本刊行后之增补条文等。成无己不明子目作用而删之，是以后人罕见之。

6. 严格区分《伤寒论》“证”与“法”的不同，首次确立三百九十七法之概念。“证”者，无方剂之条文为“证”；“法”者，有方剂之条文为“法”。如辨太阳上第五下注云：“合一十六法，方十四首。”第一条子目下注云：“前有太阳病十一证。”考宋本太阳上第一条至第十一条皆无方，故谓之“证”，凡子目下注明此方有几味药诸条，此条皆属于“法”。这就为三百九十七法概念的确立奠定了理论基础。“法”数与方剂数在理论上应该相等但在实际上却不相等。因为重复出现的方剂不计算在法数之内。如《辨太阳上脉证并治第五》下注云“合一十六法，方十四首。”按照“有方之条为法”的概念理解，方数与法术应当是对等关系，但实际不然。这是因为重复出现的方剂不统计在

"法数"之中。比如太阳上第五子目"太阳病，头痛发热，汗出恶风者，桂枝汤主之"下注云："用前第一方"，即使用在第一条子目中出现的桂枝汤方。桂枝汤方无论出现几次，都按照一个方剂计数。

7. 将一百一十二方分附有关"法"下。高继冲本原始结构为"条论于前，方汇于后"，即"前论后方"，至北宋校正医书局孙、林等校定《伤寒论》时才大规模调整方剂位置。考其来历，与孙思邈《千金翼方》对方剂位置的调整不无影响。《千金翼方》卷九序云："旧法方证，意义幽隐，乃令近智所迷，览之者造次难悟。中庸之士，绝而不思，故使闾里之中，岁致夭枉之痛。远想令人慨然无已。今以方证同条，比类相附，须有检讨，仓卒易知。"孙、林受到孙思邈的启发影响是无疑的，但其"方证同条"的规模比孙思邈大，所用"以方附法"的方法亦有所不同。

8. 孙奇、林亿《伤寒论序》后附国子监牒文，署名者除高宝衡、林亿、孙奇外，尚有朝廷高官范镇、赵概、曾公亮、韩琦等15人。反映出《伤寒论》之雕版刊行为朝廷高度重视。

9. 方下附王叔和按语，未予删削。成无己删之，大为不当。

自孙奇、林亿等校定《伤寒论》后，版本始定于一，传本歧出的局面结束，成为后人学习的模板，故称宋本为"校定"之本。

章太炎《拟重刻古医书目序》一文，对宋本之价值从与成注本比较之角度言之，深刻剀切，发人深思。云：

《甲乙》《肘后》《鬼遗》及《证类本草》、孙辑《神农本草》，本医师所不可阙者。其林校《伤寒论》原本，则赵清常影宋所刻，日本安政三年所翻，其异于成无己注本者，卷首独有目录，方下独多叔和按语。又林氏以别本校勘者，成注本亦删去。余昔以《论》中寒实结胸与三物小陷胸汤白散亦可服，寒热互歧，诸家不决，因检《千金翼方》所引，作三物小白散，而林校所引别本，正与《千金翼方》同，由是宿疑冰释。今成注本删此校语，则终古疑滞矣！

信乎，稽古之士，宜得善本而读之也。

赵开美所刻宋版《伤寒论》即为《伤寒论》首善之本，胜成无己本不知几许，当为学者首当研习者。

（二）北宋本《伤寒论》有大字本与小字本之分

1. 北宋治平大字本《伤寒论》

北宋刻书精致，字体亦极考究，所用字体以颜真卿、柳公权字体为流行体。叶德辉（1864～1927）《书林清话·刻书分宋元体字之始》条云："吾谓北宋蜀刻经史及官刻监本诸书，其字皆颜、柳体。其人皆能书之人，其时家塾、书坊，虽不能一致，大都笔法整齐，气味古朴。"就字体大小言，当时分为大字本、中字本、小字本三种。《伤寒论》治平二年二月刊刻之本为大字本。国子监牒文云："治平二年二月四日进呈，奉圣旨，镂版施行。"《伤寒论》于此年以大字刊行。大字本行格宽，字距大，字体大，册数多，售价高，普通人无力购买。元祐三年（1088年）国子监牒文指出，同年八月六日接尚书礼部文："当月六日敕中书省勘会：下项医书，册数重大，纸墨价高，民间难以买置"，这些医书包括《伤寒论》在内。不仅《伤寒论》有大字本与小字本之别，就是《千金翼方》《金匮要略方》《脉经》《补注本草》《图经本草》等五种书亦有大小字之别。叶德辉《书林清话》卷二《刻板有例禁始于宋人》引绍圣三年（1096年）牒文云：

绍圣三年开雕《千金翼方》《金匮要略方》《王氏脉经》《补注本草》《图经本草》等五件医书。末附国子监牒文。云：国子监（以下提行）准（以下空一格）监关准上书礼部符。准绍圣元年六月二十五日（以下提行）敕，中书省尚书省送到礼部状。据国子监状，据翰林医学本监三学看治任仲言状，伏睹本监先准（以下提行）朝旨，开雕小字《圣惠方》等共五部出卖，并每节镇各十部，余州各五部。本处出卖，今有《千金翼方》《金匮要略方》《王氏脉经》《补注本草》《图经本草》等五件医书，日用而不可阙。本监虽见印卖，皆是大字，医人往往无钱请买，兼外州军尤不可得，欲乞开作小字，重行校对出卖，及降外州军施行。本部看详，欲依国子监申请事理施行，伏候指挥。六月二十三日奉（以下提行）圣旨，奉敕如右，牒到奉行。

从上述牒文知，北宋校正医书局所校之书，国子监板行初期皆刊为大字本，然纸墨價高，医人无力购买，且携带亦多不便，于是乃有刊刻小字本之举。元祐三年礼部奉圣旨将《伤寒论》雕刻成小字本便人请买。《伤寒论》大字本久已亡佚。然1908

年有名矩庵者，在赵开美《仲景全书》首页写有如下文字，申明确曾寓目大字本。观行文流畅，笔迹娴熟，藏书富赡，精熟《伤寒论》版本流传之学，盖儒医兼通尤精于伤寒者。1908年至今不足百年，所云“余所藏治平官刻大字影写本”云云，断非孟浪戏谑之言，必果有其事，惜不知矩庵何许人、后嗣如何，若有其人访得之，寻得治平大字本下落，则不啻发现一颗行星云。其文云：

《伤寒论》世无善本，余所藏治平官刻大字景写而外，唯此赵清常本耳。亡友宗室伯子祭酒曾悬重金购此本不可得，仅得日本安政丙辰覆刻本（近蜀中又有刻本，亦从日本本出）。今夏从厂贾魏子敏得此本，完好无缺，惜伯子不及见矣。坊记。时戊申中秋日戊辰。

北宋人官刻经注皆大字，单疏皆小字，所以别尊卑也。治平官本《伤寒论》，乃大字经也，《千金方》《外台秘要》皆小字疏也，林亿诸人深于医矣。南宋以后，乌足知此？矩安又记。

上述题记，除王重民先生在《善本医籍经眼录》(《四部总录医药编》附）略加提及外，其余少有人言及。此文为墨笔所书，故其他图书馆所藏《仲景全书》皆无，深望中国医史学研究者留意焉。

2. 北宋元祐小字本《伤寒论》

治平大字本《伤寒论》刊行于治平二年——公元1065年，以册数繁重，纸墨价高，士人无力请买，销售不甚顺畅。23年后，朝廷敕命国子监刊刻小字本发售。此事载于《伤寒论》所附元祐三年（1088年）牒文。云：

国子监准尚书礼部元祐三年八月八日符：元祐三年八月七日酉时准都省送下当月六日敕中书省勘会，下项医书册数重大，纸墨价高，民间难以买置。八月一日奉圣旨，令国子监别作小字雕印，内有浙路小字本者，令所属官司校对无差错即摹印雕版，并候了日，广行印造。只收官纸工墨本价，许民间请买，仍送诸路出卖。奉敕如右，牒到奉行。前批八月七日未时，付礼部施行。续准礼部符：元祐三年九月二十日准都省送下当月十七日敕中书省尚书省送到国子监状，据书库状，准朝旨雕印小字本《伤寒论》等医书出卖……奉圣旨，依国子监主者一依敕命指挥施行。治平二年二月四日进呈，奉圣旨镂版施行。

观牒文，小字本《伤寒论》当时有元祐三年国子监本，有浙路本。浙路本稍早于国子监本。宋代以浙、蜀、闽三处刻书为胜，其中尤以浙路本最佳。浙本分杭州本、婺州本、台州本、衢州本、严州本等，统名浙路本或浙本。宋人叶梦得《石林燕语》云：“天下印书，杭州为上。”牒文既云国子监雕刻小字本《伤寒论》时参照浙路小字本校对讹字，则牒文所云“浙路本”当指刻于杭州者。大约国子监小字本刊行之后，逐渐代替了浙路本。

北宋校正医书局校毕医书后，于治平及元祐年间分为大字本与小字本两种版本颁行。赵开美《脉望馆书目》宋元医书类书目著录云：“宋大版千金要方四本，存八卷、九卷、十一、十二卷、二十四卷。宋小版千金要方欠一之四、六上、九之十、十四、二十九、三十，内十五之二十八。”大小版即大字本版与小字本版，赵开美尚亲见之，可证《伤寒论》有大小字本之分非虚论也。

（三）赵开美简历及其覆刻宋本《伤寒论》概况

赵开美于明万历二十七年（1599年）据北宋国子监小字本《伤寒论》翻刻之，以基本逼近原貌，故通称赵开美本为宋本。世上今存5部：中国中医研究院图书馆（馆藏书号：卯31/291.35，并书“明万历二十七年己亥本，明赵刻本”字样)、沈阳医学院图书馆、中山医学院图书馆、日本国立公文图书馆内阁文库各藏一部，台湾故宫博物院文献馆一部，共5部。北京国家图书馆原藏一部，抗战前转移至台湾，今藏缩微胶卷一套（馆藏书号：NO1499。并写有如下鉴定文字：“《仲景全书》二十六卷。张机（汉）撰。赵开美（明）辑刻。明万历间刻本。十行十九字。五册”)。

据史料载，北宋元祐三年《伤寒论》小字本刊行后至明万历二十七年凡511年中间未再刊行。主要是因为，无论是大字本还是小字本，皆无注解，通称“白文本”，不便阅读。明徐镕云：“聊摄七十八岁撰成《明理论》，八十岁时注完《伤寒论》。”成无己生于北宋嘉祐治平间，享年九十余，《注解伤寒论》所用底本为治平大字本或元祐小字本断无疑义。严器之《注解伤寒论序》云：“聊摄成公，议论该博，术业精通，而有家学，注成《伤寒论》十卷，出以示仆。其三百九十七法之内，分析异同，彰明隐奥，调陈脉理，区别阴阳，使表里以昭然，俾汗下而灼见。百一十二方之后，通明名号之由，彰显药性之主。十剂轻重之攸分，七精制用之斯见。别气味之所宜，明补写之所适。又皆引内经，旁牵众说，方法之辨，莫不允当。实前贤所未言，后学所未识，是得仲景之深意者也。”由是成氏书取代北宋白文本。在一发垂绝之际，有常州赵开美者，偶得北宋小字本《伤寒论》而翻刻之，基本接近原貌，以是流传至今，美称宋本《伤寒论》。

1. 赵开美简历

赵开美（1563～1642），又名琦美，字玄度，自号清常道人。明末江苏常熟人。父名用贤（1535～1596），字汝师，号定宇，隆庆五年（1571）进士，万历时官检讨，终吏部侍郎，刚直不阿，疾恶如仇。《刻仲景全书序》云："以直言敢谏，医谄谀者之膏肓，故踬之日多，达之日少"，指此。谥文毅。富藏书，明医理。有《赵定宇书目》，1957年古典文学出版社出版。刻书甚多。刻印《管子》《韩非子》等书。这些学术活动对赵开美产生深远影响。开美聪颖博闻，喜藏书，精校雠，著有《洪武圣政纪》《容台小草》《伪吴杂记》等。刻书多种，如刻印其父用贤《松石斋集》《仲景全书》4种26卷、《周髀算经》、唐段成式《酉阳杂俎》、宋罗大经《鹤林玉露》、苏东坡《东坡杂著》，皆为学林所重。所辑抄校雠古书有《古今杂剧》242种，堪为精品，收入商务印书馆《古今戏曲丛刊》第四集。此外尚辑抄晋常璩《华阳国志》、明钱古训《百夷传》《东国史略》《汴水滔天录》、宋李心传《建炎以来朝野杂记》、宋魏了翁《毛诗要义》等多种。自辑《脉望馆书目》一册，不分卷，有《玉简斋丛书本》《涵芬楼秘籍》本。《脉望馆书目》按经史子集分类。此书对研究赵开美医学成就极有启迪，可参见瞿勉良《中国古籍刻板辞典》（1999年山东齐鲁书社出版，437页）、李茂如《历代史志书目著录医籍汇考·书目篇》（人民卫生出版社1994年3月版）。

《脉望馆书目》按照《千字文》字词顺序编排书籍顺序，自"天"字至"调"字共31字，分列经史子集四部之书。所录书籍仅列书名、本数，不列卷数，不署著者，颇伤简略。其简略情况，略近南宋尤袤《遂初堂书目》。尤氏书目仅列书名，无本数。《脉望馆书目》医书目分为15门，计：医总门、本草门、素问门、脉诀门、伤寒门、小儿门、针灸门、外科门、养生门、女科门、眼科门、风科门、祝由科、按摩科、医马科。其中"伤寒门"所载书目如下：

《伤寒百证》四本，又二本；
《活人指掌图》三本；
《伤寒摘疑》二本；
《伤寒全书》四本；
《运气全书》四本，又二本不全；
《伤寒证治准绳》十六本二套；
《伤寒直格》五本又一本；
《方辅注伤寒方论全书》一本；
《伤寒续论》一本；
《阴证略例》二本：曰；又一本乙；
《伤寒论》二本；
《医方捷径》二本。

凡列12种书。其中未列《仲景全书》。

李茂如在《历代史志书目著录医籍汇考》一书中对赵开美有如下评论："赵氏不惟富于藏书，且勤于校书刻书，其对文籍之流通传播，颇具功绩。即以医书言之，宋刻《伤寒论》原本早已亡佚失传，唯赖万历二十七年赵氏校刻之覆宋《伤寒论》本得以略窥旧貌，奉为珍本，其一端也。世称自赵氏典藏图书肇始，开常熟一带藏书之风尚。终有清一代以讫民国之初，藏书名家，延续不绝，传为书林佳话。赵氏卒后，藏书多归钱氏绛云楼。继起者，前有毛晋之汲古阁、钱曾之述古堂以及孙从添之上善堂，后有陈揆之稽瑞楼、张金吾之爱日精庐，以至赵宗建之旧山楼、瞿镛铁琴铜剑楼等，乃知赵氏遗泽之深远也。"

从赵开美上述学术活动可以看出，赵氏翻刻宋本《伤寒论》决非出于一时热情和偶然之举，而是出于积学所成，他深知北宋本之难得，乘时翻刻之远功，终于为中华民族文化留下珍贵厚重传世之宝。

2. 赵开美翻刻宋本概况

赵开美翻刻之宋版小字本《伤寒论》收于《仲景全书》中。《仲景全书》收书四种：宋版《伤寒论》、成无己《注解伤寒论》《金匮要略》、宋云公《伤寒类证》，共26卷。卷首有赵开美《刻仲景全书序》。这是一篇美文，不仅文辞优美，结构严谨，而且叙事全面，内容凝练 从中可以得到许多关于刊刻《仲景全书》的历史背景宝贵史料。

第一、《仲景全书》是在大疫流行、时医不知世有宋版《伤寒论》的情势下酝酿刊刻的。1595年（万历二十三年乙未），即《仲景全书》雕版刊刻前四年，常熟一带大疫流行，死于疫疠者不可胜数。开美记述当时情形云

岁乙未，吾邑疫疠大作，予家臧获率六七就枕席。吾吴和缓明卿沈君南昉在海虞，藉其力而起死亡殆遍，予家得大造于沈君矣。不知沈君操何术而若斯之神。因询之。君曰：予岂探龙藏秘典，剖青囊奥旨而神斯也哉？特于仲景之《伤寒论》窥一斑两斑耳。予曰：吾闻是书于家大人之日久矣，而书肆间绝不可得。君曰：予诚有之。予读而知其为成

无己所解之书也。

沉君时为当地医和、医缓，尚不知有北宋雕刻之《伤寒论》白文本，则其余诸医更可想而知矣。

第二、在久寻北宋白文本《伤寒论》不得的情况下，乃精心校勘成无己《注解伤寒论》，酝酿刊刻成书，聊胜于无也。在沈南昉建议、其父用贤命名下，刊刻成《仲景全书》，当时该书仅收《注解伤寒论》《金匮要略》两书。开美叙述刊刻过程云：

> 沉君曰："予诚有之。"予读而知其为成无己所解之书也。然而鱼亥不可正，句读不可离矣。已而购得数本，字为之正，句为之离，补其脱略，订其舛误。沉君曰："是可谓完书，仲景之忠臣也。"予谢不敏。先大夫命之："尔其版行，斯以惠厥同胞。"不肖孤曰：唯唯！沈君曰："《金匮要略》，仲景治杂病之秘也，盍并刻之，以见古人攻击补写缓急调停之心法。"先大夫曰："小子志之！"不肖孤曰："敬哉！既合刻，则名何从？"先大夫曰："可哉！命之名《仲景全书》。"

第三、刻毕《仲景全书》——当时只包括《金匮要略》《注解伤寒论》两书后，在一个偶然的机会中，赵开美得到北宋小字本《伤寒论》，于是翻刻之，并从故纸堆中翻检出宋云公《伤寒类证》三卷，一并合刻之，仍名《仲景全书》，宋版《伤寒论》十卷、《注解伤寒论》十卷、《金匮要略》三卷、《伤寒类证》三卷，共二十六卷。赵开美叙述此事云：

> 既刻已，复得宋版《伤寒论》焉。予囊固知成注非全文，及得是书，不啻拱璧。转卷间，而后知成注之荒也。因复并刻之，所以承先大夫之志欤！又故纸中检得《伤寒类证》三卷，所以隐括仲景之书，去其繁而归之简，聚其散而汇之一，其于病症脉方，若标月指之明且尽。仲景之法，于是粲然无遗矣，乃并附于后。

赵开美于《仲景全书目录》六字之次行标以"翻刻宋版伤寒论全文"九字，为后人研究宋版《伤寒论》确立了标准。

第四、赵开美刊刻宋版《伤寒论》，不仅欲保存北宋精美版本，同时亦含针砭时弊深意。当时医生不知读仲景书的重要性，只读时方而已，如此何能成为护命苍生大医？赵开美深有感触地指出：

> 予因是哀夫世之人向故不得尽命而死也。夫仲景殚心思于岐黄，辨证候于丝发，著为百十二方，以全民命，斯何其仁且爱而跻一世于仁寿之域也。乃今之业医者，舍本逐末，超者曰东垣，局者曰丹溪已矣。而最称高识者，则《玉机微义》是宗。若《素问》《灵枢》、若《玄珠秘语》，则嗒焉茫乎而不知旨归。而语之以张仲景、刘河间，几不能知其人与世代。犹腼然曰："吾能已病足矣，奚高远之是务？"且于今之读轩歧书者，必加诮曰："是夫也，徒读父书耳，不知兵变已夫。"不知变者，世诚有之，以其变之难通，而遂弃之者是犹食而咽也，去食以求养生者哉，必且不然矣。则今日是书之刻，乌知不为肉食者大嗤乎？

读此段四百年前文字，令人涔然汗下，以今日之多士，犹四百年前之众医也。

第五、《仲景全书》之刊成，乃赵用贤、赵开美父子两代人的共同心愿，共同努力的结果。赵开美说：

> 说者谓："陆宣公达而以奏疏医天下穷，而聚方书以医万民。吾子固悠然有世思哉！"予曰："否，否！是先大夫之志也。先大夫固尝以奏疏医父子之伦，医朋党之渐，医东南之民瘼，以直言敢谏医谄谀之膏肓。故踬之日多，达之日少。而是书之刻也，其先大夫宣公之志欤。今先大夫殁垂四年而书成，先大夫处江湖退忧之心盖与居庙堂进忧之心同一无穷矣。"客曰："子实为之，而以为先公之志，殆所谓善则称亲与？"不肖孤曰："否否。是先大夫之志也。"

（四）《伤寒论》日本内阁本、枫山本与中国北图本、影印本有异

这是《伤寒论》版本史上一个非常重要的问题。

赵开美《刻仲景全书序》结尾为"万历己亥三月谷旦海虞清常道人赵开美序"，万历己亥当公元1599年，古人多于全书刻毕撰序，则《仲景全书》刻毕于1599年三月也。

为详考《仲景全书·伤寒论》版本问题，笔者详细地校读了五本宋版《伤寒论》影印件或复印件。所查阅的版本是：

1. 日本东京燎原出版社1988年10月影印本，东京北里研究所附属东洋医学总合研究所医史文献研究室编辑，本书"凡例"云："本书为公文书馆内阁文库所藏明万历二十七年赵开美刊《仲景全书》（枫山秘府·10册·子45函·13号）。影印第一——第四册之《伤寒论》。底本原尺寸每半页框廓高17.9cm，幅约13.0cm。"（简称"内阁本"）

2. 珍藏日本枫山秘府而为森立之（1807～1885）亲阅、今据以复印之本。森立之《经籍访古

志》云："《伤寒论》十卷，明赵开美校刻本，枫山秘府藏。每半版十行，行十九字，高五寸九分，幅四寸三分。此本为《仲景全书》中所收，曰翻刻宋版。每卷首题汉张仲景述、晋王叔和撰次、宋林亿校正、明赵开美校刻、沈琳仝校。其字画端正，颇存宋版体貌，盖《伤寒论》莫善于此本，然流传绝少，仅见秘府所贮。"日本燎原出版社据此本影印出版，日本不存在第二部宋本《伤寒论》。这里之所以将同一部书分为两部书叙述，是因为一部来自燎原出版社影印出版，一部来自复印——复印者为日本东京北里医学总合研究所医史文献研究室小曾户洋先生。小曾户氏云："是影印本即《经籍访古志》所云枫山秘府藏本之实物，昭和五十七年初春复印缩微胶卷于国立公文书馆内阁文库。"（简称"文库本"）

3. 北京国家图书馆藏《仲景全书・伤寒论》缩微胶卷放大件。（简称"北图本"）

4. 藏于台湾省故宫博物院文献馆的《仲景全书・伤寒论》复印件。原书于抗战前转移至台湾。（简称"台湾本"）

5. 2001 年北京中医古籍出版社据中国中医研究院图书馆珍藏之《仲景全书》而影印者（简称"影印本"）。

这五部书中之《伤寒论》，应该完全一样，不应有异，这就如同用同一张照相底版不应该冲洗出两张不同的照片一样。五本详加校读后，情况大大出人意料，令笔者惊讶不已。下面分为四种情况举例说明：

甲、书口大异：

北图本、台湾本、影印本书口从始至终皆为白鱼尾，内阁本黑鱼尾与白鱼尾交替出现，文库本的黑鱼尾与白鱼尾同样交错出现，交错出现的页码完全相同。

乙、字句有异：

（1）肾谓所胜脾："问曰……若见损脉来至，为难治（肾谓所胜脾，脾胜不应时）"（见《评脉法第二》）。内阁本、文库本、影印本皆作"肾谓所胜脾"，北图本、台湾本此五字作"肾为脾所胜"，是。

（2）离："不可令如水流离"（卷二《辨太阳上》第 12 条）。内阁本作简体字"离"，文库本、影印本及北图本、台湾本均作繁体字"離"。

（3）观："若病重者，一日一夜服，周时观之"（第 12 条）。内阁本、文库本作简体字"观"字，北图本、台湾本、影印本作繁体字"觀"字。

（4）叉手："其人叉手自冒心"（卷三第 64 条）。内阁本、文库本讹为"叉手"，北图本、台湾本、影印本均作"叉手"。是。

（5）杵之："右五味为散，更于臼中杵之"（卷四 141 条五苓散方）。内阁本、文库本作"杵之"，北图本、台湾本、影印本作"治之"。是。

（6）四："大黄四"（卷五第 208 条小承气汤方）。内阁本、文库本"四"字下脱"两"字，北图本、台湾本、影印本"四"字下有"两"字。是。

（7）阴阳易："伤寒阴阳易之为病"（卷七第 392 条）。内阁本、文库本"阴"字下有"阳"字。但此"阳"字系将"易'字铲掉后将"阳易"二字雕成小字横排补于"阴"字之下者。北图本、台湾本、影印本脱"阳"字。

（8）近："温里宜四逆汤，攻表宜桂枝汤，第十六（四近汤二味）"（卷七《辨可发汗病第十六》子目第 372 条）。内阁本、文库本作"四近汤"，"近"字讹。北图本、台湾本、影印本作"四逆汤"。是。

（9）计、家、捡："须自欲大便，宜蜜煎导而通之。若土瓜根及大猪胆计皆可为导。二十一。家煎方……搅之，勿令焦着。欲可丸，并手捡作梃。"（卷八《辨发汗后第十七》第 233 条）。内阁本、文库本皆如此。北图本、台湾本、影印本"大猪胆计"之"计"作"汁"；"家煎方"之"家"作"蜜"；"并手捡作梃"之"捡"作"捻"。均是。

（10）科："右三味，各异捣筛科已合治之"（卷九《辨可下病》第 152 条十枣汤方三十），内阁本、文库本皆作"科已"，北图本、台湾本、影印本"科"字皆作"秤"。是。

（11）■："大枣十二枚■"（卷四太阳下第 173 条黄连汤主之方三十五）。内阁本、文库本"枚"字下为墨钉，北图本、台湾本、影印本作"擗"。是。

（12）■："时有微热，喘冒（一作■■）不能卧者"（卷五辨阳明第 242 条大承气汤二十八）。内阁本、文库本"一作"二字下为墨钉，墨钉形体宽大，为两个墨钉连在一起。北图本、台湾本、影印本作"怫郁"。

（13）■："恶寒，脉微（一作■）而复利"（卷七辨霍乱第 385 条）。内阁本、文库本"一作"二字下为墨钉，北图本、台湾本、影印本作"缓"字。

丙、内阁本、文库本无木印牌记，北图本、台湾本、中医古籍出版社影印本有木印牌记。

1. 中医古籍出版社影印本卷四末有"世让堂/

翻刻宋/版赵氏/家藏印”十二字，正方形，外刻双边，四角稍向内凹。内阁本、文库本、北图本、台湾本皆无牌记。此牌记对考证日本内阁本文库本与北图本、台湾本为何有如此之多差异，极有启发。北图本、台湾本、影印本卷四之末空白页最末一行上端有“伤寒论卷第四”六字，内阁本、文库本未见。

2. 北图本、台湾本、影印本卷五末页空版处有“世让堂/翻宋版”六字长方木印牌记，外刻双边，四角微向内凹。空白页最末一行刻“伤寒论卷第五”六字。内阁本、文库本无木印牌记，无此六字。

3. 北图本、台湾本、影印本卷六末页空版处有“世让堂/翻宋板”木印牌记，空白页最末三行这三个版本皆没有影印出来，不知是否有“伤寒论卷第六”六字。内阁本、文库本无木印牌记，亦无此六字。

4. 北图本、台湾本、影印本卷七末页空板处有“世让堂/翻宋板”六字，空白页最末一行有“伤寒论卷第七”六字。内阁本、文库本无木印牌记及此六字。

5. 北图本、台湾本、影印本卷八末页空板处有“世让堂/翻宋板”木印牌记及“伤寒论卷第八”六字。内阁本、文库本无木印牌记及此六字。

6. 北图本、台湾本、影印本卷九末页空版处有“世让堂/翻宋板”木印牌记及“伤寒论卷第九”六字。内阁本、文库本无木印牌记及此六字。

7. 北图本、台湾本、影印本卷十末页空板处有“世让堂/翻宋板”木印牌记，北图本、台湾本空白页最末一行上端有“伤寒论卷第十”六字，在此六字之下有“长州赵应期独刻”七字。影印本空白页的最末三行没有拍照出来，是否有“伤寒论第十长州赵应期独刻”一行十三字需到中国中医研究院图书馆善本书室核对。普通的缺乏专业知识的拍照人员以为空白页上的一行文字可有可无，于是自作主张而不拍的情况也有可能。须知，“长州赵应期独刻”七字在进行《仲景全书·伤寒论》版本真伪的分辨上，可谓一字千金。内阁本、文库本无木印牌记、无“长州赵应期独刻”及“伤寒论卷第十”这些文字。

丁、北图本、台湾本、影印本卷十最后一页即在“长洲赵应期独刻”七字后有《伤寒论后序》，日本内阁本、文库本无此后记。后序全文如下：

《伤寒论后序》：夫治伤寒之法，历观诸家方书，得仲景之多者，唯孙思邈。犹曰：见大医疗伤寒，唯大青、知母等诸冷物投之，极与仲景本意相反。又曰：寻方之大意，不过三种：一则桂枝，二则麻黄，三则青龙，凡疗伤寒，不出之也。呜呼，是未知法之深者也。奈何仲景之意，治病发于阳者，以桂枝生姜大枣之类；发于阴者，以干姜甘草附子之类，非谓全用温热药，盖取《素问》辛甘发散之说。且风与寒，非辛甘不能发散之也。而又中风自汗用桂枝，伤寒无汗用麻黄，中风见寒脉，伤寒见风脉用青龙。若不知此，欲治伤寒者，是未得其门矣。然则此之三方，春冬所宜用之，若夏秋之时，病多中暍，当行白虎也。故《阴阳大论》云：脉盛身寒得之伤寒，脉虚身热得之上伤暑。又云：五月六月阳气已盛，为寒所折，病热则重。《别论》云：太阳中热，暍是也。其人汗出恶寒，身热而渴，白虎主之。若误服桂枝、麻黄辈，未有不发黄癍出，脱血而得生者。此古人所未至，故附于卷之末云。

考此《后序》乃北宋孙奇林亿所撰。刻此书者为常熟刻字工人赵应期，非成于应期也。

北京图书馆善本书室所藏宋本《伤寒论》缩微胶卷、台湾故宫博物院图书文献馆《仲景全书·伤寒论》与中国中医研究院图书馆善本书室所藏宋本《伤寒论》除《平脉法》“若损脉来见为难治”小注“肾谓所胜脾”两书不同外，其余无论文字版式行款书口诸端完全一样。中国中医研究院图书馆宋本《伤寒论》书号为卯 31/219. 35 书函上写“明万历二十七年己亥本，明赵刻本”。在赵开美《刻仲景全书序》首页有“中央卫生研究院图书馆藏”方章一枚，有“津沽张氏藏善本医书”“柏心堂”“志刚藏书”、四枚私章，皆小篆体。中研院图书馆藏本有《伤寒论后序》，无书首距庵墨笔所书题记。

通过上述对比校读，可以得出如下结论：日本内阁本、文库本是同一个版本系统，北图本、台湾本、影印本是同一个版本系统。赵开美所刻宋本《伤寒论》未闻刊刻两次，为什么有这些显著的差别呢？

为此，钱超尘于两年前写有一篇文章，名为《宋本伤寒论校读录异》，将日本藏本与北图本《伤寒论》相异处详细对比，刊登于上海《中医文献杂志》2002 年第 1 期（总第 73 期），近又与北京中医药大学梁永宣教授合作撰写《伤寒论日本内阁本与中国北图本互勘研究》一文，刊于《中华医史杂志》2004 年第 1 期。此文对同一部《仲景全书》中的《伤寒论》竟有如此之多的差异进行列举并探讨致异之原因。

（五）日本内阁本、文库本与中国北图本、台湾本、影印本有此诸多不同的原因考察

揭开此秘的关键在北图本、台湾本、中医古籍出版社影印本的木印牌记。这些木印牌记日本内阁本、文库本皆无。木印牌记见上段文字所引。

面对上述木印牌记，必须考虑以下三个问题：

第一，日本的版本系统与中国的版本系统，其中是否有一个是伪本系统？换句话说，中国的版本系统是真的呢，还是日本的版本系统是真的呢？或者两者都是真的呢？

第二，“世让堂/翻刻宋/板赵氏/家藏印”表达的是甚末意思？赵开美为何将家藏板借予赵应期翻刻？

第三，赵应期是何许人？为何称“独刻”？

下面逐一回答以上问题。

第一，关于中日两国的两个版本系统。

日本的内阁文库本是经过森立之鉴定过的版本，是确切无疑的《仲景全书·伤寒论》；日本燎原出版社据内阁文库本影印，在凡例中说得明明白白，因此，日本的版本系统是明确无误的，是真正的赵开美本《伤寒论》。

北图本、台湾本、影印本是确切无疑的真正赵开美本《伤寒论》，已经经过历代专家鉴定审核无误。

结论是：日本所藏《仲景全书·伤寒论》原书及燎原出版社据以影印之本与中国北图本、台湾本、中医古籍出版社影印本系统都是准确无误的赵开美本《伤寒论》，但这是两个不同的版本系统，不存在伪本的问题。

第二，“世让堂翻刻宋板赵氏家藏印”的含义是：赵开美将家藏宋板《伤寒论》板木借予世让堂翻刻。这方印的文字也可以调整为以下文字：“世让堂翻刻赵氏家藏宋板印”，表达的意思更容易看清。

那么，赵开美为何将家藏无上珍品宋板《伤寒论》板木借予赵应期补刻？是补刻（只刻其中一些文字）还是翻刻（即另刻一板）？

当我们细细研阅日本内阁文库本所藏《仲景全书·伤寒论》时，发现许多讹误。对于赵开美这样一位优秀的藏书家来说，这些严重的讹误是不能允许的，因此急需加以改正，即将讹误之字及混乱的鱼尾号加以统一，于是请当时颇为有名的优秀刻工赵应期进行补刻改误。这就是补刻的原因。日本藏本主要的讹误是：

1. **讹字较多**。见上段所举。所有讹字燎原本与文库本皆同。

2. **墨钉较多**。燎原本与文库本皆同。不惟影响美观，而且影响阅读。

3. **漏刻《伤寒论后序》**。日本内阁本、文库本皆无后序，北图本、台湾本、中国中医研究院藏书及中医古籍出版社影印本皆有后序。

4. **内阁文库本书口黑白不统一，黑口与白口交错出现**。下面将内阁文库本黑白鱼尾交错变化情形穷尽性条举如下：

1）内阁本页 1—34 黑口。文库本同。

2）内阁本页 35—38 白口。文库本同。

3）内阁本页 39—76 黑口。文库本同。

4）内阁本页 77—84 白口。文库本同。

5）内阁本页 85—88 黑口。文库本同。

6）内阁本页 89—100 白口。文库本同。

7）内阁本页 101—116 黑口。文库本同。

8）内阁本页 117—132 白口。文库本同。

9）内阁本页 133—140 黑口。文库本同。

10）内阁本页 141—184 白口。文库本同。

11）内阁本页 185—188 黑口。文库本同。

12）内阁本页 189—210 白口。文库本同。

13）内阁本页 211—214 黑口。文库本同。

14）内阁本页 215—216 白口。文库本同。

15）内阁本页 217—218 黑口。文库本同。

16）内阁本页 219—222 白口。文库本同。

17）内阁本页 223—226 黑口。文库本同。

18）内阁本页 227—244 白口。文库本同。

19）内阁本页 245—246 黑口。文库本同。

20）内阁本页 247—294 白口。文库本同。

21）内阁本页 295—322 黑口。文库本同。

22）内阁本页 323—326 白口。文库本同。

23）内阁本页 327—342 黑口。文库本同。

24）内阁本页 343—350 白口。文库本同。

25）内阁本页 351—354 黑口。文库本同。

26）内阁本页 355—364 白口。文库本同。

27）内阁本页 365—366 黑口。文库本同。

28）内阁本页 367—378 白口。文库本同。

29）内阁本页 379—398 黑口。文库本同。

30）内阁本页 399—414 白口。文库本同。

31）内阁本页 415—432 黑口。文库本同。

32）内阁原本页433—468白口。文库本同。

燎原出版社梱内阁本《伤寒论》影印，全书468页，黑白书口交错出现达32次，这是任何古书所能不允许的。附带指出的是，1988年10月日本燎原出版社影印出版的《明赵开美本伤寒论》与森立之曾经阅读的宋板《伤寒论》是同一部书，绝对不是两部书；日本现存一部宋板《伤寒论》而不是现存两部宋板《伤寒论》。

宋板《伤寒论》这些讹误现象的出现重要原因之一与该书非由一人刻板密不可分。

日本内阁文库本无《伤寒论》后序，初刻板漏刻《伤寒论后序》，北图本、台湾本、影印本有此后序，这是由赵应期所补刻的。此后序由北宋校正医书局校正人员所写，我倾向于此序为孙奇所写。孙奇儒医兼通，尤长医术，曾校正《千金要方》《千金翼方》《伤寒论》。在校正《伤寒论》时，曾以《千金翼方》为校本（见《辨太阳下》176条“臣亿等谨按”）。《千金翼方》卷九孙思邈小序对治疗伤寒讲述了他自己的观点，其中有不尽合理之处，《伤寒论后序》对此加以补正，既肯定孙思邈的伟大贡献，又对他某些不合理处加以说明。非深于医理医术者不能为。

赵开美是明代著名藏书家与刻书家，其“脉望馆”所刻之书皆为精品。且赵开美对《仲景全书》中的四部书最重视的是宋板《伤寒论》，在《刻仲景全书序》中已经反复地不厌其烦地说明。比如成无己《注解伤寒论》，他认为“曩固知成注非全文，及得是书，不啻拱璧，转卷间而后知成之荒也。”《金匮要略》是在沈医生的建议下其父赵用贤同意下才刻入《仲景全书》的：“沈君曰：《金匮要略》，仲景治杂病之秘也，盍并刻之，以见古人攻击补写缓急调停之心法？先大夫曰：小子识之。”至于宋云公的《伤寒类证》一书实是连类而及捎带附刻入书的：“又从纸中捡得《伤寒类证》三卷，乃并附于后”，殿于书尾。于宋板《伤寒论》则不然，云：“吾闻是书于家大人之日久矣，而书肆间绝不可得”，待刻完《注解伤寒论》《金匮要略》两书以后，“复得宋板伤寒论”，欣喜无限，谓之“拱璧”，乃冠于卷首。待刻完《仲景全书》以后，经与沈琳同校，竟发现《伤寒论》刻板存在如此众多严重错误，乃请当时著名刻工赵应期复刻——只改正其中讹误，如误句、误字、漏字、书口、墨钉及补足漏刻之《伤寒论后序》。这就是赵开美为赵应期补刻时立下的规矩。有讹误之宋版《伤寒论》为第一次刻板，弥足珍贵，日本内阁文库本者是。改误者为第二次补刻板，今藏台湾故宫博物院、北京国家图书馆（缩微胶卷）、中国中医研究院图书馆。补刻版最接近北宋小字本原貌。

关于《仲景全书·伤寒论》所存在之墨钉与书籍中缝鱼尾号问题，还可通过《仲景全书》之《金匮要略》得到旁证。《金匮要略》卷中“渴欲饮水，口干舌燥者，白虎加人参汤主之”条，其中“干舌燥者白虎加”七字为墨条，由于未经补刻，墨条至今犹存。至于中缝之鱼尾号，亦是黑白交错出现，只是不象《伤寒论》交错得那么频繁罢了。这里不一一列举。推想当时刻《金匮要略》之刻工亦非一人独刻，而是几人分卷或分页刻之，故书口不一，讹字及墨钉较多，我们将《仲景全书·金匮要略》（未经补刻）与《仲景全书·伤寒论》（经过补刻）对比观之，就完全可以确认宋版《伤寒论》存在初刻板与补刻板之不同了。这两个版本系统同样重要，而在考察版本历史上，初刻板显得尤其重要。

赵应期此次补刻工程不大，故云“独刻”。赵应期刻书堂名为“世让堂”，故书中多次出现此木印牌记。

为使后人知晓宋版《伤寒论》有初刻、补刻之别，乃于卷四刻一大型木印：“世让堂翻刻宋版赵氏家藏印”。人们据此可以追踪考证同一《仲景全书》中的宋版《伤寒论》何以有如此诸多不同，以及赵开美何以将家藏宋版《伤寒论》板木借予赵应期。

第三，关于赵应期。明万历间常熟地区刻字工人。又写作赵应其、赵应麒或赵其。除刊刻过《伤寒论》外，万历间尚刻过赵开美“脉望馆”本的《东波先生志林》及《新唐书纠谬》，桂芝馆《文林绮绣》本的《两汉隽言》《古今万姓统谱》及《国朝名世类苑》，凌志龙本的《史记平林》《汉书平林》，张之象本的《史通》，重修孔天胤本的《资治通鉴》，朱燮元本的《订正通鉴纲目前编》。嘉靖四十三年参加刻过《宋史新编》。所刻皆为有价值的学术著作，是一名优秀的刻字工人，补刻宋版《伤寒论》时，为赵开美所首选。

在诸多木印中，对补板研究最有价值最有启发的是卷四的木印牌记。

（六）赵开美本《伤寒论》在中日两国的流传与演变

1. 在日本的流传与演变

①宽文本系统

赵开美本《伤寒论》于万历二十七年（1599年）刊行后不久传于日本，日本宽文8年（1668）冈鸣玄提付训、跋刊行。宽文本不是好本，讹字较多。日本著名中医文献学家丹波元简（1795～1857）及森立之（1807～1885）均有评说。

丹波元简在《翻刻宋本伤寒论序》中指出："此间唯存宽文中传本，其本出于赵清常《仲景全书》，而清常原刻亦未之见。在近时，则虽宽文本日就散佚。世徒有坊间谬种盛行，学者就陋沿讹，动辄为别风淮雨，眩其心目。"

森立之《经籍访古志》对宽文本评述尤为具体：

（《仲景全书·伤寒论》）明赵开美校刻，沈琳同校，其字画端正，颇存宋版体貌，盖《伤寒论》莫善于此本，然流传绝少，仅见秘府所贮。而人间特有宽文重刊本，今取校之，如《辩脉法》"脉阴者如转索无常也"，宽文本"阴"字改作"紧"。《伤寒例》"不当与也"，宽文本"不"字在"与"字下。《太阳上》篇"桂枝加葛根汤"林亿注："今证云汗出恶风而方中有麻黄，恐非本意也。第三卷有葛根汤证云无汗恶风"，宽文本"也第三卷有葛根汤"八字误在"今证云汗出"下，殊不可读。《太阳中篇》大青龙汤"温粉粉之"，宽文本"粉之"作"扑之"。"得病六七日，脉迟浮弱"条"小便难"，宽文本"难"误作"黄"。《厥阴篇》"脉弱者今自愈"，宽文本"今"讹"令"。《辨不可下篇》第三条"欲得水自灌"，宽文本"灌"误作"活"，皆宜从此本是正者矣。盖赵刻每条提书，而宽文本则隔以圈子，其行款字数亦皆不同。知宽文本之为改写付梓明矣！宽文本既非佳刻，然在今日盖仅为足观宋版之仿佛者，而近日流传渐稀，又别有重刻本，则愈失其真，至于并三百九十七法之目而不可知，殊可憾也。

日本宽文本虽然有不少缺点，但它的价值却不能忽视。首先，它是《仲景全书》刊行后，中日两国首先据以刊刻者。据丹波元简《聿修堂藏书目录》云："《伤寒论》十卷。二册。宽文戊申重刻赵开美校刻宋版。汉张机撰。"宽文戊申当公元1668年，《仲景全书》刊刻于1599年（明万历二十七年），两书相隔69年，宽文本在传播仲景学说、培养人才方面功不可没。宽文本之后，依此本刊刻者有宽政九年（1797年）浅野元甫徽重校勘本，书名《校正宋版伤寒论》，三册；文化十三年（1816）刊本，附片假名，一册；文政六年（1823）刊本，一册；文政十年（1827）由风月庄左卫门书肆据宽文八年本刊刻；弘化元年（1844）稻叶元熙刊本，书名《新校宋版伤寒论》，十卷二册。按，以上诸刻，皆未按宋版原式摹刻，其中以《新校宋版伤寒论》较佳，然行款与宋版有异。该书凡例云："《伤寒论》诸本，莫善于明赵开美覆刻宋版，然赵本卷页较多，人病于携带，今缩写入刻，一便学者翻阅。宋人旧注亦皆录存，新校则以圈别之。"可以看出，宽文本为后世诸本奠定了基础

上述诸本的刊刻，是研究《伤寒论》文献史、《伤寒论》在日本流传史、日本医家研究《伤寒论》史料史等多方面的宝贵资料。

②安政本系统

日本翻刻《仲景全书·伤寒论》以崛川济本最佳，对中国影响亦最大。中国中医研究院图书馆、北京中医药大学图书馆皆珍藏崛川济本《伤寒论》初刻板。此本前有丹波元简序，云：

顷日从子兆焘于枫山秘府始览清常原刻本，狂喜之至，恭请借贷，亟取校之。其文字端正，可以订宽文本者不一而足。真为治平之旧面，此其所谓书之最近古者非耶？余弟子崛川济，勤挚学古，每患此经世无善本，仍影摹刊印，以播于世。于是宋校之旧，复发韬光，而人人得求古以从之，则所谓生乎千载之下，而欲知千载之上者，舍此其何以哉！抑夫王安道以《辨》《平》二脉及《汗》《吐》《下》等篇为叔和所补，迩来各家吠声附和，肆承私见，窜易章句，以为复古，皇国诸人，亦蹈其辙。不知此类悬料臆揣，愈改愈误，遂使微言大义，日就榛塞。而古本之湮晦，亦职是之由。岂可不重痛叹耶？呜呼，世之君子，欲窥仲景之心源，须从此本而进，精思讲究，勿为多歧所惑，则方术之蕴奥，必自有所会，固无苦乎危证笃疾之难疗。此济所以有斯举之本志也……安政三年夏五月江户丹波元简亦柔撰。

日本安政三年相当1856年，上距1599《仲景全书》刻毕之年相隔257年，在安政本刊刻印刷之前，日本流传之《伤寒论》基本是宽文本。故崛川济《跋》说："二百年来，名师哲匠研究是经者，亦皆据陋刻而私意删略，以讹传讹"。自崛川济本出，人们第一次看到赵开美本真面貌。无论是在日

本还是在中国，崛川济本是最逼真赵开美《伤寒论》旧貌之本。崛川济《跋》云：

右《伤寒论》十卷，原本乃系明清常道人赵开美翻雕宋版。考是经自唐乾元中，始列学官，而宋治平中命儒臣校定刊行，其流传益盛。迨金元之际，乱离相踵，汴京旧物，多付灰劫。是经旧版，盖亦散佚。至于清常得北宋善本，刊入其所定《仲景全书》中，而世得复睹治平旧面，其功可谓伟矣！然而今世所传《仲景全书》者，除此本及成氏注解换以张卿子《集注伤寒论》，乃流俗私改，而非赵氏之旧也。

皇国古昔邈矣。藤原奥州《见在书目》所著录医书凡百六十余部，而不及是经。铧山公《医心方》、尾原氏《万安方》，其书皆极洽博，然亦不见援用，则其流传自何时，不可复考焉。宽文中，坊间始有刻本，盖取原赵本改写付梓。其校正不精，讹谬颇多；或更重刊，而愈失其真，至有并三百九十七法之目而不可知者，殊为可憾！二百年来，名师哲匠，研究是经者，亦皆据陋刻而私意删略，以讹传讹，竟不知赵氏旧本为如何者。夫医理深远，要在于尊经，尊经必择善本。是经尤为吾道之大本。而世无善本，可深慨也哉！

嘉永辛亥之岁（1851 年），丹波晓湖先生于官库中始捡出此本而摹印一通。济谨阅之，实赵氏原刻本，而人间绝无仅有之秘帙也。仍质之茝庭先生，详加校点，刻诸家塾，以广印行。世之从事于斯道者，苟藉此本，以为入门正路，则其升堂入室不难矣。近者《素问》《千金》《外台》等书，宋椠善本，陆续布世，今亦得此本，盖尤物之出，自有数存焉，则岂可不亟梓而传之乎？既刻告竣，谨附识此言，以谂同志云。安政丙辰六月朔江户崛川济未济撰并书。

崛川济本有如下特点：

首先以赵开美首刻本为底本翻刻之。这里所说的“首刻”本以区别于赵应期的补刻本。今已考出，赵开美于 1599 年校刻完宋本《伤寒论》以后，发现该版有大量错字和不少墨钉，书口黑白交错出现，于是请当地著名刻书家赵应期补版——即将墨钉补上文字，将错字改为正确文字，书口加以统一不使黑白书口交错出现。这是一次补刻行为，不是推翻赵开美主持刊刻之版而重新雕版印刷。这在赵应期补刻本卷四、卷六、卷十等多处均盖有木印以说明。从内容正确性的角度观察，补刻板远较首刻板为佳，然从版本学的角度观察，首刻板则更为宝贵。钱超尘手头有赵开美首刻板影印件、补刻板复印、影印本（即北图复印本、台湾复印本、中医古籍出版社影印本）以及日本旭洋社 1991 年影印出版的崛川济本《伤寒论》，经将以上诸书详细校读，可以确切证明崛川济本以赵开美首刻本为底本而翻刻之。举例说明如下：

（1）肾谓所胜脾：《平脉》：“若见损脉来至，为难治（肾谓所胜脾，脾胜不应时）”。小注“肾谓所胜脾”五字，日本内阁文库所藏首刻本与崛川济本同，补刻之北图本、台湾本作“肾为脾所胜”，是。此为赵开美、沈琳所校，赵应期所补刻也。

（2）杵：141 条五苓散方服法：“右五味为散，更于臼中杵之”，首刻本如此，补刻本将“杵”改刻作“治”字。此为赵开美沈琳所校，赵应期所补刻也。

（3）■■：242 条：“病人小便不利，大便乍难乍易，时有微热，喘冒（一作■■）”。首刻本、崛川济本皆作墨钉（两个墨钉连在一起），赵应期补刻本将两个墨钉改为“佛郁”两字。此为赵开、沈琳所校，赵应期所补刻也。

（4）■：385 条：“恶寒，脉微（一作■）”。赵开美首刻本及崛川济本“一作”二字下皆作墨钉，此为赵开美、沈琳所校，赵应期补刻也。

（5）科：卷九《辨可下》152 条十枣汤方服法：“右三味，各异捣筛科已，合治之”，赵开美首刻本、崛川济本同，此为赵开美、沈琳所校，赵应期补刻也。

上述材料均证明崛川济本以赵开美首刻本为底本而翻刻之，他在《跋》中所说所据底本情况是可信的：“嘉永辛亥之岁（1851），丹波晓湖先生于官库中捡出此本而影摩一通，济谨阅之，实赵氏原刻本而人间绝无仅有之秘帙也。”

其次，由丹波元简先生撰写《影刻宋本伤寒论序》并考定句读与增加返点标志（为日人阅读中国古文而设的语序标志）。

第三，摹写翻刻，不另写版，每页行数、每行字数、字体大小、行格格式诸端，均与赵开美首刻本同，以接近原貌，故深受学林所重。然对首刻本的某些讹字及书口不统一之处亦予适当纠正。例如：

（1）叉：崛川济本第 64 条“发汗过多，其人叉手自冒心”之“叉”字，内阁文库本讹作“又”，崛川济本改为“叉”。

（2）两酒洗：崛川济本第 208 条小承气汤“大黄四两酒洗”之“两酒洗”三字，赵开美首刻本无，补刻本“四”字下有“两”字，无“酒洗”二字，仅作“四两”二字，是“酒洗”二字为崛川济本所补也。

（3）四逆汤三味：崛川济本卷七《辨可发汗第十六》子目第16方小注："四逆汤三味"，日本内阁本作"四近汤二味"，赵应期补刻本作"四逆汤三味"。

（4）汁：崛川济本卷八《辨发汗后第十七》第21方"若土瓜根及大猪胆汁皆可为导"，其中"汁"字首刻本作"计"，形近而讹，崛川济本改为"汁"字。赵应期补刻本亦作"汁"。

（5）蜜：崛川济本卷八《辨发汗后第十七》第21方"蜜煎方"之"蜜"字，首刻本讹作"家"，崛本改为"蜜"。赵应期补刻本亦作"蜜"。

（6）捻：崛川济本卷八《辨发汗后第十七》第21方服法"并手捻作挺"，首刻本"捻"作"检"，崛本改为"捻"。赵应期补刻本亦作"捻"。

这些材料都证明崛本既以赵开美首刻本为底本而翻刻之，又对底本之讹误进行校改，且所改之字均可信无误。

第四崛川济本对首刻本黑白书口交错现象加以纠正。通览崛本，书口皆为黑口，且将赵开美本书口上端之《仲景全书》四字全部取消，构成与赵本《伤寒论》的一个显著不同。

③燎原本系统

1998年10月日本燎原出版社影印出版明赵开美本《伤寒论》、清陈世杰本《金匮玉函经》、元邓珍本《金匮要略》三书，一函，精装，日本茨城大学教授真柳诚先生撰写《金匮要略解题》、东京北里医史文献研究室小曾户洋先生撰写《伤寒论金匮玉函经解题》。此书将属于仲景的三部著作合刻，名实相符。该书特点如下：

（1）所选底本正确可信。赵开美本《伤寒论》以日本国立公文书馆内阁文库所藏明万历二十七年赵开美刊《仲景全书》为底本而影印之。书号："枫·10册·子四五函·十三号。"其中1~4册为《伤寒论》。将原书每半页改为一页。框高17.9cm，宽13.0cm。《金匮要略》以元邓珍本为底本。此本原藏北京大学图书馆，20世纪90年代真柳诚先生斥资从北京图书馆复印一部回国，在日本燎原书店影印出版。元邓珍本国内仅此一部，珍贵异常，罕得一见，影印出版，对推动学术发展有很大意义。《金匮玉函经》以清康熙五十五年丙申刊本为底本，亦是完全正确的。

（2）对邓珍本《金匮要略》漫漶处加以补字。补字以方框围之，极易分辨。

（3）书末附解题及方名索引。

日本燎原出版社影印出版的这套仲景著作现已经传到中国大陆，正在发挥着积极作用。

④东洋学术出版社系统

1981年4月日本东洋学术出版社电脑排印的赵开美本《伤寒论》及《仲景全书》中的《金匮要略》出版发行，至2000年1月已经印刷5次，影响甚大。该书由日本汉方协会学术部主编。

上述是日本关于赵开美本《伤寒论》流传演变大势，从中可以清楚地看到，中日医学文化的交流是何等密切，日本学者对赵开美本是何等重视。他山之石，可以攻玉。这对于国人应该是有所启发的。

2. 在中国的流传与演变

赵开美本《伤寒论》在中国的流传有十二事应该引起特别注意。

第一，张卿子《仲景全书》不是真正的《仲景全书》；

第二，杨守敬伪造"影抄北宋本伤寒论"揭秘；

第三，1908年矩庵发现的赵开美本；

第四，1912年武昌医馆翻刻杨守敬伪造本考证；

第五，1923年恽铁樵据崛川济本翻刻，却伪称据赵本翻刻；

第六，1956年重庆市中医学会《新编宋本伤寒论》探讨；

第七，1958年南京中医学院伤寒教研室《伤寒论语释》考察；

第八，1991年北京中医药大学刘渡舟教授主编的《宋本伤寒论校注》；

第九，1997年中医古籍出版社第一次影印摹真本；

第十，北京国家图书馆与台湾所藏宋本《伤寒论》对比考察；

第十一，影印宋本《伤寒论》与台湾本北图本对比考察；

第十二，影印本、台湾本、北图本与日本内阁本的对比考察。

下面分别回顾这段历史。

第一　张卿子《仲景全书》

张遂辰（1589~1668，明万历十七年至清康熙七年），字卿子，号相期，又号西农。原籍浙江仁和县，后卜居武康县三里桥。据《仁和县志》《武康县志》载，著有诗集《湖上白下集》《蓬宅编》。专门医学之作有《张卿子经验方》《易医合参》《张卿子伤寒论》《张卿子参注伤寒论》，无张卿子

《仲景全书》。按，《张卿子参注伤寒论》与《张卿子伤寒论》为一书，名有繁简耳。然日本森立之《经籍访古志》已云："世更有除此经全文及成氏注解换以张卿子《集注伤寒论》而仍冒以《仲景全书》者，非赵氏之旧也。"据海保元备《经籍访古志序》云，《访古志》撰于日本安政丙辰即1856年，则张卿子《仲景全书》在1856年前已如此称之。崛川济《翻刻宋本伤寒论·跋》亦云："今世所传《仲景全书》者，除此本及成氏注解换以张卿子《集注伤寒论》，乃流俗私改，而非赵氏之旧也。"则此书乃江户前期日本医家所编。

该书"凡例"云："仲景之书，精入无伦，非善读未免滞于语下，诸家论述，各有发明，而聊摄成氏，引经析义，尤称详洽。虽抵牾附会，间或时有，然注家莫能胜之，初学不能舍此索途也。悉依旧本，不敢去取。"该书博采伤寒名家之说，所博采诸家见《伤寒论》卷末"诸家评注姓氏：王焘、庞安时、朱肱、杜任、许叔微、韩祗和、李东垣、罗天益、王海藏、李仲明、朱丹溪、王安道、戴原礼、徐止善、黄仲礼、赵嗣真、午绶、王机、娄全善、沈亮宸、王文录、唐不岩、张兼善、王三阳、王宇泰、张卿子。"凡26家。"凡例"亦显白言之："诸家善发仲景之义者，莫过南阳。外此如叔维、潜善、洁古、安常、东垣、丹溪、安道；近代如三阳、宇泰诸君。或单词片语，虽不尽拘长沙辙迹，实深得长沙精义。急为采入，以补六经未发之旨也。"

该书收录如下诸书：①张卿子《伤寒论集注》10卷；②《金匮要略方论》3卷；③《伤寒类证》三卷。在日本刊行5次。清末光绪年间四川刻书人邓少如以日刻第4版为基础增加《运气掌诀录》1卷、《伤寒明理论》3卷(《附药方论》)。从所收录书籍观之，张卿子《仲景全书》与赵开美《仲景全书》同名异实。《运气掌诀录》1卷，系清光绪十八年（1892年）成都邓少如重刊张卿子《仲景全书》时应时医胡乾元所请而附刻入书者。胡乾元《重刊仲景全书序》云：

> 运气之心法，尤罕有言焉。余承师授，有《运气掌诀录》秘帙置之箧中，今四十余年矣。适余长孙于沪上与日本医人交好，见案头有伊国所刻《仲景全书》，归而告余。余曰："噫，此仲圣之原书，中国所传，久经窜易，不图完璧犹存于海外也。汝曷为我致之?"明年，余孙至沪，医人名已大噪，因述余意。医人曰："吾国之书版，焚毁已数十年，此吾祖之所遗也。"余孙力借以归。余欣然展读，与余藏运气秘帙正相符合。于是余数十年之心，始无歉然矣。余幸得睹其全，因亟为抄出而归之。成都邓少如氏愿为重刻以公诸世。即举以付，并将《运气掌诀录》一册附列于后，读者可以互相印证。

读此序，当注意以下三事：

①沪上日本医人所藏《仲景全书》非赵开美《仲景全书》，而是日本所刻张卿子《仲景全书》第四版。

②胡乾元请人抄录张卿子《仲景全书》，抄稿交邓少如刊刻。邓少如崇文斋始刻于光绪十八年（1892年），20年（1894）刻毕竣事。本人所见者为1983年6月台湾省集文书局所影印，书口刻"仲景全书"四字，下为粗黑书口，书口下为卷某及"伤寒论"三字。《伤寒论》总目录标题上及每卷标题上均有空心圆圈图案。

③邓少如据抄写本刊刻，必须详加校勘。校字者为何如经。全书多处刻有"南海何如经校字"字样。何氏详引赵开美本《伤寒论》仔细校勘张卿子《仲景全书》之《伤寒论》，书眉大量引用赵开美本《伤寒论》以校正张卿子本《伤寒论》原文处。如张卿子《伤寒论》太阳上标题作"辨太阳病脉证并治法上第五"，书眉小注云："宋版无法字。宋版注合十六法方一十四首"；又如第13条张卿子本作"太阳病，头痛发热，汗出恶风者，桂枝汤主之"，书眉小注云："宋版无者字。宋版注用前第一方。"经考，书眉小注与赵开美本完全相合。这类书眉校勘俯拾皆是，不胜枚举。这有力证明，何如经所据校本为赵开美本《伤寒论》，此本似在光绪末年尚存于成都。乾隆年间四库馆修《四库全书》时，只著录成无已本《注解伤寒论》，未收录赵开美本《伤寒论》，有人借此证明赵开美本《伤寒论》在乾隆年间已经失传，此说非也，这只证明当时四库馆馆臣对收集医书草率而已。我们在张卿子《仲景全书》书眉上发现的以赵开美本《仲景全书·伤寒论》为校本这一事实，对考证赵开美本《仲景全书·伤寒论》在19世纪90年代尚在成都流传，是很有价值的。

第二　杨守敬伪造"影抄北宋本伤寒论"揭秘

杨守敬（道光十九年——民国四年1839～1915年），字惺吾，号邻苏，湖北省宜都县人。同治元年（1862年）举人。光绪六年（1880年）应聘东渡，为首任驻日公使何如璋随员。其时日本明治维新改革风气尚盛，土苴汉学，鄙视汉医，中国古籍从中秘大量外流，不以为贵。守敬学养有素，慧眼识真，知何者为珷玞，何者为美玉，乃广事搜购，所获甚丰。这是问题的一方面，另方面，日本文人对中华文化之仰慕和渴求，表现了极大热情。日本汉学家石川英《日本杂事诗跋》描写当时日本文人之情绪说：何如璋等“入境以来，执经者，问字者，乞诗者，户外屦满，肩趾相随，果人人得其意而去。”在如此氛围下，不数年间，守敬积书数十万卷。每得善本，辄考原委，撰写题识，积稿二十余册。光绪十年归国，任教黄州，筑藏书楼曰邻苏园以藏其书，以苏东坡曾游该地，故曰邻苏。后执教武昌，筑观海堂藏书楼以贮秘籍。民国四年杨守敬逝世，藏书以三万五千元售予北洋政府，北洋政府将其一部分置于北京北海公园内的松坡图书馆，善本书归故宫博物院。故宫博物院图书馆馆员何澄一将馆藏杨氏善本书编成《观海堂书目》四卷。此目不仅对研究杨氏藏书颇有价值，就是考证杨氏从日本购归哪些书籍，考证杨氏所藏书籍中有哪些善本医书，亦有巨大意义。本书目依杨氏原题分为经史子集四部，每卷著录书名、卷数、撰者、版本、册数，丛书只录总名于卷末，又作《各书版本改正表》，将杨氏误考之处予以改正。杨守敬所藏原书今藏台湾省故宫博物院。《观海堂书目》四卷有故宫博物院于民国21年排印本，袁同礼序。

杨守敬归国后，将昔日所撰文稿整次成册。

《伤寒论》十卷，影北宋本。

伤寒一书，后人多所更乱。而所据者，大抵以成无己注本为集矢。不知成本亦非叔和所编真面目。盖叔和于每证治法相同者，不嫌复载（笔者按，《伤寒论》经文下所出方剂非为叔和排次，原始方证排列方式为条列于前，方汇于后，《金匮玉函经》尚保留其大体模式。其以方证同条，比类相附者，始于孙思邈，成于宋臣孙奇林亿等人。孙思邈《千金翼方》卷九小序云：“旧法方证，意义幽隐，乃令近智所迷，览之者造次难悟，中庸之士，绝而不思，故使闾里之中，岁致夭枉之痛，远想令人慨然无已。今以方证同条，比类相附，须有检讨，仓促易知。”《金匮要略序》云：“国家诏儒臣校正医书，臣奇先校定《伤寒论》，次校定《金匮玉函经》，今又校成此书，仍以逐方次于证候之下，使仓卒之际，便于检用也。”观“仍以逐方次于证候之下”句，知《伤寒论》证候之下所次之方乃孙奇在孙思邈基础上加详加密所为也。知此者，今鲜矣。）成氏则但载其初见者，以后则云见某证中以省烦。然医道至密，古人不惮反复叮咛，意自有在。今省去之，反开后苟简之弊。然自成氏注解后，林亿校进本遂微，著录家亦皆以成氏本为原书，冤矣！余在日本初得其国宽文本，见其与成氏注解本不同，而刻手草率，误字甚多。厥后得翻刻明赵清常《仲景全书》本。而后知成氏本果非叔和原书。然开篇题名下，即署赵开美校刻，沈琳仝校字样，是已非宋本旧式。最后于书肆得此影写本，每半页十行，行十九字。首题《伤寒论》卷第一；次行题汉张仲景述，晋王叔和撰次；再下行低三格《辨脉法第一》《平脉法第二》；再下顶格问曰云云。乃知赵氏本根源于宋刻，但为题校勘姓名，遂移其行第（清常收藏名家，亦为流俗所染）。此本影写精致，俨然北宋旧刻。唯第五一卷、第六上半卷、第八、九、十、十三卷，摹写稍弱，纸质亦新，当又是后来补写也。窃怪日本著录家，皆以赵开美本为最古，而此本尚在其国，未见甄异，余乃无意得之。归后屡劝人重刻，竟无应者。念此书为医家本经，日本翻刻，赵本其版已毁，恐他日仍归湮灭，故特录其经进官阶于左，以审世之存心济世者。

此题记在《伤寒论》版本发展史上非常值得重视。经反复阅读此文，以下几点应该引特别起注意。

第一，“厥后得翻刻明赵清常《仲景全书》本”。该书得自何时，书肆何称，肆主何名，此等大事，皆付阙如。

第二，“于书肆得此影写本”，谓得影写北宋本《伤寒论》也。所谓“影写”者，谓以优质之纸蒙于底本之上，依其点划、行款、神韵精细描摹，与底本几乎无别，称“影写本”或“影抄本”。若依影写本而刻之，谓之“影刻本”。杨守敬叙此书特征为：第一行为“伤寒论卷第一”六字，无“仲景全书第一”六字；第二行为“汉张仲景述晋王叔和撰次”十字；第三行无“宋林亿校正”五字而为“辨脉法第一、平脉法第二”十字；第四行无“明赵开美校刻”六字而为“辨脉第一”；第五行无“沈琳仝校”四字而为“问曰”云云。总之，每卷首页皆无“仲景全书第一（按从卷一至卷十）、宋林亿校正、明赵开美校刻、沈琳仝校”等21字。杨守敬确认“此本影写精致俨然北宋旧刻”，则杨氏从书肆中所得者为影宋抄本也。杨氏将此影宋写本书影影印于《留真谱》中。

杨氏旅日期间，与日本中医文献学家森立之过从甚密，从森立之处得《留真谱》，并补以宋元刊本书影，仍名《留真谱》。

《留真谱》分为初编、二编。初编刊于光绪二十七年辛丑（1901年），扉页有“光绪辛丑三月宜都杨氏梓行”方形木印。《留真谱》二编刊于民国六年（1917）丁巳观海堂。杨守敬于初编以墨笔行书写有如下序言：

著录家于旧刻书多标明行格，以为证验。然古刻不常见，见之者或未及卒考，仍不能了然无疑。余于日本医士森立之处见其所摹古书数巨册（或摹其序或摹其尾皆有关考验者），使见者如覯真本面目，颜之曰《留真谱》，本和间献王传语也。余爱不忍释手。立之以余好之笃也，举以为赠。顾其所摹多古抄本，于宋元刻本稍略。余仿其意，以宋元本补之。又交其国文部省书记官岩谷修与博物馆局长町田久成，得见其枫山官库浅草文库之藏。又时时于其收藏家传录秘本，遂得二十余册，即于其国鸠工刻之。以费重，仅成三册而止。归后，拟续成之，而工人不习古刻，格意久之，始稍有解，乃增入百余翻。友朋见之者多欢赏，嘱竟其功。至本年春，共得八册，略为分类印行。观者不以为嫌，当并所集之二十余册赓续刻之。光绪辛丑四月宜都杨守敬记。

1972年台湾省广文书局出版初编、二编，影写本《伤寒论》收录于《初编》。《初编》目录作如下记录：“伤寒论影写北宋本十行十九字 18×13 版页见杨志”。所谓“见杨志”者：凡该书见于森立之《经籍访古志》、杨氏《日本访书志》者，皆标以“见杨志”字样。《初编》第一、二、三册雕于日本，《初编》其余各册及《二编》皆刻于回国后。《初编》第七分册为医部，刻于国内，著录北宋影抄本《伤寒论》卷一首页书影一页，十行，每行十九字，第十行最末四字为“音硬下同”；而赵开美本卷一首页虽然也是每页十行每行十九字，但第十行最末四字是“阴脉者死”。这在学术上是一个巨大的差别，它涉及到这两个本子何者为真本何者为伪本的原则问题，必须严加以分辨，察其真伪。

欲考察杨守敬是否真的收购到北宋影刻《伤寒论》，必须亲睹杨守敬所说的北宋影抄本。此书今藏台湾省台北市国家图书馆。由于海峡两岸睽隔多年，大陆学者不能前往台湾图书馆查阅图书，台湾学者很少有暇顾及此等细事，所以杨守敬从日本购归的“影抄北宋本”真实情况如何，两岸学者无人论及。

首先注意此事者是日本东京北里东洋医学研究所小曾户洋先生。他在所著《中国医学古典と日本》第三章第一节第五小节指出：

从明治十三年起在日本进行了四年寻书活动的杨守敬，在其著作《日本访书志》中称在日本得到影写北宋本《伤寒论》，此书现藏于台湾国立中央图书馆。其中更存有1911年柯逢时出版发行的武昌医馆本。在此对其详情暂略，因为这些版本又是对赵开美本改造而成，不足深信。总之，《伤寒论》版本种类繁多，无出赵开美本之右者。

中国中医研究院马继兴先生在其所著《中医文献学》（上海科技出版社，1990年第一版125页）有如下说明：

1880～1884年间，杨守敬出使日本时曾收集到日本佚名氏的影写宋本《伤寒论》一种（见《日本访书志》及《留真谱初编》）。经与赵本《伤寒论》对照，行格、字数均同，唯此本无“明赵开美校刻沈琳仝校”以及“仲景全书”等字样。故杨氏推为据“北宋旧刻”所抄录。但杨说并无确据。今其书展转收入台北中央图书馆中。经小曾户洋氏核对此书实物，发现有剪贴挖补的明显痕迹（即挖去上记赵本所增书名及校者字样，而将以下各行原文依次剪贴向前推移），且此本并无宋讳缺笔等，而确定其非宋本，而是源于影抄赵本的剪贴本。

马继兴教授未亲见杨守敬得自书肆的影抄北宋本《伤寒论》，而是转述并同意了小曾户洋先生的意见。由于事关重大，有以下两事必须考证清楚：

（1）所谓北宋影写本《伤寒论》是购自书肆，还是杨守敬作假？

（2）剪贴实际状况究竟如何？谁还见过剪贴本？

据杨守敬称：“于书肆得此影写本”，“此本影写精致，俨然北宋旧刻”，“念此书为医家本经，日本翻刻”，意指此本为日本人据北宋本影刻后有人又加以影写者。然杨氏对此等重大事件缺乏必不可少的说明，如书肆名称为何，书肆地址何在，购书过程如何，日人何氏影写等等，均缺少说明。

关于此事，日本茨城大学真柳诚教授也有相同的看法。

不过，要最终确定杨守敬影抄本的地位，还需要下面的证明材料：杨守敬剪去赵开美本每卷首页第三、第四、第五共三行，然后依次向前推移三行，再把它们拼接粘贴在一起，仅作每卷第一页的拼接推移是断然不够的，必须将全书十卷每页都得向前推移拼接粘贴在一起，才可避免出现三行空版。这是一个相当大的拼接推移粘贴造伪工程，不胜其烦。调查考证者应该将推移拼接粘贴造伪痕迹逐页记录甚至拍照出来，以征信实。伪造古书在我国古已有之。东晋梅赜所献《古文尚书》较汉初伏生所传《今文尚书》多出25篇，一时称为秘籍重光，唐初孔颖达为之作疏，十三经本子所收就是伪《古文尚书》，清阎若璩撰《古文尚书疏证》列举一百多条证据确证《古文尚书》25篇乃后人伪造。这是我国学术史上非常巨大的一桩公案。杨守敬“影抄北宋本伤寒论”真伪之辨识不是到此已经结束？不需要再做进一步的考证调查工作？不，不是如此。对此问题的进一步考证，还需要有我国自己的学者进一步详考。不管考证的结果如何，得出的结论判断是“真本”或“伪本”，其价值都是巨大的，几乎可以与辨别伪《古文尚书》相似。此事不仅与《伤寒论》版本流传有关，而且与杨氏的学术品德和人格高下有关，国人不可掉以轻心。台湾有不少研究《伤寒论》文献和版本的学者，希望他们就地利之便，到图书馆亲自查阅一番。

笔者对“影抄北宋本伤寒论”真伪之辨很热心，一方面是因为自己长期养成了求真求实的读书心态，另一方面与景仰杨守敬的心情有关。杨守敬是清末很有成就的大学者，笔者不愿意让人说他贪财造假。1998年6月台湾国家图书馆特藏组编写《国家图书馆善本书志初编·子部》，出版者兼著作权人——国家图书馆，台北市100中山南路20号；天恩出版社承印，台北市106和平东路二段24号7楼。此书关于“影抄北宋本伤寒论”书志作如下描述：

《伤寒论》十卷四册　日本抄本　05895

汉张机撰，晋王叔和编。

匡高17.7公分，宽13公分，左右双边，每半页十行，行十九字。版心白口，

单白鱼尾。中间记卷第，下方记页次。

首卷首行顶格题“伤寒论卷第一”，第二行低四格题“汉张仲景述晋王叔和撰次”。封面书签题“宋本伤寒论序目一之二”；书根题书名《伤寒论》，并以“元亨利贞”为册次。卷首有张机“伤寒卒病论集”、次林亿等数人“伤寒论序”，次有圣旨一通。次目录。护页内有近人杨守敬手书题记，并附印记。

书中钤有“国立中央图/书馆收藏”朱文长方印、“近圃/收藏”朱文长方印、“飞青/阁藏/书印”白文方印、“吴兴张氏适园收藏图书”朱文长方印。

撰文者为书志编写组成员柯淑惠、吴慧萍。于是依此线索寻找到杨守敬《留真谱》“影抄北宋本伤寒论”书影复印件。书影旁写有如下文字：“《伤寒论》十卷四册汉张机撰晋王叔和编日本抄本框18×13.1近人杨守敬手书题记（05895）”。观其标号皆为“05895”，则图书馆书志所写之《伤寒论》即为杨守敬所谓之“北宋影抄本伤寒论”。对这张复印件，任何人都能一眼看清剪贴推移的明显痕迹，因为粘贴的技术太粗糙、太草率、太拙劣、太不经心，漏洞百出。如：

①上框的横栏界左右没有对齐，出现上下双边；

②下框的横栏界向下移位，与原有的下框左右栏界未能对齐，出现犬牙交错现象；

③赵开美翻刻宋本《辨脉法第一》“问曰脉有阴阳……其脉浮而”一行居于卷一首页b面（按，古书一页相当今书两页，第一页可以称为a面，第二页可以称为b面），其右边是书口，“者生阳病见阴脉者死”一行的左边也是书口，也就是说，书口夹在这两行中间，杨守敬将书口剪下后稍加处理就向右推移三行，由于粘贴不细致，竟然把原有书口的一段黑线贴在上述两行之间，以至在第7行与第8行之间出现双行竖线乌丝栏界。

考证至此，问题已经十分清楚：

①所谓“影抄北宋本伤寒论”千真万确是杨守敬所伪造；

②当今世界上根本不存在甚末“影抄北宋本伤寒论”；

③杨守敬所伪造的“影抄北宋本伤寒论”所据的底本是赵开美本；

④赵开美本所依据的是北宋元祐三年刊刻的小字本。

⑤仅仅推移粘贴卷一首页是不行的，必须全书作伪，其余各页作伪情况如何，目前正在请人调查中。

我们为杨守敬感到难过！

我们不知道杨守敬为何做出这种事情来！

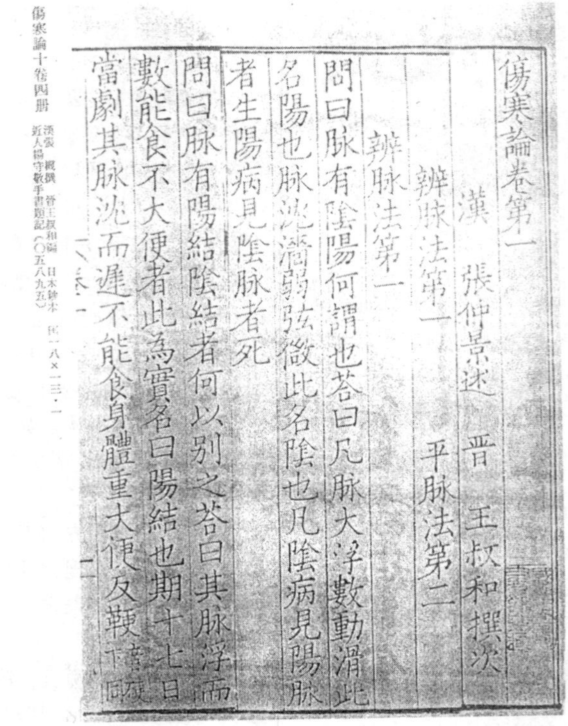

傷寒論十卷四冊 漢張 機撰 晉王叔和編 日本鈔本 匡一八×一三·一
近人楊守敬手書題記（〇五八九五）

傷寒論卷第一
漢 張仲景述 晉 王叔和撰次
辨脉法第一 平脉法第二
辨脉法第一
問曰脉有陰陽何謂也荅曰凡脉大浮數動滑此
名陽也脉沈濇弱弦微此名陰也凡陰病見陽脉
者生陽病見陰脉者死
問曰脉有陽結陰結者何以別之荅曰其脉浮而
數能食不大便者此為實名曰陽結也期十七日
當劇其脉沈而遲不能食身體重大便反鞕

杨守敬《留真谱·影北宋本伤寒论》书影，原书现藏台湾故宫博物院图书馆

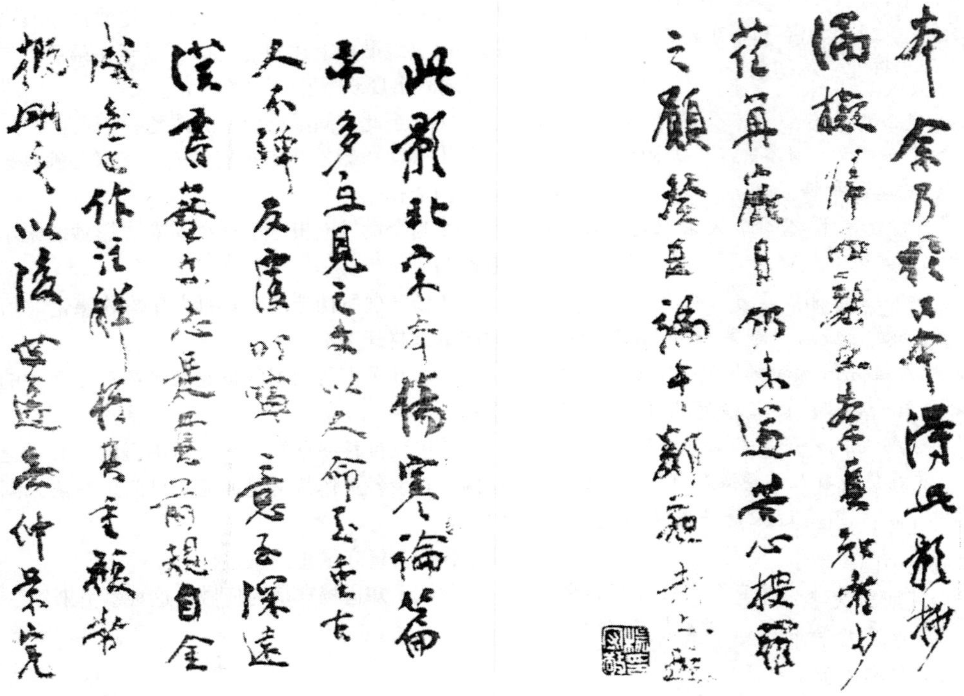

杨守敬“影北宋本伤寒论”题识手迹

第三　矩庵发现的《伤寒论》大字本与小字本

1908年有名“坊”或“矩庵”者，发现一部名副其实的真正的赵开美本《伤寒论》，欣幸不已，狂喜过望，乃展纸濡墨，书以题记。题记全文见本文第二节第（一）小节，此段从略。北京国家图书馆藏有此书缩微胶卷，原书今藏台北市国家图书馆，著录于该馆《国立北平图书馆善本书目》第131页（台北·国立中央图书馆·1969）：“《仲景全书》26卷5册，明万历己亥（27年）海虞赵氏刻本。”书签上写有“仲景全书万历己亥赵清常景宋刻本坊”，谓此书为“坊”所献也。坊所写题记书于“刻仲景全书序”前，即全书最首页。观其笔锋，极为圆润纯熟，读其行文，颇为简洁，盖为深于文精于医者。“坊”又名“矩庵”，其人今已不可考矣！读其题记，当注意以下几事。

第一：清末时期《仲景全书》已成难觏奇珍。矩庵题记云：“亡友宗室伯子祭酒曾悬重金购此本不可得，仅得日本安政丙辰覆刻本”，其下小注云：“近蜀中又有刻本，亦从日本本出”。题记又云，撰于“戊申中秋日戊辰”，考日本安政丙辰三年(1856)后只有一个戊申，即1908年（光绪三十四年），故知此题记撰于1908年也。悬重金购买《仲景全书》而不可得，可见其时已珍拱逾璧。

第二：日本安政本刊刻不久，流入中国，对中国学者进行《仲景全书》版本之研究起到很大推动作用。

第三：矩庵本得自书贾魏子敏，可能购自书肆。题记云：“今夏从厂贾魏子敏得此本，完好无缺，惜伯子不及见矣。”

第四：矩庵对北宋官刻大字本、小字本的规矩颇为熟悉，对我们今天研究北宋校正医书局及国子监所刻医书格式颇有价值。矩庵题记》云：“北宋人官刻经注皆大字，单疏皆小字，所以别尊卑也。治平官本《伤寒论》乃大字，经也；《千金方》《外台秘要》皆小字，疏也。林亿诸人深于医矣！南宋以后，乌足知此？矩庵又记。”

第五：矩庵在中国医学史上第一次明确承认他藏有北宋治平年间所刻大字本《伤寒论》，在我国藏书史上具有极为巨大学术价值。矩庵题记云：“《伤寒论》世无善本，余所藏治平官刻大字影写本而外，惟此赵清常本耳。”观其行文，非矫饰取宠之大言，亦非刻意修饰之虚语，乃自然流露于笔端，不经意而言说，故益加可信。此文写于1908年，距今不足百年，或存于今。我们期盼着它的再现。

第四　武昌医馆翻刻“影抄北宋本《伤寒论》”考

民国元年（1912年）十二月柯继文于武昌医馆刊印影宋本《伤寒论》，但在学术界没有引起多少反响。北京中医药大学图书馆藏有一部，藏书号为4007～4008，中国中医研究院图书馆亦藏有此书。研究《伤寒论》版本学者应浏览之。

该书格式是：封二为“伤寒论柯继文题”七字。封三为“民国元年十二月武昌医馆印毕”十三字。无序言，无底本来源说明，无刊刻缘起等必须具备的文献资料，令人费解。每页十行，行十九字，与赵本同。其后为元祐国子监牒文、伤寒卒病论集，无《医林列传》。

为考证此本与赵开美本之关系，笔者与赵本作了较详细对比。如下：

第一：目录比较

（1）辨脉法、平脉法：赵本占一行，医馆本占两行；

（2）伤寒例、辨痓湿暍脉证赵本占一行医馆本占两行；

第二：书口比较：

（1）赵本书口上端有“仲景全书”四字，医馆本无，刻以墨条；

（2）赵本鱼尾下刻以卷次，医馆本在黑条下为黑书口，其下刻以“论某”，“某”指卷次。

（3）赵本书口底部刻以页次，医馆本亦刻以页次，页次下为墨条书口。

第三：卷一首页比较：

（1）赵本卷一首页第一行为“伤寒论卷第一仲景全书第一”12字，医馆本无“仲景全书第一”6字；

（2）赵本第三行为“宋林亿校正”5字，医馆本无；

（3）赵本第四行为“明赵开美校刻”6字，医馆本无

（4）赵本第五行为“沈琳仝校”4字，医馆本无。赵本第三行、第四行、第五行武昌医馆本皆无，这种情形与杨守敬所谓“影抄北宋本伤寒论”全同，明显地反映出武昌医馆本是以杨守敬伪造本为底本翻刻的。当是杨守敬将剪贴推移本出卖给或赠送给武昌医馆刊刻流布。

（5）赵本卷一首页第十行倒数最末一句话是“阳病见阴脉者死”7字，武昌医馆本对应之页第十行倒数最末一句为“大便反鞕（音硬下同）”，

与杨守敬伪造本全同。

第四：文字词句比较：

（1）武昌医馆本增字：

4. 赵本《辨脉法第一》“故知当屎脓也(《玉函》作溺)”，武昌医馆本于“玉”字上增“屎”字。

5. 赵本《辨脉法第一》“噫而出之声嗢（乙骨切)”，武昌医馆本在“切”字下增“嗢”字。

（2）字型比较：

①赵本“热”字下面的四点皆刻为“火”字，全书皆然，武昌医馆本“热”字下皆为四点。

②赵本《辨脉》“故欲裸身”之“裸”左半边作“示”旁，武昌医馆本改为“衣”旁，是。虽然改正了赵本误字，但已失赵本真面。

③赵本《辨脉》“盛夏欲着皤衣”之“皤”的左半边作“示”，武昌医馆本“衣”旁，是。虽然改正了赵本误字，但已失赵本真面。

④赵本《辨脉》“鼻中燥者必衄也”之“衄”，右半边作“刃”，武昌医馆本作“丑”，是。

（3）句子不同：

《平脉》赵本“肾为脾所胜”，武昌医馆本作“肾谓所胜脾”。

上面所有这些不同，根源有二：

1）武昌医馆本以杨守敬伪造本为底本翻刻，故与杨本同。

2）杨守敬出使日本寻到赵开美本，请日本书手摹写，故台湾国家图书馆关于此本的题记与《留真谱》皆云“日本抄本”，杨氏回国后加以剪贴推移造假。由于抄写者是日本书手，所以书法、字型与赵本有异。

结论是：武昌医馆本是柯继文依照杨守敬提供的伪造本翻刻的，这正是武昌本不说明底本来源、翻刻缘起的原因。因可推想，柯继文在主持刊刻此本时肯定已经发现此本是伪造之本，所以既不想圆谎，又不想承担造假的责任，因此在书前与书后不着任何文字，一任后人考证。

第五　恽铁樵据日本崛川济本影刻《伤寒论》考证

恽铁樵（1875～1935），江苏武进人，著有《群经见智录》《脉学发微》《生理新语》等书，刊刻过《仲景全书》。恽氏所刻《仲景全书》极易与赵开美本《仲景全书·伤寒论》初刻板相混，需加辨正。

赵开美本刊行后，日本曾加翻刻，如1668（日本宽文8年）《宋版伤寒论》、1799（日本宽政9年）《校正宋版伤寒论》、1827（日本文政10年）《宋版伤寒论》、1844（日本弘化元年）《新校宋版伤寒论》、1856（日本安政3年）《翻刻宋版伤寒论》等，其中以安政三年本最佳。该书以藏于日本枫山秘府的赵开美《仲景全书·伤寒论》初刻板为底本而翻刻之，笔者已逐字对比两书异同，安政三年本逼近赵本原貌。每半页十行，行十九字，字体、笔锋与赵本几乎无异。两书每卷页数各为起止，起止数亦同。小有不同者唯书口。赵开美初刻本书口上端刻“仲景全书”四字，其下为鱼尾，黑白鱼尾交错出现；安政三年本书口较宽，无“仲景全书”四字，将鱼尾号全部改刻为黑鱼尾，附有日文返点符号，以日本丹波元简序代赵开美序，其余皆同。1923年恽铁樵以日本安政三年本为底本影印之。北京中医药大学图书馆藏有一部，封面题“影印伤寒论赵开美刻本”。书函写有如下鉴定文字：“民国十二年（1923）恽氏影印明赵氏刊本，一函六册。藏书号：院326～331号。”框高16公分，半页宽11公分。无前言，无底本来源说明，无刊刻缘起。封底有如下文字：

> 民国十二年十一月初版，定价每部大洋六元。印刷兼发行人：恽铁樵。　发行所：上海云南路新会乐里铁樵寓所。　寄售处：上海文明书局各省中华书局。　承印处：上海商务印书馆。

经与安政三年本详细对比考察，确证恽铁樵本源自安政三年本，唯将安政返点削去而已。举例如下：

（1）安政本《平脉法》“若见损脉来至为难治(肾谓所胜脾，脾胜不应时)”，恽铁樵本同。按，小注“肾谓所胜脾”五字，北京国家图书馆、台湾中央图书馆藏本皆作“肾为脾所胜”。

（2）安政本卷五242条“病人小便不利，大便乍难乍易，时有微热，喘冒（一作■■)”，恽本同，“作”字下亦为两个墨钉。中国中医研究院图书馆藏本、北京国家图书馆藏本、台湾本“作”字下两个墨钉皆作“佛郁”。

（3）安政本卷七385条“恶寒脉微（一作■）而复利”，小注“作”下为一个墨钉，恽本同。北京国家图书馆、台湾本、中国中医研究院图书馆藏本墨钉皆作“缓”字。

证据尚多，不备举。

结论是明显的：恽铁樵本是以日本安政三年崛川济本为底本削去返点符号而翻刻者。此本在我国影响非常巨大，国内各大图书馆均有收藏，此后国内不少《伤寒论》研究著作称所据底本为赵开美本者，实据恽铁樵本也。此非后人有意说谎，实为赵开美《翻刻宋本伤寒论》极其罕见，又为恽铁樵氏巨大声望所欺耳。

恽铁樵本源于日本安政三年崛川济本，近60年前著名中医文献学家叶橘泉老先生早已先笔者言之。叶老先生在《康平本伤寒论序》中云：

赵刻至今又三四百年，其书已稀如星凤，除东国枫山秘府藏有一部外，国内唯吾友范行准先生有其书，至民国初年，恽铁樵氏影印《伤寒论》，号称明赵开美本，实则原本为日本安政间崛川济氏据秘府藏本所覆刻者，恽氏固未见赵刻原书耳。

第六　重庆市中医学会《新辑宋本伤寒论》底本考察

1955年重庆市中医学会编辑一本《新编宋本伤寒论》，重庆人民出版社出版。起自太阳上“太阳之为病，脉浮，头项强痛而恶寒”，止于“辨阴阳易差后劳复”之“损谷则愈”条。正文前有《内容说明》，相当“前言”。关于底本作如下说明：

目前《伤寒论》的通行本有两种：一是金成无己的注本，即《注解伤寒论》，一是宋镌治平（1065）本，即高保衡等的原刻本，前者以明嘉靖间汪济川的刊本为善，后者原刻已不可得，现在仅存有明赵开美的覆刻本。总之，宋金时代的原刻《伤寒论》已不易见，所能看到的都是明刻本。两者相较，成氏注解本已渗进了许多己见，又经展转翻刻，出入尤多；高校本虽是赵氏覆刻，而赵氏是依照原书复制的，可能逼真于治平面目，因此我们决定把它采用了。

此书标以“新辑”二字，其义在《内容说明》中有所交代：

《辨脉》《平脉》两篇，词句既多不类“太阳”诸篇文字，义理亦概为凿空臆说。“痉湿暍”篇，已被搜入《金匮》，“不可发汗”以下诸篇，绝大多数条文，都是“太阳”等篇的复出（太阳以下各篇，篇首均列若干条法，仍为正文的重复出），所以注家从方中行以后，都割弃不谈了。兹仍录其自“太阳病脉证”至“阴阳易差”十篇，辑成本书册，供学习之用。

前言虽声明以赵开美本为底本，但未明言底本来源。北京中医药大学著名教授任应秋当时在重庆中医学会工作，曾参与新编工作。1984年钱超尘参与卫生部与国家中医药管理局主持的重点中医古籍整理校注工作。《宋本伤寒论校注》任务由北京中医药大学承担，伤寒教研室主任、著名伤寒学家刘渡舟教授任主编，钱超尘任副主编，编写组成员有郝万山教授、裴永清教授、孙志洁教授、毛雨泽教授，王玉林、徐苓两位教授任资料工作。为访求好的校注底本，刘渡舟教授让钱超尘到任应秋教授家里请教，时间是1984年4月。钱向任老请教道：“任老，我们现在正在校注《伤寒论》，您有何指示?”任老答：“用重庆中医学会编辑的《新辑宋本伤寒论》校注就可以了。”问：“赵开美本《伤寒论》现在哪里？赵本原书样式怎样?”任老沉默良久，未加回答。当时任老正患肺癌，不便久谈，钱就告退了。现在参加《新辑宋本伤寒论》的专家有的已经谢世，有的仍然健在，希望参加此书编写的如今仍然健在的老一辈专家从关爱《伤寒论》版本流传史的角度谈一谈当时以赵开美本进行新辑时的真实情形。此事从学术史的角度观察，可以说是一件不大不小的事。说“不大”，是因为不存在“正误”问题；说“不小”，是因为关系到当时赵开美宋本《伤寒论》是否在重庆流传，今天此书存于何处等大问题。《新辑宋本伤寒论》发行后，在推动中医事业发展方面起到巨大作用，如1955年6月第一板第三次印刷数目高达33000册，一时洛阳纸贵。直至近代仍然有些学者以此书为底本进行校注。如1982年湖南科技出版社出版的《宋本伤寒论校注》的《编写说明》说：“本书以《新辑宋本伤寒论》为蓝本”进行校注。因此探寻《新辑宋本伤寒论》所用底本的实际情形是很重要的一件事；如果以恽铁樵本为底本那就是另一回事了。

笔者从追寻赵开美宋本《伤寒论》下落的目的出发，对《新辑宋本伤寒论》所用底本问题进行了比较仔细的考察。发现《新辑宋本伤寒论》有多处与赵开美本不同，而与恽铁樵本相一致。下面举几个突出的证据：

①12条桂枝汤服法《新辑》本“不可令如水流離”句中作繁体“離”字，与崛川济本、恽铁樵本同，而赵开美本作“漓”。

②141条白散方服法《新辑》本“更于臼中杵之”，与恽铁樵本同，赵开美宋本“杵”字作“治”。

③385条“恶寒脉微（一作■）”，《新辑》本“作”下作墨丁，与恽铁樵本同，赵开美本作“缓”。

《新辑》本删卷七“辨不可发汗病脉证并治”（含）至卷十“辨发汗吐下后病脉证并治”，与恽铁樵本相同之处如何已不可考。但仅就上述几例已足以说明《新辑宋本伤寒论》所据底本断然不是赵开美翻刻宋本《伤寒论》，而是源于恽铁樵本。

第七　南京中医学院伤寒教研室《伤寒论译释》底本考察

在20世纪50年代末至60年代初中国广袤的大地上产生了“大跃进”的群众运动，高等学校教学教法和教材编写也进行“大跃进”式的群众性科研运动，在这样的政治气氛下，南京中医学院伤寒教研室以集体的力量编写了一部堪称优秀的《伤寒论》学术著作——《伤寒论译释》。该书《前言》说：

> 我组在教学中，曾先后编写《伤寒讲义》多种及《伤寒译释》等教材，分别使用于函授教学及中医进修班和师资班的课堂教学。之后，又发挥群众智慧，采用集体写作的方法，完成了《伤寒论译释》工作。

关于《伤寒论译释》底本，《序言》云：

> 本书是依据宋代治平本明代赵开美覆刻本进行语译，并根据历次教学过程中所吸收的改进意见以我们的主观看法用现代语汇将原文的精神实质有重点地加以综合的论述。

在《体例说明》中，对底本又作了说明：“据宋治平本明代赵开美覆刻本进行语译”。这就好象在20世纪50年代在重庆、南京分别存在着一部明代赵开美本宋本《伤寒论》，而赵本是天壤奇珍，人们当然要追查它的来源与后来的下落。因此考证《伤寒论译释》本使用的底本，在《伤寒论》版本学上具有很大的重要性。

由南京中医药大学伤寒教研室集体编写、由上海科技出版社于1959年出版的《伤寒论译释》在推动中医界深入研究《伤寒论》以及在中医教学中起到了非常重大的作用，直到今天，这部著作仍然具有强大生命力。该书《体例说明》指出：“本书分上下两编：上编根据伤寒六经病证治内容用综合方式加以系统阐述；下编根据宋治平本明代赵开美复刻本进行语译，以保存原有面貌。”经笔者仔细核查，《伤寒论译释》所用底本不是赵开美《中景全书·伤寒论》，而是恽铁樵据日本崛川济安政三年本覆刻者。笔者将中医古籍出版社影印本、北京图书馆珍藏本（缩微胶卷冲洗放大）、台湾本、恽铁樵本、译释本5本书平铺一起仔细校读，发现《伤寒论译释》本与恽铁樵本同而与赵开美本异。举例说明：

（1）肾谓所胜脾：见《平脉法》“若见损脉来至为难治”小注。译释本、恽本皆如此，北京图书馆本、台湾本、影印本作“肾为脾所胜”。

（2）伤寒阴阳易之为病：见《辨阴阳易差后劳复》。语译本、恽本皆如此，北图本、台湾本、影印本无“阳”字。

（3）恶寒脉微（一作■）而复利：见385条。译释本、恽本皆如此。北图本、台湾本、影印本墨钉处作“缓”字。此例极富启发，若果用赵本，断然不会出现墨钉。

尚有其他例证，不烦举。《伤寒论译释》本对恽铁樵本更动太甚，已经远非恽本原貌。如：《语译本》下册第15节《辨不可发汗》以下至22节所有重出方剂一概予以删削，只在注释中说明此方剂见六经病何条。

《伤寒论译释》本以恽铁樵本为底本确切无疑。但这不是南京中医药大学伤寒教研室的失误，而是恽铁樵本所造成的，恽铁樵表明他自己据明赵开美本覆刻，骗取了许多人的信任。恽铁樵本以崛川济本为底本而影刻之，逼真安政本，安政本接近赵本，在赵开美本没有在社会上流传的条件下使用恽本，无可厚非；但是我们这里讨论的是哪个本子是真赵本，哪个本子是伪赵本，不含使用恽本作底本而进行注释就是不好的书籍的意思。指出《新辑宋本伤寒论》《伤寒论译释》两本书使用的底本不是赵开美本《仲景全书·伤寒论》，这对于考证赵本在中国的流传、在版本学上无疑是很有意义的，绝对不含贬低和指责这两个优秀著作的意思。

第八　刘渡舟宋本《伤寒论校注》所据底本述实

20世纪80年代初，中共中央、国务院发出加强古籍整理研究的指示，中央卫生部于1982年制定《中医古籍整理出版规划》，同年6月在北京召开“中医古籍整理规划会议”，经过专家共同讨论决定将十一部中医古籍作为卫生部部级重点中医古籍整理项目。这11部重点中医古籍是：《素问》《灵枢》《甲乙经》《太素》《伤寒论》《金匮要略》《脉经》《难经》《神农本草经》《诸病源候论》《中藏经》。中央卫生部中医司于1984年4月20日至26日在北京京西宾馆召开“十一部重点中医古籍整理研究工作会议”。

校注分工如下：

《素问校注》　天津中医学院郭霭春教授主编；

《灵枢校注》　辽宁中医研究院史常永教授主编；

《太素校注》　成都中医药大学郭子光教授主编；

《甲乙经校注》　山东中医药大学张灿玾教授主编；

《伤寒论校注》　北京中医药大学任应秋教授主编；

《金匮要略校注》　浙江中医学院何任教授主编；

《脉经校注》　广州中医药大学沈炎南教授主编；

《难经校注》　上海中医药大学凌耀先教授主编；

《神农本草经辑校》　中国中医研究院马继兴教授主编；

《诸病源候论校注》　南京中医药大学丁光迪教授主编；

《中藏经校注》　湖南中医药研究院李聪甫教授主编。

上述诸书皆由人民卫生出版社出版。只有《灵枢》至今尚未动手校注，《太素》尚未出版。北宋校正医书局对这两部书就未加校正，把遗憾留给后人，没有想到当今这两部书又出现这种情形。从1984年会后开始，整理校注中医古籍的工作轰轰烈烈有声有色地在中医界开展起来。

钱超尘教授是《伤寒论校注》副主编，并且是十一部重点中医古籍审稿委员，对此次大规模整理古典医籍之事了解较多，尤其对《伤寒论校注》前前后后许多事情较为熟悉，谨将其了解的有关事项记录在下面。后之视今，犹今之视昔。作为日后研究《伤寒论校注》以及研究新中国整理中医古籍的事迹，这份名单和下面所引的资料是珍贵的第一手资料。

1988年2月10日《伤寒论》整理研究课题组向北京中医学院党委和科研处写了一份工作汇报，比较详细地回顾了校注《伤寒论》的有关情况。谨将这份工作汇报全引如下：

《伤寒论》整理研究工作汇报

院领导、科研处领导：

现将刘渡舟教授主持的《伤寒论》整理研究工作进行一个阶段性总结，并把下一阶段的工作计划一并汇报。

中医古籍整理是国务院关于古籍整理计划的一部分。82年6月，卫生部党组在西苑饭店召开了中医古籍整理规划会议，制定了九年计划，并初步确定了《素问》《灵枢》《难经》《伤寒论》等十一部古籍的整理研究为九年规划中的重点和基础。

83年4月20日卫生部在沈阳召开了十一部重点中医古籍整理研究工作会议，确定《伤寒论》整理研究工作由我院刘渡舟、任应秋两位教授承担，并由两位负责人提名组成课题组，成员有毛雨泽、孙志洁、郝万山、裴永清。这是这一工作的起步。主要任务是：考察《伤寒论》版本源流、历代校勘、注释、训诂成果，在充分研究这些资料的基础上，撰写一部底本可靠、校勘精确、注释恰当、按语中肯的校注本；在校注本的基础上，写一部以直译为主适合普及使用的语译本。接着课题组便开展了版本的搜求考察与历代校注资料的收集，制定编写计划和编写样稿等工作。

任应秋教授当时因患癌证已不能过问这一工作，由刘老提名、经院领导和科研处批准、报请中央卫生部古籍整理出版办公室认可，于1984年3月14日起，由钱超尘教授任课题组副组长、副主编，协助刘老工作。

1984年4月卫生部在北京京西宾馆召开了“十一部重点中医古籍样稿审定会”，并宣布卫生部已决定将这十一部古籍的整理研究列入部级重点科研项目加以管理，要求每个课题都要进行开题论证、签定科研协议合同书

遵照京西宾馆会议精神，课题组在前一段工作的基础上，第二次编写了校注本、语译本样稿，编写了《伤寒论整理研究设计书》。经卫生部中医古籍出版办公室批准，在院领导和科研处支持下，于1985年10月16日在北京市怀柔区召开了“伤寒论整理研究论证会”。到会的专家有：

何　任　浙江中医学院教授
俞长荣　福建中医学院教授
欧阳琦　湖南中医药研究院研究员
李培生　湖北中医学院教授
裘沛然　上海中医学院教授
李克绍　山东中医学院教授
袁家玑　贵阳中医学院教授
方药中　中国中医研究院西苑医院研究员
王绵之　北京中医学院教授
萧　璋　北京师范大学中文系教授
许嘉璐　北京师范大学中文系教授

各位专家对两样稿和设计书提出了修改意见，并一致通过了开题论证、签署了评审意见书。会后，课题组根据专家意见修改了校注、语译两个样稿和设计书，并上报北京中医学院科研处和卫生部古籍出版办公室备案。整理校注工作也由此全面开展起来。

1986年9月完成了校注本、语译本第一次初稿（草稿），在建院30周年校庆展览会上展出了初稿的复印件。

1987年底，完成了第二次初稿及校后记的部分内容。

1988年1月，国家中医管理局在沈阳召开了“十一种重点中医古籍整理研究工作会议”，到会的各课题组将几年来的工作情况作了阶段性总结汇报。我课题组除将工作进度作了汇报外，还总结了几年来工作比较顺利的原因。沈阳会议还安排了审稿工作及审稿专家名单。《伤寒论》审稿专家是欧阳琦、裘沛然、李克绍、李培生、汤万春五位。

我课题组拟于1988年底完成《伤寒论》全部校注工作。主要安排如下：

（1）1988年3月底前修改完全部底稿，完成“编写说明”与“校后记”，并和《金匮要略》校注组通稿，以免互相矛盾。

（2）1988年4月初将书稿送陕西中医研究院计算机中心，利用其繁体字编辑系统打印书稿（由于找不到高水平的写繁体字的人，接受了国家中医药管理局的建议而决定的）。

（3）1988年5月份将打印好的书稿及《伤寒论》底本（宋本复印件）分寄五位审稿专家。可否在第三季度召开专家审稿会议，待审稿进度而定。我们准备在审稿会上，与各位专家当场交换意见当场修改，随后将修改稿再由计算机打印，至迟1988年底完成全部校注工作。

数年来，课题组成员在完成繁重的教学、临床任务的同时，承担了这一科研课题。为了有一个集中的审稿通稿时间，只好利用晚上、节假日加班工作。同志们认为，我们应当作到无愧于中医事业、无愧于领导的关心与支持、无愧于我们自己的良心。

简要汇报如上，请院处领导批示。

此致　　敬礼！

北京中医学院《伤寒论》整理研究课题组

1988年2月10日

此汇报材料由郝万山教授执笔。通过这个材料，我们清楚地看到，在国家各有关领导部门的的支持关怀下，《伤寒论》整理研究课题组的任务才得以顺利完成。其他几部重点中医古籍的整理研究情况基本相同。整理研究十一部中医古籍是国家行为，是在中央卫生部、国家中医药管理局直接管理领导下完成的。抚今视昔，更加可以看到二十世纪八十年代整理研究古代医书的不平凡的意义。

北宋校正医书局是编修院属下的一个单位，绝对没有新中国整理医书这么大的规模，也不可能动员全国有关专家发挥集体智慧和力量共同投入这项工作。我国历史上整理医书最显著的有两次。第一次是西汉刘向校群书，医书由李柱国校订。第二次是北宋校正医书局，《伤寒论》《金匮要略》《金匮玉函经》三书皆由孙奇一人校定。“订”者，正也，汉时以改正错简讹文为主；“定”者，定也，通过校定使诸种传本始定于一也。在研究《伤寒论》时，每感校正医书局留下的背景材料太少，难于考证当时整理校正医书的种种情形；略有参考价值的是国子监牒文及后附的高官名录，牒文对于考证《伤寒论》大字本、小字本无疑有价值，至于高官名录，是为掠取名声的赘文。本文留下这份汇报材料，今人读之，或曰赘文；后人读之，如啖甘饴。因为他们看到的是新中国在整理医书上的伟大贡献与组织经验。

八十年代11部重点中医古籍最为突出的特点是版本选择的精审无误。以《伤寒论》而言，以北京国家图书馆善本书室所藏赵开美本为底本。此书自明万历二十七年（1599年）刊刻至刘渡舟教授校注之书的出版（1991年6月）凡392年，其间国内没有以此书为底本而校注刊行的。1912年武昌医馆刊行之本是以杨守敬伪造之“北宋影抄本伤寒论”为底本而刊行的，也就是说，这是一本以经过杨守敬剪贴的赵开美本为底本而翻刻的，不是以赵开美本的原本为底本而刊行的。1923年恽铁樵本是以日本1856年崛川济本为底本削去日文反点符号而刊刻的，也不是以赵开美原刻为底本而印行的。1955年重庆市中医学会《新辑宋本伤寒论》、1958年南京中医学院伤寒教研室主编的《伤寒论译释》都是以恽铁樵本为底本而排印的。1856年日本崛川济本是以赵开美本的初刻本为底本而翻刻，此书在所有的翻刻本中是最为接近赵开美本原貌的，但十分可惜的是，它所据的赵开美本是初刻本，不是补刻本。初刻本错误多，补刻本几乎没有错误。这些情况在上面的有关段落中已经讲过了。

刘渡舟宋本《伤寒论校注》经过五年集体努力而完成，分工如下：

提要按语：刘渡舟　裴永清

校　　勘：孙志洁

注　　释：郝万山

校注说明与校注后记：钱超尘

语　　译：毛雨泽

本书于1992年获国家中医药管理局科技进步二等奖。

刘渡舟宋本《伤寒论校注》经与北京国家图书馆赵开美本较细校读，发现刘渡舟本有少量讹脱之字，逐字校正如下。所记页码是刘渡舟教授宋本

《伤寒论校注》的页码。

(1) 辨证候于丝发(《刻仲景全书序》。页15右7行)。"侯"北图本作"候"。

(2) 故身热目痛（页35右3行)。'痛"北图本作"疼"。

(3) 温服令一时许(《太阳上》第12条页51左3行)。"服"北图本作"覆"。

(4) 下有小注云："一作小便者"(《太阳中》第56条页82左1行)。"便"下当有"清"字。

(5) 旋覆代赭汤(《辨太阳下》子目第161条页116左4行)。"覆"北图本作"复"。

(6) 旋覆代赭汤主之(《辨太阳下》161条页132左3行)。"覆"北图本作"复"。

(7) 旋覆花(《辨太阳下》161条页132左1行)。"覆"北图本作"复"。

(8) 必有蓄血(《辨阳明》子目页144左5行)。"蓄"北图本作"畜"。

(9) 先煎芍药二沸(《辨太阴》第280条页177右8行)。"二"字北图本作"三"。

(10) 鼻鸣干呕者(《辨不可发汗》子目第12条页225右4行)。"鸣"北图本作"鸣'。

(11) 必有蓄血(《辨可下》子目页274左3行)。"蓄"北图本作"畜"。

(12) 必有蓄血(《辨可下》第23条页283右7行)。"蓄"北图本作"畜"。

(13) 沈琳同校（卷十页290)。"同"字北图本作"仝"。按，《仲景全书·伤寒论》"沈琳仝校"之"仝"刘渡舟本皆改为"同"。二者虽为异体字，但从忠于赵开美本角度观之，当作"仝"，不当作"同"。

(14) 属旋覆代赭汤(《辨发汗吐下后》页292右3行)。"覆"北图本作"复"。

(15) 人参三两(《辨发汗吐下后》页305左1行)。"三"北图本作"二"。

宋本《伤寒论校注》也还有其他不足处，如对"后记"无按语无考证；对子目的重大学术价值论述不够；对高继冲进献本考证不够深入等等，所有这些不足之处，基本上由本文补足了。

第九 中医古籍出版社影印宋本《伤寒论》

1997年6月北京中医古籍出版社影印赵开美本《伤寒论》50部，每部分装上下两函，每函6册。每部售价880元。2001年5月按照原版重印50套，价格依旧。"出版说明"云：

为了进一步发掘中医药伟大宝库，满足不断增长的中医临床、教学和科研工作的需要，我社将陆续辑印以《中医珍本丛书》为题的系列医书，主要收入近代未行于世的有价值的中医孤本、善本古籍，包括中医理论和临证各科以及本草、方剂、医史、医案、医话等方面论著。为便于医务工作者和研究人员参考原著，本丛书将一律保持原貌，影印出版，酌加前言或内容提要，以期达到承先启后古为今用的目的。

前言说：

《仲景全书》，明代赵开美编。初刻于明万历二十七年（1599)。包括：《伤寒论》十卷、《注解伤寒论》十卷、《伤寒类证》三卷、《金匮要略方论》三卷。《伤寒论》现据明万历二十七年己亥赵开美翻刻宋板影印。原书版框高186毫米，宽128毫米。

出版说明说："一律保持原貌"，但是并没有严格按照原订计划办理。就其版框宽高言，影印出版的书现高150毫米，宽112毫米，且不加说明已经缩小尺寸。另外，该影印本所据底本来自何方，一字不提。据笔者考察，此影印本所据之底本来自中国中医研究院图书馆。1990年4月10日笔者亲至中医研究院图书馆查阅《宋本伤寒论》，经与影印本对照，影印本削掉《刻仲景全书序》首页的几枚印章。中研院图书馆此页有如下几枚印章：

"中央卫生研究院图书馆藏"公章一枚，"津沽张氏善本医书""柏心堂""志刚藏书""郭元极印"私章四枚，皆小篆体。影印本除保留"柏心堂"三字印章一枚外，余皆削掉。这是不应该的。这些图章，对于考证此书之流传，具有意义。影印者不明此理而妄删削，无知之过也。

中医古籍出版社据中国中医研究院图书馆藏本影印之，对赵开美本之流传具有极大贡献。沈阳医科院亦藏有一部，与中国中医研究院本同。此两本与北京国家图书馆所藏及台湾故宫博物院图书馆所藏皆为赵开美《仲景全书·伤寒论》补刻本，是同时印刷之作，皆为书林奇珍至宝也。1924年8月章太炎先生在《山西医药杂志》发表《伤寒论单论本题辞》一文，对赵开美本之流传、演变、价值进行深入考证，对我们深入了解中医古籍出版社影印此书的重大意义颇有帮助。现将有关文字引在下面：

其书传于今者，宋开宝中高继冲所献，治平二年林亿等所校，明赵开美以宋本摹刻，与成无己本并行，至清而逸（案赵开美《仲景全书》先以成注《伤寒论》《金匮要略》合刻，命之名《仲景全书》。既刻已，复得宋版《伤寒论》，复并刻之。然清世所传唯成注本，而单论本则清修《四库》书时已不可见），入日本枫山秘府。安政三年，丹波元简又重摹之，由是复行于中土。其与成本异者，卷首各有目录，方下亦多叔和校语数事及亿等按语，成本亦尽删之矣。叔和于方下或云疑非仲景方、疑非仲景意，终不敢以己意删剟，以是知其编次审慎。宋文宪习于金华口耳之学，顾谓叔和变乱仲景故书，此足以杜其口。

林校虽简，亦甚有精善者。今据成本："寒食结胸，无热证者，与三物小陷胸汤，白散亦可服。"二方寒热舛驰，疑论蜂起。及检《千金翼方》则云：与三物小白散。而林校所引一本，正与《千金翼方》同。成注本不著林校，则总古不可得决矣。信乎，稽古之士，宜得善本而读之也。《千金翼方》所录《论》文《太阳篇》，则孙氏以己意编次，诚不如本书善。检其文字，今作鞕者皆作坚(《千金方》同。）固瘕亦作坚瘕。盖孙氏所据为梁本（按唐书《隐逸孙思邈传》，隋文帝辅政，以国子博士召，不拜，密语人曰：复五十年，有圣人出，吾且助之。是时去梁亡不及三十年，故得见梁时旧本。思邈又言：江南诸师，秘仲景法不传。是其得之甚难也。若隋平江南以后，则仲景方十五卷已在书府，何忧其秘乎?）继冲所献，亿等所校者为隋本，故一不避隋讳，一避隋讳也。

近世治经籍者，皆以得善本为亟。独医家为艺事，学者往往不寻古始，方喻以下，

恣意颠倒，清世惟有成无己本较为完善，然倘不能窥其本源，是本之出，非论古方技者之幸欤！或曰：昔《礼记》已行，而魏徵有《类礼》；《说文》以形分部，徐铉复为之《韵谱》。厥在医经，《素问》不刊之书也，然《甲乙》《太素》重为诠次。《伤寒论》录在《千金翼方》者，太阳篇乃以方剂部署。其后朱肱作《活人书》，又类证而列焉。今独矜其编次，何也？应之曰：近代治《伤寒论》者，若柯琴、徐大春，据方为次，即《千金翼方》例；尤怡又据诸篇分列证治、权变、救逆诸法，亦于《活人书》为近。是二者，非吾所訾也。方喻诸师，横以叔和所编为失次，自定其文，谓仲景本书故然，则诬罔亦甚矣。今以孙、朱、柯、徐、尤诸书美也，学者比类于《类礼》《韵谱》可也，然不得《礼记》《说文》真本，即亦无以信后。

存其本迹以为真，观其会通以为明，上工之事也。且以《金匮玉函》八卷之书，成无己、许叔微尚时引其文，而元明以来不可见。此《伤寒论》十卷，独完好与梁《七录》无异，则天之未绝民命也，虽有拱璧以先驷马，未能珍于此也。

宋本影印件的出版是一件十分有意义的大事，它可以校讹、可以据以研究《伤寒论》流传史等等。若干年后，人们将更加珍惜此本之出版。

在研究宋本《伤寒论》版本史的时候，尚应该作如下几事。

（1）北图本与台湾本对比考证。这两个本子是同一个本子，不应有异。但人们只是道听途说二者相同，未见其实，故应寻找台湾本与北图本对比考证之。

（2）影印本与北图本、台湾本对比考证。详细考察这些本子有何异同。

（3）日本内阁本与上述三本对比考证。从对比研究考证中可以发现赵开美本是否有初刻、补刻的不同。这是版本学史上一个非常重要的问题。

第十　北京国家图书馆与台湾所藏宋本《伤寒论》对比考察

（1）两家图书馆对藏本的鉴定。台湾故宫博物院图书馆在封面上写有如下鉴定文字："国立中央图书馆藏善本书码：子部医家类医理之属　书名：仲景全书　著者：汉张机撰　二十六卷　五册　版本：明万历己亥（二十七年）　海虞赵氏刊本。"北京国家图书馆在封面上写为："《仲景全书》二十六卷张机（汉）撰　赵开美（明）辑刻　明万历间刻本　十行十九字（18.2×12.5）五册"

（2）台湾本书前有"坊记"所写两段题记，前一段题记署名"坊记"，签有"矩翁"名章。后一段题记署名"矩庵"，亦签有名章一枚，字迹漫漶。"坊记"（"记"者，在这里是记录、书写的意思）"矩庵""矩翁"为一人。北图本亦有两段题记，文字同，唯两枚名章模糊难见。

（3）台湾本在《刻仲景全书序》题目上端签有"务本堂"章，北图本同。

（4）台湾本在《刻仲景全书序》题目之下签有"国立北平图书馆收藏"章，北图本同。

（5）台湾本23条"太阳病得之八九日"句在"太"字右侧有一墨笔字"中"。北图本同。

（6）台湾本28条"心下满"句的"下"字为墨笔所描。北图本同。

（7）台湾本31条"太阳病项背强几几"的"太"字右侧有墨笔"第一"二字。北图本同。

（8）台湾本35条"太阳病头痛发热身疼腰痛"的右侧以墨笔写有"此作中篇第一条"七字。字迹娴熟圆润，婉转有致，观其笔迹，可以确认为撰题

记之矩庵所写。北图本同

(9) 台湾本"伤寒论卷五"标题上端签有"神农遗业"长方章，北图本同。

(10) 台湾本252条"伤寒六七日目中不了了，睛不和"之"睛"字乃墨笔所描。北图本同。

结论：抗日战争前将北图本《仲景全书》拍为缩微胶卷，原书转移至台湾，北图本为缩微胶，二书板式、字迹、内容全同。国内外其他图书馆所藏《仲景全书·伤寒论》首页皆无矩庵手写题记。此题记透露出一个十分重要而珍贵的信息：矩庵本人藏有北宋大字本《伤寒论》初刻本，真乃天壤奇珍，人间仅有之书，不知今尚在否。刘渡舟本《伤寒论校注》即以北图本为底本。

第十一 影印宋本《伤寒论》与台湾本、北图本对比考察

(1) 影印本《刻仲景全书序》有断句（将小圆圈刻在句子停顿处的右下处)，北图本、台湾本无断句。

(2) 影印本《医林列传》有断句，北图本台湾本无。

(3) 影印本《平脉法第二》"脉再举头者，肾气也。若见损脉来至，为难治（肾谓所胜脾，脾胜不应时)"。括弧内的上五字小注，北图本、台湾本作"肾为脾所胜，"与影印本大异。不晓其故。

结论：除上述小异外，其余同。总的印象是：影印本与北图本、台湾本大同而小异。但是，既然皆为赵开美原刻本，就不应该有异，今却有此不同，令人费解。

第十二 影印本、台湾本、北图本与日本内阁本对比考察

章太炎对宋本《伤寒论》的流传演变历史最为熟谙。他在《伤寒论单论本题词》中说："明赵开美以宋本摹刻，至清而逸，入日本枫山秘府"，后入日本内阁文库。笔者将日本内阁文库本与影印本、台湾本、北图本详加考察，发现日本内阁本与北图本、台湾本、影印本有巨大差异。其不同不是一字两字，不是一句两句，而是数量甚多，见钱超尘、梁永宣合作的《伤寒论日本内阁本与中国北图本互勘研究》一文。弄清为何有此不同，这是一个巨大的学术问题，限于篇幅，这里不再论证。结论是：

台湾本、北图本、影印本在文字、内容方面胜于日本内阁本。在使用影印本时应参照台湾本或北图本，使用日本本时，必须同时参考台湾本、北图本及中医古籍出版社影印本。

五、《伤寒论注解》元刊本及成无己考

成无己《注解伤寒论》常见者为明汪济川本、赵开美本、吴勉学本，元刻本罕见。北京大学图书馆藏有元刻本《伤寒论注解》十卷。"注解"二字后置。首为《伤寒论十卷排门目录》（总目录)，其前为《少阳、太阴、太阳、阳明、少阴、厥阴上下加临补泻病证之图》《运气加临汗差手经指掌之汗差图》《足经指掌之图》《棺墓手经指掌之图》《棺墓足经指掌之图》《脉候寸尺不应之图》《六气主客上下加临病证之图》《五运六气生病加临转移之图》，以及《南政阴阳脉交死》四个长方形图、《北政阴阳脉交死》四个长方形图，此八幅长方形图后刻有"右《素问》曰阴阳交者死"九字，以解释《素问》"阴阳交者死"深意。诸图之后，有《图解运气图说》《释运气加临民病吉凶图》及《汗差棺墓总括歌》三段说明文字。以上诸图及说明，统名《图解运气钤》，一卷。无洛阳严器之序。在《图解运气图钤》后为全书目录。其排目与明汪济川刊本（1544)、赵开美刊本（1599)、吴勉学刊本（1601）大异。总目名为"伤寒论十卷排门目录"，为卷一至卷十之目。其后为"伤寒药方目录"，用以统计各卷方数并举方名，至卷六止，无卷七至卷十方数及方名，盖阙佚也。如卷一下有"无方"二字；卷二下有"方六道"三字；卷三下有"方二十七道"五字；卷四下有"方一十九道"五字；卷五下有"方十道"三字；卷六下有"方二十道"四字。在方数之下皆列有药方名称。所以设"药方目录"者，欲存《伤寒论》古本"条论于前，方汇于后"之遗意也。凡此等处，皆与赵开美本、汪济川本、吴勉学本异。

元刊本《伤寒论注解》十卷，除卷十之末略有阙佚外，余皆完好。本书无刊行年月及刊印书坊。此为元刊本，世所罕见。李盛铎《木樨轩藏书题记及书录》对此书刊刻时代、版本特点有详说。

（一）成无己事迹考略

成无己《金史》无传。山东聊摄人。公元1142年（金皇统二年壬戌）河南洛阳锦屏山严器之《伤寒明理论前序》云："聊摄成公，家世儒医，性识明敏，记问该博，撰述《伤寒》，义皆前人未经道者。"于公元1144年（皇统四年甲子）在《注解伤寒论序》中，严氏又云："昨者邂逅聊摄成公，议论该博，术业精通，而有家学，注成《伤寒论》十卷。"公元1172年农历十月十五日（金大定十年壬辰下元日）王鼎《注解伤寒论后序》云："此书

乃前宋国医成无己注解，四十余年方成，所谓万全之书也。后为权贵挈居临潢，时已九十余岁矣。仆囊缘访寻舍弟，亲到临潢，寄迹鲍子颙大夫书房百有余日，目击公治病，百无一失。”公元1172年王纬序云：“今者聊摄成无己先生注解，内则明人之经络，外则合天之运气，中则说药之性味，深造运气之用，错而综之，以释其经，由是仲景之意，较然大著”。1172年农历九月重阳日，渑池令魏公衡云：“张仲景所著《伤寒论》，聊摄成无己为之注解，未及刊行而成君不幸去世”。公元1205年（南宋开禧元年）五月甲子日历阳张孝忠跋成公书云：“成公博极研精，深造自得，本《难》《素》《灵枢》诸书，以发明其奥，因仲景方论，以辨析其理，极表里虚实阴阳死生之说，究药病轻重去取加减之意，毫发了无遗恨，诚仲景之忠臣，医家之大法也。”此王鼎序、王纬序及严器之《注解伤寒论序》《伤寒明理论前序》于考证成无己事迹至要也。明徐镕云：“聊摄七十八岁撰成《明理论》，八十岁时，注完《伤寒论》，未暇注《金匮论》。”严器之、魏公衡、王纬、王鼎与成公皆同时人，而器之、王鼎与成公交谊颇厚，则所述确切无疑也。张孝忠撰跋之时上距《伤寒论注解》雕板完成之年（1172）仅32年，则孝忠谓“成公当乙亥（1155）丙子（1156）岁，其年九十余，则必生于嘉祐（1056～1063）、治平（1064～1067）之间”，亦信实无误也。见张孝忠跋。此跋载《伤寒明理方论》卷末。张孝忠云：“右注解伤寒论十卷、明理论三卷、论方一卷，聊摄成无己之所作。”则张氏所见成公书乃十四卷合刻者，今分行矣。《医林列传》成无己条乃综合以上诸材料而成，取资张孝忠跋语为多(《医林列传》载赵开美《仲景全书》)。《四库全书总目提要》卷103云：“明吴勉学刻此书题曰宋人，误也。”（按，1956年人民卫生出版社影印《注解伤寒论·内容简介》亦误称成无己为宋人：“本社今据宋成无己《注解》、明赵开美刻《仲景全书》本选出影印”)。其误何在？《总目提要》云：“无己，聊摄人，生于宋嘉祐、治平间。后聊摄地入于金，遂为金人，至海陵王正隆丙子年九十余尚存，见开禧元年历阳张孝忠跋。”然则聊摄何时陷入金国、成氏较确生年为何、《伤寒论注解》《伤寒明理论》始撰何时、撰讫何时、两书何时刊刻、成公何时何故由聊摄北徙临潢、大约卒于何时等等，均罕论及。今综考诸序、南宋李心传《建炎以来系年要录》及《金史》以考其大略。古语云：“知人论世”，谓论其世乃可深知其人其学也。

1. 成无己生于北宋嘉祐八年（1063）或治平元年（1064）

考证一：南宋开禧元年（1205）五月甲子日历阳张孝忠跋：“成公当乙亥（1155年）、丙子岁（1156年）其年九十余，则必生于嘉祐、治平之间。”按，由丙子上溯至治平元年，成公九十二岁；上溯至嘉祐八年，成公九十有三。与“年九十余”说合。

考证二：王鼎《注解伤寒论后序》云，王鼎于丙子岁（1156）亲到临潢“目击公治病，百无一失”，“时已九十余岁矣”，此说为孝忠所本。是丙子年成公尚悬壶济世也。

考证三：王鼎后序写于金大定壬辰（1172）农历十月十五日：“又十七年，一乡人自临潢遇恩放还，首遗此书。”自1172年上溯十七年为1156年（丙子），此年成公九十余岁矣。

按，成公于乙亥、丙子岁九十余确切无疑也。王鼎于丙子岁曾亲见成公。张孝忠乃据王鼎后序为说也。

2. 始撰《伤寒论注解》约在北宋建中靖国（1101年）或崇宁初年（1102）也。其时成公年近四十。

考证一：王鼎后序云：“此书乃前宋国医成无己注解，四十余年方成，所谓万全之书也”。考严器之《注解伤寒论序》，1144年（金皇统四年）与成公不期而遇，成公出示《注解伤寒论》十卷，同年八月十月日严器之撰序。由1144年上溯40余年，则为北宋徽宗建中靖国或崇宁之初也。

考证二：徐镕云：“（聊摄）八十岁注完伤寒”，1144年成公八十岁，回溯四十余年，亦为建中靖国或崇宁之初也。

3. 1141年（南宋绍兴十一年、金皇统元年）农历冬十一月，南宋高宗皇帝赵构与金国签定和约，议定自条约签定之日起，将淮水以北地区，完全划归金国。

考证一：南宋·李心传《建炎以来系年要录》卷142绍兴十一年冬十一月辛丑：“是日，金国都元帅宗弼遣魏良臣等还，许以淮水为界，岁币银帛各二十五万匹两，又欲割邓、唐二州”。

考证二：《建炎以来系年要录》引《绍兴讲和录》云：“金元帅上第三书。皇统元年十一月七日……本拟上自襄江下至于海以为界，重念江南凋弊日久，如不得淮南相为表里之资，恐不能国。兼来使再三叩头，哀求甚切，于情可怜，遂以淮水为界，西有唐、邓二州。以地势观之，亦是淮水北，在所割之数。来使云：岁贡银绢二十五万匹两，既能尽以小事大之礼，货利又何足道。止以所乞为定”。朐按，自公元1141年11月始，淮河以北地区尽归金国所属。自此彻头彻尾投降卖国条约签定以后，淮北广大土地人民尽为奴隶矣。此年成公年七十有七，以聊摄已属金地，故称成公为金国人；而在聊摄划归金国前，成公七十余年生活乃在南北两宋。

4. 1142年《伤寒明理方论》四卷成。成公有跋，此跋至迟亦成于此年也。

《伤寒明理论》前有严器之序，故称《伤寒明理论前序》，《伤寒明理论》卷末有成无几跋。《伤寒明理论》三卷、《方论》一卷，无撰讫年月。徐镕云：“聊摄七十八岁撰成《明理论》。”此年聊摄沦陷为金地不久。成无几不属撰跋年月，严序仅以干支纪年，不书“皇统”二字，皆巧文藏志，得春秋笔法，以示不忘故国也。尤其值得注意、可圈可点者，严器之在《伤寒明理论前序》中竟有“我宋”字样，其故国之思，跃然纸上。其文曰：“自汉逮今，千有余年，唯王叔和得其旨趣，后人皆不得其门而人，是以其间少于注释，阙于讲义。我宋以来，名医间有著述者。”“宋”字上面空一行，表示礼敬。森立之、涩江全善《经籍访古志》云：“此本无皇统二字，想器之以宋遗民不纪年号”。成无几跋无日月，隐含不忘故国深意。

5. 1144年（皇统四年）严器之撰《注解伤寒论序》。

考证一、评述成公其人：“昨者解后（按通“邂逅”）成公，议论该博，术业精通而有家学，注成《伤寒论》十卷，出以示仆。”

考证二、成公所出示者，乃《伤寒论注解》十卷、《伤寒明理论》三卷、《方论》一卷共十四卷之手稿也。见严序后半段。

6. 1155或1156（乙亥、丙子）成无己被挟迫挐掠至临潢，其时已九十余高龄，风烛残年矣。

考证一：《金史》卷五十一《选举志第一》：“凡医学十科。大兴府学生三十人，余京府二十人，散府节镇十六人，防御州十人，每月试疑难，以所对优劣加惩劝。三年一次试诸太医。”金乏医，尤阙名医，无人可定考卷等级。成公虽已九旬外，犹在挐掠之数。

考证二：王鼎序：“此书乃前宋国医成无己注解，四十余年方成，所谓万全之书也。后为权贵挐居临潢，时已九十余岁矣”。按，“挐”者，挟持、提拿也。

7. 成公身陷临潢，《伤寒论注解》随身携护，不轻传人。此年为1155或1156年。

考证：王鼎序：“仆曩缘访寻舍弟，亲到临潢，寄迹鲍子颙大夫书房百有余日，目击公治病百无一失，仆尝求此书。公云，未经进，不可传。”按，临潢，金国首都也，其地当今内蒙古昭乌达盟巴林左翼旗附近⑤。

8. 1171年（辛卯）王鼎得成公所赠《伤寒论注解》手稿，是冬谋资雕板。

考证：王鼎序：“既归又十七年，一乡人自临潢遇恩放还，首遗此书，不觉惊叹”。遂决意刊刻之：“遂于辛卯冬，出谒故人，以干所费，一出而成，何其幸也。”按，“既归又十七年”者，谓王鼎自临潢归于故籍至写《后序》凡十七年也。观王鼎后序云：“冥飞退翁王鼎后序”，知其姓王名鼎字退翁，冥飞者，其号也。后序写于大定壬辰（1172）下元日——农历十月十五日，自此上溯十七年则为正隆丙子1156年也。观后序“序于辛卯冬出谒故人以干所费”云云，是王鼎于1171（辛卯年）始从乡人处得此书，以曾求不得，而成公忽“首遗此书”，故“不觉惊叹”也。是王鼎于1171年冬始得此书，并谒求刻资，始雕板焉。

9. 1156（丙子）或1157（丁丑）成公将书托某乡人转赠王鼎以托刊刻之志。某乡人于1171年冬放还。

考证一：王鼎序：“仆尝求此书。公云：不经进，不可传。”王鼎求此书之时间在1155或1156年。

考证二：王鼎序：“既归又十七年”，某乡人将《伤寒论注解》转交，是某乡人于1171年放还也。观王鼎序称得书后“日夜如负芒刺，食息不遑，遂于辛卯冬，出谒故人”，则知某乡人于辛卯冬放还也。

考证三：王鼎在临潢日，成公不传其书，忽将其书赠某乡人。盖成公已衰老，复不欲将书进呈异朝，故托某乡人转致王鼎以求付梓。魏公衡序：“成君得所付托!”。

考证四：成公付书时间约在1156（丙子）或1157（丁丑），盖临终遗托也。成公当卒于此二年间。时年九十二、三岁。

10. 1172年（壬辰）冬《伤寒论注解》首刻完毕。见承议郎行渑池令魏公衡1172年九月重阳序、武安布衣王纬1172年九月十五日序、1172年十月十五日王鼎序。观魏公衡序：“嘻，是书之成也，成君得所付托，退翁私愿获毕，相与不朽矣。”

综上所述，成公生于1063（北宋嘉祐八年）或1064（治平元年），卒于1156（金正隆元年丙子）或1157（正隆二年丁丑），享年九十余。1141年淮河以北广大地区沦为金地，故称金成无己。

1142年《伤寒明理方论》四卷成，徐镕考证此年成公七十有八。1144年《伤寒论注解》十卷成，严器之序。徐镕考证此年成公八十岁。1155或1156成公以九十余高龄被权贵掣掠到临潢，苦居一二年客死异乡。王鼎于此时求书未得，不久，成公将此书托付某乡人，请其转致王鼎力谋刊行，成公遂殒。1171年冬某乡人自临潢放还，速致手稿于王鼎，于该年冬始雕版，1172年秋刊行。

（二）《伤寒论注解》版本时代与特点

《伤寒论注解》十卷无梓行年月及刊行书坊牌记，考证其版本时代具有一定困难。但元代所刊书籍具有该时代明显特点，与《伤寒论注解》刊刻特点对比研究，可以确证此书为元刊本，且带有元代中期特点。

元代刊本特点及与《注解》互证

元代刊行书籍，其刻板具有以下特点：

1. 版心黑口，尤多粗大黑口。双鱼尾。元代虽然也有不少书为白口，但就大多数而言，元代所刻之书以黑口常见，且多为粗大黑口。《伤寒论注解》即为粗大黑口。

2. 版心上端一般刻有字数，鱼尾下刻有卷数、页数，所用字体多为草书。细审《伤寒论注解》书口上端刻有大字多少个、小字多少个，下面鱼尾号下刻有本卷页数，皆为草书。

3. 目录和文内篇名上端通常刻有鱼尾，以花形鱼尾常见。《伤寒论十卷排门目录》及《伤寒药方目录》卷一至卷六每卷卷名之上均有花形鱼尾号，此元刊鲜明标志。

4. 元初所刻书籍，板式与宋本相近：行距宽裕，字距疏朗，疏密适当，刻工精湛。元中期及后期，行格渐密，字距较紧。每页边框，由左右双边渐趋左右上下四周皆为双边。《伤寒明理论》卷一卷二之边框，左右皆为双边，上下皆为单边。元中期以后之刻板，除左右仍保留双边外，上下亦增为双边，则四周皆为双边矣。《伤寒论注解》四周皆双边，具有元中期刻本特点。《伤寒论注解》每页十二行，大字每行二十四字，注释双行，每行亦二十四字，字距行距较宋板及元初版为局促拘紧，不甚醒目。

5. 元刻板多简体字、俗体字，偶有讹字。南宋刻本简体字、俗体字偶见之，元初逐渐流行，元中期及后期，简体字、俗体字几近泛滥，俯拾皆是。其中官刻本、家刻本很少使用简体字、俗体字，刻写较为严肃认真；坊肆刻书多用简体字、俗体字。以书籍类别观之，经部、史部、集部之书，使用简体字、俗体字较少，子部如小说、方书等则简体字、俗体字甚为多见。《伤寒论注解》不但有大量简体字，俗体字，而且时有讹字。仍以《辨脉法第一》为例，原文“身体重，大便反鞕”，注云：“今大便鞕者，为阴气结固”，两个“鞕”字皆讹为“鞭”字。又如：原文“其脉浮而汗出如流珠者，卫气衰也”，注云：“汗出如流珠，阳气外悦”。按“悦”字误，赵开美《仲景全书》本作“绝”，是。

6. 元刻本无讳字。元代皇帝之汉文名字皆蒙语译音，故其汉字译音不加避讳。陈垣《史讳举例》卷八《元讳例》云：“避讳之繁，至宋金而极，至元则反之。《二十二史扎记》二十九有《元帝后皆不讳名》一条。”又云：“元帝名皆译音，又不如辽金诸帝之兼有汉名，故元世文书避讳之例甚少也。”陈垣《史讳举例·序》云：“避讳为中国特有之风俗，其俗起于周，成于秦，盛于唐宋，其历史垂二千年。其流弊足以淆乱古文书，然反而利用之，则可以解释古文书之疑滞，辨别古文书之真伪及时代，识者便焉。盖讳字各朝不同，不啻为时代之标志，前乎此或后乎此，均不能有是，是与欧洲古代之纹章相类，偶有同者，亦可以法识之。”研究元代之版本，无避讳字可资考证。

以上为元刻版主要特点。以《伤寒论注解》十卷与元代版本特点一一对照，若合符契。

（三）此书为李盛铎藏书

《伤寒论注解》十卷，今存北京大学图书馆。下面简考此书之来历。

李盛铎题记。李盛铎（1859～1934年），江西省德化县人。字椒微，号木斋，别号师子庵旧主人。光绪己丑（1889）科进士。历任翰林院编修、国史馆协修、江南道监察御史、出使日本国大臣、内阁侍读学士、京师大学堂总办、顺天府府丞、太常寺卿、出使比利时国大臣、出使各国政治考察大臣、山西提法使、山西布政使、山西巡抚等职。民国后，任大总统顾问、参政院参政，国政商榷会会长等职。

李盛铎藏书堂名“木樨轩”。该藏书堂始建于其祖李恕，其地在江州（今九江）潭家坡，藏书十万卷，毁于太平天国兵火。盛铎父名明墀（1823－1886）字玉阶，号晋斋，亦喜藏书，命李盛铎“搜集名家著述，有关经学小学者汇刻丛书”，盛铎依父训，刻《木樨轩丛书》。丛书中一部分书籍得自其父，一部分购自著名藏书家袁芳瑛，大部分为他自己几十年逐渐收集，其中得自日本者为数甚多。

北京大学出版社《木樨轩藏书题记及书录》分为两部分，前面为《木樨轩藏书题记》，为张玉范从李氏藏书中辑出者；后面为《木樨轩藏书书录》，为李盛铎亲自撰写者，收书凡1464种。1949年10月以后，为中国科学院图书馆购得，1963年中国科学院图书馆将《木樨轩藏书书录》转让北京大学图书馆。《木樨轩藏书题记及书录》，北京大学出版社1985年出版，该书《前言》云："北京大学图书馆藏李盛铎木樨轩旧藏九千零八十七种，五万八千三百八十五册，其中名贵和罕见本约占三分之一以上，具有很高的学术价值"。1995年4月北京大学出版社《北京大学图书馆日本版古籍目录》收载李盛铎从日本收购的大量珍秘书目，其中医书书目载于子部医家类。

《木樨轩藏书题记》子部医家类关于《伤寒论注解》写有如下题记。全文如下：

《伤寒论注解》十卷，汉张机撰，晋王叔和编，金成无已注解。附释音一卷，附《图解运气钤》一卷，元刻本，NC7940/1345（按，此为北京大学图书馆藏书号）。《竹汀日记》载，周漪塘藏毛氏影抄金刻成无已《伤寒论注解》十卷，小字密行，凡四册，与此书相合。但此多《图解运气钤》一卷或系后人所附益耳。至皇统甲子严器之、大定壬辰魏公衡、王纬三前序、冥飞退翁王鼎后序，此本皆缺。又十卷末有缺页，当觅它本补之。辛酉（按，1921）谷雨后三日。盛铎记。

在《木樨轩藏书书录》卷三子部医家类第166页关于《伤寒论注解》又写有如下书录。全文如下：

《伤寒论注解》十卷，元刊本。半页十二行，行二十四字，注双行同。黑口，四周双边。首尾题"伤寒论注解卷之一"；次行低二格"仲景述"；空二格，"王叔和撰次"；空二格，"成无已注解"。前有《图解运气图说》一卷；次《伤寒论十卷排门目录》；次《伤寒论药方目录》。版心上有大、小字数。鱼尾下题"张方"几。每卷后附释音。七、八两卷合为一卷。十卷尾有残阙。

李盛铎题记及书录所述《伤寒论注解》十卷之特征，与本书完全相合，李氏所见之本即此本。此本为元刊，无疑也。

据李氏题记，此书版本特点所当特别注意者有五：

第一：书名。李盛铎称此书为《伤寒论注解》。考此书卷一之标题为"伤寒论注解卷第一"，卷四、卷五、卷六、卷七、卷八、卷九、卷十亦皆作"伤寒论注解"，唯卷二、卷三标题刻为"注解伤寒论"，"注"字卷六标题作"註"，前后亦不一致。以"注解"二字可前可后观之，元刊不若宋板之精审，于此可见一斑。从成公所著《伤寒明理论》观之，"伤寒"二字居首，则《伤寒论注解》之"伤寒"二字亦当居首。且清代乾嘉时期大学者钱大昕《竹汀日记》称明代毛氏影抄金代之成无已书已称《伤寒论注解》，则"伤寒"二字居首其来远矣。

第二：卷七、卷八合卷。卷七之标题为"伤寒论注解卷第七之八"，此句之"之"字训"及""与""和"。赵开美本之成公书卷七、卷八仍分开。

第三：卷十最末一行至"内附子"（"子"字阙）三字止，其下计阙8方。即阙生姜泻心汤方、甘草泻心汤方、黄芩加半夏生姜汤方、桂枝加大黄汤方、桂枝加芍药汤方、四逆加吴茱萸生姜汤方、四逆加人参汤方、四逆加猪胆汁汤方。

第四：此书浸湿霉晦甚为严重，卷首之《图解运气钤》霉晦尤重，几不可识。

第五：此书卷二"成无已注解"五字下有"燕京大学图书馆珍藏"方印一枚，于考证此书在中国之流传颇有意义。

（四）李盛铎所藏《伤寒论注解》之来源

李盛铎历任清末民国文化高官，性喜藏书校书，所藏极富。李氏藏书，来源盖有三途：

第一，得自其父。藏书中凡有"李明墀""李氏玉陔"等印记者属之。

第二，得自日本。《木樨轩藏书题记及书录》末附向达《北京大学图书馆藏李氏书目引言》、张玉范《李盛铎及其藏书》、黄濬《花随人圣摭忆·袁漱六藏书散佚无存条》三篇文章，前两文对李氏从日本求购书籍概况有所介绍，现将有关文字摘录如下：

1."李盛铎氏是一个近代最负重望的藏书家。他是江西德化人，从小喜欢藏书，既尽收湘人袁漱六（芳瑛）藏书，又因光绪间出使日本，得识彼邦目录学家岛田翰，因岛田翰之助，得尽购国内不常见或久佚之古书以归。其中日本活字本、古刻本和古抄本，以及朝鲜古刻本尤多"。（见向达文）

2."李氏书对于古代应用科学，尤其医学书籍搜罗较备，大部分从日本得来，小部分从袁漱六藏书中来。例如《太平圣惠方》修成于北宋初年，乃中国医书中最古的具有总结性的重要文献。明初尚存，《永乐大典》中屡见引用，以后即佚去。今原书具在，对医学研究者而言，自为一重大发现。又如宋刻本《医说》、元刻《永类钤方》《巢氏诸病

源候总论》《太平惠民和济局方》，也都是比较罕见的版本”。（见向达文）

3. “李氏二十岁时（1879）与日人岸田吟香相识，开始购海外金石图籍。岸田氏原在上海开药店，日本明治维新以后，古籍不为日人所重视，岸田即回国搜罗古书，捆载泊沪售卖，李氏这时即购入了许多日本古刻、活字及旧抄本书”。（见张玉范文）

4. “出使日本期间，他结识了日本目录学家岛田翰，在岛田氏帮助下又购了许多书，有些宋元版书就是这时从日本购归的”。（见张玉范文）

5. “有关医学方面的书，种类尤多。其中宋刻本的《医说》、元刻本的《永类钤方》《孙真人备急千金要方》、日本传抄宋本的《杨氏家藏方》《魏氏家藏方》等都是十分罕见的。又《太平圣惠方》一百卷，宋太宗敕撰，成书于北宋初年，是宋代医方巨著，中国医方书中具有总结性的文献。明初时尚存，《永乐大典》中屡有引用，后来佚去。李氏所藏是此书的日本江户时代影宋抄本”。（见张玉范文）

6. “李盛铎收藏的大量日本古刻、活字、旧抄本和一部分朝鲜本，也是李氏藏书的一个特点。这批书共一千余种，约占李氏藏书的九分之一。这些书中，经史子集全有，但以子部医家类和释家类居多，其中不乏国内久佚和罕见之书，如前面所举的医书”。（见张玉范文）

第三：得自袁漱六。袁漱六，名芳瑛，道光年间著名翰林，喜藏书，时称第一。漱六为淞江知府时，江南有太平天国，常州、苏州诸藏书家珍藏之图籍纷纷外流，漱六锐意收罗，甲于当世。李盛铎称誉“漱六之藏书，其盛为二百年所未有”。其子袁榆生不喜故书雅记，以五间楼房密闭其书，多年不问。光绪初年，有名朱肯夫者，为湖南督学，任满前亲临榆生藏书处，大为惊骇：“亲莅五间楼房勘验，则两层自下至栋，皆为书所充塞，非由书丛踏过，莫移一步，以书纵横堆垛，即移亦无从编阅，惟随手翻之，辄是宋元佳椠而已。最可痛者，白蚁累累可见，想其中虫蚀已自不少。肯夫出后，为言于木斋，时木斋随宦在湘（尊君讳明墀，时为抚湘），方以扢扬自许也。肯夫且谓东南文献精华，盖在此五间楼中，听其残毁以尽，吾辈之罪也。吾力不及，时亦不许，子其善为谋之。词类托孤，意极珍重”。木斋许往宅中验视，一切如肯夫言。袁榆生性旷达，喜饮善博，家境渐困，终将其父漱六书尽行出卖，以换酒酬博资。木斋购得十分之一二。

上述为李盛铎收罗图籍之三途。《伤寒论注解》十卷具体何途而得，已难确考，但可分析而得其大略。

其一：《伤寒论注解》十卷非传自其父。其父名明墀（1823－1886），九江府学廪膳生，后改授户部员外郎，官至湖南、福建巡抚。据《德化李大中丞行状》称，明墀“生平好聚书，廉俸所余，辄购置经籍，所藏多至数十万卷”，为盛铎所继承，惜这些藏书尽毁于火。据《缘督庐日记》载，光绪十九年（1893）十一月二日条下记录：“知木斋扬州寓庐火，藏书二百箧尽为祝融氏所收，中多明人集部世间不经见之本，亦江左文献之厄也。”

其二：或得自袁漱六藏书，但此可能性不大。因为袁漱六之藏书，由李盛铎购得者仅十之一二，十之八九为他人购得。黄濬《花随人圣摭忆·袁漱六藏书散佚无存条》云：“榆生罄所有数百箱载汉皋竞售，购者群集，浙江丁氏亦在其列，木斋尽力求之，如量而止。据其所言，亦志在与蠹鱼争胜，取天下之物还与天下共之已尔。前后所得，盖不过原藏十分之一二也。”中国藏书家习惯，尤重经史，方技次之，则元刊本《伤寒论注解》十卷，李氏或不得自漱六之藏书也。

其三：得自日本。李盛铎早年结识在上海开药店的日本商人岸田吟香。明治维新以后，日本重视荷兰医之技术与书籍，视中国古代医籍如敝屣，故岸田吟香回国得以捆载古书回沪求售。尤为重要者，日本目录学家岛田翰先生帮助李氏在日选求古籍，其中以医籍为多。北京大学图书馆前馆长向达教授在《北京大学图书馆藏李氏书目引言》中指出：“李氏书对于古代应用科学，尤其医学书籍，搜罗较备，大部分从日本得来，小部分从袁漱六藏书中得来。”

此书何时舶运日本不详。北京大学图书馆所藏《伤寒论注解》十卷，就李氏所藏医书绝大部分得自日本之历史背景分析，乃得自日本者当无疑义。

（五）日本静嘉堂文库亦有元刊本但与此书非同一刻本

《伤寒论注解》十卷是据今所知现存最早之本。据清钱大昕《竹汀日记》及清·张金吾《爱日精庐藏书志》所云尚有影写金刻本者，其书不知所在。森立之、涩江全善《经籍访古志·注解伤寒论十卷》元代刊本条指出，《注解伤寒论》元代刊本为“明汪济川本（嘉靖中刊，宝素堂藏）、吴勉学本（收在《医统正脉》中）、赵开美本(《仲景全书》所收）取源于此，而误谬殊多。如熊氏明种德堂刊本（聿修堂藏），据汪刻而重刻者。”据此可知，欲校汪、吴、赵、熊诸本讹字，当首据此元刻本。

多纪氏跻寿馆亦曾藏有元代刊本。据《跻寿馆医籍备考》云：“《注解伤寒论》十卷三册，此书元板，不记锓梓年月”，不知其书现藏何处。

现在，日本静嘉堂文库珍藏元代刊本《伤寒论注解》十卷，此书原为中国陆心源百宋楼所有，后归日本静嘉堂所藏。此本虽亦为元代刊本，但与北京大学图书馆所藏之《伤寒论注解》十卷本非同一刻板，如静嘉堂文库本四框皆单边，北京大学图书馆本四框皆双边；静嘉堂文库本经文注文每行皆二十字，北京大学图书馆本经文注文每行皆二十四字；静嘉堂文库本卷五“正阳阳明道，胃家实是也”，其中“道”为讹字，应作“者”，北京大学图书馆本正作“者”字。

六、宋版《伤寒明理论》简考

《伤寒明理论》三卷、《伤寒明理方论》一卷，金成无已撰。此书卷末有两行题记：“景定辛酉建安庆有书堂新刊”。景定为南宋理宗年号，辛酉为景定二年，当公元1261年，则此书乃南宋景定二年首刻本，实为古书之珍宝也。此书今藏北京国家图书馆善本书室。经版本专家鉴定，《伤寒明理论》卷一卷二为景定二年原刻，《伤寒明理论》卷三及《伤寒明理方论》一卷为清代配补本。其鉴定语为：“宋刊本（明理论卷三、方论配清抄本），二册。”此书后两卷虽为清代配补，但从版本学观之，仍价值连城。

首先，可觇南宋刻本之特点。北宋刻本，四框皆单边，南宋逐渐出现上下单边，左右双边。此书卷一卷二，上下皆单边，左右皆双边，外边粗黑，内边与乌丝栏界粗细同

其次，鱼尾特点。南宋刻书大多在版心上下刻鱼尾号，上鱼尾的上面刻本版大小字数若干，下鱼尾下面有时刻上刻工姓名、书堂名等，上下鱼尾之间刻以书名、卷数、页码等。《伤寒明理论》卷一卷二虽不能尽将上述特点表现完备，但此书有黑口、上下鱼尾，上鱼尾的下面刻以“明理一”“明理二”字样，下鱼尾的下面刻以页数，这些都是南宋板的特点。

第三据卷一卷二字体分析，显示出颜真卿字体风格。试与卷三及《伤寒明理方论》对比观之，字体风格迥然有别。宋代刻书，崇尚欧、柳、颜、褚唐代四大书法家字体，形成宋代刻板书法风格。明代谢肇浙《五杂俎》云：“宋刻有肥瘦两种，肥者学颜，瘦者学欧”。明代高濂《遵生八笺》亦指出：“宋人之书，纸坚刻软，字画如写。”谓宋人所刻之书，宛然手写。细审《伤寒明理论》卷一卷二，乃模仿唐代大书法家颜真卿字体

第四，尤为令人确信此书为宋刻者，尚有两个力证。其一，卷末有“景定辛酉建安庆有书堂新刊”题识，虽为配补，亦依宋板覆刻；其二，严器之《伤寒明理论前序》云：“是以其间少于注解，阙于讲义，我宋以来，名医间有著述”。严序之“我宋”二字，真乃一字千金。且“我”与“宋”两字之间拉开距离，表明对宋代之礼敬。明汪济川本、吴勉学本、赵开美本等皆将“我”字改为“自”字。一字误改，不仅将严器之不书“皇统二年”而书“壬戌八月”不忘民族大义之深心湮没，而且严序之写作时代亦模糊难明。严序于“我宋”两字之间空一行，谨表对大宋皇朝拳拳不忘，虔诚恭谨之心态，淋漓于字里行间。由此可知，此书虽有清人配补两卷，但卷一卷二尚保存宋版精华，实人间难得之宝牍也。

《伤寒明理论》四卷。明徐镕云：“聊摄七十八岁撰成《明理论》”，即于1142年此书撰毕。成公于南宋绍兴二十五（1155）、或二十六年（1156）间被金国权贵从山东聊摄挈掠至金国首都临潢，其时已为九十余岁风烛残年之老翁矣。成氏视《注解伤寒论》十卷、《伤寒明理论》四卷如同生命，王鼎请求携归中原刊刻未许。据王鼎《注解伤论后序》云：“复自念，平日守一小学，于世无毫发补，欲力自刊行，竟不能就，今则年逾从心，晚景无多，兼公别有《明理论》一篇，十五年前，已为邢台好事者镂版，流传于世。”此序写于金大定十二年壬辰（1172年），由此年上溯十五年，为金正隆二年（1157年），则《伤寒明理论》四卷之首刻，在公元1157年，刊刻地点在邢台。其时邢台亦为金国属地。推想成公卒于金正隆元年（1156年）或正隆二年（1157年）间，临终前将《伤寒明理论》托付邢台某人刊刻，将《注解伤寒论》托付某乡人转交王鼎，王氏于1171年操办刊刻之事，于1172年农历十月刊行竣事。诚如渑池令魏公衡所云：“成公得所付托”。成公有知人之明也。

《伤寒明理论》卷一下有“宛陵李士郇书印”八字印章，严器之《伤寒明理论前序》下有两枚大型方印，惜已字迹不清。此三方图章，于考证此书之流传，颇有启发。

《伤寒明理论》卷三及《伤寒明理方论》一卷之南宋景定刊本早亡，此两卷为清人配补抄本。抄

补者何人，已难确考。观其书法工整，字迹秀雅，盖亦精于书法者。补本边框上下单边，左右双边，每页十行，每行二十字，与宋版相比，除字体不同外，乌丝栏界甚纤细，不若宋版之粗显。

清黄丕烈《荛圃藏书记》透露其孙黄秉刚抄补之事，但细读丕烈跋文，其抄补者非其孙也。然从中可知尚有《伤寒明理论》影宋钞本，黄秉刚据影宋钞本校元刻本并写有校勘记诸事，此跋于研究成公书亦启迪多多也。观黄丕烈跋语，黄氏虽富于藏书，却未见此南宋景定本，尤可见此书乃奇珍之物。

读此书者，当留意卷末寒云所写一段后记。云：

上册为宋时原刻，下册当是从别本钞补，已非四卷之旧，故将前序目削改，以就下册。后来覆刻，皆终于劳复。第四一卷，不复可见。而脱讹纷纭，尤属憾事。据此可以矫失正误，虽残亦足快矣。此书获自湖南黄氏，先得上册，后于厂市遇下册，亟购以归，原装依然，可知残之由来久矣。寒云并记。

据上述，《伤寒明理论》四卷原分为上下两册分装，异地流传。上册为《伤寒明理论》之卷一卷二，南宋景定原刻，藏于湘南黄氏，为寒云所得。下册为《伤寒明理论》卷三及《方论》一卷，乃清人配补，寒云在旧书摊中获购。后记又云："将前序目录削改，以就下册。后来覆刻，皆终于劳复，第四一卷，不复可见。"其意似谓本册卷三目录为后来补刻者，观乌丝栏颇纤细，疑为补刻者也。以原文卷三始于"摇头"，终于"劳复"，故卷三目录亦依其顺序补之，此即"以就下册"四字之意。

寒云所得之本，后为北京国家图书馆珍藏，人罕见之。此书诚如张孝忠所云："成公博极研精，深造自得，本《难》《素》《灵枢》诸书，以发明其奥，因仲景方论，以辩析其理。极表里虚实阴阳死生之说，究药病轻重去取加减之意，毫发了无遗恨，诚仲景之忠臣，医家之大法也。"临床家熟诵于口，融汇于心，得其准绳，执其大法，何愁不十治十全乎？

七、宋版《伤寒要旨药方》版本流传简考

宋版医书流传至今者，不啻凤毛麟角，见之者亦寥若晨星。北京国家图书馆珍藏南宋乾道七年辛卯（1171）《伤寒要旨药方》一书初刻本，乃距今830余年前旧物，实人间难得之奇珍，书林之重宝也。今简考该书作者、版本特点及流传简史，以为研考此书之一助云。通过此书亦可考证宋本《伤寒论》对南宋之影响。

《伤寒要旨药方》，上下二卷。上卷《伤寒药方》，下卷《伤寒要旨》，南宋前期李柽著。柽，姑孰人，字与几。《伤寒要旨药方卷终》刊刻如下文字："右《伤寒要旨》一卷，《药方》一卷。乾道辛卯岁刻于姑苏郡斋。"乾道辛卯即南宋孝宗乾道七年，相当公元1171年。初刻本今藏北京国家图书馆，洵八百三十年前之秘籍，人间罕睹之重宝也。北京国家图书馆于该书封面写有如下鉴定文字："《伤寒要旨》一卷，《药方》一卷。宋李柽撰。宋乾道七年姑孰郡斋刻本（黄丕烈跋，杨象济题款）二册"。其下有"甲子医家"诸字，为馆藏图书分类标志。

李柽生平不详，仅知曾仕尚书左司郎。有与李柽同时之人名程迥（字可久）者，著《医经正本书》一卷，于该书《论医书第六》一节云："近有尚书左司郎姑孰李柽与几作《伤寒要旨》，发明仲景论"。《医经正本书》撰毕于淳熙丙申三年（公元1176年），称"近有尚书左司郎"，则柽为南宋孝宗赵朝之尚书左司郎。

李柽除《伤寒要旨药方》外，尚有《小儿保生方三卷》。南宋陈振孙《直斋书录解题》卷十三云："《小儿保生方》三卷，左司郎姑孰李柽与几撰"。《宋史·艺文志》云："李柽《伤寒要旨》一卷，《医家妙语》一卷，《小儿保生方》三卷"。

《伤寒要旨药方》一书颇切实用。程迥《医经正本书》云："近有尚书左司郎姑孰李柽与几作《伤寒要旨》，发明仲景论。其言曰：伤寒病有定证，治有定法，如响应声，毫发无差，其病不过三阴三阳与夫合并之证，其治不过汗吐下。其他杂证，皆误医所致，亦有治法。世人不法仲景，妄作常病治之，十失八九"。

有称《伤寒要旨药方》为明刻者。该书卷一末有墨笔书写之文字：

南宋孝宗朝乾道七年镌板，纸乃白宋笺也。宜宝之。即非宋板，亦是明朝初年书，不可因其不全而轻废之。甲申正月十有六日记。

以"即非宋板，亦是明朝初年书"疑信参半语写于书末，足以瞽惑读者心目，不可不辨。黄丕烈辨之最力。黄氏云：

此书偶从书友得之，初不过重其为宋刻，而未知其为何人所著，因见《直斋书录解题》有"《伤寒要旨》二卷，李柽撰，列方于前，而类证于后，

皆不外仲景"，知此是李柽所著也。外间无别本刊行，故人多不识。似此精妙宋刻，人皆目为明版，唯余则确然信之，以白金三两馀购得。卷中明明有"乾道辛卯岁刻于姑孰郡斋"字样，后人以南宋孝宗朝乾道七年镌板释之，可云有识。不知何人妄说，以为"即非宋板，亦是明朝初年书"，作疑信参半语，可云无识。

有人所以认为《伤寒要旨药方》为明版，其原因有二：仅避"丸"为"园"，其他当避讳之字皆未予避讳，此其一；其二，未与《洪氏集验方》对比研读也。《伤寒要旨药方》之刻板年代，当从黄丕烈之说："其为宋板，固无疑义"。

《伤寒要旨药方》世人罕见，略述其版本特点与传承如下。

1. 版本特点。尤袤（1127～1194），南宋著名目录学家，所撰《遂初堂书目》开创版本研究之先河。近代著名目录学家姚名达在其《中国目录学史·特种目录篇》中说："自南宋初尤袤撰《遂初堂书目》往往一书而兼载数本，谈版本者宗焉。"此《伤寒要旨药方》一书，亦载于《遂初堂书目》，云："伤寒要旨"。

详考其书，每半页九行，上卷药方每行皆十五字，下卷类证每行皆十六字。书口有黄宪、毛用刻工姓名。上卷药方目录从"芍药甘草附子汤第二十七"始，至"白园子第一百八已上方计一百八道"止，缺第一方至第二十六方目录。无序言。下卷类证最后一行为"白园子"，其后缺《伤寒论》条文，是《伤寒要旨药方》首尾皆略有残缺也。故黄丕烈《百宋一廛书录》云："首尾具有残缺"，指此。其版本特点黄丕烈《百宋一廛书录》叙述最为明晰：

《伤寒要旨药方》。此宋刻《伤寒要旨药方》。首尾俱有残缺。余检陈氏《书录解题》，有"《伤寒要旨》二卷，李柽撰。列方于前，而类证于后，皆不外仲景"。今此书首缺三页半，无序文可考。而第二卷尾页，有墨刻二行云："右《伤寒要旨》一卷，《药方》一卷。乾道辛卯岁刻于姑孰郡斋"，则分卷正与陈氏所云合。当即李柽书也。楮墨莹洁，字画瘦削，宋刻之不易辨者。惟白堤钱听默定为宋本，可称老眼无花云。

《伤寒要旨药方》目录"芍药甘草附子汤第二十七"栏外上方有"士礼居"方印一枚，目录"去桂加白术汤第七十"下有墨笔手写"别本无"三字，药方目录后有"桂枝加葛根汤""白散""桔梗汤""黄连汤""芍药甘草汤""猪胆汁汤"六个手写药方，为崇祯十七年（1644）某医生所写。知之者，以有如下文字可证焉：

崇祯甲申（1644）元宵蝶庵孙道兄见惠，向置乱卷中，庚戌端节后雨如瀑布，检出装好，补方六道，以备参考云。

除1644年端午节某医生写有如上一段文字及补抄六道药方外，明代名医沈子禄亦有续补。据黄丕烈跋语云：

此书不传于世久矣，故各家书目罕载之，后从坊间插架见有《伤寒要旨》签，急取视之，其标题曰《伤寒要旨方》，次行云"当涂李柽与几编辑，吴会沈子禄承之校正续补"，知已非李书之旧矣。

《铁琴铜剑楼藏书目录》卷十四亦说沈子禄续补之事：

《伤寒要旨方》一卷。题"当涂李柽与几编辑。此书见陈氏《书录》。谓"列方于前而类证于后，皆不外仲景"。原书为二卷，名《伤寒要旨》，无"方"字。此为明沈子禄承之氏重订，前有补类数条及附方，皆其所增。沈亦一良医也（前后有"子禄""沈承之家藏书""沈鹤泉"诸朱印）。

卷下之末有"读未见书斋收藏"及"松江读有用书斋金山守山阁"等长方印章。另有黄丕烈跋语四则，分别写于嘉庆九年甲子（1804）、嘉庆十二年丁卯（1807）、顾广圻写于嘉庆十年乙丑（1805）跋文一则，最后一页有"咸丰丁巳秀水杨象济观"十字。其下为"北京图书馆藏"方形印章。尤可贵者，卷末有鲜于枢（1259～1301）亲笔律诗一首，于此可见《伤寒要旨药方》在元代传承之一斑。

《伤寒要旨药方》二卷，初刻于南宋乾道七年，著录于尤袤《遂初堂书目》、陈振孙《直斋书录解题》及《宋史·艺文志》 南宋程迥推崇之。元代鲜于枢曾读之并诵之以七言律诗，明名医沈子禄曾加校补，明末某医生于《药方》目录之末补方六道。清黄丕烈于书坊之插架上曾见此书，后书友将《伤寒要旨药方》赠予黄氏，清王士钟《艺芸书舍宋元本书目》、江标《宋元本行格表》、邵懿辰《四库书目邵注》、瞿镛《铁琴铜剑楼藏书目录》等书，均加著录。诚如黄丕烈所云："此书不传于世久矣"，二十世纪未见有出版此书者。从医史学及目录学观之，此书价值巨大。

八、李时珍所见之"古本伤寒论"考

《本草纲目》卷十二"人参"条"释名"李时

珍云："人薓，音参，或省作蓡。蓡字从浸，亦浸渐之义。薓即浸字。后世因字文繁，遂以参星之字代之，以简便尔。然承误日久，亦不能变矣。唯张仲景《伤寒论》尚作薓字。"卷十三柴胡条"释名"云："茈字有柴、紫二音。茈姜、茈草之茈皆音紫，茈胡之茈皆音柴。古本张仲景《伤寒论》尚作茈字也。"是李时珍（1518～1593）所见《伤寒论》之"柴胡""人参"之"柴""参"尚作"茈""薓"也。考明赵开美辑刻之《仲景全书》成于明万二十七年（1599 年），李时珍始撰《本草纲目》约在嘉靖三十一年（1552 年），下距《仲景全书》之刻成 47 年，则终时珍之一生，未见《仲景全书》也。则时珍所读之《伤寒论》何本邪?

首先，非宋本。北宋刊刻之《伤寒论》有大字本小字本两种，元代已极难见，明代更成罕觏之书。明焦竑《国史经籍志》著录此书，未见别家著录。且赵开美辑刻之《仲景全书》为摹刻者，逼真宋版原貌，今考宋版无作"茈""薓"者。故知李时珍所见者非宋本也。

其次，非《金匮玉函经》。此书虽与《伤寒论》同体而别名，然时珍引用，皆各称本名，不相混淆。

第三，时珍所引用者，极有可能为成无己《注解伤寒论》金刻本。"引用书目"已明言曾引用《注解伤寒论》，惜未说明何种版本。今考《仲景全书》中之《注解伤寒论》、日本跻寿馆影刻元版《注解伤寒论》以及北京大学图书馆珍藏之元版《伤寒论注解》、日本大阪远东出版社之《东方医学善本丛书》所收之《伤寒论注解》，正文均无作"薓""茈"者，而在释音中却有此两字。日本森立之、涩江全善《经籍访古志》云："《注解伤寒论》十卷，聿修堂藏。此本不记刊行年月。《爱日精庐藏书志》载影写金刊本，而严器之序题皇统甲子岁中秋日，此本无皇统二字。想器之以宋遗民不记年号，殆似聊摄旧本元代覆刻者。《藏书志》更有大定壬辰魏公衡及王纬序、王鼎序，又朝鲜国《医方类聚》所引文字颇同。如明汪济川本、吴勉学本（收在《医统正脉》中）、赵开美本(《仲景全书》所收）取源于此，而谬误殊多。"此本为元代覆刻金刊本，藏于日本江户中期丹波元简家。丹波元简《伤寒论辑义·凡例》云："按成本今收《医统正脉》中，而又有汪济川、王执中、张遂辰等校本。余家所藏，独为元版，盖系聊摄之旧本。"笔者藏有丹波氏所藏之《注解伤寒论》复印件，亦未见该书有作"薓""茈"者。正文虽无，《注解伤寒论》卷三"音释"却有，云："茈音柴""薓音参"。继考张卿子《仲景全书》所收之《注解伤寒论》正文亦无作"薓""茈"者。因可考知，时珍当时所读之《注解伤寒论》或系金刻原版，故正文有"薓""茈"字，时珍乃称其为"古本伤寒论"。后代翻刻，以此二字罕见，乃改刻为"参""柴"也。古本《注解伤寒论》之失传，实堪可惜。然藉此可以考知，在《医统正脉》本之前，尚有金刻本《注解伤寒论》一度传世。

九、宋本《伤寒论》子目研究

今天我们所见到的《伤寒论》，都没有子目，如成无己《注解伤寒论》没有子目，发行量很大的南京中医学院伤寒教研组编著的《伤寒论译释》，虽然在序言中说"依据宋代治平本明代赵开美复刻本进行译释"，但是该书也没有子目，1976 年上海中医学院校注的《伤寒论》，虽称宋本《伤寒论》，其实只收录了"原《太阳病脉证并治》至《阴阳易差后劳复病》共十篇，398 条，112 方"，也没有子目。因此，广大读者没有见过宋本《伤寒论》子目。

宋本《伤寒论》正文前面有卷一至卷十的目录二十二篇，称为"仲景全书目录"。在目录下，并有"翻刻宋板伤寒论全文"字样。但从卷二第五篇《辨太阳病脉证并治上》开始，至《发汗吐下后》第二十二篇止，共有十八篇，篇篇的前面都有一个小目录，我们把这些小目录称为"子目"。"子目"是对"目录"而言的。

"子目"在研究宋本《伤寒论》上，具有特殊的重要意义。

（一）"子目"删于何时

宋本《伤寒论》刊刻颁行于北宋治平二年（公元 1065 年），成无己《注解伤寒论》是以治平本为底本经过注释而写成的第一部诠解《伤寒论》的著作。但是《注解伤寒论》没有保持治平本原貌，增删了一些内容，这里较详细地说一下成氏增删的内容。

增加的内容：

①首卷从《南政三阴六图》至《运气加临五图》十一节为成本增加；

②每卷后之"释音"为成本所增，除卷十无"释音"外，其余各卷均有释音；

③卷十为成氏改写，他已于本卷之首说明。既为改写，亦当视为所增内容。

删掉的内容：

①删掉十八篇子目。他虽然把子目删掉，但是

对于子目所标注的方数，还在有关条文之下加以记录。例如宋本《太阳上》篇子目小注："合一十六法，方一十四首"，指出宋本《太阳上》篇共有十六法、十四方。成氏在第十二条下标以"一"，在第十三条下标以"二"，表示第十二条的桂枝汤是宋本《太阳上》篇的第一方，第十三条的桂枝汤方是第二方。可惜在后来的《注解伤寒论》传本中，有的书把成氏注的"一""二"等字也删掉了。这是因为他们不了解成氏所注"一""二"的含义。

成无己为什么把"子目"删掉呢？他虽然没有说明理由，但是，从卷十他写的一段说明中可以看出他删掉子目的理由。宋本第十卷小注："合四十八法，方三十九首。"成氏把宋本卷十子目和上述注文全删掉了，说："此第十卷第二十二篇，凡四十八证，前三阴三阳篇中悉具载之。"无疑，他认为这些子目与经文互相重复，因而是没有意义的，索性删掉了。更须注意者，成无己对"证"与"法"的概念缺乏明确的认识。他经常将"法"与"证"弄混。如宋本卷十《辨发汗吐下后》标题下小注："合四十八法"，成无己却将"法"字改成"证"字。再如，成本卷十"辨发汗吐下后"录入9条方子，按照宋本《伤寒论》关于"法"与"证"的概念，这9条有方剂之条应该称为"法"不能称为"证"，而成无己却称为"证"："以上九方病证并在第二卷内。"正确的写法应该是："以上九法并在第二卷内"。同卷，成氏又录入"葛根加半夏汤方、桂枝加芍药生姜人参新加汤方、栀子甘草豉汤方、栀子生姜豉汤方、柴胡加芒硝汤方、桂枝加桂枝汤方"凡6方，他总结道："以上六方病证并在第三卷内"，正确的写法应该是："以上六法并在第三卷内"，等等。此类例证尚多，不再举。这确切证明，成氏已经对宋本之"法"与"证"的概念弄不明白了。由于成无己不明白"法""证"的区别，而子目的目的就是区分和统计"法"与"证"的，因此也就将子目删掉。

自从成无己本问世，人们习读成氏本，因此也就不知子目为何物，不知它有什么重要作用了。成氏删掉子目，对《伤寒论》的文献研究，带来了明显的损失。

②删掉林亿孙奇校语。宋本《伤寒论》主要由孙奇校定。林、孙在第14条、23条、25条、27条、40条、104条、154条、158条、176条等九条下写有较长校勘语，这些校语，提供了文献资料，在研究《伤寒论》上，具有一定价值。另外，林亿孙奇提供的纯属校勘的资料和校语，亦一并删除，如56条"其小便清"句下林、孙校注云"一云大便清"，298条"少阴病，四逆，恶寒而身踡，脉不至，不烦而躁者死"，小注云："一作吐利而躁逆者死"。141条"白散亦可服"句下林、孙注云："一云与三物小白散"等等，悉予删除。其实，林亿、孙奇校语，在研究《伤寒论》上，很有启发。如141条校语"一云与三物小白散"，《千金翼方》正作"与三物小白散"。

③删掉宋本《辨不可发汗》至《辨发汗吐下后》八篇所有重出的条文。这八部分，有大量三阴三阳中的条文。《辨不可发汗》篇的第一条是"夫以为疾病至急，仓卒寻按，要者难得，故重集诸可与不可方治，比之三阴三阳篇中，此易见也。又时有不止是三阳三阴，出在诸可与不可中也"，这一条不当计入条次。如果从此条之下的"少阴病，脉细沉数，病为在里，不可发汗"算起作为第一条，至《发汗吐下后》篇的最后一条"伤寒本自寒下，医复吐下之，寒格更逆吐下，若食入口即吐，属干姜黄芩黄连人参汤"止，凡286条，其中不出自《伤寒论》三阴三阳而出自《脉经》"诸可与不可"中的条文，成氏悉予保存，凡保留40条，删掉246条。但这里应指出一点，《辨可吐第十九》最后一条是"病人手足逆冷，脉乍结，以客气在胸中，心下满而烦，欲食不能食者，病在胸中，当吐之"，本属厥阴篇中的第355条，按去取原则，应该删掉，但成氏发现《厥阴篇》的第355条作"脉乍紧"，而此处作"脉乍结"，虽为一字之异，而病情有浅深之别。成氏注云："此与第六卷厥阴门瓜蒂散证同。彼云脉乍紧，此云脉乍结，唯此有异。紧为内实，乍紧，则实未深，是邪在胸中。结为结实，乍结，则结未深，是邪在胸中。所以证治俱同也。"病邪深浅既异，故此条予以保留。

研究《伤寒论》文献的历史与发展，成无己本只能作为参考，因为它是据宋本而注释的第一个本子，虽然从中可以看出成本对宋本的改动，以及成本对后代传本的影响，但成本不能作为研究《伤寒论》历史与发展的主本。主本应该是宋本、唐传本、《脉经》《玉函》，同时研读淳化本、《千金要方》《外台秘要》、敦煌《伤寒论》残卷S202等。

（二）子目编于何时

在《伤寒论》所有传本中，只有宋本有子目，其余任何传本均无子目。子目撰于何时？自王履以来至清末，学者都疑莫能明。笔者认为子目为北宋校正医书局所增，用以统计"证"数"法"数。但子目中的"证"数与经文中的"证"数亦有不相吻合者。

下面把子目所记证数与经文之证数不符之处，举例如下。

①《太阳上》篇子目至第29条而止，根据子目编写体例，如果最后一条的下面还有条文，这条子目之下必然用小字注明“下有××一证”，表示这最后一法的下面还有一证。例如《太阳中》的子目最后一条是第126条：“伤寒有热，少腹满，应小便不利，今反利者，有血也，当下之，宜抵当丸。第六十六。”此法下面注云：“下有太阳病一证”。这就告诉我们，在这条下面，还有一条，考宋本确有第127条，无方，为证：“太阳病，小便利者，以饮水多，必心下悸；小便少者，必苦里急也。”又比如《少阴》篇子目最后一条是324条：“少阴病，食入则吐，心中温温欲吐，手足寒，脉弦迟，当温之，宜四逆汤。第二十三。”此法下面注云：“下有少阴病一证。”考宋本确有325条，无方，为证：“少阴病，下利，脉微涩，呕而汗出，必数更衣，反少者，当温其上，灸之。”由此可知，子目最后一条，对于它的后面是否还有条文，是十分注意的，如果有条文，必然注上“下有××一证”，如果没有条文，则不写注语。这是贯穿全书的体例。在第29条下面没这样的注语，可是宋本却有第30条。又比如，《太阳下》子目最后一条是第177条：“伤寒脉结代，心动悸，炙甘草汤主之。第三十九。”下面无注，也就是说，在编制子目时，第177条的下面没有条文，可是宋本却有第178条：“脉按之来缓，时一止复来者，名曰结。又脉来动而中止，更来小数，中有还者反动，名曰结，阴也。脉来动而中止，不能自还，因而复动者，名曰代，阴也。得此脉者必难治。”按，此条《金匮玉函经》《千金翼方》均无，见《脉经》卷一《脉形状指下秘诀》《千金要方》卷28《平脉》第三节《指下形状》。疑宋本此条为后人沾益，沾益时间当在北宋校正医书局校定颁行后。

②子目小注所记证数与经文证数不符。《厥阴篇》子目第338条：“伤寒病，蛔厥，静而时烦，为脏寒。蛔上入膈，故烦。得食而呕吐蛔者，乌梅丸主之。第一。”下有小注云：“前后有厥阴病四证。”考宋本338条之前有证十二条，338条之后有证十一条，计前后有厥阴病二十三证，断非四证。又如《不可发汗》篇第88条小注云：“前后有十九病证”，考宋本第88条之前有证十九条，条后有证十一条。宋本《不可发汗》篇共有三十一条，除去第88条属“法”以外，其余三十条均属“证”，而“证”断非十九条，而是三十条。

③《太阳下》篇子目第166条“上冲不得息，当吐之，宜瓜蒂散。第二十八。”注云：“下有不可与瓜蒂散证”，意指166条下有一不可与瓜蒂散的条文，考宋本“诸亡血虚家，不可与瓜蒂散”条已并入第166服法中，不是独立的一条，与子目所记不符。

④《太阳下》篇子目第168条“伤寒若吐若下后，不解，热结在里，恶风，大渴，白虎加人参汤主之。第三十。”小注云：“下有不可与白虎汤证”，意指第168条下有一不可与白虎汤的独立条文。考宋本不可与白虎汤证并入第168条服法中，不是独立一条，与子目所记不符。

⑤《可发汗》篇第十六第14条子目“太阳病，项背强几几，汗出恶风者，宜桂枝加葛根汤。第二十四。”小注云：“注见第二卷中。”考宋本卷二第14条子目无注。

子目虽似赘文，但仔细对比阅读子目与经文，可以发现经文中为后人增补之条。如第30条、第178条即为后人增补者。

（三）“证”的概念与计算法

从史料角度观察，对《伤寒论》明确提出“法”与“证”概念的是北宋林亿、孙奇。《伤寒论序》说：“百病之急，无急于伤寒。今先校定《张仲景伤寒论》十卷，总二十二篇，证外合三百九十七法。”

这里“证外合三百九十七法”一句，是关键之语，切勿轻轻读过。林亿、孙奇等认为，《伤寒论》从第五篇《太阳上》篇开始，至第二十二篇《辨发汗吐下后脉证并治》共有十八篇，其中分“证”与“法”两大类。每篇标题都写作“辨××脉证并治”，辨别的对象是“脉”“证”与“治”。这里的“治”是“依法而治”之意。“治”不虚发，凭法而施，故“治”字实指“依法而治”。因此，辨别“证”与“法”确切的含义，而不是笼统模糊地理解，为治《伤寒论》第一要义。

本节研讨和分析“证”的概念，怎样统计“证”、《伤寒论》共有多少“证”等。关于“法”的研讨和分析，留作下节叙述，因为“法”更加复杂。

什么是“证”？关于“证”的概念，宋本《伤寒论》子目讲得十分清楚、明确、具体。以前，广大读者没有见过不加删节的全本的《伤寒论》，因此，对于“证”的概念是模糊的。

《伤寒论》子目的作用是用来统计每篇共有多少“证”、多少“法”、多少“方”、多少“条”的，把每篇的证、法、方、条数相加，除去其中重复出现的条文数，就是《伤寒论》的“证”“法”“方”“条”之数。总之，《伤寒论》子目的作用可以归结为一句话：子目是用来统计证、法、方、条的。在这个主要作用启发下，也可以使人们寻找后人增补的条文。

在给“证”下定义以前，先看看子目对“证”是怎样说明和分析的。为了写文章称说上的方便，本文将使用“条”的概念。“条”的划分依照目前通行的《伤寒论》之本，如南京中医学院《伤寒论译释》、上海中医学院一九七六年版《伤寒论》等，两书均标以条号。本文所用的条号以上述两书为准。

宋本《伤寒论》“太阳上篇”子目涉及到“证”的概念的是下述各条：

12. 太阳中风，阳浮阴弱。热发汗出恶寒，鼻鸣干呕者，桂枝汤主之。第一。五味，前有太阳病一十一证。

15. 太阳病下之后，其气上冲者，桂枝汤主之。第四。用前第一方。下有太阳坏病一证。

16. 桂枝本为解肌，若脉浮紧，发热汗不出者，不可与之。第五。下有酒客不可与桂枝一证。

18. 喘家，作桂枝汤，加厚朴杏子。第六。下有服汤吐脓血一证。

《太阳上篇》子目讲到“证”的是第12、15、16、18四条下面的四条小注。如第12条小注说：“前有太阳病一十一证”，指宋本第1条至第11条是“证”。试看第1至11条，均是关于伤寒症状的分析，而没有治疗这些病证的方子。再看第15条下小注：“下有太阳坏病一证”。所谓“下有”，即指第16条上半条：“太阳病三日，已发汗，若吐、若下、若温针，仍不解者，此为坏病，桂枝不中与之也。观其脉证，知犯何逆，随证治之。”此条今属宋本第16条上半条，而在编制子目时，此条是独立的一条。继考成无己《注解伤寒论》，此条果然是独立的一条，未并入第16条。此条的主要特点，也是只有症状分析，而无治疗之方。因此使我们想到，成本较多地保留着宋本《伤寒论》分条最初面貌，赵开美本在翻刻时对宋本《伤寒论》条文有分化与合并之嫌。考证这个问题不难，只要将宋本与成本逐条观看，并与子目逐条校读，就能发现不同。发现不同很重要，可以纠正现行《伤寒论》划分398条的讹谬。再看第16条子目下小注：“下有酒客不可与桂枝一证”，此指第17条。第17条云：“若酒客病，不可与桂枝汤，得之则呕，以酒客不喜甘故也。”此条只有症状的分析，而无治疗之方。第18条子目小注：“下有服汤吐脓血一证”，指18条下的第19条为证。第19条云：“凡服桂枝汤吐者，其后必吐脓血也。”此条亦无方。

以上子目指出太阳上篇共有十四证，其共同特点是无方。无方之条称为证，贯穿宋本《伤寒论》全书。

又如宋本《伤寒论》卷八在《辨不可吐第十八》有三字小注：“合四证”。这是提示读者，《辨不可吐篇》没有治法，只有四证。且看此四证的条文，看毕条文，“证”的特点，跃然纸上：

120. 太阳病，当恶寒发热，今自汗出，反不恶寒发热，关上脉细数者，以医吐之过也。若得病一二日吐之者，腹中饥，口不能食；三四日吐之者，不喜糜粥，欲食冷食，朝食暮吐，以医吐之所致也。此为小逆。

121. 太阳病，吐之，但太阳病当恶寒，今反不恶寒，不欲近衣者，此为吐之内烦也。

324. 少阴病，饮食入口则吐，心中温温欲吐，复不能吐。始得之，手足寒，脉弦迟者，此胸中实，不可下也。若膈上有寒饮，干呕者，不可吐也，当温之。

330. 诸四逆厥者，不可吐之，虚家亦然。

上述四条所述症状各异，但是有一个共同特点，即这四条都没有方子。至此，我们可以给《伤寒论》中的“证”作出简洁的定义：“无方曰证”。具体些说，凡是只有症状叙述而无治疗之方的条文叫作“证”。

《伤寒论》共有多少“证”？怎样统计“证”？“证”中有多少复出的条文？“证”中无复出的条文有多少？如此等等，都需加以研讨。

《伤寒论》除《辨脉法》《平脉法》《伤寒例》《辨痉湿暍脉证》四篇不计“证”与“法”外，其余十八篇均计“证”与“法”各有多少条。宋本《伤寒论》有多少“证”呢？

简单地说，十八篇中，“法”外之条都是“证”。我们根据子目有关条文之下的小注（例如《太阳上》篇第12条小注之类），对十八篇中的“证”作了统计。

原以为情况比较简单，去掉“法”都是“证”，这个总的原则尽管是正确的，可是在统计中发现两种情况：（一）有的子目计算之“证”数有明显错误；（二）由于古今所分之条不尽相同，因此子目所统计的证数与当前《伤寒论》传本所计的证数不符。下面列表说明：

附：宋本《伤寒论》“证”数一览表（表一）

包括“篇名”“子目证数”“今本证数”“重出条数”“说明”五项。

篇名	子目证数	今本证数	重出条数	说明
太阳上	14	14		见说明 1
太阳中	33	30		见说明 2
太阳下	14	12		见说明 3
阳明	39	40		见说明 4
少阳	9	9		
太阴	5	5		
少阴	22	22		
厥阴	18	37		
霍乱	4	4		见说明 5
劳复	1	1		
不可汗	19	30	17	见说明 6
可发汗	7	6	2	见说明 7
发汗后	8	8	8	
不可吐	4	4	4	
可吐	5	5	3	
不可下	42	42	19	
可下	2	2		
发汗吐下后	无证			
	246（包括重出之证数）	271（包括重出之证数）	53	见说明 8

说明：

“子目证数”指宋本子目有关条文下所指示的证数，把每篇证数相加，即得该篇证数。

“今本证数”指子目证数与今传宋本相对应的条文对照，发现古今分条不同，因而证数有异；有时子目统计证数有误，而在“今本证数”中予以澄清改正，凡此皆在有关“说明”中指出。

“重出条数”指“可与不可”八篇中重出之证数。我们所统计的证数为 246 条（今本证数为 271 条），是包括“可与不可篇”重出之证在内的，减去重出之证数，方为纯证数。

“说明”：对子目统计有误之证数、对子目之证数与今本不同之证数，均加说明，澄清事实。下面分条说明。

1. 宋本子目统计之证为 14 条，即第 1 ~ 11 条计 11 证，16 条 1 证，18 条 1 证，19 条 1 证，共计 14 证。今传《伤寒论》本“太阳坏病”条合并于第 16 条，而于第 29 条下增加一条，即增“问曰：证象阳旦，按法治之而增剧”至“则止其谵语，故知病可愈”一条。虽均为 14 证，而分条及内容略异。

2. 今本证数计有 47、48、49、50、58、59、60、75、81、83、84、85、86、87、89、90、93、98、101、110、111、113、114、115、116、119、120、121、122、127，共 30 条。与子目统计之证数相比少三条。所少之三条，出在第 75 条与 76 条之分合不同上。今本第 75 条及第 76 条之上半条当析为三条，即析为：“未持脉时……虚故如此”，“发汗后，饮水多必喘，以水灌之亦喘”（以上二条见 75 条），“发汗后，水药不得入口为逆。若更发汗，必吐不止。”（见 76 条上半条）。子目在 74 条下注云“下别有三病证”，即指上述三条。今传本上述二条合成第 75 条，上述第三条并入第 76 条。成无己本尚分作三条。第 112 条子目下注云：“下有不可火五证”，考今传本仅有 113、114、115、116 四证，而非五证。继考成无己本，其中 116 条析为二条，即“微数之脉，慎不可灸”至“焦骨伤筋，血难复也”为一条；“脉浮，宜以汗解”至“脉浮，故知汗出解”为一条。如此则子目之证与今本之证内容相同，仅条数分合有异。

3. 子目提示之证计有：128、129、130、131（上半条，从“病发于阳，而反下之”至“以下之太早故也”在子目中为一条，今传本此条并入 131 条中）132、133、139、140、150、151、153、160、不可与瓜蒂散证、不可与白虎汤证，共计 14 证，今之传本不可与瓜蒂散证、不可与白虎汤证分别并入 166 条及 168 条，另增 178 条，共计 12 条。除 178 条为后人增补者外，其余各证古今相同。

4. 子目提示之证计有 170 ~ 206（计 27 条）、210、211、216、218、224、226、227、239、245、246、258、259 计 39 证，而今传本 179 ~ 206 条为 28 条，此是条数分合不同所致，条数虽有一条之异，而内容全同。

5.《厥阴篇》子目提示的证数有严重错误。《厥阴篇》子目第 338 条：“伤寒病，蛔厥，静而时烦，为脏寒。蛔上入膈，故烦，得食而呕。吐蛔者，乌梅丸主之。第一。十味。前后有厥阴病四证。哕逆一十九证。”今检各种传本，338 条之前和之后，虽然都有“证”，但决不是“四证”。考赵开美摹刻宋本《伤寒论》原刻本及成无己本，338 条之前属于“证”的条文有 12 条，即 326、327、328、329、330、331、332、333、334、335、336、337 条；在 338 条之后属于“证”的条文有 11 条，即 339、340、341、342、343、344、345、346、347、348、349 等十一条，前后合计 23 条，而不是

4条。其余提示属于“证”的条文是：358、360、361、362、363、364、365、366、367、368、369、376、380、381。与前面的23证相加，厥阴篇共计37证。若依子目计证，则为18证，显然18证这个数字是错误的，当以37证为准（请与下面《厥利呕哕当独立成篇》合读）。

6.《不可发汗篇》子目第88条“汗家不可发汗，发汗必恍惚心乱，小便已，阴疼，宜禹余粮丸。第一。本方阙。前后有二十九病证。”按赵开美《伤寒论》原刻本不可发汗篇共计31条（注意：“夫以为疾病至急，仓卒寻按，要者难得，故重集诸可与不可方治，比之三阴三阳篇中，此易见也。又时有不止是三阳三阴，出在诸可与不可中也”，是对于“诸可与不可”八篇的提示语，说明编写诸可与不可的目的及它与三阳三阴的关系，它既不属“法”，又不属“证”，因此统计“证”与“法”的条数时，此条均不计入），除去第88条属于“法”外，其余三十条均属于“证”，而子目云“前后有二十九病证”，显系有误，乃少计一证，当以“今本证数”所计之30条为准。

7.《可发汗篇》子目提示证数为7条，而今传本已将第38条子目下注“下有一病证”的一条并入第38条中，并入之条是“若脉微弱，汗出恶风者，不可服之；服之则厥逆，筋惕肉瞤，此为逆也”，故“今本证数”较子目少一条，而内容不少。

8. 包括重出之条在内，《伤寒论》的“证”数有多少呢？据子目提示，十八篇的证数是246条，但是由于《厥阴篇》（见说明5）及《不可发汗篇》（见说明6）子目统计的证数有明显错误，因此，子目证数之总和246条是不准确的，也就是说，它统计少了，正确的证数应是271条。但是，这271条包括“诸可与不可”中重出的条文在内，经统计，“诸可与不可”重出的条文为53条。从271证中减去重出之证，为218证，这个数字，就是宋本《伤寒论》的“证”数。林亿序所谓“证外合三百九十七法”的“证”，《伤寒论》目录中“脉证并治”中的“证”，指的都是这218条“证”。

（四）“法”的概念和三九七法的真实内容

在宋本《伤寒论》十八篇的标题下面，都写着“合××法，方××首”等文字。下面是《太阳上》篇、《太阳中》篇、《太阳下》篇标题下的小注：

《辨太阳病脉证并治上》合一十六法，方一十四首。

《辨太阳病脉证并治中》合六十六法，方三十九首，并见太阳阳明合病法。

《辨太阳病脉证并治下》合三十九法，方三十首，并见太阳少阳合病法。

这些小注告诉读者，这一篇里有多少“法”和多少方。“方”指药方。“法”指什么呢？

在给“法”下定义以前，先看看子目是怎样说明“法”的。

下面是《太阳中篇》子目关于“法”的一些条文（这里只是举例，未写出全部之“法”）：

31. 太阳病，项背强几几，无汗恶风，葛根汤主之。第一。七味。

32. 太阳阳明合病，必自利，葛根汤主之。第二。用前第一方。一云，用后第四方。

33. 太阳阳明合病，不下利，但呕者，葛根加半夏汤主之。第三。八味。

34. 太阳病，桂枝证，医反下之，利下止，葛根黄芩黄连汤主之。第四。四味。

57. 伤寒发汗解半日许，复热烦，脉浮数者，可更发汗，宜桂枝汤。第二十三。用前第十二方，下别有三病证。

《太阳中篇》子目，列出关于“法”的条文计66条，即每个“法”都在子目中写出一条。与“证”相比，“证”只在“法”的条文下予以附注，在子目中没有位置，而“法”则条条必写进子目。从中可以看出，编子目者对《伤寒论》之“法”是何等重视。

子目中的“法”，有的是照录经文，如第31条的子目，与经文文字相同；有的子目的文字，较经文略有不同，如第32条属之。

上述31、32、33、34、57五“法”，有一个共同特点，就是皆有治疗之方；而不具备治疗之方的称为“证”。第57条小注说：“下别有三病证”。试看这“三病证”：

58. 凡病，若发汗，若吐若下，若亡血，亡津液，阴阳自和者，必自愈。

59. 大下之后，复发汗，小便不利者，亡津液故也。勿治之，得小便利，必自愈。

60. 下之后，复发汗，必振寒，脉微细。所以然者，以内外俱虚故也。

这三“证”的共同特点是无方。至此，我们可以给“法”作出如下简明定义：“有方曰法”。具体些说，凡是有治疗方法——方子——的条文称为“法”。

“有方曰法，无方曰证”这八个字，可以简洁概括《伤寒论》“法”与“证”的特定含义。

自从林亿、孙奇在《伤寒论序》中指出“证外合三百九十七法”的纲领以后，元明清许多医家都在用心探讨三九七法的真实含义。他们探讨的方面包括：397法是怎样统计出来的？397法是不是仅仅限于三阴三阳、霍乱、劳复之条文？有没有“诸可与不可”中的条文在内？397法中有没有重出的条文？等等。

从元末王履（公元1332～1391?）起，对397法的内容，就用很大精力研究，至清末乃至今天，对397法也仍在探讨，但是都没有讲清397法的来源和内容。目前，所有《伤寒论》本都认为397法起于《太阳上》“太阳之为病，脉浮，头项强痛而恶寒”，止于《劳复》最后一条“病人脉已解，而日暮微烦，以病新差，人强与谷，脾胃气尚弱，不能消谷，故令微烦，损谷则愈”，把“证”与“法”混编在一起，勉强凑成397法（有的书又分为398法，现在分成398法似乎又通行了）。明洪武年间芗溪黄仲理撰《伤寒类证辨惑》，提出：“仲景之书，六经至劳复而已，其间具397法，112方，纤悉毕备，有条而不紊也。”（转引自丹波元胤《中国医籍考》卷23《方论》，人民卫生出版社1983年精装本，第287页）。从元末至今，凡六个多世纪，关于397法的划分，都不符合“证外合三百九十七法”的原意。考林亿的意思是说，397法仅指“法”，不包括“证”在内；自元末至今所划分的397条既有“法”，又有“证”，因而是混乱的，错误的。

王履深知“法”与“证”不能混合编条，于是他对《伤寒论》中的“法”进行了认真研究，虽然他未能探究出397法都是由哪些条文组成的，不能解释为什么寻找不出397法的道理，但是，他执着研求的精神是令人敬佩的，他走过的曲折的研究道路，所使用的研究方法，还在向我们显示：寻找出397法的确切条数，关键之处就在9条身上。因为从子目上，确实可以找出388法，但与397法相较，还少9法。9法藏在哪里呢？据我所知，直到今天，还没有人把这9法揭示出来。

为了循着先贤的芳躅，走向我们研究的未来，有必要把王履寻觅397法的艰难过程引在下面。下面这长长的一段文字，见王履《医经溯洄集》的《伤寒三百九十七法辨》一节：

余自童时，习闻此言，以为伤寒治法，如是之详且备也。及考之成无己注本，则所谓三百九十七法者，茫然不知所在。于是询诸医流，亦不过熟诵此句而已，欲其条分缕析，以实其数，则未遇其人，遂乃反复而推寻之。以有论有方诸条数之，则不及其数；以有论有方、有论无方诸条通数之，则过其数。除《辨脉法》《平脉法》并《伤寒例》及《可汗》《不可汗》《可吐》《不可吐》《可下》《不可下》诸篇外，止以六经病篇中有论有方、有论无方诸条数之，则亦不及其数。以六经病篇及痓湿暍、霍乱、阴阳易、差后劳复病篇中有论有方、有论无方诸条数之，则亦过其数。至以六经病、痓湿暍、霍乱、阴阳易差后劳复篇有论有方诸条数之，则又太少矣，竟不能决。欲以此句视为后人无据之言而不从，则疑其或有所据，而或出仲景、叔和而弗敢废；欲尊信而必从之，则又多方求合而莫之遂。

宋·林亿等校正《伤寒论》，其序曰：“今校定《张仲景伤寒论》十卷，总二十二篇，证外合三百九十七法”，余于是就其十卷二十二篇求之。其六经篇、霍乱篇、阴阳易、差后劳复篇中有方治诸条以数为计，又重载于各篇之前（引者案：谓子目均载于各篇经文之前，且有小注说明其法数，以便计数）。又谓“疾病至急，仓卒难寻，复重集诸可与不可方治”，分为八篇（引者案，谓从“疾病至急仓卒难寻”条下分为可与不可八篇），亦以数为计。继于阴阳易差后劳复篇之后，其《太阳上篇》注曰“一十六法”，《太阳中篇》注曰“六十六”，《太阳下篇》注曰“三十九法”，《阳明篇》注曰“四十四法”，《少阳篇》不言法，《太阴篇》注曰“三法”，《少阴篇》注曰“二十三法”，《厥阴篇》注曰“六法”（引文者案：赵开美摹刻宋本《伤寒论·厥阴篇》小注云：“合一十九法”。不知王履何以言“六法”。又观王氏云“继于阴阳易差后劳复篇之后”有各种小注，言每篇有多少法，似王氏所见之本非治平宋本，而为据宋本而另外传刻之本。今已不见此本），《不可发汗篇》注曰“一法”，《可发汗篇》注曰“四十一法”，《发汗后篇》注曰“二十五法”，《可吐篇》注曰“二法”，《不可下篇》注曰“四法”，《可下篇》注曰“四十四法”，《汗吐下后篇》注曰“四十八法”。以其所注之数通计之，得三百八十七法（案，依上举各数通计之，得三百六十二法，非三百八十七法。盖因王氏漏写《霍乱》注曰六法，阴阳易注曰六法，另将厥阴之十九法误写为六法。若将霍乱、阴阳易劳复之十二法及厥阴漏计之十三法相加，得二十五法。此二十五法与三百六十二法合计之，恰得三百八十七法也）。然少阳篇有小柴胡汤一法，其不言者，恐脱之也。（案第266条属于法，而小注未写“合一法”三字，是脱漏无疑）。又《可吐篇》却有五法，其止言二法者，恐误也（案《可吐篇》注云：“合二法，五证”。“二法”指“大法，春宜吐”，“凡用吐汤，中病便止，不必尽剂也，”其余五条为“证”，小注无误）。并此脱误四法，于三百九十七法之中，亦仅得三百九十一法耳（案，《可吐篇》有二法，不当作五法，则于三九七法中，仅得三八八法，非三九一也），较之序文之说，犹欠六法（案，当为欠九法，非欠六法）。乃参之《脉经》，其《可汗》《可吐》等篇外，比《伤寒论》又多《可温》《可灸》《可刺》《可水》《可火》《不可刺》《不可灸》《不可水》《不可火》诸篇，欲以此补其所欠，则又甚多而不可用。

元太定间程德斋又作《伤寒钤法》，其自序曰：“若能精究是篇，则知六经传变三百九十七法，在于指掌矣。”又曰：“六经二百一十一法，霍乱六法，阴阳易差后劳复六法，痓湿暍九法，不可汗二十六法，宜汗四十一法，不可吐五法，可汗五法，可吐五法。”余亦以其说通计之，却只得三百一十八法，于三百九十八法中尚欠七十八法。观其序文乃如彼，考其所计乃如此，则知其犹未能灼然以得其实数而无疑也。（《医统正脉本·医经溯洄集·伤寒三百九十七法辨》，1956年9月人民卫生出版社）

上述文字见《溯洄集》。开始，王氏依成无已本寻找397法，结果是“茫然不知所在”。这是必然的，因为成氏本删去“诸可与不可”中所有重出之条文，而397法中，包括“诸可与不可”中许多重出之条文在内，故宜其茫然不知所在也。继而王氏依宋本寻找397法之所在，只寻得388法（请注意：王氏误将《可吐篇》之2法计算成5法，故云“仅得391法耳”。王氏所云391法包括误计之3条在内，今将此三条除去，恰为388法），与397法相比，少9法。

按，《伤寒论》397法，绝非林亿、孙奇孟浪无稽之语，后人不知其详，故每诋斥之。日本丹波元简《伤寒论述义·附答问》云：“林亿等序称合三九七法，未知其指。曰：此实无谓之言，故王氏《溯洄集》反复纠辨，殊为确核。而后人更有为说者，竟不免附凑。周自闲据赵氏翻雕宋本以驳王氏（见《吴医汇讲》）。今考宋本每篇之首注共几法者，通计得三八七法，是王氏所以发疑，而周氏检考不密，复吹其烬，可哂甚矣。”

按，前贤所以不能寻出397法，关键是找不到其中的9法存于何处。9法在哪里？9法在小注中已加提示，隐藏于三阳中。在揭示深藏于小注中之九法前，先列一表，以便通览397法之所在。

（五）宋本《伤寒论》397法出处一览表（表二）

篇　名	子目注文	子目法数	今计法数	重出法数	说明
太阳上	合16法	16	同		说明1
太阳中	合66法 并见太阳阳明合病法	66	69	3	说明2
太阳下	合39法 并见太阳少阳合病法	39	42	3	说明3
阳明	合44法 并见阳明少阳合病法	44	47	3	说明4
少阳	并见三阳合病法	1	同		说明5
太阴	合3法	3	同		说明6
少阴	合23法	23	同		说明7
厥阴	厥利呕哕附哕逆19法	19	同		说明8
霍乱	合6法	6	同		说明9
劳复	合6法	6	同		说明10
不可汗	1法	1	同	1	说明11
可发汗	合41法	41	同	40	说明12
发汗后	合25法	25	同	24	说明13
不可吐		0	同		说明14
可吐	合2法	2	同		说明15
不可下	合4法	4	同	3	说明16
可下	合44法	44	同	34	说明17
汗吐下后	合48法	48	同	48	说明18
		388	397	159	说明19

1.《太阳上》篇之小注云：“合一十六法。”此法指以下诸条：12～16、18、20～29，计16法。第29法下若有“证”，必在29条下写出小注说明“下有一证”。今无注，证明宋本第30条为后人增补。林亿孙奇校定此书时已有第30条，则第30条之补入，在林亿孙奇以前。考《唐传本》无第30条，继考《康平本》虽有第30条，但第30条比第29条低两格书写，意指此第30条乃后人所增。

2.《太阳中篇》小注云“合六十六法”。此66法指以下诸条：31～46、51～57、61～74、76～80、82、88、91、94～97、99、100、102～109、112、117、118、123～126、。计66法。

但是在第91法与94法之间，相隔两条，而小注在第94法下仅注云“前有太阳病一证”，意思是说，在94条的前面有一条是关于太阳病的条文，即第93条，可是却没有第92条的位置。考宋本第92条为：“病发热，头痛，脉反沉，若不差，身体疼痛，当救其里，四逆汤方。（方及服法略）”这条显然属于“法”而不属于“证”。又考在“四逆汤方”之下也没有注上方序（按方序应该写“方四十六”），这证明此条之法为编子目者所遗漏。若将此法计算在总法数内，则全书之法为398条。

《太阳中篇》子目注有“并见太阳阳明合并法”九字，是指在太阳中篇的篇目中，有的法不仅能够治疗太阳病，而且能够治疗太阳阳明合病，这样的条文在本篇有三条，即第32、33、36条。此三条子目云：“太阳阳明合病，必自利，葛根汤主之。”（第32条子目）、“太阳阳明合病，不下利，但呕者，葛根加半夏汤主之”（第33条子目）、“太阳阳明合病，喘而胸满，不可下，宜麻黄汤主之”（第36条子目）。这三条治法，不但应该归在《太阳中篇》计其法数，而且也应该在“阳明篇”计其法数，可是此三条在阳明篇没有重出，所以在此篇加注说明，因此，第32、33、36三条，同时还应视为阳明篇的治法，换句话说，在计法数时，此3法应视为6法。所以在“重出法数”栏中标以“3”，谓此三条当重复一遍计数。

3.《太阳下篇》小注云：“合三十九法”，此三十九法指以下诸条：131（下半条）、134～138、141～149、152、154～159、161～177。计39法。

《太阳下篇》小注有“并见太阳少阳合病法”九字，指太阳下篇有的法不仅能够治疗太阳病，而且能够治疗太阳少阳合病。这样的条文在本篇有三条，即第142条、第171条、172条。第142条子目云：“太阳少阳并病，头痛，眩冒，心下痞者，刺肺俞、肝俞，不可发汗，发汗则谵语，谵语不止，当刺期门。”171条子目云：“太阳少阳并病，心下鞕，颈项强而眩者，刺大椎、肺俞、肝俞，慎勿下之。”第172子目云：“太阳少阳合病，自下利，黄芩汤；若呕，黄芩加半夏生姜汤主之。”此三条在少阳篇未重出，故在太阳下篇加注说明。因此，此三条应视为6法，所以在“重出法数”栏中标以“3”，谓此三条当重复一遍计数。

4.《阳明篇》子目注云：“合四十四法”，此四十四法指如下诸条：207～209、212～215、217、219～223、225、228～238、240～244、247～257、260～262。计44法。

《阳明篇》小注有“并见阳明少阳合病法”九字，指阳明篇中，有的法不仅能够治疗阳明病，而且能够治疗阳明少阳合病。这样的条文在阳明篇有两条，即220条及256条。220条子目云：“二阳并病，太阳证罢，潮热汗出，大便难，谵语者，宜大承气汤。”第256条子目云：“阳明少阳合病，必下利，脉滑而数，有宿食也，当下之，宜大承气汤。”但220条、256条在少阳篇没有重出，所以在阳明篇出注说明。因此，这两条应视为4法，即此二条在计法数时应重复一遍计数。

在《少阳篇》小注中有“并见三阳合病法”七字，指“三阳合病”治法应当作为一法计入397法中，查“三阳合病法”属阳明篇第219条。第219条子目云：“三阳合病，腹满身重，谵语遗尿，白虎汤主之。”此条在少阳病篇未重出，因此第219条应视为2条，即在计法数时，条应重复一遍计数。

总之，第219、220、256三条应视为6条，所以在“重出法数”中标以“3”字，谓此3条应重复一遍数之。

根据对太阳中、太阳下、阳明、少阳小注的分析，我们在太阳中、太阳下和阳明篇中，共找出9条条文。它们是：32、33、36、142、171、172、220、219、256。这9条条文与388法相加，恰为397法；如果把被遗漏的第92条（法）加上，则为398法。

5.《少阳篇》小注未写明法数，但是其子目列有一法，即列出第266条之法，是小注脱“合一法”三字，故本文在“子目法数”栏写上“1”字。

子目注有“并见三阳合病法”七字，指治疗三阳合病之法亦应作为治法计入法数中。考三阳合病法见于《阳明篇》第219条，在少阳篇此条未重出。这一条按2条计，已计入阳明篇中，故在“重出法数”栏中，少阳部分未写数字。

6.《太阴篇》子目小注云“合三法”，此三法指第276、277、279三条。

7.《少阴篇》子目小注云“合二十三法”。此法指以下诸条：301～307、309～324。计23法。

8.《厥阴篇》子目小注云“厥利呕哕附。合一十九法。”“厥利呕哕”在宋本《伤寒论》中原是独立成篇的，后来被误合在《厥阴篇》中，本文将在下节专章论述。《厥阴篇》之法指以下诸条：338、350～357、359、370～375、377～379。计19法。

9.《霍乱篇》子目注云：“合六法”。此6法指：385～390条。

10.《辨阴阳易差后劳复篇》小注云："合六法"。此6法指：392～397条。

11.《不可汗篇》小注云："一法"。此一法指第88条，此条已见《太阳中篇》，此处重出。

12.《可发汗篇》子目注云："合四十一法"。此41法中，有40法是重出条文。从"诸可与不可"各篇内的条文前后任意排列上观察，"诸可与不可"八篇排在六经病之后，大概经过了一个较长的历史过程，至北宋治平二年林亿等加以整理，作为官定之本颁行，《伤寒论》各种传本才逐渐统一，"诸可与不可"中的条文逐渐增补的情形才终止。下面把《可发汗病脉证并治第十六》中的重出之法条依子目的前后顺序写出序数名称：42、52、234、240、53、54、106、43、55、235、276、46、51、56、372、91、13、12、95、15、24、117、14、31、32、33、34、35、36、38、231～232、37、39、40、41、96、99、146、302、71。计40法。其中231～232子目连写成一条，以1条计。

《可发汗篇》不属于三阴三阳重出的条文仅有一法，位置在第54条之下，106条之上，其子目条文是："脉浮紧，浮为风，紧为寒，风伤卫，寒伤荣。荣卫俱病，骨节烦疼，可发汗，宜麻黄汤。"合此条为41法。此条见于《辨脉》，但在《辨脉》中未出方名。

13.《发汗后篇》子目注："合二十五法"，其中24法是重出条文。重出之条为20、24、25、26、29、46、57、62、63、64、65、66、68、70、71、72、73、82、157、165、233、248、253、254。计24法。

《发汗后篇》不属于三阴三阳重出的条文仅一条，位置在254条之下，子目条文是："发汗多，亡阳谵语者，不可下，与柴胡桂枝汤和其荣卫，后自愈。"

14.《不可吐篇》子目小注仅云："合四证"，本篇无法。

15.《可吐篇》子目注："合二法"，指"大法，春宜吐"及"宿食在上管者，当吐之"两条。

前面说过，"有方曰法，无方曰证"，这两条无方，为何称"法"？因为《伤寒论》关于吐法的规定较多，这里举出两条关于吐法的原则即可，不必列举具体方名。

16.《辨不可下篇》子目注"合四法"，其中3条重出。重出之法指209、158、233三条。不属于三阴三阳重出之条是如下条文："下利脉大者，虚也，以强下之也。设脉浮革，肠鸣者，属当归四逆汤。"其位置在158条之下。

17.《可下篇》子目注："合四十四法"，其中34法为三阴三阳之条在此篇重出。重出的法是：253、320、322、321、256、255、252、94、131、257、124、126、236、237、217、240、215、374、251、152、106、260、165、136、136、135、213、207、208、209、214、220、242、241。计340条重出之法。《可下篇》不属于三阴三阳重出之条是以下十条，其子目条文依次是：

①"下利，三部脉平，心下鞕者，急下之，宜大承气汤。第五。"

②"下利，脉迟滑者，内实也。利未止，当下之，宜大承气汤。第六。"

③"寸脉浮大反涩，尺中微而涩，故知有宿食。当下之，宜大承气汤。第八"。

④"下利，不欲食者，以有宿食，当下之，宜大承气汤。第九。"

⑤"下利差，至其年月日时复发者，以病不尽，当下之，宜大承气汤。第十。"

⑥"病腹中满痛，此为实，当下之，宜大承气、大柴胡汤。第十一。"

⑦"下利，脉反滑，当有所去，下乃愈，宜大承气汤。第十二。"

⑧"伤寒后，脉沉。沉者，内实也，下之解，宜大柴胡汤。第十四。"

⑨"脉双弦而迟者，心下鞕，脉大而紧者，阳中有阴也，可下之，宜大承气汤。第十七。"

⑩"太阳病，身黄脉沉结，少腹鞕，小便自利，其人如狂，血证谛，属抵当汤证。第二十一。"

18.《发汗吐下后篇》子目注："合四十八法"，这48法均是三阴三阳篇中的条文在此重出，这些重出的条文是：23、28、45、61、67、69、76、77、123、137、147、161、164、168、212、219、221、238、250、354、15、21、22、34、43、56、78、79、80、91、103、104、105、107、118、134、149、156、158、159、163、162、228、249、257、279、357、359。计四十八法。

19. 本条说明以下几个问题：

子目统计出多少法数？从《太阳上》至《发汗吐下后》计十八篇，子目以小注的方式注明每篇的法数，今逐条对比统计每篇子目法数与经文的法数，确知小注注明的法数是正确的，通计十八篇子目所示之法数，共计388法。我们的统计数与王履的统计数相同，因为依据的资料都是子目。

王履为什么统计不出397法？王履依据子目实际上统计出388法。由于他把《可吐篇》的2法勉强看成5法，又说至多也只能统计出391法，所以他的391法是不准确的，因为有三个“证”混在里面。王履所以没有统计出397法，是因为他没有看懂太阳中、太阳下、阳明、少阳四篇里的四条小注。这四条小注在一览表“子目注文”及有关说明中已经反复引证过了，由于这四条注文涉及到397法的确切法数，以及文字简约不易看懂，以致使北宋林亿以后近一千年来的读者都不得其解，莫得真义，所以这里再把这四条注文及其所涉及的法数，作一个汇总性的简要说明。

甲　“并见太阳阳明合病法”，此注见于《太阳中篇》，谓《太阳中篇》关于“太阳阳明合病法”的条文，既属于太阳中篇的治法，又当属于阳明篇的治法；但是在阳明篇里关于“太阳阳明合病法”的条文没有重复出现，故在《太阳中篇》出注说明，并提示在统计法数时，应该把“太阳阳明合病法”的条文，当作象在阳明篇曾经重出一样加以统计。经查“太阳阳明合病法”仅为第32、33、36三条，此3条应作6条看。我们在“重出法数”栏写“重出法数”为“3”，实际上这3条没有重出，而是根据小注的意思，把这3条当作曾在阳明篇重出，这种情形，与“诸可与不可”中重出的条文是不同的。

乙　“并见太阳少阳合病法”，此注见于《太阳下篇》。“太阳少阳合病法”在《太阳下篇》指142、171、172三条，此3条未在少阳篇重见，但亦同时属于少阳篇治法，故此3条亦应当看作在少阳篇重见，故在“重出法数”栏写出重出法数为“3”。

丙　“并见阳明少阳合病法”，此注见于《阳明篇》。第220条、256条属阳明少阳合病治法，而在少阳篇此2条未重出，故此2条应当看作在少阳重出，2法当视为4法。

丁　“并见三阳合病法”，此注见《少阳篇》。考《少阳篇》关于“三阳合病”条文尚有第268条，其条文是“三阳合病，脉浮大，上关上，但欲眠睡，目合则汗”，由于无方，故属于“证”，所以“并见三阳合病法”不指第268条。考“三阳合病法”载于《阳明篇》第219条，在少阳篇未重出，所以此1法当视为2法。由于此条载于阳明篇，又阳明篇尚有220、256两条在统计法数时亦需重计一次，那么，在阳明篇就相当有3法重出，所以在“重出法数”栏就写上“3”字。

根据以上分析，应重出而未重出的三阳之法为下述九法：32、33、36（以上见太阳中篇）142、171、172、（以上见太阳下篇）219、220、256（以上见阳明篇）条。由于小注写得简约，非深思莫得，故使古今医家莫知此9法之所在。今不惮烦以说明之，意在释此千古之谜。子目统计之“法”为388法，小注提示之“法”为9法，二者相加，恰为397法。林亿序“证外合三百九十七法”的法数是不错的。

397法中有多少重复出现之法？据《三九七法出处一览表》所示，重复出现之法均出现在“诸可与不可”中，共有150条为重出之法。《太阳中》《太阳下》《阳明》三篇中共有9条虽未重出，但据小注之意，当视为重出，如此通计重出之法共为159条。

397法中有多少非重出之条？由397法中减去159法重出之条（包括9条在内）则为纯法数，计为238法。王履《医经溯洄集》说：“窃尝思之，纵使397法之言，不出于林亿等，而出于亿之前，亦不足用。此言既出，则后之闻者，必当核其是非，以归于正，而乃遵守听从，以为千载不易之定论。悲夫！余今于三百九十七法内，除去重复者与无方治者，止以有方治而不重复者计之，得二百三十八条，并以治字易法字，而曰二百三十八治。如此，则庶或可通也”。

我们不知王履得出238法的详细具体过程，但通过上述统计，认为《伤寒论》十卷有不重复的治疗大法238条，是确切不易的真理。古今之人在统计《伤寒论》治疗大法上，如此不谋而合，也是一件令人高兴的事。

238治疗大法是哪些条？这个问题，在上述几条说明中已涉及到了。为了使读者免去综合研读之劳，这里列表如下：

（六）宋本《伤寒论》238法出处一览表（表三）

篇名	纯法数	说明
太阳上	16	见表二说明1
太阳中	66	见表二说明2
太阳下	39	见表二说明3
阳　明	44	见表二说明4
少　阳	1	见表二说明5
太　阴	3	见表二说明6
少　阴	23	见表二说明7
厥　阴	19	见表二说明8
霍乱	6	见表二说明9
劳复	6	见表二说明10
不可汗	0	见表二说明11
可发汗	1	见表二说明12

续 表

发汗后	1	见表二说明13
不可吐	0	
可　吐	2	见表二说明15
不可下	1	见表二说明16
可　下	10	见表二说明17
发汗吐下后	0	见表二说明18
	238法	

《伤寒论序》云："证外合三百九十七法"，是伤寒学术中的一个久争未决的问题，上面以较多篇幅论证之。这里再简要论说如次。

林亿、孙奇等认为《伤寒论》有397法，但此397法不包括"证"数在内。上面已经论证，条文下有方者曰"法"，条文下无方者曰"证"，简括言之，"有方曰法，无方曰证"。既然"证"与"法"有明确区分，何必确定"法"的条数呢？这是因为，《伤寒论》"条论于前方汇于后"的总体结构在宋本《伤寒论》中已不复存在。唐初孙思邈《千金翼方》卷九卷十已经开始作"方证同条比类相附"的工作，以便使用方剂者临证选用。孙思邈指出："旧法方证，意义幽隐，乃令近智所迷，览之者造次难悟，中庸之士，绝而不思，故使闾里之中，岁致夭枉之痛，远想令人慨然无已。"有感于此，乃将有关方剂移于有关条文之下。但是孙思邈作得不彻底，不全面，至北宋校正医书局校定《伤寒论》时，在孙思邈的基础上，使"方证同条比类相附"的工作做得更加彻底，更加细密，更加全面。这是一个事关全局的巨大变革，不但在序言中声明，而且在子目中再次对"法"加以确认。不仅表现了对"法"的高度重视，而且反映条文下所附之方是校定《伤寒论》者之所为。

统计医书每节方数，是唐宋医书常见现象。《千金要方》《千金翼方》《外台秘要》等书皆如此。宋臣沿其成例而将方数改为法数，是为宋臣改进处。

自宋臣提出397法以后，后来学者对此进行了深入研究。元王履在《医经溯洄集》中说，他只找到388法，另9法不知所在。明初洪武年间有名黄仲理者，将六经病所有条文即包括"证"与"法"的所有条文笼统地计算在一起，共数出397条。黄氏说："仲景之书，六经至劳复而已，其间具三百九十七法，一百一十二方，纤悉毕具，有条而不紊也。"今天人们所说的397法的概念就是从黄仲理这里沿袭下来的。但这是一个错误的概念，与《伤寒论序》"证外合三百九十七法"的原意大相径庭。

王履终未统计出397法之所在，于是认为林亿序所说397法"于理不通"，当"屏去其说"。王履此论对日本江户时期著名日医文献专家丹波元简产生明显影响。丹波元简《伤寒论述义·答问》说："问：林亿等序称合三百九十七法，未知其指。答曰：此实无谓之言。故王氏《溯洄集》反复纠辨，殊为确核。而后人更有为说者，竟不免附凑。如周自闲据赵氏翻雕宋本以驳三氏（见《吴医汇讲》）。今考宋本，每篇之首，共注几法者，通计得387法，是王氏所以发疑。而周氏检考不密，复吹其烬，可哂甚矣。"

考王履之论并未至此而止，他以另一种研究方法统计出《伤寒论》共有238治。但是他不称其为"法"，而改称其为"治"。他的话是不无道理的："若以法言，则仲景一书无非法也。岂独有方者然后为法哉？"他接着说：

> 夫伤寒论仲景之所作也，至叔和时多已散落。虽叔和搜采成书，终不能复其旧。然则今之所传者，非全书也明矣……窃尝思之，纵使397法之言不出林亿等而出于亿之前，亦不足用。此言既出，则后之闻者，必当核其是非，以归于正，乃遵守听从，以为千载不易之定论。悲夫。余今于397内，除去重复者与无方治者，只以有方治而不重复计之，得238条，并以治字易法字，而曰238治。如此则庶可通也。

关于397法，从元明至今，每朝每代都有学者进行研究发掘，但是都没有取得满意的成绩。自黄仲理以397条代397法后，沿此误说者绵历至今。明方有执《伤寒论条辨》、李中梓《伤寒括要》、清陈修园《伤寒论浅注》等均将397条视为397法。甚至有人忽发奇想，将服药的具体要求措施当作"法"："各方后㕮咀为末、先后煮、啜粥、不啜粥、饮暖水、日几服为法"。凡此种种，皆未明"法"的真义。

前贤所以没有寻找出397法的确切数目，关键是没有寻找出9法之所在。下面我们对397法加以认真研究核实。

第一，统计所有子目中的法数：

16法（太阳上）+66法（太阳中）+39法（太阳下）+44法（阳明）+1法（少阳）+3法（太阴）+23法（少阴）-19法（厥阴）+6法（霍乱）+6法（阴阳易差后劳复）+1法（不可汗）+41法（可汗）+25法（发汗后）+0法（不可吐无法）+2法（可吐）+4（不可下）+44法（可下）+48法（汗吐下后）=388法。

第二，详细研究“太阳中”“太阳下”及“阳明”三篇的三条子目小注。

（一）这几篇的子目有以下几点必须引起高度注意。

1.《辨太阳病脉证并治中第六》子目小注：“并见太阳阳明合病法。”（见人民卫生出版社宋本《伤寒论校注》，刘渡舟主编，第64页）

2. 宋本太阳中子目漏计第92条，这一条属于“法”。宋本《伤寒论校注》第69页第94条之子目云：“太阳病未解，脉阴阳具停，阴脉微者，下之解，宜调胃承气Ã。第四十六。用前第三十三方。一云用大承气Ã。前有太阳病一证”。所云“前有太阳病一证”，则指第93条为证，此条恰好无方，确属于“证”。又知第91条为亦“法”，子目有记载，而第92条之法未加记载，是以知第92条之“法”被遗漏。

3. 现在再较详细地研究“并见太阳阳明合病法”的含义。太阳中篇第32条（原文云：“太阳与阳明合病者，必自下利，葛根汤主之”）、33条（原文云：“太阳与阳明合病，不下利但呕者，葛根加半夏汤主之”）、36条（原文云：“太阳与阳明合病，喘而胸满者，不可下，宜麻黄汤”）为治疗太阳阳明合病法的条文与方剂，都属于“法”。小注的含义是，这三条不但应该归属于太阳中篇，而且也应该归属于阳明篇计算其法数，但是这三条治病之法在阳明篇中未再出现，因此在计算法数时应该重计一遍，即这三条应该按6条计算。这样又增加了3条法数。

4. 现在再来研究“太阳下篇”的小注。小注云：“并见太阳少阳合病法。”在太阳下篇属于太阳少阳合病法的条文共3条，它们是第142条（原文云：“太阳与少阳并病，头项强痛，或眩冒，时如结胸，心下痞鞕者，当刺大椎第一间肺俞、肝俞，慎不可发汗。发汗则谵语，脉弦。五日谵语不止，当刺期门。”）、171条（原文云：“太阳少阳并病，心下鞕，颈项强而眩者，当刺大椎、肺俞、肝俞，慎勿下之”）、172条（原文云：“太阳与少阳合病，自下利者，与黄芩Ã；若呕者，黄芩加半夏生姜Ã主之”）。此三条出现在太阳下篇，在少阳篇本应出现而未重复出现，故在太阳下篇子目出注说明。此3条在计算法数时应该重计一遍即应视为6条，这样又增加了3条。

5. 再研究“阳明篇”子目小注：“并见阳明少阳合病法。”这样的条文是219条（原文云：“三阳合病，腹满身重……白虎汤主之”）、220条（原文云：“二阳并病，太阳证罢……宜大承气汤”）、256条（原文云：“阳明少阳合病，必下利，其脉不负者……宜大承气汤”）共三条。它们本可在太阳篇和少阳篇中出现，但是没有重复出现，故于阳明篇子目中出注说明。在计算法数时这3条应该重计一遍即视为6条，这样又增加了3条。以上我们寻找出属于“合病法”的条文共9条，与388法相加则为397法。《伤寒论序》称“证外合三百九十七法”之说不误，决非“于理不通”应当抛弃。

太阳中子目漏计一法，即漏计第92条。将此条计入397法中，则《伤寒论》全书共有398法。医家常说《伤寒论》有398法，亦非空穴来风无稽之言也。

综括言之，王履虽费尽心力寻找397法却终未找到，这是因为他对“并见太阳阳明合病法”“并见太阳少阳合病法”、“并见阳明少阳合病法”三条小注的真实含义缺乏深刻认识，以致只寻找到388法。其实其余9法就隐含在这三条小注当中。这9法是：“太阳中”之32、33、36条；“太阳下”之142、171、172条；“阳明”之219、220、256条。本节所以不惮烦地说明9法之所在，意在释此积久之谜使归于正。若加上被子目漏计的第92条之法数，则《伤寒论》全书有398法。

第二，当我们说397条或398条的时候，习惯上只统计三阳三阴中的条文，“可”与“不可”中的条文不计其内，这与北宋林亿、孙奇等人的最初含义完全不同。林亿、孙奇所说的397法有特定的含义，即：

1.“法”中不包括“证”。“有方曰法，无方曰证”的界定在子目中经界分明，不相混淆。《伤寒论序》所说的397法，为纯“法”数，与今人所说的397条或398条概念不同。今人所说的397条或398条将“法”与“证”笼统计算，与《伤寒论序》所说的初始含义相距甚远。

2.《伤寒论序》中所说的397法不仅包括三阴三阳中的“法”，而且包括“可”与“不可”中的“法”，今人所说的397条只指三阴三阳中的“证”与“法”，不计“可”与“不可”中的条文，勉强划分为397条。这397条除具有便于查找、方便指说的价值以外，在学术上已与宋臣所说的397法不可同日而语了。

3. 赵开美翻刻的《伤寒论》虽美称“宋本伤寒论”，这是仅就其大体逼真北宋治平本面貌而言，实际上有不少细微之处与真宋本不同。举例言之。每卷第一页右数第四行为“明赵开美校刻”6字，右数第五行为“沈琳仝校”5字，沾染明人翻刻古书增加翻刻者姓名陋习。又据“太阳中”第74条子目所载［q1］，其下有三证，而赵开美本仅有一证即仅有第75条。经与成无己本对比，原来赵开美翻刻宋本误将3证合为1证。则研究宋本"法数""证数"时，不仅要以赵开美本为基础，而且应知赵本亦有不完善处，当经常与成无己本参照。关于将"法"与"证"笼统混计而与林亿序大相径庭予以纠偎者，分析具体深刻之文，见北京中医药大学王庆国教授《伤寒论三百九十七法考辨》（1991年第14卷第5期第11页），云："将三百九十七条代替三百九十七法，大有人在。执此说者，犯了以下三个错误。其一，忽视了三百九十七法前的证外二字。既然是证外合三百九十七法，那么林亿等人的本意证与法自有区别，而以条代法，显然混淆了证与法的界限。其二，林亿等人的三百九十七法，是指十卷二十二篇而言，有人将其局限在卷三至卷七的五卷十篇之内，这就难免有断章取义之嫌。其三，中医的法，大致是指法则、治法而言。将条与法等同起来，是无限扩大了法的概念，在逻辑上是讲不通的。基于此三点，以条代法，肯定是不妥当的，是曲解了三百九十七法的本意。"

由于397法的真实具体内容从北宋治平二年（1065）至今近千年来没有解释清楚，饱学如王履者亦仅仅得238法，故令此后研究此说者如堕五里雾中。有的伤寒学家甚至认为宋林亿等"证外合三百九十七法"之说"是不切实际的"，没有研究的必要。这种看法不是个别的，这与没有考其真实内容是分不开的。王庆国教授《伤寒论三百九十七法考辨》一文是近些年来研究三百九十七法较为深刻之作，全文分三大节：一、前贤诸家的见解及其评价；二、三百九十七法所包含的真实内容；三、三百九十七法之说的不足之处。文长不引。

十、厥利呕哕当独立成篇

宋本《伤寒论·厥阴》篇包括第326条至第381条56条经文。但细味前四条经文与其后各条经文每有不协之处，最显著的区别是，326、327、328、329四条均论厥阴病之症状，与前几篇太阳病、阳明病、少阳病、太阴病、少阴病均属论述各种症状的情形相同，而自第330条起，至381条止，"厥"字的意义与开头四条"厥阴"的词义却不相同了。这是一个十分值得注意的问题。

据统计，330～381计五十二条，"厥"字共出现53次，其词义可分如下三类：（一）"厥"训为"冷""逆"凡48见；（二）"厥"字与其他字组成一个双音词："脏厥"1见，"蛔厥"3见；（三）"厥阴"1见，见于第343条："伤寒六七日，脉微，手足厥冷，烦躁，灸厥阴（按指灸厥阴肝经的穴位），厥不还者，死。"上述"厥"字，除第343条"灸厥阴"中的"厥阴"指厥阴经的穴位以外，其余诸"厥"字与开头四条之"厥阴"一词迥然不同。

为便于比较对照，下面把开头四条经文写出：

326. 厥阴之为病，消渴，气上撞心，心中疼热，饥而不欲食，食则吐蛔。下之利不止。

327. 厥阴中风，脉微浮为欲愈，不浮为未愈。

328. 厥阴病欲解时，从丑至卯上。

329. 厥阴病，渴欲饮水者，少少与之愈。

上述"厥阴"指第396条所概括的内容，与329条以后的诸"厥"字的意义，不是同一个概念。考宋本《伤寒论》卷六《辨厥阴病脉证并治第十二》标题下，有"厥利呕哕附"五个小字，这五个小字，是解决上述之谜的钥匙。原来，"厥利呕哕"在宋本《伤寒论》中是独成篇的，也就是说，《厥利呕哕》篇与三阴三阳、霍乱、劳复、诸可与不可是同一平面上的内容，是并列的一篇，后来编子目时把《厥利呕哕》篇附在《厥阴》篇中去了。

根据什么判断《厥利呕哕》篇附于"厥阴篇"是编制子目时之所为呢？因为在上一节已经论证，子目的编制时代在北宋治平年代，编制者在《伤寒论》十八篇（《辨脉》《平脉》《伤寒例》《辨痉湿暍》四篇以外计有十八篇）每篇的标题下都有字数不等的小字注释，我们称之为"小注"。既然其余各篇的小注出于北宋孙奇、林亿等人之手，那么"厥阴篇"小注也必然为编制子目者所加。

编制子目者为什么要把《厥利呕哕》篇附于"厥阴篇"呢？其实他们的理由也很简单，就是看到"厥阴篇"的条数太少了，仅仅四条，不能与前面几篇在条数上构成平衡格局，所以索性把《厥利呕哕篇》附进去了。这样的附入，虽然在条数上，与太阳、阳明、少阳、太阴、少阴五篇基本平衡了，但是，却把六经之一的"厥阴病"与"厥利呕哕"具体病症混淆在一起了。

对于"厥阴篇"与'厥利呕哕篇"来说，合之则两伤，分开乃两利。子目编制者虽然把两篇合成一篇了，但是却明确地告诉读者"厥利呕哕附"，不但在标题下写有此重要五字，而且在厥阴篇子目第一条（即338条）下有一条十分重要的小注："前后有厥阴病四证，哕逌一十九证"。

我们在上节《宋本伤寒论证数一览表（表一）》"说明5"中曾经指出："今检各种传本，338条之前和之后，虽然都有证，但决不是四证。考赵开美摹刻宋本《伤寒论》原刻本及成无已本，338条之前属于证的条文有12条”。可见厥阴篇子目第338条注“前后有厥阴病四证”这一条注有毛病。其毛病在于两点：

1. 衍“后”字。如果去掉“后”字，即成“前有厥阴病四证”句，这就十分具体地明确地指出326、327、328、329四条是属于厥阴病篇的四条，从330条起至381条止是属于“厥利呕哕篇”条文的；而且这句小注下还有一句“哕逆一十九证”，意思是说，在《厥利呕哕篇》中有十九条是属于“证”的。去掉衍文“后”字，小注则成了这样两句话：“前有厥阴病四证，哕逆一十九证”，上一句是说厥阴病四条都属于证而没有法，下一句是说，新附入的《厥利呕哕篇》中共有十九证。总之，这条小注肯定衍“后”字。在我们撰写的宋本《伤寒论校注》一书中，对子目一律未加校注，现谨在这里指出宋本衍“后”字之事。

2. 这条小注在行文表达上不周密，有缺陷，它应在子目第一条下这样注：“前有一十二证，前四为厥阴病四证”。如果没有第一句话，就与计证之法不符了。

虽然第338条子目下的小注有两点毛病，但校正了“后”字为衍文以后，我们对于哪几条原属于厥阴篇的条文，哪几条原属于《厥利呕哕篇》的条文，就分辨得十分清楚了。

我们在《子目删于何时》一节中说过：“成氏删掉子目，对《伤寒论》的文献研究，带来了明显的损失。”自从成无已删掉子目以后，很少有人知道“厥利呕哕”曾是独立的一篇，这难道不是损失之一么？“厥利呕哕”曾是独立的一篇，不仅曾经表现在宋本《伤寒论》中，而且至今还载于《金匮玉函经》卷四。下面是《玉函》卷四目录，从中可以看出《厥利呕哕》篇与其他各篇的关系：

《辨太阴病形证治第七》
《辨少阴病形证治第八》
《辨厥阴病形证治第九》
《辨厥利呕哕病形证治第十》
《辨霍乱病形证治第十一》
《辨阴阳易差后劳复病形证治第十二》

从对比观察中发现，如果宋本《厥利呕哕》篇不附入“厥阴篇”，那么它在三阴篇中的位置及它与前后相邻的篇目，都是与《玉函》相同的。这就证明，宋本《厥利呕哕》篇确实是曾经独立成篇而后来附入“厥阴篇”的；《玉函》还保留着未附入“厥阴篇”的《厥利呕哕》篇，它保留着《厥阴篇》与《厥利呕哕》篇的原貌，因此也可证明《玉函》是一个十分古老的传本。王履《医经溯洄集·张仲景伤寒立法考》称将“厥利呕哕”附入《厥阴篇》成于王叔和：“《厥阴》经中下利呕哕诸条却是叔和因其有厥逆而附，遂并无厥逆而同类者亦附之耳。”

让我们把《厥利呕哕》篇附入《厥阴篇》这一问题作一更广泛的探讨。考孙思邈《千金翼方》之《伤寒论》“厥阴病状”篇，也是把“厥阴篇”的4条与《厥利呕哕》篇诸条放在一起排列的，其排列方法与宋本《厥阴篇》相同，但是没有任何小注说明唐传本《伤寒论》把《厥利呕哕》篇附入《厥阴篇》中。这反映什么问题呢？反映了《伤寒论》传本在南朝隋唐流传期间，有的传本把二篇合在一起编排，如唐传本《伤寒论》就是如此，有的传本把二篇分开编排，如《玉函》即是如此，而宋本则是由分开编排转向合在一起编排之本。

通过对《厥阴篇》与《厥利呕哕》篇内容的分析，我们认为，这两篇分为两篇更为合理，也就是说，《厥利呕哕》应独立成篇。

十一、附：《七录》序　阮孝绪

梁·阮孝绪《七录》佚，今存其序，见《广弘明集》，此序对稽考梁以前古书概况（如医经经方），其功甚伟。今将该序附后。

日月贞明，匪光景不能垂照；嵩华载育，非风云无以悬感。大圣挺生，应期命世，所以匡济风俗，矫正彝伦。非夫丘素（索）、坟典，《诗》《书》《礼》《乐》，何以成穆穆之功，致荡荡之化也哉？故洪荒道丧，帝昊兴其爻画；结绳义隐，皇颉肇其文字。自斯已往，沿袭异宜。功成治定，各有方册。

正宗既殄，乐崩礼坏。先圣之法，有若缀旒。故仲尼叹曰：“大道之行也，与三代之英，丘未逮也，而有志焉。”夫有志以为古文犹好也。故自卫反鲁，始立素王。于是删《诗》《书》，定《礼》《乐》，列五始于《春秋》，兴十翼于《易》道。

夫子既亡，微言殆绝，七十并丧，大义遂乖。逮于战国，殊俗政异。百家竞起，九流互作。嬴政嫉之，故有坑焚之祸。至汉惠四年，始除挟书之律。其后外有太常、太史、博士之藏，内有延阁、广内、秘室之府。开献书之路，置写书之官。至孝成之世，颇有亡逸。乃使谒者陈农求遗书于天下，命光禄大夫刘向及子俊、歆等，仇校篇籍。每一篇已，辄录而奏之。会向亡丧，帝使歆嗣其前业，乃徙温室中书于天禄阁上。歆遂总括群篇，奏其《七略》。及后汉，兰台犹为书部。又于东观及仁寿阁，撰集新记。校书郎班固、傅毅，并典秘籍。固乃因《七略》之辞，为《汉书·艺文志》。

其后有著述者，袁山松亦录在其书。魏晋之世，文籍逾广，皆藏在秘书中外三阁。魏秘书郎郑默删定旧文，时之论者，谓为朱紫有别。晋领秘书监荀勖，因魏《中经》，更著《新簿》。虽分为十有余卷，而总以四部别之。惠怀之乱，其书略尽。江左草创，十不一存。后虽鸠集，淆乱已甚。及著作佐郎李充，始加删正。因荀勖旧簿四部之法，而换其乙丙之书，没略众篇之名，总以甲乙为次。自时厥后，世相祖述。宋秘书监谢灵运、丞王俭，齐秘书丞王亮、监谢昉等，并有新进，更撰目录。宋秘书殷淳，撰大四部目。俭又依《别录》之体，撰为《七志》。其中朝遗书，收集稍广；然所亡者，犹太半焉。齐末，兵火延及秘阁。有梁之初，缺亡甚众。爰命秘书监任昉，躬加部集。又于文德殿内别藏众书，使学士刘孝标等重加校进。乃分数术之文，更为一部，使奉朝请祖暅撰其名录。其尚书阁内别藏经史杂书，华林园又集释氏经论，自江左篇章之盛，未有逾于当今者也。

孝绪少爱坟籍，长而弗倦。卧病闲居，傍无尘杂。晨光才启，缃囊已散。宵漏既分，绿帙方掩。犹不能穷究流略，探尽秘奥。每披录内省，多有缺然。其遗文隐记，颇好搜集。凡自宋齐以来，王公缙绅之馆，苟能蓄聚坟籍，必思致其名簿。凡在所遇，若见若闻，校之官目，多所遗漏。遂总集众家，更为新录。其方内经史，至于术技，合为五录，谓之《内篇》。方外佛道，各为一录，谓之《外篇》。凡为录有七，故名《七录》。

昔司马子长记数千年事，先哲愍其勤，虽复称为良史，犹有捃拾之责。况总括群书，四万余卷，皆讨论研核，标判宗旨。才愧疏通，学惭博达。靡班嗣之赐书，微黄香之东观。倘欲寻检，内寡卷轴；如有疑滞，傍无沃启。其为纰缪，不亦多乎！将恐后之罪予者，岂不在于斯录？如有刊正，请俟君子。

其刘向校书，辄为一录，论其指归，辨其讹谬，随竟奏上，皆载在本书。时又别集众录，谓之《别录》，即今之《别录》是也。子歆撮其指要，著为《七略》。其一篇即六篇之总最，故以《辑略》为名；次《六艺略》；次《诸子略》；次《诗赋略》；次《兵书略》；次《数术略》；次《方伎略》。王俭《七志》，改《六艺》为《经典》，次《诸子》，次《诗赋》为《文翰》，次《兵书》为《军书》，次《数术》为《阴阳》，次《方伎》为《术艺》。以向、歆虽云《七略》，实有六条，故别立《图谱》一志，以全七限。其外又条《七略》及二汉《艺文志》《中经簿》所阙之书，并方外之经，佛经、道经，各为一录。然继《七志》之后，而不在其数。今所撰《七录》，斟酌王、刘。王以《六艺》之称，不足标榜经目，改为《经典》。今则从之。故序《经典录》为《内篇》第一。刘、王并以众史合于《春秋》。刘氏之世，史书甚寡，附见《春秋》，诚得其例。今众家记传，倍于《经典》，犹从此志，实为繁芜。且《七略》诗赋不从《六艺》诗部，盖由其书既多，所以别为一略。今依拟斯例，分出众史，序《记传录》，为《内篇》第二。《诸子》之称，刘、王并同。又刘有《兵书略》；王以兵字浅薄，军言深广，故改“兵”为“军”。窃谓古有兵革、兵戎、治兵、用兵之言，斯则武事之总名也，所以还改“军”从“兵”。兵书既少，不足别录，今附于子末，总以子兵为称，故序《子兵录》为《内篇》第三。王以《诗赋》之名，不兼余制，故改为《文翰》。窃以顷世文词，总谓之集。变“翰”为“集”，于名尤显，故序《文集录》，为《内篇》第四。王以《数术》之称，有繁杂之嫌，故改为《阴阳》；《方技》之言，事无典据，又改为《术艺》。窃以《阴阳》偏有所系，不如《术数》之该通；《术艺》则滥《六艺》与《数术》，不逮《方技》之要显，故还依刘氏，各守本名。但房中神仙，既入仙道；医经经方，不足别创，故合《术技》之称，以名一录，为《内篇》第五。王氏《图谱》一志，刘略所无。刘《数术》中虽有历谱，而与今谱有异。窃以图画之篇，宜从所图为部。故随其名题，各附本录。谱既注记之类，宜与史体相参，故载于记传之末。自斯已上，皆《内篇》也。释氏之教，实被中土，讲说讽味，方轨孔籍。王氏虽载于篇，而不在志限。即理求事，未得所安，故序《佛法录》为《外篇》第一。仙道之书，由来尚矣。刘氏神仙陈于《方技》之末，王氏道经书于《七志》之外，今合序《仙道录》，为《外篇》第二。王则先道而后佛，今则先佛而后道。盖所宗有不同，亦由其教有浅深也。凡内外两篇，合为《七录》。天下之遗书秘记，庶几穷于是矣。

有梁普通四年，岁维单阏仲春十有七日，于建康禁中里宅始述此书。通人平原刘杳从余游，因说其事。杳有志积久，未获操笔。闻余已先著鞭，欣然会意，凡所抄集，尽以相与。广其闻见，实有力焉。斯亦康成之于传释，尽归子慎之书也。

【古今书最】

《七略》　书三十八种、六百三家、一万三千二百一十九卷。五百七十二家亡，三十一家存。

《汉书艺文志》　书三十八种，五百九十六家，一万三千三百六十九卷。五百五十二家亡，四十四家存。

袁山松《后汉书艺文志》　八十七家亡。

《晋中经簿四部》　书一千八百八十五部，二万九百三十五卷、其中十六卷。

佛经书簿，少二卷、不详所载多少。一千一百一十九部亡，七百六十六部存。

《晋元帝书目四部》　三百五帙，三千一十四卷。

晋义熙四年《秘阁四部目录》

宋元嘉八年《秘阁四部目录》　一千五百六十四帙，一万四千五百八十二卷（五十五帙、四百三十八卷佛经）。

宋元徽元年《秘阁四部书目录》　二千二十帙，一万五千七十四卷。

齐永明元年《秘阁四部目录》　五千新足，合二千三百。三十二帙。一万八千一十卷。

梁天监四年《文德正御四部及术数书目录》，合二千九百六十八帙，二万三千一百六卷。（秘书丞殷钧撰秘阁四部书，少于文德书，故不录其数也）。

新集《七录》内外篇图书，凡五十五部，六千二百八十八种，八千五百四十七帙，四万四千五百二十六卷，（六千七十八种，八千二百八十四帙。四万三千六百二十四卷经书，二百三种，二百六十三帙，八百七十九卷图符）。

内篇五录，四十六部，三千四百五十三种，五千四百九十三帙。三万七千九百八十三卷。（三千三百一十八种，五千三百六帙，三万七千一百八卷经书，一百三十五种，一百八十七帙，七百七十五卷图也）。

外篇二录，九部，二千八百三十五种，三千五十四帙，六千五百三十八卷。（二千七百五十九种，五千九百七十八帙。六千四百三十四卷经书。七十六种，七十八帙，一百卷符图）。

【七录目录】

经典录内篇一

易部：四种，九十六帙，五百九十卷。

尚书部：二十七种，二十八帙，一百九十卷。

诗部：五十二种，六十一帙，三百九十八卷。

礼部：一百四十种，二百一十一帙，一千五百七十卷。

乐部：五种，五帙，二十五卷。

春秋部：一百一十一种，一百三十九帙，一千一百五十三卷。

论语部：五十一种，五十二帙，四百一十六卷。

孝经部：五十九种，五十九帙，一百四十四卷。

小学部：七十二种，七十二帙，三百一十三卷。

右九部，五百九十一种，七百一十帙，四千七百一十卷。

记传录内篇二

国史部：二百一十六种，五百九帙，四千五百九十六卷。

注历部：五十九种，一百六十七帙，一千二百二十一卷。

旧事部：八十七种，一百二十七帙，一千三十八卷。

职官部：八十一种，一百四帙，八百一卷。

仪典部：八十种，二百五十二帙，二千二百五十六卷。

法制部：四十七种，九十五帙，八百八十六卷。

伪史部：二十六种，二十七帙，一百六十一卷。

杂传部：二百四十一种，二百八十九帙，一千四百四十六卷。

鬼神部：二十九种，三十四帙，二百五卷。

土地部：七十三种，一百七十一帙，八百六十九卷。

谱状部：四十二种，四百二十三帙，一千六十四卷。

簿录部：三十六种，六十二帙，三百三十八卷。

右十二部，一千二十种，二千二百四十八帙，一万四千八百八十八卷。

子兵录内篇三

儒部：六十六种，七十五帙，六百四十卷。

道部：六十九种，七十六帙，四百三十一卷。

阴阳部：一种，一帙，一卷。

法部：十三种，十五帙，一百一十八卷。

名部：九种，九帙，二十三卷。

墨部：四种，四帙，一十九卷。

纵横部：二种，二帙，五卷。

杂部：五十七种，二百九十七帙，二千三百三十八卷。

农部：一种，一帙，三卷。

小说部：十种，十二帙，六十三卷。

兵部：五十八种，六十一帙，二百四十五卷。

右一十一部，二百九十种，五百五十三帙，三千十八百九十四卷。

文集录内篇四

楚辞部：五种，五帙，二十七卷。

别集部：七百六十八种，八百五十八帙，六千四百九十七卷。

总集部：十六种，六十四帙，六百四十九卷。

杂文部：二百七十三种，四百五十一帙，三千五百八十七卷。

右四部，一千四十二种，一千三百七十五帙，一万七百五十五卷。

术技录内篇五

天文部：四十九种，六十七帙，五百二十八卷。

纬谶部：三十二种，四十七帙，二百五十四卷。

历算部：五十种，五十帙，二百一十九卷。

五行部：八十四种，九十三帙，六百一十五卷。

卜筮部：五十种，六十帙，三百九十卷。

杂占部：十七种，十七帙，四十五卷。

刑法部：四十七种，六十一帙，三百七卷。

医经部：八种，八帙，五十卷。

经方部：一百四十种，一百八十帙，一千二百五十九卷。

杂艺部：十五种，十八帙，六十六卷。

右十部，五百五种，六百六帙，三千七百三十六卷。

佛法录三卷外篇一

戒律部：七十一种，八十八帙，三百二十九卷。

禅定部：一百四种，一百八帙，一百七十六卷。

智慧部：二千七十七种，二千一百九十帙，三千六百七十七卷。

疑似部：四十六种，四十六帙，六十卷。

论记部：一百一十二种，一百六十四帙，一千一百五十八卷。

右五部，二千四百一十种，二千五百九十五帙，五千四百卷。

仙道录外篇二

经戒部：二百九十种，三百一十八帙，八百二十八卷。

服饵部：四十八种，五十二帙，一百六十七卷。

房中部：十三种，十三帙，三十八卷。

符图部：七十种，七十六帙，一百三卷。

右四部：四百二十五种，四百五十九帙，一千一百三十八卷。

文字集略：一帙，三卷，序录一卷。

正史删繁：十四帙，一百三十五卷，序录一卷。

高隐传一帙：十卷，序例一卷。

古今世代录：一帙，七卷。

序录：二帙，一十一卷。

杂文：一帙，十卷。

声纬：一帙，一卷。

右七种，二十一帙，一百八十一卷。阮孝绪撰。不足，编诸前录，而载于此。

孝绪，陈留人，宋中领军歆之曾孙。祖慧真，临贺太守。父彦，太尉从事中郎。孝绪年十三，略通五经大义，随父为湘州行事，不书南纸，以成父之清。年十六，丁艰，终丧不服绵纩。虽疏食，有味则吐之。在钟山听讲，母王氏忽有疾，孝绪于讲座，心惊而返。合药须生人参，自采于钟山高岭，经日不值。忽有鹿在前行。心怪之，至鹿息处，果有人参。母疾即愈。齐尚书令王晏，通家权贵来候之，传呼甚宠，孝绪恶之，穿篱而遁。晏有所遗，拒而不纳。尝食酱而美，问之乃王家所送，遂命覆醢。及晏被诛，以非党获免。常以鹿林为精舍，环以林池，杜绝交好，少得见者。御使中丞任昉欲造之，而不敢进，睨鹿林，谓其兄履曰："其室则迩，其人甚远"。太中大夫殷芸赠以诗，任昉止之曰："趣舍苟异，何用相干！"于是朝贵绝于造请，唯与裴贞子为交（贞子即子野之谥）。天监十二年，秘书监傅昭荐焉，并不到，天子以为苟立虚名，以要显誉，自是不复征聘。故何胤孝绪，并得遂其高志。南平元襄谓履曰："昔君大父举，不以来游取累，贤弟独执其志，何也？"孝绪曰："若麋■尽可骖驭，何以异于騄骥哉？"三作二阁及性情义，并以示之，请为润色，世祖著忠臣传，集释氏碑铭，丹阳尹录妍神记，并先简居士，然后施行。鄱阳忠烈王，孝绪姊夫也。王及诸子，岁时致馈，一无所受。尝自筮死期，云与刘著作同年。是秋，刘杳卒。孝绪睨曰："吾其几何？"数旬果亡，年五十八。皇太子遣使吊祭，赙赠甚渥。子恕，追述先志，固辞不受。门人谥曰文贞处士。孝绪甚博极群书，无一不善，精力强记，学者所宗，著《七录》《削繁》等诸书，一百八十一卷，并行于世。编次佛道，以为方外之篇，起于是矣。

十二、附：宋本《伤寒论》字诂

《伤寒论》语言向称奥雅。“奥”，不仅指深奥，且指某些字词古今意义不同；“雅”，不仅指文雅，且指简洁。不明《伤寒论》语言特点，难免隔靴搔痒，似懂非懂。

古今学者早已注意及此。成无己固以阐述医理独步古今，然亦关注字词训诂。日本医家森立之《伤寒论考注》、山田正珍《伤寒论集成》、伊藤子德《伤寒论文字考》、山田业广《伤寒论释词》及《伤寒论私考》诸书皆以释诂为重点。中国《伤寒论》训诂之作罕见，医家以为此乃末节，不屑为也。20世纪章太炎弟子孙世扬撰《伤寒论字诂》《金匮要略字诂》两文，载于《制言》杂志，今已罕见。《章太炎全集》第八册《与恽铁樵书》云：“顷与弟子孙世扬详较霍乱篇文义，乃知发热头痛身疼，皆在利止以后。”是知孙世扬为太炎弟子也。

本文将《伤寒论字诂》全文照引如下，以保存难得之文献焉。

1.《辨脉篇》：灑淅恶寒。

“灑”通作“洒”。双声言之，则《素问·调经论》云：“洒淅起于毫毛”，重言之，则《金匮要略》云：“洒洒然毛耸。”本论云：“淅淅恶风”，单言之，则《风论》云：“腠理开则洒然寒”是也。

2. 又，脉瞥瞥如羹上肥。

“瞥”当作“潎”。《文选·秋兴赋》注云：“潎潎，游貌。”叠韵言之曰“潎冽”。《琴赋》注云：“水波浪貌。”

3. 又，厥厥动摇。

《说文》：“厥，发石也。”《脉经》云：“掌上相击，坚如弹石。”（超尘按：厥厥，弹石动貌。弹石，园石也。）

4. 又，四肢漐习。本论漐漐汗出然汗出

《说文》：“濈，和也。”微汗濈然，故为病解。漐习叠韵言之，漐漐重言之，一也。《说文》作湁湒，灂也。云：“湒，雨下也。”汗出如雨如灂，故为病症。成注漐习为震动，若搐搦手足时时引缩，此泥于肝绝而为之说，不知厥阴之绝，未有不见少阴四逆亡阳证者。

5. 噫、餲、哕、呕、吐、唾

《说文》：“唾，口液也。”“吐，写也。”此皆以出口言。故本论“吐脓血”与“唾脓血”互称，亦犹“清脓血”与“便脓血”互称耳。“呕”以胸喉言，故呕吐并举。又云“干呕吐涎沫”。“噫，饱出息也。”故云“干噫食臭。”“哕，气牾也”，故云“胃中虚冷”，攻其热，必哕。后世方书谓之呃逆。餲即噎，“饭窒也。”噎可致呃逆，大笑亦可致呃逆。此皆不为病症。其因于寒或因于食积或因于燥者，哕而不休，乃为病症。叔和以脉辨餲与哕，盖未谛。俗医以呃逆为噫气，而用旋复代赭汤治之，大误。

6.《辨脉篇》口烂食断

读若《春秋经》日有食之。本字作蚀。

7. 又，客气内入，嚏而出之。

按，《素问·阴阳类论》云：“先至为主，后至为客”，故本论以外感所传变者为邪气。如云腠理开，客气动膈是也。此云“客气内入，嚏而出之”者，正当本论所称邪气。《金匮要略》云：“客气邪风，中人多死”，则与此同意。

8. 又，声嗢咽塞。

《说文》“嗢，咽也。”段注云：“咽，当作噎。嗀，咽中不利也。与嗢音义同。”

9. 又，脐筑湫痛，命将难全。

按，《霍乱篇》云：“脐上筑者，肾气动也。”此即《太阳篇》“脐下悸，欲作奔豚”之类。《说文》：“筑，捣也。”《诗·小雅·弁》：惄焉如捣。《传》云：“捣，心疾也。”颜师古云：“捣，筑也。心疾曰捣，脐痛曰筑。”其为状同尔。“湫痛者”，《左传》云：“壅闭湫底，血气壅闭”，湫底则痛，凡痛皆然。

10. 舌上胎。

“胎”，当作“菭”。《说文》：“菭，水衣也。”字亦作苔。

11.《平脉篇》韵

乘躬　中通容洪同　常长亡昂纲明　源关诠弦分旋环焉千坚烦缘端然奸看神人

12. 又，翕奄沈名曰滑

《说文》：“翕，起也。”“沈，没也。”“奄，遽也。”此言脉遽起遽没，往来流利，是之谓滑。

13. 又，肌肉紧薄鲜鞕

《广雅》：“薄，附也。”

14. 又，肌肉甲错。

“甲错”即《易·彖》甲拆也。《金匮要略》则云肌若鱼鳞。

15.《伤寒例》翕习之荣。

《论语》“翕如也”，皇疏：“习也。”《文选·鹪鹩赋》注：“翕习，盛貌。”

16.《太阳篇》啬啬恶寒、淅淅恶风、翕翕发热

《大戴记·少间注》云：“啬啬，收也。”《白

虎通》云：“瑟者，啬也。”今谚称“冷瑟瑟”。“淅淅”犹洒洒也。“翕”，《方言》云：“炽也，炙也。”字亦作“熻”，双声言之，则《甘泉赋》作“翕赫”。

17.《太阳篇》项背强几几

成注：“几几音殊殊，伸颈之貌。”余杭章公云：“当读若诗狼跋赤舄几几。”按《说文》引《诗》作“赤舄掔掔”。段注云：“掔之言紧也”

18. 又，面色缘缘正赤

按，“缘缘”叠韵言之，则《庄子·鱼父》作“延缘”，双声言之，则《广韵》作“夤缘”。“正”读若《论语》“正唯弟子不能学”，字亦作“政”。此言面色夤缘，边际都赤。章公云：“巾车夏篆”故书“篆”为“缘”，郑司农云：“夏，赤也。”“缘缘色”，盖汉时有“缘色”之语。

19. 懊侬

《广韵》作懊恼。“恼”从“㛴”，“侬”从农，“农”与“㛴”同从“囟”，盖“囟”亦可读若“㛴”，故农以为声，而“侬”又读若“乃”者也。

20.《太阳篇》：大便已，头卓然而痛。

《论语》“如有所□卓尔然”，“卓”有“立”义，故今谚称“几卓”。“大便已，头卓然而痛者”，起则头痛，卧则不必痛也。章公云：“卓，高也。”谓痛在颠顶。

21. 柴胡加芒硝汤，半夏二十铢

杭县冯仲彬云：“小柴胡汤用半夏半升，而此汤以小柴胡三分之一加芒硝二两，其中半夏用二十铢，可证半夏半升为六十铢，一升为五两。《千斤方》云，半夏一升，洗毕秤五两为正。”

22.《太阳篇》心下温温欲吐《少阴篇》心中温温欲吐复不能吐

《千金翼》引《少阴篇》文作愠愠。“温温”“愠愠”皆即《易》细缊也。《说文》引《易》作“壹壼”，释之曰不得泄也。欲吐不吐是为壹壼。章公云：温与嘔、欬二字，音并通。笑曰嘔噱，在口为噱，在喉为嘔。欬者，咽中息不利也。

23. 客热

此与客气词例同。伤寒发热，由于胜复者，但谓之热，先至为主也。其在误治后者，谓之客热。后下为客也。

24.《阳明篇》奄然发狂

“奄然”读若《说文》引《公羊传》覢然公子阳生，《吴都赋》作奄欻，《长笛赋》作奄忽，皆双声言之。

25. 又，面合色赤

按，下文曰：“不仁而垢。”林亿校正云：“又作枯。一作向经。”盖古云“垢”省作“后”，后人不解，以意改之，此条亦本作“面后”而形近误作“面合”，如“謑诟”《墨子·节葬》作“奚吾”，此以“謑”省作“奚”，“诟”省作“后”，乃以形近误作“吾”，可为旁证。

26. 又，实则讝语，虚则郑声，郑声者，重语也。

“讝”，《素问》作“譫”，即“詹”之后出字。《论语》两言“郑声”。邢疏、皇疏并引《乐记》为说。然《乐记》于郑、宋、卫、齐四国之音皆讥，而孔子单称郑声，宜其有别。当据此以重语解之。

27. 又，“转失气”成注“转气下失”，章公云：“失气由于肠痛，见《风俗通》。又宋人有《失气赋》，并可证作转矢气者误。”

28. 又，胃中必有燥屎五六枚。有燥屎在胃中。

“屎”《说文》作“菌”，《左传》《史记》借“矢”为之。恽先生曰：“燥屎当结于肠间，而本论云在胃中者，以伤寒系在足经故也。其为病由胃及肠，故但言胃，不言肠也。”

29.《少阴篇》下利清谷　下利清水

“清”亦作“圊”，本作“瀞”。

30.《厥阴篇》“今反能食者，恐为除中”

按，《尔雅·释草》“簢，箓中”郭注：“言其中空。”“箓”“除”声同，竹中空曰“箓中”，腹中空曰除中。

31. 又，食以索饼

按，东曾《饼赋》谓之“汤饼”，范汪祀制谓之水饮饼（见《初学记》引）。合之扯面切面是也。

第五节　宋本《伤寒论》中几个问题的思考

现传《伤寒论》《金匮要略》是北宋校正医书局于治平二年（1065年）校定之书，已非《伤寒论》及杂病论之原貌。在中医古籍流传史上，没有任何一部书籍之流传史象《伤寒论》《金匮要略》错综纷繁，传承繁多，时晦时显，盘根错节，疑城重重。治此书者，当留意版本流传，尽可能理清头绪，以便互相参阅，得其真髓。

一、《伤寒杂病论》著述年代

仲景无传，《伤寒杂病论》成书确切年代失载，古今学者多有考证。《伤寒论序》：“建安纪年以来，犹未十稔，其死亡者，三分有二，伤寒十居其七。感往昔之沦丧，伤横夭之莫救，乃勤求古训，博采众方……为伤寒杂病论，合十六卷。”则《伤寒杂病论》成于建安年间也。方有执《伤寒论条辨》卷八《辨发汗吐下后脉证并治第二十二》云：“是书也，仲景之作于建安，汉年号也。”章太炎先生《张仲景事状考》云：“自序称，建安纪年以来，犹未十稔，是在建安七八年中，《伤寒论》于是始作，上与何颙相较，其时不过中身也。”黄竹斋《医圣张仲景传》：“仲景书，自建安十年至宋治平二年，上下八百五十六年，分合晦显之大概也。”是黄氏认为《伤寒杂病论》作于建安十年，与章君所考略同。1936年《国医文献·张仲景特辑》洪贯之《张仲景郡望生卒之推测》一文云：“今观《伤寒论序》有云：建安纪年以来，犹未十稔，而王仲宣以建安十八年冬十一月始任魏侍中，则建安元年时正二十岁。若其诊仲宣确属事实，序文亦真，则见仲宣时，去著书(《伤寒杂病论》）时当必甚近或同时，亦未可知。盖原书(《伤寒杂病论》）似非一二年所能完成，乃应当时时医之误治，以自己之临床研究加以订正，随手编录，及完成时，已在建安十年之前矣。”1953年9月宋向元于《新中医药》发表文章，称《伤寒杂病论》成于建安十五年，郭霭春《中国医史年表》采纳宋氏意见。中国中医研究院马继兴教授《中医文献学》第三章《伤寒杂病论系统》云：“编写《伤寒杂病论》的文献依据主要是在《伊尹汤液经》的基础上参考了《素问》《九卷》《八十一难》《阴阳大论》《胎胪药录》《平脉辨证》等书。其撰写年代约在公元206年前后（依张仲景自序“建安纪年以来犹未十稔”推算)。”中国中医研究院余瀛鳌教授以为《伤寒杂病论》成书于建安十年前后或者更早一些，而其著书时间则要更早。钱超尘《伤寒论文献通考》第一章第三节《撰写伤寒杂病论时地考》云：“张仲景于建安二年望仲宣而诊其病，建安三年至建安六年，长沙太守张羡及其子张怿相继畔表，羡约于建安六年病卒，长沙复立其子怿为郡守以抗表。《三国志·桓阶传》叙此事之行文如此：表急攻羡，羡病死。城陷。《三国志·刘表传》之行文如此：羡病死，长沙复立其子怿，表遂攻并怿。观两传行文，羡死之后攻怿，平怿似未用一年时间。故《桓阶传》在羡病死句下接云城陷。若以建安六年年末最后平定张怿计，则从建安三年至建安六年长沙太守为张羡父子，此时仲景不得为太守。建安七年长沙无太守。仲景虽时为医家圣手，但所结交多名士。太炎先生云：‘今谓仲景事何颙、依刘表、交王粲，所与游皆名士，疑其言行可称者众，不徒以医术著也。’刘表约于建安七年任仲景为长沙太守。《伤寒杂病论》一十六卷约非一年可就，仲景约于建安七、八年或稍后完成此不朽巨著。其所勤求博采者为《汤液经法》，异于自撰之全出自己机枢者，有书可依，基本属于整理编辑之作，所需时间不会太长，此与《伤寒论序》未及十稔之说合。”

1984年《北京中医学院学报》第二期发表刘峰（梁嵘)、杨维益教授《脉经卷七初探》一文，认为“王叔和为晋人，由于他生活的年代与仲景较为接近，故历来医家皆认为现行《脉经》中的辨伤寒部分确经王叔和之手加以整理，为《伤寒论》一书的最早传本，但若根据文献记载及《伤寒论》的内容来看，王叔和所编的原始《脉经》中，是否保存有较完整的《伤寒论》，似有可供商榷的必要。”结论是：“在原始《脉经》中已保存有《伤寒论》的大部分内容的说法是不能令人折服的。此很可能是唐宋医家据晋人的记载集当时的《伤寒论》条文加以编纂而附于《脉经》之中。”1985年刘、杨两位教授又联合发表论文，题为《关于现行伤寒论成书时代的质疑》，又说：“现传王叔和《脉经》卷七虽有《伤寒论》的内容，但据我们考证，卷七并非王叔和所撰，系后人托名附入。”这样就把《伤寒论》的成书时代大大推迟了。此文又说：“鉴于《伤寒卒病论》一书不为前人所知，特别是不为与仲景时代相近的魏晋六朝医家所知，书名不为前代史籍所载，却突然出现，历史承传不明，因此很难令人相信出于仲景之手”，“现行本《伤寒论》的核心思想在于以六经辨证统摄伤寒之证治，但这一辨证体系似乎对六朝前之医家治疗伤寒并无影响。六朝医家对《伤寒论》的无知，只能说明此书不产生于那个时代。”也就是说，该文认为，《伤寒杂病论》的成书时代在六朝以后。

关于《伤寒杂病论》之撰著时代，大多数学者认为在建安时期，也有学者认为始撰于建安前而成于建安，少数学者认为该书非成于建安而在六朝以后。总之，据序言所说，《伤寒杂病论》以成书于建安期间为得实。

二、《辨脉》《平脉》考

宋本《伤寒论》卷一第一为《辨脉法》，第二为《平脉法》。林亿、孙奇、高保衡等《伤寒论序》云：“开宝中（公元968～796年)，节度使高继冲曾编录进上，其文理舛错，未尝考证。历代虽藏之书府，亦阙于雠校，是使治病之流，举天下无或知者。”是宋本所据之底本为高继冲进献本。高继冲为荆南国末主，生于唐末后晋七年（942)，卒于宋开宝六年（973)，享年三十一岁。献书时期时任武宁节度使。在高继冲进献之前，此书“历代藏之书府，亦阙于雠校”，则其书来源甚为古远，常人难得一见，故亦阙于校雠。宋本《伤寒论》既已载之，则《辨脉》《平脉》载于《伤寒论》中绝非始于宋本。敦煌《伤寒论》残卷 s，202 为《辨脉法》（钱超尘《伤寒论文献通考》第六章对 S·202《辨脉法》有详考与校雠。学苑出版社 1993 年 8 月第一版），谓张仲景所作，则《辨脉》《平脉》收于仲景《伤寒论》，其来久矣。

（一）《辨脉》《平脉》的时代

用词语断代法考证《辨脉》《平脉》的著作时代，可以比较准确地确定它们基本上是西汉之作，少数条文为东汉之作。

先秦西汉散文体著作，经常穿插一些有韵之文。这种写作特点可以作为判断作品时代的参考标准之一。顾炎武《日知录》卷二十一《五经中多有用韵》条指出：“古人之文，化工也。自然而合于音，则虽无韵之文，而往往有韵。孔子赞《易》十篇，其《彖》《象》《传》《杂卦》五篇用韵，然其中无韵者，亦十之一。《文言》《系辞》《说卦》《序卦》五篇不用韵，然亦间有一二。如：鼓之以雷霆，润之以风雨，日月运行，一寒一暑。乾道成男，坤道成女。君子知微知彰，知柔知刚，万夫之望。《尚书》之体本不用韵，而《大禹谟》帝德广运，乃圣乃神，乃武乃文，皇天眷命，奄有四海，为天下君。《伊圣》圣谟洋洋，嘉言孔彰，惟上帝不常，作善降之百祥，作不善降之百殃。尔惟德罔小，万邦惟庆；尔惟不德罔大，坠厥宗。凡此之类，在秦汉以前诸子书并有之。太史公作《赞》，亦时一用韵。”这些用韵句段，皆穿插于无韵段落之间，形成先秦及西汉时代的散文特点。东汉以后，这种文体少见。用这一标准去衡量《辨脉》《平脉》，我们发现在散文体中有许多押韵句段。这里所说的押韵，指的是古韵，与现代汉语的音韵不同。为了说明押韵的时代性，在入韵字的后面注上古韵韵部，韵部的外面括上圆括号。关于《辨脉》《平脉》有大量押韵句之研究，分两部分论述。

第一　在散文体裁中，穿插押韵之句。为节省篇幅，凡不押韵之句段，基本不加引用。

①清便下重，令便数难（元），齐筑湫痛，命将难全（元）。（《辨脉》。难、全相押）

②师曰：假令人病（阳），脉得太阳（阳），与形证相应，因为做汤（阳）。比还，送汤如食顷（耕），病人乃大吐若下利，腹中痛（东）。（《平脉》。东、耕、阳三个韵部合韵相押，此为汉韵特点，先秦时代三个韵部分用划然，不能合韵）。

③人病脉不病，名曰内虚（鱼），以无谷神，虽困无苦（鱼）。（《平脉》。同部字相押）

④寸口卫气盛，名曰高。荣气盛（耕），名曰章（阳）。

高章相搏，名曰纲（阳）。（《平脉》。耕阳相押，此汉韵也）

⑤其颜光（阳），其声商（阳），毛发长（阳），迟则阴气盛（耕），骨随生（耕），血满，肌肉紧薄鲜鞕（耕）。阴阳相抱，荣卫俱行（阳），刚柔相得，名曰强（阳）也。（《平脉》。耕阳相押。此为汉韵。试看“行”字，西汉时期读 hang，东汉时期读 xing 此句之“行”读 hang，与“强”字相押，明显地反映了西汉音韵特点。日本森立之《伤寒论考注》云：“长、光、商、长、盛、生、鞕、行、强皆押韵，其为古《脉经》之遗言可知也。”）。

⑥滑者胃气实，紧者脾气强（阳）。持实击强，痛还自伤（阳）。以手把刃，坐作疮（阳）也。（《平脉》。同部字相押）

⑦风气相抟（元），必成隐疹（真）（《平脉》。按，“抟”字各书皆讹为“搏斗”之“搏”，训为搏击。甚误。《伤寒论》及《内经》许多“抟”字由于形近而讹为“搏”字。此句作“抟”，绝无误。且“抟”与“疹”为真元合韵，若作“搏”则失韵矣。从押韵角度上分析，亦可证明作“抟”，而不能作“搏”）。

⑧寸口脉弱而缓，弱者阳气不足（屋），缓者胃气有余（鱼）。噫而吞酸，食卒不下（鱼），气填于膈上也（上一作下。按，下，古韵在鱼韵。依韵观之，作下为是）。（《平脉》。“足”与“余”为屋韵与鱼韵合韵，此为汉韵特征。上一“下”字与末句之“上”字不相押韵，原书古注云，“一作下”。谓有的传本作“下”。森立之云，此校注之语为王叔和所作。按作“下”字是。依古韵可以校出《伤寒论》讹字）。

⑨浮紧相抟（元），肠鸣而转（元）。转即气动，膈气乃下（鱼），少阴脉不出，其阴肿大而虚（鱼）也。（《平脉》。首句“抟”字各书皆讹为“搏”，大误，当作“抟”，与“转”字为元部字相押。“下”字古音近 hu，与“虚”皆为古韵鱼部字）。

⑩寸口脉微而涩，微者卫气不行（阳），涩者荣气不逮，荣卫不能相将（阳），三焦无所仰（阳）。（《平脉》。按，“行”字先秦及西汉时代皆读 hang，此句“行”读 hang，保留西汉读音特征。

"行"字东汉逐渐出现 xing 音，古韵部从阳韵转入耕韵。《平脉》中有其例。）

⑪谷入于胃，脉道乃行（耕），水入于经（耕），其血乃成（耕）。

荣盛则其肤必疏，三焦绝经（耕），名曰血崩（蒸）。（《平脉》。此例尤当注意。"行"字从阳韵转入耕韵，带有东汉音韵特点。此为耕部字与蒸部字相押之例，西汉时期甚为少见，东汉则多见。）

第二 整段皆为韵文。见《平脉》第一段。将此段文字引在下面，押韵字后面注上韵部名称，以考查这段韵文的时代特征：

脉有三部，阴阳相乘（蒸），荣卫气血，在人体躬（蒸）。呼吸出入，上下于中（冬），因息游布，津液流通（东）。随时动作，效象形容（东）。春弦秋浮，冬沈夏洪（东）。察色观脉，大小不同（东）。一时之间，变无经常（阳）。尺寸参差，或短或长（阳）。上下乖错，或存或亡（阳）。病辄改易，进退低昂（阳）。心迷意惑，动失纪纲（阳）。愿为具陈，令得分明（阳）。师曰：子之所问，道之根源（元），脉有三部，尺寸及关（元），荣卫流行，不失衡铨（元）。肾沈心洪，肺浮肝弦（真），此自经常，不失铢分（文）。出入升降，漏刻周旋（元）。水下百刻，一周循环（元）。当复寸口，虚实见焉（元）。变化相乘，阴阳相干（元）。风则浮虚，寒则牢坚（真）。沈潜水蓄，支饮急弦（真）。动则为痛，数则热烦（元）。设有不应，知变所缘（元）。三部不同，病各异端（元）。大过可怪，不及亦然（元）。邪不空见，终必有奸（元）。审察表里，三焦别焉（元）。知其所舍，消息诊看（元）。料度府藏，独见若神（真）。为子条记，传与贤人（真）。

这是典型的押韵之文，有两点可以确切证明这段韵文是西汉之文。

第一，"明"字的读音。今读为 ming，而在这段韵文里读为 miang（这个读音在现代汉语里已经没有了）。顾炎武在《唐韵正》一书里，举出 292 个例证证明"明"字在先秦与西汉时期读为 miang 的声音。他的考证是正确的。《内经》大部分"明"字都读 miang。例如：《素问·疏五过论》："诊病不审，是谓失常（阳），谨守此治，与经相明（阳）。上经下经，揆度阴阳（阳），奇横五中，决以明堂（阳），审其终始，可以横行（阳）。"到了东汉时期，逐渐转为 ming 的读音。在这段韵文里，"明"字只能读为 miang 的声音，从而体现了西汉的音韵特点。

第二，真部、文部、元部三个韵部合韵。汉代韵宽，真、文、元可以合韵，先秦时代这三个韵部绝对不可合韵。下面是真、文、元合韵之句："肾沈心洪，肺浮肝弦（真），此自经常，不失铢分（文），出入升降，漏刻周旋（元）"。

以上从音韵特征上证明《辨脉》《平脉》是西汉时代之作。时有古今，地有南北，字有更革，音有转移，是古今语言发展的规律。像如此鲜明的音韵时代特征不是后人所能伪造出来的。

清·魏荔彤《伤寒论本义》谓此段韵文为叔和撰："按：《辨脉》后《平脉》前，有韵语一段，似叔和氏所撰，固置之二篇之首，盖冒语之体也。辨者，辩论以别之；平者，平章以定之，务在解其疑惑，明其确当。唯诊视之无舛，斯施治而悉协矣。盖新好之怀，既孚古人，真赝之讥，惶恤来者乎？况开卷立意，发明宣导，其志有可尚焉。即果出王氏，亦可首列也。"按，其说非也。王氏之文何能作西汉音？

《脉经》经常引用《辨脉》《平脉》之文。如卷一第一引《辨脉》，第六引《平脉》，第九引《辨脉》，第十一、十二、十三引《平脉》，第十五引《辨脉》。特别值得指出的是，《脉经》卷五第一节为《张仲景论脉》，全部收上述一段韵文，王叔和标明为张仲景论脉之作。此段韵文为张仲景所勤求博采所得，非其亲自创作而成者。

（二）《辨脉》《平脉》的作者

宋本《伤寒论》卷一为《辨脉》《平脉》，在元末明初王履（1332～?）之前，医家皆认为《辨脉》《平脉》为张仲景所撰或为张仲景"勤求古训，博采众方"而收录书中者。王履首先对《辨脉》《平脉》的真伪提出质疑，认为这两篇文章为王叔和所增，非仲景书所原有。此说一开，与王履同时医家黄仲理进一步申发之，于是关于《辨脉》《平脉》之作者争论纷纷，概括言之，凡有三说。一为仲景作；一为叔和作；一为西汉旧文，作者不详。下面分别评析。

一说为仲景作。魏荔彤《伤寒论本义·卷之首·辨脉法篇》最后一段云："《辨脉》一篇，的是医圣原文，其词简括，其义深长，与《伤寒杂病论》心思笔致，皆足令人细绎不尽，推暨无方矣。"

一说为叔和作。始倡此说者为元代王履，其《医经溯洄集·张仲景伤寒立法考》云："夫叔和之增入者，《辨脉》《平脉》与《可汗》《可下》等诸篇而已，其六经病篇，必非叔和所能赞词也。但厥阴经中下利呕哕诸条，却是叔和因其有厥逆而附，遂并无厥逆而同类者亦附之耳。”明代初年洪武中芗溪黄仲理《伤寒类证辨惑》遵王履之说进一步确指《辨脉》《平脉》为叔和所作。黄仲理与王履同时而年龄稍小。王履于洪武四年（1371）任秦府良医正，而黄仲理为洪武中人，是知二人同时。黄氏之文为日本丹波元胤《医籍考》所收，亦收于《四部总录医药编》，影响益广。黄氏云：“仲景之书，六经至劳复而已，其间具三百九十七法，一百一十二方，纤悉毕备，有条而不紊也。《辨脉法》《平脉法》《伤寒例》三篇，叔和采摭群书附以己意，虽间有仲景说，实三百九十七法之外者也。又《痓湿暍》三种一篇，出《金匮要略》，叔和虑其证与伤寒相似，恐后人误投汤剂，故编入六经之右，致有宜应别论之语，是为杂病，非伤寒之候也。”明嘉靖年间安徽祁门汪机弟子陈桷评《辨脉》云：“辨脉法非仲景本文，乃叔和所采摭者，故多乖忤，学者宜审别之。”由此可以看出，王履发出质疑之言后，在明代已产生很大影响。杨绍伊《伊尹汤液经》则更进一步指出《辨脉》《平脉》据何书而成。杨氏云：

仲景序中“撰用《素问》《九卷》《八十一难》《阴阳大论》《胎胪药录》并《平脉辨证》”五句，与“若能寻余所集，则思过半矣”至“夫欲视死别生，实为难矣”一节，悉出叔和撰次。且《素问》《九卷》《八十一难》《阴阳大论》三书，三阳三阴篇中，无一语道及。《辨脉》《平脉》之答曰、师说类，又非仲景自作；其《伤寒例》一篇，为叔和之作，篇中已有明文。而《伤寒例》即首引《阴阳大论》，篇中之语，亦即悉出此三书。是三书乃叔和撰用之书，非仲景博采之书也。再以叔和撰次者证之。叔和撰次之篇，有《平脉法》一篇。此撰用之书，有《平脉辨证》一种。此撰用之《平脉辨证》，即《平脉法》出处之注脚。《平脉法》既为出于《平脉辨证》，则《平脉辨证》必非仲景所博采。又三阳三阴篇中，叔和撰次之可考见者，除问曰、答曰之《辨脉法》类与问曰、师曰之《平脉法》类外，无第三类。此撰用之书，除《素问》《九卷》《八十一难》《阴阳大论》三书为撰用《伤寒例》之书外，亦唯《胎胪药录》《平脉辨证》二种。《平脉法》之问曰、师曰类，既为出于《平脉辨证》，则《辨脉法》之问曰、答曰类，必为出于《胎胪药录》无疑。

谓叔和所撰，非谓叔和独出心裁，自抒才情之创作，而谓采摭遗文，比合成篇者。杨绍伊《考次汤液经序》又云：“辨脉、平脉二篇，皆属问答，则二篇悉是仲景弟子之书。唯辨脉法之答语称答曰，平脉法之答语称师曰，有此显异。又二篇词气，亦多不类，必作者本非一人。以其俱为脉论之遗，故并撰而骈次书首。”

一说为西汉论脉高文，并从古音学上证明《辨脉》《平脉》之韵为西汉之音韵，因此这两篇文章亦非仲景本人所写。仲景汉末人，不能写出具有西汉音韵特点的文章。

（三）由作者之辨到深层次的学术争鸣

王履、黄仲理质疑于前，明末方有执探究于后，清初喻昌沿途继轨，程应旄继而羽翼，不仅对《辨脉》《平脉》力加抨击，且对《伤寒论》全书中认为可疑处，一一纠弹，倡错简重订之说，从而引发一场巨大的学术争论，一直延续至今。

明中叶至明亡，学风窳败，士习颓堕，学子束书不观，终日从事游谈。我国经学历来与政权结合较紧，明代政治腐败，故经学亦染腐败之习。科技与政治联系不甚直接，在封建社会尤其如此，所以在这样一种政治与学术气氛下，自然科学与医学尚存一片绿洲。宋应星（1587～?）《天工开物》是我国第一部农业科技著作，宋氏诞生于明末。医家张介宾（1563～1640）、马莳之著作代表了明代《内经》学术的最高水平。明末方有执沉潜《伤寒论》二十余年，于晚年刻印《伤寒论条辨》，除对《辨脉》《平脉》加以评弹外，尚对《伤寒论》全书中凡认为是叔和增入之条文，一一摘出评述。这在中国科技发展史上颇具一定位置。方有执（1522～?），字中行，安徽歙县人。明万历十七年（1589）著成《伤寒论条辨》八卷。关于《辨脉》《平脉》之评述主要见于卷八。其主要观点是：第一，改“平脉法第二”为‘辨脉法上”，原“辨脉法第一”改为“辨脉法下”；第二，将《辨脉》《平脉》由宋本卷一退置卷末；第三，认为《辨脉》《平脉》既有仲景之论，又有叔和之言。第四，《辨脉》《平脉》次序及两篇文章中条文次于后人紊乱之处。在《辨脉法上篇》作如下说明：“叔和述仲景之言，附己意以为赞经之辞，辟则翼焉，传类也。篇目旧名平脉，次第二而僭经右。夫传不可以先经，论脉亦无先各脉而后平脉之理。且平脉不过前数条，冒事必如此耳。后亦各脉。安得直以平脉名篇？皆非叔和之旧，其为后人纷更明甚，是故重考订而次序如今。”方有执对《辨脉》《平脉》条文细加评点，指斥何者为叔和所加，何者为错简；不特此也，既删削《伤寒例》，又于《太阳篇》，改叔和之旧观。喻昌云：“削去叔和序例，大得尊经之旨”，“太阳三篇，改叔和之旧，以风寒之伤营卫分属，卓识超越前人。”方有执为错简派奠定理论基础。《伤寒论条辨》的出现，标志着这场争论，已从《辨脉》《平脉》深入到《伤寒论》全书理论与结构之争了。

喻嘉言（约1585～1664），名昌，江西新建人（今南昌），生于明末，崇祯时以副榜贡生入都言事，清军入关后，隐居不仕，征诏不就；清顺治中侨居常熟，以医为业，医名大噪，于顺治五年戊子（1648）著成《尚论篇》四卷，补足申发方有执之说。关于《辨脉》《平脉》主要观点是：他认为《辨脉》《平脉》原皆名为《平脉》，王叔和另立“辨脉”之名。又认为将《平脉》《辨脉》置于卷首，为以传替经，乃大不敬。喻氏云：王叔和“不露补缀之痕，反以《平脉》本名，易为《辨脉》，而阴行一字之颠倒，此吾所为讥其僭窃耳。”又云：“一卷之《平脉法》，二卷之《序例》，其文原不雅训，反首列之以错乱圣言。”从批评《辨脉》《平脉》入手，进而几近全面否定王叔和编纂之功。在《尚论仲景伤寒论先辨叔和编次之失》云：“至于编述伤寒全书，苟简粗率。如先序例一篇，蔓引赘词，其后可与不可诸篇，独遗精髓，《平脉》一篇，妄入已见。总之，碎剪美锦，缀以败絮，盲瞽后世，无由复睹黼黻之华。泥于编述大意，私淑原委，自首至尾，不序一语。明以贾人居奇之术，致令岐黄一派，斩绝无疑。悠悠忽忽，沿习至今。所谓千古疑窦，莫此难破。”又云：“王叔和于仲景书，不察大意，妄行编次补缀”，“其序例一篇，明系叔和所撰，何乃列于第二卷。岂以仲景之书非序例不能明耶。”于《尚论张仲景伤寒论大意》云：“太医令王叔和附以己意编集成书，共二十二篇，后人德之，称为仲景之徒。究竟述者之明，不及作者之圣，只令学者童而学之，白首不得其解，虽有英贤辈出，卒莫能舍叔和疆域。”

自方喻说出，中日伤寒学者皆加研究。日本著名伤寒学家山田正珍（1749～1787）《伤寒论集成》“凡例”云：“《辨脉法》《平脉法》《伤寒例》及辨发汗吐下诸篇，并是王叔和所掺，前辈诸公业已辨之，今从而不采用矣。”日本伊泽棣轩《伤寒论讲本》取《太阳上》至《霍乱》而解之，《辨脉》《平脉》《伤寒例》《可与不可》皆不入书。此尤可见方喻影响之深之巨。

总之，仲景《伤寒论》至方有执、喻嘉言，发生一次巨大变革，不但删贬《辨脉》《平脉》《伤寒例》，而且重新排列条文先后，《伤寒论》以另一种面貌出现。从之者极力称其是，反对者则竭力指其非。清初柯琴《伤寒论翼》一方面吸收了方、喻的某些观点，另一方面对方、喻的率意更改《伤寒论》结构提出尖锐批评。柯琴说：“今世锢于邪说，反以仲景为难读，不知仲景书皆叔和改头换尾，删削补凑，非本来面目也。冠脉法、序例于前，集可汗不可汗等于后，列痉湿暍于太阳之首，霍乱劳复等于厥阴之外，杂鄙见于六经之中，是一部王叔和之书矣。”这种观点无疑来源于方喻二家，但是柯琴对方喻主要学术观点却持尖锐批判态度。他在《伤寒论翼序言》中明确指出：“方中行有《条辨》之作，而仲景之规矩准绳更加败坏。名为翻王叔和之所偏，实以灭仲景之活法也。”又云：“近日作者蜂起，《尚论》愈奇，去理愈远，《条辨》愈新，古法愈乱。连床充栋，总不出三百九十七与三大纲之迷途。仲景六经反茅塞而无辨，不深可惜耶?”《伤寒来苏集·凡例》云：“《伤寒论》一书，自叔和辨次后，仲景原篇不可复见，虽章次混淆，犹得寻仲景面目。方喻辈各为更定，《条辨》既中邪魔，《尚论》浸循陋习矣，大背仲景之旨。”日本江户晚期最为卓著之《伤寒论》大家森立之《伤寒论考注》坚决维护宋版《伤寒论》的权威地位，认为《辨脉》《平脉》《伤寒例》为仲景博采勤求所得。其子森约之作《伤寒例沙汰》，力主此三篇为仲景书所原有。这种论争不仅深入于中国，亦席卷于东瀛。

我们应该怎样看待这场尖锐的学术论争呢？辨析《辨脉》《平脉》《伤寒例》及《伤寒论》原初面貌如何，是中医文献史上一件重要之事。清初顾炎武说：“欲免俗儒需读史”。这一教导传授给他的弟子江永，江永又把这七字箴言告诉其弟子戴东原，戴东原又把这句话告诉弟子段玉裁，学者传诵，一直相沿不绝。研究上述这些问题是研究《伤寒论》学术史不可轻视的问题。张仲景著作距今近两千年，原书已不可得，人们只能依靠分析以判断其疑似，虽然不可能做到完全正确，但是对研究仲景著作是很有积极意义的。作为研究伤寒的人，对上述学术史问题不下一番工夫进行考证，难免有俗儒之讥。

通过上述回顾，关于《辨脉》《平脉》可以做出如下判断：

第一，《辨脉》《平脉》是西汉文字，入韵之句，皆为西汉之韵，张、王断然不能写出具有西汉韵脚文章。依韵判断文章时代是文献学家常用手段之一。日本森立之已经注意到《辨脉》《平脉》为有韵之文，中国学者尚未注意到此。如何运用古韵判断中医著作及文章时代，可参阅钱超尘《内经语言研究》（1990 年．北京．人民卫生出版社）、《黄帝内经太素研究》（1997 年．北京．人民卫生出版社）两书。

第二《辨脉》《平脉》是仲景博采、勤求而得，还是叔和搜采旧文补入书中，存疑可也。可以肯定的是，此两篇文章之中确有叔和增入之条文，森立之《伤寒论考注》于有关条文之下已有分析。

此事不可不考，不考则所学无根；此事不可深考，深考则史料全无。学者知《辨脉》《平脉》作者之争纷繁歧异如此，则可别具只眼，择善而从。

清代道光三十年（1850）吕震名著《伤寒寻源·论王叔和》一节对此问题作如下解释，于学者有一定启发："仲景《伤寒论》本散亡之余，王叔和编辑成帙，观其序例云：搜采旧论，录其对病真方，拟防世急，此非仲景原本可知矣。然则仲景之书，赖叔和而传，叔和之名，亦赖仲景而传。后之编次伤寒者不下数十家，徒相争于篇次之间，纷如聚讼。究之吾辈读书，苟能深明其义理，奚必相争于篇目？"在《诸家编次》一节云："至于篇目次序，则古本已亡，又安能确指某条必在某条之下？此余所谓不能定者也。然而不能定者篇目也，其可定者，理也、法也。欲读是书，先要使六经辨证之法，分得开；分得开，则一经有一经之定证，而不为旁议所挠，可以识病之常；又要使六经辨证之法合得拢，合得拢，则此经有彼经之兼证，而不为疑似所惑，可以穷病情之变，此条之脉证有与彼条互见者，则当参酌以观其通，此家之注释有与彼家不合者，则当折中以求其是。夫如是，不拘何人所注之《伤寒论》，任彼节目之颠倒错乱，而以吾定识定力寤寐神游，则正可因其参伍错综而悟出仲景当日之圆机活法。仲景之圆机活法既得，而吾心之圆机活法自生矣。"

三、《伤寒例》考

宋本卷二载《伤寒例》。《伤寒例》又称"序例"。清魏荔彤《伤寒论本义·论伤寒例》云："《伤寒例》，叔和氏修缉医圣之书，发其凡例也。列于论首，名之曰例。标题原未有序字，后人以其文近于序，故更名之曰《序例》。"关于序例之作者为谁，是仲景还是叔和，一直争论不休。魏荔彤认为叔和所作。在方有执之前，无此争论。王履《医经溯洄集》谓《伤寒例》是仲景高文，云："叔和搜采仲景旧论之散落者成书，功莫大矣。但惜其既以自己之说混于仲景所言之中，又以杂脉、杂病纷纷并载于卷首，致使玉石不分，主客相乱。余尝欲类编其书，以《伤寒例》居前，而六经病次之，相类病又次之，差后病又次之"云云，是王履确认《伤寒例》为仲景所作无疑。明初黄仲理《伤寒类证辨惑》始发《伤寒例》为"叔和采摭群书，附以己意，虽间有仲景说，实三百九十七法之外者也"之论。明末方中行《伤寒论条辨》确认《伤寒例》为后人伪作，且僭于仲景经文之前，不伦不类，从而删削之。删削之具体理由见卷八《削伤寒例》。方有执认为，《伤寒论》为群方之祖，方法义例，巨细皆备，而"法外又独有伤寒之例，岂仲景之言？其为后人之伪，明亦甚矣。"作伪者，方氏疑为成无己。方中行未见宋本《伤寒论》，他见到的仅仅是成无己《注解伤寒论》，所以他在《削伤寒例》一节下面有一条小注："成无己本旧有《伤寒例》一篇，今削之。"在卷八"大法秋宜下"下注释道："《伤寒例》妄僭六经前，故削之，削之则叛经之迹泯。"

喻嘉言《尚论篇·尚论张仲景伤寒论大意》云："万历间，方有执著《伤寒条辨》，始先即削去叔和序例，大得尊经之旨，然未免失之过激，不若爱礼存羊，取而驳正之。"乃作《驳正王叔和序例》："王叔和序例传习已久，中人已深，欲削去之，而坊刻盛行，难掩众目，姑存原文，驳正其失，以定所宗。"自此，继方喻之说者风从。柯琴《伤寒论翼》谓叔和序例"杂鄙见于六经之中"，吕震名《伤寒论寻原》谓"观其序例云，搜采旧论，录其对病真方，拟防世急，此非仲景原本可知矣。其序例之可议者，内如所陈温热异气，拉杂不清。至如以时论病，以日分经，与夫先汗后下之法，实与本论多相矛盾，反将仲景之圆机活法，说成呆相"等等。

我们应该如何看待《伤寒例》呢？

首先，据《伤寒例》叔和之言，叔和确有搜采之功："今搜采仲景旧论，录其证候、诊脉、声色、对病真方有神验者，拟防世急也。"则叔和所搜采者，非仅收于《伤寒例》一篇之内，观搜采之范围涉及"旧论""证候""诊脉""声色""真方"诸端，而自宋本第二章起，皆以"辨某某病脉证并治"为标题，则《伤寒论》所有各章均有叔和搜采之文。观叔和此段文字，并对照"脉证并治"之标题，则叔和编次《伤寒论》于此声明中得到明确证明矣。也就是说，不但《辨脉》《平脉》《伤寒例》中有叔和搜采者，就是标以"脉证并治"各章，亦有叔和所搜采者。诚如成无己注所说："仲景之书，逮今千年，而显用于世者，王叔和之力也。"对于王叔和此段声明，我们切切不要轻忽，它对于我们考证诸多问题皆有重要启发。明代王肯堂著《伤寒证治准绳》，沈潜仲景书凡三十年乃成。该书卷一首载《伤寒例》，清王朴庄认为《伤寒例》为医家首要必读之书。王朴庄《伤寒例新注》卷一云："昔先祖尝曰：王叔和《伤寒例》不可不读也。孙真人撰方时，犹未及见《伤寒》全论，故卷末云：江南诸师秘仲景要方不传。最后作《千金翼》，始得全论而编次之，《翼》中不载此例者，以《例》已见于《千金方》中也。奈何不知妄作，驳之削之，方氏作俑于前，喻氏横逆于后。噂沓效尤，是诚何心哉？"在《回澜说》一书中又说："昔先祖尝论《伤寒》以序例为主，以《千金翼》之定本为宗，而痛惩方中行、喻嘉言之邪说。"对方、喻、程郊倩之论深加批驳。汪琥《伤寒论辩证广注》则称"伤寒例此系仲景原文"。日本江户后期森约之作《伤寒例沙汰》，对《伤寒例》为仲景书以文献为依据，详加考证。

日本江户时期（1603～1868）二百六十余年学术发展史，鲜明地表现出所受清代训诂考据学风影响十分明显。就中医古籍整理研究观之，许多著名中医文献学家几乎无一例外地都运用文字、音韵、训诂、目录等知识对中医古书进行考证，凡证明一件事情的真伪、可否、时代先后等等，都以史料为根据，力避推想和演绎。而在同一时期，中国医家则将精力智能用在辨证论治之上，于考证之事不甚着力。综观十七世纪初至十九世纪中叶二百六十余年中日两国《伤寒论》著作的研究重点，可以清楚看到，中国医家把才力放在寻找领会《伤寒论》的神思妙用、辨证施治上，日本医家则把才力放在准确研读《伤寒论》文字音韵训诂及文献考证上，不以揣测推想判断是非真伪，而以可靠的文献资料作为立论的根据。成就最突出者推丹波元简、丹波元简、山田正珍、森立之。其中尤以森立之《伤寒论考注》学术水平最高。此书于2001年10月由北京学苑出版社出版，郭秀梅翻译。其中收有森立之之子森约之《伤寒例沙汰》一书。《伤寒论考注》及《沙汰》与喻嘉言《驳正王叔和序例》合观之，于深入研究《伤寒例》之作者为谁，或《伤寒例》中哪些文字为王叔和所增，极有启发。

《伤寒例》头一段为《四时八节二十四气七十二候决病法》，亦称斗历决病法。《尚论篇》删之。森立之引清初汪琥《伤寒论辨证广注》云："《伤寒例》此系仲景原文，上时节气候决病法，此仲景《伤寒论》一部纲领，以故为例之首。至王叔和反以脉法列于前者，此撰次之僭也。推前人立法之意，伤寒一证，寒邪之气自外而伤人，则人在气交之中，同是受寒，当分四时之不同。"森约之云："按，此章仲景旧文，与太阳欲解时，从巳至未上；冬至之后，甲子夜半少阳起之类，均是仲景所以明气候也。梁陶弘景注《本草经序例》云：张仲景明气候，以意消息。是其说也。"按，关于二十四指，来源甚为古远。汉初《淮南子·天文训》亦有二十四指之论，所指与本文所说同。又考仲景以节气预断病情，则此段文字为仲景勤求博采所得收入书中者，似无可疑矣。

《伤寒例》"《阴阳大论》云：春气温和，夏季暑热，秋气凉爽，冬气冰冽，此则四时正气之序也"至"以其最成杀厉之气也"一段，喻嘉言云："引用《内经》，足见大意。然人一毒字，便开过端。"森约之《沙汰》："按，《病源》卷七引此章冒经云二字。《外台》卷四引《病源》载此文，亦冒经言二字，文末云：以上与《伤寒论》同。《千金》卷九引《小品》载此章，亦冒经曰二字。《外台》卷一载此章，亦冒《阴阳大论》四字，文末曰：仲景、病源、小品、千金同。可知此章为仲景旧文也。且夫仲景自序曰：撰用《阴阳大论》。是其明证也。"观森约之注解知，《诸病源候论》卷七、《外台秘要》卷四、《千金要方》卷九引用此段文字皆用"经云""经曰""经言"开头。所谓"经"者，《伤寒论》也。森立之云："从来诸注家，以此条为叔和所作，并以《阴阳大论》四字冒之者，亦以为叔和就仲景序文中僭加之者，妄解，不可从！"以诸多文献为根据，作出此文为仲景书中原有之结论，比泛论无藉令人信服多多。

《伤寒例》："伤寒之病逐日浅深"至"拟防世急也"一段，喻嘉言云："仲景之书，叔和但言搜采，其非寤寐神游可知，所以不窥作者之原，漫无表彰之实，孰谓叔和为仲景之徒耶？"森约之云："按《外台》卷一引此章，冒王叔和曰，可知此章叔和增文也。"

《伤寒例》："又土地温凉高下不同"至"临病之工宜须两审也"一段，喻嘉言云："仲景于岐黄之道，以述为作，另辟手眼，叔和凡引《内经》之文，皆非典要，安能发明其十一。"森约之云："按《外台》卷一引此章冒王叔和曰四字，可知此章叔和增文也。"

《伤寒例》从"凡伤于寒，则为病热，热虽甚不死。若两感于寒而病者，必死"至"五脏六腑皆受病，则荣卫不行，脏腑不通则死矣"一大段，喻嘉言云："其得病阴阳两证俱见，其传经亦阴阳两经俱传，则邪气弥漫充斥，法当三日主死。"森约之云："按《病源》卷七引此章，冒经言二字，可知此章仲景旧文也。"

《伤寒例》从“其不两感于寒，更不传经，不加异气者，至七日太阳病衰，头痛少愈也”至“凡人有疾，不时即治，隐忍冀差，以成痼疾”一段，森约之云：“按《千金》卷九引此章，冒论曰二字，可知此章仲景旧文也。”

《伤寒例》“夫阳盛阴虚，汗之则死，下之则愈；阳虚阴盛，汗之则愈，下之则死”，森约之云：“按《千金》卷九、《外台》卷一引此章，并冒王叔和曰四字，可知此章叔和增文也。”

《伤寒例》“夫如是，则神丹安可以误发，甘遂何可以妄攻？”至“世上之士，但务彼翕习之荣，而莫见此倾危之败，唯明者居然能护其本。近取诸身，夫何远之有焉”一段，森约之云：“按《外台》卷一引此章，冒王叔和曰四字，可知此章叔和增文也。”

《伤寒例》“凡发汗温暖汤药，其方虽言三日服，若病剧不解，当促其间”至“若汗不出者，死病也”一节，森约之云：“此三章并述服药节度，其文一意，《千金》卷九引第十八章，冒论曰二字，可知此三章，并皆仲景旧文也。”

《伤寒例》“凡得病，反能饮水，此为欲愈之病。其不晓病者，但闻病饮水自愈，小渴者乃强与饮之，因成其祸，不可复数也”一节，森立之曰：“《医心方》卷十四《伤寒症候第二十三》引《医门方》云：凡伤寒病五六日而渴欲饮水，水不能多，未宜与也。所以尔者，腹中热尚少，不能消之，便作病矣。至七八日，大渴欲饮水，然当与之，常令不足，勿极意。云能一斗而与五升。若饮而腹满，小便不利，若喘若哕，弥不可与之。戢然大汗出，是为已愈也。凡得此病，反能饮水，此为欲愈之候。若小渴而强与之，因此成祸者，其数甚多。”森立之云：“《医门方》多采用仲景方论，则此二章亦为仲景原文可知也。”

《伤寒例》“凡得病，厥脉动数，服汤药更迟，脉浮大减小，初躁后静，此皆愈证也。”森约之云：“按，此章虽未得确证，考其文气，为仲景旧文，固无论也。”

《伤寒例》“凡治温病，可刺五十九穴”至“七十九穴刺之为灾”，森约之云：“《千金》卷九引此章，冒论曰二字，可知此章仲景旧文也。”

《伤寒例》“脉盛身寒，得之伤寒，脉虚身热，得之伤寒”至“此以前是伤寒热病征候也”，森约之曰：“此虽未得确证，考其文气，为仲景旧文，固无论也。”

以上为森氏父子所考。考据文章与抒发情绪之作其异如此。森立之与其子森约之父子二人沈潜《伤寒论》数十年，着力辨析与考据《伤寒论》学术渊源，网罗材料丰富，于治《伤寒论》之学堪有启迪。

森氏父子考据《伤寒例》之方法为，不尚空言，按书据断。所据之古籍为隋代《病源》、唐初《千金》、唐中期《外台》。此三书所据之底本皆来自六朝。知之者，《旧唐书经籍志》著录“张仲景方15卷”，《隋书经籍志》著录“张仲景方15卷、张仲景辨伤寒10卷、张仲景评病要方1卷、张仲景疗妇人方2卷”。其中《张仲景方15卷》即《伤寒杂病论》16卷。其一卷之差，乃手抄卷子卷合长短大小所致，两卷卷为一卷则为15卷之数。其中《辨伤寒》10卷，即今传之《伤寒论》10卷。上述诸书至唐犹存。孙思邈据以整理为《伤寒论》两卷，收于《千金翼方》卷九、卷十。王焘官居台阁，饱览时存医书，于《外台秘要》中收录《伤寒》《杂病》而皆统名之为《伤寒论》。巢元方、孙思邈、王焘于《伤寒例》分辨何者出于仲景、何者撰于叔和，条分缕析，标志分明，则乃积古相沿之说，于考证《伤寒例》之真伪尤当加倍重视之。

然《伤寒例》确有可议者。首先，语言与《辨脉》《平脉》相距较大。前两者明显具有西汉语言特点，简洁凝练，蕴义沉实；而《伤寒例》某些段落语言卑弱，词语拖塌。前人已经注意从语言上寻求张、王之别。吕震名《伤寒寻源·诸家编次》一节云：“叔和裒集旧论，目以序例冠于篇首，各篇之中，亦间有增入。仲景本论，逼真汉文笔法；叔和笔力，去仲景奚啻天渊？此就文义本属可辨。”然就语言风格辨别文章时代，非深于两汉魏晋文章者难着其手，此又非医家所长，此仅可作为一般常识知之可也。

其次，就医理观之，颇有矛盾处，不类仲景一家之言，诸家多有评说。因此黄仲理始发叔和撰写之论，方有执索性删之，喻嘉言怒而诋之。

就文献考证角度虚心衷考，遽定为叔和所撰，凭据不足。首先，六朝医家皆以《伤寒例》为仲景书所原有，屡见唐以前书。其次，叔和明确声明“搜采仲景旧论”，整比成篇，何得谓之独撰其文？合理的结论是：《伤寒例》中确有叔和增入之文，《诸病源候论》《千金要方》《外台秘要》已明确标志之。

1923年章太炎《答张破浪论误下救下书》关于《伤寒论》之叙例有如下评说：“叔和于太阳篇痓、湿、暍外，未尝改易仲景旧次。拙著《杂病新论》中已有证明，可参究之。夫叔和之误，在其序例（强引《内经》一日传一经之说，与本论义不相涉），而不在其编次论文。方、喻以来诸师，疏发大义，卓然可观。其攻击序例，不遗余力，仆亦犹是也。若夫自我作古，变易章句，反以叔和为误编者，此犹宋儒颠倒《大学》，以旧本为错乱也。是乃晚世恶习，亦何足尚焉。”可参。

四、六经考

宋本《伤寒论》之太阳、阳明、少阳、太阴、少阴、厥阴六种疾病，谓之六经病，对后世医学发展产生无比巨大影响。但关于“六经”的概念、六经名称始见何书、仲景书是否以六经分证、现行宋本《伤寒论》之六经结构始见于何时等等，学者聚讼不已，歧见纷纷，各申己论，莫衷一是。今综述各家之说，略申己见。

（一）“六经”概念的形成

日本丹波元简《医剩》（1983年人民卫生出版社《聿修堂医书选》所收）卷上《三阴三阳》条云：“太少阴阳，原是四时之称。董仲舒云：春者少阳之选也，夏者太阳之选也，秋者少阴之选也，冬者太阴之选也。《易·千凿度》云：易始于太极，太极分而为二，故生天地，天地有春秋冬夏之节，故生四时。虞翻解《易》则云：四象，四时也。而后世说《易》者，专用此论蓍策之数矣。以阳明、厥阴合称三阴三阳，医家之言也。《灵枢》云：两阴交尽，故曰厥阴（王冰注《素问》云：厥，尽也。按，厥，蹶同。《汉书·食货志》师古注：蹶，尽竭也。又按《晏子》云：阴冰厥阳，冰厚五寸。盖与此同义也），两阳合于前，故曰阳明。而后世运气家，强以此为天之六气矣。”按，丹波氏所说是也。《易》云：“易有太极，是生两仪，两仪生四象。”四象即春秋冬夏。春以少阳名之，夏以太阳名之，秋以少阴名之，冬以太阴名之。医家借用太阳、少阳、太阴、少阴之称，增以阳明、厥阴之称，而为六经之名，则六经之称为医家借用并有补充而用于医学之中者。

（二）《伤寒论》“六经”名称取自何书

古今医家对“六经”名称、起源、实质、意义等等进行了多角度、多层次的探讨，对“六经”名称的来源提出许多可供参考的意见。

有称取自《素问·热论篇》者。《热论》云：“伤寒一日巨阳受之”，王冰注：“一日太阳先受之”，则巨阳即太阳也。“二日阳明受之”，“三日少阳受之”，“四日太阴受之”，“五日少阴受之”，“六日厥阴受之”。

有称取自《灵枢·经脉篇》者。《灵枢·经脉篇》详论手足三阴三阳起止循行主病等，共为十二经。若不分其手足，则为六经。主此说者，谓《伤寒论》受到《经脉篇》启发而以六经分证。

日本丹波元简《伤寒论辑义·综概》云：“盖伤寒三阴三阳乃取于《素问》《九卷》。”日本山田正珍《伤寒论集成》亦称“六经”名称既取自《素问》，又取自《灵枢》。他在《伤寒论集成》首卷《张仲景自序解》说：“伤寒六经之目，盖据于《素问·热论》者也。其所谓太阳病刺风池风府者，据于《素问·骨空论》刺法者也。其所谓发汗后，脐下悸，以甘澜水煮药者，据于《灵枢·邪客》篇半夏汤煎法者也。其所谓伤寒厥而心下悸，宜先治水却治其厥者，据于《素问·标本病传论》小大不利治其标者也。其他本于《素》《灵》者不少。孰谓仲景不撰用《素》《灵》哉？”

有称取自《汤液经》者。杨绍伊主此说。他在《伊尹汤液经》中分析道：“《汤液经》后世无传本，唯班固《汉书·艺文志》载《汤液经法》三十二卷。未著撰人姓名，今其书亦不传。然即其名以测其为书，知为汤液经家宪章《汤液经》而作之者。《汤液经》为方技家言，不通行民间，唯《汤液经》家授受相承，非执此经者，不能得有其书。医师而异派者，无从得睹其书。汉世岐黄家言最盛，汤液经学最微，是以传者盖寡。尝谓医学之有农尹（神农伊尹）、岐黄（岐伯黄帝）二派，犹道学之有羲孔（伏羲孔子）、黄老（黄帝老子）二派。岐黄之说不如农尹之学之切实精纯，黄老之言不及羲孔之道之本末一贯。岐黄学派秦汉以来流别甚多，著录亦广，汉志所载，胥属岐黄家言。知者，以汤液家以六经统百病，岐黄家以五脏六腑统百病。而热病客疾亦皆岐黄家之词。农尹之学，则稽诸载记，汤液家外无别派，《汤液经法》外无二书。足证此学在当时孤危已极，幸仲景去班氏未远，得执业此经，而为之论广，伊圣之经，赖之以弗坠。此传经之功，实觉论广之功，尤为殊重。”又云：“叔和言：重集诸可与不可方治，比之三阴三阳篇中，此易见也。细绎其语气，三阴三阳篇，亦为汤液经中所有者。”按，杨绍伊《伊尹汤液经》刻板于20世纪40年代，今已无传矣。2001年北京中国医药科技出版社出版钱超尘主编之《中华经典医书》，该书第二集将杨绍伊《汤液经法》收入，可供研究张仲景及其《伤寒论》参考。该书研究考证之方法，别具只眼，另有一途，于研考伤寒之学，颇有启迪。

有称得自《周易》启发者。日本江户中期中医文献巨擘丹波元简《伤寒论辑义·综概》对三阴三阳名称之来源有如下评说："晋皇甫谧序甲乙经云：伊尹以元圣之才，撰用《神农本草》以为《汤液》，汉张仲景论广《汤液》为十数卷，用之多验。近世太医令王叔和撰次仲景遗论甚精，皆可施用。按，伊尹作《汤液》，所未经见，唯《汉书艺文志》载《汤液经法》四十卷，此岂伊尹所作欤？然仲景自序，特云博采众方，未言及《汤液》；士安去仲景时不远，岂亲觏所谓《汤液》者而为此说欤？自序又云：撰用《素问》《九卷》《八十一难》《阴阳大论》《胎颅药录》并《平脉辨证》，为《伤寒杂病论》合一十六卷。盖《伤寒》三阴三阳，乃原于《素问》《九卷》。"元简说足资参考。

本书《仲景论广伊尹汤液考》一文，对《汤液经法》一书有较详考证，在研读此段文字时可供参考。

（三）"六经"之"经"与"非经"之争

《伤寒论》六经名称，其原始含义如何，古今医家之理解颇有不同。有坚决主张六经即是六条经络者，有谓六经决非经络者。两种观点截然相反。北宋朱肱《类证活人书》卷一明确指出："此一卷论经络。治《伤寒》先须识经络。不识经络，触途冥行，不知邪气之所在。"并详载足太阳经、足阳明经、足少阳经等六条经络图，对《伤寒论》之六经加以图解。此后方有执《伤寒条辨》以《伤寒论》之太阳为膀胱经，并引《灵枢·经脉篇》解之。程应旄《伤寒后条辨》、史以甲《伤寒正宗》、周扬俊《三注》、魏荔彤《伤寒本义》皆主张《伤寒论》之六经为六条经络，并以《内经》解释之。与此同时，也有另外一种观点，即认为六经不是经络。柯琴《来苏集》卷一第一条注云："仲景立六经总纲，法与《内经·热论》不同。太阳只重在表证表脉，不重在经络主病。看诸总纲，各立门户，其意可知。"近代经学大师兼伤寒论文献学家章太炎先生对中医学尤其是对《伤寒论》有深入研究，1957年人民卫生出版社据1933年版《猝病新论》简加校勘，更名为《章太炎医论》正式出版，内收38篇论文，其中《论素问灵枢》一文云："仲景书不说经脉流注。伤寒太阳篇有传经再经等语，柯氏以为经指经界，不指经脉。实则经有多义，本非以一端尽也。"在《论伤寒论原本及注家之优劣》一文中又说道："太阳病头痛至七日以上自愈者，以行其经尽故也。若欲作再经者，针足阳明，使经不传则愈。柯氏以为经指经界，非指经脉，世多疑柯氏好奇。然以《素问》《伤寒论》比度观之，彼说日行一经，六日则遍历六经，是一日为一经也。此说七日自愈为行其经尽，是七日为一经也。所谓再经者，或过经不愈，仍在太阳，或热渐向里，转属阳明，以预防其入阳明，故针足阳明尔。要之阳病以七日为一经，阴病以六日为一经，一经犹言一候，与病、脉义不相涉。若然者，传经之文虽若与《素问》相合，要其取义绝异，则可知也。"1923年秋，太炎先生在杭州中医学校作《伤寒论讲词》报告，此文收于《章太炎全集》第八册《医论集》中。章先生指出：

要知《伤寒论》其论病机，乃积千百年之经验而来……仲景以太阳、阳明等名篇，不过沿用旧名，要于经脉起止之说无与也。柯韵伯曾谓仲景六经各有提纲，非定以次相传，其语甚确。柯氏又谓，伤寒只太阳、少阴、太阴有之，肝胆为发热之源，阳明为成温之薮，其病伤寒者鲜矣，语尤精辟。故厥阴脉滑而厥，用白虎汤；少阴脉微而厥，用通脉四逆，同是一厥，治有不同。即少阴篇中之用黄连阿胶汤甚者用承气汤，亦是瘟病，非由太阳经传来可知。昔人谓少阴病必由太阳传入者，则由叔和序例日传一经之说误之。按日传一经，义出《内经》，而仲景并无是言。且阳明篇有云：阳明居中土也，无所复传。可见阳明无再传三阴之理。更观太阳篇中，有云二三日者，有云八九日者，甚至有云过经十余日不解者，何尝日传一经耶？盖《伤寒论》全是活法，无死法。阳明无再传三阴之理，而三阴反借阳明为出路，乃即《内经》所谓中阴溜府之义也。且伤寒本非极少之病，亦非极重之病。仲景云，发于阳者七日愈，发于阴者六日愈，足见病之轻者不药可自愈，更可见伤寒为常见之病。若执定日传一经为伤寒，否则非是，不独与本论有悖，且与《内经》所谓热病者，伤寒之类也句亦有抵触。故六经递传之说，余以为不能成立。

太炎先生关于六经非六条经络之义，而为六部分之义，以为事关重大，乃反复陈词，屡加论说。在《论脏腑经脉之要谛》一文中又有如此论述：

《伤寒论》所以分六部者，各有所系，名目次第，虽袭《内经》，固非以经脉区分也。按《伤寒》太阳病等六篇，并不加经字，犹曰太阳部、阳明部耳。柯氏《论翼》谓经为经界。然仲景本未直用经字，不烦改义。若其云过经不解，使经不传，欲作再经者，此以六日七日为一经，犹女子月事以一月为经，乃自其期候言　非自其形质言矣。虽然诊脉之法不过三部，《伤寒论》仲景自序举寸口、人迎、趺阳为主，寸口即手脉，人迎即头脉，趺阳即足脉，知此三者，手足十二经何取焉！

在《论太阳病非局指太阳》一文博引诸说，确证《伤寒论》之六经与《素问·热论》之六经大不相同。其文曰：

《伤寒论》称太阳病六七日、太阳病八九日、太阳病过经十余日，又云阳明中土也，无所复传。又云：少阴病得之一二日，少阴病得之二三日，是伤寒非传遍六经，三阴病不必自三阳传致，更无一日传一经之说也。叔和序例引《素问》以皮傅，后人展转师法，遂谓一日太阳、二日阳明、三日少阳、四日太阴、五日少阴、六日厥阴(《外台秘要》引《序例》亦称仲景，此犹引《易传》者称《易》，引《书序》者称《书》，昔人往往有是。近陆九芝竟谓此是仲景原文，且以《秘要》所题伤寒日数者悉归之仲景，则拘泥之见也)。刘守真见世无其病，则并仲景《伤寒论》而亦疑之。然如正阳阳明之非受传，少阴寒证之为直入，虽《活人》与成无己亦不能有异言。则知《伤寒论》本与《素问》不同。近代张令韶弥缝《素问》《伤寒论》之异，遂谓六经以气相传，非以病传。黄坤载、陈修园皆主之。修园于大论言太阳病几日者，不审其为验病浅深，而云某经主气之期，气既无形，谁能质验？至《素问》所述六日病象，目有见证，何得以气言之？其他或谓太阳为寒水，故伤寒首中太阳，然则厥阴为风木，中风何以不首犯厥阴耶？按之大论，义皆龃龉，终不如柯氏《论翼》所谓六经提纲各立门户者为截断众流也。”

1928年恽铁樵撰《伤寒论辑义按》，以日本丹波元简《伤寒论辑义》为底本加以按语而申发之，太炎先生为《伤寒论辑义按序》，云：“顾自宋金以下，六经有一日一传之说，太阳病有三方鼎立之论，拘文则以太阳为膀胱，妄称传足不传手，则以少阴为肾。方喻之徒又以己意变乱，其后张锡驹、陈念祖虽少慎，而更以五运六气相皮傅。瑾瑜匿瑕，川泽纳污，使人违之不能，从之不可。”此序指出将“六经”视为六条经脉的严重性，以至使人瑕瑜难辨，“太阳”“阳明”等六经真义全失，故不得不反复辩驳之。

章氏考证仲景其人、版本始末、六经真义等精彩论文，见《章太炎全集》第八册《医论集》。本文所引均采自该书第八册。章氏经学小学之名以及为旧民主主义革命先锋之名掩盖了他在《伤寒论》研究上取得巨大成就的专家之名，文史学者不关心他的医论，中医专家罕读文史，很少有人一读太炎先生医学论著，因此章氏关于六经真义的考证与论述，人罕知之。总之，观太炎先生文，知其赞誉柯氏训“经”为经界之义，而不赞同经络之说。日本山田正珍《伤寒论集成》卷一第一条注云：“太阳指表而言。盖伤寒以六经言之，古来医家相传之说，不可遽易者也。夫人之常情，每信于其所习见，而疑其所未尝习见者，故仲景氏亦不得已，而袭其旧名，实则非经络之谓也。借此配表里脉证已，故论中无一及经络者。可见此书以六经立名，犹数家者流以甲乙为记号。注家不察，解以《素》《灵》经络之说，可谓不解事矣。大抵外邪之中人，其始浮在肌表，谓之太阳病，最浅且轻，所以居三阳之首也。”于第7条注云：“经络之说，亦是仲景氏所不据，论中无一及此者。”日本伊泽榛轩《伤寒论讲本》在“辨太阳病脉证并治上”下注云：“中西唯忠曰：六经之名，出于《素问》，本是经络之义，各有部位存焉。仲景氏乃假此以分表里之部位，配其脉证，而为之统名也。专在外内之分，而非取之于经络。”按，综考《伤寒论》六经之实质，非谓六条经络，而指疾病之表里与疾病之分部，与《素问·热论》之六经同名异实也。

（四）《伤寒论》条文何时按六经排列

宋本《伤寒论》卷二《太阳上》第五至卷七《阴阳易差后劳复》第十四凡398条是按三阳三阴排列的。从卷七《辨不可发汗》第十五至卷十《辨发汗吐下后》第二十二为“可与不可”，按照“可”与“不可”原则重新排列上述398条。其中亦有398条以外条文，凡58条。王叔和云：“又时有不止是三阴三阳，出在诸可与不可中也”，指的就是这58条。在叔和编纂《伤寒论》遗论时，这58条不在三阳三阴之中，而是在“诸可与不可”中。这里所说的“诸可与不可”，不是指宋本《伤寒论》中的“可与不可”，而是指王叔和《脉经》中的“可与不可”。

这里出现一个巨大的学术问题：张仲景故去以后，《伤寒杂病论》逐渐散乱并亡佚许多条文，幸赖王叔和整理撰次乃使仲景著作不少内容流传至今。皇甫谧《甲乙经序》云：“近代太医令王叔和撰次仲景遗论甚精，皆可施用。”皇甫谧此序约写于魏甘露中。《甲乙经序》云：“甘露中，吾病风加苦聋，百日方治，要皆浅近。乃撰集三部，使事类相从，删其浮词，除其重复，论其精要，至为十二卷。”甘露凡5年，元年当公元256年，第5年当公元260年。细味序意，称“甘露中”（即甘露三年，公元258年）始“病风加苦聋”，经过治疗，百日方安，乃从事撰集《甲乙经》之事。何年蒇事，序无明言。若以甘露五年撰毕计之，上距仲景卒年（通常称卒于建安二十四年，公元219年）方四十年。特别值得注意的是，序言称王叔和为“近代太医令”，则叔和为魏太医令而非晋太医令可知，叔和年龄长于皇甫谧，则叔和与仲景生活时代非常接近，故近代目录考据学家余嘉锡谓叔和为仲景及门弟子（见《四库提要辨正》卷十二《伤寒论注十卷附伤寒明理论三卷论方一卷》：“以余考之，王叔和似是仲景亲授业弟子，故编定其师之书”）。以叔和与仲景关系甚为密切观之，叔和所见之仲景书已成“遗论”，则仲景完整之著作叔和未得见之。山田正珍《伤寒论集成·张仲景自序解》云：“殊不知古昔十六卷之本，亡失不传，虽叔和亦不得而见之矣。”于是王叔和将仲景“遗论”编于《脉经》卷七中，按照“可”与“不可”方式排列。现在试问：仲景《伤寒论》原著是按照三阴三阳排序还是按照“可”与“不可”排序？研究《伤寒论》必须回答这个问题。

下面回答这个问题。

首先，在整个汉代，没有以三阳三阴理论和方法辨证施治的，都是按照“可“与”不可”方式辨证施治。班固《前汉书》卷五十四《苏武传》载，苏武在胡地病甚，以蒸法发汗而愈：“（武）引佩刀自刺，卫律惊，自抱持武，驰召医，凿地为坎，置煴火，覆武其上，蹈其背以出血，武气绝半日，复息。”此西汉之例。《三国志》《后汉书》之《华佗传》载，华佗除作手术之外，治疗其他疾病，皆用汗、下、吐之可与不可三法。如甘陵相夫人有娠，“于是为汤下之，果下男形，即愈。”县吏尹世四肢疼痛，佗曰：“试作热食，得汗则愈；不汗，后三日死。即做热食，而不汗出。佗曰：脏气已绝于内，当啼泣而绝。果如佗言。”府吏倪寻、李延俱患头痛身热，佗曰：“寻当下之，延当发汗。”彭城夫人虫螫其手，疼痛异常，“佗令温汤近热，渍手其中，汤令暖之，其旦即愈。”一人病咽塞，佗令饮醋泡蒜泥，“立吐蛇一枚”，病愈。一郡守病，“佗以为其人盛怒则差，乃多受其货而不加治，无何弃去，留书骂之。郡守果大怒，令人追捉杀佗。郡守子知之，属使勿逐。守嗔恚既甚，吐黑血数升而愈。”广陵太守陈登病胸中烦懑，佗“作汤二升，先服一升，斯须尽服之。食顷，吐出三升许虫，赤头皆动，半身是生鱼脍也，所苦便愈。”《华佗传》以“可”与“不可”方法治疗疾病之例甚多，不备举。华佗与仲景同时而年长。佗卒于荀彧（公元163～212）稍前。《华佗传》云，曹操欲杀佗，“荀彧请曰：佗术实工，人命所悬，宜含宥之。太祖曰：不忧，天下当无此鼠辈耶？遂拷竟佗。”因知佗卒于荀彧稍前。终佗之世无以三阴三阳辨证施治之例。就今存史料观之，两汉绝无三阴三阳文字之记录，亦未见征引者，则两汉皆以“可”与“不可”之法诊治，以三阴三阳辨证施治者，文献无征。

第二，称《伤寒论》中之三阴三阳排列顺序系叔和所整理。叔和于《脉经》卷七著录《伤寒论》材料甚多。《脉经》卷七凡24节，其中1～17节为“可”与“不可”。细绎叔和《脉经序》，知叔和于仲景知之极细极详，非耳目相接不能也。《序》云：“仲景明审，亦候形证，一毫有疑，则考校以求验。故《伤寒》有承气之戒，呕哕发下焦之问。而遗文远旨，代寡能用。旧经秘述，奥而不售。遂令末学，昧于原本。”此段文字所述，皆为就《伤寒论》而发。大意可分两类。

①从“仲景明审”至“发下焦之问”表明叔和对仲景何等熟悉

②其余文字表达出，叔和编纂《脉经》时，仲景书已散乱严重而成“遗文”。此类遗文幸赖叔和整理而流传至今。其整理之法为：“百病根源，各以类相从。声色证候，靡不该备。其王、阮、傅、戴、吴、葛、吕、张，所传异同，咸悉载录。”“张”者，仲景也。

《脉经》卷七系按“可”“不可”排列，透露出《伤寒论》原始面貌系按“可”与“不可”安排其书，《脉经序》“所传异同，咸悉载录”可作注脚。“咸悉载录”者，犹云“完全照录”。不仅照录其内容，而且照录其结构。

但是今本《伤寒论》不是按照“可”与“不可”组织其书，而是以三阴三阳排列之，这种排列形式是何人何时完成的呢？不少学者认为是王叔和。下举张绍尹、王肯堂、章太炎之说如下。

民国初年杨绍伊撰《伊尹汤液经》，他以丰富证据与较严密逻辑论证《伤寒论》原始结构系按照“可”与“不可”排列。王叔和在《脉经》卷七里，按照“可”与“不可”结构载录仲景书：“其初撰之《伤寒论》载在《脉经》卷七。”这是第一次编辑。王叔和又进行了第二次编辑。这次编辑的原则是，“于诸可不可门中，取其以太阳病三字冠首者，举而悉次为太阳病；以阳明病三字冠首者，举而悉次为阳明篇；以少阴病三字冠首者，举而悉次为少阴篇。唯余不止是三阳三阴之五十八条，犹留守于诸可不可篇内，未次入三阳三阴篇中。”杨绍伊《伊尹汤液经》一书于中华民国三十七年始排印，印数极少，今已绝版。钱超尘惧此书之沦丧，痛佳作之不传，于其主编之《中华经典医书》

（2002年中国医药科技出版社）第二集中将《伊尹汤液经》一书全文收录，加以标点，庶免失传。

王肯堂《伤寒证治准绳·凡例》云："王叔和编次张仲景《伤寒论》，立三阳三阴篇。其立三阳篇之例，凡仲景曰太阳病者，入太阳篇；曰阳明病者，入阳明篇；曰少阳病者，入少阳篇。其立三阴篇亦依三阳之例，各如太阴、少阴、厥阴之名，入其篇也。其或仲景不称三阳三阴之名，但曰伤寒某病用某方主之而难分其篇者，则病属阳证发热、结胸痞气蓄血衄血之类，皆混入太阳篇。病属阴证厥逆下利，呕吐之类，皆混入厥阴篇。唯燥屎及屎硬不大便、大便难等证，虽不称名，独入阳明篇者，由此证类属阳明胃实，非太阳厥阴可入，故独入阳明也。所以然者，由太阳为三阳之首，凡阳明、少阳之病，皆由太阳传来，故诸阳证不称名者，皆入其篇。厥阴为三阴之尾，凡太阴少阴之病，皆至厥阴传极，故诸阴证不称名者，皆入其篇。"

章太炎《章太炎医论·论伤寒论原本及注家优劣》一文说，三阴三阳乃叔和编次，但由于过分拘泥《素问·热论》一日传一经之说，而将《伤寒论》六经含义弄得十分混乱。章氏云：

《伤寒论》自王叔和编次，逮及两宋，未有异言。叔和之失，独在以《内经》一日一经之说强相附会，遂失仲景大义。按《论》云：病有发热恶寒者，发于阳也。无热恶寒者，发于阴也。发于阳者，七日愈；发于阴者，六日愈。此为全书起例。阳即太阳（举太阳发热恶寒为例，则阳明、少阳可推知），阴即少阴（举少阴无热恶寒为例，则太阴、厥阴可推知）。七日愈、六日愈，则未传经甚明。病有发于阴者，则阴病不必自阳而传又甚明。又云：伤寒一日，太阳受之，脉若静者为不传，颇欲吐若烦躁脉数急者为传也。伤寒二三日，阳明、少阳证不见者，为不传也。伤寒三日，三阳为尽，三阴当受邪，其人反能食而不呕，此为三阴不受邪也。是虽撰用《素问》，而实阴破其义，见伤寒不传者多矣。"又云："夫仲景据积验，故六部各自为病。叔和拘旧义，故六经次第相传。彼之失也，则在过尊轩歧，而不暇与仲景辨其同异。后人诋讥叔和，核正序例六日传遍之义，斯可矣。若谓叔和改窜仲景真本，以徇己意，何故于此绝相抵牾之处而不加改窜耶？辨论虽繁，持之不得其故矣。

第三，称三阴三阳之排列顺序为六朝医家所为。产生这种认识的背景是，今存六朝《伤寒论》传本主要有：1.《金匮玉函经》；2.《千金翼方》卷九卷十《伤寒论》。下分述之。

《金匮玉函经》八卷，林亿序称："《金匮玉函经》与《伤寒论》同体而别名，欲人互相检阅而为表里，以防后世之亡逸，其济人之心，不已深乎！细考前后，乃王叔和撰次之书。缘仲景有《金匮录》，故以《金匮玉函》名，取宝而藏之之义也。"是林亿以《金匮玉函经》为王叔和再撰之本也。章太炎以为不然。章氏云："其书果出叔和撰次与否，今无以断。按其条目文句，与《伤寒论》时有异，叔和一人，不应自为舛错。疑江南范、汪以下诸医别得旧本而采叔和校语及可与不可诸篇以附之也。是经与《伤寒论》异者，一，无仲景序；二，无王叔和序例；三，有《辨脉》无《平脉》；四，第一卷有《证治总例》；五，第七卷有《方药炮治》；六，《痉湿暍》篇编在《辨脉》前；七，《厥利呕哕》篇与《厥阴篇》为二；八，可不可诸篇自汗吐下外，增可温、不可火、可火、不可灸、可灸、不可刺、可刺、不可水、可水、热病阴阳交病（此诸篇亦出叔和《脉经》)。《证治总例》与《千金方·治病略例》《诊候》诸篇相类。篇中引张仲景则非仲景自述甚明，亦恐尚在王叔和后。盖其言地、水、火、风和合成人，一气不调，百一生病，四种动作，四百四病，同时并起，此乃释典之说。王叔和生魏晋间，佛法未盛，不容言此。以此知为江南诸师所述，《千金方》又敷畅之耳。"

在研究宋本《伤寒论》三阴三阳排列顺序与其形成过程的时候，不可不注意《诸病源候论》卷7《伤寒诸病》诸候。《诸病源候论》不但将太阳、阳明、少阳、太阴、少阴、厥阴分别与一日、二日、三日、四日、五日、六日配属起来，而且按照《素问·热论》理论，将三阴三阳与六条经络、六个日期匹配起来。例如："伤寒一日，太阳受病。太阳者，膀胱之经也。""伤寒二日，阳明受病。阳明，胃之经也。""伤寒三日，少阳受病。少阳者，胆之经也。"伤寒四日，太阴受病。太阴者，脾之经也。""伤寒五日，少阴受病。少阴者，肾之经也。""伤寒六日，厥阴受病。厥阴者，肝之经也。"《诸病源候论·伤寒诸病门》尽管不是引用《伤寒论》原文，而是用作者语言对《伤寒论》理论加以解释，但是由于此书的重要地位与影响，于是就给人们造成了这样一种印象：《伤寒论》的太阳就是《素问·热论》的太阳经，《伤寒论》的阳明就是《素问·热论》的阳明经，《伤寒论》的少阳就是《素问·热论》的少阳经，《伤寒论》的太阴就是《素问·热论》的太阴经，《伤寒论》的少阴就是《素问·热论》的少阴经，《伤寒论》的厥阴就是《素问·热论》的厥阴经。《诸病源候论》对古典医书的影响甚为深远，观孙思邈、王焘等人著作可知。后世学者对此多有评述。南宋赵锡弁《读书附志》云：“皇朝旧制，监局用此书课试医生。”南宋陈振孙《直斋书录解题》：“隋太医博士臭元方等撰于大业六年也。唯收病证，不载方药。按《千金方》诸论多本此书。”南宋王应麟《三海》云：“天圣四年十月十二日乙酉，命集贤校理晁宗悫、王举正校理《黄帝内经》《难经》《巢氏病源候论》，五年四月乙未，国子监摹印颁行。”据此知，《诸病源候论》于隋大业六年（公元610年）撰成之后，在唐代为众多医学家广泛引用，至北宋此书大显于时。天圣四年（1026年）校定之，天圣五年（1027年）雕版刊行之，影响日益扩大。北宋整理重要医学典籍，以《诸病源候论》为理论根据。元代亦然。明李廉《医史》及明吕复《沧州翁传》俱云：“宋之监署乃用为课试，元复循袭，列医门之七经。”清朱彝尊《曝书亭集》云：“盖太平兴国中，命王怀隐、王祐部取元方之论冠其首，神宗以之课试医士，是编始大显于时。”清《四库全书简明目录》云：“唐王焘作《外台秘要》、宋太平兴国中撰《圣惠方》皆采此书所论，冠诸门之首，则历代宝为圭臬矣。”这些史料足以证明《病源》一书对唐、宋、元、明、清历代医书深远影响。《诸病源候论》将《伤寒论》的“太阳”至“厥阴”六个专有名词与《素问·热论》的六条经络配伍起来，于是《伤寒论》的三阴三阳在学者头脑中逐渐形成定势——它们就是六条经络的概念。这个概念一直沿用至今。

三阴三阳之排列——即今本《伤寒论》排列之模样，为六朝医师在王叔和编次三阳、三阴的基础上而最终完成《辨伤寒》10卷，为宋本《伤寒论》的形成奠定基础。《辨伤寒》10卷今不传。然据史志目录，可以清楚看到其发展脉络。《隋书》卷33《经籍志》“医方论”下注云：“梁有张仲景《辨伤寒》十卷，亡。”日本丹波元简《伤寒论辑义·综概》云：“隋书经籍志注载梁七录张仲景《辨伤寒》10卷亡。今《伤寒论》每篇尽冠辨字，此即指今《伤寒论》。而其云亡者，盖《千金方》称江南诸师秘仲景伤寒方法不传。然则隋志云亡者，其实非亡也。《七录》《艺文志》并云10卷，考诸仲景自序，乃缺六卷。盖《伤寒论》十卷、《杂病论》六卷各别行于世者。”按，丹波氏说甚是，《辨伤寒》10卷即今之《伤寒论》10卷。只不过今本《伤寒论》已有许多缺佚，已非《辨伤寒》之全貌。《辨伤寒》流传至隋，改“坚”为“鞕”，以避杨坚名讳，可作为该书在隋流传之时代标志。隋代国祚甚短，唐初此书尚不甚流行，故孙思邈《千金方》卷九云：“江南诸师秘仲景要方不传。”编完《千金方》三十年后，又编《千金翼方》三十卷，以成一家之学，乃收《辨伤寒》于卷九卷十中。观《千金翼方》卷九卷十之三阴三阳，除太阳篇与宋本《伤寒论》不同外，其余与宋本同。孙思邈改编太阳篇他已在卷九前言中作了明确说明。钱超尘《唐本伤寒论》对此两卷进行穷尽性校勘（1994年中国医药科技出版社），由钱超尘主编的《中华经典医书》第二集《伤寒金匮》分卷，对《唐本伤寒论》进行了详细考证。第五，中国中医研究院中国医史文献研究所马继兴教授在其《中医文献学》一书（上海科技出版社，1990年10月第一版）第三章中说，唐初孙思邈《千金翼方》开始将“可”与“不可”改编成三阴三阳结构形式：“唐代孙思邈《千金翼方》开始按照太阳病（又细分为七类，目录从略）、阳明病、少阳病、太阴病、少阴病、厥阴病的六经分类法，将可与不可等各类中的条文分别归纳入六经分类法的各篇中去。至于其中有些分不进六经各篇的，仍保留在原来的篇目之内，罗列于《伤寒宜忌》一篇和发汗吐下后病状一篇中。”

综上所述，关于《伤寒论》按照六经排列先后，这种体系形成于何时，古今学者有不同的见解。

从现存文献史料观之，仲景《伤寒论》原始结构是按“可”与“不可”排序的，王叔和《脉经》卷七是最好的证明。既而叔和又按照六经原则重新排列《伤寒论》条文，为宋本《伤寒论》奠定基础。

五、“可”与“不可”的形成与演变

《伤寒论》卷七第十五节有这样一段话：

> 夫以为疾病至急，仓卒寻按，要者难得，故重集诸可与不可方治，比之三阴三阳篇中，此易见也。又时有不止是三阴三阳，出在诸可与不可中也。

《脉经》卷七是《伤寒杂病论》最早传本。《脉经序》云：“仲景明审，亦候形证，一毫有疑，则考校以求验。故伤寒有承气之戒，呕哕发下焦之问。而遗文远旨，代寡能用……今撰集岐伯以来，逮于华佗经论要诀，合为十卷，百病根源，各以类相从。声色证候，靡不该备。其王、阮、傅、戴、吴、葛、吕、张，所传异同，咸悉载录。”观此段文字，知王叔和对仲景十分熟悉，“一毫有疑，则考校以求验”之语，非口耳相传耳目相接者不能道。又云“百病根源，各以类相从……所传异同，咸悉载录”，则所录者，既探百病之根源，使类例相从，不相搀杂，井然有序，又照录原书，不加更动，所谓“所传异同，咸悉载录”也。既然如此，则《脉经》卷七之所录者，定为《伤寒论》早期之原始面貌无疑。卷七之“可”与“不可”目录如下：

1. 病不可发汗证第一
2. 病可发汗证第二
3. 病发汗以后证第三
4. 病不可吐证第四
5. 病可吐证第五
6. 病不可下证第六
7. 病可下证第七
8. 病发汗吐下以后证第八
9. 病可温证第九
10. 病不可灸证第十
11. 病可灸证第十一
12. 病不可刺证第十二
13. 病可刺第十三
14. 病不可水第十四
15. 病可水第十五
16. 病不可火证第十六
17. 病可火证第十七。

上述之“可”与“不可”，为后世所有“可”与“不可”奠定基础。后世之所有“可”与“不可”都是在叔和基础上加以分合的。

叔和《脉经》卷七不是《伤寒论》全文，而是残文，故《甲乙经序》及《伤寒论林亿序》称：“近代太医令王叔和撰次仲景遗论甚精，皆可施用。”既为“遗论”，则非全文可知。经初步统计，其六经病条文，较宋本少148条，存250条。除主要集中于《脉经》卷七外，其次为卷八，其余各卷有少数几条。重复性条文很少。从统计中我们清楚地看到，叔和对仲景《伤寒论》确实是将其所得之条文“咸悉载录”“以类例相从”。所谓“以类例相从”是指按照“可”与“不可”条例，分类排列。“可”与“不可”是仲景《伤寒论》的原始结构。

本文开头所引之一段文字，“比之”二字较难释。杨绍伊《伊尹汤液经・考次汤液经序》云：“其所云比之三阴三阳篇中之比字作次字解（比，次也，见《仪礼・少牢馈食礼》注、《周礼・世妇》注、《汉书・瑕邱江公传》注），之字作诸字解。言夫以为疾病至急，仓卒寻按，要者难得，因复类合诸可、不可方治，次诸三阴三阳篇中，此易寻按，而见其要也。又时有不止是三阴三阳出在诸可不可中也，叔和自谓其所撰次之作如是。”所谓“又时有不止是三阴三阳，出在诸可与不可中也”之句，是指诸“可”与“不可”之中，有些条文不属于三阴三阳，因而在三阴三阳分别部居中不好把这些条文穿插进去，于是就把这些条文放到“可”与“不可”之中去了。怎样寻找这些条文呢？成无已《注解伤寒论》卷七“夫以为疾病至急”句下注云：“诸不可汗、不可下病症药方，前三阴三阳篇中经注已具者，更不复出，其余无者，于此以后，经注备见。”则成本卷七第十五节之后的“可”与“不可”，均为删削重复条文之后剩余之条文。计：

《辨不可发汗》第十五	13条
《辨可发汗》第十六	6条
《辨发汗后》第十七	1条
《辨不可吐》第十八	0条
《辨可吐》第十九	5条
《辨不可下》第二十	23条
《辨可下》第二十一	11条
《辨发汗吐下后》第二十二	0条

以上共计59条。其中卷九最末一条为重出之条：“脉双弦而迟者，必心下鞕，脉大而紧者，阳中有阴也。可以下之。宜大承气汤。”不计此条则为58条。这些条文均在《脉经》中。则“出在可与不可中”者，谓出在《脉经》之“可”与“不可”也。

中国中医研究院中国医史文献研究所马继兴研究员《中医文献学》第三章第一节《早期的伤寒杂病论系统》云：“《伤寒杂病论》中的伤寒部分，也就是被后人单独析出成书并称之为《伤寒论》的主要内容，根据现存最早的一种传本即《脉经》传本来看，可以认为：有关伤寒病辨证的条文方面基本上是按照各种治疗方法的可与不可为篇次进行排列的。”马继兴教授认为，按照三阳三阴排列条文始于唐初孙思邈的《千金翼方》：“此后（按，指王叔和之后）在唐代的孙思邈《千金翼方》中将《伤寒论》的条文在上述分类（按，指“可”与“不可”分类）法基础上予以补充改进，即开始按照以太阳病（又细分为七，类目从略）、阳明病、少阳病、太阴病、少阴病、厥阴病的六经分类法，将可与不可等各类中的条文分别归纳人六经分类法的各篇中去。至于其中有些分不进六经各篇的，仍保留在原来的篇目之内，罗列于伤寒宜忌一篇（此篇又分为15章，各章名称与上述17类中的目录大同）和发汗吐下后病状一篇中。到了北宋，校正医书局在校订《伤寒论》及《金匮玉函经》两传本时，仍利用了以六经分类为主的方法，但由于还有若干原来可与不可诸篇中的条文是无法分入六经各篇中的，因此在六经分类的各篇之后，仍附有可与不可诸篇中的其余文字部分。”

在《脉经》之后，又有几个传本亦有可与不可，与《脉经》略异。正是这些相异处，体现了三阴三阳逐渐发展演变的轨迹。

《淳化本伤寒论》之可与不可目录：

1. 辨可发汗形证
2. 辨不可发汗形证
3. 辨可吐形证
4. 辨不可吐形证
5. 辨可下形证
6. 辨不可下形证
7. 辨可灸形证
8. 辨不可灸形证
9. 辨可火形证
10. 辨不可火形证
11. 辨可水形证
12. 辨不可水形证
13. 辨可温形证

计13类。在第一类即“辨可发汗形证”前尚有《辨伤寒热病不可治形候》一节，凡37条，其中6条见于宋本六经病中，其余皆不见于六经病中，在研究《伤寒论》佚文时，这些条文尤当重视也。若计此类，则可与不可为14类。

《金匮玉函经》之可与不可目录如下：

1. 辨不可发汗病形证治
2. 辨可发汗病形证治
3. 辨不可吐病形证治
4. 辨可吐病形证治
5. 辨不可下病形证治
6. 辨可下病形证治
7. 辨发汗吐下后病形脉证
8. 辨可温病形证治
9. 辨不可火病形证治
10. 辨可火病形证治
11. 辨不可灸病形证治
12. 辨可灸病形证治
13. 辨不可刺病形证治
14. 辨可刺病形证治
15. 辨不可水病形证治
16. 辨可水病形证治

在第十六类之后，尚有“论热病阴阳交并生死证”一节，他本皆无。

孙思邈《千金要方》卷九云：“江南诸师秘《仲景要方》不传。”按，《仲景要方》系书名。《隋书·经籍志》著录：“张仲景方十五卷。注：仲景后汉人。”此书在《旧唐书·经籍志》里著录为“张仲景药方十五卷。”孙思邈之《仲景要方》即《张仲景药方》。思邈以未得到该书之全本而大为感慨。在《千金要方》卷九著录之“可”与“不可”目录如下：

1. 发汗散
2. 发汗汤
3. 发汗丸
4. 宜吐
5. 宜下
6. 发汗吐下后。

是孙思邈所得确为残卷，经统计，属于三阴三阳之条文共46条，且以“可”与“不可”排列条文。宋晁公武《郡斋读书志》云：“思邈博通经传，洞明医术，著用药之法，诊脉之诀，针灸之穴，禁架之法，以至导引养生之要，无不周悉。后世或能窥其一二，未有不为名医者。然议者颇恨其独不知伤寒之数云。”思邈待撰毕《千金要方》三十年后，又撰《千金翼方》，得到《伤寒论》较为完整之本，称“至于仲景，特有神功”，“今以方证同条，比类相附”。观孙思邈小序，知其所改动者主要为：

1. 将太阳篇改为七类。
2. 将药方附于有关条文之下，但重出者不多。
3. 其“宜忌”即“可”与“不可”，但与《脉经》之“可”与“不可”有异。清．陆懋修在王朴庄《伤寒论注》卷六《伤寒宜忌》句下注云：“懋修按：王叔和集诸可与不可，有不能强解者，真人别作《宜忌》一册，尽行删却，故知是非自在人心，正不必谓叔和之语定为可从也。”

笔者以宋本《伤寒论》《金匮玉函经》、淳化本《伤寒论》《脉经》卷七等古传本对《千金翼方》卷九卷十之《伤寒论》进行穷尽性校勘，发现卷九卷十之《伤寒论》以《金匮玉函经》为基础，在版本流传史上，《金匮玉函经》早于《千金翼方》卷九卷十。下面是《千金翼方》“可”与“不可”的目录：

1. 忌发汗第一
2. 宜发汗第二
3. 忌吐第三
4. 宜吐第四
5. 忌下第五
6. 宜下第六
7. 宜温第七
8. 忌火第八

9. 宜火第九
10. 忌灸第十
11. 宜灸第十一
12. 忌刺第十二
13. 宜刺第十三
14. 忌水第十四
15. 宜水第十五

下面为“发汗吐下后病状”，将不易放在“可”与“不可”中的条文置于此节。

北宋校正医书局以高继冲进献本为底本校定《伤寒论》，参考《脉经》卷七、《千金翼方》卷九卷十、《金匮玉函经》加以校勘，并对《伤寒论》进行较大更动。主要有：

第一，卷二太阳上至卷末每卷皆编录子目。在宋本之前，任何传本皆无子目。子目是北宋校正医书局所增补。子目是用来统计“证”与“法”的。在宋本《伤寒论》中，“证”与“法”截然不同。简明言之，可以概括为以下八个字：“有方曰法，无方曰证”。就是说，在条文之下附有药方的称之为“法”，在条文之下不附有药方的称之为“证”。子目为北宋校正医书局所增补，非底本所原有。成无己不知子目巨大意义乃删之，是以后世鲜知子目为何物。

第二，方名下，大多出现方剂，不避重复。是以宋本重复出现之方甚多。

第三，仲景书的原始结构，为“条论于前，方汇于后”，这种结构方式在《金匮玉函经》中保存得仍然很好。但是这种结构方式不便临证选方，自孙思邈开始就进行“方证同条”的改造，但是还不象宋本那样普遍。至宋本，凡“某某汤主之”句下，必出此方。古本不如此也。

宋本的“可”与“不可”与《脉经》《千金翼方》《金匮玉函经》相较，亦有所变动。宋本以“可”与“不可”统帅“汗”“吐”“下”三类疾病，另增“辨发汗后”“辨发汗吐下后”两节，凡八节。无温、灸、水、火、刺等之“可”与“不可”。但仔细阅读宋本“可”与“不可”内容，与《脉经》《金匮玉函经》《千金翼方》相较，内容缺少不多。参见钱超尘《伤寒论文献通考》第三章第一节《对一些问题的探讨》，该节将《金匮玉函经》《千金翼方》《宋本》的“可”与“不可”进行了详细对比。下面是宋本的“可”与“不可”目录：

1. 辨不可发汗病脉证并治
2. 辨可发汗病脉证并治
3. 辨发汗后病脉证并治
4. 辨不可吐
5. 辨可吐
6. 辨不可下病脉证并治
7. 辨可下病脉证并治
8. 辨发汗吐下后病脉证并治

自宋本之后，宋代有些医家遵照宋本“可”与“不可”又加以变动。宋许叔微《伤寒百证歌》将“可”与“不可”改编为

1. 可汗不可汗歌
2. 可下不可下歌
3. 可吐不可吐歌
4. 可火不可火歌
5. 可水不可水歌
6. 可灸不可灸歌
7. 可针不可针歌
8. 伤寒可温歌。

许叔微《伤寒百证歌》系据《伤寒论》精神改编成歌括，便于记忆，而非《伤寒论》原文。宋庞安时《伤寒总病论》亦有“可”与“不可”，与宋本之“可”与“不可”不尽相同。

清代有些医家以为“可”与“不可”为赘文而删之。1955年重庆市中医学会编著出版《新辑宋本伤寒论》，发行量甚大，当年印行三万三千余册，后又多次再版。初学者每以《伤寒论》原书无“可”与“不可”。

总之，关于“可”与“不可”可以归纳为以下两点意见：

1. 张仲景《伤寒论》原始面貌是按照“可”与“不可”排列其条文的。虽原书已佚，但据叔和《脉经》卷七可以确证之。六经病条文的排列是叔和所为。明王肯堂《伤寒论证治准绳》称王叔和始按六经排列其条文，则叔和编次《伤寒论》先后当有两次。

2. 自叔和以后直至北宋许叔微、庞安时，“可”与“不可”的类别与内容又发生删削增补，与宋本不尽相同。

第二篇　有关张仲景研究的医学和社会学著作

一个医家学术成就和社会影响的大小，从很大程度上取决于世人对他的研究、应用情况和其产生的价值上。一般说来，从事研究的人数越多、应用的范围越广泛、涌现出的成果越非凡的，其学术成就就越高，社会影响也越大。《伤寒杂病论》及其为代表的仲景学说，自问世以来就受到了医学界乃至社会其他方面的关注，各种研究性著作如雨后春笋一般，出现于中国乃至世界医药学的大舞台上，熠熠耀人，峥峥震耳，成为祖国医学发展史上一道靓丽的风景线。这一现象从金元时期成无己的《伤寒明理论》开始，代有鸿篇巨制，年有新鲜华章，一致形成一种人数颇众的学术流派。中华人民共和国建立之前的1000多年间，已出版的这类研究性著作已达500种左右。中华人民共和国建立之后的60多年时间内，这类研究性著作出版的数量更多，据本书编者狭隘的视野所及，起码也有1300多种，大体与旧中国一千多年中出版的数目相当。研究这些著作，对于进一步理解仲景学说的实质和价值、完整认识张仲景的人格精神和魅力，以及继承和发展祖国医学丰富的理论、实践财富都有非常重要的承启作用。

本章收入的对仲景学说的研究性著作，包括正式出版的所有研究张仲景学术成就及其著作《伤寒杂病论》的书目，内容既涉及医学的范畴，或医理、药理、方论，或应用、发挥、成果，都在收集范围；也涉及社会学的内容，或家世、生平、事迹，或影响、作用、启迪，均有一定程度的涉及。可以肯定地说，这些著作对于仲景学说的传承和发扬是具有积极意义的。但鉴于历代研究者对所涉及问题的认识和世人对研究者著述的看法上不可避免地存在着的仁者见仁，智者见智的情况，本书无法、也不敢冒昧对这些著作做出具体评价，只就作者的姓名、著作名称、出版单位和时间按编年史的顺序进行排列，以在展示后人研究成果的同时，给读者提供一份原汁原味的读书参考目录。本章书目以中华人民共和国建立的 1949 年为界，按两个区间顺序排列。限于资料，对于国外出版的研究性著作，除日本的部分著述被收入外，其他国家的均未能收入。在这些研究性著作中，由于《伤寒论》占有绝对优势，《金匮要略》及其他与《伤寒论》的合刻本数量较少，故不再另行分类。

·1949年之前·

1. 宋·刻本：（金）成无己撰《伤寒明理论》三卷；

2. 元·至成元年戊申（1308）刻本：（元）王好古撰《此事难知》二卷（此书至清末共有7次印刷）；

3. 元·至大二年己酉（1309）刻本：（宋）钱闻礼撰《伤寒百问歌》四卷；

4. 元·天历元年戊辰（1328）建安翠岩精舍刻本：（金）刘完素编《伤寒直格》三卷（又名《刘河间直格论方》，此书至民国期间共有5次印刷）；

5. 元·刻本：（宋）许叔微撰《伤寒百证歌》五卷；

6. 元·刻本：（宋）许叔微撰《伤寒发微论》二卷；

7. 元·刻本：（元）吴恕撰《伤寒活人指掌图》；

8. 元·刻本：（宋）杨士瀛撰《伤寒类书活人总括》七卷；

9. 明·宣德钱氏刻本：（元）张璧撰《云岐子保命集论类要》三卷；

10. 明·弘治刻本：陆彦功辑《伤寒类证便览》十二卷；

11. 明·正德刻本：无名氏撰《伤寒全书》；

12. 明·嘉靖元年壬午（1522）刻本：（明）陶华撰《伤寒六书》（此书至民国前至少刊印17次以上）；

13. 明·嘉靖元年壬午（1522）刻本：（明）陶华撰《伤寒琐言》二卷；

14. 明·嘉靖元年壬午（1522）刻本：（明）陶华撰《伤寒一提金启蒙》一卷（此本含《伤寒六书》内）；

15. 明·嘉靖元年壬午（1522）刻本：（明）陶华撰《伤寒杀车槌法》（此本含《伤寒六书》内）；

16. 明·嘉靖元年壬午（1522）刻本：（明）陶华撰《伤寒证脉截江网》（此本含《伤寒六书》内）；

17. 明·嘉靖八年己丑（1529）胡汝成刻本：（明）陶华撰《伤寒家秘的本》；

18. 明·嘉靖四十年辛酉（1561）刻本：（明）彭用光编《潜溪续编伤寒蕴要》；

19. 明·嘉靖四十年辛酉（1561）双泉书斋刻本：（明）王震编《王氏家宝伤寒证治明条备览》；

20. 明·嘉靖四十三年甲子（1564）日新书堂刻本：（宋）李之先编、（元）吴恕图论、（明）熊均续编《类编伤寒活人书括指掌图论》九卷；

21. 明·隆庆元年丁卯（1567）新安汪滋刻本：（明）缪存济撰《伤寒撮要》六卷；

22. 明·万历十九年辛卯（1591）徐镕校刻本：（宋）朱肱撰《伤寒类证活人书》二十二卷（又名《南阳活人书》，此书至民国期间共印刷过10次）；

23. 明·万历二十四年丙申（1596）刻本：（明）刘浴德编《伤寒三秘》；

24. 明·万历二十八年庚子（1600）闽乔山堂刘龙田刻本：（元）吴恕撰《伤寒图歌活人指掌》五卷；

25. 明·万历二十九年辛丑（1601）吴勉学校刻本：（金）刘完素撰《伤寒标本心法类萃》二卷；

26. 明·万历二十九年辛丑（1601）吴勉学校刻本：（元）马宗素撰《刘河间伤寒医鉴》一卷；

27. 明·万历三十二年甲辰（1604）刻本：（明）王肯堂辑《伤寒准绳》八卷；

28. 明·万历三十七年己酉（1609）书林张斐刻本：（金）张从正撰《伤寒心镜》一卷（又名《伤寒心镜别集》《张子和心镜别集》）；

29. 明·万历四十三年乙卯（1615）关中薛贞刻本：（明）陶华撰《伤寒全生集》四卷；

30. 明·万历年间刻本：（宋）郭雍撰《伤寒补亡论》二十卷；

31. 明·万历年间云间姚氏世征堂刻本：（明）王执中撰《东垣伤寒正脉》；

32. 明·天启六年丙寅（1626）刻本：（明）李盛春《治伤寒全书》（此本含《医学研悦》内）；

33. 明·崇祯四年辛未（1631）刻本：（明）陈长卿撰《伤寒五法》；

34. 明·崇祯五年壬申（1632）十竹斋刻本：（明）陈长卿撰《伤寒秘要》（此本含《十竹斋刊袖珍本医书》内）；

35. 明·崇祯五年壬申（1632）金陵原刻本：（明）童养学撰《伤寒六书纂要辨疑》四卷；

36. 明·崇祯六年癸酉（1633）四川布政司刻

本：（明）陈文治撰编《伤寒集验》；

37. 明·崇祯六年癸酉（1633）四川布政司刻本：（明）陈文治撰编《伤寒集验》；

38. 明·崇祯刻本：（明）童养学编《伤寒活人指掌补注辨疑》三卷；

39. 明·画锦堂刻本：《伤寒意珠篇》二卷；

40. 明·刻本：（明）刘纯撰《伤寒治例》一卷；

41. 明·刻本：（明）陶华撰《伤寒明理续论》；

42. 明·刻本：（明）吴授撰《伤寒蕴要全书》四卷；

43. 明·稿本：（明）徐行编《伤寒论遥问》十四卷；

44. 清·顺治六年己丑（1649）刻本：（明）李中梓撰《伤寒括要》三卷；

45. 清·康熙五年丙午（1666）隽永堂刻本：（清）张璐等撰《伤寒大成》；

46. 清·康熙五年丙午（1666）刻本：（明）张吾仁撰、（清）张于乔编《撰集伤寒世验精法》八卷；

47. 清·康熙六年丁未（1667）金间书业堂刻本：（清）张倬撰《伤寒兼证析义》；

48. 清·康熙六年丁未（1667）刻本：（清）张璐撰《伤寒绪论》二卷；

49. 清·康熙六年丁未（1667）刻本：（清）徐彬撰《伤寒百十三方发明》；

50. 清·康熙十七年戊午（1678）修吉堂刻本：（清）刘古汝撰《伤寒括义必读》；

51. 清·康熙十八年戊午（1679 已未）刻本：（清）陈尧道撰《伤寒辨证》四卷；

52. 清·康熙十九年庚申（1680）刻本：（清）汪苓友《中寒论辨证广注》三卷（此本含《3 寒论辨证广注》内）；

53. 清·康熙五十年辛卯（1711）觉后堂刻本：（清）程瑗、程铎编《伤寒论方法正传》；

54. 清·康熙五十一年壬辰（1712）许华生刻本：（清）郑重光编《伤寒论证辨》二卷；

55. 清·康熙五十一年壬辰（1712）钱塘三余堂刻本：（清）张锡驹撰《伤寒附余》（此本含《伤寒论直解附录》内）；

56. 清·康熙五十三年甲午（1714）其顺堂陈氏刻本：（清）秦皇士撰《伤寒大白》四卷；

57. 清·康熙五十五年丙申（1716）江都王氏秩斯堂刻本：（清）柯韵伯撰《伤寒论翼》二卷；

58. 清·康熙六十一年壬寅（1722）稿本：无名氏撰《伤寒书稿》；

59. 清·康熙年间贞白堂刻本：（清）陈治撰《伤寒近编前集后集》十卷（此本含《证治大还》内）；

60. 清·康熙年间最乐堂刻本：（清）陆遇霖撰《伤寒证治准绳增删》八卷；

61. 清·康熙年间李秀芝宋诚甫刻本：（清）徐彬撰《徐忠可伤寒图论》；

62. 清·康熙年间李秀芝宋诚甫刻本：（清）喻嘉言撰《伤寒抉疑》；

63. 清·康熙年间刻本：（清）柯韵伯撰《伤寒附翼》二卷；

64. 清·雍正五年丁未（1727）刻本：（清）徐五成撰《伤寒论集注外篇》四卷（此本含《伤寒论集注》内）；

65. 清·雍正十二年甲寅（1734）杭城并育堂刻本：（清）王纯粹撰《孝慈备览伤寒编》四卷；

66. 清·雍正十二年甲寅（1734）刻本：（清）王纯粹撰《伤寒心悟》四卷；

67. 清·乾隆三年戊午（1738）得一堂刻本：（清）卢云乘撰《伤寒医验》六卷；

68. 清·乾隆七年壬戌（1742）尊经阁刻本：（清）吴谦等撰《伤寒心法要诀》三卷；

69. 清·乾隆九年甲子（1744）三当轩刻本：（清）邵成平编《伤寒正医录》十卷；

70. 清·乾隆十六年辛未（1751）虚白堂张超校刻本：（清）喻昌编《伤寒脉证歌》二卷；

71. 日本·宝历三年戊寅（1758）书林涩川清右卫目刻本：（宋）朱肱撰《伤寒百问》六卷；

72. 清·乾隆二十四年已卯（1759）刻本：徐灵胎编《伤寒论类方》；

73. 清·乾隆三十八年癸巳（1773）刻本：（清）沈金鳌编《伤寒六经主证》（此本含《沈氏尊生书》内）；

74. 清·乾隆三十八年癸巳（1773）刻本：（清）沈金鳌编《伤寒阴阳表里传变愈解》（此本含《沈氏尊生书》内）；

75. 清·乾隆三十八年癸巳（1773）刻本：（清）沈金鳌编《伤寒六经主症》；

76. 日本·安永三年甲午（1774）澄霞园刻本：中西惟忠（日）撰《伤寒名数解》五卷；

77. 日本·安永八年己亥（1779）刻本：山田正珍（日）撰《伤寒考》；

78. 清·乾隆四十五年庚子（1780）刻本：（清）车宗辂、胡宪述编《伤寒第一书》四卷附余二卷；

79. 日本·安永九年庚子（1780）刻本：天泰嶽（日）撰《复古伤寒论征》七卷；

80. 清·乾隆五十二年丁未（1787）刻本：（清）顾仓等编《伤寒三书合璧》；

81. 清·乾隆五十四年己酉（1789）敬直堂刻本：（清）舒诏撰《尚论翼》；

82. 清·乾隆五十四年己酉（1789）刻本：无名氏撰《伤寒六经》；

83. 日本·宽政三年辛亥（1791）皇都书林风月庄龙卫门等刻本：斋必简（日）撰、浅野徽补注《伤寒论特解》十卷；

84. 日本·宽政四年壬子（1792）江都书肆万屋太次右卫门刻本：津田尝（日）撰《伤寒津氏微》；

85. 日本·宽政四年壬子（1792）东都书林玉岩堂刻本：片仓元周（日）撰《伤寒启微》三卷；

86. 清·乾隆五十八年癸丑（1793）刻本：林玉友编《伤寒方论辑要》十六卷；

87. 日本·天明元年辛丑（1781）刻本：浅野先醒、正本先醒（日）合撰《伤寒金匮称量考分量筭考同刻》；

88. 日本·宽政二年庚戌（1790）平安书肆森权兵卫刻本：邨井杶（日）撰《东洞先师方极删定考证》；

89. 清·乾隆五十九年甲寅（1794）程永培校刻本：（明）许宏撰《金镜内台方议》十二卷；

90. 清·乾隆六十年乙卯（1795）乐只堂刻本：（清）何梦瑶撰《伤寒论近言》七卷；

91. 日本·宽政七年乙卯（1795）文泉堂刻本：后藤省（日）撰《伤寒证治约言》；

92. 清·乾隆年间俞氏刻本：（清）王子接撰《伤寒方法》；

93. 清·嘉庆元年丙辰（1796）刻本：（清）郑玉坛撰《伤寒杂病心法集解》四卷（此本含《郑彤园医书四种》内）；

94. 日本·宽政八年丙辰（1796）黄华堂刻本：橘南溪（日）撰《伤寒外传》三卷；

95. 日本·宽政九年丁巳（1797）奉萋堂刻本：川越正椒（日）撰《伤寒用药研究》二卷；

96. 日本·宽政十二年庚申（1800）刻本：原元鳞（日）撰《伤寒论图说》；

97. 清·嘉庆七年壬戌（1802）钱憩南刻本：（清）沈凤辉撰《伤寒谱》；

98. 日本·享和二年壬戌（1802）东都逍遥堂刻本：儿岛翮（日）撰《古医方晰义》；

99. 日本·享和三年癸亥（1803）蒲芦亭刻本：吉益为则（日）撰、品丘明编《方极》；

100. 日本·文化元年甲子（1804）崇古堂刻本：内藤希哲（日）撰《医经解惑论》三卷；

101. 日本·文化年间如如庵刻本：无量居士（日）编《伤寒举踣》四卷；

102. 清·嘉庆十二年丁卯（1807）刻本：（清）吴贞撰《伤寒指掌》四卷；

103. 清·嘉庆十三年戊辰（1808）天禄阁刻本：（清）陈修园撰《长沙方歌括》六卷；

104. 清·嘉庆十六年辛未（1811）朱陶性活字本：（明）戈维城撰《伤寒补天石》二卷；

105. 清·嘉庆二十一年丙子（1816）撰者自刻本：（清）汪必昌撰《伤寒三说辨》；

106. 清·嘉庆二十四年己卯（1819）贻砚堂刻本：（清）舒诏撰《舒氏伤寒六经定法》；

107. 日本·文政二年己卯（1819）大岛爕即省庵刻本：内滕希哲（日）编《伤寒杂病论类编附言》（此本含《伤寒杂病论类编》内）；

108. 日本·文政四年辛巳（1821）三岛馆刻本：铃木一贯（日）撰《上世方证鉴》；

109. 日本·文政四年辛巳（1821）终古堂刻本：鹤田真（日）撰、藤田大信等补正《补正辑光伤寒论》；

110. 日本·文政五年壬午（1822）辨庆桥等刻本：吉益为则（日）撰、吉益猷编《辑光伤寒论》；

111. 清·道光三年癸丑（1823）黄氏士礼居覆宋刻本：（清）黄丕烈撰《伤寒总病论札记》（此本含《伤寒总病论》内）；

112. 清·道光三年癸丑（1823）黄氏士礼居覆宋刻本：（宋）庞安时撰《伤寒总病论》六卷（至民国期间，此本共有6次印刷）；

113. 日本·文政六年癸未（1823）终古堂刻本：藤田大信（日）编《张氏方函》；

114. 日本·文政八年乙酉（1825）东都逍遥堂刻本：关口本贞（日）撰《医门闚观》五卷；

115. 清·道光六年丙戌（1826）刻本：（清）程文囿撰《伤寒提钩》（此本含《医述》内）；

116. 清·道光六年丙戌（1826）刻本：（清）程文囿撰《伤寒析疑》（此本含《医述》内）；

117. 日本·文政十年丁亥（1827）刻本：中川故（日）撰《伤寒发微》；

118. 日本·文政十年丁亥（1827）刻本：丹波元简（日）撰《伤寒论广要》十二卷；

119. 清·道光十年庚寅（1830）奉新许氏刻本：（清）翁藻编《六经定法》；

120. 清·道光十年庚寅（1830）奉新许氏刻本：（清）翁藻编《伤寒总略》；

121. 清·道光十一年辛卯（1831）贮春仙馆吴氏刻本：（清）叶天士《医效秘传》三卷；

122. 清·道光十二年戊辰（1832）长沙燮和精舍刻本：（清）黄元御撰《伤寒悬解》十四卷；

123. 日本·天保三年戊辰（1832）稿本：扶阳老人（日）撰《金匮要略辑义释字草稿》（此本含《伤寒论辑义释字草稿附录》内）；

124. 日本·天保三年戊辰（1832）清白堂刻本：由良讱（日）撰《伤寒四象类方》二卷；

125. 清·道光十三年癸巳（1833）刻本：（清）何贵孚撰《伤寒论大方图解》二卷；

126. 清·道光十四年甲午（1834）刻本：（清）文通撰《百一三方解》三卷；

127. 清·道光十四年甲午（1834）刻本：（清）黄元御撰《伤寒说意》十卷；

128. 清·道光十五年乙未（1835）偁山书屋刻本：（清）章楠编《伤寒论本旨》九卷；

129. 清·道光十六年丙申（1836）南雅堂刻本：（清）陈元犀编《金匮方歌括》六卷；

130. 清·道光十九年己亥（1839）瑞鹤堂刻本：（清）王梦祖编《伤寒撮要》四卷；

131. 清·道光二十年庚子（1840）稿本：（清）邹汉璜撰《伤寒翼》（此本含《邹氏纯懿庐集》内）；

132. 日本·天保十三年壬寅（1842）晛斋刻本：中茎谦（日）撰《证法格》三卷；

133. 日本·天保十三年壬寅（1842）古我堂刻本：佐田间庵（日）撰《伤寒论私撰》二卷附一卷；

134. 日本·天保十四年甲辰（1843）青云堂刻本：丹波元简（日）撰《伤寒论述义》五卷；

135. 日本·弘化四年丁未（1847）勿误药室刻本：浅田惟常（日）撰《伤寒辨术》；

136. 日本·弘化四年丁未（1847）千钟房刻本：古田原（日）撰《伤寒论类辨》三卷；

137. 日本·嘉永三年庚戌（1850）松敬堂刻本：佐藤正昭（日）撰《古方通览》；

138. 日本·嘉永四年辛亥（1851）熙熙堂刻本：日藤馨（日）撰《伤寒论文字考》二卷；

139. 日本·嘉永四年辛亥（1851）熙熙堂刻本：日藤馨（日）撰《伤寒论文字考续编》二卷；

140. 日本·嘉永四年辛亥（1851）学训堂刻本：喜多村直宽（日）撰《伤寒六经析义》；

141. 日本·嘉永年间立生堂刻本：饭田鼎（日）撰《金匮要略方论考证》五卷；

142. 清·咸丰二年壬子（1852）宁邑集贤堂刻本：（清）李耕春编《伤寒六经定法》（此本含《医要三书》内）；

143. 清·咸丰二年壬子（1852）稿本：（清）杨希闵编《伤寒论百十三方解略》六卷；

144. 清·咸丰三年癸丑（1853）琳琅秘室木活字排印本：（宋）许叔微撰《伤寒九十论》；

145. 清·咸丰四年甲寅（1854）新昌庄过客轩校刻本：（清）韩衹和撰《伤寒微旨论》二卷；

146. 清·咸丰四年甲寅（1854）吴门潘氏刻本：（清）吕震名撰《伤寒寻源》三集；

147. 清·咸丰四年甲寅（1854）刻本：（清）陈厚溪撰《伤寒剖绪》二卷；

148. 清·咸丰四年甲寅（1854）刻本：（清）柯韵伯撰《余注伤寒论翼》；

149. 清·咸丰六年丙辰（1856）上海锦章书局石印本：（清）遂夫等编《伤寒歌括》；

150. 清·咸丰六年丙辰（1856）味根斋刻本：（清）陈修园撰《伤寒医诀串解》六卷；

151. 日本·安政五年戊午（1858）稿本：山田业广（日）撰《金匮要略札记》；

152. 清·咸丰九年己未（1859）书林南雅堂刻本：（清）陈修园撰《伤寒医约录》三卷；

153. 清·咸丰九年己未（1859）三山林氏味根斋刻本：（清）陈修园撰《伤寒真方歌括》六卷；

154. 清·同治五年丙寅（1866）合州怀德堂刻本：（清）吴蓬莱编《仲景存真集》；

155. 清·同治五年丙寅（1866）古吴潘氏刻本：（清）徐大椿《增辑伤寒论类方》四卷；

156. 清·同治六年丁卯（1867）刻本：（清）王丙撰《伤寒论新注》（此本含《世补斋医书》内）；

157. 清·同治六年丁卯（1867）刻本：（清）王丙撰《伤寒论附余》二卷（此本含《世补斋医书》内）；

158. 清·同治六年丁卯（1867）刻本：（清）王丙撰《伤寒例新注》（此本含《世补斋医书》内）；

159. 清·同治六年丁卯（1867）刻本：（清）王丙撰《读伤寒论心法》（此本含《世补斋医书》内）；

160. 日本·庆应三年丁卯（1867）自修馆刻本：泽田曲肱（日）撰《伤寒论大意》二卷；

161. 清·同治七年戊辰（1868）辑者自刻本：

（清）栗山痴叟辑《金匮读本》二卷（此本含《医学便览》内）；

162. 清·同治九年庚午（1870）古冈刘氏藏修书屋刻本：（清）舒位撰《伤寒问答》；

163. 清·同治九年庚午（1870）文魁堂刻本：（清）廖云溪撰《切总伤寒》四集（此本含《医学五则》内）；

164. 清·同治十年辛未（1871）湖北崇文书局刻本：（清）包诚撰《伤寒审症表》；

165. 清·同治十二年癸酉（1873）刻本：（清）蔡宗玉编、林昌彝补《六经伤寒辨证》四卷；

166. 清·光绪二年丙子（1876）刻本：（清）麦乃球撰《伤寒法眼》二卷；

167. 清·光绪四年戊寅（1878）思补堂刻本：（清）戴心田编《金匮汤头歌》；

168. 清·光绪五年己卯（1879）归安陆心源十万卷楼刻本：（元）王好古撰《阴证略例》一卷；

169. 日本·明治十二年己卯（1879）济众病院铅印本：山田业广（日）撰《经方辨》；

170. 日本·明治十四年辛巳（1881）好生医院铅印本：浅田惟常（日）撰《伤寒辨要》；

171. 日本·明治十四年辛巳（1881）乾诚轩铅印本：浅田惟常（日）撰《伤寒翼方》；

172. 清·光绪八年壬午（1882）刻本：（清）姜国伊注《伤寒方经解》；

173. 清·光绪九年癸未（1883）刻本：（清）陆九芝撰《伤寒论阳明病释》四卷；

174. 日本·明治十六年癸未（1883）刻本：吉益为则（日）撰、乾省守业编《方机》；

175. 清·光绪十二年丙戌（1886）信江书院刻本：（清）关耀南撰《伤寒类证》十五卷；

176. 清·光绪十二年丙戌（1886）稿本：（清）王廷珏编《外感伤寒证提纲》（此本含《正谊堂医书》内）；

177. 清·光绪十二年丙戌（1886）稿本：（清）王廷钰编《读伤寒论歌》；

178. 清·光绪十三年丁亥（1887）邓州张炳义刻本：（清）张泰恒撰《伤寒类证解惑》四卷；

179. 清·光绪十三年丁亥（1887）师德堂刻本：（清）钟文焕编《伤寒悬解经方歌诀》十一卷；

180. 清·光绪十三年丁亥（1887）师德堂刻本：（清）钟文焕编《伤寒歌诀》十一卷；

181. 清·光绪十六年辛卯（1891）诚心堂刻本：（清）庞润田撰《证治集解》（又名《伤寒捷解》；

182. 清·光绪十九年癸巳（1893）云经堂刻本：（清）黄钰撰《经方歌括》二卷；

183. 清·光绪二十年甲午（1894）成都邓氏崇文斋校刻本：（金）宋云公撰《伤寒类证》三卷（此本含《仲景全书》内）；

184. 清·光绪二十三年丁酉（1897）稿本：韩善征撰《金匮杂病辨》（此本含《韩氏医书六种》内）；

185. 清·光绪二十九年癸卯（1903）刻本：（清）庆恕编《伤寒辨证》；

186. 清·光绪二十九年癸卯（1903）刻本：（清）庆恕编《伤寒十六证类方》二卷；

187. 清·光绪三十三年丁未（1907）上海六艺书局石印本：（清）徐大椿撰《伤寒约编》；

188. 清·光绪年间刻本：（清）王子接注《伤寒古方通》六卷；

189. 清·光绪年间刻本：（清）汪宗沂编《杂病论辑逸》；

190. 清·宣统元年己酉（1909）上海千顷堂书局石印本：（金）镏洪编《伤寒心要》一卷（又名《河间伤寒心要》）；

191. 清·宣统元年己酉（1909）上海文明书局铅印本：（清）丁福保编《伤寒论通论》；

192. 清·宣统二年庚戌（1910）福慧双修馆刻本：（清）周学海撰《伤寒补例》二卷；

193. 清·宣统三年辛亥（1911）温州务本石印局石印本：（清）徐润之编《金匮遗珠》（此本含《松龄医铎》内）；

194. 清·宣统三年辛亥（1911）刻本：许星东编《伤寒论合解》；

195. 清末·著者自刻本：（清）苏国梁撰《金匮方解》；

196. 清·南益堂刻本：（清）李栻撰《伤寒述微》三卷；

197. 清·保艾堂刻本：（清）高赓歌编《医抄醇粹首集》二卷；

198. 清·师德堂刻本：（清）钟文焕编、徐廷卫校《金匮悬解经方歌诀》；

199. 清·刻本：（明）秦昌遇撰《伤寒总论》；

200. 清·铅印本：（清）抚松隐者撰《伤寒病类方》；

201. 清·稿本：（清）陆懋修撰《仲景方汇录》；

202. 清·稿本：（清）陆懋修撰《宏维新编》；

203. 清・稿本：（清）沈灵犀辑《读金匮要略大意》（此本含《泉唐沈氏医书九种》内）；

204. 清・稿本：（清）沈灵犀编《伤寒摘要》（此本含《泉唐沈氏医书九种》内）；

205. 清・稿本：（清）顾德华撰编《调治伤寒论》；

206. 清・稿本：（清）高学山撰《伤寒论尚论篇辨似补抄》；

207. 清・稿本：（清）缪遵义编、管鼎节录《伤寒方集注》

208. 日本・学训堂刻本：喜多村直宽（日）撰《经方权量略说》；

209. 日本・学训堂活字本：喜多村直宽（日）撰《伤寒论劄记》；

210. 日本・浸月楼刻本：平野和雨（日）撰《伤寒论私考》；

211. 日本・刻本：（明）张介宾撰《伤寒典》六卷；

212. 1911 年奉天新书局刻本：（清）庆恕撰《伤寒证方歌诀》；

213. 1911 年铅印本：陈药娴撰《伤寒六经明义》；

214. 1913 年成都存古书局刻本：廖平撰《太素内经伤寒总论补证》（此本含《六译馆医学丛书》内）；

215. 1913 年成都存古书局刻本：廖平撰《伤寒总论》（此本含《六译馆医学丛书》内）；

216. 1913 年成都何氏刻本：何仲皋撰《伤寒经方阐奥》（同年中医学堂亦刻印此书）；

217. 1915 年上海神州医药书报社铅印本：包育华、包识生合撰《包氏伤寒三种》；

218. 1916 年绍兴医药学报社铅印本：（清）俞根初撰、何廉臣校《通俗伤寒论》十六卷；

219. 1916 年大众书局铅印本：萧萍寄编《伤寒自疗》；

220. 1917 年成都存古书局刻本：廖季平撰《伤寒讲议》；

221. 1917 年成都存古书局刻本：廖季平编《伤寒平义》；

222. 1917 年成都存古书局刻本：内藤希振（日）撰、廖季平补注《伤寒古本考》；

223. 1917 年上海千顷堂书局石印本：（清）唐宗海编《六经方证中西通解》；

224. 1917 年稿本：刘鳞编《六经定法》（此本含《梅城刘氏编医书六种》内）；

225. 1921 年上海大成书局石印本：（元）马宗素、程德斋撰《伤寒钤法》；

226. 1922 年长沙明道中医学校石印本：郑业居撰《伤寒易知录》；

227. 1922 年著者铅印本：王正枢编《伤寒论新元编》四卷；

228. 1923 年无锡锡成公司铅印本：萧屏撰《伤寒问答》；

229. 1923 年海陵丛刊铅印本：陆儋辰编《伤寒证治赋》六卷；

230. 1924 年杭州三三医社铅印本：（清）沈尧封撰《伤寒论读》；

231. 1924 年上海商务印书馆铅印本：恽铁樵撰《伤寒论研究》四卷；

232. 1926 年中原书局石印本：（清）何元长撰《何氏秘本伤寒辨类》二卷；

233. 1927 年江西玉山文星堂石印本：程铭谦注考《伤寒论注疏考证》七卷；

234. 1927 年江西玉山文星堂石印本：程铭谦注考《杂病论注疏考证》九卷；

235. 1927 年京师融会中西医学讲习所石印本：张有章撰、张书勋参订《伤寒借治论》三卷；

236. 1927 年番禺陈氏家塾铅印本：陈庆保编《伤寒类编》；

237. 1927 年铅印本：泉唐寿编《伤寒论翼义》；

238. 1928 年上海广益书局石印本：叶衡隐编《伤寒杂病指南》二卷；

239. 1928 年上海中医书局铅印本：胡剑华著《伤寒论新注》；

240. 1928 年上海六也堂书药局铅印本：丹波元简（日）撰《新增伤寒论广要》十二卷；

241. 1929 年上海中医书局铅印本：浅田惟常（日）撰《日本汉医伤寒名著合刻》；

242. 1929 年丹溪学社铅印本：陈无咎编《伤寒论蜕》；

243. 1929 年日本东京文荣堂铅印本：中西惟忠（日）撰《伤寒论分类疑解》（此本含《和汉医籍学》内）；

244. 1929 年铅印本：高宗善编《伤寒论释义》；

245. 1930 年上海国医书局铅印本：罗东生撰《伤寒捷径》；

246. 1930 年福成祥铅印本：邓怡如编《伤寒定论篇》；

247. 1931 年上海六也堂书药局铅印本：（宋）许叔微撰、何廉臣增订《增订伤寒百证歌注》四卷；

248. 1931 年上海国医书局铅印本：（清）吴钧

撰《类伤寒辨》；

249. 1931 年上海美星印刷所铅印本：祝味菊撰《伤寒新义》；

250. 1931 年上海祝味菊诊所铅印本：祝味菊撰《伤寒方解》；

251. 1932 年复兴石印馆石印本：曹荫南撰《六经症治歌诀》；

252. 1932 年上海千顷堂书局石印本：刘懋勋撰《伤寒三字经》；

253. 1932 年复兴石印馆石印本：曹荫南编《伤寒法解正讹》十卷（此本含《新注医学辑著解说》内）；

254. 1932 年复兴石印馆石印本：曹荫南编《六经辨证定法》（此本含《新注医学辑著解说》内）；

255. 1932 年复兴石印馆石印本：曹荫南编《六经法门》（此本含《新注医学辑著解说》内）；

256. 1932 年四川省璧山县文学石印社铅印本：张静涛编《金匮方解》六卷；

257. 1932 年中医指导社铅印本：秦伯未编《群经大旨金匮》；

258. 1932 年武昌永盛印书馆铅印本：陈邦镇编《伤寒证治述要》；

259. 1932 年上海中华书局铅印本：戈维城著《重订伤寒补天石》；

260. 1932 年石印本：陈绍勋撰《伤寒心法》；

261. 1933 年四川国医学校铅印本：何仲皋撰《伤寒要旨》

262. 1933 年尚德堂铅印本：吴羲如编《伤寒方歌》；

263. 1933 年苏州国医书社铅印本：（清）俞根初撰《伤寒时方歌诀评注》；

264. 1933 年铅印本：包识生编《金匮方讲义》（此本含《包氏医宗》内）；

265. 1933 年铅印本：包识生编《杂病表》（此本含《包氏医宗》内）；

266. 1933 年铅印本：包识生撰《伤寒表》；

267. 1933 年铅印本：包识生撰《伤寒方讲义》（此本含《国医学粹》内）；

268. 1934 年上海新中医研究社铅印本：朱志成编《伤寒概要》（次年该书重印）；

269. 1934 年上海中西书局铅印本：陈景岐撰《金匮入门》（此本含《中国医学入门丛书》内）；

270. 1934 年上海中西书局铅印本：陈景岐编《伤寒入门》（此本含《中国医学入门丛书》内）；

271. 1934 年少年中医社铅印本：叶劲秋撰《伤寒论启秘》；

272. 1934 年梅县同仁药房铅印本：黄了凡撰《伤寒六经辨证要旨》；

273. 1934 年中医指导社铅印本：秦伯未编《群经大旨伤寒论》；

274. 1934 年中医指导社铅印本：秦伯未编《金匮九记》；

275. 1934 年铅印本：恽铁樵撰《金匮方论》二卷；

276. 1934 年著者铅印本：刘亚农编《二十世纪伤寒论》六卷；

277. 1934 年著者铅印本：金柏森撰《伤寒病药歌诀》；

278. 1935 年上海中西医药书局铅印本：（清）王橘泉撰《王氏家宝伤寒证治条例》；

279. 1935 年山东沂水中国医药研究社铅印本：赵恕风撰《金匮验案》（此本含《中国医药学》内）；

280. 1935 年鼎新印刷局铅印本：陈微尘编《伤寒简要》（此本含《陈微尘医书五种》内）；

281. 1935 年北平华北国医学院铅印本：王哲中编《伤寒论》；

282. 1935 年华东书局铅印本：蔡陆仙撰《伤寒病问答》（此本含《民众医药指导丛书》内）；

283. 1935 年南京大陆印书局铅印本：陈逊斋著《伤寒论改正并注》；

284. 1936 年世界书局铅印本：中西惟忠（日）撰《伤寒之研究》（此本含《皇汉医学丛书》内）；

285. 1936 年满大印书馆铅印本：阎德润编《伤寒论评释》；

286. 1936 年世界书局铅印本：（清）任越安著《伤寒法祖》二卷（此本含《珍本医书集成》内）；

287. 1936 年世界书局铅印本：（清）严宫方编《伤寒捷诀》；

288. 1936 年长沙振湘医社铅印本：罗振湘撰《伤寒方证歌诀》；

289. 1936 年长沙振湘医社铅印本：罗振湘撰《金匮方证歌诀》；

290. 1936 年苏州南氏医药事务所铅印本：南宗景校《张长沙原文读本》（又名《长沙方歌括》）；

291. 1936 年包氏医宗出版社铅印本：包育华撰《伤寒方法》（此本含《包氏医宗》内）；

292. 1936 年上海铅印本：曹颖甫撰《金匮发微》四卷；

293. 1936 年上海少年业医社铅印本：叶劲秋编《仲景学说之分析》；

294. 1937 年大众书局铅印本：潘澄濂著《伤寒

论新解》；

295. 1937 年涵熙庐医书出版部铅印本：陈拔群著《伤寒新释》；

296. 1939 年天津中西医学研究社铅印本：王趾周注《国医伤寒新解》；

297. 1940 年稿本：陆渊雷撰《伤寒论概要》；

298. 1941 年石印本：承淡安撰《伤寒针方浅解》

299. 1941 年铅印本：程国树编《伤寒饮食指南》；

300. 1942 年西安克兴印书馆铅印本：雒镛撰《伤寒六经新解》；

301. 1943 年中国医药文化服务社铅印本：黄茂生撰《伤寒汇证表解》；

302. 1943 年长春益智书店铅印本：宋慎编《伤寒病治疗教本》；

303. 1945 年上海中医书局铅印本：（明）陶节庵撰《伤寒六书》；

304. 1945 年光大印刷厂铅印本：车驹编《伤寒病之认识与治疗》；

305. 1948 年邵阳灵兰中医学会石印本：何舒编《伤寒金匮方易解》；

306. 民国·广州六和印书馆铅印本：林少鹤编《伤寒论医方集注摘录》；

307. 民国·中华书局铅印本：田伯良编《张仲景伤寒杂病之方解》；

308. 民国·上海锦文堂书局石印本：（清）徐灵胎撰《六经脉证》（此本含《徐灵胎医书三十二种》内）；

309. 民国·上海书店铅印本：吴槐绶撰《伤寒理解》十二卷；

310. 民国·天津国医函授学校铅印本：尉家谦编《伤寒科函授讲义》；

311. 民国·华北国医学院铅印本：邱宗山撰《金匮经浅说》三十一卷；

312. 民国·石印本：李希纶撰《伤寒摘要敲爻歌》；

313. 民国·铅印本：于有五编《伤寒百十三方证药略解》（又名《伤寒百十三方注解》）；

314. 民国·铅印本：吴槐绶撰《南阳药证汇解》；

315. 四川泸杲建文石印社石印本：程天灵撰《伤寒漫谈》；

316. 西安竞业印刷社石印本：沈伯超撰《伤寒入微》；

317. 重庆刻本：（清）甘席隆撰《伤寒方歌》；

318. 稿本：金铸撰《伤寒六病方证学——三阴病篇》；

319. 稿本：金铸撰《伤寒论质存疑条》；

320. 稿本：谢壶隐撰《金匮新编》九卷；

321. 稿本：陆经正撰《伤寒宗正全书》；

322. 稿本：冯瑞鎏撰《太阳原病》；

323. 稿本：韩氏编《金匮方歌诀》；

324. 稿本：无名氏撰《六经提纲》（此本含《方药集义阐微》内；）

325. 稿本：无名氏撰《伤寒方》（此本含《方药集义阐微》内；）

326. 稿本：无名氏撰《伤寒新法辑要》（此本含《方药集义阐微》内；）

327. 稿本：无名氏撰《金匮方》（此本含《方药集义阐微》内）；

328. 稿本：无名氏撰《伤寒论考证》；

329. 稿本：无名氏撰《伤寒金匮方证类录》；

·1949 年 –2003 年·

1. 1949 年上海章氏铅印本：章巨膺撰《伤寒疗养论》；

2. 1949 年上海乐中印书社铅印本：聂云台撰《伤寒解毒疗法》；

3. 1949 年民生实业公司铅印本：龚松仙撰《新伤寒论》（此本含《实用医学全书》内）；

4. 1950 年大众书店铅印本：祝味菊述、陈苏生记《伤寒质难》；

5. 1954 年千顷堂书局铅印本：余无言编著《湿温伤寒病篇·传染病新论》；

6. 1955 年商务印书馆铅印本：（宋）成无已撰《伤寒明理论》；

7. 1955 年商务印书馆铅印本：（宋）朱肱撰《伤寒类证活人书》；

8. 1955 年杭州新医书局铅印本：（元）杜本撰《伤寒金镜录》；

9. 1955 年杭州新医书局铅印本：王邈达著《汉方简义》；

10. 1955 年人民卫生出版社铅印本：丹波元简（日）著《伤寒论辑义》；

11. 1955 年人民卫生出版社铅印本：丹波元简（日）著《伤寒论述义》；

12. 1956 年商务印书馆铅印本：（宋）许叔微撰《伤寒论著三种》；

13. 1956 年商务印书馆铅印本：（宋）庞安时撰《伤寒总病论》；

14. 1956 年人民卫生出版社影印本：（元）王好古撰《此事难知》；

15. 1956 年人民卫生出版社影印本：（元）王安道撰《医经溯洄集》；

16. 1956 年新医学书局铅印本：（清）高学山撰《伤寒尚论辨似》；

17. 1956 年上海科技卫生出版社铅印本：（清）高学山撰《伤寒尚论辨似》；

18. 1956 年上海卫生出版社铅印本：（清）沈明宗编注《伤寒六经辨证治法》；

19. 1956 年人民卫生出版社影印本：（清）徐大椿原著、潘伟如增补《增辑伤寒论类方》；

20. 1956 年上海卫生出版社铅印本：时逸人编著《中医伤寒与温病》；

21. 1956 年上海卫生出版社铅印本：叶心铭译《伤寒论阶梯》；

22. 1956 年上海卫生出版社铅印本：陈存仁著《湿温伤寒手册》；

23. 1956 年新华书局出版社铅印本：徐荣斋重订《重订通俗伤寒论》；

24. 1956 年上海卫生出版社铅印本：徐荣斋重订《重订通俗伤寒论》；

25. 1956 年上海文史出版社铅印本：杜清碧著《重订史氏敖氏伤寒全镜录》；

26. 1957 年上海卫生出版社铅印本：（明）许宏撰集《金镜内台方仪》；

27. 1957 年人民卫生出版社影印本：（清）陈尧道著《伤寒辨证》；

28. 1957 年上海卫生出版社铅印本：（清）吴坤安撰《伤寒指掌》；

29. 1957 年福建中医学院铅印本：（清）陈恭溥编《伤寒论方解》；

30. 1957 年人民卫生出版社铅印本：李荫岚编著《伤寒论条析》；

31. 1957 年人民卫生出版社铅印本：李彦师编著《伤寒金匮条释》；

32. 1957 年人民卫生出版社铅印本：左季云编《伤寒论类方汇参》；

33. 1957 年人民卫生出版社铅印本：丹波元简（日）编著《伤寒广要》；

34. 1957 年人民卫生出版社铅印本：山田宗俊（日）著《伤寒论集成》；

35. 1957 年人民卫生出版社铅印本：川越正淑（日）著《伤寒用药研究》；

36. 1957 年人民卫生出版社铅印本：中西惟忠（日）著《伤寒之研究》；

37. 1958 年上海卫生出版社铅印本：（明）王肯堂辑《证治准绳·伤寒》；

38. 1958 年上海卫生出版社铅印本：（清）冯兆淇编《南病别鉴》；

39. 1958 年科学卫生出版社铅印本：（清）陈修园著《伤寒医诀串解》；

40. 1958 年上海科技卫生出版社铅印本：（清）陈修园著《伤寒真方歌括》；

41. 1958 年人民卫生出版社铅印本：白羊译《伤寒论新解》；

42. 1958 年福建人民出版社铅印本：胡友梅编著《伤寒与温病诊疗表解》；

43. 1958 年江苏人民出版社铅印本：曹永康编著《夹阴伤寒证治》；

44. 1958 年河北人民出版社铅印本：河北中医学院编《论新编伤寒论》；

45. 1958 年上海科技出版社铅印本：何任著《金匮要略通俗讲话》；

46. 1959 年上海科技出版社铅印本：（宋）郭雍撰《伤寒补亡论》；

47. 1959 年上海科技出版社铅印本：（金）成无己撰《伤寒明理论》；

48. 1959 年上海科技出版社铅印本：（清）俞根初撰《通俗伤寒论》；

49. 1959 年上海科技出版社铅印本：（清）高学山撰《伤寒尚论辨似》；

50. 1959 年上海科技出版社铅印本：（清）吴贞撰《伤寒指掌》；

51. 1959 年科学科技出版社铅印本：（清）陈修园著《伤寒医诀串解》；

52. 1959 年上海科技出版社铅印本：（清）陈修园著《伤寒真方歌括》；

53. 1959 年科技卫生出版社铅印本：任应秋编《伤寒论证治类诠》；

54. 1959 年科技卫生出版社铅印本：徐荣斋重订《重订通俗伤寒论（新一版）》；

55. 1959 年上海科技出版社铅印本：徐荣斋重订《重订通俗伤寒论（新一版）》；

56. 1959 年人民卫生出版社铅印本：江西省西医学习中医班编《伤寒纲要》；

57. 1959 年山东人民出版社铅印本：山东省针灸进修学校编《伤寒论串解衍义》；

58. 1959 年江苏人民出版社铅印本：中国医学科学院江苏分院中医研究所编《伤寒论方解》；

59. 1959 年山西人民出版社铅印本：山西省中医学校编《伤寒论讲义》；

60. 1959 年安徽人民出版社铅印本：安徽中医学院编《伤寒论通俗讲义》；

61. 1959 年江苏人民出版社铅印本：南京中医学院编《伤寒论教学参考资料》；

62. 1959 年人民卫生出版社铅印本：林伯良著《小柴胡汤证的研究》；

63. 1959 年河南人民出版社铅印本：河南中医学院编《金匮要略讲义》；

64. 1959 年人民卫生出版社铅印本：安徽中医学院编《金匮要略通俗讲义》；

65. 1960 年人民卫生出版社铅印本：（宋）钱闻礼著《伤寒百问歌》；

66. 1960 年吉林人民出版社铅印本：孙纯一编《伤寒论注释要编》；

67. 1960 年人民卫生出版社铅印本：成都中医学院伤寒教研组编《伤寒论讲义》；

68. 1960 年上海科技出版社铅印本：何任编《金匮要略归纳表》；

69. 1961 年人民卫生出版社铅印本：成都中医学院编《伤寒论中级讲义》；

70. 1962 年江西人民出版社铅印本：江西中医学院中医班编《伤寒论百题问答》；

71. 1963 年上海科技出版社铅印本：（清）叶天士撰《医效秘传》；

72. 1963 年宇宙医药出版社本：宇宙医药出版社译委会选辑《伤寒新辩》；

73. 1963 年人民卫生出版社铅印本：北京中医学院伤寒教研室编《医宗金鉴·伤寒心法要诀白话解》；

74. 1963 年上海科技出版社铅印本：湖北中医学院主编《金匮要略讲义》；

75. 1964 年上海科技出版社铅印本：成都中医学院编《伤寒论讲义（重订本）》；

76. 1964 年福建人民出版社铅印本：俞长荣编著《伤寒论汇要分析》；

77. 1965 年人民卫生出版社铅印本：李培生编著《柯氏伤寒论翼笺正》；

78. 1965 年人民卫生出版社铅印本：南京中医学院金匮教研组编《金匮要略学习参考资料》；

79. 1976 年台湾旋风出版社铅印本：（清）俞根初撰《通俗伤寒论》；

80. 1976 年台湾正言出版社铅印本：正言编辑部编《伤寒论歌诀》；

81. 1976 年台湾益群书店股份有限公司铅印本：林辉镇编《伤寒论讲义》；

82. 1976 年台湾力行书局有限公司铅印本：赵晓光著《伤寒论梗注》；

83. 1977 年台湾大孚书局有限公司铅印本：叶隐衡著《伤寒杂病指南》；

84. 1978 年人民卫生出版社铅印本：湖北中医学院主编《伤寒论》；

85. 1978 年山东科技出版社铅印本：李克绍编著《伤寒解惑论》；

86. 1978 年江苏科技出版社铅印本：中国医学科学院江苏分院中医研究所编《伤寒论方解》；

87. 1978 年台湾正源出版社铅印本：《伤寒病问答》；

88. 1979 年上人民卫生出版社铅印本：北京中医学院主编《伤寒论选读》；

89. 1979 年上海科技出版社铅印本：湖北中医学院主编《伤寒论选读》；

90. 1979 年甘肃人民出版社铅印本：于己百主编《伤寒论讲义》；

91. 1980 年台湾照人书局铅印本：（清）俞根初撰《通俗伤寒论》；

92. 1980 年上海科技出版社铅印本：（清）陈修园撰《长沙方歌括》；

93. 1980 年台湾旋风书局铅印本：（清）吴六吉等撰《伤寒心法要诀》；

94. 1980 年上海古籍出版社复印本：（清）沈凤辉撰《伤寒谱》；

95. 1980 年上海科技出版社铅印本：刘渡舟著《伤寒论通俗讲话》；

96. 1980 年河北人民出版社铅印本：河北中医学院编《论新编伤寒论（修订本）》；

97. 1980 年湖北科技出版社铅印本：贺有琰编著《伤寒论纵横》；

98. 1980 年科学技术文献出版社重庆分社铅印本：王占玺主编《伤寒论脉法研究》；

99. 1980 年台湾光田出版社铅印本：吴埛村编《伤寒金匮测验精化》；

100. 1980 年台湾光田出版社铅印本：陈杉源编《伤寒速读表解》；

101. 1980 年台湾光田出版社铅印本：陈杉源编

《伤寒应用题汇》；

102. 1980 年台湾昭人出版社铅印本：黄圣馥编《伤寒论析义》；

103. 1981 年上海古籍书店影印本：（清）何世仁撰《伤寒类辨》；

104. 1981 年广东科技出版社铅印本：何志雄编《伤寒论选释和解答》；

105. 1981 年中医古籍出版社铅印本：唐嘉燕编《张仲景方易记便学册》；

106. 1981 年四川人民出版社铅印本：熊寥笙编著《伤寒名案选新注》；

107. 1981 年湖南科技出版社铅印本：高德编著《伤寒论方医案选编》；

108. 1981 年人民卫生出版社铅印本：谭日强编著《金匮要略浅述》；

109. 1981 年浙江科学技术出版社铅印本：何任编《金匮要略新解》；

110. 1981 年台湾立得出版社铅印本：立得教研组编《金榜中医特考全集・伤寒》；

111. 1981 年台湾立得出版社铅印本：立得教研组编《图说伤寒论》；

112. 1982 年人民卫生出版社铅印本：（金）刘完素著《伤寒直格》；

113. 1982 年人民卫生出版社铅印本：（清）秦皇士撰《伤寒大白》；

114. 1982 年江西人民出版社铅印本：万友生编著《伤寒知要》；

115. 1982 年山西人民出版社铅印本：赵明锐编著《经方发挥》；

116. 1982 年江西人民出版社铅印本：万兰靖编著《中医四大经典作题解》；

117. 1983 年福建科学技术出版社铅印本：（清）陈修园著《伤寒医诀串解》；

118. 1983 年人民卫生出版社铅印本：刘渡舟等编著《伤寒挈要》；

119. 1983 年天津科学技术出版社铅印本：刘渡舟编著《伤寒论十四讲》；

120. 1983 年台湾五陵出版社铅印本：矢三和编《白话本伤寒论》；

121. 1983 年上海科学技术出版社铅印本：郭子光、冯显逊编著《伤寒论汤证新编》；

122. 1983 年科学技术文献出版社铅印本：王占玺主编《伤寒论临床研究》；

123. 1983 年台湾八德教育文化出版公司铅印本：黄三元编《伤寒论概要》；

124. 1983 年台湾启业书局有限公司铅印本：启业编辑部编《伤寒论研究》；

125. 1983 年浙江科学技术出版社铅印本：浙江医科大学第一期西学中提高班编《伤寒论方古今临床》；

126. 1983 年北京科学技术出版社铅印本：何任编《金匮要略提要便读》；

127. 1984 年学林出版社铅印本：（明）何渊著《伤寒海底眼》；

128. 1984 年中医古籍出版社影印本：（明）童养学纂辑《伤寒六书纂要辨疑》；

129. 1984 年湖北科学技术出版社铅印本：（明）万全著《万氏家传伤寒摘锦》；

130. 1984 年学林出版社影印本：（清）何元长著《伤寒辨类》；

131. 1984 年中医古籍出版社铅印本：（清）不著撰人《伤寒方论》；

132. 1984 年江苏科学技术出版社铅印本：（清）徐灵胎撰著《伤寒论类方》；

133. 1984 年山西人民出版社铅印本：刘渡舟编著《新编伤寒论类方》；

134. 1984 年科学技术文献出版社铅印本：王占玺编著《张仲景药法研究》；

135. 1984 年河南科学技术出版社铅印本：武明钦编著《伤寒瘟病瘟疫证治汇通诀要》；

136. 1984 年广西人民出版社铅印本：广州中医学院伤寒论教研室编《伤寒论表解》；

137. 1984 年浙江科学技术出版社铅印本：张志明编《伤寒论方运用法》；

138. 1984 年吉林人民出版社铅印本：阎洪臣主编《伤寒论析要》；

139. 1984 年辽宁科学技术出版社铅印本：辽宁省中医研究院编《伤寒论方证研究》；

140. 1984 年科学技术文献出版社重庆分社铅印本：张启基、王辉武合编《伤寒论手册》；

141. 1984 年陕西科学技术出版社铅印本：杜雨茂编著《伤寒论辨证表解》；

142. 1984 年天津科学技术出版社铅印本：邢锡波编著《伤寒论临床实验录》；

143. 1984 年人民卫生出版社铅印本：单玉堂著《伤寒论针灸配穴选注》；

144. 1984 年台湾国光出版社铅印本：杨东喜编著《伤寒论解析》；

145. 1984 年台湾文笙书局铅印本：胡洋吉编《伤寒论备要》；

146. 1984 年台湾八德教育文化出版公司铅印本：黄三元编《伤寒论新编新义》；

147. 1984年台湾启业书局有限公司铅印本：启业编辑部编《伤寒名案选新注》；

148. 1984年台湾昭人出版社铅印本：陈淑贞、简辛朴编《伤寒论（问答式）》；

149. 1984年台湾世一书局铅印本：吴埙村编《伤寒论题库》；

150. 1985年台湾新文丰出版股份有限公司铅印本：（清）徐大椿撰《伤寒类方》；

151. 1985年福建科学技术出版社铅印本：（清）陈念祖著、陈竹友校注《伤寒真方歌括》；

152. 1985年学林出版社铅印本：（清）何汝阈著、何时希校注《伤寒纂要》；

153. 1985年山东科学技术出版社铅印本：李克绍、徐国仟编著《伤寒百问》；

154. 1985年天津科学技术出版社铅印本：刘渡舟编著《伤寒论十四讲（第二版）》；

155. 1985年福建科学技术出版社铅印本：俞长荣编《伤寒论汇要分析（修订本）》；

156. 1985年广东科学技术出版社铅印本：邓铁涛著《伤寒论集要》；

157. 1985年湖南科学技术出版社铅印本：李培生主编《伤寒论讲义》；

158. 1985年安徽科学技术出版社铅印本：徐大桂遗著《伤寒论类要注疏》；

159. 1985年陕西科学技术出版社铅印本：张世俊、谢立业编著《伤寒六经病证治撮要》；

160. 1985年中医古籍出版社铅印本：史定文等编《伤寒论自学辅导》；

161. 1985年福建科学技术出版社铅印本：周石卿等编《伤寒论百题解》；

162. 1985年陕西科学技术出版社铅印本：叶锦文编著《小柴胡汤的临床应用》；

163. 1985年台湾八德教育文化出版公司铅印本：黄三元编《伤寒论精义》；

164. 1985年台湾新文丰出版有限公司铅印本：（清）沈凤辉撰《伤寒谱》；

165. 1986年人民卫生出版社铅印本：杨璇撰《伤寒瘟疫条辨》；

166. 1986年人民卫生出版社铅印本：李培生编著《柯氏伤寒附翼笺正》；

167. 1986年湖北科学技术出版社铅印本：贺有琰编著《伤寒论纵横》；

168. 1986年陕西科学技术出版社铅印本：邵维翰著《伤寒赋》；

169. 1986年云南科学技术出版社铅印本：陆巨卿遗著《伤寒论百题解答》；

170. 1986年山西科学技术出版社铅印本：董建华总编、梅国强主编《中医学多选题题库·伤寒论分册》；

171. 1986年天津科学技术出版社铅印本：天津中医学院编《中医学解难·伤寒论分册》；

172. 1986年甘肃人民出版社铅印本：石国璧编著《经方要义》；

173. 1986年陕西科学技术出版社铅印本：孙溥泉编著《伤寒论医案集》；

174. 1986年四川科学技术出版社铅印本：王廷富著《金匮要略指难》；

175. 1987年江西科学技术出版社铅印本：刘渡舟主编《伤寒论选读》；

176. 1987年光明日报出版社铅印本：刘渡舟主编《伤寒论讲解》；

177. 1987年中医古籍出版社铅印本：时振声编著《伤寒论串解》；

178. 1987年人民卫生出版社铅印本：陈亦人编著《伤寒论求是》；

179. 1987年中医古籍出版社铅印本：聂惠民著《伤寒论析义》；

180. 1987年人民卫生出版社铅印本：李培生主编《高等中医院校教学参考丛书·伤寒论》；

181. 1987年天津科学技术出版社铅印本：赵恩俭编著《伤寒论研究》；

182. 1987年内蒙古人民出版社铅印本：张斌著《伤寒理法析》；

183. 1987年青海人民出版社铅印本：王继中编著《伤寒论指归》；

184. 1987年云南科学技术出版社铅印本：李筱国等编著《伤寒论条文表解》；

185. 1987年甘肃人民出版社铅印本：裴慎编著《伤寒方识证》；

186. 1987年甘肃人民出版社铅印本：王继志遗稿《经证证药录》；

187. 1988年解放军出版社铅印本：刘渡舟主编《伤寒论辞典》；

188. 1988年中医古籍出版社铅印本：刘渡舟主编《伤寒论分册》；

189. 1988年上海科学技术出版社铅印本：刘渡舟著《伤寒论通俗讲话》；

190. 1988年河南科学技术出版社铅印本：王琦主编《伤寒论讲解》；

191. 1988年广东高等教育出版社铅印本：王琦主编《伤寒论研究》；

192. 1988年中外文化出版公司铅印本：高德主

编《白话中医古籍丛书·伤寒论》；

193. 1988年上海科学技术出版社铅印本：万友生著《寒温统一论》；

194. 1988年中国中医药出版社铅印本：尚炽昌等主编《经方配方用药指南》；

195. 1988年四川科学技术出版社铅印本：叶成柄、王明杰编著《伤寒明理论阐释》；

196. 1988年学术期刊出版社铅印本：赵凌云编著《简明伤寒论注解及临床应用》；

197. 1988年陕西科学技术出版社铅印本：杜雨茂主编《伤寒论研究文献摘要》；

198. 1988年上海科学技术出版社铅印本：梅国强主编《伤寒论多选题评述》；

199. 1988年中医古籍出版社铅印本：胡熙明总编《中医学问答题库·伤寒论分册》；

200. 1988年中医古籍出版社铅印本：李克绍主编《金匮要略分册》；

201. 1988年中医古籍出版社铅印本：史定文、王建平编《金匮要略自学辅导》；

202. 1989年学苑出版社铅印本：程昭寰主编《伤寒心悟》；

203. 1989年科技卫生出版社铅印本：任应秋编著《伤寒论证治类诠》；

204. 1989年中国科学技术出版社铅印本：徐凌云、高荣林编著《典要仲景学说的尤怡》；

205. 1989年河北科学技术出版社铅印本：杨医亚主编《伤寒》；

206. 1989年人民军医出版社铅印本：李文瑞、李秋贵主编《伤寒论汤证论治》；

207. 1989年江苏科学技术出版社铅印本：贝菊佩、王东胜编《伤寒防治60问》；

208. 1989年中国科学技术出版社铅印本：张崇、王立编著《重订伤寒的临床家喻嘉言》；

209. 1989年上海中医学院出版社铅印本：邓嘉成等编《仲景方在急难重病中的运用》；

210. 1989年山东科学技术出版社铅印本：孙朝宗等编《经方方法论》；

211. 1989年四川科技出版社铅印本：江尔逊主编《桂枝汤类方证应用研究》；

212. 1989年黑龙江科学技术出版社铅印本：李敬孝等编著《金匮临证备要》；

213. 1990年人民卫生出版社铅印本：（明）陶华撰《伤寒六书》；

214. 1990年广西民族出版社铅印本：（清）钟远祥著《伤寒括要》；

215. 1990年北京科学技术出版社铅印本：王玉芝著《张仲景对药的临床应用》；

216. 1990年科学技术文献出版社铅印本：王占玺主编《伤寒论临床应用》；

217. 1990年上海中医学院出版社铅印本：张谷才编著《仲景内科学》；

218. 1990年上海中医学院出版社铅印本：黄卿发编著《伤寒六经病证治验选录》；

219. 1990年上海科学技术出版社铅印本：沈济苍编著《伤寒论析疑》；

220. 1990年河南科学技术出版社铅印本：吴林鹏主编《伤寒论检索》；

221. 1990年陕西科学技术出版社铅印本；严育斌编著《伤寒论词语解释》；

222. 1990年甘肃科学技术出版社铅印本：《经方使用标准》；

223. 1991年中国医药科技出版社排印本：陈伯涛著《仲景方与临床》；

224. 1991年上海中医学院出版社排印本：吴元黔等编著《伤寒论症状鉴别纲要》；

225. 1991年河南科学技术出版社排印本：梁华龙、王福昌主编《伤寒纵论》；

226. 1991年河南科学技术出版社排印本：孙瑞编著《伤寒论专题研究》

227. 1991年云南大学出版社排印本：关祥祖等编著《伤寒论研究》；

228. 1991年中州古籍出版社排印本：唐明华编《历代伤寒著作书目辑录》；

229. 1991年陕西科学技术出版社排印本：徐光华编著《金匮要略新编》

230. 1991年浙江科学技术出版社排印本：何任等编著《金匮方百家医案评议》；

231. 1991年中国书店排印本：（宋）钱闻礼撰《伤寒百问歌》；

232. 1992年上海科学技术出版社影印本：（明）张吾仁撰《撰集伤寒世验精法》；

233. 1992年中国中医药出版社排印本：（清）尤怡著《金匮要略心典》；

234. 1992年人民卫生出版社排印本：（清）陈尧道撰《伤寒辨证》；

235. 1992年陕西科学技术出版社排印本：李明廉等校注《伤寒撮要校注》；

236. 1992年人民卫生出版社排印本：杨育周著《伤寒六经病变》；

237. 1992年上海科技出版社排印本：（明）张吾仁撰《撰集伤寒世验精法》；

238. 1992年陕西科学技术出版社排印本：王梦

祖编《伤寒撮要校注》；

239. 1992 年上海交通大学出版社排印本：杨培坤、邹志东著《试论仲景学说的集论思想》；

240. 1992 年安徽科学技术出版社排印本：叶午庄编著《伤寒论析义》；

241. 1992 年中国医药科技出版社排印本：李华安著《伤寒论东考》；

242. 1992 年中国中医药出版社排印本：杨麦青编著《伤寒论现代临床研究》；

243. 1992 年青岛海洋大学出版社排印本：于书本编著《伤寒解要》；

244. 1992 年黑龙江科技出版社排印本：李昌主编《伤寒论方证药研究》；

245. 1993 年学苑出版社排印本：钱超尘著《伤寒论文献通考》；

246. 1993 年学苑出版社排印本：刘渡舟著《伤寒论临证指要》；

247. 1993 年中国中医药出版社排印本：张丰强主编《伤寒学》；

248. 1993 年广东科学技术出版社排印本：聂惠民主编《伤寒论与临证》；

249. 1993 年湖南科学技术出版社排印本：张正昭编著《伤寒论归真》；

250. 1993 年人民卫生出版社排印本：陈宝明编著《伤寒论类辨》；

251. 1993 年海豚出版社排印本：郭春霖著《伤寒六经求真》；

252. 1993 年青岛出版社排印本：于俊生编著《伤寒论方证辨析与应用》；

253. 1993 年青海人民出版社排印本：王付等主编《伤寒杂病论汤方现代研究及应用》；

254. 1993 年厦门大学出版社排印本：王贵森、朱国庆著《仲景治法研究》；

255. 1993 年广西科技出版社排印本：黄荣活编著《伤寒论七字经》；

256. 1993 年陕西科学技术出版社排印本：张振芳编著《伤寒论汤证纂及歌括》；

257. 1993 年中国科学技术出版社排印本；李文瑞主编《金匮要略汤证论治》；

258. 1993 年中国中医药出版社排印本：曲鸿忠主编《金匮方论与临床》；

259. 1993 年上海科学技术出版社排印本：张家祖、陈仁旭主编《金匮图解释要》；

260. 1994 年人民卫生出版社排印本：（宋）郭雍撰《伤寒补亡论》；

261. 1994 年上海科学技术出版社排印本：（清）何汝阈、何元长著《何氏伤寒二种》；

262. 1994 年安徽科学技术出版社排印本：（清）王少峰撰《伤寒从新》；

263. 1994 年巴蜀出版社排印本：郑钦安原著《伤寒恒论》；

264. 1994 年辽宁科学技术出版社排印本：关庆增、陆云平主编《伤寒论古今研究》；

265. 1994 年中国中医药出版社排印本：《仲景护理与临床》；

266. 1994 年山东科学技术出版社排印本：傅延龄主编《伤寒论研究大辞典》；

267. 1994 年安徽科学技术出版社排印本：许孔璋编著《伤寒证治通论》；

268. 1994 年北京科学技术出版社排印本：程绍恩等主编《伤寒证治心法》；

269. 1994 年华艺出版社排印本：王新昌、唐明华主编《医圣张仲景与医圣祠文化》；

270. 1994 年人民卫生出版社排印本：宋书功主编《金匮要略广注校诠》；

271. 1994 年科学文献出版社排印本：王占玺主编《金匮要略临床研究》；

272. 1994 年山西科学技术出版社排印本：刘渡舟主编《中医学问答题库・伤寒分册》；

273. 1994 年山西科学技术出版社排印本：李克光主编《中医学问答题库・金匮分册》；

274. 1994 年中州古籍出版社排印本：崔河泉等著《伤寒论坛一墨》；

275. 1994 年广东科学技术出版社排印本：王伯章著《六经辨证与方技新析》；

276. 1995 年中国中医药出版社排印本：戴玉、赵安业编著《仲景辨证治疗学》；

277. 1995 年中国科技出版社排印本：程昭寰、党寿考主编《伤寒分册》；

278. 1995 年人民卫生出版社排印本：钟小南编著《伤寒论便读》；

279. 1995 年广东科学技术出版社排印本：邓铁涛、欧阳明主编《伤寒论集要》；

280. 1995 年山东科学技术出版社排印本：李嘉璞、吴修符、姚秀琴主编《伤寒论临床辨略》；

281. 1995 年学苑出版社排印本：裴永清著《伤寒论临床应用五十论》；

282. 1995 年华中师范大学出版社排印本：叶发正著《伤寒学术史》；

283. 1995 年学苑出版社排印本：苏宝刚主编《金匮要略讲义》；

284. 1996 年中医古籍出版社排印本：廖厚泽编

著《伤寒金匮汇证诠解》；

285. 1996年上海科学技术出版社排印本：柯雪帆主编《普通高等教育中医药类规划教材·伤寒论选读》；

286. 1996年学苑出版社排印本：聂惠民主编《普通中医药院校协编教材·伤寒论讲义》；

287. 1996年山东大学出版社本：张桂珍主编《高等中医药院校教材·伤寒论》

288. 1996年人民卫生出版社排印本：李培生编著《柯氏伤寒论注疏正》；

289. 1996年中国中医药出版社排印本：陈瑞春著《陈瑞春论伤寒》；

290. 1996年广东科学技术出版社排印本：熊曼琪主编《伤寒论、金匮要略教学探索》；

291. 1996年人民卫生出版社排印本：胡杰一主编《金匮方临证便览》；

292. 1996年学苑出版社排印本：任健主编《中国历代名医名方全书》；

293. 1996年人民卫生出版社排印本：郭秀梅、冈田研吉编《日本医家伤寒论注解集要》；

294. 1997年中医古籍出版社排印本：（清）魏荔彤著《伤寒论本义》；

295. 1997年人民卫生出版社排印本：（清）魏荔彤著《金匮要略方论本义》；

296. 1997年中医古籍出版社排印本：（清）邵成平编《伤寒正医录》；

297. 1997年中国中医药出版社排印本：叶森主编《仲景方药现代研究》；

298. 1997年华夏出版社排印本：于伯海主编《伤寒金匮温病名著集成》；

299. 1997年人民卫生出版社排印本：张建荣编著《金匮证治精要》；

300. 1998年学苑出版社排印本：刘渡舟著《伤寒临证指要》；

301. 1998年亚洲医药出版社排印本：庞春生主编《伤寒百家言》；

302. 1998年人民卫生出版社排印本：黄煌编著《张仲景五十味药证》；

303. 1998年大连出版社排印本：关庆增主编《伤寒论方证证治准绳》；

304. 1998年学苑出版社排印本：陈明、张印生主编《伤寒名医验案精选》；

305. 1998年中国科学出版社本：程昭寰等编著《基层中医临证必读大系·伤寒分册》；

306. 1998年学苑出版社排印本：孟承利等主编《伤寒论现代研究与临床应用》；

307. 1998年人民卫生出版社排印本：丁光迪等编著《金匮要略学习参考资料》；

308. 1998年新疆大学出版社排印本：孙良佐等主编《伤寒论导读》；

309. 1999年上海中医药大学出版社排印本：张桂珍、姜建国主编《伤寒论习题集》；

310. 1999年北京科技文献出版社排印本：姜建国、李树沛编著《伤寒析疑》；

311. 1999年人民卫生出版社排印本：张建智著《伤寒名方解析》；

312. 1999年人民卫生出版社排印本：李心机著《伤寒论疑难解读》；

313. 1999年上海中医药大学出版社排印本：伍炳彩主编《金匮要略习题集》；

314. 1999年台湾富群文化事业有限公司排印本：刘渡舟、舟聂惠民主编《99仲景学术论坛》；

315. 1999年人民军医出版社排印本：尚炽昌等主编《仲景方药研究应用精鉴》；

316. 1999年中国广泛电视出版社排印本：赵凌云编著《简明伤寒杂病论校注及临床应用》；

317. 1999年山西科学技术出版社排印本：黄杰熙编著《伤寒金匮方证类解》；

318. 1999年香港华夏文化出版社排印本：田清仁著《平易伤寒论铨稿》；

319. 1999年人民卫生出版社排印本：张建智著《伤寒名方解析》；

320. 1999年中国中医药出版社排印本：张家礼主编《金匮要略选读》；

321. 1999年人民卫生出版社排印本：李金华主编《中医四大经典学习指导》；

322. 1999年湖南科学技术出版社排印本：聂惠民等主编《经方方论荟要》

323. 2000年中国科学技术出版社排印本：梁邦祯编著《梁氏伤寒论注》；

324. 2000年广东科学技术出版社排印本：左季云著《伤寒论类方法案汇参》；

325. 2000年广东科学技术出版社排印本：王梧川等编著《伤寒古今论》；

326. 2000年中医古籍出版社排印本：吕志杰等编著《仲景方药古今应用》；

327. 2000年统一出版有限公司排印本：钟荣火著《伤寒病理与临床应用》；

328. 2000年天津科学技术出版社排印本：左季云著《伤寒论类方法案汇参》；

329. 2000年科学出版社排印本：苗润田主编《伤寒论教程》；

330. 2000 年上海中医药大学出版社排印本：张再良、叶进主编《伤寒经纬》；

331. 2000 年中国医药科技出版社排印本：李秋贵、李文瑞主编《金匮要略汤证论治》；

332. 2000 年华夏出版社排印本：陈明主编《金匮名医验案精选》；

333. 2001 年中国中医药出版社排印本：柯雪帆主编《伤寒论选读》；

334. 2001 年陕西科学技术出版社排印本：张喜奎等主编《伤寒门径》；

335. 2001 年人民卫生出版社排印本：王付、石昕昕编《仲景方临床应用指导》；

336. 2001 年上海中医药大学出版社排印本：何新慧主编《伤寒经纬》；

337. 2001 年学苑出版社排印本：聂惠民等编集《伤寒论集解》；

338. 2001 年上海中医药大学出版社排印本：马超英主编《伤寒论·金匮要略·温病学》；

339. 2001 年山西科学技术出版社排印本：梅国强主编《中医多选题题库·伤寒论分册》；

340. 2001 年山西科学技术出版社排印本：郝万山主编《中医问答题库·伤寒论分册》；

341. 2001 年山西科学技术出版社排印本：张家礼主编《中医问答题库·金匮要略分册》；

342. 2001 年科学出版社排印本：乔模主编《金匮要略教程》；

343. 2001 年安徽科学技术出版社排印本：张笑平主编《金匮要略临床新解》；

344. 2001 年山西科学技术出版社排印本：张家礼主编《中医多选题题库·金匮要略》

345. 2001 年中国中医药出版社排印本：丁跃玲、方朝义主编《金匮要略》；

346. 2001 年人民卫生出版社排印本：张建荣编著《金匮妇人三十六病》；

347. 2001 年人民卫生出版社排印本：李冀编著《中医名方临床新用》；

348. 2002 年中医古籍出版社排印本：（清）俞根初著《三订通俗伤寒论》；

349. 2002 年中国中医药出版社排印本：（清）杨栗山著《伤寒瘟疫条辨》；

350. 2002 年学苑出版社排印本：聂惠民著《聂氏伤寒学》；

351. 2002 年中医古籍出版社排印本：姚廷周辑校《杂病论辑校》；

352. 2002 年湖南科学技术出版社排印本：梅国强主编《伤寒论讲义》；

353. 2002 年中医古籍出版社排印本：王付主编《伤寒杂病论临床用方必读》；

354. 2002 年人民卫生出版社排印本：顾武军、张民庆主编《伤寒论临床学习参考》；

355. 2002 年山西科学技术出版社排印本：《伤寒论背景》；

356. 2002 年福建科学技术出版社排印本：刘德荣点校《伤寒论汇注精华》；

357. 2002 年上海科学技术出版社排印本：《伤寒论同步练习册》；

358. 2002 年人民卫生出版社排印本：贾秀林、贾芳编著《六经辨证实用解》；

359. 2002 年中国中医药出版社本：王兴华、王继明著《难病奇方小柴胡汤》；

360. 2002 年山西科学技术出版社排印本：乔模主编《金匮要略选背》；

361. 2002 年上海中医药大学出版社排印本：柴可夫编著《金匮要略理法方药研究》；

362. 2003 年中医古籍出版社排印本：（清）尤怡著、张印生等校注《金匮翼》；

363. 2003 年上海科学技术出版社排印本：《相关知识篇丛书》编委会编《伤寒论·金匮要略·温病学》；

364. 2003 年军事医学科学出版社排印本：崔永昌、刘娜娜著《伤寒论新解》；

365. 2003 年人民卫生出版社排印本：刘越编著《图解伤寒论》；

366. 2003 年人民卫生出版社排印本：刘越编著《图解金匮要略》；

367. 2003 年学苑出版社排印本：刘渡舟著《伤寒论临证指要》；

368. 2003 年中医古籍出版社排印本：杜雨茂者《伤寒论释疑与经方实验》；

369. 2003 年广东科技出版社排印本：聂惠民主编《伤寒论与临证》；

370. 2003 年人民军医出版社排印本：冯世纶主编《张仲景经方解析》；

371. 2003 年华夏出版社本：张庆军著《张仲景医药文化》；

372. 2003 年科学技术文献出版社排印本：李家庚主编《黄帝内经、伤寒论、金匮要略》；

373. 2003 年华夏出版社排印本：刘公理主编《温病、伤寒、金匮经典速览》；

374. 2003 年作家出版社排印本：邱明印著《医圣张仲景》；

375. 2003 年人民卫生出版社排印本：陈瑞春著

《伤寒实践论》；

376. 2003 年中医古籍出版社排印本：王保云等主编《张仲景学术研究》；

377. 2003 年人民卫生出版社排印本：黄仰模主编《金匮要略讲义》；

378. 2003 年第四军医大学出版社排印本：李同宪、李月彩著《伤寒论现代解读》；

379. 2003 年第四军医大学出版社排印本：张志刚编著《伤寒三字经》；

380. 2003 年人民卫生出版社排印本：北京中医药大学金匮教研室编著《金匮方歌括白话解》；

·2004 年－2014 年·

1. 李心机．伤寒论图表解．人民卫生出版社，2004.

2. 施旭光．伤寒金匮方歌诀新编．广东科技出版社，2004.

3. 罗和古．伤寒温病医案－上册．中国医药科技出版社，2004.

4. 罗和古．伤寒温病医案－下册．中国医药科技出版社，2004.

5. 杜雨茂．伤寒论释疑与经方实验．中医古籍出版社，2004.

6. 江苏科学技术出版社辑．四库全书伤寒类医著集成－上．江苏科学技术出版社，2004.

7. 江苏科学技术出版社辑．四库全书伤寒类医著集成－下．江苏科学技术出版社，2004.

8.（清）吴谦等编，郝万山主编，北京中医药大学中医临床基础系编．医宗金鉴－伤寒心法要诀白话解．人民卫生出版社，2004.

9. 姬元璋．伤寒类证探析．人民卫生出版社，2004.

10. 周春祥．伤寒学．中国中医药出版社，2004.

11. 姚球．伤寒经解．上海科学技术出版社，2004.

12. 苏珍．张仲景医方精要－伤寒篇．河北科学技术出版社，2004.

13. 横田観风著．伤寒论真髓．績文堂出版，2004.

14. 田畑隆一郎编著．伤寒论图说．源草社，2004.

15. 黄煌．张仲景 50 味药证．人民卫生出版社，2004.

16. 郑钦安．郑钦安医书阐释．巴蜀书社，2004.

17. 姜春华．名医の経方応用．东洋学术出版社，2004.

18. 王付．经方学用解读．人民军医出版社，2004.

19. 李家庚．张仲景症状学．中国医药科技出版社，2005.

20. 裴永清．伤寒论临床应用五十论．学苑出版社，2005.

21.（金）成无己注；（明）汪济川校；王勇点校．注解伤寒论（新校版）．人民军医出版社，2005.

22. 祝味菊．伤寒质难　福建科学技术出版社，2005.

23. 王付．伤寒杂病论症状鉴别与治疗．人民卫生出版社，2005.

24. 强健．伤寒直指．上海科学技术出版社，2005.

25. 孙成斋．《伤寒论》现代医学评述．安徽人民出版社，2005.

26. 梁华龙．伤寒论研究．科学出版社，2005.

27. 刘越．图解伤寒论．大孚书局有限公司，2005.

28. 王付．伤寒杂病论字词句大辞典．学苑出版社，2005.

29. 祝之友．伤寒论药物古今变异与应用研究．中医古籍出版社，2005.

30. 林立松编．伤寒论方剂现代研究与临床应用．中医古籍出版社，2005.

31. 聂惠民．聂氏伤寒学．学苑出版社，2005.

32. 张步桃．张步桃解读伤寒论－方剂篇．远流出版事业股份有限公司，2005.

33. 张步桃．张步桃解读伤寒论－药物篇．远流出版事业股份有限公司，2005.

34. 黄海．伤寒论入门．上海中医药大学出版社，2005.

35. 杨东喜．伤寒论解析－上．国兴出版社，2005.

36. 杨东喜．伤寒论解析－下．国兴出版社，2005.

37. 陈祈宏．进入伤寒论．文兴出版事业有限公司，2005.
38. 林政宏．图解伤寒论－症状分析篇．文神出版社，2005.
39. 何新慧．（便携式）伤寒论学习记忆手册．上海中医药大学出版社，2005.
40. 邱幸凡．瘀血辨治精粹．湖南科学技术出版社，2005.
41. 冯世纶．中国汤液经方．人民军医出版社，2005.
42. 王付．经方药对．学苑出版社，2005.
43. 李文瑞．经方化裁．学苑出版社，2005.
44. 郑全雄．张仲景方方族．中国医药科技出版社，2005.
45. 赵鲲鹏．张仲景养生学．中国医药科技出版社，2005
46. 彭鑫．张仲景方剂实验研究．中国医药科技出版社，2005.
47. 吕志杰．张仲景方剂学．中国医药科技出版社，2005.
48. 程如海．张仲景疾病学．中国医药科技出版社，2005.
49. 张长恩．中国汤液方证．人民军医出版社，2005.
50. 温长路．张仲景研究文献索引．中医古籍出版社，2005.
51. 黄煌．张仲景五十味药证．知音出版社，2005.
52. 侯勇谋．张仲景方剂现代临床应用．中国医药科技出版社，2005.
53. 毛臻．经方治疗临床综合征．甘肃文化出版社，2005.
54. 李培生，成肇仁主编．高等中医药院校教学参考丛书－伤寒论．人民卫生出版社，2006.
55. 刘渡舟．伤寒挈要．人民卫生出版社，2006.
56. 余无言．伤寒论新义．亿珉文化事业集团，2006.
57. 顾武军．《伤寒论求是》钩玄．学苑出版社，2006.
58. 王付．伤寒杂病论思辨要旨．人民军医出版社，2006.
59. 杨璇．伤寒温疫条辨．学苑出版社，2006.
60. 纪立金．伤寒析变．中国中医药出版社，2006.
61. 翟慕东．伤寒论学用指要．中国中医药出版社，2006.
62. 何毅．伤寒常变论．中国中医药出版社，2006.
63. 程绍恩．伤寒证治心法．北京科学技术出版社，2006.
64. 张国骏．伤寒论思维与辨析．中国中医药出版社，2006.
65. 柳少逸．伤寒方证便览．中医古籍出版社，2006.
66. 吴宜兴．伤寒论方证新识．第二军医大学出版社，2006.
67. 赵进喜．《伤寒论》与中医现代临床．人民军医出版社，2006.
68. 谷松．《伤寒论》证治辑要．辽宁大学出版社，2006.
69. 陈佑林．简明实用伤寒论词典．贵州科技出版社，2006.
70. 段逸山．伤寒论通检．文兴出版事业有限公司，2006.
71. 大川清著．伤寒论の基本と研究．明文书房，2006.
72. 伊田喜光総监修．伤寒·金匮药物事典．万来舍，2006.
73. 张横柳．《伤寒论》解读与临床运用．上海中医药大学出版社，2006.
74. 刘力红．思考中医．广西师范大学出版社，2006.
75. 冯世纶．解读张仲景医学．人民军医出版社，2006.
76. 郑钦安．郑钦安医书阐释．巴蜀书社，2006.
77. 贾秀林．六经辨证新探．人民卫生出版社，2006.
78. 聂惠民．长沙方歌括白话解．人民卫生出版社，2006.
79. （清）陈修园著；武跃进校注．长沙方歌括．上海中医药大学出版社，2006.
80. 姜建国．伤寒论讲义．上海科学技术出版社，2007.
81. 林政宏．伤寒论一学就通．广东科技出版社，2007.
82. 熊曼琪．伤寒学．中国中医药出版社，2007.
83. 姜建国．伤寒论习题集．中国中医药出版社，2007.
84. 祝味菊．伤寒质难．人民军医出版社，

2007.
85. 冯世纶．胡希恕讲伤寒杂病论．人民军医出版社，2007.
86. 刘绍武．伤寒临床三部六病精义．人民军医出版社，2007.
87. 张锡纯著；刘观涛点校．伤寒论讲义．学苑出版社，2007.
88. 姜建国．伤寒论释难．上海中医药大学出版社，2007.
89. 恽铁樵．《伤寒论研究》与《临证演讲录》．学苑出版社，2007.
90. 曹家达．曹氏伤寒发微．福建科学技术出版社，2007.
91. 李长青．订正伤寒论演义．学苑出版社，2007.
92. 孟永利．伤寒论现代研究与临床应用．学苑出版社，2007.
93. 王付．伤寒杂病论增补用方．学苑出版社，2007.
94. 郑卫平．伤寒论阐微．新华出版社，2007.
95. 张再良．读解《伤寒》．人民卫生出版社，2007.
96. 臧守虎．四库全书存目－伤寒类医著集成．江苏科学技术出版社，2007.
97. 刘丰毓．《伤寒论坛》丛书．人民军医出版社，2007.
98. 森由雄．入门伤寒论．南山堂，2007.
99. 岡田研吉．宋以前伤寒论考．东洋学术出版社，2007.
100. 田畑隆一郎编著．比较伤寒论．源草社，2007.
101. 张喜奎．仲景临证传知录．人民卫生出版社，2007.
102.（清）陈修园著．长沙方歌括．人民军医出版社，2007.
103.（清）陈修园著．长沙方歌括．福建科学技术出版社，2007.
104. 郑钦安．中医火神派三书．学苑出版社，2007.
105. 张存悌．中医火神派医案全解．人民军医出版社，2007.
106. 王付．经方药症与方证．人民军医出版社，2007.
107. 张长恩．张仲景用药解析．人民军医出版社，2007.
108. 马斌．经方方证今论．科学技术文献出版社，2007.
109. 范学文．范中林六经辨证医案选．学苑出版社，2007.
110. 曹颖甫．伤寒发微．学苑出版社，2008.
111.（清）魏荔彤撰；刘从明等点校．伤寒论本义．中医古籍出版社，2008.
112.（清）戈颂平撰．伤寒指归．中医古籍出版社，2008.
113. 陈亦人．《伤寒论》求是．上海科学技术出版社，2008.
114. 丹波元坚．伤寒广要．学苑出版社，2008.
115.（汉）张仲景原著；白景誉编著．图解伤寒论．陕西师范大学出版社，2008.
116. 傅文录．伤寒论汤证发挥．学苑出版社，2008.
117. 陈明．伤寒名医验案精选．学苑出版社，2008.
118. 柯雪帆．伤寒论临证发微．上海科学技术出版社，2008.
119. 刘建桥．伤寒助学歌诀．人民军医出版社，2008.
120. 李柽．伤寒要旨药方考注．学苑出版社，2008.
121. 衣之镖．伤寒论阴阳图说．学苑出版社，2008.
122. 温长路．伤寒百年．学苑出版社，2008.
123. 胡希恕．伤寒论通俗讲话．中国中医药出版社，2008.
124. 刘渡舟．刘渡舟伤寒论讲稿．人民卫生出版社，2008.
125. 郝万山．郝万山伤寒论讲稿．人民卫生出版社，2008.
126. 王庆国．伤寒论解要．天津科技翻译出版公司，2008.
127. 陈仁寿．四库全书·伤寒论．江苏科学技术出版社，2008.
128. 熊寥笙．熊寥笙伤寒名案选新注．人民军医出版社，2008.
129. 王兴华．《伤寒论》导读．人民军医出版社，2008.
130. 韩世明．再传伤寒论．科学技术文献出版社，2008.
131. 刘世恩．当代名医论仲景伤寒．学苑出版社，2008.
132. 鲍艳举．胡希恕伤寒论讲座．学苑出版社，2008.
133. 陈慎吾．陈慎吾伤寒论讲义．中国中医药出版社，2008.
134. 恽铁樵．恽铁樵伤寒金匮研究．福建科学技术出版社，2008.
135. 何廉臣．增订伤寒百证歌注．福建科学技术出版社，2008.
136. 刘惠生．伤寒论三部六病师承记．人民军医出版社，2008.
137. 胡连玺．伤寒一得．山西科学技术出版社，2008.
138. 杉原德行．伤寒论新解．学苑出版社，2008.
139. 张步桃．伤寒大论坛－上．高雄市中医师公会，2008.
140. 张步桃．伤寒大论坛－中．高雄市中医师公会，2008.
141. 张步桃．伤寒大论坛－下．高雄市中医师公会，2008.
142. 村木毅著．ステップアップ伤寒论．源草社，2008.
143. 刘公望．中医临床基础速览．天津科技翻译出版公司，2008.
144. 黄煌．张仲景50味药证．人民卫生出版社，2008.
145. 刘含堂．经方治病经验录．学苑出版社，2008.
146. 李赛美．经方研究与临床发微．人民卫生出版社，2008.
147. 刘建桥．杂病助学歌诀．人民卫生出版社，2008.
148. 冯世纶．胡希恕病位类方解．人民卫生出版社，2008.
149. 林佳静．张仲景及其著作考证．学苑出版社，2008.
150. 陈鉴清．竹园医札．广西科学技术出版社，2008.
151. 黎庇留．黎庇留经方医案．人民卫生出版社，2008.
152. 姜建国．伤寒论讲义．上海科学技术出版社，2009.
153. 郑钦安．伤寒恒论．学苑出版社，2009.
154. 陈伯坛．读过伤寒论．广东科技出版社，2009.
155. 李心机．伤寒论疑难解读．人民卫生出版社，2009.
156. 任应秋．伤寒论证治类诠．上海科学技术出版社，2009.
157. 沈金鳌．伤寒论纲目．学苑出版社，2009.
158. 钱潢．伤寒溯源集．学苑出版社，2009.
159.（清）程应旄撰；王旭光，汪沪双校注．伤寒论后条辨，读伤寒论赘余（上）．中国中医药出版社，2009.
160.（清）程应旄撰；王旭光，汪沪双校注．伤寒论后条辨，读伤寒论赘余（下）．中国中医药出版社，2009.
161. 冯世纶．胡希恕讲伤寒杂病论．人民军医出版社，2009.
162. 刘志杰．《伤寒论》师承课堂实录．人民军医出版社，2009.
163.（清）程应旄撰．读伤寒论赘余．中国中医药出版社，2009.
164. 俞长荣．俞长荣伤寒论研究与临床带教．人民军医出版社，2009.
165. 黎天祐．伤寒论崇正编．广东科技出版社，2009.
166. 雷根平．伤寒论笔记图解．化学工业出版社，2009.
167. 赵桐．伤寒述义．人民卫生出版社，2009.
168. 郝万山．伤寒论理论与实践．人民卫生出版社，2009.
169. 张国骏．伤寒论临床教程．人民卫生出版社，2009.
170. 王付．伤寒杂病论释疑解惑．人民军医出版社，2009.
171. 舒驰远．舒驰远伤寒集注．人民军医出版社，2009.
172. 何赛萍．伤寒论白话图解．辽宁科学技术出版社，2009.
173. 苏庆民．伤寒论阐释．科学技术文献出版社，2009.
174. 陈庆保．伤寒类编．广东科技出版社，2009.
175. 麦乃求．伤寒法眼．广东科技出版社，2009.
176. 郭生白．伤寒六经求真．九州出版社，2009.
177. 董正华．伤寒论讲义．第四军医大学出版社，2009.
178. 虞舜．四库全书伤寒类医著集成．江苏科学技术出版社，2009.
179. 冯世纶．中国汤液经方－上部－伤寒论传真．人民军医出版社，2009. 司国民．李克绍读伤寒．人民军医出版社，2009.
180. 章太炎．章太炎先生论伤寒．学苑出版社，2009.
181. 顾武军．简明《伤寒论》讲解．学苑出版社，2009.
182. 肖相如．肖相如论伤寒．中国中医药出版社，2009.
183. 胡希恕．胡希恕越辨越明释伤寒．中国中医药出版社，2009.
184. 朱世增．任应秋论伤寒．上海中医药大学出版社，2009.
185. 朱世增．章巨膺论伤寒．上海中医药大学出版社，2009.
186. 朱世增．俞长荣论伤寒．上海中医药大学出版社，2009.
187. （北宋）朱肱著（南宋）钱闻礼撰．伤寒百问．学苑出版社，2009.
188. 沈元良．通俗伤寒论新编．金盾出版社，2009.
189. （汉）张仲景原著．《伤寒论》机理．山西科学技术出版社，2009.
190. 康守义．中医·三部六病翼·试习伤寒论．中国人口出版社，2009.
191. 赵俊欣．方证学习精义伤寒阔眉．学苑出版社，2009.
192. 刘渡舟．伤寒论通俗讲话．上海科学技术出版社，2009.
193. 刘观涛．方证相对．中国中医药出版社，2009.
194. （宋）朱肱著．活人书．中国中医药出版社，2009.
195. 陈伯涛．陈伯涛仲景方与临床．人民军医出版社，2009.
196. 王有奎．张仲景用药特色赏析．人民军医出版社，2009.
197. 冯世纶．解读《伊尹汤液经》．学苑出版社，2009.
198. 闫云科．经方躬行录．学苑出版社，2009.
199. 王燕平．三部六病医学流派．科学技术文献出版社，2009.
200. 李伟．三部六病医案集．科学技术文献出版社，2009.
201. 刘绍武．三部六病医学讲稿．科学技术文献出版社，2009.
202. 宿明良．三部六病医学辑要．科学技术文献出版社，2009.
203. 陈焕堂．仲景曰真．广东科技出版社，2009.
204. 陶有强．冯世纶经方临床带教实录－第一辑．人民军医出版社，2009.
205. 喻嘉言．尚论篇．学苑出版社，2009.
206. 郭子光．伤寒论汤证新编．上海科学技术出版社，2010.
207. 杨璿．伤寒瘟疫条辨．福建科学技术出版社，2010.
208. 刘楙勋．伤寒三字经．山西科学技术出版社，2010.
209. 肖相如．时振声伤寒发挥．中国中医药出版社，2010.
210. 田合禄．中医·太极·三部·六经体系－伤寒真原．山西科学技术出版社，2010.
211. 李文瑞．伤寒派腹诊．学苑出版社，2010.
212. 邹汉璜．伤寒杂病论笺．湖南科学技术出版社，2010.
213. 陶憺庵．伤寒源流．湖南科学技术出版社，2010.
214. 铃木良知．伤寒论解故．学苑出版社，2010.
215. 唐宗海．伤寒论浅注补正．天津科学技术出版社，2010.
216. 岳宝森．伤寒论经方药理与应用．陕西科学技术出版社，2010.
217. 蒋小敏．伤寒论研读与经义发微．江西高校出版社，2010.
218. 牛宝生．《伤寒论》解读．河南科学技术出版社，2010.
219. 李显忠．一通百通讲伤寒．人民军医出版社，2010.
220. 吕志杰．伤寒杂病论研究大成．中国医药科技出版社，2010.
221. 张汤敏．伤寒论方药新解．化学工业出版社，2010.
222. 江长康．经方大师传教录．中国医药科技出版社，2010.
223. 刘绍武．仲景学术观与仲景证治观．人民军医出版社，2010.
224. 丹波康赖撰．医心方．筑摩书房，2010.

225. 曹洪欣．海外回归中医善本古籍丛书（续）1－8册．人民卫生出版社，2010.

226. 江部洋一郎．经方医学（1－4卷）．学苑出版社，2010.

227. 江部洋一郎．经方药论．学苑出版社，2010.

228. 欧阳锜．杂病原旨．人民卫生出版社，2010.

229. 沈明宗．伤寒六经辨证治法．山西科学技术出版社，2011.

230. 汪莲石．伤寒论汇注精华．学苑出版社，2011.

231. 喻嘉言．尚论张仲景伤寒论三百九十七法．人民军医出版社，2011.

232. 张长恩．伤寒论临证指南．中国中医药出版社，2011.

233. 柴瑞震．伤寒论心悟．中国中医药出版社，2011.

234. 陈慎吾．陈慎吾伤寒方证药证指要．人民军医出版社，2011.

235. 刘志杰．《伤寒论类编补遗》师承课堂实录．人民军医出版社，2011.

236. 中医研究院研究生班．《伤寒论》注评．中国中医药出版社，2011.

237. 张保国．伤寒论方剂当代研究．科学出版社，2011.

238. 张泰恒．伤寒类证解惑．人民军医出版社，2011.

239. 李显忠．伤寒证症精解．人民军医出版社，2011.

240. 恽铁樵．伤寒论研究．学苑出版社，2011.

241. 李翰卿．伤寒论113方临床使用经验．学苑出版社，2011.

242. 高蔚刚．伤寒论新加味方病案集．吉林科学技术出版社，2011.

243. 宋俊生．伤寒论方循证医学研究．中国中医药出版社，2011.

244. 金永日．伤寒六经证治与经络．福建科学技术出版社，2011.

245. 沈明宗．伤寒六经门辨证治法．山西科学技术出版社，2011.

246. 胡希恕．胡希恕伤寒论讲座．学苑出版社，2011.

247. 承淡安．承淡安伤寒论新注．人民军医出版社，2011.

248. 万友生．伤寒知要．人民军医出版社，2011.

249. 杨璇．伤寒瘟疫条辨．中国中医药出版社，2011.

250. 包识生．伤寒论讲义．学苑出版社，2011.

251. 陈逊斋．伤寒论改正并注．学苑出版社，2011.

252. 黎庇留．伤寒论崇正编．学苑出版社，2011.

253. 李心机．伤寒论图表解．人民卫生出版社，2011.

254. 曹颖甫．伤寒发微．学苑出版社，2011.

255. 丹波元简．伤寒论辑义．学苑出版社，2011.

256. 大塚敬节．伤寒论辨脉法平脉法讲义．华夏出版社，2011.

257. 江泳．郭子光伤寒临证精要．人民军医出版社，2011.

258. 陈伯坛．读过伤寒论．学苑出版社，2011.

259. 陈亦人．陈亦人伤寒论讲稿．人民卫生出版社，2011.

260. 祝味菊．伤寒质难．学苑出版社，2011.

261. 戴丽三．戴丽三医疗经验选．人民军医出版社，2011.

262. 毛进军．经方心得．学苑出版社，2011.

263. 丹波康頼撰．医心方．筑摩书房，2011.

264. 马文辉．刘绍武三部六病传讲录．科学出版社，2011.

265. 贾春华．张仲景方证理论体系研究．人民卫生出版社，2011.

266. 曹颖甫．经方实验录．中国医药科技出版社，2011.

267. 万友生．寒温统一论．人民军医出版社，2011.

268. 冯世纶．解读张仲景医学．人民军医出版社，2011.

269. 赵宇宁．廖厚泽经方临证传心录．人民卫生出版社，2011.

270. 范开礼．范中林六经辨证医案选．学苑出版社，2011.

271. 宋俊生．宋俊生临证得失录．学苑出版社，2012.

272. 李家庚．张仲景症状学．中国医药科技出版社，2012.

273. 姜建国. 伤寒论讲义. 上海科学技术出版社, 2012.
274. 赵洪钧. 伤寒论新解. 中国中医药出版社, 2012.
275. 陈瑞春. 陈瑞春论伤寒. 中国中医药出版社, 2012.
276. 单玉堂. 伤寒论针灸配穴选注. 人民卫生出版社, 2012.
277. 秦之桢. 伤寒大白. 中国中医药出版社, 2012.
278. 李克绍. 伤寒解惑论. 中国医药科技出版社, 2012.
279. 范崇信. 伤寒论方证捷要. 学苑出版社, 2012.
280. 陈修园. 伤寒论浅注方论合编. 学苑出版社, 2012.
281. 李赛美. 伤寒论讲义. 人民卫生出版社, 2012.
282. 杨金萍. 伤寒类方临证发微. 人民军医出版社, 2012.
283. 陈修园. 伤寒真方歌括. 学苑出版社, 2012.
284. 唐蓉川. 伤寒论浅注补正. 学苑出版社, 2012.
285. 伊沢榛轩. 伤寒论讲本. 学苑出版社, 2012.
286. 张国骏. 伤寒温病误案解析. 中国中医药出版社, 2012.
287. 郭霭春. 伤寒论校注白话解. 中国中医药出版社, 2012.
288. 何梦瑶. 伤寒论近言. 广东科技出版社, 2012.
289. 张再良. 伤寒新解与六经九分应用法. 中国中医药出版社, 2012.
290. 张常春. 伤寒论临证杂录. 中国中医药出版社, 2012.
291. 王庆国. 伤寒论选读. 中国中医药出版社, 2012.
292. 张常春. 伤寒论证临杂录. 中国中医药出版社, 2012.
293. 李赛美. 跟名师临床学伤寒. 人民卫生出版社, 2012.
294. 黄元御. 伤寒悬解, 金匮悬解, 伤寒说意. 山西科学技术出版社, 2012.
295. 朱肱. 伤寒类证活人书. 中医古籍出版社, 2012.
296. 刘建. 张锡纯论伤寒. 人民军医出版社, 2012.
297. 侯泽民. 刘渡舟伤寒临证带教笔记. 北京科学技术出版社, 2012.
298. 王德. 读《康平本伤寒论》随得. 海南出版社, 2012.
299. 李克绍. 李克绍伤寒解惑. 山东科学技术出版社, 2012.
300. 宋俊生. 《伤寒论》方治疗优势病证规律研究. 中国中医药出版社, 2012.
301. (清) 黄元御, 孙洽熙著. 黄元御伤寒解. 中国中医药出版社, 2012.
302. 顾武军. 顾武军《伤寒论》临床焦点评述. 中国中医药出版社, 2012.
303. 顾武军. 六经八纲方证解析《伤寒论》. 中国中医药出版社, 2012.
304. 黄元御. 黄元御解伤寒. 中国医药科技出版社, 2012.
305. 崔金平. 《伤寒论》解读. 甘肃科学技术出版社, 2012.
306. 戴玉. 伤寒精髓. 中国中医药出版社, 2012.
307. 黄仕沛. 梦回伤寒四大金刚. 中国中医药出版社, 2012.
308. 陈修园. 伤寒医诀串解, 伤寒真方歌括. 学苑出版社, 2012.
309. 吴谦. 伤寒杂病心法要诀. 中国医药科技出版社, 2012.
310. 姜建国. 伤寒论品读. 人民军医出版社, 2012.
311. 关庆增. 伤寒论方证证治准绳. 中国中医药出版社, 2012.
312. 邵成平. 伤寒正医录. 中医古籍出版社, 2012.
313. 李金田. 伤寒论讲义. 中国医药科技出版社, 2012.
314. 李克绍. 伤寒串讲释疑. 中国医药科技出版社, 2012.
315. 李克绍. 伤寒论讲义. 中国医药科技出版社, 2012.
316. 程郊倩. 伤寒论后条辨整理与研究. 中医古籍出版社, 2012.
317. 范仁忠. 伤寒论立法论治要义. 人民卫生出版社, 2012.
318. 杨洁红. 伤寒论方证精解. 化学工业出版社, 2012.

319. 左季云．伤寒论类方汇参．中国中医药出版社，2012.
320. 黄元御．伤寒说意．山西科学技术出版社，2012.
321. 陶节庵．伤寒全生集．中原农民出版社，2012.
322. 章浩军．伤寒心悟．人民军医出版社，2012.
323. 王庆国．伤寒论讲义．高等教育出版社，2012.
324. 左季云．伤寒论类方汇参．人民卫生出版社，2012.
325. 中川良隆著．「伤寒？金匮」药方大成．源草社，2012.
326. 刘志杰．《伤寒论》师承课堂实录．人民军医出版社，2012.
327. 邢锡波．邢锡波伤寒论临床实验录．人民军医出版社，2012.
328. 汪叔游．内经形气论伤寒、温病．知音出版社，2012.
329. 陈亦人．《伤寒论》求是．上海科学技术出版社，2012.
330. 赵俊欣．重解《伤寒论》．中国中医药出版社，2012.
331. 刘力红．思考中医．积木文化，2012.
332. 刘观涛．中医入门．中国中医药出版社，2012.
333. 黄元御．长沙药解．山西科学技术出版社，2012.
334. 郑全雄．张仲景方方族．中国医药科技出版社，2012.
335. 周祯祥．张仲景药物学．中国医药科技出版社，2012.
336. 彭鑫．张仲景方剂实验研究．中国医药科技出版社，2012.
337. 傅延龄．张仲景医学源流．中国医药科技出版社，2012.
338. 吕志杰．张仲景方剂学．中国医药科技出版社，2012.
339. 程如海．张仲景疾病学．中国医药科技出版社，2012.
340. 曲夷．长沙方歌括白话解．中国医药科技出版社，2012.
341. 邓鑫．临床仲景方剂学．中医古籍出版社，2012.
342. 畅达．仲景活法．中国中医药出版社，2012.
343. （清）徐大椿著，张立平，付国英点校．伤寒论类方，伤寒约编．学苑出版社，2013.
344. 王辉武．伤寒论使用手册．中国中医药出版社，2013.
345. 陈修园．伤寒论浅注·伤寒真方歌括·伤寒医诀串解．山西科学技术出版社，2013.
346. 李显忠．老中医串讲伤寒实录－仲景外邪致病讲析．人民军医出版社，2013.
347. 王宏凯．《伤寒论》基本原理．中国中医药出版社，2013.
348. 邱明义．《伤寒论》精粹赏析．湖北科学技术出版社，2013.
349. 金明渊．伤寒方历代治案．上海科学技术文献出版社，2013.
350. 王玉兴．伤寒论三家注．中国中医药出版社，2013.
351. 李宇铭．伤寒解外方证原意．中国中医药出版社，2013.
352. 刘渡舟．伤寒论通俗讲话．人民卫生出版社，2013.
353. 张祥风．伤寒微悟．复旦大学出版社，2013.
354. 李赛美．伤寒论讲义学习指导与习题集．人民卫生出版社，2013.
355. （金）成无己著．伤寒明理方论．学苑出版社，2013.
356. 唐容川．伤寒论浅注补正．山西科学技术出版社，2013.
357. 王付．伤寒杂病论讲稿．人民军医出版社，2013.
358. （清）徐大椿著．伤寒约编．学苑出版社，2013.
359. 陈代祥．伤寒论临证发挥．人民卫生出版社，2013.
360. 刘渡舟．伤寒论十四讲．人民卫生出版社，2013.
361. 陈明．伤寒论基本技能实训．中国中医药出版社，2013.
362. 柯琴．伤寒附翼．学苑出版社，2013.
363. 马继松．伤寒论表解．人民军医出版社，2013.
364. 张如青．近代国医名家珍藏传薪讲稿－伤寒类．上海科学技术出版社，2013.
365. 高继平．金谷子讲伤寒论．中国中医药出版社，2013.

366. 李赛美.《伤寒论》学考必备速记速查. 人民卫生出版社，2013.

367. 李爽姿. 从《伤寒论》看中医辩证逻辑的思维方法. 中医古籍出版社，2013.

368. 宋健民.《伤寒论》精选解读. 中国中医药出版社，2013.

369. 孙溥泉.《伤寒论》方医案集. 中国中医药出版社，2013.

370. 刘渡舟. 刘渡舟伤寒论专题讲座. 人民卫生出版社，2013.

371. 高德.《伤寒论》方医案选. 中国中医药出版社，2013.

372. 陈伯坛. 陈伯坛《读过伤寒论》. 中国中医药出版社，2013.

373. 刘渡舟. 新编伤寒论类方－类方. 人民卫生出版社，2013.

374. 李国华. 为现代医师译经典－《伤寒论》分册. 中医古籍出版社，2013.

375. 张小勇.《伤寒论》中的毒性中药. 中医古籍出版社，2013.

376. 欣用五. 增订伤寒秘要便读. 学苑出版社，2013.

377. 彭家柱. 阴阳会通解伤寒论. 中山大学出版社，2013.

378. 王国玮. 伤寒温病：燕京医学四流派. 中国中医药出版社，2013.

379. 欧阳卫权. 伤寒论六经辨证与方证新探. 中国中医药出版社，2013.

380. 沈月光. 秘本伤寒第一书. 学苑出版社，2013.

381. 家本诚一著. 伤寒论訳注. 绿书房，2013.

382. 陈士铎. 辩证录. 山西科学技术出版社，2013.

383. 史亦谦. 张仲景药证探验. 人民卫生出版社，2013.

384. 马文辉. 三部六病薪传录. 人民军医出版社，2013.

385. 吕志杰. 仲景医学心悟八十论. 中国医药科技出版社，2013.

386. 陈修园. 长沙方歌括. 学苑出版社，2013.

387. 陈修园. 长沙方歌括·医学实在易. 山西科学技术出版社，2013.

388. 聂惠民. 长沙方歌括白话解. 人民卫生出版社，2013.

389. 毛春燕. 伤寒论简明读本. 军事医学科学出版社，2014.

390. 李宇铭. 伤寒六经原意. 中国中医药出版社，2014.

391. 李宇铭. 伤寒治内方证原意. 中国中医药出版社，2014.

392. 沈金鳌. 伤寒论纲目. 中国医药科技出版社，2014.

393. 于永敏. 高愈明伤寒论溯源详解. 辽宁科学技术出版社，2014.

394. 王能治. 舒驰远伤寒集注六经定法鉴识. 中国中医药出版社，2014.

395. 郑钦安. 中医火神三书. 中国中医药出版社，2014.

396. 陈建国. 仲景学说“经方国际联盟”现场实录. 中国中医药出版社，2014.

397. 樊新荣. 伤寒论证素辨析. 中国中医药出版社，2014.

398. 李赛美. 轻轻松松学伤寒. 人民军医出版社，2014.

399. 江海涛. 正邪相争话伤寒. 人民军医出版社，2014.

400.（金）成无己原著. 伤寒明理论伤寒明理药方论白话解. 人民军医出版社，2014.

401. 张喜奎. 张喜奎伤寒临证九论. 中国中医药出版社，2014.

402. 赵晋元. 伤寒杂病论临证解读释疑. 甘肃科学技术出版社，2014.

403. 王久源.《金匮要略》使用手册. 中国中医药出版社，2014.

404. 何清湖. 金匮必读基础知识. 山西科学技术出版社，2014.

405. 王雪华. 轻轻松松学金匮. 人民军医出版社，2014.

406. 徐文兵. 黄帝内经·金匮真言. 江西科学技术出版社，2014.

407.（清）尤在泾著. 金匮要略心典. 中国医药科技出版社，2014.

408. 刘献琳.《金匮要略》语释附翼. 中国医药科技出版社，2014.

409. 崔鸿峥. 金匮要略古今临证荟萃. 辽宁科学技术出版社，2014.

410. 张再良. 金匮要略病证与方剂研究. 科学出版社，2014.

411. 陈国权. 精华理论话金匮. 人民卫生出版社，2014.

第三篇　已公开发表的研究张仲景及其著作的文章

作为中国历史上最伟大的医学科学家之一，张仲景及以其代表作《伤寒杂病论》为核心的仲景学说影响了中国医药学大约1800年的发展、兴亡史。从某和意义上讲，不研究仲景学说、不承袭《伤寒杂病论》的学术思想，就无法论医说道。因此，自《伤寒杂病论》问世以来，围绕张仲景生平家世、著作版本、学术思想及应用发挥等方面的研究之风就日渐兴起，且呈愈燃愈炽之势。这支队伍中，既不乏建树颇巨的理论大家，更有越来越多的普通临床医生，研究范围也从狭义的对原文的理解扩展到应用学科的方方面面，并朝着越来越精、细的方向发展。本书编者从我国有关教学、科研单位专业图书馆的检索结果得知，目前可目睹的发表于全国条类杂志上的研究论文数目约在40000篇左右，数量之多是历代所有医家中仅此绝有的。中华人民共和国建立之前的若干年，虽然医学杂志有300多种，相关杂志上也发表过一些研究文章，但鉴于当时印刷、发行、收藏条件和认知能力等诸方面客观因素的限制，使这些资料大都与今人失之交臂。就是有幸保存下来的，也都成了珍品被收藏于高层次的图书馆，一般读者很难见到。在这些刊物中，1936年春季创刊的，由上海国医公会、上海中国医学院编辑出版的《国医文献》杂志的第一卷第一期，就是《张仲景特辑》，是从1924～1936年全国出版的诸多杂志中选出的精华之作，陆九芝、章太炎、黄竹斋、曹炳章、恽铁樵、周学海、秦伯未、曹颖甫、陈存仁等学者都有大作收入其中，从中可以了解到当时研究情况之一二。中华人民共和国建立后，研究张仲景学说的队伍、阵地、水平和论文质量都呈现出超前的局面，论文数量之多更是过去任何时代无法比拟的，本书所收，正是把这一时期的文章作为主体的。遗憾的是，由于编者所接触到图书馆藏书数目和检索系统的局限性，这些文章也难以收全，被收入的还只能用“部分”这个笼统的概念表示。

在我们编纂的《中华古代名医名著研究集成》系列丛书中，尽管本书的篇幅超出其他《集成》的分量1倍以上，但也无法把展示后人研究仲景学说的全部成果收入。因此，除编辑了所能搜集到的已发表文章的总目录外，各种类型的文章只能选而录之，作为全部研究成果的缩影，以使读者能从中窥视仲景学说研究盛况之一斑。

对收入本书的文章，原则上是按原发表报刊的原貌录入的。对明显的讹误之处和个别不合时宜的内容，也作了一些必要的校改。正文以外的参考文字，则根据本书的统一体例作了一些调整或删节，以尽量保持篇幅的精炼。

对所有引用的文章，均在文尾标出原发表报刊的名称和发表时间、首页页码，以示对原创报刊的尊重和为读者的检索提供方便。其体例是：发表在刊物上的文章，按“《刊物名》年份；卷（期）：文章首页页码”的体例，如“《中医杂志》1995；36（2）：19”；发表在报纸上的文章，按“《报纸名》和被发表文章年、月、日”顺序排列的体例，如“《健康报》1995.6.18.”。

一、公开发表文章的目录

·1926 年 –2003 年·

·张仲景生平事迹的考证和研究·

郭象升. 张仲景姓名事迹考. 山西医学杂志，1926；（29）：23.
郭光武. 医圣张仲景与中国固有的医学. 民国医学杂志，1927；（11）：36.
陈摩. 张仲景. 苏州国医杂志，1934；（7）：20.
陈摩. 张仲景先生之祠墓. 光华医药杂志，1934；（7）：16.
黄谦. 谒南阳医圣张仲景祠墓记. 光华医药杂志，1934；（8）：28.
黄谦. 张仲景. 光华医药杂志，1934；（9）：28.
黄竹斋. 宁波访求仲景遗书记. 医界春秋，1934；（9）：31.
黄谦. 医圣张仲景传. 国医公报，1935；（2）：26.
洪贯之. 张仲景郡望生卒的推测. 中西医药，1935；（3）：19.
周柳亭. 读黄竹斋《宁波访求仲景遗书记》后. 杏林医学月刊，1935；（7）：13.
章太炎. 张仲景事状考. 中医新生命，1935；（10）：22.
徐衡之. 中国文化史上之张仲景. 中医新生命，1935；（10）：29.
陈存仁. 编辑《国医文献·张仲景特辑》导言. 国医文献，1936；（1）：1.
陆九芝. 仲景传. 国医文献，1936；（1）：1.
黄谦等. 中央国医馆议修仲景祠原文. 国医文献，1936；（1）：19.
秦伯未. 张仲景之伟大贡献. 国医文献，1936；（1）：93.
鹤泉文抄续选. 汉长沙太守仲景碑阴. 国医文献，1936；（1）：170.
刘盼遂. 补后汉张仲景传. 北平燕京大学史学年报，1936；（6）：22.
张主和. 汉张仲景43世裔张隐庵先生评传. 光华医药杂志，1936；（12）：40.
葫芦散伤. 张仲景. 医药周报，1939；（6）：11～25.
薛凝嵩. 张仲景生平事迹考证. 新中医药，1953；（7）：16.
宋向元. 张仲景生平问题的讨论（一）. 新中医药，1953；（8）：18.
宋向元. 张仲景生平问题的讨论（二）. 新中医药，1953；（9）：18.
宋向元. 张仲景生平问题的讨论（三）. 新中医药，1953；（10）：18.
薛凝嵩. 张仲景在中国医药上的进步作用. 新中医药，1954；（1）：20.
李尼摩. 张仲景像. 存仁医学月刊，1954；（3）：23.
邓曼. 试论汉末建安时张仲景官至长沙太守的问题. 中华医史杂志，1954；（3）：158.
薛凝嵩. 医圣张仲景文物展览目录. 存仁医学丛刊，1954；（6）：17.
洪贯之. 张仲景的著述年代和现存伤寒论的编次问题. 新中医药，1954；（8）：259.
宋向元，李辰生. 论张仲景史略及其遗著问题. 江西中医药，1954；（10）：9.
陈邦贤. 后汉名医张仲景. 健康报，1954.11.23.
章次公. 张仲景在医学上的成就. 中医杂志，1955；（2）：43.
陈邦贤. 祖国伟大的医学家——张仲景. 中医杂志，1955；（4）：49.
陈存仁. 张仲景先生史事考证及年表. 存仁医学丛刊，1955；（6）：33.
黄儒珍. 张仲景氏画像. 上海中医药杂志，1955；（7）：21.
李辰生. 张仲景遗著治章的初步探讨. 江西中医药，1955；（11）：24.

陈邦贤．祖国伟大医学家——张仲景．大众医学，1956；（6）：234.
蒋兆和．张仲景画像．中医杂志，1957；（1）：45.
潘白鹿．读张仲景替王仲宣诊病一则有感．江苏中医，1957；（2）：41.
宋大仁．张仲景画像考．浙江中医杂志，1957；（5）：26.
胡长鸣．我国古代伟大的医药学家——张仲景．中药通报，1958；（1）：15.
陈可冀．张仲景的遗文．医学史与保健组织，1958；（1）：79.
许光岐．关于张仲景为王仲宣诊病故事的考察．上海中医药杂志，1958；（3）：41.
彭静山．关于《伤寒论》与张仲景的考证．江西中医药，1958；（7）：43.
沈仲理．定出辨证论治的张仲景．大众医学，1959；（1）：31.
引溪．医方之祖——张仲景．新民晚报，1959.4.19.
蔺雪帆．南阳张仲景遗迹．中医杂志，1959；（11）：71.
陈邦贤．古代名医张仲景．中医杂志，1960；（3）：封3.
姜春华．张仲景著作略考．上海中医药杂志，1962；（7）：12.
赵璞珊．张仲景．健康报，1962.9.29.
郭象升．仲景名姓事迹考．中医研究通讯，1963；（3）：18.
陈直．张仲景事迹新考．史学月刊，1964；（11）：11.
张镜人．张仲景．新民晚报，1964.12.9.
宋向元．仲景生卒问题的探讨．史学月刊，1965；（1）：24.
宋向元．勤求古训、博采众方的张仲景．新医药杂志，1974；（9）：40.
河南医学院．张仲景——我国古代杰出的科学家．新中医，1975；（2）：4.
毛光晔，王安邦．张仲景．河南赤脚医生，1975；（2）：61.
成德水．张仲景及其《伤寒杂病论》．内医学报，1976；（3）：6.
毛光晔．张仲景和《伤寒杂病论》．河南赤脚医生，1978；（10）：63.
尚启东，徐春霖．张仲景传略考．浙江中医学院学报，1979；（6）：41.
陈大舜．张仲景对祖国医学的巨大贡献．河南中医，1981；（1）：8.
邹学熹．张机仲景略传．成都中医学院学报，1981；（3）：78.
徐荣斋（浙江中医学院）．仲景学说在绍兴的发展．浙江中医杂志，1981；（7）：290.
任应秋．医圣张仲景的伟大成就．上海中医药杂志，1983；（2）：2.
范行准．张仲景传略．中华医史杂志，1983；（3）：133.
张鸿盘．张仲景故里南阳考证．河南中医，1989；（5）：32.
马伯英．张仲景考略．中医研究，1991；（3）：14.
黄成汉（宜昌市中医医院）．从《伤寒论》自序探讨张仲景精究方术的一生．湖北中医杂志，2003；（2）：4.
杨佃会（山东中医药大学）．“总角”与仲景生年．山东中医药大学学报，2003；（2）：142.
张胜忠（张仲景医史文献馆）．民国时期仲景学说研究团体——“南阳学社”组织简介．中华医史杂志，2003；（4）：199.
张仲景故乡的二十四个故事：医门之仲景，儒门之孔子．首都医药，2003；（12）：51.

·对《伤寒杂病论》文献理论的研究·

李燿常．读《伤寒论》原书评议．中医杂志，1926；（1）：21.
梁湘岩．六经伤寒病状证治总论．广东医药杂志，1926；（1）：70.
黄天士．“热病者伤寒之类也”论．广东医药杂志，1926；（1）：73.
李仲垣．“伤寒汗出而渴者五苓散主之”条之解．广东医药杂志，1926；（1）：77.
李燿常．读《伤寒论原书评议》．广东医药杂志，1926；（1）：88.
梁湘岩．六经伤寒病状证治方剂总论（续）．广东医药杂志，1926；（2）：70.

冯瑞鎏．“伤寒二三日心中悸而烦者小建中汤主之”解．中医杂志，1926；（2）：46.
冯瑞鎏．“三阳合病脉浮大上关上目合则汗”解．中医杂志，1926；（2）：47.
李仲垣．“虚劳诸不足风气百疾薯蓣丸主之”论．中医杂志，1926；（2）：48.
冯瑞鎏．《伤寒论》商榷．中医杂志，1927；（3）：23.
冯瑞鎏．“趺阳脉迟而缓，胃气如经”条解．中医杂志，1927；（3）：37.
梁湘岩．“少阴以之为病脉微细但欲寐”释义．中医杂志，1927；（3）：41.
冯瑞鎏．《伤寒论》商榷（续）．中医杂志，1927；（4）：38.
梁湘岩．论太阳病二日反躁一节．中医杂志，1927；（4）：55.
吴步云．复脉汤释义．中医杂志，1927；（4）：63.
冯瑞鎏．《伤寒论》商榷（续）．中医杂志，1927；（5）：32.
苏曜东．“少阴病下利咽痛胸满心烦者气猪肤汤主之”解．中医杂志，1927；（5）：58.
冯瑞鎏．《伤寒论》商榷（续）．中医杂志，1928；（6）：25.
利杰卿．太阳与阳明合病论曰“必自下利”，其故安在．中医杂志，1928；（6）：85.
余绍武．太阳与阳明合病论曰“必自下利”，其故安在．中医杂志，1928；（6）：85.
黄天士．“太阳病脉浮紧无汗发热身疼痛”条释义．杏林医学月报，1929；（1）：30.
黄天士．“太阳病脉浮紧无汗发热身疼痛”条论．杏林医学月报，1929；（2）：17.
邓鹤芝．“呕而脉弱小便复利身有微热见厥者”条解．杏林医学月报，1929；（2）：20.
梁转斌．“伤寒阳脉涩阴脉弦法当腹中急痛”条释义．杏林医学月报，1929；（4）：22.
谢泽霖．“胃气下泄阴吹而正喧此谷气之实”条之解．杏林医学月报，1929；（4）：24.
陈应明．阳明病有可攻有不可攻者其义安在．杏林医学月报，1929；（6）：37.
黄天士．“伤寒脉浮滑此表有热里有寒”条论．杏林医学月报，1929；（10）：36.
李思柏．“若汗出而喘无大热者可与麻黄杏子甘草石膏汤主之”条释义．杏林医学月报，1929；（66）：19.
李卿卿．“二阳之病发心脾有不得誉曲”条释义．杏林医学月报，1929；（66）：20.
余照溥．阳明病提纲为“胃家实”乃仲景一再言虚冷试申其义．广东光汉医药月刊，1931；（2）：31.
周子容．“太阳中风宜桂枝汤”释义．广东光汉医药月刊，1931；（2）：32.
冯瑞鎏．“伤寒心下有水气咳而微喘发热”条辨．广东光汉医药月刊，1931；（3）：37.
严孟复．“太阳中热者暍是也”条释义．广东光汉医药月刊，1931；（5）：7.
严孟贤．“恶寒脉微而复利利止亡血”条释义．广东光汉医药月刊，1931；（6～7）：37.
梅英．“利微热消渴者五苓散主之”释义．广东光汉医药月刊，1931；（6～7）39.
吴逸然．“劳之为病其脉浮大手足烦春夏剧”条释义．广东光汉医药月刊，1931；（8）：12.
甘仲和．“虚劳里急诸不足黄芪建中汤主之”论．广东光汉医药月刊，1931；（9）：8.
吴逸然．“劳之为病五六日大下之后身热不去”条释义．广东光汉医药月刊，1931；（10）：8.
叶丽东．“温疟者其脉如平身无寒但热”条释义．广东光汉医药月刊，1931；（10）：14.
宋道援．辨《伤寒论》“桂枝下咽阳盛则毙”之是非．杏林医学月报，1931；（26）：14.
张确余．《伤寒》方证对参（一）．杏林医学月报，1931；（29）：9.
张确余．《伤寒》方证对参（续）．杏林医学月报，1931；（30）：9.
张确余．《伤寒》方证对参（续）．杏林医学月报，1931；（31）：10.
张确余．《伤寒》方证对参（续）．杏林医学月报，1931；（32）：16.
张确余．《伤寒》方证对参（续）．杏林医学月报，1931；（33）：12.
张确余．《伤寒》方证对参（续）．杏林医学月报，1931；（34）：9.
张确余．《伤寒》方证对参（续）．杏林医学月报，1932；（35）：17.
张确余．《伤寒》方证对参（续）．杏林医学月报，1933；（51）：11.
张确余．《伤寒》方证对参（续）．杏林医学月报，1933；（52）：11.
方佗．“妊娠呕吐不止干姜人参半夏丸主之”解．杏林医学月报，1933；（52）：18.
张确余．《伤寒》方证对参（续）．杏林医学月报，1933；（53）：18.
张确余．《伤寒》方证对参（续）．杏林医学月报，1933；（54）：14.

张确余.《伤寒》方证对参（续）. 杏林医学月报，1933；（55）：11.
张确余.《伤寒》方证对参（续）. 杏林医学月报，1933；（56）：12.
张确余.《伤寒》方证对参（续）. 杏林医学月报，1933；（57）：18.
曹炳章. 中国历代伤寒书沿革略史. 中国出版月报，1934；（1）：18.
张确余.《伤寒》方证对参（续）. 杏林医学月报，1934；（59）：14.
张确余.《伤寒》方证对参（续）. 杏林医学月报，1934；（60）：12.
曾松茂. "伤寒二三日心中烦而悸者小建中汤主之"条释义. 杏林医学月报，1934；（62）：14.
刘惠群.《伤寒论》"少阴病下利咽痛胸满心烦者猪肤汤主之"释义. 杏林医学月报，1934；（68）：17.
杜棣生. "设有不应，知变所缘，三同不同，病各异端"解. 医林一谔，1935；（3）：12.
行准.《伤寒论》之功罪. 中西医药，1935；（3）：23.
顾惕生.《伤寒论》考. 中医新生命，1935；（10）：26.
陈诚鹤. 伤寒坏病概论. 杏林医学月报，1935；（71）：21.
刘惠群. "少阴病二三日至四五日小便不利下利不止"条释疑. 杏林医学月报，1935；（74）：22.
左盛德.《伤寒杂病论》序. 杏林医学月报，1935；（74）：76.
陈渔洲. "太阳病不解热结膀胱其人如狂"条释义. 杏林医学月报，1935；（81）：20.
陈芝高. "里水者一身面目黄肿其脉沉小便不利"52条释义. 杏林医学月报，1935；（81）：21.
陈渔洲. "妊娠呕吐不止"条释义. 杏林医学月报，1935；（82）：25.
王一仁. 阳明经主营养系统阐议. 医界春秋，1935；（101）：17.
丹波元简.《伤寒论》仲景自序诠注. 国医文献，1936；（1）：25.
李生春.《医籍考》伤寒类目录. 国医文献，1936；（1）：32.
多纪元胤.《伤寒论》考证. 国医文献，1936；（1）：37.
曹炳章. 历代伤寒书目考. 国医文献，1936；（1）：57.
章太炎.《伤寒论》单论本题辞. 国医文献，1936；（1）：70.
谢利恒.《伤寒杂病论》考证. 国医文献，1936；（1）：75.
丹波元简.《伤寒论》综概. 国医文献，1936；（1）：76.
叶劲秋.《伤寒论》启秘. 国医文献，1936；（1）：81.
章太炎.《伤寒论》演讲词. 国医文献，1936；（1）：90.
黎伯概.《伤寒论》著作之真诠. 国医文献，1936；（1）：95.
李耀常. 读《伤寒论》原书平议. 国医文献，1936；（1）：97.
周学海. 读《伤寒论》杂记. 国医文献，1936；（1）：99.
周学海. 与友条论读《伤寒论》法. 国医文献，1936；（1）：103.
胡慎庵. 读《伤寒论》心法. 国医文献，1936；（1）：107.
陈逊斋. 仲景《伤寒论》书后. 国医文献，1936；（1）：114.
方毓麒.《伤寒论》之研究. 国医文献，1936；（1）：117.
曹尹甫.《伤寒论》原文订误. 国医文献，1936；（1）：125.
恽铁樵.《伤寒论》六经. 国医文献，1936；（1）：134.
周岐隐.《伤寒论》六经篇书后. 国医文献，1936；（1）：140.
石蒂南. 论张仲景《伤寒论》. 国医文献，1936；（1）：144.
周禹锡.《伤寒论》研究纲要. 国医文献，1936；（1）：155.
易万育. 湖南新发现之《古本伤寒杂病论》批判. 国医文献，1936；（1）：161.
张春江. 古本《伤寒杂病论》是否仲景秘本之商榷书. 国医文献，1936；（1）：166.
邓本仁. 论何刊《古本伤寒杂病论》之真伪. 国医文献，1936；（1）：169.
张拱瑞. 罗哲初之《古本伤寒论》评议. 国医文献，1936；（1）：171.
黄一飞. 伤寒与温病之分别. 方便月刊，1936；（2）：22.
陈芝高. "伤寒脉浮滑此表有热里有寒"条释义. 杏林医学月报，1936；（83）；24.
陈芝高. "太阳中暍发热恶寒身重而疼痛"条释义. 杏林医学月报，1936；（87）；27.

袁镜涛.“太阴温病脉浮大而芤汗大出”条论. 杏林医学月报，1936；（90）；21.
陈渔洲.“伤寒脉弦细头痛发热者”条释义. 杏林医学月报，1936；（92）；15.
陈芝高.“下利后腹满身体疼痛者先温其里”条释义. 杏林医学月报，1936；（92）；16.
何奎垣.“伤寒发汗若吐若下解后心下痞”条释义. 杏林医学月报，1936；（92）；17.
陈应明. 论大小陷胸汤与大小结胸证. 杏林医学月报，1936；（92）；23.
陈渔洲.“伤寒解后虚羸少气”条释义. 杏林医学月报，1936；（93）；19.
陈芝高.“病解能食七八日更发热者”条释义. 杏林医学月报，1936；（93）；20.
张鸿生.“伤寒表不解心下有水气干呕发热”条释义. 杏林医学月报，1936；（94）；22.
阎德润. 张仲景《伤寒论》之价值. 东方医学杂志，1937；（1）：16.
彭子益.《伤寒论》六经原文读法篇. 国医砥柱月刊，1937；（4）：13.
孙世扬.《伤寒论》字诂. 制言半月刊，1937；（37）；20.
张鸿生.“伤寒八九日下之胸满烦惊小便不利”条释义. 杏林医学月报，1937；（95）：21.
陈芝高.“伤寒若呕下后七八日不解热结在里”条释义. 杏林医学月报，1937；（96）：18.
陈应明. 厥阴热利下重与下利饮水者仲景均以白头翁汤主之其义何在. 杏林医学月报，1937；（96）：19.
袁镜涛.“伤寒心下有水气而微喘发热不渴汤已”条释义. 杏林医学月报，1937；（98）：37.
邓侣农.“发热目瞑剧者必衄衄乃解”条释义. 杏林医学月报，1937；（99）：18.
邓侣农.《伤寒论》“病有发热恶寒者发于阳”条之我见. 杏林医学月报，1937；（101）：17.
《伤寒论》“少阴病下利咽痛”条释义. 杏林医学月报，1937；（101）：19.
朱南樵.《伤寒》篇. 广东医药旬刊，1942；（13～14）：24.
朱南樵.《伤寒》篇（二）. 广东医药旬刊，1942；（15～16）：19.
张鸿生. 辨正伤寒大论“太阳与少阳合病自下利”条之“太阳”应为“阳明” 广东医药旬刊，1942；（19～20）：20.
姜春华.《伤寒论》新论. 广东医药旬刊，1943；（1～2）；19.
姜春华.《伤寒论》新论. 广东医药旬刊，1943；（5～6）；23.
姜春华.《伤寒论》新论. 广东医药旬刊，1943；（7～8）；13.
姜春华.《伤寒论》新论. 广东医药旬刊，1944；（11～12）；36.
宋大仁. 重印《康平古本伤寒论》序. 中西医药，1947；（1）：23.
张明仲.《伤寒》桂枝二越婢一汤证. 汉兴校刊，1949；（1）：20.
卢觉愚. 实用《伤寒论讲义方解》选刊（一）. 星群医药月刊，1950；（1）：33.
章次公. 论中国医学的形式与内容：从张仲景与叶天士说到中国医学的形式与内容. 新中医药，1950；（2）：2.
金寿山. 伤寒实用节要（一）. 新中医药，1950；（2）：7.
金寿山. 伤寒实用节要（二）. 新中医药，1950；（4）：11.
梁尚博. 张仲景伤寒杂病论编次订正. 星群医药月刊，1950；（4）：12.
梁尚博. 张仲景伤寒杂病论编次订正（续一）. 星群医药月刊，1950；（6）：21.
金寿山. 伤寒实用节要（三）. 新中医药，1950；（8）：7.
金寿山. 伤寒实用节要（四）. 新中医药，1950；（10）：6.
汪良寄. 伤寒书目. 医史杂志，1951；（2）：45.
梁尚博. 张仲景伤寒杂病论编次订正（二续）. 星群医药月刊，1951；（3）：6.
汪良寄. 伤寒书目. 医史杂志，1951；（4）：49.
黄剑波. 张仲景伤寒论与太阳病证之研究. 星群医药月刊，1951；（9）：41.
陈育鸣. 伤寒论（三）. 新中医药，1952；（3）：55.
陈育鸣. 伤寒论（四）. 新中医药，1952；（4）：74.
陈育鸣. 伤寒论（五）. 新中医药，1952；（5）：96.
陈育鸣. 伤寒论（六）. 新中医药，1952；（6）：115.
陈育鸣. 伤寒论（七）. 新中医药，1952；（7）：135.

汪浩权．伤寒论杂谈．星群医药月刊，1952；（12）：32.
陈公明．对于祝味菊伤寒质难五阶段与谭次仲伤寒评志五定法的批判．现代中医药，1953；（1）：4.
陈居霖．伤寒与温病．现代中医药，1953；（7）：16.
胡友梅．论寒温之分应以热型鉴别为标准．新中医药，1953；（8）：6.
陈育鸣．伤寒论（八）．新中医药，1953；（10）：313.
陈育鸣．伤寒论（九）．新中医药，1953；（11）：364.
陈育鸣．伤寒论（十）．新中医药，1953；（12）：404.
李松声．中西医都需学习《伤寒论》的内容和评价．中华医史杂志，1954；（1）：1.
姜春华.《伤寒论》六经概说．北京中医，1954；（7）：20.
章次公.《伤寒论》非王叔和所编次．新中医药，1954；（7）：32.
洪贯之．张仲景的著述年代和现存《伤寒论》的编次问题．新中医药，1954；（8）：29.
邢锡波.《伤寒论》六经提纲和治疗原则概述．北京中医，1954；（9）：7.
邢锡波.《伤寒论》的六经和治疗原则概述．北京中医，1954；（9）：7.
姜春华.《伤寒论》方王叔和编次商榷．新中医药，1954；（10）：343.
张海峰（江西中医学院）．从古人对《伤寒论》的看法来认识伤寒论．江西中医药，1954；（10）：17.
向焕奎．从巴甫洛夫学说来看仲景《伤寒论》．江西中医药，1954；（10）：21.
李蔚普，赵惕蒙．伤寒与温病．江西中医药，1954；（10）：30.
姚荷生.《伤寒论》的价值和读法．江西中医药，1954；（11）：17.
杨志一.《伤寒论》六经证治简介．江西中医药，1954；（11）：25.
王敬棠．关于《伤寒论》太阳篇：病有发热恶寒者和问曰：凡病知何时得，何时愈二节的解释．现代中医药，1954；（12）：3.
陈方之.《伤寒论》的内容分析．中医医学杂志，1955；（3）：205.
邓曼．有关《伤寒论》的一些问题的商榷．中医杂志，1955；（3）：5.
赵锡庠．我对《伤寒论》的认识．中医杂志，1955；（4）：9.
史常永．对《中西医都需学习伤寒论的内容和评价》一文的几点意见．中华医史杂志，1955；（4）：310.
陈方之.《伤寒论》的内容分析（续）．中医医学杂志，1955；（5）：462.
姜春华．中医重要典籍的介绍（《伤寒杂病论》）．江西中医药，1955；（5）：5.
方药中．关于学习《伤寒论》与《金匮要略》有几点基本概念．江西中医药，1955；（5）：9.
朱颜．关于《伤寒论》中的一些术语问题．江西中医药，1955；（6）：1.
方药中．关于学习《伤寒论》与《金匮要略》的几点基本概念（续）．江西中医药，1955；（6）：7.
胡友梅．伤寒和温病的综合探讨．新中医药，1955；（6）：203.
胡友梅．伤寒和温病的综合探讨（中）．新中医药，1955；（7）：266.
姜春华．“伤寒”本义．上海中医药杂志，1955；（7）：11.
陈存仁．张仲景和他的伤寒杂病论图．上海中医药杂志，1955；（7）：14.
王慎轩．从巴甫洛夫学说来研究张仲景《伤寒论》六经证治法则．上海中医药杂志，1955；（7）：16.
胡友梅．伤寒和温病的综合探讨（下）．新中医药，1955；（8）：313.
李辰生．张仲景遗著沿革的初步探讨．江西中医，1955；（11）：24：27.
刘树农，潘益吾．读从巴甫洛夫学说来研究张仲景伤寒论的六经证治法则一文后．上海中医药杂志，1955；（11）：21.
黄文东．对《伤寒论》的六经辨证与治法之体会和意义．上海中医药杂志，1955；（11）：24.
张志豪（泉州市联合中医院）．学习《伤寒论》第一单元的初步总结．福建中医药，1956；1（1）：5.
任应秋.《伤寒论》语译（一）．新中医药，1956；（1）：26.
蔡德明（山东大学医学院附设医院）．评陈方之《伤寒论的内容分析》．中华医学杂志，1956；（2）：182.
静波.《伤寒论》太阴篇风温条的读法．江苏中医，1956；（2）：33.
任应秋.《伤寒论》语译（二）．新中医药，1956；（2）：83.
任应秋.《伤寒论》语译（三）．新中医药，1956；（3）：133.

任应秋．学习《伤寒论》以前需要明确的几个主要问题．中医杂志，1956；(3)：116.

刘仲农．《伤寒论》“太阳病项背强几几”条与《金匮痉》病刚痉、柔痉方症之研究．上海中医药杂志，1956；(3)：11.

章巨膺，黄儒珍．中医历代名著简介（续）．上海中医药杂志，1956；(3)：16.

何云鹤．六经浅解．福建中医药，1956；(3)：1.

曾育麟．《伤寒论》所用中药的统计．中药通报，1956；(3)：130.

任应秋．《伤寒论》语译（四）．新中医药，1956；(4)：181.

曾昭耆．张仲景《伤寒杂病论》自序现代语诠释及译意．新中医药，1956；(5)：223.

任应秋．《伤寒论》语译（五）．新中医药，1956；(5)：226.

任应秋．《伤寒论》语译（六）．新中医药，1956；(6)：277.

任应秋．《伤寒论》语译（七）．新中医药，1956；(7)：331.

朱颜．关于学习《伤寒论·辨六经病脉证并治》八篇的一些意见（一）．中级医刊，1956；(8)：46.

朱颜．《伤寒杂病论集》今译．中医杂志，1956；(8)：438.

朱颜．关于学习《伤寒论·辨六经病脉证并治》八篇的一些意见（二）．中级医刊，1956；(9)：60.

任应秋．《伤寒论》语译（八）．新中医药，1956；(9)：429.

任应秋．《伤寒论》语译（九）．新中医药，1956；(10)：465.

朱颜．关于学习《伤寒论·辨六经病脉证并治》八篇的一些意见（三）．中级医刊，1956；(10)：60.

穗轮．张仲景的《伤寒论》．现代中医药，1956；(10)：20.

廖家兴．关于“夹阴伤寒”的探讨．江西中医药，1956；(10)：28.

朱颜．关于学习《伤寒论·辨六经病脉证并治》八篇的一些意见（四）．中级医刊，1956；(11)：53.

任应秋．《伤寒论》语译（十）．新中医药，1956；(11)：524.

任应秋．《伤寒论》语译（十一）．新中医药，1956；(12)：570.

朱颜．关于学习《伤寒论·辨六经病脉证并治》八篇的一些意见（五）．中级医刊，1956；(12)：45.

谈谈学习《伤寒论》的方法．上海中医药杂志，1956；(12)：41.

顾贞祥（崇明县新河区堡北卿联合诊所）．介绍学习《伤寒论》的几个基本概念．江苏中医，1957；(1)：10.

臧载阳（江苏省中医学校）．我对《伤寒论》“脾约”的看法．江苏中医，1957；(1)：11.

沈仲圭，钟春帆．评《伤寒论新注》的价值．江苏中医，1957；(1)：44.

万友生．寒温纵横论．江西中医药，1957；(1)：52.

查守之．我对伤寒与温病的看法．浙江中医杂志，1957；(1)：22.

毕志云．读《伤寒论的内容分析》一文后的几点意见．中华医学杂志，1957；(1)：59.

金寿山．《伤寒论》基本精神的体会：——整体观念．上海中医药杂志，1957；(1)：3.

万友生．关于《伤寒论》的初步研究．中医杂志，1957；(1)：34.

王奈寒．读《伤寒论》记．中医杂志，1957；(1)：39.

万友生．关于《伤寒论》的初步研究（续一）．中医杂志，1957；(2)：95.

陈伯涛．伤寒论六经定义的讨论：关于程钟龄先生对《伤寒论》部分研究的研究．江苏中医，1957；(2)：3.

李安域，张庆甫．学习《伤寒论》的初步体会．山东医刊，1957；(3)：1.

周岐隐．《伤寒杂病论》原序的新释．江西中医药，1957；(3)：54.

章次公．明王肯堂《伤寒证治准绳》自序．新中医药，1957；(3)：49.

潘澄濂．《伤寒论》通俗讲话之一：《伤寒论》的概述．浙江中医杂志，1957；(3)：137.

万友生．关于《伤寒论》的初步研究（续二）．中医杂志，1957；(3)：150.

万友生．关于《伤寒论》的初步研究（续二）．中医杂志，1957；(3)：150.

万友生．关于《伤寒论》的初步研究（续四）“伤寒明辨”各论初稿．中医杂志，1957；(4)：208.

梁少甫．对于伤寒温病之辨惑及金元四大家著作的看法．上海中医药杂志，1957；(4)：1.

郭才．我对《伤寒论》63 条 162 条的看法．上海中医药杂志，1957；(4)：44.

伤寒概论．江苏中医，1957；（4）：5.
周歧隐．《伤寒杂病论·原序》的新释．江西中医药，1957；（4）：54.
潘澄濂．《伤寒论》通俗讲话之二：太阳脉症“桂枝汤症”概述（一）．浙江中医杂志，1957；（4）：183.
林乾良．从《伤寒论》体会中医的辨证施治．福建中医药，1957；（5）：9.
盛国荣．伤寒与温病概论．新中医药，1957；（5）：5.
张挚甫．曹颖甫研究仲景学说见解的体会．浙江中医杂志，1957；（5）：222.
潘澄濂．《伤寒论》通俗讲话之三：太阳脉症“麻黄汤证”概述（二）．浙江中医杂志，1957；（5）：230.
宋洛川（山东省中医进修学校）．温病和伤寒的鉴别．山东医刊，1957；（6）：1.
王慧英．学习伤寒论阳明病篇后的小结及体会．上海中医药杂志，1957；（6）：45.
盛国荣．伤寒与温病概论（二）．新中医药，1957；（6）：11.
陈泽霖．学习《伤寒论》后的体会．中医杂志，1957；（6）：320.
潘澄濂．《伤寒论》通俗讲话之四：太阳脉症概述（三）．浙江中医杂志，1957；（6）：278.
陈子厚．读伤寒论书后（一）．广东中医，1957；（6）：1.
张志民．关于《伤寒论》的“汗家重发汗，必恍惚心乱，小便已阴痛，宜禹馀粮丸”条的讨论．广东中医，1957；（6）：5.
王新华．论温病学上的营卫气血和三焦及伤寒温病学派分争问题（上）．广东中医，1957；（6）：8.
陈子厚．读伤寒论书后（二）．广东中医，1957；（7）：7.
王新华．论温病学上的营卫气血和三焦及伤寒温病学派分争问题（下）．广东中医，1957；（7）：10.
潘澄濂．《伤寒论》通俗讲话之五：太阳脉症概述（四）．浙江中医杂志，1957；（7）：329.
盛国荣．伤寒与温病概论（三）．新中医药，1957；（7）：17.
郭振球．伤寒及副伤寒在祖国古典医学文献中的初探（上）．新中医药，1957；（8）：12.
陈子厚．读伤寒论书后（三）．广东中医，1957；（8）：3.
马云衢．关于伤寒论少阴篇的一些问题的讨论．广东中医，1957；（8）：6.
潘澄濂．《伤寒论》通俗讲话之六：阳明脉证概述（一）．浙江中医杂志，1957；（8）：376.
张志民．试论张仲景辨证论治中的几个重要法则．浙江中医杂志，1957；（9）：414.
潘澄濂．《伤寒论》通俗讲话之七：阳明脉症概述（二）．浙江中医杂志，1957；（9）：428.
陈子厚．读伤寒论书后（四）．广东中医，1957；（9）：1.
钟春帆．读陈子厚“读《伤寒论》书后”的一些意见．广东中医，1957；（9）：28.
郭振球．伤寒及副伤寒在祖国古典医学文献中的初探（续）．新中医药，1957；（9）：17.
翟冷山．我对于伤寒与温病的看法．上海中医药杂志，1957；（10）：7.
林济青．伤寒与温病．上海中医药杂志，1957；（10）：11.
陆鸿元．论《素问·热论》与仲景《伤寒论》六经主证的异同．上海中医药杂志，1957；（10）：13.
曾昭耆（北京医院）．我对《伤寒论》的六经和辨证论治的初步认识．中医杂志，1957；（10）：509.
潘澄濂．《伤寒论》通俗讲话之八：阳明脉证概述（三）．浙江中医杂志，1957；（10）：473.
肖熙．夹食伤寒．江西中医药，1957；（10）：47.
万友生．伤寒概说．江西中医药，1957；（11）：23.
庞炽南．仲景伤寒论读法纲要．现代中医药，1957；（11）：7.
柏汝炜．伤寒与温病的我见．上海中医药杂志，1957；（11）：7.
罗绍景．读《对于伤寒温病之辨惑及金元四大家著作的看法》一文的我见．上海中医药杂志，1957；（11）：8.
潘澄濂．《伤寒论》通俗讲话之九：少阳脉证概述．浙江中医杂志，1957；（11）：41.
潘澄濂．《伤寒论》通俗讲话之十：太阴脉证概述．浙江中医杂志，1957；（12）：39.
万友生．伤寒概说（二）．江西中医药，1957；（12）：8.
万友生．伤寒概说（三）．江西中医药，1958；（1）：41.
大冢敬节．张仲景的遗文．医学史与保健杂志，1958；（1）：26.
宗维新．从《金匮玉函经·辨太阳病形证治第三》的首条看《伤寒论》次序之排列．中医争鸣，

1958；(1)：15.
潘澄濂.《伤寒论》通俗讲话之十一：少阴脉证概述（一）. 浙江中医杂志，1958；(1)：44.
胡光慈. 张仲景《伤寒论》“辨证论治”的精神实质. 江西中医药，1958；(2)：5.
万友生. 伤寒概说（四）. 江西中医药，1958；(2)：41.
李蔚普. 评《湿温伤寒手册》. 江西中医药，1958；(2)：62.
潘澄濂.《伤寒论》通俗讲话之十二：少阴脉证概述（二）. 浙江中医杂志，1958；(2)：41.
缪正来. 介绍《伤寒论语译》《金匮释义》《温病学新编》三本新书. 江苏中医，1958；(2)：43.
万友生. 伤寒概说（五）. 江西中医药，1958；(3)：60.
徐荣斋. 略谈成无己《注解伤寒论》的内容和所附图解问题. 上海中医药杂志，1958；(3)：5.
郑宗洛. 读《伤寒论》的一些体会. 福建中医药，1958；(3)：32.
潘澄濂.《伤寒论》通俗讲话之十三：少阴脉证概述（三）. 浙江中医杂志，1958；(3)：44.
潘澄濂.《伤寒论》通俗讲话之十四：少阴脉证概述（四）. 浙江中医杂志，1958；(4)：40.
陈邦贤. 历代对于伤寒学研究的概述. 科学史集刊，1958；(4)：28.
施启生. 古本康平《伤寒论》. 中医杂志，1958；(4)：275.
张叔豫. 评清柯韵伯注《伤寒》之自作聪明误解. 现代中医药，1958；(4)：8.
万友生. 伤寒概说（六）. 江西中医药，1958；(4)：56.
万友生. 伤寒概说（七）. 江西中医药，1958；(5)：51.
潘澄濂.《伤寒论》通俗讲话之十五：厥阴脉证概述（一）. 浙江中医杂志，1958；(5)：42.
欧阳锜. 伤寒温病的学术源流与辨证论治. 新中医药，1958；(5)：3.
俞长荣. 我对《伤寒论·少阳病篇》的一些体会. 上海中医药杂志，1958；(5)：12.
俞长荣.《伤寒论汇要》分析（一）. 福建中医药，1958；(5)：12.
雷英华.《伤寒》《金匮》古今名家注释评述（一）. 现代中医药，1958；(5)：3.
陈柏涛. 伤寒主治四字的演绎：关于程钟龄先生对《伤寒论》部分研究的研究. 江苏中医，1958；(5)：10.
潘澄濂.《伤寒论》通俗讲话之十六：厥阴脉证概述（二）. 浙江中医杂志，1958；(6)：37.
周岳生. 我对伤寒论少阴病的认识. 上海中医药杂志，1958；(6)：10.
俞长荣.《伤寒论汇要》分析（二）. 福建中医药，1958；(6)：34.
雷英华.《伤寒》《金匮》古今名家注释评述（二）. 现代中医药，1958；(6)：3.
林伯良. 解释《伤寒论》中一节书. 广东中医，1958；(6)：32.
潘澄濂.《伤寒论》通俗讲话之十七：阴阳易差后劳复病脉篇概述. 浙江中医杂志，1958；(7)：40.
俞长荣.《伤寒论汇要》分析（三）. 福建中医药，1958；(7)：33.
雷英华.《伤寒》《金匮》古今名家注释评述（三）. 现代中医药，1958；(7)：4.
裘沛然.《伤寒论》研究和整理的意见. 新中医药，1958；(7)：17.
万友生（江西中医学院）. 续读半部《伤寒论》后. 江西中医药，1958；(7)：40.
潘澄濂.《伤寒论》通俗讲话之十八：尾语. 浙江中医杂志，1958；(8)：43.
俞长荣.《伤寒论汇要》分析（四）. 福建中医药，1958；(8)：36.
万友生（江西中医学院）. 续读半部《伤寒论》后（续）. 江西中医药，1958；(8)：40.
蒋洁尘. 对《伤寒论语译》《中医病理学概论》二书的基本观点的分析批判. 中医杂志，1958；(8)：560.
伊绍平. 对陈子厚先生“读《伤寒论》书后”一文的几点商榷. 广东中医，1958；(8)：5.
俞长荣.《伤寒论汇要》分析（五）. 福建中医药，1958；(9)：42.
雷英华.《伤寒》《金匮》古今名家注释评述（四）. 现代中医药，1958；(9) 11.
万友生（江西中医学院）. 续读半部《伤寒论》后（续完）. 江西中医药，1958；(9)：39.
徐景藩. 对伤寒与温病的体会. 江苏中医，1958；(9)：39.
孙砚孚. 掌握辨证治疗的原则消除伤寒温病的纷争. 上海中医药杂志，1958；(9)：8.
郑元霆（广州中医学院）. 我对《伤寒论》“伤寒中风，有柴胡证，但见一证便是，不必悉具”的看法. 广东中医，1958；(11)：3.

张志民．学习《伤寒论》方法的探讨．浙江中医杂志，1958；(11)：15.
林乾良（浙江中医学院）．谈谈《伤寒论》的“六经”．浙江中医杂志，1958；(11)：25.
凌春明．对《伤寒论》第176条白虎汤证条文的初步商榷．浙江中医杂志，1958；(11)：28.
何爱华．我对“谈谈《伤寒论》的六经”一文的看法．浙江中医杂志，1959；(1)：45.
张宏志．《伤寒论》针灸考．山东中医学院中医药论文选集，1959；(1)：29.
俞长荣．《伤寒论汇要》分析（六）．福建中医药，1959；(1)：29.
陈全仁．关于伤寒传经的学习体会．云南医学杂志，1959；(2)：28.
严永清．以矛盾法则看《伤寒论》的“辨证论治”规律．南京中医学院学报，1959；(2)：10.
刘映湖（南京中医学院）．学习《伤寒论》以后的一些体会．南京中医学院学报，1959；(2)：23.
俞长荣．《伤寒论汇要》分析（七）．福建中医药，1959；(2)：35.
俞长荣．《伤寒论汇要》分析（八）．福建中医药，1959；(3)：36.
张志民．端正对《伤寒论》的认识．浙江中医杂志，1959；(3)：103.
欧阳锜．六经与三焦：中医病理学概要．浙江中医杂志，1959；(3)：132.
章巨膺．统一伤寒温病学说的认识．上海中医药杂志，1959；(3)：4.
万友生．从大便硬与溏看伤寒和温病的下注．江西中医药，1959；(3)：40.
彭楚云．我对郑元霆先生《“伤寒中风，有柴胡证，但见一证便是，不必悉具”的看法一文》商榷．广东中医，1959；(3)：94.
俞长荣．《伤寒论汇要》分析（九）．福建中医药，1959；(4)：31.
俞长荣．《伤寒论汇要》分析（十）．福建中医药，1959；(5)：33.
孙宝楚．对六经、卫气营血、三焦的体会．江苏中医，1959；(5)：3.
俞长荣．《伤寒论汇要》分析（十一）．福建中医药，1959；(6)：33.
俞长荣．《伤寒论汇要》分析（十二）．福建中医药，1959；(7)：29.
王大经（北京市中医学校）．掌握六经与十二经是学习《伤寒论》必要的关键．中医争鸣，1959；(7)：1.
刘浩江（北京中医学院）．关于如何学习《伤寒论》的体会．哈尔滨中医，1959；(7)：32.
王曦亭（定陶县人民医院）．对祖国医学辨证体系的认识．山东医刊，1959；(8)：1.
潘澄濂，董志仁．《中医学概论》学习笔记（八）．浙江中医杂志，1959；(8)：2.
俞长荣．《伤寒论汇要》分析（十三）．福建中医药，1959；(8)：31.
俞长荣．《伤寒论汇要》分析（十四）．福建中医药，1959；(9)：28.
王曦亭（定陶县人民医院）．对祖国医学辨证体系的认识．山东医刊，1959；(9)：7.
俞长荣．《伤寒论汇要》分析（十五）．福建中医药，1959；(10)：28.
孙宝楚．对《伤寒论》六经的认识和体会．江苏中医，1959；(8)：3.
单健民．复习《伤寒论》后的体会．哈尔滨中医，1959；(11)：53.
许志远（云南省中医学校）．对任应秋同志编著的《伤寒论语译》提出一点意见．中级医刊，1959；(12)：69.
袁雍．关于伤寒论中汗法与攻逐法的理蕴探讨．广东中医，1960；(1)：7.
刘柏龄．用发展的观点来认识温病学说与伤寒论的关系．北京中医学院学报，1960；(1)：1.
徐有玲．简述伤寒与内经温病之间的关系．北京中医学院学报，1960；(1)：3.
杜文显．如何学习《伤寒论》．北京中医学院学报，1960；(1)：8.
张挚甫．学习《伤寒论》经验．广东中医，1960；(2)：12.
黄展鹏．仲景《伤寒论》的辨证论治．广东中医，1960；(3)：12.
六经辨证的研究（一）．浙江中医杂志，1960；(3)：99.
邱如坤（南昌市第三医院）．从内经的六经传变来看《伤寒论》．江西中医药，1960；(4)：37.
六经辨证的研究（二）．浙江中医杂志，1960；(4)：150.
六经辨证的研究（三）．浙江中医杂志，1960；(5)：179.
俞长荣．怎样学习《伤寒论》．江苏中医，1960；(5)：57.

六经辨证的研究（四）．浙江中医杂志，1960；（6）：243.
徐炽度（江西中医学院）．我对少阳病在六经中位置的看法．江西中医药，1960；（6）：5.
汤益明（江西中医学院西学中班）．伤寒与温病论争的我见．江西中医药，1960；（6）：9.
赵有臣．《伤寒论》与《金匮要略》之版本及其内容沿革探讨．辽宁医学杂志，1960；（9）：45.
巫君玉．伤寒．中医争鸣，1960；（9）：1.
陈国华．《伤寒论》是急性热病的专书吗．江西中医药，1960；（10）：45.
何爱华．从《伤寒论》尚有32条论文在《金匮要略》中残存来谈《伤寒论》的编次和内容的删削问题．中医争鸣，1960；（12）：34.
钱方毅（北京市中医学校）．对《伤寒论》六经的体会．中医争鸣，1960；（12）：41.
石景贤（江西中医学院）．试谈温病学与伤寒论的关系．中医杂志，1961；（1）：5.
何爱华（辽宁省宽甸县）．评《伤寒论讲义》．天津医药杂志，1961；（4）：265.
杜雨茂（陕西中医学院）．对《伤寒论讲义》关于猪肤汤证条解析的商榷．中医杂志，1961；（6）：35.
李高行．对《伤寒论》译释“桂枝去桂加茯苓白术汤”条注释的商榷．江西中医药，1961；（9）：26.
李益三．论《伤寒论》注家对阴阳易病之误解．江苏中医，1961；（11）：34.
肖珙．《伤寒论》六经是辨证的六经．山东医学院学报，1962；（1）：62.
程门雪，张镜人．伤寒论歌诀（一）．上海中医药杂志，1962；（1）：37.
程门雪，张镜人．伤寒论歌诀（二）．上海中医药杂志，1962；（2）：37.
李高行．伤寒论“太阳中风以火劫发汗”条的方治商榷．江西医药，1962；（2）：53.
孔凡价（昌潍专区人民医院）．对《伤寒论》六经的初步认识．山东医刊，1962；（2）：19.
金寿山．《伤寒论》397法113方的我见．上海中医药杂志，1962；（3）：28
程门雪，张镜人．伤寒论歌诀（三）．上海中医药杂志，1962；（3）：35.
任应秋．谈谈学习《伤寒论》．中医杂志，1962；（3）：30.
周筱斋（南京中医学院）．对伤寒“目中不了了，睛不和”的体会．江苏中医，1962；（3）：36.
范行准．张仲景《伤寒论》的成书探讨．科学史集刊，1962；（4）：25.
万友生（江西中医学院）．评《伤寒论讲义》．江西医药，1962；（4）：18.
俞长荣．《伤寒论》各家注解校勘意见选评（一）．福建中医药，1962；（4）：41.
金一飞（南京中医学院）．谈西医离职学习中医短期班《伤寒论》教学体会．江苏中医，1962；（4）：封3.
程门雪，张镜人．伤寒论歌诀（四）．上海中医药杂志，1962；（4）：30.
程门雪，张镜人．伤寒论歌诀（五）．上海中医药杂志，1962；（5）：37.
俞长荣．《伤寒论》各家注解校勘意见选评（二）．福建中医药，1962；（5）：42.
俞长荣．《伤寒论》各家注解校勘意见选评（三）．福建中医药，1962；（6）：43.
蒋其学．同中有异、异中有同的伤寒与温病．哈尔滨中医，1962；（6）：13.
程门雪，张镜人．伤寒论歌诀（六）．上海中医药杂志，1962；（6）：24.
程门雪．学习《伤寒论》的体会．上海中医药杂志，1962；（7）：1.
姜春华．《伤寒论》六经若干问题．上海中医药杂志，1962；（7）：5.
任应秋．试论古代治《伤寒学》的概况及其流派的形成．上海中医药杂志，1962；（7）：5.
任应秋．试论古代治“伤寒学”的概况及其流派的形成．上海中医药杂志，1962；（7）：8.
陈亦人（南京中医学院）．对《伤寒论》论脉的几点体会．上海中医药杂志，1962；（7）：10.
姜春华．张仲景著作略考．上海中医药杂志，1962；（7）：12.
程门雪，张镜人．伤寒论歌诀（七）．上海中医药杂志，1962；（7）：31.
姜春华．《伤寒论》六经若干问题（一）．上海中医药杂志，1962；（8）：17
程门雪，张镜人．伤寒论歌诀（八）．上海中医药杂志，1962；（8）：38.
姜春华．《伤寒论》六经若干问题（二）．上海中医药杂志，1962；（9）：15
程门雪，张镜人．伤寒论歌诀（九）．上海中医药杂志，1962；（9）：37.
程门雪，张镜人．伤寒论歌诀（十）．上海中医药杂志，1962；（10）：32.

程门雪，张镜人．伤寒论歌诀（十一）．上海中医药杂志，1962；（11）：36.
萧敏材（上海中医学院）．论伤寒与温病学派之争．中医杂志，1962；（11）：1.
万友生．伤寒杂读．江西医药，1962；（11）：20.
程门雪，张镜人．伤寒论歌诀（十二）．上海中医药杂志，1962；（12）：37.
王贵淼．谈谈怎样学习《伤寒论》．广东中医，1962；（12）：22.
程门雪，张镜人．伤寒论歌诀（十三）．上海中医药杂志，1963；（1）：38.
程门雪，张镜人．伤寒论歌诀（十四）．上海中医药杂志，1963；（2）：39.
程门雪，张镜人．伤寒论歌诀（十五）．上海中医药杂志，1963；（3）：36.
金寿山．试论《伤寒论》中的若干辩证法思想．中医杂志，1963；（3）：1.
沈凤阁．对同中有异、异中有同的伤寒与温病一文的商榷．哈尔滨中医，1963；（4）：49.
任应秋．上海中医界举行仲景学说讨论会．健康报，1963. 5. 11.
赵有臣（辽宁中医学院）．介绍张仲景《五脏图论》．江苏中医，1963；（5）：31.
沈济苍．《伤寒论》六经分证的精神实质．上海中医药杂志，1963；（6）：1.
金寿山．试论“易州张氏学”．中医杂志，1963；（6）：36.
俞长荣（福建省中医研究所）．喻嘉言的学术成就．中医杂志，1963；（8）：27.
吴考槃．我对修订《伤寒论讲义》的体会．中医杂志，1963；（9）：40.
张云鹏．对《伤寒论》与《内经·热论》关于六经问题的我见．上海中医药杂志，1963；（9）：13.
陈亦人．读《伤寒论讲义》书后．天津医药杂志，1963；（12）：800.
王衍生（浙江中医学院）．《伤寒来苏集》和柯韵伯的学术思想．浙江中医杂志，1964；（3）：3.
许达初．读曹氏《伤寒发微》质疑两则．浙江中医杂志，1964；（3）：7.
王家喻（江苏省大丰县中医院）．对宋本《伤寒论》原文第28条的质疑．浙江中医杂志，1964；（3）：24.
李克绍（山东中医学院）．谈谈《伤寒论》的教学经验．中医杂志，1964；（3）：23.
许自诚（兰州医学院）．对《伤寒论》中几个问题的认识．中医杂志，1964；（4）：37.
杨志一（江西省中医药研究所）．六经初探．江西医药，1964；（4）：184.
杨拙一（江西省中医药研究所）．六经初探（续）．江西医药，1964；（5）：220.
钱可久．《伤寒论》中的护理学．广东医学·祖国医学版，1964；（6）：24.
吴绢庵．关于解释《伤寒论》和《金匮要略》中“家”字的我见．上海中医药杂志，1964；（7）：30.
徐洪斌（凌桥卫生院）．我对《重订伤寒论》的疑问商讨．江苏中医，1964；（12）：29.
王华英（宁波市第二医院）．对《伤寒论》第15条“其气上冲”和第231条“其外有热”疑问的探讨．浙江中医杂志，1964；（12）：15.
陈亮（浙江省上虞县联江联合保健所）．对《伤寒论·少阴病脉证篇》第二条的认识．浙江中医杂志，1965；（2）：16.
李恩复（天津中医学院）．对关于东垣内伤类似伤寒的我见一文的商榷．天津医药杂志，1965；（4）：332.
施家珍．《伤寒论》六经病理初探．中医杂志，1965；（5）：30.
何爱华．《伤寒论讲义》读后．哈尔滨中医，1965；（8）：43.
何爱华．读《伤寒论语译》．哈尔滨中医，1965；（9）：49.
王桂森．对《伤寒论讲义》的要求．广东医学·祖国医学版，1966；（1）：39.
高世昌，夏洪生．略谈《伤寒论》的课堂设计．黑龙江中医药，1966；（4）：38.
矛心．学习《伤寒论·太阳病篇》的体会．浙江中医杂志，1966；（4）：38.
杨日超．伤寒、温病学说内容之演变．中国新医药，1966；（52~53）：3.
庄兆祥．《伤寒》《金匮》释疑（二续）．中国新医药，1966；（52~53）：8.
柯世隆（黑龙江中医学院）．对《伤寒论》汗出的归纳分析．中医药学报，1974；（1）：31.
李伯聪．试评陈念祖．新中医，1976；（1）：16.
符友丰（北京中医研究所）．郭雍外感温热思想浅探．陕西中医，1976；（12）：53.
何志雄（广东中医学院）．《伤寒论》问答．新中医，1977；（4）：51.
刘渡舟．对《伤寒论》一书几个问题的探讨．新医药学杂志，1978；（1）：36.

李克绍（热病学教研组）．伤寒解惑论（上）．山东中医学院学报，1978；（1）：1.
李克绍（热病学教研组）．伤寒解惑论（下）．山东中医学院学报，1978；（1）：4.
黄汝绍（广西医药研究所）．重温《医宗金鉴·订正仲景全书》札记．广西中医药，1978；（1）：41.
刘渡舟（北京中医学院）．对《伤寒论》一书几个问题的探讨．新医药学杂志，1978；（1）：18.
刘鹤．《伤寒论》值得认真钻研．新医药学杂志，1978；（1）：25.
商舆（四川省宜汉县城关镇诊所） 就《伤寒论答问》中的两个问题与何志雄同志商榷．新中医，1978；（2）：56.
孙泽先（辽宁中医学院）．浅谈伤寒与温病．辽宁中医，1978；（3）：1.
任应秋（北京中医学院）．医经学派：中医学术流派试论之一．江中医学院学报，1978；（4）：3.
何志雄（广州中医学院）．试谈伤寒与温病的异同．新中医，1978；（5）：12.
张佃民．问题解答．山东医药，1978；（5）：封3.
梁直英．从控制论谈《伤寒论》．新医学，1978；（5）：38.
江淑安．谈谈《伤寒论》中的汗．浙江中医药，1978；（6）：48.
葛植厚．张仲景和他的《伤寒杂病论》．青海卫生，1978；（6）：49.
杨崇华．对杨粟山《伤寒瘟疫条辨》的探讨．新医药学杂志，1978；（6）：47.
任应秋（北京中医学院）．医经学派：中医学术流派试论之一（续完）．浙江中医学院学报，1979；（1）：7.
郎需才，夏洪生．日本对《伤寒论》探讨的一些情况．国外医学·中医中药分册，1979；（2）：9.
钟耀奎（广州中医学院）．《伤寒论》六经与脏腑的关系．新中医，1979；（2）：26.
孙启风（辽宁中医学院附属医院）．试谈《伤寒论》与温病学说的关系．辽宁中医，1979；（2）：10.
陈永治（浙江桐乡县大麻卫生院）．传抄本《张仲景五脏论》及其与国外藏本的比较．江苏医药，1979；（2）：44.
李今庸．《伤寒论》断句一则．湖北中医杂志，1979；（2）：27.
王海滨．试论《伤寒论》的六经．吉林中医药，1979；（2）：6.
杜雨茂．谈谈学习《伤寒论》的方法．陕西中医学院学报，1979；（3）：1.
陈永尧（广东省万宁县人民医院）．就《伤寒论答问》中少阳病发病原因问题补充一点意见．新中医，1979；（3）：53.
胡亚文（奉贤县胡桥公社卫生院）．浅谈《伤寒论》中的病与证．上海中医药杂志，1979；（4）：33.
曹永康．春风化雨忆良师：怀念朱莘农老师．江苏医药·中医分册，1979；（4）：32.
卜开初（洪泽县人民医院）．读《伤寒论》心得．江苏医药·中医分册，1979；（4）：42.
刘炳凡．学习《伤寒论·太阳篇》的体会．湖南医药杂志，1979；（4）：32.
沈凤阁（南京中医学院）．关于六经、卫气营血、三焦辨证如何统一的探讨．新医药学杂志，1979；（4）：7.
刘绍武，胡连玺（太原市中医研究所）．试论《伤寒论》“六经”当为“六病”．新中医，1979；（4）：12.
刘浩江．《伤寒论》教学体会点滴．浙江中医药，1979；（4）：137.
肖国士．评《中医眼科六经法要》．湖南中医学院学报，1979；（4）：80.
岳美中（中医研究院）．《伤寒论文字考》条文部分补正．浙江中医学院学报，1979；（4）：1.
王琦李铁君．关于《伤寒论》“厥阴病”的讨论．新中医，1979；（6）：18.
俞长荣（福建省医药研究所）．试以唯物辨证观点析《伤寒论》．新医药学杂志，1979；（6）：1.
郑秉熊（浙江中医学院）．《伤寒论》对温病学的贡献．浙江中医学院学报，1979；（6）：11.
夏玲（上海中医学院附属曙光医院）．先师程门雪对伤寒温病异同的几点认识．浙江中医药，1979；（7）：235.
孟琳（内蒙古土右旗中医研究所）．浅谈对《伤寒论》学习法的体会．浙江中医药，1979；（9）：343.
张燮均．试论伤寒六经的气机．浙江中医药，1979；（12）：451.
余瀛鳌（北京中医研究院）．《伤寒论》研究性著作简介．成都中医学院学报，1980；（1）：10.
杨扶国．《金匮要略》和《伤寒论》异同谈．吉林中医药，1980；（2）：1.

俞长荣．试以唯物辨证观点剖析《伤寒论》．1979 年度论文报告会资料汇编，1980（4）：124.
李俊龙（临夏回族自治区卫生学校）．从临床实践谈《伤寒论》条文排列．浙江中医学院学报，1980；（4）：30.
金日红（温州地区医药科学研究所）．《古本康平伤寒论》初探．浙江中医学院学报，1980；（4）：32.
姜明煤．《伤寒杂病论》的形成及其主要成就．中医药学报，1981；（2）：23.
路振平．张仲景扶正祛邪法初探．广西中医药，1981；（3）：11.
陈治恒．关于《伤寒论》的几个问题答巴黎大学教授戴斯博问．成都中医学院学报，1981；（3）：1.
李克绍（山东中医学院）．读《伤寒论》随笔（二）．山东中医学院学报，1981；（3）：27.
吴荣祖．关于《伤寒论》中文“驱邪护正”与“扶正驱邪”精神的探讨．云南中医学院学报，1981；（3）：16.
段逸山．略论“张仲景笔法”及其作用．上海中医药杂志，1981；（3）：37.
日本《伤寒论》研究的概况．北京中医学院学报，1981；（4）：36.
何任．深入研究仲景学说．浙江中医学院学报，1981；（5）：1.
王三虎（渭南地区中医学校）．浅谈《伤寒论》的对举法．陕西中医，1981；（6）：24.
郑元让（广州中医学院）．《伤寒论》的体质学说．中医杂志，1981；（12）：4.
杨维益．《伤寒论》与《金匮要略》版本之沿革．河南中医，1982；（2）：13.
杨国瑾．学习《伤寒论》《金匮要略》的初步体会．云南中医杂志，1983；（1）：42.
陈国华．浅谈《伤寒论》中的“濈然汗出”．河南中医，1983；（2）：10.
王琦．《伤寒论》版本及目录学研究概况．黑龙江中医药，1983；（2）：21.
李克绍（山东中医学院）．读《伤寒论》随笔（续三）．山东中医学院学报，1983；（2）：36.
何绍奇（中医研究院西苑医院）．孙思邈与《伤寒论》．北京中医学院学报，1983；（3）：16.
蔡抗四（金溪县浒湾医院）．“时间生物学”在《伤寒论》中的反映．江西中医药，1983；（3）：30.
沈敏南．评《景岳全书·伤寒典》．浙江中医学院学报，1983；（3）：16.
胡相北（江苏省徐州市中医院）．伤寒六经与经络关系之我见．江苏中医杂志，1983；（3）：41.
沈敏南．庞安时《伤寒总病论》的学术思想．河北中医，1983；（4）：1.
勒士英．《伤寒论》的传日与中日伤寒学之异同．中华医史杂志，1983；（4）：250.
李克绍．谈谈《伤寒论》的辨证方法．北京中医学院学报，1983；（4）：10.
黄龙祥（甘肃中医学院）．《伤寒论》中枳实名实考．新中医，1983；（12）：42.
潘澄濂（浙江省中医药研究所）．读“中日两国对《伤寒论》研究的异同”之管见．天津中医，1985；（1）：27.
蔡友敬（泉州市中医院）．陈修园对《伤寒论》的研究．福建中医药，1985；（1）：15.
王琦（中医研究院）．谈学习《伤寒论》的思想与方法．山东中医杂志，1985；（1）：3.
王克勤（黑龙江省祖国医药研究所）．《伤寒论》在日本．黑龙江中医药，1985；（1）：53.
孟庆云．《伤寒论》的方法论研究：从模型法看伤寒六经．北京中医学院学报，1985；（1）：19.
万碧芳．庞安时研究伤寒的特点．湖北中医杂志，1985；（4）：45.
高长福．《伤寒论》对温病学说形成的贡献．黑龙江中医药，1985；（4）：9.
高飞（北京中医学院）．论“阴阳自和必自愈”：第 58 条在《伤寒论》中的地位和意义．山东中医学院学报，1985；（4）：11.
郁觉初（南京中医学院）．俞根初与《通俗伤寒论》．安徽中医学院学报，1985；（4）：6.
王德葳．试论《伤寒论》的动变观．成都中医学院学报，1985；（4）：42.
刘渡舟．《伤寒论》之提纲辨．河南中医，1985；（6）：1.
李家庚．试探法在《伤寒论》中的运用．吉林中医药，1985；（6）：5.
李铁君．《伤寒论》的演变及版本．江苏中医杂志，1985；（6）：33.
陈瑞春（江西中医学院）．《伤寒论》中常用的逻辑方法．湖北中医杂志，1985；（6）：4.
姜春华．《伤寒论》与《汤液经》．中医杂志，1985；（10）：61.
孙公凯．日本和中国研究《伤寒论》异同的比较．贵阳中医学院学报，1986；（1）：56.

陈瑞春. 成都仲景学术讨论会论文综述. 江西中医药, 1986; (2); 55.
龙德昭.《伤寒论》"辨某某病脉证并治" 的篇名雏议. 云南中医学院学报, 1986; (2): 1.
秦养毅. 对仲景刺灸法与《内经》学说一文的两点商榷. 浙江中医学院学报. 1986; (3): 54.
刘海涵 (河南省周口地区中医院). 仲景《经方》汉制度量衡考. 陕西中医学院学报, 1986; (3): 19.
何爱华. 孙思邈所见《伤寒杂病论》传本考. 中华医史杂志, 1986; (4): 247.
郁时威. 谈仲景书中的"清"字. 陕西中医, 1987; (2): 94.
宁泽璞 (湖南中医学院).《伤寒论》试探法. 中医药学报, 1987; (2): 48.
高中祖.《内经》本标中气论与《伤寒论》六经发病规律. 河南中医, 1987; (3): 4.
沈敏南 (浙江省嘉兴市王店医院). 试评丹波元坚的伤寒学. 内蒙古中医药, 1987; (3): 35.
吴沛田. 仲景原著中"急"字小议. 江苏中医杂志, 1988; (3): 48.
刘玉宁. 仲景"虚"字识. 陕西中医函授, 1989; (3): 8.
李克绍 (山东中医学院). "微似有汗"似字辨. 北京中医学院学报, 1989; (3): 14.
蔡振东 (新加坡). "血室"究竟是指什么. 浙江中医学院学报, 1989; (3): 8.
任汉阳. 仲景用芫花、荛花辨. 河南中医, 1987; (5): 8.
李其忠.《伤寒论》《金匮要略》中迭音词探析. 上海中医药杂志, 1988; (5): 44.
郁时威.《伤寒杂病论》中"发"字之考释. 河南中医, 1989; (6): 12.
董正华.《伤寒论》34 条争论之我见. 陕西中医函授, 1989; (6); 3.
陈文照.《伤寒论》原文编次特点之研究. 浙江中医学院学报, 1989; (6): 3.
张浩良. 孙思邈撰《千金要方》时已见《伤寒论》说. 浙江中医杂志, 1989; (7): 317.
黄煌 (南京中医学院).《伤寒论》研究史上的三次高潮. 中医杂志, 1989; (11): 10.
李浩澎. 对仲景之书若干问题的透视. 国医论坛, 1990; (1): 1.
洪贯之.《伤寒论·厥阴篇》的错简问题. 中华医史杂志, 1990; (1): 64.
肖合聚. "六经提钢"非"纲"论. 成都中医学院学报, 1990; (1): 1.
张正昭.《伤寒论》归真. 甘肃中医学院学报, 1990; (1): 26.
刘学俭 (淮北矿工总医院).《伤寒论》"鞭"字刍议. 北京中医学院学报, 1990; (1): 16.
王安国. 浅析仲景方后语. 国医论坛, 1990; (2): 1.
李家庚. 张仲景血证论治探要. 湖北中医杂志, 1990; (3): 29.
烟建华 (北京中医学院). 试析《难经》脉诊体系与《伤寒杂病论》辨脉诊病的关系. 山西中医, 1990; (4): 3.
郑晓英.《伤寒杂病论》康复医学思想初探. 湖北中医杂志, 1990; (4): 21.
王玉川. "闻木声而惊"辨疑. 北京中医学院学报, 1990; (4): 5.
吴洁 (南京中医学院).《通俗伤寒论》中的康复医学探析. 北京中医学院学报, 1990; (4): 12.
于俊生 (山东省青岛市中医院). "传经为热, 直中为寒"辨析. 安徽中医学院学报, 1990; (4); 12.
寇耀时 (陕西省吴堡县卫生局). 张仲景的社会医学观. 陕西中医函授, 1990; (5): 22.
王意诚 (陕西勉县中医医院). 试论《伤寒论》中方剂的命名方法. 陕西中医函授, 1990; (5): 24.
顾瑞生 (上海中医学院).《伤寒杂病论》三焦析. 浙江中医学院学报, 1990; (5): 4.
王玉川 (北京中医学院).《五十二病方》"臂少阴脉"名实考: 兼论手厥阴脉名之演变. 北京中医学院学报, 1990; (5): 7.
张作记. 仲景论广经方初探. 北京中医学院学报, 1990; (5): 16.
刘渡舟 (北京中医学院).《伤寒论·言辨太阳病脉证并治中》剖析 (续). 中医药研究, 1990; (5): 4.
刘渡舟. 研究《伤寒论》的文法举例. 北京中医学院学报, 1990; (6); 7.
马哲河 (江西武宁县中医院). 张仲景舌诊规律初探. 四川中医, 1990; (9): 2.
谭德福 (湖北宜昌医专). 伤寒六经病自愈机转探析. 四川中医, 1990; (9): 3.
顾瑞生 (上海中医学院). 张仲景三焦观述略. 上海中医药杂志, 1990; (11): 37.
阎艳丽 (河北中医学院).《伤寒论》非六经辨证. 河北中医, 1991; (1): 19.
李继贵 (云南省人民医院).《伤寒论》与《周易》. 云南中医学院学报, 1991; (1): 10.

蒋明德（四川省广安县中医院）.《伤寒论》预测医学初探. 陕西中医学院学报，1991；(1)：6.
顾武军. 张锡纯对《伤寒论》的研究. 南京中医学院学报，1991；(1)：16.
张炳填（湖南中医学院）.《伤寒杂病论》中有关病和证的名同实异例释. 湖南中医学院学报，1991；(1)：12.
曹德泓.《伤寒论》病势思想探讨. 安徽中医学院学报，1991；(1)：5.
王振瑞.《伤寒论》的气化学说. 国外医学·中医中药分册，1991；(1)：11.
沈敏南（嘉兴市王店人民医院）. 试论六经学说的发展. 中医研究，1991；(2)：19.
陈亦人（南京中医学院）.《伤寒论》非外感专著. 国医论坛，1991；(2)：1.
冯世纶（中日友好医院）.《马王堆汉墓帛书》与《伤寒杂病论》和《内经》. 国医论坛，1991；(2)：3.
黄胜光（湖南中医学院第一附属医院）. 略论张介宾对仲景学说的继承和发展. 国医论坛，1991；(2)：10.
万友生. 从《内经》厥阴病看后世的继承和发展. 江西中医药，1991；(2)：4.
李惠林（广州中医学院）.《伤寒论》辩证法观点发微. 陕西中医函授，1991；(2)：7.
俞淦琪（江苏如东县丰利医院）. 章次公论述《伤寒论》观点赏析. 杏苑中医文献杂志，1991；(2)：23.
田元生（河南省中医研究院）. 试论《伤寒论》对灸法的贡献. 浙江中医学院学报，1991；(2)：4.
周尊谦（湖南中医学院附属第二医院）. 论六经辨证的形成依据和思维规律. 湖南中医学院学报，1991；(2)：5.
陈亦人.《伤寒论》名实考. 南京中医学院学报，1991；(2)：65.
冯明清. 古今气化说《伤寒》. 河南中医，1991；(3)：2.
张雪亮（中国中医研究院基础研究所）. 试论张锡纯对《伤寒论》的研究. 国医论坛，1991；(3)：1.
杨麦青（辽宁外贸集团公司）. 伤寒杂病相关论. 辽宁中医杂志，1991；(3)：3.
童增华（青海医学院）. 试论张仲景对针灸学的贡献. 青海医药杂志，1991；(3)：37.
钟玲（青海省西宁市中医院）. 浅谈《伤寒论》中的几个医学逻辑问题. 陕西中医学院学报，1991；(3)：21.
顾植山（安徽中医学院）. 六经探源. 安徽中医学院学报，1991；(3)：2.
李金田（甘肃中医学院）. 近年《伤寒论》体质学说研究述评. 甘肃中医学院学报，1991；(3)：15.
沈敏南（浙江省嘉兴市王店人民医院）. 评述周扬俊的《伤寒论三注》. 浙江中医学院学报，1991；(3)：39.
高祖明（河南省南阳市人民医院）.《伤寒论》传本及条文类编问题浅谈. 国医论坛，1991；(4)：7.
刘渡舟（北京中医学院）. 伤寒论、辨太阳病脉证并治（中）. 中医药研究，1991；(4)：19.
蒋力生（江西中医学院）.《周易》"封时"学说是六经辨证的理论渊源. 江西中医药，1991；(4)：2.
董良杰（黑龙江省肇东中医院）.《伤寒论》第7条"阴阳"辨析. 中医药学报，1991；(4)：1.
李国鼎（南京中医学院）. 六经辨证与创造性思维. 南京中医学院学报，1991；(4)：193.
刘玉三（张仲景国医大学）.《伤寒杂病论》中"和"字探析. 河南中医，1991；(5)：11.
魏雪舫（河南省潍滨县人民医院）. 桂林古本《伤寒杂病论》与宋本《伤寒论》霍乱篇异同考辨. 国医论坛，1991；(5)：4.
王庆国（北京中医学院）.《伤寒论》三百九十七法考辨. 北京中医学院学报，1991；(5)：11.
郝万山.《伤寒》《金匮》中的"粉"字考释. 中医杂志，1991；(10)：57.
刘渡舟（北京中医学院）.《伤寒论》：中医之魂. 新中医，1992；(1)：5.
陶广正（中国中医研究院）. 新安医派对仲景学说的重大贡献. 新中医，1992；(1)：6.
朱澜（甘肃天水市卫生学校）. 六经辨证与十二经病候的关系. 针灸学报，1992；(1)：1.
魏雪舫（河南省淮滨县人民医院）. 桂林古本《伤寒杂病论》温病篇初探. 国医论坛，1992；(1)：5.
贾孟辉（宁夏医学院）.《伤寒论》六经辨证与《周易》恒变观. 新疆中医药，1992；(1)：6.
蔡妙珊（浙江省中医药研究院）. 陆九之学术思想述评. 浙江中医杂志，1992；(1)：1.
刘力红（成都中医学院）. 论开合枢机理在《伤寒论》中的运用. 广西中医药，1992；(1)：29.
林飞. 标本中从化与六经气化学说. 湖北中医杂志，1992；(1)：27.

曹广顺（西安中医医院）．“八卦”与“六经”．陕西中医学院学报，1992；（1）：8.

王长瀛（济宁医学院）．王叔和与《伤寒论》．国医论坛，1992；（2）：1.

明鸣（四川省青川县中医院）．由《古本康平伤寒论》辨宋本《伤寒论》第27条之讹误．国医论坛，1992；（2）：7.

陈克新（河南省驻马店市保健院）．《伤寒论》中的量级价值概念．河南中医，1992；（2）：59.

李文旭（泉州市医药研究所）．《伤寒杂病论》的写作方法效法《论语》．中医研究，1992；（2）：21.

朱倩（甘肃省中医院）．《伤寒论》部分原文质疑．中医研究，1992；（2）：23.

何爱华（黑龙江中医学院）．张仲景《伤寒杂病论·平脉法》考辨．中华医史杂志，1992；（2）：90.

刘力红（成都中医学院）．论开合枢机理在《伤寒论》中的运用（续）．广西中医药，1992；（2）：34.

沈敏南（浙江省嘉兴市王店人民医院）．清代伤寒三大家之特色．上海中医药杂志，1992；（2）：36.

洪必良（歙县中医院）．《伤寒论》错简重订派补识．安徽中医学院学报，1992；（2）：5.

刘方柏（四川峨边县中医院）．《伤寒论》若干问题的探讨．北京中医学院学报，1992；（2）：22.

魏雪舫（河南省淮滨县人民医院）．桂林古本《伤寒杂病论》研究概述．河南中医，1992；（3）：110.

廖子君（湖北中医学院）．从现代系统论看《伤寒论》六经体系．国医论坛，1992；（3）：1.

杨麦青（辽宁省对外贸易总公司）．内经、伤寒异源论：从《伤寒论》现代研究对内经五行说的质疑．医学与哲学，1992；（3）：29.

张灿玾（山东中医学院）．仲景著作文献研究简议．中国医药学报，1992；（3）：6.

周春祥（南京中医学院）．《伤寒论·少阴病篇》“热移膀胱证”异议．北京中医学院学报，1992；（3）：17.

高飞（解放军三〇四医院）．《伤寒论》总纲寻绎．北京中医学院学报，1992；（3）：18.

纪开东（扬州医学院）．《伤寒论》中的药物瞑眩条文分析．南京中医学院学报，1992；（3）：138.

曹留蓝（江苏省昆山市陈墓中学医务室）．祝味菊对伤寒六经的研究贡献．河南中医，1992；（4）：159.

冯世纶（中日友好医院）．《伤寒杂病论》溯源．国医论坛，1992；（4）：1.

王昆文（四川省自贡市自流井区运输公司医务室）．仲景学术与《内经》．国医论坛，1992；（4）：8.

曾友长（福建省中医药研究所）．台湾对《伤寒论》若干问题的研究．国医论坛，1992；（5）；4.

金芷君（上海中医学院）．以症分类不囿六经：何世仁《伤寒辨类》学术思想梗概．上海中医药杂志，1992；（7）：30.

王三虎（第四军医大学）．伤寒注家研究的历史现状与未来．陕西中医，1992（10）：475.

叶世龙（武汉冶金医学专科学校附院）．论六经病的循环发展规律．国医论坛，1993；（1）：6.

苏战清（南京中医学院）．少阳篇质疑．国医论坛，1993；（1）：9.

朱祥麟（湖北省鄂州市中医院）．从《河科》数理探《伤寒论》“发于阳七日愈，发于阴六日愈”之蕴义．国医论坛，1993；（1）：10.

戴永生（贵阳中医学院）．论张仲景对五行学说的发微．新疆中医药，1993；（1）：5.

郑华启（河南省杞县卫生学校）．《伤寒论》厥阳病提纲病理实质探析．中医函授通讯，1993；（1）：10.

肖合聚（河南省鹿邑县太清宫医院）．“六经提纲”非“纲”论．江西中医学院学报，1993；（1）：8.

王发渭（解放军总医院）．高辉远谈如何学习研究《伤寒论》．甘肃中医学院学报，1993；（1）：5.

郝文轩（山东省冠县人民医院）．试析《易》理在少阴病中的应用．成都中医学院学报，1993；（1）：10.

万兰清．鉴古观今论厥阴．中医杂志，1993；（2）：72.

家诏（广西中医学院）．《伤寒论》研究方法探要．国医论坛，1993；（2）：1.

李永芳（白求恩国际和平医院）．《伤寒论》针法首条释义．国医论坛，1993；（2）：3.

曹贵珠（南京中医学院）．《伤寒论》中“反”字之管见．国医论坛，1993；（2）：5.

刁军成（江西中医学院）．从“郁冒汗出而解”谈《伤寒论》365条的实际意义．国医论坛，1993；（2）：7.

董正华（陕西中医学院）．《伤寒论》脉阴阳含义浅析．陕西中医函授，1993；（2）：4.

刘兴旺等（南京中医学院）．中医经典著作现代研究之我见：读《伤寒论求是》引起的思考．杏苑中医文献杂志，1993；（2）：5.

陈亚龙（陕西中医学院）．张仲景“一分为三”辨证思想探析．贵阳中医学院学报，1993；（2）：6.
周春祥．《伤寒论》未来研究的观念与战略．南京中医学院学报，1993；（2）：1.
李金田（甘肃中医学院）．关于敦煌写本张仲景《五脏论》的作者与成书年代．甘肃中医学院学报，1993；（2）：54.
李富汉（河南新野县中医院）．《伤寒论》28 条刍议．中医研究，1993；（3）：13.
江克明（上海中医学院）．“三阳证”先后次序．杏苑中医文献杂志，1993；（3）：20.
沈敏南（浙江省嘉兴市王店人民医院）．《伤寒论方运用法》读后．杏苑中医文献杂志，1993；（3）：43.
周慎（湖南省中医药研究所）．扁鹊《难经》对仲景学说形成的影响．河南中医，1993；（4）：156.
王光辉（山东省泰安市中医医院）．《伤寒论》“经”字涵义四种．四川中医，1993；（4）：5.
王昆文（四川自贡市自流井区运输公司）．邹润安对《伤寒杂病论》之研究．国医论坛，1993；（4）：5.
崔树芳（太钢总医院）．浅谈《伤寒论》和《易经》相通内涵．中医药研究，1993；（4）：11.
王馨然（扬州大学医学院附属苏北医院）．“风湿相搏”释疑正误．南京中医学院学报，1993；（4）：45.
莫太安（四川隆昌油建机运处卫生所）．略论《伤寒论》“存阴液”的意义．四川中医，1993；（5）：4.
姚廷周（广西凤山县人民医院）．《伤寒论》学术体系探讨．国医论坛，1993；（5）：1.
赵体浩（张仲景国医大学）．中日仲景学说研究面面观．国医论坛，1993；（5）：4.
郝文轩（山东省冠县人民医院）．易象在《伤寒论》中的应用．国医论坛，1993；（5）：10.
成肇仁（湖北中医学院）．试论当代日本医学治《伤寒论》的理论及学术特点．中医药学报，1993；（5）：3.
史传道（陕西中医学院）．《伤寒海底眼》学术思想浅析．中医函授通讯，1993；（5）：31.
裴永清（北京中医学院）．《伤寒论》研究十三法．中国医药学报，1993；（5）：38.
路振平（湖南省中医药研究院）．张仲景常变观初探．辽宁中医杂志，1993；（6）：9.
钱松如（上海市南汇县黄路乡卫生院）．《伤寒论》六经管见．黑龙江中医药，1993；（6）：10.
程如海（湖北省中医药研究院）．《伤寒论》“和”字解．四川中医，1993；（10）：6.
汪寿鹏（安徽省歙县人民医院）．程国彭对《伤寒论》的研究和发挥．江苏中医，1993；（12）：39.
田思胜（山东中医学院）．臧应詹《伤寒论选注》的学术价值．杏苑中医文献杂志，1994；（1）：5.
何少初（北京针灸骨伤学院）．论《伤寒论》中的易学思想．北京针灸骨伤学院学报，1994；1（1）：49.
廖子君，戴宗富（二炮西安中医多学科研究所）．李时珍对《伤寒论》之研究．国医论坛，1994；9（1）：6.
沈敏南（浙江省嘉兴市王店人民医院）．评述日本伤寒三大家之特色．国医论坛，1994；9（1）：37.
程磐基（上海中医学院）．吴鞠通与《伤寒论》．中国医药学报，1994；9（1）：9.
王海军，万新兰（郑州市卫生学校）．《伤寒论》学术成就浅识．河南中医药学刊，1994；9（1）：13.
吴凤全，郭忠印（河北中医学院）．关于编写《伤寒论选读》的几点建议．河北中医学院学报，1994；9（1）：47.
郝印卿（山西中医学院）．伤寒六经气化学说寻根．山西中医，1994；10（1）：52.
邱明义（湖北中医学院）．《伤寒论》辨证思路浅析．四川中医，1994；12（1）：16.
荣蓉，李重恩（华北煤炭医学院附属医院）．伤寒厥阴病与医易理论探微．河南中医，1994；13（1）：7.
王新昌，唐明华（南阳张仲景医史文献馆）．日本安政本《伤寒论》介绍．河南中医，1994；13（1）：54.
杨麦青（辽宁省外贸易局医院）．试论《伤寒论》软件逻辑运算结构．医学与哲学，1994；15（1）：33.
刘名军（沂源县中医院）．《伤寒论》的时间医学观点．山东中医学院学报，1994；18（1）：17.
曾志纯（江西省萍乡市芦溪区中医院）．浅谈《伤寒论》中阴阳的含义．江西中医药，1994；25（1）：59.
沈敏南，浙江省嘉兴市王店人民医院）．姜春华研究《伤寒论》之特色．中医杂志，1994；35（1）：8.
王历（黑龙江中医学院）．《伤寒论》治未病探略．中医药学报，1994；（2）：20.
陈宁勇（南京中医学院）．《伤寒论》“发于阳，七日愈；发于阴，六日愈”刍议．国医论坛，1994；9（2）：1.
唐仕勇（贵州省中医研究所附院）．对《伤寒论》“寒”的辨析．国医论坛，1994；9（2）：4.
党蓝玉（张仲景国医大学）．《伤寒论》“胃家”辨．河南中医药学刊，1994；9（2）：18.

朱鹏飞．六经实质研究的再认识．天津中医学院学报，1994；13（2）：4.

李雅茹（辽宁省阜新市中医院）．浅议《伤寒论》之特色．中医函授通讯，1994；13（2）：5.

徐国龙（安徽中医学院）．《伤寒论证治通论》评介．安徽中医学院学报，1994；13（2）：65.

王玉明（山西省忻州地区卫校）．“伤寒”“中风”辨义．河南中医，1994；14（2）：68.

郁时威．《伤寒论》和《金匮要略》中“似”字之考释．陕西中医，1994；15（2）：92.

吴淑华（江苏省盐城市中医院）．《伤寒》《金匮》“中风”别．陕西中医，1994；15（2）：96.

董正华（陕西中医学院）．《伤寒论》治病求本观初探．陕西中医学院学报，1994；17（2）：1.

梁常兵，巩继梅（临沂地区中医院）．承前启后一大家：李克绍教授《伤寒论》学术思想撮要．山东中医学院学报，1994；18（2）：119.

王万祖（四川省德阳市中区中医院）．《伤寒论》“衄”析．黑龙江中医药，1994；（3）：4.

李富汉，李瑞（河南省新野县中医院）．《伤寒论》“清”字浅释．国医论坛，1994；9（3）：41.

黄煌（南京中医学院）．对《伤寒论》学术价值再认识的一部力作：清代伤寒家程应旄《伤寒论后条辨述评．国医论坛，1994；9（3）：42.

于淑云，刘雅苹（承德医学院附属医院中医科）．谈《伤寒论》与《温病学》中护阴保津思想．承德医学院学报，1994；11（3）：209.

贾孟辉，袁雪峰（宁夏医学院中医系）．《伤寒论》第163条之我见．中医函授通讯，1994；13（3）：8.

孙华等（中国中医研究院基础理论研究所）．计算机《伤寒论》诊疗软件设计思想．北京生物医学工程，1994；13（3）：154.

黄煌（南京中医学院）．关于《伤寒论类方》与《类聚方》的思考．医学与哲学，1994；15（3）：32.

夏均宏，夏幼周（同济医科大学附属协和医院）．《伤寒论》三百九十七法考释．贵阳中医学院学报，1994；16（3）：1.

赵洪钧（河北中医学院）．杂卒考．中华医史杂志，1994；24（3）：178.

李兆久（江苏省灌云县中医院）．从《伤寒论》方药变化看量值概念的应用．中医药学报，1994；（4）：2.

田思胜（山东中医学院文献研究所）．《伤寒论》中时间节律探源．国医论坛，1994；9（4）：1.

牛宝生，周文献（河南中医学院）．《伤寒论》中的探试法与假说．河南中医药学刊，1994；9（4）：20.

宋俊生（天津中医学院）．“散而泻之”在《伤寒论》中的应用．国医论坛，1994；9（4）：40.

李国鼎（南京中医学院）．六经辩证思维方法初探．南京中医学院学报，1994；10（4）：3.

曹永康（镇江医学院）．谈谈我学用《伤寒论》．南京中医学院学报，1994；10（4）：22.

曹永康（镇江医学院）．谈谈我学用《伤寒论》．南京中医学院学报，1994；10（4）：22.

林真寿（浙江省椒江市中医院）．陈亦人教授对《伤寒论》的见解及其运用．南京中医学院学报，1994；10（4）：23.

郝印卿（山西中医学院）．伤寒六经气化学说寻根（续）．山西中医，1994；10（4）：46.

祝大中（山东青岛橡胶三厂）．对《伤寒论选读》第46、61、104条注之管见．甘肃中医学院学报，1994；11（4）：5.

陈书秀，任平均（河北省沙河市中医院）．《伤寒论》四条原文浅析．中医函授通讯，1994；13（4）：5.

贾春华，刘渡舟（河北省承德医学院）．古方派对中国近代《伤寒论》研究的影响．北京中医药大学学报，1994；17（4）：5.

吴天雪，朱振华（浙江省余姚市中医院）．试论《伤寒论》“衄”与“汗”的关系．国医论坛，1994；9（5）：1.

郭秀梅（中国长春中医学院）．森立之稿本伤寒三书揭载．国医论坛，1994；9（5）：4.

万晓刚（湖北中医学院）．《伤寒摘锦》学术思想述评．国医论坛，1994；9（5）：38.

崔锡章（北京联大中医药学院）．《伤寒论》名称流变考．北京中医，1994；（5）：47.

张小麟（重庆市第一公共交通公司卫生所）．《伤寒论》176条辨误．实用中医药杂志，1994；10（5）：35.

彭益胜（安徽省无为县二坝镇医院）．姜春华治《伤寒论》三类法．浙江中医杂志，1994；29（5）：220.

张友堂，杨秋云（黑龙江中医学院）.《伤寒论》脉症病机质疑五则. 中医药学报，1994；（6）：7.
张家骏（上海市第二人民医院）.《伤寒论》版本探索. 辽宁中医杂志，1994；21（6）：241.
刘大荷（江苏省铜山县中医院）. 试谈仲景的脾胃观. 光明中医，1995；（1）：31.
隋吉东，隋冠华（文登市整骨医院）. “暴腹胀大者，为欲解”新析. 长春中医学院学报，1995；11（1）：9.
韩麦鲜，杜良杰（河南省沁阳市西万医院）. “随其所得而攻之”小议. 陕西中医函授，1995；（2）：26.
刘家骅（温州市第二人民医院）. 李时珍对《伤寒论》的研究. 时珍国药研究，1995；6（2）：2.
万晓刚（湖北中医学院）. 试论伤寒学研究之历史分期. 中华医史杂志，1995；25（2）：89.
欧阳兵（山东中医学院）. 明代《伤寒论》研究对后世的影响. 中华医史杂志，1995；25（2）：92.
刘方柏（四川省乐山市中医院）.《伤寒论》研究的一个新切入点：江尔逊阴阳营卫血气津液一体观学习札记. 光明中医，1995；（3）：16.
碧阴书屋主人翟冷仙珍藏《伤寒杂病论》卷八（连载33）. 实用中医内科杂志，1995；9（3）：49.
何路军（河北省血液中心）. 试析《伤寒论》中“血汗同源”. 河北中医学院学报，1995；10（3）；8.
王雪威等（长春中医学院）. 略论仲景学说的哲学基础. 长春中医学院学报，1995；11（3）：5.
金东明，王彩霞（长春中医学院）.《伤寒论》方后注对临床的指导作用. 长春中医学院学报，1995；11（3）：7.
杨殿兴（成都中医药大学）. 论《伤寒论》在中医教育中的存废问题. 成都中医药大学学报，1995；18（3）：42.
贾春华，王海林（承德医学院）.《伤寒论》研究的反思. 中国中医基础医学杂志，1995；1（4）：48.
王昆文（自贡市自流井区运输公司）. 用属辞比事法研究《伤寒杂病论》：再论邹润安对《伤寒杂病论》之研究. 国医论坛，1995；10（4）：3.
杨在纲（贵阳中医学院）. 阳气变动是伤寒六经证治的着眼点. 国医论坛，1995；10（4）：6.
王付等（青海医学院）. 学用《伤寒论》方应注意的几个问题. 河南中医药学刊，1995；10（4）：12.
刘文安（南充市第二中医院）. 试论《伤寒论》之阴阳观. 中医函授通讯，1995；14（4）：2.
史连和（内蒙古蒙医学院附属医院）. 略论《伤寒论》太阳主表说. 中医函授通讯，1995；14（4）：4.
王祖灏（苏州市普济医院）.《伤寒论》与精神医学. 中医研究，1995；8（6）：10.
姚秀琴（山东中医药大学）. 论《伤寒论》中的“保胃气，存津液”. 中医药动态，1996；（2）：1.
陈志强，曹枫（河北中医学院）.《素问·热论》与《伤寒论》的源流关系. 河北中医学院学报，1996；11（3）：17.
刘士敬，朱倩（解放军302医院）.《伤寒论》“抵当汤”考析. 国医论坛，1996；11（4）：45.
张保伟（河南省中医院）.《伤寒论》第176条“里有寒”当为“里有实”. 中医函授通讯，1996；15（4）：8.
张鹏天（陕西中医学院附属医院）.《素问》“阳因而上”诠释. 陕西中医学院学报，1996；19（4）：4.
张灿玾（山东中医药大学）. 张仲景妇科文献研究简议. 中国医药学报，1996；11（5）：24.
李宇航，许山鹰（北京中医药大学）.《伤寒论》特殊行文手法10例. 中医教育，1996；15（5）：30.
宋金香等（克山县第一人民医院）.《伤寒论》中“烦”字探析. 黑龙江中医药，1996；（6）：4.
蔡寿祥（上海市海浦应用科技技术研究所）. 金寿山与《伤寒论》. 浙江中医杂志，1996；（6）：231.
袁培智（新疆博乐农五师医院）.《伤寒杂病论》“得吐后、止后服”辨析. 中医函授通讯，1996；15（6）：5.
聂惠民（北京中医药大学）.《伤寒论》中“乍”字用法再析. 北京中医药大学学报，1996；19（6）：19.
魏雪舫，陈忠琳（淮滨县人民医院）. 周岐隐与古本《伤寒论》·附桂林古本《伤寒十二稿·概论》. 中医文献杂志，1997（2）：33.
毛进云，陈敏（河南驻马店地区中医院）. 从“避讳”看《伤寒论》的疑点. 国医论坛，1997；12（2）：43.
锄桂祥，俞雪如（上海中医药大学）.《康治本伤寒论》与《康平本伤寒论》. 浙江中医学院学报，

1997；21（2）：26.

吴修符（山东中医药大学）.《伤寒论》22条“微寒析疑”. 国医论坛，1997；12（3）：1.

常伟健等（哈尔滨市肛肠医院）.《伤寒论》第24条条文新探. 中医药研究，1997；13（3）：1.

徐光星（浙江中医学院）. 对“额上陷脉紧急”句之解诂. 中国医药学报，1997；12（4）：23.

傅延龄，陈非（北京中医药大学）. 关于《伤寒论》若干字词的再解释. 北京中医药大学学报，1997；20（4）：31.

李玉清（山东中医药大学）. 成无己生平及《注解伤寒论》撰注年代考. 中华医史杂志，1997；27（4）：249.

刘莉.《伤寒杂病论》本有“朱雀汤”. 内蒙古中医药，1998；17（1）：47.

徐谦德（安徽中医学院）. 试论张仲景对时间医学的贡献. 安徽中医学院学报，1998；17（1）：3.

董正华（陕西中医学院）. 反馈辨证法在《伤寒论》中的应用. 陕西中医学院学报，1998；21（1）：6.

谢世平（河南中医学院）.《伤寒杂病论》的辩证思维. 北京中医药大学学报，1998；21（2）：16.

李玉清，张灿玾（山东中医药大学）.《伤寒补亡论》引《伤寒论》文所据祖本之探讨. 中医文献杂志，1998；（3）：1.

翟慕东（成都中医药大学）. 关于仲景学术的学习及运用探索. 四川中医，1998；16（3）：6.

王孝先（新疆中医学院）.《伤寒论》标准化考试改革探讨. 新疆中医药，1998；16（3）：42.

梁华龙（河南中医学院）. 六经气机升降学说原委. 河南中医，1998；18（3）：132.

杨殿兴（成都中医药大学）. 从《伤寒论》看仲景创立辨证论治体系的思路与精髓. 成都中医药大学学报，1998；21（3）：5.

陈春圃（杭州浙江省中医学会）. 浙江医家对仲景学说的研究. 浙江中医学院学报，1998；22（3）：13.

李金田（甘肃中医学院）. 从《伤寒论》第6条看张仲景对温病学的贡献. 国医论坛，1998；13（4）：1.

何文清等（南阳市第三人民医院）. 张仲景医学伦理学思想初探. 国医论坛，1998；13（4）：7.

梁华龙（河南中医学院）. 六经脾胃学说及其价值. 河南中医，1998；18（4）：197.

周光，刘爱玲（新疆中医学院）. 张仲景对古代逻辑思维方法的应用. 中医研究，1998；11（5）：15.

田思胜，胡永和（山东中医药大学）. 宋本《伤寒论》与宋前《伤寒论》传本的比较研究. 国医论坛，1998；13（5）：1.

赵怀舟等（太原山西省中医药研究院）. 仲景佚方“人参汤”初考. 山西中医，1998；14（5）：46.

梁华龙（河南中医学院）. 六经体质学说孳生及扩展. 河南中医，1998；18（5）：261.

王锡哲，谢邦军（河南省焦作市中医院）. 从三阳病证略论儒学对仲景学术思想的影响. 河南中医，1998；18（5）：264.

李宝峰等（长春中医学院）.《伤寒论》病势思想初探. 江苏中医，1998；19（5）：6.

李心机，李桂芳（山东中医药大学）. 麻黄先煮去沫与“沫令人烦”考释. 山东中医药大学学报，1998；22（5）：339.

梁华龙（河南中医学院）. 六经三纲学说的渊薮及批判. 河南中医，1998；18（6）：334.

张嘉毅（青海省中医院）. 论张仲景之保胃气学术思想. 河北中医，1998；20（6）：377.

郭广义等（长春中医学院）. 浅谈仲景对《神农本草经》药物学理论的运月与发展. 中医药学报，1998；26（6）：6.

韩成仁（山东中医药大学）.《伤寒论》“不”字证候妙用例析. 中医函授通讯，1998；17（6）：1.

张大明，张国泰（河南省中医药研究院）. 仲景著作价值的二重性：兼论仲景著作的研究. 中国中医基础医学杂志，1998；4（6）：9.

田思胜（山东中医药大学）. 宋代以前《伤寒论》整理校勘考略. 上海中医药杂志，1998；（7）：38.

赖文，李永宸（广州中医药大学）. 东汉末建安大疫考：兼论仲景《伤寒论》是世界上第一部流行性感冒研究专著. 上海中医药杂志，1998；（8）：2.

刘景源，王庆侠（北京中医药大学）. 温病与伤寒. 中国农村医学，1998；26（11）：4.

田思胜，高萍（山东中医药大学）. 论论成无己注释《伤寒论》的特点与方法 中医文献杂志，1999；（1）：1.

李玉清，张灿玾（山东中医药大学）.《注解伤寒论》引书简考. 中医文献杂志，1999；（1）：3.
张国骏（天津中医学院）. 仲景针灸经络理论与《内经》关系初探. 河北中西医结合杂志，1999；8（1）：7.
张国骏（天津中医学院）. 仲景针灸经络理论与《内经》关系初探. 河北中西医结合杂志，1999；8（1）：7.
顾武军（南京中医药大学）. 走出学习《伤寒论》的误区. 南京中医药大学学报，1999；15（1）：1.
梁华龙（河南中医学院）. 六经层次学说的提出与内涵. 河南中医，1999；19（1）：6.
田雪飞，周青（湖南中医学院）. 浅论张仲景瘀血观. 湖南中医学院学报，1999；19（1）：30.
王自勇（浙江中医学院）.《伤寒论》实验研究的现状、思路与方法. 浙江中医学院学报，1999；23（1）：26.
彭万年（广州中医药大学）. 试论仲景治未病思想的科学性与实践性. 国医论坛，1999；14（2）：6.
罗志平（厦门卫生学校）. 秦汉时期古方剂量考证. 国医论坛，1999；14（2）：38.
赵映前（湖北中医学院）. 试论《伤寒论》中脾胃病的治疗学思想. 河南中医，1999；19（2）：13.
耿静（淮北市人民医院）. 仲景医方方名探微. 中医函授通讯，1999；18（2）：9.
李树沛等（山东中医药大学）.《伤寒论》几个问题的探讨. 山东中医药大学学报，1999；23（2）：93.
刘耀，杨佃会（山东中医药大学）. 宋金元时期《伤寒论》方的发展. 山东中医药大学学报，1999；23（2）：99.
崔儒涛，谢建群（上海中医药大学）. 吴鞠通学术成就述评. 浙江中医学院学报，1999；23（2）：10.
李玉清（山东中医药大学）.《注解伤寒论》所据祖本考. 中华医史杂志，1999；29（2）：104.
吴光炯（贵阳中医学院第一附属医院）. 试论李东垣脾胃学说中的温热病学思想：东垣仲景学说之比较. 中医杂志，1999；40（2）：72.
吴颢昕（南京中医药大学）. 陈亦人教授谈《伤寒论》研究史上的三大误区. 中国中医药信息杂志，1999；6（3）：24.
卢月英，吴凤全. 初读六版《伤寒论选读》有感. 河北中医药学报，1999；14（3）：42.
李金田（甘肃中医学院）.《伤寒论》98 条辨析质疑－兼与《伤寒论选读》编著者商榷. 甘肃中医学院学报，1999；16（3）：1.
彭万年，关彤（广州中医药大学）. 从理论及临床实践看张仲景治未病思想的科学性. 广州中医药大学学报，1999；16（3）：173.
李惠义（南京医科大学第二附属医院）. 柯韵伯开创仲景方剂学说体系. 中医药研究，1999；15（4）：4.
张保伟，刘渡舟（北京中医药大学）. “有柴胡证，但见一证便是”的临床意义. 中医函授通讯，1999；18（4）：3.
何军锋（湖南中医学院）. 从《伤寒论》六经病提纲看辨证论治之形成. 中医函授通讯，1999；18（4）：22.
陈春圃（浙江省中医学会）. 浙江中医主要学术流派. 中华医史杂志，1999；29（4）：235.
万晓刚（广州中医药大学）.《伤寒论》辨证论治体系研究. 中医文献杂志，1999；（4）：1.
张声鹏（广州中医药大学）.《伤寒贯珠集》编排体例新说. 中医文献杂志，1999；（4）：22.
赵怀舟等（山西省中医药研究院）. 李时珍所看到的《古本伤寒论》. 时珍国医国药，1999；10（4）：313.
董熙农.《伤寒论》不应再作为中医教材. 中国城乡企业卫生，1999；（4）：4.
王丽丽，孟玉刚. 浅谈《伤寒论》中重视体质的思想. 邯郸医学高等专科学校学报，1999；12（4）：265.
吴玲，白建一（山西职工医学院）. 浅谈《伤寒论》的六经辨证. 长治医学院学报，1999；13（4）：304.
王兴华，刘华东（南京中医药大学）.《伤寒论》研究层面探索与剖析. 南京中医药大学学报，1999；15（4）：196.
任明（天津中医学院）. 试论《伤寒论》28 条的证治意义. 天津中医学院学报，1999；18（4）：43.
陈宝明（大同医专中医系）.《伤寒论》六经证治思维逻辑方法初探. 大同医学专科学校学报，1999；19（4）：27.
杨金萍（山东中医药大学）.《伤寒论》体质思想探析. 山东中医药大学学报，1999；23（4）：187.

郭淑芬（临沂市中医医院）．略谈《伤寒杂病论》的中医护理学特点．山西中医，1999；15（5）：50.

赵怀舟等（山西省中医药研究院）．从“痉”字看陈世杰对《金匮玉函经》的补亡灭误．北京中医药大学学报，1999；22（5）：9.

朱抗美（上海中医药大学）．肾的精气阴阳理论源流考．浙江中医学院学报，1999；23（5）：12.

董熙农．《伤寒论》不应再作为中医教材．中国城乡企业卫生，1999；（6）：4

赵体浩（河南省南阳理工学院）．从宋本《伤寒论》原况看小柴胡汤所治病证的广泛性．中国中医基础医学杂志，1999；5（6）：57.

薛军（广州中医药大学）．《伤寒来苏集》辨证论治思想浅探．国医论坛，1999；14（6）：16.

袁培智，常青（新疆博乐农五师医院）．“荣弱卫强”之“强”应读“僵”．国医论坛，1999；14（6）：40.

姜月华（南京中医药大学）．中国传统预防医学思想探讨．南京中医药大学学报，1999；15（6）：326.

李洪涛（安徽中医学院）．寒温争鸣论析．安徽中医学院学报，1999；18（6）：1.

肖合聚等（鹿邑县计划生育委员会）．《伤寒论》“胃家实”含义考．河南中医，1999；19（6）：3.

李玉清，程立新（山东中医药大学）．《注解伤寒论》的学术特色．山东中医药大学学报，1999；23（6）：456.

崔锡章（北京联大中医药学院）．《脉经》引用古佚医书考．中国中医基础医学杂志，1999；5（7）：48.

赵铁英（大连医科大学附属第一医院）．《伤寒论》与时间生物学．医学与哲学，1999；20（7）：55.

张梓凤（洞头县人民医院）．《伤寒论》中桂枝一药的考证及意义．中国药业 1999；8（8）：49.

杨生贵，吕德元（大通县第二人民医院）．《伤寒论》护理学浅析．四川中医，1999；17（8）：3.

李希军（天津中医学院）．伤寒六经辨证与周易易卦认知方法论．中国中医基础医学杂志，1999；5（9）：84.

干祖望（江苏省中医院）．仲景之学至唐而一变．江苏中医，1999；20（10）：35.

卫永琪（重庆师范学院医院）．《伤寒论》顾护脾胃学术思想初探．四川中医，1999；17（10）：7.

王占彬（重庆市中医研究所）．《伤寒杂病论》现代临床应用信息系统特色浅论．辽宁中医杂志，1999；26（10）：446.

黄兆强等（马鞍山钢铁总公司医院）．陈存仁《湿温伤寒手册》简介．浙江中医杂志，1999；34（10）：418.

于淑丽，尚衍寅（济南市传染病医院）．伤寒．山东医药，1999；39（11）：38.

李国霞，谢建群（上海中医药大学）．“胃强脾弱”考辨．上海中医药大学学报，2000；14（1）：12.

王自勇（杭州浙江中医学院）．《伤寒论》教学应重视临床思维能力的培养．中医教育，2000；19（2）：31.

刘德芳（贵阳中医学院二附院）．《伤寒论》“调阴阳”学术思想刍议．贵阳中医学院学报，2000；22（4）：4.

王兴华（南京中医药大学）．《伤寒论疑难解读》评析．山东中医药大学学报 2000；24（4）：封3.

徐培平，符林春（广州中医药大学）．六经辨证本义．中国中医基础医学杂志，2000；6（6）：59.

郭恒林（大同医专中医系）．《伤寒论》28条新解．国医论坛，2001；16（1）：3.

贺学林，李剑平（上海中医药大学）．清代医家柯琴学术思想撷要．中医药学刊，2001；19（1）：18.

袁冰，石东平（中国中医研究院医史文献研究所）．仲景医方与《小品方》方剂比较研究．中华医史杂志，2001；31（1）：33.

张胜（如东县中医学会）．《伤寒论》中甘草遣用探析．湖北中医杂志，2001；23（1）：39.

李赛美（广州中医药大学）．从历史、文化、源本角度还原《伤寒论》真谛——评《伤寒论疑难解读》．山东中医杂志，2001；20（1）：62.

叶光明等（哈尔滨市平房区平新医院）．试述柯琴先生的六经纵横论．黑龙江中医药，2001；（1）：2.

王付，蒋士卿（河南中医学院）．关于六经提纲的讨论．河南中医药学刊，2001；16（1）：5.

曹东义，贾春生（河北省中医药研究院）．温病概念古今不同．中国中医基础医学杂志，2001；7（1）：64.

万晓刚（广州中医药大学一附院）．六经概念源流考．湖北中医学院学报，2001；3（1）：5.

张俊龙（太原山西中医学院）．“脏腑之主”研究．山西中医学院学报，2001；2（1）：51.

姜建国等（济南山东中医药大学）．《伤寒论》变法思维述略．山东中医药大学学报，2001；25（1）：4.

牟允方．谈再版中医古籍的删节．浙江中医学院学报，2001；25（1）：21.

顾武军（南京中医药大学）．《伤寒论》太阳病篇若干问题评述．南京中医药大学学报·自然科学版，2001；17（1）：1.

马红等（南京中医药大学）．《伤寒论》养阴存津治法探析．南京中医药大学学报·自然科学版，2001；17（1）：13.

董幼祺，王邦才（宁波市中医院）．叶天士“凡病宜通”治疗学思想探述．中医杂志，2001；42（2）：69.

刘吉善（十堰市中医院）．文化仲景与伤寒正名－突破仲景学说研究的狭隘性．河南中医，2001；21（2）：5.

张文科（正宁县中医院）．“中病，勿更服”小议．甘肃中医，2001；14（2）：3.

刘庆帮，姚惠萍（南京中医药大学）．《伤寒论》阴阳含义类析．中医研究，2001；14（2）：18.

杨宇玲，马月霞（新疆昌吉州中医医院）．试论仲景护理的艺术性．新疆中医药，2001；19（2）：45.

李赛美等（广州中医药大学）．第六届全国仲景学说学术研讨会述要．中国医药学报，2001；16（2）：66.

牛葆生（河南中医学院）．《伤寒论》自学辅导．河南中医药学刊，2001；16（2）：63.

刘盛昌（顺德市卫生成人中专学校）．对《伤寒论》与《温病条辨》保津思想统一性探析．中国中医基础医学杂志，2001；7（2）：5.

李永宸，熊曼琪（广州中医药大学）．《中国中西医结合杂志》创刊以来发表的《伤寒论》研究论文及其作者分析．中国中西医结合杂志，2001；21（2）：142.

侯宾（昆明云南中医学院）．浅析“凡十一脏取决于胆”．云南中医学院学报，2001；24（2）：37.

翟慕东，王小平（成都中医药大学）．仲景学说现代研究思路．成都中医药大学学报，2001；24（2）：5.

江淑安（随州市卫生局）．《伤寒论》中的时间医学．湖北中医学院学报，2001；3（2）：9.

杨学（山东中医药大学）．论“热入血室”的几个问题．山东中医药大学学报，2001；25（2）：95.

钟建，韩英（山东中医药大学）．浅析叶天士运用经络病机辨治痹病的特点．山东中医药大学学报，2001；25（2）：97.

顾武军（南京中医药大学）．《伤寒论》太阳病篇若干问题评述（续1）．南京中医药大学学报·自然科学版，2001；17（2）：67.

苑淑凤（天津中医学院）．“有柴胡证，但见一证便是”的思考．天津中医，2001；18（3）：42.

王振国（山东中医药大学）．《伤寒正宗》学术思想考略．国医论坛，2001；16（3）：1.

张瑞（郑州市第二人民医院）．《伤寒论》条文质疑4则．中医研究，2001；14（3）：5.

顾武军（南京中医药大学）．《伤寒论》太阳病篇若干问题评述（续2）．南京中医药大学学报·自然科学版，2001；17（3）：133.

张再良（上海中医药大学）．经方理论研究的新说——读江布洋一郎的《经方医学》．上海中医药大学学报，2001；15（3）：16.

张爱青等（邯郸医学高等专科学校）．关于《伤寒论》中迭音词的用法．邯郸医学高等专科学校学报，2001；14（3）：230.

刘振杰（广州中医药大学第一附属医院）．柯琴“六经表证论”求探．国医论坛，2001；16（4）：1.

王东生等（湖南中医学院）．仲景对脉学的贡献．中医文献杂志，2001；（4）：3.

李秋贵，李文瑞（北京医院）．《伤寒杂病论》的辨证方法研究．中国医药学报，2001；16（4）：4.

卫云英（山西职工医学院）．唐本与宋本《伤寒论》结构比较．医古文知识，2001；（4）：29.

戴祖铭，余信（常熟市中医院）．莲石及其《伤寒论汇注精华》．浙江中医杂志，2001；36（4）：163.

李小粤，林蕊（广州中医药大学）．研究经方从经络入手之可行性探析．辽宁中医杂志，2001；28（4）：200.

连建伟（浙江中医学院）．让《伤寒论》自己诠解自己——读《伤寒论疑难解读》有感．浙江中医学院学报，2001；25（4）：9.

吴修符，蔡群（山东中医药大学）．《伤寒论》求“正”．山东中医药大学学报，2001；25（4）：293.

方玲（天津中医学院）．《伤寒论》存阴学术思想浅析．天津中医学院学报，2001；20（4）：3.

叶进，沈庆法（上海中医药大学）．近二十年对仲景健脾法（方药）的文献研究概况．上海中医药大学学报，2001；15（4）：61.

商洪涛（连云港市中医院）．浅论《内经》预后学说及其对《伤寒论》的影响．陕西中医，2001；22（5）：311.

郝印卿（山西中医学院）．情钟伤寒老愈浓．山西中医，2001；17（5）：38.

王淼源（孝感市第一人民医院）．试析仲景时间医学观．光明中医，2001；16（5）：3.

李春生（青海省中医院）．浅述陈修园对《伤寒论》的研究．国医论坛，2001；16（5）：3.

叶进（上海中医药大学）．《神农本草经》补脾药在《金匮要略》中的运用．国医论坛，2001；16（5）：5.

张波，王春芹（山东中医药大学）．浅谈《伤寒论》之选方用语．国医论坛，2001；16（5）：6.

李心机（山东中医药大学）．《伤寒论》辨疑四则．山东中医药大学学报，2001；25（5）：322.

贾延利（山东中医药大学）．《伤寒论》中一个字的考辨．国医论坛，2001；16（6）：56.

王春生（波阳县中医院）．《伤寒论》重脾胃学术思想的探讨．天津中医，2001；18（6）：26.

张保伟，金培祥（河南中医学院）．《伤寒论》中大柴胡汤到底有无大黄－兼驳“大柴胡汤是治疗少阳兼阳明腑实之方”之非．国医论坛，2001；16（6）：4.

章浩军，郭永健（龙岩市中医院）．《伤寒论》“结”之内涵探析．福建中医药，2001；32（6）：34.

姜维民（北京北方医院）．伤寒泰斗刘渡舟教授治学思想探要．中医药学刊，2001；19（6）：532.

王付（河南中医学院）．经方剂量与主证之间的调配关系．南京中医药大学学报，2001；17（6）：343.

赵桂荣，童桦（许昌市中医院）．浅谈《伤寒论》中护理学思想．四川中医，2001；19（10）：5.

罗培成，罗晓红（剑阁县公兴镇居委会卫生站）．阳旦汤释疑．四川中医，2001；19（11）：14.

杨付明（湖北民族学院中医系）．张锡纯变通应用仲景经方特色探讨．实用新医学，2001；3（12）：1084.

钱超尘（北京中医药大学）．宋本《伤寒论》校读录异．中医文献杂志，2002；（1）：1.

何新慧等（上海中医药大学）．浅析《伤寒论》中之“和”．中医文献杂志，2002；（1）：14.

赵怀舟等（山西省中医药研究院）．普济残卷《高本伤寒论》简介．中医文献杂志，2002；（1）：32.

周霞（山东中医药大学）．读《伤寒论文献通考》的两点疑议．中医文献杂志，2002；（1）：42.

张保伟（河南中医学院）．《伤寒论》栀子豉汤“得吐者止后服”析疑．江西中医学院学报，2002；14（2）：56.

王付（河南中医学院）．对张仲景“气”的研究与应用探讨．中医杂志，2002；43（3）：226.

孙金芳（广州中医药大学）．《伤寒来苏集》“六经地面”学说之我见．中医研究，2002；15（3）：2.

任添华等（首都医科大学附属北京医院）．《伤寒论》主要医学成就述要．中医药学刊，2002；20（6）：785.

王维武（绍兴文理学院医学院附属医院）．论以《伤寒论》解读《金匮要略》．四川中医，2002；20（12）：11.

陈萌，陈强（北京中医药大学）．仲景医学理论的特点及应采取的研究方法．国医论坛，2003；（1）：3.

赵怀舟等（山西省中医药研究院）．宋本《伤寒论·子目》及其源流初考．中医文献杂志，2003；21（1）：11.

顾武军（南京中医药大学）．《伤寒论》少阳病篇评述（2）．南京中医药大学学报，2003；19（1）：1.

关新军（南京中医药大学）．“胃家实”辨析．南京中医药大学学报，2003；19（1）：8.

李心机（山东中医药大学）．让《伤寒论》自己诠解自己（下）．山东中医药大学学报，2003；27（1）：2.

林慧光（福建中医学院）．陈修园对《伤寒论》存津液的发挥．福建中医学院学报，2003；13（1）：46.

贾春华，王庆国（承德医学院）．合方源流论．北京中医药大学学报，2003；26（1）：16.

姜瑞雪，马作峰（南阳张仲景国医学院）．问饮食在《伤寒论》中的运用．国医论坛，2003；18（2）：6.

刁志光（广东医学院附属医院）.《伤寒论》教材宜增补. 国医论坛，2003；18（2）：47.

何赛萍（浙江中医学院）. 乌梅丸当属和解剂与六版方剂学教材商榷. 中医教育，2003；22（2）：74.

钱超尘（北京中医药大学）.《伤寒杂病论》六朝流传考. 中国医药学报，2003；18（2）：68.

范开珍（湖北民族学院医学院）.《内经》《伤寒论》重言词辨析. 浙江中医杂志，2003；38（2）：83.

李洪娟（北京中医药大学）. 构建六经辨证教学图示. 中国中医基础医学杂志，2003；9（2）：65.

霍丽东等（榆林市中医院）.《伤寒论》“一分为三”辩证思维初探. 陕西中医学院学报，2003；26（2）：11.

钱超尘（北京中医药大学）. 仲景论广《伊尹汤液》考. 江西中医学院学报，2003；（2）：26.

贾学成.《伤寒论》的质量关系. 大同医学专科学校学报，2003；23（2）：5.

林锦洪（广州市越秀区长堤医院）. 仲景治未病思想及其现实意义. 河南中医，2003；23（3）：3.

杨金萍（山东中医药大学）. 柯琴“六经辨证”精义阐微. 江苏中医药，2003；（3）：51.

林锦洪（广州市越秀区长堤医院）. 仲景治未病思想及其现实意义. 河南中医，2003；23（3）：3.

刘以博，王献华（射阳县海河中心卫生院）.《伤寒论》“护阴法”初探. 湖北中医杂志，2003；25（3）：18.

王伯章（广东医学院附属医院）. 临床思维的内涵及其在临证中的应用－兼论《伤寒杂病论》临床思维观. 中医药学刊，2003；1（3）：335.

李致重等（香港浸会大学中医药学院）. 谈伤寒和温病的关系. 中国中医基础医学杂志，2003；9（3）：13.

刘以博，王献华（射阳县海河中心卫生院）.《伤寒论》“护阴法”初探. 湖北中医杂志，2003；25（3）：18.

王伯章（广东医学院附属医院）. 临床思维的内涵及其在临证中的应用－兼论《伤寒杂病论》临床思维观. 中医药学刊，2003；1（3）：335.

李致重等（香港浸会大学中医药学院）. 谈伤寒和温病的关系. 中国中医基础医学杂志，2003；9（3）：13.

钱超尘（北京中医药大学）. 仲景论广《伊尹汤液》考（续完）. 江西中医学院学报，2003；（3）：27.

唐兵役（仁寿卫生学校）. 浅析仲景方剂药后注释之意义. 河南中医，2003；（4）：3.

张国骏. 略论《伤寒论》中大便“硬”与“溏”之特殊寓意. 四川中医，2003；（4）：19.

陈明.《伤寒论》课程教学法探讨. 中医教育，2003；22（4）：44.

张国骏. 略论《伤寒论》中“伤寒”的多层涵义. 江西中医药，2002；21（4）：10.

章浩军，郭永健.《伤寒论》“结”之内涵探析. 江西中医药，2003；34（4）：12.

王璐琳，虞梅. 浅析《伤寒论》中的脾胃观. 新疆中医药，2003；21（4）：5.

李永宸. 近50年《伤寒论》研究论文调查的两个比例关系. 中国医药学报，2003；18（4）：236.

彭雪红.《伤寒论》吴茱萸汤证为何列于少阴篇. 贵阳中医学院学报，2003；（4）：37.

唐兵役（四川省仁寿卫生学校）. 浅析仲景方注中之预后观. 安徽中医学院学报，2003；（4）：6.

罗立军（中山大学）. 章学诚“六经皆史论”探究. 石河子大学学报，2003；（4）：26.

李明煜.《伤寒论》中对黄连的应用考释. 实用中医内科杂志，2003；17（5）：356.

施明智（杭州师范学院人文学院）. 六经之内所未讲桐城文家所不为——评湘乡派散文家薛福成. 杭州师范学院学报，2003；（5）：87.

张涛，董焱（山东大学文史哲研究院）. 20世纪后半期儒家经典研究述略——以六经作者、成书年代和性质为中心. 山东大学学报，2003；（5）：47.

孔繁鑫. 从太阳病篇看《伤寒论》的逻辑思维形式. 国医论坛，2003；（6）：1.

任大援（中国艺术研究院中国文化研究所）.“六经”与中国古代的文化自觉. 浙江社会科学，2003；（6）：117.

吕文亮，万晓刚. 近五年《伤寒论》研究述评. 河南中医学院学报，2003；（6）：17.

储全根等.《景岳全书·伤寒典》对《伤寒论》的补充. 安徽中医学院学报，2003；（6）：4.

李岩（吉林师范大学思想研究所）. 章学诚“六经皆史”说浅析. 吉林师范大学学报（人文社会科学

版），2003；（6）：100.

黄世福，江一平．读《伤寒论新注》兼谈针灸八法．中国针灸，2003；23（7）：421.

张大明（河南省中医药研究院）．仲景学术研究需要返璞归真、正本清源．上海中医药杂志，2003；（7）：7.

郁保生．《伤寒论》教学应注重培养学生的临床思维能力．湖南中医药导报，2003；9（7）：80.

本刊编辑部．2003 国际仲景学说学术会议在京召开．中国中医药现代远程教育，2003；（7）：9.

陈淑玲，于文．《伤寒论》第 85～89 条禁汗发微．河南中医，2003；23（8）：1.

郭健鸿等．试论《伤寒论》对针灸治疗学的贡献．国际医药卫生导报，2003；（8）：45.

李宇航，郝万山．网络教学中《伤寒论》应试策略．中国中医药现代远程教育，2003；（8）：13.

张学海等．评张锡纯对《伤寒论》三承气汤的认识和运用．河南中医，2003；23（9）：20.

陈震萍．《伤寒论·太阳病篇》中胃气上逆证之我见．陕西中医，2003；24（9）：853.

王红．试论《伤寒论》辨证施护的规律．当代护士，2003；（9）：31.

宋俊生，熊曼琪．《伤寒论》误治思想对后世的影响．辽宁中医杂志，2003；30（9）：710.

钱超尘．《伤寒论注解》元刊本及成无己考．中国医药学报，2003；18（9）：515.

万晓刚．《伤寒论》教学札记．中医药学刊，2003；（10）：1728.

贾耿（包头医学院第二附属医院）．《易经》与六经浅识．中医药学刊，2003；（10）：1729.

张保伟．《伤寒论》第 39 条大青龙汤治溢饮辨析．河南中医，2003；（11）：1.

李清记等．《伤寒论》“有柴胡证，但见一证便是，不必悉具”临床发微．中国中医基础医学杂志，2003（11）：35.

冯世纶（卫生部中日友好医院）．考证《伤寒杂病论》再溯源．中国中医药报，2003.12.24.

吴玉纯．痰饮源流论．三三医报，1925；（6）：31.

陈惠言．《金匮》“久咳岁数其脉弱者可治”条释义．中医杂志，1927；（5）：53.

陈惠言．“百合病变怪莫名其认证何”释义．中医杂志，1928；（6）：46.

谢功肃．《金匮要略》源流考．医林一谔，1931；（7）：36.

孔宣礼．猪膏发煎主诸黄又主胃气下之意义异同．广东光汉医学月刊，1931；（6～7）：15.

孔宣礼．金匮肾气丸方“小便一斗者主之，小便不利者亦主之”之论．广东光汉医学月刊，1931；（9）：7.

孔宣礼．“少阴下利便脓血桃花汤主之”解．杏林医学月报，1931；（27）：24.

翟冷仙．读《金匮》中风篇一二四节二条之研究．医林一谔，1933；（1）：22.

赵公辅，付仙坊．“奔豚证”考证．山西医学杂志，1935；（8）：11.

何云鹤．祖国医学在疟疾治疗上的成就和展望．福建中医杂志，1935；（8）：25.

周伟呈．《金匮》质疑四条．中医新生命，1935；（13）：28.

张鸿生．《金匮》“阳毒之为病面赤斑斑如锦纹”条释义．杏林医学月报，1936；（93）：18.

袁佛雏．《金匮》释谜．医界春秋，1936；（109）：21.

孙世扬．《金匮要略》字诂．制言半月刊，1937；（37，38）：12.

朱南樵．百合病解．广东医药旬刊，1942；（9～10）：23.

伍卓琪．漫谈《金匮》．现代中医药，1951；（8）：3.

张子鹤．《金匮》研究对中医科学化的贡献．新中医药，1954；（6）：163.

李辰生．评《金匮玉函经》．中医杂志，1955；（4）：46.

吴敬新等译．关于当归芍药散．新中医药，1955；（7）：28.

时逸人．《金匮》妇科篇．福建中医药，1956；（3）：5.

章巨膺．中医历代名著简介（续——《金匮要略》）．上海中医药杂志，1956；（3）：19.

徐福民．上海市祖国医药学讲座讲义（续）：《金匮要略》第四、五讲．上海中医药杂志，1956；（6）：2.

耿鉴庭．《金匮》疮痈篇的语译疮痈肠痈浸淫病脉证并治第十八．新中医药，1956；（8）：361.

耿鉴庭．《金匮》第十九篇（趺蹶）的语译．新中医药，1956；（10）：471.

潘澄濂．研究《金匮要略》的体会．浙江中医杂志，1956；（试刊）：8.

秦伯未.《金匮要略》杂病浅说. 新中医，1957；(1)：3.
时逸人.《金匮》妇科篇. 福建中医药，1957；(1)：5.
卢洪宇. 对《金匮》第十九篇“趺蹶”的商讨. 江苏中医，1957；(2)：47.
谢仲墨.《金匮要略》简介：中医经典著作学习讲座（六）. 中级医刊，1957；(2)：61.
谢仲墨.《金匮要略》简介：中医经典著作学习讲座（七）. 中级医刊，1957；(3)：62.
时逸人.《金匮》妇科篇（续）. 福建中医药，1957；(3)：1.
何任.《金匮要略》通俗讲话之一（对全书总的介绍）. 浙江中医杂志，1957；(3)：140.
何任.《金匮要略》通俗讲话之一：《金匮要略》一书的介绍. 浙江中医杂志，1957；(3)：140.
何任.《金匮要略》通俗讲话之二：脏腑经络先后病篇. 浙江中医杂志，1957；(4)：185.
时逸人.《金匮》妇科篇（续）. 福建中医药，1957；(4)：4.
谢仲墨.《金匮要略》简介：中医经典著作学习讲座（八）. 中级医刊，1957；(5)：66.
任应秋. 我对《金匮要略》的看法. 新中医药，1957；(5)：9.
何任.《金匮要略》通俗讲话之三：金匮痉湿暍病的证. 浙江中医杂志，1957；(5)：232.
《金匮》“未至而至”的“至”字怎样解释. 浙江中医杂志，1957；(6)：封 3.
陈苏生（中医研究院）. 怎样研究《金匮要略》. 浙江中医杂志，1957；(6)：272.
岳美中. 我对《金匮》百合狐惑阴阳毒篇的见解. 浙江中医杂志，1957；(6)：274.
何任.《金匮要略》通俗讲话之四：百合狐惑阴阳毒病的证治. 浙江中医杂志，1957；(6)：275.
何任.《金匮要略》通俗讲话之五：疟病的证治. 浙江中医杂志，1957：(7)：331.
曾庆觉（遵义市中医医院）.《金匮要略》的学习心得. 贵州卫生，1957；(7)：61.
何任.《金匮要略》通俗讲话之六：中风、历节病的证治. 浙江中医杂，1957；(8)：378.
何任.《金匮要略》通俗讲话之七：血痹与虚劳的证治. 浙江中医杂志，1957；(9)：429.
张海峰.《金匮要略》概要介绍. 江西中医药，1957；(9)：18.
张海峰.《金匮要略》概要介绍（续）. 江西中医药，1957；(10)：21.
何任.《金匮要略》通俗讲话之八：肺痿肺痈咳嗽上气的证. 浙江中医杂志，1957；(10)：475.
何任.《金匮要略》通俗讲话之九：奔豚气病，胸痹心痛短气病的证治. 浙江中医杂志，1957；(11)；43.
何云鹤. 对《金匮》的展望. 新中医，1957；(11)：15.
刘弼臣.《金匮》“痉病”浅谈. 中医杂志，1957；(11)：566.
何任.《金匮要略》通俗讲话之十：腹满寒疝宿食病的证治. 浙江中医杂志，1957；(12)：40.
《金匮要略》概论. 江苏中医，1958；(1)：5.
褚立仁. 学习《金匮》后对脉学的一些认识. 江苏中医，1958；(1)：8.
吴考槃.《金匮要略》的探讨. 上海中医药杂志，1958；(1)：10.
诸方受. 祖国医学对于风湿病关节型之记载及其治疗概况. 上海中医药杂志，1958；(1)：17.
何任.《金匮要略》通俗讲话之十一：五脏风寒积聚病的证治. 浙江中医杂志，1958；(1)：45.
何任.《金匮要略》通俗讲话之十二：痰饮咳嗽病的证治. 浙江中医杂志，1958；(2)：42.
程元廉（北京中医学院）.《金匮要略》脏腑经络先后病篇浅论. 福建中医药，1958；(2)：3.
《金匮要略》概论（续）. 江苏中医，1958；(2)：5.
《金匮要略》概论（续完）. 江苏中医，1958；(3)：3.
何任.《金匮要略》通俗讲话之十三：消渴病小便不利及淋病的证治. 浙江中医杂志，1958；(3)：45.
濮秉铨. 对学习《金匮要略》提供几点意见. 中医杂志，1958；(4)：222.
李元吉.《金匮》的趺蹶是病名还是针刺后遗症. 浙江中医杂志，1958；(4)：39.
何任.《金匮要略》通俗讲话之十四：水气病的证治. 浙江中医杂志，1958；(4)：41.
赵琨. 学习《金匮》后对疟病的几点体会. 辽宁医学杂志，1958；(5)：35.
何任.《金匮要略》通俗讲话之十五：黄疸病的证治. 浙江中医杂志，1958；(5)：43.
何任.《金匮要略》通俗讲话之十六：惊悸吐衄下血胸满瘀血的证治. 浙江中医杂志，1958；(6)：39.
何任.《金匮要略》通俗讲话之十七：呕吐、哕、下利病的证治. 浙江中医杂志，1958；(7)：41.
王显夫.《金匮》妇人妊娠病脉证并治第二条. 江苏中医，1958；(7)：46.

陈治平．对《金匮》痰饮病篇的初步探讨．江苏中医，1958；（8）：14.
何任．《金匮要略》通俗讲话之十八：疮痈、肠痈、浸淫病的证治．浙江中医杂志，1958；（8）：45.
何任．《金匮要略》通俗讲话之十九：趺蹶手指臂肿转筋狐疝蛔虫病的证治．浙江中医杂志，1958；（10）：45.
何任．《金匮要略》通俗讲话之二十、二十一：妇人妊娠病、产后病的证治．浙江中医杂志，1958；（11）：45.
谢成基．对《试论百合病》一文的一些意见．浙江中医杂志，1958；（12）：38.
何任．《金匮要略》通俗讲话之二十二：妇人杂病的证治．浙江中医杂志，1958；（12）：42.
问答：五劳、七伤、六极．浙江中医杂志，1958；（12）：48.
盛烂若．对《金匮》"病痰饮者，当以温药和之"的我见．辽宁医学杂志，1959；（2）：43.
周行炯．对《金匮要略》风水、皮水、正水、石水的认识．上海中医药杂志，1959；（9）：6.
濮秉铃．《金匮要略》"湿病"浅识．中医杂志，1959；（11）：69.
陆芷青．《金匮》痰饮咳嗽篇学习笔记（上）．浙江中医杂志，1959；（11）：8.
陆芷青．《金匮》痰饮咳嗽篇学习笔记（下）．浙江中医杂志，1959；（12）：9.
陶葆荪（广州中医学院）．怎样学习《金匮要略》这本经典著作．广东中医，1960；（2）：57.
梁延茂（黑龙江省中医学院）．学习《金匮要略》的体会．哈尔滨中医，1960；（2）：33.
魏守义（黑龙江中医学院）．学习《金匮要略》痰饮篇的体会．哈尔滨中医，1960；（2）：36.
学习《金匮》专题总结．南京中医学院学报，1960；（2）：12.
张兆吉．对《金匮要略》基本理论的初步认识．哈尔滨中医，1960；（4）：59.
张维强，王久智．对"脏腑经络先后病脉证"的几点体会．哈尔滨中医，1960；（5）：38.
丛瑞华．对《金匮》痉病的认识．哈尔滨中医，1960；（8）：40.
张继福．《金匮要略》呕吐篇的体会．哈尔滨中医，1960；（8）：42.
李今庸．《金匮要略》"消渴小便利淋病脉证并治第十三篇"的我见．江西中医药，1960；（10）：43.
俞长荣．论"腰以下肿当利小便，腰以上肿当发汗"．江苏中医，1961；（3）：7.
叶桔泉．古方药品考：紫参汤的紫参．江苏中医，1961；（12）：18.
柴晟棠．《金匮要略·水气》篇新解．浙江医学，1962；（5）：237.
任应秋．如何学习《金匮要略》方论　中医杂志，1962；（6）：38.
程门雪．学习《金匮》的点滴体会．上海中医药杂志，1962；（12）：1.
李飞．《金匮要略》脉学的探讨．江苏中医，1963；（3）：5.
危北海，郁仁存．对开阖枢问题的商榷．上海中医药杂志，1963；（5）：23.
李益三．论《金匮》注家对新绛一味药之误解．江苏中医，1963；（6）：32.
苏读贤．对《金匮·痰饮咳嗽篇》中几个主要问题的探讨．上海中医药杂志，1963；（8）：8.
王贵淼．谈谈怎样学习《金匮要略》．广东中医，1964；（2）：39.
金寿山．《金匮要略讲义》评介．中医杂志，1964；（3）：26.
杨扶国（江西中医学院）．试论《金匮要略》若干特点．江西医药，1964；（7）：305.
李茂如．漫谈"肝肾气"与"奔豚病"．广东医学，1965；（1）：28.
谢成基．复习"见肝之病，知肝传脾，当先实脾"的经文后．浙江中医杂志，1965；（2）：6.
杨扶国．对《金匮要略讲义》的几点意见．江苏中医，1965；（9）：33.
林余．学医札记：《金匮要略·痰饮篇》．中医教学，1973；（3）：32.
岳美中．心痛、胸痹的探讨．新中医，1974；（4）：8.
江世英．痹证的探讨．新中医，1975；（2）：19.
金寿山．《金匮要略》选讲：胸痹讲稿．新医药学杂志，1975；（6）：42.
金寿山．《金匮要略》选讲：黄疸讲稿．新医药学杂志，1975；（8）：46.
金寿山．《金匮要略》选讲：黄疸讲稿．新医药学杂志，1975；（9）：41.
金寿山．《金匮要略》选讲：咳嗽讲稿．新医药学杂志，1975；（11）：44.
李今庸．《金匮要略》析疑三则．山东中医学院学报，1978；（1）：35.

觉铨．“紫参”考．陕西新医学，1978；(1)：40.
何任．《金匮要略》浅释．浙江中医学院学报，1978；(1)：42.
何任（浙江中医学院）．《金匮要略》浅释（一）．浙江中医学院学报，1978；(1)：42.
何任（浙江中医学院）．《金匮要略》浅释（二）．浙江中医学院学报，1978；(2)：52.
何任（浙江中医学院）．《金匮要略》浅释（三）．浙江中医学院学报，1978；(3)：53.
张珍玉．简论《金匮要略》．山东中医学院学报，1978；(3)：14.
诸葛连祥．论《金匮要略》胸痹病的特点及临床意义．云南中医学院学报，1978；(4)：1.
何任（浙江中医学院）．《金匮要略》浅释（四）．浙江中医学院学报，1978；(4)：56.
何任（浙江中医学院）．《金匮要略》浅释（五）．浙江中医学院学报，1979；(1)：53.
金寿山．略谈《金匮要略》对一些病证的鉴别诊断．新医药学杂志，1979；(1)：42.
徐荣斋．读书与临证．广西中医药，1979；(1)：49.
王祖雄．谈谈《金匮要略方论》的学习方法．新医学学杂志，1979；(1)：39.
李世俊．痰饮．浙江中医学院学报，1979；(2)：47.
何任（浙江中医学院）．《金匮要略》浅释（六）．浙江中医学院学报，1979；(2)：50.
何任（浙江中医学院）．《金匮要略》浅释（七）．浙江中医学院学报，1979；(3)：44.
李克绍．与李今庸同志商榷：读《金匮要略》析疑三则．山东中医学院学报，1979；(3)：39.
何汝湛．谈谈《金匮要略》的学习．新中医，1979；(4)：51.
何任（浙江中医学院）．《金匮要略》浅释（八）．浙江中医学院学报，1979；(4)：50.
何任（浙江中医学院）．《金匮要略》浅释（九）．浙江中医学院学报，1979；(5)：56.
何任（浙江中医学院）．《金匮要略》浅释（十）．浙江中医学院学报，1979；(6)：45.
单书健．关于暑温几个问题的商榷．吉林中医药，1980；(1)：72.
孟如．试论《金匮要略》的学术成就和思想方法．云南中医杂志，1980；(1)：21.
班秀文．谈谈《金匮要略》的学习问题．广西中医药，1980；(2)：33.
孟琳升．《金匮》论痹．浙江中医杂志，1980；(2)：78.
张启文．浅谈奔豚．北京中医学院学报，1980；(2)：9.
陈嘉栋．谈《金匮·妇人产后病脉证治》的体会．中医杂志，1980；(3)：57.
何任（浙江中医学院）．《金匮要略》浅译（十三）．浙江中医学院学报，1980；(3)：45.
何任（浙江中医学院）．《金匮要略》浅译（十四）．浙江中医学院学报，1980；(4)：50.
杨扶国．《金匮要略》中一些数字统计．江西中医药，1980；(4)：57.
杨蓉修（江西中医学院）．《金匮要略》历代注释简介．江西中医药，1980；(4)：73.
肖鹏超（黑龙江中医学院）．谈《伤寒论》选方用语．中医药学报，1980；(4)：11.
张谷才．介绍《金匮要略》的内容与教学体会．江苏中医杂志，1980；(5)：46.
何任（浙江中医学院）．《金匮要略》浅译（十五）．浙江中医学院学报，1980；(5)：41.
赵章忠．关于阴阳毒之我见．上海中医药杂志，1980；(6)：12.
殷品之．《金匮》教学浅谈．上海中医药杂志，1980；(6)：40.
余瀛鳌．《金匮要略》古注本选介．辽宁中医杂志，1980；(8)：11.
张谷才（南京中医学院）．从《金匮》方来谈瘀血的证治．辽宁中医杂志，1980；(7)：1.
张谷才（南京中医学院）．从《金匮》方来谈痹症的治疗．辽宁中医杂志，1980；(9)：17.
刘振声．读《金匮》札记．浙江中医杂志，1980；(10)：475.
徐景藩．关于《金匮》教学的几点体会．中医杂志，1980；(11)：57.
何任．从学习《金匮》看如何学习古典医籍．中医药学报，1981；(1)：1.
毛翼楷．《金匮要略》的学术思想及其对医学的贡献．中医药学报，1981；(1)：4.
刘乾和．略谈张机对妇科临床的贡献．中医药学报，1981；(1)：12.
高普．论疾病的系统观：管窥《金匮·脏腑经络先后病脉证第一》．中医药学报，1981；(1)：36.
李士懋．肺痿含义的理解．浙江中医杂志，1981；(1)：5.
陈志平．对《金匮·水气病》篇第八条的探讨．江苏中医杂志，1981；(1)：11.

杨世兴．略论《金匮要略》的主要学术思想．河南中医，1981；（2）：20.
杨百茀．《金匮要略》的特点和学习方法．上海中医药杂志，1981；（2）：30.
何任．抚古瞻今话《金匮》．浙江中医学院学报，1981；（2）：1.
吴颂康．痰饮探讨．浙江中医学院学报，1981；（2）：11.
张谷才．对于《金匮要略》中蒲灰的考证．广西中医药，1981；（3）：38.
万文谟．“肝病实脾”之我见．湖北中医杂志，1981；（3）：14.
吴元黔．《金匮要略》断句一则．湖北中医杂志，1981；（3）：52.
杨扶国．谈《金匮要略》的教和学．山东中医学院学报，1981；（3）：38.
赵锡武．对《金匮·胸痹》篇的讲述与临床运用．中医杂志，1981；（4）：45.
田玉美．论《金匮要略》湿病与历节．湖北中医杂志，1981；（5）：30.
夏锦堂．略谈《金匮要略》的写作特点．浙江中医杂志，1981；（5）：194.
王安生．谈谈《金匮要略》的基本论点．浙江中医杂志，1981；（5）：197.
陈倩亮．《金匮》“白津”考释．浙江中医学院学报，1981；（5）：48.
李今庸．《金匮要略》中“白汗”及其断句．湖北中医杂志，1981；（6）：16.
许永贵．“白汗”当作“迫汗”解．湖北中医杂志，1981；（6）：17.
孟如．浅谈学习《金匮要略》之方法．云南中医杂志，1981；（6）：39.
朱祥麟．“阴气衰者为癫，阳气衰者为狂”小议．浙江中医杂志，1981；（11）：515.
周衡．浅谈《金匮》的课堂教学．湖南中医学院学报，1982；（1）：42.
周衡．论《金匮要略》内伤黄疸．吉林中医药，1982；（2）：12.
段光周．《金匮要略》学习方法简介．成都中医学院学报，1982；（2）：24.
王廷富．谈《金匮》“治未病”的含义．成都中医学院学报，1982；（2）：27.
高伯正（河南省渑池县陈村乡卫生院）．《金匮》“四季”训．中国医药学报，1992；（2）：64.
宋书功（北京中医学院）．《金匮要略》诂零．北京中医学院学报，1992；（2）：12.
李全贵．《金匮·水气》篇的学术成就．河南中医，1982；（3）：10.
张谷才．当归贝母苦参丸方考证．湖南中医杂志，1982；（6）：62.
李今庸（湖北中医学院）．论《金匮要略》一书的形成．湖北中医杂志，1983；（4）：1.
熊魁梧（湖北中医学院）．《金匮要略》的教学体会．湖北中医杂志，1983；（4）：4.
刘献琳（山东中医学院）．论《金匮要略》中的治未病思想．山东中医杂志，1983；（4）：2.
张家骥．《金匮要略》管见一则．四川中医，1984；（1）：8.
李士懋．论肺痿．河北中医，1984；（1）：8.
袁世华．《金匮要略》讲座（一）．吉林中医药，1984；（1）：42.
张正昭．“缓急”考．浙江中医杂志，1984；（1）：7.
袁世华．李彣及其《金匮要略广注》．浙江中医杂志，1984；（1）：46.
王锦章．对《仲景书中腹部切诊的运用初探》一文的一点商榷．北京中医杂志，1984；（1）：55.
陈恳．几经周折几度彰：《金匮要略》之留传与注释．中医药学报，1984；（1）：19.
何建平．《金匮·血痹虚劳病篇》虚劳病初析．贵阳中医学院学报，1984；（1）：4.
张毅之．《金匮》痉病探讨．天津中医，1984；（2）：11.
袁世华．《金匮要略》讲座（二）．吉林中医药，1984；（2）：45.
邓明仲．评《金匮》“十七句”之争．成都中医学院学报，1984；（2）：1.
陈仁旭．《金匮·痉湿暍病》第二十三条管窥．成都中医学院学报，1984；（2）：36.
李知白．关于“苦冷”和“腹重”：读《金匮要略》札记．河南中医，1984；（3）：11.
上官钧．学习《金匮》胸痹心痛短气篇的点滴体会．福建中医药，1984；（3）：42.
袁世华．《金匮要略》讲座（三）．吉林中医药，1984；（3）：36.
张正昭．对《伤寒》《金匮》教学中运用“以方测症”方法的商榷．中医教育，1984；（4）：29.
黄学明．学习《金匮要略》的几点体会．河北中医，1984；（4）：12.
袁世华．《金匮要略》讲座（四）．吉林中医药，1984；（4）：38.

丁光迪.《金匮》教学体会. 南京中医学院学报，1984；（4）：58.
朱荣达."狐惑"病名小议. 山东中医学院学报，1984；（4）：69.
袁世华.《金匮要略》讲座（五）. 吉林中医药，1984；（5）：40.
陶汉华. 学习《金匮》虚劳病篇的体会. 山东中医杂志，1984；（5）：3.
和即仁.《金匮要略》病名浅说. 云南中医杂志，1984；（5）：8.
何任.《金匮》的沿波讨源. 中医药学报，1984；（5）：4.
张启明. 论《金匮要略》妇人病三篇的特点. 吉林中医药，1984；（6）：15.
袁世华.《金匮要略》讲座（六）. 吉林中医药，1984；（6）：43.
何任.《金匮》摭记（一）. 上海中医药杂志，1984；（6）：28.
盛玉凤. 莫道产前病难治，仲景遗著义昭然：重读《金匮要略·妇人妊娠病脉证并治》篇的体会. 浙江中医学院学报，1984；（6）：14.
何任.《金匮》摭记（二）. 上海中医药杂志，1984；（7）：27.
何任.《金匮》摭记（三）. 上海中医药杂志，1984；（8）：18.
王雪玲. 呕吐哕下利病脉证治第十七. 新中医，1984；（9）：43.
罗元恺.《金匮要略》妇人病篇. 新中医，1984；（9）：52.
何任.《金匮》摭记（四）. 上海中医药杂志，1984；（9）：24.
何汝湛.《金匮·肺痿肺痈咳嗽上气病》篇肺中冷条的辨析. 新中医，1984；（10）：46.
何任.《金匮》摭记（五）. 上海中医药杂志，1984；（10）：22.
万志成."颈脉"词解之我见. 中医杂志，1984；（12）：74.
何任.《金匮》摭记（六）. 上海中医药杂志，1984；（12）：20.
乔模. 浅谈学习《金匮要略》的方法. 山西中医，1985；（1）：60.
潘江涛. 试论《金匮》所述之"阴伏". 新疆中医药，1985；（1）：12.
邱宗志.《金匮》原文释疑一则. 北京中医杂志，1985；（1）：34.
何任.《金匮》摭记（七）. 上海中医药杂志，1985；（1）：16.
骆书信.《金匮》"胞系了戾"析. 河南中医，1985；（2）：27.
时振声. 仲景论风湿. 陕西中医，1985；（2）：49.
沈丕安. 历节的探讨. 北京中医学院学报，1985；（2）：23.
李发枝. 浅谈《金匮》"寒疝"的定义. 北京中医学院学报，1985；（2）：42.
符友丰.《金匮》"为内所因"浅析. 河南中医，1985；（3）：13.
王昕.《脏腑经络先后病脉证》篇解析. 中医函授通讯，1985；（3）：390.
王云凯. 试论《金匮要略》的沿革及其特点. 河北中医，1985；（4）：3.
戚建华.《金匮要略》痰饮病名辨析. 四川中医，1985；（4）：6.
郝生温. 试析《金匮》"暴腹胀大者"句. 中医杂志，1985；（4）：77.
刘辉.《金匮要略》音训十则. 江苏中医杂志，1985；（4）：35.
陈恳.《金匮》析疑一则. 北京中医学院学报，1985；（4）：44.
王廷富.《金匮》十七句"余脏准此"初探. 成都中医学院学报，1985；（4）：15.
杨芬明. 略谈《金匮要略》比拟法的运用. 陕西中医，1985；（5）：200.
尹钢林. 浅谈《金匮》论治中的逻辑思维方法. 福建中医药，1985；（5）：8.
徐怀文.《金匮·胸痹心痛短气病脉证治第九》试识. 浙江中医学院学报，1985；（5）：46.
夏祖昌.《金匮要略》释词析疑两则. 河南中医，1985；（6）：5.
刘仕文. 浅谈《金匮》中的"脉症相逆". 四川中医，1985；（6）：5.
李虎哲.《金匮》"痛不可触近"辨. 吉林中医药，1985；（6）：37.
李振彬.《金匮要略》时间医学初探. 辽宁中医杂志，1985；（6）：8.
秦书礼.《金匮》胸痹略论. 辽宁中医杂志，1985；（6）：21.
王文铎.《金匮·血痹虚劳病》第四条小议. 中医杂志，1985；（8）：78.
孙绍周. 试析《金匮》中的"反"字. 内蒙古中医药，1985；（8）：44.

王源.《金匮》“转胞”小议. 四川中医，1985；(10)：33.
杨扶国. 对《金匮要略》中几个问题的认识. 新中医，1985；(11)：41.
迟继铭. 浅析《金匮·胸痹》“寸口脉沉而迟，关上小紧数”. 黑龙江中医药，1986；(1)：11.
赵景芳. 浅谈“胞系了戾”. 南京中医学院学报，1986；(1)：10.
王旭东. 浅析《金匮》“当随其所得而攻之”. 河南中医，1986；(2)：22.
赵力维.《金匮要略》几个逻辑方法举隅. 吉林中医药，1986；(2)：9.
傅景春. 读《金匮释按》. 内蒙古中医药，1986；(2)：44.
李孔定.《金匮》“白汗”小议. 成都中医学院学报，1986；(2)：17.
黄仰模.《金匮》研究近况简述. 广州中医学院学报，1986；(2、3)：143.
何汝基. 略论《金匮要略》的特点. 新中医，1986；(3)：12.
梁明达. 从《金匮·妇人病》篇看仲景对《内经》的继承和发展. 北京中医，1986；(3)：40.
陶昔安. 黄汗初探. 新疆中医药，1986；(3)：21.
于宝锋（内蒙古自治区呼盟医院).《金匮要略》“蒲灰”浅识. 内蒙古中医药，1986；(3)：34.
谢学知.《金匮要略选读》学习要点. 中医函授通讯，1986；(3)：642.
段光周（成都中医学院). 试论《金匮》的“先后”观. 贵阳中医学院学报. 1986；(3)：18.
陈国权（湖北中医学院).《金匮》“阴弦”之“阴”刍言. 北京中医学院学报，1986；(3)：14.
李凤文.《金匮要略》“支饮胸满”辨. 安徽中医学院学报，1986；(3)：53.
叶发正.《金匮》第一篇第六条新解. 山东中医学院学报，1986；(3)：61.
施凤麟.《金匮》桂枝茯苓丸证条文新解. 中医杂志，1986；(4)：68.
李聪甫.《金匮》明理论. 湖南中医杂志，1986；(4)：7.
浙江中医学院学报编辑部.《金匮》专家：访何任教授. 浙江中医学院学报，1986；(4)：1.
于忠学. 试论《金匮要略》首篇第一条为全书的理论核心. 中医医药学报，1986；(5)：1.
许建鹏. 从《金匮要略》一书看仲景的学风和文风之一斑. 中医药学报，1986；(6)：53.
茹十眉. 法中论法尊《金匮》：如何学习《金匮要略》的论治. 上海中医药杂志，1986；(8)：17.
印会河. 对《金匮》“二着”新认识. 新中医，1986；(11)：54.
张柏林.《金匮要略》妇人篇初探. 天津中医，1987；(1)：31.
胡不群. “邪气中经则身痒而瘾疹”新识. 国医论坛，1987；(1)：7.
张金玺. 柔痉“不恶寒”辨析. 国医论坛，1987；(1)：55.
许静君. 妇人三十六病浅识. 中医函授通讯，1987；(1)：6.
论《金匮》无方条文的学术价值. 北京中医学院学报，1987；(1)：19.
林维启.《金匮要略》的理论特点. 甘肃中医学院学报，1987；(1)：44.
罗再生. 读书一得. 中医杂志，1987；(2)：148.
张工彧. 谈归纳法在《金匮》教学中的运用. 中医教育，1987；(2)：23.
苏宝刚.《金匮要略方论》概述. 中医教育，1987；(2)：40.
王东来. 试析“或但臂不遂者，此为痹”. 国医论坛，1987；(2)：7.
史伟.《金匮》“痹”字辨释. 国医论坛，1987；(2)：28.
邱宗志.《金匮》杂病不杂. 河南中医，1987；(2)：2.
席增业. 呙僻小考. 河南中医，1987；(2)：26.
郑成杰. 试释“当随其所得而攻之”. 浙江中医学院学报，1987；(2)：12.
贾春华. 周夕林老师《金匮》释词举隅. 安徽中医学院学报，1987；(2)：48.
张笑平. 如何研读《金匮要略》. 安徽中医学院学报，1987；(2)：51.
苏宝刚.《金匮要略方论》要旨. 中医教育，1987；(3)：44.
刘鸿达.《金匮》“吐唾涎沫”条辨. 浙江中医学院学报，1987；(3)：46.
谢立奎. 对仲景痰饮病“和之”含义之研讨. 北京中医杂志，1987；(3)：12
何绍奇. 读《金匮要略札记》书后. 北京中医学院学报，1987；(3)：53.
陆建国.《金匮》比喻刍议. 国医论坛，1987；(4)：39.

严继林．学习《金匮》虚劳篇后的体会．云南中医学院学报，1987；（4）：12.
李琳．关于《金匮要略》中的两个问题．湖北中医杂志，1987；（6）：51.
柴瑞霁．百合病命名之我见．四川中医，1987；（9）：2.
姜颖．《金匮》析疑一则：“身体魁羸，脚肿如脱”辨．河南中医，1988；（1）：10.
张淑媛．辨虚寒腹痛“不可触近”．吉林中医药，1988；（1）：45.
李建安．“男子平人脉大为劳”补释．浙江中医杂志，1988；（1）：35.
徐炳良．《金匮要略》肺痈辨析．湖北中医杂志，1988；（1）：53.
郝怀珍．《金匮》奔豚气病篇初探．天津中医学院学报，1988；（1）：14.
徐成贺．《金匮》“妇人乳中虚”辨析．国医论坛，1988；（2）：12.
赵升．《金匮方论衍义》学术思想初探．上海中医药杂志，1988；（2）：42.
马天义．学习《金匮要略》对“冒家欲解，必大汗出”之我见．实用中医内科杂志，1988；（2）：74.
周宏．“无犯王法”刍议．安徽中医学院学报，1988；（2）：55.
刘蔼韵．略论《金匮要略》中的比较法．浙江中医学院学报，1988；（2）：8.
蒋家道．《金匮要略》“支饮胸满”刍议．南京中医学院学报，1988；（3）：52.
朱柏林．再谈《金匮要略》的主要学术成就．浙江中医学院学报，1988；（3）：13.
徐敏．“痰饮应是淡饮”质疑．河南中医，1988；（4）：14.
冯军．《金匮》“小便如粟状”小议．河南中医，1988；（4）：16.
崔心玉．“水之为病，其脉沉小属少阴”之我见．中医药研究，1988；（4）：32.
周旭生．《金匮要略》七方考校．中医药学报，1988；（4）：42.
张工彧．谈《金匮要略》病名的学习方法．中医函授通讯，1988；（4）：167.
骞骏．“锦纹”质疑．陕西中医函授，1988；（4）：51.
张季．侯氏黑散方源考．浙江中医杂志，1988；（4）：184.
贾春华．“三焦竭部”析疑．山东中医学院学报，1988；（4）：20.
陈宝明．“心气不足，吐血、衄血”刍议．山东中医学院学报，1988；（4）：30.
戴锦成．试论《金匮要略》方后注的意义．福建中医药，1988；（5）：40.
李秀英．浅析“治肝实脾”．中医函授通讯，1988；（5）：12.
程树清．《金匮要略》正水探讨．北京中医学院学报，1988；（5）：17.
赵国平．《金匮要略》“缓中补虚”新释．四川中医，1988；（6）：3.
宋传荣．《金匮》杂谈四则．黑龙江中医药，1988；（6）：46.
皇甫予苏．《金匮要略》“其脉平”释．中医函授通讯，1988；（6）：248.
识平．“阴被其寒，热流膀胱”辨．河南中医，1989；（1）：13.
郑振达．学习《金匮・痰饮咳嗽》篇28~33条的体会．陕西中医函授，1989；（1）：29.
柴瑞霁．《金匮》“蒲灰”之本草考证．成都中医学院学报，1989；（1）：43.
沈澍农．《金匮》语词考释三则．南京中医学院学报，1989；（2）：55.
刘德恒．试评《金匮要略心典》的学术思想．江西中医药，1989；（3）：2.
陈连顺．《脉经》与仲景脉学．江西中医药，1989；（3）：5.
景洪贵．《金匮要略》“胸中甲错”浅释．中医函授通讯，1989；（3）：5.
刘志惠．《金匮要略》名词浅释．中医函授通讯，1989；（3）：14.
康奕军．亦谈郁冒：与马天义同志商榷．实用中医内科杂志，1989；（4）：24.
何爱华．张仲景著《金匮要略》考辨：兼与印会河商榷．中医药学报，1989；（5）：51.
宋建萍．《金匮要略》析疑两则．中医函授通讯，1989；（5）：9.
陈天祥（浙江省绍兴市中医院）．戴思恭与《金匮钩玄》．中医杂志，1989；（6）：10.
李发枝．《金匮要略》“自”字浅释．河南中医，1989；（6）：11.
吴逸民．略谈“大气一转，其气乃散”．辽宁中医杂志，1989；（10）：6.
黄崇元．《金匮》“随其所得”辨析．四川中医，1990；（1）：3.
贾太谊．《金匮・中风历节病脉证并治》篇言“脏”“腑”新释．河南中医，1990；（1）：9.

吕志杰.《金匮要略·胸痹心痛短气病》第三条脉象辨疑. 国医论坛，1990；(2)：4.
宋建萍.《金匮》学习辅导. 中医函授通讯，1990；(2)：12.
张苏颖.《金匮》“治未病”的学术思想. 山东中医学院学报，1990；(2)：9.
王献华.《金匮要略》中的时间医学思想初探. 南京中医学院学报，1990；(2)：75.
马红珍. 试论“血不利则为水”. 天津中医，1990；(3)：26.
韦宗奎.《金匮》“淋家不可发汗”辨析. 广西中医药，1990；(3)：37.
杨德明.“狐惑病”新识. 贵阳中医学院学报，1990；(3)：43.
傅坤生.《金匮》中的同词异义. 江西中医药，1990；(4)：54.
宋建萍.《金匮》重点条文辅导. 中医函授通讯，1990；(4)：152.
楚海波. 试评《医门法律》对《金匮要略》的贡献. 天津中医学院学报，1990；(4)：8.
刘雪堂（黔阳县中医医院）. 从金匮肾气丸看经方的易学思想. 湖南中医学院学报，1990；(4)：233.
宋建萍.《金匮》重点条文辅导（二）. 中医函授通讯，1990；(5)：200.
吴凤全.《金匮》四则之我见. 山西中医，1990；(6)：43.
夏斌.《金匮要略》篇首衍文求实. 四川中医，1990；(11)：2.
林斌.《金匮》肝病“传脾”“实脾”浅析. 新疆中医药，1991；(1)：46.
李圣茂. 浅析“大气一转，其气乃散”. 新疆中医药，1991；(1)：51.
连增林.“腹不满，其人言我满”考析. 吉林中医药，1991；(1)：46.
刘方柏.《金匮要略》“吐涎沫”管窥. 成都中医学院学报，1991；(1)：11.
许天德. 对《金匮·水气病》“大气”的认识. 成都中医学院学报，1991；(1)：17.
姚真敏. 应用微电脑辅助教学:《金匮》微机辅助教学系统介绍. 浙江中医学院学报，1991；(1)：43.
郦永平.“黄疸之病当以十八日为期”之管见. 国医论坛，1991；(2)：5.
宋兴.“冒家欲解，必大汗出”析疑. 成都中医学院学报，1991；(3)：5.
章恪. 对《金匮》“下利气”的认识. 河南中医，1991；(4)：10.
连建伟（浙江中医学院）.《金匮要略》禽兽鱼虫、果实菜谷篇改错. 中国医药学报，1991；(4)：25.
徐成贺.《金匮》“当随其所得而攻之”辨析. 四川中医，1991；(5)：2.
王恒照.《金匮要略》痉病研讨. 辽宁中医杂志，1991；(5)：1.
吕春英.“则绝之”的临床含义. 四川中医，1991；(6)：5.
宋建平.《金匮要略》逻辑方法拾隅. 国医论坛，1991；(6)：10.
陈大权. 论《衍义》对《金匮》注释之特色. 天津中医，1991；(6)：31.
王振离. 对《金匮要略·胸痹心痛短气病》篇的认识. 中医函授通讯，1991；(6)：12.
叶光明. 句读“大黄䗪虫丸”条之我见. 黑龙江中医药，1991；(10)：10.
王付.《金匮要略》虚劳篇“缓中补虚”义析. 国医论坛，1992；(1)：37.
赵云芳.“瘀热以行”小议. 河南中医，1992；(1)：9.
郑侥英. 穷理、活用、求新. 中国医药学报，1992；(1)：47.
蒋明.《金匮》词释四则. 南京中医学院学报，1992；(1)：54.
王侃.“翕翕发热”刍议. 甘肃中医，1992；(2)：8.
高伯正.《金匮》“四季”训. 中国医药学报，1992；(2)：64.
沈继泽. 不要忽略《金匮要略》的教学. 南京中医学院学报，1992；(2)：77.
宋书功.《金匮要略》诂零. 北京中医学院学报，1992；(2)：12.
夏斌.《金匮要略》方后药物词语选释. 中医函授通讯，1992；(3)：4.
徐成贺.《金匮》“痓”“痉”考辨. 四川中医，1992；(4)：1.
柴中元. 痉病“暴腹胀大”琐谈. 河南中医，1992；(4)：166.
印国银. 仲景对杂病论述浅析. 中医函授通讯，1992；(4)：8.
陈勉杰. 也谈女劳疸. 河南中医，1992；(5)：220.
陈国权. 也辨《金匮》肺痈. 国医论坛，1992；(5)：24.
徐成贺.《金匮》“病者素不应食，而反暴思之，必发热也”考. 四川中医，1992；(10)：4.

王清华.《金匮要略·脏腑经络先后病》篇“先后”之我见. 国医论坛，1993；(1)：4.
张新宽.“绝之”刍议. 中医函授通讯，1993；(1)：3.
董泽洪.《金匮·胸痹心痛短气》篇之“缓急”浅析. 北京中医学院学报，1993；(1)：9.
张甦颖. 论《金匮》中“而”字的用法. 成都中医学院学报，1993；(1)：42.
张再良. 关于研究生《金匮》教学方法改革的设想. 成都中医学院学报，1993；(1)：45.
张正昭. 猪苓散证句读质疑二则. 北京中医学院学报，1993；(2)：14.
褚衍涛. 胞阻刍议. 安徽中医学院学报，1993；(2)：9.
李慧. 从《金匮要略方论》谈林亿等人的编辑思想. 浙江中医学院学报，1993；(3)：9.
谢林.《金匮要略》趺蹶辨析. 国医论坛，1993；(5)：41.
徐敏. 小建中汤与女劳疸:《金匮·黄疸》篇小建中汤条试析. 河南中医，1993；(5)：21.
马邦义.《金匮要略》“生后”浅释. 吉林中医药，1993；(5)：48.
房少青.“冒家欲解，必大汗出”之我见. 北京中医学院学报，1993；(6)：9.
王玉兴.《金匮》“助用焦苦”新探. 辽宁中医杂志，1993；(7)：16.
姜德友.“少腹如扇”析疑. 四川中医，1993；(8)：22.
王玉兴.《金匮》“无汗而小便反少”之我见. 浙江中医杂志，1993；(10)：45.
顾瑞生. 试论尤在泾对《金匮要略》的贡献. 上海中医药杂志，1993；(12)：38.
斤栋.《金匮要略》邪在经在络、入脏入腑辨析. 国医论坛，1994；(1)：41.
陈桂敏.《金匮要略》析疑一则. 国医论坛，1994；(1)：48.
杜志坚. 试析《金匮要略》中的“痹”. 天津中医学院学报，1994；(1)：5.
赵天才. 魏荔彤《金匮要略方论本义》之学术特色. 国医论坛，1994；(2)：40.
谢世平.《金匮要略讲义》桂枝茯苓丸条文的商榷. 河南中医，1994；14 (2)：73.
张家礼.《金匮要略浅注补正》的学术特色. 成都中医学院学报，1994；17 (2)：9.
李发枝. 论《金匮要略》对《难经》的继承和发展. 河南中医，1994；14 (3)：11.
吴仕骥.《金匮要略》温经汤注释质疑. 天津中医学院学报，1994；(3)：2.
杜志坚.《金匮要略》方后注略识. 天津中医学院学报，1994；(3)：3.
熊曼琪. 仲景论消渴病的理论探讨. 广州中医学院学报，1994；11 (3)：121.
李富汉.《金匮要略》三十六病考. 国医论坛，1994；(4)：41.
王有录.《金匮》暍病学习笔记. 陕西中医学院学报，1994；17 (4)：7.
陈修源.“下利肺痛，紫参汤主之”解. 四川中医，1994；(5)：16.
韩奕.《金匮要略》教学刍议. 中医教学，1994；13 (6)：31.
马晓峰.《金匮》“欲作”辨析. 天津中医学院学报，1995；(1)：24.
韩麦鲜.“随其所得而攻之”小议. 中医函授通讯，1995；4 (2)：26.
陈国信. 试论《金匮要略》对中医药学的贡献. 贵阳中医学院学报，1995；17 (3)：1.
吴士骥.《金匮·水气病》篇第八条试析. 天津中医学院学报，1995；(3)：3.
刘蔼韵.《金匮要略·五脏风寒积聚病》原文选释. 医古文知识，1995；(4)：40.
何永樟.《金匮要略》语法现象浅析. 医古文知识，1995；(4)：41.
周衡（湖南中医学院）. 治气、治血、治水：《内经》水肿治则在《金匮》的运用. 湖南中医学院学报，1995；15 (4)：1.
哈孝贤. 读《金匮要略》妇人篇摭记. 天津中医学院学报，1995；(4)：35.
张建荣.《金匮要略》教学法探讨. 陕西中医学院学报，1995；18 (4)：55.
张苏颖.《金匮要略》“脉脱”新解. 山东中医学院学报，1995；19 (4)：274.
汤红.《金匮要略》经文解释析疑二则. 福建中医药，1995；26 (6)：50.
金芷君（上海中医文献研究所）. 析《金匮要略》中“风”“寒”“气”三字. 中医文献杂志，1996；(3)：15.
吴仕骥（天津中医学院）.《金匮要略》注释三则. 天津中医，1996；13 (5)：41.
安艳秋（郑州市卫校）. 尤怡学术思想探讨. 光明中医，1996；11 (6)：42.

马德孚（新疆中医学院）．“转胞”识．河南中医，1996；16（6）：337.
仲景论治妇科痛证：谈《金匮要略》妇人篇学术特色之一．.
赵天才（陕西中医学院）．《金匮要略讲义》中若干释义之商榷．陕西中医学院学报，1998；21（1）：11.
梁文珍（安徽中医学院第二附属医院）．安徽中医临床杂志，1998；10（4）：251.
朱文锋（湖南中医学院）．从《金匮要略》看张仲景的辨病论治思想．湖南中医学院学报，1999；19（3）：24.
朱虹，刘煜（扬州大学医学院）．《金匮要略》脉诊释义．河北中医药学报，1999；14（4）：16.
黄仰模等（广州中医药大学）．从《读过金匮卷十九》看陈伯坛的学术思想．广州中医药大学学报，1999；16（4）：327.
刘诗发（上海科学技术出版社医学部）．金匮肾气丸中桂枝考证．南京中医药大学学报，1999；15（6）：366.
金丽（福建中医学院）．《金匮要略》“阳微阴弦”义理发微．吉林中医药，2001；21（1）：3.
王维武（绍兴文理学院医学院附属医院）．《金匮玉函经二注》导读．中医药学刊，2001；19（1）：40.
庄逸群（昆山市红十字医院）．《金匮》“肠痈者……可下也”刍议．黑龙江中医药，2001；（1）：61.
宋建平（河南中医学院）．对《金匮》规划教材的商榷．浙江中医学院学报，2001；25（1）：70.
王维武（绍兴文理学院医学院附属医院）．论《金匮》对古代“治未病”思想的发展．中医研究，2001；14（2）：20.
陶蔚（东华大学校医院）．《金匮要略》“汗”析．河南中医药学刊，2001；16（2）：9.
刘读文（河南中医学院）．《金匮要略》导读（续）．河南中医药学刊，2001；16（2）：65.
赵力维等（长春中医学院）．谈《金匮要略》中的叠音词．长春中医学院学报，2001；17（2）：封3.
崔锡章（北京联合大学中医药学院）．《脉经》中《金匮要略》条文的研究．中国医药学报，2001；16（3）：24.
张保伟（河南中医学院）．《金匮要略》“痰饮”析疑．河南中医药学刊，2001；16（3）：9.
庄逸群（昆山市红十字医院）．《金匮》“肠痈者……脓已成，不可下也”吗?．河南中医药学刊，2001；16（3）：10.
刘读文（河南中医学院）．《金匮要迷》首篇述要．河南中医药学刊，2001；15（3）：74.
张尊如，王永梅（河北医科大学中医学院）．再论肾气丸功效．河北中医药学报，2001；16（3）：37.
邓高丕（广州中医药大学第一临床医学院）．《金匮要略》妇人病三篇的逻辑学方法探讨．中医文献杂志，2001；（4）：17.
李水银（横峰县中医院）．《金匮要略》治未病思想阐要．江西中医学院学报，2001；13（4）：192.
邓伟哲，杨志欣（解放军第211医院）．“太阴病阳复欲解之下利”辨识．中医药学刊，2001；19（5）：462.
张保伟，朱平生（河南中医学院）．《金匮要略》“其脉如蛇暴腹胀大者为欲解”析疑．河南中医，2001；21（6）：33.
袁清思（辽宁中医学院）．《金匮要略》首篇“十七句”内涵辨识．中医药学刊，2001；19（6）：580.
王维武（绍兴文理学院医学院附属医院）．《金匮要略方论本义》简介．中医药学报，2001；29（6）：46.
曾庆祥（深圳市龙岗人民医院）．《金匮要略》“趺蹶”条文辨析．中国中医基础医学杂志，2001；7（8）：8.
胡滨等（浙江中医学院）．清代《金匮要略方论》稀见注本选介．浙江中医学院学报，2003；27（1）：68.
管华全，樊巧玲（南京中医药大学）．浅述肾气丸的衍化．辽宁中医学院学报，2003；5（1）：47.
徐凤琴（山东中医药大学）．《金匮要略》教学札记．中医药学刊，2003；1（2）：266.
戴锦成（福建中医学院）．论《金匮要略》的治则与治法．中国医药学报，2003；18（2）：107.
张国铎（南京中医药大学）．试论《金匮要略》的养生思想．浙江中医杂志，2003；38（2）：86.
赵长林（綦江县中医院）．简论《金匮要略》中风之“风”．实用中医药杂志，2003；19（2）：108.
张苏颖（山东中医药大学）．《金匮要略》的多维教学札记．中医药学刊，2003；21（3）：445.
戴天木（湖北中医学院）．从《金匮要略》方看张仲景治未病的预防思想．光明中医，2003；（4）：1.

蒋明（南京中医药大学）．关于硕士研究生学位课程《金匮要略》教学定位的思考．中医教育，2003；（4）：31.

陈家骅（济南市中医医院）．读《金匮要略》妇人病三篇新悟．山东中医杂志，2003；（4）：242.

贺子岑等（河南省镇平县中医院）．《金匮要略》“胁下偏痛”新解．国医论坛，2003；（5）：42.

周水平等（中日友好医院）．《金匮要略》络病学术思想探析．中国医药学报，2003；（7）：397.

王勇，高爱玲（河南中医学院）．《金匮要略》中“白酒”考辨．中医药学刊，2003；（8）：1284.

王有录等（解放军第251医院）．《金匮要略》一物瓜蒂汤释疑．中医药学刊，2003；（9）：1546.

张再良，叶进（上海中医药大学）．从《脉经》看《金匮要略方论》．上海中医药杂志，2003；（11）：39.

·对《伤寒杂病论》理法方药的研究·

陈惠言．《伤寒》承气汤、麻仁丸论．中医杂志，1926；（1）：24.

黄云程．“发热而渴不恶寒者为温病”论．中医杂志，1927；（4）：94.

马小白．“发热而渴不恶寒者为温病”论．中医杂志，1927；（5）：107.

廖文蔚．“发热而渴不恶寒者为温病”论．中医杂志，1927；（5）：108.

夏雨人．“发热而渴不恶寒者为温病”论．中医杂志，1927；（5）：110.

朱阜山．伤寒主犯小肠赤痢主犯大肠之理由．杏林医学月报，1929；（1）：25.

陈伯坛．证象阳旦解．杏林医学月报，1929；（1）：27.

黄天士．太阳病脉浮紧无汗发热身疼痛一节下文衄乃解麻黄汤主之又衄家不可发汗汗出必额上陷一节均是衄耳一用麻黄一禁发汗词旨互异其义何居．杏林医学月报，1929；（1）：30.

陈伯坛．证象阳旦解（续）．杏林医学月报，1929；（2）：16.

黄天士．太阳病脉紧无汗发热身疼痛一节下文衄乃解麻黄汤主之又衄家不可发汗汗出必额上陷一节均是衄耳一用麻黄一禁发汗词旨互异其义何居（续）．杏林医学月报，1929；（2）：17.

梁湘岩．太阳病与阳明病中均用葛根之意义．杏林医学月报，1929；（2）：19.

邓鹤芝．呕而脉弱小便复利身有微热见厥者难治四逆汤主之解．杏林医学月报，1929；（2）：20.

张确余．论下厥上竭为难治．杏林医学月报，1929；（2）：22.

关澄弼．证象阳旦之我见．杏林医学月报，1929；（3）：5.

梁湘岩．太阳病与阳明病中均用葛根之意义．杏林医学月报，1929；（3）：6.

梁转斌．伤寒阳脉涩阴脉弦法当腹中急痛先与小建中汤不差者与小柴胡汤释义．杏林医学月报，1929；（4）：22.

阳明病有可攻有不可攻者其义安在陈应期．杏林医学月报，1929；（6）：37.

陈无咎．黄溪校议二则．杏林医学月报，1929；（7）：33.

张确余．蓄血辨．杏林医学月报，1929；（9）：33.

黄天士．伤寒脉浮滑此表有热里有寒白虎汤主之论．杏林医学月报，1929；（10）：36.

刘琴仙．论阳明少阴三急下症之同异解．杏林医学月报，1929；（10）：38.

徐仁甫．伤寒阴阳证辨治．杏林医学月报，1930；（11）：31.

张确余．研究风寒温笔记（续）．杏林医学月报，1930；（16）：3.

徐致中．痉疾之研究．广东光汉医药月刊，1931；（1）：48.

梅英．利微热消渴者五苓散主之释义．广东光汉医药月刊，1931；（6－7）：39.

刘毅伯．论伤寒与温病．广东光汉医药月刊，1931；（8）：14.

杨晓东．中风伤寒与桂枝麻黄之概论．广东光汉医药月刊，1931；（9）：5.

甘仲和．虚劳里急诸不足黄芪建中汤主之论．广东光汉医药月刊，1931；（9）：8.

邓鹤芝．论大青龙汤之证治．广东光汉医药月刊，1931；（10）：7.

吴逸然．伤寒五六日大下之后身热不去心中结痛者未欲解也栀子豉汤主之释义．广东光汉医药月刊，1931；（10）：8.

李惠群．论近日病夜热谵语耳聋之由来．广东光汉医药月刊，1931；（10）：12.

龚树德．学医必先读伤寒论金匮说．广东光汉医药月刊，1931；（11）：3.
胡竹兄．试拟禹余粮丸方．广东光汉医药月刊，1931；（11）：11.
钟锦涛．伤寒太阳阳明正阳阳明少阳阳明辨．广东光汉医药月刊，1931；（11）：13.
邓怡如．伤寒定论篇（二）．杏林医学月报，1931；（23）：17.
宋道援．伤寒论葛根汤芩连汤与麻杏甘石汤之鉴别．杏林医学月报，1931；（23）：21.
翟冷仙．伤寒结胸痞气之研究．医林一谔，1932；（2）：13.
利植廷．伤寒论热入血室与温病条辨热入血室合论．广东光汉医药月刊，1932；（13）：23.
甘仲和．太阳发汗汗出不解其人仍发热心下悸头眩身瞤动振振欲擗地者真武汤主之释义．广东光汉医药月刊，1932；（13）：25.
钟少桃．伤寒与温病解．广东光汉医药月刊，1932；（19－20）：7.
吴羲如．伤寒论太阴病不列理中汤说．广东光汉医药月刊，1932；（19－20）：23.
麦冠苹．仲景伤寒论阳明篇有急下证金匮下利篇亦有急下证方同而证异谓分别言之．广东光汉医药月刊，1932；（19－20）：26.
郭韶九．坏病治验．杏林医学月报，1932；（37）：19.
倪梦若．“太阳病下之后其气上冲者可与桂枝汤”论．杏林医学月报，1935；（71）：18.
陈渔洲．麻杏石甘汤解．杏林医学月报，1935；（77）：16.
陈渔洲．麻黄附子细辛汤证解．杏林医学月报，1935；（82）：26.
陈芝高．苓桂术甘汤及肾气丸治短气微饮之义．杏林医学月报，1935；（82）：27.
杨凌虚．五苓散与猪苓散汤证治辨．杏林医学月报，1935；（82）：28.
陈芝高．大承气汤方解．杏林医学月报，1935；（92）：18.
邓昆怡．麻黄桂枝大青龙三证并论．杏林医学月报，1936；（84）：19.
陈芝高．苓桂术甘汤与大陷胸汤均有脉沉紧辨．杏林医学月报，1936；（86）：20.
朱敬修．五苓散与猪苓汤证治辩．杏林医学月报，1936；（86）：21.
邓昆怡．仲景黄芩汤能治下利之原因．杏林医学月报，1936；（86）：27.
陈芝高．白虎加桂枝汤论．杏林医学月报，1936；（90）：29.
谢仁山．检讨少阴篇之三承气证．杏林医学月报，1936；（92）：19.
梁懋孙．张石顽论伤寒多兼湿热．医学新潮，1937；（1）：47.
陈芝高．经方类编．国医砥柱月刊，1937；（3）：9.
甄梦初．伤寒六经新解说略（续完）．广东医药旬刊，1941；（5）：9.
朱南樵．劳倦内伤之古义．广东医药旬刊，1942；（17－18）：32.
任应秋．尿——仲景病理学案之一．广东医药旬刊，1943；（7－8）：28.
任应秋．尿——仲景病理学案之二．广东医药旬刊，1944；（11－12）：12.
卢觉愚．实用伤寒论讲义导言．新中医，1946；（1）：11.
叶橘泉．重印《古康平本伤寒论》序．新中医，1946；（2－3）：16.
宋向元．东汉以来方士与医药．医史杂志，1948；（3－4）：16.
张明仲．伤寒桂枝二越婢一汤症．汉兴校刊，1949；（1）：20.
冯风等．中医伤寒论各症与西医伤寒论异同辨．汉兴校刊，1949；（1）：55.
谭懿常．下利概论．中国医学月刊，1949；（1）：9.
杨志一．肠伤寒的附子症．江西中医药，1951；（3～4）：202.
陈存仁．伤寒症肠出血篇．现代中医药，1951；（11）：8.
吴鹰扬．伤寒之治疗．新中医药，1952；（3）：8.
胡友梅．论寒温之分应以热型鉴别为标准．新中医药，1953；（8）：6.
戴自英．伤寒之治疗．新中医药，1953；（9）：3.
程之范（译）．芍药甘草汤的研究．中华医史杂志，1954；（2）：25.
盛国荣．《伤寒论》大小陷胸汤证辨别．新中医药，1954；（2）：44.
黄源森．略谈温病中仲景的治疗．现代中医药，1954；（4）：2.

熊梦，王龙骧．对伤寒论的方要初步分析．江西中医药，1954；（10）：37.
宗瑞麟．《伤寒论》中的针灸疗法及其应用．江西中医药，1954；（10）：42.
颖川．汉代张仲景《伤寒论》处方表解（上）．现代中医药，1954；（10）：12.
颖川．汉代张仲景《伤寒论》处方表解（下）．现代中医药，1954；（11）：12.
杨志一．《伤寒论》六经论证简介．江西中医药，1954；（11）：25.
张继有（长春市中医进修学校）．伤寒的中医疗法．中级医刊，1955；（7）：25.
张志民，徐柏英．张仲景用五味子的研究．上海中医药杂志，1955；（8）：19.
陈居霖．《伤寒论》的针灸疗法．现代中医药，1955；（9）：13.
陆闻鸿．关于《伤寒论》八个姜附方剂的讨论．中医杂志，1955；（11）：25.
郑侯业．《伤寒论》类方对比．中医杂志，1955；（11）：30.
张德，邵显长．《伤寒论》医方表解．现代中医药，1955；（11）：19.
陈方之．《伤寒论》中消化器证候．中华医学杂志，1955；（11）：1066.
吴禹鼎．白虎汤证．中国新医药，1955；（22）：6.
张德超．关于“承气汤”的初步探讨．中医杂志，1956；（2）：95.
张志民，徐柏英．张仲景用海藻研究．上海中医药杂志，1956；（2）：37.
胡友梅．伤寒和温病的综合探讨：药方的组成及其应用．新中医药，1956；（2）：87.
方药中．试讨论张仲景氏“汗法”运用基本原则．中医杂志，1956；（3）：122.
萧熙．《伤寒论》泻下法的规律之体会．中医杂志，1956；（3）：127.
刘仲农．《伤寒论》“太阳病项背强几几”两条与《金匮》“痉病刚痉、柔痉”方症之研究．上海中医药杂志，1956；（3）：11.
萧熙．关于《伤寒论》397 法 113 方．中医药杂志，1956；（3）：43.
胡友梅．伤寒和温病的综合探讨：药方的组成及其应用．新中医药，1956；（3）：141.
林蔚光．《伤寒论》中五泻心汤功用的分析．新中医药，1956；（4）：179.
胡友梅．伤寒和温病的综合探讨：药方的组成及其应用．新中医药，1956；（4）：187.
王敬棠．桃核承气汤证治的参考．现代中医药，1956；（4）：12.
庞祝山．从《伤寒论》体会中医的治疗规律．中医杂志，1956；（4）：179.
陈苏生（中医研究院）．祖国医学在妇产科调经方面的治疗方法．中华妇产科杂志，1956；（4）：311.
胡友梅．伤寒和温病的综合探讨：药方的组成及其应用．新中医药，1956；（5）：229.
陈士明．中国医学源流概论．现代中医药，1956；（5）：6.
肖熙．仲景书半夏类方的平脉辨证之体会．江西中医药，1956；（6）：46.
陈士明．中国医学源流概论（续）．现代中医药，1956；（7）：19.
赵恩俭．谈谈经方与时方．天津日报，1956. 7. 8.
赵寄凡．我对经方与时方的看法．天津日报，1956. 8. 29.
冉小峰．论《伤寒论》的药剂技术．中医杂志，1956；（10）：525.
张志民．张仲景用海藻研究．上海中医药杂志，1956；（10）：12.
张志民．谈谈张仲景用药的法则．上海中医药杂志，1956；（10）：22.
冉小峰．论《伤寒论》的药剂技术．中医杂志，1956；（10）：26.
祁燕然．张仲景治诈病．健康报，1956. 11. 13.
陈谘岐．谈谈古方与时方的问题．上海中医药杂志，1956；（12）：26.
李偲威（宝山县人民医院）．小青龙汤证若喘者去麻黄加杏仁辨．江苏中医，1957；（1）：36.
庞祝如．《伤寒论》的治疗“八法”分析．浙江中医杂志，1957；（3）：102.
张志民，徐柏英．张仲景用石膏的研究．浙江中医杂志，1957；（3）：105.
俞长荣．我对《伤寒论》里有关消化系统证侯辨治的一些体会．福建中医药，1957；（3）：4.
俞长荣．我对《伤寒论》里有关消化系统证侯辨治的一些体会（续）．福建中医药，1957；（4）：17.
张志民，徐伯英．张仲景用蜀漆（附常山）之研究．福建中医药，1957；（4）：34.
张志民，徐柏英．张仲景用石膏的研究（续）．浙江中医杂志，1957；（4）：161.

陈子厚. 学习《伤寒论》五泻心汤及其类方的一些意见. 广东中医，1957；(5)：27.
任应秋. 伤寒论处方用药的研究. 江苏中医，1957；(5)：29.
任应秋. 伤寒论处方用药的研究（续）. 江苏中医，1957；(6)：28.
张志民，徐柏英. 张仲景用桃仁的研究. 浙江中医杂志，1957；(6)：266.
张志民，徐柏英. 对张仲景用附子的研究. 上海中医药杂志，1957；(6)：32
胡光慈. 仲景伤寒论厥阴病的精神实质和证治法. 江西中医药，1957；(6)：3.
吕敦厚. 伤寒六经证治要点. 福建中医药，1957；(6)：23.
吴考槃. 对《伤寒论》"桂枝去桂加茯苓白术汤"之研讨. 上海中医药杂志，1957；(6)：42.
李柰.《伤寒论》中的针灸治疗. 上海中医药杂志，1957；(8)：34.
万友生（江西中医进修学校）. 关于《伤寒论》中禹余粮丸证问题. 浙江中医杂志，1957；(8)：375.
张志民，徐伯英. 张仲景用瓜蒂的研究. 广东中医，1957；(9)：33.
张志民. 试讨论张仲景辨证论治中的几个重要法则. 浙江中医杂志，1957；(9)：414.
萧琪.《伤寒论》和《金匮要略》方中应用甘草的分析. 新中医药，1957；(10)：7.
李彦师. 对伤寒论六经的认识. 贵州卫生，1957；(11)：44.
荆小付. 小青龙汤证管见. 江西中医药，1957；(12)：39.
胡长鸣. 张仲景在药剂学上的贡献. 中药通报，1958；(1)：3.
冷其林. 我对"桂枝去桂加茯苓白术汤"的体会. 上海中医药杂志，1958；(1)：23.
刘新. 对李戼威先生《小青龙汤证若喘者去麻黄加杏仁辨》一文的商榷. 江苏中医，1958；(1)：10.
张志民，徐柏英. 张仲景用术（苍术、白术）的研究. 浙江中医杂志，1958；(2)：27.
胡光慈. 张仲景《伤寒论》辨证论治的精神实质. 江西中医药，1958；(2)：23.
林昭辉.《伤寒论》六经证治表解. 福建中医药，1958；(2)：12.
庞炽南. 伤寒论脉法之探讨. 现代中医药，1958；(2)：8.
严子藩. 对《伤寒论》处方用药的研究的商榷. 江苏中医，1958；(2)：16.
丁履伸. 伤寒论辨太阳病脉证并治的初步归纳法简介. 新中医药，1958；(2)：27.
万友生. 再论禹余粮丸证问题. 江西中医药，1958；(3)：28.
孔庆洛. 我对甘草粉蜜汤用"粉"的看法. 福建中医药，1958；(3)：36.
张志民，徐柏英. 张仲景用甘遂的研究. 浙江中医杂志，1958；(3)：35.
李继祖. 试论《伤寒论》下法的基本运用规律. 浙江中医杂志，1958；(4)：15.
单柏图. 当归芍药散之研究. 中医杂志，1958；(4)：21.
胡慈园（江苏省中医学校）. 学习《伤寒论》对大承气汤的认识. 中医杂志，1958；(4)：235.
王升初. 关于甘草蜜汤之我见. 中医杂志，1958；(4)：239.
金汇丰. 我对《伤寒论》诸栀豉汤适应症的初步认识. 上海中医药杂志，1958；(4)：40.
卢易人. 从《伤寒》《金匮》中体会《内经》"通因通用"的治疗法则. 中医杂志，1958；(5)：303.
曹慕歧.《伤寒论》《金匮要略》之方剂内容初步探讨. 中医杂志，1958；(6)：381.
君坦（译）. 论大建中汤. 广东中医，1958；(6)：7.
陈居霖. 张仲景对于胸科病的认识. 现代中医药，1958；(6)：5.
李凌霄. 我对《伤寒论》"桂枝去桂加茯苓白术汤"的体会. 福建中医药，1958；(6)：32.
严子藩. 我对《伤寒论》"桂枝去桂加茯苓白术汤"的认识. 上海中医药杂志，1958；(6)：8.
马有度. 也谈谈"桂枝去桂加茯苓白术汤". 上海中医药杂志，1958；(7)：7
游建熙. 我对《伤寒论》"桂枝去桂加茯苓白术汤"的体会. 上海中医药杂志，1958；(7)：8.
王慧堂. 我对"桂枝去桂加茯苓白术汤"的分析. 上海中医药杂志，1958；(7)：8.
胡绪清.《伤寒论》"桂枝去桂加茯苓白术汤"的我见. 上海中医药杂志，1958；(7)：9.
刘冠军. 我对"桂麻各半汤"方证的体会. 上海中医药杂志，1958；(7)：15
汪幼人. 伤寒论辨证论治的方法探讨. 江苏中医，1958；(8)：12.
唐正有（译）. 木防己汤适应症. 中级医刊，1958；(8)：68.
张叔豫. 论东垣之麻黄白术汤. 现代中医药，1958；(8)：8.

俞长荣．谈谈热入血室．江西中医药，1958；（9）：41.
松涛．伤寒论中的热入血室证．江西中医药，1958；（9）：44.
陈居霖．以《伤寒论》为例对简化中医处方的商榷．现代中医药，1958；（10）：20.
陈若愚．《伤寒论》太阳篇七不可发汗和阳明篇少阴篇两个三急下的体会．浙江中医杂志，1958；（11）：29.
榷长弓．对《试论伤寒论下法的基本运用规律》一文的商．浙江中医杂志，1958；（11）：31.
庞祝如．《伤寒论》各型脉象汇考．浙江中医杂志，1958；（11）：21.
编辑部．甘草粉蜜汤的争鸣．中医杂志，1958；（12）：850.
岳美中．对于仲景使用大枣的研究．辽宁医学杂志，1959；（1）：41.
罗石标．对“桂枝去桂加茯苓白术汤”的我见．福建中医药，1959；（1）：33.
谷振声．《伤寒论》“桂枝去桂加茯苓白术汤”的探讨．北京中医学院学报，1959；（1）：36.
秦家泰（南京中医学院）．对《伤寒论》汗法及有关问题的探讨．南京中医学院学报，1959；（1）：26.
岳美中．对于仲景使用大枣的研究．辽宁医学杂志，1959；（2）：41.
王孟圆．从仲景方谈中药的煎煮方法．上海中医药杂志，1959；（2）：9.
《伤寒论》方解．南京中医学院学报，1959；（2）：17.
陈子厚．试论小柴胡汤方证．广东中医，1959；（3）：96.
张挚甫．关于罗石标同志对“桂枝去桂加茯苓白术汤的我见”一文的商榷．福建中医，1959；（4）：34.
罗东垣．我对奔豚气病的认识．福建中医药，1959；（4）：23.
朱里仁．对伤寒合病、并病的肤浅认识．江苏中医，1959；（4）：27.
彭含芳．试论痢疾的六经辨证．江西中医药，1959；（5）：15.
郑宗洛，郑遂牟（福州市盖山保健院）．对“桂枝去桂加茯苓白术汤”的一些补充意见．福建中医药，1959；（5）：37.
庄兆祥．《伤寒论》证治发微．现代中医药，1959；（7）：3.
孙宝楚．对《伤寒论》六经的认识和体会．江苏中医，1959；（8）：2.
樊天徒．我对张仲景用药法度的一些体会．江苏中医，1959；（9）：41.
王中方（福建医学院附属医院）．论伤寒病的传经．福建中医药，1959；（9）：34.
黄希佗，卓元海．关于“桂枝去桂加茯苓白术汤”的争鸣．福建中医药，1959；（10）：32.
林冠泉．略述伤寒论之汗法．现代中医药，1959；（10）：26.
刘浩江．《伤寒论》中关于烦躁的辨证论治．广东中医，1959；（11）：483.
万友生．试风伤卫寒伤营和风寒两伤营卫．江西中医药，1959；（11）：45.
张伯龄（西藏拉萨市裕民诊所）．对《伤寒论》小柴胡汤方证的体会与运用．江西中医药，1959；（12）：15.
杨艺．从《伤寒论》17 方来体会人参的性味及应用．中医争鸣，1959；（18）：17.
俞豪民（云南省精神病院）．中医治疗肠伤寒的理论基础及临床实践．中医杂志，1960；（1）：6.
李恒玖，方药中．谈中医对于伤寒的认识及其一般治方法．江西中医药，1960；（1）：41.
陈养和（湖南省立中医研究所）．伤寒论六经热型和小柴胡汤适应的探讨．江西中医药，1960；（1）：45.
杨吉旦．伤寒热入血室的我见．江西中医药，1960；（1）：48.
张琪（黑龙江祖国医药研究所）．伤寒六经的研究．哈尔滨中医，1960；（1）：56.
刘渡舟．有关伤寒论烦躁症的分析．北京中医学院学报，1960；（2）：86.
张挚甫．学习《伤寒论》经验．广东中医，1960；（2）：61.
《伤寒论》中主要症状的鉴别诊断．上海中医药杂志，1960；（2）：58.
黄展鹏．仲景《伤寒论》的辨证论治．广东中医，1960；（3）：108.
沙星垣．白虎汤在临床上的运用法则之研讨．中医杂志，1960；（3）：64.
钟春帆．中医妇科在月经方面的诊疗方法．江苏中医，1960；（3）：40.
宋致伟，喻照福．学习《伤寒论》对“小柴胡汤证与方”的认识．哈尔滨中医，1960；（4）：65.
万友生．为什么白虎汤证会恶风寒．江西中医药，1960；（4）：39.

王安田（长春中医学院西学中班）. 伤寒汗证的初步探讨. 吉林卫生，1960；（4）：58.
戴渭麟. 对仲景用桂枝的认识. 浙江中医杂志，1960；（5）：226.
俞鹤龄（江西中医学院西学中班）. 试辨《伤寒论》中的寒热真假证. 江西中医药，1960；（6）：11.
李玉宇（企石公社卫生院）. 肠伤寒辨证论治的一般规律. 广东中医，1960；（7）：349.
胡健公. 对《为什么白虎汤证会恶风寒》的商榷. 江西中医药，1960；（7）：48.
万友生（江西中医学院）. 再谈白虎汤证. 江西中医药，1960；（7）：50.
傅瘦生（福建中医学院）. 谈中医的“三阴三阳”. 江西中医药，1960；（10）：44.
刘雨亭.《伤寒论》发热恶寒的热型分析. 中医争鸣，1960；（12）：37.
温碧泉. 从《伤寒论》探讨传染性肝炎的疗法. 山西医学杂志，1961；（2）：37.
姜承第. 栀子豉汤是不是催吐剂. 中医杂志，1961；（3）：34.
赵恩俭，朱纯（天津中医学会）. 经方与时方：讨论记录摘要. 天津医药杂志，1961；（3）：169.
章巨膺. 恽铁樵先生的学术经验介绍（摘要）. 中医杂志，1961；（4）：6.
赵恩俭（天津大学附属医院）. 谈谈经方与时方. 天津医药杂志，1961；（4）：211.
赵寄凡（天津中医学院附属医院）. 对经方与时方的看法. 天津医药杂志，1961；（4）：213.
郑遂牟（盖山保健院）. 对《伤寒附翼》中麻黄升麻汤的几点不同见解. 福建中医药，1961；（5）：34.
高家琪（天津市南开区南门西卫生院）. 对经方与时方的起源和流传的不司看法. 天津医药杂志，1961；（6）：379.
崔秀山（天津市民族医院）. 同源也可以异流. 天津医药杂志，1961；（6）：381.
程鸿儒（天津中医学院）. 不必强分经方时方. 天津医药杂志，1961. 6. 12. .
杨耕云（天津市甘肃路卫生院）. 时方是发展的产物. 天津医药杂志，1961；（6）：387.
张桂森（天津市东南角卫生院）. 时方是经方的发展与补充. 天津医药杂志，1961；（6）：388.
李鼎. 六经皮部、根结与关、阖、枢. 哈尔滨中医，1961；（6）：57.
程鸿儒. 略谈经方与时方. 河北日报，1961. 6. 12. .
胡焕章（上海第一医学院）. 肠伤寒与湿温症的中西医临床治法讨论. 江苏中医，1961；（7）：7.
俞济人（苏州市中医医院）. 论肠伤寒的病机和治法. 江苏中医，1961；（7）：20.
张挚甫. 麻黄汤是治太阳伤寒之主方. 哈尔滨中医，1961；（8）：64.
盛燮荪. 仲景针灸法研讨. 浙江医学，1961；（10）：462.
袁岂雍. 关于《伤寒论》中汗法与攻逐法的理蕴探讨. 广东中医，1962；（1）：26.
冯修洁（哈尔滨医科大学）.《伤寒论》运用附子的辨证. 中医杂志，1962；（1）：37.
华廷芳. 对伤寒论阳旦证的探讨. 哈尔滨中医，1962；（4）：16.
黄荣活. 对伤寒论少阳篇热入血室的认识. 哈尔滨中医，1962；（4）：48.
朱震球（江西泰和水槎医院）. 对伤寒蓄血证之我见. 江西医药，1962；（6）：20.
华廷芳（黑龙江中医学院）. 对伤寒论衄血的一点认识. 哈尔滨中医，1962；（6）：21.
万友生（江西中医学院）. 伤寒郁阳化热论. 江西医药，1962；（8）：2.
谢天心（浙江省台州医院）. 对“谈谈经方与时方”一文的意见. 天津医药杂志，1962；（9）：563.
杨寿元（苏州市中医医院）. 正副伤寒运用下法的初步探讨. 江苏中医，1962；（10）：2.
吴震西. 齿痛经方介绍. 江苏中医，1962；（10）：33.
岳美中. 仲景方中应用石膏、附子及其配伍的探讨. 中医杂志，1962；（12）：18.
松涛. 从伤寒论初探六经标本中气. 江苏中医，1962；（12）：封2.
陆奎文（大丰县新丰人民医院）. 略谈《伤寒论》的厥证. 中医杂志，1963；（1）：24.
陈子厚. “桂枝去桂加茯苓白术汤”方证质疑. 广东中医，1963；（1）：32.
陈雨苍，林传沧（福建中医学院）. 伤寒论中有关汗法应用的探讨. 福建中医药，1963；（1）：32.
张志民. 大青龙汤用法研究. 广东中医，1963；（2）：17.
张志民. 小陷胸汤证用法探讨. 浙江中医杂志，1963；（2）：12.
朱正平. 对正副伤寒运用下法的初步探讨与其所引起论争的总商榷. 江苏中医，1963；（4）：32.
陈皓. 试论“正副伤寒运用下法”的问题. 江苏中医，1963；（4）：36.

游建熙．试论黄连阿胶汤证及其治验．福建中医药，1963；（4）：16.
杨志一．传染性肝炎“六经”分型论治的探讨．江西医药，1963；（5）：16.
王志鹄．与《对伤寒论阳旦证的探讨》一文的商榷．哈尔滨中医，1963；（5）：64.
杜雨茂，张学文．对《伤寒论讲义》中某些问题的商榷．哈尔滨中医，1963；（5）：66.
汤万春（安徽革命残废军人疗养院）．略论白虎汤临床运用法则．中医杂志，1963；（6）：29.
周石卿（福建中医学院）．对《伤寒论》中补法的一些体会．福建中医药，1963；（6）：33.
李高行．谈《伤寒论》汗多亡阳的主方．江苏中医，1963；（7）：30.
张巨膺，于尔辛．探讨《伤寒论》运用和发展《内经》的理论．江苏中医，1963；（10）：封2.
李所竹．《伤寒论》桂枝去芍药汤、桂枝去芍药加附子汤条脉证的探讨．江西医药，1963；（11）：25.
陈瑞春（江西中医院）．《伤寒论》中四逆汤证的研讨．江西医药，1963；（12）：20.
徐湘亭．《伤寒论》四逆汤类方的探讨．江苏中医，1963；（12）：5.
杨寿元．再论正副伤寒运用下法问题．江苏中医，1963；（12）：33.
林育华．从《伤寒总病论》看煮散的应用．药学通报，1964；（1）：21.
余瀛鳌，杨润平．《伤寒杂病论》中的外治法．江西医药，1964；（2）：104.
李高行（江西宜春慈化卫生院）．对《伤寒论》清燥矢证的我见．江西医药，1964；（4）：190.
华廷芳（黑龙江中医学院）．再论阳旦证．哈尔滨中医，1964；（4）：43.
朱正平．对“《伤寒论》四逆汤类方的探讨”的商榷．江苏中医，1964；（4）：35.
徐湘亭．“对‘《伤寒论》四逆汤类方的探讨’的商榷”的再商榷．江苏中医，1964；（5）：28.
胡梦先（龙海县紫泥公社保健院）．《伤寒论》方剂的疗效．福建中医药，1964；（5）：封3.
罗石栎．张仲景用牡蛎法之分析．广东医学・祖国医学版，1964；（6）：18.
汤辅康．论金匮肾气丸的类方．广东医学・祖国医学版，1964；（6）；21.
承扬．略谈《伤寒论》中之针灸．江苏中医，1964；（6）：5.
张浩良．仲景运用杏仁初探．中医杂志，1964；（7）：40.
杨永良（湖北中医学院）．仲景用药法则的初步探讨．江苏中医，1965；（1）：1.
沈凤阁．对《伤寒论》与《金匮要略》应用桂枝的探讨．江苏中医，1965；（1）：5.
周典谟（广西中医药研究所）．六经辨证论治的点滴体会．广西中医杂志，1965；（1）：7.
吉怀荣．再商榷阳旦证．哈尔滨中医，1965；（2）：48.
时振声．《伤寒论》中的附子配伍应用探讨．江西医药，1965；（2）：629.
权依经（兰州中医学校）．对“桂枝去桂加茯苓白术汤”药证的探讨．浙江中医杂志，1965；（2）：14.
刘茂甫（西安医学院附一医院）．中医对肠伤寒的治疗（综）．武汉医学杂志，1965；（2）：410.
张浩良，江静波．略谈麻黄升麻汤．广西中医杂志，1965；（3）：11.
曹永康．读《伤寒论》原文76条后的实践体会．江苏中医，1965；（3）：30.
戴执礼．陈逊斋医学笔记：《伤寒论》诸方之运用．江苏中医，1966；（3）：33.
戴执礼．陈逊斋医学笔记（续）：《伤寒论》诸方之运用．江苏中医，1966；（4）：33.
沈凤阁．略论《伤寒论》水气病的辨证治疗．浙江中医杂志，1965；（4）：3.
褚玄仁（常熟县中医院）．张仲景舌诊运用规律的初步探讨．中医杂志，1965；（5）：27.
徐叙衡．对《伤寒论》方剂中加减芍药的认识．浙江中医杂志，1965；（5）：12.
杨志一．六经下利初探．江西医药，1965；（9）：1009.
卜子荣，崔栋．仲景运用桂枝的初步探讨．江中医杂志，1965；（10）：30.
陈家鹊，方金榜．对白虎汤临床应用的认识．福建中医药，1966；（1）：35.
魏德煜，张启良．从三个承气看仲景的下法技巧．福建中医药，1966；（1）：36.
朱国城，陈寿根．对《伤寒论》苓桂复合方剂的初步认识．福建中医药，1966；（1）：38.
何志雄．六经病辨证论治．新中医，1972；（2～3）：27.
广东省医药卫生研究所．六经辨证论治：附三焦辨证．赤脚医生，1975；（11）：23.
陈柏涛（江苏省南通市第二人民医院）．学习《伤寒论》辨证论治的一些体会．江苏医药・中医分册，1976；（1）：40.

华竟西，顾争树．伤寒的诊断和治疗．中华内科杂志，1976；(3)：181.
苏名永．伤寒鼻衄．中医教学，1977；(1)：67.
赵清理．略论《伤寒论》中真武汤的运用法则．河南中医学院学报，1977；(4)：15.
蒋洁尘．谈谈方剂配伍的辨证观点．武汉医学院学报，1977；(6)：87.
刘振声（福建省福安县甘棠公社西门医疗站）．关于芍药甘草附子汤的我见．浙江中医药，1977；(6)：25.
黑龙江中医学院．手少阳三焦经传导途径的探讨．中医药学报，1978；(1)：7.
林云，张允吉（译）．《伤寒论》关于发汗的认识．广西中医药，1978；(1)：62.
孙泽先（辽宁中医学院）．《伤寒论》的哲学论据及其与应激学说的联系．辽宁中医，1978；(2)：16.
张燎（四川省合川县人民医院）．谈《伤寒论》阳明病之汗．新中医，1978；(2)：23.
黑龙江中医学院．手少阳三焦经传导途径的探讨．黑龙江医药，1978；(3)：22.
魏睦森，陈蓉蓉（浙江省中医院）．从厥与休克谈到《伤寒论》的三阴分证．浙江中医学院学报，1978；(3)：21.
胡建华．程门雪老师对《伤寒论》中“坏病”的见解．新医药学杂志，1978；(4)：16.
张保富（邓县中医院）．《伤寒论》的辨证论治．河南卫生，1978；(4)：40.
何爱华．略谈我对《伤寒论·平脉法》的认识：兼与赵有臣同志商榷．辽宁中医，1978；(4)：58.
王有奎．对《伤寒论》《金匮要略》中配伍用药的初步探讨．山西医药杂志，1978；(5)：18.
江淑安（湖北省麻城县中医函授辅导站）．谈谈《伤寒论》中的“汗”．浙江中医药，1978；(6)：32.
朱式夷（太原钢铁公司峨口铁矿医院）．试论《伤寒论》六经传变的规律．新医药学杂志，1978；(6)：6.
六经辨证与脏腑、八纲、卫气营血辨证的关系．新医药学杂志，1978；(6)：20.
时振声．对《伤寒论》厥阴病的看法．新医药学杂志，1978；(6)：51.
王永谦（辽宁中医学院）．谈《伤寒论》中的攻补兼施治法．新医药学杂志，1978；(8)：28.
辽宁中医学院．谈“伤寒论”中的攻补兼施治法．新医药学杂志，1978；(8)：28.
毛德西（河南省开封地区人民医院）．对《伤寒论》中相反相成配伍的认识．新医药学杂志，1978；(12)：45.
陈炳昆（译）．对五苓散证的一个推论．福建医药杂志，1979；(1)：62.
解达（辽阳石油化学纤维总厂职工医院）．读《六经探索》：试就文中主要观点与孙泽先同志商榷．辽宁中医，1979；(1)：39.
湖南中医学院．《伤寒论》温法浅识．湖南中医学院学报，1979；(1)：11.
程协南．泛谈阳明病清下两法．新医药通讯，1979；(1)：25.
郭子光．《伤寒论》证治实质的探讨．成都中医学院学报，1979；(1)：2.
周庚生（浙江中医学院）．谈《伤寒论》阳明病之下法．浙江中医学院学报，1979；(1)：12.
洪子云．论少阳腑证．湖北中医杂志，1979；(2)：1.
李培生．论《伤寒论》中之制方有大小．湖北中医杂志，1979；(2)：23.
李树勋（辽宁中医学院附院）．六经辨证在儿科的应用．新中医，1979；(2)：39.
张浩良．张仲景在药剂学上的贡献．山东中医学院学报，1979；(2)：66.
张浩良（南京中医学院）．张仲景在药剂方面的贡献．山东中医学院学报，1979；(2)：66.
陆鸿滨．对《伤寒论》六经气化学说的实践体会．贵阳中医学院学报，1979；(2)：5.
秦家泰．《伤寒论》的辩证方法．医药情报资料，1979；(2)：1.
郭子光．寒论》证治实质的探讨．成都中医学院学报，1979；(2)：2.
叶怡庭（上海中医学院）．论痹．辽宁中医，1979；(2)：14.
郎需才．日本对《伤寒论》探讨的一些情况．国外医学·中医中药研究分册，1979；(2)：9.
陈大舜（湖南中医学院）．对《伤寒论》中下法之研讨．湖南中医杂志，1979；(2)：35.
时振声．《伤寒论》发热的辨证分析．湖南医药杂志，1979；(3)：47.
时振声（中医研究院西苑医院）．《伤寒论》发热的辨证分析．湖南医药杂志，1979；(3)：47.

谢立奎（湖南省中医药研究所）. 学习《伤寒论》五苓散证的体会. 湖南医药杂志，1979；（3）：52.
有关少阳病的问题. 国外医学·中医中药研究分册，1979；（3）：7.
杨培君（陕西中医学院）. 对《伤寒论》五泻心汤临床应用的体会. 陕西中医学院学报，1979；（4）：21.
岳美中（中医研究院）.《伤寒论文字考》条文部分补正. 浙江中医学院学报，1979；（4）：1.
金寿山（上海中医学院）.《伤寒论》方在杂病中的应用. 新中医，1979；（4）：4.
刘绍武（山西省太原市中医研究所）. 试论《伤寒论》"六经"当为六病. 新中医，1979；（4）：12.
沈凤阁（南京中医学院）. 关于六经、卫气营血、三焦辨证如何统一的探讨. 新医药学杂志，1979；（4）：7.
刘炳凡. 学习《伤寒论·太阳篇》的体会. 湖南医药杂志，1979；（4）：32.
胡亚文（奉贤县胡桥公社卫生院）. 浅谈《伤寒论》中的病与证. 上海中医药杂志，1979；（4）：33.
时振声. 对《伤寒论》《金匮要略》中有关脉诊的探讨（一）. 云南中医学院学报，1979；（4）：35.
封万富. 临床中学习《伤寒论》的点滴体会. 江苏医药·中医分册，1979；（4）：44.
朱承汉，翁美玲（湖州中医院）. 试论《伤寒论》的下利症. 浙江中医药，1979；（4）：120.
魏甫贤（广州中医学院）. 病在三阴如何看法：略论伤寒六经传变问题. 浙江中医药，1979；（4）：122.
张常青. 黄疸肝炎与《伤寒》《金匮》之黄疸. 浙江中医药，1979；（4）：124.
陈瑞春（江西中医学院）. 试论《伤寒论》中和法的运用. 浙江中医药，1979；（4）：125.
万友生（江西中医学院）. 略论太阳病中风表虚和伤寒表实. 新中医，1979；（5）：17.
邱明义（湖北中医学院）. 浅谈《伤寒论》中下利的辨证论治. 中医杂志，1979；（5）：49.
邱明义（湖北中医学院）. 浅谈《伤寒论》中下利的辨证论治. 新医药学杂志，1979；（5）：48.
俞长荣（福建省医药研究所）. 试以唯物辨证观点剖析《伤寒论》. 新医药学杂志，1979；（6）：1.
时振声. 对《伤寒论》厥阴病的看法. 新医药学杂志，1979；（6）；51.
陈大舜（湖南中医学院）.《伤寒论》退黄六法. 新医药学杂志，1979；（6）：55.
郑秉熊.《伤寒论》对温病学的贡献. 浙江中医学院学报，1979；（6）：11.
王贵淼. 张仲景治"水"十二法. 浙江中医药，1979；（6）：206.
张志民. 阳明病脉迟用大承气汤的认识. 浙江中医药，1979；（6）：212.
施太源（乐清县仙溪卫生院）. 浅论厥阴证在六经传变中的位置. 浙江中医药，1979；（6）：214.
由昆（南京中医学院）. 浅谈《伤寒论》猪苓汤证. 新医药学杂志，1979；（8）：44.
潘德孚. 腹诊浅识. 浙江中医药，1979；（8）：284.
王贵淼. 张仲景治痞八法. 浙江中医药，1979；（8）：294.
吴良德，傅汝霖. 张仲景用粥的法义初探. 浙江中医药，1979；（9）：340.
吴良德. 张仲景用粥的法义初探. 江苏中医杂志，1979；（9）：340.
范中林医案整理小组. 范中林老中医六经辨证医案选. 中医杂志，1979；（10）：250.
阳立. 对《伤寒论》中有关温法运用的认识. 浙江中医药，1979；（11）：414.
杨培君（陕西中医学院）. 对《伤寒论》五泻心汤的认识及临床运用. 陕西新医药，1979；（11）：42.
魏甫肾（广州中医学院）. 也谈《伤寒论》厥阴病. 新医药学杂志，1979；（11）：11.
时振声. 有关厥阴病几个问题的意见. 新医药学杂志，1979；（11）：13.
杨培君（陕西中医学院）. 对《伤寒论》五泻心汤临床运用的体会. 陕西中医学院学报，1979；（11）：42.
魏甫贤. 也谈《伤寒论》厥阴病. 中医杂志，1979；（11）：11.
时振声. 有关厥阴病几个问题的意见. 中医杂志，1979；（11）：13.
郭子光（成都中医学院）.《伤寒论》证治规律的探讨. 中医杂志，1979；（12）：2.
郭子光（成都中医学院）.《伤寒论》证治规律的探讨. 新医药学杂志，1979；（12）：2.
张发和（上海市杨浦区中心医院）. 再谈对张仲景氏"狐惑病"的认识. 中华医学杂志，1979；（12）：769.
杨育周. 略论少阳病及小柴胡汤的临床指征. 天津医药，1979；（12）：583.
张瑞芳（怀化铁路分局医院）. 论温病学说的研成，发展及其与伤寒论的关系. 铁道医学，1980；（1）：28.
张志民. 试论《伤寒论》六病分证的特点及其意义. 浙江中医杂志，1980；（1）：21.

刘普希．太阳病共同证的病机探讨．浙江中医杂志，1980；（1）：24.
时振声（中医研究院）．《伤寒论》下利的辨证分析及其临床指导意义．上海中医药杂志，1980；（1）：42.
余瀛鳌（北京中医研究院）．《伤寒论》研究性著作简介．成都中医学院学报，1980；（1）：10.
段光周（成都中医学院）．学用仲景乌梅丸的体会．成都中医学院学报，1980；（2）：49.
学习《伤寒论》专题总结．南京中医学院学报，1980；（2）：7.
彭履祥（成都中医学院）．漫谈学用《伤寒论》的体会．云南中医杂志，1980；（2）：1.
时振声（中医研究院西苑医院）．对《伤寒论》《金匮要略》中有关脉诊的探讨．云南中医学院学报，1980；（2）：21.
杨扶国（江西中医学院）．《金匮要略》和《伤寒论》异同性．吉林中医药，1980；（2）：1.
沈更生．《伤寒论》厥逆证治的临床实践．湖南中医学院学报，1980；（3）：24.
邓兴学．浅谈《伤寒论》对发热和厥逆的辨证论治．湖北中医杂志，1980；（3）：7.
万友生（江西中医学院）．略论伤寒厥阴病．新中医，1980；（3）：14.
于振海．漫谈《伤寒论》方的用药．山东中医学院学报，1980；（3）：49.
吴禹鼎．《伤寒论》六经与六气的关系．陕西中医学院学报，1980；（3）：1.
刘渡舟（北京中医学院）．《伤寒论》刍言．新中医，1980；（4）：12.
王有奎（山西省太原市中医研究所）．张仲景对煎药法的掌握和运用．新中医，1980；（4）：52.
柯雪帆（上海中医学院）．阴阳胜复是《伤寒论》的理论基础．上海中医药杂志，1980；（4）：14.
姜春华（上海第一医学院）．张仲景活血化瘀的辨证施治及其方剂的活用举例．浙江中医学院学报，1980；（4）：1.
徐荣斋．《伤寒论》六经是辨证施治与辨病施治相结合．浙江中医学院学报，1980；（4）：5.
张问渠（中医研究院西苑医院）．浅谈《伤寒》六经与八纲八法的关系．浙江中医学院学报，1980；（4）：9.
朱承汉（湖州中医院）．略论《伤寒论》方在妇科中的应用．浙江中医学院学报，1980；（4）：11.
王琦（北京中医研究院）．略论《伤寒论》下利证治．浙江中医学院学报，1980；（4）：16.
沈敏南（嘉兴县王店中心医院）．《伤寒论》厥逆证治．浙江中医学院学报，1980；（4）：24.
周庚生．《伤寒论》教学浅谈．浙江中医学院学报，1980；（4）：38.
范永昇．论《伤寒论》中的汗．浙江中医学院学报，1980；（4）：41.
汪明德．《伤寒论》病型之初见．浙江中医学院学报，1980；（4）：45.
林乾良．《伤寒论》药物的统计．浙江中医学院学报，1980；（4）：60.
何天麟．《伤寒论》方加减浅说．浙江中医杂志，1980；（4）：190.
李庆广（邢台地区眼科医院）．对《伤寒论》应用汗法的认识．河北中医，1980；（4）：9.
田书栋（衡水军分区后勤部）．浅谈《伤寒论》和法的临床运用．河北中医，1980；（4）：11.
谌桂娥（保定市二院）．对《太阴病证治》的初步认识．河北中医，1980；（4）：13.
聂玉林（邯郸地区医院）．学习《伤寒论》对呕吐病理及证治的认识．河北中医，1980；（4）：17.
肖鹏超黑龙江中医学院．谈《伤寒论》选方用语．中医药学报，1980；（4）：1[illegible].
郭子光（成都中医学院）．关于太阳病营卫不和的问题．中医药学报，1980；（4）：45.
万支生（江西中医学院）．关于伤寒六经和温病三焦卫气营血辨证论治体系的统一问题．江西中医药，1980；（4）：7.
张志民（广州中医学院）．《伤寒论》方究竟能治那些疾病．江西中医药，1980；（4）：14.
陈瑞春（江西中医学院）．国内运用《伤寒论》方药的概况．江西中医药，1980；（4）：19.
王鱼门（江西中医学院）．试论《伤寒论》的表里同病治则．江西中医药，1980；（4）：48.
梅国强．略论"存津液"在《伤寒论》中的运用规律．湖北中医杂志，1980；（4）：1.
万友生（江西中医学院）．关于《伤寒论》三阳三阴的实质问题．湖北中医杂志，1980；（4）：35.
田金州（湖北省荆州地区卫生学校）．浅谈《伤寒论》中之口渴．湖北中医杂志，1980；（4）：42.
郭子光．谈《伤寒论》的针对性．成都中医学院学报，1980；（4）：22.
路振平（湖南省中医研究所）．试诊《伤寒论》的体质学说．成都中医学院学报，1980；（5）：10.

郝印卿（湖北中医学院）.《伤寒论》运用桂枝规律的初步探讨. 湖北中医杂志，1980；（5）：4.
郝印卿（湖北中医学院）.《伤寒论》运用桂枝规律的初步探讨. 湖北中医杂志，1980；（5）：4.
李浚川（武汉医师进修学院）.《伤寒杂病论》中的舌诊. 湖北中医杂志，1980；（5）：12.
李克绍（山东中医学院）. 也谈少阳腑证. 湖北中医杂志，1980；（5）：40.
李树滋（山东省曲阜县工业职工门诊所）.《伤寒论》中的全病、并病. 湖北中医杂志，1980；（5）：42.
孟庆云（中医研究院）. 从控制论模糊识别探讨《伤寒论》六经涵义. 陕西中医，1980；（5）：1.
何志雄（广州中医学院）. 对《伤寒论》厥阴病篇的认识. 新中医，1980；（5）：12.
王效菊（天津市第二工人疗养院）. 略谈仲景治瘀十法及对后世影响. 中医杂志，1980；（5）：52.
郑元让. 从胃气学说探索《伤寒论》的证治经验. 浙江中医杂志，1980；（5）：206.
李铁君. 仲景用药剂量略谈. 浙江中医杂志，1980；（6）：61.
李铁君. 仲景用药剂量略谈. 浙江中医杂志，1980；（6）：201.
沈济苍.《伤寒论》六经与辨证. 浙江中医杂志，1980；（6）：242.
王少华.《伤寒论》中的四诊八纲. 浙江中医杂志，1980；（6）：244.
王辉武.《伤寒论》烦躁证之分析. 浙江中医杂志，1980；（6）：247.
程聚生.《伤寒论》汗证初探. 浙江中医杂志，1980；（6）：250.
夏洪生. 试论《伤寒论》的汗法. 浙江中医杂志，1980；（6）：253.
路振平. 试论仲景学说中的寒热并用法. 浙江中医杂志，1980；（6）：255.
俞长荣（福建省中医研究所）.《伤寒论》诊法概要. 湖北中医杂志，1980；（6）：44.
许有玲（湖南省中医药研究所）. 试论《伤寒论》中之清法. 湖南医药杂志，1980；（6）：45.
由昆（南京中医学院）. 谈谈《伤寒论》中的"脏结". 中医杂志，1980；（9）：55.
陈瑞春（江西中医学院）.《伤寒论》治肝法的运用. 中医杂志，1980；（9）：57.
朱元起. 关于六经实质的探讨. 中医杂志，1980；（10）：10.
郭子光（成都中医学院）. 从病机角度探讨《伤寒论》的六种治法. 中医杂志，1980；（11）：54.
杜雨茂（陕西中医学院）.《伤寒论》理法方药在临床上的应用. 辽宁中医杂志，1980；（11）：17.
潘澄濂. 怎样学习《伤寒论》. 浙江中医杂志，1980；（11）：483.
周朝进. 仲景学说中的生物钟观点. 浙江中医杂志，1980；（11）：486.
周朝进（乐清县卫生局）. 仲景学说中的生物钟观点. 浙江中医杂志，1980；（11）：486.
邱明义.《伤寒论》中有关出血证的探讨. 浙江中医杂志，1980；（11）：488.
张年顺."太阳蓄血"方证辨. 浙江中医杂志，1980；（11）：491.
朱秀华.《伤寒论》渴证初探. 浙江中医杂志，1980；（11）：493.
罗继德. 从小便见证探讨《伤寒论》的临床意义. 浙江中医杂志，1980；（11）：495.
伍志航. 学习《伤寒论》"少阴三急下证"一得. 浙江中医杂志，1980；（11）：498.
魏甫贤. 厥热胜复如何看法：附《伤寒论》厥阴篇误诊 3 例分析. 浙江中医杂志，1980；（11）：500.
岳在文.《伤寒论》治厥七法浅述. 浙江中医杂志，1980；（11）：502.
刘振声.《伤寒论》若干条文注释的浅见. 浙江中医杂志，1980；（11）：504.
王贵淼. 仲景理虚法则初探. 浙江中医杂志，1980；（11）：506.
夏洪生. 略谈《伤寒论》几种治肝法的运用. 浙江中医杂志，1980；（11）：508.
熊魁梧.《伤寒论》温法略谈. 浙江中医杂志，1980；（11）：510.
李家庚. 试论《伤寒论》中扶阳气的法则. 浙江中医杂志，1980；（11）：512.
陈迈群. 略论《伤寒论》的下法. 浙江中医杂志，1980；（11）：516.
路振平. 试谈仲景对大黄的应用. 浙江中医杂志，1980；（11）：560.
王万麟. 浅谈张仲景运用石膏组方的规律. 浙江中医杂志，1980；（11）：562.
金红卫（山东中医学院）. 谈谈《伤寒论》的厥证及其治疗规律. 中医杂志，1980；（12）：48.
王永谦（辽宁中医学院）. 论《伤寒论》的科学价值. 辽宁中医杂志，1980；（12）：18.
沈敏南（浙江省加兴县王店中心医院）.《伤寒论》厥阴病脉理浅谈. 云南中医学院学报，1981；（1）：23.
顾妙珍. 从《伤寒论》《金匮要略》试探运用附子的规律. 衡阳医学院学报，1981；（1）：32.

李永新（伊春市南岔第二人民医院）．试论《伤寒论》中的汗法．黑龙江中医药，1981；（1）：20.

顾妙珍（衡阳医学院）．对《伤寒论》《金匮要略》附子运用规律的探讨．湖南医药杂志，1981；（2）：38.

张潮渭（南充医专附属医院）．浅谈张仲景的治学方法．南充医专学报，1981；（2）：35.

王绪前（湖北中医学院）．试论《伤寒杂病论》的治则．吉林中医药，1981；（2）：5.

路振平．仲景同方异用法初探．中医药学报，1981；（2）：13.

孟庆云（黑龙江中医学院）．对《伤寒论》六经涵义之探讨．中医药学报，1981；（2）：18.

姜明煤（黑龙江中医学院）．《伤寒杂病论》的形成及其主要成就．中医药学报，1981；（2）：23.

路振平．仲景滋阴法初探．湖北中医杂志，1981；（2）：5.

戴玉（湖北中医学院）．洪子云教授论阙阴病．黑龙江中医药，1981；（2）：9

夏洪生（长春中医学院）．略谈“保胃气”在《伤寒论》中的地位．黑龙江中医药，1981；（2）：13.

姜春华（上海第一医学院）．我对《伤寒论》难解条文的看法．江西中医药，1981；（2）：7.

陈瑞春（江西中医学院）．国内运用《伤寒论》方药的概况（二）．江西中医药，1981；（2）：49.

万友生（江西中医学院）．从《伤寒论》热化证治谈起．浙江中医学院学报，1981；（2）：7.

夏洪生（长春中医学院）．试论气机升降学说在《伤寒论》辨证中的运用．吉林中医药，1981；（3）：1.

姜建国（山东中医学院）．关于《伤寒论》中桂枝功用的几个问题．吉林中医药，1981；（3）：10.

路振平．张仲景扶正祛邪法初探．广西中医药，1981；（3）：11.

许健鹏（黑龙江中医学院）．浅谈《伤寒论》中的痰饮水气证．中医药学报，1981；（3）：43.

陈摇鲲．《伤寒论》“六经提纲”及“条文冠首”．成都中医学院学报，1981；（3）：3.

黄定香．对太阳中风证“缓脉”体状的探讨．成都中医学院学报，1981；（3）：11.

蔡绪江．试论《伤寒论》对芍药的运用．山东中医学院学报，1981；（3）：22.

李培林．谈《伤寒杂病论》中的反治法．云南中医学院学报，1981；（3）：21.

袁今奇（石河子医学院附属医院）．《伤寒论》学习方法之管见．石河子医学院学报，1981；（3）：143.

肖德馨．关于统一六经、卫气营血、三焦辨证之我见．北京中医学院学报，1981；（3）：15.

杨培坤（湖北中医学院）．运用电脑对《伤寒论》辨证论治思想体系的验证　湖北中医杂志，1981；（3）：1.

郁保生．半表半里与少阳病的位置．湖南中医学院学报，1981；（3）：19.

刘渡舟．学习《伤寒论》厥阴病篇的一点体会．河南中医，1981；（3）：11.

蔡定芳．“治痿独取阳明”的体会和印证．浙江中医学院学报，1981；（4）：22.

张继东．从《伤寒论》太阳病看营卫的升降出入．山东中医学院学报，1981；（4）：18.

王法德．谈谈张仲景对半夏的运用．山东中医学院学报，1981；（4）：41.

陈国华．学习“伤寒论”101条的粗浅体会．陕西中医学院学报，1981；（4）：23.

张少龙（延安大学）．谈谈对《伤寒论》34条的理解．陕西中医学院学报，1981；（4）：25.

曾福海．《伤寒杂病论》中的补法运用及其影响．陕西中医学院学报，1981；（4）：26.

任应秋．研究伤寒论的流派．北京中医学院学报，1981；（4）：1.

何任．《伤寒论》的“博涉知病、多诊识脉、屡用达药”．北京中医学院学报，1981；（4）：12.

金寿山．《伤寒论》辨证论治纲领．北京中医学院学报，1981；（4）：17.

钟益生．试论仲景对外感表证的治法．成都中医学院学报，1981；（4）：11.

肖德发（江西中医学院）．对“太阳病或已发热或未发热”的临床体会．江西中医药，1981；（4）：22.

王梧川（湖北中医学院）．我对《伤寒论》阙阴病的认识．湖北中医杂志，1981；（5）：3.

邱明义（湖北中医学院）．《伤寒论》教学的点滴体会．湖北中医杂志，1981；（5）：32.

张国安（湖北中医学院）．试述《伤寒论》中“法外之法”．湖北中医杂志，1981；（5）：52.

詹茂怡（麻城县人民医院）．《伤寒论·阴明病篇》发热辨证论治的体会．湖北中医杂志，1981；（5）：53.

张笑平（安徽中医学院）．《伤寒论》中的体质学说．江苏中医杂志，1981；（5）：7.

申曼莉．浅谈仲景的制方特点．河南中医，1981；（5）：25.

沈敏南．浅谈《伤寒论》中之迟脉．广西中医药，1981；（5）：11.

熊永厚．张仲景选方规律初探．广西中医药，1981；（5）：13.
李筱圃（云南中医学院）．谈谈《伤寒论》的学习方法．云南中医杂志，1981；（5）：37.
万桂华（江西省南丰县卫生局）．浅谈太阳病的辨证论治．云南中医杂志，1981；（5）：40.
孙志远．试论仲景方中有关药物先煎的原理．浙江中医杂志，1981；（5）：199.
方化琪．张仲景的煎药方法初探．浙江中医杂志，1981；（5）：200.
潘澄濂．《伤寒论》六经指要．浙江中医学院学报，1981；（5）：2.
万友生．《伤寒论》六经辨证论治与八纲八法．浙江中医学院学报，1981；（5）：6.
李培生．试论《伤寒论》同脉异治与异脉同治．浙江中医学院学报，1981；（5）：9.
邵宝仁．浅谈《伤寒论》辨证论治精神．浙江中医学院学报，1981；（5）：13.
郭子光．我对《伤寒论》热入血室的认识．浙江中医学院学报，1981；（5）：17.
孟琳升．仲景论瘀．浙江中医学院学报，1981；（5）：19.
叶建寅．谈《伤寒论》烦与躁及烦躁等的体会．浙江中医学院学报，1981；（5）：23.
杨百茀．仲景的用“姜”规律．浙江中医学院学报，1981；（5）：35.
张迪蛟．试论张仲景对苦辛法的运用．浙江中医学院学报，1981；（5）：37.
李克绍．《伤寒论》六经提纲琐谈．浙江中医学院学报，1981；（5）：39.
方凡．试析《伤寒论》攻下法．浙江中医学院学报，1981；（5）：43.
邱幸凡．张仲景汗吐下三法的运用特点．河南中医，1981；（6）：3.
庞景三．《伤寒论》胃气观点初探．河南中医，1981；（6）：7.
刘渡舟（北京中医学院）．分析《伤寒论》几种“载药上浮”的方法．陕西中医，1981；（6）：1.
林天授（诏安县卫生局）．试谈《伤寒论》的“寒”．福建中医药，1981；（6）：8.
黎明（钟祥县中医医院）．试论扶阳气在《伤寒论》治则中的重要地位．湖北中医杂志，1981；（6）：4.
高德（湖南中医学院）．对《伤寒论》用脉之探讨．湖南医药杂志，1981；（6）：29.
刘光宪．《伤寒论》与八纲八法．湖南医药杂志，1981；（6）：33.
张云鹏（昆明市中医院）．《伤寒论》要义：《伤寒论》辅导资料．云南中医杂志，1981；（6）：35.
李克绍．《伤寒论》六经提纲琐谈（续完）．浙江中医学院学报，1981；（6）：35.
陈克正（中医研究院）．《伤寒论》厥热胜复的证与治．辽宁中医杂志，1981；（8）：8.
刘渡舟（北京中医学院）．论八纲辨证与六经辨证的关系．新中医，1981；（9）：11.
何志雄（广州中医学院）．论《伤寒论》的少阳和少阳病．新中医，1981；（9）：50.
冯健（山东省泰安地区中医研究班）．《伤寒论》厥证及其临床意义．辽宁中医杂志，1981；（10）：12.
柯新桥（湖北中医学院）．仲景运用大黄的规律分析．辽宁中医杂志，1981；（10）：14.
程磐基．谈谈《伤寒论》的辨证方法．浙江中医杂志，1981；（10）：390.
路振平．试论《伤寒论》诊断思维中的比较法．浙江中医杂志，1981；（10）：392.
朱国庆（永嘉县沙头医院）．试探《伤寒论》中的合病、并病．浙江中医杂志，1981；（10）：394.
瞿岳云．试析《伤寒论》中的食欲辨证．浙江中医杂志，1981；（10）：396.
岳在文．《伤寒论》水气病初探．浙江中医杂志，1981；（10）：398.
朱秀华．浅谈仲景治小便不利的法则．浙江中医杂志，1981；（10）：400.
毛玉生（甘肃省中医院）．试论《伤寒论》中的芍药及其应用．中医杂志，1981；（11）：67.
王佩明．《伤寒论》中的脾胃学说．浙江中医杂志，1981；（12）：532.
王允升（济南卫生学校）．《伤寒论》中的瞑眩现象．山东中医杂志，1981；（12）：7.
刘国强．张仲景咳、痰、喘治法的探讨．辽宁中医杂志，1981；（12）：15.
刘含堂．仲景用生姜、大枣初探．河南中医，1982；（1）：9.
刘举俊．对《伤寒论》六经辨证的探讨．甘肃医药，1982；（1）：73.
刘志勇．张仲景腹诊法浅论．广西中医药，1982；（1）：13.
程万里．《伤寒论》六经分证学说的探讨．中医文献研究，1982；（1）：26.
李浩澎．试论《伤寒论》六经的生理基础．河南中医，1982；（2）：5.
李克绍（山东中医学院）．结合临床探讨《伤寒论》的厥阴病．湖北中医杂志，1982；（2）：6.

郭辉雄．也谈对《伤寒论》厥阴病的认识．湖北中医杂志，1982；（2）：33.
江淑安．太阳蓄血不在膀胱．湖北中医杂志，1982；（2）：40.
陆鸿滨．未明热与少阳证．云南中医杂志，1982；（2）：1.
成启予．对三阳经经证腑证的讨论．南京中医学院学报，1982；（2）：9.
郑绍周．厥阴病提纲的探讨．浙江中医学院学报，1982；（2）：6.
肖德馨．《伤寒论》六经探讨．北京中医学院学报，1982；（2）：19.
刘渡舟．试论六经病提纲证的意义．北京中医学院学报，1982；（2）：39.
吴自强．学习《伤寒论》对“厥阴病”的几点体会．成都中医学院学报，1982；（2）：32.
吴禹鼎．关于《伤寒论》六经实质的探讨．陕西中医学院学报，1982；（2）：20.
常小荣．谈谈仲景方寒温配伍的类型和特点．湖南中医学院学报，1983；（2）：26.
郝印卿．论伤寒六经是脏腑、经络、气化的有机结合．中医杂志，1982；（3）：4.
马流红．膀胱“气化则能出”小识．河南中医，1982；（3）：49.
曹希平．对《伤寒论》“厥阴病”的理解．北京中医，1982；（3）：34.
戴玉江．《伤寒论》六经气化学说的形成和发展．江苏中医杂志，1982；（3）：4.
王维新．阳明经“四大证”治宜白虎加大黄汤．江苏中医杂志，1982；（4）：10.
顾文忠．浅谈八纲辨证在《伤寒论》《金匮要略》《温病条辨》中的体现．云南中医杂志，1982；（4）：16.
薛芳．急性呼吸窘迫综合征与阳明腑实喘满证．辽宁中医杂志，1982；（4）：10.
旷惠桃．《伤寒论》太阳病病机分析．浙江中医杂志，1982；（4）：145.
熊万德．对《伤寒论》厥阴病的几点看法．浙江中医杂志，1982；（4）：149.
何志雄．太阳和太阳病．新中医，1982；（5）：13.
陈克勤．试论伤寒六经与经络学说的关系．陕西中医，1982；（5）：11.
赵金忠．浅谈六经皆有表征．山东中医杂志，1982；（5）：270.
叶玉良．六经辨证方法浅探．成都中医学院学报，1982；（5）：16.
陈亦人．太阳病篇平议．河南中医，1982；（6）：5.
沈敏南．评《伤寒六经辨证治法》的学术思想．河南中医，1982；（6）：12.
薛章琨．试论仲景利小便八法．浙江中医学院学报，1982；（6）：16.
郁保生．半表半里证与少阳病的位置．福建中医药，1982；（6）：6.
王梧川．再论《伤寒论》厥阴病．湖北中医杂志，1982；（6）：25.
赵文举．吴茱萸汤加味治疗厥阴头痛．上海中医药杂志，1982；（6）：33.
龚启华．手太阴肺经与淋巴管关系在上肢的剖析．上海中医药杂志，1982；（7）：46.
熊墨年．试论太阳病主要是肺卫的病变．新中医，1982；（9）：15.
严世芸．对“伤寒六经提纲”的商榷．上海中医药杂志，1982；（9）：2.
岳在文．从厥阴病篇条文编次试谈厥阴病的本质．中医杂志，1982；（10）：63.
孙志远．“阳明中风”“阳明中寒”辨析．新中医，1982；（11）：50.
李心机．论《伤寒论》之六经．山东中医学院学报，1982；（增刊）：15.
陈天祥．俞根初与《通俗伤寒论》．中医杂志，1983；（1）：6.
戴慧芬．《伤寒论》证治规律的探讨．河南中医，1983；（1）：1.
聂惠民．《伤寒论》衄血刍议．河南中医，1983；（1）：5.
何爱华．关于《伤寒杂病论》的几个问题．河南中医，1983；（1）：7.
李知白．对《伤寒论·自序》注释的意见．河南中医，1983；（1）：11.
鲍克强．小议《伤寒论》中三小方．河南中医，1983；（1）：12.
张长恩（北京市卫生干部进修学院）．《伤寒论》六经实质新探．北京中医，1983；（1）：34.
沈敏南．试评《通俗伤寒论》的学术思想．河北中医，1983；（1）：7.
龚志贤（重庆中医研究所）．谈谈学习《伤寒论》．四川中医，1983；（1）：12.
张家骥（大邑县城关卫生院）．略谈《伤寒论》病证辨法．四川中医，1983；（1）：18.

薛振斌（渭南地区中医学校）.《伤寒论》少阳病的经证与腑证. 陕西中医，1983；（1）：1.

卢慧玲. 浅谈《伤寒论》中合病与并病的概念. 广西中医药，1983；（1）：15.

蓝永生.《伤寒论》合病并病治则初探. 广西中医药，1983；（1）：17.

吴学章. 试析《伤寒论》口渴症及其在辨证中的意义. 中医药学报，1983；（1）：17.

严善余（福建医学院）. 仲景脉学初探. 福建中医药，1983；（1）：10.

于格（如泉县中医院）. 试论仲景在中医护病学方面的贡献. 江苏中医杂志，1983；（1）：4.

夏洪生. 近代《伤寒论》研究概况和设想. 吉林中医药，1983；（1）：42.

王玉玺（黑龙江中医学院）. 试论辨证施治中的仲景体质学. 黑龙江中医药，1983；（1）：18.

俞宜年. 从《伤寒论》看仲景制方遣药的特点. 黑龙江中医药，1983；（1）：22.

宋天彬（北京中医学院）.《伤寒论》研究刍议. 辽宁中医杂志，1983；（1）：7.

胡志坚. 谈少阴病的辨证. 内蒙古中医药，1983；（1）：30.

李孔定. 从《伤寒论》看仲景先生对脉学的贡献. 医药卫生通讯，1983；（1）：41.

杜贵森. 伤寒三阳经传变疑议. 医药卫生通讯，1983；（1）：63.

简丁山.《伤寒论》教学小议. 中医教育研究，1983；（1）：33.

戴淑蓉. 大黄在《伤寒论》中的应用. 成都中医学院学报，1983；（1）：28.

顾武军.《伤寒论之脾胃观》. 南京中医学院学报，1983；（1）：15.

王明辉. 从桂枝汤证治的变化看《伤寒论》的辨证思想. 安徽中医学院学报，1983；（1）：11.

杜兆雄. 徐大椿及其《伤寒论类要注疏》评价. 安徽中医学院学报，1983；（1）：16.

张年顺. 统一六经、卫气营血、三焦辨证的研究进展. 北京中医学院学报，1983；（1）：9.

梅国强（湖北中医学院）. 仲景胸腹切诊辨. 北京中医学院学报，1983；（1）：20.

王琦. 近三十年来有关《伤寒论》三阴三阳问题研究概况. 山东中医学院学报，1983；（1）：54.

杨培君. 论仲景运用温法的规律. 陕西中医学院学报，1983；（1）：1.

王宗柱. 张仲景消法浅探. 陕西中医学院学报，1983；（1）：15.

潘澄濂.《伤寒论》的基本精神. 浙江中医学院学报，1983；（1）：4.

刘渡舟（北京中医学院）.《伤寒论》的气化学说. 新中医，1983；（2）：4.

何志雄（广州中医学院）.《伤寒论》六经实质探讨. 新中医，1983；（2）：6.

俞长荣（福建省中医研究所）.《伤寒论》精华在于诊治大法. 新中医，1983；（2）：10.

杨麦青（辽宁省对外贸易局职工医院）. 自然辩证法与仲景学说. 新中医，1983；（2）：22.

肖德馨（北京中医学院）.《伤寒论》的方法论研究. 新中医，1983；（2）：24.

董平（宁夏银川市人民医院）. 有关六经本质的几个理论问题. 新中医，1983；（2）：39.

郑元让（广州中医学院）. 伤寒六经人的假设. 新中医，1983；（2）：55.

董胡兴（安徽省芜湖市中医院）. 除中危候初探. 北京中医，1983；（2）：46.

陈国华. 浅谈《伤寒论》中的“濈然汗出”. 河南中医，1983；（2）：10.

张德修（四川医学院附属医院）. 浅谈少阳病证与柴胡类方. 四川中医，1983；（2）：22.

吴帮祯（简阳石板区卫生院）. 浅谈《伤寒论》中的寒热并用法. 四川中医，1983；（2）：23.

代淑蓉（隆昌县卫校）. 谈大黄在《伤寒论》中的应用. 四川中医，1983；（2）：48.

单书健. 试论吴鞠通对仲景学说的继承和发展. 吉林中医药，1983；（2）：4.

张泰康（青岛市商业局医院）.《伤寒论》药物的刚柔配伍应用. 山东中医杂志，1983；（2）：5.

余良甫（开化县虹桥医院）. 试析《伤寒论》中之小便见证. 浙江中医杂志，1983；（2）：79.

张恩元（山西省晋东南地区中医医院）. 从机能学角度探讨《伤寒论》. 辽宁中医杂志，1983；（2）：1.

林寿宁（广西中医学院第二附属医院）. 学习《内经》《伤寒论》《金匮要略》的一点体会. 广西中医药，1983；（2）：12.

刘玉书（内蒙古中蒙医研究所）. 试论六经实质探索中的争议. 内蒙古中医药，1983；（2）：33.

李尽孝.《伤寒论》理饮十二法浅析. 安徽中医学院学报，1983；（2）：1.

曾秀凤.《伤寒论》存阴问题浅谈. 云南中医学院学报，1983；（2）：17.

乔宝璋. 对张仲景汗法的探讨. 陕西中医学院学报，1983；（2）：11.

张少龙（延安大学）．有关坏病的探讨：仲景学说研究．陕西中医学院学报，1983；（2）：21.
王三虎（陕西省渭南地区中医学校）．仲景药量索隐．陕西中医学院学报，1983；（2）：28.
陈大舜．《伤寒论》治厥九法．湖南中医学院学报，1983；（2）：3.
常小荣．谈谈仲景方寒温配伍的类型和特点．湖南中医学院学报，1983；（2）：12.
阎艳丽（北京中医研究院）．浅谈《伤寒论》的辨证法思想．陕西中医，1983；（3）：4.
刘盛斯．《伤寒论》论痞初探．河南中医，1983；（3）：7.
岳新立．略论《伤寒论》寒温并用法．河南中医，1983；（3）：10.
陈亦人．略论《伤寒论》阳明府证辨治理论的实践意义．河北中医，1983；（3）：7.
林宏益（华北石油总医院）．仲景“药对”方剂初探．河北中医，1983；（3）：46.
王绪前（湖北中医学院）．《伤寒论》补法研讨．中医药学报，1983；（3）：5.
沈敏南．试论伤寒学派的证候研究法．福建中医药，1983；（4）：2.
孙绍周（山东中医学院）．对仲景活血化瘀法的研讨．内蒙古中医药，1983；（3）：16.
贾文．《伤寒论》辨证“要素”探讨．内蒙古中医药，1983；（3）：35.
程昭寰（中医研究院广安门医院）．谈谈仲景的辨病与辨证．北京中医杂志，1983；（3）：42.
廖浚泉（云南省第一人民医院）．仲景方药运用的几点体会．云南中医杂志，1983；（3）：37.
贝润浦．姜春华教授谈仲景方的多向调节．江苏中医杂志，1983；（3）：46.
李安民（浙江省中医院）．张仲景对毒剧药的运用．浙江中医杂志，1983；（3）：363.
时振声．《伤寒论》六经辨证与辩证法．中医辩证法研究，1983；（3）：30.
阎孝诚．试论《伤寒论》的逻辑思维．中医辩证法研究，1983；（3）：32.
黄淑芬．《伤寒论》扶正祛邪治则浅谈．泸州医学院学报，1983；（3）：11.
唐贤俊．从小青龙汤的组成看仲景的制方特色．泸州医学院学报，1983；（3）：20.
陈亦人（南京中医学院）．厥阴病篇析疑．山东中医学院学报，1983；（3）：23
吴凤全．关于《伤寒论》一书研究范围的商榷．河北医学院学报，1983；（3）：187.
陈治恒．关于《伤寒论》三阴三阳的探讨．成都中医学院学报，1983；（3）：17.
马建三．仲景探病之法．成都中医学院学报，1983；（3）：53.
汪德来（安庆市中医医院）．谈仲景治脾六法．安徽中医学院学报，1983；（3）：18.
万友生（江西中医学院）．八纲统一寒温证治建立热病学科体系．北京中医学院学报，1983；（3）：2.
韦绪性（中医研究院）．“柴胡证，但见一证便是”辨析．北京中医学院学报，1983；（3）：13.
张炬（中国人民解放军一五三医院）．《伤寒论》三阳三阴排列顺序的探讨．北京中医学院学报，1983；（3）：14.
邱德文．《伤寒论》方剂的研究（续）．北京中医，1983；（4）：46.
王小阳．略论《伤寒论》中的寒与热．四川中医，1983；（4）：12.
杜光华．《伤寒论》存津液途径初探．河南中医，1983；（4）：1.
郝文轩（山东冠县人民医院）．张仲景定“悸”八法的临床运用．河南中医，1983；（4）：6.
王子融．《伤寒》《金匮》药对选析．河南中医，1983；（4）：8.
于世良（景县人民医院）．仲景对半夏的临床应用．河北中医，1983；（4）：17
郝文轩．论阳明多气多血及其临床意义．吉林中医药，1983；（4）：3.
陈荣．《伤寒论》治心九法．吉林中医药，1983；（4）：5.
金东明．厥阴病提纲管见．吉林中医药，1983；（4）：38.
王贵森（浙江省文成县大兴镇医院）．略论张仲景的治肾六法．江西中医药，1983；（4）：5.
赵金铎．浅论《伤寒论》中之死证．黑龙江中医药，1983；（4）：7.
于宝锋．《伤寒论》六经辨证的系统方法初探．内蒙古中医药，1983；（4）：15
万友生．寒温统一论（七）．辽宁中医杂志，1983；（4）：12.
南晴．厥阴病探讨侧记．湖北中医杂志，1983；（4）：12.
傅延龄．试述仲景用甘药治疗痛证之机理．湖北中医杂志，1983；（4）：32.
刘友梁（福建中医学院）．《伤寒论》中少阴病预后转归的判断．山东中医杂志，1983；（4）：11.

陈光华.《伤寒论》中腹诊的运用. 浙江中医杂志，1983；（4）：160.
褚谨翔. 张仲景《五藏论》真伪问题的探讨. 中华医史杂志，1983；（4）：240.
吴荣祖. 六经主气与伤寒的传变. 云南中医学院学报，1983；（4）：12.
郝印卿. 六经统一寒温辨治体系. 北京中医学院学报，1983；（4）：6.
郭辉雄. 六经是寒温统一的基础. 北京中医学院学报，1983；（4）：7.
王国三（唐山市中医医院）. 试论张仲景剂量应用的规律. 北京中医学院学报，1983；（4）：13.
周晓清. 谈《内经》太、少阴阳与四脏的配属. 山东中医学院学报，1983；（4）：42.
王洪图. 从方药加减看张仲景对《内经》的继承和发展. 浙江中医学院学报，1983；（4）：1.
孟琳升. 仲景论痞. 浙江中医学院学报，1983；（4）：5.
岳在文.《伤寒论》脉象初探. 河南中医，1983；（5）：5.
张兴华. 仲景药法探讨. 河南中医，1983；（5）：7.
陈永治.《伤寒论》将息法初探. 河南中医，1983；（5）：13.
刘继雄（成都中医学校）. "恶寒""发热"在《伤寒论》辨证论治中的意义. 四川中医，1983；（5）：7.
骆洪道（浙江省绍兴市医药公司中草药服务部）. 试论《伤寒论》中辨"渴"的意义. 四川中医，1983；（5）：12.
柴中元（浙江省上虞县中医院）. 从《伤寒质难》看祝味菊对仲景学说的独特见解. 四川中医，1983；（5）：50.
朱式夷. 略论医学信息与仲景数学. 中医药学报，1983；（5）：3.
王梧川（湖北中医学院）. 论《伤寒论》六病传变的辨证论治规律. 湖北中医杂志，1983；（5）：1.
夏洪生（长春中医学院）. 浅谈《伤寒论》中的神志病. 湖北中医杂志，1983；（5）：38.
余昌湖.《伤寒论》六经"药对"初探. 辽宁中医杂志，1983；（5）：21.
项平（南京中医学院）.《伤寒论》寒温配伍"对药"举隅. 辽宁中医杂志，1983；（5）：24.
赵志谨（南宁地区人民医院）. 试谈《伤寒论》中甘草的使用剂量与禁忌. 山东中医杂志，1983；（5）：10.
郁保生（湖南中医学院）. "六经皆有表证"刍议. 山东中医杂志，1983；（5）：47.
龚子夫（江西医学院第二附属医院）. 试析《伤寒论》中的血证. 江西中医药，1983；（5）：48.
郑禹林（上海中医学院）. 浅谈《伤寒论》四逆散证. 中医药杂志，1983；（5）：26.
谢海洲. 仲景方治疗"神志病"初探. 浙江中医学院学报，1983；（5）：1.
颜正华.《伤寒论》中药物加工炮制制剂的分析. 浙江中医学院学报，1983；（5）：5.
张谷才. 论仲景方后服药效果. 浙江中医学院学报，1983；（5）：12.
邱明义. 略论《伤寒论》发热诸证及其辨析. 浙江中医学院学报，1983；（5）：15.
姚真敏. 仲景用人参方剂的配伍探讨. 浙江中医学院学报，1983；（5）：20.
孙大兴.《伤寒论》蓄血初探. 浙江中医学院学报，1983；（5）：25.
班秀文. 六经病变与妇科病变的联系. 浙江中医学院学报，1983；（5）：28.
王琦. 六经非"经"论. 中医杂志，1983；（6）：4.
刘兆祥.《伤寒论》下利治法探讨. 河南中医，1983；（6）：1.
何其林. 试析仲景对利小便法的运用. 河南中医，1983；（6）：11.
李孟章. 仲景论述眼目症状初探. 河南中医，1983；（6）：28.
郝文轩. 仲景定喘十三法. 四川中医，1983；（6）：5.
聂天义.《伤寒论》治渴证十三法. 四川中医，1983；（6）：7.
蔡邦镇（江安县人民医院）. 略述张仲景对针灸学的贡献. 四川中医，1983；（6）：8.
于忠学（黑龙江中医学院）. 论《金匮要略》首篇的纲领性意义. 中医药学报，1983；（6）：18.
俞景茂（浙江中医学院）. 国内仲景学说近况与展望. 中医药学报，1983；（6）：65.
夏洪生. 略论《伤寒论》中的气味学说. 吉林中医药，1983；（6）：1.
柴中元（浙江省上虞县医药卫生科技情报站）. 通血痹、和阴阳为仲景理虚之大法. 吉林中医药，1983；（6）：4.

徐景藩（江苏省中医院）．试析仲景治疗呕吐的学术思想．吉林中医药，1983；（6）：6.
赵映前．《伤寒论》之辨色．吉林中医药，1983；（6）：8.
吴鸿州（上海中医学院）．仲景用药制剂及煎服法小议．吉林中医药，1983；（6）：32.
李宏仁（磐石县中医院）．《伤寒论》中麻黄妙用浅析．吉林中医药，1983；（6）：34.
华庭芳．关于《伤寒论》第七条“病发于阴、阳”及“六、七日愈”之我见．吉林中医药，1983；（6）：35.
鞠文翰．结合《伤寒论》略谈中药的服药时间．山东中医杂志，1983；（6）：1.
程磐基．从逻辑学角度对《伤寒论》“六经病”的探讨．辽宁中医杂志，1983；（6）：8.
费国斌．厥阴病篇刍议．江苏中医杂志，1983；（6）：1.
袁世华（长春中医学院）．张仲景论瘀血证治．江苏中医杂志，1983；（6）：48.
吕志连．浅谈《伤寒论》外治法．湖北中医杂志，1983；（6）：40.
杨宇．柳宝诒治少阴伏气温病透邪法刍议．浙江中医杂志，1983；（6）：243.
石玉麟．仲景运用针灸疗法的几种规律．浙江中医学院学报，1983；（6）：16.
杨泽君（贵阳中医学院）．厥阴病的病理特征及临床辨证．辽宁中医杂志，1983；（7）：1.
高德（湖南中医学院）．古法毋忘后人可师：仲景服药方法浅析．上海中医药杂志，1983；（7）：36.
王琦（中医研究院西苑医院）．略论仲景对中医内科急症治疗的贡献．上海中医药杂志，1983；（8）：30.
张笑平（安徽中医学院）．张仲景并用桂芍的规律探讨．辽宁中医杂志，1983；（8）：10.
李安民（浙江省中医院）．张仲景对毒剧药的运用．浙江中医杂志，1983；（8）：363.
邱明义（湖北中医学院）．《伤寒论》六经传变理论的探讨．新中医，1983；（9）：8.
陈培村．《伤寒论》中的养阴生津方法论．辽宁中医杂志，1983；（9）：1.
姜雪松．论《伤寒论》的脉证从舍．辽宁中医杂志，1983；（10）：5.
陈伯庄（湖北中医学院）．略论仲景四方在温病临床之应用．新中医，1983；（11）：4.
张志民．从甘草干姜汤、干姜附子汤谈张仲景制方用药的一些特点．中医杂志，1983；（11）：4.
杨齐宽．《伤寒论》《金匮要略》小便辨证浅谈．中医杂志，1983；（12）：57.
柯雪帆．《伤寒论》和《金匮要略》中的药物剂量问题．上海中医药杂志，1983；（12）：36.
刘国晖（成都中医学院）．试论张仲景由静辨动的辩证思维方法及其意义．医学与哲学，1983；（12）：41.
李加璞．谈桂枝在“伤寒论”中运用的几个问题．山东中医学院学报，1983；（增刊）：24.
朱晓明．近年来关于《伤寒论》诊断及辨证的探讨．山东中医学院学报，1983；（增刊）：72.
沈自尹．从《伤寒论》与《内经》的不同学术渊源来研究“证”的本质．中医杂志，1984；（1）：70.
张德超．《伤寒》《金匮》组方法度的辩证关系．北京中医，1984；（1）：30.
聂惠民（北京中医学院）．《伤寒论》中“小便不利”的证治疏义．北京中医，1984；（1）：33.
李培生．试论《伤寒论》中恶寒发热的证治．河南中医，1984；（1）：1.
张兆生．试论《伤寒论》中的眩晕．河南中医，1984；（1）：4.
刘良（广州中医学院）．《伤寒论》保胃气法则．中医药学报，1984；（1）：22.
王德藏（成都中医学院）．谈谈《伤寒论》六经研究中的分析和综合．医学与哲学，1984；（1）：44.
陈云平．《伤寒论》六经病治法．中医函授通讯，1984；（1）：14.
陈恳．张仲景再诊法则探讨．浙江中医杂志，1984；（1）：6.
于世良（河北省景县人民医院）．学习仲景运用半夏的经验．上海中医药杂志，1984；（1）：29.
李永占（恩施医专附属医院）．《金匮》变脉举隅．恩施医专学报，1984；（1）：31.
朱鹏飞．对六经实质研究的认识．天津中医学院学报，1984；（1）：29.
乔宝璋．张仲景著作的沿革探讨．贵阳中医学院学报，1984；（1）：8.
柯新桥．试析《伤寒杂病论》中心悸的辨证论治．云南中医学院学报，1984；（1）：1.
邹保生（长安县细柳医院）．《伤寒论》中附子应用及配伍探讨．陕西中医学院学报，1984；（1）：10.
关庆增．浅谈张仲景治利十九法．辽宁中医学院学报，1984；（1）：12.
臧佩林（辽宁中医学院附属医院）．论《伤寒论》灸法．辽宁中医学院学报，1984；（1）：16.
陈国权．《金匮》预防思想初探．安徽中医学院学报，1984；（1）：12.

陈克正（浙江省平阳县人民医院）．探《仲景学说》中的免疫学思想．新中医，1984；（2）：5.
李培生．试论《伤寒论》中恶寒发热的证治（续）．河南中医，1984；（2）：1.
吴润秋．孙思邈对《伤寒论》的研究和发展．河南中医，1984；（2）：6.
周康（上海市精神病防治院）．仲景学说在精神病科的临床运用．河南中医，1984；（2）：8.
吴考槃．《伤寒论》辨证施治简析．中医药学报，1984；（2）：1.
王历（黑龙江中医学院）．试论《伤寒论》中的寒热并用法．中医药学报，1984；（2）：23.
刘华生（黑龙江中医学院）．试论气机升降理论在《伤寒论》治疗中的应用．中医药学报，1984；（2）：35.
肖鹏超（黑龙江中医学院）．伤寒论中的护理医学．中医药信息，1984；（2）：22.
张树生（中医研究院西苑医院）．仲景用药相反相成规律探讨．福建中医药，1984；（2）：5.
何松林（德化县卫协会）．试论《伤寒论》中死证的判断．福建中医药，1984；（2）：8.
周世印．《伤寒论》论治水气病的特点．广西中医药，1984；（2）：13.
张斌（内蒙古医学院）．《伤寒论》阴阳发病及其愈期的浅见．内蒙古中医药，1984；（2）：14.
路振平．试论太阳病与肺胃．黑龙江中医药，1984；（2）：17.
陆文彬．关于伤寒论保津救阴之研讨．黑龙江中医药，1984；（2）：21.
刘绍安．学习张仲景方书之用附子札记．黑龙江中医药，1984；（2）：46.
童增华．试论标本中气与《伤寒论》的关系．青海医学院学报，1984；（2）：86.
朱广仁（天津市卫生职工医学院）．《伤寒论》小便不利证的探讨．天津中医学院学报，1984；（2）：11.
曹一鸣．对《灵枢·经脉》篇手足少阳在肩颈部前后交行问题的认识．天津中医学院学报，1984；（2）：31.
李昌源．《伤寒论》研究方法初探．贵阳中医学院学报，1984；（2）：10.
赵志付．《伤寒论》自然疗能与体质关系的探讨．贵阳中医学院学报，1984；（2）：15.
李培生．略论《伤寒论》六经证候之传与不传．贵阳中医学院学报，1984；（2）：19.
张志民．运用《伤寒杂病论》于癌症诊治的探讨．广州中医学院学报，1984；（2）：1.
沈仲圭（中国中医研究院）．仲景对呕吐哕证的治疗规律浅探．河北中医，1984；（3）：8.
石宜明（长宁县中医院）．对“阳明三急下”的认识．四川中医，1984；（3）：3.
刘世琼（剑阁卫校）．试探《伤寒论》中寒热药物并用之规律．四川中医，1984；（3）：4.
徐谦（彭山县卫生进修学校）．麻辛附治疗少阴咽痛．四川中医，1984；（3）：58.
毛有丰（甘肃省新医药学研究所）．对伤寒六经与十二经关系之我见．甘肃医药，1984；（3）：61.
聂天义．《伤寒论》口渴证治探讨．广西中医药，1984；（3）：6.
李生华（伊盟中医院）．《伤寒论》辨证论治概义．内蒙古中医药，1984；（3～4）：49.
张炬（中国人民解放军153医院）．对少阳病有关问题探讨．黑龙江中医药，1984；（3）：1.
萧康伯．关于六经的开阖枢．黑龙江中医药，1984；（3）：3.
刘云（泗洪县中医院）．学习仲景重用生半夏的体会．江苏中医杂志，1984；（3）：29.
王晓萌．试谈《伤寒论》辨神志症状的意义．浙江中医杂志，1984；（3）：97.
俞群力．初探仲景对情志所致疾病的治疗．浙江中医杂志，1984；（3）：100.
陈荣（江西省中医药研究所）．试论《伤寒论》的外内合邪．云南中医杂志，1984；（3）：7.
沈庆法（上海中医学院）．温病学说对《伤寒论》的发展．中医函授通讯，1984；（3）：123.
叶成炳．论仲景在妇科病中的治瘀十法．泸州医学院学报，1984；（3）：9.
张谷才．仲景的外治法．南京中医学院学报，1984；（3）：10.
张浩良．仲景对后世方剂发展的影响．南京中医学院学报，1984；（3）：13.
彭怀仁．张仲景用桂枝之我见．南京中医学院学报，1984；（3）：35.
朱广仁．《伤寒》《金匮》中眩晕证的探讨．浙江中医学院学报，1984；8（3）：16.
董振华（首都医院）．仲景咳喘证治浅说．湖南中医学院学报，1984；（3～4）：24.
吴忠文（常德县中医院）．谈《伤寒论》中之“气”．湖南中医学院学报，1984；（3～4）：34.
谭兴贵．仲景运用地黄简析．湖南中医学院学报，1984；（3～4）：76.

陈大舜．伤寒六病提纲辨析．贵阳中医学院学报，1984；（3）：4.

陈广源．从《伤寒论》太阴病证治看仲景重脾胃之学术思想．贵阳中医学院学报，1984；（3）：17.

刘锦．芍药在《伤寒论》中的运用．天津中医学院学报，1984；（3）：57.

赵荣胜（安庆市中医医院）．谈《伤寒论》对甘草的运用．安徽中医学院学报，1984；（3）：44.

王洪图．从治疗原则看张仲景对《内经》的继承和发展．北京中医学院学报，1984；（3）：9.

单书健．略论张仲景护脾胃的学术思想．新中医，1984；（4）：6.

鲁福安．略谈太阳中风的“阳浮”与“阴弱”．河南中医，1984；（4）：3.

查文安（唐山煤矿医学院）．对《伤寒论》所载痛证的剖析．河北中医，1984；（4）：5.

林红（雅安地区医院）．试论《伤寒论》中合病的证治规律．四川中医，1984；（4）：8.

李知白（中江县仓山镇医院）．《伤寒论》“脉促”辨析．四川中医，1984；（4）：14.

陈国华（华工农区八〇三信箱职工医院）．阳明温病下后辨证并治．四川中医，1984；（4）：15.

徐辉（甘肃中医学院）．略述《伤寒论》中的针灸施治原则．陕西中医，1984；（4）：26.

蔡金波（江西省抚州市中医院）．试论仲景蛋方．中医药学报，1984；（4）：6.

吴举安（江西省中医学院）．八纲辨证与气血研究的某些进展．江西中医药，1984；（4）：55.

唐培生（兴安县人民医院）．《伤寒论》治热十四法．广西中医药，1984；（4）：10.

寇应超（陕西省中医药研究院附院）．对《伤寒论》衄血证的探讨．广西中医药，1984；（4）：14.

张康泰．仲景治疗不寐四法浅探．山东中医杂志，1984；（4）：9.

方药中（中医研究院）．谈中医学对急性传染病的病机学认识：兼论伤寒与温病学派辨证的理论基础．上海中医药杂志，1984；（4）：6.

江一平（常熟市中医院）．试谈钱潢对《伤寒论》研究的贡献．中华医史杂志，1984；（4）：245.

陈伟民（浙江省天台县人民医院）．学习仲景论治黄疸的体会．安徽中医学院学报，1984；（4）：6.

张鸣鹤（山东中医学院附属医院）．张仲景腹诊的考查与临床实践．山东中医学院学报，1984；（4）：26.

王明杰（泸州医学院）．论“伤寒以开郁为先”．成都中医学院学报，1984；（4）：1.

周志枢．吴鞠通对仲景学说的继承和发展．成都中医学院学报，1984；（4）：7.

刘渡舟．“六经”析疑．北京中医学院学报，1984；（4）：9.

黄宗南．《伤寒论》数学模型设计．北京中医学院学报，1984；（4）：16.

柴可夫（浙江中医学院）．试论《伤寒论》中的附子及临床应用．贵阳中医学院学报，1984；（4）：1.

黄志杰（湖北中医学院）．张仲景目诊初探．陕西中医，1984；（5）：1.

麻恒志（国营关山机械厂职工医院）．伤寒阳明腑证验案二则．陕西中医，1984；（5）：24.

杨殿兴（成都中医学院）．从控制论原理看《伤寒论》中试探性诊治法的意义．福建中医药，1984；（5）：12.

谢胜臣（分宜县中医院）．试论伤寒六经呕吐证治．江西中医药，1984；（5）：2.

宗重阳（江西中医学院）．《伤寒论》湿热发黄证治的现代运用．江西中医药，1984；（5）：10.

张洪（抚州市中医院）．谈《伤寒杂病论》中的方剂用法．江西中医药，1984；（5）：54.

熊克难（湖北省宜昌医专）．论少阳病的和解与清解．吉林中医药，1984；（5）：6.

彭元成（湖南省澧县中医院）．误治后遵仲景法补救案5例．吉林中医药，1984；（5）：20.

王晓萌（湖南中医学院）．《伤寒论》表里双解治法浅析．黑龙江中医药，1984；（5）：1.

关庆增（辽宁中医学院）．浅谈张仲景对眩晕的辨证施治．辽宁中医杂志，1984；（5）：15.

唐承安．《伤寒论》治呕七法．湖南医药杂志，1984；（5）：25.

张云鹏．从《伤寒论》厥阴病探讨危重急症的辨治法则．云南中医杂志，1984；（5）：5.

王本正（哈尔滨工业大学）．集合论在《伤寒论》处方中的应用．中医药学报，1984；（5）：19.

萧鹏超（黑龙江中医学院）．从《伤寒论》中的“转系”“转属”“转入”看疾病的传变．中医药学报，1984；（5）：33.

吴文刚（黑龙江中医学院）．《伤寒论》研究方法的历史沿革及启示．中医药学报，1984；（5）：42.

傅景华（北京中医研究院）．关于《伤寒论》厥阴病病机的商讨．浙江中医学院学报，1984；（5）：32.

刘华生（黑龙江中医学院）．试论气机升降理论在《伤寒论》治疗中的应用．中医药学报，1984；

(6)：35.

詹文涛（昆明铁路中心医院）．从伤寒温病学说的创立探讨中医临床科研的思路和方法．云南中医杂志，1984；（6）：5.

刘熹．谈张仲景运用桂枝的规律．河南中医，1984；（6）：1.

何德昭．略论张仲景著作中的“和”．河南中医，1984；（6）：4.

饶云中．试谈《伤寒论》中的口渴．河南中医，1984；（6）：6.

黄世舞（四川师范学院）．论《内经》“太阳根于至阴”在天文气候因素上的反应．四川中医，1984；（6）：7.

刘友梁（福建中医学院）．谈张仲景的外治法．四川中医，1984；（6）：9.

孟文焕（昆明铁路中心医院）．伤寒六经与阴阳学说之我见．四川中医，1984；（6）：15.

魏菊仙（中医研究院）．张仲景方药剂量变化规律初探．陕西中医，1984；（6）：3.

江淑安（湖北省麻城县中医院）．张仲景饮食护理初探．陕西中医，1984；（6）：6.

金东明（黑龙江中医学院）．《伤寒论》大柴胡汤有无大黄考．中医药学报，1984；（6）：38.

袁求真（江西省新余卫生学校）．浅谈《伤寒论》刺期门治纵横．江西中医药，1984；（6）：42.

熊魁梧（湖北中医学院）．标本中气和伤寒六经的关系．吉林中医药，1984；（6）：3.

郭有昌（黑龙江中医学院）．《伤寒论》表里同治法浅析．吉林中医药，1984；（6）：4.

阎学国（吉林医学院附属医院）．试论六经特有症及其在辨症论治中的地位．吉林中医药，1984；（6）：6.

王永谦（辽宁中医学院）．试论宋代医家研究《伤寒论》的方法．吉林中医药，1984；（6）：8.

孙庶（中国人民解放军二〇二医院）．《伤寒论》与现代免疫学关系刍议．吉林中医药，1984；（6）：11.

孙疗沛（佳木斯医学院）．仲景针刺期门穴浅析．吉林中医药，1984；（6）：25.

王庆其（上海中医学院）．张仲景运用芍药的规律探析．辽宁中医杂志，1984；（6）：10.

袁长津（临澧县中医院）．健运脾胃和解病邪：从仲景原旨为“和法”正义．湖南医药杂志，1984；（6）：27.

王子信（湖南省人民医院）．《伤寒论》中“满”证的证治疏义．中医函授通讯，1984；（6）：256.

王宇华（建昌县中医院）．浅析《伤寒论》中的小便利与不利（续）．中医函授通讯，1984；（6）：260.

赖祥春（辽宁省营口县中医院）．《伤寒论》汗证与汗法初探．中医函授通讯，1984；（6）：261.

袁荃（江西省龙南县关西卫生院）．《伤寒论》因势利导治法初探．中医函授通讯，1984；（6）：258.

时振声．六经辨证与卫气营血及三焦辨证的统一性．北京中医学院学报，1984；（6）：8.

郑光忠（浙江省瑞安县中医院）．《伤寒论》黄连阿胶汤证治探讨．北京中医学院学报，1984；（6）：28.

贝润甫．论“阴阳反佐，治在权衡相夺”对《内经》《伤寒论》《金匮要略》中双相调节的探讨．浙江中医学院学报，1984；（6）：1.

姚勤（湖南省中医药研究所）．试论《伤寒论》的疾病自愈观．浙江中医学院学报，1984；（6）：10.

马士敏．谈仲景理“虚”．浙江中医学院学报，1984；（6）：16.

赵建雄（甘肃中医学院）．学习《伤寒》《金匮》组方论治中对立统一的体会．浙江中医学院学报，1984；（6）：18.

董其圣（上海市中医文献馆）．“治痿独取阳明”之我见．上海中医药杂志，1984；（7）：29.

王晓萌．局部汗症在《伤寒论》中的诊治意义．浙江中医杂志，1984；（8）：337.

朱晓鸣（山东省临沂地区中医院）．关于《伤寒论》证治探讨的近况．陕西中医，1984；（9）：43.

李苍全．试析《伤寒论》中水液代谢障碍证治．成都市第三人民医院院刊，1984；（9）：158.

吴承红（湖北省江陵县第一人民医院）．《伤寒论》心悸证治探讨．陕西中医，1984；（10）：4.

李林（贵阳中医学院）．《伤寒论》辨真假寒热系统方法的探讨．新中医，1984；（11）：9.

张少龙（延安大学）．《伤寒论》汗症辨治探讨．陕西中医，1984；（11）：1.

石玉麟（湖州市中医院）．仲景针灸学术思想与《内经》之关系．浙江中医杂志，1984；（11）：483.

何任．我对《伤寒论》方药之认识和运用．中医杂志，1984；（12）：4.

管遵惠（云南省昆明二〇〇号信箱医院）．《伤寒论》针灸规律探讨．中医杂志，1984；（12）：45.

仲景有关给药途径的论述应予重视．中医杂志，1984；（12）：72.
范准成（河北省中医研究所）．张仲景运用“急下”与“缓下”的规律探讨．陕西中医，1984；（12）：1.
朱鹏飞（天津中医学院）．《伤寒论》丸药运用规律初探．陕西中医，1984；（12）：4.
赵国定．《伤寒论》中辨证法思想初探．贵阳中医学院学报，1984；（增刊）：43.
吴光炯．《伤寒论》方法论初探．贵阳中医学院学报，1984；（增刊）：65.
李林．《伤寒论》识别真假寒热的思想方法浅析．贵阳中医学院学报，1984；（增刊）：71.
兰克信．《伤寒论》法辨治流行性出血热 112 例探讨．新中医，1985；（1）：8.
李克绍（山东中医学院）．《伤寒论》太阴篇几个问题的探讨．中医杂志，1985；（1）：54.
郭忠印（河北中医学院）．少阳病编次初探．河北中医，1985；（1）：1.
高国青（唐山煤矿医学院附属医）．《伤寒论·阳明病》篇寒下法刍议．河北中医，1985；（1）：4.
张鸿声（河北医学院）．《外台》对《伤寒论》解表通下剂的发展．河北中医，1985；（1）：12.
何秀川（沧州地区卫生局）．浅谈《伤寒论》中桂枝的 10 种配伍．河北中医，1985；（1）：16.
阮珍珠（南京铁道医学院）．对《伤寒论》厥阴病的认识．铁道医学，1985；（1）：43.
高洪文（大庆市萨尔图区第一医院）．试谈《伤寒论》“少阴三急下症”．吉林中医药，1985；（1）：3.
宋知行（上海市中医文献馆）．《伤寒论》三阴病方在儿科临床的运用．吉林中医药，1985；（1）：17.
高科（铅山县陈坊药店）．略谈《伤寒论》中甘草、生姜、大枣的应用．江西中医药，1985；（1）：44.
路振平（湖南省中医药研究所）．《伤寒论》误治初探．湖北中医杂志，1985；（1）：7.
袁世华．张仲景外治法．湖北中医杂志，1985；（1）：43.
刘文泉（云南省江边林业局职工医院）．谈《伤寒论》中的机体自然疗能．云南中医杂志，1985；（1）：19.
张伯顺（南京中医学院附属医院）．针刺“独取阳明”治疗中风的体会．江苏中医杂志，1985；（1）：34.
徐珊（浙江中医学院）．谈“二阳为卫”．山东中医杂志，1985；（1）：12.
童增华．试论标本中气与《伤寒论》的关系（二）．青海医学院学报，1985；（1）：60.
穆达浩．《伤寒论》六经实质探讨．辽宁中医学院学报，1985；（1）：8.
俞群力．《伤寒论》的脾胃观．浙江中医学院学报，1985；（1）：9.
刘渡舟．少阴病阴虚热化证治浅谈．北京中医学院学报，1985；（1）：21.
郑元让．论《伤寒论》辨证证据的充分性和必要性．广州中医学院学报，1985；（1）：16.
陈锦荣．论伤寒三阳受邪与体质的关系．广州中医学院学报，1985；（1）：20.
许国华．《伤寒论》厥阴篇内容剖析．陕西中医学院学报，1985；（1）：21.
王贵淼．试论《伤寒论》治肝法在后世的应用．安徽中医学院学报，1985；（1）：43.
刘友梁．《伤寒论》用药剂量探讨．河南中医，1985；（2）：16.
袁求真．谈《伤寒论》9 个汤方用水煎渍的意义．河南中医，1985；（2）：18.
杨殿兴（成都中医学院）．试论《伤寒论》中防病截变的学术思想．北京中医，1985；（2）：33.
童增华（青海医学院）．《伤寒论》蓄水证部位初探．四川中医，1985；（2）：2.
杨尚荣（峨边县大堡区卫生院）．浅谈伤寒论对饮食的运用．四川中医，1985；（2）：6.
刘民杰（荣县双古区卫生院）．用《伤寒论》方药治疗胃脘痛．四川中医，1985；（2）：20.
程希贤（湖北省阳新县卫生学校）．试谈《伤寒论》的气化学说．陕西中医，1985；（2）：86.
张年顺（北京中医学院）．《伤寒论》“和”义探讨．中医药学报，1985；（2）：11.
吕文海（山东中医学院）．《伤寒论》中几种药材炮制原意浅析．中成药研究，1985；（2）：18.
沈兆科（诏安县中医院）．试谈《伤寒论》比较推理法的特点．福建中医药，1985；（2）：8.
岳在文（内蒙古自治区土右旗医院）．《伤寒论》存阴液的临床意义及应用．吉林中医药，1985；（2）：3.
王杰（乌鲁木齐市友谊医院）．讨论《伤寒论》的烦躁．新疆中医药，1985；（2）：10.
蔡金波．小议仲景蛋方．湖北中医杂志，1985；（2）：42.
杨永良．仲景用药研究概况．湖北中医杂志，1985；（2）：47.
高泽明．《伤寒论》“保胃气”学术思想初探．贵阳中医学院学报，1985；（2）：15.

徐永禄．厥阳病刍议．贵阳中医学院学报，1985；（2）：19.
金燕萍．六经辨证体系的科学价值．天津中医学院学报，1985；（2）：4.
沈仲圭（中医研究院广安门医院）．《伤寒论》火逆证的研讨．安徽中医学院学报，1985；（2）：7.
沈敏南（浙江省嘉兴市王店中心医院）．试评研究《伤寒论》三纲、症状二流派．安徽中医学院学报，1985；（2）：11.
刘保和（河北中医学院）．从气机升降谈六经病的病机．湖南中医学院学报，1985；（2）：13.
郁保生．试探《伤寒论》方后注的学术价值．湖南中医学院学报，1985；（2）：17.
李继贵．六经辨证与高血压．云南中医学院学报，1985；（2）：7.
杨世兴（西安医学院附属第二医院）．论下利证六经辨证论治规律．陕西中医学院学报，1985；（2）：4.
郝葆华．从免疫学角度看太阳病传经时日的实质．陕西中医学院学报，1985；（2）：8.
单书健（长春中医学院）．阳明太阴同病初探．北京中医学院学报，1985；（2）：8.
王玉渠（成都中医学院附属医院）．从《伤寒论》谋篇布局看“保胃气”思想．北京中医学院学报，1985；（2）：11.
姜建国（山东中医学院）．《伤寒论》“辨脉法”串解（上）．山东中医学院学报，1985；（2）：51.
张正昭（甘肃中医学院）．关于《伤寒论》六经提纲及其他．山东中医学院学报，1985；（2）：58.
贾美华．仲景十四种给药方法述要．河南中医，1985；（3）：8.
王清海．论《伤寒论》中的柴胡证．河南中医，1985；（3）：19.
郭霭春（天津中医学院）．《伤寒论》六经刍议．河北中医，1985；（3）：1.
吴凤全（河北中医学院）．《伤寒论》中津液的地位及其救治方法初探．河北中医，1985；（3）：4.
刘仕文（宣汉县南坝区卫生院）．《伤寒论》呕吐治法20条．四川中医，1985；（3）：2.
王琦．无分“经”“府”论．云南中医杂志，1985；（3）：10.
陈瑞春．《伤寒论》用桂枝纵横观．云南中医杂志，1985；（3）：35.
刘友梁．《伤寒论》用药剂量探讨．浙江中医杂志，1985；（3）：123.
张松耕（嵊县中医院）．王邈达对禹余粮丸方药的研究．江西中医药，1985；（3）：43.
吕黎明（江西中医学院）．“疟属少阳”之我见．江西中医药，1985；（3）：48.
林家坤（萍乡市城关区医院）．关于桂枝加芍药汤、桂枝加大黄汤功用的问题．江西中医药，1985；（3）：49.
黄家诏（广西中医学院）．少阳经府证刍议．广西中医药，1985；（3）：44.
山广志（萝北县凤翔镇卫生院）．《伤寒论》下利证通因通用小议．黑龙江中医药，1985；（3）：10.
竹剑平（浙江中医药研究所）．《伤寒论》制方规律浅析．中医药学报，1985；（3）：7.
韩运琪（唐山市开滦唐家庄医院）．《伤寒论》《金匮》呕吐证治浅析（续）．中医函授通讯，1985；（3）：387.
刘盛斯．仲景论哕试析．成都中医学院学报，1985；（3）：5.
张光华．《伤寒论》体质观初探．成都中医学院学报，1985；（3）：8.
时振声．《伤寒论》的辩证法思想．安徽中医学院学报，1985；（3）：1.
张有俊．《伤寒论》“传变”规律初探．安徽中医学院学报，1985；（3）：6.
范仁忠．《伤寒论》厥逆证治初探．安徽中医学院学报，1985；（3）：8.
崔美琪．《伤寒论》注重肾阳治法初探．陕西中医学院学报，1985；（3）：35.
李文海（湖南中医学院）．试论比较《伤寒论》．北京中医学院学报，1985；（3）：34.
王鸣三．六经系统论．山东中医学院学报，1985；（3）：42.
李振华．损阳伤正是《伤寒论》六经病的病理基础．河南中医，1985；（4）：8.
于世良．试探《伤寒论》太阳蓄血证的血蓄部位．河北中医，1985；（4）：7.
沈敏南（浙江省嘉兴市王店医院）．试述《伤寒绪论》的学术思想．山西中医，1985；（4）：4.
吴化林（黑龙江中医学院）．仲景止呕八法．山西中医，1985；（4）：6.
江尔逊（乐山地区人民医院）．少阳病位纵横谈．四川中医，1985；（4）：2.
王琦（中医研究院）．怎样正确认识少阳病：兼论小柴胡汤不是少阳病主方．陕西中医，1985；（4）：145.

周尔文.《伤寒论》少阳枢机问题有探讨. 中医药学报，1985；(4)：21.
徐容海. 仲景用姜探析. 江西中医药，1985；(4)：51.
王旭东. 论少阴三急下证. 浙江中医杂志，1985；(4)：179.
杨泽君. 运用伤寒六经辨证的思维程序. 浙江中医杂志，1985；(4)：177.
李克绍. 论三阴中风. 辽宁中医杂志，1985；(4)：1.
徐有全. 经方“同药异治”拾摭. 辽宁中医杂志，1985；(4)：25.
贾文成（山东中医学院）.《伤寒论》和《金匮要略》用药剂量初考. 辽宁中医杂志，1985；(4)：38.
刘渡舟. 试论《伤寒论》之水火痰郁证治：兼论吴谦将28条去桂改为去芍之非. 北京中医学院学报，1985；(4)：23.
曹绍裘. 论儿科疾病多从太阳太阴施治. 湖南中医学院学报，1985；(4)：4.
王三虎（陕西渭南地区中医学校附属医院）. 关于六经病欲解时的探讨. 陕西中医学院学报，1985；(4)：13.
杨万章. 略论《伤寒论》诊治的预见性思想. 陕西中医学院学报，1985；(4)：18.
刘雪堂.《伤寒论》太阳阳明合病之我见. 成都中医学院学报，1985；(4)：12.
饶家济. 太阳病刍议. 成都中医学院学报，1985；(4)：45.
孙世发. 谈《伤寒论》温法的运用. 皖南医学院学报，1985；(4)：296.
俞长荣（福建中医学院）.《伤寒论》方临证应用. 新中医，1985；(5)：8.
杨麦青（辽宁省外贸局职工医院）. 从儿科临床探《伤寒论》六经本质与传经规律. 新中医，1985；(5)：12.
田维君（武警四川总队第二医院）. 论《伤寒论》脾胃学术思想. 新中医，1985；(5)：52.
陈国华（四川省华蓥工农区八〇三信箱职工医院）. 浅谈《伤寒论》之结胸证. 陕西中医，1985；(5)：228.
张云鹏. 从《伤寒论》厥阴病探讨危重急症的辨治法则. 云南中医杂志，1985；(5)：5.
周明道. 试论《伤寒论》中的石膏及其应用. 黑龙江中医药，1985；(5)：13.
李锡涛. 张仲景对神志异常的辨证论治：管窥《伤寒论》之惊、狂、谵语症. 中医药学报，1985；(5)：20.
关庆增. 六经病证与体质. 北京中医学院学报，1985；(5)：8.
李培生. 论《伤寒论》中之脉与治. 浙江中医学院学报，1985；(5)：1.
黄志杰.《伤寒论》腹痛初探. 浙江中医学院学报，1985；(5)：17.
陈永治.《伤寒论》“坏病”研讨. 浙江中医学院学报，1985；(5)：20.
时振声（中医研究院）. 对《伤寒论》厥阴病的再认识. 新中医，1985；(6)：10.
刘渡舟. 对《伤寒论》的紧脉进行对比分析. 北京中医，1985；(6)：44.
骆省吾（江苏省射阳县中医院）. 试论“存津液”在《伤寒论》中的地位. 四川中医，1985；(6)：4.
彭建中（北京中医学院）. 略论伤寒六经的经络意义. 陕西中医，1985；(6)：245.
王文士（广西玉林地区卫校）.《伤寒论》合病并病蠡测. 广西中医药，1985；(6)：6.
王历. 从《伤寒论》看寒热真假证的辨析. 中医药学报，1985；(6)：14.
黄志杰（湖北中医学院）.《伤寒杂病论》中的饮食药物. 中医药学报，1985；(6)：41.
张文进. 少阳病及其兼证变证针灸验案五则. 中医杂志，1985；(7)：61.
向义廷（达县中医学校）. 重温《伤寒论》治则遣方的体会. 四川中医，1985；(7)：3.
王素清（达县中医学校）.《伤寒论》理法方药运用体会. 四川中医，1985；(7)：4.
王赫（涪陵市龙潭坎区卫生院）.“因势利导”法在《伤寒论》中的运用. 四川中医，1985；(7)：5.
成肇仁. 试论《伤寒论》证的内涵. 新中医，1985；(8)：10.
赵映前. 麻黄汤、桂枝麻黄各半汤、麻杏石甘汤、越婢汤四方中均有麻黄，其在各方中的功用又有怎样不同. 中医杂志，1985；(8)：637.
张安国.《伤寒论》之辨证论治与控制论中平衡原理. 四川中医，1985；(8)：3.
范准成. 试论《伤寒杂病论》中的“燥屎”. 浙江中医杂志，1985；(8)：338.

金成明.《伤寒论》大柴胡汤有无大黄考. 浙江中医杂志，1985；(8)：339.
朱克俭. 仲景方后注有关药物反应内容之探讨. 浙江中医杂志，1985；(8)：341.
刘汉祥. 探讨《伤寒论》所论为狭义伤寒之管见. 浙江中医杂志，1985；(8)：343.
吴志文. 仲景趺阳脉. 浙江中医杂志，1985；(8)：345.
路振平. 仲景外治法简介. 浙江中医杂志，1985；(8)：346.
张家骥.《伤寒论》守方易方规律浅析. 新中医，1985；(9)：17.
刘保和. 也谈对少阳病的认识. 陕西中医，1985；(9)：386.
王伯章. 太阳与太阳病的本质初探. 江苏中医杂志，1985；(9)：9.
薛振斌. 太阳统摄营卫初探. 陕西中医，1985；(10)：434.
江永生.《伤寒论》5 个或然方证辨证论治规律探讨. 陕西中医，1985；(11)：483.
沈济苍（上海中医学院）. 我对厥阴病的看法. 中医杂志，1985；(12)：45.
余延杰（广东省梅县城东区汾水乡）. 我对少阳病的认识. 陕西中医，1985；(12)：532.
史定文（河北省医学科学院医学情报研究所）. 浅谈少阳病. 陕西中医，1985；(12)：534.
陈亦人. 少阴病提纲刍见. 南京中医学院学报，1985；(特刊)：24.
顾武军.《伤寒论》辨证论治体系初探. 南京中医学院学报，1985；(特刊)：26.
刘方柏.《伤寒论》发热面面观. 河南中医，1986；(1)：1.
王琦（中国中医研究院）. 论太阳非仅主表、六病皆有表证. 陕西中医，1986；(1)：4.
钱彦方（河北中医学院）. 试论太阳蓄血部位在膀胱. 陕西中医，1986；(1)：33.
丁光迪（南京中医学院）.《伤寒论》几个问题的探讨. 福建中医药，1986；(1)：6.
全国梁. 关于《伤寒论》《金匮要略》二书中服药方法的小结. 北京中医杂志，1986；(1)：35.
蔡振东. 厥阴病之我见（续）. 青海医药杂志，1986；(1)：45.
郁保生（湖南中医学院）.《伤寒论》预后诊断方法初探. 医学与哲学，1986；(1)：23.
侯钦半（山东中医学院）. 从辨证论治特点及规律探析《伤寒论》呕吐症. 中医函授通讯，1986；(1)：544.
曹贵珠. 对太阴病的认识. 南京中医学院学报，1986；(1)：3.
洪登极. 手少阴心经经穴的相关解剖学观察. 南京中医学院学报，1986；(1)：31.
扶兆民. 从气化的观点探讨伤寒六经病证治规律. 成都中医学院学报，1986；(1)：9.
陈大舜（湖南中医学院）. 消法在《伤寒论》中的运用. 贵阳中医学院学报，1986；(1)：11.
王玉芝. 少阳病病位初探. 晋东南医专学报，1986；(1)：34.
赵富昌（晋东南医学专科学校附属医院）. 仲景“治未病”学术思想初探. 晋东南医专学报，1986；(1)：40.
裴玉衡. 浅谈《伤寒论》中的烦躁. 渭南中医学校学报，1986；(1)：15.
鱼敬堂（渭南市下吉医院）.《伤寒论》下利证治规律. 渭南中医学校学报，1986；(1)：16.
童增华.《伤寒杂病论》与气机升降学说关系的初步探讨. 青海医学院学报，1986；(1)：75.
蔡慎初. 论仲景舌诊. 温州医学院学报，1986；(1)：102.
吕钟笑（榆林地区中医研究院）. 试论芍药在《伤寒论》中的运用. 河南中医，1986；(2)：19.
伍楚雄. 探讨六经病传变与体质的关系. 天津中医，1986；(2)：40.
杨育周（天津中医学院）. 少阳病与柴胡证. 天津中医，1986；(2)：42.
胡金生（北京中医研究院）. 试分析《伤寒论》刺期门法. 山西中医，1986；(2)：35.
范准成（河北省中医研究所）.《伤寒杂病论》中泻下法用药规律探讨. 陕西中医，1986；(2)：79.
李文龙（湖北省襄樊卫生学校）. 谈谈《伤寒论》治法八禁. 四川中医，1986；(2)：4.
刘仕文. 仲景方中附子配伍特色. 四川中医，1986；(2)：7.
田金洲（湖北中医学院）. 试论《伤寒论》调整气机求“和”“通”的治疗思想. 广西中医药，1986；(2)：4.
聂天义（四川省涪陵市中医院）.《伤寒论》服药法探讨. 广西中医药，1986；(2)：7.
李一立（浙江省文成县平和医院大墙口分院）.《伤寒论》大黄黄连泻心汤考. 新疆中医药，1986；

(2)：6.
张工彧（南京中医学院）．试论仲景治肺十法．吉林中医药，1986；(2)：6.
李左廉（建阳县黄坑卫生院）．试谈仲景方中桂枝的配伍应用．福建中医药，1986；(2)：52.
张笑平（安徽中医学院）．仲景厥证之剖析．江西中医药，1986；(2)：1.
赵映前（湖北省中医院）．谈谈少阳升禁．黑龙江中医药，1986；(2)：6.
朱广仁（天津中医学院）．仲景治疗开悸诠释．北京中医杂志，1986；(2)：22.
李鸿翔（江苏省高邮县中医院）．《伤寒论》方药运用规则探讨．北京中医杂志，1986；(2)：24.
梁柳文（广州中医学院）．《伤寒论》中汗的意义．湖北中医杂志，1986；(2)：7.
孙大兴．“热结膀胱”“太阳随经”辨：兼谈对太阳篇蓄血证之管见．江苏中医杂志，1986；(2)：29.
黄思荣（湖南省公路局职工医院）．略述仲景用半夏．湖南中医杂志，1986；(2)：26.
叶橘泉．仲景学说腹诊与方证的研究．中西医结合杂志，1986；(2)：74.
李浩（湖南中医学院）．试述《伤寒论》关于咽喉疾患的证治．湖南中医学院学报，1986；(2)：48.
于世良．仲景治脾胃病八法探讨．安徽中医学院学报，1986；(2)：5.
柯新桥（湖北中医学院）．仲景运用“米粥”的药理分析．贵阳中医学院学报，1986；(2)：16.
张明淮（合肥钢铁公司医院）．谈张仲景与制剂学．新中医，1986；(3)：52.
张长恩．著名的《伤寒论》研究者和经方家胡希恕．北京中医，1986；(3)：8.
孟琳升．探讨仲景对喉科的论述．北京中医，1986；(3)：38.
王承德（中医研究院广安门医院）．学习《伤寒论》太阳篇的体会．北京中医，1986；(3)：41.
杨刚（昆明市延安医院）．浅谈《伤寒论》大枣之用．云南医药，1986；(3)：177.
黄玉林（永春县中医院）．仲景理法方药在内科急症中的运用．福建中医药，1986；(3)：23.
刘艳芳．《伤寒论》中因势利导原则运用浅析．中医药学报，1986；(3)：24.
张恩勤（山东中医学院）．细辛、干姜、五味子治咳初探：仲景用药研究点滴．山东中医杂志，1986；(3)：2.
路振平（湖南省中医药研究院）．《伤寒论》非典型证初探．辽宁中医杂志，1986；(3)；8.
沈敏南（浙江省嘉兴市王店医院）．试述伤寒论的病因辨证．云南中医杂志，1986；(3)：5.
童增华（青海医学院）．论《伤寒杂病论》对温病学说发展的贡献．青海医药杂志，1986；(3)：6.
康俊峰（河北省大名县龙王庙医院）．浅谈《伤寒论》腹痛治法．中医函授通讯，1986；(3)：638.
崔钦仪（浙江省镇海县医学科技情报站）．《伤寒论》辨脉浅说．中医函授通讯，1986；(3)：640.
李华安（泰山医学院）．《伤寒论》在日本的变化．国外医学·中医中药分册，1986；(3)：1.
李世禄．浅述仲景治疸十法．贵阳中医学院学报，1986；(3)：7.
沈序德（湖南省娄底地区卫生学校）．《伤寒论》小便辨证举例．浙江中医学院学报，1986；(3)：16.
沈洪（南京中医学院）．《伤寒论》恶寒证辨治浅析．浙江中医学院学报，1986；(3)：33.
李尽孝．《伤寒论》方苦寒药运用规律初探．安徽中医学院学报，1986；(4)：17.
贾春华．仲景心病论治方法刍议．安徽中医学院学报，1986；(4)：20.
王阶（北京中医研究院西苑医院）．浅谈《伤寒论》向内伤杂病的横向渗透．河南中医，1986；(4)：2.
李浩澎．《伤寒》《金匮》中的审目诊疾及其临床意义．河南中医，1986；(4)：5.
吴凤全（河北中医学院）．如何看待《伤寒论》六经提纲．河北中医，1986；(4)：4.
张德超（江苏省高邮中医院）．略论阳明血分证治．北京中医，1986；(4)：36.
罗建华（晋宁县晋城医院）．略谈脾家实．云南中医杂志，1986；(4)：10.
郭运菊（徐州市中医院）．读《伤寒论》有感．中华护理杂志，1986；(4)：156.
吴凤全（河北中医学院）．论六经辨证理论体系的形成．中医杂志，1986；(4)：52.
吕敬仁（安徽省固镇县人民医院）．仲景方中半夏的配伍方法．上海中医药杂志，1986；(4)：29.
朱大年（上海中医学院附属龙华医院）．《伤寒论》证候辨析．上海中医药杂志，1986；(4)：39.
王阶（湖北中医学院）．试论《伤寒论》寒热症状的客观定量研究．辽宁中医杂志，1986；(4)：8.
皋永利（山东中医学院）．《伤寒论》呕吐病机十条．中医药学报，1986；(4)：3.
吴惟康．仲景柴胡剂浅识．中医药学报，1986；(4)：5.

龚家林（丰城县中医院）．从《伤寒论》蓄血证看出血热少尿期的治疗．江西中医药，1986；（4）：22.
张泰康（青岛市商业局职工医院）．仲景治疗不寐四法浅探．山东中医杂志，1986；（4）：9.
王光辉（泰安市郊区第二医院）．《伤寒论》辨证方法探析．山东中医杂志，1986；（4）：14.
朱鹏飞（天津中医学院）．试论《伤寒论》与温病学中的厥．天津中医，1986；（4）：39.
邓家刚（广西中医学院）．张仲景用酒法义初探．广西中医药，1986；（4）：1.
刘雪堂．《伤寒论》合病之我见．成都中医学院学报，1986；（4）：7.
岳仁宋（四川省达县中医学校）．浅论仲景药法．成都中医学院学报，1986；（4）：12.
谢志云（新疆维吾尔自治区中医研究所）．论张仲景治疗心律失常的主要途径：桂枝龙骨牡蛎汤系统药物．新疆中医药，1986；（4）：6.
洪贯之．《伤寒》《金匮》二书药方的再核计．中华医史杂志，1986；（4）：254.
俞群力．仲景治肝初探．铁道医学，1986；（5）：288.
田金洲（湖北中医学院）．试论《伤寒论》“治未病”思想．上海中医药杂志，1986；（6）：3.
邓家芳．伤寒论方在治疗耳鼻咽喉疾病中的应用．中医药研究通讯，1986；（29）：47.
刘友涩．从二味组成的经方看仲景用药之化裁．四川中医，1987；（1）：4.
李锡安（甘肃省干部医疗保健院）．浅谈仲景对小便的观察及临床作用．甘肃中医，1987；（1）：32.
王侃（甘肃省山丹县中医院）．试论《伤寒论》中大黄的煎煮法及临床意义．甘肃中医，1987；（1）：34.
肖相如（湖北中医学院）．谈《伤寒论》分流疗法．山西中医，1987；（1）：13.
李振亮．经方服法举要．国医论坛，1987；（1）：3.
李良松．仲景望睛视病记要．国医论坛，1987；（1）：5.
陈向恒．浅识《伤寒论》的病理理论．福建中医药，1987；（1）：55.
林帆．谈越经传中的突变现象．福建中医药，1987；（1）：58.
阎艳丽（河北中医学院）．谈仲景辨病与辨证．山东中医杂志，1987；（1）：12.
郝文轩．熄风定痉取阳明．浙江中医杂志，1987；（1）：36.
沈洪．仲景用蜜小议．中医函授通讯，1987；（1）：13.
林文谋（福建省莆田县医院）．仲景方治疗肩周炎．中医骨伤科杂志，1987；（1）：41.
张立津．石膏对阳明经证的作用．天津中医学院学报，1987；（1）：封2.
杨育周．《伤寒论》应用柴胡汤的探讨．成都中医学院学报，1987；（1）：10.
戈敬恒．从麻黄汤证的演变及治疗的变化看《伤寒论》的辩证法．甘肃中医学院学报，1987；（1）：13.
李继贵．《伤寒杂病论》中的矿物药．云南中医学院学报，1987；（1）：1.
裴业民．对伤寒少阴急下证的认识．贵阳中医学院学报，1987；（1）：15.
李世威（阳江县中医院）．学习《伤寒论》少阴篇于临床点滴．广州中医学院学报，1987；（1）：11.
余绍源（广州中医学院附属广东省中医院）．从《伤寒论》烦躁症谈火证的转归和预后．广州中医学院学报，1987；（1）：19.
郝文轩（山东省冠县人民医院）．略论阴结．安徽中医学院学报，1987；（1）：9.
陈伯涛（江苏省南通市第二人民医院）．叶天士伤寒中寒门医案评议．安徽中医学院学报，1987；（1）：12.
龚士澄（天长县中医院）．论阳明之汗．安徽中医学院学报，1987；（1）：14.
潘澄濂．桂枝在《伤寒杂病论》诸方中的作用探讨．浙江中医学院学报，1987；（1）：25.
李培生．辨《伤寒论》厥逆的证治．浙江中医学院学报，1987；（1）：28.
孟琳升．仲景舌诊刍议．国医论坛，1987；（2）：3.
邵经明．仲景针灸学说初探．国医论坛，1987；（2）：8.
齐特（安平县卫生学校）．《伤寒论·太阳篇》从肺论治浅探．河北中医，1987；（2）：5.
乔模（山西中医学院）．《伤寒论》小柴胡汤“和”法探析．山西中医，1987；（2）：13.
瞿岳云（湖南中医学院）．辨证施护的先驱：张仲景．山西中医，1987；（2）：15.
郝文轩（山东省冠县医院）．喘取阳明刍议．山西中医，1987；（2）：36.
杨帆（合阳县预防保健中心）．试论少阴为枢．陕西中医，1987；（2）：61.

黄家诏.《伤寒论》方法论研究近况. 广西中医药，1987；(2)：38.
刘心德（四川省涪陵地区卫生学校）. 谈张仲景配伍细辛的经验. 北京中医杂志，1987；(2)：13.
严冰（淮阴市中医院）. 应用仲景方辨治冠心病的点滴经验. 江苏中医杂志，1987；(2)：5.
戴建林（澧县人民医院）.《伤寒论》先后治法浅析. 湖南中医杂志，1987；(2)：29.
姜建国（山西中医学院）. 试论《伤寒论》小便症的常变辩证思维. 辽宁中医杂志，1987；(2)：7.
杨桂芳（鹤岗市中医院）.《伤寒论》合病、并病刍议. 中医药学报，1987；(2)：1.
刘艳芳（中国中医研究院）.《伤寒论》烦躁之探讨. 中医药学报，1987；(2)：7.
许昭森（河南省潢川县卫生局）. 仲景方组成配伍及运用中的辨证法思想探讨. 医学与哲学，1987；(2)：35.
郎需才.《伤寒论》中置少阳病篇于阳明病篇之后的理由. 国外医学·中医中药分册，1987；(2)：5.
冯世纶.《伤寒论》少阴病我见. 国外医学·中医中药分册，1986；(2)：12.
陈光新.《伤寒论》的寒热与阴阳. 国外医学·中医中药分册，1987；(2)：13.
陈光新.《伤寒论》的病机观. 国外医学·中医中药分册，1987；(2)：14.
吴清和. 从“标本中气”说看伤寒六经. 广州中医学院学报，1987；(2)：4
张正昭.《伤寒论》归真. 甘肃中医学院学报，1987；(2)：28.
樊海（北京中医学院）. 从《伤寒论》探讨火热之邪对气血运行影响的双重性. 安徽中医学院学报，1987；(2)：2.
于俊生（山东中医学院）. 略论太阳病衄血. 安徽中医学院学报，1987；(2)：9.
沈敏南（嘉兴市王店中心医院）. 试评伤寒学派的补亡研究法. 贵阳中医学院学报，1987；(2)：7.
孙公凯.《伤寒论》厥阴篇研究近况. 贵阳中医学院学报，1987；(2)：22.
刘方柏（四川省乐山市人民医院）. 小议“极寒伤经，极热伤络”. 北京中医学院学报，1987；(2)：19.
罗江浒（贵阳中医学院）. 关于建立六经气化 1－2－3 状态系统的设想. 北京中医学院学报，1987；(2)：37.
杨育周.《伤寒论》应用大陷胸汤、丸的探讨. 天津中医学院学报，1987；(2)：23.
白庆元（唐山市第三医院）. 试论《伤寒论》顾护正气的思想. 天津中医学院学报，1987；(2)：29.
谷宝森.《伤寒论》中芫花小考. 天津中医学院学报，1987；(2)：32.
齐传厚. 张仲景组方规律初探. 滨州医学院学报，1987；(3)：90.
许浩然（大同市中医医院）.《伤寒论》天经辨. 新疆中医药，1987；(3)：14.
王凡. 关于《内经》中阳明经几个问题的探讨. 天津中医学院学报，1987；(3)：2.
顾文元. 试论桂枝在《伤寒论》中的运用. 天津中医学院学报，1987；(3)：14.
李力.《伤寒论》刺灸规律初探. 天津中医学院学报，1987；(3)：24.
何耀荣（湖南省中医药研究院）.《伤寒论》重视“存津液”学术思想管窥. 湖南中医学院学报，1987；(3)：11.
吴协兵（湖南省安化县东坪镇医院）. 张仲景创 8 种特殊疗法. 内蒙古中医药，1987；(3)：40.
吴杰（上海中医学院）. 张仲景运用腹诊法初探. 贵阳中医学院学报，1987；(3)：9.
李建安. 谈阳明腑实和阳明、少阴三急下证：兼与裴业民同志商榷. 贵阳中医学院学报，1987；(3)：52.
袁宝山（吉林省集安县中医院）. 仲景苓桂剂群方浅析. 吉林中医药，1987；(3)：23.
陈文贵（柳州地区医院）. 谈仲景的桂枝方剂之配伍. 吉林中医药，1987；(3)：30.
茅晓（上海中医学院）. 略谈许叔微对仲景桂枝汤类方的运用. 黑龙江中医药，1987；(3)：9.
宋康（浙江省中医院）.“实则阳明、虚则太阴”刍论. 黑龙江中医药，1987；(3)：11.
陈光华. 试论大黄在《伤寒论》中的运用规律. 浙江中医学院学报，1987；(3)：12.
梁一成（景德镇市中医院）.《伤寒论》辨证浅探. 中医函授通讯，1987；(3)：18.
任楚雄（湖南中医学院）. 浅述仲景“病异方同”的理论渊源与实践. 天津中医，1987；(3)：14.
朱宝贵. 张仲景重脉之辨析. 天津中医，1987；(3)：16.
杨力. 标本中气、开阖枢理论在《伤寒论》中的应用. 天津中医，1987；(3)：18.
宋小强（陕西省大荔县中医医院）. 浅析麻黄与石膏配伍在仲景方中的应用. 陕西中医函授，1987；

(3)：5.

张汉斌．《伤寒论》《金匮要略》死证辨认．江西中医药，1987；(3)：46.

顾铭印．经方药物剂量之我见．北京中医杂志，1987；(3)：14.

柯雪帆（上海中医学院）．《伤寒论》辨证方法研究．中国医药学报，1987；(3)：13.

胡佩儒（锦州医学院）．手少阳三焦经主要穴位与周围神经关系的局部解剖研究．中国针灸，1987；(3)：25.

谢立奎（湖南省中医药研究院）．对仲景痰饮病"和之"含义之研讨．北京中医，1987；(3)：12.

李祥云（上海中医学院附属医院）．仲景方与药的研究．陕西中医，1987；(4)：185.

杨育周．对《伤寒论》中"太阳病"的探讨．河南中医，1987；(5)：9.

曹庆明．别议《伤寒论》格阳证与戴阳证．河南中医，1987；(5)：11.

梁华龙．白虎汤证并非阳明病．河南中医，1987；(5)：13.

刘静宇．《伤寒论》的12种服药方法．河南中医，1987；(5)：14.

姜元安（北京中医学院）．谈谈对少阳病的几点认识．陕西中医，1987；(5)：225.

傅德元（江津县第二人民医院）．《伤寒论》烦躁症治疗八法．四川中医，1987；(5)：3.

陈宝明（北京中医学院）．试论《伤划论》六经辨证论仲景对《素问·热论》的继承发展．山西中医，1987；(5)：4.

谢彦（黑龙江中医学院）．仲景化瘀利水法初探．江西中医药，1987；(5)：5.

谢梅轩（江西中医学院）．试析《伤寒论》八大腹证在证候鉴别诊断中的意义．江西中医药，1987；(5)：7.

王春生（江西省波阳县人民医院）．六经辨证治疗胃脘痛．江西中医药，1987；(5)：27.

林乾良（浙江中医学院）．仲景应用泽泻浅议．江西中医药，1987；(5)：53.

呆勇（湖北中医学院）．本标中气与《伤寒论》六经从化关系浅析．吉林中医药，1987；(5)：1.

梁华龙．略述《伤寒论》中短气证治．吉林中医药，1987；(5)：3.

周纯杰（黑龙江中医学院）．《伤寒论》治疗烦躁症十六法辨析．黑龙江中医药，1987；(5)：11.

王梅竹（黑龙江省北安监狱医院）．试从《周易》三阴三阳概念浅析《伤寒论》六经辨证体系的形成．黑龙江中医药，1987；(5)：14.

荣南山（安陆县卫生职工中等专业学校）．浅谈《伤寒论》气化学说中的几个问题．湖北中医杂志，1987；(5)：4.

梁华龙．浅谈《伤寒论》短气症．中医函授通讯，1987；(5)：11.

孟繁志．温热发黄归属之我见．中医函授通讯，1987；(5)：14.

高桂郁（黑龙江省中医研究院）．柯琴的《伤寒论》六经观初探．中医药学报，1987；(5)：6.

孙志远（上海中医学院）．桂枝去桂加茯苓白术汤证之辨析．中医药学报，1987；(5)：14.

李群林（湖南省桃源县中医院）．仲景对大黄的配伍运用规律探讨．中医药学报，1987；(5)：40.

徐瑞民（中国科学院生物物理所）．手厥阴心包经脉实验体表定位研究．中国医药学报，1987；(5)：21.

丁光迪（南京中医学院）．讨论《伤寒论》的几个方证．浙江中医学院学报，1987；(5)；11.

何毅（四川省青年中医协会）．试论《伤寒论》中的护阴法．浙江中医学院学报，1987；(5)：14.

张春荣．由方药统计分析《伤寒论》论病性质．北京中医学院学报，1987；(5)：27.

刘心德．论张仲景辨感觉异常的临床意义．河南中医，1987；(6)：10.

石风亭．张仲景"药物试探性诊断法"初探．河南中医，1987；(6)：12.

姜建国．"辛以润之"法辨析：读《伤寒论》札记．河南中医，1987；(6)：12.

张树峰．《伤寒论》甘草炙法探讨．河南中医，1987；(6)：13.

卢月英（河北中医学院）．试论《伤寒论》中厥证的治法．河北中医，1987；(6)：1.

郑学龙．刍议张仲景运用和法．福建中医药，1987；(6)：5.

张同振．《伤寒论》《金匮要略》用药剂量续考．吉林中医药，1987；(6)：42.

崔振儒（黑龙江中医学院附属医院）．《伤寒论》有关饮食失常的病机探讨．中医药学报，1987；(6)：15.

王敏利（大庆市第二医院）．病毒性肝炎、肝炎后肝硬化的六经传变及其辨证施治规律初探．中医药学报，1987；(6)：18.
孙建实（黑龙江中医学院）．谈仲景的临床观察特点．中医药学报，1987；(6)：35.
郑大正（福州市郊区医院）．对《伤寒论》中风的新认识．中国医药学报，1987；(6)：44.
裴永清．论四逆散证并非属少阴病．北京中医学院学报，1987；(6)：15.
徐登国．张仲景阴阳两虚治法探析．江苏中医杂志，1988；(1)：38.
张工彧．仲景降逆十法．南京中医学院学报，1988；(2)：10.
潘澄濂．麻黄在《伤寒杂病论》诸方中作用的探讨．浙江中医学院学报，1988；(2)：5.
孙启明．真朱古代用药考核．山东中医学院学报，1988；(2)：41.
刘超峰．张仲景治肺特色探讨．陕西中医，1988；(4)：186.
吴官华．论仲景杂病辨证要义．湖南中医杂志，1988；(5)：26.
唐兵役．仲景口服水液法浅析．陕西中医函授，1988；(5)：13.
史法见．试析仲景对黄芩的配伍规律．江苏中医杂志，1988；(7)：34.
王琦．试析仲景用杏仁的配伍规律．吉林中医药，1989；(1)：28.
陈元玉．经方中如何用甘草．陕西中医函授，1989；(1)：21.
江克明．张仲景对大黄的应用．国医论坛，1989；(2)：1.
龙文强．论仲景对剧毒药物的运用．中医药信息，1989；(2)：8.
李守业．初探仲景对附子的配伍规律．成都中医学院学报，1989；(2)：1.
王贵森．仲景用茯苓浅说．安徽中医学院学报，1989；(2)：10.
谭福天（辽源市第一人民医院）．从临床治验中探索仲景方剂的现代药理与运用．吉林中医药，1989；(3)：7.
陈连顺（张仲景国医大学）．《脉经》与仲景脉学．江西中医药，1989；(3)：5.
彭元珍．试探张仲景的声诊．湖北中医杂志，1989；(3)：32.
亢荣海．仲景苓桂剂类方对水气病的治法妙用．陕西中医函授，1989；(3)：23.
宋传荣．析黄芩、白术安胎说．中国中药杂志，1989；(3)：53.
周庚生．《伤寒论》少阳病要义六识．浙江中医学院学报，1989；(3)：4.
李心机．从寒热两极从化看《伤寒论》四逆散证治．山东中医学院学报，1989；(3)：7.
马志才．经方系列化分析．光明中医，1989；(4)：15.
黄煌（南京中医学院）．阎德润与《伤寒论评释》．中医药信息，1989；(4)：4.
焦一鸣（江西医院）．试述《伤寒论》中的药物起效时间．中医药信息，1989；(4)：6.
赵国平（南京中医学院）．试论仲景对不典型汤证的模糊思维．中医研究，1989；(4)：12.
高飞（解放军三〇四医院）．大柴胡汤证解析．中医研究，1989；(4)：17.
路振平（湖南省中医药研究院）．《伤寒论》调气法初探．湖南中医杂志，1989；(4)：25.
高想（江苏省南通市中医院）．《伤寒论》中大黄的配伍特点．中医函授通讯，1989；(4)：17.
房景芬（河北景县人民医院）．仲景小方应用举隅．实用中医内科杂志，1989；(4)：37.
肖合聚（河南省鹿邑县太清宫医院）．温病与太阳病之关系考略．中医药学报，1989；(4)：10.
陈宝明（北京中医学院）．试述《伤寒论》治则的两条规律．贵阳中医学院学报，1989；(4)：12.
贾波．试论汉方医学对仲景方研究的特点．成都中医学院学报，1989；(4)：9.
汪耀（武警安徽省总队医院）．试析《伤寒论》对衄血论述之意义．安徽中医学院学报，1989；(4)：9.
陈光华．《伤寒论》用方规律探讨．浙江中医学院学报，1989；(4)：4.
白兴华．古代针药并用之文献探讨．北京中医学院学报，1989；(4)：10.
梁华龙．六因素分析是六经辨证的实质．北京中医学院学报，1989；(4)：14.
刘养元（湖南省冷水江市）．寒入太阳、厥阴两经治验．北京中医学院学报，1989；(4)：28.
李尽孝（安徽中医学院）．《伤寒论》中六经病的预后．南京中医学院学报，1989；(4)：8.
陈宝明（山西省大同医学专科学校）．《伤寒论》治肝特点探讨．新中医，1989；(5)：15.
范仁忠（安徽中医学院）．阳微寒凝探厥阴兼论六经病的病理基础．河南中医，1989；(5)：2.
王良骏．张仲景对大米及其制品的运用．国医论坛，1989；(5)：6.

王放（江西省樟树中医院）．试论张仲景对细辛的运用．四川中医，1989；（5）：2.
徐兴国（渠县卫生进修学校）．试论太阳柴胡证．四川中医，1989；（5）：4.
杨仁甲（青川县桥楼卫生院）．《伤寒论》少阳病的探讨．四川中医，1989；（5）：6.
孙炜．《内经》与《伤寒论》厥证异同发微．陕西中医，1989；（5）：210.
聂天义（四川省涪陵市中医院）．仲景水血相关论治探讨．江西中医药，1989；（5）；51.
干祖望（南京中医学院附属医院）．张仲景方在耳鼻喉科病的运用．福建中医药，1989；（5）：9.
刘含堂（河南省南阳市张仲景医院）．《伤寒论》扶正培本思想探讨．中医药研究，1989；（5）：22.
张载义．足少阴肾经踝跟部有无分支辨析．浙江中医杂志，1989；（5）：224.
曾红（江苏建湖县中医院）．对《伤寒论》三阳经辨证施护的初步探讨．实用护理杂志，1989；（5）：5.
周平龙（江西省武宁县中医院）．《伤寒论》相反配伍用药．中医函授通讯，1989；（5）：6.
吴洁（南京中医学院）．六经辨证与八纲辨证之关系．中医函授通讯，1989；（5）：13.
纪开东（扬州医学院）．我对阳明病恶寒的看法．浙江中医学院学报，1989；（5）：7.
何新慧（上海中医学院）．阳明病小便数的辨证意义．中医杂志，1989；（6）：58.
卢月英（河北中医学院）．《伤寒论》中小便异常的临床意义．河北中医，1989；（6）：37.
宋绍媛（天津中医学院第一附属医院）．《伤寒论》汗法试析．天津中医，1989；（6）：26.
紫瑞霁（山西省运城地区卫生学校）．太阳中风“营弱卫强”病机的研讨．四川中医，1989；（6）：4.
韩克起．仲景用发小议．国医论坛，1989；（6）：14.
潘澄濂．大黄在《伤寒杂病论》诸方中的作用探讨．浙江中医学院学报，1989；（6）：1.
王贵淼．仲景健脾补肾治则的发展．浙江中医学院学报，1989；（6）：9.
姜之安．对“少阳为枢”理论之再认识．北京中医学院学报，1989；（6）：15.
李学麟．《伤寒论》通阳特点浅探．浙江中医杂志，1989；（8）：369.
杨叔禹．张仲景特殊用药法举隅．浙江中医杂志，1989；（8）：414.
张维广（内蒙古赤峰市红山区医院）．俞根初对《伤寒论》方和解剂的发挥．新中医，1989；（9）：54.
陈莉．仲景煎药法探幽．四川中医，1989；（9）：3.
金光亮（湖北中医学院）．仲景运用甘药规律初探．辽宁中医杂志，1989；（9）：8.
彭万年．仲景方治消渴病十法探讨．新中医，1989；（10）：12.
魏仲德（达县卫生学校）．浅析《伤寒论》中烦躁症．四川中医，1989；（11）：2.
陈建民（上海医科大学）．张仲景用大黄配伍规律刍议．上海中医药杂志，1989；（11）：44.
梁华龙（河南中医学院）．返璞归真读《伤寒》．上海中医药杂志，1989；（12）：36.
吕麦囤（尉氏县永兴乡王楼村）．厥阴病新探．河南中医，1990；（1）：2.
王付（南京中医学院）．从体质学说探讨太阳伤寒、中风的发病机理．河南中医，1990；（1）：4.
于世楼．张仲景运用龙骨、牡蛎特点．河北中医，1990；（1）：16.
蒋士升．《伤寒论》《金匮要略》药物剂量研究概况．国医论坛，1990；（1）：42.
黄景贤．试论肝“为阳中之少阳”及其意义．广西中医药，1990；（1）：28.
文清华（四川省丰都县中医院）．浅谈《伤寒论》针灸治疗学思想．新疆中医药，1990；（1）：38.
袁景云（惠民地区中医院）．《伤寒论》服药护理评述．山东中医杂志，1990；（1）：4.
王振瑞．恢复期的少阳病．国外医学·中医中药分册，1990；（1）：5.
廖云龙（江西中医学院）．从模糊理论看六经辨证．广州中医学院学报，1990；（1）：1.
林安钟．仲景退黄八法．广州中医学院学报，1990；（1）：63.
倪伟．仲景通调津液治法的探讨．成都中医学院学报，1990；（1）：4.
郭聂涛．《伤寒论》论医源性阳虚．成都中医学院学报，1990；（1）：8.
曹永康（镇江医学院）．厥阴病“寒厥”之探讨．南京中医学院学报，1990；（1）：1.
李家庚（河北中医学院）．略论张仲景运用动物药的特点．贵阳中医学院学报，1990；（1）：4.
乔雪峰（陕西中医学院）．手厥阴经所属新解．贵阳中医学院学报，1990；（1）：44.
毛水泉（绍兴市中医院）．浅谈《伤寒论》对瘀血证的诊治特点．浙江中医学院学报，1990；（1）：12.
吴洁（南京中医学院）．《伤寒论》中之肝乘脾、肝乘肺小议．北京中医学院学报，1990；（1）：15.

王恒照（兰州市解放军八四五二三部队）．《伤寒杂病论》之血证研讨．新中医，1990；（2）：13.

郭忠印（河北中医学院）．以脉象变化推断六经病进退．河北中医，1990；（2）：46.

刘嘉企（天津中医学院第一附属医院）．试从《伤寒论》之辨病与辨证探讨辨证论治的涵义．天津中医，1990；（2）：24.

李应兰（四川省奉节县医药局）．仲景药物炮制浅探．中药饮片，1990；（2）：30.

王阶（中国中医研究院西苑医院）．《伤寒论》汤证研究的思路与方法．云南中医杂志，1990；（2）：45.

王振瑞．阴阳方证并存的《伤寒论》第94条是并病还是兼证．国外医学·中医中药分册，1990；（2）：6.

孙益鑫．《伤寒论》保津救阴学术观初探．安徽中医学院学报，1990；（2）：5.

范仁忠．试论卫气强弱对太阳病发病、传变及治疗的影响．安徽中医学院学报，1990；（2）：9.

雍履平（安徽省天长县铜城医院）．浅析《伤寒论》药物加工炮制的临床意义．安徽中医学院学报，1990；（2）：11.

李彦恒．小议《伤寒论》六经与《内经》六经的异同．甘肃中医学院学报，1990；（2）：40.

梁华龙（河南中医学院）．六经形成三段论．贵阳中医学院学报，1990；（2）：15.

孙伯青（南通县中医院）．“六经病欲解时”的时间医学意义．南京中医学院学报，1990；（2）：9.

万小刚（湖北中医学院）．试析《伤寒论述义》辨证思想之特点．中医杂志，1990；（3）：15.

王付（青海医学院）．《伤寒论》膀胱蓄血证辨析．四川中医，1990；（3）：2.

杨仁甲（青川县桥楼医院）．对仲景“辛开苦泄”的点滴体会．四川中医，1990；（3）：3.

孔德勇．浅论《伤寒论》祛邪保胃学术思想．四川中医，1990；（3）：6.

张来志（郑州铁路局医院）．太阳伤寒表实、太阳中风表虚之说欠妥．河南中医，1990；（3）：9.

梁立武（黑龙江中医学院）．浅论《内经》中足阳明经穴的应用．针灸学报，1990；（3）：34.

王晰耀（南京中医学院）．《伤寒论》方剂的药物对立配伍浅探．广西中医药，1990；（3）：35.

雍履平（安徽省天长县中医院）．《伤寒论》中芍药的护阴功能及临床运用．吉林中医药，1990；（3）：30.

李远实（萍乡市中医院）．运用《伤寒论》针灸与方符合用心得．江西中医药，1990；（3）：41.

王世春．浅述仲景方中大黄的配伍方法．江西中医药，1990；（3）：62.

李家庚．张仲景血证论治探要．湖北中医杂志，1990；（3）：29.

王发渭（中国人民解放军总医院）．仲景运用桂枝组方举隅．中医函授通讯，1990；（3）：21.

林家坤（江西萍乡市）．理中丸适用于太阴提纲证吗．陕西中医学院学报，1990；（3）：15.

高秋松．试论张仲景“肝病实脾”的学术思想及其临床意义．浙江中医学院学报，1990；（3）：7.

曾立言（丽水市中医院）．张仲景对瘀血证的贡献．浙江中医学院学报，1990；（3）：9.

鄢建君（湖北省黄梅县卫生学校）．试述《伤寒论》方法组方的对立统一观．浙江中医学院学报，1990；（3）：14.

聂惠民（北京中医学院）．《伤寒论》治喘诸方的运用．贵阳中医学院学报，1990；（3）：4.

邓兴学．对《伤寒论》厥阴病的认识．贵阳中医学院学报，1990；（3）：7.

尉迟静．探索手少阴经新经穴．针灸学报，1990；（4）：31.

李洪志（黑龙江省木兰县中医院）．谈《伤寒论》针灸腧穴及应用．江西中医药，1990；（4）：36.

童增华（青海医学院）．张仲景运用大黄初探．青海医药杂志，1990；（4）：5.

朱立鸣（青海医学院）．温病气分阳明热盛证动物模型复制的实验研究．青海医药杂志，1990；（4）：40.

储亚庚（上海市川沙县中医医院）．张仲景运用细辛的初步探讨．杏苑中医文献杂志，1990；（4）：3.

吴文刚．谈《伤寒论》泻心法的组方用药特点．中医药学报，1990；（4）：3.

梁海锐（北京中医学院）．淫羊藿属新植物．植物分类学报，1990；（4）：321.

范仁忠．《伤寒论》方临床应用之我见．安徽中医学院学报，1990；（4）：10.

彭绿荣（安徽省芜湖地区卫校）．张仲景用黄芩清热作用初探．浙江中医学院学报，1990；（4）：9.

刘玉守．浅述太阳病发汗之五法．陕西中医学院学报，1990；（4）：4.

刘联群（四川安岳县印刷厂）．《伤寒论》六经原理新探．河南中医，1990；（5）；2.

李若萍（新疆石河子柴油机厂）．《伤寒论》中桂枝去皮久煎的用意．河南中医，1990；（5）：9.

张长恩（北京联大中医药学院）. 猪苓汤证探究. 北京中医，1990；（5）：40.
胡学军. 浅探张仲景对疾病分类的方法及其影响. 国医论坛，1990；（5）：6.
王鸿源（山西大同中医专）. 张仲景“营卫不和”证治剖析. 广西中医药，1990；（5）：27.
路振平.《伤寒论》脉法初探. 湖南中医杂志，1990；（5）：23.
秦宗昌（山东巨野县人民医院）. 试谈《伤寒论》四肢辨证的意义. 北京中医学院学报，1990；（5）：19.
陶昔安（四川省石桂县医学会）.《伤寒论》中的征兆证略例. 河南中医，1990；（6）：15.
秦宗昌（山东巨野县人民医院）. 试论“脉微细、但欲寐”在少阴病中的意义. 河南中医，1990；（6）：17.
刘建平（济南市槐荫医院）.《伤寒论》渴的辨治及意义. 山东中医杂志，1990；（6）：2.
淡运良（上海中医学院）.《伤寒论》心肾相关理论与“心衰”征治. 辽宁中医杂志，1990；（6）：1.
张慧贤（北京中医学院）.《伤寒论》辨证论治规范探讨. 中国医药学报，1990；（6）：7.
杨麦青（辽宁对外贸易公司）. 对《伤寒论》中病证规范的刍议. 中国医药学报，1990；（6）：9.
潘澄濂（浙江中医药研究院）. 附子在《伤寒杂病论》诸方配伍中的作用探讨. 浙江中医学院学报，1990；（6）：4.
肖合聚（河南省鹿邑县太清宫医院）. 论柴胡证当无“口苦咽干目眩”之症. 浙江中医学院学报，1990；（6）：7.
雍履平（安徽天长县中医院）.“八法”治痛在《伤寒论》中的应用. 四川中医，1990；（8）：5.
乔富渠. 对《伤寒论》并发症及预后不良症的评述. 浙江中医杂志，1990；（9）：389.
吴治光（重庆市大足县龙水镇卫生院）. 浅述《伤寒论》的补法治痛. 四川中医，1990；（10）：5.
徐贵成（中国中医研究院广安门医院）. 略论《伤寒论》心病救疗的主导思想. 江苏中医，1990；（10）：30.
李伟才（甘肃省清水县中医院）.《伤寒论》半夏泻心汤证之研讨. 辽宁中医杂志，1990；（10）：5.
艾华（辽宁中医学院）. 柴胡桂枝汤证证治规律的研究：《伤寒论》古今医案185例统计分析. 辽宁中医杂志，1990；（11）：8.
任清良（梓潼县中医院）. 试论仲景组方用药的阴阳配伍. 四川中医，1990；（12）：6.
姚廷周（广西凤山县人民医院）. 小柴胡汤为少阳病主方质疑. 新中医，1991；（1）：51.
梁华龙（河南中医学院）. 简谈少阴病证型分类. 河南中医，1991；（1）：24.
章熔（武汉市职工医学院）. 试论《伤寒论》的救阴特点. 四川中医，1991；（1）：2.
柴瑞霁（山西省运城地区卫生学校）. 重新认识桂枝汤方证病机与作用机理. 国医论坛，1991；（1）：6.
彭鼎三（四川省江油市中医院）. 仲景腹诊法临床应用体会. 国医论坛，1991；（1）：10.
杨泽君（贵阳中医学院）. 温病卫气营血、三焦辨证的逻辑思考及其与伤寒六经辨证的差异. 中医研究，1991；（1）：12.
胡永信（洛阳市第二中医院）. 仲景应用桂枝初探. 中医研究，1991；（1）：14.
周应福（江西省南城中等卫生职业技术学校）.《伤寒论》《金匮要略》方剂中寒热药物量次分析. 江西中医药，1991；（1）：44.
章日初（上海市普陀区中医院）. 浅议《伤寒论》中的湿温证. 黑龙江中医药，1991；（1）：11.
乐艳（仙桃市中医学院）. 仲景论痒的病机分析及其指导意义. 湖北中医杂志，1991；（1）：24.
刁军成（江西中医学院）. 浅议《伤寒论》以食饮好坏进行鉴别诊断的方法. 湖北中医杂志，1991；（1）：26.
王晓玮（杭州医学学校）. 浅谈《伤寒论》随证加减用药规律. 浙江中医学院学报，1991；（1）：10.
李美琴（浙江医科大学儿童医院）. 试探《伤寒论》与病毒性肺炎关系. 浙江中医学院学报，1991；（1）：12.
旷惠桃（湖南中医学院）. 仲景通窍祛邪法之探讨. 湖南中医学院学报，1991；（1）：9.
毕明义（山东省文登县整骨医院）.《伤寒论》小便不利辨析. 陕西中医学院学报，1991；（1）：1.
贾孟辉（宁夏医学院）. 仲景辨证过程中审饮食变化的临床意义. 陕西中医学院学报，1991；（1）：4.
牟克祥（四川省洪雅县中医院）. 仲景治咽喉病十法探述. 新中医，1991；（2）：13.

连增林．略述仲景察小便诊病法．河南中医，1991；(2)：10.
许静阁．张仲景五个泻心汤的临床应用．河南中医，1991；(2)：43.
吴炳岳（津中医学院）．《伤寒论》“下利”病因病证初探．天津中医，1991；(2)：35.
张秀珍（天津卫生职工医学院）．浅谈《伤寒论》治厥八法．天津中医，1991；(2)：39.
李富汉（河南省新野县中医院）．论仲景运用峻下及对后世的影响．国医论坛，1991；(2)：6.
唐伟华（四川省岳池县中和职业中学）．桂枝去桂加茯苓白术汤治愈恶寒不解．国医论坛，1991；(2)：封4.
李春生（中国中医研究院西苑医院）．仲景医学与食疗食养．中医研究，1991；(2)：16.
张振芳．论阳明三急下证与少阴三急下证．陕西中医函授，1991；(2)：9.
王文璞（沈阳市二四五医院）．六经辨治流行性出血热．实用中医内科杂志，1991；(2)：11.
王启才（南京中医学院）．“治痿独取阳明”的立论机理及临床应用．实用中医内科杂志，1991；(2)：17.
张岐山（荣城市人民医院）．浅谈《伤寒论》寒温法的运用．齐鲁中医药情报，1991；(2)：3.
李家庚（湖北中医学院）．张仲景血证论治探要．陕西中医学院学报，1991；(2)：5.
周尔文（天津中医学院）．少阳枢机与五脏．天津中医学院学报，1991；(2)：35.
林安钟（广州中医学院）．厥阴病辨证现代化刍议．广州中医学院学报，1991；(2～3)：87.
孔德勇（四川仪陇马鞍北路10号）．《伤寒论》治利之法．河北中医，1991；(3)：31.
李密英．《伤寒论》及《金匮要略》中下法与大便的关系．陕西中医，1991；(3)：141.
唐宋（河南中医学院）．研《伤寒》话体质．中医研究，1991；(3)：16.
王占彬（重庆市中医研究所）．浅探《伤寒杂病论》食疗与药疗的结合问题．国医论坛，1991；(3)：4.
廖子君（湖北中医学院）．刍议《伤寒论》对“胸腹痛证”诊治之规律．国医论坛，1991；(3)：6.
郝文轩（山东省冠县人民医院）．试论腰痛治取阳明．吉林中医药，1991；(3)：12.
金润和（双城市中医院）．仲景下法临床应用之浅见．黑龙江中医药，1991；(3)：11.
冯五金（山西省中医研究所）．仲景腹诊与辨证关系探析．中医药研究，1991；(3)：25.
王文萍（辽宁中医学院）．《伤寒论》辨证施禁及其意义．中医函授通讯，1991；(3)：13.
张雪亮（中国中医研究院基础理论研究所）．《伤寒论》出血证治探讨．中医函授通讯，1991；(3)：14.
朱广仁．《伤寒论》《金匮》咳症阐微．中医函授通讯，1991；(3)：22.
戴天木．张仲景天人相应思想之临床运用．湖北中医杂志，1991；(3)：26.
林永发（厦门市中医院）．伤寒直中探析．山东中医杂志，1991；(3)：12.
王贵淼（南京中医学院）．《伤寒论》治厥六法．实用中医内科杂志，1991；(3)：4.
朱建章（安徽省灵壁县人民医院）．《伤寒论》运用大黄的规律探析．中医临床与保健，1991；(3)：42.
王洪图（北京中医学院）．《伤寒论》方治癫狂痫举隅．中国医药学报，1991；(3)：51.
邢哲斌．张仲景对防治医源性疾病的贡献．中华医史杂志，1991；(3)：153
郭聂涛（成都中医学院）．试论《伤寒杂病论》中的时间治疗学措施．成都中医学院学报，1991；(3)：8.
尚品洁（岳阳市中医医院）．小柴胡汤证心悟．湖南中医学院学报，1991；(3)：30.
陈文照．《伤寒论》人参应用研究．浙江中医学院学报，1991；(3)：6.
童增华（青海医学院）．从标本中气说探《伤寒论》六经病．甘肃中医学院学报，1991；(3)：18.
王付（青海医学院）．试论《伤寒杂病论》呕吐证治八法．甘肃中医学院学报，1991；(3)：20.
朱广仁（天津中医学院）．《伤寒论》《金匮要略》肺病证治诠释．国医论坛，1991；(4)：1.
戴天木（湖北中医学院）．《伤寒杂病论》食疗“八法”．国医论坛，1991；(4)：4.
陈宝明（山西省大同医学专科学校）．《伤寒论》治肝方法初探．医药研究，1991；(4)：26.
肖桂宏（哈尔滨市第七医院）．对张仲景论述风水病因证治的探讨．黑龙江中医药，1991；(4)：10.
夏中和（重庆南岸区第一中医院）．试探《伤寒论》之非药物疗法机理及应用规律．泸州医学院学报，1991；(4)：297.
黄金玲（安徽中医学院）．《伤寒论》治痛九法初探．安徽中医学院学报，1991；(4)：14.
何赛萍（浙江中医学院）．试探附子在《伤寒论》中的应用．浙江中医学院学报，1991；(4)：8.

沈楚才（嘉兴卫生学校）．《伤寒论》《金匮要略》应用芍药规律初探．浙江中医学院学报，1991；（4）：9.
柴瑞霁．仲景方用人参考．山西中医，1991；（4）：28.
唐克强（四川宣汉县东乡镇诊所）．试论《伤寒论》与内伤杂病．四川中医，1991；（4）：4.
周海平（河北省邯郸地区针灸学会）．试析张仲景针灸运用特点．中国针灸，1991；（4）：43.
柯雪帆（上海中医学院）．《伤寒论》平脉辨证新探．中国医药学报，1991；（4）：3.
刘渡舟（北京中医学院）．《伤寒论》水证阐微．中国医药学报，1991；（4）：58.
王心好（河南省夏邑县人民医院）．试论仲景桂枝汤法活用．河南中医，1991；（5）：7.
龚大国（湖北省大悟县中医院）．仲景用桂枝汤治疗妊娠呕吐意在平冲降逆．河南中医，1991；（5）：26.
王昆文．仲景用药之巧探析．国医论坛，1991；（5）：1.
刘冰．仲景用浆水小议．国医论坛，1991；（5）：10.
吴秀惠．张仲景治则理论的三个层次．山东中医杂志，1991；（5）：9.
徐传富．试析张仲景方剂配伍的规律．湖北中医杂志，1991；（5）：33.
陈仁寿．试论仲景妙用干姜温中．中医函授通讯，1991；（5）：8.
潘少骅（江西省人民医院）．《伤寒论》附子配伍规律浅谈．中医函授通讯，1991；（5）：9.
崔河泉（河南中医学院）．论仲景治内伤杂病用“风药”．河南中医，1991；（6）：7.
崔庆荣（甘肃中医学院）．《伤寒论》《金匮》治肺法探述．四川中医，1991；（6）：2.
郭忠印（河北中医学院）．《伤寒论》辨证论治思维规律探讨．国医论坛，1991；（6）：1.
张有俊（天津中医学院）．仲景温中法初探．天津中医，1991；（6）：27.
王启才（南京中医学院）．试论足太阳经为十二经脉之核心．陕西中医，1991；（6）：260.
余德利（安徽歙县小川卫生院）．张仲景与生姜．浙江中医学院学报，1991；（6）：9.
王占彬（重庆市中医研究所）．仲景三承气汤在热病治疗中的地位．四川中医，1991；（7）：3.
孔德勇（仪陇县马鞍区医院）．《伤寒论》治痛十法．四川中医，1991；（7）：5.
沈敏南（浙江省嘉兴市王店人民医院）．试析《伤寒论》“之热”．辽宁中医杂志，1991；（7）：4.
孙冠兰（山东省宁津县中医院）．少阳阳明合病治验．上海中医药杂志，1991；（7）：29.
何新慧（上海中医学院）．日本《伤寒论》派腹诊与中医辨证的比较研究．中医杂志，1991；（8）：42.
周广涵（泗水县中医院）．《伤寒论》护阴规律探析．四川中医，1991；（8）：16.
姚沛雨．张仲景芍药运用刍议．四川中医，1991；（9）：2.
岳富雄（广元市中医院）．试探《伤寒论》察小便在辨证中的意义．四川中医，1991；（10）：3.
程磐基（上海中医学院）．对吴鞠通应用《伤寒论》方的探讨．辽宁中医杂志，1991；（11）：1.
牟克祥．仲景治咽喉病十法探述．新中医，1991；（12）：13.
聂惠民（北京中医学院）．论六经病传变途径与临证意义．新中医，1992；（1）：9.
王玉明（山西省忻州地区卫校）．《伤寒论》表里同病证治规律管窥．河南中医，1992；（1）：5.
庄彦亭（山东邹县精神病院）．仲景顾护脾胃法初探．四川中医，1992；（1）：2.
侯沛如（新疆独山子煤油厂医院）．浅述《伤寒论》中的针灸疗法．四川中医，1992；（1）：3.
王付（青海医学院）．《伤寒论》针灸法应用浅析．四川中医，1992；（1）：4.
周建英（南京中医学院）．从熵流学说看张仲景的治疗观．国医论坛，1992；（1）：1.
张登本（陕西中医学院）．仲景男科证治十法．国医论坛，1992；（1）：3.
柯雪帆（上海中医学院）．仲景腹诊初探．中医研究，1992；（1）：15.
廖子君（湖北中医学院）．张仲景血症学术思想探析．中医药研究，1992；（1）：23.
刘耀伟（新疆呼图壁城镇中西医门诊部）．《伤寒论》脉学管见．新疆中医药，1992；（1）：4.
权晓理（浙江省中医药研究院）．从仲景方看当今处方之弊．浙江中医杂志，1992；（1）：31.
张毓汉（浙江省中医药研究院）．仲景用姜生干有别论．浙江中医杂志，1992；（1）：32.
郭光瑗（高密县卫生局）．试述《伤寒论》使用甘草的特点．山东中医杂志，1992；（1）：7.
董正华（陕西中医学院）．《伤寒论》疑难证候辨析方法浅探．陕西中医函授，1992；（1）：19.
张玉英（陕西中医学院）．浅论《伤寒论》标本缓急辨治法则．陕西中医学院学报，1992；（1）：1.

李宇航（北京中医学院）.《伤寒论》寒热错杂痞证治探讨. 北京中医学院学报，1992；（1）：24.
刘杰祥（河南省许昌市中医院）.《伤寒论》厥证初探：脾胃为厥之枢纽. 河南中医，1992；（2）：57.
陈赞育（北京中医学院）.《伤寒论》“微热”浅见. 河南中医，1992；（2）：60.
王付（青海医学院）. 少阳病证不同于半表半里证. 河南中医，1992；（2）：63.
赵文鼎（甘肃省中医学校）. 从否卦谈《伤寒论》的痞证与治法. 甘肃中医，1992；（2）：2.
童增华（青海医学院）.《伤寒论》黄疸证治新议. 甘肃中医，1992；（2）：5.
王效菊（天津市王顶堤医院）.《伤寒论》心病治疗八法及临床应用. 国医论坛，1992；（2）：4.
张长恩（北京联大中医药学院）. 栀子豉汤证探究. 北京中医，1992；（2）：38.
邓鹤鸣（天津中医学院二附院）.《伤寒论》与《金匮要略》中有关外科急性腹痛的辨证治疗. 天津中医，1992；（2）：43.
廖子君（湖北中医学院）. 浅析张仲景从患者服药后的反应指征测示疾病之转归. 天津中医，1992；（2）：45.
徐建华（山西省阳泉荫营煤矿医院）. 试论《伤寒论》肺病的六经归属. 中医药研究，1992；（2）：15.
崔文成（济南市中医医院）. 论类方辨证. 山东中医杂志，1992；（2）：3.
刘巧（江西中医学院附属医院）.《伤寒论》“死证”探讨. 湖北中医杂志，1992；（2）：26.
张德超（江苏省高邮市中医医院）. 仲景法治疗痛证举隅. 上海中医药杂志，1992；（2）：24.
程磐基（上海中医学院）. 论《伤寒论》的汤方辨证. 上海中医药杂志，1992；（2）：38.
高飞（解放军三〇四医院）. 运用多元分析方法对柴胡类方证的研究. 中国医药学报，1992；（2）：25.
姚廷周（广西凤山县人民医院）. 太阳病五苓散证辨析. 中医函授通讯，1992；（2）：3.
顾庆华（南通市中医院）.《伤寒论》时间治疗法的临床应用. 中医临床与保健，1992；（2）：56.
徐国龙（安徽中医学院）. 试析《伤寒论》治疗学思想. 安徽中医学院学报，1992；（2）：2.
李中南（安徽省首届中医高级学徒班）.《伤寒论》方中芍药的应用与现代药理研究. 安徽中医学院学报，1992；（2）：52.
李培生（湖北中医学院）. 谈谈《伤寒论》之法外有法. 贵阳中医学院学报，1992；（2）：5.
董正华（陕西中医学院）.《伤寒论》三百九十七法探. 陕西中医学院学报，1992；（2）：1.
王付（青海医学院）. 谈谈少阳病不是半表半里证. 陕西中医学院学报，1992；（2）：5.
张绪生（湖南中医学院第一附属医院）. 仲景《伤寒论》汤药温服小议. 陕西中医学院学报，1992；（2）：18.
黄金昶（北京中医学院）. 谈仲景的差后劳复调治思想. 陕西中医学院学报，1992；（2）：35.
肖合聚（河南省鹿邑县太清宫医院）. 论柴胡证当无表证. 浙江中医学院学报，1992；（2）：10.
刘盛斯（四川省乐山市人民医院）. 仲景“气上冲”证治辨析. 河南中医，1992；（3）：113.
张志宏（北京中医学院）. 试述《伤寒论》方剂扩大运用的发展趋势. 河南中医，1992；（3）：115.
赵金娟（中国中医研究院广安门医院）. 张仲景瘀血证治特色. 甘肃中医，1992；（3）：8.
余策群（江西省武宁县官莲乡医院）. 仲景治喘十一法. 四川中医，1992；（3）：2.
戴天木. 张仲景论下法. 国医论坛，1992；（3）：7.
黄淑芬. 仲景运用麻黄发汗与泄热的经验探析. 中医研究，1992；（3）：16.
吴洁（南京中医学院）. 略论《伤寒论》治法中的邪正观. 山东中医杂志，1992；（3）：4.
汪栋材（江西中医学院）. 论结胸痞证属少阳病. 湖北中医杂志，1992；（3）：28.
王恒照（兰州军区军医学校）.《伤寒杂病论》不得眠证研讨. 辽宁中医杂志，1992；（3）：8.
蔡胜彬（吉林中西医结合医院）. 试论仲景用甘草. 吉林中医药，1992；（3）：34.
秦德水（黑龙江省中医药职工中专学校）. 浅议张仲景对血证的辨证论治. 黑龙江中医药，1992；（3）：6.
岳在文. 仲景治肝十六法阐微. 中医函授通讯，1992；（3）：6.
邹澍宣（天津中医学院第二附属医院）. 仲景方中甘草的协调作用. 天津中医学院学报，1992；（3）：36.
朱雅静（天津中医学院第一附属医院）. 略谈《伤寒论》汗法运用. 天津中医学院学报，1992；（3）：38.
李培生（贵阳中医学院）. 谈谈《伤寒论》之法外有法. 贵阳中医学院学报，1992；（3）：1.

孙公凯（贵阳中医学院）．脾肾相关理论在《伤寒论》中的运用．贵阳中医学院学报，1992；（3）：7.
王恩元（成都中医学院）．仲景治疗精神失常11法．成都中医学院学报，1992；（3）：4.
高慧琴（甘肃中医学院）．柴胡无和解少阳之功．甘肃中医学院学报，1992；（3）：40.
董汉良（浙江省绍兴市中医院）．《通俗伤寒论》承气汤衍化方探释．河南中医，1992；（4）：164.
罗碧贵（四川省平昌县人民医院）．《伤寒论》死证诊断八法．国医论坛，1992；（4）：4.
魏彦国（河北中医学院附院）．浅谈《伤寒论》猪苓汤证治．河北中医，1992；（4）：48.
曾庆明（国家中医药管理局）．略论《伤寒论》因热制宜治则．江西中医药，1992；（4）：44.
刘良倚．张仲景运用药物初探．江西中医药，1992；（4）：56.
高青云（黑龙江省中医研究院）．《伤寒论》保胃气存津液之妙用．黑龙江中医药，1992；（4）：9.
宋欣伟（浙江省中医院）．仲景利尿除痹法浅识．辽宁中医杂志，1992；（4）：8.
庞景三（张仲景国医大学）．吴瑭对仲景承气法的继承与发展．中医函授通讯，1992；（4）：2.
戴永生（贵阳中医学院）．《伤寒论》少阴病辨治时间规律初探．成都中医学院学报，1992；（4）：5.
宋兴．张仲景辨治眩晕心法．成都中医学院学报，1992；（4）：11.
袁平（湖北中医学院附院）．《伤病杂病论》食物疗法思想初探．贵阳中医学院学报，1992；（4）：4.
郭聂涛（贵阳中医学院）．《伤寒论》禁法初探．贵阳中医学院学报，1992；（4）：8.
李群林（湖南省桃源县中医院）．《伤寒杂病论》下利病机探析．河南中医，1992；（5）：211.
冀春茹．仲景方现代研究概况．河南中医，1992；（5）：214.
贾文魁（洪洞县中医院）．《伤寒论》辨小便的临床意义．山西中医，1992；（5）：8.
邱明义（湖北中医学院）．《伤寒论》症状学研讨．国医论坛，1992；（5）；1.
颜乾麟（南京铁道医学院）．试论《伤寒论》三阳病腑证．国医论坛，1992；（5）：6.
李祖勤（湖南省枝江县中医院）．《伤寒论》救逆思想初探．中医药研究，1992；（5）：16.
彭元珍．浅析仲景煎药、服药用液的特点．湖北中医杂志，1992；（5）：31.
程如海（湖北省中医药研究院）．《伤寒论》阳明寒证探讨．辽宁中医杂志，1992；（5）：11.
王建康．《伤寒论》《金匮要略》数脉浅析．四川中医，1992；（6）：2.
彭元珍．浅析仲景煎药、服药、用液的特点．湖北中医杂志，1992；（6）：31.
赵富昌（长治医学院附属医院）．仲景"治未病"学术思想初探．中医药研究，1992；（6）：11.
邵冬珊．张仲景"房室伤"学术思想探讨．浙江中医杂志，1992；（7）：292.
李俊杰．仲景三个附子汤的临床应用．浙江中医杂志，1992；（7）：323.
贾美华（江苏省靖江县中医院）．仲景运用金石类药物规律探析．辽宁中医杂志，1992；（8）：40.
朱利军（长治轴承厂医院）．浅谈"阻断法"在《伤寒论》中的应用．实用中西医结合杂志，1992；（10）：617.
吴清和（广州中医学院中药研究所）．略论仲景组方用药中的系统观．新中医，1992；（11）：7.
储水鑫．用仲景方附子配伍规律指导临床的体会．上海中医药杂志，1992；（12）：26.
李博鉴（中国中医研究院广安门医院）．论张仲景对皮肤科的贡献．北京中医，1993；（1）：56.
王付（青海医学院）．《伤寒论》调气十一则初探．四川中医，1993；（1）：5.
徐敬才（山东省立医院）．略论《伤寒论》方药加减规律及其意义．国医论坛，1993；（1）：1.
易望丰．浅谈仲景对桂枝的运用．新疆中医药，1993；（1）：30.
廖子君．《伤寒论》悸证的论治体系及其临床意义．浙江中医杂志，1993；（1）：9.
孙国平（杭州第二织布厂）．试述《伤寒论》体质论治观．浙江中医杂志，1993；（1）：11.
叶因朴（沂源县卫生局）．流行性出血热与伤寒六经证．山东中医杂志，1993；（1）：14.
于忠学（黑龙江中医学院）．论仲景与中医护理学．中医药学报，1993；（1）：12.
韩树人（南京中医学院附属医院）．仲景治咳喘法及其临床运用．中医函授通讯，1993；（1）：7.
高志冲（江苏省启东市中医院）．《伤寒论》解表法初探．安徽中医学院学报，1993；（1）；6.
沈敏南（嘉兴市王店人民医院）．《伤寒论》方引伸运用六法．浙江中医学院学报，1993；（1）：123.
王启才（南京中医学院）．论经络学说与六经证治．北京中医，1993；（2）：11.
马启昕（甘肃庆阳地区卫校）．张仲景辨汗法．中医研究，1993；（2）：16.

曹洪州（河南省内乡卫校）.《伤寒杂病论》服药方法考. 中医研究，1993；（2）：17.

王历（黑龙江中医学院）.《伤寒论》的证候动态变化初探. 中医药学报，1993；（2）：7.

李沛荣（黑龙江中医学院附属二院）. 伤寒论药后啜热粥小议. 中医药学报，1993；（2）：14.

卢太坤（厦门市中医学会）.《伤寒论》厥证初探. 辽宁中医杂志，1993；（2）：12.

王庆其（上海中医学院）. 仲景运用细辛经验探讨. 山东中医杂志，1993；（2）：5.

李发杰（山东省临沂劳改支队医院）.《伤寒论》小便不利治法临床应用. 中医函授通讯，1993；（2）：10.

杨洁（宁夏医学院）. 试谈仲景立足益胃妙用粳米. 宁夏医学杂志，1993；（2）：120.

郑大正（福州市郊区医院）.《伤寒论》镇静法及对后世的影响. 浙江中医学院学报，1993；（2）：13.

张正昭（甘肃中医学院）. 五苓、猪苓散证句读质疑二则. 北京中医学院学报，1993；（2）：14.

顾武军. 柴胡证辨. 南京中医学院学报，1993；（2）：4.

钱会南（河北中医学院）. 探《伤寒杂病论》之体质观. 贵阳中医学院学报，1993；（2）：3.

刘元（北京中医学院东直门医院）. 浅议《伤寒论》中烦躁治疗十法. 甘肃中医学院学报，1993；（2）：4.

李仁桂（湖南醴陵卫生职工中专）.《伤寒论》少阳太阳同病探讨. 湖南中医学院学报，1993；（2）：15.

李家生（张仲景国医大学）. 太阳中风伤寒证数脉辨疑. 河南中医，1993；（3）：106.

于建华（河南省清丰县中医院）. 浅谈仲景桂枝汤制方规律. 河南中医，1993；（3）：109.

夏斌（四川合川县太和区卫生院）.《伤寒论》少阴病虚寒下利初探. 四川中医，1993；（3）：4.

张志真（北京中医医院）. 对少阴病证心肾不交的病机探讨. 北京中医，1993；（3）：13.

廖子君（湖北中医学院）.《伤寒杂病论》"悸证"论治体系及其临床意义. 国医论坛，1993；（3）：1.

郑晓英（湖北中医学院）. 张仲景延缓衰老思想浅析. 国医论坛，1993；（3）：3.

朱广仁（天津中医学院）.《伤寒论》《金匮》脾病治法探讨. 国医论坛，1993；（3）：6.

刘水英（益阳地区血防医院）. 张仲景按诊法及临床应用体会. 湖南中医杂志，1993；（3）：4.

欧阳琦.《伤寒杂病论》理论方法新探. 湖南中医杂志，1993；（3）：18.

张公霞（山东中医学院）.《内经》中足太阳经穴的应用. 山东中医杂志，1993；（3）：4.

吴忠文（湖南省常德市第二中医院）.《伤寒论》方运用甘草规律探讨. 中医函授通讯，1993；（3）：4.

周新灵（辽宁中医学院）. 葛根黄芩黄连汤证治规律研究：《伤寒论》古今医案155例统计分析. 中医函授通讯，1993；（3）：4.

王伟杰（河南省虞城县卫生局医学会）.《伤寒论》大黄配伍规律探析. 中医函授通讯，1993；（3）：10.

赵体浩. 张仲景特殊用药途径初探. 山东中医学院学报，1993；（3）：6.

李燕（贵阳中医学院）. 浅析《伤寒论》中桂枝的运用. 贵阳中医学院学报，1993；（3）：8.

丁学芬（贵阳市军队离退休干部休养所）. 调和营卫法的临床应用. 贵阳中医学院学报，1993；（3）：12.

薛建国（南京中医学院）. 浅谈仲景治风方剂配伍用药特点. 南京中医学院学报，1993；（3）：8.

吴洁（南京中医学院）. 呕属少阳浅析. 南京中医学院学报，1993；（3）：9.

李茯梅（郴州卫校）. 仲景"桔梗汤"的药理研究. 湖南中医学院学报，1993；（3）：46.

王广见（河南省新野卫生职业中专附院）. 从发表不远热探仲景用麻黄法度. 甘肃中医学院学报，1993；（3）：3.

祝大中（山东青岛橡胶制品三厂）. 对《伤寒论》中和法之管见. 甘肃中医学院学报，1993；（3）：6.

徐成贺（上海中医学院）. 疟病、少阳病异似初探. 河南中医，1993；（4）：152.

刘吉善（湖北省十堰市妇幼保健站）.《伤寒论》"四神"与"五灵"方探析. 河南中医，1993；（4）：154.

吴炳岳（天津中医学院）.《伤寒论》下利论治方法. 天津中医，1993；（4）：37.

宋平（忻州市卫生局）. 试论《伤寒论》方证演化法. 山西中医，1993；（4）：6.

王恒照（兰州军区军医学校）. 论仲景用附子之精义. 甘肃中医，1993；（4）：3.

胡义保（江苏省邳州市中医院）. 小儿脾阴虚证治. 四川中医，1993；（4）：16.

柴中元（浙江省上虞市卫生局）. 张仲景外治17法. 国医论坛，1993；（4）：1.

杨江升（浙江省富阳县人民医院）.《伤寒论》烦躁证辨病浅析. 国医论坛，1993；（4）：8.

李克芳（江西省新县中医院）.《伤寒论》疗效判断6法. 国医论坛，1993；（4）：10.

戴玉（湖北省十堰市卫生学校）．阳萎六经辨治．国医论坛，1993；（4）：31.
李秀金（齐河县人民医院）．谈仲景活血化瘀法及其在妇科的应用．山东中医杂志，1993；（4）：14.
高永祥（黑龙江省中医研究院）．论张仲景对中医皮肤科的贡献．黑龙江中医药，1993；（4）：11.
董凤娣（洛阳市第二人民医院）．张仲景食疗思想初探．中医药学报，1993；（4）：2.
吴凤全．经方一药多用研究．中医药学报，1993；（4）：23.
曾宪斌（江西中医学院）．张仲景关于乌头、附子煎服法．中国医药学报，1993；（4）：29.
贾孟辉，袁雪峰（宁夏医学院中医系）．从汉度量衡角度考《伤寒论》中的有关方证．杏苑中医文献杂志，1993；（4）：7.
马小平（南京医学院第一附属医院）．《伤寒论》针灸宜忌新探．浙江中医学院学报，1993；（4）：48.
曹安来（安徽淮南市二院）．试探《伤寒论》中针灸疗法的运用．陕西中医学院学报，1993；（4）：3.
胡志俊（贵阳中医学院）．浅议《伤寒论》中包含体质思想的萌芽．贵阳中医学院学报，1993；（4）：50.
顾武军（南京中医学院）．麻黄汤证治辨析．南京中医学院学报，1993；（4）：5.
王恒照（兰州军区军医学校）．仲景用附子治诸痛浅议．甘肃中医学院学报，1993；（4）：5.
赵育才（唐山市中医医院）．张仲景应用黄芩规律初探．河北中医，1993；（5）：7.
戴天木（湖北中医学院）．试论张仲景寒热药并用之意义．国医论坛，1993；（5）：8.
闵范忠（广西中医学院）．少阴阳虚烦躁证辨析．广西中医药，1993；（5）：38.
包淑芬（哈尔滨电机厂职工医院）．试论仲景学说对制剂学的贡献．黑龙江中医药，1993；（5）：10.
胡连玺（太原市中医研究所）．论吴茱萸汤证当属太阴．中医药研究，1993；（5）：15.
吴修符（山东中医学院）．《伤寒论》“不存在症”辨证意义的探讨．中医药信息，1993；（5）：2.
周然宓（厦门大学海外教育学院）．浅谈《伤寒论》之脉诊运用．中医药信息，1993；（5）：5.
王心东（河南新野县中医院）．《伤寒论》麻黄特异用量治疗急重症述评．中国中医急症，1993；（5）：227.
陈亦人（南京中医学院）．《伤寒论》与“坏病”．中国医药学报，1993；（5）：5.
李志强（湖州市石淙卫生院）．《伤寒论》口渴初析．浙江中医学院学报，1993；（5）：9.
余家盘（江苏省阜宁县第二人民医院）．师法仲景用生半夏．北京中医，1993；（6）：33.
徐兴国（四川渠县卫生进修学校）．《伤寒论》潜证初探．四川中医，1993；（6）：4.
于儒俊（河南舞阳卫生职业中专）．《伤寒论》淋家误汗“便血”质疑．四川中医，1993；（6）：6.
周慎（湖南省中医研究院）．张仲景组方方法初探．国医论坛，1993；（6）：1.
张善举（河南省洛阳市第四人民医院）．浅谈《伤寒论》汤剂的煎服法．国医论坛，1993；（6）：6.
李广东（江苏泗阳中医院）．仲景用桂枝探析．四川中医，1993；（7）：4.
傅德元（四川江津市第二人民医院）．《伤寒论》自愈思想初探．四川中医，1993；（7）：5.
王昆文（四川自贡自流井区运输公司医务室）．仲景著作中的阳虚生风证．四川中医，1993；（8）：4.
徐国文．桂枝去皮析．上海中医药杂志，1993；（8）：29.
傅德元（四川江津市第二人民医院）．初探仲景的药粥并用．四川中医，1993；（10）：4.
叶纪平（无锡市中医院）．仲景方临床新用的探讨．江苏中医，1993；（10）：28.
王新昌（南阳张仲景医史文献馆）．《伤寒论》方药特色摭言．辽宁中医杂志，1993；（10）：13.
陈海龙（大连医学院附属第一医院）．从中西医结合角度对阳明腑实证本质的探讨．中国中西医结合杂志，1993；（11）：690.
耿耘（江西中医学院）．《伤寒论》治呕八法．四川中医，1993；（12）：3.
柯梦笔（江苏镇江市第一人民医院）．浅谈仲景方中人参的配伍特点．四川中医，1993；（12）：5.
胡曼华（汕头大学医学院第二附院）．《伤寒论》泻心汤在内科临床上的应用．新中医，1994；26（1）：61.
罗建辉等（广东省梅州市中医院）．浅谈下法治疗阳明腑实的体会．新中医，1994；26（1）：62.
文小平，毛平（上海中医学院）．白虎汤的现代临床新用．中成药，1994；16（1）：46.
李富汉（河南省新野县中医院）．《伤寒论》厥阴病探要．河南中医，1994；13（1）：2.
翟慕东，王小平（成都中医学院）．论少阴气化运动的临床意义．四川中医，1994；12（1）：4.
周建伟（四川泸州医学院附属中医院）．《伤寒论》火逆探讨．陕西中医，1994；15（1）：42.

吕人奎（甘肃省中医院）．伤寒论“汗”辨．甘肃中医，1994；（1）：3.

郭遂成（广州中医学院）．桂枝汤类方在消化系疾病中的药理作用和临床应用．国医论坛，1994；9（1）：17.

李富汉等（新野县中医院）．太阳病的病理基础及病变脏腑．中医研究，1994；7（1）：11.

李忠堂（内蒙古蒙医学院）．《伤寒论》下利探讨．中医研究，1994；7（1）：13.

阎怀增（河北省唐山市中医医院）．试谈《伤寒论》对人参的应用．江西中医药，1994；25（1）：57.

李心机（山东中医学院）．柴胡证与少阳病异同探微．中医药学报，1994；（1）：16.

陈瑞春．读伤寒、写伤寒、用伤寒：谈我的治学之路．江西中医药，1994；（1）：2.

宋晓鸿．张仲景对津液敷布障碍所致燥证的证治八法初探．辽宁中医杂志，1994；21（1）：22.

任桂华（湖北中医学院）．《伤寒论》火逆证治探要．中医函授通讯，1994；13（1）：2.

郝爱真．仲景运用芍药及其组方琐谈．中医函授通讯，1994；13（1）：3.

李世清（安徽省怀宁县江镇医院）．服药“不必尽剂”．中医函授通讯，1994；13（1）：21.

吴云英（浙江省临海市台州卫校）．《伤寒论》煎药法探讨．基层中药杂志，1994；8（1）：46.

张跃华（三门峡市人民医院）．《伤寒论》中“和法”探析．河南中医药学刊，1994；9（1）：16.

林安钟（广州中医学院）．《伤寒杂病论》小便不利证探析．广州中医学院学报，1994；11（1）：5.

张正昭（甘肃中医学院）．论《伤寒论》中的湿热证．甘肃中医学院学报，1994；11（1）：7.

祝大中（青岛橡胶制品三厂）．对“厥阴病”转属“少阳病”的点滴认识．甘肃中医学院学报，1994；11（1）：10.

邵燕祥（甘肃中医学院）．《伤寒论》方中甘草作用探微．甘肃中医学院学报，1994；11（1）：10.

王晖王健康（奉化市中医院）．仲景运用通因通用法治疗下利之探讨．浙江中医学院学报，1994；18（1）：3.

刘公望（天津中医学院）．论《伤寒论》的“方”与“证”．天津中医学院学报，1994；13（1）：20.

王耀光（天津中医学院二附院）．《伤寒论》方药的免疫药理探讨．天津中医学院学报，1994；13（1）：37.

宋晓鸿．从中药学角度探讨仲景运用生半夏的临床意义．河南中医，1994；14（2）：5.

李恒超，陆传荣（安徽省淮北矿务局朱庄矿医院）．《伤寒论》郁证证治初探．河南中医，1994；14（2）：69.

孙源泉（成都中医学院附属医院）．论《伤寒论》汤液的溶媒选择、用量及配制方法．四川中医，1994；12（2）：4.

赵邦全（四川纳溪县）．《伤寒论》服药方法浅析．四川中医，1994；12（2）：5.

叶世龙（武汉冶金医学高等专科学校）．论急性胰腺炎隶属于少阳腑证．陕西中医，1994；15（2）：95.

熊海涛（江苏连云港市蜂疗研究所）．运用经方治疗急难重症的体会．甘肃中医，1994；7（2）：13.

唐仁勇（贵州省中医研究所附院）．《伤寒论》病因、病机及诊断近5年研究概况．甘肃中医，1994；7（2）：47.

刘方柏（四川省峨边县中医院）．小柴胡汤“但见一证”及相关问题的临床研究．国医论坛，1994；9（2）：3.

蒋明德，蒋玲玲（四川省广安县中医院）．《伤寒论》脾胃学说探析．国医论坛，1994；9（2）：7.

金润和（黑龙江省双城市中医院）．心烦诸证辨析．吉林中医药，1994；（2）：5.

段成功．仲景脏真学说的应用．吉林中医药，1994；（2）：33.

周碧瑜（湖南中医学院）．试论《伤寒论》中饮食与疾病的关系．湖南中医杂志，1994；10（2）：29.

张灿玾（山东中医学院）．《伤寒》《金匮》方对方剂学的贡献．中国医药学报，1994；9（2）：37.

崔庆荣（甘肃中医学院附属医院）．张仲景调气法探述．中医函授通讯，1994；13（2）：2.

张锡源（上海市嘉定区南翔医院）．《伤寒论》合病述略．中医函授通讯，1994；13（2）：6.

阎绍华，马俊兰（沈阳市传染病院）．《伤寒论》对黄疸的治疗述略．中医函授通讯，1994；13（2）：10.

王贤俊（重庆医科大学儿童医院）．论太阳病汗的辨治．实用中医药杂志，1994；10（2）：37.

张子铭（河南省安阳市中医药学校）．“少阳经”属半表半里浅解．河南中医药学刊，1994；9（2）：21.

王颖梅等．试论仲景护阴八法．长春中医学院学报，1994；10（2）：6.

井枫林等（吉林省中医中药研究所）．《伤寒论》煎药法之探讨．长春中医学院学报，1994；10（2）：86.

刘公望（天津中医学院）．论《伤寒论》的“方”与“证”（五）．天津中医学院学报，1994；13（2）：31.

李家庚（湖北中医学院）．论《伤寒论》痛证机理及其辨治．贵阳中医学院学报，1994；16（2）：4.

何艳秋（北京针灸骨伤学院）．《伤寒论》中的烦躁证初探．北京针灸骨伤学院学报，1994；1（2）：43.

李广龙（汕头大学医学院）．《伤寒论》六经证治辑要．汕头大学医学院学报，1994；（2）：95.

秦国政（中国中医研究院临床研究班）．《伤寒论》阴阳易病浅识．中医杂志，1994；35（3）：182.

李长远（山东省新泰市矫形康复医院）．浅述《伤寒论》对心悸的证治．陕西中医，1994；15（3）：141.

王章云（四川云阳县江口中心卫生院）．浅谈《伤寒论》选方用语．四川中医，1994；12（3）：6.

关淑华（江苏盐城市中医院）．别《伤寒》与《温病》之“风温”．四川中医，1994；12（3）：7.

李国鼎（南京中医学院）．《伤寒论》救误法新释．国医论坛，1994；9（3）：1.

姚廷周（广西宜州市中医院）．论小柴胡汤为太阳病之主方．国医论坛，1994；9（3）；5.

李子南，苏文龙（湖南省洞口县中医院）．试探六经病“欲解时”．国医论坛，1994；9（3）：7.

王付（青海医学院）．《伤寒论》急症证治探讨．中国中医急症 1994；3（3）：127.

刘永奇．浅议仲景外治法的应用．中医函授通讯，1994；13（3）：4.

潘国栋．仲景治眩晕述略．中医函授通讯，1994；13（3）：9.

吴坚（江苏省南通市中医院）．《伤寒论》寒热错杂证辨析．中医函授通讯，1994；13（3）：10.

朱佳，刘海燕（南京中医学院附属医院）．头痛六经证治．中医函授通讯，1994；13（3）：24.

姜元安（北京中医药大学）．附子泻心汤证治剖析．北京中医药大学学报，1994；17（3）：9.

党兰玉等（张仲景国医大学）．《伤寒论》症状规范探讨．南京中医学院学报，1994；10（3）：9.

杨育周，方玲（天津中医学院）．对《伤寒论》“胃家实”内涵和治则的探讨．天津中医学院学报，1994；13（3）：1.

刘公望（天津中医学院）．论《伤寒论》的“方”与“证”（六）．天津中医学院学报，1994；13（3）：38.

曲玉华（甘肃中医学院附属医院）．伤寒论“六经”病理之管见．甘肃中医学院学报，1994；11（3）：7.

张俊庚等（山东省嘉祥县中医院）．桂枝汤功能与机理初探．河南中医，1994；14（4）：200.

李若萍等（新疆石河子柴油机厂卫生所）．析仲景用桂去皮或久煎与否诸疑．河南中医，1994；14（4）：202.

于亚丽等（河南洛阳市第一中医院）．《伤寒论》头痛证治浅析．陕西中医，1994；15（4）：190.

陈枫（广州市客轮公司）．新验《伤寒论》之桂枝汤．广州医药，1994；25（4）：31.

张玉占（河北中医学院）．通因通用法在仲景方中的运用．中医研究，1994；7（4）：14.

吴农荣（民勤县中医院）．张仲景运用甘草经验探析．中医研究，1994；7（4）：15.

万兰清（江西中医学院）．万友生对厥阴病理论的继承和发展．江西中医药，1994；25（4）：2.

郭秀梅（长春中医学院）．柴胡不治狭义伤寒少阳经病证．吉林中医药，1994；（4）：35.

何增庆等（哈尔滨轴承总厂职工医院）．伤寒太阳少阴证治验．黑龙江中医药，1994；（4）：20.

杨刚，唐军莉（昆明市延安医院）．试析芍药在《伤寒论》组方中的重要作用．云南中医杂志，1994；15（4）：22.

伍谷峰（昆明市盘龙区中医院）．六经辨治眩晕的体会．云南中医杂志，1994；15（4）：34.

纪立金（山东铝厂职工医院）．《伤寒论》反常症的临床意义．山东中医杂志，1994；13（4）：147.

吴忠文（湖南省常德市第二中医院）．《伤寒论》水液代谢障碍证治探析．中医函授通讯，1994；13（4）：2.

尹雪萍．张仲景预治防变思想略说．中医函授通讯，1994；（4）：3.

李心机（山东中医学院）．太阳中风与桂枝汤证辨析．中医函授通讯，1994；13（4）：19.

张喜德（陕西中医学院）．《伤寒论》发黄证治浅析．陕西中医学院学报，1994；17（4）：3.

时吉萍，强志鹏（兰医一院）．《伤寒论》病后调理思想刍议．甘肃中医学院学报，1994；11（4）：6.

刘公望（天津中医学院）．论《伤寒论》的“方”与“证”（七）．天津中医学院学报，1994；13（4）：35.

谢炳国（江西宁风县中医院）．《伤寒论》第34条应用体会．贵阳中医学院学报，1994；16（4）：30.

许永贵等长春中医学院风湿医院）．浅议《伤寒论》瘀血腹痛治方．长春中医学院学报，1994；（4）：56.

李佳等（长春中医学院）．浅谈《伤寒论》中的饮食问题．长春中医学院学报，1994；（4）：65.

姜静娴．谈张仲景对方剂学的贡献．湖南中医学院学报，1994；14（4）：10.

高明明．仲景方煎服法探析．安徽中医学院学报，1994；13（4）：4.

张宏启（台儿庄区薛庄卫生院）．浅谈《伤寒论》中对芍药的应用．枣庄医药，1994；（4）：71.

李刊（江苏靖江市中医院）．《伤寒论》咳嗽浅析．四川中医，1994；12（5）：17.

游胜虎，超凡（湖北省中医药研究院）．《伤寒论》“并治法”初探．天津中医，1994；11（5）：41.

李兆久（江苏省灌云县中医院）．从《伤寒论》方药变化看量值概念的应用．国医论坛，1994；9（5）：7.

郑国珍．仲景应用大枣规律探讨．福建中医药，1994；25（5）：41.

王敏（黑龙江中医学院）．《伤寒论》康复思想及调治原则对后世的影响．黑龙江中医药，1994；（5）：9.

王振海（北京中医药大学二附院）．《伤寒论》口渴的辨证．中国医药学报，1994；9（5）：44.

王日生（沈阳市盲校）．试论“治痿独取阳明”在按摩治疗小儿麻痹后遗症中的应用．按摩与导引，1994；（5）：22.

张书芬，沈桂香（黑龙江中医学院）．《伤寒论》病后调理探微．中医函授通讯，1994；13（5）：6.

聂惠民（北京中医药大学）．论六经病辨证论治方法与临证意义．北京中医药大学学报，1994；17（5）：19.

姜建国（山东中医学院）．试论《伤寒论》厥阴病本证及类似证．河南中医，1994；14（6）：338.

胡代禄（四川省威远县中医院）．《伤寒论》以汗法治里热探析．河南中医，1994；14（6）：340.

尹辉（四川大足县中敖区医院）．《伤寒论》治病求本浅析．四川中医，1994；12（6）：18.

邹少华．仲景治胃痛法及其临床运用探微．中医函授通讯，1994；（6）：2.

曹贵珠．张仲景对康复医学的贡献．江苏中医杂志，1994；15（6）：34.

刘玉洁．浅析仲景桂枝应用之妙．河北中医，1994；16（6）：15.

蔡柳洲．仲景数脉主寒浅析．浙江中医杂志，1994；（7）：317.

潘国栋．浅读仲景治疗心系疾病十七法．四川中医，1994；（8）：15.

潘国栋．仲景眩晕十二法．四川中医，1994；（10）：7.

张建荣．论《伤寒论》与《金匮要略》四种病传规律．陕西中医，1994；15（12）：564.

潘国栋．仲景治咽痛九法．黑龙江中医药，1995；（1）：4.

曹烈坤．仲景治情志所致疾病十法述略．中医函授通讯，1995；（1）：5.

王付（青海医学院）．《伤寒杂病论》汤方相反相成用药规则探析．长春中医学院学报，1995；11（1）：12.

文佛生（泸州医学院附属中医院）．仲景运用半夏浅析．泸州医学院学报，1995；18（1）：36.

杨守峰．《伤寒论》《金匮要略》中虫类药用法探析．河南中医，1995；15（2）：50.

董正华（陕西中医学院）．《伤寒论》去滓再煎法浅析．陕西中医函授，1995；（2）：12.

洒玉萍．《伤寒杂病论》汤方抗过敏药理研究．陕西中医学院学报，1995；18（2）：6.

王蕴珠（河北中医学院）．谈《伤寒论》对表证的测汗将息法．河北中医学院学报 1995；10（2）：7.

李志清（鹰潭市人民医院）．试谈《伤寒论》中张仲景运用附子的规律．实用中医内科杂志，1995；9（3）：10.

宋兴（成都中医药大学）．陈潮祖教授麻辛附子汤方论．成都中医药大学学报，1995；18（3）：15.

旷惠桃，潘远根（湖南中医学院附属第二医院）．仲景药物炮制中火制法考疑．湖南中医学院学报，1995；15（3）：4.

魏飞跃（湖南中医学院）．浅谈“芩连”与“泻心”．湖南中医学院学报，1995；15（3）：10.

郁保生（湖南中医学院）．试探《伤寒论》运用针灸之特点．湖南中医学院学报，1995；15（3）：63.

欢中礼，童增华（青海省中医医院）．张仲景运用大黄初探．甘肃中医学院学报，1995；12（3）：7.

赵洪钧，刘延伶（河北中医学院）．柴胡汤新解（一）．河北中医学院学报，1995；10（3）：25.

胡连玺高志刚（太原市中医研究所）．论《伤寒论》中之误治与否当看结果．山西中医，1995；11（4）：55.

贾杨，刘燕溥（上海中医药大学）．《伤寒杂病论》渴症10辨．中医研究，1995；8（4）：9.

余传星等（福建中医学院第二附属医院）．论少阳病病位、提纲及主证．中医药研究，1995；（4）：5.

吴洁（南京中医药大学）．《伤寒论》"急"治浅识．中医函授通讯，1995；14（4）：7.

李应存（甘肃中医学院）．《伤寒论》存阴5法浅析．中医函授通讯，1995；14（4）：9.

牛沛然牛宏俊（根河市得耳布尔林业职工医院）．论仲景的药、粥并用．内蒙古中医药，1995；14（4）：33.

巴哈尔·哈德尔（新疆中医学院）．谈《伤寒论》舍症从脉诊法．新疆中医药，1995；（4）：4.

刘秀清，冯世纶（北京中医药大学东直门医院）．《伤寒论》的方证体系初探．中国中医基础医学杂志，1995；1（4）：50.

程从箴（丰县卫生职工中专）．《伤寒论》辛开苦降法浅识．实用乡村医生杂志，1995；2（4）：37.

毛景月，韩凤（河北省丰宁县大滩镇中心卫生院）．浅议仲景对杏仁的药用及配伍．北方医学杂志，1995；9（4）：29.

刘家骅（温州市第二人民医院）．《伤寒论》药对组方初探．浙江中医学院学报，1995；19（4）：2.

王瑜璜（温州市中医院）．浅析《伤寒论》中的呕吐证．浙江中医学院学报，1995；19（4）：5.

张筱萍（温州市中医院）．当归芍药散在妇产科临床的应用．浙江中医学院学报，1995；19（4）：38.

王恒照，孙蓉珍（解放军兰州高等医学专科学校）．浅论仲景辨治虫证之妙法．甘肃中医学院学报，1995；12（4）：2.

李金田（甘肃中医学院伤寒教研室）．《伤寒论》汗法浅析．甘肃中医学院学报，1995；12（4）：4.

姜建国．张仲景"舍性取用"组方思维的探讨：兼论半夏泻心汤．河南中医，1995；15（5）：6.

高明明．《伤寒杂病论》服药后反应浅析．河南中医，1995；15（5）：7.

王建康．仲景治疗内风五法的临床运用．江西中医药，1995；26（5）：22.

刘力红（广西中医学院）．从"否""泰"二卦的体位性用看《伤寒论》痞证的治疗．广西中医药，1995；18（5）：40.

容小翔，宁在兰（中医研究院民族医药报社）．仲景运用白芍治疗痛证浅析．中医研究，1995；8（6）：11.

贾士安（山东中医学院附属医院）．《伤寒杂病论》下利辨治13法．中医研究，1995；8（6）：14.

张凤瑞，常丽影（长春中医学院）．张仲景运用动物药探讨．中医研究，1995；8（6）：16.

阎艳丽．仲景治咽喉病九法．四川中医，1995；（9）：8.

赵慰庭（秦皇岛市中医医院）．仲《伤寒论》六经证治综述（一）．光明中医，1996；11（3）：33.

钱裔勤（张家港市中医医院）．《伤寒论》"不大便"证机辨析．苏州医学杂志，1996；19（4）：39.

王仲彬，吴翔（南昌江西中医学院）．《伤寒论》头部汗出病机浅析．江西中医学院学报，1996；8（4）：13.

李秀英，王毅强（长治医学院附院）．谈《伤寒论》证治体系的内涵．长治医学院学报，1996；10（4）：390.

李心机（山东中医学院）．《伤寒论》茯苓甘草汤证思路索解．中国医药学报，1996；11（5）：30.

谭德福（三峡学院医学院）．试论伤寒六经病的自愈机理．中医研究，1996；9（6）：7.

曾福海（陕西中医学院）．《伤寒论》辨证纲要．陕西中医函授，1996；（6）：1.

董正华（陕西中医学院）．《伤寒论》寒热对偶方证辨析．陕西中医函授，1996；（6）：5.

孙利群（广州港湾医院）．《伤寒论》运用干姜规律探讨．云南中医中药杂志，1996；17（6）：79.

王付，尚炽昌（青海医学院）．仲景汤方定量与审证的调配关系探讨．辽宁中医杂志，1996；23（10）：444.

张改莲，张居远（河南省西峡县卫生学校）．简论仲景方药的双向调节．河南中医药学刊，1997；12

(3)：15.

林新芳（昆明电机厂职工医院）．简谈麻黄在《伤寒论》中的应用．江西中医学院学报，1997；9(4)：19.

赵秀莉，周霖（河南省肿瘤医院）．《伤寒论》用药规律浅析．河南中医药学刊，1997；12（4）：8.

欧阳八四（苏州市中医院）．论《伤寒论》六经提纲证及其针灸辨治．国医论坛，1997；12（6）：1.

谷松，张文龙（辽宁中医学院）．《伤寒论》眩晕证治辨析．国医论坛，1997 12（6）：5.

朱秀华（京山县中医医院）．试议《伤寒论》的鉴别诊断．湖北中医杂志，1997；（11）：10.

谈娴娴（湖州市中医院）．仲景脉法特点浅论．江苏中医，1998；19（1）：8.

张馥南（江阴市中医院）．仲景方新用举隅．光明中医，1998；13（1）：14.

李智，陈树森（河南焦作市中医院）．《伤寒杂病论》喘证辨治规律探析．中医研究，1998；11（1）：8.

王振国（山东中医药大学）．论近代《伤寒论》研究的实证原则．国医论坛，1998；13（1）：1.

王付，尚炽昌（河南中医学院）．太阳病病邪是否内传的临床调查研究．国医论坛，1998；13（1）：8.

尹改珍（新疆中医学院）．《伤寒论》中"火逆"新探．新疆中医药，1998；16（1）：2.

王海涛等（乌鲁木齐铁路中心医院）．《伤寒论》寒厥证浅议．新疆中医药，1998；16（1）：8.

许兴国（宁波市中医医院）．仲景治疗失眠五法．湖北中医杂志，1998；20（1）：15.

谷松（辽宁中医学院）．仲景治水之法探析．中医函授通讯，1998；17（1）：1.

董正华（陕西中医学院）．反馈辨证法在《伤寒论》中的应用．陕西中医学院学报，1998；21（1）：6.

龚晓明（天长市中医医院）．《伤寒论》用药炮制浅析．安徽中医临床杂志，1998；10（1）：58.

万听度，秦子丁（江苏省常州市中医院）．试析仲景对眩晕的辨治．南京中医药大学学报，1998；14(1)：11.

连建伟（浙江中医学院）．论仲景和解四方．浙江中医学院学报，1998；22（1）：7.

江志勤（贵溪市中医院）．仲景方临床应用举隅．北京中医，1998；17（2）：37.

梁华龙（河南中医学院）．六经开、阖、枢学说的渊源及应用．河南中医，1998；18（2）：5.

戴冬生（台州市椒江人民医院）．仲景对闭经审因论治的运用．河南中医，1998；18（2）：7.

李智，陈树森（焦作市中医院）．张仲景论治喘症二十法探析．四川中医，1998；16（2）：7.

黄煌（南京中医药大学）．张仲景50味药证（选载）．江苏中医，1998；19（2）：40.

路辉，王妍岩（解放军第211医院）．试论仲景运用桂枝的辨证观．中医研究，1998；11（2）：5.

郦永平（南京中医药大学附属医院）．论仲景对黄疸病的证治及其现实意义．国医论坛，1998；13(2)：3.

李锡榕，黄莉莉（泉州卫生学校）．张仲景风池配风府组方临床应用初探．福建中医药，1998；29(2)：47.

李瑞敏（菏泽地区中医院）．从《伤寒论》谈六经辨证与外感病护理．内蒙古中医药，1998；17（2）：45.

胡守平（皖北矿务局前岭煤矿职工医院）．仲景对痹证的论治浅析．中医函授通讯，1998；17（2）：2.

何新慧（上海中医药大学）．仲景浮脉探析．上海中医药杂志，1998；（2）：15.

刘桂花（舞钢市中医院）．谈谈奔豚汤的应用体会．实用中西医结合杂志，1998；11（2）：157.

聂惠民（北京中医药大学）．论《伤寒杂病论》合方法则的优势．北京中医药大学学报，1998；21(2)：10.

李心机（山东中医药大学）．《伤寒论》栀子豉汤方证论难．北京中医药大学学报，1998；21（2）：13.

胡玲玲（芜湖市中医医院）．乌梅丸加味治疗顽固性腹泻验案三则．安徽中医临床杂志，1998；10(2)：110.

陈阳，刘信江（福州市中医院）．《伤寒论》太阳、阳明喘证辨治．长春中医学院学报，1998；14(2)：2.

刘振声，苏铭忠（福安甘棠卫生院）．仲景运用生姜初探．浙江中医学院学报，1998；22（2）：50.

李家庚（湖北中医学院）．论仲景运用虫类毒药的经验．河南中医，1998；18（3）：136.

徐成贺，薛玫（广州第一军医大学）．浅谈张仲景对药物气味性用的不同取用．福建中医药，1998；

29（3）：38.
洪寅（杭州浙江中医学院）.《伤寒论》桂枝配伍规律的探讨. 中医函授通讯，1998；17（3）：1.
邱桂龙（邳州市中医院）. 仲景外治法初探. 中医外治杂志，1998；7（3）：35.
喻德福，刘盛斯（四川省中医药研究院）. 仲景“嗜睡”证候浅析. 实用中医药杂志，1998；14（3）：42.
李金田（甘肃中医学院）. 论张仲景辨治少阳病合阳明里实证的思路与方法. 甘肃中医学院学报，1998；15（3）：9.
王恒照等（解放军兰州医学高等专科学校）. 仲景用附子温周身之阳要义心悟. 甘肃中医学院学报，1998；15（3）：11.
李建东，赵五申（邢台市中医院）.《伤寒论》脉诊浅探. 河北中医药学报，1998；13（3）：12.
杨殿兴（成都中医药大学）.《伤寒论》解表法研究（上）. 贵阳中医学院学报，1998；20（3）：1.
刘雪梅（川北医学院附属医院）. 仲景五脏水肿证治初探. 川北医学院学报，1998；13（3）：64.
田维君（武警重庆市总队医院）. 仲景水气治法特色探述. 新中医，1998；30（4）：60.
徐成贺（广州第一军医大学）. 张仲景对寒热药物的配伍运用. 天津中医，1998；15（4）：183.
李智，陈树森（焦作市中医院）. 张仲景论治喘证20法探析. 甘肃中医，1998；11（4）：6.
李怀生（阳谷县医院定水镇分院）.《伤寒论》寒热并用、辛开苦降法初探. 光明中医，1998；13（4）：1.
王付（河南中医学院）. 仲景目诊探析. 河南中医药学刊，1998；13（4）：6.
邹嘉玉（江西中医学院）. 仲景方临床运用与体会. 江西中医学院学报，1998；10（4）：149.
吴修符（山东中医药大学）.《伤寒论》提示性脉症的辨证意义. 山东中医药大学学报，1998；22（4）：257.
李永民，王杰（张家口医学院）. 浅谈经方医案对学习伤寒论的意义. 实践医学杂志，1998；11（4）：18.
张瑞祥等（河南焦作铁路电缆厂医院）. 张仲景辨治眩晕十六法浅议. 甘肃中医，1998；11（5）：4.
李宝峰等（长春中医学院）.《伤寒论》病势思想初探. 江苏中医，1998；19（5）：6.
王付，胡颖杰（河南中医学院）. 仲景辨治眩冒探析. 四川中医，1998；16（5）：10.
赵怀舟等（山西省中医药研究院）. 仲景佚方“人参汤”初考. 山西中医，1998；14（5）：46.
刘应柯（郑州解放军153中心医院）. 张仲景运用附子8法探析. 国医论坛，1998；13（5）：9.
杨运高（广州第一军医大学）.《伤寒论》活血化瘀法初探. 中医函授通讯，1998；17（5）：1.
何光荣（兴山县中医院）. 张仲景用大黄经验浅探. 四川中医，1998；16（6）：15.
成肇仁（湖北中医学院）. 仲景伤寒辨证挈要. 湖北中医杂志，1998；20（6）：5.
童丽（青海医学院中医系）. 仲景妇人杂病篇泻心汤之辨析. 青海医药杂志，1998；28（6）：4.
李乐平（乐都县中医院）. 浅谈张仲景对大黄运用之法. 青海医药杂志，1998；28（6）：46.
曲夷，张桂珍（山东中医药大学）.《伤寒论》乌梅丸方证辨识. 山东中医药大学学报，1998；22（6）：425.
王小勤，俞晶华（南京中医药大学）. 浅析仲景虚劳病的治则及治法. 南京中医药大学学报，1998；14（6）：331.
陈树森（焦作市中医院）. 张仲景煎药所用溶媒析. 浙江中医杂志，1998；33（7）：323.
王恒照，王艳（解放军兰州医学高等专科学校）.《伤寒杂病论》多寐证治探讨. 四川中医，1998；16（8）：13.
胡友俊（湖北长阳土家族自治县中医院）. 浅析《伤寒杂病论》中附子的运用. 四川中医，1998；16（8）：14.
段志杰（郸城县中医院）. 张仲景运用附子浅析. 河南中医药学刊，1998；13（8）：64.
马坤范，何珊（上海中医药大学）. 仲景相反相成药对配伍研究近况. 上海中医药杂志，1998；（9）：42.
周新灵（沈阳辽宁中医学院）. 麻黄汤证治规律的现代研究与应用. 辽宁中医杂志，1998；25（9）：435.
王华，任建生（解放军324中心医院）. 仲景用药阴阳配伍浅析. 安徽中医临床杂志，1998；10（9）：29.
徐伯鱼（嘉兴秀城区塘江卫生院）. 张仲景攻下八法及其临床应用. 安徽中医临床杂志，1998；10

(9)：149.

林德云（四川自贡市精神卫生中心）．浅谈仲景论桂枝汤之运用．四川中医，1998；16（10）：9.

原合英（河南中医学院）．“阴阳易”证治发挥．河南中医，1999；19（1）：4.

吴庆昕，吴庆旭（息县人民医院）．仲景方在男科临床的运用．河南中医，1999；19（1）：15.

张工彧（南京中医药大学）．仲景治肺八法临床运用举要．甘肃中医，1999；12（1）：20.

孙金芳，殷忠东（广州中医药大学附属第一医院）．试论《伤寒论·太阳病脉证并治篇》中之“汗”．中医研究，1999；12（1）：7.

缪爱琴，谢立群（南京中医药大学）《伤寒论》治“渴”探微．中医药研究，1999；15（1）：3.

武嫣斐（山西医科大学第一医院）．浅谈仲景治水气病．中医药研究，1999；15（1）：49.

赵映前（湖北中医学院）．张仲景的肝病治疗学思想钩玄．中西医结合肝病杂志，1999；9（1）：55.

江怀筹（深圳市罗湖区莲塘医院）．张仲景桂枝运用规律探讨．深圳中西医结合杂志，1999；9（1）：11.

程如海，李敢（湖北省中医药研究院）．张仲景病、证、症三位一体的治疗思想探讨．四川中医，1999；17（2）：8.

李复方等（河南焦作矿务局中央医院）．浅析张仲景对呕吐的辨治．四川中医，1999；17（2）：9.

吴雪梅等（沧州市中医院）．《伤寒论》腹满治法浅析．光明中医，1999；14（2）：7.

刘承仕（青岛大学医学院）．中风解肌与伤寒解表的探讨．吉林中医药，1999；19（2）：3.

周惠芳（南京中医药大学）．浅析《伤寒论》治利方．吉林中医药，1999；19（2）：51.

胡明辉等（山东中医药大学）．浅谈仲景瘀血证治理论的妇科应用．福建中医药，1999；30（2）：18.

董洪涛（上海中医药大学）．试论《伤寒论》中的腹痛．内蒙古中医药，1999；18（2）：38.

于邦国，王新华（大庆市中医医院）．谈仲景治疗妇人腹痛十法．中医药学报，1999；27（2）：4.

刘炜（南京中医药大学）．试论张仲景的方药特色．中医函授通讯，1999；18（2）：7.

李军艳，李心机（山东中医药大学）．《伤寒论》水气证治论析．山东中医药大学学报，1999；23（2）：134.

耿广信等（河北省中医药研究所）．浅谈仲景瘀血证治理论及妇科辨治．河北中医药学报，1999；14（2）：22.

徐兴国（渠县人民医院）．仲景半夏药法浅析．安徽中医学院学报，1999；18（2）：2.

贾太谊（方城县中医院）．对《伤寒论》桂枝去桂加茯苓白术汤的辨析．河南中医，1999；19（3）：8.

赵体浩等（河南省南阳理工学院国医国药系）．张仲景肝阳虚辨治观．国医论坛，1999；14（3）：1.

华浩明（南京中医药大学）．张仲景对酒的运用及其致病性的认识．国医论坛，1999；14（3）：3.

陈树森（焦作市中医院）．张仲景论治口渴30法述略．光明中医，1999；14（3）：6.

岳在文马卫华（包头医学院二附院）．从小柴胡汤看仲景对和法的应用规律．中医函授通讯，1999；18（3）：9.

黄海涛（南京中医药大学）．谈谈对蓄血证的认识．河南中医药学刊，1999；14（3）：4.

赵学道（海阳市中医院）．以《伤寒论》“腐秽当去”论治顽固性泄泻．中国中医药信息杂志，1999；6（3）：22.

王克勤（宁波市医疗中心李惠利医院）．桂枝汤临床应用举隅．安徽中医临床杂志，1999；11（3）：196.

张晓琳（云南中医学院）．浅析《伤寒》《金匮》共用方所治病证的特点．云南中医学院学报，1999；22（3）：34.

赵映前，胡爱萍（湖北中医学院）．从《伤寒论》看经方的组方特点与思维方法．湖南中医药导报，1999；5（3）：4.

蒋永光（成都中医药大学）．《伤寒论》方药组配特点与规律．成都中医药大学学报，1999；22（3）：7.

李永民等（张家口医学院）．对《伤寒论选读》桂枝汤证教学内容的商榷意见．天津中医学院学报，1999；18（3）：40.

张金玺（南阳中医学校）．关于仲景学说研究中的几个问题．南京中医药大学学报，1999；15（3）：133.

彭万年等（广州中医药大学）．从理论及临床实践看张仲景治未病思想的科学性．广州中医药大学学报，1999；16（3）：173.

李金田（甘肃中医学院）．《伤寒论》98 条辨析质疑－兼与《伤寒论选读》编著者商榷．甘肃中医学院学报，1999；16（3）：1.

汤海荣，徐宏成（信阳卫生学校）．探索仲景医学教育思想增强医学生自学能力．邯郸医学高等专科学校学报，1999；12（3）：175.

陈宝明（大同医专）．《伤寒论》心烦证治探讨．大同医学专科学校学报，1999；19（3）：51.

高体三等（河南中医学院）．论伤寒三阴经生理病理关系．河南中医，1999；19（4）：3.

杨传标，王建华（广州中医药大学）．《伤寒论》脾虚证证治辨析．河南中医，1999；19（4）：4.

吴颢昕（南京中医药大学）．《伤寒论》药后反应探析．国医论坛，1999；14（4）：1.

张封岭，秦恩甲（南阳市中医院）．论张仲景著作在晋唐之际的隐现．国医论坛，1999；14（4）：4.

杨金萍（山东中医药大学）．栀子豉汤并非吐剂：兼论方后“得吐者”之意．国医论坛，1999；14（4）：6.

江玉明（泉州市卫生学校）．《伤寒论》善用石膏之探析．吉林中医药，1999；19（4）：62.

刘莺（湖南中医学院）．张仲景对心神疾病辨证论治的特点．湖北中医杂志，1999；21（4）：152.

陈海滨（蚌埠市传染病医院）．浅谈仲景治黄 4 法在现代临床中的运用．安徽中医临床杂志，1999；11（4）：294.

叶可夫（兰溪市中医院）．医圣张仲景治瘀体范与临床意义．浙江临床医学，1999；1（4）：285.

王晓玮（杭州医药学校）．张仲景处方用药规律探讨．浙江临床医学，1999；1（4）：286.

李惠义（南京医科大学第二附属医院）．柯韵伯开创仲景方剂学说体系．中医药研究，1999；15（4）：4.

聂惠民（北京中医药大学）．论《伤寒论》的治则与治法．中国医药学报，1999；14（4）：3.

王立人（浙江中医学院）．复方探析．中国医药学报，1999；14（4）：7.

李心机（山东中医药大学）．《伤寒论》大陷胸汤证悬解．中国医药学报，1999；14（4）：11.

王良义（沈阳市大东区第三中医院）．仲景运用保阴液治则探要．中医函授通讯，1999；18（4）：7.

杨金萍（山东中医药大学）．《伤寒论》方分类法纵谈．中医文献杂志，1999；（4）：3.

詹青，詹文涛（昆明医学院第一附属医院）．论伤寒温病学说在危重医学中的应用与发展．中国中医药信息杂志，1999；6（4）：4.

徐剑秋，徐迪华（常州市自来水公司卫生所）．脉诊在《伤寒论》六经辨证中的运用．中国中医基础医学杂志，1999；5（4）：53.

黄河清等（广州中山医科大学）．少阴寒化证与冠心病心肌缺血相关性探讨．广州中医药大学学报，1999；16（4）：271.

胡占盈（天津市民族医院）．厥阴病主方说．天津中医学院学报，1999；18（4）：8.

程宜福（皖南医学院弋肌山医院）．试析《伤寒论》厥阴病证寒热同形同病规律．安徽中医学院学报，1999；18（4）：4.

马宏博，李嘉璞（山东中医药大学）．谈《伤寒论》调畅气机法．山东中医药大学学报，1999；23（4）：185.

王恒照，王艳（解放军兰州医学高等专科学校）．《伤寒杂病论》肌肤甲错症研讨．甘肃中医学院学报，1999；16（4）：2.

逄紫千等（长春中医学院）．甘草在《伤寒论》中的运用．长春中医学院学报，1999；15（4）：61.

鲜光亚（会理县中医院）．《伤寒论》量值辨证探讨．江西中医学院学报，1999；11（4）：147.

韩宇霞，王洪琦（广州中医药大学）．腹诊源流及其现代研究．贵阳中医学院学报，1999；21（4）：2.

王立人（浙江中医学院）．探复方之妙论制方之理．浙江中医学院学报，1999；23（4）：9.

刘庆林（湖南省中医药学校）．中医临床遣药组方形式浅探．湖南中医学院学报，1999；19（4）：43.

程宜福（皖南医学院附属弋矶山医院）．试析《伤寒论》太阳病证治的寒热同病规律．皖南医学院学报，1999；18（4）：333.

张炳善（门源县中医院）．医圣仲景用酒规律浅谈．青海医学院学报，1999；20（4）：18.

张小山（广东省梅州市中医院）.《伤寒论》方治心悸5法．新中医，1999；31（5）：57.

谢洁（常州市中医院）．小柴胡汤临床应用概况．天津中医，1999；16（5）：47.

刘宁（北京联大中医药学院）．浅谈《伤寒论》下法对后世医家的影响．北京中医 1999；18（5）：48.

袁智宇，袁海波（河南中医学院第一附属医院）．应用张仲景助阳扶正学说治疗胸痹的体会．河南中医，1999；19（5）：30.

沈忠源（湖北中医学院）.《伤寒论》的病因观．光明中医，1999；14（5）：10.

徐海波，向孝兵（广州中医药大学）．浅析《伤寒论》汤剂煎法．国医论坛，1999；14（5）：1.

徐力（南京中医药大学）.《伤寒论》死证探析．国医论坛，1999；14（5）：4.

杨新年，王元海（河南中医学院）．大黄药对在仲景著作中的应用规律．国医论坛，1999；14（5）：7.

林坚（浙江中医学院）．柴胡加龙骨牡蛎汤之我见．国医论坛，1999；14（5）：8.

鲍世钊，李玉胜（偃师市城关镇卫生院）.《伤寒论》“胃和则愈”病理机转探析．中医研究，1999；12（5）：5.

金永祜（江苏省扬州大学医学院）.《伤寒论》大柴胡汤与《金匮要略》大柴胡汤辨析．江西中医药，1999；30（5）：39.

何榕芳（漳平市医院）．仲景芍药药对应用述要．福建中医药，1999；30（5）：18.

赵映前（湖北中医学院）．试论《伤寒论》中寒温并用的特点与临床意义．中医药研究，1999；15（5）：3.

孙天福，郭俊杰（河南中医学院第一附属医院）．仲景动悸辨证浅谈．中医药研究，1999；15（5）：4.

臧锦，臧璠（榆次市卫生学校）．试论“六病时空”是《伤寒论》的主体框架．中医药研究，1999；15（5）：5.

王付，杨新年（河南中医学院）．仲景临证妙用白术探析．中医函授通讯，1999；18（5）：3.

杨汉辉（福建医科大学附属第二医院）．张仲景食疗健胃法初探．中医函授通讯，1999；18（5）：4.

徐经印等（宁夏回族自治区同心县医院）．仲景用细辛组方配伍探要．中医函授通讯，1999；18（5）：5.

马刚（淄博市中心医院）.《伤寒论》中“阴阳自和”机理浅析．中医函授通讯，1999；18（5）：6.

李上云，孟繁志（辽宁中医学院）．桂枝汤双相调节作用和药物动力学研究．中医函授通讯，1999；18（5）：18.

王停等（河南中医学院）．小柴胡汤组方机制探讨．河南中医药学刊，1999；14（5）：6.

李华（河南中医学院）．从《伤寒论》“去桂不去桂”之争谈理校的局限性．河南中医药学刊，1999；14（5）：7.

范仁忠（合肥安徽中医学院）．谈和理少阳法．安徽中医学院学报，1999；18（5）：23.

李佛基（宣城地区卫生局）．中医中药概念探析．安徽中医临床杂志，1999；11（5）：346.

陈玉彪，徐涛（来安县中医医院）．张仲景运用附子组方浅析．安徽中医临床杂志 1999；11（5）：358.

李春婷，王长松（南京中医药大学）.《伤寒论》水气病初探．南京中医药大学学报，1999；15（5）：260.

赵鸣芳（南京中医药大学）．经方特点初探．南京中医药大学学报，1999；15（5）：266.

牛学恩，高希言（河南省中医院）.《伤寒论》脾约证探析．中医杂志，1999；40（6）：380.

马爱林，于正山（青岛市中医院）.《伤寒论》药物脚注浅议．中国药业，1999；8（6）：52.

崔连有（焦作市中医药学校）．仲景治渴八法．四川中医，1999；17（6）：15.

徐鸣，李赛美（广州空军后勤医院）．从《伤寒论》太阳病篇看仲景杂病辨证思维模式．国医论坛，1999；14（6）：4.

徐重明，汪自源（上海海军411医院）．张仲景调肺4法．国医论坛，1999；14（6）：6.

胡国明（溧阳监狱医院）．浅述附子在《伤寒论》方中的配伍运用．江西中医药，1999；30（6）：38.

章浩军，郭永健（龙岩市中医院）．略论《伤寒论》三阴中风．福建中医药，1999；30（6）：40.

刁志光（广东医学院附属医院）．浅谈张仲景的方剂运用原则．湖南中医杂志．1999；15（6）：69.

石蕴玉（上海市第一人民医院）．从仲景方用甘草谈起．上海中医药杂志，1999；（6）：7.

范仁忠（安徽中医学院）.《伤寒论》治心四法在心血管危重病变中的应用．中国中医急症，1999；8（6）：267.

万晓刚（广州中医药大学）.《伤寒论》六经病证关系的研究. 中医函授通讯，1999；18（6）：5.

张存芳，马卫华（包头医学院第二附属医院）.《伤寒论》治痞十法述略. 中医函授通讯，1999；18（6）：16.

孙培河（泉州市肖厝区南埔医院）.《伤寒论》下利证十型浅析. 中医函授通讯，1999；18（6）：18.

尹必武（安徽中医学院）.《伤寒论》诊断特色探讨. 中国中医基础医学杂志，1999；5（6）：54.

吴子腾，洪玉美（泾县中医院）. 试析《伤寒论》方剂配伍技巧及规律. 安徽中医学院学报，1999；18（6）：8.

林坚（浙江中医学院）. 谈蒿芩清胆汤. 浙江中医学院学报，1999；23（6）：9.

唐云（浙江医科大学附属第一医院）. 叶天士治痹三法. 浙江中医学院学报，1999；23（6）：11.

顾武军（南京中医药大学）.《伤寒论》方临床运用刍议. 南京中医药大学学报，1999；15（6）：321.

王付（河南中医学院）. 仲景汤方辨治肺系疾病配伍规则探讨. 南京中医药大学学报，1999；15（6）：329.

王启才等（南京中医药大学）. 经络学说在针灸临床的应用. 南京中医药大学学报，1999；15（6）：360.

张玉英（陕西中医学院）. 张仲景治水系列方的辨治法则与应用. 陕西中医学院学报，1999；22（6）：8.

沈忠源（湖北中医学院附属医院）.《伤寒论》的病因观. 新中医，1999；31（7）：60.

南晋生（运城地区中医院）.《伤寒杂病论》瘀热证治探要. 四川中医，1999；17（7）：16.

王家琳（合肥市第一人民医院）. 浅谈"实则阳明，虚则太阴"的临床证析. 中国中医基础医学杂志，1999；5（7）：33.

黄志杰（湖北中医学院）. 张仲景望形体诊法浅析. 湖北中医杂志，1999；21（8）：342.

潘炳祥（南京市下关激光医院）. 浅谈张仲景运用芍药的经验. 湖北中医杂志，1999；21（8）：368.

文小平（上海中医药大学）. 仲景方峻药配伍特点刍议. 上海中医药杂志，1999；（8）：24.

林家乐（杭州市胡庆余堂制药厂）. 浅谈仲景方中芍药的配伍运用. 浙江中医杂志，1999；34（9）：396.

姜援朝等（英山县卫生局）. 仲景诊治腹痛探析. 湖北中医杂志，1999；21（9）：390.

张本夫（青岛市胶州中心医院）. 谈《伤寒论》痞证的辨证施治. 山东中医杂志，1999；18（9）：388.

姜华（兰州医学院二附院）. 谈《伤寒论》治逆下利治疗六法. 中国中医基础医学杂志，1999；5（9）：76.

蒋永光（成都中医药大学）.《伤寒论》方药组配特点与规律. 中国中医基础医学杂志，1999；5（9）：80.

王建康（奉化市中医院）.《伤寒杂病论》方剂中的白芍利水功用. 中国中医基础医学杂志，1999；5（9）：312.

朱红梅（厦门大学海外教育学院）. 仲景运用热因热用法探析. 新中医，1999；31（10）：11.

黄河清等（中山医科大学中西医结合研究所）.《伤寒论》少阴寒化证与冠心病心肌缺血相关性探讨. 中医杂志，1999；40（10）：585.

李光禄（武警重庆总队第一支队卫生队）. 张仲景调理脾胃特色初探. 武警医学，1999；10（10）：603.

杜天植（湖北中医学院）. 仲景竹叶石膏汤探微. 陕西中医，1999；20（10）：474.

朱秀华（京山县中医医院）.《伤寒论》误治变证辨析. 湖北中医杂志，1999；21（10）：435.

王占彬（重庆市中医研究所）.《伤寒杂病论》现代临床应用信息系统特色浅论. 辽宁中医杂志，1999；26（10）：446.

王茂松（泰州市人民医院）. 张仲景运用桂枝的探讨. 四川中医，1999；17（11）；9.

叶显纯（上海中医药大学）. 仲景方运用人参及其基原的探讨. 上海中医药杂志，1999；（11）：11.

朱起贵，朱建洪（湖北中医学院附属医院）. 略谈《伤寒论》的辨证论治思维方法. 湖北中医杂志，1999；21（11）：487.

王付，金培祥（河南中医学院）. 论太阳中风含义与桂枝汤主治的不等关系. 四川中医，1999；17（12）：8.

罗懿明，程志安（广州中山医科大学孙逸仙纪念医院）. 桂枝治疗汗证作用浅析. 湖北中医杂志，1999；21（12）：567.

徐瑞峰等（武威市医院）. 浅议《伤寒杂病论》方药煎服特点. 甘肃中医，2000；13（2）：8.

于春光，贾维钢（黑龙江省中医医院）．论《伤寒论》之促脉．黑龙江中医药，2000；（2）：8.

殷立敢（宜昌县中医医院）．从《伤寒论》谈张仲景治水十法．湖北中医杂志，2000；22（3）：7.

王雪飞（贵阳市花溪区中医院）．真武汤新用．贵阳医学院学报，2000；25（3）：321.

吴丽芹（南京中医药大学）．《伤寒论》“桂枝去桂加茯苓白术汤证”评述．南京中医药大学学报·自然科学版，2000；16（4）：204.

陈茵，杨丽新（广州广东省中医院）．《伤寒论》四经方治疗小儿咳瑞．辽宁中医学院学报，2000；2（4）：252.

苑淑凤（天津中医学院）．《伤寒论》中“烦躁”之辨析．天津中医学院学报，2000；19（4）：3.

彭汨平（海盐县人民医院）．从桂枝汤、小柴胡汤看仲景之和法．浙江中医学院学报，2000；24（6）：15.

黄爱珍（中山市人民医院）．《伤寒论》护胃扶正法探讨．中国中西医结合脾胃杂志，2000；8（6）：352.

谢富明（唐山市中医院）．浅析《伤寒论》中期门穴的运用．中医药研究，2000；16（6）：8.

任芙莉等（聊城市东昌府人民医院）．《伤寒论》方中生姜的应用．山东中医杂志，2000；19（6）：456.

徐春兰（太原市自来水公司）．浅论《伤寒论》中柴胡证．中国中医基础医学杂志，2000；6（6）：162.

王炳国（大足县第二人民医院）．读《伤寒论》辨胆囊病．中国中医基础医学杂志，2000；6（6）：316.

王立人（浙江中医学院）．从制方角度论仲景治疗情志症的特色．中国中医基础医学杂志，2000；6（6）：324.

秦肖，李正秋（辛集市中医院）．《伤寒论》中针法的应用．中国针灸，2000；20（8）：45.

边玉麟（安徽中医学院）．《伤寒论》恶风恶寒症状辨析．河北中医，2000；22（12）：947.

乔成安（江都市中医院）．仲景利尿法探析．四川中医，2001；19（1）：10.

苏铭忠（福安市甘棠卫生院）．仲景运用桂枝初探．光明中医，2001；16（1）：2.

张运克（河南中医学院一附院）．《伤寒论》方剂今用应遵循的原则．光明中医，2001；16（1）：3.

万晓刚（广州中医药大学）．《伤寒论》国内外研究现状．国医论坛，2001；16（1）：1.

张文勇（南京中医药大学）．黄疸六经辨证初探．国医论坛，2001；16（1）：4.

张慧琪，伍喜良（天津中医学院）．张仲景瘀血致病理论浅探．国医论坛，2001；16（1）：5.

吴雄志（成都中医药大学）．聚类分析在六经辨证中的应用．国医论坛，2001；16（1）：8.

何丽清（成都中医药大学）．论附子是否必须先煎．国医论坛，2001；16（1）：24.

张胜（如东县中医学会）．《伤寒论》中甘草用义浅探．中医药研究，2001；17（1）：6.

顾勤等（南京中医药大学）．探析《伤寒论》以“四逆”命名的治厥方证治特点及现代药理基础．中医药学报，2001；29（1）：29.

张浩，李桂芬（黑龙江中医药大学）．《伤寒论》中药物升降浮沉性能运用规律略探．中医药学报，2001；29（1）：52.

李飞滕（惠东县中医院）．仲景运用桂枝汤浅析．中医文献杂志，2001；（1）：9.

吕昌宝（山西长治医学院）．辨证论治应为辨病辨证论治．中国医药学报，2001；16（1）：8.

唐明春（合川市中医院）．论《伤寒论》之汗法与禁汗．中国中医急症，2001；10（1）：48.

陈鉴清（北海市中医院）．伤寒辨证用桂探析．辽宁中医杂志，2001；28（1）：10.

杨永龙（威信县中医院）．《伤寒杂病论》病名诊断特色．云南中医中药杂志，2001；22（1）：44.

韩捷（河南中医学院）．仲景用杏仁浅析．河南中医药学刊，2001；16（1）：7.

畅洪升，张桂珍（济南山东中医药大学）．《伤寒论》柴胡桂枝干姜汤方证辨要．山东中医药大学学报，2001；25（1）：40.

路永平（河南省中医医院）．《伤寒论》和法研讨．湖北中医学院学报，2001；3（1）：8.

李晓斌，夏天（解放军第四军医大学）．张仲景论治瘀血所致病证的辨析．浙江中医学院学报，2001；25（1）：67.

张玉英（陕西中医学院）．《伤寒论》辨治肺病咳喘法则的应用及其影响．陕西中医学院学报，2001；24（1）：9.

程宜福（皖南医学院附属弋矶山医院）．试析《伤寒论》阳明少阳病证治的寒热同病规律．皖南医学院学报，2001；20（1）：53.

高怀林（安阳市脉管炎医院）．仲景治水法在周围血管病中的运用．河南中医，2001；21（2）：8.

陈鼎盛，杨湖（汕头市第四人民医院）．《伤寒论》发汗法初探．河北中医，2001；23（2）：145.

马守宽，马力文（临夏州中医院）．《伤寒论》方药性味与配伍简析．甘肃中医，2001；14（2）：1.

王淳，邓毅（甘肃中医学院）．“桂枝汤”顾护卫阳思想初探．甘肃中医，2001；14（2）：4.

陈雪梅（新都县中医院）．麻杏石甘汤中石膏用量的重要性．四川中医，2001；19（2）：78.

徐宗裔，朱熹安（常熟市新港卫生院浒浦分院）．浅谈《伤寒论》方中甘草的运用．江苏中医，2001；22（2）：30.

徐伟辉，龚高柏（湖南省中医药学校）．《伤寒杂病论》中麻黄与石膏配伍规律探讨．国医论坛，2001；16（2）：2.

张五洲，杨英豪（河南中医学院）．略论《伤寒论》证候的确立原则．中医杂志，2001；42（2）：122.

高岩（威海市404医院）．《伤寒论》中附子的应用特点．吉林中医药，2001；21（2）：50.

马文辉，郭凤兰（太原三部六病门诊部）．试论《伤寒论》的“六病”辨证及“三部”定位．中医药研究，2001；17（2）：1.

康善平，崔金涛（湖北中医学院）．《伤寒论》复诊用方配伍规律考议．中医药学刊，2001；19（2）：115.

肖映昱，岳在文，白敏（包头医学院第二附属医院）．《伤寒论》白术附子汤证探微．中医药学刊，2001；19（2）：148.

李际强，李振洁（广州中医药大学）．下法在湿温病中的应用．陕西中医函授，2001；（2）：7.

陆彩芬（桐乡市卫生学校）．从《伤寒论》谈察尿辨证．陕西中医函授，2001；（2）：13.

于华芸（山东中医药大学）．越婢加术汤在免疫系统的应用．陕西中医函授，2001；（2）：41.

聂惠民（北京中医药大学）．论《伤寒杂病论》方药实用特色．中国医药学报，2001；16（2）：11.

马传江（山东中医药大学）．冲脉并足阳明经辨．山东中医药大学学报，2001；25（2）：93.

孙旭妍，王玉东（莱州市人民医院）．从月经辨治热入血室．长春中医学院学报，2001；17（2）：6.

张国骏，汪洋（天津中医学院）．《伤寒论》第319条之病变趋势辨析．天津中医学院学报，2001；20（2）：1.

李天萍等（天津市第四中心医院）．仲景“调和营卫法”的研究初探．天津中医学院学报，2001；20（2）：3.

李家庚（湖北中医学院）．《伤寒杂病论》表里先后缓急治法探要．湖北中医学院学报，2001；3（2）：7.

李青，谢红敏（昆明市中医医院）．旋复代赭石汤应用刍议．云南中医学院学报，2001；24（2）：13.

和建清（丽江地区医院）．《伤寒论》太阳病蓄血证今识．云南中医学院学报，2001；24（2）：15.

边玉麟（安徽中医学院）．太阳病中风、伤寒病因病机辨析．安徽中医学院学报，2001；20（2）：6.

罗家发（安徽中医学院）．仲景应用大黄探析．安徽中医学院学报，2001；20（2）：11.

张文芳（重庆医科大学附属第一医院）．从胸痹篇看仲景同病异治法．陕西中医学院学报，2001；24（2）：8.

喻康野（宜春市人民医院）．浅谈《伤寒论》之脾胃升降法．宜春医专学报，2001；13（2）：203.

陆维承（温岭市中医院）．《伤寒论》和《金匮要略》方中厚朴功效之探讨．中国药业，2001；10（3）：50.

罗文聪（南华县中医院）．《伤寒论》寒热并调学术思想浅述．甘肃中医，2001；14（3）：2.

李素清（焦作市中医院）．浅探《伤寒论》养阴十法．国医论坛，2001；16（3）：5.

冯学功，张素香（广东省中医院）．《伤寒论》中芍药作用刍议．国医论坛，2001；16（3）：6.

刘世荣（临沂市中医医院）．《伤寒论》厥逆证治探析．辽宁中医杂志，2001；28（3）：144.

陈京萍，周乐全（广州中医药大学）．炙甘草汤治疗邪少虚多证析义．辽宁中医杂志，2001；28（3）：153.

周庚生（浙江中医学院）．六经辨证治胃病．浙江中医杂志，2001；36（3）：130.

曾福海（陕西中医学院）．谈《伤寒论》的方证辨析．陕西中医函授，2001；（3）：1.

杨景锋；赵天才（陕西中医学院）．从方证看《伤寒论》治痛之法．陕西中医函授，2001；（3）：3.

董正华（陕西中医学院）．掌握《伤寒论》方剂的技巧．陕西中医函授，2001；（3）：5.
臧东来．试论“六病时位”是《伤寒论》的证治程序．中医药研究，2001；17（3）：2.
徐蒙陈庆平（中日友好医院）．六经辨证．中国乡村医药，2001；8（3）：7.
柴瑞震（运城地区中医医院）．气血辨证是《伤寒论》的辨证核心．中国医药学报，2001；16（3）：11.
张爱青等（邯郸医学高等专科学校）．从少阴六死证论张仲景重阳思想．中国航天工业医药，2001；3（3）：68.
秦毅，王春梅（安阳市中医药学校）．《伤寒论》口渴病机析要．河南中医药学刊，2001；16（3）：11.
张玉英（咸阳陕西中医学院）．《伤寒论》利水法探析．辽宁中医学院学报，2001；3（3）：165.
任锡禄，宋昀钦（文水县中医院）．浅析《伤寒论》中的痛证．陕西中医学院学报，2001；24（3）：10.
程客铭（广安区中医院）．试述《伤寒论》中桂枝的应用．贵阳中医学院学报，2001；23（3）：7.
杨硕（贵阳中医学院）．《伤寒论》苓桂术甘汤证探析．安徽中医学院学报，2001；20（3）：4.
韩捷，尚炽昌（河南中医学院）．仲景用杏仁浅析．江西中医学院学报，2001；13（3）：111.
王群红（南京军医学院）．桂枝汤及其加减之临床应用．南京军医学院学报，2001；23（3）：182.
王津慧（青海医学院）．《伤寒论》芍药作用谈．青海医学院学报，2001；22（3）：44.
夏永华（肇庆市端州妇幼保健院）．浅谈仲景组方的阴阳配伍．新中医，2001；33（4）：72.
陈金亮，赵燕峰（河北以岭医药研究院附属医院）．肺痿证治渊源探讨．陕西中医，2001；22（4）：220.
许乃山等（扬州大学医学院）．仲景利用白术双向调节水液代谢初探．国医论坛，2001；16（4）：3.
符强（黑龙江中医药大学）．浅探仲景辨治杂病的思维．国医论坛，2001；16（4）：4.
崔黎霞（新乡市公立医院）．《伤寒论》渴辨．中医研究，2001；14（4）：14.
杜耀战，屈秀炳（南阳张仲景医院）．仲景应用大黄规律初探．中医研究，2001；14（4）：15.
曾高峰（广西中医学院）．浅谈《伤寒论》泻下八法．广西医学，2001；23（4）：850.
黄海（福建中医学院）．论仲景的血室证治．中医文献杂志，2001；（4）：15.
蔡善政，郑侠（肥东县中医院）．对仲景运用桂枝汤加减浅析．中医文献杂志，2001；（4）：21.
王付（河南中医学院）．太阳病辨证特色与临床研究．中医药学报，2001；29（4）：4.
刘赞超等（青岛经济技术开发区中风病医院）．张仲景用五味子的探讨．中医药学报，2001；29（4）：65.
吕翠霞（山东中医药大学）．张仲景杂病治则规律浅探．中医药学刊，2001；19（4）：327.
汪红，顾勤（南京中医药大学）．胶艾汤用药特点及对后世组方的启示．中医药学刊，2001；19（4）：384.
蔡丽慧等（德州市人民医院）．仲景小建中汤列入温中方献疑．中医药学刊，2001；19（4）：386.
叶建红（成都军区昆明总医院）．浅谈桂枝在《伤寒论》中的运用．黑龙江中医药，2001；（4）：63.
李铁（大连市中医医院）．小柴胡汤治三阳证析义．辽宁中医杂志，2001；28（4）：244.
董玉轩，任春荣（礼泉县中医院）．寒热并用调和脾胃法浅析．陕西中医函授，2001；（4）：3.
常振森（济宁市任城区中医院）．《伤寒论》论治方法运用举隅．陕西中医函授，2001；（4）：6.
张胜（如东中医学会）．甘草在《伤寒论》中用义浅探．河南中医药学刊，2001；16（4）：7.
叶韩镯（三门县中医院）．《伤寒论》服药法探讨．河南中医药学刊，2001；16（4）：9.
孔德麒（北京市东城区北新桥医院）．“三阳证见，治从少阳”在临床中的应用．中国中医基础医学杂志，2001；7（4）：69.
刘法洲（中国文化研究会）．论厥阴病与乌梅丸证．成都中医药大学学报，2001；24（4）：6.
周芸（湖北中医学院）．《伤寒杂病论》腹满证辨治探幽．湖北中医学院学报，2001；3（4）：43.
邱祖萍（通州市人民医院）．《伤寒论》寒热并用方证探析．辽宁中医学院学报，2001；3（4）：252.
常振森（济宁市任城区中医院）．浅谈《伤寒论》三种治法的运用．山东中医药大学学报，2001；25（4）：251.
高中祖（云南中医学院）．《伤寒论》方配伍精义辨析．云南中医学院学报，2001；24（4）：35.
程宜福（皖南医学院附属弋矶山医院）．试析《伤寒论》太阴少阴病证治的寒热同形同病规律．皖南医学院学报，2001；20（4）：300.
郑学刚（湖北民族学院医学院附院）．对《伤寒论》预后诊断思想方法的研究．湖北民族学院学报·医学版，2001；18（4）：33.

宋耀鸿（南京中医药大学）. 阴阳毒病证治之浅见. 四川中医，2001；19（5）：10.
牟地庆（平昌县中医院）. 仲景对甘草运用的探析. 四川中医，2001；19（5）：15.
朱开琼（达县中医院）. 桂枝汤运用之我见. 四川中医，2001；19（5）：77.
张宗明（甘肃省中医学校）. 三分辨证是《伤寒论》的基本论点. 甘肃中医，2001；14（5）：4.
温武兵，张桂珍（北京市公安医院）. 半夏泻心汤配伍规律初探. 国医论坛，2001；16（5）：1.
牛国顺，杨维乾（河南省中医药研究院）.《伤寒论》病愈征象探讨. 中医研究，2001；14（5）：8.
汪运富，吉中强（青岛市人民医院）. 脾虚致衰老浅探. 辽宁中医杂志，2001；28（5）：265.
王健（龙感湖农场职工医院）. 浅谈《伤寒论》之辨呕. 湖北中医杂志，2001；23（5）：3.
王弘振（仁寿堂中医诊所）. 浅谈仲景方剂在临床实践中的地位. 青海医药杂志，2001；31（5）：56.
林志苇（泉州市中医院）. 仲景《伤寒论·太阳病》针灸观探析. 中医药学刊，2001；19（5）：463.
张喜奎（福建中医学院）.《伤寒论》变证意义探析. 中国医药学报，2001；16（5）：9.
赵志英，周春祥（南京中医药大学）. 从《伤寒论》证治看“卫出下焦”. 南京中医药大学学报·自然科学版，2001；17（5）：279.
林家坤（萍乡市中医院）. 桂枝加芍药汤、桂枝加大黄汤功用探析. 河南中医，2001；21（6）：31.
张晓峰（上海中医药大学附属龙华医院）.《伤寒杂病论》对杏仁的运用. 江苏中医，2001；22（6）：36.
陆彩芬（桐乡市卫生学校）. 从《伤寒论》谈察尿辨证. 江苏中医，2001；22（6）：38.
陈官培（解放军兰州医学高等专科学校）.《伤寒论》发热特点及病机分析. 甘肃中医，2001；14（6）：1.
何凡夫（宁远县中医院）. 论《伤寒论》解表法. 国医论坛，2001；16（6）：3.
王济华，杨维乾（河南中医学院一附院）.《伤寒论》误吐论析. 中医研究，2001；14（6）：10.
王志军（赣州市煤气公司医务所）. 略论人参在《伤寒论》中的配伍. 江西中医药，2001；32（6）：54.
叶柳忠，陈纪藩（广州中医药大学）. 从《尚论篇》谈对五苓散的再认识. 湖南中医药导报，2001；7（6）：290.
张胜（如东中医学会）.《伤寒论》中甘草用义浅探. 中国中医基础医学杂志，2001；7（6）：76.
王付（河南中医学院）. 关于六经病性质的讨论. 浙江中医学院学报，2001；25（6）：9.
张苏颖（山东中医药大学）. 茯苓杏仁甘草汤证辨析. 山东中医药大学学报，2001；25（6）：415.
秦建平（遵义医学院一附院）. 浅析《伤寒杂病论》中外治法及外用药. 四川中医，2001；19（7）：20.
赵天才（咸阳陕西中医学院）. 论张仲景辨治虚痛证的特点. 江苏中医，2001；22（7）：6.
张尊如，王永梅（河北医科大学中医学院）. 关于炙甘草汤中清酒问题的探讨. 中国中医基础医学杂志，2001；7（7）：61.
蒋明（南京中医药大学）. 桂枝加龙骨牡蛎汤功效探析. 中国中医基础医学杂志，2001；7（7）：62.
张工彧（南京中医药大学）. 张仲景论血证述要. 中医杂志，2001；42（8）：508.
胡少华（台州市黄岩区澄江镇卫生院）. 小青龙汤临证应用刍议. 浙江中医杂志，2001；36（8）：368.
邓家刚（广西中医学院）. 论张仲景对有毒中药临床应用的贡献. 山东中医杂志，2001；20（8）：454.
杨新年，刘景超（河南中医学院）. 张仲景药对配伍应用浅探. 山东中医杂志，2001；20（8）：457.
马鑫，张永国（包头铁路医院）. 大黄在仲景泻下剂中的配伍意义. 现代中西医结合杂志，2001；10（8）：737.
熊莉华（广州中医药大学）. 浅谈《伤寒论》辨证论治. 新中医，2001；33（9）：73.
张依（甘肃中医学院）. 医学灸法特色. 中国针灸，2001；21（9）：563.
成建山（江苏省中医药学会）.《伤寒论》小青龙汤方证探析. 山东中医杂志，2001；20（9）：520.
祝小惠（北京中医药大学）. 试论《伤寒论》《金匮要略》中甘草的运用. 河北中医，2001；23（10）：789.
李同宪等（西安市第二医院）.《伤寒论》中回阳救逆法治疗霍乱的机理初探. 河北中医，2001；23（10）：791.

伍鸿基（浙江省立同德医院）．略谈小儿瞳少并病发热的特点．浙江中医杂志，2001；36（10）：427.

张春蓉（崇州市人民医院）．仲景运用甘草初探．四川中医，2001；19（11）：12.

叶琼花（麻城市中医医院）．论张仲景辨阳明腑实八法．湖北中医杂志，2001；23（11）：15.

张玉英（陕西中医学院）．仲景辨治风湿类疾病述要．陕西中医，2001；22（12）：763.

吴洁（南京中医药大学）．从邪正观探讨仲景方药配用之特点．江苏中医，2001；22（12）：8.

董敏伟（无锡市中医院）．《伤寒论》针灸疗法临床应用探讨．江苏中医，2001；22（12）：48.

陈卫平（南京中医药大学）．试论《伤寒论》清、下、滋三法对温病治法的影响．中国中医基础医学杂志，2001；7（12）：45.

张爱青等（邯郸医学高等专科学校）．浅析《伤寒论》之发热．光明中医，2002；17（2）：1.

徐国龙，昂文平（安徽中医学院）．《伤寒论》非症状征象在六经病证辨证中的意义．中国医药学报，2002；17（2）：79.

徐兴国（渠县人民医院）．《伤寒论》病、方、药证辨析．江西中医学院学报，2002；14（2）：55.

董莉（绩溪县中医院）．浅谈《伤寒论》治呕特色．江西中医药，2002；33（2）：52.

郭华亮（新乡市中医院）．《伤寒论》温法的运用及其变法的使用．中医研究，2002；15（3）：9.

李家庚（湖北中医学院）．《伤寒杂病论》因势利导法运用探要．光明中医，2002；17（3）：3.

彭灼文（三水市中医院）．《伤寒论》辨“汗”．中华综合医学，2002；3（6）：535.

韩捷（上海中医药大学附属龙华医院）．张仲景调理脾胃11法．天津中医，2002；19（6）：34.

余永林，胡锡元（武汉市中医院）．浅析《伤寒论》五泻心汤的鉴别应用．湖北中医杂志，2002；24（6）：39.

张振基，张小军（原平市第一人民医院）．浅谈《伤寒论》八法在临床上的应用．湖北中医杂志，2002；24（7）：22.

李群林等（桃源县人民医院）．仲景治喘十四法探析．中国医药学报，2002；17（11）：685.

张保伟（河南中医学院）．《伤寒杂病论》中麻黄石膏用量比与其作用关系探讨．河南中医，2003；23（1）：7.

魏小萌（漯河市卫生学校）．《伤寒论》之痞证当有疼痛辨．河南中医，2003　23（1）：9.

王树玲等（河南省中医药研究院）．《伤寒论》中吴茱萸洗制法的研究．陕西中医，2003；24（1）：82.

姚惠萍，刘庆帮（南京中医药大学）．仲景方生姜、大枣运用规律浅析．中医研究，2003；16（1）：15.

邹如政（襄樊市中医院）．张仲景肾病学术思想探讨．光明中医，2003；18（1）：3.

王正，乐才文（襄樊市中医院）．《伤寒论》五泻心汤证治探讨．光明中医，2003；18（1）：19.

陈萌，陈强（北京中医药大学）．仲景医学理论的特点及应采取的研究方法．国医论坛，2003；18（1）：3.

李秉涛，张居运（西峡县公疗医院）．浅探《伤寒论》中平调阴阳的辨证法思想．国医论坛，2003；18（1）：6.

王春生（波阳县中医院）．太阳病解析．天津中医药，2003；20（1）：43.

祝均辉（咸丰县中医医院）．浅谈《伤寒杂病论》论悸十证．湖北中医杂志，2003；25（1）：12.

胡慧（湖北中医学院）．《伤寒论》煎药服药方法及药后护理初探．湖北中医杂志，2003；25（1）：54.

黄海（福州福建中医学院）．《伤寒论》温法的用药特点．中国医药学报，2003；18（1）：33.

李晓华．湿证《伤寒论》治饮14法及用药特点．中华实用中西医杂志，2003；22（1）：4.

姚惠萍，刘庆帮（南京中医药大学）．略论阴黄理论的形成．南京中医药大学学报，2003；19（1）：11.

马贻超等（济南铁路中心医院）．柴胡汤类方证及和法若干问题的探讨．山东中医药大学学报，2003；27（1）：21.

谭智敏（山东中医药大学）．阴水从肺论治的辨证思维研究．山东中医药大学学报，2003；27（1）：54.

黄颖，王宗柱（陕西中医学院）．论《伤寒论》中之呕吐．陕西中医学院学报，2003；26（1）：18.

盖引利（西安市玻璃制品厂卫生所）．仲景泻心法浅识．安徽中医临床杂志，2003；15（1）：44.

张沈英（沈阳二四二医院）．试论仲景对汗法的运用．辽宁中医学院学报，2003；5（1）：40.

李晓华（天津市第三中心医院）．《伤寒论》治饮14法及用药特点．天津中医学院学报，2003；22

(1)：4.
瞿岳云等（湖南中医学院）.《伤寒论》理论研究的反思. 湖南中医学院学报，2003；23（1）：27.
苑述刚福建中医学院）. 论黄土汤及“远血”. 成都中医药大学学报，2003；26（1）：1.
郭爱鱼，王玉明（忻州市卫生学校）.《伤寒论》汗法刍议. 河南中医，2003；23（2）：3.
李西方，高启龙（清丰县中医院）. 血瘀与六经顽固性头痛之关系. 河南中医，2003；23（2）：34.
郭梅钦，马立人（平顶山市中医医院）.《伤寒论》中养阴法的运用. 国医论坛，2003；18（2）：1.
刘松林（湖北中医学院）. 浅谈仲景药物外治法. 国医论坛，2003；18（2）：2.
陈淑慧，陈耀龙（广州中医药大学二院）.《伤寒论》和法内涵探讨. 国医论坛，2003；18（2）：4.
聂绍通等（湖南省中医药学校）. 试析“不必尽剂”于桃花汤证的临床意义. 国医论坛，2003；18（2）：5.
姜瑞雪，马作峰（南阳张仲景国医学院）. 问饮食在《伤寒论》中的运用. 国医论坛，2003；18（2）：6.
米金辉等（咸阳渭城妇幼保健院）. 再论厥阴. 现代中医药，2003；（2）：13.
温桂荣（湖北中医学院）.《伤寒论》脾胃病证治研究的思路与方法. 湖南中医药导报，2003；9（2）：4.
贺君.《伤寒论》针灸应用特色初探. 上海针灸杂志，2003；17（2）：24.
高欣铎（偃师市中医院）. 心下痞在《伤寒论》中的辨证与治疗. 河南中医，2003；23（3）：1.
王作顺（天津市中医医院）. 用仲景滋阴和阳法治疗心脏病探析. 河南中医，2003；23（3）：8.
刘纳文（天津市第一中心医院）. 浅析《伤寒论》中的厥. 河北中医，2003；25（3）：229.
徐群明，余中方（宜兴市中医院）.《伤寒论》太阳病方的双向调治作用. 陕西中医，2003；24（3）：287.
和红霞，都修波（三门峡市中医院）.《伤寒论》下利治法探微. 江苏中医药，2003；24（3）：5.
宋子云，张恭新（乳山市中医院）.《伤寒论》葛根芩连汤证析疑. 浙江中医杂志，2003；38（3）：132.
刘广泉（中医药学报）. 仲景下法新论. 中华实用中西医杂志，2003；（3）：457.
张保伟（河南中医学院）. 仲景大小汤辨要. 河南中医学院学报，2003；18（3）：7.
阎廷禄（邯郸医学高等专科学校）. 仲景论述小柴胡汤之考辨. 实用中医内科杂志，2003；（3）：158.
童丽（南京中医药大学）. 浅谈藏医与仲景论发热. 中国民族民间医药杂志，2003；（3）：218.
马作峰.《伤寒论》寒热并用十二法. 四川中医，2003；21（4）：15.
陈玉书. 从“无大热”谈《伤寒论》症状辨证之特点. 国医论坛，2003；18（4）：5.
徐西中.《伤寒论》汗法禁忌探讨. 中医研究，2003；16（4）：8.
李刚毅.《伤寒论》“懊侬”证探析. 中医研究，2003；16（4）：11.
郭梅钦.《伤寒论》中风刍议. 中医研究，2003；16（4）：12.
李克忠.《伤寒论》衄血症探讨. 中医研究 2003；16（4）：14.
叶桂兴. 浅谈《伤寒论》中太阳与阳明合病的诊断与治疗. 天津中医药，2003；20（4）：51.
刘松林（湖北中医学院）. 仲景对灸法运用规律探要. 中医药学刊，2003；（4）：528.
黄仁栋等（梅州市人民医院）. 仲景学说与癫痫证治的探讨. 湖北中医杂志，2003；（4）：5.
赵建辉.《伤寒论》辨证论治重“势”. 新疆中医药，2003；21（4）：1.
王璐琳，虞梅. 试论《伤寒论》误治后治法. 新疆中医药，2003；21（4）：7.
李福芝. 针灸在《伤寒论》六经病中应用. 黑龙江中医药，2003（4）：4.
李福芝（天津市东丽区中医院）. 针灸在《伤寒论》六经病中应用. 黑龙江中医药，2003；（4）：45.
温桂荣，邱明义.《伤寒论》中脾胃病的病因病机浅析. 实用中医内科杂志，2003；17（4）：262.
沈开金.《伤寒论》脾胃病方药运用分析（Ⅰ）. 安徽中医临床杂志，2003；15（4）：354.
王伟. 对《伤寒论》中呕吐治法研究. 河南中医学院学报，2003；18（4）：5.
刘敏.《伤寒论》上热下寒证辨析. 辽宁中医学院学报，2003；（4）：325.
王宗柱，郑君和. 论《伤寒论》的辨证施治体系. 陕西中医学院学报，2003；26（4）：3.
呼俊森，姚华. 浅析《伤寒论》小便不利之病机. 承德医学院学报，2003；（4）：320.
王月刚，孙祝华.《伤寒论》六经辨证的特性. 国医论坛，2003；18（5）：1.

张苇航（上海中医药大学）．仲景方治疗情志病症浅探．国医论坛，2003；18（5）：4.

李富汉（河南省新野县中医院）．对仲景运用栝蒌组方的探讨．国医论坛，2003；18（5）：6.

靳三元．《伤寒论》十枣汤用量质疑．中医研究，2003；16（5）：14.

孙桂琴．《伤寒论》药后调理将息诸法探讨．中医研究，2003；16（5）：15.

韩凤英，付振伟．从《伤寒论》探析烦躁之病机．吉林中医药，2003；23（5）：3.

李庆升等（河北医大中医学院）．仲景方在《温病条辨》中的运用规律探析．山东中医杂志，2003；（5）；261.

段扬，卢昌怀（湖南中医学院）．浅探六经病欲解时辰性．现代中医药，2003；（5）：6.

何赛萍（浙江中医学院）．论仲景治肝法的组方配伍及临床意义．中国医药学报，2003；（5）：304.

沈开金．《伤寒论》脾胃病方药运用分析（Ⅱ）．安徽中医临床杂志，2003；15（5）：424.

温桂荣（湖北中医学院）．仲景对脾胃病治法与应用探要．实用中医内科杂志，2003；（5）：357.

张弦．《伤寒论》对酸甘化阴法应用探析．实用中医内科杂志，2003；17（5）：359.

朱汀．《伤寒论》急症治法特点．中华实用中西医杂志，2003；（5）：717.

肖子曾，戴冰．试谈《伤寒论》方中芍药的配伍应用．湖南中医学院学报，2003；（5）：29.

吴洁（南京中医药大学）．仲景治疗湿热黄疸心法探析．南京中医药大学学报（自然科学版）2003；（5）：264.

陈宁勇．论《伤寒论》相反相成组方特点．南京中医药大学学报（自然科学版），2003；19（5）：267.

王红云．《伤寒论》灸法浅探．南京中医药大学学报（自然科学版）2003；19（5）：301.

曹渊，刘翠霞（上蔡县中医院）．仲景温经汤妇科病治验．河南中医，2003；（6）：8.

陈元品．略论《伤寒论》烦躁证治．四川中医，2003；21（6）：22.

崔宇红．浅议《伤寒论》阴阳两虚证的论治．甘肃中医，2003；（6）：4.

潘维．浅议《伤寒论》中太阳病误汗证治．中医研究，2003；（6）：11.

焦胜敏（廊坊市卫生学校）．仲景对眼病的认识及后世眼科学者的发挥应用．国医论坛，2003；（6）；8.

许明辉等．《伤寒论》自汗无汗病机浅析．广西中医药，2003；（6）：44.

任敏，周好田（济宁市精神病防治院）．仲景用附子治痹证特点探析．时珍国医国药，2003；（6）：369.

吴明遂．《伤寒论》中风病理探析．浙江中医学院学报，2003；（6）：10.

渠玉梅．《伤寒论》中头痛的机理与辨治．河南中医，2003；23（7）：1.

葛玉华，张玉森．对《伤寒论》汗证的探讨．河南中医，2003；23（7）：3.

付振伟．寒热并用在《伤寒论》中的体现．吉林中医药，2003；23（7）：4.

倪方利等．《伤寒论》有关通阳问题的探讨．山东中医杂志，2003；（7）：387.

杨麦青．应用《伤寒论》法治疗“非典”的刍议．中国中医基础医学杂志，2003；9（7）：33.

李婕，蒋小敏．《伤寒论》水气病治疗特色探析．江西中医药，2003；34（9）：11.

纪立金．《伤寒论》表里辨治法初探．中国医药学报，2002；17（9）：521.

祝仁超，刘淑兰．《伤寒论》自愈机理初探．实用中医药杂志，2003；19（9）：498.

李群林．仲景治喘十四法探折．中华实用中西医杂志，2003；（9）：1258.

吴玉泓等．《伤寒论》“邪热与有形之邪相结”辨治的学术思想探讨．甘肃中医，2003；16（10）：3.

樊纪民．《伤寒论》中大黄煎煮法探要．中医药学刊，2003；（10）：1731.

竺平晖．试述《伤寒论》中姜的应用．实用中医药杂志，2003；19（10）：553.

张晶，张宗明．《伤寒论》“或证”辨治探析．甘肃中医，2003；（11）：1.

王苹（福建中医学院）．仲景“理中”与“建中”析论．中国医药学报，2003；（11）：697.

罗月中．《伤寒论》方在肾科的运用分析．中医药学刊，2003（12）：2153.

范秀英．《伤寒论》中治“厥”之法．卫生职业教育，2003；（12）：145.

陈惠言．《金匮》论正水后结血分、黄汗后结气分的用意．中医杂志，1928；（6）：48.

陈钟莲．读《金匮》“远血”“近血”并释方义．杏林医学月报，1936；（93）：24.

重庆市中医学会改革中药《金匮》方剂型的工作报告．北京中医，1954；（1）：16.

魏守义．学习《金匮要略》痰饮篇的体会．哈尔滨中医，1955；（2）：20.

杨志一．关于风劳臌膈．江西中医药，1955；（3）：53.

秦伯未．《金匮要略》襟病浅说．中医杂志，1957；（1）：3.

秦伯未．《金匮要略》襟病浅说（续）．中医杂志，1957；（2）：89.

裴慎．大温经汤的探讨．新中医，1957；（2）：19.

秦伯未．《金匮要略》襟病浅说（续）．中医杂志，1957；（3）：155.

潘尘白．对橘皮竹茹汤的探讨．上海中医药杂志，1957；（4）：32.

萧友山节译．从统计上考察八味丸证．浙江中医杂志，1957；（5）：212.

秦伯未．《金匮要略》襟病浅说（续）．中医杂志，1957；（5）：261.

林航．论中医的黄疸．上海中医药杂志，1957；（6）：7.

秦伯未．《金匮要略》襟病浅说（续）．中医杂志，1957；（6）：322.

秦伯未．《金匮要略》襟病浅说（续）．中医杂志，1957；（7）：381.

叶文俊．赤小豆当归散治疗便血的疗效．浙江中医杂志，1957；（7）：300.

陈居霖．汉代张仲景《金匮要略》脉证药治表解（一）．现代中医药，1957；（7）：3.

秦伯未．《金匮要略》襟病浅说（续完）．中医杂志，1957；（8）：442.

陈居霖．汉代张仲景《金匮要略》脉证药治表解（二）．现代中医药，1957；（8）：3.

王新华．《金匮要略》"辨证论治"规律的初步研讨．中医杂志，1957；（9）：460.

王新华．《金匮要略》辨证论治规律的初步研讨．中医杂志，1957；（9）：460.

王新华．《金匮要略》"辨证论治"规律的初步研讨（续）．中医杂志，1957；（10）：517.

王新华．《金匮要略》辨证施治规律的初步研讨（续）．中医杂志，1957；（10）：517.

陈居霖．汉代张仲景《金匮要略》脉证药治表解（四）．现代中医药，1957；（10）：3.

陈居霖．汉代张仲景《金匮要略》脉证药治表解（五）．现代中医药，1957；（11）：3.

臧载阳．抡谈《金匮》的胸痹证治．中医杂志，1957；（11）：569.

徐余祥．试论百合病．浙江中医杂志，1957；（11）：513.

沙星垣．对《金匮要略》痰饮篇的研讨．中医杂志，1958；（1）：5.

褚玄仁．学习《金匮》后对脉学的一些认识．江苏中医，1958；（1）：8.

陈居霖．汉代张仲景《金匮要略》脉证药治表解（六）．现代中医药，1958；（1）：3.

李钟贵．《金匮》产后郁冒与血晕之辨证．江苏中医，1958；（2）：14.

陈居霖．汉代张仲景《金匮要略》脉证药治表解（七）．现代中医药，1958；（2）：3.

王拯民．《金匮》奔豚气病的探讨．中医杂志，1958；（6）：68.

谢天心．奔豚气病．新中医学，1958；（6）：23.

余纯白．乌扇非射干辨：建议用金匮鳖甲煎丸的乌扇改用鸢尾疟疾可分六经论治．浙江中医杂志，1958；（8）：40.

陈照．浙江中医杂志，1958；（12）：39.

沈奎贤（南京中医学院）．对《金匮》痰饮咳嗽病篇的探讨．南京中医学院学报，1959；（1）：5.

钱元龙，诸玄仁．从《金匮要略》谈水气病的辨证论治．江苏中医，1959；（2）；35.

黄文东．从临床上运用《金匮要略》的理法方药．上海中医药杂志，1959；（5）：39.

赵琨（天津中医学院）．学习金匮后对疟疾的几点体会．辽宁医学杂志，1959；（5）：35.

周行炯（上海中医学院）．对《金匮要略》风水、皮上、正水、石水的认识．上海中医药杂志，1959；（9）：6.

濮秉铨．《金匮要略》湿病浅识．中医杂志，1959；（11）：69.

刘浩江．对《金匮》治疗产后腹痛的体会．哈尔滨中医，1960；（1）：64.

常玉绂．试谈黄疸的辨证论治．哈尔滨中医，1960；（8）：46.

钱元龙．从《金匮要略》探讨痰饮病的辨证论治．江苏中医，1961；（2）：2.

齐延仲．水肿病的证治概述．哈尔滨中医，1961；（2）：3.

俞长荣．论“腰以下肿当利小便，腰以上当发汗”．江苏中医，1961；（3）：7.
林乾良．淋证初探．广东中医，1962；（9）：8.
陈可冀．关于肾气丸与地黄丸类方的临床应用．上海中医药杂志，1963；（2）：30.
李飞．《金匮要略》脉学的探讨．江苏中医，1963；（3）：5.
李益三．论《金匮》注家对“新绛”一味药之误解．江苏中医，1963；（6）：32.
苏读贤．对《金匮·痰饮咳嗽》篇中几个主要问题的探讨．上海中医药杂志，1963；（8）：8.
张济民．试从《金匮要略》探讨同病异治和异病同治的规律．浙江中医杂志，1964；（3）：1.
陈瑞春（江西中医学院）．《金匮》苓甘五味姜辛半夏汤的探讨．江西医药，1964；（5）：266.
张浦生（浙江中医学院）．对《试从〈金匮要略〉探讨同病异治和异病同治的规律》一文商榷．浙江中医杂志，1964；7（7）：22.
张济民．解答《金匮要略》有关同病异治与异病同治中的几个问题．浙江中医杂志，1964；（7）：23.
林鹤和．金匮肾气丸疗效的探讨．江苏中医，1965；（9）：16.
彭子益．古方推论．江苏中医，1966；（12）：35.
郑国柱．大承气汤新解．新医学，1975；（4）：221.
田成庆．肾气丸新解．新医学，1975；（4）：227.
董岳琳．五苓散新解．新医学，1975；（11）：542.
赵锡武．对冠心病的认识及治疗体会．新医药学杂志，1976；（4）：30.
任应秋．对冠心病诊治的体会．新医药学杂志，1977；（4）：22.
盛燮荪．治痹八法．浙江中医杂志，1977；（5）：25.
王晖．刚痉．浙江中医杂志，1977；（5）：42.
钟耀奎．“治肝补脾法”治疗病毒性肝炎．新中医，1977；（增2）：55.
黄绍汝．中风辨惑．广西中医药，1978；（3）：41.
诸葛连祥．《金匮要略》论外湿的临床意义．云南中医学院学报，1978；（3）：12.
章逢润．试论水肿证治．陕西新医药，1978；（6）：29.
金寿山．略谈《金匮要略》对一些病证的鉴别诊断．新医学学杂志，1979；（1）：42.
李仁众．论百合狐惑阴阳毒为立克次体病毒的疾病．上海中医药杂志，1979；（1）：19.
周庚生（浙江中医学院）．谈《伤寒论》阳明病之下法．浙江中医学院学报，1979；（1）：12.
杨百茀．论《金匮要略》中的八法．湖北中医杂志，1979；（2）：4.
廖家兴．治痰八法．浙江中医药，1979；（3）：69.
阎洪臣．略谈胸痹心痛的病理与证治．陕西新医学，1979；（6）：49.
张国珍．百合病的我见．上海中医药杂志，1979；（6）：42.
孙孝洪．试论叶天士胃虚通补说和大半夏汤的运用规律．浙江中医药，1979；（10）：373.
王贵淼．温经汤证探讨．浙江中医药，1979；（10）：376.
王贵淼．张仲景治水十二法：《伤寒杂病论》学习摘记．浙江中医杂志，1979；（12）：206.
刘渡舟．试论水气上冲证治．浙江中医杂志，1979；（12）：209.
章圣武．风引汤初探．浙江中医杂志，1979；（12）：454.
汤万春．论白头翁汤证．中医杂志，1980；（2）：58.
谷振声．酒的功能及临床运用．浙江中医杂志，1980；（2）：95.
吴润秋．《金匮要略》脉学初探．中医杂志，1980；（3）：54.
郭振球．《金匮要略》辨证论治的基本规律．广西中医药，1980；（3）：1.
田玉美．论《金匮要略》中预后．湖北中医杂志，1980；（3）：29.
白聚河（武安县卫生局）．对《金匮》中“识肝传脾，当先实脾”的认识．河北中医，1980；（3）：14.
李克绍（山东中医学院）．读《金匮要略》札记．湖北中医杂志，1980；（3）：1.
常富林．试论《金匮要略》的泻下法．江西中医药，1980；（4）：60.
秦德平（皖南医学院附院）．《金匮要略》温经汤的临床应用．江西中医药，1980；（4）：66.
任炳彩．略论《金匮》肺胀与风水的关系．江西中医药，1980；（4）：68.

任炳彩．谈谈《金匮》的诊脉部位及运用原则．江西中医药，1980；(4)：70.
张载熙．《金匮》有关脉象论述的探讨．浙江中医杂志，1980；(4)：173.
黄明贵（湖北中医学院）．《金匮要略》瘀血证治初探．湖北中医杂志，1980；(4)：8.
刘德山．对奔豚病的研究．浙江中医学院学报，1980；(4)：14.
卢良威．何任老师对金匮方的应用．浙江中医学院学报，1980；(4)：19.
尚启东（安徽省人民医院）．《金匮要略》中的几个问题．浙江中医学院学报，1980；(4)：36.
王效菊．略谈仲景治瘀十法对后世的影响．中医杂志，1980；(5)：52.
张谷才．从《金匮》方来谈瘀血的证治．辽宁中医杂志，1980；(7)：1.
吴养初．肾气丸方义浅解．中医杂志，1980；(8)：79.
刘渡舟（北京中医学院）．谈谈《金匮》的泽泻汤证．中医杂志，1980；(9)：17.
吴润秋．《金匮》治外湿八法．浙江中医杂志，1980；(10)：474.
范永昇．《金匮》治疸八法．广西医药，1981；(1)：10.
杨秀民（肇源县茂兴卫生院）．实则未必阳明，虚则未必太阴．中医药学报，1981；(1)：26.
俞长荣．从汤方互用看《伤寒论》与《金匮要略》的治疗规律关系．福建中医药，1981；(1)：19.
张兆云．黄疸与血瘀．湖北中医杂志，1981；(1)：9.
范永昇（浙江中医学院）．《金匮》治疸八法．广西中医药，1981；(1)：10.
梁柳文．痹证．新中医，1981；(2)：30.
毛翼楷（黑龙江中医学院）．《金匮要略》的学术思想及其对医学科学的贡献．中医药学报，1981；(2)：3.
梅国强．再论少阳腑证．湖北中医杂志，1981；(2)：1.
张谷才．对于《金匮要略》中的蒲灰的考证．广西中医药，1981；(3)：38.
夏中和．关于《金匮》判断疾病预后初探．成都中医学院学报，1981；(3)：14.
陈纪藩．浅谈《金匮要略》辨证论治的特点．新中医，1981；(4)：56.
陈荣．祖国医学对肺原性心脏病辨证分型与治疗之我见．江西中医药，1981；(4)：22.
柯新桥．《金匮要略》证治法则初探．河南中医，1981；(5)：19.
蒋洁尘（武汉医学院第二附属医院）．《金匮》中的肺胀．湖北中医杂志，1981；(5)：6.
田玉美（湖北中医学院）．论《金匮要略》湿病与历节．湖北中医杂志，1981；(5)：30.
蔡纪明．《金匮要略》的服药八法．浙江中医杂志，1981；(5)：202.
陈家骅．经方药量管窥：从《金匮》乌头桂枝汤方后注得到的一点启示．浙江中医杂志，1981；(5)：204.
张谷才．从《金匮要略》谈泻下法在临床上的运用．浙江中医学院学报，1981；(5)：31.
范永升．叶天士用金匮方的园机活法．浙江中医学院学报，1981；(5)：53.
王法德．论《金匮要略》攻补兼施法的运用规律．河南中医，1981；(6)：1.
张谷才．从《金匮要略》来谈阴阳毒．广西中医药，1981；(6)：1.
曹云霜．试论《伤寒论》中的痛证．浙江中医杂志，1981；(6)：263.
孟如（云南中医学院）．浅谈学习《金匮要略》之方法．云南中医杂志，1981；(6)：39.
夏锦堂．略论甘温扶阳在临床上的应用．上海中医药杂志，1981；(7)：27.
王贵森．略述《金匮要略》的治痹六法．中医杂志，1981；(8)：59.
杨扶国．《金匮要略》温法运用的探讨．新中医，1981；(9)：16.
朱广仁．浅谈湿痹的证治：《金匮要略》学习心得．辽宁中医杂志，1981；(10)：36.
周文川．略述奔豚气的证治．河南中医，1982；(1)：38.
班秀文．《金匮要略》论瘀初探．广西中医药，1982；(1)：9.
董汉良．《金匮要略》痰瘀方证的探讨．云南中医杂志，1982；(1)：9.
叶腾辉．《金匮要略》中辩证法思想初探．成都中医学院学报，1982；(1)：22.
段光周．桂苓五味甘草汤平冲降逆机理初探．成都中医学院学报，1982；(1)：26.
张谷才．论《金匮要略》切诊．南京中医学院学报，1982；(1)：4.
肖士国．桂枝汤加减变化规律初探．湖南中医学院学报，1982；(2)：1.

景凤池.《金匮要略》百合病四汤方煎法质疑. 中医药学报，1982；(3)：21.
旷惠桃.《金匮》用桂枝汤类方治虚劳之机理探讨. 湖南中医学院学报，1982；(3)：89.
孟景春. 初探仲景的辨证和辩证法思维：读《金匮要略》的一点体会. 南京中医学院学报，1982；(3)：1.
李克光.《金匮》治疗学中的辩证法思想. 成都中医学院学报，1982；(3)：11.
邓明仲. 对《金匮》方中白酒之探讨. 成都中医学院学报，1982；(3)：16.
袁世华. 仲景对情志病的治疗及指导意义. 吉林中医药，1982；(4)：15.
钟孟良. 对《金匮要略》血证的探讨. 浙江中医杂志，1982；(4)：158.
万兰清.《金匮要略》肾气丸立方本质初探. 湖北中医杂志，1982；(5)：43.
旷惠桃.《金匮要略》调理脾胃法之探讨. 浙江中医学院学报，1982；(5)：6.
金惠伯. 临床运用仲景通下法的体会. 南京中医学院学报，1982；(6)：44.
田玉美.《金匮要略》异病同治举隅. 浙江中医杂志，1982；(7)：337.
许绍森.《金匮要略》脉学浅析. 浙江中医杂志，1982；(7)：339.
吴定远.《金匮要略》汗法的运用. 浙江中医杂志，1982；(8)：341.
王贵淼.《金匮要略》治血六法. 浙江中医杂志，1982；(8)：343.
孟如. "同病异治"和"异病同治"在《金匮》中的运用. 成都中医学院学报，1982；(增刊)：40.
何任. 读经读注经注并参：略谈《金匮》的注本. 浙江中医学院学报，1983；(1)：1.
田维君（〇〇二一九部队医院）. 从瘀论黄：学习《金匮要略》论黄疸的体会. 新中医，1983；(2)：41.
杨扶国（江西中医学院）. 谈谈《金匮要略》的治法. 新中医，1983；(2)：44.
叶腾辉（新都县人民医院）. 张仲景治疗黄疸四法. 四川中医，1983；(2)：13.
苏伟庭（霞浦县医学会）.《金匮》对张仲景运用甘草的初探. 福建中医药，1983；(2)：6.
程昭寰（中医研究院广安门医院）. 谈《金匮》的瓜蒌瞿麦丸证. 山东中医杂志，1983；(2)：7.
何任（浙江中医学院）.《金匮要略》的辨证论治法则. 浙江中医杂志，1983；(2)：75.
吴允耀.《金匮》五脏水病之研讨. 浙江中医杂志，1983；(2)：77.
黄吉赓（上海中医学院附属曙光医院）.《金匮》泽漆汤在临床的应用. 上海中医药杂志，1983；(2)：24.
吴仕骥.《金匮要略》水与气血病理相关论初探. 天津医学院学报，1983；(2)：9.
戴佛延（成都中医学院）. 大黄在《伤寒论》《金匮要略》方剂中的应用. 成都中医学院学报，1983；(2)：1.
郭纪生（石家庄地区医学科学研究所）. 试谈麻黄在《金匮要略》中的运用. 河北中医，1983；(3)：43.
华青（江西中医学院）. 是补肾阳还是益肾气：《金匮》肾气丸刍议. 江西中医药，1983；(3)：23.
李培生（湖北中医学院）.《金匮》妇科方研讨（上）. 湖北中医杂志，1983；(3)：1.
黄仰模（广州中医学院）. 试论金匮肾气丸法. 湖北中医杂志，1983；(3)：24.
田应芳.《金匮》呕吐辨证论治规律初探. 贵阳中医学院学报，1983；(3)：5.
陈国权. 漫谈《金匮》十记. 贵阳中医学院学报，1983；(3)：11.
旷惠桃. 略论《金匮》虚劳病治疗特色. 贵阳中医学院学报，1983；(3)：20.
王贵淼.《金匮要略》治瘀八法浅述. 安徽中医学院学报，1983；(3)：24.
刘献林. 论《金匮要略》的脏腑辨证及治疗要点. 山东中医学院学报，1983；(3)：12.
陈光华. 谈《金匮》"奔豚气"与《内经》《难经》的关系. 浙江中医学院学报，1983；(3)：4.
叶成炳. 略论仲景在《金匮要略》中的温阳原则. 泸州医学院学报，1983；(3)：1.
成肇仁. 论《金匮要略》的辨病论治. 河南中医，1983；(4)：3.
周嘉善（遂川县人民医院）. 试论《金匮要略》的下法. 江西中医药，1983；(4)：8.
杨百茀（湖北中医学院）. 论《金匮要略》对妇科疾病的贡献. 湖北中医杂志，1983；(4)：1.
陈国权（湖北中医学院）.《金匮》治痛有补法. 湖北中医杂志，1983；(4)：9.
李培生（湖北中医学院）.《金匮》妇科方研讨（下）. 湖北中医杂志，1983；(4)：45.
陈光华（浙江中医学院）.《伤寒论》中腹诊的运用. 浙江中医杂志，1983；(4)：160.
吴林鹏（南阳地区医院）. 试述《金匮》妊娠病的治疗法则. 北京中医学院学报，1983；(4)：20.

常富林.《金匮》腹痛治法初探. 云南中医学院学报，1983；（4）：20.
赵金铎. 论《金匮要略》之痉湿暍. 河南中医，1983；（5）：1.
王铁策（黑龙江中医学院）. 论《金匮要略》的狐惑病. 中医药学报，1983；（5）：26.
李群（黑龙江中医医学院）. 试论《金匮要略》中的建中法. 中医药学报，1983；（5）：30.
游开泓（龙溪地区医院）. 运用《金匮》方探讨急性消化道出血的证治. 福建中医药，1983；（5）：4.
袁世华（长春中医学院）. 试论《金傺要略》中的痛证. 山东中医杂志，1983；（5）：3.
熊魁梧.《金匮要略》的临床体会. 浙江中医学院学报，1983；（5）：43.
刘茂甫（西安医学院第一附属医院）. 张仲景治疗妇科病十法. 河南中医，1983；（6）：8.
陈悬.《金匮要略》急救方法述要. 浙江中医杂志，1983；（8）：365.
旷惠桃. 略论《金匮要略》祛病安胎法. 浙江中医杂志，1983；（8）：366.
林果森.《金匮要略》助阳法在痹证中的应用. 浙江中医杂志，1983；（8）：369.
岳在文（内蒙古土默特右旗医院）. 从脉象探《金匮要略》的辨证施治. 四川中医，1984；（1）：7.
杨扶国.《金匮》中的肝病治法. 吉林中医药，1984；（1）：9.
程兆胜.《金匮要略》运用大黄的规律. 江西中医药，1984；（1）：56.
张品珍（福建中医学院）.《金匮要略》脉学的探讨. 福建中医药，1984；（1）：4.
戴祖铭. 阳旦汤刍议. 浙江中医杂志，1984；（1）：9.
郭荫南. 略谈《金匮要略》无汗证的论治. 浙江中医杂志，1984；（1）：10.
陈荣.《金匮要略》治肝法的运用. 浙江中医杂志，1984；（1）：11.
吴颂康. 谈《金匮要略》呕吐哕证治. 浙江中医学院学报，1984；（1）：15.
杨生超.《金匮要略》尿证浅析. 浙江中医学院学报，1984；（1）：17.
尹钢林.《金匮》运用温阳法治疗虚劳病浅识. 湖南中医学院学报，1984；（1）：23.
杨育周. 对《金匮要略》肺痿的探讨. 天津中医学院学报，1984；（1）：27.
何建平.《金匮·血痹虚劳病篇》虚劳病初析. 贵阳中医学院学报，1984；（1）：4.
李永占（恩施医专附属医院）.《金匮》变脉举隅. 恩施医专学报，1984；（1）：31.
刘寿康. 胸痹与食道疾患. 新中医，1984；（2）：47.
吴以岭.《金匮要略》方剂加减变化规律简析. 河北中医，1984；（2）：10.
段光周（成都中医学院）. 从《金匮》木防己汤的配伍谈起. 陕西中医，1984；（2）：26.
郭绍光. 浅谈肾气丸. 吉林中医药，1984；（2）：37.
刘洪达. 对奔豚的认识和治疗体会. 浙江中医杂志，1984；（2）：109.
谢英彪（南京市中医院）.《金匮要略》方治疗神经官能症. 云南中医杂志，1984；（2）：26.
薛生易.《金匮》方羌活难点浅释. 陕西中医函授，1984；（2）：53.
常富林（湖南中医学院）.《金匮》大黄附子汤证析疑. 陕西中医学院学报，1984；（2）：8.
常富林.《金匮》从脾论治法初探. 贵阳中医学院学报，1984；（2）：21.
张家礼.《金匮》用药特点初探. 成都中医学院学报，1984；（2）：5.
韦绪性.《金匮要略》运用半夏规律探要. 河南中医，1984；（3）：5.
肖进顺. 试论《金匮要略》中的短气. 河北中医，1984；（3）：12.
吕人奎（甘肃省中医院）.《金匮要略》方药煎服法初探. 甘肃医药，1984；（3）：64.
朱宝贵（上海中医学院文献研究所）.《金匮要略》脉浮特点探析. 江西中医药，1984；（3）：1.
蒋健.《金匮要略》利小便法运用初探. 上海中医药杂志，1984；（3）：26.
欧阳琦. 试论《金匮》以脉论证. 贵阳中医学院学报，1984；（3）：1.
陈国信. 从《金匮要略》看张仲景对正气的重视. 贵阳中医学院学报，1984；（3）：12.
陆芷青. 仲景论心病证治. 浙江中医学院学报，1984；（3）：11.
刘昭纯. 肾气丸的方义及演变. 山东中医学院学报，1984；（3）：35.
张毅之（天津中医研究所）. 金匮“痉病”探讨. 天津中医学院学报，1984；（3）：11.
叶成炳. 论仲景在妇科病中的治瘀十法. 泸州医学院学报，1984；（3）：9.
吴传清（泸州医学院附属中医院）. 学习《金匮》肺痿证治的体会. 泸州医学院学报，1984；（3）：13.

旷惠桃．略谈《金匮要略》产后病治法特点．河南中医，1984；（4）：1.
王旭东．《金匮》治肝述要．河南中医，1984；（4）：3.
周衡．试论和法及其在《金匮要略》中的运用．黑龙江中医药，1984；（4）：12.
文棣．关于大建中汤证为寒实证之我见．北京中医杂志，1984；（4）：32.
杨百茀．论《金匮要略》对妇科疾病的贡献．湖北中医杂志，1984；（4）：1.
谢彦．浅析《金匮要略》中的浮脉．中医药学报，1984；（4）：11.
程兆胜．略论《金匮》治肝六法．中医函授通讯，1984；（4）：162.
刘献琳．论《金匮要略》开创卫气营血和三焦辨证的先河．山东中医学院学报，1984；（4）：12.
舒鸿飞（湖北省英山县医院）．略谈《金匮要略》之煎药、服药方法及饮食护理．贵阳中医学院学报，1984．12；（4）：9.
常富林．浅谈《金匮》双调治法．湖南中医学院学报，1984；（3～4）：37.
张加慧（湖南中医学院）．试探《金匮》施治之哲理．中医函授通讯，1984；（4）：164.
谢兆丰．《金匮要略》治虚劳七法．河南中医，1984；（5）：51.
单鸣．奔豚病辨析．四川中医，1984；（5）：4.
周衡．《金匮》治疗思想的基本特点．吉林中医药，1984；（5）：4.
乔模．对《金匮》厚朴大黄汤治胸满的认识．吉林中医药，1984；（5）：39.
高仲山（黑龙江中医学院）．仲景治水十五法．中医药学报，1984；（5）：1.
赵健雄（甘肃中医学院）．《金匮》胸痹心痛病机析释．中医药学报，1984；（5）：32.
王雪玲（广州中医学院）．浅谈《金匮》对小便不利的辨证论治．中医函授通讯，1984；（5）：210.
李润洪．《金匮要略》目诊析．浙江中医杂志，1984；（5）：195.
刘献琳（山东中医学院）．《金匮要略》与卫气营血和三焦辨证．吉林中医药，1984；（6）：1.
南征．试论张仲景治热十一法．吉林中医药，1984；（6）：13.
张启明（吉林医学院附属医院）．论《金匮要略》妇人病三篇的特点．吉林中医药，1984；（6）：15.
吴崇奇．浅谈大承气汤的方义．吉林中医药，1984；（6）：19.
阎艳丽．浅谈《金匮要略》虚劳病的治法．黑龙江中医药，1984；（6）：4.
王雪华．试谈《金匮要略》中的鉴别诊断．黑龙江中医药，1984；（6）：7.
王贵淼．略述《金匮要略·妇人病》理血八法．云南中医杂志，1984；（6）：13.
赖显荣（四川省蓬溪县卫生学会）．从痰饮病论治探讨叶天士运用仲景方的经验．中医杂志，1984；（7）：8.
董兴武．小议《金匮》血痹病及治疗．成都中医学院学报，1984；（7）：54.
陈国权．《金匮》论汗．浙江中医杂志，1984；（8）：341.
柯新桥．《金匮》运用小青龙汤小议．浙江中医杂志，1984；（8）：346.
杨恒茂．《金匮要略》当归贝母苦参丸效用探讨．陕西中医，1984；（9）：8.
陈家英．虚劳病病机证候特点．陕西中医，1984；（9）：40.
岳在文（内蒙古自治区土默特右旗医院）．《金匮要略》瘀血证治浅析．陕西中医，1984；（10）：38.
王清华．浅谈《金匮要略》中腹痛的辨证论治．浙江中医杂志，1984；（10）：441.
叶进（上海中医学院）．谈谈《金匮》的微汗法．新中医，1984；（11）：45.
章日初．“肌肤甲错”不尽是瘀血证候．中医杂志，1984；（12）：73.
袁世华．略论《金匮要略》中的因势利导治则．山东中医杂志，1984；（12）：11.
田应芳．谈谈《金匮要略》中的系统方法．贵阳中医学院学报，1984；（增刊）：78.
李浚川．妊娠与癥病在《金匮要略》中的鉴别．中医杂志，1985；（1）：78.
胡义宝．心气不足以泻心汤议．中医杂志，1985；（1）：79.
曾宪斌．仲景治痰饮用“姜”的探讨．天津中医，1985；（1）：43.
庞志红．浅谈《金匮要略》的同病异治．广西中医药，1985；8（1）：1.
李群．百合病病机要点与治疗原则之我见．黑龙江中医药，1985；（1）：12.
赵学印．从仲景方看活血与利水的关系．山东中医杂志，1985；（1）：8.

林云. 试析《金匮》通阳法. 天津中医学院学报, 1985; (1): 3.
常富林.《金匮》桂枝配方治疗的作用初探. 安徽中医学院学报, 1985; (1): 29.
董胡兴.《金匮》治烦躁法初探. 吉林中医药, 1985; (2): 6.
郑家铿.《金匮要略》应用反治法举隅. 福建中医药, 1985; (2): 32.
孟宪益. 从张仲景的黄疸学说探讨对重症肝炎的认识和贡献. 新疆中医药, 1985; (2): 1.
黄冬度.《金匮要略》的外治法. 广西中医药, 1985; (2): 3.
柯梦笔.《金匮要略》治瘀初探. 云南中医杂志, 1985; (2): 6.
戴安生. 简述仲景治厥方的临床运用. 湖北中医杂志, 1985; (2): 53.
郭玉兰. 浅谈《金匮要略》活血祛瘀法. 贵阳中医学院学报, 1985; (2): 44.
何子淮. 仲景学说对妇科临床的指导意义. 浙江中医学院学报, 1985; (2): 13.
何若苹. 试论《金匮》温经汤. 浙江中医学院学报, 1985; (2): 46.
田玉美.《金匮要略》寓证于方梗概. 陕西中医学院学报, 1985; (2): 1.
陈国权.《金匮要略》风邪致病特点及祛风九法. 湖北中医杂志, 1985; (3): 2.
秦书礼. 略论《金匮要略》辨证论治的理论体系. 中医药学报, 1985; (3): 13.
田庆芳.《金匮》呕吐辨证论治规律初探. 贵阳中医学院学报, 1985; (3): 5.
旷惠桃. 略论《金匮》虚劳病治疗特色. 贵阳中医学院学报, 1985; (3): 20.
刘善志. 桂枝汤能否解肌发汗之讨论. 中医杂志, 1985; (4): 78.
庞鹤.《金匮》外洗治法探析. 河南中医, 1985; (4): 14.
史星梅. 澄清金匮肾气丸之本意. 新疆中医药, 1985; (4): 26.
王玉玺. 以肾气丸证为例看《金匮要略》中异病同治的地位. 江苏中医杂志, 1985; (4): 32.
陈培村. 对仲景瘀血观的探讨. 辽宁中医杂志, 1985; (4): 3.
杜贵淼. 泻心汤的临床运用. 北京中医杂志, 1985; (4): 57.
景洪贵. 试析《金匮要略》中满证之因. 中医函授通讯, 1985; (4): 430.
熊传彪.《金匮要略》治湿病三禁. 南京中医学院学报, 1985; (4): 18.
袁世华. 试论《金匮》建中法. 北京中医学院学报, 1985; (4): 10.
张工彧.《金匮要略》血证浅析. 浙江中医学院学报, 1985; (4): 16.
张兆玉.《金匮要略》补脾法运用初探. 河南中医, 1985; (5): 23.
苏宝刚. 对《金匮要略》中风篇和虚劳篇中的重要治略思想的探讨. 北京中医杂志, 1985; (5): 18.
田玉美.《金匮要略》中的四诊. 湖北中医杂志, 1985; (5): 2.
张笑平.《金匮要略》中专病专药之剖析. 湖北中医杂志, 1985; (5): 5.
张维才. 浅谈《金匮》痰饮病的治法. 湖北中医杂志, 1985; (5): 57.
罗文儒.《金匮》对治疗冠心病的贡献. 浙江中医学院学报, 1985; (5): 14.
于世良. 浅探《金匮》对产后病的治疗规律. 河南中医, 1985; (6): 4.
陈新宇.《金匮》疾病诊断指标中量的变化. 中医药学报, 1985; (6): 23.
刘献琳. 论《金匮要略》的脉法. 山东中医杂志, 1985; (6): 2.
初振才.《金匮要略》应用桂枝初探. 黑龙江中医药, 1985; (6): 11.
陈家英.《金匮・虚劳》篇脉学特点. 上海中医药杂志, 1985; (6): 42.
黄英俊. 从《金匮要略》谈历节病. 浙江中医学院学报, 1985; (6): 43.
何若苹. 试论仲景葛根汤. 浙江中医学院学报, 1985; (6): 276.
郭荫楠. 略谈《金匮》治呕十法. 江苏中医杂志, 1985; (8): 29.
王贵淼. 重温《金匮》话腹痛. 陕西中医, 1985; (9): 432.
杜雨茂.《金匮》寒疝病与急性肠梗阻. 新中医, 1985; (10): 11.
周德禄. "脏躁"浅析. 四川中医, 1985; (11): 3.
王重庆. 浅谈《金匮》对痹证的治疗. 四川中医, 1985; (12): 5.
邵启惠.《金匮要略》薯蓣丸组方中的辩证观. 陕西中医, 1985; (12): 564.
于文忠. 从《金匮要略方论》谈对"麻沸散"的认识. 中医杂志, 1986; (1): 57.

郭家襄．试论《金匮》散剂的运用．河南中医，1986；（1）：4.
乔模．《金匮要略》生姜应用规律管窥．山西中医，1986；（1）：5.
方元义．浅谈肝着证治．江西中医药，1986；（1）：30.
邓荣昌．《金匮要略》异病同治琐谈．福建中医药，1986；（1）：55.
王旭东．《金匮》治肾特色说约．中医药学报，1986；（1）：15.
王清华．《金匮》治热八法．湖北中医杂志，1986；（1）：10.
申好贞．谈谈《金匮》中“痰饮”篇外的痰饮．青海医学院学报，1986；（1）：79.
王志平．未雨绸缪，防患未然．陕西中医学院学报，1986；（1）：1.
舒鸿飞．试论《金匮要略》中杂病的治则．安徽中医学院学报，1986；（1） 6.
李晓君．试探《金匮》五脏水之肝、心二水．天津中医学院学报，1986；（1）：20.
邱宗志．桂枝茯苓丸下癥保胎质疑．成都中医学院学报，1986；（1）：12.
张俊．《金匮要略》虚劳病及治则探讨．浙江中医学院学报，1986；（1）：14.
郑大正．《金匮要略》对疾病的预测．浙江中医学院学报，1986；（1）：15.
党支链．《金匮》肺胀浅识．河南中医，1986；（2）：44.
史伟（荥经县中医院）．《金匮要略》治疗不仁症述要．四川中医，1986；（2）：8.
阎土山．大青龙汤证初探．吉林中医药，1986；（2）：37.
崔东祥．《金匮要略》感官刺激法在急救中的应用．内蒙古中医药，1986；（2）：22.
朱广仁．仲景治疗惊悸诠释．北京中医杂志，1986；（2）：22.
陈家英．试论《金匮》虚劳篇对后世的影响．湖北中医杂志，1986；（2）：5.
王竹修．论《金匮要略》脉法．成都中医学院学报，1986；（2）：13.
钱元龙．从《金匮要略》探讨胸痹的证治．南京中医学院学报，1986；（2）：4.
叶琼花．《金匮要略》重脾胃学术思想举隅．贵阳中医学院学报，1986；（2）：19.
张笑平．《金匮要略》论治急症经验剖析．安徽中医学院学报，1986；（2）：1.
于世良（河北省景县人民医院）．仲景治脾胃病八法探讨．安徽中医学院学报，1986；（2）；5.
乔模．《金匮》虚劳证治浅述．山西中医，1986；（3）：47.
冯军．《金匮要略》口渴证治浅探．中医药学报，1986；（3）：21.
陈国权．《金匮》肾病病机辨析．新疆中医药，1986；（3）：6.
李敬孝．《金匮》扶阳法初探．黑龙江中医药，1986；（3）：9.
罗人福（湖北医学院）．《金匮要略》中大便难证治浅谈．湖北中医杂志，1986；（3）：2.
谢鼎苏．浅谈甘草粉蜜汤的药物与适应症．湖北中医杂志，1986；（3）：47.
诸葛连祥．《金匮要略》瘀血证治疗临床应用举隅．云南中医学院学报，1986；（3）：36.
唐兵役（仁寿县卫生学校）．从《金匮》看仲景论肌肤．四川中医，1986；（4）：5.
顾方曙．论《金匮要略》浮脉主病．河北中医，1986；（4）：9.
王旭东．《金匮要略》论汗吐．江西中医药，1986；（4）：5.
虞成英（九江市第二人民医院）．《金匮要略》灸刺探析．江西中医药，1986；（4）：6.
李群林（湖南省桃源县中医院）．件景调治妊娠病十法．中医药学报，1986；（4）：8.
于世良（河北省人民医院）．浅探《金匮要略》中之肺胀．江西中医药，1985；（4）：9.
张再良（上海中医学院）．试谈《金匮要略》中的比较法．黑龙江中医药，1986；（4）：10.
吴惟康．仲景柴胡剂浅识．中医药学报，1986；（4）：5.
姚真敏．《金匮》胸痹心痛短气证治与冠心病．浙江中医学院学报，1986；（4）：13.
陈国权．《金匮》分消法浅析．浙江中医学院学报，1986；（4）：15.
陶汉华．试论《金匮》水气．山东中医学院学报，1986；（4）：35.
汤雪梅．对《金匮要略》异病同治的体会．新中医，1986；（5）：32.
刘月林．《金匮》祛邪护胃刍议．河北中医，1986；（5）：17.
侯玉明．白头翁汤的本义与衍义．中医药学报，1986；（5）：44.
张琪．仲景方在妇科领域中应用之探讨（上）．黑龙江中医药，1986；（5）：2.

张琪．仲景方在妇科领域中应用之探讨（下）．黑龙江中医药，1986；（6）：1.
王云凯．《金匮》湿病诠释．中医药学报，1986；（6）：4.
谢彦．《金匮》中茯苓运用规律雏议．中医药学报，1986；（6）：39.
赵经梅．《金匮要略》目诊撮要．北京中医杂志，1986；（6）：37.
茹十眉．内科奠基论《金匮》：《金匮要略》的辨证方法．上海中医药杂志，1986；（6）：34.
郑家本．《金匮要略》虚劳篇脉象分析．浙江中医学院学报，1986；（6）：14.
贾美华．《金匮要略》痛名蠡言．江苏中医杂志，1986；（7）：39.
赵先烽．《金匮要略》中几种药物的用量．四川中医，1986；（8）：5.
唐兵役．《金匮》手足见证与痛证说约．辽宁中医杂志，1986；（8）：16.
伍治焱．《金匮要略》奔豚气病初探．四川中医，1986；（9）：3.
周健．试论《金匮要略》"一病二方"．四川中医，1986；（10）：2.
王贵淼．重读《金匮》话水气．陕西中医，1986；（10）：472.
王永福．《金匮要略方论》附方探讨．新中医，1986；（11）：11.
金芷君．《金匮》下法举隅．上海中医药杂志，1986；（11）：40.
李光海．健脾法在《金匮》中的应用．河北中医，1987；（1）：37.
乔模．胸痹心痛证治浅述．山西中医，1987；（1）：51.
张再良．试析《金匮要略》中的饮证．吉林中医药，1987；（1）：3.
杨定泰．《金匮》血证浅识．新疆中医药，1987；（1）：24.
王宝丽．《金匮》胎前病三方一得．新疆中医药，1987；（1）：27.
石银枝．《金匮要略》腹满治法浅谈．湖北中医杂志，1987；（1）：封3.
何任．《金匮》妊娠方述义．南京中医学院学报，1987；（1）：7.
张穗坚．浅谈《金匮》温脾法的运用．广州中医学院学报，1987；（1）：22.
邹学正．从《金匮·呕吐病》看张仲景对疾病的鉴别诊断．新中医，1987；（2）：49.
邢登洲．从桂枝汤方后注看其功用．国医论坛，1987；（2）：9.
谢兆丰（江苏省泰县中医院．《金匮》泻心汤在眼耳鼻喉科的应用．吉林中医药，1987；（2）：22.
秦书礼．《金匮要略》清法临证运用举隅．江苏中医杂志，1987；（2）：8.
戴天木．试述《金匮》用桂枝．湖北中医杂志，1987；（2）：4.
邹学正．对《金匮》泻心汤证的辨析．贵阳中医学院学报，1987；（2）：4.
何嘉琅．《金匮》虚劳篇对生殖障碍的证治及启示．浙江中医学院学报，1987；（2）：17.
毕华（湖州市中医院）．结合《金匮》谈妊娠腹痛证治．浙江中医学院学报，1987；（2）：22.
陈恳（北京中医学院）．《金匮要略》方煎服法浅析．安徽中医学院学报，1987；（2）：12.
吴文刚．《金匮》泻心汤与《伤寒》大黄黄连泻心汤不应混淆．北京中医学院学报，1987；（2）：20.
张琦．《金匮要略》气逆证治初探．成都中医学院学报，1987；（2）：43.
时振声．对《金匮要略》水气病篇有关水肿病机的看法．中医杂志，1987；（3）：60.
阎艳丽．谈《金匮要略》气分病．河北中医，1987；（3）：1.
伍楚雄．浅述仲景"病异方同"的理论渊源与实践．天津中医，1987；（3）：14.
乔模．《金匮》痰饮病浅述．山西中医，1987；（3）：52.
李建新．对《金匮》药物配伍规律的探讨．国医论坛，1987；（3）：8.
谢世平．从《金匮要略》首篇第二条看仲景的发病和防治学思想．国医论坛，1987；（3）：10.
卓家和（长乐县陈修园医院）．《金匮》治痰饮病十法的临床应用．福建中医药，1987；（3）：34.
胡锡琴．浅谈《金匮要略》中芍药的运用．陕西中医函授，1987；（3）：16.
陈玉琢．《金匮要略》发黄证治．中医函授通讯，1987；（3）：14.
袁红霞．从《金匮》对厚朴的运用浅谈升降浮沉．天津中医学院学报，1987；（3）：27.
王平．试析"病痰饮者，当以温药和之"的临床应用．天津中医学院学报，1987；（3）：29.
林维启．《金匮要略方论》用药特点．甘肃中医学院学报，1987；（3）：8.
王旭东．《金匮要略》治肺挈要．安徽中医学院学报，1987；（3）：17.

王晓君.《金匮》痉病病机我见. 山东中医学院学报，1987；(3)：27.
周维顺（开化县人民医院).《金匮要略》止痛法举隅. 浙江中医学院学报，1987；(3)：14.
邹学正（贵阳中医学院). 试析《金匮》泻心汤. 浙江中医学院学报，1987；(3)：20.
周建国. 应用《金匮》半夏麻黄丸的体会. 成都中医学院学报，1987；(3)：32.
柴中元.《金匮》治瘀十三法. 陕西中医，1987；(4)：18.
王礼荣.《金匮要略》中的浮脉. 陕西中医，1987；(4)：191.
安凡生（浙江中医学院). 谈谈丸剂在《金匮》中的运用. 江西中医药，1987；(4)：43.
张淑敏. 肾气丸并非补阳剂. 北京中医杂志，1987；(4)：53.
戴锦成（福建中医学院). 谈《金匮要略》的辨证方法. 山东中医杂志，1987；(4)：7.
过伟峰. 越婢汤方名探讨. 安徽中医学院学报，1987；(4)：49.
乔模. 浅论黄疸证治. 山西中医，1987；(5)：53.
吴仕骥.《金匮要略》急症论治举例. 中医药学报，1987；(5)：3.
周宜强. 论《金匮》温阳重在脾肾. 中医函授通讯，1987；(5)：17.
艾华.《金匮要略》方中特殊煎服法及其作用. 中医函授通讯，1987；(5)；18.
陈永治.《金匮要略》的小剂量方药. 陕西中医，1987；(6)：269.
乔模（山西中医学院).《金匮要略》体质学说探幽. 山西中医，1987；(6)：4.
陈荣. 试论《金匮要略》治则三纲. 江西中医药，1987；(6)：4.
王子漠（湖北医学院).《金匮要略》脾胃学说初探. 湖北中医杂志，1987；(6)：2.
李行家. 浅谈《金匮要略》同病异治. 中医函授通讯，1987；(6)：8.
胡锡琴. 浅谈《金匮要略》中芍药的运用. 陕西中医函授，1987；(8)：16.
何永樟.《金匮要略》的乌头减毒法. 上海中医药杂志，1987；(10)：35.
旷惠桃. 试论张仲景在优生学方面的成就. 陕西中医，1987；(11)：504.
贾敏. 试述仲景治呕十二法. 四川中医，1987；(12)：2.
何永璋. 浅谈《金匮要略》反治法. 浙江中医杂志，1987；(12)：544.
吴长权.《金匮》治痹六法初探. 四川中医，1988；(1)：2.
钱俊华. 从金匮肾气丸谈肾阳虚实质. 陕西中医，1988；(1)：46.
旷惠桃.《金匮》呕吐正治变治法浅谈. 中医药研究，1988；(1)：20.
吕志. 肾气丸非是温补肾阳代表方. 中成药研究，1988；(1)：33.
张笑平. 简述《金匮要略》中的度势论治. 江西中医药，1988；(1)：39.
孙建实. 仲景对小半夏汤的应用. 吉林中医药，1988；(1)：46.
王礼荣.《金匮要略》的桂枝汤方类. 黑龙江中医药，1988；(1)：42.
袁思清.《金匮要略》的组方原则：浅析少而精、灵活的用药特点. 中医函授通讯，1988；(1)：13.
巢因慈. 肾气丸主药辨. 南京中医学院学报，1988；(1)：14.
连建伟. 重温《金匮》谈黄汗. 浙江中医学院学报，1988；(1)：11.
柴可夫.《金匮》腹诊法及临床应用初探. 成都中医学院学报，1988；(1)：1.
徐一丹. 论《金匮》温补法. 成都中医学院学报，1988；(1)：4.
刘庆有. 脾约证病机探讨. 成都中医学院学报，1988；(1)：47.
顾小痴.《金匮》温经汤小议. 天津中医，1988；(2)：29.
张立侠. 浅谈《金匮要略》的方后医嘱. 河南中医，1988；(2)：10.
陶昔安. 狐惑病小议. 吉林中医药，1988；(2)：14.
严桂珍.《金匮要略》目诊法初探. 山东中医杂志，1988；(2)：13.
吉福平.《金匮》“食忌”初探. 成都中医学院学报，1988；(2)：12.
田维君.《金匮要略》调理脾胃探析. 新中医，1988；(3)：16.
刘晓西.《金匮要略》仲景治呕吐用半夏浅谈. 四川中医，1988；(3)：2.
胡立敏. 竹皮大丸功效证治析议. 国医论坛，1988；(3)：6.
赵云芳.《金匮》“大方”小议. 国医论坛，1988；(3)：12.

胡兰贵．从仲景《金匮》谈中医护理．山西中医，1988；（3）：47.
谢晓英．大柴胡汤有无大黄之我见．山西中医，1988；（3）：48.
柴瑞霁．《金匮》大柴胡汤亦无大黄．山西中医，1988；（3）：49.
乔模．咳嗽上气证治浅析．山西中医，1988；（3）：54.
刘华为．《金匮要略》治瘀法则初探．陕西中医，1988；（3）：114.
柴可夫．《金匮要略》方的双向调治规律．山东中医杂志，1988；（3）：4.
马春芬．《金匮要略》湿病浅析．中医研究，1988；（3）：11.
邹大同．《金匮》趺阳脉诊浅析．南京中医学院学报，1988；（3）：55.
贾春华．《金匮要略》营养学思想探析．安徽中医学院学报，1988；（3）：11.
旷惠桃．《金匮》肺胀治疗特色述要．湖南中医学院学报，1988；（3）：11.
赵天才．对张仲景辨治痛证的探讨．陕西中医学院学报，1988；（3）：1.
陈国权．《金匮要略》疑似病证辨要．浙江中医学院学报，1988；（3）：11.
王武兴．《金匮》治血病学术思想初探．天津中医，1988；（4）：33.
宋建萍．关于《金匮》“通因通用”变法的讨论．国医论坛，1988；（4）：3.
王宇华．试论仲景退黄诸法．中医函授通讯，1988；（4）：19.
王礼荣．谈《金匮要略》中桂枝的应用．黑龙江中医药，1988；（4）：35.
乔模．腹满寒疝证治概要．山西中医，1988；（5）：56.
郑大正．《金匮要略》诊治男科病探析．河北中医，1988；（5）：38.
鄢爱珍．略述《金匮》安胎六法．湖北中医杂志，1988；（5）：49.
柴瑞霁．狐惑病命名及成因之我见．浙江中医学院学报，1988；（5）：13.
董振华．试从现代医学观点探讨张仲景治黄疸诸法．河南中医，1988；（6）：7.
任爱华等．论《金匮要略》的食疗思想．山东中医杂志，1988；（6）：13.
孟继民．试述《金匮》补法特点．中医函授通讯，1988；（6）：249.
李惠林．《金匮要略》辩证法思想探幽．陕西中医函授，1988；（6）：2.
姚延周．也谈《金匮要略》水气病篇有关水肿的病机．中医杂志，1988；（9）：14.
徐一丹．试析《金匮》论汗．四川中医，1988；（12）：14.
舒鸿飞．试论《金匮》选方用药的几个特点．新疆中医药，1988；（12）：10.
李玉贤．对《金匮要略》中消渴病的探讨．新疆中医药，1988；（12）：12.
王福昌．谈狐惑病的证治．河南中医，1988；（增刊）：11.
白炳森．《金匮要略》治渴六法．河南中医，1988；（增刊）：13.
景洪贵．试探仲景对黄疸论治的贡献．四川中医，1989；（1）：2.
周宜强．仲景用酒小议．国医论坛，1989；（1）：11.
戴天木．试述《金匮》用大枣．黑龙江中医药，1989；（1）：51.
兰克．谈《金匮》中半夏的配伍及其用量特点．陕西中医函授，1989；（1）：20.
李惠德．试论《金匮要略》与现代系统论方法之关联．北京中医杂志，1989；（1）：42.
祝君逵．陈实功对《金匮》肠痈证治的发展及临床意义．南京中医学院学报，1989；（1）：48.
张苏颖．试论《金匮要略》中的联系观．山东中医学院学报，1989；（1）：6.
周健．浅论《金匮要略》治水气必治气．安徽中医学院学报，1989；（1）：13.
刘伟．《金匮要略》厚朴大黄汤证辨识．北京中医学院学报，1989；（1）：23.
兰克．《金匮要略》安胎法初探．陕西中医函授，1989；（2）：10.
兰克．论仲景诊治肾病特色．成都中医学院学报，1989；（2）：8.
邱柏梅．《金匮》治瘀十法．成都中医学院学报，1989；（2）：17.
罗会治（湖北省安陆市府城医院）．《金匮·妇人病》篇中妇人腹痛证治浅谈．河南中医，1989；（3）：6.
徐成贺．就《金匮要略》治则三纲谈点看法．江西中医药，1989；（3）：60.
田玉美．论《金匮要略》中预后．湖北中医杂志，1989；（3）：29.
彭元珍．试探张仲景的声诊．湖北中医杂志，1989；（3）：32.

梁萃茂.《金匮要略》养阴法探析. 中医函授通讯，1989；(3)：15.
李力强.《金匮要略》治痛规律初探. 陕西中医函授，1989；(3)：3.
赵朝群. 仲景辨治神昏刍议. 陕西中医函授，1989；(3)：6.
吴文刚.《金匮要略》泻心汤证之我见. 中医药学报，1989；(3)：9.
刘采清. 甘缓理虚法初识. 北京中医学院学报，1989；(3)：6.
刘占文.《金匮》养生康复思想探讨. 北京中医学院学报，1989；(3)：17.
秦书礼. 略论《金匮》腹满的辨证论治. 陕西中医学院学报，1989；(3)：1
汪国圣. 试述《金匮要略》产后病的治疗法则. 安徽中医学院学报，1989；(3)：32.
汤雪梅.《金匮》治喘十法. 新中医，1989；(4)：30.
刘方柏. 酸甘焦苦合用治法初探. 光明中医，1989；(4)：32.
张品珍（福建中医学院附院）. 试述《金匮要略》胸痹病的证治特点与临床实践. 福建中医药，1989；(4)：7.
张忍（湘潭市第二医院）. 金匮肾气丸双向调节机理初探. 湖南中医杂志，1989；(4)：9.
宋建平. 试论《金匮》水气病治则. 中医函授通讯，1989；(4)：12.
李积敏. 甘草粉蜜汤用“粉”之我见. 陕西中医函授，1989；(4)：40.
龙瑞敏.《金匮要略》急救法初探. 贵阳中医学院学报，1989；(4)：1.
刘桂芬.《金匮》泻心汤加味治疗三焦热症. 北京中医学院学报，1989；(4)：34.
单鸣.《金匮》护阴特点探析. 成都中医学院学报，1989；(4)：11.
吕小林.《金匮要略》论小便. 成都中医学院学报，1989；(4)：14.
邱宗志.《金匮》脉学浅说. 山东中医学院学报，1989；(4)：24.
张淑敏. 同名异方温经汤. 河南中医，1989；(5)：30.
范景田（肇东师范学校医院）.《金匮要略》饮食禁忌思想及防治方法举偶. 中医药学报，1989；(5)；15.
王桂华. 学习仲景治则札记. 中医函授通讯，1989；(5)：8.
杨德林.《金匮要略》脉法之探讨. 中医函授通讯，1989；(5)：10.
宫伟星（山东省乳山县人民医院）.《金匮》理虚方药的临床应用体会. 实用医学杂志，1989；(5)：37.
庞鹤.《金匮》赤丸证释与临床运用举偶. 北京中医学院学报，1989；(5)：13.
张浩良.（《金匮》中之）涩剂亦可祛邪论. 山东中医学院学报，1989；(5)：11.
耿义勤. 论《金匮要略》辨病. 山东中医学院学报，1989；(5)：57.
宋建萍. 试论《金匮》对“通因通用”法的变通. 浙江中医学院学报，1989；(5)：38.
张正昭. 张仲景对五官科病症诊治的贡献. 国医论坛，1989；(6)：1.
毛静远. 对《金匮要略》胸痹病之认识. 国医论坛，1989；(6)：17.
杨德明. 狐惑病是一种性病. 国医论坛，1989；(6)：37.
吴沛田. 浅谈《金匮》湿病. 光明中医，1989；(6)：22.
宋传荣. 浅析《金匮要略》对酒的应用. 黑龙江中医药，1989；(6)：49.
连建伟.《金匮》十方方议. 江苏中医杂志，1989；(6)：35.
李敬孝（黑龙江中医学院）.《金匮》论治呕吐规律初探. 中医药学报，1989；(6)：15.
刘思惠（重庆江津造纸厂卫生所）.《金匮要略》药物配伍初探. 中医函授通讯，1989；(6)：12.
江明忠（国营资阳糖厂医务室）. 金匮肾气丸治牙疾. 四川中医，1989；(7)：47.
王清华.《金匮要略》治痹述要. 陕西中医，1989；(7)：331.
严余明（浙江中医学院）.《试论《金匮要略》诊法中的全息观. 浙江中医杂志，1989；(8)：367.
陈旭辉.《金匮》石水腹满病机初探. 四川中医，1989；(9)：2.
朱宗云（上海第二医科大学附属瑞金医院）. 试论《金匮要略》中的耳鼻喉科疾病. 上海中医药杂志，1989；(9)：29.
张安富（重庆江津造纸厂卫生所）. 浅谈《金匮要略》对血证的辨证特点. 四川中医，1989；(11)：3.
陈国权.《金匮要略》相反病证同治探析. 中国农村医学，1989；(12)：40.
夏斌. 试论《金匮要略》治未病. 四川中医，1990；(1)：5.

楚海波.《金匮》方剂煎法探讨. 国医论坛，1990；（1）：8.
宋建萍.《金匮》黄疸病之讨论. 中医药研究，1990；（1）：27.
林安钟. 仲景退黄八法. 广州中医学院学报，1990；（1）：63.
宋建萍（河南中医学院）. 试论《金匮》勿令窍闭的治疗思想. 浙江中医学院学报，1990；（1）：4.
宋建萍. 黄疸病与多小便. 辽宁中医杂志，1990；（2）：10.
杨芬明. 刍议《金匮要略》方后医嘱中的体质学思想. 湖北中医杂志，1990；（2）：28.
马丁（宁夏地方病防治所）.《金匮要略》脉法规律浅探. 宁夏医学杂志，1990；（2）：102.
李发枝.《金匮》厚朴大黄汤补识. 北京中医学院学报，1990；（2）：17.
张苏颖（山东中医学院）.《金匮》"治未病"的学术思想. 山东中医学院学报，1990；（2）：9.
宋建萍（河南中医学院）. 试论《金匮》中的汗出病解. 河南中医，1990；（3）：7.
韦宗奎.《金匮》"淋家不可发汗"辨析. 广西中医药，1990；（3）：37.
陈国权.《金匮》禁药之不禁浅探. 湖北中医杂志，1990；（3）：26.
李家庚. 张仲景血证证治探要. 湖北中医杂志，1990；（3）：29.
宋建萍.《金匮》小便不利证治之分析. 中医函授通讯，1990；（3）：12.
张建荣.《金匮要略》对妇科学的贡献及治法特点. 陕西中医函授，1990；（3）：4.
石学文. 张仲景活血利水法探讨. 北京中医学院学报，1990；（3）：18.
高秋松. 试论张仲景"肝病实脾"学术思想及临床意义. 浙江中医学院学报，1990；（3）：7.
沈礼勇（山东医科大学）. 附子在《金匮要略》中治疗痛证初探. 浙江中医学院学报，1990；（3）：39.
姚真敏. 浅谈《金匮要略》对防治老年病的启迪. 浙江中医学院学报，1990；（4）：51.
陈大权.《金匮》百合病病理之探讨. 天津中医，1990（5）：27.
杨德明. 蒲灰散中之蒲黄不是蒲席之灰. 国医论坛，1990；（5）：封3.
黄绪芳.《金匮要略》同病异治探讨. 湖北中医杂志，1990；（5）：30.
李富汉.《金匮要略》甘温除热刍议. 中医函授通讯，1990；（5）：14.
张秀萍. 浅谈《金匮要略》的安胎法及其临床应用. 浙江中医学院学报，1990；（5）：6.
储全根.《金匮要略》黄汗新说. 陕西中医，1990；（6）：260.
柏超然. 狐惑病证治. 上海中医药杂志，1990；（7）：20.
夏斌.《金匮要略》腹满辨证浅析. 四川中医，1990；（7）：4.
廖世煌（广州中医学院）. 发汗解表法在《金匮要略》中的运用浅释. 新中医，1991；（1）；13.
邹如政.《金匮要略》用酒初探. 四川中医，1991；（1）：3.
李逢春. 浅谈《金匮要略》的整体治疗观点. 内蒙古中医药，1991；（1）：44.
阚方旭. 论《金匮》胸痹. 山东中医学院学报，1991；（1）：2.
宋东春.《金匮》治瘀法特点探析. 甘肃中医学院学报，1991；（1）：7.
杨秀清. 黄汗证治. 陕西中医学院学报，1991；（1）：9.
秦国政. 试探张仲景对男科虚劳的认识. 云南中医学院学报，1991；（1）：15.
何任. 略议《金匮》痉湿暍病方. 浙江中医学院学报，1991；（1）：48.
施旭光. 白虎加桂枝汤治疗痹证的药理探讨. 广州中医学院学报，1991；（1）：23.
吴泽莲（天津中医学院）.《金匮要略》药物炮制法初探. 天津中医学院学报，1991；（1）：42.
刘方柏（峨边县中医医院）.《金匮要略》吐涎沫管窥. 成都中医学院学报，1991；（1）：11.
许大德.《金匮·水气病》"大气"的认识. 成都中医学院学报，1991；（1）：17.
李富汉. 论仲景运用峻下及对后世的影响. 国医论坛，1991；（2）：6.
崔大秀.《金匮》产后腹痛证治初探. 中医研究，1991；（2）：38.
哈孝贤（天津中医学院）.《金匮要略》安胎法述略. 广西中医药，1991；（2）：70.
邓家刚.《金匮要略》鉴别诊断浅识. 广西中医药，1991；（2）：78.
张艳（辽宁中医学院附属医院）. 半夏泻心汤证证治规律的研究：《伤寒论》古今医案305例统计分析. 辽宁中医杂志，1991；（2）：7.
老玉铎.《金匮要略》治呕十法. 中医函授通讯，1991；（2）：16.

胡学军.《金匮》辨病论治观探析. 湖南中医学院学报，1991：(2)：51.
陈国权（湖北中医学院).《金匮》水气病辩. 成都中医学院学报，1991；(2)：5.
杨扶国.《金匮要略》虚劳证治纵横谈. 广州中医学院学报，1991；(2)：91.
王贵淼.《金匮要略》治则探析. 甘肃中医学院学报，1991；(2)：1.
周亮.《金匮要略》养阴法初探. 浙江中医学院学报，1991；(2)：8.
连增林. 简论《金匮要略》利小便治病法. 浙江中医学院学报，1991；(2)：37.
何任.《金匮》下法说略（一). 浙江中医学院学报，1991；(2)：45.
胡学军.《金匮》辨病论治观探析. 浙江中医学院学报，1991；(2)：51.
黄仰模（广州中医学院).《金匮要略》发热病证初探. 新中医，1991；(3)：7.
张笑平.《金匮》防己黄芪汤计量单位之辨析. 中医杂志，1991；(3)：59.
夏斌.《金匮要略》湿病证治探赜. 四川中医，1991；(3)：2.
范述方. 小青龙汤证治的研讨. 四川中医，1991；(3)：10.
狄玉敏. 浅谈《金匮》中反治三法. 河北中医，1991；(3)：30.
储全根.《金匮要略》的“饮病”和“水气病”关系辨析. 中医药研究，1991；(3)：30.
董泽弘. 浅谈《金匮要略》中酒的运用. 吉林中医药，1991；(3)：44.
李宝田.《金匮要略》小便辨证之探析. 黑龙江中医药，1991；(3)：9.
刘志国（肇源县中医院). 金匮肾气丸助阳作用观察及研究. 黑龙江中医药，1991；(3)：14.
张安富.《金匮要略》目诊的运用. 中医函授通讯，1991；(3)：19.
夏斌.《金匮要略》生僻药物选择. 陕西中医函授，1991；(3)：45.
陈清林（乐都县职工学校).《金匮要略》对妇科学的贡献. 青海医药杂志，1991；(3)：6.
龙瑞敏.《金匮要略》针灸疗法探析. 贵阳中医学院学报，1991；(3)：7.
陶汉华. 论《金匮》气分病. 山东中医学院学报，1991；(3)：10.
何任.《金匮》下法说略（二). 浙江中医学院学报，1991；(3)：48.
李文生. 桂枝芍药知母汤方治痹思想研讨. 新中医，1991；(4)：8.
廖世煌. 发汗解表法在《金匮要略》中的运用浅释. 新中医，1991；(4)：13
卞兆祥（北京中医学院).《金匮要略》通腑法探析. 四川中医，1991；(4)：2.
胡剑春. 试析《金匮要略》阴脉的脉症. 中医研究，1991；(4)：22.
宋向阳. 对《金匮要略》肝病理肺法的认识. 陕西中医，1991；(4)：188.
赵云芳. 读《金匮》误汗致变. 中医函授通讯，1991；(4)：10.
宋建萍. 理中汤与附子粳米汤证之别. 中医函授通讯，1991；(4)：11.
张长恩. 附子汤证探究. 北京中医杂志，1991；(4)：38.
刘玉铉.《金匮要略》异病同治规律探析. 湖南中医学院学报，1991；(4)：7.
何任.《金匮》脏腑篇中有四诊的临床意义. 浙江中医学院学报，1991；(4)：46.
张建荣.《金匮要略》理法方药渊源及特点探讨. 陕西中医学院学报，1991；(4)：10.
汤雪梅. 从《金匮要略》论误治得到的启示. 新中医，1991；(5)：47.
龚大国. 仲景用桂枝汤治疗妊娠呕吐意在平冲降逆. 河南中医，1991；(5)：26.
王君. 金匮肾气丸刍议. 陕西中医，1991；(5)：231.
老玉峰. 试析《金匮》虫类药. 中医函授通讯，1991；(5)：12.
宋建萍.《金匮要略》中的目诊. 中医函授通讯，1991；(5)：13.
魏雪舫. 阳旦汤方证考略. 河南中医，1991；(6)：4.
任彦彬.《金匮要略》外治五法. 河北中医，1991；(6)：19.
伍炳彩.《金匮要略》脉法辨证. 江西中医药，1991；(6)：6.
仲煊维. 重言摹状，形象逼真. 湖北中医杂志，1991；(6)：10.
张华.《金匮要略》妇人癥病我见. 山东中医学院学报，1991；(6)：20.
夏斌.《金匮要略》大脉初探. 四川中医，1991；(7)：2.
范保银.《金匮》奔豚病之鉴别诊断. 四川中医，1991；(8)：2.

胡兆满.《金匮要略》黄疸诊法初探. 四川中医，1991；(9)：3.
梁志清.《金匮要略》竹叶汤方证探究. 陕西中医，1991；(9)：425.
唐庸德.《金匮要略》论目诊探析. 四川中医，1991；(10)：2.
陈玲娣.《金匮要略》瘀血证治探析. 上海中医药杂志，1991；(10)：30.
李颂华. 大黄䗪虫丸治疗肝病的作用探讨. 新中医，1991；(11)：3.
朱云龙. 对《金匮》运用汗法的初步探讨. 中医杂志，1991；(12)：8.
陈国权.《金匮》水气病三辨. 成都中医学院学报，1991；(12)：5.
张健.《金匮要略》虚劳病治法分析. 河北中医，1991；(专辑)：117.
张胜忠. 浅论肺中冷与肺阳虚. 河南中医，1992；(1)：7.
陈亦工. 葶苈大枣泻肺汤所主肺痈的机理为阴寒凝滞. 国医论坛，1992；(1)：26.
杜耀战. 大黄䗪虫丸之大黄用量考. 国医论坛，1992；(1)：36.
王建康（奉化市中医院).《金匮要略》治疗内伤发热十三法. 中医研究，1992；(1)：19.
胡昌炎.《金匮要略》黄疸病的治疗. 中医函授通讯，1992；(1)：5.
李国星. 黄土汤中何以用黄芩. 湖北中医杂志，1992；(1)：42.
郑大正（福州市郊区医院).《金匮要略》通补十法探析. 浙江中医学院学报，1992；(1)：8.
施乃民. 当归贝母苦参丸析疑. 陕西中医学院学报，1992；(1)：42.
李天淑（成都中医学院).《金匮》咳喘治法初探. 成都中医学院学报，1992；(1)：5.
张惠茹（河北中医学院). 试论《金匮》调中法. 成都中医学院学报，1992；(1)：8.
蒲正国. 半夏泻心汤证刍议. 河南中医，1992；(2)：56.
张永红.《金匮要略方论》的伤科学术思想及特色初探. 中医正骨，1992；(2)：44.
陈荣.《金匮要略》情志病证治初探. 江西中医药，1992；(2)：3.
张琦.《金匮要略》相反相成用药法探微. 成都中医学院学报，1992；(2)：6.
蒋明德.《金匮要略》食疗学初探. 陕西中医学院学报，1992；(2)：3.
赵金娟. 张仲景瘀血证治特色. 甘肃中医，1992；(3)：8.
秦德水. 浅议张仲景对血证的辨证论治. 黑龙江中医药，1992；(3)：6.
唐少娟. 浅谈《金匮要略》湿病. 黑龙江中医药，1992；(3)：10.
张琦.《金匮要略》中口中乏津一证辨治特色. 陕西中医学院学报，1992；(3)：6.
杨震. 谈《金匮要略》治肝六法. 贵阳中医学院学报，1992；(3)：44.
戴锦成. 试探《金匮要略》麻黄的运用. 福建中医学院学报，1992；(3)：131.
陈家桦. 当归贝母苦参丸为主"妊娠多侧面难"无误. 山东中医学院学报，1992；(3)：17.
刘金洪.《金匮要略》针灸应用特色初探. 南京中医学院学报，1992；(3)：172.
范晔（北京联大中医药学院).《金匮要略》中脉诊运用浅析. 北京中医，1992；(4)：36.
赵一萍. 浅谈五味子在《金匮》方中的配伍意义. 新疆中医药，1992；(4)：64.
宋欣伟. 仲景利尿除痹法浅识. 辽宁中医杂志，1992；(4)：8.
范晔.《金匮要略》中脉诊运用浅析. 北京中医杂志，1992；(4)：36.
庞景三. 吴塘对仲景承气法的继承与发展. 中医函授通讯，1992；(4)：2.
刘永奇. 试谈《金匮要略》的下利证治. 中医函授通讯，1992（4)：3.
陈亚龙.《金匮要略》中乌头应用的探讨. 陕西中医函授，1992；(4)：2.
张苏颖.《金匮》治疗血证的特色. 山东中医学院学报，1992；(4)：25.
张家礼. 对《金匮要略》"正气"概念的分析. 成都中医学院学报，1992；(4)：1.
张秀萍（浙江省中医学会).《金匮要略》治痹法浅析. 浙江中医学院学报，1992；(4)：3.
宋建平（河南中医学院). 治水不必禁甘草：《金匮》治水用甘草之分析. 河南中医，1992；(5)：213.
李德龙.《金匮要略》望诊特点举隅. 湖北中医杂志，1992；(5)：26.
韩承谟.《金匮要略》弱脉浅说. 中医函授通讯，1992；(5)：2.
李发枝.《金匮要略》肺痈病"脉微而数"辨析. 北京中医学院学报，1992；(5)：28.

蒋明德（四川省广安县中医院）.《金匮要略》心身疾病证治浅析．浙江中医学院学报，1992；(5)：51.

谢世平.《金匮》诊断中的辩证思维．河南中医，1992；(6)：252.

郑晓英.《金匮要略》时间医学观探要．国医论坛，1992；(6)：5.

张长恩．半夏泻心汤证探究．北京中医杂志，1992；(6)：47.

朱倩.《金匮要略》部分药物的商榷．中国医药学报，1992；(6)：13.

宋建平（河南中医学院）.《金匮要略》对风水的辨证论治．中医函授通讯，1992；(6)：9.

张华.《金匮》产科病治法特点．山东中医学院学报，1992；(6)：41.

朱倩（甘肃省中医院）.《金匮要略》部分药物商讨．北京中医学院学报，1992；(6)：11.

沈琦芳．议“痰饮病”治以“温”与“和”．江苏中医杂志，1992；(7)：37.

万树林．浅论《金匮要略》审脉求病法．四川中医，1992；(8)：2.

叶进．关于百合病的讨论．中医研究，1993；(1)：15.

刘玉三.《金匮要略》治渴八法．中医研究，1993；(1)：17.

王清华.《金匮要略·脏腑经络先后病篇》“先后”之我见．国医论坛，1993；(1)：4.

王怀平．浮脉与杂病．吉林中医药，1993；(1)：6.

于学忠．论仲景与中医护理学．中医药学报，1993；(1)：12.

乔登元．浅述《金匮要略》对大黄的论述．中医函授通讯，1993；(1)：2.

李清立.《金匮要略》八法之运用．中医函授通讯，1993；(1)：6.

沈钦荣．伤寒证治全籍阳明－俞根初治伤寒经验再探析．浙江中医杂志，1993；(1)：126.

郑林.《金匮要略》死证因素浅析．天津中医学院学报，1993；(1)：25.

张毓汉.《金匮》浮脉探微．浙江中医学院学报，1993；(1)：8.

李积敏.《金匮》针灸疗法初探．甘肃中医学院学报，1993；(1)：42.

董泽洪（首都机场医院）.《金匮·胸痹心痛短气篇》之“缓急”浅析．北京中医学院学报，1993；(1)：9.

黄仰模.《金匮要略》心身疾病探讨．新中医，1993；(2)：10.

初杰（辽宁中医学院）．当归四逆汤证证治规律的研究：《伤寒论》古今医案370例统计分析．河南中医，1993；(2)：59.

张继宗.《金匮》“狼牙”当为“狼毒”．国医论坛，1993；(2)：30.

张从泽.《金匮》温法刍议．四川中医，1993；(2)：6.

田在泉．浅析《金匮要略》治法特点．中医函授通讯，1993；(2)：12.

岳在文.《金匮要略》肺胀证治刍议．中医函授通讯，1993；(2)：13.

吴贤益（上海第二医科大学附属瑞金医院）.《金匮要略》方论在耳鼻喉科中的应用．上海中医药杂志，1993；(2)：23.

徐乃斌．从《金匮要略》胸痹病谈冠心病的辨证施治．实用中医药杂志，1993；(2)：30.

李慧.《金匮要略》辨证论治中的时间观．浙江中医学院学报，1993；(2)：7.

胡守平．仲景喘证治浅析．光明中医，1993；(3)：31.

刘玉三（南阳张仲景国医大学）.《金匮要略》治渴八法探析．四川中医，1993；(3)：2.

吕志杰（河北中医学院）.《金匮要略》“但臂不遂”属中风辨．国医论坛，1993；(3)：9.

曲鸿忠.《金匮》治消渴注重温化肾气的探讨．辽宁中医杂志，1993；(3)：11.

王茹（山东中医学院）.《金匮要略》急证临床研究发展概述．中国中医急症，1993；(3)：123.

戴锦成．对《金匮要略》疼痛病证的探讨．福建中医学院学报，1993；(3)：181.

李群林（湖南桃源县中医院）.《金匮要略》小便小利病机辨治初探．甘肃中医学院学报，1993；(3)：9.

张家礼．对《金匮要略》“邪气”概念的剖析．成都中医学院学报，1993；(3)：1.

刘采清.《金匮要略·血痹虚劳》篇理虚法浅识．四川中医，1993；(4)：3.

张友红．小议半夏在《金匮》温经汤中的作用．新疆中医药，1993；(4)：32.

赵红兵.《金匮》寒热药物并用之探讨．内蒙古中医药，1993；(4)：34.

陆立世．肾气丸小议．中医药研究，1993；(4)：62.

赵云芳．谈《金匮要略》的天人相应观．中医函授通讯，1993；(4)：12.
旷惠桃．论《金匮要略》消法之运用．中医函授通讯，1993；(4)：154.
谢世平（河南中医学院）．《金匮》诊断中的辨证思维．中国医药学报，1993；(4)：6.
张重华．《金匮要略》在耳鼻喉科的应用．上海中医药杂志，1993；(4)：18.
李德冰．《金匮要略》治疗痰饮病用药规律探析．四川中医，1993；(5)：7.
宋建平（河南中医学院）．《金匮》所论胸痹与脾胃关系浅析．河南中医，1993；(5)：209.
谭同来．肾气丸方义探源．湖南中医杂志，1993；(5)：20.
刘永奇．试谈仲景之脾胃观．中医函授通讯，1993；(5)：3.
焦俊英（陕西中医学院）．试论《金匮要略》对水气病的辨证归类方法．陕西中医函授，1993；(5)：11.
徐凤琴．《金匮》药对配伍规律探析．山东中医学院学报，1993；(5)：6.
王茹（山东中医学院）．《金匮要略》外治急救法论述．浙江中医学院学报，1993；(5)：40.
张宗明（甘肃省中医学校）．《金匮要略》五脏虚证补法治则浅析．甘肃中医，1993；(6)：8.
徐重明（第四军医大学西京医院）．论《金匮要略》对于血病的证治．陕西中医，1993；(6)：280.
喻方亭．浅谈《金匮要略》咳嗽辨证论治的特点．国医论坛，1993；(6)：9.
霍献平．略述《金匮要略》补脾法的应用．中医函授通讯，1993；(6)：248.
彭元珍（武汉中医学院）．浅析《金匮》中炮制与药用．中国医院药学杂志，1993；(6)：270.
张华（山东中医学院附院）．浅议《金匮》妊娠恶阻治法：绝之．浙江中医学院学报，1993；(6)：1.
王玉兴（天津中医学院）．《金匮》“助用焦苦”新探．辽宁中医杂志，1993；(7)：16.
王昆文．仲景著作中的阳虚生风证．四川中医，1993；(8)：4.
林倍儒．《金匮要略》预防学思想浅析．长春中医学院学报，1993；(9)：4.
王新生．《金匮要略》急救法初探．长春中医学院学报，1993；(9)：8.
路振平（湖南省中医药研究院）．《金匮》补法初探．四川中医，1993；(10)：3.
程嘉艺（沈阳中医研究所）．金匮肾气丸对老龄大鼠性激素水平的影响．中国中药杂志，1993；(10)：619.
谢金龙（上海市药材公司教育培训中心）．金匮肾气丸的抗衰老作用．中成药，1993；(11)：24.
傅德元．脏躁证治古今谈．四川中医，1993；(11)：25.
王光林．试论《金匮要略》的顺势治则．国医论坛，1994；(1)：9.
陈国权．论《金匮》病在中上焦可下之．河南中医，1994；14 (1)：5.
黄崇元．试析《金匮要略》因势利导治则观．中医函授通讯，1994；(1)：8.
袁清思．《金匮要略》论脉探析．中医函授通讯，1994；(1)：9.
张贤媛．《金匮要略》在中医老年医学中的作用．南京中医学院学报，1994；10 (1)：4.
林立本．《金匮要略》下法探讨．福建中医学院学报，1994；4 (1)：37.
贾士安．简论经络学说在《金匮要略》中的应用．安徽中医学院学报，1994；13 (1)：9.
刘玉洁．《金匮要略》胸痹病机及治疗方药剂量的应用规律．河北中医，1994；16 (2)：42.
林兴栋．从仲景面部色诊看其现代研究．中医研究，1994；7 (2)：10.
刘亚光．仲景治血十二法．中医研究，1994；7 (2)：13.
乔模．从《金匮要略》药物统计试论仲景论病特点．中医药研究，1994；(2)：6.
韩奕．《金匮・虚劳》篇治疗大法探讨．北京中医杂志，1994；(2)：42.
赵云芳．谈《金匮》天人相应观．河南中医药学刊，1994；9 (2)：15.
吕志杰．桂枝汤以“调”为主论．河南中医药学刊，1994；9 (2)：20.
龙瑞敏．《金匮要略》外治法简析．贵阳中医学院学报，1994；16 (2)：1.
单鸣．《金匮要略》阴伤论治．国医论坛，1994；(3)：3.
肖家翔．浅析《金匮要略》对间者并行的应用．中医函授通讯，1994；(3)：6.
岳在文．《金匮要略》安胎十法．中医函授通讯，1994；(3)：7.
赵霞．《金匮要略》饮证辨析．中医函授通讯，1994；(3)：12.
谢春娥．《金匮要略》血证治法辨析．中医函授通讯，1994；(3)：13.

谢世平．张仲景对情志病因的认识．河南中医药学刊，1994；9（3）：18.
熊曼琪．辨病分证是仲景学说的灵魂．中医杂志，1994；35（4）：236.
封银曼．五苓散证治规律研究．国医论坛，1994；（4）：4.
李颖．仲景色诊在妇科临证举隅．河南中医，1994；14（4）：6.
石守恒．辛开苦降法的临床运用．河南中医，1994；14（4）：261.
吴宜兴．大青龙汤方义辨析．河北中医，1994；16（4）：封3.
杨世忠．试论仲景"祛痰利湿法"．吉林中医药，1994；（4）：4.
何钦．略论《金匮》对疾病的防治原则．北京中医杂志，1994；（4）：10.
朱亚荣．浅谈侯氏黑散与风引汤．浙江中医杂志，1994；（4）：174.
张存钧．仲景血证治法初探．上海中医药杂志，1994；（4）：4.
陈国权．《金匮要略》治病求本论约．河南中医药学刊，1994；9（4）：19.
杨晓贵．《金匮》水气病治法初探．贵阳中医学院学报，1994；16（4）：7.
程立方．小建中合剂质量标准研究．时珍国药研究，1994；（5）：27.
张长恩．小建中汤证深究．北京中医杂志，1994；（5）：43.
张竣峰．《金匮》活血化瘀法述略．中医函授通讯，1994；（5）：8.
乔登元．《金匮要略》清热十法述略．中医函授通讯，1994；（5）：10.
汪艳荣．《金匮要略》通利气机法刍议．河南中医药学刊，1994；9（5）：23.
耿文华．《金匮要略》论情志与心身疾病浅析．国医论坛，1994；（6）：5.
王占奎．论《金匮要略》服药后的中病反应．国医论坛，1994；（6）：6.
王树芬．试论《金匮》杂病理论体系．河北中医，1994；16（6）：1.
彭元珍．《金匮》治肝十一法．湖北中医杂志，1994；16（6）：50.
贾士安．《金匮要略》下法运用琐谈．中医函授通讯，1994；（6）：12.
青腊珍．学习《金匮要略》发黄证治的体会．上海中医药杂志，1994；（6）：38.
沈继泽．对桂枝去芍药加麻辛附子汤证的认识．南京中医学院学报，1994；10（6）：4.
邹书瑛．浅谈张仲景重视闻诊的临床意义．新中医，1994；（7）：56.
罗文静．简述《金匮要略》中的利尿法．四川中医，1994；（8）：14.
潘国栋．浅读仲景治疗心系疾病十七法．四川中医，1994；（8）：15.
文小敏．从小青龙汤的组成看仲景的制方特点．陕西中医，1994；15（8）：377.
张夫兴．《金匮要略》运用大黄及其配伍浅析．山东中医杂志，1994；13（9）：388.
吴文仪．学习张仲景论治瘀血的体会．新中医，1994；（11）：52.
王如萍．小柴胡汤冲剂制造的工艺研究．中药材，1994；17（11）：41.
李群林．仲景辨治产后病心法探讨．四川中医，1994；（11）：5.
李应存．《金匮要略》运气学说初探．甘肃中医学院学报，1994；11（2）：6.
余明珠．《金匮》对消渴的论治浅识．河南中医，1995；15（1）：6.
王鹏．经方治哮发微．湖北中医杂志，1995；17（1）：34.
袁清思．《金匮要略》的辩证法思想初探（一）．中医函授通讯，1995；4（1）：8.
陈国权．论《金匮要略》的自然整体观．中医函授通讯，1995；4（1）：15.
马骥．肾气丸的结构原理及其疑点初探．中医函授通讯，1995；（1）：26.
张琦．苓桂术甘汤证治规律的研究．成都中医学院学报，1995；18（1）：8.
张毓汉．论《金匮》监制乌、附毒性的配伍特色．成都中医学院学报，1995；18（1）：14.
覃仁安．九十年代以来小柴胡汤的药理研究新进展．贵阳中医学院学报，1995；17（1）：53.
艾华．试述《金匮要略》的用药特点．中医函授通讯，1995；4（2）：6.
王新生．《金匮要略》祛湿八法．中医函授通讯，1995；4（2）：7.
袁清思．《金匮要略》的辩证法思想初探（二）．中医函授通讯，1995；4（2）：8.
魏晓芬．干姜人参半夏丸治疗妊娠呕吐的中医学原理．中国中医基础学杂志，1995；1（2）：58.
贾士安．论《金匮》水气病．山东中医学院学报，1995；19（2）：125.

孙晋营.《金匮要略》苦辛合法组方用药治疗杂症探讨. 中医研究，1995；8（3）：7.
詹志明.《金匮要略》标本理论应用方法探讨. 中医研究，1995；8（3）：9.
孙炜华.《金匮》腹痛治法浅识. 江西中医药，1995；26（3）：58.
陈国权. 浅议《金匮要略》治杂病以祛邪为主论. 中医函授通讯，1995；（3）：4.
周尔文.《金匮要略》叙症方法雏议. 天津中医学院学报，1995；（3）：5.
胡必莲.《金匮要略》中的预防思想. 陕西中医学院学报，1995；18（3）：4.
奚肇庆. 试论《金匮要略》胸痹与肺的论治. 南京中医学院学报，1995；11（3）：6.
邹学正.《金匮要略》呕吐的原则和方法初探. 贵阳中医学院学报，1995；17（3）：4.
沈继泽. 谈谈有关《金匮》狐惑病的几个问题. 南京中医药大学学报，1995；11（3）：4.
徐敏.《金匮》动态分析法探析. 河南中医，1995；15（4）：2.
徐明. 浅议《金匮要略》小便变化的临床意义. 陕西中医，1995；16（4）：189.
傅志红.《金匮要略》肝虚寒证探讨. 江西中医药，1995；26（4）：52.
李桂贤.《金匮要略》"同病异治"及其临床意义. 广西中医药，1995；18（4）：38.
徐登国. 张仲景治疗出血探微. 辽宁中医杂志，1995；22（4）：153.
田在泉.《金匮要略》治肺挈要. 中医函授通讯，1995；（4）：6.
周衡. 治气、治血、治水：《内经》水肿治则在《金匮》的运用. 湖南中医学院学报，1995；15（4）：1.
王更生.《金匮要略》药物配伍刍议. 南京中医学院学报，1995；11（4）：6.
张亚春. 张仲景运用半夏止呕论析. 中医研究，1995；8（5）：11.
姜红. 浅谈补脾胃药在《金匮要略》治疗虚劳病中的意义. 陕西中医函授，1995；（5）：23.
秦小珑.《金匮要略》肺痈之病因探析. 中医函授通讯，1995；（5）：11.
魏炼波.《金匮要略》清热八法浅析. 中医函授通讯，1995；（5）：14.
史宏. 论《金匮》治瘀十二法. 广西中医药，1995；18（5）：42.
王茹. 论《金匮》内科急症. 山东中医学院学报，1995；19（5）：295.
张良.《金匮要略》厚朴七物汤方证析. 中医研究，1995；8（6）：13.
张长顺.《金匮要略》辨证治血证六法管窥. 吉林中医药，1995；（6）：3.
田在泉. 论《金匮要略》肺系疾病证治规律. 山东中医学院学报，1995；19（6）：402.
姚真敏. 从《金匮》虚劳篇探讨老年病诊治. 浙江中医学院学报，1995；19（6）：1.
吴培植. 简述《金匮要略》中的外治法. 陕西中医，1995；16（8）：376.
封泰来. 张仲景化瘀法初探. 辽宁中医杂志，1995；21（8）：345.
楚更生. 浅谈《金匮要略》心身疾病诊断观. 浙江中医杂志，1995；（8）：263.
曹莉. 浅析《金匮》"有故无殒"的常见方法. 南京中医药大学学报，1995；11（8）：9.
韩振宏.《金匮》同病异治浅析. 四川中医，1995；（9）：10.
蔡柳洲. 张仲景止血不远温探析. 浙江中医杂志，1995；（9）：386.
周平龙.《金匮要略》病治异同特色的初探. 长春中医学院学报，1995；11（9）：16.
林永发. 谈《金匮》五脏水的临床意义. 山东中医杂志，1995；14（12）：533.
李春婷等（南京中医药大学）. 从《金匮》服药方法看仲景体质护理. 陕西中医函授，1998；（1）：26.
吕志杰等（河北医科大学中医学院）. 师圣贤心法善用经方治病. 浙江中医学院学报，1998；22（1）：9.
吴宗德，陈科（遵义医学院第一附院）.《金匮要略》小便浅析. 遵义医学院学报，1998；21（1）：22.
焦俊英，支江平（陕西中医学院）.《金匮要略》鉴别诊断方法探析. 陕西中医学院学报，1998；21（2）：8.
韩宁，孙绍周（山东中医药大学）. 论《金匮要略》肝病证治. 山东中医药大学学报，1998；22（4）：274.
赵治友，何永生.《金匮要略》辨治黄疸病特色及现代研究. 中医药研究，1999；15（2）：2.
刘诗发（上海科学技术出版社）. 金匮肾气丸中桂枝考证. 南京中医药大学学报，1999；15（6）：366.
焦俊英，支江平（陕西中医学院）.《金匮要略》祛邪方法初探. 陕西中医学院学报，1999；22（6）：6.
王立颖（天津市职工医学院）. 浅谈《金匮要略》中的补脾法. 江苏中医，2001；22（1）：35.

黄志杰，戢乾坤（湖北中医学院）．浅谈《金匮要略》止咳平喘九法．山西中医，2001；17（1）：59.

王璟（安徽省中医药学校）．试论《金匮要略》之吐血证．甘肃中医，2001；14（1）：6.

王鲁芬（南京中医药大学）．《金匮要略》脉诊运用探析．国医论坛，2001；16（1）：9.

孙嘉霓（岳西县中医药科研中心）．糖尿病的中医辨证治疗试探－兼析金匮肾气丸治消渴．中医研究，2001；14（1）：4.

元颖（广州中医药大学）．浅论《金匮要略》的辨证特色．中医研究，2001；14（1）：9.

田维君（武警重庆市总队医院）．浅论《金匮要略》对瘀血证的辨治特色．中华新医学，2001；2（1）：74.

元颖（广州中医药大学）．论《金匮要略》病证治疗中“汗法”的应用．中医药研究，2001；17（1）：4.

朱秀华（京山县中医医院）．《金匮要略》湿病述要．湖北中医杂志，2001；23（1）：9.

孟炜（上海中医药大学附属岳阳医院）．浅谈《金匮要略》中妇人三篇与妇科临床的关系．辽宁中医学院学报，2001；3（1）：13.

马玉兰（天津中医学院）．浅谈《金匮要略》治肝之法．天津中医学院学报，2001；20（1）：8.

阚湘苓等（天津中医学院）．“通”法－《金匮要略》治疗痰饮水气病的基本方法．天津中医学院学报，2001；20（1）：10.

林昌松（广州中医药大学）．《金匮要略》在杂病辨证中的特点．长春中医学院学报，2001；17（1）：1.

赵力维等（长春中医学院）．“分层论治法”在《金匮要略》中的应用．长春中医学院学报，2001；17（1）：52.

柴可夫（浙江中医学院）．《金匮要略》辨证原则与辨证方法研究．浙江中医学院学报，2001；25（1）：13.

乔洪华（丹徒县人民医院）．治肝纵横说临床发微．安徽中医学院学报，2001；20（1）：31.

张建荣（陕西中医学院）．谈《金匮要略》致瘀十三因．陕西中医学院学报，2001；24（1）：11.

曲丽芳，张再良（上海中医药大学）．《金匮》狐惑病证治源流探讨．上海中医药大学学报，2001；15（1）：12.

蒋明（南京中医药大学）．《金匮要略》湿、饮、水三病治法剖析．南京中医药大学学报·自然科学版，2001；17（1）：10.

元颖（广州中医药大学）．论汗法在《金匮要略》中的应用．河北中医，2001；23（2）：143.

王忠山（南京中医药大学）．试论《金匮要略》之腹诊．国医论坛，2001；16（2）：1.

李古松（盐城市中医院）．《金匮要略》黄芪七方浅析．中医文献杂志，2001；（2）：6.

赵云芳（河南中医学院）．《金匮要略》论治腹痛述要．中医药学刊，2001；19（2）：127.

李英琳（沈阳市中医研究所）．金匮肾气丸异病同治探微．中医药学刊，2001；19（2）：129.

吴勇等（玉溪市中医院）．从《金匮要略》试析病、证、症．中国民族民间医药杂志，2001；（2）：70.

许少辉，练志明（广州中医药大学一附院）．《金匮要略》中外治法浅谈．辽宁中医学院学报，2001；3（2）：95.

毛开颜（河南省中医院）．《金匮要略》针灸法初探．河南中医，2001；21（3）：5.

程康（南京中医药大学）．从《金匮要略》续命汤谈起．国医论坛，2001；16（3）：4.

王桂生，傅美霞（邯郸医学高等专科学校）．《金匮要略》对半夏的运用．光明中医，2001；16（3）：27.

张成新等（维吾尔自治区中医医院）．《金匮》酸焦苦甘调肝虚病法探讨．新疆中医药，2001；19（3）：8.

陈兆洋（永城市人民医院）．黄疸病机从瘀论探析．广西中医药，2001；24（3）：39.

秦建平（遵义医学院第一附属医院）．试析《金匮要略》中膀胱病的辨证论治．安徽中医临床杂志，2001；13（3）：229.

程汉桥（中医研究院西苑医院）．《金匮》肾气丸并非温补肾阳论．中国中医基础医学杂志，2001；7（3）：7.

张永文（南京中医药大学）．肾气丸析疑．山东中医药大学学报，2001；25（3）：173.

张工彧（南京中医药大学）．《金匮要略》方剂双向调节作用述要．长春中医学院学报，2001；17（3）：2.

胡要所（阳泉市第三人民医院）．张仲景用桂枝通阳七法赏析．光明中医，2001；16（4）：6.

胡亚丽（遵义医院）．《金匮》消法初探．四川中医，2001；19（4）：19.

黄九（苏州市第二人民医院）．谈《金匮要略》的辨证论治精神．黑龙江中医药，2001；（4）：3.

耿宏伟，赵云芳（河南中医学院第一附属医院）．《金匮要略》辨治咳喘十一法简析．中医药学刊，2001；19（4）：328.

张再良（上海中医药大学）．治气治水治血通畅五脏元真－《金匮要略》杂病病机与治法浅议．上海中医药杂志，2001；35（4）：42.

李红平，邹学正（贵阳中医学院）．浅谈《金匮要略》方的对立统一规律．贵阳中医学院学报，2001；23（4）：3.

田雪飞，周衡（长沙湖南中医学院）．《金匮要略》虚劳病方探讨．湖南中医学院学报，2001；21（4）：29.

赵剑峰，刘玉超（河北医科大学中西医结合学院）．《金匮要略》痰饮证治浅析．河北中医药学报，2001；16（4）：22.

王恒照等（兰州解放军第一医院）．《金匮要略》湿证辨治研讨．甘肃中医学院学报，2001；18（4）：1.

谷松（北京中医药大学）．《金匮要略》咳喘证治辨析．中医药学刊，2001；19（5）：443.

金永祜（扬州大学医学院）．《金匮要略》活血祛瘀十法．辽宁中医杂志，2001；28（5）：264.

田维君，熊云平（武警重庆市总队医院）．略论《金匮要略》温法特色．中华中西医杂志，2001；2（5）：434.

张建荣（陕西中医学院）．《金匮要略》变法用药探讨．山东中医药大学学报，2001；25（5）：338.

赵天才（陕西中医学院）．论《金匮要略》治瘀法及其特点．辽宁中医杂志，2001；28（8）：460.

王影（自贡市中医院）．浅谈《金匮要略》脏腑经络辨证特点及辨证观点．四川中医，2001；19（9）：11.

张建荣（陕西中医学院）．《金匮要略》血证辨治探讨．陕西中医，2001；22（9）：572.

周嘉平（嘉定区华亭镇卫生院）．《金匮》胸痹论治浅析．四川中医，2001；19（10）：6.

叶腾辉（新都县中医医院）．试论《金匮要略》病证的气机升降．四川中医，2001；19（12）：4.

刘方（淄博市第一医院）．《金匮要略》对汗的认识．中华中西医杂志，2001；2（12）：1492.

戴天木（湖北中医学院）．《金匮要略》治脾12法．中医杂志，2003；44（1）：66.

王海英（武清区妇幼保健医院）．试论《金匮》方药运用特色．四川中医，2003；21（1）：13.

陈学习（贵阳中医学院）．《金匮要略》腹满痛治法浅析．甘肃中医，2003；16（1）：4.

戴天木（湖北中医学院）．《金匮要略》治渴六法．国医论坛，2003；18（1）：5.

王清华（华中科技大学同济医学院附属梨园医院）．《金匮要略》脉学特色考释．中医药学刊，2003；21（1）：128.

陈学习（贵阳中医学院）．《金匮要略》腹满痛病因病机浅析．内蒙古中医药，2003；22（1）：32.

滕历梅，张丽娜（日照市东港区涛雒医院）．《金匮》血水同病及血水同治浅探．实用中医内科杂志，2003；17（1）：25.

牟慧琴（甘肃中医学院）．《金匮要略》百合病探析．甘肃中医学院学报，2003；20（1）：1.

李建民（天津中医学院二附院）．浅谈《金匮要略》中的瘀血．天津中医学院学报，2003；22（1）：11.

浅谈《金匮要略·妇人妊娠病脉证并治第二十》第2条之辨证意义．.

蒋明（南京中医药大学）．论以辨病为前提之《金匮要略》病证结合模式．南京中医药大学学报，2003；19（2）：65.

陈有明，张爱平（武威市凉州区卫生防疫站）．甘肃中医，2003；16（2）：6.

侯峻峰（古浪县中医医院）．《金匮要略》痹证论治探析．甘肃中医，2003；16（3）：3.

蔡英剑，邱明友（安康市中医院）．《金匮要略》治湿探微．陕西中医，2003；24（3）：28.

宋红普（上海中医药大学）．论《金匮要略》疼痛辨治．上海中医药杂志，2003；（4）：51.

刘本俊（安徽省立医院）．六味地黄及金匮肾气方药方义特色剖析．时珍国医国药，2003；（4）：236.

朱虹（扬州大学医学院）.《金匮要略》治疗五体病特色浅探. 时珍国医国药 2003；(4)：237.
李富汉（新野县中医院）.《金匮·中风》病因初探. 河南中医，2003；(5)：3.
彭春（曲靖市中医院）.《金匮要略》苦参用法浅析. 河南中医，2003；(5)：5.
阎颖（天津市中医学院第一附属医院）.《金匮要略》中的治瘀之法. 四川中医，2003；(5)：18.
方显明，黄红英（广西中医学院附属瑞康医院）. 国医论坛，2003；(5)：2.
赵海梅等（江西中医学院）. 重视金匮肾气丸对血糖的双向调节作用. 国医论坛，2003；(5)：12.
罗苏群（南京中医药大学）.《金匮要略》温中方药配伍规律研究进展. 中医药学报，2003；(5)：26.
刁栓成（河北省行唐县中医院）. 浅议《金匮要略》中反治三法. 中国中医基础医学杂志，2003；(5)：14.
蒋明（南京中医药大学）.《金匮要略》的阶段性治疗原则. 浙江中医学院学报，2003；(5)：19.
朱发萍，庞德湘（临沂市人民医院）.《金匮要略》服药方法护理的探讨. 浙江中医学院学报，2003；(5)：89.
陈春雪，敖雪仁（广州中医药大学）.《金匮要略》湿证因机症治浅析. 国医论坛，2003；(6)：6.
张灿玾（山东中医药大学）.《伤寒》《金匮》方之运用. 中医药信息，2003；(6)：50.
沈开金（含山县人民医院）.《金匮要略》治疗脾胃病方药探讨. 吉林中医药，2003；(7)：3.
叶腾辉（成都市新都区中医医院）. 论《金匮要略》治疗妇人妊娠产后腹痛. 四川中医，2003；(8)：8.
宋红普，汪泳涛（上海中医药大学）.《金匮要略》论治痛. 中国医药学报，2003；(8)：457.
马文全（襄樊市中心医院）.《金匮》肾气丸义理及衍变. 河南中医，2003；(9)：1.
徐凤琴（山东中医药大学）.《金匮要略》急症中大黄的运用. 山东中医杂志，2003；(9)：524.
许丽绵，宋红（广州中医药大学第一临床医学院）.《金匮要略》对妇科血瘀证证治述要. 中医药学刊，2003；(10)：1727.
徐爱华，徐爱伟（江西中医学院）. 针灸疗法在《金匮要略》中的应用. 江西中医药，2003；(10)：39.
杜润霞（山东沂源县南麻镇卫生院）.《伤寒杂病论》与《金匮要略》治疗口渴九法简析. 时珍国医国药，2003；(11)：689.
吕昌宝等（山西长治医学院）.《金匮要略》利尿二十法. 中国医药学报，2003；(11)：687.
丁世幸（奉化市中医院）.《金匮要略》腹症病机浅述. 河南中医，2003；(12)：3.
吴萍（青海医学院中医系）.《金匮》中乌头的应用. 江西中医药，2003；(12)：43.
王维武（绍兴文理学院医学院附属医院）. 金匮虚劳证治特色浅探. 陕西中医 2003；(12)：1144.
王华，陈连生（解放军324中心医院）.《金匮要略》治病求本论约. 中国临床医药研究杂志，2003；(89)：872.

·对仲景学说的临床应用和实验研究·

徐衡之. 伤寒证应用强心剂之重要：从参附说到麝香蟾酥樟脑毛地黄. 新中医药，1950；(8)：5.
陈家鸿. 辟荒诞病名的"夹阴伤寒"和实验两则. 星群医药月刊，1951；(11)：34.
袁启敏. 大青龙汤治慢性气管炎. 新中医药，1952；(3)：20.
张继有. 常用中药处方（《金匮》方）解说. 北京中医，1953；(2)：30.
青野. 喘息治疗之验方. 北京中医，1953；(5)：1.
盛国荣. 由伤寒论茵陈蒿汤谈到黄疸病. 新中医药，1953；(11)：5.
熊方武. 谈桃花汤与白头翁汤之临床应用. 新中医药，1954；(9)：25.
杨志一. 经方实验录. 江西中医药，1954；(10)：46.
谢礼卿. 经方录验. 中国新医药，1954；(11)：23.
宗应麟.《伤寒论》中的针灸疗法及其应用. 江西中医药，1954；(13)：43.
刘树农. 当归芍药散对妇女漏经病治验的简述. 上海中医药杂志，1955；(7)：28.
史沛棠. 茵陈蒿汤治疗黄疸的几点体会. 浙江中医杂志，1956；(试刊号)：19
盛国荣. 由黄疸病谈到中医对传染性肝炎初步治验的介绍. 福建中医药，1956；(创刊号)：32.

卢宗强．我对阴毒斑病（类似紫癜出血）治疗之体会．广东中医，1956；（2）：25.
吴怀棠．十枣汤逐除胸膜积液的疗效介绍．中医杂志，1956；（3）：140.
宗瑞麟．夹阴伤寒兼夹风湿 1 例的治疗经过．江西中医药，1956；（4）：41.
邓济刚．苓桂术甘汤在临床上的应用．江西中医药，1956；（5）：54.
钟春帆．经痛的诊断与治疗．广东中医，1956；（6）：13.
肖熙．仲景书半夏方的平脉辨证之体会．江西中医药，1956；（6）：46.
何宏邦．当归芍药散对 43 例杆菌痢疾的疗效观察．中医杂志，1956（8）：406.
周恺闻，敖保世．新余县中西联合医院中医治疗经验介绍．江西中医药，1956；（9）；37.
明安绍．白头翁治疗阿米巴痢疾的临床初步观察．新中医药，1959；（10）：11.
刘献琛．桃花汤与白头翁汤．新中医药，1956；（10）：449.
费丰乐．金匮肾气丸治疗水肿的报告．中医杂志，1956；（12）：635.
谢礼卿．经方录验（续）．中国新医药，1956；（25）：18.
谢礼卿．经方录验（续）．中国新医药，1956；（26）：15.
倪广平．关于白头翁汤剂型的改进．中药通报，1957；（1）：17.
张小岩．当归芍药散的抗贫血成分．中药通报，1957；（1）：41.
王概．肾气丸加味治愈糖尿病的介绍．江苏中医，1957；（1）：48.
汪慎之．（温经汤治疗）痛经．广东中医，1957；（1）：13.
曲恒瑞．十枣汤治疗渗出性胸膜炎 2 例报告．山西医药杂志，1957；（1）：57.
马去儶．中医（黄土汤合柏叶汤）治愈原发性血小板减少紫癜症 1 例介绍．广东中医，1957；（2）：10.
王挚峰．中药（五苓散合猪苓汤）治愈尿闭症 1 例介绍．广东中医，1957；（2）：20.
邓惠民．我对张仲景白术散中牡蛎的体会．浙江中医杂志，1957；（2）：64.
郑正光．以茵陈蒿汤为主治疗儿童期急性流行性肝炎 6 例报告．浙江中医杂志，1957；（3）：112.
潘白尘．读张仲景替王仲宣诊病一则有感．江苏中医，1957；（4）：23.
李凌台．《金匮》鳖甲煎丸配合阿魏消痞丸治疗晚期血吸虫病肝脾肿大 41 例疗效观察．浙江中医杂志，1957；（4）：163.
重庆市第二中医院．黄疸病的治疗观察．中医杂志，1957；（5）：243.
徐文．（茵陈蒿汤治疗）传染性肝炎．上海中医药杂志，1957；（5）：10.
钱伯文．加减胶艾四物汤治疗出血性紫癜 2 例报告．上海中医药杂志，1957；（5）：13.
申卓彬．介绍（猪苓汤加味）治愈右肾摘除术后尿闭症 1 例．广东中医，1957；（6）：23.
骆龙江．应用经方白头翁及其各组成药治疗菌痢 249 例的综合报道．浙江中医杂志，1957；（6）：242.
姜宜孙．控涎丹和葶苈大枣泻肺汤加味治疗渗出性胸膜炎初步报告．浙江中医杂志，1957；（8）：344.
黄伟康．茵陈蒿汤加减治疗传染性肝炎 20 例初步观察．上海中医药杂志，1957；（8）：19.
朱绍卿．肺痈的治疗．浙江中医杂志，1957；（9）：430.
黄伟康．白头翁汤治疗菌痢 40 例初步观察．新中医药，1957；（9）：7.
兰考县第一卫生院中医部．使用小青龙汤、五皮饮加减治疗急性肾脏炎的经验介绍．新中医药，1957；（9）：26.
陶春岩．《千金》苇茎汤治愈肺痈．浙江中医杂志，1957；（10）：451.
庞炽南．仲景对黄疸病之治疗．现代中医药，1957；（10）；12.
刘弼臣（北京中医学院）．《金匮》痉病浅谈．中医杂志，1957；（11）：566.
傅大均．茵陈蒿治疗小儿传染性肝炎的初步报告．浙江中医杂志，1957；（11）：495.
姚益华．从临床经验上体会《伤寒论》与《温病条辨》的异同．浙江中医杂志，1957；（12）：24.
夏汝献（永康芝英联合诊所）．我对桂枝汤的体会．浙江中医杂志，1957；（12）：27.
张宗良．复方大黄牡丹汤治愈阑尾炎病例．浙江中医杂志，1957；（12）：539.
谢礼卿．经方录验．中国新医药，1957；（34）：18.
马问我．明矾治疗黄疸病 16 例的初步介绍．新中医药，1958；（1）：28.
黎平汉．《金匮》鳖甲煎丸治疗肝硬化腹水一例报告．广东中医，1958；（1）：15.

陈士明．亭亭阁医草（六）．现代中医药，1958；（1）：17.
万泽东．伤寒少阳证及少阳兼阳明腑证验案．辽宁医学杂志，1958；（1）：28.
高应斗．中药方剂五苓散、胃苓散、肾气丸的利尿作用研究．中药通报，1958；（2）：69.
张建孚，阮惠芳（四川医学院）．治疗15例肾炎水肿的报告和讨论．中医杂志，1958；（3）：173.
申卓彬．谈柴胡汤用于潮热症体会．广东中医，1958；（3）：29.
林伯良．小柴胡汤治便秘的一个症候群．广东中医，1958；（3）：31.
曹梓材．医林闲话（一）．广东中医，1958；（2）：38.
许光岐．关于张仲景为王仲宣诊病故事的考察．上海中医药杂志，1958；（3）：23.
刘文浦．神阙穴灸治少阴伤寒一例介绍．江苏中医，1958；（4）；18.
史文郁．复方白头翁煎剂治疗痢疾100例的疗效把关．上海中医药杂志，1958；（4）：20.
徐余祥．以茵陈蒿汤加减治疗胆汁性肝硬化1例．上海中医药杂志，1958；（4）：22.
黎平汉．《金匮》鳖甲煎丸治疗肝硬化腹水1例报告．广东中医，1958；（5）：15.
严筱平．对伤寒论第五十七条病状治愈一例介绍．江苏中医，1958；（5）：15.
沈更生．小柴胡汤在临床上的运用．江西中医药，1958；（5）：49.
朱执璜．运用小青龙汤加减治外感咳嗽气喘．浙江中医杂志，1958；（5）：15.
邓鹤芝．吴茱萸汤治疗呕吐涎沫头痛经验．广东中医，1958；（6）：1.
秦伯未．谈谈中医对冬季疾病的防治．中华卫生杂志，1958；（6）：460.
杨志．溶血性黄疸治验1例报告．中医杂志，1958；（7）：475.
顾玉珍．十枣汤治疗胸积液20例观察．福建中医药，1958；（7）：6.
殷慕道．中药乌梅丸治疗胆道蛔虫病的初步报告．福建中医药，1958；（7）：9.
吴怀棠．十枣汤治疗胸膜积液应注意的几个问题．江苏中医，1958；（7）：13.
刘西农（杭州市临平镇联合诊所）．试用仲景抵当丸治疗血吸虫病．浙江中医杂志，1958；（7）：12.
徐余祥．芎归胶艾汤治疗先兆流产的初步探讨．浙江中医杂志，1958；（7）：21.
汪声敏．芎归胶艾汤加味治疗不全流产41例报告．浙江中医杂志，1958；（7）：26.
余公侠．从临床体会谈谈甘麦大枣汤的应用标准．江苏中医，1958；（8）：17.
杨志一．从血吸虫病的治疗研究谈到仲景六经的运用和发展．江西中医药，1958；（8）；6.
张绍重．肖龙友医选录．新中医药，1958；（9）：36.
何德生．应用大黄牡丹汤、薏苡附子败酱散合剂治疗阑尾炎3例所经过．福建中医药，1958；（9）：28.
俞介苍．怀箴堂治验录．福建中医药，1958；（9）：37.
殷慕道．应用乌梅丸治疗胆道蛔虫病的初步报告．中医杂志，1958；（10）：687.
治疗伤寒病的经验介绍．江苏中医，1958；（10）：17.
陈玉林．用猪苓汤治愈肾盂结石病3例．浙江中医杂志，1958；（10）：34.
乌梅丸治愈胆道蛔虫症．中药通报，1958；（11）：381.
昆明医学院．桔梗汤治猩红热收效快．中药通报，1958；（11）：386.
汤士彦．脾约麻仁丸治疗习惯性便秘．浙江中医杂志，1958；（11）：38.
上海市立第三人民医院中医科．茵陈蒿汤治疗传染性肝炎．上海中医药杂志，1958；（11）：32.
吴秉璋．从《金匮》风引汤想到脑膜炎的治疗法．中国新医药，1958；（40）：14.
彭利民．（茯苓桂枝甘草大枣汤）治疗水肿病例介绍．广东中医，1959；（1）：38.
曹永康．治案两则（结合伤寒论蓄水、蓄血症之讨论）．江苏中医，1959；（1）：17.
吕效临．大黄牡丹汤治疗阑尾炎疗效高．哈尔滨中医，1959；（1）：20.
加味大黄牡丹汤治愈阑尾炎20例．浙江中医杂志，1959；（1）：26.
大连医学院．胆道蛔虫汤（乌梅丸化裁）治疗胆道蛔虫症一不开刀，二不住院．辽宁中医杂志，1959；（1）：20.
万锦棠，唐季和（南京第一医学院附院）．中医治疗伤寒2例报告．南京第一医学院学报，1959；（1）：145.
邓鹤芝．大建中汤治心胸中大寒痛、呕不能饮食经验．广东中医，1959；（2）：46.

六经分类治疗晚期血吸虫病70例总结报告．江西中医药，1959；（2）：7.
温碧泉．《伤寒论》中有关急性传染性肝炎及其转归的初步体会．山西医学杂志，1959；（2）：7.
夏汝献．我对水肿病的体会．浙江中医杂志，1959；（2）：35.
上海市北站医院中医科．硝石矾石散与茵陈蒿治疗黄疸20例有良好效果．上海中医药杂志，1959；（2）：16.
陈百平．茵陈五苓散治疗传染性肝炎的病例报告．上海中医药杂志，1959；（2）：22.
屠揆先．试用乌梅治疗钩虫病的初步报告．中医杂志，1959；（3）：9.
钟梅泉．十枣汤治疗渗出性胸膜炎疗效初步观察．中医杂志，1959；（3）：45.
金容甫．用十枣汤治疗“悬饮”“支饮”初步经验介绍．中医杂志，1959；（3）：47.
赵勋皋，吴言钟（南京市卫生防疫站）．中药香莲丸治疗伤寒带菌者的疗效观察．江苏中医，1959；（3）：22.
陈彬．复方大黄牡丹散治疗阑尾炎8例．福建中医药，1959；（3）：41.
阜新矿区医院海州露天矿分院．中药瓜蒂治疗传染性肝炎103例观察．辽宁医学杂志，1959；（3）：20.
旅大市传染病医院．加减白头翁汤对急性细菌性痢疾的疗效观察．辽宁医学杂志，1959；（3）：32.
古方今病：胡万魁先生医案．辽宁医学杂志，1959；（3）：55.
上海市纺织工业局第一医院．中医（以茵陈五苓散）治疗传染性肝炎疗效卓越．上海中医药杂志，1959；（3）：39.
刘光汉．小柴胡汤加味治疗间日疟及三日疟的经验介绍．中医杂志，1959；（4）：41.
运用祖国医学辨证论治法则对61例慢性肾炎的初步临床观察报告．中医杂志，1959；（4）：68.
李健颐．桃花汤治疗慢性阿米巴痢疾的初步体会．广东中医，1959；（4）：163.
朱慎修．乌梅丸治疗结肠炎1例．广东中医，1959；（4）：165.
浙江省工人疗养院．加味麦门冬汤对矽肺疗效观察初步小结．浙江中医杂志，1959；（4）：15.
宋建萍．溢饮小议．国医论坛，1959；（5）：46.
林一杏．针药并用治疗热入血室．浙江中医杂志，1959；（5）：46.
黄文东（上海中医学院）．从临床上运用金匮的理法方药．上海中医药杂志，1959；（5）：39.
李霖之．葛根黄芩黄连汤加减治疗肠伤寒经验介绍．中医杂志，1959；（6）：34.
赵裕才．半夏泻心汤治疗腹泻的经验介绍．广东中医，1959；（6）：226.
漆济元，涂思融（宜春专区血防站）．从六经分类治疗晚期血吸虫病31例临床观察．江西中医药，1959；（6）：3.
运用金匮五水辨证论治法则治疗晚期血吸虫病疑难腹水的体验．江西中医药，1959；（6）：3.
李霨之．小青龙汤和从龙汤治外感痰喘的经验介绍．辽宁医学杂志，1959；（6）：59.
徐振华．（大黄牡丹汤）治疗阑尾炎89例临床总结报告．浙江中医杂志，1959；（6）：33.
莫国万译．桂枝汤类方治验2例．浙江中医杂志，1959；（6）：37.
十枣汤治疗结核性渗出性胸膜炎．浙江中医杂志，1959；（6）：48.
袁以群，杨少伯（保定医学院第一医院）．治疗伤寒病例临床观察．中医杂志，1959；（8）：35.
乌梅合剂治疗肠伤寒疗效初步观察．广东中医，1959；（8）：326.
黎新源（清远县人民医院）．中医治愈肠伤寒2例．广东中医，1959；（8）：329.
再论六经分类治疗晚期血吸虫病．江西中医药，1959；（8）：12.
张乃恩．乌梅丸煎剂治疗胆道蛔虫症20例初步报告．浙江中医杂志，1959；（8）：30.
徐文．白头翁汤去黄连治疗细菌性痢疾．上海中医药杂志，1959；（8）：14.
福安专区医院乌梅丸治疗胆道蛔虫病研究小组．乌梅丸治疗治疗胆道蛔虫病的继续观察报告．福建中医药，1959；（9）：13.
程国树．以茵陈蒿汤为主治疗29例传染性肝炎初步报导．上海中医药杂志，1959；（9）：20.
夏钟英．治疗伤寒的点滴经验．浙江中医杂志，1959；（9）：48.
顾介申，黄熙白（苏州市中医医院）．伤寒肠出血的证治探讨．江苏中医，1959；（10）：11.
赖希会．加味肾气丸治愈肾虚水肿2例．广东中医，1959；（10）：426.

泉州恃人民医院妇产科．用加味当归芍药散治疗胎位异常170例疗效初步报告．福建中医药，1959；(10)：11.
徐国庆（南京市卫生防疫站）．试用香连丸治疗伤寒带菌者15例报告．中医杂志，1959；(11)：34.
张浩纲（江都县锦西人民公社卫生院）．用经方治愈瘀块病案1例．江苏中医，1959；(12)：40.
俞豪民（云南省第一人民医院）．中医治愈肠伤寒并发肠出血三例报告．江西中医药，1959；(12)：13.
林鹤和（萍乡县中医院）．肠伤寒二例的治验的体会．江西中医药，1959；(12)：17.
余公侠．治疗关节炎的经验介绍．江苏中医，1960；(1)：42.
刘浩江．对《金匮》治疗产后腹痛的体会．哈尔滨中医，1960；(1)；64.
慢性肾炎的中医护理．福建中医药，1960；(1)：3.
运用六经分类治疗晚期血吸虫病172例疗效观察．江西中医药，1960；(1)：9
冯会庄．复方茵陈蒿煎与保肝疗法对照治疗传染性肝炎60例分析．浙江中医杂志，1960；(1)：16.
顾嗣钧．痉病与脑膜炎的关系及其治例．浙江中医杂志，1960；(1)：28.
辽阳市第一医院．中医（乌梅丸）治疗胆道蛔虫症158例疗效初步分析．辽宁医学杂志，1960；(1)：29.
万泽奇．一孕妇伤寒脉结代治验案．辽宁医学杂志，1960；(1)：42.
周勤芳．甘麦大枣汤治疗歇斯底里精神病发作25例的疗效观察．中医杂志，1960；(2)：32.
费延升，杨秀森（哈尔滨市传染病院）．中药治疗肠伤寒50例疗效观察．哈尔滨中医，1960；(2)：24.
许国华．麦门冬汤的运用．浙江中医杂志，1960；(2)：77.
濮秉铨．运用《内经》和《金匮要略》的指导治疗急性肾炎的初步体会．中医杂志，1960；(3)：18.
孔庆余．医案汇辑：伤寒．中医杂志，1960；(3)：43.
孙竹溪．用硝矾丸治愈黄疸病24例的体会．江苏中医，1960；(3)：21.
方锦文．奔豚病的病理和验例体察．广东中医，1960；(3)：134.
谭石生．加味桂枝茯苓丸治愈子宫肌瘤1例．广东中医，1960；(3)：136.
沈鼎苏．(金匮肾气丸）迅速获愈的慢性肾炎1例．广东中医，1960；(3)：137.
肖熙．岭南医话（一)．广东中医，1960；(3)：153.
嘉兴血吸虫病防治院．加减防己黄芪汤治疗晚期血吸虫病腹水34例的初步报告．浙江中医杂志，1960；(3)：116.
陈文征．乌梅汤治疗小儿蛔虫性肠梗阻．福建中医药，1960；(3)：24.
陈吾虬．清肠消肿汤治疗阑尾周围脓疡经验介绍．哈尔滨中医，1960；(4)：38.
中西医合作抢救危重伤寒并发肺炎病人的病案记录．福建中医药，1960；(4)：33.
李洪金．越婢加半夏汤治哮喘病疗效介绍．辽宁医学杂志，1960；(4)：41.
刘景辉．运用甘麦大枣汤治疗癔病的经验简介．浙江中医杂志，1960；(4)：174.
许有生．酒石酸锑钾治疗血吸虫病引起的损害，用金匮肾气丸有效．上海中医药杂志，1960；(4)：157.
李恢振，刘学知．金匮肾气丸配合撒利汞治疗疑难晚期血吸虫病腹水22例临床总结报告．上海中医药杂志，1960；(4)：168.
刘景辉．用加味白头翁汤治疗痢疾的报告．江苏中医，1960；(5)：38.
施启生．(白头翁加阿胶甘草汤）治愈脓血便1例．江苏中医，1960；(5)：45.
钱文才．用中药（大柴胡汤）治疗总胆管结石1例．江苏中医，1960；(5)：50.
尹石清．(用乌梅丸）治疗胆道蛔虫病的经验介绍．江苏中医，1960；(5)：51.
郑正光．急性肾炎的中医（五苓散等）辨证论治和45例临床分析．浙江医学，1960；(5)：234.
黄大元．急性肾炎30例临床分析和中医（五皮饮等）治疗探讨．浙江医学，1960；(5)：237.
叶建寅．中药（防己黄芪汤）治疗慢性肾炎34例初步总结．浙江医学，1960；(5)：246.
张金山．吴茱萸汤治愈瀑布胃1例报告．浙江医学，1960；(5)：261.
孔寿山．白头翁汤治疗急性细菌性痢疾的临床初步观察．辽宁医学杂志，1960；(5)：19.
伤寒病案讨论．浙江中医杂志，1960；(5)：238.
顾介申．用《金匮》栝蒌薤白半夏汤治愈噎膈4例报告．江苏中医，1960；(6)：34.
林济青．(苇茎汤合桔梗汤为主）治疗肺痈的疗效观察．江苏中医，1960；(6)：38.

沐尧．山大颜治疗肠伤寒35例临床报告．广东中医，1960；（6）：297.
倒经方治疗代偿性月经：鼻出血．哈尔滨中医，1960；（6）：69.
福安专区医院乌梅丸研究小组．乌梅丸治疗胆道蛔虫病作用机制的实验报告．福建中医杂志，1960；（6）：29.
曾庆觉（遵义中医院）．23例肠伤寒的治疗总结．上海中医药杂志，1960；（6）．：67.
程绍典．三味白头翁汤治疗45例痢疾144例肠炎报告．上海中医药杂志，1960；（6）：254.
王硕中，张占元．黄芩连翘汤对伤寒副伤寒的疗效．中级医刊，1960；（7）：11.
文子源．加味茵陈蒿汤治疗小儿黄疸115例疗效分析．广东中医，1960；（7）：330.
徐国桢．用肾气丸和加减五苓散交替内服治疗肾水肿7例．广东中医，1960；（7）：353.
欧阳克刚，舒而安（德兴县人民医院）．中西医综合治疗伤寒肠出血纪实．江西中医药，1960；（7）：31.
刘焕仁，胡植道（景德镇市中医院）．治愈1例湿温痉厥重症的疗效报告．江西中医药，1960；（7）：33.
加味香连丸治疗肠伤寒33例临床观察．辽宁医学杂志，1960；（8）：20.
申卓彬．对《金匮要略》狐惑病的探讨和治验．江西中医药，1960；（8）：28.
姜宜孙．（葶苈大枣泻肺汤加味）治疗晚期血吸虫病切脾后胸腔积液的疗效观察．江苏中医，1960；（9）：35.
汪慎之．黄土汤与赤小豆当归散治疗便血28例观察．哈尔滨中医，1960；（8）：5.
罗雪宣．桂枝茯苓丸治疗肝炎胁痛的体会．江西中医药，1960；（8）：49.
中药治疗肠伤寒50例初步报告．山东医刊，1960；（9）：4.
陈道权（如东县中医院）．用黄连阿胶汤治愈伤寒肠出血的研讨．江苏中医，1960；（10）：16.
申卓彬．对狐惑病的认识和治疗．广东医药，1960；（10）：484.
周其林．甘麦大枣汤对更年期症候群有疗效．福建中医药，1960；（10）：17.
吴开仁．加减胶艾汤治疗阴道出血4例．福建中医药，1960；（10）：39.
进一步以六经分类治疗晚期血吸虫病110例的观察．江西中医药，1960；（10）：3.
周兰芳（江西彭泽县血防站）．运用六经分类方法治疗急性血吸虫病7例．江西中医药，1960；（10）：9.
徐焙．（苇茎汤加味）对肺痈的治疗经验．辽宁中医杂志，1960；（11）：43.
刘景辉．半夏厚朴汤加味治愈梅核气．江西中医药，1960；（12）：11.
闫超然（天津市津沧医院）．中西医合作治疗228例伤寒的临床观察．天津医药杂志，1960；（12）：887.
杨书田，张文中（烟台毓璜顶人民医院）．香连丸治疗肠伤寒的初步观察报告．中医杂志，1961；（2）：18.
钱元龙．从《金匮要略》探讨痰饮病的辨证论治．江苏中医，1961；（2）：2.
杨志一（江西省中医药研究所）．急慢性血吸虫病的六经分类治疗．江西医药，1961；（2）：37.
天津医科大学附属医院外科急腹症小组．急性阑尾炎的辨证论治．天津医药杂志，1961；（2）：69.
汪慎之．中药复方甘草干姜汤治疗消化性溃疡31例报告．哈尔滨中医，1961；（3）：20.
黄银富．加减大柴胡汤治疗急性胆囊炎40例．福建中医药，1961；（3）：4.
张镜人．伤寒临证心传．中医杂志，1961；（4）：15.
姚国鑫．治疗痰饮病的体会．中医杂志，1961；（5）：31.
汤新盘，沈梅．20例肠伤寒疗效分析．江苏中医，1961；（7）：25.
钟新渊（萍乡市人民医院）．中西合治31例肠伤寒初步总结．江西医药，1961；（9）：13.
唐毅然．《金匮》鳖甲煎丸治愈巨大疟母．江西中医药，1961；（11）：27.
程祖培医案．广东中医，1962；（1）：34.
赵守真．赵守真（应用肾气丸）医案．广东中医，1962；（1）：39.
郑亦贤．栝蒌薤白半夏汤配合乌梅丸治疗胆道蛔虫病9例．福建中医杂志，1962；（1）：24.
何炎桑．非手术（小承气汤加味）治愈蛔虫肠梗阻3例报导．广东中医，1962；（2）：22.
杨德安（昆明市中医院）．中西医结合治疗25例肠伤寒和副伤寒观察分析报告．云南医学杂志，1962；（2）：6.

广州中医学院．中西医结合治疗肠梗阻．广东中医，1962；（3）：32.
范春如（崇明县人民医院）．运用经方治厥逆、心悸的点滴体会．江苏中医，1962；（3）：19.
万寿．白头翁汤治疗急性结膜炎．广东中医，1962；（4）：25.
余北湖．（运用桔梗汤）医话五则．广东中医，1962；（5）：36.
曹梓材．医林闲语（四逆汤治阴疽案）．广东中医，1962；（6）：35.
邓鹤芝．医案（大承气汤等）数则．广东中医，1962；（7）：31.
游建熙．医案（桃花汤等）四则．广东中医，1962；（7）：36.
中医治疗“流行性乙型脑炎”的初步经验．上海中医药杂志，1962；（8）：8.
赵守真．甘草干姜汤“异病同治”的体验．广东中医，1962；（9）：13.
陈世夫，曹占云（莱阳县卫生防疫站）．伤寒慢性带菌者服用黄连丸的疗效观．山东医刊，1962；（9）：17.
张谷才．用《金匮》甘麦大枣汤加味治疗脏躁证 1 例．上海中医药杂志，1962；（9）：20.
杨建中．以桂枝茯苓丸方为主治疗痛经、崩漏症．上海中医药杂志，1962；（9）：40.
汪浩权．应用柴胡汤治疗 16 例胆囊炎的观察．广东中医，1962；（10）：12.
程祖培．程祖培（用苇茎汤治疗肺痈）医案．广东中医，1962；（10）：34.
李翼农．医话二则．广东中医，1962；（11）：37.
聂世平．试探大青龙汤的组成及其在临床的应用．中医杂志，1962；（12）：2[illegible].
黄子瞻．中西医结合治疗尿毒症 39 例临床体验．广东中医，1962；（12）：4.
张占元．中药（白头翁汤）治疗阿米巴脓肿经验介绍．广东中医，1962；（12）：9.
莫刘基．中西医结合治疗急性肠梗阻．广东中医，1962；（12）：11.
赵守真．承气汤治愈危症 4 例．广东中医，1962；（12）：13.
陈子厚．医案（大柴胡汤等）五则．广东中医，1962；（12）：37.
高州县中医院．林巽权（治疗奔豚病）医案．广东中医，1962；（12）：38.
姚正平．我对肾炎水肿运用麻黄、附子的经验．中医杂志，1963；（1）：34.
黄培生．论小肠血疽（白头翁汤案）．广东中医，1963；（1）：14.
朱敬修．课余医话．广东中医，1963；（1）：38.
汪其浩．麻杏苡甘汤加苓术配合针灸治疗痹病．福建中医药，1963；（1）：45.
陈美凤．五苓散治疗子宫术后小便不通．浙江中医杂志，1963；（1）：13.
黎少庇．黎庇留先生伤寒医案数则．广东医学・祖国医学版，1963；（1）：36.
陈绍宗．厚朴三物汤加味治疗肠梗阻 2 例报道．中医杂志，1963；（2）：64.
梁赐明．蒋玉伯（用苇茎汤治疗肺痈）医案．广东医学，1963；（2）：36.
梁法钢．加味大黄牡丹汤治疗小儿阑尾脓肿．浙江中医杂志，1963；（2）：11.
盛君章．漫谈黄土汤临床的运用．浙江中医杂志，1963；（2）：18.
刘善元．黄芪建中汤治疗 50 例溃疡病的临床体会．中医杂志，1963；（3）：20
李紫楠．急性痢疾的辨证施治经验介绍．广东中医，1963；（3）：23.
王品山．万氏在临床上对喘辨证施治．广东中医，1963；（3）：29.
蒋其学．黄汝绍专用石膏及白虎汤经验．广东中医，1963；（3）：30.
马英萃．马云衢医案．广东中医，1963；（3）：34.
陶君红，胡九思（常熟县中医院）．中西医合作治疗伤寒、副伤寒 173 例临床分析．江苏中医，1963；（3）：12.
林映青．十枣汤治疗胃酸过多病．福建中医药，1963；（3）：42.
龚守珍．略论热入血室．浙江中医杂志，1963；（3）：16.
董晓初，师绣璋．肠伤寒 23 例辨证论治报告．天津医药杂志，1963；（3）：186.
黄芳荣（北京市儿童医院）．阿米巴脓肿并发伤寒杆菌膜炎治愈一例．中华儿科杂志，1963；（3）：49.
朱玛璃．中医治疗妊娠尿崩症．广东中医，1963；（4）：11.
张秀俊．（五苓散等治疗）14 例慢性肾炎的临床观察及体会．广东中医，1963；（4）：17.

陈坤华．陈伯坛先生学术经验简介．广东中医，1963；（5）：1.
赵守真．从“神昏谵语”谈辨证论治．广东中医，1963；（5）：32.
朱炳麟．六经分型治疗45例急性黄疸型传染性肝炎临床总结．江西医药，1963；（5）：17.
沈炎南（广州中医学院）．伤寒医案选评．广东中医，1963；（1）：40.
沈炎南（广州中医学院）．伤寒医案选评．广东中医，1963；（2）：38.
沈炎南（广州中医学院）．伤寒医案选评．广东中医，1963；（3）：39.
沈炎南（广州中医学院）．伤寒医案选评．广东中医，1963；（4）：40.
沈炎南（广州中医学院）．伤寒医案选评．广东中医，1963；（5）：39.
马世英．俞长荣大夫经方（小青龙汤）治验录．广东中医，1963；（6）：34.
沈炎南（广州中医学院）．伤寒医案选评．广东中医，1963；（6）：40.
罗致恒，潘炎坤．治愈伤寒恢复期并发中毒性脑炎一例报告．中医杂志，1963；（6）：17.
汤万春（安徽革命残废军人疗养院）．略论白虎汤临床运用法则．中医杂志，1963；（6）：29.
周文俊（江西萍乡市中医院）．经方治验数则．江西医药，1963；（6）：14.
裴慎．谈谈浆水．中医杂志，1963；（7）：11.
邹维德．苓桂术甘汤治疗咳而遗尿症．上海中医药杂志，1963；（9）：22.
张谷才（南京中医学院）．运用涌吐祛痰和逐痰的方法治愈痰厥1例．南京中医学院学报，1963；（9）：23.
王子和．狐惑病的治疗经验介绍．中医杂志，1963；（11）：9.
范佩．试论乌梅丸的临床运用．中医杂志，1963；（12）：20.
陈世五（昌潍中心药材公司）．关于金匮矾石丸治疗妇科白带病的实验介绍．山东医刊，1963；（12）：27.
程昭寰．半夏厚朴汤1治验例．江西医药，1964；（2）：99.
许国华．运用黄土汤治疗溃疡病出血的体会．浙江中医杂志，1964；（2）：12.
林文增．苓桂术甘汤治疗痰饮的体会．浙江中医杂志，1964；（2）：15.
黄己庄（福建中医学院附属医院）．1例湿热郁滞（肠伤寒）的治验．福建中医药，1964；（3）：6.
姚芳蔚．苇茎汤在眼科上的应用．浙江中医杂志，1964；（3）：15.
王明海（贵阳市中医医院）．中医药治疗伤寒20例初步报．上海中医药杂志，1964；（3）：15.
徐荫庭．五苓散、五皮饮加减治疗小儿水肿1例．上海中医药杂志，1964；（3）：17.
李兰舫．运用小青龙汤的体会．上海中医药杂志，1964；（3）：19.
马世英．俞长荣经方治验医案．广东医学·祖国医学版，1964；（3）：32.
钟珩．百合地黄汤合甘麦大枣汤加味治愈癫证3例．浙江中医杂志，1964；（5）：13.
罗德安．己椒苈黄丸治疗肺源性心脏病的体会．中医杂志，1964；（6）：13.
姚国鑫．橘枳生姜汤治疗胸痹的体会．中医杂志，1964；（6）：22.
陈瑞春．《金匮》苓甘五味姜辛半夏汤的探讨．江西医药，1964；（6）：26.
李月．乌梅丸应用经验点滴．中医杂志，1964；（8）：29.
陈沛嘉．妇女阴吹病治验1例．江西医药，1964；（8）：328.
汪万顷．四逆汤加黄连治疗小儿泄泻70例．浙江中医杂志，1964；（8）：14.
王苹芬．运用桂枝龙牡汤治疗13例小儿肺炎临床报告．中医杂志，1964；（10）：12.
程聚生．半夏厚朴汤在临床应用的体会．江苏中医，1964；（10）：8.
郭庆红．吴茱萸汤的临床应用．上海中医药杂志，1964；（10）：24.
许良培．用葛根汤治疗流行性脑脊髓膜炎的临床介绍．江苏中医，1964；（11）：17.
牛元起．麦门冬汤治疗溃疡病19例体会．中医杂志，1964；（11）：11.
雷声．白虎汤及弊虎加人参汤临床运用体会．中医杂志，1964；（11）：22.
李钟贵．痰饮病6例治法介绍．江苏中医，1964；（11）：11.
张鸣九．奔豚气治验．江苏中医，1964；（11）：40.
张楠．射干麻黄汤治验体会．中医杂志，1964；（12）：27.
毛文桩．应用葶苈大枣泻肺汤加味治疗百日咳痉咳期有效．浙江中医杂志，1964；（12）：60.

朱颜．甘草干姜汤治疗寒证34例报告．中医杂志，1965；(1)：6.
严肃云．温经汤加减治例1例卵巢囊肿报告．中医杂志，1965；(1)：20.
朱季方．痰饮病的发病机理及证治．江苏中医，1965；(1)：31.
赵明锐．用桂枝芍药知母汤加减治疗关节痛．上海中医药杂志，1965；(1)：30.
张良意．白头翁汤加减治疗成人急性典型菌痢49例疗效观察．广东中医，1965；(2)：16.
汤辅康．金匮肾气丸加减运用的体会．黑龙江中医药，1965；(2)：12.
焦希光．用桂附八味丸治疗消渴1例报告．山西医药杂志，1965；(2)：10.
王挚峰．抵当汤合逍遥散治例二年头痛1例．广东医学（祖国医学版），1965；(2)：25.
李翼农．泄泻验案（金匮肾气丸案）．广东医学（祖国医学版），1965；(3)：33.
广州中医学院．（大黄牡丹汤）治疗急性阑尾炎100例临床分析．广东医学 1965；(4)：12.
平世昌．黄芪建中汤的临床应用．江苏中医，1965；(4)：30.
沈风阁．略论《伤寒论》水气病的辨证治疗．浙江中医杂志，1965；(4)：6.
赵棣华．百合病53例的临床分析．浙江中医杂志，1965；(4)：8.
陈亦人．从叶天士医案探讨桂枝汤的应用．浙江中医药，1965；(5)：8.
曹立昆．小建中汤治疗胃病初步体会．广东中医，1965；(6)：17.
毛李黎．小柴胡汤治愈败血症1例．广东医学，1965；(6)：21.
李翼农．肺痈（用葶苈大枣泻肺汤）治验．广东医学，1965；(6)：25.
林亭揆．用甘麦大枣汤加味治愈精神分裂症1例．哈尔滨中医，1965；(6)：41.
马云衢，马英萃．经方治验录．广东医学（祖国医学版），1965；(6)：40.
龚琼模．以白虎加桂枝汤为主治疗12例活动性风湿性关节炎（热痹）临床报告．江西医药，1965；(7)：907.
吴正翔．治愈黑疸1例报导．上海中医药杂志，1965；(7)：11.
许云斋（宝鸡人民医院）．治愈伤寒少阴咽痛症1例报导．江苏中医，1965；(8)：9.
陈敬镳（平阳县灵溪卫生所）．运用真武汤对阳虚水泛所致各证治疗的体会．浙江中医杂志．1965；(8)：20.
施汉章．中医药治愈脱疽1例．上海中医药杂志，1965；(8)：20.
林鹤和（江西省萍乡市中医院）．金匮肾气丸疗效的探讨．江苏中医，1965；(9)：16.
江增瑶，李志铭（武汉市第四医院）．三仁汤运用举例．浙江中医杂志，1965；(9)：17.
王承佐．桂枝加龙骨牡蛎汤、缩泉丸治疗遗溺的点滴体会．浙江中医杂志，1965；(9)：18.
郑显理．中医中药（乌梅丸）治疗胆道蛔虫病144例经验总结．天津医药杂志，1965；(10)：783.
于宋志．大承气汤对肠道推进机能及肠容积的影响．天津医药杂志，1965；(10)：790.
毛会亭．大承气汤对家兔实验性肠套叠还纳过程的影响．天津医药杂志，1965；(10)：840.
王文忠．眩晕1例（泽泻汤）治验体会．中医杂志，1965；(10)：32.
贺德震．百合病治验．中医杂志，1965；(11)：21.
张丹铭．治疗小儿夜啼经验方（甘麦大枣汤案）．浙江中医杂志，1965；(11)：7.
李兰舫．桂枝汤加减治疗营卫不和发热1例．上海中医药杂志，1965；(11)：15.
孔岳麟．承气汤治疗腹痛的经验．浙江中医杂志，1965；(12)：17.
章济量．桂枝龙骨牡蛎汤治疗产后出汗．江苏中医，1966；(1)：4.
王耀华．加味《千金》苇茎汤治疗17例百日咳的疗效观察．江西医药，1966；(1)：43.
陆文彬．己椒苈黄丸临床运用体会．福建中医药，1966；(1)：29.
张浩良．乌梅丸的临床应用及类似方剂举例．浙江中医杂志，1966；(1)：28.
张吉金．中医药（麦门冬汤）治疗肺中叶不张1例．上海中医药杂志，1966；(2)：50.
李玉泽．急性肾炎的辨证论治．浙江中医杂志，1966；(2)：10.
李东升．产后病治验二则（下瘀血汤等）．浙江中医杂志，1966；(2)：10.
张哲臣．旋覆花汤加味治疗妇人半产漏下的体会．浙江中医杂志，1966；(2)：20.
刘浩江．大青龙汤治疗外感高热的体会．中医杂志，1966；(3)：23.

区乾章．中药（大黄牡丹汤加味）治愈阑尾炎2例．广东医学，1966；（3）：14.
翟冷仙．大青龙汤加附子治疗流行性脑脊髓膜炎．上海中医药杂志，1966；（3）：98.
柯雪帆．用麻黄加术汤治疗肺炎1例的分析．上海中医药杂志，1966；（4）：140.
杨卓群．竹叶汤治产后发热的临床体会．广东医学（祖国医学版），1966；（4）：43.
盛燮荪．朱春庐老医师应用苓桂术甘汤的经验．浙江中医杂志，1966；（5）：14.
顾克明．乌梅丸加减配合针灸治疗胆道蛔虫病．上海中医药杂志，1966；（5）：196.
李德麒（四川江津专区人民医院）．介绍农村常见病的点滴治疗经验．江苏中医，1966；（6）：12.
顾处真．越婢汤加滑石治愈重症风水1例．江苏中医，1966；（11）：2.
地榆汤治疗小儿肠伤寒57例报告．新医药通讯，1971；（1）：23.
江苏省丹徒县蒋乔公社卫生院．中西医结合治疗慢性肾炎肾变病型5例．新医学，1971；（6）：92.
中西医结合治疗慢性肾炎肾变型五例（摘要）．新医学，1971；（7）：92.
对中西医结合治疗慢性肾炎肾变型五例（摘要）补充说明．新医学，1972；（2）：29.
何志雄．小柴胡汤的临床应用．新中医，1972；（6）：27.
邱德锦（黑龙江中医学院）．学习《伤寒论》五苓散的一点体会．中医药学报，1974；（1）：41.
郭寿彭．中西医结合治疗中毒性肠麻痹．陕西新医药，1974；（1）：59.
陕西防治冠心病高血压协作组．加味栝蒌薤白汤治疗冠心病心绞痛44例小结．陕西新医药，1974；（1）：16.
张军．临证实践体会．福建医药卫生，1974；（3）：83.
管铭生．痰饮（以苓桂术甘汤）治验．新中医，1974；（4）：23.
戴利华．白头翁汤加减灌肠治愈15年患慢性阿米巴痢疾1例．新中医，1974；（4）：38.
中草药治疗儿童肠伤寒114例．新医药通讯，1974；（4）：27.
汪济美．留饮结胸．新中医，1974；（5）：31.
张常春．复方甘麦大枣汤治疗神经衰弱34例临床观察．新医学杂志，1974；（7）：35.
山西闻喜县人民医院．附子苡仁败酱汤加减治疗阑尾脓肿．新医药杂志，1974；（9）：13.
陈朝昆．大黄牡丹汤新解．新医学，1975；（1）：42.
蔡福养．中医（半夏厚朴汤）对梅核气治疗的初步体会．新中医，1975；（1）：45.
潘石言．早期粘连性肠梗阻治疗．浙江中医药，1975；（2）：17.
刘光汉．大黄䗪虫丸防治肝硬化27例疗效观察．陕西新医药，1975；（2）：57.
朱承汉．支饮夹感邪治例．浙江中医药，1975；（2）：28.
杨扶国（江西中医学院）．老中医杨志一同志学术经验简介．新医药资料，1975；（2）：18.
苏礼．胃下垂2例（枳术汤合黄芪建中汤）治验．陕西新医药，1975；（4）：37.
任应秋．咳、痰、喘与支气管炎．陕西新医药，1975；（6）：43.
温库庆（湖北省襄阳地区医院）．中西医结合治疗慢性肾病型80例临床分析．新医学，1975；（11）：520.
熊寥笙．咳嗽医案一则．新医药学杂志，1975；（11）：28.
熊东明．小建中汤新解．新医学，1975；（12）：592.
岳美中．（防己黄芪汤治疗）风水（慢性肾炎）．新中医，1976；（1）：30.
王药雨．苓桂术甘汤治疗干渴症1例．陕西新医药，1976；（1）：52.
镇巴县卫生局．老中医医案（十枣汤等）选．陕西新医药，1976；（1）：53.
郭生贵．（用葶苈大枣泻肺汤治疗）水肿验案一则．陕西新医药，1976；（1）：54.
申鸿砚．苓桂术甘汤新解．新医学，1976；（2）：90.
郭金庆．复方泽泻汤治疗内耳眩晕病．新医药学杂志，1976；（2）：39.
管性海．水肿（用真武汤）治验．浙江中医药，1976；（2）：24.
刘振声（福建省福安县甘棠公社西门医疗站）．谈谈使用古方的一些体会．新中医，1976；（4）：42.
刘光汉．小柴胡汤加味治愈疟疾14例介绍．陕西新医学，1976；（4）：60.
杨济平．（甘麦大枣汤治疗）脏躁．新中医，1976；（5）：35.
张俊杰．半夏泻心汤临床体会．天津中医，1976；（5）：243.

李继先．小柴胡汤的临床应用．陕西新医学，1976；（5）：28.
钱之龙．黄芪建中汤临床应用的经验．江苏中医杂志，1976；（5）：13.
陈抗生．附桂八味丸的临床应用进展．新中医，1976；（6）：56.
刘宇等（山东中医学院）．伤寒变证治验一则．新医药学杂志，1976；（11）：37.
张常春．加味泽泻汤治疗内耳眩晕症．新医药学杂志，1976；（12）：20.
夏治平．眼、口、生殖器三联综合征1例报告．新医药学杂志，1976；（12）：25.
高汉森．下法（大黄牡丹汤化裁）治急性阑尾炎：邓铁涛老师经验介绍．新中医，1977；（1）：23.
湖北省广济县人民医院外科．复方大承气汤在腹部手术后的临床应用．新医药学杂志，1977；（2）：31.
陈义范．（防己茯苓汤为主治疗）羊水过多．新中医，1977；（2）：16.
郝朴．肺脓肿的中医药治疗．新中医，1977；（2）：44.
肝胆郁结湿热内蕴（胆囊炎、胆石症）．浙江中医药，1977；（2）：14.
张志千．（乌梅丸治疗）胆道蛔虫症继发感染．浙江中医药，1977；（2）：40.
柴浩然．（当归芍药散治疗）产后臌胀．新中医，1977；（4）：28.
李斯炽．水肿病的分型和治法．新中医，1977；（5）：1.
杨茂增，徐品陶（无锡市第三医院）．中西医结合治疗小儿伤寒189例疗效观察．江苏医药，1977；（5）：13.
张谋善．眼、口、生殖器三联综合征．浙江中医药，1977；（5）：13.
张常春．内耳眩晕症（泽泻汤治验）2例．浙江中医药，1977；（5）：38.
陈义范（浏阳县北盛区卫生院）．暑月伤寒．湖南医药杂志，1977；（5）：10.
李华．对《半夏泻心汤临床体会》的商榷．天津中医，1977；（6）：封3.
陈伯涛（南通市第二人民医院）．《伤寒论》古方今用．江苏医药，1977；（7）：21.
湖北省广济县人民医院外科．加味大承气汤治疗急性肠梗阻115例临床疗效观察．新医药学杂志，1977；（10）：35.
岳美中（北京中医研究院）．“温病”误辩为“伤寒”1例．新中医，1977；（增2）：53.
张俊杰．吴茱萸汤加味治疗神经性呕吐．新中医，1978；（1）：31.
陈伯涛（南通市第二医院）．《伤寒论》古方今用：五苓散治愈产后尿潴留体会．江苏医药，1978；（1）：48.
南京市秦淮区医院．苓桂术甘汤加味治疗脑积水．江苏中医，1978；（1）：64.
南通地区精神病防治院．谈谈甘麦大枣汤治疗癔病的体会．江苏医药，1978；（1）：65.
许国华（温州地区卫生学校）．伤寒并发症支气管肺炎续发心力衰竭．浙江中医药，1978；（1）：44.
解放军第324医院外科．蛔虫性肠梗阻40例治疗小结．新医药学杂志，1978；（1）：29.
樊纯风．麻杏薏甘汤治疗多发性疣．新医药学杂志，1978；（1）：31.
杨寿元（江苏省太仓县中医院）．李畴人治刺胁伤寒医案．江苏医药·中医分册，1978；（1）；51.
张燎．谈《伤寒论》阴阳病之“汗”．新中医，1978；（2）：23.
张俊杰．大柴胡汤治疗长期高热2例．天津医药，1978；（2）：73.
谢海洲（北京中医学院）．《伤寒论》《金匮要略》中主要方剂的临床应用．新医药资料，1978；（2）：17.
张常青．复方建中合剂治疗溃疡病35例临床观察．浙江中医药，1978；（2）：9.
杜文斌．脏躁（甘麦大枣汤）证治．浙江中医药，1978；（2）：33.
丁光迪．应用下瘀血汤辨证加减的体会．江苏医药（中医分册），1978；（2）：20.
沈敏南（嘉兴县王店地区医院）．清营汤的临床运用．浙江中医药，1978；（3）：24.
西安医学院药理教研室．大黄䗪虫丸治疗肠粘连的实验研究．陕西新医学，1978；（3）：6.
刘光汉．桂枝芍药知母汤加味治疗类风湿性关节炎．陕西新医学，1978；（3）：25.
魏睦森．从“厥”与“休克”谈到《伤寒论》的三阴分证．浙江中医学院学报，1978；（3）：60.
陈永治，徐树民（浙江省桐乡县大麻卫生院）．毛谈虎医案．浙江中医学院学报，1978；（3）：66.
魏龙骧．医话四则．新医学杂志，1978；（4）：9.
刘继组（江西中医学院附属医院）．伤寒医案选．新医药资料，1978；（4）：12.

刘家驹．白头翁汤加味保留灌肠治疗慢性肠道疾病．浙江中医药，1978；（4）：44.
岳美中．慢性肾炎“有方有守”治例．浙江中医药，1978；（4）：45.
廖世达．狐惑（眼、口、生殖器综合征）．广西中医药，1978；（4）：42.
彭述宪．胃痛（乌头赤石脂丸）治验六则．辽宁中医杂志，1978；（4）：39.
陈伯涛．桂枝芍药知母汤治疗类风湿性关节炎体会．辽宁中医杂志，1978；（4）：42.
王吉友．奔豚气治验 2 例．辽宁中医杂志，1978；（4）：96.
邢锡波．（半夏厚朴汤治疗）癔病（梅核气）．天津中医，1978；（5）：21.
程蕴．神经官能症（用甘麦大枣汤）的证治体会．新中医，1978；（5）：24.
盛循卿．（以葶苈大枣泻肺汤加味治疗）悬饮．浙江中医药，1978；（5）：46.
张庆武．桂枝茯苓丸治前列腺肥大．新中医，1978；（6）：23.
林曲．葶苈大枣泻肺汤的临床运用．新中医，1978；（6）：42.
曾绍裘（新邵县中医院）．《金匮翼》效方举隅．湖南医药杂志，1978；（6）：39.
天津市中医医院．中药（白头翁汤）防治阿米巴痢疾疗效观察．天津医药，1978；（7）：322.
杨君．重用五苓散治疗脑积水的体会．新医学杂志，1978；（8）：45.
刘蔼韵．水肿（越婢汤）治验二则．新医学杂志，1978；（9）：53.
宋加太．泽泻汤治疗眩晕症简介．新医学杂志，1978；（11）：42.
曾绍裘．月经过期不止（桂枝茯苓丸）治验．新医学杂志，1978；（12）：37.
魏龙骧（北京医院）．续医案四则（《金匮》方治疗寒疝）．新医药学杂志，1978；（12）：14.
唐祖宣．寒疝、臌胀、大汗亡阳案（乌头桂枝汤）．新医药学杂志，1978；（12）：17.
刘强．热入血室（案一）．新中医，1979；（1）：25.
王明辉．热入血室（案二）．新中医，1979；（1）：26.
耿培尧．热入血室（案一）．新中医，1979；（1）：27.
陈伯涛．桂枝茯苓丸临床应用的一些体会．江苏医药（中医分册），1979；（1）：33.
魏长春．范文虎医案选．浙江中医药，1979；（1）：12.
沈仲圭．略述叶天士治痰饮病的经验．浙江中医药，1979；（1）：22.
陈伟．从叶天士医案探讨栀子豉汤的运用．浙江中医药，1979；（1）：32.
赵淑炳，江淑安（湖北省麻城县人民医院）．金匮肾气丸的运用．湖北中医杂志，1979；（1）：37.
吴兴．罗鸣岐医案．浙江中医学院学报，1979；（1）：61.
朱菲青．大承气汤加味治疗肠梗阻 11 例．浙江中医药，1979；（2）：60.
唐培生．栝蒌薤白白酒汤的临床应用．广西中医药，1979；（2）：18.
赵庆林．中药（金匮肾气丸）治例女性不孕症 2 例．广西中医药，1979；（2）：18.
甘均权．臌胀（肝硬化腹水）2 例．广西中医药，1979；（2）：31.
中国人民解放军 86489 部队卫生队．甘麦大枣汤加味治疗神经精神疾病．江苏医药（中医分册），1979；（2）：38.
天津中医医院儿科继承小组．吴茱萸汤的临床应用经验．新医药学杂志，1979；（2）：48.
张光中．温下法（大黄附子汤）治疗闭经．浙江中医学院学报，1979；（2）：20.
张效机．小儿夜啼（甘麦大枣汤）治验．浙江中医学院学报，1979；（2）：62.
徐荣斋．治痰心得：三谈何廉臣先生学术经验．浙江中医药，1979；（3）：75.
胡贡锴．痰饮诊治的我见．浙江中医药，1979；（3）：94.
江淑安．十枣汤治悬饮的煎服法．浙江中医药，1979；（3）：100.
沈敏南．当归芍药散的临床应用．新医药学杂志，1979；（3）：43.
许国华．桂枝茯苓丸在妇科病上的应用．浙江中医学院学报，1979；（3）：20.
吴士彦．带下治验．浙江中医学院学报，1979；（3）：53.
金寿山（上海中医学院）．《伤寒论》方在杂病中的应用．新中医，1979；（4）：4.
何任．热病余邪．新中医，1979；（4）：22.
陈肖梅．加味栝蒌薤白汤治疗乳腺增生症．浙江中医药，1979；（4）：140.

王煜峰（张家口医专附属医院）．伤寒140例临床分析．河北新医药，1979；（4）：16.
张常春（瑞安县工业陶瓷厂保健站）．黄疸型肝炎与《伤寒》《金匮》之黄疸．浙江中医药，1979；（4）：124.
张旭（沅陵○一三医院）．金匮泽泻汤加味治眩晕．湖南医药杂志，1979；（4）：30.
张剑秋．小半夏汤止呕作用的临床观察．上海中医药杂志，1979；（4）：24.
李紫楠．肝硬化辨证施治．陕西新医学，1979；（5）：37.
何宏敏．茵陈四苓汤加味治疗湿遏热伏盗汗．浙江中医药，1979；（5）：160.
施泽忠．桂枝汤合桑叶治疗头汗．浙江中医药，1979；（5）：160.
石志磐．十枣汤治肾性水肿．浙江中医药，1979；（5）：162.
陈会心．多发性大动脉炎（大建中汤）治验1例．辽宁中医杂志，1979；（5）：13.
吴颂康．痰饮病（木防己汤加减）医案二则．浙江中医学院学报，1979；（5）：71.
甘均权．桂枝加龙骨牡蛎汤的临床应用经验．新医药学杂志，1979；（6）：11.
廖浚良．半夏泻心汤治疗顽固性呕吐．新医药学杂志，1979；（6）：13.
陈大舜（湖南中医学院）．《伤寒论》退黄六法．新医药学杂志，1979；（6）：55.
邓铁涛．甘麦大枣汤的应用体会．浙江中医药，1979；（6）：215.
陈瑞春．运用当归芍药散的初步体会．陕西新医学，1979；（7）：28.
李兴华．中药治疗眼、口、生殖器三联综合征7例临床观察．新医学杂志，1979；（8）：53.
张常青．甘草泻心汤治疗慢性泄泻22例．浙江中医药，1979；（8）：297.
丁忠信，周莉莉（江苏省如皋县中医院）．三仁汤的临床应用．浙江中医药，1979；（8）：298.
涂孝先．葛根汤加味治疗颈肌风湿．浙江中医药，1979；（8）：300.
汪明德．眩晕与白术．浙江中医药，1979；（9）：324.
吴茂荣．近效术附汤治阳虚眩晕．浙江中医药，1979；（9）：325.
谢康．诊余漫话（甘草粉蜜汤等案）．浙江中医药，1979；（9）：423.
安丰华，姜白强（临沂县卫生防疫站）．伤寒副伤寒慢性带菌者调查及中草药治疗近期效果观察．山东医药，1979；（10）：25.
林永华．中西医结合（甘麦大枣汤为主）治疗更年期综合征100例．浙江中医药，1979；（10）：357.
唐锡元．当归芍药散治疗妊娠坐骨神经痛．浙江中医药，1979；（10）：365.
黎若川．瘀阻崩漏（桂枝茯苓丸案）．浙江中医药，1979；（10）：387.
陈芝高．附子汤加味治疗子肿．浙江中医药，1979；（10）：388.
孙溥泉．桂枝汤的临床运用．陕西新医学，1979；（10）：37.
范中林老中医六经辨证医案选．新医药学杂志，1979；（10）：25.
叶锦文．小柴胡汤验案选．陕西新医学，1979；（11）：11.
杨育周．张方舆医案四则（大承气汤）．天津医药，1979；（12）：357.
杨育周．略论少阳病及小柴胡汤的临床指征．天津医药，1979；（12）：583.
虞勤冠．大黄甘草汤对新生儿疾病的运用．浙江中医药，1979；（12）：446.
孙运斋（宁普县医院）．运用经方的点滴体会．河北中医，1979；（创刊）：44.
朱不远．朱颜医案医话选．中医杂志，1980；（1）：15.
翁江清．中西医（小承气汤）结合手术治愈慢性胃扭转1例．中医杂志，1980　（1）：31.
徐宏成．四逆汤治验三则．广西中医药，1980；（1）：20.
徐荣斋．（《金匮》肾着方加味）医案七则．浙江中医学院学报，1980；（1）：51.
朱不远．朱颜医案医话选．中医杂志，1980；（2）：15.
杨育周．邢锡波运用抵当汤的经验．天津医药，1980；（2）：115.
聂季南．肾着汤治寒湿痹痛．浙江中医杂志，1980；（2）：77.
吴茂荣．运用近效术附汤治疗阳虚眩晕的一点体会．辽宁中医杂志，1980；（2）：11.
赖显荣．对叶（天士）案中运用半夏泻心汤的认识．浙江中医杂志，1980；（2）：23.
张谟瑞．桂枝芍药知母汤治疗类风湿性关节炎．浙江中医杂志，1980；（2）：54.

卢良威．桂枝茯苓丸的临床应用．浙江中医学院学报，1980；（2）：6.
程泾．宋光济老师（运用温经汤）治疗痛经的经验．浙江中医学院学报，1980；（2）：19.
熊永厚．乌头汤治疗慢性关节炎30例．成都中医学院学报，1980；（2）：35.
刘景祺．（黄芪芍药桂枝苦酒汤治疗）黄汗3例．山东中医学院学报，1980；（2）：55.
池绳业．（甘麦大枣汤治疗）脏躁（癔病）．新中医，1980；（3）：29.
刘渡舟．大柴胡汤治验5例．陕西中医，1980；（3）：39.
诸葛连祥．从《金匮要略》看五脏正气在内伤杂病防治中的重要作用．云南中医学院学报，1980；（3）：27.
白聚河（武安县卫生局）．对《金匮》中“识肝传脾，当先实脾”的认识．河北中医，1980；（3）：14.
范良文．射干麻黄汤治疗哮证12例体会．浙江中医杂志，1980；（3）：23.
王荣根．复方大承气汤保留灌肠在腹部术后的作用．浙江中医杂志，1980；（3）：113.
王永钧．张硕甫先生（用苓桂术甘汤）治疗痰饮病的经验．浙江中医杂志，1980；（3）：131.
邱友文．阴吹证治验．江苏中医杂志，1980；（3）：50.
陈汉京．通下祛瘀法治疗重症肝炎．上海中医药杂志，1980；（3）：15.
黄晓华．久泻、急痧及瘀血发狂等症治验．上海中医药杂志，1980；（3）：17.
刘柏．麻黄加术汤治疗荨麻疹．山东中医学院学报，1980；（3）：66.
熊永厚．小青龙加石膏汤治疗急性支气管炎．成都中医学院学报，1980；（3）：29.
梅国强．论桂枝汤法及其变化．中医杂志，1980；（4）：60.
姜德绪．葶苈大枣泻肺汤治疗风心病心衰25例．陕西中医，1980；（4）：15.
杨钟发．加味百合地黄汤治疗癔病45例．陕西中医，1980；（4）：18.
杨卓寅．运用《金匮》理论指导临床实践．江西中医药，1980；（4）：53.
常富林（湖南中医学院）．试论《金匮要略》的泻下法．江西中医药，1980；（4）：60.
邱德洋．苇茎汤加味治疗悬饮12例．江西中医药，1980；（4）：64.
秦德平．《金匮要略》温经汤的临床应用．江西中医药，1980；（4）：66.
伍炳彩（江西中医学院）．略论《金匮》肺胀与风水的关系．江西中医药，1980；（4）：68.
张永坤．真寒假热（以四逆汤）治验．云南中医杂志，1980；（4）：31.
周约伯．（肾气丸）治肾医案四则．浙江中医杂志，1980；（4）：182.
林世炘．仲景方的临证应用举例．江苏中医杂志，1980；（4）：19.
黄贤权．口服中药大承气汤X线快速肠道造影100例的观察．上海中医药杂志，1980；（4）：34.
陈森．在小青龙汤里重用细辛一得．上海中医药杂志，1980；（4）：39.
姜春华．张仲景活血化瘀的辨证施治及其方剂的活用举隅．浙江中医学院学报，1980；（4）：1.
卢良威．何任老师对《金匮》方的应用．浙江中医学院学报，1980；（4）：19.
高秋松．桂枝加龙骨牡蛎汤临床应用举例．浙江中医学院学报，1980；（4）：26.
朱炳林．小青龙汤的应用．浙江中医学院学报，1980；（4）：28.
杨文辉．《金匮》诃黎勒散临床一得．浙江中医学院学报，1980；（4）：29.
胡立加．许勉斋老师谈几个《伤寒》《金匮》方．浙江中医学院学报，1980；（4）：47.
万桂华．小建中汤临床应用．陕西中医，1980；（5）：34.
孙华周．甘草附子汤止汗3例．辽宁中医杂志，1980；（5）：15.
侯在士．经方（苓姜术甘汤等）治验介绍．辽宁中医杂志，1980；（5）：35.
杨定祥．（五苓散治愈）排尿障碍3例．云南中医杂志，1980；（5）：29.
周录．定时呕吐（以小柴胡汤）治例．浙江中医杂志，1980；（5）：218.
于炎．许勉斋老师运用仲景方经验．浙江中医学院学报，1980；（5）：51.
陈克正．《金匮要略》方几种运用方法．新中医，1980；（6）：13.
奚凤霖．黄芪建中汤主治心律失常．江苏中医杂志，1980；（6）：15.
刘殿青．半夏厚朴汤临床应用．江苏中医杂志，1980；（6）：32.
冯永银．肾气丸加减治疗小儿疳积．江苏中医杂志，1980；（6）：36.

余倍树．小承气汤治疗小儿胆道蛔虫病．湖北中医杂志，1980；（6）：45.
王瑞根．桂枝茯苓丸的临床运用．云南中医杂志，1980；（6）：41.
刘金渊．遗精治验．浙江中医杂志，1980；（6）：67.
史济柱．（大柴胡汤）辨证治疗急性胰腺炎81例疗效观察．浙江中医杂志，1980；（6）：208.
彭履祥．百合地黄汤治疗瘿气．成都中医学院学报，1980；（6）：26.
何任（浙江中医学院）．《金匮要略》浅释（十六）．浙江中医学院学报，1980；（6）：40.
陈嘉栋．眩晕（泽泻汤等治疗）十则．中医杂志，1980；（7）：16.
陈春圃．桂枝汤加味治疗局限性多汗症．中医杂志，1980；（8）：28.
杨文辉．《金匮》诃黎勒散治疗气痢．浙江中医杂志，1980；（8）：356.
刘渡舟．谈谈《金匮》的泽泻汤证．中医杂志，1980；（9）：17.
陈伯涛．温经汤临床应用的体会．辽宁中医杂志，1980；（9）：33.
王世海．黄芪桂枝五物汤临床应用点滴．浙江中医杂志，1980；（10）：464.
俞长荣．肾气丸的临床应用．辽宁中医杂志，1980；（10）：22.
谢安吉．甘草泻心汤治疗口腔糜烂．浙江中医杂志，1980；（11）：515.
周衡．《金匮》治疗妇科腹痛的法则．浙江中医杂志，1980；（11）：521.
刘荣恩．桂枝茯苓丸治疗慢性盆腔炎．浙江中医杂志，1980；（11）：547.
孙孝洪．论经方在叶案中的运用和发展．浙江中医杂志，1980；（11）：551.
陈培健．半夏泻心汤治疗口腔黏膜溃疡．浙江中医杂志，1980；（11）：555.
唐祖宣．瓜蒂散的临床运用．浙江中医杂志，1980；（11）：556.
徐财源．阴吹治法浅述．浙江中医杂志，1980；（11）：566.
董廷瑶．小建中汤治愈小儿虚寒腹痛的介绍．中医杂志，1980；（12）：36.
刘秉忠．当归芍药散为主加减治疗妊娠和妇产科等各种疾患．新中医，1981；（1）：6.
袁西三．茵陈蒿汤治疗崩漏．河南中医，1981；（1）：45.
夏友岳．栝蒌薤白半夏汤加减治疗胸痹证．河南中医，1981；（1）：46.
段百善．麻黄杏仁薏苡甘草汤治疗扁平疣．陕西中医，1981；（1）：6.
闵范忠．大黄牡丹皮汤治愈慢性肝炎1例的启示．广西中医药，1981；（1）：49.
张燮均．试探叶天士对苇茎汤的运用．浙江中医杂志，1981；（1）：35.
崔振儒．钟育衡教授应用苓桂术甘汤治疗饮证经验．黑龙江中医药，1981；（1）：56.
彭炎高摘译．小柴胡汤合分消汤治疗肝硬变．湖北中医杂志，1981；（1）：24.
王廷富．栝蒌瞿麦丸方证剖析及临床体会．成都中医学院学报，1981；（1）：59.
刘蔼韵．防己地黄汤加减治疗急性风湿性关节炎50例．新中医，1981；（2）：36.
秦学义．（桂枝茯苓丸治疗）原发不孕．陕西中医，1981；（2）：28.
沈敏南．防己黄芪汤的临床应用．吉林中医药，1981；（2）：19.
李书华．栝蒌薤白白酒汤治疗渗出性胸膜炎．吉林中医药，1981；（2）：47.
程珍祥．白虎加桂枝汤治疗风湿热的体会．湖北中医杂志，1981；（2）：28.
侯玉明．温经汤临证举要．中医药学报，1981；（2）：49.
邵宝仁．（甘草粉蜜汤）医案二则．浙江中医学院学报，1981；（2）：14.
吴士元．（小青龙汤等）治疗慢性气管炎的浅见．浙江中医学院学报，1981；（2）：20.
彭履祥．蜘蛛散治阴狐验案1例．成都中医学院学报，1981；（2）：18.
王占玺．梗阻性黄疸（茵陈五苓散治验）一案．陕西中医，1981；（3）：4.
田养年．痰病（以四逆汤）治验．陕西中医，1981；（3）：7.
杜雨茂．大柴胡汤加减治疗外伤性截瘫合并泌尿系感染．陕西中医，1981；（3）：18.
齐强．中医治疗白塞氏病临床初探．吉林中医药，1981；（3）：21.
吴传铎．桔梗汤治疗肺痈的临床体会．江苏中医杂志，1981；（3）：35.
丁文正．半夏泻心汤化裁治疗胃痛70例．湖北中医杂志，1981；（3）：26.
施汉章．（大柴胡汤为主治疗奔豚气）验案四则．北京中医学院学报，1981；（3）：23.

刘利新．小柴胡汤的临床应用．成都中医学院学报，1981；(3)：5.
鲇川濯三．大柴胡汤治疗高血压病．福建中医药，1981；(4)：60.
葛仰山．狐惑病治验．河南中医，1981；(4)：47.
周衡．谈痰饮与水气的鉴别．吉林中医药，1981；(4)：10.
黄锟候．黄土汤为主治愈4例急性坏死性肠炎．云南中医杂志，1981；(4)：16.
成冬生．十枣汤临床应用的研究．陕西中医，1981；(4)：31.
杨毓书．奔豚中虚治验．河南中医，1981；(5)：45.
单元昉．老年性精神病（半夏厚朴汤）验案．陕西中医，1981；(5)：12.
郭万德．大柴胡汤治疗胁痛（胆囊炎）、蛔厥验案．陕西中医，1981；(5)：27.
彭述宪．呕吐（以大黄甘草汤）证治．辽宁中医杂志，1981；(5)：7.
韩志忠．大柴胡汤加减治疗毛细胆管型肝炎20例．浙江中医杂志，1981；(5)：207.
王锦槐．大建中汤治疗蛔厥．浙江中医杂志，1981；(5)：210.
唐祖宣．周连三、张感深老中医对乌梅丸中干姜、黄连的应用经验．浙江中医杂志，1981；(5)：215.
唐祖宣．抵当汤的临床辨证新用．上海中医药杂志，1981；(5)：26.
何世雄．大小青龙汤加麻杏石甘汤的应用．浙江中医学院学报，1981；(5)：50.
殷品之．《金匮》风引汤治验体会．浙江中医学院学报，1981；(5)：50.
卢良威．半夏泻心汤的运用．浙江中医学院学报，1981；(5)：52.
范永昇．叶天士用《金匮》方的圆机活法．浙江中医学院学报，1981；(5)：53.
史亦谦．吴颂康老师对《金匮》木防己汤应用经验．浙江中医学院学报，1981；(5)：55.
李凤选．蓝云祥运用大柴胡汤的经验．河南中医，1981；(6)：27.
江尔逊．对肾病综合征用十枣汤控涎丹利尿消肿的经验．河南中医，1981；(6)：32.
杨昔年．猪苓散加半枝莲治疗小儿单纯性消化不良．陕西中医，1981；(6)：11.
张开云．四逆汤运用点滴．云南中医杂志，1981；(6)：25.
孙会文．五苓散治愈饮证1例．云南中医杂志，1981；(6)：54.
张孝夫．运用《金匮要略》治疗结核性胸膜炎的临床体会．辽宁中医杂志，1981；(7)：7.
沈庆法．金寿山临床运用《金匮》理论的经验．中医杂志，1981；(7)：17.
朱伟常．肝病治络法初探：《金匮要略》旋覆花汤的启发．上海中医药杂志，1981；(7)：13.
熊赐安．笑病2例．上海中医药杂志，1981；(7)：40.
徐心仁．脾胃与痰饮．新中医，1981；(8)：37.
宋道援．运用大青龙汤得失案析．中医杂志，1981；(8)：24.
严世云．张伯臾教授治疗急性心肌梗塞的经验．上海中医药杂志，1981；(10)：6.
沈道修．乌头汤加减治疗成人变应性亚败血症及机理探讨．上海中医药杂志，1981；(10)：28.
刘国庆．甘草甘遂外用治疗小便不通．浙江中医杂志，1981；(10)：420.
刘浩文．甘遂运用一得．浙江中医杂志，1981；(10)：421.
谢安吉．金慎之老中医论百合病．浙江中医杂志，1981；(11)：514.
张福荣．小柴胡汤接味治疗前庭神经元炎．浙江中医杂志，1981；(11)：523.
潘澄濂．对《金匮》痰饮的认识及慢支的证治．上海中医药杂志，1981；(11)：2.
胡亚文．小青龙汤治疗外感咳嗽．上海中医药杂志，1981；(11)：29.
孙佛金．加减泽泻汤治疗中耳积液75例．上海中医药杂志，1981；(11)：32.
王华明．重剂小青龙汤治疗支气管哮喘．上海中医药杂志，1981；(12)：5.
林宗广．中医中药（黄土汤加减）治疗食道静脉曲张破裂出血2例．上海中医药杂志，1981；(12)：17.
张发初．狐惑病的X线表现和对它的认识．上海中医药杂志，1981；(12)：19.
黄柄山．中医治疗狐惑病．上海中医药杂志，1981；(12)：21.
谭俊臣．加减桂枝茯苓丸治疗产后尿潴留．上海中医药杂志，1981；(12)：28.
且大连．《金匮要略·妇人病》一段校释．四川中医，1982；(1)：6.
李星伟．当归生姜羊肉汤的实验研究：对应激大小白鼠的作用．成都中医学院学报，1982；(1)：53.

谢承香．当归芍药散治疗阴道出血 437 例临床观察．湖北中医杂志，1982；(2)：22.
张汉斌．乌梅汤治疗神志异常．湖北中医杂志，1982；(2)：36.
刘立新．学习《金匮》小青龙汤及其变方治疗喘咳的体会．成都中医学院学报，1982；(2)：39.
乔登元．《金匮要略》单方运用举隅．山西中医，1982；(3)：33.
王天民．“治痿独取阳明”验案一则．湖南医药杂志，1982；(3)：41.
叶益丰．《金匮》风引汤治案．浙江中医杂志，1982；(3)：117.
陈树森．黄芪建中汤治疗溃疡病 72 例临床小结．湖北中医杂志，1982；(3)：20.
张建中．五苓散证验案四则．湖北中医杂志，1982；(3)：35.
刘炳权．针刺少阳经穴位治疗偏头痛．上海针灸杂志，1982；(3)：5.
段光周．生姜半夏汤证治探讨．成都中医学院学报，1982；(3)：24.
马建三．《金匮》甘遂半夏汤加减治愈肝腹水．成都中医学院学报，1982；(3)：47.
康连智．射干麻黄汤加减治疗哮喘的体会．吉林中医药，1982；(4)：20.
韩瑞文．狐惑病治验四则．河北中医，1982；(4)：15.
江淑安．运用桂枝茯苓丸加减治疗宫外孕．中医药学报，1982；(4)：36.
张开学．当归芍药散治疗眩晕 20 例．湖北中医杂志，1982；(4)：31.
孙会文．五苓散治验举隅．湖北中医杂志，1982；(4)：35.
钱光明．奔豚汤运用体会．浙江中医杂志，1982；(5)：225.
沈继泽．黄芪桂枝五物汤临床应用的体会．南京中医学院学报，1982；(6)：46.
谢振民．应用小青龙汤治疗咳喘的体会．云南中医杂志，1982；(6)：49.
刘沛然．炙甘草汤加减治疗重病呃逆．中医杂志，1982；(11)：45.
赵广安．(黄芪芍药桂枝苦酒汤治疗）黄汗．山东中医学院学报，1982；(11)：34.
周冠群（上海中医学院）．临床应用《金匮要略》方 3 例．上海中医药杂志，1983；(1)：20.
罗银明．甘麦大枣汤治疗小儿蛲虫病的体会．四川中医，1983；(1)：59.
梁民里道．加味半夏泻心汤治疗浅表性胃炎 30 例初步报告．福建中医药，1983；(1)：27.
王子德．小半夏加茯苓汤临床运用探讨．四川中医，1983；(2)：25.
黄吉赓（上海中医学院附属曙光医院）．《金匮》泽漆汤在临床的应用．上海中医药杂志，1983；(2)：24.
陈明信（随县中医医院）．头痛汤治疗六经头痛 116 例．湖北中医杂志，1983；(2)：45.
江尔逊（四川省乐山地区人民医院）．运用仲景学说治疗疑难重证的体会．新中医，1983；(2)：34.
张广麟．大黄附子汤治验四则．云南中医杂志，1983；(3)：23.
蒋元茂．用大青龙汤一得．四川中医，1983；(3)：36.
周逸之．大黄䗪虫丸“缓中补虚”析义．河南中医，1983；(4)：10.
郭先岱（湖南医学院附属二院）．运用《金匮》方治疗疑难杂病．湖北中医杂志，1983；(4)：6.
张祖媛．吴茱萸汤加味治疗颅内压增高性头痛 2 例．中医杂志，1983；(5)：56.
李良．应用黄芪桂枝五物汤的体会．四川中医，1983；(5)：27.
陶昔安．(黄芪芍药桂枝苦酒汤治疗）黄汗．四川中医，1983；(5)：33.
张世明．百合病治验．四川中医，1983；(5)：35.
陈绍兰．吴茱萸汤治验 2 例．四川中医，1983；(5)：45.
游井泓．运用《金匮》方探讨急性消化道出血的证治．福建中医药，1983；(5)：4.
王明华．大剂量小青龙汤治疗支气管哮喘 1 例．福建中医药，1983；(5)：61.
谢海洲．经方（白虎加桂枝汤等）治痹证．云南中医杂志，1983；(5)：29.
吴吉庆．茵陈蒿汤加减治疗蚕豆病 16 例．云南中医杂志，1983；(5)：42.
李松贤．(甘麦大枣汤治疗）脏躁．四川中医，1983；(6)：6.
张大成．《金匮》泽泻汤治疗化脓性中耳炎．四川中医，1983；(6)：32.
陈亚隆．大黄牡丹汤为主中西医结合治疗外科急腹症 104 例体会．云南中医杂志，1983；(6)：19.
钱光明．大黄附子汤的临床应用．浙江中医杂志，1983；(8)：352.
马先造．半夏、贝母不反乌头．上海中医药杂志，1983；(11)：39.

谢海洲．《金匮》防己剂治疗水肿．绍兴中医药，1984；（1）：13.

向国鼎（恩施医专附属医院）．谨守病机、解惑疗疾：运用《金匮虚劳篇》阴阳两虚病机辨治疑难病证的体会．恩施医专学报，1984；（1）：26.

许振亚．女劳疸治验．中医杂志，1984；（1）：12.

许建功．黄芪桂枝五物汤合乌头汤化裁治疗坐骨神经痛 54 例临床观察．河南中医，1984；（1）：27.

李光海．张仲景（治疗胸痹）遗方一则．河北中医，1984；（1）：9.

易绍乾．炙甘草汤加减治疗风心病眩晕．四川中医，1984；（1）：13.

李炳勤．甘遂半夏汤治疗肺心病腹水．四川中医，1984；（1）：25.

刘泽明．黄土汤治疗远血 2 例．四川中医，1984；（1）：42.

吴孝恺．甘草泻心汤治疗慢性咽炎．四川中医，1984；（1）：45.

王恕．十枣汤治疗 28 例结核性胸膜炎对胸水的临床观察治疗．中医药学报，1984；（1）：53.

沈秒勤．半夏泻心汤的临床应用．福建中医药，1984；（1）：33.

江崇我．小柴胡汤治疗热入血室．北京中医杂志，1984；（1）：35.

何华廷．厚朴三物汤治疗肠梗阻 130 例临床观察．湖北中医杂志，1984；（1）：24.

易文思．加减乌梅汤治疗胆道蛔虫 155 例．浙江中医杂志，1984；（1）：14.

徐伯伦．运用《金匮》方治病三则．浙江中医杂志，1984；（1）：46.

刘淑泽．桂枝茯苓丸加味治愈子宫癌．四川中医，1984；（2）21.

樊文有．吴茱萸汤应用二则．四川中医，1984；（2）28.

程昭武．半夏泻心汤治验二则．江西中医药，1984；（2）：30.

郭荫南．《金匮要略》治湿的临床体会．北京中医杂志，1984；（2）：51.

朱鸿铭．浅析大黄䗪虫丸的临床应用．北京中医杂志，1984；（2）：54.

唐祖宣．己椒苈黄丸的临床运用．湖北中医杂志，1984；（2）：18.

杨德昌．十枣汤治疗良性颅内压增高症 1 例．湖北中医杂志，1984；（2）：33.

刘一民．十枣汤治愈顽疾 4 例．黑龙江中医药，1984；（2）：44.

张鸿彩．半夏泻心汤的辨证与运用．山东中医杂志，1984；（2）：7.

张子惠．漫谈小柴胡汤及其临床运用．江苏中医杂志，1984；（2）：38.

沈占尧．甘麦大枣汤加味治疗癫痫小发作．浙江中医杂志，1984；（2）：106.

谢英彪．《金匮要略》方治疗神经官能症．云南中医杂志，1984；（2）：26.

江育仁．桂枝加龙骨牡蛎汤：古方今用．浙江中医学院学报，1984；8（2）：29.

常富林．《金匮》大黄附子汤析疑．陕西中医学院学报，1984；7（2）：8.

马凤书．大柴胡汤加味治愈顽固性头痛．河南中医，1984；（3）：31.

苗聘三．加味桂枝茯苓丸治疗前列腺肥大引起的尿潴留．河南中医，1984；（3）：31.

梁昌银．乌梅丸加减治疗胆道蛔虫 113 例．河北中医，1984；（3）：38.

程广里．薏苡附子散合芍药甘草汤加味治疗神经系疾病．四川中医，1984；（3）：30.

朱金凤．桂枝茯苓丸煎剂在妇科运用中的体会．江西中医药，1984；（3）：24.

缑建华．乌梅汤及其加减的临床运用．江西中医药，1984；（3）：44.

徐澧先．悬饮（用葶苈大枣泻肺汤）证治一得．江西中医药，1984；（3）：55.

匡民华．赤小豆当归散加味治愈瘾疹 1 例．江西中医药，1984；（3）：183.

盖世昌．大黄䗪虫丸治疗周围性血管疾病临床报告．中医药学报，1984；（3）：43.

张德超．桂枝加龙骨牡蛎汤的临床应用．北京中医杂志，1984；（3）：34.

郑蕙芳．桂枝茯苓丸在妇科的临床应用．山东中医杂志，1984；（3）：15.

张泓．胶艾汤的临床运用．湖北中医杂志，1984；（3）：24.

吴汉民．仲景方治疗急症举隅．江苏中医杂志，1984；（3）：38.

吉洪涛．大承气汤加味治愈咳喘 1 例．陕西中医函授，1984；（3）：48.

曹静安．小柴胡汤合甘麦大枣汤治疗更年期综合征．上海中医药杂志，1984；（3）：19.

徐克强．大承气汤在喉科临床的的运用．上海中医药杂志，1984；（3）：26.

裴永清．桂枝汤治妊娠恶阻．新中医，1984；（4）：12.
王国塘．甘麦大枣汤治经闭二则．新中医，1984；（4）：22.
贺顺田．十枣汤加减治疗肾病综合征．四川中医，1984；（4）：37.
唐绍仁．乌梅丸化裁治疗肺心病．四川中医，1984；（4）：39.
杨培生．越婢加术汤的临床应用．河南中医，1984；（4）：25.
盛增秀．桂枝茯苓丸的临床应用．河北中医，1984；（4）：43.
杨瑞清．当归芍药散今用概况．河北中医，1984；（4）：45.
姜泽霖．黄土汤治疗血证的临床运用．江西中医药，1984；（4）：11.
邱德泽．《金匮》枳术汤治愈脾积．江西中医药，1984；（4）：26.
吴光烈．加味当归芍药散治疗胎位不正217例临床观察．福建中医药，1984；（4）：18.
杨光华．加味黄芪建中汤治疗粒性白细胞减少症2例．云南中医杂志，1984；（4）：55.
田养年．奔豚气病治验．陕西中医函授，1984；（4）：14.
任达然．苓桂术甘汤的临床运用．江苏中医杂志，1984；（4）：37.
李发枝．十枣汤服用时间之我见．湖北中医杂志，1984；（4）：54.
杨升三．桂枝茯苓丸加减煎剂治疗子宫肌瘤100例总结．浙江中医杂志，1984；（4）：180.
黄立厚．加味五苓散治疗百日咳．安徽中医学院学报，1984；（4）：43.
申泰富．应用仲景三方治疗坏死性肠炎的体会．贵阳中医学院学报，1984；（4）：24.
张志坚．加减大柴胡汤治疗胆道术后残余结石26例疗效观察．中医杂志，1984；（5）：46.
唐宋．乌梅丸加减验案二则．河南中医，1984；（5）：32.
张培元．应用桂枝汤加味治疗过敏性紫癜1例．河南中医，1984；（5）：33.
王旭东．桂枝汤方证七议．中医药学报，1984；（5）：49.
王晓东．狐惑病的辨证施治．辽宁中医杂志，1984；（5）：28.
唐祖宣．桂枝芍药知母汤的临床应用．云南中医杂志，1984；（5）：49.
徐陈如．《金匮》胶艾汤治疗妇女下血证92例．福建中医药，1984；（5）：23.
刘敬严．大黄牡丹汤加减治疗血尿2例．福建中医药，1984；（5）：38.
胡康才．加减大柴胡汤治疗胆道疾病33例．浙江中医杂志，1984；（5）：209.
丁明龙．乌头汤加味治疗小儿风湿舞蹈病13例．新中医，1984；（6）：30.
赵金铎．附子苡仁败酱散治疗克隆氏病．中医杂志，1984；（6）：31.
韩运琪．侯氏黑散的临床应用．河南中医，1984；（6）：31.
张萍．胶艾汤的临床运用．河南中医，1984；（6）：32.
庞东升．小青龙汤的临床应用．四川中医，1984；（6）：28.
陈德基．乌头汤加味治疗历节病．四川中医，1984；（6）：61.
易万德．白虎加桂枝汤治疗热痹．四川中医，1984；（6）：62.
王志义．运用胶艾汤的临床体会．吉林中医药，1984；（6）：18.
王伯群．防己黄芪汤的临床应用．江苏中医杂志，1984；（6）：40.
王贵淼．略述《金匮要略·妇人病》理血八法．云南中医杂志，1984；（6）：13.
罗绍景．经方（附子汤等）验案举隅．云南中医杂志，1984；（6）：34.
段富津．麻杏薏甘汤的方义与临床应用．浙江中医学院学报，1984；（6）：22.
陈伯涛．小青龙汤类方应用举隅．浙江中医学院学报，1984；（6）：27.
李世太．大黄甘草汤运用一得．新中医，1984；（7）：19.
林上卿．运用桃花汤的体会．中医杂志，1984；（7）：18.
柯新桥．《金匮》运用小青龙汤小议．浙江中医杂志，1984；（8）：346.
周长发（苏州市精神病院）．著名老中医奚凤霖运用仲景方治疗心病的经验．上海中医药杂志，1984；（8）：3.
王迎春．六经辨证治疗流行性出血热临床疗效分析．辽宁中医杂志，1984；（8）：17.
徐济群．小承气汤加味治疗中毒性肠麻痹．中医杂志，1984；（9）：42.

姚公树（江苏省睢宁县人民医院）．临床应用仲景方治验举例．陕西中医，1984；（9）：23.
张宇庆．应用《金匮》皂荚丸治疗肺胀．中医杂志，1984；（10）：7.
王玉山．甘麦大枣汤加味治例夜游症 1 例．辽宁中医杂志，1984；（11）：11.
陈达理．薏苡附子散用量小议．中医杂志，1984；（12）：74.
时振声（中医研究院）．从 1 例病毒性脑炎的中西医治疗探讨《伤寒论》的厥阴病．上海中医药杂志，1984；（12）：16.
萧康伯．按六经辨证治疗肾炎的体会（上）．内蒙古中医药，1985；（1）：5.
彭元成．大柴胡汤在临床中的应用．河南中医，1985；（1）：14.
潘涢．温经汤治疗子宫内膜异位症．四川中医，1985；（1）：24.
陈国恩．桂枝加龙骨牡蛎汤临床应用．陕西中医，1985；（1）：25.
孙忠年．经方（旋覆花汤等）治验二则．陕西中医，1985；（1）：27.
岳在文．经方（温经汤）妇科效用拾零．陕西中医，1985；（1）：28.
吴标．阴吹证治．广西中医药，1985；（1）：21.
于世良．试探《金匮》论治妇科病大旨．黑龙江中医药，1985；（1）：14.
胡青山．黄芪桂枝五物汤临床治验．黑龙江中医药，1985；（1）：20.
金友．苓桂术甘汤合葶苈大枣泻肺汤治验．黑龙江中医药，1985；（1）：39.
韩济中．甘遂半夏汤治留饮．浙江中医杂志，1985；（1）：12.
张晓玉．万希文用乌梅丸合痛泻要方治愈重症蛔厥．浙江中医杂志，1985；（1）：12.
姚玉兰．《金匮》皂荚丸治愈顽固性哮喘．浙江中医杂志，1985；（1）：18.
侯钦丰．浅谈运用经方的体会．山东中医杂志，1985；（1）：6.
丁小燕．黄土汤治愈崩中 1 例．北京中医杂志，1985；（1）：56.
白映彩．泽泻汤加味治痰湿眩晕．贵阳中医学院学报，1985；（1）：50.
陈德兴．乌头汤加味治疗痹证．四川中医，1985；（2）：42.
张继宗．大柴胡汤治疗顽固性呃逆．四川中医，1985；（2）：51.
贾文魁．关于十枣汤主药问题的看法．山西中医，1985；（2）：50.
马知惠．防己黄芪汤加味治疗慢性肾炎蛋白尿 16 例报告．河北中医，1985；（2）：22.
谭俊臣．桂枝茯苓丸的临床运用．河南中医，1985；（2）：20.
杨君柳．己椒苈黄丸加味治愈痰饮哮喘．江西中医药，1985；（2）：63.
戚广崇．桂枝加龙骨牡蛎汤对性功能障碍的运用．中医药学报，1985；（2）：21.
方伯英．狐惑病 1 例治验．新疆中医药，1985；（2）：29.
江素茵．《金匮要略》妇人篇治瘀法初探．福建中医药，1985；（2）：10.
王正林．仲景方临床运用札记．黑龙江中医药，1985；（2）：17.
李国平．黄芪桂枝五物汤的临床应用．黑龙江中医药，1985；（2）：18.
韩惠兰．大承气汤加味治疗急性胰腺炎 48 例疗效分析．辽宁中医杂志，1985；（2）：24.
王彩丽．五苓散加味治疗美尼尔氏综合征 16 例．山东中医杂志，1985；（2）：25.
王庆冬．女劳疸治验．浙江中医杂志，1985；（2）：85.
潘焕鹤．附子苡仁败酱散临床妙用．江苏中医杂志，1985；（2）：29.
杨兆芳（译）．酸枣仁汤治疗失眠 2 例．南京中医学院学报，1985；（2）：29.
张志华．漫谈小柴胡汤治疗发热性疾病．陕西中医学院学报，1985；（2）：20.
宋君惠（北京医学院附属人民医院）．针刺足太阳膀胱经玉枕穴治疗足癣 100 例．中国针灸，1985；（3）：16.
王秉歧．桂枝加龙骨牡蛎汤治疗小儿支气管炎．新中医，1985；（3）：47.
杨长鹏．大半夏汤治妊娠恶阻．四川中医，1985；（3）：37.
蔡云．苓桂术甘汤加味治疗肝实质性包块．陕西中医，1985；（3）：122.
叶恩富．乌头汤加减重用乌、附治疗痹证．福建中医药，1985；（3）：26.
薛芳．大承气汤加味对皮质醇增多症糖代谢紊乱的治疗观察．辽宁中医杂志，1985；（3）：8.

叶碧青．小青龙汤加减治疗气胸并胸腔积液 1 例．湖北中医杂志，1985；(3)：48.
周海平．桂枝汤加味治疗睾丸疼痛 20 例．浙江中医杂志，1985；(3)：109.
陈传钗．栝蒌瞿麦丸加减治疗肾病．浙江中医学院学报，1985；(3)：112.
程大宏．经方（大柴胡汤等）今用鳞爪．南京中医学院学报，1985；(3)：20.
阮士军．防己黄芪汤治疗狐臭 12 例．贵阳中医学院学报，1985；(3)：4.
晏友君．用《金匮》方（黄芪芍药桂枝苦酒汤）治疗黄汗二则．贵阳中医学院学报，1985；(3)：63.
张文进（河南省云阳中医中药学校）．针灸治疗太阳病蓄水、蓄血证验案 2 则．新中医，1985；(3)：34.
刘熹．乌头赤石脂丸治愈溃疡病出血．四川中医，1985；(4)：41.
钟宝源．当归芍药散临床运用举隅．四川中医，1985；(4)：47.
王义良．栝蒌薤白白酒汤类方证治异同．山西中医，1985；(4)：8.
黄炳初．半夏泻心汤加减治疗慢性结肠炎 15 例．江西中医药，1985；(4)：23.
魏如恢．桂枝加龙骨牡蛎汤治疗小儿肺炎．江西中医药，1985；(4)：64.
阮士军．防己黄芪汤的临床运用．北京中医杂志，1985；(4)：35.
宗美实．甘麦大枣汤治验二则．北京中医杂志，1985；(4)：47.
高永祥．经方（麦门冬汤等）治验四则．黑龙江中医药，1985；(4)：29.
刘强．防己地黄汤治癫证．黑龙江中医药，1985；(4)：30.
闵捷．黄芪桂枝五物汤临床运用举隅．云南中医杂志，1985；(4)：36.
周庆芳．半夏泻心汤治疗急性结肠炎 100 例．浙江中医杂志，1985；(4)：155.
戚广崇．桂枝茯苓丸治愈双侧声带息肉 1 例．江苏中医杂志，1985；(4)：46
张志民（广州中医学院）．《伤寒论》方治流行性出血热的经验．辽宁中医杂志，1985；(4)：22.
陈伯涛．黄芪桂枝五物汤的临床应用．安徽中医学院学报，1985；(4)：41.
陈继婷．陈慈煦教授临床运用《金匮要略》理论方药的经验．贵阳中医学院学报，1985；(4)：15.
张万能．己椒苈黄丸加味治疗消化性溃疡所致幽门梗阻 14 例．浙江中医学院学报，1985；(4)：152.
李笔怡．肾着汤的临床新用．浙江中医学院学报，1985；(4)：175.
叶成亮．叶心清应用乌梅丸配合针灸治疗厥阴虚寒证．浙江中医杂志，1984；(4)：159.
部新民．半夏泻心汤临床新用五则．新中医，1985；(5)：48.
孔令举．治痿独取阳明的针灸治验．天津中医，1985；(5)：23.
陈健．半夏泻心汤的临床应用．天津中医，1985；(5)：37.
王晋祥．加减乌梅丸治疗多发性直肠息肉．四川中医，1985；(5)：48.
汤强宝．黄土汤加减治疗内痔便血不止．四川中医，1985；(5)：49.
伍本彩．五苓散治呕吐的临床作用．江西中医药，1985；(5)：21.
朱金凤．当归贝母苦参丸的临床运用．江西中医药，1985；(5)：24.
王维澎．甘姜苓术汤治验．湖北中医杂志，1985；(5)：38.
叶益丰．桂枝龙骨牡蛎汤的临床运用．山东中医杂志，1985；(5)：20.
孙维福．加味大黄牡丹汤为主治疗阑尾炎 80 例．山东中医杂志，1985；(5)：33.
柴中元．加味大黄牡丹汤异病同治举隅．黑龙江中医药，1985；(5)：12.
李兰舫．甘草干姜汤的临床应用．黑龙江中医药，1985；(5)：21.
吴干根．甘草干姜汤的临床应用．江苏中医杂志，1985；(5)：22.
王明五．经方（越婢汤）治疗风水．北京中医杂志，1985；(5)：20.
韩素娥．自拟加味酸枣仁汤治疗更年期综合征．河北中医，1985；(6)：24.
张德兴．黄芪桂枝五物汤加味治验四则．河北中医，1985；(6)：43.
吕秀云．大黄䗪虫丸治验二则．中医杂志，1985；(6)：34.
衡炳芳．小青龙汤加石膏汤的临床运用．四川中医，1985；(6)：51.
周文川．当归芍药散权变治验．河南中医，1985；(6)：18.
张庆云．温经汤在临床上的运用．河南中医，1985；(6)：21.
宋超典．小青龙汤的临床应用．河南中医，1985；(6)：41.

戚广崇.《金匮》方治疗男女不孕症举隅. 北京中医杂志，1985；(6)：58.
樊显楚. 苓桂术甘汤治疗风心病1例. 云南中医杂志，1985；(6)：30.
张炳琅. 小承气汤治愈哮喘一得. 湖北中医杂志，1985；(6)：33.
张天恩. 当归芍药散的临床应用. 陕西中医，1985；(7)：315.
张孟林. 加味酸枣仁汤儿科治验四则. 陕西中医，1985；(7)：316.
戴天木.《金匮》百合地黄汤、半夏厚朴汤、甘麦大枣汤均为情志而设，临床如何具体运用. 中医杂志，1985；(8)：637.
戴天木.《金匮》茯苓桂枝甘草大枣汤、苓桂术甘汤、桂苓五味甘草汤如何区别使用. 中医杂志，1985；(8)：637.
梁学琳. 大青龙汤治疗上感高热. 四川中医，1985；(8)：15.
徐世祥. 甘草粉蜜汤应用一得. 浙江中医杂志，1985；(8)：352.
何伦. 乌梅丸类方鉴别运用. 陕西中医，1985；(9)：425.
贾河先. 百合治愈百合病. 江苏中医杂志，1985；(9)：45.
张乃卿. 黄芪建中汤临床新用. 新中医，1985；(10)：42.
严肃云. 温经汤治验二则. 中医杂志，1985；(10)：24.
刘桂莲. 大承气汤加味治愈急性铅中毒20例临床观察. 中医杂志，1985；(10)：46.
马伴友. 桂枝龙骨牡蛎汤，验案. 四川中医，1985；(10)：15.
李一立.《金匮》养阴方剂的运用. 四川中医，1985；(10)：21.
谢焕镛. 经方（桂枝加桂汤等）验案二则. 陕西中医，1985；(10)：452.
于克俊. 附子汤临证一得. 陕西中医，1985；(10)：453.
胡源民. 桂枝茯苓丸治痛泻1例. 中医杂志，1985；(11)：25.
何建业. 小柴胡汤加减治疗小儿厌食症. 中医杂志，1985；(11)：43.
曲瑰琦. 泽泻汤治疗眩晕证. 四川中医，1985；(11)：34.
胡国俊. 胡翘武运用栝蒌瞿麦丸经验介绍. 浙江中医杂志，1985；(11)：489.
李德俭. 蒲灰散合茯苓戎盐汤加减治疗76例淋证. 浙江中医杂志，1985；(11)：490.
陈林才. 十枣汤加味治疗胸膜炎94例. 浙江中医学院学报，1985；(11)：497.
张汇泉. 苓甘五味姜辛半夏汤治疗肺心病. 四川中医，1985；(12)：24.
李武忠. 干姜人参半夏汤证治举隅. 四川中医，1985；(12)：31.
谷正行. 经方（桂枝汤加味）运用二则. 四川中医，1985；(12)：53.
朱晓明. 半夏泻心汤临床运用举隅. 陕西中医，1985；(12)：546.
董胜利. 应用《伤寒论》辨治小儿肺炎微机程序. 辽宁中医杂志，1985；(12)：10.
李寿山（大连市中医医院）. 运用《伤寒论》方辨治胃十二指肠溃疡病107例临床报告. 辽宁中医杂志，1985；(12)：29.
颜正华. 肾气丸的配伍分析与临床应用. 南京中医学院学报，1985；(30年院庆特刊)：32.
马廷高（临朐县人民医院）. 少阴寒化病机在心肌梗塞辨证论治中的意义. 山东中医杂志，1986；(1)：8.
何斯恂. 吴茱萸汤加味治眩晕. 新中医，1986；(1)：14.
张庆武. 大黄牡丹汤治疗肺脓疡. 四川中医，1986；(1)：18.
龙治平. 浅论小建中汤治疗腹痛. 中医药学报，1986；(1)：34.
张振辉. 奔豚验案三则. 陕西中医，1986；(1)：22.
姚庆云. 桂枝茯苓丸合当归芍药散治疗慢性肺脓肿. 江西中医药，1986；(1)：28.
蔡金山.《金匮》方治验举隅. 黑龙江中医药，1986；(1)：14.
程广里. 炙甘草汤加减治疗复发性口疮. 黑龙江中医药，1986；(1)：39.
王孝莹. 桂枝汤治愈绝育术后低热、自汗. 黑龙江中医药，1986；(1)：39.
孙会文. 奔豚汤治疗癔病. 黑龙江中医药，1986；(1)：43.
张洪斌. 黄芪桂枝五物汤治疗神经系统疾病体会. 山东中医杂志，1986；(1)：14.

毕可恩．茵陈蒿汤治疗小儿胆汁粘稠症 4 例．山东中医学院学报，1986；（1）：28.
李立．《金匮》治虚劳诸方临床应用举隅．成都中医学院学报，1986；（1）：24.
陈国华．小柴胡汤在《血证论》中的运用．成都中医学院学报，1986；（1） 27.
郑大正．《金匮》蒲灰散的应用．云南中医学院学报，1986；（1）：31.
蒋美志（冷水滩市中医院）．仲景方临床证治验四则．湖南中医学院学报，1986；（1）：36.
王星五．当归芍药散治验．新中医，1986；（2）：20.
霍瑞兰．十枣汤治愈渗出性胸膜炎 2 例．河北中医，1986；（2）：28.
黄景．小青龙汤治疗寒湿痹证的体会．四川中医，1986；（2）：45.
陆惠铭．桂枝茯苓丸治瘕案例．陕西中医，1986；（2）：73.
李一立．甘草附子汤的临床运用．吉林中医药，1986；（2）：30.
赵业勤．大黄附子汤在急腹症中的运用．黑龙江中医药，1986；（2）：26.
田发林．甘麦大枣汤临床应用．内蒙古中医药，1986；（2）：18.
朱家鲁．浅论血痹及黄芪桂枝五物汤的临床应用．云南中医学院学报，1986；（2）：22.
李继贵．经方（桂枝加桂汤等）治验举隅．云南中医学院学报，1986；（2）：26.
蔡香莲．当归芍药散安胎浅识．安徽中医学院学报，1986；（2）：44.
李月．《金匮要略》方治验偶拾．浙江中医学院学报，1986；（2）：17.
潘昀民（湖北省安陆县中医院）．仲景方治验四则．湖南中医学院学报，1986；（2）：30.
李浩然．浅谈泻心汤治心律失常症．新中医，1986；（3）：10.
游文华．仲景方治验琐谈．新中医，1986；（3）：18.
聂天义．乌梅丸化裁运用举隅．新中医，1986；（3）：48.
李一立．《金匮》通络法的临床印证．北京中医，1986；（3）：36.
陈文娟．黄芪桂枝五物汤今用．天津中医，1986；（3）：17.
何秀川．麦门冬汤化裁治疗经前冲逆症举隅．天津中医，1986；（3）：19.
苑松林．茵陈蒿汤治抗痨药物引起的黄疸 5 例．天津中医，1986；（3）：34.
龚义明．大承气汤治久痢一得．四川中医，1986；（3）：21.
陈仁旭．苓桂术甘汤治痰饮闭经．四川中医，1986；（3）：47.
姚树棠．中医药治疗类风湿性关节炎．陕西中医，1986；（3）：129.
吴协兵．加味泽泻汤治疗美尼尔氏综合征 32 例．陕西中医，1986；（3）：129
承忠委．黄芪建中汤临床应用举隅．吉林中医药，1986；（3）：22.
陶政铨．甘草干姜汤临床运用一则．吉林中医药，1986；（3）：28.
陈荫南．桂枝茯苓汤在妇科临床的应用．福建中医药，1986；（3）：44.
刘浩江．大承气汤治疗腹部手术后肠麻痹．黑龙江中医药，1986；（3）：32.
郑益民．四逆汤加味治疗美尼尔氏综合征 1 例．湖北中医杂志，1986；（3）：30.
李一立．《金匮》通络法的临床印证．北京中医杂志，1986；（3）：36.
梁水源．桂枝茯苓丸加减治疗卵巢囊肿 1 例．云南中医杂志，1986；（3）：16.
程润泉．乌梅汤治疗嗜酸性粒细胞增多症 20 例．云南中医杂志，1986；（3）：20.
石美云．乌梅丸加减治愈痰热互结胃脘痛 1 例．云南中医杂志，1986；（3）：34.
王成典．黄芪建中汤治疗尿潴留 1 例．云南中医学院学报，1986；（3）：46.
吴昌生．当归芍药散的临床运用．江西中医学院学报，1986；（3）：14.
胡学曾．仲景甘草干姜汤运用一得．天津中医，1986；（4）：14.
张建中．猪苓汤在急性热病中的运用．四川中医，1986；（4）：11.
朱大伟．《金匮》方治验三则．四川中医，1986；（4）：12.
刘德清．桂枝汤治虚秘．四川中医，1986；（4）：24.
胡明宁．苦参汤治疗心动过速．四川中医，1986；（4）：26.
白炳森．风引汤治疗癫痫 100 例临床小结．河北中医，1986；（4）：24.
王兆奎．经方（酸枣仁汤等）治验四则．河北中医，1986；（4）：38.

张广霞．大黄甘草汤治疗顽固君主呕吐 1 例．山西中医，1986；（4）：42.
王维澎．苓桂术甘汤治验二则．中医药学报，1986；（4）：42.
吴沛田．《金匮》防己黄芪汤运用一得．中医药学报，1986；（4）：44.
王晓东．桂枝芍药知母汤之本意辨析．中医药学报，1986；（4）：51.
胡同斌．吴茱萸合小半夏加茯苓汤治呕吐验案．云南中医杂志，1986；（4）：33.
周孜．乌梅丸的研究进展．北京中医杂志，1986；（4）：51.
孟继民．经方（白虎加桂枝汤等）治痹举隅．内蒙古中医药，1986；（4）：20.
吕修业．复发减压症（以乌梅丸）治验 1 例．内蒙古中医药，1986；（4）：40.
张蓬谟．乌梅丸治愈 1 例钩虫病．内蒙古中医药，1986；（4）：40.
陆干甫．吴茱萸汤临证举隅．成都中医学院学报，1986；（4）：17.
叶腾辉．《金匮》栝蒌瞿麦丸临床运用举隅．成都中医学院学报，1986；（4）：33.
胡国俊．当归贝母苦参丸的临床运用．安徽中医学院学报，1986；（4）：40.
周永年．夏仲方对风湿病的学术见解．浙江中医学院学报，1986；（4）：25.
姜成才．大建中汤临证拾遗．新中医，1986；（5）：50.
裴绍犀．葛根汤应用四则．四川中医，1986；（5）：11.
顾耀平．小柴胡汤加减治疗高热的体会．四川中医，1986；（5）：46.
骆昌兰．五苓散临床治验举要．江西中医药，1986；（5）：51.
任宪田．桂枝茯苓丸的临床应用．吉林中医药，1986；（5）：26.
戴锦成．《金匮》方临证应用举隅．福建中医药，1986；（5）：46.
泰树仙．狐惑病刍议．云南中医杂志，1986；（5）：40.
邵桂珍．小柴胡汤的临床新用．北京中医杂志，1986；（5）：48.
林上卿．下瘀血汤临床运用举隅．新中医，1986；（6）：47.
王世钰．下瘀血汤治疗生殖器畸形合并不全流产 1 例．天津中医，1986；（6）：45.
申倬彬．白头翁汤加味治愈淋证．陕西中医，1986；（6）：163.
谢炳国．当归芍药散治疗妊娠疾病．陕西中医，1986；（6）：166.
陆惠铭．桂枝茯苓丸加减治验五则．山西中医，1986；（6）：13.
张林．黄土汤治疗血崩．吉林中医药，1986；（6）：18.
刘长江．小柴胡汤治疗经前紧张症．吉林中医药，1986；（6）：24.
邓用九．经方（柴胡桂枝干姜汤等）治验四则．江西中医药，1986；（6）：15.
王斯宣．桂枝茯苓丸治顽症二则．江西中医药，1986；（6）：23.
王水才．葵子茯苓散合贝母苦参丸加减治疗急性肾炎 38 例．湖北中医杂志，1986；（6）：25.
高永祥．桂枝芍药知母汤加味治疗结节性红斑 11 例．湖北中医杂志，1986；（6）：35.
熊殿文．胶艾汤加味辨治功能性子宫出血 20 例的体会．北京中医杂志，1986；（6）：31.
刘俊士．经方（乌梅丸等）治验二则．北京中医杂志，1986；（6）：39.
岳泽民．血痹．江苏中医杂志，1986；（6）：20.
时培海．白头翁汤加味治疗急性泌尿系感染．黑龙江中医药，1986；（6）：40.
冯仁杰．小柴胡汤治验二则．四川中医，1986；（7）：39.
彭必富．大承气汤重用大黄治验．四川中医，1986；（7）：43.
王朝光．白头翁汤加鸦胆子治疗阿米巴痢．四川中医，1986；（7）：43.
刘永德．半夏厚朴汤治疗过敏性哮喘．四川中医，1986；（7）：45.
刘光汉．大黄䗪虫丸治疗慢性活动性肝炎 40 例．陕西中医，1986；（7）：301.
刘善志．枳实薤白桂枝汤临床运用．陕西中医，1986；（8）：361.
林家坤．五苓散治愈顽固性自汗．江苏中医杂志，1986；（8）：14.
丁德正．（半夏厚朴汤等）治疗四法．辽宁中医杂志，1986；（8）：30.
陈昌文．半夏厚朴汤治疗梅核气．四川中医，1986；（9）：18.
姚树田．苓桂术甘汤合小半夏汤治眩晕．四川中医，1986；（9）：26.

夏远录．苓桂术甘汤治疗高血压并冠心病．四川中医，1986；（9）：49.
刘常世．吴茱萸汤的临床应用．陕西中医，1986；（9）：407.
汤强宝．茵陈五苓散治愈高热不退．四川中医，1986；（10）：16.
曹华勋．麻黄杏仁薏苡甘草汤治风水．四川中医，1986；（10）：32.
陈中一．经方（越婢汤）治愈小儿急性肾炎 2 例．四川中医，1986；（10）：32.
刘光福．肾气丸临床运用举隅．陕西中医，1986；（10）：455.
王旭初．《金匮》乌头汤治疗历节病 24 例．陕西中医，1986；（10）：512.
王承训．大柴胡汤加减治疗胆绞痛 324 例临床观察．中医杂志，1986；（10）：44.
王建康．五苓散治妇科病三则．四川中医，1986；（11）：14.
邵继棠．桂枝汤治疗妊娠恶阻．四川中医，1986；（11）：34.
潘端．干姜人参半夏汤治疗妊娠恶阻．四川中医，1986；（11）：34.
王明宇．红蓝花酒治疗产后恶漏不尽．四川中医，1986；（11）：35.
黄福斌．大半夏汤治愈顽固性贲门失弛缓症．江苏中医杂志，1986；（11）：16.
杜李方．桂枝汤加减治疗重型乙脑一则．新中医，1986；（12）：26.
赵荣俊．运用大黄䗪虫丸治验三则．中医杂志，1986；（12）：26.
潘朝明．白塞氏综合征（大面积外阴溃疡）治验 1 例．新中医，1987；（1）：38.
李凤翔．运用小建中汤的临床体会．国医论坛，1987；（1）：23.
高平安．经方（白头翁加甘草阿胶汤等）验案三则．国医论坛，1987；（1）：26.
丁德正．酸枣仁汤治疗精神病的验案与体会．河南中医，1987；（1）：21.
卜平．防己黄芪汤治疗习惯性流产．河南中医，1987；（1）：39.
陈连起．防己黄芪汤治疗水肿举隅．陕西中医，1987；（1）：27.
盖世昌．大黄䗪虫丸治疗静脉曲张并发症与后遗症的探讨．中医药学报，1987；（1）：34.
欧阳雄．加减大柴胡汤治疗急性胰腺炎（附 85 例临床观察）．湖南中医杂志，1987；（1）：23.
何语金．大承气汤治疗急危重症．湖南中医杂志，1987；（1）：24.
胡贵全．经方（大柴胡汤）新用治急症．湖南中医杂志，1987；（1）：25.
黄光洪．加味泽泻汤治疗眩晕证．湖南中医杂志，1987；（1）：30.
崔振儒．钟育衡教授应用苓桂术甘汤治疗饮证经验．黑龙江中医药，1987；（1）：5.
贾春华．甘遂半夏汤方解质疑．黑龙江中医药，1987；（1）：33.
李庆升．桂枝茯苓丸妇科临证举隅．黑龙江中医药，1987；（1）：49.
薛近芳．浅谈《金匮》妇人病治肝法的运用．黑龙江中医药，1987；（1）：50.
戚广崇．天雄丸治疗男子不育症 32 例疗效观察．中医医药学报，1987；（1）：36.
王宝丽（天津中医学院第二附属医院）．《金匮》胎前病三方一得．新疆中医药，1987；（1）：27.
秦书礼（黑龙江中医学院）．略论《金匮》建中汤的临床应用．甘肃中医，1987；（1）：30.
沈继泽（南京中医学院）．以金匮肾气丸为主治疗强的松引起的并发症．中医杂志，1987；（1）：45.
任晓东．经方（黄土汤等）治验三则．天津中医学院学报，1987（1）：46.
何若苹．略谈猪苓汤之应用．浙江中医学院学报，1987；（1）：40.
徐小林．桂枝汤合玉屏风散临床运用举隅．陕西中医，1987；（2）：69.
沈才栋．苓桂术甘汤临床应用举隅．陕西中医，1987；（2）：70.
邓济良．黄芪桂枝五物汤运用三则．四川中医，1987；（2）：12.
曹华勋．麻杏薏甘汤治疗皮痹．四川中医，1987；（2）：40.
刘正水．肾着（以甘姜苓术汤）治验．四川中医，1987；（2）：44.
张绍舜．《金匮》温经汤治疗不孕症 25 疗效总结．国医论坛，1987；（2）：26.
王三虎．五苓散现代研究综述．国医论坛，1987；（2）：51.
谢兆丰．《金匮》泻心汤眼耳鼻喉科的应用．吉林中医药，1987；（2）：22.
高鹏祥．大黄䗪虫丸治验三则．吉林中医药，1987；（2）：25.
张海莹．当归芍药散研究应用概况．吉林中医药，1987；（2）：32.

孙自文．大柴胡汤加减治疗肾盂积水 1 例．中医药学报，1987；(2)：52.
王秀芬．白塞氏综合征治验．黑龙江中医药，1987；(2)：42.
徐功覃．下法临床举隅．辽宁中医杂志，1987；(2)：31.
彭治安．小柴胡汤悬饮（附 42 例临床观察）．湖南中医杂志，1987；(2)：12.
何俊．（黄土汤治疗）重症消化道出血．湖南中医杂志，1987；(2)：13.
潘兆文．小柴胡汤治疗疑难杂症．湖南中医杂志，1987；(2)：34.
章火胜．当归芍药散治验．湖南中医杂志，1987；(2)：34.
余惠民．当归芍药散验案三则．湖南中医杂志，1987；(2)：37.
吴自生．大黄甘草汤加味治疗新生儿便秘 12 例．湖北中医杂志，1987；(2)：53.
刘浩江．半夏泻心汤加减治疗贲门痉挛 41 例．浙江中医杂志，1987；(2)：61.
高尚社．白头翁汤在妇科的应用．浙江中医杂志，1987；(2)：80.
周清发．浅谈《金匮要略》治疗瘀血证．陕西中医函授，1987；(2)：21.
苏玉仑．复方小柴胡汤治疗急性肾小球肾炎 36 例．天津中医学院学报，1987；(2)：41.
许金星．桂枝汤治疗产后病举隅．天津中医学院学报，1987；(2)：42.
徐小林．桂枝汤合玉屏风散临床运用举隅．天津中医学院学报，1987；(2)：42.
蔺伟斌．大黄牡丹汤之应用．甘肃中医学院学报，1987；(2)：25.
刘善锁．皂荚丸临床应用一隅．成都中医学院学报，1987；(2)：24.
刘天阁．论《金匮》白术附子汤证治．山东中医学院学报，1987；(2)：6.
内藏善文．肾气丸对精子缺乏症的临床和内分泌学研究．安徽中医学院学报，1987；(2)：61.
吴汉荣（陕西省汉中地区卫生学校）．金匮肾气汤化裁治疗功能性子宫出血 50 例．陕西中医函授，1987；(3)：39.
廖浚泉（云南省第一人民医院）．运用六经辨证治疗儿科疾病的经验．云南中医杂志，1987；(3)：20.
殷品之．《金匮瓜蒂散赤小豆辨析》之辨析．国医论坛，1987；(3)：28.
刘茂林．再探《金匮》中瓜蒂散中的赤小豆．国医论坛，1987；(3)：29.
王万坦．五苓散临床新用举隅．国医论坛，1987；(3)：55.
刘士俊．《金匮·狐惑》探疑．新疆中医，1987；(3)：5.
张熙照．桂枝汤在伤科的运用．四川中医，1987；(3)：32.
韩桂珍．胶艾汤加减治疗滑胎 36 例．中医函授通讯，1987；(3)：35.
张贵元．狐惑病治验．中医函授通讯，1987；(3)：40.
李淑琴．乌梅汤的临床应用．中医函授通讯，1987；(3)：41.
郑祥光．大柴胡汤加味治疗胆石症 120 例．山东中医杂志，1987；(3)：18.
王明如．大柴胡汤加减治疗总胆管内遗留死亡蛔虫 18 例．浙江中医杂志，1987；(3)：104.
吴沛田．白虎加桂枝汤的临床应用．浙江中医杂志，1987；(3)：140.
刘永铭．奔豚治验．黑龙江中医药，1987；(3)：46.
乐才文．半夏泻心汤加味治疗上消化道出血 39 例．湖北中医杂志，1987；(3)：22.
张祥福．乌头汤加味治疗急症二则．湖南中医杂志，1987；(3)：29.
王忠良．加减乌梅汤治疗休息痢．湖南中医杂志，1987；(3)：52.
梁菊生．刘志明老中医谈猪苓汤加味治疗慢性肾炎的经验．甘肃中医学院学报，1987；(3)：16.
顾武军．桂枝汤证治．南京中医学院学报，1987；(3)：19.
王淳．当归芍药散解除腹部术后疼痛．新中医，1987；(4)：42.
郑现甫．大承气汤加味治疗耳鸣 1 例．四川中医，1987；(4)：48.
樊淡．苓桂术甘汤加味治疗结核性渗出性胸膜炎 49 例．国医论坛，1987；(4)：36.
李翠萍．《金匮》方治疗妇科肝病举隅．国医论坛，1987；(4)：38.
李彦民．孙绍良运用黄芪桂枝五物汤治颈肩腰腿痛的经验．陕西中医，1987；(4)：147.
王光晃．麦门冬汤临床应用举隅．吉林中医药，1987；(4)：24.
黄发盛．黄芪桂枝五物汤点滴应用．福建中医药，1987；(4)：60.

尹铁汉．桂枝芍药转母汤在临床中的应用．黑龙江中医药，1987；(4)：26.
何若苹．苓桂草枣汤的临床应用．江苏中医杂志，1987；(4)：180.
岳泽民．黄芪桂枝五物汤治疗心肝肾疾患．浙江中医杂志，1987；(4)：156.
金定国．大黄牡丹汤治疗热毒型讧痈．浙江中医杂志，1987；(4)：166.
刘俊士．乌头赤石脂丸的辨证新用．北京中医杂志，1987；(4)：28.
王雪玲．桂枝汤方在《金匮》中的运用．中医函授通讯，1987；(4)：12.
姜荣华．桂枝汤加味治疗痹证50例体会．中医函授通讯，1987；(4)：37.
刘爱民．《金匮》治宜痰饮咳喘四方剖析．陕西中医函授，1987；(4)：16.
王福祥．黄芪桂枝五物汤治疗肩周炎30例临床疗效观察．陕西中医函授，1987；(4)：37.
孙品俨．大承气汤临床应用及实验研究．天津中医学院学报，1987；(4)：37.
朱建华．小柴胡汤的临床应用．北京中医学院学报，1987；(4)：21.
马诚伟．甘麦大枣汤治例流泪症．成都中医学院学报，1987；(4)：25.
高杏斋．金匮肾气丸治例疑难胃脘痛．成都中医学院学报，1987；(4)：25.
唐玉仲（浏阳县中医院）．真阳式微治验．湖南中医杂志，1987；(4)：40.
刘景祺．小柴胡汤合泽泻汤治术后脑积水．新中医，1987；(5)：45.
王金洲．黄芪桂枝五物汤在妇科临床中的应用．河南中医，1987；(5)：43.
王新昌．小青龙汤临床举验．河南中医，1987；(5)：45.
赵为．运用葛根汤治验举隅．天津中医，1987；(5)：40.
潘筠．《金匮》痰饮治案四则．中医药学报，1987；(5)：30.
程力敏．甘遂半夏汤方证刍议．中医药学报，1987；(5)：33.
陈麟．小建中汤治疗内科急症举隅．湖南中医杂志，1987；(5)：30.
刘时尹．葶苈大枣泻肺汤治疗内科急症．湖南中医杂志，1987；(5)：33.
彭景星．加味桂枝茯苓丸治疗附件炎30例．湖北中医杂志，1987；(5)：14.
张介眉．经方（当归生姜羊肉汤等）运用举隅．湖北中医杂志，1987；(5)：26.
唐祖宣．附子苡仁败酱散治疗肠痈25例．北京中医杂志，1987；(5)：32.
夏永潮．茵陈五苓散加味治疗手足心黄6例．北京中医杂志，1987；(5)：33.
张工彧．桂枝茯苓丸在国内外应用及研究进展．北京中医杂志，1987；(5)：45.
周清发．小柴胡汤治肾盂肾炎的体会．浙江中医杂志，1987；(5)：199.
余诗诚．桂枝茯苓丸治疗卵巢囊肿、输卵管积水．浙江中医杂志，1987；(5)：211.
高雪．小柴胡汤加减治愈系统性红斑狼疮1例报告．黑龙江中医药，1987；(5)：42.
杨恒裕．当归芍药散加味治疗黄褐斑235例．北京中医学院学报，1987；(5)：36.
李发枝．《金匮》方治验三则．河南中医，1987；(6)：20.
谢务栋．桂枝茯苓丸在妇科的运用．河北中医，1987；(6)：15.
吴仕骥．张锡纯对《金匮要略》精义的运用与发挥拾零．河北中医，1987；(6)：19.
姜彩兰．薯蓣丸的临床运用．山东中医杂志，1987；(6)：23.
徐玉兰．当归芍药散应用举隅．山东中医杂志，1987；(6)：24.
张志坚．白塞氏病治验2例．江苏中医杂志，1987；(6)：16.
侯学武．溃疡病大出血（以黄土汤）治验一得．陕西中医函授，1987；(6)：45.
叶益丰．经方（大黄附子汤等）治疗重症举隅．浙江中医学院学报，1987；(6)：24.
孙界平．五苓散为主治疗早期肾功能不全20例．新中医，1987；(7)：44.
李一立．大黄牡丹汤加味治不孕症．四川中医，1987；(7)：10.
朱沛舟．五苓散治愈肾性高血压．四川中医，1987；(7)：22.
张家驹．大建中汤治愈胃扭转1例．新中医，1987；(8)：48.
徐小林．大黄附子汤治验．四川中医，1987；(8)：12.
刘寿康．加减大黄牡丹皮汤治愈肾周脓肿．四川中医，1987；(8)：27.
毛忠栋．乌头汤治疗痛痹．四川中医，1987；(8)：35.

邓天龙．当归芍药散药理及临床研究进展．浙江中医杂志，1987；（8）：345.
苏尔云．大黄䗪虫丸为主治疗再生障碍性贫血一则．新中医，1987；（9）：43.
雷蕴瑛．（甘麦大枣汤治疗）癔病性黑蒙症．四川中医，1987；（9）：40.
罗秀素．桂枝汤治疗过敏性疾病．浙江中医杂志，1987；（9）：412.
吴远定．附子粳米汤治验．四川中医，1987；（10）：5.
刘万生．（用大黄牡丹汤）治疗肠痈的体会．四川中医，1987；（11）：19.
王文铎．当归芍药散临床应用体会．四川中医，1987；（11）：22.
于辉瑶．仲景“虚、积冷、结气”病机初探．陕西中医，1987；（11）：519.
曹是褒．大黄甘草汤儿科临床应用．浙江中医杂志，1987；（11）：514.
张维广．《金匮》侯氏黑散治疗原发性高血压．上海中医药杂志，1987；（11）：25.
罗国良．小青龙汤治闭经一则．新中医，1987；（12）：17.
陶政燮．甘草干姜汤治验三则．四川中医，1987；（12）：9.
李兰舫．附子苡仁败酱散治疗卵巢囊肿11例．浙江中医杂志，1987；（12）：538.
戴长林．运用经方（越婢加术汤）治疗急慢性肾炎经验举隅．江苏中医杂志，1987；（12）：9.
谢自成．甘姜苓术汤加减对儿科遗尿、腹泻、脱肛、喘证的应用．上海中医药杂志，1987；（12）：17.
叶朝文．加味大承气汤用于大肠癌患者术前准备的临床观察．上海中医药杂志，1987；（12）：20.
樊文有．大承气汤之临床应用．河南中医，1988；（1）：11.
许振亚．狐惑病治验．中医研究，1988；（1）：20.
张学通．桂枝茯苓丸的制剂学研究：丸剂和煎剂成分的比较．中医研究，1988；（1）：44.
刘喜．小柴胡汤治疗奇病四则．吉林中医药，1988；（1）：23.
罗夕佳．以通为用（附子苡仁败酱散等）治肠痈．新疆中医药，1988；（1）：13.
王秀玉．栝蒌薤白半夏汤的临床应用举隅．福建中医药，1988；（1）：41.
陈桂铭．狐惑病．湖南中医杂志，1988；（1）：39.
秦书礼．《金匮》痰饮治案五则．陕西中医函授，1988；（1）：4.
王翠娥．十枣汤及其临床应用．中医函授通讯，1988；（1）：23.
沈才栋．小柴胡汤临床运用举隅．实用中医内科杂志，1988；（1）：25.
赵景华．桂枝汤临床应用．实用中医内科杂志，1988；（1）：41.
李齐昌．应用甘草泻心汤治愈白塞氏病．实用中医内科杂志，1988；（1）：45.
任光荣．黄芪建中汤治疗溃疡病的机理．南京中医学院学报，1988；（1）：18.
谢炳国．《金匮》肠痈方治疗盆腔炎44例小结．贵阳中医学院学报，1988；（1）：23.
庄诚．泽泻汤加柴胡汤治疗化脓性中耳炎．成都中医学院学报，1988；（1）：19.
林家坤．桂枝汤治疗杂病的经验．成都中医学院学报，1988；（1）：25.
张朝青．升麻鳖甲汤治验二则．成都中医学院学报，1988；（1）：27.
陈昌文．甘麦大枣汤的运用心得．成都中医学院学报，1988；（1）：28.
王成壁．乌梅丸临床应用一得．成都中医学院学报，1988；（1）：29.
种清治．黄芪桂枝五物汤加减治疗风湿性关节炎的体会．陕西中医学院学报，1988；（1）：35.
林郁芳．大黄䗪虫丸临床新用．浙江中医学院学报，1988；（1）：26.
张兆岐．桂枝龙骨牡蛎汤加减治疗更年期综合征．新中医，1988；（2）：46.
侯恒太．头风摩散外用治肌肤顽麻疼痛．河南中医，1988；（2）：20.
段天禄．奔豚汤在儿科临床中的新用．河南中医，1988；（2）：26.
高福寿．小青龙汤经验偶拾．四川中医，1988；（2）：10.
施晓敏．五苓散加味治愈膀胱咳．四川中医，1988；（2）：11.
张生权．小承气汤治愈不全性截瘫．四川中医，1988；（2）：44.
钱光明．五苓散临床新用五则．国医论坛，1988；（2）：27.
刘传法．小青龙汤治疗卡他性中耳炎14例．国医论坛，1988；（2）：28.
樊淡．苓甘五味加姜辛半杏大黄汤治疗癫痫大发作102例小结．国医论坛，1988；（2）：31.

巩殿琴．小建中汤在临床上的应用．吉林中医药，1988；（2）：27.
吴声钦．黄芪建中汤加味治疗虚寒证溃疡病25例．福建中医药，1988；（2）：12.
高绍利．大承气汤在内科急症中运用的体会．湖南中医杂志，1988；（2）：23.
刘顺俊．桂枝茯苓丸加减治疗皮肤变应性细节性血管炎30例．湖北中医杂志，1988；（2）：26.
陈兆洋．己椒苈黄丸合黄酮治疗肝硬化腹水22例．北京中医杂志，1988；（2）：20.
胡立敏．竹皮大丸功效证治浅析．国医论坛，1988；（3）：6.
孙希圣．经方（黄芪建中汤）治愈遗传性球形红细胞增多症1例．国医论坛，1988；（3）：16.
明鸣．皂荚丸验案二则．国医论坛，1988；（3）：25.
刘春甫．经方（附子汤等）治验举隅．国医论坛，1988；（3）：29.
王玉芝．薯蓣丸在慢性疾病中的应用．河南中医，1988；（3）：10.
潘文奎．《金匮》方加味治疗疑难重症二则．四川中医，1988；（3）：7.
孔祥泰．五苓散加味治疗腰椎骨折继发癃闭．四川中医，1988；（3）：32.
王立华．试述百合病与脏躁病的内在联系．山西中医，1988；（3）：5.
苏礼．黄竹斋运用经方医案选评．陕西中医，1988；（3）：97.
田华勤．甘草泻心汤临床治验．陕西中医，1988；（3）：121.
张汝涛．桂枝茯苓丸临床应用举隅．河北中医，1988；（3）：36.
赵素云．大承气汤合桂附地黄加减治疗马尾圆锥综合征．河北中医，1988；（3）：37.
梅恒享．赤小豆当归汤加味治疗渗液性皮肤病28例．湖北中医杂志，1988；（3）：28.
王贤春．桂枝汤治疗恶阻（附64例临床观察）．湖南中医杂志，1988；（3）：17.
汪小毅．升麻鳖甲汤治愈慢性荨麻疹9例．江西中医药，1988；（3）：28.
郑大为．半夏泻心汤的临床应用．实用中医内科杂志，1988；（3）：114.
诸葛连祥．《金匮要略》瘀血证治临末应用举隅．云南中医学院学报，1988；（3）：36.
吴明先．桂枝汤治疗妇科病验案．成都中医学院学报，1988；（3）：26.
黄志华．栝蒌瞿麦丸合猪苓汤临证拾零．国医论坛，1988；（4）：17.
周增堂．金匮肾气丸治疗急慢性肾炎26例．国医论坛，1988；（4）：18.
傅淑明．经方治疗小儿疾患验案举隅．国医论坛，1988；（4）：20.
周春德．奔豚汤应用一则．河南中医，1988；（4）：15.
陈寿永．乌头汤临床运用举隅．河南中医，1988；（4）：23.
席增业．当归芍药散的妇科运用举隅．河南中医，1988；（4）：25.
贺念曾．《金匮》方（栝蒌薤白半夏汤）治胸痹三则．河南中医，1988；（4）：26.
杨瑞合．半夏泻心汤治疗消化道肿瘤三则．陕西中医，1988；（4）：17.
刘胜利．大黄牡丹汤治疗内痈举隅．陕西中医，1988；（4）：169.
柴可夫．泽泻汤加味治疗高脂血症30例．中医药研究，1988；（4）：26.
陈月爱．黄芪桂枝五物汤加减临床应用．福建中医药，1988；（4）：32.
郑振洪．小柴胡汤临证变通举隅．陕西中医函授，1988；（4）：10.
赵力维．当归芍药散胶囊治疗附件炎49例．湖北中医杂志，1988；（4）：25.
彭为民．金匮肾气丸临证举隅．湖南中医杂志，1988；（4）：38.
陈忠琳．吴茱萸汤治疗失血证1例．实用中医内科杂志，1988；（4）：172.
季炳奇．旋覆花汤加减的临床应用．实用中医内科杂志，1988；（4）：176.
吉国智．大承气汤加味灌肠治疗子痫1例．贵阳中医学院学报，1988；（4）：49.
罗灼玲．大承气汤影响肝脏核酸含量的实验研究．广州中医学院学报，1988；（4）：211.
郄录贵．小柴胡汤治疗脱发．北京中医学院学报，1988；（4）：36.
罗鸿科．当归芍药散加味治疗慢性肾病的体会．湖南中医学院学报，1988；（4）：18.
叶婉筠．当归芍药散在计划生育术后诸症应用三则．安徽中医学院学报，1988；（4）：32.
王宗铁．经方（五苓散等）新用三则．新中医，1988；（5）：44.
孙广健．甘草干姜苓术汤治疗鼻衄．四川中医，1988；（5）：15.

陈兆洋．大黄䗪虫丸治疗癥瘕从证．四川中医，1988；（5）：31.
刘庆增．乌头赤石脂丸处方研究．中成药研究，1988；（5）：45.
江克明．肾气丸治夜尿．中成药研究，1988；（5）：46.
王俐芳．谢海洲（运用栝蒌薤白白酒汤）治疗胸痹的经验．湖北中医杂志，1988；（5）：2.
孟继民．乌头汤治疗痹证 74 例．湖北中医杂志，1988；（5）：21.
胡兆满．半夏泻心汤验案二则．湖北中医杂志，1988；（5）：32.
林天东．《金匮》百合病误治方证之浅见．陕西中医函授，1988；（5）：12.
俞昌德．黄芪建中汤的临床应用．福建中医药，1988；（5）：63.
何若苹．栝蒌瞿麦丸的临床应用．浙江中医学院学报，1988；（5）：21.
秦亮．儿科运用小承气汤一得．天津中医，1988；（6）：37.
唐丽．大黄䗪虫丸治验．天津中医，1988；（6）：38.
宋远忠．大青龙汤治疗暑热无汗 300 例．天津中医，1988；（6）：45.
李德新．温经汤治疗月经后期 40 例．河南中医，1988；（6）：24.
宋跃飞．小青龙汤加味治疗顽固性寒性咳嗽 7 例．山西中医，1988；（6）：15.
罗会治．《金匮·妇人病》篇中妇人腹痛的证治浅谈．吉林中医药，1988；（6）：3.
聂有智．小柴胡汤治疗产后、术后发热 13 例．吉林中医药，1988；（6）：16.
杨林．茵陈五苓散加减治疗心源性黄疸 46 例．湖北中医杂志，1988；（6）：17.
贾宗荣．桂枝加龙骨牡蛎汤治疗脑动脉硬化症 1 例．湖北中医杂志，1988；（6）：33.
罗再生．小柴胡汤新用三则．湖北中医杂志，1988；（6）：33.
马邦义．经方（麻杏石甘汤）治验二则．湖北中医杂志，1988；（6）：34.
王致道．《金匮》黄土汤治疗虚寒型远血 160 例．浙江中医杂志，1988；（6）：253.
沈之嶒．附子苡仁败酱散治疗耳内流脓．浙江中医学院学报，1988；（6）：35.
汪荫华（东台市人民医院）．仲景经方临证治验录．南京中医药大学学报，1998；（6）：371.
赵云芳．半夏厚朴汤治疗胸痹．四川中医，1988；（7）：11.
姜晓．五苓散治痄腮．四川中医，1988；（7）：34.
钱光明．经方（抵挡丸等）新用五则．新中医，1988；（8）：40.
张国茹．栝蒌薤白半夏汤加味治疗老年冠心病 3 例．四川中医，1988；（8）：14.
郭安生．小柴胡汤加味在妇科临床的运用．新中医，1988；（9）：42.
谢沛荣．小柴胡汤运用举隅．新中医，1988；（9）：43.
邹寿华．吴茱萸汤合苓桂术甘汤治疗鞘膜积液．四川中医，1988；（9）：32.
李德俭．学习仲景治痹理论的点滴体会．浙江中医杂志，1988；（9）：416.
霸效丹．大柴胡汤治验三则．河北中医，1988；（10）：28.
寇邦燕．十枣汤治单胀．四川中医，1988；（11）：24.
杨家茂．乌梅丸治哮喘、肺炎．四川中医，1988；（12）：24.
米燕青．甘麦大枣汤治例妊娠恶阻 1 例．上海中医药杂志，1988；（12）：10.
董廷瑶．桂枝汤治疗小儿厌食症．上海中医药杂志，1988；（12）：18.
常建林．小柴胡汤加味治疗悬饮 40 例．河南中医，1988；（增刊）：38.
冯玉萍．小柴胡汤治疗背部寒冷如掌大一则．河南中医，1988；（增刊）：82.
周子娄．当归芍药散治疗术后胃肠功能紊乱．新中医，1989；（1）：35.
黄光洪．经方治眩晕验案三则．新中医，1989；（1）：43.
任晓明．乌头赤石脂丸治疗胸痹一得．天津中医，1989；（1）：11.
曹洪寿．甘姜苓术汤治验四则．天津中医，1989；（1）：38.
畅达．五苓散治愈肾盂积水．四川中医，1989；（1）：27.
李友存．小柴胡汤加味治疗妊娠恶阻．四川中医，1989；（1）：37.
阮诗伟．大黄附子汤治疗上腹暴痛 20 例．国医论坛，1989；（1）：20.
王文．半夏泻心汤加味治疗肝硬化．中医研究，1989；（1）：22.

尚小平．半夏厚朴汤加减应用偶得．河北中医，1989；(1)：21.
李志华．小柴胡汤治外感发热一得．河北中医，1989；(1)：29.
田淑霄．旋覆花汤治半产漏下刍议．陕西中医，1989；(1)：46.
陈秀琴．《金匮》泻心汤治急症三则．吉林中医药，1989；(1)：15.
王俐羚．黄芪建中汤加味治疗虚寒型痛证验案．福建中医药，1989；(1)：44.
黄德尚．桂枝加龙骨牡蛎汤加味治疗上消化道出血25例．湖北中医杂志，1989；(1)：10.
李玉海．经方（柏叶汤等）治验四则．湖北中医杂志，1989；(1)：34.
刘德喜．苓桂术甘汤加味治疗血管神经性头痛1例．湖北中医杂志，1989；(1)：45.
叶秉仁．葛根汤加味治脑漏．江苏中医杂志，1989；(1)：19.
范欣生．炙甘草汤的研究和应用概况．江苏中医杂志，1989；(1)：41.
张克畏．乌头汤加味治疗坐骨神经痛．实用中医内科杂志，1989；(1)：25.
田中峰．苇茎汤治疗肺痈16例疗效观察．实用中医内科杂志，1989；(1)：37.
石志乔．五苓散加减治疗肾炎水肿42例．实用中医内科杂志，1989；(1)：40.
董圣群．五苓散治疗内耳眩晕病．浙江中医学院学报，1989；(1)：24.
史锁芳．李石青应用柴胡桂枝干姜汤的经验．南京中医学院学报，1989；(1)：24.
达南．小柴胡汤临床应用体会．新中医，1989；(2)：19.
程厚华．大黄甘草汤治急性病毒性肝炎及其并发症报告．新中医，1989；(2)：40.
王忠民．妇科术后运用温经汤的经验．河南中医，1989；(2)：11.
刘爱国．当归生姜羊肉汤治愈冬季闭经2例．国医论坛，1989；(2)：49.
杨爱国．葛根汤的临床应用．光明中医，1989；(2)：16.
蒋建军．黄土汤临床应用三则．陕西中医，1989；(2)：75.
张宗如．桂枝汤在妇科的应用．吉林中医药，1989；(2)：30.
王青贵．小柴胡汤治疗妇科疾病临证举隅．内蒙古中医药，1989；(2)：26.
赵先锋．经方（黄芪汤等）二则．辽宁中医杂志，1989；(2)：31.
侯希明．金匮肾气丸配通关散治尿闭．辽宁中医杂志，1989；(2)：44.
王三山．栝蒌薤白白酒汤临床配伍治验．实用中医内科杂志，1989；(2)：28.
陈树人．吴茱萸汤加味临床治愈．实用中医内科杂志，1989；(2)：36.
冯永．小半夏加茯苓汤的无机元素与治疗作用关系的实验研究．贵阳中医学院学报，1989；(2)：47.
王三虎摘译．甘麦大枣汤治疗小儿情绪性惊厥．南京中医学院学报，1989；(2)：14.
路德华．防己黄芪汤加味治疗水肿．南京中医学院学报，1989；(2)：30.
冯永．小半夏加茯苓汤的无机元素与治疗作用关系的实验研究．贵阳中医学院学报，1989；(2)：47.
徐洁生．悬饮（以葶苈大枣泻肺汤）治验．北京中医学院学报，1989；(2)：25.
傅传国．《金匮》下瘀血汤合枳实芍药散治愈顽固性呃逆1例．云南中医学院学报，1989；(2)：24.
陈伯涛．半夏厚朴汤、甘麦大枣汤论治．安徽中医学院学报，1989；(2)：17.
黄道富．甘草附子汤治疗痛证举隅．河南中医，1989；(3)：9.
朱志超．黄芪桂枝五物汤临床运用．四川中医，1989；(3)：15.
李德俭．黄芪桂枝五物汤临床应用．光明中医，1989；(3)：30.
何克哲．金匮肾气丸治例两则性交不射精症．江西中医药，1989；(3)：6.
马冠英．竹皮大丸治愈产后高热．江西中医药，1989；(3)：63.
于世良．蒲灰散治疗急性黄疸型肝炎．浙江中医杂志，1989；(3)：130.
邵金阶．甘麦大枣汤治验二则．湖北中医杂志，1989；(3)：37.
李荣健．甘麦大枣汤治疗小儿遗尿症．湖北中医杂志，1989；(3)：38.
胡国俊．胡翘武运用大黄䗪虫丸验案介绍．上海中医药杂志，1989；(3)：22.
田玉华．小柴胡汤证治拾遗．实用中医内科杂志，1989；(3)：23.
祝君逵．仲景方（大黄牡丹汤等）为主治疗阑尾周围脓肿18例．南京中医学院学报，1989；(3)：24.
孙光远．大柴胡汤加减治疗急性胆囊炎、胆石症52例．广州中医学院学报，1989；(3)：130.

李杰芬．日本对小柴胡汤的研究及临床应用进展．广州中医学院学报，1989；(3)：171.
谢鼎苏．干姜人参半夏丸治疗妊娠呕吐不止．湖南中医学院学报，1989；(3)：141.
何克哲（解放军86260部队卫生队）．金匮肾气丸治愈2例性交不射精症．江西中医药，1989；(3)：6.
彭万年．小青龙汤临证验案．新中医，1989；(4)：18.
侯桂丽．五苓散加味治水疝．四川中医，1989；(4)：12.
唐恩勇．大黄䗪虫丸治疗类风湿性关节炎．四川中医，1989；(4)：32.
陈兵跃．茵陈五苓散加减治疗盗汗62例．国医论坛，1989；(4)：17.
唐伟华．苓桂甘枣汤新用二则．国医论坛，1989；(4)：18.
陈斌．经方（当归生姜羊肉汤）治愈文二氏综合征1例．国医论坛，1989；(4)：18.
谢文军．乌梅丸加味治愈青光眼．国医论坛，1989；(4)：26.
罗铸平．桂枝加龙骨牡蛎汤新用四则．陕西中医，1989；(4)：171.
王新志．桂枝汤治疗皮肤疾病．中医研究，1989；(4)：36.
宋立群．大黄䗪虫丸治疗经期头痛．中医药学报，1989；(4)：25.
王瑞如．半夏厚朴汤治疗癫狂证．江西中医药，1989；(4)：34.
李长青．栝蒌薤白白酒汤治验举隅．黑龙江中医药，1989；(4)：31.
张明亚．《金匮要略》经方运用．黑龙江中医药，1989；(4)：33.
张永祯．金匮肾气丸治疗胃及十二指肠溃疡．黑龙江中医药，1989；(4)：56.
陆曦．小柴胡汤加减治疗皮质激素副作用31例．福建中医药，1989；(4)：23.
邓明．桂枝芍药知母汤加减治疗坐骨神经痛30例．湖北中医杂志，1989；(4)：18.
侯淑英．大黄牡丹汤治疗肠痈50例．中医函授通讯，1989；(4)：31.
胡一斋．桂枝汤加味治验四则．实用中医内科杂志，1989；(4)：39.
刘桂芬．《金匮》泻心汤加味治疗三焦热症．北京中医学院学报，1989；(4)：34.
张云彬．苓桂术甘汤化学成分的实验研究．贵阳中医学院学报，1989；(4)：49.
宋建萍．越婢加术汤证有无汗出之我见．安徽中医学院学报，1989；(4)：16.
王坤．黄芪桂枝五物汤治愈痿证．四川中医，1989；(5)：38.
王永钦．金匮肾气丸在耳鼻喉科的运用．河南中医，1989；(5)：7.
姜润林．运用经方（半夏泻心汤）治疗胆汁返流性胃炎．河南中医，1989；(5)：9.
侯恒太．小柴胡汤活用一得．河南中医，1989；(5)：10.
房景芬．仲景小方（大黄甘草汤等）应用举隅．河南中医，1989；(5)：14.
明鸣．《金匮》“死证”的临床观察及衷中参西实践．国医论坛，1989；(5)：8.
海崇熙．守用经方（瓜蒂散等）治疗慢肝举验．国医论坛，1989；(5)：21.
程群才．升麻鳖甲汤临床应用举隅．国医论坛，1989；(5)：22.
颜乾麟．肾气丸新用举隅．国医论坛，1989；(5)：25.
张定基．桂枝汤衍变规律及其扩展应用．天津中医，1989；(5)：33.
姚晓渝（山东中医学院）．金匮肾气丸对“阳虚”模型动物血液和脑组织中超氧化物歧化酶活力的影响．中国药学杂志，1989；(5)：283.
王海红．肾着汤加味治疗尿频症113例小结．河北中医，1989；(5)：1.
韩荣响．大柴胡汤应用举隅．河北中医，1989；(5)：10.
凌绥百．小柴胡汤治疗妊娠恶阻320例．陕西中医，1989；(5)：203.
秦亮．大承气在儿科的运用．陕西中医，1989；(5)：219.
方承康．半夏泻心汤正误谈．江西中医药，1989；(5)：24.
干祖望．张仲景方在耳鼻喉科的运用．福建中医药，1989；(5)：9.
黄水源．加味大承气汤治疗粘连性肠梗阻14例．福建中医药，1989；(5)：48.
孔庆洛．小柴胡汤临证应用二则．福建中医药，1989；(5)：52.
石炳武．大柴胡汤治疗疑难杂病拾零．陕西中医函授，1989；(5)：12.
何若苹．旋覆花汤的临床应用．浙江中医杂志，1989；(5)：222.

梁剑斌．小柴胡汤国外研究新进展．江苏中医杂志，1989；（5）：47.
张菊兰．蒲灰散加味治疗前列腺肥大急性尿潴留．云南中医杂志，1989；（5）41.
张均斌．小柴胡汤的临床解热作用与剂型改进．中国中药杂志，1989；（5）：55.
庞鹤．《金匮》赤丸证释与临床运用举隅．北京中医学院学报，1989；（5）：13.
丁玉冰．经方（当归贝母苦参丸）治验举隅．北京中医学院学报，1989；（5）：18.
李捍东．甘草干姜汤治疗遗尿．中医杂志，1989；（6）：276.
林家坤．桂枝加桂汤治疗输卵管结扎术后诸症．四川中医，1989；（6）：19.
黄道富．桂枝茯苓丸治滑胎．四川中医，1989；（6）：19.
陈明优．小青龙汤作用辨析．四川中医，1989；（6）：封3.
姜润林．小柴胡汤加减治疗小儿急性黄疸性肝炎62例．国医论坛，1989；（6）：16.
侯恒太．经方（乌梅丸等）活用二则．国医论坛，1989；（6）：19.
石占城．苓桂术甘汤临床应用举隅．河北中医，1989；（6）：19.
高怀杰．麦门冬汤临床应用体会．陕西中医函授，1989；（6）：38.
孙维民．防己茯苓汤治疗特发性水肿50例．山东中医杂志，1989；（6）：16.
姚念宏．甘草泻心汤重剂板兰根治疗狐惑病远期疗效观察．山东中医杂志，1989；（6）：17.
王成焕．附子苡仁败酱散合大黄牡丹汤阿米巴肝脓疡．浙江中医杂志，1989；（6）：242.
谢毓樟．乌梅丸治疗角膜溃疡一得．浙江中医杂志，1989；（6）：257.
余惠民．当归芍药散临床新用二则．新中医，1989；（7）：44.
乔成林．泻心汤加味治疗痤疮50例．陕西中医，1989；（7）：255.
曲瑰琦．小柴胡汤加减临床应用．陕西中医，1989；（7）：310.
牟重临．《金匮》木防己汤临床新用．陕西中医，1989；（7）：313.
李翼．浅谈五苓散的润燥功能．陕西中医，1989；（7）：321.
彭元成．大黄甘草汤临床应用．四川中医，1989；（7）：31.
庞俊群．小柴胡汤加味治疗坐骨神经痛．四川中医，1989；（7）：39.
陈槐．徐钟才应用小青龙汤的经验．上海中医药杂志，1989；（7）：35.
秦书勤．大黄䗪虫丸治疗外伤性癫痫．四川中医，1989；（8）：28.
黄明．吴茱萸汤加味治疗重症失眠．四川中医，1989；（8）：28.
严圣清（湖北荆门市中医院）．穴位割治治疗阳明头痛．四川中医，1989；（8）：50.
彭德徽（成都铜材厂卫生所）．独取少阳经穴治愈偏头痛．四川中医，1989；（8）：52.
彭光超．大黄附子汤加味治疗急症三则．陕西中医，1989；（8）：364.
白炳森．酸枣仁汤加味临床运用举隅．上海中医药杂志，1989；（8）：22.
高保群．大承气汤治疗老年咳嗽．四川中医，1989；（9）：15.
邵德田．麦门冬汤加味治疗胃阴不足型呕吐．四川中医，1989；（9）：21.
董杏初．桂枝茯苓丸治疗癃闭．四川中医，1989；（9）：26.
申斌．甘麦大枣汤在五官科的运用．四川中医，1989；（9）：44.
龙瑞泽．黄芪建中汤补救止痛的临床应用．陕西中医，1989；（9）：412.
鲁兴勇．大承气汤运用纪实．浙江中医杂志，1989；（9）：388.
杨德明．小柴胡汤加减治疗肝炎后综合征128例．浙江中医杂志，1989；（9）：393.
刘华．小柴胡汤治疗亨特氏综合征10例．浙江中医杂志，1989；（10）：453.
金明渊（上海市第六人民医院）．伤寒太阳病二候大青龙汤治验．上海中医药杂志，1989；（10）；21.
韩玉秀．半夏泻心汤加减治疗老年胃脘痛100例疗效观察．上海中医药杂志，1989；（10）：31.
黎志远．葶苈大枣泻肺汤在肺系疾病中的应用．新中医，1989；（12）：16.
蒲正国．半夏泻心汤治愈午时腋汗症．辽宁中医杂志，1989；（12）：12.
张存悌．半夏泻心汤在脾胃病中的应用．辽宁中医杂志，1989；（12）：14.
彭暾．泽泻汤治疗内耳眩晕病92例．陕西中医，1989；（12）：534.
王月林．《金匮》王不留行散治疗胆囊炎．中医杂志，1990；（1）：5.

严育斌．乌梅丸加味治疗男性不育症．中医杂志，1990；（1）：44.
彭暾．温经汤治疗新生儿硬肿症．四川中医，1990；（1）：25.
罗永成．桂枝加龙骨牡蛎汤治疗遗尿．四川中医，1990；（1）：29.
朱彤．小柴胡汤治子时瘙痒．四川中医，1990；（1）：43.
姚石安．用小柴胡汤预防肝硬化恶变为肝癌的试验．国医论坛，1990；（1）：48.
胡敏．桂枝茯苓丸方治疗放环后腹痛．中医研究，1990；（1）：43.
刘胜利．葶苈大枣泻肺汤的临床应用．福建中医，1990；（1）：42.
王海红．肾着汤加味治疗阳痿26观察．河北中医，1990；（1）：32.
何克绍．桂枝加龙骨牡蛎汤治疗遗精50例．浙江中医杂志，1990；（1）：5.
黄志华．小柴胡汤合一服散治疗小儿顽咳32例．浙江中医杂志，1990；（1）：10.
司在和．五苓散治疗皮肤病验案举隅．黑龙江中医药，1990；（1）：19.
艾华．金匮肾气丸古今临床应用．中医函授通讯，1990；（1）：5.
汤淳康．桂枝汤新用．贵阳中医学院学报，1990；（1）：60.
马大正．小柴胡汤治验二则．贵阳中医学院学报，1990；（1）：62.
薛光耀．经方治验举隅．北京中医学院学报，1990；（1）：封4.
沈兆熊．金匮肾气丸临床运用六则．南京中医学院学报，1990；（1）：33.
陈亚军．吴茱萸汤加味治愈雷鸣腹痛．浙江中医学院学报，1990；（1）：31.
薛璞．当归贝母苦参丸临床运用举隅．山西中医，1990；（2）：14.
陈国华．小柴胡汤加减治夜间病甚三则．山西中医，1990；（2）：23.
李武忠．加味防己黄芪汤治疗特发性水肿．四川中医，1990；（2）：33.
张云．桂苓五味甘草汤治疗低血压42例．河北中医，1990；（2）：9.
陈东成．桂枝加龙骨牡蛎汤应用三则．山东中医杂志，1990；（2）：21.
易敏文．半夏泻心汤加减治疗慢性浅表性胃炎53例．湖北中医杂志，1990；（2）：8.
涂用宏．栝蒌薤白白酒汤临床应用举隅．湖北中医杂志，1990；（2）：15.
邓朝纲．三黄汤内服外敷治愈麦粒肿166例．湖北中医杂志，1990；（2）：32.
王洪涛．黄芪桂枝五物汤治疗面肌痉挛1例．黑龙江中医药，1990；（2）：8.
刘运耀．半夏泻心汤治胃脘痛．福建中医药，1990；（2）：29.
洪德华．加味赤小豆当归汤治疗近血体会．浙江中医杂志，1990；（2）：61.
张宽智．黄芪桂枝五物汤妇科应用偶拾．浙江中医杂志，1990；（2）：68.
李建萍．黄芪桂枝五物汤运用举隅．江苏中医药，1990；（2）：78.
秦瑞民．大柴胡汤救治去痛片所致血厥1例．新疆中医药，1990；（2）：28.
舒昌杰．大黄䗪虫丸治疗乙型肝炎115例疗效观察．实用中西医结合杂志，1990；（2）：73.
张云彬．苓桂术甘汤的临床运用．贵阳中医学院学报，1990；（2）：52.
余盖娟．金匮肾气丸对白鼠过氧脂的影响．山东中医学院学报，1990；（2）：64.
张笑平．葶苈大枣泻肺汤治疗悬饮如何辨证加味．中医杂志，1990；（3）：56.
王天明．苓桂术甘汤治疗内耳眩晕21例．中医研究，1990；（3）：38.
常建林．茵陈蒿汤治疗急性黄疸型肝炎．中医研究，1990；（3）：41.
涂纪昌．越婢加术汤治疗蔬菜日光性皮炎．中医研究，1990；（3）：42.
马显忠．五苓散治腹泻不止．四川中医，1990；（3）：19.
王优芳．桂枝茯苓丸治疗子宫肌瘤．四川中医，1990；（3）：40.
赵德绥．近年来大柴胡汤在内科的应用．山西中医，1990；（3）：46.
王伯章．麻黄杏仁薏苡甘草汤活用举隅．上海中医药杂志，1990；（3）：22.
蒋运祥．当归芍药散治疗中心性视网膜脉络膜炎．浙江中医杂志，1990；（3）：114.
刘建萍．小柴胡汤治奇症．浙江中医杂志，1990；（3）：130.
黄云．经方（桂枝汤等）治验二则．浙江中医杂志，1990；（3）：130.
王胜利．当归芍药散临床辨证新用．湖北中医杂志，1990；（3）：24.

刘晓虹（湖南省中医药研究院临床研究所）．内服金匮肾气丸引起过敏1例．辽宁中医杂志，1990；（3）：23.
许萍．吴茱萸汤治呕偶得．中医函授通讯，1990；（3）：39.
张建荣．《金匮要略》对妇科学的贡献及治法特点．陕西中医函授，1990；（3）：4.
董德礼．栝蒌薤白白酒汤加味治疗冠心病．天津中医学院学报，1990；（3）：13.
尉中民．当归生姜羊肉汤治疗崩漏验案．北京中医学院学报，1990；（3）：47.
刘金生．经方治疗发热案例选析．北京中医学院学报，1990；（3）：50.
曹蓓蓓．桂枝汤化裁在异病同治中的应用．南京中医学院学报，1990；（3）：30.
黄又岐．硝石矾石散证治之我见．南京中医学院学报，1990；（3）：183.
张莹．当归芍药散加减治疗妊娠合并急性阑尾炎．天津中医，1990；（4）：38.
陈津生．癫痫病经方（桂枝汤）治验一则．天津中医，1990；（4）：38.
白春岭．运用苓桂术甘汤加味治疗眩晕1例．天津中医，1990；（4）：39.
孙支英．苓桂术甘汤治愈湿疹1例．四川中医，1990；（4）：43.
张紫月．桂枝茯苓丸治疗前列腺肥大．河南中医，1990；（4）：10.
高玉明．侯氏黑散临床运用札记．河南中医，1990；（4）：13.
徐登国．奔豚汤新用举隅．广西中医，1990；（4）：16.
王文阁．经方（大黄附子汤等）活用．中医研究，1990；（4）：33.
裴振宇．临床应用五苓散举隅．中医药研究，1990；（4）：31.
刘长生．半夏泻心汤的临床应用．新疆中医药，1990；（4）：59.
唐如娟．五苓散治月经后期．福建中医药，1990；（4）：16.
沈若星．桂枝汤治疗杂症3例．福建中医药，1990；（4）：46.
张家礼．《金匮》五行相制疗法及其应用．中医函授通讯，1990；（4）：150.
张育清．当归芍药散调治慢性肝炎．浙江中医杂志，1990；（4）：181.
陈旭辉．张谷才运用《金匮》方举隅．浙江中医杂志，1990；（4）：182.
张长恩．大柴胡汤证探究．北京中医杂志，1990；4）：40.
邵金阶．小柴胡汤加荆芥治疗“复感”．湖北中医杂志，1990；（4）：42.
陈忠琳．乌梅丸用妇科疾病．上海中医药杂志，1990；（4）：32.
吕志杰．经方（大青龙汤等）治验析义．北京中医学院学报，1990；（4）：25.
傅延龄．苓桂术甘汤对心血管的药理作用．北京中医学院学报，1990；（4）：47.
姚真敏．浅谈《金匮要略》对防治老年病的启迪．北京中医学院学报，1990；（4）：51.
陈大权（天津中医学院）．《金匮》百合病病理之探讨．天津中医，1990；（5）：27.
赵德语．百合病验案二则．山西中医，1990；（5）：37.
姚石安．柴胡桂枝汤合芍药甘草汤对伴有肝功能损害的抽搐发作患者的疗效．国医论坛，1990；（5）：封3.
杨德明．蒲灰散中之蒲黄不是蒲席之灰．国医论坛，1990；（5）：封3.
李金刚．半夏泻心汤加味治疗小儿消化不良．四川中医，1990；（5）：11.
王恒照．苓桂术甘汤加味治局部恶寒．四川中医，1990；（5）：23.
蒋淋岚．桂枝茯苓丸治疗盆腔囊肿．四川中医，1990；（5）：35.
张学文．小柴胡汤加味治疗暴聋．四川中医，1990；（5）：51.
杨振明．四逆汤加味治疗取缩证．河北中医，1990；（5）：33.
杨景山．小柴胡汤加味治疗三叉神经痛．广西中医药，1990；（5）：35.
李淑琴．黄芪建中汤加味治疗过敏性鼻炎60例．辽宁中医杂志，1990；（5）：39.
郭路南．小柴胡汤加减治疗小儿传染性单核细胞增多症．浙江中医杂志，1990；（5）：206.
李廷富．乌头汤加味治疗椎管狭窄症35例观察．黑龙江中医药，1990；（5）：22.
侯学武（惠农县人民医院）．金匮肾气丸加减治验5例．宁夏医学杂志，1990；（5）：306.
金润（北京长城制药厂）．金匮八味抗衰液的研制．中成药，1990；（5）：35.

张秀萍（浙江省中医学会）．浅谈《金匮要略》的安胎法及其临床应用．浙江中医学院学报，1990；（5）：6.
郑银梅．黄芪建中汤加味治疗慢性化脓性中耳炎30例．山西中医，1990；（6）：20.
伍璘．桂枝加龙骨牡蛎汤临床新用．四川中医，1990；（6）：28.
郭喜军．五苓散加味治愈梗阻性黄疸．四川中医，1990；（6）：29.
柴瑞震．桂枝茯苓丸治愈黄褐斑．四川中医，1990；（6）：41.
靳平领．脏躁（甘麦大枣汤）治验．河北中医，1990；（6）：19.
王海红．肾着汤加味治疗闭塞性静脉炎9例．河北中医，1990；（6）：31.
张天兰．赤小豆当归散加味治疗前列腺肥大．中医药研究，1990；（6）：5.
陈世怀．五苓散加味治疗急性泌尿系感染48例．福建中医药，1990；（6）：31.
何克哲．小建中汤治疗胃脘痛36例．福建中医药，1990；（6）：55.
顾庆华．陈伯涛经方治验举隅．黑龙江中医药，1990；（6）：1.
苏建华．小柴胡汤治疗耳聋2例．黑龙江中医药，1990；（6）：4.
郭玉良．大承气汤治愈肠梗阻1例．黑龙江中医药，1990；（6）：35.
杜见斌．枳术汤合芍药甘草汤加味治疗慢性胃炎70例．湖北中医杂志，1990；（6）：12.
黄道富．竹皮大丸在治疗男性病中的运用．江苏中医杂志，1990；（6）：270.
徐景藩．呕吐痰饮利小便，胃脘胀痛用贝母．上海中医药杂志，1990；（6）：32.
徐兴亮．苓甘五味姜辛汤临床应用体会．四川中医，1990；（7）：10.
牛新民．金匮肾气丸防治老年性白内障．四川中医，1990；（7）：47.
余美娟（山东中医学院）．金匮肾气丸对鹌鹑食饵性高脂血症和血清过氧化脂质的影响．中国药学杂志，1990；（7）：419.
蒲蔚安．黄芪桂枝五物汤治疗雷诺氏病．中医杂志，1990；（8）：27.
夏景莲．百合甘麦二汤合治功能性疾病．辽宁中医杂志，1990；（8）：27.
刘胜利．麦门冬汤加味治疗肺燥阴虚型声嘶30例．辽宁中医杂志，1990；（8）：36.
张振东．小柴胡汤加减治疗风水病27例．辽宁中医杂志，1990；（8）：36.
宋传荣．大黄甘草汤的临床应用．江苏中医杂志，1990；（8）：369.
李建华．肾着治验．四川中医，1990；（9）：44.
蒲正国．肾气丸治愈顽固性舌根疼痛．四川中医，1990；（9）：44.
张谷才．从《金匮》方来谈痹证的治疗．辽宁中医杂志，1990；（9）：17.
陈伯涛．当归芍药散治妇科病．上海中医药杂志，1990；（9）：35.
淡成林．栝蒌薤白白酒汤治疗消化道疾病举隅．四川中医，1990；（10）：30.
唐映红．吴茱萸汤治疗脾虚证的实验研究．辽宁中医杂志，1990；（10）：43.
姜润林．追思便血案，絮语话“黄土”．上海中医药杂志，1990；（10）：30.
马少武．苓桂术甘汤春夏服用防治哮喘．四川中医，1990；（11）：18.
丁建民．黄芪建中汤加味治愈萎缩性鼻炎．四川中医，1990；（11）：22.
贺长军．桂枝汤加味治愈顽固性瘙痒症．四川中医，1990；（11）：40.
陶家栋．黄芪建中汤加减治验三则．江苏中医杂志，1990；（11）：51.
詹阳春（上海市红光医院）．吴茱萸汤治疗厥阴头痛1例．中医杂志，1990；（12）：35.
詹阳春．吴茱萸汤治疗厥阴头痛1例．中医杂志，1990；（12）：35.
曹会波．肾气丸用验三则．四川中医，1990；（12）：13.
华隆虎．《金匮》乌头汤治疗外科病．四川中医，1990；（12）：38.
蒲德甫．以苓桂术甘汤探治银屑病．四川中医，1990；（12）：45.
虞觐冠．十枣汤的临床运用体会．辽宁中医杂志，1990；（12）：25.
刘叙仪（北京市肿瘤研究所）．六味地黄丸或金匮肾气丸辅助治疗小细胞肺癌的疗效观察．中西医结合杂志，1990；（12）：220.
底全厚．百合病治验．四川中医，1991；（1）：30.

杨盛友．黄芪桂枝五物汤治肩臂痛．四川中医，1991；（1）：36.
李武忠．桂枝茯苓丸治疗男扎术后痛性细节．四川中医，1991；（1）：36.
程运文．加味当归芍药散治疗美尼尔氏综合征110例．国医论坛，1991；（1）：9.
黄道富．十枣汤的临床新用．陕西中医，1991；（1）：29.
王延周．黄土汤治疗虚寒型出血疾病118例．吉林中医药，1991；（1）：24.
黄道富．大黄甘遂汤的临床应用．吉林中医药，1991；（1）：35.
秦瑞民．大柴胡汤治疗复方18甲短效口服避孕滴丸毒副反应100例．新疆中医药，1991；（1）：31.
陈超．黄芪桂枝五物汤加味治疗多发性神经炎35例疗效观察．新疆中医药，1991；（1）：41.
陈国华．黄芪建中汤临床运用举隅．新疆中医药，1991；（1）：封3.
王玉芹（兴安盟科右前旗）．金匮肾气丸治疗高血压．内蒙古中医药，1991；（1）：33.
高永祥．当归贝母苦参丸的临床应用．黑龙江中医药，1991；（1）：23.
房念东．十枣汤治疗小儿肺炎45例临床观察．山东中医杂志，1991；（1）：25.
程莉．黄芪桂枝五物汤新用．山东中医杂志，1991；（1）：31.
汪厚根．甘麦大枣汤治疗精神病二则．湖北中医杂志，1991；（1）：6.
李长城．桂枝茯苓丸治疗子宫肌瘤的体会．湖北中医杂志，1991；（1）：9.
秦有明．大黄䗪虫丸治疗便秘1例．湖北中医杂志，1991；（1）：48.
李嘉荣．小柴胡汤加减治疗男性房事不射精、不育症的临床研究．中医药研究，1991；（1）：49.
冯奕斌．解表祛邪治狐惑：诸葛连治疗白塞氏综合征的新经验．成都中医学院学报，1991；（1）：19.
李秀珍．苓桂术甘汤运用点滴经验．云南中医学院学报，1991；（1）：24.
陈伯涛．当归芍药散治验．南京中医学院学报，1991；（1）：27.
路军章．刘渡舟教授临证经方治验．北京中医学院学报，1991；（1）：21.
彭世桥．大柴胡汤治疗口腔面部急性炎症31例．陕西中医，1991；（2）：54.
魏承朴．当归芍药散在眼病中的应用．陕西中医，1991；（2）：79.
刘汝峰（山东省德州棉纺医院）．疏解少阳治心房纤颤．四川中医，1991；（2）：26.
李玉贤．《金匮》“大气一转”临床体会．新疆中医药，1991；（2）：46.
叶照林．薯蓣丸新解．吉林中医药，1991；（2）：48.
纪钧．大承气汤在皮肤科中的运用．广西中医药，1991；（2）：68.
周意萍．甘麦大枣汤在儿科的应用．浙江中医杂志，1991；（2）：88.
黄德尚．桂枝加龙骨牡蛎汤运用举隅．湖北中医杂志，1991；（2）：35.
张尧．五苓散加味治愈1例下肢炭疽杆菌性坏疽．云南中医杂志，1991；（2）：48.
何倜．大黄牡丹汤加减治疗实热型嵌顿痔．中医药学报，1991；（2）：15.
陆国均．温经汤治例顽固性瘾疑疹1例．中医药研究，1991；（2）：10.
卢春玲．乌头汤化裁治疗类风湿性关节炎．中医函授通讯，1991；（2）：33.
刘青云．大黄䗪虫丸对大鼠血液流变性的影响．安徽中医学院学报，1991；（2）：58.
丁跃玲．小青龙汤与苓甘五味姜辛夏汤的平喘祛痰作用实验研究与临床应用．河北中医学院学报，1991；（2）：26.
王恩元．仲景方加味治疗难治性呕吐验案3则．成都中医学院学报，1991；（2）：25.
钟新山（湖南省灰汤职工疗养院）．仲景方临床验证2例．湖南中医学院学报，1991；（3）：32.
毛志耀．半夏泻心汤合良附丸治疣状胃炎．四川中医，1991；（3）：23.
李玉银．大黄䗪虫丸治疗慢性肝炎早期肝硬化．四川中医，1991；（3）：29.
彭科成．经方（肾气丸等）治疗术后病验案二则．国医论坛，1991；（3）：3.
海崇熙．泽漆汤治疗肺系急重验案三则．国医论坛，1991；（3）：14.
彭世桥．大柴胡汤加减治疗急性化脓性扁桃体炎60例．国医论坛，1991；（3）：15.
柴峰．栝蒌薤白半夏汤加味治疗心肌梗塞1例．河南中医，1991；（3）：47.
何远征．桂枝加龙骨牡蛎汤在疑难杂症中的应用．吉林中医药，1991；（3）：25.
陈汝润．黄芪建中汤加减治疗十二指肠球部溃疡170例．山东中医杂志，1991；（3）：20.

黄道富．大建中汤临床举隅．湖北中医杂志，1991；（3）：37.
沈柏莉．四逆汤加味治疗复发性口疮．云南中医杂志，1991；（3）：26.
张大炳．四逆汤治疗急危重症验案三则．云南中医杂志，1991；（3）：26.
张明华．金匮肾气丸治验两例．南京中医学院学报，1991；（3）：168.
尤松鑫．苓甘五味姜辛汤加味治疗迁延性咳嗽．南京中医学院学报，1991；（3）：169.
张光宇．大黄甘草汤临床应用．河北中医学院学报，1991；（3）：41.
郭炎林．运用经方（小承气汤等）辨治荨麻疹验案二则．北京中医学院学报，1991；（3）：53.
杨叔禹（营口市中医院）．应用仲景方辨治精神疾病举隅．中医杂志，1991；（4）：17.
戴慧黎．加味黄芪桂枝五物汤对产后痹证的治疗．中医研究，1991；（4）：36.
王子融．柴胡桂枝汤加减治疗心律失常 24 例．河南中医，1991；（4）：11.
王江涛．薯蓣丸治疗嗜酸性粒细胞增多症 1 例．河南中医，1991；（4）：12.
沈大水．小柴胡汤治定时发病案举隅．四川中医，1991；（4）：10.
郭艾青．经方治验 2 则．四川中医，1991；（4）：11.
张伯华．桂枝汤治疗月经疹．四川中医，1991；（4）：35.
魏雪舫．防己地黄汤临床新用．陕西中医，1991；（4）：173.
郭英民．半夏泻心汤治疗复发性口疮 41 例．陕西中医，1991；（4）：174.
陈义范．经方（大黄甘草汤等）的临床应用．湖南中医杂志，1991；（4）：19.
董晓敏．肾气丸对中老年人听视力的影响．浙江中医杂志，1991；（4）：157.
侯继琢．经方（小半夏加茯苓汤等）运用三则．山东中医杂志，1991；（4）：29.
王者仁．黄土汤证治规律探讨：附古今医案 156 例统计分析．中医函授通讯，1991；（4）：12.
王玉芬．大柴胡汤加味治疗急性胰腺炎 84 例总结．北京中医学院学报，1991；（4）：12.
严天顺．栝蒌薤白半夏汤加减治疗胸痹．四川中医，1991；（5）：18.
黄明．大承气汤加味救治中风急症．四川中医，1991；（5）：18.
毕明义．葛根汤治疗口眼歪斜．四川中医，1991；（5）：43.
谢新阳．升麻鳖甲汤临床验案集录．国医论坛，1991；（5）：15.
陈则勇．经方（五苓散等）治验三则．国医论坛，1991；（5）：16.
赵进喜．桂枝茯苓丸治疗顽固性失眠健忘．国医论坛，1991；（5）：30.
彭暾．升麻鳖甲汤治疗荨麻疹．四川中医，1991；（5）：43.
胡义保．桂枝加龙骨牡蛎汤治疗小儿睡眠多汗症．河南中医，1991；（5）：26.
严育斌．桂枝汤在妇科临床的运用．陕西中医，1991；（5）：221.
李易男．试论《金匮要略》的中医妇科学成就．陕西中医，1991；（5）：236.
罗陆一．侯氏黑散抵制脂质过氧化物实验研究．山西中医，1991；（5）：29.
李乃民．小承气汤加味促进老年人术后脾胃功能恢复的临床观察．北京中医杂志，1991；（5）：31.
韩奕．《金匮》妇科方治验举隅．北京中医杂志，1991；（5）：50.
王尧．大黄甘草汤治疗急重呕吐 86 例．辽宁中医杂志，1991；（5）：28.
王凤兰．桂枝汤加减方验案二则．云南中医杂志，1991；（5）：35.
泷本真．越婢加术汤治疗带状疱疹后神经痛．陕西中医函授，1991；（5）：28.
张孔．张季高老中医运用桂枝茯苓丸经验介绍．新中医，1991；（6）：4.
陈定生．桂枝茯苓丸加味治疗盆腔瘀血综合征 32 例临床观察．新中医，1991；（6）：31.
周子娄．奔豚汤新用．新中医，1991；（6）：42.
初杰（辽宁中医学院）．吴茱萸汤证证治规律的研究：《伤寒论》古今医案 246 例统计分析．河南中医，1991；（6）：2.
陶政燮．经方（桂枝龙骨牡蛎汤等）治疗咳嗽案举隅．国医论坛，1991；（6）：17.
付鹏肖．桂枝汤治疗颈椎病 301 例．国医论坛，1991；（6）：18.
倪世涛．附子苡仁败酱散合治疗男科疾患．四川中医，1991（6）：27.
史存娥．桂枝汤治顽固性过敏性紫癜．四川中医，1991（6）：39.

李爱华．桂枝汤妇产科应用举隅．四川中医，1991（6）：42.
刘光汉．浅谈大黄䗪虫丸的临床应用．陕西中医，1991；（6）：242.
夏斌．运用《金匮》方加味治疗风湿性心脏病心功能不全40例．辽宁中医杂志，1991；（6）：19.
吕云钊．大黄牡丹汤加味小儿化脓性扁桃体炎．辽宁中医杂志，1991；（6）：36.
何长义．百合病治验．陕西中医函授，1991；（6）：5.
任江南．大柴胡汤在外科的临床应用．陕西中医函授，1991；（6）：31.
夏斌（合川县大和卫生院）．运用《金匮》方加味治风湿性心脏病心功能不全40例．辽宁中医杂志，1991；（6）：19.
罗道揆（江西省吉安县中医院）．金匮肾气丸加味治疗小儿夏季热．上海中医药杂志，1991；（6）：19.
王占彬．仲景三承气汤在热病治疗中的地位．四川中医，1991；（7）：3.
王瑞岳．葶苈大枣泻肺汤治疗肺心病心衰．四川中医，1991；（7）：22.
史谦光．黄土汤治疗血证．四川中医，1991；（7）：22.
吴甫才．甘麦大枣汤治精神失常．四川中医，1991；（7）：28.
索钢．半夏厚朴汤治疗食物逆流症．四川中医，1991；（8）：26.
吕长青．麦门冬汤加减治愈重症呃逆．四川中医，1991；（9）：29.
林泽毅．黄芪建中汤加味治梅核气．四川中医，1991；（9）：29.
陈海龙．阑尾周围脓肿（以大黄牡丹汤）治验．四川中医，1991；（9）：29.
王木春．小柴胡汤治疗疝气．四川中医，1991；（9）：35.
聂轩．桂枝茯苓丸加味治疗盆腔瘀血综合征．四川中医，1991；（9）：39.
吴永明．桂枝茯苓丸治愈陈旧性宫外孕．四川中医，1991；（9）：42.
马少武．半夏泻心汤临证举隅．陕西中医，1991；（9）：414.
于俊生．桂枝茯苓丸临床新用．陕西中医，1991；（9）：415.
蒋开平．试析唐容川用小柴胡汤治血证特点．浙江中医杂志，1991；（9）：413.
孙旗立．当归芍药散治验．新中医，1991；（10）：19.
丁发权．加味白头翁汤合桃花汤治疗67例溃疡性结肠炎临床观察．新中医，1991；（10）：26.
陈桂铭．百合病治验．中医杂志，1991；（10）：58.
黄云摘译．白头翁加甘草阿胶汤及胃风汤加甘草治疗溃疡性结肠炎验案．四川中医，1991；（10）：19.
董熔．黄芪建中汤的临床应用．陕西中医，1991；（10）：460.
张志军．小承气汤治疗术后粘连性肠梗阻．浙江中医杂志，1991；（10）：447.
黄道富．大黄甘草汤新用．新中医，1991；（11）：40.
仝宗景．《金匮》竹叶汤新用．新中医，1991；（11）：41.
吕云钊．泽漆汤加减治疗急性肾炎．四川中医，1991；（11）：25.
李广振．黄芪桂枝五物汤加味治疗末梢神经炎51例．辽宁中医杂志，1991；（11）：36.
孟庆余．小柴胡汤加麻黄治疗不射精症．浙江中医杂志，1991；（11）：491.
金志春．黄芪桂枝五物汤治愈产后痉证痛经案．陕西中医，1991；（12）：552.
焦风岐．奔豚汤治疗慢性肝炎22例．浙江中医杂志，1991；（12）：539.
范圣结．肾气丸中无机元素的测定及煎出率的研究．辽宁中医杂志，1991；（12）：39.
吕志杰．以《金匮要略》方法为主治疗消渴病验案．河北中医，1991；（专辑）：51.
桑艳．浅谈瓜蒂治黄．河南中医，1992；（1）：8.
毕明义．当归贝母苦参丸治疗胃脘痛180例．河南中医，1992；（1）：17.
屈哲．运用大黄䗪虫丸治疗中风及后遗症的体会．河南中医，1992；（1）：18.
李从胜．小柴胡汤应用浅谈．河北中医，1992；（1）：16.
王春荣．黄芪桂枝五物汤治疗多发性大动脉炎34例．甘肃中医，1992；（1）：20.
曲玉华．乌梅丸临床新用举隅．甘肃中医，1992；（1）：21.
蒋德明．当归芍药散运用二则．甘肃中医，1992；（1）：29.
杨拥军．甘麦大枣汤治妇女产后大便难．四川中医，1992；（1）：30.

邹卉．大承气汤加味治疗小儿虫积腹痛 34 例．光明中医，1992；（1）：36.
吕长．天雄丸治疗精液异常 50 例．国医论坛，1992；（1）：8.
胡文宽．大青龙汤加味治疗急性肾炎 43 例疗效观察．国医论坛，1992；（1）：16.
汪小毅．白头翁汤治疗耐青霉素淋菌性尿道炎 14 例．国医论坛，1992；（1）：22.
陈亦工．葶苈大枣泻肺汤所主肺痈的机理为阴寒凝滞．国医论坛，1992；（1）：26.
卢文玉．复方苦参汤治疗带下病的疗效观察．中医药研究，1992；（1）：51.
高文彬．加味小青龙汤对虚寒性慢性支气管炎、阻塞性肺气肿 MTT、MTTP 的影响．中医药信息，1992；（1）：42.
曾亚庆．大承气汤治疗急性胆囊炎 75 例．福建中医药，1992；（1）：31.
黄仰模．当归芍药散加味特发性浮肿．江西中医药，1992；（1）：27.
陈若萍．半夏泻心汤治老年便秘的体会．江西中医药，1992；（1）：30.
张坚石（长春市中医院）．运用仲景血水互病的理论治疗肾炎．吉林中医药，1992；（1）：19.
方镜．加味葛根汤治疗周围性面神经麻痹 216 例．湖南中医杂志，1992；（1）：43.
徐汉敏．大黄牡丹汤热敷治疗慢性盆腔炎 50 例．湖南中医杂志，1992；（1）：47.
李尧学．越婢汤加减治疗急性肾小球肾炎 42 例．湖北中医杂志，1992；（1）：43.
徐君建．半夏泻心汤治疗胃黏膜脱垂症．陕西中医函授，1992；（1）：33.
李惠菊．临床应用小柴胡汤一得．云南中医杂志，1992；（1）：44.
陶凯．小青龙汤夏用治疗哮喘 39 例．山东中医学院学报，1992；（1）：43.
王忠民．当归芍药散治疗妇科疑难病的经验．成都中医学院学报，1992；（1）：33.
王忠有．刚痉治验一则．天津中医，1992；（2）：24.
张林海．经方（金匮肾气丸等）治疗胃脘痛三则．光明中医，1992；（2）：14.
梅和平．奔豚气治验．甘肃中医，1992；（2）：27.
刘智慧．乌头汤加减治疗腰椎间盘突出症 36 例．河北中医，1992；（2）：9.
李卫．《金匮》百合病篇方药治疗抑郁症临床体会．河南中医，1992；（2）：74.
陈支埃．小柴胡汤治验 1 例．河南中医，1992；（2）：75.
黄朝水．白虎加桂枝汤加减治疗热痹 40 例．福建中医药，1992；（2）：13.
强华．金匮肾气丸应用概况研究．新疆中医药，1992；（2）：48.
沙子仲．小柴胡汤的临床应用．吉林中医药，1992；（2）：29.
宋立军．百合病治验 1 例．黑龙江中医药，1992；（2）：31.
靳树才．温经汤临证治验二则．黑龙江中医药，1992；（2）：32.
程德新．大黄䗪虫丸近十年的药理研究与临床应用．北京中医杂志，1992；（2）：40.
张腊林．五苓散加减治疗胸腔积液 42 例．湖南中医杂志，1992；（2）：36.
张裕华．肾气丸加味治疗外伤性尿崩症 4 例．湖南中医杂志，1992；（2）：38.
周广萍．黄芪桂枝五物汤临床应用举隅．山东中医杂志，1992；（2）：33.
林志谋．五苓散治疗婴幼儿腹泻 90 例．湖北中医杂志，1992；（2）：48.
彭慈荫．桂枝茯苓丸治疗闭经 20 例报告．贵阳中医学院学报，1992；（2）：9.
马子良．经方（防己茯苓汤等）治验录．北京中医学院学报，1992；（2）：46.
王映红．半夏泻心汤的临床应用．陕西中医学院学报，1992；（2）：20.
夏先福．附子粳米汤妇科运用举隅．河南中医，1992；（3）：119.
王丽娜．甘草泻心汤加味治疗白塞氏病 21 例．河南中医，1992；（3）：133.
王广智．承气汤类方治疗骨伤疾病继发腑实证的临床体会．河南中医，1992；（3）：134.
李发枝．大黄牡丹汤临床新用概述．河南中医，1992；（3）：145.
苟鼎立．附子汤治愈妇科重症二则．甘肃中医，1992；（3）：28.
陈玉兰．葶苈大枣泻肺汤加减治愈悬饮证．天津中医，1992；（3）：30.
刘桂义．中西医结合治疗血痹 1 例．天津中医，1992；（3）：40.
梅大钊．大建中汤新用．光明中医，1992；（3）：31.

冯文明．当归生姜羊肉汤治小儿腹泻．四川中医，1992；(3)：24.
刘绍坤．大黄附子汤治疗顽固性胃肠寒实证验案三则．国医论坛，1992；(3)：12.
陈宁勇．小建中汤加味治疗慢性乙型肝炎68例．国医论坛，1992；(3)：14.
袁珍林．《金匮》方在妇科临床的应用．国医论坛，1992；(3)：15.
余新觉．金匮肾气丸治疗血证举隅．国医论坛，1992；(3)：16.
王峰．奔豚汤三则．国医论坛，1992；(3)：17.
宋建平．试析滑石代赭汤证治．国医论坛，1992；(3)：36.
孙会文．经方（当归贝母苦参丸等）治验四则．河北中医，1992；(3)：18.
王翠芬．当归芍药散的临床运用举隅．云南中医杂志，1992；(3)：32.
赵玉环．黄芪桂枝五物汤治痹2例．黑龙江中医药，1992；(3)：26.
徐寅．经方（当归芍药散）治疗妇产病证经验．湖南中医杂志，1992；(3)：17.
梁健春．小青龙汤加味治疗结核性渗出性胸膜炎35例．广西中医药，1992；(3)：13.
连佳．桂枝茯苓丸治疗妇科病二案．福建中医药，1992；(3)：64.
宋立群．茵陈五苓散治多发性神经炎案按．中医药学报，1992；(3)：50.
孙明韵．肾气丸临床应用二则．安徽中医学院学报，1992；(3)：34.
赵宇川．猪苓汤治愈高年重症血淋．贵阳中医学院学报，1992；(3)：47.
李志民（辽宁省大连市友谊医院）．运用《伤寒论》法辨治慢性泄泻78例．北京中医，1992；(3)：19.
张清苓（北京中医学院）．猪苓汤证之研究：61例临床验安统计分析．北京中医学院学报，1992；(3)：14.
李日向．大柴胡汤临床治验．陕西中医学院学报，1992；(3)：24.
杨哲．黄芪桂枝五物汤加味治疗下肢静脉曲张合并水肿．甘肃中医，1992；(4)：31.
刘占本．运用仲景方辨治痹证的体会．光明中医，1992；(4)：30.
何耀普．泽泻汤加味防治体虚反复感冒85例疗效观察．国医论坛，1992；(4)：14.
郭英．经方（小柴胡汤）辨治风轮疮验案二则．国医论坛，1992；(4)：15.
李健民．乌头汤加味治疗雷诺氏病．中医研究，1992；(4)：26.
刘东海．肾着汤治愈两目内眦奇痒症．山西中医，1992；(4)：5.
衡先培．小柴胡汤治疗慢性病毒性肝炎的临床研究进展．甘肃中医，1992；(4)：45.
俞天映．孔庆武老中医运用苓桂术甘汤验案举例．新疆中医药，1992；(4)：31.
孙喜君．加味五苓散治疗美尼尔氏病55例．吉林中医药，1992；(4)：21.
康义民．栝蒌薤白半夏汤加减治疗乳腺增生病38例疗效观察．中医药学报，1992；(4)：38.
胡为信．中药治愈肠道白塞氏病2例报告．江西中医药，1992；(4)：24.
徐斌．大青龙汤治疗小儿夏季外感高热50例．福建中医药，1992；(4)：23.
杨玉明．大黄牡丹汤治疗盆腔脓肿．福建中医药，1992；(4)：25.
郑大正．《金匮要略》方治疗危急症举隅．福建中医药，1992；(4)：29.
谢升彩．桂枝汤治疗经行诸证举隅．北京中医杂志，1992；(4)：25.
徐金汤．桂枝汤加味治疗先天性肌强直．辽宁中医杂志，1992；(4)：34.
高辉．小柴胡汤加地龙治疗中风先兆．陕西中医函授，1992；(4)：18.
钟志南．五苓散加味治疗肝硬化腹水20例．湖南中医杂志，1992；(4)：40.
李佩君．小柴胡汤治牙痛1例．湖北中医杂志，1992；(4)：46.
段海潮．乌梅汤加大黄治疗胆道蛔虫症20例．湖北中医杂志，1992；(4)：47.
纪立金．栝蒌薤白半夏汤临床应用举隅．山东中医杂志，1992；(4)：23.
聂天义．当归芍药散的临床应用举隅．云南中医杂志，1992；(4)：26.
赵俊宏．茵陈蒿汤加味对地鼠胆石症财胃窦炎的防治作用．南京中医学院学报，1992；(4)：221.
郑希林．小柴胡汤的免疫调节作用研究近况．山东中医学院学报，1992；(4)：62.
张浩良．当归贝母苦参丸的配伍和运用．贵阳中医学院学报，1992；(4)：51.
李振芝．小柴胡汤合桂枝茯苓丸临证举隅．天津中医，1992；(5)：43.

司在和．经方（大柴胡汤等）临证拾零．国医论坛，1992；（5）：13.
李富春．经方（苓桂术甘汤等）新用四则．国医论坛，1992；（5）：14.
徐乃斌．泻心汤类方在胃肠道疾病中的应用．国医论坛，1992；（5）：16.
宋建平．治水不必禁甘草：《金匮》治水用甘草之分析．河南中医，1992；（5）：213.
仇增勇．《金匮》木防己汤加味治疗老年重症肺心病26例．河南中医，1992；（5）：217.
赫育文．大黄甘草汤儿科运用举隅．河南中医，1992；（5）：220.
彭海燕．半夏泻心汤治疗妇科病举隅．陕西中医，1992；（5）：225.
曲良义．乌梅汤治疗妇科病二则．陕西中医，1992；（5）：227.
娄艳晶．狐惑病治验二则．吉林中医药，1992；（5）：31.
吴孝华．苓桂术甘汤临床应用举隅．广西中医药，1992；（5）：216.
卢小雏．小柴胡汤加减治疗高热207例．广西中医药，1992；（5）：236.
郎江南．葶苈大枣泻肺汤治疗肺内含液性肿块．江苏中医杂志，1992；（5）：4.
杨学武．小柴胡汤临证新用举隅．中医函授通讯，1992；（5）：45.
赵云芳．狼牙汤治疗滴虫性阴道炎100例临床观察．北京中医学院学报，1992；（5）：50.
张贵福．苓桂术甘汤加味治疗滑膜炎1例．山西中医，1992；（6）：4.
孙伏龙．半夏泻心汤治疗消化系疾患85例疗效观察．国医论坛，1992；（6）：14.
马德云．活用经方（炙甘草汤等）治验三则．国医论坛，1992；（6）：15.
史玉超．厚朴三物汤治验录．河南中医，1992；（6）：261.
张达．金匮肾气丸治疗强的松引起的肾上腺皮质功能低下．河南中医，1992；（6）：262.
傅昌格．苓桂术甘汤加味治疗百日咳重症痉咳156例．黑龙江中医药，1992；（6）：10.
计凤兰．脏躁（甘麦大枣汤）治验．黑龙江中医药，1992；（6）：25.
谭福天．桂枝汤治验．吉林中医药，1992；（6）：12.
杨化峰．应用五苓散治验二则．吉林中医药，1992；（6）：27.
胡增达．半夏泻心汤加减治疗胃脘痛．福建中医药，1992；（6）：39.
丁小燕．栝蒌瞿麦丸异病同治的体会．北京中医杂志，1992；（6）：38.
吴恒中．加减小柴胡汤治疗胆汁返流性胃炎50例．湖北中医杂志，1992；（6）：12.
张义明．半夏泻心汤近十年临床及实验研究概述．山东中医杂志，1992；（6）：62.
马占全．大黄甘草汤治验辨析．中医药研究，1992；（6）：24.
林绍志．奔豚汤新用．山东中医学院学报，1992；（6）：25.
陶春祥．经方（桂枝茯苓丸等）验案四则．江苏中医杂志，1992；（7）：17.
邹学勤．风水治疗举例．新疆中医药，1992；（8）：59.
孙轶秋．黄芪桂枝五物汤治疗小儿多汗症．江苏中医杂志，1992；（8）：18.
何永樟．《金匮》防己地黄汤加味治愈面肌痉挛1例．上海中医药杂志，1992；（8）：24.
王光辉（山东泰安市中医院）．试论《金匮》刚痉柔痉即流行性肌张力障碍综合征．四川中医，1992；（8）：1.
叶进（上海中医学院）．关于百合病的讨论．上海中医药杂志，1992；（8）：40.
李钦（开封医学专科学校）．金匮肾气丸的临床新用．中成药，1992；（9）：38.
丁德正．半夏厚朴汤在精神疾病中的运用．陕西中医，1992；（9）：412.
施鸿瑞．桂枝加龙骨牡蛎汤治汗出症．上海中医药杂志，1992；（9）：21.
李小平．浅谈《金匮》对妇女气血失调的证治．四川中医，1992；（10）：2.
尤其亮．奔豚气治验一则．江苏中医杂志，1992；（11）：15.
黄奕乐．防己茯苓汤加减治疗60例充血性心力衰竭．上海中医药杂志，1992；（11）：12.
刘家磊．小建中汤加减治疗小儿反复发作腹痛83例．陕西中医，1992；（12）：537.
储水鑫（浙江省嘉兴市王江泾医院）．用仲景方附子配伍规律指导临床的体会．上海中医药杂志，1992；（12）：26.
钟建平．大黄䗪虫丸、鳖甲煎丸、乌鸡白凤丸治疗慢性肝病体会．新中医，1993；（1）：24.

戴天木．杨百茀经方（温经汤）新用二则．国医论坛，1993；(1)：17.
邹世光．经方（栝蒌薤白半夏汤等）合用治疗胸痹81例．国医论坛，1993；(1)：18.
程水明．黄芪桂枝五物汤加味配合手法治疗肩周炎63例．四川中医，1993；(1)：40.
吕云剑．小柴胡汤加味治愈逆向射精1例．山西中医，1993；(1)：36.
叶未设．大黄甘草汤的辨证新用．河北中医，1993；(1)：32.
阎丰书．茯苓泽泻汤加味治疗椎－基底动脉缺血性眩晕55例．河南中医，1993；(1)：22.
鲜光亚．加味防己黄芪汤治疗痛风高尿酸血症38例．现代中医，1993；(1)：31.
程万里．大黄牡丹汤新用举隅．天津中医，1993；(1)：41.
李勤良．黄芪桂枝五物汤临证新用探微．中医药研究，1993；(1)：19.
孙会文．经方（苦酒汤等）治验四则．黑龙江中医药，1993；(1)：22.
关丽娟．白塞氏病治验举隅．黑龙江中医药，1993；(1)：23.
张玉珍．小青龙汤为主治疗小儿支气管肺炎102例．辽宁中医杂志，1993；(1)：33.
刘绪英．当归芍药散新用．山东中医杂志，1993；(1)：20.
于鸿钧．甘姜苓术汤新用．山东中医杂志，1993；(1)：35.
张显正．宋健民应用竹皮大丸的经验．山东中医杂志，1993；(1)：49.
李志亮．白头翁汤临床新用二则．云南中医杂志，1993；(1)：38.
蔡丽慧．刍议乌梅丸．中医函授通讯，1993；(1)：42.
杨峰．半夏泻心汤治疗胆汁返流性胃炎．中医函授通讯，1993；(1)：47.
尚良翠．《金匮》"阴气衰者为癫，阳气衰者为狂"理论指导狂证治疗临床运用举隅．甘肃中医学院学报，1993；(1)：29.
魏慧芬．茵陈蒿汤的化学成分及其含量测定初探．贵阳中医学院学报，1993；(1)：64.
刘和章．小承气汤新用．新中医，1993；(2)：44.
刘玉海．吴茱萸汤加味治疗局部组织粘连．四川中医，1993；(2)：29.
余策群．经方（小青龙汤合肾气丸）治声哑．四川中医，1993；(2)：33.
周富明．经方（茵趁五苓散）治黄．四川中医，1993；(2)：35.
韩维纲．乌梅丸治厥逆并昏迷15日验案．河南中医，1993；(2)：81.
文国刚．经方（桂枝去芍药加麻辛附子汤）应用得失五则．河南中医，1993；(2)：83.
曾茂林．经方（大建中汤等）治验四则．山西中医，1993；(2)：48.
石新会．大黄䗪虫丸治善饥多食症．新疆中医药，1993；(2)：63.
赵红兵．半夏泻心汤治验．内蒙古中医药，1993；(2)：31.
邓玉英．温经汤临证治验四则．黑龙江中医药，1993；(2)：21.
胡俊贤．桂枝茯苓丸在女科中的临床应用．黑龙江中医药，1993；(2)：48.
张长恩．吴茱萸汤证探究．北京中医杂志，1993；(2)：41.
陈克敏．陈伯涛运用仲景方经验举要．辽宁中医杂志，1993；(2)：6.
吴富成．加味桂枝茯苓丸治疗前列腺肥生31例．辽宁中医杂志，1993；(2)：35.
邹碧云．加味栝蒌薤白半夏汤治疗冠心病106例．湖南中医杂志，1993；(2)：45.
谭锡三．苓桂术甘汤加味治疗小儿狐疝32例．湖南中医杂志，1993；(2)：50.
戴玉．朱紫来运用经方（小青龙汤）治疗寒饮咳喘的经验．湖北中医杂志，1993；(2)：4.
杜文华．桂枝茯苓丸保留灌肠与口服治疗子宫肌瘤40例．山东中医杂志，1993；(2)：28.
吴贤益．《金匮要略》方论在耳鼻喉科中的应用．上海中医药杂志，1993；(2)：23.
黄文曼．葶苈大枣泻肺汤在内科急症中的应用．长春中医学院学报，1993；(2)：8.
李积敏．金匮肾气丸加味治疗骨结核15例的临床体会．甘肃中医学院学报，1993；(2)：17.
杨邦才．奔豚气病发病机理管见．甘肃中医学院学报，1993；(2)：50.
张杰．《金匮要略》建中法在慢性胃炎辨治中运用举隅．安徽中医学院学报，1993；(2)：31.
孟万里．五苓散加味治疗中心性浆液性视网膜病变．新中医，1993；(3)：23.
杨嘉福．加味当归芍药散矫正胎位40例临床观察．新中医，1993；(3)：26.

王广见．大黄甘遂汤治例附睾瘀积症．四川中医，1993；（3）：33.
曹茂林．大建中汤治验举隅．山西中医，1993；（3）：43.
王学让．经方（四逆散等）在耳鼻喉科的应用举隅．河南中医，1993；（3）：119.
黄瑞彬．经方（小承气汤等）灌肠治疗急腹症三则．河南中医，1993；（3）：121.
冯松杰．经方（吴茱萸汤等）治验三则．河南中医，1993；（3）：121.
张殿增．大黄䗪虫丸治疗冠心病的药理与临床抗脂质过氧化作用实验研究．现代中医，1993；（3）：141.
施汉章．经方（五苓散等）验案录．光明中医，1993；（3）：8.
赵宏斌．茵陈蒿汤加味治疗小儿急性肝炎．中医药研究，1993；（3）：42.
黄家诏．秦家泰教授活用经方验案举隅．广西中医药，1993；（3）：21.
马建国．黄芪桂枝五物汤新用．山东中医杂志，1993；（3）：32.
丁红霞．黄芪桂枝五物汤治疗无脉症2例．山东中医杂志，1993；（3）：33.
彭述宪．赤豆当归散临床运用．湖南中医杂志，1993；（3）：7.
朱树宽．当归贝母苦参丸治疗慢性支气管炎21例．浙江中医杂志，1993；（3）：105.
饶云中．重用泽泻汤治疗美尼尔氏综合征42例．浙江中医杂志，1993；（3）：110.
黄自立．运用小青龙汤加减治疗咳喘的体会．实用中医药杂志，1993；（3）：31.
于俊生．木防己汤证辨析．安徽中医学院学报，1993；（3）：5.
唐长金．半夏泻心汤治疗嗜酸性细胞增多症31例．安徽中医学院学报，1993；（3）：27.
廖爱民．当归芍药散妇科应用举案五则．安徽中医学院学报，1993；（3）：43.
黄导同．半夏泻心汤治疗幽门梗阻50例．甘肃中医学院学报，1993；（3）：21.
陈灿．《金匮》方新用．新中医，1993；（4）：43.
秦志民．加味半夏泻心汤治疗浅表性胃炎44例临床观察．天津中医，1993；（4）：23.
张国范．大黄䗪虫丸加减治疗席汉氏综合征．河南中医，1993；（4）：133.
晏士慧．枳实薤白桂枝汤治疗胃脘痛．河南中医，1993；（4）：164.
周世杰．黄芪桂枝五物汤加味治疗不宁腿综合征31例．河南中医，1993；（4）：165.
原计成．桂枝汤治鼻汗1例．山西中医，1993；（4）：41.
周克超．五苓散临床新用．中医研究，1993；（4）：35.
武亨升．大承气汤验案选析．江西中医药，1993；（4）：39.
程金霖．复方大承气汤治疗老年性肠梗阻196例．内蒙古中医药，1993；（4）：20.
余仲卿．苓桂术甘汤加味治疗水饮眩晕74例．北京中医杂志，1993；（4）：19.
徐志瑛．己椒苈黄丸加味治疗右心衰竭30例．浙江中医杂志，1993；（4）：156.
田道正．小青龙汤治疗过敏性鼻炎的经验．山东中医杂志，1993；（4）：23.
杜钊光．桂枝茯苓丸合芎黄丸应用三则．山东中医杂志，1993；（4）：33.
陈合昌．黄土汤治验．山东中医杂志，1993；（4）：49.
刘芳贵．大黄牡丹皮汤临床应用举隅．云南中医杂志，1993；（4）：23.
刘禄江．加味五苓散治疗婴幼儿秋季腹泻100例．实用中医药杂志，1993；（4）：28.
白玉昊．加味肾气丸治疗老年复发性口疳32例．实用中医药杂志，1993；（4）：28.
舒鸿飞．小柴胡汤治疗定时发病二则．实用中医内科杂志，1993；（4）：24.
韩笃桄．乌梅汤治疗胆道蛔虫症78例临床观察．甘肃中医学院学报，1993；（4）：47.
王侃．乌头汤临床新用．甘肃中医学院学报，1993；（4）：46.
苏东昇．黄芪桂枝五物汤加味治疗顽固性眩晕52例．四川中医，1993；（5）：26.
谢富晋．桂枝加桂汤治愈发作性睡病．四川中医，1993；（5）：36.
吴俭．白虎加桂枝汤治热痹．四川中医，1993；（5）：37.
壅怀生．加味苦参汤治疗急性湿疹35例．四川中医，1993；（5）：44.
柴慈悦．小青龙汤加味治疗慢性支气管哮喘的临床体会．天津中医，1993；（5）：16.
宋远忠．《金匮》“补气加半夏三两”刍议．国医论坛，1993；（5）：14.
张再云．五苓散验案二则．山西中医，1993；（5）：37.

杨素兰．大柴胡汤的临床新用．河南中医，1993；（5）：12.
王济华．桂枝汤加味治疗冠心病的体会．河南中医，1993；（5）：213.
陈国权．运用《金匮》方疗杂证二则．黑龙江中医药，1993；（5）：34.
张清河．苓桂术甘汤加减治疗胃潴留170例临床分析．黑龙江中医药，1993；（5）：38.
张晓光．乌头汤加味治疗痹证40例．黑龙江中医药，1993；（5）：39.
张国胜．狐惑病治验1例．北京中医杂志，1993；（5）：49.
王旭东．探析乌头赤石脂丸的临床运用．中医函授通讯，1993；（5）：2.
黄先善．小青龙汤在慢性支气管炎急性发作期的临床应用．浙江中医学院学报，1993；（5）：12.
李玉有．大黄牡丹汤新用．新中医，1993；（6）：44.
胡义保．葶苈大枣泻肺汤（治疗小儿败血症财肺炎验案）．四川中医，1993；（6）：46.
唐福昌．白塞氏病治验．四川中医，1993；（6）：49.
庄晓鸣．黄芪桂枝五物汤治疗膝关节慢性滑膜炎．甘肃中医，1993；（6）：26.
王侃．大柴胡汤治疗胰腺炎．甘肃中医，1993；（6）：30.
丁云贵．金匮肾气丸治疗滑胎1例．甘肃中医，1993；（6）：30.
张秀云．苦参汤熏洗治疗滴虫性阴道炎临床观察．中医药学报，1993；（6）：32.
金万斌．栝蒌薤白半夏汤治疗非化脓性肋软骨炎23例．广西中医药，1993；（6）：16.
李春林．大柴胡汤加减治疗胆石症30例疗效观察．黑龙江中医药，1993；（6）：19.
孙会文．经方（核桃承气汤）治验二则．黑龙江中医药，1993；（6）：32.
栾宏庆．加味乌头汤治疗阴缩1例．黑龙江中医药，1993；（6）：33.
王侃．乌头汤治疗眩晕．黑龙江中医药，1993；（6）：33.
涂仲馨．薯蓣丸的临床应用．黑龙江中医药，1993；（6）：43.
陈新宝．温经汤治疗血吸虫性肝病．浙江中医杂志，1993；（6）：257.
石中盛．大承气汤治疗幼婴疾患两则．湖北中医杂志，1993；（6）：33.
孟庆年．大黄䗪虫丸治疗脑梗塞34例．云南中医杂志，1993；（6）：6.
王生义（内蒙古中蒙医院）．小青汤防治感冒1200例疗效观察．中医函授通讯，1993；（6）：43.
龚克昌．小柴胡汤加味治疗早孕低热86例．上海中医药杂志，1993；（7）：17.
何秀容．经方（柴胡桂枝汤等）妇科新用．新中医，1993；（7）：44.
乔振海．吴茱萸汤加味治疗幽门不全梗阻．四川中医，1993；（7）：29.
廖爱民．温经汤治疗功能性子宫出血104例疗效观察．浙江中医杂志，1993；（7）：299.
杨忠贵．大黄䗪虫丸治癥瘕、臌胀．四川中医，1993；（8）：25.
吴允聪．当归芍药散治疗子悬2例．四川中医，1993；（8）：45.
罗世杰．半夏泻心汤在儿科临床的应用．四川中医，1993；（8）：47.
张润民．大黄牡丹汤保留灌肠治疗慢性前列腺炎60例．浙江中医杂志，1993；（8）：369.
夏菁．葶苈大枣泻肺汤在治疗中毒性肺水肿中的应用．上海中医药杂志，1993；（8）：23.
黄道富．小青龙汤新用．新中医，1993；（9）：46.
刘文．甘遂半夏汤治疗小儿百日咳．浙江中医杂志，1993；（9）：397.
王照恒．头风摩散顽固性头痛．四川中医，1993；（10）：28.
刘永奇．当归芍药散治验举隅．四川中医，1993；（11）：35.
宋祖慧．小柴胡汤加减治疗月经周期性精神病．四川中医，1993；（11）：39.
褚关金．急性羊水过多用苓桂术甘汤加味治疗．上海中医药杂志，1993；（11）：22.
王乃琛．论（奔豚汤中）李根白皮的药用来源．中药材，1993；（12）：37.
刘怀敏．加味桂枝茯苓丸治疗子宫直肠窝积液20例．四川中医，1993；（12）：44.
刘玉海．附子汤加减治疗先兆和习惯性流产53例临床观察．四川中医，1993；（12）：45.
陈立富．桂枝茯苓丸加味治疗面部斑块20例．浙江中医杂志，1993；（12）：544.
徐小良（江西省第一劳教所医院）．经方治验2则．江西中医药，1994；（1）：43.
干磊等（安徽医科大学附属医院）．小柴胡汤口服液治疗肝胆疾病少阳证41例．安徽中医学院学报，

1994；(1)：27.

邓一鸣．桂枝加龙骨牡蛎汤新用．新中医，1994；(1)：55.

解基良．大承气汤的临床与实验研究进展．天津中医，1994；(1)：44.

李永贵．黄土汤临证验案举隅．国医论坛，1994；(1)：15.

王胜文．麻子仁丸防治肛肠病术后并发症327例．国医论坛，1994；(1)：21.

黄光惠．小柴胡汤副作用所致的肺部病变．国医论坛，1994；(1)：47.

周世杰．小柴胡汤临证治验举隅．河南中医，1994；14(1)：12.

赵富生．经方（金匮肾气丸）治验二则．河南中医，1994；14(1)：14.

任大伟．四逆汤新型汤剂与传统汤剂的比较研究．河南中医，1994；14(1)：18.

宋建平．《金匮要略》湿热黄疸三方证分析．中医函授通讯，1994；(1)：7.

蔡耀庚．当归芍药散的临床应用概况．中医药信息，1994；(1)：32.

周来兴．骆安邦运用大黄附子汤加味治疗原发性坐骨神经痛．福建中医药，1994；25(1)：7.

汤叔良．葛根汤运用浅识．江西中医药，1994；25(1)：50.

李成贤．黄芪桂枝五物汤临床新用．吉林中医药，1994；(1)：34.

刘岱麟．小柴胡汤临床应用举隅．吉林中医药，1994；(1)：36.

金国梁．何任运用半夏厚朴汤的经验．北京中医杂志，1994；(1)：3.

涂仲馨．薯蓣丸加味治疗慢性肾炎24例．北京中医杂志，1994；(1)：35.

陈燮梅．黄芪桂枝五物证探究．北京中医杂志，1994；(1)：46.

季明昌．经方桂枝茯苓丸治多囊肾与输卵管积水．浙江中医杂志，1994；(1)：33.

薛玉真．黄芪桂枝五物汤临床应用举隅．山东中医杂志，1994；13(1)：21.

刘明皓．39例咳嗽用小柴胡汤加减治疗．上海中医药杂志，1994；(1)：19.

崔河泉（河南中医学院）．太阳传厥阴验案一则．中医函授通讯，1994；13(1)：30.

乔普．金匮宝口服液治疗肾阳虚100例临床总结．实用中西医结合杂志，1994；7(1)：16.

周衡．痰饮病机十辩．湖南中医学院学报，1994；14(1)：3.

侯俊明．保留灌肠促进腹部术后肠功能恢复的体会．陕西中医学院学报，1994；17(1)：21.

高升飞．附子苡仁败酱散治验举隅．甘肃中医学院学报，1994；11(1)：37.

马新生．金匮肾气丸加减治疗男性乳房发育症32例．新中医，1994；(2)：31.

潘建华．大柴胡汤加味治疗胆心综合征86例．国医论坛，1994；(2)：11.

雷陵．乌梅丸化裁治疗胆石症47例．国医论坛，1994；(2)：13.

汤云龙．乌头汤为主治疗类风湿性关节炎31例．国医论坛，1994；(2)：15.

刘天骥．郭长贵运用经方治疗疮疡的经验．国医论坛，1994；(2)：24.

陈拥军．木防己汤治疗支饮证．四川中医，1994；(2)：17.

易献春．小柴胡汤治疗肺癌发热．四川中医，1994；(2)：31.

孙健民．于慎中教授运用经方经验举隅．山西中医，1994；10(2)：2.

李瑛．加味泻心汤加洁治器治疗慢性牙周炎．山西中医，1994；10(2)：22.

韩明德．十枣汤煎服法发挥．山西中医，1994；10(2)：42.

曹建恒．梅核气（半夏厚朴汤）治验二则．河南中医，1994；14(2)：43.

王俊吉．奔豚证浅述．河北中医，1994；16(2)：10.

杨霞．《金匮》桔梗汤“亦治血痹”试探．中医研究，1994；7(2)：3.

李宪玲．黄芪桂枝五物汤治验．中医药信息，1994；(2)：23.

冯少华．大承气加味治疗胃石1例．中医药研究，1994；(2)：39.

曹飞．大黄牡丹汤治疗外伤性血肿108例．陕西中医，1994；15(2)：53.

刘敏．陈瑞春运用苓桂术甘汤经验．江西中医药，1994；25(2)：6.

李吉祥．甘姜苓术汤临床应用一得．北京中医杂志，1994；(2)：40.

张寿国．桂枝茯苓丸加味治疗子宫肌瘤18例．湖北中医杂志，1994；16(2)：52.

樊方桂．己椒苈黄丸加味治疗血吸虫病肝硬化腹水36例．湖南中医杂志，1994；10(2)：35.

刘天骥．小柴胡汤加减治疗带状疱疹49例．实用中医药杂志，1994；（2）：32.
黄正昌．学习胡建华运用《金匮要略》方治疗脏躁、痹证、消渴的体会．上海中医药杂志，1994；（2）：1.
黄争朝．小柴胡汤加减治疗急性胃炎100例．实用中医内科杂志，1994；8（2）：24.
宋振珩．五苓散化裁治疗肝硬化腹水14例．中西医结合肝病杂志，1994；4（2）：42.
富杭育．桂枝汤对体温双向调节作用的机理探讨：对蛙皮素作用的影响．中国中西医结合杂志，1994；14（2）：99.
陈果然．黄芪桂枝五物汤治疗经验举隅．南京中医学院学报，1994；10（2）：29.
袁高良．肾着病治验2例．南京中医学院学报，1994；10（2）：52.
郭占云．苓桂甘枣汤加味治疗奔豚气1例．安徽中医学院学报，1994；6（2）：17.
伊璞．奔豚2例治验．贵阳中医学院学报，1994；16（2）：47.
魏慧芬．小半夏加茯苓汤的化学成分及与方中各单味药含量比较．贵阳中医学院学报，1994；16（2）：60.
潘晓明．肾气丸对男科疾病影响的研究概况．湖南中医学院学报，1994；14（2）：61.
刘和强．乌梅丸治疗顽固性心绞痛1例．新中医，1994；（3）：43.
张建新．八味地黄丸口服液药理作用研究．中成药，1994；16（3）：32.
金国梁．何任用仲景方治疗疑难杂症举隅．中医杂志，1994；35（3）：150.
顾宁．苓桂术甘汤为主治疗倾倒综合征．中医杂志，1994；35（3）：183.
陈先元．苓桂术甘汤临床应用．甘肃中医，1994；7（3）：19.
丁慧蓉．半夏厚朴汤新用．甘肃中医，1994；7（3）：51.
张雯．黄芪桂枝五物汤治疗产后病验案三则．山西中医，1994；10（3）：33.
纪秀兰．葶苈大枣泻肺汤治疗心包积液的疗效观察．天津中医，1994；11（3）：22.
高家芹．小建中汤新用．天津中医，1994；11（3）：46.
王峰．经方（五苓散等）妇科运用举隅．河南中医，1994；14（3）：167.
牛小麟．大黄䗪虫丸治疗心绞痛的临床疗效观察．现代中医，1994；（3）：160.
刘晨光．黄芪建中汤治疗胃脘痛80例．四川中医，1994；（3）：27.
周亚林．五苓散治多汗证．四川中医，1994；（3）：30.
吴允聪．当归芍药散治疗子悬．四川中医，1994；（3）：38.
马玉起．甘麦大枣汤治癔病性失音19例．国医论坛，1994；（3）：13.
苗后清．半夏泻心汤新用四则．国医论坛，1994；（3）：16.
彭艺丛．乌梅丸新用三则．国医论坛，1994；（3）：19.
韩杰．加味茵陈蒿汤治疗小儿病毒性肝炎30例疗效观察．中医研究，1994；7（3）：39.
罗世杰．半夏泻心汤研究概况．中医药信息，1994；（3）：22.
李淑华．茵陈蒿汤治疗复发性口疮的临床疗效观察．中医药信息，1994；（3）：28.
王水明．小柴胡汤加旋覆代赭汤治疗胆汁返流性胃炎100例．福建中医药，1994；25（3）：1.
张筱文．寒疝腹痛（用乌头桂枝汤）治验．江苏中医杂志，1994；15（3）：18.
林群莲．半夏泻心汤治疗不完全性幽门梗阻41例．浙江中医杂志，1994；（3）：104.
葛传富．黄土汤治疗上消化道出血29例．湖北中医杂志，1994；16（3）：25.
赵启然．桂枝汤治疗小儿多动症30例．湖北中医杂志，1994；16（3）：33.
蒲凤玲．肾气丸治疗精子高度缺乏症．基层中药杂志，1994；8（3）：46.
樊学中．五苓散的临床应用．河南中医药学刊，1994；9（3）：19.
李志强．茵陈蒿汤加味治疗小儿甲肝180例．河南中医药学刊，1994；9（3）：46.
刘渝生．当归芍药散加味的临床运用．实用中医药杂志，1994；（3）：33.
霍玉森．桂枝汤治疗阵发性室性心动过速9例．实用中医内科杂志，1994；8（3）：42.
何益新．桂枝龙骨牡蛎汤治疗早泄46例．实用中西医结合杂志，1994；7（3）：169.
吴茂林．桂枝汤新用．安徽中医临床杂志，1994；6（3）；37.
黄云摘译．浮肿的汉方治疗．甘肃中医学院学报，1994；11（3）：58.

袁平．大柴胡汤加减治疗急性胰腺炎22例．安徽中医学院学报，1994；13（3）：10.
陈华奇．己椒苈黄丸治疗肝硬化腹水1例．安徽中医学院学报，1994；13（3）：56.
孙永明．半夏泻心汤临床应用验案二则．南京中医学院学报，1994；10（3）：58.
张清苓．桂枝汤调补脾胃的实验研究：大鼠实验性胃溃疡的治疗及肝、胃、肾组织化学的定量分析．北京中医药大学学报，1994；17（3）：21.
朱士伏．金匮肾气丸双向调节的临床庄．国医论坛，1994；（4）：9.
刘建仁．葶苈大枣泻肺汤治小儿喘证64例．国医论坛，1994；（4）：11.
高维军．小柴胡汤合苓桂术甘汤治眩晕60例．国医论坛，1994；（4）：11.
唐凯．小青龙加石膏汤治疗小儿喘息性支气管炎40例．国医论坛，1994；（4）：12.
陈国权．经方（金匮肾气丸合当归苦参丸等）合用治验二则．国医论坛，1994；（4）：15.
马鸿斌．大黄䗪虫丸临床运用及现代研究进展．国医论坛，1994；（4）：46.
雍怀生．小柴胡汤治愈中期妊娠疟疾案．四川中医，1994；（4）：30.
韦经国．乌梅丸治验虫蛊验案．四川中医，1994；（4）：34.
哈孝贤．漫谈脏躁及其证治（甘麦大枣汤案）．天津中医，1994；11（4）：5.
王醒华．半夏泻心汤加减治疗上消化道出血69例临床小结．天津中医，1994；11（4）：16.
张仲一．五苓散对大白鼠实验性急性肾型高血压影响的实验研究．天津中医，1994；11（4）：29.
王建光．黄芪建中汤治疗虚寒性胃脘痛34例．河北中医，1994；16（4）：30.
孙书义．小柴胡汤加减治疗胆汁返流性胃炎72例．河北中医，1994；16（4）：30.
邵桂珍．小柴胡汤加味治疗真心痛77例．山西中医，1994；10（4）：20.
张秀娟．临床运用经方大柴胡汤的体会．甘肃中医，1994；7（4）：2.
辛军．当归生姜羊肉汤治疗产后痹痛案．河南中医，1994；14（4）：14.
杨彩凤．小青龙汤加减治疗喘证的体会．中医药研究，1994；（4）：31.
安忠兰．小青龙汤治验哮喘型霉菌性肺炎1例报道．中医药研究，1994；（4）：40.
金宇安．乌梅丸的临床新用．吉林中医药，1994；（4）：33.
罗忠义．大柴胡汤在治疗急腹症中的应用．中医函授通讯，1994；（4）：33.
章小雪．当归芍药散治疗少腹痛2例．福建中医药，1994；25（4）：13.
骆伟斌．骆安邦运用当归芍药散治疗妇科病经验．福建中医药，1994；25（4）：16.
郭芝苓．金匮肾气丸临床应用．福建中医药，1994；25（4）：36.
黄泰生．防己黄芪汤临床运用举隅．江西中医药，1994；25（4）：27.
戴军．大承气汤加味治愈狂躁抑郁症1例．江西中医药，1994；25（4）：62.
黄海清．桂枝茯苓丸治疗卵巢囊肿37例临床观察．内蒙古中医药，1994；（4）：15.
张辉．桂枝龙牡汤加味治疗窦性室上性心动过速30例．云南中医杂志，1994；15（4）：20.
张华．大黄甘草汤治疗接触性传染性脓疱疮116例小结．湖南中医杂志，1994；10（4）：36.
田逸之．大半夏汤加味治疗晚期食道贲门癌梗阻．浙江中医杂志，1994；（4）：128.
韩涛．附子汤对小鼠心肌细胞环核苷酸的影响．中国中医药科技，1994；1（4）：32.
富杭育．桂枝汤对体温双向调节作用机理探讨：对下丘脑和血浆中环核苷的影响．中药药理与临床，1994；（4）：1.
甄穗清．小柴胡汤在日本的研究与应用．中药新药与临床药理，1994；5（4）：58.
高英恺．半夏厚朴汤治疗咽异感症前瞻性研究．实用中西医结合杂志，1994；7（4）：198.
王道轩．乌头汤加味治疗坐骨神经痛38例．河南中医药学刊，1994；9（4）：55.
王北岭．小柴胡汤加味治疗流行性腮腺炎318例．安徽中医学院学报，1994；13（4）：29.
王有章．小柴胡汤加味治疗脾切除术后发热．安徽中医学院学报，1994；13（4）：34.
衡先培．小柴胡汤治疗慢性病毒性肝炎的实验研究进展．江西中医学院学报，1994；6（4）：42.
黄雪梅．半夏泻心汤治疗小儿暑泻3例．湖南中医学院学报，1994；14（4）：32.
张清苓．桂枝汤类方剂临床运用的统计分析．北京中医药大学学报，1994；17（4）：13.
刘福成．大承气汤治疗严重创伤呼吸窘迫综合征的临床研究．河北中医，1994；16（5）：2.

吴化九．加味白虎人参汤治疗胃热型糖尿病的临床与实验研究．河南中医，1994；14（5）：2.
姚保泰．半夏泻心汤加味治疗胃黏膜脱垂症60例疗效观察．河南中医，1994；14（5）：15.
舒世敏．大承气汤合芍药甘草汤加味治疗粘连性肠梗阻1例．河南中医，1994；14（5）：318.
刘延庆．奔豚汤治验1例．山西中医，1994；10（5）：43.
陈作新．加味小青龙汤治疗风寒咳嗽41例．国医论坛，1994；（5）：10.
曲战河．枳实薤白桂枝汤新用三则．国医论坛，1994；（5）：13.
刘昭坤．经方（桂枝茯苓丸等）治验二则．国医论坛，1994；（5）：16.
辛军．经方（白虎加人参汤等）治验四则．国医论坛，1994；（5）：17.
王应莲．经方（白头翁汤等）合用治慢性阿米巴痢42例．国医论坛，1994；（5）：18.
张凤瑞．大黄牡丹汤临床新用概况．国医论坛，1994；（5）：45.
高济民．仲景乌梅丸治久泻．中医药研究，1994；（5）：25.
农芳．金匮肾气丸治疗前列腺肥大10例．云南中医杂志，1994；（5）：13.
金超．桂枝汤加味治疗过敏性紫癜35例疗效观察．浙江中医杂志，1994；（5）：211.
杜纪鸣．桂枝汤治疗低分子右旋糖酐致皮肤瘙痒症．浙江中医杂志，1994；（5）：213.
刘临乡．赤小豆当归散加味治疗前阴疮肿8例．湖北中医杂志，1994；16（5）：12.
刘云．浓煎复方大承气汤在腹部手术后的应用．湖北中医杂志，1994；16（5）：14.
胡晓华．当归芍药散治疗羊水过多36例．湖北中医杂志，1994；16（5）：24.
李德新．寒下法治急腹症三则．湖北中医杂志，1994；16（5）：40.
刘大平．大黄附子汤临床新用．湖北中医杂志，1994；16（5）：51.
覃文才．甘麦大枣汤的中枢神经抑制作用．中药药理与临床，1994；（5）：9.
张景祖．苓桂术甘汤加味治疗疑难杂症2例．河南中医药学刊，1994；9（5）：24.
王彦如．重用炙甘草汤治疗完全性房室传导阻滞1例．河南中医药学刊，1994；9（5）：25.
李玉春．红蓝花酒口服液治疗痛经63例临床观察．河南中医药学刊，1994；9（5）：39.
张平．黄芪桂枝五物汤治验2例．南京中医学院学报，1994；10（5）：58.
刘宝华（北京中医药大学二附院）．刘渡舟教授应用经方治验．北京中医药大学学报，1994；17（5）：35.
黄金林．麦门冬汤新用．新中医，1994；（6）：56.
谢沛荣．温经汤新用．新中医，1994；（6）：57.
王明如．小柴胡汤治疗各种发热举隅．中成药，1994；16（6）：29.
周汝全（四川秀山县人民医院）．《伤寒论》方验案二则．四川中医，1994；（6）：36.
刘青．加味桂枝汤治疗肩周炎30例．四川中医，1994；（6）：47.
郭本传．甘草泻心汤加味治疗性病42例．国医论坛，1994；（6）：11.
赵克安．黄芪桂枝五物汤在儿科临床的应用．山西中医，1994；10（6）：29.
朱道范．加味己椒苈黄汤治疗慢性肾炎73例．河南中医，1994；14（6）：42.
张基栋．栝蒌瞿麦丸治疗糖尿病肾病23例．河南中医，1994；14（6）：43.
陈洁．小柴胡汤加味治疗美尼尔氏病16例．河北中医，1994；16（6）：11.
梁均文．甘麦大枣汤治疗妊娠大便不通．中医药研究，1994；（6）：57.
唐江山．加味桃花汤治脾胃虚寒型上消化道出血32例．福建中医药，1994；25（6）：7.
邵桂珍．薯蓣丸治疗心功能减退113例．浙江中医杂志，1994；（6）：257.
王万祖．黄芪桂枝五物汤治麻木举隅．浙江中医杂志，1994；（6）：279.
王桂生．白术散加减治疗子肿84例报告．北京中医杂志，1994；（6）：28.
罗增发．当归芍药散的临床运用．云南中医杂志，1994；（6）：41.
朱茂嵩．大柴胡汤加味治疗慢性肺心衰30例．湖南中医杂志，1994；10（6）：27.
夏远录．仲景寒热并用法临证举隅．湖南中医杂志，1994；10（6）：30.
徐廷良．小半夏加茯苓汤加味治疗妊娠恶阻26例．湖北中医杂志，1994；16（6）：12.
刘景琪．苓桂五甘汤的一方多用．上海中医药杂志，1994；（6）：31.
马克敏．当归芍药散加味治疗美尼尔氏病38例．河南中医药学刊，1994；9（6）：23.

王震权．黄芪建中汤加味治疗血卟啉病28例．南京中医学院学报，1994；10（6）：46.
陈宁勇．谈谈经方（小柴胡汤）的应用．南京中医学院学报，1994；10（6）：52.
陈竞．狐惑病治验．浙江中医学院学报，1994；19（6）：29.
徐苓．柴胡桂枝汤加减退热验案二则．北京中医药大学学报，1994；17（6）：61.
王桐萍．薏苡附子散与薏苡附子败酱散临床应用举隅．北京中医药大学学报，1994；17（6）：61.
王兴兰．加味附子苡仁败酱散为主治疗阑尾炎周围脓肿．四川中医，1994；（7）：21.
陈隐漪．大黄附子汤治疗泌尿系结石．四川中医，1994；（7）：30.
田捷春．葛根汤治疗心动过缓案．甘肃中医，1994；（7）：24.
于山仓．奔豚气治验．陕西中医，1994；15（7）：312.
邢本香．大黄牡丹汤临证治验．陕西中医，1994；15（7）：321.
姚真敏．肾气丸新用．浙江中医杂志，1994；（7）：280.
金国梁．何任研究和运用仲景方一席谈．江苏中医杂志，1994；15（7）：3.
边进科．大承气汤治疗残胃无张力症．江苏中医杂志，1994；15（7）：312.
柳英华．金匮肾气丸临床应用举隅．山东中医杂志，1994；13（7）：305.
张青萍．大承气汤治疗老年性前列腺肥大并发尿潴留2例．实用中西医结合杂志，1994；7（7）：439.
肖旭腾．苓桂术甘汤加味治疗难治性肾病综合征17例．新中医，1994；（8）：23.
张军．黄芪桂枝五物汤加味治疗无脉症1例．中医杂志，1994；35（8）：482.
陈华．加味苇茎汤治疗小儿肺炎42例．陕西中医，1994；15（8）：342.
朱盛国．苓桂术甘汤儿科应用举隅．上海中医药杂志，1994；（8）：22.
丁建华．小青龙汤加减治疗咳嗽258例．山东中医杂志，1994；13（8）：342.
沈奋怡．小柴胡汤为主治疗细节病6例．中国中西医结合杂志，1994；14（8）：493.
苏全胜．茵陈蒿汤加味治疗胆囊术后黄疸不退8例．实用中西医结合杂志，1994；7（8）：58.
刘树嘉．α－干扰素并小柴胡汤治疗丙型肝炎32例疗效观察．实用中西医结合杂志，1994；7（8）：452.
张耀泉．半夏泻心汤加味治疗返流性胃炎．新中医，1994；（9）：23.
何国雄．桂枝汤加味治疗皮肤瘙痒症．新中医，1994；（9）：47.
吴士康．小柴胡汤新用．新中医，1994；（9）：56.
周来兴．当归芍药散治疗妇科病举隅．四川中医，1994；（9）：41.
郭平．奔豚气治验一则．陕西中医，1994；15（9）：413.
郝惠莉．桂枝汤的临床新用．陕西中医，1994；15（9）：420.
吴伟康．四逆汤保护心肌缺血作用的实验研究．实用中西医结合杂志，1994；14（9）：549.
黄庆山．小柴胡汤治疗春季结膜炎60例．新中医，1994；（10）：18.
郑功泽．当归芍药散新用．新中医，1994；（10）：55.
王云志．大黄牡丹汤合五虎丹治疗肠痈30例．陕西中医，1994；15（10）：463.
李浩澎．加味大黄䗪虫丸治疗脑动脉硬化症的临床研究．实用中西医结合杂志，1994；7（10）：616.
郭恒玉．小柴胡汤治疗病毒性肝炎30例探讨．中国中西医结合杂志，1994；（10）：5.
孙家宝．麦门冬汤加减治疗非特异性炎症型右肺中叶综合征60例．中国中西医结合杂志，1994；（10）：632.
罗京娟．百合病治验．新中医，1994；（11）：14.
韩振宏．白头翁汤灌肠治疗急性菌痢34例．四川中医，1994；（11）：31.
叶泉．脏躁（甘麦大枣汤）治验．四川中医，1994；（11）：35.
刘启文．球麻疹1例（甘麦大枣汤）治验．四川中医，1994；（11）：35.
孔荣观．经方（大黄䗪虫丸）治验一得．四川中医，1994；（12）：33.
李振平．大黄牡丹汤应用举隅．陕西中医，1994；15（12）：558.
乔宦琏．大柴胡汤为主治疗急性胆系感染75例．上海中医药杂志，1994；（12）：20.
郭福新．桂附地黄液在老年病的临床应用：附130例分析．实用中西医结合杂志，1994；7（12）：727.
尹有学．加减乌梅丸治疗胆道蛔虫症11例．新中医，1995；（1）：49.

徐惠琴．大黄牡丹汤的临床应用．中成药，1995；17（1）：25.
王旭．金匮肾气丸对心绞痛的辅助治疗作用．中医杂志，1995；（1）：24.
蒋改苏．吴茱萸汤加减治疗神经性呕吐．四川中医，1995；（1）：26.
罗方．奔豚气治验．四川中医，1995；（1）：34.
王章云．葛根汤为什么能治项背强、呕、利三证，它与桂枝葛根汤如何区别．四川中医，1995；（1）：71.
姜光清．经方（吴茱萸汤等）新用验案三则．国医论坛，1995；（1）：14.
李济民．黄芪桂枝五物汤新用四则．国医论坛，1995；（1）：15.
赵可宁．《金匮要略》治妇人腹痛方药临证举隅．国医论坛，1995；（1）：16.
黄君敖．乌梅汤灌肠治慢性结肠炎38例．国医论坛，1995；（1）：17.
王光辉．加味桂枝茯苓汤治疗输卵管阻塞108例疗效观察．现代中医，1995；（1）：17.
刘学进．中西医结合治疗小儿阑尾脓肿110例疗效观察．现代中医，1995；（1）：23.
华锦煊．桃花汤治验举隅．河南中医，1995；15（1）：15.
张占玲．金匮肾气丸儿科新用．河南中医，1995；15（1）：25.
唐丽．大黄䗪虫丸治疗高粘血症30例临床观察．天津中医，1995；12（1）：18.
彭待奇．黄芪桂枝五物汤的临床应用．中医药学报，1995；（1）：19.
冯涛．复方半夏泻心汤对慢性萎缩性胃炎治疗作用的病理形态学研究．中医药学报，1995；（1）：31.
聂文华．大黄牡丹汤加减治疗术后腹胀46例临床观察．中医药研究，1995；（1）：25.
任培锦．黄芪桂枝五物汤临证应用举要．中医药研究，1995；（1）：44.
薛俊宏．运用桂枝茯苓汤治疗妇科疾病验案举隅．吉林中医药，1995；（1）：26.
李民键．小柴胡汤新用．吉林中医药，1995；（1）：33.
刘金妹．温经汤加减治疗痛经．江西中医药，1995；26（1）：28.
常敏毅．小柴胡汤加味治疗原发性肝癌15例．实用中医药杂志，1995；（1）：14.
龚成初．大柴胡汤治疗急腹症举隅．湖南中医杂志，1995；11（1）：23.
王忠旺．百合病治验举隅．湖北中医杂志，1995；17（1）：43.
李瑞之．炙甘草汤缓解阿霉素心脏毒副作用．中国中药杂志，1995；20（1）：56.
顾为政．越婢加半夏汤治疗百日咳50例．江苏中医杂志，1995；16（1）：15.
邵金满．小青龙汤致胸闷气急2例报告．浙江中西医结合杂志，1995；5（1）：55.
周联．五苓散及其组分对小鼠血浆心钠素含量的影响．中国中西医结合杂志，1995；15（1）：36.
吴化骥．简析叶天士对《金匮要略》的运用与发挥．天津中医学院学报，1995；（1）：8.
陈运生．加味乌梅汤治疗小儿胆道蛔虫症．江西中医学院学报，1995；7（1）：9.
李远实．桂枝汤加减研药末塞鼻治怪汗案．江西中医学院学报，1995；7（1）：11.
徐剑初．苓桂术甘汤的临床应用．南京中医学院学报，1995；11（1）：24.
王均．桂枝汤加味治疗慢性荨麻疹102例．南京中医学院学报，1995；11（1）：54.
姚真敏．《金匮》方治验举隅．浙江中医学院学报，1995；19（1）：28.
曹汉明．奔豚汤治验二则．新中医，1995；（2）：16.
刘晓怡．黄芪桂枝五物汤新用．新中医，1995；（2）：51.
梁崇俊．猪苓散化裁治疗肝硬化腹水50例．四川中医，1995；（2）：15.
赵复国．仲景下瘀血汤治愈顽固性胃脘灼热．四川中医，1995；（2）：34.
禹亚红．葶苈大枣泻肺汤治愈渗出性胸膜炎1例．山西中医，1995；（2）：6.
王云光．肾着汤临床应用举隅．山西中医，1995；（2）：29.
郭桂荣．苓桂术甘汤加味治疗耳鸣2例．山西中医，1995；（2）：46.
薛春柏．经方治疗心律失常举隅．河南中医，1995；15（2）：9.
吴茱萸汤治疗闪辉性暗点38例．河南中医，1995；15（2）：11.
陈鼎．经方辨治痉病二则．河南中医，1995；15（2）：12.
康乌香．谈小柴胡汤的合理运用．河南中医，1995；15（2）：30.
刘传用．桂枝茯苓丸临床新用．河南中医，1995；15（2）：74.

钱宝延．小柴胡汤加减治疗癌症发热32例．陕西中医，1995；16（2）：57.
孙玉苑．小柴胡汤加减治疗人工流产后发热．天津中医，1995；12（2）：18.
齐群长．经方（枳术汤等）验案二则．天津中医，1995；12（2）：37.
李忠爱．小青龙汤治疗顽固性咳喘病二则．中医药学报，1995；（2）：34.
毕庶波．小承气汤加减治疗顽固性呃逆3例．中医药研究，1995；（2）：32.
张亚丽．加味桂枝汤治疗老年性便秘41例．新疆中医药，1995；（2）：51.
张赟鹏．大黄䗪虫丸治疗急性胆囊炎临床观察．黑龙江中医药，1995；（2）：18.
吴复长．乌头汤加减治疗痛证举隅．江西中医药，1995；26（2）：30.
葛凌．狐惑病治验3例．江西中医药，1995；26（2）：39.
谢雄姿．甘草干姜汤治验．江西中医药，1995；26（2）：63.
王金科．小柴胡汤改善肝胆系统损害的实验研究．广西中医药，1995；18（2）：44.
李登美．《金匮》皂荚丸为主治疗肺泡蛋白沉着症18例．浙江中医杂志，1995；（2）：59.
王景福．桂枝加龙骨牡蛎汤合交泰丸治疗尿频症36例．浙江中医杂志，1995；（2）：61.
王景福．升麻鳖甲汤治疗寻常型银屑病．浙江中医杂志，1995；（2）：67.
戴天木．杨百茀饮病学术思想简介．湖北中医杂志，1995；17（2）：2.
龙飞．小柴胡汤治疗支气管咯血1例．湖北中医杂志，1995；17（2）：9.
康建武．葛根汤加味治疗肩周炎48例．湖北中医杂志，1995；17（2）：31.
黄庆山．小柴胡汤治疗变应性鼻炎临床研究．实用中医药杂志，1995；（2）：27.
刘英锋．乌梅丸治疗肝风犯肺罡的临床运用．江西中医学院学报，1995；7（2）：1.
张纪立．小柴胡汤的药理研究与临床应用．浙江中西医结合杂志，1995；4（2）：9.
郭同彬．狐惑病治验2例．安徽中医临床杂志，1995；7（2）：49.
杨连竹．小柴胡汤治疗流行性腮腺炎47例．安徽中医学院学报，1995；14（2）：35.
曾海菊．桂枝茯苓丸为主治疗子宫肌瘤45例临床观察．甘肃中医学院学报，1995；12（2）：20.
李天淑．经方（温经汤等）新用举隅．成都中医学院学报，1995；18（2）：14.
魏金堂．狐惑病治验二则．新中医，1995；（3）：16.
王克林．吴茱萸汤治厥阴头痛心得．中医杂志，1995；（3）：160.
蒋改苏．五苓散治脱发1例．天津中医，1995；12（3）：43.
王印光．黄芪桂枝五物汤加减治疗不安腿综合征25例．中医研究，1995；8（3）：34.
王振亮．大柴胡汤对幽门结扎胃溃疡大鼠胃壁粘液糖蛋白量的影响．中医研究，1995；8（3）：60.
刘秀顺．小柴胡汤加味治疗小儿痄腮96例．甘肃中医，1995；8（3）：18.
王东坡．桂枝龙骨牡蛎汤验案三则．甘肃中医，1995；8（3）：24.
关建国．小柴胡汤加减治疗颈性眩晕66例临床观察．河南中医，1995；15（3）：13.
蔡建成．乌头汤治疗痛证及体会．吉林中医药，1995；（3）：14.
汤国杰．验案二则（乌梅丸等）记实．吉林中医药，1995；（3）：16.
吴有超．桂枝加龙骨牡蛎汤治疗不育症25例．吉林中医药，1995；（3）：25.
杨茂福．防己黄芪汤应用举隅．中医药研究，1995；（3）：38.
刘玉华．经方（甘草泻心汤等）治验举隅．江西中医药，1995；26（3）：35.
常先前．乌梅丸治疗顽固性呃逆．江西中医药，1995；26（3）：36.
贾新成．大承气汤加味腹部术后肠麻痹93例．陕西中医函授，1995；（3）：5.
杨风清．阴阳毒证治更易升麻鳖甲汤浅析．中医函授通讯，1995；（3）：7.
孙冬梅．桂枝汤加味治疗美尼尔氏病20例．中医函授通讯，1995；（3）：47.
任佑才．桂枝龙牡汤加味治疗胃神经官能症的体会．北京中医杂志，1995；（3）：25.
高忠英．有关大青龙汤倍麻黄之我见．北京中医杂志，1995；（3）：37.
廖仅柱．小半夏汤临床运用拾萃．湖北中医杂志，1995；17（3）：12.
陈国权．《金匮》方（苓甘五味姜辛夏杏汤等）验案三则．湖北中医杂志，1995；17（3）：49.
徐凤翻．大承气汤配合西药治疗破伤风．中国中医急症，1995；4（3）：110.

陆胜年．加味小柴胡汤治疗坐骨神经痛25例．上海中医药杂志，1995；（3）：28.
黄禾生．大青龙汤控制哮喘发作46例疗效观察．云南中医药杂志，1995；16（3）：29.
田文红．奔豚气临证治验举隅．天津中医学院学报，1995；（3）：25.
陶必贤．古方百合地黄汤、百合鸡子汤加味治疗鼻衄的临床报告．贵阳中医学院学报，1995；17（3）：38.
成嘉祚．麻杏薏甘汤治疗扁平疣12例．甘肃中医学院学报，1995；12（3）：28.
李祥松．黄芪建中汤加味治疗乙肝病毒携带者100例．浙江中医学院学报，1995；19（3）：26.
金思东．桂枝芍药知母汤治疗慢性膝关节滑膜炎．浙江中医学院学报，1995；19（3）：28.
祝定泉．五苓散加味治疗耳源性眩晕61例．浙江中医学院学报，1995；19（3）：30.
段利民．苓桂术甘汤治验．湖南中医学院学报，1995；15（3）：22.
龙家乐．中西医结合治疗女性性欲低下的临床疗效观察．湖南中医学院学报，1995；15（3）：26.
张可可．半夏泻心汤加味治疗上消化道出血症24例．安徽中医学院学报，1995；14（3）：26.
邢春光．半夏厚朴汤合针刺治疗咽异感症70例．安徽中医学院学报，1995；14（3）：30.
薛俊宏．桂枝茯苓汤治疗妇科疾病验案举隅．长春中医学院学报，1995；11（3）：42.
沈红新．防己黄芪汤在骨伤科运用举隅．南京中医药大学学报，1995；11（3）：23.
王文俊．大承气汤对腹膜炎时肠功能的影响．中国中西医结合外科杂志，1995；1（3）：180.
朱惠琴．大黄䗪虫丸治疗慢活肝、肝硬化34例临床观察．中国中西医结合脾胃杂志，1995；3（3）：146.
张学斌．金匮肾气丸加减治疗慢性精神分裂症40例．现代中医，1995；（4）：215.
刘俊田．大黄䗪虫丸和五仁醇对慢性肝损伤大鼠肝羟脯酸含量的影响．现代中医，1995；（4）：224.
杜建忠．《金匮要略》辨疑四则．四川中医，1995；（4）：14.
吴敏田．金匮肾气丸加味治疗心房纤颤伴Ⅱ度房室传导阻滞1例．河南中医，1995；15（4）：15.
哈孝圣．小青龙汤治疗支气管哮喘发作疗效观察．天津中医，1995；12（4）：15.
张柏丽．肾气丸对大鼠睾丸组织内DNA和RNA含量的影响．天津中医，1995；12（4）：30.
杨建华．乌梅丸加味治疗肠道易激综合征34例．甘肃中医，1995；8（4）：24.
陈支红．大黄䗪虫丸的药理研究及临床应用．新疆中医药，1995；（4）：39.
桂三保．小青龙汤治疗小儿痰喘70例．江西中医药，1995；26（4）：31.
李萌．白头翁汤治尿血和附件炎．广西中医药，1995；8（4）：35.
崔晓萍．《金匮要略》妇科血瘀证辨治浅析．陕西中医函授，1995；（4）：40.
余大强．金匮肾气丸加味治验顽疾重症三则．北京中医杂志，1995；（4）：60.
陈益生．乌梅丸加味治疗慢性泄泻28例疗效观察．浙江中医杂志，1995；（4）：154.
杨正如．大承气汤在急症中的运用．浙江中医杂志，1995；（4）：163.
石毓才．温经汤加减治疗继发不孕症30例．江苏中医杂志，1995；16（4）：95.
黄子河．葛根汤加味治疗颈椎病30例．山东中医杂志，1995；14（4）：160.
王伟渝．《金匮要略》妇科活血化瘀法探讨．基层中药杂志，1995；9（4）：44.
匡乃家．小柴胡汤治疗变应性鼻炎65例疗效观察．中药药理与临床，1995；（4）：33.
龙慎仪．加味防己黄芪汤治疗慢性活动性肝炎肝纤维化的临床观察．中西医结合肝病杂志，1995；5（4）：30.
李清甫．大承气汤加氟哌酸治疗肝硬化并自发性细菌性腹膜炎疗效分析．中西医结合肝病杂志，1995；5（4）：32.
魏练波．大黄䗪虫丸对难治性肾病综合征抗凝血酶Ⅲ影响．浙江中西医结合杂志，1995；5（4）：1.
周志颖．仲景方治验四则．长白山中医药研究与开发，1995；4（4）：19.
桑进．小青龙汤治疗变应性鼻炎53例．南京中医学院学报，1995；（4）：14.
梅九如．大柴胡汤临床应用体会．南京中医学院学报，1995；（4）：20.
周六贵．金匮肾气丸对小鼠免疫功能的影响．成都中医学院学报，1995；（4）：40.
顾江红．大承气汤加速妇产科进腹和胃肠功能康复的临床观察．浙江中医学院学报，1995；19（4）：37.
张筱萍．当归芍药散在妇科临床的应用．浙江中医学院学报，1995；19（4）：38.
韩艳萍．温阳利水法在肺心病心衰中的运用体会．贵阳中医学院学报，1995；17（4）：29.

周丽琴．急性白塞氏病治验．贵阳中医学院学报，1995；17（4）：50.
张万义．加味己椒苈黄汤治疗支气管炎哮喘急性发作50例．山东中医学院学报，1995；19（4）：235.
贾晋卯．桂枝茯苓丸治疗血液高粘滞综合征．陕西中医学院学报，1995；18（4）：25.
张明德．甘麦大枣汤治验举隅．甘肃中医学院学报，1995；12（4）：28.
陈国权．《金匮》方（半夏厚朴汤等）新用三则．新中医，1995；（5）：55.
刘四海．大黄䗪虫丸的药理与临床进展．中成药，1995；17（5）：42.
章日初．颜德馨用抵当汤、葶苈大枣泻肺汤加减救治肝性脑病1例．中医杂志，1995；36（5）：272.
谢正东．《金匮要略》妇科腹痛证治法探析．国医论坛，1995；（5）：4.
刘昭坤．桂枝茯苓丸加味治疗卵巢囊肿98例．国医论坛，1995；（5）：14.
任存德．当归芍药散临床治验四则．国医论坛，1995；（5）：15.
蔡柳洲．经方（乌头汤等）新用三则．国医论坛，1995；（5）：18.
李密峰．大柴胡汤治疗小儿子时发热举隅．国医论坛，1995；（5）：19.
赵凯．当归芍药散治妊娠高血压综合征．国医论坛，1995；（5）：19.
杨运东．葛根汤配合牵引治儿童自发性寰椎半脱位42例．国医论坛，1995；（5）：34.
邱联根．防己黄芪汤临床运用近况．国医论坛，1995；（5）：47.
曾理．仲景（桂枝茯苓丸）治疗瘀血病症举隅．四川中医，1995；（5）：36.
刘洪新．小青龙汤治疗小儿哮喘101例临床观察．四川中医，1995；（5）：43.
黄桂英．黄芪桂枝五物汤治疗肢体麻木32例．中医研究，1995；8（5）：39.
宋晓光．大承气汤加减治疗重症颅脑损伤32例．河南中医，1995；15（5）：45.
邓光远．半夏泻心汤临证举隅．甘肃中医，1995；8（5）：18.
许荣正．桂枝茯苓丸的临床应用．陕西中医，1995；16（5）：227.
巩继梅．经方（乌梅丸等）治验三则．陕西中医，1995；16（5）：229.
张颖．白头翁汤加味保留灌肠治疗慢性肠道疾病．吉林中医药，1995；（5）：35.
许惠芳．加味当归芍药散治疗胎漏胎动不安32例．福建中医药，1995；26（5）：39.
封楠．加味半夏泻心汤治疗慢性胃炎58例．黑龙江中医药，1995；（5）：7.
霍玉森．甘遂半夏汤为主治疗肾积水19例．黑龙江中医药，1995；（5）：36.
曹俭．大黄䗪虫丸治疗慢性浅表性胃炎74例病理疗效观察．北京中医杂志，1995；（5）：19.
任亚轩．半夏厚朴汤运用举隅．北京中医杂志，1995；（5）：44.
宋文武．桂枝龙牡汤在治疗汗症中的应用．江苏中医杂志，1995；16（5）：31.
陈玉珍．小青龙汤加味治疗病窦综合征34例．山东中医杂志，1995；14（5）：211.
田在泉．薯蓣丸小议．山东中医杂志，1995；14（5）：216.
周俊文．酸枣仁汤治疗顽固性失眠．辽宁中医杂志，1995；22（5）：164.
庄廷芳．桂枝汤延迟皮肤排异的功效实验研究．辽宁中医杂志，1995；22（5）：230.
吴文慧．小柴胡汤加味治疗乳癖30例．云南中医药杂志，1995；16（5）：27.
终丽．大黄䗪虫丸对血瘀型大鼠纤溶活性及血小板内环核苷酸含量的影响．中药药理与临床，1995；（5）：8.
迟兆富．大黄䗪虫丸胶囊治疗急性脑梗塞122例．山东中医学院学报，1995；19（5）：321.
王安．附子苡仁败酱散治痢疾．浙江中医学院学报，1995；19（5）：26.
尚炽昌．薏附口服液治疗寒湿型冠心病心绞痛的临床研究．北京中医药大学学报，1995；18（5）：56.
卢涛．半夏泻心汤治疗幽门螺旋杆菌相关性胃炎63例．新中医，1995；（6）：55.
黄仕和．吴茱萸汤新用．新中医，1995；（6）：56.
胡家庭．小柴胡汤加减治疗慢性活动型乙型病毒性肝炎56例．四川中医，1995；（6）：22.
刘天骥．小青龙汤膏贴肺俞穴治疗小儿寒喘69例．天津中医，1995；12（6）：27.
刘绪英．桂枝茯苓丸新用．河南中医，1995；15（6）：12.
张秀云．桂枝加龙骨牡蛎汤临床应用举隅．河南中医，1995；15（6）：13.
何汝文．桂枝茯苓丸加味治疗卵巢囊肿30例．河北中医，1995；17（6）：32.

薛堂语．小柴胡汤加减治疗久咳疗效观察．山西中医，1995；11（6）：12.
崔淑梅．大黄牡丹汤在妇科临床的应用．陕西中医，1995；16（6）：276.
訾占生．小柴胡汤加减治疗脾切除后发热．中医药学报，1995；（6）：24.
刘国昌．乌头汤治疗三叉神经痛24例．中医药学报，1995；（6）：31.
黄秀娣．脏躁（甘麦大枣汤）治验．江西中医药，1995；26（6）：31.
黄河清．大柴胡汤加减治疗脂肪肝18例．福建中医药，1995；26（6）：43.
王芝兰．防己茯苓汤治疗肾病综合征水肿举隅．北京中医杂志，1995；（6）：26.
林高荣．加味乌梅汤治疗慢性非特异性溃疡性结肠炎33例．北京中医杂志，1995；（6）：27.
魏承昌．黄芪建中汤合逆散治疗胃轻瘫综合征23例．山东中医杂志，1995；14（6）：246.
狄民．当归芍药散治疗产后小便难．浙江中医杂志，1995；（6）：262.
江准保．附子苡仁败酱散临床新用．浙江中医杂志，1995；（6）：285.
杨晓华．姚九江运用《金匮》方经验点滴．江苏中医杂志，1995；16（6）：3.
姚筱农．苓桂术甘汤加味治疗小儿水肿．江苏中医杂志，1995；16（6）：14.
覃厚华．黄芪桂枝五物汤治疗痛痹114例．湖北中医杂志，1995；17（6）：11.
袁福茹．酸枣仁汤加味治疗室性早搏84例临床观察．湖南中医杂志，1995；11（6）：11.
吴幅群．小青龙汤冲剂治疗咳喘50例疗效观察．湖南中医杂志，1995；11（5）：34.
李光．大黄䗪虫丸在肝病中运用探析．辽宁中医杂志，1995；22（6）：261.
颜三宝．小承气汤治疗荨麻疹2例．上海中医药杂志，1995；（6）：41.
吴茱萸汤合小半夏加茯苓汤加味治疗临界性高血压44例．黑龙江中医药，1995；（6）：9.
张春荣．当归芍药散治疗经前浮肿15例观察．实用中医药杂志，1995；（6）：11.
胡万波．小柴胡汤临床应用举隅．实用中医药杂志，1995；（6）：28.
陈国志．大柴胡汤对8GY照射大鼠小肠移行性肌电复合波的影响．中药药理与临床，1995；（6）：3.
袁毓梅．以十枣汤为主治疗重症流行性出血热少尿期肾功能衰竭33例．中国中西医结合杂志，1995；15（6）：373.
张惠贤．狐惑病治验一则．长春中医学院学报，1995；11（6）：30.
张俊．桂枝汤调节作用的临床应用．浙江中医学院学报，1995；19（6）：28.
蔡耀庚．防己茯苓汤加味治愈急性羊水过多症．四川中医，1995；（7）：38.
王俊兰．大黄牡丹汤治疗盆腔炎30例．江苏中医杂志，1995；16（7）：15.
邹兰谷．大黄䗪虫丸的临床运用．江苏中医杂志，1995；16（7）：35.
巫瑞明．甘麦大枣汤治疗吸毒断瘾后腹痛腹泻一则．新中医，1995；（8）：14.
尹小青．黄芪桂枝五物汤新用．新中医，1995；（8）：52.
赵忠兰．葶苈大枣泻肺汤加味治疗老年性慢性气管炎50例．新中医，1995；（8）：63.
王敬义．苓桂术甘汤结合西药治疗心律不齐．四川中医，1995；（8）：27.
葛玉莲．大柴胡汤加减治疗胆囊炎、胆石症急性发作47例．四川中医，1995；（8）：28.
刘守洪．猪苓汤治疗肾积水45例．山东中医杂志，1995；14（8）：345.
白国生．百合地黄汤加味治疗更年期忧郁症20例．江苏中医杂志，1995；16（8）：13.
王凌．李文瑞临床活用仲景方经验．辽宁中医杂志，1995；22（8）：352.
许泽君．小柴胡汤治疗胆囊炎胆结石术后综合征35例．辽宁中医杂志，1995；22（8）：360.
柳晓云．柴胡制剂在肝肾疾病中的应用．实用中西医结合杂志，1995；8（8）：562.
赵迪．时振声教授运用当归芍药散治疗肾病的经验．新中医，1995；（9）：1.
肖金．乌梅丸验案三则．新中医，1995；（9）：17.
黄河清．金匮肾气丸加味治疗气阴两虚Ⅱ型糖尿病．新中医，1995；（9）：39.
黎国昌．苓桂术甘汤新用．新中医，1995；（9）：57.
章继才．半夏泻心汤治疗胆汁返流性胃炎34例．四川中医，1995；（9）：30.
胡元奎．炙甘草汤加味治疗严重心律失常35例．陕西中医，1995；16（9）：399.
霍丽东．栝蒌薤白半夏汤的临床应用．陕西中医，1995；16（9）：415.

鲁海婷. 半夏泻心汤的临床应用. 陕西中医，1995；16（9）：415.
金家隆. 肾气丸加味治愈咸乳 2 例. 浙江中医杂志，1995；（9）：388.
叶家栋. 汪达成运用大黄䗪虫丸临床经验举隅. 江苏中医杂志，1995；16（9）：3.
谢士达. 小柴胡汤或合用肝疫苗慢性乙型肝炎 176 例. 江苏中医杂志，1995；16（9）：7.
袁茹坚. 大黄甘草汤在新生儿疾病中的运用. 实用中西医结合杂志，1995；8（9）：549.
王建红. 金匮肾气丸引火归源应用举隅. 陕西中医，1995；16（10）：467.
王景华. 黄芪建中汤合黄连解毒汤治疗白细胞减少症 26 例. 浙江中医杂志，1995；（10）：443.
熊树松.《金匮》小建中汤出配合化疗治疗白血病 31 例. 实用中西医结合杂志，1995；8（10）：586.
牝孝礼. 大黄甘草汤在新生儿疾病中的运用. 四川中医，1995；（11）：39.
毕士敏. 己椒苈黄丸加味治疗肝硬化腹水 36 例. 江苏中医杂志，1995；16（11）：9.
奔豚证的现代医学剖析. 中国中西医结合杂志，1995；15（11）：696.
杨柳松. 小柴胡汤对糖皮质激素受体的调节作用. 中成药，1995；17（12）：34.
龙玉泉. 经方（栝蒌瞿麦丸等）治验二则. 陕西中医，1995；16（12）：559.
张振东. 当归芍药散加味治疗心绞痛 96 例. 浙江中医杂志，1995；（12）：542.
曾金凤. 加味茵陈蒿汤及丹参注射液在 40 例急性胆系感染围手术期的应用. 中国中西医结合杂志，1995；15（12）：741.
陈玉祥（珠海市斗门县人民医院）. 葛根汤加减治疗颈肩背痛 45 例的临床应用与体会. 广州中医药大学学报，1996；13（1）：31.
尚素芳（新乡市第二人民医院）.《伤寒论》方在急症治疗中的应用. 河南中医药学刊，1996；11（3）：13.
王悦芳等（阿城市人民医院）. 金匮肾气丸治疗静脉血栓形成. 中医药信息，1996；13（5）：32.
石玉梅等（大安市中医院）. 金匮肾气汤治愈"无尿"1 例. 吉林医学信息，1996；（6）：37.
曹奕等（安徽中医学院第二附属医院）. 金匮肾气丸治疗糖尿病肾病 18 例. 陕西中医，1996；17（8）：363.
冷兴文，刘志民（兰州军区乌鲁木齐总院）. 金匮肾气丸对老年人外周血白细胞雄激素受体的影响. 标记免疫分析与临床，1996；3（9）：112.
刘志国等（黑龙江省肇源县中医院）. 金匮肾气丸对肾阳虚患者外周血白细胞雄激素受体的影响. 标记免疫分析与临床，1996；3（9）：112.
金美亚（黄岩市中医院）. 仲景方治疗老年不寐举要. 江苏中医，1996；17（10）：31.
金凤丽（云南中医学院附属医院）. 小柴胡汤加减治疗妊娠感冒 92 例. 云南中医学院学报，1997；20（1）：39.
杨子丹（江西省武宁县中医院）.《伤寒论》方治儿科急症举隅. 江西中医药，1997；28（3）：13.
刘日光沈冯君（贵阳中医学院）. 当归四逆汤配合穴位敷贴治疗腰腿痛 33 例小结. 贵阳中医学院学报，1997；19（3）：17.
孙岩，张歌心（浙江中医学院附属医院）. 抵当汤治疗脑出血 40 例疗效观察. 浙江中医学院学报，1997；21（3）：38.
李建明，魏莉（陕西中医学院）. 小柴胡汤加味对肾病综合征的临床观察. 陕西中医函授，1997；（4）：36.
龙德昭（云南中医学院）. 旋复代赭汤临床运用举隅. 云南中医学院学报，1997；20（4）：26.
张李红（昆明市中医院）. 应用仲景方辨治胃脘痛. 云南中医学院学报，1997；20（4）：38.
蒋森，蒋芳莉（临汾市第一人民医院）. 论伤寒柴胡证、发黄、痞证、结胸与急性肝炎. 山西中医，1997；13（6）：1.
杨世勇，李满科（辽宁省中医研究院）. 白虎汤的临证应用探要. 中医函授通讯，1997；16（6）：8.
钱能达，谢佩芳（枞阳县浮山镇卫生院）. 六经热入血室辨治三则. 安徽中医临床杂志，1997；9（6）：324.
汪家健（浙江省衢州市中医院）. 黄连阿胶汤临床新用举隅. 浙江中医杂志，1997；32（8）：370.

林慧娟等（山东中医药大学附属医院）．经方论治失眠举隅．中国中医基础医学杂志，1997；3（10）：61.
杨瑞萍（北京市海淀区中医医院）．当归四逆汤加减临床应用．中医研究，1998；11（1）：38.
李学麟（福州福建中医学院附属医院）．丁甘仁小儿温病急症治验浅探．福建中医学院学报，1998；8（3）：43.
吴迪祥（如皋市中医院）．炙甘草汤加减治疗小儿病毒性心肌炎 24 例．南通医学院学报，1998；18（4）：509.
张普道，谢铁哲（河南武陟县阳城乡卫生院）．运用仲景方辨治男性病举隅．河南中医，1998；18（5）：275.
杨胜辉（烟台市中医医院）．仲景方治疗急症一得．实用中医药杂志，1998；14（5）：32.
马洪（山东省胜利石油管理局中心医院）．仲景方在痰证中的应用．中医研究，1998；11（6）：34.
王晓燕，王志敏（郑州市中医院）．仲景方治验三则．中医研究，1998；11（6）：35.
孙勤，王占伸（赤峰市林东上京中医院）．仲景方临床应用举隅．山西中医，1998；14（12）：73.
刘政等（德州市中医院）．孙朝宗应用经方经验．上海中医药杂志，1998；（12）：26.
刘晨波，韩少兰（深圳中联制药厂）．仲景胃灵－古代名方的创新．云南中医中药杂志，1999；20（2）：44.
张慧辉等（山东省淄博市传染病医院）．自拟柴胡郁金汤治疗乙型黄疸型肝炎 93 例临床观察．右江民族医学院学报，1999；21（2）：323.
陈水昌（南海市沙头镇医院）．桂枝加葛根汤配合牵引治疗颈型颈椎病 42 例．广州医药，1999；30（3）：14.
喻秀兰等（湖北省中医药研究院）．黄连汤加味治疗反流性食管炎临床观察．中国中西医结合脾胃杂志，1999；7（3）：140.
马红梅等（天津中医学院）．当归四逆加吴茱萸生姜汤和关木通的短期肾毒性实验研究．中药新药与临床药理，1999；10（3）：156.
张仲海等（第四军医大学西京医院）．柴葛颗粒剂的降温作用与免疫调节功能．广州中医药大学学报，1999；16（3）：217.
刘安生（青海医学院附属医院）．《伤寒论》察小便的临床辨证探析．青海医学院学报，1999；20（3）：37.
冯喜如等（河南省中医药学会）．娄多峰教授应用仲景对药治疗风湿病的经验．中医正骨，1999；11（4）：47.
刘晨波（深圳中联制药厂）．仲景胃灵－在抗溃疡病复发方面的特点．中国疗养医学，1999；8（4）：80.
金美亚（台州市黄岩区）．仲景方治疗老年急症举要．浙江中医杂志，1999；34（4）：167.
彭丽娟，穆绪超（东明县公费医院）．仿仲景“肝病实脾”治验二则．黑龙江中医药，1999；（4）；38.
杨成春（宿州市人民医院）．半夏泻心汤临床应用举隅．安徽中医临床杂志，1999；11（4）：276.
杜丽，熊曼琪（广州中医药大学）．《伤寒论》方在心血管疾病中的应用．安徽中医临床杂志，1999；11（4）：287.
李江等（贵阳中医学院）．小半夏加茯苓汤口服液制备工艺的研究．贵阳中医学院学报，1999；21（4）：55.
袁智宇，袁海波（河南中医学院第一附属医院）．应用张仲景助阳扶正学说治疗胸痹（冠心病）的体会．河南中医，1999；19（5）：30.
谢洁（常州市中医院）．小柴胡汤临床应用概况．天津中医，1999；16（5）：47.
沈兆熊（吴江市盛泽医院）．仲景方治疗消渴举隅．江苏中医，1999；20（5）：30.
王孝先（新疆医科大学中医学院）．大陷胸汤利尿作用实验观察．中国中医基础医学杂志，1999；5（5）：283.
李宇航等（北京中医药大学）．半夏泻心汤配伍意义的拆方研究：调节胃分泌作用的实验观察．北京中医药大学学报，1999；22（5）：49.

张林军等（鹿泉市第四医院）．柴胡桂枝干姜汤治疗慢性乙型肝炎49例临床观察．河北医科大学学报，1999；20（5）：310.

黄罗生等（中国药科大学）．煎煮工艺对四逆注射液强心和升压作用的影响．中成药，1999；21（6）：277.

王淑琴，杨新成（北京煤炭总医院）．葛根芩连微丸治疗急性腹泻52例疗效观察．中国煤炭工业医学杂志，1999；2（6）：633.

王晓慧等（哈尔滨医科大学第一临床医院）．伤寒误诊为药疹、急性肝炎1例．中国皮肤性病学杂志，1999；13（6）：372.

王长洪（解放军沈阳军区总医院）．董建华院士运用仲景方治疗脾胃病的经验．北京中医药大学学报，1999；22（6）：21.

杨健芳（湖南医科大学第二附属医院）．中医辨证施治热入血室证50例临床分析．湖南医科大学学报，1999；24（6）：551.

颜新等（上海中医药大学）．颜德馨教授运用经方治疗顽疾的经验．上海中医药杂志，1999；（7）：14.

赵红旺（永州市零陵师专卫生科）．黄疸并非都是肝炎：1例伤寒伴黄疸误诊急性病毒性肝炎．新医学，1999；30（9）：533.

雷成阳（西安市中医医院）．黄保中运用仲景方治疗急症验案举隅．陕西中医，1999；20（9）：407.

杨爱华，赵业勤（扬州市第一人民医院）．结胸证176例辨治体会．浙江中医杂志，1999；34（10）：428.

濮玉龙（靖江市中医院）．运用仲景方治疗肠梗阻验案四则．浙江中医杂志，1999；34（10）：454.

严敏等（南京中医药大学）．仲景方加味治疗肿瘤验案四则．辽宁中医杂志，1999；26（10）：472.

崔德彬等（大同医学专科学校）．竹叶石膏汤治疗伤寒高热不退50例临床观察．中国中医药信息杂志，1999；6（10）：67.

翟亚春（南京中医药大学）．男科急症验案四则．江苏中医，1999；20（12）：33.

刘运涛等（洛阳正骨医院）．仲景方在骨科脊柱病症中的运用．中医正骨，1999；11（12）：45.

陈兴泉（新都县人民医院）．金匮泽泻汤加味治疗美尼尔氏病78例．四川中医，2001；19（1）：29.

葛师言（成都中医药大学附属医院）．感冒辨治4则．四川中医，2001；19（1）：35.

邓永健，王萌（尔津县人民医院）．浅谈《金匮要略》化瘀法临床应用．陕西中医，2001；22（1）：63.

徐重明，汪自源（海军411医院）．《金匮要略》湿病证治举隅．河北中医，2001；23（1）：64.

王立人（浙江中医学院）．合方临床运用举隅．中医研究，2001；14（1）：63.

白杰（首都医科大学附属北京友谊医院）．小柴胡汤临证应用例析．中医药学刊，2001；19（1）：58.

彭漫（东莞市大朗医院）．厚朴生姜半夏甘草人参汤加减治疗肝硬化60例．衡阳医学院学报，2001；29（1）：75.

王庆英（武清区人民医院）．乌梅丸临床运用体会．天津中医，2001；18（2）：48.

高泽俊等（江苏省中西医结合医院）．大柴胡汤加减治疗胆囊术后综合征46例．山西中医，2001；17（2）：18.

黄九（苏州市第二人民医院）．肾气丸于妇科临床新用．黑龙江中医药，2001；（2）：42.

邵焕庆等（山东省军区门诊部）．金匮肾气丸抗衰老机制的初步研究．解放军保健医学杂志，2001；3（2）：105.

周劲松（贵阳中医学院）．《金匮》狼牙汤加味方治疗湿热带下病的临床观察．贵阳中医学院学报，2001；24（2）：30.

戴锦成，刘瑞芬（福州福建中医学院）．《金匮》方治疗男性不育症．福建中医学院学报，2001；11（2）：16.

郑玉玲（河南中医学院第一附属医院）．桂枝加龙骨牡蛎汤临床应用体会．河南中医，2001；21（3）：1.

张家玮等（北京中医药大学）．金匮肾气丸临床应用研究概况．北京中医，2001；20（3）：56.

黄利兴，刘英锋（江西中医学院）．连梅饮的临床运用．江苏中医，2001；22（3）：30.

臧长忠（阳谷县中医院）．厥阴病治验三则．甘肃中医，2001；14（3）：29.

田维君，熊云平（武警重庆总队医院）．略论金匮要略黄疸治法特色．中华新医学，2001；2（3）：

269.
周刚，王子谟（湖北中医学院）. 柴胡桂枝干姜汤临床应用. 湖北中医杂志，2001；23（3）：40.
杨运池，高晔（河北省辛集市中医院）. 炙甘草汤的临床应用. 河北中医药学报，2001；16（3）：26.
齐元富（山东中医药大学附属医院）. 半夏泻心汤治疗消化系统疾病的药理研究进展. 国外医学・中医中药分册，2001；23（3）：131.
秦化珍（南京医科大学二附院）. 胃脘痛辨治举隅. 南京中医药大学学报・自然科学版，2001；17（3）：187.
李宇航等（北京中医药大学）. 半夏泻心汤及其拆方对慢性胃溃疡大鼠胃黏膜细胞增殖活性的影响. 北京中医药大学学报，2001；24（3）：30.
任小巧等（河南中医学院）. 仲景三方对大鼠肝纤维化不同时期血清Ⅲ型前胶原、透明质酸及层粘蛋白作用的观察. 北京中医药大学学报，2001；24（3）：35.
杨利（广州中医药大学）. 邓铁涛教授对各家学说的实践与发挥. 上海中医药大学学报，2001；15（3）：7.
郑晓瑛（深圳市中医院）.《金匮要略》辨治风痨臌膈的经验及其临床运用. 光明中医，2001；16（4）：2.
周文献，朱志军（河南中医学院）. 加味金匮肾气汤治疗原发性甲状腺功能减退症. 光明中医，2001；16（4）：41.
刘治安（绵阳市卫生局）. 白头翁汤临床运用. 四川中医，2001；19（4）：78.
吴怀琛（溧水县中医院）. 小柴胡汤证验案2则. 山西中医，2001；17（4）：11.
李文红等（武警吉林总队医院）. 炙甘草汤的药效分析. 吉林中医药，2001；21（4）：62.
秦绍爱等（西山煤电集团医院）.《伤寒论》方临床应用. 中医药研究，2001；17（4）：28.
张保伟（河南中医学院）. 刘渡舟教授用柴胡桂枝汤治疗顽疾选萃. 中医药学刊，2001；19（4）：305.
傅志红（江西中医学院）.《金匮要略》皂荚丸在肺系病中的应用. 中国医药学报. 2001；16（4）：42.
刘莉莉等（辛集市中医院）. 柴胡加龙骨牡蛎汤治疗更年期综合征100例. 河北中医药学报，2001；16（4）：27.
赵振兴等（石家庄市中医院）. 大黄甘草汤治疗呕恶86例观察. 河北中医药学报，2001；16（4）：28.
朱章志（广州中医药大学）. 伤寒论方化学成分研究述评. 广州中医药大学学报，2001；18（4）：320.
李俊彪，周莺（广州中山医科大学附属一院）. 仲景方在慢性肾炎中的应用. 江西中医学院学报，2001；13（4）：185.
刘汉明，刘文亮（沈丘县妇幼保健院）. 苓桂术甘汤治疗顽固性带下病63例. 河南中医，2001；21（5）：4.
孙福栋（三河市中医院）. 试析吴茱萸汤治厥阴头痛. 河南中医，2001；21（5）：4.
刘耒，迟继铭（黑龙江省中医研究院）. 张琪教授运用仲景方治疗咳喘的经验. 中医药学报，2001；29（5）：封3.
姜书敏（河南省前进化工有限责任公司第二职工医院）. 金匮肾气丸加味治疗化疗所致白细胞减少症. 河南中医药学刊，2001；16（5）：47.
张文才（方城县中医院）. 半夏厚朴汤加味治疗癔病性瘫痪30例. 河南中医，2001；21（6）：42.
刘奇（射阳县中医院）. 金匮肾气丸验案2则. 山西中医，2001；17（6）：49.
赵杰（青岛医学院第二附属医院）. 糖尿病从脾阴虚辨治的体会. 四川中医，2001；19（6）：10.
王长松，张荣春（东南大学附属中大医院）.《伤寒论》方药临床应用初步体会. 国医论坛，2001；16（6）：1.
邓达荣（东莞市中医院）. 辨证选用《伤寒论》方治疗慢性萎缩性胃炎验案. 国医论坛，2001；16（6）：6.
王盛邦（海南州人民医院）. 应用《伤寒论》诸方治疗胃痞证的体会. 吉林中医药，2001；21（6）：12.
王艳桐等（梅河口市中医院）. 栝蒌瞿麦丸加味治疗糖尿病合并肾病型高度浮肿2例. 吉林中医药，2001；21（6）：58.

廖声俊，廖长风（赣南医学院附属医院）．瓜蒌薤白半夏汤治验四则．中医药研究，2001；17（6）：26.
何建军（如东县中医医院）．运用仲景方治疗胃病的体会．安徽中医临床杂志，2001；13（6）：468.
张立亭（山东中医药大学附属医院）．甘草泻心汤治疗风湿类疾病应用体会．山东中医药大学学报，2001；25（6）：447.
袁世宏等（山西职工医学院）．金匮肾气丸对“恐伤肾”大鼠丘脑、海马 c－fos 基因表达的影响．北京中医药大学学报，2001；24（6）：34.
刘燕平（广西中医学院）．六经辨证治头痛．陕西中医，2001；22（8）：501.
丛鹏（广州市第二人民医院）．辨证使用金匮肾气汤加龙骨、牡蛎治疗高血压体会及疗效观察．医学理论与实践，2001；14（8）：751.
董恒星，吕长青（夏邑县中医院）．《金匮》乌头赤石脂丸治疗坐骨神经痛 60 例．四川中医，2001；19（9）：31.
骆常义（万州区第二人民医院）．当归四逆汤临床新用．四川中医，2001；19（9）：77.
史明训等（莱州市中医医院）．经方新用举隅．山东中医杂志，2001；20（9）：563.
李赛美（广州中医药大学第一附属医院）．经方治验 4 则．新中医，2001；33（10）：62.
刘静仪（四川省卫校锦江校区）．五苓散临床运用．四川中医，2001；19（10）：76.
韦品清，刘成柱（广州中医药大学）．读《贯珠·阳明篇》发黄证治的体会及运用．时珍国医国药，2001；12（10）：960.
周小平（福州福建中医学院）．《金匮要略》腠理生理病理及微观辨证．中国中医基础医学杂志，2001；7（11）：10.
林寿江（常州市钟楼医院）．金匮肾气丸男科临床应用 4 则．河北中医，2001；23（12）：944.
王健（微山县人民医院）．金匮肾气丸治疗虚火型口疮 50 例诊治体会．中华中西医杂志，2001；2（15）：1404.
范春绮（首都医科大学附属北京朝阳医院）．方和谦应用小柴胡汤法思路小析．北京中医，2002；21（2）：74.
周保国（内蒙古自治区中蒙医医）．小柴胡汤临床运用体会．内蒙古中医药，2002；21（2）：36.
杨永生等（甘肃省中医院）．仲景方在急难重病中的运用举隅．兰州医学院学报，2002；28（2）：88.
严可斌（浦东新区中医院）．中医经络学说辨治狐惑病 108 例临床研究．河北中医药学报，2002；17（2）：6.
姚凤祯，石月平（黑龙江中医药大学）．麻黄细辛附子汤加味治疗窦性心动过缓．中医药学报，2002；30（3）：9.
董良杰，郭伟光（肇东市中医院）．仲景方治疗急危重证举隅．中医药学报，2002；30（3）：52.
龚振林（哈尔滨市第八医院）．运用桃仁承气汤治疗血尿的临床经验．中医药信息，2002；19（3）：41.
闫炳远（南阳市宛城区卫生学校）．柴胡加龙骨牡蛎汤治疗癫痫 65 例．四川中医，2002；20（4）：48.
杜位良，胡节惠（成都中医药大学）．小柴胡汤证治体会．陕西中医学院学报，2002；24（5）：29.
娄绍昆（温州职工中等卫生学校）．六经辨证治疗腰椎间盘突出症．河南中医，2002；22（6）：1.
闫冬梅（北京中日友好医院）．日本对葛根汤的研究与临床应用．国外医学·中医中药分册，2002；24（6）：330.
王付（河南中医学院）．经方辨治风水型肾小球肾炎旨要．中医药学刊，2002；20（7）：95.
周桂容（四川省中医药研究院中医医院）．当归四逆汤加大黄治疗手术后肠粘连 78 例．四川中医，2002；20（9）：40.
张家玮，张爱林（北京中医药大学）．金匮肾气丸药理研究进展．浙江中医杂志，2002；36（9）：408.
李明等（潍坊市中医院）．吴茱萸汤治厥阴头痛三则．山东中医杂志，2002；21（12）：723.
王跃进等（唐河县中医院）．金匮肾气丸治疗中心性浆液性脉络膜视网膜病变．河南中医，2003；23（1）：16.
熊才良（鄂州市第一人民医院）．加味薏苡附子败酱散治疗腹痛验案．河南中医，2003；23（1）：17.

南晋生（运城市中医医院）．经方治疗排尿性昏厥验案举隅．四川中医，2003；21（1）：47.

邹万成，易法银（湖南中医学院）．俞根初论治伤寒实火证学术经验探讨．浙江中医杂志，2003；38（1）：4.

英洪友，何新慧（上海中医药大学）．对《伤寒论》方临床研究方法探讨．中医文献杂志，2003；21（1）：16.

寇建仁等（平阳县平仁医院）．金匮肾气丸复方治验．中医文献杂志，2003；21（1）：54.

顾勇刚，顾文忠（南汇区中心医院）．金匮肾气丸治验二则．中医文献杂志，2003；21（1）：55.

李宇航等（北京中医药大学）．半夏泻心汤及其拆方对慢性胃溃疡大鼠溃疡灶形态变化的影响．中国中医基础医学杂志，2003；9（1）：16.

娄绍昆（温州职工中等卫生学校）．六经辨证治疗慢性萎缩性胃炎．北京中医药大学学报，2003；（1）：51.

邓淑云，刘久峰（邵武市立医院）．金匮肾气汤治疗疑难病症举隅．辽宁中医学院学报，2003；5（1）：17.

李光等（云南中医学院）．《伤寒论》方运用法初探．云南中医学院学报，2003；26（1）：30.

刘蕾（天津中医学院）．浅谈《伤寒论》中对“期门”穴的应用．天津中医学院学报，2003；22（1）：46.

俞宜年，许仕纳（福建省中医药研究院）．法循仲景方取诸家－俞长荣教授应月《伤寒论》方的经验．贵阳中医学院学报，2003；25（1）：15.

刘丽华（河北省兴泰发电有限责任公司职工医院）．小柴胡汤加石膏治疗牙痛、痄腮的体会．邯郸医学高等专科学校学报，2003；16（1）：29.

宋宗华等（沈阳药科大学药学院）．苓桂术苷汤配伍机制及药效物质基础研究．中成药，2003；25（2）：133.

刘太明（临清市人民医院）．循经辨治举隅．河南中医，2003；23（2）：62.

骆常义等（万州第二人民医院）．慢性肝病证治探要．四川中医，2003；21（2）：10.

李萍，郑秋萍（玉溪市中医院）．参苓白术散配合微波治疗慢性宫颈炎50例．四川中医，2003；21（2）：48.

赵文远（南阳市中医中药研究所）．《金匮要略》侯氏黑散临床偶拾．江西中医药，2003；34（2）：33.

吕乃达，郝智慧（呼和浩特市第二医院）．仲景方药在现代肝病中的临床应用．内蒙古中医药2003；（2）：22.

谭卫民（顺德市桂洲医院）．金匮肾气丸治疗慢性肾炎37例疗效观察．中华现代医药，2003；3（2）：185.

秦绍林（聊城市第三人民医院）．五苓散证治探讨．中国中医基础医学杂志，2003；9（2）：11.

王秀歧等（河北医大中医学院）．仲景方临床验案举隅．中华实用中西医杂志，2003；（2）：327.

王作顺（天津市中医医院）．用仲景滋阴和阳法治疗心脏病探析．河南中医，2003；23（3）：8.

陈天安，方绍增（河南省宝丰人民医院）．针灸配合金匮肾气丸治疗阳痿临床观察．中国社区医师，2003；19（3）：345.

张金生，宫洪涛（河南中医学院第一附属医院）．郑绍周以仲景方治疗失眠的经验．辽宁中医杂志，2003；30（3）：165.

刘维庆，沙涛（南阳张仲景医学院）．大承气汤临床应用举隅．上海中医药杂志，2003；37（3）：27.

赵方乔（礼县计划生育服务站）．《金匮》麦门冬汤加味治疗甲亢危象一例付宝平．中华医学创新杂志，2003；4（3）：44.

吴浩祥，万晓刚．《伤寒论》寒温并用方药临床应用验案4则．国医论坛，2003；18（4）：6.

卢棣（陕西省中医药研究院）．郭教礼运用仲景枳术汤调理升降经验拾零．国医论坛，2003；（4）：9.

罗跃东（灵宝市公费医疗门诊部）．肾气汤治验3则．陕西中医，2003；24（4）：367.

陈宗良（广州中医药大学）．运用《金匮要略》方、法治疗泌尿系疾病．天津中医药，2003；（4）：48.

高留泉等（河南省虞城县利民镇东街卫生室）．《金匮》方治验二则．江西中医药，2003；（4）：29.

雷虹，王竹行（重庆市中医研究所）．小柴胡汤化裁治疗少阳头痛50例．实用中医药杂志，2003；19（4）：192.

刘崇焱（保山市第二人民医院）．《金匮要略》方治疗痹证举隅．云南中医学院学报，2003；（4）：40.

黄增强（河南省安阳卫生学校）．仲景方治验4则．北京中医，2003；（5）：22.

李福泽（资阳市第一人民医院）．仲景方治疗急症举隅．中国中医急症，2003；（5）：478.

郑小伟等（浙江中医学院）．金匮肾气丸对肾阳虚大鼠ACTH影响的实验研究．中国医药学报，2003；（5）：319.

李红云（呼伦贝尔市中蒙医院）．金匮肾气丸加针灸治疗围绝经：面浮肢肿21例．光明中医，2003；（6）：16.

王旭（南京中医药大学第一临床医学院）．《金匮要略》阴阳毒之因机治法及系统性红斑狼疮的证治．国医论坛，2003；（6）：4.

王侠等（广东省中医院）．《金匮要略》助阳扶正法与冠心病诊治的探讨．中医研究，2003；（6）：12.

徐国军（岱山县桥头医院）．《金匮》侯氏黑散加减治疗乙肝相关性关节炎45例．河南中医，2003；（6）：7.

孙振涛，王民（山东省东平县交通医院）．金匮肾气丸合六味地黄丸加味治疗顽固性失眠．中国临床医生，2003；（6）：63.

顾文忠（上海市南汇区中心医院）．金匮肾气丸治验三则．实用中医药杂志，2003；（6）：324.

王俊（重庆发电厂职工医院）．试述六经辨证与阳痿论治．实用中医药杂志，2003；（6）：326.

郑小伟等（浙江中医学院）．金匮肾气丸对肾阳虚大鼠垂体细胞增殖影响的实验研究．中国医药学报，2003；（7）：413.

吴智春等（山东中医药大学）．金匮泻心汤抗动脉粥样硬化的实验研究．中国老年学杂志，2003；（7）：461.

李桂琴（郑州市黄河风景区职工医院）．金匮肾气丸加味治疗女性尿道综合征31例．新中医，2003；（8）：20.

张世友（固始县陈淋子镇广济堂中医诊所）．金匮肾气丸临床应用举隅．河南中医，2003；（8）：7.

李钰琳（固始县中医院）．金匮肾气丸加味治疗席汉氏综合征．河南中医，2003；（8）：9.

李立（武汉市一棉集团申新医院）．仲景方临床应用三则．湖北中医杂志，2003；（8）；38.

刘望乐（河南中医学院三附院）．应用《金匮》学术思想辨治更年期高血压的体会．河南中医，2003；（9）：9.

李颖（河南省中医药研究院）．金匮肾气丸的临床应用及机理探讨．陕西中医，2003；（9）：838.

杨学信（德宏州公安边防医院）．金匮肾气丸加味治疗复发性泌尿系结石102例观察．四川中医，2003；（9）：51.

谢锦桃，刘军（深圳中联制药厂）．仲景胃灵片的成分分析．中药材，2003；（10）：760.

王宇友等（杭州天目山药业股份有限公司）．高效液相色谱法测定金匮肾气浓缩丸中丹皮酚的含量．中国药业，2003；（10）：26.

李继玉等（榆林市第一医院）．伤寒六经病辨治体会．陕西中医，2003；（10）：957.

郭涛荣，苏保华（安阳卫生学校）．《金匮》温经汤在妇科病中的妙用．河南中医，2003；（11）：6.

钱静，顾武军．从仲景桂枝茯苓丸之本意谈妇科临床运用．湖北中医杂志，2003；（12）：25.

王红（河南省中医药研究院）．仲景护理学说的临床应用．医药论坛杂志，2003；（15）：86.

·2004 年－2014 年·

王德葳．怎样学习《伤寒论》[J]．中国中医药现代远程教育，2004，01：16－19.

四大经典多媒体光盘（VCD）隆重推出 [J]．中国中医药现代远程教育，2004，01：28.

钱峻，杨亚萍，徐建云．《伤寒论》脏腑辨证思想在中医诊断教学中的应用 [J]．中国中医药现代远程教育，2004，05：37－38.

万晓刚．伤寒论网络课程导航策略 [J]．中国中医药现代远程教育，2004，08：15－16.

万晓刚，李赛美，朱章志，蔡文就，吴浩祥，贾晓林，何敏，熊曼琪．伤寒论网络课程的设计思路与实现方法 [J]．中国中医药现代远程教育，2004，11：7－8.

柴瑞震．《伤寒论》太阳病脉证类型探析 [J]．中国中医药现代远程教育，2004，01：29－30.

柴瑞震．《伤寒论》太阳篇方证探析（上）[J]．中国中医药现代远程教育，2004，03：29－31.

柴瑞震．《伤寒论》太阳篇方证探析（下）[J]．中国中医药现代远程教育，2004，04：19－21.

罗强，王邦国．脏腑辨证中的整体观 [J]．中国中医药现代远程教育，2004，06：10－11.

柴瑞震．《金匮要略》方剂的运用特点 [J]．中国中医药现代远程教育，2004，07：24－27.

程海英．从《伤寒论》的同病异治看仲景的类证鉴别 [J]．中国中医药现代远程教育，2004，08：36－37.

张公奇，周科选．曹颖甫的伤寒金匮发微和经方实践 [J]．中国中医药现代远程教育，2004，09：4－5.

柴瑞震．《伤寒论》六经实质探要 [J]．中国中医药现代远程教育，2004，10：28－29.

吴贵娥．小议桂枝汤 [J]．中国中医药现代远程教育，2004，05：14－15.

田颖，王中良．黄土汤加减治疗慢性溃疡性结肠炎 100 例 [J]．陕西中医，2004，01：15－16.

张国骏．阳明病热证误汗病痉之思考 [J]．陕西中医，2004，01：82－83.

杨同广．脾约实质刍议 [J]．湖南中医药导报，2004，01：10－17.

张琦．《金匮要略》杂病调治阳气特色探蕴 [J]．四川中医，2004，01：10－11.

刘金洪．《金匮要略》杂病治则及其临床指导意义 [J]．四川中医，2004，01：12－13.

邓磊，李伟锋．《伤寒论》自愈机理的探讨 [J]．四川中医，2004，02：18－20.

代建忠．《伤寒论》恶寒症探微 [J]．浙江中医杂志，2004，02：10－11.

林庚庭，张俊杰．《金匮要略》辨病与辨证相结合的诊治方法及其现实意义 [J]．浙江中医杂志，2004，02：12－13.

刘新，雷云霞．浅析茯苓与桂枝药对在仲景方中的应用 [J]．浙江中医杂志，2004，02：14－15.

陈俊孙，陈章举．真知灼见薪尽火传 [J]．福建中医学院学报，2004，01：52－53.

戴天木．《金匮要略》中的《内经》学术思想述要 [J]．光明中医，2004，01：7－9.

曹柏龙．伤寒热入血室与热入精室理论初探 [J]．光明中医，2004，01：12－13.

赵达安，刘肖，孙爱军．《金匮要略》温法摭要 [J]．甘肃中医，2004，01：1－3.

贺卫国．揭开《伤寒论》的几个历史谜团（上）[J]．国医论坛，2004，01：1－4.

林晓冰．《伤寒论》宣阳法初探 [J]．国医论坛，2004，01：5.

罗茂林，张家礼．《金匮要略》"十七句"中"伤"字应作"制"字解 [J]．国医论坛，2004，01：6－7.

陈军，马艳妮．试析阳气在三阳病中的作用 [J]．国医论坛，2004，01：9－10.

廖宇．白虎汤"表热里寒"心悟 [J]．河南中医，2004，01：3.

奚肇庆．经方肺系急症实验录 6 则 [J]．江苏中医药，2004，01：31－33.

顾奎兴．金匮肾气丸治疗前列腺增生症举隅 [J]．江苏中医药，2004，01：33－34.

陈建．"但见一证便是，不必悉具"机理探析 [J]．江苏中医药，2004，02：8－9.

陈新淦．《伤寒论》烦症浅析 [J]．江苏中医药，2004，02：50－51.

蒋小敏，吴伟．《伤寒论》中"气反"治法探析 [J]．江西中医药，2004，01：17－18.

梅红兰．从肾气丸看《金匮要略》的辨证 [J]．上海医药，2004，02：80－81.

谷名成．金匮肾气丸临证新用两则 [J]．实用中医内科杂志，2004，01：30－31.

叶俏波，蔡斌．四逆散方证辨析［J］．实用中医内科杂志，2004，01：54.

年莉，方玲，刘鸿雁．吴茱萸汤方证学研究［J］．天津中医药，2004，01：38－40.

钱超尘，梁永宣．《伤寒论》日本内阁本与中国北图本互勘研究［J］．中华医史杂志，2004，01：4－10.

叶新苗，唐云．论章次公《药物学》［J］．中华医史杂志，2004，01：38－40.

王伯章．六经辨证的原义、结构与本质及相关问题探讨［J］．中医药学刊，2004，01：20－21＋27.

王清华．《金匮要略》急证治法辨识［J］．中医药学刊，2004，01：29－30.

戴天木．《金匮要略》咳喘病用药特色浅析［J］．中医药学刊，2004，01：166.

马晓峰，刘恩顺，高岚，范英昌，刘公望．大黄甘遂汤对小鼠实验性肝纤维化的防治作用研究［J］．中医药学刊，2004，01：170－171.

姚波．中医学中急性热病学的发展规律浅识［J］．中医药学刊，2004，01：172－177＋179.

陈镜合．刍议现代中医［J］．中国中医急症，2004，01：1－2＋4.

王东生，陈方平．从脉搏波看脉象形成的机理［J］．中国中医急症，2004，01：41－42.

徐健众．戴裕光运用柴胡加龙牡汤及其合方的经验［J］．四川中医，2004，03：1－3.

叶腾辉．论《金匮要略》呕吐的辨证与治疗［J］．四川中医，2004，03：23－24.

彭暾，刘向明，杨东山．升补泽泻汤治疗美尼尔氏病90例临床观察［J］．四川中医，2004，03：59.

张灿玾，张增敏．《伤寒》《金匮》医方考［J］．上海中医药杂志，2004，02：3－5.

陶丽华．急下存阴话承气［J］．浙江中医杂志，2004，03：37.

夏小芳，程文江，徐珊．《金匮要略》旋覆花汤新解［J］．浙江中医学院学报，2004，01：18－19.

胡滨，王树芬，严康维．日本珍稀本《金匮要略方论》研究著作评述［J］．浙江中医学院学报，2004，01：60－63.

张灿玾，张增敏．《伤寒论》《金匮要略》方组合解析［J］．中国医药学报，2004，02：69－72＋129.

蒋明．《金匮要略》津液代谢障碍类病证辨治思路浅析［J］．中国医药学报，2004，02：73－75.

陈家旭，杨建新，赵歆，李伟，陈青红，马梦茵，李柳骥，汪南玥，薛飞飞，洪梅．慢性束缚应激大鼠下丘脑β－内啡肽变化及中药复方对其的影响［J］．中国医药学报，2004，02：83－85.

刘晖，李金田．《伤寒论》脾胃学说浅识［J］．甘肃中医学院学报，2004，01：14－16.

王小荣，李荣科，骆文郁．有一分恶寒未必有一分表证［J］．甘肃中医学院学报，2004，01：18－19.

陈国蓉，贺小英．《伤寒论》有关针灸的论述及启示［J］．甘肃中医，2004，03：1－2.

贺卫国．揭开《伤寒论》的几个历史谜团（下）［J］．国医论坛，2004，02：1－4.

于青圃，杨佃会．《伤寒论·自序》真伪考［J］．国医论坛，2004，02：6.

高炳英．探讨《伤寒论》厥证［J］．河北中医，2004，01：64－65.

彭坚．试析中医学的科学方法［J］．湖南中医学院学报，2004，01：32－34.

马文全．《伤寒论》中附子的应用考释［J］．河南中医，2004，02：3.

赵京伟．《伤寒论》助阳扶正八法［J］．江苏中医药，2004，03：45－46.

钱丽．仲景方治耳鼻咽喉疾病谈［J］．江苏中医药，2004，03：49－51.

杨金萍．柯琴“六经辨证”精义阐微［J］．江苏中医药，2004，03：51－53.

黎壮伟．试析《伤寒论》对发热的证治［J］．江西中医药，2004，02：12－13.

胡素敏，张恒青．金匮肾气丸治验举隅［J］．江西中医药，2004，02：21.

刘英锋，胡正刚．小柴胡汤主治功效古今评［J］．江西中医药，2004，02：40－47.

李婕，蒋小敏．《伤寒论》理论研究新进展［J］．江西中医药，2004，02：62－64.

尚学瑞，张晓亮．张仲景谷类药物临床应用探要［J］．辽宁中医学院学报，2004，02：115.

张福华，于学美．浅谈“枢机”及其临床意义［J］．山东中医药大学学报，2004，01：23－24.

张珍玉．“让《伤寒论》自己诠解自己”——评李心机新著《伤寒论通释》［J］．山东中医药大学学报，2004，01：80.

祝之友，牟克祥．《伤寒论》汤方药物古今变异研究（Ⅰ）——木通与通草品种及入药部位历史变异［J］．时珍国医国药，2004，02：109－110.

罗勇，盖沂超，鲁法庭，翟慕东．论《伤寒论》热入血室的证治［J］．实用中西医结合临床，2004，

01：54－55.

仲强惟．浅论《金匮要略》的针灸疗法［J］．天津中医学院学报，2004，01：5－6.

马晓峰．《金匮要略》热邪致病及其证治［J］．天津中医学院学报，2004，01：7－9.

魏峰．半夏泻心汤治疗消化系统疾病临床举隅［J］．中国社区医师，2004，02：36.

钱超尘．宋本《伤寒论》刊行后流传演变简史［J］．江西中医学院学报，2004，01：23－25.

邱泽计，李献平，王旭丹．补肾法对老龄大鼠脾脏免疫细胞功能的影响［J］．中国实验方剂学杂志，2004，02：46－47.

李祖佑，刘世彪．白虎清热生津辩［J］．中国实验方剂学杂志，2004，02：62－64.

王孝先，毕肯，王倩．张仲景对《内经》运气学说的继承与发展［J］．中医药学刊，2004，02：207－208.

张丰华，黄秀深，牛朝阳，张培海．小柴胡汤对S180荷瘤小鼠肿瘤血管生成的影响［J］．中医药学刊，2004，02：269－270.

王孝先，毕肯，王倩．《伤寒杂病论》对《黄帝内经》脏象学说的继承与发展［J］．中医药学刊，2004，03：412－413.

马宏博．四逆散证治辨识［J］．中医药学刊，2004，03：463－467.

李鑫辉，杜建芳，张炳填．金匮肾气丸防治老年病的研究纂要［J］．中医药学刊，2004，03：480－481＋509.

朱林平．《金匮要略》痰饮病治法浅识［J］．中医药学刊，2004，03：500－501.

李星．《内经》标本中气理论探微［J］．中医药学刊，2004，03：502－519.

郁保生．《伤寒论》对黄疸的论述评析［J］．中医药学刊，2004，03：503.

王睿林．历代医家对气虚体质的认识归类分析［J］．吉林中医药，2004，01：1－2.

杨敏．《伤寒论》喘证辨析［J］．吉林中医药，2004，02：1－2.

邓素兰．《金匮要略》喘证辨治浅析［J］．吉林中医药，2004，02：2－4.

李敬孝，王加志．风水辨治规律浅析［J］．中医药学报，2004，01：1－2.

苏培华．仲景运用黄芪再认识［J］．中医研究，2004，01：14.

马祝高．葛根汤加减治疗颈椎病69例［J］．陕西中医，2004，03：227－228.

黄增强．经方临床新用4则［J］．陕西中医，2004，03：275－276.

程永进，王意诚．浅议《伤寒论》中寒热药并用的体会［J］．陕西中医，2004，03：282－283.

王坤根．和法临床运用新探［J］．浙江中医杂志，2004，04：26－27.

李赛美，朱章志，蔡文就，吴浩祥，万晓刚，张横柳，刘敏，彭万年，贾晓林．《伤寒论》回归临床教学效果的研究［J］．安徽中医学院学报，2004，02：50－52.

谭勇，姜春燕．和法在《伤寒论》中的运用［J］．北京中医，2004，02：108－109.

尹桂平．浅析成无己《注解伤寒论》学术思想对后世的影响［J］．长春中医学院学报，2004，01：1－2.

黄建明，陈东波，刘思敏．麻黄汤对哮喘小鼠气道炎症的影响［J］．长春中医学院学报，2004，01：40.

刘德荣．民国以前福建医家研究伤寒学的成就述评［J］．福建中医学院学报，2004，02：46－47.

孙世发．对中医方剂配伍规律研究的思考［J］．光明中医，2004，02：1－2.

王根文．《伤寒论》是病证结合论治的典范［J］．光明中医，2004，02：6.

牟慧琴，郑昱，李朝平，陈光顺，王志旺，张晶．喘康丸防治哮喘的临床研究［J］．光明中医，2004，02：21－23.

陈奕梁．《伤寒论》特点之我见［J］．光明中医，2004，02：27－28.

许明辉，邹篪，闵范忠，江红兵，董少龙．张仲景针灸学术思想探析［J］．广西中医药，2004，01：42－43.

王钟．浅析《伤寒论》对心悸的证治［J］．河北中医，2004，03：229－230.

袁银忠．张仲景同名异方浅析［J］．河南中医，2004，03：4－5.

张保伟．柴平汤治疗慢性胃炎机理探讨［J］．河南中医，2004，03：9－11.

黄开泰．论病机层次和要素［J］．河南中医，2004，03：12－13.

郭奕文．论少阴病篇的吴茱萸汤证［J］．江西中医药，2004，03：48－49.

伊广谦，张慧芳．尤在泾与《伤寒贯珠集》［J］．江西中医药，2004，03：57－58.

朱培一，程昭寰．仲景头痛证治规律及其发挥［J］．辽宁中医杂志，2004，03：208－210.

郝军，赵健雄．健身宝对衰老模型小鼠血清 SOD 和 MDA 的影响［J］．兰州医学院学报，2004，01：8－10.

张苏颖．“血不利则为水”与《金匮要略》活血方［J］．山东中医药大学学报，2004，02：92－93＋95.

江涛，唐大晅，王玉来．《金匮》活血利水法临证应用及其思考［J］．实用中医内科杂志，2004，02：83－84.

马文全．《伤寒论》服药方法简析［J］．实用中医内科杂志，2004，02：105－106＋108.

孙继铭，白厚基．择时服用补肾汤治疗肾阳虚证的临床研究［J］．实用中医内科杂志，2004，02：131－132.

朱凤霞．尿蛋囊治疗顽疾有奇效［J］．实用中医内科杂志，2004，02：165.

祝之友，牟克祥．《伤寒论》汤方药物古今变异研究（Ⅱ）——芍药的本草源流及临床应用［J］．时珍国医国药，2004，03：185.

周妍．《伤寒论》之针刺期门法探讨［J］．针灸临床杂志，2004，03：8.

黄仰模，闵晓莉，赵诗哲，刘丽娟，陈立洳．对《金匮要略》关节疼痛的探讨［J］．中医药学刊，2004，04：581－627.

刘书政，李敏．《伤寒论》治肝法临证应用浅析［J］．中医药学刊，2004，04：645.

王倩，毕肯，王孝先．从承气汤加减运用论温病学说对伤寒学说继承与发展［J］．中医药学刊，2004，04：646－660.

戴天木，陈国权，李云海，周毅萍．改革《金匮》教学方法努力提高教学质量［J］．中医药学刊，2004，04：647－648.

朱曾柏．以恒达变以变求恒——从乙肝的诊治看辨证论治整体性的特色和优势［J］．中国中医基础医学杂志，2004，03：5－12.

张勉之，张大宁．关于中医学“四大经典”命名的探讨［J］．中国中医基础医学杂志，2004，04：3－13.

王立子．《外台秘要》中伤寒文献简考［J］．中国中医基础医学杂志，2004，04：54－58.

郭晓东，关庆增．经方研究的切入点［J］．中国中医基础医学杂志，2004，04：64－65.

杨金萍．《伤寒论》方按主药分类概略［J］．吉林中医药，2004，03：1－2.

朱明民．伤寒论》下利证治浅析［J］．中国中医急症，2004，03：171－172.

张文选．辨方症论治体系初探［J］．北京中医药大学学报，2004，02：1－5.

李具双．汉唐时期药用衡制及量值考［J］．北京中医药大学学报，2004，02：13－15.

陈家旭，李伟，赵歆，杨建新，陈青红，马梦茵，李柳骥，徐洪雁．三种中药复方对慢性束缚应激大鼠行为及皮层和海马 NT_ 3 的影响［J］．北京中医药大学学报，2004，02：19－23.

王刚，胡国库，王米渠，张义正．用抑制消减杂交技术研究惊恐致肾虚小鼠差异表达基因［J］．北京中医药大学学报，2004，02：45－48.

罗秀兰．黄芪桂枝五物汤新用［J］．新中医，2004，01：70－71.

李玉清，张灿玾．试析成无己阐释《伤寒论》的辩证思维方法［J］．四川中医，2004，05：36.

赵京伟．《伤寒论》和法应用初探［J］．四川中医，2004，05：37－39.

张国骏．论阳明病热证与实证之兼夹与转化［J］．山东中医杂志，2004，04：195－196.

刘力红．要重视中医经典［J］．山东中医杂志，2004，04：241.

祝世讷．正本清源释伤寒——《伤寒论通释》的方法论启示［J］．山东中医杂志，2004，04：255.

于青圃．桂枝汤临床应用举隅［J］．山东中医杂志，2004，05：315.

杨文喆，张再良．《金匮要略》转胞析［J］．上海中医药杂志，2004，05：46－48.

彭蕴茹，沈明勤，罗宇慧，叶其正，石磊，王志刚．金匮肾气丸防治小鼠肾阳虚的实验研究［J］．中成药，2004，05：53－55.

张闻东．《伤寒论》组方配伍辩证思想探析［J］．中医药临床杂志，2004，02：173－174.

黄金玲，肖伟．张仲景瘀血证治疗特点探要［J］．中医药临床杂志，2004，02：174－175.

张胜昔，庞鹤．《金匮要略》有争议的 2 则方证之我见［J］．中医药临床杂志，2004，02：176 – 178.
王晓红．《伤寒杂病论》对肺系喘咳的辨治法则初探［J］．中国医药学报，2004，03：141 – 142.
何新慧，张苇航，朱娇玉．和法析要［J］．中国医药学报，2004，03：160 – 161.
黄开泰．从痞满谈“合病”“并病”之证的辨治意义［J］．中国医药学报，2004，03：165 – 167.
王周法．苓桂术甘汤治疗疑难病 3 例举隅［J］．福建中医药，2004，02：35.
傅坤生，梁启军．《金匮》“蚕新卧起状”之我见［J］．河南中医，2004，04：6.
关新军，王娅玲．尤怡临证特色述要［J］．江苏中医药，2004，04：6 – 7.
刘海良，刘耀文，刘贵成．《金匮要略》胸痹心痛短气病脉证治探微［J］．江苏中医药，2004，04：48 – 49.
赵立波．经方五苓散证的病机及其效用探讨［J］．江苏中医药，2004，05：49.
张国骏．论《伤寒论》中“传”“转”“属”“系”的内涵及诊断意义［J］．江西中医药，2004，04：16 – 18.
潘险峰．桂枝去桂加茯苓白术汤证之我见［J］．江西中医药，2004，04：49.
夏建龙．运用《伤寒论》方治疗骨伤病验案举隅［J］．辽宁中医杂志，2004，04：329 – 330.
杨金萍，罗良．《伤寒论》方按主从方分类法探析［J］．辽宁中医杂志，2004，05：371 – 372.
刘从江，卞廷松，徐永健，徐福松．经方治疗在男科病举隅［J］．辽宁中医学院学报，2004，03：170 – 171.
周全，耿建国．《伤寒论》下利证治浅析［J］．辽宁中医学院学报，2004，03：174.
王彦如．和法辨析［J］．辽宁中医学院学报，2004，03：175.
许陵冬．从经方论治水肿病探析［J］．辽宁中医学院学报，2004，03：180 – 181.
薛建国．《方剂学》教学应重视贯彻方证相应的思维模式［J］．南京中医药大学学报（社会科学版），2004，01：50 – 51.
顾武军．《伤寒论》太阴病篇评述［J］．南京中医药大学学报，2004，03：129 – 132.
蒋明．《金匮要略》脾胃病证辨治思路与规律探析［J］．南京中医药大学学报，2004，03：137 – 140.
吴洁．《金匮要略》虚损类病证辨治规律探析［J］．南京中医药大学学报，2004，03：141 – 143.
程革．金匮肾气丸功效探析［J］．南京中医药大学学报，2004，03：144 – 146
罗苏群，蒋明．《金匮要略》温中助阳方组方用药思路与规律探析［J］．南京中医药大学学报，2004，03：147 – 148.
芦绪芳，孟建平．张仲景应用谷类药物探析［J］．实用医技杂志，2004，03：388 – 389.
顾兴平．试述《伤寒论》的表里同病证治［J］．时珍国医国药，2004，04：238 – 240.
方元．桂枝茯苓丸的临床应用［J］．中国社区医师，2004，10：19 – 20.
吴斌，王米渠，王刚．从先天补肾实验谈中医遗传药理研究［J］．现代中西医结合杂志，2004，10：1259 – 1260.
杨晓霞，陈彤伟．酸枣仁汤改善心肌梗死患者睡眠和情绪障碍［J］．中国临床康复，2004，12：2370.
陈建．浅析《伤寒论》中的体质思想［J］．江西中医学院学报，2004，02：14 – 16.
韩永刚．论“治外感如将”［J］．江西中医学院学报，2004，02：24 – 29.
钱超尘．宋本《伤寒论》刊行后流传演变简史（续一）［J］．江西中医学院学报，2004，02：30 – 33.
吴韵敏．《伤寒论》运用附子的经验及特色之管见［J］．云南中医中药杂志，2004，02：59 – 60.
竹剑平，张承烈，胡滨，鲍晓东，朱德明．钱塘医派述要［J］．中华医史杂志，2004，02：11 – 15.
刘保延，张志斌．古代辨证方法的研究思路探讨［J］．中国中医基础医学杂志，2004，05：5 – 11.
刘宏岩．“风中于前，寒中于暮”新解［J］．吉林中医药，2004，04：1.
陈久红．术后排气汤用于剖腹术后 132 例观察［J］．吉林中医药，2004，04：26.
王晶．胸痹与情志关系及其调护［J］．吉林中医药，2004，04：51 – 52.
武永刚，亢连茹．《伤寒杂病论》治疗失眠证七法辨析［J］．中医药学报，2004，02：5 – 6.
张赞中．从《尚论篇》初步探讨喻嘉言的学术思想［J］．中医药学报，2004，02：73 – 74.

郭宇博．中药剂型改革的现状及思考［J］．中医药管理杂志，2004，01：18－20.

戴天木．《金匮要略》治肺十法［J］．中医研究，2004，02：11－12.

张亮亮．试论《温病条辨》承气诸法［J］．中医研究，2004，02：13－15.

朱作峰．《伤寒论》阳明腑实证辨测九法［J］．中医研究，2004，02：15－16.

张俊杰．周庚生教授运用《伤寒论》方验案5则［J］．中医研究，2004，02：49－50.

许敬生．古代煎药用水漫谈［J］．中医研究，2004，02：51.

鲁艺，王庆国．浅析仲景治疗神志病中“从脏治神”的思想［J］．北京中医药大学学报，2004，03：10－12.

金艳，王庆国．四逆散证的病机探讨［J］．北京中医药大学学报，2004，03：16－18.

罗远萍．黄连阿胶汤新用［J］．新中医，2004，03：66.

蔡文就．浅谈柯韵伯对乌梅丸的发挥及临床应用［J］．新中医，2004，03：68－69.

黄云春．乌梅丸新用［J］．新中医，2004，04：67.

王邦言．中医腹诊浅议［J］．陕西中医，2004，04：336－337.

汤月萍．《金匮要略》之五脏水浅识［J］．陕西中医，2004，06：568.

赵京伟，朱珍．《伤寒论》六经学说与《内经》三阴三阳理论关系的探讨［J］．浙江中医杂志，2004，05：3－5.

万四妹，许霞．汪机《伤寒选录》对温病学的贡献［J］．安徽中医学院学报，2004，03：9－11.

吕勇，王亿平．金匮肾气丸对肾病综合征脾肾阳虚证患者激素撤减的疗效［J］．安徽中医学院学报，2004，03：15－17.

钟瑜，董艺，朱好．由《金匮要略》方看“寒热并用”的临床意义［J］．浙江中医学院学报，2004，03：10－11.

何任．重温中医典籍认真继承创新（之一）［J］．浙江中医学院学报，2004，03：13－14.

吕金法．加味桂枝汤治疗过敏性鼻炎40例［J］．浙江中医学院学报，2004，03：30.

陈启孟．对叶天士运用大半夏汤的认识［J］．浙江中医学院学报，2004，03：32.

张秋霞．《伤寒论》治疗脾胃病的方法与用药特点［J］．北京中医，2004，03：171－173.

戴天木．《金匮要略》治肾8法［J］．光明中医，2004，03：6－8.

吕文亮，刘松林．梅国强辨治心系疾病经验述要［J］．光明中医，2004，03：27.

黄河清，严桂珍．厚朴麻黄汤证初探［J］．光明中医，2004，03：42－43.

刘杨．《伤寒论》“扶阳气”概念识［J］．国医论坛，2004，03：1.

何文清，樊德春．浅析《金匮要略》对痹证的认识［J］．国医论坛，2004，03：3－4.

马玉红．浅谈《金匮要略》肝病治疗10法［J］．国医论坛，2004，03：4－5.

赵海丰．浅析《伤寒论》中反常症的临床意义［J］．河北中医，2004，04：317－318.

董绍英．《伤寒论》针灸条文选探［J］．河北中医，2004，05：398－400.

冯子忠，张晨，杨慧琴．三十六计与中医学（五）［J］．湖北中医杂志，2004，06：40－41.

孙玫，王建军，陈峰．《伤寒论》喘证浅疏［J］．河南中医，2004，05：1－2.

牛晓亚．许彭龄用吴茱萸经验举隅［J］．河南中医，2004，05：17－18.

窦荣华．《金匮要略·水气病篇》的学术成就［J］．江西中医药，2004，05：12－13.

李树强．太阳病营卫不和证浅析［J］．江西中医药，2004，06：17－18.

颜景荣．《伤寒论》对特定部位辨证的分析［J］．江西中医药，2004，06：19－20.

黄九龄，毛春，卢虹．简述《伤寒论》中下法的应用［J］．川北医学院学报，2004，01：94－95.

李赛，曲京峰，陶汉华．对“肝着”病机及旋覆花功效的探讨［J］．山东中医药大学学报，2004，03：166－167＋178.

曲夷，姜建国．《伤寒论》表里先后治则的运用［J］．山东中医药大学学报，2004，03：177－178.

田峰．芍药甘草汤的组方与临床应用［J］．山西医药杂志，2004，06：513－514.

祝安丽，牟克祥，祝之友，赵琦，周胜建，祝庆明．《伤寒论》汤方药物古今变异研究（Ⅲ）［J］．时珍国医国药，2004，06：358－360.

曹田梅．夏洪生教授临床验案实录［J］．深圳中西医结合杂志，2004，02：79－80＋90.

黄厚才，彭蕴茹，沈明勤．金匮肾气丸对大鼠肾阳虚模型的影响［J］．中国比较医学杂志，2004，03：31－33.

徐瑞荣．《伤寒论》课题科研设计思路方法释解［J］．中医药学刊，2004，05：891－893.

朱艳芳，李赛美．《伤寒论》研究热点聚焦诠释［J］．中医药学刊，2004，05：897－899.

陈国英，刘德桓．《伤寒论》中温法在心系疾病中的运用考释［J］．中医药学刊，2004，05：904－905.

柴瑞震．《伤寒论》太阳病误治变证证治与内科杂病证治关系探要［J］．中医药学刊，2004，06：993－996.

王见宾，张毅．过敏性紫癜中医证治规律初探［J］．中国中医急症，2004，05：301－302.

王始扬．少阴病“死证”案例析［J］．四川中医，2004，06：17－18.

杨小波．《尚论篇》对《伤寒论》辨证用药的独到见解［J］．四川中医，2004，07：10－11.

施小平．《伤寒论》痼瘕证实质探析［J］．山东中医杂志，2004，06：328－329.

金香淑，金英子，姜美子．滋肾调肝汤对老年雌性大鼠性激素及骨密度的影响［J］．山东中医杂志，2004，07：431－432.

张喜奎，张振忠．浅论肾脏疾病与六经辨证［J］．中国医药学报，2004，07：399－402.

王凤连．结核病及其防治［J］．防灾博览，2004，03：20－21.

杨春．论桂枝汤对汗液的双向调节作用［J］．广西中医学院学报，2004，02：41.

葛健文．郭温润学术经验撷英［J］．甘肃中医，2004，04：18－20.

张晶，张宗明．《伤寒论》“心下”病证辨治探析［J］．甘肃中医，2004，05：4－6.

黄梓平．肾气汤治疗中老年人牙痛探微［J］．甘肃中医，2004，06：28－29.

辜大为．程丑夫教授运用小柴胡汤经验初探［J］．湖南中医药导报，2004，05：11－13.

宋子云，林巍巍．《伤寒论》桂枝二越婢一汤证析疑［J］．河南中医，2004，06：1－2.

柴瑞震．《伤寒论》疑文辨析［J］．河南中医，2004，06：3－4.

张建伟．阴阳学说对仲景《伤寒论》的影响［J］．河南中医，2004，06：5－6.

智国防．张秀明学术经验拾萃［J］．河南中医，2004，06：17－18.

周德荣．清解三阳汤治疗无名高热63例临床观察［J］．河南中医，2004，06：38－39.

杨佃会．从“癃”“淋”避讳看《伤寒论》自序真伪质疑［J］．江苏中医药，2004，07：53－54.

余秋平，李七一．李七一运用《金匮要略》方治疗心脏病经验举隅［J］．辽宁中医杂志，2004，06：445.

何成刚．张仲景运用石膏规律探析［J］．辽宁中医杂志，2004，06：469－470.

邱志济，邱江东，邱江峰．朱良春用散丹汤方治疗胃脘痛的特色发挥——著名老中医学家朱良春教授临床经验（54）［J］．辽宁中医杂志，2004，07：531－532.

余秋平，李七一．李七一运用《伤寒论》方治疗心脏病举隅［J］．辽宁中医杂志，2004，07：552.

傅文录．汤证论临证发微［J］．辽宁中医杂志，2004，07：557－558.

林外丽，王霞芳．五苓散加味治疗婴儿泄泻疗效观察［J］．辽宁中医杂志，2004，07：582－583.

王根文．浅析《伤寒论》死证［J］．辽宁中医学院学报，2004，04：279.

徐重明，汪自源．张仲景治疗肺系疾病学术思想初探［J］．辽宁中医学院学报，2004，04：327－328.

马晓峰．《金匮要略》木防己汤应用举隅［J］．天津中医药，2004，03：193

方玲．《伤寒论》“阳去入阴”辨析［J］．天津中医药，2004，03：225－226.

付滨，孟琳，高常柏．黄汗与铅汞砷中毒［J］．天津中医药，2004，03：229－230.

苏贻州，潘晨．《伤寒论》补法运用特点［J］．江西中医学院学报，2004，03：17－18.

钱超尘．宋本《伤寒论》刊行后流传演变简史（续二）［J］．江西中医学院学报，2004，03：29－33.

李玉清．《注解伤寒论》书名考［J］．江西中医学院学报，2004，03：33－34.

陈志伟，陈桂敏．仲景苦辛法合剂应用探析［J］．张家口医学院学报，2004，03：80－81.

蒋天佑．王本立学术思想及临证特色浅识［J］．中医药学刊，2004，07：1178－1179.

宋建平．《金匮要略》教学研究［J］．中医药学刊，2004，07：1298－1315.

牟慧琴．《金匮要略》奔豚气病发病机理浅识［J］．中医药学刊，2004，07：1301－1302.

温桂荣．经方治呕吐的临床应用简析［J］．中医药学刊，2004，07：1303－1305.

曲夷．伤寒论教学方法改革的几点尝试［J］．中医教育，2004，03：47－48.
马晓峰．《金匮要略》硕士研究生教学方法的研究［J］．中医教育，2004，03：66－67.
李敬孝．通达·通贯·通透——评李心机著《伤寒论通释》［J］．中医药学报，2004，03：75－76.
杨佃会．“可”与“不可”再辩［J］．中医药学报，2004，03：76－78.
孟令波，史慧玲．从《伤寒论》两条原文看六经辨证［J］．中医药学报，2004，03：78－79.
魏东生．《伤寒论》“反”字的运用探析［J］．中医研究，2004，03：10－14.
邱登茂，鲁兆麟．从台湾寺庙药签看民俗疗法与中医学的关系［J］．北京中医药大学学报，2004，04：15－16.
彭草云．通阳法在《金匮要略》中的应用探析［J］．浙江中医杂志，2004，08：3－4.
江泳，陈建杉．论《金匮要略》水气病之在气在水在血［J］．浙江中医杂志，2004，08：5－7.
郑小伟，包素珍，刘明哲，宋红，李荣群．金匮肾气丸对肾阳虚大鼠垂体ACTH基因表达的影响［J］．中国中西医结合杂志，2004，03：238－240.
李桂英，周君荣，战学验．谈谈对“热入血室”的认识［J］．光明中医，2004，04：1－2.
任存霞．试论《伤寒论》和温病学对湿邪的论治［J］．光明中医，2004，04：10－11.
邹如政，李青．张仲景饮食疗法探讨［J］．光明中医，2004，04：14－15.
黄河清，李大治，严桂珍．厚朴麻黄汤证初探［J］．光明中医，2004，04：47－48.
杨金萍．《伤寒论》方按病因病证分类法津溯［J］．国医论坛，2004，04：1－2.
杨小欣．谈人参在《伤寒论》中的应用［J］．国医论坛，2004，04：4－5.
黄水清，徐志伟．《伤寒论》失眠与嗜睡证治探析［J］．国医论坛，2004，04：5－6.
葛建立，宋易华，刘满君．《伤寒论》318条新释［J］．河北医学，2004，09：861－862.
徐亚民．《伤寒论》阴阳概念运用浅谈［J］．河南中医，2004，07：5－6.
黄世明，黄砚永．黄竹斋《伤寒论集注》评述［J］．河南中医，2004，07：22－23.
肖相如．太阳温病提纲“不恶寒”的意义——温病初期不是表证［J］．辽宁中医杂志，2004，08：644.
焦俊英，支江平．《金匮》利小便之法运用探析［J］．陕西中医学院学报，2004，01：12－13.
黄海，胡加富．和解少阳法的临床应用［J］．陕西中医学院学报，2004，02：16－17.
刘智斌．《伤寒杂病论》针灸疗法探析［J］．陕西中医学院学报，2004，03：1－3.
黄杰诚，原景龙．《伤寒论》方治疗脾胃病证之应用［J］．陕西中医学院学报，2004，03：12－13.
张胜忠．茯苓四逆汤析［J］．陕西中医学院学报，2004，03：53－54.
韦麟．对《伤寒论》死证的初步探讨［J］．时珍国医国药，2004，08：537.
陈大权，王立颖．《金匮要略》桂枝附子汤证与白术附子汤证鉴别之我见［J］．天津中医学院学报，2004，02：59－60.
马晓峰．《金匮要略》本科生教学与研究［J］．天津中医学院学报，2004，02：88－89.
王惠君．试谈我院中医临床基础学科的建设构想［J］．天津中医学院学报，2004，02：90－91.
王峥．炙甘草汤治验举隅［J］．天津中医学院学报，2004，02：94.
刘佳，刘恩顺．《金匮要略》中的调护观念［J］．天津中医学院学报，2004，02：100.
李玉清，张灿玾．试论成注《伤寒论》版本对后世的影响［J］．中医文献杂志，2004，02：6－7.
张玉才，赵军．汪机《伤寒选录》初探［J］．中医文献杂志，2004，02：8－10.
江克明．和解少阳的涵义［J］．中医文献杂志，2004，02：29－31.
祝永锋．对“但见一证便是，不必悉具”的探讨［J］．中医文献杂志，2004，02：33－34.
张旭宾，黄杰明，欧阳惠卿．妊娠恶阻中医源流述要［J］．中医文献杂志，2004，02：50－52.
刘发群．浅谈老年性睡眠异常的经方论治［J］．现代中医药，2004，02：13－15.
王焱，马伟民，赵鑫．《伤寒论》下利方的辩析及应用［J］．现代中医药，2004，03：9－10.
彭坚，吴兴旺．中医要有自己的金标准［J］．医学与哲学，2004，08：68－69＋81.
党保国．说“毒”［J］．首都医药，2004，15：39.
李筱颖．仲景的中医发展观解读［J］．中医药学刊，2004，08：1467－1468.
杨佃会，刘一凡．《伤寒论·自序》考略［J］．中医药学刊，2004，08：1469.

李玉清，张灿．成无己《注解伤寒论》府病说对后世影响简考［J］．中医药学刊，2004，08：1470.

马居里，严惠芳，刘净，马永强．张仲景舌诊临证辨证特色诠释［J］．中医药学刊，2004，08：1472-1473.

齐凤军．三阴三阳的权重关系探微［J］．中医药学刊，2004，08：1491-1493.

肖伟，黄金玲．仲景方用芍药说略［J］．中医药临床杂志，2004，04：359-361.

左雁林．按摩治疗便秘120例临床疗效观察与体会［J］．按摩与导引，2004，04：27.

何赛萍．论去性取用配伍方法及临床意义［J］．浙江中医学院学报，2004，05：14-15.

何任．重温中医典籍认真继承创新（之三）［J］．浙江中医学院学报，2004，05：18-20.

张长恩．柴胡桂枝干姜汤证探究［J］．北京中医，2004，04：244-246.

庞德湘，连建伟．《金匮要略》肝着辨析［J］．中国医药学报，2004，06：331-333+324.

祝小惠，尉中民．《金匮要略》病证脉象分析［J］．中国医药学报，2004，06：333-337.

高权国．《金匮要略》下法二十四方探析［J］．中国医药学报，2004，06：374-375.

纪立金．《伤寒论》太阳蓄水证之探析［J］．中国医药学报，2004，08：504-505.

柴瑞震．《伤寒论》"胃家实"的探讨［J］．中国医药学报，2004，08：506-507.

陈爱梅，吴炳章．《伤寒论》《金匮要略》大黄煎服法探析［J］．福建中医药，2004，04：48-49.

彭述宪．学习《伤寒论》宜善择注释本［J］．湖南中医药导报，2004，08：57-58.

黄仁礼．《伤寒杂病论》芍药运用要点探讨［J］．河南中医，2004，08：1-3.

陈建．浅析《伤寒论》中辨渴的意义［J］．江苏中医药，2004，08：4-6.

黄洁．经方临证验录［J］．江西中医药，2004，08：54-55.

吴云华，闫霞．谈《金匮》支饮［J］．辽宁中医学院学报，2004，05：361.

张旭初．《伤寒论》滋阴八法［J］．四川中医，2004，08：23-24.

南晋生．《金匮要略》瘀水证治探要［J］．四川中医，2004，08：24-25.

张登本，孙理军．《外台秘要方》对仲景学术思想研究的贡献［J］．山东中医药大学学报，2004，04：250-253.

张虹．桂枝汤的临床运用特点［J］．时珍国医国药，2004，09：616.

王冠华．汪履秋治疗少阳病经验［J］．现代中医药，2004，04：11.

钱超尘．宋本《伤寒论》刊行后流传演变简史（续三）［J］．江西中医学院学报，2004，04：24-28.

潘毅，严灿，吴丽丽．《伤寒论》教材的编写应浅化［J］．江西中医学院学报，2004，04：76-77.

钱超尘．宋本《伤寒论》刊行后流传演变简史［J］．医古文知识，2004，02：10-12.

沙涛，刘维庆．《伤寒论·序》的警世作用［J］．医古文知识，2004，02：20-21.

李晓光．再论半夏泻心汤［J］．云南中医中药杂志，2004，04：24.

李杰，宋淑霞，韩丽枝，吕占军．益气补肾方药对化疗荷瘤小鼠免疫功能的影响［J］．中国实验动物学报，2004，03：26-29.

马群力，王建华，吴素芳，马利中，李瀛，邱夏桑，罗文达，李伯利．金匮肾气丸防治放疗辐射损伤30例观察［J］．实用中医药杂志，2004，07：358.

高宏，庄海峰．《金匮要略》血证辨治探讨［J］．实用中医药杂志，2004，07：390-391.

刘永畅，陈廷淑．《金匮要略》"治未病"学术思想浅析［J］．实用中医药杂志，2004，07：394.

王辉武，陶红．医术多是患者教［J］．实用中医药杂志，2004，07：395.

熊寥笙．桂枝汤证医案新注［J］．实用中医药杂志，2004，08：417-418.

丁世幸．《金匮要略》色诊浅述［J］．实用中医药杂志，2004，08：457.

王辉武，陶红．寒冷招病勿等闲［J］．实用中医药杂志，2004，08：460.

王付．《伤寒论》中方剂数量考［J］．中医药学刊，2004，09：1682.

阎振立．《伤寒论》和法探微［J］．中医药学刊，2004，09：1683-1684.

徐大念．《伤寒论》中厥证证治述要［J］．中医药学刊，2004，09：1686-1687.

曲夷，姜建国．《伤寒论》标本缓急治则探析［J］．中医药学刊，2004，09：1688.

陈玉书．《伤寒论》发汗五法临证应用浅析［J］．中医药学刊，2004，09：1690-1700.

赵健．浅谈《伤寒论》表里先后的治疗原则［J］．中国中医基础医学杂志，2004，09：7-8.

钱峻，杨亚平．《伤寒论》“方证辨证”在中医诊断教学中的运用价值［J］．中医教育，2004，04：53－55.
王雪华，祖丹，桑希生，徐峰．论《金匮要略》历节病［J］．中医药学报，2004，04：33－35.
周毅萍，赵东升．《金匮要略》方药煎服法教学心得［J］．中医药学报，2004，04：35－37.
王雪华，白玉宾，张翠．慢性肾功能衰竭的病因病机探析［J］．中医药信息，2004，04：3－4.
竹剑平，张承烈，胡滨，鲍晓东．“钱塘医派”对《伤寒论》研究的贡献［J］．浙江中医学院学报，2004，04：3－5.
刘杨．巫燡《伤寒论广训》学术思想初探［J］．成都中医药大学学报，2004，03：60－61.
苏凤阁．金匮肾气丸加味治疗坐骨神经痛34例临床观察［J］．中国实用乡村医生杂志，2004，09：38.
骆云丰，张伟．浅谈《伤寒论》水气病［J］．光明中医，2004，05：1－2.
王芬．浅谈《金匮》在方药配伍中质量互变规律的体现［J］．光明中医，2004，05：9－10.
邓磊．《伤寒论》外治法述要［J］．光明中医，2004，05：11－12.
毛水泉．谈谈《金匮要略》建中汤应用的体会［J］．光明中医，2004，05：29－30.
叶太生，陈国权．《金匮要略》水气病气、血、水三分辨证探析［J］．国医论坛，2004，05：1－2.
黄仁礼．《伤寒论》栀子豉汤“得吐”探析［J］．国医论坛，2004，05：2－3.
樊德春．《伤寒论》误用汗下所致病证俚析［J］．国医论坛，2004，05：6－7.
李政木，曾庆波，全世建，傅益群．《伤寒论》治则治法的研究［J］．湖南中医药导报，2004，09：1－3.
张平中．对《伤寒论》中五泻心汤证之浅识［J］．河南中医学院学报，2004，04：9－10.
陈家炎．《伤寒论》吐法探讨［J］．河南中医学院学报，2004，04：11－12.
黄爱萍．黄芪桂枝五物汤新用［J］．河南中医学院学报，2004，05：43－44.
杨俊．仲景对辛开苦泄法的应用［J］．河南中医，2004，09：3.
杜保宏，刘贵成．小柴胡汤临床发挥［J］．河南中医，2004，09：6－8.
张培振．表虚感冒方治疗风寒表虚型感冒120例［J］．河南中医，2004，09：28.
党兰玉．《伤寒杂病论》药量折算再探讨及其临床意义［J］．江苏中医药，2004，09：53－54.
张倩，陈德兴．半夏泻心汤的实验与临床研究概况［J］．江苏中医药，2004，09：59－61.
杨金萍．柯琴六经类方法的由来及意义［J］．江西中医药，2004，09：14－15.
韩永刚，胡荫奇．《金匮要略》治湿方证及特点［J］．江西中医药，2004，09：19－21.
畅洪昇，王庆国，梁吉春．《伤寒论》四逆散证治及组方研究［J］．北京中医药大学学报，2004，05：3－6.
王育林．钱超尘教授中医文献学成就述要［J］．北京中医药大学学报，2004，05：18－20.
肖相如．“解肌”是运用桂枝汤的基础析义［J］．辽宁中医杂志，2004，09：741.
赵京伟．《伤寒论》辨证分析方法探析［J］．辽宁中医杂志，2004，09：742－743.
左献泽，孔德英．中医急病临证举隅［J］．中原医刊，2004，19：35－36.
顾武军．《伤寒论》少阴病篇评述（1）［J］．南京中医药大学学报，2004，05：275－277＋280.
尹风玲，于丽达，张志华．小柴胡汤新用［J］．新中医，2004，05：64.
孙庆．麻黄附子细辛汤新用［J］．新中医，2004，05：64－65.
刘海云．经方治痹3则［J］．新中医，2004，06：65－66.
刘得华．金匮肾气丸治疗阴阳两虚型2型糖尿病62例临床观察［J］．新中医，2004，07：31－32.
冉太斌，施云军．当归四逆汤新用［J］．新中医，2004，08：70.
赵文研，张官印．桂枝汤妇科新用［J］．新中医，2004，09：66－67.
钱林超．《伤寒论》治疗脾胃病证十法［J］．四川中医，2004，10：16－17.
吕翠霞．从辨证论治看《伤寒论》《金匮要略》一体观［J］．山东中医药大学学报，2004，05：332－333.
孟庆林．金匮肾气丸结合心理疏导治疗缩阳证临床分析［J］．上海中医药杂志，2004，09：23.
牟新．金匮肾气丸治疗消渴病机理新探［J］．实用中医内科杂志，2004，05：381.
裘黎明．《伤寒论》治疗不寐七法简析［J］．实用中医内科杂志，2004，05：420.
王志恒．张仲景应用大黄配伍的基本类型及其药理学意义［J］．时珍国医国药，2004，10：708－709.

张锁庆．芍药利尿通便说［J］．实用中西医结合临床，2004，05：79.
何成刚．学习《金匮要略》临证偶得［J］．现代中西医结合杂志，2004，19：2588－2589.
于霞，李文艳．病后辨证调护［J］．现代中西医结合杂志，2004，20：2784－2785.
张苇航，张炜．探索中医复杂性之路——浅谈逻辑思维与非逻辑思维在中医学发展中的作用［J］．医古文知识，2004，03：9－11.
钱超尘．宋本《伤寒论》刊行后流传演变简史（二）［J］．医古文知识，2004，03：28－32.
朱虹江．《伤寒论》自愈观的探讨［J］．云南中医学院学报，2004，03：11－12.
王钟．《伤寒论》中针灸的运用［J］．针灸临床杂志，2004，09：8－9.
李咏梅，宋瑜，马绍尧．脏腑辨证治疗湿疹265例临床观察［J］．浙江中西医结合杂志，2004，09：22－24.
徐志瑛．急性肠梗阻的辨证论治［J］．浙江中西医结合杂志，2004，10：3－4.
赵海东，王明君．经方治疗妇科病三则［J］．中国民间疗法，2004，09：11.
刘荣魁．《伤寒论》中附子的配伍特点及应用体会［J］．中国民间疗法，2004，09：49－50.
刘淑兰，祝仁超．试述仲景“治未病”的学术思想［J］．实用中医药杂志，2004，09：522－523.
王炳国，王秀莉．《伤寒论》对“心衰”论治之浅识［J］．实用中医药杂志，2004，10：591.
都占陶，杨丽彩，危北海．补肾通络方对老龄大鼠肾功能的影响［J］．中国中医基础医学杂志，2004，10：6－8.
储全根，李赛美．中医临床基础学科若干问题的思考与讨论［J］．中医教育，2004，05：25－26＋29.
张再良．讲授金匮要略应该注意的若干问题［J］．中医教育，2004，05：52－54.
廖世煌，吕秀群．金匮要略硕士研究生教育模式初探［J］．中医教育，2004，05：60－61.
邱敏．论桂枝汤的温补脾胃作用［J］．吉林中医药，2004，06：1－2.
王建康．张仲景运用厚朴功效探讨［J］．中医药通报，2004，04：57－58.
赵京伟，李丹．《伤寒论》针灸学术思想内涵［J］．中医研究，2004，05：19－21.
戚世伟，熊成熙，郎笑梅．金匮肾气丸防治前列腺增生探析［J］．中医药临床杂志，2004，05：499－500.
张媛．五泻心汤之同异［J］．中医药临床杂志，2004，05：500.
李俊，贺平．意念导引法治疗便秘初探［J］．按摩与导引，2004，05：28－29.
周世民．活用柴胡加龙骨牡蛎汤3例［J］．白求恩军医学院学报，2004，03：157－158.
黄多术，张玉菁．金匮肾气丸治疗咳喘的疗效观察［J］．中国医药学报，2004，11：700－701.
郭丽华．浅谈《金匮要略》关于胸痹证治［J］．甘肃中医，2004，09：10.
邱德文，彭荣琛．《黄帝内经》概论（下）［J］．贵阳中医学院学报，2004，02：1－4.
李培生，李家庚．谈谈《伤寒论》之方中有法［J］．湖北中医杂志，2004，01：3－5.
张国骏，马晓峰．浅谈“传”经、“经尽”“再经”“过经”揭示的辨证意义［J］．湖北中医杂志，2004，01：17－19.
邹世光，王爱民，张琴．麻黄汤临床运用举隅［J］．湖北中医杂志，2004，01：41.
李培生，李家庚．谈谈《伤寒论》之方中有法（续）［J］．湖北中医杂志，2004，02：3－5.
刘桂枝．理中汤临床应用举隅［J］．湖北中医杂志，2004，03：40.
何少霞．金匮肾气丸为主治疗糖尿病肾病46例临床观察［J］．湖北中医杂志，2004，05：40.
郭刚恒，丛姗，李文娟，王伟．田玉美运用养胃理气汤治疗慢性萎缩性胃炎经验［J］．湖北中医杂志，2004，08：16－17.
李长城，苏高义．脏躁病与低血镁——附36例病例分析［J］．湖北中医杂志，2004，08：21.
滕颖．浅析《金匮要略》中针灸的运用［J］．黑龙江医学，2004，10：799－800.
张联军，栾佩岳．南林老中医临证拾萃［J］．黑龙江中医药，2004，05：3－4.
王荣．《伤寒论》日期探讨［J］．黑龙江中医药，2004，05：5－6.
李旭．浅谈《伤寒论》辩证思维方式［J］．河南中医，2004，10：1－2.
万晓刚，刘维政．谈厥［J］．湖北中医学院学报，2004，01：31－32.
傅坤生．《金匮》中的插入语［J］．江西中医药，2004，10：13－14.

李致重.SARS 防治的中医理性之思［J］. 辽宁中医杂志，2004，10：799－802.
张明德，皮业军. 桃核承气汤新用［J］. 新中医，2004，10：46.
刘菊香. 熊寥笙名老中医学术思想介绍［J］. 新中医，2004，11：12－13.
郭秀丽. 猪苓汤治验5则［J］. 新中医，2004，11：65－66.
张秋霞，汤水福. 中医治疗肾下垂的思路与方法［J］. 新中医，2004，11：69.
李赛美. 从《温病条辨》对《伤寒论》的继承与发展论中医发展的创新性［J］. 广州中医药大学学报，2004，02：88－90.
叶太生. 运用五行学说论治杂病实质浅析——《金匮要略》首篇“十七句”争议的启示［J］. 四川中医，2004，11：30－31.
黄瑞彬，黄周红. “四肢者，诸阳之本也”浅释［J］. 陕西中医学院学报，2004，05：14.
付宇，王丹.《金匮要略》通便法探析［J］. 天津中医药，2004，05：394－395.
余国俊. 虚人感冒枢机不利小柴胡汤类奏奇功［J］. 中国社区医师，2004，20：36－37.
何念善，王存芬.《金匮要略》燥证探微［J］. 新疆中医药，2004，03：1－2.
全世建.《伤寒论》中方剂配伍理论浅探［J］. 江西中医学院学报，2004，05：13－14.
钱超尘. 宋本《伤寒论》刊行后流传演变简史（续四）［J］. 江西中医学院学报，2004，05：27－29.
孙洪生，严季澜. 不寐病名考略［J］. 中华医史杂志，2004，04：23－26.
范开珍.《伤寒论》重言词医理考察［J］. 浙江中医杂志，2004，10：40－42.
卢红蓉，宋乃光. “脾色必黄瘀热以行”浅释［J］. 中医药学刊，2004，10：1883－1889.
张冬梅，姜良铎. 五苓散对调节水液代谢作用的研究［J］. 中医药学刊，2004，10：1884.
丁宇丽. 当归四逆汤临床新用举隅［J］. 吉林中医药，2004，05：51－52.
全世建，曾庆波，李政木. 猪苓汤研究综述［J］. 中医药通报，2004，05：57－60＋62.
曾庆利. 浅论“迟脉不可概之为寒”［J］. 中医药学报，2004，05：4－5.
王建康.《金匮要略》养阴配用补气六法［J］. 中医药信息，2004，06：40.
王满囤，王董臣. 辨少阳病用腹诊法［J］. 河北中医，2004，10：762－763.
毛文忠.《伤寒论》小便病证治浅析［J］. 河南中医，2004，11：1－3.
樊德春，李兰周. 张仲景对半夏的应用［J］. 河南中医，2004，11：4－5.
钱超尘. 宋本《伤寒论》刊行后流传演变简史（三）［J］. 医古文知识，2004，04：26－31.
谢海洲. 肾气丸及其系列方诠释［J］. 中医药学刊，2004，11：1973－1986.
吴忠文.《伤寒论》中哲学思想底蕴浅析［J］. 中医药学刊，2004，11：2002－2004.
高远平. 肾结石术后调理当固肾气简释［J］. 中医药学刊，2004，11：2155.
邹伟. 足部反射疗法在治疗哮喘中的应用［J］. 双足与保健，2004，02：19－20.
顾茂民，孙燕辉. 纠治（医）药源性病症的体会［J］. 新疆中医药，2004，05：44－45.
李家庚.《伤寒论》三百九十七法考释［J］. 湖北中医杂志，2004，09：3－5.
刘阳. 走在现代化的歧路上［J］. 南风窗，2004，13：42－43.
仲高明. 半夏厚朴汤的化裁运用［J］. 中国社区医师（综合版），2004，02：41－42.
张子强. 桂枝汤加味治疗产后中风26例之体会［J］. 中国社区医师（综合版），2004，05：46.
田中旺. 桂枝加龙骨牡蛎汤临床应用举隅［J］. 中国社区医师（综合版），2004，06：42－43.
陈锐，张平. 炙甘草汤中麻仁的研究进展［J］. 中国社区医师（综合版），2004，07：81＋74.
张友德. 黄芪桂枝五物汤临床运用举隅［J］. 中国社区医师（综合版），2004，09：44－45.
熊克伟，唐玉芝. 半夏厚朴汤治疗慢性咽炎的体会［J］. 中国社区医师（综合版），2004，16：41－42.
孙虹. 也谈《伤寒论》合病与并病［J］. 中国社区医师（综合版），2004，19：47.
卢义，肖宏宇. 中医活血化瘀理论在改善微循环障碍方面临床应用的探讨［J］. 中国社区医师（综合版），2004，19：48－49.
张亚东，解小成，房松. 大黄甘草汤治疗抗肿瘤药物性肾损害10例［J］. 中医杂志，2004，04：259.
李佑民，沈银丰. 李培生运用补肾法治疗男性不育经验［J］. 中医杂志，2004，05：339＋380.
孙浩. 冰硼散、人中白散、锡类散都是治疗口腔、咽喉疾病的外用药，如何使用［J］. 中医杂志，

2004，05：393.
张尊如，曹占地．关于炙甘草汤用药问题的探讨［J］．中医杂志，2004，05：397.
陈晋宇．川贝母治小便淋沥［J］．中医杂志，2004，06：412.
周玉和．半夏泻心汤治疗胃肠功能紊乱等疾病3例［J］．中医杂志，2004，08：625.
刘新亚，胡正刚，陈瑞春．活用小柴胡汤经验介绍［J］．中医杂志，2004，09：706－708.
陈可胜．《伤寒论》中厥的基本病机探讨［J］．中医杂志，2004，10：786－787.
杨俐英．试析张仲景之眩晕证［J］．基层医学论坛，2004，06：540－541.
张利生．苓桂术甘汤的临床运用［J］．基层医学论坛，2004，01：45.
赵进喜．三阴三阳辨证与糖尿病［J］．中国中医药现代远程教育，2004，12：31－33.
刘舟．从《伤寒论》中的“支节烦疼”进而探讨《内经》中的“少阳主骨”［J］．光明中医，2004，06：1－2.
王雁慧．小建中汤治疗内伤杂病临床应用进展［J］．光明中医，2004，06：39－42.
赵文鼎．浅述《伤寒论》对痰饮病的论治［J］．甘肃中医，2004，11：1－3.
马仁贤．大柴胡汤治疗阳痿一则［J］．甘肃中医，2004，11：14.
田黎明，代琳，王玮蓁，曾宪玉，余艳．伤寒金匮方加减治疗荨麻疹的疗效观察［J］．湖北中医学院学报，2004，04：79－80.
周祖山，许竹青．《伤寒论》方治痹证［J］．湖北中医学院学报，2004，04：89.
王荫三．运用《金匮要略》法与方治疗急症验案［J］．湖北中医学院学报，2004，04：90－91.
杨小红，顾武军．论顾护脾胃在仲景学术思想中的重要地位［J］．辽宁中医学院学报，2004，06：443－444.
张金玺．仲景学说研究中的几个思维误区［J］．辽宁中医学院学报，2004，06：446.
陈小永，钱先．仲景辨治类风性关节炎学术思想初探［J］．辽宁中医学院学报，2004，06：486.
于莉英．从中医优势谈中医的继承与发展［J］．辽宁中医学院学报，2004，06：499－500.
曹雯，董正华．真武汤探微［J］．陕西中医学院学报，2004，06：4－5.
李媛．浅谈金匮肾气丸临床运用中应注意的问题［J］．时珍国医国药，2004，11：792－793.
浅析大柴胡汤证［J］．现代中医药，2004，06：1－2.
张仲景化饮治咳喘方的辨治原则与应用［J］．现代中医药，2004，06：3－4.
徐怀骥．温补肾阳法治疗病态遗精46例［J］．西部医学，2004，04：344.
《伤寒论》方按治法分类的演变及对现代方剂分类的影响［J］．中国中医基础医学杂志，2004，11：14－16.
论宋金元时期伤寒学的形成与发展［J］．中国中医基础医学杂志，2004，11：17－18.
洪武，程春芳，胡艳，孔祥勇．“寒实结胸，无热证者与三物白散”［J］．中国中医基础医学杂志，2004，11：53.
丁世幸．《金匮要略》涉肾（膀胱）病机述要［J］．中国中医基础医学杂志，2004，11：54－55.
李文龙．《伤寒论》症状鉴别诊断法初探［J］．中医药临床杂志，2004，06：594－596.
彭勃，张金生．试论中医理论的创新与重构［J］．中国医药学报，2004，12：711－713.
高博，赵文鼎，易竞雄．浅谈《伤寒论》对芍药的配伍应用［J］．甘肃中医，2004，12：8－9.
魏雪舫．涪陵古本《伤寒杂病论》概述［J］．国医论坛，2004，06：1－4.
张波，张青，刘孟安．寒实结胸证的方名当以“三物白散”为是［J］．国医论坛，2004，06：4.
赵体浩．张仲景在世界医学史上的十大首创［J］．国医论坛，2004，06：5－6.
徐成贺，刘素文．《金匮要略》服药次数的研究［J］．国医论坛，2004，06：6－8.
李书田．《伤寒论·序》修辞手法初探［J］．国医论坛，2004，06：18－19.
朱琳．从《尚论篇》谈喻嘉言对《伤寒论》的研究［J］．国医论坛，2004，06：20－21.
张文选．再论温病方治疗杂病——兼论温病方症与辨温病方症的临床意义［J］．北京中医药大学学报，2004，06：7－10.
陈宁勇．关于《〈伤寒论〉求是》阳明病与温病关系的探讨［J］．南京中医药大学学报，2004，06：

331－334.
陈帅.《伤寒论》升降理论临床应用体会［J］. 南京中医药大学学报，2004，06：378.
王鸿根，郭运翠，宋金明. 竹皮大丸新用［J］. 新中医，2004，12：35.
吴修符，蔡群，吕秀兰.《伤寒论》“必”解［J］. 山东中医药大学学报，2004，06：444－445.
包培荣.《金匮要略》胸痹心痛与急性冠状动脉综合征［J］. 山东中医杂志，2004，11：646－648＋651.
陈瑞春. 经方临床运用的几个问题［J］. 山西中医，2004，06：1－5.
樊纪民，张喜奎. 柴胡桂枝汤加味治疗更年期综合征56例［J］. 陕西中医，2004，11：973－974.
方剑锋，黄海. 浅谈阳明病中脑部神经症状［J］. 陕西中医，2004，11：1055－1056.
陈祖明. 急症中承气汤证的辨证施治［J］. 现代医药卫生，2004，23：2549.
赵建红. 金匮肾气丸临床治验举隅［J］. 医学理论与实践，2004，11：1259.
张宗明.《伤寒论》“发红汗”治法应用探析［J］. 中国民间疗法，2004，11：11－12.
吴瑞春，贺诗峰. 五苓散治疗小儿秋季腹泻36例［J］. 中国民间疗法，2004，11：55－56.
李中平.《金匮要略》治虚法浅议［J］. 实用中医药杂志，2004，12：718－719.
肖相如. 关于培养学生中医思维能力的几点思考［J］. 中医教育，2004，06：76－77.
朱红梅.《伤寒论》的辩证思维方法初探［J］. 浙江中医学院学报，2004，06：7－8.
何任. 重温中医典籍认真继承创新（之四）［J］. 浙江中医学院学报，2004，06：11－12.
张俊杰. 周庚生教授运用《伤寒论》方治验举隅［J］. 浙江中医学院学报，2004，06：37－38.
曹垠焱，李中正. 从阴阳二气角度探讨四逆汤组方思路［J］. 河南中医学院学报，2004，06：12－15.
黄增强.《伤寒论》第149条辨析［J］. 河南中医，2004，12：5.
赵忠顺.《伤寒论》太阳病桂枝汤证针灸配穴浅论［J］. 江苏中医药，2004，12：43－44.
郑艳华，蒋小敏. 小胸陷汤方证证治规律研究［J］. 江西中医药，2004，11：49－51.
谢海洲. 读伤寒，写伤寒，用伤寒——喜读《陈瑞春论伤寒》《伤寒实践论》二书［J］. 江西中医药，2004，12：5.
吕明怡，李海燕，张惠臣.《伤寒论》治疗血证方剂的运用［J］. 辽宁中医杂志，2004，12：984－985.
朱虹，王灿晖. 从柯琴对桂枝汤的运用谈辨证论治的灵活性［J］. 辽宁中医杂志，2004，12：986－987.
黎凯，王幼奇，郑杨. 经方今用临证心悟［J］. 辽宁中医杂志，2004，12：1051－1052.
何德昭. 从治验谈《伤寒论》经方的运用要点［J］. 四川中医，2004，12：18.
四川中医2004年（第22卷）索引［J］. 四川中医，2004，12：93－95.
刘成海. 论张仲景对黄疸病辨治法的贡献［J］. 上海中医药大学学报，2004，04：5－7.
邱冰峰. 仲景方妙用治疗反流性食管炎探要［J］. 实用中医内科杂志，2004，06：479.
周承志，邱明义，张道亮.《伤寒杂病论》中几种药物源流考释［J］. 实用中医内科杂志，2004，06：480－481.
刘根昌. 自拟利水消肿汤治疗水肿二例分析［J］. 实用中医内科杂志，2004，06：497－498.
王丙忠.《伤寒论》治泻九法浅析［J］. 实用中医内科杂志，2004，06：500－501.
张建华，孙宗珍. 从宗气虚论治胸痹浅识［J］. 实用中医内科杂志，2004，06：514.
王秀献，刘毅. 桂枝茯苓丸临床新用［J］. 实用中医内科杂志，2004，06：523.
李阳. 活血化瘀法在糖尿病中的运用探要［J］. 实用中医内科杂志，2004，06：538－539.
刘晋河，郝炜欣，贾力，徐惠媛，梁晓春. 金匮肾气丸对糖尿病大鼠红细胞超氧化物歧化酶活性和血清丙二醛浓度的影响［J］. 中国临床康复，2004，36：8254－8255.
钱超尘. 宋本《伤寒论》刊行后流传演变简史（续完）［J］. 江西中医学院学报，2004，06：23－26.
张维骏，吕光荣. 浅述六经辨证研究之状况［J］. 云南中医学院学报，2004，04：61－63.
张广梅.《伤寒论》通、利、补三法辨治悸证［J］. 浙江中医杂志，2004，11：38.
李赛美，朱章志，蔡文就. 博士研究生《伤寒论》课程教学改革新探［J］. 中医药学刊，2004，12：2172－2173.
吕明安. 张杰治疗慢性萎缩性胃炎的经验摭拾［J］. 中医药学刊，2004，12：2185－2187.
周丽，王雪峰. 论小柴胡汤或有证与柯萨奇B组病毒感染关系［J］. 中医药学刊，2004，12：2220－

2221.
程革.《金匮要略》络病理论探讨［J］. 中医药学刊，2004，12：2308－2309.
佘贤武. 邹学熹教授论易学与伤寒理论的汇通［J］. 成都中医药大学学报，2004，04：28－30.
黄仰模，廖世煌，林昌松，陈灿，吕志杰. 关于自学考试金匮要略课程命题的点滴体会［J］. 继续医学教育，2004，06：60－61.
汤晓龙，包来发. 炙甘草汤临床应用及研究概况［J］. 中医文献杂志，2004，04：47－51.
张泽玫，刘立. 五苓散临床运用心得［J］. 国际医药卫生导报，2004，24：79－80.
陈岩. 芍药在《伤寒论》中的应用［J］. 固原师专学报，2004，06：105－106.
武重阳. 读《金匮要略心典》［J］. 天津中医学院学报，2004，04：174－175.
王保森. 略论小柴胡汤去滓再煎的意义［J］. 中国社区医师，2004，23：36.
肖成. 衷中参西话"肠痈"［J］. 吉林中医药，2004，11：4－5.
修伶燕. 脑卒中患者的辨证施护［J］. 中国实用护理杂志，2004，S1：175.
黎敬波，马力. 从中医经典探求基础理论研究的方向［J］. 世界科学技术，2004，06：5－9＋80－81.
王荣.《伤寒论》"阳气来复"理论溯源［J］. 黑龙江中医药，2004，06：4－5.
冯生莲. 小青龙汤加味治疗慢性支气管炎支气管哮喘的临床体会［J］. 黑龙江中医药，2004，06：24.
解品启，陶汉华. 补肾疏肝法治疗阳痿40例临床研究［J］. 中医杂志，2004，11：841－842.
张宇鹏，于峥.《内经》与《伤寒论》对风邪的不同理解［J］. 中医杂志，2004，12：941－942.
孟庆云.《伤寒论》中的七日自愈［J］. 中医杂志，2004，12：948.
岳建华. 试论《伤寒论》中"寒热并治"的应用［J］. 山西中医，2004，S1：3－4.
张奇.《伤寒论》药物用量小议［J］. 山西中医，2004，S1：59.
胡明珠. 少阴病麻黄附子细辛汤证体质小议［J］. 山西中医，2004，S1：62.
李晓霞. 数九寒天哪些人最需进补［J］. 新农村，2004，12：23.
翟慕东.《伤寒论》课堂教学体会［J］. 成都中医药大学学报（教育科学版），2004，02：42＋54.
张秋霞.《金匮要略》教学改革的探讨［J］. 成都中医药大学学报（教育科学版），2004，02：43＋47.
段然. 中医方剂中的反佐［N］. 健康报，2004－04－08.
河北刘健英. 金匮肾气丸新用途［N］. 家庭医生报，2004－05－03006.
张世筠. 养血滋阴话阿胶［N］. 人民政协报，2004－07－14.
周端（教授）龙华医院. 临床医师要学好中医原著［N］. 上海中医药报，2004－08－13003.
加强学科建设重铸中华医魂［N］. 中国医药报，2004－04－03.
彭蕴茹沈明勤罗宇慧叶等. 金匮肾气丸可减少过氧化产物［N］. 中国医药报，2004－09－04.
李灿东，张喜奎. 中医本科教育的忧患与思考［N］. 中国医药报，2004－09－14.
吴社群. 感冒后久咳怎么办［N］. 中国医药报，2004－11－01.
白河. 咳喘灵口服液［N］. 医药养生保健报，2004－12－27005.
刘永臣."六经辨证"小议［N］. 中国中医药报，2004－01－05.
邓铁涛. 为中医药之发展架设高速路［N］. 中国中医药报，2004－02－02.
赵玉华. 仲景消补兼施法与恶性肿瘤［N］. 中国中医药报，2004－02－05.
刘力红.《伤寒论》探微：伤寒杂病论的涵义［N］. 中国中医药报，2004－02－23.
毛德西. 附子的临床应用与中毒解救［N］. 中国中医药报，2004－03－08.
王乐羊. 中医急诊路在何方［N］. 中国中医药报，2004－04－19.
刘力红. 认识阴阳探求至理（之七）［N］. 中国中医药报，2004－04－19.
李士懋. 脉学心悟：涩脉［N］. 中国中医药报，2004－04－22.
聂惠民.《伤寒论》方药解析：桂枝汤证（一）［N］. 中国中医药报，2004－04－29.
丁元庆. 学《伤寒论》要注重方法［N］. 中国中医药报，2004－05－10.
聂惠民.《伤寒论》方药解析：桂枝汤证（二）［N］. 中国中医药报，2004－05－13.
曹东义、王生茂、郭双庚、王振瑞、王丽. 中医外感热病治疗溯源（四）［N］. 中国中医药报，2004－05－17.

蒋明.《金匮要略》女劳疸与慢性肾上腺皮质功能减退［N］. 中国中医药报，2004－05－20.
聂惠民.《伤寒论》方药解析：桂枝汤证（三）［N］. 中国中医药报，2004－05－20.
聂惠民.《伤寒论》方药解析：桂枝汤禁例［N］. 中国中医药报，2004－05－27.
聂惠民. 桂枝加厚朴杏子汤证［N］. 中国中医药报，2004－06－03.
孟庆云.《伤寒论》辨证论治的控制艺术［N］. 中国中医药报，2004－06－07.
周乙龙. 聂惠民：学好《伤寒论》要树立"四心"［N］. 中国中医药报，2004－06－10.
柴瑞震.《伤寒论》桂枝汤禁忌之我见［N］. 中国中医药报，2004－06－10.
聂惠民. 桂枝汤兼证之桂枝加葛根汤证［N］. 中国中医药报，2004－06－10.
倪诚. 解表剂运用心得［N］. 中国中医药报，2004－06－10.
聂惠民.《伤寒论》方药解析麻黄汤证（一）［N］. 中国中医药报，2004－06－17.
曹东义、王生茂、郭双庚、王振瑞、王丽. 伤寒与温病辨［N］. 中国中医药报，2004－06－21.
聂惠民.《伤寒论》方药解析麻黄汤证（二）［N］. 中国中医药报，2004－06－24.
李士懋. 脉学心悟：微脉［N］. 中国中医药报，2004－06－24.
旷惠桃. 仲景通窍祛邪法探究［N］. 中国中医药报，2004－06－28.
《金匮要略》薯蓣丸新解［N］. 中国中医药报，2004－06－28.
李士懋. 脉学心悟：紧脉［N］. 中国中医药报，2004－07－01.
聂惠民.《伤寒论》方药解析麻黄汤禁例（一）［N］. 中国中医药报，2004－07－08.
赵慧辉，侯娜. 正确认识中医的可重复性［N］. 中国中医药报，2004－07－12.
聂惠民.《伤寒论》方药解析麻黄汤禁例（二）［N］. 中国中医药报，2004－07－15.
聂惠民.《伤寒论》方药解析大青龙汤证［N］. 中国中医药报，2004－07－22.
金匮肾气丸加味可有效治疗糖尿病肾病［N］. 中国中医药报，2004－07－29.
聂惠民.《伤寒论》方药解析小青龙汤证［N］. 中国中医药报，2004－07－29.
吴沛田. 小陷胸汤浅识与新用［N］. 中国中医药报，2004－08－02.
中西药联用治疗缓慢性心律失常效果满意［N］. 中国中医药报，2004－08－02.
程昭寰. 证候的内涵与外延［N］. 中国中医药报，2004－08－09.
聂惠民.《伤寒论》方药解析五苓散（一）［N］. 中国中医药报，2004－08－12.
孟庆云.《伤寒论》中的七日自愈［N］. 中国中医药报，2004－08－16.
聂惠民.《伤寒论》方药解析五苓散（二）［N］. 中国中医药报，2004－08－19.
梅国强. 拓展《伤寒论》方药临床应用的途径［N］. 中国中医药报，2004－08－19.
聂惠民.《伤寒论》方药解析桃核承气汤［N］. 中国中医药报，2004－08－26.
梅国强. 拓展《伤寒论》方药临床应用的途径［N］. 中国中医药报，2004－08－26.
聂惠民.《伤寒论》方药解析抵当汤与抵当丸［N］. 中国中医药报，2004－09－02.
梅国强. 拓展《伤寒论》方药临床应用的途径［N］. 中国中医药报，2004－09－02.
彭坚. 中医药的科学性在哪［N］. 中国中医药报，2004－09－06.
梅国强. 拓展《伤寒论》方药临床应用的途径［N］. 中国中医药报，2004－09－09.
聂惠民.《伤寒论》方药解析栀子豉汤（一）［N］. 中国中医药报，2004－09－09.
吴沛田.《金匮要略》湿病学习体会［N］. 中国中医药报，2004－09－09.
海霞. 南阳市做大做强中医药事业［N］. 中国中医药报，2004－09－10.
聂惠民.《伤寒论》方药解析栀子豉汤（二）［N］. 中国中医药报，2004－09－16008.
聂惠民. 麻黄杏仁甘草石膏汤［N］. 中国中医药报，2004－09－23.
聂惠民. 葛根黄芩黄连汤［N］. 中国中医药报，2004－09－30.
李士懋田淑霄. 脉学心悟：结脉［N］. 中国中医药报，2004－09－30.
聂惠民.《伤寒论》方药解析：心阳虚证［N］. 中国中医药报，2004－10－14.
李士懋，田淑霄. 脉学心悟：动脉［N］. 中国中医药报，2004－10－14.
李士懋，田淑霄. 脉学心悟：促脉［N］. 中国中医药报，2004－10－21.
聂惠民.《伤寒论》方药解析——阳虚兼水气证（一）［N］. 中国中医药报，2004－10－21.

聂惠民.《伤寒论》方药解析——阳虚兼水气证（二）[N].中国中医药报，2004-10-28.

聂惠民.《伤寒论》方药解析——脾虚证[N].中国中医药报，2004-11-04.

顾继昌.中医药对传染病的认识及防治[N].中国中医药报，2004-11-11.

聂惠民.《伤寒论》方药解析——阴阳两虚证[N].中国中医药报，2004-11-11.

王庆其.读经典做临床[N].中国中医药报，2004-11-15.

李永强，宁建武.李兴培教授建议：应当尽快推广“煮散”剂型[N].中国中医药报，2004-11-17.

聂惠民.《伤寒论》方药解析——阴阳两虚证[N].中国中医药报，2004-11-18.

聂惠民.《伤寒论》方药解析——大陷胸汤证[N].中国中医药报，2004-11-25.

聂惠民.《伤寒论》方药解析——大陷胸汤证[N].中国中医药报，2004-12-02.

岳美中.论黄芪[N].中国中医药报，2004-12-02.

聂惠民.《伤寒论》方药解析——大陷胸丸证、小陷胸汤证[N].中国中医药报，2004-12-09.

刘永臣.柴胡桂枝汤加味治疗骨质疏松症一例[N].中国中医药报，2004-12-16.

毛德西.经方辨治高血压病四则[N].中国中医药报，2004-12-20.

冯世纶.章太炎考证训诂学术贡献考[N].中国中医药报，2004-12-20.

林士毅，滕依丽.李心机独创《伤寒论》诠释新体系[N].中国中医药报，2004-12-20.

李美萍.用常变思维研究《伤寒论》[N].中国中医药报，2004-12-30.

赵进喜.要对中医药治疗糖尿病充满信心[N].中国中医药报，2004-01-29.

李士懋.脉学心悟：浮脉[N].中国中医药报，2004-02-19.

王付.仲景方遴药五要素[N].中国中医药报，2004-04-05.

李士懋.脉学心悟：滑脉[N].中国中医药报，2004-04-15.

炙甘草汤乃调气血之治本良方[N].中国中医药报，2004-04-15.

为了让患者轻松呼吸[N].中国中医药报，2004-05-10.

田淑霄.脉学心悟：实脉[N].中国中医药报，2004-05-13.

许仕纳.深切怀念俞长荣先生[N].中国中医药报，2004-06-14.

李士懋田淑霄.脉学心悟：伏脉[N].中国中医药报，2004-09-23.

韩奕，张秋霞，耿建国，杨俊英.现代多媒体技术在金匮要略教学中的应用[J].中国中医药现代远程教育，2005，03：42-44.

万晓刚.经方临床运用专题学习网站设计思路[J].中国中医药现代远程教育，2005，04：12-13.

何丽清，储开博.伤寒论的临床实践教学改革[J].中国中医药现代远程教育，2005，07：34-35.

庞景三.《伤寒论》胃气观点探析[J].中国中医药现代远程教育，2005，01：43-44.

柴瑞震.“中医”古今名实考[J].中国中医药现代远程教育，2005，02：28-29.

郝万山.汉代度量衡制和经方药量的换算[J].中国中医药现代远程教育，2005，03：48-51.

罗强.张仲景之瘀血证治[J].中国中医药现代远程教育，2005，06：14-17.

杨祥坤.《金匮要略》惊悸病源流探析[J].中国中医药现代远程教育，2005，06：31-33.

刘玉洁.郝万山教授经方验案[J].中国中医药现代远程教育，2005，06：34-35.

李宁，郑洪.北宋医学专业出版机构校正医书局及其对医学发展的影响[J].中国中医药现代远程教育，2005，08：5-7.

柴瑞震.《伤寒论》桂枝的应用功效[J].中国中医药现代远程教育，2005，08：32-36.

柴瑞震.《伤寒论》桂枝汤“三禁”探要[J].中国中医药现代远程教育，2005，06：36-38.

陈宝明.小柴胡汤的应用[J].基层医学论坛，2005，02：142-144.

陈宝明.大黄黄连泻心汤的应用[J].基层医学论坛，2005，04：346.

王倩，熊家轩，李颖.四逆汤临证应用浅析[J].中国民间疗法，2005，04：13-14.

王修荣，王岩树.浅谈甘草的功效及应用[J].实用中医药杂志，2005，04：234-235.

丁世幸.《伤寒论》清法评述[J].实用中医药杂志，2005，04：238.

杨国财.桂枝加附子汤应用体会[J].实用中医药杂志，2005，05：290-291.

徐天景．金匮肾气丸临床新用举隅［J］．实用中医药杂志，2005，05：292－293.

胡江华．浅析《伤寒论》之“烦”［J］．实用中医药杂志，2005，05：305.

孙伟，王继明．《伤寒论》“辨证论治”与现代医学“辨病论治”浅识［J］．中医药学刊，2005，04：592－594.

黄皖生，梁羽，李春蓉．六经辨证指导针灸临床简析［J］．中医药学刊，2005，04：681－682.

李宝勤．经方治疗疑难杂证四则举隅［J］．中医药学刊，2005，04：759－760.

杜文孝，王远．《伤寒论》存津护液法则探析［J］．中国中医急症，2005，02：167－168.

刘敏，薛玉彪，吴承峰，顾武军．大黄在《伤寒论》中的应用探微［J］．中国中医急症，2005，04：357－359.

洪广祥．读伤寒做临床——总揽伤寒全局把握理法之则［J］．中医药通报，2005，02：4－7.

戴天木，柳芳．《金匮要略》治心七法［J］．中医研究，2005，02：7－8.

逯敏，刘延陵，贾妮．从《尚论篇》评喻氏注解《伤寒论》［J］．中医研究，2005，02：8－9.

朱鹏举．桂枝汤证病机之我见［J］．中医研究，2005，02：9－10.

章浩军，张碧莲，郭永健．《伤寒论》手足辨证规律初探［J］．中医研究，2005，03：8－10.

王雅丽．论许叔微治伤寒学术特色［J］．中医研究，2005，03：10－11.

何赛萍，徐晓东．从现代医学探讨太阳病变证及思考［J］．中医研究，2005，05：8－9.

罗明辉．小议《伤寒论·辨太阳病脉证并治篇》中的“汗”［J］．中医研究，2005，05：12－13.

毛臻．李文俊谈《伤寒论》对温病学发展的贡献［J］．中医研究，2005，05：14－16.

王倩，熊家轩．“四逆汤”之临证发微［J］．安徽中医学院学报，2005，03：4－6.

高连印．《伤寒论》中附子的应用特点［J］．北京中医，2005，03：174－175.

张晓春，彭海燕，邓旭坤，章永红．半夏泻心汤在肿瘤治疗中的应用［J］．中华中医药杂志，2005，05：298－300.

陈明．《伤寒论》治略与兵法三十六计举隅（五）［J］．中华中医药杂志，2005，05：304－305.

颜惠萍．张立老师应用小柴胡汤验案举隅［J］．甘肃中医学院学报，2005，03：9－10.

韩五九．浅谈《伤寒论》水饮治法［J］．甘肃中医，2005，06：1－2.

贺卫国．经方医学新论（续）［J］．国医论坛，2005，03：1－4.

马玉红．《伤寒论》方剂不必加减的几种情况［J］．国医论坛，2005，03：5.

张金玺，牛国英．《金匮要略》辨析小便的临床意义［J］．国医论坛，2005，03：6－7.

贾淑红，李利，李建．《伤寒论》对汗法的贡献［J］．河北中医，2005，04：307－308.

李维洁．对《伤寒论》中桂枝应用的探讨［J］．黑龙江中医药，2005，02：8－9.

班勇．泻心汤在临床上的运用［J］．黑龙江中医药，2005，02：31－32.

黄开泰．六经“病”的病机探讨［J］．河南中医，2005，06：6－9.

陈海勇，房伟略．《伤寒论》探“烦”［J］．江苏中医药，2005，06：7－8.

谭永东．喻嘉言治疗关格病思想探析［J］．江西中医药，2005，05：14.

张玉芹．小柴胡汤与病作有时［J］．江西中医药，2005，05：45－46.

张丽宏，史衍军．桂枝加桂汤加减治疗奔豚气2例［J］．黑龙江医药科学，2005，03：52.

冯鑫．《伤寒论》寒温并用法浅析［J］．辽宁中医杂志，2005，05：408－409.

张雁飞．从《金匮要略》“治未病”谈预防［J］．泸州医学院学报，2005，03：231－232.

傅强．《伤寒论》恶寒证辨治浅析［J］．辽宁中医学院学报，2005，03：201－202.

朱文浩．《金匮要略》“妇人乳中虚”质疑［J］．辽宁中医学院学报，2005，03：204.

赵岩，林庶茹，李斌．论《伤寒论》中小青龙汤与喘证［J］．辽宁中医学院学报，2005，03：205.

王惠君．《伤寒论》桂枝的配伍应用规律探讨［J］．辽宁中医学院学报，2005，03：217－218.

杨进．从中医临床基础学科的内涵与外延探讨该学科的建设［J］．南京中医药大学学报（社会科学版），2005，01：46－49.

龚婕宁．对中医临床基础学科现状的思考［J］．南京中医药大学学报（社会科学版），2005，01：50－53.

蒋明，杨进.《金匮要略》与中医临床基础学科设置［J］. 南京中医药大学学报（社会科学版），2005，01：57－59.

王忠山.《金匮要略》教学中若干问题的思考［J］. 南京中医药大学学报（社会科学版），2005，01：60－62.

张心海，单兆伟.《伤寒论》发黄证治经验［J］. 南京中医药大学学报，2005，03：188－189.

马彦，闫守国. 仲景应用大黄经验的探讨［J］. 内蒙古民族大学学报（自然科学版），2005，03：336－337.

吴小明，朱美香. 张仲景“瘀水同源”理论探析［J］. 新中医，2005，06：3－4.

张金举. 桂枝茯苓丸新用［J］. 新中医，2005，06：18.

戴天木. 经方辨治慢性胃炎3法［J］. 新中医，2005，06：80.

丘秀莲，谭抗美. 桂枝加附子汤新用［J］. 新中医，2005，06：82.

宋传荣. 略论《金匮要略》的脾胃观［J］. 四川中医，2005，06：7－8.

窦志芳，冯长旭. 浅谈《伤寒论》中小便的辨证意义［J］. 山西中医学院学报，2005，02：9－10.

朱文锋，黄碧群. 证、证候的辨析与规范［J］. 山西中医，2005，03：1－3.

杨文科，周兴宜. 金匮肾气丸临床新用及探讨［J］. 陕西中医学院学报，2005，03：50－51.

张仁岗. 浅析四逆散与“郁”［J］. 陕西中医，2005，06：556.

董正华，杨铁.《伤寒论》特殊辩证思维方法探析［J］. 陕西中医，2005，06：592－593.

陈可胜. 论《伤寒论·少阴篇》中的辨证论治［J］. 陕西中医，2005，06：593－595.

雍小嘉，蒋永光，陈颖，韩佩玉. 试论方剂功效表达的历史沿革及现代研究意义［J］. 时珍国医国药，2005，04：293－294.

韩智道. 浅述孙思邈的医德思想［J］. 时珍国医国药，2005，04：360－361.

朱冬年. 活血化瘀治验二则［J］. 实用中西医结合临床，2005，03：63.

史红. 痰饮浅议［J］. 天津中医药，2005，03：222－223.

陈晓玉. 柴胡桂枝汤在外感病中的应用心得［J］. 天津中医药，2005，03：224－225.

陈光星，刘清平，黄清春，叶柳忠，陈纪藩，曾耀英. 通痹灵对于白细胞介素2及其受体α链影响的体内外实验（英文）［J］. 中国临床康复，2005，15：237－239.

曹宁.《伤寒论》药食关系初探［J］. 现代中医药，2005，03：14－15.

杜治琴，杨亚锋，杨传温.《伤寒论》烦躁证探析［J］. 现代中医药，2005，03：17－18.

樊友平，戴美堂，潘俊. 张仲景性医学思想发微［J］. 中国性科学，2005，05：47－48.

曹柏龙，缪娟. 尿毒症呕吐可以从厥阴经辨证论治［J］. 中国科技信息，2005，12：602－603.

王蕾，姜良铎，郝万山. 柴胡桂枝汤的临床应用及其辨证方法刍议［J］. 中国中医药信息杂志，2005，05：91－92.

余建华.《金匮要略》妇人病篇学术思想初探［J］. 现代医药卫生，2005，21：1417－1418.

吴永贵，章涤凡. 中医学的逻辑方法［J］. 云南中医学院学报，2005，02：3－7.

陈宝明. 大柴胡汤的应用［J］. 基层医学论坛，2005，05：431.

孙英爽，陶汉华. 运用《金匮》防己地黄汤加减治疗银屑病的体会［J］. 云南中医中药杂志，2005，02：69－70.

陈家旭，李伟，赵歆，杨建新，徐洪雁. 慢性束缚应激大鼠海马脑啡肽mRNA和前强啡肽mRNA表达及中药复方的影响［J］. 中国应用生理学杂志，2005，02：121－125.

黄幼民. 浅谈张仲景的针灸诊疗特点及选穴规律［J］. 针灸临床杂志，2005，06：1－2.

朱鹏举.《金匮要略》“趺蹶”病新悟［J］. 浙江中医杂志，2005，06：231－232.

宗桂芬. 半夏泻心汤临床应用举隅［J］. 中国民间疗法，2005，05：37－38.

李赛美. 对《伤寒论》体验式教学的实践与思考［J］. 中医药学刊，2005，05：774－775.

杨卓. 王长洪教授运用柴胡桂枝汤的经验述要［J］. 中医药学刊，2005，05：795－796.

贺国芳，杨金祥. 缓释、控释栓剂研制概况［J］. 中国药师，2005，02：158－159.

洪广祥. 读伤寒做临床——辨太阳病脉证并治（一）［J］. 中医药通报，2005，03：10－14.

陈国权，朱琥．《金匮要略》肝虚传脾论［J］．中医药通报，2005，03：15－17.
朱琥，陈国权．陈国权活用《金匮》方治杂证验案四则［J］．中医药通报，2005，03：34－35＋20.
夏元清．经方验案三则［J］．中医药通报，2005，03：36－37.
李敬孝，张茗．《金匮要略》胸痹论治特点浅析［J］．中医药学报，2005，02：54－55.
刘淑杰，张振平，徐世龙．中医病、症状、证概念辨析［J］．中医药学报，2005，02：65.
张振平，刘淑杰．浅析白虎汤及加减方［J］．中医药学报，2005，03：11.
常惟智．桂枝茯苓丸临床应用概况［J］．中医药信息，2005，03：20－22.
杨广智，麦丽霞，云济．太阳病误治致心阳虚汤证辨治初探［J］．中医药临床杂志，2005，03：299－300.
何赛萍．《伤寒论》方运用之论析［J］．浙江中医学院学报，2005，03：10－11.
何任．经方医案三则［J］．浙江中医学院学报，2005，03：16－17.
吴彦莉，王新荣，王宗柱．“异病同治”在《伤寒论》中的运用初探［J］．中华中医药杂志，2005，06：366－367.
宋小莉，牛欣，司银楚．基于BP神经网络的半夏泻心汤及其类方配伍模型研究［J］．中华中医药杂志，2005，06：383－384.
余贤武，韩哲林．《伤寒论》渊源析微——邹学熹教授伤寒观［J］．成都中医药大学学报，2005，02：27－28.
曹植钧．张喜奎教授辨治肾脏疾病的思路特点［J］．福建中医药，2005，03：35－36.
秦保锋，张婷婷，刘津辉．谈《金匮要略》妇科腹痛的辨证论治［J］．河北中医，2005，05：392－394.
朱寒阳，李家庚．《伤寒杂病论》黄疸病证治规律探要［J］．湖北中医杂志，2005，06：29－30.
孙孟强，胡润森．眼、口、生殖器综合征辨析［J］．黑龙江中医药，2005，03：31－32.
孙阳．小柴胡汤治疗慢性乙型病毒性肝炎32例［J］．黑龙江中医药，2005，03：34.
程慧丽．桂枝去皮之我见［J］．黑龙江中医药，2005，03：58－59.
田文敬，蔡永敏，邱彤，邹杰．眩晕的文献源流考释研究［J］．河南中医学院学报，2005，04：80－82.
黄开泰．六经“病”的病机探讨（续）［J］．河南中医，2005，07：3－5.
杨传印．浅述《伤寒论》对“头汗出”的治疗［J］．河南中医，2005，07：8.
丁跃玲．《金匮要略》教学在中医课程中的定位与多媒体应用的思考［J］．河北中医药学报，2005，02：41－42.
徐云生．《金匮要略》第一篇中的先后治则［J］．江苏中医药，2005，07：3－4.
方家选．中日仲景学说研究之比较［J］．江苏中医药，2005，07：7－9.
赵建宛．试析《伤寒论》“主”字用法［J］．江苏中医药，2005，07：46.
郭华．从《医学南针》看陆士谔治《伤寒论》方法［J］．北京中医药大学学报，2005，03：24－26.
石显方，傅文录，石显录．石景亮三分法治疗四季外感经验（1）［J］．辽宁中医杂志，2005，06：514.
石显方，傅文录，石显录．石景亮三分法治疗四季外感的经验（2）［J］．辽宁中医杂志，2005，07：639－640.
张金玺．经方治疗奇症怪病趣谈［J］．辽宁中医杂志，2005，07：726.
赵文研，陈荣．桃仁承气汤新用［J］．新中医，2005，07：83.
王子涛，杨小波．浅谈甘麦大枣汤治疗脏躁的临床应用［J］．新中医，2005，07：86－87.
杨利侠，朱西杰．《金匮要略》安胎养胎法探讨［J］．四川中医，2005，07：28－29.
刘臻华．《金匮要略》肝虚证治法辨析［J］．山东中医杂志，2005，07：393－394.
朱绯．《伤寒论》痞证辨治规律探讨［J］．上海中医药杂志，2005，07：53－54.
张星平，肖莹．方有执《伤寒论条辨》对伤寒学的贡献［J］．上海中医药杂志，2005，07：55－56.
陆健，李瀛均．《外台秘要方》对黄疸研究的贡献［J］．中医文献杂志，2005，02：7－9.
缪晓路，朱颖文．“瘀血”在《金匮要略》中的诠释［J］．中医文献杂志，2005，02：16－17.
何俊，管国富．浅论《伤寒论》的自愈机理［J］．中医文献杂志，2005，02：29－30.

庞景三.《伤寒论》南阳方言举隅［J］. 中医文献杂志，2005，02：33－34.
马文辉，孙小红. 试论《伤寒论》三阴三阳时位辨证［J］. 中西医结合学报，2005，04：257－259.
贾晓林，张横柳，黄玲. 伤寒论医案教学探讨［J］. 现代中西医结合杂志，2005，15：2076－2077.
张振卿. 中药内外合用结合心理疏导治疗缩阳证［J］. 中国性科学，2005，07：45－46.
林乾良. 名医刘民叔医案一则［J］. 医古文知识，2005，02：12－13.
梁永宣. 藏于日本的朝日医家笔谈（下）［J］. 医古文知识，2005，02：32－33.
刘国跃，刘丽斌. 金匮肾气汤治疗腰椎增生性脊椎炎 36 例疗效观察［J］. 云南中医中药杂志，2005，03：28.
李莜，吴海波. 从《金匮要略》虚劳病篇浅谈桂枝汤补益之功［J］. 浙江中医杂志，2005，07：277－279.
毕洁亮，于少伟，周文高. 大承气汤在外科临床的应用体会［J］. 中医药学刊，2005，06：1050－1051.
张树泉，徐西元. 益气祛瘀化痰法治疗缺血性脑卒中的机理探析［J］. 中医药学刊，2005，06：1083－1086.
吴贵娥，谢鸣. 桂枝茯苓丸新用［J］. 中医药学刊，2005，06：1123－1124.
郁保生. 浅谈伤寒与温病的关系［J］. 中医药学刊，2005，07：1306－1307.
鞠宝兆. 辨象施治与辨证论治之比较［J］. 中国中医基础医学杂志，2005，06：451－453.
周春红. 大黄在《伤寒论》中的应用探析［J］. 中国中医基础医学杂志，2005，06：464.
李成卫，王庆国.《金匮要略》学术研究史略［J］. 中国中医基础医学杂志，2005，06：476－478.
陈明.《伤寒论》治略与兵法三十六计举隅（六）［J］. 中华中医药杂志，2005，07：425－426.
陈金钟. 宋版《伤寒论》第 25 条之浅见［J］. 东南国防医药，2005，04：318－320.
杨责制，焦晓君. 试从“无大热”窥探《伤寒论》的临床辨证思路［J］. 光明中医，2005，04：13－14.
崔连有. 张仲景运用附子心法浅析［J］. 光明中医，2005，04：15－16.
戴天木.《金匮要略》方新用三则［J］. 光明中医，2005，04：45－46.
易竞雄. 初探《金匮要略》对黄汗的论治［J］. 甘肃中医，2005，08：4－5.
黄家诏.《伤寒论》胃肠病病因辨析［J］. 广西中医药，2005，03：44－45.
柯年美.《伤寒论》桂枝汤类方浅述［J］. 湖北中医杂志，2005，07：16－17.
黄煌. 徐灵胎医案选读——清代名医医案选读之三［J］. 江苏中医药，2005，08：36－39.
郭玉成，李静华，贾春华，李晓军，刘小刚，庞宗然. 麻黄汤类合方临床应用与研究进展［J］. 江苏中医药，2005，08：59－61.
姚惠萍. 从方书的“备急”看金元前后医疗模式的转变［J］. 南京中医药大学学报（社会科学版），2005，02：79－81.
顾武军.《伤寒论》霍乱病篇评述［J］. 南京中医药大学学报，2005，04：212－215.
曹生有. 厚朴生姜半夏甘草人参汤新用［J］. 新中医，2005，08：84.
刘庆申，韩云，姜建国. 略论《内经》与《伤寒论》“厥”之区别［J］. 山东中医药大学学报，2005，04：259－260.
王善金.《伤寒论》中烦躁探要［J］. 实用中医内科杂志，2005，04：319－320.
陈保红. 张仲景同方异用法的思路探讨［J］. 实用中医内科杂志，2005，04：321－322.
张国骏. 谈阳明病本证的证候分类［J］. 天津中医学院学报，2005，02：60－64.
焦锟. 论《伤寒论》中四逆散证之归属［J］. 天津中医学院学报，2005，02：94.
吴建华，陈一平. 桂枝茯苓丸治疗尿路结石 65 例疗效观察［J］. 浙江临床医学，2005，07：738.
李鼎. 杨绍伊先生《考次汤液经序》（续）［J］. 医古文知识，2005，03：24－27.
张有明. 开辟《伤寒论》专著治法的新体验［J］. 中国中西医结合急救杂志，2005，04：256.
王伯章. 现代用经方基本临床思维探析［J］. 中医药学刊，2005，08：1375－1378.
岳在文，云梁，岳慧，王志强.《伤寒论》太阳病篇条文编次组合串解［J］. 中医药学刊，2005，08：1380－1383.

李俊莲，师建梅，王笈．对“缓中补虚”的探讨［J］．中医药学刊，2005，08：1404－1405.

邹蓉，苏海芳，秦鉴．四逆加人参汤对冠心病心功能的影响［J］．中医药学刊，2005，08：1405－1406.

郁保生．试述《伤寒论》六经理论的临床应用［J］．中医药学刊，2005，08：1479－1481.

李清记．仲景《伤寒论》浮脉证治略析［J］．中医药学刊，2005，08：1481－1483.

贾新立．《伤寒论》中运用附子的规律［J］．中医药学刊，2005，08：1482－1483.

徐晓娟，金沈锐，秦旭华，袁晓辉．右归丸对肾阳虚大鼠卵巢细胞 Caspase－3、TNFα、Bcl－2、Bax 表达的影响［J］．中国中医基础医学杂志，2005，07：503－505.

田建中．《金匮要略》病因三因分类的逻辑缺陷［J］．中医研究，2005，06：12.

崔锡章．从语言特点看汉代医籍适应临床应用的发展趋势［J］．中华中医药杂志，2005，08：461－463.

陈明．《伤寒论》治略与兵法三十六计举隅（七）［J］．中华中医药杂志，2005，08：491－492.

刘华东，张民庆．《伤寒论》茵陈蒿汤方证探析［J］．国医论坛，2005，04：1－2.

朱寒阳．《伤寒论》神志病治疗 10 法［J］．国医论坛，2005，04：2－4.

罗会治．仲景治喘 17 法辨析［J］．国医论坛，2005，04：4－7.

赵润栓，张敏．猪苓汤加味治疗肾病综合征 21 例疗效观察［J］．国医论坛，2005，04：8－9.

戴俭宇，欧吕基．浅谈藏象学说与辨证论治［J］．国医论坛，2005，04：11－12.

靳三元，靳刘潇．刍议用仲景方不可折减大枣用量［J］．国医论坛，2005，04：39－40.

孙孟强，胡润森．张仲景痰饮证治之我见［J］．黑龙江中医药，2005，04：30.

马大正．麻黄连翘赤小豆汤治疗月经疹和妊娠瘙痒症［J］．黑龙江中医药，2005，04：31.

徐明．真武汤临床应用体会［J］．黑龙江中医药，2005，04：52－53.

王三虎．《金匮要略》与肿瘤［J］．河南中医，2005，08：6－8.

吕翠田，禄保平．小议《伤寒论》中的和法［J］．河南中医，2005，08：10.

胡福田．试论仲景对方剂的命名规律［J］．河南中医，2005，08：11－12.

贾春华．《伤寒论》中负概念在辨证论治中的意义［J］．辽宁中医杂志，2005，08：770－771.

段逸山．异曲同工［J］．上海中医药杂志，2005，08：20.

李依良，史轲．冠心病治疗体会［J］．陕西中医，2005，07：732.

张锦．浅谈《伤寒论》之灸法［J］．实用中医药杂志，2005，08：511.

杨权生，潘俊辉，杨辉，王峰，邱志楠．扶阳益气法治疗胸痹的探讨［J］．中国中医急症，2005，07：657－659＋600.

柯雪帆．略述中医与日本汉方医对中药认识的异同（一）［J］．天津中医药，2005，04：265－269.

乔莉，杨沛霖，张景华，厉红霞．六味地黄丸及其变方应用概况［J］．医药产业资讯，2005，18：106－107.

钱超尘．宋本《伤寒论》版本考辨［J］．中华医史杂志，2005，03：19－22.

倪世美．北宋社会因素对《伤寒论》研究的影响［J］．中华医史杂志，2005，03：23－25.

袁斌．小柴胡汤在儿科的临床运用［J］．中医儿科杂志，2005，02：31－33.

吴清苓．桂枝汤治验 3 则［J］．中国社区医师（综合版），2005，03：41.

回忆，马兰．心衰合剂治疗充血性心力衰竭 60 例疗效观察［J］．中国社区医师（综合版），2005，05：41－42.

原晓风，王春红．行气润肠清热法治疗小儿大便秘结 54 例［J］．中国社区医师（综合版），2005，05：46－47.

刘日辉．试谈《伤寒论》的太阳病［J］．中国社区医师（综合版），2005，07：47－48.

李志群．试谈《伤寒论》中的补法治痛［J］．中国社区医师（综合版），2005，08：38－39.

刘日辉．五苓散的临床应用［J］．中国社区医师（综合版），2005，10：9＋107.

陈锐，李萍．仲景学说对脾胃病诊断的影响［J］．中国社区医师（综合版），2005，09：51－52.

宋新民．桂枝加龙骨牡蛎汤治疗小儿肺炎的运用体会［J］．中国社区医师（综合版），2005，09：64.

董仲璧．论肝病从脾胃论治［J］．亚太传统医药，2005，02：83－84.

梁如庆．运用经方治疗危急重症的体会［J］．亚太传统医药，2005，03：64－66.
刘莉，鲁丽．复方丹参片药理及临床应用［J］．黑龙江医药，2005，01：59－60.
洪鼎侨．旋覆代赭汤治疗反流性食管炎［J］．中医杂志，2005，02：94.
王芬，何华亮．张发荣运用葛根芩连汤治疗糖尿病经验［J］．中医杂志，2005，02：103.
许冬青，王明艳，赵凤鸣，姜海英，詹臻．补益方抗环磷酰胺造模小鼠脾细胞凋亡作用的研究［J］．中医杂志，2005，02：134－135.
孔立，江涛．试析《金匮要略》中的病、证、症［J］．中医杂志，2005，02：145－147.
林慧光，俞宜年．俞长荣治肾八法［J］．中医杂志，2005，03：228－229.
齐建兴．三泻心汤治疗幽门螺杆菌相关性胃炎医案3则［J］．中医杂志，2005，07：545.
李平，李克明，赵世萍．柴苓方及其有效成分治疗实验性肾炎的研究［J］．医学研究通讯，2005，08：28.
聂莉芳．难治性肾病综合征的中医辨治经验［J］．中医杂志，2005，01：61－62.
黄海．桂枝甘草汤加减治疗心血管病［J］．中医杂志，2005，01：71.
刘彦平，赵党生．何炳元运用小柴胡汤治疗皮肤病经验［J］．中医杂志，2005，06：423－424.
蒋梅先．谈谈慢性心功能不全的中医分期论治［J］．中医杂志，2005，06：461－462.
薛西林．《伤寒论》针灸疗法探析［J］．安徽中医学院学报，2005，01：1－2.
张凌岚．"但见一证便是"之管见［J］．安徽中医学院学报，2005，01：3－4.
储全根．近10年来桃核承气汤临床应用研究进展［J］．安徽中医学院学报，2005，01：51－54.
戴天木，柳芳．《金匮要略》中的《难经》学术思想浅析［J］．光明中医，2005，01：7－8.
魏金凤．小柴胡汤临床运用［J］．光明中医，2005，01：23－24.
付丽丽．小柴胡汤在临床各科中的运用［J］．光明中医，2005，01：24－26.
张翠玲，马健．《金匮要略》"心下坚，大如盘，边如旋杯/盘"考析［J］．国医论坛，2005，01：1－2.
徐海琴．试探芍药在《伤寒论》中的配伍应用［J］．国医论坛，2005，01：2－3.
宋子云．《伤寒论》第170条辨析［J］．国医论坛，2005，01：5－6.
冯业贺．两种相兼脉刍议［J］．河南中医学院学报，2005，01：20.
郝海霞，邵明义．治疗瘀胆症的思路和方法［J］．河南中医学院学报，2005，01：36－38.
王惠君．经方的现代临床应用探讨［J］．江西中医药，2005，01：21－22.
顾武军．《伤寒论》少阴病篇评述（2）［J］．南京中医药大学学报，2005，01：1－4.
宋传荣．大黄甘草汤新用［J］．新中医，2005，01：69.
黄召谊．浅谈《伤寒论》"辨小便"的临床诊断学价值［J］．四川中医，2005，01：23－25.
丁世幸．《伤寒论》寒温并用治法探述［J］．四川中医，2005，02：20－21.
胡冬裴．胸痹证治文献研究［J］．山东中医药大学学报，2005，01：37－40.
林士毅．深入浅出，由博返约——评李心机教授"伤寒论三部曲"［J］．山东中医药大学学报，2005，01：79－80.
秦迎曙．从《经方实验录》论经方的活用方法［J］．陕西中医，2005，01：89－90.
王俊明．腹痛同病异治法在临床上的应用［J］．实用中医内科杂志，2005，01：68.
韩旭．《金匮要略》中活血化瘀法的运用［J］．现代医药卫生，2005，04：455－456.
王爱成，王玉来，周继曾，李柏．证有有形无形、客观主观之分［J］．医学与哲学，2005，02：63.
王洪延．小议柴胡桂枝干姜汤证无水饮内停［J］．浙江中医杂志，2005，01：7.
杨勇，虞旗旗，邓银泉，傅华洲．茸参补肾胶囊治疗肾阳（气）虚证52例临床观察——附金匮肾气丸治疗58例对照［J］．浙江中医杂志，2005，01：39－40.
杨国汉，徐健众．戴裕光用大枣临床经验［J］．实用中医药杂志，2005，01：34－35.
何任．张仲景著作精义说略（一）［J］．中医药学刊，2005，01：6－8.
徐光福．络病的内涵及其外延释义［J］．中医药学刊，2005，01：96－98.
陈建杉，江泳．小半夏汤方剂用量考辨［J］．中医药学刊，2005，01：99－105.

朱虹，王灿晖．桃仁（核）承气汤临床应用及实验研究探要［J］．中医药学刊，2005，01：102－105.
张晶，张宗明．《伤寒论》“心下虚实”辨治探析［J］．中医药学刊，2005，01：142.
王志强，岳惠，岳在文．阳明病篇条文编次试探“胃家实”的含义考释［J］．中医药学刊，2005，01：143－144＋152.
赵红艳，倪育淳．试论《伤寒论》治肝法及在妇科中的应用［J］．中医药信息，2005，01：32－33＋2.
沈开金．《伤寒论》中“反”字用法与鉴别诊断［J］．中医药临床杂志，2005，01：59.
张兰凤，王阶，王永炎．方证对应研究［J］．中华中医药杂志，2005，01：8－10.
吴洁．《金匮要略》肺系病证辨治思路及特点探析［J］．中华中医药杂志，2005，01：25－27.
陈明．《伤寒论》治略与兵法三十六计举隅［J］．中华中医药杂志，2005，01：52－54.
黄开泰．病机真实与证据可靠［J］．中华中医药杂志，2005，02：72－75.
陈明．《伤寒论》治略与兵法三十六计举隅（二）［J］．中华中医药杂志，2005，02：109－110.
章浩军，杨福龙，陈力槟．《伤寒论》或然症的证治规律探析［J］．福建中医学院学报，2005，01：41－43.
李凤新．《伤寒论》中少阳为病及论治［J］．光明中医，2005，02：9－10.
王翠芬．略论《伤寒论》中芍药的运用［J］．光明中医，2005，02：22－23.
宋哲娥．谈《伤寒论》真武汤应用的体会［J］．光明中医，2005，02：23－24.
龚高柏．越婢汤方义辨析［J］．黑龙江中医药，2005，01：8－10.
阴建军．大承气汤新用［J］．黑龙江中医药，2005，01：26.
金海浩．中医学的方证相应论［J］．黑龙江中医药，2005，01：44－46.
喻嵘．改革《金匮要略》教学方法提高学生临床思维能力［J］．中医药导报，2005，02：70－71.
钱超尘，温长路．张仲景生平暨《伤寒论》版本流传考略［J］．河南中医，2005，01：3－7.
王惠君．浅析《伤寒论》太阳病“汗不如法”所致诸证［J］．河南中医，2005，01：8－9.
徐保来．许叔微学术思想管窥［J］．河南中医，2005，01：28－29.
李建杰．“利小便以实大便”法临床运用体会［J］．河南中医，2005，01：73－74.
钱超尘，温长路．张仲景生平暨《伤寒论》版本流传考略（续1）［J］．河南中医，2005，02：3－7.
张保伟．《伤寒论》少阳病柴胡类方架构浅析［J］．河南中医，2005，02：7－9.
罗再琼，郑宇．祛风活血法在《金匮要略》中的应用［J］．河南中医，2005，02：10－12.
徐涛．黄煌教授学用经方的经验［J］．河南中医，2005，02：20－21.
王惠君．《伤寒论》汤剂的煎服法与药效的发挥［J］．江西中医药，2005，02：19－20.
潘鸿志，胡立敏．浅析张仲景外治法［J］．江西中医药，2005，02：27.
傅延龄，李恩姓．《伤寒论》医论三则［J］．北京中医药大学学报，2005，01：10－12.
辛海，王笑民．《伤寒论》因势利导思想在肿瘤治疗中的应用［J］．北京中医药大学学报（中医临床版），2005，01：33－35.
郭涛荣．桂枝加龙骨牡蛎汤新用［J］．新中医，2005，02：81.
安得辉，郑春叶．乌梅丸新用［J］．新中医，2005，03：80.
李玉清．试论宋儒治学方法对宋代《伤寒论》文献研究的影响［J］．广州中医药大学学报，2005，01：66－67.
姜瑞雪，马作峰．《伤寒论》治呕方法探析［J］．四川中医，2005，03：31－32.
兰勇军，梁汝庆．芍药甘草汤治疗阴液不足型呃逆［J］．山东中医杂志，2005，02：101.
周益新，郭润利，弓雁涛．吴茱萸汤证探究［J］．山西中医，2005，01：60－61.
徐海琴，董正华，曾福海．桂枝加附子汤证的病机探讨［J］．陕西中医学院学报，2005，01：61－62.
邱冰峰．活用《伤寒论》方治疗慢性胃炎［J］．时珍国医国药，2005，02：137－138.
程海英．剂量有别主治各异［J］．中医文献杂志，2005，01：26－27.
朱创洲，马媛．浅论仲景阴阳自和的基本思想［J］．现代中医药，2005，01：5－6.
同利香，杨红莉，杨彩民．桂枝汤治疗自汗症44例［J］．现代中医药，2005，01：8.
吕光智．六经辨证法辨治疑难病症举隅［J］．现代中医药，2005，01：36－38.

陈理书，张云鹏．章次公重视经典［J］．中华医史杂志，2005，01：11.

王苏红．试述仲景治温思想［J］．实用中医药杂志，2005，02：112.

赵进喜．《伤寒论》“六经钤百病”探识［J］．中医药学刊，2005，02：210－211＋226.

黄仰模，赵诗哲，刘丽娟，郑献敏，赵威．《金匮要略》风湿病治法探要［J］．中医药学刊，2005，02：217－218.

裴正学．桂枝芍药知母汤考辨［J］．中医药学刊，2005，02：239.

宋建平．《金匮》腹满腹痛的教学内容研究［J］．中医药学刊，2005，02：255－257.

宋阳，何燕萍，单丽囡，单静喜．《金匮要略》妊娠病的论治特点述析［J］．中医药学刊，2005，02：303－304.

杨德福．伏邪学说源流考［J］．中医药学刊，2005，02：310－311.

杨金萍，何永．谈训诂学在中医教育与研究中的作用［J］．中医教育，2005，01：23－24.

李玉清．人文社科知识在中医文献发展史教学中的应用体会［J］．中医教育，2005，01：80－82.

白正勇，李淼．中医“和”论［J］．吉林中医药，2005，02：1－3.

聂惠民．经方防治疑难病临床经验——从柴胡剂与和法论治阐述［J］．中医药通报，2005，01：21－25.

王历，田明健．《伤寒论》双向调治法初探［J］．中医药学报，2005，01：55－56.

李灵辉．论《伤寒论》中苦寒药的运用特点［J］．中医研究，2005，01：14－15.

黄建元，吉文辉．张仲景下法运用辨析［J］．安徽中医学院学报，2005，02：5－7.

何任．《金匮要略》脏腑篇要义说略［J］．浙江中医学院学报，2005，01：13－16.

傅晓晴．从八纲辨证的形成看八纲在中医辨证学中的作用与地位［J］．中华中医药杂志，2005，03：136－139＋135.

陈明．《伤寒论》治略与兵法三十六计举隅（三）［J］．中华中医药杂志，2005，03：177－179.

谭梅英，陈宁，李毓．金匮肾气丸治疗慢性心力衰竭对比观察［J］．华夏医学，2005，01：100－101.

张晶，张宗明．《金匮要略·胸痹心痛短气病》篇探析［J］．甘肃中医，2005，01：1－3.

王惠君．浅析《伤寒论》太阳病“汗不如法”所致诸证［J］．河北中医，2005，01：76－77.

张丽萍，李军，张振凌，王磊．熟地黄炮制方法的历史沿革［J］．河南中医学院学报，2005，02：69－71.

包玉花．桂枝在《金匮》中的运用［J］．湖南中医杂志，2005，02：88－90.

钱超尘，温长路．张仲景生平暨《伤寒论》版本流传考略（续2）［J］．河南中医，2005，03：3－6.

郭任．论“欲解时”［J］．河南中医，2005，03：9－10.

李承，张保伟．仲景生姜大枣合用规律之管窥［J］．河南中医，2005，03：11.

陈国权，袁思芳．《金匮要略》学科的奠基人——记全国著名中医药学家李今庸教授［J］．湖北中医学院学报，2005，01：5－6.

顾一煌，李忠仁．浅析《伤寒论》用灸规律［J］．江苏中医药，2005，02：7－8.

杨丹丹，詹臻．温肾补阳方对实验性免疫低下小鼠胸腺免疫细胞分化影响的实验研究［J］．江苏中医药，2005，03：51－53.

肖钦．从《伤寒论》谈“二本三枢”理论及临床应用［J］．江西中医药，2005，03：43－45.

姜瑞雪，马作峰．《伤寒论》对失眠证治之析义［J］．辽宁中医学院学报，2005，02：112－113.

冯大千．五苓散新用［J］．新中医，2005，04：84.

赵进喜．《伤寒论》“厥阴病”析疑［J］．山东中医药大学学报，2005，02：100－101.

周东浩，周明爱．营卫倾移论［J］．山东中医药大学学报，2005，02：109－111.

李玉清，齐冬梅，张灿玾．《注解伤寒论》首次刊刻过程考［J］．山东中医药大学学报，2005，02：138－139.

周志申．浅析小柴胡汤柴胡用量及其副作用［J］．陕西中医，2005，03：266－267.

李宝丽．伤寒论之泻心汤与痞证辨治［J］．陕西中医，2005，03：278－279.

刘勇，薛秀英．从伤寒病案例治验看辨证论治优势［J］．实用中医内科杂志，2005，02：111.

孙洪生，严季澜．《金匮要略》不寐病证述要［J］．时珍国医国药，2005，03：182－183.

陈纪藩，赵诗哲，陈光星，刘清平，陈宗良．通痹灵总碱对胶原诱导型关节炎大鼠软骨及其细胞代谢的影响（英文）［J］．中国临床康复，2005，11：229－231.
钱超尘．宋本《伤寒论》刊行后流传演变简史（四）［J］．医古文知识，2005，01：32－36.
张晓琳．从《伤寒论》看辨证论治思维的特性［J］．云南中医学院学报，2005，01：35－36.
何赛萍．从《伤寒论》谈中医治疗疫病的思路与方法［J］．浙江中医杂志，2005，03：4－6.
宋军帅，宋子云．《伤寒论》“省句”例举隅［J］．浙江中医杂志，2005，03：43.
邢淑丽，秦玉龙．陶华《伤寒六书》及其学术思想探讨［J］．浙江中医杂志，2005，04：3－5.
唐志英．俞根初论治外感热病热入心包八法八方探析［J］．浙江中医杂志，2005，04：6－7.
吴军．疑难杂病治验六则［J］．实用中医药杂志，2005，03：170－171.
何映璋．阳明腑实证治疗体会［J］．实用中医药杂志，2005，03：176－177.
王浩中，董斌，沈宏春，张新渝．从《医林改错》谈王清任的学术创新［J］．实用中医药杂志，2005，03：178－179.
高飞．“和”与“和而不同”考释［J］．中医药学刊，2005，03：420－421＋428.
杨硕，武维屏，崔红生．乌梅丸治疗激素依赖型哮喘探析［J］．中医药学刊，2005，03：438－439.
郑红斌．日本汉方医学的盛衰消长及其对中医理论发展的启示［J］．中医教育，2005，02：64－68.
衣伟，胡凤艳，吴秀红．《伤寒论》本证、兼证、变证之关系［J］．吉林中医药，2005，01：9.
薛西林．经方合用临床证治体验［J］．中医药临床杂志，2005，02：127－128.
宋红莉，李宜．读《伤寒论》谈中药煎剂服用方法［J］．中医药临床杂志，2005，02：197.
何任．从医案看辨证［J］．浙江中医学院学报，2005，02：13－14.
苗阳，徐浩，高铸烨．从《伤寒论》辨证组方看个体化诊疗［J］．北京中医，2005，02：89－90.
杜宇琼．桃核承气汤与桃仁承气汤辨异［J］．北京中医，2005，02：111－112.
章巧萍．药对探析［J］．中华中医药杂志，2005，04：204－206.
陈明．《伤寒论》治略与兵法三十六计举隅（四）［J］．中华中医药杂志，2005，04：232－233.
薛飞飞．八纲辨证源流之探究［J］．大同医学专科学校学报，2005，02：13－14.
王心东，熊伟．浅析《伤寒论》中“三焦”名称含义及急症应用［J］．光明中医，2005，03：1－2.
吴小明．张仲景瘀血论治的现代研究进展［J］．光明中医，2005，03：29－31.
徐冬英．张仲景活血祛瘀方药的用药特点［J］．广西中医药，2005，02：32－33.
贺卫国．经方医学新论［J］．国医论坛，2005，02：1－4.
杨金萍，罗良．《伤寒论》方按八纲分类法之滥觞［J］．国医论坛，2005，02：5.
蔡少娜，陈广．浅析《伤寒论》口渴症状的病机［J］．国医论坛，2005，02：6－8.
张亚．《金匮要略》“十七句”中“伤”作“制”解质疑［J］．国医论坛，2005，02：20－21.
钱超尘，温长路．张仲景生平暨《伤寒论》版本流传考略（续3）［J］．河南中医，2005，04：3－7.
张永兴．《伤寒论》用药规律初探［J］．河南中医，2005，04：8－9.
王正益，曹继华，黄显峰，李娟．张仲景对中药炮制的贡献［J］．河南中医，2005，05：5－7.
欧阳真理．浅谈《伤寒论》的辨证思维方式［J］．河南中医，2005，05：8－9.
吉梅，杨旭杰，刘丽红，方素芳．《伤寒论》附子运用探微［J］．河北中医药学报，2005，01：24－25.
侯洪涛，蒋明．《金匮要略》历节篇对治疗关节病的意义［J］．江西中医药，2005，04：10－11＋18.
陈济民，潘秀群，王琴素．《金匮要略》大黄䗪虫丸方临床应用［J］．江西中医药，2005，04：47－48.
赵岩松，宋乃光，刘景源．外感热病的瘥后调治［J］．北京中医药大学学报，2005，02：90－92.
王惠君．论《伤寒论》浮脉的辨证意义［J］．辽宁中医杂志，2005，04：277－278.
张天生，黄英华，谢磊，刘旭光．张仲景针药并举思想探析［J］．辽宁中医杂志，2005，04：293－294.
杨广源，王宝龙，云锐．张孝礼主任应用桂枝汤治疗呼吸消化系统疾患的临床经验［J］．内蒙古中医药，2005，02：1－3.
邹锦山，刘桂芳．酸枣仁汤治疗精神疾病举隅［J］．新中医，2005，05：77－78.
任士章．小陷胸汤新用［J］．新中医，2005，05：82.
徐云生．大黄䗪虫丸新用［J］．新中医，2005，05：83.

胡亚丽.《金匮要略》汗法探析［J］. 四川中医，2005，04：10－11.
林上助.《伤寒论》胃气上逆辨治规律探讨［J］. 四川中医，2005，05：28－30.
孟庆云.论辨证论治［J］. 山西中医，2005，02：1－5.
董正华，杨轶.动态辨证法在《伤寒论》中的应用［J］. 陕西中医学院学报，2005，02：58－60.
张雪茹.中医辨证治疗利凡诺引产致胎死不下13例［J］. 陕西中医，2005，05：408－409.
姬水英.浅议甘草在经方中的应用［J］. 陕西中医，2005，05：454－456.
韩优星.浅析《伤寒论》阳明病下法［J］. 天津中医药，2005，02：144－146.
陈亮，贾彦焘，赵成，贾英杰.四逆汤临床应用体会［J］. 天津中医药，2005，02：147－148.
刘恩顺，马晓峰，范英昌.《金匮要略》大黄甘遂汤对小鼠实验性肝纤维化治疗作用的实验研究［J］. 天津中医药，2005，02：152－154.
江长康.背寒头冷伴阴湿3年［J］. 中国社区医师，2005，06：35－36.
刘方柏.高热寒颤案［J］. 中国社区医师，2005，07：31－32.
袁俊，钟建卫，翟卫东，王涛，孙永锋，尚传强.金匮肾气丸在脱髓鞘疾病激素治疗中的应用［J］. 现代中西医结合杂志，2005，10：1346.
邓泽孝，彭如一，陈惠英，邓洁英，蔡平，辛罗兰，黄慧心.聚维酮碘软膏和金匮肾气丸治疗糖尿病足17例疗效观察［J］. 现代医院，2005，04：66－68.
蒋小敏.《伤寒论》中情志病诊治特色分析［J］. 江西中医学院学报，2005，02：19－20.
李玉清，张灿岬.略论《注解伤寒论》引书的文献学价值［J］. 江西中医学院学报，2005，02：26－27.
廖育群.两汉医学史的重构［J］. 科学文化评论，2005，04：46－64.
刘杨.《伤寒论》教学的主要思路探讨［J］. 成都中医药大学学报（教育科学版），2005，01：36－37.
李赛美.中医经典课程教学中的"标"与"本"［J］. 中国中医药现代远程教育，2005，11：43－44.
晏建立.学用经方点滴体会［J］. 中国中医药现代远程教育，2005，09：22－23.
柴瑞震.《伤寒论》针灸疗法枢要［J］. 中国中医药现代远程教育，2005，10：20－24.
范永升，何赛萍，曹灵勇.中医临床基础学科若干问题的思考［J］. 浙江中医学院学报，2005，04：1－2＋5.
杨忠良.《伤寒论》针灸妙用浅析［J］. 按摩与导引，2005，08：4－5.
权红.方和谦自拟"滋补汤"临床治验5则［J］. 北京中医，2005，04：206－207.
刘华东，张民庆.《伤寒论》猪苓汤方证探析［J］. 南京中医药大学学报，2005，04：219－220.
陈可胜.对《伤寒论》厥阴篇条文的研究［J］. 四川中医，2005，08：34－36.
牛玉凤.加味乌梅丸治疗带下过多47例［J］. 四川中医，2005，08：82－83.
蔡竞.金匮肾气丸治疗宫颈癌根治术后尿潴留10例［J］. 陕西中医学院学报，2005，04：31.
连乐燊，陈汉锐.论大柴胡汤的双向作用［J］. 江西中医药，2005，09：56－57.
吕志杰.读《金匮要略心典》心得［J］. 北京中医药大学学报，2005，05：20－22.
姜元安.论"伤寒"无广义与狭义之分［J］. 北京中医药大学学报，2005，05：24－25.
梁永宣.王洙发现《金匮要略》的若干佐证［J］. 北京中医药大学学报，2005，05：31－33.
陈靖，徐月英.张仲景太阳经发热证治规律探析［J］. 辽宁中医杂志，2005，09：906－907.
张永全.《古今录验》续命汤新用［J］. 新中医，2005，10：80.
闫永彬，刘学伟，李冬梅，彭勃，宋建萍.奔豚病临证心悟［J］. 四川中医，2005，10：17－18.
胡亚丽.《金匮要略》清法初探［J］. 四川中医，2005，10：36－37.
韩捷.浅论张仲景调理脾胃十一法［J］. 四川中医，2005，10：39－40.
余守雅.《金匮要略》枳术汤治疗老年习惯性便秘的临床观察［J］. 四川中医，2005，10：72.
郭承伟.肾与"肝开窍于目"的关系探讨［J］. 山东中医药大学学报，2005，05：349－350＋387.
姜建国，倪方利.半夏泻心汤的疑难问题与临床应用［J］. 山东中医杂志，2005，10：583－585.
王侠，陈秋雄，吴焕林.《金匮要略》助阳扶正法与冠心病诊治［J］. 山东中医杂志，2005，10：635.
乔模，王笈.《金匮要略》理论精髓再认识［J］. 山西中医学院学报，2005，03：1－3.
窦志芳.浅析《伤寒论》中的八纲辨证［J］. 山西中医学院学报，2005，03：10－11.

王欢，乔模．经典方剂加味治疗慢性萎缩性胃炎［J］．山西中医学院学报，2005，03：24－26.
陈宝明．柴胡桂枝干姜汤的应用［J］．基层医学论坛，2005，08：729.
曹德岐．阴虚黄汗验案一则［J］．浙江中医杂志，2005，08：345.
高莉莉．桂枝加龙骨牡蛎汤可治脾胃病［J］．浙江中医杂志，2005，08：351.
江海松．酸枣仁汤易芎质疑［J］．浙江中医杂志，2005，08：355.
李遂来．六经病依病机病势而治刍议［J］．中国中医基础医学杂志，2005，08：566－567.
许云祥，陈贵珍．从《尚论》浅探喻昌的学术特色［J］．中国中医基础医学杂志，2005，08：620－621.
戴天木．《金匮要略》原文析疑三则［J］．中医药学报，2005，04：82－83.
林明和，纪立金．从气分阴阳的角度浅析《金匮》肾气丸［J］．福建中医药，2005，04：51－53.
李超英．桂枝甘草龙骨牡蛎汤加味治疗自汗证举隅［J］．福建中医药，2005，04：59.
于光．《伤寒论·序》作者之我见［J］．贵阳金筑大学学报，2005，03：99－100.
逯敏，贾妮．三纲鼎立学说在喻氏《尚论篇》中的反映［J］．甘肃中医，2005，09：1－2.
何建北．《金匮要略》同病异治、异病同治浅析［J］．湖北中医杂志，2005，09：27.
洪晗鋆，韩骏．计算机技术在《金匮要略》中的应用概述及展望［J］．中医药导报，2005，08：78－79.
刘应柯．张仲景辨治心悸探析［J］．河南中医，2005，09：3－4.
王敏．真武汤用白芍析疑［J］．河南中医，2005，09：11.
宋建平，梁华龙．中医临床基础学科内涵及课程体系改革探讨［J］．江苏中医药，2005，09：36－37.
孔卫平．中成药误疗感冒浅析［J］．江苏中医药，2005，09：49.
王丹，曲丽芳．当归芍药散临床运用进展［J］．江苏中医药，2005，09：57－59.
涂兴明，徐必达，苏燕娴．《伤寒论》在中医骨伤科中的应用体会［J］．江西中医药，2005，08：55－56.
胡厚琴，翟慕东，傅元谋．从《伤寒论》学习“其高者引而竭之”的体会［J］．辽宁中医学院学报，2005，05：434－435.
宋曦．从阴阳的角度认识桂枝汤为群方之魁［J］．辽宁中医学院学报，2005，05：453.
熊竹林．乌梅丸异病同治举隅［J］．辽宁中医学院学报，2005，05：489.
潘秀玲．浅析《伤寒论》呕吐之治［J］．四川中医，2005，09：39－40.
包培荣．《伤寒论》对多脏器功能障碍综合征治疗的启示［J］．山东中医杂志，2005，09：515－518.
郭任．《伤寒论》六经病变本质探讨［J］．山东中医杂志，2005，09：521－523.
曹雯，王敏，董正华．《伤寒论》欲解时新识［J］．陕西中医，2005，08：845.
叶运英．金匮肾气汤新用3则［J］．陕西中医，2005，09：970.
田建奇，吕翠田．试论《素问·热论》与《伤寒论》之关系［J］．陕西中医，2005，09：978－969.
李成福，赵联社．论阳明潮热之机理［J］．陕西中医，2005，09：993.
王春梅，汤利红，汪雪睛．张仲景“勿令九窍闭塞”治疗思想探微［J］．时珍国医国药，2005，09：815－816.
彭卫．《伤寒论》经方合用治疗慢性浅表性胃炎临床观察［J］．时珍国医国药，2005，09：904－905.
汤湘江，雒晓东，黄培新．从《伤寒论》的六经辨证看帕金森病的中医药治疗［J］．深圳中西医结合杂志，2005，04：214－215.
张再良，杨文喆．从《三因方》看《金匮要略》［J］．中医文献杂志，2005，03：22－24.
张凯，何弦．“桂枝汤”及其加减方的古今应用［J］．中医文献杂志，2005，03：25－27.
罗胜．“矛盾”的思考——太阳病辨证论治的体会［J］．中医文献杂志，2005，03：30－31.
何任．和青年中医谈治学［J］．中医文献杂志，2005，03：40－42.
任凤梅．做优秀中医的必要条件——熟读经典［J］．江西中医学院学报，2005，04：68.
常忠莲．经方防治肿瘤放化疗副反应及术后并发症用药探析［J］．中国中药杂志，2005，17：1366－1367.
刘尚建，王耀献，王停．论“辨期用药”［J］．中国中药杂志，2005，18：1471－1473.

王晔．金匮肾气丸配合穴位艾灸治疗药源性阳痿2例报告［J］．中国民康医学，2005，09：561.
胡爱萍．《伤寒论》肝病用药特点举隅［J］．中西医结合肝病杂志，2005，04：236－237.
王辉武，陶红．“经方”药量当熟记［J］．实用中医药杂志，2005，09：568.
洪广祥．读伤寒做临床——辨太阳病脉证并治（二）［J］．中医药通报，2005，04：5－7.
何绍奇．绍奇谈医（三）——解读《金匮要略》之开宗明义辨虚实［J］．中医药通报，2005，04：8－9.
王政江．桂枝汤自控调节机理探讨［J］．中医药临床杂志，2005，05：419－420.
程革．金匮肾气丸延缓衰老作用的理论探讨［J］．中医药临床杂志，2005，05：420－421.
吴金荣．浅探《金匮要略》攻下法［J］．中医药临床杂志，2005，05：422－424.
张丽霞，吴水盛．《金匮要略》先后缓急治法探析［J］．中医药临床杂志，2005，05：424－425.
耿建国．《伤寒论》教学思路探讨［J］．北京中医，2005，05：305－307.
陈明．《伤寒论》治略与兵法三十六计举隅（八）［J］．中华中医药杂志，2005，09：548－549.
陈明．《伤寒论》治略与兵法三十六计举隅（九）［J］．中华中医药杂志，2005，10：613－615.
何赛萍．《伤寒论》对中医传染病学发展的影响［J］．光明中医，2005，05：1－2.
刘群英，蒋明．《金匮要略》辨肺系病证规律浅析［J］．光明中医，2005，05：4.
金智生．吴立文教授对仲景辛开苦降法的运用［J］．甘肃中医学院学报，2005，05：1－3.
王治国．浅谈奇特“蜂疗”技术克制缠丝烂手顽疾［J］．广西纺织科技，2005，03：47－49.
张楠，董正华．试论《伤寒论》中的常变观［J］．国医论坛，2005，05：1－2.
何丽清，储开博，高爱红．论芍药在《伤寒论》方中的应用［J］．国医论坛，2005，05：2－3.
何敏，何泽民．近10年《伤寒论》实验研究述评［J］．国医论坛，2005，05：47－48.
葛耘，李忠群．《伤寒论》脉象探微［J］．贵阳中医学院学报，2005，04：41－42.
张甦颖．《金匮要略》对消渴病并发症的认识［J］．河南中医，2005，10：6－7.
郭任．论厥阴病机理即“阴阳气不相顺接”［J］．河南中医，2005，10：8－9.
黄家诏．《伤寒论》呕哕病机探析［J］．河南中医，2005，11：3－5.
崔永华．《金匮要略》温经汤管窥［J］．河南中医，2005，11：6－7.
黄敏，杨坤杰．《金匮要略》狐惑病辨治浅析［J］．河南中医，2005，11：8
何王雯．浅谈《伤寒论》的理法方药特点［J］．陕西中医，2005，11：1242.
贾孟辉，贺晓慧．论“脑府蓄血”为早期老年痴呆的病理基础［J］．陕西中医，2005，11：1263－1265.
裘黎明．《伤寒论》治疗头痛八法简析［J］．实用中医内科杂志，2005，05：416－417.
韩社教，何爱兰．金匮肾气丸临床应用举隅［J］．实用中医内科杂志，2005，05：424.
陈桂敏．仲景《伤寒杂病论》苦辛法合剂应用探析［J］．时珍国医国药，2005，10：1048－1049.
马晓峰．论《金匮要略》黄疸发病机制［J］．天津中医学院学报，2005，03：116－117.
陈小野，蒋小丽，邹世洁，王丽芳，王肃，张宇鹏，李玉梅，崔成德，周永生．雌激素对大鼠中医体质影响的研究［J］．现代中西医结合杂志，2005，18：2383－2385.
周秀英．小柴胡汤加减法临床应用［J］．现代医院，2005，10：63－64.
王先敏，张洪亮，张震中，王登正．王登正治疗慢性胃炎经验［J］．新疆中医药，2005，05：46－47.
王存芬，史红．《金匮要略》本科教学方法研究之浅得［J］．新疆中医药，2005，05：66－68.
邱全跃．芍药在《伤寒论》方中的应用［J］．现代医药卫生，2005，17：2336－2337.
陈利远，熊炜．浅谈《伤寒论》中的针灸疗法［J］．云南中医中药杂志，2005，05：27－28.
于淼．浅谈《伤寒论》和法之应用［J］．云南中医中药杂志，2005，05：60－61.
王勇．通行《注解伤寒论》序文研究［J］．浙江中医杂志，2005，10：415－417.
胡涛．桂枝汤加味治疗汗证举隅［J］．实用中医药杂志，2005，10：633.
张家骏．杂谈《伤寒卒病论》及其序——暨与刘渡舟先生商榷（1）［J］．中医药学刊，2005，09：1577－1578.
樊纪民，李俐．浅析张仲景“去性取用”之制方特点［J］．中医药学刊，2005，09：1696.
朱美香，吴小明．张仲景“治水”论的现代研究进展［J］．中医药学刊，2005，10：1860－1861.

赵云，袁清思．《金匮要略》浮脉及其兼脉的探析［J］．中医药学刊，2005，10：1878－1880.
杨容青．运用仲景方治疗呕吐验案举要［J］．中医药学刊，2005，10：1886.
方东行，刘立公，徐敏．张仲景学说研究进展［J］．中国中医基础医学杂志，2005，10：773－775.
郑学宝，郑洪．略论宋代医学考试的特点［J］．中医教育，2005，05：74－77.
万能，李勇华．引火归原法小议［J］．吉林中医药，2005，08：6－7.
蔡秀华．"心动悸、脉结代"临证述要［J］．吉林中医药，2005，09：5－6.
洪广祥．读伤寒做临床——辨太阳病脉证并治（三）［J］．中医药通报，2005，05：8－10.
何绍奇．绍奇谈医（四）——仲景风湿三方之我见［J］．中医药通报，2005，05：11－12.
王仲霞，陈秀玉．论顾护脾胃观念在《金匮要略》制剂及服法中的应用［J］．中医研究，2005，09：9－10.
王建康．《金匮要略》杏仁功用浅析［J］．中医研究，2005，09：11.
赵永刚，李世征，朱鹏举．《金匮要略》瓜蒌薤白白酒汤证脉象刍议［J］．中医研究，2005，09：13－14.
夏小军．读《伤寒》话"和"法［J］．中医研究，2005，10：8－10.
张庆宏．浅析《伤寒论》太阳病误下证治［J］．中医研究，2005，10：11－12.
陈明．《伤寒论》治略与兵法三十六计举隅（十）［J］．中华中医药杂志，2005，11：43－45.
何丽清，储开博．论芍药在《伤寒论》方中的应用［J］．光明中医，2005，06：8－9.
洪菲，洪英．炙甘草汤的临床应用［J］．光明中医，2005，06：61.
赵文鼎．试论《周易》对《伤寒论》三阴三阳说的影响［J］．甘肃中医，2005，11：3－4.
马大正．经方治疗异常子宫出血验案四则［J］．广西中医药，2005，05：33.
王梅，周春祥．论《伤寒论》厥阴的两个不同系统［J］．国医论坛，2005，06：6－8.
龚健冰，董道明．谈《伤寒论》灸法的应用［J］．黑龙江中医药，2005，05：7－8.
宿健．活血化瘀治则的临床应用［J］．黑龙江中医药，2005，05：35－36.
苏博．五苓散儿科新用［J］．黑龙江中医药，2005，05：37－38.
左志燕．桂枝茯苓胶囊临床应用研究的文献分析［J］．中医药导报，2005，11：88－89.
黄家诏．第十三届全国仲景学说学术研讨会述要［J］．河南中医，2005，12：5－8.
肖允明，王继香．浅述《伤寒论》的治未病思想［J］．河南中医，2005，12：9－11.
韩爱民，郑丰杰，李凯．《伤寒论》桂枝麻黄各半汤辨析［J］．河南中医，2005，12：11.
周惠芳．《伤寒论》方妇科临床应用举隅［J］．江苏中医药，2005，11：53－54.
郑明武．《金匮要略》治呕十法［J］．江西中医药，2005，10：12－13.
廖道发．浅谈《金匮要略》中腹痛的证治［J］．江西中医药，2005，10：15－16.
张火亮．跟师临证学《伤寒》［J］．江西中医药，2005，10：47－48.
施云，杨国芳．《伤寒论》阳虚动风刍议［J］．江西中医药，2005，11：12.
刘维政．《伤寒论》太阳病变证探讨［J］．江西中医药，2005，11：13－14.
李冀，胡晓阳，运锋．小承气汤与厚朴大黄汤探究［J］．辽宁中医杂志，2005，10：18－19.
丁辉，温铁柱，施京红．论肝硬化失代偿期与《伤寒论》三阴证的关系［J］．辽宁中医杂志，2005，10：21－23.
杨云松，史波，肖相如．表证论治小议［J］．辽宁中医杂志，2005，10：39－40.
杨发清．麻黄附子细辛汤新用［J］．新中医，2005，11：79.
卢焯明．方剂隐效及其对辨病辨证论治的意义［J］．广州中医药大学学报，2005，06：69－72.
门靖渲，祁芳珍．高血压从肾论治50例［J］．四川中医，2005，11：43－44.
宫海民，段文卓，黄旭东，李曰庆．滋肾疏肝法治疗勃起功能障碍64例［J］．山东中医杂志，2005，11：21－22.
张志枫，周昌乐，许家佗，顾超，朱凤兰，刘晓谷，李文书．舌色视觉计算方法在中成药疗效评估中的应用［J］．上海中医药大学学报，2005，03：47－50.
魏义勇，石印玉，詹红生．补肾中药对成骨细胞维生素D受体与核心结合因子α1蛋白表达的影响［J］．上海中医药杂志，2005，11：47－50.

董正华．辨病与辨证相结合是《伤寒论》的基本诊断模式［J］．陕西中医学院学报，2005，06：7－9.

姬水英，张选民．浅析仲景使用桂枝［J］．陕西中医学院学报，2005，06：9－10.

王宗杜．浅论少阳病腑证［J］．陕西中医学院学报，2005，06：11－12.

郭丕春．当归四逆汤治疗皲裂54例［J］．时珍国医国药，2005，12：94.

谢海洲．读《中国汤液经方——伤寒杂病论传真》书后感［J］．天津中医药，2005，05：6－7.

马晓峰．试论《金匮要略》之“气分”［J］．天津中医药，2005，05：65－67.

周岳君，姚海清，姚立，姚真敏，黄爱军．金匮实脾法对肝纤维化大鼠模型胶原纤维的影响［J］．中国中医药信息杂志，2005，10：25－27.

陈家旭，杨建新，赵歆，王竹风，岳广欣．慢性束缚应激大鼠中枢糖皮质激素受体变化及中药复方的影响［J］．中国应用生理学杂志，2005，04：44－48.

王珈，杨海淼，苏鑫．金匮肾气汤加味治疗老年轻度前列腺肥大的体会［J］．中国老年学杂志，2005，11：123－124.

张玲玲，杨亚平．柴胡加龙骨牡蛎汤的方证研究［J］．中国民间疗法，2005，11：6－7.

汤岳龙．日本汉方中小柴胡汤方的应用［J］．中药材，2005，09：121－122.

张家骏．杂谈《伤寒卒病论》及其序——暨与刘渡舟先生商榷（3）［J］．中医药学刊，2005，11：33－35.

武建设，连建伟，顾武军．调理肝脾法在《伤寒论》中的应用［J］．中医药学刊，2005，11：85－87.

陈林榕．“半表半里”辨析［J］．中医药学刊，2005，11：143－144.

陈新宝．从《伤寒论》经方谈佐法［J］．中医药学刊，2005，11：144.

赵致镛，廖文宇．《伤寒论》第176条用白虎汤之新解［J］．四川中医，2005，12：33－34.

张再良，程磐基．试析《金匮要略》中的脏腑经络观——关于辨证中对疾病的层次和阶段的把握［J］．上海中医药杂志，2005，12：3－4.

廖军．金匮肾气丸治疗老年病的临证体会［J］．上海中医药杂志，2005，12：30.

陈可胜．《伤寒论》中厥的证治意义［J］．陕西中医，2005，12：1377－1379.

梁永宣．日本《桑韩笔语》中的日朝医学交流背景与内容［J］．医古文知识，2005，04：26－28.

町泉寿郎，王铁策．江户医学馆的教育——考证医学的奠基（续）［J］．医古文知识，2005，04：29－31.

范逸品．《黄帝内经素问集注》援引《金匮要略》条文辑录［J］．医古文知识，2005，04：42－43.

陈瑞．小柴胡汤临床运用举隅［J］．云南中医学院学报，2005，04：54－55.

张志芬．对“金匮肾气丸”处方的商榷［J］．中国药品标准，2005，05：48－49.

应惠玲．再议“不可发汗”［J］．中国社区医师（综合版），2005，19：47.

石岩．中医药院校开展中医经典背诵等级考试研究［J］．中医教育，2005，06：24－25.

王历．对留学生伤寒论教学的实践与探索［J］．中医教育，2005，06：36－37.

赵岩松．温病学病案讲座的几点体会［J］．中医教育，2005，06：49－50.

刘宏岩．浅论《金匮要略》［J］．吉林中医药，2005，11：1－2.

胡少红．浅谈气虚为冠心病之本［J］．吉林中医药，2005，11：5－6.

吴深涛．对比分析为《伤寒论》辨证之要素［J］．中医研究，2005，11：11－12.

张家玮，鲁兆麟．金匮肾气丸方义探讨［J］．北京中医药大学学报，2005，06：12－15.

俞宜年．万石斋医话（2）——经方效如桴鼓［J］．辽宁中医杂志，2005，11：1197.

赖仁奎，许丽梅．论针灸疗法在《金匮要略》中的应用［J］．辽宁中医学院学报，2005，06：540－541.

邢国红．经方临床应用验案2则［J］．辽宁中医学院学报，2005，06：605.

于永明，贾天柱，梁武学，郝东方．白术炮制的历史沿革［J］．辽宁中医学院学报，2005，06：635－636.

黄五臣，贺瑞清．金匮五子二仙汤加减治疗阳痿139例临床观察［J］．内蒙古中医药，2005，06：7.

王际莘．汉方医学的特点［J］．山东中医药大学学报，2005，06：481－482.

柯雪帆．略述中医与日本汉方医对中药认识的异同（三）［J］．天津中医药，2005，06：444－447.

吴震芳．金匮肾气丸的组方原理及应用新义［J］．新疆中医药，2005，06：49－50.

边秀娟．《金匮》历节病证治探讨［J］．江西中医学院学报，2005，06：7.

汪洋．“担忧”中医科学的未来传承——访中国中医科学院望京医院陈武山教授［J］．医药世界，

2005，12：24 –27.

傅士衿，郭洪仁．脾阴虚之我见［J］．中国社区医师（综合版），2005，21：51.

张向前，刘晖．《金匮要略》非脾之疾从脾论治浅探［J］．中国民间疗法，2005，12：5 –6.

王利军，尚学瑞．中医传统治法运用验案四则［J］．实用中医药杂志，2005，12：752 –753.

卢秉久，吴百灵，阎斌．仲景治疗黄疸十法临床运用体会［J］．中医药学刊，2005，12：2159 –2160.

谷松，石岩，关庆增，陈雷，王树鹏．《伤寒论》教学改革探微［J］．中医药学刊，2005，12：2213 –2214.

李云海，张雪荣．也谈《金匮要略》的养生思想［J］．中医药学刊，2005，12：2257 –2258.

吴彦莉，刘莉君，谢立芳，王宗柱．试论《伤寒论》中“同病异治”的运用［J］．中医药学刊，2005，12：2259 –2260.

王凤兰．汉末六朝医经和经方的融合［J］．中国中医基础医学杂志，2005，12：934.

丁海涛，王君．《金匮要略心典》辨治思想探析［J］．中国中医基础医学杂志，2005，12：937 +948.

宋炳玉，指导：王世军．附子在金匮肾气丸中的作用初探［J］．吉林中医药，2005，12：52.

洪广祥．读伤寒做临床——辨太阳病脉证并治（四）［J］．中医药通报，2005，06：11 –13.

何绍奇．绍奇谈医（五）——论半夏泻心汤及其变方［J］．中医药通报，2005，06：14 –16.

胡怀镜，洪湖青，段素萍．小柴胡汤加减的临床应用［J］．中医药通报，2005，06：41 –42.

李冀，毕君辉．浅析脾胃气机升降［J］．中医药信息，2005，06：1 –2.

黄平．论张仲景病证结合思想及其对当代医学的贡献［J］．浙江中医学院学报，2005，06：5 –6.

訾明杰．浅析《伤寒论》中针灸的应用规律［J］．北京中医，2005，06：349 –350.

潘桂娟．日本汉方医学的起源与兴衰［J］．中华中医药杂志，2005，12：712 –715.

陈明．《伤寒论》治略与兵法三十六计举隅（十一）［J］．中华中医药杂志，2005，12：738 –740.

《中华中医药杂志》（原《中国医药学报》）2005 年第 20 卷总目次［J］．中华中医药杂志，2005，12：762 –766.

杨佳华，欧阳真理．浅谈《伤寒论》辩证思维方式［J］．福建中医药，2005，06：51 –52.

李灿东，张喜奎，李灵辉．伤寒古今文献类非典证治规律探讨［J］．福建中医学院学报，2005，06：42 –46.

郭双燕．浅议《侣山堂类辩》［J］．福建中医学院学报，2005，S1：165 –166.

金庆江．肠痈脓成亦当下［J］．河北中医，2005，11：841.

贾晓燕．《金匮要略》牡蛎用法探析［J］．河北中医，2005，11：846.

吴忠文．《伤寒论》辨证新论概说［J］．中医药导报，2005，12：1 –4 +7.

曾盛和．对《金匮要略》辨证的几点体会［J］．中医药导报，2005，12：10 –11 +15.

杨树升，林丽，钟飞，郭寿椿．《伤寒论》温病初始之方探析［J］．湖南中医学院学报，2005，06：34 –35.

胡任飞，黄希，刘英锋．《伤寒论》有关正虚病机的证治分类［J］．湖北中医学院学报，2005，04：44 –45.

徐方镇．《伤寒论》治疗方法浅论［J］．黑龙江中医药，2005，06：7 –8.

臧海林．苓桂术甘汤心病治验三则［J］．黑龙江中医药，2005，06：28 –30.

张薛光．叶橘泉先生学术思想简介［J］．南京中医药大学学报（社会科学版），2005，04：218 –222.

李杰．浅谈体质辨证在《伤寒论》中的应用［J］．青海医学院学报，2005，04：277 –278.

黄建明，田伟，陈东波，刘思敏．麻黄汤对哮喘小鼠气道炎症的作用（英文）［J］．中国临床康复，2005，47：180 –182.

王忠，王新佩．张仲景用药剂量近代研究概况［J］．中医药学报，2005，06：51 –53.

关晓光，夏铂．从《内经》《难经》《伤寒论》和《脉经》看“独取寸口”脉法的形成与发展［J］．中医药学报，2005，06：67 –68.

曾庆利，郭群娥．“结者散之”在《伤寒论》中的运用［J］．长江大学学报（自科版），2005，12：365 –366.

张灿玾.《伤寒论》与《金匮要略》文献研究概述［J］. 中医文献杂志，2005，04：1－4.
刘芳. 广州中医药大学图书馆馆藏民国时期岭南医学文献书目分析［J］. 中医文献杂志，2005，04：36－37.
刘春援. 论《金匮》之奔豚气病即《内经》之心痹病［J］. 中医文献杂志，2005，04：42－44.
王孝林，丁来艳. 乌梅丸临床应用3例［J］. 中国社区医师（综合版），2005，24：64.
徐洪雁，赵歆，陈家旭，马梦茵，王竹风，岳广欣. 慢性束缚应激大鼠海马CA1区L－ENK的变化及逍遥散的调节作用［J］. 世界科学技术，2005，05：18－22＋82.
侯丽光，侯丽媛. 六味地黄丸在结核病治疗上的临床应用［J］. 黑龙江医药，2005，05：371－372.
熊维美，汤一新.《金匮要略》中的脾阴虚证治［J］. 中医杂志，2005，09：707－708.
范先基，石彧，张定进. 王三虎治疗黑疸病经验［J］. 中医杂志，2005，11：820－821.
孟庆云. 得医之意，活力非凡——辨证论治套路的运用［J］. 中医杂志，2005，12：888－890.
李鸿涛，高思华.《金匮要略》"上下"病机浅识［J］. 中医杂志，2005，12：950－951.
费国斌.《冉注伤寒论》阳明篇旨趣拾零［J］. 中医杂志，2005，12：951－952.
张仙娥. 辛开苦降法的应用体会［J］. 山西中医，2005，S1：3.
郭石宏，侯国华. 当归四逆汤临证新用［J］. 山西中医，2005，S1：60－61.
谢印刚，陈永刚. 柴胡加龙骨牡蛎汤加减肺结核治验二则［J］. 工企医刊，2005，06：44.
张家礼，张琦，江泳，陈仁旭.《金匮要略》教学法五诀［J］. 成都中医药大学学报（教育科学版），2005，02：45－46.
吕吉山. 国宝刘绍武临终遗言调查［N］. 中国企业报，2005－05－17.
陈康黔. 西医往前看中医往后看中西医结合往哪看［N］. 健康报，2005－05－16.
赵寿康.《西医往前看，中医往后看，中西医结合往哪看》之看法［N］. 健康报，2005－07－04003.
胡献国. 春来茵陈尤疗疾［N］. 民族医药报，2005－03－04003.
记者张静华. 省中医药学会三部六病专业委员会正式成立［N］. 山西科技报，2005－12－27001.
袁庆栾. 金匮肾气丸治糖尿病［N］. 上海中医药报，2005－04－29007.
金匮肾气丸［N］. 上海中医药报，2005－10－14009.
刘永刚，罗佳波，蒋毅萍.《伤寒论》名方麻黄汤有抗过敏作用［N］. 中国医药报，2005－06－30A07.
王东生，陈方平. 古代脉诊的现代解读［N］. 中国医药报，2005－07－23007
白河. 小柴胡冲剂［N］. 医药养生保健报，2005－09－12005.
李永红. 热因热用治顽疾（上）［N］. 医药养生保健报，2005－12－05006.
胥晓琦. 走进"雾里"细"看花"［N］. 中国中医药报，2005－01－07.
丁兆平. 学经典悟仲景释伤寒［N］. 中国中医药报，2005－01－20.
张庆祥. 让中医人才在经典的滋养中成长［N］. 中国中医药报，2005－01－23.
邹芷均. 要重视《易经》与四大经典的学习［N］. 中国中医药报，2005－02－04.
刘理想. 试论尊古主义在当代中医发展中的新表现［N］. 中国中医药报，2005－03－04.
王仲霞.《金匮要略》煎服法体现顾护脾胃观念［N］. 中国中医药报，2005－03－07.
冯世纶. 小柴胡汤有何罪［N］. 中国中医药报，2005－03－24.
黄煌，张薛光，苗志国. 师生关于经方的讨论实录［N］. 中国中医药报，2005－03－25.
李永强宁建武. 日本重拾"辨证论治"［N］. 中国中医药报，2005－03－28.
贾春华. 破解《伤寒论》"负概念"之密［N］. 中国中医药报，2005－03－28.
刘永臣. 由柴胡桂技汤治"支节烦疼"体会"少阳主骨"［N］. 中国中医药报，2005－04－04.
严菊. 金匮肾气丸可治多种疑难杂症［N］. 中国中医药报，2005－04－11.
杨悦娅. 整体辨证灵活施治创新求效［N］. 中国中医药报，2005－04－14.
张胜忠.《伤寒论》研究视角的"负效应"［N］. 中国中医药报，2005－04－25.
于丽珊. 做一名好中医是我的心愿［N］. 中国中医药报，2005－04－28.
王毓昌. 小议小柴胡汤［N］. 中国中医药报，2005－04－28.

钱超尘．应如此解读医圣书［N］．中国中医药报，2005－05－09.
王晨龙．现代民间中医应具备的基本素质［N］．中国中医药报，2005－05－11.
冯世纶．《内经》乾坤大《伤寒》六经小［N］．中国中医药报，2005－05－12.
冯世纶．《伤寒论》与《内经》辨治方法不同［N］．中国中医药报，2005－05－16.
王付．仲景论盗汗未必尽属阴虚［N］．中国中医药报，2005－05－19.
涂怀浩．继承并非“尊古主义”［N］．中国中医药报，2005－05－20.
李美萍，冯海杲．打好中医3步基本功［N］．中国中医药报，2005－05－27.
刘绍武．“三部六病”学说的发展历程［N］．中国中医药报，2005－06－06.
吕吉山．刘绍武与“三部六病”学说［N］．中国中医药报，2005－06－06.
冯世纶中日友好医院．阴阳概念相异病证概念有别［N］．中国中医药报，2005－06－09.
杨卓沈阳军区总医院中医科．王长洪教授善用柴胡桂枝汤［N］．中国中医药报，2005－06－27006.
郑启仲．谈谈中医师承教育［N］．中国中医药报，2005－07－01006.
何绍奇．《金匮要略》札记［N］．中国中医药报，2005－07－11005.
赵作伟．对冬病夏治理论的探讨［N］．中国中医药报，2005－07－18005.
陈国华．濈然汗出析［N］．中国中医药报，2005－07－28005.
张立侠．《金匮要略》医嘱极具特色［N］．中国中医药报，2005－08－01005.
冯世纶，石应轩．柴胡桂枝干姜汤面面观［N］．中国中医药报，2005－08－01006.
李良大连友谊医院李志民大连李氏中医门诊．大师风范杏林楷模［N］．中国中医药报，2005－08－08005.
邵金阶湖北罗田万密膏医院．经方临证心得［N］．中国中医药报，2005－08－18005.
黎敬波．走进中医热爱中医［N］．中国中医药报，2005－08－25003.
孙国中．“金匮”辨析［N］．中国中医药报，2005－08－25005.
黎敬波．走进中医热爱中医［N］．中国中医药报，2005－08－26003.
王强．辨证与辨病相结合的方法学思考［N］．中国中医药报，2005－09－01004.
陈国权．治未病思想贯穿《金匮要略》的始终［N］．中国中医药报，2005－09－01005.
靖丛林．探讨《伤寒论》与温病学派治疗温病的异同［N］．中国中医药报，2005－09－08005.
欧阳卫权．经方皮肤科应用［N］．中国中医药报，2005－09－12006.
周志彬．回归传统走出现代中医教育困局［N］．中国中医药报，2005－11－04003.
胡永进．金匮肾气丸方解之我见［N］．中国中医药报，2005－11－07004.
张宁．仲景学术思想的开拓与创新［N］．中国中医药报，2005－11－17007.
张明雪．冠心病发病与“胸痹”“心痛”病机［N］．中国中医药报，2005－11－24004.
陈国权．《金匮要略》肝虚传脾论［N］．中国中医药报，2005－11－24005.
张延昌，孙其斌，杨扶德，牛崇信．武威汉代医简为探讨《伤寒论》方药渊源提供了证据［N］．中国中医药报，2005－12－05004.
李美萍，冯海杲．领会条文编排意义有助于学好《伤寒论》［N］．中国中医药报，2005－12－16005.
程海英．《温病条辨》对《伤寒论》下法的发展［N］．中国中医药报，2005－12－22004.
野鹤居士．中医不需要“业余批判”［N］．中国中医药报，2005－12－29003.
墨羽．张仲景与饺子［N］．中国档案报，2005－07－01005.
林昌松，陈非凡．金匮要略教学方法的改革［J］．中国中医药现代远程教育，2006，05：61－62.
段晓华，畅洪昇．从《医术平议》看章太炎医学研究思想［J］．中国中医药现代远程教育，2006，03：12－14.
柴瑞震．《伤寒论》中细辛的功效［J］．中国中医药现代远程教育，2006，03：24－25.
胡晓灵，马丽．“粥”在伤寒方中的妙用［J］．中国中医药现代远程教育，2006，01：44－45.
蒋力生．中医诊脉为何选择手腕处［J］．中国中医药现代远程教育，2006，01：60－61.
柴瑞震．《伤寒论》附子应用功效探析（一）［J］．中国中医药现代远程教育，2006，05：55－56.
商智峰，孟凡光．药物的刚柔配伍在《伤寒论》中的应用［J］．光明中医，2006，01：1－2.

秦琼．经方治验奇证案2例［J］．光明中医，2006，01：48－49.

邓铁涛．论中医诊治传染病［J］．河南中医，2006，01：1－3.

黄仰模，郑献敏，赵威．《金匮要略》咳喘治法探讨［J］．河南中医，2006，01：14－16.

蒋明．《金匮要略》以病为纲模式对现行中医学的理论示范作用［J］．河南中医，2006，01：17－19.

李富春，李之恒．经方运用思路发挥［J］．河南中医，2006，01：22－23.

刘军，詹志明．《金匮要略》女科方运用举隅［J］．河南中医，2006，01：24.

韩萍，王新陆．沈金鳌治中风学术思想浅析［J］．新中医，2006，01：11－12.

徐丹春．桂枝汤新用［J］．新中医，2006，01：70.

张伟，林再政．桂枝汤类方临床运用［J］．新中医，2006，01：71－72.

宋俊生，谷林．桂枝麻黄各半汤应用举隅［J］．新中医，2006，01：72－73.

杨正仁．经方治验2则［J］．新中医，2006，01：74－75.

苏安，王改莲．《伤寒论》方在治疗溃疡性结肠炎中的应用［J］．陕西中医，2006，01：113－114.

宋建平，刘方州，李伟，李瑞琴，张瑞．金匮肾气丸对肺纤维化大鼠肺组织中肿瘤坏死因子α表达的影响［J］．中成药，2006，01：78－81.

夏小军，张士卿．浅谈《伤寒论》对中医儿科急症的贡献［J］．中医儿科杂志，2006，01：7－10.

王霞芳．应用仲景方治疗小儿杂病［J］．中医儿科杂志，2006，01：28－30.

金丽．许叔微《伤寒九十论》对《伤寒论》的阐幽发微及评说［J］．福建中医学院学报，2006，01：49－51.

朱平东．谈张仲景运用桂枝心得［J］．光明中医，2006，02：9－11.

张龙江．《伤寒杂病论》"肠鸣"辨析［J］．光明中医，2006，02：13－14.

石玮，王兴华．小议《伤寒论》清法［J］．国医论坛，2006，01：1－2.

郭玮，陈国权．刍议仲景所论之谷疸病［J］．国医论坛，2006，01：2－3.

张迎，董正华．《金匮要略》水气病治法特点探析［J］．国医论坛，2006，01：4－5.

李金伟，张玉磊，李洪磊．浅议《金匮要略》"血不利则为水"［J］．国医论坛，2006，01：15－16.

黄艳辉，司徒仪．试评《尚论篇》的学术思想［J］．国医论坛，2006，01：51－52.

刘可勋．《伤寒论》"据证而辨""审证求因"的病因学思想探讨［J］．贵阳中医学院学报，2006，01：3－4.

叶勇．浅议桂枝汤法的加减变化［J］．湖北中医杂志，2006，02：25－26.

陈建设，陈文垲．论少阴病治禁［J］．中医药导报，2006，01：24－25.

徐云生．虚劳病不同于虚证——试论虚劳病的病因病机与治疗［J］．江苏中医药，2006，01：18－19.

邹雯．《温病条辨》对《伤寒论》承气汤的运用和发展［J］．江西中医药，2006，01：13－14.

侯美英，余晓清，刘永芬．《金匮要略》腹诊运用浅析［J］．江西中医药，2006，01：15.

唐瑛，翟慕东，傅元谋．对《伤寒论》手足汗出的证治体会［J］．江西中医药，2006，01：39.

赵天平，吴焕淦，刘慧荣，施茵．从《伤寒论》辨析溃疡性结肠炎［J］．江西中医药，2006，02：16－17.

彭述均，彭万祥．从厥阴病中认识中医［J］．江西中医药，2006，02：40－41

黄力．《伤寒论》方剂配伍组成思维探讨［J］．北京中医药大学学报，2006，01：8－10.

刘志梅，肖长国，张成博．张仲景"阴阳自和"观对临床的指导意义［J］．北京中医药大学学报（中医临床版），2006，01：25－27.

朱光辉．《伤寒论》小柴胡汤应用刍议［J］．辽宁中医学院学报，2006，01：13－14.

傅强．试探《伤寒论》中的合病并病［J］．辽宁中医学院学报，2006，01：15－16.

郭小娟，顾武军．浅析《伤寒论》中"阴阳"［J］．南京中医药大学学报，2006，01：14－15.

刘敏，蔡文就．经方治疗糖尿病常见症状举隅［J］．新中医，2006，02：69－71.

江泳，陈建杉．《金匮要略》肾气丸新解［J］．四川中医，2006，01：36－37.

李冀，袁立霞．从《金匮》历节理论浅析类风湿性关节炎的病因病机［J］．四川中医，2006，01：39－40.

贾孟辉，贺晓慧．《伤寒论》抵当汤可防治早期老年痴呆症的启迪［J］．四川中医，2006，01：40－41.

曾庆利，张德新，赖展少．从气机升降谈六经病病机［J］．四川中医，2006，02：31－33.
谭世洪．试析《伤寒论》下利的辨证［J］．四川中医，2006，02：41－43.
钱喆，钱宏图，赵国平．试论桂枝证与太阳中风证的关系［J］．上海中医药杂志，2006，02：42－43.
张建荣．肾气丸配伍特点探微［J］．陕西中医学院学报，2006，01：5－7.
曾进，姜小帆，曾福海，董正华．浅析桂枝与白术配伍在《伤寒杂病论》中的应用及体会［J］．陕西中医学院学报，2006，01：8－9.
冯文林，伍海涛．头汗症辨析［J］．天津中医药，2006，01：44－47.
毛云．《伤寒论》中张仲景用药的辩证法思想［J］．现代中西医结合杂志，2006，02：161－162.
班健．干姜临床运用辨析［J］．现代中西医结合杂志，2006，04：499－500.
王瑞丰，杨荣阁，张永萍，吕翠霞．初探仲景经方中的舍性取用［J］．现代中医药，2006，01：48－49.
张永利，赵天才．仲景脉法之趺阳脉诊法探析［J］．现代中医药，2006，01：52－53.
吴建军，刘典恩．脏腑经络之气互藏理论初探［J］．医学与哲学（人文社会医学版），2006，01：48－49.
牟慧琴．试论张仲景辩病结合辩证的辨证论治方法的先进性［J］．医学与哲学（人文社会医学版），2006，01：51＋60.
席军生，王勇．汪本和赵本《注解伤寒论》正文比较研究［J］．浙江中医杂志，2006，01：47－49.
马玉芳，龙一梅，李遇春．辛开苦降法探析［J］．浙江中医杂志，2006，02：66－68.
杨俊．张仲景舌诊规律初探［J］．浙江中医杂志，2006，02：75－76.
曲淑兰，计小青．《伤寒论》运用桂枝浅析［J］．中国民间疗法，2006，01：10－12.
汪克敏．浅述《金匮要略》治瘀十一法［J］．实用中医药杂志，2006，01：50－51.
李冀，毕君辉．张仲景药物配伍规律浅析［J］．中医药学刊，2006，01：8－9.
温桂荣．近3年来经方应用研究述评［J］．中医药学刊，2006，01：92－94.
陈明明，成泽东，陈以国．《伤寒论》中大枣用量规律浅析［J］．中医药学刊，2006，01：98－99.
谷松．四逆散方证相关理论问题的研究［J］．中医药学刊，2006，01：141－143.
魏铭，刘丽华，李泽洪．伤寒合病并病探析［J］．中医药学刊，2006，01：145－146.
何绍奇．绍奇谈医（六）——仲景诸方之我见［J］．中医药通报，2006，01：9－12.
申永合．活用经方验案四则［J］．中医药通报，2006，01：32－33.
阮岩，杨占军，陈蔚，李笋，封彦蕾．温肾补阳法对肾阳虚变应性鼻炎大鼠模型血清 Th_ 1/Th_ 2 细胞因子表达的影响［J］．中药新药与临床药理，2006，01：29－32.
程绍民，喻松仁，熊英琼．六经辨证、卫气营血辨证、三焦辨证和经络辨证的现代研究概况［J］．中医药临床杂志，2006，01：1－6.
何德昭．论“和”是张仲景学术思想的核心［J］．中医药临床杂志，2006，01：6－7.
谷松，高春雨．阴阳学说在《伤寒论》辨证中的运用［J］．中医药临床杂志，2006，01：8－9.
浦良根，郑斌，王新华．《伤寒论》八卦图模式解读［J］．中医药临床杂志，2006，01：9－10.
刘宝义．《伤寒杂病论》本作《伤寒集病论》［J］．中医药临床杂志，2006，01：13－15.
韩君，张秀中．对《金匮要略·消渴》厥阴消渴条注解的辨析［J］．中医药临床杂志，2006，01：16.
陈文．《金匮要略》活血化瘀方剂组方用药规律探析［J］．安徽中医学院学报，2006，01：3－5.
彭胜权，夏鑫华．《温病学》课程改革与发展的思考［J］．浙江中医药大学学报，2006，02：150－151.
汝企和．北宋官府对医书的校理［J］．北京师范大学学报（社会科学版），2006，02：141－145.
李广钧．突破与发展观对促进中医现代化之我见［J］．北京中医，2006，01：3－6.
裘黎明．《伤寒论》治疗头痛八法简析［J］．北京中医，2006，01：25－26.
黄开泰．论症状与证候标识［J］．中华中医药杂志，2006，01：10－14.
钱超尘．应如此解读医圣书——喜读《中国汤液经方》［J］．中华中医药杂志，2006，01：47－49.
张雪，李佳．麻杏石甘汤的临床应用概况［J］．长春中医学院学报，2006，01：79－80.
陈子昂，廖如金．《伤寒论》治疗肝脏病的方法与方药的初探［J］．光明中医，2006，03：4－6.
胡爱萍．浅谈《伤寒论》表里同病的用药原则［J］．光明中医，2006，03：23－25.

王玉芳．仲景桃花汤治疗消化系统疾病［J］．光明中医，2006，03：28－29.
刘玉良，李金田．论《伤寒论》辨证论治中的五大要素［J］．甘肃中医学院学报，2006，01：10－13.
张效霞，王振国．《伤寒论》“辨某某病脉证”辨出来的到底是什么［J］．国医论坛，2006，02：1－4.
刘华东．《伤寒论》麻黄杏仁甘草石膏汤方证探析［J］．国医论坛，2006，02：5－6.
钟喈．张仲景妙用“水”煎药之小议［J］．河北中医，2006，02：148－149.
王梅，周春祥．论《伤寒论》“厥阴”的两个不同系统［J］．河北中医，2006，02：152－154.
刘薇薇，任明．从八纲辨证浅析《伤寒论》下利治法［J］．湖北中医杂志，2006，03：26－27.
董玉辉．浅谈大黄牡丹汤在临床中的应用［J］．黑龙江中医药，2006，01：30－31.
王方，顾星．浅谈《伤寒论》与《温病条辨》体质思想之异同［J］．中医药导报，2006，03：11－12＋26.
潘月丽．病之自愈与临床［J］．湖南中医杂志，2006，01：53－54.
王雪华．《金匮要略》治则治法辨析［J］．河南中医，2006，02：10－13.
杨德胜．《金匮》肾气丸验案 2 则［J］．河南中医，2006，02：19.
肖相如．对《伤寒论》教材中太阳病变证有关内容进行调整的建议［J］．河南中医，2006，03：11－12.
邹贤德．《金匮要略》“湿病”探微［J］．河南中医，2006，04：1－3.
张沁园．浅议《伤寒论》因势利导治则［J］．河南中医，2006，04：3－4.
黄仰模，郑献敏，黄学武．《金匮要略》“肝病传脾”的临床体会［J］．河南中医，2006，04：5.
闫妍．《伤寒论》中的药物炮制［J］．江西中医药，2006，03：55－56.
宋巧梅．经方治疗脾胃病的临床运用［J］．辽宁中医杂志，2006，03：263－264.
史仁杰．对《伤寒杂病论》与肛肠科有关证治的认识［J］．辽宁中医杂志，2006，03：284－285.
闫妍．从《伤寒论》谈张仲景的整体性辩证思维［J］．辽宁中医学院学报，2006，02：8－9.
唐瑛，徐珊珊，翟慕东，傅元谋．论张仲景方中麻黄的运用［J］．辽宁中医学院学报，2006，02：17－18.
景浩．张仲景运用《内经》因势利导治则探析［J］．辽宁中医学院学报，2006，02：41－42.
刘红栓，李志军，孙元莹．《金匮要略》所论肺痿与特发性肺纤维化关系的探讨［J］．辽宁中医学院学报，2006，02：48－50.
孙艳．桔梗汤加味治疗咽痛 1 例报道［J］．辽宁中医学院学报，2006，02：91
丁艳，顾武军．略论《伤寒论》心病辨治规律［J］．南京中医药大学学报，2006，02：75－76.
郑献敏，赵威，刘丽娟，黄仰模．黄仰模教授治疗甲亢性脑病经验介绍［J］．新中医，2006，03：16－17.
刘敏，吴承峰，顾武军．顾武军教授临证运用经方治验举隅［J］．新中医，2006，03：69－70.
姜侠，姜建国．浅谈疾病对体质的影响［J］．新中医，2006，04：7－9.
徐姗姗，金钊，傅元谋．白通汤验案 3 则［J］．新中医，2006，04：82－83.
张占玲．《伤寒论》下利治法探析［J］．四川中医，2006，03：38－39.
陶汉华．论悬饮及其治疗［J］．山东中医药大学学报，2006，01：11－12.
张引强，郭淑莲，欧阳兵．《伤寒论》“心下痞”辨治探讨［J］．山东中医药大学学报，2006，01：27－29.
张国骏，马晓峰．谈《伤寒论》原文结构规律及其运用［J］．山东中医杂志，2006，01：6－9.
李凤辉．金匮肾气丸合五苓散治疗尿崩症［J］．山东中医杂志，2006，02：137－138.
张沁园．浅议经方的扶正祛邪观［J］．山东中医杂志，2006，03：147－149.
金燕，危剑安，陈宇霞．《金匮要略》血痹辨治初探［J］．山东中医杂志，2006，03：150－151.
刘荣奎．中医治则治法的演变与发展［J］．山东中医杂志，2006，03：152－153.
高玉璋．桂枝汤治疗皮肤病机理与应用体会［J］．山西中医，2006，01：43－44.
李海蓉，吴修符．麻黄功用浅探［J］．山西中医，2006，01：46－47.
邹纯朴，陈晓，周国琪，王庆其，李海峰，王丽慧．PBL 教学法在《内经选读》课程中的探索与实践［J］．上海中医药大学学报，2006，01：4－6.
李合国，劳绍贤．《伤寒论》脾胃学说钩沉［J］．上海中医药大学学报，2006，01：16－17.

郭小青，韩丽萍．略述《伤寒杂病论》中闻诊的运用［J］．陕西中医学院学报，2006，02：16－18.
权觉武．张仲景对中国整脊学的贡献［J］．陕西中医学院学报，2006，02：20－21.
陈雪清，高记华，刘晓辉．五苓散加减治疗肛肠病术后尿潴留60例［J］．陕西中医，2006，03：304.
刘国风，周庆茹．《金匮要略》与中老年亚健康的祛病与保健［J］．陕西中医，2006，03：376－377.
王强，杨钦河，王凤珍．《伤寒论》中半夏的功用及炮制［J］．时珍国医国药，2006，02：286.
陈可胜．论从病机角度排列少阴篇条文的意义［J］．时珍国医国药，2006，02：293－294.
唐伟．浅谈《医学正传》诊治黄疸特点［J］．中医文献杂志，2006，01：18－19.
张再良．关于阴阳毒病的思考［J］．中医文献杂志，2006，01：23－25.
华景阳，张凤山．甘麦大枣汤加味治疗脏躁2例［J］．中国乡村医药，2006，01：44.
刘新亚．论喻昌“三纲鼎立”学说的意义及启示［J］．江西中医学院学报，2006，01：10－11.
王寅，张晓琳，盖沂超．《金匮》多媒体课件制作要重“内涵建设”［J］．云南中医学院学报，2006，01：48－49.
景晓琦，李娟，王凌伟．中医治疗精神疾病常用方药［J］．医药产业资讯，2006，05：80－81.
靳菲，郭国亮．小柴胡汤加减治疗梅尼埃综合征引起眩晕的临床观察［J］．中国社区医师（综合版），2006，03：55.
郝建军，王翰屏，王嘉锋．从《伤寒论》中姜的运用探讨姜的药用功能［J］．中国民间疗法，2006，02：9－11.
赵永伟．银翘板柴汤治疗流行性感冒105例［J］．实用中医药杂志，2006，02：77.
谢海州．读《思考中医》随感［J］．实用中医药杂志，2006，02：123.
黄仰模，郑献敏，赵威．从《金匮要略》探讨强直性脊柱炎的辨证论治［J］．中医药学刊，2006，02：199－200.
陈大权，王立颖．读《金匮方论衍义》质疑《金匮要略》三则［J］．中医药学刊，2006，02：219－220.
王乐平，李桂梅．研究生中医临床基础课程教学改革初步设想［J］．中医药学刊，2006，02：231－232.
臧守虎，王振国．《周易》“七日”周期与中医疾病转归说探析［J］．中医药学刊，2006，02：248－249.
陈林榕．蓄血证病位辨析［J］．中医药学刊，2006，02：320.
唐晓波．《伤寒论》烦躁证治浅析［J］．中医药学刊，2006，02：342－343.
黄仰模，郑献敏，赵威．金匮通阳法治疗风湿病刍议［J］．中医药学刊，2006，03：400－401.
张永锋，陈如山，吴正治，杨敏．益气活血健脾补肾法对结肠炎小鼠iNOS及其mRNA表达的影响［J］．中医药学刊，2006，03：418－419.
舒灯红．“先安未受邪之地”管见［J］．中医药学刊，2006，03：422－423.
高春雨，谷松．《伤寒论》中的阴阳含义浅析［J］．中医药学刊，2006，03：452－453.
陈国成．试从《金匮要略》之用药论后世中药学发展［J］．中医药学刊，2006，03：516－518.
张沁园．浅谈《伤寒论》保护正气的治则［J］．吉林中医药，2006，02：3－5.
董金梅，李华，刘文江．《伤寒论》的寒厥和热厥论［J］．中医药信息，2006，02：30.
蔡秋杰，曹洪欣．张仲景运用附子浅析［J］．中医药信息，2006，02：52－53.
朱清静，盛国光．阴黄理论的形成与证治探讨［J］．中医研究，2006，02：1－3.
窦志芳，郭蕾，张俊龙，张鑫．五苓散方与蓄水证方证对应关系探讨［J］．中医研究，2006，02：3－5.
崔晓琳．桃核承气汤与桃仁承气汤异同之探讨［J］．中医研究，2006，02：5－7.
刘芳．民国时期的岭南名医及其代表作［J］．中医研究，2006，02：50－51.
景晓琦，王凌伟．中医治疗精神疾病常用方药简析［J］．中西医结合心脑血管病杂志，2006，03：257－258.
孟永利，唐玲华，冯德华，崔云．《伤寒论》设方规律及其特点浅探［J］．中医药临床杂志，2006，02：122－123.
薛燕晖．病证合辨诊疗模式的源流发展和应用［J］．中医药临床杂志，2006，02：207－208.
程先宽，韩振蕴，范吉平，陈志刚．《伤寒杂病论》剂量溯源、传承及展望［J］．中华中医药杂志，2006，03：131－133.

庞德湘，连建伟．《金匮要略》治未病思想与肿瘤病学三级预防［J］．中华中医药杂志，2006，03：171－173.

郭普东．《金匮要略》方后医嘱用药与人体体质的关系［J］．湖北民族学院学报（医学版），2006，01：50－51.

许凤莲，靳玉萍．金匮肾气丸加味治疗咽喉异感症50例［J］．光明中医，2006，04：49－50.

金玉盛．《伤寒论·少阴病篇》学习心得［J］．甘肃中医，2006，04：4.

葛志彰．《金匮要略》中温法的运用［J］．贵阳中医学院学报，2006，02：3－4.

贾春华，王永炎，黄启福，鲁兆麟，王庆国．《伤寒论》方证理论体系框架［J］．河北中医，2006，03：224－226.

张鹏，高红霞．廖世煌运用金匮方辨证治疗甲亢的经验［J］．湖北中医杂志，2006，04：26－27.

王丽华．洪广祥妙用经方治咳嗽［J］．江西中医药，2006，04：5－6.

林恩燕，陈炬烽．清代福州名医陈恭溥与《伤寒论章句》［J］．中国民族民间医药杂志，2006，02：74－75.

刘志恒．八味地黄丸新用途［J］．农村新技术，2006，04：48.

张利民．浅析《金匮要略》血证的论治［J］．内蒙古中医药，2006，02：32.

张晓明．浅论《伤寒论》的脉证从舍［J］．内蒙古中医药，2006，02：33－34.

李永宸，何丽春，赖文．陈伯坛《读过伤寒论·读法》抉微——“伤寒论”不能读作“寒伤论”［J］．广州中医药大学学报，2006，01：72－74.

蒋明．《金匮要略》的心理学现象［J］．四川中医，2006，04：39－40.

曲夷．从《伤寒论》发病观看六经辨证的特色［J］．山东中医杂志，2006，04：219－221.

何新慧．《伤寒论》中否定分析思维与辨证［J］．上海中医药杂志，2006，04：4－5.

王岩，石孝孝，朱富华，王优芳．浅谈《伤寒论》对变态反应性疾病诊治的贡献［J］．陕西中医，2006，04：493.

林榕，刘永环．《伤寒论》“和法”之研究［J］．实用中医内科杂志，2006，02：137－138.

朱学敏．《伤寒论》《金匮要略》中桂枝的功用浅析［J］．实用中医内科杂志，2006，02：139.

杨振华．浅析《伤寒论》常用的逻辑思维方法［J］．天津中医学院学报，2006，01：44.

梁永宣，王庆国．《本草图经》所引张仲景医书佚文考［J］．中华医史杂志，2006，01：3－6.

段晓华．章太炎在近代中医史上的地位及成就［J］．中华医史杂志，2006，01：42－45.

赵诗哲．论“少阳枢”“少阴枢”的理论及其临床应用［J］．浙江中医杂志，2006，03：125－127.

宋永强．白虎加人参汤新用［J］．中国民间疗法，2006，04：38.

郭石宏，牛春兰．《伤寒论》治下利八法探析［J］．中国中西医结合消化杂志，2006，02：115－116.

沙涛，沙恒玉，刘维庆，侯海宏．中国中医古籍教学方法的研究［J］．中医药学刊，2006，04：640－642.

黄建波，谢黎．《伤寒论》将息诸法探讨［J］．中医药学刊，2006，04：664－666.

梅岩，张明雪．从“阳微阴弦”论治冠心病［J］．中医药学刊，2006，04：683－684.

段晓华，钱超尘，张其成．章太炎中医考据学思想论略［J］．中国中医基础医学杂志，2006，02：106－109.

赵洪钧．思考中医还是糟蹋、诬蔑、谬说中医——评刘力红著《思考中医》［J］．中国中医基础医学杂志，2006，03：235－241.

仝选甫．从日本中医药发展现状探讨未来国际间发展与合作领域［J］．中医药管理杂志，2006，01：51－53.

刘宪峰，王秀英．泽泻合剂治疗眩晕［J］．中医药管理杂志，2006，01：59.

昌炳如．标本中气探讨［J］．中医研究，2006，04：14－15.

赵良辰，李富汉．张锡纯对《伤寒论》之研究［J］．中医研究，2006，04：15－17.

田建中．《伤寒论》吐法探讨［J］．中医研究，2006，04：18－19.

李伟，陈家旭．慢性束缚应激模型大鼠海马脑啡肽mRNA和前强啡肽mRNA的表达及中药复方的影响

[J]．中华中医药杂志，2006，04：209－212.
闫志安，芮立新．经方治疗痹证［J］．中华中医药杂志，2006，04：227－228.
邹芷均．方证学是学好中医的金钥匙——读《中国汤液方证——张仲景方证学》的启示［J］．中华中医药杂志，2006，04：245－246.
吴耀南．学用《伤寒论》方的体会［J］．福建中医学院学报，2006，02：65－66.
商洪涛．《伤寒论》疾病预后学说初探［J］．河北中医，2006，04：299－300.
黄招明．论《金匮要略》调理脾胃疾病特色［J］．河北中医，2006，04：300－301.
雷旭杰，郭丽．六经病欲解时的启示［J］．河北中医，2006，04：301－302.
金笛儿，阎小萍．《金匮要略》论治痹证初探［J］．中国老年保健医学，2006，01：39－41.
唐雅琴．《伤寒论》心悸证治探析［J］．辽宁中医学院学报，2006，03：12－13.
张沁园．《伤寒论》语法特色析义［J］．辽宁中医学院学报，2006，03：15－16.
卢鹤翔，田清友，张宇新．《金匮要略》暴腹胀大商榷［J］．辽宁中医学院学报，2006，03：18.
朱政中，邵乾．桂枝茯苓方中芍药品种应用评析［J］．辽宁中医学院学报，2006，03：19－20.
张翠玲．从桂枝汤证看《伤寒论》的汤方辨证［J］．辽宁中医学院学报，2006，03：34－35.
孙艳，宋俊生．柴胡加龙骨牡蛎汤治疗精神神经病的实验及临床研究进展［J］．辽宁中医学院学报，2006，03：42－44.
赵宁宁，孙超．金匮肾气丸合五苓散治疗尿崩症一例［J］．山西中医学院学报，2006，02：37.
胡爽杨．刘公望教授针药并用治疗异位性皮炎经验［J］．上海针灸杂志，2006，04：1－2.
孙立．略论《伤寒论》治法在温病学中的应用［J］．时珍国医国药，2006，04：655－656.
芮建宏．金匮肾气丸加减临床运用举隅［J］．中国中医药信息杂志，2006，01：84.
杨维．《金匮要略》方剂治疗慢性盆腔炎临床研究进展［J］．中国中医药信息杂志，2006，02：102－103.
胡一莉．《伤寒论》调理脾胃法临床运用举隅［J］．中国中医药信息杂志，2006，03：81－82.
梁永宣．金匮、金匮录及仲景金匮录简考［J］．中医药文化，2006，02：29－31.
杜梦玄．强化传统医学，为百姓提供平价的医疗服务［J］．医学与哲学（人文社会医学版），2006，04：81.
邹青，潘志梅．张仲景治疗下利症的分型与方剂探析［J］．中国社区医师（综合版），2006，06：41－42.
王喜周，王彬，李霞．《医学心悟》中伤寒学术思想探索［J］．吉林中医药，2006，04：6－7.
王杏林．敦煌本《伤寒论》校证［J］．敦煌学辑刊，2006，01：13－21.
王集俊，李文年，王娟，张晓风．小柴胡汤临证辨析［J］．内蒙古中医药，2006，03：51.
张瑞，彭华．饮食在张仲景临证中的应用［J］．新疆中医药，2006，02：78－79.
敖绍勇，吴正平．中西医结合治疗早期糖尿病肾病临床观察［J］．宜春学院学报（自然科学），2006，02：125－126.
魏义勇，石印玉，冯伟，詹红生．补肾中药对增龄成骨细胞 VDR 蛋白表达的影响［J］．中国骨质疏松杂志，2006，02：177－180.
余建中．试论《金匮要略》的完整性和独特性［J］．中国中医基础医学杂志，2006，04：251＋258.
余瀛鳌．仲圣成书年代刍言——兼谈《伤寒杂病论》的重大建树［J］．中国中医基础医学杂志，2006，04：301＋304.
钱超尘．《伤寒论》《金匮要略》“搏”“摶”辨［J］．中华医史杂志，2006，02：67－71.
陈鉴清．柴胃汤治胃病经验［J］．亚太传统医药，2006，02：63－64.
孟庆云．辨证论治套路的运用［J］．亚太传统医药，2006，04：31－32.
郭险峰，魏清芳．古今经方剂量差异的探讨［J］．内蒙古中医药，2006，04：4.
李振虎，李凡，胡江．“神丹”加味汤治疗慢性乙肝 1119 例的临床观察［J］．内蒙古中医药，2006，04：6－7.
胡美璋．黄芪建中汤临床新用体会［J］．内蒙古中医药，2006，04：18.
钱占红，郭绍伟．金匮肾气汤加味配合中药离子导入治疗泌尿系结石 226 例观察［J］．内蒙古中医药，2006，04：62.
宋建平．浅论《金匮要略》的处方用药特色［J］．中医杂志，2006，01：63－65.
李海霞，王阶．中医证候层次探析［J］．中医杂志，2006，02：83－84＋127
刘启泉，杜艳茹，王志坤．中医腹诊在胃肠病诊疗中的应用［J］．中医杂志，2006，03：224－225.
刘尚建，王耀献，敖铁锋，乔红杰，魏晨．论仲景用方的多元性［J］．中医杂志，2006，03：229－230.
张胜，朱春冬，李远．从《伤寒论》谈火郁证治当寒温合法［J］．中医杂志，2006，03：235.
王洪海，谢鸣．关于"同证异方、同方异证"的思考［J］．中医杂志，2006，04：253－254.
任辉杰，郁晓维．《伤寒论》难辨之虚实证辨证方法浅析［J］．中医杂志，2006，04：309－310.
林勋，蒋健，邹菁．中医经典著作教学的回顾与思考［J］．中国中医药现代远程教育，2006，08：56－57.
柴瑞震．《伤寒论》附子功效应用探析（二）［J］．中国中医药现代远程教育，2006，06：47－49.
江顺奎．当归芍药散肾病验案2则［J］．中国中医药现代远程教育，2006，07：38－39.
赵欣荣，何宝红，张志仁，赵君毅．葛根芩连汤加味治疗婴幼儿腹泻［J］．卫生职业教育，2006，22：144－145.
华扬．不宜同服的中西药［J］．农村新技术，2006，05：44.
何新慧．《伤寒论》中相关证分析思维与反测证候［J］．浙江中医药大学学报，2006，03：225－226＋228.
张小云，马红珍．《伤寒论》治疗肾性水肿九法［J］．浙江中医药大学学报，2006，03：229－230.
沈元良．绍派伤寒的启源浅述［J］．光明中医，2006，05：4－5.
林黄果，徐丹苹．桂枝汤方药在《伤寒论》中发挥探微［J］．光明中医，2006，05：13－16.
亢志兰．略谈石膏之药理作用及其临床应用［J］．光明中医，2006，05：16－17.
袁世清．"大汗伤脾气"医案一则［J］．光明中医，2006，05：35.
张晶，张宗明．《伤寒论》"三急下"益阴护津疗法探析［J］．甘肃中医，2006，05：1－2.
雒晓东．试论《伤寒论》六经生理［J］．国医论坛，2006，03：1－4.
郭晓东．《伤寒论》煎药方法述要［J］．国医论坛，2006，03：4－6.
张沁园．怎样讲解《伤寒论》［J］．国医论坛，2006，03：6－8.
马凤丽．《伤寒九十论》医案下法探析［J］．中医药导报，2006，05：9－11.
《伤寒论》方后医嘱特色浅析［J］．河南中医，2006，05：6－7.
"通大便所以实小便"假说探讨［J］．河南中医，2006，05：59.
王庆国，张有志．《伤寒论》哮喘证治特点举要及现代临床运用例析［J］．北京中医药大学学报（中医临床版），2006，03：16－18.
林庶茹，安素环，关庆增．论仲景时代古秤唯有"铢两"而无"分"名［J］．辽宁中医杂志，2006，05：543.
《金匮要略》与《中医内科》教学区别刍议［J］．辽宁中医学院学报，2006，03：136.
林昌松，刘磊．《金匮要略》教学改革刍议［J］．辽宁中医学院学报，2006，03：137－138.
王义玲．中西医结合治疗肾病综合征的临床观察［J］．中原医刊，2006，10：60－61.
宋俊生，李小森．试论《伤寒论》具有循证医学的框架［J］．新中医，2006，05：3－5.
王倩，姜广鑫，倪晨．王孝先教授应用经方验案举隅［J］．新中医，2006，05：83.
李杰．《伤寒论》"欲解时"与择时疗法［J］．四川中医，2006，05：29.
张尊如，由艳红，陈利欣．《金匮》橘皮竹茹汤药量及功效治证考［J］．四川中医，2006，05：30－31.
靳三元．当归四逆汤临床新用［J］．陕西中医，2006，05：615－616.
翁燕娜，韩云．从《伤寒论》谈小柴胡汤治疗外感后久咳的临床思路［J］．陕西中医，2006，05：618－619.
辛智科．《伤寒论》方证治法分类研究［J］．陕西中医，2006，05：620－623.
林榕，李薇．运用金匮肾气丸辨治糖尿病神经源性膀胱21例［J］．实用中医内科杂志，2006，03：260.
王又生．浅议《伤寒论》服药饮食保养正气［J］．医药产业资讯，2006，14：308.

赵江明，李小平．关于中医特色与发展的探讨［J］．医药产业资讯，2006，16：100.
段小毛，李茯梅．张仲景主以甘草命方名九首浅析［J］．医药世界，2006，05：73－74.
李霞，陈锐．《金匮要略》脾胃病辨证思想刍议［J］．中国社区医师（综合版），2006，10：6－7.
宋连会，逯俭．四逆散化裁的临床应用［J］．中医药信息，2006，03：48－49.
冯静克．《伤寒论》寒热错杂证及其辨证治疗规律［J］．中医研究，2006，05：13－15.
陈秀萍．金匮肾气丸加味治疗阳虚喘证90例［J］．北京中医，2006，06：357－358.
韩建军，胡莉萍．医易同源之考证探讨［J］．光明中医，2006，06：2－3.
彭思菡．小辨桂枝去桂加茯苓白术汤［J］．光明中医，2006，06：9－10.
杜旭．用原子吸收分光光度法分析石膏的溶解量［J］．国际中医中药杂志，2006，03：175－176.
王立范，张佩青．张琪教授运用温肾固涩法治疗非感染性尿道综合征2例［J］．黑龙江中医药，2006，03：2－3.
吕翠霞．三承气汤证辨证方法分析［J］．河南中医，2006，06：1－2.
路嵘，陈玉仪．太阳病“汗法”初探［J］．河南中医，2006，06：3.
张爱焕．张仲景对桂枝汤的加减运用［J］．河南中医，2006，06：5－6.
张明，张沁园．不囿成说敢创己见——学习李心机先生的“伤寒论三部曲”［J］．河南中医，2006，06：78－79.
方肇勤．《太平圣惠方》有关辨证论治的特点和贡献［J］．河南中医，2006，06：80－82.
叶勇．从《伤寒论》教学谈学生临床辨证能力的培养［J］．湖北中医学院学报，2006，02：69－70.
贾春华，王庆国，王永炎，黄启福，鲁兆麟．从太阳中风证与桂枝汤证看脏腑证候与方证概念转换间的逻辑关系［J］．北京中医药大学学报，2006，05：298－300＋306.
韩善夯，金实．浅议《金匮要略》方在强直性脊柱炎中的应用［J］．辽宁中医杂志，2006，06：670－671.
董大威．“非典”之后再论“热病三论”［J］．辽宁中医杂志，2006，06：677.
孟慧玲，魏道武．麻杏石甘汤在儿科应用的研究［J］．甘肃科技纵横，2006，03：230－231.
黄建元．腠理及其实质探析［J］．南京中医药大学学报，2006，03：143－144.
陈理．浅析《伤寒论》中针灸的应用［J］．南京中医药大学学报，2006，03：145－146.
刘红霞，李荣．浅谈“少阳为枢”及小柴胡汤临证应用［J］．新中医，2006，06：64－65.
杨慧清．浅谈叶天士对脾胃学说的贡献［J］．新中医，2006，06：82－83.
艾军毅．用好经方浅谈［J］．四川中医，2006，06：23－24.
王新玲，徐希国，张桂．金匮肾气丸抗衰老作用临床观察［J］．山东医药，2006，16：82.
郭晓东．《伤寒论》方药服用方法及意义［J］．陕西中医学院学报，2006，03：5－6.
苏保宁．“黄家所得，从湿得之”对胎黄的启发［J］．陕西中医学院学报，2006，03：15－16.
徐云生．《金匮要略》肝着的病因病机治疗探讨［J］．陕西中医，2006，06：755－756.
宋俊生．《伤寒论》是中国古代循证巨著［J］．天津中医药，2006，03：219－221.
付滨，王宝娟，高常柏．“历节”新探［J］．天津中医药，2006，03：222－224.
马永琦．《伤寒论》下利治法探讨［J］．现代中医药，2006，03：42－43.
宋新安，张春云．张仲景应用大黄经验总结［J］．中国社区医师（综合版），2006，12：6－7.
杨续艳，高维滨．电针治疗脑卒中后尿失禁的临床观察［J］．针灸临床杂志，2006，06：33－34.
谢季祥．“医不三世，不服其药”解［J］．浙江中医杂志，2006，05：301.
夏慧茹．释《伤寒论》“家”义［J］．浙江中医杂志，2006，06：318－319.
沈开金．《金匮要略》治疗呕利宿食方药探讨［J］．浙江中医杂志，2006，06：320－321.
张丽，包祖晓，郭巧德，柯干．从阴阳毒论治急性白血病的探讨［J］．浙江中医杂志，2006，06：344－345.
范缨．麻黄配伍应用举要［J］．中国民间疗法，2006，05：33－34.
郭传荣，涂良盛．浅谈柴胡的临床应用［J］．中国民间疗法，2006，06：36－37.
王真．魏长春用《伤寒论》方治疗肺系疾病经验［J］．中医药学刊，2006，06：994.

魏维，衣伟，王玉芹．浅谈《伤寒论》药物配伍规律特点［J］．吉林中医药，2006，06：1.
叶小雯，戴文军．小柴胡汤治疗神经官能症［J］．吉林中医药，2006，06：53－54.
郭晓东．《伤寒论》方的煎药时间与溶剂［J］．吉林中医药，2006，06：54－55.
何绍奇．绍奇谈医（八）——《金匮要略》札记［J］．中医药通报，2006，03：5－7.
罗新民，王昃睿．经方治疗心悸验案举隅［J］．中医药通报，2006，03：18－20.
席军生，王勇．汪本和赵本《注解伤寒论》正文比较［J］．中医研究，2006，06：60－62.
宁桂芹，孙忠尧，丛华伟，王玉凤．仲景治郁法浅析［J］．中西医结合心脑血管病杂志，2006，05：465－466.
欧阳卫权．经方在皮肤科中的应用［J］．中医药临床杂志，2006，03：230－231.
曹杰．吴茱萸汤临床运用举隅［J］．中医药临床杂志，2006，03：237.
耿建国．中医成人教育中《伤寒论》的教学体会［J］．北京中医，2006，07：440－441.
林青山．桂枝汤临床扩展应用举隅［J］．福建中医药，2006，03：42.
刘逴慜，曹凡华．吴鞠通新绛旋复汤应用探析［J］．福建中医药，2006，03：57－58.
马文良，陈朝俊．仲景温清并用法的探讨［J］．光明中医，2006，07：3－4.
曹惠英．浅谈《金匮》温经汤［J］．光明中医，2006，07：4－5.
孙其斌，杨瑞龙，张参军．从《居延汉简》《居延新简》看《伤寒论》［J］．甘肃中医，2006，07：14－15.
宋高峰，伍炳彩．《金匮要略》中附子应用浅析［J］．国医论坛，2006，04：1.
郭任．试论MODS的中医机理即《伤寒论》之“阴阳气不相顺接”［J］．国医论坛，2006，04：2－5.
严令耕．浅探《伤寒论》方剂用药规律［J］．国医论坛，2006，04：5.
张沁园．《伤寒论》用字举隅［J］．国医论坛，2006，04：48－49.
陈刚，冉先德．《伤寒论》中生姜、大枣同用之效浅析［J］．贵阳中医学院学报，2006，03：36－37.
辛淑珍，刁兰芝．小柴胡汤治疗皮肤病的临床新用［J］．哈尔滨医药，2006，03：57－58.
华红英．略论《伤寒论》服药后的病情观察与护理［J］．湖北中医杂志，2006，07：18－19.
毛德西．《伤寒论》证候辨析［J］．河南中医，2006，07：9－11.
谢宇杰．论太阴病“口渴”［J］．河南中医，2006，07：12－13.
陈颐．《金匮要略》血瘀证论治方法妇科应用浅谈［J］．河南中医，2006，07：14－15.
许建中．慢性阻塞性肺疾病中医诊治探讨［J］．江苏中医药，2006，07：4－5.
周仲瑛．慢性阻塞性肺病急性发作期的辨治要点［J］．江苏中医药，2006，07：5－7.
吴银根．COPD的治疗应抓住咳、痰、喘、炎四个要点［J］．江苏中医药，2006，07：7－8.
林琳．浅谈慢性阻塞性肺病呼吸肌疲劳的中医诊治［J］．江苏中医药，2006，07：8－9.
晁恩祥．慢性阻塞性肺病若干问题之我见［J］．江苏中医药，2006，07：9－10.
朱佳．复法合方治疗慢性阻塞性肺病的应用与思考［J］．江苏中医药，2006，07：11－12.
刘鹏．五苓散中桂枝解［J］．江西中医药，2006，07：53－54.
林榕，李薇．运用金匮肾气丸辨治糖尿病神经源性膀胱21例［J］．辽宁中医杂志，2006，07：863.
黄伟震，潘莉莉．谈《伤寒论》常法与变法朴素哲学思想［J］．辽宁中医药大学学报，2006，04：21－22.
王缨，朱建军，顾武军．《伤寒论》下法应用探析［J］．辽宁中医药大学学报，2006，04：23－24.
闫方杰，郭军艳．试论葛根汤治下利［J］．辽宁中医药大学学报，2006，04：27.
李和平，魏波．大承气汤新用［J］．新中医，2006，07：88.
潘月丽．《伤寒论》方儿科应用体会［J］．山东中医杂志，2006，07：459－460.
程磐基．《伤寒论·伤寒例》学术思想探讨［J］．上海中医药大学学报，2006，02：9－11.
魏贤坤，邵家德，宛宜文．桂枝茯苓胶囊中芍药品种疑析［J］．时珍国医国药，2006，05：868.
谭庆刚．议半夏在《金匮要略》中的配伍运用［J］．时珍国医国药，2006，06：1063－1064.
解培勋．《伤寒论》五泻心汤及其类方方证探析［J］．时珍国医国药，2006，06：1074－1075.
张苇航，何新慧．试论《伤寒论》对《神农本草经》药物学的继承和发展［J］．时珍国医国药，

2006，07：1149－1151.
许四虎，廖利平．学习中医四大经典著作之浅见［J］．深圳中西医结合杂志，2006，03：135－138.
李成立．大青龙汤证之思考［J］．天津中医药大学学报，2006，02：66－67.
职小飞．浅析肾气丸在《金匮要略》中的运用［J］．江西中医学院学报，2006，03：15－16.
秦鹏涛，席管劳．浅谈《伤寒论》部分方剂组方意义［J］．中国社区医师（综合版），2006，13：53.
张建英，杨银芳，楚更五，王寅．《金匮要略》百合狐惑阴阳毒病合篇的启示［J］．浙江中医杂志，2006，07：373－374.
申永合．《伤寒论》发热论治五法及其临床应用［J］．浙江中医杂志，2006，07：375－376.
宋爱军，陈丽兰，彭万年．彭万年教授治疗糖尿病经验［J］．中医药学刊，2006，05：793－795.
王付．助读《伤寒杂病论》［J］．中医药学刊，2006，05：799.
林昌松，田敏，赵威，陈纪藩．微汗法治疗类风湿关节炎探讨［J］．中医药学刊，2006，05：886－887.
陈新宝．仲景运用芍药的配伍初探［J］．中医药学刊，2006，05：914－915.
李玲，马新红．张仲景煎药溶媒初探［J］．中医药学刊，2006，05：915－916.
郭铁柱，孙晶，艾华．《金匮要略》外治法浅谈［J］．中医药学刊，2006，05：917.
许萍，王清．大柴胡汤加味治疗脂肪肝［J］．中医药学刊，2006，05：924.
张友堂，王涛．论方剂辨证论治方法体系之确立［J］．中国中医基础医学杂志，2006，06：406－407.
杨运高．《伤寒论》辨证特色探讨［J］．中国中医基础医学杂志，2006，06：412－413.
张苇航，刘俊，曲丽芳．外感病中神志病变的产生机理及中医证治探讨［J］．中国中医基础医学杂志，2006，07：503－505.
刘清泉，陈志刚，江其敏．麻黄汤类方治疗急性呼吸道感染并发全身炎症反应综合征临床研究［J］．中国中医急症，2006，06：565－567＋688.
胡金詠，胡之璟，金雪明．热病辨证五“法”［J］．中国中医急症，2006，06：622－623.
闫妍．浅谈《伤寒论》煎药溶剂的选择［J］．北京中医，2006，05：278－280.
鲍艳举，花宝金．柴胡桂枝干姜汤临证指要［J］．北京中医，2006，08：471－473.
顾植山．从五运六气看六经辨证模式［J］．中华中医药杂志，2006，08：451－454.
林碧英．半夏泻心汤加味治疗寒热错杂型消化性溃疡108例［J］．福建中医药，2006，04：34.
吴厚庭．吴鞠通《医医病书》学术思想探析［J］．福建中医药，2006，04：44－45.
林恩燕，林炳辉，陈炬烽．清代福州名医陈恭溥与《伤寒论章句》［J］．福建中医药，2006，04：46.
李会英，李成东．小柴胡汤的临床应用体会［J］．河北中医，2006，06：442－443.
宋嫦娥，黄家诏．《伤寒论》呕吐哕研究概况［J］．河北中医，2006，06：476－478.
严祖汉．金匮肾气丸（汤）治疗老年女性夜尿增多症［J］．湖北中医杂志，2006，08：37.
华红英．略论伤寒论中的服药护理［J］．护理学杂志，2006，15：33－34.
赵金奉，卢振涛，姜广东．老年便秘证治［J］．黑龙江中医药，2006，04：59－60.
李建梅，司晓晨．冠心病的中医理论研究和治疗概况［J］．黑龙江中医药，2006，04：62－63.
周益新．关于宋本《伤寒论》之研究［J］．河南中医，2006，08：1－4.
赵英勋，宋纯坤．从《伤寒论》六经辨证谈八纲辨证的起源［J］．河南中医，2006，08：5.
李艳蓉．半夏泻心汤加减在临床中的运用［J］．河南中医，2006，08：10.
门波，曹永贺．金匮肾气汤加味克罗米酚治疗少精症［J］．医药论坛杂志，2006，15：102.
赵文斌．《伤寒论》“自利清水，色纯青”的临床体会［J］．江西中医药，2006，08：51.
王历．《伤寒论》脉法探析［J］．辽宁中医杂志，2006，08：947－948.
顾武军．《伤寒论》脏腑辨证探微［J］．南京中医药大学学报，2006，04：205－207.
王毛妮，周春祥．吴茱萸汤证探幽［J］．南京中医药大学学报，2006，04：214－216.
李赛美．《伤寒论》治咳特色与临床运用［J］．新中医，2006，08：5－7.
孙霂平，刘胜，高秀飞．百合知母甘麦大枣汤治疗乳腺增生病临证体会［J］．新中医，2006，08：82－84.
李哲，孙静，李震，陶汉华，高苏堤，于雷，于海芳，王晶，崔云．“劳倦过度，房室不节”肾阳虚模型小鼠舌象研究［J］．山东中医药大学学报，2006，04：324－326.

苑嗣文．振兴传统中医的力作——《李克绍医学文集》简介［J］．山东中医药大学学报，2006，04：353.

王文燕．《金匮要略》痛证辨治特点［J］．山东中医杂志，2006，08：513－515.

王继第，张素君．《伤寒论》方临床应用举隅［J］．山东中医杂志，2006，08：563－564.

须义贞，沈仲理．《金匮要略》妇科方剂解析［J］．上海中医药杂志，2006，08：42－43.

辛智科．《伤寒论》方证治法应用特点［J］．陕西中医学院学报，2006，04：1－3.

刘莉，罗美玉，李维彩，李开琴．金匮肾气丸合血塞通治疗糖尿病末稍神经病变26例［J］．陕西中医，2006，08：933－934.

马娜，王建红．中医方证现代研究进展［J］．时珍国医国药，2006，08：1375－1376.

叶进．仲景用人参调治脾胃的配伍规律探析［J］．时珍国医国药，2006，08：1558－1559.

张沁园．《伤寒论》治病求本原则探讨［J］．深圳中西医结合杂志，2006，04：228－229.

张国骏，焦锟．谈《伤寒论》中的恒动观［J］．江西中医学院学报，2006，04：5－7.

钱超尘．宋本《伤寒论》版本研究［J］．中医药文化，2006，03：18－21.

张苇航．《伤寒秘要》提要［J］．中医药文化，2006，04：46.

马文辉．试论“一分为三”和“三阳三阴”在中医基础理论中的重要地位［J］．医药产业资讯，2006，17：261－263.

杜保宏，杜滨，张运勤，刘贵成．经方小柴胡汤临证举隅［J］．医药产业资讯，2006，21：96－97.

魏义勇，周琦，石印玉，詹红生．补肾中药对老龄成骨细胞VDR基因表达的研究［J］．中国中医骨伤科杂志，2006，04：1－4.

杨友发．论《伤寒》治水诸法［J］．中医药学刊，2006，07：1223－1225.

翁銮坤．关于张锡纯伤寒学术思想的整理与探讨［J］．中医药学刊，2006，07：1263－1265.

许国敏，张纪达，张横柳．《伤寒论》与现代生物钟理论的探讨［J］．中医药学刊，2006，07：1304－1305.

高兴．三阴三阳理论溯源［J］．中医药学刊，2006，08：1511－1512.

翁銮坤．试论茯苓四逆汤证中有无水气［J］．中医药学刊，2006，08：1550－1551.

刘艳骄，黄璐琦，杨洪军，西广成．中医学关于证候疾病方剂关系的理论研究［J］．中国中医基础医学杂志，2006，08：562－563.

田华张，张春燕．针灸推拿在养生中的应用［J］．吉林中医药，2006，08：8－9.

何绍奇．绍奇谈医（九）——《金匮要略》札记［J］．中医药通报，2006，04：8－10.

陈国权．《金匮要略》桂枝茯苓丸加方辨治黄褐斑［J］．中医药通报，2006，04：19－22.

鲁美君．半夏泻心汤刍议［J］．中医药学报，2006，04：54－55.

白玉宾，姜德友．《金匮》脾阴初探［J］．中医药学报，2006，04：58.

程海英．《温病条辨》对《伤寒论》下法的发展［J］．中医药管理杂志，2006，07：61－62.

王勇，席军生．《伤寒论》合病并病辨析［J］．中医研究，2006，07：6－8.

许颖富．《伤寒论》汤剂溶媒探讨［J］．中医研究，2006，07：11－12.

肖鲁伟，沈进稳，吴承亮，郭建友，顾伟忠．金匮肾气丸对大鼠脊髓近距离放射损伤细胞凋亡形态学的影响［J］．中国中西医结合杂志，2006，07：633－635.

许国敏，张横柳．仲景伤寒经典著述源流探微［J］．浙江中医药大学学报，2006，04：324－326.

牧童，张声生，汪红兵．《金匮要略》温、通、清、和四法在脾胃病中的运用［J］．北京中医，2006，09：562－563.

陈时雄．张仲景退黄法探讨［J］．光明中医，2006，09：9－11.

侯名哲．阳虚感冒的辨治［J］．光明中医，2006，09：15－16.

郭春生．桂枝汤衍变方及其现代应用探析［J］．光明中医，2006，09：18－19.

张继算．《伤寒论》栀子豉汤类证治浅析［J］．光明中医，2006，09：20.

高红霞，张鹏，廖世煌．《金匮要略》中通腑泻实法的运用［J］．甘肃中医，2006，08：3－4.

吴洁．《金匮要略》温经止痛方药运用特点浅析［J］．国医论坛，2006，05：1－3.

张广波．治口唇脱皮1例体会［J］．国医论坛，2006，05：30.
萧佐桃，唐众瑞．《伤寒论》方的临床运用（待续）［J］．湖南中医学院学报，2006，04：31－33.
王历，常健菲．《伤寒论》望诊探略［J］．河南中医，2006，09：1－2.
石显方，傅文录．从黄连汤证看脾胃病的理法方药［J］．河南中医，2006，09：4.
张志斌，王永炎．辨特定病种与辨证候要素相结合创新瘟疫理论［J］．北京中医药大学学报，2006，07：437－441＋470.
程先宽，韩振蕴，范吉平，陈志刚．《伤寒杂病论》汤剂与3509首现代汤剂药味、用量比较［J］．北京中医药大学学报，2006，07：445－447.
张清苓，姜元安．有关六经辨证方法之再认识［J］．北京中医药大学学报，2006，08：520－522.
金志春．张仲景妇科血瘀学说学术思想探析［J］．辽宁中医杂志，2006，09：1088－1090.
孙燕．浅谈甘草在《伤寒论》中的应用［J］．辽宁中医杂志，2006，09：1173.
黄伟震，潘莉莉．炙甘草在经方“六剂”中作用辨析［J］．辽宁中医药大学学报，2006，05：28－29.
刘清平，黄仰模，林昌松，关彤，陈光星，刘丽娟．紧密联系临床上好《金匮要略》课［J］．辽宁中医药大学学报，2006，05：164.
李磊．三阴三阳学说文化哲学探源［J］．南京中医药大学学报（社会科学版），2006，02：74－77.
骆洪道．防己黄芪汤新用［J］．新中医，2006，09：63－64.
宋旭明，张清华．陈治恒教授辨治脑炎后遗症经验［J］．四川中医，2006，09：6.
朱娜，曹雪明，李怡贞．《伤寒论》服药方法的探讨［J］．四川中医，2006，09：21－22.
陶怡，刘浩．《金匮要略》中邪正观思想述要［J］．四川中医，2006，09：22－24.
钱祝民．金匮肾气丸和六味地黄丸交替久服治疗慢性腰痛体会［J］．山东中医杂志，2006，09：609.
李丽娜，许兴辉，张建荣．《金匮要略》活血祛瘀方药探析［J］．实用中医内科杂志，2006，05：477－478.
王彦英．小柴胡汤临床应用［J］．实用中医内科杂志，2006，05：521－522.
金华，丁苑媛，赵志雄．口服金匮肾气丸治疗慢性肾衰竭的临床观察［J］．时珍国医国药，2006，09：1748－1749.
王世勋．《伤寒论》中的液体疗法［J］．时珍国医国药，2006，09：1812－1813.
王志红．郑钦安之辨证论治思想精要［J］．时珍国医国药，2006，09：1840－1841.
常爱萍．《伤寒论》中有关中药的用法［J］．中医文献杂志，2006，03：12－14.
张云鹏．《伤寒论》辨证方药临床运用探析［J］．中医文献杂志，2006，03：27－30.
林恩燕，林炳辉．林则徐与中医药学［J］．中医文献杂志，2006，03：50－51.
刘卫红．小半夏汤传统汤剂与超微粉碎对模型小鼠胃泌素的影响［J］．中国中医药信息杂志，2006，06：32－33.
刘振杰．外感发热“恶寒”一症心得（附验案2则）［J］．中国社区医师（综合版），2006，15：76.
姬水英，王小民．仲景应用白芍探析［J］．实用中医药杂志，2006，09：578.
罗吉品．金匮肾气丸临床应用举隅［J］．实用中医药杂志，2006，09：583.
李雅琴．论《金匮要略》胸痹心痛辨治应用［J］．中医药学刊，2006，09：1622－1623.
张国铎．《金匮要略》活血化瘀方的用药特色［J］．中医药学刊，2006，09：1729－1730.
王伟，毕宏伟．四逆散的临床应用进展［J］．中医药信息，2006，05：56－57.
许燕萍，蔡小平．从升降理论谈“少阳为枢”及小柴胡汤证治［J］．中医研究，2006，09：9－10.
肖鲁伟，王伟东，童培建，代燎原．补肾复方含药血清对大鼠成骨细胞OPG、ODF表达的影响［J］．中医正骨，2006，09：1－3＋89.
刘宝义，孙广仁．《伤寒论》四时大法及其证治理论体系初探［J］．浙江中医药大学学报，2006，05：453－455.
杨雨禾．张仲景有关虚脉论述之浅析及实践［J］．浙江中医药大学学报，2006，05：456＋462.
胡俊霞，孙敬青．《伤寒论》桂枝去桂加白术茯苓汤之我见［J］．北京中医，2006，10：596－598.
冯世纶．两个六经不能混淆——《伤寒杂病论》的理论来源［J］．中华中医药杂志，2006，10：

582 - 585.
丁艳玲，丁福民，王丽冬，潘玉华．桂枝茯苓丸治疗妇产科疾病的体会［J］．承德医学院学报，2006，03：269 - 271.
毕国伟．张仲景活用汗法辨治黄疸［J］．成都中医药大学学报，2006，03：3 - 5.
王小龙．对《伤寒论》少阴病篇吴茱萸汤证的探讨［J］．光明中医，2006，10：4 - 6.
崔连有．张仲景巧用麻黄疗诸疾［J］．光明中医，2006，10：8 - 10.
谢宇杰．试论太阴病“口渴”［J］．甘肃中医，2006，10：1 - 2.
李卫民，李卫红．《金匮要略》温经汤中半夏的配伍意义［J］．广西中医药，2006，05：46.
闻莉，梅国强．梅国强活用葛根芩连汤举隅［J］．湖北中医杂志，2006，09：19 - 20.
朱琥，王先广，陈国权．陈国权用《金匮要略》方治疗“定时发作”病经验［J］．湖北中医杂志，2006，09：20 - 21.
陈文松．悟《金匮要略》治痰八法［J］．湖北中医杂志，2006，09：39 - 40.
苏达朝，刘婉师．《金匮要略·胸痹心痛短气病脉证治》病机及证治探讨［J］．中医药导报，2006，10：22 - 23 + 25.
刘培．单煎和共煎对小柴胡汤中黄芩有效成分的影响［J］．河南中医学院学报，2006，06：5.
张义．张仲景“虚而行之”思想探析［J］．河南中医，2006，10：1 - 2.
张红艳，屈凯．浅析《伤寒论》对黄连的配伍应用［J］．河南中医，2006，10：5 - 6.
白朝伟．血与水辨证观之源与流［J］．河南中医，2006，10：8 - 10.
钱超尘．20世纪四本《伤寒论》所据底本揭秘［J］．河南中医，2006，11：1 - 4.
黄家诏．仲景学说绽放异彩——第十四届全国仲景学说学术研讨会述评［J］．河南中医，2006，11：5 - 8.
张保伟．《伤寒论》第27条机理浅释［J］．河南中医，2006，11：9 - 10.
刘杰，戴天木．试论《金匮要略》中的因势利导治则［J］．湖北中医学院学报，2006，03：38 - 39.
孙洪生，严季澜．《伤寒论》不寐类病证论治发微［J］．北京中医药大学学报，2006，09：589 - 591.
贾春华，王永炎，黄启福，鲁兆麟，王庆国．张仲景合方理论研究［J］．北京中医药大学学报，2006，10：653 - 657.
曲夷．《伤寒论》用药权变［J］．辽宁中医杂志，2006，10：1264 - 1265.
麻晓示，傅文录．耳源性眩晕病脉证并治发挥［J］．辽宁中医杂志，2006，10：1272 - 1273.
郭静，张志芳，程振芳．仲景“再煎”之法探幽［J］．内蒙古中医药，2006，05：35 - 36.
张友和，孟晓丽．晋唐时期祖国医学理论发展缓慢的因素［J］．内蒙古中医药，2006，05：40.
赵文研，陈荣．十枣汤新用［J］．新中医，2006，10：85 - 86.
施建邦，李赛美，吴俊宽．台湾地区《伤寒论》方临床运用与研究现状分析［J］．广州中医药大学学报，2006，05：437 - 439.
张聪广．浅析传统中医在结脉临床意义上认识的不足［J］．四川中医，2006，10：29 - 30.
罗毅，廖冬燕，唐汉庆，刘力红．从“日晡潮热”看六经欲解时［J］．四川中医，2006，10：32 - 33.
马文辉．论《伤寒论》的六病、六时、六证［J］．山西中医学院学报，2006，04：7 - 8.
朱西杰，杨利侠，周波，李卫强，崔晓红．姜类药在消化道疾病治疗中的作用研究［J］．山西中医，2006，05：45 - 46.
杨景锋，杨晓黎．从《金匮要略》看张仲景对六淫病因学说的贡献［J］．陕西中医学院学报，2006，05：1 - 2.
张梅，顿宝生．试论《伤寒论》相反相成的配伍规律［J］．陕西中医学院学报，2006，05：3 - 4.
梅刚．浅议麻杏甘石汤［J］．陕西中医学院学报，2006，05：7 - 9.
田文敬．略论《太平圣惠方》编著特点［J］．陕西中医，2006，09：1135 - 1137.
秦建平，胡勇．试析张仲景辨治便秘［J］．陕西中医，2006，09：1156 - 1157.
郑攀．吴茱萸汤证机探析［J］．时珍国医国药，2006，10：1928 - 1929.
角田睦子．仲景方治疗溃疡性大肠炎的经验［J］．天津中医药，2006，05：429 - 431.

王刚，胡国库，张义正，王米渠．应用抑制消减杂交研究惊恐致肾虚及金匮肾气丸治疗后小鼠的差异表达基因（英文）[J]．中国临床康复，2006，39：163－166.

符友丰．从李时珍运气用药式看疫病 [J]．亚太传统医药，2006，09：19－25.

罗荣钧．桂枝加附子汤临床应用体会 [J]．医药世界，2006，10：166.

杨雎．《金匮》大黄牡丹汤加川椒肉桂治验大肠痈之新论（附2例报告）[J]．中国社区医师（综合版），2006，19：62.

黄伯舜．大黄临床应用一得 [J]．浙江中医杂志，2006，09：549－550.

朱美香，吴小明，连建伟．《金匮要略》姜枣使用规律探析 [J]．浙江中医杂志，2006，10：585.

杨基建．桂枝汤桂芍作用之再认识 [J]．中医药学刊，2006，10：1822－1823.

张清仲，朱章志．茯苓四逆汤证辨析 [J]．中医药学刊，2006，10：1927－1928.

张华东，赵冰，朱建贵．谢海洲教授谈中医治疗咳喘病 [J]．中国中医基础医学杂志，2006，09：709－710.

王存芬，陈玉萍．《金匮要略》迟、数脉探析 [J]．中国中医基础医学杂志，2006，10：721－722.

孙立．浅析《尚论后篇》对伏气温病证治的贡献与局限 [J]．中国中医基础医学杂志，2006，10：765＋783.

黄家诏．伤寒论教学方法探析 [J]．中医教育，2006，05：45－46.

叶进．金匮要略教学应突出特色 [J]．中医教育，2006，05：83－84.

邢志强．《伤寒论》厥证探析 [J]．吉林中医药，2006，10：6－7.

何绍奇．绍奇谈医（十）——《金匮要略》札记 [J]．中医药通报，2006，05：14－15＋13.

陈国权．论《金匮》中风病之辨治 [J]．中医药通报，2006，05：26－27.

武建设，连建伟，单兆伟．《金匮要略》妇人病篇学术思想刍议 [J]．中医药通报，2006，05：37－39.

吕昊哲，常惟智．浅谈《伤寒论》中方剂的特殊煎煮服用方法 [J]．中医药学报，2006，05：59－60.

周俊．应该弘扬医德和药德 [J]．中国中西医结合杂志，2006，09：774.

崔锡章．论《伤寒论》的词义特点及对临床应用的影响 [J]．中医杂志，2006，05：388－390.

李凯平，连建伟．叶天士运用《伤寒杂病论》的经验及其研究概况 [J]．中医杂志，2006，05：391－392.

舒鸿飞，舒锡均．从写作实践谈论文的修改 [J]．中医杂志，2006，07：546－548.

窦志芳，郭蕾，张俊龙，张鑫．"方证对应"研究的思考 [J]．中医杂志，2006，08：563－564＋570.

沈焕彬．《伤寒论》中"悸"非独"心动" [J]．中医杂志，2006，08：636－637.

胡一莉．论《金匮要略》之脉学特点 [J]．中医药临床杂志，2006，05：425－427.

刘阳．《金匮要略》中麻黄的配伍用药尺度探讨 [J]．中医药临床杂志，2006，05：427－428.

崔秀丽．桂枝汤治疗失眠一得 [J]．中医药临床杂志，2006，05：431.

崔锡章．论中医症状的语言规律及对规范化的影响 [J]．中华中医药杂志，2006，11：646－649.

宋建平，李瑞琴，李伟，秦俊莲，张瑞，徐建明，田黎，马莉娜．《金匮要略》不同方药对肺纤维化模型早期阶段的影响（一）[J]．中华中医药杂志，2006，11：692－694.

杨杰．浅论叶天士的胃阴学说 [J]．福建中医药，2006，05：56－57.

邢小燕，张晓丹，牛淑亮，张建荣．《金匮要略》湿病证治浅谈 [J]．光明中医，2006，11：1－2.

王玉芳．《伤寒论》口渴证治初探 [J]．光明中医，2006，11：3－4.

于国臣，于永生．学习《伤寒论》经验拾零 [J]．工企医刊，2006，05：50－51.

官辉，林端宜，杨雪梅，张喜奎．仲景方现代研究进展 [J]．国医论坛，2006，06：1－3.

崔秀丽．浅析《伤寒论》"但头汗出"症之病机 [J]．国医论坛，2006，06：3－4.

左祐仲．阴阳易治验及体会 [J]．国医论坛，2006，06：10.

徐成贺．《金匮要略》"四季脾王"考 [J]．国医论坛，2006，06：50.

甘慧娟，黄海．仲景治疗支气管哮喘方论 [J]．中医药导报，2006，11：22－24.

吴新献．运用仲景理论治疗风湿病初步探讨 [J]．河南职工医学院学报，2006，06：470－471.

萧佐桃，唐众瑞．《伤寒论》方的临床应用（续）[J]．湖南中医药大学学报，2006，05：35－37.

王永炎，贾春华，黄启福，鲁光麟．《伤寒论》临床诊疗“实质公理”集［J］．江苏中医药，2006，10：75－77.

黄家诏．试析外感病辨治中的动态思维方法［J］．江苏中医药，2006，11：11－13.

刘新明．从脾虚论治糖尿病［J］．江西中医药，2006，10：13.

陈静，曹征．浅谈《周易》对《伤寒论》的影响［J］．江西中医药，2006，10：14－15.

王炳君．《伤寒论》针刺期门浅析（1）［J］．江西中医药，2006，10：15－16.

朱炳林．过犹不及［J］．江西中医药，2006，10：51－52.

孙其新．谦斋六经辨证钩玄——谦斋辨证论治学［J］．辽宁中医杂志，2006，11：1406－1408.

孙建明．中药虫草治疗阳痿临床观察［J］．辽宁中医杂志，2006，11：1468.

栾光斗，曹忠义，王海成，马海红．《伤寒论》中身重证治一得［J］．辽宁中医药大学学报，2006，06：12.

文乐敏．黄土汤临床新用［J］．辽宁中医药大学学报，2006，06：94－95.

王树鹏．《伤寒论》教学方法改革初探［J］．辽宁中医药大学学报，2006，06：170.

艾华，曲道炜．中医临床基础学科教学与科研的建设与发展［J］．辽宁中医药大学学报，2006，06：175.

朱章志，唐咸玉．经方治疗糖尿病及其并发症研究述评［J］．新中医，2006，11：10－11.

崔秀丽．理中丸新用［J］．新中医，2006，11：78.

谭达全，邓冰湘，郭春秀．半夏泻心汤君药刍议［J］．新中医，2006，11：79－80.

刘霖，刘道清．刘鸿恩及其《医门八法》［J］．四川中医，2006，11：29－30.

姜润林．从“烦”症探《伤寒论》的运动传变观［J］．四川中医，2006，11：30－31.

王津慧．浅析《伤寒论》运用毒性药物之规律［J］．四川中医，2006，11：32－33.

包培荣．水气病证治与充血性心力衰竭［J］．山东中医杂志，2006，11：723－726.

魏道祥．方剂寒热配伍之探析［J］．上海中医药杂志，2006，11：50－52.

刘维．《金匮要略》中皮肤病论治探微［J］．陕西中医，2006，11：1445－1446.

易增兴，周复辉．葛根临床应用体会［J］．陕西中医，2006，11：1453－1454.

李果，肖小河，金城，李祖伦．六味地黄丸及其类方配伍规律的研究与进展［J］．中国临床康复，2006，43：174－176.

范恒，邱明义，梅家俊，沈关心，刘松林．理肠四方治疗溃疡性结肠炎的病机（英文）［J］．中国临床康复，2006，43：217－222.

鲁纯纵，刘英锋，蒋小敏．浅谈中医经典教学改革［J］．江西中医学院学报，2006，05：66.

秦仁琼．《伤寒论》太阳病桂枝汤六证辨析［J］．亚太传统医药，2006，10：51－54.

林益泉．乌梅丸新用［J］．医学文选，2006，03：455.

米鹂．《伤寒论》《金匮要略方论》外仲景遗方考［J］．中华医史杂志，2006，03：137－141.

林广裕，冯晶，庄婉莉，陈派镇，马廉．中西医结合治疗小儿哮喘的现代理念与临床实践［J］．中医儿科杂志，2006，06：28－30.

赵恒懿，张念平．弦脉现代研究进展［J］．中国医学创新，2010，06：182－184.

李联社．瓜蒌薤白半夏汤的临床应用——跟随张学文教授临证心得［J］．中医药学刊，2006，11：2010.

白玉宾，姜德友．《金匮要略》水液代谢疾病探讨［J］．中医药学刊，2006，11：2043－2044.

景浩．从《内经》正反逆从看《伤寒论》［J］．中医药学刊，2006，11：2115－2116.

张丽艳，朱辉，张红梅．《金匮要略》历版教材变迁利弊谈［J］．中医药学刊，2006，11：2123－2124.

王伟．半夏泻心汤治疗急性胰腺炎后“胃痞”的临床观察［J］．中医药学刊，2006，11：2132.

王燕平，孙明杰，杨威．《伤寒论》方证的人参功用探讨［J］．中国中医基础医学杂志，2006，11：807－808.

张瑞民．经方新用心得两则［J］．中医药管理杂志，2006，10：66.

孟威．小柴胡汤治疗心脑血管疾病6例［J］．中西医结合心脑血管病杂志，2006，11：1033－1034.

刘保国，李志英，杜明．金匮肾气丸配合激素治疗大疱性类天疱疮疗效观察及对糖皮质激素受体表达的影响［J］．中国中西医结合杂志，2006，10：881－884.
杨世权．临床应用经方应抓住哪些要点［J］．中医杂志，2006，11：872.
高兴．《伤寒论》对标本中见理论的运用与发展［J］．浙江中医药大学学报，2006，06：590－591.
徐光星．何任教授学术成就研究［J］．浙江中医药大学学报，2006，06：601－603.
陈明．中医治略与兵法三十六计举隅［J］．滨州学院学报，2006，05：157－160.
陈小仙，吴卫兵，马梅生．浅谈经方对中医临床的指导意义［J］．光明中医，2006，12：11－13.
霍荻．中医经典学习中的一些感想与体会［J］．甘肃中医，2006，11：40－41.
杨娜．由《金匮要略》“十七句”谈肝虚证的传变及其整体治疗［J］．甘肃中医，2006，12：3－4.
赵裕沛，王兴华．小柴胡汤临床应用近况［J］．甘肃中医，2006，12：42－45.
定明阳．学《金匮》用大黄举隅［J］．贵阳中医学院学报，2006，06：64.
李鹏，段莉．外感风寒衄血验案3则［J］．河北中医，2006，11：837.
卢华琳．论《伤寒论》辨证施护思想在方药服法和药后护理中的运用［J］．现代护理，2006，30：2935－2936.
倪杰．经方治验二则［J］．中医药导报，2006，12：55.
张甦颖．从《金匮要略》看阴血亏虚与情志病的关系［J］．河南中医，2006，12：4－5.
牛晓亚．白芍的临床配伍运用［J］．河南中医，2006，12：69－70.
钟天，秦小珑．《伤寒论》汗法概要［J］．江西中医药，2006，12：21－22.
蔡少华，周步高，黄利兴，刘志勇．“戴阳”辨析［J］．江西中医药，2006，12：22－23.
汪碧涛．《金匮要略》治崩漏方的祛瘀思想阐微［J］．辽宁中医杂志，2006，12：1573－1574.
苏彦斌，张金铎，苏彦文．四七汤的源流分析与运用分类［J］．辽宁中医杂志，2006，12：1628－1629.
张晓春．《金匮要略》“血不利则为水”学术思想在指导妇科疾病治疗中的意义［J］．新中医，2006，12：1－2.
刘志龙．成无已辨证论治思想探析［J］．新中医，2006，12：8－10.
韩春生，符思．半夏泻心汤证病机浅析［J］．新中医，2006，12：74－75.
朱美香，吴小明，连建伟．浅析《金匮要略》虫类药方配伍规律［J］．新中医，2006，12：76－77.
花海兵．黄芪建中汤治疗胃癌验案3则［J］．新中医，2006，12：77－78.
赵致镛，李建才．再议茯苓四逆汤证［J］．四川中医，2006，12：35－36.
黄开泰．《伤寒论》病、证再识及其证本质和辨病与辨症［J］．山东中医药大学学报，2006，06：432－435.
王欣．“方证相应”的理论内涵及其研究价值［J］．山东中医药大学学报，2006，06：439－440.
倪方利，赵玉英，姜建国．论《伤寒论》类似证辨证［J］．山东中医杂志，2006，12：795－797.
李美萍．试释《伤寒论》第7条［J］．山东中医杂志，2006，12：804－806.
畅达．《伤寒论》中与误治相关内容的探讨［J］．山西中医，2006，06：1－4.
杨奕望，张再良，吴鸿洲．《金匮要略》利水法举要［J］．上海中医药大学学报，2006，04：41－42.
方弟晋．辨证论治治疗糖尿病周围神经病变31例［J］．陕西中医，2006，12：1530－1531.
吴小明，张卓文，连建伟．仲景矿物类药的性能功效特点探析［J］．实用中医内科杂志，2006，06：632－633.
程磐基．《伤寒论类编》提要［J］．中医药文化，2006，06：41.
魏义勇，石印玉，詹红生，冯伟．补肾中药对成骨细胞VDR、Cbfα1mRNA表达的影响［J］．中国骨伤，2006，11：659－661.
陈一江．对《金匮要略》的诊断学特色的几点认识［J］．浙江中医杂志，2006，12：722－723.
朱步先．漫话“柴胡先生”［J］．中医杂志，2006，12：949－950.
周建新．《伤寒论》苓桂剂群临证举隅［J］．中国实用乡村医生杂志，2006，12：48－49.
黄贵华．张仲景脾胃学说研究概况［J］．广西中医学院学报，2006，04：70－72.

韩贵周．《伤寒论·阴阳易》之管见［J］．国际中医中药杂志，2006，06：369－370.
梅国强．加减小柴胡汤临证思辨录［J］．湖北中医杂志，2006，12：3－6.
李家庚．《伤寒杂病论》大汗的辨治［J］．湖北中医杂志，2006，12：8－9.
黄贵华，旷惠桃．仲景方剂药物用量的探索与思考［J］．湖南中医药大学学报，2006，06：4－5.
刘志龙．许叔微临证特色举要［J］．湖南中医药大学学报，2006，06：6－8.
王世勋．张仲景以补止痛的学术思想［J］．时珍国医国药，2006，12：2607－2608.
王勇，高爱玲．汪本和赵本《注解伤寒论》比较［J］．中医文献杂志，2006，04：4－8.
赵仕强，张成俊．试论庞安时《伤寒总病论》对温病学的影响［J］．中医文献杂志，2006，04：14－16.
张蕾．郭雍研究伤寒方法刍议［J］．中医文献杂志，2006，04：27－29.
陈静．浅谈《周易》对《伤寒论》的影响［J］．中医文献杂志，2006，04：33.
冯世纶．两个六经不能混淆——《伤寒杂病论》的理论来源［J］．中医文献杂志，2006，04：41.
张于华．从伤寒论探讨古今附子用法［J］．医药世界，2006，12：74.
肖文海，李申林，宫凤英．试论大陷胸汤［J］．中国社区医师（综合版），2006，23：14.
张红宏．从桂枝汤和麻黄汤的煎服法看汗法技巧［J］．中国民间疗法，2006，12：6－7.
张荣珍．《伤寒论》五泻心汤类方证探析［J］．中国中医基础医学杂志，2006，12：890－891.
黄家诏．《伤寒论》表里先后治法思路浅析［J］．中国中医基础医学杂志，2006，12：892－894.
王毅．张仲景应用地黄剖析［J］．中国中医基础医学杂志，2006，12：942－943.
李慧．方证对应学是中医的经验传承体系［J］．中医药通报，2006，06：33－35.
张霆．使用经方治疗肺癌并发症钩玄［J］．中医药学报，2006，06：62－63.
姬爱冬，刘友章．刘友章对《伤寒论》课程学习中文化建构范式的思考［J］．中医药管理杂志，2006，12：25－26.
姬淑琴．当归四逆汤加味治疗原发性痛经50例［J］．福建中医药，2006，06：41.
赵志英，周春祥．三物白散抗肿瘤过程中免疫正相调节机制研究［J］．福建中医药，2006，06：48－49.
刘建军，邱明义．试议阅读诸家经典与学好中医的关系［J］．湖北中医学院学报，2006，04：77.
刘旺兴，方再荣．薏苡附子败酱散加味治疗慢性子宫内膜炎31例［J］．岳阳职业技术学院学报，2006，06：40－41.
郑东升，郑小伟．金匮肾气丸对肾阳虚大鼠17α－羟化酶基因表达的影响［J］．中国中医药信息杂志，2006，10：42－43.
展锐．经方自验［J］．中国中医药信息杂志，2006，10：82.
王普艳，秦爱东，陈国权，刘彦君，华强．从中医心、肺为主的脏腑整体观论述高脂血症的病机［J］．中国中医药信息杂志，2006，10：92－93.
刘清平，林昌松，关彤，陈光星，刘丽娟，廖世煌，黄仰模．浅议名医验案在《金匮要略》教学中的引入［J］．中国中医药信息杂志，2006，11：109－110.
马铮．张融碧用百合地黄汤临证经验［J］．中国中医药信息杂志，2006，12：81＋102.
李加保．甘姜苓术汤临证新用［J］．医药世界，2006，S2：184－185.
何智林．研习仲景治痞证之体会［J］．现代中医药，2006，06：39－40.
吴积海，冯群法．《金匮要略》中风病治疗特色分析［J］．中国医药指南，2006，11：74－75.
贾颖，沈华，王小芸，赵怀舟．关于中医书籍中体例误判致讹的初步探讨［J］．山西中医，2006，S1：4－5.
刘大芳．浅谈《伤寒论》中芍药的应用［J］．山西中医，2006，S1：74－75.
唐小力．更上层楼———蔡文就《伤寒》经方添新曲［N］．广东科技报，2006－05－26B04.
南方医科大学附属南方医院中医内科陈宝田教授．小柴胡汤在内科病症的具体应用［N］．广东科技报，2006－09－01A04.
徐焰．疫病甚于刀剑［N］．解放军报，2006－07－04010.
贾先红．中医学与金字塔［N］．健康报，2006－07－06003.
丁云东．中医一旦消亡谁之过［N］．健康报，2006－09－14003.

时骏吴敏．鸿儒大医裘沛然［N］．健康报，2006－10－23006.
王辉武．奇而不怪的胃痛［N］．家庭医生报，2006－01－16007.
王静．蒿芩清胆汤的临床应用［N］．民族医药报，2006－04－21003.
毛德喜．冬季腹泻——理中丸［N］．农村医药报（汉），2006－02－07006.
陈厚财，王祥彬．不可滥用甘草［N］．农村医药报（汉），2006－02－28006.
杏辑．任应秋治疗慢性风心病的经验［N］．农村医药报（汉），2006－07－04004.
广龙．金匮肾气丸有新用［N］．农村医药报（汉），2006－07－04006.
金匮肾气丸治甲状腺功能减退［N］．农村医药报（汉），2006－10－24004.
徐天景（台州市中医院）．金匮肾气丸临床新用举隅［N］．上海中医药报，2006－01－20006.
金芷君．历代名医论肝胆（一）［N］．上海中医药报，2006－04－07006.
张建中，楼绍来．辨证深思明鉴用药广取巧配［N］．上海中医药报，2006－12－08003.
周国琪上海中医药大学内经教研室．热论（节选）［N］．上海中医药报，2006－12－22008.
深圳商报记者王美华实习生徐蓉通讯员张木秀．深圳启动建中医强市工程［N］．深圳商报，2006－05－25C05.
吴健礼．漫话古代藏汉医药文化的联系［N］．西藏日报，2006－11－17002.
徐文兵．干渴［N］．中国医药报，2006－03－06B08.
任凤梅．做优秀中医的必要条件——熟读经典［N］．中国医药报，2006－06－10007.
祝之友，周胜建．《金匮要略》矾石小考［N］．中国中医药报，2006－01－04005.
李航森．读《备急千金要方》卷一心得［N］．中国中医药报，2006－02－10005.
张效霞．《伤寒论》“辨某某病脉证”辨的是什么［N］．中国中医药报，2006－02－13005.
魏东生湖北咸宁麻塘风湿病专科医院伍学珍成都中医药大学硕士研究生．《伤寒论》“但头汗出”病机有五［N］．中国中医药报，2006－02－24005.
毛德西．附子与大黄的配伍妙用［N］．中国中医药报，2006－03－02005.
张效霞．《伤寒论》“证”之本义考［N］．中国中医药报，2006－03－03005.
高允旺．用温热法治蛛网膜下腔出血心得［N］．中国中医药报，2006－03－03006.
路军章．刍议方剂辨证［N］．中国中医药报，2006－03－08005.
庞景三．《伤寒论》相反相成组方四法［N］．中国中医药报，2006－03－09005.
祝之友．准确解读“经方”药物［N］．中国中医药报，2006－03－17005.
刘杰．《金匮要略》半夏应用有特点［N］．中国中医药报，2006－03－17005.
裴立宁，郑洪．让中医药典籍走向世界［N］．中国中医药报，2006－03－22001.
曹正逵．弘扬传统医德树立行业新风［N］．中国中医药报，2006－03－22005.
王付．张仲景辨太阳病为何用下法［N］．中国中医药报，2006－03－29005.
计佳军．另释《伤寒论》中的“燥烦”［N］．中国中医药报，2006－03－29005.
王兴华，王光耀．《伤寒论》六经辨证治疗系统与方法［N］．中国中医药报，2006－04－06005.
孟庆云．辨证论治套路的运用［N］．中国中医药报，2006－04－10005.
王兴华，王光耀．《伤寒论》八纲辨证系统与方法［N］．中国中医药报，2006－04－14005.
王兴华，王光耀．《伤寒论》病因辨证系统与方法［N］．中国中医药报，2006－04－24005.
单健民江苏省阜宁县中医院．张仲景康复医学思想和康复疗法［N］．中国中医药报，2006－04－26005.
王兴华王光耀南京中医药大学．《伤寒论》三焦辩证系统与方法［N］．中国中医药报，2006－04－26005.
王业龙．研读桂枝汤心得［N］．中国中医药报，2006－04－27005.
倪峰．浅谈中药用量［N］．中国中医药报，2006－04－28005.
冯世纶中日友好医院石应轩河南省偃师石家庄卫生所．《伤寒论》中的六经实为六证［N］．中国中医药报，2006－05－10005.
周贻谋．章太炎对中医的贡献［N］．中国中医药报，2006－05－11005.

孟琳升，孟仲岐，孟映雪．仲景的辨“征”论治［N］．中国中医药报，2006－05－12005.
刘鹏．《伤寒论》第七十三条新解［N］．中国中医药报，2006－05－15005.
冯世纶．《伤寒论》第28条方证解［N］．中国中医药报，2006－05－17005
万兰清．也议六经名实［N］．中国中医药报，2006－05－18005.
马文辉．《伤寒论》三阴病证的定位［N］．中国中医药报，2006－05－18005.
聂惠民．陈修园“劝读十则”古今皆宜［N］．中国中医药报，2006－05－19005.
邢玉瑞陕西中医学院．取象比类［N］．中国中医药报，2006－05－25005.
马文辉太原三部六病门诊部．《伤寒论》的三部定位［N］．中国中医药报，2006－06－01005.
邢玉瑞陕西中医学院．奇妙的数［N］．中国中医药报，2006－06－01005.
贾春华，王永炎，黄启福，鲁兆麟，王庆国．证候的“本体论”［N］．中国中医药报，2006－06－05005.
马文辉．经络体系和方药体系不可混淆［N］．中国中医药报，2006－06－09005.
琚枫，朱永军，蒋小敏．柯琴用《内经》条文六释《伤寒论》［N］．中国中医药报，2006－06－12005.
徐慧．《金匮要略》方攻法的巧妙配伍［N］．中国中医药报，2006－06－19005.
徐慧．《金匮要略》方补法配伍有规律［N］．中国中医药报，2006－06－21005.
侍界．民间中医感言［N］．中国中医药报，2006－06－26003.
李可．破格救心汤救治心衰实录［N］．中国中医药报，2006－06－28006.
吴沛田．仲景原著中“急”字简析［N］．中国中医药报，2006－07－07005.
马文辉．《伤寒论》的“六病”与“六证”辨［N］．中国中医药报，2006－07－14005.
刁吉祥．张仲景用姜有法度［N］．中国中医药报，2006－07－19005.
孟琳升．仲景论厥之病名病机［N］．中国中医药报，2006－07－20005.
居文俊．衣带渐宽终不悔［N］．中国中医药报，2006－07－21002.
张喜奎．《伤寒论》六经辨证是辨病辨证辨症结合的有机体系［N］．中国中医药报，2006－07－26005.
孟琳升．仲景论厥之证治［N］．中国中医药报，2006－07－27005.
苏新民，刘宝华．煎药用水讲究多［N］．中国中医药报，2006－07－28005.
张喜奎．《伤寒论》六经辨证病脉证治一线贯穿［N］．中国中医药报，2006－07－31005.
朱伟杰．研习经典和立足临床是成才的源头活水［N］．中国中医药报，2006－08－02004.
孟琳升．仲景论厥之证治［N］．中国中医药报，2006－08－02005.
王付．增补《伤寒论》用方完善方证理论［N］．中国中医药报，2006－08－03005.
孟琳升．《金匮要略》黄疸证治法则［N］．中国中医药报，2006－08－07005.
杨锋．《伤寒论》和法调阴阳［N］．中国中医药报，2006－08－10005.
贾春华，王永炎，黄启福，鲁兆麟．“三阴三阳系统”有别于“阴阳系统”［N］．中国中医药报，2006－08－14005.
武建设．方方有法法法不同［N］．中国中医药报，2006－08－17005.
冯世纶．“半表半里”衍生于八纲［N］．中国中医药报，2006－08－24005.
李永胜．对风湿康治疗风湿病的探讨［N］．中国中医药报，2006－08－25005.
马文辉．“三阴三阳”是“兼三才而两之”［N］．中国中医药报，2006－08－30005.
刘方柏．厥阴“疑案”不疑［N］．中国中医药报，2006－09－01005.
贾春华，王永炎．“方证论治系统”理论框架［N］．中国中医药报，2006－09－04005.
朱文锋，甘慧娟．古代证素内容梳理［N］．中国中医药报，2006－09－04005.
李慧．方证对应与辨证论治同为中医精髓［N］．中国中医药报，2006－09－06005.
韩运琪．敛和消引说乌梅［N］．中国中医药报，2006－09－06007.
仲景论烦躁证治方药［N］．中国中医药报，2006－09－11005.
丁建宝．桂附地黄丸不是金匮肾气丸［N］．中国中医药报，2006－09－13005.

毛进军．应用寒凉中药注射剂必须辨证［N］．中国中医药报，2006－09－14007.
旷惠桃．《金匮要略》祛病安胎九法［N］．中国中医药报，2006－09－15005.
李桂林，张国江，刘玉洁．王国三老中医成才之路［N］．中国中医药报，2006－09－08004.
孟琳升．仲景论烦躁证治方药［N］．中国中医药报，2006－09－08005.
古求知．方证相应境界高［N］．中国中医药报，2006－09－08005.
祝之友．《伤寒论》的“时间药理学”［N］．中国中医药报，2006－09－18005.
郭俊田．一寒一热疗险症［N］．中国中医药报，2006－09－20006.
记者海霞．第五届张仲景医药节在南阳举办［N］．中国中医药报，2006－09－22001.
祝之友．汤药煎煮宜深究［N］．中国中医药报，2006－09－22005.
张存龙．仲景药粥并用赏析［N］．中国中医药报，2006－09－22006.
陈国华．活用芍药甘草汤体会［N］．中国中医药报，2006－09－25006.
刘小平．葛根的解肌作用及引申应用［N］．中国中医药报，2006－09－28005.
王业龙．《金匮要略》腹痛论治［N］．中国中医药报，2006－09－28005.
张效霞．学术流派划分存在的问题［N］．中国中医药报，2006－09－29005.
金东明．吴茱萸汤治顽固性头痛［N］．中国中医药报，2006－10－16006.
尚学瑞．试析《伤寒论》论治咳嗽［N］．中国中医药报，2006－10－26005.
刘长林，池晓玲．阴阳代表一条与西方科学不同的认识路线［N］．中国中医药报，2006－10－26005.
周正何，钧云峰．心诚行正大医精诚［N］．中国中医药报，2006－11－01005.
吴沛田．《伤寒论》中的约数初探［N］．中国中医药报，2006－11－06005.
王伯章．《伤寒》《金匮》是临床基础学还是基础临床学［N］．中国中医药报，2006－11－08004.
丁元庆．从《伤寒论》少阴病探讨卧寐异常病机［N］．中国中医药报，2006－11－08005.
王业龙．《伤寒论》中的针灸应用规律［N］．中国中医药报，2006－11－09005.
欧阳卫权．经方辨治带状疱疹［N］．中国中医药报，2006－11－17006.
张存龙．五苓散治疗“两日醉”［N］．中国中医药报，2006－11－22006.
旷惠桃，兰红勤．《金匮要略》治肺胀四法［N］．中国中医药报，2006－11－24005.
周然．中医学发展三大历史时期的特征及其对当代中医学的启示［N］．中国中医药报，2006－11－30005.
何晓晖．辨证论治教学应成为中医教学体系核心［N］．中国中医药报，2006－12－06004.
张喜奎．《伤寒论》少阳病求正［N］．中国中医药报，2006－12－14005.
冯世纶．方证是辨证的“尖端”［N］．中国中医药报，2006－12－25005.
刘鹏．《伤寒论》第28条解析［N］．中国中医药报，2006－12－27005.
廖利平，武肇玲．学好经典做好临床［N］．中国中医药报，2006－12－29003.
王海明，米子良．浅谈仲景杂病论重治脾胃的学术思想［J］．内蒙古中医药，2007，01：30.
韩世明．《韩氏再传伤寒论》简介［J］．内蒙古中医药，2007，01：31－33.
王万选．张仲景按摩诊疗探幽［J］．按摩与导引，2007，01：1.
周榆腾．桂枝汤不能发汗论［J］．光明中医，2007，01：15－17.
李霏，郜凤丽．《伤寒论》退黄三方初探［J］．光明中医，2007，01：17－18.
高芳．当归芍药散加味的临床新用［J］．甘肃中医，2007，01：17.
王改敏．白头翁汤临床运用举隅［J］．甘肃中医，2007，01：18.
李赛美．仲景治肝特色与临床发微［J］．新中医，2007，01：1－3.
李权，陈利国．试探气候变化对中医温病学形成和发展的影响［J］．陕西中医，2007，01：81－82.
郭爱松，金宏柱．《伤寒论》“热证忌灸”探析［J］．陕西中医，2007，01：121－123.
盛丹，黎敬波，刘进．辛温解表三方体内抗甲1（H1N1）亚型流感病毒的实验研究［J］．现代中西医结合杂志，2007，01：25－27.
罗陆一．伤寒方在病毒性心肌炎治疗中的运用［J］．中华中医药学刊，2007，01：14－16.
夏小军．仲景汗法探析［J］．中华中医药学刊，2007，01：43－45.

张荣义．张仲景痹证学术思想探讨［J］．中华中医药学刊，2007，01：156－157.

王素改，田虎，张国骏．试论和法之运用类型［J］．吉林中医药，2007，01：57－59.

徐成贺．关于张仲景药物煮服法的研究［J］．国医论坛，2007，01：1－4.

容景瑜，陈壮忠，李毅敏，李赛美．《伤寒论》方中甘草应用规律初探［J］．国医论坛，2007，01：4－6.

杨薪博，孔琳．对《伤寒论》“病发于阳，病发于阴”的认识［J］．国医论坛，2007，01：6－7.

连锡军．浅谈《伤寒论·序》的医德思想［J］．国医论坛，2007，01：50.

马文辉．试论《伤寒论》的三部定位［J］．河北中医，2007，01：54－55.

王新民．对“肝虚”病证治之浅见——读经有感［J］．中医药导报，2007，01：25－26.

王明炯，周慎．经方运用一得［J］．湖南中医杂志，2007，01：66＋85.

陈明．论《伤寒论》之太阳温病证［J］．河南中医，2007，01：3－5.

黎木国．浅探《伤寒论》的寒热错杂证治［J］．河南中医，2007，01：6－7.

张其智．经方运用思路浅析［J］．河南中医，2007，01：8.

黄开泰．求病机还是看形似——对辨证和辨症，病、症和证及证候标识的逻辑思考［J］．河南中医，2007，01：9－12.

王海军，李郑生，黄清．心领神会，临证实践——李振华教授读书心要［J］．河南中医，2007，01：19－23.

黄仰模，郑献敏，黄奕蕾．《金匮要略》“背寒冷如手大”治验1例［J］．河南中医，2007，01：30.

孔伟，郭鹏．试述《伤寒论》对和法形成和发展的贡献［J］．河南中医，2007，02：1－2.

郑丰杰．柴胡剂群药物不同剂量及煎法探讨［J］．江苏中医药，2007，01：48－50.

贾春华，王庆国，王永炎，黄启福，鲁兆麟．基于相干蕴涵原理的《伤寒论》条件句分析［J］．江苏中医药，2007，02：10－12.

林上助．五苓散证辨析［J］．辽宁中医药大学学报，2007，01：19－20.

王文弟，常青，穆孜敏．从中西医两方面认识小柴胡汤［J］．辽宁中医药大学学报，2007，01：73－74.

邹昌杰．半夏泻心汤的临床应用举隅［J］．辽宁中医药大学学报，2007，01 77.

赵光训．麻黄附子细辛汤临床运用探讨［J］．辽宁中医药大学学报，2007，01：95－96.

景常林．金匮肾气丸应用举隅［J］．新中医，2007，02：61.

吕娟．浅议《金匮要略》之寸口脉［J］．四川中医，2007，01：32－33.

宋小莉，牛欣．类方配伍规律研究的意义［J］．山东中医药大学学报，2007，01：6－7.

刘鹏，张成博．《伤寒论》第279条方中芍药解［J］．山东中医药大学学报，2007，01：49－50.

柳亚平，王新佩．《金匮要略》“痰饮”非“痰”刍议［J］．山东中医药大学学报，2007，01：51－53.

杨波，郭茂娟．浅谈仲景治疗学中的脾胃观［J］．山东中医药大学学报，2007，01：54－55.

颜亭祥，李震，陶汉华，朱庆均，张丹，李淑燕，艾邸．“劳倦过度、房室不节”肾阳虚模型小鼠免疫功能的观察［J］．山东中医药大学学报，2007，01：78－81.

张建辉．《伤寒论》针刺取穴与配穴浅析［J］．实用中医内科杂志，2007，01：10－11.

魏晓广．六经表证初探［J］．实用中医内科杂志，2007，01：33－34.

陈可胜．论《伤寒论》厥阴篇中的辨证论治［J］．时珍国医国药，2007，01：202－203.

荣震．金匮肾气丸方义发挥［J］．时珍国医国药，2007，01：204.

樊新荣，谢辉．论现代中医学的传承规律［J］．亚太传统医药，2007，01：23－26.

陈萌，张冬梅．《伤寒论》中的明线与暗线［J］．中国中医基础医学杂志，2007，01：6－8.

叶进．经方中白术的配伍规律探析［J］．中国中医基础医学杂志，2007，01：54－55.

李忠业．浅议《医学衷中参西录》升补胸中大气法治疗心衰病的意义［J］．中国中医急症，2007，01：84＋91.

花宝金，鲍艳举．半夏泻心汤治肿瘤体悟［J］．中医杂志，2007，01：19－21.

贾春华，王永炎，黄启福，鲁兆麟．关于《伤寒论》中的假言命题及其推理［J］．北京中医药大学学报，2007，01：9－12.

曲夷．《伤寒论》脉法权变［J］．北京中医药大学学报，2007，01：13－15.

赵天才，杨景锋．论《金匮要略心典》的学术成就［J］．陕西中医学院学报，2007，01：1－3.
刘蔚雯．《金匮要略》麦门冬汤方药纵横谈［J］．陕西中医学院学报，2007，01：4－5.
程科，夏清华，唐勇，姜杰．岳美中教授临证思维浅析［J］．陕西中医，2007，02：191－192＋201.
李霏．当归四逆汤的临床应用［J］．陕西中医，2007，02：227－228.
李冠劳，党慧琴．浅谈《伤寒论》对血证的论述［J］．陕西中医，2007，02：232.
李伟林．从和解少阳法解读并运用若干东垣方［J］．浙江中医杂志，2007，01：4－5.
陈洋，徐列明．《伤寒论》肝病辨治与脾胃之气的相关性探析［J］．浙江中医杂志，2007，01：19－21.
李雅琴．剖析《金匮要略》小便变化与辨证论治之关系［J］．浙江中医杂志，2007，01：22－23.
盛生宽，盛全成．经方合用治疗疑难病举隅［J］．浙江中医杂志，2007，01：46.
李玉玲．苓桂术甘汤在妇科中的应用［J］．浙江中医杂志，2007，01：47.
李芳．大黄䗪虫丸儿科应用举隅［J］．浙江中医杂志，2007，01：48.
章新亮．苓桂术甘汤活用四则［J］．浙江中医杂志，2007，01：50.
包哈申．《蒙医金匮》方剂数目的统计研究［J］．中国民族医药杂志，2007，01：54.
萨仁．半夏泻心汤临床疗效机理分析［J］．世界中西医结合杂志，2007，01：54－55.
孙燕，臧传新，任廷革，李宇航．支持向量机方法在《伤寒论》方分类建模中的应用［J］．中国中医药信息杂志，2007，01：101－102.
李乃桂．定时发病治验［J］．现代医药卫生，2007，01：94－95.
笑阳．10所全国知名中医药院校设立张仲景奖学金［N］．工人日报，2007－08－12004.
策划王亚明，统筹崔同，孙德中．医学文化：中华传统文化的精华［N］．河南日报，2007－03－23008.
李天密．第六届张仲景医药文化节南阳开幕［N］．河南日报，2007－09－21001.
李天密．特色节会展现特别魅力［N］．河南日报，2007－09－23003.
赵玉华．麻黄汤的启示［N］．健康报，2007－03－01004.
山东省立医院推拿按摩科王海泉．艾灸疗法可治椎间盘突出［N］．健康时报，2007－08－30008.
沈秀红．“振兴中医，中医院应担负起责任”［N］．嘉兴日报，2007－09－12009.
刘丽．栀子豉汤治疗失眠［N］．农村医药报（汉），2007－04－17005.
葛尤．桂枝加葛根汤治疗颈椎病头痛［N］．农村医药报（汉），2007－04－24005.
白剑峰．中医药，推陈出新传薪火［N］．人民日报，2007－03－14008.
王君平．千名中医药研究生将获资助［N］．人民日报，2007－07－30011.
范珉菲．名老中医聚太原创新发展中医药［N］．山西日报，2007－04－10B02.
秦洋．青年中医：几人熟读《黄帝内经》［N］．山西日报，2007－06－12B01.
上海市南汇区中心医院中医科主任医师顾文忠．我为什么要“改行”搞中医［N］．上海中医药报，2007－01－19009.
刘如涛，朱立欣．古稀乡医中医学专著成为大学教科书［N］．唐山劳动日报，2007－08－29003.
袁柳．金匮县城隍庙旧址一期修复［N］．无锡日报，2007－01－12A07.
蒋玉笙．舌味——提示多种病证［N］．医药养生保健报，2007－02－05005.
曹永兴，邓丽娥．仲景协会在实践中成长［N］．中国中医药报，2007－01－05004.
马文辉．《伤寒论》的辨证论治程序［N］．中国中医药报，2007－01－05005.
旷惠桃．调和、攻伐、温养皆可治虚［N］．中国中医药报，2007－01－05005.
冯世纶．《伤寒论》的科学内涵［N］．中国中医药报，2007－01－08005.
鲍艳举．明六经，识方证，人人可入仲景门［N］．中国中医药报，2007－01－08005.
旷惠桃．《金匮要略》之消法运用特色［N］．中国中医药报，2007－01－10005.
刘鹏．《伤寒论》类似证辨析［N］．中国中医药报，2007－01－15005.
旷惠桃，潘远根．《伤寒论》太阳病病机分析［N］．中国中医药报，2007－01－17005.
黎敬波．中医临床需从《内经》汲取营养［N］．中国中医药报，2007－01－17005.
旷惠桃，彭清华．不尚涩止不避温热推重行破［N］．中国中医药报，2007－01－19005.

郭建强．在基础教育阶段应普及中医药知识［N］．中国中医药报，2007－01－22004.
马文辉．《伤寒论》中“证”的含义及其特性［N］．中国中医药报，2007－01－22005.
鲍艳举．表里同病诊治既规律又灵活［N］．中国中医药报，2007－01－24005.
马文辉．《伤寒论》中“越部证”辨析［N］．中国中医药报，2007－01－29005.
黄波．传道解惑话经方［N］．中国中医药报，2007－01－29005.
仵德建，彭东，宋国庆．山东中医要考“四大经典”［N］．中国中医药报，2007－02－01001.
旷惠桃，潘远根．《金匮要略》调理脾胃四法［N］．中国中医药报，2007－02－01005.
张存龙．柴胡桂枝汤治疗发热验案［N］．中国中医药报，2007－02－01006.
旷惠桃，潘远根．《金匮要略》调理脾胃四法［N］．中国中医药报，2007－02－02005.
马文辉．知病必先知证［N］．中国中医药报，2007－02－02005.
黄允瑜．运用经方须求本义［N］．中国中医药报，2007－02－05005.
张存龙．经方治胃肠炎验案举隅［N］．中国中医药报，2007－02－05006.
旷惠桃，潘远根．仲景药物炮制中火制法考疑［N］．中国中医药报，2007－02－08005.
李灿东，张喜奎．证的潜与显［N］．中国中医药报，2007－02－09005.
李赛美．六经辨证治糖尿病［N］．中国中医药报，2007－02－12005.
孟琳升．白虎汤证与“里有寒”辨［N］．中国中医药报，2007－02－14005.
李灿东，张喜奎．证候的合与离［N］．中国中医药报，2007－02－15005.
李赛美．以名医促进名科发展［N］．中国中医药报，2007－03－02004.
刘惠生．中西医学的归宿——系统医学［N］．中国中医药报，2007－03－02005.
毛德西．张仲景对养生学的贡献［N］．中国中医药报，2007－03－08005.
刘鹏．谨察间甚以意调之［N］．中国中医药报，2007－03－16005.
李清峰，石应轩．麻黄附子细辛汤琐谈［N］．中国中医药报，2007－03－16005.
刘鹏．《伤寒论》第159条解析［N］．中国中医药报，2007－03－26005.
周颖．优秀中医临床人才研修项目进入考核阶段［N］．中国中医药报，2007－03－29001.
戴天木．《金匮要略》乌头应用的特点［N］．中国中医药报，2007－03－30006.
陶昔安．《金匮要略》论食品卫生［N］．中国中医药报，2007－04－02005.
赵玉华．《金匮要略》用大黄刍议［N］．中国中医药报，2007－04－02006.
冯世纶．辨方证解《伤寒论》第28条［N］．中国中医药报，2007－04－04005.
孟琳升．从《金匮要略·痰饮病》谈饮水与痰饮的形成［N］．中国中医药报，2007－04－06005.
辛智科．《伤寒论》方证治法感悟［N］．中国中医药报，2007－04－11005.
刘鹏．对《伤寒论》174条论二便辨析［N］．中国中医药报，2007－04－13005.
刘永臣．谨熟阴阳无与众谋［N］．中国中医药报，2007－04－20005.
章茂森．甘洒热血济苍生［N］．中国中医药报，2007－04－23004.
鲍艳举，花宝金．辨证重在临床症状反应［N］．中国中医药报，2007－04－25005.
李培旭．《伤寒论》的寒热并用法［N］．中国中医药报，2007－04－26005.
孟琳升．“发于阴”“发于阳”是指发病时间［N］．中国中医药报，2007－04－27005.
舒鸿飞．中医期刊语言的不规范现象［N］．中国中医药报，2007－04－30003.
张效霞．学医必须读书论［N］．中国中医药报，2007－04－30005.
张黎辉，郑访江，李彦平．“治未病”——未来医学的发展方向［N］．中国中医药报，2007－05－17003.
戴天木．《金匮要略》中乌头应用有特点［N］．中国中医药报，2007－05－21007.
于丽珊．朱良春倡导多读书读好书［N］．中国中医药报，2007－05－23004.
潘远根，旷惠桃．精研细读品《金匮》［N］．中国中医药报，2007－05－28005.
潘远根，旷惠桃．以证为纲诠释《伤寒论》［N］．中国中医药报，2007－05－30005.
孟琳升．仲景色诊之特点［N］．中国中医药报，2007－06－01005.
刁吉祥．叶天士活用《金匮要略》方［N］．中国中医药报，2007－06－04005.

蒋文跃．为理性与勇气喝彩［N］．中国中医药报，2007－06－06003.
孟琳升．仲景论色诊之运用［N］．中国中医药报，2007－06－06005.
贾春华．《伤寒论》反事实条件句分析［N］．中国中医药报，2007－06－11005.
曲淑芹．学用《伤寒论》浅识［N］．中国中医药报，2007－06－20005.
杨丽平，鲍艳举．冯世纶：生姜的作用不可小视［N］．中国中医药报，2007－06－21006.
孟琳升．瓜蒂散与“胸有寒”解析［N］．中国中医药报，2007－06－22005.
贾春华．《伤寒论》双结果条件句分析［N］．中国中医药报，2007－06－25005.
孟琳升．仲景论痉［N］．中国中医药报，2007－06－25005.
毛德西．《伤寒论》证候辨析［N］．中国中医药报，2007－06－27005.
冰凌，尚冰．辽宁中医药大学中医经典教学取得明显成效［N］．中国中医药报，2007－06－29004.
刘鹏．也谈“寒”“塞”之辨［N］．中国中医药报，2007－07－02005.
陈昌宝．《伤寒论》中的整体观［N］．中国中医药报，2007－07－04005.
张效霞．尚错简重订倡三纲鼎立［N］．中国中医药报，2007－07－11005.
傅文录．“火神派”重要传人——吴佩衡［N］．中国中医药报，2007－07－12005.
孟琳升．解“寒”字太滥释“塞”字贴切［N］．中国中医药报，2007－07－13005.
王长洪．伤寒论寒热并用治法特色［N］．中国中医药报，2007－07－18005.
杨仁治，黄贵川，颜峰．四川大竹县加快中医药人才培养［N］．中国中医药报，2007－07－20002.
刘鹏．再谈寒塞之辨［N］．中国中医药报，2007－07－20005.
陈晨．日本汉方医学的展望［N］．中国中医药报，2007－07－23002.
郑子新．谈中医药的科学性和价值［N］．中国中医药报，2007－07－26003.
王长洪．遣药配伍寒热并用［N］．中国中医药报，2007－07－26005.
马文辉，山西中医学院第二中医院．《伤寒论》的三部六证及治法［N］．中国中医药报，2007－07－27005.
孟琳升，包头市杏林中医研究院．“寒”不宜吐惟“塞”可决［N］．中国中医药报，2007－07－30005.
王长洪，沈阳军区总医院．《伤寒论》寒热并用法践行［N］．中国中医药报，2007－08－03005.
卫生部中日友好医院冯世纶．杨绍伊研究经方成绩斐然［N］．中国中医药报，2007－09－03005.
北京市朝阳区太阳宫社区卫生服务中心郑亚琳．《伤寒论》药方服用温度有讲究［N］．中国中医药报，2007－08－16005.
辽宁中医药大学附属医院张明雪，张策．治未病包括哪些内容［N］．中国中医药报，2007－08－16005.
李其禄．以“塞”代“寒”不如以“邪”释“寒”［N］．中国中医药报，2007－08－17005.
包头市杏林中医研究院孟琳升．仲景论疝［N］．中国中医药报，2007－08－17005.
包头市杏林中医研究院孟琳升．灵活化裁，病机中心论是根本［N］．中国中医药报，2007－09－03005.
山西中医学院第二中医院马文辉．《伤寒论》“伤寒”“中风”非指病邪［N］．中国中医药报，2007－08－31005.
河南中医学院王付．非浅闻寡见所能及［N］．中国中医药报，2007－09－06005.
北京市朝阳区太阳宫社区卫生服务中心郑亚琳．古方药服用时间和次数的讲究［N］．中国中医药报，2007－08－30005.
山西省运城市卫校附属医院柴巍．师承学习的四点体会［N］．中国中医药报，2007－09－07004.
山西中医学院第二中医院马文辉．《伤寒论》阳明“潮热”辨析［N］．中国中医药报，2007－09－10005.
青岛市黄岛区中医院内一科韩培海，丁瑶．天时变化影响疾病转归［N］．中国中医药报，2007－09－12005.
北京中医药大学马家驹．从太阴病治疗谈春夏养阳［N］．中国中医药报，2007－09－14006.

中国中医科学院广安门医院鲍艳举，花宝金，侯炜．《伤寒论》半表半里病位观［N］．中国中医药报，2007－09－19005.

山东中医药大学中医文献研究所刘鹏．半夏泻心汤探讨［N］．中国中医药报，2007－09－21005.

江辑．何炎燊的读书经验［N］．中国中医药报，2007－09－24004.

福建中医学院张喜奎．从《伤寒论》谈证与候的游离性［N］．中国中医药报，2007－09－24005.

刘燕玲．“六位一体”发展中医药［N］．健康报，2007－09－21001.

山西省太原市郭博信．当前中医教育的“杞人忧天”［N］．中国中医药报，2007－10－11003.

湖北中医学院陈刚．试论学习中医经典的必要性［N］．中国中医药报，2007－11－09004.

河南中医学院许敬生于红艳．解读古医籍例谈［N］．中国中医药报，2007－11－01005.

北京中医药大学钱超尘．《伤寒论》源于《汤液经法》考［N］．中国中医药报，2007－11－01005.

卫生部中日友好医院冯世纶．《伤寒论》第148条方证考［N］．中国中医药报，2007－10－25005.

山东中医药大学中医文献研究所刘鹏．再论《伤寒论》第28条［N］．中国中医药报，2007－10－12005.

四川省遂宁市中医院张毅．继承，绝不是在经典中打转转［N］．中国中医药报，2007－10－15003.

河南省商丘市第四人民医院李清峰，中国中医科学院广安门医院鲍艳举．《伤寒论》去桂加白术汤方证解［N］．中国中医药报，2007－10－25005.

河南中医学院王付．学习领会仲景辨证精神［N］．中国中医药报，2007－11－02005.

南京中医药大学张静远．《伤寒论》第52条探微［N］．中国中医药报，2007－11－02005.

河北省固安县曲沟中医诊所傅瑞年．《伤寒论》第27条新解［N］．中国中医药报，2007－11－08005.

卫生部中日友好医院冯世纶．《伤寒论》潮热证解［N］．中国中医药报，2007－11－08005.

辽宁中医药大学朱鹏举．桂枝汤证病机探究［N］．中国中医药报，2007－11－08005.

中国中医科学院广安门医院鲍艳举，花宝金，侯炜．经方表里之辨［N］．中国中医药报，2007－10－15005.

北京中医药大学钱超尘．必须重视医古文的学习［N］．中国中医药报，2007－11－19004.

广州中医药大学管桦桦，黄心洁，李赛美．中医学生要学会沉下心来［N］．中国中医药报，2007－11－14003.

北京中医药大学钱超尘．《伤寒论》源于《汤液经法》考［N］．中国中医药报，2007－11－15005.

河南省辉县市中医院尚学瑞，赵士运．联系临床读经典［N］．中国中医药报，2007－11－19005.

中国中医科学院广安门医院肿瘤科鲍艳举，花宝金中国中医科学院研究生院庆民．《伤寒论》正名［N］．中国中医药报，2007－11－19005.

北京中医药大学钱超尘．《伤寒论》“几几”读音正讹［N］．中国中医药报，2007－11－22005.

福建中医学院纪立金．候证一体不可分［N］．中国中医药报，2007－12－03005.

河北省中医药研究院曹东义．“科学发展中医”的提法值得重视［N］．中国中医药报，2007－11－28003.

北京中医药大学钱超尘．《金匮要略》“摶”讹为“搏”举证［N］．中国中医药报，2007－11－28004.

成都中医药大学郭子光，刘渊．深层次的反观与发现［N］．中国中医药报，2007－12－13005.

广州中医药大学彭宣军．生姜在《伤寒论》中的运用与意义［N］．中国中医药报，2007－12－17006.

江苏省中西医结合医院霍介格，南京中医药大学叶放．疗效源于经典创新立足临床［N］．中国中医药报，2007－12－24005.

北京中医药大学钱超尘．宋本《伤寒论》的底本来自何方［N］．中国中医药报，2007－12－19004.

北京中医药大学钱超尘．《伤寒论》在唐代失传了吗［N］．中国中医药报，2007－12－21004.

中日友好医院冯世纶．《伤寒论》半表半里探究［N］．中国中医药报，2007－12－24005.

南京中医药大学黄煌．中医药现代化的几点思考［N］．中国中医药报，2007－12－10005.

河南中医学院王付．从方证探析《伤寒论》第140条［N］．中国中医药报，2007－12－12005.

南京中医药大学郭立中．周仲瑛谈中医诊法技巧［N］．中国中医药报，2007－12－05005.
北京中医药大学钱超尘．《伤寒论》“搏”讹为“摶”举证［N］．中国中医药报，2007－11－29004.
韩春霞，闫忠慧．浅谈关于“热入血室”的临床体会［J］．中国医学创新，2008，34：39.
王再贤，王俊花．浅析六味地黄丸及临床新用［J］．中国乡村医药，2008，S1：99.
陈海英，吴艳新，王瑞霞，谷岩梅．浅析《伤寒论》方后注中药物的特殊煎煮法及服药护理［J］．护理实践与研究，2008，03：75＋97.
王宁．裴正学教授治疗胃癌的经验体会［J］．甘肃医药，2008，01：26－27.
刘丽娟，林昌松，刘清平，关彤，陈光星．试谈提高《金匮》见习带教质量的思路与方法［J］．中国中医药现代远程教育，2008，04：315－316.
夏元清．金匮肾气丸方异病同治验案4则［J］．中国中医药现代远程教育，2008，04：324－325.
陈升敏．桂枝汤加味治疗过敏性鼻炎50例［J］．中国中医药现代远程教育，2008，04：343.
蔡锡松．针刺合中西药治疗梅核气196例临床观察［J］．中国中医药现代远程教育，2008，01：69.
陈志勇，黄仰模，李健明．简论《金匮要略》与风湿病源流［J］．中国中医药现代远程教育，2008，02：112－113.
姜岳．浅谈《金匮要略》对眩晕的辨证论治［J］．中国中医药现代远程教育，2008，05：425－426.
林波．柴胡桂枝汤的临床运用［J］．中国中医药现代远程教育，2008，01：61.
李广彬．略论半夏泻心汤［J］．中国中医药现代远程教育，2008，01：36.
和殿峰．真武汤药理研究临床治验与医家论方［J］．中国中医药现代远程教育，2008，02：146－147.
柴瑞震．《伤寒论》桂枝汤应用研究［J］．中国中医药现代远程教育，2008，06：560－561.
王剑锋．《伤寒论》教学思路浅探［J］．新课程研究（职业教育），2008，07：35－36.
周英信．论伤寒学案例教学［J］．卫生职业教育，2008，13：84－85.
冉亮．试谈郁证教学的要点和难点［J］．卫生职业教育，2008，09：71－72.
彭坚．中医的科学方法［J］．科学，2008，03：18－22＋4.
朱辉，谷松，王树鹏，林大勇．《伤寒论》教学改革实践与思考［J］．辽宁中医药大学学报，2008，01：154－155.
许亮，王冰．加强理论与实践相结合形成药用植物学野外实习的教学特色［J］．辽宁中医药大学学报，2008，01：155－156.
姚杰良，黎忠民，李菊芳．《伤寒论》量化煎服初探［J］．辽宁中医药大学学报，2008，01：14－16.
王曼华，孙化萍，梁建卫．经方“药对”配伍理论研究概况［J］．辽宁中医药大学学报，2008，01：59－60.
钱华．小青龙汤的临床运用与研究［J］．辽宁中医药大学学报，2008，01：65－66.
江晓星．黄连阿胶汤的临床新用［J］．辽宁中医药大学学报，2008，01：121－122.
谈慧．麻黄附子细辛汤临证应用举隅［J］．新中医，2008，01：88－89.
蔡进．医道与医术——关于中医未来走向的思索之一［J］．读书，2008，01：47－54.
贾钧．略论既病防变［J］．内蒙古中医药，2008，03：4.
杨澄．当归贝母苦参丸新用［J］．内蒙古中医药，2008，03：25－26.
焦树德．类风湿关节炎从尪痹论治［J］．江苏中医药，2008，01：5－6.
卢红蓉．中医病机理论研究的现状分析［J］．辽宁中医杂志，2008，01：47－48.
黄海波．成本《伤寒论》“并”字用法考［J］．中国中医基础医学杂志，2008，01：15－16.
梅晓萍，张淑英，郭选贤．从《伤寒论》和温病学看卫气营血的内涵［J］．江苏中医药，2008，01：19－20.
肖相如．区别太阳阳明与正阳阳明的临床意义［J］．中华中医药学刊，2008，01：21－22.
李雅琴．《伤寒论》小青龙汤的临床应用［J］．中华中医药学刊，2008，01：46－48.
王勇．参究伤寒用附子［J］．中华中医药学刊，2008，01：203－204.
胡志俊，懂鹤萍，程少丹，施杞．葛根汤加减治疗颈椎病102例临床观察［J］．辽宁中医杂志，2008，01：74－75.

郑葵．炙甘草汤治疗崩漏心得［J］．江西中医药，2008，01：47.

王洪涛，洪玫，王文聪．浅议桂枝汤与中风表虚证［J］．中国中医基础医学杂志 2008，01：29 +38.

鲍艳举，石应轩，李清峰．经方治病有奇效——冯世纶教授应用肾着汤琐谈［J］．中国民间疗法，2008，01：3 –4.

钱新艳．《金匮要略》与《难经》关于积聚病的辨治思路［J］．国医论坛，2008，01：5 –6.

刘世恩，毛绍芳．高继冲本《伤寒论》考［J］．国医论坛，2008，01：1 –3.

雷永华，张保伟，谢忠礼．浅探《金匮要略》关于咳嗽上气病的用药规律［J］．国医论坛，2008，01：4.

李秋贵，黄飞，王小刚．李文瑞教授论治少阴病热化证［J］．世界中西医结合杂志，2008，01：8 –10.

郭秀梅．关于《宋以前伤寒论考》［J］．世界中西医结合杂志，2008，01：45 –47.

杨景锋，任艳芸．从《金匮要略》谈糖尿病及其并发症的辨治［J］．四川中医，2008，01：40 –42.

王德葳．谈谈怎样学习《伤寒论》的词语解释［J］．成都中医药大学学报（教育科学版），2008，01：37 –39.

李佃贵，张金丽，张彬彬，焦建玮，刘建平，朱峰，张素钊．妙用古方治疗反流性食管炎［J］．辽宁中医杂志，2008，02：258 –259.

田利鲜．柴胡的药理作用和临床运用［J］．湖北中医杂志，2008，01：59 –60.

付勇强，陈蕊，孙科峰，关庆增．细辛在《伤寒杂病论》中的应用浅析［J］．辽宁中医杂志，2008，02：268 –270.

舒忠民．汤汉治学及学术成就考［J］．湖北中医杂志，2008，01：5 –6.

李赛美．经典与临床方向班案例版《伤寒论》教学设计与实践［J］．中华中医药学刊，2008，02：243 –244.

高翔．《伤寒论》中喘的辨证论治［J］．光明中医，2008，01：10 –11.

时彦标，张前德．《伤寒论》对风湿病的认识［J］．实用中医内科杂志，2008，01：16 –17.

何安民，王麦霞．黄芪建中汤加味治疗慢性胃炎960例［J］．陕西中医，2008，01：61 –62.

范丽，李琦．浅析《伤寒论》46条［J］．陕西中医，2008，01：103.

李永清，聂耀．论《伤寒论》的六经理论［J］．陕西中医，2008，01：103 –105.

吉洁．六经辨证在眼科辨证方法中的应用［J］．陕西中医，2008，01：125 –126.

郭哲阳．《内经》耳的窍属问题探讨［J］．亚太传统医药，2008，01：20.

李心机．发热恶寒与往来寒热厘正［J］．山东中医药大学学报，2008，01：11 –12 +22.

曾天德．仲景煎药法及其内涵［J］．中华中医药学刊，2008，02：400 –401.

周海虹．桂枝麻黄各半汤新用［J］．光明中医，2008，01：12 –13.

刘宝山．水蛭治疗瘀血发黄的临床体会［J］．北京中医药，2008，02：141 –142.

王绍华，邱模炎，孙慧，李明贤，师文彦．《伤寒论》中非药物疗法初探［J］．北京中医药，2008，02：117 –118.

赵达安，刘肖．《伤寒论》祛邪途径发微［J］．甘肃中医，2008，02：1 –2.

张辰．《金匮要略》表湿证治浅议［J］．甘肃中医，2008，02：32.

江静绮，袁红霞．袁红霞治疗脾胃病经验［J］．山东中医杂志，2008，02：128 –130.

苏见姑．论《伤寒论》太阳篇之汗法［J］．基层医学论坛，2008，02：51 –52.

鲁美君，姜德友．外感热病统一论治的探讨［J］．中医药信息，2008，01：7 –9.

王庆国，李宇航．谈“十一五”规划教材《伤寒论讲义》的基本定位［J］．中医教育，2008，01：67 –69.

谢茂源．从苓桂剂和真武汤浅谈温阳法治疗水气病的临床体会［J］．中医研究，2008，02：48 –50.

徐骁，成肇仁．浅谈《伤寒论》之心烦［J］．光明中医，2008，02：158 –160.

杨薇，杨华升．《金匮要略·黄疸篇》对治疗慢性肝病的指导意义浅谈［J］．四川中医，2008，02：33 –35.

陈建．《伤寒论》热证治疗思路浅析［J］．陕西中医学院学报，2008，01：18 –20.

臧海洋，赵云芳．《伤寒论》黄连汤中桂枝配伍探析［J］．陕西中医学院学报，2008，01：21.

曲世华．赵金铎治疗萎缩性胃炎经验［J］．中国社区医师，2008，03：37－38.
王永福．乌梅丸治疗呼吸系统疾病的研究进展［J］．中国医药导报，2008，04：21－22.
卢文杰，王兴华．少阴病四逆散证与四逆散辨析［J］．光明中医，2008，02：156－158.
刘兴隆，邓中甲，姜冬云．浅析仲景真武汤中芍药的作用［J］．光明中医，2008，02：161－162.
王付．增补《伤寒杂病论》用方完善仲景方证理论［J］．河南中医，2008，01：4－6.
张静远，周春祥．《伤寒论》辛温发表法解读与启示［J］．河南中医，2008，01：6－7.
田福玲．六经辨证的系统论浅析［J］．河南中医，2008，01：75.
武强彬．《金匮要略》治胸痹三方在临床中的应用［J］．河南中医，2008，01：77－79.
姜树民．试论《伤寒论》保胃气思想及临床意义［J］．新中医，2008，02：1－3.
陈晓薇．张横柳教授辨治癫痫经验介绍［J］．新中医，2008，02：9－10.
何丽春．略论陈伯坛《读过伤寒论》的研究价值与现状［J］．新中医，2008，02：113－114.
周辉．桂枝加龙骨牡蛎汤新用［J］．新中医，2008，02：91.
盛生宽，盛全成．四逆散治疗疑难病举隅［J］．新中医，2008，02：92－93.
王庆其．学习仲景方用甘草的临床体会［J］．上海中医药杂志，2008，02：11－13.
李文泉，权红，高剑虹，范春琦，孙维娜．方和谦创“和肝汤”的组方原则和临床应用［J］．上海中医药杂志，2008，02：1－3.
周易，刘德荣．清代福建医家编撰的部分医籍述评［J］．福建中医学院学报，2008，01：53－55.
孙霞，孙丽霞．金匮三附子汤在痹证方面的应用［J］．黑龙江中医药，2008，01：60－61.
岳小强，杨学，崔健．从三阴三阳的时序性解读《伤寒论》六经病“欲解时”［J］．中西医结合学报，2008，02：124－127.
何赛萍．从《伤寒论》方用药特点论其临床意义［J］．浙江中医杂志，2008，02：75－76.
王惠君，宋俊生．小陷胸汤临床研究文献的系统评价［J］．黑龙江中医药，2008，01：56－57.
王学东．《伤寒论》方药在肝病治疗中的运用［J］．广西中医药，2008，01：25－26.
胡娜．朱进忠以脉为根辨证论治的经验［J］．世界中医药，2008，01：25－26.
陈一江．运用《金匮要略》方治疗心脏病2则［J］．世界中医药，2008，01：45.
袁景贤．《金匮要略》对祖国医学的贡献［J］．基层医学论坛，2008，04：185－186.
唐元瑜，杨进．《伤寒论》对温病特殊发展阶段瘀血治疗的启示［J］．云南中医中药杂志，2008，01：5－6.
顾树华．《伤寒论》温扶阳气法临床运用举隅［J］．云南中医中药杂志，2008，02：59－60.
李文兰，赵稷，王晓冬，扈正婷．HPLC法测定金匮肾气丸中马钱苷、芍药苷的含量［J］．哈尔滨商业大学学报（自然科学版），2008，01：12－15.
王惠君，宋俊生．猪苓汤方证临床文献研究［J］．湖南中医杂志，2008，01：84－86.
鲍艳举，花宝金，苏庆民．为《伤寒论》内涵正名［J］．浙江中医杂志，2008，01：20－21.
王伟，巴建全．《金匮要略》口渴小便辨证浅析［J］．江西中医药，2008，02：13－14.
付俊华，朱祝生．麻黄汤治疗哮喘机理研究［J］．江西中医药，2008，02：57－58.
贾春华，王永炎，黄启福，鲁兆麟．《伤寒杂病论》双结果条件句的分析［J］．北京中医药大学学报，2008，02：77－78＋81.
崔健，岳小强，杨学，张晗睿．从《伤寒论》第159条谈下利的证治思路［J］．安徽中医学院学报，2008，01：14－16.
王瑞国．方剂的药理研究要紧密结合其原来的科学内涵［J］．福建中医药，2008，01：52－53.
李宇铭．论桂枝人参汤并非表里同治［J］．福建中医药，2008，01：54－55.
吴依娜．论方证相应辨证的关键及应用［J］．中国中医基础医学杂志，2008，02：97－98.
张宁，闫美琳，金东明．《伤寒论》方中药物先煎的机理探讨［J］．吉林中医药，2008，01：52.
张利，张淑丽．对《伤寒论》与针灸学关系的一点认识［J］．辽宁中医药大学学报，2008，02：9－10.
范丽，李琦．热入血室的临床研究进展［J］．辽宁中医药大学学报，2008，02：57－58.
王晓川．浅谈尿毒症的中医药治疗［J］．辽宁中医药大学学报，2008，02：124－125.

曹玉笈．《伤寒论》294 条辨析［J］．中国民族民间医药，2008，02：41－42.
王斌，施亦青．《伤寒论》方辨治失眠六法考释［J］．实用中医内科杂志，2008，02：14－15.
倪忠根．五书“论痉”的异同考辨［J］．实用中医内科杂志，2008，02：15－16.
彭宽．金匮肾气丸治疗慢性肾小球肾炎［J］．吉林中医药，2008，02：135.
李燕，周京国．半夏泻心汤临床治验 2 则［J］．江苏中医药，2008，02：46－47.
王晓明．经方治疗心病验案四则［J］．中国中医急症，2008，02：259.
李忠军．“奔豚气”1 例治验［J］．中国乡村医药，2008，03：56.
薛燕星，王文记，蒲永文．薛伯寿论伤寒六经皆有表［J］．中医杂志，2008，02：180－182.
李永清．试探寒温统一［J］．新中医，2008，03：98－99.
王国颖，赵廷元，杜锡贤．《伤寒论》方在皮肤科中的应用［J］．山东中医杂志，2008，03：210－212.
刁金囡．《金匮要略》与《中医内科学》关于中风辨治思路的比较研究［J］．甘肃中医，2008，03：15－16.
周俊文．桂枝茯苓丸临床运用举隅［J］．甘肃中医，2008，03：17.
孙丽娜．仲景护理学说探微［J］．辽宁中医杂志，2008，03：382－383.
杨进．吴鞠通《温病条辨》方的临床应用［J］．江苏中医药，2008，03：1.
汤小虎，邓中甲．试析配伍环境对《伤寒论》桂枝功效发挥方向的影响［J］．云南中医学院学报，2008，01：55－57.
曾庆利，袁岳沙，潘丰满，张军华．浅谈《伤寒论》的辩证法思想［J］．江苏中医药，2008，03：20－22.
张友菊，周昕．《伤寒论》含黄连方剂 12 首对 8 种细菌的抗菌作用［J］．现代中西医结合杂志，2008，10：1478－1479.
郭永洁，胡静．承气汤类方的临床应用［J］．江苏中医药，2008，03：8.
陈锦芳．加减复脉汤的临床应用［J］．江苏中医药，2008，03：12－13.
韩匀亭，黄君敖，赵晓琴．黄芪桂枝五物汤临床治验 3 则［J］．江苏中医药，2008，03：62－63.
吴晋英．仲景时间医学思想探析［J］．光明中医，2008，03：265－267.
丁世幸．《金匮要略》护阴（津）心旨探述［J］．光明中医，2008，03：273－274.
陈伟明．仲景治痛用药规律举隅［J］．光明中医，2008，03：274－276.
王周芳．浅议《伤寒论》六经辨证中的《内经》学术思想［J］．光明中医，2008，03：276－278.
于勇．中医“气化”浅议［J］．陕西中医，2008，03：318－320.
殷光辉，郭选贤，郝秀梅．从承气类方看清代医家对伤寒学说的继承和发展［J］．陕西中医，2008，03：350－351.
解凤娥，张丽英．从验案试述《金匮要略》产后三病［J］．陕西中医，2008，03：360－361.
胡卫东，钱俊华．张仲景“治未病”思想浅述［J］．国医论坛，2008，02：5－6.
黄仰模，陈志勇，章文平，刘浩，陈莉，田黎．《金匮要略》治风湿病方剂探要［J］．中华中医药学刊，2008，03：471－472.
李宇铭．论葛根芩连汤并非表里同治［J］．光明中医，2008，03：374－375.
王玉玺，崔瑞林．论腹诊少腹急结症及临床应用［J］．中外医疗，2008，04：39.
刘玉良，李其忠．论《伤寒论》辨证论治中的程度表达和定量辨证［J］．上海中医药杂志，2008，01：54－56.
温桂荣．香港地区经方应用举隅［J］．世界中医药，2008，02：92－93.
陈瀷好．冠心病的预防治疗［J］．才智，2008，04：256.
王付．谈谈对《伤寒论》第 28 条的认识［J］．中医杂志，2008，03：283－284.
张连生，曲淑琴．鉴古酌今论桂枝［J］．吉林中医药，2008，03：213－214.
盛国光．小柴胡汤和法运用发微［J］．中医杂志，2008，03：208－210.
柴瑞震．《伤寒论》名实辨［J］．河南中医，2008，02：6－8.
周英信．运用《伤寒论》寒热并用法治疗慢性胃肠疾病探析［J］．河南中医，2008，02：9－10.
何健东．谈“张仲景见王粲”故事之真伪［J］．河南中医，2008，02：76－77.

何丽春．陈伯坛注解《伤寒论》之方法特点初探［J］．广州中医药大学学报，2008，02：165－168.
张晓敏．清以前文献对小儿咳嗽病因病机及治则的认识［J］．山西中医学院学报，2008，01：10－12.
吕景山．施今墨对药研究［J］．山西中医，2008，03：31－34.
杨晓霞，王雪梅．炙甘草汤加减治疗心律失常37例［J］．中国社区医师（医学专业半月刊），2008，06：62.
唐晓红，时立典，腾想．桂枝茯苓胶囊治疗卵巢囊肿104例［J］．中国社区医师（医学专业半月刊），2008，06：63.
高彩莲，高瑾．汗证的辨证分型［J］．中国社区医师（医学专业半月刊），2008，07：73－74.
郑彩慧，包巨太，吴范武，齐峰，马会霞．用阴阳球思维模型搭建中医理论与临床的桥梁［J］．华北煤炭医学院学报，2008，02：197－199.
李宇涛．由甘澜水引发的思考［J］．江西中医学院学报，2008，01：4－5.
马瑞．《伤寒论》胃气学说在老年病防治中的应用［J］．江西中医学院学报，2008，01：6－7.
李怀芝．《金匮要略心典》注释特色探析［J］．江西中医学院学报，2008，01：12－13.
郭哲阳．张锡纯“伏气”思想探讨［J］．亚太传统医药，2008，03：18－19.
千杰，张明雪．浅谈《伤寒论》对心悸的证治［J］．医学综述，2008，06：940－941.
陈建．《伤寒论》教学点滴体会［J］．辽宁中医药大学学报，2008，03：155－156.
郑述铭．质疑《伤寒论》六经病之循经传顺序［J］．光明中医，2008，04：409－411.
柴瑞震．《伤寒论》与“和谐观”［J］．光明中医，2008，04：411－413.
钱超尘，傅海燕．中国医科大学图书馆馆藏《仲景全书》版本考证［J］．世界中西医结合杂志，2008，03：125－128.
郭来，张家礼．《金匮要略》中急危重症治疗方法初探［J］．河北中医药学报，2008，01：13－15.
杨枫．《伤寒论》中附子的配伍及其运用［J］．光明中医，2008，04：414－416.
丁世幸．《伤寒论》腹痛治法浅述［J］．光明中医，2008，04：419－420.
孙文斌．白虎汤可否用于外感表证辨析［J］．光明中医，2008，04：432－434.
田军彪．《伤寒论》用药法特点初探［J］．河北中医药学报，2008，01：11－13.
许波良．和法发挥［J］．中国中医基础医学杂志，2008，03：165.
国华，张雪亮．试论《金匮要略》对《内经》“治未病”思想的发展［J］．中国中医基础医学杂志，2008，03：166－167.
孟桂琴．活血化瘀药物治疗肾炎机理之探讨［J］．中外医疗，2008，08：55.
张光荣，刘英锋，黄利兴．陈瑞春临证思辨特点［J］．上海中医药杂志，2008，03：1－3.
张卫，张瑞贤，韩垚．秦汉间影响药物剂量大小医学因素分析［J］．中国中药杂志，2008，06：734－736.
曾凤．宋人增补《千金要方》内容考证［J］．广州中医药大学学报，2008，01：88－90.
胡一峰．寻找中医立世之“极”——试论章太炎晚年的医事活动［J］．中国科技史杂志，2008，01：54－61.
赵加强，段银枝．大柴胡汤治少阳阳明合病探析［J］．实用中医内科杂志，2008，03：55.
艾相乾．试论伤寒论中的寒、热、邪［J］．中国现代药物应用，2008，07：53－54.
陆婷婷，赵国平．小柴胡汤防治肝病机制研究进展［J］．世界华人消化杂志，2008，09：971－974.
杨德林，彭学杰．论《金匮要略》脉学的临床意义［J］．内蒙古民族大学学报，2008，02：133－134.
仝战旗，吴整军．慢性前列腺炎的中医诊断与治疗优势［J］．中华医院感染学杂志，2008，04：520－521.
王新佩．金匮要略教学的点滴体会［J］．中医教育，2008，02：49－51.
杨金萍．浅述《金匮方论衍义》对《金匮要略》的注释发微［J］．中医教育，2008，02：26－28＋32.
于晓，姜元安．四逆汤治法之再认识［J］．北京中医药大学学报（中医临床版），2008，02：30－32.
陈理，王玲玲．针刺加艾灸治疗中风后尿失禁36例［J］．南京中医药大学学报，2008，02：133－134.
符箴，黄克艳．《伤寒论·序》“忘躯徇物”中“徇”义辨析［J］．贵阳中医学院学报，2008，01：9－11.

刘爱东．任应秋中风治验［J］．中国社区医师，2008，06：36.
李小会．活用《伤寒论》方治疗肾脏疾病［J］．时珍国医国药，2008，02：507－508.
张宇燕．《金匮要略》复方提取溶剂选择及对中医药现代化的启示［J］．时珍国医国药，2008，02：506－507.
韩维斌，周语平．对《金匮要略》脏腑经络辨证法的认识［J］．甘肃中医，2008，04：1－3.
李云灵．浅议《伤寒论》之六经辨证［J］．甘肃中医，2008，04：3.
扎西草．浅析附子与白术药对在仲景方中的应用［J］．新疆中医药，2008，01：51－52.
宋国平，陆明．浅析仲景方剂配伍中脾胃施治之异同［J］．新疆中医药，2008，01：49－50.
周根锋，吕翠霞．《金匮要略》温经汤之"下利"应为"后阴下利"［J］．河南中医，2008，03：6－7.
钱超尘．《伤寒论》在唐代失传了吗？［J］．河南中医，2008，03：5.
高琦，薛小虎，傅坤生．谈《金匮要略》中的食疗［J］．河南中医，2008，03：7－8.
王清海．麻黄汤治愈软组织感染致重症高热1例［J］．河南中医，2008，03：25.
韩小平．桂枝汤治验四则［J］．新疆中医药，2008，02：85－86.
杨舒淳，刘姝君，钟晓玲，王存芬．旋覆花苦豆子合剂应用于抗免疫性肝损伤的实验研究［J］．新疆中医药，2008，01：7－10.
张萍，张智龙．张智龙教授应用茯苓杏仁甘草汤临床经验举隅［J］．四川中医，2008，04：1－2.
熊莉华．对仲景运用小柴胡汤的探析［J］．时珍国医国药，2008，01：210－211.
赵桂芝，姜建国．《伤寒论》下利证常变辨证论治思维探讨［J］．时珍国医国药，2008，01：209－210.
王晓洁，于铁成．浅析诊断思维的基本模式［J］．时珍国医国药，2008，01：207－208.
陈家全．欲解时与择时治疗［J］．中国现代药物应用，2008，08：75－76.
陈海凤．加味葶苈大枣泻肺汤治疗渗出性胸膜炎26例［J］．现代中医药，2008，02：11－12.
樊新荣．《伤寒论》三阳三阴辨证研究概况［J］．时珍国医国药，2008，01：28－30.
李赛美．从博士生学习心得悟《伤寒论》教学之"得"——2007级博士班《伤寒论》教学体会［J］．中医药通报，2008，02：35－37.
李赛美，朱章志，蔡文就，张横柳，彭万年，万晓刚，刘敏，吴浩祥．学生眼中的中医临床经典及其教与学——《伤寒论》学习心得集粹［J］．中华中医药学刊，2008，04：687－690.
任存霞．《伤寒论》教学方法探讨［J］．中国中医药信息杂志，2008，02：111－112.
陆丽明，曾婧纯，李盈．"肾开窍于耳"与"心寄窍于耳"的对比研究［J］．中医药通报，2008，02：32－34.
柴瑞震．《伤寒论》"汗证"的辨证［J］．中医药通报，2008，02：26－29.
辛智科．对张仲景和《伤寒论》的几种误读［J］．中医药通报，2008，02：23－25.
郭腊飞，石海澄，刘绪银．中医辨证治疗充血性心力衰竭［J］．中国医药导报，2008，12：53－54.
余国俊．真武汤治咳嗽［J］．中国社区医师，2008，08：40.
刘海英，吴成举，谢鑫．经方加效药治疗反流性食管炎体会［J］．中国中医急症，2008，04：557.
包巨太，吴范武，图娅，齐峰，马会霞．《伤寒论》方证对应规律的可视化研究［J］．中医杂志，2008，04：372－374.
马晓梅，穆齐金．金匮温经汤治疗妇科病举隅［J］．中国现代药物应用，2008，10：37－38.
袁景贤．《金匮要略》讲座［J］．基层医学论坛，2008，10：376－377.
吴华芹，褚瑜光，胡元会，刘桂荣，石洁，李海霞．浅谈伤寒论中的疫病学思想［J］．现代中医药，2008，03：1－3.
郑志杰，李志刚．《伤寒论》脉诊探讨［J］．吉林中医药，2008，04：235－236.
刘秀枝．浅析《金匮要略》治痰饮咳喘4方［J］．云南中医中药杂志，2008，05：32.
刘薇，朱红梅．《伤寒论》太阳病辨误救误探析［J］．中华中医药学刊，2008，04：850－852.
陈英杰，张来，周大桥．乌梅丸的组方配伍特点与慢性肝病的治疗［J］．中华中医药学刊，2008，04：859－860.
马晓梅，穆齐金．三阴三阳源流论［J］．中国实用医药，2008，12：95－96.

陈伟明，陈瑶丽．《伤寒论》治水“八法”探析［J］．吉林中医药，2008，05：315－317.
车基凤．韩医辨象辨证与中医六经辨证［J］．吉林中医药，2008，05：318－319.
陈瑞春．论泻心汤类方［J］．中医药通报，2008，02：19－22.
李文兰，任晓蕾，赵稷，季宇彬，徐栋．均匀设计法优选金匮肾气丸中苷类成分的提取工艺［J］．中草药，2008，02：199－202.
金智生，潘宇清．金匮肾气丸对实验性2型糖尿病胰岛素抵抗大鼠血清TNF－α、Leptin的影响［J］．现代中医药，2008，03：66－68.
李吉祥．经方治验5则［J］．河北中医，2008，04：388＋416.
尚建新．试析《伤寒论》中的两步疗法［J］．河北中医，2008，04：427.
李宇铭．论《伤寒论》太阳病篇麻桂类方剂的兼变证分类［J］．湖北中医杂志，2008，05：26－27.
吴冬梅，陈晓虎．炙甘草汤在心律失常中的临床应用及实验研究进展［J］．黑龙江中医药，2008，02：61－62.
唐瑛．《伤寒论》中四肢骨节疼痛的证治规律研究［J］．河南中医，2008，05：4－6.
吕永赟，张薛光．《金匮要略》泻心汤方证研究［J］．河南中医，2008，05：7－9.
曹玉芨，宋子云．《伤寒论》第29条辨析［J］．河南中医，2008，05：10－11.
王荣，胡晓阳，金弘，段富津．浅析《伤寒论》的辩证思维方式［J］．江苏中医药，2008，04：9－11.
史仁杰．脾约证及麻仁丸考析［J］．江苏中医药，2008，05：12－14.
舒莹．丁甘仁治疗外感热病的临床经验和学术思想探讨［J］．江苏中医药，2008，05：18－20.
陶兴，孙伟．通阳利水法在肾病综合征中的应用［J］．中国中西医结合肾病杂志，2008，05：451－452.
王丹．从《伤寒论》谈口渴论治［J］．江西中医药，2008，04：8－9.
陈权．仲景“治未病”思想探析［J］．辽宁中医杂志，2008，05：707－708.
郭颖，齐文升．新加达原散治疗“格”“闭”证解析［J］．辽宁中医杂志，2008，05：709－710.
张媛媛，马拯华．浅析《伤寒论》中桂枝配甘草的意义［J］．河北中医，2008，01：77－78.
张丽敏，宋建平．《金匮要略》肾气丸与瓜蒌瞿麦丸证治探讨［J］．河南中医，2008，04：14－15.
陈寄尘．胆道排蛔汤及其应用一得［J］．河南中医，2008，04：20－21.
刘鹏，陶汉华．肾气丸与右归丸补肾机理异同辨［J］．河南中医，2008，04：67.
章曦．《金匮要略》方剂配伍规律简析［J］．江苏中医药，2008，04：58－59.
徐雁．《金匮要略》治呕吐方对胃肠功能影响的实验研究概况［J］．江苏中医药，2008，04：89－91.
杨裕华，李震．金匮肾气丸对劳倦过度房室不节肾阳虚小鼠模型影响的脑基因芯片研究［J］．辽宁中医杂志，2008，05：773－779.
刘毅，穆靖，李小森，王鹏，梁馨月，王怡．中医临床基础专题文献库的研究［J］．天津中医药，2008，02：125－127.
孙建明．性治疗配合口服金水宝胶囊治疗勃起功能障碍50例疗效观察［J］．新中医，2008，05：69－70.
欧阳卫权．附子温阳功效在皮肤病中的应用［J］．新中医，2008，05：91－92.
鲍艳举，花宝金，侯炜．《伤寒论》半表半里病位观［J］．四川中医，2008，05：37－38.
孙燕丽，胡东升．《伤寒论》第36条之我见［J］．四川中医，2008，05：39－40.
张晓利．陆士谔论治温病特色探讨［J］．山西中医，2008，04：1－2.
张荣华，马秀娟，葛海波．金匮肾气丸新用3则［J］．山西中医，2008，05：16.
程少丹，王拥军，莫文，唐德志，喻秀兵，许少健，施杞．施杞运用六经辨证治疗颈椎病探微［J］．上海中医药杂志，2008，04：1－3.
王宗柱．谈《伤寒论》的服药后汗出［J］．陕西中医学院学报，2008，03：3－5.
张公奇．曹颖甫《伤寒金匮发微》学术思想探讨［J］．陕西中医学院学报，2008，03：9－10.
安小林．经方治疗咽炎初识［J］．山西医药杂志（下半月刊），2008，04：364－365.
陈科．益肾调补阴阳治疗肾结石98例［J］．陕西中医，2008，04：414－416.
程时杰，张荣华，王晓阳．《金匮要略》之“通”思想浅析［J］．陕西中医，2008，04：500－501.
高翔．循证医学与伤寒论［J］．陕西中医，2008，04：511－512.

郭瑞萍，臧海洋，张保伟．仲景“再煎”之法管窥［J］．陕西中医，2008，05：614－615.
孙锦江，于睿．治疗胸痹应重在温心阳［J］．实用中医内科杂志，2008，04：71－72.
高建伟，倪亚平．小柴胡汤证是治疗抑郁症的良方［J］．实用中医内科杂志，2008，04：74－75.
高国峰．《伤寒论》第28条之我见［J］．天津中医药，2008，02：134－135.
李震，刘黎青，颜亨祥，李淑燕，艾邸，宋辉，闫川慧，王媛，慕小婧，刘鹏，郭根艳．“劳倦过度、房室不节”肾阳虚模型小鼠睾丸乳酸脱氢酶－X活性的测定［J］．天津中医药，2008，02：136－138.
刘春香．由一则病例引发对《伤寒论》的思考［J］．天津中医药大学学报，2008，01：17.
汤晓龙．《伤寒论》方在《温病条辨》中的运用与发展探析［J］．中医文献杂志，2008，01：24－25.
石琳，王庆国．《辅行诀脏腑用药法要》现存版本对比研究［J］．中医文献杂志，2008，02：6－9.
高一明．历代注释《伤寒论》之不足例析［J］．中医文献杂志，2008，02：19－21.
陈科．金匮肾气丸临床新用举隅［J］．四川中医，2008，05：124－125.
易桂生．小青龙汤的临床新用［J］．陕西中医，2008，04：494.
类承法．乌梅丸方证临证新悟［J］．实用中医内科杂志，2008，04：78－79.
秦庆福，年莉．《肘后备急方》的方剂学成就［J］．天津中医药大学学报，2008，01：9－10.
周晴，徐燎宇．张云鹏运用四逆散异病同治之经验［J］．中医文献杂志，2008，02：35－37.
少谦，阿明．山西长治中医集团欣起“学经典”热潮［J］．光明中医，2008，05：658.
程志文．中医“阴黄”理论历代发展简评［J］．浙江中医药大学学报，2008，02：154－155.
王斌，施亦青．《伤寒论》六经学说与“治未病”［J］．中医药临床杂志，2008，02：107.
蔡六保．试析《伤寒论》中痞满、结胸证治［J］．中医药临床杂志，2008，02：108－109.
钱子高．四逆散加减治疗慢性胃炎和消化性溃疡病例分析［J］．中国实用乡村医生杂志，2008，04：28.
马国珍．《伤寒论》六经“口渴”浅谈［J］．甘肃中医学院学报，2008，02：16－18.
郑虎占．对《金匮要略》“阳微阴弦”的认识及应用体会［J］．北京中医药，2008，04：270－271.
王玉凤，李雪琴，纵横，黄学武．杨士瀛《仁斋直指方论》的用药规律与特点［J］．北京中医药，2008，04：271－272.
初世荣，王健．金匮肾气汤加减治疗低颅压性头痛18例［J］．长春中医药大学学报，2008，02：170.
李倩，张琦．《金匮要略》对痹证的认识［J］．长春中医药大学学报，2008，02：122－123.
秦婧．运用《伤寒论》方治疗妇科疾病举隅［J］．河北中医，2008，03：269－270.
柴瑞震．《伤寒论》“利证”的证治［J］．光明中医，2008，05：566－569.
单昌涛，江育基，吴银英．加味金匮肾气颗粒治疗慢性肾衰氮质血症期的临床观察［J］．按摩与导引，2008，03：45－46.
张荣珍．小柴胡汤方证的现代研究［J］．中医药临床杂志，2008，02：103－106.
赵广中．老年便秘的中医治疗［J］．才智，2008，05：263.
袁景贤．《金匮要略》讲座［J］．基层医学论坛，2008，13：466－467.
黄仰模，刘浩，姜迎萍．病案讨论教学法在《金匮要略》本科临床教学中的应用［J］．中华中医药学刊，2008，06：1135－1136.
王忠山．从“经验金字塔”理论看中医临床经典课程的教学［J］．中华中医药学刊，2008，06：1319－1320.
张鸣钟．《金匮钩玄》学习辅导题［J］．中医研究，2008，06：19＋48＋52＋54.
邱明英，何淑贞．加味金匮肾气丸治疗老年性尿道综合征60例疗效观察［J］．新中医，2008，06：57－58.
王微，韩春生．乌梅丸上热下寒证上热形成机理浅析［J］．新中医，2008，06：107.
李心机．伤寒学、《伤寒论》与《伤寒论》学［J］．山东中医药大学学报，2008，03：219－222.
朱庆均，张丹，李震，李自发．“劳倦过度、房事不节”肾阳虚小鼠生精功能的改变及金匮肾气丸的治疗作用［J］．山东中医药大学学报，2008，03：239－241.
李乃桂．从方证论《伤寒论》体质类型［J］．山东中医杂志，2008，06：422－423.
刘征，王兵．姜德友辨治消渴重症验案举隅［J］．上海中医药杂志，2008，05：7－8.

孙玄弆．仲景治水方略探究［J］．上海中医药杂志，2008，06：63－64.
钱超尘．《汤液经法》《伤寒论》《辅行诀》古今谈（待续）［J］．世界中西医结合杂志，2008，06：311－315.
张升，朱生全．《伤寒论》养阴法浅探［J］．陕西中医，2008，06：759－760.
赵伯洋．吴茱萸汤加味治疗偏头痛28例［J］．实用中医内科杂志，2008，05：90.
夏晨，韩桂贤．《幼科发挥》学术特色探析［J］．实用中医内科杂志，2008，06：3－4.
周永安，刘路芬．四逆散加味治疗胁痛浅识［J］．实用中医内科杂志，2008，06：89－90.
姚佳音，叶进．隋唐时期仲景方在脾胃病证中的运用［J］．时珍国医国药，2008，05：1085－1086.
孔繁鑫，虢周科．小议《金匮要略》之奔豚病［J］．时珍国医国药，2008，05：1243－1244.
刘爱东．郑荪谋中风治验［J］．中国社区医师，2008，09：40－41.
余国俊．陈氏“通补汤”验证录［J］．中国社区医师，2008，12：45.
张丽艳，林大勇，王树鹏．《金匮要略》“养慎”内涵及源流［J］．江西中医学院学报，2008，02：18－19.
龙奉玺，蒋力生．清初名医喻嘉言学术思想研究概况［J］．江西中医学院学报，2008，02：25－28.
张大明，蔡永敏，庞景三，彭青鹤．仲景文化价值论［J］．中医药文化，2008，02：10－11.
钱超尘．徐灵胎的文学情怀［J］．中医药文化，2008，02：21.
傅文录．郑氏“火神派”源流［J］．中医药文化，2008，02：24－25.
刘玲．浅析《伤寒论》中用“酒”之道［J］．中医药文化，2008，02：44－45.
何丽春．《读过伤寒论》版本源流梳理［J］．中医药文化，2008，02：54－56.
符箴．《伤寒论·序》“动数发息”考释［J］．中医药文化，2008，03：31－32.
程磐基．《伤寒微旨论》佚文两篇探讨［J］．中医药文化，2008，03：45－47.
刘文云．《伤寒论》服药方法探讨［J］．亚太传统医药，2008，05：9－10.
刘艳萍．从《伤寒论》厥阴经论甲状腺机能亢进症［J］．中国医药导报，2008，14：94－95.
王天石．《伤寒论》方药在肝病治疗中的运用［J］．中国社区医师（医学专业半月刊），2008，11：80.
朱玮华．肾小球肾炎恢复期血尿的证治探讨［J］．浙江中医杂志，2008，05：260－261.
黄标文．对《伤寒论》原文第28条有无桂枝芍药之我见［J］．浙江中医杂志，2008，06：315.
黄仰模，田黎．《金匮要略》血痹病研究体会［J］．中华中医药学刊，2008，05：914－915.
赵惠萍．中医“从化”学说钩玄［J］．中华中医药学刊，2008，05：1060－1061.
陆健，张小虎，区永欣，古继红，田丙坤．祛痰逐水法对实验性大鼠急性肺损伤的影响［J］．中华中医药学刊，2008，06：1347－1349.
刘仁毅．浅谈《伤寒论》三阳经外邪传变及辨治规律［J］．中国中医急症，2008，05：706.
刘婉婷，杨秋莉，薛崇成．《金匮要略》中精神疾患浅析［J］．中医杂志，2008，06：560－562.
吴正平．柴胡药对效用浅析［J］．陕西中医，2008，06：736－737.
蒲纪．真武汤治验四则［J］．实用中医内科杂志，2008，06：84－85.
周刚，周明东．麻黄附子细辛汤治疗头面部疾病［J］．时珍国医国药，2008，05：1224－1225.
马晓峰，张建梅，周霞继，吕娟，王伟．栝楼瞿麦丸对糖尿病肾病大鼠肾脏保护作用的实验研究［J］．天津中医药，2008，03：220－222.
王景琦，郝毅，尚祖伯．茵陈蒿汤的现代研究概况及临床应用［J］．中国社区医师（医学专业半月刊），2008，11：6.
李文兰，王晓冬，季宇彬，扈正婷，任晓蕾，王佳．不同来源桂皮酸的药代动力学比较研究［J］．中国中药杂志，2008，10：1192－1195.
杨惠，王强．反相高效液相色谱法测定来源于《伤寒论》的3种中药制剂中芍药苷与甘草酸的含量［J］．中南药学，2008，03：312－314.
王如茂．大承气汤临床应用［J］．中国中医急症，2008，05：706－707.
杨秀芬．中西医结合治疗糖尿病肾病60例观察［J］．实用中医内科杂志，2008，05：50－51.
岳小强，杨学，崔健，彭文博，王丽娜，白玲玲．《伤寒论》辅助教学软件的构建与应用［J］．中医药导报，2008，04：101－102.
王树鹏，艾华，郭晓东，李海波.《伤寒论》网络教学平台的设计思路与方法［J］．辽宁中医药大学学报，2008，04：189－190.
刘立萍，李然．仲景常用药对在《中药学》教学中的运用［J］．辽宁中医药大学学报，2008，06：220－221.
黄灿奇，陈宝田，胡琼力．《伤寒论》中柴胡制剂的临床研究［J］．浙江中医药大学学报，2008，03：303－304.
贾万国．张仲景的阴阳自和观［J］．北京中医药，2008，06：434－436.
刘香红，周玉兰，王尚杰．乌梅丸（汤）加减治疗腹泻型肠易激综合征［J］．北京中医药，2008，06：474－475.
徐小玉，连建伟．仲景治肝病常用药对探讨［J］．中华中医药杂志，2008，06：533－536.
魏本君，李金田．《伤寒论》死证之因浅析［J］．甘肃中医学院学报，2008，03：16－18.
马如仓．治痹浅谈［J］．甘肃中医，2008，06：36－37.
李丽娜，陈萌，王庆国．桂枝汤证所涉理论解析［J］．国医论坛，2008，03：1－2.
周昕．从抗菌角度探讨《伤寒论》大黄黄连泻心汤有无黄芩之疑［J］．国医论坛，2008，03：4.
刘韧，杨洪涛．经方与时方临床应用体会［J］．国医论坛，2008，03：17－19.
孙维峰，梁静．《伤寒论》的保胃气思想及其临床意义初探［J］．贵阳中医学院学报，2008，03：3－5.
任翔麟．略论厥阴头痛的辨治［J］．贵阳中医学院学报，2008，03：5－6.
胡军．《伤寒论》脾肾辨证规律浅探［J］．河北中医，2008，05：537－538.
纪涛，王常明，刘文斗，王旺，任雪峰，杨学，岳小强．小议“附子无干姜不热”［J］．河南中医，2008，06：9－10.
陈爱玲，李雷．金匮肾气汤加减治疗特发性水肿42例［J］．河南中医，2008，06：18－19.
李文龙，王寅．张仲景误治思想研究概况［J］．河南中医，2008，06：78－81.
陈晓薇．试论癫痫发病与少阳枢机的关系［J］．江苏中医药，2008，06：10－11.
刘晓丽．也辨《金匮》温经汤“病下利”非“病下血”［J］．江西中医药，2008，05：9－10.
魏戌，王莹，梁贞文．桂枝汤类方骨科治验三则［J］．江西中医药，2008，05：42.
鲍艳举，花宝金．经方辨证要重视整体观念［J］．江西中医药，2008，05：65
肖香群，王宗殿．寒凝心脉型胸痹证治初探［J］．辽宁中医药大学学报，2008，04：14－15.
李云．六经八纲辨证关系析议［J］．辽宁中医药大学学报，2008，06：16.
王利军，赵士运．联系临床读经典［J］．辽宁中医药大学学报，2008，06：25
郭玉海．俞嘉言对《伤寒论》学术思想的继承与发展［J］．辽宁中医药大学学报，2008，06：35－36.
吕新华，王兴华．《伤寒论》桂枝运用规律探析［J］．辽宁中医药大学学报，2008，06：47－48.
鲍艳举，花宝金．中医的科学性［J］．辽宁中医药大学学报，2008，06：77－78.
王文鸽，刘四清．半夏厚朴汤在肝病中的应用［J］．辽宁中医药大学学报，2008，06：178.
贾春华，王永炎，黄启福，鲁兆麟．三阴三阳源流［J］．中国民族民间医药，2008，04：1－4.
顾武军．《伤寒论》治肺法［J］．南京中医药大学学报，2008，03：145－146
吴洁．《金匮要略》肝病辨治特点探析［J］．南京中医药大学学报，2008，03：147－149.
张宁一，周春祥．《伤寒论》第7条“阴阳”内涵浅析［J］．南京中医药大学学报，2008，03：150－152.
任红艳，李金田．《伤寒论》方药煎法浅谈［J］．甘肃中医学院学报，2008，03：18－21.
李俊．附子粳米汤研究概况［J］．贵阳中医学院学报，2008，03：65－68.
陈长青．辨析中药学的两大错误［J］．湖北中医杂志，2008，04：28－30.
刘月，初杰．人参黄芪的性味与配伍对方剂构成的影响［J］．辽宁中医药大学学报，2008，05：5－6.
李燕宁，周朋．试论《伤寒论》对治疗小儿肺炎的指导意义［J］．国医论坛，2008，03：2－3.
贾彩蓉．浅析《伤寒论》教学中的医德教育［J］．中国医学伦理学，2008，02：38－39.
张鸣钟．《金匮钩玄》学习辅导题［J］．中医研究，2008，07：4＋11＋22.
盛生宽，盛全成．仲景理法方药在急重症中运用体会［J］．辽宁中医杂志，2008，07：985.

刘芳，何文彬．《内经》与《金匮》对妇人闭经的辨治比较［J］．南京中医药大学学报，2008，04：224－226.

刘改玲，刘扬．沈宝藩教授应用炙甘草汤治疗心悸经验介绍［J］．新中医，2008，07：90－91.

易自刚．浅析《伤寒论》辛味药配伍运用与方剂举隅［J］．新中医，2008，07：113－114.

李全付，刘天骥．自拟白芥子膏穴位贴敷治疗痛痹200例［J］．四川中医，2008，07：120.

江泳，陈建杉．论张仲景瘀血学说［J］．山东中医杂志，2008，07：435－437.

刘学芬．从太阳病浅析体质学说［J］．现代中西医结合杂志，2008，22：3433.

陈玉萍，扎西草，单丽娟．补肾健骨汤对绝经后骨质疏松症防治作用的实验研究［J］．新疆中医药，2008，03：37－40.

王秀梅．芍药甘草汤在女科疾病中的应用［J］．现代医药卫生，2008，14：2145－2146.

叶旭霞，文国匡．自拟通痹散治疗风寒湿痹84例临床观察［J］．现代医药卫生，2008，14：2169－2170.

刁军成，尤昭玲．从《金匮要略》探索月经病从肝论治的原则和方法［J］．江西中医学院学报，2008，03：28－30.

王寅．对《金匮》“余脏准此”的探赜［J］．云南中医学院学报，2008，03：42－44.

袁景贤．《金匮要略》讲座［J］．基层医学论坛，2008，16：565.

鞠冉．冉雪峰巧治病的故事［J］．首都医药，2008，13：46.

吕虎．《伤寒论》经方四逆散加味治疗胁痛举隅与体会［J］．中国中药杂志，2008，12：1473－1474.

江松平．“一方二法”在《伤寒论》中的应用浅析［J］．浙江中医杂志，2008，07：386－387.

管寿明．小柴胡汤治痛症验案［J］．浙江中医杂志，2008，07：425.

梁永宣．葛洪《肘后备急方》与张仲景《金匮要略方》对比研究［J］．中国中医基础医学杂志，2008，06：413－416.

刘春龙，胡连军．张仲景方临证举隅［J］．中国中医基础医学杂志，2008，06：482.

张丽艳，林大勇．《金匮要略》黄疸病辨析［J］．吉林中医药，2008，07：537－538.

谢铮，傅延龄．读伤寒话奔豚［J］．吉林中医药，2008，07：538－539.

柴瑞震．《伤寒论》“热型”的研究［J］．中医药通报，2008，03：21－24.

曹维娜，黄克江．《伤寒论》少阳病证临床治疗体会［J］．中医药信息，2008，04：52－53.

刘玉良，李其忠．浅析《伤寒论》定量辨证的方法和依据［J］．中医杂志，2008，07：659－661.

高云霞．浅论《金匮要略》水气病的分治法［J］．中医杂志，2008，07：664－665.

秦惠杰，朱国茹．乌梅丸治验举隅［J］．辽宁中医药大学学报，2008，07：113－114.

姚杰良，黎忠民，李菊芳．经方新释［J］．中国民族民间医药，2008，03：69.

蔡安和，林益群．白头翁汤方证及其在临床上的运用［J］．四川中医，2008，07：124－125.

雷雨田，王林元．六味地黄丸——好药别乱吃［J］．医药世界，2008，07：46.

程大宏．试论桂枝汤为中医食疗第一方［J］．浙江中医杂志，2008，07：385.

沈进稳，郭建友，肖鲁伟，吴承亮．近距离放射损伤对大鼠脊髓神经细胞降钙素基因相关肽的影响及金匮肾气丸的干预作用［J］．中国实验方剂学杂志，2008，06：27－30.

翟萍．补肾与抗衰老——兼谈金匮肾气丸的抗衰老作用［J］．中国实用医药，2008，17：144.

许霞．方证关系源流考略［J］．中国中医急症，2008，06：793－794.

邓国安，杨京华．《伤寒论》二阴三枢理论儿科临床应用探讨［J］．新中医，2008，07：3－4.

周英信．论《伤寒论》脾胃病类方及其药对应用［J］．广西中医学院学报，2008，02：2－3.

展俊平，杨新年．张仲景应用大黄微探［J］．光明中医，2008，07：922－923.

龚艳桥，戴天木．《伤寒论》第39条原文析疑［J］．光明中医，2008，07：921－922.

梅松柳，于春艳，杨立杰，高艳．九味参蓉胶囊治疗肾虚症134例临床观察［J］．牡丹江医学院学报，2008，03：64.

李建国．读“柴胡证，但见一证便是”的启迪［J］．甘肃中医，2008，07：27.

梁启军．人体宏观免疫规律和张仲景的临床诊断目标［J］．河南中医，2008，07：5－6.

李云龙.《伤寒论》六病辨证之我见 [J]. 河南中医, 2008, 07: 7-8.
张再良, 杨文喆. 关于六经中合病与并病 [J]. 国医论坛, 2008, 04: 1-4.
金芷君.《金匮要略》中"桂枝—白芍"药对之探讨 [J]. 国医论坛, 2008, 04: 5-6.
傅强, 赵进喜, 王世东. 小柴胡汤加减治疗糖尿病酮症一例 [J]. 环球中医药, 2008, 03: 27.
康仓平.《伤寒论》"阳明中风""阳明中寒"辨析 [J]. 甘肃中医, 2008, 07: 4.
黄蓝洋. 半夏泻心汤在消化系统疾病中的临床应用评析 [J]. 实用中医内科杂志, 2008, 07: 12-14.
陈天真, 高培德.《伤寒论》对药临证应用意义浅释 [J]. 实用中医内科杂志, 2008, 07: 21-22.
郑虎占. 试从《伤寒论》干姜附子汤方证谈中医药学的理法方药与剂工质效 [J]. 北京中医药大学学报, 2008, 06: 365-368.
胡志洁, 田思胜.《伤寒贯珠集》学术思想探讨 [J]. 江西中医药, 2008, 06: 11-12.
白舒霞, 朱少泽. 发热与时间医学相结合在临床的应用 [J]. 光明中医, 2008, 07: 897-898.
丁世幸.《金匮要略》涉肝病机浅述 [J]. 光明中医, 2008, 07: 905-906.
李力. 未病理论的形成与发展 [J]. 光明中医, 2008, 07: 906-908.
雍小嘉, 陈云慧, 王燕. "证"概念规范研究源流回顾 [J]. 光明中医, 2008, 07: 1045.
王怀清. 谈《金匮》五脏水的临床意义 [J]. 蛇志, 2008, 02: 150+158.
柴瑞震.《伤寒论》伤寒生死辨证研究 [J]. 中医药临床杂志, 2008, 03: 215-217.
陈启华. 经方治疗神经官能症举隅 [J]. 江西中医药, 2008, 06: 50.
刘果. 温病大师叶天士医案四则 [J]. 环球中医药, 2008, 01: 44-45.
杨力强. 麻杏甘石汤病证析疑 [J]. 广西中医学院学报, 2008, 02: 1-2.
倪明芳, 戴天木.《金匮要略》方验案2则 [J]. 光明中医, 2008, 07: 1000-1001.
崔俊英, 孙喜稳. 浅议猪苓汤证病机之"热" [J]. 河南中医, 2008, 07: 8-9.
冯玉华, 梁少琴. 浅谈金匮肾气丸 [J]. 光明中医, 2008, 06: 853.
任晓蕾, 李文兰, 徐栋, 于莹莹, 王晓冬. 金匮肾气丸中三萜类成分的质量比测定研究 [J]. 哈尔滨商业大学学报（自然科学版）, 2008, 03: 265-267.
郑富超, 郑秀丽, 郭玉成, 计小清. 芍药甘草汤不同配伍比例镇痛作用的实验研究 [J]. 承德医学院学报, 2008, 02: 213-214.
李治, 何锦华. 金匮肾气汤加味配合微波治疗前列腺增生30例 [J]. 江西中医药, 2008, 07: 41-42.
申秀丽, 闻永举. 百合知母汤临床应用概述 [J]. 宜春学院学报, 2008, 02: 111-113.
曹洋.《伤寒论》重视脾胃的学术思想探析 [J]. 内蒙古中医药, 2008, 12: 58.
陈相英, 王海霞, 王燕, 姜梅芳, 李清华. 补肾活血汤治疗弱精子症30例临床观察 [J]. 新中医, 2008, 08: 16-18.
雷永华. 从《伤寒论》方后加减谈仲景对证用药规律 [J]. 新中医, 2008, 08: 94-95.
万晓刚. 梅国强教授论治伤寒 [J]. 广州中医药大学学报, 2008, 03: 266-270.
吴依娜, 何国樑, 贺文娟. 论方证相应辨证与辨证论治的关系与价值 [J]. 广州中医药大学学报, 2008, 04: 371-373.
胡冬裴. 天行时气五经钩玄——陶弘景《辅行诀脏腑用药法要》启玄 [J]. 山东中医药大学学报, 2008, 04: 322-325.
李晨光, 贾波, 沈涛. 从十枣汤的服药时间谈择时服药的客观性及重要性 [J]. 上海中医药杂志, 2008, 07: 70-71.
杜青雄.《伤寒论》六经证的传变就是人体阴阳顺逆的转折 [J]. 世界中医药, 2008, 04: 198-200.
李小会.《伤寒论》方在皮肤病治疗中的应用探讨 [J]. 陕西中医, 2008, 07: 856-857.
马莎, 王舒. 小议《伤寒论》治呕法 [J]. 时珍国医国药, 2008, 07: 1771.
于磊. 论《伤寒论》第137条之病机 [J]. 天津中医药大学学报, 2008, 02: 98.
袁景贤.《金匮要略》讲座 [J]. 基层医学论坛, 2008, 19: 664.
王学明. "证"的掌握与"方"的应用 [J]. 中国民间疗法, 2008, 07: 5-6.
王明辉. 从桂枝汤证治的变化看《伤寒论》的辩证思想 [J]. 中华中医药学刊, 2008, 07: 1401-

1402.
刘玉金，孟静岩．水气病气分水分血分之涵义与关系［J］．中华中医药学刊，2008，07：1569－1571.
唐立明．对金匮“胸痹心痛短气病脉证治”篇条文理解与现代医学体会［J］．中华中医药学刊，2008，07：1571－1573.
陈玉超．《伤寒论》救误治则与肿瘤的综合治疗［J］．中华中医药学刊，2008，07：1574－1575.
严玉平，宋晓宇．“白芍”与“赤芍”的分化与应用初探［J］．时珍国医国药，2008，07：1775－1776.
宋云娟．蒿芩清胆汤治疗内科杂病临证体会［J］．中国中医药信息杂志，2008，05：87－88.
吴海涛，顾海，尹星，刘元君，江励华，王明艳．金匮肾气丸对环磷酰胺所致骨髓抑制小鼠的影响［J］．医药导报，2008，08：923－924.
李文兰，于莹莹，赵稷，王晓冬，扈正婷，徐栋．金匮肾气丸总苷类成分 HPLC－DAD－ELSD 指纹图谱的建立［J］．中国药学杂志，2008，13：968－970＋1032.
李金花，李惠林．浅探寒热并用法在《伤寒论》中的体现［J］．贵阳中医学院学报，2008，04：64－65.
彭雪红．《伤寒论》阳明篇第 212 条之我见［J］．贵阳中医学院学报，2008，04：63－64.
廖金标．经方治疗心脑血管病案［J］．中华中医药杂志，2008，08：705－707.
魏睦新，管学忠．《伤寒论》调护脾阴法则的临床应用［J］．湖南中医杂志，2008，04：54－56.
柴瑞震．《伤寒论》治则治法研究［J］．中医药临床杂志，2008，04：335－337.
郭晓黎，牟慧琴．《伤寒论》附子之功效剖析［J］．中医药临床杂志，2008，04：338－339.
方伟．谈桂枝汤加减调和阴阳［J］．中医药临床杂志，2008，04：339－340.
王小琴，冯宏汉．金匮肾气丸异病同治探究［J］．湖北中医学院学报，2008，02：23－25.
赵雷，朱亮，钱义明，陈越．泻心汤配合西医常规治疗急性冠脉综合征 20 例炎性指标变化的观察［J］．中医药导报，2008，07：15－17.
许树才，黄超．柴胡桂枝汤治疗前列腺癌去势术后综合征 36 例［J］．贵阳中医学院学报，2008，04：40－41.
王寅，杨梅，盖沂超．寻找学习金匮要略的“易点”［J］．中医教育，2008，04：43－45.
李赛美．中医经典是中医博士班课程之根——读 2007 级博士班伤寒论学习心得有感［J］．中医教育，2008，04：78－80.
钱超尘．《汤液经法》《伤寒论》《辅行诀》古今谈（续 1）［J］．世界中西医结合杂志，2008，07：375－379.
石琳．大小勾陈大小螣蛇出处考［J］．世界中西医结合杂志，2008，07：380－381.
迮侃，朱鼎成．“冬不按蹻”辨正［J］．中医文献杂志，2008，03：18－20.
袁景贤．《金匮要略》讲座［J］．基层医学论坛，2008，22：750.
张占魁．小柴胡汤加减治疗妇科病验案 6 例［J］．中国社区医师（医学专业半月刊），2008，14：156.
于克波，王太华，张新焕．中药对肾小球硬化模型 TGF－β1 表达的影响［J］．泰山医学院学报，2008，07：484－488.
殷子斐，彭文博．从奔豚汤之“寒热往来”谈小柴胡汤“但见一证便是”［J］．安徽中医学院学报，2008，04：3－4.
贾春华，王永炎，鲁兆麟．论《伤寒论》“观其脉证，知犯何逆，随证治之”［J］．北京中医药大学学报，2008，07：437－439.
焦扬，周平安．《金匮要略》治痰饮 10 法［J］．北京中医药大学学报（中医临床版），2008，04：20－21.
王枫，赵乌兰，黄宇佳．补肾剂对耳聋豚鼠耳蜗细胞凋亡的影响［J］．浙江中医药大学学报，2008，04：438－439＋442.
赵平春．对仲景黄疸病因病机的临床再认识［J］．中国中医药信息杂志，2008，S1：69－70.
景姗，顾立刚．流行性感冒中医治疗概况［J］．中国中医药信息杂志，2008，S1：77－79.
王琳．建国以来《太平圣惠方》研究概况［J］．中国中医药信息杂志，2008，S1：88－90.

姜岩.《金匮要略》不同编撰形式及其特点［J］. 中国中医药信息杂志，2008，S1：162－163.
北京中医药大学梁永宣.《金匮要略方》底本出处考［N］. 中国中医药报，2008－01－04004.
海南省三亚市中医院吴沛田. 仲景原著反字析［N］. 中国中医药报，2008－01－14004.
广州中医药大学彭宣军. 仲景运用生姜探微［N］. 中国中医药报，2008－01－09004.
河北省中医药研究院曹东义. 大道不孤德必有邻［N］. 中国中医药报，2008－02－22004.
山东中医药大学中医文献研究所刘鹏. 再论《伤寒论》四逆散证［N］. 中国中医药报，2008－01－16004.
辽宁中医药大学附属医院卢秉久. 仲景治黄疸思路及对后世影响［N］. 中国中医药报，2008－01－16004.
北京中医药大学钱超尘. 读《伤寒论》当选善本［N］. 中国中医药报，2008－01－18003.
山东中医药大学基础医学院田福玲，刘冠军. 识“而”辨证［N］. 中国中医药报，2008－01－18004.
湖北中医学院杨学安，唐甲哲. 论“阳主阴从”［N］. 中国中医药报，2008－01－31004.
孟庆云. 中医学中的数学文化［N］. 中国中医药报，2008－02－15008.
李忠峰. 中医高等教育要改革［N］. 市场报，2008－03－12004.
中国中医科学院于智敏，王燕平. 熟读经典勤临证发皇古义创新说［N］. 中国中医药报，2008－03－19004.
刁吉祥. 浅析张仲景苦辛法的临床运用［N］. 中国中医药报，2008－02－14004.
包头市杏林中医研究院孟琳升. 治病求本本于病机［N］. 中国中医药报，2008－03－28004.
山东中医药大学皋永利. 继承经典应持什么态度［N］. 中国中医药报，2008－03－26003.
北京中医药大学梁永宣.《金匮要略方》现存的主要版本［N］. 中国中医药报，2008－04－17004.
湖北中医学院李家庚. 博极医源寓教于乐［N］. 中国中医药报，2008－04－18004.
江苏省中医院陆为民，徐丹华. 梅香苦寒来医海苦作舟［N］. 中国中医药报 2008－01－23004.
我们为什么要学《伤寒论》［N］. 中国中医药报，2008－05－07003.
南京中医药大学张静远. 浅谈轻重缓急［N］. 中国中医药报，2008－05－09004.
北京中医药大学东方医院张厂，金周汉. 关于仲景支饮变证处理的思考［N］ 中国中医药报，2008－05－09004.
冯磊. 中药药物剂量应返璞归真［N］. 中国中医药报，2008－05－16004.
甘肃省通渭县中医院张存龙. 不可忽略《伤寒论》中的特殊煎药法［N］. 中国中医药报，2008－06－04004.
福建中医学院彭榕华. 医古文中常见成语集萃（三）［N］. 中国中医药报，2008－06－12003.
向东，川明廖涛. 张玉杰乡亲们叫我“喜来乐”［N］. 河南日报，2008－04－29015.
岛石. 曲黎敏：穿越时空的《黄帝内经》偷听者［N］. 中国图书商报，2008－04－15002.
中国中医科学院骨伤科医院王芃，张军宋铁兵韩磊孙树椿.《金匮要略》与中医骨伤科学研究方法［N］. 中国中医药报，2008－06－18004.
北京中医药大学张其成. 新安医学的文化特征［N］. 中国中医药报，2008－06－25008.
山东中医药大学李心机. 为什么要学与怎样学《伤寒论》［N］. 中国中医药报，2008－08－13004.
孟庆云. 解别明彰靠辨识［N］. 中国中医药报，2008－07－18008.
卫生部中日友好医院冯世纶.《伤寒论》方证源于神农时代［N］. 中国中医药报，2008－07－23004.
卫生部中日友好医院冯世纶. 六经辨证成熟于《伤寒论》［N］. 中国中医药报，2008－08－01004.
记者梁启成，通讯员刘畅. 广西举办第二批全国优秀中医临床人才研修项目讲习班［N］. 中国中医药报，2008－08－25002.
上海市嘉定区马陆医院陈金龙，上海交通大学医学院附属卫生学校顾继昌. 中医经典著作由来［N］. 中国中医药报，2008－08－20004.
山西中医学院第二中医院马文辉. “三部六病学说”是中医现代化范式［N］. 中国中医药报，2008－08－21004.
湖南中医药大学周祖贻. 温病名演变探源［N］. 中国中医药报，2008－08－28004.

杨朝晖．古今医经典籍论阿胶（上）［N］．科技日报，2008－08－26004.
王屹立，李天密．第七届张仲景医药科技文化节举行［N］．河南日报，2008－09－24003.
北京中医药大学翟双庆．读书须从根柢入手［N］．中国中医药报，2008－09－19004.
海霞．第七届张仲景医药科技文化节开幕［N］．中国中医药报，2008－09－22001.
乔地．第七届张仲景医药科技文化节开幕［N］．科技日报，2008－09－21004.
中国中医科学院于智敏，王燕平．熟读经典勤临证发皇古义创新说［N］．中国中医药报，2008－10－22004.
杨六香．本领过硬还需基础坚实［N］．中国医药报，2008－11－18B06.
广州中医药大学中医临床基础学科钟嘉熙林兴栋．教医研三位一体诠释经典［N］．中国中医药报，2008－11－26003.
马骏．临床中药用量该如何确定［N］．中国中医药报，2008－11－13003.
卫生部中日友好医院冯世纶．《伤寒论》第214条大小承气之辨［N］．中国中医药报，2008－11－28004.
云南省第三人民医院李守业．谈随证治之辨证论治的原创思维［N］．中国中医药报，2008－12－12004.
杨桢高琳．药对荟萃的经典方——芍药汤［N］．中国医药报，2008－10－14B06.
记者任娓娓．明年“越医”文化步入申遗之路［N］．绍兴日报，2008－12－17002.
衣晓峰．回归经典是继承中医的必由之路［N］．中国医药报，2008－12－23B06.
山西中医学院第二附属中医院马文辉．走向繁荣的中医药［N］．中国中医药报，2008－07－11003.
河南省中医院毛德西．《伤寒论·序》的治未病观［N］．中国中医药报，2008－07－25004.
卫生部中日友好医院冯世纶．《汤液经法》是《伤寒论》蓝本［N］．中国中医药报，2008－07－30004.
周颖．6个统一与结合彰显中医防治水平［N］．中国中医药报，2008－08－11003.
卫生部中日友好医院冯世纶．经方再思考［N］．中国中医药报，2008－08－20004.
内蒙古医学院中医学院李永清．论《伤寒论》的六经理论［N］．中国中医药报，2008－09－04004.
山东中医药大学李心机．潮热与海潮［N］．中国中医药报，2008－10－16004.
河北省中医药研究院曹东义．有了张仲景，不再学华佗［N］．中国中医药报，2008－10－24004.
中华中医药学会温长路．恋经耽典若啖蔗饴［N］．中国中医药报，2008－10－30004.
卫生部中日友好医院冯世纶．《伤寒论》书名出自谁手［N］．中国中医药报，2008－11－05004.
山东中医药大学李心机．膈内拒痛非疼痛拒按［N］．中国中医药报，2008－11－06004.
北京中医药大学东方医院马家驹，谢培凤．《伤寒论》六经非《内经》六经［N］．中国中医药报，2008－11－14004.
北京聚医杰医药科学研究院江淑安．《伤寒论》中的时间医学观［N］．中国中医药报，2008－11－21004.
陈萌梁永宣．中日专家研讨交流仲景学术［N］．中国中医药报，2008－12－04001.
记者衣晓峰靳万庆通讯员曲峰．黑龙江出台“读经典做临床”实施方案［N］．中国中医药报，2008－12－05001.
山西中医学院第二中医院高建忠．另辟蹊径创新说［N］．中国中医药报，2008－12－11004.
周颖．传承仲景学术探究经方之法［N］．中国中医药报，2008－12－17003.
湖北中医学院05级教改实验班李玉玲．论张仲景治眩晕之法［N］．中国中医药报，2008－12－31004.
张俊良．中医药引入英国意义几何［N］．医药经济报，2008－12－15F02.
靳晓非，赵志亮．论《伤寒论》中“证”的含义［J］．内蒙古医学杂志，2009，S6：50.
宋健．对《温病学》教学改革的认识与思考［J］．辽宁中医药大学学报，2009，01：189－190.
刘玉良，李其忠．论《伤寒论》定量辨证中的定比思想［J］．辽宁中医杂志，2009，01：40－42.
徐传河．《伤寒》六经传变之我见［J］．辽宁中医杂志，2009，01：48－49.

刘启泉，肖彦玲．论《伤寒论》的保胃气思想及其临床意义［J］．辽宁中医药大学学报，2009，01：7－9.
杨迎霞．论《伤寒论》三阴三阳实质［J］．辽宁中医药大学学报，2009，01：18－19.
林素财，刘紫凝．盗汗非独阴虚论［J］．世界中西医结合杂志，2009，01：15.
杜凤文．《伤寒论》少阳病治法临证浅谈［J］．世界中西医结合杂志，2009，01：54－55.
李煜国，田莉婷．宣肺发汗法治疗肝性胸水83例［J］．陕西中医，2009，01：10－11.
任保印，张建荣．《金匮》治饮法探讨［J］．陕西中医，2009，01：96－97.
曲世华．印会河咳喘治验［J］．中国社区医师，2009，03：34－35.
张淑丽．桂枝去芍药加附子汤证方证［J］．中国社区医师，2009，04：19.
郭强中，李云英．从《伤寒论》太阳病篇谈咽干症的治法［J］．中华中医药学刊，2009，01：197－198.
吴海波，郑小伟．漫谈朱雀汤［J］．辽宁中医药大学学报，2009，01：63－64.
邹宝生．葛根的临床应用［J］．陕西中医，2009，01：87－88.
王明艳，赵凤鸣，许冬青，江励华，李育，张旭，蔡宝昌．5种补益方对环磷酰胺毒性的拮抗作用［J］．中国实验方剂学杂志，2009，01：51－54.
杨学，岳小强．3则医案读五苓［J］．江苏中医药，2009，01：54－56.
王键，郜峦，黄辉．新安医学的成就与特色［J］．安徽中医学院学报，2009，01：6－9.
车念聪，耿建国，李文刚，张秋云，高连印，谭勇，杜宇琼，付修文，张秋霞，夏蓉．中医临床基础学科的定位与构建［J］．中医教育，2009，01：9－12.
王存芬，陈玉萍，黄刚．多模式教学方法在金匮要略本科教学中应用研究［J］．中医教育，2009，01：54－55.
杜丽荣，曹青山．浅谈三阴三阳体质辨证与糖尿病教育［J］．辽宁中医药大学学报，2009，02：13－14.
田春玲，李京枝．茵陈蒿汤在产科疑难病中应用举隅［J］．新中医，2009，01：85－87.
郭纪涛．《金匮要略》胸痹篇祛邪方法探析［J］．新中医，2009，01：108－109.
张红梅，陆智义．热入血室浅析［J］．新中医，2009，01：109－110.
赵继红，王海申，孙东辉．《伤寒论》柴胡剂系列方剂浅析［J］．四川中医，2009，01：42－43.
江泳，陈建杉．论张仲景制方之要妙［J］．四川中医，2009，01：45－47.
赵云芳，臧海洋．《金匮要略》虚劳病篇脉象探析［J］．四川中医，2009，01：49.
王象礼．李翰卿学术思想探讨［J］．山西中医，2009，01：1－3.
张渊盛．从“黄连阿胶汤”之验案对“阳不入于阴”的思考［J］．世界中西医结合杂志，2009，02：80－81.
李国臣，王静敏．补肾法在冠心病治疗中的应用体会［J］．现代中医药，2009，01：39－40.
毛俊芳，杨峰．桂枝在中医内科临床的应用［J］．中国医疗前沿，2009，01：54－55.
王辉武．读书重在悟临证贵乎诚［J］．实用中医药杂志，2009，01：9－12.
张军瑞，姚福东．桂枝汤化裁治疗感冒体会［J］．实用中医药杂志，2009，01：42.
金香兰，王左原，李志更．《伤寒论》保“阳”医学思想浅探［J］．中国中医基础医学杂志，2009，01：20.
王凤仪，赵党生，王小荣，骆文郁．表证及病位之我见［J］．中国中医基础医学杂志，2009，01：28＋32.
林涛．《伤寒论》六经辨证是中医辨证论治的纲领［J］．中医研究，2009，01：16.
刘迪，王敏，张小元，沈敏娟．《伤寒论》经方治疗急慢性荨麻疹4例［J］．中医研究，2009，02：41－43.
本刊编辑部．经方药物剂量及现代临床应用（2）［J］．中医杂志，2009，02：115－117.
王晓丽，王丽平．张仲景酸甘化阴辛甘化阳治则浅析［J］．中医杂志，2009，02：185－186.
陈海生，林琼燕，陈壮忠，卢法远．凉燥者，非燥也［J］．中医杂志，2009，02：186－187.
宫振甲，宋顺鹏，韩哲．《内经》对皮毛与大肠关系的论述［J］．中医杂志，2009，02：189.
易竞雄，赵文鼎．读《神龙本草经读》［J］．甘肃中医，2009，02：5－7.

王枫，赵乌兰．金匮肾气丸调控豚鼠耳蜗 Corti 器细胞凋亡基因表达的研究［J］．北京中医药大学学报，2009，01：45－46＋49＋75.
杨弋，叶琳．麻子仁丸新用［J］．新中医，2009，01：90.
李智．小柴胡汤在少阳证中的应用浅析［J］．现代中西医结合杂志，2009，07：773－775.
陈延平．麻黄临床应用及机制探析［J］．浙江中西医结合杂志，2009，02：118－119.
瓮恒．仲景治则对原发性肝癌康复的指导探讨［J］．四川中医，2009，01：47－48.
李永民，李刚，罗飞，马淑兰．《伤寒论》方证教学的探索与实践［J］．江苏中医药，2009，02：60－61.
黄燃浩，常淑枫，肖照岑．《温病条辨》和《伤寒杂病论》化瘀法比较研究［J］．江苏中医药，2009，02：7－8.
万佼，周春祥．经方应用思路与方法探讨［J］．江苏中医药，2009，02：51－52.
李益群，唐元瑜，苏式兵．《伤寒论》方在慢性胰腺炎中的应用探讨［J］．江苏中医药，2009，02：53－54.
崔英海．中医药治疗冠心病心绞痛的临床体会［J］．中外医疗，2009，02：110－111.
刘立杰，贾春华．《伤寒六书》杀车槌法中张仲景治疗思想初探［J］．山西中医，2009，02：58－59.
张再良，杨文喆．从疾病的寒热虚实看六经［J］．河南中医，2009，01：5－7.
温长路．恋经耽典若啖蔗饴——《伤寒百年》导读［J］．河南中医，2009，01：8－9.
王民集．邵经明先生学习《伤寒论》的方法和体会［J］．河南中医，2009，01：26－27.
赵达安，刘肖．张仲景用姜方法探析［J］．甘肃中医，2009，01：65.
陈福友，徐志灯．以温法治疗痰饮的临证治疗体会［J］．中国民族民间医药，2009，01：61.
苏惠萍．太阳病证兼见胃肠症状的病机及辨治思路［J］．北京中医药大学学报（中医临床版），2009，01：18－19.
姚沛雨．刘学勤辨治糖尿病便秘经验［J］．北京中医药大学学报（中医临床版），2009，01：22－23.
彭立，张军平．试论病证结合方证对应是把握辨证论治的基石［J］．新中医，2009，02：1－2.
张明利，王玉光．李发枝教授治咳十法述要［J］．新中医，2009，02：16－18.
林素财，刘紫凝．从《伤寒论》条文论证“盗汗非独阴虚”［J］．光明中医，2009，02：244.
牛志远，王志英．临床选药琐谈［J］．光明中医，2009，01：133－134.
孙立靖，王彦，台杰，杨潇然．柴胡临床配伍应用研究［J］．河南中医，2009，01：91－92.
蔡洁武．四逆散临床运用举隅［J］．甘肃中医，2009，01：25.
赵绍军．《伤寒论》“强几几”音义考辨［J］．北京中医药大学学报，2009，01：18－20.
程雅君．“易含三义”与中医哲学［J］．四川大学学报（哲学社会科学版），2009，01：105－110.
张会群．金匮肾气丸加味治疗皮肤病举隅［J］．云南中医中药杂志，2009，02：41－42.
杨艳，杜平．张仲景的脾胃观［J］．云南中医中药杂志，2009，02：79－80.
任亮．《金匮要略》经络辨证探微［J］．山东中医药大学学报，2009，02：144＋146.
阴爱辉，周振理．浅谈《金匮要略》腹满五实方［J］．山东中医药大学学报，2009，01：23－24.
尚尔鑫，范欣生，段金廒，唐于平，陶静．《金匮要略》方药用量与功效变化的探讨［J］．南京中医药大学学报，2009，01：13－16.
黄煌．经方医学的源流与现状分析［J］．上海中医药杂志，2009，01：6－9.
贾士杰，赵国平．《伤寒论》五泻心汤方证辨析［J］．上海中医药杂志，2009，01：55－57.
陈立．真武汤异病同治应用体会［J］．实用中医药杂志，2009，02：101.
杨晓英，饶和平．小柴胡汤临床应用体会［J］．实用中医药杂志，2009，03：177.
任永叔，梁庭栋，任小彬，任小菊．《伤寒论》误诊误治论述探讨［J］．实用中医药杂志，2009，03：184－185.
杨尚荣，熊维美．《金匮要略》脾阴虚急症证治规律探讨［J］．中国中医急症，2009，02：269－270.
张再良，杨文喆．辨病辨证话六经［J］．新疆中医药，2009，01：1－4.
白明贵．浅述《伤寒论》治厥八法［J］．时珍国医国药，2009，02：498－499.
黄菁．《金匮要略》中和法的运用［J］．时珍国医国药，2009，02：495－496.

焦锟，石涛．《伤寒论》问诊成就初探［J］．天津中医药，2009，01：43－44.

李珍先，秦玉龙．邹澍论治痰饮的用药经验［J］．天津中医药，2009，01：78－80.

何若苹，徐光星，何任．湿病方证与临床——《金匮要略》方证与临床系列之二［J］．浙江中医杂志，2009，02：83－86.

张力英．小议《伤寒论》之阴阳易病［J］．浙江中医杂志，2009，02：93.

何若苹，徐光星．痉病方证与临床——《金匮要略》方证与临床系列之一［J］．浙江中医杂志，2009，01：1－3.

鲍艳举，李丛煌，许炜茹，花宝金．效不更方浅识［J］．浙江中医杂志，2009，01：16－17.

唐玲玲，潘桂娟．吉益南涯及其气血水说［J］．中国中医基础医学杂志，2009，02：96－98.

李琛，朱富华．中医药诊疗变态反应病的渊源和发展［J］．陕西中医，2009 03：314－315.

杨敏．强肾灸治疗亚健康状态50例［J］．陕西中医，2009，03：337.

刘新生．理中汤加味在血证的临床运用［J］．四川中医，2009，03：122－123.

南晋生．仲景用药安全探微［J］．四川中医，2009，03：37－38.

姚俊红，叶红．浅谈《伤寒论》中的针灸学术思想［J］．四川中医，2009，03：38－39.

陈银结，张斌，邓梦华．浅论《伤寒论》四逆散证［J］．四川中医，2009，02：64－65.

刘晶晶，张毅．升麻鳖甲汤在皮肤科的运用［J］．四川中医，2009，02：100－101.

郭强中，李云英．小柴胡汤加桂枝治疗咽喉疾病3则［J］．新中医，2009，03：98－99.

刘春援．从《伤寒论》用桂枝看仲景的护阳养生思想［J］．江西中医学院学报，2009，01：14－16.

李跃进，行延霞，卫燕东，连惠芬，袁静，刘珊葆．经方合用治疗糖尿病肾病水肿临床体会［J］．中华中医药学刊，2009，03：598－600.

蔡秋杰，曹洪欣．张仲景运用半夏浅析［J］．中医药信息，2009，02：33－35.

徐凤新．承气汤类方辨析［J］．云南中医中药杂志，2009，01：33－34.

杨大华．有关经方临床运用问题的思考［J］．上海中医药杂志，2009，03：9－10.

刘召红．含铅类中药的合理方用及中毒防治［J］．中国误诊学杂志，2009，07：1755－1756.

杨薪博，董正华．柴胡桂枝汤证临床应用与实验研究［J］．山西中医学院学报，2009，01：77－78.

沈元良．《通俗伤寒论》方柴胡达原饮衍变及考释［J］．浙江中医杂志，2009，02：132.

叶亮，郭盛，段金廒，范欣生，尚尔鑫，赵凤英．大枣在方剂中的配伍规律及应用特点［J］．新中医，2009，03：96－98.

王学良，李赛美．方证规范化研究的意义及方法探讨［J］．广州中医药大学学报 2009，01：83－85.

谢宁，汪淼，凌丽，关慧波．补肾丹对衰老模型大鼠学习记忆能力的影响［J］．中华中医药学刊，2009，03：469－471.

李贺，高天舒，王英娜，牛亚欧．碘致甲状腺功能减退大鼠心肌改变及中药复方对其疗效比较的研究［J］．中华中医药学刊，2009，03：614－617.

翟文生．从儿科麻杏石甘汤的临床应用看《伤寒论》的方证特点［J］．中国中西医结合儿科学，2009，01：27－28.

李宝金，宗文汇，杜仪，韩玉．宗修英重用生白术治疗便秘的临床经验［J］．北京中医药，2009，02：94－95.

段晓华，梁吉春，畅洪昇．章太炎的《伤寒论》研究思想及其特色［J］．北京中医药大学学报，2009，02：88－90.

孟延兵．试论《金匮要略》妇人病治疗特色［J］．中医药导报，2009，01：10－12.

吴忠文，吴学珍，李永贵，聂伟．历代对《伤寒学》版本编次评论摘要［J］．中医药导报，2009，01：15－16.

钱超尘．《医经正本书》与《伤寒论》文献研究的密切关系［J］．河南中医，2009，03：214－218.

李晓霞．从“身痒”辨治谈《伤寒论》的辨证思想［J］．河南中医，2009，03：223－224.

秦荣，王玉香，王景洪．《伤寒论》方配伍规律研究［J］．河南中医，2009，03：225－226.

邓福忠，艾显江．周天寒应用经方验案举隅［J］．河南中医，2009，03：238－239.

柴瑞震.《伤寒论》“和法”应用研究［J］. 河南中医，2009，02：108－110.
褚玉霞.《金匮要略》妊娠病篇学术思想浅析［J］. 河南中医，2009，02：111－112.
郭丽华，李翠萍.“脏躁”辨析［J］. 河南中医，2009，02：113.
黄开泰. 对“证”概念逻辑定位与事实基础的思考［J］. 河南中医，2009，02：120－122.
袁建，杨宇. 从《金匮要略》方后注浅探仲景治疗湿病的思路［J］. 湖北中医杂志，2009，02：29－30.
李家庚. 博极医源，寓教于乐——《仲景临证传知录》读后［J］. 湖北中医杂志，2009，02：63.
张建伟，王苹.《金匮要略》腹痛治则治法浅析［J］. 甘肃中医学院学报，2009，01：5－7.
顾树华. 传承吴佩衡学术思想践行温阳扶阳大法［J］. 中华中医药杂志，2009，03：331－333.
刘敏，刘英锋.《伤寒论》寒热夹杂证的六经辨治［J］. 中华中医药杂志，2009，03：294－297.
宋建平，张瑞. 试论《金匮要略》胸痹心痛的概念及合篇意义［J］. 浙江中医药大学学报，2009，01：16－18.
王欣. 谈《伤寒论》中药物煎服护理［J］. 当代医学，2009，06：152－153.
贾春华. 有关《金匮要略》同病异治的诠释与成真条件［J］. 辽宁中医杂志，2009，03：354－355.
韩鑫冰，何新慧.《伤寒论》欲解时机理及其意义探析［J］. 辽宁中医杂志，2009，03：356－358.
黄丽慧，程传浩，马龙，李宇航.《伤寒杂病论》脉证辩证思维探析［J］. 辽宁中医杂志，2009，03：362－363.
张天玲，王付. 王付运用经方辨治杂病札记［J］. 辽宁中医杂志，2009，03：460.
温长路. 金嵌玉镶秀伤寒——序《四库全书系列伤寒类医著集成》［J］. 江西中医药，2009，02：67－69.
韩捷. 浅析《伤寒论》组方机制［J］. 江西中医药，2009，03：7－8.
郭丽屏，陈宝国. 论黄疸从血分论治［J］. 江西中医药，2009，03：15－16.
王艳敏，杜非洲. 论肥胖病治疗之“三关”［J］. 河南中医学院学报，2009，01：23－24.
崔姗姗，叶磊.《冷庐医话》学术价值探析［J］. 河南中医学院学报，2009，01：92－94.
王红玲. 张锡纯运用虫类药物的学术思想探讨［J］. 河南中医学院学报，2009，01：95－96.
周立华，郭敬志. 延参健胃胶囊对艾滋病痞满病的影响及胃电特点的分析［J］. 河南中医学院学报，2009，01：4－6.
高广飞. 方证相应论在咳嗽变异性哮喘治疗中的应用［J］. 河北中医，2009，01：60－61.
李玉玲. 成肇仁经方运用举隅［J］. 中医药临床杂志，2009，01：54－55.
李佳殷，朱志华，袁慈蔚，陈晴. 纳子法择时用药对肾阳虚 SD 大鼠治疗作用的实验研究［J］. 光明中医，2009，03：437－438＋441.
郜慧萍，岳在文. 仲景治肝十六法阐微［J］. 光明中医，2009，03：405－406.
王昀. 浅探用“系统论”分析《伤寒论》之意义［J］. 光明中医，2009，03：407－408.
周银香，刘锦灿. 浅谈太阳病篇之“汗”［J］. 光明中医，2009，03：412－413.
刘伟键. 甘麦大枣汤在妇科病中的临床应用概况［J］. 光明中医，2009，03：563－564.
刘旭峰，吴颢昕. 如何认识升降出入［J］. 辽宁中医药大学学报，2009，03：68－70.
于杰，牛建昭，王继峰，赵丕文，曹远奎. 从血证治法看胶艾汤的用药特点［J］. 北京中医药，2009，02：129－130＋154.
李志刚，王睿非，罗艳玲. 麻黄附子细辛汤及其临床应用［J］. 河南中医，2009，03：239－240.
石镇东，张尊祥，吴进玉. 当归四逆汤的临床应用［J］. 河南中医，2009，02：123.
韩淑生，夏尚红. 小柴胡汤验案举隅［J］. 甘肃中医，2009，03：44－45.
卫向龙，孙世发，瞿融. 小柴胡汤和柴胡加龙骨牡蛎汤方证的对比研究 I［J］. 光明中医，2009，03：394－397.
崔俊英. 猪苓汤证病机之“热”浅析［J］. 光明中医，2009，03：533－534.
张金付，马俊杰. 乌梅丸由治蛔厥专方成为治疗厥阴病上热下寒证主方的思考［J］. 辽宁中医药大学学报，2009，03：26－27.
董正华，赵天才，杨轶. 强化经典课程教学提高中医人才培养质量［J］. 西北医学教育，2009，01：

9-11.
刘观涛．如何“一通百通”用经方——介绍新书《经方传真：胡希恕经方理论与实践》［J］．中国民间疗法，2009，03：70.
张再良，程磐基．关于临床经典导读课程教学的探讨［J］．中医教育，2009，02：30-31.
顾武军．吴鞠通对《伤寒论》的继承与发展［J］．南京中医药大学学报，2009，02：84-86.
李文君．论《伤寒论》之“和”［J］．山东中医杂志，2009，04：221-222.
王永吉，颜雪琴，王世民．《伤寒论》部分药物的古今演变［J］．山西中医，2009，04：43-44.
张先茂．加味五苓散治疗产后尿潴留60例分析［J］．社区医学杂志，2009，08：63.
张志明．浅析厥阴病的病证特点［J］．时珍国医国药，2009，03：652.
孔颖泽，江秋英．辨证论治思想与肿瘤个体化治疗理论渊源探讨［J］．时珍国医国药，2009，03：752-753.
陈宗良．《金匮要略》治疗泌尿系疾病的方与法探讨［J］．时珍国医国药，2009，03：757-758.
赵心华，鲍计章，周国琪．回顾十年来对秦汉时期辨证方法的研究［J］．中医文献杂志，2009，01：53-56.
颜乾麟．颜德馨审机论治冠心病经验［J］．中国中医药信息杂志，2009，02：88-89.
孙燕，臧传新，任廷革，刘晓峰，张帆．SVM方法在《伤寒论》方小样本分类识别中的应用［J］．中国中医药信息杂志，2009，02：98-100.
杨丽萍，王寅，李会粉，吕显荣．浅述《金匮要略》论治妇人病的特色［J］．云南中医学院学报，2009，02：52-54.
庄捷．仲景煎药用“水”浅谈［J］．亚太传统医药，2009，03：117-118.
袁景贤．第三回毫毛毕直体若燔炭头痛恶寒汗出而散［J］．基层医学论坛，2009，07：258-259.
赵进喜．《伤寒论》三阴三阳辨证与糖尿病临床［J］．浙江中西医结合杂志，2009，04：199-201+211.
黄爱军，周庚生．蓄血证的部位探讨［J］．浙江中医杂志，2009，03：161.
杨巨成．顾护脾胃在温热病治疗中的重要性［J］．中国民间疗法，2009，04：58.
张雪亮，马艾菲．论医圣张仲景的养生观［J］．中国中医基础医学杂志，2009，03：177-178.
桑希生，刘鲲鹏，张笑．黄疸理论从脾走向肝胆是中医理论的发展还是迷失［J］．中医药学报，2009，02：78-79.
夏晨．浅析《尚论篇》对《伤寒论》的创新［J］．中医杂志，2009，03：282-283.
彭文博，杨学，岳小强．两种方法用于《伤寒论》中症状标注的比较［J］．中医杂志，2009，03：274-276.
仝小林，穆兰澄，姬航宇，甄仲，常柏，董柳．《伤寒论》药物剂量考［J］．中医杂志，2009，04：368-372.
吴天浪，张培海，钟钦，曲晓伟，李俊涛，常德贵，张蜀武，王久源．金匮肾气丸对雄激素部分缺乏大鼠血清睾酮及StAR蛋白mRNA表达的影响［J］．中国男科学杂志，2009，02：28-30.
卢秀鸾，吴明志，贾锡莲．论大承气汤［J］．天津中医药大学学报，2009，01：4-5.
王景琦，郝毅．大青龙汤临床新用解析［J］．中国社区医师，2009，08：19.
何若苹，徐光星，何任．暍病方证与临床——《金匮要略》方证与临床系列之三［J］．浙江中医杂志，2009，03：180-181.
刘妍，王蕾，赵晖，穆阳，李梦园，李明，齐放，王义周．六味地黄和金匮肾气丸对实验性自身免疫性脑脊髓炎小鼠淋巴细胞亚群和NK细胞的影响［J］．中国实验方剂学杂志，2009，04：42-47.
张淑贤．对小柴胡汤证与方的再认识［J］．中国现代药物应用，2009，07：105-106.
管仕伟．经方溯源［J］．中医教育 2009，02：71-72.
陈卫国．金匮肾气丸的配伍特点及其临床指导意义［J］．中医杂志，2009，04：378-379.
董文军，宋俊生，陆小左，熊俊．五苓散及其加减方治疗小儿秋季腹泻的系统评价［J］．天津中医药大学学报，2009，01：41-43.
甄雪燕．《中国医学史》层次递进教学法初探［J］．河北中医，2009，02：313-315.

杨学，岳小强．《伤寒论》导入式教学方法的探索与应用［J］．辽宁中医药大学学报，2009，04：220－221.
张胜昔，王玉明，谢幼红，王北，周乃玉．周乃玉教授“妙用柴胡剂，调畅气机巧治痹”［J］．中华中医药杂志，2009，04：490－492.
吴孝雄．探讨中医的治病方式［J］．中华中医药杂志，2009，04：426－428.
范洪亮，张学红．泽泻汤治疗高血压病的研究进展［J］．承德医学院学报，2009，01：45－47.
孙小平，林宇春，赵宏杰，张学斌．六经五藏藏象模型初探［J］．长春中医药大学学报，2009，02：163－164.
刘文兵．金匮肾气丸治疗前列腺增生症46例临床观察［J］．长春中医药大学学报，2009，02：243.
陈嘉志．《扁鹊心书》伤寒学术思想探讨［J］．当代医学，2009，07：146.
叶玲．经方应用于肛肠疾病的临证体会［J］．福建中医药，2009，01：44－45.
桑红灵．论《金匮》痰饮病治则［J］．光明中医，2009，04：614－615.
艾华，刘海英．试论《金匮要略》呕吐病论治特点［J］．光明中医，2009，04：612－613.
王海申，赵继红．桂枝加龙骨牡蛎汤治疗疑难杂病举隅［J］．光明中医，2009，04：729.
赵良斌，侯中华．《伤寒论》寒热并见证用药规律［J］．河北中医，2009，02：287－288.
王平，李俊红．滋阴健脾利湿汤治疗特发性水肿76例临床观察［J］．河北中医，2009，02：176－177.
吴忠文，吴学珍，李永贵，聂伟．《金匮玉函经》校勘概况及体会［J］．中医药导报，2009，03：16－18.
李丹．唐方教授运用柴胡枳桔汤验案举隅［J］．江苏中医药，2009，04：46.
郑文少．“改良苦酒汤”治疗喉源性咳嗽147例［J］．江苏中医药，2009，04：80.
宋金玲．旋覆代赭汤加味治疗顽固性呃逆举隅［J］．北京中医药大学学报（中医临床版），2009，02：39.
刘立杰．张仲景运用甘草规律探析［J］．辽宁中医杂志，2009，04：536－537.
尹新中．《伤寒论》三承气在急症中的应用探析［J］．辽宁中医杂志，2009，04：546－547.
王英娜，牛亚欧，李贺，高天舒．原发性甲状腺功能减退症的以方测证研究［J］．辽宁中医杂志，2009，04：635－637.
刘明．方证相应的研究意义［J］．辽宁中医药大学学报，2009，04：17－18.
王颖，艾华．历节与痛风病辨［J］．辽宁中医药大学学报，2009，04：39－40.
李浩，康卉，赵文明．基于老年人中医发病基础特点的黄连阿胶汤临床应用［J］．北京中医药，2009，03：223－224.
揭乐琴，陈洪宇．防己黄芪汤的组方配伍及在肾病风湿证中的应用［J］．当代医学，2009，09：8－10.
丘晓波．麻黄附子细辛汤证治探讨［J］．光明中医，2009，04：759－761.
罗瑞钦，刘新亚．从四逆散方证论四逆散病机［J］．光明中医，2009，04：761－762.
王立．经典方剂葛根芩连汤研究现状［J］．黑龙江医药，2009，02：172－173.
杨薪博，董正华．茯苓桂枝白术甘草汤现代临床应用［J］．辽宁中医药大学学报，2009，04：70－71.
牛亚欧，王英娜，李贺，高天舒．甲减肾损害大鼠的以方测证研究［J］．辽宁中医药大学学报，2009，04：195－197.
李董男，艾青华．《金匮要略》“调和”思想及在肝病证治上的运用［J］．医学与哲学（人文社会医学版），2009，03：68－69.
王新佩，王庆国．《金匮要略》注家沿革与学派探讨［J］．北京中医药大学学报，2009，04：229－231.
张虹玺，王莉，王波．运用《伤寒杂病论》理论指导便秘治疗的临床体会［J］．辽宁中医杂志，2009，05：724.
陈意柯．请带上小柴胡冲剂追花夺蜜［J］．蜜蜂杂志，2009，04：28.
陈娟．浅析“按之不痛为虚，痛者为实”［J］．新中医，2009，05：106－107.
丁跃玲．《金匮·水气病》“少阳脉卑”探析［J］．四川中医，2009，04：32－33.
吴桂熙．论《金匮要略》中养阴护液法［J］．四川中医，2009，04：37－38.
郭文娟，烟建华．《伤寒论》辨治喘证诸法浅探［J］．山西中医，2009，05：49＋51.
朱秋媛．刘公望教授针药并用治疗血热型皮肤病经验［J］．上海针灸杂志，2009，01：9－11.

连启英．桂枝在《伤寒论》中的运用探析［J］．世界中西医结合杂志，2009，04：229－230.
冯丽梅．明清吴中与新安医家的学术交流与交融［J］．世界中西医结合杂志，2009，04：231－232＋237.
姚会艳．《金匮要略》服药护理浅析［J］．医学研究与教育，2009，02：69－70.
杨学，彭文博，岳小强．《伤寒论》太阳病篇证治规律研究［J］．中西医结合学报，2009，02：171－174.
高霖雨，赵鸣芳．赵鸣芳教授对小柴胡汤的解读及临床运用经验［J］．现代中医药，2009，03：3－4.
邢袁玲．《伤寒论》中四气五味及特殊药对探析［J］．中国医药导报，2009，13：111－112.
徐光星，何若苹，何任．百合病方证与临床——《金匮要略》方证与临床系列之四［J］．浙江中医杂志，2009，05：313－315.
梁树珍．从《伤寒论》用附子谈用药的技巧性［J］．中国民间疗法，2009，05：56.
王泽凤，王敏，史新萍．半夏泻心汤在胃肠疾病方面的应用［J］．中国实用医药，2009，09：167－168.
陈新宇，陈青扬．《金匮要略》治病贯通学术思想及临床意义［J］．中华中医药学刊，2009，04：704－709.
杨国栋．张仲景《伤寒论》方证学术思想研究［J］．中华中医药学刊，2009，04：858－861.
马佳铭，汤丽芬，田喜江，徐国龙．经方治咳中干姜五味子应用特色探析［J］．中华中医药学刊，2009，04：870－871.
张志斌．两宋时期的温病理论创新研究［J］．中国中医基础医学杂志，2009，04：241－242＋247.
李君，柳长华．《伤寒论》中关于临床疗效评价的研究［J］．中国中医基础医学杂志，2009，04：255＋259.
段长春．析“今则以十黍为一铢”之是或非［J］．中国中医基础医学杂志，2009，04：260＋271.
陆翔，戴慎．民国时期江苏籍医家伤寒学思想初探［J］．中国中医基础医学杂志，2009，05：332－333.
曾修平，马建立，汤一新．《伤寒论》“存阴液”急症应用析微［J］．中国中医急症，2009，03：429－430.
刘海英，韦昭文．经方加效药辨治消化性溃疡［J］．中国中医急症，2009，04：644－645.
艾华，张曙光．试论《金匮要略》对下血病的辨证论治特点［J］．中医研究，2009，05：3.
王红丽．关于中药饮片处方药味、剂量的调查分析［J］．中国医院用药评价与分析，2009，05：357－358.
张保国，梁晓夏，刘庆芳．白头翁汤现代药效学研究［J］．中成药，2009，04：607－608.
黄标文．经方运用之体会［J］．浙江中医杂志，2009，05：374－375.
訾慧，朱会，张振秋．吴茱萸当归不同比例配伍对阿魏酸含量的影响［J］．中国实验方剂学杂志，2009，05：9－10.
朱美香，吴小明，连建伟．张仲景芒硝配伍规律探析［J］．中国中医基础医学杂志，2009，05：378－379.
韩红伟，张尊如．当归四逆汤中的通草是木通［J］．中国中医基础医学杂志，2009，05：380.
刘蔚雯．《金匮要略》枳术汤及类方治痞探析［J］．中国中医急症，2009，04：606－607.
李赛美，吴浩祥，王保华．研修经典，活用经方——第七期全国经方运用高级研修班述要［J］．中华中医药杂志，2009，05：623－624.
文竹，建宇，李杨．云南政协副主席建议扭转中医西化倾向［J］．光明中医，2009，05：925.
张静，史宏，韦玉娜，张庆梅．运用案例教学法讲授《金匮要略·痰饮咳嗽病》教学效果分析［J］．广西中医学院学报，2009，01：101－103.
扈有芹．加味麻黄连翘赤小豆汤治疗皮肤病临床举隅［J］．河北中医，2009，04：563.
王世聪，黄河清，李希．小青龙汤治疗支气管哮喘研究进展［J］．福建中医学院学报，2009，02：71－72.
黄鸿飞．王聘贤《伤寒论考评》简析［J］．江西中医学院学报，2009，02：34－35.
吴丽丽，程畅和．“升降出入”理论源流探析［J］．甘肃中医，2009，04：3－5.
徐广益，杨秀凤，李怀生．中风后偏瘫辨治体会［J］．江苏中医药，2009，05：34.
高凤，舒惠荃．潮热浅析［J］．河北中医，2009，03：380－381.
李卫民，叶俏波．探析张仲景对虚实夹杂证候的治则治法［J］．时珍国医国药，2009，05：1277－1278.
李小会．《伤寒论》汗证之辨治［J］．时珍国医国药，2009，05：1267－1268.
胡少音．《伤寒论》中名异药同量变方剂抉微［J］．四川中医，2009，05：46－48.
赵天才，杨景锋．《金匮要略》当归贝母苦参丸主治病证探析［J］．四川中医，2009，05：52－54.

顾锡冬．浅谈清代的尊经观及其代表［J］．浙江中医药大学学报，2009，02：151－152＋154.

李金田．《伤寒论》奠定了中医学辨证论治的基础［J］．甘肃中医学院学报，2009，02：5－7.

吴炜．《伤寒论》第28条分析［J］．甘肃中医学院学报，2009，02：13－15.

宋建平，李伟，李瑞琴，张瑞，秦俊莲，徐建明，田黎，马莉娜，张丽敏．《金匮要略》不同方药对肺纤维化模型早期阶段（7天）肺、脑组织NE、DA、5－HT含量的影响［J］．中华中医药杂志，2009，05：568－571.

林瑜．浅析中药剂量应用技巧［J］．甘肃中医，2009，05：59－60.

孙姗姗，冯松杰．《金匮要略》与《中医内科学》水肿病辨证思路比较［J］．江西中医学院学报，2009，02：8－9.

柴瑞震．《伤寒论》"烦""躁"证的辨证论治［J］．光明中医，2009，05：803－806.

祝卫．"汗家"可发汗而不可重发汗［J］．河南中医，2009，04：335.

柴瑞震．《伤寒论》"小便"状态的治法探讨［J］．中医药临床杂志，2009，02：97－100.

李玉梅．《伤寒论》治胃脘痛方选析［J］．中医药临床杂志，2009，02：100－101.

鲁娜，董湘玉．《伤寒杂病论》情志病浅析［J］．贵阳中医学院学报，2009，03：1－2.

柴瑞震．《伤寒论》对小便状态的辨证分析［J］．河南中医，2009，04：315－317.

闵范忠，管金芳．《伤寒论》中"证"的涵义［J］．河南中医，2009，04：318－319.

李伟．试探张仲景的"治未病"学术思想［J］．河南中医，2009，04：319－320.

艾华，历飞，王守岩．谈《金匮要略》下利病及其病机转变规律［J］．河南中医，2009，04：321－322.

黄兰英，李其忠．审证求因的理论研究概述［J］．广西中医学院学报，2009，01：63－65.

钱超尘．宋本《伤寒论》北京—上海—美国—台湾转移释秘［J］．河南中医，2009，05：417－419.

支焱．《金匮要略》湿病探蕴［J］．河南中医，2009，05：420－421.

张桂荣，赵英英，刘官斌，朱章志．从"少阳通道"理论探小柴胡汤的主枢机功用［J］．河南中医，2009，05：423－424.

何伟，张明雪．张仲景"扶阳气"思想与心悸证治［J］．河南中医，2009，05：427－428.

任红艳，田永衍，梁晶．《伤寒论》方药服法浅谈［J］．河南中医，2009，05：429－430.

杨勤龙．小柴胡汤加减治疗乙型肝炎转氨酶升高76例［J］．河南中医，2009，05：443.

宋旭明．《金匮要略》中痰饮咳嗽病脉证并治与肺胀联系及发挥［J］．辽宁中医药大学学报，2009，05：45－46.

周国亮，初杰．对《金匮要略》中肝实证肝虚证治法的理解与思考［J］．辽宁中医药大学学报，2009，05：70－71.

刘茜．柏叶汤与黄土汤组方思路之异同［J］．甘肃中医，2009，04：10－11.

訾慧，朱会，张振秋．吴茱萸当归药对不同配伍比例对吴茱萸碱和吴茱萸次碱含量的影响［J］．辽宁中医药大学学报，2009，05：187－188.

雍小嘉，王燕，陈云慧．仲景方丸散剂量标准化处理方法探寻［J］．时珍国医国药，2009，05：1268－1269.

白晶，盛志刚．几组《伤寒论》经方药效精微的定量计算研究［J］．中华中医药杂志，2009，05：644－646.

陶方泽，张永，瞿融．柴胡汤类方研究述评［J］．河南中医，2009，05：425－427.

左献泽．半夏泻心汤临证举隅［J］．辽宁中医药大学学报，2009，05：129－130.

任红艳，田永衍，梁晶，李金田．《伤寒论》方药煎煮时间浅析［J］．光明中医，2009，05：953－954.

李德辉，马民．《金匮要略》以桂枝汤加减治疗虚劳病机理探讨［J］．辽宁中医杂志，2009，06：927－929.

黄欢，黄家诏．《伤寒论》的脾胃证治研究概述［J］．辽宁中医药大学学报，2009，06：58－59.

王娜，吕田尧，宋卓敏．从《金匮要略·妇人妊娠病脉证并治》用药看"有故无殒"［J］．山东中医药大学学报，2009，03：196－197.

付中学，李俊德．赵开美本《伤寒论》所附牒文考［J］．世界中西医结合杂志，2009，05：305－

309.

陈颖，张振忠．张振忠教授运用六经辨证论治肾脏病经验探微［J］．实用医技杂志，2009，05：395－396.

蒋荣民，刘公望．“方证照合”—张仲景《伤寒论》的灵魂［J］．天津中医药，2009，03：220－221.

吴仕骥．研精覃思务求本义（一）——郭霭春先生《金匮要略校注语译》学术特点简述［J］．天津中医药大学学报，2009，02：57－60.

曾瑞才．清法是少阳病本证的代表治法［J］．天津中医药大学学报，2009，02：91.

成向进，张会哲，田虎．丁甘仁治疗湿温病新法探析［J］．天津中医药大学学报，2009，02：101－102.

常进，王兴胜．经方辨治梅尼埃病3法［J］．新疆中医药，2009，02：96.

秦静静．经典引发的思考——“读经典谈心得”学术沙龙活动纪要［J］．中医药文化，2009，03：54－56.

朱爱松，吴景东．论隋唐前中医“毒”的研究［J］．医学信息，2009，06：960－962.

钦建伟，何琦．桂枝茯苓胶囊治疗妇科疾病的临床观察［J］．中国医药指南 2009，09：87－88.

王显超．浅谈痰饮的理法方药［J］．中国医药指南，2009，11：201－202.

李旋珠，李文军．试析张仲景活血化瘀治法与方药［J］．云南中医中药杂志．2009，05：44－45.

王嗣，沈敏鹤．《内经》“邪伏防发，既病防变”的治未病思想初探［J］．浙江中西医结合杂志，2009，06：347－349.

文金明．金匮肾气丸合麻子仁丸治疗老年便秘39例［J］．实用中医药杂志，2009，06：376－377.

夏晨．《阴证略例》学术特色探析［J］．中华中医药学刊，2009，06：1170－1171.

杨学举．从阴阳而论半夏泻心汤证的病机［J］．中华中医药学刊，2009，06：1310－1312.

陈利平，王发渭，刘萍．《伤寒论》之药物煎服法［J］．中华中医药学刊，2009，06：1327－1329.

李霞．《金匮要略》趺阳脉诊法探析［J］．中国中医基础医学杂志，2009，06：409－410.

刘迪，王敏，张小元，沈敏娟．经方治疗急性荨麻疹两则［J］．中国中医急症，2009，06：1001.

张诏．金匮肾气丸与右归丸临床及实验研究进展［J］．辽宁中医杂志，2009，06：1049－1051.

张真全．论方剂与病机的相关性［J］．辽宁中医药大学学报，2009，06：11－12.

董润之．乌梅丸新用举隅［J］．辽宁中医药大学学报，2009，06：211－212.

王枫，田成华，赵乌兰．补肾方对耳聋豚鼠耳蜗血管纹细胞凋亡基因表达的干预作用［J］．新中医，2009，06：111－112.

许翠萍，孙静，朱庆均，宋洁，张丹，李震．金匮肾气丸对“劳倦过度、房室不节”肾阳虚模型小鼠下丘脑－垂体－肾上腺轴功能的影响［J］．山东中医药大学学报，2009，03：248－249.

刘海清，历淑芬，侯田培，宣伟军．桂枝麻黄各半汤新用［J］．山西中医，2009，06：28.

黄煌，张薛光，苗志国．关于经方临床运用的问答［J］．上海中医药杂志，2009，06：3－5.

于克波，王太华．中药对肾小球硬化大鼠模型细胞外基质的影响［J］．泰山医学院学报，2009，03：168－170.

张磊，吴修符．半夏泻心汤证病机治法探讨［J］．天津中医药大学学报，2009，02：67－68.

朱祥麟，朱寒阳．朱瀛洲先生处方赏析［J］．中医药文化，2009，03：21－23

蒋大权，秦世龙，张林．大半夏加藻草汤治验举隅［J］．中国医药指南，2009，11：116－117.

杨裕华，李震，孙静．金匮肾气丸、右归丸对肾阳虚小鼠模型以药反证的脑基因芯片研究［J］．中国中药杂志，2009，09：1124－1128.

田生望．浅谈白茅根的“通阳”功用［J］．实用中医药杂志，2009，06：426.

宋建平，李伟，李瑞琴，秦俊莲，张瑞，徐建明，田黎，马莉娜，张丽敏．《金匮要略》不同方药对肺纤维化大鼠模型早期阶段（1～14d）的影响——肺纤维化早期阶段中医基本病机探讨［J］．中国中医基础医学杂志，2009，06：432－434.

谢宁，汪森，宋琳，关慧波，于森．补肾丹对衰老模型大鼠的抗氧化能力的影响［J］．中医药学报，2009，03：30－32.

郭焕，赵喜兰．白术与苍术的鉴别及应用［J］．中医研究，2009，06：23－24.

孙升云，林斌，冯伟峰，申贝贝．中医脾肾相关理论的沿革及其意义探讨［J］．陕西中医，2009，06：699－700.
王连心，孟庆刚．基于信息处理的中医诊疗模式探析［J］．中国中医药信息杂志，2009，04：4－6.
刘扬，连建伟．连建伟教授合方治病经验探讨［J］．河南中医学院学报，2009，03：69－71.
高紫璇，杨继兵．张仲景桂附药对应用浅谈［J］．江西中医药，2009，05：7－8.
王颖辉，景婧，张华，杨小云，赵进喜．赵进喜教授应用大黄附子汤治疗偏侧疼痛验案举隅［J］．北京中医药大学学报（中医临床版），2009，03：27－28.
金翠萍，王旭光．金匮肾气丸合逍遥丸治疗特发性水肿 50 例［J］．中外医疗，2009，16：80.
徐信义．“小便如粟状”之我见［J］．江苏中医药，2009，06：62－63.
李高申．从《伤寒论》组方特点看张仲景辨证论治的基本规律［J］．河南中医，2009，06：526－527.
李建妮，闵范忠．《伤寒论》条文错简质疑［J］．河南中医，2009，06：521－523.
王博，牛阳．“半表半里”浅议［J］．河南中医，2009，06：523－524.
唐瑛，沈宏春，王科闯．浅析《伤寒论》第 63 条［J］．河南中医，2009，06：525－526.
丁自娟．浅谈《伤寒论》头眩证治［J］．山东中医杂志，2009，05：293－294.
卢世秀，晁恩祥．寒温并用调气机——《伤寒论》寒温并用法及其临床应用［J］．北京中医药大学学报，2009，05：293－295.
吴忠文，吴学珍，李永贵，聂伟．关于《金匮玉函经》部分原文是巫医所致的救误的考证［J］．中医药导报，2009，05：6－7.
王英奎．黄芩汤与黄芩加半夏生姜汤临床新用解析［J］．中国社区医师，2009，12：19.
许亚平．小青龙汤临床新用解析［J］．中国社区医师，2009，09：22.
白玉盛，白玉宏．《伤寒论》教学对临床的启悟［J］．长春中医药大学学报，2009，03：460－461.
谢冠群，高超．《伤寒论》少阳提纲新识［J］．长春中医药大学学报，2009，03：320－321.
李佳殷．浅析《伤寒论》呕吐证治［J］．光明中医，2009，06：1010－1011.
王鹏．《伤寒论》扶正祛邪观探析［J］．光明中医，2009，06：1012－1014.
郭贵明．论《伤寒论》厥阴病厥［J］．光明中医，2009，06：1014－1015.
陈小峰．保胃气在《伤寒论》的重要地位及在癌症治疗中的作用［J］．福建中医学院学报，2009，03：6－7.
刘德荣．许宏对伤寒学的贡献［J］．福建中医学院学报，2009，03：58－60.
段晓慧，孙静，潘晓明，肖永新．温肾纳气、益气固卫法治疗变应性鼻炎 82 例［J］．甘肃中医，2009，06：21－22.
张晓轩，刘敏．桂枝汤芍药功效探微［J］．光明中医，2009，06：1143－1145.
李雪琴．黄连阿胶汤临床应用体会［J］．甘肃中医，2009，06：34－35.
张建忠．中医院校学生中医学习环境的构建［J］．科学咨询（决策管理），2009，07：74.
王存芬，陈玉萍，黄刚．《金匮要略》本科教学改革实践之体会［J］．新疆中医药，2009，03：68－69.
孙玲．浅析《金匮要略》血痹理论在雷诺病治疗中的应用［J］．新中医，2009，07：112－113.
韩桂玲，韩春生．晁恩祥教授运用平胃散治疗脾胃病经验介绍［J］．新中医，2009，07：7－8.
郭仲魁，郭利东．三物小白散治疗肠不全梗阻 2 例［J］．新中医，2009，07：57.
佟晓光，王昌辉．加味金匮肾气汤治疗老年糖尿病肾病临床研究［J］．中国老年学杂志，2009，13：1682－1683.
陈擎文．基于人工神经网络的中医证治模型探析［J］．中华中医药学刊，2009，07：1517－1520.
赵文贤，王海涛．《伤寒论》的施治方法［J］．新疆中医药，2009，03：77－78.
杨逸淦，袁旺贵，徐小帆．从“太阳中暍”谈仲景治暑法对临证的启示［J］．时珍国医国药，2009，06：1549－1550.
郭宏敏．仲景论淤［J］．时珍国医国药，2009，06：1550－1551.
李小会．论《伤寒论》神经精神疾病的证治［J］．时珍国医国药，2009，06：1561－1562.
祝培勤，李辉，孙宇婷．试论脾胃与痰饮的关系［J］．中国民间疗法，2009，06：3－4.

国旭熳，陈冬梅，孙志新．浅析《伤寒论》之调养［J］．中医药信息，2009，04：48－49.
郎世平，唐犀麟．《伤寒论》脾胃病证治探讨［J］．中国实用医药，2009，16：243－244.
张宏瑛．绍派伤寒的理论发展及学术传承［J］．浙江中医杂志，2009，06：395－397.
王彧，胡幼平．试论《伤寒论》六经病中针灸疗法的运用［J］．江西中医学院学报，2009，03：48－50.
朱玉洁．小建中汤临床新用解析［J］．中国社区医师，2009，14：19.
何军．白头翁汤临床新用［J］．新疆中医药，2009，03：84－85.
蒋楠．泻心汤证组方原理探源［J］．时珍国医国药，2009，06：1555－1556.
宫平，肖洪彬．金匮肾气丸助阳作用观察及研究［J］．中医药信息，2009，04：43－44.
卓新凤．甘草小麦大枣汤的配伍分析和临床应用［J］．中国医药指南，2009，12：77－78.
王英奎．苓桂术甘汤临床新用解析［J］．中国社区医师，2009，13：18.
王丽．小剂量泼尼松辅助金匮肾气丸治疗系统性硬化症 20 例报告［J］．山东大学学报（医学版），2009，06：127－128.
雷峰杰．中西医结合治疗颈椎病的远期疗效探讨［J］．齐齐哈尔医学院学报，2009，11：1354.
王树鹏，朱辉，林大勇．《伤寒论》等级考试题库建设思路与自动抽题系统的建立［J］．辽宁中医药大学学报，2009，07：248－249.
石景洋，魏小萌．中医学本科（张仲景学术思想方向）培养方案的应用研究及实践［J］．辽宁中医药大学学报，2009，07：236－237.
韩捷．《伤寒论》教学中体会组方原则［J］．辽宁中医药大学学报，2009，07：15－16.
刘贯华．《伤寒论》中过汗伤正证治规律探讨［J］．江苏中医药，2009，07：8－9.
谭大龙．《注解伤寒论》释误考［J］．中国民族民间医药，2009，12：96.
史建平．《伤寒论》石膏运用之探微［J］．辽宁中医药大学学报，2009，07：46－47.
柴中华，刘芳．《伤寒论》太阳篇（中）禁汗病症辨证论治探析［J］．辽宁中医药大学学报，2009，07：77－78.
张甦颖．《金匮要略》湿病相关问题的探讨［J］．河南中医，2009，07：625－626.
耿云涛．结胸证与阳明腑实证临床辨异［J］．河南中医，2009，07：627－628.
王芳芳，朱章志．我看《伤寒论》第 309 条［J］．河南中医，2009，07：628－629.
张林挺．黄芪桂枝五物汤化裁治疗多发性硬化验案［J］．河南中医，2009，07：644.
单宏敏．经方“理中汤”临床运用体会［J］．辽宁中医药大学学报，2009，07：166.
黄勤．半夏泻心汤临床新用［J］．河南中医，2009，07：642－643.
欧阳军．注射器的发明［J］．发明与创新（综合版），2009，04：44.
孙露亚．从《内经》《伤寒论》谈胃痞中医辨治规律［J］．浙江中医药大学学报，2009，04：465－466.
沈钦荣．越医对祖国医学的贡献［J］．浙江中医药大学学报，2009，04：469－471＋482.
邹交平．新安医学学术贡献概述［J］．中医药临床杂志，2009，03：253－254.
朱冬红，任玉玺．金匮肾气丸验案三则［J］．中医药临床杂志，2009，03：243.
易自刚，李珊．《伤寒论》少阳病定位的探讨［J］．广西中医药，2009，03：44－45.
丁世幸．《伤寒论》痛证治法述要［J］．中华中医药杂志，2009，S1：165－166.
范军芬，李学铭．辨证治疗老年慢性尿路感染 30 例临床体会［J］．浙江中医药大学学报，2009，04：558－559.
温桂荣，邱明义．桃核承气汤的常见症状探析［J］．中华中医药杂志，2009，S1：40－41.
李建超，张喜奎．仲景运用芍药的配伍规律举隅［J］．福建中医药，2009，03　51－52.
张英英．中医妇科腹诊探讨［J］．陕西中医，2009，07：852－853.
李高申．张仲景“和”字析微［J］．陕西中医，2009，07：856－858.
刘彦君．《伤寒论》中《内经》标本道从的应用［J］．陕西中医，2009，07：903－904.
曹宁，李鹏．探析《伤寒论》对复杂病机证候的治疗原则［J］．现代中医药，2009，04：58－59.
臧东来．再论“六病时位”是《伤寒论》的证治程序［J］．山西中医学院学报，2009，03：5－7.
张永文，沈思钰，蔡辉．以敦煌遗书《辅行诀脏腑用药法要》考已佚古书《汤液经法》［J］．河北中医，2009，06：926－928.
李昕，龚谨．《金匮要略论注》眉批剖析［J］．河北中医，2009，06：928－929.
杨学，孔祥亮，岳小强．《伤寒论》甘草量效探微［J］．中西医结合学报，2009，03：268－272.
纪新华，李晓东．大黄䗪虫丸的现代临床应用研究近况［J］．中国中医药信息杂志，2009，S1：116－118.
张明德，皮业军．五苓散新用［J］．中国中医药信息杂志，2009，06：85.
潘国辉，梁世香，梁庆元．浅谈经方临证运用［J］．中国中医药信息杂志，2009，06：90.
陈庆华．乌梅丸临证拾零［J］．中国民族民间医药，2009，09：10－11.
梁树珍．《伤寒论》五泻心汤的不同用法［J］．中国民族民间医药，2009，09：56.
申俊龙，彭翔．《伤寒论》理论构建的动力与机理探讨［J］．医学与哲学（人文社会医学版），2009，06：59－61.
陈金．元代衡制单位“分”考查［J］．中医文献杂志，2009，03：12－13.
李雪莹．《伤寒论》“治汗”八法探析［J］．中医文献杂志，2009，03：14－15.
韩鑫冰．《伤寒论》“天人相应”思想渊源研究［J］．中医文献杂志，2009，02：11－14.
刘祥斌．试析《伤寒论》中的寒温并用法［J］．中医文献杂志，2009，02：27－28.
胡冬裴，朱凌凌．试论时气病与伤寒、温病、疫病的关系［J］．上海中医药大学学报，2009，03：10－12.
逯茵茵．《金匮要略》温经汤治疗月经不调的临床研究［J］．中国当代医药，2009，07：77－78.
邢袁玲．《伤寒论》药对组成方式中七情和合之举隅［J］．中国当代医药，2009，06：74－75.
李春梅，高励聪，王斌．关于金匮肾气丸实验研究及临床应用的现状［J］．疾病监测与控制，2009，01：27＋18.
耿建国．《伤寒论》教学中辩证思维方法的培养［J］．首都医科大学学报（社科版），2009，00：185－186.
高跃非，吴一箪．金匮肾气丸为主治疗肾病综合征48例的体会［J］．临床医药实践，2009，06：136.
林昌松，陈纪藩，黄仰模，廖世煌，康继红，陈继婷．中医学专业经典与临床方向班教学法初探［J］中国中医药现代远程教育，2009，02：41－42.
李健明，陈志勇，黄仰模．《金匮要略》对临床教学和内科杂病治疗的影响及贡献［J］．中国中医药现代远程教育，2009，06：14－15.
曲夷．病房实例释经典，六经辨证践临床［J］．中国中医药现代远程教育，2009，05：57－58.
肖碧跃，艾碧琛，黄贤华．《金匮要略》沉脉证治探析［J］．中国中医药现代远程教育，2009，02：92－93.
祝康健．《伤寒论》脉诊作用探析［J］．中国中医药现代远程教育，2009，03：7－8.
少谦，李杨，建宇．云南政协副主席建议扭转中医西化倾向［J］．中国中医药现代远程教育，2009，04：103.
陈志勇，黄仰模，李健明．《金匮要略》治疗内伤风湿病五法精要［J］．中国中医药现代远程教育，2009，07：49－50.
张佩江．小陷胸汤加味治疗胃溃疡22例［J］．中国中医药现代远程教育，2009，07：12.
陈伐宇，张德仁．《伤寒杂病论》医嘱特点浅探［J］．中国中医药现代远程教育，2009，01：129.
石玉娥．外感热病的中医护理要求［J］．中国中医药现代远程教育，2009，06：57.
杨玉虎，杜旭隆．从《金匮要略》方后注看仲景治疗杂病的思路［J］．中国中医药现代远程教育，2009，05：6－7.
王鹏．《伤寒论》蓄血证辨析［J］．中国中医药现代远程教育，2009，05：7－8.
李守业．谈《伤寒论》辨证论治理论假说与实践［J］．中国中医药现代远程教育，2009，05：86－87.
杜平，杨艳，黄睿臻，翟慕东．再识伤寒论176条［J］．中国中医药现代远程教育，2009，02：11－12.
李国建．小柴胡汤临床应用浅析［J］．中国中医药现代远程教育，2009，01：128.
何季橙．加味附子汤临床应用举隅［J］．中国中医药现代远程教育，2009，05：46－47.

曲道炜，艾华，李斌．《金匮要略》网站建设的构想［J］．中国中医药现代远程教育，2009，07：1－2.

张志忠．辛开苦降谈泻心［J］．中国社区医师（医学专业半月刊），2009，08：80.

王荣忠．四逆散加味治胃痛体会［J］．中国社区医师（医学专业半月刊），2009，12：200－201.

王荣忠．热入血室及治法［J］．中国社区医师（医学专业半月刊），2009，10：4.

路亮．梅核气2例临证治验［J］．中国社区医师（医学专业半月刊），2009，10：58－59.

陈仁泽，郭铭隆，王庆国．从《伤寒论》针灸部分谈仲景外治思想［J］．吉林中医药，2009，01：4－7.

申爱玲，刘公望．刘公望教授运用麻黄连翘赤小豆汤治疗变态反应性疾病经验举隅［J］．吉林中医药，2009，01：11－12.

李昕，龚谨．浅析仲景用芍［J］．吉林中医药，2009，01：70－71.

林大勇，王树鹏．中医眼科六经辨证析义［J］．吉林中医药，2009，03：192－193.

童瑞敏．大柴胡汤加减治疗胆石症2例［J］．吉林中医药，2009，03：234.

何太文，王雄，张利．经方治疗失眠探讨［J］．吉林中医药，2009，03：242－243.

余婷君．读《伤寒法眼》之要［J］．吉林中医药，2009，03：268－269.

丁文君，张瀚元，王柳明，焦俊英．《金匮要略》“治未病”之管窥［J］．吉林中医药，2009，03：269－270.

王甜，刘剑锋，袁锡林．《金匮要略》“不能饮食”的临床意义［J］．吉林中医药，2009，05：371－372.

陈仁泽．《金匮要略》外治内容与《理瀹骈文》三焦分治法的联系［J］．吉林中医药，2009，05：452－453.

艾华，刘海英，王守岩．《金匮要略》瘀血证研究［J］．吉林中医药，2009，05：454－455.

阎德英，阎德凤，阎洪臣．寒证的辨治经验［J］．吉林中医药，2009，06：472－473.

王睿林，王琦．从体质调养角度认知古代名方［J］．吉林中医药，2009，01：63－64.

马廷刚．乌梅丸方证涵义及应用［J］．吉林中医药，2009，03：247－253.

钟喈．自学－学习中医经典之路［J］．内蒙古中医药，2009，04：44－45.

王选军．浅析试探法在《伤寒论》中的应用［J］．内蒙古中医药，2009，08：115.

王彦昌．真武汤新用［J］．内蒙古中医药，2009，02：27－28.

吴宗山．谈《金匮要略》未发之秘要［J］．内蒙古中医药，2009，06：100－101.

郭静，程振芳．经方方药证配伍与病证相关性探讨［J］．内蒙古中医药，2009，06：101.

王夜．大柴胡汤在临床中的应用［J］．内蒙古中医药，2009，10：30－31.

卢佼佼．《伤寒论》中脉象的研究现状［J］．内蒙古中医药，2009，10：94－95.

陈静．略谈治病必求其“本”［J］．内蒙古中医药，2009，10：106－107.

叶树星．硝石矾石散治疗慢性活动性肝炎的理论基础浅识［J］．内蒙古中医药，2009，10：108－109.

张晓波．半夏泻心汤浅析［J］．内蒙古中医药，2009，04：97.

何志伦．泻心汤加味治疗便血咯血体验［J］．内蒙古中医药，2009，11：48.

郭静，程振芳．经方方药证配伍与病证相关性探讨［J］．内蒙古中医药，2009，07：51－52.

董俊，陈昱印．炙甘草汤新用［J］．内蒙古中医药，2009，11：6.

白敏，李建兵．麻黄附子细辛汤临床体会［J］．内蒙古中医药，2009，11：66.

范肖芳．中西医结合治疗慢性肺源性心脏病缓解期的临床观察［J］．内蒙古中医药，2009，12：17－18.

王姝．旋复代赭汤临床应用举隅［J］．中国医药导刊，2009，03：512＋514.

牧角和宏，杨文喆，张再良．关于伤寒三阴三阳的病态论［J］．国医论坛，2009，02：1－7.

郑炜宏，陈秋铭．试述仲景对黄疸病的治疗方法及现代临床运用［J］．国医论坛，2009，02：7－8.

韩春生，李友林．论脏腑喜恶理论在脾胃病辨治中的应用［J］．国医论坛，2009，02：12－13.

张金玺，李建超．对《伤寒杂病论》几个问题的再认识［J］．国医论坛，2009，03：1－2.

杨巨成．《伤寒论》中“试探”法在中医临证中的实践意义［J］．国医论坛，2009，03：5.

牧角和宏，杨文喆，张再良．《宋版伤寒论》的特殊性——关于三阴三阳篇和可不可篇的条文比较研究［J］．国医论坛，2009，01：1－7.

王淑静，谷松．天之寒气太过对《伤寒论》中疾病的发生和治疗的影响［J］．国医论坛，2009，01：

7－9.

靳晓非，赵志亮．论《伤寒论》中“证”的含义［J］．内蒙古医学杂志，2009，S6：50.

乐永红，杨惠琴，乐德行．从张仲景的建中法到李东垣的补中益气［J］．中国中医基础医学杂志，2009，07：484.

任培华，冼绍祥．浅述《伤寒论》中“小便利”的临床意义［J］．现代中西医结合杂志，2009，21：2512－2513.

郎肖靖，赵敏．关于挖掘民间传统中医药验方治疗妇女带下病症的探讨［J］．实用医技杂志，2009，07：570.

曲夷．少阴寒化证辨治特点探讨［J］．山东中医杂志，2009，08：526－528.

王伟，赖芳，陈荣，仇成江，蔡炳勤．蔡炳勤教授泻心汤治疗外科疾病的经验［J］．四川中医，2009，07：11－12.

苗连绪，付朝辉．通心络胶囊联合金匮肾气丸、白带丸治疗慢性盆腔炎疗效观察［J］．临床合理用药杂志，2009，13：60.

周杰，段延萍．《难经》论伤寒病的特点及对后世的影响［J］．时珍国医国药，2009，07：1728－1729.

李忠林，惠彩丽．柴胡疏肝散的临床应用及体会［J］．医学信息，2009，07：1329－1330.

卢佼佼．瓜蒂散的临床应用与实验研究［J］．浙江中西医结合杂志，2009，07：439－440.

宋永刚．枳实芍药药对的源流及功用初探［J］．时珍国医国药，2009，07：1713－1715.

崔健，张晗睿，王庆国．王庆国应用柴胡桂枝干姜汤的经验［J］．辽宁中医杂志，2009，07：1213－1214.

郑虎占，郑相敏．《金匮要略》辨药性用药思想探讨［J］．辽宁中医杂志，2009，07：1125－1126.

袁敏，何新慧．三焦气分湿热证与少阳病辨析［J］．辽宁中医杂志，2009，07：1126－1127.

石景洋．仲景方药辨治中枢性高热临床体会［J］．辽宁中医杂志，2009，07：1158－1159.

苏愉仁，贾春华．《金匮要略》临床诊疗“实质公理”集［J］．辽宁中医杂志，2009，07：1102－1103.

敖慧．小半夏汤药理和临床研究现状［J］．黑龙江中医药，2009，04：43－44.

张树成，贺斌，王尚明，张长勇，陈西华，刘永军，张斌．五子衍宗丸和金匮肾气丸对动物生精功能影响的比较研究［J］．中国计划生育学杂志，2009，07：401－404.

韩捷．《伤寒论》组方机理试析［J］．贵阳中医学院学报，2009，04：1－2.

张永前，谢妮．从《金匮要略》“即勿补之”论治脾［J］．甘肃中医，2009，07：6－7.

王世选．半夏泻心汤加减治疗慢性胃炎240例［J］．甘肃中医，2009，07：26.

廖敦，黎兰芳．仙鹤草在治疗慢性非细菌性前列腺炎中对卵磷脂小体水平的影响［J］．光明中医，2009，07：1252－1253.

黄芳，赵映前．《伤寒论》口渴证治［J］．光明中医，2009，07：1224－1225.

曹志娟，张建荣．《伤寒论》六经病欲解时评述［J］．光明中医，2009，07：1225－1227.

乐春荣．金匮肾气汤治验2则［J］．光明中医，2009，07：1374.

姜德友，王书惠．头痛源流考［J］．中华中医药学刊，2009，08：1577－1579.

艾华，张曙光，刘海英．《金匮要略》对药的研究［J］．中华中医药学刊，2009，08：1595－1597.

李云海．《金匮要略》之心与小肠病辨证方法探析［J］．中医研究，2009，08：5－6.

郭力恒，张军，唐光华．关于2005药典中附子用量的商榷［J］．四川中医，2009，08：60－62.

彭亚军，何泽云．六味地黄丸方治疗肾脏病研究进展［J］．中国中医急症，2009，07：1151－1152.

徐光星，何若苹，何任．狐惑病方证与临床——《金匮要略》方证与临床系列之五［J］．浙江中医杂志，2009，07：474－475.

王斌，施亦青．浅析《金匮要略》辨治情志相关性疾病六法［J］．浙江中医杂志，2009，07：476－477.

叶映月．四逆加人参汤调治肝癌术后阳衰证32例［J］．中国实验方剂学杂志，2009，09：109.

雷慧，田玉姣．从《金匮要略》水气病浅谈水肿病的渊源［J］．河北北方学院学报（医学版），2009，

04：70－72.
张佩江．当归四逆汤的临床应用4则［J］．中国医药指南，2009，14：79－80.
张保国，程铁锋，刘庆芳．白虎汤药效及现代临床研究［J］．中成药，2009，08：1272－1275.
郭淑艳，王玉颖，曲淑兰．经皮给药治疗儿童遗尿症疗效观察［J］．中国妇幼保健，2009，21：2953－2954.
丁德正．试析《金匮要略》“妇人咽中如有炙脔”及其治疗［J］．中医药临床杂志，2009，04：349－351.
窦一田，曹式丽．《伤寒论》少阴病证分步治疗思维探讨［J］．江西中医药，2009，07：5－6.
韩捷．从《伤寒论》教学过程中体会仲景调理脾胃11法［J］．辽宁中医药大学学报，2009，08：264－265.
李鸿．《金匮要略》肝病证治浅析［J］．湖北中医杂志，2009，08：32.
郑荣林．金匮肾气丸临床应用举隅［J］．辽宁中医药大学学报，2009，08：205－206.
李国臣，林存奇．黄连汤的临床应用及鉴别［J］．辽宁中医药大学学报，2009，08：204－205.
吴忠文，吴学珍，李永贵，聂伟．论“江南诸师秘仲景要方不传”尽在《金匮玉函经》之中［J］．中医药导报，2009，07：3－5.
杨万告．《伤寒论》方药的特殊煎煮法及临床意义初探［J］．中医药导报，2009，07：6－7.
杨岚．从大黄蟅虫丸在皮肤科的应用论“异病同治”［J］．北京中医药，2009，07：554.
庞博，王颖辉，赵进喜．浅析《金匮要略》部位辨证思想［J］．北京中医药，2009，07：515－517.
刘栋，崔健，岳小强．浅谈湿温病下法［J］．辽宁中医药大学学报，2009，08：9－10.
曲夷．权变诊疗是《伤寒论》的主要特色［J］．辽宁中医药大学学报，2009，08：14－15.
梁彬强，张振忠．《伤寒论》中“三承气汤证”的辩证思维与临床运用［J］．辽宁中医药大学学报，2009，08：33－34.
张金付，王旭东．试论风寒束表治疗时的扶阳原则［J］．辽宁中医药大学学报，2009，08：52－53.
陈少东．从《金匮要略》原文浅析“治黄必治血，血行黄易却”［J］．光明中医，2009，08：1431－1432.
李灵辉．《伤寒论》血证三禁浅析［J］．光明中医，2009，08：1433－1434.
窦志芳，郭蕾，张俊龙，张鑫．四气五味理论在五苓散配伍规律研究中的思考［J］．辽宁中医杂志，2009，08：1282－1284.
贾晓鑫，毛娅，杨仁旭．《温病条辨》中白虎汤类方的应用［J］．甘肃中医，2009，08：14－15.
吴宗山．枳实薤白桂枝汤临床新用［J］．甘肃中医，2009，08：44.
陈明，陆建峰，赵国平．基于双向强关联规则的仲景桂枝汤类方研究［J］．南京中医药大学学报，2009，04：249－251.
傅荣福．吴茱萸汤的临床应用［J］．中国现代药物应用，2009，14：160－161.
赵书锋．张仲景方中大黄功效发微［J］．中国中医基础医学杂志，2009，09：698－699.
樊乐娟．小柴胡汤加减治疗热症［J］．陕西中医，2009，09：1242.
刘清平，陈纪藩，林昌松，关彤，刘丽娟，陈光星．金匮要略原则指导风湿病治疗［J］．陕西中医，2009，09：1245.
王刚，杨麦青．伤寒方辨治甲型H1N1流感思路探讨［J］．新中医，2009，09：107－108.
孙鹏．浅谈干姜在《伤寒论》中的应用［J］．中国民间疗法，2009，08：5.
朱丹，吕文良．刍议仲景从湿论治黄疸［J］．云南中医中药杂志，2009，07：5－6＋8.
徐光星，何若苹，何任．阴阳毒病方证与临床——《金匮要略》方证与临床系列之六［J］．浙江中医杂志，2009，08：562－563.
王凤仪，赵党生．中医学术流派之沿革探讨批判性思维［J］．中医教育，2009，04：27－29.
毛水泉．谈顾护脾胃在“治未病”上的作用［J］．浙江中医杂志，2009，08：607－608.
谭智敏．苦酒汤治疗咽喉溃疡体会［J］．世界中西医结合杂志，2009，08：563.
张红梅，陈雪功．《望诊遵经》释疑［J］．时珍国医国药，2009，08：2093－2094.
吕永慧．仲景论黄疸［J］．时珍国医国药，2009，08：2083－2084.

张苒，石磊．《金匮要略》“阳微阴弦”在冠心病心绞痛辨治中的指导意义［J］．现代中西医结合杂志，2009，27：3288－3289.
艾华，梁士鹏，曲道炜．对《金匮要略》惊悸病的辨析与研究［J］．天津中医药，2009，04：301－302.
任存霞，孔凡，黄海超．仲景方治疗乙型肝炎证治发微［J］．天津中医药，2009，04：303－305.
汤川安，樊巧玲．“病痰饮者，当以温药和之”论［J］．天津中医药，2009，04：306－307.
李力强．四逆散治疗脾胃疾病的探讨与临床应用［J］．中国中医基础医学杂志，2009，08：610－611.
段颖哲，傅元谋，王米渠．《伤寒论》对复杂病机、证候及治则解析［J］．中国中医基础医学杂志，2009，08：568－569.
武养星，王笈．浅谈吴鞠通“随其所在而攻之”［J］．山西中医学院学报，2009，04：6－7.
李红霞．吴茱萸汤在妇科临床的应用［J］．中国中医药信息杂志，2009，07：83.
李艳锋，张恒，张致祥．《伤寒论》六柴胡汤之临床运用举隅［J］．陕西中医，2009，09：1242－1244.
董大伟，王越，于凤文，李子民，刘春梅．现代中药资源［J］．沈阳药科大学学报，2009，S1：132.
邹华彬．双指标信息显著相似序列聚类分析桂附地黄丸、金匮肾气丸无水乙醇提取物红外指纹图谱［J］．中国中药杂志，2009，18：2325－2330.
张保国，梁晓夏，刘庆芳．大承气汤现代药效学研究［J］．中成药，2009，09：1427－1430.
孙波．半夏厚朴汤的气味配伍及临床应用［J］．中国医药指南，2009，17：76.
韩捷．从《伤寒论》教学过程中体会仲景用杏仁心得［J］．辽宁中医药大学学报，2009，09：212－213.
朱元洁，汤川安，樊巧玲．《金匮要略》中“助用焦苦”一句中“焦”乃衍文论［J］．中医药导报，2009，08：12－14.
刘军．从《金匮要略·痰饮咳嗽病脉证并治》方后注看［J］．中外医疗，2009，24：27－28.
尤海玲，郑海燕，陈源，贺娟．热病从伤寒论治 3 则［J］．北京中医药大学学报（中医临床版），2009，04：41.
王红亮．正气对外感病发病的决定作用［J］．当代医学，2009，25：154.
杨鸿，李学麟．《伤寒论》辨证论治思路琐谈［J］．中华中医药杂志，2009，09：1192－1193.
廖金标．复方应用大黄临证发挥 5 例［J］．中华中医药杂志，2009，09：1246－1247.
罗征候．桃核承气汤加减治愈癫狂举隅［J］．长春中医药大学学报，2009，04：512.
黄倩，赵长振，曹碧茵．中药防治氨基糖苷类药物耳毒性的研究进展［J］．抗感染药学，2009，03：218－222.
赵海．《金匮要略》中茯苓的配伍及主治［J］．光明中医，2009，09：1650－1651.
刘秀枝，许春华．浅析《金匮要略》的辨证观［J］．光明中医，2009，09：1638－1639.
类承法．张仲景乌梅丸应用探讨［J］．光明中医，2009，09：1641－1642.
赵丽娟．《伤寒论》中芍药刍议［J］．光明中医，2009，09：1645－1646.
陈保红．张仲景《伤寒论》汗证辨析［J］．光明中医，2009，09：1646－1647.
郑四喜，郑联喜，王占瑛，曾朝珠．芒硝在重危急症中的应用［J］．中国民族民间医药，2009，15：29.
孟毅，赵英霖．《金匮要略》中“中风”经络脏腑辨证与病史及 CT 表现的联系［J］．辽宁中医杂志，2009，09：1452－1453.
张建伟．仲景从瘀论治月经病探析［J］．江西中医药，2009，08：6－8.
宋文芳，李建，贾少林，刘晨涛．宋祚民调养奇经八脉用治“女痨疸”的经验［J］．北京中医药，2009，08：590－591.
贾冕，杜金行．刍议太阳主表和肺也主表［J］．北京中医药，2009，08：607－608.
吴同启，顾宁．冠心病、胸痹与“阳微阴弦”［J］．光明中医，2009，10：1860－1861.
曾婧纯．《中医内科学》和《伤寒论》对于便秘辨治的比较研究［J］．光明中医，2009，10：1874－1876.
王煜坤．补肾温阳法治疗老年性椎基底动脉供血不足性眩晕 36 例疗效观察［J］．光明中医，2009，09：1716－1717.

刘艳．金匮肾气丸治疗前列腺增生症20例临床观察［J］．长春中医药大学学报，2009，04：540.
邢俊梅．仲景用药剂量的考证与启示［J］．河南中医，2009，09：836－838.
郭一多，刘静毅．《伤寒论》与《金匮要略》中附子运用比较［J］．河南中医，2009，09：839－840.
石德军．小柴胡汤加味治验举隅［J］．河南中医，2009，09：845－846.
曾梓临，李忠业．炙甘草汤治疗心律失常的研究及应用进展［J］．广西中医药，2009，04：1－3.
丁德正．黄芪桂枝五物汤在精神疾病中的应用［J］．河南中医，2009，08：743－744.
张玉苹．张仲景治未病思想探析［J］．北京中医药大学学报，2009，07：443－445.
肖相如．表证并非六淫都有［J］．河南中医，2009，08：729－731.
胡福田．浅谈《伤寒论》存津液之途径［J］．河南中医，2009，08：731－732.
张慧宇，贺千里，刘韩敏．谈谈对少阳病提纲的看法［J］．河南中医，2009，08：732－733.
郑金枝．谈《伤寒论》精神疾病证治［J］．河南中医，2009，08：733－734.
王莉华，钱俊华．古代饮病学说探析［J］．河南中医，2009，08：737－739.
何远征．李发枝教授应用甘草泻心汤经验［J］．河南中医，2009，08：740－741.
高彦彬，林长青．论《伤寒论》保胃气学术思想及其在消渴病中的应用［J］．北京中医药大学学报，2009，08：509－512.
赵永辉，娄立娟，张拴成．桂枝甘草龙骨牡蛎汤新解［J］．河北中医，2009，07：1074－1075.
阿依古丽．中药甘草的功效与应用［J］．中国民族民间医药，2009，14：132.
曹瑞竹，祝捷．四逆汤配伍规律的实验研究［J］．河南中医，2009，09：920－922.
钱善军．金匮肾气口服液对肾阳虚证大鼠影响的实验研究［J］．安徽卫生职业技术学院学报，2009，04：78－79.
陈存仁．如何中医调理神经衰弱［J］．深交所，2009，08：59－61.
林培政，钟嘉熙，李赛美，林昌松，林兴栋．教医研三位一体的中医临床经典课程教学模式构建与实践［J］．中医教育，2009，05：26－29.
吴弥漫．张仲景对《内经》学术的继承和创新［J］．广州中医药大学学报，2009，05：505－507.
郁保生，常小荣，严洁，易受乡．《伤寒论》论灸法［J］．中国医疗前沿，2009，17：3－4.
朱俊程．陈修园脉诊理论浅析［J］．山西中医，2009，10：1－3.
宋高峰，尹燕耀，刘芳．伍炳彩辨治黄疸病经验撷英［J］．上海中医药杂志，2009，09：1－2.
巨邦科．白通汤临床应用验案3则［J］．上海中医药杂志，2009，09：43－44.
吴仕骥．研精覃思务求本义（二）——郭霭春先生《金匮要略校注语译》学术特点简述［J］．天津中医药大学学报，2009，03：113－115.
张再良．关于伤寒的广义和狭义［J］．上海中医药大学学报，2009，04：14－17.
朱璞，郑小伟．《金匮要略》胸痹证治浅析［J］．浙江中医杂志，2009，09：680－681.
于莉英，王旭东，虞舜，石历闻．《金匮要略》载误治后发作奔豚病的方证分析［J］．时珍国医国药，2009，09：2203－2204.
庞秀花．论温病学治法概要［J］．中国现代医药杂志，2009，09：107－109.
王阶，熊兴江．病机用药与方证用药辨析［J］．中医杂志，2009，09：777－780.
闫川慧，李东明，张俊龙．论《伤寒论》之“伤寒”［J］．山东中医药大学学报 2009，05：406－407.
曹峰，张建荣．《金匮要略》痛症简释［J］．现代中医药，2009，05：64－65.
黄飞，黄衍强，王永瑞．大柴胡汤配合散结通胶囊治疗胰腺癌肝转移1例［J］．亚太传统医药，2009，09：64.
高振华．《伤寒论》三阴病证与晚期肿瘤辨证论治的探讨［J］．中医研究，2009，09：3－4.
张岗，孙彦永．《金匮要略》对耳鼻喉科临床的影响［J］．山东中医杂志，2009，09：602－603.
温桂荣，邱明义．《伤寒论》下焦蓄血证病位探析［J］．中华中医药学刊，2009，10：2218－2220.
李忻红，陈兴．《伤寒论》方在荨麻疹治疗中的应用［J］．新中医，2009，10：96－98.
章文平，许双虹，黄仰模，范晖．本气自病与伤寒温病浅议［J］．新中医，2009，10：116.

吴中平，张瑾，柯雪帆．《伤寒论》中几个被忽略曲解的问题［J］．中医杂志，2009，09：857－858.

吕小亮，余尚贞，石青．论张仲景伤寒脑病思想［J］．中医杂志，2009，09：850－852.

何远征．李发枝教授经方验案举隅［J］．中国中医急症，2009，09：1467＋1491.

李文龙，滕久祥．仲景表里同病辨治规律微探［J］．时珍国医国药，2009，09：2345－2346.

冯思莹，蔡彦．对《金匮要略》中“脾不主时”思想的初步探讨［J］．时珍国医国药，2009，09：2362－2363.

毛志远，姜海华．仲景治黄五法临床应用举隅［J］．山东中医杂志，2009，10：738－739.

景天驰．乌梅丸临床应用体会［J］．实用中医药杂志，2009，10：694.

宋锡民．黄芪建中汤临床妙用［J］．中国中医急症，2009，08：1360－1361.

刘艳，李毅．浅析《伤寒论》中附子的配伍运用［J］．陕西中医学院学报，2009，05：55－56.

王英荣．半夏在方剂配伍中的作用及现代药理研究［J］．中国冶金工业医学杂志，2009，05：604－605.

宋洁，孙静，许翠萍，李震．金匮肾气丸对“劳倦过度、房室不节”肾阳虚模型小鼠甲状腺病理形态学的影响［J］．山东中医药大学学报，2009，05：420－422.

叶亮，范欣生，段金廒，尚尔鑫，唐于平．仲景方中芍药考证［J］．中医文献杂志，2009，04：26－28.

路亚娥．金匮肾气丸加味配合西药治疗糖尿病肾病60例［J］．陕西中医学院学报，2009，05：29－31.

扈有芹．桂枝去桂加茯苓白术汤是否有表证辨析［J］．河北中医，2009，09：1387.

周艳杰．张仲景论弦脉考略［J］．中华中医药杂志，2009，11：1413－1414.

张莉，李金田．学习《伤寒论》点滴体会［J］．河南中医，2009，10：940－941.

李会勤．《伤寒论》应用芍药探讨［J］．河南中医，2009，10：942－943.

黄彦德．炙甘草汤加减治疗窦性心动过缓37例［J］．河南中医，2009，10：959.

陆鹏，张丰正，王鸿度．“少阳主骨”浅析［J］．甘肃中医，2009，09：7－8.

仝志启．从《内经》《伤寒杂病论》探讨身重的病因病机［J］．甘肃中医，2009，09：10－11.

陈炯华，王永炎，谢雁鸣，申春悌，俞冲．从药物警戒观谈《伤寒论》误汗及汗法禁忌［J］．江苏中医药，2009，09：63－64.

杨学，孔祥亮，岳小强，彭文博．《伤寒论》甘草应用原则与配伍宜忌探骊［J］．江苏中医药，2009，09：56－58.

闫东艳，刘贯华．《伤寒论》中针灸应用规律浅探［J］．江苏中医药，2009，09：51－52.

梅志强，金国梁．对脏躁的几点认识［J］．甘肃中医，2009，10：3－5.

王武兰．泻心汤治心下痞之我见［J］．中国民族民间医药，2009，17：82.

秦微，左帅．千科理相通万法理可鉴［J］．辽宁中医药大学学报，2009，10：212－213.

庄灿，王宇飞．谈对《伤寒论》题目的理解［J］．辽宁中医药大学学报，2009，10：223－224.

张再良．六经框架位置说［J］．中华中医药杂志，2009，10：1260－1263.

王光明，王志高．《伤寒论》经方应用规律探微［J］．辽宁中医药大学学报，2009，10：23－24.

袁向科，王军．《金匮》治水之法在周围血管疾病中的运用［J］．辽宁中医药大学学报，2009，10：41－42.

姜德友，张志刚，彭芃．汗证源流考［J］．长春中医药大学学报，2009，05：662－664.

周平安．甲型H1N1流感中医病因病机治法述要［J］．北京中医药，2009，09：667－668.

柴程芝，刘志刚，黄煌，余伯阳．《伤寒杂病论》人参药证研究［J］．辽宁中医杂志，2009，10：1689－1691.

姜硕，狄忠，刘更生，高树中．浅析《伤寒论》之针药结合思想［J］．辽宁中医杂志，2009，10：1693－1694.

张立山，戴雁彦．应用柴胡桂枝干姜汤治疗妇科疾病举隅［J］．中华中医药杂志，2009，11：1463－1464.

温桂荣．浅谈临床应用经方的点滴体会［J］．中华中医药杂志，2009，11：1468－1471.

聂伟，沈献忠．黄疸辨治两则［J］．中医药导报，2009，09：42.

邹积宝，周承胜，李文明．麻黄加术汤加味治疗风湿病体会［J］．中医药导报，2009，09：41.

张玉岭.《伤寒论》药食同用治疗探究[J].长春中医药大学学报，2009，05：796－797.
肖雪，朱同刚.小议《伤寒论》中的痞字[J].长春中医药大学学报，2009，05：798.
张智华.加减白头翁汤治疗滴虫性及霉菌性阴道炎78例[J].辽宁中医药大学学报，2009，10：114.
胥广宇，曲淑芹.《伤寒论》桂枝配伍举隅[J].辽宁中医药大学学报，2009，10：157.
陈为，严石林，赵琼，汤朝晖，鲁法庭.从真寒、真热多属胃肠里证辨寒热真假[J].成都中医药大学学报，2009，03：11－12.
黄鸿飞.王聘贤《伤寒论考评》简析[J].贵阳中医学院学报，2009，05：6－7.
王彦晖.象症辨证是中医辩证思维的关键[J].中华中医药杂志，2009，10：1299－1302.
王长洪.董建华运用《伤寒论》寒热并用法的经验[J].辽宁中医杂志，2009，10：1652－1654.
刘松林，闻莉，万晓刚，吕文亮.名医梅国强[J].湖北中医杂志，2009，10：3－5＋82.
何青松，莫学德，李勇.《金匮》肾气丸汤加减消除糖尿病尿糖症体会[J].中国民族民间医药，2009，18：31.
孙丹丹.桂枝汤加减临床应用举隅[J].中外医疗，2009，25：89.
苑述刚，阮时宝，樊巧玲.《金匮》泽泻汤的研究概述与展望[J].贵阳中医学院学报，2009，05：12－14.
王成宝.仲景旋覆代赭汤临床变化应用体会——附验案3则[J].江苏中医药，2009，10：63－64.
汪受传.中医药治疗小儿病毒性肺炎的研究[J].南京中医药大学学报，2009，05：338－341.
夏登杰.陈修园的医学教育思想[J].学海，2009，05：197－200.
傅建伟.黄酒与中医上[J].中国酒，2009，09：12－14.
张秋霞，李文刚.PBL与LBL相结合教学法在《金匮要略》教学中的应用研究[J].中国中医药信息杂志，2009，10：111－112.
孙喜灵，张晓林，赵岩，刘琳，刘孟安.心为君主之官在《伤寒论》的体现和意义[J].山东中医药大学学报，2009，06：450－453.
李艳.从少阴证辨治精神心理睡眠障碍[J].上海中医药杂志，2009，11：21－24.
李力强.四逆散治疗脾胃疾病的探讨与临床应用[J].中国中医基础医学杂志，2009，11：843－844＋850.
沈永勤.《伤寒论》津液论治初探[J].青海医药杂志，2009，10：65－66.
刘晓辉，刘晓宾.探析"损其心者，调其荣卫"的机理及其在《伤寒论》中的应用[J].中国中医急症，2009，10：1665－1667.
张金玺.《金匮要略》对小便变化的辨析[J].世界中西医结合杂志，2009，11：766－767.
冬梅，杨海厚.大黄䗪虫丸异病同治举隅[J].新疆中医药，2009，05：81－83.
高军大."病痰饮者，当以温药和之"之我见[J].中国中医药信息杂志，2009，10：88.
汤尔群，任廷革，陈明，刘晓峰，张帆，孙燕.基于数据挖掘方法的《伤寒论》非衡量器药物剂量研究[J].中国中医药信息杂志，2009，10：90－93.
田朝晖，邹运国，张钦哲，葛舰，何金锋，熊超朋.《金匮要略》中"吐衄下血"的证治规律及其对现代的影响[J].亚太传统医药，2009，10：147－148.
边秀娟，王兴华.经方研究思路浅析[J].中国中医急症，2009，11：1826－1827.
肖化云，刘景超，凌芳.张锡纯治疗温病学术思想探讨[J].陕西中医，2009，11：1502－1503.
赵书锋.《伤寒论》临证活用大黄浅议[J].陕西中医，2009，11：1503－1504.
叶映月."少阴病六七日，息高者死"验之临床体会[J].中国中医急症，2009，11：1900－1901.
于莉英，王旭东，虞舜，石历闻.《难经》"奔豚"与《金匮要略》"奔豚"之比较[J].时珍国医国药，2009，11：2848.
刘玉洁.从《金匮要略方论》肾气丸的应用论异病同治[J].中国中医基础医学杂志，2009，10：766－767.
本刊编辑部.附子泻心汤方证[J].中国社区医师，2009，23：12.
张友堂，李云飞.加减小青龙汤治疗寒饮伏肺型哮喘病心得[J].中医药信息，2009，06：69－70.

刘锋．经方在肛肠科的应用举隅［J］．中国民间疗法，2009，11：29－30．

赛自金，张丽彩，丛媛，陈敬韬，马丽华．大黄䗪虫丸在眼科临床中所带来的启示［J］．中国中医眼科杂志，2009，05：286－287．

曲夷．《伤寒论》太阴提纲证解疑［J］．广州中医药大学学报，2009，06：587－589．

章碧明，李健．《伤寒论》口渴辨治初探［J］．陕西中医，2009，10：1410－1412．

陈静，董正华．《伤寒论》用药特色探析［J］．陕西中医学院学报，2009，06：13－14．

赵广印，党松柏．黄连汤治疗胃痛的体会［J］．陕西中医学院学报，2009，06：52－53．

王希瑞，罗凯，李莹莹，陶松月，刘娟．黄芪桂枝五物汤治疗糖尿病周围神经病变的疗效观察［J］．医学综述，2009，21：3353－3355．

李远胜．大柴胡汤证病机新探［J］．陕西中医，2009，11：1505．

杨荣英．桂枝汤的临床应用［J］．中国民间疗法，2009，11：28－29．

张正理，王果平，王化明．中药配合葆利安治疗前列腺增生60例［J］．陕西中医，2009，11：1489－1490．

方芳．中国古代的人工呼吸急救历史及分析［J］．中国当代医药，2009，22：86－87＋91．

刘敏，李成卫．多媒体技术在《伤寒论》教学中的应用探讨［J］．航空航天医药，2009，10：39－41．

韩捷，赵丽．中医临床教学点滴体会［J］．中医学报，2009，05：115－116．

张雷，谷松．《伤寒论》中“治未病”思想的体现［J］．辽宁中医药大学学报，2009，11：179－180．

樊讯，成肇仁．《伤寒论》日节律浅谈［J］．光明中医，2009，11：2063－2064．

李云海．《金匮要略》肺与大肠病辨证方法探析［J］．光明中医，2009，11：2065－2066．

王得宝，杨展礼，袁堂宾．小议《伤寒论》卫气生成理论［J］．环球中医药，2009，06：459－460．

李华．中医治疗支气管肺癌难症体会［J］．中医学报，2009，06：13－14．

郑美娟．关于“桂枝去桂加茯苓白术汤证”的探讨［J］．中国民族民间医药，2009，19：7＋6．

张家亭．甘草干姜茯苓白术汤加味治疗男性不育症［J］．中外医疗，2009，32：98．

高放，杨蕊琳．炙甘草汤治疗冠心病心律失常病例一例［J］．中外医疗，2009，32：100．

戴跃龙，白慧颖，李方洁．从气象角度探讨《伤寒论》太阳病实质［J］．河南中医，2009，11：1041－1043．

肖相如．脾约不是麻子仁丸证［J］．河南中医，2009，11：1044－1045．

许天申，郭长河．浅谈《伤寒论》胃气学说［J］．河南中医，2009，11：1045－1046．

井庆彦，张国骏．刍议《伤寒论》“厥热胜复”［J］．河南中医，2009，11：1047．

熊哲峰，党娟娜，买振江．“三焦”探析［J］．河南中医，2009，11：1052－1054．

王保成．金匮肾气丸异病同治浅析［J］．河南中医，2009，11：1056－1057．

郭志生．白虎汤治疗高热验案［J］．河南中医，2009，11：1058－1059．

张山泰．《金匮要略》“短气”新解［J］．中医药临床杂志，2009，05：377－378．

李义松，李娟．《金匮要略》外治法简析［J］．中医药临床杂志，2009，05：378－379．

吴井波．《伤寒论》中附子配伍规律探析［J］．辽宁医学院学报，2009，04：344－345．

王睿，周丽娟．《伤寒论》中芍药主要选用白芍之我见［J］．湖北中医杂志，2009，11：29．

张智华．《伤寒论》方中半夏生姜与半夏干姜药对应用比较［J］．湖北中医杂志，2009，11：58－59．

阳国彬，刘玉芳．经方辨治肺癌并发症验案举隅［J］．湖北中医杂志，2009，11：62－63．

王晓雪．浅谈《伤寒论》中关于疾病自愈的机理［J］．甘肃中医，2009，11：5－6．

李武三．加味炙甘草汤治疗心悸疗效与机理探讨［J］．甘肃中医，2009，11：35．

叶新苗．论绍派伤寒的学术创新与薪传［J］．浙江中医药大学学报，2009，05：633－636．

苏云放．论太阳主寒水、太阴主风热——寒温辨证系统论之一［J］．浙江中医药大学学报，2009，05：644－647．

李俊．伤寒论方治“胃不和”之“卧不安”［J］．中国民族民间医药，2009，19：62．

张兴，叶红．《伤寒论》与子午流注［J］．江西中医药，2009，10：6－7．

王惠君．太阴病“宜服四逆辈”与“上工治未病”［J］．江西中医药，2009，10：8.
班新能，王翔．中医“治未病”学术思想浅析及其现实意义［J］．兵团医学，2009，03：60－62.
蒋莉．《金匮》妇人腹痛应用芍药之特点探析［J］．江苏中医药，2009，11：55－56.
曾玲．浅析大承气汤［J］．光明中医，2009，11：2199.
刘贺亮，陈长生，王文勇，张金山，袁建林，秦军，杨波．金匮肾气丸对大鼠肾阳虚症的干预研究［J］．第四军医大学学报，2009，20：2140－2142.
张会心．中医2000年［J］．国学，2009，10：16－25.
云彩霞．《伤寒论》第190条之我见［J］．北京中医药大学学报（中医临床版），2009，06：30－31.
詹少锋，刘小虹．温法在肺系疾病中的应用及变通［J］．新中医，2009，11：118－119.
曹生有．越婢汤临床治验3则［J］．新中医，2009，11：129－131.
何若苹，徐光星，何任．疟病方证与临床——《金匮要略》方证与临床系列之七［J］．浙江中医杂志，2009，11：784－786.
叶世龙．梅国强运用少阳病证理论辨治杂病撷英［J］．中华中医药杂志，2009，12：1602－1604.
苑述刚，樊巧玲，阮时宝．试论《金匮》泽泻汤可作为治疗梅尼埃病的主方［J］．贵阳中医学院学报，2009，06：25－27.
侯鸿燕，李金田．阳明病因证辨析［J］．山西中医，2009，11：52－53.
谢连娣，陈立新，霍艳明．仲景方治疗心悸验案5则［J］．北京中医药，2009，11：892－893.
陈敏．加味大柴胡汤治疗急性胰腺炎的临床观察［J］．临床医药实践，2009，26：2053－2054.
李刘坤．论吴鞠通温病下法运用原则与策略［J］．北京中医药大学学报，2009，11：729－732.
王众．麻石葛甘汤治疗阳明经表证临床分析［J］．中国实用医药，2009，31：112－113.
张金恩，谭群英，杨晓歌，安翠萍，唐晓燕，陈乔芝．加味枳术汤免煎配方颗粒剂治疗便秘100例［J］．世界中医药，2009，06：310－311.
刘日才，徐有水，郭元敏，姜海华．张仲景用甘草治伤寒妙义［J］．黑龙江中医药，2009，06：48.
王太秋，王文元，李树园．中医治疗痛经［J］．黑龙江中医药，2009，06：60.
刘敏，刘振权，李宇航，李宝城，郭少英，郑丰杰，孙燕，闫军堂，张恋．仲景方中水蛭用药剂量研究［J］．中国现代药物应用，2009，21：77－78.
熊兴江，王阶，王师菡，何庆勇，汤艳莉，付莹坤．方证对应理论研究概况［J］．中华中医药杂志，2009，12：1624－1626.
刘晓琴，李喜梅．浅谈针灸治疗中的正邪相争现象［J］．中国针灸，2009，10：810.
赵瑞宝．“和”法源流浅析［J］．山西中医学院学报，2009，05：7－8.
缪珠雷，李玉虎，包寅，徐栋梁，张辉，王易．计算机辅助设计抗感染中药复方的实验研究［J］．中草药，2009，10：1602－1607.
周小平．《金匮要略》中营卫失常病证探析［J］．安徽中医学院学报，2009，06：8－9.
徐家胜．中医的药物治疗应更多地发挥汤剂的作用［J］．中国民族民间医药，2009，22：89.
周凤伟，李亚秋，宫彩霞，张乾，赵会娟，李倩，李桂，贾凤新．芪丹益肾降糖胶囊对糖尿病肾病大鼠模型TGF－β_ 1、VEGF的影响［J］．中国民族民间医药，2009，22：15－16.
杨学，彭文博，岳小强．《伤寒论》阳明病篇证治规律研究［J］．中华中医药学刊，2009，11：2331－2332.
张笑波，赵宏杰．用指纹图谱“以时测经”研究六经实质［J］．中华中医药学刊，2009，11：2440－2441.
魏立新．针药结合治疗太阳病［J］．中国针灸，2009，S1：14.
姜红玲．麻黄桂枝各半汤加减治疗荨麻疹60例［J］．湖南中医药大学学报，2009，11：37－38.
张华炜，陈泽涛．从“阳微阴弦”看胸痹的证治［J］．江西中医药，2009，11：10－11.
王惠君．转换角色感悟仲景——站在仲景的角度研读《伤寒论》［J］．江西中医药，2009，11：11－12.
王忠山．《金匮要略》课程运用案例教学法教学的体会［J］．河北中医，2009，10：1584－1585.
王满囤，王董臣．腹诊辨少阴病之附子汤证［J］．河北中医，2009，11：1655－1656.

王富梅．浅淡《伤寒论》“发黄”的辨证论治［J］．河北中医，2009，11：1720－1721.

谢琦敏，叶忠伟．张仲景运用地黄功用探讨［J］．浙江中医药大学学报，2009，06：742－743.

张桂荣．麻黄升麻汤治验1则［J］．河北中医，2009，10：1504.

王建敏．竹叶石膏汤儿科临床应用举隅［J］．浙江中医药大学学报，2009，06：856－857.

宋健，董正华，史传道，崔晓萍，赵娴．关于加强中医经典教学的认识与思考［J］．西北医学教育，2009，06：1123－1124.

黄鸿飞．王聘贤《伤寒论考评》简析［J］．中医文献杂志，2009，05：39.

丁沛．张仲景“去性存用”立方思想举隅［J］．南阳理工学院学报，2009，06：100－103.

建宇，李杨．鄂尔多斯市中医院坚持“精读经典、践行临床”［J］．中国中医药现代远程教育，2009，11：71.

杜志中．《金匮要略》百合病解析［J］．中国中医药现代远程教育，2009，09：5－6.

曹柏龙，苗桂珍，张宝华，朱学敏，李春桂，王立强，缪娟，孙晶．先天性右肾缺如并左侧多囊肾引发尿毒症1例［J］．中国中医药现代远程教育，2009，10：136－137.

张佩江．柴胡桂枝汤加味治疗肠胀气36例临床报道［J］．中国中医药现代远程教育，2009，08：108.

张鹏，高红霞．《金匮要略》调和营卫方证治法浅述［J］．中国中医药现代远程教育，2009，09：101－102.

李守业．《伤寒论》“随证治之”的理论医学范式［J］．中国中医药现代远程教育，2009，09：103－107.

吴学文．当归四逆汤临床应用4则［J］．中国中医药现代远程教育，2009，11：141.

高少才．金匮肾气丸的理论研讨与临床应用策略之研究［J］．中国中医药现代远程教育，2009，10：12－14.

唐书生，董瑞霞．生姜功用新解［J］．中国中医药现代远程教育，2009，11：248.

石瑞．浅谈中药方剂的用量［J］．中国中医药现代远程教育，2009，11：231.

郑伟．关于炙甘草汤君药的探讨［J］．中国中医药现代远程教育，2009，09：9.

黄常寨，王玉洁．大承气汤的气味配伍规律与临床应用浅析［J］．中国中医药现代远程教育，2009，08：58.

刘旺华．竹叶石膏汤的临床应用进展［J］．中国中医药现代远程教育，2009，08：86－88.

刘慧，文妮．脾胃学说浅谈［J］．中国社区医师（医学专业半月刊），2009，13：128.

董春香．崩漏的辨证与治疗［J］．中国社区医师（医学专业半月刊），2009，18：13.

刘生发，王晓琼．继承而不泥古，创新而不离宗——做好中医文献研究工作的体会［J］．中国社区医师（医学专业半月刊），2009，16：16.

赵虎，符金荣．小柴胡汤临床运用体会［J］．中国社区医师（医学专业半月刊），2009，13：6.

姜力崴，宋丹．桂枝茯苓丸的临床应用（附6例报告）［J］．中国社区医师（医学专业半月刊），2009，16：185.

赵振，赵力维．金匮肾气丸加味治疗老年轻度认知功能障碍临床观察［J］．吉林中医药，2009，07：579－580.

高磊，郑胜，焦静．从津血同源探讨《金匮要略》血水同治思路［J］．吉林中医药，2009，09：737－738.

李彤，张智伟．半夏散及汤治疗慢性咽炎临床应用体会［J］．吉林中医药，2009，10：881.

张丽艳，林大勇．《金匮要略》治未病思想探微［J］．吉林中医药，2009，11：933－934.

齐方洲，朱慧芳，徐辽寅，李明辉．炙甘草汤新论［J］．吉林中医药，2009，09：811－812.

郝万山，李赛美．高屋建瓴，授人以渔——《伤寒论理论与实践》编写思路与导论［J］．中医药通报，2009，04：19－22.

吴素玲，孙丽霞．略举仲景方在类风湿关节炎寒湿阻络证中的运用研究［J］．中医药通报，2009，05：28－30.

谢雪华，肖群娥．肠易激综合征相关抑郁症的辨证施护体会［J］．湖南中医杂志，2009，06：81－82.

郁祥．四逆散证病机浅谈［J］．湖南中医杂志，2009，05：97－98.

孙其新．附子丸散简效廉——李可学术思想探讨之十七［J］．中医药通报，2009，04：9－15.
陈国权．运用《金匮要略》脏腑相关理论辨治胸痹心痛病——兼论“阴微阳弦”［J］．中医药通报，2009，04：23－27＋43.
王彦晖．论形象思维与中医辨证［J］．中医药通报，2009，04：44－48.
王守勇．酸枣仁汤化学组分提取分离的合理性考察［J］．湖南中医杂志，2009，06：104－105.
王守岩，马贤德．《金匮要略》对惊悸病辨证论治特点浅析［J］．实用中医内科杂志，2009，10：18＋21.
张存芳．《伤寒论》口渴证治论述［J］．内蒙古中医药，2009，19：104－105.
白敏，李建兵．浅述《伤寒论》中“大柴胡汤”的临床应用［J］．内蒙古中医药，2009，19：106－107.
赵国珍，王海明．略述隋唐之前瘀热理论及实践的发展［J］．内蒙古中医药，2009，19：113－114.
李健林．小柴胡汤的临床新用［J］．内蒙古中医药，2009，22：16－17.
邓先琪．加减小柴胡汤的临床应用［J］．内蒙古中医药，2009，18：18－19.
周东阳．桃核承气汤治疗腰痛21例［J］．内蒙古中医药，2009，14：15.
张小红．《金匮要略》胸痹心痛辨治浅析［J］．内蒙古中医药，2009，14：85－87.
张茜，王亚丽．浅谈头痛治疗中引经药的作用［J］．内蒙古中医药，2009，16：20－21.
汪文来，赵红霞，贾俊骅．《伤寒论》五苓散配伍及功用探析［J］．中国医药导刊，2009，11：1897－1898.
罗红丽，张道英，方建和．红花药理研究概况［J］．中国医药导刊，2009，11：1907－1908.
高小莲，张丽君．桃核承气汤化裁治疗闭经探微［J］．国医论坛，2009，04：2－3.
郭任．论全身炎症反应综合征的中医机理即《伤寒论》之“胃家实”［J］．国医论坛，2009，06：1－2.
姚良杰，吴素蓉，黎忠民．从《金匮要略》肾气丸谈治法优化［J］．国医论坛，2009，06：3－4.
甘肃中医学院附属医院马鸿斌．《伤寒论·自序》启发我们思考中医药发展［N］．中国中医药报，2009－02－09003.
甘肃省武威市凉州区中医院张友林．为“读经典、做临床”鼓劲加油［N］　中国中医药报，2009－02－18003.
郑州大学第五附属医院李娟娟河南中医学院基础医学院刘明．仲景方药贵乎和［N］．中国中医药报，2009－02－19004.
湖北中医学院陈国权．金匮肾气丸非补阳剂辩［N］．中国中医药报，2009－01－09004.
成都主治医师代廷荣．从脾胃入手治失眠［N］．大众卫生报，2009－01－08010.
首席记者刘海鹰．让中医薪火代代相传［N］．盘锦日报，2009－01－06003.
江苏省洪泽县中医院张晓勇．经方论治胃食管反流病［N］．中国中医药报，2009－02－05004.
张仲景医学院沙恒玉沙涛刘维庆．“医圣”的由来［N］．中国中医药报，2009－02－19004.
广东省中医院毛伟．研经典厚基础宽知识［N］．健康报，2009－02－12003.
中华静修园王世保．火神派是对中医标准化的否定［N］．中国中医药报，2009－02－27004.
浮沉．革故鼎新妙“悟”天开［N］．人民政协报，2009－03－04A03.
中医师承者杨炎生上海中医药大学硕士研究生陈清光上海市精神卫生中心中西医结合主任医师周康教授董飞侠上海中医药大学博士研究生．合理运用附子之真谛［N］．上海中医药报，2009－03－06011.
广州中医药大学李红娟左俊岭．寒温并用法溯源［N］．中国中医药报，2009－03－12004.
河南省驻马店市第四人民医院毛进军．四大经典不能遗漏《神农本草经》［N］．中国中医药报，2009－03－12004.
鲍艳举李从煌许炜茹花宝金中国中医科学院广安门医院．真能“效不更方”吗［N］．中国中医药报，2009－04－15004.
李勇．师徒传承，能否助中医走出后继乏人窘境［N］．医药经济报，2009－04－16B02.
山东省泰安市中医医院张迎泉山东省泰山医学院附属医院王红艳．生白术可调肠通便［N］．中国中医药报，2009－05－08004.
上海中医药大学杨彦伟．半夏泻心汤浅析［N］．中国中医药报，2009－06－01004.
艾华历飞王守岩辽宁中医药大学．《金匮要略》论下利病及转归［N］．中国中医药报，2009－06－

12004.
谷万里聊城市人民医院．正气来复是自愈的关键［N］．中国中医药报，2009－06－15004.
山东省聊城市人民医院谷万里．“六经病欲解时”蕴含天人相应思想［N］．中国中医药报，2009－07－09004.
李赛美熊曼琪陈纪藩广州中医药大学．经典回归临床［N］．中国中医药报，2009－06－11003.
冯磊．金匮研究第一人［N］．中国中医药报，2009－08－03004.
中日友好医院冯世纶．副作用一词只适用于西医［N］．中国中医药报，2009－07－10004.
主任医师孙清廉．再论“医者、意也”［N］．上海中医药报，2009－08－07011.
吴银根．治表有辛温、辛凉、辛平之分［N］．上海中医药报，2009－08－07011.
健喜堂．坏病［N］．医药经济报，2009－07－16A10.
内蒙古自治区鄂尔多斯市中医院李寿庆辛文华．经方临证实践点滴［N］．中国中医药报，2009－07－13004.
张玉龙四川省巴中市中医院．小柴胡汤在眼科的运用［N］．中国中医药报，2009－08－07004.
周日任梁启成蒋闽义蒋子华．班秀文：中医妇科一代宗师［N］．中国中医药报，2009－09－03004.
任壮．沪上中医旗帜［N］．中国中医药报，2009－09－10004.
邱爽．中医传承难速成［N］．保健时报，2009－10－15003.
蒋健上海属曙光医院内科．胸寒手热四逆散［N］．上海中医药报，2009－10－16011.
河南省驻马店市第四人民医院毛进军．中医院应建立“经典辨治中心”［N］．中国中医药报，2009－12－03001.
于丽珊．北京中医药大学创新经典医著教学模式［N］．中国中医药报，2009－11－25003.
天津中医药大学靳冬．河北医学史上的名家［N］．中国中医药报，2009－12－04008.
王金亮，侯红霞．呼唤“经方”回归［N］．健康报，2009－11－05003.
许嘉璐．四库全书系列伤寒类医著集成·序［N］．中华读书报，2009－11－18012.
天津中医药大学罗根海．医古文如何引用“六经”语辞［N］．中国中医药报，2009－11－06004.
北京中医药大学肖相如．中医经典的魅力［N］．中国中医药报，2009－11－25004.
山东省济南市中心医院张锡凤，陶海燕，王晓茹．辨病位辨病性辨方证［N］．中国中医药报，2009－11－27004.
李振辉通讯员，宁习源．被忽略了的煎药古法［N］．广东科技报，2009－11－03Z05.
卫生部中日友好医院冯世纶．旋覆花汤方证考［N］．中国中医药报，2009－12－04004.
中国中医科学院孟庆云．“七日自愈”将经验上升为理论［N］．中国中医药报，2009－11－16004.
熊兴江中国中医科学院广安门医院．桂枝加白术附子汤方证特征［N］．中国中医药报，2009－12－31004.
倪诚北京中医药大学．五苓散重在治三焦气化不利［N］．中国中医药报，2009－03－11004.
陈国权湖北中医学院．《金匮要略》中的阴阳应用［N］．中国中医药报，2009－03－11004.
甘肃玉门市中医院汪存仁．脾约为脾失膀胱束约［N］．中国中医药报，2009－03－18002.
陈长青广州中医药大学．剂量换算：从李时珍错到中国药典［N］．中国中医药报，2009－03－30004.
马骏．重拾“被缴的武器”［N］．中国中医药报，2009－03－30004.
鲍艳举，李丛煌，杨瑶瑶，花宝金．中国中医科学院广安门医院．吉益东洞［N］．中国中医药报，2009－04－09004.
冯世纶中日友好医院．正确认识《伤寒论》的理论［N］．中国中医药报，2009－04－15004.
赵娟南京中医药大学．《伤寒论》厥阴篇为何在最后［N］．中国中医药报，2009－04－16004.
记者马骏．胡希恕学术思想代有传人［N］．中国中医药报，2009－04－27001.
北京中医药大学张艳霞倪诚．小柴胡汤非少阳病专方［N］．中国中医药报，2009－05－15004.
山西中医学院第二中医院马文辉．刘绍武评讲《伤寒论》［N］．中国中医药报，2009－06－01004.
聊城市人民医院谷万里．外感疾病传变有节律［N］．中国中医药报，2009－06－03004.
四川省泸县得胜镇周安帮．《伤寒论》第113条应为阳虚感寒证［N］．中国中医药报，2009－06－

04004.
张凌燕.《东医宝鉴》九成内容是中医［N］. 中国中医药报，2009－09－30003.
任壮. 万世医宗功在生民［N］. 中国中医药报，2009－10－19002.
河南省平顶山市中医院马家驹，陈见纺. 盗汗未必尽属阴虚［N］. 中国中医药报，2009－10－22004.
记者樊丹. 中医中药中国行走进中原大地［N］. 中国中医药报，2009－10－26001.
中国中医科学院广安门医院鲍艳举，李丛煌，杨瑶瑶. 黄连汤中桂枝琐谈［N］. 中国中医药报，2009－11－16004.
渝东南问病医馆张流秀. 经区三态概说［N］. 中国中医药报，2009－11－30004.
山西省大同新建康医院周益新. 余无言注解《伤寒论》方法［N］. 中国中医药报，2009－12－17004.
中国中医科学院广安门医院仝小林. 方药量效心悟［N］. 中国中医药报，2009－12－30004.
李秋贵，赵展荣，黄飞. 李文瑞论《金匮要略》祛病安胎十法［J］. 中华中医药杂志，2010，01：65－69.
张丞，彭文博. "脾色必黄瘀热以行"发挥［J］. 辽宁中医药大学学报，2010，01：53－54.
曲夷. 1999－2008 年伤寒论相关研究生学位论文选题分析［J］. 中医教育，2010，01：58－61.
程志文，胡海燕. 伤寒论教学的点滴体会［J］. 中医教育，2010，01：80－81.
沈元良. 何廉臣学术思想探析［J］. 中华中医药学刊，2010，02：256－257.
高立华，赵俊玉. 导法及其现代临床应用［J］. 现代中西医结合杂志，2010，03：326－327.
熊兴江，王朋倩.《伤寒论》表里同病之临证体悟［J］. 中国中医急症，2010，01：146－147.
安艳丽，陈强，张星平. 程门雪《金匮篇解》之学术特色［J］. 中医药学报 2010，01：3－5.
杜宇琼，宋乃光，车念聪，谭勇，耿建国. 从《伤寒论》到《温病条辨》看外感病辨治的发展［J］. 中国中医急症，2010，01：109－110.
王莹威. 仲景"治未病"思想与亚健康状态的诊治［J］. 中医药学报，2010 01：49－50.
王莉，乌日娜. 当归四逆汤的临床应用［J］. 医学信息，2010，01：255.
曹阳，李永光. 炙甘草汤新议［J］. 中医药信息，2010，01：98－99.
马寿椿. 理中汤与"异位胃火"［J］. 中医杂志，2010，01：92.
王升敏. 当归四逆汤临床应用举隅［J］. 中国当代医药，2010，01：86－87.
张焱. 胡永盛教授谈学习中医重在强化基本功［J］. 江苏中医药，2010，01：66－67.
赖鹏华，林培政. 吴鞠通成才之路浅析——读经典、做临床与注重创新［J］. 中医药导报，2010，01：22－24.
袁世清，夏丽娜. 试探肝着病因病机、辨证要点及临床论治［J］. 中医药导报，2010，01：16－17.
郭华. 朱肱《活人书》治疗伤寒学术特点探析［J］. 北京中医药大学学报，2010，01：17－19.
白云苹，谢洋，刘贯华. 张仲景治喘经验浅析［J］. 辽宁中医杂志，2010，01：19－20.
盛生宽，盛全成.《伤寒论》辨证论治的核心在于方证对应观［J］. 辽宁中医杂志，2010，01：68－69.
赵天才，杨景锋.《伤寒论》与《金匮要略》中一词多义举要［J］. 辽宁中医杂志，2010，01：73－75.
熊兴江，王朋倩，魏戌. 经方治疗肝胆病临证体悟［J］. 辽宁中医杂志，2010，01：156－157.
李洁，刘保相，张曙光，马会霞，张秋娜，路振宇，包巨太. 关于《伤寒论》中常用药物"药力"的研究［J］. 辽宁中医药大学学报，2010，02：47－48.
王良，黄秀深，邓利平，魏文坤，赵云龙. 论金匮心系疾病诊断思维［J］ 辽宁中医药大学学报，2010，02：65－66.
孟达，寇辉. 从《伤寒论》谈咳嗽治从少阳［J］. 辽宁中医药大学学报，2010，02：75－76.
马克亚. 张仲景应用桂枝探讨［J］. 河南中医，2010，02：105－108.
于灵芝，兰鹏飞，赵中亭. 从经脉正反双向运行理论思考六经辨证［J］. 河南中医，2010，02：109－110.
王恒杰，许靓，王浩，雷超，季光. 浅析《伤寒论》中生姜、大枣的运用［J］. 河南中医，2010，02：111－113.
廖穆熙，江钢辉. 浅析《伤寒论》中针灸疗法的应用特色［J］. 河南中医，2010，02：113－115.
丁德正. 肾气丸在精神疾病中的运用［J］. 河南中医，2010，02：125－127.
李凤启. 黄芩汤加减治疗湿热痢66 例［J］. 河南中医，2010，02：128.

徐忠良，徐志鹏．桂枝加芍药汤治疗结核性腹膜炎验案2则［J］．江苏中医药，2010，01：47.

王元飞，刘舫．五苓散的现代药理实验研究与临床应用概述［J］．环球中医药，2010，01：70－72.

韩玉强，戴慎．金匮肾气丸中桂枝肉桂考［J］．中医药导报，2010，01：18－20.

冷治文．桂枝汤类方中桂芍用量变化探析［J］．辽宁中医药大学学报，2010，02：67－69.

仝小林，刘文科．“但见一证便是”的临床价值及应用体会［J］．上海中医药杂志，2010，02：32－33.

张全会，夏瑾瑜．试论《金匮要略》黑疸病［J］．世界中医药，2010，01：54－55.

李锡春，潘燕，李世平．《伤寒论》朱雀方阙质疑考与临床［J］．世界中医药，2010，01：42.

张宇忠，王静．论通畅五脏元真是攻克医学难题的可行性思路［J］．世界中医药，2010，01：5－6.

傅文录．郑钦安《伤寒论》气化学说［J］．世界中医药，2010，01：7－9.

侯建春，李俊德．淳化本《伤寒论》研究概况［J］．世界中西医结合杂志，2010，01：6－7.

王睿，侯丽辉，祁冰．浅谈《金匮妇人三篇》中治未病思想对防治青春期多囊卵巢综合征重要性［J］．世界中西医结合杂志，2010，01：4－5＋7.

龚鹏．《伤寒论》四逆散证辨［J］．四川中医，2010，01：37－38.

王成波．关于《金匮要略》通畅五脏元真的临证心得［J］．四川中医，2010，01：39－41.

本刊编辑部．麻子仁丸临床新用解析［J］．中国社区医师，2010，08：15.

王芳．《伤寒论》寒热并用发微［J］．山东中医杂志，2010，01：10－11.

吴名，陈波，陈泽林．浅析温病学派“顾阴”与火神派“扶阳”［J］．上海中医药杂志，2010，01：60－61.

张福鹏，周永明，赵晓燕．“缓中补虚”含义解析及其在血液病中的临床应用［J］．上海中医药杂志，2010，01：58－59.

赵雪莲，董正华．《伤寒论》小便不利的治法探析［J］．陕西中医学院学报，2010，01：5－6.

叶柏．肝病实脾之我见［J］．南京中医药大学学报，2010，01：14－16.

高宏振．少阳病证治浅探［J］．新中医，2010，01：6－7.

宋永刚．葛根汤临床应用举隅［J］．四川中医，2010，01：126.

王枫，赵乌兰．补肾方对聋豚鼠耳蜗螺旋神经节细胞凋亡基因表达的影响［J］．时珍国医国药，2010，01：103－104.

仝小林，吴义春，穆兰澄，姬航宇．经方大剂量探索［J］．上海中医药杂志，2010，01：18－21.

黄仕营，张志明，钟嘉熙．银翘散的方源考辨与背景理论思考［J］．新中医，2010，01：100－101.

本刊编辑部．旋覆代赭汤临床新用解析［J］．中国社区医师，2010，01：13.

李家庚．《伤寒论》方辨治疑难杂病的思考与临床实践［J］．湖北中医杂志，2010，01：26－32.

王富梅．《伤寒论》下利证的辨析体会［J］．光明中医，2010，02：186－187.

罗迪，曾丽娟．《伤寒论》胸满症辨治规律探析［J］．光明中医，2010，02：188－189.

姚建平，马书娟．“辛甘化阳与酸甘化阴”阴阳属性解析［J］．光明中医，2010，01：100－101.

马捷．从《伤寒论》谈五味子的配伍应用之法［J］．甘肃中医，2010，01：5－6.

杨俊波．温阳益气法治疗心肌梗死后心力衰竭的疗效观察［J］．湖北中医杂志，2010，01：19－20.

万峰，叶品良，魏座英，申金贵．《金匮要略》痹症病因病机及治法探讨［J］．浙江中医药大学学报，2010，01：3－4.

龙玲．张锡纯治泄泻方药特色浅析［J］．浙江中医药大学学报，2010，01：82－83.

刘华东，黄仕文，张卫华，麦乔智．《伤寒论》乌梅丸方证探析［J］．浙江中医药大学学报，2010，01：7－8.

易自刚．半夏泻心汤新解［J］．浙江中医药大学学报，2010，01：15.

郑丰杰，刘敏，周刚．基于建构主义学习理论的伤寒论课堂教学模式探索［J］．中医教育，2010，01：48－51.

王丽．名医是怎样“炼”成的——访全国政协委员、浙江中医药大学副校长连建伟教授［J］．中国医药导报，2010，08：1－2.

靳冬，于铁成．河北医学史撮要及特点［J］．中医研究，2010，02：77－79.

李元翰．略论《伤寒论》之“热”［J］．云南中医中药杂志，2010，02：9 - 11.
华华，吴洁，张丽梅．经方拾零［J］．中国中医基础医学杂志，2010，02：175 + 178.
王阶，熊兴江．方证对应特征探讨［J］．中医杂志，2010，03：200 - 203.
蔡建新．《伤寒论》中咳喘的辨证与治疗［J］．中国中西医结合儿科学，2010，01：46 - 48.
王倩，倪晨，汪玉梅．《伤寒论》厥阴上热下寒证的用药规律探讨［J］．中国实用医药，2010，06：213 - 214.
邸若虹，李永健．《小品方》妇产科学术成就［J］．中华中医药学刊，2010，03：552 - 553.
黄建波．六经理论是解决中医临床症状规范化的有效途径之一［J］．中华中医药学刊，2010，03：521 - 523.
王京红，卢文玉，魏春琴．复方苦参液治疗带下病临床观察［J］．中国现代药物应用，2010，02：147.
施仁潮．潘澄濂对《伤寒论》的研究与传承［J］．浙江中医杂志，2010，02：82 - 84.
夏晨，厉有名，陈韶华．《伤寒贯珠集》六经病阐幽［J］．浙江中医杂志，2010，02：89 - 90.
王小荣，张弢．张士卿教授活用小柴胡汤验案举隅［J］．中医研究，2010，02：62 - 63.
黄余亮，蒋璐．浅议奔豚气证治［J］．浙江中医杂志，2010，02：106 - 107.
羊馥华．《伤寒论》阳明病证方药服用法［J］．浙江中医杂志，2010，02：110.
张冬，史亦谦．黄芪桂枝五物汤加味治疗粒细胞减少症临床观察［J］．亚太传统医药，2010，02：34 - 35.
刘观涛．从我做起：中医医案，切忌“事后诸葛亮”！［J］．中国民间疗法，2010，02：1.
张效科，田正良．张仲景运用附子浅析［J］．中医杂志，2010，02：185.
王心东，张风梅，王杏．《金匮要略》大剂量用药初步探讨［J］．中医杂志，2010，02：177 - 179.
刘观涛．如何“万里挑一”辨方证——方证研究与应用的三个关键步骤［J］．中国民间疗法，2010，03：1.
吴军．寒热并用治疗疑难病证举隅［J］．实用中医药杂志，2010，02：114 - 115.
姜宏伟，浦声波，赵鸿亮．四逆汤加味治疗顽固性低血压两则［J］．中国中医急症，2010，02：332 - 333.
李小飞．桂枝汤加减的验案综述［J］．中国疗养医学，2010，02：143 - 144.
张立君．58 例胃脘痛患者应用半夏泻心汤加味治疗临床分析［J］．中国医药指南，2010，05：59 - 60.
王倩，倪晨，潘竞霞．葛根黄芩黄连汤六经归属之中药药理探析［J］．中国实用医药，2010，06：143 - 144.
强胜，周春祥．麻黄连翘赤小豆汤的临床运用［J］．中国医药导报，2010，06：17 - 19.
马玉杰．中医“治未病”理论在社区卫生服务中的应用［J］．中国民族民间医药，2010，01：88 - 89.
许晓虹．廖世煌教授治疗甲亢突眼经验点滴［J］．中国民族民间医药，2010，02：180 - 181.
李东海，李勇，查旭山，肖红丽．从瘀热互结探讨银屑病的证治［J］．辽宁中医药大学学报，2010，03：73 - 74.
钱超尘．宋本《伤寒论》版本简考［J］．河南中医，2010，01：1 - 9.
肖相如．“厥热胜复”不是寒和热的交替［J］．河南中医，2010，01：9 - 10.
周国亮，初杰．析仲景治黄用茵陈蒿汤之精义［J］．河南中医，2010，01：11 - 12.
李国栋．桂枝汤证病发机理浅析［J］．河南中医，2010，01：14 - 15.
萧焕明，蔡高术，谢玉宝．池晓玲运用经方治疗黄疸验案举隅［J］．江苏中医药，2010，02：46 - 48.
周庆兵，陈远丽．浅论叶天士对乌梅丸的创新应用［J］．江苏中医药，2010，02：55 - 56.
石璞砚，于铁成．论“脏躁”之“躁”［J］．江苏中医药，2010，02：65 - 66.
王竹兰，肖相如．《伤寒论》汤剂加水量与剂量的关系［J］．辽宁中医杂志，2010，03：433 - 435.
李莹，卢秉久．卢秉久临床应用五苓散经验举隅［J］．辽宁中医杂志，2010，03：529 - 530.
赵锐，张景凤．加减瓜蒌薤白半夏汤治疗多病种验案举隅［J］．辽宁中医杂志，2010，03：530 - 531.
宋晓宇．经方化裁治疗慢性咽炎验案举隅［J］．辽宁中医药大学学报，2010，03：160 - 161.
张新迪，李金田．《伤寒论》喘证辨析［J］．黑龙江中医药，2010，02：5 - 6.
张琦，华浩明．《伤寒论》汤剂及其与现代汤剂用量的比较研究［J］．河南中医，2010，03：209 - 213.
李国栋，李芳铭．从《伤寒论》条文谈“六病时位辨证”［J］．河南中医，2010，03：214 - 215.

肖相如．大病差后的水肿并不都是虚证［J］．河南中医，2010，03：216.
杨兆林，王春红．《金匮要略》脉论［J］．河南中医，2010，03：220－221.
钱凤根，周春华．中药在糖尿病治疗中的应用［J］．中外医疗，2010，07：131.
王丛红，袁堂宾，苏琛．再看伤寒论四逆散证（318）条［J］．环球中医药，2010，02：135－136.
姚荷生，姚梅龄，伍炳彩．《伤寒论》证候分类纲目——太阳伤寒表实证［J］．江西中医药，2010，01：5－9.
方剑萍．《金匮要略》关于津液代谢障碍病辨治特点［J］．江西中医药，2010，01：10.
魏冬梅，尹钢，李敬孝．浅议四诊在《金匮要略》中的运用［J］．江西中医药，2010，01：51.
常惠忠．葛根汤临床运用举隅［J］．河南中医，2010，03：230－231.
杨乐乐．小陷胸汤加味临床应用举隅［J］．河南中医，2010，01：25－26.
王艳威．酸苦甘补肝法治疗酒精性肝纤维化初探［J］．新中医，2010，02：7－8.
张波，姜良铎，张冬梅，冯桂玲．《金匮要略》橘皮竹茹汤方证探微［J］．天津中医药，2010，01：34－36.
罗凤岩，李金田．浅议三阳明［J］．现代中西医结合杂志，2010，09：1121－1122.
李爽，张国骏，徐鑫．神志疾病当明辨心肝［J］．山东中医杂志，2010，02：134.
本刊编辑部．麻黄连翘赤小豆汤临床新用［J］．中国社区医师，2010，11：14.
张灿玾．感冒病证治浅见［J］．天津中医药，2010，01：1－4.
赵冀生．杨锦堂教授治疗急症的经验［J］．天津中医药，2010，01：5－6.
郭晓辰，张军平．浅识《金匮要略》从表达邪的治疗思路［J］．四川中医，2010，02：41－42.
宋昭辉．三阳合病辨治探讨［J］．四川中医，2010，02：31－32.
赵曙光．大黄临证应用3则［J］．陕西中医，2010，02：231.
谭春雨，刘平．明清前“虚劳”征治规律及其临床意义［J］．上海中医药大学学报，2010，01：25－28.
徐姗姗，窦维华，雍小嘉．桂枝汤运用于温病的探讨［J］．四川中医，2010，03：125－126.
吴施国．石膏与知母的配伍意义及机理［J］．山西中医，2010，02：42.
本刊编辑部．栀子柏皮汤临床新用解析［J］．中国社区医师，2010，10：15.
本刊编辑部．吴茱萸汤临床新用解析［J］．中国社区医师，2010，12：15.
本刊编辑部．调胃承气汤临床新用［J］．中国社区医师，2010，05：16.
颜亭祥，李震．金匮肾气丸对“劳倦过度、房事不节”肾阳虚小鼠Th1/Th2免疫调节作用的研究［J］．山东医药，2010，05：29－30.
王付．麻黄汤合方应用札记［J］．新中医，2010，02：84－85.
许勇，雷枭，阎金涛，王艳，姚红宇．桂枝加附子汤临床应用［J］．四川中医，2010，03：123－125.
郭学军，吴凌，张永斌，刘晓秋，桑传兰，邹移海，唐惠琼，伍军军．1型糖尿病阴阳两虚证动物模型的制作与机理研究［J］．新中医，2010，02：93－95.
熊兴江．桂枝体质简介及与小儿过敏性鼻炎的关系［J］．世界中西医结合杂志，2010，02：98－100.
陈文伯．一代苍生大医——方和谦［J］．北京中医药，2010，01：4－6.
章浩军，范文东，余裕昌．《伤寒论》之燥病研究［J］．福建中医学院学报，2010，01：38－40.
赵莹，曲夷，唐长华．《伤寒论》四诊的辨证运用［J］．中华中医药杂志，2010，03：396－398.
向田和弘，本桥京子，鲁兆麟．试论伤寒论中的急救医学思想［J］．中华中医药杂志，2010，03：416－418.
屈静，支楠，马小丽．数脉浅议［J］．长春中医药大学学报，2010，01：4－5.
许泽琼，姬森国．从《金匮要略》探讨类风湿关节炎的治疗［J］．长春中医药大学学报，2010，01：5－7.
罗文昭，郭东方，孙玉信．孙玉信教授应用麻杏薏甘汤治验举隅［J］．光明中医，2010，03：392－393.
晁利芹，王晓东．王付教授活用经方辨治杂病举隅［J］．光明中医，2010，03：393－394.
姚慧芳．运用小柴胡汤辨治经期病变体会［J］．光明中医，2010，03：509－510.
陶春晖．论“以汗止汗”［J］．光明中医，2010，03：357－358.

陈静．浅谈《伤寒论》中药物的煎煮［J］．光明中医，2010，03：362－363.
李金平．略论张仲景护脾胃的学术思想［J］．光明中医，2010，03：364－365.
徐毅君，朱凤琴，牟慧琴．浅谈仲景治疗黄疸八法［J］．甘肃中医，2010，03：3－5.
王锡振，陈晓锋，范宝康，林宝城．浅议仲景“保胃气”思想［J］．甘肃中医，2010，03：7－8.
马继征，李强，刘绍能．《伤寒杂病论》对便秘的认识及辨治特点分析［J］．北京中医药，2010，02：109－111＋156.
樊莹丽．蒿芩清胆汤临床新用［J］．光明中医，2010，03：508.
史俊仙．柴胡加龙骨牡蛎汤临床应用［J］．光明中医，2010，03：365－367.
杨武金，贺海峰．墨家“三物逻辑”及其在《伤寒论》中的应用［J］．职大学报，2010，01：11－13.
王存芬，黄刚，祁燕．“谨守病机”思想在金匮要略本科教学中的应用体会［J］．中医教育，2010，02：83－84.
白宇明，郝近大．从《伤寒论》等医著对比分析常用治疗水肿方剂［J］．中国药房，2010，03：286－288.
张佩琛．《伤寒论》之保胃气思想浅析［J］．亚太传统医药，2010，03：103－104.
伍悦，林霖．读《伤寒论著十人书》有感［J］．中医杂志，2010，04：315.
刘敏，王庆国，李宇航，李成卫，严军堂．《伤寒论》“大黄如博碁子大”考辨［J］．中医杂志，2010，04：374－376.
刘锋，刘浩．张仲景对“脉症不应”的认识［J］．天津中医药大学学报，2010，01：8－9.
毕子阳．麻杏甘石汤治疗外感咳嗽的随诊体会［J］．天津中医药大学学报，2010，01：16.
种永慧，童向斌，张国骏．一则病例引发对《伤寒论》辨证论治思维方法的思考［J］．天津中医药大学学报，2010，01：49－50.
熊兴江，魏戌．《伤寒论》“六味小柴胡汤”方证发微［J］．中国中医基础医学杂志，2010，03：187－188.
刘寨华，杨威．中医“精”理论在中医养生中的发展与应用［J］．中国中医基础医学杂志，2010，03：191－192.
李家庚．《伤寒论》方辨治疑难杂病的思考与临床实践［J］．中医文献杂志，2010，01：40.
柴瑞震．试论《伤寒论》外感表证“单发热”及“发热恶寒”［J］．中国民间疗法，2010，04：5－6.
杨悦娅，周晴，徐燎宇，余恒先，郑宜南，邵明珅．张云鹏学术思想介绍［J］．世界中医药，2010，02：98－100.
陈琼．陈瑞春临床应用经方的经验［J］．实用中西医结合临床，2010，02：74－75.
王祥森．张仲景对《内经》因势利导治则的运用［J］．山东中医杂志，2010，03：149－150.
王桂勤，姜建国．三承气汤琐谈［J］．山东中医杂志，2010，03：207－208.
陈英，陈思义．《内经》寒厥、热厥证治简析［J］．四川中医，2010，04：45－46.
岳吉平．内服外敷结合的冬病夏治法治疗虚寒型哮喘104例疗效观察［J］　亚太传统医药，2010，03：48－49.
钱超尘．出身世医独钟伤寒——章太炎先生论伤寒（一）［J］．中医药文化，2010，01：11－14.
鲍艳举，李丛煌，杨瑶瑶，花宝金．日本古方派之吉益东洞［J］．中医药文化，2010，01：48－49.
张天奉．否定思维在中医辨证中的运用［J］．中医药信息，2010，02：8－9.
眭冬蕾．黄煌运用麻黄附子细辛汤治疗妇科病经验举隅［J］．中国中医药信息杂志，2010，02：83－84.
李越爱．《回生捷要》运用仲景承气汤的辨证思路［J］．陕西中医学院学报，2010，02：14－15.
付小燕，徐长青，支江平．四逆散加味临床应用心得［J］．陕西中医学院学报，2010，02：16－17.
温桂荣．经方治疗复发性口疮的临床运用浅析［J］．世界中西医结合杂志，2010，03：187－189.
董宇，狄留庆，赵晓莉，毕肖林，李俊松，蔡宝昌．经鼻给药脑部递药系统设计的药剂学研究进展［J］．中国药房，2010，03：271－273.
李颜，郭澄．三黄泻心汤的现代药理研究进展［J］．中国药房，2010，11：1048－1050.
谢洪．桂枝在不同方剂配伍中的功效分析［J］．临床合理用药杂志，2010，05：76－77.

王伟，吴修符．麻黄味苦考辨［J］．山东中医杂志，2010，03：205－206.

张丹，朱庆均．房劳－倦劳肾阳虚模型小鼠睾丸 LDH－x 基因表达的实验研究［J］．山东中医杂志，2010，03：191－193.

本刊编辑部．四逆汤临床新用解析［J］．中国社区医师，2010，17：11.

魏小琴，王枫，王永华，张丽萍，赵乌兰．补肾方对耳聋豚鼠耳蜗诱导型一氧化氮合酶的影响［J］．浙江中医杂志，2010，04：250－251.

李杨，王兵，周亚滨．四逆散加味临床应用举隅［J］．中医药信息，2010，02：56－57.

韩洁，高素强，傅得兴．六味地黄丸及其衍生方剂的临床应用［J］．中国药房，2010，08：766－768.

张保国，李昌勤，刘庆芳．小柴胡汤现代药效学研究［J］．中成药，2010，04：648－651.

陈凤芝，周丽雅，岳冬辉．临床基础学科辨证论治体系改革与师资队伍建设研究［J］．长春中医药大学学报，2010，02：315－316.

江泳，陈建杉，张琦，陈仁旭．浅论“递进式”案例教学法对《金匮要略》学习效果的影响［J］．成都中医药大学学报（教育科学版），2010，01：21－23.

曲道炜，郭晓东，张丽艳．关于中医经典等级考试的几点思考［J］．辽宁中医药大学学报，2010，04：262－263.

江月斐．《金匮要略》教学体会与探讨［J］．光明中医，2010，04：732－733.

王萍．金匮肾气丸治疗老年性椎基底动脉供血不足性眩晕36例［J］．中医药临床杂志，2010，01：47－48.

俞宜年，林慧光．对栀子豉汤的认识与应用［J］．中医药临床杂志，2010，01：80－81.

韩睿，谢甦．炙甘草汤治疗汗证一得［J］．贵阳中医学院学报，2010，02：67－68.

陈波．基于攻下法对 VAP 治疗中抗生素耐药的影响探讨“肺与大肠相表里”的实质［J］．江苏中医药，2010，03：57－58.

姚荷生，伍炳彩，姚梅龄．《伤寒论》证候分类纲目——太阳中风表虚证［J］．江西中医药，2010，02：5－7.

吕黎明．《伤寒论》寒热辨析［J］．江西中医药，2010，02：9－10.

陈炯华，谢雁鸣．《伤寒论》“误吐及吐法宜忌”浅析中医学“药物警戒”观［J］．辽宁中医杂志，2010，04：616－617.

韦义展，黄贵华．从《伤寒论》药物归经看仲景注重脾胃思想［J］．河南中医，2010，04：313－315.

郭喜军，张颜伟，鄂辉，孟丹．张仲景辨治痞证学术思想探究［J］．河南中医，2010，04：315－316.

许天申，郭长河．浅析张仲景运用汗吐下三法特点［J］．河南中医，2010，04：317－319.

刘玉良．论张景岳研究《伤寒论》的特色与成就［J］．河南中医，2010，04：319－322.

黄伟林，肖华业，闵范忠．麻黄升麻汤治验感悟［J］．河南中医，2010，04：329－330.

杨景纲，杨玉霞．试论“阳明”和“胃家‘实’”的含义［J］．河南中医，2010，04：337－338.

傅文录．范中林应用姜附学术思想发挥［J］．河南中医，2010，04：339－341.

柴瑞震．《伤寒论》“八法”证治的研究［J］．光明中医，2010，04：573－575.

张腾飞，王松鹏．《金匮要略》咳喘用方浅谈［J］．光明中医，2010，04：575－576.

王慧杰，王丽娜．王丽娜教授运用当归芍药散经验拾粹［J］．光明中医，2010，04：581－582.

林佩莉．浅议《伤寒论》寒热并用药对配伍及其现代应用［J］．湖北中医杂志，2010，04：57－58.

柴卉，吴承艳．浅谈《伤寒论》方名翻译［J］．光明中医，2010，04：703－704.

程良宏．浅谈《伤寒论》内科危急症遣方用药［J］．光明中医，2010，04：696－697.

许晓虹．廖世煌教授用经方治疑难病1则［J］．光明中医，2010，04：690.

晁利芹，王晓东．薯蓣丸验案2则［J］．光明中医，2010，04：686－687.

陈炯华，王永炎，谢雁鸣，申春悌．从药物警戒观试析《伤寒论》的“误下及下法禁忌”［J］．北京中医药大学学报，2010，03：149－152.

李花，卜海龙．中医汗法应用的理论探析［J］．光明中医，2010，04：561－563.

兰鹏飞，虎俊瑞，刘世琼．释“质疑《伤寒论》六经病之循经传顺序”之疑问［J］．光明中医，2010，04：567－568.

张童燕，付滨．论张仲景“疮家”不可发汗［J］．江苏中医药，2010，04：60－61.

徐秋玲，刘涛．《理虚元鉴》治疗虚劳的特色［J］．江苏中医药，2010，04：67.

龚轩．王庆国教授治疗神经脱髓鞘验案1则［J］．北京中医药大学学报（中医临床版），2010，02：43.

李金平．略叙脉证关系［J］．光明中医，2010，04：678.

程传浩．六经辨证与津液气化关系探析［J］．辽宁中医杂志，2010，04：644－645.

殷人易．成肇仁运用柴胡桂枝汤经验［J］．湖北中医杂志，2010，03：31－32.

郭泓．《伤寒论》对护理学的贡献［J］．长春中医药大学学报，2010，02：304－305.

张翮，刘宏岩．《金匮要略》方鳖甲煎丸的现代应用研究［J］．长春中医药大学学报，2010，02：302－303.

张虹．柴胡的功效及其临床配伍应用［J］．中医药临床杂志，2010，01：81－82.

敬娇娇，黄素结．从扶阳法试论禹余粮丸方药组成［J］．光明中医，2010，04：710－711.

穆东升．桂枝汤归属问题的理论探讨［J］．光明中医，2010，04：708.

任鸿义．浅谈桂枝汤的临床应用［J］．大众科技，2010，03：129＋126.

王静芝．小柴胡汤临证运用浅析［J］．中医学报，2010，02：247－248.

于淼，姚辛敏，王春雷，张杨，谢宁．补肾丹对D－gal致衰老模型大鼠细胞因子IL－2、IL－6的影响［J］．中医学报，2010，02：251－252.

王瑞锋，王雪．白头翁汤的药理作用与临床应用［J］．中医学报，2010，02：270－271.

邬素珍．论《金匮要略》温经汤应用于子宫内膜异位症疼痛［J］．辽宁中医药大学学报，2010，04：10－11.

蔡明建．半夏泻心汤加减治疗小儿肠系膜淋巴结炎一例［J］．海南医学，2010，06：66.

杨晶鑫．论日本汉方医学古方派的崛起［J］．医学与哲学（人文社会医学版），2010，03：67－68.

叶新苗．论中医人才培养与钱塘医派的教育创新［J］．中医教育，2010，02：59－62.

李赛美，朱章志，刘敏，吴浩祥，万晓刚，陈子康，王保华，方剑锋．基于案例库建设的伤寒论教学改革［J］．中华中医药学刊，2010，05：921－923.

任晓红，陈怀科，周铭心．周铭心教授运用栀子豉汤的经验［J］．新疆中医药，2010，02：21－23.

刘兴方，吕方舟，刘春援．《伤寒论》太阳病误下变证的病机与治法探析［J］．江西中医学院学报，2010，01：24－25.

吕黎明．《伤寒论》厥阴病释疑［J］．江西中医学院学报，2010，01：33－34.

张霖．《伤寒论》寒热并用法及其配伍浅析［J］．云南中医学院学报，2010，02：57－59.

刘海英，陈宇．《金匮要略》对吐血病辨证论治特点［J］．中国中医急症，2010，05：832.

张颗颗．实脾固本治慢性乙肝［J］．山东中医杂志，2010，04：280.

王新彦．从脾约论治习惯性便秘［J］．山东中医杂志，2010，04：284.

姚立群．小柴胡汤加味治疗胆汁反流性胃炎90例［J］．中国医药指南，2010，12：111.

秦献魁，李萍，韩梅，刘建平．小柴胡汤治疗慢性乙型肝炎随机对照试验的系统评价［J］．中西医结合学报，2010，04：312－320.

牛学恩，李振华．“病发于阳、病发于阴”辨析［J］．中国中医基础医学杂志，2010，04：278－279.

赵秀珍．《伤寒论》方剂组成、药物配伍规律初探［J］．亚太传统医药，2010，04：6－7.

娄永亮，王斌，李惠朋．手太阴肺系证治中医文献研究述评［J］．江西中医学院学报，2010，01：98－100.

郝桂锋，温成平，赵天喜．芍药甘草汤治疗运动性肌肉痉挛初探［J］．中国中医急症，2010，03：455＋458.

侯兆辉，侯志敏．《伤寒论》真武汤方证浅析［J］．中国中医急症，2010，03：487.

陈琦军．浅谈《伤寒论》病脉证治的辨证特色［J］．中国中医急症，2010，03：488.

王姝琛．陈修园《家藏心典》论治痈疽经验探析［J］．世界中西医结合杂志，2010，04：288－290.

丁德正．试析《金匮要略》脏躁及其治疗［J］．中医杂志，2010，05：476－477.

王竹兰，肖相如．《伤寒论》汤剂服法内容探讨［J］．中医杂志，2010，05：471－472.

王建军．《金匮要略》外治剂型浅议［J］．中医外治杂志，2010，02：63－64.

房昌．经方治验3则［J］．山西中医，2010，04：13.

王竹兰，肖相如．《伤寒论》汤剂加水量与煮取量的研究［J］．中华中医药学刊，2010，04：885－887.

本刊编辑部．白通加猪胆汁汤临床新用解析［J］．中国社区医师，2010，20：11.

邓斌．罗陆一教授运用伤寒论经方治疗心血管疾病经验介绍［J］．中国中医急症，2010，05：798－799.

杨海厚，冬梅·巴提布尔．《伤寒论》第21条之我见［J］．新疆中医药，2010，01：88.

林士毅，滕依丽，李赛美，方剑锋．论当代伤寒临床流派基本状况［J］．中华中医药学刊，2010，05：951－953.

刘观涛．方证相对医案解读——刘渡舟医案（一）辨证知机一通百通［J］．中国民间疗法，2010，05：1.

吴水仙．产后亡血伤津2例［J］．中国乡村医药，2010，05：52.

本刊编辑部．通脉四逆汤临床新用［J］．中国社区医师，2010，18：14.

任鸿义．浅谈桂枝汤的临床应用［J］．医学信息（中旬刊），2010，02：414.

郑相颖，郑相敏．《金匮要略》煎药方法探讨［J］．现代中西医结合杂志，2010，14：1763－1764.

吴立明．中药特殊给药方法探析［J］．新中医，2010，04：82－83.

王建国．小青龙汤治疗疑难重症举隅［J］．中国中医急症，2010，05：877－878.

宋建平，张腾飞．金匮肾气丸同名异方的情况亟待改变［J］．中成药，2010，05：849－850.

张保国，刘庆芳．黄芪桂枝五物汤现代临床应用［J］．中成药，2010，05：837－840.

裴惠民．小陷胸汤的临床应用［J］．基层医学论坛，2010，14：439－440.

陈林，刘友平，向楚兵，黄伟，陈鸿平．芍药的分化及其应用的探讨［J］．时珍国医国药，2010，04：963－964.

林继岩，张葆青．《伤寒论》方治疗儿科常见病浅析［J］．山东中医杂志，2010，04：277－278.

成玉花．中药经皮导入法治疗小儿功能性遗尿症的疗效观察［J］．中国误诊学杂志，2010，12：2815－2816.

马蕾，刘恩远．蒿芩清胆汤治疗儿科呼吸系统疾病的临证体会［J］．新疆中医药，2010，01：86－87.

曹灵勇．栝蒌瞿麦丸方证探讨及临床运用［J］．中华中医药杂志，2010，06：877－878.

彭坚．中医抗击流感的思维模式和防治方法［J］．湖南中医药大学学报，2010，03：3－5.

柴瑞震．《伤寒论》“八法”证治的研究（之二）［J］．光明中医，2010，05：756－758.

陈建．柴胡桂枝汤临证应用思路浅析［J］．光明中医，2010，05：753－754.

姚荷生，伍炳彩，邓必隆，姚梅龄．《伤寒论》证候分类纲目——太阳表证寒风郁阳正邪相争［J］．江西中医药，2010，03：5－6.

吕黎明．浅议少阳病“半表半里”［J］．江西中医药，2010，03：11－12.

斯军民．从寒热气化探讨《伤寒论》之咳喘［J］．江西中医药，2010，03：12－14.

雷国奇，李家庚．乌梅丸临床应用体会［J］．光明中医，2010，05：854.

邱丽，曹永春．金匮方加味治疗慢性盆腔炎疗效观察［J］．河北医学，2010，03：380－381.

钱俊华．《金匮要略》异病同治特点探析［J］．江西中医药，2010，04：15.

姚荷生，姚梅龄，宋健平，伍炳彩．《伤寒论》证候分类纲目——太阳主证表里同病［J］．江西中医药，2010，04：5－9.

任红艳，李金田．《伤寒论》阴阳易差后劳复病脉证并治探微［J］．中国民族民间医药，2010，06：75.

许泽琼，姬森国．《金匮要略》中的食疗特色［J］．辽宁中医药大学学报，2010，05：95－96.

曹灵勇．仲景汗法探析及临床运用［J］．浙江中医药大学学报，2010，02：133－134.

李雪松，陈国权．《金匮要略》中“心水”的证治规律研究［J］．浙江中医药大学学报，2010，02：135－136.

王锡振，蔡维波，范宝康，林宝城，李沛兴．浅议和法［J］．甘肃中医，2010，05：1－2.

黄积仓，赵静文．裴正学教授临床经验浅谈［J］．甘肃中医学院学报，2010，02：3－4.

张治国，牛旭艳，鞠大宏．略论《伤寒杂病论》中的言语和语言异常［J］．北京中医药大学学报，2010，04：225－228.

贺娟．论“脾胃为人体气机运行的枢纽”的理论与实践意义［J］．北京中医药大学学报，2010，04：234－236＋256.

胡良先．试析《金匮要略》中麻黄的配伍应用［J］．中国民族民间医药，2010，07：22.

何彧，韩迎娣，李剑虹，金钊．试论《金匮要略》之“肝着”［J］．甘肃中医，2010，04：1－3.

申莎菲．论张仲景对妇科学的贡献［J］．甘肃中医，2010，04：33－34.

于敦松．浅谈《金匮》对瘀血的诊断与治疗［J］．中国民族民间医药，2010，07：109－110.

张卫斌，罗陆一．罗陆一辨治病态窦房结综合征临证经验探析［J］．辽宁中医杂志，2010，05：785－787.

曾志纯．《伤寒论》针灸应用浅析［J］．江西中医药，2010，04：68－69.

苏琛，朱文晓，曹觉予，赵明．从伤寒论太阳证及其变证探识急性肾小球肾炎病变［J］．中医药临床杂志，2010，02：121－122.

易峰，杨进．论《伤寒论》药粥并用法的意义［J］．中医药导报，2010，04：6－7.

刘光宪．刘炳凡研究员调治脾胃二十八法（二）［J］．中医药导报，2010，04：8.

胡良先．浅析《金匮要略》中桂枝的功效［J］．中国民族民间医药，2010，05：33.

郭启超，何新慧．《伤寒论》烦症浅析［J］．中国民族民间医药，2010，05：79－80.

姚伟丽，何赛萍．探寻四逆散临证研究［J］．辽宁中医药大学学报，2010，05：219－220.

鲍建军，黄寿妙．张仲景经方汤剂的煎法与现代用量关系探讨［J］．福建中医药，2010，02：48－49.

王竹兰，肖相如．《伤寒论》中汤剂的煎煮工艺研究［J］．辽宁中医杂志，2010，05：906－908.

叶佐荣，宋小青．大青龙汤加减治疗小儿外感高热表寒里热证126例［J］．福建中医药，2010，02：36.

建宇，李杨．绍兴市中医院传承绍兴派伤寒学派［J］．中国中医药现代远程教育，2010，10：199.

俞宜年，俞宜霞．俞长荣先生撰写中医学术论文的经验［J］．中医教育，2010，03：79－81.

姚佳音．从《集验方》看《金匮要略》［J］．中华中医药学刊，2010，06：1253－1264.

骆新生．桂枝加龙骨牡蛎汤治验举隅［J］．中国中医药现代远程教育，2010，10：68.

张世友．经方实验举隅［J］．中国中医药现代远程教育，2010，10：72.

李春林．刚柔辨证治疗胆胀［J］．中国中医药信息杂志，2010，04：92－93.

廖隽芾．《伤寒论》中大黄临证施治机理的探讨［J］．中国社区医师（医学专业），2010，11：116－117.

益平．蒲辅周谈治病求本［J］．现代中医药，2010，03：27＋62.

周荣双，武亮亮，田姗．从四逆散的使用看“异病同治”［J］．中国中医药现代远程教育，2010，10：2－3.

钱超尘．《伤寒论》六朝传本考——伤寒大家章太炎（二）［J］．中医药文化 2010，02：8－10.

顾向东．论“阳明病，胃家实是也”［J］．中医研究，2010，05：76－77.

孙得利，刘亚琴．桂枝在《伤寒论》中的临床应用［J］．中国社区医师（医学专业），2010，16：14－15.

付安新，张艳丽．《伤寒论》中经方处方用药探讨［J］．中国社区医师（医学专业），2010，16：15.

刘海，周智梁．关于桂枝平喘作用的认识［J］．职业与健康，2010，12：1411－1412.

王晓林．中药方剂“四逆汤”分析［J］．中国医药导报，2010，16：104－105.

丁梅，樊军胜．中医辨证论治学术思想进展［J］．中国社区医师（医学专业），2010，14：17－18.

肖相如．四逆汤不是少阴病主方［J］．河南中医，2010，05：422－424.

张甦颖．对《金匮要略》“脏躁”病名及相关问题的认识［J］．河南中医，2010，05：425－426.

胡福田．浅谈《金匮要略》的辨病论治方法［J］．河南中医，2010，05：427－428.

李萍，黄正蓉，张思嘉，周芳．麻黄连翘赤小豆汤在皮肤科中的应用现状［J］．辽宁中医药大学学报，2010，06：6－9.

王酸恩，杨毅．也谈“胃强脾弱”［J］．长春中医药大学学报，2010，03：464－465.

李赛美，郑身宏，金小洣．试论伤寒学术流派的形成及发展［J］．北京中医药大学学报，2010，05：309－312.

雷翔．柴胡加龙骨牡蛎汤临证举隅［J］．中国民族民间医药，2010，09：138.

王丽娜，岳小强，刘龙．《金匮要略》“或但臂不遂者，此为痹”之辨析［J］．江苏中医药，2010，06：6－7.

魏鹏草，苗青．麻杏苡甘汤合止嗽散治疗湿热咳嗽验案2则［J］．江苏中医药，2010，06：48－49.

姚荷生，伍炳彩，姚梅龄．《伤寒论》证候分类纲目——太阳变证［J］．江西中医药，2010，05：5－7.

高飞．大医治病当安神定志［J］．环球中医药，2010，03：208－209.

王国斌．论“有柴胡证”与“但见一证便是”［J］．中医药导报，2010，05：11－13.

何莉娜，黄仕沛．《古今录验》续命汤小议［J］．河南中医，2010，05：443－444.

刘华．仲景保胃气思想在儿科的运用体会［J］．辽宁中医药大学学报，2010，06：103－104.

段逸山，邹西礼．明抄北宋小字本《金匮要略方》研究［J］．中医文献杂志，2010，02：1－5.

李群堂，王辉武．《金匮》“汗出入水中，如水伤心”考［J］．中医文献杂志，2010，02：21－22.

唐伟，张文东，王仕汉，陶国水．地黄在《金匮要略》中的应用浅析［J］．中医文献杂志，2010，02：32－34.

杜大林，马维骐，李国武，宋鹏翔，杜怀斌．浅析《金匮要略》蜘蛛散的临床应用［J］．四川中医，2010，06：44－45.

高建清，张先庚，梁小利，刘红华．中国古代早期护理思想研究［J］．四川中医，2010，06：123－124.

张琦，华浩明．仲景方15对桂枝药对初探［J］．南京中医药大学学报，2010，03：172－173.

周庆兵，史欣德．史欣德教授治疗火郁证经验简介［J］．新中医，2010，06：134－135.

王刚．《金匮要略》杂病治肾浅述［J］．山西中医，2010，05：59－60.

孙丽娜．《伤寒论》与《素问·热论》渊源关系浅析［J］．山东中医药大学学报，2010，03：244－245.

侯建春，孙华妤，李俊德．淳化本《伤寒论》版本源流考［J］．世界中西医结合杂志，2010，05：372－373.

陈卫星．吉中强教授应用半夏泻心汤心得［J］．世界中西医结合杂志，2010，05：387－388.

林波，孔洁．柴胡桂枝干姜汤治验［J］．山东中医杂志，2010，06：422.

郭跃．五苓散应用举隅［J］．陕西中医，2010，05：603－604.

张玉冬，张玥，程志新．抵当汤临床应用现状评述［J］．山东中医杂志，2010，05：352－354.

刘贺亮，陈长生，王福利，秦军，杨波，秦卫军，张更，袁建林．金匮肾气丸和男宝胶囊对肾阳虚证雄性大鼠生殖能力影响的干预研究［J］．现代生物医学进展，2010，10：1814－1817.

苗青，郑丽，许建中．许建中治疗肺痿验案1则［J］．北京中医药，2010，05：375－376.

杨荣英．张仲景论治痹证［J］．甘肃中医，2010，06：1－2.

任希海，刘力红．大青龙汤证刍议［J］．甘肃中医，2010，06：3－4.

马昆，刘力红．真武汤证之再思考［J］．甘肃中医，2010，06：5－6.

万良鑫，向岁，曾静．略析《伤寒论》中煎药护理［J］．中国民族民间医药，2010，08：175.

丁世幸，周亚萍．《金匮要略》以脏腑病机为中心的辨治体系探析［J］．河南中医，2010，06：521－526.

王东政．四逆散临床应用举隅［J］．河南中医，2010，06：541－542.

周辉，尹岭．双芍双草汤的临床应用［J］．北京中医药，2010，05：378－379.

林亭秀，孙燕．《伤寒论》的英译发展与思考［J］．中医教育，2010，03：29－31.

李守业．张仲景脉诊学术价值的探讨［J］．中国中医药现代远程教育，2010，06：10－11.

李杰，刘汶．浅述吴鞠通对温病学的贡献［J］．中国中医药现代远程教育，2010，01：3－4.

李守业．擅用附子——张仲景学术大道至简［J］．中国中医药现代远程教育，2010，05：6－9.

杨慧茜，杨慧云，杨翠秒．大黄虫丸治疗冠心病的探讨［J］．中国中医药现代远程教育，2010，02：75.

郭喜军，鄂辉．小柴胡汤治疗胃病临证举隅［J］．中国中医药现代远程教育，2010，03：82－83.

葛慧玲，马文辉．《伤寒论》的人体系统解剖思想——三部六位体用观［J］．中国中医药现代远程教育，2010，07：6－7.

张学武，柳建军．“给邪以出路”的临床运用举隅［J］．中国中医药现代远程教育，2010，05：72.

赵德利．张仲景小青龙汤之新用［J］．中国中医药现代远程教育，2010，06：12.

王慧敏．四逆散临床应用举隅［J］．中国中医药现代远程教育，2010，07：67.

张世霞，李聚林．浅析案例法在金匮教学中的运用［J］．中国民族民间医药，2010，11：82.

畅达．从《金匮》汤证辨析看仲景临床思维［J］．山西中医，2010，06：1－5.

孙鸿昌．张仲景“水热互结”方证述要［J］．陕西中医学院学报，2010，03：13－14.

吕黎明．《伤寒论》六经实质探要［J］．陕西中医学院学报，2010，03：15－16.

陈有明，朱红东．半夏泻心汤治疗慢性胃病举隅［J］．中国中医药信息杂志，2010，05：81.

吴红艳．读经典指导临床治疗汗证［J］．中国中医药信息杂志，2010，05：83－84.

吴兆利，王庆其．基于中医经典理论探讨肺系疫病的辨治思路［J］．中国中医药信息杂志，2010，05：92－93.

贾煜．戴裕光教授50年临证感悟［J］．中国中医急症，2010，06：981－983.

徐爱华．徐大椿“药有专长”思想探析［J］．中医研究，2010，06：78－79.

李朝暄．《伤寒论》栀子豉汤证辨析［J］．中医研究，2010，06：79－80.

熊兴江．方证对应史研究［J］．中西医结合学报，2010，06：581－588.

姜轲．蜜丸制备质量控制因素分析［J］．中国中医药现代远程教育，2010，12：89.

艾华，梁世鹏．试论《金匮要略》对瘀血证的辨证论治特点［J］．河北中医，2010，04：606－607.

刘敏，郭明章，李宇航，孙燕，陈萌．仲景方中半夏用药剂量及配伍比例研究［J］．北京中医药大学学报，2010，06：365－368.

黄建波．六经表证临床症状规范化初探［J］．浙江中医药大学学报，2010，04：465－466.

张再良．现实与传统的冲撞和对接——读《伤寒论现代解读》［J］．浙江中医药大学学报，2010，04：467－469.

沈钦荣．近代（1840年～1949年）越医医籍特色略述［J］．浙江中医药大学学报，2010，04：476－478.

孙燕．仲景方用药剂量古今折算的方法学研究［J］．河北中医，2010，05：759－760.

佟家龙．炙甘草汤加减治疗缓慢型心律失常48例［J］．中国中医药信息杂志，2010，S1：40.

张艳梅，王越，董大伟，刘春梅．葛根的解肌作用及药理学研究［J］．黑龙江医药，2010，03：416－417.

袁香凝，伍晋，陈志芳，段渠．五苓散加减对肾绞痛的镇痛作用案析两则［J］．黑龙江中医药，2010，03：29－30.

毛佳斌，王真．《金匮要略》中知母的运用浅析［J］．浙江中医药大学学报，2010，05：640－641.

赵青春．仲景小柴胡汤应用发微［J］．南阳理工学院学报，2010，02：112－114.

段长明．对《伤寒论》随证施治的体会［J］．医学信息（上旬刊），2010，06：1922－1923.

骆金隆．论小柴胡汤的临床应用［J］．医学信息（上旬刊），2010，06：1976－1977.

李赛美，王保华，方剑锋，吴浩祥．钻研经典以培养铁杆中医——第八期全国经方运用高级研修班述要［J］．中医药通报，2010，02：1－4.

李辉，李晶晶．试谈《伤寒论》中附子的用法［J］．吉林中医药，2010，04：277－278.

陈静霞，陈爽白．小议《伤寒论》中桂枝的功效［J］．吉林中医药，2010，04：279－280.

殷银霞．大承气汤合小陷胸汤中药灌肠治疗急性弥漫性腹膜炎1例体会［J］．中医药通报，2010，02：53－54.

眭湘宜．晏建立教授运用经方治疗冠心病心绞痛思路探析［J］．中医药通报，2010，02：27－28.

李今庸．读《黄帝内经》札记（四）［J］．中医药通报，2010，02：5－6.

李忠业，张振千，曾梓临．炙甘草汤治疗心律失常的方理与方证探讨［J］．中医药通报，2010，02：35－38.

王晓东，晁利芹．金匮肾气丸加减临床新用［J］．吉林中医药，2010，01：57－58.

孙燕，郭明章，李宇航．仲景方中以容量为计量单位的药物剂量折算研究［J］．吉林中医药，2010，04：362－364.

陈国权．《金匮要略》“特区”病证初探［J］．中医药通报，2010，01：6－7.

柴瑞震．《伤寒论》小柴胡汤证治研究［J］．中医药通报，2010，01：8－11.

王付．谈谈对《伤寒论》148 条的认识［J］．中医药通报，2010，01：12－13.

宋文俊．《伤寒论》气机升降失调之病机及分类证治［J］．中医药通报，2010，01：14－19＋44.

李锋．张仲景的学术创新［J］．医学争鸣，2010，01：9－11.

刘苏．读《金匮要略》胸痹篇心得［J］．吉林中医药，2010，05：371－372.

冯兴志，杨涛，何新慧．《伤寒论》“保胃气”思想源流探析［J］．吉林中医药，2010，05：452－454.

陆喜荣，徐进康，吴坚芳，陶鸣浩，陈晖．泻心汤治痞证之我见［J］．吉林中医药，2010，05：455－456.

孙铮，方向明．《伤寒论》中兼治脾胃病方药规律分析［J］．吉林中医药，2010，03：254－255.

张琦，华浩明．《温病条辨》与《伤寒论》汤剂用量的比较研究［J］．吉林中医药，2010，05：435－438.

刘春慧，赵清树，董秋梅，王滨，程振芳，任常胜，金星．《伤寒论》方的君药组方原理理论研究进展［J］．内蒙古医学院学报，2010，S1：52－55.

杨玉霞，杨景纲．试论厥阴病之“消渴”［J］．辽宁中医杂志，2010，S1：10－11.

姜胜攀．初探《金匮要略》论治肿瘤［J］．辽宁中医杂志，2010，S1：26－29.

王国斌．“有柴胡证但见一证便是不必悉具”探析［J］．辽宁中医杂志，2010，S1：33－35.

刘林．论《伤寒论》学术思想对温病学说的贡献［J］．辽宁中医杂志，2010，S1：56－58.

贾瑞明．浅议《金匮要略》对针灸的指导［J］．辽宁中医杂志，2010，S1：259－260.

敖铁锋．经方治疗下利验案［J］．辽宁中医杂志，2010，S1：281.

施伟东，赵会银，马艳，袁红霞．袁红霞经方治疗腹泻验案 2 则［J］．辽宁中医杂志，2010，S1：284－285.

李忠超．麻黄附子细辛汤古方新用验案 2 则［J］．辽宁中医杂志，2010，S1：296－297.

陈章生，兰智慧，丁雨红．薏苡附子败酱散新用［J］．辽宁中医杂志，2010，S1：183－184.

吴晨，李欣．金匮肾气丸联合保列治治疗老年良性前列腺增生的临床观察［J］．辽宁中医杂志，2010，S1：111－113.

张培海，岳明强，蔡剑，李广森，吴天浪，高坪，尤耀东，常德贵．金匮肾气丸对雄激素部分缺乏大鼠血清 T 及睾丸 3β－HSD 活性表达的影响［J］．中国男科学杂志，2010，03：33－35.

田明升，张明雪．《伤寒论》理论在冠心病及心功能衰竭治疗中的应用［J］．实用中医内科杂志，2010，03：15－16.

李卫强，朱西杰，魏雪红．从《伤寒论》六经欲解时探讨中医时间治疗学［J］．实用中医内科杂志，2010，04：8－9.

方琼．张仲景对《黄帝内经》时间医学的应用与发挥［J］．实用中医内科杂志，2010，04：10－11.

周辉，尹岭．经方化裁治疗顽固失眠浅识［J］．实用中医内科杂志，2010，05：54.

冯跃龙，胡致平．再生障碍性贫血中医药研究进展［J］．内蒙古中医药，2010，10：106－107.

李娜．浅谈《温疫论》与《伤寒论》应用下法之不同［J］．内蒙古中医药，2010，10：120－121.

刘国录，侯占英．四物汤在治疗腰痛中的应用［J］．内蒙古中医药，2010，02：14.

张义，王晓洁．牛宝生教授妙用小柴胡汤之验案［J］．内蒙古中医药，2010，02：16.

张燕清，董保民．当归四逆汤加减验案 3 则［J］．内蒙古中医药，2010，03：43－44.

王晓红，任素玉．温阳法临床应用举偶［J］．内蒙古中医药，2010，03：46.

黄玉剑，丁瑾．五苓散治疗五官科疾病的临床体会［J］．内蒙古中医药，2010，06：17－18.

陈峰，苏敏，陈敏．甘草干姜汤治疗眩晕验案［J］．内蒙古中医药，2010，06：18.

王月华．桂枝茯苓丸在中医妇科中的应用［J］．内蒙古中医药，2010，06：19.

杜镭，李晓杰，郝新洁．《伤寒》经方浅议［J］．内蒙古中医药，2010，02：112－113.

尚赵君，范宏元，曹俊岩．《伤寒论》对血证的治疗原则［J］．内蒙古中医药，2010，02：113.

贺小丽．浅谈“四饮”与临床疾病［J］．内蒙古中医药，2010，02：117－118.

石德军．小柴胡汤新用［J］．内蒙古中医药，2010，10：16－17.

石桂珍，徐淑华．大承气汤的临床应用［J］．内蒙古中医药，2010，03：83－84.
张存芳，高兵．麻黄附子细辛汤新用［J］．内蒙古中医药，2010，03：96＋122.
高云霞．从《伤寒论》用药规律探析仲景学术思想［J］．内蒙古中医药，2010，03：103－104.
李云．《伤寒论》之六经辨证浅议［J］．内蒙古中医药，2010，03：105－106.
王建英，杨伟荣．秋季养生当润肺［J］．内蒙古中医药，2010，03：110－111.
刘鹏妹．张仲景治疗神志病条文探析［J］．内蒙古中医药，2010，04：118－119.
张小玉，杨海俊，李涛，杨晓梅．浅析柴胡广泛应用之理［J］．内蒙古中医药，2010，07：53－54.
王艳，杨晓梅，许勇．丹溪治疗水肿的学术思想探讨［J］．内蒙古中医药，2010，07：76.
匡秀青，商利超．浅析《伤寒论》中芍药的配伍［J］．内蒙古中医药，2010，04：8.
陈春玲．大承气汤的临床治疗分析［J］．内蒙古中医药，2010，02：15－16.
陈芳．试论附子干姜药对温通心阳的配伍作用［J］．内蒙古中医药，2010，05：32－33.
白敏，李建兵．半夏泻心汤的临床应用［J］．内蒙古中医药，2010，08：17.
孙晓嘉．黄芪桂枝五物汤在骨科的新用［J］．内蒙古中医药，2010，08：18－19.
李宏钊，孙根胜，杨腾勇．中西医综合治疗阑尾炎42例体会［J］．内蒙古中医药，2010，01：79.
韩勇．论桂枝配伍应用之道［J］．科技风，2010，06：199.
周昕，张友菊．《伤寒论》含黄芩方剂16首对8种细菌的抑菌作用［J］．国医论坛，2010，01：1－2.
李津梁，苏琛，袁堂宾，翟慕东．“微汗出愈”浅谈［J］．国医论坛，2010，01：4－5.
王国斌．大黄黄连泻心汤煎服法探析［J］．国医论坛，2010，02：2－3.
章浩军，范文东，林麟．《伤寒论》桂枝汤证理论探析与临床实践［J］．国医论坛，2010，02：4－5.
王汝梅，刘天骥．中药熏洗贴敷治疗膝关节骨性关节炎80例疗效观察［J］．国医论坛，2010，02：23.
王冬青．温胆汤加减治疗胸痹50例疗效观察［J］．国医论坛，2010，02：27－28.
刘仙菊，潘远根．湖湘名医陶憺庵《伤寒源流全集》学术特色［J］．国医论坛，2010，03：1－2.
郭启超．《伤寒论》脉察病况进愈浅析［J］．国医论坛，2010，03：3－4.
田喜江．周尔忠运用温肾法辨治痹证验案3则［J］．国医论坛，2010，03：7－8.
陈晶，艾华．呕吐病因病机的探讨［J］．国医论坛，2010，03：13.
尹燕飞．浅析麻杏石甘汤之方证及临床应用［J］．国医论坛，2010，01：3.
刘敏，孙燕，李宇航，陈萌，郭明章，刘振权，李宝城，郭少英．仲景方麦冬用药剂量研究［J］．国医论坛，2010，02：1－2.
苗兴春．临证治验举隅［J］．内蒙古中医药，2010，09：71.
洪营东，胡中平，吴俊梅．汗法治疗周围性面瘫发病初期的浅释［J］．内蒙古中医药，2010，09：89.
苏碧莹．浅议张仲景的脾胃养生思想［J］．中国医学创新，2010，12：145－146.
仕丽，王檀．小青龙汤加减治疗弥漫性间质性肺疾病的临床体会［J］．中国医学创新，2010，12：150－151.
赵恒懿，张念平．弦脉现代研究进展［J］．中国医学创新，2010，06：182－184.
高峰，李景利，宋坪，谷晓红，汪震．从阳明论治皮肤垢着病［J］．中医药学报，2010，03：51－52.
刘仙菊，胡方林，李成文．湖湘名医陈德懋注解《伤寒论》学术特色探析［J］．中医药学报，2010，03：138－139.
李文泉，范春琦，权红，高剑虹，孙维娜，赵铁良，崔筱莉，王桂平．方和谦学术思想研究［J］．中医杂志，2010，06：491－494.
刘观涛．方证相对医案解读——刘渡舟医案（二）使用经方的关键在于抓主证［J］．中国民间疗法，2010，06：1.
徐德厚．《伤寒论》与阴阳五行学说［J］．中国民间疗法，2010，06：5－6.
苏庆民．一分为三与三阴三阳［J］．中国中医基础医学杂志，2010，06：447－449.
陈翠翠，高健生．经典著作中“搏”字的应用及临床意义［J］．中国中医基础医学杂志，2010，06：462－463.
梁永宣．《小品方》残卷与张仲景《金匮要略方》［J］．中国中医基础医学杂志，2010，06：450－451.

傅延龄，刘小河，杨琳．从《难经》的记载推算《伤寒论》“两”的量值［J］．中医杂志，2010，06：566－568.

冯堃，吕军伟．丁甘仁治疗外感病经验［J］．中医药学报，2010，03：11－12.

程春颖，刘肇杰．麦门冬汤与黏膜免疫［J］．中国现代医药杂志，2010，06：129－130.

张红梅，范颖．方剂的类方分类法探析［J］．中国中医基础医学杂志，2010，06：471－472.

陈炯华，俞冲，王永炎，谢雁鸣，申春悌．中医辨证论治思维与中药不良反应/事件相关性探讨［J］．中国中医基础医学杂志，2010，06：530－531＋537.

黄辉．《本草备要》医论药话评析［J］．中医杂志，2010，06：570－571.

王雪华，王后志，周泉宇，杜永强，赵玉娟．升麻鳖甲汤与系统性红斑狼疮的理论研究［J］．中医药学报，2010，03：3－5.

王中甫．金匮肾气丸治疗小儿咳嗽变异性哮喘55例疗效观察［J］．中医儿科杂志，2010，04：17－19.

李晔．关于《伤寒论》中药物用量规律的分析［J］．首都医科大学学报，2010，03：412－415.

程岚．《金匮要略》风湿病治则探讨［J］．北京中医药，2010，06：423－425.

牛春兰，马文辉．三部六病辨治水肿新法［J］．光明中医，2010，07：1133－1134.

王醊恩，杨毅．六经辨证以和为总则［J］．光明中医，2010，07：1141－1142.

丁世幸，周亚萍，陈红宙．《金匮要略》脏腑治法探要［J］．光明中医，2010，07：1145－1148.

李庆胜．张仲景与现代中医临床辨证论治方法之区别［J］．光明中医，2010，06：927－928.

杨成林，周语平，刘光炜．《伤寒论》与八纲辨证论治思想［J］．光明中医，2010，06：928－930.

吕黎明．论《伤寒论》厥证之源流及其发展［J］．光明中医，2010，06：930－931.

曲妮妮，张杰．从中医经典探讨肺系疾病的治法［J］．辽宁中医杂志，2010，06：1036－1037.

王增慰．小柴胡汤临床应用举隅［J］．光明中医，2010，07：1277－1278.

钱林超．四逆散儿科临证举隅［J］．光明中医，2010，07：1292－1293.

关彤．学习的非智力因素在金匮教学中的作用初探［J］．中国中医药现代远程教育，2010，13：73－74.

黄琳，史红秀．桂枝汤临床治验举隅［J］．辽宁中医药大学学报，2010，07：18－19.

邸杰，刘艳．论先后缓急治则中的常与变［J］．辽宁中医药大学学报，2010，07：64－65.

张薛光．经方治验回忆录［J］．辽宁中医药大学学报，2010，07：113－114.

于磊，朱敬秀．《金匮要略》肾气丸的化裁应用［J］．中国民族民间医药，2010，12：102.

邱爱珠，陈宝田．葛根芩连汤证为感染性腹泻病治的论证研究［J］．热带医学杂志，2010，06：640－642＋695.

张玉岭．《金匮要略》胸痹篇学术思想之探微［J］．四川中医，2010，07：34－35.

马桂琴．从“因虚、积冷、结气”的角度思考女性风湿病的辨治［J］．世界中西医结合杂志，2010，06：463－465.

李晓丽，崔晓萍．桂枝茯苓丸治疗子宫内膜异位症探析［J］．现代中医药，2010，04：34－35.

李旋珠，李文军．试析仲景学说中瘀血的症状和体征［J］．云南中医学院学报，2010，03：55－57.

刘刚．张仲景用附子、乌头给我们的启迪［J］．亚太传统医药，2010，07：5－6.

徐海英，刘宝恒．试论《温病条辨》中的“承气类方”［J］．医学信息（中旬刊），2010，06：1636－1637.

肖宪法，刘宝恒．葛根在《伤寒论》中的妙用［J］．医学信息（中旬刊），2010，06：1637.

陈树楷，曾子育，刘乃刚，郭长青．《伤寒论》针刺期门穴的应用［J］．云南中医中药杂志，2010，06：7－9.

赖雪莲．《金匮要略》对于冠心病的证治［J］．中国社区医师（医学专业），2010，21：171.

毛俐婵，喻剑华．温潜法溯源及临床运用［J］．浙江中医杂志，2010，06：395.

孙国香．读《金匮要略》消渴篇有感［J］．浙江中医杂志，2010，06：460.

王珂，杨学惠．针刺风池穴治疗面瘫体会［J］．实用中医药杂志，2010，07：502－503.

郭明章，孙燕，李宇航，钟相根，刘晓辉，林亭秀，王毅．仲景方中“石膏如鸡子大”的折算研究［J］．中华中医药学刊，2010，07：1385－1386.

鲁缘青．甘草在白塞病治疗中的应用［J］．中华中医药学刊，2010，07：1537－1539.
张志敏，张大鹏，武志娟．刍议“胃为贮痰之器”［J］．中国中医基础医学杂志，2010，07：541＋543.
吴晋英，李俊莲，张世霞．浅析张仲景咳喘辨治规律［J］．中国中医基础医学杂志，2010，07：580－581.
郭华，聂惠民．张有章扩大经方应用经验举隅［J］．中国中医基础医学杂志，2010，07：589＋591.
苏晓梅，袁素民，李怀斌．浅议《伤寒论》中的将息之法［J］．中医药信息，2010，04：13－15.
刘林．俞根初“伤寒以开郁为先”在温病治疗中的运用［J］．中医药信息，2010，04：22－23.
杨阿妮．李泉云主任医师临证标本观［J］．中医研究，2010，07：72－73.
刘星磊，王泳初，张静．金匮肾气丸加减治疗良性前列腺增生症25例［J］．中国中医药现代远程教育，2010，12：30.
曾令渠，唐霞．运用麻黄细辛附子汤的临证心得［J］．中国中医药现代远程教育，2010，13：85.
张磊．桂枝汤治疗痹证之心得体会［J］．中国中医药现代远程教育，2010，13：186.
王雪茜．小柴胡汤临床应用探析［J］．辽宁中医药大学学报，2010，07：109－111.
李燕．麻黄附子细辛汤治疗头面疾病体会［J］．中国民族民间医药，2010，12：254.
王倩，倪晨，刘叶．大陷胸汤的六经定位之药理辨析［J］．新疆中医药，2010，03：6－7.
唐新征，张炜宁，张会霞．益肾疏肝汤对MS小鼠糖脂代谢影响的实验研究［J］．中国医药导报，2010，19：23－25＋28.
谢铮，傅延龄，郭冠伶．黄芩汤加减滴鼻剂对变应性鼻炎豚鼠模型血清组胺的影响［J］．云南中医中药杂志，2010，06：51－53.
袁迎，杨锦．市售3种中成药中铝的含量测定［J］．中国药房，2010，27：2557－2559.
杨崇青，杨锡燕，林刚，曹克光．试从老年体质特征论高尿酸血症与性激素的关系及中医发病原理［J］．陕西中医，2010，07：867－869.
徐晓明，刘志宏．从仲景经验看“从化”理论的内涵及意义［J］．辽宁中医杂志，2010，07：1251－1253.
苏愉仁，贾春华．弗协调逻辑与《金匮要略》“方证论治系统”［J］．辽宁中医杂志，2010，07：1253－1254.
姚伟丽，何赛萍．何赛萍临证运用四逆散的经验举隅［J］．辽宁中医杂志，2010，07：1370－1371.
肖相如．温病初期不是表证［J］．河南中医，2010，07：625－627.
李国栋．据体质辨邪气是《伤寒论》的证治精神［J］．河南中医，2010，07：628－629.
姜勋，韩延华．浅析《伤寒论》中桂枝汤及其类方［J］．河南中医，2010 07：630－633.
刘馨雁，齐文升．从百合病的组方及分量浅议热病后遗症的调治［J］．北京中医药，2010，07：522－524.
陈宁勇．《伤寒论》太阴病辨治［J］．时珍国医国药，2010，06：1566－1567.
赵海燕，张光霁．“怒则气上”的内涵探析［J］．中医学报，2010，04：674－675.
李元红，江志华，陈天朝．浅谈《伤寒论》中中药不良反应的预防预警［J］．中医学报，2010，04：694－695.
陈彩霞，梁勇超．肾气丸治疗男科疾病中“异病同治”的体现［J］．中医学报，2010，04：758－759.
潘丽丽，吕翠霞．《伤寒论》挟热挟实之外感病治则探讨［J］．山东中医药大学学报，2010，04：316－318.
米小红，张甦颖．《金匮要略》白术用法探讨［J］．山东中医药大学学报，2010，04：318－319.
王燕平，张华敏，刘寨华．先秦至唐代心藏象理论发展探析［J］．陕西中医学院学报，2010，04：10－12.
叶金连，黄国芳．试论黄连阿胶汤证与慢性非细菌性前列腺炎证治关系［J］．陕西中医学院学报，2010，04：18－19.
王宗柱．杜雨茂教授“重脾胃”学术思想初探［J］．陕西中医学院学报，2010，04：23－25.
常永辉．验方治愈“浸淫疮”［J］．科技信息，2010，18：762.
杨霓芝，张蕾，刘旭生，王立新，包昆，段小军，金华．《慢性肾脏病34期中医诊疗方案》的优化研究［J］．辽宁中医杂志，2010，07：1199－1202.

刘长云．半夏泻心汤在消化道疾病中的应用［J］．工企医刊，2010，03：42－45.

方显明．论五脏虚损与冠心病［J］．广西中医药，2010，03：28－29.

顾树华．运用吴佩衡温阳扶阳法治疗危急重症［J］．中华中医药杂志，2010，08：1233－1235.

王锡武，阚长春．肾综合征出血热中医论述［J］．航空航天医药，2010，06：995－996.

姚荷生，姚梅龄．《伤寒论》证候分类纲目——太阳变证（续一）［J］．江西中医药，2010，06：5－7.

曹凯．麻子仁丸病机及其临床应用探究［J］．中外医疗，2010，21：130－131.

建宇，郭明明．四川绵阳市中医院开展中医经典读书活动［J］．中国中医药现代远程教育，2010，14：99.

王琳．中医专业《内经》课程设置的思考［J］．中国中医药现代远程教育，2010，15：82.

张鸣钟．中医名著书名选释——《兰台轨范》［J］．中医研究，2010，08：71.

张晓琳，王寅，盖沂超，孙艳红．浅谈多媒体技术在《伤寒论》教学中的科学运用［J］．中国中医药现代远程教育，2010，14：98－99.

王雷芳，崔玲．《伤寒论》六经辨治口渴［J］．中国中医药现代远程教育，2010，16：6－7.

徐永忠，韩寿英，赵玉敏．通下法在急危重症中的运用［J］．中国医药指南，2010，20：281－282.

刘静宇，陈莉．《伤寒论》汗法小议［J］．中国中医药现代远程教育，2010，15：1－3.

麻春杰，韩雪梅，新燕，钱占红，任存霞．蒿芩清胆汤在脾胃病中的应用［J］．中国中医药现代远程教育，2010，15：65－66.

亓慧博，朱曙东．《伤寒论》黄疸病机探析［J］．浙江中西医结合杂志，2010，08：474－475.

张彦珍．乌梅丸临证应用体会［J］．中国中医药现代远程教育，2010，14：64－65.

张瑞，宋建平．《金匮要略浅注》导读［J］．中医研究，2010，08：74－76.

赵红玉．周春祥临证思路及验案举隅［J］．辽宁中医杂志，2010，08：1590－1591.

闫川慧，张俊龙，郭蕾，李东明．颤振中医治疗方案的文献研究［J］．辽宁中医杂志，2010，08：1464－1465.

刘立杰，贾春华．基于数据库的张仲景方证理论体系统计分析［J］．辽宁中医杂志，2010，08：1475－1476.

朱红梅，林丽珍．浅探《伤寒论》辛温药在烦躁病证中的运用［J］．中医杂志，2010，07：663－664.

程炳钧，秦玉龙．吉益南涯先生阐释张仲景治水饮方初探［J］．江西中医学院学报，2010，03：10－11.

沈孝波，张甦颖．三焦油膜说与《金匮》之肾着［J］．山东中医杂志，2010，08：509－510.

梁永宣，邱浩．从目录学及宋臣校正医书史料探讨张仲景著作流传［J］．中医药文化，2010，04：52－56.

郭晓峰．温经汤组方特点辨析［J］．中国实验方剂学杂志，2010，09：235－236.

孙蓉．HPLC法测定金匮肾气片中马钱苷的含量［J］．云南中医中药杂志，2010，07：65－66.

缪珠雷，徐栋梁，包寅，刘丹，王易，李玉虎．伤寒方恢复金黄色葡萄球菌感染小鼠血清抗菌活性的研究［J］．中国实验方剂学杂志，2010，10：119－121.

杜维祥，沈世林，赵红云，马玉清．金锁二仙饮对雄性肾虚大鼠性欲的调节［J］．中医研究，2010，08：11－13.

周昕，秦玉花，张权生．《伤寒论》12首含大黄方剂对8种细菌的抑菌作用［J］．甘肃中医，2010，08：56－57.

王晓洁，张义．桂枝汤验案3则［J］．光明中医，2010，08：1491.

秦杰星．真武汤加减治疗癃闭1例分析［J］．光明中医，2010，08：1493－1494.

王旭丽．《伤寒论》下利诊治规律探析［J］．辽宁中医药大学学报，2010，08：73－75.

张玉华，华浩明．仲景方茯苓桂枝药对配伍精义探析［J］．辽宁中医药大学学报，2010，08：75－76.

张宏明．论火（君火相火）有二数本质及《伤寒论》六经来源［J］．辽宁中医药大学学报，2010，08：79－81.

魏军良．三部六病学说中折射出的三阴三阳辨证论治思想［J］．山西职工医学院学报，2010，03：52－53.

刘迪，蔡晓辉，吴新华．浅谈《金匮要略》治妇人产后腹痛［J］．黑龙江中医药，2010，04：10.

姚杰良，黎忠民．《金匮》肾气丸治法优化探析［J］．黑龙江中医药，2010，04：44－45.

刘玉三．论《伤寒论》的保胃气思想及其临床意义［J］．新中医，2010，08：8－9.

许滔．中医“效”刍议［J］．甘肃中医，2010，08：3－4.

毛文晴．《金匮要略》与《伤寒论》关于腹痛辨治思路的探讨［J］．陕西中医，2010，08：1036－1038＋1061.

樊平，魏亚东，戴双明．戴双明主任医师治疗慢性肾衰竭的经验［J］．陕西中医，2010，08：1039－1040.

程建丽，李果刚．论腹诊在中西医学中的应用［J］．辽宁中医药大学学报，2010，08：35－37.

林大勇，王淳，董秀．《伤寒论》“其人如狂血自下下者愈”对AD治疗的启示［J］．辽宁中医药大学学报，2010，08：60－61.

陶兆敏．阴吹的常见病因及治疗［J］．光明中医，2010，08：1496－1497.

李云海．《金匮要略》肾与膀胱病辨证方法探析［J］．光明中医，2010，08：1334－1335.

朱太平，朱彦昭，蒋丽娜．浅析《伤寒论》寒热并用［J］．光明中医，2010，08：1335－1336.

王醊恩，杨毅．大青龙汤新释［J］．光明中医，2010，08：1337－1338.

赵红艳，罗颂平．试论喻昌《尚论篇》对《伤寒论》的发挥［J］．山西中医，2010，07：58－59.

张再良．存在于经方中的诊疗体系［J］．上海中医药杂志，2010，08：15－17.

胡德金，胡丹云．当归芍药散加减治验2则［J］．光明中医，2010，08：1510－1511.

刘华山，张永桂．含有附子、细辛的经方煎服方法浅析［J］．长春中医药大学学报，2010，04：597－598.

王玉萍，冯晓芬，沈世林．金锁二仙饮对雄性小鼠肾精亏虚证治疗作用及其机理实验研究［J］．辽宁中医药大学学报，2010，08：198－200.

孙士杰．金匮肾气丸联合西药治疗Ⅳ期糖尿病肾病疗效观察［J］．陕西中医，2010，08：960－962.

包小燕．辨证分型论治配合西药治疗糖尿病视网膜病变34例［J］．陕西中医，2010，08：977－979.

刘慧敏．桂枝龙骨牡蛎汤加味治疗汗证78例疗效观察［J］．新中医，2010，09：82－83.

朱晓光，朱玲玲，陈志强，李煜罡．《伤寒论》经方在前列腺疾病中的运用［J］．新中医，2010，09：116－117.

窦迎春．清代对《伤寒论》方剂的继承与发展［J］．中华中医药学刊，2010，08：1729－1731.

张薛光，张玲玲．经方各家学说概论［J］．中国中医基础医学杂志，2010，08：633－635.

田文熙．《金匮要略》中桂枝汤类方调和阴阳的作用［J］．中国中医基础医学杂志，2010，08：646－647.

崔延昌，李玉海．金匮肾气汤合吐痰逐瘀汤治疗糖尿病脑梗死疗效分析［J］．实用中医药杂志，2010，09：601－602.

程伟．吉益东洞的意义——读《吉益东洞——日本古方派的“岱宗”与“魔鬼”》［J］．中国科技史杂志，2010，03：337－342.

杨崇青，杨锡燕，林刚．金匮肾气丸对中老年男性原发性高尿酸血症血尿酸及性激素的影响［J］．天津中医药，2010，04：286－287.

兰承祥．略论中医客观性症状［J］．江西中医学院学报，2010，04：7－9.

王玉明．《金匮要略》“风湿、湿痹”辨析［J］．中医杂志，2010，09：861－862.

杨华升，杨薇．经方治疗艾滋病心得［J］．中医杂志，2010，S1：85－86.

陈树楷，刘乃刚，郭长青．《伤寒论》针刺时机与配穴浅析［J］．中华中医药学刊，2010，09：1948－1950.

刘观涛．方证相对医案解读——刘渡舟医案（四）熟能生巧有捷径游刃有余精百方［J］．中国民间疗法，2010，08：1.

安洪泽．从承气类方的临床应用看吴鞠通对《伤寒论》的发展［J］．中医药学报，2010，04：114－115.

陈建．《伤寒论》方辨治痹证体会［J］．中国中医药信息杂志，2010，07：96－97.

王昀，颜新，王瑱，季蓓，孔令越，颜琼枝，刘君，叶喆懿，颜德馨．温阳活血法防治急性冠脉综合征的理论研究［J］. 中国中医药信息杂志，2010，07：1－3.
刘忠文，刘迎辉，杜红. 浅析汗法在《金匮要略》中的应用［J］. 新中医，2010，09：128－129.
沈钦荣. 越医文化内涵初探［J］. 浙江中医杂志，2010，08：547－549.
陈永灿. 我读“有柴胡证，但见一证便是”［J］. 浙江中医杂志，2010，08：606－607.
于宏波，陈为，赵琼，严石林. 从《金匮要略》探讨“同证异治”［J］. 浙江中医杂志，2010，08：608－609.
曾子育，陈树楷，郭长青，刘乃刚.《伤寒论》针刺特色浅析［J］. 中国针灸，2010，07：609－611.
严石林，于宏波，陈为，沈宏春，王浩中，邓瑞镇. 从《伤寒论》探讨“同证异治”［J］. 四川中医，2010，08：42－44.
陈素红，吕圭源，陈宁，陈晓琳，刘丽君. 羚角降压方、天麻钩藤方与高血压肝阳上亢证的方证相应性研究［J］. 中国实验方剂学杂志，2010，11：128－131.
杨荣德. 香砂六君子汤治疗肝硬化腹水28例［J］. 陕西中医，2010，09：1121－1123.
黄仰模，田黎.《金匮要略》痛风病治疗探要［J］. 中华中医药学刊，2010，09：1814－1815.
张国骏，刘恩顺，王东强，刘春香. 从《伤寒论》看肺肠相关［J］. 天津中医药，2010，04：299－300.
王玉，周幼龙，董良杰. 数脉亦有主寒时［J］. 中医杂志，2010，S1：23－24.
姚佳音. 从本草类医书看《金匮要略》［J］. 中医杂志，2010，S1：25－27.
吕萍. 头痛的六经辨证治疗［J］. 中医杂志，2010，S1：79－80.
朱晓冬.《伤寒论》“表有热，里有寒，白虎汤主之”新解［J］. 中医杂志，2010，S1：80－81.
王晓军，朱卫红，陆乾人. 经方方药组合衍化证治案例经验介绍［J］. 中医杂志，2010，S1：82－83.
马伟辰. 陈伯坛《读过伤寒论》中关于小柴胡汤的阐述［J］. 中医杂志，2010，S1：83－85.
张敬利. 金匮肾气丸治疗遗尿、尿失禁举隅［J］. 中国社区医师（医学专业），2010，27：158.
刘江萍. 现代中药服法之我见［J］. 中国社区医师（医学专业），2010，27：154.
钱善军，王珂，王静，苏越，岑澔，张伟荣，施建蓉. 中药对寒热体质大鼠体质稳定性的影响［J］. 中医杂志，2010，09：840－843.
王君，魏义勇. Smad3介导补肾中药对增龄成骨细胞VDRmRNA表达的影响［J］. 上海中医药大学学报，2010，04：71－73.
吴晓岭. 有毒中药必须依法炮制［J］. 中国实用医药，2010，24：225－226.
刘桂芳，周强，仝小林. 大黄附子汤的临床应用和药理研究进展［J］. 中华中医药学刊，2010，09：1848－1851.
张诏，吕翠霞，陶汉华. 金匮肾气丸与右归丸对肾虚大鼠肾功能及激素的影响［J］. 时珍国医国药，2010，08：1863－1864.
陈昌明. 浅议茯苓的功效［J］. 中医杂志，2010，S1：114－115.
李岚，张菊英，杜巧盈. 颈淋巴结核合并窦道局部治疗护理体会［J］. 临床医药实践，2010，16：1100－1101.
林大勇，王树鹏，朱辉. PBL教学法在《伤寒论》教学中的应用与探讨［J］. 辽宁中医药大学学报，2010，09：72－73.
牛燕运，郭丽娅，金玫. 心痛从肝论治综述［J］. 北京中医药，2010，08：641－644.
苏庆民. 中医病证结合诊疗模式的再认识［J］. 中华中医药杂志，2010，09：1351－1355.
田丰，李庆海. 李庆海教授治疗胸痹心痛经验［J］. 河南中医，2010，08：751－752.
樊康宏. 乌梅丸的临床运用［J］. 甘肃中医学院学报，2010，04：53－54.
姚荷生，伍炳彩，姚梅龄.《伤寒论》证候分类纲目——太阳变证（续二）［J］. 江西中医药，2010，07：5－7.
姚荷生，姚梅龄，伍炳彩.《伤寒论》证候分类纲目——太阳变证（续三）［J］. 江西中医药，2010，08：5－7.
朱太平，朱彦昭，蒋丽娜. 学习《伤寒论》“坏病”的体会［J］. 光明中医，2010，09：1697－1698.
刘向哲. 中医理论创新与发展的基础和机遇［J］. 中医学报，2010，05：884－885.

张付祥．附子汤加味治疗强直性脊柱炎68例［J］．河南中医，2010，08：741－742.
杜玉．葛根汤加味治疗紧张性头痛临床观察［J］．中医学报，2010，05：952－953.
张玉辉．四逆汤治疗疑难杂症临床探讨［J］．中医学报，2010，05：960－961.
郭进财，刘雪娜．洪炳根名老中医临床验案选摘［J］．福建中医药，2010，04：18－19.
黄家诏．探析热病与六经辨证［J］．广西中医药，2010，04：23－25.
宋玉洁．“表证”缕析［J］．甘肃中医，2010，09：5－6.
张丰跃，门九章．《伤寒论》“口渴”理论与临床应用研究［J］．光明中医，2010，09：1564－1565.
聂开平．大黄䗪虫丸临床应用研究综述［J］．中国民族民间医药，2010，15：8－9.
余建华．桂枝芍药知母汤临证新用举隅［J］．光明中医，2010，09：1701.
郭进都．人参性味初探［J］．中医学报，2010，05：926－927.
桑方方，黄金玲．苓桂术甘汤的临床应用进展［J］．中医药临床杂志，2010，07：619－621.
李健明，陈志勇，黄仰模．《金匮要略》论风湿病理论教学与临床应用渊源剖析［J］．中国中医药现代远程教育，2010，17：70－71.
本期导读［J］．中国民间疗法，2010，10：3.
杨兆林，王春红．《伤寒论》扶阳学说探讨［J］．中国中医急症，2010，10：1749－1750.
张仕玉，刘松林，邢颖．从人参黄芪的遣用浅析仲景应用补法的规律［J］．中国中医急症，2010，10：1753－1754.
李玲玲，赖明生．吴鞠通五承气方对仲景承气类方的继承与发展［J］．中国中医急症，2010，10：1755－1756.
刘丹，张仕玉．经方治疗心律失常的研究［J］．中国中医急症，2010，10：1747－1748.
李云海．《金匮要略》脾胃病辨证方法探析［J］．中国中医药现代远程教育，2010，18：8－9.
王爱明，李松林，史爱国．《伤寒论》辨太阳病脉证并治中“变证”的治则［J］．中国中医药现代远程教育，2010，18：10.
杨明．由《伤寒论》的临床应用浅谈中医学辨证论治［J］．临床医药实践，2010，18：1290－1291.
李建宇，刘士敬，吕红，刘飞飞．《内经》《伤寒论》针刺经验临床应用举隅［J］．山东中医药大学学报，2010，05：435－437.
高志平．金匮狐惑病探析［J］．中国中医基础医学杂志，2010，09：750－751.
寿仁国．金匮肾气丸加味治疗前列腺增生122例疗效观察［J］．中国中医药科技，2010，05：410.
周红，黄宏强，张忠德，陶兰亭．中医辨证治疗甲型H1N1流行性感冒的方法和思路（附2015例病例分析）［J］．中国中医药现代远程教育，2010，17：187－189.
华华．应用仲景方治疗皮肤病点滴体会［J］．实用皮肤病学杂志，2010，03：164－166.
刘丽伟，段雪光．《金匮要略》温经汤临床应用心得［J］．中国中医药现代远程教育，2010，17：8－9.
盖德美．桂枝茯苓丸化裁妇科临证心悟［J］．山东中医杂志，2010，09：640－641.
刘奇．金匮肾气丸治验五则［J］．山东中医杂志，2010，09：641－642.
司东波．曾升海主任医师三候辨治肺痿喘脱证经验［J］．中国中医急症，2010，10：1716＋1738.
孙鹏．浅谈生姜在《伤寒论》中的应用［J］．中国民间疗法，2010，10：6－7.
张俊峰，张海峰．异病同治浅析［J］．山西中医，2010，09：61－62.
王喆，高慧霞，付彩云，王宗柱．《伤寒论》顾护脾胃学术思想浅析［J］．山西中医学院学报，2010，04：7－8.
刘立昌．黄芪临床应用的若干体会［J］．深圳中西医结合杂志，2010，05：272－276.
王朝晖．黄连阿胶汤的临床应用［J］．中国中医药现代远程教育，2010，18：68.
全亚萍．百合病临床探微［J］．中国中医药现代远程教育，2010，18：71.
乔模，赵惠萍．《金匮要略》从化学说研究［J］．山西中医，2010，08：1－4.
冯磊，鲍淑静，冯晨，沈健．金匮肾气丸及微营养素对衰老小鼠雄激素影响［J］．中国公共卫生，2010，09：1122－1123.
寇俊萍，柴程芝，高珍，余伯阳，朱丹妮，严永清．从1型组胺受体途径探索当归芍药散异病同治原理的研究构想［J］．世界科学技术（中医药现代化），2010，03：325－330.
顾燕频，吕嵘，黄玮，刘艳，章忱，郭炜，陈丽云，卫洪昌．4种不同中医治法干预异丙肾上腺素致大鼠心肌肥大的研究［J］．中国实验方剂学杂志，2010，13：136－140.
王欣．小半夏汤研究述要［J］．中成药，2010，09：1578－1581.
张保国，许卫锋．小柴胡汤现代临床加减应用［J］．中成药，2010，09：1581－1583.
熊兴江，李海霞．柴胡加龙骨牡蛎汤方证运用体悟［J］．上海中医药杂志，2010，10：22－24.
张春英．经方临床应用的体会［J］．青海医药杂志，2010，08：71－72.
庞素银，梁健．从中药药理及临床探讨张仲景应用厚朴的合理性［J］．中国中医急症，2010，09：1568－1569.
张晓芬，杨淑慧．《伤寒论》模拟病案教学中模拟病案设计原则浅析［J］．中医学报，2010，06：1226－1227.
李小会．创新《伤寒论》教学的探索与实践［J］．辽宁中医药大学学报，2010，10：91－92.
李渊，何明．论太阳中风汗出之机理［J］．北京中医药大学学报（中医临床版），2010，05：40－41.
熊俊，宋俊生，高岑，薛晓焕，周煜凡，商铁刚．现代《伤寒论》方防治病症谱方法学研究思路［J］．辽宁中医杂志，2010，10：1870－1872.
赵鸣芳，刘跃光．随证治疗与辨证论治——中药方剂两大应用模式的思考［J］．辽宁中医杂志，2010，10：1923－1925.
宋俊生，熊俊，高岑，薛晓焕，周煜凡，商铁刚．《伤寒论》蕴含循证医学观念探析［J］．江苏中医药，2010，10：1－2.
柴瑞震．《伤寒论》中汗、吐、下后变证证治［J］．河南中医，2010，10：937－939.
杨加禄，杨晓，郭素英．柴胡加桂枝汤在外感病应用的特征性症状探讨［J］．河南中医，2010，10：940－941.
尹太阳．栀子豉汤小议［J］．河南中医，2010，10：941－942.
韩明亮．浅析张仲景从痰饮论治眩晕［J］．河南中医，2010，10：944－945.
尚云冰，姜建国．经方实验，活法无常［J］．河南中医，2010，10：954－956.
邹世光，张勇．足跟痛经方治验3则［J］．河南中医，2010，10：957－958.
冯松杰，黄燕琛．《伤寒论》研究新论［J］．河南中医，2010，11：1041－1043.
黄小艳，孟得静．《伤寒论》虚实辨证及用药浅析［J］．河南中医，2010，11：1044－1045.
张友堂，黄雯静．浅析仲景对药配伍［J］．河南中医，2010，11：1045－1046.
张毅之，王评．《伤寒论》六经辨治失眠探讨［J］．江苏中医药，2010，09：1－2.
吕淑静，王四平，吴中秋，李士懋．李士懋应用葛根汤治疗杂病验案举隅［J］．江苏中医药，2010，09：41－42.
窦海忠．温阳法在皮肤病治疗中的应用体会——附验案4则［J］．江苏中医药，2010，09：53－54.
宋延霞．大回阳饮临床应用［J］．光明中医，2010，10：1897.
谢有良，王勇，任廷革．任应秋早期学术思想探析［J］．中医学报，2010，06：1078－1080.
张金生．仲景论治眩晕病探微［J］．中医学报，2010，06：1104－1105.
谭绍银，秦丽媛，陆丽碧，李婷婷，周妮娜．浅议当归生姜羊肉汤的临床应用［J］．中国民族民间医药，2010，16：170.
韩延华，姜勋．《伤寒论》中的泻下剂及其配伍规律浅析［J］．河南中医，2010，09：833－836.
郭长河，苏金中．麻黄附子细辛汤治疗顽固性嗜睡1例［J］．河南中医，2010，09：836.
韩志毅，董正华．从桂枝汤及方后将息法谈《伤寒论》的保胃气思想［J］．河南中医，2010，09：837－839.
陈继婷，王俊霞．试述《金匮要略》“病痰饮者，当以温药和之”的内涵［J］．河南中医，2010，09：839－840.
史宏，余磊，赵清山，李建伟，宁世猛．刘渡舟论治水气上冲证［J］．河南中医，2010，09：858－859.
王宇，姜树民．《伤寒论》之泻心汤初探［J］．辽宁中医药大学学报，2010，10：105－106.

于畅．阴旦汤、阳旦汤与阴阳治则治法［J］．光明中医，2010，10：1768－1769.

朱太平，朱彦昭，蒋丽娜．浅析《伤寒论》六经辨证与八纲辨证的关系［J］．光明中医，2010，10：1770－1771.

王从斌．浅谈《金匮要略》中的活血祛瘀法［J］．光明中医，2010，10：1771.

邱新萍．浅谈《金匮要略》"通达阳气"法在痹证中的运用［J］．北京中医药，2010，09：678－679.

李强．试论日本腹诊是《厘正按摩要术·按胸腹》的学术渊源［J］．中华中医药杂志，2010，10：1551－1553.

韦大文，高天旭，张雅薇．高体三教授养生调理立足肝木条达之阐微［J］．中华中医药杂志，2010，10：1610－1612.

徐笋晶，黄家诏，欧名菊．麻黄连翘赤小豆汤证治之我见［J］．辽宁中医药大学学报，2010，10：175－176.

陈晴，宁雪峰，刘佳．益肾温经汤对肾阳虚型排卵障碍大鼠相关脏器指数、血清生殖激素及子宫形态学的影响［J］．中国民族民间医药，2010，17：137－138.

肖相如．五苓散证不仅仅是蓄水证［J］．河南中医，2010，10：943－944.

傅延龄，蔡坤坐，宋佳．方药量效关系文献与理论研究思考［J］．北京中医药大学学报，2010，09：601－605＋640.

刘火建．柴胡加龙骨牡蛎汤临床应用举隅［J］．河南中医，2010，09：856－857.

贾广媛，张葆青．射干麻黄汤治疗小儿哮喘体会［J］．河南中医，2010，11：1055.

欢迎邮购《重读中医经典丛书》［J］．中医杂志，2010，10：876.

刘军，冯振．金匮肾气汤配合热敷治疗强直性脊柱炎 30 例［J］．中国中医药现代远程教育，2010，21：140.

王燕妮．四逆散治妇科疾患验案举隅［J］．中国社区医师（医学专业），2010，31：140.

李平，楚更五，余品高，余泽高，杨俊斌．清末民国云南名医余道善及《仲景大全书》［J］．云南中医学院学报，2010，05：42－43.

桑红灵．《金匮要略》卫气营血相关理论的研究［J］．中医药信息，2010，06：112－114.

常永辉．辨证论治胸、膈、胁、腹痛临床经验［J］．中医杂志，2010，S2：131－133.

王定祥．五脏咳的分型论治［J］．中医杂志，2010，S2：142－144.

黄召谊，陈广，雷宏伟．金匮肾气丸治疗 2 型糖尿病并发高脂血症的临床研究［J］．中华中医药学刊，2010，11：2457－2459.

俞有宝．自拟柴葛汤治疗眩晕 50 例临床观察［J］．中医杂志，2010，S2：171.

刘欣，龚国芬，刘华庆，吴慧娟，李冬梅．肾阳虚小鼠肺及气道组织糖皮质激素受体 β－防御素－2 及其 mRNA 的表达［J］．中华中医药学刊，2010，11：2340－2345.

胡福田．《伤寒论》小便不利治则探析［J］．中医研究，2010，10：7－8.

李虹英．浅谈《伤寒论》对腹痛的辨证论治［J］．亚太传统医药，2010，10：139－140.

李振宇，郝媛．活血调冲法在女性甲亢患者治疗中的运用［J］．现代中医药，2010，06：41－42.

熊兴江，王阶．吉益东洞《药征》简介与评价［J］．中国中医基础医学杂志，2010，11：990－992.

王郁金，苏衍进．金匮肾气丸治疗慢性肾功能衰竭 20 例［J］．现代中医药，2010，06：53＋118.

张义，王晓洁，张保伟．从《伤寒论》看中医服药特点［J］．中医杂志，2010，11：1050－1051.

苏芮，韩振蕴，范吉平．《伤寒论》研究中逻辑推理的应用［J］．中国中医基础医学杂志，2010，10：862－863.

代海峰，季瑜，孙元鹏．略论《金匮要略》中的瘀血［J］．中国中医基础医学杂志，2010，10：864－866.

本刊编辑部．沈炎南胸痹治验［J］．中国社区医师，2010，42：19.

朱桂花，张友林．《伤寒论》方剂中的"熬"字小考［J］．中医研究，2010，10：12－13.

郭泓．《金匮要略》对护理学的贡献［J］．中国煤炭工业医学杂志，2010，10：1569－1570.

刘军．《伤寒论》注释"太阳为开"的学术浅探［J］．中国民间疗法，2010，11：9.

张瑞，李雪梅，付笑萍．浅谈《金匮要略心典》的学术思想［J］．中华中医药学刊，2010，10：2174－2175.
孙成荣．对柴胡桂枝干姜汤证的研究［J］．西南国防医药，2010，11：1267－1268.
张林生．浅谈药物煎煮特殊用水在《伤寒论》中的应用［J］．医学信息（中旬刊），2010，11：3423.
孙红旭．《伤寒论》对二便的辨治［J］．中医研究，2010，11：7－8.
陈鸣．柴芩承气汤治疗急性胰腺炎经验［J］．中医研究，2010，11：57－59.
王墨群．经方加减治疗多种疾病应用体会［J］．中国实用医药，2010，33：192－193.
郭华．张有章扩大经方应用经验举隅［J］．中国中医基础医学杂志，2010，10：950＋958.
李杰．金匮肾气丸加减治疗老年性痴呆的临床观察［J］．中国医药指南，2010，29：268－269.
李红萍．论张仲景对咽痛的临床辨治［J］．中医杂志，2010，S2：1－2.
何成先．大剂量“炙甘草汤”临床运用心得［J］．中医杂志，2010，S2：10－11.
牛利永．小建中汤加味治疗遗精心得［J］．中医杂志，2010，S2：11.
夏季平．略论《伤寒论》中桂枝的应用［J］．中医杂志，2010，S2：14－16.
潘秀玲．浅述《金匮要略》胸痹的特点［J］．中医杂志，2010，S2：22－23.
马龙玲，马显忠．学习温阳理论的体会［J］．中医杂志，2010，S2：72.
沈亚红，童树洪．大黄的传统用法与现代药理学作用［J］．中国药业，2010，20：79－81.
本刊编辑部．甘草泻心汤证临床新用［J］．中国社区医师，2010，42：27.
张保国，刘庆芳．理中丸（汤）现代药效学研究与临床应用［J］．中成药，2010，11：1957－1960.
张保国，丛悦，刘庆芳．吴茱萸汤现代药效学研究与临床应用［J］．中成药，2010，10：1775－1778.
王华．当归四逆汤在妇科的临床应用［J］．中国当代医药，2010，29：14＋30.
刘宇政，章军，王跃生，刘安．葛根芩连汤剂量相关问题探讨［J］．中国实验方剂学杂志，2010，16：216－218.
张国兴，贾波，陈刚，李晨光．当代医家应用小柴胡汤之证治特点浅析［J］．中国中医药信息杂志，2010，08：93－94.
陈兴华．桂枝汤及其类方临证应用举隅［J］．中医杂志，2010，S2：3－4.
路利和．从小柴胡汤在临床灵活应用的体会［J］．中医杂志，2010，S2：6－7.
李宇铭，姜良铎．经方药量衡重折算刍议［J］．中医杂志，2010，S2：7－9.
叶莹．略谈《金匮要略》乌头、附子的应用［J］．中医杂志，2010，S2：12－14.
陈亚平．金匮肾气丸应用举隅［J］．中医杂志，2010，S2：17.
赵宇昊，史成和，陈绍红，高忠英．麻杏甘石汤方证探讨［J］．中国实验方剂学杂志，2010，15：244－245.
王金荣，陈广权，路书敏．小儿中药灌肠疗法［J］．中国中医药现代远程教育，2010，22：152－153.
胡成莲．桂枝茯苓丸治下肢静脉血栓一例［J］．中国民族民间医药，2010，18：183.
张小勇，陶晓华，刘丹彤，李亚东．谈《伤寒论》或然证“辨病”与“辨证”［J］．辽宁中医药大学学报，2010，11：93－94.
刘巍，朱威威．论仲景治疗“历节病”［J］．辽宁中医药大学学报，2010，11：101－102.
姚荷生，姚梅龄，伍炳彩．《伤寒论》证候分类纲目——太阳变证（续四）［J］．江西中医药，2010，09：5－8.
徐艳玲．论《金匮要略方论》痰饮的证治析“病痰饮者当以温药和之”［J］．辽宁中医杂志，2010，11：2147－2149.
朱勤芬．中医辨治产后病验案4则［J］．江西中医药，2010，09：46.
蔡奇文，吴军豪，卢彬．桂枝芍药知母汤在骨伤科杂病应用进展［J］．黑龙江中医药，2010，05：58－59.
张金喜，王强．桂枝茯苓丸加味治疗男科病验案举隅［J］．江苏中医药，2010，11：54－56.
潘大为．中医“方证对应”数学模型研究的思路与方法［J］．北京中医药大学学报，2010，10：659－663.

·王如侠．王如侠·芪芳强心汤［J］．江苏中医药，2010，11：10.
刘敏，郭明章，李宇航，孙燕，王毅．仲景方中豆豉用药剂量研究［J］．辽宁中医杂志，2010，11：2218－2219.
安立然．六经辨证在小儿呼吸、消化和泌尿系统疾病上的应用［J］．中国民族民间医药，2010，19：51.
桑锋，刘成全．苓桂术甘汤儿科临床治验举隅［J］．中医药导报，2010，10：69－70.
高新利．小半夏加茯苓汤治疗小儿秋季性腹泻的临床体会［J］．中国民族民间医药，2010，18：40.
李建伟．试论腹诊在脾胃病辨治中的指导意义［J］．四川中医，2010，10：32－33.
丁沛，袁红霞．《伤寒论》第12条"阳浮而阴弱"之我见［J］．四川中医，2010，10：48－49.
任万雷，张立亭．狐惑病浅探［J］．山东中医杂志，2010，10：726－727.
陈岩．干姜黄芩黄连人参汤治疗慢性结肠炎56例疗效观察［J］．新中医，2010，10：38－39.
王强，张金喜．桂枝茯苓丸治疗男科病的临床研究进展［J］．新中医，2010，10：105－106.
马少丹，阮时宝，苑述刚．《金匮》泽泻汤的主治证与梅尼埃病的相关性研究［J］．陕西中医学院学报，2010，06：28－29.
张玉英．杜雨茂教授伤寒学术思想探讨［J］．陕西中医学院学报，2010，06：40－42.
赵红影，刘学华．锡类散内服治疗十二指肠溃疡的体会［J］．陕西中医学院学报，2010，06：43－44.
钱超尘．《张仲景方》之流传与演变［J］．中医文献杂志，2010，04：1－6.
侯鸿燕，李金田．张仲景辨证论治方法学研究［J］．中医文献杂志，2010，04：22－25.
邢玉瑞．中医辩证思维之病势分析［J］．陕西中医学院学报，2010，05：1－2.
关正荣．从《伤寒杂病论》谈中医的辨证施护思想［J］．四川中医，2010，11：38－39.
王越，丁元庆．病在气，伤在津［J］．山东中医杂志，2010，11：792.
崔文臣．炙甘草在《伤寒论》中的运用［J］．山东中医杂志，2010，11：796
任秀梅，沈雪勇．热证禁灸与热证可灸辨析［J］．山东中医药大学学报，2010，06：482－483.
姜媛媛，张春玲．甘草泻心汤治疗狐惑病21例［J］．实用中西医结合临床，2010，05：59－60.
何波．方证相对学说探析［J］．山东中医杂志，2010，10：661－662＋664.
顾武军．关于小青龙汤证的诠释［J］．南京中医药大学学报，2010，05：331－332.
赵鸣芳．《伤寒论》表寒证浮数脉证治解析［J］．南京中医药大学学报，2010，05：333－334.
李然，刘立萍，李冀．从脏腑用药论方剂的配伍规律［J］．陕西中医学院学报，2010，06：5－6.
许霞，朱建平．先秦两汉时期医书方剂剂型概况［J］．陕西中医学院学报，2010，06：30－31.
刘立萍，李然．浅析猪苓在《伤寒论》方剂中的应用［J］．陕西中医学院学报，2010，06：34－35.
寇爽，张浩宇，王义周，刘妍，赵晖，王蕾．六味地黄丸和金匮肾气丸对实验性自身免疫性脑脊髓炎小鼠脑和脊髓中CD4～＋、CD8～＋的影响［J］．陕西中医学院学报，2010，06：91－93.
都广礼，陈德兴，文小平．方证与方剂运用［J］．陕西中医学院学报，2010，06：106－107.
杨宏宝，范卫红，罗眈，唐亚平．《伤寒论》教学体会［J］．广西中医学院学报，2010，03：95－96.
刘宏伟，杜保东．表证与水饮［J］．光明中医，2010，11：2098.
韦爱欢．小柴胡汤治疗心血管疾病临床体会［J］．光明中医，2010，11：2107－2108.
漆大洲．乌梅汤临床验案5则［J］．光明中医，2010，11：2116.
陈建华．伤寒论三阴三阳六病定位及其分歧辨析［J］．北京中医药，2010，11：844－845.
刘石茸，靳冰．《伤寒论》少阴病承气三法临证体会［J］．北京中医药，2010，11：846－847.
史晓敏．益肾温经汤对肾阳虚排卵障碍大鼠血清雄激素含量的影响［J］．甘肃中医学院学报，2010，05：1－3.
李国春，吴勉华，周学平，叶放，金妙文．论中医证的结构［J］．中华中医药杂志，2010，11：1739－1741.
陈谦峰，齐南．试析柴胡桂枝汤的临证思路［J］．甘肃中医学院学报，2010，05：50－52.
谭海灯，吴浩祥．仲景治疗心疾中体现的"五脏相关"思想［J］．光明中医，2010，11：1966－1968.
王芬，何华亮，郭志红．郭志红"保胃气"思想的临床体会及应用［J］．北京中医药，2010，10：

756－757.
王旭丽．《伤寒论》水饮病证治疗思路［J］．福建中医药大学学报，2010，05：70－72.
刘萍，张丽萍，王平．桂枝甘草对药的源流及功效初探［J］．光明中医，2010，11：2120－2121.
刘安龙，高彦立．中药十八反临床应用探讨［J］．光明中医，2010，11：2121－2122.
阚湘苓．浅谈《伤寒论》承气汤证的病机演变［J］．甘肃中医，2010，11：1－2.
陈晴，宁雪峰，刘佳．益肾温经汤对肾阳虚型排卵障碍大鼠一般状况、血清生殖激素及卵巢形态学的影响［J］．甘肃中医，2010，10：26－28.
赵岩．中药配合胆仪治疗胆石35例疗效观察［J］．当代医学，2010，28：152.
郭珊珊．《伤寒学》教材若干英语标题商榷［J］．中国中西医结合杂志，2010，09：993－994.
徐信杰．《金匮要略》教学方法浅析［J］．西北医学教育，2010，05：995－996.
杨武金．《伤寒论》的条件关系分析与知识表达［J］．重庆理工大学学报（社会科学），2010，10：70－74.
高全泉，任廷革．用于方剂功效智能计算的基于分类的药效作用度量方法［J］．中国科学：信息科学，2010，11：1450－1463.
张磊，吴修符，郭伟星．六经标本中气理论浅析［J］．广州中医药大学学报，2010，05：531－534.
日色雄一，严季澜．森立之《伤寒论考注》在文献学上的成就［J］．吉林中医药，2010，11：1000－1002.
侯彬，王兴华．论少阳病的正治之法［J］．吉林中医药，2010，11：925－927.
黄圆媛．《伤寒论》石膏类汤方的配伍应用［J］．中国民族民间医药，2010，20：13＋15.
李晓刚．张仲景用芍药疗腹痛的特点［J］．贵阳中医学院学报，2010，05：69－70.
张艳萍，杜文东．伤寒论中的情志问题探析［J］．时珍国医国药，2010，11：2957－2958.
姚凤云，王炳志，丁舸．浅析《伤寒论》之辛甘化阳法［J］．时珍国医国药，2010，11：2959－2960.
蔡鸿彦．咳嗽“聚于胃关于肺”探微［J］．吉林中医药，2010，10：829－830.
瞿波，王耀光，黄文政．黄文政教授辨治心悸的经验［J］．吉林中医药，2010，10：836－837.
赵鸣芳．病毒性外感疾病从“寒”论治［J］．中华中医药杂志，2010，12：1943－1945.
陈超．试论张仲景黄疸预后学说及其临床意义［J］．中国中医急症，2010，11：1892＋1938.
姚荷生，伍炳彩．《伤寒论》证候分类纲目——太阳变证（续五）［J］．江西中医药，2010，10：5－6.
陆怡衡．浅议仲景论痹证［J］．江西中医药，2010，10：14－15.
张建华．《伤寒论》以脾胃为本学术思想探讨［J］．山西中医，2010，10：1－4.
曹东义．千年传奇《辅行诀》——《辅行诀五脏用药法要研究》读后［J］．山西中医，2010，10：49－50＋53.
张利，马廷刚．生姜药用价值探讨［J］．航空航天医药，2010，11：2059－2060.
魏鹏草，苗青．大青龙汤治验2则［J］．陕西中医，2010，10：1413－1414.
张永锋，杨晋，吴正治，张莉，胡银清，杨敏．活血、健脾、补肾法方药对结肠炎大鼠MSC移植后结肠黏膜细胞增殖的影响［J］．中国中医药科技，2010，06：487－488＋472.
李毅．人参寒热属性及功用分析［J］．山西中医，2010，10：51.
张述枰．吴茱萸汤的临床作用［J］．中国医药指南，2010，32：189－190.
惠佳蓓，张斌．认知语言学视角下的中医典籍翻译［J］．医学与哲学（人文社会医学版），2010，09：67－69.
王飞．3—6世纪北方气候异常对疫病的影响［J］．社会科学战线，2010，09：119－123.
顾恪波．甘露消毒丹治疗黄疸经验琐谈［J］．上海中医药杂志，2010，09：45－47.
龙奉玺，蒋力生．关于《喻昌医学三书》之研究［J］．中医文献杂志，2010，05：49.
白建民．浅谈《伤寒论》祛邪法中对气津的保全［J］．亚太传统医药，2010，11：152－153.
星桥．《金匮》瑰宝闪耀东瀛［J］．中医药文化，2010，05：52－53.
沈成．中医为何将闻诊称为圣［J］．中医药文化，2010，05：56.

杨琳，傅延龄．《伤寒杂病论》汤剂服量探讨［J］．上海中医药杂志，2010，11：18－21.

程磐基．淳化本《伤寒论》学术思想初探［J］．上海中医药杂志，2010，11：22－25.

叶菁，邱丽瑛．金匮肾气丸对“恐伤肾”模型小鼠醛固酮水平的调节作用［J］．实用中西医结合临床，2010，06：1－3.

岳妍．“脾约”病机探究［J］．中医药临床杂志，2010，10：865－866.

崔文勇．真武汤加减临床运用心得［J］．中国民族民间医药，2010，22：109－110.

章浩军，范文东，林麟．学用伤寒感悟——浅谈运用六经辨证治疗脾胃病［J］．中医药通报，2010，04：14－18.

柴瑞震．《伤寒论》厥阴四大类证证治研究［J］．中医药通报，2010，03：5－7＋14.

马鸿斌．抵当汤后“不下更服”浅析［J］．中医药通报，2010，05：15－16.

孟庆传，刘庆申．胸痹临证，应重通阳［J］．中医药通报，2010，05：34－35.

程炳钧，秦玉龙．吉益南涯先生以气血水学说阐释药物举隅［J］．中医药通报，2010，05：41－43.

赵晔，张金锋．麻杏石甘汤临证举隅［J］．山西中医学院学报，2010，05：46－48.

章淑红．温经汤临床应用举隅［J］．中国乡村医药，2010，12：47.

姚荷生，姚梅龄，伍炳彩．《伤寒论》证候分类纲目——太阳变证（续六）［J］．江西中医药，2010，11：5－8.

方家，刁军成，李林．周士源运用当归芍药散治疗妊娠病举隅［J］．江西中医药，2010，11：11－12.

伍建光．伍炳彩应用防己黄芪汤的经验［J］．江西中医药，2010，11：16－17.

何任．温经汤论［J］．浙江中医药大学学报，2010，06：801－802.

陈树楷，刘乃刚，郭长青．《伤寒论》针刺时机与配穴浅析［J］．吉林中医药，2010，06：463－464.

佘世锋，曹敏．《伤寒论》中“气上冲”证病机初探［J］．吉林中医药，2010，06：465－467.

张小勇，陶晓华，刘丹彤．《伤寒论》或然证药物加减辨析［J］．吉林中医药，2010，06：467－468.

李斌，林大勇，曲道炜．乌梅丸方证探析［J］．吉林中医药，2010，07：625－627.

唐存祥．关于《伤寒论》太阳病汗法的思考［J］．湖南中医杂志，2010，06：99.

吕英．四逆汤防治疾病的理论与临床研究［J］．中药与临床，2010，04：40－42.

高建辉，冯惠莲．冯惠莲主任医师从脾胃辨治胸痹经验［J］．实用中医内科杂志，2010，09：16.

田甜．《金匮要略》理论对糖尿病治疗的指导作用［J］．实用中医内科杂志，2010，09：17－18.

贾鹏，陈盛业，甘宇，郑长虹，吕延伟．糖尿病周围神经病变“络损”辨证属性的研究［J］．实用中医内科杂志，2010，09：26－28.

韩慧，梁金荣．《金匮要略》重视脾胃思想探析［J］．实用中医内科杂志，2010，10：12－13.

夏一娇，王凤荣．从虚实角度辨证论治心悸浅探［J］．实用中医内科杂志，2010，10：34－35.

王旭荣．《伤寒论》六经病证发热浅析［J］．实用中医内科杂志，2010，11：24－25.

宋晶．张仲景对口渴症的辨证施护探要［J］．实用中医内科杂志，2010，11：29＋34.

乌日娜，李寿庆．李寿庆主任医师治疗胃肠病验案剖析［J］．内蒙古中医药，2010，20：178.

刘肖，赵达安．张仲景重视“存阴液”的意义探析［J］．内蒙古中医药，2010，13：109－110.

郭志清．柴胡加龙骨牡蛎汤临床应用举隅［J］．内蒙古中医药，2010，19：54.

孟庆传，刘庆申．胸痹临证应以通阳为主［J］．内蒙古中医药，2010，18：126－127.

苗兴春．五苓散临证治验［J］．内蒙古中医药，2010，11：55－56.

赵达安．张仲景治疗痰饮病用药规律刍议［J］．内蒙古中医药，2010，15：72－73.

李寿庆，乌日娜．李寿庆验案二则［J］．内蒙古中医药，2010，20：127－128.

刘红星，王健．黄芪建中汤加减治疗十二指肠球部溃疡56例的体会［J］．内蒙古中医药，2010，18：12.

孙志明，孙朝友．益母草合四逆散治疗经期诸症30例［J］．内蒙古中医药，2010，17：60.

谢咏梅．对白虎汤临床应用的认识［J］．内蒙古中医药，2010，19：55.

张永军．莫被浮云遮望眼精研详辨始见真——桂枝去桂加茯苓白术汤辨析［J］．内蒙古中医药，2010，21：131.

盛小刚，潘光明，赖仁奎，吴瑜，郑朝阳．《金匮要略》胸痹心痛篇在治疗冠心病中的应用体会［J］．

中医药导报，2010，08：15－17.

黄黎明．加味半夏泻心汤治疗胃脘痛56例［J］．内蒙古中医药，2010，16：4－5.

詹尚友，刘忠庆．小柴胡汤临床应用举隅［J］．内蒙古中医药，2010，16：16.

李璐璐，王宝金．伤寒经方以甘草为名的原因及主辅用量差异简析［J］．实用中医内科杂志，2010，06：94－95.

王宝华，谢艳秋．从麻黄汤名存实亡而想到的［J］．内蒙古中医药，2010，16：132.

路艳，陈群，富文俊，武哲丽．对《伤寒论》浮脉之证治认识［J］．国医论坛，2010，04：2－3.

徐航．《伤寒论》第29条疑解［J］．国医论坛，2010，04：4.

张伟恒．从《伤寒论》条文看附子的用药指征［J］．国医论坛，2010，05：1－3.

蒋跃文．小议体质学说在《伤寒论》中的体现［J］．国医论坛，2010，05：3－4.

赵钰蓉，董正华．仲景方煎服法浅探［J］．国医论坛，2010，05：6－8.

吕芹，卞华，孙中堂．宋代名医郭雍伤寒补亡研究探赜［J］．国医论坛，2010，06：1－3.

陈洪群，吴立明．浅述虫类活血化瘀药在《金匮要略》中的应用［J］．国医论坛，2010，06：7－8.

邓森涛．《伤寒论》386条浅析［J］．国医论坛，2010，06：10－11.

韩春生，疏欣杨．柴胡桂枝干姜汤病机浅析［J］．国医论坛，2010，06：8－9.

刘庆寿．肾阳虚证影像诊断学［J］．中国中西医结合影像学杂志，2010，05：478－480.

岳新．中医“治未病”思想在防治糖尿病及其并发症中的应用［J］．中国医学创新，2010，17：177－178.

龚弟明，王森，欧水平．《伤寒论》脾胃气机升降理论探讨［J］．中国医学创新，2010，33：117－118.

王君平王佩（王君平）．中药用量该多大［N］．人民日报，2010－01－21019.

山西省晋中市第三人民医院张英栋．麻黄剂临证“一剂知二剂已”的启示［N］．中国中医药报，2010－01－20004.

江苏省连云港市中医院曹青山．做中医有五难［N］．健康报，2010－02－24005.

太原市国际大都会社区卫生服务站负责人“李可古中医学术思想传承基地”山西地区负责人齐玉茹．传承古中医理论拯救古中医学说［N］．太原日报，2010－02－26009.

山西晋中第三人民医院张英栋．从医林故事看“广汗法”［N］．中国中医药报，2010－02－04004.

山西省大同市新建康医院周益新．浅析张仲景阿胶运用规律［N］．中国中医药报，2010－02－05004.

北京中医药大学梁永宣山西省中医研究院赵怀舟．仲景著作受日本学者重视［N］．中国中医药报，2010－02－25004.

山西省晋中市第三人民医院张英栋．《伤寒论》从汗论治瘙痒［N］．中国中医药报，2010－03－05004.

山西中医学院夏津滨．经方治疗胃溃疡［N］．中国中医药报，2010－03－08004.

浙江中医药大学连建伟．名中医成才之路［N］．中国中医药报，2010－03－03003.

湖南省常德市第二中医院吴忠文．《金匮玉函经》辨证新说［N］．中国中医药报，2010－03－12004.

河北医科大学中医学院董妍．论燥为阴邪［N］．中国中医药报，2010－03－24004.

卫生部中日友好医院冯世纶．如何掌握经方用药规律［N］．中国中医药报，2010－03－29004.

天津中医药大学罗根海．从《华佗传》看汉代权量［N］．中国中医药报，2010－04－07004.

洪文旭陕西省中医药研究院．《伤寒论》头痛证治辨析［N］．中国中医药报，2010－04－16004.

广西药科学校黄元金．中医治疗流感的魅力［N］．中国中医药报，2010－05－13008.

上海中医药大学陈凯先谢建群段逸山王庆其．仙风道骨精诚仁善［N］．中国中医药报，2010－05－07008.

濮阳市路氏中医药研究所路良宇．中医发展需要方向［N］．农村医药报（汉），2010－05－06019.

山西省晋中市第三人民医院张英栋．“令一时许”应是对发汗时间的要求［N］．中国中医药报，2010－05－19004.

高建忠山西中医学院第二中医院余晖首都医科大学附属北京中医医院．口疮屡见厥阴病［N］．中国中医药报，2010－06－07004.
上海中医药大学附属曙光医院内科蒋健教授．麻仁丸主夜尿数［N］．上海中医药报，2010－05－28007.
兰希文．经典名方应与临床实践相结合［N］．科技日报，2010－07－01009.
河北省清苑县中医院魏磊．芍药甘草汤加味止面神经痉挛［N］．中国中医药报，2010－05－14004.
邱志济．妙用仲景方锡纯方治坐骨神经痛［N］．中国中医药报，2010－06－16005.
山西省临汾市永旺脑病医院高允旺．经方验案2则［N］．中国中医药报，2010－06－18004.
河南省驻马店市第四人民医院毛进军．经典传承形式应多样化［N］．中国中医药报，2010－07－08003.
山西省晋中市第三人民医院张英栋．理中类方歌括类变心解［N］．中国中医药报，2010－05－31004.
陈铮．从“误汗”看《伤寒论》中的药物警戒观念［N］．中国医药报，2010－03－30B04.
中华中医药学会李致重．中医“助人一把”治甲流［N］．中国中医药报，2010－01－28004.
河北省叶县北大街卫生所朱国喜．中医腹诊理应继承和发扬［N］．中国中医药报，2010－03－12004.
河南省许昌市襄城县人民医院马家驹，张清范．应重视生姜的解表作用［N］．中国中医药报，2010－03－12005.
广州中医药大学第一附属医院华成坤．关于《伤寒论》所用人参的思考［N］．中国中医药报，2010－03－15004.
山西中医学院周然，李俊．全面把握中医本质实现中医创新发展［N］．中国中医药报，2010－03－29003.
章新亮江西省鄱阳县人民医院中医科．成药代替不了汤剂［N］．中国中医药报，2010－04－01003.
河南省驻马店市第四人民医院毛进军．准确辨方证活用经方［N］．中国中医药报，2010－04－12004.
钱超尘北京中医药大学．《汤液经法》奠定《伤寒论》基础［N］．中国中医药报，2010－04－22004.
高建忠山西中医学院第二中医院余晖首都医科大学附属北京中医医院．耳鸣病在少阳阳明［N］．中国中医药报，2010－06－02004.
山西省运城市紫苑中医老年病研究所张军．学好中医应学哲学重实践［N］．中国中医药报，2010－06－11003.
河南省洛阳市第一中医院李红亮．金匮肾气丸治慢性心衰［N］．中国中医药报，2010－06－11004.
河南省洛阳正骨医院张虹．骨伤科附子常用药对（3）［N］．中国中医药报，2010－06－11004.
湖北中医药大学戴天木．《金匮要略》风湿病辨治特色［N］．中国中医药报，2010－06－23004.
中国中医科学院广安门医院熊兴江．辨方证不同于辨证［N］．中国中医药报，2010－07－01004.
重庆市中医骨科医院刘渝松．金匮肾气丸治腰肌劳损［N］．中国中医药报，2010－07－05004.
上海市浦东新区南汇中心医院顾文忠，顾勇刚．张仲景寒热药共用组方规律探寻［N］．中国中医药报，2010－07－08004.
北京中医药大学聂惠民．张仲景治未病四层涵义［N］．中国中医药报，2010－07－12004.
河南省驻马店市第四人民医院毛进军．试释但见一证便是，不必悉具［N］．中国中医药报，2010－07－16004.
河北医科大学中医学院吕志杰．方证相对是辨证论治典范［N］．中国中医药报，2010－07－29004.
香港浸会大学中医药学院张文选．辨方证是高层次的辨证方法［N］．中国中医药报，2010－08－04004.
卫生部中日友好医院冯世纶．经方源自神农时代［N］．中国中医药报，2010－07－26004.
辽宁中医药大学附属医院张艳．桂枝在经方中的应用［N］．中国中医药报，2010－07－30004.
江西省卫生厅程兆盛．造就名中医的7大要素［N］．中国中医药报，2010－08－09003.
中国中医科学院广安门医院鲍艳举，吕文良，花宝金．《伤寒论》三阴三阳位序体现经方发展史［N］中国中医药报，2010－08－18004.
河南省驻马店市第四人民医院毛进军．学用经方须重视腹诊［N］．中国中医药报，2010－08－23004.
山西中医学院第二中医院高建忠．在接纳分歧中学习经典［N］．中国中医药报，2010－08－23004.

河南中医学院孟长海．李振华呼吁：建立中医传染病防治机构［N］．中国中医药报，2010－08－26003.

山西中医学院第二中医院高建忠．中医不可能十人一方［N］．中国中医药报，2010－08－26004.

记者高新军．河南南阳发展中医药主打“仲景牌”［N］．中国中医药报，2010－09－29001.

中医学术流派如何传承［N］．健康报，2010－09－15005.

河北医科大学中医学院王兵，刘少灿．跨越时空的对立相承［N］．中国中医药报，2010－09－02004.

方宁卿立金李荣凡人．疗效是中医药的生命线［N］．中国中医药报，2010－09－03001.

山西中医学院第二中医院高建忠．经典之用更在于熏陶［N］．中国中医药报，2010－09－03004.

河北省中医药研究院曹东义．完整继承仲景学术［N］．中国中医药报，2010－09－03004.

北京聚医杰医药科学研究院江淑安．应用炙甘草汤体会［N］．中国中医药报，2010－09－09004.

吴熙潘丽贞李健．浅述《金匮要略》妇人篇特色［N］．中国中医药报，2010－09－15004.

山西省晋中市第三人民医院张英栋．仲景为何以杏仁代麻黄［N］．中国中医药报，2010－09－20004.

王海亭．金匮肾气丸治验新用法［N］．中国中医药报，2010－09－20005.

山西省晋中市第三人民医院张英栋．《伤寒论》三阴三阳指病位［N］．中国中医药报，2010－09－29004.

山西省晋中市第三人民医院张英栋．把握经方汗法之度［N］．中国中医药报，2010－09－10004.

谢金箫．巧治府台千金［N］．中国县域经济报，2010－09－27003.

记者冯磊．南阳弘扬“仲景健康”文化力推中医［N］．中国中医药报，2010－10－18001.

冯磊．医圣故里中医药处处飘香［N］．中国中医药报，2010－10－22002.

湖南省湘乡市中医医院王赐华．从药味数看超大处方之弊端［N］．中国中医药报，2010－10－13004.

卫生部中日友好医院冯世纶．柴胡桂枝干姜汤方证考［N］．中国中医药报，2010－09－27004.

谢金箫．张仲景与娇耳［N］．中国县域经济报，2010－09－30003.

山东中医药大学皋永利．临床成果推广遇到的坎［N］．健康报，2010－11－24005.

河南省驻马店市第四人民医院毛进军．经方治重症药量须适宜［N］．中国中医药报，2010－11－03004.

山西中医学院第二中医院高建忠．从多角度诠释经典［N］．中国中医药报，2010－11－05004.

山西省晋中市第三人民医院张英栋．广汗法治疗银屑病基本问题辨析［N］．中国中医药报，2010－11－10004.

山西省晋中市第三人民医院张英栋．从剂量比看经方应用［N］．中国中医药报，2010－11－12004.

卫生部中日友好医院冯世纶．症状反应是经方辨证的主要依据［N］．中国中医药报，2010－11－24004.

北京中医药大学钱超尘．研读宋本《伤寒论》宜参淳化本［N］．中国中医药报，2010－11－25004.

山西中医学院冯文全．圆机活法用经方［N］．中国中医药报，2010－11－25004.

卫生部中日友好医院冯世纶．半表半里概念产生于汉代［N］．中国中医药报，2010－11－29004.

中国中医科学院范铁兵高俊峰．浅析《金匮要略》建中汤［N］．中国中医药报，2010－12－01004.

中国中医科学院广安门医院心内科熊兴江．论方证对应中证之内涵［N］．中国中医药报，2010－12－06004.

冯磊．传承仲景学术改革办学模式［N］．中国中医药报，2010－12－23002.

山东省聊城市第四人民医院刘冠军．温病乃《伤寒论》之阳明病［N］．中国中医药报，2010－12－10004.

河南省尉氏县第三人民医院马冠军．无证可辨是中医发展创新的契机［N］．中国中医药报，2010－12－23004.

中国中医科学院广安门医院熊兴江．柴胡加龙骨牡蛎汤方证辨析［N］．中国中医药报，2010－12－10004.

曲焱．加强中医内涵建设［N］．中国中医药报，2010－12－16002.

聂恒浩．丹参对心肌梗死的缺血心肌保护作用研究进展［J］．中国医学创新，2011，28：151－152.

傅延龄，杨琳，宋佳，蔡坤坐．论方药的服量［J］．中医杂志，2011，01：8－11.

宋建平，王剑锋，谢忠礼，徐敏，赵云芳，张瑞．案例式教学法在中医《金匮要略》等课程的应用［J］．中医药管理杂志，2011，01：47－49.

郭会兰．桂枝汤类方治疗疼痛证治规律浅探［J］．中国民间疗法，2011，01：5－6.

刘杰，林闽．浅谈“卫强营弱”与“营卫不和”［J］．中医杂志，2011，04：353－354.

魏聪，贾振华，袁国强，吴相春，高怀林．营卫学说历代沿革及其在“脉络－血管系统病”防治中的应用［J］．中国中医基础医学杂志，2011，01：26－28.

叶险峰，刘明，李成文．刘茂林治疗杂病经验举隅［J］．中国中医基础医学杂志，2011，01：113－114＋45.

史月君，李波，宋顺鹏，占城，朱英华，李乔．经典方在皮肤科应用举隅［J］．中国中医基础医学杂志，2011，01：115－116.

魏长江．何永发应用当归四逆汤临床经验［J］．实用中医药杂志，2011，02：117.

于海洋，寇瑞艳．中医验方治疗急重症［J］．中国医药指南，2011，02：127－128.

贺敬波．《伤寒论》中的甘草运用规律探讨［J］．现代中西医结合杂志，2011，03：342－343.

钱超尘．《伤寒论》台湾故宫本及日本内阁本、安政本比较研究（一）——赵开美墓表与台湾故宫本《伤寒论》［J］．中医药文化，2011，01：38－43.

张丽，谷松．浅谈《伤寒论》中“颇”字含义［J］．中医药文化，2011，01：55－56.

陆翔．时逸人伤寒温病观探析［J］．中医杂志，2011，04：278－280.

董秋平．麻黄、附子、桂枝在关节痛治疗中的作用［J］．中国当代医药，2011，02：89＋92.

孙建国．桂枝二越婢一汤合玉屏风散应用举隅［J］．实用中医药杂志，2011，02：124－125.

赵林华，连凤梅，姬航宇，周强，夏乐，仝小林．仝小林教授运用不同剂量葛根芩连汤治疗2型糖尿病验案［J］．中国实验方剂学杂志，2011，04：249－251.

刘硕，张明雪．历代中医治疗心律失常小考［J］．中国社区医师（医学专业），2011，03：139.

白娟，舒静娜，徐巧，宓恩娜．茵陈蒿汤的药理研究进展［J］．浙江中西医结合杂志，2011，01：64－67.

鸣．中医方证关系研究的新思考［J］．中医杂志，2011，03：181－183.

张仕玉．附子汤治疗寒湿痹证的体会［J］．光明中医，2011，02：356－357.

董纪林．《重订通俗伤寒论》与甲型H1N1流感的治疗［J］．中华中医药杂志，2011，02：223－224.

半夏泻心汤加味治疗慢性胃炎78例［J］．光明中医，2011，01：105－106.

王见义，曹飞．张云鹏临床妙用附子经验撷萃［J］．中华中医药杂志，2011，02：300－301.

储水鑫．经方治疗消化道肿瘤经验［J］．中华中医药杂志，2011，02：305－307.

薛晓焕，宋俊生，熊俊，高岑，周煜凡，商铁刚．《伤寒论》方系统评价/Meta分析的研究进展［J］．辽宁中医杂志，2011，02：370－373.

周炜，王丽平，张其慧．许彭龄主任医师治疗肝阳上亢型眩晕经验［J］．北京中医药大学学报（中医临床版），2011，01：35－36.

孙晓光，彭越．从《临证指南医案》看叶天士运用麦门冬汤的经验［J］．北京中医药大学学报（中医临床版），2011，01：37－38.

李杭洲，肖相如．《伤寒论》中少阳与少阴主枢的关系［J］．安徽中医学院学报，2011，01：1－2.

郝建平，李晓丽．大黄䗪虫丸治疗子宫肌瘤探析［J］．光明中医，2011，01：164－165.

李淼，白正勇．“截断疗法”在“土燥水竭证”中的应用对后世的影响［J］．辽宁中医药大学学报，2011，02：94－96.

吴斌龙．桂枝汤方证发微［J］．辽宁中医药大学学报，2011，02：99－100.

孙凤平，谢春光，钞建锋．金匮肾气丸治疗消渴病的机理及使用误区［J］．辽宁中医药大学学报，2011，02：124－125.

李云海．《金匮要略》肺病治法探析［J］．光明中医，2011，02：198－199.

赵睿霆，张国强，马维琪．《伤寒杂病论》中“察舌辨证”内容之分析［J］　光明中医，2011，02：

201－202.
苗建英．浅析《伤寒论》方药的煎服方法［J］．光明中医，2011，02：202－203.
马伟辰．陈伯坛关于三阴三阳的解释［J］．光明中医，2011，02：205－206.
田伟，张玉辉．柴胡剂治疗脊髓损伤后发热临证心得［J］．辽宁中医药大学学报，2011，02：178－179.
周刚，张朝晖．ICU 中应用葶苈大枣泻肺汤治疗危重症［J］．辽宁中医药大学学报，2011，02：180－181.
李大治，胡光宏．读《伤寒论》治泻九法［J］．光明中医，2011，01：20－21.
李斌．“阳微阴弦”当从气虚痰瘀论［J］．光明中医，2011，01：21－22.
贾丽丽，张保伟，谢忠礼．《伤寒论》“顿服”刍议［J］．光明中医，2011，01：23－24.
任鸿义．《伤寒论》“浮脉”主病小议［J］．光明中医，2011，01：24.
张存悌．前人有关重阳的观点［J］．辽宁中医杂志，2011，01：150－151.
刘丽军．《伤寒论》第 57 条辨析［J］．光明中医，2011，01：25.
刘启泉，杨卓杰，张晓利，杨威涛，曹鹏飞．痞满证治验举隅［J］．辽宁中医杂志，2011，01：158－159.
宾春艳．朱卓夫老中医治疗闭经的经验［J］．中医药导报，2011，01：11－12.
杨玲玲，纪立金，李凌空，张洁，梁海凌．从肺与大肠相表里看仲景妙用杏仁［J］．辽宁中医杂志，2011，02：247－249.
何赛萍．伤寒论“三式合一”教学模式探讨［J］．中医教育，2011，01：40－41＋43.
李赛美，王保华，方剑锋．传承中医经典，促进学术创新——第九期全国经方临床运用高级研修班述要［J］．中医药通报，2011，01：30－33.
王军民．咽异感症中医证治体会［J］．中医研究，2011，02：53－55.
李玲．许叔微及其《伤寒百证歌》［J］．中医研究，2011，02：78－80.
王聪，史锁芳．史锁芳教授治疗急性病毒性上呼吸道感染发热的经验［J］．吉林中医药，2011，02：103－104.
徐姗姗，姜冬云．从《伤寒论》第 279 条谈脾虚便秘的治疗［J］．四川中医，2011，03：61－62.
李荫龙，邢淑丽．《金匮要略》脉学探骊［J］．四川中医，2011，03：64－65.
杨家合．黄芪桂枝五物汤合当归四逆汤治疗血痹 83 例［J］．云南中医中药杂志，2011，01：39.
韩春兴．小柴胡汤临床应用举隅［J］．实用中医药杂志，2011，03：198－199.
皮后炎．薏苡仁配附子治疗寒湿性疼痛［J］．中医杂志，2011，05：432－433.
田在善，吴咸中，王兴民．大承气汤在《伤寒论》和温病学中大黄剂量差异析因与实量计算［J］．天津中医药，2011，01：39－41.
曲洪涛．中药直肠静点在临床上的应用［J］．中国现代药物应用，2011，02：51－52.
郑亮，王媛媛．《金匮要略》“治未病”思想体会［J］．中国中医药现代远程教育，2011，02：17－18.
柴瑞震．《伤寒论》桂枝汤三禁和麻黄汤九禁之应用研究［J］．中医药通报，2011，01：9－11.
尤强，张国琼．张仲景《金匮要略方论》寒热药物配伍临床应用简析［J］．中医药通报，2011，01：12－14.
桑红灵．田玉美教授运用温肝理气活血法治疗妇科疾病的临床经验［J］．中医药通报，2011，01：20－22.
余天泰．论扶阳学派理论基础与核心思想［J］．中医药通报，2011，01：23－25.
黄国芳，任海燕，叶金连．半夏泻心汤应用举隅［J］．山东中医杂志，2011，02：129－130.
徐春丽，门九章．门九章教授用金匮肾气汤治疗消渴的经验［J］．中国中医药现代远程教育，2011，02：21－22.
蔡皎皓，庄海峰，沈建平．张仲景《伤寒论》桂枝汤类方配伍解析［J］．中华中医药学刊，2011，03：621－622.
张瑾．“但头汗出”五十余年治验 1 则［J］．陕西中医，2011，02：233.
李超英．《伤寒论》方奇效摘英［J］．中外医学研究，2011，03：53－54.
林大勇，王树鹏，傅海燕，钱超尘．3 种不同版本的翻刻宋版《伤寒论》比较研究［J］．吉林中医药，2011，02：173－175.

徐喆，王兴华．《伤寒例》略探［J］．吉林中医药，2011，02：177－178.

张保国，刘庆芳．半夏泻心汤现代研究与临床应用［J］．中成药，2011，02：318－321.

王志甫，翟磊，郝毅，蔡文，徐非，袁兵，高魁．高惠然老中医无创透析法治疗慢性肾衰竭的临床研究［J］．中医药学报，2011，01：30－34.

周文祥．四逆散临床治验3则［J］．中医药学报，2011，01：36－37.

王非，李汪洋，闫秀君．《辅行诀五脏用药法要》的来源及医学价值［J］．中医药学报，2011，01：46－47.

蓝忠仁，谢茂源，林峻生．浅谈《伤寒贯珠集》［J］．吉林中医药，2011，01：83－85.

刘玉良，张立文．论《伤寒论》定量辨证中的以脉定量［J］．中医杂志，2011，05：367－370.

吕嵘，黄玮，章忱，刘艳，顾燕频，郭炜，卫洪昌．不同中医治法对异丙肾上腺素致大鼠心肌肥大的比较研究［J］．中西医结合心脑血管病杂志，2011，02：194－196.

潘校诚，王勇．论陈修园治中风用药特色［J］．中国中医急症，2011，02：278－279.

孙宏文．读经方再论桂枝汤的扩展应用［J］．现代中西医结合杂志，2011，07：857－858.

刘敏，闫军堂，李宇航，刘振权，李宝城，李成卫，郭少英．《伤寒论》竹叶石膏汤“竹叶二把”考辨［J］．中华中医药学刊，2011，03：478－479.

朱超，常凤玲．半夏泻心汤临床应用举偶［J］．四川中医，2011，03：121－122.

周莉．运用《伤寒论》半夏泻心汤加减验案二则［J］．四川中医，2011，03：122－123.

叶建红，陈维．小柴胡汤证分析及临床应用体会［J］．云南中医中药杂志，2011，01：24－25.

黄卫枢．浅论桂枝汤（附3例分析）［J］．中国社区医师（医学专业），2011，07：164.

赵才兴．桂枝汤加味治疗汗证156例疗效观察［J］．中外医学研究，2011，04：99－100.

姚耿圳，邹旭．试论茯苓四逆汤证［J］．中国中医药现代远程教育，2011，02：13－14.

李安祥．金匮肾气丸的五点思考［J］．中医药通报，2011，01：7－8＋37.

董虹，吴伟，马峥，吕娟，张涛，穆祥，许剑琴．木槟硝黄散的急性毒性及药效学试验［J］．中国兽医杂志，2011，01：52－54.

许翠萍，李震，宋洁，张丹，朱庆均．补肾中药对肾阳虚小鼠肾上腺细胞形态学的影响［J］．山东大学学报（医学版），2011，02：67－70.

刘妍，张平，李明，齐放，尹琳琳，王义周，寇爽，郑琦，赵晖，王蕾．补肾方对实验性自身免疫性脑脊髓炎小鼠T辅助细胞1，17和调节性T细胞的影响［J］．中国实验方剂学杂志，2011，03：116－120.

朴恩希，谷浩荣，贾春华．五苓散方证与猪苓汤方证辨析［J］．吉林中医药，2011，01：63－65.

张智儒．肾气丸的后世发展及临床运用［J］．中国民间疗法，2011，02：67－68.

史欣德．桂枝汤及其类方的合方运用体会［J］．上海中医药杂志，2011，03：22－24.

谭孝清．二加龙骨汤应用举隅［J］．上海中医药杂志，2011，03：25－26.

郑晓梅，代宏勋，黄宗文，林火真，张绍英，张庆．西药联合金匮肾气丸治疗代谢综合征肾损害临床观察［J］．实用中医药杂志，2011，03：174－175.

贾丽春．射干麻黄汤加味治疗小儿喘息性支气管炎28例［J］．中国乡村医药，2011，02：49.

李小龙，王卫东．建立具有中医特色“特区医院”的构想［J］．医院管理论坛，2011，02：21－23.

盖沂超，张妙兴．构建中医经典课程网络交流平台的探索［J］．湖南中医杂志，2011，01：91－92.

李敏，储全根，金锋．清代医家以运气治伤寒的学术思想浅述［J］．中医药临床杂志，2011，01：69－71.

宋瑞芳．《伤寒论》腹诊方法与应用［J］．甘肃中医，2011，03：7－8.

缪春润．旋覆代赭汤临床治验4则［J］．江苏中医药，2011，03：57－58.

孟庆宏，王常松，傅晓晴，刘清华，俞洁，闵莉．蛋白质组学技术引入中医证理论的可行性研究［J］．中医学报，2011，02：170－172.

田瑞曼．从《伤寒论》少阳病治禁浅议“柴胡证”［J］．中医学报，2011，02：173－174.

赵春雨．金匮肾气丸加减治疗腰椎间盘突出症20例［J］．长春中医药大学学报，2011，01：109.

夏军权．仲景脾胃学说临证启迪［J］．辽宁中医药大学学报，2011，03：14－15.

任灵贤．《伤寒杂病论》与《辅行诀》《汤液经》《内经》关系探究［J］．辽宁中医药大学学报，

2011，03：67－69.
王桂芝．悬饮证的诊治及临床经验［J］．哈尔滨医药，2011，01：44.
颜纯淳，刘更生．《名老中医之路》97位名医诵读经典分析［J］．江苏中医药，2011，03：73－74.
郑晓梅，代宏勋，黄宗文，林火真，张绍英，张庆．补肾法治疗糖尿病肾损害随机对照临床试验［J］．中国中西医结合肾病杂志，2011，01：53－54.
柴瑞震．《伤寒论》浮脉研究［J］．河南中医，2011，02：105－107.
肖相如．“解肌”不仅仅是解除肌表之邪［J］．河南中医，2011，02：108.
朱云，杨涛．从《伤寒论》厥阴病证治看甲状腺功能亢进症腹泻［J］．河南中医，2011，02：109－110.
陈甲秀，吴均华．经方运用二则［J］．河南中医，2011，02：123－124.
赵怀琮，赵蕾．柴胡桂枝汤临床新用［J］．湖南中医杂志，2011，01：69.
温晶，张国骏．对《伤寒论》中“一过性”的思考［J］．湖南中医杂志，2011，01：86－87.
吕志杰，班光国，朱小静．《伤寒论》中有“温病”论［J］．北京中医药大学学报，2011，02：95－97＋110.
康凤龙，康永娟．《伤寒论》六经病“欲解时”刍议［J］．甘肃中医，2011，02：3－4.
徐永福，季金文．对《伤寒论》中四逆汤和通脉四逆汤的点滴体会［J］．中国民族民间医药，2011，02：69.
邓瑜，宿绍敏．麻黄附子细辛汤临证新用四则［J］．中国民族民间医药，2011，03：92.
刘飞飞，季金文．一物瓜蒂汤证治浅析［J］．长春中医药大学学报，2011，01：67.
李成文，马艳春，王琳．宋金元时期方剂学发展特点探讨［J］．中华中医药杂志，2011，03：437－441.
金素安，郭忻．升麻功用演变［J］．湖南中医杂志，2011，01：88－89.
刘欣，兰金美，李冬梅．金匮肾气丸对肾阳虚小鼠血浆内皮素一氧化氮含量的影响［J］．辽宁中医药大学学报，2011，03：186－188.
刘敏，陈萌，王庆国．从我校国家级伤寒论精品课程看课程建设的关键要素［J］．中医教育，2011，01：10－12＋25.
桑咏梅，丁振铎．D－101型大孔树脂对三萜类成分的吸附性能研究［J］．哈尔滨商业大学学报（自然科学版），2011，01：12－16.
郜文辉．《伤寒论》教学方法与体会［J］．中国中医药现代远程教育，2011，03：6－7.
刘学慧，赵有利．柴胡桂枝汤临床治验三则［J］．中医药信息，2011，02：40－41.
李敬孝，杜婷婷．李敬孝教授运用经方治疗胸痹验案举隅［J］．中医药信息，2011，02：41－42.
尚福林．桂枝系列方临证治验［J］．山西中医，2011，02：33－34.
宛晶晶，陈建国，马家驹，周永学．甘草泻心汤治疗复发性口腔溃疡的经验［J］．陕西中医学院学报，2011，02：66－67.
邢玉瑞．现代中医经典研究述评［J］．陕西中医学院学报，2011，02：1－4.
陈明霞，王瑞丽，荆朝霞，冷伟．浅析经方在中医辨体论治中的优势［J］．陕西中医学院学报，2011，02：7－8.
张世霞，邢宇红．试析仲景妙用六经辨治杂病［J］．山西中医学院学报，2011，01：9－10.
马占洋，马伟，牟慧琴．《伤寒论》下利证变法思维探析［J］．山西中医学院学报，2011，01：10－11＋15.
李长乐．升麻鳖甲汤治疗顽固性荨麻疹30例［J］．四川中医，2011，02：100.
张继，高建寰，郭福．牛黄解毒丸肛肠用药治疗痔源性便秘临床观察［J］．四川中医，2011，02：108.
唐荣华．炙甘草汤治疗脉结代心动悸的体会［J］．中国中医急症，2011，03：392－393.
杨晓军．中药配合针灸治疗前列腺术后尿失禁100例［J］．中国中医急症，2011，03：483－484.
王定奇．酸枣仁汤治疗冠心病失眠的体会［J］．中国中医药现代远程教育，2011，03：169－170.
钱超尘．日本安政本《伤寒论》［J］．中医文献杂志，2011，01：1－3.
郭强中，汪蓉，陈敏军．《伤寒论》中灸法禁宜的原理［J］．中医文献杂志，2011，01：51.
蔡新兰．小青龙汤加减治疗咳喘病［J］．新疆中医药，2011，01：89－90.

杨硕，吴文尧，徐丽．六经辨证在针灸临床治疗中的应用举隅［J］．现代中医药，2011，02：2－3.
孙达志．《伤寒论》中复杂病机证侯的辨治特点分析［J］．陕西中医学院学报，2011，02：18－19.
董正华，赵天才，杨轶．从《金匮要略阐释》体会杜雨茂教授杂病诊治特色［J］．陕西中医学院学报，2011，02：29－31.
张永全．苦酒汤治失音1例［J］．新中医，2011，03：33.
陈云龙，陈祖华，林研研，黄建红，陈祖杰．茶疗法治疗勃起功能障碍合并高脂血症疗效观察［J］．中国性科学，2011，03：17－18.
李剑峰，吴亚琳．甘草附子汤临床应用探讨［J］．云南中医学院学报，2011，01：43－44＋47.
黄春华，聂容荣，陈婉民，苏巧珍．桂枝加桂汤治疗植物神经性癫痫验案1则［J］．中国中医急症，2011，03：499.
黎孝平．冠心病证治体会［J］．中国中医急症，2011，03：503－504.
杨妙娟，赖亚云．中药灌胃治疗急性胰腺炎临床观察及护理［J］．中国中医急症，2011，03：507.
刘玉玮．中医古代文献中的中药丸剂理论［J］．时珍国医国药，2011，01：250－261.
刘丽军．脾约与麻子仁丸证治辨析［J］．陕西中医学院学报，2011，02：69－70.
李燕．吴茱萸汤临床应用体会［J］．中国中医药现代远程教育，2011，03：95.
王金山．苓桂术甘汤新用［J］．中国中医药现代远程教育，2011，03：96.
刘秀萍，张建英，楚更五．当归散考释［J］．云南中医学院学报，2011，01：57－60.
陈锐．小青龙加石膏汤临床新用［J］．中国社区医师，2011，10：16.
刘翠娥，徐莲芝．“治未病”理论在艾滋病防治中的指导意义及应用前景探讨［J］．中医学报，2011，03：257－258.
赵娟，周春祥．《伤寒论》药物炮制研究［J］．河南中医，2011，03：209－210.
龚翠芬，乔小利，魏金花，王志英，李伟．糖尿病下肢血管病变的治疗进展［J］．河北中医，2011，02：305－307.
李重阳，李攀峰，李永丽．深入学习科学发展观发展中医药事业［J］．中国中医药现代远程教育，2011，05：111.
邓剑兰，刘建国．甘草泻心汤在口腔科的应用［J］．中国中医药信息杂志，2011，03：88－89.
段赟，李雪松，夏小军．夏小军用柴胡桂枝汤治疗唾血并发蛇串疮1例［J］．中国中医药信息杂志，2011，03：97.
傅世杰．冠心病辨治体会［J］．中国现代药物应用，2011，04：199.
陈建伟．浅谈辨效法在《伤寒论》中的应用［J］．中国中医药现代远程教育，2011，04：5－6.
祝卫．古方今用治疗慢性咽炎300例［J］．中国中医药现代远程教育，2011，04：40.
任凤梧．浅谈小柴胡汤临床应用［J］．中国中医药现代远程教育，2011，05：82－83.
刘贺亮，陈长生，秦军，杨波，秦卫军，张更，袁建林．金匮肾气丸对肾阳虚证雄性大鼠生精细胞中凋亡相关蛋白Bcl－2、Bax的影响［J］．中国组织工程研究与临床康复，2011，11：2038－2041.
姚兰．桂枝加附子汤临床应用［J］．中国中医药信息杂志，2011，02：88.
陈魏俊．武威汉代医简方药药理分析四则［J］．中华医学图书情报杂志，2011，02：79－81.
刘洪涛．中老年人便秘的治疗方法［J］．医学信息（中旬刊），2011，03：982
姚荷生，姚梅龄．《伤寒论》证候分类纲目——太阳变证（续八）［J］．江西中医药，2011，02：3－7.
欧阳谦，徐文胜．基层军医学习中医的几点体会［J］．海军医学杂志，2011，01：44－45.
田密，王凤荣．从“阳微阴弦”论治冠心病探析［J］．实用中医内科杂志，2011，01：28－29.
赵宏阳．半夏治疗胸痹及各种急症的依据及功效［J］．实用中医内科杂志，2011，01：78－79.
王旭荣，毛兴兵．《伤寒论》太阳伤寒“衄解”解［J］．实用中医内科杂志，2011，02：15－16.
张国强．《金匮要略》中肺系病类证浅析［J］．实用中医内科杂志，2011，02：16－18.
张红霞，王旭荣．《伤寒论》中药食并用探析［J］．实用中医内科杂志，2011，02：19.
杨坤，李铁．小青龙汤中细辛巧配五味子考释［J］．实用中医内科杂志，2011，02：89.
阚湘苓．浅议六经表证的辨证论治［J］．浙江中医药大学学报，2011，02：142－144.

张爱国．《伤寒论》“病有发热恶寒者发于阳也”之浅见［J］．承德医学院学报，2011，01：50－51.
陈永灿．桃花汤并非温涩之剂［J］．浙江中医药大学学报，2011，02：138＋141.
杨星福．浅述《伤寒论》中的治未病思想［J］．中医临床研究，2011，04：55.
潘校诚，王勇．论治病以开张邪路为要［J］．中医临床研究，2011，03：78＋81.
黄学仙，王芹．半夏泻心汤治疗脾胃病的体会［J］．中医临床研究，2011，04：37.
部爱贤，王立国．仲景《伤寒论·少阴病》针灸观探析［J］．中医临床研究，2011，04：41－42.
房莉萍，丛鹏．小青龙汤与苓甘五味姜辛汤的临床辨治鉴别［J］．中医临床研究，2011，02：19.
陈有源，张定华．浅析《伤寒论》芍药方剂的应用［J］．中医临床研究，2011，02：77.
王建伟，马勇，周玲玲，尹恒，周信，张亚峰，徐兵，王庆．金匮肾气丸联合葡萄糖酸钙对去势大鼠骨质疏松的影响［J］．中国骨质疏松杂志，2011，01：60－63.
陈国成．张仲景在汗法中顾护正气的思路探讨［J］．国医论坛，2011，01：4－5.
陈莉，李巧兰．“但见一症”即用小柴胡汤验案5则［J］．国医论坛，2011，01：6－7.
潘强，柏江峰，曲丹．半夏泻心汤证与方探讨［J］．国医论坛，2011，01：3－4.
荀萍，罗云波．方证对应与辨证论治关系探讨［J］．国医论坛，2011，01：16－18.
王三虎．名医楷模——王叔和［J］．医学争鸣，2011，01：16－17.
曾朝英．读《经方实验录》的体会［J］．内蒙古中医药，2011，03：84.
莎玫．试论《伤寒论》中的治肝之法［J］．内蒙古中医药，2011，03：84－85.
郭进海．对“血不利则为水”的运用体会［J］．内蒙古中医药，2011，04：16.
王俊英．当归芍药散的临床应用举隅［J］．内蒙古中医药，2011，04：19－20.
孙鹏．浅谈半夏在仲景方剂配伍中的作用［J］．中国民间疗法，2011，03：9－10.
程斌，周爱珍，李文兰．金匮肾气丸醇提物HPLC特征指纹图谱的研究［J］．中国实验方剂学杂志，2011，06：63－65.
许亚兵，陈有明．《伤寒论》预后辨证临床应用研究［J］．光明中医，2011，03：428－429.
吴仕俊．张仲景《伤寒论》治疗头痛浅析［J］．光明中医，2011，03：430－431.
余尚贞，石青，吕小亮．拓展梅国强《伤寒论》方经验在头痛的运用［J］．光明中医，2011，03：436－437.
陈磊，杨思华．“见肝之病，知肝传脾，当先实脾”在治疗肝病中的应用［J］．光明中医，2011，03：468－469.
杨东方，刘平，周明鉴．《四库全书·医家类》的几个问题［J］．安徽中医学院学报，2011，02：13－16.
乔林凤，辛文华．经方临证实践点滴［J］．医学信息（上旬刊），2011，04：2115－2116.
方春龙，郭宏敏．全身炎症反应综合征与行气通腑理论关系分析［J］．山东中医药大学学报，2011，02：125－126.
钱超尘．《伤寒论》台湾故宫本、日本内阁本、安政本比较研究（二）——内阁本是赵开美本翻刻本［J］．中医药文化，2011，02：44－48.
万文蓉，谢怡琳．小青龙汤合葶苈大枣泻肺汤治疗悬饮浅析［J］．浙江中医杂志，2011，03：214.
高克斌，梁亚红，薛淼，孙国强．中医药治疗失眠的研究［J］．医学信息（上旬刊），2011，04：2172－2173.
李小会．《伤寒论》急症证治探讨［J］．中国中医基础医学杂志，2011，03：259－260.
李松林．炙甘草汤治疗早搏21例［J］．中国疗养医学，2011，03：211－212.
梁琳，李浩．浅议《伤寒论》方“去滓再煎”［J］．中医杂志，2011，06：538－539.
徐翔峰，向珍蛹，曲环汝，田雨，苏励．苏励辨治强直性脊柱炎验案1则［J］．上海中医药杂志，2011，04：22－24.
李晓芳．古代医家治疗心悸十法［J］．中国民间疗法，2011，04：5－6.
蔡建彬．朱卓夫治疗吐泻的经验［J］．中国民间疗法，2011，04：11－12.
教富娥，丛科．吴茱萸汤治疗糖尿病胃轻瘫疗效分析［J］．中国误诊学杂志，2011，10：2339.
程生赋，程生林．真武汤临床应用举隅［J］．中国社区医师（医学专业），2011，09：165.

彭君梅，林怡，戴铭．钟远洋《伤寒括要》的学术思想及价值［J］．时珍国医国药，2011，03：687 - 688.

朱献金，陈杏良，李仕生．张仲景治疗心血管疾病探讨［J］．中国医药指南，2011，09：125 - 126.

刘树林，凌燕．麻黄升麻汤的临床应用［J］．中国当代医药，2011，09：99 - 100.

马亮，刘华剑，南亚昀，刘镘利，王南丁，陈艳秋，王宗仁，马静．金匮肾气丸对腺嘌呤致不育大鼠精子质量与肾脏功能的影响［J］．中国实验方剂学杂志，2011，08：184 - 186.

姜华，王永洲，胡君茹．金刚酒对肾阳虚大、小鼠模型的影响［J］．中国实验方剂学杂志，2011，08：211 - 214.

孙鸿昌，姜璐．小柴胡汤应用方法概览［J］．山东中医药大学学报，2011，02：114 - 116 + 126.

熊兴江，李海霞．柴胡类方方证运用体悟［J］．世界中西医结合杂志，2011，03：238 + 273.

魏洪玉，王泽颖．桃核承气汤研究概况［J］．中国实验方剂学杂志，2011，07：281 - 283.

姜波．古方今释——黄芪桂枝五物汤的临床运用［J］．医学信息（上旬刊），2011，04：2061 - 2062.

张保国，刘庆芳．茵陈蒿汤近年临床运用［J］．中成药，2011，03：502 - 505.

郭伟，郭杨志，杜娟．柯琴六经地面说浅释［J］．光明中医，2011，04：661 - 662.

张孝臣．自拟泽泻清晕汤治愈顽固性真眩晕66例［J］．光明中医，2011，04：705 - 706.

赵鸿汉，田辉，赵伟．厚朴生姜半夏甘草人参汤治疗腹胀100例［J］．光明中医，2011，04：715 - 716.

杨玉芬，张荣兰．半夏泻心汤治疗慢性胃炎60例［J］．光明中医，2011，04 737.

王英姿，刘小飞．艾灸结合穴位埋线调理阳虚体质［J］．光明中医，2011，04：758 - 759.

张腾，王四平，张拴成，吴中秋，李士懋．李士懋教授论血管性痴呆治疗［J］．河北中医药学报，2011，01：41 - 43.

王日光，匡兆年．尿崩症案治验一例［J］．光明中医，2011，04：803.

徐信义．挟热辨析［J］．辽宁中医药大学学报，2011，04：161 - 162.

蔡奇文，邱德华．当归四逆汤骨伤科疾病治验举隅［J］．长春中医药大学学报，2011，02：212 - 213.

胡承军，王兴华．青少年网瘾的中医治疗［J］．长春中医药大学学报，2011，02：223 - 224.

申莉鑫，黄继斌，张招娣．《伤寒论》中的“温病”溯源［J］．长春中医药大学学报，2011，02：318 - 319.

朱俊红，王学岭．《金匮要略》中的鉴别诊断［J］．长春中医药大学学报，2011，02：320 - 321.

刘柳．寒温融合派医家学术思想的研究现状［J］．长春中医药大学学报，2011，02：321 - 322.

梁琳，李浩．《金匮要略》汤液溶媒应用初探［J］．北京中医药，2011，03：195 - 197.

张谈，裘雯慧，王斌，郑军状，张迪蛟．张迪蛟“转大气”临床验案四则［J］．中华中医药杂志，2011，04：736 - 738.

刘凌云，谭胜国，黄仁伦．方证相应思想对拓展临床诊疗思维的意义探讨［J］．中医药导报，2011，03：15 - 16.

杨建，颜红．从《金匮要略》中探讨甘草的使用方略［J］．辽宁中医药大学学报，2011，04：124 - 125.

李红香，戴慎．中风病名探源［J］．辽宁中医药大学学报，2011，04：158 - 159.

赵黎．章楠《伤寒论本旨》学术思想浅析［J］．安徽中医学院学报，2011，02：10 - 13.

王凤珍．中西医结合治疗奔豚气临床观察［J］．疾病监测与控制，2011，04：235 - 236.

孔光一，赵岩松，严季澜，李杭州．少阳三焦膜系病机探讨［J］．北京中医药大学学报，2011，03：149 - 150 + 158.

王建芳，年莉．金匮肾气丸组方及衍变探析［J］．长春中医药大学学报，2011，02：293 - 294.

张萍．小柴胡汤在妇科的临床研究进展［J］．长春中医药大学学报，2011，02：313 - 315.

顾漫，柳长华，罗琼．汉代经方的源流及与医经的融合［J］．中医杂志，2011，08：633 - 637.

陈锐．戴丽三热病验案［J］．中国社区医师，2011，17：20 - 21.

陈锐．王季儒风温治验（一）［J］．中国社区医师，2011，18：21.

贾春霞，朱志红．中药保留灌肠在妇科病中的应用［J］．中国乡村医药，2011，04：78 - 79.

孟庆刚，杨军，周肆华．浅谈《伤寒论》中桂枝的应用［J］．新疆中医药，2011，02：3 - 5.

刘伟华．桂枝加龙骨牡蛎汤临床应用［J］．新疆中医药，2011，02：89－90.

史贵成．经方临床应用举隅［J］．新疆中医药，2011，02：91－93.

史春梅．乌梅丸加减治疗胃肠病举隅［J］．云南中医中药杂志，2011，03：39－40.

吴均华，陈甲秀．试论吴鞠通对《金匮要略》的发挥［J］．云南中医中药杂志，2011，03：92－93.

孟保平．韩忠义运用半夏厚朴汤的经验琐谈［J］．中国社区医师（医学专业），2011，13：29.

邢民军，刘远志．桂枝芍药知母汤辨证治疗类风湿关节炎体会［J］．中国社区医师（医学专业），2011，13：220－221.

马民，李德辉．调和营卫在《金匮要略》治疗虚劳病中的意义［J］．中国老年学杂志，2011，09：1707－1709.

刘维雍．浅谈八法在《伤寒论》中的应用［J］．中国民间疗法，2011，05：8－9.

李春星．麻黄附子细辛汤加味治疗虚寒型腰腿痛102例［J］．中国民间疗法，2011，05：49.

寇吉友，卫彦，杨福彪，杨龙．电针结合金匮肾气丸对良性前列腺增生大鼠前列腺中凋亡调控因子的影响［J］．中国民间疗法，2011，05：70－71.

贾建伟，郭丽颖．茵陈蒿汤加减方治疗慢性乙型重型肝炎临床分析［J］．中西医结合肝病杂志，2011，02：120＋122.

金伟孝．黄芪桂枝五物汤临床应用体会［J］．实用中医药杂志，2011，04：266.

杨登权，吴君，张其兰．古今录验续命汤应用体会［J］．实用中医药杂志，2011，04：268－269.

王辉武．从“伤寒最多心病”说起［J］．实用中医药杂志，2011，04：278－279.

李心俊．《伤寒论》治疗胃病方证及临床应用［J］．实用中医药杂志，2011，05：328－329.

杨强，黄进秋，卞嵩京．刘民叔先生学术思想撷菁［J］．中华中医药学刊，2011，04：692－695.

肖莉，叶放．论清化湿热瘀毒法是基于张仲景黄疸理论的重要治法［J］．中华中医药学刊，2011，04：733－734.

谭春雨，梁慧风，朱音，黄瑛，张宁，方力行．基于现代肝病范畴的张仲景临证医学思想研究［J］．中华中医药学刊，2011，04：805－807.

李宇铭．“辨证论治”的五种误用（下）［J］．中华中医药学刊，2011，04：878－880.

黄晓华，汪震，敖丽英，于峥，梁媛．《金匮要略》中“病痰饮者，当以温药和之”原意浅析［J］．中国中医基础医学杂志，2011，04：374＋378.

朴仁范．试论中医学对朝医体质学理论形成的影响［J］．中国中医基础医学杂志，2011，04：380－382.

赵静雪．张宁运用真武汤临证经验浅析［J］．中国中医基础医学杂志，2011，04：404.

郭延东．张仲景运用桂枝对药探析［J］．中国中医基础医学杂志，2011，04：430－431.

王静波，连建伟．《金匮要略》趺阳脉浮意义探析［J］．中国中医基础医学杂志，2011，05：473＋486.

宋延强，傅延龄．《伤寒论》桂枝汤、柴胡剂新说［J］．吉林中医药，2011，03：189－190.

孙磊，王兴华．《伤寒论》中的“三因制宜”［J］．吉林中医药，2011，04：284－285.

孙桥熔，严道南．严道南教授治疗变应性鼻炎经验介绍［J］．吉林中医药，2011，04：286－287.

李莉，王旭．糖尿病周围神经病变的中医药治疗研究［J］．吉林中医药，2011，04：310－312.

王淑颖．经方验案2则［J］．吉林中医药，2011，04：357＋374.

高丽芳，赵文霞．凉血活血法配合人工肝治疗淤胆型肝炎体会［J］．中国中医急症，2011，04：676－677.

王心东，张风梅，王杏，熊伟．难治性高血压的中医证治体会［J］．中国中医急症，2011，05：843－844.

魏冬梅，尹钢．浅析《金匮要略》中的寒热虚实辨证［J］．中医药通报，2011，02：9－10.

章增加．论膀胱（经）的生理功能及临床意义［J］．中医药通报，2011，02：29－31.

晏建立．心病治肝发微兼谈小柴胡汤加减治疗心绞痛［J］．中医药通报，2011，02：32－34.

陶春晖．《伤寒论》腹痛浅析［J］．中医药学报，2011，02：128－130.

冷治文．《伤寒论》“桂枝去桂加茯苓白术汤”之微见［J］．中医研究，2011，05：15－17.

魏冬梅，尹钢．浅析《金匮要略》中的寒热虚实辨证［J］．中医研究，2011，05：17－18.
陈可冀，蒋跃绒，谢元华．病证结合治疗观的过去与现在［J］．中国中西医结合杂志，2011，04：437－443.
马文娟．《金匮要略》烦证论治探微［J］．中国中医药现代远程教育，2011，06：6.
王阶，熊兴江．名医经验传承探索之路［J］．中医杂志，2011，07：545－549.
樊讯，王阶．《伤寒论》温阳七法浅析［J］．中医杂志，2011，09：726－728.
陈锐．瓜蒌枳实薤白桂枝汤、人参汤临床新用［J］．中国社区医师，2011，16：14.
陈锐．乌头赤石脂丸临床新用［J］．中国社区医师，2011，18：19.
马惠，石桂珍，宋慧英．半夏厚朴汤的临床应用［J］．中国冶金工业医学杂志，2011，02：251－252.
沈玉棠，彭丽园．麻黄附子细辛汤治验举隅［J］．浙江中医杂志，2011，04：285.
汪淼，凌丽，张飞宇．补肾丹对衰老模型大鼠脑海马组织 P53 基因表达的影响［J］．中华中医药学刊，2011，04：899－900.
郑兴刚，陶汉华．小柴胡汤证浅见［J］．中国中医基础医学杂志，2011，04：353－354.
曲道炜，李斌，林大勇．小论薤白［J］．吉林中医药，2011，04：362－363.
章浩军，范文东，林麟．姜附剂临床应用 6 则［J］．中医研究，2011，04：58－61.
丁沛，袁红霞．从桂枝汤推测经方之剂量［J］．中医杂志，2011，10：892－894.
张艳丽．白头翁汤治疗热痢［J］．中医学报，2011，04：491－492.
钱超尘．“日本安政本《伤寒论》”版本之考证［J］．河南中医，2011，05：441－444.
小高修司，冈田研吉，郭秀梅，牧角和宏，杨文喆，张再良．五苓散考［J］．河南中医，2011，05：445－447.
王宜健．《伤寒论》“气上冲”辨治体会［J］．河南中医，2011，05：448－449.
武鹏，李金田．试论《伤寒论》中的“天人相应”观［J］．河南中医，2011，05：450－451.
胡为斌．麻黄附子细辛汤加减治疗病态窦房结综合征 12 例［J］．河南中医，2011，05：463.
贾宏全．半夏泻心汤加减治疗胆汁反流性胃炎 52 例［J］．河南中医，2011，05：465－466.
李宇铭．论葛根汤属太阳伤寒代表方［J］．河南中医，2011，06：569－572.
丁肇卫．《金匮要略》“因”字用法辨析［J］．河南中医，2011，06：572－573.
王倩，闫颖．《金匮要略》黄疸病治疗探讨［J］．河南中医，2011，06：573－574.
连东辉，苗治国．五苓散辨［J］．河南中医，2011，06：575.
任才厚．桂枝汤治疗体虚感冒应重视煎服法（附 40 例临床报道）［J］．河南中医，2011，06：585－586.
吴礼兰．辨证治疗产后小便频数 27 例［J］．河南中医，2011，06：644.
滕磊，忻耀杰．《四圣心源》治疗鼻衄的辨治特点探微［J］．江苏中医药，2011，04：10－11.
马丙祥，雷爽．温阳法治疗儿科疾病验案 3 则［J］．江苏中医药，2011，05：59－60.
李凯平，李致重．麻黄升麻汤方证浅析［J］．江苏中医药，2011，05：79－80.
孙晓光，赵艳，彭越．从《临证指南医案》看叶天士运用复脉汤的规律［J］．北京中医药大学学报，2011，04：224－227.
路广林，张秋霞．聂惠民教授辨治胸痹临床经验探究［J］．北京中医药大学学报，2011，04：274－276.
李巨奇，贾晓林，沈创鹏．蓄血证六经辨治与卫气营血辨治探讨［J］．中国民族民间医药，2011，07：12－13.
张明俊，陈永灿．葛根芩连汤临床应用［J］．河南中医，2011，05：457－461.
李国庆．芍药甘草汤临床运用举隅［J］．河南中医，2011，05：461－462.
闫晓春，冯玉萍，马俊萍．麻黄临床配伍的应用及意义［J］．河南中医，2011，05：537－538.
田博，于越．桂枝芍药知母汤组方浅析［J］．江苏中医药，2011，05：81.
王海光．苓桂术甘汤的临床应用［J］．中国民族民间医药，2011，07：34.
苏小军，王玉萍，时吉萍，王文辉，张茂祥，姚军孝，何岳珍，沈世林．滋补肾精方对肾精不足证治疗机制的实验研究［J］．南京中医药大学学报，2011，03：257－259.
银赟，欧之洋．欧之洋治疗乳腺增生病经验［J］．河南中医，2011，05：468－469.

王琳．金匮肾气丸加味治疗消渴病68例［J］．实用中西医结合临床，2011，02：57－58.
胡承军，王兴华．《伤寒论》反佐治法应用举隅［J］．山东中医杂志，2011，04：273.
宋俊生，熊俊，高岑，薛晓焕，周煜凡，商铁刚．《伤寒论》方防治病症谱研究［J］．新中医，2011，04：105－107.
赵宏阳．祖国医学对“冠心病”的认识考析［J］．实用中医内科杂志，2011，03：47.
简洪志，臧力学．浅议少阳病的清法治疗［J］．四川中医，2011，05：32－33.
田在泉．《金匮要略》治肺挚要［J］．四川中医，2011，05：41－42.
田永衍，秦倩，徐勤磊，王庆其．仲景病证、方证、药证三位一体的辨证体系构建［J］．上海中医药杂志，2011，05：10－12.
贾春霞，朱志红．中药保留灌肠在妇科病中的应用概况［J］．世界中医药，2011，02：155－157.
王洪海．《伤寒论》附子汤复方环境下附子心毒性研究［J］．微循环学杂志，2011，02：94.
朱勇，张国骏．对《伤寒论》294条的解析［J］．天津中医药，2011，02：135－136.
姚佳音．《东医宝鉴》引证《金匮要略》内容考［J］．上海中医药大学学报，2011，02：23－24.
张再良．思考《伤寒论》和《金匮要略方论》——读《解读伊尹汤液经》有感［J］．上海中医药大学学报，2011，03：19－22.
姬航宇，仝小林，赵林华，宋军．《伤寒论》与《汤液经法》药物剂量溯源考［J］．上海中医药大学学报，2011，03：23－25.
周则旺，臧海洋．运用“血不利则为水”理论临证治验3则［J］．新中医，2011，04：154.
潘大为，陈利国．基于层次分析法建立中医方证耦合模型：以《伤寒论》桂枝汤类方证辨证规律为例（英文）［J］．中西医结合学报，2011，04：354－360.
项祺，项志兵．学《内经》做临床的重要意义及方法［J］．山西中医，2011，05：1－4.
张玲燕，路广晁．路广晁应用小陷胸汤临证经验举隅［J］．山西中医，2011，05：8＋10.
刘倩，黄梦哲，梁苹茂．梁苹茂运用桂枝汤类方治疗糖尿病和甲状腺功能减退症［J］．四川中医，2011，04：8－9.
臧超越，马晓峰．《金匮要略》惊发致四部病刍议［J］．四川中医，2011，04：47－48.
王使臻．廖平对医学古籍整理的贡献［J］．文史杂志，2011，03：71－73.
仇毅，王永瑞，黄飞，黄衍强．乌梅丸联合滋阴生血胶囊治疗骨髓增生异常综合征1例［J］．世界中医药，2011，02：135.
沈桂芹，于世家．《伤寒论》“主证”辨识［J］．实用中医内科杂志，2011，04：33－34.
林金华，林清溪．《伤寒杂病论》中对咳喘的治法、用药浅述［J］．实用中医内科杂志，2011，04：39－40＋43.
周广社．枳术汤临床应用体会［J］．陕西中医，2011，05：621.
王祎晟．刍议炙甘草汤［J］．陕西中医，2011，04：482－483.
龚小雪，陈继婷．“学生自讲，老师点评”在《金匮要略》教学中应用的初步尝试［J］．贵阳中医学院学报，2011，02：13－15.
唐瑜之．经方验案3则［J］．光明中医，2011，05：1027－1029.
高辉，杨丛旭，余仁欢．四逆散治疗慢性肾脏病3则［J］．光明中医，2011，05：1032－1033.
张杰．柴胡加龙骨牡蛎汤治疗神经内科疾病经验举隅［J］．光明中医，2011，05：1033－1035.
高芳．栀子豉汤治疗抑郁症的可行性探讨［J］．光明中医，2011，05：1066－1067.
韩华刚．从桂枝汤证浅析荣弱卫强之含义［J］．光明中医，2011，05：890－891.
李宇铭，姜良铎，李致重．张仲景与吴鞠通方药的剂量功效关系比较研究［J］．中华中医药杂志，2011，05：1009－1013.
林明欣，赵英英，朱章志．立足“首辨阴阳，再辨六经”浅析糖尿病论治［J］．中华中医药杂志，2011，05：1119－1122.
董树江，李玉强，李季．《金匮要略》方药治疗咳嗽变异型哮喘体会［J］．河北中医，2011，04：543－544.

钟柳娜，沈毅，关伟，孔繁飞，张炳厚．便秘辨治举隅［J］．北京中医药，2011，05：391－393.
张瑞彬．脏躁的临床辨治体会［J］．河北中医，2011，03：377－378.
疏欣杨，韩春生．经方临床应用举隅［J］．光明中医，2011，05：1042.
任灵贤．小柴胡汤问题探讨［J］．河北中医，2011，03：388－390＋403.
鲁珽，潘永明，冷晓霞，陈民利，寿旗扬，周卫民，陶涛，朱科燕．抗衰老汁对实验性肾阳虚小鼠免疫功能的影响［J］．甘肃中医学院学报，2011，02：8－11.
周晓洁，张永梅．脑卒中吞咽障碍的护理［J］．光明中医，2011，05：1054－1055.
郭明明，张文娟．扬州市中医院开展“四大经典”学习竞赛［J］．中国中医药现代远程教育，2011，07：93.
王惠君，陆小左．学经典架桥梁提高海外中医教学水平［J］．医学信息（中旬刊），2011，04：1567－1568.
李孝波．《伤寒论》教学中的潜在问题与反思［J］．中医教育，2011，03：22－24.
郑丰杰，孙燕，刘艳．基于建构主义学习理论的《伤寒论》多媒体课件设计［J］．中医教育，2011，03：31－33.
杨学，岳小强，彭文博，王丽娜，刘龙，彭昊．《伤寒论》立体化教学模式的探索与应用［J］．中医教育，2011，03：37－39.
杨宁．肝病实脾理论初探［J］．中国社区医师（医学专业），2011，11：9.
张弢．经方在儿科临床中的运用［J］．中医儿科杂志，2011，03：5－7.
刘春慧，程振芳，赵清树，王滨，董秋梅，任常胜，金星．《伤寒论》方君药组方规律理论研究［J］．中华中医药学刊，2011，05：1115－1116.
王华，薛丽君，刘运．《金匮要略》泽泻汤治疗晕车症［J］．中国中医药现代远程教育，2011，07：4.
申洁婷，吴煜，袁菊花，王连美．小柴胡汤治疗癌性发热体会［J］．中医杂志，2011，S1：47－48.
蔡元龙，梁凤云．薏苡附子败酱散治疗盆腔积液2例［J］．中国社区医师（医学专业），2011，16：167.
孟庆芳，李太峰，崔延昌．中成药为主治疗早期肝硬化疗效分析［J］．实用中医药杂志，2011，06：364－366.
翁双燕．经方治疗妇科疾患验案3则［J］．中国中医急症，2011，06：1004.
陈爱萍．桂枝汤治疗月经病临床运用心得［J］．浙江中医杂志，2011，05：373.
李杭洲，肖相如．《伤寒论》厥阴病中厥证的本质探讨［J］．吉林中医药，2011，05：385－387.
张丽艳，曲道炜．《伤寒论》治未病思想探微［J］．吉林中医药，2011，05 389－390.
胡承军，王兴华．太阳与少阴相兼及疑似症的治法探析［J］．吉林中医药，2011，05：393－394.
姜德友．《金匮要略》杂病辨治临床思维方法［J］．中华中医药学刊，2011，05：946－950.
宋少军，李学玉，宋昕，相昆．加味金匮肾气汤治疗老年性便秘疗效观察［J］．中国老年学杂志，2011，10：1906－1907.
彭鑫．中医学“疫病”概念研究［J］．中国中医基础医学杂志，2011，06：609－611.
刘稼，梁永林，李金田，李应存．敦煌遗书《辅行诀》小补泻汤数术思想研究［J］．中国中医基础医学杂志，2011，06：616－617.
许家佗，张志枫．舌面脏腑分属理论发展与舌苔理论形成探析［J］．中国中医基础医学杂志，2011，06：618－619.
石志坚．谈中医治疗法则［J］．中国社区医师（医学专业），2011，17：149.
胡明发．经方辨证论治慢性胃炎［J］．中国社区医师（医学专业），2011，10：235.
霍玉军．吴茱萸汤在疑难杂症中的应用［J］．中国社区医师（医学专业），2011，10：235－236.
谢菁，贾春华．《金匮要略》妇人产后腹痛的腹证探讨［J］．中华中医药学刊，2011，06：1414－1415.
马坤，阚湘苓．《伤寒论》或然症的加减用药规律［J］．吉林中医药，2011，05：453－454.
张国铎．《金匮要略》从寒热论治瘀血组方解析［J］．吉林中医药，2011，05：461－463.
许继宗，乔宪春，石玉君．从《辅行诀脏腑用药法要·汤液经图》看五行传变规律［J］．吉林中医药，2011，05：483－484.
侯养彪，孟翔，张再良．关于曹颖甫葛根汤证医案的思考［J］．吉林中医药，2011，05：485－486.
张慈，诸波，范炳华．膏摩疗法的临床应用进展［J］．中医外治杂志，2011，02：54－55.
张小平．小柴胡汤应用举隅［J］．中国中医急症，2011，06：1011.
庞英华．《内经》辨证论治思想探析［J］．亚太传统医药，2011，05：9－10.
季清华．桂枝茯苓丸加减在妇科病中的应用［J］．亚太传统医药，2011，05：45.
周建华．六经方证辨治痹证［J］．中国社区医师（医学专业），2011，17：159.
扈晓宇，张扬，张德雄．经方本源剂量治疗流行性感冒风寒证［J］．中国实验方剂学杂志，2011，13：230－234.
曾祥法，梅琼，梅国强．梅国强运用化痰活血法治疗冠心病经验［J］．中医杂志，2011，11：912－913.
张涛，陈明．反向格义与《伤寒论》六经研究［J］．中医杂志，2011，11：980－982.
马龙玲．麻黄附子细辛汤临证应用举隅［J］．中医杂志，2011，S1：43－44.
李胜志，赵元琛．肾气丸温补肾气探析［J］．中医药信息，2011，03：65－66.
杨春．从桂枝汤对汗液分泌的双向调节作用论治杂症体会［J］．中医研究，2011，06：59－61.
朱会清．小柴胡汤临床应用进展［J］．实用中医药杂志，2011，06：422－423.
梁西红．试论桂枝汤的立法思想［J］．吉林中医药，2011，05：464－465.
史美娟，赵换．黄芪桂枝五物汤与其配方颗粒对冻伤模型大鼠血液流变学对比研究［J］．中国药物与临床，2011，06：658－659.
何本阳．真武汤临床应用举隅［J］．中国中医急症，2011，06：1008.
宋小莉．半夏泻心汤研究思路探讨［J］．中国实验方剂学杂志，2011，13：285－286.
毛丽．当归芍药散在临床中的应用［J］．基层医学论坛，2011，11：333－334.
后立新．通过对乌梅丸的分析讨论五行学说在中医方剂学中的作用［J］．医学信息（中旬刊），2011，05：2212－2213.
张健，杨关林．试述胸痹心痛与脾胃辨证的关系［J］．辽宁中医药大学学报，2011，06：130－131.
高红勤．经方治验3则［J］．江苏中医药，2011，06：48－49.
潘万雄．桂枝汤治验4则［J］．江苏中医药，2011，06：52－53.
杨宏宝，范卫红，唐亚平，蔡光先．仲景已病防变思想在临床中的运用举隅［J］．辽宁中医杂志，2011，06：1198－1199.
陈丽．《伤寒论》方治疗肾病的体会［J］．中国民族民间医药，2011，09：98.
刘学义，张昌华．小柴胡汤加味治疗三叉神经痛145例疗效观察［J］．吉林医学，2011，16：3260.
曾江琴，蒋跃文．辨《伤寒论》“但头汗出”的证治［J］．湖南中医药大学学报，2011，05：3－5.
林大勇，傅海燕，曲道炜．赵刻本《仲景全书·伤寒类证》研究［J］．辽宁中医药大学学报，2011，06：107－108.
唐瑛，沈宏春，王科闯，张琦．浅议《金匮要略》消渴病的辨证论治体系［J］．江苏中医药，2011，06：73－74.
宋咏梅．古代医家治疗失眠要点之我见［J］．江苏中医药，2011，06：78.
王晶波，李竹英，王雪慧．麻黄汤的临床应用［J］．中国民族民间医药，2011，10：57－58.
郭来，郭天然，李向飞．颞顶叶脑出血表现精神神经症状与《伤寒论》太阳蓄血证［J］．中华中医药杂志，2011，06：1336－1338.
王见义，曹飞．张云鹏临床妙用附子经验撷萃［J］．中华中医药杂志，2011，06：1344－1345.
李宇铭，姜良铎．论桂枝去桂加茯苓白术汤去桂之意［J］．中华中医药杂志，2011，07：1578－1580.
张玉英．张仲景治疗呼吸病用药特点［J］．光明中医，2011，06：1095－1096.
王玉保．伤寒气机升降理论运用体会［J］．光明中医，2011，06：1098－1099.
吴聂，曹式丽．读《临证指南医案》论叶氏辩证思维［J］．光明中医，2011，06：1119－1120.
薛西林．以简约释“脾约”［J］．安徽中医学院学报，2011，03：1－2.
许霞．韩祗和论治阴黄组方配伍规律探微［J］．安徽中医学院学报，2011，03：5－6.

陈建国，马家驹，陶有强．经方独特理论体系的辨证观［J］．中华中医药杂志，2011，06：1286－1288.

许艳红．糖尿病视网膜病变的中医药治疗近况［J］．光明中医，2011，06：1230.

徐茂林．《伤寒杂病论》应用细辛的特点［J］．光明中医，2011，06：1270－1271.

韩召会，张水利，苏青华．《金匮要略》中钩吻的本草考证［J］．中国医药科学，2011，09：9－11.

杨娜，张德宪．金匮肾气丸结合洛丁新治疗阴阳两虚型糖尿病肾病临床观察［J］．山东中医药大学学报，2011，03：232－234.

刘永．《名医类案》痞满案例证治特点分析［J］．世界中医药，2011，03：243－250.

李静，杨志旭．浅谈《温病条辨》对下法的运用及临床体会［J］．世界中医药，2011，03：253－255.

张迎泉．热结旁流证概念探讨［J］．世界中西医结合杂志，2011，06：464－465.

贾绍月．自拟二甲红藤败酱煎合桂枝茯苓丸治疗子宫附件囊肿［J］．四川中医，2011，06：84.

王晓玲，陈亮，唐勇．张仲景应用附子规律浅析［J］．陕西中医，2011，06：746－747.

李寿喜，苗青．麻黄汤治验2则［J］．陕西中医，2011，06：752－753.

曹雯，曹广顺．标本中见之肾科发微［J］．陕西中医，2011，06：766－767.

郭立中，郭茗．杜雨茂教授应用肾气丸治疗面部升火的经验［J］．陕西中医学院学报，2011，03：13－14.

王波，李光荣．温法治疗痰饮三则［J］．山东中医杂志，2011，05：300＋321.

李宇铭，姜良铎．桂枝附子汤与甘草附子汤释义［J］．山东中医药大学学报，2011，03：210－212.

张天奉，马超，阎超，白长川．白长川论“治胃勿伤脾”［J］．上海中医药杂志，2011，06：3－4.

姚佳音．《东医宝鉴》引证《金匮要略》内容考［J］．中医文献杂志，2011，02：33.

牧角和宏，杨文喆，张再良．关于赵开美本《伤寒论》［J］．中医文献杂志，2011，02：49－51.

闫军堂，刘晓倩．论仲景对妇人腹痛的临床辨治［J］．广州中医药大学学报，2011，03：311－313＋316.

曲燕，尹小星，滕国华．真武汤加减治疗心力衰竭浅识［J］．实用中医内科杂志，2011，05：57－58.

张世峰．柴胡加龙骨牡蛎汤的临床应用［J］．实用中医内科杂志，2011，05：107－108.

姜建国．论《伤寒论》借宾定主写作方式［J］．山东中医杂志，2011，06：432－433.

王洪海．《伤寒论》附子汤研究述要［J］．山东中医杂志，2011，06：445－447.

潘大为．运用AHP法建立方证耦合模型：一种方证研究的新思路［J］．时珍国医国药，2011，05：1226－1228.

赵刚，韦辉，吴贵华．HPLC法测定金匮肾气丸中马钱苷含量［J］．天津药学，2011，02：14－16.

谷浩荣，贾春华．五苓散方证探析［J］．山东中医药大学学报，2011，03：208－209.

王加锋，展照双．金匮肾气丸与桂附地黄丸不同补肾机制研究［J］．山东中医杂志，2011，06：375－376.

孟姝．茵陈蒿汤的药理作用研究［J］．临床合理用药杂志，2011，10：152－153.

杨思蕊，文茁．论肾气丸功效［J］．黑龙江科技信息，2011，19：19.

谢忠礼．整合中医临床基础学科若干问题探讨［J］．中医杂志，2011，15：1348－1349.

杨学，孔祥亮，彭文博，岳小强，王丽娜．《伤寒论》教学三点体会［J］．中国中医药信息杂志，2011，04：97－98.

金鑫．金匮肾气丸治疗糖尿病50例疗效观察［J］．中国现代医生，2011，12：60＋66.

张晓忠，潘洋．茵陈蒿汤治疗顽固性黄疸验案［J］．中国民间疗法，2011，07：39.

李赛美．《伤寒论》四诊方法撷微［J］．中医药通报，2011，03：7－11.

张理，黄源鹏．《伤寒论》脾胃治法探析［J］．中医药通报，2011，03：12－13.

刘玉良，杨杰．《伤寒论》脉症合参思辨方法探微［J］．中医杂志，2011，13：1084－1086.

邓雯雯．《金匮要略》发汗祛湿法浅析［J］．浙江中西医结合杂志，2011，07：464－465.

陆翔，蔡玥．承淡安生平事迹、著作及学术成就研究［J］．中国针灸，2011，05：467－472.

薛国新．金匮肾气汤加减治疗老年性便秘64例［J］．中国民间疗法，2011，06：34.

南晋生．桂枝加龙骨牡蛎汤新用［J］．中国民间疗法，2011，06：40.

范素琴．吴茱萸汤临床应用举隅［J］．中国医药指南，2011，18：301.

曲淑芹．探讨方药、证候在临床上重中之重——金匮肾气丸临床应用认识［J］．中国中医药现代远程教育，2011，08：75－76.

承虹，张金良．从辨证论治的角度谈对《金匮要略》方后注的认识［J］．云南中医中药杂志，2011，06：89.

张涛，陈明．唐容川六经理论的诠释学分析［J］．吉林中医药，2011，06：493－494.

张勇，蒲怜松．柴胡加龙骨牡蛎汤临床应用举隅［J］．中国社区医师（医学专业），2011，18：171－172.

写国斌，钱文年．小柴胡汤临证辨治体会［J］．中国社区医师（医学专业），2011，18：178.

程汉桥．温病与伤寒的学术之争［J］．中国中医药现代远程教育，2011，11：1－2.

徐辉，顾耘．《金匮要略》痰饮浅析［J］．中国中医药现代远程教育，2011，11：5－6.

潘露茜，顾耘．《金匮要略》胸痹病探微［J］．中国中医药现代远程教育，2011，11：6－7.

王学平．《伤寒论》少阴病寒化证证治举隅［J］．中国中医急症，2011，07：1084.

付国春．浅谈2型糖尿病病机［J］．实用中医药杂志，2011，07：479.

伍典智．浅谈试诊法［J］．实用中医药杂志，2011，07：480.

雷应．小柴胡汤临床应用心得［J］．实用中医药杂志，2011，07：483.

谢玲，王玉．《金匮要略》肝病实脾思想之启示［J］．江西中医学院学报，2011，02：11－12.

刘宏岩．论《金匮要略》疾病观［J］．吉林中医药，2011，07：609－611.

谢瑛．浅谈《伤寒论》服药方法及药后调护［J］．浙江中医杂志，2011，06：400－401.

徐姗姗，雍小嘉．《伤寒论》“脾家实”临证体会［J］．中医杂志，2011，14：1255－1257.

张晓艳．《伤寒论浅注》导读［J］．中医研究，2011，07：15－17.

樊任珠，汪悦，桑锋，蒋立峰，宋雨菊，安青．肺痹与类风湿性关节炎肺纤维化的中医治疗［J］．吉林中医药，2011，06：529－531.

孙晓光，赵艳，彭越．从《临证指南医案》看叶天士运用真武汤的规律［J］．中医杂志，2011，15：1269－1271.

程生赋，程生林，马菊林，张彩霞，曾祥武．薏苡附子败酱散治疗克罗恩病案例介绍［J］．中国中医药信息杂志，2011，04：87.

陈建国．从五苓散看水饮内停证便秘的治疗［J］．中国实验方剂学杂志，2011，14：312－313.

何本阳，郭峰．当归芍药散在妇科病中的应用举隅［J］．中国中医急症，2011，07：1189－1190.

何玉英，朱振仙，高淑霞．冠心病患者的辨证施护［J］．中国中医急症，2011，07：1197－1198.

程保智．柴胡桂枝干姜汤治疗糖尿病体会［J］．中国中医药信息杂志，2011，05：82－83.

王引弟．张智龙应用抵挡汤临床经验举隅［J］．中国中医药信息杂志，2011，05：87－88.

王艳霞．浅谈《金匮要略》中鉴别诊断的应用［J］．中国民间疗法，2011，06：6－7.

张燕平．浅论中医眼科六经辨证［J］．中国中医药现代远程教育，2011，09：90－91.

李玉会．柴胡桂枝干姜汤临床应用举隅［J］．中国中医药现代远程教育，2011，10：82.

王志甫．大承气汤治疗急危重症案3则［J］．中国中医药现代远程教育，2011，10：142.

王晶心，余杨，洪军．仲景护理用粥浅探［J］．新疆中医药，2011，03：61－62.

马丽佳，徐洪洁，徐艳玲．运用《伤寒论》汗法治疗外感表证治验［J］．中国中医药现代远程教育，2011，11：108－110.

李文，吴承玉．吴承玉调肝理脾治验举隅［J］．中国中医药信息杂志，2011，06：97.

张桂兰，何少平，庞永诚，沈云霞，张晓琳．厥脱的辨证施护［J］．云南中医中药杂志，2011，05：80－81.

肖碧跃．《金匮要略·黄疸病篇》案例式讲授方法的效果分析［J］．医学信息（中旬刊），2011，06：2789－2790.

郝玉莲．学习姜枣在《伤寒论》中运用体会［J］．医学信息（中旬刊），2011，06：2834.

陈宝珍，屈舒君．针刺结合金匮肾气丸治疗糖尿病周围神经病变疗效分析［J］．中国误诊学杂志，2011，21：5107.

马婕．经方疗效影响因素分析［J］．实用中医药杂志，2011，07：476－477.

杨宏静，杨志波，蒲东升．临床中药抗感染作用机制探讨［J］．中国中医药现代远程教育，2011，08：80-81+83.

郑春叶，雒晓东．乌梅丸临床新用［J］．吉林中医药，2011，06：568-569.

陈楠．吴茱萸汤临床应用3则［J］．中医研究，2011，07：19-20.

杨建宇，李彦知，范竹雯，郑绍明，许继宗．小柴胡汤的临床应用概况［J］．中国中医药现代远程教育，2011，09：74-75.

汪淼，凌丽，张飞宇，谢宁．补肾丹对衰老模型大鼠脑海马组织超微结构及Bcl-2、Bax基因表达的影响［J］．中华中医药学刊，2011，07：1664-1666.

吴新明，刘洋，李菲，彭鑫．《辅行诀》外感天行病方理论初探［J］．中国中医基础医学杂志，2011，07：726+728.

梁华龙．热病寒热离合论［J］．中医学报，2011，07：783-785.

程宾，董晓斌．《伤寒论》针灸禁忌探讨［J］．中医学报，2011，07：794-795.

贾云芳，董尚朴，侯仙明．从《此事难知》看王好古对易水学派思想的继承［J］．河北中医药学报，2011，02：13-14.

周赛男，杨赛．经方在胃脘痛治疗中的应用［J］．中医药导报，2011，06：113-114.

庞军，王开龙，唐宏亮，雷龙鸣，甘炜．"开阖枢"争议之我见［J］．辽宁中医药大学学报，2011，07：12-14.

徐秋玲，刘涛．鼻渊溯源［J］．辽宁中医药大学学报，2011，07：113-114.

姚荷生，姚梅龄，伍炳彩，肖德发．《伤寒论》证候分类纲目——太阳变证（续九）［J］．江西中医药，2011，03：3-5.

魏固伟，黄波．浅析《金匮要略》痹证辨治规律［J］．江西中医药，2011，03：9-10.

张维亮，李金田．张仲景辨证论治思维方法研究［J］．河南中医，2011，07：697-699.

马占洋，武鹏，牟慧琴．《金匮要略》呕吐病治法浅析［J］．河南中医，2011，07：704-705.

王雪利，张习东．张仲景论治心理障碍性疾病［J］．河南中医，2011，07：705-706.

曾琴，陶育惠，陈丹，陈琴．辨析《金匮要略》之口舌干燥［J］．河南中医，2011，07：707-708.

闫军堂，刘晓倩，马春雷．《金匮要略》妇人病外治法探析［J］．辽宁中医药大学学报，2011，07：122-123.

马小娜，程发峰，王庆国．《伤寒论》四逆散证病机的认识演变过程［J］．辽宁中医杂志，2011，07：1341-1342.

张存悌．附子在经方中的应用［J］．辽宁中医杂志，2011，07：1416-1417.

刘建军，孙向党，晁恩祥．仲景黄疸病证治浅析［J］．辽宁中医杂志，2011，07：1418-1420.

李宇铭．论《伤寒论》去桂加白术汤方义［J］．黑龙江中医药，2011，04：7-8.

朱勇，张国骏．人参在仲景方中的应用［J］．江苏中医药，2011，07：73-74.

向宗兴，董正华．苓桂术甘汤应用述要［J］．河南中医，2011，07：716-719.

孙家贺．芍药甘草汤临床新用［J］．河南中医，2011，07：719-721.

吕英．《伤寒论》四逆汤方名分析及临床应用［J］．辽宁中医杂志，2011，07：1343-1344.

石镇东，毛军民，张尊祥，任天荣．加味金匮肾气丸对糖尿病大鼠脑海马CA_ 1区nNOS表达的影响［J］．中医学报，2011，05：592-594.

李新强，张建群，高会峰．中西医结合治疗高血压肾病92例［J］．河南中医，2011，07：778-780.

姜岩．金匮肾气丸治疗老年肾虚证63例效果观察［J］．齐鲁护理杂志，2011，18：123-124.

于晓宁．卢化平老师宣降相宜论治咳嗽经验［J］．陕西中医，2011，07：880-881.

李峻．六经排序及"三阴"开合枢的探讨［J］．实用中医内科杂志，2011，07：20-21.

姚玥含，张明雪．《伤寒论》在治疗病毒性心肌炎中的应用探析［J］．实用中医内科杂志，2011，07：22-23.

代成刚，何泽云，张素涛，黄宝瑞．浅议仲景以猪苓汤治小便不利［J］．新中医，2011，06：145-146.

房莉萍．张仲景诊治痰饮眩晕的辨治思路探析［J］．四川中医，2011，07：45-46.

王兆荣．《伤寒论》大便与小便相互关系理论探讨［J］．四川中医，2011，07：46－47.

张喜德．中医经典词语“藏”诠释［J］．陕西中医学院学报，2011，04：4＋7.

董正华．《金匮要略》临床治疗学成就［J］．陕西中医学院学报，2011，04：18－20.

郭强中．《伤寒论》“控水论”之吐法探微［J］．上海中医药杂志，2011，07：23－24.

丁肇卫．《金匮要略》“以”字用法辨析［J］．山西中医学院学报，2011，03：2－3＋25.

张世霞，邢宇红，吴晋英，李俊莲，赵瑞宝．《金匮要略》之外邪致病说［J］．山西中医学院学报，2011，03：4－6.

贾宇静，刘华一．半夏泻心汤在脾胃病中的应用［J］．实用中医内科杂志，2011，07：62－63.

吴秀青．胶艾汤治疗崩漏的临床体会［J］．临床合理用药杂志，2011，11：81.

朱晓光，朱玲玲．金匮肾气丸加味治疗成人夜尿症90例临床观察［J］．新中医，2011，07：45－46.

杨强，卞嵩京．卞嵩京主任运用温运化瘀通幽法治疗噎膈经验简介［J］．新中医，2011，07：171－172.

姜婧，张绪峰，李志道．李志道教授应用五苓散加味临床举隅［J］．新中医，2011，07：179－180.

彭晓云．《伤寒论》针灸治疗探析［J］．实用中医内科杂志，2011，06：32－33.

陈雅琼．针刺治疗百合病1例［J］．山西中医，2011，07：21.

文颖娟．葛根芩连汤探析［J］．陕西中医学院学报，2011，04：81－83.

杨辉．桂枝在经方中的药对配伍［J］．临床合理用药杂志，2011，13：104.

王枫，赵乌兰．金匮肾气丸对聋豚鼠耳蜗GAP－43、NGF的影响［J］．新中医，2011，06：122－124.

牟慧琴．金匮要略课程教学内容章节顺序改革体会［J］．甘肃中医学院学报，2011，03：69－70.

章浩军，范文东，林麟．《伤寒论》火逆病研究［J］．福建中医药大学学报，2011，03：49－50.

丁德正．小柴胡汤在精神疾病中的运用［J］．中华中医药杂志，2011，08：765－767.

金鑫．小青龙汤治疗鼻炎的文献介绍分析［J］．北方药学，2011，05：23.

王奋军，孙艺勇．“胃强脾弱”浅议［J］．光明中医，2011，07：1484－1485.

路广林，张秋霞，郭华，聂惠民．聂惠民运用经方合方临证治验举隅［J］．北京中医药，2011，07：500－502.

陈建国，马家驹，陶有强，王长凤．经方阳气津液观［J］．河北中医，2011，06：851－852.

于丹杰，王伟明．王伟明教授应用半夏厚朴汤治验三则［J］．广西中医药，2011，03：39－40.

郭天禄，郭宇琪．《伤寒论》“痞证”浅识［J］．成都中医药大学学报，2011，02：7－9.

李咏梅．小建中汤加味治疗腹痛验案四则［J］．中医药临床杂志，2011，07：644.

季原，陈绍红．解读成药金匮肾气丸与济生肾气丸［J］．中华中医药杂志，2011，08：714－716.

莫洁清．大黄牡丹汤临床应用举隅［J］．广西中医药，2011，03：42.

施红，费鸿翔，魏铁力．经方治验4则［J］．河北中医，2011，05：705－706.

燕东，刘绍能．乌梅丸在消化系统疾病中的应用探析［J］．北京中医药，2011，07：510－511.

温涛．浅谈癌症患者“忌口”［J］．湖北中医杂志，2011，07：58－59.

李淑菊．张琪教授经方化裁治疗慢性肾脏病经验简介［J］．新中医，2011，08：170－171.

张甦颖，张环悦．《金匮要略》黑疸之探讨［J］．山东中医药大学学报，2011，04：304－305.

张玉苹，王青青．论仲景通法内涵［J］．山东中医药大学学报，2011，04：311－312.

张伟慧，虞舜．《金匮要略》大黄应用探析［J］．山东中医药大学学报，2011，04：315－316.

姜建国．《伤寒论》三阴三阳位序体现阴阳气之多少［J］．山东中医药大学学报，2011，04：338－339＋353.

曲宗旭，于惠青，于俊生．竹叶石膏汤在肾病中的应用［J］．山东中医杂志，2011，08：583－584.

于秀梅．四逆散临床应用二则［J］．山东中医杂志，2011，08：585－586.

刘帅．奔豚汤治疗小儿发热63例［J］．实用中西医结合临床，2011，04：64－65.

胡正刚．陈伯坛师徒真武汤释义及临床运用举例［J］．中医文献杂志，2011，03：29－30.

崔文秀，欧琴英．小议《伤寒论》白头翁汤在非特异性溃疡性结肠炎急性发作期的运用［J］．中外医学研究，2011，22：69－70.

黄通国．试探“脾旺不受邪”［J］．医学信息（中旬刊），2011，07：3140－3141.

于超．温经汤治疗痛经58例临床观察［J］．医学信息（上旬刊），2011，07：4262.
王旭．小柴胡汤临床治验举隅［J］．中国医药指南，2011，20：341－342.
梁彬强，张振忠．《伤寒论》对外感证候的指导作用［J］．中国医药指南，2011，21：140－141.
郝敦平，侯永祥．桂枝新加汤应用体会［J］．中国社区医师（医学专业），2011，21：209－210.
吕长青．天雄散加味治疗慢性结肠炎46例［J］．浙江中医杂志，2011，07：488.
陈爱萍．巧用经方治杂病三则［J］．浙江中医杂志，2011，07：529.
陈岩．干姜黄连黄芩人参汤治疗神经性呕吐45例临床观察［J］．中外妇儿健康，2011，04：237.
赵昱国．大气下陷脉象琐谈［J］．中外妇儿健康，2011，04：239－240.
戴建民．陈心一老中医治疗消化系统疾病经验［J］．中国中医药现代远程教育，2011，13：14－15.
孙萍，朱宗元．朱宗元教授辨治心系病证经验［J］．中国中医药现代远程教育，2011，13：16－17.
徐文胜，欧阳谦，田鹏远．中西医结合治疗高热流感1例［J］．中外医学研究，2011，21：135.
陈宇峰．中西医结合治疗痛风性关节炎效果比较［J］．中国初级卫生保健，2011，07：101－102.
郭利华，陈宝财，李斯文．李斯文教授治疗鼻咽癌的经验［J］．中国民族民间医药，2011，14：137.
周启明，梁华龙．伤寒误下辨析［J］．中医学报，2011，06：673－675.
郭颢龙．齐秉慧治疗反胃证医案2则［J］．河南中医，2011，04：424.
李建杰．论“脉结代，心动悸”［J］．河南中医，2011，04：427－428.
张信义．金匮肾气丸治疗2型糖尿病临床观察［J］．中医学报，2011，08：982－983.
郝文耕．浅谈活血利水法［J］．北方药学，2011，06：102.
马伟军，李培科．芍药甘草汤加味治疗腓肠肌痉挛验案1则［J］．江苏中医药，2011，08：58－59.
王建超，廖英，郭英．桂枝茯苓丸方加减治疗妇科疾病验案2则［J］．江苏中医药，2011，08：59－60.
曹明满，曾科学，吕雄．六经体系在糖尿病下肢血管病变中的应用初探［J］．中国民族民间医药，2011，12：50－51.
田俊清．甘芍汤加味治疗颤证举隅［J］．湖南中医杂志，2011，04：93－94.
周宝宽．白塞病治验［J］．湖南中医杂志，2011，04：94－95.
杨玥，阳伟红．近3年狐惑病研究述要［J］．河南中医，2011，04：313－315.
肖相如．《伤寒论》326条不是厥阴病的提纲［J］．河南中医，2011，04：316.
高德强．《伤寒论》针治思想浅识［J］．河南中医，2011，04：317.
刘运至．经方合用治疗室性早搏60例［J］．河南中医，2011，04：329－330.
官庶敏，蒋小敏．浅述《伤寒论》六经之呕吐［J］．江西中医药，2011，04：19－20.
章浩军，范文东，林麟．《伤寒论》湿病证治规律的临床应用［J］．江西中医药，2011，04：23－25.
王吉军．肾气丸功能驳正［J］．江苏中医药，2011，08：82.
刘立萍，李然，任艳玲，刘贵军．《神农本草经》药性解在阐析方剂配伍中的应用［J］．辽宁中医药大学学报，2011，08：124－125.
杨江萍，谢鸣．“方证关系论”辨析［J］．辽宁中医药大学学报，2011，08：133－136.
文颖娟，周永学，张养生．葛根芩连汤用药剂量探析［J］．辽宁中医药大学学报，2011，08：82－83.
龚举君．《伤寒论》下法运用探析［J］．中国中医药现代远程教育，2011，14：4－5.
张凤云，杨如玺．金匮肾气丸干预对显微镜下多血管炎治疗的影响分析［J］．中国现代医生，2011，19：82＋92.
任凤琼，宋正琼．浅述痛经的中医治疗［J］．中国中医药现代远程教育，2011，14：107－108.
阚湘苓．小议少阳病与半表半里证［J］．江西中医药，2011，05：3－4.
张晓钢，向菲．附子在《金匮要略》与现代临床中的应用比较［J］．北京中医药大学学报（中医临床版），2011，04：33－34.
刘芳，谢鸣，朱丽瑶．乌梅丸现代主治病证的研究［J］．北京中医药大学学报（中医临床版），2011，04：37－40.
刘兴邦．扶阳抑阴法治疗阳虚证经验［J］．陕西中医，2011，08：1071－1072.
白小林，孙月梅．《伤寒论》和胃法浅析［J］．陕西中医，2011，08：1100－1101.

沈钦荣．徐荣斋对绍派伤寒的贡献［J］．浙江中医药大学学报，2011，04：487－488.
何任．《金匮》痰饮方及其应用［J］．浙江中医药大学学报，2011，04：473－475.
何任．《金匮》名方甘麦大枣汤［J］．浙江中医药大学学报，2011，03：305－307.
周莲．略谈中药的煎服法［J］．中外妇儿健康，2011，05：224－225.
马占洋，马伟，牟慧琴．《金匮要略》呕吐病治法浅析［J］．江西中医药，2011，06：15－16.
宋宁，仇涓蓉，袁红霞．袁红霞应用薏苡附子败酱散治验举隅［J］．江西中医药，2011，06：21－22.
王惠君．寒性咽痛辨治1例［J］．江西中医药，2011，06：28－29.
龚轩，王庆国．"六经病欲解时"及"伤寒九水"的术数相关分析［J］．中医临床研究，2011，14：106－107.
苑述刚，阮时宝，王敏娟，马少丹，张英杰，苏桂花，高尤亮．《金匮》泽泻汤对梅尼埃病豚鼠模型膜迷路积水的影响［J］．中医临床研究，2011，13：5－7.
丁伟亮．脾约证议［J］．江西中医药，2011，07：12－13.
杨延巍，朱星，张金红，蒋品．《伤寒论》中枳实"大者"辨［J］．江西中医药，2011，07：18－19.
温晶，朱子昭，张国骏．张国骏治疗脾胃病临床经验举要［J］．江西中医药，2011，07：23－24.
王斌．柴胡桂枝合吴茱萸汤治疗月经病思路探析［J］．中医临床研究，2011，05：53－55.
鲁守彬，韩修建，庄洪军．六味地黄汤加减治疗去势更年期综合征［J］．中医临床研究，2011，05：55－56.
李可．符中柱教授运用《金匮要略》理论治疗肛痈的临床体会［J］．中医临床研究，2011，07：68.
王学平．张仲景治肝法探述［J］．中医临床研究，2011，12：115－116.
陈建国．六经辨证治疗发热体会［J］．中医临床研究，2011，08：118－119.
刘学源，冯崇廉．冯崇廉主任应用小柴胡汤经验浅释［J］．中医临床研究，2011，09：77－78＋80.
杨华．当归四逆汤临床辨证新用初探［J］．中医临床研究，2011，09：47－48.
曾莉莉．当归芍药散联合腹部微波理疗治疗慢性盆腔炎临床观察［J］．中外妇儿健康，2011，07：339－340.
安维军．功能性消化不良的中医病因病机［J］．内蒙古中医药，2011，13：68.
洪赟，孟立娜．单味芒硝在消化道疾病中应用探析［J］．内蒙古中医药，2011，13：82.
惠秋沙．《金匮要略》组方及药物研究探讨［J］．内蒙古中医药，2011，13：83－84.
张乐生．六味地黄丸临床应用举隅［J］．内蒙古中医药，2011，13：68－69.
刘晓玲．谈《金匮要略》教学中的言传与身教［J］．国医论坛，2011，04：50－52.
李宇铭．论张仲景的表里概念（下）［J］．国医论坛，2011，04：1－3.
王德周，张建荣．从《金匮要略》虚劳病篇谈对肺痨的论治［J］．国医论坛，2011，04：3－4.
曹明满，吕雄．浅析《伤寒论》扶正祛邪法的应用规律［J］．国医论坛，2011，04：4－5.
彤举．瓜蒌薤白半夏汤合当归四逆汤治疗冠心病心绞痛40例［J］．国医论坛，2011，04：6－7.
高振华．《伤寒论》三阴病方治疗肿瘤病案举隅［J］．国医论坛，2011，04：7－8.
陶薇，邱萍，刘健，马梅芳．葶苈大枣泻肺汤临床应用概况［J］．国医论坛，2011，04：55－56.
张国强，赵睿霆．《伤寒杂病论》与《温热论》中察舌辨证内容浅析［J］．国医论坛，2011，02：1－2.
王群，李春红．仲景论治不寐浅析［J］．国医论坛，2011，02：4.
盛生宽，盛全成．半夏泻心汤治疗消化系疾病验案3则［J］．国医论坛，2011，02：5.
曾元静，翟慕东．翟慕东教授用调整少阴气化法治疗疑难病的经验［J］．国医论坛，2011，02：6－8.
张小瑾，柯峰．立足肝胆疗杂症——临床跟师心得［J］．国医论坛，2011，02：15－16.
李翠玉．浅谈对"癥瘤害"的认识及临证体会［J］．国医论坛，2011，03：6.
李宇铭．论张仲景的表里概念（上）［J］．国医论坛，2011，03：7－9.
黄彦德，金培祥，王振亮．经方治疗牙痛验案举隅［J］．国医论坛，2011，03：9.
柯峰，张小瑾．再谈立足肝胆疗杂病——临床跟师心得［J］．国医论坛，2011，03：13－14.
岳滢滢，吕文亮．梅国强教授治疗慢性胃炎验案举隅［J］．国医论坛，2011，03：14－16.
徐国昌．中医专业（张仲景学术思想方向）留学生人体形态学教学方法探讨［J］．卫生职业教育，

2011，13：76－77.

韩捷．试谈痢疾教学的要点和难点［J］．卫生职业教育，2011，12：74－75.

刘小军．黄疸病临证心得［J］．内蒙古中医药，2011，12：36.

孙恩和．大柴胡汤加减治疗慢性胆囊炎80例［J］．内蒙古中医药，2011，10：11.

李红．自制芍药甘草汤治疗顽固性呃逆52例［J］．内蒙古中医药，2011，14：9－10.

史春梅．小柴胡汤临床运用举隅［J］．内蒙古中医药，2011，14：14－15.

彭思存，苏红梅．半夏泻心汤广用［J］．内蒙古中医药，2011，12：33－34.

杨继孚．寒化痰饮的临床实践［J］．内蒙古中医药，2011，11：72.

马洪艳，柏琳娜．真武汤组成药物探析［J］．内蒙古中医药，2011，14：27－28.

李婕．小柴胡汤在儿科的应用举隅［J］．内蒙古中医药，2011，09：56.

康明．五苓散新用［J］．内蒙古中医药，2011，09：50.

陈丽．真武汤临床应用拾零［J］．内蒙古中医药，2011，09：51.

万世平．小柴胡汤临床应用心得［J］．内蒙古中医药，2011，09：54－55.

刘学义，李红波．中医中药治疗类风湿性关节炎182例疗效观察［J］．内蒙古中医药，2011，06：8－9.

杨星哲．浅谈仲景之“糜粥自治”和“糜粥自养”［J］．内蒙古中医药，2011，06：132.

唐乙．传统温针与现代介入医学的结合——介入温针疗法［J］．内蒙古中医药，2011，07：70－71.

杨军．潮热浅析［J］．内蒙古中医药，2011，07：107－108.

毕光安．桂枝汤浅探［J］．内蒙古中医药，2011，06：30.

刘殿奎，陈玉华．小柴胡汤的药理研究进展［J］．内蒙古中医药，2011，07：118－120.

杨红，费宇彤，马晓峰．张仲景临证脉诊特色浅析［J］．中医杂志，2011，16：1433－1434.

钱超尘．《伤寒论》版本演变传承一览表解说［J］．河南中医，2011，08：825－828.

陈创荣，蔡彦，刘小虹．《伤寒论》咳喘证治辨析［J］．河南中医，2011，08：829－830.

丁德正．试析百合病及其治疗［J］．河南中医，2011，08：831－832.

庞军，唐宏亮，廖文彦．脏腑相关理论及其临床应用［J］．河南中医，2011，08：837－839.

卢红治．柴胡桂枝汤应用举隅［J］．河南中医，2011，08：844.

李云芳，胡元，郜飞宇．周维顺治疗喉癌经验［J］．河南中医，2011，08：848.

胡德金．四逆散加味治验5则［J］．光明中医，2011，08：1704－1706.

方典美．半夏厚朴汤治咳嗽52例［J］．光明中医，2011，08：1578－1579.

邵晓颖．“抓主症”和“方证相应”之我见［J］．光明中医，2011，08：1532－1534.

朱昌荣．六经新释［J］．光明中医，2011，08：1534－1537.

卢红治．小柴胡汤的临床应用体会［J］．光明中医，2011，08：1672－1673

李海英．《明洪武钞本〈金匮要略方〉》整理出版［J］．上海中医药杂志，2011，08：33.

张金梅，马俊华，王巍，林鹏．宣痹通阳法治疗慢性鼻炎引起阻塞性睡眠呼吸暂停低通气综合征的临床疗效分析［J］．四川中医，2011，08：111－112.

胡业建，梁超．梁超临床应用黄芪建中汤验案举隅［J］．上海中医药杂志，2011，08：53－54.

外感热病首先要精研《伤寒论》——薛伯寿教授治疗外感热病学术思想系列之二［J］．世界中西医结合杂志，2011，08：652－653.

周攀，陈愚．阳和汤治疗肾阳虚哮喘体会［J］．现代中西医结合杂志，2011，25：3195.

梅国强临床辨治验案2则［J］．中国中医药信息杂志，2011，08：81.

小青龙汤加减治疗慢性支气管炎治验［J］．中国社区医师（医学专业），2011，23：187－188.

半夏泻心汤治验举隅［J］．中国社区医师（医学专业），2011，23：210.

龙胆泻肝汤加味治疗黄汗2例［J］．中国社区医师（医学专业），2011，23：211.

李艳滨，康红．桂枝加龙骨牡蛎汤临床应用举隅［J］．中国民间疗法，2011，08：39.

李姝花，范建清，逄金彩．瓜蒌薤白白酒汤加味治疗冠心病心绞痛30例［J］．中国民间疗法，2011，08：45.

胡山岗，王振涛．从五苓散方证辨析其治疗充血性心力衰竭的可行性［J］．中国中医急症，2011，

08：1279 + 1302.

张建军，张天奉，王秋杰．“方证对应”理论的源流和临床应用［J］．现代中西医结合杂志，2011，24：3073 - 3074.

孙志明，李小娜．四逆散复方的研究进展［J］．现代中西医结合杂志，2011，25：3244 - 3246.

张蓉，李峰，李维，孔烈，于爽，郑硕，徐铭谦．中药对疲劳大鼠脑内学习记忆相关递质谷氨酸及γ - 氨基丁酸受体 mRNA 表达的影响［J］．中国中医药信息杂志，2011，08：39 - 41.

宋迪梨．浅论真武汤中芍药的功用［J］．中国民间疗法，2011，08：5.

涂元宝．李传平从肝论治水肿病经验［J］．中医药临床杂志，2011，08：665.

郑文少，许先鑫，郑亿彬，许先炎．改良苦酒汤治疗喉源性咳嗽的临床研究［J］．中国医药科学，2011，15：118 + 120.

郭军，赵国平，梁雪冰，蔡川，胡静．麦门冬汤主治病证探讨［J］．辽宁中医杂志，2011，08：1538 - 1539.

李宇铭，姜良铎．论《伤寒论》太阳中风属外感阳邪（上）［J］．河南中医，2011，09：953 - 956.

张友堂，庚晓慧．麻杏甘石汤证的脉证研究［J］．河南中医，2011，09：957 - 958.

沈蓉蓉．《伤寒论》中针灸的应用及禁忌［J］．河南中医，2011，09：962 - 963.

白晓晓，陈继婷．浅谈《金匮要略》重视脾胃思想［J］．河南中医，2011，09：964 - 965.

许志远，杜新芝，杨仁旭．桂枝加附子汤的应用体会［J］．河南中医，2011，09：975.

相鲁闽．丹溪翁及《金匮钩玄》［J］．河南中医，2011，09：978.

王水金，莫鹏利．曹颖甫学术思想研究［J］．河南中医，2011，09：981 - 982.

罗卫平．桂枝汤临床新用［J］．湖北中医杂志，2011，08：51 - 52.

魏冬梅，尹钢．浅议《金匮要略》痰饮病的辨治特点［J］．光明中医，2011，09：1760 - 1761.

李凤霞，刘燔．苓桂术甘汤病机新解［J］．光明中医，2011，09：1763.

赵建南．何若苹运用经方辨治杂病验案举隅［J］．光明中医，2011，09：1777 - 1778.

郑彦辉．胸痹之从虚论治［J］．光明中医，2011，09：1895.

张国萍，郭蕾．浅述肝郁脾虚证的实验研究进展［J］．光明中医，2011，09：1943 - 1945.

张文信，刘金文，曹学伟，叶青合．金匮肾气丸含药血清对体外兔 BMSCs 增殖细胞周期及凋亡的影响［J］．辽宁中医杂志，2011，08：1511 - 1514.

裴艳霞．略谈赤芍白芍的异同点［J］．光明中医，2011，09：1934.

程立顺，李从圣．心肺复苏发展史及 2010 指南简介［J］．安徽医药，2011，10：1310 - 1312.

钱超尘．《伤寒论》台湾故宫本、日本内阁本、安政本比较研究（三）——日本安政本据内阁本翻刻［J］．中医药文化，2011，04：28 - 31.

傅延龄，徐静，宋佳．缘何医圣是张仲景［J］．吉林中医药，2011，08：755 - 757.

林昌松，梁江．留学生《金匮要略》全英语教学点滴体会［J］．中国中医药现代远程教育，2011，16：58 - 59.

徐新利，黄天生．经方治疗脾胃病体会［J］．中国中医急症，2011，09：1537 - 1538.

石志乔．伤寒论全方歌括［J］．中西医结合研究，2011，04：216 - 220.

杨硕，周素芳，吴文尧，徐丽．吴文尧对《伤寒论》中“表证”新解［J］．中国中医基础医学杂志，2011，08：825 + 830.

杨艳梅，熊德上．浅谈《伤寒论》中调理脾胃之法［J］．中国中医基础医学杂志，2011，08：826 - 827.

田合禄，秦毅．用五运六气解读阳明病［J］．中国中医基础医学杂志，2011，08：828 - 830.

班光国．《金匮要略》“痰饮”脉象探析［J］．中国中医基础医学杂志，2011，08：831 + 833.

马桂琴．经方关于风湿病“位”“势”“态”探讨［J］．中国中医基础医学杂志，2011，08：841 - 843.

周强，仝小林．经方在糖尿病肾脏疾病治疗中的运用［J］．中医杂志，2011，17：1459 - 1462.

何丽清，傅延龄．《伤寒论》与《金匮要略》方药标准度量衡单位考察［J］．中医杂志，2011，17：1500 - 1502 + 1520.

宋飞妮，余土根．湿疹的中医辨证治疗［J］．浙江中西医结合杂志，2011，08：587 - 589.

薛书奎．教授赵学印老中医运用金匮之法治疗肝病经验※［J］．中国中医药现代远程教育，2011，16：122－123.

杨建宇，李彦知，范竹雯，郑绍明，许继宗．《光明中医》杂志2010年“经典温课”栏目文献回顾［J］．中国中医药现代远程教育，2011，16：147－149.

齐宝芳，王朝阳．对“卫气营血辨证”的体会［J］．中国实用医药，2011，23：231.

杨小洁，翟毓红，沈家骥．沈家骥老师治疗痹证经验［J］．云南中医中药杂志，2011，08：1－2.

滕晶．中医惊悸不安状态脉案分析［J］．中国中医药信息杂志，2011，09：86－87.

赵瑞华．小柴胡汤临证应用浅议［J］．中国中医药信息杂志，2011，09：90＋107.

郭子光．祛风解毒法治疗过敏性疾病［J］．中国民间疗法，2011，09：1.

董春桃，张六萍．经方命名规律探析［J］．中国民间疗法，2011，09：7－8.

郑彦辉．李发枝应用当归芍药散经验［J］．实用中医药杂志，2011，09：623.

陈俊祥．黄芪桂枝五物汤临床应用体会［J］．实用中医药杂志，2011，09：632.

才仁道尔吉．针灸治疗面瘫体会［J］．实用中医药杂志，2011，09：634.

李海英．《明洪武钞本〈金匮要略方〉》整理出版［J］．中医药文化，2011，04：56.

曾建国．胡希恕教授妙用大柴胡汤［J］．中国医药指南，2011，25：314－316.

李月明，李桂荣．小柴胡汤、大柴胡汤加减治疗胆囊炎、胆石症体会［J］．医学信息（中旬刊），2011，08：4009－4010.

杨晓明．金匮肾气丸治疗2型糖尿病120例［J］．中国实验方剂学杂志，2011，17：261－263.

杨秀敏，秦迪，赵玉兰．浅析张有章《伤寒借治论》［J］．吉林中医药，2011，08：812－813.

韩勇．《伤寒论》以通为治思想初探［J］．中医杂志，2011，18：1615－1617.

华华，李焱昌．以脏气法时论时间医学思想指导治疗慢性荨麻疹的疗效观察［J］．中医药信息，2011，05：75－76.

孙燕，李宇航，郭明章．基于数据库技术的《伤寒论》及《金匮要略》方药数量解析研究［J］．中国中医药信息杂志，2011，09：28－29.

卢军．管窥“浮沉比较法”在脉诊中的应用［J］．云南中医学院学报，2011，04：58－59＋70.

刘芳．炙甘草汤加减治疗心律失常40例［J］．基层医学论坛，2011，28：946－947.

吴泽湘．吴光炯教授应用当归贝母苦参汤经验［J］．中国中医药现代远程教育，2011，16：9－10.

皮兴文．茵陈五苓散合防己茯苓汤治疗痛风20例［J］．中国中医药现代远程教育，2011，16：33.

朱锐，沈霖，张喆．经方下瘀血汤的临床应用［J］．中西医结合研究，2011，04：211－213.

要全保．小柴胡汤及其“和法”探析［J］．中国中医基础医学杂志，2011，08：906－907.

杨宝辉．小柴胡汤应用心得［J］．中国临床研究，2011，08：729.

徐孝平，潘永明，朱科燕，冷晓霞，陶涛，寿旗扬，周卫民，陈民利．抗衰老片对肾虚小鼠空间学习记忆和脑自由基代谢的影响［J］．中华中医药学刊，2011，08：1771－1773.

张智华．药对在外感和内伤疾病中功效比较研究的思考［J］．中国中医药信息杂志，2011，09：82－83.

王东，梁宏．仲景方中芍药药对辨析［J］．中华中医药学刊，2011，08：1896－1897.

成秀明．炙甘草汤临证应用体会［J］．基层医学论坛，2011，29：913.

王枫，赵乌兰，魏小琴．金匮肾气丸对耳聋豚鼠血清SOD、MDA的影响［J］．浙江中医杂志，2011，08：562－563.

李理．简谈小柴胡汤衍化方发展史［J］．中国中医药现代远程教育，2011，16：62－63.

沈世林，苏小军，王玉萍，王文辉，时吉萍，姚军孝，强志鹏．Effect o fZibu Shenjing Fang（滋补肾精方）on Growth and Development of the MousewithKidney－essenceInsufficiencyand Studyonthe Mechanism［J］．Journal of Traditional Chinese Medicine，2011，03：232－234.

周国锐．麻杏石甘汤加味配合抗生素治疗医院获得性肺炎发热30例［J］．中医研究，2011，09：41－42.

熊灿．桂枝汤治太阳中风1例［J］．中医药导报，2011，08：100.

魏六．半夏泻心汤加味合西药治疗慢性糜烂性胃炎30例［J］．河南中医，2011，10：1100.

马卫东，秦钟．经方治疗瘀血性月经病体会［J］．辽宁中医药大学学报，2011，09：190－191.

申洁婷，吴煜，袁菊花，王连美．小柴胡汤临床治疗癌性发热点滴体会［J］．辽宁中医药大学学报，2011，09：192－193.

黄作阵．《金匮要略集注》所据底本、流传情况及训诂内容与特点探讨［J］．北京中医药大学学报，2011，08：527－530.

李宇铭，姜良铎．论《伤寒论》太阳中风属外感阳邪（下）［J］．河南中医，2011，10：1081－1084.

柴瑞震．《伤寒论》真武汤证治研究［J］．河南中医，2011，10：1085－1087.

张天星．《伤寒论》“头汗”浅析［J］．中国民族民间医药，2011，16：26＋28.

李宇铭．论《伤寒论》“之为病”条文的意义［J］．环球中医药，2011，05：360－361.

郎晓莉．《金匮要略》下法探析［J］．中国民族民间医药，2011，15：58.

李建秋．金匮肾气丸在脾肾阳虚型血液透析患者中的临床应用［J］．中国中西医结合肾病杂志，2011，08：707－708.

郭晓冬，卫向龙，许二平．基于体质学说对《金匮要略》甘草泻心汤应用的探讨［J］．辽宁中医药大学学报，2011，09：98－99.

吴建红．论经方剂型及服用方法的安全性［J］．辽宁中医药大学学报，2011，09：15－17.

赵东英，梅晓萍．桂枝汤在伤寒论中的地位［J］．辽宁中医杂志，2011，09：1870－1872.

孙晓明．桃核承气汤联合西药治疗痰热腑实型中风55例［J］．河南中医，2011，10：1097－1098.

王鹏飞，何学红．从《伤寒论》和《金匮要略》中探析肾小球肾炎的病机［J］．实用中医内科杂志，2011，08：12－13.

魏礼成．从《金匮要略》胸痹辨证谈活血化瘀的法度［J］．四川中医，2011，09：29－30.

周洲，黄为群．《金匮要略》治利思想探骊［J］．四川中医，2011，09：32－33.

商铁刚．半夏与茯苓在治疗糖尿病合并胃轻瘫中的作用［J］．天津中医药，2011，04：315－316.

吴静雅，周正华．百合地黄汤验案1则［J］．山西中医，2011，09：6.

王世民．师友零金碎玉录（续3）［J］．山西中医，2011，09：32－33.

靳桂春，苏娟萍，冯玛莉．中医肠疗治法探析［J］．山西中医，2011，09：42＋51.

李艳茹．古代儿科温肺方药的归纳分析研究［J］．世界中西医结合杂志，2011，09：737－738.

辛燕，庄乾竹．试论《伤寒论》方剂煎法［J］．世界中西医结合杂志，2011，09：739－740＋759.

赵云，杨丽娟，欧爱华．质疑消渴病“阴虚燥热为主”的三大理由［J］．现代中西医结合杂志，2011，27：3447－3448.

何任．仲景方应用论析［J］．天津中医药，2011，04：265－270.

范悦义，范建伟．热入血室证治验1例［J］．山西中医，2011，08：21.

姜锐，徐京育．浅谈少阳病证治［J］．内蒙古中医药，2011，16：29－30.

王志甫，黄志华．苓桂术甘汤应用举隅［J］．四川中医，2011，09：111－112.

高洁，宋厚盼，杨觐玮．拆方肾气丸对肾阳虚大鼠肾上腺皮质超微结构的影响［J］．时珍国医国药，2011，08：1810－1812.

张喜光，薛德钧，彭仁才．黑翅土白蚁抗肾阳虚的实验研究［J］．时珍国医国药，2011，08：1830－1831.

鲍艳举，孙婷婷，吕文良，花宝金．从《伤寒论》三阴三阳位序看六经实质及经方发展史［J］．中华中医药杂志，2011，09：1924－1927.

刘艳歌．逍遥散加减治疗耻骨直肠肌综合征23例［J］．光明中医，2011，10：2021－2022.

叶长寿，黄宝英．和中解毒温调脾肾法治疗脾肾阳虚型慢性肾衰竭的临床观察［J］．光明中医，2011，10：2063－2064.

王凌．中医腹诊腹证的渊源探析［J］．北京中医药，2011，08：590－592.

任少辉，马晓峰．从《金匮要略》谈仲景的护理学思想［J］．长春中医药大学学报，2011，04：512－513.

范文东．章浩军治疗慢性非特异性溃疡性结肠炎经验［J］．河北中医，2011，08：1129.

陈有明，许亚兵，扬鹏年，李兴斌．浅议《伤寒论》预后辨证［J］．中华中医药杂志，2011，09：

2151－2153.

雷瑞．浅谈张仲景用比喻的妙趣及所思［J］．光明中医，2011，10：1968.

李伟峰，贺千里，周益新．芍药甘草汤治疗习惯性便秘刍议［J］．广西中医药，2011，04：37－38.

张煜．“八纲辨证”溯源［J］．广西中医药，2011，04：41－42.

张娆，冯学功．少阳病临证辨识心得［J］．中华中医药杂志，2011，09：2022－2023.

燕东．乌梅丸治疗复发性口疮［J］．河北中医，2011，08：1174－1175.

席鹏飞，马晓峰．《金匮要略》对《内经》痹证思想的继承与发展［J］．长春中医药大学学报，2011，04：508－509.

安俊丽，常征．由桂枝汤看中药汤剂的服法［J］．北京中医药，2011，09：703.

罗林钟．细嚼板栗可治夜间小便频数［J］．农村新技术，2011，17：45.

田瑞曼．对提高中医临床基础课程教学效果的几点思考［J］．中医药管理杂志，2011，09：844－845.

颜纯淳，刘更生．名老中医读书之路［J］．山东中医药大学学报，2011，05：479－480.

龙欣，何媛．《金匮要略》中“痰饮”实为“水饮”的几点证据分析［J］　亚太传统医药，2011，09：9－10.

写国斌．小青龙汤治喘辨治体会［J］．内蒙古中医药，2011，17：65.

李春花，罗辉，刘少琼．试论柴胡证“但见一证便是”［J］．浙江中医杂志，2011，09：669.

柴瑞震．《伤寒论》六经辨证与八纲辨证之研究［J］．中医药通报，2011，04：9－11.

武凯丰．中医辨证治疗黄褐斑疗效观察［J］．中国社区医师（医学专业），2011，26：177－178.

董正平，肖相如．《伤寒论》《金匮要略》里热并见恶寒的辨治规律研究［J］．中国中医急症，2011，10：1632－1633.

田君明，蓝天莹．竹叶石膏汤加减治疗痛风急性期体会［J］．中国中医急症，2011，10：1642＋1651.

刘晓辉．“脾色必黄，瘀热以行”探析［J］．中国中医急症，2011，10：1644－1645.

姚海强，赵伟鹏，马垒，陈明．《伤寒论》气化学说当代研究［J］．吉林中医药，2011，09：830－832.

何新慧．《伤寒论》“胃气”探析［J］．上海中医药大学学报，2011，05：31－33.

万四妹，戴慎．浅析《素圃医案》临证实践仲景学说的特色［J］．时珍国医国药，2011，09：2267－2268.

顾武军．《伤寒论》治脾法［J］．南京中医药大学学报，2011，05：404－407

李海霞．桂枝甘草龙骨牡蛎汤治愈Ⅱ度房室传导阻滞1例报道［J］．中西医结合心脑血管病杂志，2011，10：1268.

陶江．四逆汤应用举隅［J］．中国现代药物应用，2011，17：84－85.

严试，王伯诚，和建清．和建清主任医师学术思想一隅［J］．云南中医中药杂志，2011，09：3－7.

郑亮，毕宁娜．浅探《金匮要略》黄疸证治的论述［J］．中国中医药现代远程教育，2011，17：1－2.

顾超，安红梅．基于文献的轻度认知障碍中医证型和用药规律分析［J］．中国中医药信息杂志，2011，10：27－29.

苏凯，陈学忠，尹方．研读中医经典，论治失眠经方［J］．中国中医药信息杂志，2011，10：80－81.

林明欣，裴倩，朱章志．浅析“通阳不在温，而在利小便”［J］．中医杂志，2011，19：1705－1706.

窦勇，窦国祥．窦国祥以五苓汤加减治疗肾炎经验［J］．中医杂志，2011，20：1785－1786.

贺千里，周益新．《金匮要略》附方探讨［J］．中医文献杂志，2011，04：13－16.

汪正於，贺建国．炙甘草汤在慢性咳嗽中的应用［J］．西南国防医药，2011，10：1112－1114.

王均．黄芪桂枝五物汤加味治疗肢体麻木50例疗效观察［J］．内蒙古中医药，2011，18：22＋112.

黄仰模．《金匮要略》系统性红斑狼疮诊治体会［J］．中华中医药学刊，2011，10：2171－2172.

李元朝，徐珊容．经方治疗眼科疾病4则［J］．新中医，2011，09：152－153.

董明．糖尿病中医临证治疗应注意辨证论治——消渴合并视瞻昏渺1例分析［J］．中国中医药现代远程教育，2011，17：102－103.

路振宇，包巨太，王国权，郑彩慧，齐峰，晏斌．《伤寒论》方证对应规律的数学三维解析［J］．中国实验方剂学杂志，2011，20：297－302.

张炜悦，张彤．方剂辨证论治方法探讨［J］．实用医药杂志，2011，08：711－712.
爨新德．麻黄细辛附子汤圆通运用［J］．陕西中医，2011，09：1245.
战丽彬，胡守玉，朱丽颖．白长川谈仲景用麻黄之妙［J］．中华中医药学刊，2011，09：1944－1946.
李宇铭，姜良铎．论柴胡加龙骨牡蛎汤证属三阳同病［J］．山东中医药大学学报，2011，05：400＋403.
王炳恒．《金匮要略》胸痹的辨证论治探讨［J］．四川中医，2011，10：43－44.
梁尧，黄贵华，梁钢．桂派名医刘六桥治疗脾胃病经验［J］．四川中医，2011，10：46－47.
张旭杰，张景凤．从脾胃论治胸痹验案［J］．中国中医急症，2011，10：1705.
崔晨华，戚其华，徐涓．灸法在急症中的应用［J］．中国中医急症，2011，10：1708－1709.
周惟强．桃核承气汤在糖尿病治疗中的运用［J］．现代中西医结合杂志，2011，28：3591－3592.
许可，吴承艳．《金匮要略》“病家”体质说［J］．吉林中医药，2011，10：928－930.
何昌生，刘丽杰．王明福主任医师应用玄参经验介绍［J］．中国中医急症，2011，10：1598.
孙理军．中医经典词语“度”诠释［J］．陕西中医学院学报，2011，05：3－4.
徐汝奇．料度脏腑，独见若神——谈仲景脉法的学习与经方的应用（一）［J］．上海中医药杂志，2011，10：27－30.
张会颜．黄芪建中汤加减治疗气血虚弱型月经过少48例［J］．中国中医药现代远程教育，2011，17：28－29.
徐丽娜，张葆青．浅谈肺痿与肺不张［J］．山东中医杂志，2011，09：663－664.
焦克德．百合病浅解［J］．山东中医杂志，2011，09：664－665.
张建艳，刘长生．辨证治疗痞满临床心得［J］．中国中医药现代远程教育，2011，17：86－87.
滕磊，忻耀杰．《长沙药解》论桂枝［J］．新中医，2011，10：125－126.
沈创鹏，陈晓薇，张横柳．何志雄教授桂枝汤医案2则评析［J］．新中医，2011，10：162－163.
刘朝阳，张国平，曲夷．仲景通腑泻下方治疗严重多发性创伤26例［J］．中医正骨，2011，09：70－71.
张杨卿．加味金匮肾气丸干预慢性心力衰竭的临床观察［J］．中国中医药科技，2011，05：438－439.
李晓燕，李安祥，王付．浅论炙甘草汤的方药配伍［J］．中医药通报，2011，04：27－28.
王志强．炙甘草汤的气味配伍理论及应用［J］．新中医，2011，09：129－130.
张艳冬，刘长玉．炙甘草汤临床应用体会［J］．中国现代药物应用，2011，15：62－63.
王付．亦“从桂枝汤推测经方之剂量”［J］．中医杂志，2011，19：1704－1705.
马亮，贾敏，南亚昀，刘镘利，王宗仁，马静．金匮肾气丸对腺嘌呤致雄性不育模型大鼠精子质量与性激素含量的影响［J］．山东中医药大学学报，2011，05：431－433.
刘欣，龚国芬，刘华庆，吴慧娟，李冬梅．金匮肾气丸对肾阳虚模型小鼠肺和气道组织GR、β－防御素－2表达的调控作用［J］．山东中医药大学学报，2011，05：441－443.
吕圭源，苏洁，陈素红，张伟，徐琼，张益勋，冷永涛，汤小华．相同性味不同归经中药对雌二醇致肾阳虚小鼠的影响［J］．上海中医药杂志，2011，10：70－74.
滕磊，忻耀杰．《长沙药解》中麻黄作用探讨［J］．上海中医药杂志，2011，10：23－24.
吴清和，吴君，黄萍，操红缨，邝兆进．缩泉丸对自然衰老大鼠逼尿肌AC－cAMP通路的影响［J］．广州中医药大学学报，2011，05：512－515.
封面人物简介［J］．湖南中医杂志，2011，05：144.
刘健美，薛良．从“热入精室”论治慢性前列腺炎60例［J］．西部中医药，2011，09：64－66.
张惊湖．加味半夏泻心汤治疗胃炎的临床体会［J］．中国民族民间医药，2011，18：93.
丁静茹．谈痞征的辨证施治学习体会［J］．黑龙江中医药，2011，05：65.
贾英丽．小陷胸汤临床应用体会［J］．黑龙江中医药，2011，05：29.
王志甫，翟磊，郝毅，高惠然，祖丽华，高魁，张梦杰．中医汗法在治疗慢性肾衰中的应用体会［J］．黑龙江中医药，2011，05：30－31.
石君华．涂晋文教授论治尿道综合征［J］．湖北中医药大学学报，2011，05：67－68.
路广林，张秋霞，郭华．聂惠民教授治疗肠易激综合征的经验［J］．北京中医药大学学报，2011，09：637－638.

黄琰．《金匮要略》中痹症辨证论治的特点［J］．辽宁中医药大学学报，2011，10：122－124.
陈少芳．关于《伤寒论》经方用量问题的探讨［J］．中华中医药杂志，2011，10：2223－2225.
蒋跃文，曾江琴，李家庚．小议《伤寒杂病论》“不汗出”的证治［J］．光明中医，2011，11：2192－2193.
张树彪．太阳蓄血证成因刍议［J］．光明中医，2011，11：2194－2195.
宋亚蕊，李翠萍．“血水同治”法在妇科中的运用［J］．光明中医，2011，11：2214－2215.
马丽佳，郑忻，徐艳玲．《金匮要略》辨治喘证摭拾［J］．辽宁中医杂志，2011，10：1956－1957.
任青玲，谈勇．略谈夏桂成经后卵泡期“复阴”的辨治特色［J］．江苏中医药，2011，09：10－11.
林伟．运用《伤寒论》方辨证治疗儿童咳嗽验案5则［J］．江苏中医药，2011，09：59－60.
旷惠桃．运用《金匮要略》理论指导风湿类疾病临证心得［J］．湖南中医杂志，2011，05：26－27.
邹宇航，齐方洲．半夏散及汤治疗咽痛举隅［J］．湖南中医杂志，2011，05：78.
文绍鹤，蒋兴磊．小青龙汤治验［J］．湖南中医杂志，2011，05：80.
赵晓彬．《金匮要略》痹证病因病机探讨［J］．中国民族民间医药，2011，17：21.
许继宗，石玉君，乔宪春，李月明．依据《辅行诀脏腑用药法要》探讨经方组方规律在针灸学中的应用［J］．中华中医药杂志，2011，11：2675－2677.
曾祥志．中风辩治心得［J］．当代医学，2011，28：154.
杨殿荣，邢陆．经方应用拾隅［J］．光明中医，2011，11：2312－2313.
张小军．黄连阿胶汤治疗发烧临床解读［J］．光明中医，2011，11：2333－2335.
严石林，陶怡，邓瑞镇，王浩中，沈宏春，许嗣立．从《伤寒论》探讨寒热错杂证候辨治［J］．中华中医药杂志，2011，10：2202－2204.
龚轩，王庆国．《伤寒论》中证候的术数分析［J］．河南中医，2011，11：1209－1211.
黄蔚．浅谈《金匮要略》的学术特点［J］．河南中医，2011，11：1214－1216.
马云飞．桂枝芍药知母汤治疗膝关节骨性关节炎［J］．河南中医，2011，11：1227.
张仁岗．《伤寒贯珠集》编次体例新识［J］．贵阳中医学院学报，2011，05：119－120.
邓天润．《伤寒论》厥证浅识［J］．安徽中医学院学报，2011，05：4－6.
黄琰．再论“诸病兼从郁治”［J］．安徽中医学院学报，2011，05：7－9.
王评，张毅之．《伤寒论》经方治验3则［J］．中医药导报，2011，09：111－112.
公培强，肖琴．肖子忠老中医治疗外感病验案举隅［J］．中医药导报，2011，09：115－116.
武夏林，潘华锋，史亚飞．从柯琴之六经观辨析大柴胡汤证的归属——兼考正《伤寒论》大柴胡汤的组成［J］．中华中医药杂志，2011，10：2434－2436.
张喜奎，黄国芳，叶金连，朱为坤．不同剂型肾气丸化裁防治慢性非细菌性前列腺炎的实验研究［J］．福建中医药，2011，04：43－46.
罗淳．浅谈赤芍与白芍的历史源流、划分及应用［J］．光明中医，2011，11：2356－2357.
小高修司，冈田研吉，杨文喆，张再良．对八味丸和六味丸方意的历史考察［J］．河南中医，2011，11：1328－1330.
刘志明．五苓散新用4则［J］．光明中医，2011，11：2313－2314.
周志恒．半夏在方剂配伍中的作用［J］．光明中医，2011，11：2349－2351.
徐红艳，鞠玉琳，张敏，夏广军．壮阳促孕散对雌性肾阳虚大鼠垂体—性腺轴分泌激素的影响［J］．湖北农业科学，2011，20：4240－4241＋4247.
杨静雯，耿建国，车念聪，张秋云，高连印，杜宇琼．经典为本立足临床——参与《伤寒论》实践教学感想［J］．首都医科大学学报（社会科学版），2011，00：123－124＋127.
李赛美．《伤寒论》教学中案例引导与运用——赴新加坡教学体会［J］．中医药通报，2011，05：38－40.
王海明，常虹．胃和冲剂对动物胃肠药理作用的研究［J］．内蒙古医学院学报，2011，05：409－411.
杜子贤．桂枝汤方后调护法临床应用体会［J］．内蒙古中医药，2011，20：17－18.
李维洁．浅析《伤寒论》中附子的应用［J］．内蒙古中医药，2011，20：49＋37.

马壮珍．桂枝茯苓丸临床新用2则［J］．山西中医，2011，10：32.
薛燕星，胡东鹏，陈劲松．外感热病必须融会贯通“伤寒”“温病”和“温疫”学说——薛伯寿教授治疗外感热病学术思想系列之四［J］．世界中西医结合杂志，2011，10：832－833.
李宇铭．论《伤寒论》痞证只属闭塞不通［J］．陕西中医，2011，10：1418.
白小林，孙月梅．张仲景对消渴病的贡献［J］．陕西中医，2011，10：1432－1434.
宋妍．《伤寒论》妙用桂枝考略［J］．实用中医内科杂志，2011，10：12－13.
毛兴兵．《伤寒论》治法探析［J］．实用中医内科杂志，2011，10：15－17.
杨增昌，毛兴兵．《伤寒论》“小便不利”辨析［J］．实用中医内科杂志，2011，10：17－19.
郑晓梅，代宏勋，黄宗文，林火真，张绍英，张庆．补肾法治疗代谢综合征肾损害随机对照临床试验［J］．现代预防医学，2011，21：4513－4514.
沈艳莉，何力．结合病案论仲景急下存阴法的临床意义［J］．中国中医药信息杂志，2011，11：86－87.
江与良．麻黄附子细辛汤临床应用举隅［J］．中国中医药信息杂志，2011，11：88.
刘煊，修丽娟，矫健鹏，魏品康．魏品康运用麻杏甘石汤辨治发热经验浅析［J］．中国中医药信息杂志，2011，11：94－95.
牟慧琴．试论“肝病传脾”的诊断及治疗思路［J］．医学与哲学（临床决策论坛版），2011，08：75－76.
郭建辉．卫强营弱探究［J］．浙江中医杂志，2011，10：706－707.
苏风兵．急性腰扭伤推拿治疗概况［J］．中国实用医药，2011，26：235－237.
金力．浅议经方在皮肤病治疗中的应用［J］．中国中西医结合皮肤性病学杂志，2011，05：326－328.
吕长青．中药内服外敷治疗支气管哮喘缓解期30例［J］．实用中医药杂志，2011，11：759.
刘晶晶，张晓杰．张晓杰应用《伤寒论》方治疗荨麻疹经验［J］．实用中医药杂志，2011，11：776－777.
许艺芝．小青龙汤治疗支气管哮喘急性发作的临床研究［J］．中医临床研究，2011，15：22－23.
田合禄．解析六经病欲解时——张仲景创作《伤寒论》的大纲之一［J］．中医临床研究，2011，17：1－3.
田合禄．太阳主外，太阴主内——张仲景创作《伤寒论》的大纲之二［J］．中医临床研究，2011，18：5－7.
陈燕莉．中医的“效”学研究［J］．中医临床研究，2011，18：69－70.
田合禄．小柴胡汤证——张仲景创作《伤寒论》的大纲之三［J］．中医临床研究，2011，19：9－10.
彭荣琛．论伤寒谈解表［J］．中医药通报，2011，05：6－7.
桑红灵．《金匮要略》养阴法运用特点浅析［J］．中医药通报，2011，05：8－10＋24.
戴红，赵厚睿．方证辨证与辨证论治关系探讨［J］．中医研究，2011，10：3－5.
张国杰，田艳霞，薄立宏．《伤寒论》少阴病下利证治探讨［J］．中医研究，2011，10：15－16.
徐萍．《金匮要略》妊娠腹痛证治特点浅析［J］．中国中医药现代远程教育，2011，18：8－9.
郭双庚．小陷胸汤加味治疗难治性心脏病经验［J］．中医杂志，2011，21：1866－1867.
何丽清，傅延龄．《伤寒论》与《金匮要略》常用药物剂量比较与分析［J］．中医杂志，2011，22：1954－1955＋1968.
张菁华．乌梅丸调和木土调理阴阳寒热错杂证运用探析［J］．实用中医内科杂志，2011，10：70－71.
张玲．《金匮要略》大黄配伍浅析［J］．新疆中医药，2011，05：49－50.
王锦，黄万洋，齐方洲．试述小柴胡汤方证应用［J］．实用中医药杂志，2011，11：786－787.
高天曙．乌梅丸方证分析及临床新用［J］．中医临床研究，2011，19：49－50.
张燕平．运用甘草干姜汤的临床点滴体会［J］．中国中医药现代远程教育，2011，18：62.
姬航宇，焦拥政，刘文科，仇菲，王婷婷，韦姗姗．基于文献挖掘的方药用量策略构建研究［J］．中医杂志，2011，21：1828－1830.
余秋平，韩佳瑞，焦拥政，仝小林．中药炮制方法对经方量效关系的影响［J］．中医杂志，2011，22：1916－1917＋1934.
杨丹．糖尿病合并冠心病的中西医治疗［J］．中国临床医生，2011，11：10－12.
马友全，白锋．复发性胡萝卜素血症致黄汗病9例治验［J］．中医临床研究，2011，15：82－83.

曲道炜，艾华，林大勇．《金匮要略》课程教学设置的思考［J］．辽宁中医药大学学报，2011，11：271－272.

韦衮政．“血不利则为水”病机含义之我见［J］．环球中医药，2011，06：455－456.

周小平，刘韬，何多谊．《伤寒论》中的“热”字及其相关语词分析［J］．光明中医，2011，12：2394－2396.

王玫瑰，郝兰枝．浅谈仲景治疗产后腹痛之用药特点［J］．光明中医，2011 12：2414－2415.

李茂玲．泌尿系结石中医分型论治［J］．光明中医，2011，12：2534－2535.

李媛．《伤寒论》关于少阴寒化证的施治［J］．西部中医药，2011，10：33－35.

李春艳．《伤寒论》中“小便利否”的临床意义及护理学价值［J］．西部中医药，2011，10：84－86.

李宇铭．厚朴七物汤并非表里同治［J］．河南中医，2011，12：1337－1339.

侯晓燕，黄金玲．浅析《伤寒论》之“下不厌迟”［J］．河南中医，2011，12：1340－1341.

赵惠，周春祥．张仲景论治皮肤瘙痒病浅析［J］．河南中医，2011，12：1342－1343.

刘洪波，肖跃红．浅析仲景辨眼候［J］．河南中医，2011，12：1343－1344.

丁德正．当归四逆汤治疗精神疾病举隅［J］．河南中医，2011，12：1357－1358.

韩凯．小柴胡汤验案3例［J］．河南中医，2011，12：1360.

杨爽．逍遥散加减治疗反胃1例［J］．河南中医，2011，12：1445.

姜秀杰．论经方在妇科疾病中的应用［J］．中国民族民间医药，2011，19：20.

张晓文．冠心病心绞痛辨治体会［J］．江苏中医药，2011，11：28.

邵学鸿．伏气学说正误［J］．江苏中医药，2011，11：82－83.

陈香涛，张有为．读《金匮要略》胸痹篇辨治冠心病［J］．河北中医，2011，09：1327－1328.

黄家诏．识病机明证候运用经方举隅［J］．广西中医药，2011，05：37－39.

张仁岗，赵军．张仲景护中固本思想浅析［J］．甘肃中医学院学报，2011，05：14－15.

李董男．宋代疫病病因病机认识浅探［J］．中医学报，2011，12：1445－1447.

景天驰．五苓散临床治验3则［J］．江苏中医药，2011，10：56－57.

陈凯佳，陈虹，刘小斌，肖莹，何婉婉，庞震苗．支气管哮喘学术源流探讨［J］．辽宁中医药大学学报，2011，11：125－127.

艾志福，江建锋，喻松仁．桂枝汤临床应用与体会［J］．中医药临床杂志，2011，10：865.

冷治文．小柴胡汤临床应用思路探微［J］．中医药临床杂志，2011，10：910－912.

温小鹏，杨颖婷．生姜、干姜临床应用规律浅析［J］．光明中医，2011，12：2566－2568.

曾姣飞．浅析桃核承气汤中桂枝的作用［J］．光明中医，2011，12：2571.

李新．小青龙汤结合西药治疗发作期支气管哮喘临床研究［J］．中医学报，2011，11：1366－1367.

韩志毅，董正华．杜雨茂对伤寒六经的认识［J］．辽宁中医杂志，2011，11：2147－2148.

袁铭，侯筱婷，袁洪亮．金匮肾气汤治疗狼疮性肾炎［J］．临床军医杂志，2011，06：1110.

白东浩．吴茱芋汤临床运用点滴经验［J］．疾病监测与控制，2011，11：702－703.

王颖，韩为，张道宗．张道宗妙用小柴胡汤治疗疑难杂症的经验［J］．中医药临床杂志，2011，12：1080－1081.

刘兴方，吕方舟，韩学杰．《金匮要略》“寸口脉沉而迟，关上小紧数”脉象解析［J］．中华中医药杂志，2011，12：2787－2791.

吴承艳，吴承玉．吴考槃教授研究《金匮要略》学术思想探讨［J］．南京中医药大学学报，2011，06：501－503.

吴洁．《金匮要略》妇人病治疗特点探要［J］．南京中医药大学学报，2011，06：504－506.

张存悌．理中丸验案5则［J］．辽宁中医杂志，2011，11：2249－2250.

李守然，吴翥镗．米逸颖运用侯氏黑散加减治疗重症肌无力的经验［J］．北京中医药，2011，11：820－821.

万文蓉，林华芳．运用小柴胡汤治疑难病心得［J］．中华中医药杂志，2011，12：2907－2909.

谢惠素．炙甘草汤方“麻仁”析［J］．辽宁中医杂志，2011，11：2196－2197.

刘仙菊，胡方林．金匮肾气丸对2型糖尿病模型大鼠脂肪代谢及胰岛素抵抗的影响［J］．中医药导报，2011，11：22－25.

王少波．附子的配伍及临床应用［J］．长治学院学报，2011，05：87－88.

路军章，张昭，赵红，刘毅．竹叶石膏汤的核心脉证及主治疾病研究［J］．中华中医药杂志，2011，12：2807－2809.

熊智魁，李华章，王本锋，彭克学，陈锐．中西医结合治疗良性前列腺增生的临床分析［J］．当代医学，2011，32：154－155.

吕黎明．《伤寒论》课程"立体化教学包"研究与应用［J］．中华中医药学刊，2011，11：2461－2462.

钱超尘．《伤寒论》版本表解［J］．中医文献杂志，2011，05：1－4.

胡正刚．近代岭南伤寒名家易巨荪二加龙骨汤运用验案［J］．中医文献杂志，2011，05：43－44.

徐慎庠．尘封六百年的钞本再铸辉煌——解读《明洪武钞本〈金匮要略方〉》［J］．中医文献杂志，2011，05：51－52.

史锁芳．"读经典、跟名师、做临床"感悟［J］．中华中医药学刊，2011，11：2384－2386.

沈元良．绍兴伤寒学派论伤寒之汗法［J］．中华中医药学刊，2011，11：2404－2406.

袁开惠，孙文钟，张亭立．中医四大经典著作古今同形词研究与辞书编纂［J］．中华中医药学刊，2011，11：2435－2437.

徐利平，李忠志．胸痹的辨证施护［J］．中国中医急症，2011，11：1888.

张进．酒精性肝病的中医药治疗探讨［J］．中国民间疗法，2011，11：6－7.

曲建强．吴茱萸汤治验举隅［J］．中国民间疗法，2011，11：35.

李赛美．《伤寒论》四诊特色述略［J］．广州中医药大学学报，2011，06：570－574.

徐莺，杨青，朱海燕，邢雁伟．稳心颗粒治疗心血管疾病研究进展［J］．中国中医药信息杂志，2011，12：100－102.

武建设．《金匮要略》妇人杂病方"药对"配伍规律理论研究［J］．中华中医药学刊，2011，11：2495－2497.

李笑宇，王志红．中医"和法"的研究进展［J］．中华中医药学刊，2011，11：2497－2500.

田合禄．太阳病三篇——张仲景创作《伤寒论》的大纲之四［J］．中医临床研究，2011，20：1－3.

许传华，彭万年．彭万年教授临证运用仲景经方思路浅析［J］．云南中医中药杂志，2011，11：4－5.

陈茹．胸痹从肝论治［J］．山东中医杂志，2011，11：819－820.

杨素婷．逍遥散加减治疗心悸60例临床观察［J］．中国医药指南，2011，31：386－387.

王丹，李显筑．效经典法仿仲景方辨治难治性疾病［J］．中医药信息，2011，06：3－5.

徐汝奇．料度脏腑，独见若神——谈仲景脉法的学习与经方的应用（二）［J］．上海中医药杂志，2011，11：39－41.

李卫河，叶秀珠，魏康伯．膏方临床应用浅识［J］．上海中医药杂志，2011，11：48－49＋56.

郭太品，赵凌，梁繁荣．业医三世，济世育人——记著名针灸学家蒲英儒教授［J］．上海针灸杂志，2011，11：727－729.

刘珊珊．浅谈《伤寒论》中的针药并用的方法［J］．四川中医，2011，11：41－42.

王文华．四逆散儿科新用［J］．四川中医，2011，11：95－96.

张玉岭．《金匮要略》治疗呕吐规律探讨［J］．吉林中医药，2011，11：1047＋1082.

张晔．百合狐惑病的现代医学内涵启示［J］．吉林中医药，2011，11：1050－1051＋1137.

陈会，李新民．麻黄连翘赤小豆汤治疗小儿湿疹［J］．吉林中医药，2011，11：1063－1064.

刘秀成．猪苓汤治疗发热不退验案举析［J］．吉林中医药，2011，11：1102.

黄玉燕．以"非时之气"推断疫病发病的探讨［J］．中国中医基础医学杂志，2011，11：1192－1193.

张龙成．手指麻木13例黄芪桂枝五物汤治疗体会［J］．中国乡村医药，2011，11：43.

肖浪，鲁艳芳．鲁艳芳教授治疗小儿血尿经验［J］．中医儿科杂志，2011，06：9－11.

杨素婷．金匮肾气丸治疗腰椎间盘突出症30例临床观察［J］．中国医药指南，2011，32：396－397.

张玉顺，刘丽军．仲景护理学思想在蛇串疮中的应用探析［J］．中医临床研究，2011，21：108－109.

李君．略谈日本经方研究的启示［J］．中国医药导报，2011，33：113－114.

柴小姝．《温病条辨》中扶正祛邪治法的运用［J］．中国医药导报，2011，33：119－121.

吕贻博．中药治疗肝癌的临床报告（续）［J］．中国社区医师（医学专业），2011，31：222－223.

黄蕊．《金匮要略》"浆水"功用谈［J］．云南中医中药杂志，2011，11：99－100.

李福海．跟名师读经典做临床——跟师路志正教授有感［J］．中国中医药现代远程教育，2011，20：5－7.

丁喜艳，刘顺益．"胃脘痛"诊断刍议［J］．中国中医急症，2011，11：1793.

梁铨．论葛根汤不属麻黄汤加减而成［J］．中国中医急症，2011，11：1805.

徐向阳．便秘的中医治疗［J］．中国社区医师（医学专业），2011，32：199.

周琳琳，贾春华，刘奋荣．一种基于认知心理逻辑的"观其脉证，知犯何逆，随证治之"研究方案［J］．世界科学技术（中医药现代化），2011，05：904－909.

郭丽丽，唐雪春．《伤寒论》《金匮要略方论》中附子应用特点的文献研究［J］．新中医，2011，11：108－109.

谈华南，马春玲，彭付妮．小青龙汤加味治疗腹泻型慢性溃疡性结肠炎46例［J］．中国中医药信息杂志，2011，12：80.

何芳鸣，梁志齐．经方治疗亚健康临床体悟［J］．中国中医药信息杂志，2011，12：83－84.

张国杰，薄立宏．论《伤寒论》类方［J］．中医研究，2011，11：12－13.

张步鑫．浅谈调和营卫法治疗风邪所致难治性皮肤病［J］．世界中医药，2011，05：415－416.

许家松．《温病条辨》对"三承气汤"的发展与创新［J］．世界中医药，2011，05：432－434.

王勇．陈修园治中风的用药特色［J］．世界中医药，2011，05：435－437.

李然，刘立萍，李海波．舟楫之剂论桔梗［J］．中医药信息，2011，06：6－7.

金智生，李甜，陈雪．金匮肾气丸对2型糖尿病肾病大鼠IGF－1及ET的影响［J］．上海中医药杂志，2011，11：76－79.

刘军．黄芪建中汤的临床应用［J］．中国民康医学，2011，22：2801－2802

刘宾，郑明常，王付．对甘草汤功用认识的探讨［J］．中国实验方剂学杂志，2011，23：285－287.

石镇东，毛军民，张尊祥，任天荣．加味金匮肾气丸对糖尿病大鼠脑海马CA_1区神经营养因子－3表达的影响［J］．现代中西医结合杂志，2011，35：4475－4476＋4480.

王志琪，邹龙．甘草与其他药物相互作用的研究概况［J］．中南药学，2011，11：857－860.

赵建一．半夏泻心汤现代药理研究浅述［J］．中国中医药现代远程教育，2011，19：73.

马振兴，李云峰．小青龙加石膏汤临床应用体会［J］．总装备部医学学报，2011，03：166－167.

南文庆，殷建峰．屏风柴胡丸药效学试验研究［J］．中国社区医师（医学专业），2011，31：15－16.

米烈汉，任娟莉，谢晓丽．米伯让先生对《伤寒论》研究的贡献［J］．西北大学学报（自然科学版），2011，06：1122－1128.

李赛美，邓烨，方剑锋，罗广波，王保华．弘仲景之光，引后学之路———第七届广东省仲景学说学术年会述要［J］．中医药通报，2011，06：1－4.

王庆国，梁永宣，赵宇明，闫军堂，刘敏，陈萌．以五大平台为基点做好刘渡舟名家研究室建设［J］．中医教育，2011，06：8－11.

桑红灵．问题式教学法在金匮要略教学中的运用［J］．中医教育，2011，06：57－58.

张晓艳．中医临床基础学科师资队伍建设的几点探索［J］．中医药管理杂志，2011，11：1046－1047.

夏成清，夏婷，夏子琳．加减半夏泻心汤治疗慢性胃炎89例［J］．中国现代医生，2011，30：70－71.

乔模，乔欣．《金匮要略》运用六经辨证论治杂病探讨［J］．山西中医，2011，12：1－3.

刘彦廷，蔡忠明．"血不利则为水"在中风病中的体现及运用［J］．山西中医，2011，12：51－52.

张洪林，胡宸韶．大青龙汤治疗空调病1则［J］．山西中医，2011，12：56.

张福林，陶汉华．从《金匮要略》虚寒肺痿证谈肺阳虚的辨证论治规律［J］．山东中医药大学学报，2011，06：500－501.

王斌，施亦青．五苓散临床应用验案二则［J］．浙江中医杂志，2011，11：800.
何丽清，傅延龄．《伤寒论》方药计量中重量单位的考察［J］．上海中医药杂志，2011，09：19－21.
何逸均，陈美玲．金匮方治验二则［J］．山东中医杂志，2011，12：888.
程红，张卫斌，罗陆一．《伤寒论》方治疗病毒性心肌炎规律浅析［J］．中西医结合心脑血管病杂志，2011，12：1441－1442.
李成能，代建华，杨波．试论“脾之阳常不足而阴常有余”［J］．四川中医，2011，12：52－53.
梁建芬．柴胡桂枝干姜汤治疗胆源性腹泻30例［J］．中国中医急症，2011，12：2033.
于夕雯，周亚滨．吴茱萸汤合当归四逆汤治疗头痛心得［J］．中国中医急症，2011，12：2053.
周昕．《伤寒论》含芍药方剂30首对8种细菌的抑菌作用［J］．中外妇儿健康，2011，08：317－318.
马战平，屈小元，武彩霞，刘华为．刘华为教授应用气化升降理论治疗疑难杂症的学术思想研究［J］．陕西中医，2011，12：1647－1648＋1665.
王文辉，刘石坚．《伤寒论》六经证治中应用芍药举隅［J］．吉林中医药，2011，12：1147－1148.
沈钦荣．俞根初辨治感证理论初探［J］．中华中医药学刊，2011，12：2725－2726.
刘玉良，张文立．《伤寒论》太阳病篇多见肺病证的机理探析［J］．中华中医药学刊，2011，12：2805－2807.
何亚敏，阳晶晶，谢文娟，郁保生，常小荣．《伤寒论》对偶统一经方辨析［J］．中国中医急症，2011，12：1983－1984.
沈宇清，姜润林．小柴胡汤运用发微［J］．中医药通报，2011，06：11－12＋21.
李桂文，陈少玫．柴胡桂枝干姜汤治疗高热验案［J］．中医药通报，2011，06：31－32.
沈元良．绍派伤寒重调护［J］．浙江中医杂志，2011，11：846.
杨昊君．谈顽固心力衰竭的中医辩证治疗［J］．中国医药指南，2011，34：194－195.
李玉嫦，张玉珍．张玉珍教授运用当归芍药散经验介绍［J］．新中医，2011，12：138－139.
班光国．吕志杰教授“三因学说”新解［J］．新中医，2011，12：162－163.
钱所高，王桂泉．乌梅丸的临床运用举隅［J］．基层医学论坛，2011，34：1155－1156.
李宇铭，李致重．论越婢汤属太阳温病代表方（上）［J］．中华中医药学刊，2011，12：2756－2758.
黎梓旺，马宝兰，刘中勇．《金匮要略》治络方剂浅探［J］．江西中医学院学报，2011，05：18－20.
毕振云，苏朝宇．金匮肾气丸治疗验案［J］．中国实用医药，2011，31：192.
王庆余．论四逆散方证［J］．山西医药杂志，2011，12：1257－1258.
赵春江．金匮肾气丸与六味地黄丸异同［J］．四川中医，2011，12：118－119.
刘柏胜．十枣汤理法应用［J］．实用中医内科杂志，2011，12：90－92.
邢筱华，霍炳杰，王春花．银翘散的临床应用研究进展［J］．陕西中医，2011，12：1687－1689.
赵义纯，陆曙．当归芍药散在中枢神经系统作用的研究进展［J］．中国中医急症，2011，12：1993－1994.
车晓璐，刘凤斌．真武汤中芍药作用疑析［J］．新中医，2011，12：134－135.
薛素芬，张建红，许丽萍．小柴胡汤运用的几点体会［J］．武警医学，2011，08：717－718.
于洋．小青龙汤的临床新用［J］．中国医药指南，2011，35：172－173.
康继红，陈继婷．实践《金匮要略》综合教学模式，提高教学效果［J］．贵阳中医学院学报，2011，06：158－159.
周雯，黄菊芳，刘兰林，储全根．“因材施教”法在金匮要略课堂教学中的运用［J］．安徽中医学院学报，2011，06：68－69.
赵红霞，贾海骅，汪文来，赵凯维，尹俊县．糖尿病（消渴）中医学现代研究进展［J］．中国医药导刊，2011，11：1929－1930＋1922.
黄兆铭．经方治疗神经官能症三则［J］．中国民族民间医药，2011，23：196.
张福全，张学文．中枢性高热的蒙医辨治观察［J］．中国民族民间医药，2011，23：4.
杨昊君．温阳利水汤治疗充血性心力衰竭［J］．中国民族民间医药，2011，23：73.
陈永娜，杨九一，刘欢兴，张勤修．汗法治疗鼻衄的探讨［J］．西部中医药，2011，12：23－25.

王彩霞，姚瑶，张利梅．当归四逆汤配合艾灸治疗原发性痛经30例临床观察［J］．中国医药导刊，2011，09：1624.

施璐霞．《金匮要略》对“治未病’思想的继承和发展［J］．贵阳中医学院学报，2011，06：1－2.

李笑宇，王志红．析《黄帝内经》“和”的思想与中医“和法”的关系［J］．贵阳中医学院学报，2011，06：131－133.

赵晓军．麻杏石甘汤临床应用的几点体会［J］．中国民族民间医药，2011，22：38.

李海燕，钟连生，李亚平．冠心病的分型治疗与心理护理［J］．长春中医药大学学报，2011，06：1034.

陈晓．悬饮病与十枣汤应用摭拾［J］．长春中医药大学学报，2011，06：1073.

刘海英，张伦忠．清热化痰通腑法在中风急性期的应用［J］．河北中医，2011，10：1491－1492.

陈锦团，骆云丰．腹诊在中医学中的地位及应用［J］．江西中医药，2011，10：7－8.

黄德厚．慢性胃炎经方治验3则［J］．江西中医药，2011，10：29－30.

张明渊，李金田．从仲景方谈《伤寒论》治未病思想［J］．甘肃中医学院学报，2011，06：23－24.

赵志付，吴志奎，王彩凤，张成，赵鹏，肖怡，刘超，邓珍霞，刘彦辰，范桂清，方素萍，刘咏梅，莫爵飞，王文娟．胆胀病的中医刚柔辨证研究概要［J］．中国医药导刊，2011，09：1590＋1557.

李宇铭．论《伤寒论》之“坏病”［J］．浙江中医药大学学报，2011，06：826－828.

邹爱云．麻杏甘石汤加味治疗过敏性鼻炎的随诊体会［J］．中国民族民间医药，2011，22：81.

邢越，邢锐，张瑀，赵佳辉．桂枝芍药知母汤结合针刺治疗坐骨神经痛30例临床观察［J］．黑龙江中医药，2011，06：46－47.

李静．慢性心力衰竭中医治疗概况［J］．黑龙江中医药，2011，06：64－65

付国英．对《神农本草经》及历代本草的思考——《本草经典论著十人书》序［J］．西部中医药，2011，12：103－105.

闫晓楠，张平．HPLC法测定金匮肾气丸中马钱苷［J］．现代药物与临床，2011，05：409－411.

彭坚，张禹雯，黄善筠，李金霞，吕瑶，谭德红．经方组合临床运用举隅（一）［J］．湖南中医药大学学报，2011，11：42－45.

林昌松，李莎，廖世煌，黄仰模，刘丽娟，徐强．留学生《金匮要略》教学初探［J］．中国中医药现代远程教育，2011，22：53－54.

姬航宇，仝小林，冀博文，刘文科，甄仲．中国医用度量衡发展概况［J］．医学与哲学（人文社会医学版），2011，10：75－76＋78.

陈光星，罗十之．《金匮要略》教学体会［J］．中国中医药现代远程教育，2011，23：1－3.

冯刚，任献青，马丙祥，丁樱．中医经典著作在中医儿科学教学中的应用探索［J］．中国中医药现代远程教育，2011，23：3－4.

卢亮球．伤寒六经理论和时间医学探讨［J］．亚太传统医药，2011，12：181－182.

李庆胜，任红艳．《伤寒来苏集》阴阳之所指［J］．亚太传统医药，2011，12：182－183.

王志辉．中医学对中风病病因病机的认识［J］．中国中医药现代远程教育，2011，24：90.

邹雁宁，吴文笛，吴荣祖，许东云，李立纪，谢红敏，王友兰．生、制附子组配四逆汤治疗肾阳虚证临床研究［J］．云南中医中药杂志，2011，12：43－45.

刘占明．《中藏经》在脏腑辨证体系形成中的地位［J］．中国中医药现代远程教育，2011，24：5－6.

徐金星，马斯风．吴鞠通白虎“四禁”辨识［J］．中国中医药现代远程教育，2011，24：9－10.

谢作钢．“男女科同治”经方浅议［J］．中国中医药现代远程教育，2011，22：56.

张毅，顾蘅．小柴胡汤加减临床新用［J］．云南中医中药杂志，2011，12：32.

叶常春，邵贵宏，张晓琳．浅谈附子的效与用［J］．中国中医药现代远程教育，2011，22：63－65.

罗声水．四逆汤儿科应用举隅［J］．中国中医药现代远程教育，2011，24：52.

刘丽清，李鹏英，王新佩．《金匮要略》论治妇人腹痛的研究进展［J］．菏泽医学专科学校学报，2011，04：70－72.

郭义然，扬小莲．李金生治肝病经验［J］．江西中医药，2011，11：20－21

苗磊，亓超．麻黄杏仁甘草石膏汤证浅述［J］．菏泽医学专科学校学报，2011，04：46－47.

李然，刘立萍，刘贵军．泄水圣药论甘遂［J］．中药与临床，2011，06：52－54.

阚湘苓，张国骏，宋俊生，王惠君．符合 PBL 理念的《伤寒论》教学法初探［J］．天津中医药大学学报，2011，04：238－239.

郭小燕．麻杏甘石汤加味治疗小儿咳嗽痰热壅肺证（急性支气管炎）56 例临床观察［J］．内蒙古中医药，2011，19：55－56.

梁韵茹．《伤寒论》的临床学习心得［J］．求医问药（下半月），2011，10：21.

胡明发．经方辨证论治慢性肾炎五法［J］．内蒙古中医药，2011，15：64－65.

刘波，贺小婉．苇茎汤的临床应用［J］．内蒙古中医药，2011，19：60－61.

孙燕鸿．当归芍药散临床应用［J］．内蒙古中医药，2011，21：62.

易自刚．肾气丸主要配伍特点探疑［J］．广西中医药，2011，06：35－36.

谈伟伟，赵晶．天雄散治疗男性病验案举隅［J］．河北中医，2011，11：1693＋1725.

严孜，侯永春．浅析经方麻黄附子细辛汤运药之精妙［J］．江西中医学院学报，2011，06：21－22.

王建伟，马勇，张亚峰，徐兵，王庆，李刚，尹恒．金匮肾气丸联用葡萄糖酸钙治疗原发性骨质疏松症的临床研究［J］．中国骨质疏松杂志，2011，10：912－914＋911.

姚荷生，刘英锋．中医症候鉴别诊断的经典示范——姚荷生之“发热恶寒”精析［J］．江西中医药，2011，12：3－5.

黄利兴．高山仰止——纪念姚荷生先生诞辰 100 周年［J］．江西中医药，2011，12：5－6.

蒋小敏．《伤寒论》脾胃病辨证探析［J］．江西中医药，2011，12：7－12.

赖俊宇，伍建光．《金匮要略》对肺痈病因的认识［J］．江西中医药，2011，12：15－16.

赵厚睿，戴红．方证辨证与辨证论治的探源［J］．江西中医药，2011，12：24－25.

王惠君．践行经方之但头汗出案例辨治探析［J］．江西中医药，2011，12：28－29.

郝清香．小柴胡汤合甘麦大枣汤治疗更年期综合征［J］．求医问药（下半月），2011，11：609－610.

桑红灵，戴天木，李云海．《金匮要略》临证思维训练课的实践探索［J］．国医论坛，2011，06：32－33.

陈新海，董正华．麻黄升麻汤证浅释及应用体悟［J］．国医论坛，2011，06：1－2.

杨洪云，谷松．张仲景运用桂枝治疗“气上冲”机理探析［J］．国医论坛，2011，06：4－5.

段莉，李鹏，张健．大柴胡汤加味治疗腹腔镜胆囊切除术后腹胀 42 例［J］．国医论坛，2011，06：9.

张金虎．张仲景文化基本内核哲学探析［J］．国医论坛，2011，06：46－49.

吕芹．浅谈《伤寒补亡论》的学术贡献［J］．国医论坛，2011，05：1－3.

桑红灵．论《金匮要略》烦症［J］．国医论坛，2011，05：4－5.

张松岩，李雁泽，戴天木．酸枣仁汤加减治疗睡眠障碍 2 则［J］．国医论坛，2011，05：7－8.

焦克德．乌梅丸方证探析［J］．国医论坛，2011，06：5－6.

李登岭．也谈桂枝麻黄各半汤、桂枝二麻黄一汤发汗力之大小［J］．国医论坛，2011，05：6－7.

万鹏，陈云慧，乔峰妮．《金匮要略》外治方药探析［J］．中医外治杂志，2011，06：61－62.

四川省科学城医院中医科黄开泰．中医应随证“更方”［N］．中国中医药报，2011－01－05004.

武警北京市总队第三医院中医科马家驹，陈建国，陶有强．经方用药应以知为度［N］．中国中医药报，2011－01－12004.

山西省晋中市第三人民医院张英栋．探寻张锡纯用广汗法［N］．中国中医药报，2011－01－17004.

河南省驻马店市第四人民医院毛进军．从《伤寒论·序》说中医修为［N］．中国中医药报，2011－02－17003.

胡希恕名家研究室马家驹，陈建国，陶有强．用排除法诊断半表半里证［N］．中国中医药报，2011－02－21004.

北京中医药大学钱超尘．明文献学家赵开美和《宋版伤寒论》［N］．中国中医药报，2011－02－21008.

封志强．发展中医必须坚持中医理念［N］．中国中医药报，2011－02－25003.

河南省驻马店市第四人民医院毛进军．领悟扶阳学术思想要先学好《伤寒论》［N］．中国中医药报，2011－02－25004.

河南省滑县中医院郭世岳．“汗”与病证的关系［N］．中国中医药报，2011－03－04004.

中国中医科学院西苑医院范铁兵．体现辨证论治的灵活性［N］．中国中医药报，2011－03－09004.

胡希恕名家研究室马家驹，陈建国，陶有强．经方研究正走向深入［N］．中国中医药报，2011－01－28004.

胡希恕名家研究室冯世纶．辨方证是辨证的尖端［N］．中国中医药报，2011－02－11004.

河北省栾城县中医院董立杰．学中医须戒七种倾向［N］．中国中医药报，2011－03－10003.

李明亮．中医亟待建立自己的评价标准［N］．中国中医药报，2011－03－10003.

吉林省汪清县中医院刘宝恒，张哲浩．张锡纯应用石膏探微［N］．中国中医药报，2011－03－10004.

李明亮．中医临床应重视经方的学习和使用［N］．中国中医药报，2011－03－31003.

河南省驻马店市第四人民医院毛进军．用中药就要遵循中医思维［N］．中国中医药报，2011－03－31004.

胡希恕名家研究室马家驹，陈建国，陶有强．冯世纶大青龙汤治失眠［N］．中国中医药报，2011－04－14004.

苑海震本报通讯员廖俊旭．继承张仲景文化发展中医药事业［N］．河南日报，2011－05－09006.

上海中医药大学刘俊，张如青．平心静气好读书［N］．中国中医药报，2011－04－21003.

驻京记者王丹．经方界期盼政策“雨露”［N］．医药经济报，2011－04－27011.

中国中医科学院西苑医院范铁兵．仲景退黄十法［N］．中国中医药报，2011－04－28004.

山东中医药大学贾延利．《伤寒论》几几之我见［N］．中国中医药报，2011－05－16004.

山西省绛县仁爱诊所赵作伟．良师益友伴我行［N］．中国中医药报，2011－06－03008.

山东中医药大学姚文轩，贾延利．再议“几几”之音义［N］．中国中医药报，2011－06－16004.

山东中医药大学贾延利．《伤寒论》词义札记［N］．中国中医药报，2011－05－30004.

南阳张仲景医学研究所刘世恩．不懂南阳方言误读仲景千年［N］．中国中医药报，2011－06－01004.

江苏省中医院商洪涛．《伤寒论》“几几”之音义再考［N］．中国中医药报，2011－06－10004.

中国中医科学院广安门医院熊兴江．一首经典高效的古方［N］．中国中医药报，2011－06－16004.

北京步步先中医医院马予良，石玉山．阴阳理论不是“对立统一理论”［N］．中国中医药报，2011－06－22004.

河南省驻马店市第四人民医院毛进军．中药处方勿忘注明忌口［N］．中国中医药报，2011－06－23004.

河北省中医药研究院曹东义．建立禁忌学开启一扇窗［N］．中国中医药报，2011－07－15008.

苏州市中医医院主任医师任光荣．让“吴门医派”在非遗保护中发扬光大［N］．苏州日报，2011－07－18A04.

山西省平遥县中医院王金亮．不可曲解阴阳的对立统一［N］．中国中医药报，2011－06－29004.

南阳张仲景医学研究所刘世恩．仲景用“水”特色独具［N］．中国中医药报，2011－07－01004.

山东中医药高等专科学校宋永刚．《本经》桂枝功效释义［N］．中国中医药报，2011－07－01004.

北京中医药大学钱超尘．《仲景全书》由美归台始末［N］．中国中医药报，2011－07－07008.

胡希恕名家研究室冯世纶．半表半里最初出现于《伤寒论》［N］．中国中医药报，2011－07－20004.

冯世纶胡希恕．半表半里成熟于东汉［N］．中国中医药报，2011－07－21004.

中国中医科学院余赢鳌．对学术流派要学而不泥［N］．中国中医药报，2011－07－25004.

中国中医科学院广安门医院郭允．仲景水鸡本义新识［N］．中国中医药报，2011－07－28004.

山东中医药大学皋永利．既要中医研究也要研究中医［N］．中国中医药报，2011－08－03004.

山西中医学院冯文全徐春丽．经方治小产后不适［N］．中国中医药报，2011－08－03004.

南阳张仲景医学研究所刘世恩南阳市第二人民医院毛绍芳．仲景笔下水鸡真［N］．中国中医药报，2011－08－08004.

河北医科大学扁鹊医学社祝子贝．血室为胸膈以上胸腔之地［N］．中国中医药报，2011－08－10004.

四川自贡怡康中医诊所王昆文．仲景书中的阳虚生风证［N］．中国中医药报，2011－08－12004.

河南省濮阳市路氏中医药研究所路良宇路慧一．中西医结合可借鉴前人思路［N］．中国中医药报，2011－08－15003.

杨军有．陇西县中医院“四抓四放”推进师承［N］．中国中医药报，2011－09－07002.

身体周刊记者肖蓓．张云鹏：仲景学说为经，诸家论述为纬［N］．东方早报，2011－09－03B10.

陕西岚皋县中医医院张远翠．调和阴阳治失眠［N］．中国中医药报，2011－08－24004.

中国中医科学院西苑医院范铁兵．论肝为血室［N］．中国中医药报，2011－08－25004.

山东省淄博市中心医院王强．肝为血室之说不妥［N］．中国中医药报，2011－09－02004.

黑龙江省绥滨县人民医院项仁海．经方治虚寒便秘［N］．中国中医药报，2011－09－07004.

山西省晋中市第三人民医院张英栋．瞑眩与自愈［N］．中国中医药报，2011－09－08004.

山东中医药大学皋永利．辨证分型不容否定［N］．中国中医药报，2011－09－14004.

河南省驻马店市第四人民医院毛进军．治感冒小心“坏病”［N］．中国中医药报，2011－09－22004.

徐德清通讯员郭德望．生命与健康的守护神［N］．常德日报，2011－10－23004.

惠雨桥．南阳八举措发展中医药显成效［N］．中国中医药报，2011－10－12002.

中国中医科学院广安门医院心内科熊兴江．回归仲景原意在临床中诠释经典［N］．中国中医药报，2011－10－31004.

黑龙江中医药大学姜德友王磊．传承中医文化振兴“龙江医派”［N］．黑龙江日报，2011－10－10012.

安徽省亳州市华佗中医院蒋玉清．仲景论消渴［N］．中国中医药报，2011－10－19004.

中国中医科学院王兵．论六经为五脏六腑之门户［N］．中国中医药报，2011－10－31004.

阙爱民王晓欣．医圣故里何时擦亮仲景文化招牌［N］．河南日报，2011－11－04009.

记者徐雪莉．第十届张仲景医药科技文化节举行［N］．中国中医药报，2011－11－14001.

湖北省天门市黄潭医院张济洲张瑜舫张万法．发展中医4点建议［N］．中国中医药报，2011－11－17003.

身体周刊记者肖蓓．蔡淦：治脾胃安五脏［N］．东方早报，2011－11－05B10.

辽宁中医药大学曹瑛王蕊芳．未病先防养护脾胃（上）［N］．中国中医药报，2011－11－03006.

山西省绛县中医医院赵作伟宁美珍．从张仲景成为“医圣”所想到的［N］．中国中医药报，2011－11－03008.

辽宁中医药大学曹瑛王蕊芳．未病先防养护脾胃（下）［N］．中国中医药报，2011－11－04006.

中国中医科学院针灸研究所杨立丽中国中医科学院望京医院尹龙德．不可因火畏灸［N］．中国中医药报，2011－11－14004.

湖北省鄂州市中医医院朱祥麟．《伤寒论》神志病治疗十法［N］．中国中医药报，2011－12－02004.

湖北中医药大学周祯祥．白术确可润下通便［N］．中国中医药报，2011－11－09004.

上海曙光医院林日阳．中医论治老年人口干症［N］．上海中医药报，2011－12－16007.

山西省朔州市山阴县人民医院马有华．张仲景运用附子浅析（上）［N］．中国中医药报，2011－12－19004.

山西省朔州市山阴县人民医院马有华．张仲景运用附子浅析（下）［N］．中国中医药报，2011－12－21004.

山东中医药大学贾延利．《伤寒论》“（）（）”音义三辨［N］．中国中医药报，2011－12－16004.

山西中医学院附属医院高建忠．承气本为逐邪而设［N］．中国中医药报，2011－12－16004.

罗试计．浅析《伤寒论》中扶阳气思想［J］．四川中医，2012，01：39－40.

唐忠涛，黎忠民．《伤寒论》反成用药经验析要［J］．四川中医，2012，01：40－42.

张华锴，郭选贤．《温病条辨》“护阴学说”理论的探讨［J］．中国实验方剂学杂志，2012，01：271－274.

刘春保．从《金匮要略》之“通”思辨慢性前列腺炎之治［J］．新中医，2012，01：132－133.

蒋雁，李继明．浅析太阳病与表证的关系［J］．实用中医内科杂志，2012，01：23＋25.

邢玉良，徐月英．论《伤寒论》少阳病篇的立论依据及何为少阳证［J］．实用中医内科杂志，2012，01：24－25＋27.

李艳春，徐月英．《伤寒论》喘证辨治规律探究［J］．实用中医内科杂志，2012，01：26－27.

董旭峰，徐月英．论《金匮要略》里水之我见［J］．实用中医内科杂志，2012，01：28－29.

龚轩，王庆国．术数与《伤寒论》中的脉法［J］．中医杂志，2012，01：73－75.

焦永伟．金匮肾气丸治疗消渴53例疗效观察［J］．医学理论与实践，2012，01：47－48.

戴克敏．姜春华运用下瘀血汤的经验［J］．山西中医，2012，01：4－6.

尤敏，赵瑞珍，殷海宽，胡结林，李晓星．傅元谋治疗功能性消化不良经验撷要［J］．山西中医，2012，01：9－10.

任德旺．经方验案2则［J］．山西中医，2012，01：41.

苗晓燕．桂枝茯苓汤配合外治法治疗妇科病验案举隅［J］．陕西中医，2012，01：106－108.

王家华．浅析《伤寒论》知常达变思维［J］．陕西中医，2012，01：122－123.

刘玉良．浅论运用阴阳对应性思维研读《伤寒论》［J］．中医杂志，2012，01：12－15.

操红缨，吴君，吴清和，黄萍．缩泉丸对自然衰老大鼠逼尿肌β_ 3－肾上腺素能受体mRNA表达的影响［J］．中国实验方剂学杂志，2012，01：125－128.

潘雨薇，万晓刚．竹叶石膏汤证病机病位及临床应用浅析［J］．新中医，2012，01：129－130.

钱超尘．赵开美生平事迹考［J］．河南中医，2012，01：33－35.

张晋，苏博．常读常新的经典，汲取不同层次的知识［J］．光明中医，2012，01：34－35.

刘素平，谷松．论《伤寒论》六经之间“传经”［J］．河南中医，2012，01：1－2.

黄仰模，黄奕蕾．从《金匮要略》扶正思想论治类风湿性关节炎［J］．河南中医，2012，01：3－4.

曹立虎，岳仁宋，齐方洲．《伤寒论》太阳病篇坏证证治［J］．河南中医，2012，01：7.

边至慰．桂枝汤及其类方治疗杂病浅述［J］．河南中医，2012，01：18－19.

张丽，谷松．试探“须臾”在《伤寒论》中的含义［J］．辽宁中医药大学学报，2012，01：113－114.

王留晏．温病学理论在恶性肿瘤临床治疗中的应用［J］．中医学报，2012，01：15－16.

梁华龙．伤寒论评话第1章汉祚岌岌病疫疠，医星冉冉诞宏论——《伤寒杂病论》的诞生［J］．中医学报，2012，01：30－32.

姬航宇，焦拥政，连凤梅，仇菲，常柏，傅延龄，仝小林．《伤寒论》及《金匮要略》用量策略的文本挖掘研究［J］．中华中医药杂志，2012，01：19－22.

赵哲伟，王新佩．试析《伤寒论》关于脾胃病的诊疗原则［J］．中华中医药杂志，2012，01：30－31.

吴少慧．“见肝之病知肝传脾当先实脾”本义探析［J］．辽宁中医药大学学报，2012，01：137－138.

翁振声，丘奕文，黄裕华．加味五苓散治疗小便利［J］．河南中医，2012，01：5－6.

王位庆．经方象数规律刍议［J］．辽宁中医药大学学报，2012，01：105－110.

李宇铭．经方的理论特点［J］．环球中医药，2012，01：29－32.

王成果．胡希恕“气上冲”学术思想探析［J］．中医临床研究，2012，02：70－71.

岑柏春．加味栀子豉汤治疗抑郁症临床观察［J］．中医临床研究，2012，01：50－51.

魏岩，马笑凡，焦立东，黄永生．伏寒颗粒对冠心病心绞痛先天伏寒证患者血清Hcy和IL－1β水平的影响［J］．中国老年学杂志，2012，02：255－257.

王敬元，杨晓南．当归四逆汤加味治疗痛经［J］．中国社区医师（医学专业），2012，01：16.

陈莉娜．金匮肾气丸治疗2型糖尿病60例临床疗效观察［J］．中国医药导报，2012，03：102－103.

郑振镐．以《内经》“地气上为云，天气下为雨”释金匮肾气丸方义［J］．吉林中医药，2012，01：6－7＋21.

郭强中．《伤寒论》中“控水论”之下法探析［J］．吉林中医药，2012，01：10－13.

王成果．胡希恕应用柴胡桂枝干姜汤学术思想探讨［J］．吉林中医药，2012，01：29－30.

梁铨．经方桃核承气汤治验3则［J］．中国中医急症，2012，01：155－156.

姚佳音．《类聚方》与《金匮要略》对比研究［J］．中华中医药学刊，2012，01：92－93.

李宇铭，李致重．论越婢汤属太阳温病代表方（下）［J］．中华中医药学刊，2012，01：188－190.

郭强中．《伤寒论》“控水论”之汗法探微［J］．中华中医药学刊，2012，01：212－214.
景玉清．加味四物汤治疗痛经的体会［J］．基层医学论坛，2012，02：241－242.
赵世新．自拟调便汤治疗习惯性便秘48例临床观察［J］．基层医学论坛，2012，02：245－246.
贾澜．真武汤治疗美尼尔氏综合征240例疗效分析［J］．中医临床研究，2012，02：45－46.
桑红灵．论《金匮要略》养阴护津思想的体现［J］．中医药信息，2012，01：123－124.
谢作钢．冯世纶运用经方治疗男科疾病的经验［J］．浙江中医杂志，2012，01：6－7.
徐国荣．大黄黄连泻心汤浸渍剂与煎煮剂治疗幽门螺杆菌阳性胃炎的临床观察［J］．中国药物与临床，2012，01：112－113.
高明礼．舒活扶正法治疗骨折验案2则［J］．吉林中医药，2012，01：95.
蒋旭宏．李官火主任医师应用桂枝汤临床经验介绍［J］．中国中医急症，2012，01：42－43.
王松耀，王松雅．辨析《伤寒论》六经病呕吐的证治［J］．中国中医急症，2012，01：87－88.
李洁，杨洪涛．附子减毒增效略谈［J］．浙江中医杂志，2012，01：12－13.
王建伟，郭杨，周信，马勇，周玲玲，尹恒，张亚峰，徐兵，王庆．金匮肾气丸联合葡萄糖酸钙对去势大鼠骨微结构的影响［J］．中国老年学杂志，2012，02：313－315.
付朝红．桂枝汤临床应用心得［J］．中医临床研究，2012，02：50＋52.
苏颖．《〈本草图经〉研究》的思路与方法［J］．吉林中医药，2012，01：97－99.
李宇铭．论《伤寒论》“脾约”之意（上）［J］．辽宁中医杂志，2012，01：84－85.
陈爱玲．“因时”治疗高血压病临床观察［J］．辽宁中医杂志，2012，01：95－96.
盛梅笑．加减应用仲景方治验4则［J］．江苏中医药，2012，01：50－51.
葛亮，高鸣，邵朝弟．金匮肾气丸临证举隅［J］．湖南中医杂志，2012，01：59－60.
郭晓东．《金匮要略》腹满寒疝辨微［J］．湖南中医杂志，2012，01：79－80.
李佳泽．“虚劳虚烦不得眠，酸枣仁汤主之”病机小议［J］．湖南中医杂志，2012，01：86.
俞洁．《伤寒论》煎服法启示［J］．山东中医药大学学报，2012，01：23－24.
刘中华，王义国，骆真，丁然，徐志锐．试论抵当丸非丸剂［J］．山东中医药大学学报，2012，01：30－31.
丁德正．当归四逆汤在精神疾病治疗中的运用［J］．世界中医药，2012，01：42－43.
邵礼晖，周则旺，臧海洋．乌梅丸配合针刺法治疗慢性溃疡性结肠炎体会［J］．世界中医药，2012，01：89.
黄力，农汉才．《伤寒论新注》学术特色浅析［J］．上海中医药大学学报，2012，01：26－28.
赵钰蓉，董正华，张文军，韩志毅．《医方集解》对仲景学术的贡献［J］．陕西中医学院学报，2012，01：82－84.
杨涛，刘丽宁，张重州，黄玉剑，李新莉，冯兴志，李浩．宋金元时期寒温用药之变化［J］．山东中医药大学学报，2012，01：31－32.
李岩．真武汤证浅析［J］．世界中医药，2012，01：63－64.
臧海洋，赵云芳，杨晓慧．当归芍药散治疗内科病方证治药规律的探讨［J］．世界中医药，2012，01：65－67.
顾国龙，胡磊，徐春霞，王君．经方名医曹颖甫生平与学术思想解读［J］．中医药临床杂志，2012，01：2－4.
马新童，狄红，刘亚男，张广中．从《伤寒论》中的“蛔”看中医的象思维［J］．北京中医药，2012，01：35－37.
杨春华，金旭峰，李风森．中医时间医学在认识疾病过程中的体现［J］．中医药临床杂志，2012，01：8－10.
吴军，张祖权．《伤寒论》中寒热并用方剂证治探讨［J］．云南中医中药杂志，2012，01：45－46.
李剑颖，吴大真．略述《伤寒杂病论》角药应用［J］．中国中医药现代远程教育，2012，01：20－22.
谢娟，李莎，廖世煌．廖世煌教授脏腑辨证治甲亢突眼经验撷要［J］．中国中医药现代远程教育，2012，01：28－29.

马文辉，姚博．三部六病讲座（一）——三部六病辨证论治理论体系的学术渊源与三部的划分［J］．中国中医药现代远程教育，2012，01：88－89.
闫旭，黄蕊．《金匮要略》肾气丸泄实机理浅晰［J］．云南中医中药杂志，2012，01：49.
王磊，李勇，孙欢娜．肝病实脾验案［J］．山东中医杂志，2012，01：64－66.
宋力伟．乌梅丸治验［J］．山东中医杂志，2012，01：69－70.
徐成贺．《伤寒论》太阳病篇教学必须要搞清的几个问题［J］．国医论坛，2012，01：1－4.
李登岭，水启盛，李娟．小议小陷胸汤“按之则痛”［J］．国医论坛，2012，01：9.
张雅梦，朱颖．桂枝茯苓丸化裁治疗妇科疾病验案3则［J］．国医论坛，2012，01：10.
赵启民，石亮．麻黄汤治疗小儿杂症验案3则［J］．国医论坛，2012，01：11.
马文辉，姚博．三部六病讲座（二）［J］．中国中医药现代远程教育，2012，02：85－86.
刘玉婷，柳越冬．脾主运化思想在治疗泄泻中的指导［J］．中国中医药现代远程教育，2012，02：113－114.
张利元，张正林．《伤寒学》一门古老而年轻的学科［J］．内蒙古中医药，2012，01：139－140.
曹惠彬．浅析寒热错杂证［J］．内蒙古中医药，2012，01：137－139.
李长乐．桂枝汤“调和营卫”机理初探［J］．内蒙古中医药，2012，01：82－83.
陈建芳．经方小柴胡汤运用体会［J］．江西中医药，2012，01：33－34.
梁华龙．伤寒论评话第2章医论皇皇承古今，热病繁泛贯六经——“六经”的由来［J］．中医学报，2012，02：153－155.
耿良，吕静，冯培勋，花宝金．试论麻黄汤和桂枝汤乃为壮人和虚人外感而设［J］．中医学报，2012，02：156－157.
段晓华．国学大师章太炎的医学情怀［J］．中医药文化，2012，01：49－51.
武兴伟，许前磊，谢世平，王娟，张宁，温冠晓，刘飒．“风气百疾”论艾滋病的治疗［J］．中国实验方剂学杂志，2012，04：275－277.
杨运高．《伤寒论》辨证方法探讨［J］．中国中医基础医学杂志，2012，01：8－9.
李德辉，张桂娟，刘玉斌，张素燚，谭碧珠，廖锐，马民．《伤寒论》中“阴”“阳”含义探讨［J］．中国中医基础医学杂志，2012，01：10－11＋68.
臧海洋，周则旺．《伤寒论》腹满证治规律探讨［J］．中国中医基础医学杂志，2012，01：12＋15.
赵玉屏，刘艳萍，刘润芝．从《伤寒论》厥阴病论治甲状腺功能亢进症［J］．中医杂志，2012，03：262－263.
《中国现代名中医医案精粹》选登（27）——谌运甫医案［J］．中医杂志，2012，03：270.
沈耿杨．附子理中汤治案二则［J］．实用中医药杂志，2012，02：141.
刘俊沛，王春宇．苓桂术甘汤治疗眩晕体会［J］．实用中医药杂志，2012，02：142.
李浩恩．综合方法治疗失眠体会［J］．实用中医药杂志，2012，02：142－143.
黄跃康，江义玺．半夏厚朴汤临床新用举隅［J］．实用中医药杂志，2012，02：143.
王军仓．葛根芩连汤妙治儿科疾病［J］．中医研究，2012，02：42－44.
郝军，郝纪蓉．《圣济总录》脾胃藏象辨证论治思想的临床意义浅析［J］．中医研究，2012，02：66－67.
宫丽鸿，王月莹，于波．小柴胡汤加减治疗发热验案［J］．中国中医急症，2012，02：260.
杨晨光，许鹏，曹永升，武彩霞，冻捷．桂枝去芍药加麻黄附子细辛汤治疗恶性肿瘤心得［J］．中医杂志，2012，03：253－254.
秦雪梅，皮后炎．温经汤治验3则［J］．中国中医药信息杂志，2012，02：82－83.
曲丽芳．论《金匮要略》对内伤杂病辨证方法的贡献［J］．中国中医基础医学杂志，2012，02：127－128.
雒晓东．论《伤寒论》中寒热并用法及临床应用［J］．中医杂志，2012，04：273－275.
张卫国，赵丽，张翠贞．炙甘草汤新解［J］．中医杂志，2012，05：444－446.
赵小青，吴艺锋，杨四萍，吴小琼．《金匮要略》经方组合对高血脂模型大鼠血脂及血液流变学指标的影响［J］．中国实验方剂学杂志，2012，03：190－192.
邵家德．对《中国药典》所载仲景方若干制剂内容商榷［J］．中国实验方剂学杂志，2012，05：269－272.
张保国，刘庆芳．小青龙汤现代研究与新用［J］．中成药，2012，02：340－344.
王似锦，刘文杰，牛振东，高春．金匮肾气丸微生物限度检查法的建立及检验结果分析［J］．药物分析杂志，2012，02：360－364.
高星泽，何新慧．《伤寒论》治烦躁与中医八法［J］．中国民族民间医药，2012，02：15－16.
王加锋．“顺性而治”在五脏病证治疗中的应用及意义［J］．江苏中医药，2012，02：3－4.
梁华龙．伤寒论评话第3章外感热病见初表，六经藩篱问太阳——“太阳”生病了［J］．中医学报，2012，03：293－295.
王兰．外感疾病扶阳理论的临床应用［J］．中医学报，2012，03：368－369.
沈创鹏，胡正刚，陈晓薇，张横柳．清代岭南伤寒名家郭元峰《伤寒论》学术思想概略［J］．辽宁中医药大学学报，2012，02：77－78.
马小娜，闫军堂，刘晓倩，王庆国．谈《金匮要略》中眩晕病症方证辨治［J］．辽宁中医药大学学报，2012，02：94－96.
吕方舟．从《金匮要略》防己诸方谈三焦腑水饮证［J］．辽宁中医药大学学报，2012，02：101－103.
孙伟，孙磊．《伤寒杂病论》之“反治”［J］．辽宁中医药大学学报，2012，02：109－110.
李宇铭．论《伤寒论》“脾约”之意（下）［J］．辽宁中医杂志，2012，02：269－270.
宫成军．《伤寒论》喘证辨证研究［J］．辽宁中医药大学学报，2012，03：101－103.
刘冬慈，付正英．《金匮要略》妇人产后腹痛证治［J］．河南中医，2012，02：133－134.
田瑞曼．读伤寒，重医理——读《伤寒论》第176条［J］．河南中医，2012，02：134－135.
刘银伟．简释“脾色必黄，瘀热以行”［J］．河南中医，2012，02：136.
陈圣华，甘密密，黎昌荣．尤在泾学术思想概论［J］．河南中医，2012，02：155－157.
王建伟，马勇，尹恒．金匮肾气丸联用葡萄糖酸钙对原发性骨质疏松症疼痛临床疗效观察［J］．辽宁中医药大学学报，2012，02：5－6.
杨苗，张喜莲．小儿咳喘病治验体会［J］．环球中医药，2012，02：133－134.
董正华．在《伤寒论》教学中应用参与式教学法的体会［J］．西北医学教育，2012，01：75－78.
张天星．《伤寒论》厥证浅析［J］．现代中西医结合杂志，2012，05：524－525.
虞桂．《金匮要略》临证应用拓展［J］．世界中西医结合杂志，2012，01：3－4.
孟丽琴．麻杏石甘汤加减治疗痰热内蕴型哮喘34例［J］．世界中西医结合杂志，2012，01：68.
王忠山．《金匮要略》杂疗方在消渴病证中的运用［J］．四川中医，2012，02：45－46.
韦章进，江泳．张仲景“阴伏，是瘀血也，当下之”理论在皮肤病中的应用［J］．四川中医，2012，02：51－53.
刘源．金匮肾气丸煎剂治疗尿后冷痛验案1例［J］．新中医，2012，02：128.
梁永林，李金田，刘稼，李应存．敦煌遗书《辅行诀》大补泻汤数术思想研究［J］．中华中医药杂志，2012，02：277－279.
赵林华，姬航宇，冀博文，宋军，仝小林．葛根芩连汤治疗糖尿病理论探讨［J］．中华中医药杂志，2012，02：280－283.
高岑，宋俊生，熊俊，薛晓焕，商铁刚．基于德尔菲法的《伤寒论》医案文献发表质量标准研究［J］．中华中医药杂志，2012，02：296－298.
温兴韬．经方治疗糖尿病临床探讨［J］．中医药临床杂志，2012，02：151－152.
李中南，方朝晖，张进军，叶飞成．糖尿病从瘀论治探析［J］．中医药临床杂志，2012，02：154－157.
余在先，贾丽丽．真武汤加味临床验案［J］．光明中医，2012，02：351－353.
李云静．《伤寒杂病论》黄疸病因病机证治再识［J］．光明中医，2012，02：224－225.
辛永洙．手足发凉的中医药治疗［J］．长春中医药大学学报，2012，01：138.
邓校征．张仲景的法与方［J］．长春中医药大学学报，2012，01：185－186.

汪悦，黄瑜，周欣．金匮肾气丸对雄性2型糖尿病大鼠睾酮与一氧化氮的影响［J］．中华中医药杂志，2012，03：740－741.

潘俊辉．仲景从风治喘浅析［J］．光明中医，2012，02：229－231.

刘钊．柴胡加龙骨牡蛎汤临床验案2例［J］．光明中医，2012，02：349.

梁铨．从《汤液经法》初探《伤寒论》三阴三阳辨证论治体系构架［J］．安徽中医学院学报，2012，01：3－5.

张建伟，王苹．《金匮要略》“见肝之病，知肝传脾，当先实脾”之管见［J］．甘肃中医学院学报，2012，01：21－23.

侯养彪，杨涛，张再良．谈对麻黄汤发汗问题的认识［J］．长春中医药大学学报，2012，01：183－185.

程琳，申霞．浅析温经汤之配伍特点［J］．光明中医，2012，02：226－227.

何志明．桂枝麻黄各半汤异病同治皮肤病临床应用探讨［J］．甘肃科技，2012，02：131－132.

李赛美．外国学生看《伤寒论》及对教学的启示［J］．中华中医药学刊，2012，02：234－235.

李成卫．宋金元伤寒学发表攻里治法形成、扩大与消解的历史考察［J］．中国中医基础医学杂志，2012，03：248－250.

罗世坤．“伤寒脉浮滑，此以表有热，里有寒，白虎汤主之”之我见［J］．新疆中医药，2012，01：5－8.

张世安，王雪梅．梅核气治疗经验谈［J］．基层医学论坛，2012，05：601－602.

高岑．《伤寒论》辨证思想在体质学上的体现［J］．中国社区医师（医学专业），2012，06：223.

刘燕红．四逆散应用验案三则［J］．浙江中西医结合杂志，2012，02：134.

许华，张雪丽，张静．《伤寒论》六经发热特点浅释［J］．中国中西医结合儿科学，2012，01：13－15.

刘玉良．《伤寒论》第28条证治探微［J］．中华中医药学刊，2012，02：434－436.

王位庆．论阴阳五行的科学基础［J］．中华中医药学刊，2012，03：638－641.

宫成军．《伤寒论》喘证探究［J］．中华中医药学刊，2012，03：648－649.

王玲．从《伤寒论》咽痛方谈咽痛之寒温异治［J］．吉林中医药，2012，02：211－212.

童浩，董兴鲁，李经纬，郭华．《吴鞠通医案》对《伤寒论》的继承与发展［J］．吉林中医药，2012，03：217－219.

董冉冉．《伤寒论》脾胃学说探析［J］．吉林中医药，2012，03：220－221.

杨清高，刘绍能．《伤寒杂病论》中半夏应用探析［J］．吉林中医药，2012，03：293－294.

王巍，阮时宝．浅析陈修园学术思想［J］．中医临床研究，2012，03：72－73.

李成文，刘桂荣，李建生．易水学派薛己辨治内伤咳嗽特色［J］．中医药学报，2012，01：4－6.

郭文娟．谈《伤寒杂病论》之方药特点［J］．中医杂志，2012，06：461－462.

潘永年．桃核承气汤在皮肤病治疗中的应用［J］．中医杂志，2012，06：523－524.

李垚，姜莉芸，郑玉，吴文笛．“厚肠”探析［J］．中医杂志，2012，08：714－715.

罗世伟．对《金匮要略》“虚者即愈，实者三日复发”的不同解读［J］．中医杂志，2012，08：717－718.

张保国，刘庆芳．桂枝麻黄各半汤药理研究与临床应用［J］．中成药，2012，03：539－541.

金智生，陈雪，李甜．金匮肾气丸对实验性2型糖尿病肾病大鼠肾脏组织NO、NOS的影响［J］．中医药学报，2012，01：56－59.

张志峰．魏晋南北朝诸续命汤异同探析［J］．中医药学报，2012，01：59－60.

王孝东．治消渴十法［J］．实用糖尿病杂志，2012，01：60－61.

陈建国，马家驹，张炬，陶有强．经方扶正祛邪理念探析［J］．河南中医，2012，03：265－267.

徐强，林昌松，陈纪藩，黄仰模，刘清平．《金匮要略》泻心汤新解［J］．河南中医，2012，03：267－268.

王建新，刘琼英，邱婷婷．真武汤妇科应用举隅［J］．河南中医，2012，03：278－280.

郑丰杰．《伤寒杂病论》瘙痒辨治规律探析［J］．辽宁中医杂志，2012，03：446－447.

田芸．胸痹辨治中“阳微阴弦”含义初探［J］．辽宁中医杂志，2012，03：451－452.

曾德祥．当归四逆汤验案举隅［J］．中医药导报，2012，02：105.
钱超尘．北平图书馆《仲景全书》运美历史回顾［J］．河南中医，2012，04：516－517.
罗明兰．试述《金匮要略》中附子的配伍应用［J］．中国民族民间医药，2012，04：16.
欧杰，李永刚，王兴华．从天干地支的角度分析46例胰腺癌住院患者死亡时间［J］．辽宁中医杂志，2012，03：406－409.
杭敏．浅析《金匮要略》之咳喘用方［J］．中医药导报，2012，02：10－11.
柴瑞震，陈业兴．《伤寒论》“三阴三阳六病”的内涵及辨证探讨［J］．河南中医，2012，04：397－399.
田瑞曼．读伤寒，重医理——浅析“寒”字［J］．河南中医，2012，04：400.
孙西霞，杨芳．运用仲景法辨治颈椎病体会［J］．河南中医，2012，04：401－402.
刘兵，王见．大柴胡汤治疗胃火牙痛体会［J］．河南中医，2012，04：415－416.
傅文录．王好古辨治“三阴证”学术思想探析［J］．河南中医，2012，04：426－428.
谭峻峰．金匮温经汤结合当归针穴位注射治疗痛经82例［J］．中国民族民间医药，2012，03：110.
朱辉，林大勇，王树鹏．多元化教学方法在伤寒论教学中的应用探索［J］．基础医学教育，2012，02：131－132.
张树霞，张存彦．桃核承气汤在治疗脑外伤中的应用［J］．内蒙古中医药，2012，04：24.
刘敏．论治消如治水［J］．新中医，2012，03：133－135.
徐姗姗，郑丰杰，窦维华．立足《伤寒论》探析扶阳派医案中姜附剂之服药反应［J］．新中医，2012，03：135－137.
林翠茹．乌梅丸临证验案2则［J］．新中医，2012，03：168－169.
兰英，王亚丽，畅达．畅达应用血府逐瘀汤经验举隅［J］．山西中医，2012，03：5－6.
林上助．《金匮要略》虚劳病辨治浅析［J］．山西中医，2012，03：61－62.
张北华，唐旭东．仲景经方在寒热错杂证中的临证运用思路［J］．四川中医，2012，03：41－43.
李雪梅，严余明．经方在妇科临床中的应用体会［J］．内蒙古中医药，2012，06：20－21.
张宁．炙甘草汤治疗虚证心悸［J］．实用中医内科杂志，2012，02：64－65.
李国岩，黄春华．从古中医学认识调和营卫法治疗阳虚汗证［J］．内蒙古中医药，2012，06：131－132.
李瑞洲．浅述《金匮要略》黄疸发病机制［J］．内蒙古中医药，2012，06：139.
樊毓运，朱章志．朱章志运用六经辨证治疗消渴病汗症1则［J］．内蒙古中医药，2012，06：148－149.
侯俊丽，赵廷浩．麦门冬汤功效初探［J］．内蒙古中医药，2012，04：37.
傅慧群．桂枝汤及其类方在中医妇科中的应用［J］．天津中医药，2012，01：54－56.
党莉，张虹．芍药甘草汤治疗消化性溃疡的药理作用［J］．山西职工医学院学报，2012，01：57－58.
王伟秋．旋覆代赭汤临床运用［J］．实用中医内科杂志，2012，02：66＋68.
张帮俊．小小“柴胡”入名方［J］．中国社区医师，2012，13：26.
陈光星．《金匮要略》理论在风湿病临床教学中的应用［J］．国医论坛，2012，02：42－44.
许金德，林志咸，吴云霞．评周扬俊的《温热暑疫全书》［J］．福建中医药，2012，01：63－64.
张梅香．从“脾色必黄瘀热以行”论黄疸从瘀论治［J］．光明中医，2012，03：429－431.
贾海燕．张仲景寒热并用之法解析［J］．光明中医，2012，03：434－435.
刘银伟，张晓芬，丁吉善．浅谈《伤寒杂病论》的学习思路［J］．光明中医，2012，03：435－437.
黄海芹．张仲景用药心法探析［J］．国医论坛，2012，02：1－2.
徐春霞，张辉．浅议《金匮要略》通补血分治虚劳［J］．国医论坛，2012，02：2－4.
刁吉祥．《金匮要略》泻下法类析及临床应用［J］．国医论坛，2012，02：5－6.
张永宜，赵天才．张仲景治疗表里同病的5种方法［J］．国医论坛，2012，02：7－8.
齐元富，李慧杰．张仲景正邪理论观在肿瘤临床中的指导意义［J］．国医论坛，2012，02：8－9.
赖海燕，宋曦．下瘀血汤治疗妇科疾病临证举隅［J］．河北中医，2012，01：54－55.
陈倩云．邱明义治疗肾病验案举隅［J］．湖北中医杂志，2012，03：26－27.
肖礼军，郭琳．大黄黄连泻心汤加味治疗脾胃湿热型糜烂性胃炎疗效观察［J］．湖北中医杂志，2012，03：40－41.

马新童，狄红，杨栋，张广中．《伤寒论》“导法”探析［J］．北京中医药，2012，03：187－188.

郭金洋，李果，闵庆莉，赵新勇，满大军，刘谣．论热证用灸法［J］．贵阳中医学院学报，2012，01：133－134.

吕东升．乌梅丸临床应用体会［J］．国医论坛，2012，02：31－32.

李静华，李占永，刘洋洋，赵晓阳．大黄䗪虫丸在络病治疗中的临床应用［J］．承德医学院学报，2012，01：51－53.

赵玉堂，许士奇．桂枝加葛根汤对组胺致大鼠毛细血管通透性的影响［J］．承德医学院学报，2012，01：53－54.

郭磊，李忠丹，骆阳．黄连阿胶汤临床研究及药理研究概况［J］．哈尔滨医药，2012，01：55.

李赛美，邓烨，方剑锋．汇聚国际资源经方扬帆世界——广州首届国际经方班暨第十期全国经方临床应用（疑难病）高研班述要［J］．中医药通报，2012，01：1－6.

李今庸．对《伤寒论讲义》教材中的几点看法——与梅国强教授商榷［J］．中医药通报，2012，01：14－19.

宋建平，张瑞，王剑锋，徐敏，赵云芳．重视讲授《金匮要略》课程教师临床能力的素质培养与管理［J］．中医药管理杂志，2012，03：247－248.

付金荣，许华云，王芳．蔡小荪妇科周期理论在妇科临床中的应用［J］．中国中医药信息杂志，2012，03：88－89.

汤尔群，任廷革，陈明，刘晓峰，张帆，孙燕．基于数据挖掘方法的《伤寒论》方证知识挖掘研究［J］．中国中医药信息杂志，2012，04：31－34.

王瑞丽．桂枝茯苓丸临证应用举隅［J］．中国中医药信息杂志，2012，04：87＋96.

孙西庆．从脾虚血瘀探讨老年痴呆的发生［J］．中国中医药信息杂志，2012，04：92－93.

董明，马秀波．浅谈经方治疗心悸［J］．中国医药指南，2012，06：231－232.

杨榆娟，杨嵩林．《伤寒论》厥阴病临症应用［J］．中国医药指南，2012，07：238－239.

禄颖，吴莹，李翠娟．《伤寒论》睡眠障碍病证特点的探讨［J］．中国医药指南，2012，09：530－532.

鄢卫东．当归四逆汤治验五则［J］．卫生职业教育，2012，07：141－142.

张先庚，刘琴，张辉，王红艳，毛羽佳，梁小利，高静，彭德忠．中药干预对地震恐惧模型SD大鼠发育的影响［J］．中国疗养医学，2012，03：195－196.

王冬梅，高玉萍．麻黄附子细辛汤治疗顽固性咽炎的体会［J］．中国社区医师（医学专业），2012，09：235.

何淼泉，曹灵勇．从甘草泻心汤解析狐惑病的病机［J］．浙江中医杂志，2012，03：164.

沈军丽，方宏图，姚惠娟．枳术汤加味联合护理干预治疗老年习惯性便秘32例［J］．浙江中医杂志，2012，03：170.

朱明刚．郭子光辨治太少合病长期发热一例［J］．浙江中医杂志，2012，03：197.

江霞．《金匮要略》方治疗神经系统疾病验案举隅［J］．浙江中医杂志，2012，03：217－218.

王斌，施亦青，张谈．柴胡加龙骨牡蛎汤加减治验三则［J］．浙江中医杂志，2012，03：219.

李风华．《伤寒论》腹满证治八法探析［J］．中国实用医药，2012，06：239－240.

王方敏．试论苦辛法［J］．中国现代药物应用，2012，05：112－113.

潘绍林．李东垣升阳除湿法初探［J］．实用中医药杂志，2012，04：313.

张维亮，李金田，付爱华．宋以前《伤寒论》流传概况［J］．中华中医药学刊，2012，04：882－884.

董正平，严哲琳，肖相如．肖氏“中医表证辨治思路”及其临床价值［J］．中国中医基础医学杂志，2012，04：394－395.

贾宇静．刘华一运用生白术治疗便秘经验［J］．中国中医基础医学杂志，2012，04：399.

朱丹，吕文良．古代医家论黄疸［J］．吉林中医药，2012，04：422－424.

孙贵生，甄贵平．加味金匮肾气汤治疗糖尿病肾病的病例观察［J］．中医临床研究，2012，05：34－35.

张瑞．《伤寒论》“时”与“机”浅探［J］．中医临床研究，2012，06：51－52.

章增加．论卫气出于膀胱及临床意义［J］．中医药通报，2012，01：23－25.

张达贵，刘力红．针（灸）药结合治疗反复鼻衄 1 例［J］．中医药通报，2012，01：61－62.
张盖．循证医学方法运用于《金匮要略》研究的探讨［J］．中医研究，2012，03：4－6.
黄海芹．张仲景用药心法［J］．中医研究，2012，03：56－57.
袁敏，施毅．叶天士对《伤寒论》黄芩汤方证的拓展运用研究［J］．中国中医药信息杂志，2012，04：29－31.
黄贵华，周衡，林华胜，王庆高，韦义展．麻杏石甘汤药理研究［J］．亚太传统医药，2012，03：181－182.
陈长伟．胡希恕论“小柴胡汤”［J］．中国医药指南，2012，07：241－242.
谢光模．活用经方［J］．中国社区医师（医学专业），2012，07：299.
谢静，周洁．附子泻心汤临床应用概况［J］．浙江中医杂志，2012，03：227－228.
李桂玲．小柴胡汤临床妙用［J］．中国实用医药，2012，06：186－187.
赵丽颖，夏天，宋文嘉．右归丸的现代研究进展［J］．吉林中医药，2012，04：425－427.
陈海兵．桂枝甘草汤药效研究［J］．中医临床研究，2012，06：34.
李洁，李忠，陈信义．乌梅丸临床实践与体会［J］．中医药信息，2012，02：64－65.
杨卫东，陈强，漆忠国．中西医结合治疗哮喘 56 例观察［J］．实用中医药杂志，2012，04：284－285.
李志英，刘保国，李淑霞，丁敏，王友明．金匮肾气丸与糖皮质激素配伍治疗大疱性类天疱疮临床疗效观察［J］．中成药，2012，04：605－607.
王莉，杨宇峰，张冰冰，连捷，王宏涛．石岩从脾虚论治肥胖型 2 型糖尿病的经验总结［J］．辽宁中医杂志，2012，04：631－633.
唐瑛，王科闯，沈宏春，万鹏，赖宇，张琦．《内经》五味理论在《金匮要略》历节病中的运用［J］．辽宁中医杂志，2012，04：641－642.
杨永龙．《伤寒论》对中医误诊治的认识初探［J］．中国民族民间医药，2012，05：15－16.
陈国权．小议《金匮要略》厚朴七物汤证［J］．河南中医，2012，05：529－531.
李宇铭．论《伤寒论》第 29 条与第 30 条方证原意［J］．河南中医，2012，05：531－533.
路英，王文耀．黄连阿胶汤治疗更年期失眠 14 例［J］．中医药导报，2012，03：93.
李宇铭．论张仲景的针刺法属治未病［J］．环球中医药，2012，04：273－274.
唐瑛，王科闯，沈宏春，王倩．浅议《金匮要略》在类风湿关节炎预防方面的影响［J］．泸州医学院学报，2012，01：58－60.
张慧中．小柴胡汤加减治疗耳痛验案 2 则［J］．环球中医药，2012，04：297－298.
司银套，白冠锋．《伤寒论》中喘证的治则治法探讨［J］．河南中医，2012，05：534－535.
王俊霞．“癥病”与桂枝茯苓丸的应用［J］．河南中医，2012，05：552－553.
刘静．真武汤临床运用举隅［J］．河南中医，2012，05：553－554.
胡丹华．吴茱萸汤治疗老年常见病两则［J］．河南中医，2012，05：556－557.
唐小儒．加减乌头汤治疗腰椎间盘突出症 49 例［J］．中国民族民间医药，2012，06：76.
梁华龙．伤寒论评话第 4 章受风着凉有侧重，体质强弱各不同——太阳病的分类与传经［J］．中医学报，2012，04：404－406.
梁华龙．伤寒论评话第 5 章病发阴阳待分清，寒热表现证不同——太阳病表证的分类、传经、转归和表现［J］．中医学报，2012，05：546－548.
李平．《伤寒论后条辨》重视体质因素与发病关系的观点［J］．中医学报，2012，05：549－550.
何任．金匮方临床医案［J］．中医学报，2012，05：559－560.
刘伟，宋霄霞．从中医经典探析卫气的生成与功能［J］．中医学报，2012，05：576－577.
叶发期，王毅华．桂枝汤溢汗解［J］．辽宁中医药大学学报，2012，04：223－224.
宋太平，朱平均，代安超，李世友．多孔型标志物在慢传输型便秘诊断中的应用研究［J］．中医学报，2012，04：483－484.
吕瑶，郁保生，石晓理．《伤寒论》相反相成配伍规律［J］．实用中医内科杂志，2012，03：5－6＋8.
李蕾，姜春梅．冠心病的经方治疗［J］．实用中医内科杂志，2012，03：36－37.

张利元，张正林．浅谈《金匮要略》对“治未病”的贡献［J］．内蒙古中医药，2012，05：145.

石陨．治未病理论渊源与发展初探［J］．天津中医药大学学报，2012，01：7－9.

左俊岭，沈晓明，林培政，吴智兵．《伤寒论》寒温并用论治流感思辨［J］．南京中医药大学学报，2012，02：109－111.

朱艳芳．《伤寒论》中和法临床运用之我见［J］．新中医，2012，04：140－141.

郭鑫，何丽清．《伤寒论》下利证中水饮湿邪致病的辨治思维探讨［J］．山西中医学院学报，2012，01：7－8.

姜建国．论《伤寒论》的复杂性辨证论治思维［J］．山东中医杂志，2012，02：83－86.

王捷虹，沈舒文，刘力，殷群．从三泻心汤谈仲景重视调理脾胃气机的思想［J］．世界科学技术（中医药现代化），2012，01：1263－1265.

仝小林，刘文科．《金匮要略》临床诊疗思维探析［J］．上海中医药杂志，2012，04：7－9.

高静雯，黄萍，邹佳丽，FrancisLaw，姚美村．大黄黄连泻心汤配伍争议的研究现状［J］．时珍国医国药，2012，03：730－731.

张瑞明，武鹏飞，陈保忠．小柴胡汤加减临床应用研究［J］．内蒙古中医药，2012，05：141－145.

钱林超，周叔平，吕崇山．五苓散抗高血压机理探析［J］．世界中医药，2012，02：157－159.

王勇．浅议经方临床运用与变化［J］．世界中医药，2012，02：160－161.

魏东．五苓散临床应用体会［J］．四川中医，2012，04：117－118.

艾青华，王凤兰，柳长华．从中医古籍体例沿革角度看学术发展［J］．中华中医药杂志，2012，04：1177－1180.

马家驹，谷晓红．半夏厚朴汤化饮降逆治咳探讨［J］．中华中医药杂志，2012，04：1088－1091.

符标芳，黄家诏，闫国跃，王水金，黎昌荣，陈圣华．《伤寒论》痞证研究概况［J］．广西中医学院学报，2012，01：80－82.

范萌．益肾逐瘀利水汤治疗肾虚血瘀型排卵障碍性不孕症临床观察［J］．北京中医药，2012，04：296－298.

李亮，朴香，魏小维．经方治验举隅［J］．长春中医药大学学报，2012，02：319.

梁伟海，黄曼萍．黄元御辨伤寒与温病探究［J］．长春中医药大学学报，2012，02：370－371.

席鹏飞，任少辉，马晓峰．《金匮要略》痙病的具体分型及证治探析［J］．长春中医药大学学报，2012，02：372－373.

杨涛，刘丽宁，张重州，黄玉剑，李新莉，冯兴志，李浩．张仲景温法临床应用及对现代扶阳派的影响［J］．河北中医，2012，02：284－285＋304.

刘茹，陈津生．陈津生应用柴胡加龙骨牡蛎汤验案4则［J］．河北中医，2012，02：165－166.

马小鑫，李宇航．半夏在经方中的应用［J］．中华中医药杂志，2012，04：832－835.

许可，吴承艳．宋以前方书中方剂的归类研究法初探［J］．长春中医药大学学报，2012，02：373－374.

王满囤，王董臣．从腹诊辨病因论治酸枣仁汤证［J］．河北中医，2012，02：215－216.

霍炳杰．《伤寒论选读》第6版半夏泻心汤病机释义之我见［J］．河北中医，2012，02：222.

张仁岗，黄金玲，储全根．运用导入式教学法提高《伤寒论》教学质量［J］．中国中医药现代远程教育，2012，04：62－63.

张瑞卿．浅述《伤寒论》青年教师培养方案［J］．中国中医药现代远程教育，2012，03：126－127.

王振亮．《伤寒论》教学中的三讲与四重视［J］．中医药管理杂志，2012，04：335－337.

杨建宇．龙江医派将在东方崛起！——读《龙江医派创始人高仲山学术经验集》有感［J］．中国中医药现代远程教育，2012，05：55.

王忠山，吴洁，袁晓琳，周欣．《金匮要略》网络课程的构建［J］．中国中医药现代远程教育，2012，05：69－70.

王媛媛．浅谈桂枝在《金匮要略》中的灵活配伍及临床新用［J］．中国中医药现代远程教育，2012，03：58－59.

马文辉，姚博．三部六病讲座（三）三部六病里部病的证治［J］．中国中医药现代远程教育，2012，03：73－74.

尚艳杰，闫宗宝，张瑀，邢越，赵佳辉．黄芪桂枝五物汤结合针刺治疗麻木临床体会［J］．中国中医药信息杂志，2012，05：85.

厉金华．苓桂术甘汤临床运用举隅［J］．浙江中医杂志，2012，04：291.

李航森，肖曼丽．十枣汤治疗恶性胸（腹）腔积液的研究现状［J］．中西医结合研究，2012，02：93－94.

刘芙蓉，李靖．麻黄连翘赤小豆汤治验举隅［J］．中国中医药信息杂志，2012，05：84.

欢迎邮购医学光盘［J］．中医杂志，2012，09：754.

刘敏，闫军堂，郭少英，王庆国．王庆国运用麻黄细辛附子汤经验［J］．中医杂志，2012，09：790－791.

马文辉，姚博．三部六病讲座（四）［J］．中国中医药现代远程教育，2012，04：87－88.

贾澜．辨证与辨病的关系探析［J］．中医研究，2012，04：9－11.

王庆苗，王庆胜．浅析《金匮要略》杂病治疗中汗法的运用［J］．中医研究，2012，05：6－8.

梁铨．浅析阴阳易病［J］．云南中医学院学报，2012，02：43－45.

杨功旭．桂枝汤医案三则［J］．中国中医骨伤科杂志，2012，05：56－57.

李今庸．经典理论指导下的临床治验［J］．中医药通报，2012，02：14－15.

公培强．四逆散在消化系统疾病治疗中的应用进展［J］．浙江中医杂志，2012，04：306－309.

田合禄．用五运六气解读少阳病［J］．中医临床研究，2012，07：5－7.

徐姗姗，叶俏波，郑丰杰．从“卫出下焦”探讨《伤寒论》对附子的运用［J］．中医杂志，2012，10：817－819.

郭敏，王耀光．王耀光运用薏苡附子败酱散治疗外科疾患经验［J］．中医杂志，2012，10：884－885.

黄涛，陈金亮．历代医家对情志病的认识［J］．中医杂志，2012，10：893－895.

宫晴，赵进喜．纲举目张——论三阴三阳与辨方证的临床意义［J］．中华中医药学刊，2012，05：1120－1122.

李文娟，赵泉霖．黄芪桂枝五物汤治疗消渴病肢体麻木并发症的体会［J］．现代中医药，2012，03：29－30.

李庆，于远望．试论《伤寒论》中体质与疾病发生发展的关系［J］．现代中医药，2012，03：71－73.

沈正龙，郑学刚．浅谈《伤寒论》中治疗咳喘的方法［J］．现代中医药，2012，03：74－75.

陈赐慧，花宝金．《金匮要略》津液代谢障碍证治及在肿瘤治疗中的应用［J］．中医杂志，2012，12：1009－1011.

孟庆刚，周肆华，杨军．大承气汤加味治疗胸腰椎压缩性骨折致腹胀痛45例临床观察［J］．新疆中医药，2012，02：31－32.

马文辉，姚博．三部六病讲座（五）——三部六病中的十二单证、合证、兼证与合病［J］．中国中医药现代远程教育，2012，05：73－74.

刘玉良．试论从少阳之位解读胆的生理特性［J］．中国中医基础医学杂志，2012，05：494－495＋502.

苗小玲，王付．张仲景分型辨治“头汗出”的临床意义［J］．中国中医基础医学杂志，2012，05：538＋540.

张雪．从《伤寒论》阳明病看脑肠肽［J］．中国中医基础医学杂志，2012，05：563＋576.

王锦平．《伤寒论》方剂加减规律探析［J］．中国中医药现代远程教育，2012，05：4－5.

尹绍峰，胡广芹，陈宝贵．《伤寒论》脉诊思路分析［J］．中医杂志，2012，11：909－911.

朱步先．《金匮要略》口僻证治心悟［J］．中医杂志，2012，11：976－978.

杨占军，阮岩，廖榴业，王慧敏，张奕．温肾补阳法对变应性鼻炎患者转录因子T－bet/GATA－3表达的影响［J］．中医临床研究，2012，08：6－7＋10.

谢菁，贾春华．从认知角度看中医语言的容器隐喻［J］．中医药学报，2012，02：1－4.
吴钢，陈轼，何云，陈晓虎．当归四逆汤临床治验举隅［J］．中医药通报，2012，02：58－59.
唐红梅．茵陈蒿汤方加减的临床应用［J］．中国社区医师（医学专业），2012，11：249.
娄劬，谢君．麦门冬汤临床应用举隅［J］．中医研究，2012，05：47－49.
高辉耀．黄连阿胶汤的临床观察和实验研究进展［J］．中国社区医师（医学专业），2012，11：6－7.
席中原，蔡鸿彦．研透“小柴胡”，熟解“柴胡剂”［J］．中国中医急症，2012，05：718.
陈东波，曾满红．金匮肾气丸对四氧嘧啶糖尿病模型大鼠的降糖作用研究［J］．新余学院学报，2012，02：99－101.
王玮江．浅谈半夏泻心汤之临床应用［J］．新疆中医药，2012，02：86.
王国明，张永健．当归四逆汤的应用和实验研究进展［J］．现代中西医结合杂志，2012，13：1479－1482.
张保国，刘庆芳．白虎加人参汤药理研究及其临床应用［J］．中成药，2012，05：918－921.
李明，佟琳，张伟娜，李敬华．汉唐止痛方剂的复杂网络方法分析［J］．中医药信息，2012，03：22－24.
王世友，段富津．经方中茯苓配伍刍议［J］．中医药信息，2012，03：61－63.
蒋娜，许岩．芍药甘草汤临床应用综述［J］．中国中医药现代远程教育，2012，03：156－157.
刘仙菊，胡方林．肾气丸对2型糖尿病模型大鼠血糖、血清胰岛素及C肽的影响［J］．中医药学报，2012，02：25－27.
梁华，朱明雪，孙燕佩，郭慧，李慧．六味地黄丸、金匮肾气丸的免疫调节作用研究进展［J］．中医药学报，2012，02：97－99.
郭文娟，烟建华．桂枝汤药物规律性组合及其类方系统结合病机理论探讨“证”内涵（一）［J］．中华中医药学刊，2012，05：1039－1042.
秦芳．我国中医药的历史沿革与发展综述［J］．中国民族民间医药，2012，03：12－20.
李赛美．《伤寒论》临床辨治思路探略［J］．北京中医药大学学报，2012，04：233－236.
朴香，李亮．竹叶石膏汤应用于丹痧后期1例［J］．河南中医，2012，06：768.
梁华龙．伤寒论评话第6章太阳中风在于营卫不谐，桂枝芍药并非敛汗敛阴——太阳中风证与桂枝汤［J］．中医学报，2012，06：673－675.
尹笑丹，徐江雁．日藏江户抄本《伤寒正宗》述略［J］．中医学报，2012，06：676－678.
周微红，奚颖．周维顺治疗肾癌经验［J］．江西中医药，2012，02：12.
张秋菊．痛经的针灸辨证施治［J］．黑龙江中医药，2012，02：40.
黄开颜，李赛美．仲景调和肝脾学术思想初探［J］．辽宁中医药大学学报，2012，05：95－98.
刘光华，李海波．论温病学范围［J］．辽宁中医药大学学报，2012，05：134－135.
朱广亚．俞承烈运用经方验案3则［J］．江苏中医药，2012，05：44－45.
陶嘉磊，张宏如．《伤寒论》栀子干姜汤组方之我见［J］．江苏中医药，2012，05：65－66.
徐姗姗，叶俏波，赖宇，郑丰杰．扶阳派医家运用姜桂附的特点探讨［J］．辽宁中医杂志，2012，05：826－827.
王茂泓，高生，张小萍．《伤寒论》外感病证与内伤杂病的关系探讨［J］．辽宁中医杂志，2012，05：828－829.
刘丽军．张仲景《伤寒论》中的医学人文精神［J］．河南中医，2012，06：661－662.
刘志伟，李海蓉．浅谈《伤寒论》水气证证治［J］．河南中医，2012，06：663－664.
黄锦鹏．浅述经方治疗郁证［J］．河南中医，2012，06：665－667.
王捷虹，惠建萍．沈舒文运用经方治疗消化系统疾病验案［J］．河南中医，2012，06：675－677.
王树强．麻黄细辛附子汤加味治疗痹证32例［J］．河南中医，2012，06：677－678.
乔铁锤．半夏泻心汤临床应用举隅［J］．河南中医，2012，06：681－682.
田瑞曼．寒温辨证并用治皮疹1例［J］．河南中医，2012，06：738.
曲道炜，林大勇，李斌．肾气丸证证治规律探寻［J］．辽宁中医药大学学报，2012，05：118－120.

苗彦霞，田丙坤．朱丹溪带下病诊治思想研究［J］．陕西中医学院学报，2012，03：20－21＋34.

张光斌．自拟柴胡止咳方的临床应用体会［J］．求医问药（下半月），2012，02：391.

徐立思，孔祥亮，何新慧．《伤寒论》血分病证辨治探析［J］．上海中医药杂志，2012，05：31－33.

韩志毅，董正华．《伤寒杂病论》脉诊探析［J］．四川中医，2012，05：11－13.

张滨．《伤寒论》中辛开苦降法的应用［J］．陕西中医，2012，02：243.

孙晓光，赵艳，彭越．叶氏卫气营血理论与对仲景学说的继承和发展［J］．世界中西医结合杂志，2012，05：374－376.

戴克敏．姜春华运用茵陈蒿汤的经验［J］．山西中医，2012，04：4－5＋11.

吕文汉．《伤寒论》条文中“下之后”之我见［J］．内蒙古中医药，2012，08：114.

谢凤兰．浅谈宣通胸阳治疗胆囊炎的临床疗效［J］．求医问药（下半月），2012，02：140－141.

林兴栋，刘叶，王占方．《金匮要略》湿证及《湿热条辨》湿热证辨析［J］．新中医，2012，05：155－156.

李萍，赵树明．中医学术流派与《黄帝内经》的渊源［J］．中医文献杂志，2012，01：4.

王世民．夜读拾零［J］．山西中医，2012，04：44－46.

张红霞，毛兴兵．桂枝汤适应症解析［J］．实用中医内科杂志，2012，04：16－17.

李健，赵志付．赵志付教授重用酸枣仁治疗不寐经验初探［J］．世界中西医结合杂志，2012，05：382－383.

郑丰杰．《伤寒论》阳虚阳郁证辨治规律探析［J］．时珍国医国药，2012，04：982－983.

陈宁勇．张仲景对霍乱的辨治［J］．时珍国医国药，2012，04：1043－1044.

赵怀舟．李翰卿研究《伤寒论》学术特点初探［J］．山西中医，2012，05：1－4.

乔富渠，刘惠霞．百合病与慢性疲劳综合征相关性刍议［J］．陕西中医，2012，02：254－255.

秦燕春．中医的“科学”，“科学”的中医——《仲景方证学解读与应用》序［J］．书屋，2012，04：75－79.

刘维，吴晶金．浅析丹溪痹证辨治特色［J］．天津中医药，2012，02：153－154.

吴虹．附子泻心汤临床治验4则［J］．上海中医药杂志，2012，05：75－76.

贾立辉，李小娟．李小娟教授辨治急性期痛风性关节炎［J］．实用中医内科杂志，2012，05：16－17.

胡正刚，陈莉．张卿子《仲景全书》版本流变简考［J］．中医文献杂志，2012，01：5－8.

孙晓光，赵艳，彭越．叶天士运用小建中汤规律［J］．中医文献杂志，2012，01：40－42.

梁铨．从《汤液经法》初探《伤寒论》三阴三阳辨证论治体系构架［J］．中医文献杂志，2012，01：51.

张胜，秦竹，熊洪艳．从“非升”与“升”谈升麻的功效历史演变［J］．中医文献杂志，2012，01：15.

杨锦国，杨泱．小陷胸汤治验举隅［J］．陕西中医，2012，02：239.

李航森，肖曼丽．十枣汤对腹水型荷瘤小鼠血管内皮生长因子的影响［J］．实用中医内科杂志，2012，05：5－6＋10.

张晓军，刘兰林．加强《金匮要略》教学，强化经典临床功底［J］．中医药临床杂志，2012，06：553－554.

方方．苓桂术甘汤治疗中心性浆液性视网脉络膜病变47例［J］．湖北中医杂志，2012，05：55.

黄露，张波．中医治疗失眠新进展［J］．中医药临床杂志，2012，06：579－580.

李达，李泽庚，彭波，季乔雪，鹿林，方莉．浅析《仁斋直指方论》治疗咳嗽［J］．中医药临床杂志，2012，04：339－340.

何书杏，向丽娟，曾小翠．金匮温经汤方治疗围绝经期综合征80例［J］．海南医学，2012，08：70－71.

张玲．经方治疗小儿病症验案3则［J］．河北中医，2012，03：378－379.

黄贵华，曾飞剑．麻杏石甘汤治疗呼吸系统疾病研究近况［J］．广西中医药，2012，02：6－7.

李宇铭．《伤寒论》表郁轻证三方研究（上）［J］．国医论坛，2012，03：1－3.

李登岭，赵红霞．也说阳明病白虎汤、白虎加人参汤证［J］．国医论坛，2012，03：5－6.

杨莎莎，王庆国．浅析芍药在《伤寒论》小便不利方中的运用［J］．国医论坛，2012，03：7－8.

高振华．四逆散加味辨治化疗后胃肠道功能紊乱51例［J］．国医论坛，2012，03：10.

张玉珊．经方在防治黄褐斑中的运用［J］．福建中医药，2012，02：54－55.
李宇铭．论张仲景“客气”之意［J］．浙江中医药大学学报，2012，03：239－241.
吴德鸿，谢志军，汪梅娇，沈春琼．《金匮要略》中桂枝汤类方治疗风湿痹病初探［J］．浙江中医药大学学报，2012，03：241－242.
徐光星．《金匮》方证与肿瘤临床［J］．浙江中医药大学学报，2012，04：361－364.
何清湖，杨华伟，李天禹，刘朝圣．天蚕壮阳散对肾阳虚雄性亚健康大鼠免疫功能的影响［J］．中华中医药杂志，2012，05：1298－1301.
杨学，潘静娟，岳小强，王丽娜，刘龙．伤寒论阶段递进式临床教学的构建与实施［J］．中医教育，2012，03：11－12＋36.
陈光星，郭林凯．金匮要略临床教学体会［J］．中医教育，2012，03：54－56＋58.
李俊莲，吴晋英，赵瑞宝，张世霞，赵延龙．转变课堂教学模式提高金匮要略教学质量［J］．中医教育，2012，03：34－36.
王庆国，刘敏．论十二五规划教材《伤寒论讲义》编写原则与修订特色［J］．中医教育，2012，03：70－72.
焦召华，李岩，郭健，程素利，陈爽．《伤寒论》寒热错杂证用药规律初探［J］．四川中医，2012，06：18－20.
王帅．从阳明腑结论治糖尿病刍议［J］．四川中医，2012，06：31－32.
王伟，巴建全．浅析燠土胜水法［J］．四川中医，2012，06：36－37.
房昌．柴胡加龙骨牡蛎汤应用体会［J］．山东中医杂志，2012，04：294－295.
唐瑛，徐慧，赖宇，万鹏，张琦．《金匮要略》历节病“过食酸咸，筋缓骨痿”辨析［J］．山东中医杂志，2012，05：307－308.
杨照华，何平，夏进娥，张海燕．从郑钦安阴火论阐释苓桂术甘汤治疗火热目疾之机制［J］．山东中医杂志，2012，05：360.
龚翰林，唐文富，李娟．中医“欲解时”理论对重症急性胰腺炎诊治的启示［J］．山东中医杂志，2012，06：389－391.
李朝喧．仲景灵活用方遣药规律之探析［J］．时珍国医国药，2012，05：1311.
谢富书．金匮肾气丸治疗106例糖尿病的疗效观察［J］．中国卫生产业，2012，13：159.
吴德鸿．浅析仲景方中茯苓的运用规律［J］．中国中医药信息杂志，2012，06：89＋110.
张再良．黄汗、服石及其他［J］．中医药文化，2012，03：26－29.
张刚峰．以金匮肾气丸为主治愈慢性偏头痛案例分析［J］．亚太传统医药，2012，06：55－56.
蒋红．调和营卫法治疗风湿病的理论探讨与临床应用［J］．中国药业，2012，10：78.
余卫吉，吕雄．金匮肾气丸合四君子汤治疗早期糖尿病性肾病蛋白尿52例［J］．中国社区医师（医学专业），2012，16：237.
兰乐霞．西洋参饮片治疗慢性疲劳综合征的有效性［J］．中国当代医药，2012，16：117－118.
李朝喧．浅议《伤寒论》汗法使用之禁忌［J］．中国民间疗法，2012，05：5.
张树芳．苇茎汤临床应用举隅［J］．中国民间疗法，2012，05：26－27.
弋国红．麻黄附子细辛汤临证治验举隅［J］．中国民间疗法，2012，05：28.
黄海英，秦葵，于新蕊，胡聪，张书锋．小柴胡汤在儿科疾病治疗中的应用过展［J］．实用中医药杂志，2012，06：527－528.
王正平，李金田．《伤寒论》“烦”“躁”证的辨证论治［J］．中医临床研究，2012，10：49－50.
彭有祥．读《金匮要略》札记3则［J］．中国中医药现代远程教育，2012，07：8－9.
陈斌．从《金匮要略》“治未病”浅谈调脾［J］．中国中医药现代远程教育，2012，07：13.
李东，张国江．桂枝加龙骨牡蛎汤临床运用举偶［J］．中国中医药现代远程教育，2012，07：67－68.
马文辉，姚博．三部六病讲座（七）三部六病协调疗法与整体病的治疗［J］．中国中医药现代远程教育，2012，07：81－82.
刘影哲，潘祥宾．从虚与郁论治痞证［J］．中国中医药现代远程教育，2012，07：93－94.

胡德富，郭赞秋．运用《伤寒论》理论治疗急腹症的体会［J］．中国中医药现代远程教育，2012，07：153－154.

张宏都．桂枝汤的药理作用及临床应用［J］．求医问药（下半月），2012，03：496－497.

鹿秀岭，吕翠霞．小建中汤寒热属性之辨［J］．山东中医杂志，2012，04：292－293.

廖月玲，刘艳，顾燕频，黄玮，章忱，袁宝萍，吕嵘，卫洪昌．金匮肾气丸对异丙肾上腺素致大鼠心室重构不同阶段的影响［J］．中国中医药信息杂志，2012，06：46－48.

王宁，陈西华，张树成，贺斌，王尚明，魏刚，张斌，王介东．金匮肾气丸对小鼠生精恢复的基因表达谱研究［J］．中国实验方剂学杂志，2012，10：215－220.

王丽娜，杨学，刘龙，岳小强．论以提高临证能力为中心的《金匮要略》教学［J］．辽宁中医药大学学报，2012，06：109－110.

赵瑜．小柴胡颗粒的儿科临床应用［J］．辽宁医学杂志，2012，03：141－143.

刘玲，马融．小儿湿疹验案举隅［J］．长春中医药大学学报，2012，03：465.

马云飞．柴胡加龙骨牡蛎汤治疗颈椎病验案［J］．湖南中医杂志，2012，03：94－95.

聂慧芳，黄亚娟，蒋士生．中医药治疗慢性功能性便秘概况［J］．湖南中医杂志，2012，03：166－167.

王玲玲．火针疗法临床应用概况［J］．湖南中医杂志，2012，03：174－175.

袁勇，冯志成，钟军华，杨世忠．浅析汗证中桂枝汤的运用［J］．辽宁中医杂志，2012，06：1006－1007.

桑方方，彭万年．彭万年教授验案三则［J］．辽宁中医杂志，2012，06：1007－1008.

李东明，陶汉华，张俊龙，郭蕾．《伤寒杂病论》于IBS证治研究之价值［J］．辽宁中医杂志，2012，06：1028－1029.

黄开颜，李赛美．也论《伤寒论》中的“往来寒热”［J］．辽宁中医杂志，2012，06：1036－1037.

吴坚，李靖．朱良春教授运用经方治疗肾脏疾病经验［J］．光明中医，2012，05：866－867.

赵佩毅．临床应用黄连阿胶汤的体会［J］．光明中医，2012，05：995－996.

安海琳．少阳升降论［J］．光明中医，2012，04：670－671.

符杨浠，何泽云．何泽云教授运用猪苓汤治疗肾系疾病经验举隅［J］．中医药导报，2012，05：28－29.

孙宇田，宋俊生，高岑，薛晓焕，勾晓晨，商铁刚．《伤寒论》大承气汤方1949－1978年间国内期刊发表文献研究［J］．长春中医药大学学报，2012，03：422－424.

马妍，张连城．麻黄附子细辛汤活用3则［J］．长春中医药大学学报，2012，03：450－451.

孙燕，任廷革，刘晓峰，张帆．任应秋研究《伤寒论》的学术渊源［J］．中华中医药杂志，2012，06：1629－1632.

陈锦团，骆云丰．腹诊在祖国医学中的地位及应用［J］．辽宁中医药大学学报，2012，06：87－88.

任少辉，席鹏飞，马晓峰．张仲景《金匮要略》中针灸疗法初探［J］．河北中医，2012，04：598＋638.

黄贵华，罗媛媛．《伤寒论》中“序贯给药”方法及意义［J］．河北中医，2012，04：599－600.

吕英，林明欣．“中气”理论认识源流浅探［J］．辽宁中医杂志，2012，06：1051－1052.

王宁，魏刚，陈西华，贺斌，王尚明，张斌，张树成，王介东．五子衍宗丸和金匮肾气丸促进小鼠生精能力恢复基因表达谱的研究［J］．中国计划生育学杂志，2012，05：307－312.

万清，马宗华．吴茱萸汤临床及实验研究进展［J］．安徽中医学院学报，2012，03：78－80.

宋俊生，高岑，薛晓焕．桂枝加大黄汤的临床证据研究［J］．辽宁中医杂志，2012，06：961－962.

罗国平，孟会宁，张云龙，赵宁．小陷胸颗粒中盐酸小檗碱的含量测定［J］．河北医药，2012，10：1568－1569.

彭馨．论张仲景《伤寒论》中的“猪肤”［J］．农业考古，2012，03：283－285.

李东明，陶汉华，张俊龙，郭蕾．基于《伤寒论》的IBS辨证规律探析［J］．时珍国医国药，2012，06：1485－1486.

杨美娜，韩金祥．机体电磁辐射与中医“治未病”的科学内涵［J］．中国辐射卫生，2012，02：237－239.

刘红霞．理中丸治疗口腔溃疡的临床体会［J］．中医临床研究，2012，11：56.

张云萍．大黄䗪虫丸临床应用心得［J］．山西中医学院学报，2012，02：64－65.
汤溟．肾性血尿的中医辨证治疗体会［J］．陕西中医，2012，06：768－769.
张海彬．温阳健脾、升阳举陷法治疗胃下垂30例临床疗效观察［J］．中国医药指南，2012，17：593－594.
陈锐．胡建华情志疾病治验［J］．中国社区医师，2012，23：19.
刘春慧，程振芳，董秋梅，王滨，赵清树，金星，任常胜．《伤寒论》方臣药组方规律理论研究［J］．中华中医药学刊，2012，06：1343－1344.
李今庸．读《金匮要略校注》后［J］．中医药通报，2012，03：16－19.
陈国权，王念莲．《金匮要略》“风”及“风病”研究［J］．中医药通报，2012，03：20－23.
徐松喜．四逆散治验举隅［J］．浙江中医杂志，2012，06：397.
王信利．小儿感冒证治琐话［J］．浙江中医杂志，2012，06：451.
徐宗佩．中医时空统一观及其在临床中的应用［J］．天津中医药大学学报，2012，02：68－69.
徐姗姗，雍小嘉，郑丰杰，窦维华，杨殿兴．扶阳派运用姜桂附的规律研究［J］．新中医，2012，06：173－175.
王春微，张亚峰．《金匮要略》黄汗病证探讨［J］．吉林中医药，2012，06 547－549.
徐静．金匮肾气丸联合止痛化症胶囊治疗慢性盆腔炎100例临床观察［J］ 中国社区医师（医学专业），2012，18：233.
林荔．中医中药对西医妇科棘手问题显示出独特的优势［J］．中国实用医药，2012，18：167－168.
肖辉煌，郑立升．学伤寒，用甘草［J］．江西中医学院学报，2012，01：3－5.
施恒，秦琬玲，尹丛丛．阳微阴弦论治胸痹辨析［J］．江西中医学院学报，2012，01：6－7.
曾明言，孙秀珍．张锡纯脑充血证学术探析［J］．中国医药指南，2012，14：270－271.
詹甜，詹媛．经方变治3则［J］．中国现代药物应用，2012，09：99－100.
郭瑨，贾春华．从认知科学的角度研究中医的意义［J］．中华中医药学刊，2012，06：1222－1224.
李冀，田雷．《祖剂》与《伤寒论类方》比较［J］．中医药学报，2012，03：143－144.
陈鑫，滕晶．浅析《伤寒论》之微脉［J］．中医药学报，2012，03：188－189.
南晋生．《金匮要略》呕吐证治探要［J］．中国民间疗法，2012，06：8－9.
郑亮，毕宁娜．论《伤寒论》的保胃气思想及其临床意义［J］．中国中医药现代远程教育，2012，08：11－14.
华科虎．读《伤寒论》少阳病的体会［J］．中国社区医师（医学专业），2012，17：208.
袁方．中药大黄止呕诸证的临床应用［J］．中医临床研究，2012，11：22－23.
胡正刚．转“阴枢”名方四逆散临床运用体会［J］．江西中医学院学报，2012，01：8－11.
杨春艳，范平，侯敏，陈革妃，江顺奎．江顺奎主任运用泻心汤类方经验介绍［J］．云南中医中药杂志，2012，05：6－7.
吕新愿．金匮肾气丸的临床应用［J］．陕西中医，2012，06：744.
金智生，陈雪，李甜．金匮肾气丸对实验性2型糖尿病肾病大鼠血清TGF－β1、CTGF的影响［J］．中医药学报，2012，03：136－139.
张宏都．桂枝汤的药理作用及临床应用［J］．求医问药（下半月），2012，04：584－585.
李娉婷．试从厥阴病角度探索糖尿病的诊治方法［J］．中医药导报，2012，06：80－81.
丁桂梅．温阳法在乳腺疾病中的应用［J］．光明中医，2012，06：1257－1258.
肖霞．四逆散临床应用举隅［J］．光明中医，2012，06：1261－1262.
何院生．半夏泻心汤验案举隅［J］．光明中医，2012，06：1264＋1268.
赵宇明，尤海燕，刘哲，苏群，周玉华．基于数据挖掘的王庆国教授对刘渡舟教授用药传承规律的研究［J］．北京中医药大学学报，2012，05：293－296＋302.
王军．清末医家戈直哉及其《伤寒指归》浅识［J］．北京中医药大学学报，2012，05：309－311＋327.
王莉，姚军汉．寒温并用法之源流探析［J］．西部中医药，2012，06：1－3.
李竞，高淑怡，王振华，高英．百合知母汤防治精神神经性疾病的述评［J］．北方药学，2012，06：

27 – 29.
李凯平．《伤寒论》阳明病病机传变规律探讨（上）［J］．光明中医，2012，06：1071 – 1072.
任鸿义．《伤寒论》误汗证治小议［J］．光明中医，2012，06：1074 – 1075.
沈金花，陈正平．陈正平黄芪桂枝五物汤验案举隅［J］．光明中医，2012，06：1087 – 1088.
汪正於．对小柴胡汤方证的认识［J］．环球中医药，2012，06：436 – 440.
贾玉梅，吴韵文，王君明．桂枝配葛根“解肌”之浅析［J］．中药与临床，2012，02：48 – 50.
马永红．小青龙汤加减治疗重症哮病48例疗效观察［J］．中国民族民间医药，2012，09：109.
邓志军．桂枝芍药知母汤加减治疗类风湿性关节炎90例小结［J］．中国民族民间医药，2012，11：84 + 86.
李巨奇，张毅之，沈创鹏，张横柳．何志雄教授在当代岭南伤寒学派发展史的地位和贡献［J］．中国民族民间医药，2012，11：142.
陈樟平，陈琼，刘军城．陈瑞春的经方思辨与应用［J］．中国民族民间医药，2012，09：155 – 156.
宋兴．《伤寒论》学术义界辨析（一）［J］．成都中医药大学学报，2012，02：1 – 4.
沈耿杨．扶阳法治疗失眠探讨［J］．成都中医药大学学报，2012，02：10 – 11.
刘丽娟，刘清平，陈光星，林昌松．《金匮要略》教学医案引入技巧小议［J］．中国中医药现代远程教育，2012，09：58.
黄伟，王雪峰．《伤寒杂病论》中咳嗽证治规律探析［J］．中国中西医结合儿科学，2012，03：193 – 194.
陈美萍．浅谈仲景《金匮》方中桂枝的妙用［J］．中医临床研究，2012，12：22 – 23.
詹甜，詹媛，贾颖．葶苈大枣理肺贴治疗小儿咳嗽举隅［J］．中医外治杂志，2012，03：60 – 61.
马文辉，姚博．三部六病讲座（九）三部六病对糖尿病的治疗思路［J］．中国中医药现代远程教育，2012，09：87 – 88.
张学林，王素平．白虎汤临证应用综述［J］．中国中医药现代远程教育，2012，11：57 – 58 + 62.
廖月玲，刘艳，顾燕频，黄玮，章忱，袁宝萍，吕嵘，卫洪昌．金匮肾气丸对异丙肾上腺素致心室重构大鼠神经体液因子的调节［J］．中国实验方剂学杂志，2012，14：184 – 188.
田绍明．当归四逆汤的临床应用［J］．中国中医药现代远程教育，2012，09：60.
代睿欣，王昭辉，林高，白遵光，林兆丰，吕立国，桂泽红．益肾健脾疏肝解郁法治疗老年女性特发性膀胱过度活动综合征临床初探［J］．中国老年保健医学，2012，03：18 – 20.
刘利华．补中益气汤治疗内伤发热的机理及治疗腰痛的临床应用［J］．中国卫生产业，2012，16：164.
刘华东，张卫华，张莉，黄仕文，樊巧玲．《伤寒论》真武汤方证探析［J］．山西中医学院学报，2012，03：1 – 2.
龙玲．戴思恭郁证、痰饮证治学术思想探析［J］．山西中医学院学报，2012，03：22 – 23.
陈婉，张佳，许迎雪．浅谈《辅行决》外感热病辨证的特色［J］．求医问药（下半月），2012，05：333 – 334.
叶卓丁．加味金匮肾气丸治疗复发性口腔溃疡临床观察［J］．世界中医药，2012，03：225 – 226.
杨莎莎，王庆国．张仲景“结”病机溯源［J］．世界中医药，2012，03：255 – 256.
洪文旭．清代医家张锡驹《胃气论》的学术评析［J］．中医文献杂志，2012，03：26 – 29.
李聪，谢鸣．金匮肾气丸制方原理探析［J］．山西中医学院学报，2012，03：10 – 11.
胡方林，刘仙菊，龙玲．肾气丸对2型糖尿病胰岛素抵抗模型大鼠血清瘦素的影响［J］．山西中医学院学报，2012，03：46 – 48.
勾晓晨，宋俊生，高岑，薛晓焕，孙宇田．《伤寒论》真武汤1949—1978年间发表个案文献质量评价［J］．河北中医，2012，05：751 – 752.
韦妙芳．音乐的养生保健作用研究［J］．河南科技，2012，08：13.
李敬孝，赵得良．浅谈《金匮要略》中甘草的用法与配伍［J］．求医问药（下半月），2012，06：86.
龚一萍．浅谈《金匮要略》温化痰饮法在心血管疾病治疗中的应用［J］．求医问药（下半月），2012，06：687 – 688.

赵宏．桂枝加龙骨牡蛎汤的临床应用报告［J］．求医问药（下半月），2012，06：726－727.

王智敏，王斌，杨志峰．《伤寒论》对自汗的辨治［J］．江西中医药，2012，05：3－5.

刘中勇，张腾云．从《金匮要略方论》肾气丸的运用论异病同治［J］．江西中医学院学报，2012，02：4－6.

石志乔．《金匮要略》方歌括［J］．江西中医学院学报，2012，02：14－20.

聂望．基于组件模型的《伤寒论》方规数字化研究［J］．江西中医学院学报，2012，02：80－82.

于海，李秀文．张仲景桂枝应用浅谈［J］．江西中医药，2012，06：7－9.

王金霞．麻杏石甘汤化裁治疗小儿肺炎体会［J］．内蒙古中医药，2012，11：70.

韩娟．半夏泻心汤治妊娠泻痢举例［J］．内蒙古中医药，2012，12：26.

林田．半夏厚朴汤的临床应用举隅［J］．内蒙古中医药，2012，12：26.

王晓媛，李浩，李楠．小柴胡汤治疗崩漏心得［J］．中国中医药信息杂志，2012，07：82.

赵琼，张俊龙，郭蕾．关于古代中医疗效评价的方法与特点探讨［J］．中医杂志，2012，15：1337－1338.

程磐基，叶进．东汉衡器量值刍议——东汉经方药物剂量再探讨［J］．上海中医药杂志，2012，07：30－32＋39.

唐瑛，汪剑．《金匮要略》中胸痹、心痛内涵新释［J］．吉林中医药，2012，07：749－751.

王永燕．胃及十二指肠溃疡的中医辨治［J］．中国实用医药，2012，19：251.

师庆彬，吕兴乐．生姜在《伤寒论》经方组方配伍中的作用［J］．中国社区医师（医学专业），2012，21：216.

林绍志．《伤寒论》“强几几”音义释疑［J］．中医杂志，2012，14：1252－1254.

蒋俊民，顾植山．乌梅丸肝病新用举隅［J］．中国中医急症，2012，07：1192－1193.

寿越敏．范中林应用麻黄汤的经验［J］．浙江中医杂志，2012，07：480－481.

郭进财，刘雪娜，洪炳根．眩晕病的经方诊治思路［J］．中国中医急症，2012，07：1111－1112.

程伟．《伤寒论》组方用药规律分析［J］．山东中医杂志，2012，07：473－475.

王国权，路振宇，于荣霞，贾永森，朱亮，马会霞，姜春花，包巨太．基于方证对应理论的《金匮要略》“胸痹心痛气短”方证空间定位的初探［J］．中国实验方剂学杂志，2012，13：321－323.

王彩悦，苑婷，李岩，郭建．小议《伤寒论》中刺期门的应用［J］．四川中医，2012，07：20－21.

吴林辉，李萍．李萍运用麻黄连翘赤小豆汤加味治疗皮肤病医案举隅［J］．四川中医，2012，07：115－116.

陈勇．黄土汤治验［J］．四川中医，2012，07：117－118.

徐晓娟，石晓霞．补肾古方治疗妇科疾病概述［J］．实用中医药杂志，2012，07：615－616.

谢芳．温经汤主证刍议［J］．山东中医杂志，2012，07：528＋531.

官宗华，宋捷民，廖广辉，宋述程．浅析《神农本草经》之寒热并用［J］．浙江中医杂志，2012，07：498－499.

高天曙．高体三治疗心系病证验案2则［J］．河南中医，2012，07：924－925.

何新慧．《伤寒论》蓄血证辨治探析［J］．河南中医，2012，08：949－951.

轩丽勇，谢忠礼．《伤寒论》“保阴液”思想探析［J］．河南中医，2012，08：951－952.

陈泳如，樊毓运．从《伤寒论》六经理论看糖尿病的辨证施护［J］．河南中医，2012，08：954－956.

田瑞曼．厚朴生姜半夏甘草人参汤证误治案［J］．河南中医，2012，08：965.

李春玲．半夏泻心汤加减治疗浅表性胃炎40例［J］．河南中医，2012，08：970－971.

谢忠礼，杨盟．《伤寒论》三阳病理论在艾滋病表证期的应用探讨［J］．中医学报，2012，07：781－782.

梁华龙．伤寒论评话第7章太阳中风有异同，原证变证需分清——太阳中风证的治疗［J］．中医学报，2012，07：801－803.

彭伟兵．张仲景除湿热方法浅谈［J］．中医学报，2012，07：804－805.

吴雪梅，田新刚，刘建新，徐扬．桂林古本《伤寒杂病论》学术特点初探［J］．中医学报，2012，

07：805－806.

张旭宾，孙靖若．痛经的中医理论发展源流及治疗特色浅析［J］．中国民族民间医药，2012，12：14－15.

勾晓晨，宋俊生，高岑，薛晓焕，孙宇田．《伤寒论》方医案质量评分系统的建立［J］．辽宁中医杂志，2012，07：1211－1213.

李凯平．《伤寒论》阳明病病机传变规律探讨（下）［J］．光明中医，2012，07：1295－1297.

罗凤岩．《伤寒论》中辨证论治与哲学中的三大规律［J］．光明中医，2012，07：1297－1298.

刘维海．试论《伤寒论》太阳经本证汗法汤方几个应用特点［J］．辽宁中医药大学学报，2012，07：129－131.

范铁兵，杨志旭．仲景所用溶媒探析［J］．辽宁中医药大学学报，2012，07：133－136.

刘苏，谷松．仲景辨治身体疼痛探析［J］．辽宁中医药大学学报，2012，07：146－147.

李宇铭．《伤寒论》第29条“初见证”研究［J］．河南中医，2012，07：793－794.

赵天才，杨景锋．《金匮要略》肝病实脾、调脾理论及应用［J］．河南中医，2012，07：795－799.

孙西霞，杨芳．运用仲景法辨证论治椎动脉型颈椎病的临床体会［J］．河南中医，2012，07：802－803.

任连军．金匮肾气丸化裁治疗呃逆53例［J］．河南中医，2012，07：815－816.

邵贵宏，叶常春，张晓琳．吴佩衡附子与肉桂配伍经验［J］．河南中医，2012，07：826－828.

李宇铭．《伤寒论》表郁轻证三方研究（下）［J］．国医论坛，2012，04：1－3.

宋兴，邓森涛．从《伤寒论》太阳病篇浅探张仲景伤寒杂病合论思想［J］．国医论坛，2012，04：4－6.

王会丽，韩申，刘天骥．甘草泻心汤化裁治疗脾虚湿盛型湿疹90例［J］．国医论坛，2012，04：9.

罗秀清，范文东，游福年，章浩军．章浩军主任医师运用小柴胡汤临证验案举隅［J］．国医论坛，2012，04：10－11.

王靖博，杨朝坤，王亚飞．陈亦工教授应用小柴胡汤治验举隅［J］．国医论坛，2012，04：13.

林明欣，裴倩，倪张俊，朱章志，吕英．河图“圆运动”探讨及其在“血管神经性头痛”中的运用［J］．中华中医药杂志，2012，07：1753－1756.

连建伟．《伤寒论》在外感疾病中的运用［J］．中华中医药杂志，2012，07：1763－1765.

曾遥．论小柴胡汤治疗两种不同原因便秘的机理［J］．北方药学，2012，07：91.

陈锦伦．桂枝汤属和法之依据［J］．光明中医，2012，07：1456－1457.

郑继生，钱景莉．芍药甘草汤及其临床运用［J］．河南中医，2012，08：966－968.

徐鸿燕．温经汤综述［J］．辽宁中医药大学学报，2012，07：272－274.

陈亮，纪东升．栀子豉汤“得吐者，止后服”析疑与启示［J］．国医论坛，2012，04：6－7.

张先庚，张辉，刘琴，韩佩玉，李凤燕，梁清芳，王米渠．优裕环境胎教与地震恐惧胎损的SD大鼠母子两代行为遗传学研究［J］．辽宁中医杂志，2012，07：1403－1405.

任小宁．小柴胡汤治疗肝病的现代药理研究［J］．科技信息，2012，22：112.

李今庸．从医学领域看“百家争鸣”方针的重要性［J］．中医药通报，2012，04：4－5.

李赛美．《伤寒论》教学灵魂在“活”字——赴新加坡教学体会［J］．中医药通报，2012，04：26－28.

王永祥．金匮肾气丸临床应用举隅［J］．现代中医药，2012，04：3－4.

沈正龙，郑学刚．浅谈《伤寒论》中清热法［J］．现代中医药，2012，04：54－56.

沈艳莉，何力．厥阴病寒热错杂危重证救治体会［J］．中国中医药信息杂志，2012，09：91－92.

李秀河．四逆散加味治疗外科疾病二则［J］．中国社区医师（医学专业），2012，24：194.

张福鹏，赵晓燕，刘丽坤，汪欣文，任雁．蜜煎方条文解析及其临床应用探讨［J］．中国民间疗法，2012，07：5.

姜佚，闫方杰．张仲景论“平人”［J］．中国中医基础医学杂志，2012，07：706.

陈曦．论李东垣对气化理论的理解、发挥与运用［J］．中国中医基础医学杂志，2012，07：707－708.

周鹰．学用《伤寒论》之要［J］．中国中医基础医学杂志，2012，07：725－726.

冯兴志，马淑红，吴越，杨涛，李浩．“保胃气”思想在中医药治疗中的应用［J］．吉林中医药，

2012，08：788－790.

刘阳．薛一涛教授应用四逆散治疗胸痹举隅［J］．中国中医急症，2012，08：1247.

陈东亮．急下存阴与甘寒生津法合用治疗土燥水竭证探析［J］．中国中医急症，2012，08：1285－1286.

李永昌．葶苈大枣泻肺汤加味治疗急重症2则［J］．中国中医急症，2012，08：1361.

潘洪静，甘春雨．急性腰扭伤的中医护理［J］．中国中医急症，2012，08：1370.

曾遥．浅析小柴胡汤治疗“大便硬”与“大便溏”［J］．中医临床研究，2012，13：66－67.

周启明，赵钰，梁华龙．基于桂枝汤证谈经方研究与临床实践［J］．中医药通报，2012，04：31－33＋35.

李敬孝，赵得良．试探《金匮要略》甘草的用法与配伍［J］．中医药信息，2012，04：33－34.

蒋明．从《金匮要略》反思《伤寒论》伤寒之含义［J］．中医杂志，2012，16：1435－1438.

丁毅，傅延龄．浅析《太平惠民和剂局方》对《伤寒论》方的剂量处理［J］．中国中医基础医学杂志，2012，08：892－894.

韩红伟，曹秀梅，彭红，张尊如．吴茱萸汤治证及功效探讨［J］．中国中医基础医学杂志，2012，08：898－899.

任小宁．小柴胡汤临床应用之探析［J］．中医药信息，2012，04：98－99.

吴永江．防己黄芪汤临床及实验研究概况［J］．中国中医药现代远程教育，2012，13：163－164.

张宇燕，万海同，杨洁红，周惠芬．附子配伍甘草减毒增效的研究［J］．中医杂志，2012，16：1365－1368.

郭玉婷．格列美脲联用金匮肾气丸治疗糖尿病的临床疗效分析［J］．中国医药导报，2012，21：110－111.

杨莹，赵联社．论《伤寒论》顾护调养中之胃气观［J］．辽宁中医药大学学报，2012，08：120－121.

刘子丹，陆为民．试从《伤寒论》方药分析仲景阴阳统一观及意义［J］．辽宁中医药大学学报，2012，08：127－128.

郭晓东．《金匮要略》呕吐辨证细节谈［J］．辽宁中医药大学学报，2012，08：152－153.

梁华龙．伤寒论评话第8章治表解肌调营卫，治里补中和阴阳——桂枝汤主治证及其禁忌［J］．中医学报，2012，08：941－944.

薄立宏，张大明．《伤寒来苏集》评述［J］．中医学报，2012，08：945－946.

吴雪梅，田新刚，刘建新，徐扬．桂林古本《伤寒杂病论》的学术价值探讨［J］．中医学报，2012，08：948－949.

张建宁．《金匮要略》“衄家不可发汗”条文之我见［J］．江苏中医药，2012，07：67.

刘琼，李成年，邱明义．试从五脏相关析仲景论治失眠［J］．辽宁中医杂志，2012，08：1498－1500.

闫曙光，惠毅，周永学．叶天士应用复脉汤证治规律初探［J］．辽宁中医杂志，2012，08：1519－1521.

武兴伟，谢世平，许前磊．《伤寒论》胀满之我见［J］．辽宁中医杂志，2012，08：1521－1522.

宋桂华，宋欢欢．乌梅丸治疗小儿肺系疾病脏腑相关理论探讨［J］．辽宁中医杂志，2012，08：1525－1526.

郭晓东．仲景方药量重于今方的原因探析［J］．辽宁中医杂志，2012，08：1531－1532.

张晓羽．张祥生应用活血利水法治疗顽固性水肿经验撷要［J］．辽宁中医药大学学报，2012，08：170－172.

张友堂，付青青．五苓散证的脉证研究［J］．河南中医，2012，09：1105－1106.

董旭峰，徐月英．《伤寒论》中气机升降理论研究概述［J］．河南中医，2012，09：1110－1111.

张智华．麻黄附子细辛汤学用体会［J］．河南中医，2012，09：1123－1124.

覃家浪．经方应用3则［J］．河南中医，2012，09：1124－1125.

李学勇．半夏泻心汤加减治疗慢性萎缩性胃炎100例［J］．河南中医，2012，09：1127.

胡金亮，李素云．督灸疗法治疗疑似哮喘4例［J］．河南中医，2012，09：1215－1216.

郭瑞萍，臧海洋，赵云芳．当归芍药散治疗内科病方证治药规律探讨［J］．辽宁中医药大学学报，2012，08：134－136.

唐瑛，赵庆，闫颖，张琦．竹叶汤方证探析［J］．辽宁中医药大学学报，2012，08：137－138.

陈梦，赵丕文，孙艳玲，孙丽萍．红花及其主要成分的药理作用研究进展［J］．环球中医药，2012，07：556－560.

张海滨，段昱方．类方研究现状［J］．辽宁中医药大学学报，2012，08：266－269.

钱荣江．甘草小麦大枣汤为主治疗抑郁症体会——附验案5则［J］．江苏中医药，2012，07：68－69.

郭瑶瑶，朱佳．麻附细辛汤治疗肺系疾病验案举隅［J］．现代中西医结合杂志，2012，23：2586－2587.

陈家鼎．麻杏石甘汤加减医案三则［J］．中国乡村医药，2012，07：33.

李孝文，王兆法，胡一莉．“佐证”论［J］．新中医，2012，08：186－187.

崔炎，王永志．崔公让教授运用金匮肾气丸加减治疗视瞻有色经验简介［J］．新中医，2012，08：219－220.

肖长国，刘志梅．宋元以前肺痨文献考辨［J］．山东中医药大学学报，2012，04：321－323.

黄志庆．乌梅丸治验久病头痛1则［J］．陕西中医，2012，07：918.

孙丽平．小柴胡汤眼科临床应用举隅［J］．现代中西医结合杂志，2012，24：2693－2694.

薛飞，郭晟．当归芍药散辨证应用举隅［J］．内蒙古中医药，2012，14：28－29.

郭淑芳，周小秀．《三因极一病症方论》的主要学术思想和贡献［J］．内蒙古中医药，2012，16：114－115.

徐建虎，师常喜，周波．《金匮要略》“实脾”刍议［J］．内蒙古中医药，2012，16：116－117.

曾遥．浅析小柴胡汤治疗“不大便”与“大便硬”［J］．内蒙古中医药，2012，16：118＋41.

谭宏韬，蔡文就．蔡文就教授运用甘草泻心汤治疗糖尿病并皮肤瘙痒症验案2则［J］．新中医，2012，08：229－230.

陈宁勇，李芸，范欣生．《伤寒论》下法禁忌探析［J］．南京中医药大学学报，2012，04：309－311.

夏宁俊，田永立，章永红．浅析《金匮要略》方药在胃癌治疗中的应用价值［J］．南京中医药大学学报，2012，04：312－314.

潘宗奇，蔡陈浩，邓宏．《伤寒论》三阴病篇对肿瘤治疗的启发［J］．新中医，2012，08：198－199.

陈彩凤，陈文勇，李云英．《伤寒论》和法辨析［J］．四川中医，2012，08：17－19.

刘艳萍，何开明，黄小艳，舒惠荃．《金匮要略》寒热同治法探讨［J］．四川中医，2012，08：19－20.

程丽东．辨证论治白塞氏综合征临床分析［J］．临床合理用药杂志，2012，24：72.

孙光明，王志意．《金匮要略》用药剂量探讨［J］．内蒙古中医药，2012，18：123.

孙媛．桂枝汤类方治疗心脏病临证举隅［J］．陕西中医，2012，08：1080－1081.

张珺珺．《长沙药解》苏叶的学术思想浅析［J］．现代中西医结合杂志，2012，21：2367.

周毅萍，何新慧．柯雪帆教授《伤寒论》学术思想辑要［J］．上海中医药大学学报，2012，04：3－6.

袁敏，何新慧，孔祥亮．《临证指南医案》中柴胡运用规律及特色分析［J］．上海中医药大学学报，2012，04：29－32.

曾凡东，鲁登述．四逆散的临床应用［J］．四川中医，2012，08：124－125.

王永祥．四逆散的和法新用［J］．陕西中医，2012，07：920.

赵祥斐，李岩，程素利，焦召华，陈爽．桂枝汤归属和法之小议［J］．四川中医，2012，08：16－17.

刘宏祥，赵永辰，史曼．“脉结代”的现代解读及临床释义［J］．临床合理用药杂志，2012，22：146－147.

戴双明，刘建红，樊平．辨证论治配合西药治疗慢性肾功能衰竭254例［J］．陕西中医，2012，08：962－964.

杨金萍，王振国，卢星．《神农本草经》与宋本《伤寒论》术类药差异分析［J］．中华中医药杂志，2012，08：2009－2011.

李柳骥，侯中伟，张聪，邢建民，于晓通，陈安，王芳．《备急千金要方》闭经方剂探析［J］．安徽中医学院学报，2012，04：13－15.

赵春江，蔡辉．朱雀汤阙疑［J］．安徽中医学院学报，2012，04：16－18.

邓烨，李赛美，朱章志．熊曼琪教授治疗糖尿病学术经验述略［J］．中华中医药杂志，2012，08：2110－2113.

熊兴江．《黄仕沛经方亦步亦趋录》评介［J］．中华中医药杂志，2012，08 2206－2208.

史彦章，杨倩，邱贝，马赟．《伤寒论》经方治疗顽固性呃逆验案［J］．河北中医，2012，06：856－857.

谷守星，王金荣．《伤寒论》中“实”的含义初探［J］．河北中医，2012，06：910＋917.

方统念．浅谈《伤寒论》中的“扶阳法”［J］．光明中医，2012，08：1509－1510.

贾跃进，王艳，李菲．柴胡加龙骨牡蛎汤临证应用举隅［J］．光明中医，2012，08：1651－1652.

彭涛．浅议治未病思想在糖尿病前期的防治［J］．光明中医，2012，08：1663－1664.

刘建明，谭勇，谭玉华．用整体阴阳平衡法自组方治疗慢性乙型肝炎40例［J］．湖北中医杂志，2012，08：46－47.

李时忠．防己茯苓汤合蒲灰散加味治疗特发性水肿50例［J］．中医药临床杂志，2012，08：769－770.

葛喜贵．甘温除热机理之浅析［J］．光明中医，2012，08：1501－1502.

郑文通，李志勇，彭明健．济生肾气汤加味治疗肾气亏虚型前列腺增生症的临床研究［J］．光明中医，2012，08：1556－1557.

李照国，刘瑞强．WHO西太区与世界中医药学会联合会中医名词术语国际标准比较研究：内科疾病（五）（英文）［J］．中西医结合学报，2012，09：1061－1065.

栗广辉，隋克毅．石冠卿治疗老年便秘经验［J］．实用中医药杂志，2012，09：781.

任晓莉，孙艳秋．浅析胸痹的辨证论治［J］．中国中医药现代远程教育，2012，14：119－120.

孔翊翌，林玲．探讨《伤寒论》的理法方穴规律［J］．针灸临床杂志，2012，08：58－59.

轩丽勇．《伤寒论》汗不得法伤正辨析［J］．中医研究，2012，09：4－5.

刘云霞．张仲景甘草泻心汤运用发微［J］．浙江中医杂志，2012，09：653－654.

盛倩．《伤寒论》六经辨证在眼科的应用和发展［J］．四川中医，2012，09 13－15.

陈经宝．论“二本三枢”理论及临床运用［J］．四川中医，2012，09：15－17.

赵文，赵苑岑．略论《伤寒杂病论》的救急理法［J］．四川中医，2012，09：17－19.

王辉武．时间是一味良药［J］．实用中医药杂志，2012，08：711.

魏长江．小半夏汤止呕临床体会［J］．实用中医药杂志，2012，08：692.

陈宁宁，叶程瑶，毛其州，祝雨田．试述桂枝加龙骨牡蛎汤治疗遗精［J］．实用中医药杂志，2012，08：697.

何东初，喻晶晶．类风湿关节炎从脏腑论治［J］．现代中西医结合杂志，2012，25：2812－2813.

魏建华，伍镝．《伤寒论》少阳病篇解析［J］．新疆中医药，2012，04：134－136.

张翔，周郁鸿，吴迪炯，沈一平，武利强．从《金匮要略》浅谈再生障碍性贫血的中医辨治原则［J］．浙江中医杂志，2012，08：549－551.

张宏瑛．浅析俞根初《通俗伤寒论》的伏邪外搏证治观［J］．浙江中医杂志，2012，08：612－613.

何新慧．仲景辨证论治体系探析［J］．上海中医药杂志，2012，09：27－29.

杨文喆．《金匮要略》活血化瘀法论治特色［J］．上海中医药杂志，2012，09：30－32.

巨邦科．当归贝母苦参丸为主治疗男科疾病验案3则［J］．上海中医药杂志，2012，09：66－67.

王永燕．四逆散临床应用举隅［J］．中国现代药物应用，2012，16：103.

吕悦，曲芳，李东．通消和络法治疗卒中后肩手综合征的疗效观察［J］．中国民间疗法，2012，08：26.

卢艳，陈宝元．扶正祛邪法治疗糖尿病足的体会［J］．云南中医中药杂志，2012，07：21－22.

何若苹，徐光星，顾锡冬，张翔．何任教授中医药辨治肠癌用药规律初探［J］．天津中医药，2012，04：316－318.

张影，余月娟．成无己及《伤寒明理论》考注［J］．中医研究，2012，08：57－58.

林继业，赖梅生．火针疗法的机制与其治疗痤疮研究进展［J］．现代中西医结合杂志，2012，28：3181－3182.

柴勇，高宏艳，楚月英．小柴胡汤在皮肤科的临床应用［J］．中国实用医药，2012，24：194－195.

师林，柯斌，梁东辉．金匮肾气丸配合拔罐治疗尿频相关性睡眠障碍的疗效观察［J］．实用医学杂志，2012，14：2454－2456.

蒋新新．试析绍派伤寒与一般伤寒学派之不同［J］．中国中医急症，2012，09：1456－1457.

刘向萍，马垂宪．木防己汤治疗慢性心力衰竭临床观察［J］．中国中医急症，2012，09：1511.

沈丽莲．从阴阳大法初探太阴欲解时［J］．亚太传统医药，2012，08：191－192.

张继烈，鞠鲤亦．革脉的《内经》证源［J］．中国中医药现代远程教育，2012，15：6－7.

郭明章，杨红，马晓峰．《伤寒杂病论》药量折算的“神农秤”“大小秤”之说考［J］．中国中医药现代远程教育，2012，15：7－8.

朱佳．浅谈中药的饮食禁忌及对中药的认识误区［J］．青岛医药卫生，2012，04：302.

沈元良．蒿芩清胆汤衍变与考释［J］．浙江中医杂志，2012，09：696.

冯莎，李慧明．薯蓣丸的临床应用与研究概述［J］．浙江中医杂志，2012，09：699－701.

张文汉，陈明达，许友慧．加减三拗汤临证思辨录［J］．中医药学报，2012，04：95－96.

危建安，韩凌，程志安，孙静，段晓栋．六味地黄丸、金匮肾气丸和健骨二仙丸对大鼠 BMSCs 向脂肪细胞分化相关基因表达的影响［J］．中药药理与临床，2012，04：1－3.

张保国，刘庆芳．芍药甘草汤临床研究与新用［J］．中成药，2012，09：1774－1777.

邓实敏．金匮肾气丸联合西药治疗哮喘非急性期临床观察［J］．中外医学研究，2012，24：16－17.

廖蔚茜．柴胡桂枝干姜汤临床应用体会［J］．河北中医，2012，09：1346－1347.

戴小娟，李武军．桂枝汤加味治疗缓解期类风湿关节炎疗效观察［J］．河北中医，2012，09：1348－1349.

魏明刚，孙伟．《伤寒论》阳明病证发病机理及承气汤在临床的应用［J］．辽宁中医药大学学报，2012，09：72－73.

赵玉雪．浅析六经皆有表证及临床应用［J］．国医论坛，2012，05：1－3.

步凡，董正华．论乌梅丸配伍黄柏之功效应为泻火坚阴［J］．国医论坛，2012，05：3－4.

吴玖斌．邱明义痛证治验拾穗［J］．国医论坛，2012，05：9－10.

梁华龙．伤寒论评话第 9 章谨查兼证病机，活用桂枝汤剂——太阳中风兼证的治疗［J］．中医学报，2012，09：1096－1098.

高淑霞．学习黄元御肝胆学说体会［J］．中外医疗，2012，21：127.

刘建国，刘良福，赵智英．浅探张子和之攻邪学说［J］．江苏中医药，2012，08：6－7.

王芷乔．失眠之辨证论治看《黄帝内经》与《伤寒论》［J］．光明中医，2012，09：1731－1732.

李瑞环．浅析《伤寒论》喘证辨治规律［J］．光明中医，2012，09：1733＋1742.

郭海，龚婕宁，刘宝瑞．中医学“精微”与肿瘤微创［J］．辽宁中医药大学学报，2012，10：32－34.

朱海燕，郭保根，谢春光．半夏厚朴汤治疗瘿病体会［J］．辽宁中医药大学学报，2012，10：148－149.

周静威，王耀献．“微型癥瘕”理论在辨治类风湿性关节炎中的应用［J］．北京中医药大学学报（中医临床版），2012，04：43－45.

刘巧平，刘建华．麻杏石甘汤在鼻科的应用体会［J］．北京中医药大学学报（中医临床版），2012，04：55－56.

王报捷，杨慧文．金匮肾气丸对糖尿病大鼠早期肾损害的干预作用［J］．赣南医学院学报，2012，03：332－334.

仝小林，刘文科，焦拥政．论经方用量策略［J］．中医药导报，2012，08：1－3.

李欣红．四逆散临床应用 3 则［J］．河北中医，2012，09：1343－1344.

孙宇田，宋俊生，高岑，薛晓焕，勾晓晨，商铁刚．《伤寒论》大承气汤方 1949－1978 年发表文献疾病谱研究［J］．辽宁中医杂志，2012，09：1690－1692.

戴红，赵厚睿．方证学研究命题的相关术语辨析［J］．中医学报，2012，09：1129－1131.

王宜健，彭秀芳，熊伟，叶宇铁．金匮肾气丸合血脂康胶囊治疗脾肾阳虚型老年高脂血症随机平行对照研究［J］．实用中医内科杂志，2012，10：7－8.

高凤芹，徐月英.《伤寒论》水气辨析［J］. 实用中医内科杂志，2012，10：21－23.
刘斌江，徐月英. 张仲景对大黄的配伍运用及煎服炮制［J］. 实用中医内科杂志，2012，10：26－27.
宋健，董正华，史传道，李永峰，第五永长，陈苏静. 开展中医经典教学、强化中医临床技能、提高中医人才质量［J］. 辽宁中医药大学学报，2012，11：223－224.
马鸿斌. 经方临床活用举隅［J］. 中国中医药信息杂志，2012，11：83.
张天星.《伤寒论》厚朴生姜半夏甘草人参汤解析［J］. 亚太传统医药，2012，09：10－11.
管胥伯. 浅析《伤寒论》中温法的运用［J］. 亚太传统医药，2012，09：187－188.
李同华. 复位配合推拿治疗脊源性便秘19例［J］. 中国疗养医学，2012，09：813.
叶咏菊，王津. 王津分经养胎法治疗妊娠期咳嗽［J］. 浙江中医杂志，2012，10：752.
张瑞卿. 浅析《金匮要略》中下利的证治［J］. 中国民间疗法，2012，09：5－6.
刘军，孙果香.《伤寒论》注释“阳明为阖”的学术浅探［J］. 中国民间疗法，2012，09：8－9.
吴晓强. 银屑病古今学术思想概要［J］. 中国民间疗法，2012，09：9－10.
马家驹，张广中.《伤寒论》身痒从表论治［J］. 中国中西医结合皮肤性病学杂志，2012，04：224－225.
冷长青，冯云霞，朱旭，段刚峰，丁舟，章茜，郝建军，张介眉. 通阳法的分类（二）［J］. 中西医结合研究，2012，04：214－216.
冯兴志，马淑红，吴越，杨涛，李浩. 再论李杲重视胃气思想［J］. 吉林中医药，2012，09：865－866.
谢静，刘桂荣. 谈中医文献的特点及临床价值［J］. 吉林中医药，2012，09：957－958＋972.
王昊，阎小萍.“治未病”理论在风湿病治疗中的运用［J］. 中国中医急症，2012，10：1619－1620.
周杰，王世岩. 瓜蒌薤白半夏汤治疗胸痹痰浊证的体会［J］. 中国中医急症，2012，10：1709.
迟伟，曲秀娟. 奔豚气病验案2则［J］. 中国中医急症，2012，10：1711.
张新霞，谢春光. 半夏厚朴汤临床应用举隅［J］. 中医临床研究，2012，14：80－81.
王平. 真武汤加味治疗顽固性心衰两则［J］. 中医临床研究，2012，14：101.
刘丰，赵喜颖. 中医药治疗酒精性脂肪肝的研究进展［J］. 中医临床研究，2012，14：119－120.
于卉莉. 半夏泻心汤加味治疗胸痹临床体会［J］. 中医临床研究，2012，17：54－55.
项立明. 风不独伤卫寒不独伤营［J］. 中国中医药现代远程教育，2012，17：3－4.
井利. 从痰瘀论治胸痹心痛［J］. 中国中医药现代远程教育，2012，18：92－93.
徐静，张慧，傅延龄.《伤寒论》《金匮要略》药物煎煮法中“沸”字探析［J］. 中医杂志，2012，19：1703－1704.
张小勇，陶晓华，刘丹彤，吴舒，李涛. 浅谈《伤寒论》中毒性药物的炮制［J］. 中医杂志，2012，21：1808－1809.
金丽. 循证医学视野下吉益东洞“方证相对”与中医现代化［J］. 中医杂志，2012，21：1824－1826＋1840.
张凤琴. 小青龙汤的临床应用［J］. 中国校医，2012，09：710.
姬水英，牛菲，马娟娟，周玉丽. 炙甘草汤临床新用［J］. 云南中医中药杂志，2012，09：32－33.
丁明勇. 汗出与桂枝汤［J］. 中国社区医师（医学专业），2012，30：194－195.
翟华强，王燕平，金世元，王永炎. 中药处方脚注的继承与发展［J］. 中国中药杂志，2012，15：2327－2329.
马勇，王建伟，周玲玲，尹恒，周信，张亚峰，徐兵，王庆. 金匮肾气丸联合葡萄糖酸钙对去势大鼠骨代谢的影响［J］. 中国老年学杂志，2012，19：4227－4228.
单进军，邹葭霜，徐建亚，俞晶华，狄留庆，汪受传. 桔梗汤的研究进展［J］. 中国实验方剂学杂志，2012，19：304－306.
穆志明，樊娟娟. 心悸、惊悸的中西医研究进展［J］. 中西医结合心脑血管病杂志，2012，09：1110－1112.
韩四萍. 饮食调控配合中药治疗肾病综合征血脂异常50例［J］. 实用中医药杂志，2012，10：838.
刘玉超，李宇航.《伤寒论》治喘六方［J］. 河北中医药学报，2012，03：9－11.
肖娜，周贤梅.《金匮要略》所论肺痿与肺间质纤维化关系的研究进展［J］. 中医学报，2012，10：

1254 - 1256.
梁华龙．伤寒论评话第 10 章麻黄表实非同证，外感衄血营郁通——太阳伤寒表实证·麻黄汤证·表证衄血［J］．中医学报，2012，10：1259 - 1262.
翟振兴，谢忠礼．温阳法在《伤寒论》“三阳篇”中的应用探讨［J］．中医学报，2012，10：1263 - 1264.
李学勇．辨证治疗高血压病临床观察［J］．中医学报，2012，10：1333 - 1334.
李海鹏，年莉．《伤寒论》服药方法探析［J］．辽宁中医药大学学报，2012，11：113 - 114.
吕中茜．酒为百药之长［J］．湖北中医杂志，2012，10：32 - 33.
水新华．调和营卫法治疗艾滋病应用探析［J］．中医学报，2012，10：1234 - 1235.
丁跃玲．《金匮要略》第九篇之“胸痹”“心痛”当为一病［J］．河南中医，2012，11：1417 - 1418.
柴瑞震，陈业兴．纠正误解概念才能重新阐释《伤寒论》［J］．河南中医，2012，11：1419 - 1420.
宗涛．《伤寒论》栀子豉汤证病机探讨［J］．河南中医，2012，11：1421 - 1422.
姚文轩，刘桂荣．《伤寒杂病论》中浆水考辨［J］．河南中医，2012，11：1423 - 1424.
陈平．小青龙汤联合鼻部熏蒸治疗变应性鼻炎 53 例［J］．河南中医，2012，11：1433 - 1435.
胡燕灵．五苓散加味治疗慢性心力衰竭 136 例［J］．河南中医，2012，11：1435.
李嘉陵，温权．炙甘草汤加减治疗心悸 18 例［J］．河南中医，2012，11：1436 - 1437.
郭喜军，豆志伟，张晓艳，董笑一，孙园园．《伤寒论》寒热并用法浅析［J］．河南中医，2012，10：1261 - 1262.
杨美娟．《金匮要略》治疗水气病发微［J］．河南中医，2012，10：1265.
张云飞．阳明实热证脉迟机理探源［J］．河南中医，2012，10：1266.
覃婧．从三阴病论治胃食管反流病［J］．河南中医，2012，10：1276 - 1277.
周宝宽，周探．酸枣仁汤化裁治疗眩晕验案［J］．河南中医，2012，10：1277 - 1278.
陈艳红．当归芍药散验案 4 则［J］．河南中医，2012，10：1282 - 1283.
马春兰．桂枝汤化裁治疗黄疸肝炎［J］．中国民族民间医药，2012，17：48.
张建平，王焕玲．半夏泻心汤加减治疗胸腔积液 36 例总结［J］．湖南中医杂志，2012，05：48 - 49.
崔叶敏，吕方舟，刘兴方，韩学杰．《伤寒论》烦症病机及治法浅探［J］．环球中医药，2012，09：675 - 678.
杜贵传．小陷胸汤临床应用举隅［J］．中外医疗，2012，25：125.
宋述强．真武汤临床应用体会［J］．河南中医，2012，10：1281 - 1282.
程飞妙，王丽珍．无锡市金匮社区 1 ~ 36 月儿童气质特点分析［J］．齐齐哈尔医学院学报，2012，19：2669 - 2670.
李绍林，李俊德．谈《药征》的学术价值［J］．世界中西医结合杂志，2012，09：814 - 816.
陈宏，魏冬梅，尹钢．浅析仲景积聚、癥瘕证治特色及其对后世的影响［J］．新中医，2012，10：145 - 146.
李玉梅．经方运用四则［J］．新中医，2012，10：166 - 167.
赵平生．奔豚气治验 3 例［J］．山西中医，2012，08：34 - 35.
于策．《伤寒论》栀子豉汤的临床作用［J］．实用中医内科杂志，2012，14：13 + 46.
杨阳．黄芪桂枝五物汤治疗糖尿病并发周围神经病变［J］．实用中医内科杂志，2012，12：34 - 35.
王晓雕，韩海娟．《伤寒论》经典方临床应用 3 则［J］．陕西中医，2012，09：1233.
杨文喆．仲景活血化瘀法所治病证分析［J］．南京中医药大学学报，2012，05：409 - 412.
谈敏华．半夏泻心汤临证应用［J］．实用中医内科杂志，2012，07：70 + 72.
张再良．思考《伤寒论》成书的疾病背景［J］．上海中医药杂志，2012，10：20 - 23.
姚玉婷，严道南．《外诊法》之鼻诊钩玄［J］．陕西中医学院学报，2012，05：27 - 29.
李颖峰，候蕊莲．针刺足三里治疗发热解析［J］．陕西中医学院学报，2012，05：59 - 61.
赵卫华，姬莹，李振宁，彭道强．中医手法为主结合中药治疗腰椎间盘突出症 60 例［J］．陕西中医，2012，10：1363 - 1364.

卢亚萍，彭素娥．苓桂术甘汤临证新用三则［J］．实用中西医结合临床，2012，05：75－76.
曾祥法，梅琼，刘松林．梅国强治疗痿证经验举隅［J］．新中医，2012，09：136－137.
庞伟冰，沈创鹏，张横柳．何志雄教授苓桂术甘汤证医案3则评析［J］．新中医，2012，09：155－156.
曹传东，马海舰，李盈盈．辩“阳八味”不可“益火消阴”论［J］．中医文献杂志，2012，04：23－24.
余洁英，刘小斌，刘成丽，余泱川，陈凯佳．1949年前岭南伤寒发展脉络探讨［J］．中医文献杂志，2012，04：27－29.
亓永祯，王明三．浅析张仲景治疗阴虚证思路［J］．山东中医杂志，2012，09：630－631.
彭素娥，严斌．麻黄附子细辛汤临证新用三则［J］．实用中医内科杂志，2012，14：68＋88.
姬水英，马娟娟，牛菲，周玉丽．小柴胡汤临床应用研究［J］．陕西中医，2012，09：1230－1231.
段妍君．《温病条辨》中“下法”应用初探［J］．光明中医，2012，10：1955－1956.
孙进业．经方治验四则［J］．光明中医，2012，10：2074.
邵晓颖．经方实践验案2则［J］．光明中医，2012，10：2075－2076.
邱丽红，郑文通，林柏洪．骨伤科疾病用经方治验2则［J］．光明中医，2012，10：2077－2078.
毛科明．经方治验追记［J］．光明中医，2012，10：2080.
刘玉良．《伤寒论》辨证论治中量化性语言运用规律探微［J］．中华中医药杂志，2012，10：2506－2508.
谢作钢．冯世纶教授从六经论治男科病经验［J］．中华中医药杂志，2012，10：2571－2573.
吴裕存．试论新安医学学术链［J］．中医药临床杂志，2012，09：813－817
聂云，尚莉丽．《伤寒论》脾约证浅论［J］．中医药临床杂志，2012，09：826－827.
银赟．伤寒小青龙汤之我见［J］．中医药临床杂志，2012，09：828－829.
符健，张丽，郑宏立，王国华．王国华运用麻黄汤的经验［J］．中医药临床杂志，2012，09：834－835.
马光旭，何礼涛．真武汤在泌尿外科的应用［J］．中医药临床杂志，2012，09：892－893.
杨辉舟，董立平．毒邪论——癌毒纵横［J］．光明中医，2012，10：1949－1950.
宋兴．《伤寒论》学术义界辨析（二）［J］．成都中医药大学学报，2012，03：1－5.
杨葛亮，林玩福，杨学．从体质角度辨识桂枝汤证与麻黄汤证［J］．成都中医药大学学报，2012，03：83－85.
盛倩，罗旭昇．试述经方在眼科临证中的应用思路和方法［J］．成都中医药大学学报，2012，03：86－88＋91.
何赛萍．《伤寒论》辨证思想之解析［J］．浙江中医药大学学报，2012，09：965－967.
薛丽姣，崔云，苗青，王书臣．半夏泻心汤治疗慢性咳嗽机理探析［J］．北京中医药，2012，09：684－685.
张聪．旋覆代赭汤辨证加味运用［J］．中医药临床杂志，2012，09：889－890.
吕文龙．HPLC法测定金匮肾气丸中丹皮酚的含量［J］．内蒙古中医药，2012，20：28－29.
李赛美，刘超男，邓烨，王保华．立足临床传承经典——第十一期全国经方临床运用高级研修班述要［J］．中医药通报，2012，05：14－18＋23.
张心莲．中医药治疗支气管哮喘［J］．基层医学论坛，2012，31：4177.
林淑梅．肾气丸在肾阳虚病症治疗中的应用［J］．中国医药指南，2012，23：292－293.
龚金晖，黄宁．附子理中汤治疗皮肤病6例报道［J］．中国现代医生，2012，24：76－78.
张宏瑛．浅谈俞根初对《伤寒论》伤寒阳明证治的发挥［J］．浙江中医杂志，2012，11：793－794.
李荣群，黄少华．《伤寒论》仲景用药加减探微［J］．中华中医药学刊，2012，10：2338－2340.
张运红，黄文彪．从病机角度探讨《伤寒论》的六种治法［J］．中医临床研究，2012，18：51－52.
徐之珍．四逆散加味治验3则［J］．中医临床研究，2012，18：97.
王海申．麻黄细辛附子汤临证应用［J］．中医药通报，2012，05：61－62.
赵泉，李晋宝，赵珂．论张仲景之“因势施治”［J］．中医研究，2012，11：5－6.
周电光．浅谈《伤寒总病论》对温病学的贡献［J］．中国中医药现代远程教育，2012，19：66＋68.
张立山，武维屏．干血与肺间质纤维化［J］．中国中医药信息杂志，2012，12：96－97.

霍华英，汤宇，刘文华．中医对劳倦的认识［J］．中国医药指南，2012，26：605－606.
魏巍．四逆散临床应用举隅［J］．中国民间疗法，2012，10：40－41.
李祥林，范瑞娟，吕增瑞，常薇．乌梅丸在皮肤科的临床应用［J］．中国民间疗法，2012，10：41.
刘兴旺，刘芳琴．小柴胡汤的临床应用体会［J］．中国民间疗法，2012，10：42－43.
李海峰，陈正，周国琪．成无已对《内经》肾脏辨证的发展［J］．中国中医基础医学杂志，2012，10：1055－1056.
赵毅．小柴胡汤治疗肝火犯肺型咳嗽临床观察［J］．吉林中医药，2012，10：1015－1016.
刘淑荣，张晓华．乌梅丸组方特点及治疗胸痹心痛的体会［J］．吉林中医药，2012，10：1050－1051.
梁红叶．酸枣仁汤新用［J］．新疆中医药，2012，05：114－115.
薛吉利，丁红，杜艳，孙川．小柴胡片中柴胡和党参的薄层鉴别［J］．中国药物与临床，2012，11：1445－1446.
秦佳佳，李瑞满，吴倩．不同补肾方法减轻化疗后卵巢功能损害的比较研究［J］．中国病理生理杂志，2012，10：1847－1850.
马星光，马勤，赵岩松，李京忠，郭志玲．中医处方分析方法的研究［J］．中华中医药学刊，2012，10：2306－2309.
林林，刘广桢，尹宁宁．HPLC法测定金匮肾气丸中马钱苷、芍药苷、毛蕊花糖苷和丹皮酚［J］．中成药，2012，11：2137－2140.
张保国，刘庆芳．经方小陷胸汤药理学研究与临床应用［J］．中成药，2012，11：2206－2210.
尚国旗，刘丽敏．木防已汤中石膏之我见［J］．中国民间疗法，2012，10：5.
俞思羽．栝楼瞿麦丸治疗糖尿病理论探讨［J］．黑龙江中医药，2012，04：16－17.
牛锐．《金匮要略》孕育优生学探析［J］．中医药导报，2012，10：9－10.
高亮．《古今录验》续命汤解［J］．中医学报，2012，11：1407－1408.
梁华龙．伤寒论评话第11章升降反作可逆流挽舟，表寒里热应分清离合——表实证兼证的证治［J］．中医学报，2012，11：1409－1412.
武冰，姜元安．“少阳为半表半里”之我见［J］．环球中医药，2012，10：746－747.
周菁荣，唐红，孙秀娟．从气血津液论少阳病［J］．辽宁中医药大学学报，2012，12：104－106.
穆兰澄，高红．学习《伤寒论》中附子安全应用体会［J］．辽宁中医药大学学报，2012，12：107－109.
刘佳义，艾华．对《金匮要略》黄汗的个人体会［J］．辽宁中医药大学学报，2012，12：121－122.
刘杰．浅谈“湿”与妇科疾病［J］．中国民族民间医药，2012，19：10＋12.
孙建明，郝建国，杨振熙，茅佩娟，韩文均，叶玉妹．补肾活血方对特发性少弱精子不育症的精子密度及成活率的影响［J］．辽宁中医杂志，2012，11：2233－2234.
徐艳玲，刘学芬．浅述葛根在《伤寒论》中的应用［J］．内蒙古中医药，2012，20：109.
左振魁，余秋平．麻杏石甘汤证辨识体会与应用［J］．新中医，2012，11：172－173.
寇子祥，陈宝贵，陈慧娲．中医体质学说源流探讨［J］．山西中医，2012，10：1－3.
谷建军，庄乾竹．宋代经学学风对宋金元时期伤寒学术研究的影响［J］．世界中西医结合杂志，2012，10：834－836.
武建设，连建伟．《金匮要略》妇人妊娠病方“药对”配伍规律理论研究［J］．世界中西医结合杂志，2012，10：896－899.
陈婷．《脉经》所引存世医籍考［J］．时珍国医国药，2012，10：2586－2587.
焦锟，徐玲，张国骏．从《伤寒论》探讨问诊在鉴别诊断中的应用［J］．天津中医药，2012，05：452－453.
张俊博，赵建．《伤寒论》不得眠之浅析［J］．中国卫生产业，2012，23：181.
司启秀．六味地黄丸在内科中的运用［J］．中国卫生产业，2012，27：161.
张永艳．脐灸疗法干预阳虚体质人群的疗效观察［J］．针刺研究，2012，05：409－411＋421.
毕学玲，邢海霞，赵岩．泌尿系结石的中医辨证施治［J］．中国乡村医药，2012，13：31.
杨文喆．仲景辨治小便不利浅析［J］．四川中医，2012，11：16－19.

周燕红，王泓午．浅议《金匮要略》“妇人脏躁”［J］．四川中医，2012，11：19－20.

王孝东．汤宗明运用柴胡加龙骨牡蛎汤验案举隅［J］．四川中医，2012，11：117－119.

陈永朴，唐世惠，曾杨勤，陈昊南．理中丸临床举隅［J］．四川中医，2012，11：122－123.

甄真，王健．王健教授巧用柴胡加龙骨牡蛎汤从痰、瘀治疗内科杂症［J］．实用中医内科杂志，2012，16：4－5.

林伟，胡志强．历代医家用茶治疗头痛［J］．实用中医内科杂志，2012，16：12－13.

秦福云．大黄黄连泻心汤的临床应用［J］．内蒙古中医药，2012，17：74.

常钢．酸枣仁汤临床应用体会［J］．内蒙古中医药，2012，19：40－41.

张静华，杨军．大柴胡汤加减治疗内科杂证［J］．实用中医内科杂志，2012，16：71－72.

李增甫．麻黄附子细辛汤临床应用体会［J］．中国卫生产业，2012，22：167.

王宏凯，张丽丽．经方在ICU危重患者胃肠功能障碍中的应用探讨［J］．内蒙古中医药，2012，15：72－73.

徐姗姗，郑丰杰，高原．《伤寒论》课堂教学要素分析［J］．成都中医药大学学报（教育科学版），2012，03：23－24＋30.

李蒙．戴天木教授胃痛验案2则［J］．光明中医，2012，11：2301－2302.

刘晓晖．从《金匮要略》痰饮“当以温药和之”谈四逆汤对痰饮病的治疗［J］．光明中医，2012，11：2178－2179.

鲁纯纵，刘英锋．小柴胡类方古代医案证治经验的系统分析［J］．中华中医药杂志，2012，11：2921－2924.

马思清，谢春毅．瓜蒌薤白三方防治冠心病的研究现状［J］．西部中医药，2012，10：118－120.

徐笋晶，欧名菊，黄家诏．黄家诏教授活用经方经验举隅［J］．广西中医药，2012，05：43－46.

陈萌，张冬梅．《伤寒论》4条存疑原文解析［J］．国医论坛，2012，06：1－3.

姚世英．《伤寒论》渴症初探［J］．国医论坛，2012，06：3－4.

赵林林．《伤寒论》大陷胸汤证之我见［J］．国医论坛，2012，06：5.

秦丽，陈国权．五脏六腑皆令人汗，非独心也——陈国权教授治汗证验案举隅［J］．国医论坛，2012，06：12－14.

李丽．黄疸辨证用药思考［J］．湖北中医杂志，2012，11：37－38.

肖晓芬，闻莉，张志峰．小陷胸汤加味治疗冠心病临证举隅［J］．湖北中医杂志，2012，11：49.

张波，沈敏鹤，阮善明，单飞瑜，徐叶峰．扶正为主，益气温阳为先——沈敏鹤诊治肿瘤的经验探究［J］．浙江中医药大学学报，2012，10：1086－1088.

孟淑辉，刘轲．谈小建中汤临床应用［J］．光明中医，2012，11：2353－2355.

何大群．中医《伤寒论》教学中方证教学的应用［J］．中国医药指南，2012，31：393－394.

李照国，刘瑞强．WHO西太区与世界中医药学会联合会中医名词术语国际标准比较研究：内科疾病（七）（英文）［J］．中西医结合学报，2012，11：1310－1315.

贺娟．谈内经课程的定位与授课方法［J］．中医教育，2012，06：36－38.

张俊强．加味金匮肾气汤治疗老年性便秘的临床疗效分析［J］．求医问药（下半月），2012，09：534－535.

孟帅．《伤寒论》之针灸心扉浅谈［J］．中国城乡企业卫生，2012，06：125－127.

王喆，杨景锋．从《伤寒论》流传探讨中医药古籍整理［J］．陕西中医学院学报，2012，06：19－20.

《删补名医方论》之序［J］．陕西中医学院学报，2012，06：111.

逄冰，刘文科，闫韶花，赵锡艳，彭智平，周强．仝小林教授应用大黄黄连泻心汤验案举隅［J］．新中医，2012，12：171－173.

冯婷婷，魏绍斌，程建华，何秀英．魏绍斌教授从少阳辨治经行感冒经验介绍［J］．新中医，2012，12：178－179.

王海燕，梅国强．梅国强教授运用柴胡陷胸汤辨治经验述要［J］．新中医，2012，12：180－181.

苟军，何明．试论“桂枝汤”“适寒温服一升”的句读［J］．基层医学论坛，2012，34：4590－4591.

鲍艳举，花宝金．“提壶揭盖法”临证体悟［J］．中国中医急症，2012，12：1967－1968.
张书琴．小柴胡汤治验举隅［J］．中国中医急症，2012，12：1972.
周英．真武汤治疗老年病举隅［J］．中国中医急症，2012，12：2051－2052.
姚玉婷，严道南．《外诊法》对《黄帝内经》理论的解读方法撷英［J］．山东中医药大学学报，2012，06：472－473＋476.
陈曦，高蕾，赵和．猪苓汤治疗肝癌癌性腹泻［J］．中国实用医药，2012，32：176－177.
郭祖文，张雅菲，杨学．桂枝汤、麻黄汤方证异同新解［J］．上海中医药杂志，2012，12：19－21.
包芸，魏雨霏．张仲景《伤寒论》护胃养生理论治疗消化性溃疡疗效的临床实践［J］．中华中医药学刊，2012，12：2796－2797.
李美琪，姜建国．四逆散治疗不育不孕症举隅［J］．山东中医杂志，2012，11：832－833.
施彤欣．乌梅丸治疗脾胃病三则［J］．山东中医杂志，2012，11：833－834.
吴玖斌．邱明义教授疑难杂病案二则［J］．四川中医，2012，12：104.
沈元良．伤寒温病之争与寒温统一［J］．中华中医药学刊，2012，11：2382－2384.
陈赐慧，花宝金．“存津液”思想在肿瘤治疗中的应用［J］．中华中医药学刊，2012，11：2421－2422.
忻耀杰，滕磊，高旭青．《经方实验录》辛凉甘润法治疗乳蛾临床发微［J］．上海中医药杂志，2012，11：21－22.
韩斐．百合狐惑病临床诊治举隅［J］．中国医药导报，2012，33：109－110.
郭秀平．六味地黄汤治疗肝病验案3例［J］．山西中医，2012，11：37－38.
王尊状．济生肾气丸临床应用举隅［J］．山西中医，2012，11：40.
陈光星，陈纪藩，林昌松，刘晓玲，关彤，刘清平，刘丽娟．《金匮要略》理论指导下类风湿关节炎诊治的实践与发展［J］．广州中医药大学学报，2012，06：727－729.
朱毅．浅析“血不利则为水”在伤科肿胀治疗中的指导意义［J］．中国中医骨伤科杂志，2012，12：65－66.
周淳．六经辨证治疗腰椎管狭窄症［J］．中医药信息，2012，06：68－69.
魏春，武亿红．基于《金匮要略》温经汤方证相应规律的文献统计分析［J］．中国中医急症，2012，11：1785＋1800.
殷金华，赵业勤．《伤寒论·厥阴病篇》腹诊阐微［J］．中医临床研究，2012，22：46－47.
王立志．厚朴麻黄汤的认识及其临床应用举隅［J］．中国医药指南，2012，31：272－273.
杨敏．芍药甘草汤对大鼠中风后痉挛模型神经递质的影响［J］．中国医药指南，2012，32：450－451.
张涛，杨瑾，张国骏．基于寒温统一论的通脉养心丸方证探讨［J］．吉林中医药，2012，11：1145－1146.
李文涛，张仁义，刘相军．三金片、金匮肾气丸联合抗生素治疗老年慢性前列腺炎临床观察［J］．中国性科学，2012，11：68－70.
何赛萍．图表在《伤寒论》教学中的应用［J］．河南中医，2012，12：1573－1574.
杨军．《伤寒论》教学改革初探［J］．中国民族民间医药，2012，22：24－25.
缑燕华，皮敏，杨卓欣．仲景方治疗“不寐”探析［J］．江西中医药，2012，07：3－5.
侯美英．甘麦大枣汤临床新用［J］．江西中医药，2012，07：23－24.
董峰，李晓．原发性血小板减少性紫癜治验［J］．湖南中医杂志，2012，06：67.
曾凤，罗辉，董立业，都立澜．宋人改动《千金要方》桂类药名考证［J］．北京中医药大学学报，2012，11：732－734.
姚海强，陈明，龚轩，宋延强．《伤寒论》温中益津法探析［J］．河南中医，2012，12：1575－1577.
程保智．《伤寒论》小便异常分析［J］．河南中医，2012，12：1580－1582.
徐勇峰．浅析桂枝汤与小建中汤［J］．河南中医，2012，12：1583－1584.
相鲁闽．程仲龄与《医学心悟》［J］．河南中医，2012，12：1584.
何鸽．小柴胡汤加味治疗胁痛62例［J］．河南中医，2012，12：1596.

刘春梅．崔玉衡应用小柴胡汤治疗产后郁冒验案［J］．河南中医，2012，12：1597.
孙明军，康坦坦．小青龙汤治疗咳嗽变异性哮喘48例［J］．河南中医，2012，12：1599－1600.
王孝东．妙用经方治验3则［J］．河南中医，2012，12：1600.
逄冰，赵锡艳，彭智平，周强．仝小林教授糖尿病合并冠状动脉粥样硬化性心脏病诊治验案1则［J］．环球中医药，2012，11：842－844.
张小勇，赵慧，刘丹彤，吴舒，李涛，陶晓华．《伤寒论》中毒性药物的服法［J］．长春中医药大学学报，2012，06：950－951.
胥晓芳．五苓散治疗风湿病临床应用体会［J］．长春中医药大学学报，2012，06：1101－1102.
陈建芳．经方治疗出血性疾病［J］．长春中医药大学学报，2012，06：1108－1109.
郑君，张昆．橐龠三焦说［J］．长春中医药大学学报，2012，06：1127－1129.
李明霖，高杰．小青龙汤治疗喘证［J］．中医学报，2012，12：1570－1571.
韩五九．心病治肝发微兼谈小柴胡汤加减治疗心绞痛［J］．贵阳中医学院学报，2012，06：75－76.
陈大舜．内科杂病验案选释（一）［J］．湖南中医药大学学报，2012，11：45－46＋51.
鲍艳举，孙婷婷，吕文良，花宝金．六经辨治皮肤病临床体悟［J］．中华中医药杂志，2012，12：3135－3137.
肖君．乌梅丸法在消化系统寒热错杂证运用中的体会——附验案3则［J］．江苏中医药，2012，12：66－67.
张立君，王兰书，武梦琳．从当归生姜羊肉汤看《金匮要略》对中医食疗的贡献［J］．中国民族民间医药，2012，22：79－80.
刘华平，李兆荣．六君子汤合麻子仁汤治疗慢性阻塞性肺疾病合并脾胃病体会［J］．中医学报，2012，12：1560－1561.
邱瑞瑾．《金匮要略》情志病治法浅述［J］．中医学报，2012，12：1571－1572.
梁华龙．伤寒论评话第12章伤寒中风并非泾渭分明，麻黄桂枝或可相兼应用——太阳伤寒和中风的交叉证候［J］．中医学报，2012，12：1565－1567＋1586.
刘少庭，官春，查方勇，徐家明．噎症治疗心得［J］．湖北中医杂志，2012，12：57－58.
许瑞青，曹保利．桂枝茯苓丸的抑瘤作用研究进展［J］．辽宁医学杂志，2012，06：302－304.
高永举，杨杏，杨森，蒲兴华，高如宏．生脉饮与“复脉辈”［J］．河南中医，2012，12：1578－1580.
周腊梅，陶娟．桂枝芍药知母汤方药分析［J］．长春中医药大学学报，2012，06：1100－1101.
赵云芳，臧海洋，李晓冰．当归芍药散应用规律探析［J］．中医学报，2012，12：1568－1569.
何新慧，周毅萍，孔祥亮．TBL在《伤寒论》本科教育中的优势［J］．上海中医药大学学报，2012，06：12－13.
宋兴．《伤寒论》学术义界辨析（三）［J］．成都中医药大学学报，2012，04：1－4.
何威华，吴显文．《伤寒论》中“下利”病因及治法探析［J］．安徽中医学院学报，2012，06：1－2.
赵锡艳，王松，周强，彭智平，逄冰．仝小林教授应用葛根芩连汤治疗2型糖尿病辨治思路［J］．环球中医药，2012，12：918－920.
姜元安，张清苓．《伤寒论》“六经”之名实［J］．环球中医药，2012，12：932－935.
华鹂鹂，傅强，杜超．阳明腑实证的中西医结合研究进展［J］．黑龙江中医药，2012，05：52－53.
吴红洁．总结王雪华教授中医治疗湿疹的经验［J］．中国美容医学，2012，10：245.
张若亭，许仕海，张星星，陆翔．新安医家戴葆元著作考［J］．安徽中医学院学报，2012，06：11－13.
林永廉．PBL运用于《金匮要略》教学的利与弊［J］．中国中医药现代远程教育，2012，22：49－50.
李晓冰，谢忠礼，赵云芳．《金匮要略》课程教学改革的思考［J］．中国中医药现代远程教育，2012，23：69－70.
徐立思，孔祥亮，何新慧．《伤寒论》疾病自愈机制与临床征兆［J］．上海中医药大学学报，2012，06：27－29.
郭秀平．小柴胡汤验案举隅［J］．山西中医学院学报，2012，05：55－57.

岳妍，孟晓辉，高广龙．伤寒营卫之营与温病营血之营辨析［J］．天津中医药，2012，06：562 -563.

孔红英，张沁园．浅析桂枝汤治疗不寐［J］．山东中医杂志，2012，12：909 -910.

王炳君．《伤寒论》针刺期门浅析（2）［J］．求医问药（下半月），2012，10：276.

李亚楠．浅议脾约与麻子仁丸［J］．中国现代药物应用，2012，23：75.

朱佐琼．金匮肾气丸配合推拿治疗小儿遗尿30例［J］．云南中医中药杂志，2012，11：86.

秦玉珍．麻黄汤加味治疗肩周炎验案2则［J］．中国中医药现代远程教育，2012，23：86.

郭瑨，贾春华．“观其脉证，知犯何逆，随证治之”进程中的信念修正［J］．世界科学技术（中医药现代化），2012，05：2105 -2108.

顾翔华，艾茜，陆乾人．加减瓜蒌薤白半夏汤治疗冠心病的不良反应2例［J］．陕西中医，2012，12：1673 -1674.

谢晓燕．知母百合药对的化学成分分析［J］．中国中医药现代远程教育，2012，23：112 -113.

付修文．《金匮要略》黑疸的案例教学探索研究［J］．继续医学教育，2012，11：33 -35.

赵永烈，王玉来，王谦．《伤寒论》辨治六经头痛分析［J］．中医文献杂志，2012，05：30 -32.

苏仁星，黄钻研．旋覆代赭汤证运用体会［J］．江西中医药，2012，08：31.

李滨，李贾航，施璐，田明，宁媛，辛莹．猪苓汤临床应用综述［J］．黑龙江中医药，2012，06：56 -57.

张小勇，李祯，刘丹彤，吴舒，李涛，陶晓华．浅谈《伤寒论》中毒性药物的方药剂型［J］．江西中医药，2012，09：12 -14.

张敏．浅谈《伤寒论》《金匮要略》经方治疗消渴病及其并发症的疗效［J］．求医问药（下半月），2012，12：356 -358.

钱占红，韩雪梅，麻春杰，任常胜，张明锐，荣宝山，白雅雯．建立中医临床基础学科病案数据库的研究与思考［J］．内蒙古医学院学报，2012，S3：545 -547.

荣宝山，钱占红．加强条文注释及配合经典病案在《金匮要略》教学中的体会［J］．内蒙古医学院学报，2012，S3：662 -664.

赵敏，史云菊．胡希恕痹证六经辨证经验［J］．风湿病与关节炎，2012，03：60 +73.

刘健，万磊．华佗《中藏经》痹证理论的临床与实验依据［J］．风湿病与关节炎，2012，05：36 -41.

黄仰模，黄奕蕾，刘丽娟．用《金匮要略》理论指导退行性关节炎治疗［J］．风湿病与关节炎，2012，05：42 -44.

张颖，曹玉璋，房定亚．房定亚教授学术思想——病证结合，辨病为主［J］．风湿病与关节炎，2012，04：42 -45.

李兆福，狄朋桃，刘维超，彭江云，吴洋．吴生元教授辨治骨关节炎的经验［J］．风湿病与关节炎，2012，02：76 -78.

陈宏，尹钢，魏冬梅．浅谈《金匮要略》方治疗发热性疾病的思路与体会［J］．江西中医药，2012，11：3 -4.

赵林林．《伤寒论》大陷胸汤证之我见［J］．江西中医药，2012，11：5.

曾瑞才，李云辉．张国骏运用小柴胡汤临证经验［J］．江西中医药，2012，11：18 -19.

程素利，李岩，蔡志敏，焦召华，陈爽．泻心汤类方之浅识［J］．江西中医药，2012，11：15 -16.

王俊霞．“ 病”与桂枝茯苓丸的应用［J］．河南中医，2012，05：552.

梁华龙 LiangHualong. 第11章升降反作可逆流挽舟，表寒里热应分清离合———表实证兼证的证治［J］．中医学报，2012，11：1409 -1412.

刘华平，李兆荣．六君子汤合麻子仁汤治疗慢性阻塞性肺疾病合并脾胃病体会［J］．中医学报，2012，12：1560 -1561.

梁华龙．伤寒论评话［J］．中医学报，2012，12：1565 -1566 -1567 +1586.

赵云芳，臧海洋，李晓冰．当归芍药散应用规律探析［J］．中医学报，2012，12：1568 -1569.

李明霖，高杰．小青龙汤治疗喘证［J］．中医学报，2012，12：1570 -1571.

邱瑞瑾．《金匮要略》情志病治法浅述［J］．中医学报，2012，12：1571 -1572.

胡希恕名家研究室冯世纶．须用经方理论解读《伤寒论》（上）［N］．中国中医药报，2012－01－04004.

胡希恕名家研究室冯世纶．须用经方理论解读《伤寒论》（下）［N］．中国中医药报，2012－01－05004.

山西省晋中市第三人民医院张英栋．银屑病治疗之广汗法与八法［N］．中国中医药报，2012－01－18004.

山东省淄博市中心医院王强．《伤寒论》之“寒”不可作“邪”解［N］．中国中医药报，2012－01－19004.

山西省晋中市第三人民医院张英栋．三阳易治三阴难［N］．中国中医药报，2012－02－06004.

南京中医药大学教授黄煌．中医治疗应重视经方的使用［N］．健康报，2012－02－08005.

吉林省伊通县赵文举中医诊所赵文举．温补肾气第一方［N］．中国中医药报，2012－02－02004.

赵岑．“活取熊胆”之争，需要超越“口水仗”［N］．新华每日电讯，2012－02－28003.

陈斐然．质疑旧说于细微处寻突破［N］．中国中医药报，2012－02－23003.

湖北中医药大学李今庸．对《伤寒论讲义》的几点看法（上）［N］．中国中医药报，2012－02－08004.

湖北中医药大学李今庸．对《伤寒论讲义》的几点看法（中）［N］．中国中医药报，2012－02－09004.

湖北中医药大学李今庸．对《伤寒论讲义》的几点看法（下）［N］．中国中医药报，2012－02－10004.

北京市中西医结合医院王宁元．脉象浅识［N］．中国中医药报，2012－03－02004.

山西省太原市杏花岭中医医院田合禄．六经病欲解时：仲景创作《伤寒论》之大纲（上）［N］．中国中医药报，2012－03－05004.

陈铮．本草文献，一座尚待开启的宝库［N］．中国医药报，2012－02－13008.

山西省太原市杏花岭中医医院田合禄．六经病欲解时：仲景创作《伤寒论》之大纲（下）［N］．中国中医药报，2012－03－07004.

浙江省温州市卫生干校娄绍昆．寻找经方医学的生长点（上）［N］．中国中医药报，2012－03－12004.

浙江省温州市卫生干校娄绍昆．寻找经方医学的生长点（中）［N］．中国中医药报，2012－03－14004.

浙江省温州市卫生干校娄绍昆．寻找经方医学的生长点（下）［N］．中国中医药报，2012－03－15004.

山西省盂县人民医院主任医师马垂宪．中医应在危重疑难病上有所建树［N］．健康报，2012－04－18005.

山西中医学院附属医院高建忠．话说小柴胡汤［N］．中国中医药报，2012－05－04004.

河南驻马店市中医院刘天骥．学中医一定要下真功夫［N］．中国中医药报，2012－06－11003.

北京中医医院针灸科孙敬青．《伤寒论》中保胃气原则的应用［N］．中国中医药报，2012－05－24004.

安徽中医学院范仁忠．通里攻下法的临床应用［N］．中国中医药报，2012－05－25004.

山西中医学院中西医结合医院张英栋．“微汗”的通俗理解［N］．中国中医药报，2012－06－11004.

山西中医学院中西医结合医院张英栋．汗不可劫［N］．中国中医药报，2012－05－17004.

武洁．别把“中医复兴”变成“复辟”［N］．医药经济报，2012－06－27002.

胡金聚郭果．打造仲景品牌和宜生南阳［N］．中国中医药报，2012－06－07002.

陕西省中医药研究院洪文旭．钱塘医派张锡驹考略［N］．中国中医药报，2012－06－04008.

山西中医学院中西医结合医院张英栋．“忌发汗”与“非得汗不解”［N］．中国中医药报，2012－07－09004.

山东中医药大学姚文轩．能救命就是好办法［N］．健康报，2012－07－04005.

胡希恕名家研究室冯世纶．经方解表识未了（上）［N］．中国中医药报，2012－06－14004.
整理赵天才．温阳降浊汤［N］．中国中医药报，2012－06－14004.
胡希恕名家研究室冯世纶．经方解表识未了（下）［N］．中国中医药报，2012－06－15004.
湖南省新邵县中医医院刘绪银．小柴胡汤加减治疗咳嗽［N］．中国中医药报，2012－07－06004.
四川古蔺县观文镇梅松政诊所梅松政．社区中医应推行用经方［N］．中国中医药报，2012－06－20003.
吴文超．遵循中医药发展规律充分利用人类文明成果［N］．中国中医药报，2012－07－19003.
山东中医药大学附属医院尹常健．论中医八大关系（下）［N］．中国中医药报，2012－07－27003.
山西中医学院附属医院高建忠．小柴胡汤治疗热入血室［N］．中国中医药报，2012－07－27004.
北京中医药大学聂惠民．《伤寒论》的理论核心与实用价值（上）［N］．中国中医药报，2012－08－08004.
北京中医药大学聂惠民．《伤寒论》的理论核心与实用价值（下）［N］．中国中医药报，2012－08－09004.
湖北蕲春李时珍文化研究会周彭．伟哉夫子，将随民族生命永生［N］．中国中医药报，2012－08－03008.
王海亭．三种情况要慎用甘草［N］．中国中医药报，2012－08－09005.
山西省太原市杏花岭中医医院田合禄．从运气角度解析六经病欲解时（上）［N］．中国中医药报，2012－08－20004.
河北省高碑店市同安堂诊所安永廷．再谈附子用量［N］．中国中医药报，2012－08－20004.
李今垣．继承家学一专多能［N］．中国中医药报，2012－10－15004.
杨敬科通讯员郭海霞．甘肃古代、近代、现代名中医及中医世家集萃［N］．中国中医药报，2012－06－27008.
安徽中医学院范仁忠．肃肺降逆法的历史演进［N］．中国中医药报，2012－06－27004.
山西省太原市杏花岭中医医院田合禄．从运气角度解析六经病欲解时（下）［N］．中国中医药报，2012－08－22004.
山西省太原市杏花岭中医医院田合禄．用五运六气解读少阳病［N］．中国中医药报，2012－08－24004.
黄煌．小柴胡汤加连翘治胰腺癌呕吐腹痛［N］．中国中医药报，2012－08－24004.
山西中医学院中西医结合医院张英栋．谈谈《伤寒论》“欲解时”［N］．中国中医药报，2012－09－17004.
高允旺．辛散通便治脑瘤［N］．中国中医药报，2012－10－10004.
上海中医药大学中医文献研究所谭春雨．上知天文下知地理中知人事（上）［N］．中国中医药报，2012－10－18004.
山西中医学院附属医院高建忠．理中丸是太阴病的主方吗［N］．中国中医药报，2012－10－17004.
整理王衍华．疏肝通淋排石汤［N］．中国中医药报，2012－10－18004.
上海第二军医大学中医系郭祖文．风寒与营卫［N］．上海中医药报，2012－09－14007.
山西中医学院附属医院高建忠．理中丸治疗霍乱［N］．中国中医药报，2012－10－26004.
山西中医学院中西医结合医院张英栋．《伤寒论》“汗出……不能发黄”的启示［N］．中国中医药报，2012－11－05004.
山西中医学院中西医结合医院张英栋．珍惜“发热”［N］．中国中医药报，2012－11－14004.
山西省太原市杏花岭中医医院田合禄．从发生学论人之三本及治病二统［N］．中国中医药报，2012－11－15004.
山西中医学院附属医院高建忠．理中汤与桂枝人参汤［N］．中国中医药报，2012－11－21004.
北京中医药大学教授罗大伦．人参：大补元气数第一［N］．大众卫生报，2012－09－18010.
蒋廷玉张宁．加强中医经方研发迫在眉睫［N］．中国医药报，2012－11－22008.
山西中医学院中西医结合医院张英栋．秋宜下与病宜汗［N］．中国中医药报，2012－12－07004.

山西中医学院中西医结合医院张英栋．《伤寒论》273 条“自利益甚”析义［N］．中国中医药报，2012－11－12004.

山西中医学院中西医结合医院张英栋．《伤寒论》53 条“荣卫和则愈”多版本分析［N］．中国中医药报，2012－12－28004.

北京中医药大学马家驹谷晓红．温病学临床价值不容忽视［N］．中国中医药报，2012－12－31004.

山西中医学院中西医结合医院张英栋．“阳气内蒸而不骤泄”与“微似有汗”［N］．中国中医药报，2012－12－31004.

第二军医大学中医系学员队何昕煜．柴胡类方［N］．上海中医药报，2012－11－09002.

黑龙江中医药大学程宝书．猪苓［N］．中国中医药报，2012－10－29005.

广西柳州市中医院王三虎．重病康复学习仲景用粳米［N］．中国中医药报，2012－11－29004.

闫军堂，刘晓倩，王雪茜，马小娜，刘敏．王庆国谈经方运用的五项原则［J］．中医杂志，2013，01：69－71.

金丽．象思维方法对中医理论与实践发展的意义［J］．中医杂志，2013，01：81－83.

于峥，魏民，黄晓华，刘从明．陆懋修学术思想探究［J］．中医杂志，2013，01：85－86.

张爱民，沈创鹏，胡正刚，张横柳．岭南伤寒名家陈庆保《伤寒类篇》学术思想概略［J］．辽宁中医药大学学报，2013，01：118－120.

孔祥亮，吴中平，何新慧．“一体两翼”讲《伤寒》［J］．河南中医，2013，01：1－3.

罗桂青，李磊．《伤寒论》六经辨证体系与《周易》哲学思想的理论渊源［J］．河南中医，2013，01：4－6.

程传浩．宋以前诸家伤寒学术思想考辨［J］．河南中医，2013，01：11－13.

苗小玲．王付论学用小青龙汤的基本功［J］．河南中医，2013，01：20－21

温蕊瑜．当归芍药散在内科杂病中的治疗运用［J］．河南中医，2013，01：22－24.

梁华龙．伤寒论评话第 13 章白虎汤类证未必大汗桂枝汤去桂缘于阴虚———失治误治变证百出观其脉证随证治之［J］．中医学报，2013，01：30－33.

孙治安，李相中．经方治疗荨麻疹浅见［J］．中医学报，2013，01：35－36

薛瑜峰，薛佳茜．叶天士学术思想的继承与创新［J］．中医学报，2013，01：58－59.

陆进辉，孙繁雨．瓜蒌薤白半夏汤的临床应用［J］．河南中医，2013，01：25－30.

毛伟，齐凤军．浅谈“中阴溜府，中阳溜经”［J］．湖北中医杂志，2013，01：34－35.

宫成军．《伤寒论》喘证辨治探微［J］．中华中医药杂志，2013，01：47－49.

万文蓉．张仲景小柴胡汤临床运用发微［J］．中华中医药杂志，2013，01：124－127.

刘维，吴晶金．从《金匮要略》阴阳毒辨治系统性红斑狼疮［J］．中华中医药杂志，2013，01：185－187.

姚军孝，王玉萍，沈世林，何岳珍，李海，苏小军，李立．滋补肾精方对肾精不足证小鼠 Leptin、Ob－R 和 NPY 表达的影响［J］．中华中医药杂志，2013，01：253－255.

谭颖颖，辛宝．小青龙汤病位辨析［J］．陕西中医，2013，01：48－49.

肖敏，方明，艾儒棣．艾儒棣教授治疗狼疮性肾病脾肾阳虚证经验浅析［J］．陕西中医，2013，01：56－57.

华华，杨长炳．关于《伤寒论》“但见一证便是”之思考［J］．中国中医药信息杂志，2013，01：96.

张永强．狐惑病探微［J］．新中医，2013，01：170－172.

黄国庆，邱笑琼．运用地黄丸类方治疗糖尿病浅谈［J］．新中医，2013，01：180－181.

陈敏，王怡，彭煜．彭培初教授运用寒热并用法经验介绍［J］．新中医，2013，01：182－183.

吴彦麒，李赛美．李赛美教授辨治甲状腺机能亢进症经验举要［J］．新中医，2013，01：186－189.

戴克敏．姜春华运用芍药甘草汤的经验［J］．山西中医，2013，01：4－5.

时信，张景风．麦门冬汤临床验案二则［J］．现代中医药，2013，01：27.

查日煌，徐一平，张频．中药内服结合氢醌霜治疗黄褐斑疗效观察［J］．现代中医药，2013，01：33－35.

吴起浩，曾维铨，杨灏．真武汤治疗外伤后脑震荡验案［J］．现代中医药，2013，01：40－41.

田丙坤，苗彦霞．唐以前带下病症文献整理研究［J］．现代中医药，2013，01：66－69.

文颖娟，杨景锋．《伤寒杂病论》消渴文献研究［J］．现代中医药，2013，01：70－71.

刘贯龙，高洪春．试述《伤寒杂病论》论治心悸的脏腑辨证［J］．现代中医药，2013，01：72－73.

付艾妮．宋代中医古籍整理研究的特点［J］．中华医学图书情报杂志，2013，01：54－56.

解灵江．从伤寒论谈临床病与证［J］．中国社区医师（医学专业），2013，02：182.

谢木军，谢作权．桂枝加厚朴杏子汤治疗慢性咳嗽278例［J］．实用中医药杂志，2013，01：14.

王海军，李郑生．李振华外感热病学术思想及临证经验探讨［J］．中华中医药学刊，2013，01：62－64.

周强，逄冰，彭智平，赵锡艳．仝小林教授应用大剂量葛根芩连汤治疗直肠炎经验［J］．中国中医急症，2013，01：55－56.

郑耿东．从蓄血发黄论论述茵陈蒿汤的君臣佐使［J］．中国中医急症，2013，01：80－81.

谢奇．六味地黄丸在2型糖尿病治疗中的作用与研究［J］．中医临床研究，2013，01：116－118.

陶乐维，陆灏．基于骨骼－胰岛轴探讨肾主骨与从肾论治糖尿病的内在联系［J］．四川中医，2013，01：27－29.

吴义俊．《四圣心源》治疗消渴的辨治特点探微［J］．江苏中医药，2013，01：7－8.

高立珍，孟彪，赵和平．赵和平从肝论治疑难杂症经验［J］．江苏中医药，2013，01：21－22.

张振宇．大剂量四逆汤临床治验3则［J］．江苏中医药，2013，01：49－50.

马明越．《金匮要略》虚劳病篇4条之脉证机理探讨［J］．江苏中医药，2013，01：68－69.

李巨奇，张横柳，沈创鹏，张毅之．何志雄教授应用麻杏甘石汤医案评析［J］．中国民族民间医药，2013，01：87－88.

李妍，杨燕云，张振秋，谢剑琳，王美．白芍－甘草药对不同配伍比例提取物中有效成分溶出规律的研究［J］．中草药，2013，03：291－295.

邵世才，张丽君．《伤寒杂病论》汗证浅析［J］．环球中医药，2013，01：35－37.

冯兴志．黄元御对《伤寒论》重视胃气思想的继承和发展［J］．浙江中医药大学学报，2013，01：13－14.

陈烨文，陈一江．张仲景辨治“下利”证浅析［J］．浙江中医药大学学报，2013，01：15－17.

宋荣台，赵吉山，张彦如，孟鑫．桂枝加葛根汤临证新悟［J］．山东中医杂志，2013，01：62－63.

何乃峰，陈宪海，林霞．小柴胡汤治疗气郁发热验案二则［J］．山东中医杂志，2013，01：66－67.

盛生宽，盛全成．柴胡桂枝汤治疗慢性胆囊炎体会［J］．上海中医药杂志，2013，01：58.

张芳．“治未病”起源与发展［J］．实用中医内科杂志，2013，01：6－8.

雷婕，韩宁．四逆散临证应用体会［J］．山东中医杂志，2013，01：28－29.

张桂梅．浅析《伤寒论》中方证应用的临床体会［J］．中国现代药物应用，2013，01：77.

任东亮，任贤亮，杨楠，任寿山．胸痹从补肾活血论治［J］．内蒙古中医药，2013，01：42－43.

周爱玲．刍议桔梗汤在喉科病中的临床运用［J］．内蒙古中医药，2013，01：44－45.

樊讯．浅谈《伤寒论》的常见服药法［J］．求医问药（下半月），2013，01：93.

白蓝郦，刘莉，刘渊．炙甘草汤对心血管系统作用的研究进展［J］．内蒙古中医药，2013，01：126－127

王毅荣．病毒性肝炎疫情异常对六淫响应研究［J］．现代中西医结合杂志，2013，18：1942－1944＋1959.

闫军堂，刘晓倩，马小娜，王利敏，梁永宣，王庆国．刘渡舟教授经方运用学术思想探析［J］．中医药学报，2013，03：1－5.

郁保生，石晓理，张国山，吕瑶．仲景辨治水湿痰饮病的方证探析［J］．中医药学报，2013，03：5－9.

汤川安．运用《伤寒论》解表法治验3则［J］．中医药学报，2013，03：162－163.

张保国，刘庆芳．竹叶石膏汤临床新用［J］．中成药，2013，06：1296－1299.

陈文英，赵旭辉．中西医结合治疗未破裂卵泡黄素化综合征［J］．内蒙古中医药，2013，17：21.

董野，鞠宝兆，郭晓东．论《金匮要略》皮水［J］．辽宁中医杂志，2013，06：1109－1112.

韩振启．金匮肾气丸加减治疗糖尿病肾病Ⅳ期84例报告［J］．中医药临床杂志，2013，06：524.

宋素花．中医七年制学生中医复杂性辩证思维培养的思考［J］．中国中医药现代远程教育，2013，13：99－100.

周英．谈中西医结合专业《伤寒论》以提高临床技能的体会［J］．中国中医药现代远程教育，2013，13：96－97.

李赛美．基于案例版《伤寒论》的自主学习方法尝试与思考［J］．中国中医药现代远程教育，2013，13：102－103＋106.

赵东丽．论宋代格物致知与成无己的“析字解经”［J］．中国中医基础医学杂志，2013，06：608－609.

毛帅，张敏州．临床应用大柴胡汤治疗腹腔间室综合征的体会和思考［J］．中国中西医结合杂志，2013，06：845－846.

杨斌锋，王克穷．王克穷主任应用桃核承气汤临床经验［J］．现代中医药，2013，04：3－4.

李焱，吴彤，宗文静．薛一涛教授治疗冠心病验案举隅［J］．中国中医急症，2013，07：1249－1251.

陈成博，陈舒，张胜．抵当汤加味治疗慢性前列腺炎45例临床观察［J］．浙江中医杂志，2013，07：505.

李青．浅谈《金匮要略》温中法的应用［J］．浙江中医杂志，2013，06：452.

张威，赵庆春，史国兵．黄芪桂枝五物汤治疗神经痛的研究进展［J］．中华中医药学刊，2013，07：1564－1566.

孙小添．寒邪与疼痛［J］．中国中医基础医学杂志，2013，06：615－616.

李景巍．补中益气丸合金匮肾气丸防治慢性支气管炎86例观察［J］．实用中医药杂志，2013，06：428－429.

綦秀丽．桂枝龙骨牡蛎汤临床运用体会［J］．中西医结合研究，2013，03：158－159.

于惠青，于俊生．对《金匮要略》薯蓣丸方证的理解［J］．中国中医基础医学杂志，2013，07：817－818.

程京艳，王敬秀．古今中药方剂用药之比较［J］．中国药房，2013，23：2206－2208.

杨元宵，李守业，陈宜涛，李昌煜．从能量代谢角度探讨附子肉桂在肾气丸补肾阳中的作用［J］．浙江中医杂志，2013，07：482－483.

李君，陈永灿．吴茱萸汤临床及实验研究进展［J］．浙江中医杂志，2013，07：537－539.

张青林．浅析中药配方颗粒在医院的应用前景［J］．基层医学论坛，2013，19：2539－2540.

姜帅，彭万年．彭万年应用麻黄细辛附子汤验案三则［J］．辽宁中医杂志，2013，07：1463－1464.

高峥．黄连阿胶汤在精神科的应用概况［J］．湖南中医杂志，2013，06：151－152.

梁华龙．伤寒论评话第19章汗下留邪动膈扰神变通应用栀子豉汤——栀子豉汤类证的辨治［J］．中医学报，2013，07：949－951.

刘静生，庞国明，刘静宇．研岐黄广承先贤，习金匮衷中参西——名老中医刘学勤学术思想探讨［J］．中医学报，2013，07：964－966.

丁站新，宋雅芳，刘友章．肝脾相关理论的经典溯源［J］．辽宁中医杂志，2013，07：1344－1346.

张万祥，丁沛．《金匮要略》呕吐病治法析要［J］．中医药导报，2013，06：111－112.

洪郭驹．五苓散组方及化用［J］．河南中医，2013，07：1009－1012.

晏菁遥，关彤．《金匮要略》论治妇人情志病刍议［J］．河南中医，2013，07：1012－1013.

杨星哲．略论经方的整体观［J］．湖南中医杂志，2013，06：3－5.

白钰，陈永灿．理中丸临床应用概况［J］．江苏中医药，2013，07：75－77.

王亚茹．葛根芩连汤研究进展［J］．黑龙江医药，2013，03：473－475.

马世新，白春梅．浅析《伤寒论》护阴规律［J］．陕西中医学院学报，2013，04：23－24.

何莉娜．试论“叶天士育阴熄风，平肝潜阳之法源于仲景”［J］．四川中医，2013，06：40－41.

林军．藤平健并病论的学术背景［J］．世界中西医结合杂志，2013，06：627－629.

王俊花．中医治疗小儿腹泻176例临床研究［J］．实用医技杂志，2013，06：673－674.
老膺荣，唐泽彦，蒋俊民，顾植山．学习顾植山“辨象－辨时－握机”运用乌梅丸体会［J］．新中医，2013，07：196－198.
张妙兴，盖沂超，丘健新．苓桂术甘汤加减治疗痰热证验案1则［J］．新中医，2013，07：214.
代民涛，柴可夫，李秀月．《金匮要略》桂枝汤类方治虚劳刍议［J］．内蒙古中医药，2013，23：129.
李建军．李来祥主任医师运用经方治疗肾性水肿的经验［J］．内蒙古中医药，2013，20：21.
李婷，袁红霞．酸枣仁汤中酸枣仁用量探究［J］．山东中医杂志，2013，07：505－506.
郭强中．“控水论”在鼻部炎症性疾病中的应用［J］．新中医，2013，07：7－9.
刘飒，许前磊，谢世平，谢忠礼，武兴伟，吕顺武．从少阴病探讨阴阳消长理论应用［J］．时珍国医国药，2013，06：1427－1428.
黄伟毅．从《伤寒杂病论》浅谈不寐的病因病机及证治［J］．求医问药（下半月），2013，07：136－137.
邱时，孙晖，张爱华，王喜军．茵陈蒿汤的研究现状与展望［J］．世界中西医结合杂志，2013，06：633－637.
曾毅龙．从仲景原文探析太阴发热的证治［J］．成都中医药大学学报，2013，02：87－88.
史锁芳．运用地黄丸类方治疗慢性咳喘体会［J］．中华中医药杂志，2013，07：2169－2172.
丁站新，宋雅芳，刘友章．肝脾相关理论的阐发探微［J］．福建中医药，2013，03：3－5.
杜亚君，刘恩顺．《金匮要略》“寸口脉沉而迟，关上小紧数”脉形解［J］．光明中医，2013，06：1097－1098.
刘潇，韦艾凌．伤寒论温肝法临床运用拮菁［J］．光明中医，2013，06：1099－1100.
陶春晖．浅析《伤寒论》中祛邪思想［J］．光明中医，2013，06：1101－1102.
韩娟，高永翔，雷鸣，李雪萍，胡静，马雅茹．小柴胡汤加赤芍治疗黄疸与肝硬化各1例［J］．光明中医，2013，06：1241－1242.
蓝燕红．廖世煌教授运用调肝理脾法治疗内科杂病经验举隅［J］．广西中医药，2013，03：44－45.
张振强，高卫平，姚海强．从《伤寒论》芍药的剂量层次探讨其运用及配伍规律［J］．中华中医药杂志，2013，07：1960－1962.
李晶，张华东，王振兴，黄倜，王梓淞，刘颖．从《金匮要略·中风历节病脉证并治》论痹病发病机制［J］．北京中医药，2013，06：448－449.
张前，王长虹，马越鸣，王峥涛．三黄泻心汤及附子泻心汤制备方法研究进展［J］．国际药学研究杂志，2013，03：295－298＋303.
张蕙，张荣春，倪诚．地黄类中成药临床应用辨析［J］．中华中医药杂志，2013，07：2178－2181.
路军章，张蕾．桂附地黄丸与金匮肾气丸临床应用探讨［J］．中华中医药杂志，2013，07：2194－2197.
余翔．古代名医运用桂枝汤概况［J］．光明中医，2013，06：1276－1278.
向仿君，胡陵静．小柴胡汤在急症治疗中的应用［J］．中国中医急症，2013，08：1430－1431.
李维林，刘维．再论仲景“存津液”思想［J］．吉林中医药，2013，06：541－542.
金东明．《伤寒论》辨证论治、提纲内容探究［J］．吉林中医药，2013，06：636－637.
张宏瑛．俞根初对伤寒少阳病的特色论治［J］．浙江中医杂志，2013，08：550－551.
洪永敦，李敬武．岭南地区高血压病中医用药规律的文献分析［J］．中药新药与临床药理，2013，04：429－432.
张莉．黄芪桂枝五物汤治疗肢体经络病运用体会［J］．中国民间疗法，2013，08：37－38.
杜鑫，王舒．“肝病实脾”在针刺治疗原发性高血压病中的应用［J］．中医杂志，2013，17：1469－1471.
申子龙，庞博，宫晴，张亚欣，贾冕，赵进喜，王世东．《伤寒论》四逆散证析疑［J］．中医杂志，2013，17：1524－1526.
谭婕，陈斌．黄芪桂枝五物汤配合穴位注射治疗神经根型颈椎病30例［J］．中国中医骨伤科杂志，

2013，08：46.

张晓艳，马文辉．浅谈“三部六病”之合病并病证治［J］．中国中医药现代远程教育，2013，15：1－2.

朱伟旗．金匮肾气丸治疗Ⅱ型糖尿病并发高脂血症18例［J］．中国中医药现代远程教育，2013，15：96－97.

张保国，刘庆芳．当归四逆加吴茱萸生姜汤药理研究与临床应用［J］．中成药，2013，08：1745－1747.

孙冉．麻黄附子细辛汤治疗重症顽疾疗效观察［J］．中国现代药物应用，2013，15：114－115.

张铁峰．《伤寒论》原方治验3则［J］．中医研究，2013，07：62－63.

章伟明，李赛美．糖尿病合并抑郁症的中医六经辨证探讨［J］．中医杂志，2013，16：1370－1373.

吴国正．《金匮要略》乌头类方剂的分析与应用［J］．中国医药指南，2013，17：291－292.

武开放，杨幼新．胡希恕先生独特的六经辨证体系［J］．吉林中医药，2013，07：665－667.

王金凤，王芳芳，韩华，孙永波，康嗣慧，李锐．古代医家对产后身痛的认识述要［J］．中医药信息，2013，04：8－10.

薛蕾，袁金声．袁金声教授用吴茱萸汤治疗肝寒头痛1例［J］．中医药信息，2013，04：78－80.

袁野，王良．仲景方中通草的正品研究［J］．吉林中医药，2013，06：618－619.

辛小红，范雪梅．《金匮要略》侯氏黑散之我见［J］．吉林中医药，2013，07：723－725.

孟庆波，尹怡欣，杨国平，张德政．伤寒论“药效－证型”分析数据包络分析（DEA）量化建模“词计算”方法研究［J］．中国药学杂志，2013，13：1131－1136.

贾志明．几种患者的饮食护理［J］．中国医药指南，2013，17：321.

高昆．书评健康探秘医患得益［J］．辽宁中医杂志，2013，08：1519.

杜庆寿．当归芍药散临床运用体悟［J］．大家健康（学术版），2013，11：181－182.

张继峰，周学鲁，袁小强．桂枝汤加减治疗术后盗汗80例的临床观察［J］．吉林医学，2013，21：4280－4281.

邓元龙．真武汤加减治疗慢性肾功能衰竭36例［J］．河南中医，2013，08：1218－1219.

曹姗，马晓峰．从《金匮要略》“脉浮”看仲景之脉诊［J］．辽宁中医药大学学报，2013，08：171－172.

胡小利，陈绩锐，王建巍，史宏，艾军．谈对张仲景论胸痹证治的认识［J］．中国民族民间医药，2013，11：20＋22.

周英．四逆散治疗男性乳腺增生验案［J］．中国民族民间医药，2013，11：125.

梁华龙．伤寒论评话第20章肾虚水泛有新久表里辨治分先后——肾虚水泛证治及表里先后治疗原则［J］．中医学报，2013，08：1127－1130.

杨亚勤，孙冰，李闯，韩伟．穴位注射加金匮肾气丸治疗老年支气管哮喘疗效分析［J］．实用药物与临床，2013，07：631－633.

徐琴，何泽云，张爽爽，曾海飞，郭志强，冯立．大黄黄连泻心汤治疗肾脏疾验案2则［J］．湖南中医杂志，2013，07：92－93.

傅延龄，宋佳，张林．论张仲景对方药的计量只能用东汉官制［J］．北京中医药大学学报，2013，06：365－369.

袁开惠，陈慧娟，孙文钟．中医古籍词语考释三则［J］．北京中医药大学学报，2013，06：380－382＋397.

李明，丁艳亭，王新佩．仲景心胃相关思想探讨［J］．河南中医，2013，08：1197－1198.

赵平．大黄附子汤保留灌肠对慢性肾衰竭患者生存质量影响的研究［J］．中国中西医结合肾病杂志，2013，06：535－536.

戴璐，武士锋，杨洪涛．基于古籍文献探讨尿血病因病机源流［J］．中国中西医结合肾病杂志，2013，06：563－564.

李文文，仲德华．《伤寒论》柴胡汤证辨识［J］．河南中医，2013，08：1199－1200.

李登岭．小议仲景方中“石膏如鸡子大”［J］．河南中医，2013，08：1201－1202.

罗远势，刘力红．《伤寒论》临证次第思想浅析［J］．中国民族民间医药，2013，13：35－36.
李梅玲，徐剑．金匮肾气片治疗尿道综合征40例临床观察［J］．中国民族民间医药，2013，13：87.
林海波，李爱青，余伯亮．《伤寒论》针灸学术思想探讨［J］．辽宁中医杂志，2013，08：1577－1579.
张涛，毕虹博，张国骏．“六经实质”的诠释学思考［J］．江苏中医药，2013，08：7－8.
胡雨，曹魏敏，王惠君．真武汤方证临床文献研究［J］．湖南中医杂志，2013，07：154－156.
齐峰，盖丽娟．白虎汤证的现代研究［J］．大家健康（学术版），2013，12：37－38.
齐峰，盖丽娟．旋覆代赭汤的现代研究［J］．大家健康（学术版），2013，12：43－44.
高琼．白虎汤对昏迷患者口臭及口腔炎的预防效果［J］．河南中医，2013，08：1216－1217.
李卫强，朱西杰，徐建虎．开放式教学法在《金匮要略》课程中的应用和体会［J］．山西中医，2013，06：54－55.
胡瑞，李洁，王喜梅，庞峰．苏建春主任医师运用桂枝汤临床经验举隅［J］．新疆中医药，2013，03：44－45.
李巨奇，李卫青，马全庆，廖文生，禤少敏，夏洪涛，赖伟娇．阿片类药物戒断综合征继发顽固性失眠六经辨证特色探讨［J］．山西中医，2013，06：1－3.
燕茹，马文辉．试论刘绍武对《伤寒论》厥阴病的辨析［J］．山西中医，2013，07：43－44.
杨织杼．浅述伤寒论煎煮服法及药后调理［J］．内蒙古中医药，2013，19：103－104.
甘晨曦，谢强，邓铮铮．谢强应用桂枝汤治疗鼻炎的合理用药经验［J］．实用中西医结合临床，2013，04：69－70.
刘志娟，周永莉．小柴胡汤的临床应用体会［J］．临床合理用药杂志，2013，22：94－95.
李淑燕，张妍．《张璐医学全书·伤寒缵论》点校考异［J］．兰台世界，2013，20：151－152.
史连和．《伤寒论》药后护理法临床意义初探［J］．新中医，2013，08：214－215.
吴炫静．姚梅龄教授从焦膜论治子宫内膜异位症致不孕验案探讨［J］．新中医，2013，08：227－229.
吴浩祥．仲景和剂临床运用举隅［J］．新中医，2013，08：230－231.
郭玉荣．学习《伤寒论》五苓散的一点体会［J］．内蒙古中医药，2013，29：23.
何庆勇．栀子大黄汤治疗心系重症经验［J］．世界中西医结合杂志，2013，07：740－741.
冯玲华，陈密，陈当．虫草胶囊用于药物性阳痿的临床观察［J］．时珍国医国药，2013，07：1685－1686.
林军．藤平健并病论对兼病的认识［J］．世界中西医结合杂志，2013，08：850－852.
杨晋田，兀丽仙．中医院中医护理的现状分析及思考［J］．实用医技杂志，2013，07：789－790.
庞志，王振明．蜜煎导法治疗药物依赖性便秘680例临床报道［J］．内蒙古中医药，2013，26：22.
雒荣东．浅述《金匮要略》中的辨证纲领［J］．内蒙古中医药，2013，26：120－121.
汪淑芸．运用经方合方治难证的心得体会［J］．中国伤残医学，2013，06：215.
贾钢，陈晓群，张家林，徐卓婧．金匮肾气汤治疗老年性膀胱过度活动症疗效观察［J］．陕西中医，2013，08：955－956.
张发艳．《伤寒论》六经辨证本质探析［J］．长春中医药大学学报，2013，04：746－747.
谭钟，张喜奎．“伤寒中风有柴胡证但见一证便是不必悉具”之我见［J］．国医论坛，2013，04：1－2.
秦文平．张仲景应用阿胶配伍组方规律探析［J］．国医论坛，2013，04：2－3.
王绍印，王凌宇．张仲景应用细辛奥义探析［J］．国医论坛，2013，04：4－6.
马家驹，冯世纶，谷晓红．《伤寒论》大青龙汤表里双解治法探析［J］．国医论坛，2013，04：7－8.
陈园园，岳妍．麻桂各半汤治疗面部红痒验案3则［J］．国医论坛，2013，04：11.
郑莉，刘恩顺．浅析“身体魁羸，脚肿如脱”［J］．国医论坛，2013，04：58－59.
张雪．浅谈张仲景对妇人妊娠病调治之特点［J］．光明中医，2013，07：1309－1310.
苏于纳，钱玉中，董振永．尿石的证和治［J］．河北中医，2013，07：1009－1010.
谢文松．李国栋临证发热验案3则［J］．光明中医，2013，07：1440－1441.

袁芳．壮腰健肾丸、三肾丸、金匮肾气丸三种药物铝含量的测定［J］．安徽医药，2013，07：1116－1117.

沈素梅，居贞．桂枝生制品和炮制品的临床应用［J］．北方药学，2013，07：29.

曲夷．伤寒论教学中的心力培养［J］．中医教育，2013，04：45－46.

杨乐，周春祥．基于两个《伤寒论》译本的中医英译方法探析［J］．时珍国医国药，2013，08：2037－2039.

梁国莉．扶阳法在现代临床上的应用［J］．中国医药指南，2013，19：292－293.

张淼，陶晓华，张金超．《伤寒论》方辨治荨麻疹概况［J］．吉林中医药，2013，08：860－862.

宋珺，王光辉，袁承臣，崔玉志．奔豚汤治疗惊恐发作验案举隅［J］．中医临床研究，2013，12：95－96.

王文德．经方在糖尿病治疗中的运用［J］．中国中医药现代远程教育，2013，16：116－117.

史锁芳．仲景治喘方药及其用量探析［J］．中国中医药现代远程教育，2013，16：119－120.

李今庸．经典理论指导下的临床治验（三）［J］．中医药通报，2013，03：13－14.

桑红灵．仲景出血病辨证探析［J］．中医药通报，2013，03：18－20.

杨健才．试论《伤寒论》太阳病表证不同层次治法［J］．中医药通报，2013，03：21－22＋25.

胡海波．王燕青论治COPD并Ⅱ型呼衰验案探析［J］．中医药通报，2013，03：58－60.

刘长玉，朱林平，冯利民，杜武勋．柴胡桂枝汤的临床运用［J］．中国中医药信息杂志，2013，08：87－88.

蒋希成，张婷婷．狐惑病治验探讨［J］．中医药学报，2013，04：120－121.

王立娜，周青．《金匮要略》对心身疾病的贡献［J］．云南中医中药杂志，2013，06：10－12.

袁圣龙．栀子豉汤在心身疾病治疗中的应用［J］．云南中医中药杂志，2013，06：76－77.

黄鹏．甘草在《伤寒论》中的应用［J］．吉林中医药，2013，08：757－758.

杨会林，王强．王强教授治疗胸痹临证经验撷析［J］．吉林中医药，2013，08：857.

李文汉．八纲与《伤寒论》体悟［J］．中医临床研究，2013，12：69－70.

崔金平．麻黄连翘赤小豆汤治疗皮肤病验案举隅［J］．中国中医药信息杂志，2013，09：80－81.

袁卓珺．王琦教授用桂枝茯苓丸治疗男科疾病的经验探讨［J］．云南中医中药杂志，2013，07：1－2.

陈艳林，赵常国，彭江云，杨会军，吴生元．吴生元运用桂枝汤治疗痹证的经验［J］．云南中医中药杂志，2013，07：2－4.

常钢．小青龙汤临床应用举隅［J］．亚太传统医药，2013，07：144－145.

龙泳伶，李政木．金匮肾气丸及其拆方对肾阳虚雌鼠卵巢功能的影响［J］．中国中西医结合杂志，2013，07：967－971.

黄良雪．小柴胡汤新用［J］．中国中医药现代远程教育，2013，16：117－118.

张红星．中药制剂配伍研究［J］．中医临床研究，2013，13：34.

胡华容．试述《金匮要略》运用附子特点［J］．江西中医药，2013，06：3－4.

刘光颖，张哲，杨关林．杨关林教授从脾胃论治胸痹心痛临床经验总结［J］．辽宁中医药大学学报，2013，09：64－66.

阎斌，卢秉久．《金匮要略》理论指导黄疸护理述要［J］．辽宁中医药大学学报，2013，09：162－163.

龙朋，牟林茂．炙甘草汤治疗心律失常应用研究［J］．河南中医，2013，09：1409－1410.

王谦，赵永烈．《伤寒论》六经病中头痛条文辨析［J］．江西中医药，2013，07：3－7.

徐静，付峻岭．论王叔和对《伤寒论》的卓越贡献［J］．黄冈职业技术学院学报，2013，04：105－108.

李安娜，郭立中．郭立中教授运用麻黄附子细辛汤经验［J］．河北中医，2013，06：806－808.

赵春江，蔡辉，赵凌杰．《伤寒论》辨汗［J］．河北中医，2013，06：922－923＋937.

柴瑞震．“六病辨证”和“六病之气血辨证”［J］．河南中医，2013，09：1385－1389.

王文志，王惠君．经方治疗腰椎间盘突出症1例［J］．河南中医，2013，09：1395.

王丹，康健．桂枝甘草汤药效学研究［J］．河南中医，2013，09：1407－1408

刘琥岭．麻黄细辛附子汤临床应用体会［J］．江西中医药，2013，07：28－30.
姜璇，袁红霞．由桂枝加附子汤解读《内经》条文［J］．四川中医，2013，07：15－16.
李永华．《金匮要略》四种情志病探略［J］．四川中医，2013，07：16－18.
翟金海，陈兰，张梓岗，刑益阳．浅谈《金匮要略》竹叶汤理法方药［J］．四川中医，2013，07：18－20.
黄国平，冯鹏．初探太阳病［J］．临床合理用药杂志，2013，24：70－71.
姜璇，袁红霞．从经方治疗不寐浅析中医“和”法［J］．上海中医药大学学报，2013，04：20－22.
李颉，黄迪，何立群．温阳益气方治疗慢性肾脏疾病肾阳虚证的临床观察［J］．上海中医药大学学报，2013，04：42－45.
孔祥亮，杨学．《伤寒类书活人总括》的校注说明与体会［J］．上海中医药杂志，2013，07：9－11.
李赛美．《伤寒论》治肾要略及其在糖尿病肾病辨治中的应用［J］．上海中医药杂志，2013，07：42－44.
蒋顺琬，麦庆春，马笃军，陈大宇，孙淑芬．对中医经典“但见一证便是，不必悉具”的再认识［J］．内蒙古中医药，2013，21：153.
李虎虎．四逆散证病机之我见［J］．四川中医，2013，08：31－32.
于惠青，于俊生．栝蒌瞿麦丸方证探析［J］．四川中医，2013，08：32－33.
王鹏程．表郁轻症之身痒辨治趋议［J］．光明中医，2013，08：1685－1686.
梁蔚莉．《伤寒论》石膏的临床药证探微［J］．中国医药科学，2013，12：105－106.
储水鑫，唐娟．经方治疗肾炎血尿经验［J］．中华中医药杂志，2013，09：2626－2629.
刘巍，王阶，熊兴江．盐敏感性高血压诊治进展及中医药防治思路［J］．中华中医药杂志，2013，09：2661－2665.
闫川慧，张俊龙，郭蕾．《伤寒杂病论》方辨治腹泻型肠易激综合征的启示［J］．中华中医药杂志，2013，09：2666－2669.
李杰，陆东明，吴萍，王仁媛，张发斌，张广梅，刘占厚，赵协慧，陈湘红．太阳病（风寒表证）“欲解时”与白介素含量表达的相关性研究［J］．中华中医药杂志，2013，09：2752－2754.
陈宁勇，李芸，范欣生．《伤寒论》汗法禁忌探析［J］．中华中医药杂志，2013，09：2518－2520.
张胜忠，胡久略，蔡永敏．吴仪洛与《伤寒分经》［J］．浙江中医药大学学报，2013，08：967－969.
周刚．刍议小柴胡汤通调津液之功［J］．安徽中医学院学报，2013，04：10－11.
唐学敏，山书玲，魏小萌．《伤寒论》之痞证刍议［J］．南阳理工学院学报，2013，05：126－128.
姚扶有．天然维生素红枣［J］．绿化与生活，2013，09：40.
柴可夫，沈祥峰．在硕士研究生《金匮要略》课程中开展PBL教学法的探讨［J］．中医药管理杂志，2013，09：935－937.
江楠，吴伟．奈达“逆转换理论”在《伤寒论》心系疾病条文翻译中的应用［J］．环球中医药，2013，07：548－551.
李赛美，罗方波，彭万年．《伤寒论》PBL教学尝试与评价［J］．中国中医药现代远程教育，2013，14：52－54.
李云海，林连美．《金匮要略》课程“案例式—启发式—互动式”多维教学方法体系研究［J］．中国医药导报，2013，27：134－136.
梅之凌．浅析“但见一证便是，不必悉具”［J］．云南中医学院学报，2013，04：85－87.
郭章华．仲景治喘方用药规律探讨［J］．中医临床研究，2013，17：32－34.
梁蔚莉．《伤寒论》桂枝麻黄各半汤加刺络放血疗法治疗急性荨麻疹疗效观察［J］．中国现代医生，2013，21：89－90.
梁蔚莉．《金匮要略》苓甘五味姜辛汤治疗寒饮型成人支原体肺炎疗效观察［J］．中国现代医生，2013，22：99－100＋103.
刘琼，伍红梅．韩祇和对《伤寒论》脾胃学术思想的阐扬［J］．中国中医药现代远程教育，2013，17：5＋8.

田合禄．用五运六气解读太阴病［J］．中医临床研究，2013，19：46－47.
周强，逄冰，赵锡艳，彭智平．仝小林教授运用薏苡附子败酱散验案举隅［J］．中国临床医生，2013，10：70－71.
胡慧良．俞根初学术思想与人感染 H7N9 禽流感的治疗［J］．中国中医急症，2013，09：1555－1556.
徐泳芳，刘敏．人参、黄芪在仲景方中应用探析［J］．中国中医急症，2013，09：1557－1559.
王松耀．《金匮要略》“肝着”“肾着”二病的证治浅析［J］．中国中医急症，2013，09：1630－1631.
石印服，董慧敏，戈兆蕊，魏俊青，彭会娟．穴位注射联合刮痧治疗小儿遗尿临床效果观察［J］．中国医药导报，2013，28：99－102.
吴俊伟，丁旭宣，杨磊，吴美珍，罗艳兰，徐晓婷．金匮肾气丸治疗牙周病的临床疗效观察［J］．中国医疗前沿，2013，15：73－74.
陈嘉斌，裘生梁．从《伤寒论》辨析“半表半里证”“少阳病证”和“小柴胡汤证”［J］．浙江中西医结合杂志，2013，09：715－717.
余天泰．《伤寒论》扶阳思想探讨［J］．中医药通报，2013，04：12－15.
陈霖．学用经方治疗肺系疾病的体会［J］．中医药通报，2013，04：18－20.
杨戈．中医辨证治疗甲状腺功能减退症的效果观察［J］．中国当代医药，2013，25：116－117.
苏映雪．从补中益气汤看李东垣学术思想［J］．中国实用医药，2013，25：238.
崔松涛，王克穷．王克穷用甘草泻心汤治疗放化疗口腔溃疡经验［J］．实用中医药杂志，2013，10：854.
南晋生，李鹏涛，王亚丽．仲景治疗水饮顾阴思想浅探［J］．中国民间疗法，2013，10：5－6.
王菊梅，张晓岚，郑访江．穴位按摩配合饮食调理治疗产后腹痛的体会［J］．中国优生优育，2013，05：450－451.
黄浔芳，姬森国．《金匮要略》治疗肺系疾病的常用药物研究［J］．现代诊断与治疗，2013，12：2679－2680.
贲继武，刘宝恒．黄芪桂枝五物汤应用三则［J］．亚太传统医药，2013，09：119－120.
豆小妮，张兆元．柴胡加龙骨牡蛎汤在现代医学中的应用［J］．中国当代医药，2013，25：19－21.
房铁生．泻心汤的临床应用［J］．中国民间疗法，2013，09：36－37.
李宁，宋建平，王振亮．麦门冬汤最新药理研究与临床应用进展［J］．中医研究，2013，08：74－76.
罗仁书，何治勇．中药蜜丸的制备及质量控制［J］．实用中医药杂志，2013，10：871－872.
孙学健，张运红．浅谈临床使用柴胡的体会［J］．中医临床研究，2013，18：68－69.
张茂云，牟宗毅．基于“张仲景杂病诊疗体系”的中医本科生临证思维建构［J］．中医学报，2013，10：1485－1487.
梁华龙．伤寒论评话第 23 章火法可损阳和津，火逆多在血与神——火逆证的因机证治［J］．中医学报，2013，11：1632－1635.
许国振．杜家经治疗胸痹心痛经验［J］．湖南中医杂志，2013，08：25－26.
刘明，李娟娟．仲景方药贵乎和［J］．河南中医，2013，10：1605－1606.
刘晓宇．桂枝茯苓丸验案 3 则［J］．河南中医，2013，10：1635.
杨宝辉．运用经方治疗发热验案［J］．河南中医，2013，10：1636－1637.
张广梅，吴萍，张发斌，李杰，陆东明，赵协慧，王仁媛，陈湘宏，刘占厚．太阳病（风寒表证）一周红细胞变化规律的研究［J］．辽宁中医杂志，2013，09：1737－1739.
沈会，陶汉华，马美燕，潘丽文．陶汉华治疗慢性肾功能衰竭经验［J］．辽宁中医杂志，2013，09：1783－1784.
任艳芸，杨景锋，董盛，李小会．杜雨茂教授治疗慢性肾病经验辑要［J］．中国中西医结合肾病杂志，2013，09：757－758.
张丽丽，张国骏．仲景辨治湿热发黄三法初探［J］．湖南中医杂志，2013，08：96.
吕玉婷，齐向华．滑脉浅析［J］．湖南中医杂志，2013，08：97.
张爽爽，何泽云，郭志强，徐琴，曾海飞．《金匮要略》“里水”析疑［J］．湖南中医杂志，2013，

08：101－102.

陈丽名，傅延龄．从张仲景用炙甘草论其补益功效［J］．环球中医药，2013，08：608－610.

徐勇．疏肝补肾活血法联合穴位注射治疗早泄46例［J］．河南中医，2013，10：1736－1737.

梁华龙．伤寒论评话第20章柴胡类证撮其要，病在气机与水道——柴胡类证的辨证治疗［J］．中医学报，2013，09：1287－1291.

李志轩，赵云．浅析生姜在《伤寒论》中的配伍［J］．中医学报，2013，09：1292－1293.

牛亚南，陈玉龙，吕翠田．中医“治未病”思想探讨［J］．中医学报，2013，09：1313－1315.

王兵，侯炜．《金匮要略》三丸方治疗肿瘤探讨［J］．中医学报，2013，10：1451－1453.

梁华龙．伤寒论评话第22章桂枝建中治表里，随经过经属传变——新传变方式—“经传”的提出［J］．中医学报，2013，10：1468－1471.

周爱军，黄湘谚，刘仔，杜国如，李倩雯，陈婕．大青龙汤颗粒与传统水煎剂治疗流行性感冒的临床疗效比较研究［J］．湖北中医杂志，2013，09：37－38.

谭刚．四逆散加味治疗男科郁症验案3则［J］．江苏中医药，2013，09：56－57.

黄春元．眼针配合雷火灸治疗脑梗死后尿失禁临床研究［J］．辽宁中医杂志，2013，09：1894－1896.

林亭秀，乔艳文．试析张锡纯《伤寒论讲义》中的气化观［J］．环球中医药，2013，07：523－525.

李玉琴．浅谈中药的煎法和服法［J］．大家健康（学术版），2013，16：44.

李祥．五苓散新用［J］．中国民族民间医药，2013，16：134.

江保中，张培彤．古今方药应用探析［J］．北京中医药大学学报，2013，08：512－514.

姜艳，王振国．民国时期中医期刊《国医正言》评述［J］．世界中西医结合杂志，2013，09：865－866＋874.

周刚．浅谈《伤寒论》课程教学中常用的辩证思维方法［J］．山西中医，2013，09：53＋62.

邓亮，郭智江，张艳霞．从伤寒病程看“少阴三急下证”［J］．山西中医，2013，09：61－62.

黄仕沛，何莉娜．《伤寒论》“汗法”临证验案4则［J］．上海中医药杂志，2013，08：25－27.

赵晋明．糖尿病血管病变与活血化瘀法相关性研究［J］．山西医药杂志（下半月刊），2013，09：1052－1053.

马美燕，陶汉华．《伤寒杂病论》中人参与黄芪的应用特点探讨［J］．山东中医杂志，2013，09：617－618.

李大林．水肿病从三焦论治探讨［J］．内蒙古中医药，2013，24：138－139.

陆晓红，付源鑫，李岩，李瑞超，焦召华．《伤寒论》中方剂命名规律浅析及思考［J］．天津中医药，2013，09：543－545.

王绍洁，曹祥群，孙小迪，秦艳虹．半夏泻心汤治疗儿科脾胃病经验临床举隅［J］．山西中医学院学报，2013，04：41－42.

尚云冰，曾国书．《伤寒论》预防思维特色及临床运用［J］．山西中医，2013，08：31－32.

林军．藤平健并病论对潜证认识初探［J］．世界中西医结合杂志，2013，09：961－963.

章程，张元兵．柴胡加龙骨牡蛎汤治疗失眠症研究概况［J］．实用中西医结合临床，2013，06：92－94.

覃艳梅．浅谈中医治疗风湿病的独特优势［J］．中国伤残医学，2013，09：463.

赵达安．《伤寒论》治呕诸法浅析［J］．内蒙古中医药，2013，22：142－143.

巩雪，陈守强，高蕾．从小肠论治胸痹1例［J］．内蒙古中医药，2013，22：180－181.

祝氏内科流派传承项目课题组．祝味菊遗著《金匮新义》选刊之一［J］．中医文献杂志，2013，03：34－35.

谷建军．辽宁医学名家庆云阁伤寒学术思想述略［J］．中医文献杂志，2013，03：39－40.

姚慧蓉，李新平，龚循生．辨证分型治疗肥胖症临床观察［J］．新中医，2013，10：29－30.

田艳霞．《伤寒大白》考略［J］．兰台世界，2013，29：145－146.

陈党红，朱良春．朱良春教授温肾壮督治痹证对《伤寒论》治法的发展［J］．新中医，2013，09：159－160.

王彤，李永成．李永成教授治疗痞满临床经验［J］．新中医，2013，09：171－172.

赫军，李丽华，何宾，禹建春，赫辉．运用《金匮要略》方辨治风湿痹病验案 3 则［J］．新中医，2013，09：194－196.

陈居伟，郭玉晶，刘更生．姜国伊《本经经释》及其学术思想探析［J］ 世界中西医结合杂志，2013，09：867－869.

朱红梅．经方治验举隅［J］．光明中医，2013，09：1914－1915.

李金明，傅文录．祝味菊对《伤寒论》六经概念的现代认识［J］．光明中医，2013，09：1781－1783.

王晓彤，欧阳学认，朱雯，林海雄．少阴病本证应为心肾阴阳虚衰外感表邪［J］．光明中医，2013，09：1788－1789.

孔桂玲，叶青．六味地黄丸妇科临床应用举隅［J］．广西中医药，2013，04：47－48.

刘理琴，张炜，刘苗苗．厥阴病病机新说［J］．国医论坛，2013，05：1－2.

蹇强．《金匮要略》外治法探析［J］．国医论坛，2013，05：3－4.

周佳丽．浅析仲景治疗历节病之特色［J］．国医论坛，2013，05：4－5.

朱梦莺．张喜奎教授治疗泄泻经验撷英［J］．国医论坛，2013，05：18－19.

师建平，郭静．“水气病”病名内涵初探［J］．中华中医药杂志，2013，10：2857－2860.

彭浩．浅析生姜在《伤寒论》中的应用［J］．中华中医药杂志，2013，10：2864－2865.

张秉新．麻黄连翘赤小豆汤治疗变态反应性皮肤病应用综述［J］．国医论坛，2013，05：63－64.

刘颖．运用刘云鹏经验治疗子宫内膜异位症痛经［J］．中华中医药杂志，2013，10：2961－2963.

张娆．加味四逆散的临床应用体会［J］．光明中医，2013，09：1839－1840.

徐兵．白虎加人参汤的妙用和启示［J］．光明中医，2013，09：1962－1963.

廖冉．桂枝汤、麻黄汤适应证再探［J］．长春中医药大学学报，2013，05：936.

刘红梅，王长松．当归四逆汤临床新用［J］．中华中医药杂志，2013，10：2977－2979.

方文岩．柴胡加龙骨牡蛎汤的临床应用和研究进展［J］．中医药临床杂志，2013，08：743－745.

张玉萍．潜心研究精益求精——纪念恩师金寿山先生逝世 30 周年［J］．中医药文化，2013，03：4－7.

谭春雨．试析天文地理学与中医学间的联系［J］．中医药文化，2013，05：14－17.

丁旭春．温法治疗慢性咳嗽验案举隅［J］．浙江中医杂志，2013，10：756.

谭永东．喻嘉言祛邪反应学术思想探析［J］．中国中医基础医学杂志，2013，08：863＋866.

邢玉瑞．张仲景关于泄泻病诊治思路研究［J］．中国中医基础医学杂志，2013，08：867－869＋876.

陈晓晖，孔祥亮，何新慧．《伤寒杂病论》中黄芩与黄连的运用规律［J］．中医杂志，2013，23：1999－2002.

田合禄．外感病传变规律［J］．中医临床研究，2013，22：51－54.

姜林芬．赵文鼎运用小柴胡汤治疗经期感冒经验［J］．中国中医药现代远程教育，2013，20：100.

杨振辉，张继磊，王举科．谢铁哲主任中医师治疗慢性前列腺炎经验［J］．中国中医药现代远程教育，2013，20：107－108.

张影，王宪龄．《伤寒论》中甘草的运用探析［J］．中医研究，2013，10：11－13.

朱垚，吴洁，郭立中．《金匮要略》中复法思想的体现及运用［J］．中医杂志，2013，22：1900－1901.

仕丽．《伤寒论》肺系病证治浅析［J］．中国中医药现代远程教育，2013，21：4－5.

阳国彬，刘玉芳．经方治疗恶性肿瘤术后并发症体会［J］．中医药通报，2013，05：15－16.

王馨敏，陆克艳，唐婧悦，吴清明．《伤寒论》针灸思想内涵初探［J］．中医药通报，2013，05：33－35.

吕建洪．《伤寒论》麻黄配伍功用与煮制的研究［J］．吉林中医药，2013，10：1071－1073.

沈元良．俞根初学术思想与《通俗伤寒论》［J］．中华中医药学刊，2013，10：2289－2291.

赵艳青，滕晶．《金匮要略》“脉症合参”思想在急症中的应用［J］．中国中医急症，2013，10：1699－1700.

石晓理，邹旭峰，郁保生．《伤寒论》仲景汗法之小议［J］．中医药学报，2013，05：2－4.

王国琴，崔金平．仲景喘证诸法与临床［J］．中医药学报，2013，05：37－40.

沈卫标，章宝娟．半夏泻心汤抗幽门螺杆菌的实验研究进展［J］．中国中西医结合消化杂志，2013，10：552－554.

宋传波，毕礼明，马济佩．桂枝汤加味治疗慢性肾衰竭研究探讨［J］．中国中医急症，2013，10：1722－1723.

鲍艳举，花宝金．《伤寒论》表里同病诊治规律初探［J］．中国中医急症，2013，10：1741－1742.

潘星宇，王小宁．临床运用经方治验举隅［J］．中国中医药信息杂志，2013，11：82－83.

任存霞，赵海光．柴胡加龙骨牡蛎汤临证思辨录［J］．中国中医药信息杂志，2013，11：83－84.

李海宏，刘柏林．跟师刘继祖临证辨治有感［J］．新疆中医药，2013，05：59－60.

李兰．黄芪桂枝五物汤儿科临床治验［J］．新疆中医药，2013，05：121－122.

袁开惠，陈慧娟，孙文钟．《金匮》之“覆杯潔潔”议［J］．中医药文化，2013，03：55－56.

刘伟锋，蒋玉萍．《金匮要略》血分与水分关系辨证探析［J］．吉林中医药，2013，09：871－872.

刘宁．论太阳病“三纲鼎立”［J］．吉林中医药，2013，09：957－959.

王安军，王兴华．阳明病下法探析［J］．吉林中医药，2013，09：960－962.

王军，张晓菊．仲景“治未病”思想在临床康复中的应用［J］．中国中医药现代远程教育，2013，21：9.

张连科．小柴胡汤加减治疗癌性发热12例［J］．中国中医药现代远程教育，2013，22：110－111.

金影，刘震坤．董克勤教授治疗虚寒性痛经的经验点滴［J］．中国中医药现代远程教育，2013，22：114－115.

祁天寿，祁明浩．《伤寒论》药物计数的分歧与研究［J］．中国中医药现代远程教育，2013，22：121－123.

李晓红，张书军，张晓菊．桂枝汤及其类方治疗荨麻疹的临床应用［J］．中国中医药现代远程教育，2013，20：6－7.

肖勇，刘英锋．《伤寒论》六经中风表证证治分类举例［J］．中国中医药现代远程教育，2013，20：11－13.

符健，张丽，郑宏立，王国华．王国华应用四逆汤临床经验［J］．实用中医药杂志，2013，11：947.

魏明刚，孙伟．《金匮要略》与《三因极—病证方论》关于“水气病”辨证思路的比较研究［J］．中华中医药学刊，2013，10：2148－2150.

黄上宁．半夏泻心汤治疗咽炎验案三则［J］．中国中医药信息杂志，2013，10：75.

何庆勇．真武汤治疗顽固性心力衰竭验案采撷［J］．中国中医药信息杂志，2013，10：77－78.

杨英昕，谢兴文，张维斌．从胆经论治腰椎间盘突出症［J］．中国中医药信息杂志，2013，10：87＋102.

刘文强，滕晶．脉与症的顺逆取舍［J］．吉林中医药，2013，10：984－985.

汪静．李果烈教授从脾论治胸痹［J］．吉林中医药，2013，10：994－995.

张少麟．谈仲景“舍性取用”的方药配伍［J］．中国疗养医学，2013，09：841.

陈捷，鱼麦侠．中医膏方调治恶性肿瘤临床应用［J］．中国中医药现代远程教育，2013，21：162－163.

欢迎邮购医学光盘［J］．中医杂志，2013，21：1871.

金匮肾气丸［J］．中国中医药现代远程教育，2013，20：98.

邱美榕，马少丹，阮时宝．泽泻汤组成药物化学成分的研究现状［J］．中国中医药现代远程教育，2013，22：119－120.

林勇凯，卢锦东．柴胡桂枝汤之我见［J］．中国民间疗法，2013，11：7.

张保国，刘庆芳．柴胡桂枝汤临床新用［J］．中成药，2013，10：2245－2248.

宋佳，谭曦然，傅延龄．宋代至清代经方本原剂量研究概述［J］．中医杂志，2013，21：1804－1807.

丛铁军，郭晓东．论仲景瘀水证治［J］．辽宁中医药大学学报，2013，11：194－195.

高博禹，吕爱平．仲景脾胃学说探析［J］．辽宁中医药大学学报，2013，11：196－197.

陈华，徐桂华．《伤寒杂病论》对中医护理学发展贡献［J］．辽宁中医药大学学报，2013，11：133－135.

吴潜智.《金匮要略》痰饮、水气和湿病的辨证论治特色［J］. 辽宁中医药大学学报，2013，11：165-168.

郝宇，张轩，费占洋，贺娟. 贺娟教授临床应用柴胡桂枝汤验案2则［J］. 北京中医药大学学报（中医临床版），2013，06：35-36.

林华胜，黄贵华，李雪梅，莫巧明，周衡，曾飞剑，余九峰，黄丽琼，蒙红华，刘莉，蔡忠詠，秦龙. 经方序贯给药的量效与时效关系研究初探［J］. 湖南中医杂志，2013，09：115-117.

马家驹，吕国凯，谷晓红. 生石膏临床应用探析［J］. 辽宁中医药大学学报，2013，11：209-210.

杨杏林. 沈又彭与《玄机活法》［J］. 中医文献杂志，2013，05：9-10.

王永炎，王燕平，于智敏. "祖方学派"考释［J］. 天津中医药，2013，11：641-643.

韩蕊，林明欣，赵彩燕，朱章志，吕英. 立足《伤寒论》，浅探医《易》同源［J］. 世界中医药，2013，10：1157-1158.

徐娟，刘亚伟，袁立霞. 从《金匮要略》浅析黄芪在痹证治疗中的配伍应用［J］. 时珍国医国药，2013，10：2471-2472.

张文宗，聂恒，王振涛，毛德西. 小柴胡汤用人参之辨惑［J］. 时珍国医国药，2013，10：2480-2481.

杜新宇，张国骏.《伤寒论》中的量化思维浅析［J］. 天津中医药大学学报，2013，04：244-245.

张建荣. 仲景平衡阴阳法及用药特点［J］. 陕西中医学院学报，2013，05：14-15.

黄煌. 经方应用的理论与实践［J］. 上海中医药杂志，2013，09：28-30.

张再良，杨文喆.《伤寒经注》学术思想探微［J］. 上海中医药杂志，2013，09：34-36.

顾小琼. 慢性阻塞性肺病稳定期中医膏方治疗体会［J］. 内蒙古中医药，2013，35：32-33.

吴蓉，梁永宣. 现存历代伤寒书目内容初探［J］. 世界中西医结合杂志，2013，10：980-982+987.

回丽丽. 中药内服、熏蒸、外敷联合骨盆牵引治疗腰椎间盘突出症41例临床观察［J］. 实用中医内科杂志，2013，12：20-21.

杨杰. 柴胡桂枝干姜汤方证辨析［J］. 实用中医内科杂志，2013，12：99-102.

吴芳，杨舒淳，李龑，黄勇，李玉贤. 全国名老中医李玉贤妙用黄连汤医案举例［J］. 内蒙古中医药，2013，35：128+116.

闫早兴，张潇潇. 浅析相火与君火、中气及阴火的关系［J］. 山东中医药大学学报，2013，05：389-391.

姜林芬. 赵文鼎治疗脾胃病的临床经验［J］. 实用中西医结合临床，2013，07：76-77.

佟海英，高娃，呼和木仁，呼日乐巴根，高钰思，乌吉斯古冷. 蒙药孟根乌苏（水银）-18味丸的方药组成考证［J］. 世界科学技术-中医药现代化，2013，06：1353-1358.

张娜，王苗，刘冬琴. 小青龙汤在儿科临床的应用［J］. 陕西中医学院学报，2013，05：56-57.

杨文潮，步凡. 桂枝汤的加减应用浅析［J］. 陕西中医学院学报，2013，05：76-78.

祝氏内科流派传承项目课题组. 祝味菊遗著《金匮新义》选刊之二［J］. 中医文献杂志，2013，05：36-38.

郭春莉，付强. "脾色必黄，瘀热以行"浅析［J］. 中医文献杂志，2013，05：39-41.

郭鑫. 从张仲景用药剂量谈中药临床用量宜忌［J］. 四川中医，2013，10：28-29.

王晓群，张国骏. 探析《伤寒论》中的舍性取用［J］. 天津中医药，2013，11：667-668.

沈英，张允岭. 小柴胡汤非独治少阳病［J］. 世界中医药，2013，10：1242-1243+1247.

张永军. 茯苓甘草汤的新思考［J］. 内蒙古中医药，2013，25：148.

赵燕，向宗兴. 当归四逆汤异病同治［J］. 实用中医内科杂志，2013，12：107-108+112.

付冰. 炙甘草汤联合西药治疗心律失常随机平行对照研究［J］. 实用中医内科杂志，2013，12：90+127.

吴斌，黄利，毛世清，张小莲，朱宁. 金匮肾气丸对系统性红斑狼疮血清单核细胞趋化蛋白-4和白细胞介素4的影响及疗效观察［J］. 实用医学杂志，2013，19：3245-3247.

周伟伟，林慧光. 陈修园流派［J］. 福建中医药大学学报，2013，05：67-69.

庄灿，王宇飞. 浅谈对厥阴病本质的思考［J］. 光明中医，2013，10：2005-2006.

滕菲，王阶．血塞通软胶囊治疗冠心病不稳定型心绞痛作用机制的研究进展［J］．北京中医药，2013，09：656－658.

魏勇军．试论张仲景治未病思想［J］．河北中医，2013，10：1563－1564.

柯嘉儿．手足冰凉多非“阳虚”而为“血虚阳郁”［J］．光明中医，2013，11：2368－2369.

徐兵．重温桂枝汤与太阳病之间的关系［J］．光明中医，2013，11：2404－2406.

刘如玉，张捷平，余文珍，鄢春锦，郑良朴．金匮肾气丸对糖尿病模型大鼠糖脂代谢及 CRP 的影响［J］．福建中医药大学学报，2013，04：32－34.

陈敏，李赛美．浅述易学思想对《伤寒论》的影响［J］．中医杂志，2013，02：96－98＋106.

张小勇，张淼，刘丹彤，吴舒，李涛，陶晓华．浅谈《伤寒论》中毒性药物的调护［J］．中医杂志，2013，02：172－173.

李文兰，白晶，胡杨，季宇彬，杜娟，孙志．HPLC－ESI/MS～n 鉴定金匮肾气丸总苷在大鼠尿及粪中的代谢产物（英文）［J］．中国天然药物，2013，01：56－62.

彭霞，赵国平．当归四逆汤方证特征及临床运用拓展研究［J］．中成药，2013，01：162－164.

孙富有，肖文宏．小柴胡汤临床运用举隅［J］．内蒙古中医药，2013，02：17.

王晓媛，李晓．李浩教授治愈高热验案［J］．世界中西医结合杂志，2013，01：18－19.

逄冰，赵锡艳，刘阳，彭智平，周强．仝小林教授以苓桂术甘汤治疗难治性心衰验案一则［J］．世界中西医结合杂志，2013，01：82－83.

程保智．陈世昊临证运用柴胡桂枝汤经验［J］．中国中医药信息杂志，2013，03：92－93.

张可成．当归四逆汤加味在临床中的运用体会［J］．中国社区医师（医学专业），2013，04：234.

李玉婷，陈嘉．《温病条辨》五承气汤证治探讨［J］．中国社区医师（医学专业），2013，05：215.

王少华．四逆散治痛证鳞爪［J］．浙江中医杂志，2013，01：1－3.

严余明，竹剑平．《金匮钩玄》学术思想探讨［J］．浙江中医杂志，2013，01：60－61.

刘江．金匮肾气丸加味治疗小便不禁［J］．中国民间疗法，2013，01：14.

杨新玲．芍药甘草汤临床新用举隅［J］．中国实用医药，2013，03：188.

尚鹏鑫，吴家玺，丛林，贺千里，杨仕年．周念祖应用薏苡附子败酱散经验［J］．实用中医药杂志，2013，02：120－121.

郭培杰，严季澜，李柳骥．论《金匮要略》“补气者加半夏”［J］．吉林中医药，2013，01：97－99.

陈东亮，杨克雅．朱丹溪瘀血证治思想初探［J］．中国中医急症，2013，02：264＋266.

程方平．梅国强经方多维思辨临证辨治模式探析［J］．中医杂志，2013，03：252－254.

何丽清，傅延龄．《伤寒论》与《金匮要略》中非标准度量衡计量单位的考察［J］．中医杂志，2013，04：293－294.

陈宁勇，范欣生，凌云，李芸．《伤寒论》治疗禁忌思想与辨证论治关系刍议［J］．中医杂志，2013，05：361－364.

陈国会，白海燕，李海洪，郭立芳．试从《伤寒杂病论·序》分析张仲景医学的理论来源及基础［J］．中医杂志，2013，05：372－375.

叶志光．黄芪桂枝五物汤临床新用［J］．中国中医药信息杂志，2013，02：88－89.

李海英，陈天锁．桂枝茯苓胶囊的临床应用［J］．中国社区医师（医学专业），2013，05：25－26.

魏良浩，潘庆，张跃明．《金匮》肾气丸对阿尔茨海默病模型大鼠额叶皮质神经元 NT－3 表达的影响［J］．中国中医急症，2013，02：211－213.

梁启军．以小柴胡汤为例探讨复方配伍规律［J］．中医杂志，2013，05：447－448.

张宏宇，李董男．先秦两汉时期疫病治则治法浅析［J］．浙江中医药大学学报，2013，02：125－127＋131.

齐艳艳，申霞．《金匮要略》妇人杂病篇学术思想浅探［J］．光明中医，2013，01：16－17.

徐兵．浅议《伤寒论》关于厥阴病的认识和见解［J］．光明中医，2013，01：189－190.

梁华龙．伤寒论评话第 14 章张仲景并非“群方之祖”，桂枝汤即是“小阳旦汤”——气津两虚证的误治与救治［J］．中医学报，2013，02：180－183.

薛钧．龚丽娟教授治疗“头汗”经验［J］．中医学报，2013，02：196－198.

许敬生．中医古籍引文例说［J］．中医学报，2013，02：306－308.

何威华，吴显文．浅述《伤寒论》中六经下利［J］．湖南中医杂志，2013，01：111－112.

盛倩．运用《伤寒论》类方论治中心性浆液性脉络膜视网膜病变［J］．河南中医，2013，02：162－164.

郭梅珍．试探张仲景辨证论治观的实质［J］．河南中医，2013，02：164－165.

赵文娟，武士锋，杨洪涛．基于文献初探金元四大家辨治水肿经验［J］．中国中西医结合肾病杂志，2013，02：187－188.

郑祎．中晚期大肠癌六经辨证思路［J］．辽宁中医杂志，2013，01：47－48.

马红，陈秀华，李昭凤．试论《伤寒论》针灸疗法之特色［J］．辽宁中医杂志，2013，01：74－76.

钟远，申春悌．孟河医派主要学术思想探析［J］．辽宁中医药大学学报，2013，02：128－130.

张友堂，王凤玲．桃核承气汤证脉证研究［J］．河南中医，2013，02：157－158.

黄飞，刘成福，王小琴．金匮肾气丸对庆大霉素诱导肾损伤大鼠肾组织 Notch2/hes1 信号通路的影响［J］．中国中西医结合肾病杂志，2013，01：29－32＋100.

张弘，陈芳，何薇，忻璐洁．中西医结合治疗支气管哮喘缓解期临床观察［J］．浙江中医药大学学报，2013，02：158－160.

钱超尘．读余云岫《古代疾病名候疏义》［J］．中医药文化，2013，01：47－49.

何丽清，窦志芳，张瑞卿，许凯霞，李孝波，杨杰．加强教学改革提高《伤寒论》教学效果［J］．中医药管理杂志，2013，02：149－150.

逄冰，赵锡艳，彭智平，周强．仝小林应用大乌头煎验案举隅［J］．中国中医基础医学杂志，2013，01：101－103.

李楠，高飞．曹颖甫治学方法与学术思想探讨［J］．中国中医基础医学杂志，2013，01：26＋33.

徐利亚，刘如秀，吴复仓．金匮肾气丸合六味地黄丸循时服用治验［J］．浙江中医杂志，2013，02：140－141.

李樟富，吴国伟．验方舒心清头汤治疗眩晕［J］．浙江中医杂志，2013，02：141.

周丽鹏，李春红．从五脏论张仲景对眩晕病机的认识［J］．云南中医中药杂志，2013，01：87.

隆新霞．《金匮要略》积滞性胃肠病证治规律及特点［J］．吉林中医药，2013，02：109－110.

赵鸣芳．随证治疗是中医经典用药模式［J］．中医药文化，2013，01：21－24.

苏春燕．从《金匮要略》谈急危重症救治［J］．中国中医急症，2013，03：412－413.

蒋开平．《金匮要略》黄疸病论治临床解析［J］．中华中医药学刊，2013，02：385－387.

周祥．腠理浅析［J］．中国中医基础医学杂志，2013，02：126－127.

叶云鹏，严余明．《金匮要略》妇人腹痛辨治临床应用述略［J］．浙江中医杂志，2013，02：83－85.

金中义，邵淑慧，金福厚．半夏泻心汤加味治疗腹型过敏性紫癜寒热错杂证 30 例［J］．云南中医中药杂志，2013，02：18－19＋89.

崔娅晖，崔胜利，王长垠．小柴胡汤治验 1 则［J］．中国医药指南，2013，02：580－581.

段赟，李雪松，开金龙，姚金华．夏小军教授辨治髓劳合并阳明津伤水热互结证验案［J］．中医研究，2013，02：42－43.

周天梅，张宇燕，杨洁红，杨雯，万海同．从《伤寒论》探讨附子甘草的配伍意义［J］．中华中医药学刊，2013，02：275－276.

徐姗姗，郑丰杰，鲁法庭，雍小嘉，姜冬云，杨殿兴．川籍医家伤寒学术特点研究［J］．中医杂志，2013，06：534－536.

周仕轶，于军桥，邵继春，张蜀武．金匮肾气丸对颌下腺切除大鼠生精调控的作用及机理研究［J］．中药新药与临床药理，2013，01：21－25.

黄煌．魅力无穷话经方［J］．中医药文化，2013，01：1.

郭伟．小柴胡汤治疗妇产科疾病的临床应用现状［J］．云南中医中药杂志，2013，02：57－59.

许翠萍，朱庆均，宋洁，李震，张丹．金匮肾气丸对肾阳虚小鼠睾丸组织端粒酶活性的促进作用［J］．中国中西医结合杂志，2013，02：252－255.

程志安，韩凌，危建安，孙静，段晓栋．六味地黄丸、金匮肾气丸及健骨二仙丸含药血清对 BMSCs 成脂、成骨细胞分化相关基因的影响［J］．中国中西医结合杂志，2013，02：261－265.

王付．小陷胸汤方证思考与探索［J］．中医杂志，2013，06：537－539.

牛锐，张建荣．具备 4 种能力，讲好《金匮要略》［J］．中医药导报，2013，03：130－131.

彭坚．培养中医临床人才之我见［J］．湖南中医药大学学报，2013，01：43－48.

朱蕾蕾，郑鑫．蒋健对芍药甘草汤通腑作用的研究与临床应用——附验案 3 则［J］．江苏中医药，2013，02：60－62.

梁华龙．伤寒论评话第 15 章误下脉促或上冲短气不与但坐同——表证误下的救治与发汗不彻的表现［J］．中医学报，2013，03：340－341.

余翔，廖世煌．廖世煌用经方治疗类风湿关节炎医案 3 则［J］．江苏中医药，2013，03：51－52.

罗祥顺，曾华芳．金匮肾气丸加味治疗支气管哮喘缓解期 36 例临床观察［J］．中医药导报，2013，02：65－67.

翟月华，王继合．读仲景治黄八法之体会［J］．中国民族民间医药，2013，03：109.

陈拥军，孙晓梅，扈国杰，孙晓伟．《伤寒论》寒热并用法及临床应用［J］．辽宁中医杂志，2013，02：268－270.

刘文强，滕晶．《伤寒论》脉证合参辨证思想初探［J］．湖南中医杂志，2013，02：5－6.

高俊杰，杜绍萍，王晓葵．小柴胡汤治疗顽固性失眠 2 则［J］．湖南中医杂志，2013，02：80.

刘志江．从仲景条文看瘀血证与痈脓证［J］．河南中医，2013，03：317－318.

闫玉慧，张养生．浅谈《伤寒论》中的和谐观［J］．河南中医，2013，03：318－319.

李小慧．《伤寒论》心悸证治［J］．河南中医，2013，03：320－321.

李艳蓉．苓桂术甘汤临床运用举隅［J］．河南中医，2013，03：337－338.

钱占红，韩雪梅，麻春杰，任常胜，张明锐．建立张仲景治眩晕方病案数据库的尝试［J］．河南中医，2013，03：313－315.

夏晨．论伤寒学派的创新特色［J］．河南中医，2013，03：316－317.

金津津，王凤荣．炙甘草汤加减双向治疗心律失常认识［J］．辽宁中医药大学学报，2013，03：141－143.

廖芝健，周建甫，殷振超，张锦均，向松涛，王树声，陈志强．短程补肾疗法对肾虚型弱精子症患者近期精液质量的影响研究［J］．中华男科学杂志，2013，02：159－162.

从晓东，苗青．竹叶石膏汤治验 3 则［J］．江苏中医药，2013，02：49－50.

李楠，高飞，万芳．浅谈《伤寒论》中的中药炮制方法［J］．北京中医药大学学报，2013，01：67－69.

王红艳，张先庚．金匮肾气丸对“恐伤肾”模型仔鼠皮质酮水平的调节作用［J］．辽宁中医杂志，2013，02：362－364.

郭超峰，施学丽．基于复杂网络理论的经方“方证相应”研究——以桂枝汤为例［J］．辽宁中医杂志，2013，03：438－440.

郝霁萍，高宇勤．当归四逆汤方证特征及拓展应用思路［J］．中国老年保健医学，2013，01：68－69.

王婷婷，海英．真武汤证探析［J］．辽宁中医药大学学报，2013，03：158－159.

杨家蕾，樊永平．试论“病”“证”“症”的时空性［J］．北京中医药，2013，01：41－43.

王金成，郭晓霞．《伤寒论》痞证辨析［J］．光明中医，2013，02：242－243.

李云海．《金匮要略》脾系病证治法探析［J］．光明中医，2013，02：247＋255.

周贤，梅国强．浅析梅国强教授活用小陷胸汤的经验［J］．光明中医，2013，02：252－253.

张云城．浅析《伤寒论》中肝胆病的证治［J］．光明中医，2013，02：264－265.

陈明．麻黄细辛附子汤证之解读与运用［J］．国医论坛，2013，02：1－3.

林娟．薏苡附子败酱散临证思考［J］．光明中医，2013，02：402－403.

杨建宇．学习经方医案从此不再困难——读《梦回伤寒四大金刚》有感［J］．光明中医，2013，02：411.

王振涛，曾垂义，韩丽华．论《伤寒论》保胃气思想及其在临床辨治中的应用［J］．中华中医药杂志，2013，03：731－733.

陈秭林，邱明义．李培生学术思想及临床经验探析［J］．湖北中医杂志，2013，03：22－23.

董明兴．孙兰军运用药对治疗冠心病［J］．湖北中医杂志，2013，03：25－26.

刘玉良．《伤寒论》定量辨证中量化性语言文字特色探析［J］．中华中医药杂志，2013，02：315－317.

方莉，李达，童佳兵，杨程，李泽庚．尤怡咳嗽证治初探［J］．中医药临床杂志，2013，01：73－74.

秦万敏，方菊花，王德琴，董慧，郜萍，范成梅．哮病中医辨证护理体会［J］．中医药临床杂志，2013，01：78－79.

程方平．梅国强融寒温整体多维思辨论治模式之学术思想［J］．湖北中医杂志，2013，02：32－34.

汤丽娟．脏躁与癔症类比探析［J］．长春中医药大学学报，2013，01：7－9.

林健钊．养通并用除心痛［J］．国医论坛，2013，02：54.

陈萌，张冬梅．《金匮要略》三处错排原文解析［J］．国医论坛，2013，01：1－3.

李宇铭．经方原方剂量应用临床体会［J］．国医论坛，2013，01：3－6.

李登岭，冯洪生．"项背强几几"如是说［J］．国医论坛，2013，01：7－8.

钱俊华．《金匮要略》肺痈"吐之则死"新解［J］．国医论坛，2013，01：8.

刘玮．小柴胡汤治疗胆咳验案1则［J］．国医论坛，2013，01：9.

王天强．当归四逆汤临床应用验案4则［J］．国医论坛，2013，01：10.

冉青珍，路洁，路喜善，路志正．国医大师路志正治疗狐惑病经验总结［J］．国医论坛，2013，01：11－12.

徐兵．张仲景治咽痛独取少阴探析［J］．国医论坛，2013，02：4－5.

刘赟，张燕萍．张仲景治未病思想探析［J］．国医论坛，2013，02：5－7.

李明，丁艳亭，王新佩．《金匮要略》胸痹从胃论治浅析［J］．国医论坛，2013，02：9.

叶海勇，王胜．对张仲景应用大枣的几点认识［J］．国医论坛，2013，02：10.

杨慧，严芳．经方附子炮制及用量探究［J］．光明中医，2013，02：397－398＋429.

常婧舒，石杨．李秋贵应用麻杏石甘汤验案［J］．世界中西医结合杂志，2013，02：116－117.

覃小兰，魏晓蕾．李可温潜法治疗慢性咳嗽浅析［J］．四川中医，2013，02：10－11.

石凯峰，魏亚杰，王婷，雷根平．雷根平应用当归四逆汤治疗血栓性肢痛的经验［J］．四川中医，2013，02：13－14.

丛慧芳，侯玉，孙博．浅谈妊娠恶阻致病"三因"［J］．四川中医，2013，02：35－36.

包诗杰．风引汤加减治疗激素所致声嘶病案发微［J］．四川中医，2013，02：86.

张秀妍．风引汤化裁治疗儿童多动症验案一则［J］．四川中医，2013，02：87.

郭媛媛，张伟．旋覆代赭汤治疗疑难杂症2则［J］．内蒙古中医药，2013，05：21.

吴蕾，万文蓉．浅谈《金匮要略》对针灸治疗的指导作用［J］．世界中医药，2013，02：207－209.

杨占军，阮岩，王慧敏．温补肾阳法对肾阳虚变应性鼻炎大鼠模型鼻黏膜重塑的影响［J］．新中医，2013，02：130－133.

张文宗，王振涛，毛德西．对《伤寒论》心悸有关问题的认识［J］．新中医，2013，02：147－148.

盛全成．大柴胡汤临证新用［J］．山东中医杂志，2013，03：209－210.

安邦胜．《伤寒论》"竹叶石膏汤"竹叶两把浅议［J］．内蒙古中医药，2013，05：132.

于盼盼，张鹏，常燕磊，李伟伟，袁红霞．白术方证应用举隅［J］．山东中医杂志，2013，02：124.

于惠青，于俊生．温经汤方证探析［J］．山东中医药大学学报，2013，01：18－20.

张荣华，马秀娟，葛海波．桂枝汤的临床应用［J］．内蒙古中医药，2013，05：23.

陈艳秋，南亚昀，张玉芬，王南丁，马亮，马静．金匮肾气丸对肾阳虚大鼠睾丸中TGF－β_ 1表达、精子数量及活率的影响［J］．山东中医杂志，2013，03：191－193.

姚宝泰，薛凤英，夏发树，柴强全．金匮肾气丸联合诺迪康胶囊治疗慢性心力衰竭的疗效观察［J］．实用心脑肺血管病杂志，2013，02：99－100.

盛洁，姚欣．功能翻译理论视域下的中医典籍英译本比较研究－以《伤寒论》译本为例［J］．时珍国医国药，2013，02：464－467.

张建梅，孟翔，马晓峰，任少辉，席鹏飞，陈华．《金匮要略》PBL教学案例选编［J］．天津中医药大学学报，2013，01：48－49.

李赛美，刘超男，李乐愚．聚焦疑难病症弘扬仲景薪传——第二届国际经方班暨第十二期全国经方临床运用高级研修班述要［J］．中医药通报，2013，01：14－17.

齐凯春．《伤寒》《金匮》治呕法浅析［J］．亚太传统医药，2013，01：71－72.

罗旭昇，吴宁玲，郝进．黄斑水肿证治思考［J］．中国中医眼科杂志，2013，01：49－51.

王斌．六经辨证表里对应规律临证运用体会［J］．浙江中医杂志，2013，03：221.

卜燕萍．四逆散加减治疗慢性非萎缩性胃炎验案举隅［J］．中国民间疗法，2013，03：38－39.

范建红，王小军．干姜人参半夏丸合桂枝汤治疗妊娠恶阻48例［J］．中国民间疗法，2013，03：40－41.

乔靖，林亮．《伤寒论》中大黄配伍应用［J］．中国民间疗法，2013，03：47－48.

郑玉玲，王振亮，詹向红，呼海涛，闫国立，张瑞，任平．仲景学术传承方法探讨［J］．中国中医基础医学杂志，2013，03：316＋319.

朴成日．小柴胡汤治疗食欲不振验案2例［J］．吉林中医药，2013，03：301－302.

王超，王强．加味栀子豉汤治疗热扰心神心悸1例［J］．吉林中医药，2013，03：308.

周强，赵锡艳，逄冰，彭智平．仝小林教授应用百合地黄汤、百合知母汤验案分析［J］．中国中医急症，2013，04：581－582.

阮月芳，彭草云．浅析热入血室与温病营血分证的异同［J］．中国中医急症，2013，04：605－606.

陈瑛玲，陈立典，陶静．栝楼桂枝汤治疗中风后肢体痉挛的临床研究［J］．中医临床研究，2013，04：7－9.

孙海燕，刘杨．四逆散合半夏厚朴汤治疗心血管疾病验案2则［J］．中医药通报，2013，01：50－51.

王帅，赵天才，张建荣．浅析吴茱萸汤证［J］．现代中医药，2013，02：68－69.

吴君，黄萍，吴清和．缩泉丸对自然衰老大鼠尿量及血中醛固酮和抗利尿激素的影响［J］．中国医院药学杂志，2013，06：432－435.

王跃生，邓杰华，魏惠珍，饶毅，申峰云，金浩鑫．大承气汤煎煮过程去厚朴、枳实药渣与否其汤剂中蒽醌类成分含量的研究［J］．中国中药杂志，2013，05：694－697.

骆红飞，黄丽娜．反相高效液相色谱法测定葛根芩连丸中葛根素的含量［J］．浙江中医杂志，2013，03：225－226.

陈月园，孙丽平．益气固本胶囊对肾阳虚哮喘模型小鼠脾淋巴细胞增殖功能及相关脏器指数影响的实验研究［J］．中国中西医结合儿科学，2013，01：12－16.

张金良，郭明，黄滔，吕新亮．对小柴胡汤组成药物标准重量的探讨［J］．中医杂志，2013，07：620－622.

管仕伟，陈雪功，董昌武，周雪梅，王建青，张红梅．从历史文化背景探讨方证内涵演变［J］．中医杂志，2013，08：631－634.

唐慧勤，王勤，卢凤来，温宗良，唐云丽．数学模型在中医药研究中的应用与思考［J］．中成药，2013，04：804－806.

孙鹏，聂莉芳，孙红颖，张燕．聂莉芳运用当归芍药散加味的经验简介［J］．中国中西医结合肾病杂志，2013，03：195－197.

魏冬梅，尹钢，陈宏．《金匮要略》中体现的肿瘤转移理论及治法方药特点［J］．辽宁中医杂志，2013，04：662－663.

张存悌．吴天士学术思想探析（二）［J］．辽宁中医杂志，2013，04：785－787.

梁华龙．伤寒论评话第16章阴阳自和生命之本汗下同因结果迥异——误用汗、下不同结果的救治［J］．中医学报，2013，04：492－494.

张永宜．张仲景论治不寐探析［J］．河南中医，2013，04：475－477.

张海荣，赵红．《伤寒论》对热入血室的同证异治［J］．河南中医，2013，04：478－479.

李海鹏．浅析《金匮要略》方剂配伍特色［J］．河南中医，2013，04：480－481.

范铁兵，杨志旭．浅谈《伤寒论》三阴三阳［J］．河南中医，2013，04：481－482.

农志飞，潘立忠，王丹谊．小儿少阳病辨证特点浅析［J］．河南中医，2013，04：483－484.

赵士运．当归四逆汤治验［J］．河南中医，2013，04：498－499.
周慧杰，王耀光．王耀光应用薏苡附子败酱散治疗疥疮1例［J］．河南中医，2013，04：499.
曲道炜，艾华．余景和与《余注伤寒论翼》［J］．河南中医，2013，04：513－514.
刘娟，杨正望．当归芍药散治疗妇科疾病举隅［J］．湖南中医杂志，2013，03：82－83.
姜丹．探讨加味真武汤治疗阳气虚衰型心衰病［J］．辽宁中医药大学学报，2013，04：166－167.
魏亚杰，石凯峰．柴胡桂枝干姜汤临证心得［J］．河南中医，2013，04：495－496.
逯全东，荀丽英，黄鹏，王树荣．柴胡解热临床应用及机制研究现状［J］．辽宁中医药大学学报，2013，04：154－156.
王倩．《仲景学说》教学改革初探［J］．内蒙古中医药，2013，11：131.
李致忠．元刊许叔微伤寒百证歌与伤寒发微论［J］．收藏家，2013，03：41－46.
屠燕捷，郭永洁，杨爱东．《中医临末经典导读》之教学探索［J］．上海中医药大学学报，2013，02：8－10.
刘春芳，侯丕华，梁贻俊．梁贻俊教授运用四物汤加减治疗神经系统顽疾经验［J］．新中医，2013，03：201－203.
刘倩，孙兰军．孙兰军主任治疗更年期妇女胸痹经验［J］．天津中医药，2013，04：195－196.
吕英，林明欣，黄荣铝，刘钊汝．“气一元论”探讨及其在“婴儿肝炎综合征’中的运用［J］．世界中医药，2013，01：35－37.
姜燕．新时期煎中药与《伤寒论》煎药方法初探［J］．内蒙古中医药，2013，11：53－54.
原所贤，暴连英，苏昌明．曹寅《楝亭书目·医部》简考［J］．中医文献杂志，2013，01：11－15.
张志峰．浅析《金匮要略》之“和”［J］．中医文献杂志，2013，01：55.
吴芳．浅谈慢性充血性心力衰竭的中医辩证治疗［J］．内蒙古中医药，2013，04：55－56.
徐姗姗，郑丰杰，姜冬云．浅述《伤寒论》以病机为核心的辨证观［J］．时珍国医国药，2013，02：455－456.
杨宏宝．桂枝去桂加茯苓白术汤治疗痰饮内停型颈肩综合征疗效观察［J］．新中医，2013，03：73－75.
张妙兴，盖沂超．从桂枝人参汤证治谈脾失运化的治疗［J］．新中医，2013，03：188－189.
王永炎，王燕平，于智敏．但见一证便是，不必悉具［J］．天津中医药，2013，03：129－131.
伍映芳，李云英．《伤寒论》之鼻病浅析［J］．新中医，2013，04：185－186
沈丰平，李秋芬．附子理中汤临证应用体会［J］．新中医，2013，04：216－217.
杨巧花．熟读经典践行临床——浅谈对学习《伤寒论》的几点认识［J］．内蒙古中医药，2013，07：140.
赵吉来，赵莹，曲夷．《伤寒论》比较思维方法的运用［J］．山东中医药大学学报，2013，02：139－140.
杨星哲．叶天士胃阴学说与脾胃分治思想初探［J］．四川中医，2013，03：19－21.
朱毓梅，李明．《神农本草经》与宋本《伤寒论》“枳实”考异［J］．时珍国医国药，2013，02：427－428.
李旻贞，陈大权．半夏泻心汤治验［J］．天津中医药，2013，04：248－249.
骆欢欢，李海霞，周福生，陈建南，许仕杰．以半夏泻心汤为例从归经理论探讨仲景方的现代应用［J］．天津中医药，2013，03：153－154.
邱常萍，许秀萍．附子现代药理及配伍解毒机制研究［J］．内蒙古中医药，2013，06：86.
王振福，李玉华，高俊杰．小柴胡汤在临床运用中的体会［J］．内蒙古中医药，2013，11：17.
刘琴桂．在乡村妙用小柴胡汤的临床实践体会［J］．内蒙古中医药，2013，07：54－55.
黄辉．中医四大经典［J］．中医药临床杂志，2013，02：122.
黄辉．《伤寒杂病论》［J］．中医药临床杂志，2013，02：128.
马家驹，张广中．经方治疗荨麻疹探讨［J］．中华中医药杂志，2013，04：997－1000.
陈明．从《伤寒论》解读“君火以明，相火以位”及其临床意义［J］．中华中医药杂志，2013，04：879－883.
张静远，万佼，周春祥．《伤寒论》“基元”理论研究［J］．中华中医药杂志，2013，04：889－891.
王键，黄辉，蒋宏杰．十大新安医著［J］．中华中医药杂志，2013，04：1008－1015.

张丹丹．《金匮要略》麦门冬汤治咳之辨［J］．浙江中医药大学学报，2013，03：255－257.

朱锡玲，张翠玲，刘浩，余美玲．金匮护肝汤对四氯化碳引起小鼠急性肝损伤的保护作用［J］．蚌埠医学院学报，2013，03：262－263＋267.

蔡萌．康缘药业：中药也有国际“范儿”［J］．中国科技奖励，2013，04：66－69.

马思文．《伤寒论》葛根汤治疗肠道外感染性（上呼吸道感染）小儿腹泻的临床观察总结［J］．科技创新与应用，2013，10：282.

李孝波，邓晓鹏，窦志芳，何丽清，杨杰，许凯霞，张瑞卿，门九章．形象教学法在伤寒论教学中的应用［J］．中医教育，2013，02：75－76.

黄奕蕾，林海星，黄斌．从岭南金匮要略的发展看岭南中医药文化底蕴［J］．卫生职业教育，2013，06：155－156.

韩捷．试谈鼓胀教学的要点和难点［J］．中国中医药现代远程教育，2013，07：71－73.

丁娟娟．探究水血同治法在妇科临床中的应用［J］．中国药物经济学，2013，02：243－244.

李旭鹏，赵兰才．张锡纯外感热病学术思想初探［J］．中医杂志，2013，09：803－805.

赵琼，闫卫红．关于古今中医疗效评价的理论探讨［J］．中医杂志，2013，11：983－984.

郑碧霞，陈云志．经方方证对应论治疑难重证举隅［J］．中国中医药现代远程教育，2013，03：94－95.

贲继武，刘宝恒．大枣在《伤寒论》中的配伍应用［J］．亚太传统医药，2013，04：45.

陈元品．大黄附子细辛汤临床应用体会［J］．实用中医药杂志，2013，03：202.

王志红，李笑宇，高磊．《伤寒论》中“和”的涵义［J］．云南中医学院学报，2013，02：33－35＋39.

赵淑平．浅谈支饮证治［J］．基层医学论坛，2013，13：1734－1735.

吴海兰，王小宁，霍介格．黄芪桂枝五物汤对周围神经病变的作用概述［J］．吉林中医药，2013，04：404－405.

赵启武．苓桂术甘汤用治体会［J］．中国药物经济学，2013，02：589.

张著伯，徐萍，田珑．风湿病辨证论治探讨［J］．中国社区医师（医学专业），2013，09：234.

杨军，张小莉．桂枝汤类方治验拾零［J］．中国中医药信息杂志，2013，05：88－89.

邵世才．小柴胡汤临床应用体会［J］．中国中医药信息杂志，2013，05：89－90.

来建明．中医证治四维理论［J］．中国民间疗法，2013，04：6－7.

徐潘．天雄散加味治疗男科疾病三则［J］．浙江中医杂志，2013，04：277.

胡华容．黄连阿胶汤治疗血精1例体会［J］．实用中医药杂志，2013，03：212.

马桂琴．运用“象”思维辨治结缔组织病继发肺间质纤维化［J］．中医杂志，2013，10：884－885.

吴洁，范欣生．试析《金匮要略》中对妊娠禁忌药物的运用及其意义［J］．中医杂志，2013，10：889－890.

赵启亮．小青龙汤临床应用体会［J］．实用中医药杂志，2013，04：291－292.

梁正辉．小青龙汤合附子理中汤治疗久咳痰喘1例［J］．实用中医药杂志，2013，04：292－293.

张清怡，马家驹，苏冠宇，王庆国．《伤寒论》麻黄石膏表里同治探要［J］．吉林中医药，2013，04：325－326.

景晓玲，李录花，方玉红，袁素．浅谈中医“治未病”［J］．中国中医药现代远程教育，2013，04：111－112.

王祥生，李宗强．黄芪桂枝五物汤治疗肢体经络病临床运用［J］．中国中医药现代远程教育，2013，07：75－76.

薛婧，代蓉，董柳慧，淤泽溥．四逆汤君药之辨析［J］．云南中医学院学报，2013，02：90－94.

杨子谊，吴红彦．旋覆代赭汤临床应用研究概述［J］．实用中医药杂志，2013，03：231－232.

楼璐璐，吴素香，葛卫红，石森林．金匮肾气丸物质组体外释放特征与溶散时限的相关性研究［J］．中成药，2013，05：948－951.

边敏佳，闵翠，赵欣，边艳峰．加强中医经典理论等级考试，促进中医人才培养［J］．中医药导报，2013，04：129－131.

郭晓黎．桂枝汤临床应用举隅［J］．湖南中医杂志，2013，04：79－80.

吴洁，戚运珍．张仲景内外并治治疗思想探微［J］．辽宁中医杂志，2013，05：904－905.
李巨奇，李卫青，张横柳，朱章志．从伤寒六经厥阴病论治糖尿病抑郁症思路［J］．中医学报，2013，05：720－722.
黄振俊，段卫华，张立俭．针药结合治疗癌症术后尿潴留的临床研究［J］．中医学报，2013，05：624－625.
梁华龙．伤寒论评话第17章伤阴伤阳虽取决误治，变虚变实则缘于体质——发汗后不同证候的辨证施治［J］．中医学报，2013，05：653－656.
方令，赵鸣芳．经方中芍药药证探微［J］．中医学报，2013，05：657－658.
王伟志，朱旭阳，燕飞如．浅谈半夏泻心汤的辩证机理与临床运用［J］．黑龙江中医药，2013，02：32.
王春霞．小论酒［J］．河南中医，2013，05：796－797.
刘利华，刘琼．孙伟治疗难治性肾性血尿经验［J］．江苏中医药，2013，05：8－9.
于立红，卢秉久．卢秉久诊治黄疸的经验［J］．江苏中医药，2013，05：9－10.
余翔．《伤寒论》中桂枝汤应用范围［J］．中国民族民间医药，2013，05：53＋55.
胡珀，尹新中，狄冠麟．猪苓汤加减治疗咳嗽验案1则［J］．江苏中医药，2013，04：49－50.
陈曦．“脉结代，心动悸”与炙甘草汤的临床应用［J］．江苏中医药，2013，04：63.
张玉英．浅析《伤寒论》对辨证论治的探讨［J］．河南中医，2013，05：633－635.
胡福田，胡俊杰．浅析《伤寒论》中的辩证法思想［J］．河南中医，2013，05：639.
李骁原，许家栋．六纲辨证概述［J］．河南中医，2013，05：642－643.
郭小鸽，肖子曾，卢芳国．麻杏甘石汤方、证、药、煎法的研究进展［J］．湖南中医杂志，2013，04：120－122.
孙明令，曾柏荣．小柴胡汤抗肿瘤的临床应用及其拆方的实验研究进展［J］．湖南中医杂志，2013，04：134－136.
吴波，姜建国．论小青龙汤方证的复杂性辨治思维［J］．江苏中医药，2013，05：63－64.
张涛，姜丁荣，张丽丽，杨瑾，张国骏．诠释学文本内部循环下的炙甘草汤方义探讨［J］．河南中医，2013，05：636－637.
李新善，谭宏韬．桂枝加桂汤证病机浅析［J］．河南中医，2013，05：638.
刘桂章，陶鸣浩．金匮肾气丸联合奥美拉唑治疗老年性反流性食管炎40例［J］．河南中医，2013，05：658－659.
刘晓玲，李季，雷旭杰．《金匮要略》教学案例影像库的建立探讨［J］．世界中医药，2013，03：345－346.
周强，赵锡艳，逄冰，彭智平．仝小林教授运用大黄黄连泻心汤验案解析［J］．天津中医药，2013，05：259－261.
管胥伯．麻杏石甘汤儿科应用［J］．实用中医内科杂志，2013，04：118－119.
张志峰．陈国权教授运用酸枣仁汤为主方治疗不寐验案举隅［J］．新中医，2013，05：220－222.
武鸿翔，姚伟，吴荣祖．附子吴萸当归四逆汤加味治疗黄褐斑的体会［J］．四川中医，2013，04：134－136.
张挺．体质与方证辨证相结合的研究初探［J］．上海中医药杂志，2013，04：12－14.
展照双．四逆散临床应用体会［J］．山东中医杂志，2013，05：363－364.
周强，逄冰，彭智平，赵林华．当归芍药散加减治疗水肿二则［J］．山东中医杂志，2013，05：366－367.
曹毅．六经辨证及经方运用［J］．实用中医内科杂志，2013，04：57－58.
阮吴黎明英，袁红霞．伤寒论“纳差”与临床［J］．实用中医内科杂志，2013，04：59－61.
尹惠琴．桂枝茯苓丸在中医妇科中的应用［J］．陕西中医，2013，03：373.
赵晓娟，王稳平．热入血室之浅析［J］．陕西中医，2013，03：385.
江丹，林明欣，李红，朱章志．立足《内经》与《伤寒论》，再探扶正祛邪治则［J］．世界中医药，2013，03：267－268.

庄灿．浅谈寒与伤寒［J］．陕西中医，2013，04：512－513.

徐琨，老膺荣，范宇鹏，温丹婷，刘志清，古求知．方证相应理论及其临床思维模式探讨［J］．新中医，2013，05：4－5.

胡华容．经方治痹临证心得［J］．新中医，2013，05：218－219.

敖新平，王明镇，王兴友，吴曙光，钱宁．金匮肾气丸抗雄性大鼠力竭性疲劳的研究［J］．时珍国医国药，2013，03：607－608.

樊讯．浅谈《伤寒论》中方剂的常见煎法［J］．求医问药（下半月），2013，02：85.

王枫，赵乌兰．金匮肾气丸对耳聋豚鼠 Cav1.2、TNF－α 表达的影响［J］．新中医，2013，05：175－177.

白雅雯，韩雪梅，王乐平，钱占红，任存霞，荣宝山．以方证为纲探讨研究生中医临床基础课程改革［J］．河北中医，2013，02：319－320.

李彝生，李麟生．中医经典医籍学习心得［J］．中医药临床杂志，2013，04：354－356.

张丹丹．刍议“脾色必黄，瘀热以行”［J］．安徽中医学院学报，2013，02：5－6.

张茂云，刘宏岩．张仲景“人体自和”观探析［J］．安徽中医学院学报，2013，02：10－12.

刘赟，王新佩．《金匮要略》中系统生物学思想浅析［J］．河北中医，2013，02：277－279.

王俊，张翼宙．黄疸病因病机浅析［J］．甘肃中医学院学报，2013，02：26－27.

任鸿义，任鹏，吴迪．浅析《伤寒论》大承气汤的证治［J］．光明中医，2013，04：654－655.

王金成，潘卫峰．《伤寒论》中茯苓桂枝甘草类方辨析［J］．光明中医，2013，04：655－656.

邓月娥．陈修园论治产后病思路探讨［J］．福建中医药大学学报，2013，02：47－48.

郭晓黎．《金匮要略》百合病之我见［J］．福建中医药，2013，02：47.

邓银华．“大气一转，其气乃散”与《金匮要略》水气病篇［J］．福建中医药，2013，02：60－61.

张伟，郭媛媛．黄芩加半夏生姜汤加味治疗胆囊炎 53 例临床观察［J］．北方药学，2013，04：33.

贾石磊，胡道卿．炙甘草汤的功效及其在心衰方面的研究［J］．北方药学，2013，04：86－87.

张丹，刘静．浅谈《伤寒论》中对姜的应用［J］．北方药学，2013，04：109.

李宇杰，谢彬，黄煜，洪倩．从剂量比谈《伤寒论》中附姜的配伍规律［J］．光明中医，2013，03：449－451.

段妍君．《伤寒论》少阴病灸刺法初探［J］．光明中医，2013，03：452－453.

叶登文，刘笑云．麻杏石甘汤治疗外感高热的心得体会［J］．光明中医，2013，03：596－597.

朱平东，朱宏蔚，廖英琼，徐旭．“大气一转，其气乃散”于临床［J］．光明中医，2013，03：613－614.

郑伟，贾晓慧．小柴胡汤治疗胃癌术后诸症经验总结［J］．光明中医，2013，04：801－802.

黄志华．论《伤寒论》“观其脉证，知犯何逆，随证治之”的临床应用［J］．国医论坛，2013，03：1－2.

陈国权．论《金匮要略》五脏汗证及其病机［J］．国医论坛，2013，03：3－5.

李兴军．《金匮要略》虚劳治法析要［J］．国医论坛，2013，03：5－6.

李宁，宋建平．《金匮要略》“养慎”方法浅探［J］．国医论坛，2013，03：7－8.

武紫晖，白蓝郦．试论《伤寒论》辛开苦降中佐以甘调的重要性［J］．国医论坛，2013，03：9－10.

王江，周永学，谢永波．广义和法析议［J］．河北中医，2013，02：211－212.

李婷．炙甘草汤临证验案 3 则［J］．河北中医，2013，02：224－225.

樊云，齐凤军，刘建民，余玲玲，陈松．浅论明清时期中医古籍中胸腹按诊手法的运用［J］．光明中医，2013，04：768－769.

王传博，王婕琼，李泽庚．丁甘仁诊治咳喘撷华［J］．中医药临床杂志，2013，04：365－366.

李金海．经方辨证治疗失眠症之管见［J］．北方药学，2013，05：107.

屈华，李赛美，洪文学，徐笋晶，朱章志．基于多层次复杂概念网络表示原理的《伤寒论》群结构知识发现方法研究［J］．中华中医药杂志，2013，05：1241－1246.

施晓伟，刘文，王群，陈大业．葛根芩连汤的研究进展［J］．贵阳中医学院学报，2013，01：21－24.

申子龙．柴胡桂枝汤临床应用探析［J］．国医论坛，2013，03：12－13.

郗新中．小柴胡汤加减及合方的临床应用［J］．光明中医，2013，04：832－833.

李卫强，魏雪红，朱西杰．病案讨论法在《伤寒论》教学中的应用［J］．内蒙古中医药，2013，13：116.
益平．中医名言录（天人合一）［J］．现代中医药，2013，03：21.
益平．医术学习［J］．现代中医药，2013，03：116.
韩捷．黄疸教学的要点和难点［J］．中国中医药现代远程教育，2013，06：66－67.
陶冬青，严兆丹，张令晖，周红燕．经方治疗糖尿病探微［J］．内蒙古中医药，2013，12：79－80.
唐宇沙，唐仕勇，李必军．学习《伤寒论新解》体会［J］．内蒙古中医药，2013，13：150－152.
刘政，张甦颖．探析“血不利则为水”学术思想在防治周围血管病中的应用［J］．新中医，2013，06：7－9.
陈海生．“利小便实大便”治泄泻与痢疾浅谈［J］．新中医，2013，06：182.
李凯，李秘，谢春光．《伤寒论》清下法在燥热证型糖尿病中的具体运用［J］．四川中医，2013，05：15－16.
任锡禄，郭蕾．五苓散“异病同治”溯源［J］．山西中医学院学报，2013，02：13－14.
逄冰．从《伤寒论》第117条谈张仲景针灸学思想及现代临床应用［J］．上海针灸杂志，2013，05：417－419.
卞尧尧，张静远，周春祥．大黄黄连泻心汤治痞机理新识［J］．世界科学技术－中医药现代化，2013，01：151－154.
张志刚．郑钦安学术思想特色撷要［J］．陕西中医学院学报，2013，03：97－99.
陶应新．半夏泻心汤加减治疗慢性浅表性胃炎临床观察［J］．实用中医内科杂志，2013，06：25－26.
许世英，危北海．加味旋覆代赭汤治疗慢性萎缩性胃炎19例［J］．实用中医内科杂志，2013，06：28－29.
董雁．旋覆代赭汤在急性中毒中应用举隅［J］．中国伤残医学，2013，05：239.
潘星宇，王小宁．仲景方应用体会［J］．中国中医药信息杂志，2013，06：89－90.
罗学文，邹川，樊平，刘旭生．中医八法指导下应用经方治疗肾病水肿［J］．中国中医药信息杂志，2013，06：94－95.
咸红金．梅核气治验43例偶得［J］．中国社区医师（医学专业），2013，10：240.
农朝雷．柴胡陷胸汤治疗杂病体会［J］．中国实用医药，2013，16：204.
凌家艳，沈霖．枳术丸加味治疗脾胃病的体会［J］．中国中西医结合消化杂志，2013，05：268－269.
程志源．仲景方治疗小儿哮喘的临床应用分析［J］．中医儿科杂志，2013，03：48－51.
吴晋英，李俊莲，张世霞．《金匮要略》痹证探析［J］．中国中医基础医学杂志，2013，05：496＋520.
程伟，韦云．浅谈疼痛的中医辨证［J］．中国中医基础医学杂志，2013，05：497－498.
赵克明，徐洪洁．《伤寒论》和解少阳法对防治支气管哮喘的指导意义［J］．中国中医基础医学杂志，2013，05：532－534.
苏培迪，郝贤．论《伤寒论》中痞证的多源性与统一性［J］．吉林中医药，2013，05：524－525.
杨流雯，谢长生．谢长生副主任中医师治疗胃癌术后经验［J］．中国中医急症，2013，05：752－753.
姚向阳，唐锋，何飞龙，彭军良，吴伟光，张华，沈冬晓．“热结旁流”临证体会［J］．中国中医急症，2013，05：755－756.
辛小红，范雪梅．《伤寒论》麻黄升麻汤之管见［J］．中国中医急症，2013，05：762－763.
胡慧良，严仲庆．从案例谈“蓄水”之病位［J］．中国中医急症，2013，05：851－852.
张志峰．陈国权讲授《金匮要略》经验举隅［J］．中医药通报，2013，02：10－13.
孙素云，杨叔禹．当归四逆汤治疗糖尿病周围神经病变探微［J］．中医药通报，2013，02：14－16.
李金洋，范金茹．浅谈“阴”“阳”在《伤寒论》中不同含义［J］．中医药通报，2013，02：37－39.
李旭萍．《伤寒论》少阴病预后探析［J］．中医研究，2013，05：9－10.
甘陈菲．王付教授运用白术治疗便秘经验［J］．中医研究，2013，05：55－56.
刘荣，李霞，门九章．门九章教授应用柴胡理中汤验案浅析［J］．中国中医药现代远程教育，2013，05：125.
王祥生，李宗强．桂枝加厚朴杏子汤临床运用举隅［J］．中国中医药现代远程教育，2013，06：78－79.

王晓．小建中汤治疗慢性胃炎体会［J］．中国中医药现代远程教育，2013，06：79－80.
邓维海．麻杏石甘汤的临床应用分析［J］．临床合理用药杂志，2013，16：180－181.
崔志文，柴瑞霁．柴胡桂枝干姜汤证治研究［J］．中外医学研究，2013，11：119－120.
缴秀珍．桂枝加龙骨牡蛎汤的临床应用［J］．中国医药指南，2013，12：283－284.
陈珏英．桂枝茯苓丸临床应用体会［J］．中国社区医师（医学专业），2013，10：223－224.
王存虎．四逆散临床应用［J］．中国社区医师（医学专业），2013，10：228.
杨爱华，窦志华．茵陈蒿汤药效物质基础研究方法与配伍机制的研究进展［J］．中国药房，2013，19：1812－1814.
刘晓丽，刘爱明．金匮肾气丸微生物限度检查法的研究［J］．中南药学，2013，05：379－381.
王帮众．麻杏石甘汤方证新解［J］．中医药通报，2013，02：35－36.
李笋，王培源，钟萍，阮岩．金匮肾气丸对肾阳虚变应性鼻炎缓解期小鼠 Th1/Th2 细胞因子的影响［J］．中药新药与临床药理，2013，03：258－260.
张茂云，牟宗毅．关于构建《金匮要略》“病案模拟－学生诊查－导入原文”三步式教学模式的实践与思考［J］．辽宁中医药大学学报，2013，06：102－104.
耿彦婷，郭焕荣．和解少阳法治疗眩晕医案 2 则［J］．江苏中医药，2013，06：38－39.
杨占清，秦亮．《伤寒论》治渴法临床运用 3 则［J］．江苏中医药，2013，06：41－42.
温桂荣．应用经方治疗高血压病经验浅谈［J］．环球中医药，2013，03：201－203.
张少军，杨巍．《金匮要略》温法概述［J］．河南中医，2013，06：826－827.
翟妙琴．麻杏石甘汤加减治疗小儿肺炎 64 例［J］．河南中医，2013，06：843－844.
蒋正强．炙甘草汤治疗原发性高血压并阵发性心房颤动 40 例［J］．河南中医，2013，06：844－846.
武洁，王会香，杜景芳．半夏泻心汤治疗消化性溃疡 60 例［J］．河南中医，2013，06：850－851.
梁华龙．伤寒论评话第 18 章蓄水分轻证重证变证有火逆水逆——蓄水证的成因与治疗［J］．中医学报，2013，06：812－815.
陈莉．金匮肾气汤加减治疗老年糖尿病性视网膜病变的效果观察［J］．中国民族民间医药，2013，08：70＋72.
朱德望，郑丰杰，李宇航，吴若菡，刘妙，张金超．基于肺肠相关理论的《伤寒论》结胸证治探讨［J］．中医学报，2013，06：816－818.
梁峰，张国骏，王东强，刘巧娟．“人参汤亦主之”之我见［J］．中医学报，2013，06：818－819.
甘陈菲，王付．张仲景用半夏之管窥［J］．中医学报，2013，06：820－821.
马胜民，刘福官．从《伤寒论》少阳证论治耳眩晕［J］．辽宁中医药大学学报，2013，06：98－100.
彭勇．小议“太阳柴胡证”［J］．中国民族民间医药，2013，09：37－38.
钱占红，韩雪梅，麻春杰，任常胜，张明锐．中医临床基础学科建立病案数据库探讨［J］．河南中医，2013，06：906－908.
相鲁闽．唐容川《血证论》及治血四法［J］．河南中医，2013，06：1008.
李洋，李胜联．传统中药复方四逆散治疗肝病的研究进展［J］．内蒙古医科大学学报，2013，01：80－83.
谢冬梅．《伤寒杂病论》黄疸病因病机探析［J］．江西中医药，2013，01：3－4.
陈亚兵．经方临证验案举隅［J］．江西中医药，2013，01：26－27.
杨兵宾，李新民．和解少阳法儿科应用举隅［J］．江西中医药，2013，01：40－41.
宋洪友，苗瑞恒．当归四逆汤临证应用体会［J］．江西中医药，2013，01：24－25.
何莉娜，孙景波．桃核承气汤方证探微［J］．河南中医，2013，06：821－823.
蔡希玲．真武汤临床运用心得［J］．河南中医，2013，06：855－856.
何岳珍，于晓荣，沈世林，姚军孝，苏小军，王玉萍．滋补肾精方对肾精亏虚证小鼠 IGF－1、IGFBP－3 影响研究［J］．辽宁中医药大学学报，2013，06：19－21.
陈社带，杨慧文．金匮肾气丸对 STZ 糖尿病模型大鼠免疫功能的影响［J］．辽宁医学院学报，2013，02：20－22.

胡正刚．伤寒六经表证分类学习浅识——参考姚荷生《&lt；伤寒论 &gt；有关疾病分类学纲目》［J］．浙江中医药大学学报，2013，06：671－674.

何丽清．构建我院《伤寒论》教学模式，注重中医经典的传承［J］．贵阳中医学院学报，2013，02：14－15.

郭晓东．从补肾祛寒治汤看焦树德教授治疗强直性脊柱炎的思路［J］．风湿病与关节炎，2013，02：47－48.

薛海滨．对开、阖、枢理论的理解和应用［J］．河北中医，2013，03：367－368.

芮金凤．针刺治疗奔豚症 1 例［J］．河北中医，2013，03：428.

董正华，韩志毅，杜雨茂．杜雨茂教授治疗慢性肾功能衰竭的用药经验［J］．中华中医药杂志，2013，06：1758－1760.

李楠，高飞，王晓媛．从病例谈小柴胡汤的临床运用［J］．中华中医药杂志，2013，06：1784－1786.

张发斌，吴萍，李杰，陆东明，张广梅，王仁媛，赵协慧，刘占厚，陈湘红．白介素－2 在小鼠太阳病（风寒表证）中的表达［J］．中华中医药杂志，2013，06：1852－1854.

马思文．葛根汤治疗肠道外感染性小儿腹泻探讨［J］．中医药临床杂志，2013，05：445－446.

贾海荣．活血化瘀药治疗卵巢囊肿的合理应用［J］．河北中医，2013，04：531－532.

马永剑，丁象宸．丁象宸谈柴胡桂枝干姜汤证病机与方解［J］．北京中医药，2013，05：351－353.

戴恩来，金华，张延昌，朱向东，李金田．汉代医简辨证先声——武威汉代医简及其价值［J］．中国现代中药，2013，04：347－348.

陈桂敏，刘茜．中医经典课程教与学探析［J］．中国中医药现代远程教育，2013，11：58－59.

谢强，黄冰林．旴江医学发展纪年［J］．江西中医学院学报，2013，03：15－23.

杨昆蓉，褚贵保．重用柴胡治疗痰湿内阻型失眠 30 例［J］．云南中医中药杂志，2013，03：81－82.

吴红专．金匮肾气丸治疗 2 型糖尿病的临床观察［J］．中药药理与临床，2013，03：191－193.

王天梅．《伤寒论》阳明禁攻下证初探［J］．中国医药指南，2013，13：295－296.

刘海波．涌吐法的常用方药及治疗验案浅述［J］．中国中医药现代远程教育，2013，08：123－124.

董海城，朱世峰．百合病治验一得［J］．浙江中医杂志，2013，05：342.

王巍，席梅，袁晔．大承气汤治疗青光眼验案 1 例［J］．中国中医急症，2013，06：945＋947.

朱月玲．张仲景治“黄”三证探析［J］．江西中医学院学报，2013，03：1－2.

肖文海，杨明．浅谈小柴胡汤的少阳病脉证及临床实践［J］．中国中医药现代远程教育，2013，10：75－76.

辜炳锐，段富津．《温病条辨》大、小、调胃承气汤之研究［J］．中医药信息，2013，03：55－57.

吴秀全，杨俊岑．滋肾通络方对阴阳两虚型糖尿病 EDIEF－5 影响的研究［J］．中国性科学，2013，06：61－63.

张炜．白云阁藏本《伤寒杂病论》厥阴篇讲解（一）第一部分：版本文献［J］．中国中医药现代远程教育，2013，09：1－4.

刘贵成．张仲景和解法探微［J］．中国中医药现代远程教育，2013，09：4－6.

李锐争．论《伤寒论》桂枝汤将息法中的粥［J］．中国中医药现代远程教育，2013，11：11.

刘理琴，张炜，张亚．白云阁藏本《伤寒杂病论》对温病学的贡献［J］．中国中医药现代远程教育，2013，08：1－3.

赫军，李丽华，何建军，赫辉．仲景金匮方辨治风湿痹病验案举隅［J］．浙江中医杂志，2013，05：372－373.

唐军．泻心汤临床应用举隅［J］．实用中医药杂志，2013，06：481.

刘保兴，陈国宏．金匮肾气丸治疗良性前列腺增生症合并逼尿肌不稳定 17 例［J］．中国中西医结合外科杂志，2013，02：179－181.

李景巍．补中益气丸合金匮肾气丸防治慢性支气管炎 86 例观察［J］．实用中医药杂志，2013，06：428－429.

于雪飞，刘应科，刘猛，杨建宇．《中藏经》“病者之乐喜好勿违背”浅议［J］．中国中医药现代远程教育，2013，10：1－2.
陈琦辉．浅析《伤寒论》中“喘”的病机［J］．中国中医药现代远程教育，2013，10：2－4.
张炜．白云阁藏本《伤寒杂病论》厥阴篇讲解（二）［J］．中国中医药现代远程教育，2013，10：4－7.
金光善．黄连阿胶汤的临床药理及研究［J］．中国医药指南，2013，14：466－467.
杜青雄，徐国良，裴超成．从仲景真武汤探讨五行相克的对立与统一［J］．现代中西医结合杂志，2013，17：1853－1854.
常惟智，孙敏．黄土汤中黄芩配伍意义历代医家认识之分析［J］．中国中医药现代远程教育，2013，09：100.
王萍，王喜军．六味地黄丸研究现状［J］．中医药信息，2013，03：163－165.
谭少瑜，黄少冰．中西医结合治疗变应性鼻炎74例［J］．中国伤残医学，2013，04：215－216.
王克勇，刘忠民，徐振萍．《金匮要略》中黑疸所对应的现代疾病刍议［J］．环球中医药，2013，05：370－371.
汪德超，谢斌．浅议急下存阴法与内毒素血症［J］．江西中医药，2013，03：10－11.
余翔．张仲景《伤寒论》中桂枝汤运用规律探讨［J］．中国民族民间医药，2013，07：59－60.
李硕．万友生自制“藓蒺四物汤”治疗荨麻疹经验辑要［J］．江西中医药，2013，02：9－10.
王瑞祥．中医语言的形式逻辑体系刍议［J］．中医药导报，2013，05：19－20.
江建锋，程丑夫．浅述中医经典对缓慢性心律失常相关脉证的认识［J］．中医药导报，2013，05：26－27.
彭坚．疼痛辨治的经方思路［J］．湖南中医药大学学报，2013，05：3－10.
郜文辉，曾普华，刘娟，郁保生．从麻黄汤、桂枝汤的应用探讨《伤寒论》顾护正气的思想［J］．湖南中医药大学学报，2013，05：11－12.
常立杰，胡珂．浅析从三焦论治便秘［J］．江西中医药，2013，04：12－13.
林霖，张光荣．《伤寒论》中太阴伤寒表证见症试探［J］．江西中医药，2013，04：14－15.
张宝霞，饶克琅．从《金匮要略方论》肾气丸的运用论异病同治［J］．江西中医药，2013，05：9－10.
易云龙，蒋小敏．“平脉辨证”不是书名［J］．江西中医药，2013，05：12－13.
岳美玲，伍建光．伍炳彩应用柴胡桂枝汤经验［J］．江西中医药，2013，05：26－27.
李振洁．麻黄连翘赤小豆汤应用于荨麻疹的理论探讨与临床体会［J］．江西中医药，2013，05：35－36.
李琳，舒莉莉．袁长津教授运用经方治疗痹证经验［J］．中医药导报，2013，05：28－29.
王亚茹．葛根芩连汤研究进展［J］．黑龙江医药，2013，03：473－475.
姜霞．中医治疗糖尿病50例［J］．实用中医内科杂志，2013，02：50－51.
何莉娜．试论“叶天士育阴熄风，平肝潜阳之法源于仲景”［J］．四川中医，2013，06：40－41.
龚小雪，黄惠刚．吴光炯教授运用当归贝母苦参丸经验［J］．山西中医，2013，05：4－5.
王俊花．中医治疗小儿腹泻176例临床研究［J］．实用医技杂志，2013，06：673－674.
李梅，吴修符．柴胡桂枝汤治疗胃病二则［J］．山东中医杂志，2013，06：439－440.
张宏宇，李董男．先秦两汉时期热病、伤寒和温病概念辨析［J］．时珍国医国药，2013，05：1204－1206.
钱超尘．北宋校正医书局校定《伤寒论》情况简考［J］．山西中医，2013，04：38－39＋50.
黄洁春，熊描．麻黄汤治疗太阳伤寒证浅析［J］．陕西中医，2013，06：767.
魏文娟，杨柏灿．“酸甘化阴”的实质探析［J］．上海中医药大学学报，2013，03：22－24.
许真真．药典及相关教科书规定附子剂量与临床实际用量的差别分析［J］．实用医药杂志，2013，05：440－441.
黄飞，刘成福，王小琴．金匮肾气丸对庆大霉素所致大鼠听力变化及Notch2/hes1信号通路表达的影响［J］．时珍国医国药，2013，05：1083－1085.
李良．半夏泻心汤联合西药治疗胃炎随机平行对照研究［J］．实用中医内科杂志，2013，02：112－113.
金东明．《伤寒论》教、学、研、用、考方法探究［J］．长春中医药大学学报，2013，03：563－564.
曾毅龙．从仲景原文探析太阴发热的证治［J］．成都中医药大学学报，2013，02：87－88.

赵如峰．射干麻黄汤加减治疗寒哮验案举隅［J］．长春中医药大学学报，2013，03：457－458.

徐光勋，郭玉红，徐向东，李云虎，夏非，刘琳，周爱国，张红升，姚卫海，刘清泉．时行感冒的中医学病机与临床研究概述［J］．北京中医药，2013，02：93－94.

戚运珍．《金匮要略》中的内外并治法浅谈［J］．浙江中医药大学学报，2013，05：515－516.

殷芮．补气健脾法在长期发热中的应用［J］．工企医刊，2013，02：163.

崔志文．足太阳膀胱蓄血证刍议［J］．中国民间疗法，2013，05：57.

田合禄．从发生学论人之三本及治病二统［J］．中医临床研究，2013，07：60－61.

王泽军．金匮肾气丸对2型糖尿病的疗效分析［J］．中医临床研究，2013，07：66＋68.

冯莎，李慧．麦门冬汤治疗咳嗽变异性哮喘临床体会［J］．中医临床研究，2013，07：87－88.

杜庆寿．当归芍药散临床运用体悟［J］．大家健康（学术版），2013，11：181－182.

胡小利，陈绩锐，王建巍，史宏，艾军．谈对张仲景论胸痹证治的认识［J］．中国民族民间医药，2013，11：20＋22.

周英．四逆散治疗男性乳腺增生验案［J］．中国民族民间医药，2013，11：125.

姜元安，张清苓．论伤寒与温病之异［J］．北京中医药大学学报，2013，05：297－299＋304.

傅延龄，宋佳，张林．经方本原剂量问题源流［J］．北京中医药大学学报，2013，05：293－296.

李卫强，朱西杰，徐建虎．开放式教学法在《金匮要略》课程中的应用和体会［J］．山西中医，2013，06：54－55.

李巨奇，李卫青，马全庆，廖文生，禤少敏，夏洪涛，赖伟娇．阿片类药物戒断综合征继发顽固性失眠六经辨证特色探讨［J］．山西中医，2013，06：1－3.

孔建明．酸枣仁汤、穴位按摩联合中药足浴治疗艾司唑仑依赖性失眠10例［J］．中国乡村医药，2013，09：35－36.

姚海强，陈明，胡东升．《金匮要略·妇人杂病第二十二》韵文考证［J］．中医文献杂志，2013，02：8－10.

傅健，王凤荣．心肾阳虚型慢性心衰病机及证治［J］．实用中医内科杂志，2013，08：72－74.

王天麟．浅谈小青龙汤［J］．内蒙古中医药，2013，16：72.

王成．五苓散临床新用［J］．内蒙古中医药，2013，16：57.

罗丹．桂枝加厚朴杏子汤合玉屏风散联合西药治疗慢阻肺缓解期随机平行对照研究［J］．实用中医内科杂志，2013，08：82－84.

李怀民．大七气汤合桂枝茯苓丸妇科疾病临床应用举隅［J］．中国民间疗法，2013，06：34－35.

夏露露，吴晋兰．“有胃气则生，无胃气则死”［J］．实用中医内科杂志，2013，10：34－35.

郭喜宝，陈湘宁．中医药治疗系统性红斑狼疮简况［J］．实用中医内科杂志，2013，10：165－167.

叶亚莲，柴素萍．桂枝茯苓丸治疗瘀血阻络型乳腺增生合并痛经的疗效观察［J］．上海预防医学，2013，05：275－276.

崔莉．《伤寒论类编补遗师承课堂实录》对太阴病的认识［J］．求医问药（下半月），2013，06：191－192.

武跃华．小青龙汤治疗呼吸道感染诱发慢性心力衰竭急性加重［J］．实用中医内科杂志，2013，10：115－116.

陈佳俊，蔡学艳，王婧．薄层扫描法测定护肝片中柴胡苷的含量［J］．求医问药（下半月），2013，06：308－310.

李红亮．四逆汤加减治疗疑难杂症［J］．实用中医内科杂志，2013，10：47－49.

逯铭昕．士人身份与宋代伤寒学的发展——以郭雍《伤寒补亡论》为中心［J］．自然科学史研究，2013，01：55－63.

龚琼，程国珍．辨证分型治疗老年肺气肿120例临床观察［J］．实用中医内科杂志，2013，07：92－93.

李根龙．辨证分型治疗老年痴呆120例临床观察［J］．实用中医内科杂志，2013，07：9－10.

李文．四逆散联合西药三联疗法治疗消化性溃疡随机平行对照研究［J］．实用中医内科杂志，2013，07：21－22.

汤小卜，李秒秒，张琦．桂枝加龙骨牡蛎汤的临床研究综述［J］．广西中医药，2013，01：7－8.
俞白帆，俞宜年．海纳百川有容乃大——俞长荣先生从医治学之路［J］．中医药文化，2013，04：4－7.
熊斌，林飞．熊魁梧《中医热病学》评述［J］．湖北中医药大学学报，2013，06：80.
肖勇，魏伯丞，丁舸．试论大承气汤核心药组配伍的合理性［J］．现代中医药，2013，05：74－76.
陈国茜，欧阳建军．五苓散证治辨析［J］．现代中医药，2013，05：82－84.
李乐，徐云生．田玉美辨治中风病的临床经验［J］．湖北中医药大学学报，2013，06：66－67.
王杰，李孝波，贺文彬，武峻艳．承淡安《伤寒论新注》学术思想研究［J］．中医杂志，2013，24：2158－2160.
刘禹舟，赵江滨．阳明病与脑的关系应用研究概况［J］．内蒙古中医药，2013，33：112－113.
杨文晨，于智敏．“惊”与脏腑关系探讨［J］．中国中医基础医学杂志，2013，09：985－986.
刘同林．金匮肾气汤加味治疗慢性尿路感染60例［J］．中国社区医师，2013，19：75－76.
房立峰．当归四逆汤治疗手脚冻伤［J］．中国伤残医学，2013，10：475.
宋晓蕾．《伤寒论》第24条中的刺法探讨［J］．河南中医，2013，11：1827.
武开放，杨幼新．大青龙汤证初探［J］．河南中医，2013，11：1828－1829.
邢小燕．仲景方中毒剧药物服用方法探析［J］．河南中医，2013，11：1829－1830.
邓先立．辨证论治在《伤寒论》中的应用［J］．河南中医，2013，11：1831－1832.
张增峰，陈晓静，刘郁，王宏．重视体质辨证［J］．河南中医，2013，11：1841－1843.
经方治疗高血压验案3则［J］．河南中医，2013，11：1851－1852.
乌梅丸加减治疗肠道蛔虫体会［J］．河南中医，2013，11：1853－1854.
董瑞霞．炙甘草汤临床应用举隅［J］．河南中医，2013，11：1856－1857.
段逸群，黄萌，郭娜．柴胡桂枝干姜汤治疗皮肤病医案3则［J］．河南中医，2013，11：1857－1858.
琳，马少丹．小陷胸汤证、小结胸病与胆汁酸肠肝循环的关联性评述［J］．现代中医药，2013，05：45－47.
孙佳石．麻黄古今应用［J］．河南中医，2013，11：2015－2016.
谈敏华．茯苓桂枝白术甘草汤的临证应用体会［J］．求医问药（下半月），2013，09：130.
杨强．读经循古道治病出奇方——记汤液大师刘民叔先生［J］．中医药文化，2013，06：4－7.
谢忠礼．中医经典教学中青年教师临床实践若干问题探讨［J］．中医药管理杂志，2013，10：1073－1074.
钱超尘．陈延之及其《小品方》时代考［J］．中医药文化，2013，06：25－27.
王娅玲，关新军．承淡安灸法学思想探析［J］．上海针灸杂志，2013，12：986－987.
李云海，林连美，刘建忠．《金匮要略》黄疸病篇有关条文之我见［J］．世界中医药，2013，11：1290－1291.
徐慧彬．桂枝汤将息法在儿童发热性疾病护理中的应用［J］．天津护理，2013，06：525－526.
王晔，张如青．山田业广《金匮要略集注》述评［J］．中医药文化，2013，06：59－61.
邓炳章．运用经方治疗1例梦游症的报道［J］．中国医药指南，2013，27：210－211.
段从伟．金匮肾气汤加活血化瘀法治疗早期糖尿病肾病的临床疗效［J］．中国医药指南，2013，29：9－10.
郭伟，杜鑫．《伤寒论》之芍药考［J］．云南中医中药杂志，2013，11：22－24.
冯英培．试论建安医家张仲景的妇科学术思想及其对后世的影响［J］．中医临床研究，2013，23：45－46.
方芳，赵艳茹，顾媛媛，李冀．喻昌学术思想初探［J］．中医药信息，2013，05：12－13.
陈昌刚，王华，付艳．浅谈膏方在“治未病”中的作用和意义［J］．云南中医中药杂志，2013，11：85－86.
陈怀，王少丽，朱慧平，曾灏，颜昭南．金匮肾气丸联合常规西药治疗前列腺增生症的临床研究［J］．临床合理用药杂志，2013，35：47－49.
华何与，杨运高，刁建新，胡永祥．《伤寒论》治肝10法在肝病专科教学中的运用［J］．河北中医，

2013，12：1919－1920.

张建荣．试探《金匮要略》论治痰瘀之思想雏形［J］．国医论坛，2013，06：1－3.

林连美，田玉美，李云海，刘建忠．《金匮要略》痰饮咳嗽病篇有关条文析疑［J］．国医论坛，2013，06：3－4.

赵欣悦．浅析《金匮要略》中“足”与“脚”的区别［J］．国医论坛，2013，06：4－5.

胡轶，岳滢滢，刘松林，洪亨惠．浅析《伤寒论》方中性味功效相反药物的配伍应用［J］．国医论坛，2013，06：6－7.

何军强，厚纪东．浅谈麻杏石甘汤化裁的临床用药体会［J］．国医论坛，2013，06：46.

曾元静．运用补脾肾方法治疗外感咳嗽体会［J］．国医论坛，2013，06：47.

吴斌，刘英锋．从六经病机览视水饮辨治规律［J］．环球中医药，2013，12：908－910.

毛宇湘．仲景腹诊探微索隐［J］．环球中医药，2013，12：914－915.

王亚娟，石珺．马淑然教授运用麻黄附子细辛汤治疗妇科疾病验案举隅［J］．环球中医药，2013，12：934－936.

孟旭，张广中．柴胡类经方治疗皮肤病概述［J］．环球中医药，2013，12：952－955.

陈青松，董正华．浅析大柴胡汤中大黄之用［J］．国医论坛，2013，06：8.

于海艳，朴正一，金东明．金东明教授应用柴桂汤治愈30年鼻干无涕案［J］．吉林中医药，2013，12：1279－1281.

王苗，周铭心．《伤寒论》汤剂君药分析［J］．吉林中医药，2013，12：1291－1294＋1301.

李艳杰，刘宏岩．李彣《金匮要略广注》研究［J］．吉林中医药，2013，12：1295－1297.

陈建强．“血不利则为水”在脑水肿治疗中的应用［J］．中国中医药现代远程教育，2013，23：130－131.

孙继娜，任勤．任勤教授应用葛根芩连汤治疗儿科病证经验［J］．中国中医急症，2013，11：1905＋1913.

张文曦，奚肇庆．浅议《伤寒论》顾护正气理念在血液病治疗中的应用［J］．中国中医急症，2013，11：1914－1916.

代晓红．“随其所得而攻之”临证发挥［J］．中国中医急症，2013，11：1976－1977.

李晨帅，任勤．小青龙汤在儿科的临床应用［J］．中国中医急症，2013，11：1977－1978.

刘玉良．《伤寒论》日期辨治涵义探微［J］．中国中医基础医学杂志，2013，10：1123－1125.

王瑞雯，李相良，苏思颖，林艺如，钟明颜，沈山正，万文蓉．论足阳明胃经循行胸腹部及其临床意义［J］．中医药通报，2013，06：28－30.

蔡胜彬．经方临床应用举隅［J］．中国民间疗法，2013，12：46－47.

梅全喜，孙启明．《肘后备急方》中“粉”的考证［J］．中药材，2013，07：1182－1183.

王海铭，康静．浅议太阳病的部位、体质与免疫学观点［J］．中医临床研究，2013，24：57－58.

李祥林，范瑞娟，张萌．汤方辨证临证思辨［J］．中国民间疗法，2013，12：6－7.

冯兴志．《伤寒论》中“胃气”的涵义［J］．中医药信息，2013，06：7－8.

张敏娟，胡敏敏．中成药联合治疗慢性心力衰竭疗效观察［J］．中国中医药信息杂志，2013，12：75－76.

彭丽华．当归芍药散在妇科中的现代应用［J］．中国中医药现代远程教育，2013，23：115.

张保国，刘庆芳．麻黄连轺赤小豆汤的药理研究与临床应用［J］．中成药，2013，11：2495－2498.

张国凤．麻杏石甘汤的化学成分研究［J］．中国中医药现代远程教育，2013，24：113－114.

茅雪莉，韩玲．中西医结合治疗小儿肾病综合征激素撤减期32例疗效观察［J］．中国中西医结合儿科学，2013，06：533－534.

吕悦，曲芳，杨红娜．通消和络汤配合西药治疗卒中后肢体静脉血栓［J］．中国民间疗法，2013，12：60－61.

刘影峰，张艳，冯志强．略谈辛开苦降法及其治疗心血管疾病的临床体会［J］．江苏中医药，2013，12：57－59.

银黎源．试析《金匮要略》中的饮食辨证［J］．中国农村卫生，2013，11：63－64．
叶振昊，黄俊敏．论阳气与太阳经病［J］．辽宁中医药大学学报，2013，10：172－173．
范育南，钱俊华．《金匮要略》方剂相反相成药对配伍之研究［J］．辽宁中医杂志，2013，11：2247－2249．
王珍，陆华．桂枝汤治疗妇产科疾病验案4则［J］．湖南中医杂志，2013，12：86－87．
李红波，何伶．麻桂各半汤治疗小儿外感发热体会［J］．中国民族民间医药，2013，17：137．
赵东丽．格物致知与宋代中医的辨证施治［J］．中医药导报，2013，09：4－6．
章程鹏．从五脏藏神理论看经方辨治失眠［J］．辽宁中医杂志，2013，11：2223－2224．
刘原君，程发峰，王雪茜．论仲景对《神农本草经》中大黄用法的继承与发挥［J］．辽宁中医药大学学报，2013，10：99－101．
刘思毅，许云姣，袁红霞．袁红霞运用经方治疗呕吐经验举隅［J］．山西中医，2013，10：5－6．
宋永刚．《伤寒论》与《金匮要略》麻黄先煎机理探讨［J］．山西中医，2013，12：1－3．
杨文潮．大黄牡丹皮汤在眼科应用3则［J］．陕西中医，2013，11：1549－1550．
霍黎生，陈强．乌梅丸在便秘证治中的研究［J］．陕西中医，2013，11：1552．
李旭，欧阳真理．金匮肾气丸配合灸神阙穴治疗前列腺增生36例［J］．内蒙古中医药，2013，34：30．
张凤琴．当归四逆汤验案3则［J］．中国校医，2013，10：788．
黄子天，刘小斌．何梦瑶《伤寒论近言》对《伤寒论》的传承与研究［J］．广州中医药大学学报，2013，06：925－927．
杨利侠．再议《金匮要略》温经汤组方用药特点［J］．山西中医，2013，10：41－42．
曾静玲．慢性阻塞性肺疾病的病因病机及《伤寒论》中的相关治法［J］．社区医学杂志，2013，21：48－49．
张利利，马文侠．浅谈金匮温经汤之异病同治［J］．光明中医，2013，12：2487－2488．
陈淑萍．脏躁辨证论治再识［J］．光明中医，2013，12：2489－2490．
先小乐，肖相如．从《伤寒论》厥阴病篇初探尿毒症呕吐的辨证思路［J］．河北中医，2013，11：1715．
王奇．《伤寒论》方中炙甘草炮制方法探析［J］．河北中医，2013，11：1654－1655．
谢世平，刘飒，许前磊，王娟，吕顺武，马素娜，张海燕．从少阴病阴阳消长理论探讨艾滋病病机［J］．中华中医药杂志，2013，11：3333－3335．
陈桦逸．《伤寒论》中脾胃病证治思想研究［J］．河北中医，2013，09：1411－1413．
刘玉良．浅论《金匮要略》定量辨证的方法和依据［J］．中华中医药杂志，2013，11：3169－3171．
陈龙．从仲景方看方剂中量变引发的质变［J］．湖北中医杂志，2013，11：57．
郭小舟，闫顺新．金匮肾气丸立法浅析［J］．河北中医，2013，11：1649－1650．
于东林，丁然．从肾气丸的组成及功效谈气分阴阳［J］．河北中医，2013，11：1652－1653．
刘要武．乌梅丸临床应用体会［J］．光明中医，2013，12：2668－2669．
冯世纶．何谓经方——略述经方定义已见［J］．中华中医药杂志，2013，11：3156－3158．
刘玲，李利娜．芍药甘草汤组方规律探讨之一［J］．中国药物经济学，2013，S1：120－121．
何丹，曹建雄．大黄附子汤治疗癥瘕1例［J］．中国药物经济学，2013，S1：281－282．
宋红普，张再良，叶进，曲丽芳，杨爱东，张宇奇．中医临床经典导读课程教学之探讨［J］．中医教育，2013，06：41－44．
尚云冰，曾国书．论《伤寒论》的预防原则与方法［J］．现代中医药，2013，06：64－66．
李卫妮．小柴胡汤儿科应用举隅［J］．现代中医药，2013，06：86－87．
邹若思，王佳宁，陈文慧．郑寿全《伤寒论》学术思想探析［J］．云南中医学院学报，2013，05：10－12．
曹丽翠，王磊，黄银兰．黄银兰老师应用火针的临床经验撷要［J］．针灸临床杂志，2013，11：51－53．
胡华容．当归四逆汤临证治验举隅［J］．浙江中医杂志，2013，11：800．
管利民．盗汗论治浅析［J］．浙江中医杂志，2013，11：825－826．

王悦．运用经方辨治心悸体会［J］．浙江中医杂志，2013，12：874－875.

郑荣辉．奔豚汤临床治验举隅［J］．浙江中医杂志，2013，12：918－919.

杨运高．张仲景脉学特色探讨［J］．中国中医基础医学杂志，2013，11：1247－1248.

杨晓慧．解读“在卫汗之可也”之“卫”“汗”［J］．中国中医基础医学杂志，2013，11：1260.

丁德正．试析奔豚及其治疗［J］．中国中医基础医学杂志，2013，11：1301－1302＋1316.

赵灿，赖鹏华．温病学派对“热入血室”的认识与发展［J］．中国中医基础医学杂志，2013，12：1383－1384.

赵慧，陶晓华，张淼．《伤寒论》中温化法的运用［J］．吉林中医药，2013，11：1081－1082.

陈广坤，张金超，吴昊天，张森，钱会南．桂枝附子汤合大黄附子汤加减治疗单侧肢体损伤疼痛见解［J］．吉林中医药，2013，11：1146－1148.

丁晓兰，袁媛，赵志梅．韩冰教授谈真武汤之君药［J］．吉林中医药，2013，11：1151－1152＋1188.

李春．杨志旭教授应用四逆散加减方治疗 ICU 谵妄的经验［J］．中国中医急症，2013，12：2050－2051.

徐铁有．应用气机升降理论探析经方治疗“咳嗽上气”［J］．中国中医急症，2013，12：2072－2073.

张天星．经方治验举隅［J］．中国中医急症，2013，12：2154－2155.

孙涛．《伤寒论》中人参的辨证使用［J］．中医药学报，2013，06：7－9.

李柏，梁国英．谢晶日教授治疗慢性萎缩性胃炎经验浅析［J］．中医药学报，2013，06：30－31.

周慧杰，王耀光．王耀光教授应用麻杏薏甘汤治验举隅 2 则［J］．中医药学报，2013，06：57－58.

王东阳，张怀亮．张怀亮教授应用当归芍药散治验［J］．中医药学报，2013，06：58－59.

邢燕，毕宏焱，张倩楠，刘忠厚．骨质疏松常用中成药介绍［J］．中国骨质疏松杂志，2013，01：83－85＋96.

李欣怡，王枫，管燕平，沈晓丽，赵乌兰．肾气丸对庆大霉素中毒性耳聋豚鼠 ABR 和 DPOAE 的影响［J］．浙江中医杂志，2013，12：910－911.

孙子微，杨彩虹，岳仁宋．肥胖型 2 型糖尿病病因病机及治疗原则［J］．湖南中医杂志，2013，11：47－49.

王红胜．柴胡加龙骨牡蛎汤加减治疗脑梗塞 30 例［J］．黑龙江中医药，2013，05：24.

盘锋，曹帆，刘惠云．金匮肾气丸治疗慢性支气管炎的临床研究［J］．医药论坛杂志，2013，12：123－124.

李如辉，管斯琦．关于中医“四大经典”书目的界定［J］．辽宁中医药大学学报，2013，12：15－17.

张富永，刘宏杰，董亚楠，江筱薏，陈建杰．《金匮要略》对治疗肝硬化腹水的指导应用［J］．辽宁中医药大学学报，2013，12：116－118.

张建伟，周阳．火神派形成因素探讨［J］．辽宁中医药大学学报，2013，12：153－155.

曾光，黄惠勇．百岁中医夏禹甸先生学术思想研究［J］．湖南中医药大学学报，2013，11：53－56.

曹尚美．蛋白尿的中医研究进展［J］．黑龙江中医药，2013，05：72－73.

傅文录．张仲景应用附子的经验［J］．河南中医，2013，12：2045－2049.

宋广朴．谈《伤寒论》对“不寐”的认识［J］．河南中医，2013，12：2052－2053.

柴瑞震，陈业兴．不可再用“经”取代“经脉”［J］．河南中医，2013，12：2054－2055.

彭红芹．柴胡加龙骨牡蛎汤临床应用举隅［J］．河南中医，2013，12：2068－2069.

梁华龙．伤寒论评话第 24 章误吐大多损胃气水停也可小便利——蓄血证的辨证治疗［J］．中医学报，2013，12：1801－1805.

翟希，钟贞，胡卡明．金匮肾气丸浅论阴阳［J］．黑龙江中医药，2013，05：12－13.

刘刚．半夏泻心汤辨证要点及应用发挥探讨［J］．辽宁中医药大学学报，2013，12：33－35.

赵俊慧，朱颖．桂枝茯苓丸临床应用体会［J］．河南中医，2013，12：2071－2072.

宋李桃，林慧光．陈修园是学经典做临床的楷模［J］．福建中医药，2013，05：47－48.

毕虹博，张国骏．《伤寒论》第 306 条探析［J］．长春中医药大学学报，2013，06：1133－1134.

熊益亮．浅谈俞根初《通俗伤寒论》的温病证治特点［J］．浙江中医药大学学报，2013，10：1189－

1190 + 1193.

宋亚南，邓艳芳，蒋燕．《内经》“㕮咀”释义及其对节约中药资源的意义［J］．长春中医药大学学报，2013，06：953 – 955.

赵明敏，尹文仲．《医学粹精》对消渴病的论治［J］．湖北民族学院学报（医学版），2013，03：64 – 65.

于海艳，金东明．金东明教授治疗不稳定膀胱伴痴呆证［J］．长春中医药大学学报，2013，06：1001 – 1002.

谢冠群，范永升．热毒血瘀证探析［J］．中华中医药杂志，2013，12：3472 – 3474.

徐如平，吴自平，卢晔，徐静．浅析半夏泻心汤治疗心下痞证［J］．北京中医药，2013，11：853 – 855.

宋志伟，王兴华．《经方实验录》大承气汤证医案探析［J］．安徽中医学院学报，2013，06：13 – 14.

朱燕，李顺保．方剂学简史及历代方论十大名著之刍议［J］．西部中医药，2013，11：51 – 54.

益平．医术学习［J］．陕西中医学院学报，2013，06：39.

田莉婷，李煜国，胡小卫，董璐，刘皎皎，寇少杰．浅谈黄疸病论治［J］．陕西中医，2013，12：1692 – 1693.

宋艳芳，刘东阳．从浊毒论治急性痛风性关节炎浅析［J］．陕西中医，2013，12：1693 – 1694.

苏浩，张宗礼．泻心法小议［J］．山东中医杂志，2013，12：929 – 930.

冯宇，冯国祥．自拟活血通络定痛汤治疗心脉瘀阻型胸痹 78 例［J］．内蒙古中医药，2013，31：22 – 23.

张怀礼．方证相应提高临床疗效［J］．实用中医内科杂志，2013，11：81 + 164.

浦月红，陆嘉惠．浅谈瘀证与血液病的关系［J］．新中医，2013，11：147 – 148.

董秀兰．浅谈从六经辨治小儿肺炎及其变证［J］．新中医，2013，11：152 – 153.

崔欣，张甦颖．大半夏汤煎法刍议［J］．山东中医杂志，2013，11：844 – 845.

先小乐，肖相如．浅谈小柴胡汤治疗慢性肾衰竭的认识［J］．山东中医杂志，2013，11：845 – 846.

孙海燕，刘杨．小柴胡汤治疗心系疾病刍议［J］．山东中医杂志，2013，11：846 – 847.

甄维帅，陈宪海，张庆祥．《内经》“虚实”浅析［J］．山东中医杂志，2013，12：859 – 860.

王庆胜，孔祥亮，何新慧．《伤寒杂病论》肺系病证辨治特点刍议［J］．上海中医药杂志，2013，11：22 – 25.

潘明，卢永屹，计康，黄露艳．《金匮要略》“温里法”遣方制剂特色浅析［J］．上海中医药杂志，2013，11：26 – 27.

温小华，孟凡征，李作伟，李志道．仲景方中芍药当为现代的赤芍［J］．上海中医药杂志，2013，11：74 – 75.

岳冬辉，苏颖，毕岩．吴鞠通对张仲景承气汤的运用与发挥［J］．上海中医药杂志，2013，12：26 – 27.

尚云冰．大青龙汤治疗嗜睡验案 1 则［J］．陕西中医学院学报，2013，06：65 + 92.

张瑞卿，李俊莲，李孝波，许凯霞，何丽清．浅析《伤寒论》中的寒温并用法及特点［J］．山西中医学院学报，2013，05：6 – 7 + 9.

黄瑞，姚博，赵喜艳，李俊莲．浅论《金匮要略》发病因素中的不和谐观［J］．山西中医学院学报，2013，05：8 – 9.

祝氏内科流派传承项目课题组．祝味菊遗著《金匮新义》选刊之三［J］．中医文献杂志，2013，06：36 – 38.

张卓文，吴丽君．《伤寒论》140 条文的点滴思考［J］．中医文献杂志，2013，06：44 – 46.

宋晓宾，齐向华．岳美中辨治低热撷萃［J］．四川中医，2013，12：13.

魏轼梁，张国骏，张丽丽．论阳微结证［J］．四川中医，2013，12：31 – 32.

胡天祥，董正华．从吴茱萸汤证论肝阳虚［J］．四川中医，2013，11：13 – 14.

高秀娟，黄磊．金匮肾气丸求是［J］．山东中医杂志，2013，12：928 – 929.

仲炜．附子半夏配伍应用探析［J］．山东中医药大学学报，2013，06：475 – 476.

闫丽，何丽清．小青龙汤证本质探析［J］．山西中医，2013，11：1－3.

李岳芳，张沁园．柴胡桂枝汤证探微［J］．山西中医，2013，11：4－5＋13.

王红艳，张先庚，刘琴，梁小利，彭德忠．金匮肾气丸对恐伤肾模型仔鼠多巴胺水平的调节作用研究［J］．中国全科医学，2013，39：3957－3959.

翟金海，陈兰，邢益阳．从温化水湿角度再论金匮肾气丸组方原理与药味分析［J］．四川中医，2013，12：32－33.

蔡建华，王福林，霍介格．试从脏腑相关辨治胃食管反流病［J］．新中医，2013，11：151－152.

张苇航．“越婢汤”当为“越痹汤”再证［J］．上海中医药大学学报，2013，06：16－18＋26.

马刘存，王堃．辨证分型治疗慢性肾小球肾炎60例临床观察［J］．实用中医内科杂志，2013，23：22－23.

林博，张明雪．胸痹病因病机历史沿革［J］．实用中医内科杂志，2013，14：7－8.

陈凤春，谷峰．《伤寒论》水液病治疗理法方药［J］．实用中医内科杂志，2013，14：9－10.

李晓军，韩毅，高建辉．心悸与《伤寒论》［J］．实用中医内科杂志，2013，18：7－9.

杨涛，吴承玉．基于人工神经网络的《伤寒论》方证知识库的构建［J］．世界科学技术－中医药现代化，2013，09：2033－2036.

董禹．《伤寒论》第253条原文用方辨析［J］．云南中医学院学报，2013，06：85－86＋97.

刘秋燕，吕光耀，张春兰．从《脾胃论》与《金匮要略》中分析经方的服药方法［J］．山西中医学院学报，2013，06：12－14.

肖惠英，嵇玉峰．温肾丸对少弱精子症患者生精功能影响的研究［J］．山西中医学院学报，2013，06：35－37.

许淑芬．《伤寒论》芍药甘草汤在肌痉挛治疗中的应用［J］．中国医疗前沿，2013，22：4.

李锋．辨证分型治疗高血压随机平行对照研究［J］．实用中医内科杂志，2013，20：11－12.

岳滢滢，洪亨惠，胡铁，刘松林．《伤寒论》寒温并用方运用规律探析［J］．中医研究，2013，12：6－8.

吴生元，吴晶金．从《金匮要略》虫类药运用谈痹证治疗［J］．云南中医学院学报，2013，06：44－45＋48.

王安军，王兴华．栀子豉汤及其组成中药近5年研究进展［J］．江西中医学院学报，2013，05：97－100.

叶莹，张琦，江泳，袁世清．《高等中医药院校西部精品教材·金匮要略》教材使用情况的调查与分析［J］．成都中医药大学学报（教育科学版），2013，04：3－4＋11.

李美康，李婕，曾家耀，韩海涛，黄瑾明．针刺壮医脐环穴调理阳虚体质的效果分析［J］．广西医学，2013，10：1343－1345.

陈丽平，蔡永敏．《伤寒论》药对使用规律关联规则研究［J］．北京中医药大学学报，2013，12：808－811.

钟维．浅谈《金匮要略》中山药的运用［J］．中国民族民间医药，2013，24：21－22.

林吉祥．金匮肾气丸改善老年肾气虚证的临床观察［J］．湖南中医药大学学报，2013，12：16＋20.

谭金华．温经汤治疗女性青春期后痤疮体会［J］．湖南中医药大学学报，2013，12：82.

胡建义．伤寒论与中医骨伤科的关系分析［J］．环球中医药，2013，S2：62－63.

王键，黄辉，蒋宏杰．十大新安医著［J］．中医药临床杂志，2013，12：1068.

王雨桐，张哲滔，陈婷．《脉经》与《金匮要略方论》对比研究［J］．北京中医药，2013，12：917－919.

李宝金，李杨帆，宗文汇，赵喜俊，谢燕芳，杜仪，韩玉，王永志，白杰，林海，李丽．宗修英学术生涯及学术渊源概论［J］．北京中医药，2013，12：951－953.

张超云，史马广寒，张克克，毛秉豫．《伤寒论》“促脉”新解［J］．南阳理工学院学报，2013，06：125－128.

任林红，卢益萍．卢益萍抗敏方治疗风寒型荨麻疹［J］．实用中医内科杂志，2013，24：6－7.

王廷刚．半夏泻心汤治疗内科杂症［J］．实用中医内科杂志，2013，24：65－67.

冯露夷．从半夏、生姜、甘草“泻心汤”论寒热错杂痞证［J］．中医药导报，2013，12：5－7.
刘春香，于洁．《伤寒论》原文第26条之我见［J］．江西中医药，2013，12：3－4.
石翠花，张敬文．试论《伤寒论》的阴阳观［J］．江西中医药，2013，12：6－7.
陈斌，刘艳红．小柴胡汤异病同治验案举隅［J］．江西中医药，2013，12：31－32.
许凤秋，胥靖域，刘涛，李戎．浅析李杲《脾胃论》［J］．黑龙江中医药，2013，06：9－10.
张雅丽，高琦．半夏泻心汤治疗脾胃病的临证举隅［J］．黑龙江中医药，2013，06：40－41.
李颖萌，范雪梅，王义明，梁琼麟，罗国安．葛根芩连汤治疗2型糖尿病的研究进展［J］．江西中医药，2013，11：75－77.
李晓荣．阳陵泉穴在临床上的应用［J］．中国医药导刊，2013，S1：307.
黄福珍，刘英锋．《伤寒论》方在儿科肺系疾病中应用概况［J］．中国医药科学，2013，24：33－35.
赵志伟，楚俊利．炙甘草汤加减液在体外对感染病毒大鼠心肌细胞的影响［J］．中国医药导刊，2013，S1：178－179.
孟捷，陈龙全．从桂枝汤的临床应用看中医的辨证论治［J］．湖北民族学院学报（医学版），2013，04：70－73.
张云，蔡立军，许明辉．小议鸡子黄在黄连阿胶汤中的功用［J］．广西中医药大学学报，2013，04：49－51.
张副兴，祝雨田，蔡艳阳．经方防己黄芪汤的应用研究进展［J］．广西中医药大学学报，2013，04：82－84.
胡爽杨．《金匮要略》白虎加桂枝汤治疗小儿咳嗽的临床应用心得［J］．环球中医药，2013，S1：58.
安徽省宣城市桂双喜中西医结合诊所桂双喜浙江省台州市仙居杏林药房有限公司季之恺．大青龙汤治疗小儿外感［N］．中国中医药报，2013－01－03005.
安徽省宣城市桂双喜中西医结合诊所桂双喜浙江省台州市仙居杏林药房有限公司季之恺．小柴胡汤加味治小儿外感［N］．中国中医药报，2013－01－10005.
河南省南阳市中医中药研究所秦恩甲．张仲景医药文化漫谈［N］．中国中医药报，2013－01－10008.
甘肃中医学院甘肃省第三人民医院陈光艳祁琴郑访江．西医诊断中医辨证中药为主（上）［N］．中国中医药报，2013－01－03004.
中国中医科学院广安门医院仝小林郭允．《伤寒论》之“伤寒”是一种传染病（上）［N］．中国中医药报，2013－01－18004.
中国中医科学院广安门医院仝小林郭允．《伤寒论》之“伤寒”是一种传染病（下）［N］．中国中医药报，2013－01－21004.
北京中医药大学翟双庆．《内经》论正治法与反治法［N］．中国中医药报，2013－02－01005.
山西中医学院中西医结合医院张英栋．速汗与长汗［N］．中国中医药报，2013－02－04004.
山西中医学院中西医结合医院张英栋．发汗不彻转阳明［N］．中国中医药报，2013－02－20004.
中国中医科学院医史文献研究所柳长华．集中医之大成汇百家之精华［N］．中国中医药报，2013－03－01008.
樊粤光，王庆国，李赛美，李宇航，朱章志，刘敏，方剑锋，王保华，刘树林，万晓刚，罗广波，黄开颜，蔡文就，熊曼琪．“六梯级”《伤寒论》课程体系构建与应用［N］．中国中医药报，2013－03－06003.
林培政，吴智兵，李赛美，林昌松，林兴栋．重经典强临床促应用［N］．中国中医药报，2013－03－06003.
山西中医学院中西医结合医院张英栋．《伤寒论》“心中懊恼”是胃病［N］．中国中医药报，2013－02－08004.
山西中医学院中西医结合医院张英栋．《伤寒论》“炙甘草”当为炒甘草［N］．中国中医药报，2013－02－18004.
山东省淄博市中心医院王强．甘草首在用量大小不必强求炮制［N］．中国中医药报，2013－02－27004.

北京中医药大学翟双庆.《内经》论间者并行，甚者独行［N］. 中国中医药报，2013－03－01005.
中国中医科学院孟庆云. 经典筑基弘久大［N］. 中国中医药报，2013－03－14003.
山东省临沂市蒙阴县坦埠医院杨燕. 经方治疗冠心病［N］. 中国中医药报，2013－03－14005.
河南省鹤壁市淇县朝歌镇凤景诊所牛凤景，牛兰，刘水冰. 十枣汤——泻下逐水之良方［N］. 中国中医药报，2013－01－30005.
中国中医科学院广安门医院副院长仝小林整理王宁. 药量是中医疗效的生命［N］. 健康报，2013－03－13005.
湖北远安胡献国. 蒲辅周桂枝应用经验谈［N］. 上海中医药报，2013－01－18007.
山西中医学院中西医结合医院张英栋. 炒甘草大量为仲景原意［N］. 中国中医药报，2013－03－18004.
四川省剑阁县中医院胥燕王廷治. 桂枝汤证的"八项注意"［N］. 中国中医药报，2013－03－21004.
山西中医学院针灸推拿系孙学达，山西中医学院中西医结合医院张英栋."中药西用"浅析［N］. 中国中医药报，2013－04－04004.
吉林省梨树县中医院张瑛整理，吉林省梨树县韩天助中医诊所韩天助. 整理刘渡舟医案二则［N］. 中国中医药报，2013－04－04005.
中国中医科学院马堃.《金匮要略》与《妇人大全良方》温经汤的区别［N］. 中国中医药报，2013－04－11004.
山东省临沂市兰山区卫生局戴美友. 从仲景处方看药物用量［N］. 中国中医药报，2013－04－11004.
青海省中医院伏新顺. 金匮肾气丸组方有三妙［N］. 中国中医药报，2013－03－20004.
卫生部中日友好医院冯世纶. 何谓经方［N］. 中国中医药报，2013－04－15004.
吴潇湘."板蓝根"缘何受争议［N］. 中国中医药报，2013－04－10001.
海军总医院王玉生陈德货. 发展中医院人才是关键［N］. 中国中医药报，2013－04－17003.
山东省淄博市中心医院王强. 2500 年前中医是成熟科学吗［N］. 中国中医药报，2013－04－10003.
江苏泰州武简侯. 桂枝汤证论［N］. 上海中医药报，2013－04－12007.
高允旺. 脑中风并大汗案［N］. 中国中医药报，2013－04－10004.
陕西省中医药研究院洪文旭. 郭子光用药配伍经验［N］. 中国中医药报，2013－04－17004.
山西中医学院中西医结合医院张英栋，山西中医学院针灸推拿系孙学达. 时人病症辨治框架［N］. 中国中医药报，2013－05－09004.
山西中医学院中西医结合医院张英栋. 头部银屑病与温通［N］. 中国中医药报，2013－05－13004.
北京朝阳陈腾飞. 中医急救话人参［N］. 上海中医药报，2013－05－17009.
安徽阜阳刘绍义. 饮食相忌需谨慎［N］. 上海中医药报，2013－06－14009.
山西中医学院中西医结合医院张英栋. 随症治之不是中医主流［N］. 中国中医药报，2013－06－05004.
山西中医学院中西医结合医院张英栋."辨不可发汗"篇的启示［N］. 中国中医药报，2013－06－10004.
曹延鸿. 方证是打开经方宝库"金钥匙"［N］. 中国中医药报，2013－06－12004.
山西中医学院 2009 级中医传统班兰瑜. 柴胡桂枝干姜汤证"口渴小便不利"浅析［N］. 中国中医药报，2013－06－26004.
北京市中西医结合医院脑病科主任北京中医药学会仲景学说专业委员会主任委员冯学功. 方证对应彰显疗效［N］. 健康报，2013－06－19005.
赵河通. 粳米、谷精草［N］. 上海中医药报，2013－05－24003.
曹延鸿. 中药辨证使用才安全［N］. 中国中医药报，2013－05－30003.
首都医科大学附属北京中医医院吴义春. 经方：暗香浮动活水来［N］. 中国中医药报，2013－06－05008.
江苏省连云港市中医院姜明孝. 浅说服药方法［N］. 中国中医药报，2013－06－14004.
杨志云，熊继柏. 从乡村诊室走出的大学名师［N］. 中国中医药报，2013－06－28002.

龙砂医学流派传承工作室顾植山．找回中医思想的魂［N］．中国中医药报，2013－07－18003.
欧阳卫权广东省中医院．《伤寒论》百方皆可退热［N］．中国中医药报，2013－06－27004.
广东省中医院欧阳卫权．《伤寒论》百方皆可退热［N］．中国中医药报，2013－06－28004.
湖北省鄂州市中医医院朱祥麟．张仲景运用细辛探讨［N］．中国中医药报，2013－06－28005.
广东省中医院欧阳卫权．《伤寒论》百方皆可退热［N］．中国中医药报，2013－07－01004.
山西中医学院中西医结合医院张英栋．大汗微汗，不可偏执［N］．中国中医药报，2013－07－03004.
山西中医学院中西医结合医院张英栋．辨《伤寒论》解表三方［N］．中国中医药报，2013－07－08004.
陕西中医学院张谨枫董正华．仲景扶阳法治水肿浅析［N］．中国中医药报，2013－07－11004.
山西中医学院中西医结合医院张英栋．深究三阴三阳论治银屑病［N］．中国中医药报，2013－07－15004.
邢汝雯申海明许占民张维耀．师其意而不泥其方［N］．中国中医药报，2013－07－22004.
山西中医学院中西医结合医院张英栋．不知病源，为治乃误［N］．中国中医药报，2013－07－22004.
河南漯河医学高等专科学校欧阳真理．法因证立方随法出［N］．中国中医药报，2013－07－25004.
河北以岭医院肌萎缩科苏卫东．阎艳丽应用细辛经验［N］．中国中医药报，2013－07－29004.
贾佩琰．桃核承气汤治妇科病［N］．中国中医药报，2013－07－29005.
杨朝晖．古代医经典籍论阿胶（上）［N］．科技日报，2013－07－25004.
因方施量［N］．中国中医药报，2013－07－04004.
辽宁省人民医院药剂科王雨．顿服，中西医不同［N］．中国中医药报，2013－07－01007.
中国中医科学院中国医史文献研究所所长教授博导柳长华．中药成了别国的专利，咋办？［N］．健康时报，2013－08－01001.
北京商报记者夏姗姗．经方是独特医学体系［N］．北京商报，2013－07－24D03.
中国中医科学院首席研究员刘保延．中医药迎来大数据时代［N］．健康报，2013－08－21005.
河南省驻马店市第四人民医院毛进军．扶阳核心是扶正而非温法［N］．中国中医药报，2013－08－08004.
王晓戎，马继松，班秀文．从太阳经辨治妇科病［N］．中国中医药报，2013－08－15004.
河南省驻马店市第四人民医院毛进军．浅谈“有病不治，常得中医”［N］．中国中医药报，2013－08－15004.
陈明北京中医药大学．张仲景与《伤寒论》［N］．中国中医药报，2013－08－16005.
北京市丰台区兴隆中医医院高明超．急喉痦治验与思考［N］．中国中医药报，2013－08－22004.
河南省驻马店市第四人民医院毛进军．中医当自强，不能仅靠“扶持”［N］．中国中医药报，2013－08－29003.
北京中医药大学马家驹首都医科大学附属北京中医医院张广中．微汗解表治荨麻疹［N］．中国中医药报，2013－08－26005.
王晓戎马继松．班秀文六经辨治妇科病［N］．中国中医药报，2013－08－30004.
记者胡彬．健康服务业为中医药提供新契机［N］．中国中医药报，2013－10－23001.
李仰峤．植根沃土的仲景医药文化［N］．中国中医药报，2013－10－17002.
马骏．仲景文化打造南阳城市品牌［N］．中国中医药报，2013－10－21001.
天津中医药大学赵冀生天津中医药大学第一附属医院杨崇青．辨六经实质识诊法精髓［N］．中国中医药报，2013－10－11004.
北京中医药大学马家驹．麻黄附子甘草汤证是表阴证［N］．中国中医药报，2013－10－17004.
北京中医药大学陈明．肺通调水道理论与麻黄汤［N］．中国中医药报，2013－10－11005.
中共南阳市委书记穆为民．仲景文化的南阳基因和时代价值［N］．中国中医药报，2013－10－31001.
胡彬．文化节助推南阳中药产业发展［N］．中国中医药报，2013－11－08002.
李龙飞．与“药王”孙思邈的时空对话［N］．陕西日报，2013－11－06010.
何清湖，孙相如湖南中医药大学．中医发展需要批判精神［N］．中国中医药报，2013－11－28003.

著名作家二月河．医门之仲景与儒门之孔子［N］．中国中医药报，2013－10－31004.
“医圣仲景南阳论坛”创坛词［N］．中国中医药报，2013－10－31004.
河南省驻马店市第四人民医院毛进军．香港中医的三大特色［N］．中国中医药报，2013－11－20003.
山西中医学院中西医结合医院张英栋．用“三明治”模型解读张仲景与刘河间［N］．中国中医药报，2013－11－27004.
湖南中医药大学张觅．百岁老中医的养生经［N］．中国中医药报，2013－10－18006.
黑龙江省虎林市社区卫生服务中心官延铎．经方退热一例［N］．中国中医药报，2013－10－18004.
北京中医药大学陈明．麻黄汤与太阳伤寒证［N］．中国中医药报，2013－10－18005.
甘肃省通渭县中医医院张存龙，连昌梅．善用“调和”求佳效［N］．中国中医药报，2013－10－30004.
山西中医学院中西医结合医院张英栋．以史为鉴善秉“无为与有为”［N］．中国中医药报，2013－10－30004.
北京中医药大学王庆国．张仲景首倡“个体化诊疗”［N］．中国中医药报，2013－10－31004.
河北省中西医结合医药研究院院士吴以岭．络病学说是仲景学术的传承与发展［N］．中国中医药报，2013－10－31005.
北京中医药大学陈明．《伤寒论》太阳病误汗原因解析［N］．中国中医药报 2013－10－31005.
中华海峡两岸中医药合作发展交流协会梁克玮．张仲景对呃逆的认识［N］．中国中医药报，2013－10－31005.
北京市中西医结合医院冯学功．再谈经方特点［N］．中国中医药报，2013－10－31005.
河北省承德市中医院潘树和．太阳伤寒表阳证为何辛温解表［N］．中国中医药报，2013－11－04004.
山西中医学院中西医结合医院张英栋．勿将六经与八纲辨证混同［N］．中国中医药报，2013－11－13004.
河南省南阳市中医院张炜．白云阁藏本《伤寒杂病论》有助仲景学说澄源［N］．中国中医药报，2013－11－14004.
北京中医药大学陈明．真武汤与猪苓汤［N］．中国中医药报，2013－11－15005.
胡希恕名家研究室．方证是八纲、六经辨证的终极［N］．中国中医药报，2013－11－25004.
中华中医药学会方药量效研究分会主任委员仝小林．中药用量如用兵［N］．健康报，2013－11－13006.
北京中医药大学陈明．茯苓甘草汤、苓桂枣甘汤［N］．中国中医药报，2013－11－01005.
上海中医药大学屈庆．浅析“麻黄附子细辛汤证”［N］．上海中医药报，2013－11－15002.
尚晓娟．浅谈《伤寒论》中的中药炮制及其贡献［J］．科技信息，2014，01：198.
郁保生，刘娟，郜文辉，石晓理，邹旭峰．多元化教学方法在《伤寒论》教学中的应用［J］．教育教学论坛，2014，02：71－73.
孟小斐，钱秋海．从《伤寒论》组方浅析干姜的“除烦”作用［J］．江苏中医药，2014，01：67－68.
尚云冰，娄政驰．姜建国运用经方辩治疑难病经验举隅［J］．山西中医，2014，01：4－6.
周俊杰，宫丽鸿．《金匮要略》胸痹心痛病证方药探析［J］．山西中医，2014，01：37－38.
樊建君．柴胡桂枝汤临床应用［J］．内蒙古中医药，2014，01：79.
赵广海．桂枝汤临床应用及其药理学作用［J］．内蒙古中医药，2014，01：33.
金保，金伟．半夏泻心汤应用体会［J］．北方药学，2014，01：37－38.
梁军，吴红彦，杨欣嫦．浅析《伤寒论》桂枝的配伍应运［J］．甘肃科技，2014，01：133－134.
高红勤．桂枝加附子汤汗证治验［J］．中国中医药信息杂志，2014，01：103－104.
王丽，王莒生，毛进军．毛进军巧用经方治疗夏季腹泻验案两则［J］．中国中医药信息杂志，2014，01：115－116.
李全香，张红旗，李汾香．止嗽散合苓甘五味姜辛汤治疗寒性咳嗽56例临床观察［J］．中国民间疗法，2014，01：42－43.
武铁岩．桃核承气汤在肾病中的应用［J］．中国民间疗法，2014，01：43.

邹昌杰．半夏泻心汤临床应用体会［J］．中国民间疗法，2014，01：45.
程永．肝木之气下陷论［J］．辽宁中医药大学学报，2014，01：143－146.
李耀辉，刘莉君，张军城，曹利平．叶天士运用栀子豉汤规律探讨［J］．环球中医药，2014，01：41－42.
武冰，于晓．再议《伤寒论》固瘕证［J］．环球中医药，2014，01：46－47.
焦秋粉，樊茂蓉．张燕萍教授治疗缓解期支气管哮喘经验总结［J］．环球中医药，2014，01：52－54.
张佩娜，宋俊生．小陷胸汤1949—1979年间发表的个案文献质量评价及病症谱［J］．辽宁中医药大学学报，2014，01：98－99.
冯理兵，周才新，李杰，詹琤琤，蔡伟．《金匮要略》煎药加水量探讨［J］．当代医药论丛，2014，01：174.
王盛隆．肝之补泻刍议［J］．山东中医杂志，2014，01：12－13.
张谨枫，董正华．浅识《伤寒论》"反"字用法［J］．现代医药卫生，2014，01：117－119.
刘琼，伍红梅．孙思邈对《伤寒论》脾胃学术思想的研究［J］．陕西中医学院学报，2014，01：99－100.
杨大华．对方证表述模式的探讨［J］．上海中医药杂志，2014，01：24－26.
孔祥亮，杨学．仲景辨治欲愈证思想初探［J］．上海中医药杂志，2014，01：27－29.
陈少丽，陈德兴，陈佳靓，洪遍野，夏锦涛，都广礼．五苓散中桂枝的配伍对水负荷和阳虚模型小鼠利水作用的影响［J］．上海中医药杂志，2014，01：78－80＋84.
姚佳音．宋以前煮散探析［J］．中华中医药学刊，2014，01：108－109.
范明明，李敬孝，张雅丽．桂枝茯苓丸临床应用演绎［J］．中医药信息，2014，01：122－125.
刘素娜，张光霁．论仲景保胃气思想及其在《金匮要略》妇人三篇中的运用［J］．浙江中医药大学学报，2014，01：22－23＋27.
刘天峰，凌娜，李龙．伤寒"三纲鼎立学说"辩［J］．中国民族民间医药，2014，01：33.
张发玉，冉连辉．浅论桂枝在《伤寒论》中的配伍及现代临床应用［J］．中国民族民间医药，2014，01：34－35.
张玉和．大椎穴刺血临床观察［J］．亚太传统医药，2014，01：74－75.
韩文舫，王志红．汗法应用之宜忌［J］．吉林中医药，2014，01：7－9.
尚云冰，周雪亮，荀丽英．《金匮要略》预防思想撮要［J］．吉林中医药，2014，01：9－11.
包自阳，朱彩凤．试用《伤寒论》少阴病证理论辨证治疗肾脏疾病［J］．中国中医急症，2014，01：54－55.
马艳红，孙西庆，赵岩．阳明蓄血与神志异常关系的探讨［J］．中国中医急症，2014，01：81－82.
刘海峰，陈有明，赵军．白头翁汤加减治疗痢疾体会［J］．中国中医急症，2014，01：180－181.
孙鸿昌，姜建国，崔伟锋，周雪亮，姜璐．《伤寒论直解》及其学术成就［J］．中医研究，2014，01：49－51.
戴海安，李军．王杰老中医用药经验拾贝［J］．中国中医药现代远程教育，2014，01：92－94.
王瑛．小柴胡汤治疗疑难杂病验案举隅［J］．中国中医药现代远程教育，2014，01：124－125.
陈芝芸，严茂祥，姚俊娜，蒋剑平，何蓓晖，黄志群，吴黎艳．不同中医治法方药对非酒精性脂肪性肝炎大鼠肝脏腺苷酸激活蛋白激酶mRNA表达的影响［J］．中华中医药杂志，2014，01：277－281.
钟凯，曾瑞才，张国骏．由《伤寒论》第122条引发的思考［J］．四川中医，2014，01：31－32.
于海艳，金东明．《伤寒论》辨证用药特点及规律探究［J］．四川中医，2014，01：33.
印勇．浅谈现代中医的修习方法和临证体系的建立［J］．四川中医，2014，01：66－68.
杨金荣．尿频经方异治3则［J］．四川中医，2014，01：136－137.
齐跃更，李洪久．金匮肾气丸配合当归鸡血藤汤加减外洗治疗跟痛症疗效观察［J］．黑龙江中医药，2014，01：16.
骆凉月，刘琳，秦见君，张庆文．举元煎加减治疗崩漏一例［J］．黑龙江中医药，2014，01：19.
刘世鹏，杨涛，谷松．浅析《伤寒论》水饮病治法［J］．河南中医，2014，01：3－5.
赵江滨，刘禹舟．从《伤寒论》阳明病篇看中医养生观［J］．河南中医，2014，01：6－7.

杨颖辉．浅析仲景黄连阿胶汤治失眠［J］．河南中医，2014，01：8－9.

许敬生．蜜煎通便［J］．河南中医，2014，01：12.

刘林，张宏亮，李刚．桂枝加附子汤加减治疗人工流产术后自汗1例［J］．河南中医，2014，01：26－27.

张攀，洪亨惠．洪亨惠治疗顽固性失眠经验［J］．湖北中医杂志，2014，01：25.

张智华．《伤寒论》柴胡药对探析［J］．湖北中医杂志，2014，01：47－48.

梁华龙．伤寒论评话第25章日晡并非申时阴阳凿分寒热——结胸证的成医证治［J］．中医学报，2014，01：28－31.

晁利芹．王付教授运用乌头汤加减治疗痹证心得［J］．中医学报，2014，01：38－39.

周刚．半夏泻心汤与“舍性存用”配伍方法［J］．河南中医，2014，01：1－2.

王丹．浅谈中药炒炭后止血功效产生或增强的因素［J］．湖北中医杂志，2014，01：70－71.

陈光顺．李赛美教授辨治糖尿病经验撷英［J］．新中医，2014，01：21－22.

马凯敏，叶仲秋，梁世杰，陈瑞雪，廖锐，马民．桂枝汤及其类方在不同体质类型中的应用［J］．新中医，2014，01：222－224.

胡华容．《金匮要略》误治浅谈［J］．江西中医药，2014，01：8－10.

高巍巍，丁成华．当归芍药散妇科应用举隅［J］．江西中医药，2014，01：22－23.

张素玲，李映霞．麦门冬汤临证治验3则［J］．江西中医药，2014，01：25－26.

吴德鸿，李正富．仲景治湿大法探析［J］．长春中医药大学学报，2014，03：386－388.

代志蓉，张淑英，李沛霖．浅述《伤寒杂病论》的辨证法［J］．黑龙江中医药，2014，02：10－11.

朱叶萍，袁成业．探病法论要［J］．黑龙江中医药，2014，02：13－15.

郭杨，丛慧芳，刘珊珊，王旭．桂枝甘草龙骨牡蛎汤加减治疗围绝经失眠1例［J］．黑龙江中医药，2014，02：27－28.

朱燕琴．温经汤治疗更年期月经不调［J］．湖北中医杂志，2014，06：56.

李丹，李成卫．基于“治未病”理论指导下的《金匮要略》水气病诊治［J］．吉林中医药，2014，06：558－561.

马继征，刘绍能，白宇宁，张秋云，姚乃礼．张仲景辨治腹痛用药规律［J］．吉林中医药，2014，06：565－567.

鲍国瑞．葛根黄芩黄连汤临床新用［J］．湖南中医杂志，2014，06：96－97.

蔡柏岑，石贺元．温经汤治疗妇科病举隅［J］．湖南中医杂志，2014，06：97－99.

侯杏，黄政德．当归六黄汤加减方治愈气阴亏虚型盗汗1例［J］．湖南中医杂志，2014，06：101.

刘敏，闫军堂，王庆国．《伤寒论》中“心肾不交”相关方证探析［J］．辽宁中医药大学学报，2014，06：137－139.

王桂森，穆兰澄．《伤寒论》剂型的制备与应用［J］．辽宁中医药大学学报，2014，06：182－184.

宋清武，李慧臻．小柴胡汤的病因病机及临床运用［J］．内蒙古中医药，2014，16：14.

王海英，刘恩顺．浅谈《金匮要略》狐惑病之病因病名［J］．内蒙古中医药，2014，16：126－127.

王左希，张铁欧，郝雨莹，刘光珍．孙郁芝治疗尿血经验举隅［J］．山西中医，2014，06：6－7.

周晓虹．柴胡桂枝汤临证应用举隅［J］．山西中医，2014，06：42－43.

张倩，盛晓英，李萍．桂枝茯苓丸加减治疗妇科疾病验案2则［J］．山西中医，2014，06：44.

邓鸥鸥．浅析大青龙汤组方及意义［J］．新中医，2014，07：247－248.

姚蓝，辛小红，姚雪梅，韩荣．张仲景治疗呕吐用药规律研究［J］．新中医，2014，06：217－220.

陈务华，潘宗奇，陈秀玲，李宝国，冯贤慧．浅议《伤寒论》中生附子应用及临床体会［J］．新中医，2014，06：240－241.

齐婧，尤金枝，王永刚，郑刚，钟伟，尚俊平，任耀龙．冠心病“虚、瘀、痰、毒”致病浅析［J］新中医，2014，06：258－259.

吴梓新，连建伟，姜元安．论《金匮要略》“辨病”与“辨证”的关系［J］．浙江中医药大学学报，2014，05：548－550.

马雄军．温和灸治疗老年性夜尿增多症50例［J］．中国民族民间医药，2014，08：55.

曾志纯，李亦杰．谈《伤寒论》咽痛的分型辨治［J］．中国中医药现代远程教育，2014，10：13.

郭士昌，张维娟．小儿中药灌肠疗法浅析［J］．中医外治杂志，2014，03：52－53.

夏瑜桢，金素安，何世民，车立娟，郭忻，袁颖．动静、刚柔药性在中药“四维”配伍中的应用［J］．甘肃中医学院学报，2014，03：26－29.

胡丽伟，张亮．桂枝加葛根汤的临床应用［J］．黑龙江医药，2014，03：608－609.

赵会聪，宋文宇，张正利．小建中汤病机新解［J］．吉林中医药，2014，06：553－555.

刘晓东，刘纳文．泻心汤方证学研究［J］．内蒙古中医药，2014，16：78－79.

熊辉．当归四逆汤的现代药理与临床应用分析［J］．中国医药指南，2014，13：301－302.

马继征，张秋云，刘绍能，姚乃礼．张仲景辨治厌食初探［J］．河南中医，2014，07：1209－1211.

占煜，唐学贵．中医药治疗溃疡性结肠炎近况［J］．河南中医，2014，07：1431－1433.

黄陈招．经方治疗外感发热验案举隅［J］．上海中医药杂志，2014，06：21－22.

杨寒松，张银柱．中医重阳思想探识［J］．吉林中医药，2014，07：655－658.

唐广义，殷东风，徐兴稳．运用系统开放性原理初步分析中医现阶段发展滞后现象［J］．辽宁中医杂志，2014，07：1361－1363.

吕国凯，于河，马家驹，甄建华，谷晓红．107例阳明内热证患者相关四诊信息分布调查研究［J］．辽宁中医杂志，2014，07：1380－1381.

吴梓新，连建伟，姜元安．论《金匮要略》“痰饮病篇”提出“四饮”的意义［J］．中华中医药杂志，2014，06：1782－1784.

张建平，余土根，程立峰．张仲景经方论治雷诺病探略［J］．中华中医药杂志，2014，06：1884－1886.

董超锋，艾华．五苓散证病机、病位探析［J］．河南中医，2014，07：1213－1214.

钟明．当归芍药散新用［J］．河南中医，2014，07：1228－1229.

洪永敦，赵春晓．传统中医的心痛病诊疗与温阳活血解毒法［J］．广州中医药大学学报，2014，04：640－644.

姜元安，张清苓．论病“发于阳”和“发于阴”之辨证意义［J］．环球中医药，2014，06：445－447.

姚万龙．桂枝茯苓丸加减治疗崩漏34例［J］．内蒙古中医药，2014，15：15.

张书剑，王林青，廉庆玖．大柴胡汤治验3则［J］．内蒙古中医药，2014，23：34－35.

孙国岗，张凤茹．浅谈习读医圣张仲景处方用药之体会［J］．内蒙古中医药，2014，23：119－121.

陈阳育，武维屏．武维屏应用四逆散辨治肺系疾病经验［J］．山东中医杂志，2014，06：499－501.

张丹，陈建杉．冉雪峰医案中活用伤寒思想浅谈［J］．四川中医，2014，07：17－19.

朱俊櫟．《金匮要略》痰饮辨治［J］．实用中医内科杂志，2014，05：4－6.

詹连梅，郑旭初，李艳．辨证护理糖尿病随机平行对照研究［J］．实用中医内科杂志，2014，05：165－166＋185.

贾秋颖．胡永盛教授运用“隔二隔三”疗法治疗脾胃病经验辑要［J］．中国民间疗法，2014，06：8－9.

李哲，李黎，余瀛鳌．《医林改错》方剂归“经”经络理论认识及中医传承发展的思考［J］．中国中医药图书情报杂志，2014，02：36－39.

杜新亮．史欣德教授运用桂枝类方经验撷菁［J］．中国中药杂志，2014，13：2569－2572.

赵艺，尹学华，李敬孝．《金匮要略》中麻黄类药对配伍规律浅析［J］．中医药信息，2014，04：34－35.

邹旭峰，戴维，郁保生．《伤寒论》中“反”字的解析［J］．中国中医急症，2014，06：1053－1055＋1071.

涂燕芬，郭进财．浅析张仲景治眩精神［J］．中国中医急症，2014，06：1096－1098.

邱敏．浅谈《伤寒论》治疗厥逆证之特色［J］．中国中医急症，2014，06：1099－1100.

杨鸽．《伤寒杂病论》中大黄配伍规律的探析［J］．中医药信息，2014，04：72－74.

文秀华，王飞．五苓散治疗老年病临床应用举隅［J］．中医药信息，2014，04：169－171.

王和平，王闯，闫景东，许晓蕾，邹红．经方治疗荨麻疹举隅［J］．中医药信息，2014，04：177.

傅延龄，张林，陈丽名．桂枝历代临床用量分析［J］．中医杂志，2014，14：1230－1233.

马琳，陈芳，庄馨瑛，包·照日格图．辛开苦降法在《伤寒论》及现代临床中的应用［J］．中医杂志，2014，14：1253－1255.

冯筱珊．金匮肾气丸联合西药治疗高血压肾病随机平行对照研究［J］．实用中医内科杂志，2014，06：128－130.

李红，韦秋连．金匮肾气丸联合艾司唑仑治疗脑卒中后失眠随机平行对照研究［J］．实用中医内科杂志，2014，06：120－122.

韦玉娜，张静，王文杰，史宏．关于《金匮要略》多元化课堂建设的思考［J］．广西中医药大学学报，2014，02：135－137.

苏联军，李杏瑶，刘建和．周衡教授运用经方治病验案举隅［J］．湖南中医药大学学报，2014，07：32－35.

柴瑞震．《伤寒论》三阳病和三阴病的辨证论治规律［J］．河南中医，2014，08：1437－1441.

白潇敏．《伤寒论》方应用于慢性肾脏病概况［J］．河南中医，2014，08：1442－1443.

臧海洋．胡希恕运用经方辨治痤疮［J］．河南中医，2014，08：1456－1457.

李恒，王莎莎．白头翁汤加味联合中药灌肠治疗溃疡性结肠炎 30 例［J］．河南中医，2014，08：1459－1460.

张婷．单兆伟运用经方治疗脾胃病经验［J］．河南中医，2014，08：1463－1464.

张若梅，汪悦．越婢汤治疗寒热错杂型类风湿性关节炎研究概况［J］．河南中医，2014，08：1466－1467.

蓝青，张智龙，张萍．张智龙治疗狐或虫病验案［J］．河南中医，2014，08：1473.

于丽秋，赵涛．消臌合剂治疗肝硬变腹水 40 例［J］．河南中医，2014，08：1520－1521.

张佩娜，周登威，宋俊生．关于脉诊的三个思考［J］．天津中医药大学学报，2014，03：129－131.

庹小刚．济生肾气丸治疗老年下肢水肿体会［J］．实用中医药杂志，2014，07：661.

陆海峰，俞欣玮．《伤寒论》“蛔”字之我见［J］．浙江中医药大学学报，2014，06：698－700.

白洁，徐光星．《金匮要略心典》论痉初探［J］．浙江中医药大学学报，2014，06：701－703.

汪禹，沈祥峰．浅析张仲景的养阴思想［J］．浙江中医药大学学报，2014，06：704－706＋710.

郑文龙，陈启兰，祝光礼．从语言和源本角度理解《伤寒论》［J］．浙江中医药大学学报，2014，07：837－838.

罗少峰．经方治疗骨伤科疾病的辨证方法初探［J］．中医临床研究，2014，13：53－54.

王海明，常虹．胃和冲剂对小鼠抗疲劳和镇痛作用的影响［J］．内蒙古医学院学报，2011，S2：440－441.

李红，林明欣，陈学勤，朱章志，朱建平．肾气丸之“水火合德”初探［J］．世界中医药，2014，06：734－735.

郑莉明．小柴胡汤与半夏泻心汤差异比较［J］．中医临床研究，2014，13：21－22.

吕俊秀．桂枝汤方证特征及临床应用心得［J］．中医临床研究，2014，13：22－23.

余新忠．医圣的层累造成（1065—1949 年）——“仲景”与现代中医知识建构系列研究之一［J］．历史教学（下半月刊），2014，07：3－13.

王亚杰，何庆勇．近现代著名中医成才研究［J］．中国中医药信息杂志，2014，08：1－3.

曹楠，周震，王剑歌，赵志恒．刘公望学术思想浅析［J］．湖南中医杂志，2014，07：22－24.

许国振．梅国强运用柴胡加龙骨牡蛎汤临床治验 5 则［J］．湖南中医杂志，2014，07：111－113.

张恺．桃核承气汤治疗外科急重症 4 则［J］．湖南中医杂志，2014，07：120＋123.

王园园，周洁．升降散合小柴胡汤在肿瘤防治中的运用［J］．湖南中医杂志，2014，07：150－151.

赵志恒，李岩，徐家淳，王剑歌，张仁倩．《伤寒论》中五苓散类方探微［J］．湖南中医杂志，2014，07：157－158＋174.

张敬一，张威，田书慧，史国兵．黄芪桂枝五物汤治疗糖尿病周围神经病变临床进展［J］．辽宁中医药大学学报，2014，08：122－124.

徐勤磊，丁勇，陈世龙，侯丽．论升降思想在伤寒论方中的应用［J］．中国中医基础医学杂志，2014，07：878－879＋994.

王东海，金东明．从《伤寒论》少阴病探讨少阴头痛治疗［J］．中国中医基础医学杂志，2014，07：992＋1010.

娄立娟，刘淑彦，张拴成．麻杏甘石汤合五花汤治疗皮肤病验案举隅［J］．中国中医基础医学杂志，2014，07：1011－1012.

刘潺潺，赵天才．乌梅丸与厥证［J］．湖南中医杂志，2014，07：147－148.

胡煜明，李顺祥，严建业，李斌．柴胡、黄芩药对的研究进展［J］．湖南中医杂志，2014，07：199－201.

叶晨玉．芍药甘草汤加味治疗各类痛症的临床应用初探［J］．中医临床研究，2014，16：57－58.

徐铭悦，倪红梅，何裕民，郭盈盈．基于中医情志理论探讨甘麦大枣汤对情志病的干预作用［J］．长春中医药大学学报，2014，04：565－568.

张李兴，刘立昌．刘立昌教授运用补中益气汤治疗咳嗽［J］．长春中医药大学学报，2014，04：631－633.

李京，孙刚．张国伦教授从肝木论治眩晕经验［J］．黑龙江中医药，2014，03：25－26.

董正华．开设《伤寒论思维与辨析》课程的实践与思考［J］．陕西中医学院学报，2014，04：22－24.

邹易良，肖相如．《伤寒论》中甘草用法剖析［J］．江苏中医药，2014，07：65－66.

李阳．针灸“汗法”考略［J］．江苏中医药，2014，07：67－68.

宋玉莹，袭雷鸣，张葆青．浅谈麻杏石甘汤在儿科中的应用［J］．广西中医药，2014，03：64－65.

刘娟，董盛．炙甘草汤治疗验案二则［J］．黑龙江中医药，2014，03：27－28.

吴春芝，岳文，谷福根．金匮肾气丸（片、煎剂）的临床应用进展［J］．中国药房，2014，24：2298－2302.

姜平，董湘玉．董湘玉老中医小柴胡汤加减临证经验［J］．贵阳中医学院学报，2014，04：152－154.

韩秀林．辨证施治经前期综合征经验［J］．河北中医，2014，07：1018－1019.

于惠青，于俊生．“神精间病”初探［J］．山东中医药大学学报，2014，04：306－308.

朱丽颖，贾春华．以方为纲重释《金匮要略》水气病治法［J］．山东中医药大学学报，2014，04：309－310.

庄严．《金匮要略》瓜蒌薤白类方治疗不稳定型心绞痛的系统评价［J］．山东中医药大学学报，2014，04：316－319.

肖智慧，修丽梅，张琪，王亚娜，王晓旭，施萍．由《金匮要略·虚劳病篇》解读“虚不受补”［J］．中国临床医生，2014，07：89－90.

牛锐．浅析《金匮要略》妇人杂病外治法［J］．中医药通报，2014，03：15－16.

韩小娟，房其军，黄福斌．运用滋阴益肾法治疗消渴肾病［J］．中医药通报，2014，03：50－51.

王亚晗，王兴臣．经方合用治疗皲裂性湿疹验案1例［J］．中医药通报，2014，03：57－58.

曹东义．研究《金匮》数十年，著述心得说精华——陈国权先生《精华理论话金匮》读后［J］．中医药通报，2014，03：65－66.

梁华龙．伤寒论评话第31章三阳病皆有盗汗，汗溲便正负相关——阳明病总论（二）［J］．中医学报，2014，07：975－978.

曹二梅，孙善斌．中医药治疗中风后认知功能障碍的临床进展［J］．中医药临床杂志，2014，07：754－756.

尹笑丹，徐昉，康利高阁，徐江雁．“疑古思潮”与“伤寒错简派”的兴起［J］．中华中医药杂志，2014，08：2410－2412.

吴斌，刘英锋，黄波．统一表证分类，沟通辨证纲领：方证列举篇［J］．中华中医药杂志，2014，08：2422－2429.

冯刚，郑宏，郑启仲．郑启仲教授苓桂术甘汤临证应用经验［J］．中华中医药杂志，2014，08：2512－2513.

陈华伟，袁勇．少阳病提纲证的临证解读［J］．中医药导报，2014，08：147.

高明月，崔蒙．《千金方》现代研究进展［J］．中国中医药图书情报杂志，2014，04：58－63.

王善海，王伯晶，于潇涛．柴胡加龙骨牡蛎汤临床新用［J］．中医药通报，2014，03：54－56.

杨友发．浅论中药气味时空观及组方思路［J］．中医药临床杂志，2014，07：739－741.

王安军，王兴华．对《伤寒论》祛邪理论的思考［J］．安徽中医药大学学报，2014，04：8－10.

崔文臣，徐昉．《伤寒论》运用生姜与干姜探析［J］．国医论坛，2014，04：1－2.

郭选贤，谢苗，温洋洋．半夏在《金匮要略》中的配伍运用规律探析［J］．国医论坛，2014，04：3－5.

王世勋，康利高阁．张仲景调理肝脏10法［J］．国医论坛，2014，04：5－6.

刘松涛．半夏散及汤治疗夏季咽痛体会［J］．国医论坛，2014，04：7.

胡凤林，刘林，刘松林．少阳转属阳明治法探析［J］．国医论坛，2014，04：15－16.

房更生．大剂量应用附子出现瞑眩反应体会［J］．国医论坛，2014，04：45－46.

张玉苹，王青青．试论伤寒六经病与“郁”证［J］．环球中医药，2014，07：557－559.

王昀，赵进喜．《伤寒论》“半表半里”质疑与后世传承临床意义［J］．环球中医药，2014，07：560－562.

王正山，张其成．中医寒热概念的本质及相关问题辨析［J］．吉林中医药，2014，08：757－760.

游本铿，陈明．《伤寒论》麻黄连翘赤小豆汤证探析［J］．吉林中医药，2014，08：765－768.

方信盛，贾春华．伤寒版本流变与连翘用药部位之探讨［J］．吉林中医药，2014，08：776－778.

张国海．李发枝运用三草汤治疗三叉神经痛经验［J］．辽宁中医杂志，2014，08：1590.

赵沁慧，王文广，晁利芹，曹秋实，于慧杰．浅谈“肝病实脾”［J］．辽宁中医杂志，2014，08：1617－1618.

刘毅，董利利．《备急千金要方》对张仲景学术思想的传承探究［J］．天津中医药大学学报，2014，04：196－198.

刘庆申．《伤寒论》通阳法初探［J］．中国当代医药，2014，18：159－160＋163.

张艳菊，邹云，欧阳晓勇．立足经典传承中医［J］．中国民族民间医药，2014，14：27－28.

余王琴，霍秀红，郑小伟．中医经典对肺系疾病的认识［J］．中华中医药学刊，2014，08：1822－1824.

曾志纯，李亦杰．浅谈《伤寒论》药物煎服方法与调护［J］．中国中医药现代远程教育，2014，11：12－13.

张晓阳．“见肝之病，知肝传脾，当先实脾”的理解及应用［J］．中国中医药现代远程教育，2014，11：120－121.

肖文海．浅谈失眠证的辨证施治［J］．中国中医药现代远程教育，2014，11：121－122.

孟帅．《伤寒论》汗法应用琐谈［J］．光明中医，2014，07：1362－1363.

李桂萍．桂枝汤“三禁”小议［J］．光明中医，2014，07：1536－1537.

张效科，田正良．张学文运用三阳经开阖枢理论辨治疑难杂症经验［J］　中医杂志，2014，15：1275－1277.

胡华容．经方治验二则［J］．浙江中医杂志，2014，07：542.

潘彦辉．经方临证应用举隅［J］．光明中医，2014，07：1504.

叶剑，陈蒨蒨．小柴胡汤儿科临床应用举隅［J］．浙江中医杂志，2014，07：540－541.

石玥，肖相如．《伤寒论》表里先后缓急原则及临床应用浅谈［J］．山东中医杂志，2014，07：525－526＋529.

钱超尘．王樸庄与《唐本伤寒论》研究［J］．中医药文化，2014，03：59－61.

张国海，刘辉．以李发枝教授从医之路探讨中医优秀临床人才培养［J］．中国中医药现代远程教育，2014，12：20－22.

王永刚．白头翁汤治疗湿热蕴结证经验［J］．中国中医药现代远程教育，2014，12：7.
钟道利．浅谈经方与情志病［J］．中国中医药现代远程教育，2014，12：18－19.
郭素红．柴胡桂枝干姜汤治疗胃食管反流病验案举隅［J］．中国中医药现代远程教育，2014，12：125.
李耀凡．黄芪桂枝五物汤临床应用举隅［J］．山西中医学院学报，2014，03：69－70.
唐静．当归芍药散临床验案 4 则［J］．江西中医药，2014，05：46－47.
雷文昌，马辉．张仲景运用附子乌头规律试探［J］．内蒙古中医药，2014，18：122.
黄纯琪，项心怡．中医防治糖尿病的方法［J］．中国民间疗法，2014，07：59－60.
徐娜．葛根黄芩黄连汤治疗小儿腹泻举隅［J］．内蒙古中医药，2014，20：41.
刘超男，李赛美，邓烨，刘敏．基于多层次复杂概念网络表示方法的《伤寒论》方药按主方分类的知识发现［J］．世界科学技术－中医药现代化，2014，06：1229－1234.
饶琪，宋瑜．中医药治疗特应性皮炎研究进展［J］．浙江中西医结合杂志，2014，07：651－654.
谷英杰．六味地黄汤的临床妙用［J］．大家健康（学术版），2014，11：36.
庞作为，姜德友．姜德友教授从脾胃湿热论治狐惑病［J］．新中医，2014，08：16－17.
胡秀萍．金匮肾气丸加减联合食疗治疗围绝经期面浮肢肿临床观察［J］．新中医，2014，08：107－108.
罗广波，邓志远．一气周流论太阳［J］．新中医，2014，08：227－228.
袁旺贵，刘耀岽．《伤寒论》凭脉诊针灸施治特色琐谈［J］．新中医，2014，08：229－230.
刘晓彦，刘静生，张天华，刘学勤．刘学勤教授应用桂枝汤治疗先天性无汗症验案介绍［J］．新中医，2014，08：230－231.
薛德馨，张兆锦．《伤寒论》不寐症证治浅谈［J］．新中医，2014，08：232－234.
赵统秀，王煜，王自立．王自立主任医师运用黄芪桂枝五物汤化裁验案举隅［J］．新中医，2014，08：247－248.
孟兰成．白头翁汤加味治疗溃疡性结肠炎 60 例临床观察［J］．中国药物与临床，2014，08：1123－1124.
石杨，常婧舒，李秋贵．浅述《伤寒论》治脾胃八法［J］．北京中医药，2014，06：439－441.
王晓云，梁苹茂．桂枝汤临床治验 2 则［J］．山西中医，2014，07：18.
聂纯瑜，张国辉，张宏．小柴胡汤治疗“往来”病证浅析［J］．山西中医，2014，07：36－37.
张瑞平．真武汤治疗自汗验案 1 则［J］．山西中医，2014，07：55.
王宜健，彭秀芳，熊伟，叶宇铁，冯峰．金匮肾气丸合血脂康胶囊治疗老年高脂血症脾肾阳虚型临床研究［J］．实用中医药杂志，2014，08：694－695.
吴本鄂．《伤寒论》救阴法临床运用体会［J］．实用中医药杂志，2014，08：767.
李鑫鑫，李晓．炙甘草汤治疗心悸验案举隅［J］．实用中医药杂志，2014，08：768.
司鹏飞，李成卫．基于“治未病”理论的经方方剂结构分析［J］．中医研究，2014，07：1－4.
郑秀丽，江泳．略论包识生对《伤寒论》的学术贡献［J］．中国中医基础医学杂志，2014，08：1040－1041＋1076.
李淑萍．论黄煌的“人本”体质学说［J］．中国中医基础医学杂志，2014，08：1044＋1072.
黄衍周，程建华，徐玉琴．“头风摩散”在妇科中的应用［J］．中国中医基础医学杂志，2014，08：1139－1140.
方芳，贾晓聪，韩宇博，马艳春．《医门法律》黄疸门论治用药特点［J］．中医药学报，2014，04：101－102.
张怀礼．半夏生用安全性探讨［J］．实用中医药杂志，2014，08：772－773.
李莹，傅超美，任波，刘圆，高飞，杨欢，彭伟，甘彦雄．基于 MI－RI 大鼠心肌细胞代谢组学研究四逆汤中附子配伍甘草解毒增效机制［J］．中国中药杂志，2014，16：3166－3171.
刘思毅，袁红霞．从药到方—《伤寒杂病论》小柴胡汤方证辨析［J］．天津中医药，2014，08：504－506.
汤树庆．读《金匮》话奔豚——肺心病所致奔豚气治验 1 则［J］．内蒙古中医药，2014，02：15.
张文杰，韩金凤．黄疸治疗的理论探讨和现代临床证治发挥［J］．内蒙古中医药，2014，05：134－135.

李璐，王升岩，殷小倩，孙怿泽，史广鑫，张冰睿，刘西建．四逆散的古今用法对小鼠胃溃疡的影响研究［J］．内蒙古中医药，2014，05：48－49.

蔡颖，李忻红．《金匮要略》中经方在银屑病治疗上的应用［J］．中医临床研究，2014，02：65－66.

李华岳．浅谈针灸在《伤寒论》六经病证中的应用［J］．中国医学工程，2014，01：187－188.

马俊杰．虞山医派对张仲景学术思想的继承发展刍议［J］．中医杂志，2014，02：174－176.

郁保生，石晓理，邹旭峰，刘娟，郜文辉．《伤寒论》课程教学中的常见问题分析及对策［J］．教育教学论坛，2014，05：30－32.

张再良．认识伤寒病的意义［J］．上海中医药大学学报，2014，01：4－7.

史俊．从调和营卫看皮肤病论治［J］．内蒙古中医药，2014，03：58.

滕磊，忻耀杰，高旭青．《长沙药解》论升麻［J］．上海中医药大学学报，2014，01：26－27.

杨素清，刘雅婷．小柴胡汤治疗痤疮的临床经验举隅［J］．光明中医，2014，02：431.

许青青．略谈《伤寒论》中的时间医学应用［J］．光明中医，2014，02：219－220.

石雄芳，韦良玉，谭丽进，徐艳青．浅析“藏于精者，春不病温”［J］．光明中医，2014，02：222－224.

李赛美，方剑锋，邓烨，刘超男．切磋经方针灸彰显仲景精髓——第三届国际经方班暨第十三期全国经方临床运用高级研修班述要［J］．中医药通报，2014，01：11－14.

吴铭芳，陈德森．小青龙汤临床验案4则［J］．中医药通报，2014，01：57－58.

郦永平．证候的动态量化特性及其意义［J］．中医杂志，2014，03：189－191.

唐瑛，闫颖，赵庆．《金匮要略》阴阳病内涵新释［J］．中医杂志，2014，03：267－268.

谭蔡麟，黄泽林，王秀敏，黄恺悦，孙丹，杨宇．《伤寒论》方药中“双向调节”思想的应用［J］．中医杂志，2014，06：458－460.

关芳芳，王付．风引汤辨治思路与方法［J］．中医药通报，2014，01：15－15.

李忻红，卢益萍．《伤寒论》经方在银屑病治疗中应用参悟［J］．环球中医药，2014，02：116－118.

郝智涌．论中医学的特质及其科学性［J］．学理论，2014，02：33－35.

石卫华，李勇华．运用经典理论辨治疑难杂症［J］．中医药导报，2014，01：93－95.

马俊福，侯秀娟，李明曦，朱跃兰，王华新．基于汗法应用四神煎治疗类风湿关节炎初探［J］．风湿病与关节炎，2014，01：62－63＋72.

熊燕，何晓晖．桂枝人参汤临床运用举隅［J］．实用中西医结合临床，2014，02：62－63.

张新河，张海宽．中原西部山区中医和道家养生研究［J］．平顶山学院学报，2014，01：44－49.

杨蕾，任勤．风引汤加减治疗小儿抽动症临证体会［J］．云南中医中药杂志，2014，01：32.

宋文瑛，宋世华．宋氏妇科膏方运用临证经验［J］．浙江中医杂志，2014，01：24－25.

刘红梅，魏一健．桂枝新加汤治疗更年期综合征一得［J］．浙江中医杂志，2014，03：208.

王宇雄，姜成龙，谢小平．金匮肾气丸加减对大鼠慢性非细菌性前列腺炎的影响［J］．现代中西医结合杂志，2014，09：921－922＋986.

王永华，王枫，李文靖，魏小琴，王一鸣．金匮肾气丸对庆大霉素致聋豚鼠神经生长因子表达的实验研究［J］．浙江中医杂志，2014，03：169－171.

谢占武，石福恒．金匮肾气丸加味治疗支气管哮喘缓解期的临床疗效观察［J］．贵阳中医学院学报，2014，02：66－68.

白亢亢，周春祥．脾约对治疗小儿久咳的启示［J］．辽宁中医杂志，2014，01：73－75.

张艳，冯志强，刘景峰．浅谈调理脾胃治疗胸痹心痛病临床体会［J］．辽宁中医杂志，2014，01：9－10.

郭玉娜，郭华．聂惠民运用泻白散与经方合方治疗肺热咳喘验案［J］．辽宁中医杂志，2014，01：160－161.

顾婷婷．从《伤寒杂病论》看汗法的调护［J］．当代护士（下旬刊），2014，03：189－190.

周毅萍．《订正仲景伤寒论释义》提要［J］．中医药文化，2014，01：52－53.

袁世清，张琦，江泳，叶莹．《金匮要略》课程在教学向临床转化方面的探索［J］．中国药物经济学，2014，03：252 - 253.

蒋跃文，曾江琴．对中医经典教学及人才培养的几点思考［J］．中国中医药现代远程教育，2014，04：71 - 72.

杨海涛，张冬梅，谢天．中风病名溯源［J］．中国社区医师，2014，06：10 - 11.

章程鹏．立足三焦用经方辨治失眠［J］．中国中医药信息杂志，2014，03：103 - 105.

赖火龙．论皮科六经辨治［J］．中国中医药信息杂志，2014，03：105 - 106.

崔珈铭，李炜弘，严石林，张戈，袁林．《金匮要略》竹叶汤证病机浅析［J］．云南中医学院学报，2014，01：19 - 20.

蒋跃文，李家庚，曾江琴．辨《伤寒杂病论》“不欲（能）食”的证治［J］．亚太传统医药，2014，03：5 - 6.

陈相银，贾王俊．诃子与毛诃子的鉴别［J］．首都医药，2014，05：38.

刀琳．浅谈老年便秘的辨证施护体会［J］．云南中医中药杂志，2014，03：79 - 80.

祁宝玉，梁丽娜，闫晓玲．论“辨证与辨病相结合”（一）［J］．中国中医眼科杂志，2014，01：74 - 77.

陈康．柴胡加龙骨牡蛎汤验案 4 则［J］．浙江中西医结合杂志，2014，02：154 - 156.

刘家红．咳喘验方［J］．中国民间疗法，2014，02：61.

吴芸芳，李威，程瑛．柴胡桂枝汤治疗围绝经期综合征血管舒缩功能失调［J］．中国民间疗法，2014，03：7 - 8.

范文惠．张世亮运用心胃同治法治疗冠心病心绞痛经验［J］．实用中医药杂志，2014，02：153 - 154.

周远航，徐荣谦．徐荣谦用加减附子泻心汤治疗疑难杂证验案举隅［J］．实用中医药杂志，2014，03：222 - 224.

钟明．黄芪桂枝五物汤临床应用举隅［J］．实用中医药杂志，2014，03：233.

黄智斌，尹建中．大建中汤临床应用体会［J］．实用中医药杂志，2014，03：237.

李楠，高飞．从《辅行诀》天行病经方管窥张仲景论广汤液［J］．中国中医基础医学杂志，2014，01：18 - 19.

张立平．浅谈陆懋修医学思想的学术渊源［J］．中国中医基础医学杂志，2014，01：23 - 24 + 46.

王丹妮，郭会军，蒋自强．李发枝谈方证辨证［J］．中国中医基础医学杂志，2014，02：158 - 159.

曹丽静，刘保和．刘保和依据《难经》腹诊理论活用经方经验［J］．中国中医基础医学杂志，2014，02：195 + 208.

宋建平，张晓利，杜光明，李宁．《沈注金匮要略》简介与评价［J］．中国中医基础医学杂志，2014，02：280 - 282.

李晓强，闫小宁，蔡华华．脾肾阳虚在过敏性紫癜病机中的意义［J］．吉林中医药，2014，03：217 - 219.

曾子芸，陈明．《伤寒论》少阴病中的权变治法［J］．吉林中医药，2014，03：311 - 313.

姜学连，刘新军．论《金匮要略》对黄疸病的证治［J］．中国中医急症，2014，02：298 - 299.

李梦瑶，刘恋，吴清明，何谊．浅析《伤寒论》之针灸疗法的治宜与禁忌［J］．中国中医急症，2014，02：300 - 301.

孙伯青．麻杏薏甘汤急症临床治验［J］．中国中医急症，2014，02：359 - 360.

朱波，郭丽颖，沈南兰，贾建伟．贾建伟教授重用生黄芪治疗肝衰竭临床验案［J］．中国中医急症，2014，03：463 - 464.

席中原，蔡鸿彦，朴铁花．咳嗽之辨识［J］．中国中医急症，2014，03：469 - 470.

李东东．论《伤寒论》之但头汗出［J］．中国药物经济学，2014，03：240 - 241.

李作伟，李平，王珩，麻微．中医对中风后肌张力障碍的认识［J］．中国药物经济学，2014，03：254 - 255.

许梓萌，张照兰．张照兰教授治疗胆结石经验［J］．中国中医药现代远程教育，2014，04：33 - 34.

叶常春．芍药甘草汤治疗痛证举隅［J］．中国中医药现代远程教育，2014，04：121 - 122.

王欢．经方应用医案 3 则［J］．中国中医药现代远程教育，2014，04：122 - 123.

姜红伟，谈伟伟．中风中经络辨证整体护理［J］．中国中医药现代远程教育，2014，07：114－115.
刘超男，李赛美，洪文学．基于形式概念分析数学理论研究《伤寒论》方药整体知识［J］．中医杂志，2014，05：365－368.
马伯艳，段润章，宋颖星，郑慧娟，张广庆，张福利．《伤寒论》中症与证候的关系［J］．中医杂志，2014，07：541－543.
傅延龄，陈传蓉，倪胜楼，张林．论方寸匕、钱匕及其量值［J］．中医杂志，2014，07：624－625.
张保国，许卫锋．经方旋覆代赭汤当代研究与应用［J］．中成药，2014，03：597－601.
赵思佳，傅延龄，张林．葛根芩连汤临床观察类文献方药用量分析［J］．中国临床医生，2014，02：79－82.
臧海洋，尹哲．当归芍药散证治述要［J］．中国中医基础医学杂志，2014，02：242－243＋246.
姜峰．细辛在经方中的应用规律浅析［J］．中国中医基础医学杂志，2014，02：244＋249.
张喜奎，卢志铨，吴栋．金匮肾气丸化裁方对良性前列腺增生大鼠前列腺组织 VEGF、IGF－1 表达的影响［J］．中国中医药现代远程教育，2014，04：142－144.
王燕青，王宁，胡海波，赵国静．真武汤合麻杏甘石汤治疗慢性阻塞性肺疾病合并Ⅱ型呼吸衰竭的研究［J］．中国中医急症，2014，02：256－257＋307.
陈秋，苟晓，刘学强，杨靖．红花黄色素在慢性肾脏病中的应用［J］．西南国防医药，2014，03：340－341.
申昌国，周仙仕，赵崇智．柴胡加龙骨牡蛎汤治疗更年期抑郁症［J］．医学理论与实践，2014，05：595.
段晓华，畅洪昇，潘秋平．章太炎对中医学术发展的评价［J］．北京中医药大学学报，2014，01：12－14.
蒋中秋．经方治疗耳鼻喉疾病验案 4 则［J］．河北中医，2014，03：374－375.
刘娓岭．《伤寒论》“风家”求是［J］．中医药导报，2014，02：11－13.
任超凡，张葵．小陷胸汤临床应用举隅［J］．湖南中医杂志，2014，02：86.
颜俊杰，孙响波，于妮娜，王令杰．丹参治疗冠心病机制探析［J］．湖南中医杂志，2014，02：96－97.
邱明义．论《伤寒论》辨证论治理论体系及特色［J］．湖北中医药大学学报，2014，02：58－60.
沈柯，苏靖，赵鸣芳．仲景治身痛证十法探析［J］．江苏中医药，2014，03：65－67.
梁栋，杨洪涛．杨洪涛老师治疗肾性血尿经验［J］．中国中西医结合肾病杂志，2014，03：193.
陈丽平，王天芳，薛晓琳，赵绂诚，葛舰，于晓飞．《伤寒论》《金匮要略》“缓脉”及兼脉辨解［J］．北京中医药大学学报，2014，01：9－11.
张慧蕊，梁永宣．《太平圣惠方》中的淳化本《伤寒论》［J］．北京中医药大学学报，2014，01：15－17.
刘瑞，鲍艳举，花宝金．“金元四家”对气机升降理论的认识［J］．辽宁中医杂志，2014，02：241－242.
黄妍丽，赵国平，杨威，姜洮洮．《伤寒论》179 条刍议［J］．辽宁中医杂志，2014，02：255－256.
蒋跃文，李家庚，樊讯，陶春晖，刘松林，曾江琴．《伤寒论》泄热三方对 AS 模型大鼠主动脉形态及免疫炎症因子影响的比较研究［J］．辽宁中医杂志，2014，02：358－361.
李俊箐．甘麦大枣汤临床新用举隅［J］．辽宁中医杂志，2014，03：565－566.
刘巧娟，徐玲，张国骏，王晓群．基于宋本《伤寒论》第 104 条探讨“先后分治”思想［J］．辽宁中医杂志，2014，04：671－673.
陈志颜，杜联．论《金匮要略》“肝着”之病位病因病机［J］．辽宁中医药大学学报，2014，03：156－157.
陈琪，朱彩凤．从《金匮要略·虚劳篇》探讨慢性肾衰竭的治疗法则［J］．湖南中医杂志，2014，02：1－3.
杨运高．浮脉的特征、形成机制及主病研究［J］．湖南中医杂志，2014，02：3－5.
钱橙，王旭．经方治疗糖尿病及其并发症研究进展［J］．江苏中医药，2014，04：79－81.

盛红梅，吴生兵，曹健，周美启．近5年针灸治疗便秘临床研究进展［J］．中医药临床杂志，2014，01：95－96.
李霁敏，王键，胡建鹏，李净．缺血性脑卒中中医治法实验研究进展［J］．中医药临床杂志，2014，02：197－201.
金莲，王兴华．《伤寒论》表里同病证治探微［J］．安徽中医药大学学报，2014，02：1－3.
于晓飞，王天芳，薛晓琳，吴秀艳，赵燕，葛舰．《伤寒论》中浮脉与沉脉临床意义辨析［J］．安徽中医药大学学报，2014，02：3－6.
黄兰英，龚鹏，刘玉良，朱国苗，朱抗美．《伤寒杂病论》心身疾病诊疗方法浅析［J］．浙江中医药大学学报，2014，02：137－139.
贾建伟，郭丽颖．探讨《金匮要略方论》对黄疸的论治［J］．北京医学，2014，03：166＋170.
黄霞珍，危剑安，宋春鑫，王晓雪．从《伤寒论》太阴病证治探讨获得性免疫缺陷综合征患者腹泻的治疗［J］．北京中医药，2014，01：30－31.
张久亮，吴宛蔚．解析《金匮要略》“寸口脉沉而迟，关上小紧数”［J］．中华中医药杂志，2014，02：351－352.
张先庚，王红艳．金匮肾气丸对“恐伤肾”模型仔鼠5－羟色胺水平的调节作用［J］．中华中医药杂志，2014，02：608－610.
毛欣欣，纪立金．《伤寒论》厥阴与脾胃关系之探析［J］．中华中医药杂志，2014，03：659－662.
刘玉良．《金匮要略》辨证论治中定量思想探析［J］．中华中医药杂志，2014，03：686－688.
沈会，陶汉华，张诏，展照双，朱炜楷．基于《金匮要略》虚劳理论探讨慢性肾功能衰竭的辨治规律［J］．中华中医药杂志，2014，03：752－754.
陈奕璋，阮时宝．陈春发肝胆病临证处方用药配伍特色研究［J］．长春中医药大学学报，2014，01：52－53.
魏小明．蒿芩清胆汤治验举隅［J］．长春中医药大学学报，2014，01：81－83.
曾子芸，陈明．《伤寒论》太阴病中权变治法探析［J］．长春中医药大学学报，2014，01：162－163＋172.
张丽艳．《伤寒论·序》文化内涵探赜［J］．长春中医药大学学报，2014，02：198－199＋202.
秦琼，李艳红，毕立雄．清末民国云南名医余道善著作《仲景大全书》评析［J］．长春中医药大学学报，2014，02：350－352.
曾子芸，陈明．《伤寒论》阳明病中的权变治法［J］．长春中医药大学学报，2014，02：353－355.
张巍琼，李东云，吴洋．吴洋教授运用防己黄芪汤治疗风湿病验案举隅［J］．风湿病与关节炎，2014，03：46－48.
姚博，宋纪育，马文辉．三部六病学术流派的形成与发展［J］．光明中医，2014，01：5－8.
潘晓丽，晁利芹，李光．《金匮要略》中风病的辨证思路探析［J］．光明中医，2014，01：22－23.
卢志铨．《伤寒论》第七条条文新析［J］．光明中医，2014，01：23－24.
王爱军．麻黄附子细辛汤在肺病的应用探讨［J］．光明中医，2014，01：153－154.
聂皎，李青．防己黄芪汤治验［J］．光明中医，2014，01：155－156.
鲍玉晓，涂轩．从仲景方探求干姜的应用［J］．光明中医，2014，01：190－191.
屠燕捷，方肇勤，郭永洁，杨爱东．中国历史上疫病高发期疫病回顾［J］．传染病信息，2014，01：62－64.
冷治文．治则治法在桂枝汤类方中的应用浅析［J］．中医药临床杂志，2014，01：56－58.
傅延龄，杨琳．论秦汉时期多用丸散剂型的原因［J］．中华中医药杂志，2014，03：829－831.
商晓明，曾庆明，景光光，江龙凤．小柴胡汤在心血管疾病中的应用［J］．长春中医药大学学报，2014，01：22－25.
张荣嘎，陈卫东．真武汤临床应用现状［J］．中国民族民间医药，2014，03：34－36.
管华全，李飞．仲景治下利方配伍规律探讨［J］．南京中医药大学学报，2014，02：108－110.
陈林静，何燕．何燕教授治疗胸痹心痛的经验［J］．内蒙古中医药，2014，09：54－55.

顾思臻，窦丹波．仲景治利浅析［J］．四川中医，2014，03：53－56.

葛召波，刘长玉．浅论《伤寒论》瞑眩反应［J］．四川中医，2014，03：56－57.

廖慧玲，米绍平，汪世强．汪世强教授运用经方治疗杂病经验［J］．四川中医，2014，03：127－128.

董超锋，艾华．《金匮要略》消渴病探讨［J］．四川中医，2014，04：28－29.

金世刚．姜建国治疗痤疮经验［J］．山东中医杂志，2014，03：233.

王杰，张怀亮．重用黄芪治疗重症肌无力验案［J］．山东中医杂志，2014，03：236－237.

葛召波，刘长玉．浅论《伤寒论》阳郁［J］．山东中医杂志，2014，04：257－258.

刘志杰，孟昭阳．浅谈《金匮要略》对胸痹心痛的辨治［J］．山东中医杂志，2014，04：319－320.

刘春香，张国骏．《伤寒论》六经之常在水液代谢中作用初探［J］．山东中医杂志，2014，05：339－341.

王文静，齐元富．从《金匮要略》《难经》论虚劳证治［J］．山东中医杂志，2014，05：343－345.

蒋中秋．乌梅丸治疗变应性鼻炎体会［J］．山东中医杂志，2014，05：370－371.

宋丙科，张甦颖．狐蜮病病机刍议［J］．山东中医杂志，2014，05：407－408.

姜伟强，张亚君，方燕，林楠，陈延波．三伏天温针灸治疗围绝经期阳虚质疗效观察［J］．上海针灸杂志，2014，05：410－411.

钱丽超，李刚．黄煌运用桂枝茯苓丸治疗痤疮验案4则［J］．上海中医药杂志，2014，02：22－23.

胡海波，王燕青，王宁，赵国静．从《伤寒论》少阴论治慢性阻塞性肺疾病合并Ⅱ型呼吸衰竭的研究［J］．世界中西医结合杂志，2014，02：172－174.

常兴和，门九章，李霞，李飞，李瑾．金匮肾气丸治疗痛风的疗效观察［J］．世界中西医结合杂志，2014，02：175－176.

陈湘宏，李杰，吴萍，陆东明，张发斌，张广梅，赵协慧，王仁媛，刘占厚．太阳病（风寒表证）“欲解时”一周血小板变化规律的分析［J］．时珍国医国药，2014，01：140－142.

张志峰．陈国权运用《金匮要略》肾气丸治验举隅［J］．时珍国医国药，2014，01：234－235.

黄朝安，柳佳，柯友刚．甘草泻心汤加减治疗口腔溃疡验案四则治疗体会［J］．时珍国医国药，2014，02：388.

谭国军．穴位注射治疗儿童遗尿症34例临床观察［J］．中国卫生产业，2014，06：191＋193.

吴昌国．日本古方派医家村井椿学术思想初探［J］．中医文献杂志，2014，01：3－6.

李占荣，郭起墉．小青龙汤临床体会［J］．内蒙古中医药，2014，09：82.

宫庆东，张沁园，王洪海．大黄黄连泻心汤历史源流及古今应用［J］．山东中医药大学学报，2014，01：5－7.

甄维帅，陈宪海．浅说桂枝汤功效［J］．世界中西医结合杂志，2014，01：92－94.

陈思思，龙惠珍．龙惠珍运用麻黄附子细辛汤治验一则［J］．陕西中医学院学报，2014，02：26－27.

黄志群，陈芝芸，严茂祥，何蓓晖，蒋剑平．不同中医治法方药对非酒精性脂肪性肝炎大鼠内脂素的影响［J］．中国中医药科技，2014，02：144－146.

李琳，王莹，高杉，高树明，路腾飞，李冉，张敏，于春泉．丹蒌片抗高脂血症的研究进展［J］．天津中医药大学学报，2014，01：61－64.

李广浩，周端．试论柴胡桂枝干姜汤证［J］．中医文献杂志，2014，01：40－43.

刘德运，柳泽坤，李国达．中西药联合治疗慢性前列腺炎56例疗效观察［J］．临床医药实践，2014，03：233－235.

杨学，李霞，潘静娟，刘龙，王丽娜，朱德增，彭浩，顾伟，岳小强．以经典课程为牵引以能力培养为核心的中医人才培养模式探索［J］．中医教育，2014，01：15－17＋30.

马晶，肖臻，姜之炎．徐小圃、徐仲才儿科扶阳理论学术渊源探究［J］．中国中医药信息杂志，2014，05：110－111.

郑玉，董月秋，姜莉云．姜莉云主任医师临床应用吴茱萸汤证辨析［J］．云南中医中药杂志，2014，02：6－8.

孔晓．略论脾阴虚证［J］．云南中医中药杂志，2014，02：13－14.

张利．中医治疗血瘀型崩漏研究进展［J］．云南中医中药杂志，2014，02：65－66.

张保国，刘庆芳．甘草泻心汤药理研究与临床应用［J］．中成药，2014，05：1048－1050.

汤军．读《金匮要略》说黄疸证治［J］．浙江中医杂志，2014，04：239.

朱葛馨，郭宇，徐立鹏，仝小林．甘草临床用量研究［J］．中国临床医生，2014，04：78－81.

张云忠，杨富贵．中医左右气血分主病理生理特异性探讨［J］．中国民间疗法，2014，04：8.

明荷．痛经针灸治疗从瘀论［J］．中国民间疗法，2014，04：17－18.

孟庆涛．旋复花汤验案四则［J］．中国实用医药，2014，10：195.

江双乐．经方临床应用的若干思路与方法［J］．中国现代药物应用，2014，02：219－220.

李贞翠，王冬梅，周文，叶品良．桂枝茯苓丸治疗血瘀证刍议［J］．实用中医药杂志，2014，04：345－346.

王雪利．谢谋华治疗特发性肺纤维化临床经验［J］．实用中医药杂志，2014，05：456.

杜玉峰．金匮肾气丸临床应用心得［J］．实用中医药杂志，2014，05：466－467.

文跃强，贾波，刘兴隆，祝捷，张丰华．张仲景运用附子的规律浅析［J］．中国医学创新，2014，09：82－83.

林亭秀，杨钊田，夏小珣，杨卫彬．尤在泾辨治咳嗽特色探析［J］．中国中医基础医学杂志，2014，03：301－302＋308.

夏洁楠，侯江淇，王国为，张琰琨，徐世杰．《虚劳要旨》学术思想探赜［J］．中国中医基础医学杂志，2014，03：303－304.

姜佚，闫方杰，李毓秋．《伤寒论》或然症与水湿之邪的关系［J］．中国中医基础医学杂志，2014，04：424.

于晓通，李成卫．中医学术史中“现代八纲辨证”起源中的“虚假”［J］．中国中医基础医学杂志，2014，04：487－488＋491.

王郁金，周永学，苏衍进．半夏泻心汤治疗胃肠疾病临床应用［J］．吉林中医药，2014，02：132－134.

杨栋，张培彤．《伤寒论》“结胸证”辨析［J］．吉林中医药，2014，04：327－330.

李小茜，何建成．管窥异病同治［J］．吉林中医药，2014，04：331－333.

池孟轩，王新佩．陈修园《女科要旨·调经篇》学术思想探析［J］．吉林中医药，2014，05：533－535.

王琛琛，王枭，齐文升．经方治疗肺脓肿经验浅析［J］．中国中医急症，2014，05：991－992.

王禹增．“血不利则为水”的学术思想在骨科的应用［J］．中医药通报，2014，02：14－15.

彭荣琛，万文蓉．论中医三焦之我见［J］．中医药通报，2014，02：37－39.

杨伟吉．基于数据挖掘的《伤寒杂病论》方剂配伍规律研究［J］．中国医学教育技术，2014，01：45－47.

王瑞祥．中医现象学——传统中医哲学理念的重新构建［J］．中医研究，2014，02：1－2.

陈务华，罗仁瀚，李宝国，潘宗奇，谢雅苑．《伤寒论》中生半夏在治疗痰证的运用及研究思路［J］．中医研究，2014，02：5－7.

章浩军，范文东，罗秀清．《伤寒论》暑病证治规律研究［J］．中医研究，2014，02：69－70.

刘春社，郭春生，王彩红．中药剂量变化在临床中的运用［J］．中医研究，2014，02：71－72.

邱健．泻心汤的学习体会［J］．中国中医药现代远程教育，2014，05：22－23.

陈延江，张连娣．“病痰饮者当以温药和之”再识［J］．中国中医药现代远程教育，2014，05：24.

张仁岗．读伤寒类书活人总括感悟仲景学说［J］．中国中医药现代远程教育，2014，05：29－30.

郑加．桂枝茯苓丸治疗瘢痕子宫药物流产后子宫复旧不良 30 例［J］．中国中医药现代远程教育，2014，05：49－50.

赖火龙，谭金华．五苓散皮科应用体会［J］．中国中医药信息杂志，2014，04：105－107.

王林，张艳．从温扶肾阳论治冠心病心绞痛［J］．中国中医药信息杂志，2014，04：107－108.

袁开惠，陈慧娟，孙文钟．“槷习”形义考［J］．中医药文化，2014，02：55－56.

衣伟，刘勇，魏维．浅谈在《伤寒论》中用一味“生姜”的含义［J］．中国医药指南，2014，11：

266－267.

曲道炜，艾华．试论《伤寒六经病解》《伤寒启蒙集稿》《余注伤寒论翼》的关系［J］．中国中医基础医学杂志，2014，05：565－566＋569.

姜洮洮，高超，黄研丽，杨威，赵国平．赵国平应用柴胡桂枝汤的临床思路探讨［J］．中国中医基础医学杂志，2014，05：628－630.

张芯，胡霖霖．补法论治病毒性心肌炎［J］．中国中医急症，2014，05：872－874.

石宝阁，孙西庆．《伤寒论》阳明蓄血其人喜忘证条文管见［J］．中国中医急症，2014，05：880－882.

黄玉龙，张同学．黄土汤治疗溃疡性结肠炎验案浅析［J］．中医药信息，2014，03：78.

李哲，胡瀛宇，雒晓东．从六经厥阴辨治帕金森病［J］．中医杂志，2014，11：977－979.

赵安琪．六味地黄丸中药界的“天王巨星”［J］．中国药店，2014，06：84－85.

张育兰．逍遥散临床运用体会［J］．云南中医中药杂志，2014，02：88－89.

郭珊珊，王谦，白立川，郭政东．芍药－甘草配伍的研究进展［J］．中草药，2014，10：1481－1485.

刘春慧，董秋梅，王滨，麻春杰，任存霞，金星，任常胜，张志芳，郭静，史圣华．《伤寒论》方佐药组方规律理论研究［J］．中华中医药学刊，2014，04：847－849＋967.

杨丽平，郑腾飞，胡蓝方，占永立．当归芍药散临证应用体会［J］．中国中医急症，2014，05：875－876.

易亚乔，喻嵘，谢雪娇，张炳填，肖碧跃，艾碧琛．浅析非智力因素对《金匮要略》教学的影响及对策［J］．价值工程，2014，15：264－265.

李雯雯，朱雪，郭梦倩，马鹏飞，张伟．从中医经典理论看中医定量思想的雏形［J］．河北中医，2014，01：114－115.

邹维宇，向亚君，吴兴立，廖品东．廖品东运用小儿推拿治疗小儿荨麻疹临床经验［J］．湖北中医杂志，2014，02：27－28.

张雅娴，芦少敏．芦少敏运用黄芪桂枝五物汤治验举隅［J］．湖北中医杂志，2014，02：29－30.

高安．柴胡加龙骨牡蛎汤治疗心系疾病中的临床应用［J］．湖北中医杂志，2014，02：47－48.

胡华容．经方杂病举隅［J］．湖北中医杂志，2014，02：48－49.

梁华龙．伤寒论评话第26章热入血室非邪热结胸形成有四因——热入血室证治及结胸证成因［J］．中医学报，2014，02：196－199.

代民涛，柴可夫，李秀月．《金匮要略》虚劳病八方探略［J］．中医学报，2014，02：200－202.

梁华龙．伤寒论评话第27章大黄黄连即泻心，气机滞塞生痞证——痞证的辨证论治［J］．中医学报，2014，03：345－348.

梁华龙．伤寒论评话第28章变证形成重在病人体质风湿相搏亦属太阳表证——变证及风湿表证的辨证治疗［J］．中医学报，2014，04：494－497.

沈柯，赵鸣芳．经方中干姜药证发微［J］．中医学报，2014，04：498－500.

谢忠礼，张广华，陈素美，翟振兴，王漫漫．《伤寒溯源集》若干问题探讨［J］．中医学报，2014，04：501－502.

梁华龙．伤寒论评话第29章太阳发病分阴阳表证寒热有五种——太阳病综述［J］．中医学报，2014，05：649－652.

彭丽丽，朱婉萍，孔繁智，张永臣．麻黄连翘赤小豆汤治疗过敏性鼻炎［J］．中医学报，2014，05：759－760.

王金平，何永生．从“血不利则为水”谈肾病综合征的中医治疗［J］．湖南中医杂志，2014，03：98－99.

何威华．《伤寒论》中误治变证论治分析［J］．湖南中医杂志，2014，03：108－109.

郭晶晶．针刺治疗急性腰扭伤研究进展［J］．湖南中医杂志，2014，03：176－178.

扈培增．从“半表半里”看少阳病病位及位序问题［J］．河南中医，2014，03：379－381.

田东昌，廖嘉明，黄明．浅谈“病痰饮者，当以温药和之”［J］．河南中医，2014，03：381－382.

李明，丁艳亭，王新佩．试论营卫与脾胃间的双向调节关系［J］．河南中医，2014，03：387－388.

陈文文，崔晨，耿琦，蒋龙宣，王巍峰，蒋健．蒋健运用柴胡加龙骨牡蛎汤经验［J］．河南中医，2014，03：388－390.

李俊涛，耿新生，王景辉．四逆散治疗小便不利探微［J］．河南中医，2014，03：391.

白冬梅，李前进，孙玉信．孙玉信运用麻黄杏仁薏苡仁甘草汤治疗咳嗽［J］．河南中医，2014，03：395－396.

张婷婷．蒿芩清胆汤应用于慢性萎缩性胃炎1例［J］．河南中医，2014，03：551.

梁丙楠，付滨，张童燕．“百合病”探源［J］．河南中医，2014，04：573－574.

院立新，陈澈，张根明．《伤寒论》第29条解析［J］．河南中医，2014，04：575－576.

邱红，周正华．试析《伤寒论》“心下痞”［J］．河南中医，2014，04：577－578.

张丽丽，张国骏，魏轼梁．四逆散加味治疗疼痛性疾病［J］．河南中医，2014，04：593－594.

李丹艳，尚文璠．半夏泻心汤临床应用体会［J］．河南中医，2014，04：594－595.

李欣玉．苓桂术甘汤治疗成人多涎症［J］．河南中医，2014，04：596.

郭金昊．苓桂术甘汤治疗阳虚水停型心悸探析［J］．河南中医，2014，04：597－598.

王红妹．乌梅丸加减治疗肠易激综合征［J］．河南中医，2014，04：601－602.

相鲁闽．成无己伤寒医书注释讲义［J］．河南中医，2014，04：762.

何新慧．《伤寒论》六经病中风探析［J］．河南中医，2014，05：785－787.

魏轼梁，张国骏，张丽丽．从《伤寒论》第159条看仲景治寒湿类下利四法［J］．河南中医，2014，05：788－789.

郭彦宝，姚文轩．蓄血证当属阳明病［J］．河南中医，2014，05：790－791.

银赟．大青龙汤之我见［J］．河南中医，2014，05：791－792.

李晨，夏阳．炙甘草汤治疗月经过少32例［J］．河南中医，2014，05：807－808.

陈明．《伤寒论》大柴胡汤证解读［J］．河南中医，2014，06：997－999.

张丽，张丽丽．半夏泻心汤加减治疗功能性消化不良100例［J］．河南中医，2014，06：1015.

唐天翼，夏建龙，蔡平，耿泽．桂枝加葛根汤在颈椎病中的应用［J］．河南中医，2014，06：1018－1020.

马继征，白宇宁，刘震，张秋云，刘绍能，姚乃礼．张仲景辨治腹痛经验［J］．环球中医药，2014，05：350－352.

褚松龄．巧用经方治坏病：临床误治救误典型病案分析［J］．环球中医药，2014，05：362－364.

肖勇，刘英锋．《伤寒论》半夏散及汤临床运用1例［J］．江西中医药，2014，02：45.

冯学功．中风病腑证与《伤寒论》阳明病腑证的差异［J］．现代中医临床，2014，02：11－13.

周刚，马利荣，郜嫩平．尉中民教授运用葛根的临床经验［J］．现代中医临床，2014，02：16－17.

肖珉，李玉峰．应用葛根黄芩黄连汤合猪苓汤治疗下利验案分析［J］．现代中医临床，2014，02：45－46.

王艳，屈会化，赵琰．《伤寒杂病论》中对不仁的辨治探析［J］．辽宁中医药大学学报，2014，05：72－73.

唐汝宁，王娜，刘海刚．浅析《伤寒论》方中麻黄之应用［J］．河南中医，2014，02：189－190.

周登威，宋俊生，张佩娜．小建中汤方证临床文献研究［J］．河南中医，2014，02：191－192.

王金成，刘莎．桂枝麻黄汤服法与剂量关系［J］．河南中医，2014，02：193－194.

陈松．浅析半夏泻心汤治痞［J］．河南中医，2014，02：194－195.

陆硕蕾．栀子豉汤证病位在胃［J］．河南中医，2014，02：196.

孙娜，王洪彬，崔建美，刘慧娟．“治未病”思想与更年期综合征［J］．河南中医，2014，02：203－204.

庞艳阳，高如宏，蒲兴华，杨杏．白通汤加减治疗阴盛戴阳型激素依赖性皮炎［J］．河南中医，2014，02：208－209.

张蕊，王作顺．乌梅丸在消化系统疾病中的应用［J］．河南中医，2014，02：210－211.

高佩芳，朱益敏．麻杏石甘汤治疗常见肺系疾病［J］．河南中医，2014，02：213－214.

杨运明，李伟．从方证谈温热病和六经病的关系［J］．江苏中医药，2014，05：7－8.
迟莉丽，惠妍，梁峻尉．隗继武应用半夏泻心汤验案举隅［J］．江苏中医药，2014，05：48－50.
马芳芳，张智龙．张智龙“化瘀利水”思想临床运用举隅［J］．江苏中医药，2014，05：53－55.
赵国玺，宋莉．桂枝急性毒性及30天喂养试验研究［J］．湖北中医杂志，2014，02：23－24.
赵妍，孙云峰．吴鞠通白虎汤四禁探析［J］．辽宁中医药大学学报，2014，05：148－149.
丁劼劼．加味芍药甘草汤在妊娠腹痛中的应用［J］．内蒙古中医药，2014，05：45－46.
马金英，朱立鸣，常道儒．桂枝茯苓丸在妇科疾病中的临床运用［J］．内蒙古中医药，2014，08：12－13.
李博，陈淑媛．冠心病的临床症状及中医护理措施［J］．内蒙古中医药，2014，10：164－165.
齐卫东，白洁丽，倪美琴．《伤寒论》治热痢4方分析［J］．临床合理用药杂志，2014，04：68.
许文婷，贾英杰．贾英杰教授论治肿瘤放化疗后狐惑病经验介绍［J］．新中医，2014，02：27－28.
贾宝岗．戴恩来教授运用小柴胡汤经验介绍［J］．新中医，2014，03：16－18.
刘立杰，宋雨婷，张媛，张艳春．《金匮要略》治痛九法［J］．新中医，2014，03：229－231.
马伯艳，段润章，郑慧娟，宋颖星，张福利．浅议胞与膀胱［J］．新中医，2014，03：233－234.
苏巧珍．麻黄细辛附子汤在神经科疾病中的应用［J］．新中医，2014，04：236－237.
方向明．栀子豉汤加味临床治验举隅［J］．新中医，2014，05：226－227.
贾宝岗．经方临床应用举隅［J］．新中医，2014，05：227－228.
张荣欣，姜枫，蔡永敏．《伤寒六经辨证治法》述要［J］．广州中医药大学学报，2014，03：488－490.
吴慧慧，滕晶，齐向华．据“药不眩瞑，厥疾弗瘳”论中药的副作用［J］．四川中医，2014，05：25－26.
尚云冰，曾国书，娄政驰．李克绍《伤寒解惑论》学术特色初探［J］．山东中医药大学学报，2014，02：150－151.
朱文清．桂枝附子汤证探微［J］．上海中医药大学学报，2014，02：11－13＋16.
杨波，李洁，李康，杨洪涛．杨洪涛运用经方辨治慢性肾脏病验案4则［J］．上海中医药杂志，2014，04：15－17.
钱超尘．《千金翼方》载录的《辨伤寒》考（上）［J］．世界中西医结合杂志，2014，04：333－337＋343.
王景，宣磊，董振华．董振华教授运用经方治疗疑难病验案举隅［J］．世界中西医结合杂志，2014，04：347－350.
王杰，李孝波．承淡安六经病针灸治疗学术思想研究［J］．世界中西医结合杂志，2014，04：351－353.
陈桦逸．清代温病名家对《伤寒论》脾胃病证治的继承与发展［J］．陕西中医，2014，04：475－476＋478.
吴兆利，王庆其．刘奎《松峰说疫》治瘟疫学术思想［J］．实用中医内科杂志，2014，02：8－10.
张安平，汪泳涛，赵玲．针灸与外感热病［J］．实用中医内科杂志，2014，02：10－12.
白亢亢，周春祥，张斌，卞尧尧，于蓓蓓，凌云．脾约对治疗小儿久咳的启示［J］．时珍国医国药，2014，03：769－770.
虎继红．COPD稳定期的中医干预治疗［J］．实用中西医结合临床，2014，01：14－15.
曾荣繁．《伤寒论》桂枝汤类方临床应用案例分析［J］．内蒙古中医药，2014，10：54.
王开尧，于美芝．中西医结合治疗老年女性膀胱过度活动症75例［J］．人民军医，2014，02：158－159.
杨强，卞嵩京．卞嵩京治疗肺癌验案赏析［J］．新中医，2014，02：225－225.
金莲，王磊，王兴华．《伤寒论》针灸学术思想探析［J］．浙江中医药大学学报，2014，03：335－338.
吴梓新，连建伟，姜元安．细析《金匮》“夫短气有微饮，当从小便去之”条文意义［J］．浙江中医药大学学报，2014，04：376－378.
冯兴志．保胃气以防六经传变［J］．浙江中医药大学学报，2014，04：392－393.
刘向亮，张喜莲，马融．再论奔豚疑似痫［J］．中华中医药杂志，2014，04：1146－1147.

宋兴．《伤寒论》学术义界辨析（四）［J］．成都中医药大学学报，2014，01：11－15.
张元庆，诸毅晖，刘萍，吴绮雯，黄冰洁．川派名医蒲湘澄伤寒病诊治思想探析［J］．成都中医药大学学报，2014，01：86－88.
陈铭泰，门凌．“阳道实，阴道虚”于《伤寒论》“腹胀满”辨证之探析［J］．光明中医，2014，03：439－440.
马彪．太阳病兼变证探析［J］．光明中医，2014，03：442－444.
麻慧．杜怀棠教授运用小柴胡汤的证治规律研究［J］．光明中医，2014，03：453－455.
高碧峰，雷根平，李小会，任艳芸．杜雨茂教授治疗慢性肾病学术思想探微［J］．光明中医，2014，03：458－459.
范多多，王健．试论《伤寒论》如何治疗气郁发热［J］．光明中医，2014，03：475－477.
罗桂青，李磊．“六经辨证”与“三阴三阳辨证”［J］．光明中医，2014，05：915－917.
杨玲．太阳病心悟［J］．光明中医，2014，05：917－918.
郭建芳，杨晋敏，石萍，阮冉．金匮温经汤治疗冲任虚寒型围绝经期功血80例［J］．光明中医，2014，05：986－987.
刘青．桂枝汤加减治疗妇科病证举隅［J］．广西中医药大学学报，2014，S1：5－6.
史国续，史玉玲．浅探《伤寒杂病论义疏》的学术思想（上）［J］．国医论坛，2014，01：1－3.
韩春生，韩桂玲．柴胡加龙骨牡蛎汤证病机探析［J］．国医论坛，2014，01：4－5.
徐兵．浅议《伤寒论》中生姜大枣炙甘草三药组合之妙用［J］．国医论坛，2014，01：7－8.
叶旭霞，文国匡．大柴胡汤加减治疗急性胆囊炎146例临床观察［J］．国医论坛，2014，01：8－9.
谭志洪，邓小英，陈国权．陈国权教授治疗不孕症验案3则［J］．国医论坛，2014，01：26－27.
廖冉．“厥而皮水”之我见［J］．国医论坛，2014，01：63.
李青，韩宇博．金匮肾气丸联合美卡素治疗Ⅲ期糖尿病肾病的临床研究［J］．光明中医，2014，03：576－578.
郜文辉，郁保生，谢雪姣，刘娟，田雪飞，肖子曾．伤寒论及中医经典课程学习兴趣的现状及思考［J］．中国中医药现代远程教育，2014，09：87－88.
张静远，王兴华，赵鸣芳，凌云，周春祥．对经典课程伤寒论教学的思考与探索［J］．中医教育，2014，02：39－41.
周毅萍．中医临床经典导读与伤寒论教学时间差相关性研究［J］．中医教育，2014，02：45－46.
胡研萍．全科医师班中医理论课程教学方法探索［J］．中医药管理杂志，2014，04：589－591.
王振，王敬卿．《伤寒论》论治失眠探析［J］．中国中医基础医学杂志，2014，06：725－726＋733.
刘忠文．金匮肾气丸治疗糖尿病肾病的疗效评价［J］．中国中医基础医学杂志，2014，06：821－822＋831.
宋素花．浅议中医四大经典的继承与发展［J］．中国中医药现代远程教育，2014，08：7－8.
张继烈，鞠鲤亦．用动态观点读《伤寒论》——兼谈六经传变［J］．中国中医药现代远程教育，2014，08：13－19.
朱玲，杨峰．《伤寒论》少阴、厥阴病“以灸治厥”浅析——兼论《伤寒论》成书［J］．中医文献杂志，2014，02：34－36.
祝氏内科流派传承项目课题组．祝味菊遗著《金匮新义》选刊之四［J］．中医文献杂志，2014，02：42－44.
祁宝玉，梁丽娜，闫晓玲．论“辨证与辨病相结合”（二）［J］．中国中医眼科杂志，2014，02：153－155.
管波，刘立华．李寿彭治疗变应性鼻炎经验［J］．实用中医药杂志，2014，06：553.
曾荣繁．试述桂枝在《伤寒论》中的应用［J］．实用中医药杂志，2014，06：563－564.
王庆苗．名中医治疗狼疮性肾炎的文献理论研究［J］．中国中医药现代远程教育，2014，09：3－4.
杨运高．仲景脉学研究及临床应用（三）——沉脉的临床应用［J］．中国中医药现代远程教育，2014，09：13－15.

李宁，王寅．浅谈张仲景对金石药物的应用［J］．中国中医药现代远程教育，2014，09：16－17.
刘庆申．《伤寒论》通阳法治疗功能性阳痿举隅［J］．中国医学创新，2014，16：107－109.
岳崇俊，穆丽华，吴永贵，周青．《杂病心法要诀》对《金匮要略》的继承与发展［J］．云南中医学院学报，2014，03：83－84＋93.
郅琳．小青龙汤的药理作用及其在哮喘治疗中的应用［J］．中国药物与临床，2014，04：478－479.
张方毅，秦恩甲，张卫平，庞景三．《伤寒指归》述略［J］．中医文献杂志，2014，02：1－2.
贾秋颖．《伤寒论》中的顾护胃气原则［J］．中国民间疗法，2014，05：5－6.
郝丽霞，陈改花．陈改花主任医师运用柴胡桂枝汤经验［J］．中国民间疗法，2014，05：10－11.
张芯，周亚滨．察脉有纪，从阴阳始——读张琪教授《脉学刍议》有感［J］．中医杂志，2014，12：1078－1080.
吴远旭，蔡永敏，黄兴．《伤寒论证辨》学术思想探讨［J］．中医临床研究，2014，10：59－60.
李殿杰，林旭聪．定痛汤治疗痛经36例［J］．中国民间疗法，2014，05：35.
申晓伟，宗文静，马明越．《经方例释》阐释经方的方法与特色初探［J］．中国中医基础医学杂志，2014，06：714－715.
陈陆双，李晖，杨林林，徐宇琨，祝捷．五苓散的源流与病机探析［J］．中医临床研究，2014，10：146－147.
谭广兴，陈群．当归芍药散治疗男科疾病举隅［J］．河北中医，2014，05：731－732.
王俏，林晓峰．《金匮要略》从络论治积聚［J］．河北中医，2014，05：754－755.
李宁，王寅，盖沂超．《金匮要略》教学存在的问题及思考［J］．中医药导报，2014，06：153－155.
张黎颖．朴炳奎教授治疗肾脏肿瘤经验拾萃［J］．中医学报，2014，06：780－781.
蓝忠仁，林峻生．《金匮要略》温法研究［J］．河北中医，2014，04：594－595.
周震．论中医之“膈”及其临床意义［J］．河北中医，2014，04：600－601.
赵妍，赵琰，屈会化，闫军堂，王庆国．浅析《伤寒论》辨治惊、狂、谵语七法［J］．辽宁中医杂志，2014，06：1129－1131.
杨威，赵国平，黄妍丽，姜洮洮，何健．基于《伤寒论》中石膏配伍特征探讨张仲景用药特色［J］．辽宁中医杂志，2014，06：1304－1306.
徐晓晶，黄玉珍．孟景春辨治汗证经验［J］．江苏中医药，2014，06：14－15.
梁华龙．伤寒论评话第30章胃家实者有实邪日晡潮热病欲解——阳明病总论（一）［J］．中医学报，2014，06：801－804.
晁利芹．王付教授运用加味桂枝茯苓丸治疗癫痫经验［J］．中医学报，2014，06：813－814.
王建巍．黄家诏教授运用生姜经验［J］．中医学报，2014，06：817－818.
方险峰，张腾云，刘中勇．辨证论治之惑［J］．江西中医药，2014，03：8－9.
于慧杰，盛国光．探讨温病学理论在黄疸型肝炎诊治中的应用［J］．辽宁中医杂志，2014，05：868－870.
陈广坤，吴昊天，张金超，张淼，钱会南．浅论腹满寒疝宿食与桂枝汤证疾因病机的关系［J］．辽宁中医杂志，2014，05：900－901.
丁德正．试释“阴气衰者为癫，阳气衰者为狂”［J］．辽宁中医杂志，2014，05：903－904.
王欢．经方学习与应用的思路和方法探讨［J］．中医药导报，2014，06：4－7.
孙丹萍．张云鹏教授临床应用附子举隅［J］．中医药导报，2014，06：25－26.
王义相，乐永清．白云阁藏本《伤寒杂病论》评介［J］．湖北中医药大学学报，2014，01：64－65.
武志强，何敏，史玉荣，曾南．桂枝甘草汤的药理作用与临床应用研究进展［J］．中药与临床，2014，03：50－52＋55.
郭锐，刘霁堂．探讨中医学还原论思想与系统论思想［J］．学理论，2014，08：51－52.
郭炜．浅谈中医治疗无症状高血压［J］．辽宁中医杂志，2014，05：880－881.
许满秀，钱先．系统性红斑狼疮血瘀证之证治探讨［J］．河北中医，2014，04：541－542.
王枫．上海中医药大学图书信息中心藏明赵开美本《仲景全书》述略［J］．上海高校图书情报工作研究，2014，01：60－62＋2.
张继烈，鞠鲤亦．用动态观点读《伤寒论》——谈《伤寒论》的六经传变［J］．内蒙古中医药，2014，12：159－160.
钱超尘．《千金翼方》载录的《辨伤寒》考（下）［J］．世界中西医结合杂志，2014，05：449－452.
温洁．《金匮要略》肝病传脾与肝病实脾初探［J］．四川中医，2014，06：1－3.
姜涛，夏丽娜，田奕，赵媛媛．浅议《伤寒论》中复杂病机证候的治疗原则［J］．内蒙古中医药，2014，04：138.
刘淑兰，米达辉，金广辉．金广辉医案二则［J］．内蒙古中医药，2014，17：26.
潘永年．麻黄连翘赤小豆汤治疗皮肤病经验及其方证归纳［J］．上海中医药杂志，2014，05：21－22.
张纪宇，宋俊生，高岑．大柴胡汤1949－1978年间国内期刊发表文献研究［J］．陕西中医，2014，05：637－639.
王邦才．论叶天士对仲景学说的继承与创新［J］．中华中医药杂志，2014，07：2101－2104.
李云海，林连美．体验式教学模式在《金匮要略》教学中的应用研究［J］．光明中医，2014，06：1331－1332.
范延妮，田思胜．语言国情学视角下的《伤寒论》文化负载词英译探析［J］．中华中医药杂志，2014，05：1333－1337.
白文娟．经方治验3则［J］．中医药临床杂志，2014，03：280.
李旭．半夏泻心汤临床应用举隅［J］．中医药临床杂志，2014，03：281－282.
邢雅儒，董秋梅，呼钢．桂枝芍药知母汤治疗RA进展及研究［J］．北方药学，2014，05：69－70.
边宁涛，马菲鸿．从中医“治未病”理论角度探讨中风的防治［J］．光明中医，2014，06：1141＋1273.
宋卫华，王斌，任建坤．《伤寒论》中六经辨治咳嗽浅析［J］．光明中医，2014，06：1144－1145.
陈铭泰，门凌．《金匮要略》方药本草考——紫参、白鱼的考释［J］．光明中医，2014，06：1146－1147.
杨建宇，徐昉，李彦知，范竹雯，王锦平，郑绍明．白云阁藏本《伤寒杂病论》“热入血室”精读［J］．光明中医，2014，06：1147－1148.
李春艳．从少阴辨治失眠验案2例［J］．广西中医药，2014，02：56.
庄济源，赵鸣芳．基于《伤寒杂病论》论“盗汗非独阴虚”［J］．安徽中医药大学学报，2014，03：4－5.
杨化峰．大黄䗪虫丸在皮肤病中的临床应用［J］．光明中医，2014，04：806－807.
顾健霞．从辨证与辨病相结合看现代中医临床思维［J］．中医药临床杂志，2014，05：444－445.
胡轶，岳滢滢，刘松林，洪亨惠．《伤寒论》麻黄汤峻汗禁例辨证探析［J］．光明中医，2014，04：676－679.
訾振刚，陈阳．《伤寒论》中桂枝汤及类方脉象特点分析［J］．光明中医，2014，04：681－684.
郭良清．《伤寒论》六经“恒动观”辨治思维在糖尿病诊治中的运用［J］．光明中医，2014，04：687－688.
王婕琼，马啸，李泽庚．从中医经典理论辨治“发热待查”案例举隅［J］．中医药临床杂志，2014，06：620－621.
吴传云，管仕伟，周雪梅．《伤寒论》和《金匮要略》对糖尿病肾病的辨治指导［J］．中医药临床杂志，2014，06：629－630.
陈绩锐，胡小利，艾军，马丽．《桂林古本伤寒杂病论》“温病篇”发病浅析［J］．西部中医药，2014，01：63－64.
孙琛琛，孙西庆．“阳明蓄血，其人喜忘”诌议［J］．中医药临床杂志，2014，05：509－510.
钱超尘．刘渡舟本《伤寒论》所据底本述实［J］．国医论坛，2014，03：1－5.
傅瑞年．寻根太极识六经——仲景六经学说与《辅行诀》关系初探［J］．国医论坛，2014，03：5－10.
王馨悦，王洪琦．从小建中汤看张仲景的脾胃养生观［J］．国医论坛，2014，03：11－12.

张晓艳．加味小建中汤治疗考前焦虑症1例体会［J］．国医论坛，2014，03：14.

单小红．芍药甘草附子汤加味治疗顽固性疼痛验案2则［J］．国医论坛，2014，03：15.

杨寒松，张银柱．中医重阳思想研究［J］．国医论坛，2014，03：23－24.

王琦，秦大莲，熊玉霞．肠源性内毒素血症与阳明腑实证的研究概况［J］．北方药学，2014，04：76－77.

洪亨惠，张攀．洪亨惠甘草临床新用举隅［J］．光明中医，2014，06：1287－1288.

田立军．张锡纯治疗中风病经验探讨［J］．中医药临床杂志，2014，04：333－334.

张保伟．试论《伤寒论》中的专药［J］．光明中医，2014，06：1323－1324.

张海霞，郝新宇，王艳菊，张惠，闫远杰，殷振瑾．明清及明前内服膏方治疗虚劳病组方特点浅析［J］．承德医学院学报，2014，02：173－174.

段金娜，徐升，黄蕊．半夏泻心汤病机刍议［J］．中医药临床杂志，2014，03：282.

陈修园．理中丸［J］．光明中医，2014，04：873.

陈修园．金匮方歌括［J］．光明中医，2014，06：1262.

陈运兰，吉晓丽．金匮肾气丸对脾肾阳虚型尿毒症血液透析患者血液中分子毒素的影响［J］．成都中医药大学学报，2014，02：104－106.

房更生．大青龙汤临床应用举隅［J］．国医论坛，2014，03：13－14.

李宏．跟师学用炙甘草汤心悟［J］．国医论坛，2014，03：16.

佀庆帅，芮婷，亢秀红，国钰妍，李国勤．特发性肺纤维化中西医结合诊疗研究现状［J］．北京中医药，2014，03：235－237.

二、部分已发表文章选辑

·1936 年 -2003 年·

（一）对张仲景生平事迹的考证和研究

张仲景姓名事迹考

郭象升

医圣张仲景。世传其名曰机。南阳人。建安中。官至长沙太守。而后汉书无传。生平事迹无所考。论者憾焉。元和陆懋修博采群书。为之补传。余闲取观之。亦未谛也。按范氏后汉书。陈氏三国志。灵帝中平四年（187）。孙坚始为长沙太守。献帝初平三年（192）。为袁术攻刘表。战死袁术以苏代领长沙。苏代守长沙。事无可考。盖术败与之俱去矣。范书刘表传。建安三年（198）。长沙太守张羡。率零陵桂阳二郡畔表。陈志刘表传云：“表攻之。连年不下。羡病死。长沙复立其子怿。表遂攻并怿。”史不言其在何年也。建安十三年。表卒。子琮降曹操。提辟刘巴为掾。使招纳长沙零陵桂阳二郡。（蜀志刘巴传）曹操兵败北归。先主征江南四郡。长沙太守韩玄降。（蜀志先主传）则不知玄为曹操新任欤。抑刘表旧属也。蜀志黄忠传。忠为刘表中郎将。与表从子盘。共守长沙攸县。及曹公克荆丹。假行裨将军。仍就故任。统属长沙太守韩玄。然则玄与忠。正刘巴之所招纳者也。其为表之旧属明矣。表克张怿。当以玄继守长沙欤。廖立传。先主领荆州牧。擢立为长沙太守。此则继玄者也。时在建安十四年。及建安二十年。吕蒙奄袭南三郡。立脱身走。自此之后。凡六年而汉亡。然六年中。长沙太守。皆吴所委任。不复关汉也。由此观之。仲通景之守长沙。必在建安十三年。刘表未死以前。而考之于史。孙坚苏代之后。张羡父子。称兵历年。仲景作守。竟在何时耶？以余论之。则张羡者。实即仲景也。范书刘表传李注。陈志刘表传裴注。皆引英雄记曰。张羡南阳人。先作零陵桂阳长。甚得江湘间心。然性屈彊不顺。表薄其为人。不甚礼也。羡由是怀恨。遂叛表。籍则南阳。官则长沙太守。年则建安。其为仲景何疑。仲景名机。而史以为羡者。羡非仲景本名。则必别名也，汉末人士。有别名者多矣。裘松之注三国志。援证历历。余尝悉心钩稽。计得三十余人。如曹操一名吉利。荀爽一名谞。韩遂一名约。边章一名元。（后汉书以为本名允）王朗本名严。伍孚一名琼。（见董卓传注裴注疑为一人）潘最一名芝。李恢一名义。（见杜几传裴注以为一人）华佗一名旉。邓艾本名≠。孙皓一名彭祖。陆逊一名议。李严一名平。徐庶本名福。文鸯一名俶。郤正一名纂。程昱本名立。贾达一名衢。邯郸淳一名竺。郭记一名多。焉忠本名笃。滕密本名牧。丁固本名蜜。孟行一名宗。顾裕一名穆。闇行一名号。合狐愚一名浚。曹干一名艮。（曹魏诣王）刘梁一名恭。（祯之父）刘闻一名纬。（玮之子）孙朗一名仁。（坚之庶子）与刘一名方。（繇之父）而何定之为何布。为孙皓所改。韦曜之为韦昭。为史官所改者。尚不数也。（凡属小字。皆不数。如曹操之阿瞒。刘禅之阿斗等是也。臧霸传。霸本名。奴寇。其同党孙观。名婴子。吴敦名黯奴。尹礼名虑儿。又魏志十八卷。引杨阿若。改名丰。疑皆为小字。又蜀志诸葛亮传注。引李与一名安。以其为晋人。亦不数之。）

仲景有羡机二名。又何足疑？华佗与仲景并为汉末名医。陀固别名旉矣。夫义之为言慕也。（文选思玄赋。义上都之郝戏兮。旧注羡慕也。）而景亦训慕。（后汉书刘恺传。景化前修有伯夷之节注景犹羡也）字仲景而名羡。于义允协。机则与景义不相切附。抑南阳张氏之显者。在汉之末。莫如河间相衡。机衡同物。（后汉书李固传注云：机衡也）或以机比迹于衡。寓高山仰止之意。因是不废仲景之字欤。仲景自叙伤寒论云。余宗族素多。向余二百。建安纪元以来。犹未十稔。其死亡者。三分有二。据此知伤寒论之作。在建安十年之内。范书称张羡。以建安三年叛表。陈志称表攻羡。连年不下。羡病死。长沙复立其子怿。所谓连年不下者。约略建安三年至十年内外也。（范书称刘表遣兵攻围破义。平之。无连年不下。及长沙复立其子怿等语。不研其终。陈志详矣。又不载以何年叛表。则又不研其始也）使仲景非羡。则其官长沙太守。当在建安三年以前。而伤寒论一书。既系衔长沙太守。又叙中自言建安纪元。犹未十稔。明其为将近十年之语。而非建安长沙三年以前可知。谓陈志连年不下一语。为期固长。然不能断定义怿父子之亡。确为何年。安知张怿之后。韩玄之前。不别有张机其人耶。此则余更说矣。按魏志桓阶传。张羡叛表。阶实劝之。所以应曹操也。阶传称太祖与袁氏连战。军未得南。而袁急攻陷羡。羡病死。城陷。阶遂自匿。（此传不立长沙。人复立羡子怿。史文固时有详略耳）袁绍以建安七年死。其子谭尚等。与曹氏连战又二年。建安九年。操始破邺。又后二年。始斩谭尚。以阶传所载揣度之。羡之死正在此数年中。伤寒论叙所云建安纪元。犹未十稔。确然为张羡之语。羡即机。机即羡。不克建安十年之前。别有一张机者作长沙太守也。刘表虽外貌儒雅。而心多疑忌。（语见陈志）新去一南阳人之张羡。又用一南阳人之张机。有是理哉？羡之所以书叛者。以其初本表所著置也。建安纪元之初。羡当在荆州幕府。何以知之。陆氏所补张仲景传。称仲景少时。见知于何颙。既至京师。为名医。于当时称上手。见传中王仲宣时。年二十余。曰。君有病。四十当眉落。半年而死。令服五石汤可免。仲宣不用其言。后三十年果眉落。一百八十七日而死。王仲宣者粲也。其官侍中。在建安二十一年。曹魏建国之初。次年从征吴道病卒。仲景见中宣于汉京师乎？则年不为侍中。见仲宣于魏京师乎。则年非二十余。且去其死期。亦无二十年。皆纪事之不审也。考陈志粲传。粲年十七。司徒府辟不就。乃之荆州依刘表。建安二十二年卒。年四十一。就建安二十二年。倒除去二十年。建安二年。仲宣年二十一。正居荆州依刘表时也。仲景相见。当在此时。使仲景不作刘表之客。固无由与二十一岁之王仲宣相见。使张羡而非仲景。则与刘表本无宿昔。谓之叛何欤。抑张义之为南阳人也。官长沙太守也。当建安时也。古今读史之人。谁不知之。而卒无一人疑其即是仲景者。岂非病义之叛乱。谓仲景不至此耶。以余论之。义之叛。特叛表耳。非叛汉也岂惟不叛汉。又且以叛表者忠于汉。桓阶传曰。太祖与袁绍相拒于官渡。表举州以应绍。阶说其太守张义曰。夫举事而不本于义。未有不败者也。故齐桓率诸侯以尊周。晋文逐叔带以纳王。今劳氏反此。而刘表应之。明府必欲立功明义。全福远祸。不宜与之同也。义曰。然则何向而可。阶曰。曹公虽弱。仗义而起。救朝廷之危。奉王命而讨有罪。孰敢不服。今若举四郡。保三江。以待其来。而为之内应。不亦可乎。义曰。善乃举长沙及旁三郡。（升按。他传但言零陵桂阳。而此三郡者。疑有武陵。）以拒表遣使诸太祖。太祖大悦。夫曹操虽为汉贼。而建安初年。未有逆迹。叛刘应曹。未为非也。仲景有道之士。何必不出此乎。晋之殷仲文。唐之许敬宗。宋之高若讷。皆奸邪之人。而医术皆精绝。人品与技能。从来固不相掩矣。假使仲景屈疆不顺。怀恨不叛。如英雄记之所言。亦不足为其医学之累。况乎乃心王室。大义昭然哉。晋代名医王叔和。有字无名。千载昧昧。今儒余杭章太炎始从他书展转考求。知其名曰熙（见所著蓟汉微言。）余撰此篇。其亦医林千载未发之覆也夫。

[《国医文献》1936，(1)：10]

张仲景郡望生卒之推测

洪贯之

比年以来。国中关于文化专史及名人传记等著述。时有出现。其中独有医药学史及古医家传记。尚付缺如。此稿为余昔年所撰张机评传之一页。兹特略加修正。录出发表。祇以案头书少。参考资料。搜集无多。不能成篇。殊为遗憾。甚望当世博学。匡其不逮。为幸何如。

二四。四。十二。来追誊稿记

尝考南阳先生张仲景之事迹。范陈二史。俱无专传。又并不散见于郭玉华佗等传中。惟皇甫谧（士安）云。“仲景垂妙于定方”。（晋书本传）桂洪抱朴子有云。“仲景等穿胸以纳赤饼”。隋书经籍志注曰。“仲景后汉人”。又名医录云。“南阳人。名机。仲景乃其字也。举孝廉。官至长沙太守。（林亿等校定序）王叔和张仲景方论序（存太平御览中）亦言其名机。则仲景名机。当可无疑。然此等记载。于考证其郡望生卒。均属无补。故必须由其交接之人传记中求之。而今所知者。仅何颙与王粲（仲宣）二人而已。清代元和陆九芝先生尝撰仲景传。引用诸书。虽有今本伤寒论序例。（王叔和撰）。甲乙经自序。（晋皇甫谧）梁陶宏景别录自序。隋巢元方巢氏病源候论。唐孙思邈千金方。王焘外台秘要。甘伯宗名医录。宋林亿新校进千金方疏。林亿等外台秘要注。唐慎微证类本草。李濂医史。太平御览。王氏玉海。郑樵通志。马端临文献通考。陈振孙书录解题。清四库全书目录等。凡十八种。但其于生卒郡望诸问题。并未加以注意。于其学说一层。又复将后世传说。一并采入。混其本真。然此为襄昔国人。治举之通病。未可以责陆先生也。

今既欲考仲景之郡望生卒。自当先考定其为何郡人。然后始从事于生卒之推测。考襄阳府志称其为南阳枣阳人。李濂医史则但云南阳人。陆九芝仲景传。则书南郡涅阳人。（从河南南通志）各异其词。今考历史上“南阳”凡四。分列于后。

（一）地名。（甲）春秋晋地。——即今河南沁阳县。

（乙）战国齐地。本春秋鲁平阳邑。汉置南平阳县。——即今山东邹县治。

（二）郡名。泰置。河南旧南阳府。湖北襄阳府之地。

（三）府名。元置。明清皆属河南。今废。——今南阳县旧治也。

（四）今县名。周申国。春秋楚宛邑。秦置宛县。为南阳郡治。隋改南阳县。明清皆为河南南阳府治。

以上除第一条地名之（乙）。为山东邹县治。与本文无关。综核其余各条。则南阳郡盖为今河南湖北两省交界之地。余者亦均属今河南省。再考何颙别传称同郡张仲景。范氏后汉书亦有张氏为南阳族姓之语。则仲景之为南阳郡人。殆无疑义。今湖北襄阳府志。河南通志。均载有仲景事略。而襄阳府志称其为南阳枣阳人。考枣阳县系隋置。清属湖北襄阳府。是仲景之时。尚无枣阳之名。此或为后世传误。未可知耳。至河南通志所载有郡。亦秦置。非南阳郡。凡湖北旧荆州。安陆。汉阳。武昌。黄州。德安。施南。诸府。及襄阳府之南境。皆其地。治郢。故楚都也。（隋亦置南郡于此）而湟阳县河南镇平县西北。汉时属南阳郡。非南郡。故通志所言南郡。恐为南阳郡之误耳。惟仲景是否南阳湟阳县之人。则迄今尚未发见确实文献可资证明也。

至于仲景之生卒年代问题。亦殊不易研究。盖其生平所交接之人。今所知者。仅何颙与王粲耳。尝考王粲字仲宣。生汉熹平六年丁巳。卒建安二十二年丁酉。卒年四十一。各书均同。何颙别传及甲乙经序。均载有仲景诊王仲宣事。虽述其技术。似觉过于神秘。但当时大抵确有其事。兹节录原文于后。

“……尝见侍中王仲宣曰。君年至四十。当有疾。须眉脱落。脱落后。半年而死。令豫服五石汤。庶几可免。仲宣时年二十余。闻其言。恶之。虽受汤而不饮。数日后。见仲景。佯曰。五石汤已饮矣。仲景曰。色候固非服汤之诊。何轻命欺人耶。仲宣益恶之。后二十年。固有疾。须眉皆脱落。越一百八十七日而死。终如其言……”

今观伤寒论序有云。“……建安纪年取来。犹未十稔……”而王仲宣以建安十八年冬十一月始任魏侍中。——建安元年时正二十岁——若其诊仲宣确属事实。序文亦真。则见仲宣时。去著书（伤寒杂病论）时当必甚近。或同时。亦未可知。盖原书。（伤寒杂病论）似非一二年所能完成。乃应当时医之误治。以自己之临床研究加以订正。随手编录。及至完成时。已在建安十年之前矣。但就另一方面观之。则殊不然。因与序文语气不能符合也。故建安之“安”字。应据医史作“宁”字之误。建宁为灵帝年号。序文有云。“……余宗族素多。向余二百。建“宁”纪年以来。犹未十稔。其死亡者。三分有二。伤寒十居其七。感往昔之沦丧。伤横夭之莫救。乃勤求古训。博采众方……”以此观之。盖谓自灵帝纪年。未及十年。而死亡者三分有二。伤寒十居其七。更观“感往昔之沦丧”一语。尤可知其习医之时。上距族人夭亡。已有若干年。故建宁云云。为追述往事。再证以史志。

则灵帝时确系时有大疫，兹录于后。以资考证。

建甯四年三月。大疫。

熹平二年春正月。大疫。

光和二年春。大疫。

又　五年二月。大疫。

中平二年春正月。大疫。

至于献帝之时。史传并无大疫记载。虽或不免遗漏。但其时即使存之。必不若灵帝时流行之烈可知矣。再考何颙之卒。在初平元年三月。即董卓迁都之后。惜其生年。未能考得。今假定其生于桓帝初年。（或更早于此亦未可知）卒年当在四十左右。就此推之。则仲景当亦生于桓帝时。而后于何颙。后世传其灵帝时举孝廉。倘此说果确。其后仲景大抵必在二十左右。犹未尝习医也。（正大疫流行最烈时）其后数年。乃始发愤研究医学。及至著述完成之日。大约疫势已衰。诊王仲宣事。当在此时。或其后数年。然则。若假其少何颙十岁。此时已将四十余岁矣。又考脉经序有云。“……今撰集岐伯以来。逮于华佗。经论要决。合为十卷……”经中采有“仲景要论”。以此而观。仲景似先华佗而卒。华佗见收时。荀彧曾谓曹操曰。“佗方术实工。人命所悬。宜合宥之”。操不从。竟杀之。（见后汉书方术传。及三国志本传。）荀彧以建安十七年夏六月自杀。则佗被杀。当在彧死之前。若仲景之卒。果在佗前。盖不得见仲宣之卒矣。今推定其卒年。大约在诊仲宣之后。至建安十七年。此数年中。如果不误。则其卒年。实未尝满六十也。惟生年之推定。似觉过晚。惟有俟将来另有新证发见。再行订正而已。至其守长沙事。史传无考。仅查得建安三年。有长沙太守张义率零陵桂阳二郡。畔刘表。(后汉书刘表传)羡卒。子怿。嗣为长沙太守。刘表并之。(三国志刘表传)。余无所得。岂义者。即为仲景之别名耶。抑后人因羡机音声近似而传误。遂以“汉长沙守”云云。补署于序文之末耶。况今伤寒论序文。究竟是否仲景所撰。尚属疑问。迄今犹无确证。姑存其疑可矣。(转载中西医药杂志)

[《国医文献》1936，(1)：13]

谒南阳医圣张仲景祠墓记

黄　谦

予自弱冠时。读伤寒论。金匮要略。即欲详细张仲景先生之历史。乃检后汉书三国志。而无仲景传。后考各家医书。及子集稗史。间有载其佚事。东鳞西爪。详略互见。于是蒐辑诸书。撰张仲景传。列于拙著伤寒杂病论集注卷首。而仲景祠墓。则自汉迄明。志乘失载。文献无征。有清康熙中。徐忠可著金匮要略论注。卷首载张仲景灵应记一篇。盖节录冯应鳌医圣张仲景灵应记。桑芸张仲景祠墓记而成者。记云。“兰阳诸生冯应鳌。崇祯戊辰初夏。病寒热几殆。夜梦神人。金冠黄衣。以手抚其体。百节通鬯。”问之。曰。「我汉长沙太守南阳张仲景也。今活子。我有憾事。盍为我释之。南阳城东四里有祠。祠后七十七步有墓。岁久湮没。将穿井于其上。封之惟子」。觉而病良愈。是秋。应鳌即千里走南阳城东。访先生祠墓于仁济桥西。谒三皇庙。旁列古名医。内有衣冠须眉。宛如梦中见者。拭尘视壁间。果仲景也。因步庙后。求先生墓。已为明经祝丞蔬圃。语之故。骇愕不听。询之父老。云“庙后有古冢。碑记为指挥郭云督修唐府。烧灰焚毁。”应鳌遂记石庙中而去。后四年。园丁掘井圃中。丈余得石碣。果先生墓。与应鳌所记。不爽尺寸。下有石洞幽窃。闻风雷声。怿而封之。应鳌以寇盗充斥。不能行。又十年余。应鳌训叶。叶隶南阳。入都谒先生墓。墓虽封。犹在洫流畦壤间也。问其主。易祝而包。而扬。杨又复归包。包孝廉慨然捐其地。郡丞汉阳张三异。闻其事而奇之。为募疏。请之监司僚属。输金助工。立专祠。重门殿庑。冠以高亭。题曰“汉长沙太守医圣张仲景祠墓。”邹耆陈诚又云。“祠后高阜。相传为先生故宅”迄今以张名巷。巷之西。有张真人祠。名额存焉。祀张仙。或传之久而误也。祠墓成于顺治丙申年。距戊辰已三十稔云。”仲景祠墓见于载籍者始此。十年前予即发愿谒仲景祠墓。考索遗迹。以事未果。今岁仲秋承杨茂三王岐山赵子余诸先生馈尽。迨至本月一日。始由西安起程。四日晚抵南阳。翌晨沐浴讫。诣东郭北隅。见道旁有庙。前列数碑。东有仲景神道碑。知即为三皇庙。创建于明嘉靖丙午年。内祀伏羲。神农。黄帝。暨岐伯以下。十代名医。乡人谓民国十七年。石友三军驻宛。将庙中神像尽毁。近年于内设立学校。仁济桥在庙前东郭岩外。亦嘉靖时所建也。由庙后行六十余步。即医圣祠。而顺治丙申冯应鳌所立之灵应碑。在祠外东郭岩内壁间。桑芸所立之祠墓记碑。露立祠右。文典冯碑详略互见。墓在祠门内。前有碑高八尺余。系顺治十三年。郡丞张三异所立。予礼敬讫。见墓前又一小碑。高二尺余。文曰。汉长沙太守医圣张仲景墓。字体遒逸。类晋人书。盖即明崇祯五年。园丁穿井鉴地所获者。见此碑而仲景之墓。乃有确據。距今岁适甲子五周矣。祠中诸碑。古而可实者。当以此为最云。墓高八尺。后有旧藤数本。外砌薄。上覆亭。民国十二年。邑人杨文濂所建也。墓东距郭垣仅五步。前后三十余步。南北与郭垣相直。盖特为仲景祠墓将郭垣外伸数步。乃成弧形。查南阳环城郭岩。筑于同治五年。为玄妙观羽士张宗璿。规划建筑。以御捻寇者。使仲景不显灵异于明末。不惟难免穿掘之患。且必为郭垣所覆矣。体魄焉能卒获安全哉。墓后数步为祠。正殿三楹。中祀仲景塑像。金冠黄袍。丰颜隆准。黑须三绺。平膝正坐。手持如意一柄。像前金字牌位。文曰。医圣先师汉长沙太守张公神位。左旁祀注伤寒论诸公牌位六。右旁祀孙真人像。东序祀周公景幅。西序祀神医何仙。又有佛像数尊。参乎其间。不伦不类。混祀一堂。盖清道光后。乡人随意妄增也。予历览庙宇。见其门敝庙颓。庭秽垣圮。一道童守门。云“其师李智祥。年近古稀。因祠产为学校所夺。惟恃游募度日。”予考索碑文。祠产原有阅田四十亩。系同治十三年。包孝廉捐施。姚家庄地四顷八十亩。系康熙二十七年。周景福捐施。附郭地五十亩。系康熙五十九年姜大成吴国士捐施。专供本祠祀祭。暨修葺看守之资。详询该地人士。得知姚家庄地四顷八十亩。于民国初年。攒归师范学校。附郭园地九十亩。民国十七年。石军驻宛。变卖庙产。被劣绅先及元。倚势乘危。以贱价买去。至十九年。该绅以不法事。为张伯英总指挥枪毙。去岁。其兄先登云。以积恶不悛。为刘雪亚督办处决。兄弟同恶相济。咸遭显戮。家产六七十顷。悉数充公。而此项祠产。遂亦归师范学校矣。愧予德薄力绵。无能为役。则恢复祠产。庄严庙貌。是所望于邦人君子云。谒神毕。甫出门。见一小碑。侧置祠外。读其文。乃崇祯元年九月。冯应鳌所立之纪事碑。原在三皇庙中。冯氏去后。旋为不便者仆没。及顺治十年。冯氏再至。求之不得。疑为人毁矣。有詹洪秋者。昔卓锡此地。录文而笥藏之。冯从之得其文。复刊于石。而详记其颠末于后。今秋校长某。见碑于阶下。不忍为人践踏。而移于此。按此碑已没三百余年。为考究仲景两墓者。最要之史料。不惟今世所当珍之。即在当时。冯氏亦极重视。惜其不克再觏也，予亟舁祠内。树之殿左阶上。翌日再往谒神。见香案前置问事签筒。偶抽其一。得第九十一。上书七言一首。句云。君今顶礼叩前缘。因感其灵。为之撰制楹联。文曰。道缵农黄。德侔孔孟。献诸殿前。藉表景仰悃诚。拟将祠田被夺情形而陈该县王县长幼侨。请其设法归还。适王县长赴许昌迎张总指挥未归。余亟于赴京沪。特留书一函。托绅士王锡三转达。计往南阳七日。拓碑六种。摄影三帧。谨记其概如右。中华民国二十二年十月十一日。

余友黄君竹斋。长安隐君子也。酷嗜轩岐。浏览古今医籍数百种。伤寒金匮尤寝馈无虚夕。所著伤寒杂病论集注。伤寒杂病论新释。针灸经穴属考等书。均能脍炙人口。今之私淑南阳而能入仲圣宫墙者。难数数觏。观其读仲景书。尤欲想见其为人。久欲亲谒祠墓。得瞻道貌为幸。去冬跋涉千里。冒风雪。走南阳。考索遗迹。访询庙产。断碑残碣。亲为移置。徘徊不忍去。并将祠堂墓树。拍照来京。十年宿愿。一旦克展。快慰生平，此黄君娓娓告予。因之喜而不寐者竟夕。盖余有志未遑。今闻其言。睹其图。心焉向往者久之。且黄君为吾道有心人。其于圣祠颓圮。则有志修理。墓田被占。则设法追还。已呈请中央国医馆函请河南省政府令筈南阳县府查明追还。此案尚无结果。黄君怒焉如捣。盖忧年湮代远。祠田难返。春秋岁时。无以崇德报功也。近闻河南二十路总指挥张纺将军发起修建仲景祠墓。关地数十亩。草拟修祠缘起。慷慨激昂。闻者动容。医药不亡。于此可见。呜呼。祠田散失。既有黄君奔走呼号于前。外医张嚣。复有张公表扬关地于后。先后媲美。如出一辙。丁兹中西医学奋斗之秋。木铎一声。长沙万古。四海同人。不日睹斯庙貌巍峨。焕然一新。能无油然而与尊重师道之感乎。中央国医馆编审委员周柳亭敬识。

[《国医文献》1936，(1)：16]

张仲景之伟大贡献

秦伯未

继内难之后。而以切实之经验。贡献于世人者。则为仲景之伤寒论金匮要略二书。伤寒为时病之金科。金匮为杂病之玉律。日本医学。窃中土之绪余。以为三岛文明。弈世钻研。颇有青蓝之胜。如吉益氏父子之精当。丹波氏父子之渊雅。其他若尾。台榕堂山田正珍中西惟忠等。卓然成家。要其归俱取法于仲景。故日本之认为东方古医学者。即仲景之学。而日本之汉医。直可称为仲景之医学。盖其书不尚空浮之议论。以凭证用药为主。不啻临床之导师。即在吾国。仲景之书。亦在必读。历代各家诠注之可考者。达一百二十种以上。可谓盛矣。

伤寒全书。以太阳阳明少阳太阴少阴厥阴六经为提纲。后世多主经络脏腑。殊觉穿凿。今特详述以明真义。考方有执云。六经之经。与经络之经不同。六经犹儒家六经之经。犹言部也。程应旄云。上经犹言界也。亦犹言常也。又云。素问之六经。是一病共具之六经。仲景之六经。是异病分布之六经。素问是因热病而原及六经。仲景是设六经以该盖众病。柯韵伯云。仲景之六经。是经略之经。而非经络之经。中西惟忠云。六经之名出于素问。本是经络之义。而仲景假以分表里之部位。配其脉证。以为之统名也。由田正珍云。伤寒论六经之目。虽取诸素问。非以经络言也。假以表里脉证而已。故观圣论。无一及经络者。藤本廉云。三阴三阳之目。何为而设焉。凡疾病有六等之差。而地位脉证不相同也。概观诸说。皆以六经为病位之假释。而不取于经络之义。盖阴阳者天地造化之本。四象判焉。万物生焉。圣人所以立为天之道。而医之言阴阳亦既尚矣。庄子言病为阴阳之患。医和论六气为阴淫寒疾。阳淫热疾。晏子解景公病曰所病者阴。日者阳。一阴不胜二阳。故病将已。班固之原医经云血脉经络骨髓阴阳表里。以起百病之本。死生之分。是阴阳者不出寒热表里之义。寒有紧慢。热有微剧。表有浅深。里有闭脱。其间不能无始中终上中下之区别。于是立三阴三阳之目。以该盖病情病机。犹天之阴阳无不统万物也。学者苟领会斯旨。庶几许窥作者之微意乎。

述仲景书者。以医宗金鉴本较为平正。其他柯韵伯之伤寒论注。程云来之金匮直解。尤在泾之伤寒贯珠集金匮心典等。俱有独到之处。可资参考。兼收各家之说以便检查者。则王考槃之伤寒论百家注。尚可采置。至于近人中有不能深求古学。袭取中西之皮毛。强以仲景学说附会于新名词之上。且倡种种不经之邪说。以迷惑青年者。一概屏弃毋阅。盖中医果应研究改进。惟研究云者。当以中医为主体。尚以西医为标准。则无异舍已耘人。亦当处处发挥真义。以期晓畅。尚见古奥而遽尔攻斥。则更无异弃宗灭祖。此辈捣乱有余。建设不足。非特仲景之罪人。亦为中医之败类。与其美其名曰融会中西。毋宁恶其名曰盗名欺世。吾友张山雷君曰。天地之大。何事不可为。而乃借此救人疾苦之仁心。逞彼索隐行怪之伎俩。以惑世俗而博微利。充其流弊所极。语惑后学之心思。变乱古人之成法。行世愈广。势必误人愈多。洵有感而发也。愿学者各以精锐之目光辟之。

［《国医文献》1936，（1）：93］

张仲景生平事迹考证

薛凝嵩

范晔《后汉书》对于张仲景这样的医学专家竟没有给他立传，这不能不说是古代史家的阙失，也足见仅凭官书有时是很难详悉一个人的生平的。张仲景的生平事迹，除了他的伤寒论自序题为“长沙太守南阳张机仲景”之外，在当时的文献可以说再也没有了。此后如晋皇甫谧甲乙经自序、王叔和伤寒论序例、甘伯宗名医录等虽各有提到仲景的事迹和著作，但都是一鳞半爪，不能窥见仲景的生平。清人元和陆懋修（字九芝著世补齐医书作了一篇补后汉书张机传，大致也是根据皇甫谧甘伯宗诸人的话，掇拾后汉书列传中词汇写成的，文字相当华丽，而事迹也相当完整，只可惜陆氏疏于考证，凡是有关仲景的材料，也不问真伪，一律都以为信史。近人陈邦贤撰中国医学史对于仲景事迹，不加考校，也只据陆传直抄，则更不足道了。此外如丁福保编的名医列传，除全录陆传外，并于传末附加案语，疑张仲景尝未做过长沙太守（详下）。所有张仲景的史料，大概在晋以后多据皇甫谧，唐以后多据甘伯宗，而近代多据陆懋修。陆传虽最完整，而附会因袭也最甚。现在笔者不词费，把张仲景生平事迹重新考订一下，大略诠次他的平生行谊，附注考证于下，以便分清眉目。因为他是生存在祖国一千八百年前最伟大的医学家，对于他的讹误相传的事迹实有整理一番的必要。

张仲景名机，后汉南阳郡涅阳县人。

陆九芝张机补传称：‘仲景南郡涅阳人”传末附注所据说：“河南通志书张机涅阳人”，又说：“仿后汉书左雄传冠南郡于涅阳之上”，按南阳郡和南郡都是秦时建置的，后汉时南阳辖三十六县，大约是现在的河南省西南部和湖北省北部边境。南郡辖十八县，大约是现在的湖北真中部偏西一带。涅阳是属于南阳郡的一个县，就是张仲景的故乡。这个县在现在的地图上找不出来，因为隋朝开皇中改涅阳为淉阳，唐贞观年间把它并入穰县，金末又另置，改名镇平县，明洪武二年，改称南阳县，直到现在。所以汉时只有南阳郡没有南阳县，仲景伤寒论自序题南阳张机仲景系称郡称县，所以仲景应该是南阳郡涅阳县人。可是陆九芝偏要仿左雄传说仲景是南郡涅阳人。知汉时南郡并不统辖涅阳，后汉书作者范晔是刘宋时候人，刘宋时南阳陷于北朝，杜祐通典卷一七一州郡一说：“明帝（刘或）时后魏又南侵，淮北、青、冀、徐、兖四州及荆河州（今皖北）西境悉陷没，则长淮为北境”，南阳在荆河州西境，当然早已陷没。于是荆州州治便由襄阳南移至南郡（现在湖北江陵），通典州郡一说：“孝武（宋刘骏）大明（年号）凡二十有二州：扬（州）治建业……荆（州）治南郡……”这时候边境扰攘不安，南北州郡，有时建置，有时废省，非常淆乱。宋书律志序：“魏晋以来，迁徙百计，一郡分为四五，一县割成两三，或昨属荆豫，今隶司兖，朝为零桂之士，夕为卢九之民……版藉混淆，职方不能纪。”这时候郡县的统辖时常变动，尤其边境，更为混乱。在范晔作后汉书的时候，南阳隶于南郡，因此范书左雄传就说左雄是南郡涅阳人，本不可从。而陆九芝因为要驰骋才华，（张机补传的引伸承接处，多抄撮后汉书列传中语，论赞四十八句，则后汉书原文集句，他的嗜好范书，几于成癖）所以对仲景的里籍也照左雄传为南郡涅阳了，这使很不恰当，仲景籍贯，当以南阳郡涅县为是。襄阳府志说仲景南阳枣阳人亦误。人名大辞典作棘阳人尤误，枣字或系棘字传钞之误，则更无辨正的价值了。

约生于公元142～1455年（顺帝汉安建康之间）卒于公元201年（献帝建安十五年）前后，大约活了七十岁。

仲景生座本代最不易考，据伤寒论自序说：“余宗族素多，向余二百，建安纪元以来，犹未十稔，其死亡者三分有二……乃勤求古训，博采众方……为伤寒杂病论合十六卷”可知仲景之著伤寒论当在建安十年左右开始，像这样包括多种传染病和其他内外杂病空前完整的著作，不会在一、二年以内完成的。据他自己说“勤求古训，博采众多”岂是短时间所能办吗？我们假定他著作期间为五年，那么仲景在建安十五年（公元201）以前一定健在是无可疑的。

仲景举灵帝时（公元168~189）孝廉这件事，甘伯宗名医录、河南通志、襄阳府志等书郡有记载，大概不会错误，可是我们要知道想灵两朝是后汉宦官、外戚、党人斗争最激烈的时候。灵帝即位的第二年（建宁二年公元169）宦官杀党人李膺等一百多人，天下扰攘不安，直至建宁四年（公元171）才大赦天下不赦党人。郡国孝廉，虽然是每年按照人口比率察举，但举出来之后，一定要到京师受公府考试。这一段时间政局混乱，可能不会举行察选孝廉。后点的中平年间（一八四——一八九）黄巾起义，豫州成为黄巾运动中心地带，南阳陷入兵争，更是无法举孝廉。只有中间光和（一七八——一八三）六年中，政局比较安定，仲景举孝廉一定在这一段期间。

后汉自顺帝阳嘉元年（公元132）以后，限定孝廉的年龄必满四十岁以上，不满四十岁不准察举，（后汉书顺帝纪）这限制非常严格，济阴太守胡广等十多人且因违反此项规定获罪。而被举的新孝廉徐淑以年龄不及格，被取消资格。（后汉书左雄传）可见仲景之举孝廉，至少是四十岁以后的事。

假定仲景在光和六年（公元183）举孝廉那年他四十一岁。由此上推，他的出生是在顺帝汉安元年（公元142）；再由此下推，他的伤寒金匮著述完成的年间是建安十五年（公元210）这时他六十八岁，所以可能活到七十多岁。

少年时，见同郡何颙，在当时号称善于观察人物，劝景，学医，说他可成名医。

图书集成医学部，何颙别传说：“同郡张仲景总角造颙，谓曰：“君用思精而韻不高，后将为名医”。卒如其言。“襄阳府志与此稍有不同于伯祖（张伯祖，仲景之师）”陆九芝张机补传据此把他改为何永。何颙也是南阳人，见后汉书党锢传，后汉人极喜臧否人物，何颙在当时颇负知人之望，曾经品评过曹操，荀彧。仲景和他同郡，年少时自命不凡，因而多少是参考点他的意见来考虑自己的前途的。陆九芝清朝人，世补斋医书成于同治光绪之间，他因避清仁宗讳（清仁宗颙琰年号嘉庆）把何颙改作何永，原是难怪的。最可笑的是陈邦贤的中国医学史，竟不问何永是谁，只照陆传直抄。陈史撰成于公元1936年，（民国二十五年）试问你还要避颙琰的讳吗？

于是仲景便就学于同郡名医张伯祖，尽得其术。

古今医统称：“张伯祖南阳人，好方书精明脉诀，治病十全，当时所重，仲景师之。”此当系事实。而高保收林亿伤寒论序名医录说：“仲景官至长沙太守，始受业于张伯祖。”陆传亦取此说。考仲景举孝廉年已四十余，做长沙太守当已五十左右，此时还能学医吗？即使非常热心的学习，还能有这样伟大的成就吗？据襄阳府志说仲景少时客游洛阳，何颙已称许他的技术精于伯祖（原文见前）可见仲景决不是在长沙太守任上学医的。

灵帝时，举孝廉、建安中，任长沙太守，以时乱不能久于其

仲景举孝廉、事已见前。他做长沙太守，则仅根据伤寒论序仲景自署衔。无锡丁福保撰名医列传疑仲景并未做长沙太守。他说：考灵帝时，孙坚守长沙。云卒，子悰代立，遣使请降。曹操平荆州，辟刘巴为椽，使招纳长沙、零陵、桂阳。曹操败于赤壁，引军归郧，先主表刘表子琦为荆州刺使。又征四郡，长沙太守韩玄降，先主使诸葛亮督零桂长沙三郡，擢廖立为长沙太守。长沙既非汉家所有，后经属吴。由是观之，灵献之间，似照令仲景守长沙之日也。丁氏此说，骤然看去，似乎也有相当理由。但如果把汉末史实，细细考校一下，便觉得丁氏之说是非常粗枝大叶的。丁氏以为仲景做长沙太守，不见史传，遂疑心仲景没有做过长沙太守，其实这种怀疑根本没有必要，其理由有二：第一仲景在医学上的贡献，自有其流芳百世的价值，长沙太守的官职，对于他的身价并无影响。仲景一生潜心医学，以治病救人为职志，他著述伤寒论金匮要略两书，为后人铺下一条反对神权，根据实验的新的道路打下了坚实的基础。他企望扫清医界上的邪说，把医药从巫观手中夺回来，使他成为独立学术，他这种实事求是的精神，是非常崇高与伟大的，丝毫没有一点让世取袭，沽名钓誉的卑鄙心理。以仲景这种胸襟与抱负，岂是以长沙太守一衔为荣的？如果说伤寒论自序的署衔，是后人伪托，则更属无稽之谈。后世人士既然认仲景的医书有价值，把它整理编印出来，那还怕不能行世吗？如果要假托，何不也托之岐伯、雷公、黄帝、神农或伊尹、扁鹊，而定要在仲景他本人头上添一个不大不小，加之不足重，去之不会轻的长沙太守的头衔呢？此理所必无之事。丁氏的怀疑，的确没有必要。此其一。第二再说丁氏的考证，有几处很是疏

漏，他说："建安三年，长沙太守张羡率零陵桂阳二郡叛刘表，羡卒，子怿嗣为长沙太守，刘表并之，以韩玄为太守……"按灵献之间，只有刘表守荆州时（补平元年至建安八年即公元190～203）仲景最有做长沙太守的可能。在刘表主荆之前，长沙先后为区星、孙坚、苏代所据，等到刘表死后（建安八年公元203刘表死于荆州）长沙为刘备所得，仲景都不会做长沙太守。也只有刘表主荆州一段时间，长沙零陵桂阳一带，反复无常，有时服从，有时叛变。就说张羡吧，据后汉书刘表注引英雄记说，张羡先作零陵桂阳太守，并非长沙太守。到建安三年，他才以长沙太守率零桂二郡叛刘表。刘表以初平元年（公元190）做荆州刺使，到张羡叛时已经九年。在刘表到荆州以前，长沙太守是苏代，后汉书刘表传说刘表抵荆州后："江南悉平，诸守令（按指长沙等八郡守令）闻表威名，多解印绶去"苏代是袁术据南阳时所派，到刘表人荆州，与袁术隔绝，已成孤立，自然也"解印绶去"。况荆州八郡，在江南的有长沙等四郡，"江南悉平"则长沙当然没有不平的。张羡什么时候继任长沙太守，史无明文。但在苏代之后，张羡之前这段时间，难道仲景就没有做长沙太守的可能吗？丁氏以为苏代以后便是张羡，这是很粗率疏漏的。再在张怿（羡子）为刘表所并之后，是谁继任长沙太守，后汉书和三国志也都没有明白记载。韩玄事见三国志黄忠传说："荆州牧刘表以（黄忠）为中郎将，与表从子磐共守长沙攸县。及曹公克荆州，假行裨将军，仍就故任，统为长沙太守韩玄。"曹操克荆州在建安十三年，上距刘表之并张怿约六七年。长沙太守韩玄什么时候到任，史书不详，但据黄忠传："曹操以（黄忠）假行裨将军，仍就故任（中郎将）统属长沙太守韩玄"则韩玄决不会是刘表集团里的人物。因为长沙重地，黄忠勇将，以曹操之明，决不会轻率地举以付之不可信任之人的。所以在张怿之后韩玄之前这段时间，仲景也未尝没有做长沙太守的可能。丁氏说："羡卒，子怿嗣为长沙太守，刘表并之，以韩玄为长沙太守的。"这样凑搭，似太臆断。此其二。总之仲景做长沙太守完全有其可能；而且时间在刘表做荆州牧任内也是可以肯定的。不过，那时候军阀互攻，天下骚然，郡守要能知兵，才可站得住脚。书生为吏，便无立足地。孙坚说："太寿无文德，以征伐为功。"（三国志孙坚传）这句话正可以代表当时军阀们穷兵黩武的心理。仲景是一个儒者，生在汉末纷乱的局面；长沙又是难治之邦，他做太守，为时不会长久，于当时局势不起丝毫影响，所以史册也就没有记载。

便返乡里，为人治病。因当时传染病流行，伤寒尤多。而士大夫们又鄙视医术，耻习医术，得了疾病，只得托命巫祝凡医　死亡特多，仲景为之慨然。

后汉曾经流行十一年的疫病，死亡率很高，曹丕在与元城令吴季重的信里说："亲故多罹疾疫，徐干、陈琳、应玚、刘桢，一时俱逝。既痛逝者，行自念也！"足见那时传染流行之可怕，弄得人人自危。

东汉士大夫所以看不起医药技术的原因，是把医药与巫祝认作一路，这虽然不很正确，但古代医和巫确实是分不开的。士大夫们看不起医药方技倒有可说，而一个以医名于世的华佗，竟然耻为名医，定要钻营仕宦，结果求荣不成，反而白丢了头颅，真有点可叹。仲景目击当时风气，深致不满，所以发表："怪当今居世之士，曾不留神医药，精究方术……但竞逐荣势，企踵权豪，孜孜汲汲，唯名利是务"的慨叹。这也正可以看出仲景是怎样热心活人的技术，尊重自己的业务。

因情而著书，集其生平所得经方、禁方，及临床自制的新方，成伤寒杂病论十六卷，自序其始末缘由，即现在的伤寒论金匮要略两书。

伤寒论自序说："感往昔之沦丧，伤横夭之莫救，乃勤求古训，博采众方，撰用素问九卷八十一难阴阳大论胎胪药录并平脉辨证，为伤寒杂病论，合十六卷。"仲景著书的准备所着重的在于"勤求古训、博采众方"两方面。"古训"是前人经验，即当时传说的"上古有神农、黄帝、岐伯、伯高、雷公、少俞、少师，仲文；中世有长桑、扁鹊；汉有公乘杨庆、及仓公。"（序）的大医家的遗训。"众方"则系"经方""禁方"等。"经方"系民间经常采用的验方，"禁方"则是道教里师弟相传的秘方。

总结公元第二世纪以前中国医学经验，汇为巨著。使中国医药开一新的生面，对于民族健康的贡献很大。

伤寒金匮两书，为中国医学上最切实用，最有系统，而且最能概括的两部空前伟大著作。虽然到了现在，因为科学进步有一部分不能用，但在当时说它确实能把中国医学向前推进了一步。

后世医家莫不崇敬他，至推尊他为医圣。因而派生了许多不合理的故事和不正确的传说，这些是应该把它清算掉的。

附会在仲景身上的神身式的故事，最被人相信的，就是仲景见王粲授以五石散一事了。这事见管皇甫谧甲乙经序，说仲景见王粲时，粲年二十余，仲景说他有病，二十年后必眉落，眉落半年死而，乃授以五石散嘱服。粲不信，受而未服，后如其言而死云云。仲景见王粲事属可能，但劝服五石散则可决其必出虚构。非常明显的，在仲景的著作伤寒金匮两书中，并没有用到五石散。如果五石散的效力伟大到可以预防到二十年后的某种疾病而且有这样确切把握的话，那么五石散对于某种疾病来说是最有神效的特效药了。那仲景为什么不把他收入金匮中来，偏要让它遗失了呢？千金翼说：“五石散即寒食散”俞正变癸已存稿引通鉴注言“寒食散始于何晏”世说新语言语篇注引秦承祖说亦称：“何晏首获神效，由是大行于世，服者相寻。”魏尚书何晏平生耽好声色，五石散或者对生殖机能有刺激作用，所以服之有效。六朝士大夫生活一般都很腐化，所以特别爱好服食，结果多为药误。用药物来满足享乐腐化的生活，这是仲景所非常反对的，皇甫谧不过假托仲景以欺世人，不料后人遂信以为真，而且还津津乐道是非常错误的。

陆九芝张机补传说：“仲景至京师，见侍中王仲宣（粲字）时年二十余（下即五石散故事）云云，按王粲死于汉献帝建安二十二年（公元217）年四十一岁。二十年前（即所谓仲景劝服五石散时）当为建安三年，这时候，是曹操迁献帝于许昌的第三年，此京师当指许昌。据三国志王粲传说王粲年十七（献帝与平元年）在长安，司徒府和朝廷要任用他，他以董卓擅权，都不肯就。便往荆州依刘表，直到刘表死，才从曹操。这样说王粲二十岁时在荆州，并不在京师。仲景游京师时年龄还很轻，那时天下未乱，京师在洛阳，若论年岁，此时王粲尚存襁褓，安能和仲景相见且授以五石散呢？

襄阳府志说：“仲景著伤寒论、金匮要略行于世，华伦读而喜曰：“此真活人书也”这又是一个不合理的传说。仲景在建安十年左右才开始著书，假定写作时间为五年，则伤寒金匮成书时，已在建安十五年以后，那时没有印刷方法，书籍流行，都要传抄，一种著作，行世是很不容易的。何况伤寒金匮在仲景生时，并不行世。曹操杀华佗，史书不详其年月，但载荀彧会劝操勿杀，操不听。（三国志魏武纪荀彧传）荀彧死于建安十七年，则华佗之死，当在建安十七年之前。如果在十四五年时，则仲景著作尚未脱稿，他从什么地方读之而喜呢？襄阳府志记载华佗事多有阙失。如说关羽镇襄阳与曹仁相拒，中流失，矢镞入骨，华佗为之括骨去毒。”这便是罹贯中三国演义括臂疗创的根据。按关羽在建安二十年前才守荆州，与曹仁相拒事在建安二十三年，此时离华佗之死且七八年。不但后汉书、三国志华佗传皆不载此事，而三国志关羽传亦仅稍医而没有名。足见襄阳府志记载华佗的事，多不可信。

弟子杜度、卫汎能传仲景之学。

古今医统说：“杜度不知何郡人，仲景弟子，介仲景禁方，名著当时。”仲景全副精力都在伤寒论、金匮要略两书，当别无禁方，以传弟子。古今医统所言乃蹈袭汉人俗说以禁方为重，也不可信。

[《新中医药》1953，4（7）：16]

张仲景生平问题的讨论

宋向元

一、伤寒论的著作年代

关于伤寒论的著作年代，我认为还有详加说明的必要。

伤寒论卒病论自序说：“余宗族素多，向余二百，建安纪年以来，犹未十稔，其死亡者三分有二，伤寒十居其七。感往昔之沦丧，伤横夭之莫救，乃勤求古训，博采众方，撰……为伤寒杂病论合十六卷”。

据这篇自序所说，伤寒论的著作年代似在建安七、八年开始；而这篇自序当署结于伤寒论既成之后，时间似在建安十五年左右。——拙作在前一章里会提出这样的看法。

自序的“建安纪年以来……伤寒十居其七”等语。在过去根本不成问题。自从洪贯之先生的张仲景郡望生卒的推测一文（载中西医药一卷三期）对此提出不同的见解之后，今已十余年了，似尚无人继起讨论。

洪先生大作一方面既说：“伤寒杂病论似非一二年所能完成，……及至完成时已在建安十年之前矣。”另一方面，他却根据后汉书五行志所记：建宁四年至中平二年的几次“大疫”（详载后文拙作年表中）而认为自序中“建安纪年”的“安”字，应据医史作“宁”字之误。——这样，伤寒论似经三十余年始成了？但“建宁”的说法仍值得我们注意。

同时，洪先生在此文中又说道：“至于献帝之时，史传并无大疫记载；虽或不免遗漏，但其时即使有之，必不若灵帝时流行之烈，可知矣。”——这些话便很有问题了。

不错，史传对于疫情的记载，诚然不免遗漏（详见下文），但建安二十二年的“大疫”，不但献帝纪中有，五行志也照样记载，并未遗漏。据说这次的疫情还是极为猖獗：“家家有僵尸之痛，室室有号泣之哀；或闭门而丧。”·（陈思王集）——这能说流行不烈吗？

还有，建安十三年（二〇八）的疫情，因其关乎“赤壁之战”所以魏志和吴志都有记载，也未遗漏。

至于平时疫情的记载，史志上确是不免遗漏。例如：

安帝元初六年（一一九）夏四月，会稽大疫。

延光三年（一二四）冬，京师大疫。

顺帝永建元年（一二六）春正月诏曰：“上干天和，疫疠为灾……”

桓带延熹九年（一六六）正月诏曰：“比岁不登，人多饥穷，又有水旱疾疫之困。……”

以上都见于后汉书帝纪，而五行志中却漏载了。又如后汉书中的：

曹褒传：“永元四年（九二）……（京师）时有疾疫。”

杨厚传：“永建四年（一二九）……六州大蝗，疫气流行。”

这些疫情只见于列传，而帝纪和五行志全漏载了。其余的像度尚传：“度尚迁文安令，遇时疾疫”那样地方性的记载，当然更不见于帝纪和五行志了。

查魏志王修传：“王修……年二十，游学南阳，止张奉舍。奉举家得疾病，无相视者；修亲隐恤之，病愈乃去。”——这是南阳张氏举家得传染病的记载了。时间是在初平元年（一九〇）之前，究竟在那一年，则不可考。但像这样资料是偶然的，绝不是为了传染病而记载的。

本来，过去的史志无非为封建统治阶级服务，那些无关他们的“嘉言懿行”和“军团大事”的，便不屑劳笔了。因此，我们想从过去的史志去找很详确的传染病流行纪录，尤以南阳的纪录，那是绝对不可能的。

不错，汉灵帝建宁四年（一七一）至中平二年（一八五）之间，屡有“大疫”，确是事实。但所谓“大疫”，并未指出在那一些州郡发生的。像这样含混的记载，当然不如“会稽大疫”或“京师大疫”来得明确。这且不谈。但我们认为：在当时交通不便的情况下似不可能全国同时发生“大疫”的。

这几次“大疫”，既未必每次都普遍全国，也就不可能每次都波及南阳郡。若仅仅根据史志的记载，便断定南阳张氏宗族多死于伤寒，即在建宁至中平年间，那就近于片面看问题了。况且“建安纪年以来”，乃指建安纪元初年而言，亦即“建安元年以来”之意。若以“建宁四年”来代替“建安纪年”的话，在意义上也是讲不通的。

查建宁四年至中平二年（一七一——一八五）之间，如依拙作的探索，此时仲景年当在二十一至三十五岁左右。这几次“大疫”虽未必每次都波及南阳，但我们可以说：仲景的医术是成长于这“大疫”时代之中的；唯有这样的条件才好促成他钻研传染病的治疗，因而遗留下来伤寒论这部伟大的著作。

也许有人要问：建安初年，史志并无疾疫的记载，你怎样会相信自序的“建安纪年以来”的说法呢？

依我看，后汉末年，军阀割据，各自为政，谁也不把名义上的最高封建统治者——汉献帝——放在眼里。所以当时州郡虽有疫情，也不去报告他。况且彼时（一九〇——一九六）汉献帝为董卓所挟持，他自己亦在“流离”于长安或洛阳间。建安元年，他的情况更坏，甚至属下的“群僚饥乏，尚书乡以下，自出采耕。”在这样的情况下，彼时荆州虽然照常报告疫情，也绝无人受理，因而仍不能见于史志的。

我们知道：秦汉以来，由于商业资本的发展，有些城市如长安、洛阳、邯郸和南阳等都相当繁盛；到了新莽时期，南阳便已成为大商人聚集地区。东汉之后，更加繁盛。初平中（一九〇——一九三）袁术初据南阳时，户口已是数百万。——这样人口密集，交通频繁的城市，一旦发生了传染病，当时又不知预防方法，其蔓延流行的惨烈情况，是可以理解的。

东汉末，军阀们的连年混乱，给了当时人民以不可言状的苦痛。他们的烧、杀、掳、掠，使得人口大量减少，生产严重破坏。因此兴平元年至建安四年（一九四——九九）之间，发生了食量恐慌，尤以三辅、河北、江淮等地为最严重（群见年表）。人民在这样饥馑的苦况下，健康水平的低降，因而缺乏抗疫力，那是必然的。

史记天官书：“兵革更起，城邑数屠，因以饥馑疾疫焦苦”之语，固指战国时代而言；若以形容汉末的情况，更较适合。

当汉末各地食粮恐慌严重时，荆州的情况还算比较正常，所以四方“饥民”多来就食；仅说关中的人民，流入荆州的，就有十几万家。南阳为荆州部之一郡，虽以商业繁盛著称，但其农业生产量未必胜于他郡。又因其人口密集，即使有些余粮也早被商业资本抢购囤积起来。这也是可以理解的。

根据上述的条件，我认为：当时（一九四——一九九）四方的“饥民”很可能带来各种传染病，而这些传染病便展转蔓延地流行于荆州人民，首先自然是农民之间了。——伤寒自序说：“余宗族素多，向余二百。”后汉书亦有“张氏为南阳族姓”之语，但这南阳张氏虽称族姓，其中大多数当是农民阶级。这些农民虽幸免于饥饿的灾难，却又遭到传染病的侵袭了。

因此，伤寒论自序所说“建安纪年以来，犹未十稔，其死亡者三分有二，伤寒十居其七”这话是可以相信的；我们不能因当时的史志的缺略而致以怀疑的。

四年前，拙作初起草时，洪先生的说法首先引起我的注意，三年来未尝致疑。去年十二月，因病多暇，整理旧稿以为消遣。嗣因重列年表，逐渐发现了这样的说法尚有问题。最近我们会通函论及此文，承洪先生非常谦虚地回答。他说：“此文系早年不成熟的作品，时将廿载，当时曾送请余灵岫，范行准审阅。关于文中引用“建安”应为“建宁”，系据日本人著作，大约是山田正珍，今已不复记忆。以后弟对此问题并未作进一步探索，因有关此一方面之资料，更难找得充分例证也……”

实际上，我能够对此问题得到重新认识的机会，完全是由洪先生大作的启示而来；虽然所得的结论不同，仍然应该向洪先生致敬。

二、张仲景的“太守”问题

关于张仲景的“太守”问题，我认为有提出讨论的必要。

伤寒论林亿等校定序说：“张仲景，汉书无传；见名医录云：南阳人，名机，仲景乃其字也。举孝廉，官至长沙太守。始受术于同郡张伯祖；时人言，识用精微过其师。”——丹波元简的伤寒论综概说：“太平御览引仲景方序论，文同。”我会查太平御览七二二卷，未见此文。

近更有人为仲景“安排”出任太守的时间，其说大致可分两类：

第一类说，长沙太守张羡即是仲景：如张山雷的新编中国医学史和郭象升的张仲景姓名事迹考均作如此主张。张山雷甚至虚构：“仲景在围城中著伤寒论，虽困苦弥留，不忘作述”等语。

我们根据资治通鉴：“建安三年……长沙太守张羡性倔强，表不礼焉。郡人桓阶说羡：举长沙零陵桂阳三郡以拒表，遣使附于曹操。羡从之。……建安五年……刘表攻张羡，连年不下。曹操方与袁绍相拒，未暇救之。羡病死，长沙复立其子怿。”这样，张羡在建安五年即病死于围城中。那么，著伤寒论的绝不是张羡了。此类说法之不能成立，非常明显。

第二类说，仲景曾为太守：如黄谦的医圣张仲景传，陈无咎的仲景非张羡辨和章太炎的张仲景事状考等。但他们对于出任太守的时间，却各有安排：

黄谦说：“盖仲景为长沙太守在建宁年间。值党锢事起，旋即旋仕；故其佚事见于何颙别传也。”

陈无咎说：“仲景之为长沙太守……当在刘表围攻张羡父子之际。盖仲景虽奉朝命，而未到官。在汉末群雄割据之秋，此例至多。”

章太炎说：“羡父子相继据长沙，仲景不得为其太守。意者，先在荆州与仲宣遇，表既并怿，仲景始以表命官其地。则宜在建安七年后矣。”

我认为：以上的说法尚未能肯定“太守”的真实性。

如说张仲景为太守是在建宁年间（公元168～171年），据拙作前文的探索，彼时仲景只不过二十余岁。以年龄而言：“廖立年未三十，抉为长沙太守”（蜀志廖立传）的事，在当时已是少见的例子；那么，仲景就更难以出任太守了。

如说仲景“虽奉朝命而未到官”，虽可备一说；但按之当时情况，这是不可能的。因为张羡“举长沙，零陵，桂阳三郡……遣使附于曹操。”这是张羡与曹操建立了政治关系。而彼时的“朝命”，大部分须通过曹操的同意才能发表，因此，在张羡被围时绝不可能有此“朝命”。

如章太炎所说，仲景“官其地，则宜在建安七年后”的话，在时间上固有可能。但他也只凭推测，并没有什么坚强的论据；所以他这说法仍不能确立。

公元1909年，丁福保的历代名医列传，却怀疑仲景曾为太守之说。他胪列了灵帝以来的长沙太守，得到结论说：“灵、献之间，似无仲景守长沙之日也。诸书所记不一，皆出附会；特以晋皇甫谧所说为最古。”

他这看法大致是不错的。但他列出举长沙太守的变更，往往抛开史传，主观安排，如“刘表并之，以韩玄为长沙太守。”又多不注明年代，如“于汉末长沙太守的变更，将详列拙作年表中。”

三、张仲景的“太守”问题（续）

我认为：关于这一问题，只凭讨论只凭史传这样间接的资料，似不可能得到解决的。我们最好根据直接的资料吧：

前些年我偶然翻开成无已伤寒论注（江东书局石印本），看到各卷卷首只有“汉张仲景述”五字，并无“长沙守”等字样，我便开始怀疑。后来又看到康平伤寒论自序的眉注：“坊本‘斯语’下有‘汉长沙守南阳张机著’九字”，又伤寒例开首亦有眉注：“宋本有‘汉张仲景述’五字……并无‘汉长沙守南阳张机著’九字”。

这就是说：宋本伤寒论，不论自序之后或伤寒例之前，都没有什么”长沙太守”等字样。宋本伤寒论，在伤寒例之前，另行顶格仅有“汉张仲景述”五字而已。因此，我很疑心仲景“官至长沙太守”之说是由后人“发展”来的。

前年十一月间，我会致函友人范行准先生讨论这一问题。承他复函说：“仲景官长沙太守之说，据弟所知，似昉于医林别传。其书，明赵开美复宋刊本伤寒论卷前有之，则别传或亦北宋以前人书。自后陈振孙书录解题诸书纷纷用之。而各刊本伤寒论自序，多署结‘长沙守南阳张机’，盖为后人妄题；因赵开美刊本尚不署是衔也。”——这官衔，范先生也认为“后人妄题”的。

我们知道：在过去、封建社会的人们，尤以“士大夫”们”，都非常重视官衔；认为有官衔便可以“扬名声，显父母”，其实都是希望爬上统治阶级。同时，医生在封建社会里面的地位，不过是“以伎事上”的脚色，为统治阶级作一名仆从而已，远不及“士大夫”们来得堂皇。这就是华佗为什么“耻以医见业”的原故了。

西汉医家淳于意曾为太仓长，史记上的记载便用加重笔法，大书特书：“太仓公者，齐太仓长，临淄人也。姓淳于名意，少而喜劳方术。”这是为了说明淳于意（太仓公）虽与扁鹊等人同传，但其身份不同。我们再看：皇甫谧甲乙经序里叙及淳于意时，只称“仓公”而略去姓名，叙及王叔和，尚且书其官衔“近代太医令”了；如果张仲景会为太守，甲乙经序当不会省略不提的。

还有，晋代医家王叔和的脉经，卷首便赫然署题“晋太医令王叔和撰”；与仲景同时的士大夫应劭所著风俗通义也题上“泰山太守”的官衔。这本是当时著作的惯例。如果仲景为长沙太守，当王叔和编次伤寒论时就必然标题出来，绝不会省略的。——宋本伤寒论更不会删去原著上署题的官衔！

以上是从张仲景的遗著——伤寒论——的形式及当时著作的惯例，来反证“太守”之说是不可靠的。

我们再看伤寒论的内容，自序上说：“怪当今居世之士，曾不留神医药，精究方术：以上疗君亲之病，下以救贫贱之厄，中以保身长全，以养其生。但竞逐荣势，企踵权豪；孜孜汲汲，惟名利是务。……哀乎趋世之士，驰竞浮华，不固根本。……痛夫举世昏迷，莫能觉悟：不惜其命，若是轻生，彼何荣势之云哉！蒙蒙昧昧，蠢若游魂，忘躯徇物，危若冰谷，至于是也。……”

这篇自序表现了著者的意志：著者强调了医药方术的重要性，并且坚决地反对当时人们的“竞逐荣势，企踵权豪。”甚至斥骂地说：“举世昏迷，莫能觉悟，……蒙蒙昧昧，蠢若游魂！”——我认为：假定张仲景曾为太守，似不会写出这样内容的序文来！如果这篇序文是张仲景所为，那么，就很像一位专业医家的口吻，而不像作过什么“太守”的口吻。再说：东汉末年，军阀割据，正如孙坚所说：“太守无文德，以征伐为功。”长沙本为军事要术，非精于战略者不能担任太守。像张仲景这样“用思精而韵不高”的人似不能胜任了。

还有一些旁证，可以说明仲景是一位专业的医家：

太平御览七二二卷引何颙别传：“同郡张仲景总角造颙。颙谓曰：“君用思精而韵不高，后将为良医。”卒如其言。颙先识独觉，言无虚发。……仲景之方术，今传于世。”这一记载肯定地说明张仲景是一位“良医”。

皇甫谧甲乙经序：“……汉有华佗，张仲景。……仲景见侍中王仲宣，……谓曰：‘君有病，四十当眉落，眉落半年而死。’……终如其言。此二事虽扁鹊仓公无以加也。……仲景论广伊尹汤液为数十卷，用之多验。近代太医令王叔和撰次仲景遗论甚精，皆可施用。”这也是称述仲景的医术及其著作。

张杲医说记载张机一条（详见后文）的注文：“出何显别传及甲乙经序，仲景方论序。”我们根据这一张索，在前引两书里面既查不出“太守”之说，那么此说似出张仲景方论序了，这且不谈。我们从张杲医说所引张仲景方论序的另一些内容也可以看出仲景只是一位专业的医家：

1. “张伯祖南阳人也，志性沉简，笃好方术。诊处精审，疗皆十全，为当时所重。同郡张仲景异而师之，因有大誉”。——注：“出张仲景方序论”。

2. “杜度不知何许人也。仲景弟子。识见宏敏，器宇冲深。淡于骄矜，尚于救济。事仲景，多获禁方，遂为名医”。——注：“出仲景方”。

3. “卫沉不知何郡人也。仲景弟子。知书疏，有小才。撰四逆三部厥经及妇人胎脏经，小儿颅总经方三卷，皆其所制，知名当代”。——注：“出仲景方”。据太平御览七二二卷引张仲景方序，与此文不同：“卫泛好医术。少师仲景，有才识。撰四逆三部厥经及妇人胎脏经、小儿颅总方三卷，皆行于世”。

按：医说的注文“张仲景方序论”及“仲景方”，均当是“张仲景方论序”之误。而“卫沉”当是“卫泛”之误。

上列三条的内容：“张仲景异而师之，因有大誉”；“杜度事仲景，多获禁方，遂为名医”；以及“卫泛好医术，少师仲景”等语，无不着重于仲景的医术及其师承传授，无不说明仲景乃是一位专业的医家。

关于张仲景会为“长沙太守”之说，从上列文献里面既找不到积极的例证，尤以伤寒论（张仲景的遗著）的形式和内容没有什么迹象。因此，我们就应该对此瞪可疑的说法予以澄清。

不过这里存在的问题，就是张杲医说等书所谓“举孝廉，官至长沙太守”的真实性了。

张杲医说：“后汉张机，字仲景，南阳人也。受术于同郡张伯祖。善于治疗，尤精经方。举以孝廉，官至长沙太守。后在京师为名医，于当时为上手。”这些话似出自张仲景方论序（？）据太平御览七二二卷引高湛养生论：“王叔和……编次张仲景方论为三十六卷，大行于世”。那么，这篇序似亦出王叔和之手了。

一般说来，西晋王叔和去汉未远，他又会编次仲景的伤寒论公之于世；当然他对仲景事迹是有一定的了解的。但我们看医说的记载，除开“举以孝廉，官至长沙太守”之外，大部分还是着重于仲景的医术方面。同时，脉经题着官衔：“晋太医令王叔和撰”，而宋本的伤寒论卷首却只有“汉张仲景述”五字。这是一个鲜明的对比。在当时社会中，如果仲景曾为“太守”，王叔和绝不会忘记而不题上官衔，更绝不会删去仲景遗著原署的官衔。因此，我很疑心张仲景方论序等书的“举孝廉”，“官至长沙太守”之说，似由唐宋间人为“爱护”仲景而伪造的。

当然，而从仲景在祖国医学上的巨大影响来看，“太守”的问题也并不是重要的问题。但是为了彻底地讨论仲景的生平问题，为了忠诚地研究医史上的问题，我觉得有责任把这样的不成熟看法提供大家讨论。今后如能因而得到正确的结论，那就算达到拙作的唯一目的了。

拙作全文写到这儿，并在后面附列年表，就作为结束。自知错误可能很多，尤以“太守”问题的看法更近武断；好在是讨论性质的文字，竭诚地欢迎读者赐予批评补正，如蒙赐教，函寄天津市南门西小马路六十号。

附：张仲景生平问题年表

为了扼要地说明本文全篇内容，根据后汉书、三国志、资治通鉴及其他有关的文献，列为年表，以供参考。

年表凡例：

（一）有关张仲景生平及著作的资料，均直接系在各年度的后面。

（二）有关“太守”问题者，并加△符号，以资识别。

（三）凡括弧中只注某传、纪、志者，皆指后汉书而言。

公元150年　东汉和平元年——张仲景诞生于南阳郡（？）

公元151年　元嘉元年——正月，京都大疫。二月，九江、庐江大疫（五行志）。

公元161年　延熹四年——正月，大疫（五行志）。

公元164年　延熹七年——何颙游学洛阳，颙虽后进，而郭林宗等与相好。显名太学（何颙传）。

公元165年　延熹八年——郭林宗归乡里（党锢列传、资治通鉴等）。

公元166年　延熹九年——何颙有人伦鉴。同郡张仲景总角造颙，颙谓曰“君用思精而韵不高，将为良医。”卒如其言（何颙别传）。冬十二月，司隶校尉李膺等受诬为党人，并坐下狱，书名王府（桓帝纪）。

公元167年　元康元年——六月，故党人归田里，禁锢终身（桓帝纪）。

公元168年　建宁元年——九月，宦官矫诏杀太傅陈蕃等，皆夷其族（灵帝纪）。

公元169年　建宁二年——十月，宦官杀长乐少府李膺等百余人，妻子徙边；诸附从者锢及五属。制诏州郡，大举钩党（灵帝纪）。袁绍与何颙结为奔走之友。颙常私入洛阳，从绍计议，营救党人（何颙传）。郭林宗病卒于家，年四十二（郭太传）。

公元171年　建宁四年——三月，大疫；使中谒者巡行致医药（灵帝纪）。

公元173年　熹平二年——春正月，大疫；使使者巡行致医药（灵帝纪）。

公元179年　光和二年——春，大疫；使常侍中谒者巡行致医药（灵帝纪）。

公元182年　光和五年——二月，大疫（五行志）。

公元184年　中平元年——二月，黄巾军起义。三月，大赦天下党下，归诸从者。四月，张温为司空（灵帝纪）。何颙辟司空府（何颙传）。此后，何颙累迁至北军中候（魏志传注）。

公元185年　中平二年——正月，大疫（五行志）。中平以来，天下乱离，民弃农业。诸军并起，率乏粮谷；无终岁之计，饥则寇掠，饱则弃余（资治通鉴）。

公元186年　中平三年——△孙坚为长沙太守（吴志孙坚传）。

公元188年　中平五年——郡国七，大水（五行志、灵帝纪）。

公元190年　初平元年——二月，董卓迁汉都长安（灵帝纪）。董卓逼何颙为长史，颙托病不就。五月，何颙系狱，忧愤卒（何颙传）。△刘表之为荆州也：江南宗贼盛；袁术屯鲁阳，尽有南阳之众；吴人苏代领长沙太守，贝羽为华容长；各阻兵作乱（魏志刘表传注）。

公元193年　初平四年——△荆州牧刘表尽有荆州（资治通鉴、刘表传）。

公元194年　与平元年——夏，大蝗。是时天下大乱（五行志）。七月，榖一斛值钱五十万；长安中，人相食（资治通鉴）。

公元195年　兴平二年——三辅人民遭李傕等劫掠，加以饥馑，二年间民相食略尽；关中无复人迹（资治通鉴）。关中人民流入荆州者十余万家（魏志卫觊传）。

公元196年　建安元年——此后，南阳连年疾疫，十年内，张氏宗族死于"伤寒"者甚众（伤寒卒病论集）。六月，刘备屯于海西，饥饿困踧，吏士相食。七月，献帝露次洛阳；群僚饥乏，尚书郎以下自出采稆。袁绍在河北，军人仰食桑堪；袁术在江淮，取给蒲嬴。民多相食，州里萧条（资治通鉴）。

公元197年　建安二年——张仲景见王仲宣——时年二十余（皇甫谧甲乙经序）。五月－蝗。九月，流水流害民人。是时天下大乱（五行志）。

公元198年　建安三年——△长沙太守张羡率零陵、桂阳三郡畔刘表，表围攻之（刘表传）。

公元200年　建安五年——△刘表攻张羡，连年不下。羡病死，长沙复立其子怿。表攻怿及零、桂，皆平之（资治通鉴）。

公元202年　建安七年——张仲景始撰伤寒杂病论（？）后在京师名医，于当时为上手（张杲医说）。

公元207年　建安十二年——曹操杀华佗？（魏志武文世王公传、华佗传）。

公元208年　建安十三年——△八月，刘表病卒，其子琮代屯襄阳。曹操军到新野，刘琮举荆州降。操辟刘巴为掾使，招纳长沙、零陵、桂阳三郡。冬，操军败于赤壁，长沙太守韩玄等降蜀（资治都鉴、魏志等）。冬，大疫（魏志、吴志）。

公元209年　建安十四年——△蜀以廖立为长沙太守（蜀先主传及廖立传等）。

公元210年　建安十五年——张仲景署结伤寒论自序（？）

公元217年　建安二十二年——王仲宣病卒，年四十一（魏志王粲传）。是年，大疫（献帝纪、五行志）。

公元211至219年　建安十六年至二十五年——张仲景逝世（？）

［《新中医药》1953，4（9、10）：18］

试论"汉末建安时张仲景官至长沙太守"的问题

邓　曼

张仲景是我国医药方术的奠基人。他的巨著"伤寒论"及"金匮要略"二书是济世活人的宝典。到今天医药进入了科学化的时代，它仍然是一般中医必须学习的东西。由于仲景在我国医学上作出了很大的贡献，对于他的历史，似乎应该加以研究。因此，我首先把"他在建安时代做长沙太守"这个各家争论未决的问题提出来谈一谈。

宋向元氏举金人成无己注"伤寒论"前面的"仲景自序"末无"汉长沙太守"字样，仅署"汉张仲景述"五字。及康平"伤寒论自序"的眉注：坊本斯语下有："汉长沙守南阳张机著"九字。并同书"伤寒例"开首的眉注：宋本有"汉张仲景述"五字，亦无"长沙守"的记载，来证明宋本"伤寒论序例"都没有"汉长沙守"字样的题署。又以为晋人王叔和去仲景时代不远，对于仲景的事迹是有一定了解的。但是王氏编次他的"伤寒论"，没有说他做过长沙太守的话。而且汉末连年战祸，知兵者才可以做太守，如仲景这样的文士是不能担任这种职务的。最后他判断："方论序等书上的'举孝廉官，至长沙太守'等字样，是唐宋间人为了爱护仲景伪造出来的”。[1]这样说法，好像有理，其实不然。因为成注本及康平本伤寒论等书，既不能代表一切宋本。更不能代表原本的程式。而且它们有不少“窜乱改易”原本的地方[2]。相反地，宋人陈振孙的“直斋书录解题”是根据各书的版本编成的。它（卷十三）说：“伤寒论十卷，汉长沙太守南阳张机仲景撰”正足说明：宋本“伤寒论自序”还有署题“汉长沙守”字样的。试看日本人丹波元简所作“伤寒论辑义”及山田正珍所著“伤寒论集成”。它们根据宋本所载的“仲景自序”，正有“汉长沙守张机仲景撰”的署题，更是明显的例证[3]。至于王叔和编次“伤寒论”的时候，会否说过仲景做长沙太守的话，现在已无确据可证。不过王氏编仲景的遗书，并不是编仲景的历史。即使他没有说“汉长沙守张机”的话，也不能证明仲景没有做过太守。若说汉末多战事。但是，太守的职位，是担任“治民、进贤、劝功、决讼、检奸……举孝廉”等事务的[4]。遇有战事发生，另有僚属帮助。比如韩玄守长沙，便有勇将黄忠等助他[5]。便是例证。再看像孔融那样的文人学士也做过太守，仲景何独不能？如果唐宋间人替仲景捏造官衔，必然伪造一个中原一带地方的美好官名，似乎不至于把“长沙太守”这个头衔加到仲景的身上。由此，可知从任何方面来看宋氏的诊断，都是很有问题的。

丁福保氏撰“名医别传”也怀疑张仲景没有做过长沙太守。他所论各点，薛凝嵩氏在“张仲景生平事迹考证”一文中已有商讨[6]，不再重论。但，我有两点意见加以补充。第一：考史书记载某地某官的姓名，他的事迹一定对于当时的事、政时局等方面发生过某种比较重要的影响或关系。不然的话，便略而不载。试看汉末数十年间，史载：长沙太守，仅有区星，孙坚，孙策，苏代，张羡，韩玄数人而已。而且从这些记录中，看不出他们先后接替的迹象，多半是相隔若干年以后才见一人的姓名出现的。可证这中间一定还有些太守的姓名被编史书的人省略了。仲景名在其中，也是可以理解的。第二：仲景“伤寒论自序”说：“独怪当今居世之士，会不留神医药，精究方术。……但竞逐荣利，企踵豪权。……举世昏迷，莫能觉悟；蒙蒙昧昧，蠢若游魂。”这证明了当时仲景的思想意志与封建社会里的一般人（尤其是士大夫）是完全相反的。他做太守，当然不会长久。同时也说明了：范晔作“后汉书”，陈寿作“三国志”，所以不立他的传记，甚至于抹煞了他的全部事迹的理由。

孙鼎宜氏说：据“从汉书刘表传”及王粲“汉末英雄记”，知建安三年率零陵、桂阳二郡背叛刘表的长沙太守张羡与张机的时、地（指南阳）皆同、而官阶及所官之地，与一时同为汉室之官，又莫不出一。且“羡”与“仲景”“名”与“字”相应。（羡有“长大”及“慕”义）意者：张羡即张机，“机”为“羡”之伪字耳。（汉志：“沙羡”之“羡”音夷。支、微本通，“羡”“羡”易混。疑唐时误“羡”为“羡”，遂声转误“机”）[7]。此说本有相当理由。不过仲景的“伤寒论自序”说：“余宗族素多，向余二百。建安纪元以来，犹未十稔，其死亡者三分有二，而伤寒十居其七。……乃勤求古训，博采众方，……为伤寒杂病论合十六卷。”可证仲景准备作伤寒论，开始搜集材料的时候，已经接近建安十年（至少也到了建安八九年。不然，便不会说“犹未十稔”的话）[8]。那么，他的卒年至少也到了建安十年以后。而张羡死于建安五年，史有明文。[9]显然他与张机（仲景）是不同的二人，决不是一人的名误。且据“后汉书”，“三国志”的刘表传，及注文，知道张羡在做长沙太守以前，还做过零陵和桂阳的太守：他病死以后，他的儿子张怿又继续他做过长沙太守。这些事迹，在现有张仲景的史料中都不能见到的。相反地“精通医术、善于治疗”的记录，在张羡的历史中也是丝毫找不到的。由此，可知孙氏的说法还是不合符客观事实的。

据宋人马端临“文献通考”，（卷222医部）高保衡、孙奇、林亿等校上伤寒论序，所引唐人甘伯宗的“名医录”都有：“张仲景…举孝廉，官至长沙太守”的说法，可证“名医录”的原本，确有这样的记载。宋人张杲的“医说”、（据皇甫：谧甲乙经，张仲景方序论，）宋人周守忠的“历代名医蒙求”（引“名医大传”）也都有同样的记录[10]。而“文献通考”（同上）与晁公武“郡斋读书志”另列“南阳活人书二十卷”，下引该书序文，迳称仲景为“张长沙”，更说明了“仲景做长沙太守”事，当时尽人皆知。只用说“张长沙”，人们就会知道是仲景了。由此，可知我们认为张仲景会做长沙太守，是有相当的文献作证的；如果认为这一事实是后人捏造的，便只是一种唯心的猜想，而没有任何可靠的物质作证的。所以我们在没有发现足以推翻上引“名医录”等书的确据以前，是无法否认“仲景会做长沙太守”这一历史事实的。

日本东都，山田正珍氏把“伤寒论仲景自序”中：“建安纪元以来”的“建安”改为“建宁”。（汉灵帝年号）附注说：“医史云：‘张机字仲景，汉灵帝时举孝廉，官至长沙太守’。可知旧本作建安者，传写之误也。若夫建安，献帝年号，与下文：'感往昔'之交不合"[11]。此说也似合理，其实很有问题。因为现存该书的各种精刊旧本，都作"建安"它们似有相当可靠的根据。如果由于传写致误，决不会各本同样地误"宁"为"安"。当仲景开始"勤求古训、博采众方"准备著伤寒论的时候，他那三分之二的宗族一百余人病死已久。当然可以说："感往昔之沦丧"，何尝有丝毫矛盾[12]？再看"一统志"和"湖南通志"等书都说："建安中仲景为长沙太守时，会大疫流行，仲景治法杂出，民赖以全活者甚众。"与"伤寒论"自序所说："建安时代，仲景的宗族死于伤寒病者甚多，"的说法，是先后衔接，若合符契的。至于上引"医史"的话，只能说明仲景在灵帝时被举为孝廉，却不能证实他最后"官至长沙太守"也在灵帝时代。而山田氏既曲解"医史"文义，作为他改"建安"为"建宁"的根据；但是，他接着把仲景"感往昔之沦丧"，因而著"伤寒论"又毫无根据地解为在献帝时代。这是他自己也不能自圆其说的地方。由此，可知他改"建安"为"建宁"，是完全错误的[13]。相反地张仲景做长沙太守在建安时间"是可以肯定的。

末了，还要说明一点："仲景做长沙太守"这一问题，虽然不见得十分重要。但是，为了正确地认识仲景的真实历史，我们对于它仍旧有彻底辨证明白的必要。

参考文献

[1] 宋氏"张仲景生平问题的讨论"（"新中医药"四卷，十月）.

[2] 见方有执"伤寒论条辨".喻昌"尚论篇"等书.

[3] 丹波氏和山田氏的著作见"皇汉医学丛书".

[4]"文献通考"卷67 职官17.

[5] 见"三国志"黄忠传.

[6]"新中医药"四卷七期.

[7] 孙氏"伤寒论章句"前附"仲景自序"后的跋文（孙氏医学丛书第六册）.

[8] 左传（僖公二年）晋卜偃（预继号国将亡）说："不可以五稔"，后来到僖公五年，晋灭号刚刚四年，这是一个好例证.

[9] 见"后江书"和"三国志"的"刘表传".

[10]"医说"见陶风楼影印宋刊本，"历代名医要求"见故宫博物馆影印宋临安刊本.

[11] 见山田氏"伤寒论集成"前附"仲景自序"及译文.（皇汉医学丛书本）.

[12]"往昔"只表示已过去的时间，并不指已过去的朝代.

[13] 细审"仲景自序"全文，我们知道仲景"感往昔之沦丧"开始搜集材料著书，在献帝建安时代. 全赖他说的："自建安纪元以来"一句话，若把"建安"改为"建宁"，无形中已把仲景开始著书上移到灵帝时代. 试问山田氏还凭什么证据可以说仲景著书还在献帝年间？我相信他是找不出使人满意的解答的.

[《中华医史杂志》1954，(3)：158]

张仲景在中国医药上的进步作用

薛凝嵩

（一）引言

中国初期的医药，到了东汉末年由张仲景把前人经验作了总结。他根据临床实验、依照病像（那时只能如此），分别门类，著成伤寒杂病论的伟大著作。把公元第二世纪以前的散乱的、点滴的医药经验和知识整理起来，使成为有系统的专门学术。不只谈理论，也不仅仅停留在旧经验上面作一个事实的保管人。所以他的著作，确实是中国医药史上有价值的著作，因为它把中国医药推进了一步，使中国医药获得了系统的发展。

可是，我们却不能完全无视仲景的缺点：历史条件限制了他，使他只能依据临床所得的症候群来分析疾病；唯心论的时代思潮影响了他，虽然他借助于阴阳、五行的说理极少。中医被人责难的地方就是阴阳五行，然而我们不能这样苛责前人，生在一千七百年前的张仲景更是不任其咎的他，已经胜利地完成了他的历史任务。

（二）仲景时代的医药情况和仲景的优越条件

中国医药从有史以来到第二世纪（东汉末）为止，（姑且如此划分），已由孕育过渡到成长时期。在仲景时代，中国的医药情形，大致是这样的：

1. 由农业生产高度发展，草木药物的治病，广泛的被应用；砭石针灸，似已退居次要地位。

2. 民间验方和独得的秘方，渐渐集中于少数方伎之士（专业之医?）手里，师弟以术相传，医药逐渐形成专门技术；但大都是秘密的，不肯公开。

3. 部分巫祝还兼做医生，许多人仍然鄙视医疗工作，且以医业为耻。（华佗可以代表这种思想，见后汉书方伎传、三国志本传）

4. 在理论方面，也已由迷信的神学巫医开始走向以哲学理论分析医理的哲学医阶段。

5. 丹鼎派道士的烧炼服食等化学研究，开始给予医药发展以若干帮助。

仲景生在这个时期，也秉承了名医张伯祖的真传，植下了深厚的根基。又从何颙游京师，见过许多人物。他复以锐敏的目光，选择和吸收了各方面的优点。他认为在发展中的医药学术已经到了需要整理和总结的阶段。加之，他的故乡一带在长期的战乱之后，传染病流行很厉害。那些巫祝和庸医们又乘时活动，欺骗人民，草菅人命，只是企图获取厚利，于是死亡枕藉。仲景目睹如此惨状，便大声疾呼来反对巫祝和庸医。他在伤寒论自序里说："卒然遭邪风之气，婴非常之疾，患及祸至，而方震慄。降志屈节，钦望巫祝，告穷归天，束手受败。赍百年之寿命，持至贵之重器，委付凡医，恣其所措。"又说："余宗族素多，向余二百。建安纪年以来，犹未十稔，其死亡者三分有二，伤寒者十居其七。"其时传染病流行之猖獗，染病者之迷信神权，和巫祝、庸医之草菅人命，凡此种种：都使仲景怵目伤心。而另一方面，中国医药在这时期已渐渐露出了它的灿烂的光芒：许多宝贵的经验被保存，良效的药物的使用，都是可喜的现象。但这些点点滴滴的经验累积，要把它集中整理起来，确非易事。担任这样艰巨工作的人，必须具有这样的条件：(1）要有伟大的抱负和高度的修养；(2）要有进步的——反迷信、反保守的精神；(3）要有远大的、锐敏的目光，在这里仲景确可首当其选的。

（三）仲景的反迷信、反保守的精神

巫祝盗窃了劳动人民长期累积的创造，把和疾病作斗争的医药技术据为已有。朴素的、实验的初期医药，便给涂饰上浓厚的神秘的油彩，用以欺骗人民，招摇敛钱，人民之受其欺而丧生者不知凡几。仲景用以打击他们的方法有三：

1. 说明人们得病之因与鬼神无关。未病之先，完全可以预防；既病之后，应该用药物治疗。这首先把他们用以欺骗和恐吓人民的迷信思想"鬼神和疾病的联系"斩断。仲景说："客气邪风，中人多死。千般灾难越三条：一者，经络受邪，入脏腑，为内所因也；二者，四肢九窍，血脉相传，壅塞不通，为外皮肤所中也；三者，房室、金刃、虫兽所伤；以此详之，病由都尽。"他把疾病的来源概括起来，有此三因，都与鬼神毫不相干。他指出使人发生疾病的最主要的东西是"邪"，"邪"是什么呢？"邪"是古人认为一种不正之气，它会传染疾病。因为那时候世界上尚没有显微镜，无法看见细菌；只能揣测天地之间有一种会使人感染疾病的物质，到处流行，有时且会造成很大的恐怖，非常可怕，无以名之，姑且名之曰"邪"。仲景主张疾病起源于"邪"，以此对抗"鬼神论"。他把"邪"分为："清邪居上，浊邪居中，大邪中表，小邪中里；槃饪之邪，从口入者，宿食也。"等五种，虽然出于想象，但比较"鬼神论"则确是进步的。他还指出"邪"可以预防，只要能够讲究。他说："若人能养慎，不令邪风干忤经络。适中经络，未流传脏腑，即医治之。四肢才觉重滞，即导引、吐纳针灸、膏摩，勿令九窍闭塞……病则无由入其腠理！"当时巫祝骗人的话是人的生命掌握鬼神手里，鬼神决定人的生死祸福，人生了病必须向鬼神祈祷。而仲景却说疾病的来源与鬼神无关，而且可以预防和治疗。这不但给巫祝以严厉的打击；而且加强了人们对疾病斗争的意志和力量。金匮要略妇人杂病症篇说："妇人之病……奄眩冒，状如厥颠；或有忧惨，悲伤多憎，此皆带下，非有鬼神！"妇人歇斯底里、如醉如痴，忽悲忽喜，象如神灵所作"容易使人怀疑是鬼神凭依，于是仲景明确告诉人说："非有鬼神"，可以"行其针药，治危得安"更有一种"热入血室"症状，患者"昼日明了，暮则谵语，如见鬼状"也容易引起误会与恐怖，仲景也便肯定的说只要医治合法，便可痊愈。("治之无犯胃气及上二焦必自愈")

2. 把所有治病有效的医方和药品完全公开出来，使群众都能明了疾病是一种寻常事情。有某种症候，某种疾病；生某种疾病，可用某种药物医治；成为日常生活必要的知识，以减少对疾病发生疑神疑鬼的心理。

3. 运用哲学理论诠释病理，以推翻荒谬无据的神权说法，使中国医药脱离神权医阶段进到了哲学医的阶级。

医药学术的发展也是跟着社会的发展而来的。在奴隶社会时期，医药由于人类生活的需要由萌芽而逐渐孕育起来。这时候人们不了解自然现象的变化和人类的疾病死亡，以为一切有"神"主宰，所以对"天"和"神"非常尊敬，不敢冒渎。统治者便通过"天""神"来控制人民，压迫人民，这时所有一切意识形态，都反映"畏天敬神"思想。巫祝是用"沟通人和神的意智"来欺诈人的，他们操纵政治，也操纵着人类生活所必需的医药，所以这时期的医药只是神权阶段的巫祝医药。医药本身的产生和发展，是由实验来的，本来是朴素的、唯物的，但落到巫祝们手里之后，便变了质，成为欺诈人民的工具。他们也掌握着许多有效验的秘方，可是替人治病是用祈祷的形式来进行。这是神权时代医药的特质。社会发展到了封建时期，文化艺术有了显著的进步。人类为了要探求宇宙的秘奥，对自然现象也由畏怖而勇敢的怀疑，由埋头叩祷而揣测猜想，原始的祈祷治病方式，不能满足一般人的要求，人们对它的信念便动摇起来。这时期，在中国的哲学上产生了唯心的阴阳、五行学说，哲学家意图用它来认识宇宙。阴阳、五行学说有它完整的体系：一方面是阳，阳代表“天”；一方面是阴，阴代表“地”，“小人”（指劳动者）为“地”，浊气下降为“地”，女性为“地”。于是阴阳、五行学说便渐渐和全部生活发生关系，成为一切生活的理论依据。但是阴阳、五行里面却含着矛盾对立的辩证法思想，这理论给运用到医学上面来。于是推想人的身体就是阴阳矛盾的统一，如“头为诸阳之总，腹为至阴之地”“五脏属阴，六腑属阳”等，所以又有“人身为一小天地”的想象。而所有疾病也都是正气和邪气的矛盾。人能保持正气（即所谓元真）便会健康；一受邪气侵犯，便生疾病，疾病是邪正斗争的现象。初期封建社会里的医家，把阴阳、五行拿来分析生理、病理、药理，于是医学便由神权医阶级进入哲学医阶段。内经的产生（大约在战国末年），就是医学和哲学相结合的信号。但内经只是空洞的说教，离开实际很远；仲景的著作却不如此。他完全根据实际经验，把病证归纳起来分成若干种类。如说：“阳病十八，阴病十八，五脏病又十八。又有六微，微有十八病，合为一百八病。又五劳、七伤、六极、妇人三十六病。”等，虽然这种分法不够理想；但用分类方法来认识疾病，使有纲领可循，却是很科学的。又如他把伤寒（包括多种急性传染病）的症候群借用原有六经的旧名词（经的意义是界限——据程郊倩说），作假定的说明，每经各以几种特殊的症象提纲，以便对疾病演变过程的认识能够了如指掌。这对于总结前人经验和启后人进一步掌握疾病的诊治来说，是具有一定的进步作用的。一切以临床实践来出发，并不侈谈五行生剋、标本运气，这是仲景氏医学的很突出的优点。

（四）仲景医方的来源

仲景的书（后人分编为伤寒论、金匮要略两书），被后世医工推为方书之祖，陈修园说：“内经详于针灸。汤液治病，始自伊尹，扁鹊、仓公因之。至仲景尚以方药为治，而集群圣之大成。”仲景书里面所集的医方，据笔者分析，其来源有三：一、禁方，二、经方，三、新方。什么是禁方呢？禁，就是巫祝的把戏——禁咒，也就是用符箓驱使鬼神替人治病的骗人手段。后汉时很有名的巫医费长房，他就能“医疗众病，鞭笞百鬼”。（后汉书）他们会医病，因为他们同时也掌握着秘方；但他们都是巫，因此就借鬼神以神其技，其实治病有效确是靠方药的。这些秘方就是禁方，意思是禁咒疾病的方。（禁，从示。是祈祷的另一种方式）禁方也叫越方，后汉书方传“赵炳能为越方。注：越方善禁咒也”（笔者疑越婢汤是得之于会禁咒之婢的禁方，故名。）禁方在当时是师徒相传的秘方，并不公开，但部分方药治病有效是可以肯定的。史记载扁鹊替人治病，到处有名。他就靠长桑授给他禁方。扁鹊并不能医；自从得了长桑君的禁方，便为名医，可见禁方是有效的。史记载仓公少喜医方，来同郡名医公乘阳庆使意尽去其故方，更悉以禁方授给他，仓公后来的名医，史记记载他的治验病例很详细。因为禁方是秘传的，容易遗失，仲景所得也便不多。如含有迷信色彩的大青龙汤、小青龙汤、白虎汤、真武汤（本作玄武）、越婢汤、阳旦汤这些或许是禁方，“经方”大约多数是采用主药为方名的，如麻黄汤、桂枝汤等，但也有特别另标方名的，今考仲景书医方标名的依据，除了以主药为方名的如麻黄汤、桂枝汤等和经加减成为定剂的新方外，大约有四种：1. 依功用标名的如陷胸汤、泻心汤、建中汤、理中汤、承气汤、下瘀血汤、抵当汤等；2. 以所主治病状标名的如四逆汤、四逆散（其实不治四逆）等；3. 以所主治病证之名为方名的如肾气丸、奔豚汤等；4. 以所配药物形色标名的如桃花汤、三物白散等。只是青龙、白虎、玄武（今作真武因宋人林亿校正伤寒论时避国讳而改）、阳旦等汤名，并不属于这四种性质。而青龙、白虎等又系巫祝或方士们用以代表方位的名称，如符箓、禁咒等同出一辙。仲景的故乡一带，道教极盛。而和南阳毗连的颍川、汝南、陈国等处又为黄巾运动的中心地带，所以仲景能够运用部分禁方于临床也有可能的，这是仲景医方的来源之一。至于经方之名，首见汉书。大概是古代医药家所记录的常用效方。这些效方，经多年累积，为数不少，班固所见有十九卷，而谢承汉志说：“经方十一家二百七十四卷”。可见经方的数量是相当可观的。后汉时搜集民间验方是有专门官署负责的。后汉书百官志：“少府太医令属员有药丞、方丞各一人。”药丞大概主管采制药物，方丞可以主管医方的搜集和研究。这样看来，所谓经方，也就是民间经常应用的验方，由官署整理编订的方书，和禁方不同。汉志有汤液经法三十二卷。应属于这一类。仲景少时从张伯祖学医，及长，又接触过许多人物，当然看到一定经方书籍，这是仲景医方来源之二。再说什么是新方？仲景在临床的时候，除了选用旧传秘方和民间验方外还加减旧方，自创新方，以适应疾病的变化，如桂枝加芍药生姜人参新加汤、桂枝加葛根汤、桂枝去芍药加附子汤、桂枝二麻黄一汤等都是。

（五）仲景掌握了药物特性以扩大使用范围

中药的有效成分的吸取，最基本的方式是把药物混合煎汤，把所含的有效成分熬出来，喝下去，由消化器官吸收，使它发生作用。但单纯的煎煮服药法，有时候会失掉药效的；并且有些病也不宜多喝水。如果对药的利用只是煎汤喝，那是不够发挥药的特性的。仲景在这方面所作的努力是可以佩服的。他扩大了药物的特性的使用范围。他除了用汤剂之外，还使用散剂、丸剂和膏剂蜜煎导法等等。虽然丸、散的形式，并不创始于仲景。在仲景医书里面，汤、散、丸、膏各种形式都有，其数量除汤剂外以散剂为最多。仲景对散剂的使用很注意，归纳起来，使用散剂大约有四种条件：1. 治水气、水逆、水肿等水分过多病用散。如五苓散、文蛤散、葵子茯苓散。2. 药剂用酒、粥、白饮、水浆或其他液体和服者不宜煮时用散。如侯氏黑散（酒服）、赤小豆当归散（地浆水服）、白散（白饮服）、枳实芍药散（大麦粥服）、排脓散（鸡卵调服）等。3. 外敷或作阴道坐药用散（有时也用丸剂如矾石丸）。如头风摩散（外敷）、蛇床子散（阴道坐药）等。4. 药品不宜高热晒炙用散。如王不留行散。丸剂的应用没有这样广泛，综计伤寒、金匮里面丸剂仅有十八方。丸剂的修合方法，除抵当丸、大陷胸丸系捣成外，余均用蜜丸。捣丸法或即后世水法丸之滥觞？膏剂，仲景书中称为“煎”：猪膏发煎、大乌头煎都是半流体的膏剂。还有猪肤汤、甘草粉蜜汤虽称为汤，其实亦为膏剂。猪肤或甘草煮成汤液，加粉、蜜再熬和令相得，则亦是胶粘的膏剂。

仲景书对汤剂的烹煮，也有多种不同的方法。并不只是把一包药投在锅里煮沸了拿来喝就算。有的先煮，有的后下，有的煮好后冲，都有严密规定。这就现在来说，是极平常的事，但在仲景那时竟能这样注意煮法，使某些药品不因煮法不被讲究而丧失了成分，确是很进步的。

除此以外，仲景还很注意药的服法：如顿服法——把药煮好一次服完，不留余剂。分服法——把药煮出来，分几次服完。不愈再服法——把药煮好，分作二份、三份，先服一份，痊愈便不再服；不愈再吃其余的。和服后啜粥法等。顿服法往往用于较重的病症或峻猛之剂，如薏苡附子败酱散、大黄牡丹皮汤之治肠痈；葶苈大枣泻肺汤之治肺痈；甘遂半夏汤之治留饮；下瘀血汤之治瘀血等。其中分服法最被普遍应用：少则分两服；多则五服、六服，当归四逆加吴茱萸生姜汤治沉寒痼冷分五服；治肤汤治伤寒少阴病咽痛下利分六服等。

（六）结语

综上所述，据笔者管见，张仲景在中国医药上确会起过进步作用，他对中国医药具有一定的贡献，是无可否认的。虽然他的伤寒论、金匮要略只能说是中国医药渐渐由神权迷信过渡到药物实验时期的临床记录，其内容还不够全面，但是已把中国第二世纪以前的所有各种宝贵经验整理出来，定出了“辨证施治”的法则，严密选择确有效验的医方以为治疗主要方法；必要时也应用针灸以为辅助，把前人的心得巩固起来，是后来医家的准绳，为日后进一步发展打下了基础。我们今天根据历史条件衡量仲景，这些功绩是无法否定的。近来有些人却以现代进步的科学知识来批判仲景的落后、幼稚，已犯了否认历史的错误。诚然，仲景医书在今天并不完全适用，但也未尝完全失去它在临床上的作用。至于哪些合用，哪些不合用，是需要我们根据事实再作客观的分析，加以肯定发扬或删汰，我们应该效法仲景整理封建社会早期医学遗产的精神来总结历史上留给我们的宝贵遗产——祖国医药文化。

［《新中医药》1954，（1）：20］

论张仲景史略及其遗著问题

宋向元　李辰生

向元去年曾有“张仲景生平问题的讨论”一文，发表于新中医药（连载一九五三年八、九、十月号）。其唯一目的，是为了彻底地讨论仲景的生平问题，为了忠诚地研究医史上的问题，所以有责任把一些不成熟的看法，提供大家讨论，希望藉此能够得出比较正确的结论。那不但是对医史工作尽了一些努力，也是对于祖国医学家，特别是像张仲景这样医学大师的生平问题，藉着讨论而取得一致的认识。这也是我们应该努力的一种目标。

“那篇文章发表之后，很承国内医务界和医史工作者的谬誉。有的同志指出：关于张仲景卒年的推论还不够明确，要求再作进一步地追究。这是很对的。只因为向元不是专业的医史工作者，经常须执行诊务为生，没有足够时间，手中又没有足够的参考书，所以一时还不能找到更好的资料，来奉答高谊，这是非常抱歉的事。”

最近友人洪贯之同志有“张仲景的著述年代和现代伤寒论的编次问题”一文，发表于新中医药（一九五四年八月号），中华医史杂志（今年第三号）也有邓曼同志的“试论汉末建安时张仲景官至长沙太守的问题”一文的发表。两文都会对拙见有所补充，这是令人兴奋鼓舞，竭诚欢迎的。两星期之前，会和李辰生同志对这两篇大作交换了一下意见。我们基本上同意洪同志的看法，对邓同志的看法还不能完全同意。因为邓同志说：“在没有发现足以推翻上引‘名医录’等书的确据以前，是无法否认张仲景曾做长沙太守这一历史事实的。”这好像是忽略了史料的先后和其真实性的全面看法。当然如果单从“名医录”来看，我们是不可能推翻的。恰巧，前几天本刊编委会来函，嘱我写这一类的文字，我们就合作此文交卷。末尾再附上“张仲景年行概表”，那是用旧表稍加修改而成的。当然，此文持论是有些主观看法的，又因为写稿时间太匆促，其中论点难免粗糙错误。好在我们的目的和以前是相同的，仍热烈的盼望读者诸君，不吝教正。

宋向元附识。十月十四日在天津

一、有关张仲景的记载

关于张仲景的最早记载有二。其一是，太平御览七二二卷所引的何颙别传：

“同郡张仲景总角造颙。颙谓曰：‘君用思精而韵不高。后将为良医。’卒如其言。”其二是，皇甫谧甲乙经序：

“仲景见侍中王仲宣，时年二十余，谓曰：‘君有病，四十当眉落，牛年而死。’令服五石汤可免。

仲宣嫌其言忤，受汤勿服。居三日。见仲宣，谓曰：‘服汤否。’仲宣曰：‘已服。’仲景曰：‘色候固非服汤之诊，君何轻命也！’仲宣犹不信。后二十年，果眉落，后一百八十七日而死。终如其言。”（按上引两事又见于粱武帝时殷芸所撰的‘小说’。但文字略异。详见鲁迅辑古小说钩沉。）

张仲景造何颙，与张仲景见王仲宣两事，是否为实录，并不是没有问题的。因为魏六朝人为文喜藻饰，善浮夸，并长于作伪（如魏王肃的‘孔子家语’，晋张湛的‘列子’，及晋的伪‘古文尚书’）何颙别传所记，是为了说明何颙有知人之鉴。所谓‘有言于先者，必有验于后’这是当时的一种风尚，即使在晋南北朝的‘正史’上，也是触目皆是的（见吕思勉著‘两晋南北朝史’第一章总论）。这等记载类似后世平话小说，其真实性可怀疑的。甲乙经序所记，是借着叙述张仲景的妙技时，来夸张‘五石汤’的效验。但我们知道：对无病的人，预诊数十年后的病状，在医学上决无理。至于‘五石汤’，乃何晏之流为了满足享乐腐化的生活，倡服‘五石散’后，‘服石’成了士大夫阶级的一时风气。（鲁迅先生说魏晋人的吃‘五石散’，犹如近百年来的吸食鸦片。）皇甫谧对于‘五石散’曾有专著论述（见巢氏病源卷六）。张仲景见王仲宣事的记述，当发生在‘服散’成了风气之后。皇甫谧引来给‘五石散’找出在医学名家中的根据。或者此事就是皇甫谧所伪造出来的。

上举二事的真实性，和它所说明的事项，应当分别讨论。这两件记载的内容虽不见得可靠，但是我们可以从这里窥知：张仲景这位医学大师，在当时士大夫阶层的心目中已居崇高地位。并从而找到张仲景的生存年代。

一位为人民所爱戴的医生死后，在人民群众中，常常传诵着成神成圣以及种种奇迹。张仲景的事实事迹，经过汉魏军阀大混战，人民颠沛流离，人口大量耗减的动荡时代，可惜已湮灭无闻了。根据甲乙经序及葛洪的“仲景穿胸以纳赤饼”的记载，我们可以推想，在当时的人民群众中，可能传诵着许多有关张仲景的种种医疗奇迹。所以士大夫之流，才得据以附会，利用他来为‘五石散’作宣传了。当然，有关仲景的传说后世是不少的。如古猿献琴木，如为刘彻（汉武帝）治消渴等说，那就不是我们现在准备讨论的了。

二、再谈“长沙太守”问题

邓曼同志他根据来人陈振孙的直斋书录解题：“伤寒论十卷，汉长沙太守南阳张机仲景撰”等字句，来证明宋本‘伤寒论自序’还有署题‘汉长沙太守’字样的版本。因此 他认为张仲景做过‘长沙太守’。

据我们的理解：宋代（及以前）是否有张仲景做‘长沙太守’的传说和记载，这是一件事。宋代（及以前）的伤寒论上是否有‘汉长沙太守’的字样，又是一件事、两个问题不能混为一谈。不能因为唐宋间有张仲景做过‘长沙太守’的传说，就认为某种‘宋本’必有‘汉长沙太守’的字样。当然的，如果不能找出确实的证据，证明宋本确有‘汉长沙太守’的字样，那样对于‘长沙太守’问题仍是一个有力的反证。（伤寒论自序的真伪问题，当另为文讨论。）

邓曼同志举出了日本山田氏丹波氏书，企图识明‘宋刻’本的伤寒论自序上有着‘长沙太守’

的字样。可是，山田正珍的‘伤寒论集成’成书于一七八九年，即清乾隆五十四年，丹波元简的‘伤寒论辑义’成书于一八〇一年即清嘉庆六年，均不能证为宋刻之旧。并且他们所谓的‘宋刻’概指明代赵开美翻刻本。赵开美本的伤寒论自序上是没有‘长沙太守’的字样的。伤寒论除了赵开美本和康平本，在日本是没有第三种所谓‘宋刻’的。

我们认为：关于唐宋文人为了‘爱护’仲景而伪造的说法，是能够成立的。因为张仲景在唐宋间更进一步的得到统治阶层的重视，在当时士大夫的心目中，不把张仲景说成了‘举孝廉，官至长沙太守’，是不足以表示他们的景仰。在今日看来‘长沙太守’好象是一个‘不大不小’的‘官’。不过在封建时代，即使是七品知县，已经是站在人民头上的民之‘父母’了。我们根据‘何颙别传’的记载，这样比较原始的资料，断定张仲景决不会做过‘长沙太守’的。别传说：“同郡张仲景总角造颙，颙谓曰：‘君用恩精而韵不高。后将为良医。’卒如其言。”这是一个铁证！如果张仲景做过‘长沙太守’的话，别传决不会有这样的记载。

汉魏时对于品鉴人物异常重视。统治者选拔官吏，必须取得当地地主阶级的舆论支持，并由他们给以‘鉴定性’的评价。当然豪门世族享有优先做官的权利，因为他们掌握了各地区品鉴人物的‘清议’。所以品鉴人物，在当时有着政治性的作用。何颙在当时颇负知人之望，何颙与张仲景根据别传同为南阳人，如果张仲景见何颙的记载是真实的，那么何颙对于张仲景所做的‘鉴定’，会起很大的作用。我们认为别传所云，是藉着业已实现的‘预言’以证实何颙所品鉴的人物，‘卒如其言’。而‘后将为良医’是说明张仲景的最高成就，‘而韵不高’是说明张仲景没有做官的‘姿貌’‘威容’，因此，他决不会做到‘长沙太守’的。

一部‘二十四史’是替封建地主的统治阶级说话的。‘史家’为医人立传，是要看他是否靠近统治阶级。史迁为扁鹊立传，是因为他参与封建王侯交往；为淳于意立传，因为他是‘太仓长’。自从曹魏建立‘九品中正’的制度后，所谓“上品无寒门，下品无世族”，阶级成见是更加严格起来。通过了魏晋南朝的改朝换帝，而豪门世族，始终是高高在上的。编写后汉书的刘宋范晔，就是生存在这样的时代。他对于方术末技中人，除非是属于士大夫阶层的人物，不会加以青睐的。在后汉书列传上，郭玉是太医丞；华佗曾‘举孝廉’并经‘太尉黄琬辟’，华佗‘耻以医见业’也可以看出他的阶级成分；卖药的走方医人台佟，韩康等，均经过当时统治阶级的‘微辟’，他们当然是属于没落的士大夫阶级。这些人都是靠近统治阶级的上层上份子，因此才得在‘正史’上立得脚步。在刘宋时代，张仲景必已引起了多方面的崇仰（有王叔和、皇甫谧、葛洪等人的推崇为证。）而范晔独不给他立传，这也可以证明了张仲景是一位来自民间，为一般人民服务的医师。其医学成就，虽然得到了人民群众的爱戴和魏晋医家的推重，只因为他不是属于统治阶段集团的人物，所以就没有‘资历’使范晔给他立传了。

三、张仲景遗著问题

依据上文所述，范晔不为张仲景立传的原因，获得了解决。王叔和撰次仲景遗著问题，似乎同时也解决了。

汉代的方书，如汉书世文志所载，因为战祸几乎全部散佚。而且张仲景的遗著，因为在民间医生互相传授，得以流传保存，这是可以理解的。唐代孙思邈说：“江南诸师。秘仲景要方不传。”足见流传至今的‘伤寒论’及‘金匮要略’的祖本，是来自民间的。所谓“秘而不传”或者是民间医生于统治阶级的士大夫是看作不足为伍，亦未可知。

甲乙经序上说：“仲景论广伊尹汤液为数十卷，用之参验。近代太医命王叔和撰次仲景道论甚精。”张仲景是民间医生。王叔和是太医令。在封建贵族士大夫间，对张仲景的认识，是需要上层的医界人物如王叔和之流，来为之审核推荐的。王叔和所撰次的是‘脉经’，不是‘伤寒论’，已经章次公洪贯之两同志辨明。脉经中选论了仲景遗论，并非是讲张仲景的专著，而皇甫谧在论仲景时，竟特别把王叔和提了出来，可见皇甫谧的推重张仲景，是由王叔知脉经所介绍的。从此王叔和与张仲景结了不解之缘，后人甚至于说：“不有叔和，安有仲景”了。

张仲景遗著的本来面貌，在今天不容易见到了。现在通行于世的，只是经过北宋林亿，孙奇等所编校的‘伤寒论’和‘金匮要略’。宋人校刊医书，并不可靠。范行准同志曾就千余要方第一卷指出宋臣（指林亿等）改窜医书文字及次序（见一九四一年中华医学杂志第二十七卷七〇九页）。大概宋代校刊医书，只求体例整齐，首尾完全，文句通顺，以便于应用。对于考求本源，去伪存真，都不在他们考虑之内。因为宋代印刷术的发达，‘伤寒论’和‘金匮要略’两书，又是由国家所发刊的，所以后世流通，从来没有杂开宋刊的范围。严格的讲来，我们只能说在‘伤寒论’及‘金匮要略’

两书中存有张仲景的遗文，不能无条件的承认这两书就是张仲景所著。

在现存文献中，尚能考见张仲景的遗著面貌，最早的书籍有三；一、脉经所引，二、千余翼第九、十两卷，三、外台秘要所引。但是这些资料，与张仲景原著，也并不是完全没有距离的。

脉经引用张仲景，但不出书名。甲乙经序谓："仲景论广伊尹汤液为数十卷"，也不知书为何名。梁七录（见隋志）有张仲景辨伤寒十卷，张仲景评病要方一卷。隋书经籍志有张仲景方十五卷，张仲景疗妇人方二卷。至于外台秘要所引'仲景伤寒论'，有到十八卷的。这不但卷数互不相同，连书名也没有一定了。可能是，张仲景原著是些尚末标题书名的手稿。根据千余翼第九卷，在太阳病篇内列有'中湿''中暍''中风''伤寒'等的定义，足见'伤寒'二字，只是一个分症，在仲景原意，未必以'伤寒'做为全书的总名。以'伤寒'为总名：首见于八十一难经（龙伯坚同志说难经为三国时人著），再见于脉经卷七所引的'医律'。它们都说"伤寒有五"，这样伤寒有五的见解，无疑问的是根据张仲景书所引申出来的。到了梁七录中，就有了'张仲景辨伤寒'的书名。至于名为'伤寒论'，那大致是隋唐问事了。我们认为，把某种流行病定名为'伤寒'（张子鹤同志说仲景所论是流行性感冒），可以推源于张仲景，但张仲景并未以'伤寒'二字自名其书。自从有了'伤寒'的病名后，六朝时就出现了不少讲'伤寒'的医书，其中一部分，已融入现在的'伤寒论'及'金匮要略'里了。这又是一个问题，这里不必细说了。

张仲景的遗著，对于祖国医学，做出了卓越的贡献，是肯定的。要了解它，首先要对张仲景生存时代的医学背景，和遗著流传，演变的情况，下一番真功夫，比较分析各种材料，以图从仲景遗著中，拆离后世所掺入的他人的东西，才有追索出它的本来面目的可能。若只根据现在流行的'伤寒论'和'金匮要略'来进行研究，那就难问得出令人满意的结论了。

［《江西中医药》1954，（10）：9］

祖国伟大的医学家——张仲景

陈邦贤

张机，字仲景，后汉南郡涅阳人（今河南南阳县）。约生于公元2世纪，灵帝时（公元168～189）举孝廉，建安中（公元196～219）官至长沙太守。他好学多才，能博通群书，潜乐道术。他学医于同郡张伯祖，尽得其传。他在幼年的时候，同郡何永便称许他后将为名医，仲景果精经方，不出何永预见。世有寒食散论，解寒食散。寒食药人多不知，或说华佗，或说仲景；仲景有侯氏黑散紫石英方等数种，节度略同，不类佗方的单省，并且佗之为治，或刳断肠胃，洗涤五藏，不圣赖方药治病。仲景审方物之候，论草木之宜，超绝众医，所以有"仲景黄素，文化绿帙，并有名称。"之说；是寒食散之说也出于仲景了。仲景论广伊尹渴液数十卷，用之多验。他到了京师，称为当时的名医。侍中王仲宣，年二十余岁，他看见仲宣便对他说道："您有病，四十当眉落，半年而死，今服五石汤可免！"仲宣嫌他的话忤慢，给他的药也不服。过了三日，仲景看见仲宣便问道："药曾服否？"仲宣答："已服"。仲景说："你的色候不像已经服过药的现象，你为什么这样轻视生命呢？"仲宣仍不相信，后二十年果眉落，一百八十七日而死。仲景候色验眉有这样的绝技。

他尝慷慨叹道："凡要和汤合药，针灸之法，宜应精思，必通十二经脉，知道三百六十孔穴，荣卫气行，知病所在；宜治之法，不可不通。古代上医相色，色脉和形体不得相失，黑乘赤死，赤乘青生。中醫听声，声合五音。火闻水声，烦闷干惊；木闻金声，恐畏相刑，脾土生育万物，回动四傍，太过便四肢不举，不及便九窍不通；六识闭塞，犹如醉人；四季运转，终而复始。下医诊脉，知道病的原由，流转移动，四时逆顺，相害相生，审知脏腑的微妙。"这是仲景对于诊断的贡献。

他又说："要疗治各种疾病，当先以汤药涤荡五藏六府，开通诸脉，治道阴阳，破散邪气，润泽枯朽，悦人皮肤，益人气血，水是能净万物的，所以用汤。如若四肢病久，风冷发动，其次便当用散，散能逐邪，风气湿痹，表里移走，居无常处的，用散是可以平的。其次便是用丸，丸药能逐风冷，破积聚，消诸坚癖，增进饮食，调和荣卫。如能参合而行，便能称作上二了。"他又说："不须汗而强令发汗的，出其津液，枯竭而死；须汗而不给他出汗的，使诸毛孔闭塞，令人闷绝而死。不须下而强令下的，令人开肠洞泄不禁而死；须下而不给他下的，令人心内懊侬，胀满烦乱浮肿而死。不须灸而强令灸的，令人火邪入腹，干错五藏，重加其烦而死；须灸而不灸的，令人冷结重凝，久而深固，气上冲心，无处消散，病笃而死。"这是仲景对于治疗的贡献。

仲景因为他的宗族二百余口，死的有三分之

二，伤寒便居十分之七；他便引阴阳大论所说，春气温和，夏气暑热，秋气清凉，冬气凛冽，这是四时正气的次序。冬时严寒，万类深藏，君子固密，便不伤于寒；触犯的就叫作伤寒。伤于四时之气，都能成病，以伤寒为毒的，就是因为它最成杀厉之气；中而即病的，叫作伤寒；不即病的，寒毒藏于肌肤，到春天变做温病，夏天变做暑病，所以辛苦的人，春夏多温热病。凡时行的，春天应暖而反大寒，夏天应热而反大凉，秋天应凉而反大热，冬天应寒而反大温，非其时而有其气，所以一年之中，长幼的疾病多相似的，就是因为时行之气。仲景又引素问说："夫热病者皆伤寒之类，及人之伤于寒也，则为病热"，著伤寒论二十二篇，证外合三百九十七法，一百一十三方。在他的自序上曾经有一节说道："余宗族素多，向余二百，建安纪元以来，（公元196以后）犹未十稔，其死者三分之二，伤寒居其七；感往昔之沦丧，伤横夭之莫救，乃勤求古训，博采众方，撰用素问九卷，八十一难，阴阳大论，胎胪药录并平脉辨证，为伤寒杂病论合十六卷，虽未能尽愈诸病，庶可以见病知源，若能寻余所集，思过半矣。"这是仲景对于伤寒（所谓伤寒是包括一切热性病）的发明。历代凡治伤寒（包括一切热性病）的，无有能出其右的。他的著作推本素问之旨，为诸方之祖，华佗读后说道："此真活人书也！"后世称为医中圣人张仲景，江南诸师秘仲景要方不传；所传于世的，伤寒杂病论十卷，攻称方十五卷，或又称黄素药方二十二卷，评论要方一卷，疗妇人方二卷，五藏论一卷，口齿论一卷。伤寒论自宋成无已注释以后，从宋到清约近二百余家，各自争名，万相窜改，现今所存的，大都为王叔和编次、宋林亿等校正的伤寒论和金匮要略，仲景之右，称作经方，也可见仲景的学说的重要了。仲景弟子卫泛有才识。

仲景之学，不仅集汉以前中国医学的大成，并且为后世中医学创造了医学发展的规律，这是我们应推崇的。例如伤寒论的六经，它是从阴阳而发生的，太阳、阳明、少阳、叫作三阳；太阴、少阴、厥阴，叫作三阴；三阴三阳统称六经；就是六类的症候群，一切外感疾病，都可以分做六大类：凡病邪在表，而病情属于阳证的，如脉浮、头痛，项背强，发热恶寒等，便称做太阳病。凡病邪在里，而病情属于阳证的，如恶寒潮热，谵语，便秘，脉沉实，沉迟滑疾，腹部坚满，舌苔黄褐色至黑褐色，便称做阳明病。凡病邪在半表半里，而发现阳性病情的，如往来寒热，胸胁苦满，口苦咽干，心烦喜呕，目眩，舌上白苔，耳聋脉弦等，便称做少阳病。凡病在表而现阴性病情的，如脉微细沉弱，欲寐、恶寒、手足寒、身体疼痛，或诉吐利咽痛的，便称做少阴病。凡病在里而现阴性病情的，如腹满，自利呕吐，不食，腹痛等，便称做太阴病。凡病在半表半里乃心胸部，而略现阴性病情的，如心中疼痛，饥不欲食，食即吐等，便称做厥阴病。把一切的疾病，第一步先分做"表""里""半表半里"；第二步便分做"阴""阳""虚""实"；凡属消极的，安静的，女性的，潜伏的，而有寒性倾向的，都称做阴证。凡属积极的，活动的，男性的，开展的，具有热性倾向的，都称做阳证。凡病毒留滞体内，而精气已现虚乏状态的，便称做虚证。凡邪气虽充乎体内，而正气能抵抗的，便称做实证。因此便有阳实，阳虚，阴实，阴虚，等分别。论病有传变和转属的区别，合病和并病的区别，论证便有主证和客证的区别，正证和异证的区别，又有标本轻重坏症等区别。各类证次之外，尚有瘀血，水毒，食毒等症状。诊断四诊之中，以辨脉法平脉法最为切要；四诊之外，尚有腹诊。总之仲景的伤寒论，先辨定其病，即所谓分六经；次辨病之法，即以察脉证而辨别其阴阳表里虚实寒热。脉有浮沉迟数，紧缓滑涩之类，证有发热恶塞，语腹满下利厥冷之类。脉有常变，证有真假，脉证并见，而痛之情机尽露，病之寒热虚实，邪之进退消长，势之缓急剧易，而后可以确定汗下凉温和刺灸之法。病既有缓急剧易之不等，方便有大小紧慢之不同，这是仲景对于中医学创造的基本规律。

至于仲景的疗法，有汗、吐、下、和四种方法；又有"寒者热之、热者寒之，"两大原则；治病有先治卒病而后治痼疾办法；又有先表后里的定例，或是先里后表的变例；又有舍证从脉和舍脉从证的治例；治疗的禁忌，那便更周密了；如发汗剂的禁忌：少阳病不可发汗；少阴病脉细沉数，病为在里，不可发汗；亡阳不可发汗；咽喉干燥不可发汗；淋家不可发汗；疮家虽身疼痛不可发汗；亡血家不可发汗；汗家重发汗，必恍惚心乱，小便已，阴痛。下剂的禁忌：太阳病外证未解不可下；太阳少阳并病颈项强痛而眩冒时如结胸心下痞鞕，慎勿下；伤寒呕多，虽有阳明证，不可攻下；阳明病心下鞕满的，不可攻下；病欲吐的不可下；太阴病腹满不可下；诸虚的不可下。吐剂的禁忌：诸四逆厥的不可吐；虚弱的也不可吐。

仲景的处方，便更加奥妙、如太阳病表虚用桂枝汤；表实用麻黄汤；他又有桂枝麻黄各半汤，桂枝二麻黄一汤，桂枝二越婢一汤，可以灵活运用。桂枝汤更有加桂、去桂、加芍、及加附子，人参、厚朴、杏仁、茯苓、白术、大黄、龙骨、牡蛎等剂。麻黄汤外，又有葛根汤，大小青龙、麻黄附子细辛甘草、麻黄杏仁甘草石膏、麻黄连翘赤豆等剂。阳明病胃实重证用大承气汤，较轻用小承无汤，更轻用调胃承气汤，便结用麻仁丸，身体虚乏用蜜煎导法，这是多么的奥妙，仲景在一千七百年前，已发明了灌阳导便的方法。少阳病其证既无表候，又非里实，用小柴胡汤，他又有柴胡桂枝汤，柴胡桂枝干姜汤，大柴胡汤；兼虚小建中汤等剂。太阴病其初起满实，用桂枝加芍药和加大黄汤，和泄温利；病重便用四逆汤温散。少阴病里虚有寒，轻病用麻黄附子细辛甘草汤；重病用附子汤，传变先救其里，后救其表，用四逆桂枝二汤；既无表证，一系虚寒，如干姜附子汤，茯苓四逆汤，芍药甘草附子汤等；此外兼水气的用真武汤，兼寒逆的用吴茱萸汤，大肠滑脱的用桃花汤，饮热相并的用猪苓汤，可以随证施治，又是多么的奥妙。厥阴病寒热二证，一时并见，用乌梅丸，干姜黄芩黄连人参汤之类。又如三阳合病，邪聚于阳明，用白虎汤；温病其证蒸蒸发热，自汗出，心烦大渴，用白虎汤；如若是太阳误汗吐下，而加津液缺乏的，用白虎加人参汤。其他如虚弱证有小建中汤，炙甘草汤，甘草生姜汤，芍药甘草汤，芍药甘草附子汤等方。热郁有栀子豉汤，栀子甘草豉汤，栀子生姜豉汤，栀子干姜汤，加枳实栀子汤，栀子厚朴汤，大黄黄连泻心汤，附子泻心汤，白头翁汤，黄连汤等方。饮邪搏聚有小青龙汤，桂枝加厚朴杏子汤，麻黄杏仁甘草石膏汤，桂枝加茯苓术湿，茯苓甘草汤，猪苓汤，文蛤散，牡蛎泽泻散，茯苓桂枝甘草大枣汤，茯苓桂枝白术甘草汤等方。饮邪并结有大陷胸汤，小陷胸汤，瓜蒂散，半夏泻心汤，生姜泻心汤，甘草泻心汤，柴胡桂枝干姜汤，旋覆代赭汤等方。血热瘀血有桃仁承气汤，抵当汤等方。

杂病的处方，那便更多了；如痉湿暍的处方，百合狐惑阴阳毒的处方，疟病的处方，中风历节的处方，血痹虚劳的处方，肺痿肺痈咳嗽上气的处方，奔豚气的处方，胸痹心痛短气的处方，腹痛寒疝宿食的处方；五脏风寒积聚的处方，痰饮咳嗽的处方，消渴小便利淋的处方，水气病的处方，黄疸病的处方，惊悸吐衄下血胸满瘀血的处方，呕吐哕下利的处方，疮痈肠痈浸淫的处方，趺蹶手指臂肿转筋阴狐疝蚘虫的处方，妇人妊娠产后病和杂病的处方。尤其是在急救方中救自缢死，施行人工呼吸法，这又是仲景在一千七百年前，有这伟大的创造。

以上仅就仲景的学说，描述其大概，还不能将仲景在中国医学贡献更写得全面。仲景在后汉末年政治黑暗和兵戈扰攘的时代，他能以毕生的精力，结合劳动人民创造的医疗保健的积累经验，写下了伤寒杂病论（一称金匮玉函经；又称做伤寒论和金匮要略），遗留下来一千七百年之久，为后世研究中医学获得了基本规律，真所谓用之不尽，取之不竭。近有人研究伤寒论中包括有肠窒扶斯、流行性感冒，结核病，败血病，胸膜炎脓胸，急性偻麻质斯，单纯性下痢，赤痢，痉挛性便秘，糖尿病的化脓性合并感染等症，也可见仲景对人民贡献之大了。仲景之所以有这样伟大的贡献，就是他的著作，有很多是合于辩证法的，他认为医学是整体的，辨证和治疗，都注重互相联系和互相制约，一切却依条件地点（东南西北）时间（春夏秋冬）为转移。他是主张中医学向前发展的，不停留于汉以前的阶段（如巫医并立等等）。他是注重实践的，从感性知识到理性知识的。阴阳表里虚实寒热，根本就是互相矛盾的，他能从矛盾中认识中医学的矛盾，解决矛盾。他因为生长在一千七百年前封建社会，处于阴阳五行朴素唯物论的环境中，所以他有很多的理论和经验是符合于朴素唯物论的，较之宋以后将阴阳五行经纬之说，混入于祖国医学，致使祖国的医学更不能发扬光大，是不可同日而语的。

［《中医杂志》1955，(4)：49］

关于张仲景为王仲宣诊病故事的考察

许光岐

在我国医学史上，关于张仲景的历史及伤寒杂病论的著作年代，目前还缺乏确切的论证，然而这正是研究中国医学的同志们所关切而要求解答的问题。

清末陆九芝曾写过补后汉书张机传，近人陈邦贤先生曾在中医杂志1955年四月号上介绍过“祖国伟大的医学家——张仲景”，似乎仲景的历史已经相当完整。但从历史的科学性这一角度来看，还有值得怀疑的地方。

这里想讨论一下关于晋代皇甫谧甲乙经序文所引述的仲景为侍中王仲宣治病故事的真实性。作者以为甲乙经序文所载仲景为侍中王仲宣治病的故事，只能用来说明祖国“医道所兴，其来久矣”的那种医药方术水平，在当时已经循着历史发展到这样进步的程度。皇甫谧只是提出华佗张仲景为汉代很多名医中的代表人物，引述的故事，也只是用来说明汉代“奇方异治”，“虽扁鹊仓公无以加也”

的那种进步情况而已。他并没有设想在这里叙述仲景的历史。因之，如果作为仲景的历史来说，那就首先要肯定这一故事本身的真实性。据陈寿三国志魏志卷二十一王粲传记载：王粲，字仲宣。曾谒蔡邕于西京，之荆州而依刘表。

王粲"世为豪族"。曾祖龚，刘祐（安帝）时"征拜尚书"。刘保（顺帝）永和元年（公元136年）拜太尉。"以老病，乞骸骨，卒于家"。祖父畅，"大将军梁商特辟举茂材，四迁尚书令"，"征拜司隶校尉"，以"坐事免官"（刘志延熹六年左右事）。嗣"太尉陈蕃荐畅"（时在延熹八年——公元165年），"由是复为尚书，寿拜南阳太守"。"同郡刘表，时年十七，从畅受学"。刘宏（灵帝）建宁元年四月（公元168年），"迁司空"八月，"以灾异策罢"。明年（公元169年）卒于家（范晔：后汉书卷86本传）。

王龚"探疾宦官专权"，王畅则名列"八后"，是刘志（桓帝）年间官僚集团利用"太字生"这一特殊的"清议"力量，来反对宦官腐恶势力的中坚人物之一（见范晔：后汉书党锢传序，李膺传，黄琼、黄琬传等篇）。因之，王畅无论在当时的官僚集团或儒学集团间，都是很有威望的人物。他卒于太傅陈蕃被杀之后（建宁元年九月——公元168年），第二次党锢李膺等被杀之前（建宁二年七、八月间）。

蔡邕"师事太传胡广"。在刘志（桓帝）延熹二年（公元159年）"梁冀被诛，太尉胡广"以"阿附免废"之后，"中常侍徐璜左悺等五侯擅态"，邕不愿应召，归而"闲居翫古，不交当世"。直到刘宏（灵帝）建宁三年（公元170年），即在第二次党锢爆发后不久，胡广为太傅的年代里，才应辟召而拜郎中，校书东观，迁议郎。光和元年（公元178年）六月，奉诏对策，因"讥刺公卿，内及宠臣"获罪，"与家属髡钳徙朔方"。"明年大赦，乃宥邕还本郡"。由于"内宠恶之"，不得不再"亡命江海，远迹吴会"。直到中平六年（公元189年）灵帝崩，司空董卓闻名而"高辟之"。邕得董卓的特殊知遇，"三日之间，周历三台"而"留拜侍中"。刘协（献帝）初平元年（公元190年）"拜左中郎将"，二月"从献帝迁都长安"。初平三年夏四月（公元192年），董卓被诛，邕以阿附，被司徒王允囚死狱中，时年六十一岁（范书：卷90下本传）。

蔡邕的老师胡广和王粲的祖父王畅，几乎有三十来年的同僚之谊。刘表是王畅的学生。蔡邕曾经反对过宦官而吃过宦官集团的苦头。在这一点上，他和王龚、王畅的立场，颇具共同之处。由于王粲是"此王（畅）公孙也"，所以邕"闻粲在门"而"倒屣迎之"；由于王粲"年既幼弱，容状短小"，学术未成而不知名，而蔡邕在"一坐"宾客面前亲切而谦恭地接见了王粲，并为粲"品鉴人伦"，竭力高抬王粲而"品"之为"有异才，吾不如也"，还说"吾家书籍文章，尽当与之"。使人们知道将来的王粲和蔡邕有这样的"家学渊源"关系，希望通过这样的"交会"而把王粲的"声名"播扬起来。但不久，董卓被王尢等所杀，蔡邕以阿附被囚死狱中，李穀郭汜攻入西京，王允、黄琬（和王畅在延熹年间与陈蕃是同派——见黄琬传）等又被灭族，西京陷入混乱，王粲不得已，乃之荆州依他祖父的学生刘表，这也是很自然的事。

王粲是魏王曹操的侍中，和侍中卫凯同典制度（魏志：卫觊传）。粲的特长是"强记默识"，名列建安七子，而与曹操父子（丕、植）同好辞赋，是"雍容侍从"于曹操父子左右而陪着他们游猎，饮酒，赋诗，作乐的人物之一（见曹丕与吴质书及吴质答魏太子笺）。刘协（献帝）建安二十一年冬（公元216年）"从（操）征吴"，二十二年（公元217年）道"道病卒"，"时年四十一"（魏志：王粲传）。

据王粲传记载，王粲具体的历史活动的时间和地点，可以肯定如下：

1. "魏国既建"，王粲拜为侍中，是献帝建安十八年十一月"初置尚书侍中六卿"时候的事（魏志：武帝操）。

2. 投归曹操，被"辟为丞相掾，赐爵关内侯"是建安十三年（公元208年）夏六月曹操自为丞相"以后，"操败于赤壁"以前的事（范书：献帝纪）。

3. "之荆州依刘表"，是李傕郭汜攻陷西京，"傕等放兵劫略，攻剽城邑，人民饥困，二年间，相啖食略尽"（魏志：董卓传）的"西京扰乱"时期，王粲大约出走在献帝兴平元年（公元194年）。"是岁谷一斛五十万，豆麦一斛二十万，人相啖食，白骨委积"（范书：献帝纪）。是年王粲十八岁。

4. "司徒辟召，除黄门侍郎"，"皆不就"，是献帝初平四年（公元193年）的事。是岁朝廷选拔人才，"九月试儒生四十余人"，"冬十月太学行礼，车驾幸永福城门，临观其仪，赐博士"（献帝纪）。是年王粲十七岁，也正是本传所指的"年十七"。

5. "献帝西迁，粲徙长安"而在长安拜见蔡邕，是初平元年（公元190年）间的事。是年王粲十四岁，尚未成童（注：古制年十五成孟），故史家称之为“年既幼弱”。王粲以“幼弱”之年，而兼“容状短小”，更显得是一个小孩子，居然受到蔡邕这样当代有名人物“倒屣迎之”的接待，自然要引起宾客们的“一坐尽惊”了。

上述王粲史的每一个要点都和当时社会的客观环境符合的，那么，王粲究竟是什么病死的呢？

皇甫谧甲乙经序文里说：“仲景见侍中王仲宣，时年二十余，谓曰：‘君有病，四十当眉落，眉落半年而死’……后二十年，果眉落，后一百八十七日而死。”但从王粲的史料上看：十四岁初到西京见蔡邕时是“容状短小”；十八岁“之荆州依刘表”时被认为是“貌寝而体弱”。王粲死后，在建安二十三年，曹丕与吴质书称：“仲宣独善于辞赋，惜其体弱不起”（见本传及裴松之注引）。从这里只能制定王仲宣是一个身材短小，体质素弱的人物。由于体质素弱，在“从征吴”的军事旅程中，遭致了“道病卒”的结果。

用常识来判断：如果王粲死于“眉落后一百八十七日”是真的，那么，他在“从征吴”以前就掉脱了“眉毛”。曹操会带着一个宿疾已发，双眉脱落，快要死的侍中去打仗么？其次，远在二十年前，仲宣尽管可以不信仲景的话，但当他真个“眉落”了，一定会相信仲景“候色验眉”的“绝技”（引陈邦贤先生语），从而也就预知自己的死期。他应当提出问题，嘱咐他儿子为他办理后事。但王粲史的发展，并不是这样。因之，把“眉落后一百八十七日而死”的说法，套在王粲头上是说不通的。

考曹丕与吴质书里，是这样来提出一批故人的：“昔年疾疫，亲故多离其灾，徐、陈、应、刘，一时俱逝，痛何可言耶！”虽然他没有指出王粲是否也是死于“疾疫”，但建安二十二年，正值“是岁大疫”（范书：五行志及献帝纪）。这次的疾疫连曹丕自己也引起了非常的恐惧，在他当年给王朗的信里说：“疫疠数起，士人雕落，余独何人，能全其寿？”（魏志：丕传，注引魏书语）可见这次的疾疫是相当严重的。以王粲这样一个身体素弱的人，在军中死于疾疫的可能性倒是很大的。

再从时间上照“后二十年果眉落，后一百八十七日而死”来考察：王粲在死的时候已经不止“四十一岁”，且“仲宣年二十余”的时候，正是献帝建安初年，当时王粲在荆州，只是刘表门下的一个普通门客。当时除非仲景也在荆州，而且和刘表或其门下的其他人物有什么交往关系，否则是很难一再遇到仲宣，而且为仲宣诊病的。但是，在现存史料里面，丝毫也没有这样的痕迹。如果说仲景是在京师为王仲宣诊病的，不管所指的“京师”是洛阳、长安，或者是许都，只有增加故事和史实之间的矛盾。

皇甫谧笔下这一有关仲景故事的出现，也不是毫无原因的。我想既然皇甫谧的目的是在说明汉世“奇方异治，施世者多”，是在说明当时“虽扁鹊仓公无以加也”的那种进步的治疗技术水平。既然提出“汉有华佗张仲景”这样二位代表人物，必须是古之所谓“上工”者流。在我国医学史上，“上工”医家的治病故事，很多贯串着“圣人不治已病，治未病”《素问》这类预知疾病转变及其终结如何等等的传统思想。民间流传着的有关名医治病的传奇故事（如华佗传，江瓘名医类案里），其中有些就是以这样写成甚或加以夸大附会的。皇甫谧所引述的故事二则，虽在形式上有些差别，但在反映这种“治未病”的传统观点上，是基本一致的。

当然，“治未病”的传统观点，并不排斥它自己存在的客观性，“越人入虢之诊”，并不是由于他“能生死人”，而是由于“此自当生者”，故“能使之起耳”，“望齐侯之色”，也是以“病应见于大表”的诊断经验为基础的；仓公“传黄帝扁鹊（越人）之脉书，五色诊病，知人死生，决嫌疑，定可治”，也是以“必先切其脉”为条件的（史记：扁鹊仓公列传）。素问所指的“善诊者”，是以“察色按脉”，“别阴阳”，“审清浊”，“视喘息”，“听声音”为条件，这也不过是“病应见于大表”的具体化；所指的“善治者”，也只是要求及早地争取“治皮毛”，不要等到病情发展，不得已而“治五藏”（阴阳应象大论篇）。这也正是太史公所说“使圣人预知微，能使良医得蚤从事”的精神。

由此可见：古之所谓“治未病”的那种掌握疾病发展规律及其对于预后如何的制断，并不那么神秘，它是从实际出发而以病家一定的客观情况为依据的，因而是可能的，也是现实的。但是皇甫谧所引述的这二个故事在“预见知微”“诊病决死生”的技术上，无疑地被夸大了。我们知道：扁鹊望齐侯之色，是每隔五日再见桓侯一次，所以他判断的正确性很高；而仓公诊“安阳武都里成开方”病，由于他是在三年前制定其“痞即死”，所以就说“臣意（仓公）不能全”了。因之，不用说仲景判定王仲宣的眉落而死是在二十年前，就是那制定刘季琰在九年以后的“病动必死”，也很难相信其“终如其言”地那样正确了。这当然只能看作皇甫谧笔下的夸大。

其次，皇甫谧在他甲乙经序文里，是有意在贬抑华佗。他主观地认为“华佗性恶矜技，终以戮死”，是一个不足为法的人物。然而这正是“正统派”史学家如陈寿、范晔之流的偏见。固然，我们不能因为皇甫谧存在着偏见而肯定仲景为侍中王仲宣治病的故事是出于他的有意捏造。但当时社会上流传着很多有关华佗为人治病的故事，特别有些为一般普通百姓治病的故事（见陈寿三国志及范晔后汉书华佗传），皇甫谧却只字未提；而对于仲景，至今我们所能够知道的历史，偏偏只在他甲乙经序文里唯一见到这一个为侍中王仲宣治病的故事，而且它的内容又是这样的经不起考证。因而有理由认为这一故事或者出自皇甫谧的偏见。

综上所述，关于张仲景为侍中王仲宣治病的故事，大体上可以小结如下：

1. 王粲的大部历史材料是可以肯定的，但说他在“眉落后一百八十七日而死”这一点，毫无史实根据。因而仲景曾在二十年前为王粲诊病并制定其“眉落而死”的这一说法，与王粲的史实不符，似难相信。

2. 仲景为王仲宣治病故事的本身也是值得怀疑的，因为它在时间上要求当时的仲景生活在荆州（或襄阳），在社会关系上要求仲景和刘表及其周围的人物有所联系。但在现存史料里丝毫没有线索，并不能证明仲景和王仲宣之间存在着其他联系。

3. 故事内容颇有夸大之处，它和皇甫谧的主观偏见有关。仲景在他自己的著作里，并没有提到像王仲宣所患的那样的“眉落”证治。以后，巢元方在诸病源候论里，虽曾详尽地描述了“恶风须眉堕落候”，在时间上只是说“已经百日”，“以经三年”，“以经七年”，最多也不过是“以经十年”便要发展到“眉睫堕落”的地步；且必然先有“面色败”，“皮肤伤”等证候出现。它不可能仅只是“眉落”，也不可能在二十年前便预见到它的潜伏症状。足征故事的虚构、夸大。

由于这些理由，我们应该毫不可惜地把这相传一千多年的故事，从张仲景的历史中扬弃，以维护祖国医学史料的正确性。

[《上海中医药杂志》1958，(3)：41]

关于《伤寒论》与张仲景的考证

彭静山

中医的经典著作，能够阐明《黄帝内经》学说的思想体系，集两汉以前医学的大成，总结了祖国医疗经验的当推《伤寒论》和《金匮要略》。它由汉朝末年到今日二千年来一直占着统治中医学术的特殊地位。

这篇文章是专门研究伤寒论及其作者张仲景的，以下便围绕这一个主题加以分析考据。

甲、关于伤寒论方面

一、卷数问题

张仲景伤寒论自序云：“乃勤求古训，博采众方，撰用素问九卷，八十一难，阴阳大论，胎胪药录，并平脉辨证，为伤寒杂病论合十六卷。”然而现在所流行的版本都是十卷，最初这种版本见于新唐志：“张仲景伤寒卒病论十卷”。大概因为古时印刷术不发达，辗转传抄，又加兵燹变乱，到了唐代就只有十卷本行世。

邓云航曰：“仲景自序，明言伤寒杂病论合十六卷。盖伤寒六经为六卷，后附三章为一卷；金匮要略九卷；二书共合恰得十六卷。”这可作为解决这一问题的初步结论。

二、蓝本问题

吴澄曰：“汉末张仲景著伤寒论。……予尝叹东汉之文气，无复能如西部，独医家此书，渊奥典雅，焕然三代之文，心一怪之。及观仲景自序，卑弱殊甚。然后知序乃仲景所自作，而伤寒论即古汤液论，盖上世还书，仲景特编纂云。”

皇甫谧曰：“仲景论广伊尹汤液为数十卷，用之多验。近代太医令王叔和撰次。”甫谧也是晋人，所了解的也比较详细。

由此我们可以知道，仲景自序所谓“勤求古训”的意思，乃是以古伊尹的汤液论作为蓝本而加以补充编辑的。

三、原稿问题

邓云航曰：“观伤寒论后痉湿暍篇仲景曰：此三种宜应别论，以与伤寒相似，故见于此。所谓应别论者，即应列入杂病论也，故复于金匮之首列此三症，足证金匮是杂病论。嗣经王叔和添辨脉等法，冠于伤寒之首，而伤寒之卷数已乱。又不知何人将杂病论题为金匮要略，复于卷后添俗传杂疗方为第十卷，狗尾续貂，混误已甚。陈修园删去辨、平脉，洵有卓见，而犹存杂疗方，不免遗累。”

四库全书提要曰：“明方有执作伤寒论条辨，则诋叔和所编，与无己所注，多所改易窜乱，并以序例一篇为叔和伪托而删之。清喻昌作尚论篇，对叔和编次之舛，序例之谬，及无己所注，林亿等所校之失，攻击尤甚。皆详为考定，自谓复长沙之旧。”

历来注疏家，研究多年，详为考定，自谓“复长沙之旧”的人不少，如方有执、柯韵伯、喻昌等。可是所谓“长沙之旧”的仲景伤寒论原稿，我们现在已无法再见它的“卢山真面目”了。

四、方法问题

自宋朝林亿等整理伤寒论，首倡“一百一十三方，三百九十七法”，以后随声附和，变成医家的老生常谈。实际研究起来，这些方法的数字是很有问题的。

唐容川曰：“伤寒论方一百一十三道，今少禹余粮丸，实一百一十二道也。”

阎庆曰：“太阳上篇六十六法，中篇五十七法，下篇三十八法，阳明第七十七法，少阳第九浊，太阴篇九法，少阴篇四十六法，厥阴篇五十四法，三法篇二十法，霍乱第九法，阴阳易、差后劳复篇七法；总三百九十二法。”

此外研究三百九十七法的人，尚有十多家，因原本失真，章法已乱，所以数目也互有出入。总之“一百一十三方，三百九十七法”早已不足其原数了。

五、注疏问题

历来注疏伤寒论的人，自金成无己至清唐容川，约二百五十多家。例如：刘纯伤寒治例，徐彪伤寒纂例，李中梓伤寒括要，石涵玉伤寒五法，陶节斋伤寒九种书，何慣伤寒全生集等不胜枚举；实际都是所谓“注不破经，疏不破注”的一种老套。惟独明王履有批判的伟大精神，吕振羽说：“王履的伤寒立法考，对数千年没人敢非议的张仲景伤寒论，大胆的从“常”与“变”的观点，提出批评和增改，却是一点科学精神的萌芽。”

我们详细看诸家的注疏，惟方有执、程郊倩、喻嘉言三家较好。陈修园浅注，唐容川补注，很可以作为读本。王肯堂的伤寒准绳，推罗繁富而极详尽；医宗金鉴伤寒论注，集诸家的六成，选古今的精萃，很有持平的见解；都可以作为参考。

乙、关于张仲景方面

一、张仲景无其人说

古书医言评伤寒论云：“余于此书，熟览精读，盖有年矣。其用曰：汉长沙太守南阳张机著，而考其文非汉之体格。且后汉书，有一艺名者，尽举而录，奚独仲景之无传也？历史中至于晋书始曰后汉张仲景为医，是可信矣。撰次伤寒论者叔和也，王叔和乃西晋太医令也；若据叔和之书记之乎，他书又无所见。或疑撰次之时托名乎？是未审也。”

依照这种说法，仲景的名字乃是王叔和所伪托的了。

二、张仲景有其人说

记载仲景的文献很多，例如王冰素问序、李廉医史、张杲医说、三国志张松难杨修条、虞汝明古琴疏、以及神仙通鉴、渊鉴类函、医林列传、太平御览等等，大意说：张机字仲景，南郡涅阳人。灵帝时，举孝廉。建安中，作过长沙太守。他的老师是张伯祖，以后在京师成大名医。诊所王仲宣，知道二十年后必定脱眉。著作伤寒杂病论传世。

根据这些文献，又象的确有张仲景这一位大名医了，虽然这都是晋以后书籍。此外关于张仲景的文献另外还有很多，我们不再一一引证。

三、张仲景非长沙太守说

丛佳偶记云：“仲景不详何人，伤寒论自序，世人多疑其伪撰。而言仲景后汉建安中之人，官至长沙太守，是以其自序为自序者也。范晔后汉书，只有张氏为南阳族姓之语。果有张机字仲景者，南阳人，学医于同郡张伯祖，而经方大有时名，则何不与郭玉、华佗等同传？灵帝时坚守长沙。及袁术有南阳，以苏代颁长沙。建安三年，长沙太守张羡率零陵、桂阳二郡版刘表，羡卒，子怿嗣为长沙太守，刘盖并之，以韩玄为长沙太守，表卒，子琮代立，遣使请降。曹操平荆州，辟刘巴为掾，使招纳长沙、零陵、桂阳；曹操败于赤壁，引军归邺。刘表长子琦为荆州刺史，又征四部，长沙太守韩玄降，先主使诸葛亮督零、桂、长沙三郡，又擢廖立为长沙太守。长沙既非汉家有，后终属于吴。由是观之，灵献之间，似无令仲景守长沙之日也。”这足以证明张仲景并没有作过所谓“长沙太守”。

丹波元简曰：“英雄记曰，张羡南阳人，盖冲景羡之族，岂表破羡之后，使仲景代之乎？”张仲景可能短期代理长沙太守，这也是我们研究仲景的一个资料（这个短期，应该在张怿以后，韩玄以前，或古时无代官制度，日期又短，所以史书不载，而仲景写序时候正在代长沙太守的任内）。

根据这种理由推所，假定仲景曾经作过长沙太守，其时间应该在孙坚以前，然而，从其他方面又找不出证据的文献。

四、建安建宁的矛盾

伤寒论集成云：“建宁是后汉灵帝年号，医史云：张机字仲景，汉灵帝时举孝廉，官至长沙太守。由是观之，旧本作建安者，盖传写之误也。若夫建安乃献帝年号，与下文“感往昔”之言不合也。又考后汉书五行志，自建宁四年至光合二年，相去仅九个年，大疫之流行三次，与仲景序中所谓“未十稔”之文若得符契也。”

以上考证是否正确，希望大家指正。

[《江西中医药》1958，(7)：43]

南阳张仲景遗迹

蔺雪帆

南阳，是我国古代伟大的医学家张仲景的故里。自汉代到现在，仲景的光辉形象，仍活在人民的心里。在市区东关，有仲景墓及医圣祠，过去每年有春秋两祭，香会很大，湖北、陕西、四川等省的人民，都有前来瞻仰礼拜的。南阳群众普遍称呼仲景为“医圣爷”称他的方剂为“经方”，到现在诊病服药，还是唯仲景方是赖，有一首俚歌在民间流传着：“药过十二三，大夫必不黏，没读圣人书，何敢把脉参”。足征人民对仲景的崇敬和信赖了。

医圣祠，始建于何时，已不可考。据南阳县志记载：“宛郡（即南阳）东高阜处，为张家巷，相传有仲景故宅。延曦门东迤北二里，仁济桥西，有仲景墓。明洪武初年，有指挥名郭云者，镇南阳，奉明太祖命修宛城，将各祠墓庙中碑记尽仆，为修城之用，惟仲景墓，仅存其名碑，而亦仆之，墓随没于耕牧。明末祝姓穿井墓侧，得石碣，题曰：“汉长沙太守医圣张仲景墓”，迨清朝顺治乙未，有张三异者，为南阳知府，慕仲景之丰功伟绩，又兼与仲景同族，乃捐俸以集同志，建祠三楹于墓后，并求仲景当年手著活人等书，藏之庙中，以活天下万世之人。此为现有文献中的最早记载。

从此以后，医圣祠屡有增修，清朝康熙二十七年，由医界周景福等，捐入祠地六顷七十余亩，作为修葺祠宇及祭典费用。时久祠中主持贪污盗窃，典出祠地四顷八十余亩，到乾隆三十五年，又由医界方道党、曹祯祥等三十七人，捐银二百四十一两三钱，始把祠地赎回。嘉庆十五年，医界张森律、张燊律等，又集资将祠宇重修，费银七百二十六两。道光九年，中医皇甫良、王德涟等，组成“医林会馆”，对医圣祠祠地进行整顿，并加以管理。咸丰以后，累年战火，管理无人，祠地再度被私典，祠宇逐渐荒凉，所有建筑破坏不堪。到光绪九年，“医林会馆”首事曹鸿恩、陆逢春等，又发起捐款，赎地重修，医圣祠赖以保存，并增建亭台，规模就更为庄严宏丽了。

据清末曹德宇编绘的医圣祠图志记载：整个祠宇包括正偏两院；正院建筑，有山门、中殿，正殿，两庑等，正殿塑有仲景坐像，及历代名医像，为供人谟拜之地。偏院建筑，则极为曲折，幽雅清丽，俨然洞府。由中院向西，过月门一道，“为梅花亭”及“医圣井”，井旁植三春古柳一株，径越两围，柳丝倒垂，绿荫蔽日；由井折向北，而为“荷花池”，白莲千茎，翠盖盈池，中建“湖心亭”，与“医圣桥”相接，而登“小蓬莱”，叠石为山，上筑“灵枢阁”。登临远眺：豫山矗其后，白河横其前，市廛耕牧，尽收眼底。由山下行，过“碑楼”，而达“桂花轩”，有古桂六株，婆娑成林，秋风送爽，芬芳满院。由“桂花轩”穿角门东向，为“素问亭”及“内经楼”，相传藏书极富，为医人聚会之地。院植古龙柏一株，灵霄花绕其上，觅花合药者，竟日不绝。此外建筑，尚有“春台筑”，“待月轩”，“仁术斋”，“广济馆”等，均极精雅，每年上巳、重九两节，为香火大会，仕女云集，极一时之盛。

清代以后，国民党反动派继而执政，残酷统治，横征暴敛。医圣祠所有祠田，全部被没收，祠院地基，也渐次被地霸所侵占；在消灭中医的反动政令下，医圣祠失去一切保险，亭台被拆毁，花木被砍伐，名胜古迹，荡然无存。南阳中医界虽多次呼吁请愿，要求保护此一历史文物，除遭到国民党反动派的申叱外，一无所获。截至解放前夕，庄严辉煌的医圣祠，仅存荒塚一坯，破殿一院而已！

解放后，在党的中医政策光辉照耀下，人民政府于1956年，对医圣祠加以初步整修，除对现存房舍、仲景像、仲景墓，修饰一新外，并在殿外，建筑围墙一周，大门一座，并于门前，增修茅亭，中立“医圣张仲景故里”古碑一方，规模粗具，医圣祠由此获得新生，南阳人民数十年的愿望，从此实现。

最近，市卫生行政当局，计划在医圣祠设立中医研究所，在祠地周围种植药材，以加强对中医中药的研究工作，受到广大人民的热烈欢迎。

为了继承和发扬祖国医学遗产，纪念伟大的医学导师，南阳医务界人士，热切的盼望党和政府，在可能条件下，仿照修建屈原纪念馆，及杜甫纪念馆之意，对南阳医圣祠，加以重修，恢复旧观，使此一代哲人的光辉，照耀着广大中医队伍，向世界医学高峰迈进！

［《中医杂志》1959，(11)：71］

“勤求古训，博采众方”的张仲景

中国中医研究院医史文献研究室

张仲景（约公元150～219年），名机，南郡涅阳（今河南南阳）人，是后汉时期受法家思想影响，在古代医学上曾经有过卓越贡献的医学家。

两汉以来，以董仲舒为代表的儒家唯心主义和以王充为代表的法家唯物主义进行着激烈的斗争，形成鲜明的对立局面。这两种不同的宇宙观，深刻地影响着整个汉代的社会生活和自然科学的发展。一方面，是广大劳动人民和善于总结人民群众与疾病作斗争的经验的医学家，坚持唯物主义、坚持无神论，反对“天命观”，主张医学要革新，要进步，不能法古不前，他们顺应历史发展的潮流，在祖国医学前进的道路上，通过勤奋的实践，为发展祖国医学作出很大贡献。另一方面，统治阶级的阶级地位已经开始发生变化，董仲舒的“罢黜百家，独尊儒术”的反动政策对统治阶级的影响越来越明显，儒家的“有神论”“天命观”“法先王”的反动思想，在医学方面产生了恶劣的影响。统治阶级利用唯心主义和充满神秘色彩的炼丹、服石、神仙、房中等，大搞其所谓“养生”之术，以满足骄恣淫佚生活的需要，干扰和破坏了祖国医学的发展。这就反映了儒法两家不同思想体系在医学领域里的斗争。

张仲景处在这种激烈斗争的社会里，面对当时由于反动统治的压迫，社会上疾疫流行，“家家有僵尸之痛，室室有号泣之哀”的悲惨情况，在法家的革新、前进、反对有神论及天命观的影响下，认真总结了劳动人民与疾病作斗争的经验（“博采众方”），并努力学习其前代的宝贵遗产如《内经》《难经》等著作（“勤求古训”），通过他自己在临床上反复应用验证并进行细心的观察，辨别各种疾病的证候和发展规律，终于写成《伤寒杂病论》这一名著，成为当时医学上的巨著，对后代具有很大的影响。

从《伤寒杂病论》全书的指导思想，可以明显地看出张仲景受法家思想的影响。

张仲景继承了扁鹊反对巫祝的优良传统，猛烈抨击了儒家的“有神论”“天命观”。汉代在儒家思想影响下，谶纬之说盛行，求巫问卜普遍，可是张仲景却明确指出巫祝治不了病。他批判社会上那些只知竞逐名利虚荣、权势，而不留心医药的人，一旦患病，把自己的生命交付给巫祝、庸医，只能束手待毙（“怪当今居世之士，曾不留神医药，精究方术，……卒然遭邪风之气，婴非常之疾，患及祸至，而方震栗，降志屈节，钦望巫祝，告穷归天，束手受败。”）张仲景在这里还明确指出：“厥身已毙，神明消灭”，这同著名的汉代唯物主义者、法家王充关于“人死血脉竭，竭而精气灭，灭而形体朽，朽而成灰土”（《论衡·论死篇》）的论述是一致的，体现了无神论的唯物主义思想。

张仲景注重实践，反对守旧，努力革新。他对于儒家所提倡的那一套泥古守旧，抱残守缺，对病人马马虎虎，不负责任，对医学一知半解，只靠一张嘴用花言巧语欺骗病人，不是认真钻研技术的态度极表反感（“观今之医，……各承家技，始终顺旧，省疾问病，务在口给，相对斯须，便处汤药。”），认为这等于是竹管窥天，要判别疾病的吉凶，那是很困难的。正是由于他对病人的负责态度，善于学习，积极革新，因而他首先总结出一套认识疾病，并根据病情变化而制定不同的治疗方法。这就是中医所说的“辨证施治”、理法方药的体系。在著作中，张仲景把祖国医学《内经》以来的病因学说，脏腑学说，以及四诊、八纲（阴、阳、表、里、虚、实、寒、热）的辨证方法，有机地联系在一起。同时，在治疗上还总结出汗、吐、下、和、温、清、补、消八种治疗方法，使辨证施治的理论得到较完整的体现，对祖国医学具有深远的影响。从过去在内蒙居延地方和一九七二年在甘肃武威出土的汉代简牍看，这些稍早于张仲景的文物内容表明，在张仲景之前，祖国医学在辨证施治、理法方药系统上的水平还是比较粗糙的，张仲景在奠定中医这一理论和实践的工作中，确有不可磨灭的功绩。

张仲景认真继承前人的医学成就，广泛采集人民群众的医疗经验。如他在《自序》中特别申明“勤求古训，博采众方”，这是他作出贡献的重要原因。他所著的《伤寒杂病论》（后来被整理成《伤寒论》及《金匮要略》两书）具有较高的科学价值，其辨证施治见解和很多治疗方法，至今仍然是有效的。此外，如人工呼吸法等，也是符合科学原则的。

由于张仲景所处的时代正是儒家思想开始占统治地位的时代，因而张仲景的思想也受到儒家思想的影响，例如：他在《自序》中曾引用孔老二“生而知之者上”的反动唯心主义谬论的内容，书中也还有少数封建迷信的方法和内容。但作为一个古代的医学家，他的思想主流还是属于前进、革新的法家思想，应当予以历史的肯定。对张仲景的著作，我们应当批判地继承。

[《新医药学杂志》1974，(9)：40]

张仲景传略考

尚启东　安徽省人民医院
（整理　徐春霖）

张仲景《后汉书》无传[1]，其事迹始见于唐·甘宗伯《名医录》："张仲景，南阳人，名机，仲景乃其字也，举孝廉，官至长沙太守，始受术于同郡张伯祖，时人言，识用精微，过其师"。[2]后《名医大传》于上文又加"后在京师，时人称为上手"。[3]此本唐·刘知机《史通·人物志》之"仲景、元则，时才重于许洛"而增者。宋·张杲《医说》张仲景"虽扁鹊仓公无以加之"，是本于《甲乙经》序。[4]《医林列传》又增"以宗族二百余口，建安纪元以来，未及十稔，死亡三分之二，伤寒居其七，乃著论二十二篇，证外合三百九十七法，一百一十三方，其文简古、奥雅，古今治伤寒者未有能出其外者，其为诸方之祖，故后世称为医圣"。[5]此本于赵希弁《读书后志》中之题《伤寒论》与《伤寒论》序及林亿等校序之一部，又加"故后世称为医圣"句。明代李濂《医史》及《襄阳府志》于"举孝廉"上又加"灵帝时"三字。[6]近代名医陆九芝、孙鼎宜，章太炎，黄竹斋等，皆有《张仲景传略》，其中各有增改，虽皆各有所本，多未全确，特为重加考证。

一、张仲景是后汉南阳郡枣阳人

《隋书经籍志·医家类》《张仲景方》十五卷下注说："仲景后汉人"。皇甫谧《甲乙经》序："汉有张仲景"。[7]又说："侍中王仲宣见仲景"，而王仲宣是建安七子之一，则张仲景固为后汉之人。若宋方勺《泊宅编》："汉武帝病消渴，张仲景进八味汤而愈"。[8]此当为后人尊重仲景之方，而附会其说，因汉武帝并未病消渴，张仲景后汉建安时人，上距汉武帝二百多年，是不可能给他治病的。

王叔和《张仲景方》序："张伯祖南阳人，同郡张仲景师之"。[9]《何颙别传》："颙字伯求，南阳人，有人伦鉴，同郡张仲景总角造颙"。[10]则张仲景后汉南阳人，是出于正史，及其方之序者。

《辞海》张仲景作南阳枣阳人，此说非是。《隋书·地理志》："枣阳隋置"。《历代地理沿革表》："枣阳，晋属义阳郡，后废，置广昌郡及广昌县，后魏置南荆州，西魏改曰昌州，隋开皇初废，仁寿元年避太子广讳，改广昌县为枣阳县"。故枣阳是隋置，仲景时尚无枣阳之名。黄竹斋《张仲景传略》自注："棘阳今湖北枣阳县"。此说亦误，因《后汉书》并无枣阳，今之枣阳为后汉之蔡阳、春阳、襄乡等地，不是棘阳。棘阳故城在今河南新野东北。

陈邦贤《中国医学史》及其与严菱舟合著的《中国医学人名志》都说："张仲景是南郡涅阳人"。是根据清代名医陆九芝《张仲景传略》者，陆九芝是引《河南通志》的。考《后汉书·郡国志》，南郡不领涅阳。涅阳河南镇平县，汉时属南阳郡，非南郡，放《河南通志》南郡，或为南阳郡之误。孙鼎宜《张仲景传略》谓：陆氏未能深考，而误南阳郡为南郡。考涅阳虽汉置，隋改为梁阳，金末改为镇平县，至今仍之。[11]其故城在今南阳西北镇平南，邓州东北地。[12]至于古涅阳所治境，非后人所能明悉。惟汉之涅阳，距张仲景总角造颙之襄乡，以现在地图观之，中间隔南阳、新野二县，约二百余里，非总角儿所能造之，清代以前之书，从未见有张仲景为南阳涅阳人的记载。

《隋书经籍志》考证，引《湖广旧志·方技门》说："张机字仲景，南阳棘阳人"。《古今图书集成医部全录·医学名流列传》引《襄阳府志》记载相同。《后汉书·何颙传》："何颙，南阳襄乡人"。李贤等注："襄乡故城在今随州枣阳县东北"。唐杜祐《通典》记载也相同。则后汉南阳襄乡是唐时枣阳县东北部。《辞海》："枣阳，今县名，在湖北襄阳县东，隋置，宋升为军，元仍为县，清属襄阳府"。[13]则今之襄阳，即唐之枣阳。后汉襄乡县故城，在其境之东北。而《何颙别传》称："同郡张仲景总角造颙"。称"同郡"，不说"同县"，则何颙之与张仲景同为南阳一郡而非同一县之人，且总角是十岁左右幼童未冠之称，[14]其时交通不便，岂总角幼童所能远行造之，则何颙与张仲景虽非同县而相隔亦当不远。考《辞海》："棘阳，旧县名，汉置，地在棘水之阳，故名，西魏为百宁县，故城在今河南省新野县东北"。《宋书》"棘阳，晋属义阳，后属新野"。杜祐《通典》："棘阳故城在今湖阳西北"。《太平寰宇记》："棘阳故城，古谢国地，有废城，在今湖阳县西北"。《元一统志》："棘阳故城在湖阳新野间"。《清一统志》："棘阳故城在新野东北"。[15]《清一统志》又说："新野，东北至湖北枣阳四十里”。从上可知后汉时襄乡、棘阳二县是接壤的，此《湖广旧志》及《古今图书集成》引《襄阳府志》所言张仲景是南阳棘阳人，是合乎事实的。

二、张仲景约生于公元153年（东汉桓帝永兴元年）卒于公元202年（建安七年）

《何颙别传》：“张仲景总角造颙”。则张仲景造颙时是总角小儿，其时何颙为年若干，而为何时，传中虽未明言，然考何传；“颙少游学洛阳，颙虽后进，而郭林宗、贾伟节与之相好，名显太学”。按《郭林宗·郭泰传》：“林宗在洛阳是李膺任河南尹时”。李膺之任河南尹时，是‘桓帝延熹八年（公元165年）二月，邓万世下狱死后”。[16]党锢事起是延熹九年。[17]此时郭泰已不在洛阳，则何颙游学洛阳，当为延熹八年。又按《郭林宗、郭泰传》：“泰之死是灵帝建宁二年（公元169年）四十二岁”，则郭泰在洛阳时（延熹八年）是三十八岁，此时称颙为后进，[18]则何颙之年为轻，且《何颙传》称：“少游洛阳”，则颙游学洛阳时是十九岁。何颙之与郭泰相好时年龄不及二十岁，当何颙未游太学时，年龄不及十九岁，名望不高，未为人所重视，仲景此时不得造之。《何颙传》称：“及陈蕃、李膺之败，[19]颙以与蕃、膺善，为宦官所陷，乃变名，亡匿汝南”。[20]以总角之幼童张仲景，似不得远走他郡（汝南）以造之。张仲景之造颙，当在桓帝永康元年（公元167年）“赦党人归田，禁锢终身”之际，因此时何颙名望已高，禁锢田里居处，与仲景所居相接壤，总角幼童可得而造之。有人疑禁锢田里，恐不能见外人，然《何颙传》有：“亡匿汝南，人多就之”。况家居田园，那有不可见人之事。由此推算，张仲景当生于桓帝永兴元年（公元153年）左右。[21]

《甲乙经》序：“汉有张仲景，奇方异治，施治者多不知其本末，侍中王仲宣，时年二十余”。[22]谓曰：“君有疾，四十当眉落，半年而死，令服五石汤可免。仲宣以其言忤，受汤勿服，居三日见仲景，谓曰：服汤否？仲宣曰：已服。仲景曰，色候固非服汤之诊，君何轻命也。仲宣犹不言，后二十年果眉落，[23]后一百八十七日而死”。[24]《三国志·王粲传》：王粲即仲宣。王仲宣是汉灵帝熹平六年生（公元177年），而在十七岁依刘表时是献帝初平四年（公元193年），张仲景为之诊病是二十岁，是建安元年（公元196年），则建安元年时，张仲景的医誉已经相当高了，不高哪得为王仲宣诊视，年龄当在四十左右，此与上所考订仲景之生于桓帝永兴元年（公元153年），是符合的。《清一统志》引《习凿齿襄阳记》“王粲宅在襄阳西二十里岘山坡下”。[25]是与仲景所居之棘阳相近，其时相当，此亦可作仲景生于桓帝永兴元年之旁证。[26]

仲景在建安元年为王仲宣诊视，则其死自在建安元年以后。刘知机《史通》说：“仲景元则，时才重于许洛，而陈寿《三国志》、王隐《晋书》、广列诸传，遗此不编。则仲景是名享许昌。又《名医大传》：“晚年在京师，当时称为上手”。则张仲景晚年在许昌，而许昌为都是建安二年，[27]时张仲景于许昌已名高，似非一二年间事，此仲景之死，至早在建安三年以后。[28]

王叔和《脉经》自序：“今撰集岐伯以来，逮于华佗，经论要诀，合为十卷”。是《脉经》乃上自岐伯，下逮华佗之经论要诀。其中经论为岐伯，黄帝之《内经》《难经》及扁鹊脉法、仲景脉法、华佗脉法等，如仲景之死，在华佗之后，当称逮于仲景了。又皇甫士安于华佗、仲景皆对举之，在其《释劝文》《解散说》《甲乙经》序中，时而华佗居先，时而布景居先，则仲景之死，早于华佗，但其时不会相隔过久，考《魏志·武文世王公传》，“建安十二年，华佗为曹操所杀，时年九十七岁”。故张仲景之死，在建安十二年以前，当在建安六、七年间，年龄只四十以外，约有50岁左右。

三、张仲景未做过长沙太守，亦未举过孝廉

《后汉书·灵帝纪》；“中平四年（公元187年），零陵人观鹤，[29]自称天平将军，冠桂阳，长沙太守孙坚击斩之”。[30]《袁术传》：“长沙太守孙坚，杀南阳太守张咨，引兵从术，刘表上术为南阳太守。[31]术又表坚为豫州刺史，使率荆楚之众，击破董卓于人阳”。[32]此东汉自灵帝中平四年（公元187年）至献帝初平二年（公元191年），长沙太守是孙坚。司马彪《战略》：“刘表之荆州，[33]江南宗贼盛，术屯鲁阳，尽有江南之众，[34]吴人苏代领长沙”。[35]《刘麦传》“建安三年，长沙太守张羡率零陵，桂阳三郡畔表，表围之连年不下，羡病死，长沙人复立其子怿，表遂攻并怿，南收零桂，北据汉川，地方千里，带甲数十余万”。建安三年至建安五，六年，长沙太守是张羡。《三国志·黄忠传》：“刘表以为中郎将（指黄、忠）与从子磐共守长沙攸县，及曹公克荆州，假行裨将军，仍就故任，统属长沙太守韩玄”。又《刘巴传》：“操辟刘巴为椽，使招纳长沙、零陵、桂阳三郡”。此黄忠、

韩玄是刘表旧将，于建安十三年（公元208年）曹操下荆州，降刘琮之后，又令刘巴招纳而降者，此长沙太守自张怿被刘表并后，就是韩玄。《廖立传》："先主领荆州牧，[36]辟为从事，年未三十，擢为长沙太守……建安二十年（公元215年），权遣吕蒙奄袭江南三郡，立脱身走归先主"。此长沙太守韩玄之后是廖立，诸葛亮督之，及至建安二十年，吕蒙袭取江南，廖立走归先主，长沙已属于吴。又六年而汉亡，此六年间皆吴人所委，不关汉事。考灵帝之间，长沙太守并无张仲景其人，故张仲景未做过长沙太守。

《太平御览》卷四百四十人事、卷七百二十二医，皆录有《何颙别传》："颙字伯求，南阳人，有人伦鉴，同郡张仲景总角造颙，颙谓曰；君用思精深，而韵不高，[37]后将为名医，卒如其言。颙先机独觉，言无虚发"。则张仲景始终是良医，并未做官，有史籍记载。又《千金方》引张仲景说：[38]"怪当今之世，不留神医药，精究方术，上以治君亲之疾，下以治贫苦之厄，中以保身长全，以养其生，而兢逐荣势，企踵权豪，孜孜汲汲，为名利是务，崇饰其末，而忽其本，欲华其表，而悴其内，皮之不存，毛将安附"等语，可见张仲景是反对做官的，即使召他做太守，也是不就的。皇甫谧《甲乙经》序：称王叔和为太医令，称刘季琰为祭酒，称王仲宣为侍中，而张仲景和华佗，都未列出官爵。

《何颙别传》："后为良医，卒如其言"，则仲景当亦未举过孝廉，《后汉书·顺帝纪》："阳嘉元年，诏；初令郡国举孝廉，限年四十以上诸生，通章句、文史，能笺奏，乃得应选，其有茂才异行，若颜渊子奇者，不拘年龄"。这是当时政府规定的制度。张仲景虽"用思精深"，并不是有茂才异行，若颜渊子奇者，则张仲景如果真被举为孝廉，那必须年过四十以外，仲景当灵帝时，年才三十以外，不得举为孝廉的。此举孝廉之事，亦是出于传会，或误以他人之举孝廉而列之于仲景者。

四、总结

张仲景是后汉时代杰出的医学家。他总结前人和自己的医疗经验，继承和发扬了我国古代医学，创立了祖国医学理法方药的理论体系，发明了辨证论治的医疗规律。这样的医史人物，我们应当分析研究他在历史上所处的环境和所起的作用，从而评价他的历史地位。为了分析其所处的历史环境，对其出生地点，就有考证的必要。以往的史学家，有说仲景是南阳枣阳人，也有说是南阳涅阳人，其实他是南阳郡棘阳人。

为了分析探讨张仲景的历史，首先要根据他的时代背景，而生卒年代，正是时代背景的标记，而弄清这一点，对于论证某一论点或说明某一问题，是十分重要的。现经考查，认为张仲景约生于公元153年，卒于公元202年左右，这对张仲景做长沙太守的记载，是否真实，就有重新评定的可能了。自东汉灵帝中平四年（公元187年）以后，一直到建安26年（公元221年）汉亡，其间长沙太守是孙坚、苏代、张羡、张怿、韩玄、廖立诸人，并无张仲景其人，事实证明，张仲景没有做过长沙太守。同时东汉阳嘉元年，诏令郡国举孝廉，限年四十以上，仲景生当灵帝时，年才三十开外，没有到四十岁，故无举孝廉的条件。

［《浙江中医学院学报》1979，（6）：41］

关于张仲景生平一些问题的探讨

杜雨茂　陕西中医学院

东汉医学家张仲景，是我国临床医学的伟大奠基人，在祖国医学史上享有崇高的盛誉，后人多誉之为医圣。遗憾的是由于古代史家的阙失，范晔《后汉书》和陈寿《三国志》都未给张仲景立传。

张仲景的生平事迹，除了他的《伤寒论自序》题为"长沙太守南阳张机仲景"之外，在当时的文献可以说再也没有了。此后，如晋·皇甫谧《甲乙经·序》；晋·王叔和《伤寒论序例》《太平御览·何颙别传》、唐·甘伯宗《名医录》、唐·王冰《素问·序》、唐·刘知玑《史通·人物志》、宋·林亿等《校订伤寒论序》，宋·张杲《医说》《襄阳府志》等虽皆提到张仲景的事迹和著作，但都是一鳞半爪，不能全窥仲景的生平。至明·李濂《医史》始撰《张机补传》，清·陆九芝又撰《补后汉书张机传》，有关仲景的事迹较为完整，自此仲景始有传记行世。近人章太炎、黄竹斋等亦撰有张仲景传略，虽各有所本，但亦各有增改。综观论仲景者，大致晋以后多据皇甫谧，唐以后多据甘伯宗，而近代多据陆九芝。陆传虽较完整，而附会因袭较甚。由于对仲景生平事迹的有关问题考校不足，致使近一千七百多年来，对诸如仲景故里、生卒年代、举孝廉、官至长沙太守等一些问题，纷争不休，讫无定论，竟成了医学史上众所瞩目的悬案。为了更好地研究仲景学术思想，有必要对仲景生平的一些问题进行探索考究。

一、建国三十二年来对张仲景生平问题的研究概况

建国三十二年来，在党的中医政策的光辉照耀下，医学界积极开展了继承发扬祖国医学遗产的工作，张仲景生平及其原著的研究工作不断向纵深发展，就笔者所收集到的资料，综观三十二年来有关仲景生平的探索考究情况，主要可归纳如下六个方面：

（一）张仲景确有其人

一些学者，以“后汉书，有一艺名者，尽举而录，奚独仲景之无传也?”怀疑张仲景是否有其人，疑系王叔和伪托之名[1]。但据明崇祯五年，南阳县东郭门外仁济桥西，园丁掘井圃中，丈余得石碣，发现张仲景墓[2]。其碑文为“汉长沙太守医圣张仲景墓”，近时又发现该碑的碑座，背面铭文为“咸和五年”。“咸和”为东晋成帝年号，咸和五年即公元330年，距仲景逝世仅约110年，碑文的笔体也符合晋、魏时期的字体，该墓有了一定的可靠性。加之《太平御览》引何颙别传、晋·皇甫谧《甲乙经·序》及一些地方史志的不完全记载，足证张仲景确有其人，伪托之说不可信，其汉书无传仅是古代史家的阙失，抑或有别的重要历史原因？有待进一步考索。

（二）张仲景的故里

张仲景系东汉南阳（郡）人，古今无二说。东汉时南阳都辖36县，大约是现在河南省西南部和湖北省北部边境一带地区。仲景系南阳郡何县人？其说不一，归纳起来有涅阳、枣阳、棘阳三种说法。

1. 涅阳之说：出于陆九芝《补后汉书张机传》，陆氏引《河南通志》：“张机涅阳人，”又说：“仿后汉书左雄传冠南郡于涅阳之上”，谓“南郡涅阳人”，踵其说者甚多。考“南郡”非“南阳郡”，南部辖18县，约是异议，其余四点尚有争论。现就笔者管见所及现在湖北省中部偏西一带，不辖涅阳，涅阳县是南阳郡的一个县，故谓张仲景系“南阳涅阳县”人[3]。涅阳系今何县？说法不一致，多数认为即今河南省南阳县。任应秋氏认为是今河南省邓县[4]；尚启东氏认为是今河南省镇平县[5]。

人说：《人名大辞典》谓张仲景“南阳枣阳人”。据《隋书·地理志》：“枣阳隋置”。仲景时尚无枣阳之名，今湖北省枣阳县为后汉之“蔡阳”，故此说无据。

3. 棘阳之说：《襄阳府志》及《湖广旧志》皆谓张仲景系“南阳棘阳人”。据尚启东氏考证，“棘阳”故城在河南省新野县与湖阳之间，认为“棘阳今湖北省枣阳县”之说非也。尚氏据仲景“总角造颙”的史料分析，赞同仲景故里为棘阳之说[5]。

（三）张仲景的生卒年代

张仲景确切生卒年代无从详考。今一般认为生于公元150年，卒于公元219年[6]。一些学者的考证与此有出入，但出入不大。如薛凝嵩氏认为约生于公元142～145年，卒于公元210年前后，大约活了70岁[7]。宋向元氏认为生于公元148～152年间，卒于公元211～219年间[7]。薛、宋二氏均认为卒于华佗之后。尚启东氏认为生于公元153年，卒于公元202年，年龄只有50岁左右，并认为卒于华佗之前[5]。

（四）关于《伤寒杂病论·序》中所提“建安”疑为“建宁”之说

此说系日人山田正珍提出。山田氏《伤寒论集成》说：“建宁是后汉灵帝年号，医史云：张机字仲景，汉灵帝时举孝廉，官至长沙太守。由是观之，旧本作建安者，盖传写之误也。若夫建安乃献帝年号，与下文‘感往昔’之言不合也。又考后汉书五旨志，自建宁四年至光合二年，相去仅九年，大疫之流行三次，与仲景序中所谓‘未十稔’之文若得符契也。”同内也有一些学者如洪贯之认为，其说有理[7]。但从其说者不多，宋向元、邓曼等否定其说，引大量史料以证“建安纪年”无误[7,8]。建宁纪年系公元168年（灵帝刘宏年号），建安纪年为公元196年（献帝刘协年号），其间相距29年。这与佐证仲景生卒年代和《伤寒杂病论》成书年代均有重要关系，多数学者认为原序“建安纪年”符合史实，不宜随意更改。

（五）张仲景举孝廉、官至长沙太守的问题

张仲景“举孝廉、官至长沙太守”之说，源出于唐·甘伯宗《名医录》。该书说：“张仲景，南阳人，名机，仲景乃其字也，举孝廉，官至长沙太守”。至明·李濂《医史》及《襄阳府志》等著述中在“举孝廉”上又加“灵帝时”三字。至清·陆九芝《补后汉书张机传》则云：“灵帝时举孝廉……建安中官至长沙太守”。此说是否真实史事？近世颇多争论。有以为真者，如邓曼认为“没有发现足以推翻上引《名医录》等书中的确据以前，是无法否认仲景曾做长沙太守这一历史事实的”[9]。薛凝嵩亦认为，举孝廉“大概不会错误”，“做长沙太守完全有其可能”[3]。也有不少否认其说者，如

宋向元、裘沛然等认为，“举孝廉”及“官至长沙太守”均未足为信史[7、10]。

（六）张仲景为侍中王仲宣诊病的故事

晋·皇甫谧《甲乙经·序》记载：“仲景见侍中王仲宣，时年二十余，谓曰：‘君有病，四十当眉落，眉落半年而死。’令服五石汤可免，仲宣嫌其言忤，受汤勿服。居三日见仲宣，谓曰：‘服汤否?’仲宣曰：‘已服’。仲景曰：‘色候固非服汤之诊，君何轻命也?’仲宣犹不信，终如其言。此事虽扁鹊、仓公，无以加也”。后乃传为医圣佳话。著名医史家陈邦贤称赞曰：“仲景候色验眉有这样的绝技”。据潘白尘氏考证认为，仲景为侍中王仲宣诊病的故事年代与王仲宣的史料相符，真实可信，并推测王仲宣大约患的“麻风病”。而许光岐氏认为，王仲宣因“疾疫”死于曹操征吴途中，故事无史料为据，内容颇有夸大之处，非仲景真实历史”。

二、对张仲景生平一些问题的探讨

上述六个问题，（一）、（四）两点已无异议，其余四点尚有争论，现就笔者管见所及对这些问题进行探讨，提出一点不成熟的看法。

（一）张仲景的故里在何处?

张仲景系后汉南阳郡人，今无异议，考后汉时南阳郡辖三十六县，仲景故里究系何县?似难考索，学者们有认为是涅阳县，亦有认为是枣阳县，还有认为是棘阳县的。据《隋书·地理志》记载：“棘阳隋置”，后汉时无枣阳县，故枣阳的说法根本无据。仲景故里究系涅阳，抑或枣阳?在仲景同一时代唯一可供探讨的线索，可从惠栋后汉书补注引何颙别传得到一些启示，传曰，“河颙有人伦鉴。同郡张仲景总角造颙，颙谓曰：‘君用思精，而韵不高，将为良医。’卒如其言”。《太平御览》七二二卷引何颙别传亦有类似的记载，虽文字稍有出入，但其意思都说张仲景少年时曾拜访过何颙。何颙系后汉南阳郡襄乡人（见范晔《后汉书·何颙传》），后汉人极喜臧否人物，何颙在当时颇负知人之望，曾品评过曹操，荀彧。仲景和他同郡，年少时到他那里请他观察一下，这是后汉的一种风气，虽然不是拿他来卜咎，多少是参考点他的意见来考虑自己的前途。从涅阳和枣阳的地理位置来分析，考后汉时涅阳在今邓县的东北，处于邓县、镇平、南阳三县之间地，（今属邓县所辖），枣阳在今南阳县以南，处于新野县与湖阳镇之间地；襄乡在今湖北省北部接近边界与河南省南界接壤处。涅阻与襄乡间隔新野县、邓县，相距200余里，若仲景住涅阳，则当时正值总角年少之时，恐不可能长途跋涉，横穿两县去襄乡拜请何颙品鉴指教的。这样显然与仲景“总角造颙”的史料发生了矛盾。假若仲景家住枣阳，与襄乡紧相接壤，相距不远，少年时的仲景去襄乡拜谒何颙就不存在什么问题了。故从仲景“总角造颙”这一史实的启示，可以推测出仲景乃后汉南阳枣阳县人，较为可信。

（二）张仲景生卒年代

张仲景生卒年代最不易考，关于仲景诞生年代的考索，我是从何颙别传中“仲景总角造颙”的启示进行探索的。

《太平御览》七二二卷引何颙别传：“同郡张仲景总角造颙。颙谓曰：‘君用思精而韵不高，后将为良医。’卒如其言”。其意思是说仲景少年时（十四、五岁）曾拜请过何颙品鉴指教。若能弄清他们相见的年代，就可能得到仲景诞生年代的大概。

据范晔《后汉书·何颙传》记载：“何颙字伯求，南阳襄乡人也。少游学洛阳，颙虽后进，而郭林宗，贾伟节等与之相好；显名太学。虞伟高有父雠末报，而笃病将终。颙往俟之，伟高泣而诉。颙感其义，为复雠，以头醊其墓。及陈蕃李膺之败，颙以与蕃，膺善，遂为宦官所陷，乃变姓名亡匿汝南（南郡）间，所至亲其豪杰，有声荆豫之域……”

可知何颙与郭林宗、贾伟节、陈蕃、李膺相好，当时称“尚义任侠”，后因宦宫所陷，为避“党祸”而外逃。据《后汉书·桓帝纪》：“延熹九年冬十二月……司隶校尉李膺等二百余人，受诬为党人；并坐下狱，书名王府。”何颙为著名党人之一，当闻风逃出本郡。因此，延熹九年（公元166年）十二月之后。仲景便不可能“总角造颙”了。此后，永康元年（公元167年）六月颁布“赦党人归田里，禁锢终身”的政令。这法令乃指被囚的“党人”而言，当然此时何颙亦有回家的可能。如果何颙回家，仲景当可往访；但仲景是否彼时还敢去访这位著名的“党人”，似亦成为问题，至建宁元年（公元168年）。“党祸”更重，仲景更不敢去访何颙了。所以仲景“总角造颙”只能在延熹八年（公元165年）冬腊间以后，何颙受郭林宗影响返家，而在延熹九年（公元166年）十二月避首次“党祸”外逃之前的近一年时间里。假定他们在延熹九年（166年）相见，当时仲景15岁，则可推测出仲景诞生于汉桓帝元嘉元年（公元151年）。

关于仲景逝世年代的考索，我是以晋·皇甫谧

《甲乙经·序》为线索的。《甲乙经·序》记载："汉有华佗张仲景。其他（当是'华佗'之误）奇方异治，施世者多，亦不能尽记其本末……仲景见侍中王仲宣，时年二十余。谓曰：'君有病，四十当眉落，眉落半年而死'……终如其言。华佗性恶矜技，终以戮死，仲景论广伊尹汤液为数十卷，用之多验"。序中华佗的事迹都叙在前面，而仲景的事迹都叙在后面。

晋·皇甫谧传载皇甫谧的《释劝论》中亦有："华佗存精于独识，仲景垂妙于定方"之语，也是先叙华佗后叙仲景。我们从叙事的先后来看，仲景似卒于华佗之后。皇甫谧生于汉末（公元215年），当然孰知华佗、张仲景二人的故事；并且他还著有《帝王世纪》一书，说明他尚富于历史知识，其叙事当然不会凭空颠倒的。

考《魏志·武文世王公传》有："邓哀王冲，字仓舒……年十三，建安十三年，疾病；太祖亲为清命。及亡，哀甚。"又华佗传有："佗死后……（曹操）爱子仓舒病困，太祖叹曰："吾悔杀华佗，命此儿强死也！"从这两段记载便可断定华佗是卒于建安十三年"仓舒病困"之前。因仲景卒于华佗之后，那么仲景当卒于建安十三年以后的年代。

张仲景《伤寒论·自序》写道："余宗族素多，向余二百，建安纪年以来，犹未十稔，其死亡者三分有二，伤寒十居其七。感往昔之沦丧，伤横夭之莫救，乃勤求古训，博采众方，撰……为伤寒杂病论合十六卷。"这就证明了自序是在建安十年以后写的，不然，不会有"建安纪年以来，犹未十稔……感往昔之沦丧"等语了。况且《伤寒杂病论》这样一部统括外感热病和内科杂病之辨证施治的临床巨著，亦非两三年所能完稿的，起码得五至十，年甚或更长的时间，则可推测仲景在建安二十年（公元215年）以前当健在，若再活五年的话，仲景可能卒于建安二十五年（公元022年）。

根据上述的推测，张仲景可能约生于公元151年前后，卒于公元220年以后。

（三）张仲景举孝廉、官至长沙太守

考《河南通志》《襄阳府志》都记载有张仲景于汉灵帝时（公元168年至189年）举孝廉的事迹；唐·甘伯宗《名医录》亦有"张仲景……举孝廉，官至长沙太守"的说法；宋·陈振孙《直斋书录解题》是根据各种版本的书编成的，其卷十三亦有"伤寒论十卷，汉长沙太守南阳张机仲景撰"的记载，其说证明当时流行的宋本《伤寒论自序》亦有署题"汉长沙太守"的；宋·马端临《文献通考》（卷222医部）亦谈到高保衡、孙奇、林亿等校订的《伤寒论序》中有："汉长沙太守南阳张机仲景"的署题，宋·张杲的《医说》、宋·周守忠《历代名医蒙求》，亦都有同样的记录。特别是《文献通考》（同上）、晁公武《郡斋读书志》均另列《南阳活人书二十卷》，下引该书序文，迳称仲景为"张长沙"，说明张仲景做"长沙太守"的事，当时尽人皆知，只用说"张长沙"，人们就会知道是仲景了。大量的史料证明张仲景举孝廉、官至长沙太守已是历史事实，至今尚无确据否定这一事实。

据章太裘考证："羡父子相继据长沙，仲景不得为其太守。意者，先在荆州与仲宣遇，表既并悖，仲景始以表命官其地。则宜在建安七年后矣"。因而张仲景做长沙太守是完全有可能的，约在刘表做荆州牧任内一段时间。不过，那时军阀互攻，天下骚乱，郡守要能知兵，才能站得住脚。书生为吏，便无立足地。孙坚说："太守无文德，以征戈为功"（《三国志·孙坚传》）这句话正可以代表当时军阀们穷兵黩武的心理。仲景是一个文人，生在汉末纷乱的局面；长沙又是难治之邦，他做太守，为时不会长久，对当时局势不起多大影响，所以史册也就没有记载。

邓曼在考证这一问题时说："第一。考史书记载某地某官的姓名，一定他的事迹对于当时的军、政时局等方面发生过某种比较重要的影响或关系，不然的话，便略而不载。试看汉末数十年间，史载：长沙太守，仅有区星、孙坚、孙策、苏代、张羡、韩玄数人而也。而且从这些记录中，看不出他们先后接替的迹象，多半是相距若干年以后才见一人的姓名出现的。可证中间一定还有些太守的姓名被编史书的人省略了，仲景当包括在其中，也是可以理解的。第二，仲景《伤寒论自序》说：'怪当今居世之士，曾不留神医药，精究方术……但竞逐荣势，企踵权豪……举世昏迷，莫能觉悟；蒙蒙昧昧，蠢若游魂'。这证明了当时仲景的思想意志与封建社会里的一般人（尤其是士大夫）是完全相反的。他做太守，当然不会长久。同时，也说明了：范晔作《后汉书》、陈寿作《三国志》，所以不立他的传记，甚至于抹煞了他的全部事迹的理由"。邓氏的这种见解较为可人。

（四）张仲景为王仲宣诊病

晋·皇甫谧《甲乙经·序》所载仲景为侍中王仲宣诊病之事（引文见前）。

考《魏志·王粲传》："王粲，字仲宣，山阳高平人也……魏国既建，拜侍中……建安二十一年，

从征吴。二十二年春，道病卒。时年四十一岁。

王仲宣卒于建安二十二年（公元217年），时年四十一岁。这样，他与仲景相见时，当在建安二年（公元197年）；彼时王仲宣年二十一岁。这证明皇甫谧所说“时年二十余”的话是符合事实的。可见张仲景为王仲宣诊病的历史故事当属历史事实。

（五）小结

本文综述了建国三十二年来国内研究张仲景生平事迹的概况，通过考素和探讨证明张仲景确有其人，故居东汉南阳郡枣阳县，约生于公元151年，卒于公元220年，少年时曾拜请过同郡何颙品鉴指教，学医于同郡张伯祖尽得其术，灵帝时举孝廉，建安中任长沙太守，因时局混乱及其思想情操未能久任，遂专事医业，为人治病；并勤求古训，博采众方，集前贤之大成，结合自己之经验，苦奋多年，约于公元210年前后写成《伤寒杂病论》十六卷。奠定了我国临床医学的基础，为祖国医学的发展，起到了承先启后的作用，为中华民族的繁衍作出了伟大的贡献。

（蒋泽林　杨培君整理）

参考文献

[1] 彭静山．关于伤寒论与张仲景的考证．江西中医药，（7）：43，1958.

[2] 黄竹斋．学习张仲景伤寒杂病论的体会．上海中医药杂志，（7）：24，1955.

[3] 薛凝嵩．张仲景生平事迹考证．新中医药，4（7）：16，1953.

[4] 任应秋．中医各家学说．22页，1980．上海科技出版社.

[5] 尚启东．张仲景传略考．浙江中医学院学报，（6）：41，1979.

[6] 北京中医学院主编．中国医学史，15～17页，1978．上海科技出版社.

[7] 宋向元．张仲景生平问题讨论．新中医药，4（8）：18，4（9）：18，4（10）：18，1953.

[8] 洪贯之．张仲景的著述年代和现存伤寒的编次问题．新中医药，5（8）：29，1954.

[9] 邓曼．试论“汉末时张仲景官长沙太守”的问题．中华医史杂志，（3）：158，1954.

[10] 裘沛然．伤寒论研究和整理的我见，新中医药，9（7）：17，1958.

[11] 承邦贤．祖国伟大的医学家——张仲景，中医杂志，（4）：49，1955.

[12] 潘白尘．读张仲景替王仲宣诊病一则有感，江苏中医，（2）：41，1957.

[13] 许光歧．关于张仲景为王仲宣诊病故事的考察，上海中医药杂志，（3）：41，1958.

［《陕西中医学院学报》1982，6（2）：38］

试谈张仲景后裔去向

张鸿盘　郑州轻工业学院

张仲景，名机，东汉南阳郡枣阳县人（在今河南省南阳县官庄乡张茨园村）。约生于公元150年（汉桓帝和平初年），逝世于219年（汉献帝建安末年），享年七十岁。

笔者根据手头资料和亲身见闻，对仲景后裔去向，谈谈所知的三个支系，愿求正于高明。

一、岭南与光州支系

岭南即今西广岭南一带，光州即今河南省信阳专区潢川县。

白云阁藏本《伤寒杂病论》是已故我国著名中医科学家黄竹斋先生本世纪三十年代发现并刊印的珍贵版本。该书为张仲景四十六世孙张绍祖家传的十二稿本（共有十三稿），于清同治三年（公元1864年）授于桂林左盛德，左先生珍藏四十余年未尝轻示出人。于清光绪二十四年（公元1897年）授于门人桂林罗哲初，罗先生又珍藏30余年，于1935年授于黄竹斋先生。

黄老对张仲景距其四十六世孙张绍祖与孔于距其四十七世孙孔宗愿的年代进行了对比。张氏平均36年衍一代，孔氏平均32年衍一代，大体相仿。黄老指出：“张氏尚少孔氏一代，多一百二十六年，人类生率安可以常数限哉”。

绍祖自云为仲景四十六世孙，自晋后迁徙不一，其高祖复初公（约康熙时人）自岭南复迁原籍，寄居光州（潢川县），遂聚族焉。说明岭南张氏自绍祖上溯至晋朝的一千四百年间，这一仲景支系，一直安居岭南。寄居光州而并非定居，只是年长久远，又聚而成族。后来绍祖又因出仕，而又由光州重返岭南。因此，今绍祖之后裔，在两广。在潢州的可能性均不能排除。张绍祖就属于岭南与光州支系。

二、江右与钱塘支系

古江右即今之江西，古钱塘即今之杭州。

清·张志聪《伤寒宗正》序中自云为仲景之后，晋后迁徙不一，其九世祖隐居江右而后迁至钱塘。看来，江右、钱塘也不能排除仲景之后的可能性。张志聪即属于江右与钱塘支系。

唐·孙思邈在《千金翼方》中提到"江南诸师秘仲景要方不传"。可见在唐朝及其以前，江南确有仲景后裔的支系存在。

三、故里南阳枣阳支系

南阳郡辖的枣阳名县有三，即枣阳（汉置，在今河南省南阳县官庄乡张茨园村）、南枣阳（晋置，在今河南省新野县东龙潭乡张楼村）和西枣阳（南北朝置，在今新野县北二十五里古城村）。

1983年《中国历史学年鉴》在《河南考古文物新发现》一栏中，刊载了"邓县（今邓州市）腰店乡的张泰恒（乾隆时人）为张仲景第四十八世孙"的文章。

南阳县官庄乡张茨园村张耀南（1896—1951），二十年代初曾任孙中山建国豫军樊仲秀司令部军医官，此后多行医于南阳、新野、枣阳一带，四十年代《宛南民报》名医栏亦有报道，其医术医德，方园闻名，"张茨园药铺家"尽人皆知，先生出自中医世家，据云：辈辈相传，至本人已为仲景第五十世孙。先生之父连科（49代）、祖父万杰（48代）、曾祖纯椴（47代）、高祖宪章（46代）、太高祖九官（45代），代代从医。张茨园村一带，至今还有缅怀仲景的歌谣流传。其歌谣为："老翁晚年又得娃，喜煞长沙千万家，此子若是有出息，还望坐堂任长沙"。这首歌谣可以说明：1. 仲景晚年在南方尚有后嗣；2. 仲景亦官亦医的风范，深受长沙群众的拥戴并对其后代有所期盼；3. 歌谣的口吻是当时（东汉）的，在此地张氏宗嗣中流传，也只有仲景之后，才热衷于传诵至今。不可否认，千百年来在歌谣传诵过程中，会有语词上的出入或差异。

考张姓的由来，据宋·《广韵》所载："张氏自轩辕第五子挥始造弦实张纲罗，世掌其职，后因氏焉。姓出清河、南阳、吴郡、安定、敦煌、武威、范阳、犍为、沛国，梁国、中山、汲郡、河内、高平十四望"。这说明，黄帝的第五个儿子姓张，此后张姓在十四个地区为望族，南阳仅次清河，为张氏较大族集之地。《汉书》数处皆云："南阳张氏，世为郡之著姓"。近人章太炎亦谓："南阳张氏，自廷尉释之以来，世为甲族"。张仲景亦自谓："宗族素多"。唐·甘伯宗亦云"仲景受学于同郡张伯祖"。先贤后哲对张仲景系南阳郡人，皆无异议。

汉枣阳自晋以后，不仅远离县城的政治文化中心，而且也远离交通要道，一直处在三县交界处，受历代战乱的波及较小，有利于仲景这支后裔的繁衍生息。因此南阳县张茨园一带张姓，成为仲景后裔最大的聚居地。

在南阳郡张氏宗族内，仲景之后，受本族的兴衰和战乱疫疠的波及而迁徙不一，并多有行医者，这是可以理解的。这与孔子后裔不同之处，在于仲景后裔与历代政治纠葛较少。医家传人，多以才德为要，不以嫡庶为准，而且嫡庶之间的年限代差会有较大差别的。

《诸葛后裔何处寻》（郑州晚报1993年1月17日）一文报道，诸葛亮第49代孙诸葛方成和50代孙诸葛绍贤最近到陕西勉县武侯祠祭祖时透露，诸葛亮后裔现在以浙江省建德、兰溪、龙游三县最多。诸葛亮的生卒是公元181～234年，张仲景的生卒是公元150～219年，张氏年长诸葛氏三十一年，诸葛后裔50代孙诸葛绍贤与张氏后裔50代孙张耀南（1896～1951）相比，从繁衍代次上，也大体相仿。故里南阳枣阳支系，可依张耀南为代表。

综上所述，仲景有后，代有传人。笔者认为，在史学的研究上，仅从历史记录中找依据，这是必要的，但仅仅以此为准，显然不是唯一的。因为历史上能够载入史册的人毕竟有限，况且后汉、三国和两晋之史料，多由个人搜集整理。加之社会的、历史的因素，就学术名人而言，以政治为中心的史料多有失载，特别是当时史料尤其忽略文化学术方面的问题。东汉时医生的地位也与今日不同，尚属医卜星相之辈。

笔者对医史、医学，知之不多，以上所云，仅一管之见，权作引玉之砖，以期赐教和指正。

参考文献

[1] 秦恩甲. 张仲景研究，1985；5（总6）：1.
[2] 杜雨茂. 张仲景研究，1986；6（总7）：1.
[3] 李景荣. 张仲景研究，1982；2（1）：41.
[4] 张鸿盘. 河南中医，1939；(5)：32.

[《河南中医》1995，15（1）：60]

仲景犯讳质疑

马　锐　河南省南阳张仲景医院

在现存宋及成注两种《伤寒论》版本中，不仅正文条文出现了在位皇帝汉献帝刘协之名"协"字，犯了"御讳"，而且在其序文中也曾三处犯了当朝（东汉）三位皇帝的"庙讳"，出现了东汉开国皇帝刘秀之名"秀"字（慨然叹其才秀也）、顺帝刘保之"保"字（中以保身长全）、桓帝刘志之"志"字（降志屈节）。仲景犯讳至此地步，实非常理。笔者以为，犯讳非仲景所为，而是后人王叔和编撰《伤寒论》所致。现不揣谫陋，质疑于后。

一、张仲景不应犯讳，也不会犯讳

避讳始于周，成于秦，盛于唐宋。张仲景生活于东汉末年，所著《伤寒杂病论》大约成书于建安十年（公元206年前后），正是避讳盛行之时。凭仲景之学识和地位，官至长沙太守，应知避讳之利害，所著之书更不应犯讳。即使仲景有弃官归里、坐堂行医之举，藐视权贵之心，但也不会有意犯讳。

二、《伤寒杂病论》乃后人编纂整理而成，已非仲景之书原貌

张仲景《伤寒杂病论》成书于东汉末年，由于当时社会动乱，历遭兵燹，致使原书散失。晋王叔和利用自己太医令的便利条件，对散失了的《伤寒杂病论》条文、方证进行广泛的收集整理，编辑成《伤寒杂病论集》，正如其在《伤寒例》中所云："今搜采仲景旧论，录其证候、诊脉、声色，对病有神验者，以防世急也。"由此可知，现存《伤寒杂病论》是经王叔和收集、整理、编辑而成的。

王叔和是晋代人，距张仲景所著《伤寒杂病论》的成书年代不远，应该说其所编次之书，最接近仲景之书原貌。但即使如此，后人也多有指斥。如明代方有执著《伤寒论条辨》，即对王叔和提出非议，并认为序例一篇为王氏伪记而删削之。清代喻昌作《尚论篇》，也多攻击王叔和编次之舛，责成无己所注、林亿等所校之失，并重新考定，自谓复长沙之旧本。由此可见，不论是王叔和之编次，还是他人之重考，都很难说现存《伤寒杂病论》是仲景原书真貌，至于何者最接近仲景原著，乃千古悬案。

三、《伤寒论》序文非仲景亲撰，乃王叔和所加

如前所述，《伤寒论》序文中出现了"秀、保、志"三字，这三字若为张仲景亲撰，则犯了东汉三位皇帝的庙讳。仲景一篇仅700余字的序文，若偶然一次，则有可谅之说，今竟多次犯讳实难理解。仲景既知避讳，就不应犯讳，知而犯之，究为何因？原因就在于《伤寒论》序文非仲景亲撰而是王叔和在编撰《伤寒杂病论》之时所加。首先，据成无己《注解伤寒论》所载，其序文首句有"论曰"二字。"论"指大论、理论，即先贤的语录或著作；"论曰"，指引用圣贤的语言。明眼者一看便知，如果序文真的是仲景亲撰的话，那么绝不可能书写出"论曰：余宗族素多"之句，句中"论曰"一词，显系多余。若理解为王叔和所撰，则因其选用仲景原话而用"论曰"一词，就自在情理之中了。其二，仲景《伤寒杂病论》原著早已散失，原著是否有序文，本来就值得怀疑，加之王叔和在整理、编次《伤寒杂病论》时，多加入一些内容（如《伤寒例》），所以序文非仲景所撰则是可能的。其三，前言仲景不应犯讳、也不会犯讳，但序文中却多次出现了犯讳，因此可以说序文非仲景所作。其四，王叔和为晋代人，不避汉朝讳是正常的。综合上述几点，可以认为现存《伤寒杂病论》序文不是仲景原序，或是王叔和整理、编次时所加，或是王叔和在原序基础上加工整理而成。

四、正文两处"协"字犯讳，亦非仲景所为

"协"字是张仲景所处东汉当朝皇帝刘协之名。作为"御讳"更应避讳。但在《伤寒论》宋本及成注本两种通行版本的正文中，有两处出现"协"字，一是《伤寒例》"若不宜下，而便攻之，内虚热入，协热遂利"；二是《太阳病脉证并治》）篇所云"太阳病，外证未除，而数下之，遂协热而利，心下痞硬，表里不解者，桂枝人参汤主之"。笔者认为这两处犯讳的"协"字，亦非仲景所为，理由如下：

就《伤寒例》来说，其作者不是张仲景，而是王叔和。首先，《伤寒例》中有"搜采仲景旧论……"句，其若为仲景自撰，乃衍文无疑。若非衍文，则必为叔和所增。其次，"一般认为《伤寒论》之《辨脉法》《平脉法》《伤寒例》三篇以及卷七《辨不可发汗病脉证并治》以下七篇，都是王叔和所增。拿叔和所著的《脉经》有关诸篇来相互参看，这种说法还是比较可信的"。（任应秋主编《中医各家学说》，上海科学技术出版社1980年第1版）其三，王叔和作为晋代人，不避"协"字讳是正常的。由此几点互相印证，可以肯定，《伤寒例》的作者不是张仲景，而是王叔和。

就《辨太阳病脉证并治》篇之"协"字来说，"协"乃"邪"字之误。白云阁藏本《伤寒杂病论》太阳病篇就不是"协热而利"而是"邪热而利"。"邪""协"究竟何者为仲景原意？从仲景不会犯当朝皇帝之讳的角度讲，应以"邪"字为是。至于通行版本中用"协"，则是王叔和编撰致误，"协""邪"同音，致误的可能性是存在的。

［《国医论坛》2000，15（5）：11］

张仲景其人其事其成就

丁素珍　河南省南阳市中医院

张仲景，名机，字仲景，东汉南阳郡涅阳人（据考详址为今河南省邓州市穰东镇西北三里许张寨村），生于公元150年，卒于219年，享年69岁。

仲景的生平事迹在较早的《后汉书》及《三国志》中均无其传，自唐·甘伯宗《名医录》始载："南阳人，名机，仲景乃其字也。举孝廉，官至长沙太守，始受术于同郡张伯祖，时人言，识用精微过其师。所著论，其言精而奥，其法简而详，非浅寡见所能及。"甘氏的这段话，其原始材料不知出于何处，但自后言仲景者多本于此，至今人们仍持此说。

仲景一生，亦儒亦官亦医，可谓阅历丰富，最后终于名噪于医而被尊奉为"万世医宗"。

据《太平御览》卷七百二十二引《何颙别传》说："同郡张仲景总角造颙，颙谓曰：'君用思精而韵不高，后将为良医。'"可知仲景在"总角"（十六、七岁）的青年时期，曾见过比他年长且时在京都颇有名望的何颙。东汉时期，经学盛行，几欲入仕者无不攻读，仲景造访何颙，其初衷本想求教一些经儒知识并得到人生指点，结果却很扫兴，何颙毫不客气地说仲景"用思精而韵不高"，即虽有才能而无官相。从这种评价来看，推知仲景青年时代还是一位矢志攻读经学的儒生而尚未学医。

仲景也很听话，他感到既然名流大家已指出自己的一生是"韵不高"，便产生了不为良相即为良医的想法，于是择从同郡地方名医张伯祖开始学医。据宋·张杲《医说》张仲景方论序介绍，张伯祖笃好方术，诊病处方极为精当，疗效十全，仲景十分佩服，便拜伯祖为师，跟随学医，结果不久就名声鹊起，在宛襄一带"极有大誉"。该书还说仲景"后在京师为名医，于当时为上手"。

由于仲景治病神验，德技双馨，时人的口碑极好，加之他又事刘表、交王粲（建安七子之一），人缘关系亦可，因而他有幸于汉灵帝时（约30多岁）被荐举为孝廉（已被地方官吏推荐出来而准备为皇帝录用做官的人），后被任命为长沙太守。在长沙任职期间，他深切关注民众的安危，冲破当时既官勿医的官箴规定，择定每月初一，十五两日在大堂为病人诊脉处方，从而传为千古美谈。后来称张仲景为"张长沙"，药肆门店冠名"××堂"，长沙城北立张公祠民岁以祀之，湘潭俗以正月十八日为仲景生日而举酒作乐。这些都是为了纪念张仲景长沙郡大堂行医的业绩。

东汉末年，四海扰攘，疾疫流行，死人很多，当时南阳的大疫更是异常惨烈。仲景目睹"家家有僵尸之痛，室室有号泣之哀，或阖门而殪，或举族而丧"（《伤寒杂病论·自序》语）的悲痛局面，为了拯救生灵，他淡于利禄，鄙视荣势，毅然树立起"仁术济世"的思想，挂冠长沙，弃官归里，全身心精研医学，历数年撰就旷世巨著《伤寒杂病论》。这部大论确立了祖国医学辨证论治的原则，成为万世医门之规矩准绳。为中华民族的繁衍昌盛乃至世界人民的健康做出了不可磨灭的贡献。自宋代以后，他被中医界誉为"医圣"，留给后世的治病药方被称为"经方"，其所创立的六经辨证方法和辨证施治原则被赞为"中医之魂"。

[《国医论坛》2002，17（6）：42]

从《伤寒论·自序》探讨张仲景精究方术的一生

黄成汉　湖北省宜昌市中医医院

张仲景一生如何"留神医药，精究方术"，史载不详，可资佐证者，唯《伤寒论》自序。该序虽然仅仅602字，字里行间却分明向我们述说着仲景为精究方术而立志、求索、奋斗、艰辛的一生。

一、张仲景"留神医药，精究方术"的原因

史载张仲景举孝廉，官至长沙太守。何以张仲景在官至长沙太守后又弃官为医，执志求于方术？究其原因，可概括为以下几点。

第一是伤感。序中曰："余宗族素多，向余二百，建安纪年以来，犹未十稔，其死亡者三分有二，伤寒十居其七"。张仲景亲眼目睹众多亲人死于伤寒，自己却无力无术施救，心情十分悲痛。若此时身为长沙太守，会更感到自责和无奈。悲痛，自责，无奈的心情交织，使他萌发了"留神医药，精究方术"之心。

第二是痛心。面对民生凋敝，疫疾猖獗，枉死者遍天下的残酷现实，朝廷士大夫们竟"举世昏迷，莫能觉悟"，他们仍在"驰竞浮华，不固根本，亡躯徇物"。对此，张仲景感到十分痛心。对这种"身处厄地，危若冰谷"，却视而不见，麻木不仁，"不惜其命"者，张氏不禁发出责问："若是轻生，

彼何荣势之云哉”。在对社会，对他人失去信心，无可奈何的心情中，忧国忧民的张仲景发出了“感往昔之沦丧，伤横夭之莫救”的仰天哀叹。这种由伤感发展到痛感，不仅有了量的变化，更有了质的飞跃。

第三是激愤。“怪当今居世之上，曾不留神医药，精究方术”。这句话有四层意思：

（1）在张仲景看来，宗族亲人死于伤寒之众，是由于医术的落后，也是由于当今之士不曾“留神医药，精究方术”所造成的；

（2）若有人“留神医药、精究方术”，张仲景也不必舍弃仕途而转道问医；

（3）不“留神医药，精究方术”导致了“庸医”充斥天下的结果，使病人“赍百年之寿命，持至贵之重器，委付凡医，姿其所措”，以致于“厥身已毙，神明消灭，变为异物，幽潜重泉，徒为啼泣”；

（4）若没有人去“留神医药，精究方术”，长期下去，人们只能“卒然遭邪风之气，婴非常之疾，患及祸至，而方震栗，降志屈节，钦望巫祝，告穷归天，束手受败”。

张仲景经历了一个由伤感而萌发为医，由痛心而下定决心，由理智的分析而后坚定意志的过程。它为张仲景留神医药、精究方术，完成《伤寒杂病论》一书打下了十分牢固的思想基础。

二、张仲景“留神医药，精究方术”的目的

张仲景放弃长沙太守不做；是有他的目的的。“上以疗君亲之疾，下以救贫贱之厄，中以保身长全，以养其生”，应该说是张仲景一生“留神医药，精究方术”的目的所在，志气所在，而不是为了“竟逐荣势，企踵权豪，孜孜汲汲，惟名利是务”。自古以来，医学被看成是非常深奥、非常神圣、行善积德的圣贤之举，故有“臣子不知医，古人以为不忠，人子不知医，古人以为不孝”的传承教化，为医成了最能直接体现尽忠尽孝的职业。在封建帝王时代，一个人不能为国尽忠、不能为父母尽孝是一件十分耻辱的事情，是一个毫无作为、毫无气节的人。这种民族的性格、民族的气节对张仲景的熏陶和影响是显而易见的。

我们不难看出，张仲景“留神医药，精究方术”的目的明确，而且志向远大。上至黄帝之尊，下至贫民之贱，普天下的病人均在张仲景济世救人的胸怀之中。这种远大的圣贤之志，这种济世救人的博大胸怀。在现在看来，都是难能可贵的。

三、张仲景“留神医药，精究方术”的实践

“勤求古训，博采众方，撰用《素问》《九卷》《八十一难》《阴阳大论》《胎胪药录》，并平脉辨证，为《伤寒杂病论》合十六卷”。概括了张仲景“留神医药，精究方术”的具体实践，从中我们可以看出，张仲景自《素问》《难经》至汉时之医书，无书不读，无文不习。“夫天布五行，以运万类；人禀五常，以有五脏；经络腑俞，阴阳会通；玄冥幽微，变化难极”。这“难极”二字用得极好，已把精通医理之困难程度形容得无以复加。自古以来，凡为大医者，无不苦学天文：地理、医、儒，佛，道。序言中“勤求古训，博采众方”反映出的就是这种刻苦博学的精神。勤求古训与勤于治学是学习与实践的两个必不可少的环节。学习与实践，是我们对事物由理性认识到感性认识，再由感性认识到理性认识必不可少的过程。在这个过程中，思考尤其重要。学，让我们“上理明乎阴阳造化之精微”，思，让我们“下复究乎论治之权变”。如果不勤学勤思，岂能“见病知源，尽愈诸病”。

继承和借鉴不等于自己的创造，医学贵在创新。在张仲景看来，那种“各承家技，始终顺旧”的保守思想；那种“不念思求经旨，以演其所知”的懒汉思想；那种“省疾病问，务在口给，相对须臾，便处汤药”，自恃“才高识妙”的狂妄思想，都是不行的。从《伤寒杂病论》一书看，它不是一个嗜学之士、饱学之士的繁复考证之作，而是一个有许多创新的开山之作，奠基之作。

张仲景这种勤学、苦学的精神，勤思、苦思的方法，不满足现状立志创新的志向，不求功名利禄、一心为普救大众的崇高境界，的确值得我们好好学习。

四、张仲景“留神医药，精究方术”的动力

是什么精神力量支撑仲景去完成这部医学巨著的编撰。我们不能不注意到仲景的慨叹：“余每览越人入虢之诊，望齐侯之色，未尝不慨然叹其才秀也”。这是张仲景在序中的开篇之语，它让我们看到了张仲景对“高风盛德，名重一时”的秦越人是如何崇拜和佩服的，也让我们看到了张仲景一生追求的理想，就是做一个象扁鹊一样医术高超、医德高尚的著名医学家。

在张仲景看来，仁无术而不行。故他决心“留

神医药，精究方术”，并为之“勤求古训，博采众方”。同时他也认为，“夫医者，非仁爱不可学也，非聪明理达不可任也，非廉洁淳良不可信也”，那些“进不能爱人知人，退不能爱身知己……蒙蒙昧昧，蠢若游魂”的“趋世之士”是不可能“留神医药，精究方术”的，“崇饰其末，忽弃其本”，就是去做，也只能是“华其外而悴其内。皮之不存，毛将安附焉”。榜样的力量化作了内在的动力。“上古有神农，黄帝、岐伯、伯高、雷公，少俞、少师、仲文，中世有长桑、扁鹊，汉有公乘阳庆及仓公，下此以往，未之闻也”。这些医界的先哲圣贤，虽处在不同的生存条件，不同的时代环境，但有一点是共同的，就是重学修身，德艺双馨。他们是民族精英，代表了民族之魂。

张仲景倾毕生精力，既有追求理想的伟大精神，又有精益求精的学术态度，更有济世救人的高尚道德情操，终使张仲景成为又一位医林中的圣人。

[《湖北中医杂志》2003，25（2）：4]

（二）对《伤寒杂病论》文献理论的研究

中国历代伤寒书沿革略史

曹炳章

尝考伤寒论一书。南阳张机述。医林列传云。张机字仲景。南阳人也。举孝廉。官至长沙太守。所著论二十二篇。证外合三百九十七法。一百一十三方。其文辞简古举雅。古今治伤寒者。未有能出其外者也。其书为诸方之祖。故后世称为医圣。至晋太医令王叔和。又编次其方论。为三十六卷。金成无己注解其书。为十卷。今世所传者。乃宋臣林亿等校正。即成氏所注十卷是也。唐王焘。撰外台秘要四十卷。以伤寒冠其首。书止二卷。分三十三门。诸论伤寒。曰仲景。曰叔和。曰华佗。曰陈廪丘。曰范汪。曰小品。曰千金。以经心录。合论一十六首。至宋庞安时。撰伤寒总病论六卷。其论汗吐下。及用水用火。和表温里。各有心得。论结胸。痞气。阴阳毒。狐惑。百合病。痉。湿。暍。劳复。暑病。时行疫。斑疹。变哕变黄。败坏。小儿妊娠。伤寒。暑病。刺法。温热病。死生辨验等症。皆有发明。附以瘥后禁忌等法。亦有实用。白沙许叔微。撰伤寒发微论二卷。共论二十二篇。其首论伤寒七十二证候。其他论方论药。皆能发明仲景微奥之旨。故曰发微。又撰伤寒百症歌五卷。将仲景方论。编成歌诀一百证。以便后学之记诵。其间或有仲景无方者。辄取千金外台等方以补入。又撰伤寒九十论一卷。阐发仲景奥义。颇多发明。图翼伤寒论二卷。伤寒类辨五卷。皆能羽翼仲景。发明深义。次纂仲景一百一十三方。发明用法。又次采外台。千金。圣惠。一百二十六方。以补仲景之未备。末论妇人伤寒。小儿痘疹。斯诚仲景之功臣也。厥后杨士瀛撰伤寒活人总括七卷。如证治赋。伤寒总括。调理通论。及六经用药。伤寒各证等。编成歌括。其大旨以仲景论。活人书总括成书。每条以歌括冠其首。间有附益张朱二家以外之方法。然据症定方。毫无变通。至宋元时郭白云。撰伤寒补亡论二十卷。首设问答。次辨平脉法。次叙六经统论证治。其间有无方者。既补以庞氏常器之说。以下各论治法。多采素难千金外台活人等方论。以补仲景之阙略。又有吴蒙斋撰活人总括五卷。附有图说。本宋双钟处士。李知先歌括也。其有指掌。亦吴氏所撰。不过以活人书中方论。补仲景之未备。其门人熊宗立。改编作十卷。删改语句。其间由熊氏所续论者。乃四时伤寒杂症通用之方。继之妇人小儿伤寒方。并无其他发明。以便后学记诵耳。金成无己注伤寒十卷外。别撰明理论四卷。论五十篇。始于发热至劳复。次发明桂枝等方二十首。可谓深得仲景之旨趣也。刘完素撰伤寒直格三卷。以干支分配脏腑。又分四类。九气。五邪。运气。有余不足为病等篇。与伤寒不相涉也。次论六经主疗之法。下列药方。益元凉膈等三十四方。推其意。以仲景寒热不分。是书之作。实为一变也。又编伤寒标本二卷。以伤风伤寒。中暑中湿为始。至劳复食复。共四十六条。下集方五十四汤。又无忧丸。治食积虫积。及增外科方。亦大变仲景之法也。后如张璧伤寒保命集二卷。其辨脉辨伤寒各证等法。及辨方。皆发仲景所未发之义。以深探仲景之奥旨者也。至元李东垣著伤寒治法举要一卷。首言冷热风劳虚复。续辨惑伤寒论。举治法之要三十二条。立补中方一十二方外。又立七方。此虽发明仲景所未发。要其说过于温补。不足取以为法也。王海藏之此事难知三卷。得东垣不传之秘。储月积浸。编就成帙。其书首设问答。辨经络脏腑伤寒之源。次辨营卫清浊。气血表里。六经手足并传。用药禁忌之法。又其次辨两手阴阳之脉。三元图式。用针之法。附以杂治。可为不执仲景方论。独能探微索奥。而自成一家之言也。如朱丹溪撰有伤寒摘疑问目一卷。始议脉络。终议证与汤。立论一十九条。此亦仲景阐扬之有益后学者也。如滑伯仁之伤寒例钞三卷。先钞伤寒例。次本经总例。在经入府传变之证。又钞杂例。三阳经。合并病。三阴经例。及阴阳易。瘥后劳食复例。脉例。以脉列证。并附死证三十余条。其论虽无发明。便于后学记诵耳。又有吴绶之伤寒蕴要四卷。首叙。或问。运气。察色。验舌。辨脉。六经传变。药性制方。煎服之法。辨伤寒温热。合病并病。两感时气。寒疫。冬温。温毒。湿温。温疟。瘟疫。中暍。中暑。霍乱。痉证。痰证。伤食。虚烦。脚气。皆各有方治。后论伤寒变证。如大头瘟。斑疹。发黄。发狂。心下满。咳。喘。悸等二十三例。下辨三阳经热等。三十六例。辨阴阳二证。至妇人小儿伤寒等。五十一例。未附用针之法。此书极便俗学寻例检方。其疗法虽多。而实验者鲜。厥后明彭养光。撰潜溪续编新增伤寒蕴要二卷。增补各种疗法。及外治法多种。以补原书之不足。元末建安许宏。集金镜内台方议十二卷。其一至十卷。议仲景麻黄桂枝汤等方。十一十二卷。议理中汤。理中丸等方。其说虽以成注为主。然亦多所发明。平阳马宗素撰伤寒医鉴一卷。首论证辨脉汗下各法。终以小儿疮疹。共十一条。每条之中。引活人书于前。引守真语于后。以辨其非。又撰伤寒钤法一卷。托名仲景。以五运六气。生命得病日时。编成字号歌诀。挟人麻桂等汤。妄谈玄学。不合病理。用之反增其害。幸是书早已失传。不致流毒后世。梁镐洪撰伤寒心要一卷。及镇阳常德编伤寒心镜别集。二公论伤寒。以热病为主。用药多宗辛凉。深得河间之一派。又赵嗣宗著活人释疑。是书失博。其辨活人两感伤寒治法之误。又其论合病并病。伤寒变温热病。能反覆发明仲景大旨。其说载刘宗厚玉机微义中。其时又有张兼善之伤寒发明。黄仲理之伤寒类证便览。其书皆发明伤寒。有功仲景之学。王氏准绳皆引用之。他如王日休之伤寒补遗。盛启东之六经证辨。吕沧洲之伤寒内外编。张氏缵绪二论中有节取其语。语多至理。惜未见其全书。至明王尧卿著伤寒类证要略二卷。其书就仲景六经。取其要而类集之。别无发明。又刘宗厚编伤寒治例一卷。其辨伤寒。自发热至循衣摸床止。共病八十七条。末附温疟等病八条。各有治法。于仲景原论之外。而能杂以后贤方治。尤可贵也。如陶华之伤寒六书六卷。一琐言。二家秘。三杀车槌法。四一提金。五截江纲。六明理续论。汪苓友云。命名俚鄙。辞句重复。辨证不明。方药杂乱。又著伤寒。治例四卷。段段金二卷。徐春甫云。其论类同。别无方治。不足取法。后人朱映壁编全生集四卷。集陶氏之唾余。亦无实用。金坛王肯堂。辑伤寒准绳八帙。其辨证别脉。立法用药。多采楼全善医学纲目之义。而以仲景方论为主。后贤续法附之。伤寒之书。至此可谓详且尽矣。惜其纂注太略。及诸方之义。不能明畅。又如方有执之注伤寒条辨八卷。先图说。次削例。又次辨风伤卫。寒伤营。营卫俱伤。六经病证。风温杂病。霍乱。阴阳易瘥后等病。又论痉。湿。暍。及辨脉法。又辨汗吐下。可。不可。后附本草钞。其条辨仲景六经文。可谓详且备矣。史暗然著伤寒论注十四卷。其所集原方。但宗成氏旧注。所采新方。皆依陶氏槌法。徒尊仲景虚名。实不知仲景奥义耳。如戈维城之著补天石二集。其初集伤寒统辨。至谓博而详。共九十八候。二集恶风恶寒。至百合病。共八十九候。其中有黄耳伤寒。赤膈伤寒。类伤寒。分条辨治。各极其妙。可预防中风。详而约矣。他如陈养晦之伤寒五法五卷。其五法。分经。分传。治例。其审证列方。多有失当。汪苓友云。药不分经。动辄增补。其不通更甚于陶氏杀车槌法。其方药总论五门。直焚其书耳也。又如卢之繇著伤寒金錍疏钞辨五卷。其辨疏仲景原文。可谓阐发无造蕴矣。又倪珠龙之集伤寒汇言十卷。集诸家发明之学说。以羽翼仲景。畅明经文。至清顺治间。喻嘉言之著尚论篇五卷。其辨论畅达。颇多发明。其悖理颠倒仲景原文中之撰次亦不少。同时李士材之伤寒括要二卷。如伤寒总论。至肉苛为上卷。五经总论。至中暑中暍为下卷。末附仲景方。并附杂方五十六。其证备。共法详。其论明而且简。书名括要。可谓名副其实矣。康熙中张隐庵之著伤寒宗印八卷。其次序悉依叔和编次。颇多发明。其注赤石脂禹粮石汤。复增太乙禹余粮。议论穿凿。与成注故相执拗。不足取以为法也。如程郊倩之后条辨十五卷。书分六集。注释详明。其间闲话太多。攀引经史百家。及歌曲各书。于原书绝无紧要。至其每条承上起下。注释入理之处。亦非浅学所能企反。不可因其所短。而弃其所长也。郭重光之伤寒条辨续注十二卷。本方氏条辨所阙略者前注之。义理未明者发明之故曰续注。重光另著有伤寒论辨三卷。亦多发明。康熙间有钱璜天来。著伤寒溯源集十卷。其发明义理。精而且详。能正本溯源。历代注伤寒者。可推此为上乘。张孝培之著伤寒类疏。其书不分卷。其大意遵叔和撰次。而类疏之。末附病解类。其注仲景书解。独出己见。而不蹈袭诸家之说。可谓发前人之所未发。张璐玉之著伤寒缵绪二论。其法其方。诚可补仲景之未备。其子飞畴。著伤寒兼证析义一卷。言中风虚劳胀满之人。有病伤寒者。谓之兼证。设为问答。共十七条。末附十二经八脉。连气方宜等说。极为明备。但其所用方药。亦多偏僻。其时周禹载之著伤寒三注十六卷。其书以条辨尚论第二书为主。二书之注。有未尽善。另出己意以补之。书名三注。可谓名称其实矣。长洲汪苓友之著伤寒辨证广注十四卷。其书曰辨证者。辨仲景论中真伤寒则集之也。曰广注者。广以广其方论。如古今伤寒之书。皆采附也。注以注其正文。不分仲景后贤。其论皆为解释。其方皆为详考者也。至若仲景论其中寒证。另集中寒论三卷。别开生面。亦发明仲景之南针也。他如秦之桢之著伤寒大白四卷。其注重伤食。亦一特别识见。确从经验所得。魏荔彤之伤寒论本。义二十卷。仿方氏例。

亦多发明。沈目南之著伤寒六经辨证治法八卷。其能阐发经旨。多有发明。末附温热病论四卷。论温论燥。颇多心得。又如尤在泾之著贯珠集八卷。其首篇言寒之浅者。仅伤于卫。风之甚者。并及于营。卫之实者。风亦难泄。卫之虚者。寒亦不固。但当分病证之有汗无汗。以严麻黄桂枝之辨。不必执营卫之孰虚孰实。证伤寒中风之殊。立为正治法。权变法。干旋法。救逆法。类病法。明辨法。杂治法等。仲景著书之旨。如雪亮月明。令人一目了然。前所未有。他如医宗金鉴之伤寒心法。颇有发明。订正讹误甚多。沈金鳌之伤寒纲目十八卷。亦多实验发明。杭州林澜之伤寒折衷二十卷。前十二卷。集诸家之注解。后八卷类证。采各家之杂论。附古毓脉法。其采王氏准绳为最多。每篇之下。多有折衷之发明。后舒驰远之再重订伤寒集注十卷。杂著五卷。其书初稿六卷。成于乾隆。重订于庚午。再重订于庚辰。其间多采前人成法。并无新理发明。嘉庆间吴坤安之著伤寒指掌四卷。其书采旧法。以经验发明。增新法。合旧理围扬。何氏附刊邵仙根之评。再附以发明。铅椠印行。改名感证宝筏。可谓名副其实矣。厥后沉尧封著伤寒论读十卷。王朴庄著伤寒论注六卷。吴仪洛著伤寒分经十卷。萧慎斋著伤寒经论十卷。陈尧道著伤寒辨证五卷。皆有发明。惟日本丹波元简之伤寒辑义七卷。其书泄集历圣发明精义。可称最完善之注本。恽氏铁樵加以新学识发明。排印行世。近出古本伤寒杂病论十六卷。与仲景自序。谓撰用素问九卷。八十一难。平脉辨证。为伤寒杂病论合十六卷。颇相吻合。夫伤寒原本。在晋王叔和时。已经删改散佚。林亿校本。亦非仲景原文。或以伤寒金匮为一书。自林亿校刊。遂分为二。后贤汪家。割裂经文。或以证类方。或以方类病。逞其私智。颠倒窜易。而伤寒真义日益趋于支离破碎。得此古本完书。可知彼注家妄意指摘。皆武断语也。千载疑实。一朝大白。且是书湖南刘崑湘。得之于江西张隐君。再由其宗人刘仲迈。取世传最古之宋林亿本校离之。而湘主席何芸樵公手写付印者。使长沙遗文。仍归之长沙而发皇之。岂亦有先定也。近郊县周歧隐君。已得打县书。爰亟录其佚文一百六十五条。订误七十九条。佚方八十八首。别为一集。名曰伤寒汲古。计分三卷。已付印公之于世。俾吾侪同志。并得先观为快焉。且周歧隐君。会著伤寒心解十卷。未刊行。并制有伤寒图表八张。颇多发明。有功于后世。古越何廉臣先生。予之间审师也。平时研讨医学。朝夕过从。历三十年如一日。名虽师生。亦可谓莫逆交也。先生喜阅伤寒书。于伤寒一道。尤多心得。其尝刊伤寒丛刊。如丹波元简伤寒广要。伤寒述义。许叔微伤寒百证歌注。及予所藏日本浅田栗园未刊本伤寒论识。有补以长论。有经先生批校。已次第刊印行世。惟通俗伤寒论一书。乃山阴俞根初老前辈所著。原书三卷。厚订一本。颇多经验心得。先师爱如珍璧。恐其湮没，益其体例。复将其先师樊开周名医经验方。及先师四十余年心得学理。治验良方。按证增入以发明之。其缺者补之。讹者正之。并增以调理各法。诚为伤寒巨著。惟当时随编随付医学报社排印。体例前后略有不同。印至中卷之中。停编停印。其中卷之下。及下卷。未刊中止。至民国十八年八月。先师已归道山。以致是书功亏一篑。其哲嗣幼廉世弟。不忍先人未竟之志。湮没不彰。力请炳章助其整理完全。念先师考古证今。发明学理。实验良方。四十余年心血之结晶。且有功后学之巨著。不忍任其湮没。故不辞艰苦。原力任成之。爰将其前印之稿。依次编述。其原稿有未就缺失者。根据先生平时朝夕讨论之经验学识。为其撰补之。间有实验心得。别列廉勘之后。附入发明。历寒暑两周。始告全部杀青。可谓方法美备。学理新颖。不但四季时病。无一不备。而重要杂证。齐无遗漏。得俞何及末学三人之经验。成伤寒独一无二之大观。在此国医忧患时代得出世。亦可谓不幸中之幸也。

综上所述各书。其有已通行者。或未通行者。或有讹误者。或无实用者。或能发明深义者。炳章不厌其繁。约举办百余种。其他伤寒温暑等书。就余所藏。约有四百余种。因限于篇幅。不胜再述耳。爰再另编历代伤寒书目考一卷。已附刊通俗伤寒论之末。并将有名未见者。或新著待刊者。及余购藏钞印各本。分章别节。列入是编。如伤寒类。集四百八十种。脚气十六种。温暑一百十五种。瘟疫六十三种。痧胀二十五种。霍乱三十一种。合计七百三十四种。每节辄依出版时代先后为次序。俾研究伤寒学者。其间之变迁沿革。得有系统之可循。不但为整理国医时代所需要。而有志研究国医。及各图书馆参考。亦所宜备。书竟付印。年内出版。（注：该书业已出版共计十册布套两函）爰将编辑之意旨。附录于篇末。并质海内同志指正为幸。

[《国医文献》1936，(1)：27]

读《伤寒论》杂记

周学海

三阴三阳者。阳经为阳。阴经为阴。此以外言之也。五藏为阴。六府为阳。此以内言之也。在外也。又以寒伤营。在脉中者为阴。风伤卫。在脉外者为阳。在内者。六府又以胃为阳。大肠为阴。膀胱为阳。小肠为阴。胆为更阴也。五藏又以肺为阳。心脾为阴。肝肾为至阴也。内经以脾为至阴。

三阳亦有里证。三阴亦有表证。在表者。无论阴阳。多在足经见证。在里。则手足俱有矣。阳明承气攻大肠非攻胃也。岂有燥屎而在胃耶。太阳抵当攻小肠非攻膀胱也。膀胱果有畜血。当如血淋。而小便不利矣。何得小便利而反大便黑耶。且其证兼见昏昧谵妄如狂者。心证也。心与小肠脉络相通。故气相通也。

陶节庵谓伤寒至沉脉。始分阴阳。意谓邪在三阳之经者。脉皆浮也。至脉沉。则有三阳之里。与三处之经矣。然浮而无力。无神。乃阴虚之极。此邪陷于里。以致里实者。更属危险。张景岳重论此义。最为有功。正不得谓阴脉皆沉而浮必无阴也。

三阴皆有吐利四肢逆冷证。盖邪入三阴。非遽入藏也。必先动于府。寒邪在府。故变见诸证。若动藏。即死矣。灵枢曰。邪中于阴。则溜于府。是也。且吐属胃利属大肠。四肢属脾。故邪入三阴。最重脾胃。脾胃不败邪虽入里。易治也。

胆为清净之府。无出无入。故禁三法。然所谓足少阳证者。即其经也。经气岂无出入耶。若入里。则不必在胆。而在三焦矣。三焦属气。虽不似抵当承气之有形可攻。而升降调气之法。于胆犹远。于三焦最切。故大柴胡亦加入攻药者。为三焦设也。故丹溪脉因证治。谓少阳禁三法。亦宜三法。

三阴下利。与阳明之燥实对看。三阴大便寒实。即为阴结。三阳下利。即为协热。然则岂无寒利耶。曰。寒利即三阴也。

外淫有六。而仲景以伤寒名论。方中行张隐庵必以三阴三阳属于六气。大谬。谓讲明此书之理。即通于治六气。则可耳。然自古及今。未见有此通人也。

伤寒邪在表。则分六经。入里则亦分三焦。吴鞠通谓温病分三焦。伤寒亦何独不分三焦。是矣。而不言在表在里。语欠分晓。

少阴一经。赅左右肾。为水火同居。寒脉与水合气。而火为所抑。故脉沉细。但欲寐。阳抑而不得伸也。火仰而又常欲伸。故当有心烦欲吐之象也。或曰。少阴入里。即通于心。其心烦者。非即心证耶。不知寒邪果入心。必至昏迷不寐矣。何得尚有烦也。其心烦者乃下元真火为寒邪所抑。不得抒发。但能一线直上。以扰包络之气也。

心不受邪。惟少阴一经不入。手以手厥阴心包络代之。包络者。心之外宫城也。妇人热入血室之证。即男子热入心包之证。验之屡矣。仲景于热入血室。治以小柴胡。叶天士于此证。独忌柴胡。非无见也。徐灵胎讥之。未免孟浪。细思此证。与小柴胡何涉。仲景此方。盖治少阳之热感于心包者。热入心包。身静不欲动。神昏言语。其邪气实者。亦或躁扰如狂。皆热证也。何以无寒入心包络证也。盖心包虽代心君受邪。究为纯火之藏。与神明之主。只隔一间。若寒水贼邪上犯。必是火衰神去。其窜入心藏。致人于死。顷刻间事。故中寒伤心之证。其死极速。不及施救。伤寒之邪。不及中寒之猛。不得遽入心包。必待化热而后薰蒸渐渍。同气相召矣。故有热入血室。热寒入血室。有热入心色。无寒入心包也。非无也。有之则死。如吐利。恶寒。身踡。四逆。烦躁。即心阳之渐熄也。而况其卒中者耶。

大便闭结。亦有潮热谵语。神昏不识人之证。全与热犯心包无异者。以其皆是热在血分也。当以脉辨之。心包热者。左寸脉必缓而滑。大便开者。右尺脉必郁而实也。又少阴病。咳而下利。讝语者。以火劫汗故也。小便必难。又伤寒脉浮。以火劫汗。惊狂。起卧不安者。救逆汤主之。此二者。皆强汗亡阳之证。汗为心液。心液虚。不能养神故也。大抵谵语总属于心神迷乱之所致。但有邪气正在包络者。有邪气感动包络者。邪之虚实不同。病之微甚有别。即如肝乘脾。腹满谵语。寸口脉沉而紧。名曰纵。刺期门。亦以邪气有与心相感者。

伤寒传经。有此经之邪。延及彼经者。有前经之邪。移及后经者。合病并病。皆邪气实至于其经也。更有邪在此经。而兼见彼经之证者。邪在阳经。而兼见阴经之证者。邪气未入。证何由见。盖人身经络相通。一气相感。虽有界畔。终难划分。如少阳病。脉浮大。上関上。但欲眠睡。合目则汗。此少阳心证也。心气不任少阳之疏泄而然也。此气之所感。非邪由少阳已心也。他经此类甚多。气相感者。大抵寒从寒。热从热。寒多感于肺肾。热多感于心肝。所谓同气相求也。其与传经证候。虚实微甚之间。自有辨别。有先感而邪因传之者。有先感而邪亦终不传之者。前人于传经之说。刺刺不休。皆未发明及此。岂以浅不足道耶。王勋臣极诋分经之谬。是又但知气之相成。而未知有形之邪气。固各有界畔也。

伤寒金匮中。每为死证立方。此义最可思。

伤寒有证异而治同。如自利不渴属太阴。自利而渴属少阴。皆用四逆温之。有证同而治异。如阳明自利腹痛者。此内实也。宜下之。太阴为病。下之则胸下结鞕矣。究竟同者。必有其所以同。少阴渴而用四逆者。以其小便色白。下焦虚寒。太阴不渴。亦以其藏寒也。异者必有所以异。腹痛宜下不宜下。一能食。一不能食也。读书须从此等处。用心参校。自有会悟。然必先逐条熟读。方可如此。否则抛荒本义。彼此错综。徒乱人意。

尝读至真要论。所谓胜至。胜气屈伏而未发也。因思凡治胜气。必宜顾忌复气。不可太过。反助伏气为患也。不然。复已而胜。宁有止期耶。伤寒诸方。有寒热合用。咸辛酸苦并投者。虽曰对证施治。亦未始非愿虑复气之微意也。六经复气。少阳厥阴二经最甚。内经所谓火经热也。又曰。木发无时。水随火也。汗则伤阳。阴盛者寒起矣。下则伤阴。阳盛者热生矣。且或汗之而阳愈炽。下之而阴愈深。以汗禁多热。下药多寒也。大法。如火胜。治以咸。必佐以甘酸。咸者正治。甘为子气。导其去路。所谓泻之酸。为母气护其根基。防本气受制之太过也。火之复为水。甘以制水。而酸又泄水矣。故火淫所胜。以酸复之。王注云。不复其气。则淫气空烈。招其损矣。厥旨精微。读伤寒者。必须透此。

治病必求其本。所谓本者。有万病之公本。有各病之专本。治病者当求各病专本。而对治之。方称精切。薛立斋之流。专讲真水真火。特治公本者耳。伤寒金匮。乃真能见病治病。故药味增损。确切不移。读者每于一方药味。须一一从本证来源去路。本经虚实子母。本气标本胜复上。委曲搜求。确有见地。如自己出。他日自能独出手眼。无俟扶墙摸壁。岂非快事。

凡读成方。须先揣摹方前所列之证。再看方中药味主对。如有不协于心。尽可拟改旁注。以俟异日孜正。伤寒金匮中。有许多今人不能遵用之方。向来注者。皆循例解说。甚或穿凿。深求反浅。惟舒驰远能不讳所疑。然不自任不知。而必诋古人传误。未免讪上。

实则谵语。虚则郑声。然谵语亦有虚实。实者。阳明府实证。协热下利证。热入血室证。太阳畜血证。虚者。如过汗亡阳。过下亡阴。内经评热论所谓汗不衰。狂言失志者皆是。乃五藏之津液干枯。藏体燥热。神无所养也。经曰。津液相成。神乃自生。津虚故神愦也。郑声者。邪声者。旧解谓郑重也。尾声重浊。此实也。非虚也。凡气虚者。发语之始。其声如常。及其中末。气有不续。声忽转变如他人语。不似其人平日之本声。故曰邪也。

六经篇首。皆列中风脉证一条。是藉以亲明伤寒之脉证也。盖中风间有不挟寒者。而伤者则必因于风。风力挟寒伤人。极重者为中寒。次为伤寒。轻即中风也。可见六经有中风表证。即皆有伤寒表证。陶节庵直中之说。拒为杜撰，况内经更有中阳溜经。中阴溜府之明文耶。但风寒初伤在经络。虽属于阴。在病气仍属于表。其治法总不外温散。太阳篇中六经初伤之证俱在。可按而考也。

伤寒一病。初起冬同于中风。死证多类于中寒。

伤寒一部书。只有寒死证。无邪死证。白虎承气。本非死证也。若温病。则反是矣。

反字有数解。不应也。却也。复也。如弱反在关。濡反正巅。只是语助。俗言却也。当不能食。而反能食。乃不应也。始得之。反发热。脉沉者。麻辛附子汤。谓既始得之。复有发热表证。虽脉沉。亦宜汗法也。读者当随文生义。勿执一而例百。

伤害全论外感。金匮亦有外证。不见一方用羌活者。何也。即风湿。亦只用麻黄薏苡附子白术黄耆防已。诸家皆言六经每篇有提纲。其后凡浑言某经病者。即某经提纲所列诸证也。然太阴病。脉浮者。可发汗。宜挂枝汤。若果腹满而吐。食不下。自利益甚。时腹自痛。纯属阴寒内证。可仅据脉浮而用汗耶。此等更须参详。读书不可执一而例百也。

寒极反热。热极反寒。此化气也。真假勿淆。前人辨之矣。至于所以反热反寒之故。迄无发明。若谓寒邪在内。而逼人身之热气于外。似于寒极反热之义。未甚切矣。窃思寒极反热者。若果外见面赤唇红。尚是真阳外越。仅可谓之假热。惟外无热象。而烦渴素饮。漱水不咽。小涩大秘。时下微溏。此乃阴寒内结。微阳欲熄。不能运化津液。以潮于经络府藏。所谓水冷成冰之寒燥也。此真反热者矣。热极反寒者。若因腠理闭泄。卫阳不固。尚是正气内法。仅可谓之假寒。惟热邪涌盛。奔逸于经络藏府之中。内外津液。全为灼干。气管全为槁涩。热邪奔迫不利。如人之疾趋而蹶者。壅积而不得四达，此真反寒者矣。前人于此等治法。每以同阳泄热。约略立言。殊不知治假热者。引火归元。治反热者。温化津液。岂可同耶。治假寒者。生津益气。治反寒者。生津泄气。岂可同耶。假寒假热为虚气之游行。犹有此二气也。反寒反热。为虚象之疑似。其寒也。正其热之极。其热也。正其寒之极也。

［《国医文献》1936，（1）：99］

《伤寒论》原文订误

曹尹甫

发热恶寒节订误

此节为风寒两感治法。中风之确证在发热。伤寒之确证在恶寒。热多寒少。则风重而寒轻。师于是用桂枝二以解肌。越婢一以解表。便当汗出而愈。设今寒多热少。麻黄重于桂枝。不言可知。越婢之有石膏。又当在禁例矣。按宜桂枝二越婢一汤句。当在热多寒下。今在节末。实为传写之误。否则既云不可发汗。犹用此发汗之药。有是理乎。若夫脉微弱而无阳。恶寒甚。则宜干姜附子汤。不甚。亦宜芍药甘草附子汤。此正可以意会者也。

伤寒若吐若下后节订误

苓桂术甘汤。为痰饮主方。心下逆满。气上冲胸。起则头眩。为水气凌心。此与痰饮篇胸胁支满目眩苓桂术甘汤主之者。其病正同。惟发汗动经。身瞤动。振振欲辟地者。即后文真武汤证。盖发汗阳气外泄。水气乘虚而上。则为头眩。阳气散亡。气血两虚。故气微力弱。不能自持而振振动摇。若欲倾仆者然。然则本条茯苓桂枝白术甘草汤主之。当在头眩之下。发汗动经。身为振振摇者下。常是脱去真武汤主之五字。盖汗出阳亡。正须附子以同之也。况之脉沉紧。正为肾气虚寒乎。此与后两条用附子同例。张隐庵乃谓振振摇为中胃虚微。振振欲擗地。为心肾两虚。不知何所依据而强分为二也。

水药不得入口节订误

发汗后。阳气外浮。不能消水。水入则吐。要惟大小半夏汤。足以降逆而和胃。若胃中虚寒。则干姜甘草汤吴茱萸汤。皆可用之。此证忌更发汗。更无庸议。发汗则水气随阳热而张。发于上吸胃中水液俱上。倾吐而不可止。此理之可通者也。若淋巴管中水液既伤于汗。又伤于吐。阳气独张于上。而水液内亡。岂有反病下利不止之理。盖下利一证。必水湿有余之证也。然则此下字必传写之误。当订正之。毋以必不可通之说。贻仲师累。

衄家节订误

伤寒入于营分。始见发热。邪犯皮毛。固无热也。但皮毛不开。血分热度增高。不能从毛孔外泄。则上冲于脑。血受阳热薰灼。血管破绽。而鼻膜血出。是为衄。此不发汗而致衄者。所以发其汗则愈也。若夫未已。则受病时已屡见衄。不因失表而见。与不发汗而致衄者不同。故与淋家疮家并有发汗之戒。脉紧急者。肠气以发汗而愈张。目直视不能瞬。津液亡而目系燥也。（此与温病误下直视同）惟额上陷三字。殊不可通。额上为颅骨覆冒处。不似无骨之处易于下陷。岂有病衄之人。一汗而陷之理。愚按上字为旁字之误。当是指两太阳穴。尝见久病劳瘵之人。形脱肉削。两太阳穴下陷不起。老年之人。气血两虚者亦然。则夫衄家发汗。一虚再虚宜其形脱肉削而额旁陷也。

汗家重发汗节订误

汗家非中风有汗之证。中风之证。当云风家。汗家云者。以阳明多汗言之也。阳明有余之证。复发汗以劫胃中之液。则胃中燥气上搏于脑。而心神为之不宁。按人之思索事理。必抑其首。或至出神而呼之不应。心神有所专注。凝定而不散也。若胃中燥热上搏。则心神所寄。欲静而不得。于是恍惚心乱。遂发讝语。则论中恍惚心乱四字。直以讝语当之。所谓胃中水竭必发讝语也。后文又云。小便已阴疼。盖汗后重发汗。必大肠燥实。燥气薰灼于前阴。故小便短赤而阴疼。此为大承气汤的证。止予亲验者屡矣。后文宜禹余粮丸五字。实为下利证脱文。与本篇利在下焦。用赤石脂禹余粮汤同例。不知者误移于此。（药为涩之药。喻嘉言常用之以治下利。）历来注家强作解人。不可从。

伤寒医下之节订误

伤寒下后。续得下利清谷。此本太阳表证误下。本气之寒。陷入肠胃之证也。太阳伤寒。身必疼痛。以寒伤皮毛肌腠。津液凝汇。血络不通之故。盖即上节本发汗而医反下之之证也。但既经误下。表证仍在里证复起。法当先救其里。而后救其表。所以然者。一因里寒下陷有生命之危。一因水气在下。虽经发汗。汗必牵制而不出。又恐一汗而阴阳离决。将有虚脱之变也。若但身疼而绝无里证。自当以解表祛寒为急。而绝无可疑。此皆初学之人。不待烦言而自解者。惟体痛为伤寒的证。他病为无。故身疼痛腰痛骨节疼痛。麻黄汤主之。脉浮紧者。法当身疼痛。宜以汗解之。师虽未出方治。其为麻黄汤证。决然无疑。金匮痉湿暍篇云。风湿相搏。一身尽疼痛。法当汗出而解。又云湿家身烦疼。可与麻黄加术汤发其汗。又云。病者一身尽痛。日晡所剧者。可与麻黄杏仁薏苡甘草。则身疼痛之常用麻黄。已可类推。况本论又云。桂枝本以解肌。若其人脉浮紧。汗不出者。不可与之。则身疼痛而急当救表之证。身必无汗。脉必浮紧。桂枝汤正在禁例。何得反云宜桂枝汤。故知仲景原文必云救表宜麻黄汤。（厥阴篇与此同）学者读仲景书。不观其通。一切望文生训。一旦用之失常。反令活人方治。不能取信于病家此真与于不仁之其也。

病发热头疼节订误

病发热头疼。其病在表。则其脉常浮。而脉反见沉。则表证当减。为血分之热度渐低。而表热当除。头疼当愈也。此理之可通者也。惟后文所云。若不差。身体疼痛。当救其里。宜四逆汤。则大误矣。夫身体疼痛。为麻黄汤证。即上节所谓急常救表者。岂有病在表而反救其里之理。愚按身体疼痛四字。实为腹中疼痛之误。寒邪入腹。故脉沉如此乃与宜四逆汤四字密合无间。自来注家。遇此等于疑实犹复望文生训。坐令仲师医学失传。可叹也。

太阳病未解时节订误

师言太阳病未解。初未尝言欲解也。脉阴阳俱停。不可通。停实微字之误。玩下文但阳脉微但阴脉微两层。其误自见。按脉法云。脉微而解者。必大汗出。又曰。脉浮而紧。按之反芤。此为本虚。当战而汗出也。浮紧为太阳本脉。芤则为营气微。微则血中热度不高。阳热为表寒所郁。不能外达。必待正与邪争。而见寒战。乃能汗出而愈。脉阴阳俱微者。气血俱微。即脉法所谓本虚也。至如但阳脉微者。阴液充足。易于蒸化成汗。故先汗出而解。但阴脉微者。津液不足。中脘易于化燥。故下发之而解也。张隐庵不知停字为微字之误。漫以均字释之。并谓表里之气和平。不知正气内微。勉与表寒相抗。至于振栗。然后热汗出而解。一似疟发之状。其表里之不和平。显然可见。则张注不可通也。脉法又云。脉大而浮数。故知不战。（句）汗出而愈。所从然者。以阳气本旺。表寒不能相遏。故能不待寒战。自然汗出而解。此正与阴阳俱微相反。病之当战汗而解。与不待战而自汗解者。可以得其标准矣。

桃核承汤气条订误

太阳病不解。标热陷手少阳三焦经。少阴寒水之藏。下结太阳寒水之府。直逼胞中血海。而血为之凝。非下其血。其病不愈。考其文义当云血自结。下之愈。若血既以自下而。愈矣不特下文尚未可攻乃可攻之俱不可通。即本方亦为赘设矣。此非仲师原文。必传写之伪谬也。此症之如狂状非亲见者不能道。非惟发即不识人也。即荏弱少女。亦能击伤壮夫。张隐庵不为病属气分。非若抵当汤之发狂。徙臆说耳。岂气分亦可攻耶。若进而求如狂所自来。更无有能言之者盖热郁在阴者。气发于阳。尝见狐惑阴蚀之人。头必剧痛。为毒热上冲于脑也。热结膀胱之人。虽不若是之甚。而蒸气上蒙于脑。即神智不清。此即如狂所由来。热伤血分。则同气之肝藏失其柔和之性。而转为刚暴。于是有善怒伤人之事。所谓铜山西崩。洛钟东应也。血之结否不可见。而特为如狂为之候。如狂之愈期何为定。而以医者用下瘀方治为之候。故曰其人如狂。血自结。下之愈也。惟外耶未尽。先攻其里最为太阳证所忌。故曰尚未可攻。而解外方治。仲师未有明言。惟此证由手少阳三焦水道下注太阳之府。则解外方治。其为小柴胡汤。万无可疑。惟少腹急结无他证者。乃可用桃核承气汤以攻其瘀。此亦先表后里之义也。

刺期门二节订误

刺期门二节。有数疑处。不特无刺期门之确证。即本文多不可通。腹满谵语。似阳明实证。脉应滑大而数。不应见浮紧之太阳脉。一可疑也。即张隐庵引辨脉篇曰。脉浮而紧。名曰弦。不知紧与弦。本自无别。若即以此为肝脉。其何以处麻黄证之。浮紧者。是使后学无信从之路二可疑也。金匮妇人杂病。原自有热入血室而谵语者。然必昼明而夜谵语。即不定为夜分谵语。亦必兼见胸胁满如结胸状。又有下血谵语者。又必以但头汗出为验。令皆无此兼证。三可疑也。发热恶寒。病情正属太阳。不应即见渴欲饮水之阳明证。四可疑也。腹满为病。固属足太阴肺。然腹满而见谵语。何以谓之肝乘脾。五可疑也。且渴饮。胃热也。腹满。脾湿也。何证属肝。何证属肺。而必谓之肝乘脾。亦可疑也。不知书传数千年。累经传写。遗脱伪误。在所不免。仍其伪脱之原文。奉为金科玉律。此亦信古之过也。吾谓上节为太阳寒水不行于表分。循三焦下陷胞中。水与血并结膀胱之证属血分。次节为胃中郁热上搏。吸引下道。不得下行之证属气分。故首节当云少腹满痛谵语寸口脉沉而紧。惟少腹满痛而见谵语者。乃可据为膀胱蓄血。脉沉紧者。责诸有水。太阳之水。合其标热。下陷寒水之一藏一府。乃有蓄血之证。蓄血则痛即前文所谓藏府相连。其痛必下者是。如是方与金匮刺期门条例相合。盖水胜则肝郁。郁则伤及血分。气闭而为痛。

小柴胡小建中汤诸方。并同此例。然则刺期门者。正所以宣肝郁而散其血热也。次节常云。发热汗出。渴欲饮水。其腹必满。盖胃中液汁太多。化为阳明浮火。发热自汗者。浮火之上炎也。浮火在上。则吸引水气而不得下泄。故其腹必满。盖胆火上炎。外达肺主之皮毛为发热。为自汗。故谓之肝乘肺。阴热在上。吸水不行。则腹为之满。非刺期门而疏肝郁。则胆火不泄。胆火不泄。则浮阳上吸。而小便不利。小便不利。即腹满不去。病将何自而解乎。水气直下为纵。纵者直也。水气倒行为横。横者逆也。后交太阳少阳并病。刺期门者。义与此同。若夫啬啬恶寒四字。决为衍文。削之可也。

太阳病过经十余日节订误

太阳病。过经十余日。已在三候之期。病机当传阴明。心上温温欲吐者。温温如水之将沸。水中时有一沤续续上泛。喻不急也。胸为阳位。胸中阳气不宣。故胸痛。但上闭者下必不达。而大便反溏。腹微满而见溏。此正系在太阴。腐秽当去之象。郁郁微烦者。此即太阳病若吐若下若发汗微烦与小承气汤和之之例也。然必审其先时自极吐下。伤其津液者。乃可与调胃承气汤。若未经吐下。即不可与。所以然者。虑其湿热太甚。下之利遂不止也。惟但欲呕胸中痛微溏。何以决其非柴胡证。但欲呕何以知其极吐下。意旨殊不了了。按伤寒十三日不解条下云。胸胁满而呕。日晡所发潮热。已而微利。此本柴胡证今但欲呕而胸中痛。与胸胁满而呕相似。微溏则又与已而微利相似。况柴胡证多呕。今反因呕而决其为极吐下。意旨尤不可通。不知此呕字即上温温欲吐之吐。传写者误作呕字耳。但欲吐者。缘吐下伤其中气。中阳虚寒。而气上泛也。惟既竭吐下。胃津告竭。不无燥矢。故可与调胃承气汤。此条正以当传阳明之期。证明调胃承气证。张隐庵反谓非承气证。已属谬误。又以自极吐下。释为自欲极吐下。按之文义。尤属不通。此不过考其未当十余日时。曾经吐下否耳。张隐庵惟不知呕字为吐字之误。故说解支绌如此。自愚按以下数语。尤如阳明谵语当下之以大承气者也。

病发于阳节订误

此条病发于阳病发于阴。自当以发阳言之。与上发于阳黄于阴一例。黄坤载悬解。最为谛当。张隐庵以阴为少阴。其谬误要无可讳。陈修园因之。此又应声之过也。风为阳邪。则病发于阳。为中风。当以桂枝汤发腠理之汗。而反下之。热入因作结胸。曰热入者。因中风有热故也。寒为阴邪。则病发于阴。为伤寒。当以麻黄汤发皮毛之汗。而反下之。寒入因而作痉。仲师不言寒入者。省文耳。中风有汗。发热易于传化阳明。俟其传阳明而下之。原无结胸之变。惟下之太早。汗未透达于肌表。因合标阳。内蕴浸成热痰。阻遏肺气。肺气塞于上。则肠胃闭于下。其证略同悬饮之内痛。所以然者。以湿痰胶固于阳位故也。湿痰凝于膈上。燥气留于中脘。故其为病。乃强如柔痉金匮痉湿暍节。所谓身体强几几然者。即是由体强几几。而进之即为卧不著席之大承气证。今本条卻言项强者传写误体为项耳。仲师言下之则和。宜大陷胸丸者。葶苈杏仁甘遂。以去上膈之痰。即用硝黄以导中脘之滞。燥气既去。经脉乃伸。其所以用丸不用汤者。此正如油垢黏滞。非一过之水所能汤涤也。

太阳病。发其汗。犹曰太阳病当以汗解也。无问在表之用麻黄。在肌之用桂枝一也。所难解者。遂发热恶寒耳。岂未经发汗之前。本不发热。本不恶寒。因发汗之故。遂致发热恶寒乎。若初不见发热恶寒。何以知为太阳病乎。此不可通者一。医虽至愚。谁不知发热恶寒之当发其汗。何至误用硝黄。则因复下之句因字。全无着落。不可通者二。今细玩本文。特于恶寒上道脱不字耳。如此则因字方有着落，盖太阳发热恶寒之病。一汗之后遂致发热不恶寒。此时颇类传入阳明。因其似阳明而下之。太阳水气已由一汗而衰。不能再作结胸。于是虚气无所附依。因结于心下而成痞。盖发汗则卫气虚。阴液伤于上也。下则营气虚。脾阳陷于下也。阴阳气并竭。更以烧针损其已伤之阳气。耗其已伤之阴血。遂致胸中烦热。血凝则面色青。湿聚则面色黄。（跌打损伤俱见青色伤血故也。瘕疝之证面见黄色。聚湿故也。）烧针动经。故肤瞤血凝。湿聚周身。皮肤跳动。皆正气不支之象。故曰难治。但见面色微黄。手足温者。初不过脾虚湿胜。故曰易愈。于太阴中求之足矣。愚按阴阳气并竭下。忽著则阴独五字。殊难解说。前既云阴阳气并竭矣何所见而为指阴独乎。自来注释家。往往囫囵读过。故所言并如梦呓。仲师何以不言阴阳并竭。而言阴阳气并竭。盖气为阳。汗后肺阴外泄。而卫气一伤。下后脾阳下陷。而营气再伤。营卫之阳气两耗。而痰湿结痞于心下者。乃独存无气之浊阴。故曰无阳。无阳者。无气也。试观胶粘成块之白痰。如结晶体者。方在咯出之时。咽喉中已觉冰冷。此即浊阴无气之明证。心下之痞正如是耳。

伤寒脉浮滑节订误

脉浮为表邪未尽。滑则为湿与热。以证情准

之。当云表有寒。里有热。本条言表有热。里有寒。则传写之误也。惟白虎汤方治里热甚于表寒者宜之。若表寒甚而里热微者。要以越婢及大青龙麻杏石甘诸方为主。石膏知母不当轻用。此即发热无汗。其表不解。不可与白虎汤之例也。若夫表寒垂尽。里热已炽。乃能用清凉透肌之石膏。驱里热由肌出表。其病遂解。此正燥渴心烦背微恶寒白虎汤加人参汤主之之例也。予向者疑里有寒为衍文。犹为未达一闲。

按脉之来缓节订误

此承上节申言结代之脉也。然必先明结代之义，然后可以明仲师之言结者。如抽长绳忽遇绳之有结处。则梗塞而不条。代犹代谢。譬之水中浮沤。一沤方灭。一沤才之。雨后檐溜。一滴既坠。一滴悬空。离而不相续也。盖气未脱而停顿者曰结。气中绝而更至者曰代。心寄肺藏之中。资脾胃中气而生血液。胃中燥实。脾阳内停。则阳热上搏肺藏。而肺藏亦燥。上下俱燥。则心营不濡。脉道因而不调。本藏发为动悸。脉之来缓。至于时一止复来。譬之逐队偕行。中途忽有阻碍。而权时落后。此非不相续也。阻碍者为之也。脉来劲而中止。更来小数。中有还反动譬。之潮入断港。为淤泥所拆。及越之而过。其来倍捷。而其力较猛。此非不相续也。有折之者也。此二脉皆名曰结。故得此脉者。务清阳明之燥。以滋生血之源。而脉之结者调矣。若夫动而中止。不能自还。因而被动。正如孤云远逝。流水不归。卒然继至者。苗其气实不相续。故名之曰代。代者甲去而乙承之也。夫气结复续。是为生阳。气出不续是为死阴。然则结当为阳。代实为阴。名曰结下阴也。二字实为传写之误。得此脉者必难治。乃专指代脉言之。非统指结脉言之也。

伤寒三日节订误

此亦申内经二日阳明受之之义也。二日即七日以上。与上节恶寒二日自止同例。此云三日。传写之误耳。脉为血管中含有动气者。里寒则见缩。故少阴寒证。脉见微细。里热则扩张。故证传阳明脉见洪大。不独在足之趺阳结喉旁之人迎见大。即手太阴六部之脉亦大。计其时日。皆当在七日以上。虽然。此亦指冬令伤寒言之耳。若春日皮毛渐开。传热较易。则为日亦少。至于夏秋间温病。更有朝见太阳。而日中即传阳明者。尤不可以当例论之。自来注家不明一日之为七日以上。反谓内经传经期日为不足据。张隐庵又强为之说。以为正气相传。而不关病气。夫正气之不受病者。一日之中。何经不达。不知何者为传。其实皆梦呓也。

伤寒中风节订误

此节上下两腹满字。必有一衍文。玩则腹满三字之义。似腹满见于误下之后。未下时不应腹满。然非腹满医者何因误下。此必后之腹满字常衍也。所以为阳明中风者。太阳初转阳明。必有潮热。邪风闭遏皮毛。肺气不舒。因而微喘。肌表同病。故发热恶寒。湿热不从汗解。流入太阴部分。因而腹满。阳明燥热。而胃中郁蒸上抗。因而口苦咽干。皮毛不开。故脉浮紧。若以腹满之故。疑为阳明内实。妄行攻下。水液一下而尽。小便遂难。况湿邪粘腻。渗入膀胱。尤难疏泄。盖此证宜桂枝麻黄各半汤或大青龙汤之表里双解。俾风湿由汗而解。设中脘不运。更为斟酌下法。以去内实。此亦先解其表。后攻其里之意也。

谵语潮热反不能食节订正

阳明病而见谵语潮热。其大便必鞭。断未有腑气不通而能食之理。然则仲师何以言反不能食曰。此为仲师之失辞。不可为训者也。原其意旨。不过谓潮热之时。胃中宿食。或乘未经燥实而下行。则肠实胃虚。当不至恶闻食臭。今反见食而饱满。或稍稍纳穀而胀痛。则胃中宿食。必因津液外泄。化为臭秽。坚实之燥屎。欲下入小肠而不得。自非用大承气汤以攻之。病必不除。若稍稍进糜粥。亦无所苦。此即谓之能食。虽潮热谵语。不过肠中便鞭。胃气固无损也。此盖为小承气汤的证。故予谓宜大承气汤五字。当在五六枚也下。今在但鞭耳下。实为传写之误。张隐庵乃于有燥屎者反谓不可下。能食而但有便鞭之证者。反谓宜大承气汤。谬倒不误。贻害讦浅。特正之玩。（气但字耳字。语为极为轻忽。必字也字。语意极重郑宜。气大承气汤究竟当属何证。通人皆当辨之。独怪陈修园每作张氏应声虫。并谓不敢妄言错简愚哉。）

三阴合病节订误

此条为阳明经证发端。三阳合病四字。当在后文脉浮而紧条。传写之倒误也。夫脉浮紧。属太阳。阴燥口苦。属少阳。不恶寒反恶热。属阳明者。此三者皆三阳篇提纲。固当为三阳合病。本条则无之。可知历来注释家。望文生训。背瞽说也。夫阳明之中气为太阴。太阳将传阳明。必上湿而下燥。故有脉迟汗出不恶寒者。亦必有身重短气腹满而喘诸证。为其太阳表汗未尽。内并太阴之湿。而未易化燥也。湿热内蕴。上冒咽喉而出。则口中糜碎。舌苔干腻而厚。至不能辨五味。下逼于肾膀。则小溲不禁。此时若发其汗。则胃中燥热上攻脑部。必至心神恍惚。发为谵语。若用硝黄以下之。则浮热上冒阳明经脉入脑之处。而额上生汗。额上者。阙上也（两眉间为阙。为愁苦者见颦蹙之处。孟子所谓蹙额。即两眉间也。）阳阴胃中燥实。则阙上痛。故误下后浮热上冒。则阙上生汗。脾主四支。胃亦主四支。误下后脾胃阳虚。故手足逆冷。故欲救谵语之逆。宜小承气。欲救四肢逆冷。宜四逆理中。盖此证不当急治。必待自汗出然后可用白虎汤。泄肌理之湿热。俾从汗解。此亦有潮热乃可攻里之例也。愚按而垢下讝语字。亦外衍文。若本有讝语。下文发汗则讝语当作何解乎。

二阳并病节订误

此节全系正阳阳实内之证发端。言二阳并病。此必阳非仲师原文。浅人因三阳合病。而妄加之也。夫既曰太阳证罢。无头痛恶寒恶风诸证可知。安得更谓之并病。但发潮热手足汗出。则胃中津液必少。少则不能下润大肠。而大便难。胃中燥热上冲心神所寄之脑部。一时昏暗而心神为之恍惚。遂发谵语。臂之胆怯者夜行。见寝石以为伏虎。见植木以为立人。安在所见之非妄。又如败军之将。草木皆兵。闻风声鹤唳。则惕息而伏。此无他。皆因暴受激触。脑中震动。心神失所依据故也。阳明病之谵语。何以异此。要惟大承气汤以下之一泄肠胃之燥热。而诸恙可愈。然则此证为正阳阳明。而非二阳并病。较然无可疑者。张隐庵明知并病之非。犹言太阳病气并入阳明。则尽信之过也。

太阳之病。误下成痞者。则太阳标热陷于心下。而关上之脉独浮。是为大黄黄连泻心汤证。关上浮者。阳热在胸中故也。今寸缓关浮尺弱。发热汗出而复恶寒。病不在膈上故寸缓。肾阳虚故尺弱。虽关上见浮。胸中阳热独盛。而太阳之表寒未解。夫心下痞而复恶寒汗出者。则又为附子泻心汤证。（泻心汤加附子以救表阳）不呕而但痞。则心下本无水气可知。故证情与干呕之甘草泻心汤殊异。但太阳误下成痞。虽部位当胃之上口。要不为转属阳明。如未经误下。病人不恶寒反恶热。大渴引饮。表里俱热。乃真为转属阳明也。阳明病法当多汗。然又有肠胃无实热。不能蒸水液成汗。而小便数者。其大便必硬。不更衣十日。无所苦。虽硬不可攻之。此时津液不能上承。亦当渴欲饮水。但须少少与之。而不宜过多。所以然者。阳热少而蒸化难也。惟节未但以法救之。渴者宜五苓散二语。则殊有未安。盖此节所论为小便数。而阳热不甚之证。设令为水湿中阻。津液不得上承。则以五苓散利其一便。中气即通。内藏津液。自当随阳上达。今小便既数。大便复硬。则其渴为津液内竭。岂有津液内竭之证。而反用五苓散者乎。愚按少少与之。下脱水停心下四字。盖津液内竭。而渴欲饮水。原不同阳明热甚者易从汗泄。必有水停心下之弊。设水停心下津不上承而渴。但用五苓驱水下行。然后中气通而津液上运。不治渴而渴自止矣。太阳篇云。渴欲饮水。水入则吐者。名曰水逆。五苓散主之所谓法也。

[《国医文献》1936，(1)：125]

《伤寒论》六经

恽铁樵

伤寒论第一重要之处为六经。而第一难解之处亦为六经。凡谈伤寒者无不于此致力。凡注伤寒者亦无不于此致力。卒之能得真义者竟无一人。此处不解。全书皆模糊影响。有何医学可言。尝忆某名人之言曰。中国尽许有良医。然断不能以其所学传授于人。此两语骤视之极费解。然按之事实。确是如此。夫医术果良。自无不可以传授他人之理。必心所能喻不能使人共喻。然后其术不传。若是者非术之精微不可言喻。乃因其学说不能彻底明了故也。学说不能彻底明了。虽能生死肉骨谓之不良也可。若鄙人所研求而得者。可以自喻。可以喻人。无丝毫模糊影响者存于其中。此则差堪自信者。今为之逐层推论如左。

自来注家皆言太阳主一身之表。阳明主一身之里。少阳主半表半里。吾请得申说。其义曰太阳之为病。常恶寒。恶寒乃皮毛上感觉之事。皮毛是躯体最外层。故太阳主一身之表。此可解者也。阳明病为胃家实。阳明府证。发热神昏谵语。用承气汤下之。得燥矢则热解。谵语亦除。是发热谵语之故。由于燥矢。燥矢在肠胃。阳胃为躯体之里面。是阳明主一身之里亦可解也。少阳主半表半里者。少阳之为病。发寒热。先寒而后热。释之者曰。病邪从里出表。至太阳则恶寒。病邪从表陷里。至阳明则恶热。少阳之外一层为太阳。内一层为阳明。故曰少阳在半表半里。此犹之可解也。然虽可解。而已有不可解者在。太阳有恶寒之病。太阳亦有发热之病。何以少阳之出表者纯粹恶寒。且皮毛分表。肠胃为里。此半表里之少阳。其在皮毛肠胃之间乎。至于三阴。其说乃不可捉摸。太阴为至阴。故无热可发。厥阴为两阴交尽。少阴为太阳之底面。故太阳之病。有直传少阴者。考之诸家之说。大略相同。大都知此。夫三阳既有表有里有半表里。则三阴当亦有地位可言。太阴为至阴。揆之阳在外阴在内之义。既云至阴。即当居最里之地位。然而厥阴为两阴交尽。既是阴之尽处。似当较太阴所处地位为更里也。少阴为一阴初生。其地位近太阳。似少阴当为三阴之表。少阴为表。厥阴为里。岂太阴为半表里乎。偏考各家均未言也。或又引内经“太阳为开。阳明为阖。少阳为枢。太阴为开。厥阴为阖。少阴为枢”之文。准此以谈。为开之太阳为表。则主开之太阴亦当为表。为阖之阳明为里。主阖之厥阴亦当为里。为枢之少阳为阳之半表里。为枢之少阴亦当为阴之半表里。然而各家均无此说。抑又何邪。肾与膀胱相表里。肝与胆相表里。脾与胃相表里。将膀胱之足太阳为表。肾之足少阴亦为表。胆之足少阳为半表里。肝之足厥阴亦为半表里。胃之足阳明为里。脾之足太阴亦为里乎。揆情度理。似乎此说为近似。然而各家均无明确之表示。何以于三阳则言之凿凿。于三阴则绝口不谈。揭开假面具言之。各家虽甚致力于六经。名家于六经之三阴均未能彻底明了也。朱子有云。吾读书未尽一页。不敢读第二页。未尽一卷。不敢读第二卷。所谓尽者。谓能尽行明了其意义也。今各家于六经之三阴既未能明了。何有于以后种种。而如喻嘉言者流。方且大放厥词。连篇累牍。刺刺不能休。是亦不可以已乎。吾近得东国喜多村氏所辑伤寒疏义。其序文中有一节。言六经极明白了当。为我国注家所未能言者。兹录之如左。亦他山之助也。

喜多村之言。“曰本经无六经字面。所谓三阴三阳。不过假以标表里寒热虚实之义。固非藏府经络相配之谓也。此义讨究本经而昭然自彰。前注动辄彼是纽合。大与经旨背而驰矣。此编（指伤寒疏义）六病诸论。所以不敢袭前人也。本论所谓三阴三阳。所以标病位也。阳刚阴柔。阳动阴静。阳热阴寒。阳实阴虚。是即常理。凡病属阳属热属实者。谓之三阳。属阴属寒属虚者。谓之三阴。细而析之。则邪在表而热实者。太阳也。邪在半表里而热实者。少阳也。邪入胃而热实者。阳明也。又邪在表而虚寒者。少阴也。邪在半表里而虚寒者。厥阴也。邪入胃而虚寒者。太阴也。惟表热甚则里亦热。故里虽乃（义同始）热。而病未入胃。尚属之太阳。表寒甚则里亦寒。故里虽乃寒。而病未入胃。尚属之少阴。少阳与厥阴共。病羁留于半表半里间之名也。阳明与太阴共。邪犯胃之称也。故不论表里寒热。病总入胃中者。谓之阳明与太阴。盖六病之次。阳则太阳少阳阳明。阴则少阴厥阴太阴。但阳则动则相传。阴则静而不传。然其传变则太阳与少阴为表里。少阳与厥阴为表里。阳明与太阴为表里。是以太阳虚则是少阴。少阴实则是太阳。少阳虚则是厥阴。厥阴实则是少阳。阳明虚则是太阴。太阴实则是阳明。是乃病传变化之定理。三阴三阳之大略也。本文（指伤寒论）三阳三阴次序。原于内经热论。非敢有错。盖义不得不然。惟至论病之传变。则固不得拘编次之先后也。前辈此义不晰。使人于暗中摸影不亦疏也哉。

章太炎先生评

大著引喜多村说。谓太阳虚即是少阴。少阴实即是太阳。少阳虚即是厥阴。厥阴实即是少阳。阳明虚即是太阴。太阴实即是阳明，此义柯氏已发之。柯以太阳为心。由今验之。太阳病在营卫。营即血脉。内属于心。是为心之表。而少阴则正是心脏。太阳虚。血脉不能抗客邪。则直薄于心。病见跗臂。为手足厥矣。若心脏本实。则客邪只能至周身血脉。而不能真薄于心。是以太阳病唯见表而发热也。柯又谓胃家不实。即太阴病。亦与喜多村同义。唯少阳厥阴。柯氏未论。盖少阳病多指三焦。少指胆府。而厥阴则多指肝脏。少指心主。有不能互推之理。然厥阴病心中疼热。则病自在膈中。即膻中厥阴部也。亦与三焦相应。唯三焦虚。污液不布。故厥阴病必为消渴。与所谓少阳虚。即是厥阴者甚合。

按喜多村所言。实有至理。我辈于六经不了了。在最初时尚耿耿于心。稍久渐渐淡忘。及为人治病稍久。则不复措意。岂但不措意。亦竟妄其所以。自以为了解。偶值后辈问难。方且多为遁辞曲说。卒至人我皆坠五里雾中。此即所谓良医不能以其术授人也。此中情形。不可谓非自欺欺人。头脑颟预。几乎不可思议。试问从成无已。庞安常。以至雍乾间诸注家。谁能逃暗中摸影之诮者哉。

喜多村之言。可谓深切着明。然古人创此学说。究何所根据。古人已知人身有脏腑。何以不言脏腑。而言六经。六经之在人身。究在何处。可以明白为之界说乎。此皆医家所当切实研究。而不容小有含糊者也。前于拙著医学群经见智录已略言内经五行之理。兹复申言吾意。以解释伤寒六经。若以吾左方所言。与见智录所言互相参证。更合之喜多村之说。则临诊时可以胸中了了。指下无疑。今问六经何自未乎。曰来从六气。六气何自来乎。曰来从四时。四时有温凉寒暑。万物以生长收藏。人处四时之中。每一时期有一时期特殊之感觉。春夏和煦。秋冬凛冽。此其常也。反常则病。六气曰风寒暑湿燥火。风非空气动之风。寒非直觉之寒。火非燃烧物质之火。内经曰风胜则动。寒胜则痛。暑胜则浮。燥胜则干。湿胜则濡泻风寒燥湿乃气候之名词。动痛濡泻乃人体所标著。此必天人相合而后见者。故问六气为何物。则径直答曰。六气者人体感气候之进化而著之病状。六经之三阳三阴。非与脏腑配合之谓也。谓太阳是膀胱。少阳是胆。厥阴是肝。无有是处。肾与膀胱相表里。太阳可直传少阴。肝与胆相表里。少阳何以不直传厥阴。脾与胃相表里。阳明何以不直传太阴。仲景辨太阳之病。项背强痛。或恶寒或恶风。少阳寒热往。来少阴踡卧但欲寐。与肾膀胱与胆何与。故问六经为何物。则径直答曰。六经者就人体所若之病状为之界说者也。是故病然后有六经可言。不病直无其物。执不病之躯体。而指某处是太阳。某处是阳明。则不可得而指名。然则何解于录枢之经络。曰经络云者。亦病而后有者也。经言阴阳是有具物也。岐伯曰。阴阳者数之可千。推之可万。而循环同转。道在于一。以无为恬澹。纯任自然为养生之极则。（说详见智录）是不病之先并无阴阳之明证也。阴阳且无有。更何有于经络。灵枢经脉以病状言之。可以得其仿佛。以解剖图案比对。转无一相合者。例如阳明病。有鼻孔干。眼眶酸楚。头痛。牙龈肿痛。发颐。绕脐作痛诸证。灵枢经脉篇则云。足阳明之脉起于鼻之交頞中。（所以鼻孔干）旁纳太阳之脉。（足太阳脉起于目内背所以眼眶酸楚）下循鼻外。上入齿中。循类车。（所以牙龈肿痛发颐）上耳前。过客主人。循发际。至额颅。（所以头痛）共直者从缺盆下乳内廉。下挟脐。（所以绕脐作痛）其他各经类此者正多。惟仅就伤寒言之。不过十之四五合者。其余十之五六。皆非伤寒所能见者。以今日解剖之动静脉证之。乃无一不合。则经络之为物亦等于伤寒六经。必病而后见甚明显也。

灵枢经别篇云。手阳明之正。下走大肠。属于肺。手太阴之正。入走肺。散之大肠。此所谓肺与大肠相表里也。证之实地解剖。肺与心有密切关系。（参观三卷心房造血节）似可云心肺互相表里。又血中废料。在肺中由别道输入小肠。排泄于体外。即让一步说。亦当云肺与小肠相表里。似大肠决无与肺相表里之关系。然伤寒论之葛根汤。有可异者。头痛。项强。恶风几几。此为太阳病。亦躯体外面皮毛上事。太阳阳明两经合病。则自利。自利乃大肠病。太阳主皮毛。亦曰肺主皮毛。太阳与阳明合病。而见大肠之自利。正与阳明之正。下走大肠属于肺。及太阴之正。走肺散之大肠之父合。然自病证言之。一为恶寒。一为下利。是绝不相蒙之两种病证。而仲景则以一个葛根汤。一味不易。治此两种不同之病。而皆有效。然则自功效言之。岂非肺与大肠相表里。有的确之证据乎。又近顷针科。针虎口治牙痛极效。按虎口灵枢谓之合谷。经脉篇云。“手阳明之脉起于大指次指之端循指上廉出合谷两骨之间其文者从缺盆上颈贯类入下齿中”牙痛有虚有实。刺法有补有泻。寻常风热牙痛。尽人知为阳明经病。刺虎口是有疏泻意。刺之而效。是灵枢所言正确不误也。然自今日生理言之。动静脉皆出于心。纤维神经皆出于脊。其血管之细者。四肢百体无乎不达。究何所见而知虎口与牙龈有特别关系。皮毛与大肠有相通所在。凡事皆有其理。以今日解剖之精。所不能见。不能知者。而谓我国四千年前之人已知之见之。万能此理。虽灵枢经水篇。有其死可解剖而视之之语。须知此语不可为剖。我国风气。认脔割尸体为道德上干禁之事。以故脏腑部位亦模糊影响。致使来有王清任医林改错之饶舌。凡此皆不容掩饰者。以事实言之。脏腑部位尚未清楚。以功效言之。其神妙乃至不可思议。是诚千古之大谜。此层不得其解。虽欲研究将何从着手。关系为绝大也。

偶阅医胜。东医栎荫拙者著有古代解剖数则。兹录其略。以推测灵枢所谓解剖。其一云。

赵与时实退录。广西戮欧希范及其党。凡二日。剖五十六腹。宜州推官卢简皆详视之。为图以传世。其二云。王莽诛翟义之党。使太医尚方与巧屠共刳剖之。量度五藏。以竹筵导脉。知其所终始。云可以治病。其图今不传。其三云。晁公武郡斋读书志。载存真图一卷。皇朝杨介编。崇宁间。泗洲刑贼于市。郡守李夷行遣医并责工往视。抉膜摘膏。曲折图之。其四云。闻见后录。载无为军医。张济能解人而视其经络。值岁饥。人相食。凡解一百七十人。以行针无不立验。

以上凡四事。皆在王清任医林改错之前。而王莽一条最古。素问文字。就鄙见言之。有太古相传之文。有周秦人语。有汉人语。说见拙著见智录。灵枢后出。识者疑与素文字不类。谓是王冰所辑。今假定素问成书于西汉。则灵枢成书至少当在新莽之后。素问不言解剖。灵枢忽言解剖。又不言若何解剖。其即屠刳以竹筵导脉之类似事乎。夫王莽之所为。就道德言之。与尚书所言断朝涉之胫相去几何。其事不为清议所容。其图不传宜也。就医学言之。其所为虽粗。可谓医家实地解剖之始祖。其图不传。甚又惜也。精研医学之人。因其不为清议所容。不敢冒言。复因其不传可惜。因托言古代曾有其事。因此之故。仅有单词双句之解剖字样。见于灵枢。未可知也。今之医家。往往冥想。以为古代必有神秘之解剖学。惜其书不传。遂令西人专美。

此种思想。良足自误。须知古学虽不传。必有迹象散见于古书之中。今从周秦诸子中。颇能觅得与素问类似之文字。（例如脉要精微篇云。阴盛则梦涉大水恐罹。阳盛则梦大火燔灼。阴阳俱盛。则梦相杀毁伤。上盛则梦飞。下盛则梦随。甚饱则梦与。甚饥则梦取。列子穆王篇。阴气壮则梦涉大水而恐罹。阳气壮则梦涉大火而火燔。阴阳俱盛。则梦生杀。甚饱则梦与。甚饥则梦取。此绝非偶然相同。吾疑列子引用素问。又左传秦和之言。亦与素问尽合。当亦是引用素问。此外如春秋繁露。阴阳之动。使人足病喉痺。与素问阴阳别论。阴一阳结。谓之喉痺固。吕氏春秋尽数篇云。精气之来也。因其轻而扬之。因走而行之。因美而良之。与素问阴阳应象大论。因其轻而扬之三句亦同。其类此者。苟再为搜索。当不止此数条。）而独不能觅得解剖之影响。即此可推断素问之为书。至少有若干或份是周秦人手笔。同时更可推得解剖之学。古时必无其事。是故灵素商兑根据灵枢解剖一语。证明古代解剖之粗。鄙人则以为此正余君灵岫未之深思之故。须知根据素问伤寒论之学理。其精妙之处。直能迈越今日西国解剖学与显微镜所不能到之处。而其粗陋处。乃至不知脏腑之部位。不明体工之作用。岂有如此不合理之解剖学乎。

知识有两大支干。曰心之研究。曰物之研究。凡声光电化。皆物之研究。哲学论理。皆心之研究。若神学则在宗教范围之内。我国向来无物的知识。各种学术皆偏于心的知识。又皆含有宗教气味。与西国惟心学说既微有不同。与彼邦宗教更性质迥异。此即近人所谓玄学。至就体功言之。西人之解剖学。微菌学。生理学皆属物的研究。惟心思之作用。不可解剖。故心理学之蹊径迥别。其方法专从试验动作感觉。以测心之能力。我国医籍亦讲体功各种物的知识。皆非所有。苦素问所言。仍是玄学本色。惟其言病理之一部分。与灵枢之言经络穴道骨脉等篇。则别开生面。既非物的研究。亦无玄学气味。其方法与西国心理学极相似。不过心理学所推测者。为心的动作与能力。而我国之言病理。实为躯体自然之反应与其径路。质言之。灵枢者。古人以治心理学之方法。研究人类躯体所得之成绩也。躯体物质也。痛苦愉快。物质所发生之势力也。今之西医学从物质研求以明古籍。其中所言。当已经数千百年之经验。其经络气穴。乃从种种病状测验所得者。但古文太简。谬刺之法早已失传。今日针科一二种有成效方法。不过一鳞一爪。后人不解。以为此书无从研究。其实苟知其方法。与西人治心理学相同。未尝无法整理。使成一种专科。若伤寒论之六经。所言甚简。若知其为病后之界说。尤属易解。不必多为曲说。使人堕五里雾中也。

［《国医文献》1936，（1）：134］

湖南新发现之《古本伤寒杂病论》批判

易万育

叙　言

所谓古本伤寒杂病论者。长沙名医刘君仲迈所出之枕中秘藏。由湖南省政府何公芸樵亲写印行者也。前年秋间。何公慨捐资万金。发原提倡国医。招刘计划其事。刘氏之书。是否即于彼时呈献。虽不可知。而公何固震于刘氏之名。信刘之书为真古本矣。意在提倡。曾以军政绪余。亲为写录。其精神至足佩畏。书去年春印成。曾遍赠各机关官吏。及来湘观光之各地要人名流。书肆亦有旧本。近且闻鄞县周君岐隐。亦摘印其与通行本互异之处。命名伤寒汲古发售。可见影响之大。予治医。于伤寒论用力殊苦。初亦以刘为名医。或有善本。可供考核之助。从友人处辗转借得。书十六卷。以校宋林亿等所校本。增入并改易之文数百条。增方亦近百。盖刘氏凡例所谓“首尾完具。仍复旧观”者。一读刘氏序言。觉其所记此本得自隐君子张老一事。涉及奇异。窃意疑之。读竟其书。复获伪证及谬误之处甚多。良以伤寒论实用之书。治疗圭臬。不容浅人任意变易。且以名实未当。深惧初学之士。为之迷惑。从之施治。偾事害人。爰为述其大要。以正真伪之辨。意在使此混淆棋局。分出黑白而已。

书十六卷不能为古本之证

此本以十六卷为合于仲景自序。遂以之为古本证据。殊不知仲景伤寒杂病论十六卷。当三国兵燹之余。残缺散佚。西晋王叔和搜集撰次之。其原木已不可得见矣。隋经籍志。有张仲景方十五卷。而无伤寒论之目。旧唐经籍志。亦因隋志。至新唐蓺文志。则云王叔和张仲景方十五卷。伤寒杂病论十卷。而外台秘要所引百合病论并方。霍乱。理中汤。附子粳米汤。四逆汤。通脉四逆汤。并云出张仲景伤寒论十七卷中。肺胀。小青龙加石膏汤。越婢加半夏汤。肺痈。桔梗白散。并云出张仲景伤寒论十八卷中。是王焘当日所见本。不止十六卷。而隋经籍志唐艺文志所载。并不足十六卷。夫在隋唐之世。去古犹未远。而书之存者。已无一定卷数可据。今去唐又历千年。岂能即以十六卷为古本证据。况所谓“古本十六卷”者。一检其日。如卷一卷二平脉法。卷三伤寒例。卷四卷五辨温病暑病热病湿燥病脉证并治。卷六至卷十一辨六经病脉证并治。卷十二辨霍乱及痉阴阳易差（原文）脉证并治。卷十三至十六辨汗吐下可不可及汗吐下后病脉证并治。仍不过依林亿等所校定之十卷本删去辨脉篇之辨字。变其节次。合之平脉篇中。复增入臆造之温燥等病。变易痉湿暍篇目。牵强凑合。以成其十六卷之数。更不能为古本证据。适以表现其作伪者也。

伤寒杂病论命名考效

古人于名实二者。讲求最严。今请进而考效仲景当日所以自名其书为伤寒杂病论之旨。仲景自序。明言撰用素问九卷八十一难。是二书者。当是仲景所守。素问云热病皆伤寒之类。难经五十八难且言伤寒有五。是则仲景书所名伤寒。是指一切热病。杂病者。乃对伤寒而谓中风历节血痹虚劳等病之类也。仲景之书。经宋林亿等所校定今行于世者。有伤寒论十卷。金匮方论（即杂病论）三卷。实为一书。书虽不全。要仍仲景伤寒杂病论旧本。此考之于外台秘要所引仲景方。概称伤寒论。证类本草引之。概称金匮玉函方可见也。所云金匮玉函者。后人所改题。亦珍贵之意。殆非仲景原名。此本不言中风历节血痺虚劳诸病。仅就伤寒论中增入温热等病篇目。意即所谓杂病以别于伤寒者。实不知伤寒论中已包括温热等病在内。悖于仲景当日撰用素问原意远甚。且无以解于王焘唐慎微所引用者也。今仲景自序具在。素问难经外台秘要证类本草均非僻书。学医者苟能从素问难经考微仲景伤寒杂病命名之旨。更取外台秘要证类本草互证之。可知此本命名之不当。而其作伪。当得不辨自辨也。

谬误之处方

医药之对象为疾患。是故研究此本之真伪问题。尤在考核此本之论病。是否命于师景之规矩权衡。处方之例。是否可为治疗之法则。予谓伤寒论是实用之书。是因伤寒论之所以示人者。在凭一定之证候。投一定之方药。此皆信而有征。不尚空谭也。——夫疾患之原因众多。病变至骤。仓卒之间。殊难获得原因。——此虽物质进化之今日。犹感如此——惟病理机转所表现之证候。则显见易知。此伤寒论之所以详言证候。而略于空洞之病名。更未尝凿分某邪干侮某藏——六经太少明厥之分。亦不过指病变进行阶段。与人体对于疾患所起之反应现象盛衰之程度而言。是言证非言病也。此本于所增入之温病暑病热病燥病等篇中。凿分邪干心乘肺移肾之辞（卷四卷五）。于太阳下篇。增入五脏各具之藏结病（卷八一至六页）。于太阴篇。增入五藏欬。但凭简单脉象。凿分风寒热燥湿五种之邪。此皆不见于汉唐以上医书。且事属模糊。无可征验。岂是仲景旧论耶。其增入之文。每每不详证候。即主治方。直教人以药试病。不合仲景审证用药之旨。更有显明之谬误处方。但欲一一征引。非此短文所能。略举数例如下。以见一斑。

“若雨感于寒者。一日太阳受之。即与少阴俱病。则头痛口干。烦满而渴。脉时浮时沉。时数时细。大青龙汤加附子主之”（卷三第十页）

“风温。因其人素有热。更伤于风。风性急而化躁。脉浮弦而数。头不痛。桂枝汤加黄芩丹皮主之（卷四第十页）

“病理。治不得法。留久移于三焦。其在上焦。则舌蹇神昏。宜栀子汤。其在中焦。则腹痛而利。利后腹痛。唇口干燥。宜白虎加干地黄汤”（卷四第十三页栀子汤方为栀子黄芩半夏甘草四味）

“伤暑。心下有水气。暑热与水气相蒸。发为暑湿含肺。汗出咳嗽。渴欲饮水。饮水则呕。脉弱而滑。瓜蒌茯苓贝母枳实汤主之”（卷五第三页方为瓜蒌实茯苓贝母枳实四味）

“发汗后。身疼痛。脉沉迟者。桂枝去芍药加生姜一两人参三两新加汤主之方二十五（卷七第十三页）

“脉浮而紧。而复下之。紧反入里。则作痞。按之自濡。但气痞耳。小青龙汤主之（卷八第十九页）

“四逆汤。即四逆散中四味为散（卷十一第十三页）

以上七例。第一例烦满而渴以上。本素问热论文字。伤寒例引之。此则更增入脉象与方。在理依头痛口干。烦满而渴证候。审其有发热而心力未衰弱者（即无少阴证）。原可与大青龙汤。加附子则大非所宜也。大青龙汤为具降辑性之发汗退热剂——是伤寒论中第一等方药。须心力亢盛时（即阳证）方可适用。而附子之用。原所以救心。适用于机能衰灭（即阴证）之时。是两者功用。乃相对立。病理药理均无同时并用之可能。昔人谓太阳之底面即是少阴。固有心力虚脱。由于发热初期。治不得法而转变者。事实上则系粗工诊断错误所致。假若审证明确。断无此项流弊。如惧害及心脏。今加附子预为之防。则审尽一部伤寒论。不见有此“欲抑故扬”办法。又脉动原因血行。时变其象。

在心藏受害未深时。临床上无此事实。若如所云。“时浮时沉。时数时细。”是血行已凌乱无次。心脏将陷入麻痹状态。此时应专事救逆。更无可用大青龙汤之理。第二例。仅言脉浮弦数。不详证候。臆断病情。且桂枝汤为治气上冲头痛之证。此言头不痛。与桂枝汤。乱法悖理。第三例。舌蹇神昏是脑病。并未详栀子黄芩半夏之主治证候。其腹痛而利。唇口干燥。似可与大柴胡汤。白虎汤不治腹痛与利也。第四例。分明竹叶石膏汤证。仲景之用瓜蒌实枳实贝母茯苓。须有胸脾结痛浊唾心下悸小便不利证候。此所未详。第五例。本太阳篇旧文。原作桂枝加芍药生姜各一两人参三两新加汤主之。千金翼经脉并同。此本改为去芍药。此原以发汗失当。侵害心脏故脉沉迟。末梢神经受刺激故身疼痛。用桂枝汤以调节血行。加重芍药平抚神经而缓疼痛（昔人谓芍药平肝。肝指神经）。加生姜人参以健胃增液也。今去芍药。病安从瘳。第六例。亦太阳篇文字。原未主方。此本加入小青龙汤主之六字。其病原是误下伤胃。胃扩张而为痞满。理宜治胃。泻心辈之所主。知仲景方法者。类能得之。若如主以肺病之小青龙汤。真是肺胃不分者矣。第七例。亦大悖仲景处方用药之旨。仲景处方有汤丸散之分。汤者荡也。乃取其速入于血。丸者缓也。取其缓缓挥发。散者散也。取其不缓不速。四逆汤方药附子干姜甘草三味。其作用为救心。适用于机能衰灭之时。应作汤以速其入血甚明。岂可为散以缓其时效耶。总之作此本者。本于伤寒论学。未能领会。故谬误如此。拟为旧本。是厚诬古人也。

造作粗疏自露马脚

此节原非重要。不过路为提出以为伪作旁证。亦以见作伪者从事之粗疏也。宋校本六经篇及诸可不可篇中。用方诸条下。有数目字。每篇自为起迄。此林亿等所沾。即林序所谓证外合三百九十七法。除复重定有一百一十二方者也。此本六经篇中。数字一仍其哲。新增入之条。并无之。此已明明示人某者为宋校本旧文。某者为增入之伪作矣。此其一。仲景之处方也。曰主之。曰宜。曰与。为义各别。绝不混淆。此本新增之用方条。多作宜某汤主之。此不合例也。此其二。又仲景于原方加减一二味药。首方名。次加减药。次“汤”或“丸”。此所增入。则此大青龙汤加附子主之。桂枝汤加黄芩丹皮主之等。皆不合此例。此其三。仲景方服用之法。悉详于各方之主。此本改少阴篇四逆散原方。为柴胡芍药枳实甘草汤。移之少阳篇中。而服法与加减法一仍散丸之旧。更谓四逆散十四味为散。服法不详。四逆汤止三味。此言汤中四味。粗率已极。此其四。存心作伪。而自露马脚若此。虽由作贼者之心虚。然亦古书之幸也。

结论

此本有序文四。其二为省府主席何公与民厅庞长曹公伯闻所作。倦则为长沙名医刘君昆湘（此君现不应诊）与刘君仲迈所撰也。刘君昆湘序言所记由为太夫人求葬地游江西。过隐君子张老于山谷间。以致由倾谈至授书一事。与刘君仲迈序言由刘君昆湘转致张老寄书。进而至偕同造谒请益析疑。与时往来洞庭湘水之间以至忽请别去涕泣请留不得。终因命诠次师传赠歌别去不复见。皆文采神情。跃然纸上。是二君皆有奇遇。此本非所能造作者矣。昔王太仆亦言得素问第七卷于张君。学者疑之。以天元纪大论等篇与素问之义相只牾也。此本悖仲景法则。义理浅薄。概如上证。何刘氏信之不疑。一则曰此长沙旧文。再则曰首尾完具。仍复旧观。仲景去今历二千年。古本何由秘藏。以及何时刊本。皆未叙记。仅见其与世传者异。即以古本拟之。复以涵浑之辞。为之张目。此非学者态度也。况且今日中医地位。以论理未尽合于实际。受人非难。赖有经验之名方良药。施之治疗而能愈病。才得社会信仰。伤寒论者。示人使用以经验方药之书。今言提倡。亟应以科学原理证明此方药所以有效之故。以获得学术界之同情。对此已成事实之经验方药。更得普遍之使用。造福人类。亦所以发扬国光也。假依此本并此治疗法则而乱之。是欲速其灭亡。岂提倡之谓耶。予见刘氏治学卤莽。受人之愚而不自知。转欲自炫以之愚人也。复恐人亦眩为官书。为其所愚。为文正之。良非获已。知我罪我。所不敢问。

［《国医文献》1936，（1）：161］

《古本伤寒杂病论》是否仲景秘本之商榷书

张春江

鄙人去年供职中央国医馆。随于图书室中。获读伤寒汲古一书。系浙东四明周岐隐氏于古本伤寒杂病论（该书系湘省刘昆湘氏得之江西异人张隐君。一十六卷。首尾完好。其宗人刘仲迈取世传最古之宋林亿本校仇之。湘省府主席何芸樵氏手抄付印）。中录出佚文佚方及订误诸条另汇一集之单行本。其时鄙人喜出望外。以为已佚古佚。尚得完美复显于今日。继思民一九年得泾上时贤王仲祜氏函覆。（鄙人阅丁氏医书目录中。载有张仲景方十五卷。评病要方一卷。函请指示各书之藏储处及价目。旋据丁氏覆称。各书弟并未寓目。不过由他书目录入之。）原未可据为仲景余稿。未由复见之机缘。但今春长安黄竹斋先生。以四明天一阁中储有仲景疗妇人方二卷。五藏营卫论一卷。持下决心。往为抄阅。卒亦徒抱虚原。大为懊丧。鄙人以为前欲购置丁氏书目中所载仲景各书。均见于随书艺文志。今黄竹斋先生欲抄阅天一阁中仲景各书。一见于隋书艺文志。一见于宋史艺文志。其已载诸史志者。尚无纵购置。不得抄阅。况其为事属离奇。迹等圯上受书之故智。有异人张隐君之传授仲景秘本之伤寒。际此本馆整理国医药学术之时。自应慎思明辨。以为取舍之标准。爰于乡友王君精勤处特借古本伤寒。（此书本馆图书室中未有存储。重加细检。觉其文辞并不简古奥雅。且呈露种和波纹。显予人以可疑之处甚多。今特为撮其大要如下。原与海内外医学大家一商榷之。

王焘著外台秘要。叙古论伤寒者八家。首载伤寒例。尚德谓“此文王叔和伤寒例首引之。盖是一书。未详谁何氏所作。”但外台秘要于该例中。“伤寒之病。逐日浅深”之上。加“王叔和曰”四字。可知伤寒例此后原文。是叔和所作明矣。今古本中亦列入伤寒例。并于此王叔和曰节下八注注明。“今搜采仲景旧论。录其证候。诊脉声色。对病真方。有神验者。拟防世急也。”十八字。谓为叔和所增。竟遭删削。又该例中“土地温凉高下不同”一节。外台与总病论。皆作王叔和曰云云，今古本亦以和叔之言为仲景。此古本伤寒之可疑者一。

仲景伤寒论自序中。原有撰用素问九卷。八十一难等之文。但仲师所作伤寒。神与古合。纯取古人精髓。不取古人原文。故并未引用成语一句。撰用之所以入神也。今古本序例中引用经语。连篇累牍。不一而足。此古本伤寒之可疑者二。

伤寒书只说六经传变。而不及司天在泉。盖以某某干支主岁。谓某种疾病为多。张飞畴陈修园尚知力为辨驳。岂有仲景肯为附和此种支离诞妄之说。以启后学之疑。今古本序例中。首以四时八节。二十四气。七十二候为决病法。并以每月各按干支指配之。如“惊蛰二月节指甲。雨水正月中指寅”。一若本年某某月配以某某干支。确为决病之不二法门者。此古本伤寒之可疑者三。

仲师伤寒。固非不言阴阳盛衰。但罕言五行生克。今古本伤寒平脉法内。第二十七节至三十一节。详言五行胜负。生克制化。平脉本有谓王叔和所作之语。今亲乎此。则知其所言者似非向壁虚造。此古本伤寒之可疑者四。

中国医术。萌发于神灌时代及后演进。及由神秘而理想。而实验。则进于单方治病之时期。故宜圣恒以巫医并称。盖祝由亦其治疗之一种也。迨仲圣著作本论。已趋重实质与大自然界之气化。换言之。即考察生理之形态。以测推病气传变之顺逆。肯定其治法公例。绝不言神话。并决不求祷于鬼神也。令古本伤寒平脉法内第五十八节。有“师曰。人脉皆无病。暴发重病。不省人事者为厉鬼。治之以祝由。能言者可治。不言者死”。竟以人病目为厉鬼作祟。并托其治疗法于祝由。此古本伤寒之可疑者五。

可与不可诸篇。前后章节多与脉经同。前人已有谓王叔和手笔。或疑宋人所增入。今桂林左盛德为仲景四十六世孙学正家藏仲景十二次伤寒稿本作序。（盛德谓清道光时。会随父宦游领南。同僚有张公学正。字绍祖。为仲景四十六世孙。言仲师之书。当日原有稿本十三。王叔和所传者为第七次稿。伊家藏有第十二次稿。历代珍藏。未尝轻以示人。故遂为之序云）。又谓“读至伤寒例一卷。见其于可汗不可汗。可吐不可吐。可下不可下等法。尽在其中”。是则仲景之有无十二次稿本存留。可不必深论。惟各节各法。则已在可有可无之间。似无疑义。此古本伤寒之可疑者六。

案成无已于伤寒原文中坚字皆作鞕。是必避隋文帝杨坚讳。不然。脉经作坚。千金仍作坚。可见随时必有定本。成无已所据尚是隋时原本可知。惜无可考也。陆九芝氏之说如此。今古本仍根据成无已所改者而作鞕。是古本伤寒或尚在宋校以后翻刻。未可知也。此古本伤寒之可疑者七。

“太阳病发热恶寒。热多寒少。若脉微弱者。此无阳也。不可发汗。宜桂枝二越婢一汤”节。陈修园以无阳二字。言阳气陷于阴中。既无表阳之证。不可发其表汗。然知此证之发热恶寒非桂枝不解。知此证之热多寒少。非石膏不清。知此证之脉弱无阳。是阳气内陷于脾。欲从脾中以发越于外。更非桂枝二越婢一二汤相须相济不为功。今古本以桂枝二越婢一汤。谓在热多寒少句下。而无阳不可发汗。则宜当归四逆汤也。夫当归四逆。为厥阴证之专方。今乃移入太阳证中。核与六经表里浅深之程序。果为符合与否。此古本伤寒错误之一之可疑也。“汗家重发汗。必恍惚心乱。小便已阴疼。与禹余粮丸”。此节大旨。意必过汗伤心。遂致恍惚心乱。牵动及肾。又致便已阴疼。是宜亟补心脾。以为纳谷生精之预备。庶几近似。禹余粮丸方未见。王日补方。加入生梓皮赤小豆利水之品。固未细审此节意旨。今古本伤寒之补方。（禹余粮 人参 附子 五味子 茯苓 干姜）究休合仲师之心法与否。亦不无研讨之余地。此古本伤寒补方之一之可疑也。

今人张山雷氏谓仲师著作本论之时。官至长沙太守。适被刘表围攻。连年不下之际。编纂于戎马仓皇之中。未几抱病以歿。其子不久即被景升攻并。身家存亡。均在不可知之数。所作之书。当已有残缺凌乱之事。抑或军事倥偬。仲圣尚未尽整理就遂。是以叔和得之。需重为编次。建安旧本。世固无复并存者。鄙人以为张氏此说。最堪微信。原文引证。甚为详核。今古本伤寒谓为一十六卷。首尾完好。此古本伤寒之又不能无疑也。

总之古本伤寒之可疑者。不遑枚举。并非意存攻击。特以是书关于国医学术甚巨。且二十世纪之医学。已有形成国际化之趋势。东西列邦。近知取我国之所长。以补彼国之所短。亦以是书最有研究之价值。相率于各大公私立学校中。先后设立汉医讲座。假使不为之抉择是非。严格去取。一恐贻误本国之后学。二恐取笑世界之列邦。此鄙人所以敢冒大不韪。特草此篇。以原与海内外医学大家一商榷之微意也。

[《国医文献》1936，(1)：166]

《伤寒论》六经概说

姜春华

伤寒论中的太阳、少阳、阳明、太阴、少阴、厥阴六经名称，是古代医学上的术语，每一经病名称代表了某一些症候群，太阳病就是代表发热、恶寒、脉浮、头身痛等症候群，少阳病就是代表寒热往来，胸胁苦闷、目眩、口苦等症候群，阳明病代表了日晡热、恶热、便秘、谵语等症候群，三阴病也是这样的作为代表另外的若干症候群。

症候的发生是自然的，症候群的建立是人为的。自然发生的症候是千态万殊不能整齐划一的，而人们划分六个症候群，仅仅是重点地选择了较为一般性的。因此六经每一个症候群，从空间上说，不包括每一阶段的全部症候，而且常有这一经的某些症候见于那一经中，那一经中的某些症候见于这一经中，也可能两三经的症候同时并见；从时间上说，某一经的症候群并不是按照疾病的进程而划分阶段的，也不表示疾病的发生和经过是循着六经次序而演进的，有初病见太阳证，也有初病即见少阴证的，也有太阳中兼见少阳阳明症的。因此伤寒论的六经只可看作急性传染病中六个此较一般性的共通症候群被作重点提出，不是六个病，也不一定是六个阶段，它与现代医学上的传染病分期是相似而实不相同的。

现代医学上对急性传染病分为前驱期、发病期、增进期、经期、轻快、恢复期等。前驱期是病原体在潜伏期之终末，虽然还没有发生显著的全身中毒症状，可是已经有某些健康上的障碍，但它的情形也不一定，一般的是全身倦怠，食欲减少、便秘或泄泻，以及体温有轻微变化等。也有某些传染病没有前驱期，直由潜伏期而移行到发病期的。发病期虽多数发热，发热随伴症如循环呼吸之病的催进兴奋，消化分泌及排泄之障碍，头痛及多少之意识与精神障碍等，轻重不等，或前或后的袭来。各种传染病因了它的病毒的不同，特异毒素及它寄宿部位的关系，各有它的特异主症。或专门侵犯神经系统，或皮肤起特异的发疹，或者向呼吸道侵犯，或来消化器的障碍，种种不同。各种主症渐次增恶，就是增进期。最后发展到全经过中最重笃的时期，则称为极明。极期是病人的生死关头，若能平安渡过，则体温下降，各种危险症状同时渐次轻减，称为轻快期。轻快期之直后，体温由低降而恢复到常温，各种重笃症状完全消泯无遗，仅残留一般的衰弱状况到完全恢复其健康状态若干时日，称为恢复期。伤寒论的太阳病，从一般症状看来，是急性传染病的初期症候群。（太阳篇中有很多条文没有冠上太阳病的，不是初期病症。）少阳病症状不剧烈，属初期和增进期期间症。阳明病热度高，各症亢奋，可说是增进期渐进到极期之间的症候群。少阴和厥阴则近乎病之极期，这两篇中很多脉微细厥冷死等字句，说明两经病的严重性。但少阴古人说有直中的，则并不是由逐渐增恶而来，不合极期的定义。它相当于最急性的中毒性传染病：如中毒性霍乱（亦称电掣性）不吐利而死亡，别有若干病，发热毒素剧烈的不但不见体温升腾，反而体温下降，还有疫痢经过不长，急剧发热，排黏液便，并发脑症状，心脏衰弱，出血等中毒症状，迅速死亡，这些都符合于少阴厥阴证的。厥阴病除极期症状外，尚有五六日热，五六日厥的定型热。吐蚘是宿有的病。消渴可能是吐利后失水引起的渴感。（古消渴指大渴引饮而口渴不止，不完全指糖尿病若在热病中，则常为口渴而喜饮的症状，）至于太阴病仅是一般的腹满下利，没有循环的障碍，手足温而不冷，不能说它是极期，可以说是初期和增进期间的症状。古人说三阴可以直中而成为阴证，就是说明了急性传染病的经过极不一致，也说明了六经症没有一定的程序。伤寒论中的瘥后劳复等，却相当于恢复期中再发再感，但它并不在六经范围中所以说伤寒论的六经和现代医学上的分期似同而不同，只应说它是六个症候群，不能说它是六个阶段。因为阶段有循序的意味，相当于传染病的全经过分期，六经症状虽也在一定时期出现，但不是循序的。

本来急性传染病各有它的特有症状。(也有不一定的,如流行感冒有胃肠型、呼吸型、神经型;恶性疟疾也有昏睡型、厥逆型、霍乱型等。)伤寒论中对于某一种病特有症候很少叙述,而以一般发热和伴发的共通症候为主,但并发症和混合传染也都混合在一起。特有症候如疟疾、痉病等,都不在六经之内。虽然金匮要略痉病篇中也有太阳病的名称,可是那太阳病只是说明病初起也有太阳证,它的重点不在太阳病;伤寒论中虽然也有寒热往来如疟状,可是并不以疟疾为主。所以伤寒论的六经是急性传染病的共通症候,六个症候群的代名,而不是某一种病的症候群。伤寒论不分别疾病的个性和它的特点,而是罗列了某些症候上的大同小异,从疾病的趋势方面提出了重点,作为临证治疗的根据,就像太阳病脉浮缓名中风,脉浮紧名伤寒,分别了桂枝麻黄的主治不同。

当发热之时，由于传染毒之直接或间接作用，必伴发他种症状。（但程度轻的病人常不介意）一般自觉他觉上的症状：在脉搏方面因体温升降而有增减，但也有因疾病之种类而不一致的，如肠窒扶斯它的脉搏数不与体温成正比例，但败血病则体温之上升又不若脉搏数增加之剧。其他重病人或极度衰弱和虚脱的时候，脉搏也见频数。在呼吸数方面，当体温特别升高时，呼吸数也随之增加，特别是胸腹部疾病，或腹部膨满的时候，它的呼吸数增加比较体温上升更为显著。此外濒死之时，呼吸浅表而频数。在消化系方面，因消化液之产出量减少，胃肠蠕动也减弱，吸收分必呈异常状态，所以见食欲不振，口干舌燥，舌苔恶心呕吐等症。在小便方面，因发热时饮食物摄取量减少，而由皮肤肺脏蒸发水量较多，所以尿量减少，比重增加，尿色素也多，尿现浓厚而着色；在神经方面的障碍，因疾病的种类和体温上升的程度而所生的症状有不同，然全身倦怠不快的感觉则为一般热病所不可缺少的，其他像头痛眩晕也常见到，如发高热则意识混浊，或陷于谵妄昏沉状态。

以上这种随热伴发的症状，虽与热的高低成正比，但是它的症情仍有不同，这是因为各种传染病毒寄宿与侵犯部位之不同，以及体质、气候、环境等而有差异。伤寒论六经篇中对于上面这些伴发症记录是依症状前后轻重而分部定群的，太阳病是将循环系之脉浮紧、浮缓，神经系之痛、项强，消化系之口渴、干呕，呼吸之喘、咳，定为一群，而它的重点是头痛、项强、恶风、恶寒等症；少阳病伴发症如消化系之口苦、喜呕、胸胁痛闷，神经系之耳聋、目眩；阳明病中循环系之脉洪大、滑数，消化系之口渴、便秘、燥尿、腹痛、矢气，神经系之烦躁、直视、谵语、发狂，它的重点是便秘、燥屎肠症状和谵语发狂的神经症状，并表示了全身症候的亢奋性；太阴病中如循环系之脉浮缓，消化系之腹满而吐、自下利，它的重点是下利的肠症状；少阴病如循环系之脉微、细、沉、迟，四肢厥冷、神经系之头眩、但欲寐，呼吸系之咳嗽、息高，消化系之吐利、便脓血、口燥、咽干，它的重点是自利的肠症状，并表示了循环不良，整体虚衰现象；厥阴病中如循环系之脉微细，厥逆，消化系之消渴、下利、便脓血、吐蛔蛔是素有寄生虫病，在热病时常有吐出不能说是厥阴主症。急性传染病，由于传染病毒不同，对于发热状态而各有不同。多数传染病都各有它固有的一定的热型，大别为稽留热、弛张热、间歇热、再归热等，其中除因固有的病毒而起的特异发热以外，还有由于续发的变化，或并发症的发热，一种病前后时间不同，它的热型也不相同，伤寒既是论急性传染病通候的书，因此伤寒论中的热型也只是各种热型的分类，不一定说明由某阶段进入于某一阶段的热型。太阳病篇的发热，内中分别了恶风和恶寒，热多和寒多，虽也有寒热往来如疟状，但最主要的恶寒发热，而且时发热，相当于稽留型热；阳明病是身热反恶热，但主要的是潮热，相当于弛张型热；少阳篇条文很少，仅有一条说是寒热往来，相当于间歇热型；太阴篇条文也很少，没有热型记载；少阴只说恶寒厥逆，是低温现象，近于虚脱危亡；厥阴病热型比较难确定，说先厥后热，前热后厥，厥五日热五日，好像回归热，但回归热发热五六日热退身凉，在热退之时，体温低落，但经过极短就恢复到常温，以后再过些时又发高热，它的厥逆没有五六日的，这或许古人观察不精，以热退后的低温当作有五六日的时间，还有手足逆冷好像虚脱时的现象，上寒下热，外热里寒里热外寒等，都难确定它是那一种热型。

总结起来说，伤寒论作者是综合了急性传染病各种热型和各种伴发症状，以及病者体质和抗病力，疾病的趋向和医疗上的注意点，而划分为六经，建立了临床一般的最高原则。

［《北京中医》1954，3（7）：20］

张仲景的著述年代和现存《伤寒论》的编次问题

洪贯之

自从“中医学术研究”一课在各地中医进修机构推广讲授，以及中华医学会总会成立了“中西医学术交流委员会”以后，本年三月号的中华医史杂志也刊出了李松声君的“中西医都需要学习的伤寒论，它的内容和评价”一文，足见对仲景伤寒论作批判地介绍，已受到新医界重视的一斑。我现在所要讨论的倒不是伤寒论内容的优劣，而是近人对仲景伤寒杂病论的著述年代和后人编次问题的记述，颇不一致，我们如果从历史观点来看，似有提出商榷的价值。

我早年所发表的“张仲景郡望生卒之推测”的短文，到今天已经过了二十个年头，我自己既未有修改和订正，除了友人宋向元同志去年在本刊发表“张仲景生平问题的讨论”一文以外，也没有见到其他同志对此尚待解决的问题能有进一步的发现。宋君文中对我所提出的问题有很多修正和补充，我大部分是同意的，尤其宋君指出我说“仲景似先华佗而卒”的推断不够正确，更使我佩服他研究的精到。此外宋君说张仲景只是一位“专业医家”，坊本伤寒论自序的“汉长沙守”云云乃是后人妄题，并举出来本伤寒论无此题署，以与王叔和脉经有晋太医令的题署作对比，因此证明“举孝廉，官至长沙太守”的记载似出唐宋间人的伪造，这一发现，不但在医史研究方面有重大收获，而且使我们对仲景身世获有比较正确的认识，同时也解答了我们许多年来未能解决的悬案。但是宋君文中也有一些问题，如他对仲景自序“建安纪年以来，犹未十稔”的体会，和我的理解便有些不同，还有宋君对现存仲景遗著曾经王叔和撰次的问题，未尝稍有致疑，我也未敢苟同。

一、伤寒杂病论的写作年代

张仲景是后汉南阳郡人，这是没有问题的，但因后汉书和三国志都未为仲景立传，所以生卒年代，至今无可详考，他写作伤寒杂病论的年代也就更难确定。我和宋向元同志对张仲景生卒年份的推断，虽然有一些异同，但我们同样推定仲景是生于桓帝纪元（即公元147年）以后，而卒于建安末年（公元219年以前），在这六七十年之中是仲景生存的时代，正是汉室多故之秋，此项推测是大致相近的。如果要肯定那一年生或卒，这是不可能的，但我同意以公元211年为仲景最早卒年的推断。

一般人相信仲景自序是在建安十年（公元205年）左右执笔的，那么伤寒杂病论的成书年代已没有什么问题，我在前次的文中曾提出相反的见解，认为应在建安纪元（公元196年）以前完稿为合；现在宋向元君又提出了新的推断，他识为仲景的写作过程可能在建安七年至十五年（公元202～221年）之间，也是出于推断，并没有确切的证据。宋君在他的大作发表后，曾以抽印本见赠，我因此又重读自己的旧作，也觉得在某些地方过于武断。我当时推测仲景的写作年代，是以仲景见王仲宣一事为研究中心的，这样自然便把仲景的成书年代提早了。

现在我不再否认仲景自序是在建安改元后撰写的见解，同时我仍承认山田正珍提出的建安应作“建宁”的说法。宋君说“建宁四年”不能代替“建安纪年”，此乃宋君的误解，其实我在前文中并没有这么说。建宁纪年当然就是“建宁元年以来”之意。仲景曾经见到王仲宣是可以肯定的，但正确的年岁也有两说：一据皇甫谧甲乙经序：“仲景见侍中王仲宣，时年二十余”（公元196年以后）；另据何颙别传：“王仲宣年十七（公元193年）尝过仲景”。（见太平御览卷七百二十二，方术部三）王仲宣即王粲，是有名的建安七子之一，他生于熹平六年丁巳（公元177年），卒于建安二十二年丁酉（公元217年），建安元年时正二十岁，所以仲宣见仲景是在建安初年这三数年中，当时仲景的诊察技术已很精到，假使我们仍然相信自序中“建安”字样并不错误，那么仲景在建安初年尚够不上“为良医”的资格，和诊察仲宣事岂无抵触？我觉得仲景自序的“建‘宁’纪年（公元168年）以来，犹未十稔，其死亡者三分有二，伤寒十居其七”，这是仲景在学医时代——灵帝中叶以后（?）的陈迹；至于“感往昔之沦丧，伤横夭之莫救，乃勤求古训，博采众方”，无非为了说明写作伤寒杂病论的动机和目的，所以在自序中追述往事，这些话不能就是“建安纪元”以后的眼前实现，这和我们承认自序撰于建安时代也绝无矛盾，那是不难理解的。我过去推断仲景写作完成的年代似乎失之过早，虽然整个建安时代（公元196～219）其中的任何一年都可以完成这一伟大的写作，但以完成在建安十年（公元205年）以后的可能性此较大，究竟在那一年是无法肯定的。至于“建宁”错作“建安”的理由，可能是后人从传说中得到了不很确实的仲景的写作年代，又因误解仲景自序的文义而妄加追改，由此一改就改出了不少的问题，自然这仍是我个人不成熟的推测而已。

二、王叔和与伤寒论

王叔和是晋太医令，他曾经撰次仲景伤寒论，在过去是未见有人怀疑的，尤其是伤寒论的条文凌乱无序，大家也都归罪于叔和。我在以前也承认伤寒论是王叔和编次的，后来因为读到了脉经，千金翼和外台诸书，对此一闻题就发生了疑问。特别是脉经卷七所收载的，差不多包括伤寒论全部内容在内，但篇目和今本伤寒论大不同，（文字上当然也小有出入）我在一九四七年为叶橘泉同志重行校印“古本康平伤寒论”所写的跋文里就曾提到：今伤寒论中“辨不可发汗病脉证第十五有云：‘夫以为疾病至急，仓卒寻按，要者难得，故重集诸可与不可方治，比之三阴三阳篇中，此易见也；又时有不止是三阴三阳，出在诸可与不可中也’。盖‘可不可’诸篇，乃叔和脉经第七卷之篇目，而脉经第七卷中所录者，正为今伤寒论文，惟以病不可发汗、病可发汗等类次。据是，则今本伤寒论似由后人就脉经中录出仲景遗论而重为诠次者。意者王氏‘撰次遗论’，即成脉经卷七病不可发汗证以下诸篇，当时恐无另为编次伤寒杂病论十卷之事。”这里明明说“重集诸可与不可”或“出在诸可与不可中”，正是今本伤寒论的撰次并不出于王氏之手的有力证据，但有很多人都不曾注意到这一点，遂使王叔和蒙了不白之冤。

根据这一线索，我进一步探究张仲景与王叔和相隔的年代远近，以及伤寒论的撰次为什么会牵涉到王叔和的问题？我们看到皇甫谧甲乙经自序会说：“仲景论广伊尹汤液为数十卷，用之多验；近代太医令王叔和，撰次仲景遗论甚精，指事施用。”这里所说的撰次仲景遗论，也没有指明是伤寒论。查皇甫谧卒于西晋武帝太康三年（公元 282 年），时年六十有八，上推他的生年是在后汉建安二十年（公元 215 年）。他的甲乙经成于魏甘露（公元 256 ~259）中，其自序中称“近代太医令王叔和”，大抵王叔和先为魏太医，入晋仍充原职，可见皇甫谧与王氏实是同时人。虽王氏生卒未能考得，二人年龄似以皇甫谧为稍长？今假定仲景卒于建安末年，其时皇甫谧尚属童稚，王叔和自然更无见到仲景的机会。不过自汉末至西晋初年亦仅五、六十年，今估计王叔和如系生于魏文帝末年（公元 226 年左右），其壮年时代和仲景的卒年，相距亦只三、四十年之谱；并不过久。现在有些人，把王叔和与张仲景相隔的年代写成“二百多年”，这是完全不符事实的。

王叔和的少壮时代既然距离建安末叶只有三，四十年，当时伤寒杂病论原书当未亡佚，似无问题，所以王叔和是能见到仲景遗著的。（能否遇到仲景的弟子卫泛、杜度等已无记载可考）皇甫谧在他的甲乙经自序中所说‘撰次仲景遗论甚精”的话，只是说明王叔和曾把“仲景遗论”重行撰次，成为今脉经卷七的形式（即脉经卷七病不可发汗以下诸篇），非指王氏别有撰次“伤寒论全书”之事。今脉经卷七末行原有“王叔和集仲景评脉要论”的注语，我们如以此和皇甫谧的自序对勘，便可了然。后人误解甫皇谧序文的本义，错认今伤寒论为王氏所撰，远妄为增添“晋王叔和撰次”的题署，这和后人因推重（？）仲景而伪造了“举孝廉，官长沙太守”的事迹，同出一辙。考之史志，梁有张仲景辨伤寒论十卷，（见隋志）隋志有张仲景方十五卷；新唐志有张仲景伤寒卒病论十卷。此外梁七录有王叔和论病六卷；又唐志别有王叔和张仲景药方十五卷之存目。高湛养生论虽有“王叔和……撰成脉经十卷，编次张仲景方论为三十六卷，大行于世”的话，（见太平御览卷七百二十二，方术部三，但御览同卷引张仲景方序，其文字并不见今伤寒论中），不称编伤寒论，所以此一牵涉，或亦出于唐宋间人所为。由于伤寒论既被后人妄增“王叔和撰次”的题署，以致大论中所有错简、刊落等讹文，也完全要王叔和来负责，尤其方、喻诸家对王氏诋毁备至，实属不察之甚。

三、伤寒论编次异同的考察

现存的伤寒论，虽然可能尚保留了仲景原书的某些形式，但并非完书；至于王叔和撰次的形式，并不以太阳、阳明等六大证候群书分类，而是按照疗法的适应来类次的，这一点很值得我们注意。今将脉经卷七的篇目列后：

“病不可发汗证第一；病可发汗证第二；病发汗以后证第三；病不可吐证第四；病可吐证第五；病不可下证第六；病可下证第七；病发汗吐下以后证第八；病可温证第九；病不可灸证第十；病可灸证第十一；病不可刺证第十二；病可刺证第十三；病不可水证第十四；病可水证第十五；病不可火证第十六；病可火证第十七。”

右列各篇文字，绝大部分为今伤寒论文字，但在病可火证第十七以下尚有“热病阴阳交，并少阴厥逆阴阳竭尽生死证第十八；重实重虚阴阳相附生死证第十九；热病生死期日证第二十；热病十逆死日证第二十一”等四篇。这后四篇是否有仲景遗文，一时无可考得。但因为脉经是最早的用另一种方式来编次伤寒论条文的，所以我们研究伤寒论的内容和文字异同，就不能不先取脉经来对勘，它才是真正由王叔和撰次的本来面目！

我们再回顾唐代所存在的伤寒论（当时书名是否称伤寒论是另一问题），其内容编次也有所不同。据千金翼卷九、卷十所收载的伤寒篇目是："太阳病用桂枝汤法第一；太阳病用麻黄法第二；太阳病用青龙汤法第三；太阳病用柴胡汤法第四；太阳病用承气汤法第五；太阳病用陷胸汤法第六；太阳病杂疗法第七；阳明病状第八；少阳病状第九；以及"太阴病状第一；少阴病状第二；厥阴病状第三；伤寒宜忌第四；发汗吐下后病状第五；霍乱病状第六；阴易病已役劳复第七"等十六篇。惟千金翼卷九首具有论，明明说"遂披伤寒大论，鸠集要妙……今以方证同条，此类相附，须有检讨，仓卒易知"云云，就此可以测知当时的"伤寒大论"本是"证""方"各自编列的，自和今本不同。今观千金翼所引伤寒文字，痞"鞕"均作痞"坚"，均与脉经同，可知当时依据者确为隋以前的旧本，因易坚为"鞕"是为了后人避隋帝杨坚的名讳而改的，到了成无已本就完全改"坚"作"鞕"了。除了千金翼外，引用仲景方的有王焘的外台秘要，但引用卷目有在十七、十八卷的，其中第十一卷以下即是杂病，但分门次第和今本"金匮要略"大不同，可见王氏所见的是另一种（合伤寒、杂病为一书）这是唐代伤寒书编次异同的崖略，已略可窥见。

现存的伤寒论有两种版本；一种是明赵开美覆刻宋本；一种是成无已注本。成氏是北宋末年人，后因聊摄沦陷于金，遂为金人。两书篇第并同，仅文字小异，皆是十卷，目前以成注本较为通行。宗本和成注本均非王叔和所编次，因书中同样有"夫疾病至急，仓卒寻按，要者难得……"这一段文字，实为其书并不出于叔和而为后人"重辑"的明证。

在通行本（宋本及成注本）两种以外，尚有"金匮玉函经"一书，亦经林亿等校定，为北宋旧传伤寒论别本之一。其书以"论证"与"方药"各自编列，和宋本、成本不同。卷一为疏序及证治总例，卷二为辨痓泾暍、辨脉、辨太阳病形证治上等三篇；卷三为辨太阳病下、辨阳明病、辨少阳阳病；卷四为辨太阴病、辨少阴病、辨厥阴病、辨厥利呕哕病、辨霍乱病、辨阴阳易差后劳复病等；卷五辨不可发汗、辨可发汗、辨不可吐、辨可吐、辨不可下、辨可下等；卷六辨发汗吐下后、辨可温、辨不可火、辨可火、辨不可灸、辨可灸、辨不可刺、辨可刺、辨不可水、辨可水、辨热病阴阳交并生死证等；卷七以下为"方药炮制"，起桂枝汤，迄麦门冬汤，计一百十五方（原缺属余粮图），其篇目与今本伤寒论不同，其书祖本恐与千金翼同出一源，因书中痞坚等"坚"字未改作"鞕"，亦与脉经同，但并非"方证同条，此类相附"，此与千金翼不同。又书中卷五辨不可发汗病形证治第十三的篇首，也有"夫以为疾病至急，仓卒寻按，要者难得……"的话，与宋本、成本同，可知此书亦较脉经为晚出。今宋本、成本不无缺失，尚取玉函及脉经、千金翼等互为校勘，当可校正宋、成两本之失误。此外别有日本所传"康平古本伤寒论"一种，云自我国传去，但中土未见著录，近经友人叶橘泉同志重校印行。书中太阳均作"太阳"，真武汤作"玄武汤"（千金亦作玄武），当亦为北宋之前别一旧本，但痞"鞕"，仍为隋以后书无疑，又书中多俗字，此因几经传抄所致，论其价值，似超于宋、成诸本。我现在正进行各种不同编次的伤寒论的校勘工作，因事忙尚未完稿，今先写成此文，以就正于医界同志，尚希不吝指正。

[《新中医药》1954，5（8）：29]

《伤寒论》非王叔和所编次商榷

姜春华

次公先生据井研寥平之说，谓伤寒论非王叔和所编次。按廖平之说，无证无据，纯出武断。廖平引甲乙经序云："汉有华佗张仲景，华佗性恶矜伎，终以戳死；仲景论广伊尹汤液为数十卷，用之多验。"接引"近世太医令王叔和撰次仲景，选论甚精，指事施用。"廖平据此即论断曰："明谓仲景成书在前，行世已久，明效具在，叔和乃编次之，则指脉经言，非谓仲景有法无书，待叔和而后编次，法虽传于仲景，而书实成于叔和也。"次公先生因亦谓伤寒论非王叔和所编。今考甲乙经序称："仲景论广伊尹汤液为数十卷。"太平御览引高湛养生论云："王叔和采摭群论，撰成脉经十卷。"又云："编次仲景方论为卅六卷，大行于世。"（宋张杲医说高湛养生论作张湛养生论。张湛字处度，东普光禄勋，注有列子。疑以医说为是。）皇甫士安与叔和同属西晋人，时代相距甚近，其谓叔和撰次仲景书，又谓仲景书有数十卷，当不太误。设高湛果为张湛，则东晋距叔和亦不甚远，（隋巢元方亦养养生论虽未注湛名，但可见养生论实隋以前之书，断为东晋当无疑问。）其谓叔和"摭拾群论，撰成脉经”，且又谓其“编次仲景方论为卅六卷，大行于世。”（大行于世，可知王叔和所编已成通行本。）当亦较可靠。另据今本伤寒论仲景自序“作伤寒杂病论合十六卷”，隋志有张仲景方十五卷，而无伤寒之目，又隋志载梁有张仲景辨伤寒十卷，亡，（伤寒论每篇尽冠辨字，当指今本伤寒论，其云亡者，盖孙真人称江南诸师秘伤寒方不传，其实非亡也。）唐志有王叔和张仲景药方，（意即王叔和所编大行于世之仲景方论。）据尚德本外台秘要首卷凡例云：“仲景之书，一者伤寒论而已矣”。判为要略者，盖自王叔和始，王焘所见者亦止一书，故其所引要略方，通称以为伤寒论。（徐明镕谓即今俗所分伤寒论金匮要略是也，徐说与尚德本凡例见解相同，但说并不稳。）此说实本于林亿等，但外台载百合病论并方，霍乱，理中汤、附子理中汤、附子粳米汤、四逆、通脉四逆汤，并云出第十七卷中；肺胀，小青龙加石膏汤、越婢加半夏汤、肺痈、桔梗白散，并云出第十八卷中，可证王焘所见本不止十六卷，亦足证仲景伤寒论原有数十卷，甲乙序与养生论之言为可信而仲景自序之十六卷反有可疑也。（宋林亿等序谓：“甲乙针经云汉张仲景论广汤液为十数卷，”林等因残存之卷不多，疑甲乙之数十为十数，遂改为十数卷。）仲景原书数十卷包括伤寒杂病，本不分编，王叔和取而编排，以类相从，仍有卅六卷。尚德凡例“判为要略者自叔和始”，出自臆断，难可信从。廖平谓仲景成书在前，非谓仲景有法无书，此说不误，但谓叔和所撰次者为脉经而非伤寒论，则其说大谬。叔和自另撰有脉经，然脉经决非伤寒。其自序云：“今撰集岐伯以来，逮于华佗，经论要诀，合为十卷。百病根原，各以类例相从，声色证候，靡不该备。其王阮传戴吴葛吕张所传异同，咸悉载录。”叔和自序如此，可知其脉经为载录岐伯以来至于华佗各家之论，不止仲景一家之言。至养生论更明白指出：“采摭群论撰成脉经十卷”，“编次仲景方论为三十六卷”自王叔和撰脉经兼编次伤寒固信而有徵，乃廖氏谓撰次伤寒即是脉经，真瞽说也。廖平又欲取今本伤寒论中序例及可不可诸篇还诸脉经，更为妄人妄举。考宋林亿等校脉经有云：“大抵世之传授不一，其别有三，有以巢元方时行病原为第十卷者，考其时而谬自破；有以第五分上下卷而撮诸篇之文别增篇目者，推其本文而义无取稽，是二者均之未睹厥真，各秘其所藏尔。今则考以素问、九墟、灵枢、太素、难经、甲乙、仲景之书，并千金方及翼说脉之篇以较之，除去重复，补其脱漏，其篇第亦颇为改易。使以类相从，仍旧为十卷。”（巢氏书时气为第九卷温病为第十卷）由林亿之序，可知脉经原有数本，残缺不全，故转从仲景诸家补人。但当时脉经有问题者只在第五、第十卷，并非第七卷。且王叔和伤寒例云“今搜采仲景旧论，录其证候，诊脉声色，对病真方，有神验者，拟防世急也。”可知叔和所录不仅“证候脉色”，且有“对病真方，拟防世急。”脉经中虽亦有伤寒文，但云某症宜某方，仅论证治，并无药味用量，不足“以防世急”。所谓“对病真方”非指伤寒论方而何？廖平又谓伤寒序例可不可诸篇确为叔和集录，盖序例及可不可诸卷本在脉经中，后人所以附入仲景书，遂与脉经重复。”廖平既认序例与可不可为叔和所集，则序例与可不可之言当为可信，今本伤寒论可不可篇首即云“夫以为疾病至急，仓卒寻按，要者难得，故重集诸可与不可方治，此之三阴三阳篇中，此易见也。又时有不止是三阴三阳，出在诸可与不可中也。”此段明言有若干可不可已见三阴三阳篇中尚有原在可与不可篇中，因此将三阴三阳篇中所无者重加集录成篇，无非为“仓卒寻按”使其“易得”而已。且今伤寒论可不可篇首之言，系叔和特为所撰张仲景方论而作。若叔和不撰次仲景方论，何为特别重集诸可与不可方治？且云“比之三阴三阳篇中此易见也。”再则其序例亦专为张仲景方论而作，专论伤寒热病之理，衡以脉经他篇，其体不侔，林亿已先我言之，可见序例非脉经所有。然仲景原书数十卷，叔和编次之方论亦称卅六卷，今伤寒论仅十卷，即将金匮要略合并在内，亦不足卅六卷，其非完书可知。考其残佚，当由晋室东迁及江南诸师秘仲景方之故。孙思邈千金翼已未能全引，林亿等自不能获睹全书。总之叔和编次仲景万论大行于世出诸晋人之口，自属可信。惟今本伤寒论条次失序，篇章凌乱，既非景面目，亦非叔和之旧，方喻诸家集矢叔和，殊为失考。次公先生深信廖氏凿空之论而不疑，盖慑于今经文家之权威乎。次公先生尝谓人要团结，学要斗争，用尽此质之。

[《新中医药》1954，(10)：37]

从古人对《伤寒论》的看法来认识《伤寒论》

张海峰

张仲景著的“伤寒论”，目前已被人认为它是具有科学价值而且是一部在中国医学里具有代表性的著作。至于它究竟是一部怎样的书呢？从古到今，有着很多不同的看法，恐怕直到现在还没有得到一个完全满意的解答。这当然不能归咎于伤寒论的本身，相反地正因为它的内容太丰富了，很难使人一眼看透，但这些从各个不同角度所产生的看法，终有一天，矛盾会归于统一。

在较早的年代里，有些人把伤寒论看作是一部单纯的方书，不过仅仅是把前人的医方，搜集起来，用之多验而已。如皇甫谧在甲乙针经序言中说：

“伊尹以元圣之才，撰用神农本草，以为汤液，得张仲景论广汤液，为十数卷，用之多验。”

又如严器之说：

“后汉张仲景又广汤液为伤寒卒病论十数卷，然后医方大备。”

很明显地他们对伤寒论的看法着眼在其中的“医方”，孙思邈更说过：“江南诸师，秘仲景要方不传。”可见当时伤寒论中的一些有效药方，是很被人所珍视的。

但是也有人认为伤寒论并不是一部很完整的方书。如赵希弁说：

“仲景著伤寒论，诚不刊之典，然有大人之病，而无婴孺之患，有北方之药，而无南方之治，此其所阙者，盖陈蔡以南，不用柴胡白虎二汤治伤寒，其言极有理。”

和赵希弁同样的思想情况下，又曾产生了另一种看法：认为伤寒论是专门用来治伤寒的方书。如陈振孙说：

“伤寒卒病论，凡一百十三方，古今治伤寒者，未有能出其外也。”

至于“伤寒”，它究竟是一种什么疾病呢？当然首先可以肯定不是今天我们所知道的“肠伤寒”。张仲景在伤寒论中的自序说：“余宗族素多，向余二百，建安纪元以来，犹未十稔，其死亡者，三分有二，伤寒十居其七。”从这较高的死亡率来看，伤寒可能是种传染病，至于是那一种传染病，他在自序中又曾说过：“伤寒有五，有中风，有伤寒，有湿温，有热病，有温病。”素问中则是说：“伤于寒者，则为病热。”意思说凡是伤了寒的病，都会发热。那么张仲景所谓的伤寒，是指一种有发热症候的传染病，大约是没有问题的。

但现在我们知道有很多传染病都会发热，张仲说的“伤寒”，是指那一种发热的传染病呢？近代曾一度把它作为有趣的讨论问题，有些人把伤寒论中的症候或某些症候群提出来和现代传染病对比，结果有的认为伤寒即肠伤寒，有的认为是流行性感冒，也有的认为“大叶肺炎”“恶性疟疾”也包括在里面，其实这都是主观的推论，假使能综合起古代各家对伤寒论的评述来看一看，再接合到临床上运用的事实去体验一下，很容易就可以感觉到伤寒论决不是仅对某一种或某几种疾病的研究专著，而是个包括得很广泛的内容。

像这样把伤寒论看作是研究某一种疾病的专著的，古代也不乏其人，如陶节庵（华）就把伤寒论认作是专治冬时伤寒的书。他说：

“仲景固知伤寒乃冬时杀厉之气所成，非比他病可缓，故其为言，转详于此书，而略于杂病也。”

他这种说法，不久就被人批判了，如郑佐骂他是：“仲景之螟螣也。”他认为陶氏这种看法，完全是不认识伤寒论，而且是污蔑了张仲景。诚然，陶节庵是不认识伤寒论的，经他的代表作“伤寒杀车槌”中可以找出证明，其中整个的是不谈辨证，不分立法，仅在方药的枝节问题上大做其文章。

在郑佐批判了陶节庵的同时，他对伤寒论是具有另一种看法的，他说：

“伤寒论为文简严，而寓意渊奥，离有六经，法有详略，详者义例甄明，非长余也，略者旨趣该治，非阙落也，散之截然殊科，融之则约于一贯，顾读而两之者何如耳。”

郑氏能注意到伤寒论的“六经”和“立法”，显然是进步的。和他具有同样看法的，还有王安道，闵芝庆诸人，王安道说：

“读仲景之书，当求其所以立法之意，苟能得其所以立法之意，则知其书是为万世法。”

闵芝庆说：

“伤寒论之称诸证也，证虽纷然，称有定例，……凡称某经病者，以病在此经也，六经伤寒固如此，杂病亦有如此者。”

王安道指出了伤寒论立法的可贵，闵芝庆则指出了伤寒论六经的重要，都是很正确的看法。王是元时人，闵是明时人，但当时他们这种看法，并不为人所重视，影响整个学术思想并不很大，可能是为金元四大家在医学上的另一种学说所障蔽了，所以在这个阶段里，伤寒论虽然仍旧被人奉为经典，而它在中国医学的学术思想当中并没有起到主导作用。

到了清代，医学界对伤寒论的看法，有了显著的转变，几乎大家一致认清了伤寒论不是如皇甫谧所说的“方书”，也不是如陈振孙陶节庵所认为是专治伤寒病的，而确实的知道了他是一部“辨证纲领”“治疗总则”。每一个医者都必须按照这个纲领和总则来行事，否则就会犯错误。无疑地，伤寒论在当时的学术思想体系中，已居主导地位。虽然，后来产生了叶天士吴鞠通辈，创言温病学说，似乎形成了和伤寒对立，但实际上叶吴学说仍然是脱离不了伤寒论的窠臼，比如吴鞠通的三焦立论，仍然不过是由六经所衍化，叶天士的用药轻灵也逃不出伤寒论的立法之中。所以叶吴辈所谓的温病派，并不是伤寒论以外的另起炉灶，更不是伤寒论的死敌或叛徒，相反地他们正是伤寒论的一个实践者，他们正是辨证立法的一个演进者，正因为他们对伤寒论早有了正确的认识，明晰的看法，才能衍化以一套新的临床应用法则出来，他们这种衍化方式，不仅不会湮没了伤寒论的价值而正是发扬了伤寒论的基本精神。

在这个时代里，首先提出对伤寒论的正确看法的是喻嘉言氏，他说：

"张仲景伤寒论一书，天苞地苻，为众方之宗，万法之祖，杂以后人知见，反为尘饭土羹。"

又说：

"仲景书中，矩则森森，毋论法之中更有法，即方之中亦更有方。"

喻氏的话，影响此后的学术思想很大，一致把伤寒论奉为医中必读经典，比作儒家的四书，如张志聪说："不明四书者不可以为儒，不明本论者不可以为医。"把过去一切对伤寒论不正确的看法一扫而空。从此有清一代的医书，可说是大部分都是在伤寒论的纲领法则上进行归纳演绎的研究。而像陶节庵"杀车槌"之类的著作，可说是见不可得了。

其中表现得最突出的，要算柯琴，他说：

"六经之为病，不是六经之伤寒，乃六经分司诸病之提纲，非专为伤寒一证立法也。……病兼该于六经，而不能逃出六经之外，只在六经中求根本，不在诸证名目上寻枝叶。"

他大胆地提出了六经是分司诸病的提纲，不是专为伤寒立法，更强调的说六经可兼该万病，临证只要辨明六经，不必在诸证名目上寻枝叶，他对伤寒论这一种看法，可算是独树一帜了。在某一个角度来说，柯氏未免有些偏见，但我觉得柯氏是富有革命性的，因为过去中医对"病"的认识是比较不够的，往往是对某一病证众说纷纭令人莫衷一是，柯氏是看透了这一点，所以他说诸证名目是枝节问题，而伤寒论指出的六经证候是确切不移的，有是"证"乃用是药，只许你唯物地去搜寻"证"据，然后随"证"而治，其中不容许你丝毫胡乱的唯心地去猜测，而妄加处理。所以他说只在六经中求根本。柯氏这般强调，正是充分表现了伤寒论的基本精神，伤寒论的这点基本精神，也就是它的科学价值所在。

今天我们要研究这一部中国医学代表性著作——伤寒论，首先必须对它有一个正确的看法，现在我们知道古人对伤寒论的看法，已经是不断发展和不断进步的，而我们更要从这个发展进步的阶段上，求取再进一步，找出它的客观实质，使伤寒论的唯物的科学精神完全达到具体化。

[《江西中医药》1954，(10)：17]

从巴甫洛夫学说来看 仲景《伤寒论》

何焕奎

(一) 符合马列主义，唯物辩证，为人类增进健康，解除疾苦的崇高思想

一九五〇年六月间苏联科学院与苏联医学科学院联席会议，苏联科举院院长華维浴夫院士致开幕辞有一段话："我国全国各地，从科学机关，一直到集体农庄，都以非常的热忱，庆祝了伊凡·巴甫洛夫先生的诞辰，一个科学家的纪念日的办得如此隆重，无疑地是由于巴甫洛夫学说，不仅对于生理学，不仅对于医学，而也对于全部苏维埃的文化和生活所具有的完全特殊的意义而决定的。……巴甫浴夫学说，不仅简单地是一个宝物，不仅是科学的巨大成就和最重要的总结。巴甫洛夫为了生理学和心理学的新发达，为了整个生物学和自然科学的发达，开发了很辽阔的远景。在科学方面的方法和结果的关系上，巴甫洛夫发现了一条干线，并且在技术的问题上，为唯物主义的宇宙观而树立了强固无比的支柱。"由这一段诉，可以了然巴甫浴夫学说的伟大。

巴氏曾说："从深刻的意义，了解生理学与医学是不可分离的，如果医生真正的和更加理想的是人类有机体的技师，那么任何新的生理学的收获，迟早必然加强医生掌握他的非常的机器，所谓掌握即是说保护和修理这个机器。"巴氏在纪念包特金氏的演说中又曾强调的说："只有通过实验室的实验医学，才能得到最后的胜利。"伊凡诺夫，斯摩连斯基氏所作："在高级神经活动的病理生理学上巴甫浴夫思想发展的道路"，一报告中有几句说："巴甫洛夫氏一分钟也没有忘记，面对着的是活的、常常是极其痛苦着的人，他对待病人，任何时候，也是充满着温和、敏感和热情。"

由上述各点，无论是在巴甫洛夫自己言论中，或他人记述他的事迹中，都足以证明巴甫洛夫的科

学工作，出发点是马列主义，唯物辩证，为人类增健康解除疾苦的崇高思想。而我们祖国的医圣张仲景氏呢？它在自序中说：“余宗族素多，向余二百，建安纪年以来，犹未十稔，其死亡者，三分有二，伤寒者十居其七，感往昔之沦丧，伤横夭之莫救，乃勤求古训，博采众方，撰用素问九卷，八十一难，阴阳大论，胎胪药录，并平脉辨证，为伤寒杂病论，合十六卷，（按金匮包括在内）虽未能尽愈诸病，庶可以见病知源，若能寻余所集，思过半矣。……”显见其对病者一视同仁，尤透露其同情劳苦大众的心理。同时，可以看出其临床治病，亦是唯一的，其创立治疗法则，见某证，用某方，完全是一古老朴实，绝非如后人注解纷纭，导入玄诞的。又自序后段：“观今之医，不念思求经旨，以演其所知，各承家技，终始顺旧，省疾问病，务在口给，相对斯须，便处汤药，按寸不及尺，握手不及足，人迎趺阳，三部不参，动数发息，不满五十，短期未知决诊，九候曾无仿佛，明堂阙庭，尽不见察，所谓窥管而已。”此数语更是痛责时医诊察疾病不深入，益可见仲景的医学与巴甫络夫学说，同样符合马列主义、唯物辩证，是以为人类增进健康、解除疾苦的崇高思想为出发点的。

（二）病原学的观点

疾病的原因有种种，约可分为两大类：（一）无传染性的，（二）有传染性的。一切物理的，化学的，变态反应，维生素缺乏，新陈代谢障碍，体质异常及特异素质等原因，皆属于前者，一切寄生性病原，皆属于后者。自十九世纪以来，巴斯特、柯霍、魏尔啸、欧立希诸学者辈出，化学、生物、细菌等学科益见发达，各种病原体，陆续有所发明，就寄生性病原而言，近代分得更细，在传染病学中，已将寄生性病原，区别为滤过性毒，立克次体，细菌、球菌、杆菌、孤菌、霉菌，螺旋体，原虫，复细胞小动物体等类。近代学者，发现了不少病原体，但单是向病原体方面去追求，以为消灭了侵入人体内的病原体，就可以治愈人体的疾病，那是不够全面的，按之巴甫治夫神经论观点，一切病原体，都像是一个特异刺激物，这种特异刺激物侵入机体，通过反射路，使机体某些机能，趋向活动，所以整个的传染病过程，可以认为是机体一个极复杂的反射动作，首先发生作用的就是感受器，即神经末梢接受器，这种感受器，分布在一定的脏器和不同的系统中。如机体的感受器对侵入的病原体不予接受，则根本不会发病，如已感受了发生了病变，则侵入的病原体虽已不存在，机体内仍会按照复杂的反射规律进行。如此说来，凡侵入人体的东西，但知其为生物的一种特异刺激物，即可认定其为病原，虽未冠以科学上恰当的病原体名称，于治疗和预防上，当亦不至大误。我国古代医学，认为人体致病的原因，不外乎六气七情，所谓“外因于天，内因于人”天有会阳风雨晦冥，人有喜怒忧思悲恐惊，”内经说：“四时之气，更伤五脏，是以春伤于风，邪气留连，乃为洞泄，夏伤于暑，秋为痎疟，秋伤于湿，上逆而咳，发为痿厥，冬伤于寒，春必病温。“中国医学对病原多系给以概括的术语，如外感的病原——风寒湿热燥火，按之现代科学，自然嫌其过于笼统，有需改进之必要，伤寒论六经病认定的病原，亦不出乎六气，按之巴甫洛夫学说，现代科学上一定名称的病原体也好，我国古代所概括的名称——六气也好，总归是对人体的一种特异刺激物，必侵入人体，必须通过人体的感受器，起反射作用，才会发生病变的，内经说：“凡阴阳之要，阳密乃固，阴平阳秘，精神乃治”这几句说法，其意义是与巴甫洛夫神经论看病原的观点并无二致的。

（三）病理生理学的论证

巴甫洛夫学说，是建立在机体完整、机体与周围环境的统一性、神经论三大原则上，其最高的体现，就是高级神经活动的病理生理学学说。巴甫洛夫认为疾病的过程，是通过神经系统复杂的反射过程，巴甫洛夫全集第卷二二页写道：“生体内部或外部的各种因子，刺激各种神经感受器，这种刺激，被转化为神经过程，转化为神经兴奋现象，兴奋沿神经纤维，像沿导线一般，驰向中枢神经系统，而从这里，由于既有的联系，沿另一线路，传导至工作的器官，同时也就可以转化为这一器官各个细胞的特殊的活动，这样。某种外界因子有规律地与生体的某种活动，发生联系，就好像是原因与结果一样。”魏尔啸学派认为各种刺激物所引起的各种反应，乃是刺激物直接作用的结果，它首先出现在作用的部位，然后向全身扩延，也有不扩延的，因之区别疾病为局部的和全身的。实际上刺激所引起来的各种反应，是神经反射影响的结果，由于神经冲动，能够广泛扩延，这种反应，在例戟作用的远隔部位也可以出现，故疾病是没有所谓局部的，不会限定于某一个器官系统的。疾病发展过程中，机体与病原体展开斗争，也是全面的，如吞噬细胞吞噬细菌，肾脏排出病原体的代谢产物，各种脏器分泌有利于机体抵抗病原体的物质，抗体的产生等等，这些生理机能，都是由于中枢神经系统，借助反射作用动员起来实现的，大脑皮层实起着主导作用。疾病痊愈时，机体会失掉一些机能，而由新的机能去代偿，这代偿机能的产生，乃全身总力量的表现，也是由大脑皮层起着主导作用。疾病自始至终的过程，都是全身性的，有时病变形态似局限于机体某一部，只能说是全身病变的局部表现。我国医圣的经典著作仲景伤寒论六经病证，现今海内医界名流发表论文，多认为伤寒论是一部传染病学，所记述的六经病证，系传染病临床表现的六个阶段，一说六个症候群，如太阳经证：主症：脉浮，颈项痛，恶寒，发热，出汗，恶风，能见到的症候：脉紧，弦急，浮紧，洪大，浮弱，沉紧，结代，鼻鸣咽干，往来寒熟，谵语，身重，身痛，四肢急，手足冷，舌，口渴；呕吐，不欲食，胸满，结胸，腹满，腹痛，小便不利或数，大便鞕或溏，烦满，不安，惊狂，直视，心乱，心悸，头眩，惊痌，皮肤黄色，喘，咳，气短等等为传染病第一阶段，或称一个症候群；阳明经证：主症：胃家实；能见到的症候：脉大，浮紧，迟，滑疾，发热，出汗，恶寒，头眩，谵语，身重，发狂，喘，厥，头痛，咽痛，骨节痛，胁下痛，心痛，舌苔，口苦，咽干，呕吐，不能食，腹满，心满，胸满，胁满，大便鞕，溏，黑，小便不利，数，皮肤发黄，虫行等等，为传染病第二阶段，或称第二种症候群；少阳经证：主症；口苦，咽干，目眩；能见到的症候：脉弦细，沉紧，耳聋，目赤，烦满，头痛，发热，胁痛，谵语，呕吐等等，为传染病第三阶段，或称第三种症候群；太阴经证：主症：腹满，吐，食不下，自利，腹痛，胸下结鞕，四肢疼痛；能见到的症候：脉浮，缓，弱，自利，不汗渴，发黄，腹满痛等等，为传染病的第四阶段，或称第四种症候群；少阴经证：主症：脉微细，欲寐；能见到的症候：脉沉细，数，无脉，咽痛，身痛，骨节痛，心下痛，腹痛，发热，恶寒，眩，谵语，口燥咽干，呕吐，烦躁，不得眠，胸满，腹胀，下利，便脓血，小便不利等等，为传染病第五阶段，或称第五种症候群；厥阴经证：主症：消渴，气上撞心，心中疼热，不欲食，吐蛔，下之利不止；能见到的症候：脉微浮，迟，滑，紧，细欲绝，发热，出汗，恶寒，肤冷，厥，谵语，头痛，咽痛，身痛，四肢痛，烦满，腹胀，呕吐，大便下利，脓血等等，为传染病第六阶段，或称第六种症候群，伤寒论太阳病症篇开首第四节："伤寒一日，太阳受之，脉若静者，为不传也，颇欲吐，若躁烦脉数急者，为传也，伤寒二三日，阳明少阳证不见者，为不传也"。即此可见仲景伤寒论分六经病证，有由浅而深的意义，故认伤寒论六经病证，单是综述六个症候群，不如认为是分热性病症为六个阶段，较与本书原旨不背，徐灵胎六经病解，谓"仲景六经，各有提纲一条，犹大将建旗鼓，使人知所向，故必择本经至当之脉证标之，然提纲只是正面，读者又要看出底板，细玩其四旁……"上述各经能见到的症候，即是各经提纲正面的底板及其四旁的附加症候，六经病证有阳经中见阴证，阴经中见阳证者，正因人身是整体，按之巴甫洛夫神经论，刺激因子侵激人体，引起反射作用，神经冲动广泛扩延，人身对刺激因子作用反应的整体性，伤寒论中阴阳二义叠见，徐灵胎解释阴阳说："凡人之阴阳，但知以脏腑血气寒热为言，此是后天有形之阴阳，若先天无形之阴阳，则阳曰元阳，阴曰元阴，元阳者即无形之火，以生以化，神机是也，性命系之，故在上亦曰元气，元阴者即天一之水，以长以立，天癸是也，强弱系之，故在下亦曰元精，元精元气者，即化生精气之元神也，生气通天，惟赖乎此，经曰得神者昌，失神者亡，即此之谓。"按此说法，所谓元神，参之巴甫洛夫学说，可能即高级神经的活动，仲景当时著伤寒论，于病理生理学的见解，是看人体为整体，毫无疑异，伤寒论中阴阳二义迭见，其理想也必如徐灵胎所说，认为人体是由元神主宰，与巴甫洛夫学说高级神经活动，大脑皮层居领导地位的意义，很相符合，也是可以体会的。

（四）治疗的原则

治疗的原则，是如何使异常的身体状况恢复到正常，关于这点，巴甫洛夫说过："看到异常现象，以及在深入地探究其发生机转以后，急想使其恢复正常，这不是很自然的吗？唯有这样，才是充实你的知识和扩大你掌握对象的范围的最新的尝试，因之我们自然而然地会达到实验性治疗，只有能够使生体的破坏过程恢复于正常的人，才能说他真正熟知生活。"生体有异常现象时，医师首要的任务，在于能达到确诊，生体对刺激因子的侵袭，有生理防御反应，如炎症，发热，催眠状态，这种抵抗疾病的生理防御反应，与纯粹的病理反应，经常联系得紧密，往往难于把它彼此区分开，巴甫洛夫曾说过："在一般医学中，往往有很多困难，有时你们必须在疾病的症状中分清，那些是损害的结果，那些是生体抵抗该种损害的结果，疾病的这两种范畴，是相当混淆不清的，医生的学问和才干，就在于如何把它们区分开，并进一步理解，什么是真正的疾病，什么是抵抗疾病的防御手段。"生体的防御反应对身体合适与否，是依其反应强度，疾病的阶段以及若干其他条件为转移的，有时在某一方面仍然继续起防御作用，而在另一方面却为病害作用，因此绝不可认为像炎症，发热这类适应性反应，在任何场合，在疾病的所有阶段，在生体的任何一种状态下，对生体都是适宜的。所以医师诊病，不但需鉴别病型，尤须考虑病情，观察病势，将治疗法则，灵活运用。疾病的痊愈，往往并不仅仅是表现为生体原有状态的或多或少地完全恢复，而且表现为已经丧失的或受到破坏的机能的代偿，机能的代偿，”乃是痊愈的一种普遍的形式，医师的任务，在于对真正的病理反应加以压制，对抵抗疾病的生理防御反应加以扶助，对恢复健康的代偿机转加以促进，这是巴甫洛夫学说关于治疗的三个原则。仲景伤寒论立有三百九十七法，一百一十三方，每一方的应用，都有严格的规定，不但是在不同的疾病，有适应与不适应，即于同一病症，有在某一阶段则为适应，而在另一阶段则为禁忌，举例来说：如麻黄汤治寒，桂枝汤治风，麻杏石膏汤为治风温，彼此更易则为禁忌，在同一太阳病症，“下之后，其气上冲着，可与桂枝汤方，若不上冲者，不可与之”伤寒论又说：“桂枝本为解肌，若其人脉浮紧，发热，汗不出者，不可与也，当须识此，勿令误也。”由此可见仲景治病处方，非常审慎，其治疗原则，乃系以病人整体为对象，而不仅是针对病人某一局部的病灶，其立方规定在疾病某一阶段可与，在某一阶段不可与，即由于了解病人的外在和内在环境的情况，什么是病人抵抗疾病的生理防御反应，什么是真正的病理反应，病人已被破坏丧失的某些机能，如何得到代偿，恢复健康可以说：仲景伤寒论是符合巴甫洛夫学说的三个治疗原则——压制病人的真正病理反应，扶助其抵抗疾病的生理防御反应，促进其恢复健康的代偿机转的精神的。

（五）药理应用与方剂配合

魏雨啸细胞病理学，认为机体是细胞区域的联盟，疾病的发生，是病原微生物直接作用于侵袭部位的细胞的结果，只要作用药物消灭了病原微生物，就可以达到治愈疾病的目的，因此，药物的亲和力——“亲寄生物的”。“亲器官的”及机体对药物的耐受量，成为药理学与化学疗法中研究的焦点，着重于保证药物化学制剂有最大限度的亲奇生物的杀菌性能，和最小限度的亲器官的性能，并注意药物到机体内的扩散和分布的规律性。巴斯特，欧立希，艾利诸氏等在化疗法方面，虽有很辉煌的成就，但其缺点，在于忽视了生体的完整性，忽视了生体反应的反射性机转，巴甫洛夫批评他们：“极少研究各种药物对传入神经终末的作用”，巴甫洛夫指示药理学与实验治疗学发展的方向，必须根据生体的完整性，生体反应的反射性机转这一原则，对生体进行综合性的研究，考虑每一器官在整个生体活动中的意义，当分析药物的作用，必须研究药物的反射性机转，因为药物也是刺激物，而复杂有机体对于药物作用的最主要的反应形式乃是反射，药物对生体某一类细胞的选择性作用，也是由于生体感受器有分别的反射机辐，药物的治疗效应，须由生体反应的反射机转来决定，例如抗奎宁型疟疾，如施了大脑按摩术（很简单，即用杀菌注射器于第四腰椎脊椎将脊髓液抽出复送入若干次）之后，用奎宁即可治疗：由球菌发生的疾病，使用青霉素无效时，并用青霉素与自家血清疗法或其他类似的措施，即能产生良好的效果，还大脑按摩术与自家血清疗法，是对生体的神经系统，同为附加刺激，在原理上是一样的。又如青霉素在试管中对梅毒螺旋体，并没有亲寄生物的作用，而注入人体内，可以治愈梅毒，制剂在直接接触到结核杆菌时，也没有亲寄生物的作用，而用炭酸铋混悬液，注入于患结核性腹膜炎或狼疮的病人静脉内，却可以收到治疗效果，这些都是证明生体对药物反应的反射机转作用，其他如输血疗法，刺络疗法，电疗，扩泉，日光等等疗法，都是基于这个原理，巴甫洛夫尤有一著名的处方，用咖啡因与嗅化钾配合，以治疗神经官能症，这也是利用条件反射，使大脑发挥兴奋与抑制的两种作用。仲景伤寒论中一百十三方，选用近八十种药提出了汗吐下三法。据医学心悟著者程普明谓其中实包有一、汗法——（解热）。二、吐法——（催吐）。三、消法——（健胃利尿）。四、和法——（健胃解热）。五、温法——（强心健胃）。六、清法——（清凉解热）。七、补法——（强壮营养）。八、下法——（泻下解热）等八法。适应症，禁忌症，应用规定，极为严密，一病有一主方，一方有一主药，君臣佐使，分量重轻，配合一定，不可移易，如辨证明确，依法投与，无不如乡斯应，其天才妙用，不可思议，例如桂枝汤以桂枝为君，芍药为臣，小建中汤以芍药为君，桂枝为臣，两个方剂中的药味皆同，只是分量不同，便变更了君臣的意义。适应症也就不同，尤应特别强调指出的是：仲景所立的经方，大多数都是暗合了巴甫洛夫治神经官能病咖啡因与溴化钾并用的方法，兴奋药与镇静药并用，随便举几个汤方为例，如桂枝汤方：桂枝、芍药、甘草、生姜，大枣、其药五味，桂枝辛温，合生姜的辛为兴奋作用，芍药苦平，与大枣甘草合化为镇静作用。小半夏汤方：半夏、生姜二味，一为镇静，一为兴奋。小青龙汤：以麻黄芍药为君臣药，越婢汤以麻黄石膏为君臣药，麻杏薏甘汤麻杏石甘汤以麻黄杏仁为君臣药，都是一方面兴奋，一方面镇静。诸如此类，不胜枚举，根据现代药学专家分析中药有效成分的报告，麻黄桂枝生姜等有刺激交感神经的作用，芍药半夏杏仁石膏等有抑制副交感迷走神经的作用，仲景取这类药配合使用，所以能同时得到兴奋与镇静两方面的疗效，与巴甫洛夫依唯物辩证神经论的原则，用咖啡以兴奋大脑皮层，用溴化盐类以抑制大脑皮层下部，实理无二致，在仲景时代本无所谓化学分析，但其药理的应用，方剂的配合，事实上与巴甫洛夫学说的科学真理，并无不同，这并非偶然的巧合，凭空的理想，由仲景伤寒论自序中“乃勤求古训，博采众方”二语观之，可见仲景所立的一百一十三方，多半系古代传下之方，至仲景时代总结，已有千余年的累积经验，又经过仲景的临床考验，通过实践，证明其准确性，故仲景的伤寒论，实由综合先圣医学及其自己的经验，以我国通用术语来说，叫作“经验医学”，巴甫洛夫所谓的实验治疗学可以说是经验医学的发展和提高，他们互为因果，先后媲美。

（六）结语

1. 此稿对于巴甫洛夫学说与仲景伤寒论，只描述了一点轮廓，其中的微旨奥义，实发挥不到万一，巴甫洛夫与仲景两氏的经典著作，实应深入钻研，多学习一回，即可以多得到一些体会，如剥茧抽丝，有一层一层的发见，徐灵胎说过：“伤寒一科，宜将伤寒论诸条字字体认，其一百十三方，亦当字字参悟”我愿请事斯语，并以此斯语向医界同志们贡献。

2. 仲景伤寒论已包括余匮要略为一书，关于此点，邓云航亦曾论过：“仲景自序，明言伤寒杂病论合十六卷，盖伤寒六经为六卷，后附三章为一卷，余匮要略九卷，二书共合，恰得一十六卷，金匮当是杂病论，即以序之卷数而知之也，金匮之名，亦疑后人所加……”唐容川著伤寒论浅注补正，已将二书厘正，合为一十六卷，复还其本来面目，并谓“读者将两书合读，则融会贯通，毫无遗义矣”我们医界同志学习伤寒论，应将金匮要略一同学习。

3. 中华医史杂志刊登的李松声氏所著“中西医都需学习的伤寒论它的内容和评价”一文结论是现时代传染病的病程和症候，不应该不用三阳三阴来区分，只须利用体温表，不必再凭着“脉浮，头项强痛，恶寒”诊断为太阳病，更无须凭着“脉微细，欲寐”来诊断为少阴病，仲景的伤寒分经，是应该抛弃的东西。而“北京中医”月刊登载荆小侍氏所著的“从学习巴甫洛夫学说的体会，讨论中医科学化的一些问题”一文中，不但重视经方药性配合等问题，并讨论到五行生克疗法，认为“依照巴氏学说的规律，五行生克是有道理的”，真是智者见智，仁者见仁，我于此不免怀疑何以苏联当代医界权威如贝柯夫，斯英连斯基等对巴甫洛夫的经典著作没有不同的批评呢？我对仲景伤寒论金匮要略钻研得不够，未敢妄加论断，希望医界先进，展开必要的论争，以正确对祖国医学的认识。

4. 中央卫生部对学习苏联先进医学巴甫洛夫学说与发扬祖国医学遗产，是一样提倡的，现全国对巴甫洛夫学说，已掀起了学习高潮，而对于祖国医学的经典著作的学习情绪，似认真得不够，个人体会，我国传统医学能不能科学化，唯一测验，在于学习巴甫洛夫学说与仲景伤寒论两者间配合得好不好，我愿与医界同志共勉，以马列主义毛泽东思想武装自己的头脑，为建立新中国医学而奋斗。

［《江西中医药》1954，（10）：21］

有关《伤寒论》的一些问题的商榷

邓　曼

《伤寒论》是一部治病活人千古不刊的医学宝典，这是我国广大中医一致承认的事实。不过，由于这书流传的年代久远，对于他的内容、卷数和编撰人各方面，发生了很多争执未决的问题，我想这些问题，应当搞清楚，非常有必要提出大家研究，否则，对这一伟大医学名著的价值，是会有着不良的影响。

一、《伤寒论》原本名称解释与今本异同的问题

唐人王焘（尚德本《外台秘要》）说：“仲景之书，一而已矣，判为要略者，盖自王叔和始。”宋人孙奇等（校刊《金匮要略序》）说：“张仲景为伤寒杂病论合十六卷，今世但传伤寒论十卷，杂病未见其书。”明人徐镕说：“伤寒杂病论”即今俗所分“伤寒论”及“金匮要略”是也。钱潢《伤寒溯源集》说：“卒病论早亡，”清初人喻昌《伤寒尚论篇》说：“卒病论已不可复睹”。[1]这些说法，都是不正确的。考伤寒论仲景自序说：“为

《伤寒杂病论》，《杂病论》合十六卷”。今“伤寒”二字的下面，没有“论”字，显然不是两书合编，而是一书兼论伤寒和杂病，所以也可以说“合十六卷”。而且自序的上文说：“余宗族素多，向余二百，建安纪年以来，犹未十稔，其死亡者，三分有二，伤寒十居其七。”那么，死亡的其余十分之三的宗族，当然由于杂病，这书既是“感往昔之沦丧”而作，当然要兼论伤寒和杂病，以判明它们不同的地方，使读者易于分清病症，而免医治错误，这是很自然的道理。何况今传的《伤寒论》中确实有治难病的方法[2]（从事实上也是可以证明的。而晋书王邵传所载：“邵撰皇隋灵感志合三十卷”也是在一部书的卷数上用一“合”字，这又是历史上一个例证。不过，原本“伤寒论”十六卷，传到梁时有人把它合并（卷数）重刊为十卷本，改题为《伤寒论》[3]但并没有抽出原书中的杂病部分，试看今本《伤寒论》每条冠以“辨”字，便可证明它是梁时通行的旧本，后人因见今本的卷数，与仲景自序所说原书的卷数不符，因而误解《伤寒杂病论》十六卷为二书的合编本，后被人抽出其中杂病论六卷，另编为《金匮要略》。如果事实真是这样，二书当然分刊的新序说明，而仲景的自序也应该分列二书，但现存二书既没有说明分刊的新序，而仲景自序也不见于《金匮要略》中，显然二书原来不是合编，且据孙奇等校刊《金匮要略》序文，知道这书原名《金匮方论》，（也称《金匮玉函要略方》全书只三卷，不特与所谓杂病论六卷的名称和卷数不符，而且最矛盾的，上卷又是辨伤寒[4]这是二书原非合编的一个比较可靠的证据。因此，我们可以判断隋志所载·梁时通行的辨伤寒十卷实由原本《伤寒杂病论》十六卷并合而成，内容依然并没有减少。

二、《伤寒论》的编著和原本卷数问题

关于《伤寒论》究竟是否经王叔和编次的问题，有人曾举晋人皇甫谧《甲乙经》序所说：“仲景论广伊尹汤液为数十卷”，《太平御览》引高湛《养生论》所说：“王叔和……编次张仲景方论为三十六卷，大行于世”，和唐人王焘《外台秘要》引《伤寒论》的文字有“出于十七、十八卷”的说法来证明：“王叔和曾经编次《伤寒论》，而且仲景这书的原本有数十卷，今传本是原本小部分的残余。”我认为对这种论断仍有进一步考据的必要。考《伤寒论》仲景自序明明说：“为《伤寒杂病论》合十六卷”，这是作者自己说的话，当然十分可靠，而且自序不特没有说本书又名《广汤液论》，甚至于它所根据的材料（即《素问》九卷，八十一难、阴阳大论、胎胪药方、平脉辨证一见自序）中也没有“汤液”这个名称。可证伤寒论与《广伊尹汤液》是完全不同的两种著作，绝不是一书的两个名称。我们怎么可以把它们硬合而为一，并推翻自序“为《伤寒杂病论》合十六卷”的说法呢？且考仲景著作，除本书外，还有《黄素药方》二十五卷，《疗伤寒身验方》一卷，《评病要方》一卷，《张仲景方》十五卷，《疗伤寒身验方》一卷，《评病要方》一卷，《张仲景方》十五卷，《疗妇人方》二卷，《疗黄经》一卷，《口齿论》一卷，共数十卷之多，单独查不出《广伊尹汤液》这部著作。由此可以看出：甲乙经序所谓“仲景广伊尹汤液为数十卷，如果不是指仲景的另一书名（已佚），便可能是泛指仲景所著各书的总卷数说的。[5]至于《外台秘要》所引：“伤寒论十七、十八卷”的“十七”“十八”字样，如果不是作者引误，便是传钞刊版的讹文无疑。我们又怎么可以用后世别人的错误引文来推翻作者自己的言语呢？再看：宋人周守忠作的《历代名医蒙求》（卷下）所引上述高湛《养生论》那段文字，只说：“王叔和撰成《脉诀》，大行于世，”并没有：“编次张仲景方论为三十六卷”的说法，那么，原本《养生论》究竟怎样，岂不是还有疑问？纵使我们认为《御览》作于较早的宋代，它所引的话比较可信，也无法证明王叔和所编次仲景方论三十六卷，就是《伤寒论》。而且宋人张杲的《医说》所载：仲景和张伯祖的历史事迹，都说：出仲景方论序，但《伤寒论》中并没有这些纪录，这更证明了王叔和所撰次的仲景方论，绝对不是《伤寒论》。复查隋书经籍志所载：“梁有……张仲景辨伤寒十卷”[6]，并没记“王叔和撰次”的字样，到了宋人作的《新唐书·艺文志》记载《伤寒论》的时候才加上“王叔和”三字，这启示了我们：“王叔和编次《伤寒论》的传说在唐、宋以前还找不出可靠的证据的，很可能是在唐、宋所造出来的事实”。

三、今本《伤寒论》内容的真实性和完整性的问题

金人成无己《伤寒论注》说：“《伤寒论》当三国兵燹之余，残缺失佚，若非叔和编次，不能延至于今”。明人方有执《伤寒论条辨》说：“今本《伤寒论》已经王叔和改易，复经成无己窜乱。”清初人喻昌《伤寒尚论篇》说：“（今本）《伤寒论》亦劫火之余，仅得之口授，其篇目先后差错……晋王叔和附以己意，编集成者。”清人纪昀等《四库

全书总目》说：“（张）机所著“伤寒卒病论”自金，成无己后，注家各自争名，互相窜改，如：宋儒之谈错简，原书端绪，久已瞀乱难寻。”清人陈修园《伤寒论浅注》说：“要知平脉、辨脉、伤寒例诸可与不可等篇为王叔和所增。辨痉、湿、暍脉证一篇，王叔和从《金匮》采入”。（黄氏《伤寒类证辨惑》说同陈氏）日人山田正珍《伤寒论集成》说：“伤寒论古昔十六卷之本，亡失不传，虽叔和亦不得而见之矣。”日人丹波元简《伤寒论辑义》说：“《伤寒论》中文气卑弱者，世人疑为王叔和所羼入”。日人中西惟忠《伤寒之研究》说：“周、秦以上诸子百家未尝闻自序其书，司马迁之于《史记》自为之序，而次之卷后，今仲景自序《伤寒论》于卷首何耶？且其言“撰用素问九卷……为伤寒杂病论”，乃今质诸终篇，未尝有本于此者。平脉辨脉二与仲景之论旨不合，痉、湿、暍、脉证篇既曰“太阳痉湿暍”，太阳之外岂复有所谓痉、湿、暍者邪？若以其与伤寒相似，何以独遗霍乱与疟疾？又汗、吐、下可与不可，既载于本篇，而今又辨之于篇末者，岂非为蛇添足乎？凡此诸篇，皆王叔和等人之所作也。”（案原论繁琐，兹约录其要点）我对这些说法是有疑问的。

第一，考我国历史上焚书的惨酷和全面，莫过于秦始皇的一炬，但是当时还规定了不烧医药卜筮之书，[7]此后，更没有发生类似“秦火”的事实，所以三国以前所作的《素问》，《难经》等医书都能够传到现在。[8]《伤寒论》作于这些作品以后，当然更能够完全地流传下来，纵然个别地方发生兵燹，有些《伤寒论》本子被烧，但到处广泛地流传的《伤寒论》原本仍旧可以流传后世，就算江南诸医师真的“秘藏本书”，但并没有消灭它，他们终究要传与后人的。我们怎么可以误解它会亡佚呢？

第二，仲景的医术，精微高妙，治病活人无数，人们把他称为“医中亚圣”[9]可见广大的人民对他是多么地信仰和热爱！对于他作的最精审实用的救命医书——《伤寒论》，当然会更加爱护和广泛地传播它，决不会任它散失佚亡而不传。而且仲景又有著名的弟子卫泛、杜度等人传习他的医术，本书在广大的医界中一定会更有系统地流传下来的。虽然由于仲景的思想行动和当时的一般统治阶级相反，致使伤寒论没有得到一般史志（官书）如《后汉书》《三国志》之类的著录，但它仍然不断地在广大的民间流传应用着，也是可以理解的。由于医疗上应用它所获得效果，太好太多，到了涩时一般统治阶级也不得不把它的大名载入《七录》中[10]，以后历代书志，多有著录，这是有很多文献可证的。试看王焘的《外台秘要》，隐逸者孙思邈的《千金方》都引用了它的文字，这是它在唐代依然广泛地流传着的确证，而孙奇等校刊《伤寒论》序说：“历代藏之书府”，这又告诉我们，今本《伤寒论》是我国历代国家书库所保存本书原本的翻版了[11]。

第三，考历代作假书的人多半是为了自己的利益，因此伪造一种书来，托名某某名人所作，以达到“多销快卖”，获得暴利的目的。仲景的《伤寒论》既然历代不断地流传着，如果有人把它拿来重编，或者造些伪作搀杂其中，一定不会得到人民的信仰，反而引起各方的指责，又有谁肯空费精力，干这样的傻事呢？何况相传王叔和是晋代的名医，他既能著作《脉经》，得到时人的信仰，更不会作些文章搀进《伤寒论》，冒充仲景的作品，这是很自然的道理。

第四，考我国古代有名学者的著作中，往往有不同的笔调，例如战国年间屈原的作品，既有古奥的《天问篇》，也有通俗的《九歌》等篇：同一时代的墨翟的墨子中有好些篇是平叙易懂的文字，但也有艰深不易了解的经（上、下）和经说（上、下）的篇章，唐人韩愈写的文章大都变化多端，但他作的《顺宗宝录》却又质直平淡，宋人苏轼多“雄迈英俊”的作品，但也有“萧条寒酸”的文章。这些历史事实说明了《伤寒论》的方笔，全书虽有少数篇章不同，却不能证明它不是仲景一人的作品，何况仲景明明说他：“勤求古训，博采众方”来写作本书，它们自然有古雅、简、详、平易、精深各种不同的笔调，这更是毫无疑问的。

第五，考仲景作《伤寒论》所撰用的资料既有“平脉辨证”，适足说明今本“伤寒论”中的平脉辨脉等篇不是伪作。而王叔和《脉经》五，引张仲景论脉二条，都在今本《伤寒论》平脉篇中，这更是它是仲景原作的确证。又《伤寒论》本是《伤寒杂病论》的简称，它中间原有论杂病的辨痉湿暍脉证一篇更无疑问。试看篇中说明：这些病证由伤寒所致，类似伤寒，可见它们也是当时的流行病，仲景恐怕一般医生治疗错误，所以特立专篇讨论：而痢、疟等症，当时或不常见，且不一定为伤寒所致，所以略而不谈，我们怎么可以因无痢疟篇便怀疑本篇的真实性呢？若说它是从《金匮方论》中采入本篇的，不特找不出可靠的证据，而且是一种“倒因为果”的说法。至于汗、吐、下、可与不可诸篇，篇首已经说明：“夫以疾病至急，仓卒寻按，要者难得，故重集可与不可方治列之篇后。”所谓“重集”，当然它们已散见于六经篇，仲景恐怕病急仓卒难寻，所以特地再集于篇末，这正是他体贴医家无微不至的地方，决非“蛇足”可比。如果是王叔和作的，既已列于《脉经》中，又把它们搀进《伤寒论》的里面，不特把自己辛勤创作之功送与仲景，同时自己又有“袭取前人作品”的嫌疑，天下竟会有这样的傻子呢？且叔和《脉经》自序说：“今撰集岐伯以来逮于华佗经论要诀，合为十卷。其王阮傅戴吴葛吕张所传异同咸悉载录，”更足说明《脉经》七卷中汗吐下可不可诸篇实在是从《伤寒论》中采入的。说到自序，在仲景以前，已有孔安国《尚书传》序、班固《两都赋》、刘向《战国策》序、荀悦《汉纪》序、刘熙《释名》序，且都列于书首，那么仲景自序伤寒论又何可疑？何况本书原是仲景为了“感往昔之沦丧，伤横夭之莫救”而作，他当然要写一篇序文来倾吐心中的感慨，这也是自然而然的道理。尤其是中西惟忠既承认西汉初年司马迁作《史记》自序的事实，又相信《伤寒论》自序中：“汉长沙太守张仲景著”的题署，却毫无根据地断定自序不是仲景的作品，这是十分矛盾的地方。此外，查《伤寒论》所撰用的材料(《素问》《难经》外）多已佚亡，而中西氏竟说：“乃今质诸终篇，未尝有本于此者”，（指上述材料）这又是“凿空之论”了。只有《伤寒论》序例一篇，陈修园以为它的说法与六经中所论不同，日人丹波元简也说它：“固多不合仲景之绳墨”。孙鼎宜(《伤寒论章句》）黄元御(《伤寒悬解》）等更有详细的驳论，明方有执作《伤寒论条辨》，竟削去不录，今细加考核，它确有与本书理论矛盾的地方，或许是后人（意图帮助读者了解本书）所加上去的，也说不定。（案《外台秘要》引序例文揭以“王叔和曰”，是否属实，尚须考究。）

第六，细审今本《伤寒论》六经各篇全备，且都首尾完整，看不出它有多少佚缺的迹象，我们怎么可以古今刊本的卷数不同，来否认它的实质完整呢？由此，可知今本《伤寒论》除了有疑点的序例外，它全部的各篇都是仲景的原作。据此所以我们可以认为它的完整性和真实性在基本上是没有问题的。日人山田正珍以为：“不可断为非梁七录及唐志之旧”。我更以为：“不可以说它不是仲景原作的遗传”哩！不过，由于它流传久远，经过无数次的传、抄、刊版，错简讹文，在所难免，因此，历代注家的言论虽多过火或谬误之处，但也不无发挥和得当的地方。如果有适当的医学工作者用“具体地分析具体事物”的科学方法，充分地参考现有的一切材料，在各家已有的成绩基础上，进一步加以钻研和整理，我相信一定会获得更优良的成绩，使本书在今后医疗工作中发生更多、更大、更好的作用，这是符合广大人民的要求和愿望的。

四、后人误解今本《伤寒论》为王叔和编次的原因和确证

1. 仲景既著《伤寒杂病论》等书数十卷，为了照顾广大医家的经济能力和阅读时间起见，复简括各书的要点写成了《金匮方论》（即《金匮玉函要略方论》[12]，上卷辨伤寒，中卷论杂病，下卷载其方并疗妇人）。试看孙奇等校刊本书的序文说它：“辨伤寒文多简略”，便可证明它是《论伤寒》和杂病的一种节要本，在唐朝的时候大概它还有《伤寒杂病要略》的名称，所以《外台秘要》引用它的文字都称：“出伤寒中”，便是明证。[13]由于孙奇等校刊它的时候，削去了上卷辨伤寒，以致后代医家更相信上述王焘的误解，认为它是后人从原本《伤寒杂病论》中抽出杂病病另刊而成的东西，这都是真正“冤哉枉也”！

2. 由于王焘、孙奇、林亿、高保衡、晁公武、陈振孙等误解上述《甲乙经》序所说：“近世太医令王叔和撰次仲景遗论甚精”的“遗论”（一本作选论）为《伤寒论》，而且孙氏等更把这段话录进了他们校刊伤寒论的序文中，以致后代医家、注家、史学家、目录学家“多沿其误”，直到沫末廖平作《脉经考》才一翻旧说，以为“遗论”是指王叔和的《脉经》。近人洪贯之、章次公诸氏曾为文发扬廖氏之说[14]，以周氏《历代名医蒙求》所引高湛《养生论》：“王叔和撰成《脉诀》（当是“经”字的误文）大行于世”的说法，与上述《甲乙经》的序文对看，廖、洪、章诸氏的主张，似有理据。不过，《太平御览》与张杲《医说》所引《养生论》这段文字都作：“王叔和……撰成《脉经》十卷，编次张仲景方论为三十六卷，大行于世。”既将《脉经》与仲景的方论分别同举，当然不是一书，而《御览》是宋初人的作品，时代较《蒙求》为早，可知把上述遗论（即方论）解为《脉经》，还有未妥的地方。总之，王叔和所次的仲景方论（遗论）实在应是《金匮方论》而决不是《伤寒论》了。[15]

以上仅系个人主观对有关《伤寒论》的一些问题的论断与片面的考核，作为大家研究的参考。

参考文献

[1] 宋孙奇等校刊伤寒论的仲景自序、首题“伤寒卒病论序”．这由于原本“难”字作“来”、以致传写脱误为“卒”．序中“为伤寒杂病论合十六卷”一语，便是明证．

[2] 本书："辨痉、湿、暍、脉证"一篇更是显证.

[3] 清人喻昌的（伤寒）尚论篇原书本为八卷. 到乾隆癸未年建昌陈氏重刊时. 合并为四卷. 但内容仍旧相同. 没有减少. 这是医史上的例证.

[4] 如果金匮方论真是抽出伤寒杂病论中的杂病部分编成的. 当然没有辨伤寒.

[5] 仲景所著书名见隋书. 新旧唐书及宋史等书的经籍. 艺文志中.

[6] 1. 隋志误注辨伤寒亡佚. 隋、唐间人孙思邈说："江南诸师秘仲景方不传"、可证本书实有传本、上述姜氏论文也承认这一点. 2. 清人钱大昭的补续汉书艺文志载有"张仲景伤寒论十卷"、也注明"隋志作辨伤寒".

[7] 见史记秦始本纪.

[8] 见四库全书总目.

[9] 一统志及湖南通志载："建安中，仲景官至长沙太守，时，大疫流行仲景治法杂出，民赖以全活者甚众". 此外，历代医学文献中记述他医术高妙的话，不胜枚举.

[10] 见日人丹波元简伤寒论辑义综概篇.

[11] 孙奇等虽误解甲乙经序文、认为王叔和曾将伤寒论原作重新编定篇次，但当他们校定本书底本时，一定见到内府书档中还有历代收藏本书经过的纪录，所以又把"历代藏之书库"的实际情况记入序中，如果有人认为"历代"二字是指晋以后的各代，请看序中（上文）还明白地说了："（仲景）所著论，（指伤寒论）其言精而奥，其法简而详，……自仲景于今八百余年，惟王叔和能学之."这更证明孙氏等也认为他们所校底本的各篇文字是仲景的原作，王叔和还要学习它们哩！

[12] 唐人王焘作了外台秘要后，又作外台要略，这是历史上的例证.

[13] 宋人唐慎微所作一部医书，有证类本草（三十二卷—见晁公武读书志），大观本草（三十卷—见陈振孙，直斋书录解题）. 政和本草（见四库全书总目）三个名称，这也是同类的例证.

[14] 见洪氏张仲景的著述年代和现存伤寒论的编次问题、（刊新中医药五卷八期）章氏诊余钞—伤寒论非王叔和编次（刊新中医药五卷七期）.

[15] 孙奇等校刊金匮方论序说："本书底本三卷是王洙得于蠹简中"，而宋代国家书库中竟没有藏本，可证它曾经一度散失，如果养生论所说："王叔和编次仲景方论三十六卷"的"十六"二字不是衍文，便是本书被后人重刊时缩并了卷数（或者一部分亡失），也是可以理解的.（例证见［3］）

[《中医杂志》1955，(3)：5]

古本康平《伤寒论》

施启生

近世所研究的伤寒论，非仲景的原来面目，已世所公认，毋须异议。既以晋太医令王叔和撰次后的版本来看，究竟那个是叔和撰次的原本？尚不能肯定。

《伤寒论》经历代的兵荒战乱，后人的一再附会，在今天要想考证他那一句是仲景言，那一句是叔和笔，那里是讹字愆文，那里有脱落倒句，也是一件异常困难的事。

前贤为了决心和疾病的斗争，对《伤寒论》的研究是花了最大精力的。研究的人，不下百数十家（按还没有可靠的统计材料），虽对《伤寒论》作了多次的辨明、考证、增删，使《伤寒论》的内容有了改善和进步，但是其中节外生枝，依样葫芦的内容，还是不少。本人对伤寒论的体味非常不够，为了使我们更好的学习伤寒论，特将宋本中的若干条原文提出来，和日本古本康平版伤寒论加以对比，本人似乎感觉康平本《伤寒论》较宋本的内容反为可靠，今举之如下. 敬希同道不吝指正！

例一：宋本27条原文："太阳病发热恶寒，热多寒少，脉微弱者，此无阳也，不可发汗，宜桂枝二越婢一汤。"其中既云：不可发汗，则何以又用麻桂；既云。此无阳也. 何以又用石膏以抑阳。字里行间，似乎各颠倒矛盾，很难理解。注家或则怀疑他有厥文；或则怀疑无阳指阳邪衰微；有的怀疑像这样的证候，可改用当归四逆汤，不适宜用桂枝二越婢一汤。像这样的条文，注家愈多，愈使我们堕入五里雾中，莫衷一是了。

例二：宋本134条原文"太阳病脉浮而动数，浮则为风，数则为热，动则为痛，数则为虚，头痛发热，微盗汗出，而反恶寒者，表未解也……。"凡表病之脉均浮。本论以浮缓为中风；浮紧为伤寒。而本条何以又说出"浮则为风"呢？数则为热，属有余，本条第三句既云"数则为热"，第五句却又说成为"数则为虚"；凡痛病之脉，大都弦紧沉迟，何以又说"动则为痛"呢？从其陷胸、痛证各方面来推敲，这四种脉象，真是难以解释。

例三：宋本244条"太阳病，寸缓，关浮，尺弱"。这三种脉象，即最有临床经验的中医师，也可能没有摸到过，事实上也不可能区分得这样清楚的。

例四：宋本176条原文；"伤寒脉浮滑，此表有热，里有寒也，白虎汤主之。”按白虎汤是甘寒解热剂，治疗阳明经证如大渴大热，脉洪大之证，确有卓效。白虎本能达热出表，本条之脉浮滑和表有热，是非常对证的；至于里有寒的说法。施用白虎汤治疗，即少有中医知识的人，都是引以为戒的。本条有的注家认为是表有热乃表有寒之误，里有寒乃里有热之误；有的注家认为其中必有脱简。这些似深奥又似矛盾的文字，《伤寒论》全书中还不止于这四个例子呢。

宋本伤寒论现流行于世者，为明赵开美复刻本，版本还比较理想，但究是叔和撰次后之原本与否，尚属可疑。因此其中不可理解的条文，究是叔和撰次之误，或辗转抄写及其他之故，目前还是一个谜。

最近发现有日本藏版古本康平《伤寒论》，其中有夹注有旁注，有阙文（凡文字遗阙，或不可辨认，统以□□□作阙文字样），其中四逆汤，都误成回逆汤。根据它的夹注旁注阙文等等，可能是叔和撰次后的原始版本，流失于日本，也未可知。根据叶橘泉、陆渊雷、范行准等的考证，认为这个版本比宋本赵开美本更为理想。本人通过二个版本的初步对此，深感康平本有很多地方可以胜于宋本，的确是一个难能可贵的版本。

今以宋本中的上举四个例子，用康平版本的原文，加以初步比类如下：

例一：康平本“太阳病，发热恶寒，热多寒少；脉微弱者，不可大发汗，宜桂枝二越婢一汤。”（旁注）此无阳也

从此种条文中看出脉微弱者乃机体素亏，或病后引起的一种不足现象，旁注的“此无阳也”，大致也是这个意义吧！此病既有发热恶寒的表证，不能不予汗解，但身体衰弱；不宜用辛温之剂以大发汗，故在桂麻剂中，加芍药酸收敛阴，加石膏甘寒之品协调桂麻勿使过于辛散，证治是很恰当明畅，初学者亦很易领会。

例二：康平本“太阳病脉浮而动数。（夹注）浮则为风，数则为热，动则为痛，数则为虚。”宋本把夹注的四句，都排为正文，因此历来研究伤寒的人，都费了不少心机进行推理、解释，至今还是不能领会他的真精神，这可能要归罪于撰次或夹注的牵强和版本或辗转抄写的误会了。

例三：康平本“太阳病，缓浮弱……。”其旁注部分，亦属后人撰入或旁注的（旁注）寸关尺，宋本却也排为正文，却变成了寸缓关浮尺弱的文字，自此画蛇添足的文字，对仲景的脉法，起了一些徒乱人意的作用。

例四：康平本“伤寒脉浮滑，白虎汤主之”。内中没有“此表有热，里有寒也”字样，从康平本来看，“表有热，里有寒也”，当也是后人的蛇足无疑。

古本康平《伤寒论》，于1946年前由叶橘泉先生自日本觅得后在国内发行，过去在国内从未看到像康平本类似的版本，可见这种版本自唐宋时至今的某一个朝代流失于日本，是大有可能的。虽然现在还不能肯定它是叔和撰次后的原始版本，然而他是伤寒版本之最善者，而且也决不是东邦人士所虚构，却是可以肯定的。由于康平本是一个善本，在宋本中的条文有疑难莫决者，用康平去比类，往往可以豁然而通，所以它是研究伤寒的宝贵资料。

［《中医杂志》1955，(4)：275］

评《金匮玉函经》

李辰生

张仲景是我国历史上最伟大的医学大师之一，一千八百年来一直受到我国医家的推祟。因为年代久远他的遗著多经后人篡乱，已经不是本来面貌了。现在传播在中医家手中的有伤寒论和金匮要略两种，这是经过宋代整理而凝固成型的两部医书，里面有很多后人羼入的成分，成为我们在今天研究张仲景的一个主要障碍。由于材料的杂乱，使我们对于张仲景不能得到正确的认识，使我们对于中国古代医学发展的实质不能得到清晰的了解。从张仲景的遗著中清除羼入的成分，是研究张仲景医学的一个先决条件，在研究中国医学史上也是一个迫切的要求。

在今天要想恢复张仲景遗著的整个面貌是不大可能了。我们只能先就现存的古代医学资料——唐代前期孙思邈编著的千金要方，千金翼方，王焘所编集的外台秘要等书整理出最接近原始形态的张仲景遗文，然后再结合对两晋南北朝医学的研究（分析具体材料的深入研究），这样才是为研究张仲景扫清道路，使中国医学发展的真实痕迹再现出来。

比较接近原始形态的伤寒论，在宋代因为去古未远是可能存在的。由于当时的政府“校正”医书，又因宋代印刷业的发达，所“校正”的医书得以大量流行，宋人校刊医书可以说是对于医学做出了一次总结，在当时自有其现实性的进步意义，不过同时也混乱了古代医学文献的本来面目，增加了我们了解古代医学的困难。范行准同志曾就千金要

方第一卷揭发了"宋臣"，（指孙奇、林亿等）窜乱医书的事实（见1941年中华医学杂志第97卷709页）。那些未经"校正"保持原态的古医书包括张仲景遗著在内，因为都是手抄流传，被"校正"的刻本书所代替而渐趋湮灭了。

除非有第二个"敦煌石室"出现，不可能在今天会发现较宋代校刊本伤寒论为古的，原本的（并非宋代以后编纂的）伤寒论。数十年来曾数度出现所谓"古本伤寒论"如湖南刘昆湘的"古本伤寒杂病论"，在日本出现的"古本康平伤寒论"，作伪痕迹显然，都是针对当时对伤寒论的见解，满足时人的想象而编造出来的。其中只有四川井研廖平的"伤寒古本订补"似乎是根据千金、外台考订编集想恢复伤寒论的原貌并非有意作伪，因为笔者未能获见廖氏原书，在这里不能多所论列。

本年一月份人民卫生出版社也以"古本伤寒论"的面目影印了清代康熙年间刻本的"金匮玉函经"。在政府号召阐扬祖国医学宝贵遗产的今日，我们对这类阻碍我们真实了解祖国医学的伪书是须要考虑的。

在1941年范行准同志曾在中药医学杂志上（27卷704，页）对"金匮玉函经"做过介绍，他认为这部书是"出于宋前"，实际上他只是追随了日本多纪元胤医籍考的论断（见上海影印本医籍考239页金匮五函条）。他在介绍文内说："是书与今本流传金匮要略不同，而与唐王焘外台秘要方所引则多合"，范同志这句话有两个错误，第一：这部"金匮玉函经"是"古本伤寒论"他误认为"古本金匮要略"了；第二：这部"金匮玉函经"与千金方及千金翼方的关系最大，与外台秘要的关系很小，他竟单独的提出了外台秘要。

现在先从"金匮玉函经"的书名加以考察。在宋史卷207艺文志医书类中著录有"金匮玉函八卷王叔和集"，医籍考353页金匮要略方条下引赵希井说："金匮玉函经八卷右汉张仲景撰，酱王叔和集。设答问杂病形证脉理，参以治疗之方。仁宗朝王洙得于馆中，用之甚效，合二百六十二方。"赵希井是宋代宗室，著有续辑郡斋读书附志，宋代人谈宋代的书当然是可靠的，这里明明说金匮玉函经是论杂病疗治的书，是王洙所发现的书，也就是现在通行的金匮要略的母本，根据赵希井的记载"金匮要略"和"金匮玉函经"是具有同种的内容的。不过有一个问题，在这里附带说一下。今通行本金匮要略前有孙奇、林亿等"校序"，上面说："臣奇先校正伤寒论，次校定金匮玉函经，今又校成此书。"这句话很使人怀疑，金匮玉函经既然与金匮要略内容相同，北宋政府决不会将一部书校正两回而不加以说明的，这篇校序很有可能是南宋或更后期的书估所伪造，以图该书（金匮要略）速售的。二百年前陈世杰所刊印的——也就是现在人民卫生出版社所据以影印的"金贾玉函经"并不是讲杂病的书，它竟有着伤寒论的内容，这与宋史艺文志所著录的金匮玉函是毫无理由能说成是同一种书的。医籍考238页金匮玉函条下引宋志，并批明仍存于世，并就陈氏伪刻加以说明，用陈氏伪刻以当宋代书，实在是丹波元胤的粗心大意。

"金匮玉函经"是伪书，这从它的三篇序文也可以看出来。陈世杰在序中说这部书是根据义门何焯给他的"手抄宋本"校刻的。可是何焯的序中竟说是陈世杰"众藏书家访求善本，与箧中本再三勘校"，一字也没提到他给予陈世杰"手抄宋本"的话。何焯决不会把自己手抄的宋本说成是陈世杰的箧中本的。何焯以考订之学知名于当时，著作有义门读书记五十八卷，藏书丰富并多宋元之旧刻，陈世杰将他想象的"手抄宋本"托足于何焯，不过是为了增高此书的声价，来取信于人罢了。何焯给他写序，也不过是日常生活中的应酬文字，何焯虽然没有点破陈氏的伪托，可也没有承认自己曾手抄过宋本，这种灵活的手腕，在旧社会中是毫不足为奇的。何焯在序文中将伤寒论和玉函经分属于张仲景、王叔和两个人，足见何焯对于中医书素常并无研究，也没有真知灼见，他对于宋本医书不会有兴致去手抄的。我们再看下去，何焯手抄的宋本到了陈汝楫的序中又变成何焯得到的现成的"宋抄本"了。如果真有宋本摆在他们的面前，决不会在三篇序文中说出三样不同的话。既然原书散失，为数百年前的医学名家朱丹溪、王安道等人都不能见到（陈汝楫序），怎会可能在陈世杰手中有从藏书家访求来的善本，何焯的手抄宋本，箧中本，这些孤本都集中在他一个人手里来进行勘校呢？如果真有宋本的话，何至于用了三四个年头的日夜校阅（汝楫序）稿凡数易呢？

"金匮玉函经"是陈世杰以当时通行的伤寒论（决非宋刻本）为底本加以删减后，再摘抄千金方及千金翼方两书中的文字校勘而成。他选录的标准并不完全是因为原文可能是张仲景的遗文而采用的。例如第一卷"证治总例"十分之八九与张仲景毫无关系，只是由于将伤寒论删减后用它来补足书首的篇幅。

现在将这本"金匮玉函经"和伤寒论加以对

照。本书从伤寒论中删去了卷一的平脉法，卷二的伤寒例两篇；在本书卷六可与不可诸篇中根据千金翼方卷十增入了可温、不可火、可火，不可灸、可灸、不可刺、可刺、不可水、可水等九篇；随后又摘录了黄帝内经素问及灵枢经中的文字，凑成了“论热病阴阳交并生死证”一篇（这篇的第一节见素问评热病篇；第二第三第四三节见灵枢热病篇）；在卷一增入了证治总例；此外又扩千金翼方校改了个别字句。

证治总例中有关针灸部分的后半篇文字，是从千金方第二十九卷抄出编排起来的；证治总例的前半篇则从千金方第一卷抄集的。其中讲“妇人之病”的那一段话是从千金方第二卷起首的那一节录出的。

本书最引人注目的特点，是它把伤寒论中的处方集中在一起，列为最后两卷，它的用意也容易理解，千金翼方第九卷伤寒上篇第一节中说：“今以方证同条，比类相附，须有检讨，仓卒易知”既然将伤寒论的处方散见于各证之中是开始于千金翼方，那么伤寒论的“古本”一定是将处方集中列在最后了。

陈世杰为什么任意去取，又删减又增补的改造伤寒论呢？这需要对他的时代背景加以了解。陈世杰生存在清代康熙年间，关于伤寒论的书正是喻嘉言所著“尚论张仲景伤寒论重编三百九十七法”（简称为“尚论篇”）一书风行一时的时候。喻嘉言是明末遗民，他的学问议论很为名流学者所器重（例如阎若璩），在当时声誉很大（见1945年医文第五期范行准文内关于喻嘉言的文字）。陈世杰对于伤寒论的看法是承袭了喻嘉言的议论的。喻氏打倒了通行的成无已注解本伤寒论（也就是真宋本伤寒论），他说：“‘伤寒论’一卷之平脉，二卷之序例（即伤寒例），其文原不雅驯，反首列之以错乱圣贤”。“序例一篇明系‘王’叔和所撰，何乃列于第二卷”。“序例一篇蔓引赘辞”。“平脉一篇妄人已见”。他把伤寒论中的伤寒例和平脉法两篇说成是晋代王叔和（？）所羼入，并非张仲景的原文。陈世杰就因之删去了这两篇。喻氏说：“篇末补缀脉法，分为二篇，上篇仍仲景之旧，下篇托仲景以传”。这里的上篇是指辨脉法下篇是指平脉法，辨脉法既然是仲景原文，所以陈世杰就在他的书中与以保留了。喻氏又说：“可与不可独遗精髓”。这是陈世杰将可与不可引用千金翼方增加九篇的根据。喻嘉言在他所解释的伤寒论书中大谈“温热论”给清代的温热派医家开辟了道路，这是陈世杰依据素问灵枢编录“论热病阴阳交并生死证”一篇的根源。（引用喻嘉言的文句均见尚论篇卷首。）

喻嘉言说伤寒例、平脉法两篇不是仲景原文，这是正确的，但并不是完全的。伤寒论除开这两篇以外为喻氏所采用的各篇文字，我们也不能说都是仲景原文。他把这两篇硬说是王叔和编入的文字，更是毫无根据的武断。数百年来流行于世的伤寒论只是经过宋人改窜“校正”的本子，王叔和原书早已不存在了。

“金匮玉函经”是伪书。我们对于伪书是应当分别看待，并不是一律加以抹杀的。如果在“伪书”中保有古代资料（例如黄帝内经素问和灵枢经），经过我们的研究后，鉴定了这些资料的个别发生时代，在医学史的研究上是占很重要地位的珍贵文献（鉴定素问和灵枢所含有的资料的个别时代，是可能做到的，也是必须要做的）。不过“金匮玉函经”却不是这一类型的伪书，它没有给古代医学文献中加入新的成分，它所抄录的文字并未超出今日尚在流行的宋代人所“校对”的医书以外。通过这本书除了更加模糊了我们对于古代医学断代认识外，并没有什么积极的意义。退一步讲它也只能表现了在十八世纪初叶，我国一部分医家对于伤寒论的了解和要求。此书刊行距今不过二百多年，范行准同志竟“求之多年不获”（见前引中华医学杂志），经过苦心访求方才得见，足见此书流传之少，从这里也可以看出此书不为医家所重，在医家的学习上应用上并未超过什么作用，没有现实意义的。

最后我希望今后刊印古典医书不要只看重那些孤本古本（例如本书），越是孤本古木它也就越与现在中医家的实际应用上远离。对于笔花医镜、温病条辨，以及陈修园的医书等也应当加以考虑。如果要影印伤寒论白文，明代赵开美刻本仍然是值得重视的书。同时要认识到中医学习伤寒论，并不只是学习伤寒论本身，而是学习结合伤寒论条文的注解。中医对于伤寒论的认识和了解是与张仲景有着一千八百年的距离的，不然你就无从领会到学术的进步性质和伤寒论注解书之多。为了对于中国医学做出深入研究，希望能将“医心方”（这是一部珍贵的资料宝库）早日出版。流沙坠简和敦煌石室中所发现的珍贵的古代医学文献也希望能够整理刊布出来。

[《中医杂志》1955，(4)：46]

《伤寒论》的内容分析

——本书与唐以前其他医方书所论伤寒的比较

陈方之

王叔和所编的伤寒论内容，大体轮廓，已如前三章所述。惟现今所流传的唐以前方书，不只伤寒论一种，究竟其他各家之说热性病，是否相同呢？这就是添述本章的宗旨。下分四节述之。

一、本书与唐以前其他医方书所论伤寒的最大异点

翻阅唐以前其他医方书，所论伤寒先看到与伤寒论的彰明昭著的异点有二，分述如下。

（甲）篇目名称的先后蜕变。王叔和所编的，只是伤寒和杂病对立（伤寒杂病论），初无其他名称。然而东晋初年所出的就不同了（其篇目改为“治伤寒时气温病方），虽同在一篇，而添出了时气病温病的名称。

到了隋代的巢氏病源，更不相同；其第七、八卷说伤寒，第九卷说时气病及热病，第十卷更说温病，是将肘后的同一篇目，分化而为四种疾病了。

唐初孙真人千金方，其卷九卷十，虽同说伤寒，但内载辟温、治瘴、热毒攻手足等，其内容，比伤寒论广泛得多。其辟温下说：“建宁二年，岁在太酉，疫气流行，死者极众。”这明明是猛烈的传染病，决非流感、败血病、肠窒扶斯等，所可混指。

天宝年间所著的外台秘要，卷一、二说伤寒，卷三说天行，卷四说温病，是将时气病改为天行病了。其在天行病篇内，说到“壮热烦闷”，“令人更相染”，“皮肉毒热”等句，比伤寒篇内所述者，病情为凶恶猛烈。

像这样蜕变，很明显的，是其后学者看到热病很多，且其性质的温和与凶猛，大不相同，不得不将其分开来说。不过这样分开，已是定各病界线的初步意识了。

（乙）三阴三阳的轻重看法。伤寒论中，对三阳三阴传经，是看得很认真的，但其后各家，就大不相同。葛稚川最务实际，全不以这种理论为重，惟在篇末轻描淡写的说道：“然自有阳明少阴，阳毒阴毒为异耳。少阴病例不发热，而腹满下利，最难治也。”除此而外，没有一句提及。

孙真人著千金方，也没有将三阳三阴有系统地分篇，只于发汗、宜吐、宜下篇内，提及太阳病少阴病阳明病，而没有说到少阳太阴厥阴。其后他著千金翼方的伤寒卷，完全抄存全部伤寒，那是又当别论。

巢氏诸病源候总论中，在伤寒时气热病温病四篇，都同样说法。将六经相传，分为六日，第一日太阳受病，以次相传，到第六日，乃厥会受病。但其文甚简略，不过是引用内经，如此说法，并不像伤寒论之以此为骨干。两两相比，其看六经传病的轻重见解，大不相同。

王氏外台秘要，其在伤寒篇，也先引素问热病论（现存王冰本为第31篇）之说六经，次引仲景伤寒及巢氏病源，又其次引肘后、深师，小品、集验、千金等，可称兼收并蓄，博采群言。但其在天行病及温病篇之下，则完全不讲这一套，而注重在于辟温治瘴断疫。

总之，自仲景叔和而后，晋唐学者，对伤寒的六经传病之说，渐渐看作轻松而平淡；其说伤寒的证候，并没有指定这样是太阳病，那样那样是少阴病。

二、《肘后方》与《伤寒论》所论伤寒的异同

肘后所载的伤寒病候很简略，不如伤寒论之渗及多方面。其开端说：“始得之一日，头痛壮热脉大。”这与伤寒论的开端相似。其后又述五条如下：（1）“若汗出不歇，已三四日，胸中恶，欲令吐。”（2）“若已五六日以上，可饮青竹沥或大黄黄连等。”（3）“若已六七日，热极，心下烦闷，狂言见鬼，欲起走。”这一条病候，略似肠窒扶斯。（4）“三日已上至七八日不解者，可服小柴胡汤。若热实，得汗不解，腹满痛欲谬语者，可服大柴胡汤。”（5）“十日已上，皆名坏病。”

肘后所记的病候，可谓已尽于此。照此看来，肘后之说“除发热以外别无明显证候可认的热性病”，（见第一章）实过于简略，不如伤寒论作者的观察精细而涉及多方面；不能推断其所指者为何病。然而肘后在同一篇之中，其所说热性病，则非以此而止。尚有数种，可再列记如下。（1）温毒发斑，大疫难救；治用黑膏雄黄麝香等，使毒从皮中出。此为伤寒论所无，似指斑疹伤寒。（2）阳毒阴毒。仲景记入金匮第三篇　为伤寒论所无。（3）天行诸痢；天行毒病，挟热；腹痛下痢，下脓血不止。这是指细菌性赤痢，比伤寒说得明显；外台记在天行病篇。（4）天行发疮，皆戴白浆，头面及身，须臾周匝。此是指天花，为伤寒论所无，病源

千金外台，都改称豌豆疮，作为天行病。(5) 虏黄病。亦伤寒论所无，但所指不明。(6) 天行热毒攻手足，疼痛赤肿欲脱。伤寒论所无，所指亦不明。(7) 此外，肘后说在伤寒篇之外尚有丹轸、沙虱、尸注（即骨蒸）、诸疟、猘犬所咬等传染病。

肘后有二条记载，很值得称道。第一条说："伤寒有数种，庸人不能分别。"可见得作者已看透，同一热性病，有些根本是异病，不能仅以三阳三阴的传变，作为说明。第二条说："家人视病者，亦可克服，取利则不相染易也。"这是说"病能传染，病可预防。"

三、《千金方》与《伤寒论》所论伤寒的异同

千金之论伤寒，分为上下两卷；其内容，若与伤寒论核对，有同有异，今条述如下：

（甲）相同之处：

1. 千金论伤寒上卷第一伤寒例，虽是引征诸家的言论，但其主要也是说："冬时严寒，万类深藏，君子周密，则不伤于寒，触冒之者，乃为伤寒耳。"其所说方向，大体与伤寒论的序例相同。

2. 千金论伤寒上卷，自第五发汗汤起，迄第九发汗吐下后止，大体也是说："除发热以外别无明显证候可认的热性病"，与伤寒论的方针相同；且其所采取的各条语句，也都大同小异。

有人以为其上卷之末，有："江南诸师，秘仲景要方不传"云云，乃孙真人在编著翼方以前，没有看到仲景伤寒论之故，这样揣测，恐与事实不符。

（乙）相异之处：

1. 千金方在紧接第一伤寒例之后，第二为辟温。辟温之下，载方三十六首，其方名很奇怪，多为"辟温气杀鬼"，"熏百鬼恶气"，"断温病令不相染者"，"断温疫转相染乃至灭门者"，"治疫病治瘴气"等等。方中药味，多是雄黄、雌黄、丹砂，鬼箭羽、菖蒲等；其用法，以内服为寡，用大绢袋盛，带在身上或挂在屋上的为多；想系当时所通行的习俗之一。

六朝离乱，到处烽烟，瘟疫兵燹，交相成灾，其疫之烈，乃至灭门；想孙真人所亲历者，乃如此凶恶的传染病为多；但这样说法，为仲景伤寒论所未说（肘后亦有治瘴气疫疠温毒诸方第十五，不在伤寒之内）。

2. 千金论伤寒下卷所载，有豌豆疮、热毒斑出、毒攻手足，下利赤白脓血等，与肘后相同，而与伤寒论不同。

其他在伤寒下卷所载的，尚有丹轸毒肿（肘后述在第56篇）、百合狐惑（仲景算作杂病述在金匮）、温疟（仲景同上）等传染病，则其说伤寒病的范围，不独此之伤寒论，且此之肘后方，更为广泛。

千金翼之说伤寒，虽亦分上下两卷，但其内容与伤寒论相同，辟温及杂治等，均略去不谈；其论云："伤寒热病，自古有之，名贤睿哲，多所防御，至于仲景，特有神功。"这是他全录仲景伤寒论的本旨。

孙真人编千金翼的宗旨，多抄存古书，其二、3. 四卷之至录本草，也与第九、十卷之抄存伤寒论相同。

四、《外台秘要》方与《伤寒论》所论伤寒的异同

外台一书，全部都是引征昔贤之论，抄录诸家之方，没有自己的创作。不过其所采取及扬弃，都煞费苦心。其所采取的伤寒病之方及论，与仲景伤寒论对比，亦自有其异同；今条述如下：

1. 外台是宗主巢氏病源的，故每病多首录病源的言论。其论伤寒亦不能例外；吾人细绎其伤寒上卷的开端，摘引诸论八家，也多是病源所引用过的经言，王氏不过将其出处来路，——为之分开注明，如阴阳大论，或九卷，或素问而已。

因外台宗主病源，所以他效法巢氏，也分为伤寒、天行、温病等三篇。

2. 外台的伤寒上卷，很注重在于病的日数，故有"论伤寒日数病源并方"之目。其论，首引素问热病论"一日巨阳受之，……十二日厥阴病衰"为嚆矢；次引巢氏病源及仲景伤寒，都是以日数经纬的。不独如此，即其后所引用的肘后、深师、集验等方论，也莫不注意于病的日数。

这样注意病日是对的；吾人每读伤寒论，常常感觉其不顾病的深浅先后，既说到"伤寒十余日，熟结在里；"忽而又说："伤寒二三日，不能卧。"委实颠倒无秩序。外台作者，先得我心，他在"论日数病源并方"下，引用仲景伤寒论九证九方，都是以病日为之序；这样安排，尤为切要。

3. 关于引用伤寒论条文，有一事很可奇异。他既引用伤寒论九证九方，又引用千金翼方15首，将附子汤、甘草汤、桃花汤、黄连阿胶汤、小柴胡汤、栀子汤、陷胃汤、白虎汤、龙骨牡蛎汤、茵陈汤等，统统算作千金翼方。这是王氏颟顸，不知千金翼所抄录者，即是伤寒论呢？抑在唐代的伤寒论，不像现存的版本呢？吾人不敢武断。

孙真人作千金翼，没有声明是抄录伤寒论。

4. 外台所引用伤寒论的条文，有很值得注意者四点如下：

（1）外台没有引用太阳篇中极似流感的语句，如发热汗出，头痛脉浮，六日愈，七日愈，七日已上自愈，汗出必解等。

（2）外台没有引用厥阴篇说消渴的条文。

（3）外台虽引用伤寒论第177条，极似说肠窒扶斯之文，但没有引用极似指流感的第55条，也没有引用极似指急性偻麻窒斯的第178条。

（4）外台第十卷伤寒下，计述伤寒病候21，除百合狐惑而外，都是肠窒扶斯病所可见到的证候。

所以纵观外台之说伤寒，好像其范围比诸仲景伤寒论渐渐缩小，而且渐渐合拢到肠窒扶斯所有的病证病候以内。

5. 外台之说天行病和温病，就与说伤寒大不相同。天行病篇及温病篇，都没有引用伤寒论的条文；而将肘后千金所扩展的诸病，如豌豆疮、天行发斑、热毒攻手足等，以及辟瘟断疫诸方，则统统照录。由此可以看出，作者主张伤寒论是限于性质较为温和的热病，而天行温病，则为性质凶恶猛烈的传染病。

五、结论

1. 伤寒论的重心，在于六经本文。六经本文397条，虽是随证立方的散漫记录，但其论其方，均涉及多方面，且观察极尽精细，故为历代医家所取法，作为对症疗法的规范。

2. 伤寒，不是一病之名。仲景伤寒论，所指之病较广；但到了隋唐时代，添出天行温病之目，将传染病的凶猛部分，划出为另一范围，于是伤寒二字所包括者，已减去不少，大致为性质温和的传染病之一部。

3. 治伤寒，古来本以汗下吐三法为主；但仲景伤寒论之法，除这三法而外，胸满用柴胡黄芩，尿闭用猪苓白术，脉微用附子人参，且往往以汗止汗，以泻制泻，可谓极尽变化无穷的能事，无怪医家尊之为经方之祖。

［《中华医学杂志》1955，（5）：462］

《伤寒论》之讨论

吴考槃

《伤寒论》乃中医书籍中经典著作之一。此书具有丰富之实践经验与理论，时至今日，仍为中医界所奉为圭臬；当有提出研讨之必要，兹就本人一隅之见，分述于下：

（1）伤寒论之名称：《伤寒论》一名辨伤寒。故以六经标题，统以辨字冠首；其又名伤寒杂病论、金匮玉函经、黄素药方、张仲景方，乃统今本金匮要略合题之名称；证类本草引及伤寒金匮诸方，均以“玉函”为名；可以见其一班。

（2）《伤寒论》之作者：汉艺文志载有汤液法经，晋皇甫谧称仲景论广尹尹汤液为伤寒论。成无已注本，不云仲景撰而云述，吴澄谓伤寒论即古汤液论；盖上世遗经，仲景特编纂尔。据此则伤寒论之蓝本汤液，或由汤液广而为论，不无研核问题。再经王叔和撰次，林亿等校定，原论之文，遗漏者多；撰定之文，附会亦多；故对于作者主角姓名，当为汉季涅阳张仲景，固属勿庸异议，若欲将全论文字，统归张仲景笔墨，未免嫌于草率武断，粗枝大叶欤！

（3）《伤寒论》之卷数：序云：“伤寒杂病论合十六卷”，皇甫谧云：“伤寒论十数卷”，梁七录载“黄素药方二十五卷”，隋经籍志云：“张仲景方十五卷，皆统金匮要略而合言之（外台秘要引金匮要略痉湿暍文云出第十一卷可徵），则伤寒论据卫汛云：“辨伤寒十卷”，林校亦为十卷；似以十卷为正。

（4）《伤寒论》之叙次：伤寒例云：“搜采仲景旧论，录其证候诊脉声色，对病真方，有神验者，拟防世急，今所存者，有林亿等校本，”孙思邈云“江南诸师，秘仲景要方不传，晚年乃得”；辑入千金翼方。但既云诸师，汉季迄唐，四百余年，互相授受，传非一人，失真之处，在所难免；所以文字虽与林校稍有不同，叙次颇不相类；外台秘要，成书稍后千金，所录伤寒论方，散见各门，莫可考其泾略；但其蓝本皆为弘文馆图籍，又所引诸方，均各注明卷数，核与林校无大出入；则原论叙次，既已无从索考，似以林校为正；以与外台大同，较为近古。

（5）《伤寒论》之篇曰：林亿等校序云：“伤寒论十卷，总二十二篇，”则统辨脉及诸可不可等篇言之。黄仲理云：“仲景之书，六经至劳复而已；余多叔和集附，今一以仲景书为正，非仲景之书悉去之；”可谓卓识宜从。余谓霍乱一篇，亦宜移入金匮要略痉湿暍后。

（6）《伤寒论》之方药：

①方　一百十三方　桂枝、麻黄、葛根、白虎、瓜蒂、五苓、猪苓、十枣，白散、麻仁、黄芩、黄连、桃花、苦酒、桔梗、猪肤、乌梅、真

武、附子、白通、理中、小建中、炙甘草、吴茱萸、茵陈蒿、白头翁、茯苓甘草、栀子厚朴、栀子柏皮、桂枝人参、桂枝附子、甘草附子、黄连阿胶、麻黄升麻、牡蛎泽泻、旋覆代赭石、葛根黄芩黄连、柴胡桂枝干姜、麻黄连轺赤小豆、抵当汤丸、大小青龙、大小柴胡、三陷胸、四承气、五泻心、五四逆及半夏散及汤。以上诸方，为通常采用之众方。桂柴合用或加减诸方，皆为活用众方之法方。文蛤、甘草、烧裩、约为民间单方，余以全部药名名方，如麻黄杏仁甘草石膏汤等。统为作者之经验方。（例如作芍药甘草汤、其脚即伸是）

②药　在一百十三方中引用药品，计有八十六种，而用次最多者，首为甘草、大枣、桂枝、生姜、芍药，次为干姜、人参、附子、半夏、黄芩、大黄、麻黄、茯苓、黄连、白术，更其次为杏仁、枳实、栀子、柴胡，石膏、厚朴、芒硝、细辛、香豉、牡蛎、葛根、当归、粳米等。余或三次，用及只有一次者有五味子、旋覆花等三十四种，于此可以见其用药大概。兹就统计，列表于下。

（表一）　引用十次以下诸药

药名	甘草	大枣	桂枝	生姜	芍药	干姜	人参	附子	半夏	黄芩	大黄	麻黄	茯苓	黄连	白术
引用次数	71	41	38	37	31	21	20	20	17	15	14	12	12	12	10

（表二）　引用十次以上诸药

药名	杏仁	枳实	栀子	柴胡	石膏	厚朴	芒硝	细辛	香豉	牡蛎	葛根	当归	粳米	五味子	旋覆花
引用次数	9	9	9	7	7	6	6	5	5	5	4	4	4	1	1

上两表所载诸药，仅 30 种，藉以示其用药之大概情形而已。

（7）《伤寒论》之价值：伤寒论出世，华佗即赞为天下活人书，皇甫谧称其方“用之多验”，吴澄谓其文“焕然三代”；而最为人所心醉者，浅学读之得其浅，深学读之得其深，可以在有方处效其用，无方处会其神；诚可实可贵之杰作也。

（8）《伤寒论》之学说：大凡学说之成立，须有经验为之证实，方不落空，此一定之理也。若伤寒论撰用素问三阳三阴，三阳为表，三阴为里；表分寒热虚实，里亦分寒热虚实，此即所谓学说也。而其方治，表虚桂枝，表实麻黄，表寒芍药甘草附子，表热麻黄杏仁甘草石膏；里虚理中，里实承气，里寒四逆真武，里热白虎泻心；此即所谓经验也。学说言之于前，经验继之于后，故施之无不当；为一般医书所不及也。

（9）《伤寒论》之特点：凭脉辨证，凭证用药，为治病不二法门。伤寒论之特点，即在于此，所谓有是病，用是药，（例如柴胡汤证具，而以他药下之，柴胡证仍在者，复与柴胡汤；若心下满而硬痛者，此为结胸，大陷胸汤，但满而不痛者，此为痞，柴胡不中与之，宜半夏泻心汤是）但证有疑似，则治宜变通；尤须凭脉以辨。（例如病人烦热，汗出则解，又如疟状，日晡所发热者，属阳明也，脉实者，宜下之，脈浮虚者，宜发汗是）无所谓先表后里，先汗后下；亦无所谓汗不嫌早、下不嫌迟之板浊。（例如：本发汗而复下之，此为逆也。若先发汗，治不为逆；本先下之，而反汗之为逆；若先下之，治不为逆。又云：“太阳病末解，脉阴阳俱停，但阳脉微者，先汗出而解；但阴脉微者，先下之而解”是。）医者苟能循是而求，则百病皆可迎刃而解。

（10）研究《伤寒论》之学者：汉艺文志载方技之别，一曰医经，二曰经方，伤寒论序云：“博采众方，撰用素问”，则其学本素问，术广众方，融洽医经经方为一贯，不言而审，治其学者，如欲阐扬显章，发其未言之蕴，众方虽属难考，素问不难寻求；乃自成无已创注以来，继者百有余家，大体不越伤寒广狭二义范围，末及注意不以证象名篇，而以辨三阳三阴名篇之理；寻其病分表里浅深，寒热虚实，治分汗吐下和，温清补泻，可以见病知原。各家之疏注，于研究伤寒论片段文义方面，亦稍有帮助也。

综上所述，《伤寒论》之价值甚巨，余蕴未发者颇多，愿我同仁共起而发掘之。

［《上海中医药杂志》1955，（7）：22］

学习张仲景《伤寒杂病论》的体会

黄竹斋

张仲景伤寒杂病论 16 卷，原本久已亡佚，今世所传伤寒论 10 卷，金匮要略方论 3 卷，由宋迄今 890 年，经中外医学家所公认为医学的基本经典。也是现时我们人民政府卫生部门，继续发扬祖国宝贵医学遗产，决定为凡学习中医者首先应当研究的重要书籍。兹将我 50 年来学习二书体会所得到的一些道理分条报告，以供同道们的参考，藉作抛砖引玉的资料。1. 张仲景事迹略述。2. 仲景对于医学承先启后的作用。3. 伤寒杂病论命名的意义。4. 伤寒杂病论历代分合隐现的情况。5. 历代注家的得失。6. 伤寒病的治法提纲。

一、张仲景事迹略述

据明李源所撰的医史云："张机字仲景，南阳人也。学医于同郡张伯祖，尽得其传。工于治疗，尤精经方，遂大有时誉。汉灵帝时举孝廉，官至长沙太守。与同郡何颙客游洛阳，颙采知其学，谓人曰："仲景之术精于伯祖，起病之验虽鬼神莫能知之，真一世之神医也。"仲景论集自称："余宗族素多，向余二百，建安纪年以来犹未十稔，其死亡者三分有二，伤寒十居其七。感往昔之沦丧，伤横夭之莫救，乃勤求古训，博采众方，并平脉辨证，为伤寒杂病论合十六卷。"襄阳府志云："华佗读而喜曰：此真活人书也。论者推为医中之亚圣"。查后汉书、三国志、均无仲景列传，近人详考灵献时代，来见仲景为长沙太守的事迹。而仲景于各卷首，书此官衔者，盖朝廷虽有是命，以世乱归隐，未曾赴任，书此示不忘汉也。明崇祯五年，南阳城东郭，园丁掘井圃中得石碣，始发见仲景墓。至清顺治十三年，叶县训导冯应鳌为募疏建祠。道光时陆九芝作专传，载于世补斋医书。我于1934年，乃详考古今史乘，编辑医圣张仲景传一卷。将所获日人余浚明于天明甲辰（1764年）所绘的医圣张仲景像，制为铜版，列入卷首。末附罗哲初所传仲景十二稿伤寒杂病论发见的事实经过本末。由当时为中央国医馆铅印千册，分赠各省医界同人。当时我会建议募款重修南阳医圣祠，组织董事会，乃承东南医药界同人一致赞成。旋因抗日起战，未克进行。

二、伤寒杂病论对于中国医学承先启后的作用

考我国古代医书，见于前汉书艺文志，医经7家，260卷，经方11家，274卷，今世所存仅《黄帝内经·素问》8卷，《灵枢》9卷，余尽亡佚。若非仲景勤求古训博采众方，撰伤寒杂病论，集方书之大成，则我们中华民族由上古至汉末，数千年许多先哲在此长时间，与疾病作斗争，积累经验所得到的宝贵济世良方，焉能保存到现在。明方中行云："昔人论医，谓前乎仲景，有法无方。后乎仲景，有方无法。方法具备，惟仲景此书。然则此书者尽斯道体用之全，得圣人之经而时出者也。后有作者，终莫能比德也。"其推崇至矣。按伤寒的病名，虽见于神农本草、黄帝内经、秦越人难经等书。惜治疗的方法，则失佚不传。自仲景伤寒杂病论撰成，而后伤寒的病型证候，以及传变合并，和误治而成坏病等的治疗方法，始有正确精详的记载，示后世学者以规矩准绳。方虽二百余首，而诸法咸备。对证施治，有如桴鼓之相应。历代医家莫不奉为金科玉律。

三、伤寒杂病论命名的意义

伤寒是北温带各处一种地方性的时令病，热带各处则无之，故其病名见于中国的医典最早。虽古人所称伤寒，有广狭二义。以广义言，为风、寒、暑、湿、燥、热、六淫外感病的总名，素问热论云："夫热病者，皆伤寒之类也。"难经云："伤寒有五：有中风、有伤寒、有湿温、有热病；有温病。"仲景以伤寒名论，而其中包括有伤寒、中风、温病、中湿、中热，是则伤寒者外感病的总名；下五者外感病的分证也。伤寒论者，乃各种伤寒的总论，非专论伤寒而不论风湿暑温也。犹金为各种金属的总名，非仅为黄金的专名也；以狭义言，为人伤于寒而成病的专名。如素问云："各伤于寒"。伤寒论云："太阳病、或已发热、或未发热、必恶寒、体痛、呕逆、脉阴阳俱紧者，名曰伤寒"是也。其余如血痹、虚劳、肺痈、肺痿、咳嗽上气、水饮、历节、瘀血、疮瘃等，一切内伤的证候，皆属杂病之类，今之金匮要略所论是也。

四、伤寒杂病论历代分合隐现的概况

仲景于建安十年（公元250年）撰成伤寒杂病论合16卷。后十余年汉亡，经三国之乱，战争频频，仲景没后，原书散失。晋太医令王叔和采摭篇次，仲景方论为36卷。遭怀帝永嘉之乱，中原文物荡然，王氏之书亦复亡失。至唐初孙思邈撰千金要方时，年已逾百，犹未获见，乃称江南诸师秘仲景要方不传。逮年百四十余岁，方得见到仲景伤寒论别本。乃详载其书于千金翼方中，第9第10两卷。因当时印刷术尚未发明，书皆传写，故得之不易。而天宝时王焘撰外台秘要中引仲景伤寒论方，注出卷数至18，内含有今金匮要略诸方，盖王氏所见者，又一种别本也。此外仲景的书目，见于梁七录，有张仲景辨伤寒10卷。隋书经籍志，有张仲景方15卷，张仲景疗妇人方2卷；唐书艺宋志，有王叔和张仲景药方15卷，伤寒杂病论10卷，均已不存。五代时始盛行刻板印刷术，至宋英宗治平二年，朝廷方命高保衡孙奇林亿等校刊医书，将来开宝时节度高继冲所贡献的伤寒论10卷刊行。杂病未见其书，翰林学士王洙在馆阁日，于蠹简中得仲景金匮玉函略方3卷，亦于同时刊行。尚有金匮玉函经8卷为伤寒论之别本，亦校刊印行，公之于世。此仲景遗书自汉建安十年，至宋治平2年，

（公元 205－1065）上下 860 年中，分合隐现之概况也。至此之后，仲景的书，方能普遍流通大显于世。今时所传的宋刊本伤寒论 10 卷，系明万历时赵开美校刊，总 22 篇，证外合 397 法，除重复，定有 112 方。金匮要略方论上中下 3 卷，乃明万历中徐镕校刊，所谓正脉本也。自杂病以下终于饮食禁忌凡 25 篇，除重复合 262 方。而金匮玉函经 8 卷，清康熙中陈世杰仿宋校刊，今仅南京龙蟠里图书馆存有一部。近时人民卫生出版社拟将付即此三种书，为研究仲景学术者最古之珍贵刊本。而民国以来，仲景的伤寒杂病论，乃有三种新的发现：（一）湖南浏阳刘昆湘于民国初年，与母水葬地，漫游江西山谷中，遇张老者传授古本伤寒杂病论 16 卷。于 1933 年伪湖南主席何键为之手书石印，每部四册，其宗人刘仲迈与之同撰义疏印行。（二）四川刘镕经得于涪陵张齐五，云清咸同间得之由垫江之医士袁某，得自明代垫邑某洞石柜所藏。为王叔和所校，孙思邈所述，亦名伤寒杂病论 16 卷，1934 年刘镕经石印计二册。（三）桂林左修之当同治 3 年，在岭南遇其师张学正自称仲景 46 世孙，传授仲景第 12 稿伤寒杂病 16 卷，于光绪二十年以授门人桂林罗哲初。我于 1934 年冬，往宁波天一阁，访求仲景遗书未获。由周歧隐医师的介绍，得识罗哲初。初次相逢，即将师传授他珍藏 40 年从未示人的秘本伤寒杂病论首册，公开见示。我当日即将该书左修之所作序文，和目录照抄一通。返沪登载光华医药杂志。明年与罗哲初同事于伪中央国医馆，乃得缮写全部携带回陕。26 年日寇侵犯，南京失陷，罗哲初返回广西，途遭匪劫，抵家不久逝世。1939 年由张伯英先生捐资，将该书四册刻版，印行公世。其书订正宋刊伤寒论的脱讹，不胜枚举。嗣后我参考古今诸本，增订详释，撰成伤寒杂病论会通 18 卷，共计 8 册。1949 年手书石印，以质正于当世。此外尚有日本昭和丁丑，大冢敬节所发现的康平本伤寒论。（日本康平 3 年适当中国宋嘉祐 5 年，公元 1060 年。）亦可供研究仲景学术的参考材料。

五、伤寒论历代注家的得失

仲景伤寒论自宋治平 2 年林亿等校刊通行后，乃有庞安时、朱肱、韩只和、许叔微、郭雍、杨士瀛诸人相继以伤寒名世。至金时成无已始据宋刊本，为伤寒论作注，又撰明理论以发挥其义。至元时赵以德始为金匮要略作注。明万历中方行著伤寒条辨，乃将宋刊本条文次序前后移易。此后喻嘉言、以及清康乾时程郊倩、魏念庭、张路玉、郑重光、汪苓友、周扬后、沉尧封、柯韵伯、尤在泾、舒驰远、沉芋绿、吴遵程、黄坤载、徐灵胎、和钱斗保、吴谦所编的医宗金鉴等，数十大家，对于仲景之书虽各有发明，但将来刊原本条文任意移易，各鸣其是，互相辩驳，使后学罔所适从。至道光时陈修园出，乃取张隐庵、张令韶、二家注本为伤寒论浅注。取徐忠可、尤在泾、二家注本为金匮要略浅注。光绪时唐容川，又为之补正。其书条文，皆依宋刊本次序也。我初学医时，即从该书入手。嗣后觉其于原书，疑有未释，义有未晰，字有错讹，文有脱阙；不自度量，乃竭十余年的精力详考古今中外百余种的书籍，撷其精华，合伤寒论金匮要略为一帙，著成伤寒杂病论集注 18 卷，都凡 70 万言，分订 12 册。于 1952 年春初次付印。

六、伤寒病的治法提纲

太阳病，头项强痛，或已发热，或未发热，必恶寒、体痛、呕逆、脉阴阳俱紧者，名曰伤寒。此节言平人伤寒，初得时的正常前驱证型。太阳病，头痛发热，身疼腰痛，骨节疼痛，恶风无汗而喘者，麻黄汤主之。此节言平人伤寒已成的正常病型，和治疗主方。因人禀赋体质有强弱虚实的不同，和素有宿疾脏腑寒热的殊异，故一时之间受邪虽同，而发现的证候脉象，则有以下种种的异型：（一）太阳伤寒脉浮紧，发热恶寒，身疼痛，不汗出而烦躁者，大青龙汤主之。此节言体素强实，内有蓄热，而伤寒证兼烦躁者的治浊。（二）伤寒心下有水气，咳而微喘、发热、不渴者，小青龙汤主之。此节言隔间素有水饮而伤寒，证兼咳而微喘不渴者的治法。（三）太阳病，项背强几几，无汗恶风，葛根汤主之。此节言经脉素燥而伤寒，证兼项背强几几发痉者的治法。（四）太阳病，发热、恶寒、热多寒少、脉微弱者，宜桂枝二越婢一汤。此节言体虚有热而伤寒，证见热多寒少，脉轻按微、重按弱者的治法。（五）病发热头痛脉反沉，若不差，身体疼痛，当救其里。宜四逆汤。此节言伤寒病型虽具而脉反沉，阳证而得阴脉，为正气虚陷，急当救里的治法。（六）伤寒阳脉涩阴脉弦，法当腹中急痛，先与小建中汤；不差者，小柴胡汤主之。此节言脏腑虚寒而伤寒，证兼腹中急痛的治法。（七）伤寒胸中有热，胃中有邪气，腹中痛欲呕吐者，黄连汤主之。此节言脘中有热，胃中有宿食停饮而伤寒，证兼腹中痛欲呕吐者的治法。（八）伤寒无大热，口燥渴心烦，背微恶寒者，白虎加人参汤主之。此节言里热盛津液伤而伤寒，证兼口燥渴心烦背微恶寒者的治法。（九）伤寒脉浮滑，此以里有热表有寒，白虎汤主之。此节言其人里热盛极而伤寒，脉轻按浮重按滑。急当救里的治法。（十）伤寒脉结代，心动悸者，炙甘草汤主之。此节言素患虚劳，心脏衰弱而伤寒，脉见结代证兼心动悸者的救治法。以上十节所言皆伤寒初得病时，未经误治，证候异常的变通治法。此外又有操劳过度疲倦已极而伤寒，初得病时即昏迷沉睡，三五日不省人事。若遇此病，慎勿烦扰。当静待其体力恢复，神识渐清，再为调治。其余尚有二阳合病，三阳合病，及二阳并病，传变转属三阴、误汗、误吐、误下、水潠、火攻等坏病，条目繁多，不胜枚举，当随证施治，详见本书。兹特略提纲要，如有谬误，尚望同道赐教纠正，是所欣盼。

［《上海中医药杂志》1955，（7）：24］

伤寒本义

姜春华　上海第一医学院

前　言

中医有伤寒，西医也有伤寒，这两种伤寒是不是相同？有很多西医同道这样问：中医古代的伤寒和后世的伤寒是不是相同？有许多中医同道这样问：西医的伤寒相当于中医什么病？中医的伤寒相当于西医什么病？有很多病家这样问。一个伤寒名称，使人们费解到如此地步，原因是古今定义不同，中外翻译异撰所致。中国古代的伤寒是病名，也是病因；是广义的名词，也是狭义的名词；是急性传染病发热的统称，也是冒寒发热的专称。后世把伤寒说成多种多样，尤其和温热学说相缠，各家意见分歧，问题就愈来愈复杂。清末民初西医从日本留学回来，将日本的伤寒，译成中国的伤寒。原来日本一向是汉医（即中国医学），西洋医学输入之后，他们将西洋的 Typhoid Fever，译做汉医的伤寒。由日本回来的西医，便也将日译的伤寒，译成中国的伤寒，后来也有译作肠热病或肠伤寒的，它相当于中医的湿温病。一般为了配合起见，就把中医的湿温和西医的伤寒联合在一起，称做湿温伤寒。因此中医医和病家对伤寒这一个名称，大家模糊起来，到底怎么回事？为了这个问题，在展开研究中医中药政策下，把中医的伤寒这一名词正本清源疏理一下，是有其必要的。

一、《内经》之伤寒（《内经》为秦汉间产品）

素问热论说：“人之伤于寒也，则为病热。”这是说人感受了寒凉就会成发热的病。素问水热穴论说：“帝曰，人伤于寒而传为热，何也？岐伯曰，夫寒甚则为热也。”这是解释伤寒而发热的病理，是说寒盛了就会生出热来　寒盛为什么会变热呢？张景岳解释说：“寒邪外束则阳气内郁，故传而为热也。”这二篇都说受了寒就要发热，寒是因，热是果，寒是病原，有时作为病名，发热是病状，有时也作为病名，因此“伤寒”是病名，“热病”也是病名。素问热论又说：‘黄帝问于岐伯曰，今夫热病者，皆伤寒之类也，”这是说凡是发热的病都是伤寒。（伤是动词，是伤害的意思。）杨上善说：“以本为名，故称此热病伤寒类也。”按内经来说，伤寒即是热病，热病就是伤寒，没有分别。

但内经也说伤寒原因可变成温病和暑病，素问阴阳应象大论说：“冬伤于寒，春必病温，春伤于风，夏生飧泄，夏伤于暑，秋生痎疟，秋伤于湿，冬生咳嗽。”这是说四时之气皆可致病，不过当时伤于某气，当时不病，拖延到下季才发病。其实这是想象病理，夏天生泄泻的多，秋天生疟疾的多，冬天生咳嗽的多，春天生发热的多，内经作者将四季发病的原因推想为上季所伤。素问热论又说：“凡伤寒而成温者，先夏至日者为病温，后夏至日为病暑，”这是说温病暑病的原因都是伤寒，后人因此把温病说成伏气，以为冬天寒气伏在人身，到春天发病。我们综看内经伤寒这一个名词，它的意义是：1. 伤了寒就要发热，反过来说，凡是发热的病都是为寒所伤；2. 伤了寒，在夏至前发病的叫温病，到夏至后发病就叫暑病，总结一句，寒是一切发热的病原。

内经所说的伤寒，相当于现代急性传染病的总称。热论说：“其死皆以六七日之间，其愈皆以十日以上者。”凡发热而迅速死亡的病人以急性传染病为多，所以说它是急性传染病，而且内经也叙述了热病的症状确实相当于现代急性传染病的症状。热病论说，伤寒一日，巨阳受之，故头项痛，腰背强；二日，阳明受之，阳明主肉，其脉挟鼻络于目，故身热目疼而鼻干不得卧也；三日，少阳受之，少阳主胆，其脉循胁络于耳，故胸胁痛而耳聋；三阳经络皆受其病而未入于藏者，故可汗而已。四日太阴受之，太阴脉布胃中，络于嗌，故腹满而嗌干；五日少阴受之，少阴脉贯肾络于肺，系舌本，放口燥舌干而渴；六日厥阴受之，厥阴脉循阴器而络于肝，故烦满而囊缩。”这六经症状是热病病程中的病状，一日、二日、三日、……六日是病程，巨阳、阳明，太阴、厥阴是显现症状的部位，以及症状由轻入重的阶段。当初发病时，症状轻，时日渐进，症状也日益加剧。我们将六经这样来体会，是比较接近事实的。从上面这些症状看来，我们可以肯定说，内经的伤寒完全合乎现代的急性传染病。

内经热论还有两感的说法。就是说热病在一天之中可以见到阴阳两经的症状，“帝曰：其病两感于寒者，其脉应与其病形如何？岐伯曰，两感于寒者，病一日则巨阳与少阴俱病，则头痛口干而烦满；二日则阳明与太阴俱病，则腹满身热不欲食，谵言；三日则少阳与厥阴俱病，则耳聋囊缩而厥，水浆不入，不知人，六日死。”这两感说的产生，一，是因为六经不足代表热病过程中症候群。循序而进的六经病状，是一般情况；二，是其有以急剧的重症经过，就不是六经所可范围，因此将急剧重症名曰两感。这类病，得病就有重病感。单纯发热不见重要脏器的不良症状，问题就不大；发热而急剧的，兼见重要脏器不良症状，问题就很大，古人有见于此，所以热论说：“人之伤于寒也则为热病，热虽甚不死，其两感于寒而病者，必不免于死。”

内经六经症状和张仲景六经提纲相比，仅太阳少阳相似，太阴腹满相似，其余的就很不同。仲景说：“太阳之为病，脉浮头项强痛而恶寒，阳明之为病，胃家实，少阳之为病，口苦咽干目眩；又太阳病不解，转入少阳者，胁下鞕满，干呕，不能食，往来寒热；太阴之为病，腹满而吐，食不下，自利益甚，时腹自痛，少阴之为病，脉微细但欲寐也；厥阴之为病，气上撞心，心中疼热，饥而不欲食，食则吐蛔，下之利不止。”学者试与内经比观，其不同显然。但仲景的六经也是热病病程中的症状，不过它不是循序的日程。陶节庵对仲景的六经有很好的说明，他说：“风寒之初中人也无常，或入于阴，或入于阳，皆无定体，非但始太阳终厥阴也。或有自太阳始，日传一经，六日至厥阴，邪气衰，不传而愈者，亦有不罢再传者，或有间经而传者，或有传至二三经而止者，或有始终止在一经者，或有越经而传者，或有初作太阳，不作郁热，便入少阴而成真阴证者，或有直中阴经而成寒证者。”后人将内经伤寒六经来解释仲景伤寒六经，是不明白两家六经在处理主症方法上的不同，内经是按日循序，仲景是不按日不循序的；内经是按日病程记录，仲景是不循序的病症分类，所以有人说：“将内经六经来解释伤寒论，如人著败絮行荆棘中，步步障碍。”本来，两种不同的体系，怎样能硬加牵合呢。

内经的伤寒热病，除掉前面所引的一般症状外，还有烈性传染病症状的叙述。灵枢热病论说：“不可刺者有九，一曰汗不出大颧发赤哕者死，二曰泄而腹满甚者死，三曰目不明者死，四曰老人婴儿热而腹满者死，五曰汗不出，呕下血者死，六曰舌本烂，热不已者死，七曰咳而衄，汗不出，出不至足者死，八曰髓热者死，九曰热而痉者死，腰折瘈疭齿噤齘也。”上面这些症候，我们虽然还缺少证据证明它们是某些烈性传染病，但根据症状和死亡性来说，无可怀疑的是某些烈性传染病，所以我们说古代的伤寒就是急性传染病，不是没有理由的。

二、《伤寒例》之伤寒

（《伤寒例》是古医经，时代不肯定）

伤寒例是王叔和编在伤寒论前面的，有人说伤寒例是王叔和所撰，程郊倩伤寒条辨甚而至于说王叔和因仲景有撰用阴阳六论主语，因而假托阴阳六论云云，以王叔和的品格来说，恐怕是不会的。仲景自序撰用阴阳大论，自序是不是真实，或有问题，但巢氏病源和千金外台都载了这段文字，我们不能说隋唐的记录确是阴阳大论的原著，可是据日本医官尚德本的外台秘要说：“千金外古二者所引出于一书，未详谁何氏所著，殆出古医经。”尚德说这篇是古医经比较是合理的。

阴阳大论说：“春气温和，夏气暑热，秋气清凉，冬气凛冽，此则四时正气也。冬时严寒，万类深藏，君子周密，则不伤于寒，触冒之者，乃名伤寒耳。其伤于四时之气，皆能为病，以伤寒为毒者，以其最成杀厉之气也。中而即病者名曰伤寒，不即病者，寒毒藏于肌肤中，至春变为温病，至夏变为暑病者，热极重于温也。是以辛苦之人，春夏多温热病者，皆由冬时触冒寒冷之所致，非时行之气也。”这一段说春温、夏暑、秋凉、冬寒是四时正气，四时之气皆能致病，在冬天触冒了寒冷就成伤寒病，中了就发名叫伤寒；到春天发病，就叫温病，到夏天就叫暑病，这些说法和内经热论“凡伤寒而成温者先夏至为温病后夏至为暑病”是一样的，不过它比内经多出一个时行学说。时行是非时之气造成，而且这种病有相似性，阴阳大论这样说：“凡时行者，春时应暖而反大寒，夏时应热而反大冷，秋时应凉而反大热，多时应寒而反大温，此非其时而有其气，是以一岁之中长幼之病多机似者，此则时行之气也。这篇主要意思是说明正常气候中所生热病就是伤寒和温热病，不正常气候中所生的热病就不是伤寒温热而是时行病。时行还有一个特点，就是一岁之中少长之病相似，这当中有传染的意义。

三、《难经》之伤寒（时代不肯定）

难经这部书，传说是秦越人著的，也有人就是说朝人伪托，但终是一部古书，它的热病学说和内经仲景还一致，五十八难说：“伤寒有几？其脉有变不？然，伤寒有五，有中风，有伤寒，有湿温，有热病，有温病，其所苦各不同。”难经的伤寒包括了五种热病，是广义的伤寒，是指病原的名称，其五种当中的伤寒，则是狭义的，是指冬日感寒即病的伤寒。徐洄溪解释说：“伤寒是总名也，下五者，伤寒之分证也。此五者之病，古人皆谓之伤寒，伤寒论与难经渊源一辙。”

四、华佗之伤寒（是伪托，时代不肯定）

千金引华佗说：“夫伤寒始得，一日在皮，摩膏火灸即愈。若不解者，至二日在肤，可法针，服解肌散发汗，汗出即愈。若不解者，至三日在肌，复发汗则愈。若不解者，止勿发汗也。至四日在胸，宜服黎芦丸微吐则愈。若更困，黎芦丸不能吐者，服小豆瓜蒂散吐之则愈。视病尚未醒者，复一法铖之。五日在腹，六日入胃则可下也，若热毒在胃外，未入于胃，而先下之者，其热乘虚便入胃，则烂胃也。然热入胃病，要当须复下去之，不得留于胃中也。胃若宝热，致此为病，三死一生，此辈多不愈。胃虚热入烂胃也，其热微者，赤斑出，剧者、黑斑出，赤斑出者五死一生，黑斑出者十死一生。”华佗说伤寒，也如内经所说，一日二日到六日，由表入里，可是他说一日在皮，二日在肤，三日在肌，没有症状。但可以推测出是表证，是热病初期症，可以用汗法。四日在胸，五日在腹，六日入胃，是里证，可以用吐下。六日的症状与内经不同，这类病人有斑疹出现，而且死亡率很大，很像斑疹伤寒，它的范围狭，病种不广泛。

华佗又说：“若无丸散及煎，但单煮柴胡数两，伤寒，时行并可服也。”这一段也提出了时行，如果千金所引的材料确实是华佗的话，那么时行之说在汉代已经流行。叔和所引的阴阳大论中有时行之说，亦可证明大论是汉代流行的书。仲景叙称撰用阴阳大论，大概同出一书，可惜看不到华佗对伤寒和时行不同的理论和不同的症状。

华佗前段所述的伤寒症状不够详明，另有一段述虚烦热的却反面可以说明了伤寒症状，其文如下：“又病有虚烦热者，与伤寒相似，然不恶寒身不疼痛，故知非伤寒也，不可发汗；头不痛，脉不紧数，知非里实也，不可下，如此内外皆不可攻，师强攻之，必遂损竭，多死矣。”说虚烦热者不恶寒身不疼，反面说明了伤寒必恶寒身疼，说虚烦热者头不痛脉不紧数，也反面说明了伤寒必头痛脉紧数，这一段正可补充前段伤寒的症状。

五、《肘后方》之伤寒（晋）

《内经·阴阳大论》它们的学说是一致的，就不过大论多出一个时行，至于肘后，它的伤寒名义就大大的不同。它说：“伤寒、时行、瘟疫、三名同一种耳，而源本小异；其冬月伤于寒，或疾行力作，汗出得风冷，至夏发，名为伤寒。这一段说冬日伤寒夏日发病名叫伤寒，与内经大论至夏发名暑或热的完全不同，他所说的时行也不是指当时发病的时行，而是说“其多月不甚寒，多暖气及西风，使人骨节缓坠受病，至春发，名为时行。”是说冬天受了寒气到春天发病才叫时行。他所说的温病，也不像内经和大论冬伤于寒至春发为温和，而是相当于大论的时行。他说：“其年岁中有厉气，兼挟鬼毒相注，名为温病。”这个温病即是后人所称的瘟疫病了。在葛氏的意思，伤寒时行瘟疫是一种，不过源本小有不同，所以说“如此诊候并相似”，他又说“贵胜雅言，总名伤寒，世俗因号为时行。”更说明了伤寒时行是一类病，即同属急性传染病，不过雅俗命名不同罢了。

六、《小品》之伤寒（晋）

小品作者是东晋时人。他以为时人以伤寒与天行温疫说成一种是不对的。他批评说：“古今相传，称伤寒为难疗之病，天行温疫，是毒病之气，而论疗者不别伤寒与天行温疫为异气耳，云伤寒是雅士之辞，云天行温疫是田舍间号耳，不说病之异同也，考之众经，其实殊矣。所宜不同，方说宜辨。”他这番话针对着葛氏的理论，他以为三种不同的病，方法也应该各别的，小品认伤寒为难疗，而天行温疫则是毒病之气，似较伤寒为更凶，且有传染之意。

又小品葛根橘皮汤：“疗冬温未即病至春被积寒所折，不得发，至夏得热，其春寒解，冬温毒始发出，肌中斑疹如锦文。”这一段说冬天温热也会伏于体内，春天寒冷不温，冬温就给抑制住了，待到夏天大热，内伏的冬温更发为斑疹。这较阴阳大论所说各日伏寒至夏变热大不同，这是特别的地方。以后巢氏病源的温病发斑恐怕也是源出如于此。

七、巢氏诸病源候之伤寒（隋）

巢氏病源候论说：“夫伤寒病者，起身风寒，入于腠理，与精气交争，荣卫否隔，周行不通，病一日到二日，气在孔窍皮肤之间，故病者头疼恶寒，腰背虽重，此邪气在表，洗浴发汗即愈。病三日以上，气浮在上部，胸心填塞，故头痛胸中满闷，当吐之则愈。病五日以上，气结在藏，故腹胀身重，骨节烦疼，当下之则愈。”巢氏这段文字之前引了一段阴阳大论的文字，这段文字后面引了内经热论的文字。而这一段很像华佗的伤寒，（文字小异）他摘录了三家伤寒，自己并无意见，不能说它有何特殊的地方。在病源卷十温病发斑候说：“夫人冬月触冒寒毒者，至春始发病，病初在表，或已发汗吐下而表证未罢，毒气不散，故发斑疮。”又“冬月天时温暖，人感乖候之气，未即发病，至春又被积寒所折，毒气不得泄，至夏遇热，其春寒解，冬温毒始发出于肌肤，斑烂隐疹如锦文也。”这两段文字，第一段说各月触寒至春发为斑疹，第二段说冬日温暖伏至夏日发疹，也就不单是说伤寒有伏气，连温热也有伏气，不单是冬日伏寒为温病，而冬天伏温到夏天也可发病。他的伏温之说，恐是摘录小品而来。

八、《圣济总录》之伤寒（朱）

圣济总录的伤寒学说源本内经，他说：“风寒暑温饮食劳倦皆能为病，是谓五邪，“冬伤于寒者春必病温，春伤于风者夏必病飧泄，夏伤于暑者秋必痎疟，秋伤于湿者冬必咳嗽。”是四时之气也。（阴阳大论的“其伤于四时之气皆能为病”亦即指此）。然五邪所中虽不同，本皆外邪，大率同类唯多。冬时严寒，其毒厉尤甚，人或中之，病在冬时则名正伤寒。若邪毒藏于肌肤，至春之时，乘温而发者为温病，若留连日久，至夏之时，乘盛暑而发者为暑病。”圣济首先引内经文字，说四时之气皆能致病。内经说四时所伤，其实是四季之病，春天感冒多，夏天肠胃炎多，秋天疟疾多，冬天气管炎多；古人推求病原，以为是上季气候所伤。圣济其次说冬伤于寒在当时名正伤寒一段话，还是老一套。不过伤寒上加一正字，这是特别的地方，为前此文献中所未有，为后来学者所沿用。他是将狭义的伤寒正名定份，使与广义的伤寒有所区别。

圣济里有中风伤寒，伤寒湿温，伤寒时气，伤寒疫疠各项。节录如下，以作比较。

“中风伤寒”，三阴三阳候各不同，太阳中风，其脉阳浮阴弱，其症发热自汗，鼻鸣干呕，……

“伤寒湿温”，伤寒有五，其一为中湿，盖风湿之中人，为病发热与伤寒相类，故曰湿温也。

“伤寒时气”，春温、夏热、秋凉、冬寒、四时正气，非时之气，少长相似谓之时气，……比伤寒瘟病疗之宜轻耳。

“伤寒疫厉”，阴阳和则安，一岁即气不和乖候，皆为疫疠之气，少长相似，俗名天行，与时气湿热等病相类。

第一、中风与伤寒论的中风相同，第二、湿温也与伤寒论同，第三、时气和第四疫厉都冠上伤寒的名字，是比较费解的，因为阴阳大论以及其他的时行都说是非时之气，不说是伤寒。圣济的时气和疫疠，一则说是非时之气，一则说是岁节乖和，乖和也是非时之气，而且都是少长同病，因此说天行时气温热等病相类；这也证明了四季的急性传染病虽有伤寒时行瘟疫等名称，实际上是难加区别的。

九、刘河间之伤寒（金）

刘河间伤寒标本心法类萃，列伤风、伤寒、中暑、中温、风寒俱中等症。他的伤风一项与伤寒论同，伤寒症也与伤寒论同，兹不赘录。他的伤寒直格对伤寒名义有如下的说明：“仲景直言伤寒者，言外伤之寒邪也，以分风寒暑湿之所伤，主疗不同，故只言伤寒，不通言热病。其寒邪为害至大，故一切内外所伤俱为受寒之热病者，通谓之伤寒也。”他这一段说一切外邪所感通谓伤寒，因此寒邪为害至大，故书其大者为名。又说：或云各伏寒邪于肌肤骨肉之间，至于春变为温病，夏变为热病，秋变为湿病，冬变为正伤寒病者，及冬冒其气而内生怫热，热微而不即病者以致将来阳热变动或有感之而成热病，非谓伏其寒气而反变为寒热也。”他这一段除说明冬日冒寒而生怫热，因为热微不即病，等到春夏再感着阳热之气而成热病，并非伏寒变热；这是后来外感温热学说的来源，造成有清一代温热学说的宗派。

十、陶节庵之伤寒（明）

陶节庵为明代伤寒家的宗匠。他对伤寒治疗方面有他的成就的地方，但也有不正确的地方。他的伤寒名义差不多还是继承巢源之说，他说：“夫伤寒者自霜降后至春分前，天冷严寒，水冰地冻，而成杀厉之气，人触犯之即时病者名正伤寒。若虽冬月而天令温燥，感之则为冬温。如至春分节后，天令温燥，人感壮热而病者为温病。若虽至春分而天令尚冰雪未解，而感寒者，亦伤寒也。若三、四、五、六、七、八月之间，天道忽有暴寒，感之而为病者，此时行寒疫也。即感冒伤寒。（巢氏作时行伤寒）若夏至后人感其热，脉洪大者，为热病。若四时天令不正，感而为病，长幼率相似，互相传染者，此名时气。一曰（时疫）。”这一段中说：冬日感寒即病则为正伤寒，冬日感温即病则为冬温，春日感温即病为温病，春日感寒仍为伤寒，三月到八月忽感暴寒即是寒疫，夏至后感热为热病，非时之气，病相传染名曰时疫。

陶氏据巢源的分析，因此说“夫麻黄桂枝二汤，仲景原为冬月正伤寒主也，今人乃以之通治非时暴实温暑。”据他这样说麻黄桂枝只有冬天用，其他时节就不可用了。这是不正确的地方。

十一、吕榇村之伤寒（清）

清吕震榇村伤寒寻源说：“既曰伤寒有五，则伤寒只属病之总名。而五者之中病又不专属寒因，若风、若湿、若热、同隶伤寒有五条下，仲景作书，而以伤寒命名者，义取诸此。今从仲景原文反复互勘，其实仲景大法，合之难经伤寒有五之例，若合符契。”吕氏举仲景五条为证：

1. 太阳病，发热汗出，恶风脉缓者，名曰中风。

2. 太阳病，或已发热，或未发热，必恶寒体痛，呕逆，脉阴阳俱紧者，名曰伤寒。

3. 太阳病，发热而渴，不恶寒者，为温病。

4. 太阳病，关节疼痛而烦，脉沉而细者，此名温痹。

5. 太阳中热者，暍是也。其人汗出恶寒，身热而渴也。

他列举了仲景五种症状，证明伤寒是总名，有五是分名。

他又批评中而即病的正伤寒学说，他说“今乃谓冬月中而即发者名为正伤寒，至春发为温病，至夏发为热病，不惟仲景论中并无此语，且如执是说则冬月中岂无患太阳病发热而渴者乎？夏月中岂无太阳病恶寒无汗者乎？将安所适从乎？岂一时之中只许人生此一病，不许更生其他病乎？此说实倡自叔和之序例，而疑团至今未破。”吕氏根据冬春季节病症来批评是对的，但他归过于王叔和是不对的。因为伤寒例主要文字是阴阳大论，而大论也是古医经，并非叔和所造，再说，内经早就说，“凡病伤寒而成温者，先夏至日为病温，后夏至为病热。”要批评首先批评内经，而不应半途截击王叔和。

十二、章虚谷之伤寒（清）

章虚谷说：“仲景论六经外感，有风寒暑湿之邪，论温病由伏气所发，而不及外感；或因书有残缺，皆未可知。后人因而穿凿附会，以大青龙越婢等汤证为温病，而不知其实风寒化热之证也。其所云太阳发热而渴（仲景原文有不恶寒者四字）为温病，是少阴伏邪出于太阳，以其热从内发，故渴而不恶寒；若外感温病初起，却有微恶寒者，以风邪在表也，亦不渴，以内无热也；似伤寒而实非伤寒。”章氏以为伤寒论中所论的外感，只有风寒暑湿，论温病也只有伏气而没有谈到外感的温热，外感温热和伏气温热有那些不同呢？他举出伏气是寒化热，热从内部发出，所以口渴而不恶寒；外感温热是邪在表，因为在表，所以恶寒；热不在内，所以不渴。它们的区分，就是恶寒不恶寒，口渴与不渴，因此说口渴不恶寒的温病，是伤寒伏气；恶寒不渴的是外感温热。章氏又说：“盖风为百病之长而无定体，如天时寒冷则风从寒化，而成伤寒；温暖则风从热化而为温病，以其同为外感，故症状相似而邪之寒热不同，治法迥异。”章氏还有一段话说寒温同是外感，风因寒冷而使人成伤寒，风因温暖而使人成温病；寒温原因不同，所以治法应该不同。

十三、王士雄之伤寒（清）

王士雄说：“内经云：天有四时五行以生长化收藏，以生寒暑燥湿风。夫此五气原以化生万物，而人感之为病者，非夫天气有偏偶，即人气有未和也。难经中风伤寒湿温温病热病，此五气感人，古人皆谓之伤寒，故仲景著论亦以伤寒统之，而条分中风伤寒温病湿暍五者之症治，与内经渊源一辙，法虽未书，名已备焉。”王氏说古代伤寒为五气感人的总名，内虽伤寒是一致的，后人把它搞不清。他说“阴符经云：天有五贼，见之者昌；后贤不见，遂至议论愈多理愈晦，或以伤寒为温热，或以温热为伤寒，或并疫于风温，或并风温于疫，或不知有伏气为病，或不知有外感之温。”王氏的意思，也认伤寒论中的温病是伏气，另外还有一种外感温病，他和章虚谷的意见是相同的。

结　论

伤寒二字，在前言中说：是病因，也是病名，它实在是包括了若干急性传染病，它也相当于温疫、温病、时行、天行、各种病名。因为这些温疫温病等等也是急性传染病的总名。古人以为这些疾病的原因是气候的变化所造成，推想有感而即发和伏邪为病，有冬日寒气感而即发，有不即发，有冬日温气感而为病，有春夏寒凉之气感而为病，有在四时之气中兼挟鬼毒厉气而为病；总而言之，不出正常气候异常气候与即发和晚发二大端。正常气候不足使人为病，异常气候不足成为传染病，吴又可已先我言之。有清一代在温病与伤寒瘟疫辨别方而，议论很多，虽无特殊价值，但在治疗上是有相当进步的。肘后方所说挟鬼毒厉气，也知传染病之不纯由气候，这也是古人认识上的进步。

［《上海中医药杂志》1955，(7)：11］

对于伤寒与温病的认识

时逸人

中国医学自唐宋以来，伤寒、温病门户不分，成以麻桂诸法治之。其旁虽有刘河间、张子和等人，认温热治法不同于伤寒，但空谷足音，寥寥可数，习俗相沿，积重难返。明代医家已知不能用麻桂诸法，而有柴葛解肌等法补充之；清代医家，始将伤寒与温病划分，即用辛凉轻剂、甘寒滋腻以治温病；太过不及，其失惟均。

兹将历来各家对温病之解释，择其大要，述之于后：

《内经·热论》篇：“热病皆伤寒之类”，论病情，虽有伤寒热病之分，而受病之源及发病之理，同属时令感冒性病症之一类，古医经验之言，足可为后世所取法。难经谓：“伤寒有五”以中风、湿温、温病、热病等包括于伤寒门中，后世有广义伤寒之名称，实自难经始。以上皆可证明伤寒与温病受病之源，发病之理，同属一类之病症（但其症状与治法，各不相同）。

《史记》：仓公治热病，用“火齐汤”。周澹然温证指归释云：“火齐汤，助三黄汤之别名。”是温病治法，宜凉不宜温，主里不主表，前乎仲景，已有成法，迨仲景伤寒论，尤有显明之区别：“发热而渴，不恶寒者，曰温病；发汗已（疑为自汗出之讹），身灼热者，曰风温。”非但伤寒与温病之症状治法，不容混淆，即温病与风温亦有分别。柯韵伯释云：“寒去而热罢，即伤寒欲解证；寒去而热炽，即温病发现病。如服桂枝汤，大汗出后，大烦渴不解，脉洪大者，即是温病猖獗，宜用白虎加人参汤之类。”此治温病方法之嚆矢。

《千金》治温病方法，多与阴阳毒混合立论；外台论温病多兼温毒言之，治温毒发斑方法，“赤斑者五死一生，黑斑者十死一生，实为经验独到之语。朱肱类症活人书谓：温热二义，为热之多少而异”；是知温热病与伤寒之症状治法不同者。故云：“麻桂二方，春夏间必须加减用之”。“湿温用苍术白虎”，其清热燥湿之法，尚有可用者，惟方中药品，不必拘执。

刘河间论表热里热之症，选用“凉膈”“天水”“双解”“通圣”诸方，独出手眼，后世治温名家，多守其道教，其书仍以伤寒标名者，遵古制也。惜其于疏邪化热诸法，未能随症变化，曲尽病情。

张子和《儒门事亲》之治温方法：“病人喜凉则凉，用辛凉解之；喜温则从其温，用辛温解之。”重河间辛凉清解方法之适用，是知温病不同伤寒。李东坦谓“温病发生，盖因房室劳伤，与辛勤人，腠理开泄，少阴不藏，肾水涸竭而得之。”是脉虚之体质，因腠理开泄而受感冒，二种病证混合生，与现代医家所见，尚多暗合。王安道于溯洄谓“温病不得混称伤寒，因伏热在内，虽见表证，里证为多，但治里症为主，佐以清表之法，亦有里清而表自解者。”其论伏温病情，确尚明晰。

明李梴《医学入门》谓：“温热不恶寒，则病非外渴则自里达表，热郁腠理，不得外泄之故。终是里表少，当治里热为主，而解肌次之。”似专指伏热在之病，新感之症未曾提及。张景岳谓：“温病暑病作，本由冬季时寒毒内藏，故至春发为温病，至夏为暑病。”又云：“虽与寒证不同，然亦因时而名，非起病必皆热也。”此据王叔和伤寒例，谓冬时受寒，春变为温病，至夏变为暑病。既知与寒症不同，又起病未必皆热，旁徨歧路，显然可见。伤寒与温病，代医家已有相当之认识，景岳仍以推测之所得而言之，亦研究不顾事实者。

方中行《伤寒论条辨》：以“温热分阴分阳，治兼热”，为喻嘉言所取法，故于尚论后篇“温病会讲”中以冬伤于寒，春必病温为一例，冬不藏精为一例；以冬伤于寒，又不藏精，至春发为温病，又为一例。作习气太重，于病情经过、诊断、治法等，关系甚抄。注重冬不藏精，真阴为热邪所销烁，此叶氏滋阴疗法之所本也。

张路玉谓：“伤寒自气分传入血分，温热自血分发出气分。”并申明伏邪自内达外，最忌辛温发散，治为治伏温扼要之谈。因扬后氏表彰“黄芩汤”，谓为治温病利起主方，中期亦可用者。所云“寒伏于内，郁化热”，论伏温病情，亦多精到。

柳宝诒氏《温热逢源》中谓：“六经形症，伤寒与温病不殊。”是其见道处。又谓：“有随时感受之温邪，有伏气外发之温邪。”分别新感伏邪，亦多精到。其评温疫论之言曰：“又可所列治法，表症多用温燥劫阴之剂，与伏气温热先伤阴分之病，不甚相宜。所论里症治法，都与伏温相合，可以取法不少……。”但吴氏所论，多经验之言，其时盛行之症，病情有一部分与伏温相近；柳氏专论伏温，故将吴氏所论瘟疫，一概指为伏温，此因主观不同之故。

陆九芝谓："在太阳为伤寒，在阳明为温热。"自称独得真传。但阳明病与温病，同为身热、自汗、不恶寒、心烦、口渴，症型固无二致；然阳明之提纲，注重胃家实，宜用通便之剂；若温病治法，注重在辛凉解表，清透伏热；至于通便方法，所不可浪用者。是举温病之名义，可以概括阳明病；单执阳明病症候，不可概括温病。仲景云："太阳病发热而渴，不恶寒者，为温病。"是太阳篇亦有温病，不得谓温病只属阳明也。且伏邪外发，六经皆有发生温病之可能，未可概以阳明限之。

根据以上各家所论，可以明确唐宋以来对于伤寒、温病的认识，不够精细，直至清代渐趋明朗，但因久为伤寒所束缚，不敢直截了当的予以批判，吴鞠通虽有温病条辨的专著，仍以伤寒论为蓝本，不能越其范围，便是一例。在目前整理中医文献中，这问题是值得注意的。

［《上海中医药杂志》1955，(7)：27］

学习《伤寒论》以前须要明确的几个主要问题

任应秋

一、《伤寒论》流行本的原委

读《伤寒论》张仲景的自序说："勤求古训，博采众方……为伤寒杂病论合十六卷"。是伤寒论本来叫作"伤寒杂病论"，伤寒论只是伤寒杂病论的简称。所以王焘氏说："仲景之书，一而已矣，判为要略者，盖自王叔和始"。明徐镕又说："宋时才分伤寒论、金匮要略为二书"，无论分于晋，分于宋，"伤寒论"与"杂病"分家，总是仲景以后的事。宋孙奇、林亿等校"金匮玉函要略方论"的序说："王洙在馆阁日，于蠹简中得仲景金匮玉函要略方三卷，上则辩伤寒，中则论杂病，下则载其方并疗妇人"，说明在宋朝也还发现了包括伤寒杂病在一块，颇近似仲景"伤寒杂病论"的原书。孙奇等校"金匮玉函要略方论"的结果，"以其伤寒文多节略，故断自杂病以下，终于饮食禁忌，凡二十五篇，除重复合二百六十二方，勒成上中下三卷，依旧名曰金匮方论"（见"金匮要略"孙奇等序）。这是一般把"金匮"当作仲景"杂病论"的由来，并不是仲景原书的本来面目。

《伤寒论》的通行本，目前可以看到两种：一是金成无己的注本，即"注解伤寒论"。一是宋镌治平（1056）本，即高保衡等的校副本，陆渊雷说："成本辗转翻刻，已非聊摄之旧，如明理论所引论文，与正文或异，本草纲目谓人参柴胡，惟张仲景伤寒论作人蓡茈胡，今所见伤寒论本，未有作参作茈者，惟成本释音，有参音参，茈音柴之文（按：两字均见卷三释晋），则知成本多存古字，李氏所见犹尔，今为浅人改易尽矣"（伤寒今释叙例）。金本以明嘉靖间汪济明的刊本最好，宋本原刻早已看不到了，现在仅能见到明代赵开美的覆刻本。两者相较，成氏注本，已渗入不少己见，又经一见翻雕，出入更大，赵开美覆刻本，是照宋本复制的，可能接近治平雕印面目。

赵开美的覆刻宋本，坊间还是不易多见，因而许多人对宋本伤寒论的具体内容，仍然不太明了，兹介绍如下：全书其分十卷，第一卷：辨脉法、平脉法。第二卷：伤寒例。辨痉湿暍脉证，辨太阳病脉证并治上。第三卷：辨太阳病脉证并治中。第四卷：辨太阳病脉证并治下。第五卷：辨阳明病脉证并治，辨少阳病脉证并治。第六卷：辨太阴病脉证并治，辨少阴病脉证并治，辨厥阴病脉证并治。第七卷：辨霍乱病脉证并治，辨阴阳易差病脉证并治、辨不可发汗病脉证并治，辨可发汗病脉证并治。第八卷：辨发汗后病脉证并治、辨不可吐、辨可吐。第九卷：辨不可下病脉证并治、辨可下病脉证并治。第十卷：辨发汗吐下径病脉证并治。其二十二篇。成注本卷篇与覆宋本是一致的，只是字句有许多出入，并将辨太阳病以下十八篇，合三百九十七法的条文删去就是了。而一般通行本，则去掉了辨痉湿暍脉证以前的四篇及辨不可发汗病脉证并治以后八篇，仅存辨太阳病脉证并治上至辨阴阳易差病脉证并治等十篇。

此外，另有一伤寒论别本，叫作《金匮玉函经》，其八卷，还是经宋朝高保衡、孙奇、林亿等校刻的。他们在枝刻的序文里说：《金匮玉函经》与《伤寒论》同体而别名，欲人互相检阅，而为表里，以防后世之亡佚，其济人之心，不已深乎。细考前后，乃王叔和撰次之书。缘仲景有金匮录，故以金匮玉函名，取宝而藏之之义也……其文理或有与伤寒论不同者，然其意义，皆通圣贤之法，不敢臆断，故并两存之，凡八卷，依次旧目，总二十九篇，一百一十五方"。达书的流行本更不多，目前仅能得清康熙末年何焯以宋钞本授上海陈世杰的雕版本，是否真出于王叔和，其中的问题还多，它和伤寒论不同的地方，主要是：（一）没有仲景自序。

（二）没有伤寒例。（三）有辨脉，无平脉。（四）第一卷有证治总例。（五）第七卷有方药炮制。（六）痉湿暍篇编在辨脉的前面。（七）厥利呕哕篇和厥阴篇分列成两篇。（八）可不可等篇，除汗吐下外，增加了可温，不可火、可火，不可灸、可灸，不可刺、可刺、不可水、可水、热病阴阳交并生死证等十篇（十篇都载于脉经），证治总例的内容，大体与千金方治病略例、诊候等篇相类似，不仅篇中有引用张仲景的话，说明不是仲景的作品，而且篇中有“地水风火，和合成人，一气不调，百一病生，四神动作，四百四病，同时俱起”等佛经上的话，它的产生年代，可能还在魏晋以后。

伤寒论流行版本的原委，大略如此，它之所以能够辗转流传，一直为历代医家所崇奉，主要由于它是临床有效的实用典籍，它的精粹在平脉辨证，证候方药，全部存在于辨太阳病脉证并治以下至辨阴阳易差病脉证并治十篇中，除此，前后的十二篇，大多数为重复出，少数为脉经家言，于临床上作用不大，甚至不可能是临床事实，所以太阳病等十篇，最为医学界所传诵，其余十二篇，仅为极少数人所研习，大多数都白首不一见了。

二、对伤寒病的认识

中国在汉唐（纪元前200—纪元900）时期，一般热性病，都叫作伤寒。所以素问说：“今夫热病，皆伤寒之类也”。又说：“人之伤于寒也，则为病热”（热论），这些话说明了一切热性病都是属于伤寒一类的疾病。难经也说。“伤寒有五：有中风、有伤寒、有湿温、有热病、有温病”，这仍然说明伤寒是广义的热性病。到了唐朝孙思邈（581—628）著千金要方引“小品”说：“伤寒是雅士之辞，天行温疫是田舍间号耳，不说病之异同也”。可见李唐时候一般所称的伤寒，与汉代是没有一样的，张仲景生在素问、难经之后，千金方之前，是他所称的伤寒，当亦不能超越这个范围，所以伤寒论里太阳病篇便有中风、伤寒、温病、风温等等不同的疾病，而且它明白指出“太阳病，发热而渴，不恶寒者为温病”，即是说温病与伤寒是二而一，同属于热性疾病，只是所表现的症状有所不同就是了。

为什么要把热性病称做伤寒呢？日本惟忠子文氏说：“伤寒也者，为邪所伤害也，谓邪而为寒，盖古义也。故寒也者，邪之名也，而邪之伤害人，最多端矣”（伤寒之研究卷一）。我同意惟忠氏的说法，因为寒字带有伤害的意义是较早的，孟子说：“吾退而寒之者至矣”（告子），就是明证。千金要方说：“冬时严寒，万类深藏，君子固密，则不伤于寒，或触冒之者，乃为伤寒耳，其伤于四时之气，皆能为病，而以伤寒为毒者，以其最为杀厉之气也，中而即病，名曰伤寒，不即病者，其寒毒藏于肌骨中，至春变为温病，至夏变为暑病，暑病热极重于温也”（伤寒例）。即是说：四季不同气温的变化，人体不能适应时，都会受到邪气（寒）的伤害的，不过所伤害的程度有轻重不同就是了。

苏联B. и. 克里斯特曼氏说：“身体寒冷，即所谓感冒有很大临床意义，是发生各种疾病的普通原因。感冒可以理解为全身或个别体部突然遇冷，例如足部浸湿或寒冶，咽喉剧烈寒冷等。所谓感冒病，如流行性感冒、鼻感冒、支气管炎、咽峡炎、肺炎等皆属于其中，是某种传染物所引起。身体遇冷——感冒，只能使生体的抵抗力减弱而在各组织及器官中为体内既存的细菌发育上构成较好的条件。由此可知，在此类疾患时，传染物是发病的原因，而感冒是促成感染的诱因”（内科学二五页）。广义的伤寒，可能也就是如此。因而它的内容可能包括有其他若干的具体疾病，可能也就是仲景伤寒杂病连在一块的实际意义，所以柯韵伯说：“按仲景自序，言作伤寒杂病论，合十六卷，则伤寒杂病，未尝分两书也，凡条中不冠伤寒者，即与杂病同义。如太阳之头项强痛，阳明之胃实，少阳之口苦咽干目眩，太阴之腹满吐利，少阴之但欲寐，厥阴之消渴气上撞心等症，是六经之为病，不是六经之伤寒；乃是六经分司诸病之提纲，非专为伤寒一症立法也。观五经提纲，皆指热证，惟太阴提纲，为寒邪伤里立，然太阳中暑，发热而亦恶寒；太阴伤热，亦腹痛而吐利，俱不离太阳主外，太阴主内之定法，而六经分证，皆兼伤寒杂病也明矣。……其他结胸、藏结、阳结、阴结、瘀热发黄、热入血室、讝语如狂等证，或因伤寒、或非伤寒，纷纭维沓之中，正可以思伤寒杂病合论之旨矣。盖伤寒之外皆杂病，病名多端，不可以数计，故立六经而分司之，伤寒之中，最多杂病，内外夹杂，虚实互呈，故将伤寒杂病而合参之，正以合中见泾渭之清浊，此扼要法也。……仲景约法，能含百病，兼赅于六经，而不能逃六经之外，只在六经上求根本，不在诸病名目上寻枝叶”《（伤寒论翼：全论大法第一）》。

于此说明伤寒论的伤寒是广义的，不仅是指一般热病，而且包括身体失去安定性时所遭致的一切疾病，因此、学习伤寒论，是学习它对一切疾病的辨证论治方法，并不限于狭义的伤寒。凡是指伤寒为急性热病，说伤寒方不能治杂病，把难病或温病等与伤寒对立起来，都是极其错误的。

三、“热论”与仲景的三阴三阳基本不同

三阴三阳的名称，来源很早，而其意义各有不同，约可别为三种：（一）指经络而言，三阴三阳，各分手足，是针灸家所谈的，灵枢经、甲乙经、素问里的一部分所谈的三阴三阳，大半是属于这补性质。（二）指气化而言，子午少阴君火、丑未太阴湿土、寅申少阳相火、卯酉阳明燥金、辰戌太阳寒水，巳亥厥阴风木、少阴司天，阳明在泉；太阴司天，太阳在泉；少阳司天，厥阴在泉；阳明司天，少阴在泉；太阳司天，太阴在泉；厥阴司天，少阳在泉，如此往复加临，循环无已，这是运气家所讲的，王冰附入素问的天元纪大论，是其专篇。（三）指热病的证候群而言，如“伤寒一日，巨阳（太阳）受之，故头项痛，腰脊强；二日阳明受之，阳明主肉，其脉侠鼻，络于目，故身热目疼而鼻干不得卧也；三日少阳受之，少阳主胆，其脉循胁络于耳，故胸胁痛而耳聋；四日太阴受之，太阴脉布胃中，络于嗌，故腹满而嗌干；五日少阴受之，少阴脉贯肾，络于肺，系舌本，故口燥舌干而渴；六日厥阴受之，厥阴脉循阴器而络于肝，故烦满而囊缩。三阴三阳，五藏六府皆受病，营卫不行，五藏不通，则死矣”。这是汤液家所说的，素问热论篇是其代表。

仲景的三阴三阳，和针灸家运气家完全不同，这是很显然的，就和热论的三阴三阳，亦基本是两样，如热论的三阳经证候，都是仲景的太阳证；热论的三阴经证候，都是仲景的阳明承气证；而仲景的少阳证和三阴证，热论里没有谈到，因此，不能把热论与伤寒论的三阴三阳混为一谈；所以柯韵伯说：“夫热病之六经，专主经脉为病，但有表里之实热，并无表里之虚寒，虽因于伤寒，而已变成热病，故竟称热病，而不称伤寒。要知内经热病，即温病之互名，故无恶寒证，但有可汗可泄之法，并无可温可补之例也。观温病名篇，亦称评热病论，其义可知矣。……夫仲景之六经，是分六区地面，所该者广，虽以脉为经络，而不专在经络上立说，凡风寒温热，内伤外感，自表及里，有寒有热，或虚或实，无乎不包，故以伤寒杂病合为一书，而总名为伤寒杂病论。所以六经提纲，各立一局，不为经络所拘，弗为伤寒划定也”（伤寒论翼：六经正义第二）。

于此可见仲景的三阴三阳。是把一切疾病（包括伤寒杂病）的证候群分为六类，无以名之，只好权且借用素问太阳少阴等名目来给它命名，于是名则同，而实则异，余杭章太炎说：太阳阳明等六部之名，昔人拘于脏腑，不合则指经络，又不合则罔以无形之气，卒未有使人厌服者，近世或专以虚实论，又汗漫无所主。夫仲景自言撰用素问，必不事事背古，自有素问以至汉末，五六百岁，其间因革损益亦多矣，亦宁有事事牵于旧术哉，余谓少阴病者，心病也，心脏弱，故脉微细，血行懈，故不能逐客邪，而为厥冷，偶有热证，亦所谓心虚者热收于内也；若太阳病，则对少阴为言，心脏不弱，血行有力，故能排其客邪，外抵孙络肌肤，而为发热，此不必为膀胱小肠也（篇中唯桃核承气证为热结膀胱，抵当汤凡证为小肠瘀热，然只其一端）。阳明病者，胃肠病也，胃家实之文，仲景所明著，其极至于燥尿不下；若太阴病则对阳明病为言，以胃肠虚，故腹满而吐，自利益甚，此不必为脾也（篇中有胃气弱之文，又有脾家实之文，知脾本胃之通称）。少阳病者，三焦病也，津液搏于邪而不能化，故口苦咽干，其自太阳转入者，则上中二焦皆肿鞕，故干呕胁满，津液与邪相结，邪热被阻，不得外至孙络，故往来寒热；若厥阴病，则以近于少阳言，消渴，甚于口苦咽干也，吐蛔，甚于干呕也，厥热相间，甚于往来寒热也，或在上，则气上撞心，心中疼热，甚于胁满也，或在下，则下利脓血，是为下焦腐化，甚于上中二焦肿鞕也，此不必为肝与心主也。然则少阴、阳明、少阳三者，撰用素问，不违其本，太阳、太阴、厥阴三者，但以前者相校，或反或进名之，又不规规于素问之义也”（伤寒论今释序）。

章氏之说，个别的地方虽不无可商；但他认为“仲景自言撰用素问，不必事事背古，亦宁有事事牵于旧术”，太阳阳明等六部分的名称，是和热论有所不同，这一点与柯韵伯的意见是一致的。所以学习伤寒论的三阴三阳，不与素问热论分别对待，很难融会通达，若张隐庵陈念祖等既附会手足经络，又拘于标本胜复，把伤寒论解释得千疮百孔，其文则是，其义多非，其与仲景真意以及临床事实，是有些距离的。

四、三阴三阳在临床上的应用

根据以上的说法，仲景的三阴三阳，既不同于针灸、运气、热论所言，它的真实意义和作用究竟在哪里呢？陆渊雷说：“伤寒杂病之分，于科学的病理学上，无可依据，然于国医的治疗法上，则有绝大便利，国医治疗流行性热性病，不问其病原为何，皆视其证候而归纳为若干证候群，于以施药治而知其宜忌。在伤寒论，即太阳、少阳、阳明、太

阴、少阴、厥阴，所谓六经者是也，六经所用方药，固各有子目，粗工固未易一蹴中肯，然六经之分别苟不误，虽子目稍有踳错，其药犹有相当效力而不致偾事。夫病变万端，欲详为辨析，虽上智犹所难周，今约其大纲而分为六经，则中人之材，亦所优为，岂非治疗上之绝大便利乎。至于杂病，各有特殊显明之证候，诊察较易，而其疗法，又各有特效药，不若伤寒方之可以泛应多病，故就国医之治疗法言，伤寒有共同性，为理解的；杂病为个别性，为机械的，而杂病中若干宜忌，亦与伤寒六经无异，此伤寒杂病之所以分，而学医者，尤须先读伤寒论，次读金匮要略也”（伤寒今释卷一）。

不错，伤寒论的六经，“有其同性，为理解的”，能够包括“病变万端”，即是说只要你能掌握认识疾病的三阴三阳六大纲，对任何一种疾病，都可以下判断，定治疗，这确是“中人之材，亦所优为”的事，因此三阴三阳的真实价值，亦在乎此。伤寒论论病，既是以三阴三阳囊括无遗，它的阴阳标准，从何确定呢？它是从两种不同性质的病变来确定的，如正气充实，抗病力强盛的、为阳；正气不足，抗病力衰弱的，为阴；病情属表、属实，属热的为阳；属里属虚、属寒的为阴。这样有系统、有条理，既有它的一致性，尤有它的灵活性。兹将三阴三阳六大证候群的主要证候及其基本性质分说于后：

1. 太阳病

主要证候：

（1）“太阳之为病，脉浮，头项强痛而恶寒”。——第一条

（2）“太阳病，发热汗出，恶风，脉缓者，名为中风”——第二条

（3）“太阳病，或已发热，或未发热，必恶寒，体痛呕逆，脉阴阳俱紧者，名为伤寒”。——第三条

根据以上三条，所谓“太阳病”，就是由脉浮（浮缓、浮紧）、头痛、项强、发热、恶寒（或恶风）、出汗（或无汗）、体痛等症状所构成。这些症状，都是可以从体表诊察得出的，所以它的性质，属于表证，伤寒论里所有的表已解，表未解的“表”字，通通是指这等症状而言。脉浮，是血管运动神经亢奋、桡骨动脉血液充盈的原故，头项强痛，可能亦是头项部末梢神经受到充血的刺激的反射所造成。恶寒，当是在未发热之初，体表末梢血管收缩时的感觉。发热，总是由于生温与散温的失掉平衡，这时如汗腺弛张，便会出汗；如汗腺紧缩，便会无汗。这些“表证”，是一般疾病开始最易见到的，所以伤寒论说：“伤寒一日，太阳受之”（第四条），因而“太阳”便含有“初期”两个字的意义。

这里还要注意的另一问题，即太阳病又分做了“中风”“伤寒”两类型。惟此所谓中风，并不是脑溢血，只是一般叫“伤风”的意思；所谓伤寒，也不同于书名伤寒论的伤寒，更不是肠热症，也只是一般叫“感寒”的意思，这中风与伤寒，都是隶属于太阳病的，都有脉浮发热恶寒的症状，不过中风的脉浮缓，伤寒的脉浮紧，中风为恶风，伤寒为恶寒，而主要的分别点，还在中风的有汗，伤寒的无汗，这里条文虽没有明白指出伤寒的无汗，但在其他条文里紧脉与无汗往往是同时出现的。可以证明。

2. 阳明病

主要证候：

（1）“阳明之为病，胃家实是也”。——一八〇条

（2）“伤寒三日，阳明脉大”。——一八六条

（3）“阳明外证云何？答曰：身热汗自出，不恶寒，反恶热也”。——一八二条

（4）“伤寒若吐若下后不解，不大便五六日，上至十余日，日晡所发潮热，不恶寒，独语如见鬼状，若剧者，发则不识人，循衣摸床，惕而不安，微喘直视，脉弦者生。涩者死，微者但发热谵语者，大承气汤主之，若一服利，则止后服”。——二一二条

（5）“阳明病，汗出多而渴者，不可与猪苓汤，以汗多胃中燥，猪苓汤复利其小便故也”。——二二四条

高烧（身热，恶热、潮热），便秘（胃家实，不大便五六日，上至十余日）、出汗、谵语、燥渴、脉大等，是阳明病轻重不同的基本证候，这些症状，比太阳病加重了，而且严重地影响了内在的器官，它的性质，属于里证。不断的出汗，仍然高烧不止，这是生温和散温机能同时亢奋，出汗太多，脏器缺乏水分的补充，表现在唾腺方面是燥渴，表现在肠管（胃家）方面是便秘，血循环加快，脉搏现大，高热和缺水对大脑的威胁，便出现谵语，直视，循衣摸床等神经症状，这些症状，总的说明了病变和机体抗力两俱极盛，相当于热性病的峰极期，因而它是属于里证的实证和热证，凡属于伤寒论里的阳明病，都应作如此看待。

3. 少阳病

主要证候：

（1）“少阳之为病，口苦咽干目眩”。——二

六三条

（2）“伤寒五六日，中风，往来寒热，胸胁苦满，嘿嘿不欲饮食，心烦喜呕，或胸中烦而不呕，或渴，或腹中痛、或胁下痞鞕，或心下悸，小便不利，或不渴，身有微热，或咳者，小柴胡汤主之”。——九六条

（3）“本太阳病不解，转入少阳者，胁下鞕满，干呕不能食，往来寒热，尚未吐下，脉沉紧者，与小柴胡汤”。——二六六条

往来寒热，胸胁满，心烦喜呕，口苦、咽干、目眩等症状，是少阳病的基本证候。往来寒热，就是寒和热的间代发作，也就是间歇型热。胸胁满（与懑通），是肋骨弓下面有困闷的自觉证，可能是胸胁部（胸膜肋膜）及其附近脏器有炎症的原故。假若炎症影响了胃机能，便会有心烦，口苦不欲食等症状。这些症状较阳明病轻，较太阳病重，病变的机势和性质，在太阳表证、阳明里证之间，所以把它叫作“半表里”，就是既非纯全表证，也非纯全里证的意思。这时的病变机势，如机体的抵抗力强，可以出表而愈，如抵抗力弱，可以入里而剧，因此少阳病在临床上是具有一种动摇性的含义。

4. 太阴病

主要证候：

（1）“太阴之为病，腹满而吐，食不下，自利益甚，时腹自痛，若下之，必胸下结鞕”。——二七三条

腹满、下利、吐、食不下，腹痛等症状，是太阴病的主要证候。这些症状，可说是胃肠机能衰减，消化不良，肠管里有由于发酵的瓦斯体存在，所以腹满，如肠蠕动亢进，便会腹痛，肠管的吸收机能不好，便会下利，吐和食不下，当然是消化不良的具体表现，这种消化系统衰减性的病理变化，它的性质是属于里证和寒证，恰与阳明病相反。

5. 少阴病

主要证候：

（1）“少阴之为病，脉微细，但欲寐”。——二八一条

（2）“少阴病，恶寒身蜷而利，手足逆冷者，不治”。——二九五条

脉微细，但欲寐、恶寒、是少阴病的主要症状。下利踡卧，手足逆冷，病剧时亦可以见到。主要是由于心力不振，全身机能衰减的现象，如体温不足便恶寒，心脏衰弱、脉搏便微细，脑神经贫血而衰弱，势必疲惫而但欲寐，体温不断地低落，以致手足逆冷，胃肠机能减退，则见下利清谷，踡卧，也就是但欲寐进一步的现象，这些证候的性质，同样是里证、寒证、虚证。时或有表证时，亦当属表虚证，如三〇一、三〇二两条都是。

6. 厥阴病

主要证候：

（1）“伤寒脉微而厥，至七八日肤冷，其人躁无暂时安者，此为藏厥”。——三三八条

（2）“伤寒发热四日，厥反三日，复热四日，厥少热多者，其病当愈，四日至七日热不除者，必便脓血”。——三四一条

（3）“伤寒厥四日，热反三日，复厥五日、其病为进、寒多热少，阳气退，故为进也”。——三四二条

厥阴病，是少阴病的进一步发展，也就是到了心脏衰竭的时候。所以它的主要症状就是体温低落——厥冷。这是机体抗力和疾病作斗争，消长进退的生死关头。如热多于厥，便是机体抗力有战胜疾病，恢复其原有机能的希望，所以说“其病当愈”，假使厥多于热，是机体抗力不能战胜疾病，有愈趋愈下的机势，假使但厥无热，体力将一蹶不振，毫无希望了，所以说：“其病为进”，因而厥阴病的基本性质仍是里证，寒证、虚证，但在厥和热互为进退的时候，也有一种半表半里的动摇性质存在。

五、正确认识“传经”的说法

伤寒传经之说，历来注家，除柯韵伯而外，都陷于泥泞而不能自拔。张志聪虽不信一日太阳，二日阳明，三日少阳之说，但强调“本论中纪日者，言正气也，传经者，言病气也，正气之行，每日相移，邪病之传，一传便止”，“从阴而阳，由一而三”；“从阳而阴，由三而一”等说法，仍是五十步笑百步，所说所云，莫名其妙。其实都是莫须有的附会。传，即是传变，即是病机的变换，病程的进行，究竟如何变换，怎样进行，是以机体的强弱，年龄的盛衰，饮食、服御、操作的丰俭种种环境条件的不同而不同，并不是印板式的，明乎此，传经的道理是否完全可信，不待辩而自明，柯韵伯说。“旧说伤寒日传一经，六日至厥阴，七日再传太阳，八日再传阳明，谓之再经。自此说行，而仲景之堂，无门可入矣。夫仲景未尝有日传一经之说，亦未有传至三阴而尚头痛者，曰头痛者，是未离太阳可知”。（伤寒论注：伤寒总论）“按本论传字之义，各各不同，必牵强为传经则谬。伤寒一日，太阳受之，脉若静者为不传，是指热传本经，不是传阳明之经络。伤寒二三日，阳明少阳证不见者，以行其经尽故也，言七日当来复之辰，太阳一经之病当尽，非日传一经，七日复传太阳之谓，若复传则

不当曰尽，若日传一经，则不当曰行其经矣。若欲再作经，是太阳不罢，而并病阳明，使经不传，是使阳明之经，不传太阳之热，非再传少阳之谓也”。（伤寒论翼：风寒辨惑第四）

柯氏总的意见是：病机转变是有的，但决不是次第相传，所以他又说：“传者，即内经人伤于寒而传为热之传，乃太阳之气生热而传于表，即发于阳者博七日之谓，非太阳与阳明少阳经络相传之谓也”。传经之说，导源于热病论，但仲景撰用素问，沿其名不袭其实，因而伤寒论的传经不能与热病论相提并论，关于这点，章太炎解释得最透彻，他说：“按论云：病有发热恶寒者，发于阳也，无热恶寒者，发于阴也，发于阳者七日愈，发于阴者六日愈。此为全书起例，阳即太阳（举太阳发热恶寒为例，则阳明少阳可推知）阴即少阴（举少阴无热恶寒为例，则太阴厥阴可推知），七日愈，六日愈，则未传经甚明。病有发于阴者，则阴病不必自阳而传又甚明。又云：伤寒一日，太阳受之，脉若静者为不传，颇欲吐若烦躁脉数急者为传也。伤寒二三日，阳明少阳证不见者，为不传也。伤寒三日，三阳为尽，三阴当受邪，其人反能食而呕，此为三阴不受邪也。是虽撰用素问，而实阴破其义，见伤寒不传者多矣。又云：太阳病头痛至七日以上自愈者，以行其经尽故也，若欲作再经者，针足阳明，使经不传则愈。柯氏以为经指经界，非指经脉，世多疑柯氏好奇，然以素问伤寒论比度观之，彼说日行一经，六日则遍历六经，是一日为一经也，此说七日自愈，为行其经尽，是七日为一经也，所谓再经者，或过经不愈，仍在太阳，或热渐向里，转属阳明，以预防其入阳明，故针足阳明尔，要之，阳病以七日为一经，阴病以六日为一经，一经犹言一候，与病脉义不相涉。至于太阳诸篇标题言辨太阳病脉证并治法而已，并不称太阳经，亦不烦改作经界义也。然人之病也，客邪自有浅深，形体亦各有强弱，或不待一经而愈，或过经仍不愈，或不待一经而传，或始终未尝传，其以七日为一经者，特略说大候，以示别于旧义焉尔。若然者，传经之文虽若与素问相会，要其取义绝异，则可知也，阳明有太阳阳明、正阳阳明、少阳阳明之别，正阳阳明为胃家实，不由太阳少阳所传，少阳阳明为少阳病发汗利小便，致胃中躁烦实，大便难。太阳阳明但举脾约，而后又发为问答云，何缘得阳明病？答曰：太阳病发汗，若下，若利小便，此亡津液，胃中干燥，因转属阳明，不更衣，内实，大便难者。此名阳明也，以是见太阳阳明所由致，是则少阳阳明，太阳阳明多由误治而成，其自然转属者，独于五苓散，承气等证偶见之耳。太阳篇又言，太阳病发汗不彻，转属阳明，若太阳病证不罢者，不可下，此虽转属，犹未尽入阳明也。而正阳阳明，不由传致，阳明又热所复传、此与素问绝不相谋，更可知也。夫仲景据积验，故六部各自为病，叔和拘旧义，故六经次第相传。彼之失也，则在过尊轩歧，而不暇与仲景辨其同异，后人诋讥叔和，驳正序例六日传遍之义，斯可已，若谓叔和改窜仲景真本，以徇己意，何故于此绝相抵牾之处而不加改窜耶，辨论虽繁，持之不得其故矣”（猝病新论卷五）。

章氏意见是完全正确的。因为我们在临床上，往往有太阳迳传阳明，并不经过少阳的，又有两经三经的证候同时俱见的，也有后一经的证候已经发见，而前一经证候还没有终了的，旧说相沿，这叫作合病并病。至三阴经，太阳传少阴，少阴传厥阴，亦偶尔有，但亦有开始即出现少阴的，即所谓“少阴直中”。于此我们知道，所谓传经，无非是病理变换的过程，竟究如何传如何变，完全决定于机体内在和外在的环境条件，并不决定于“一日太阳，二日阳明，三日少阳，四日太阴，五日少阴，六日厥阴”这样不合逻辑的说法，这个疑团不打破，学习伤寒论是有困难的。

[《中医杂志》1956，(3)：116]

试讨论张仲景氏“汗法”之运用基本原则

方药中

一、“汗法”之适应症：所谓“汗法”，即运用各种发汗药物之特有性能，使病者可以有适当的出汗以达到治疗目的一种方法。关于发汗药物的药理作用机转以及病者在发汗过程中的病理生理机转，中医当然是不很了解，但是中医由于其多年来临床经验的累积，对于“汗法”的具体运用上及发汗药物的临床性能上，则仍然是有其深刻的体验。关于“汗法”的运用，内经上首先提出：

素问生气通天论：“体若燔炭，汗出而散。”

阴阳应象大论：“其有邪者，渍形以为汗，其在皮者，汗而发之。”

玉机真藏论：“今风寒之客于人也，使人毫毛毕直，皮肤闭而为熟，当是之时，可汗而发也。”

热论篇：“三阳经络，皆受其病，而未入于藏者，故可汗而已。”

从上述记载，可知内经已经是初步的明确了“汗法”的范围有下列三点：一、病者疾病的发生由于“感染”，即所谓的“其有邪者”，“风寒客于人”者。二、病程必在“感染”初期，即所谓的“其在皮者”，“三阳经络，皆受其病，而未入于藏者。”三、症状上表现为发热、恶寒，即所谓的“体若燔炭”，“毫毛毕直，闭而为热。”这些说法，虽然是不够全面与具体的，只有在张仲景氏著述“伤寒论”与“金匮要略”以后，中医在“汗法”的运用上才算得到了进一步的具体明确。张仲景氏关于“汗法”的运用，论述颇多，为便于叙述、眉目清楚起见，归纳“伤寒论”与“金匮要略”有关各条，“汗法”的适应症，大致可分为下列四个方面：

①“用于退热”：伤寒论：

“脉浮者，病在表，可发汗。”

“脉浮数者，法当汗出而愈。”

“病常自汗出……以卫气不共荣气和谐故耳……复发其汗，则愈，宜桂枝汤。”

“太阳病……啬啬恶寒，淅淅恶风，翕翕发热，鼻鸣干呕者，桂枝汤主之。”

太阴病，或已发热，或未发热，必恶寒，体痛，呕逆，脉阴阳俱紧者，名曰伤寒。”

“太阳病，头痛，发热，身疼，腰痛，骨节疼痛，恶风无汗而喘者，麻黄汤主之。”

仅从上述各条论述，可知“汗法”主要适应症之一是“退热”。“发热”“恶寒”“脉浮”这三种现象合并一起时，在中医辨证上认为是属于表证。“发热”“恶寒”“脉浮紧”“无汗”，认为是“表实”，即条文中所谓之“伤寒”。“发热”“恶寒”“脉浮缓”“自汗”，则认为是属于“表虚”，即条文中所谓之“中风”。所谓“表实”“表虚”“伤寒”“中风”，基本上都是属于“表症”的范畴，病程上都属于“太阳”阶段而只由于症状表现上轻重不同而有所不同，在治疗上，则都是“汗法”的适应症，因此“汗法”在中医的运用上，主要的作用，就是用它来“解表”。什么是“表症”的实质呢？什么又是“解表”呢？根据张仲景氏论述诸症状再参之以今日观点与认识，对“表症”及“解表”的实质，我们不难得出下列两点概念：一、所谓“表症”，在症状上表现必然为“发热”“恶寒”“脉浮”“身疼”“头疼”“无汗”或“有汗”。二、在治疗上只能用发汗的方法。根据此两点，则我们似乎又可以意味出“表症”可能是急性感染的初期，即一切热性病的前驱阶段。并且可以意味出“表症”是机体抗力与病原作斗争的一种象征。前者说明“表症”因关系疾病开始，机体内重要器官影响不太大，所以情况也并不太严重，而属于“浅”“轻”的阶段。而后者则可以说明“表症”既是机体抗力与病原作斗争的一种象征，那么在治疗上，也就应该用兴奋机体抗力，增强代谢，旺盛血循，调节体温的药物（中医一般所用之发汗药物，从临床效能上看，都有兴奋中枢，旺盛肌表血行的作用），以帮助机体抗力战胜病原，而不得随便应用抑制性的药物（如中医所谓的寒凉攻下剂等），以减低机体抗力而使病情逆转，这就是张仲景氏“表未解不可攻里”的治疗法则。明乎上述“表”症的含义，那么我们在热性病的初期应用“汗法”未作治疗，以求达到“解表”的目的，那是很容易理解的，一方面“汗法”可以旺盛血循，振奋中枢以增强机体抗力藉以制止疾病的进行，另方面“汗法”可以因出汗而使散温作用增高，因而达到调节体温，恢复机体热的平衡。这种治疗方法，虽然是只着重在调节病者病理生理机转与现代医学着重在病原治疗有所不同，但从中医临床效果上来看，从医学整体观念上来看，无疑的这种治疗方法是值得重视的，是正确的。

②“用于镇痛”：张仲景氏有下列论述：

“脉浮紧者，法当身疼痛，宜以汗解之。”

“太阳病，头痛发热，身疼腰痛，骨节疼痛，恶风无汗而喘者，麻黄汤主之。”（伤寒论）

“风湿相搏，一身尽疼痛，法当汗出而解。”

“湿家，身烦疼，可与麻黄加术汤，发其汗为宜。”

“伤寒，八九日，风湿相搏；身体烦疼，不能自转侧，不呕不渴，脉浮虚而涩者，桂枝附子汤主之。”（金匮要略）

从上引数条，很明显的可以看出“疼痛”也是“汗法”的主要适应症之一。不过需要说明的，即“汗法”之用于镇痛者，主要是头身关节诸疼痛，而对于内部脏器所引起的疼痛，效果是不明显的，这很像西药阿司匹林类解热镇痛剂之应用。于此，可知“汗法”所能镇定之疼痛，其病理生理机转，原则上仍然是发生在“表症”基础之上，所以张仲景氏所述有关“汗法”镇痛的各条文中也很明确的指出“太阳病”“风湿相搏”“伤寒”“脉浮紧”……等等字样，以示此种疼痛，并非孤立的发生，而是建立在“表症”基础之上，或者根本就是与其他“表症”诸症状同时发作。表症之所以有身痛的原因，按中医的认识，作为“寒束肌表”“邪在皮毛”“阳气怫郁不得越”以及“湿郁不宣”的结果。如按现代病理生理知识来作推论，很可能是热性病之发作过程中，机体由于抵抗病原之侵袭，所以代谢增高，但又由于病原毒素作用之结果，机体调节机能障碍，因之机体内之代谢增高产物不能得到正常的排出，所以以刺激表层神经末梢而发生疼痛。“汗法”的应用可以加强皮层排泄功能，使体内废物能有出路，神经末梢刺激原因解除，因而疼痛自解。同时“汗法”的应用可以使周围血管扩张，大部分的血液流到身体表面，单位时间内皮肤血管所通过的血液增多，这样一方面固然可以因此由于辐射及传导的作用而使热量放散增加，以达到解热的目的。另方面也因肌表血行旺盛之结果而使神经营养功能加强，因此亦可以达到镇痛的目的。所以这种疼痛的发生是与“表症”分不开的，因而在治疗上“汗法”仍为其适当的治疗方法，原则上仍然是应该列在“解表”的范围之内。

③“用于消水肿”：金匮要略：

“饮水流行，归于四肢，当汗出而不汗出，身体疼重谓之溢饮。”

“病温饮者，当发其汗，大青龙汤主之，小青龙汤亦主之。”

“风水，其脉自浮，外症骨节疼痛，恶风；皮水其脉亦浮，外证跗肿，按之没指，不恶风，其腹如鼓不渴，当发其汗。”

“气强则为水，难以俯仰，风气相击，身体洪肿，汗出乃愈。”

“师曰：诸有水者，腰以下肿，当利小便，腰以上肿，当发汗乃愈。”

仅根据上述，可知“汗法”的另一个主要适应症是“消肿”。水肿的原因甚多，心脏病、肾脏病、营养不良都可以引起全身性水肿，中医对此也有很多区分，即以金匮而言也有：“风水”“皮水”“正水”“石水”等区别，因此“汗法”所能治的水肿也就只限于水肿而兼有“表症”者的范畴。所以仲景特别提出了“风水”“皮水”等名称，以示这种“肿”是属于“表”而与“正水”“石水”等属于“里”者区别。“风水”“皮水”按照金鉴说法：“风水得之，内有水气，外感风邪，风则从上肿，故面浮肿，骨节疼痛恶风，风在经表也；皮水得之，内有水气，皮受湿邪，湿则从下肿，故跗肿，其腹如鼓，按之没指，水在皮里也。其邪俱在外，故脉均浮，皆当从汗从散而解也，”从这个说法，可见中医用“汗法”所治的水肿，一定是在见证上都有“表症”的征象。所谓：“其邪俱在外”，同时也可从此以见中医对于症状治疗是整体的，绝对不是见脉治肿而是在“辨证论治”。这些都是中医在治疗经验上的可贵经验。

“汗法”之所以能消除“表证水肿”，如按笔者水平加以推论，可能有下列三点原因：1.“汗法”的应用可以兴奋中枢，刺激汗腺分泌之增加，因此组织中之积储水份可因汗液之增多而排出体外。2.“汗法”有兴奋心脏的作用，由于心脏作用加强，血压升高，可以因此而使肾脏排尿功能增加。3.“表症”既属一切热性病之初期，因此其水肿原因，亦可能系病原毒素作用影响肾功能障碍之结果。“汗法”既能“解表”，则表解之后，肾脏功能当可因之而恢复正常作用因而消肿。不过“汗法”只是消肿的方法之一，其他如利尿、温中等都是消肿的一般方法，有些情况之下且应综合起来应用，所以我们不应太孤立的看“汗法消肿”的问题。辨其表里，别其虚实，综合诊断，综合治疗，这是中医治疗体系上的基本原则。我们在应用“汗法”消肿时，应该注意此点。

④“用于消炎”：伤寒论与金匮要略有关论述有：

“伤寒表不解，心下有水气，干呕发热而咳，或渴，或利、或噎，或小便不利，少腹满，或喘者，小青龙汤主之。”

“汗出而喘，无大热者，可与麻黄杏仁甘草石膏汤。”

“太阳与阳明合病，必自下利，葛根汤主之。”（伤寒论）

“咳逆倚息不得卧，小青龙汤主之。”

“咳而上气，此为肺胀，其人喘，目如脱状，脉浮大者，越婢加半夏汤主之。”

“咳而上气，喉中水鸡声，射干麻黄汤主之。”

“诸肢节疼痛，身体魁羸，脚肿如脱，头眩短气，温温欲吐，桂枝芍药知母汤主之。”（金匮要略）

从上述各条文所述的各种症状，可知炎症尤其是呼吸系统的炎症，亦为汗法的适应症之一，“炎症”中医没有这个名词，但从所叙述的症状上来看，如小青龙汤、射干麻黄汤各条的适应症，明明是慢性支气管炎症状。麻黄杏仁甘草石膏汤、越婢加半夏汤的适应症明明是肺炎症状，葛根汤的适应症，明明是肠炎症状，桂枝芍药知母汤的适应症明明是关节炎的症状。至于后世各家如王好古医垒元戎之参苏散，其适应症为“发热头痛咳嗽呕逆腹泻”等，明明是感冒并发气管炎胃肠炎的症状。回春之剂芥连翘汤，其适应症为“寒热头痛两耳肿痛或双目赤痛”，则明明是耳下腺炎或眼结膜炎的症状。例子甚多，难以尽举，但于此已可说明“汗法”是可以适用炎炎症的。如按现代医学知识，炎症的发生，绝大多数为细菌感染，因此现代医学对于消炎剂之应用，是绝对针对病原菌的类别的，今

“汗法”既不能直接杀灭细菌或抑制细菌之生长，其所以能消除炎症的作用，当然亦如同以上各节之应用一样，可能系利用其振奋中枢、旺盛血行、增加机体抗力所产生之结果。不过中医用“汗法”于炎症，仍如前三种用法一样，即仍必须在有“表症”的基础之上，始得应用“汗法”。如病程持续已久，病势进行很快，中医谓“病已由表入里”者，“汗法”对于炎症的应用反而是禁忌的。“分经论治”划分疾病进行中之不同阶段而作不同治疗，这也是中医的基本治疗原则，我们应该加以注意的。

综合上述，可知张仲景氏“汗法”的运用范围很度，它可以应用于“退热”“镇痛”“去肿”“消炎”各个方面，即此亦尚不过其常用之荦荦大者。其他如后世运用“汗法”以“解毒”，如人参败毒散等之应用；运用“汗法”以“透疹”，如儿科升麻葛极汤、浮萍散等之应用。于此可见“汗法”的运用是极其灵活而广泛的。不过“汗法”的运用虽然如此广泛与灵活，但总的原则，却只有一个，即任何疾病必须在“表症”的基础上始得运用“汗法”。换句话说也就是“汗法”适用于一切疾病的“表症”，如麻疹、痘疮之前驱期，痢疾之初起，……诸如一切急性感染之初期而有发热。感寒、头痛、身痛等全身症状时，皆可以为“汗法”之适应症，“解表”就是“汗法”的基本作用。

二、“汗法”之禁忌症：“汗法”之禁忌，根据张仲景氏之论述，归纳之，有下列两种情况绝对禁用“汗法”。强用之，则必变出非常，祸不旋踵。

①“里实”：所谓“里”，中医用以示疾病深入及疾病已严重影响内部重要器官之意。所以伤寒论有：“伤寒十余日，热结在里，”“伤寒瘀热在里，身必发黄，”等等条文。“实”，按照朱颜氏的说法是：“疾病发展过程中，机体对病因刺激的外现性应答性活动呈持续强盛的情况，”联系起来看，所谓“里实”，即机体在受到病原作用后，由于病势不断发展，机体内部器官已受到严重影响，机体为了加强病理调节，充分的发挥了最大的能力，所以机体整个病理生理机转均呈持续性的强盛与亢进状态。在这种情况，“汗法”就成了禁忌了。伤寒论谓：

“太阳病，发热而渴，不恶寒者为温病，若发汗已，身灼热者，名风温。风温为病，脉阴阳俱浮，自汗出，身重，多眠睡，鼻息必鼾，语言难出。”

“太阳病，二日反躁，凡熨其背，而大汗出，大热入胃，胃中水竭，躁烦必发谵语。”

“阳明症，脉浮而紧，咽躁口苦，腹满而喘，发热汗出，不恶寒，反恶热，身重，若发汗则躁，心愦愦反谵语。”

仅从上述三条文，已可见凡属发热而不恶寒、汗出烦渴的都是“汗法”的禁忌症，如强发汗则必然引起极其严重的后果。读仲景书，不难体会张仲景氏对于热性病的表里区分，完全是以是否有“恶寒汗出烦渴”等症状来作关键上的鉴别。上引各节条文中，很明显的都有发热不恶寒汗出而渴的症状，所以从性质上来看是属于“里实”，从发展阶段上来看是属于“阳明”，从发汗以后所引致的恶果上来看已很明显的指出这些都是“汗法”的绝对禁忌症。景岳全书谓：“邪气在里发热者，必里热先甚而后及于表，治宜清凉。”又谓：“身虽微热而濈濈汗出不止及无身体酸痛、拘急，而脉不紧数者，此热非在表也。”又谓：“证似外感，不恶寒反恶热而绝无表症者，此热盛于内也。”医学心悟谓：“病已入里，汗之则津液外出，大便难而谵语。”这些都是后世各家继仲景以后对汗法辨证上与禁忌上更清楚的提出，值得我们来参考的。

“汗法”为什么禁用于“里实”呢？如按笔者知识水平加以推论，很可能是因为下列二点：1. 热性病之中期，机体由于发热过久，体液消耗已多，再发汗可使体液更加消耗，水及其他物质代谢更加混乱因而可以引起严重后果。2. 感染中期由于抗力未能制止疾病之进行，因而病原毒素作用扩大，此时机体内部器官已受严重之影响。同时机体病理调节能力由于随着病势的发展已至持续强盛的阶段，再刺激之没有好处，反而容易导致衰竭，因此在治疗上此时加仍从单纯的刺激抗力，调节体温上着眼，已非适时的处理办法。所以即时的考虑机体内部病变，中和或排除病原毒素，制止机体内部机能的过度紧张，这才是适当的处理。所以“汗法”于此时适成禁忌。上述二点，以限于笔者水平，当然仅属推论。不一定是。但如果根据中医书上的各种论述所给予我们的各种启示，如“里实”误汗后、所发生的“谵语”“发狂”等全身中毒症状，我想上述推论，还是可以作线索来研究的。

②“里虚”：中医所称之“虚”，或指机体适应外界刺激及自身调节能力的低降，或指各类代谢物质的不足，前者中医叫作“阳虚”，后者中医叫作“阴虚”。联系上文所述“里”症的含义，可知“里虚”，即指机体内部适应力低降或代词谢物质缺乏。“里虚”也是“汗法”的禁忌症，伤寒论有关禁汗各条很明白的指出：

“脉微弱者，此无阳也，不可发汗。”

“咽喉干燥者，不可发汗。”

“淋家不可发汗，汗出必便血。”

“疮家，虽身疼痛，不可发汗，汗出则痉。”

“衄家不可发汗，汗出必额上陷，脉急紧，直视不能眴，不得眠。”

“亡血家不可发汗，发汗则寒慄而振。”

“身重心悸者，不可发汗。”

“尺中迟者，不可发汗。”

按照上述几节条文所叙述的症状，归纳之或属“阳虚”，如“脉微弱”“尺中迟”“身重心悸者”等；或属“阴虚”，如“亡血家”“衄家”等。于此可知中医所称的虚症，不论是“阴虚”或“阳虚”都是“汗法”的禁忌症。因为在理论上中医认为“汗可伤阴”，“汗可亡阳”。关于“汗可伤阴”的问题，上文已经提过，即“汗法”可以因有发汗作用而使体内水分及若干有用的无机物如氯化钠等因出汗而丧失。因此素体已呈“阴虚”者如贫血、脱水的患者，再应用“汗法”是不适宜的，中医谓之为“虚其虚”。至于“汗可亡阳”的问题，以笔者见解，可能原因有下列二点：1. 发汗剂有兴奋中枢，刺激心脏的作用，但这类兴奋与刺激作用是暂时的，这正如西药中肾上腺素等中枢兴奋药的应用一样（事实上据现在研究，中药发汗药中之麻黄，其所含之麻黄素，根本就是如肾上腺素一类之向交感神经药物）。这类药物是不适用于慢性心脏病或其他慢性衰弱患者的，用之反而可以因此兴奋刺激而导致其衰竭，引起严重的其他后果而致人于死亡。2. “汗法”既可“伤阴”，则体内代谢障碍之结果，必然引致机体整个机能的崩溃，所以中医谓：“阴阳传变”，“阳生于阴”，“阴生于阳”。中医把“阴阳”的关系是看成一体的，“阴虚”，则“阳竭”，这是中医的基本认识。

综合上述，可知“汗法”的适应症，主要是“表症”，而对于“里症”，不论其属于“里实”或“里虚”，统在禁忌之列，“汗法”如误用于“里实”，中医谓“实其实”；“汗法”如误用于“里虚”，中医谓“虚其虚”，“实实”“虚虚”；是中医对一切疾病治疗的大大禁忌，这是一个原则问题。

3. “汗法”之机动运用：“汗法”之适应症为“表症”与禁忌症为“里症”，既如上述。但是在临床实际的经验中，“表里”症不一定是那样典型的出现的。“里实”者也不能说绝无“表症”症状；而“里虚”者因为抵抗力差，尤易招致感染，表现出很典型的“表症”症状。在此种情况之下，应该怎么办呢？针对此，张仲景氏所以制定了“表”“里”两病、“表”“里”两解的治疗原则，这就大大的增加了“汗法”的机动性与灵活性，伤寒论：

“太阳病，发热恶寒，热多寒少，脉微弱者，此无阳也，不可发汗，宜桂枝二越婢一汤。”

“太阳病，桂枝症，医反下之，利遂不止，脉促者，表未解也，喘而汗出者，葛根黄芩黄连汤主之。”

“太阳病，发汗，遂漏不止，其人恶风，小便难，四肢微急，难以屈伸者，桂枝加附子汤主之。”

“发汗后，身疼痛，脉沉迟者，桂枝加芍药生姜各一两人参三两新加汤主之。”

“伤寒八九日，风湿相搏，身体疼烦，不能自转侧，不呕不渴，脉浮虚而涩者，桂枝附子汤主之。”

“少阴病，始得之，反发热，脉沉者，麻黄附子细辛汤。”

“少阴病，得之二三日，麻黄附子甘草汤。”

从这几节条文上看，前二节是“表病”而兼有“里实”，表现为“热多寒少”，“喘而汗出”，所以在“解表”的原则之下，须再用芩、连、石膏等中医所谓的寒凉药以兼清其“里”，后五节是“表症”而兼有“里虚”，表现为“发汗遂漏不止”，“脉沉迟”，“少阴病”等，所以在“解表”的同时兼用附子人参等温中强壮剂以兼顾其“里虚”。于此，可知“解表”只是“汗法”的大原则。至于其具体应用，仍应结合病者之全身情况，视其症候之特点而予以适当之配合。此即所谓的“表里两症，表里两解。”至于后世各家一般所谓的“辛温解表”“辛凉解表”等等区分，求其实，不过是“汗法”在不同情况下之不同应用而已，原则上是毫不矛盾的。至于其他法外之法，且可“不求汗而自汗解者”，例如，里热闭甚，可用承气通里的办法，使其“里和”而“表”自解；“里燥”甚者，与痛饮凉水可战汗而解；“气虚”者发汗剂不效，于发汗剂中加人参，则可使“覆杯立汗”而解…等等办法甚多，一言以蔽之，无非利用药物特有性能以调节机体之病理生理机转，使之一变而为正常生理机转。重点是放在“调节”二字，固无一成不变之“汗法”。据此，所以本文上述适应症中虽然把“汗法”的应用，分成“退热”“镇痛”“去肿”“消炎”等各方面，这只不过是为了便于叙述，其实界限是不可能这样机械的来区分的。临床上的经验，上节所述到的发热、恶寒、疼痛、肢肿、咳喘等等症状，往往也就是“表病”的综合征状，只不过其中表现为孰轻孰重，表现明显与不明显而已。同时“汗法”之所以能分别治疗上述这些症状，事实上则仍然是与其他相关药物综合应用的结果。所以我们运用“汗法”时必须是对病人先作整体的观察，综合诊断，综合治疗。“辨证论治”是中医治疗体系上的特点，我们根据以上“汗法”的运用原则，亦可以得出有力的例证。

[《中医杂志》1956，(3)：122]

六经浅解

何云鹤

《伤寒论》是祖国医学中最伟大的作品之一，是学习中医的必修书籍，它和内经不同，内经致力于基础理论和针灸，伤寒论集中于临床辨证和药治。

古代方术本有医经家和经方家的区别，医经家重理论，经方家重实践，汉书艺文志载医经七家和经方十一家，内经代表了医经家的理论，伤寒论代表了经方家的实践。

经方家治病是以客观临床证候为主，结合自己在实践中获得的经验和前人的诊疗成就，辨证施治，随证用药。伤寒论总结这一经验，创立了如何运用辨证施治的方式方法，这个方式方法不但古之医者认为是诊治疾病的捷径，也是我们今天研究祖国医学一个主要目标。

伤寒论是用怎样方式方法来辨别病症，进行治疗？它首先用六经分病来控制一般热病（传染病）在症候上的异同，然后依据六经分表、里、上、下、寒、热、虚、实辨证，以汗、下、温、和、吐、清、诸法论治，这样伤寒论所述热病病种虽不多，它的治病方法不但适用于古之热病，即用之于日益复杂的今之热病也不觉得捉襟见肘，这不能不归功于仲景之创立六经分病。

所谓六经即是太阳、阳明、少阳、太阴、少阴、厥阴，六经名词见于伤寒论，也见于灵枢素问和史记易纬，后二书所引的六经，范围不越灵枢，所以医家用六经自内经开端。

现在我们要了解灵素的六经和伤寒论的六经有无异同，以及六经究竟说明了那些问题。

个人体会六经只是医学上的术语——代名词，它的实质是什么，完全要看引用这一术语的医者，他的用意所在。同属内经系统，灵枢六经和素问六经不完全相同，而素问六经和伤寒论六经也有区别。因此，我们不能以灵枢六经来衡量全部素问，也不能以素问六经来衡量伤寒论，在另一方面也应当看到，素问六经当溯源灵枢而伤寒论六经不能说和素问毫无牵连。

（一）灵枢的手足六经

灵枢根据针灸家的临床经验，指出人体有十二经脉，这十二经脉是人体接受针灸最适宜最易取效的线和点（经穴）。把十二经脉分作手足六经，它们便是手太阳、手阳明、手少阳、手太阴、手少阴、手厥阴和足太阳、足阳明、足少阳、足太阴、足少阴、足厥阴。

手足六经，经脉始终，灵枢经脉篇作如下介绍：

肺，手太阴之脉，起于中焦，上膈属肺，出大指之端（少商）。

大肠，手阳明之脉，起于大指次指之端（商阳），下膈属大肠，其支者上颈，贯颊，挟鼻孔。

胃，足阳明之脉，起于鼻之交頞中，下膈属胃，人大指间，出其端（厉兑）。

脾，足太阴之脉，起于大指之端（隐白），入腹属脾，上膈，散舌下。

心，手少阴之脉，起于心中，出属心系，循小指之内，出其端（少冲）。

小肠，手太阳之脉，起于小指之端（少泽），入缺盆，抵胃，属小肠，其支者从缺盆循颈上颊，至目锐眥。

膀胱，足太阳之脉，起于目内眥，挟脊络肾属膀胱，至小指外侧（至阴）。

肾，足少阴之脉，起于小指之下，邪趋足心（涌泉），贯脊属肾，上贯肝膈，挟舌本。

心主，手厥阴心包络之脉，起于胸中，出属心包络，出胁入肘中，循中指出其端（中冲）。

三焦，手少阳之脉，起于小指次指之端（关冲），下膈属三焦，其支者从膻中，上出缺盆，至䪼。

胆，足少阳之脉，起于目锐眦，贯膈络肝属胆，入小指次指之间（窍阴）。

肝，足厥阴之脉，起于大指丛毛之间（大敦），属肝络胆，贯膈与督脉会于巅。

由此可见灵枢手足六经是指运用针灸的经穴线路，其中手六经手三阳皆由手走腹至头，手三阴皆由胸走手，足六经，足三阳皆由头走足，足三阴管由足走头。从灵枢全书，还可发见灵枢的三阴三阳，有二个基本特征：

1. 手足六经都是指人体经穴线路，虽有时述及症候，也是由经脉联系到有关经脉的症候，并不离开经脉单独谈症候。

2. 灵枢述手经往往连及足经，述足经也连及手经，绝少单述手经或足经，即使在阴阳系日月篇，那是灵枢全文中比较突出的一篇，以日月干支连系手足六经，更把六经再分左右足六经成足十二经以应支……十二月，和手六经中的五经，再分左右手经成手十经以应干……十日，手足阴阳在运用时还是相错并提。

因此灵枢手足六经所指的是，适应于针灸运用的经穴线路

（二）素问的六经

素问的六经比灵枢复杂，有时所指为手足六经，有时只言六经不谈手足，有时只言足经，它们间所代表的意旨，是不是相同？需要讨论和研究。

素问气府论云："足太阳脉气所发七十八穴，足少阳脉气所发六十二穴，足阳明脉气所发六十八穴，手太阳脉气所发三十六穴，手少阳脉气所发三十二穴，手阳明脉气所发二十二穴。"

刺热篇云："肝热病刺足厥阴、少阳、心热病刺手少阴、太阳，脾热病刺足太阳、阳明、肺热病刺手太阴、阳明，肾热病刺足少阴、太阳。"

刺疟篇云："肺疟刺手太阴、阳明，心疟刺手太阴，肝疟刺足厥阴，脾疟刺足太阴，肾疟刺足太阳、少阴，胃疟刺足阳明、太阴。"

以上三篇所指的三阴三阳完全和灵枢手足六经意义相同。

素问厥论云："巨阳之厥则肿首头重，足不能行，发为眴仆，阳明之厥则癫疾欲走呼，腹满不得卧，面赤而热，妄见而妄言，少阳之厥则暴聋颊肿而热，胁痛骱不可以运，太阴之厥则腹满䐜胀，后不利，不欲食，食则呕，不得卧，少阴之厥则口干溺赤，腹满心痛，厥阴之厥则少腹肿痛，腹胀泾溲不利，好卧，屈膝，阴缩肿，骱内热。"

热论篇云："伤寒一日，巨阳受之，故头项痛，腰脊强。二日，阳明受之，阳明主肉，其脉侠鼻络于目，故身热目疼而鼻干，不得卧也。三日，少阳受之，少阳主胆，其脉循胁络于耳，故胸胁痛而耳聋。四日，太阴受之，太阴脉布胃中络于嗌，故腹满而嗌干。五日，少阴受之，少阴脉贯肾络于肺，系舌本，故口燥舌干而渴。六日，厥阴受之，厥阴循阴器而络于肝，故烦满而囊缩。

厥论、热论所言六经，不及手足，重点已由经穴转向症候。二论所述症候很多相同，热论解释六经症候的发生，是由于六经经脉本身受病。热论三阴三阳虽不言手足，但是很显然，所述症候是属于十二经脉中的足六经。

从热论、厥论可以体会到素问六经和灵枢已有若干不同，已从经脉线路发展到发病症候。

素问天元纪七篇相传出唐王冰补增，所引三阴三阳和上述又有不同。

天元纪大论云："子午之岁上见少阴，丑未之岁上见太阴，寅申之岁上见少阳，卯酉之岁上见阳明，辰戌之岁上见太阳，巳亥之岁上见厥阴"，这是以六经来分年岁的支。

又曰"厥阴之上风气主之，少阴之上火气主之，太阴之上湿气主之，少阳之上相火主之，阳明之上燥气主之，太阳之上寒气主之"。这是以六气分六经。

六微旨大论云："土运之岁上见太阴，火运之岁上见少阳少阴，金运之岁上见阳明，木运之岁上见厥阴，水运之岁上见太阳，"这是以五行分六经。

五常政大论云："少阳司天火气下临，阳明司天燥气下临，太阳司天寒气下临，厥阴司天风气下临，少阴司天热气下临，太阴司天湿气下临。"至真要大论云："岁厥阴在泉风淫所胜，岁少阴在泉热淫所胜，岁太阴在泉湿淫所胜，岁少阳在泉火淫所胜，岁阳明在泉燥淫所胜，岁太阳在泉寒淫所胜。"这是以六经分六气的逆从胜复。

天元纪诸篇的太阳、阳明、少阳、少阴、太阴、厥阴和灵枢十二经脉的手足六经毫无相同处，它是离开人体，以岁时气候五运六气为主，它所指的是五运六气的交错和由交错而发生的疾病。

素问的六经有着三种不同的意义：

1. 指人体十二经脉的经穴线路。

2. 指十二经脉发病的病证——主要是足六经的病证。

3. 指五运六气的运行和交错。

（三）伤寒论的六经

最后谈一谈伤寒论的六经。伤寒论云："太阳之为病，脉浮头项强痛而恶寒，阳明之为病，胃家实是也，少阳之为病，口苦咽干目眩也，少阴之为病，脉微细但欲寐也，太阴之为病，腹满而吐，食不下，自利益甚，厥阴之为病，消渴气上冲心，心中疼热。"又曰"伤寒一日，太阳受之，脉若静者，为不传，伤寒二三日，阳明、少阳证不见，为不传也"。

伤寒论六经始终不提经脉线路，也不提气运交错，它和素问的第二类，指经脉发病的证候比较接近，特别是上文热论所引的病证。

在症状的两相对照下，我们不能不承认热论所指的六经和伤寒论所指的六经有若干相同点。但是决不能作这样的推论，为了有若干相同点，伤寒论

的六经即是素问的六经，以至灵枢的手足六经。伤寒论六经和素问热论六经双方观点并不相同，素问认六经是人体经脉的病变，而伤寒论认六经是人体一般的病变。

仲景伤寒论自序："余每览越人入虢之诊，望齐候之色，未尝不慨然叹其才秀也。观今之医，省疾问病，务在口给，相对斯须，便处汤药。按寸不及尺，握手不及足，人迎趺阳三部不参，动数发息不满五十，短期未知决诊，九候曾无仿佛，明堂阙庭尽不见察"。

仲景要求医者治病，要细心诊脉辨色，注意一切临床证候，庶可见病知源，随证定治。伤寒六经分病，正为辨证持脉创造条件，树立中医药治的基础，它和针灸有异，伤寒论很少提及经穴线路。

然而有很多伤寒论注家，为了素问热论和伤寒论六绝有若干相同点，认为伤寒论六经出自热论而热论出自灵枢经脉篇。可是热论不言手足，灵枢十二经脉和热论相符只是足经，为了解释何以只有六经，何以只和足经症候相符，注家如刘草窗云："足六经属水、土、木，皆不胜寒气所伤，手六经所属皆金与水，不畏寒"。张子和云："以六气考之，厥阴为初之气，少阴为二之气，太阴为三之气，少阳为四之气，阳明为五之气，太阳为终之气，此顺也，逆而言之，正与此合，缘伤寒为病逆而非顺也。"这是解释伤寒传足不传手和伤寒传经的顺序。

同时也有反对这一说法的，如陶节庵云："传足不传手，此庸俗之谬论，岂有是哉。"李挺云："手足三阳同手走头至足，手足三阴同足走胸腹与手，岂有经络同而受病又有不同者哉"。张景岳注伤寒热论篇云："伤寒传变止言足经不言手经，其义本出此篇，奈何草窗刘氏不明其理，遂谬创伤寒传足不传手之说。……然本经不言手者何也，盖伤寒表邪也，欲求外证但当察于周身，而周身上下脉络维足六经则尽之矣，手经无能遍也。且手经所至足经无不至者，故但言足经而手经亦在其中，不必言矣"。这是主张伤寒六经即是灵枢十二经脉。

但是伤寒传经自外入内，由表达里，是伤寒家共守的传变规例，这个规例和经脉传变有矛盾，即灵枢十二经脉遍布周身之表，也遍布周身之里，很难作一日一传的顺序安排，于是有些注家便脱离十二经脉专言六经传变。如方中行云："风寒之著人必以皮肤当之，皮肤在躯壳之外故曰表，表合太阳足膀胱经。阳明者风寒之邪过皮肤而又进，接皮肤者肌肉也，肌内居五合之中，为躯壳之正，内与阳明足胃合也。少阳者邪过皮肤而又进，则又到躯壳之内，脏腑之外，所谓半表半里者，少阳足胆经之合也。"这是解释六经三阳，自外而内的传变。但是三阴之传并不一定由表达里，于是方氏又云："太阴脾也，脾居中而主事故次少阳而为三阴之先受，少阴肾也，厥阴肝也 阴道逆主下，故反次脾受，肝最后受，阴道自下而上逆。"这是说三阴之传，何以太阴最先，厥阴最后。

最后，柯韵伯主张，六经是人体各部症候的分区。他说："仲景于诸病之表里阴阳分为六经，清理脉证之异同，寒热之虚实，使治病只在六经。叔和不知仲景之六经是经略之经而非经络之经，妄引内经热论作序例，以冠仲景之书而混其六经之证治……仲景之六经是分区地面，所该者广凡风寒湿热内伤外感自表至里，寒、热、虚、实，无所不包，所以六经提纲各立一局，不为经络所拘，勿为风寒所画定也"。又曰："腰以上为三阳地面，三阳主外而本乎里，……腰以下为三阴地面，三阴主里而不及外"。

综伤寒论注家对伤寒六经的体会：①认伤寒六经即灵枢十二经，②认伤寒六经是灵枢的足六经③认热论六经即是伤寒六经，④否定伤寒六经即是灵枢十二经和热论六经，⑤认伤寒六经指人体表里上下，⑥认伤寒六经分区代表人体各部。

柯韵伯的"六经提纲，各立一局，不为经络所拘"，表示清代医家已体会到伤寒论六经是代表六个不同症候群。这六个症候群包括了一般热病所应有的不同症候。伤寒六经是代表六个不同的症候群，这个见解在最近已得到很多医家的赞同，赞同者日多，正是一个强有力的解答。

至于仲景为什么要沿用六经名词，和所谓症候群究竟是指那一些症候？也是需要讨论的一点。

上文已经提过，从症状的两相对比，热论的六经证和伤寒论的六经证是有若干相同点。这些相同点证明在内经时代已有伤寒热病，而且已用六经分病，所不同的热论认为这些病的症候是由经脉产生，一日一传，伤寒论认为这些病的症候是由整个人体产生，不固定于一日一传。我们知道相同的病不可能有绝不相同的症状，但是相同的病却可以有绝不相同的观点和疗法。热论和伤寒论的六经证两者间有若干相同点，正说明二书所记载的病，不但病名相同，内容也是属于同一系统的热病。

因此伤寒热病的论证论治实始于灵素，仲景的"博采众方，勤求古训"，扩大了热论的诊治范围。由于内经时代已引用六经，六经已成为医家流行术语，同时也广泛地适用于热病，仲景编伤寒论也采用了六经术语。不过仲景只沿用六经之名，至于六经之实的内容，却和素问不同，灵素六经以经脉为据，以针灸为主治，伤寒论六经以症候群为据，以汤药为主治。同属六经，针灸家不涉经络，无以循经取穴，按穴施治，经方家牵涉经络，和药治很少关切，反成蛇足，所以伤寒论虽说撰用素问九卷、八十一难，辨证施治绝少牵及经络。

热论和伤寒论的病症绝大多数是指有发热症状的传染病，这些病很多不能以一般内科系统来分病，往往一病牵涉体内很多器官系统而且彼此之间又多相同，如流行性感冒有呼吸系型、胃肠型、神经型，肠伤寒也有胃肠型、神经和呼吸系统疾患，这样热病就不易用局部症候（器官系统）分病，不分病就不能掌握不同病种的有效治疗。

当然要求公元二三世纪作传染病的病原分病，是不现实的理想，至于要求从热病的临床症候中找出一些规例，作为热病分类的初步依据，是有可能的。热论在症候上找出了最初的六经分病规例，即病在巨阳，头项痛腰脊强，阳明身热，少阳胸胁痛，太阴腹满，少阴口燥舌干，厥阴囊缩。伤寒论进一步扩大这一分病方法，加入热型和脉象，使之系统化。

古代医者早已知道不同的热病可以产生不同的热型，和同一热病在其进行和恢复过程中也可产生不同热型，这种观念在同时代的欧洲也有，但是以脉象鉴别热病的不同，是中国医者所独创，这个特点为热论所无，这个特点正是中医辨证识病的中心。

伤寒论六经热型，以发热恶寒为太阳病，但热不恶寒为阳明病，往来寒热为少阳病，恶寒身踡为少阴病，自利不渴藏寒为太阴病，发热而厥厥深热深为厥阴病。

关于脉象，以脉浮为太阳病，脉大为阳明病，脉强为少阳病，脉弱为太阴病，脉微细为少阴病，脉微而厥为厥阴病。

伤寒论的六经病并不是把热型、脉象、症候各自分立，是把三者合成一体。仅仅脉浮或头项强痛不能成为太阳病，还需配恶寒发热才算是太阳病，才成为热病一个综合征候群。症候群包括三个主要成分，热型、脉象和一般临床症候。在这样原则下，仲景把不同的热病，综合它们的热型脉象和症候，分为六个症候群。症候群的名称沿用了当时的流行术语，太阳、阳明、少阳、太阴、少阴、厥阴，由此掌握了一般热病的临床规例和转变，更由此创立了执简御繁的药治方法。

（四）结论

根据以上，我们对古代医学上的六经，有了如下的初步认识：

六经是古代医学上的术语，这些术语可以随着医者不同观点，产生不同意义。

1. 在灵枢，三阴三阳是指手足十二经的经脉。

2. 在素问，……①三阴三阳指手足十二经的经脉……②指手足十二经中足六经的病证……③指岁时气候中的季节岁月和气交变化。

3. 在伤寒论，指热病侵袭人体后发生的各型症候群。

灵素创手足十二经是为了便于运用针灸治病，伤寒创论六经是为了便于掌握汤药治病，他们都不是用现代解剖的实验，来发见六经或手足十二经，而是用经验治病的方法，来创立六经或手足十二经。其实在灵素，从经穴出发，是可称为六经或十二经，在伤寒论从症候群出发，应称为六病。仲景对三阳三阴也只称病，如太阳病、阳明病、少阳病等等，全书未有称太阳经、阳明经、或太阳经病，阳明经病，只有注伤寒论的注家，才把灵素和伤寒论的三阳三阴，算成一家。

［《福建中医药杂志》1956，(3)：1］

关于《伤寒论》397 法 113 方

萧　熙

仲景书是结集中国二世纪以前诊疗学的理论与经验的总汇，自晋时皇甫士安以来，称为方书之祖，直到陈修园还这样说："内级详于针灸；汤液治病，姑自伊尹；扁鹊、仓公因之；至仲景端以汤药为治，而集群圣之大成"[1]。这部集大成的方书，不仅是选择了有效验的医方，而且对于前代宝贵的医疗经验也作了有系统的整理和阐发。给予学者以临床实践的准绳。

现存本经，为西晋王叔和编辑，书凡 10 卷，总 22 篇，合 397 法，定有 113 方。李中梓伤寒括要说："仲景伤寒论 397 法，113 方，医者但能诵之；欲条分缕析，以实其数者，未之前闻也"[2]。一些阅读伤寒论的人，也常会想到如李氏所提出的这样的问题。

一、397 法

伤寒论 397 法之说，见于宋时高保衡、孙奇、林亿等的宋刻伤寒论序；据云：

开宝中，节度使高继冲，会编录进上，其文理舛错，未尝考正。历代虽藏之书府，亦阙于雠校。

是使治病之流，举天下无或知者。国家诏儒臣，校正医书，臣奇续被其选，以为百病之急，无急于伤寒，今先校定张仲景伤寒论10卷，总22篇，证外合397法。

陆九芝世补斋医书认为397法之说，即始于此：

伤寒论397法，既不见于仲景原文，又不见于叔和序例；岂圣法而真有是琐屑焉者？乃自林亿创其言，成无己踵其说。[3]

依照李士材的计数是：

余考太阳上篇66法，中篇56法，下篇38法；阳明篇77法；少阳篇9法；太阴篇9法；少阴篇46泣；厥阴篇54法。来病篇20法。霍乱篇9法。阴阳易、瘥后劳复篇7法。又据旧本：太阳中篇不可汗6法，移在条辨15篇内。共得397法。[2]

这里所说的“来病篇”，“来”为“杂”字之破文，当作“杂病篇”。在李氏以前：

而元泰定间，又有程德斋者，作伤寒钤法，言之凿凿。累及王安道，信以为真，左算不合。右算不合，更觉无谓。[3]

这是陆九芝的话。他又说：“王安道于仲景397法，左算不合，右算不合。勉强凑足，终无确数”。[4]

陈修园伤寒论浅注有云：

按前人谓伤寒论397法，113方，柯氏非之，余向亦服柯氏之灼见。20年来，诵读之余，偶得悟机，必注其旁。甲寅乙卯，又总录之，分为二种；一曰伤寒论读，一曰长沙心法，尚未付梓。乙巳岁，保阳供职之余，又著伤寒论浅注12卷；删去伤寒序例、平脉、辨脉及可与不可与等篇，断为叔和所增。即痉湿暍篇，亦是叔和从金匮移入。何以知之？即于前人所谓397法，113方二句知之也……余考仲师原论，始于太阳篇，至阴阳易差后劳复篇止，共计397节（二张于阳明篇病人无表里一节，误分为两节，今改正之）。何以不言节，而言法？盖节中字字是法，言法即可以该节也。[5]

陆氏“书陈修园伤寒论金匮要异浅注后”：“修园可议处亦多，而两书浅注，则皆可读之书也”[3]。因此他同意陈氏的计数方法。他说：

修园伤寒浅注，本张隐庵、张令诏二家言，撇去叔和，重集诸篇；但就六经分解，适得397节，谓一节便是一法；即此，为397法。割却千载葛藤，而伤寒论从此为康庄大路矣。[3]

他并且据此以指出王晋三的“勉强凑集”之失：“不若陈修园除去叔和平脉辨脉诸可与不可等篇，依成无己注释篇次，适得397法；谓此即397法，一节便是一法。以此安道，转觉其直截了当”[4]。今按：依照陈氏截取经文之法，据明嘉靖汪济川校正成注本伤寒论，则太阳上篇31条，中篇105条，下篇51条；阳明篇89条；少阳篇10条；太阴篇9条；少阴篇45条；厥阴篇56条；霍乱篇11条；阴阳易差彼劳复篇7条；其414条。较陈氏的397节，多出17条。但是成氏注解本，又经辗转翻刻，出入尤多。而明赵开美依据高保衡的原校本的覆刊，则可能逼真于宋镌治平（1065年）面目。全书10卷，自第1卷至第7卷之半，其分目是：

太阳篇上（起第1条迄31条）

太阳篇中（起第32条迄127条）

太阳篇下（起第128条迄178条）

阳明篇（起第179条迄262条）

少阳篇（起第263条迄272条）

太阴篇（起第273条迄280条）

少阴篇（起第281条迄325条）

厥阴篇（起第326条迄381条）

霍乱篇（起第382条迄391条）

阴阳易差后劳复篇（起第392条迄398条）

其太阳中篇49、50两条，从义理上看，原是一条；从文字上看，原是上下的连文；从方法上看原是一法。如云：

脉浮数者，法当汗出而愈。若下之，身重心悸者，不可发汗，当自汗出乃解。所以然者，尺中脉微，此里虚，须表里实，津液自和，便自汗出而愈。（原49）

脉浮紧者，法当身疼痛，宜以汗解之。假令尺中迟者，不可发汗，何以知然？以荣气不足，血少故也。（原50）

又：53、54两条，也如上述的理由，应合为一。如：

病常自汗出者，此为荣气和；荣气和者，外不谐，以卫气不共荣气谐和，故尔。以荣行脉中，卫外脉外，复发其汗，荣卫和则愈，宜桂枝汤。（原53）

病人藏无他病，时发热自汗出，而不愈者，此卫气不和。先其时发汗，则愈，宜桂枝汤。（原54）

太阳下篇白散方（原141）后服用法内有错简，如：

右三味，为散。内巴豆，更于臼中杵之。以白饮和服，强人半钱匕，羸者减之。病在隔上必吐，在隔下必利；不利，进热粥一杯。利过不止，进冷粥一杯，身热皮粟不解，欲引衣自覆。若以水潠之洗之，益令热劫不得出，当汗而不汗则烦，假令汗出已，腹中痛，与芍药三两如上法。

就文义两方面来说，应自“身热皮粟不解”以下析出别为一条。合计实得397条。至于其他的计算方法，像陈氏所指出的那样，则未免“终无确数”。

而喻嘉言于各节后旁注：计共几法，未免强不知以为知。张宪公、王晋三，以各方后㕮咀为末，先后煮，啜粥，不啜粥，饮煖水，日几服等为法，亦不过于人人俱略中，点个眼目，非于全论中，明其体用。且397之数，亦不和合，余不敢阿其所好。新安程郊倩，一翻前论，谓论中各自名篇，而不言法；其辨脉、平脉，系之以法，而不名篇。法止有二，多则不成法矣。而不知王叔和以脉法自许，著有脉经行世。其辨脉、平脉，原为叔和所增；程郊倩后条辨一部，有心与叔和为难，而竟崇奉此二篇为不易之法，是贬驳叔和者，反为叔和功臣；叔和有知，当亦哑然失笑矣。[5]

但397法之说，本创自林亿等人，仲景原书，当然不必是这样。如果执定于几法之数，那将如陆氏所说的：“即使不差秒忽，亦何补于古人，亦何益于来者？徒令后之人见此钜数，望而生畏，愈觉伤寒论之深不可测，则有之耳”。[3]对于伤寒论397法的问题，这里只能有如此的认识。

二、113方

陈氏说：

共113方之数，宋元旧本，与近本俱同，无庸赘论。[5]

但是，据成无已注解伤寒论药方目录后云：

已上10卷内，计方112（另本均作三）道。据林亿等序，则是：

除重复，定有112方。

然而李念莪却写出了113方的细目，如：

太阳篇73方，阳明篇10方，少阳篇1方。太阴篇2方，少阴篇14方，厥阴篇6方。霍乱篇3方，阴阳易，瘥后复4方。共得113方。[2]

今按赵刻本太阳上篇14方，中篇35方，下篇25方，共74方；较李氏所计多出一方。阳明篇9方，较李氏缺少一方。其余并同。惟少阳篇之小柴胡已见于太阳中篇，为复出，故无力。实际共得112方。林序所云：“除重复，有112方”。其所阙一方，据丹波元简[6]说是：

案原113方，阙禹余粮丸一方，故云尔。

即是太阳下篇所阙的禹余粮丸。伤寒论第86条（重庆仿赵刻本88）说：汗家，重发汗，必恍惚心乱，小便已，阴疼，与禹余粮丸。

赵本注：“方本阙”。或以为赤石脂禹余粮汤作丸，与理中丸为人参汤同例。但检伤寒论无言丸之文，而金匮要略赤石脂丸[7]，内并无禹余粮。那么丹波氏的话，不知何据？今按：太阳病下篇白散方服法（见前397法）内，有宜别析出之错简条文，如“假令汗出已，腹中痛，与芍药三两如上法”，似应为一汤。可是按照伤寒论的文义：若果作为一则汤方，就必然会标出“芍药汤”的方名，而不会说是“与芍药三两如上法”的那种字样。

另外在少阴篇里，有云：

少阴病，咽中痛，半夏散及汤主之。

按之大陷胸丸，大陷胸汤的类例，应分为两方；即半夏汤和半夏散。然而伤寒论的方论却写着：

右三味，等分，各别擣筛已，合治之；白饮和，服方寸匕，日三服。若不能散服者，以水一升，煎七沸，内散两方寸匕，更煮三沸，下火令小冷，少少咽之。半夏有毒，不当散服。

这里，服法上只是用制成的半夏散煮汤而服之，并没有另用汤剂的分量和生药，所以仍是一方，不能别立汤名。关于此点，可以在伤寒论的大陷胸丸、大陷胸汤，和抵当丸、抵当汤等方剂上得出证明。

太阳病中篇的抵当汤丸方是：

汤名	药名				制法及服法
	水蛭	虻虫	桃仁	大黄	
抵当汤	30个	30个	20个	3两	水五升，煮取三升，去渣，温服一升，不下更服。
抵当丸	20个	20个	25个	3两	捣分四丸，以水一升，煮一丸，取七合服之，晬时当下血，若不下者更服。

太阳病下篇的大陷胸汤丸方是：

汤名	药品					制法及服法
	大黄	虻硝	甘遂	葶苈子	杏仁	
大陷胸汤	6两	1升	1钱匕			水六升，先煮大黄，取二升，去滓，内芒硝黄煮一两沸，内甘遂末。温服一升，得快利，止后服。

续 表

大陷胸丸	半斤	半升	1 钱匕	半升	半升	捣筛二味，内杏仁，芒硝，合研如脂，和散，取如弹丸一枚，别捣甘遂末一钱匕，白蜜二合，水二升，煮取一升，温顿服之，一宿乃下，如不下更服，取效为效，禁如药法。

根据上列二表，可知抵当丸和大陷胸丸，都是用制成的丸，再尽汤服，却并不名之为汤，而别有用生药配伍的煎剂，则另立为汤名，就是大陷胸汤和抵当汤。这样半夏散及汤之用散剂煮服，仍应该是散方，似无另立汤名的可能。那么 112 方之外，阙少的究竟是哪一条方呢？霍乱篇理中丸方下有作汤加减法云：

人参　干姜　甘草炙　白术各三两

右四味，捣筛，蜜和为丸，如鸡子黄许大，以沸汤数合，和一丸，研碎，温服之，日三四，夜二服。腹中未热，益至三四丸。然不及汤。汤法：以四物依两数切，用水八升，煮取三升，去滓，温服一升，日三服。若脐上筑者，肾气动也，去术，加桂四两。吐多者，去术，加生姜三两。下多者，还用术；悸者，加茯苓二两。汤欲得水者，加术，足前成四两半。腹中痛者，加人参，足前成四两半。寒者加干姜，足前成四两半。腹满者，去术，加附子一枚。服汤后，如食顷，饮热粥一升许，微自温，勿发揭衣被。

依照伤寒论的常例，汤剂的处方常有加减而且如果是丸剂而用汤煮，则药味无法减云，如所云“去术”，既经制就的丸剂应药，绝不可能这样做。故按其加减及煮服之法，认为理中丸之外，必别有理中汤好像抵当汤丸分为两方一样。虽则“然不及汤”是后人注解的口气，但其加减及服法，仍应该是被漏列的原文。这可以参看太阳病下篇的条文(原 159)

伤寒服汤药，下利不止，心下痞鞕；服泻心汤已，复以他药下之，利不止，医以理中与之；利益甚。理中者，理中焦；此利在下焦。

伤寒论本条只言“医以理中与之”，不言汤或丸，则理中之方，必有汤与丸的分别；此条乃是说明本病曾已服过理中的方剂。按理中丸方作汤，名人参汤，见于金匮要略胸痹心痛短气病脉证治篇。药味与理中丸方全同，但甘草未言炙用，为其区别之点。药味之小异，也正是丸汤的区分。

113 方所阙少的一方，正是人参汤，即理中汤。这是按条文的规律和大陷胸丸汤等的类例而可以推见的。至于有人说 113 方，“今减人参白虎汤重复，实为 112 方”，似难同意。白虎加人参汤，按照伤寒论的例规，是一个独立的汤方，如果只认为是白虎汤的加味法，则桂枝加葛根汤，桂枝加附子汤，柴胡加芒硝汤，桂枝加桂汤等等的许多加减的方名，都不能算是独立的汤方，则 112 方的成数，也便要再打一个折扣了。

三、活而不可拘之法，定而不可易之方

乡溪黄氏作伤寒类证辨惑说：

仲景之书，六经至劳复而已；其间具 397 法，112 方。织悉具备，有条而不紊也。辨脉法，平脉法，伤寒例三篇，叔和采摭群书，附以己意；虽间有仲景说，实 397 法之外者也。

伤寒论的 397 法，乃是 113 方灵活运用的推演。仲景书之“不能以病名病，而以证名病，亦能不以药求病，而以病求药。”这种整体观的诊断与治疗的医学思想和方法，就是建立在这个基础上而的。成无己的注解，同样是用这种观点来阐述的。严器之注解伤寒论序说：

其 397 法之内，分析异同，彰明隐奥，调陈脉理，区别阴阳，使表里以昭然，俾汗下而灼见。112 方之后，通明名号之由，彰显药性之主。十剂轻重之攸分，七精制用之斯见，别气味之所宜，明补泻之所适。

实在也便是仲景书原来的要求。伤寒括要说得好：“统而论之：方者，定而不可易者也；法者，活而不可拘者也。非法无以善其方，非方无以疗其症。学者先以方法熟习之，后以方法融会之。则方可以随时变，而不踰仲景之法；法可以跟症立，而不外仲景之方。由是则超于方，亦方也，逸于法，亦法也。若拘於一定之轨则，而不思变通，不惟胶柱鼓瑟，抑且浩漫靡穷矣”②。这真充分体会了仲景书的精神所在，是深入的玩索有得之言。

所以仲景书的价值，不单是在于总结了古代人民和疾病作斗争的经验，而是他把病人看作是一个生活的整体，伤寒论 397 法 113 方的演绎，说明着机动掌握，灵活运用的诊断和治疗的基本规律和旨趣。在这些方法之中，体现出中国人民祖先的医疗技术和理论的一定高度的成就，在现代来说，他所给予临床上的启发性和实用性是非常宝贵的。

参考文献

[1] 陈修园. 张仲景伤寒论原文浅注凡例.

[2] 李士材. 仲景397法113方论，伤寒括要.
[3] 陆九芝. 书陈修园伤寒论金匮要略浅注后，世补斋医书卷十三.
[4] 陆九芝. 张机传，世补斋医书卷一.
[5] 陈修园. 伤寒论浅注，目录.
[6] 丹波元简. 伤寒集辑义，综概.
[7] 王叔和集. 新编金匮要略方论卷上，胸痹心痛短气病服证治第九.
[8] 关侯业. 伤寒论类方对比. 中医杂志，1955年11月号.

[《上海中医药杂志》1956，(4)：13]

《伤寒论》基本精神的体会——整体观念

金寿山

一、从六经谈起

伤寒论的六经，实际上是六个不同的症候群，前人早已认识，谁都知道在治疗伤寒的时候，必须把六经分辨清楚，才能心中有数。但有一部分前人理解六经往往机械地看成“一日太阳，二日阳明，三日少阳，四日太阴，五日少阴，六日厥阴”，按步就班一步一步的传下去，叫作“传经”，这就脱离了实际。这样脱离实际的认识，对于治疗上也自然只知“守经”而不能通权达变。尤其是日本汉医，以桂枝专主冲逆，芍药专主挛急，人参专主心下痞鞕，无异刻舟求剑，与随症治之的精神丝毫没有相当之处。(随症治之的精神下节再谈) 另一方面，有些医家原先也认定伤寒六经是按照“一日太阳……六日厥阴”的规律传下去的，但在临床上竟没有发现这种病型，又由于领会不足，运用经方自然不会恰当，疗效不能满意，就对伤寒论发生怀疑，倡“南方无真伤寒，古方不能治今病”之说，另辟蹊径，别创方法，金元四大家以至温热学派的医生就是如此。我们并不否定这一派医生对于疾病的治疗是有其创造性进步的一面，但提到对于伤寒论六经认识的方面来说，是不够的。

仲景所论伤寒，是包括多种急性传染病，这一点已有近贤一再论及，兹不赘述。既然是包括多种急性传染病，则把六经看作疾病顺序相传的六个层次，决不可通，或者把六经仅仅看作是疾病的六种类型，也不够全面。前人已有见及此者，如：张景岳说：“伤寒传变不可以日数为拘，亦不可以次序为拘”。如内经言一日太阳，二日阳明，三日少阳之类，盖言传经之大概，非谓凡患伤寒者必皆如此也。盖寒邪中人，本无定体，观陶节庵曰：风寒之初中人也无常，或入于阴，或入于阳，非但始太阳终厥阴也，或自太阳始，日传一经，六日至厥阴，邪气衰不传而愈者；亦有不罢再传者；或有间经而传者；或有传至二三经而止者；或有始终只在一经者；或有越经而传者；或有自少阳阳明而入者；或有初入太阳不作郁热便入少阴而成真阴证者；所以凡治伤寒，不可拘泥，但见太阳证便治太阳，但见少阴证便治少阴，但见少阳阳明便治少阳阳明，此活法也。临床上的经验，大体确是这样。一般可以说太阳病相当于急性传染病的前驱症状，但也有起病就见阳明病或少阳病的，至于三阴证，有的是因素体抗病力微弱，起病就见的，古人谓之“直中”；有的是在阳证经过中突然变生变化的；有的是久病体衰逐渐转成的。反之，在阴证经过中，也可以转成阳证，像少阴病篇急下诸条，厥阴病篇先厥后热，都是从阴证所转成的阳证。又有两经以上俱有见症，可以称为合病，像麻黄附子细辛汤症，麻黄附子甘草汤症，可以称为太阳少阴合病；柴胡桂枝汤症可以称为太阳少阳合病；桂枝人参汤症可以称为太阳太阴合病；桂枝大黄汤症可以称为太阳阳明合病等等。① 总之，六经变化的表现，一方面是由于各个急性传染病各有它特殊的病型，一方面又受着体质、环境（包括气候、饮食、药物、护理等）的影响而变化的。

这样说来，是不是说六经就可以抛弃了呢？已有人说过，病原菌发现以后，那种旧的传染病分类法和病名无疑地应该抛弃，同理病程和症候也不应该还用三阴三阳来区分。我们可以肯定地回答他说：“不对!”，因为由各个病原体所造成的疾病，它所表现的病型，固然各个不同，但机体对于病原体反应的机制是共通的。六经的区分，主要的意义是在从整体观念出发，这六个症候群，恰可表现出机体抗病力的盛衰强弱，生理或病理机制的情况，疾病的轻重进退，作为处理疾病的指标：何者宜汗，何者宜吐，何者宜下，何者宜和，何者宜温，何者宜清，何者宜补，何者宜针灸，使我们在治疗上执简御繁，有原则可循。昔人谓通伤寒可以治百病，道理也就在这里——整体观的具体应用。如：太阳病是疾病的初期阶段，机体抗病力兴奋，体温

① 以上各方证，伤寒论不著合病之名，但从症候和方药两方面互参，确相当于合病。又阳经与阴经并见之证，照内经热论，应该说是两感，而不称为合病。

升高，一般来说，在生理机制上有发汗自解的趋势，处理方向应该发汗解表，假使见其高热不解，而用冷水洗之，无异于与机体自身产生之抵抗力为难，不但达不到解热的目的，烦热将更见增高。同理，太阳病兼有大便秘结之里证，治疗常例也应该先表后里，如果程序错乱，先里后表，那怕大便一通，热度也减轻，似乎解除了症状，实际上还是违反机体抗病的机制，犯了一个大错误。所以伤寒论说："太阳病外证来解者，不可下也，下之为逆。"又例如：少阳病，照朱颜同志的解释是"类似疾病的恶急性阶段，病因尚未完全除去而生理机能已由反抗趋于适应的状态"。因此，这一时期不可直接激起生理反抗机能来除去病因，禁汗、禁吐、禁下，而用小柴胡汤和解。所谓和解者，是在"邪正相持"的情况下，维持其生理机能，使其趋向于达邪外出的机转，所以小柴胡汤中要用人参来扶正，而小柴胡汤服后往往战汗而病解，也就由于这一个机转，伤寒论所谓"上焦得通，津液得下，胃气因和，身濈然汗出而解也"。

从上面举出的例子，可以说明伤寒六经在目前还不能说是应该抛弃的东西。

二、随症治之的精神——治病必求其本

六经是六个大纲，大纲下面还须细加分析——随症治之。随症治之与所谓对症疗法相似而实不同，不但前者是指症候群而后者是指个别症候之不同，更主要的是处理态度上的不同。对症疗法是姑息疗法，头痛医头，脚痛医脚；随症治之是积极疗法，医者心目中并不以解除当前出现之症状为目的，而是对当前出现之症候群细加分析研究，对机体还是有利，还是无益，生理或病理机制如何？作通盘考虑，权衡其利害轻重，分别其主从先后缓急而后确定治疗的方向。为了具体说明起见，就伤寒论内容举出一些例子如下：

太阳病，头痛，发热，汗出，恶风之症，照对症疗法应该退热止汗，但伤寒论却用桂枝汤。就桂枝汤的作用来说，既不退热，又不止汗，相反的是通畅血液循环，服后一时期内体温反见增加，然后遍身漐漐出汗，而奏热退病除之效果，古人谓为调和营卫。所以如此是因为太阳病之发热出汗，对机体是有利的，应该支持这一个机制来达到消除病因的目的。在桂枝加附子汤症，同样是太阳病，但其病理机制是卫阳虚弱，以致发汗遂漏不止。而汗漏不止更促使卫阳虚弱，形成恶性循环。这一个病理机制，对机体是极端有害的，足以引起亡阳虚脱之危象，所以须用桂枝汤加附子兴奋卫阳来矫正这一个不良的病理机制。太阳病头痛发热身疼腰痛骨节疼痛恶风无汗而喘者，用麻黄汤发汗，似乎是对症疗法了，但麻黄汤内并没有一味镇痛之药，用麻黄汤是掌握病理机制，这一系列的身疼腰痛骨节疼痛与喘，都由于发热无汗之结果，汗一出各症就会消失或缓解，何尝是对症疗法。至于麻黄汤症而见尺中脉迟的，就不能用麻黄汤发汗，许叔微治疗乡人丘生，就是舍症从脉，而用小建中汤调营。大青龙汤之作用，可能大汗出亡津液，伤寒论竟用之者，以症见无汗高热烦躁，汗不出则热不除，热不除津液将更伤，权衡其利害轻重，必须用它，只要病解，津液自然能恢复。但大青龙汤症而见脉微弱的就不可服，因为脉微弱是心力不足，就要估计到大汗之后，津液暴脱，立刻会发生亡阳危象。病有发热恶寒心下痞者，既有表证，又有里证，处理应照一般常规，先表后里，所谓治有先后。所以如此者，解表是帮助人体集中抗病机能，使其出汗除病，先攻痞反为牵制抗病力量。病有下利清谷不止身疼痛，同样既有里证，又有表证，但里证急表证缓，处理上先后就不同，必须先救里，后解表，因为下利清谷不止，很快就会发生脱水，循环衰竭等危象，解表已没有意义。少阴病，始得之，反发热，脉沉者，用麻黄附子细辛汤，麻黄细辛合用，发汗的力量较单用麻黄强烈得多，为什么用于少阴病？是因为一起病即现阴证，足见患者抗病力微弱，但发热无汗，其势又须从表解，应该及时用麻黄细辛峻药发汗，去邪务尽。一面用附子扶阳助正，防其大汗之虚脱。用峻药正为了患者正气之虚弱，必须一战而成功。至于少阴病得之二三日，就用麻黄附子甘草汤微发汗，与前方只有一味出入，（去细辛加甘草）但意义大不相同。虽然同是少阴病，反发热，脉沉，但得之二三日虽无吐利清谷之里证，究与始得者情况不同，所以不能用麻黄附子细辛汤出奇制胜，只可以麻黄附子甘草汤微发汗，所以周杨俊说："只因得之二三日，津液渐耗，比始得者不同，故去细辛之辛散，益以甘草之甘和，相机施治，分毫不爽。"这一些分辨，都是照顾整体，切合病情，可以大胆的时候就大胆，应该小心的时候就小心。伤寒论中这样的例子很多。

总之，随症治之，这里面包含着一个"治病必求其本"的精神。所谓求"本"是求其病理机制上的主要关键，我们也可以这样理解，在伤寒一类的疾病，其过程中一系列的症候群的出现，反映着机体抗病力跟病原体之间的矛盾。（邪正之间的矛盾）同时也反映着机体本身生理机能跟病理变化之矛盾（营卫不和，阴阳不和。）治本就是解决各种矛盾中

的主要矛盾。因为矛盾又是运动发展的，所以治疗方法，必须随时随地掌握病情，灵活变化，这就叫作随症治之，与所谓对症疗法相比，实有毫厘之差，千里之别。

三、阴阳的对立与统一

如上所述，伤寒一类的疾病是外因性疾病，机体因病原体的刺激，起反应而至发病，是邪正之间的矛盾。机体因发病而致生理统一性被破坏，表现机能兴奋，抗病力有余，是谓阳证；表现机能抑制，抗病力不足，是谓阴证；这是阴阳不和，机体本身生理机能跟病理变化的矛盾。必须指出，邪正之间的矛盾，是整个疾病过程中基本的矛盾，而阴阳不和之矛盾，是从属性的矛盾。阴阳之转变也就意味着邪正势力之消长，标志着疾病情况之进退。① 伤寒论厥阴病篇明白指出："伤寒发热四日，厥反三日，复热四日，厥少热多，其病当愈"。"伤寒厥四日，热反三日，复厥五日，其病为进，阳气退，故为进也"。厥热之进迟是厥阴病篇论点的重心，也可以看作伤寒论全篇的总结。（厥阴篇中明显的错简衍文除外）所以厥阴病没有固定的病型，也就没有确定的主方。厥热的日数诚如魏荔彤所说："是设以为验之辞，如算法设为问答，以明其数，使人得较量其亏盈也。"不明此理，遂怀疑厥阴病无此病，或猜测厥阴病相当于现在的什么病，不但不免于穿凿，而且不达伤寒论的本义。

阳气长，其病当愈，阳气迟，其病为进，仲景不独在厥阴篇中正面的指出，在少阴病篇决生死几条，如："少阴病，下利，若利自止，恶寒而踡卧，手足温者可治。""少阴病，恶寒而踡，时自烦，欲去衣被者可治。""少阴病，吐利，手足不逆冷，反发热者不死。" "少阴病，吐利，躁烦四逆者死。" "少阴病，四逆恶寒而身踡，脉不至，不烦而躁者死。"诸条，也同样具体地说明这一个问题。因此，处理疾病，首先应该解决基本矛盾，见机能兴奋，抗病力有余之阳证，应该积极支持它；见机能抑制，抗病力不足之阴证，才应该立刻纠正它。少阴病篇以"脉微细，但欲寐"作为提纲，而不以四逆汤症作为提纲，所以提醒我们，脉微细是心力不足之脉，但欲寐是精神不足之症，一见此脉此症，就须作少阴病论治。程应旄说得好："今时论治者，不至于恶寒踡卧，四肢逆冷等叠见，则不敢温，不知症已到此，温之何及，况诸症有至死不一见者，则盍于本论之要旨，一一申详之：少阴病脉必沉而微细，论中首揭此，盖已示人以可温之脉矣；少阴病但欲卧，论中又示人以可温之症矣；汗出，在阳经不可温，在少阴宜急温，论中又切示人以亡阳之故矣。……则真武四逆，诚不啻三年之艾矣。"伤寒论中关于治疗方面，处处体现着扶阳抑阴的精神，而不是要求即刻达到阴阳平衡的状态，其意义并不像张景岳那样认为相火为元气之本，一以补阳为主，而是由于认识阳证是病态中的常态，通常是有利的抗病机制，扶阳抑阴是为了解决邪正之间的矛盾。当然，阳证之表现，反映着一定的病理变化，如新陈代谢增加，体温增高，机能兴奋，热量消耗，水分缺乏，或多或少会给机体带来损害。但这一切都由于病原体刺激所引起的反应，只要邪正之间基本矛盾一解决，一切自然会恢复常态。所以尤拙吾说："阳明津涸，舌干口燥，不足虑也，若并亡其阳，则殆矣。"假如机体对病原体反应过于强烈，表现高热，口渴，烦躁，言狂的状态，是谓"亢阳"，超过生理耐受的限度，对机体无益而有害。这时，阴阳不和之矛盾已由从属的转化而为主要的，又必须纠正它，内经所谓"亢则害，承乃制。"承气汤命名的意义，就是抑制阳气之亢进。阳明病急下诸条，也就是为了"存阴"而不是为了"夺实"。白虎汤症与承气汤症病型虽不相同，机制上却相同，都属阳气亢进，所以都归为阳明病一类。善治者既扶阳抑阴，集中全力解决邪正之间的矛盾，又照顾津液，防止"亢阳"状态之发生，我们从论中不可发汗几条，不难体会出这个精神。阴阳同出一源，已是仲景以前的传统观念，内经说："阳化气，阴成形。"是说阴是物质，如津液等类，阳是作用，在病程经过中，代表抗病之生理机能。不难理解，必须有充分之物质资料，然后抗病力才能发挥其作用。照顾津液正是为了不使抗病力丧失其营养来源。徐灵胎曾经说过："亡阴不止，阳从汗出，元气散脱，即为亡阳。然当亡阴之时，阳气方炽，不可即用阳药，宜收敛其阳气，不可不知也。亡阴之药宜凉，亡阳之药宜温，一或相反，无不立毙，标本先后之间辨在毫发。"从徐灵胎这段

---

① 伤寒论对于阴证阳证之区分最明显的是以体温之高低来区分，伤寒论开头就说："病有发热恶寒者发于阳也；无热恶寒者发于阴也。"最注重的是脉，以脉之形象来区分阴阳，如说："阳浮而阴弱"，"脉微弱者此无阳也"。持脉主要候心力之强弱，所以视死别生。

体温增高者，心力强者，显示抵抗力有余，因此，阳气可理解为抗病力，也就是正气，与正气相对立之邪气（客邪）也可以"阴"来代表。事实上见体温降低，心力弱之阴证，疾病往往陷于危笃或至死亡，是为邪盛正衰，也可以看作阴盛阳衰。

话中，可以悟出白虎加人参汤症有背微恶寒一症，就是阳气由盛趋衰之先兆；白虎汤加人参亦为防止热极津亡，阳从汗出，元气散脱即为亡阳之变化，用人参不用附子，就是徐氏所谓“阳气方炽，不可即用阳药，宜收敛其阳气，”“亡阴之药宜凉”。① 可见阴阳是互相联系，又互相制约，兴奋到了极点，体力疲惫，物质消耗，会自发的导向抑制，古人谓为“重阳必阴”；抑制到了极点的时候，生理机能又会激起最后的反抗，出现兴奋状态，古人谓为“重阴必阳”，少阴病之烦躁，厥阴病之厥深者热亦深，就是这一个机理。在临床上又应该注意阴证回阳之后，往往发生兴奋强烈的现象，又必须适当的矫正。如洄溪医案记载：

“嬴圩逢耕石，暑热坏症，脉微欲绝，遗尿谵语，寻衣摸床，此阳胜之症，将大汗出而脱，急以人参附子加童便饮之，少甦而未识人也。余以事往郡，戒其家曰，如醒而能言，则来载我。越三日来请，亟往，果生矣。医者谓前药已效，仍用前方，煎成未饮，余至曰，阳已回，火复炽，阴欲竭矣。附子入咽即死，命以西瓜啖之。病者大喜，连日啖数枚，更欲以消暑养胃而愈。”

必须指出，这些阴阳互相联系，互相制约的现象，不是循环往复的，而是运动发展的，例如从阴证转来之阳证：厥阴病之先厥后热，少阴病之心中烦不得卧，与疾病初期之太阳、阳明证大有分别，适应用麻黄、桂枝、白虎、承气汤毕竟很少，适应用黄连阿胶汤、竹叶石膏汤却多。上引洄溪医案一列，也用西瓜来代替汤药，温热派有养阴退热方法，在疾病后期，正该采用，以补充伤寒论方所未备。

以上所说，可见只有具备整体观念，掌握阴阳对立统一发展的规律，才能认识疾病的本质，不致为真寒假热，真热假寒等现象所迷惑，否则便会临症茫然，治疗就犯错误，所谓知其要者，一言而终，不知其要，流散无穷。阴阳的对立，最后必须归于统一而后病愈，正像伤寒论所说：“凡病：若发汗，若吐，若下，若亡津液，得阴阳和，必自愈。”

四、结语

1. 本文提出六经，随症治之，阴阳的对立性与统一性三点，体会伤寒论的基本精神是整体观念，与内经的理论是一致的。我们固然不能生硬地把内经全套理论搬来解释伤寒论，这样做有许多地方是解释不通的，例如六经的传变，显然与内经“热论”大有出入。但在阴阳等基本问题上，我们绝不能把伤寒论与内经分割起来看，应该认识祖国医学的理论是统一而完整的。

2. 伤寒分六经的意义是从整体观念出发，恰当地表现机体抗病力的盛衰强弱，生理或病理机制的情况，疾病的轻重进退，指示处理疾病的原则，是施用汗、吐、下、和、温、清、补、针灸治疗方法的根据。

3. 随症治之与对症疗法有原则上的区别，所谓随症治之不是以解除目前出现之一群症候为目的，而是找出病理机制上的关键，解决其主要矛盾。因为矛盾又是运动发展的，必须随时随地掌握病情，灵活变化，这就是随症治之的精神，与内经所说“治病必求其本”，不但不相矛盾，而且恰相符合。

4. 邪正之间的矛盾，是整个疾病过程中基本的矛盾，阴阳的对立是从属于“正邪分争”的矛盾。为了解决基本矛盾，因此，治疗疾病，对于抗病力有余之阳证应该积极支持，但在阳证亢进时，阴阳对立的矛盾已由从属的转化为主要的，又必须适当的矫正，所谓“亢则害，承乃制。”又由于治病是从解决邪正之间的矛盾出发，所以伤寒论的治疗法则，主要是调节机能的方药，同时也包括柴胡、知母、黄连、黄芩、白头翁等许多特效药。

5. 阴阳同出一源，彼此互相联系，互相制约，阴阳的对立最后必须归于统一而后病愈。伤寒论397法，113方，总的精神就是整体观念。只有具备整体观念，才能认识阴阳对立统一发展的规律，才能见病知源，不致临症茫然。所谓“知其一，万事备。”

[《上海中医药杂志》1957，(1)：3]

《伤寒论》六经定义的讨论

陈伯涛

1. 伤寒二字定义如何？我们以怎样的眼光去钻研张仲景伤寒论？

伤寒论里面所讨论的伤寒，含有广狭二义。内经说：“今夫热病者，皆伤寒之类也。”难经说：伤寒有几？曰：有中风，有伤寒，有湿温，有热病，有温病。”伤寒之中，复有伤寒，足见广义的伤寒，包括一切热性病在内；狭义的伤寒，则指外受严寒

---

① 伤寒论中白虎加人参汤与白虎汤症无甚出入，不同的是白虎加人参汤用于汗、吐、下复已伤津液而又见白虎汤症者。

的流行性感冒之类的疾患。近人有认为伤寒论是研究近代称之为流行性感冒，或肠窒扶斯之类的病，未免对伤寒论作太狭义的估价了。

伤寒论既然是包括一切热性病在内，我们便当扩大眼界，从“平脉辨证，相体论治”的每一个角度里，去认真钻研它。从理论联系到实际，再从临床以充实其内容。抓住了这种学习伤寒论的精神，则古今各家对伤寒论的注解，都可供我们作为宝贵的参考材料。所以我们现在学习伤寒论的时候，应该要有马列主义思想，实事求是态度，从系统学习，全面接受开始，掌握了整个伤寒论的思想体系，和治疗规律，再灵活运用到临床实践工作中去，然后用科学方法，逐步不断地加以整理和提高。

2. 三阴三阳六经术语的由来和内经、伤寒论引用六经意义的不同。

阴和阳，是古代人民认识一切现象和事物的原则性非常大的两个反对而并存的概念。这两个概念，是相对的，并不是绝对的；是互相依赖、互相制约的，而不是分离和孤立的；是在相对的程度上比较而来的，并不是某种具体现象或事物的固定类型。中医学，对生理学和病理生理学现象的记载，与解释疾病证候和疾病发展情况的归类，以及治疗方法的布置等等方面，都运用了阴阳学说。由于阴阳两种概念，是相反相成的是在程度上或性质上比较而来的，所以伤寒论把有发热的病象，归入阳经讨论，而又有太阳、阳明、少阳之分。把无热的病象，归入阴经讨论，而又有太阴，少阴，厥阴之分。其太，少，厥等字面之不同，所以示病机阴，阳，表，里，寒，热，虚，实，轻，重，浅，深之次第，乃古人于不得已中，假设之代名词，不必求深反浅，耸人听闻。

内经上三阴三阳，十二经络之说，大部分指针灸学的刺激点与线而言，故旧释亦名“内景”。内经又有三阴、三阳，司天在泉之说，又属后人附会运气岁露的文章。至于“热病论”内容：“伤寒一日，巨阳受之，故头、项、腰、脊皆痛。二日阳明受之，阳明主肉，其脉：侠鼻，络于目，故身热、目痛而鼻干，不得卧。三日少阳受之，少阳主胆，其脉：循胁、络于耳、故胸胁痛而耳聋。三阳经络，皆受其病，而未入于脏者，故可汗而已。四日太阴受之，太阴脉：布胃中，络于嗌，故腹满而嗌干。五日少阴受之，少阴脉：贯肾，络于肺，系舌本，故口燥舌干而渴。六日厥阴受之，厥阴脉：循阴器而络于肝，故烦满而囊缩。……其未满三日者，可汗而已，其满三日者，可泻而已。”这是运用了针灸经络脏腑病位学说，又结合了部分机体反应症状，认为三阳病均属可汗，三阴病均属可下。后之学者，多有主张素问“热病论”的三阳病，相当于伤寒论的太阳病；其三阴病，相当于伤寒论的阳明病，如此凑合，仍觉不够全面，总之，三阴三阳六经术语的由来和引用，在内经与伤寒论里面，涵义似有各别，不可不知。试看程郊倩说：“素问之六经，是一病共见之六经，仲景之六经，是异病分布之六经；素问之六经，是因热病而原及六经；仲景之六经，是设六经以该尽众病。”柯韵伯说：“六经之为病，不是六经之伤寒，乃是六经分司诸病之提纲，非专为伤寒一症立法也。……盖伤寒之外皆杂病，病名多端，不可以数计，故立六经而分司之。伤寒之中，最多杂病，内外夹杂，虚实互呈，故将伤寒杂病而合参之。”此心此理之同，古今一辄。

三、伤寒论六经定义

1. 六经所代表的临床现象是什么？

太阳病：一切热性病初期，机体病态反应中，正规变化的开始，而有前驱症状的阶段（表证）。

主要症状：恶寒，发热，头痛，身痛，无汗，或有汗，鼻塞，流涕，咳嗽，气喘促，苔薄白，脉浮等。

阳明病：一切热性病，热型持续，已达极期（里证）。

主要症状：发热，不恶寒，汗出、热不解，苔黄、厚，脉洪大，大便燥结，烦渴引饮，甚则谵语如狂等。

少阳病：一切热性病，热型持续，呈亚急性状态，机体反应能力，比较亢进，而神经及胃部官能症状，较为显著的过程（半表半里）。

主要症状：寒热往来，口苦，咽干，目眩，胸胁苦满，喜呕等。

太阴病：热性病，或非热性病，而见整个消化系统病理调节功能的衰减阶段（三阴病中之里证）

主要症状：不发热。腹满痛，呕吐，自利，苔淡白，脉迟，手足自温等。

少阴病：热性病，或非热性病，而见循环系统，和全身机能衰弱、衰竭状态（三阴病中之表证）。

主要症状：不发热，四肢厥冷，脉微细，但欲寐等。

厥阴病：热性病，或非热性病末期，而见整个机体，尤其是中枢神经系统对病变作消、长、进、退，调节挣扎的垂危或向愈阶段（三阴病中之半表半里证）。

主要症状：四肢厥冷，或厥热往复，或上热、下寒，消渴，吐蛔，下利等。

2. 六经所代表的各种疾病发展的过程和转归又是什么？

各种疾病发展的过程和转归，大抵根据致病因子，治疗经过，生活环境，护理情形，尤其和各个人体质强弱，抵抗力大小 及各种合并证的先后发生，是分不开的。伤寒论六经病篇所代表的各种疾病发展的过程和转归，依照后人研究伤寒论的看法，也就是程钟龄氏所指的伤寒纲领，兹归纳之，约如下表：

附表一	传经	六个证候群，按次序或不按次序，从这个转变到那个，叫传经。
		循经传　太阳→阳明→少阳→太阴→少阴→厥阴
		表里传　太阳→少阳　阳明→太阴　少阳→厥阴
		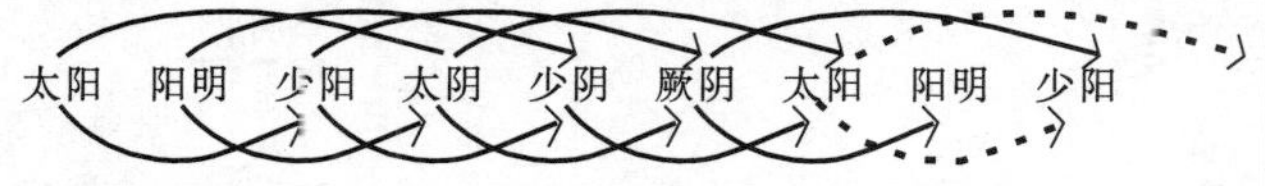

六经传变概要	不传经	始终固定于某一个类型的证候群。
	直　中	机体抵抗力衰弱，开始就出现比较后期阶段的证候群，所谓直中三阴。
	合　病	同时均发，由于两个证候群以上的混同，或从而转变另一种新的症状，都称合病。
	并　病	依次相并，由于两个证候群以上的先后并发，从而比较集中于后一个症候群的并发症状。
	坏　证	误治致坏，机体抵抗力由减弱而趋于屈服，先后所发生的各种有关症状。
	逆　证	误治致逆，机体抵抗力虽受挫败，而尚能强起与疾病作斗争，相持不下，所发生的各种有关症状。

4. 伤寒论六经辨证法，在临床实际上的一般规律和灵活运用。

伤寒论六经辨证法的分类，从病理生理机转的表，里，阴，阳，寒，热，虚，实立论，从病状着笔。所谓表（指三阳病而言），代表病理的生理机能，活动于机体表面的情况。所谓里（指三阴病而言）代表生理机能在机体内部的紊乱。所谓寒，反映着机体机能的衰退和消极。所谓热，表现着机体生理机能的亢进。所谓虚，代表机体反应力的衰弱，或物质上的有所缺乏。所谓实，代表疾病在发展过程中，机体对病因刺激的外现性应答性活动，呈持续强盛的状态。所谓阴，在生理上，代表人体各种器官的实质和各种分泌物；在病理上，代表一切里证、寒证、虚证的退行性变化。所谓阳，在生理上，代表人体一切活动的机能和作用；在病理上，代表一切表证、热证、实证的进行性意义。伤寒论六经辨证法，在临床实践中，充分运用了这种表、里，阴、阳，寒、热，虚、实的一般规律性和灵活性。通观全书大意，请再以原文涵义证之。如太阳，阳明，少阳，多为热病；太阴，少阴，厥阴，多为寒病；太阳，阳明，少阳，多为实病，太阴，少阴，厥阴，多为虚病。阴、阳，寒，热，虚，实之中，又有在表、在里，与在半表半里之不同。太阳为表，少阴亦为表。太阳之表，多热、多实；少阴之表，多寒，多虚。阳明为里，太阴亦为里。阳明之里，多热、多实；太阴之里，多寒，多虚。少阳为半表半里，厥阴亦为半表半里，少阳之半表半里，多热、多实；厥阴之半表半里，多寒、多虚。太阳、少阴皆为表。太阳之表，为发热、恶寒；少阴之表，为无热、恶寒，阳明、太阴皆为里，阳明之里为胃实，太阴之里为自利。少阳、厥阴皆为半表半里。少阳之半表半里，为寒热往来；厥阴之半表半里，为厥热往复。太阳、少阴皆为表，太阳之表，可汗；少阴之表，不可汗。阳明、太阴皆为里，阳明之里，可下；太阴之里，不可下。少阳，厥阴，皆为半表半里，少阳之半表半里，可和解；厥阴之半表半里，不可和解。其阴中之阳，阳中之阴；表中之里，里中之表；多寒、多热，多虚、多实之别，均系相对而非绝对，用以综合与分析病机变化之纲，不可拘泥。细玩六经病篇原旨，无非是人和疾病作斗争，逐节变换病状的六个综合类型阶段的证候群。每个阶段，更就不同的症状和脉诊，分做若干亚类，每类又各有大同小异的证候群，并各附以论治方法。我们在病人生病的时候，才有六经症状可以发现；不病时，是根本分别不出六经界限的。如人体抵抗力足以驱除致病因子，发生积极作用时，叫三阳病，用药就支持或助长这种生理机转；故病在三阳者，可汗、可吐、可下、可和。如致病因子，压力过大，生理机转不堪负荷时，便发现三阴病的症状，药物治疗，重在阻止或扭转这种危局，使能战胜害因，由矛盾而趋于统一。故病在三阴者，或温、或补，或滑、或滋。

古称传经为热，直中为寒，是以三阳病多热；惟恐其热之过度；三阴病多寒，惟恐其寒之弥深。三阳病多实，惟恐其实之太甚；三阴病多虚，惟恐其虚之难救。三阳病则抵抗力比较尚未衰弱，故三阳病易治而少死症；三阴病则抵抗力已感不足，故三阴病多死证而难医。三阳病而内陷三阴者，为逆，为重；三阴病而外出三阳者，为转轻，为向愈。大抵六经证候群的错综变化，表现在传经、直中、合病、并病、坏症、逆症等方面。所以世间疾病的演变，综合性者占绝大多数。病变复杂，决难预拟；随证治疗，乃有良效。附表一，以示六经传变的一般概念。古人以各种名词、术语，代表疾病发展的过程和转归，但限于时代，常有社偏颇学者切勿胶柱鼓瑟。

附表二：伤寒论六经辨证法示意概要

(1)

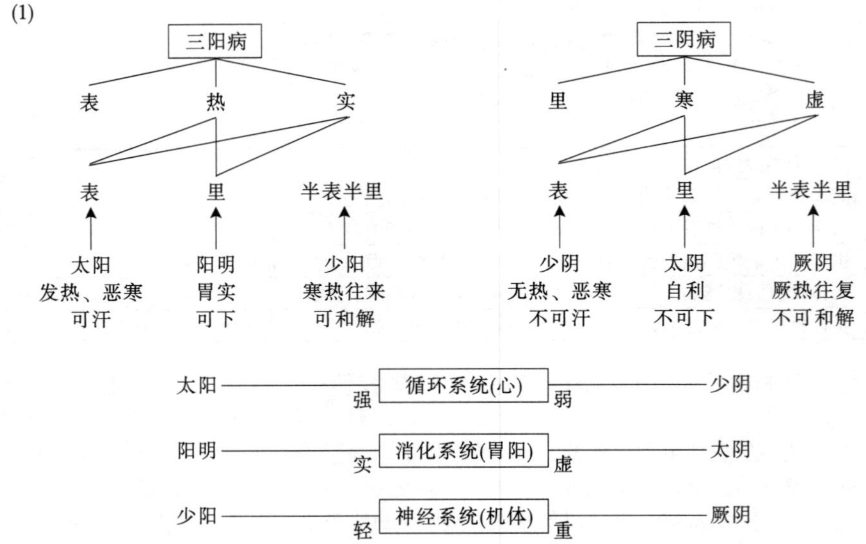

太阳病

- 麻黄汤证（发热、无汗、脉浮紧）
  - 麻杏石甘汤证　汗出而喘，无大热者
  - 大青龙汤证　脉浮紧，或浮缓，发热，恶寒、身疼痛、或重、汗不出而烦躁者。
  - 小青龙汤证　表不解，心下有水气，干呕发热而咳等。
  - 麻黄附子细辛汤证　麻黄附子甘草汤证等。
- 桂枝汤证（热发、有汗、脉浮缓）
  - 桂枝加附子汤证　发汗、遂漏不止、恶风、小便难、四肢微急、难以屈伸。
  - 桂枝去芍药加附子汤证　下后、脉促、胸满者、去芍药；若微恶寒者、去芍药、加附子。
  - 桂枝加厚朴杏子汤证　喘家、作桂枝汤、加厚朴、杏子佳。
  - 桂枝麻黄各半汤证　桂枝二麻黄一汤证、桂枝二越婢一汤证等。

[《江苏中医》1957，(2)：3]

读张仲景替王仲宣诊病一则有感

潘白尘

在晋代皇甫谧针灸甲乙经的自序里，有一段说：“仲景见侍中王仲宣时，仲宣年二十余，谓曰：‘君有病，四十当眉落，半年而死”。令服五石汤可免。仲宣嫌其言忤受汤勿服。“居三日，见仲景，谓曰：‘服汤否?’仲宣曰：‘已服”。仲景曰：‘色候固非服汤之诊，君何轻命也?’仲宣犹不信，后二十年，果眉落，后一百八十七日而死，终如其言。”（嘉庆一统志，南阳府人物志所载，大致相同。）

我起初对这个故事，很为怀疑。特地从魏书王粲传里，找出一些线索来。现在把这些线索列成一表如下：

公元178元	灵帝宏	光和元年	王粲生	字仲宣，山阳高平人也。曾祖父龚、祖父畅、皆为汉三公。父谦，为大将军何进长史。
公元190年	献帝协	初平元年	13岁	董卓西迁。粲徙长安。左中郎将蔡邕见奇之。时邕才学显著，贵重朝廷，常车骑填巷，宾客盈门。闻粲在门，倒屣迎之。粲至，年既幼弱，容状短小。一座尽惊。邕曰："此三公孙也。有异才，吾不如也。吾家书籍文章，尽当与之。"
公元194年	献帝协	兴平元年	17岁	司徒辟召，除黄门侍郎，以西京扰乱。皆不就。仍之荆州，依刘表。
公元198年	献帝协	建安3年	21岁	（张仲景见王仲宣于荆州，为之诊疾）。
公元208年	献帝协	建安13年	31岁	刘表病卒。王粲劝表子琮举荆州归曹操。
公元213年	献帝协	建安18年	36岁	曹操自立为魏公，拜王粲为侍中。
公元216年	献帝协	建安21年	40岁	从曹操征吴。
公元217年	献帝协	建安22年	41岁	春、道病卒。

仲景是南阳人，而见王仲宣时，仲宣年仅二十余，因此，我以为大约是在建安三年左右，时仲宣正在荆州。

王仲宣死时，年纪正是四十一岁，果然和仲景推测的"四十当眉落，半年而死"的话相符合。

王仲宣究竟是因患什么疾病而死的？在魏书王粲传里，虽然没有记载，但是根据仲景说他"当眉落"这一句话来看，大约患的是"麻风病"。因为麻风病的潜伏期很长，有经验的医师是可以诊断出来的。不过在1700年前的张仲景时代，还没有现代理化学的检验和病理解剖学，竟能用"候色验眉"法诊断出麻风的病征，并能预测到20年后的发作情况和死亡的时期，这不能不使我们后人钦佩。于此，也可看出祖国医学的伟大和它的蕴藏丰富，颇有一些前人的经脸积累，需待我们去发掘和整理。

最令人遗憾的，是张仲景为王仲宣处的一张五石汤的处方，已经遗佚了！否则，倒也是祖国医学对麻风病预防的一项好方法。

[《江苏中医》1957，(2)：41]

读《伤寒论》书后

陈子厚

一、作者的思想

张机，字仲景，是我们祖国一位杰出的医学家。据说，他是后汉时南阳人，尝学医于同郡的张伯祖，"尽得其传"。后来走到京城开业，全心全意为群众服务，得到群众很大的敬仰。

他"留神医药，精究方术，上以疗君亲之疾，下以救贫贱之厄，中以保身长全，以养其生"。他反对"崇饰其末，忽弃其本，华其外而悴其内"的浪漫纵欲的行为；他反对平时不讲究卫生，"卒然遭邪风之气，婴非常之疾，患及祸至，而方震栗，降志屈节，钦望巫祝"的神权思想；他反对"不念思求经旨，而演其所知，各承家技，始终顺旧"的忽视先进经验、自满自大的保守思想；他反对"省疾问病，务在口给，相对斯须，便处汤药"的粗枝大叶的医疗作风；他"感往昔之沦丧，伤横夭之莫救"，就下定决心同疾病作斗争。于是不断地研究古人的著作，搜集各方面流传的验方，吸取先进的经验教训，结合自己的临床心得，作伤寒杂病论为斗争的武器。总之他刻苦钻研的精神，全心全意为群众服务的高尚品德，是我们医务工作者很好的榜样！我们，医务工作者，所应该学习的。

他用汤液针灸来治病，向迷信神鬼的唯心主义作斗争，使我国辨证施治的医学基础，巩固起来，发扬起来。近人评价他的成就为经验医学的最高峰，是很恰当的！

二、《伤寒论》方剂的来源

伤寒论自序说："勤求古训，博采众方，撰用素问九卷，八十一难，阴阳大论，胎胪药录，并平脉辨证，为伤寒杂病论"。晋皇甫谧甲乙经序："汉张仲景论广汤液为数十卷，用之多验"。伤寒今释序例："案七略有汤液经法三十二卷，在经方十一家中，盖即土安指为伊尹所作，而后人推衍其法者，然则仲景书者，经方汤液之遗，汤液不可得见，得仲景书，斯可矣"。从上面诸说，可以看出伤寒论一书，和它的方剂，是参考素问难经，阴阳大论，胎胪药录，推衍伊尹汤液，和搜集古人的经验。各方面的医方，以及张伯祖的传授，作者自制的新方，而写成的。萧熙先生以为仲景师方剂的来源，可分为四个方面

1. 禁方　禁方是巫祝用符箓驱使鬼神替人治病时兼用的秘方。（青龙白虎真武越婢等汤）因为系禁咒疾病而用的方，所以叫作禁方。在当时系师弟相传的秘方，并不公开。

2. 丹方　丹方即当时士大夫以上常服的五石散，如桃花汤赤石脂禹余粮汤等。

3. 经方　经方即古代医家所录的常用效方。其中以主药为名的，如桂枝汤麻黄汤等，以功用为名的如泻心汤理中汤建中汤等，以所治病状为名的，如四逆汤通脉四逆汤等，以所配药物形色为名的，如桃花汤三物白散等。

4. 新方　新方系仲景师在临床时加减旧方而成的自创的新方，如桂枝加葛根汤桂枝加芍药生姜新加人参汤，桂枝去芍药汤等。

三、《伤寒论》的沿革

据萧熙先生说：仲景师“约在公元202年撰写这书，公元210年（建安十五年）写成。

宋向元先生亦有“自序当署于伤寒论已成之后，时间似在建安十五年左右”之说。证以自序“建安纪元以来，犹未十稔”等语，则本论之作，当在建安十年之后。萧宋二说，是可信的。

本书原名伤寒杂病论，“汉末丧乱，本书散佚，晋王叔和搜采编次之，使杂病之部析出别行，即今之金匮要略”。“后经五胡之乱，其书又晦。至宋开宝中，高继冲复经编录之。治平时林亿等校正而刊行之。其后聊摄成无己始为之注，行世颇盛”。东宋迄元，未闻重刊。至明万历间，虞山赵开美得宋本复刊之。赵刊至今又三四百年，其书已稀如星凤。伤寒论之存世者，惟宋本成本为善，而文字犹多疑义，已失叔和撰次之真面目”。近有日本所藏康平伤寒论，与通行本大异，叶橘泉氏以为“殆系叔和撰次之真本”。

据上诸说，则伤寒论本之行世者，一为金成无己注本，一为宋治平本，印经高保衡孙寄林亿等校刊，明赵开美复刻者，一为叶橘泉先生得诸日本之康平本，其有三种。三者中以康平本为佳。据范行准先生说：“伤寒论之有注，始于金之成无己，前者未闻有人为之注解者。此本（指康平本）似亦从宋本出，而非唐以前之原文，然实胜于宋本”云。然则不惟仲景师之原书，已不可复观，即叔和撰次之本，亦难得见了。

此外尚有金匮玉涵经，系伤寒论的别本，同体而异名者。“晋书葛洪传，洪著玉涵药方百卷。据肘后方抱朴子自云，所撰百卷，名曰玉涵方。那么，金匮玉涵，原是葛洪所命书的了”。

四、《伤寒论》的价值

这部书总结了后汉以前的丰富的方技知识，和作者自身的临床经验，辨证平脉，分门别类，掌握了病变的规律，建立了六经八纲的理论体系，为有系统的专门学术的典藉，论中指出汗吐下三法的适应症和禁忌症，给医家立下了规矩准绳。并且能够正确使用解热药，镇痛药、镇痉药、镇静药、止喘药、催吐药、泻下药、利尿药、兴奋药等，药方简易，疗效准确，“用之多验”。后来流传到日本朝鲜等国，对东亚人民贡献之大，实在无法估计！影响后世达一千七百余年之久，直到现在，对于中医，仍居主导地位，这就见得它的价值了！

五、伤寒的定义

何谓伤寒？伤寒是对杂病而言。凡季节性气候变化，或因病菌传染，影响身体发生病变的一切热性病，都属伤寒类。但有明显的特异性的症候的，如疟疾赤痢等，则不属伤寒，而属杂病。

素问热论说：“人之伤于寒也，则为病热”。又说：“今夫热病者，皆伤寒之类也”。今释说：“两热字皆指发热，自其主要症候而言，则曰病热，曰热病，自古人之心目中而言，则曰伤寒，其实一也”。

难经说：“伤寒有五：有中风，有伤寒，有湿温，有热病，有温病”。指出伤寒包括许多季节性的热性病。可知伤寒的寒字，并不是指寒热的寒，伤寒病也不一定是冬天才有的病。程应旄说得好：“伤寒有五之寒字，只当作一邪字看”，是很正确的！

千金方说：“伤寒雅士之词，天行温疫，是田舍间号耳”。

今释说：“晋唐之际，亦称时行、天行，则因其流行于一时一地之故。由是可知，伤寒，即今之流行性热性病矣”。

伤寒论自序说：“余宗族素多，向余二百，建安纪年以来，犹未十稔，其死亡者三分之二，伤寒者十居其七，”可以想见那时候伤寒病流行之烈了。

从上引诸说，可知伤寒病是时气病天行病，也即是现今的流行性热性病。那么，伤寒论一书，系以流行性热性病为对象，而论述其症候变化和治疗的规律的了。

伤寒二字，有广狭二义：广义的伤寒，系多数流行性热性病的总称，上举内经的伤寒，及难经伤寒有五的伤寒，和本论所论的伤寒，都系属于广义的；狭义的伤寒，系代表症候群的一种术语，难经中之狭义伤寒和本论太阳伤寒的伤寒，都系属于狭义的。

伤寒（广义的）

- 难经
  - 中风……王孟英氏按桂枝汤证。
  - 伤寒（狭义的）……王孟英氏按麻黄汤证
  - 风温（或作湿温见温热经纬）王孟英氏按春温冬温之外受者。
  - 热病……王孟英氏按即暑或谓之暍。
  - 温病……王孟英氏按即暑兼湿。
- 伤寒论
  - 中风……太阳表证属虚者。
  - 伤寒（狭义的）……太阳病发热而渴不恶寒者。
  - 风温……脉浮身热自汗身重嗜眠息鼾等。

应该指出，难经的中风伤寒温病风温，和伤寒论的中风伤寒温病风温，竟有四种雷同，这一定不是偶然的事。也许伤寒论是有意的把难经的热病和温病二者，并为一个温病（因为温即是热，故有合并的可能）亦未可知。而中风伤寒（狭义的）、温病风温，同样是症候群的一种术语，并且系同属于广义的伤寒病范围之内，从上表中，是可以看出来的。

在流行性热性病发展过程中，往往遇见酸毒症。（Aeiaosis）伤寒论中，风温的症状，和酸毒症是很相同的。“脉阴阳俱浮”，为浅表性的浮脉，“身重，多眠睡”，即嗜眠症，“息鼾”，即大呼吸，为酸毒症的特征。“语言难出，直视，失溲，惊痫，瘈疭”，都是脑神经中毒的症状，综合之不是酸毒证是什么！仲景师之意，系示人于流行性热性病发展过程中，往往遇见此症，故特别指出，以提高医家的警惕的吧。

或谓“仲景论伤寒，而温热温疫之旨有未畅”。（医学心悟凡例中语）但在太阳篇中，已明列湿病风温与中风伤寒的鉴别法，并且提出警告，——“若发汗已，身灼热者，名曰风温”，如果误以麻黄汤桂枝汤等发汗剂，治发热而渴不恶寒的温病，则可能演变为风温的坏症。若更误治，则病势恶化，续发直视失溲，惊痫瘈疭等严重的脑神经症状，招致不良的后果。是则温病忌汗忌灸忌下，已在言外。凡论中具有发热而渴不恶寒的，便是温病，例如“服桂枝汤，大汗出后，大烦渴不解，脉洪大者，白虎加人参汤主之”，又“渴欲饮水，无表症者，白虎加人参汤主之”，“渴欲饮水，口干舌燥者，白虎加人参汤主之”等条，都是论温病的症治的。”

又阳明篇“三阳合病，腹满身重，难以转侧，口不仁而面垢，谵语遗尿……”，“阳明病，脉浮而紧，咽燥口苦，腹满而喘，发热汗出，不恶寒反恶热，身重……”等条，所这症状，与风温的症状相符，那么，所论系风温的症治，是没有什么疑义的。上引医学心悟之说，是不足信的。

至若叶氏所谓“风邪上受，首先犯肺，逆传心包”的风温病，系属呼吸器传染病，如气管炎，支气管炎，大小叶肺炎等，都在其内，与伤寒论的风温病，全异其趣。若温病，则清代医家所论的温病，和伤寒论所论的温病，也不相同。前者系泛指一切流行性热性病，后者系证候群的一种术语。温病与伤寒，不过以病体不同，反映的病象，也就不同。清代医家，对于温病伤寒，哓哓争辩者，系因温病伤寒定义范围广狭不同之故。

六、《伤寒论》的中心思想

伤寒论一书，总结了后汉以前先进医家的经验，采用各方面流传的验方，结合作者自身的临床心得，利用传统的阴阳学说，建立六经八纲的理论体系，分别论治随证立方，奠定了内科学的基础，为祖国医学经典著作中最重要的一部！

徐灵胎说：“伤寒论大治一切外感之总结，非独治伤寒也，明于此，则六淫之病，无不贯通矣”。吉益羸斋说：“伤寒论者，遗后世以治万病之法，引而申之，举莫能外，汤本求真说：“本以伤寒之诊断疗法，推述万病之症治，能悟得其真髓，则万病之治，如示诸掌”。那么，伤寒论系以流行性热性病为例，而推述万病的变化及其治疗的规律的了。

论中说：“血弱气尽，腠理开，邪气因入，与正气相搏，结于胁下，正邪分争，往来寒热，休作有时，默默不欲饮食，藏府相连，其痛必下，邪高痛下，故使呕也，小柴胡汤主之”。在这里，它指出：

1. “邪气”，系流行性热性病的病原；

2. 机体内在因素和外在因素相互间的关系，为构成流行性热性病的必要条件；

3. 机体是统一的整体，各部分互相关联，一部分有了病变，必然会影响其他各部分，使之发生变化，所以甲脏器生了病，有时惹起乙丙等脏器续发病，或甲乙丙等脏器同时俱病，绝不可能只限于局部，而不影响整体。所以局部的病变，不过是统一的整体的局部变化的表现；

4. 流行性热性病发展过程中，同时出现的或前后出现的症状，系机体受外界病因的刺激，惹起内部种种复杂的反应，通过神经系统反射作用而实现的。这些种种不同的体征，（症状）通过综合和分类之后，即成为某病的定型。所以能够正确判断这些病型，就可达到正确诊断的结果，从而处以适当的疗法和方剂。

论中说："病有发热恶寒者，发于阳也，无热恶寒者，发于阴也"。在这里，它指出：

1. 流行性热性病具有阳性的和阴性的两方面，也就是相对的矛盾的两方面；

2. 阳性病必发热，换句话说，"发热"，为阳性病的特征；

3. "恶寒"，为阳性病和阴性病共有的症状，但阳性病的恶寒，（为恶风的互词）系自外而来，与阴性病的恶寒，（为恶冷的互词）自内而发者不同，且阳性病的恶寒，必伴以发热，阴性病则否，这是二者的区别；

4. "无热恶寒"，为阴性病的特征，以为鉴别阳性病和阴性病的最高原则。

但是流行性热性病发展过程中，"发热""恶寒"的程度，前后是不一致的，依其程度的等差，伤寒论将"发热恶寒"，分为三个类型：（1）发热恶寒的，（2）寒热往来的，（3）发热不恶寒的；"无热恶寒"，也分为三个类型：（1）手足温的，（2）手足寒的，（3）手足厥冷的。并结合其他自觉症和他觉症，利用传统藏府经络的学说，和六经的术语，伤寒论又将流行性热性病的整个过程，分为阳性的三个阶段，即太阳少阳阳明的三阳，阴性的三个阶段，即太阴少阴厥阴的三阴，旧说叫作六经的便是。各个阶段，各具有新的内容，新的形式，也就是各具有特殊的症候群，以为三阳病和三阴病的鉴别点，但决不是孤立的局限的，而系具有断续性连续性和整体性统一性的。

兹将六经病型，列举如下：

1. 发热恶寒，头项强痛，脉浮，为太阳病型；

2. 寒热往来，胸胁苦满，恶心喜呕，默默不欲饮食，口苦咽干目眩，脉弦细，为少阳病型；

3. 发热不恶寒，自汗出，腹满痛，拒按，坚硬而有抵抗，大便难或下利，脉洪大实，为阳明病型；

4. 腹满时痛，吐利，手足温，脉沉弱，为太阴病型；

5. 脉微细，但欲寐，手足寒，为少阴病型；

6. 气上撞心，心中疼热，手足厥冷，脉微细欲绝，为厥阴病型。

以上所举，为六经病的定型，也就是六经病的主症。具有某经的主症的，即可诊断为某经的病，具有二经以上的主症的，即可诊断为某经与某经合病。例如：

1.（36）条："太阳与阳明合病，必自下利，葛根汤主之"。具有发热恶寒，头痛，项背强，无汗，脉浮紧的太阳病，下利的阳明病，故可诊断为太阳阳明合病，而处以具有表里两解，镇痉止利的葛根汤。本条系太阳本经与阳明本经自病的合病。

2.（271）条："阳明少阳合病，必下利，（中略）脉滑而数者，有宿食也，当下之，宜大承气汤"，具有下利脉滑而数的阳明症，口苦咽干目眩的少阳病，故可诊断为阳明少阳合病。以里实为重点，而以承气汤攻下之。本条系阳明本经与少阳本经自病的合病。

3.（293）条："本太阳病，医反下之，因而腹满时痛者，属太阴也，桂枝加芍药汤主之"。本条系述太阳误下，表症未罢，转属太阴腹满时痛的症治的，可知本条为太阴太阳合病。揭本方症于太阴篇者，系表示以太阴病为重点之意。又本条系属传经的合病。

4.（315）条："少阴病，始得之，反发热，脉沉者，麻黄附子细辛汤主之"。上面说过，"无热恶寒"，为阴性病的特征，故少阴病亦以无热恶寒为原则。今病初起，具有太阳表症的发热，故曰"反"，表证发热当恶寒，不言恶寒者，省文也。具有脉沉微细但欲寐的少阴病，发热恶寒的太阳病，故可诊断为少阴太阳合病。与少阴本经自病是有区别的。

5.（331）条："少阴病，下利清谷，里寒外热，手足厥逆，脉微欲绝，身反不恶寒，其人面色赤，或腹痛，或干呕，或利止，脉不出者，通脉四逆汤主之"。脉微细，但欲寐为少阴病，下利清谷为太阴病，手足厥逆，脉微欲绝为厥阴病，故可诊断为三阴合病。阴性病当恶寒，今不恶寒，故曰"反"，其人面色赤，系里有真寒，外有假热之征，所谓虚阳外越的便是，或字以下各症，为或有或无的寒证，不论有无，皆以本方为主治之剂。余类推。

如上所述，可知六经病型是错综复杂，变化多端的。有本经自病，有传经的病，有二经以上本经自病的合病，有直中的合病，等等，但是只要能够掌握六经病型的纲领，是不难得到正确的诊断的，什么是六经病型的纲领呢？伤寒论启示我们：阴阳，寒热，表里，虚实，为六经病型的八个纲领。阴阳表示积极的消极的情况，寒热表示病性的急慢，表里表示病位的深浅，虚实表示病情的轻重。"病有发热恶寒者，发于阳也，无热恶寒者，发于阴也"，系以阴阳二字代表寒热；"病发于阳，而反下之。热入，因作结胸；病发于阴，而反下之，因作痞"，是说病在表，应当发汗，而反下之，热邪内陷，致成结胸；病发于里，里未实，而反攻下之，因而作痞，"可知阴阳二字系以代表表里；至若"阳气重"，"阳气退"，"无阳则阴独"，"阳盛则欲衄，阴虚则小便难"，等等，则以阴阳二字代表虚实。换言之，表为阳，里为阴，热为阳，寒为阴，实为阳，虚为阴，表与里，寒与热，虚与实，都是相对的矛盾的，故可以阴阳二字来代表。至于表热、表寒，里热、里寒，表虚、表实，里虚、里实，表寒里热，表热里寒，表虚里实，表实里虚，表里俱寒，表里俱热，表里俱虚，表里俱实等，则又说明了表里、寒热、虚实的错综结合的关系。总之阳性病即热性病，系急性的，动的，机能亢盛的，病势发扬，多属实症，阴性病即寒性病，系慢性的，静的，机能沉衰的，病势隐伏，概属虚证。三阳病属于前者，三阴病属于后者。

太阳为表为外，阳明为里，少阳介于表里之间，为半在表半在里，半表半里者，对里则为外，对表则为内。太阴为阴中之里，与阳明有阴阳虚实之别。少阴亦为在里，而进于内。厥阴则为在内，与太阳的在外相对。凡病由表入里，由外入内，从阳入阴，是为病情的恶化，反之，由里出表，由内出外，从阴出阳，是发病机的好转。病势的转变，是以正邪的盛衰为转移的。这种转变，或叫作传经，或叫作合并病。

在这里，我们体会到伤寒论的矛盾对立内外统一观。

[《广东中医》1957，(6)：1]

从《伤寒论》体会中医的辨证施治

林乾良

祖国医学，是在几千年的历史过程中积累了丰富的经验。这些宝贵的遗产是朴素地运用"辨证方法"所积累起来的。我们在汉代张仲景著的伤寒论中，可以呼吸到这种浓厚的气息并感到它的可贵。

祖国医学的发展过程，也是先有实践而后才通过了先哲的智慧，逐渐地创造了理论。从治疗方面看，由单味药的单方，逐渐地衍为具有严密组织的复方。理论可能出偏差，但是经过实践考验过了的辨证施治却是正确的。

初读《伤寒论》，不要因为看到"太阳病""阳明病"等名词而感到难懂。要知道这只是仲景沿用古代习用的名词，不过是一种代号，而没有什么深奥的涵义的。全部伤寒论都是条分缕析地说明见什么症候就用什么方药，并没有空洞的理论使人费解，只是朴素地综合了前人和仲景自己的经验，(这些经验正象皇甫谧说的那样"用之多验"见《甲乙经序》）运用了辨证施治的法则而写成的。在今天，伤寒论成为祖国医学上的一部光辉的经典，而辨证施治也成了中医独特的诊疗体系。

一、什么叫作"证"

中医医学里并没有血压、细菌、蛋白尿……的名词，也没有高血压、肺炎、肾炎……的病名。但是对这些病却都能够有确实的疗效，这就是中医根据辨证施治的结果。中医的"证"和现代医学所谓"症状"的症的涵义是完全不同的，这应该首先加以说明。症状（包括体征在内）只是病人在病态下的自觉的和他觉的表现，它用作诊断和治疗上的参考，光知道症状而不能确定病变的原因和本质，是不能予以有效的治疗的。中医的"证"虽然也有以症状为基础，但它的涵义是很广泛，它能确定病变的原因和本质并与选方用药紧密相连，辨明了"证"，才可以决定治法和药方。正如朱颜先生的理解，在伤寒论中我们可以体会到：病是人体的生理机能（阳气）和病因（病邪）进行搏斗的过程(正邪纷争)。在这个发病学概念的基础上，必须从局部的症状，参照以机体全身的情况，才能认清人体的机能在病因侵袭下进退的动向。所以中医所谓的"证"在广义上还包括了下列几方面的内容：

(1)"证"是疾病在进展的过程中某一阶段症状的总和，它在一定程度上也反映了病情，"证"的变化也表示着病情的变化。

(2)"证"也含有类似人体抵抗力和免疫力方面的意义，说明了人体正气在与病邪搏斗的过程中表现的盈亏，如伤寒论第六十条"下之后复发汗，必振寒脉微细"本证是因为汗下倒施而使体力骤弱变为虚症，所以接着又说"所以然者，以内外俱虚故也"。

(3) 包括有病人的过去史，如第十九条"凡服桂枝汤吐者，其后必吐脓血也。"；第八十一条"凡用栀子汤，病人旧微溏者，不可与服之"；第十七条"若酒客病，不可与桂枝汤"等。

(4) 包括病人的素质，如第一百九十六条"阳明病，法多汗，反无汗，其身如虫行皮中状者，此以久虚故也；第一百零二条的小建中汤证，仅"伤寒二、三日"而竟已"心中悸而烦"了，明明指出了中气素虚，所见要用小建中这样的方剂来建其中气。

(5) 此外，"证"还应该辨明它是处在哪一种变化的情况，那一阶段，并当预见其未曾出现而又可能出现的情况而加以制止。这就是金匮要略所说“上工治未病”的意思。

二、什么叫作“辨证施治”

中医的诊断任务，不在于确定是什么病，主要是要确定是属什么“证”；中医的治疗目标也不在于消灭致病原因，而在于提高人体素质以克服病因及其影响的侵害（匡正驱邪）。辨证施治的任务必须“知己”（病人的正气和体质）而又“知彼”（病邪的所在），又须要辨清发展的趋向，真假、主次和缓急。中医没有个别的病名，也没有任何情况都能有效的所谓特效药。但是依靠“证”的不同情况和它的转变，灵活地择用不同的方药加减，同样的是成效辉煌。

这种辨证施治的精神，在《伤寒论》中的体例是极其明显的，可以举几个例子来看：

（1）论中每篇的标题都冠以“辨××病脉证并治”，其中六经的名目和中风、伤寒等都不过是代号，并没有重要的涵义，主要的还是在辨它和脉和证。如第一条，光说“太阳病”则谁也不知道指什么，下面接着就具体的指出“脉浮，头项强痛而恶寒”，使人一目了然。有这样的脉证就可以称为“太阳病”；因而，“太阳病”就成了实在的名词，丝毫没有奥妙的、难懂的含义了。

（2）论中都是叙述是什么证候用什么方药，很少用什么病名，都是列以适当的方药，就称它为某某汤证。如十二条的桂枝汤证，三十五条的麻黄汤证等。由于病情的变幻多端，“证”和“方”也就千变万化，在辨证施治上是非常严格的加以审核的。多一症，少一症都不得称为原来的“证”，多一味，少一味也不得称为原来的“方”。如十四条，原是桂枝汤证，因为多了一个“项背强几几”的见证就得改称为桂枝加葛根汤证，如果再变“有汗”为“无汗”，那又是三十一条的葛根汤证了。又如，一百一十七条的桂枝汤证，加重一味桂枝就得改称桂枝加桂汤；又如四逆汤去附子就变成二十九条的甘草干姜汤，如果以葱白换甘草就变成三百十四条的白通汤了。这些说明了仲景在伤寒论中对辨证施治所提供的既灵活而又严谨的精神。

应当明确，辨证施治绝不是症状治疗（或是对症治疗），后者在现代医学上的意义是与根本治疗（或是原因治疗）相对而言的，只是针对局部的，单个的症状和不爽（如咳嗽、失眠、头痛……等）进行治疗，其目的只是使患者在这一点上感到舒适，多半是作为一时的权宜之计，而不能企图治愈他的病。中医的辨证施治绝不是这种“头痛医头，脚痛医脚”的态度，而是“治病必求于本”的以治愈为目的的治疗。因而，我们可以这样来认识：中医的辨证施治是原因疗法和对症疗法的统一的治疗。

三、从《伤寒论》中看到辨证施治的特点

《伤寒论》是以辨证施治为基础的著作，它的特点可以简单的归纳成下面几点：

（1）不是特殊性的而是通用的，几乎所有的诊疗都可以而且应当采用它的精神。从小范围来说，伤寒的规律在杂病也不减少它的价值，伤寒的方药只要“证”对，同样也可以在杂病的治疗中获效，所以金匮要略的一百八十四方中，和伤寒论重复的就有三十九方。

（2）着重于匡扶正气，不是以消灭病因为目的，因此在辨证的过程中特别重视病人的整体情况，有否可以影响疾病进展和治疗的因素，如阴虚、血少、久虚等。这也就是中医整体观念的体现。

（3）着重实际而不空谈理论，理论可能会发生偏差，而经过实践反复考验过的诊疗实际是确切可信的。伤寒论上极少有理论，即使有几条，其文气多不雅驯，估计还是后人误入的多。如五十三条的“营气和者外不谐，以卫气不共营气谐和故尔”，和九十七条的“血弱气尽，腠理开邪气因入，与正气相搏，结于胁下，正邪纷争往来寒热，休作有时。默默不欲食，脏腑相连，其痛必下，邪高痛下，故使呕也。”都是极明显的成例。

（4）以脉证为主，不注重病名。各篇标题不单单是“辨某某病”而是辨它的“脉证”。以六经为例，每经有一条提纲以明大概（六经提纲并不完全正确，除太阳病和太阴病二条外，都嫌不够全面。），所以该条特别标明为“某某之为病”（如第一条，一百八十条，二百六十三条，二百七十三条，二百八十一条，三百二十六条），而其余的条文只简单的写“某某病”，这意味着六经的名字不过代表了“某某之为病”下面的脉证而已。再以“中风”“伤寒”为例，第二条属中风为桂枝汤证，第三条为麻黄汤证属伤寒，这似乎是应该严格的区别了。其实仲景并不斤斤于病名上，这两条的下边并不是说“此中风也”“此伤寒也”，而称“名为中风”“名为伤寒”，表示不要固执真有风、寒伤人的不同，姑且加它个名字而已。况且，三十八条虽称“太阳中风”而实际上所述的“脉浮紧，发热恶

寒身疼痛，不汗出”都是“伤寒”的脉证，又如九十六条和一百零一条都是混称风寒不加区别。

其他病名如藏结、蛔厥、脏厥、热入血室、血结膀胱等也都当以脉证为主，不能望名释义和凭空臆测。

（5）病有传变，转属和合病、并病的不同，症有主症、客症和正症、异症、坏症的区别，因此“证”的变化非常繁琐而多端。仲景在伤寒论中一再教导我们辨证施治的掌握应当灵机活用，而不能死搬教条，否则会陷入“无可治之病”的窘境。在方剂安排上决不是某“绝”病只可用某方，也不是某方只限用于某经，只要掌握主要的“证”，就可以大胆的用药处方，不必拘泥于脉证的不齐备或是不典型以致失去治疗上恰当的时期。如一百零一条就明白的标出“有柴胡证，但是一证便是，不必悉具。”此外，从脉证的取舍方面看，取舍之间大是灵活。伤寒论的体例见证为主，单纯的论脉，多半用以决定预后，一般的是以脉从证。在大多数情况下，脉和证都是相符的，尤其是在疾病刚开始的阶段。但是在辨证施治的时候，并不一定要求脉证的一致，而应灵活掌握。正如二十五条“服桂枝汤，大汗出脉洪大，与桂枝汤如前法”，这里的脉是属白虎汤证，由于只有表未解而汗出的桂枝汤证，而没有白虎汤的证，所以仍然给桂枝汤，这是舍脉从证。又如五十条“脉浮紧者法当身疼痛，宜以汗解之，假令尺中迟者不可发汗，何以知之以营气不足，血少故也。”这是舍证从脉，条文自明。（按：“尺中迟”即关后之尺脉有迟象，代表里虚。）姜春华先生以为脉有余而证不足则从证，证有余而脉不足则从脉，理由是有余常假，不足常真，可以作为参考。

四、辨证的基本原则

古人认为治疗当从本治，内经阴阳应象大论说：“治病必求于本”，神农本经名例说：“欲疗病，先察其源”，朱丹溪在“格致余论”里更引用了自然界的事理加以说明：“病之有本，犹草之有根也，去叶不去根，草犹在也。”但是，古人所谓的本、源，决不等于近代的病因学（Etiology），而是辨证上的本源，其实也就是以阴阳、表里、寒热、虚实等八纲作辨证的本源。

伤寒论里虽然没有对八纲加以专门的讨论，它只是个别地、零散地出现在字里行间，但它却是伤寒论的灵魂。依靠着八纲才有六经，才表现了辨证施治的精神。病人的一切表现，须经过八纲的处理，分真假、别主从，才成为正确的“证”，也就是和治疗紧紧结合的“证’。八纲之间变化千头万绪，容易使人辨错，一逆再逆以致误人性命，在辨证时疑似之间大是不容易辨认，比现代医学更困难，更须丰富的学识和经验。譬之一些炎性疾患，现代医学一律用青霉素，而中医都须按个别的病例，加以不同的思考。

为明确伤寒论的辨证方法，试以桂枝汤和麻黄汤为例，分四方面加以阐述。

（1）辨六经：麻桂二汤都是“太阳病”的主方，但是也可以应用到其他各经，尤以桂枝汤为然。因为“太阳病”象柯录所说的“只重在表证表脉”，所以小丹波说：“仲景治表只在麻桂二法。”“太阳病”之中，有汗属表虚，立桂枝汤，更有加葛、加桂、去芍、加附等以应变。无汗属表实，立麻黄汤，更有大小青龙、麻杏甘石汤等以应付内外寒热深浅的不同。因为都是麻桂二方的变方，所以也都是太阳方。

（2）辨脉证：汤证毕具的桂枝汤症以十二条和十三条为代表，所以方机说它治“头痛发热，汗出恶风者”麻黄汤以三十五条较完备，所以皇汗医学说它主治“喘而无汗，头痛，发热恶寒身体疼痛者”。其余的条，多年未涉及二汤的主证或且不毕具主证，如四十二条“脉浮弱者”，四十四条“外证未解”，五十七条“半日许复烦”（以上桂枝汤）和三十六条“太阳阳明合病，喘而胸满”，五十条“脉浮”（以上麻黄汤）等。

（3）辨八纲：

①辨阴阳：脉为浮、数，紧属阳脉，证也属阳证，如第七条所说“病有发热恶寒者，发于阳也”，故以为阳证无疑。

②辨表里：医学心悟说：“一病之表里全在发热与潮热，恶寒与恶热，头痛与腹痛，鼻塞与口燥，舌胎之有无，脉之浮沉以分之”，麻桂二方都和前者吻合，自属表证。况且，既辨明属“太阳病”，太阳为三阳之表，更知是表证了。

③辨寒热：从病理看，属表寒，从病的性质看又应属热证。实际上“表寒”是由寒邪客于肌表这个观念而来的，寒字并非确有所指，所以徐大椿以为属表热，他说：“热在表者为发热头痛”，这是他独特的见解之处，但按传统的观念，仍应属于表寒。

④辨虚实：既是表证，所以虚也是表虚，实也是表实。医学心悟说：“一病的虚实全在有汗与无汗”，这一句即指表证而言。麻桂二方在阴阳、表里、寒热三方面都是相同的，只在表虚与表实上可以分别，前者属桂枝汤，后者属麻黄汤。

（4）从药辨证：严格来说这不是辨证施治的方法。它虽然在临床上价值很少，但在钻研古书时有很大的用处。在研读伤寒论时，遇到条文中脉证不具备或具有疑问时，必须用这个方法加以互参。以麻黄汤为例，必系无汗的表实才用麻黄来开腠理而发其汗，以桂枝为佐其意更明。不用石膏知无里热，无附子知里不虚，用杏仁故知有喘。

以上就是辨证的大概。因为辨证是和施治紧紧相结合的，辨清证即可大胆用药，纵使大剂和峻药也无须顾虑。伤寒论对大承气的应用非常谨慎，在二百零八条述及大承气汤以前，预列以一百八十九条、一百九十一条、一百九十四条、一百九十五条、二百零四条、二百零五条，二百零六等条敦敦示喻，教人攻下须当小心，但在急下数条（第二百五十二到二百五十五条，三百二十条，三百二十二条等六条）却又多么快爽，这是辨证施治中胆欲大而心欲细的范例。

五、“病史”问题

《伤寒论》中没有现在史，过去史等的名称，但含有它的简单的内容，如病程日数，治疗经过，过去疾病和嗜好等。虽然如此，但个人认为这些问题在伤寒论中是极其次要的，意义不大，因为伤寒论里的辨证施治，主要是注重当前的“证”。譬如伤寒论里所述的“逆冷”的病史，在我个人的看法就有下列三点：

（1）许多“逆冷”的方法也许只有仲景时代还有人用，后世都已经唾弃不用，如冷水噀，火薰等。由于没有人应用，这种逆治史自然也随之而消失。

（2）“逆冷”的原因虽异，如造成的局面相同，则不管何逆，治法总是一样。相反的，如同一的逆冷，而发生的后果（见症）不同，治疗差别反非常大。如一百三十四条的结胸由误下，一百三十五条和一百三十六条则不由误下也成结胸，但治疗均用大陷胸汤。同是服桂枝汤大汗出后脉变洪大，而二十五条则仍用桂枝汤，二十六条则因转属阳明而用白虎加人参汤。又同为太阳误下，而处理就有不同。如十五条的“气上冲”（用桂枝汤）、二十一条的“脉促胸满”；（用桂枝去芍药汤）、三十四条的“利遂不止，喘而汗出”（用葛根黄芩黄连汤）……等。

（3）辨证施治的精神主要在辨清当前的“证”，不管经过何种逆冷，也不能动摇对“证”的治疗。如十六条虽有“知犯何逆，随证治之”之句，但不能就因而提高逆冷病史的价值，因为其上文尚有“观其脉证”四字，而且是“随证治之”而不是“随逆冷之”。

至于病程日期方面，对于辨证亦无如何重大的意义。因为病情可能迅速进展，也可能十数日停留于一经而不传变。仲景在伤寒论中只重见证而不固执传经的日期，如第五条所为“伤寒二、三日，阳明、少阳证不见者为不传也。”

六、小结

1. 辨证施治的精神倡始于《伤寒论》，成为中医的一种治疗体系。

2. “证”是以症状为基础，具有更广泛的内容，更深的涵义，并和治疗紧密的相结合。

3. 辨证施治是从整体观念出发，包括有症状治疗和原因治疗的意义。

4. 辨证施治是以阴阳、表里、寒热、虚实等八纲为基础。

5. 辨证施治是以见证为主，参以脉象，在运用之时必须灵活机动，病名和六经只是代号，病史关系不大。

[《福建中医药》1957，2（5）：9]

关于《伤寒论》“汗家重发汗，必恍惚心乱，小便已阴疼，宜禹余粮丸”条的讨论

张志民

《北京中医杂志》1957年第三期发表万友生同志的文章，对本条宜用禹余粮丸的注解，引证喻嘉言的说法，“宜于濇以固脱之外，大补阳气则当矣”，认为禹余粮丸方虽失传，但以禹余粮一药来看，已符合本条治宜濇以固脱的原则。

《浙江中医杂志》1957年第五期发表张挚甫同志的文章，介绍曹颖甫氏大胆把“宜禹余粮丸”改为“宜大承气汤”认为是一语发千古之秘，为历代医家所不及，并说成是给后学一个画龙点睛的宝贵经验。

读了这两篇文章后，引起我极大的注意。这是冰炭不相投的两种相反的解说和治法。是非之辨，真是失之毫厘，差以千里。为着在临床上逢到这种症候不致误治起见，实有深入研究的必要。

首先我觉得万同志的说法是比较普通的，历代注家都有相同的见解。如程应旄的伤寒后条辨说：“心主血、汗者心之液。平素多汗之家，心虚血少

可知。重发其汗，遂至心失所主，神恍惚而多忡憧之象。……”[1]。

钱璜的伤寒溯源集说：“恍惚者，心神摇荡而不能自持。心乱者，神虚意乱而不能自主也。阴疼者，气弱不利而茎中涩痛也”[1]。至于禹余粮丸有方名而缺药味。蔡正言的甦生的镜[1]拟有一方，其药名为：禹余粮一两、龙骨八钱、牡蛎五钱、铅丹六钱、茯苓六钱、人参五钱等六味药。周扬俊伤寒三注载王日休补禹余粮丸方：用禹余粮、赤石脂、生梓白皮、赤小豆四药[1]。这些都可供参考或斟酌试用。

曹颖甫先生主张改用大承气汤，确是他个人的创见。他不仅言之成理，且有真实验案，难怪张挚甫同志要竭力介绍。我也很佩服曹氏的卓见和他的真实验案，但有一些不同的看法，需要提出来，和大家讨论。

1. 这条条文是承伤寒论上面五条“咽喉干燥者”“淋家”“疮家”“衄家”“亡血家”等不可发汗等条文而来。所以这条条文的目的同样是在告诫读者：凡平素多汗的人（即“汗家”）是不可发汗的。曹颖甫将“汗家”误解作“阳明多汗”者，这是犯了割截前文、断章取义的毛病。曹氏又将“恍惚心乱”四字作“胃中燥热”的“谵语”解说，也是从这一错误基础发展起来的[2]。从伤寒论中上面几条原文紧接的读下来看：“汗家”是指平素多汗的人；“恍惚心乱”是虚症而不是实症；这是无疑问的。

从仲景在阳明病篇中论述“阳明多汗”者所用的文字笔法来看，也可推断此“汗家”二字不可作“阳明多汗”者解说。例如：伤寒论196条：“阳明病，法多汗，反无汗……”，203条：“阳明病，本自汗出，医更重发汗……”，208条：“阳明病，脉迟，虽汗出不恶寒者，其身……”，若汗多，微发热恶寒者，外未解也，……”213条：“阳明病，其人多汗，以津液外出，胃干燥……”，224条：“阳明病，汗出多而渴者，不可……”，233条：“阳明病，自汗出，若发汗，小便自利者……”，234条：“阳明病，脉迟，汗出多，微恶寒者，表未解也，可发汗……”，253条：“阳明病，发热汗多者，急下之……等条文，都是论叙阳明多汗者可汗不可汗的文章，文首多冠以“阳明病”字样，这可反证“汗家重发汗”条中的“汗家”不像是指“阳明多汗”者说的。

从临床经验来说，虚人误汗的结果，确有这种“恍惚心乱”的自觉症。如我自己会因感冒服汗剂过量，遇到如伤寒论所谓：“发汗过多，其人叉手自冒心，心下悸，欲得按者”的感觉，后来服桂枝汤加参附，这种感觉就没有了。这也足以说明“汗家重发汗”的“汗家”不是指“阳明多汗”说的。同时也可以说明“汗家重发汗，必恍惚心乱”这一节文字，和人体的病理机转是相符的。

2. 关于“小便已阴疼”，我以为有虚实两种。

我因用脑过度，常患失眠、心悸、性机能衰弱，小便频数而短涩的病症。尤其是在房事后次日，小便特别频数短涩，小便后，阴头部有一种涩痛感。这种症状，就是“小便已阴疼”属虚的一种。这种症状的病理和治法，和本条文所述的宜用禹余粮丸，基本上都相符合，没有矛盾。成无己说：“夺汗则无水，故小便已阴中疼”，钱璜说：“阴疼者，气弱不利，而茎中涩痛也”所谓“无水”和“气弱不利”都可引来作为上述所患病症的病理解说。金匮虚劳病篇“夫失精家，……阴头寒……天雄亦主之”[3]，也可以治此病。我没有服天雄散，但常服桂附八味丸，此种病症便见差减。禹余粮丸虽有方无药，但从方名来推论治法，和上述各项治法的原则相合。

曹颖甫氏主张用大承气汤治“小便已阴疼”，我认为是属实症的一种。曹氏说“小便短赤而阴疼，此为大承气的证”，据张挚甫同志文中所述，他的哥哥（即是现在上海长宁区第九联合诊所的张礼耕中医师）根据曹氏这句话的启发，辨证施治，用了大承气汤，获是良好的治效。我现在再补充张礼耕医师的二个医案如下。

第一案：“胡太太　1940.5.19。重庆。小便已阴疼，大便三日未通，此为热灼前阴，宜桃核承气汤下之。

桃仁四钱　大黄三钱　桂枝三钱　甘草三钱
芒硝三钱　赤白苓各四钱

注：服一剂后，大小便畅通，阴不疼。复诊续与原方，后未再来”。

第二案：“孔先生　1940. 12. 16。重庆。初诊：小腹两旁肿硬，小便已阴疼，此膀胱炎而尿道不通之症，宜清膀胱而利尿道为治。

桃仁四钱　生军二钱　桂枝三钱　甘草三钱
柴胡三钱　银花四钱　芒硝二钱后下　赤芍四钱　赤白苓各四钱　海金砂三钱

二诊，17日。昨进桃核承气汤，肿痛略减，惟大便未行，此为热结膀胱，宜原方加重再进，以拔病根。

桃仁四钱　生大黄三钱　桂枝三钱　甘草三钱
芒硝三钱后下　生苡仁四钱　木通三钱　川萆薢四钱　赤芍四钱　滑石四钱

注：药后，痉愈”（按上述两案之原方笺有当年重庆中药店的印戳，可供查阅。张医师把原方笺保存着，预备编医案用）。

以上两案都有“小便已阴疼”症，都是用桃核承气汤为主方而施治的。我想张医师一定是根据伤寒论中桃核承气汤证的条文：“……热结膀胱……但少腹急结者，乃可攻之，宜桃核承气汤”而用这一方子的。可惜两案所述的脉症颇为简单。如第一案只说：“小便已阴疼，大便三日未通，此为热灼前阴”。第二案则记述较详，如：“小腹两旁肿硬（作者按：即“少腹急结”），尿道不通”；如：“昨进桃核承气汤，肿痛略减，惟大便未行”等。所谓：“大便不通”“热灼前阴”“小腹两旁肿硬”“尿道不通”等，都是“实”的症状，中医所谓“不通则痛，通则不痛”，桃核承气汤中的大黄能通，芒硝能通而兼软坚，桃仁能破瘀行血……，所以服药后，大小便得“通”“小便已阴疼”也自去。这些原理和用法和曹颖甫氏用大承气汤的原理和用法相同。

3. 人民卫生出版社出版的中医诊疗要览，是日本有名的现代医学家兼汉方医学家大塚敬节氏等四人所著。该书用现代医学知识作解说、用仲景医方治病的实验为依据，为近代研究中医学的一本好书。书内分析一般患小便时或小便后阴部疼痛的病症，主要有淋病、膀胱结石，膀胱炎，前列腺炎和膀胱癌等病。该书论述上述各病各有其不同的病因和症状，但各病的汉医治法都有其通处，属实症的可在调胃承气汤、大小承气汤、桃核承气汤、大黄牡丹皮汤、大柴胡汤、龙胆泻肝汤等方剂选用之、属慢性的或虚症的可用桂附八味丸。此外也都可和五苓散、猪苓汤等方合用[4]。

该书述对“小便已阴疼”属急性的属实症的可以用大小承气汤、桃核承气汤等方剂，属慢性的属虚症的可以用桂附八味丸等，其所举的方剂，把志民所用的桂附八味丸、曹颖甫和张礼耕中医师所用的方剂等都已包括在内。其所论述的病因、症状、治法原则和加减方法，更为详尽。读此书后，使我们对于“小便已阴疼”确有虚实两种，对于伤寒论本条原文“与禹余粮丸”或“宜大承气汤”的两种说法各有其正确的一面的这些问题，能有更清楚的理解。使本文所作的论点，有更充分的支持和证实。真可谓“千古疑窦从此得解”。

总之，“小便已阴疼”之属虚属实，在临床时一定要从其他副症来辨识，主要有赖于中医学的实质精神——辨证论治。否则，一虚一实，如果误投，危在旦夕。

综上所述，我有这样几点感想：

1.《伤寒论》本条原文不误。程氏、钱氏、万氏等古今注解也不误。但他们仅仅说出“小便已阴疼”属虚的一面而没有说出也有属实的一面。根据曹、张两氏的实验和中医诊疗要览所说，“小便已阴疼”确有属实的一面。如果碰到此种实症，医者只凭平日读伤寒论所得，一律用补涩法治之，那将是何等可怕的事情？如果古今注伤寒论者都是千篇一律，没有曹颖甫氏这一条独特异议的启发性的注解，则病者死而无知，医者误治而亦无知，因袭下去，那真是此恨绵绵，曷有其极！因此，在这条伤寒论条文的注解中，应该重点地指出“小便已阴疼”也有用大承气汤的实症，同时应略述治验要点，使读者可更了然。

2. 我不知道类似曹颖甫氏这样注解的，古今曾有几人？如果只有曹氏一人此种注解，那么，曹氏对中国医学的贡献实在是太大了。曹氏怎会在人云亦云之中能独创一说呢？我确信曹氏是经方大家，他是从实际经验提高到理论的，至于其理论的不够透彻和不够全面，应该继续研究和更正。

3. 曹氏注解该条的方式是有缺点的。如前所述：他把“汗家”作“阳明多汗”解；把“恍惚心乱”作“谵语”解；评“历来注家，强作解人”；把伤寒论原文“与禹余粮丸”迳改为“宜大承气汤”；这些都与他自信心过强有关。我以为对伤寒论原文有疑问或错误处，以在注解中说明为妥。否则，如果古人都采用将经文直接改掉的方式，我们今天所见到的伤寒论将是体无完肤，面目全非的了。

4. 从这条条文的深入研究，这样截然相反的两种解说可以并存，而且各有其正确的一面。可见伤寒论这部书实在太难读了。任何偏信一家之言的做法，都会有很大的流弊。而在杂说纷纭的注解中整理出一个头绪来，更为研究祖国医学的最基本的要着。现在正是百家争鸣的时候，我感谢万友生张挚甫两同志所给我的启发，使我有这一些比较全面的体会。但文中所论各点是否正确，希望同志们加以补充和改正。

参考文献

伤寒论（来赵开美本）重庆中医学会编注：条文条数，都根据该书。

[1] 丹波元简. 伤寒论辑义第106页（皇汉医学. 读书第6册，世界版）.

[2] 曹颖甫. 曹氏伤寒发微. 卷二第3页. 1931，昌明医药学社版.

[3] 陆渊雷. 金匮要略今释. 卷二第82页. 1953，订正

六版.

[4] 唐正有译. 中医诊疗要览第100页，225－227页，人民卫生出版社.

[《广东中医》1957，(6)：5]

论温病学上的"营卫气血"和"三焦"及伤寒温病学派的分争问题

王新华

概 言

凡诸科举及一切事业的发展，必定有其渊源，医学乃是自然科学之一，又何独不然。史实告诉我们，温病学说是从伤寒论的基础上发展起来的，但有关温病的记载，最早见于内经，如素问生气通天论云："冬伤于寒，春必病温。"热论云："凡病伤寒而成温者，先夏至日为病温，后夏至日为病暑"。关于治疗方面并没有明确的列举方剂，仅提出了"其未满三日者可汗而已；其已满三日者可泄而已"的治疗法则。后至仲景伤寒论中不但记有温病之名，而且还叙述了症状，如"发热而渴，不恶寒者为温病；若发汗已，身灼热者，名曰风温。风温为病，脉阴阳俱浮，自汗出，身重，多睡眠，鼻息必鼾，语言难出……"。但在这些条文下并未立出方剂，当然在伤寒论一书中已有不少方剂可以治疗温病，较之内经是进展了，但总还是不完全的，后世医家有鉴于此，于是悉心钻研，一次又一次，随着历史环境和各方面的要求，而逐步地补充了温热病的理论和治疗方剂，所以说：伤寒论是在内经的基础上发展起来的；而温病学说又是继承了伤寒论而发展的。

温病学说自汉以降，由于伤寒论一书的启发，其后许多医家对这一问题，继续不断的研究，如晋王叔和编次伤寒论时，认为冬时严寒，触冒之，中而即病者，名为伤寒；不即病者，寒毒藏于肌肤，至春变为温病，至夏变为暑病，但仍属四时正气，此外尚有时行之气，乃非其时而有其气，是以一岁之中，长幼之病，多相类似，于是他把伤于寒而不即病者与感四时不正之气（时行之气）都列入温病范围。后来宋代的朱肱、金元时的刘河间、明代王安道等先贤们对于温病方面有了更进一步的认识，在温病学说的理论上，以及辨证论治、立法处方上都有了很大的贡献，他们能阐明经旨，发前人之未发，对后世温病学说的发展起了一定的推动作用。温病学说发展至清代为最盛时期，也可说是成熟时期，其中以叶天士、吴鞠通等人最负盛名，他们各自总结了历代各医家反复创造和实践的经验，结合自己的临床体会，在温病学说的立论及方剂方面，创造了历史上新的一页，编著成温病专书——"温热论""温病条辨"等，可算是蔚为大观。

叶天士综合了温病各家之说，结合自己丰富的临床经验，著成"温热论"、"临证指南"等书，立论以至处方已脱胎仲景而独树一帜，其以"卫气营血"来划分温热病的浅深阶段和治疗步骤，为中医学术上开辟了一条新的道路。据历史考证，此两书均非叶氏亲笔。"临床指南"为华岫云访辑其三年之医案而编成的；"温热论"乃顾景文氏所记录，唐刻有小引云："先生游于洞庭山，门人顾景文随之舟中，以当时所语信笔录记，一时未经修饰，是以许多拮屈，语亦稍乱，读者未免眩目，不揣冒昧，窃以语句稍为条达，前后少为移掇，惟使晦者明之，而先生立论之要旨，未敢稍更一字也"。后世有些所谓"伤寒学派"者，认为此两书非叶氏手笔，均无些微之价值，于是即加批判，不顾其真实意义，其实这种看法是片面的，因为此两书虽非叶氏亲笔，但其门人之记录整理，必然是根据叶氏对温热病的主张和其平日之临床经验，何尝不是叶氏之原意呢。

温病学说写成有系统之专书者，首推吴鞠通的温病条辨，他师承于叶氏，大胆创新温病学理论，分上中下三焦论证，其编写形式是仿效于仲景伤寒论，为文简要，立论新颖，其中论病233条，用药198方，制剂精密，以仲景伤寒论而变化，能神明于准绳之外，而不离乎规矩之中，确可辅翼伤寒论，故后人评为"大江南北，三时感冒，取典有凭焉"。可见当时推崇此书的盛况了。

上面已简单叙述了温病学说的源流，其在立论方面，"营卫气血"首创于叶天士；"三焦"首倡于吴鞠通，后人对此二说存在很多不同看法，爰将初步分析于下，但"营卫气血"和"三焦"之名称，最早见于内经，其义与温病学上之说又不尽同，要分析其中的异同点，必须追溯其根源，所以得首先从内经中有关"营卫气血"和"三焦"的意义作一简单的探讨，然后再予一一分析。

一、内经中"营卫气血"和"三焦"的意义

营卫：《灵枢·营卫生会篇》云："人受气于谷，谷入于胃，以传与肺，五脏六腑，皆以受气，其清者为营，浊者为卫，营在脉中，卫在脉外，营周不休，五十而复大会，阴阳相贯，如环无端"。

《灵枢·邪客篇》云："营气者，泌其津液，注之于脉，化以为血，以营四末，内注五脏六腑以应刻数焉；冲气者，出其悍气之慓疾，而先行于四末分肉皮肤之间，而不休者也"。素问痹论云："营者，水谷之精气也，和调于五藏，洒陈于六腑，乃能入于脉也，故循脉上下，贯五藏络六府也；卫者，水谷之悍气也，其气慓疾滑利，不能入于脉也，故循皮肤之中，分肉之间，熏于肓膜，散胸腹"。以上三节经文是说明了营卫生化之源及其生理功用，二者均来自饮食物，经过消化、吸收后而产生的，其行于脉管中的谓之"营"，循脉上下，内注五脏六腑，以供给全身各器官的营养；卫因慓疾滑利，不能入于脉，故循皮肤之中，分肉之间，熏于肓膜，散于胸腹，以施温分肉，司开合及卫外之功能，二者来源于一，分之为二，其功用亦因之而各别。

气血：内经中所记载的"气"，在各方面的含义是随处而异的，其应用范围亦极其广泛，不胜枚举，如人体的抵抗机能，称为"正气""阳气"；促使人体生长发育的原素，称为"肾气""精气"；正常的生理功能方面，如"气化则能出""血随气行"；变常的病理机制方面，如"气虚""脾气不运"；又如指呼吸的空气，如"肺生气"；指致病因子如"邪气"等等。关于"血"的记载也很多，如灵枢决气篇云："中焦受气取汁变化而赤，是为血"。这是说明了血液生成之源。素问五脏生成篇云："诸血者，皆属于心"。举痛论云："经脉流行不止，循环不休"。这是说明心为血液循环之原动力，并且血液的循环是周流不息，终而复始，没有一时停止的。又五藏生成篇对于血液的生理功用，叙述得很详细，如"肝受血而能视，足受血而能步，掌受血而能握，指受血而能摄"等等。

以上简单举出了内经中关于"营卫气血"的意义，但卫与气、营与血之间究竟有什么区别呢？近代各家的说法也不一致，有云"营卫"即等于"气血"，如唐容川云："营者血也；卫者气也。血守于内，如兵家之安营，故曰营；气御于外，如兵家之护卫，故曰卫"。恽铁樵氏亦将"卫气""营血"合在一起解释，如"此抵抗力所以保护躯体，故名之曰卫，卫不可见，故曰卫气，卫气何所附，曰附于营血，血之所至气亦至焉，血少即卫气弱，血无则卫气亦无，故不得血则无卫，此就卫气一方面言也，若就营血一方面言之，血之所以遇寒而不凝，过热而不沸，全赖有卫为之调节，故营卫二字并举"。笔者认为"卫与气""营与血"虽相似而实有范围大小之不同，盖气能统卫，血能统营，气较之卫范围为大，血较之营范围为大，卫仅是气中之一部分，营仅是血中之一部分，如说成是"营卫"即等于"气血"，余意认为欠妥。至于"营与卫""气与血"在人体的内外深浅部位，从内经中即可明显看出，营与卫两者之间，营在内，卫在外；气与血两者之间，气住外，血在内，这所谓"内外"，是两者的比较，相对而言，并不是两者之间绝对无关的，正如张景岳说；"虽卫至气而在外，然亦何尝无血；营至血而在内，然亦何尝无气，故营中未必无卫，卫中未必无营"。此四者界限深浅的排列，为后世叶氏引用于温病学说上之渊源所在。

三焦：内经中关于三焦之较颇多，如素问灵兰秘典论云："三焦者，决渎之官，水道出焉"。灵枢五癃津液别篇云："水谷皆入于口，其味行五，各注其海，津液各走其道，故三焦出气，以温肌肉，充皮肤而为其津，其流而不行者为液"。以上两节经文是说明"三焦"在人体之生理功能。又灵枢营卫生会篇云："上焦出于胃上口，并咽以上，贯膈而布胸中……；中焦亦并胃中，出上焦之后……；下焦者，别回肠，注于膀胱，而渗入焉。故水谷者，并居于胃中，成糟粕而俱下于大肠，而成下焦，渗而俱下"。又云："上焦如雾，中焦如沤，下焦如渎"。此节是将人体分为上中下三部来说明"三焦"在人体由上而下一贯联系的功能，其主要精神是说明三焦能够输送饮食物中之精华于全身各部，并且能通调水道，下至膀胱而排出体外。至于后世吴氏引用于温病学说上分为上中下三焦立论，内经即是其渊源所在。

二、温病学上运用"营卫气血"和"三焦"是辨证施治的纲领

营卫气血：温病举上所论之"营卫气血"，虽然典出内经，其义不尽相同，不过借用其名词而已，但其深浅次序的排列仍与内经之义相似，叶天士曰："大凡看法，卫之后方言气，营之后方言血"。这是他在临床中经过无数次的实践，把温病的发病过程，划分为"卫""气""营""血"四个阶段，作为辨别病证深浅的纲领，实为辨证施治的准绳。所谓"卫"是指热性病之初期，呼吸系症状为多；所谓"气"是指消化系症状为多，有因呼吸系症状见后而继见消化系症状者，因此称为"卫之后方言气"。所谓"营"是指热性病之中后期，脑神经症状为多；所谓"血"是属病之后期，神经系及循环系症状为多，有因高热先见神经系症状而后见循环症状，因此称为"营之后方言血"。此种归纳方法，是不断从临床症状中观察而创立出来的，兹就叶氏所论，简单分为辨证与治疗两方面来叙述：

辨证方面：①卫分症候——发热恶寒、头痛、无汗或有汗，或有咳嗽、口渴、倦怠等症。舌苔薄白，脉多浮数。如传入气分，则舌苔转黄，咳嗽、喘促，甚或鼻煽，胸痞背痛，发热较高而无恶寒现象。②气分症候——不恶寒但恶热、口渴欲饮、小便色黄、脉数苔黄，或有寒热往来、胸胁苦满、呕吐泛恶、心烦懊侬，或腹部胀满、大便秘结、潮热谵语，或胁热下利、小便闭涩等。③营分症候——舌质红绛、烦躁不眠、精神不安，入夜尤甚，或见斑疹隐隐，严重者有神昏谵语等症。④血分症候——舌色深绛或紫晦，外则皮肤透发斑疹，内则吐衄便血，大便色黑易解，少腹坚满而小便不利，昼静夜燥，谵语发狂，甚或有痉挛抽搐，昏厥不语等症。

治疗原则：凡外感温病，自表入里，其病理机制是由卫→气→营→血四个阶段，因各个阶段所表现的症候不同而治法亦因之而各异，如叶天士云："在卫汗之可也；到气方可清气；入营犹可透热转气；……入血就恐耗血动血，直须凉血散血"。章虚谷云："邪在卫分汗之，宜辛凉轻解；清气热不可寒滞，反使邪不外达而内闭，则病重矣，故虽入营犹可开达转出气分而解，倘不如此细辨施治，动手便错矣"。此为温病治疗之法。

邪在卫分，宜用辛凉解表，如葱豉桔梗汤、桑菊饮、银翘散之类；如卫分之邪不解，而传入气分者，则宜清气分之邪，如白虎汤、余氏新加白虎汤、加减承气汤之类；邪再传至营分，则宜清泄营热，如清营汤、安宫牛黄丸之类；最后邪达血分者，则宜清泄血热以及芳香开窍，如化斑汤，紫雪丹之类。以上仅举一般原则及其代表方剂。至于临床时，还是视其所表现之症状而灵活运用。

三焦：吴氏运用三焦之说来归类症状，假借三焦将人体分为三部，即所谓"三焦由上及下，亦由浅入深，须竖看"。上焦为手太阴、手厥阴之症候群；中焦为手足阳明之症候群；下焦为足少阴、足厥阴之症候群。还也是热性病过程中三个不同阶段的归类方法，上焦为温热病之初期至高热神昏阶段；中焦为病之极期，见高热、谵语、便秘阶段；下焦为病之晚期，因病势未衰或衰而正气已趋于虚弱阶段。如是的划分方法，亦为辨证施治的纲领。

辨证方面：①上焦证候——初起头痛、微恶风寒、身热自汗、口渴或不渴，或咳嗽、午后身热较甚，脉象不缓不紧而动数，尺肤热。病势进展，至但恶热而不恶寒、口渴欲饮、大汗面赤。脉洪大、舌苔黄。最后至气血两燔，或邪逆传心包，可见神昏谵语等症。②中焦症候——不恶寒但恶热，日晡益甚，面目俱赤，语声重浊，呼吸气粗，大便秘结，小便黄涩，舌苔老黄，甚或黑而有芒刺，脉浮洪躁，或有神昏谵语之候。③下焦症候——热邪久留，真阴欲竭，其症身热面赤，口干舌燥，心中震震，或舌强神昏，抽搐痉厥，舌绛苔少，脉沉数或细促等。

治疗原则：一般温病的过程，是由上焦→中焦→下焦，此谓之顺传，有因邪从肺而传至心包者，谓之逆传，其治疗法则，在上焦者，初起用辛凉轻剂，如桑菊饮、银翘散之类；邪入气分者用辛凉重剂，如白虎汤之类；病势再进展至气血两燔者，用玉女煎加减法；邪入心包者与清宫汤，牛黄丸之类。病邪进入中焦，清剂仍可用白虎汤之类；下剂有三承气以及加减法，随症选用；有神昏谵语者，牛黄丸、紫雪丹、至宝丹之类均可选用。病势进入下焦时，则大多采用扶正祛邪之法，如加减复脉汤、黄连阿胶汤，大小定风珠之类，以上所举也是主要代表方剂。

吴氏虽然把温热病程分为三个阶段，但其治疗方法之运用，并不为此划分而受限制，如上焦篇云："太阳温病，不可发汗，发汗而汗不出者，必发斑疹……，发疹者银翘散去豆豉加细生地、丹皮、大青叶，倍元参主之"（16条）。中焦篇云："阳明温病，下后疹续出者，银翘散去豆豉，加细生地、大青叶，元参、丹皮汤主之"（22条）。此两条原文，一在上焦，一在中焦，但其见症相同，而治法亦同，可见吴氏在临床采用之治疗法则仍是以辨证为主，并不是机械固定的。

三、《伤寒论》中的"六经"与温病学中的"营卫气血"和"三焦"的关系及其意义

仲景《伤寒论》总结了后汉以前的医学大成，发挥了理论指导实践和实践提高理论的桥梁作用，对疾病的病原特性与人体生理机能的相互影响，都有了充分的认识，掌握了一般症候出现的规律，于是便总结出了针对原因和调整机能的治疗大法。本书以六经为纲领，分为三阴三阳，把论中三百九十七法，作了系统的归类，使之条理化系统化了，以便于后学者易于掌握其规律，执其要领以指导实践。"六经"之说源出于内经，如素问热论中举出了六经形证，"伤寒一日，巨阳受之，故头项痛，腰脊强；二日阳明受之……故身热目疼而鼻干，不得卧也；三日少阳受之……故胸胁痛而耳聋；四日太阴受之……腹满而嗌干；五日少阴受之……故口燥舌干而渴；六日厥阴受之……故烦满而囊缩"，

此种一日太阳、二日阳明……之传变法，与伤寒论中之六经传变不同，而伤寒论中是假其名更加灵活具体了，加朱承汉说："六经是伤寒论采为论病用药的名词，是古代医家的术语，内经中也有六经，可是伤寒论之六经，与内经热论篇之六经，其立意大相径庭，因为内经的六经一日递传一经，是刻板的，伤寒论的六经是解释病症的经过，是变动的"。可见伤寒论六经之名，虽渊源于内经，而其义实与内经不尽相同，也是在原有基础上进一步发展的标志。

伤寒论中亦有关于"营卫气血"的记载，如"脉浮紧者，法当身疼痛，宜以汗解之，假令尺中迟者，不可发汗，何以知然，以营气不足血少故也"（50条）。"病常自汗出者，此为营气和，营气和者外不谐，以卫气不共营气谐和故尔，以营行脉中，卫行脉外，复发其汗，营卫和则愈，宜桂枝汤"（53条）。"病人藏无他病，时发热自汗出，而不愈者，此卫气不和也，先其时发汗则愈，宜桂枝汤"（54条）。"太阳病，发热汗出者，此为荣弱卫强，故使汗出，欲救邪风者，宜桂枝汤"（95条）。后世有些注家，认为太阳篇中麻黄汤证为寒伤营；桂枝汤证为风伤卫；大青龙汤证是风寒两伤营卫。关于"气血"的记载并不多见，仅仅只有"气滞""少气"，失血""蓄血""瘀血"等，这些都是因为病理变化而出现的异常微象，是本着内经的基本精神，从正常状态中发现的变常状态，和温病学上"营卫气血"的意义不同。

温病学上所说的："营卫气血"是将温热病程分为四个不同阶段，作为辨证治疗的纲领，这是从治疗实践中观察得来的，如见卫分症状，其用药与气分症状就不同，见营分症状，其用药与血分症状就不同，并因其兼见症而变通治法，而不是呆板固定的，因为温病见症，与六经病象不完全相同，所以不适宜六经作为施治纲领，故而假用内经"营卫气血"之名，其实际意义不但与内经上所说之生理变化不同，而且和伤寒论中所云之病理变化亦各异，因此，三者之间是不能作前后平行互解的。

三焦之说，虽由来已久，而在温病学上学术体系之成立，自吴鞠通著温病条辨始，才以此说作为分证论治的纲领，而吴氏看法又多宗叶氏，他从自己的临床经验中，掌握温热病的一般变化和发展规律，以三焦为经、卫气营血为纬，一经一纬，组成较为完整的温病辨证治疗规律，如近人沈仲圭说："鞠通仿伤寒论之体作而作温病条辨，以三焦为纲，病名为目，并于条文后，附以治疗方剂，其三焦犹伤寒论之六经也。近人对伤寒论六经之见解，认为是急性热病的六种不同的症候群，吾于鞠通之三焦，亦作如是观"。可见温病学上所云之"三焦"，仅取内经之名，其义与内经所述之生理功能不同，并且吴所云与叶氏所云"三焦"之意义又不相同，如温热论云："再论气病有不传血分，而邪留三焦，亦如伤寒中少阳病也，彼则和解表里之半，此则分消上下之势，随证变法。"又云："再论三焦不得从外解，必致成里结，里结于何在，阳明胃与肠也，亦须用下法，不可以气血之分，就不可下也"。此言"三焦"之义是说明病邪留连的部位，既不在表，又不在里，与伤寒论中少阳证之半表半里相同，其他地方虽有上焦、中焦、下焦之分，但在叶氏书中三焦之说还不是属于主要的。

综观以上所述，学术的发展必有其渊源，"六经""营卫气血""三焦"虽都典出内经，其意义则各不相同，伤寒论"六经"之意义，不同于内经所论之"六经"；温病学上"营卫气血"之意义，不同于内经、伤寒论中之"营卫气血"；温病学上"三焦"之意义不同于内经所论之"三焦"，而吴氏所云之"三焦"又不同于叶氏。总之，伤寒论之"六经"、温病学上之"营卫气血"和"三焦"，此三者均为热性病症候群的归纳方法，或者说是病程阶段的划分，其方法虽各不同——"六经"依六；"营卫气血"依四；"三焦"依三——但基本精神是初无二致的，因为辨证论治是中医学的特点之一，只有辨证明确，论治才能适当，所以三者归纳症候的最终目的——"辨证施治"是一致的，把这一问题搞清楚，过去所谓"论伤寒则依据六经，论温病则依据营卫气血和三焦"。好像人体对于伤寒和温病的感染，各有一种门路似的：以及有清以来经方时方各异派别的争论，这条截然分开的鸿沟，也就不填自平了。

四、伤寒与温病的区别

伤寒与温病，就广义来说：伤寒是指一切急性发热性疾病；温病是伤寒中的一部分。就狭义来说：温病与伤寒是相对待的，伤寒指发热恶寒、无汗、体痛、脉浮紧者，温病是指发热不恶寒、而渴、脉数者。伤寒论之"伤寒"是指广义的伤寒，麻黄汤证是指狭义之伤寒。伤寒论中包括了一部分温热病在内，但后世所发展的温病学说，已超过了伤寒论的范围，补充了仲景伤寒论中之不足。至于伤寒与温病的区别问题，从其广义的名称及病理来说，并没有区分的必要，因为二者都是急性热病的概括性名词，但从中医辨证用药的特点来看，二者之间，还有区分的必要，爰再作简单分述于下：

病原方面——伤寒感受寒邪（包括风邪），感而即发者；温病感受温热之邪而发者为新感温病，感受寒邪，伏于体内，郁久化热而后发者，为伏气温病。

感染途径——伤寒邪由肌表毛窍而入：温病邪由口鼻而入。

发病起点——伤寒始于足太阳经；温病始于手太阴经。

病理徵象——伤寒初起悉系寒邪见症，如恶寒（恶风）发热、无汗、口不渴、溲清、无内热、脉浮紧，迨发作之后，渐次化热内传，始见热象，但内无郁热之徵；温病初起发热、微恶寒或不恶寒。有汗或无汗、舌尖赤，内热、心烦口渴，脉数等。

治疗方面——在原则方面：伤寒汗不厌早，下不厌迟；温病汗不厌迟，下不厌早。并且伤寒须防误下；温病须防误汗。在临床上，伤寒初起，一般施用麻黄汤、桂枝汤之类；温病初起则用银翘散、桑菊饮之类，此辛温辛凉解表异。及至病情进展，高热不退，甚或大便秘结，伤寒与温病均谓之阳明症，使用白虎汤、承气汤之类，但伤寒的下法与温病有所不同，伤寒下其燥结；温病则下其郁热。伤寒里症常下，必待表症全罢，上焦有邪不可下；温病不论表邪罢与不罢，但兼里症即可下，若待邪结至中下二焦，则有下之不通而死者。伤寒一下即已，多不过三剂，不可常用；温病用下药至少三剂，有多至一二十剂者，至病退为度。在下剂的方剂方面，温病学派则在仲景承气汤的基础上进行了化裁，如导赤承气汤、增液承气汤、黄龙汤等，辨证投方细微严谨。如病邪稽留，至高热神昏、谵语，在温病学派中除单纯清热之剂外，尚有清热解毒，芳香开窍之法，如清宫汤、牛黄丸、至宝丹、紫雪丹之类：伤寒论除白虎汤、黄芩汤等清热之剂外，并无芳香开窍之剂。热病最易耗伤阴液，在伤寒论中只有黄连阿胶汤、猪肤汤之类；而温病学说对此特有贡献，列有加减复脉汤、大小定风珠、五汁饮、牛乳饮等方。热病有因下利不止，或汗出不收，由亡阴而趋向亡阳者，伤寒论有回阳救急之法，如四逆汤、通脉四逆汤、白通加尿猪胆汁汤等；在温病学中殊不多见。

总之，伤寒与温病之间的区别，重点在于病理徵候及治疗方法上，正如戴北山曰：“世之治伤寒者，每误以温热治之，而治温热者，又误以伤寒治之，此辨之不明也”。后世医家，面临着这一实际问题，感到完全拿伤寒方来治疗温病，不但不够要求而且有些不适宜，因此，有必须加以改进和补充的必要，上面所述这些不同的治法和方剂，正足以补仲景伤寒论之缺略，充实了热性病的治疗内容，例如石家庄治疗乙型脑炎的惊人效果，那还不是运用温病学说的理论和方剂治疗而获效的吗！但石家庄的经验拿到北京去应用而不能收效，结果仍根据中医一贯的所谓因时、因地、因人制宜的法则，采取了适当的措施，同样取得了良好的成绩，这一事实证明，温病学说的立论和方剂，并不是荒谬妄言，而是有其实际应用价值的，所谓温病和伤寒的区别，仅仅是辨证用药之间的不同而已，其所以不同，乃是与中医学的特点——辨证论治分不开的。

五、“温病学派”和“伤寒学派”分争之我见

温病和伤寒的分家，始自明代王安道，他将温病的名称和治法，以及发病机转都与伤寒截然分开，他对于温病的看法虽然同意刘河间的论断，但是刘河间主张“伤寒六经传变，皆是热症”，及其治法等还不出于伤寒论的范畴，并未另立门户，而王氏对温病又有了新的论断，如“温病不得混称伤寒，因伏热在内，虽见表证，唯以里证为多，法当清里热为主，佐以清表之法，亦有里清而表自解者”。又云：“且温亦有先见表证而后传里者，盖佛郁自内达外，热郁腠理，不得外泄，遂复还里而成可攻之证，非如伤寒从表而始也”。又云：“仲景立法天下后世之权衡……凡杂病之治，莫不可借也，今人因伤寒之法，可借治温暑，遂谓其法统为伤寒温暑设，吁！此非识流而昧源者欤”。从此可以看出王氏对于温病和伤寒的看法已趋向分化倾向，这就是所谓“伤寒方不可治温病”以及后世经方时学派分争的源头，当然，王氏对于温病学说创造和发挥是有其积极的一面，并且对于后世温病学说的发展也起了一定的作用，但他把狭义伤寒的眼光去看伤寒论，拘于伤寒论方不能治温病，这也是美中不足之处。

清代陆九芝是主张经方，力辟温热学说的代表人物，他认为时医不明白伤寒论的定名是广义的，温热病的治法都不出伤寒论外，他说：“温热之病为阳明证，证在伤寒论中，方亦不在伤寒论外，本不难辨”。照他这种说法，后世对于温病的理论和方剂的创造都是不必要的多事了，执伤寒方可以治万病，再不要向前发展了，殊不知伤寒论之中的方剂，虽有一部分确实可以治疗温热病，但如一切温热病完全依靠伤寒论中之方剂来治疗是不够圆满的，因为古代的知识是有一定限度的，汉代的用药范围还很狭小（仲景书中药只有80余种），所以后世药物逐渐的增多，以及疾病的变化和客观的要

求，促使医学的发展，这是必然之理，如果仅仅局限于伤寒论的内容，而不进一步钻研和创造，医术是不能发展和进步的，我们认为温病包含阳明病，而阳明病只能算温病中的一部分，如果说阳明病可以包含温病，那就错了。

陆九芝对于叶、吴二氏的立论多加以批判，如对于“温邪上受，首先犯肺，逆传心包”十二字，他说：“人病之热，惟胃为甚，胃热之甚，神为之昏，从来神昏之病，皆属胃家”。陆氏认为神昏皆由于胃热薰蒸，并非由于邪扰心包所致，事实上阳明热甚及邪扰心包所引起之神昏皆都是有的，如果认为神昏之症均由于阳明热甚引起，那就不妥当了，例如阳明腑症给与承气汤、阳明经症给与白虎汤，则神昏之症即减，但有不具阳明经症及腑症者，不可施用承气、白虎之类，而运用至宝丹、紫雪丹、牛黄丸等芳香开窍之剂，一服而神清病减，这就不属于阳明之热了，其实这个问题很简单，内经云：“心者君主之官，神明出焉”。“膻中者臣使之官，喜乐出焉”。盖心脏犹如君主，不能受邪，受邪则死。心包为之臣使以保护，凡受邪必先至心包，因而引起神昏之症，确有至理。又如现代诸贤认为古人所指之“心”，包括了解剖上的心脏和高级神经之功能，即李梴所谓“血肉之心”“神明之心”。凡急性热病之初起，往往带有呼吸系症状，这与“温邪上受，首先犯肺”之说颇合，但数日后因高热而引起神经症状，出现神昏、谵语等症，这就是所谓“逆传心包”，这种说法是非常科学的，是从临床实际观察得来的。当然，陆氏对于伤寒论的专研是有其独到之处，对古方的信仰坚定不移，这种精神是值得敬佩的，但他对温热学说抱着成见，持伤寒论之说以制止温病学说的盛行，殊不知这些论断实是缩小了治疗温病的范围，所以说陆氏这种看法是有些主观片面的。

伤寒与温病学派的分争，是近代中医学上聚讼的焦点，自清代陆九芝以后，更有一些医家，认为温病学说言论芜杂，尤其是叶氏的“营卫气血”和吴氏的“三焦”立论方面，大肆非诋，对叶、吴、王孟英三氏尤为痛恶，甚而称其为离经叛道者，今举数家之言论于下：

恽铁樵云：“王孟英、吴鞠通、叶天士之书，疵谬百出，若欲一一斜正，叠纸等身，其说不能尽，吾则以为是喧宾夺主，不暇为也，惟三人之谬说，流毒于天下已如此，苟不能有精切简明之方法，指示后来，则其黑幕总无从揭破，而流毒遂无有穷时”。又云：“余近年确知温病是手经病，然于温热经纬、温病条辨诸书则始终反对，凡温病条辨中所列方药，亦都不以为可，兹本内经与所得经验，说明十二经络之诊法，更列治愈与不治愈医案，证明温病条辨方药之非是，于其所未知，则付诸盖阙，不强不知以为知也”。——（温病明理）

徐衡之云：“仲景之伤寒论，既为吴鞠通、王孟英辈之著作为紫色夺朱之僭窃，则伤寒论为人所怀疑，在若有若无之列。伤寒既无，伤寒以上之书，更非所能读，则亦等于无，而所有者，乃仅仅温病条辨、叶案、温热经纬，持此三书，欲与西国科学挈矩较长，则此三书实无些微之价值，等于无而已”。——（温病明理序言）

谢诵穆云：“……此二十七家中，舍奇特不中于理，在温病学说思想上无甚影响者而外，其最可注意者，为王安道、叶天士、陆九芝三人，温病学说之剧变，王安道启其端，温病名实之淆乱，叶天士为祸首（虽不止天士一人，而天士之过最大——谢原注），处叶吴学说积威之下，作大举之驳击，则陆九芝殿其后”。又云：“温病问题，为近百年来争执之焦点，其学说之庞杂凌乱，足以眩人耳目，尤妙在叶、吴、孟英诸君，以内经、仲景之温病学说，与己之温病学说，搅混一起，如油入面，不可复别，而叶吴之学说，转以内经仲景为护符，吾着笔之初，发愿欲将此纠绕不清之问题，彻底解决，以内经仲景之温病，还之内经，仲景，以叶、吴、孟英之温病，还之叶，吴、孟英，抽茧剥蕉，逐层揭去，而叶、吴等之真面目，乃水落石出，而无从掩饰，然后其是非可得而评焉”。——（温病论衡）

可是，事实却与以上三家之言相反，如吴鞠通在温病条辨凡例中说：“是书虽为温病而投，实为羽翼伤寒，若真能识得伤寒，断不致疑麻桂之法不可用，若真能识得温病，断不致以辛温治伤寒之法治温病，伤寒自以仲景为祖，参诸家注述可也，温病当于是书中之辨似处究心焉”。又云：“是书之出实出于不得已，因世之医温病者，毫无尺度，人之死于温病者不可胜纪，无论先达后学有能择其弊窦，补其未备，瑭将感之如师资之恩”。“是书著眼处，全在认证无差，用药先后，缓急得宜，不求识证之真，而妄议药之可否，不可与言医也”。从这段记载看出吴氏对于仲景书是毫无成见的，不是有意要把伤寒温病分家，其著书动机实是为了补仲景之未备，以便符合于客观要求，并且谈到“全在认证无差”，这是最符合于仲景之旨的。再看叶天士在温热论中云：“辨营卫气血虽与伤寒同，若论治法则与伤寒大异也”。可见叶氏对于内经、伤寒同样很有研究的。他认为温病用营卫气血辨证与伤寒六经的意义是相同的，不过在治法方面，伤寒与温病肯定是有区别的。王孟英晚出于叶、吴二氏，他对于温病学说的看法非常客观，在温热经纬自序里说："兹雄不揣愚昧，以轩岐之文为经，叶吴诸家之辨为纬，纂为温热经纬五卷，其中注释择昔贤之善者而从之，间附管窥，为加雄按二字以别之"。可知王氏对于病温学说并无门户之见，其钻研是虚心而客观的，投罗各家之说，并作选择性的整理，编辑成书，流传于后世，确有一定的贡献。

以上恽，徐、谢三氏之言论，笔者认为有主观片面成分，抱着门户之见，来对待温病学说的。当然，叶、吴、王三家之书，不能说是尽善尽美，其中错误之处在所难免，但不能因此而全部抹煞他们的功绩，因为任何科学都是逐渐发展起来的，温病学说发展至清代，虽然说是成熟阶段，但拿现代的眼光来看，其中是存在着一些缺点的，即使今天的医学，谁敢说已经发展到了顶点，而不须再前进了。再从医学发展史来看，温病伤寒，内经统谓之热病，如素问热论篇云："今夫热病者，皆伤寒之类也"。又云："人之伤于寒者，则为病热"。此所谓"伤寒"是指热病的原因而言，所谓"热病"，即发热性疾病，也即西医所谓急性传染病。难经之"伤寒"则有广义和狭义两种，如"伤寒有五，有中风、有伤寒、有湿温、有热病，有温病"。仲景伤寒论乃分类叙述急性热病之症候群，以及治疗应用方剂之书；后世在温病之书，亦是如此，两者都是处理若干急性热病的辨证用药法则，此种法则，皆由历代医家的临床体会、经验之积累，而逐步完成的，因此，无论伤寒与温病，其治疗的主张与方剂，皆足为我们治疗急性热病时之参考，所以说清代出现的叶、吴、孟英诸医家，其对温热病的主张，确实具有进步性的，更可以肯定说，伤寒温病是不可分割的，经方时方的界限实际上原不存在，后世所以有伤寒温病学派的分争，实是没有了解医学发展的规律，过分推崇伤寒学说或温热学说的结果，各执偏见，以致造成许多文字上不必要的纠纷，如果从发展的眼光来看温病学说，则可以看出温病学说也是祖国医学发展中的伟大成就之一，但如果认为发展了温病即可以取消了伤寒，那是不对的；同样的如果看成温病学说是卑不足道，杀人多于救人，甚至称叶、吴诸家为祸首，一笔抹煞了温病学说的创造性和经验，而忽视其实际运用意义，也是错误的。

六、结　语

从上文的介绍，可以看出"营卫气血"和"三焦"在温病学上的价值以及其源流。伤寒与温病两者在学理上，表面上看起来似乎存在矛盾，例如伤寒言"六经"传变，温病言"营卫气血"和"三焦"传变，其实这不过是为着治疗法则所设的假说，我们不可固执地视为立论之间的矛盾。

从历史来看，祖国医学是一直不断在发展前进的，伤寒学派与温病学派之间的对立分争，在医学的发展上来说，是有着有利于学术向前推进的一面，但如认为永远必有派别之分，两者不可调和，各执门户主见，那就不妥当了，例如尤学周先生说："我们用新的眼光看来，虽然温病的论著，有许多地方脱不了伤寒窠臼，但是从伤寒进化到温病，可说是从经验中产生的成果，是中医界一种进步的趋势"。如果我们硬要妄分门户，把两者对立起来，那就犯了"见其小而未见其大"的错误，这种看法是主观片面的。

苏联大师巴甫洛夫指示我们说："实践要根据实践的资料"。我们中医实践的资料，当然要靠经验的药方，这些药方的成立，必然是经过了无数次的临床实践而来的，正如日人汤本求真氏说："中医就亿万人体研究所得之病理及其药能，历千锤百炼之后，完成结论，立为方剂"。方剂的运用是有理论来指导的，不是置方以待病，而是随证以处方，这就是中医辨证论治的特点，所以说：伤寒论中之"六经"，温病学上之"营卫气血"和"三焦"，均为辨证论治的纲领，并没有什么神妙，更无派别分争之必要，我们今天在党的正确领导下，对待祖国医学遵照党所指示的"系统学习、全面掌握、整理提高"的方针，如果各执偏见——只承认伤寒：或只承认温病——是不正确的，我们应该以科学的方法，理论与临床治疗实际相结合，来进行研究，而后才可批判地继承，因为伤寒和温病学说，都是先民劳动所得的成果，也就是现代宝贵的文化遗产，我等对待这份遗产，不宜随意诋毁，互相攻击，才能使这份宝贵的文化遗产，完整的继承下来，和将来更进一步地研究、发扬光大。

[《广东中医》1957，(6) 8]

温病和伤寒的鉴别

宋洛川　山东省中医进修学校

前　言

程应旄释仲景伤寒论"辨……脉证并治"一词说："非教人依吾论去医伤寒，乃是教人依吾论去辨伤寒。"这样看来，可以说全部中医学术，是以辨别脉证的法则为核心的，那么温热与伤寒之间，并没有什么不可统一的矛盾。据个人的经验，伤寒论的基本法则，是治温热病所必需的，但对温热病的具体证候和对证方药，确是简略，需要深入的学习温病学家的著作，提高治疗技术以期达到“临证轻奇，处方熨贴”的境地。仅就个人所见，把伤寒和温热两类热性病的发病情况，及如何认识，如何治疗，作简单概括的对比，供医界同人参考。这些对比，只是证候的对比，不是说两者有什么本质的对立。吴鞠通说：“是书（温病条辨）虽为温病而谈，实可羽翼伤寒。”确是平心之论。个人学习太差，希望医界同人指正。

温病和伤寒的区别

温病和伤寒，在祖国医学上，是热性病的两大类。张仲景在伤寒论的太阳上篇内，已经把温病的初步发病的症状，提出来和伤寒作鉴别，但是他没有明确的提出对温病的辨证论治，因此明清诸医家如吴又可、叶天士、吴鞠通氏，根据伤寒论辨证论治的法则，结合当时社会上常见到的热性病，补充了对温病的认证法及治疗法，这是他们继承祖国医学遗产的创造性的发明，而且对温病的辨证治疗，又收到一定的效果。

温病和伤寒，既然是两类热性病，那么这两类热性病，在病因上究竟有何不同呢？

内经生气通天论云：“冬伤于寒，春必病温。”（这是温热家认为“伏气”的根据）又云：“冬不藏精，春必病温。”（这是温热家认为温病伤阴的根据）热论又云：“凡病伤寒而成温者，先夏至日为温病，后夏至日为病暑。”王叔和有云：“伤于四时之气，皆能为病，以伤寒为毒者，以其最成杀厉之气也，中而即病者，名曰伤寒，不即病者，寒毒藏于肌肤，至春变为温病，至夏变为暑病……”。

以上这些说法，认为温病和伤寒，都是受气候影响，不过在人的体质上感受时期和发病时期上有所不同。

吴鞠通在温病条辨原病篇，论温病的发病，一方面根据内经及叔和的说法，驳斥了吴又可的“戾气”论；一方面说：“伤寒六经，由表入里，由浅及深，须横看。本论论三焦，由上及下，亦由浅及深，须竖看。”他又说：“温病由口鼻而入，伤寒由毛窍而入。”这说的是温病的发病途径和伤寒不同。

但吴氏又说：“伤寒阴邪也，阴盛伤人之阳也（人身防卫机能）。温病阳邪也，阳盛伤人之阴也（人身体液等）。他指出阴邪、阳邪，作为伤寒和温病发病的两个不同病因，这是从气候影响上又进了一步。我们若单纯追求阴邪、阳邪，在大自然内是两个什么存在，现时还找不到。但是他还有一段解释云：“天地与人之阴阳，一有所偏，即为病也；偏于火者，病温病热；偏于水者，病清病寒。”这段解释，阴邪、阳邪，就有了着落，就是说人身阴阳，本来是平衡的，倘与气候阴阳发生矛盾，邪气乘机而入。伤阳，则阳不足而阴盛，证候上表现的一切热型，都叫阴邪（伤寒病）；伤阴，则阴不足而阳盛，证候上表现的一切热型，都叫阳邪（温病）。

因此以上所说，温病和伤寒在病因上没有严格的区别，只是发病时期、感热途经、身体条件，和机体感受邪气所表现的反应形式等等的差异，因而才产生了不同的具体看法，和不同的治疗方剂。

温病和伤寒在治疗原则上的区别

伤寒既然是阴邪伤阳，因此六经病变，从太阳表证为首，在治法上自始至终以激发身体阳气为主（当然也有少数的益阴剂），如初期使用麻桂二汤的辛温剂以复表阳。及到三阴的极期，仍用辛温的四逆汤类，以救里阳。

温病既然是阳邪伤阴，因此三焦病变，从太阴上部为首，在治法上自始至终以顾全身体阴液为主（当然也有少数的潜阳剂），如初期使用银翘桑菊等辛凉剂，以顾全表阴，及到中下二焦，除太阴湿温略有燥药外，其余仍多重育阴剂如三甲复脉等以救阴。

温病三焦和卫气营血

温病的三焦和伤寒的六经，大体相同，它是温病过程中三期证候群的分类。吴鞠通云：“温病由口鼻而入，鼻气通乎肺，口气通乎胃，肺气逆传则为心包，上焦病不治，则传中焦，脾与胃也。中焦病不治，则传下焦，肝与肾也。”这是温病发展的三个时期和三个病变部位。

卫、气、营、血的名词，使用于温病，始自叶天士，他说：“卫之后方言气，营之后方言血，在卫汗之可也，到气才可清气，入营犹可透热转气，入血直须凉血散血。”他所指的卫气营血，并没指出是属于身体上哪些实质病变，乃是从温病病变的深浅程度上，规定原则疗法。究竟哪是卫、哪是气、哪是营、哪是血？章虚谷替他作了症状上的解释，云：“温病初感，发热而微恶寒者，邪在卫分。不恶寒而恶热，小便色黄，已入气分矣。若脉数舌绛，邪入营分。若舌深绛，烦扰不寐，或夜有谵语，已入血分矣。”

温病三焦各部的主要症状

上焦：包括手太阴肺，手厥阴心包。手太阴肺的主要症状是头痛微恶风寒，身热自汗，口渴，或不渴而咳，脉浮而动数，两寸独大。手厥阴心包的主要症状是舌色绛赤，夜寐不安，甚则神昏谵语，舌强肢厥。

中焦：包括阳明胃和太阳脾。阳明胃的主要症状是发热，不恶寒反恶热，日哺益甚，面目均赤，语声重浊，呼吸气粗，大便秘，小便涩，舌苔黄，甚则焦黑而起刺。太阴脾的主要症状是身热无力，午后较甚，体痛且重，胸满不肌，恶心欲呕，大便溏泻，舌苔腻而滑，脉搏缓等。

下焦：包括足厥阴肝，足少阴肾。厥阴肝的主要症状是厥热交替，热深厥深，心中憺憺，手指蠕动，甚则神倦瘈疭，舌卷囊缩等。少阴肾的主要症状是身热面赤，手足心热甚于手足背，口干舌操，甚则齿黑唇裂，心中烦不得卧，溲短赤涩等。

诊断温病的察舌法

察舌，是对热性病的诊断方法之一，对温病更加重要。根据叶氏、吴氏，在卫、气、营、血的范围内，从舌苔、舌色的变化上，了解疾病的深浅，有如下的察舌法：

1. 白苔。白苔主表，邪在卫分的表现，如邪气发展的气分，舌苔由白而转黄，若舌面发干，是津液已伤，若白黄而厚腻，是挟有湿浊，苔白舌绛，是湿遏热伏。

2. 黄苔。邪入气分，舌苔转黄，若再厚腻粗糙，兼有口渴、便秘、腹满、拒按等证，是邪入阳明，劫夺津液。

3. 黑苔，黑而燥裂，是热极阴伤，病已危险。若黑而滑润，是虚寒表现，也是危证。但须注意是否为某种食料所染。

4. 红舌、绛舌、紫舌，邪入营分，则舌色绛；邪入血分，则舌色深绛，舌尖绛而干，是心火上炎；如果满舌鲜红起刺，乃是营气热甚，红而干燥，是胃液已伤，红而无苔是阴虚火炎；若热毒深入厥阴，则舌现紫色，深入少阴也是紫色，是阴精灼竭，或素有瘀血，往往是血中毒的表现。

总而言之，察舌包括两方面的诊断意义：一方面是舌苔。无论是白、是黄、是黑，多属于消化系统的病理表现，简单说来，它是胃肠受病毒侵袭，一时失去消化能力，因而机体的自然机能，拒绝食物尽量摄入，以减低其消化量的一种神经作用表现的特殊象征。

另一方面是舌色：内经谓“心在窍为舌。”医学入门云“舌者心之苗”无论舌色是红是绛是紫，主要是循环系统的病理表现，临床上常见的血中毒及食物中毒，舌色多绛紫，因此温病的热极期即中毒期，可以从舌色上来看出，另外尚须结合其他诊断，不过在温病中舌诊占重要地位罢了。

伏　气

伏气，是温病学上的一种术语，它是从内经“冬伤于寒春必病温……”一节体会出来的，温热家又提出新感而与之相对应，意思是温病由内而发，初无表证的谓之伏气，这是表明在治疗时，当该和新感温病区别开来。若严格的说，伏气，该是热病的潜伏期，在发病前身体似应有某些表现。但是他们所说的伏气，都是从证候出现时才断定的。王孟英曾引用王清任语作过一段解释云：“伏气温病自里出表，舌润而无苔腻，但察其脉软而或弦或数，口未渴而心烦恶热，即宜投以清解营阴之药。”这很显明伏气的说法，是证候出现以后的推测，是为了与新感相区别对待。

温病种类及其原则治法

吴鞠通温病条辨，包括的病类：共有九种：就是风温、温热、温疫、温毒、暑温、湿温、秋燥、冬温，温疟，他把这九种温病，分属于上中下三焦证候群内，分别表里虚实、轻重深浅，灵活的来交互使用方剂，他所掌握的方法，有如下几种：

疏表法——以银翘散桑菊饮为主要方剂

清气法——以白虎汤类为主要方剂

泻下注——以大小承气调胃承气汤为主要方剂

消营凉血法——以清营汤犀角地黄汤等为主要方剂

芳香透窍法——以牛黄丸紫雪丹至宝丹等为主要方剂

潜阳熄风法——以大小定风珠及三甲复脉汤为主要方剂

滋阴法——以麦门冬汤增液汤为主要方剂

化湿法——主要用于暑温内的寒湿及湿温，以藿朴夏苓汤，半苓汤为主要方剂，其他如清络育阴等包括在表里之间。

以上这些疗法，主要是清热解毒以救体阴，并且带有直接消除毒素的性质，这比伤寒是以发挥身体抵抗力来排除毒素的疗法，的确是一种新的发明。我们在临床上，把两者结合起来辨证施治，还是必要的。

结束语

总以上所说，就是温病和伤寒的大体区别，及对温病辨证论治的大概情况。古人限于一切条件，不能象现代医学，按病原分类：只能认识到大自然的六气——风、寒、暑、湿、燥、火，为热性病发病的条件，而人身阴阳气血的不调，才是热性病发病的根据。因此，从整个机体的异常表现上，以证分类，以类分治，认证的特点，总不离开阴阳寒热表里虚实的八纲体系。若强欲要求把这两类热性病的每一方剂，固定在现代的某一种热性病上，那就失去中医中药的临床价值。近年来广大中医界运用温病辨证论治的方法，治疗乙型脑炎的伟大成就，便是一个实际例子。

[《山东医刊》1957，(6)：1]

对《伤寒论》“桂枝去桂加茯苓白术汤”之研讨

吴考槃

（一）原文

服桂枝汤，或下之，仍头项强痛，翕翕发热，无汗，心下满微痛，小便不利者，桂枝去桂加茯苓白术汤主之。

（二）诸家疏义

(1) 成无己《注解伤寒论》曰：桂枝汤以解外，加茯苓白术，利小便，行留饮。

(2) 钱潢《伤寒溯源集》曰：治之以桂枝去桂加茯苓白术汤，未详其义，恐是后人传写之误，亦未可知也，即或用之，恐亦未必能效也，仲景之法，岂方不对证，而能为后世训乎，余窃疑之，大约是历年久远，后人舛误所致，非仲景本来所系原方。

(3) 徐大椿《伤寒论类方》曰：凡方中有加减法，皆佐使之药，若去其君药，则另立方名，今去桂枝，而仍以桂枝为名，所不可解；殆以此方虽去桂枝，而意仍不离乎桂枝也。

(4)《医宗金鉴·伤寒论注》曰：去桂当是去芍药，此方去桂，将何以治仍头项强痛，翕翕发热，无汗之表乎，当改之。

(5) 陈蔚《长沙方歌括》曰：经方分两轻重，变化难言，有方中以分两最重为君者，如小柴胡汤，柴胡八两，余药各三两是也，有一方各味等分者，如猪苓汤各味俱一两，而以猪苓为君者是也，有方中数味平用者，如桂枝汤，桂枝芍药生姜各三两，而以桂枝为君是也，有方中分两甚少而得力者，如甘草附子汤中为使之桂枝四两，而所君之甘草，只二两是也，又如炙甘草汤为使之地黄一斤，而所君之炙甘草，只四两是也，然此虽轻重莫测，而方中有是药，而后主是名，未有去其药，而仍主是名者，主其名，即所以主其功，如此证头项强痛，翕翕发热，为太阳桂枝证仍在，因其误治，遂变其解肌之法而为利水，水利则满减热除，而头项强痛亦愈，主方在无药之处，则神乎其技矣。

(6) 丹波元简《伤寒论辑义》曰：成注不及去桂之义，但云桂枝汤以解外，则成注所本，无‘去桂’二字乎，若不去桂，而用此方于此证，或有效验，王肯堂以降，多谓是水饮所致，然无的据，金鉴则依桂枝去芍药之例，谓去芍药之误，其说亦难从。

(7) 恽铁《樵伤寒论辑义》按曰：此条可疑，桂枝汤以桂枝为君，今去其桂，不词实甚，且无类是之文，可为佐证，全部伤寒论，有麻黄汤去麻黄，附子汤去附子，芍药甘草汤去芍药甘草乎。

（三）本人意见

本方去桂，以治头项强痛，翕翕发热无汗之证，又方中有是药，而后主是名，诚是诸家所云；不过诸家未能悟及伤寒论前后文法比例对子，终是未达一间，盖伤寒论中一百一十三方，引用之多，莫过于桂枝，而加减之多，亦莫过于桂枝，则桂枝汤方，为伤寒论群方之冠，不言而谕，桂枝汤既为群方之冠，是以著者特于桂枝汤加减之法，不厌其详，如桂麻各半，桂枝二麻黄一，桂枝二越婢一汤等法，示人灵活运用外，复于本方举其例子，而为群方一隅三反，一定章则。今特释其例云：凡方云加减者，其例有二：一为全加其药，全去其药；一为加重其量，减轻其量。全加其药，全去其药，即以桂枝汤中芍药为例，如桂枝加芍药汤，于桂枝汤原方加芍药三两，桂枝去芍药汤，即于桂枝汤原方全去芍药三两是。加重其量，减轻其量，即以桂枝汤原方桂枝为例，如桂枝加桂汤，于桂枝汤原方加桂枝二两，桂枝去桂，即于桂枝汤原方去桂二两是。诸家未知伤寒论前后文字遥遥相对之理，是以不能见到桂枝去桂加茯苓白术汤，乃减去本方桂枝二两，尚存桂枝一两在内之微言谀旨，因而不能解释桂枝去桂加茯苓白术汤，既可以治头项强痛，翕翕发热无汗，又可以治心下满微痛、小便不利等症。芍药不忌心下满悸等症，小青龙汤与真武汤，都有明文。去桂去芍，言人人殊，莫衷一是，而终无结论也，此为本人一得之见，还望同道正之。

[《上海中医药杂志》1957，(6)：42]

论《素问·热论》与仲景《伤寒论》六经主证的异同

陆鸿元　上海中医学院

（一）对素问热论热病的认识

《素问·热论》说："人之伤于寒也，则为病热。"又说："其死皆以六、七日之间。"可以推知"热病"是属于急性发热的病证。

关于热病（以及温病）等与伤寒之间的关系，在伤寒论中提出："今夫热病者，皆伤寒之类也。"从这里不难看出，"热病"这个概念是被包括在广义的"伤寒"概念之中。如难经五十八难说："伤寒有五：有中风，有伤寒，有湿温，有热病，有温病。"前者所谓"伤寒"是广义的伤寒，后者与热病（温病）并列的"伤寒"，是狭义的伤寒。广义的伤寒包括多种热性病，狭义的伤寒则指一般触冒风寒邪气而言。根据同理推论，伤寒（狭义的）是古人根据病因而定出的概念性名词，热病（温病）等则是根据症状而定出的概念性名词。正如明王履在医经溯洄集中所说："且如伤寒，此以病因而为名者也；温病、热病，此以天时与病形而为病名者也。"在我国，从素问成书年代至汉晋时期（公元前5世纪至公元后4世纪），对于一般热性病都称为"伤寒"。晋葛洪肘后备急要方云："伤寒、时行、温疫，三者同一名耳，而源本小异……又贵胜雅言，总名伤寒；世俗因号为时行。"唐孙思邈千金方引"小品"也有相同的记载。从以上引证，可知古人对于热病（以及温病）等与伤寒之间的关系和认识，所谓"贵胜雅言"，就是统治阶级和大知识分子的语言，而劳动人民通常把它叫作"时行"。

我们上面提出"热病"的概念被包括在广义的"伤寒"概念之中，是就其范围大小而言，就是说，"热病"的范围较小而"伤寒"（广义的）的范围较大。这里既不能认为是甲和乙的同一关系，也不能认为是一种从属关系，而是个别与全部的关系。如上所述，在"伤寒"这个一般性较大的概念中包括着"热病"这个一般性较小的概念。不用说，它们之间，既有一定的联系，也有一定的差异。有些人混淆了这几种关系，以致争论纷纭，莫衷一是。

热病和时令的关系：古人认为致病的因素有内因、外因和不内外因，其中所谓外因就是人体感受风、寒、暑、湿、燥、火的六淫邪气。同时认为病者机体由于寒暑递相变化而可能产生不同的病变。所以热论说："凡病伤寒而成温者，先夏至为病温，后夏至为病暑。"晋王叔和编次伤寒例云："中而即病者名为伤寒，不即病者，寒毒藏于肌肤，至春变为温病，至夏变为暑病。暑病者，热极重于温也。"（这里所谓伤寒是狭义的。）自此后世遂有所谓伏气新感的说法。清徐灵胎在难经经释五十八难按语中，认为张仲景伤寒论中之"暍"（暑邪）就是热论的"热病"，这与王叔和所说"暑病者，热极重于温也"的见解是一致的。热论对于温病、暑病和时令的关系的认识，并不与王叔和所说的情形一样。热论认为寒邪伤人而成温病。暑病，从时令上说，则有夏至前后感受时间的不同，从具体症状说，则有热之微甚的分别。王叔和所谓"寒毒藏于肌肤，至春夏发为温病或暑病"，可能是根据素问生气通天论"冬伤于寒，春必温病"伏邪晚发的理论演绎而来的。应该如何正确理解这些问题呢？古人认为发病机制与时令密切相关，这有其一定的道理。在素问六节藏象论提出候（五日为一候）、气（三候为一气）、时（六气为一时）、岁（四时为一岁）和所谓"非其时则微，当其时则甚。"说明人们在各个时令中，随时可能感触不同的六淫邪气，但是我们在对具体症状观察中，也不要拘执时令，如同有些人所说"冬日无温病，夏日无伤寒"的那样，而要根据患者表现的具体症状加以判断。基于这个道理，对于热病所包括的病证也要看得灵活，不必局限地从暑病上去认识它，它究竟是一个根据症状而给予的概念性名词，也就包括了若干急性发热的病证。

热病的病理机转：热论提出了两个方面的论点：一方面是"人之伤于寒也，则为病热"，一方面是"其两成于寒者，必不死于死矣。"尤以"两感于寒"，前人阐述很多。我想试引苏联高等医药院校病理生理学教科书"论发热"的一段话来解释以上的病理机转。原文说："由于发热足以反映出患者机体反应能力的程度，所以能很好地说明机体在和感染进行斗争时的状态。但是绝不可根据这一点而断言，在任何病例内，发热都是感染过程发展中的有利表现。体温的过度升高和骤然降低，也能给机体以有害的影响。"从这里可知"热虽盛不死"，是由于发热可说明机体反应能力的程度，也就是通常所谓正气抗病的趋势。至于"两感于寒"，根据热论所描写的症状来看："病一日，则巨阳与少阴俱病，则头痛口干而烦满；二日，则阳明与太阴俱病，则腹满身热，不欲食，谵言。"说明其病一开始即呈现"体温过度升高"的阳性症状；"三日，则少阳与厥阴俱病，则耳聋囊缩而厥（可以理解为手足厥冷，从下文“营卫不行“句推知)，水浆不入，不知人。”说明继高热之后出现“体温骤然降低”的阴性症状。由于病情变化迅速，所以死亡率也较高。由此可见，古人在观察每一具体病例中，也估计到发热经过的特性及其对机体的作用。

（二）《素问·热论》是张仲景《伤寒论》的基础

《素问·热论》虽然简略而不全面，但对后来的伤寒病学却起了很大的影响。汉代大医家张仲景基于素问的理论，对热论的内容大大地加以补充和发展，立下“辨证论治”的法则，为后来医家所宗法。清柯韵伯在其伤寒论翼一书中，认为伤寒论是内伤外感无所不包，可谓推崇备至。伤寒论既撰用素问而作，因而在若干论点上，也自有其相同之处。例如：六经类目及其排列次序便是与热论一致的（当然还包括其他方面，于后面讨论），可是伤寒论的范围较之热论更大大地扩充了。热论中所讨论的“热病”对于伤寒（广义的）是一般性较小的概念；而伤寒论中所讨论的“伤寒”对于“热病”说来，却是一般性较大的概念，也就是所谓广义的伤寒。热论与伤寒论的基本区别，在于“素问谓人伤于寒则为病热者，言常而不言变也；仲景谓或热或寒而不一者，备常与变而弗遗也。”（明王履医经溯洄集）任何疾病都有“常”和“变”，认识到病之“常”，只是对于疾病片面的、现象的、外部联系的认识；认识到疾病之“变”，则较之认识疾病之“常”推进了一大步，是对于疾病全面的、本质的、内部联系的认识。所以热论只能在对疾病现象的观察中提出“未满三日者，可汗而已；已满三日者，可泄而已”的原则性治疗方法。而伤寒论由于从临床出发，从疾病本质上去探讨，因而掌握了疾病发展的规律，提出了可汗、不可汗，可下、不可下，急当攻表，急当救里……等等具体而灵活的治疗方法。为什么热论和伤寒论会有这样的区别呢？因为素问热论的作者，还仅是对热性病获得初步的认识，“人们还不能造成深刻的概念，作出合乎论理（即合乎逻辑）的结论。”（毛泽东选集）但张仲景著作伤寒论通过实践把素问的理论进一步加以发展，当然有所不同。

柯韵伯说：“热病之六经，专主经脉为病，但有表里之实热，并无表里之虚寒，虽因于伤寒，已变成热病，故竟称热病。……仲景之六经，……虽以脉为经纪，凡风寒湿热，内伤外感，自表及里，热寒虚实，无所不包，而总名伤寒杂病论。”这里既概述了热论与伤寒论内容的主要区别，也说明了伤寒论详尽而具体，足补热论之所未备。

1.《热论》与《伤寒论》六经主证的比较

《热论》与《伤寒论》六经主证的特点有三方面：第一，阳经和阴经所代表的部位和症状不尽相同；第二，同经主证不尽相同；第三，因证论理的方法不同。兹将两论关于六经主证列表比较并进行讨论。（见下）

	太阳	阳明	少阳	太阴	少阴	厥阴	
素问热论	经　脉	其脉连于风府……	其脉侠鼻络于目……	其脉循胁络于耳……	其脉布胃中络于嗌……	其脉贯肾络于肺，紧舌本……	其脉循阴器而络于肝……
	证　状	头项痛，腰脊强。	身热，目眩，鼻干，不得卧。	胸胁痛，耳聋。	腹满，嗌干。	口燥舌干而渴	烦满，囊缩。
	治　法	未满三日者，可汗而已。		可泄而已。	已满三日者，		
仲景伤寒论	证　状	发热恶寒，有汗或无汗，……	不恶寒，反恶热，汗出烦渴，燥实坚满，…	往来寒热，胸胁苦满，心烦喜呕，……	腹满而吐利属于虚寒者，……	脉微细，但欲寐（无热恶寒，四肢厥逆），……	发热若干日，厥冷若干日，或消渴，或吐蛔，或下利。……
	治法	汗	下，清	和解	温补	温补	温凉兼施

从附表可以看出热论和伤寒论六经类目和排列次序是完全相同的——太阳、阳明、少阳、太阴、少阴、厥阴。现在从三个方面就两论六经主证加以比较：

（甲）从六经谈到主证的不同

素问热论的六经与灵枢经脉篇讨论十二经脉的理论是有联系的。灵枢以经脉为依据推论到病证，既论及手六经的病证，也论及足六经的病证。素问刺热论、刺疟论诸篇也以手六经和足六经为依据来讨论针刺的方法。而热论篇在讨论病理时，仅以足六经来说明，而未涉及手六经，后人因有伤寒六经，“传足不传手”的说法，这是误解了热论的本意。热论之所以仅仅引用足六经，是从经脉循行路线而考虑的，因为从足六经来说，“足之三阳，从头走足；足之三阴，从足走腹。”实际上足六经已经循行了周身上、下、左、右、前、后，而手六经仅仅循行于躯干的上部分，“手之三阴，从藏走手；手之三阳，从手走头。”经脉手足六经，本来是彼此衔接，环周不休的，因而提出了足六经，同时意味着包括手六经在内，自不待言（略取清薛生白著医经原旨大意）。上述刺热论也没有仅仅提出足六经来讨论刺法，互为印证；可以说明热论提出足六经，是因为讨论热病的病理而推原到经脉方面，而不是对于手足六经畸重畸轻。伤寒论以各个不同类型的证群统属于和热论类目相同的六经中，而以“平脉辨证”为中心，其解释病理，不以经脉为主，而以“阴、阳、表、里、虚、实、寒、热”作为纲领性的说明。这就显出它与热论不同的特点。清程应旄说：“素问之六经，是一病共具之六经，仲景之六经，是异病分布之六经；素问之六经，是因热病而原及六经，仲景之六经，是设六经而该尽众病。”我深深体会到：素问热论“因热病而原及六经”的推理方法，比起从经脉而推论病证有了进步；张仲景伤寒论“设六经而该尽众病”的推理方法，从祖国医学发展的历史来看，还是合乎论理（逻辑）的规律性，较之热论，则又前进了一大步。

（乙）从表里虚实寒热说到主证的不同

素问热论光讲热性症状，也偏重于表证、实证，即三阴经证也属于阳性的症状。例如：少阴经病“口燥舌干而渴”，仍是阳性症状的表现。张仲景伤寒论既以六经统属各种不同类型的证群，同时也标明了表、里、虚、实、寒、热的界限。凡病证属表、属热、属实，都统属于三阳经（阳性症状）；病证属里、属寒、属虚，都统属于三阴经（阴性症状）。必须了解，这里不是绝对的划分界限，而是给我们关于阳经和阴经症状总的概念。在所谓三阳经证中，有表、有里，也有半表半里，有热也有寒；在所谓三阴经证中，也有浅有深，有寒也有热。说明病证发展变化的多样性质。如柯韵伯在其伤寒论翼中，认为“太阳为开，故以之主表；阳明为阖，故以之主里；少阳为枢，少阴亦为枢，故皆有半表半里证。少阳为阳枢，归重在半表；少阴为阴枢，归重在半里。阳明主里，三阴亦皆主里，而阴阳异位，故所主各不同。又太阴为开，为阴中之至阴；厥阴为阖，为阴中之阳。”（节要）柯氏根据素问阴阳离合论三阴三阳主开、主阖、主枢的理论，除将六经具体分析为主开、主阖、主枢外，又有阳枢、阴枢、归重半表、归重半里等等说法。一言以蔽之，是从六经阴阳异位和浅深程度而推论伤寒病的病理机转。

（丙）热论和伤寒论主证异同的分析

上面讨论热论和伤寒论主证之所以有不同的两个主要论点，现在就两论某些主证的异同加以分析。热论和伤寒论在三阳经主证有同有异，而在三阴经则互异，热论有热而无寒，伤寒论有寒、有热，也有寒热错杂之证。所以程应旄有“类而不类，不类而类”的见解。兹根据程氏伤寒后条辨论热病和伤寒论主证之异同的大意列表如下：

六经		同	异
太阳	热论	头项痛，腰脊强。	不恶寒
	伤寒论		恶寒
阳明	热论	身热，目痛，鼻干，不得卧。	不入胃（肠胃）
	伤寒论		入胃
少阳	热论	胸胁痛而耳聋	有半里之热，无半表之寒。
	伤寒论		往来寒热。
太阴	热论	－－－－	腹满嗌干
	伤寒论		腹满吐利，食不下
少阴	热论	－－－－	口燥舌干而渴（有类伤寒论少阴篇趺阳证）
	伤寒论		脉微细但欲寐（无热恶寒四肢厥逆）
厥阴	热论	－－－－	烦满囊缩（伤寒或有之）
	伤寒论		食不下，食即吐蛔

2.《热论》与《伤寒论》传经方式的比较

《热论》有“伤寒一日，巨阳（太阳）受之……二日，阳明受之……三日，少阳受之……”的记载，便是后世传经之说的起源。可是热论却未明确提出“传经”的名称，自宋朱肱活人书以后，乃成定名了。刘草窗、张子和等根据热论提出“伤寒六经传足不传手，与手经无涉”的说法，这是片面的见解；明张景岳、陶华等对之作了修正，认为传经是包括手足六经而言（其理曰已如上述）。清张令韶又标出所谓“气传”的名目，他说：“六经以次递传，周而复始，一定不移，此经气之传，而非病邪之传也。”不过很少人同意他这种见解。我们现在一般理解为“疾病的进行，证候群的变换。”（不仅适用于伤寒论的传经，热论的传经，有时也可理解为疾病的进行，其义详后。）

“传经”的名词，乍看起来，似乎不很习惯，但确是古人临床上长期观察所得出的概念。现代医学对于传染病往往估计其潜伏期及其病程，古人同样根据临床上积累的经验，对各种类型的疾病及其进度，依其最大可能性假设了一定的日程，这与现代医学具有相同的目的，就是求得有利于在临床上辨认和诊断的病理现象。

（甲）《热论》与《伤寒论》传经方式的基本特点

《素问·热论》对于《灵枢经·脉篇》来说，虽从以经脉为主归纳疾病而转移到以病证为主推论到经脉，但究竟脱离不了以经脉论述病证为中心这个范畴，因而所讨论的传经方式，自然也以经脉为主要内容。伤寒论以“辨证论治”为理论中心，这就在很大程度上不为经脉学说所限制，因而它所讨论传经的方式，自然随着疾病的进行和证群的变换而决定，没有呆板的公式。

（乙）《热论》与《伤寒论》传经的次序

热论传经的次序比较简单而朴素，伤寒论传经次序能反映现实，并具有很大的灵活性。试比较如下：

《热论》：

太阳→阳明→少阳→太阴→少阴→厥阴伤寒论：

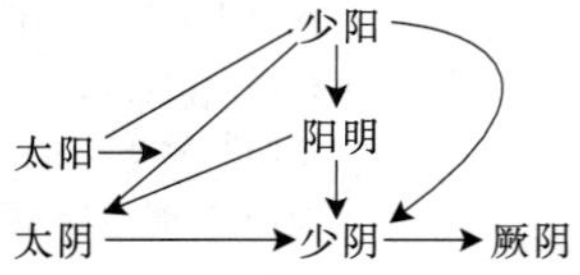

在理论上又有所谓正传（如太阳传阳明）、越经传（如太阳传少阳）及合病、并病云云，历来见解也互有出入，这里暂不讨论。

（丙）《热论》与《伤寒论》的传经日数

《热论》的传经日数，一般说是一日传一经，六日传遍六经，周而复始，故七日复为太阳。对于复传之说，后人多有疑问。清章虚谷说：“其死皆以六、七日之间，原无七日复传之说。”明马玄台说：“自太阳以至厥阴，犹人入户升堂，以入于室矣。厥阴复出传于太阳，奈有二阴（按指少阴）、三阴（按指太阴）、一阳（指少阳）、二阳（指阳明）以隔之，岂有遽出而传之太阳之理?……皆初时所传之邪，至此方衰也。”马氏说明了二个问题：一是说明“一日太阳，二日阳明，三日少阳，……是属于疾病进行的状态（一病未已，一病复起之意），一是说明“七日太阳病衰”，不是复传，而是初时所感之邪至此方衰。我们再根据太阳病衰句下“头痛少愈”，可以推知“病衰”和“少愈”，正足以反映病证逐渐消退的状态。因此，七日可以由厥阴复传太阳的论点，是很难成立的。

《伤寒论》传经日数与热论不同，有二、三日传一经，有六、七日传一经，甚至十二、三日传一经，不等。不为日数所限制，而以脉证为主。伤寒论原文说：“伤寒一日，太阳受之，脉若静者为不传；颇欲吐，若躁烦脉数急者，为传也。”“伤寒二、三日，阳明、少阳证不见者，为不传也。”“伤寒六、七日，无大热，其人躁烦者，此为阳去入阴故也。”由此可见，在仲景所处的时代，亦可能有“传经”的说法，但他认为脉证是唯一可靠的依据（就伤寒论的观点而言），而“传经”日数仅作为参考而已。至于复传，在《伤寒论》中，尚找不到突出例子。

（三）一些体会

《素问·热论》为《伤寒论》的张本，为多数学者所公认。总的说来：热论观察病程短，面狭；伤寒论观察病程长，面广。两者内容虽然不完全相同，却有其一定的联系，特别是在祖国医学发展史上的联系。有人纯粹以热论的理论来硬套伤寒论，自不免牵强附会；有人认为伤寒论与热论绝不相关，割断历史来看问题，这都是片面的。我们在研究伤寒论时，固然不可囿惑于热论以经脉学说为主要内容的范围以内，也不一定对经脉学说采取摒弃的态度。必须从实事求是的观点出发。例如：伤寒论太阳中篇热结膀胱，如狂下血（明赵开美本106条），主张以经脉学说来解释的，认为是太阳经病传本（膀胱），是膀胱下血；不主张经脉学说而主张根据脉证来理解的，认为是热结膀胱部位，是大便下血。其实仲景既未明确指出，也难肯定。从这个具体例子中，我体会到近人根据脉证即以证候群为主来研究伤寒论的方法，已跳出前人单以经脉为主研究伤寒论的圈子，在祖国医学史上有其积极的意义。另一方面，如上例所述，如果太阳病在临床上遇有膀胱出血的症状，也未尝不可根据经脉的学说来研究它，因为经脉学说在祖国医学理论体系中占有重要地位，实践中证明了它的价值，所以在祖国医学的任何方面，也有联系这一学说的必要性。

[《上海中医药杂志》1957，(10)：13]

我对《伤寒论》的六经和辨证论治的初步认识

曾昭耆　北京医院

《伤寒论》是我国汉末医学大师张仲景的伟大著作，是我国第一部以系统地叙述临床治疗为主的书籍。本书在我国医学的发展上有极其深远的影响。

由于作者“勤求古训，博采众方”，一方面出色地对古代医学精髓作了总结，另一方面又广泛地收集了当代的医疗经验，通过自己的分析研究和临床实践，加以整理提高，使我国古代的医疗实践成为更加丰富而系统的科学。

由于科学的不断进步，后世医学不但全部继承了伤寒论的一切成就，而且也在这个基础上有了更进一步的发展。例如在处方方面，后世已有了更多的充实，又经过一千多年来医学实践的考验，更加证明伤寒论在很多方面的思想是很卓越和富有指导意义的。其中最值得珍视的就是“六经分证”和“辨证论治”的思想。

一、《伤寒论》的“六经分证”是内经六经学说的进一步发展

《伤寒论》实质上是一部“急性热病临床手册”，它所涉及的，非止某一疾病，而是各种急性热病的概括。伤寒例说：“其于伤四时之气，皆能为病，中而即病者，名曰伤寒。”又说“凡伤于寒，则为病热。”可见“伤寒”一词，泛指各种传染病。伤寒论主要叙述证、脉和治疗，说明了它作为临床手册的性质。且它的文字，具有精练而明确的突出特点，这也是完全符合临床手册的要求的。

《伤寒论》所采用的分类法，后世称为“六经分证”，它实际上是一种根据疾病临床表现进行分类的方法。这种分类法的优点在于：它体现了从疾病本身的客观现象出发而不是从医生的主观臆测出发的唯物主义观点，是最实事求是和最科学的；在当时可能具备的条件下，这是比较容易给予学习者以最明确的热病概念的方法，而且也最便于医生在临诊碰到问题时及时找到所需要的参考和指导。

六经的名词出于素问热论篇。它说：“伤寒一日，巨阳受之，故头项痛，腰脊强；二日，阳明受之，阳明主肉，其脉挟鼻络于目，故身热目疼而鼻干，不得卧也；三日，少阳受之，少阳主胆，其脉循胁络于耳，故胸胁痛而耳聋。三阳经络皆受其病，而未入于藏者，故可汗而已。四日，太阴受之，太阴脉布胃中，络于嗌，故腹满而嗌干；五日，少阴受之，少阴脉贯肾，络于肺，系舌本，故口干咽燥而渴；六日，厥阴受之，厥阴脉循阴器而络于肝，故烦满而囊缩。三阴三阳，五府六藏皆受病，荣卫不行，经络不通，则死矣。”

张仲景“撰用素问，九卷……”继承了素问热论的六经学说，并且通过对大量病例的实地观察，进一步地发展了它。其中主要是体验到疾病的发生和发展的过程是非常复杂的，由于很多因素的影响，所谓“一日巨阳，二日阳明……”的规律，常常不能准确地反映疾病的实际过程。伤寒论中虽也有“伤寒一日，太阳受之”的说法，但有的注家则认为是后世加入。其实即使为原文所有，也只能理解为“伤寒初起时常为太阳病”，因为伤寒论还提出了“太阳病，得之八九日。”甚至“太阳病，十日以去。”等条文，说明它实际上已经修正了一日一传经的理论。不仅如此，伤寒论还认识到疾病虽然有可能按照太阳阳明等顺序，次第发展，但例外也不少。在大多数情况下，病情并不完全循着这个规律。例如，太阳病可以发展为阳明病，也可以发展为少阳病或少阴病；少阳病自然可以发展成太阴病，但它也可以直接发展为厥阴病；阳明病太阴病也可以直接发展为厥阴病，并不单是少阴才如此。疾病不但可以不从太阳病开始，而且可以不必“传”遍，甚至可以始终停在一“经”上。此外，还有着“合病”“并病”和“直中”等可能性。这些，在今天看来似乎是并不很难理解，有临床经验的医师甚至都不乏这种实际体验，但是在当时则必须是具有一定的辩证法思想的人才能认识到这种变化的多样性。

这些伟大的进展使医生的认识更加接近于疾病的实际情况。

通过上述伟大进展，《伤寒论》的“六经”已经具备了一种新的定义。那就是说，它已经是代表一定情况下疾病所表现的各种现象的总和了。因而张仲景把“太阳”，“少阳”等原属经络的名词改成了“太阳病”“少阳病”等“病”名，在这些“病”后，一般只叙述证、脉和治法。为了说明问题，有时也附带阐明病因（如：“伤寒脉浮滑，此表有热，里有寒，白虎汤主之。”）或诊断（如：“太阳病，发热而渴，不恶寒者，名曰温病。”）但却不再像热论那样以“少阳主胆，其脉循胁络于耳。”等用经络循行来解释症状了。

但是，绝不可割断历史，认为伤寒“六经”与热论是毫无关系的。必须承认，不但伤寒论的“六经”思想来自热论，而且整个伤寒论的指导思想都是与内经的基础理论分不开的，是从这些基础理论中发展和具体化出来的。例如伤寒论所谓“合病”“并病”等很可能就是从热论的“两感于寒”中派生出来的。因而应该说：张仲景学习了内经，继承了热论的六经学说，并从那里得到启发。通过自己的实践，在原有基础上发展了它，进而赋予了新的意义——作为临床相分类的意义。

还应该说明，根据临床相而分别出来的“病”与“西医”所说的病是有区别的。例如：感冒，肠

伤寒或流行性乙型脑炎那是不同的病，但初起时，只要它们具备了“太阳病”的证和脉即都可以是太阳病。反之，同一感冒或其他病，假如它的证和脉发生了改变，它就可以上午是“太阳病”，下午是“阳明病”，也许明天就是“少阴病”了。又如有些疾病在一定的时期内毫无表现，“西医”仍认为是病，而中医的“病”则是一定要有证和脉的异常的。

《伤寒论》也讲“传”和“不传”，但只应把它理解为“发展”，“变化”等。

除此以外《伤寒论》又继承了内经的“谨守病机，各司其属，有者求之，无者求之，盛者责之，虚者责之，必先五胜，疏其血气，令其调达，而致和平。”的治疗法则，并以此为根据，修正了热论所说的“其未满三日者，可汗而已；其满三日者，可下而已。”的规律，进而建立了一套针对疾病本身的演变而施行治疗的法则，这就是伤寒例所谓“临时消息治方”或后世称之为“辨证论治”的法则。这是张仲景给予祖国医学的最宝贵的遗产之一。

二、《伤寒论》的“辨证论治”是古代唯物主义思想在医疗上的体现

如所周知，“辨”就是辨别，研究和分析，“证”就是疾病表现的征象，是客观存在，“治”就是医生对这种客观现象进行纠正时所采用的手段和方法。“辨证论治”四个字生动地说明了伤寒论在诊疗工作中主张首先是通过一切方法，只可能地全面和深入地了解疾病的现象，并进而寻求这些现象间的相互关系和产生的原因，然后决定治疗对策。显然，这是一种唯物主义的思维过程。

为了便于说明事实，现将伤寒论原文中有关辨证和论治的问题，加以初步的摘要和整理，分别叙述如下：

（一）《伤寒论》的“辨证”是多方面的，扼要和精细的。

“辨证”的主要根据是现在症。伤寒论除个别条文外，几乎每条均对现在症作了扼要的叙述，并且谨慎地运用术语，以便在叙述的同时，达到了鉴别诊断的目的。总的说来，在现在症方面，它主要重视下列问题：

1. 病人对体温的主观感觉　（严格说来，这是与“热型”的意义不同的。）有“发热恶寒”，“发热恶风”，“不恶寒，反恶热”。“日晡所，发潮热”，“寒热往来”等不同。

2. 出汗的情况　有“自汗”“盗汗”等性质上的不同；“无汗”“微汗”“濈濈汗出”“漐漐汗出”“漏汗不止”等程度上的不同；又有“额上微汗出”“但头汗出，齐颈而还”“齐腰以下不得汗”及“手足汗出”等区域上的不同。

3. 腹部症状　主要指出部位和性质。如“少腹满”“少腹鞕满”“心下鞕”“心下痞”“心下悸”“正在心下，按之则痛”“心下有水气”“心中懊侬而烦”“胸胁下满”“腹满”“腹中急痛”“腹中雷鸣”“腹中动气”“呕”“吐”“哕”“欲吐不吐”等。

4. 饮食情况　如“食不下”“水浆不下”“饥不欲食”“食难用饱，饱则微烦”“欲食冷食”“喜食粥糜”“饮食入口即吐”“朝食暮吐”“饮食如故”“消谷引食”以及“口燥，但欲漱水不欲咽”“渴欲饮水”“治渴引饮”等。

5. 大便情况　如“燥屎不下”“大便鞕”“大便难”“大便乍难乍易”“圊便自调”“微溏”“自利”“自利清水，色纯青”“下利清谷”“泄利下重”“下利便脓血”等。

6. 小便情况　如“小便自利”“小便数”“小便难”“小便不利”等。

7. 循环系情况　如“手足厥逆”　“脉不至”“脉细欲绝”“脉微”“脉沉”“脉促”等。

8. 神经系情况　如“头痛”　“头眩身瞤动”“项强”“烦躁”“不烦而躁”“手足躁扰”“发狂”“谵语如见鬼状”“郑声”“目中不了了，睛不和”“两耳无所闻”“但欲寐”“不识人，循衣摸床，惕而不安”等。

以上仅是就主要方面，举出一部分例子，从它所用的术语中已可看出其鉴别是很细致的，观察是相当全面的。实际上除此以外，它还注意到了很多别的问题，如“身发黄”“欬”“喘”“身重”“身疼痛”“支节烦疼”“四肢拘急”等，兹不细述。

除现在症外，伤寒论还十分注意下列问题：

1. 注意病人的嗜好以及它和治疗的关系　如：“若酒客病，不可与桂枝汤，得汤则呕，以酒客不喜甘故也。”

2. 注意女性病人的月经情况以及经期患急性热病的特点　如：“妇人中风，发热恶寒，经水适来，热除而脉静身凉，胸胁下满如结胸状，谵语者，此为热入血室也。”等。

3. 注意既往症及伴行症，并指出对此类病人在治疗上应注意的地方　如：“淋家不可发汗”“衄家不可发汗”“亡血家不可发汗”“诸亡血虚家不可服瓜蒂散”“疮家虽身疼不可发汗”“汗家重发汗，

必恍惚，心乱……”“呕家不可用建中汤，以甜故也。”“凡用栀子豉汤，病人旧微溏，不可与服之。”“病胁下素有痞，痛引少腹，入阴筋者，此名脏结，死”。

4. 注意以病人的自觉症状与医生的检查所见相结合　伤寒论绝大多数条文于叙述“证”后均附脉象就是二者的结合。此外，它还特别注意舌诊和腹诊。如：“伤寒若吐若下后，七八日不解，热结在里，时时恶心，大渴，舌上干燥而烦，欲饮水数升者，白虎加人参汤主之。”“藏结无阳证，不往来寒热，其人反静，舌上白苔滑者，不可攻之。”“病者手足厥冷，言我不结胸，少腹满，按之痛者……”以及“心下痞，按之濡”等。

5. 注意从病人的姿态上去发现问题　如：“少阴病，恶寒而踡，时自烦，欲去衣被者，可治。”“未持脉时，病人叉手自冒心，师因教令试欬，而不欬者，此必两耳聋也。”

“辨证”是治疗的根据，必须准确，丝毫的误差就可能造成严重的后果。例如：“结胸者，项亦强，如柔痉状，下之则和。”但“结胸证，其脉浮大者，不可下，下之则死。”可见一般了。伤寒论由于在“辨证”方面有了如此全面而细致的观察和鉴别，才给正确的治疗创造了必要的条件。

（二）《伤寒论》的“论治”是既原则又灵活，有次序有分寸又有预见的。

《伤寒论》的治疗设计是十分精细的，有着非常严格的规律性。但这些规律又不是刻板的，而是在一定的原则之下给予相当大的灵活性。这样，使学习的人不但从书中得到明确的治疗概念，而且初步地体验到如何生动地运用这些概念。

大体上说，伤寒论在治疗上主要注意到下列问题：

1. 关于方剂的禁忌症和适应症　这是医生在使用药物之前必须纯熟地掌握的知识之一。由于伤寒论是一种临床手册，所以，它不像一般药物学（包括祖国医学的本草）那样以药为中心讨论适应症和禁忌症的问题，而是以“病”为中心的。其基本方式是在叙述证和脉后用“……主之”“宜……”“可与……”“不可与……”等动词来说明这个问题的。例如：“太阳病，头痛发热，汗出恶风者，桂枝汤主之。”“太阳病，项背强几几，反汗出而恶风者，桂枝加葛根汤主之。”“主之”意味着绝对的适应症。“太阳病，下之后，其气上冲者，可与桂枝汤。”“结胸者，项亦强，如柔痉状，下之则和，宜大陷胸丸方。”“伤寒脉促，手足厥冷者，可灸之。”“可”和“宜”说明还有商量的余地，可理解为相对的适应证。“少阴病脉微，不可发汗，亡阳故也；阳已虚，尺脉弱、涩者，复不可下之。”“诸亡血虚家，不可服瓜蒂散。”“不可”显然说明禁忌症。还有一种姑可明之为“条件适应症”的，如：“伤寒脉浮缓，身不疼，但重，乍有轻时，无少阴证者，大青龙汤发之。”及“太阳中风，脉浮紧，发热恶寒，身疼痛，不汗出而烦者，大青龙汤主之。若脉微弱，汗出恶风者，不可服之。”这几条特别表现出“辨证论治”的严格规律性，由于大青龙汤是发汗的重剂，故特别指出，“无少阴证者”及无“脉微弱，汗出恶风”等情况始可应用，使人更加注意。此外，在某些特殊情况下，作者并不具体规定治疗方剂，只讲原则，加“当温之”“当以汤下之”甚至“观其脉症，知犯何逆，随证治之。”等，这些正说明在“辨证论治”的总原则下给予学习者在临诊时以一定的灵活性，应该承认，这样是更妥当的。

2. 关于“治病必求于本”的原则　这是早在《内经》即已确立的医疗思想。《伤寒论》继承了这个思想，具体体现在治疗上是：不是分割地看待疾病的各种症状，而是把它们看成互相紧密联系的整体；不是停留在疾病的表面现象，而是希图透过现象去了解其根本原因。由于此，“辨证论治”便与我们普通所了解的“对症治疗”有了原则上的区别——后者通常只是比较消极地为了暂时地消除某一症状以减轻病人的痛苦。这种真正的对症治疗在《伤寒论》中也是有的，但不占很重要的地位。

例如：“呕”是一个症状。换句话说，它只是一种现象，但由于它在整个疾病过程中所处的地位不同以及与它同时出现的随伴症状不同而反映出造成“呕”这个现象的因素是不一样的，因而其治疗方法可以有很大的差别。翻开伤寒论，至少可以找到下面一些治“呕”的方法：

（1）呕而发热者，小柴胡汤主之。

（2）呕不止，心下急，郁郁微烦，大柴胡汤主之。

（3）干呕、吐涎沫、头痛者，吴茱萸汤主之。

（4）干呕、短气、汗出、不恶寒者，此表解里未和也，十枣汤主之。

（5）太阳与阳明合病，不利下，但呕者，葛根加半夏汤主之。

（6）伤寒，胸中有热，胃中有邪气，腹中痛，欲呕吐者，黄连汤主之。

（7）呕而脉弱，小便复利、身有微热，见厥者，难治、四逆汤主之。

（8）太阳与阳明合病，自下利者，与黄芩汤。若呕者，黄芩加半夏生姜汤主之。

（9）呕家有痈脓，不须治，脓尽自愈。

（10）伤寒解后，虚羸少气，气逆欲呕者，竹叶石膏汤主之。

不仅治“呕”如此，对别的症状也是一样。例如“下利”也是一种症状，关于它，伤寒论的治疗方法是更加多样的。例如：

（1）热利下重者，白头翁汤主之。

（2）……蛔厥者，乌梅丸主之，又主久利。

（3）少阴病，下利脓血便者，桃花汤主之。

（4）少阴病，吐利，手足厥冷，烦躁欲死者，吴茱萸汤主之。

（5）伤寒，服汤药，复以他药下之，利不止，医以理中汤与之，利益甚……赤石脂禹余粮汤主之。

（6）少阴病，下利脉微者，与白通汤。利不止，厥逆无脉，干呕烦者，白通加猪胆汁汤主之。

（7）少阴病，下利清谷，里寒外热，手足厥逆，脉微欲绝，身反不恶寒……通脉四逆汤主之。

（8）少阴病，下利六七日，咳而呕、渴，心烦不得眠者，猪苓汤主之。

（9）太阳与阳明合病，自利下者，与黄芩汤。

（10）太阳中风，医反下之，其人下利，谷不化，心下痞鞕而满，干呕心烦不得安……甘草泻心汤主之。

（11）伤寒，汗出解后，胃中不和，心下痞鞕，干噫食臭，胁下有水气，腹中雷鸣，下利者，生姜泻心汤主之。

（12）少阴病，自利清水，色纯青，心下必痛，口干燥者，急下之，宜大承气汤。

（13）下利谵语者，有燥屎也，宜小承气汤。

以上所举，并不完全。但已可看出，同是“呕”或“下利”，治法上差别很大，其中有些是针对这个症状的，有些方剂则并不针对它们，虽然如此，却能间接地达到治呕或治利的目的。而且，还有一些方剂似乎只能加重症状，但实际结果则相反。如大小承气汤是峻下剂，但在这里却用来治下利。这就证明了伤寒论的治疗不是单纯对症，而是“求于本”的。

3. 关于治疗的先后缓急问题　例如：“太阳病，外证未解，不可下，下之为逆……”这是治太阳病的先后原则。具体说，如：“太阳病不解，热结膀胱，其人如狂，血自下。其外不解者，尚未可攻，当先解其外，外解已，但少腹急结者，乃可攻之。”这个原则推而广之是：“本发汗，而反下之，此为逆也；若先汗之，不为逆。本先下之，而反汗之，为逆；若先下之，治不为逆。”具体例子是：“伤寒，医下之，续得下利清谷不止，身疼痛者，急当救里；后身疼痛，圊便自调，急当救表。救里宜四逆汤，救表宜桂枝汤。”强调先后缓急的条文很多。如：“伤寒，厥而心下悸，宜先治水，当服茯苓甘草汤。却治其厥。不尔，水渍入胃，必作利也。”“伤寒，大下后，复发汗，心下痞，恶寒者，不可攻痞，当先解表，表解乃可攻痞。这些例子说明当几个“证”同时存在时，医生必须冷静地、谨慎地衡量轻重缓急，研究这些“证”间的从属关系，矛盾关系，从最紧要、最恰当的一环着手，才能得到更好的疗效和避免疾病的复杂化。

这种类似的复杂情况，在我们临床上也是常见的，例如重症的腹泻的病人，有时同时出现了脱水和循环衰竭的情况，这时病人往往还有饮水即吐的情况，虽然这些都可能随着腹泻的好转而消失，但当前急务却是迅速控制脱水及循环衰竭的问题。

4. 关于治疗的分寸问题　治疗工作像作战一样，必须胆大心细，既果断又谨慎。仲景在用药的分寸上，充分体现了这种精神。例如：在大承气汤的使用方面，当他看准了一定的时机时，马上坚决地指出“急下之！”不禁使人想起作战时指挥员下攻击令时的神情。但对同样的大承气汤、却又不厌其详地嘱咐“分温再服，得下，余勿服。”或更主张试探性地“先给小承气汤，汤入腹中，转矢气者。此有燥屎，乃可攻之；若不转矢气者，此但初头鞕后必溏、不可攻之。”而且，实际上对小承气汤也不是漫不经心地随便用的，也注明“分温三服，初服当更衣，不尔者，尽饮之；若更衣，勿服之。”这种果断和谨慎是绝不矛盾的。都是为了提高治疗效果。不仅对承气汤如此，试看桂枝汤吧，其后也注明“煮取三升……服一升”“若一服汗出而病差，止后服，不必尽剂”，并注明“服已，须臾啜热稀粥一升，以助药力。温复合一时许，遍身漐漐微似有汗者益佳，不可令如水流漓，病必不除。”所谓“啜热稀粥”及“温复”等实际上是桂枝汤后的辅助处理，属于护理范围的工作，但伤寒论则很重视，具体说明了分寸，甚至说明应该出怎样的汗，以便掌握，从而保证疗效。

5. 关于方剂的选择问题　例如：表证的治疗原则是发汗，但表证有多种多样的变化，因而发汗的具体方剂必须不同。其基本方剂是桂枝汤和麻黄汤，但以此二汤为基础即发展桂枝麻黄各半汤、桂枝二麻黄一汤、桂枝加桂汤、桂枝加附子汤、麻黄附子甘草汤、麻黄连轺赤小豆汤、大、小青龙汤等不下一、二十个方剂，这些方剂的共通点是或多或少都保留着发汗的作用，但是却又各有不同的其他作用。这样就使“辨证论治”成为更加精细和有保证，足以对付各种需要发汗的情况了。例如：“少阴病，始得之，反发热，脉沉者。”这是一个很难处理的矛盾局面，即：以病而论，是需要发汗的，但病人的全身情况却不能耐受普通的发汗药剂。为此，伤寒论杰出地创造了麻黄附子细辛汤以同时照顾两方面。

关于“下”法，也有类似情况。其中重要的方剂有各种承气汤、大小陷胸汤，抵当汤、十枣汤，麻仁丸以及蜜煎导、猪胆汁等。这些方剂都有“下”的共同作用，但它们的作用强度、作用方法却是不同的。关于这些，伤寒论都分别用实例作了说明，在此不必细述。

6. 关于治疗的预见性　医疗工作假如仅限于只知眼前，见什么治什么，而对病情和预后缺乏估计，那是必然处于糊里糊涂的被动地位甚至有时丧失早期治疗的机会的。伤寒论注意到了这点，因而常常根据疾病的当前现象提出其进一步发展的可能性。其中主要包括：

（1）指出“死”“不治”或“难治”的征兆，及时向医生或病家提出警告。如：“伤寒下利，日数十行，脉反实者，死。”“伤寒脉迟六七日，而反与黄芩汤彻其热，脉迟为寒，今与黄芩汤复除其热，腹中应冷，当不能食，今反能食，此名除中，必死。”“少阴病，恶寒身踡而利，手足厥冷者，不治。”“发热而厥，七日下利，为难治。”

（2）提出“欲解”“自愈”或“当愈”的早期现象。如“伤寒二三日，阳明少阳证不见者，为不传也。”“太阳病，脉浮紧，发热身无汗，自衄者愈。”“大下之后，复发汗，小便不利者，亡津液故也，勿治之，得小便利，必自愈。”“少阴中风，脉阳微阴浮者，为欲愈。”“风家表解而不了了者，十二日愈。”“少阴病，脉紧，至七八日自利下，脉暴微，手足反温，脉紧反去者，为欲解也，虽烦下利，必自愈。”

（3）指出疾病发展过程中除“死”和“愈”外的其他发展趋势。如“阳明病，若中寒不能食，小便不利，手足濈然汗出，此欲作固瘕。”“阳明病，无汗，小便不利，心中懊憹者，身必发黄。”“阳明病，口燥，但欲漱水不欲咽者，此必衄。”“少阴病，八九日，一身手足尽热者，以热在膀胱，必便血也。”“伤寒四五日，腹中痛，若转气下，趣少腹者，此欲自利也。”其他如“……久而成瘘”“……必发痈脓也”“……必口伤烂赤”等，很多。

虽然，所提出的结论不一定全部正确，但是其中确有一些仍是可以看出不是毫无根据的。例如各种“死”症，大多比较严重，也许当时确实无法治疗。又如“阳明病，无汗，小便不利，心中懊憹”也有可能是传染性肝炎的早期现象。可以推想这些都是在当时的医学水平上通过实际观察得出来的经验，这些经验当然是可能再加以修正的。

三、“辨证论治”是临床工作始终必须遵循的基本原则

《伤寒论》既然是属于“临床手册”性质的书籍，按理，在衡量它的价值时就应以其在临床治疗时的实际功用作为标准。换句话说，就是要以其诊断和治疗的正确性作为标准。但是，它是1800年前的书，这些年来，不管医学理论或诊疗技术都已有了很大的进步。因而，不顾时间条件，硬把伤寒论与后世医学或近代医学相比，特别是把它们的某一具体诊疗方法或具体论点相比都是不正确的，因为这种比法实际上是否定了事物发展的规律，其目的只可能是抹煞古代的一切成就。

因此，本文不拟讨论《伤寒论》的诊断方法是否完善及治疗如何。仅就其原文，围绕“辨证”和“论治”两个中心加以整理和简单的说明。通过它，显示出《伤寒论》在诊断和治疗方面的观点和思想方法，并初步地用此来考查它们的科学性。

不能忘记，在《伤寒论》的时代里，医疗工作是在异常艰苦的条件下进行的。由于当时人类的科学还远没有发展到足以为医学提供更多的帮助的水平，医生们除了充分地利用自己的双手，眼睛和大脑外是没有任何诊疗器械可以利用的。而伤寒论的作者就在这样的艰苦条件下，以充分的临床观察为依据，创造了一系列的诊疗原则和方法。仅就这点而论，它在我国医学史上的功绩就是不可磨灭的。

《伤寒论》的诊疗方法，直到今天仍为广大中医所采用并有实际的效果。当然，其中有些的确已被后世所创造的更好的方法所取代，但是尽管如此，我们仍不能不承认它在诊疗中所反映出的指导思想仍然是颇为正确的。

例如《伤寒论》在诊断上始终坚持以实事求是的态度仔细地、全面地搜集疾病的征象，而且以联系的而不是分割的观点分析它们，以图找出其根本原因的思想方法，就是我们在诊断时永远必须具备的科学态度。

在决定治疗时，《伤寒论》始终贯彻着治病必求于本的原则，掌握了方剂的禁忌症和适应症以及用药的先后缓急和分寸，懂得如何从疾病的需要和

机体的耐受力两方面来选择适当的方法，并预见到疾病发展的可能趋势。这些，难道不也正是在任何现代化的正规治疗中所必须掌握的基本环节吗？

这就是中国历代医家对伤寒论备加推崇，奉为经典著作的主要原因，也就是我们这一代医务工作者们仍旧应该加以珍视的理由。

但是，由于科学总是不断的进步着，因而仍旧停留在《伤寒论》的水平并不是正确的学习态度，也不是张仲景本人对我们的期望。正如他在伤寒论序中所表示出的，一面“勤求古训，博采众方”，一面又反对“各承家技，始终顺旧”，这才是他的学习方法。这些，对我们也是富有现实意义的，值得我们学习的。

[《中医杂志》1957，(10)：509]

我对伤寒与温病的看法

翟冷仙

我读过1957年4月号《上海中医药杂志》中刊载梁少甫老先生发表的《对于伤寒温病之辨惑及金元四大家著作的看法》一文，产生了一些感想。梁老先生推崇吴鞠通温病条辨的著作，这完全是正确的。可是，他认为不能执治伤寒之法以治温病的看法，这简直是发展到寒温对立，冰炭不相容的一种看法了，我是难于同意的。考当时吴鞠通著《温病条辨》也是渊源于仲师《伤寒论》太阳温病的条文。仲师指出温病不可误汗，实际上已说明不可用辛温发汗，而当用清法。吴氏根据仲师伤寒论清法中白虎汤、竹叶石膏汤、麻杏石甘汤等方的精神因而创立银翘散与桑菊饮等辛凉清温的疗法。他说：“温病初起于手太阴，到了中焦，也在阳明胃经。”又说；“阳明如市，胃为十二经之海，诸病未有不过此者。”所以他在温病条辨中提出“若真能识得伤寒，断不致疑麻桂之法不可用；若真能认得温病，断不致以辛温治伤寒之法治温病。”此吴氏因伤寒论亦有清凉之法，如白虎汤、竹叶石膏汤、麻杏石甘汤等，故于此句特别将辛温二字提出，以免后人误会。而梁老先生忽略了伤寒论中也有不少的清法可以治温病的，所以他才有不能执治伤寒之法，以治温病的话。吴氏只言断不致以辛温治伤寒之法治温病，说得较为实在。此辛温二字，何等重要？殊不知治温病之法已详于伤寒论中，吴氏温病条辨只不过是仲师伤寒论中温病的发展或发扬而已。作者不揣谫陋，爰将伤寒与温病两种理论体系的原则，作一个初步的探讨。分为四点论述于后：（1）伤寒论并非专论伤寒。（2）温病之治法详于伤寒论中。（3）温病条辨导源于伤寒论。（4）结论。据此四点写成此文。由于自己学术水平的限制，其中不无疏误，还希诸同道加以指教。

一、《伤寒论》并非专论伤寒，而是包括了温病立论的

《伤寒论》的立论，是包括了一切热病的发源：试观张仲景伤寒例引阴阳大论说：“……冬时严寒，……中而即病者，名曰伤寒，不却病者，寒毒藏于肌肤，至春变为温病；至夏变为暑病；暑病者，热极重于温也。是以辛苦之人，春夏多温热病者，皆由冬时触寒所致，非时行之气也。凡时行者，春时应暖而反大寒，夏时应热而反大凉，秋时应凉而反大热，冬时应寒而反大温，此非其时而有其气，是以一岁之中，长幼之病，多相似者，此则时行之气也。……其多有非节之暖者，名为冬温。冬温之毒，与伤寒大异；冬温复有先后，更相重沓，亦有轻重。……从立春节后，其中无暴大寒，又不冰雪，而有人壮热为病者，此属春时阳气发其冬时伏寒，变为温病。从春分以后，至秋分节前，天有暴寒者，皆为时行寒疫也。……若更感异气变为他病者，当依旧坏病证而治之，若脉阴阳俱盛，重感于寒者，变成温疟；阳脉浮滑，阴脉濡弱者，更过于风，变为风温。阳脉洪数，阴脉实大者，更过温热，变为温毒，温毒为病最重也。阳脉濡弱，阴脉弦紧者，更遇温气，变为温疫。以此冬伤于寒，发为温病，脉之变证，方治如说。”

以上是仲师根据内经加以发挥，指出有伏寒变为温病，又感非时之气而为病。由此又把温疟、风温、温毒、温疫四种病加以叙述，作了鉴别。后世王孟英即基于此节条文，编为仲景伏气温病篇，仲景伏气热病篇，仲景外感热病篇，仲景湿温篇及仲景疫病篇。这说明了伤寒论与温病学说关系的密切，可以看出仲师的伤寒论，已为温病学说奠定了基础，而历代的温病学说，只是伤寒论的发展。所以伤寒论包括了温病立论是很明显的。

二、温病之治法详于伤寒论中

1. 中风、伤寒、温病的分析：试观衷中参西录说：“伤寒温病之治法，始异而终同。……何以言之：伤寒论之开始也，其第一节浑言太阳之为病。此太阳实总括中风、伤寒、温病在内。故其下将太阳病平分为三项。其第二节论太阳中风，第三节论

太阳伤寒，（四节五节亦论伤寒，当归纳于第三节中。）第六节论太阳温病，故每节之首皆冠以太阳病三字。……由斯知中风、伤寒、温病皆可以伤寒统之。（难经谓伤寒有五，中风温病皆在其中。）而其病之初得，皆在足太阳经，又可浑以太阳病统之也。盖所谓太阳之为病者，若在中风伤寒，其头痛、项强、恶风三证，可以并见，若在温病，但微恶寒，即可为太阳病。（此所谓证不必具，但见一证，即可定为某经病也。）惟恶寒须臾，即变为热耳。……以其病初得犹须臾恶寒，故仍可以太阳病统之，即其化热之后，兼涉阳明，然亦必先入足阳明经，迨至由胃及肠，大便燥结，而后传入手阳明经，安得谓温病入手经不入足经乎。”他又说：“由是知伤寒论一书，原以中风、伤寒、温病平分三项，特于太阳首篇详悉言之，示人以入手之正路。至后论治法之处，则三项之中一切诸证，皆可浑统于六经；但言某经所现之某种病，宜治以某方，不复别其为中风、伤寒、温病；此乃纳烦于简之法，亦即提纲挈领之法也。所尤当知者，诸节中偶明言中风者，是确指中风而言。若仅言为伤寒者，又恒统中风温病而言。以伤寒二字，为三项之统称。其或为中风、或为伤寒、或为温病，恒于论脉之处，有所区别也。至于六经分篇之中，其方之宜于温病者，不胜举。”

冷仙按：所谓太阳者，乃人体最外一层而言，即躯壳表面部位的一种术语。凡六淫之邪，从皮肤中人而病的，皆可能是太阳病。但太阳病中，又分出中风、伤寒、温病三项。三项中又区分为表虚、表实、伤津等要目，不容混淆无别。而处方有桂枝、麻黄、葛根等汤的分别。如属表虚的，则处以桂枝汤，调和营卫。如属表实的，则处以麻黄汤，发汗解表。如属伤津的，则处以葛根汤，治阳明解肌。此实为治太阳病的基本措施。我们从这里也可以看出仲师的伤寒论，并非专论伤寒而言，而是以中风、伤寒，温病三者并论。吾人不能不细加体察焉。

2. 中风、伤寒、温病传变的分析：《经方实验录》说：(1)“桂枝汤证病所偏于胃，即西医所谓流行性感冒之属于消化系统型者，化热入里，为白虎汤证。”(2)“麻黄汤证病所偏于肺，即西医所谓流行性感冒之属于呼吸系统类者，化热入里，为麻杏石甘汤证。”(3)“葛根汤证病所偏于血脉神经，即西医所谓流行性感冒之属于神经系统类者，化热入里，为葛根芩连汤证。而葛根芩连汤证，麻杏石甘汤证，白虎汤证，化热之后，则均为承气汤证。其肠结轻，可攻补兼施，所谓和之者，是为调胃承气汤证。其肠结较重者，亦用和法，即为小承气汤证。其肠结最重者，当用下法，又曰急下法，又曰攻下法，即为大承气汤证。实则三承气汤方，对于麻、桂、葛之汗法，及白虎汤之清法言，皆得曰下法也。惟麻杏石甘汤证，较白虎汤证，传为承气汤证为少，却并不少见，盖经谓肺与大肠相表里，肠热可以移肺，肺热亦可及肠，所谓温邪上受，首先犯肺，逆传心包者，即系麻杏石甘汤重证，不能解于桑菊银翘，即传为肠热，肠热不已，发作神昏谵语，遂指为逆传心包耳。依余临床，肺热传为肠热之后，其肺热每不因此而消，此时若但治其肺热，重用麻杏石甘汤极重之量，必然无济，当急用承气汤法，去其肠热。……肠热既去，续用麻杏石甘汤以治肺热，乃得有济。……然则麻杏石甘、白虎、葛根芩连三汤证，皆能化热而为承气汤证。在病所方面言，三汤证之病所为较上，承气汤证之病所偏于肠为较下。由此知吾人得外感疾病传变之第三原则，曰由上传下是也。本论曰，阳明居中主土也，万物所归，无所复传，其斯之谓乎。”

我们从这里也可以看出仲师伤寒论中桂枝汤证化热入里而为白虎汤证，麻黄汤证化热入里而为麻杏石甘汤证，及葛根汤证化热入里而为葛根芩连汤证的传变规律。例如伤寒论太阳上篇第二十七节云：“服桂枝汤，大汗出后，大烦渴不解，脉洪大者，白虎加人参汤主之。”这显然提出桂枝汤证化热入里而为白虎汤证的明证。又如太阳上篇第三十二节云：“发汗（显系用麻黄汤发汗）后，不可更行桂枝汤，汗出而喘，无大热者，可麻黄杏仁甘草石膏汤。”这显然提出麻黄汤证化热入里而为麻杏石甘汤证的明证。又如太阳中篇第四节云：“太阳病，桂枝证（按桂枝葛根二汤，一和营卫，一治阳明肌表，不尽关乎肺，然葛根汤较桂枝又进一层），医反下之，利遂不止，脉促者，表未解也；喘而汗出者，葛根黄芩黄连汤主之。”这亦显然是提出葛根汤证化热入里而为葛根芩连汤证的明证。再观太阳中篇第二节云：“太阳与阳明合病者，必自下利，葛根汤主之。”从这自下利用葛根汤，与第四节医反下之，利遂不止，用葛根芩连汤法，结合起来看，则葛根汤证化热入里为葛根芩连汤证更为明显。我们再看麻桂葛之汗法，及白虎汤之清法，麻杏石甘汤之开法，葛根芩连汤之折法，各法所涉之症皆能化热而变为承气汤证的原则来看，则伤寒温病的治法，始异而终同是无疑问的。

至其所谓太阳中风、太阳伤寒，皆是太阳病之津液未伤的病证。若其人先日伤津，续得太阳病，即是太阳温病。伤津二字实为太阳温病之内蕴，是故“渴”与“项背强几几”同是“伤津”外现的症状。惟其内津已伤，不能注输脊背：而为“项背强几几”的症状表现；惟其内津已伤，不能上承口舌，而有作“渴”的症状表现。实一而二，二而一。由此可以看出“渴”是“伤津”，名之曰太阳温病，“项背强几几”同是“伤津”，亦可名之曰太阳温病，二者的症状表现既可同称为太阳温病，却可主治以葛根汤。以葛根汤治太阳温病，亦当别其有汗与无汗。无汗用葛根汤；有汗去麻黄，即桂枝加葛根汤，因葛根（本经）主治消渴，身大热。所谓太阳温病者，是具有头痛、项强，但微恶寒，发热而渴，脉阴阳俱浮等病证表现。试观下列太阳上篇第六节太阳温病条文便知。

伤寒论太阳篇第六节云：“太阳病，发热而渴，不恶寒者，为温病。若发汗已，身灼热者，名曰风温。风温为病，脉阴阳俱浮，自汗出，身重多眠睡，鼻息必鼾，语言难出，若被下者小便不利，直视失溲，若被火者微发黄色，剧则如惊痫，时瘛疭。一逆尚引日，再逆促命期。”我们从这节条文上也可以看出此即后世所谓邪入心包、而神昏、舌蹇、痉厥的症状。仲师固未立方，然未尝不预人以活法治之。（此所谓观其脉证，知犯何逆，随证治之。）从表面上看来，好像仲师只在太阳篇中以平易明白的辞句讨论了伤寒、中风和温病三大病证；但细绎伤寒论的全文，实质上阳明病的治法也就是治疗温病的治法。陆九芝作阳明病释，他曾肯定的说过：“伤寒论六经并重，而风寒温热之病，以阳明为阃薮。”只以其病之初得，犹须臾恶寒，故仍可以太阳病统之。及其化热之后，兼涉阳明，此时无论为中风、伤寒，或温病，但皆随其证以活法治之：或用葛根以解之，或用白虎以清之，或用麻杏石甘以开之，或用葛根芩连以折之，其病即得全差。吴鞠通温病条辨中所用白虎汤、承气汤、茵陈蒿汤，无非仲师用以治阳明病的方剂。吴鞠通也说温病初起于手太阴，到了中焦，也在阳明胃经。他又说：阳明如市，诸病未有不过此者。从这些我们可以很清楚地看出，伤寒论并非专论伤寒证治的书，其中对温病的辨证与治疗，也有具体的讨论。我们如果认为不能执治伤寒之法以治温病，这种看法，显然是有错误的。

3. 伏气成温病的分析：衷中参西录说：“至于伏气之成温者，若内经所谓：冬伤于寒，春必病温；冬不藏精，春必病温之类。伤寒论中，非无其证，特其证现于某经，即与某经之本病无所区别。仲师未尝显为指示，在后世原难明辨。且其治法与各经之本病无异，亦无需乎明辨也。惟其病在少阴，则辨甚易。何者？因少阴之病，寒热迥分两途，其寒者为少阴伤寒之本病；其热者大抵为伏气化热之温病也。若谓系伤寒入少阴久而化热，何以少阴病两三日即有宜用黄连阿胶汤、大承气汤者？盖伏气昔伏于三焦脂膜之中，与手足诸经皆有贯通之路，其当春阳化热而萌动，恒视脏腑虚弱之处，以为趋向，所谓邪之所凑，其气必虚也。其人或因冬不藏精，少阴之脏必虚，而伏气之化热者，即乘虚而入，遏抑其肾气，不能上升与心气相接续，致心脏跳动无力，遂现少阴微细之脉。故其脉愈微细，而所蕴之燥热愈甚。用黄连以清少阴之热，阿胶鸡子黄以增少阴之液，即以助少阴肾气之上达。俾其阴阳之气相接续，脉象必骤有起色，而内陷之邪热，亦随之外透矣。……”

我们从这里可以看出伤寒论中对于温病，亦有伏气新感之不同。例如太阳温病由于“冬不按跻”或冬不伤寒，只缘津液先伤，至春感风温而病，是谓新感温病。仲师虽未立方，任人以活法治之，如辛凉甘润麻杏石甘等皆可选用。又如“冬伤于寒”，或“冬不藏精”，至春阳气发动而发为温病的，是谓伏气温病。伏气温病，由于郁热伤津，营阴消耗，故主以黄连阿胶汤以养阴清热。吴鞠通氏能明确此点，故创立桑菊银翘以治上焦新感温病，采黄连阿胶汤以治下焦伤阴温病。所以我认为吴鞠通氏著温病条辨也是继续丰富伤寒论中温病部分的不足。我们不应拿来与伤寒论作对立。

三、吴氏《温病条辨》导源于伤寒论

1.《温病条辨》中论三焦是渊源于伤寒论中平脉篇。平脉篇第三十三节说：“寸口脉阴阳俱紧者，法当清邪中于上焦，浊邪中于下焦。……三焦相溷，内外不通。上焦怫郁，藏气相熏，口烂食断也。中焦不治，胃气上冲，脾气不转，胃中为浊，营卫不通，血凝不流，下焦不阖，清便下重，……命将难全。”凡二百六十九字。喻嘉言认为这是论疫邪侵入的门户和疾病变化的总纲。因此说“治法：未病前预饮芳香正气药，则邪不能入；此为上也。邪既入，则以逐秽为第一义：上焦如雾，升而逐之，兼以解毒；中焦如沤，疏而逐之，兼以解毒；下焦如渎，决而逐之，兼以解毒。”这种逐秽的方法，启发了后人使用芳香化浊即至宝丹、紫雪丹、安宫牛黄丸之类的方法。而喻嘉言之论疫从三焦着眼，可能后来叶天士、吴鞠通论温病从三焦着眼是由此得到启示。

2.《温病条辨》采取《伤寒论》诸方为原则：

（1）吴鞠通《温病条辨》在上焦温病中所用桂枝汤、白虎汤、白虎加人参汤、白虎加桂枝汤、栀子豉汤、瓜蒂散等都是仲师用以治伤寒的方剂。他更从白虎汤、白虎加人参汤的基础上创立了加减玉女煎、五汁饮和化斑汤方剂以治气血两燔的病证，俾能生津救液。他更能从仲师伤寒论太阳篇第六节的启示，领会到温病不可误汗的意旨，故又从伤寒论辛凉甘润的麻杏石甘汤的基础上创立了银翘散与桑菊饮等辛凉的法则。不过桑菊银翘的适应范围更为广泛罢了。

（2）在中焦温病中所用大承气汤、小承气汤，调胃承气汤、栀子豉汤、栀子豉加甘草汤、栀子豉加生姜汤、栀子柏皮汤、茵陈蒿汤、茵陈四逆汤、五苓散、理中汤、四逆汤等这也都是仲师用以治伤寒的方剂。吴氏发展了承气汤法，在承气的基础上，增加了增液承气汤、护胃承气汤、宣白承气汤、导赤承气汤、牛黄承气汤、新加黄龙汤等；又在伤寒论麻仁丸与蜜煎的基础上，创立了增液汤。这就使“下”法更臻完善。

（3）在下焦温病中所用黄连阿胶汤，桃仁承气汤、抵当汤、桃花汤、猪肤汤、甘草汤、桔梗汤、苦酒汤、小建中汤、黄土汤、小青龙汤、麻杏石甘汤、葶苈大枣泻肺汤、大黄附子汤、鳖甲煎丸、乌梅丸、白头翁汤等这亦都是仲师用以治伤寒的方剂。吴氏还在伤寒论少阴篇中黄连阿胶汤的基础上，创立了大小定风珠方以养阴清热；在伤寒论太阳篇的炙甘草汤的基础上，创立了加减复脉汤及三甲复脉汤等方，为下焦伤阴温病主方。

仲师伤寒论中的炙甘草汤方一面用地黄、阿胶、麦冬、麻仁、甘草等以滋养阴液，一面用人参、桂枝、生姜、大枣等以扶助阳气，这可说是阴阳两虚温滋并用的法则。吴鞠通著温病条辨在下焦伤阴温病中所创立的加减复脉汤，就是以炙甘草汤为基础，去掉参、桂、姜、枣，加上白芍而成。这样，就把伤寒论中的一个温滋并用的良法，化裁为下焦伤阴温病的主方了。我们从这些方面也可看出吴鞠通是精通伤寒学说的，而温病条辨其实就是伤寒论中温病部分的发展。如果把吴鞠通氏的温病条辨与张仲景先师的伤寒论对立起来看，这显然是错误的。

四、结　语

“伤寒”与“温病”的问题，是这样：仲师“伤寒论”建立以“六经”为总纲，更以“阴阳”二字为两大纲领。从两大纲领而标识“太阳”“阳明”“少阳”“太阴”“少阴”“厥阴”等六纲以名篇。（将人身部位质体分为六经，犹数学家用字母干支以代数，物理学家用符号之意。三阳标识其部位，三阴标识其质体。）而别立“表里”“上下”“寒热”“虚实”等八项为辨证方法。藉以明确其“邪”的浅深和“正”的强弱。从而建立“汗”“吐”“下”“和”“清”“温”“消”“补”等八法，为治疗大法。所以疾病虽千变万化，不外阴阳两大纲领。在分清阴阳之后，更须辨明表、里、上、下的部位和寒、热、虚实的性质，以确定治疗的标准。“伤寒论”对八法虽然没有很明确和系统地提出，但究其实质，则八法显然具备，不容否认。例如病属寒的宜温，属热的宜清，属虚的宜补，属实的宜攻；而攻法乃包括汗、吐、下而言，即邪实于表的宜汗，邪实于上的宜吐，邪实于下的宜下。病居乎中，邪结未实，病处上下之间，非吐下可除的宜消；病居于半表半里，处于表里之间，非汗下可除的宜和。病得其一，即以一法治之，若表里寒热虚实夹杂为病，则一法之中，八法又可相兼为用。辨证明确，治法谨严，全部内容，崇实黜虚，它是祖国医学遗产中最纯朴而最珍贵的作品，具有很高的科学价值。

吴氏“温病条辨”建立“三焦”为纲领。指明“温病由口鼻而入，鼻气通于肺，口气适于胃，肺病逆传，则为心包。上焦病不治，则传中焦，胃与肺也。中焦病不治，则传下焦，肝与肾也。始上焦，终下焦。”在分清上中下三焦之后，更采集叶天士的分别“卫”“气”“营”“血”的变化，即：“卫之后，方言气；营之后　方言血。在卫汗之可也，到气才可清气；入营犹可透热转气；入血就恐耗血动血，直须凉血散血。”以此为辨“邪”的浅深和“正”的强弱，而确定治疗标准。在治疗方面提出辛凉清温或祛湿化浊等的疗法，这使后世治温病的得到了一些规律和启发。

我们从“温病条辨”整个内容中来考察，肯定吴鞠通氏是精通伤寒学说的。他创立“温病”的学说，别以“三焦”立论，提出辛凉清温，祛湿化浊的疗法，本是继续发展“伤寒论”中温病部分的不足，并非与“伤寒论”相对峙。观其在“温病条辨”中所说：“是书虽为温病而设，实可羽翼“伤寒”。“若莫能识得伤寒，断不致疑麻桂之法不可用，若真能识温病，断下致以辛温治伤寒之法治温病。”这是很明显的。只因他在温病条辨中提出了“伤寒论六经，由表入里，由浅及深，须横看；本论论三焦，由上及下，亦由浅及深，须竖看”以后。此说逐渐深入人心，甚至发展到寒温对立，冰炭不容，致使后人对伤寒与温病二说能否很好地结合起来进行研究，这种不良的后果，当时在吴鞠通的思想上是完全没有预料到的。因为当时吴鞠通著温病条辨的动机，原是为了羽翼伤寒，补其不足。至于他所提出的“伤寒须横看，温病须竖看”的说法是不全面的，因伤寒与温病都各有其宜横看和竖看的地方，不应偏执。如果从伤寒方面来说，上面所述的“表里”问题固然是横看，而“上下”问题却是竖看；从温病方面来说，“三焦”问题固然不应横看，而卫、气、营、血何尝可以竖看。因此，伤寒与温病两说在原则上是统一的。我们也必须知道，伤寒学说可以包括温病学说，而温病学说只不过是把伤寒学说中的温病部分进一步发展和具体化，却不能代表伤寒。其实伤寒论中，立法虽分六经，亦不外三焦，言六经者，明邪所从入之门，经行之径，病之所由起，所由传也。不外三焦者，以有形之痰涎、水饮、渣滓，为邪所搏结，病之所由成也。观论中有曰胸中、曰心中、曰心下、曰胸胁下、曰胃中、曰腹中、曰少腹，虽未明言三焦，实较言三焦者似更细析。因此认为“温病条辨”的学说是“伤寒论”中温病部分的学说发展是正确的；如果认为“温病条辨”可以与“伤寒论”对立，这显然是错误的。

参考文献

[1] 温病条辨．吴鞠通著．

[2] 伤寒论．张仲景著．

[3] 温热经纬．王孟英著．

[4] 尚论篇．喻嘉言著．

[5] 临证指南．叶天士著．

[6] 世朴齐医书．陆九芝著．

[7] 衷中参西录．张锡纯著．

[8] 经方实验表．姜佐景著．

[《上海中医杂志》1957，(10) 7]

从《金匮玉函经》“辨太阳病形证治第三”的首条看《伤寒论》次序之排列

宗维新

《伤寒论》一书为我国医学中第一部完整的医学专著，被历代医学家所尊重，直至今天还奉为圭臬，所以自宋代以来注释者颇多因各家看法不同争辩之处亦复不少，争辩内容非只辨证论治，即书次之排列，文辞之纂改亦为辨论中心，尤以清代朴学昌盛之后，此类问题辩论者更为常见，如“辨暍湿痉第一”不应列入伤寒论，似为金匮之重出，平脉辨脉非仲景之原文……等等前人早有明论，兹不赘述，今举金匮玉函经辨太阳病形证治第三的首条为例，看伤寒论通行本的次序排列似有未当之处，兹举个人简陋之见请大家指正。

《金匮玉函经》为《伤寒论》之别本，宋林亿等校对医书时与伤寒金匮并存，惜此书流传后世颇寡，而披阅者盖鲜，现在流传者唯有清上海陈世杰之刊本，人民卫生出版社已影印发行，此书排列次序与通行本有许多不同之处，然详究其次序之排列亦颇有耐人寻味者。如通行本中“辨太阳病脉证并治上”亦即金匮玉函经之“辨太阳病形证治第三”部分，通行本首条即是“太阳之为病脉浮头项强痛而恶寒”。第七条为“病有发热恶寒者发于阳也，无热恶寒者发于阴也，发于阳者七日愈，发于阴者六日愈，以阳属七阴属六故也”而金匮玉函经将通行本之第七条列为首条，原文为“夫病有发热而恶寒者发于阳也，不热而恶寒者发于阴也，发于阳者七日愈，发于阴者六日愈，以阳数七阴数六故也”。我以为此节为伤寒全论之总纲六经之提要，列为首条最为适宜，因此条首列“病”字而不冠以“太阳”二字，则非太阳经之条文已明，盖太阳病只论太阳一经之病，而“病”字乃统论六经之病，仅此一字即可为应列首条之初生步明证。

历代诸家如魏荔彤、张锡驹、方有执、张隐菴、程知、柯韵伯、徐灵胎、喻嘉言、秦皇士，吴谦、黄坤载等及时贤余无言，朱茀等咸遵成无已注本次序，囿于成氏笼统论调，将“无热恶寒”作“或未发热”解；将“发于阳”“发于阴”或解为“风伤卫”之阳“寒伤荣”之阴；或解为“发于太阳之阳”“发于少阴之阴”。

夫“无热”者乃始终不发热之谓，“未发热”者是暂时尚未发热，少顷未必不发热也。“无”字“未”字正是辨证之要点，惜诸家随文敷衍将毫厘千里之文字竟指鹿为马，金匮玉函经以此节冠于六经之首并以“无”作“不”，更足以证明。再者如以此条作太阳经条文解释，则只说明六日七日之愈期惟太阳经有之，他经不与面焉。但阳明少阳及三阴之“……病欲解时……”云云。当在何处着落？岂非自相矛盾？诸家恐亦瞠目不能自圆其说。

王朴庄伤寒论注以《千金翼方》为蓝本，已较诸家为优，但《千金翼方》此节也在太阳篇中，故王氏亦将已发热未发热列为“发于阳”“发于阴”之例，惜其未见金匮玉函经因而亦蹈此辄，尚未能摆脱成氏之羁绊。

张璐，程应旄，尤在泾、周禹叙诸人读书有得，指出“发于阳”为发于三阳经，“发于阴”为发于三阴经，虽不能提出证据已属难能可贵，高出诸家一筹。独钱潢氏有超越之见，提出“此一节提挈纲领，当冠于六经之首”之论点，仅以未见玉函经之原文，致使胸无成竹，虽有惊人之论断，亦不能力辟诸家之误。

由此一条来论，则《金匮玉函经》之次第尚属合宜，再从全篇文字考察，与《千金翼方》之伤寒全文合者颇多，再证之敦煌石室旧藏伤寒论辨脉法残卷（隋末唐初之手抄本，现存于英国伦敦博物馆）文字亦与《金匮玉函经》出入较少，可见《金匮玉函》一书还保留一部分《伤寒论》在隋唐时代之面貌，后人讽为陈世杰所伪托者，似属非是。读《伤寒论》者无妨将其与《伤寒论》远行本参看，无论从其文字之差异，条文之有无，次序之安排等方面，都可以启发我们新的思路，作进一步研究伤寒论的他山之助。其全书之文字类此者尚多，有待大家研究考证。欣逢我院《中医争鸣》创刊之庆，谨以欢欣鼓舞的心情作抛砖引玉之意。

[《中医争鸣》1958，(1)：15]

张仲景《伤寒论》“辨证论治”的精神实质

胡光慈

伤寒的名称，根据内经热论所说“凡热病者，皆伤寒之类”也。及难经称“伤寒有五，有中风、有伤寒、有湿温、有热病、有温病”等，不难理解它是我国古代医家对于一般外感重证的通称，因此我们认为张仲景先生伤寒论是一部对一般外感重证的临床治疗经典著述。

张仲景先生自序说：“余宗族素多，向余二百，建安纪年以来，犹未十稔，其死亡者，三分有二，伤寒十居其七，感往昔之沦丧，伤横夭之莫救，乃勤求古训，博采众方，撰用素问九卷，八十一难、阴阳大论、胎胪药录，并平脉辨证，为伤寒杂病论合十六卷，虽未能尽愈诸病，庶可以见病知源，若能寻余所集，思过半矣”，从这里可以体会到伤寒论是仲景先生在承袭了内难的理论基础上，通过亲身对于一般外感重证的实践中，所创造的伤寒平脉辨证法，用以指导临床，这便是后代中医所奉行的“辨证论治”法，所谓“辨证论治”法，着重地是通过“辨”的过程来认识疾病，从而说明它的演变，鉴别它的性质，以及如何掌握这些理论知识去具体地进行临床措施，现在我根据仲景伤寒论的这些基本认识，提出了伤寒论四辨，来进一步说明它的猜神实质。

一、辨六经的界限

方有执先生说：“六经之经与经络之经不同，六经犹儒家六经之经，犹言六部也”，程郊倩先生说：“经犹言界也，经界既正，则彼此可以分疆；经犹言常也，经常既定，则徙更辄可穷变，六经署而表里分，阴阳划矣，凡虚实寒温之来，虽不一其病，务使经署分明，则统辖在我”，从这些名注家的论点中，进一步体会到，张仲景先生伤寒论的六经虽是引用了内经里的六经，实质上是他在丰富临床实践中，从一般外感重证错综复杂的症候中，得到的规律性，从而把它系统化起来，定为六种疾病分类方法，如论中所说：“太阳之为病，脉浮、头项强痛而恶寒”；“阳明之为病，胃家实”；“少阳之为病，口苦咽干目眩也”“太阴之为病，腹满而吐，食不下，自利益甚，时腹自痛，若下之，必胸下结硬”；“少阴之为病 脉微细，但欲寐也”；“厥阴之为病，消渴气上撞心，心中热疼，饥而不欲食，食则吐蛔，下之利不止”等，这样使我们在临床上对于一般外感重证的错综复杂的症候，基本上有了鉴别，即后世注家所称的六经提纲，也是方有执先生所说的“六部”；程郊倩先生所称的“经界”了。

二、辨六经的传变

仲景伤寒论的六经，不仅是体现在一般外感重证的六种分类方面，而且“经”字还含有代表一般外感重证不同的经过过程，如仲景说：“太阳病头痛至七日以上自愈者，以其行经尽故也”，“太阳病经过十余日”，“伤寒十三日，过经谵语者。等“经”字，都包括有经过的含义，但是一般外感重证仍不免由于邪气侵入有轻重，正气有强弱，所以它所演变的过程也颇不一致的，兹分别扼要说明如下：

六经经过的基本次序：内经热论的一日太阳，二日阳明，三日少阳，四日太阴，五日少阴，六日厥阴等程序，基本上为仲景所采用，作为一般外感重证的六个不同的经过先后次序，太阳、阳明、少阳为三阳，为一般外感重证的前期，如太阳为三阳之首，主一身之表，为邪气侵入人体，邪正相持于表的最初阶段，故仲景有“伤寒一日，太阳受之”的说法，阳明为三阳之里，为病势进展，邪气势盛，正气未虚，相搏于里的前期极期阶段。少阳为半表半里，介于太阳阳明之间，为前期从表入里的中间过程，即仲景所说：“伤寒二三日，阳明少阳证不见者，为不传也”的含意。太阴、少阴、厥阴为三阴，是一般外感重证的后期，此时邪气虽衰，正气亦虚，太阴为后期中的开始，少阴为后期中的后期，厥阴为后期中的极期，若是邪衰正气恢复，则为从阴出阳病愈，邪盛正虚不复，则为死证。

六经传变的基本情况：一般外感重感的经过虽是有一定的规律性，已如前说。但是由于邪气与正气的盛衰而病势的演变不无参差，如伤寒初期——太阳的阶段，邪势极盛，有二、三日即入阳明、少阳的，亦有邪正相持于表而不传入阳明、少阳的，仲景说：“伤寒一日太阳受之，脉若静者为不传，颇欲吐，若烦躁，脉数急者，为传也”，就具体说明了“传经”的内容。若是太阳不传的症候，在太阳经过的时间一般是以6～7日为一周期，所以仲景说：“发于阳者七日愈，发于阴者六日愈”。但是也有太阳经过周期已完即行自愈的，如仲景说：“头痛至七日以上自愈者，以行其经尽故也”及“风家表解而不了者，十二日愈”等。也有太阳的间期已尽，再传入另一经的，如仲景说：“若欲作再经者，针足阳明，使经不传”及“伤寒十三日，过经谵语者，以有热也，当以汤下之”等，皆为仲景所称的不同传经内容。

误治的传变：伤寒论所用之汗、吐、下、利、火……等治疗方法，都是用来攻击邪气的方法，若是用之不当往往反而伤及正气，助长邪气，促成病势的演变，这是误治所形成的传变，兹将论中因误治的传变，略举各条，以示一般。

1. 仲景说：“服桂枝汤，大汗出后，大烦渴不解，脉洪大者，白虎加人参汤主之”及“伤寒若吐、若下后，七八日不解，热结在里，表里俱热，时时恶风，大渴，舌上干燥而烦，欲饮水数升者，白虎加人参汤主之”等，都是因为误治传入阳明，所形成的里热症。

2. 仲景说：“太阳病，若发汗、若吐、若下、若利小便，此亡津液，胃中干燥，因转属阳明，不更衣内实大便鞕者，此名阳明也“及”太阳病若吐、若下、若发汗后，微烦，小便数，大便因鞕者，与小承气汤”等，都是因误治传入阳明，所形成之府症。

3. 仲景说：“伤寒五、六日，已发汗而复下之，胸胁满微结，小便不利，渴而不呕，但头汗出，往来寒热，心烦者，此为未解也，柴胡桂枝干姜汤主之”，这是误治传入少阳半表半里之症。

4. 仲景说：“病发于阳而反下之，热入因作结胸；病发于阴而反下之，因作痞也”，此皆误治而传入少阳半里之症。

5. 仲景说：“本太阳病，医反下之，因尔腹满时痛者，属太阴也”，这是误治传入太阴之症。

6. 仲景说：“太阳病发汗，汗出不解，其人仍发热，心下悸，头眩，身动，振振欲擗地者，真武汤主之”，“烧针令发汗，针处被寒，核起而赤者，必发奔豚，气从少腹上冲心者，灸其核上各一壮，与桂枝加桂汤，更加桂二两”，“伤寒脉浮，自汗出，小便数，心烦，微恶寒，脚挛急，反与桂枝汤，欲攻其表，此误也，得之便厥，咽中干，烦躁吐逆者，作甘草干姜与之……若重发汗，复加烧针者，四逆汤字之”等，此皆误治传入少阴之症。

7. 仲景说：“伤寒本自寒下，”医复吐下之，寒格更逆吐下，若宜入口即吐，干姜黄连黄芩人参汤主之”，此误治传入厥阴之症。

以上乃略举各条以明传变之概要，兹再拟图以示六经传变之情况如下：

（见后文）

三、辨六经的阴阳和六变

论阴阳：阴阳学说在医学方面的应用始于内经，张仲景先生继承了内经阴阳学说的遗义，进一步应用到临床实践，来表示说明疾病矛盾的两方面，如以六经的划分来说，三阳为阳，三阴为阴；从人体来说，气为阳，血为阴，外之躯壳为阳，内之脏府为阴，外统荣卫，卫为阳中之阳，荣为阴中阴，内之六腑为阴中之阳，五脏为阴中之阴，从脉来说，寸部为阳，尺部为阴，左部为阳，右部为阴，浮脉为阳，沉脉为阴，数脉为阳，迟脉为阴，滑脉为阳，涩脉为阴，洪大为阳，微弱为阴，浮滑为阳中之阳，浮涩为阴中之阴，沉数为阴中之阳，沉迟为阴中之阴，从症候来说，表证为阳，里证为阴，热症为阳，寒症为阴，所以内经说：“阴阳者数之可十，推之可百，数之可千，推之可方，万之大不可胜数，然其要一也”，这是“阴阳”总的精神，兹再就仲景论中所论阴阳之文，说明如后，以示一般。

1. 仲景说：“伤寒三日，三阳为尽，三阴当受邪，其人反能食而不呕，此为三阴不受邪也”，本条三阳乃指太阳、阳明、少阳，三阴乃指太阴、少阴、厥阴而言。

2. 仲景说：“伤寒六七日，无大热，其人烦躁者，此为阳浮入阴故也。乃以阴阳言表里，阳指表，阴指里，是由少阳之表而入少阴之里。

3. 仲景说：“太阳中风，阳浮而阴弱，阳浮者，热自发，阴弱者，汗自出，啬啬恶寒，淅淅恶风，翕翕发热，鼻鸣干呕者，桂枝汤主之”本条乃言脉之阴阳，以轻取而得者为阳，重取而得者为阴。

4. 仲景说：“太阳病未解，脉阴阳俱停，必先振栗汗出而解，但阳脉微者，先汗出而解，但阴脉微者，下之而解，若欲下之，宜调胃承气汤”，本条乃以寸部为阳脉，尺部为阴脉。

5. 仲景说：“病有发热恶寒者，发于阳也，无热恶寒者，发于阴也……”本条阳字指风邪，阴字指寒邪，即言发于中风，发于伤寒之邪。

6. 仲景说：“伤寒五、六日，头汗出，微恶寒，手足冷，心下满，口不欲食，大便鞕，脉细者，此为阳微结，必有表复有里也，脉沉亦在里也，汗出为阳微，假令纯阴结，不得复有外症，悉入在里，此为半在里半在外也……”，本段阳字指半在表之热，阴字指半在里之寒，皆言邪气之内结。

7. 仲景说：“太阳病得之八、九日，如疟状、发热恶寒，热多寒少，其人不呕，清便欲自可，一日二、三度发，脉微缓者，为欲愈也，脉微而恶寒者，此阴阳俱虚，不可更发汗，更下更吐也……”，本段阳指太阳，阴指少阴，皆言正气之虚。

8. 仲景说：“太阳病，医发汗，遂发热恶寒，因复下之，心下痞，表里俱虚，阴阳气并竭，无阳则阴独，复加烧针，因胸烦，面色青黄，肤润者，难治，今色微黄，乎足温者，易愈”。前者“阴阳气竭”乃指表里之正气，后者无“阳则阴独”，阳指肾中之元阳，阴指在里之寒邪，是有言表里，有言正气与邪之殊。

综合各条所说阴阳，则不外六经、表里、脉象与部位、邪气之寒热，正气之虚实等，仲景伤寒论所论之阴阳于此可见一般。

辨六变：六变指表里、寒热、虚实而言。表里所以辨病之内外，认病之深浅；寒热所以辨病之原因，明邪气之性质；虚实所以辨邪气之强弱与正气之盛衰，陈逊斋氏说：“太阳、阳明、少阳皆为热病，太阴、少阴、厥阴皆为寒病，太阳、阳明、少阳皆为实病，太阴、少阴、厥阴皆虚病，阴阳寒热虚实之中，又有在表在里与在半表半里之不同，太阳为表，少阴亦为表，太阳之表为热为实，少阴之表为寒为虚，阳明为里，太阴亦为里，阳明之里为热为实，太阴之里为寒为虚；少阳为半表半里，厥阴亦为半表半里，少阳之半表半里为热为实，厥阴之半表半里为寒为虚”，可为仲景六经表里寒热虚实的基本情况。但是太阳虽多热、多实、多表症，未尝不有寒症、虚症、里症，少阴虽多寒、多虚、多里症，未尝不有热症、实症、表症，不过前者言其常，后者乃其变，是又不拘泥而论，兹将六经表里、寒热、虚实症之变化。重点列表如下，以示其概况。

太阳病
- 表
  - 表虚
    - 中风主症——头痛项强，发热汗出，恶风，脉浮缓（桂枝汤症）
    - 中风变症
      - 卫虚——太阳病，发汗遂漏不止，恶风小便难、四肢微急，难以屈伸（桂枝加附子汤症）
      - 营虚——太阳病，发汗后，身疼痛，脉沉迟（桂枝新加汤症）
  - 表实
    - 伤寒主症——头痛项强，身体疼痛，发热（或未发热）无汗，恶寒，脉浮紧（麻黄汤症）
    - 伤寒变症
      - 寒闭热——太阳病，发热恶寒，身疼痛，不汗出，烦躁，脉浮紧（大青龙汤症）
      - 寒水射肺——伤寒表不解，心下有水气，干呕发热而咳，气喘不渴（小青龙汤症）
- 里
  - 蓄水——微热消渴，出汗，烦躁，小便不利，脉浮或脉数（五苓散症）
  - 蓄血——其人如狂，小腹鞕满，小便自利，脉沉结（抵当汤、桃核承气汤症）
  - 发黄——太阳伤寒，热瘀在里，身发黄（麻黄连翘赤小豆汤症）。
- 太阳太阴合病
  - 风寒湿症——骨节疼痛，掣痛不得屈伸，近之剧痛，汗出短气，小便不利，恶风不欲去衣。身微肿（甘草附子汤症）
  - 风寒症——伤寒八九日，身体疼烦，不呕不渴，脉虚而涩（桂枝附子汤症）
  - 寒湿症——桂枝附子汤症见大小便自利（去桂加白术汤症）
- 太阳阳明合病——头痛项强，发热无汗恶风，自下利（葛根汤症）

- 阳明病
  - 里热
    - 主症
      - 实热——身热自汗，不恶寒，反恶热，烦躁口渴，脉洪大，或浮滑（白虎汤症）
      - 虚热——伤寒，误下，身热不去，心烦，不得眠，胸中窒（栀子豉汤症）
    - 变症
      - 津虚——白虎汤症见大汗出，大烦渴不解（人参白虎汤症）
        阳明病，发热，渴欲饮水，小便不利，脉浮（猪苓汤症）
      - 发黄——阳明病，发热，身黄（栀子蘖皮汤症）
  - 里实
    - 主症——日晡潮热，谵语，腹实满，大便鞕，手足濈然汗出，小便利，脉沉滑实（承气症）
    - 变症
      - 津虚——大便鞕，小便数，趺阳脉浮而涩，其脾为约（麻仁丸症）
      - 津枯——阳明病，自汗出，小便自利，大便鞕，津液内竭（导症）
      - 发黄——阳明病，发热，但头汗出，身无汗，小便下利，渴饮水浆，瘀热在里发黄（茵陈蒿汤）。
  - 表里俱热症——桂枝症下后，发热，汗出而喘，下利不止，脉促（葛根苓连汤症）

- 少阳病
  - 半表半里
    - 里虚——往来寒热，胸胁苦满，嘿嘿不欲饮食，心烦喜呕，口苦咽干，目眩，脉弦（小柴胡汤症）
    - 里实
      - 小柴胡汤症，心下急结，呕不止，郁郁微烦（大柴胡汤症）
      - 日晡潮热，胸胁满而呕（柴胡加芒硝汤症）
  - 半里
    - 虚实夹杂
      - 主症——心下痞，干噫食臭，腹中有水气，雷鸣下利（生姜泻心汤症）。
      - 偏虚——心下痞鞕而满，干呕心烦，腹中雷鸣，下利日数十行，
        谷不化，下之痞益甚（甘草泻心汤症）
    - 寒热夹杂——正在心下，按之则痛，脉浮滑（小陷胸汤症）
    - 实症
      - 热实——心下结痛，鞕满，拒按，寸脉浮，关脉沉，或沉紧（大陷胸汤症）
      - 寒实
        - 寒实结胸，无大热烦渴（白散症）
        - 胸中痞鞕，气上冲咽喉不得息，寸脉微浮（瓜蒂散症）
    - 热症
      - 心下痞，按之濡，其脉关上浮（大黄黄连泻心汤症）
      - 里热下利（黄芩汤症）
  - 太阳少阳并病
    - 偏表证——伤寒六七日，发热微恶寒，支节烦疼，心下支结（柴胡桂枝汤症）
    - 偏里证——伤寒五六日，往来寒热，胸胁满微结，心烦，渴而不呕，
      小便不利，但头汗出（柴胡桂枝干姜汤症）

- 太阴病
  - 里
    - 虚实证
      - 腹满时痛，食不下，呕吐自利不渴，脉沉缓（理中症）
      - 阳脉涩阴脉弦，腹中急痛（小建中汤症）
    - 邪实正虚——汗后里虚，腹胀满（厚朴生姜半夏甘草人参汤症）
    - 实症一——太阴病，腹满大实痛（桂枝加大黄汤症）
  - 表一太阴病，脉浮，可发汗症（桂枝汤症）

- 少阴病
  - 里
    - 寒症
      - 主症
        - 寒厥——下利清谷，手足厥逆而恶寒，脉微欲绝（通脉四逆汤症）
        - 寒水——少阴病，四肢沉重疼痛，自下利，小便不利，
          或心悸，头眩，身瞤动，振振欲擗地（真武汤症）
      - 变症
        - 津虚——恶寒厥逆，脉微而复利，利止亡血（四逆加人参汤症）
        - 动水——奔豚，气从少腹上冲心（桂枝加桂汤症）
    - 热症
      - 少阴病，二三月以上，心中烦，不得眠（黄连阿胶汤症）
      - 少阴病，咽痛（甘草汤症）
    - 虚证
      - 阳虚——少阴病二三日，口中和，背恶寒（附子汤症）
      - 阴虚——少阴病，下利，咽痛，胸满心烦（猪肤汤症）
    - 实证——少阴病自利清水，色纯青，心下痛，口燥咽干，或六七日腹胀不大便（少阴三急下症）
  - 表一太阳少阴两感症——少阴始得之，反发热，脉沉（麻附辛汤症）

- 厥阴病
  - 里
    - 寒热夹杂症——蛔厥，脉微而厥，吐蛔，心烦须臾复止，得食而呕，或久利（乌梅丸症）
    - 虚寒症——手足厥寒，脉细欲绝（当归四逆汤症）
    - 实热症——脉滑而厥，里有热（白虎汤症）
  - 表——向愈症——厥少热多，其病当愈。

六经病传示意图

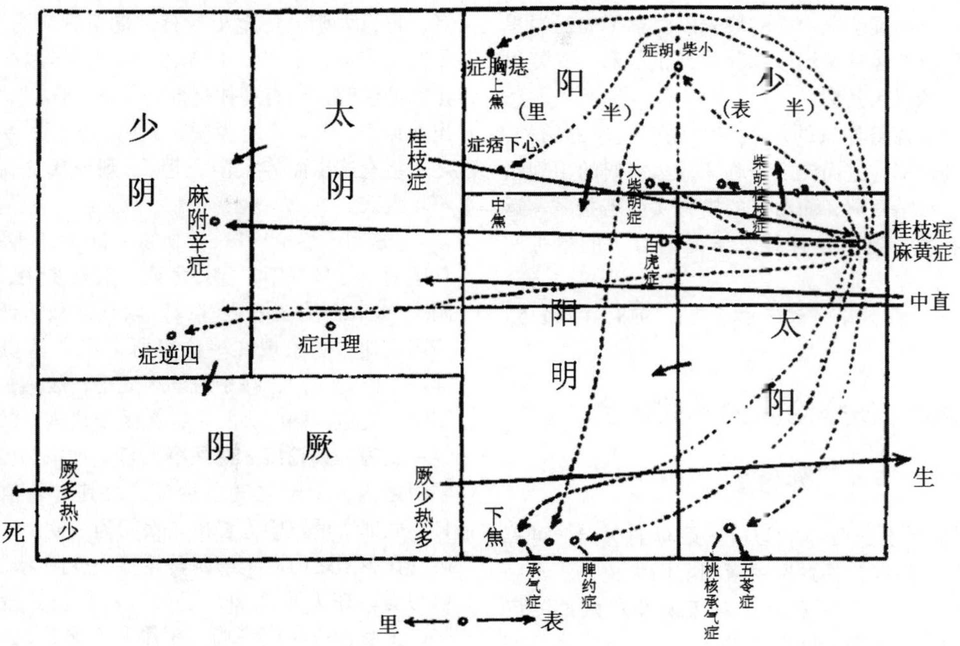

附注：循经传——→　　误治传……→　　直中、两感、从阴出阳——→

四、辨治法有标本、主次、先后、缓急。

六经的阴阳、表里、寒热、虚实虽然已经划分，然而在临床具体地掌握，还必须进一步辨别标本主次。标本主次分明，则于临床措施时之先后缓急有一定的尺度，兹略举论文各条，叙述其意义如下：

1. 仲景说："下之后，复发汗，昼日烦躁不得眠，夜而安静，不呕不渴，无表症，脉沉微身无大热者，干姜附子汤主之"，这是里有真寒而现假热之烦躁，故以治里寒为主，用甘草干姜汤温里以治其本。

2. 仲景说："伤寒脉滑而厥者，里有热，白虎汤主之"这是里有真热，外有假寒之症，故以里热为主，用白虎汤清里以治其本。

3. 仲景说："发汗、吐下后，虚烦不得眠，若剧者，必反复颠倒，心中懊侬，栀子豉汤主之"，这是误治后正气稍伤，邪亦不实之虚烦，故以栀子豉汤清轻以治其热为主。

4. 仲景说："伤寒脉结代，心动悸，炙甘草汤主之"，这是伤寒邪实正虚之心悸，故以正虚为主，用炙甘草汤补正以治其本。

5. 仲景说："太阳病，外症未解不可下也，下之为逆，欲解外者，宜桂枝汤"，这是仲景伤寒先表后里主治疗法则。

6. 仲景说："伤寒医下之，续得下利清谷不止，身疼痛者，急当救里，后身疼痛，清便自调者，急当救表，救里宜四逆汤，救表宜桂枝汤"，这是里急而表缓之症，故又当先治其里而后治其表。

7. 仲景说："太阳病发汗后，遂漏不止，其人恶风，小便难，四肢微急，难以屈伸者，桂枝加附子汤主之"，这是表症未解，卫阳外虚之症，而以表邪为主，阳虚为次，故治以解表为主，温里为辅，邪正两治。

8. 仲景说："伤寒心下有水气，咳而微喘，发热不渴……小青龙汤主之"，这是表寒重而内停水饮之症，以表邪为主，里邪为次，故仍以解表为主，温里除饮为辅，表里双治。

9. 仲景说："伤寒胸中有热，胃中有邪气，腹中痛，欲呕吐者，黄连汤主之"，这是上热中寒正虚之症，而以扶正为主，祛邪为次，清在上之邪，温补中焦虚寒，寒、温、补兼施之法。

10. 仲景说："伤寒脉浮，自汗出，小便数，心烦，微恶寒，脚挛急，反与桂枝汤，欲攻其表，此误也，得之便厥，咽中干，烦躁吐逆者，作甘草干姜汤与之，以复其阳，若厥愈足温者，更作芍药甘草汤与之，其脚即伸，若胃气不和谵语者，与调胃承气汤……”，这是误治阴阳两虚之症，而以阳虚厥逆为急，阴虚挛急为缓，故先以甘草干姜汤温里复阳，后以芍药甘草汤以和其阴，正复邪实，复以调胃承气汤以除其邪。

据以上各条仲景的标本主次先后缓急的精神，从而体会全书，进而施之于临床，虽症候的出现错综复杂，头绪万端，而治疗的措施实明若指掌，运用操之在我。这便是仲景“辨证论治”的精神实质。

[《江西中医药》1958，(2)：5]

读《伤寒论》的一些体会

郑宗洛

《灵》《素》两部书为祖国最早的医经，可算立案之作。后汉张仲景撰用素问阴阳大论、八十一难，而有《伤寒论》和《金匮玉函经》两部的巨著，是为引案之书。可惜年代已久，经过许多的变迁，其中不免有错简或脱讹之处，后来虽经晋朝太医令王叔和的编次，终不能去人之疑。

以注释伤寒论而言，继成无己之后者，据不完全的统计，已有400余家，见仁见智，各抒己意而阐发之；中间以张隐庵的《集注》，张令韶的《直解》，柯韵伯的《来苏集》与《论翼》，喻嘉言的《尚论》，黄元御的《悬解》，徐灵胎的《约编》及陈修园的《浅注》等最为杰出。晚近名医如唐容川、恽铁樵、陆渊雷、承淡安和余无言辈亦皆有注解，并能结合科学，参以新说，自属难能可贵。

王履有说：“读仲景书，当求其所以立法之意，则知其书是为万世法，而后人莫能加，莫能外矣。苟不得其所以立法之意，则疑信相杂，未死通此而碍彼。”可谓已经先获我心。所以现在我也有了勇气，并不顾虑到个人医学的水平，把数十年来对读“伤寒论”的一些体会，写成这篇，希望医界同志们对不正确的部分，多多加以指导。

六经编次的意义

后人对《伤寒论》的六经编次，议论纷纭，见解不一。有的泥守日数，以“一日太阳，二日阳明，……”为依据，有的以太阳为表，阳明为里，由表里分其次序。如日人中西惟忠于所著“伤寒之研究”一书里有说：“以其浅深缓急之次，则当自太阳及少阳，自少阳及阳明，而反漏少阳于后者，盖欲先示其为表里也。”即可代表以表里为次的一派。至于泥定传经日数，则有成无己再传之讹。成氏以“六日厥阴，为传经尽，七日当愈，七日不愈者，再自太阳，传至十二日，复至厥阴为传经尽，十三日当愈，十三日不愈者，谓之过经。”此种不正确的注解，已有马仲化批判其非。氏以“厥阴复出而传于太阳。奈有少阴、太阴、少阳、阴明以隔之，岂有遽出而传太阳之理。”则成氏之说，可以不攻自破。

《素问·热论》曰：“伤寒一日，太阳受之，二日阳明，三日少阳，四日太阴，五日少阴，六日厥阴。”病在三阴三阳之气，以六日之数，计其六气传遍之期。好象现在单位里所采取“值班制”一样。太阳为三阳，在于最外之皮毛，故第一日是太阳之气轮值。阳明为二阳，在太阳之内，故阳明之气主肌肉，其轮值之期是第二日。少阳为一阳，在阳明之内，少阳之气主腠理，故其气轮值于第三日。此即所谓三阳为表也。太阴为三阴，主皮毛肌肉，在少阳之内，于第四日轮值。少阴为二阴，主血与骨，在太阴之内，于第五日轮值。厥阴为一阴，主筋，在少阴之内，于第六日最后之期轮值。是即三阴为里之说。据我不成熟的见解，在人身的三阴三阳，就是六重的气体。分做六日，一重越过一重，如云之行于经络以外，迨六日轮行已编，即周而复始，故第七日乃阴阳换气交班之期，重行轮值，仍起于一阴。

张分韶深明此中道理，特于所著《伤寒直解》书里，以伤寒六气相传，分为正传与邪传两种，可谓已入仲景之室。其言曰：“无病之人，由阴而阳，由一而三，始于厥阴，终于太阳，周而复始，运行不息，莫知其然。病则由阳而阴，由三而一，始于太阳，终于厥阴，一逆则病，再逆则甚，三逆而死矣。”无病的人，经气之传，乃由内出外，始于厥阴，而终于太阳，是之谓正传。正传之气是顺的，恰如素问玉版论要篇所谓“神转不回”一样，无所凭验，故曰：“运行不息，莫知其然。”邪气之传，则由外入内，始于太阳，逆行而至于厥阴，是为邪传。亦即所谓：“回则不转，乃失其机。”

此种传变，乃古人根据临床上所经验而得邪气逆行的现象，定出这一套公式，为审病施治的指标。如能逐步推究邪之所向，则病之吉凶死生，已可了如指掌。张隐庵曾说：“纪日者，言正气也，传经者，言病气也。”更明显地启发传经的原理。人身既有脏府，自有经脉之路线，有经脉路线，则有三阴三阳气化流行于其间。如不明正气的流行，亦无以察邪气的传变。后人不知古人独见之明，用心之苦，反以阴阳六经为不足凭，力倡废除，重新编次，似非发掘祖国医学遗产之至意。

六经辨证施治处方的认识

仲景的《伤寒论》是得自内经全部的精髓而写成的，但在字里行间除根据素问热论篇“一日太阳，二日阳明……”这几句以外，其余的内容，很难使人能够看得出有内经的意味。如三阴三阳的开、合、枢的道理，不但是内经宝贵的材料，也就是“伤寒论”最重要的环节，而论中却无明文指出。此皆仲景善读内经的表现，故能融会贯通，而达到天衣无缝的境界。他把许多的证候群，分做三阴三阳的六个类型，立下397法，订有113方，方外有方，法外有法，都是教人灵活掌握，随证施治。观其论中有“宜”字“可”字“若”字也有作“或”字，皆寓有斟酌商量之意，并非武断地要后人墨守成规。王肯重称之：“如神龙出没，首尾相应，鳞甲森然。”其语并无过誉。

三阴三阳之在人身为无形的气化，于解剖上看不见的，开、合、枢是表示机体上有此的作用，也无形迹可寻，所以都难使人置信，可是以之应用到治疗上面，却能著其效验。兹特本我一些体会和经验，作如下的说明。

太阳主一身之表，为开，故篇中用麻、桂解表，以示发汗各法，乃助其开。阳明为表中之里，主合，故篇中用硝、黄枳实，以示攻下各法，是顺其合。少阳为半表半里，主枢，故用大小柴胡、泻心等，以示和解之法，借转其枢。太阴为里中之表，主开，故篇中用四逆辈温补，以干姜从上而开，或用桂枝汤加芍药、大黄，以辛甘温与苦泄从上下而开。按伤寒太阴篇中，仅有寥寥八节，故后人疑其有脱落，但以手太阴主皮毛，可与太阳篇合看，则其开之之法，亦可互见于太阳篇中之麻桂大小青龙各方，似足补其不及，而无遗蕴。少阴为里中之半表里，上火下水为枢，故篇中或用大黄，或用附子、干姜和济阴阳，以转其枢。厥阴为里中之里，主合，故篇中首用乌梅丸以合之。盖病在厥阴，寒热变幻，而乌梅一方，寒热并用，可为厥阴全篇证治之纲领。至于寒化者，可用四逆汤、当归四逆汤等，热化者，则用白虎汤、白头翁汤之类，又在乎其人认证之确，而施治之。

综上可知《伤寒论》对六经辨证施治处方的重点，皆就开、合、枢作用上着想。后之人除张隐庵、张令韶对之有所发挥外，余皆在将信将疑之中。陈修园于此亦有所见，故曾表示其对二张所注伤寒论，兴味浓厚，有“百读不厌”之语。唐容川论“开合枢”，则说：“内经此数条，言人身气化最精，……张隐庵、陈修园注伤寒，全本于此，读者详之。”这都是明白指示我们应该在基本上进行研究伤寒的一条途径。

小　结

《伤寒论》有悠久的历史，且早已流传国外。它的内容非常丰富，无论在诊断，治疗和方剂各方面，都能使人感到十三分满意，时至今日仍不失其实用的价值，这完全归功于仲景的伟大创造。论中最主要的，于人身经络之外，假定分做三阴三阳六道的防线，并从“开、合、枢”作用上设想处方和下药，故能神乎其技，战胜病魔。但是此种有制之师与严明的阵地，非得其人而指挥之，亦难克奏肤功，所以说治“伤寒”要首从六经三阴三阳开，合、枢上着手，是有其原因的。

《伤寒论》虽然艰深，——尤其是不可摸触的六经三阴三阳开、合、枢等，不能用现有的科学理论来做完满的解释，但是它在医疗效果上可以作为强有力的见证，似又无理由加以否定。现在科学进步，一日千里，各种新奇的东西，都在不断的发明创造中，则此种妙机总有解决的一日。所以我们医学界应该积极响应党和政府“百家争鸣”的号召，好好掌握唯物辩证法的武器向祖国医学堡垒进军，以三阴三阳开合枢为提纲，结合新科学理论再根据临床实践找出窍门，自可变难为易，使人人皆得领会祖国医学之繁荣是可以预期的。

［《福建中医药》1958，3（3）：32］

略谈成无己《注解伤寒论》的内容和所附图解问题

徐荣斋

我在早年学习《伤寒论》时，是以徐灵胎《伤寒类方》，柯韵伯《伤寒来苏集》《论翼》和《附翼》为主要读本；对于成无己是“知其人而未尝读其书”的。1943年绍兴沦陷，医务寂寥，翻阅成氏《伤寒明理论》，颇觉分析仔细，明白晓畅，于是进而读他的《注解伤寒论》。这本书的编次以辨脉，平脉、伤寒例冠首，次列六经证治主文。其意在使读者先了解伤寒义理，把脉证和致病的因子明确起来。然后循序地学习仲景的法和方。

成氏对仲景法的理解。确能忠于原文，做到深入浅出的阐发，文字更简洁朴素，没有支词蔓语羼杂其间。我体会他的注解，往往用对比和引申的笔法，反复演述，使读者懂得正面，同时也懂得反面。例如：辨痉湿暍脉症第四：“湿家之为病，一身尽疼，发热，身色如似薰黄”条，他的注解是：“身黄如橘子色者，阳明瘀热也；此身色如似熏黄，即非阳明瘀热。身黄发热者，栀子柏皮汤主之，为表里有热，则身不疼痛；此一身尽疼，非伤寒客热也，知湿邪在经而使之。”又同篇：“湿家，病身上疼痛……”条，他的注解是：“病有浅深，证有中外，此则湿气浅者也。何以言之？湿家不云关节烦疼，而云身上疼痛，是湿气不流关节而外客肌表也。不云发热身似熏黄，复云发热面黄而喘，是湿不干于脾而薄于上焦也。阴受湿气，则湿邪为深。今头痛鼻寒而烦，是湿客于阳而不客于阴也。湿家之脉当沉细，为湿气内流；脉大者阳也，则湿不内留而外在表也。又以自能饮食，胸腹别无满痞，为腹中和无病，知其湿气微浅。”这两段注解，把原文分析得很清楚，每个症状经他的辨析和对照，更觉理明心朗，毫无疑滞。下文类此者尽多。例如辨太阳病脉症并治法上：“太阳病，下之后，脉促胸满者，桂枝去芍药汤主之……”条，注释是：“脉来数，时一止复来者，名曰促；促为阳盛，则不因下后而脉促者也。此下后脉促，不得为阳盛也。太阳病下之，其脉促，不结胸者，此为欲解。此下后脉促而复胸满，则不得为欲解；由下后阳虚，表邪渐入而客于胸中也。与桂枝汤以散客邪，通行阳气；芍药益阴，阳虚者非所宜，故去之。”此段注解，从脉象、症状到治法，逐层推勘，反复对比，力求自喻喻人。成氏如此做法。虽费力较多，而大有助于读者的理解。严器之说他的注解能够“分析异同、彰明隐奥”。（注解伤寒论序）这评语是非常正确的。

全书注解，大部分是运用此种笔法，这是他成功的一面。

他还运用另一种笔法，即“以经解经”。例如：辨太阳病脉症并治法上：“太阳病，发汗，遂漏不止，其人恶风，小便难，四肢微急，难以屈伸者；桂枝加附子汤主之。”他注解“小便难”，认为是汗出亡津液，阳气虚弱，不能施化；并引内经“膀胱者，州都之官，津液藏焉，气化则能出矣”作印证。他注解“四肢微急，难以屈伸”，认为由亡阳而脱液所致，并引针经“液脱者，骨属屈伸不利”作印证（此种释文，全书里亦占相当比重）。

上面所举“以经解经”的做法，非融贯伤寒金匮、深悉素问灵枢者不能写出。正因如此，所以他的议论，更觉“言之成理”“信而有征”。这是他成功的另一面。

俞东扶在古今医案按中说：“仲景书为叔和编次，或有差误，而聊摄（成无己，聊摄人）注解，殊觉稳当。”我们由此可以初步肯定成氏注解的成绩确是“稳当”而足供“师法”，诚不愧为“上契古人、下逮来者”的作品，值得我们深入研读。

但是，这本书首卷还附有论脉的“南政”“北政”和运气“加临”“转移”图解等，既不关医理，也不关易理，更与“伤寒”的病理和脉理无涉；难怪后人说他“荒诞无稽”了！我认为这三十六幅“图”羼入“注解伤寒论”里非常突出，实觉“不伦不类”。尝考成氏的注解：除引用伤寒论原文外，还旁及内经、针经（即灵枢）、难经、金匮要略、金匮玉函经，脉经、甲乙经、千金方、外台秘要、圣济经等十一种文献，加以阐发，都是使人易学易懂的文字，绝不杂入运气学说。虽如伤寒例中“气候亦有应至而不至……”的一段，但他的注解，仍引金匮“有未至而至……”作参证，不涉及运气“加临”“转移”等论调。可以肯定，成氏原是不讲究这些的。

归根究底，这几幅图表却是另有其来历：原来采自刘温舒运气论奥、浦云运气精华和刘河间原病式等书，乃后人重刻所附入，并不出于成氏之手。恽铁樵医家常识第 13 期转载日本片仓元周之说，彻底揭穿了这个秘密，断为后人妄增。片仓元周说：“余尝排斥引运气注伤寒论者，盖以阴阳六篇中无一言及之也。而明版注解伤寒论及赵开美校刻仲景全书，俱载运气诸图。然考诸严器之、郑佐、赵开美等序，俱无是说，则知好事者所增添也。尝阅汪石山素问钞云：元黄仲理云：南北二政，三阴司天在泉，寸尺不应、交反脉图并图解运气图说，出刘温舒运气论奥；又六气上下加临补泻病症图，并汗差棺墓图歌括，出浦云运气精华；又五运六气加临转移图并图说，出刘河间原病式，后人采附仲景伤寒论中。夫温舒、浦云、守真三家之说，岂敢附于仲景之篇，特后人好事者为之耳。缪仲淳云：夫五运六气之说，不起于汉魏之后乎？何者？张仲景汉末人也，其书不载也；华元化三国人也，其书亦不载也。予是以知其为后世所撰。又云：予从敝邑见赵少宰家藏宋板伤寒论，昔北宋善板，始终详检，并未尝载有是说，六经治法中亦无一字及之。予乃谛信子见之不谬。桂山先生曰：按缪氏所谓赵少宰，盖赵开美，与仲淳同海虞人。今所传宋板伤寒论，乃系于开美翻刻，而无运气诸图，正与仲淳言符矣。予近得元板成氏注解本，亦不载此诸图，知是出于成氏以后之人，诸说并可证也。”（按：片仓元周所说的中间一段，丹波元简在医胜里已有论及，今因片仓引证较详，结论较确，故引之。）

经过缪仲淳首先提出和片仓元周的考证，我们知道这三十六幅“南政”“北政”和运气“加临”“转移”等图，羼入成氏“注解伤寒论”里，根本是多余的。成氏“受人谴责”“代人受过”已七百多年，但在医界还很少有人留意而予以指出。现在我们为了恢复第一部伤寒论注解的真面貌，以便领会第一个注解的真精神，去伪存其，刮垢磨光，还是有必要的。我们应该重新给古医书以正确评价。一管之见，敢就正于医界同志，是否有当？还待论定！

[《上海中医药杂志》1958，(3)：5]

《伤寒论》“六经”的初步探讨

王新华　江西省中医药学校

一、《伤寒论》“六经”的渊源

首先谈一谈仲景学术是根据哪些基础而发展的。伤寒杂病论原序说：“撰用素问九卷，八十一难，阴阳大论，胎胪药录，并平脉辨证，为伤寒杂病论，合十六卷”。据此，可知仲景之学，乃是从“勤求古训”的基础上，继承了古代学说，“博采众方”，结合了当时的历史环境及多方面的要求，不断在实践中考验，而逐步发展起来的。那么三阴三阳“六经”当然也不例外。明江纂南序重刻伤寒论云：“逮后汉张长沙氏，始因素问热论，广伊尹汤液，肆为论说，发其疑义，而经复一明。”可见仲景以“六经”立论，并非凭空创造，而素问确是其渊源所在。按照内经理论，太阳为开，是三阳之藩篱，以故外邪从阳经传入，必先见太阳症状，而后传及阳明或少阳，所以称阳明为阖，少阳为枢。少阴是三阴的枢，故直中之邪，从阴经传入，必先见少阴症状，然后传及太阴或厥阴，所以称太阴为开，厥阴为阖。这是仲景“六经”渊源于内经的线索。

关于伤寒论中三阴三阳次序的排列，与素问热论基本上是相同的，如：“一日太阳，二日阳明，三日少阳，四日太阴，五日少阴，六日厥阴”等等。伤寒论有：“伤寒一日，太阳受之，脉若静者为不传……”（4条）。“伤寒二三日，阳明少阳证不见者，为不传也”（5条）。“伤寒三日，少阳脉小者，欲已也”（271条）。“伤寒三日，三阳为尽，三阴当受邪；其人反能食而不呕，此为三阴不受邪也”（270条）这些日期的记载，与热论的说法是一致的。同时，热论还举出了六经形证，大部分和伤寒论的六经主证相接近（但也有不同的地方）。为了便于对照，表列如右：

	素问热论	伤寒论
太阳	头项痛，腰脊强。	恶寒发热，头痛，身疼，项背强等。
阳明	身热，目疼而鼻干，不得卧。	身热汗出，口渴，便闭腹满等。
少阳	胸胁痛而耳聋。	往来寒热，胸胁苦满，口苦，咽干，目眩，耳聋等。
太阴	腹满而嗌干。	腹满，吐利，食不下，时腹自痛等。
少阴	口燥舌干而渴。	但欲寐，恶寒身倦，四肢厥逆等。
厥阴	烦满而囊缩。	消渴，气上冲心，心中疼热，下利，厥热往复等。

表中伤寒论六经的症状，均举其主要者，既不局限于提纲，也未全面提出；因热论未举脉象，所以伤寒六经主脉也未列入。虽然两者之间有些出入，实际上并无多大距离。其中唯少阴病相差较大。热论六经症状记录得不够详尽也是事实，但在两相对照下，我们不能不承认是有很多相同点的。其他如在叙述两感的症状、六经欲愈的症状、以及伤寒温病的鉴别等等，都有若干共同之处。

历来很多医家对内经和伤寒论的关系，特别是在六经的问题上，它们是否同一体系而发生怀疑，并有医经家和经方家的截然区分，认为内经代表了医经家的理论，伤寒论代表了经方家的实践，往往将理论与实践之间应有的联系割裂开来。其实伤寒论中并非只有实践而没有理论，而其理论大部分应该是继承内经而来的。但必须说明，我并不同意完全以内经六经来解释伤寒论六经，同时，我却也反对把伤寒论六经与内经截然分开的论调。

二、前人对《伤寒论》“六经”的几种看法

有关伤寒论的注释和讨论，见于历代著录的已不下四百余家，近年来散见于各杂志的论文也有不少。对于六经问题的看法，虽然见解不一，各有分歧，但也各有发挥。兹选其主要的数说，归纳分析于下：

（1）经络：尤在泾曰：“人身十二经脉，本相连贯，而各有畔界，是以邪气之中，必各有所见之证与可据之脉。仲景首定太阳脉证曰，脉浮头项强痛而恶寒，盖太阳居三阳之表，而其脉上额交巅，入络脑，还出别下项，故其初病，无论中风伤寒，

其脉证皆如是也。”张景岳云：“然本经不言手者何也？盖伤寒表邪也，欲求外证，但当察于周身，而周身上下脉络惟足六经则尽之矣。手经无能遍也，且手经所至，足经无不至者，故但言足经而手经亦在其中，不必言矣。”

上面说过，伤寒六经是渊源于内经的。今考素问中六经之义不外三端：一为指人体十二经脉的经穴线路；一为十二经脉发病的病证，而其中以足六经居多；一为指五运六气的运行和交错。清代以前很多医家用经络学说来解释伤寒论六经，确也具有一定的理由。这在本书中是可以找到根据的。如原文云：“太阳病，头痛至七日以上自愈者，以行其经尽故也。若欲作再经者，针足阳明，使经不传则愈”（8条）。此说明太阳病欲作传经，故先针足阳明以泄其邪热，使不传阳明而愈。这是制止病邪传变的预防措施。在条文中还有经病不愈而传及腑者，如“太阳病不解，热结膀胱，其人如狂，血自下，下者愈……”（106条）。“太阳病发汗后，大汗出……若脉浮，小便不利，微热消渴者，五苓散主之”（71条）。这些都是先由足太阳经脉发病，未愈而传及膀胱本腑的线索。当然这是可以解释的一面，其他还有很多地方，以经脉来解释不能讲通。可见单用内经十二经脉来说明伤寒论六经的含义是不够完整的。

（2）气化：张子和曰：“以六气考之，厥阴为初之气，少阴为二之气，太阴为三之气，少阳为四之气，阳明为五之气，太阳为终之气，此顺也。逆而言之，正与此合。缘伤寒为病，逆而非顺也。”陆九芝曰：“六经提纲皆主气化，六经为标，六气为本。太阳之为病，寒水之气为病也，寒为病故宜温散，水为病故宜利水。篇中凡言太阳病者，皆就寒水之病言也。”

此外，张隐庵、陈修园、唐容川等亦专谈气化。这种运气学说的理论是比较深奥的，近代研究的人也较少。考“六气”名词的来源，实本于阴阳。古人根据阴阳之气的程度不同，各分为三个阶段：阴气初生叫“少阴”，大盛叫“太阴”，消尽叫“厥阴”；阳气初生叫“少阳”，大盛叫“太阳”，盛极叫“阳明”。合称为“六气”。应用于天时方面，说明了节气变化的规律。人与天时相应，也就用来区别人体的脏腑、经络等等（陈修园伤寒论浅注中列有图表，此较清楚，可供参考）。

素问天元纪大论等七篇，对此谈得很详细。如六微旨大论云：“少阳之上，火气治之，中见厥阴；阳明之上，燥气治之，中见太阴；太阳之上，寒气治之，中见少阴；厥阴之上，风气治之，中见少阳；少阴之上，热气治之，中见太阳；太阴之上，湿气治之，中见阳明，所谓本也。本之下，中之见也。见之下，气之标也。”这些素问的理论，前贤张景岳、唐容川、陆九芝等解释得比较透彻，因文字冗长，不再转引。总之，五运六气学说，是言岁时气候的交错变比，这些交错变化对人体生理方面有着密切的关系，在病理方面也有着很大的影响，所以必须结合“天人合一”的学说去理解。因此与伤寒六经不能说全然无关。如陈修园曰：“六气之本标中气不明，不可以读伤寒论。”也就说明气化学说与伤寒六经存在着一定的联系。

（3）部位：方中行曰：“风寒之著人，必以皮肤当之，皮肤在躯壳之外，故曰表，表合太阳足膀胱经；阳明者，风寒之邪过皮肤而又进，接皮肤者肌肉也，肌肉居五合之中，为躯壳之正，内与阳明足胃经合也；少阳者，邪过皮肤而又进，则又到躯壳之内，脏腑之外，所谓半表半里者，少阳足胆经之合也。”按方氏解释疾病传变过程，虽按部位，但也结合到脏腑经络等学说。又如恽铁樵说：“本论以六经为病之地位，以传经为病之次序，始于太阳，终于阳明。太阳在外，阳明在里，由外之内，为一定途径。”

又有将病位与病情结合起来的。如日人奥田谦藏曰：“以人之身体而论，起病之初，大都在于表位，抗病力强者，为阳病。初起则浅，继续则深，于是阳病可分为三级。根据邪热之深浅，表里之位置而区别为太阳、阳明、少阳，总称之谓三阳。三阳者皆主热也。”喜多村曰：“本论所谓三阴三阳，所以标病位也。阳刚阴柔，阳动阴静，阳热阴寒，阳实阴虚，是即常理。凡病属阳、属热、属实者谓之三阳，属阴、属寒、属虚者谓之三阴。细而析之，则邪在表而热实者太阳也，邪在半表里而热实者少阳也，邪入胃而热实者阳明也。又邪在表而虚寒者少阴也，邪在半表里而虚寒者厥阴也，邪入胃而虚寒者太阴也。”按以上诸家之论，分表、半表半里、里三部，结合病情之寒热虚实来分析，确有见地，但单纯固定为表、中、里三部，也是不够全面的，还必须灵活运用。

（4）阶段：今人胡友梅曰：“伤寒的六经，系病程划分的标志。”又曰：“按病症发生，其过程普通分为潜伏、前驱、增进、极进、稽留、减退、恢复各期。伤寒论之六经，当即六个时期。前三期叫太阳、阳明、少阳，与前驱、增进、极进期为近：后三期叫作太阴、少阴、厥阴，与极进、稽留、减退稍同。”又欧阳锜曰：“伤寒论以各种症状之发展情况，与表现不同，从其中找出一定规律以辨别疾病，所以将各种症状就其性质上之特点分为六种类型，亦可称之为六个阶段。太阳主表，代表一切热性病之初期，即疾病前驱阶段；少阳主半表半里，代表体力与病邪作斗争发生之寒热往来症状，即疾病进行阶段：阳明主里，代表肠胃燥结，引起高热自汗等证，即疾病进行另一阶段；由于疾病继续进行，机体病理调节功能不足，逐渐转入衰退阶段，太阴代表消化机能衰弱、少阴代表心脏与全身机能衰弱，厥阴代表机体抗力与疾病作最后挣扎，发生寒热错杂等证。”

这种按病程来划分阶段，也涉及表、中、里之部位及脏腑、病情等，在某些程度上还可以讲得通，但如果把六经的先后次序，固定为疾病发展的六个阶段，那就与临床实际不能符合了。因伤寒论六经病变不是衔接的，其传变程序本无一定规律，不但有传有不传，即使是传的，也非必然按照六经的顺序，从太阳而至厥阴的。因此，伤寒六经不能固定为六个先后顺序的阶段。

（5）脏腑：章炳麟曰：“少阴病者，心病也。心脏弱，故脉微细，血行懈，故不能排逐客邪而为厥冷。偶有热证，亦所谓心虚者，热收于内也。若太阳病，则对少阴病为言，心脏下弱，血行有力，故能排其客邪，外抵经络肌肤，而为发热。此不必为膀胱小肠也。阳明病者。胃肠病也，胃家实之文。仲景所明著，其极至于燥屎不下。若太阳病，则对阳明病为言，以胃肠虚，故腹满而吐，自利益甚。此必不为脾也。少阳病者，三焦病也。津液搏于邪。而不能化，故口苦咽干。其自太阳转入者，则上中二焦皆肿鞭，故干呕胁满，津液与邪相结，邪热被阻，不得外至经络，故往来寒热。若厥阴病，则以进于少阳为言，消渴甚于口苦咽干也，吐蛔甚于干呕也，热厥相间，甚于往来寒热也。或在上，则气上撞心，心中疼热，甚于胁满也；或在下，则下利脓血，是为下焦腐化，甚于上中二焦肿鞭也。此不必为肝与心主也。”如以图说明之则如下：

太阳	——强——	心	——弱——	少阴
阳明	——实——	胃肠	——虚——	太阴
少阳	——轻——	三焦	——重——	厥阴

此种说法是比较特殊的一种见解，虽有一定的理由，但末免太机械了。就文中所言，少阴、阳明、太阴还可以说得通，而太阳说是心病；少阳、厥阴说是三焦病，那就不太妥贴了。

（6）证候群：近代诸贤，大多认伤寒论六经为六个证候群。如陈邦贤说：“伤寒论的六经，它是从阴阳而发生的。太阳、阳明、少阳叫作三阳；太阴、少阴、厥阴叫作三阴。三阴三阳统称六经，就是六类的证候群。”金寿山曰：“伤寒论的六经，实际上是六个不同的证候群。”这种见解近年已得到中医界很多人的赞同。所谓“证候群”，它包括了若干不同的类型。如太阳篇中有麻黄汤证、桂枝汤证，陷胸证、蓄水证等等，均称为“证”。因此，它是身体内部病变在某种情况下所表现于外部的综合症状，并不是孤立的。这是辨证论治的立足点，也是与对症疗法不同之处。

以上将各家的论述，初步分为六类，但也不是绝对的。如谈经络也连及部位、脏腑；谈气化也连及经络等等，这里不过略示轮廓而已。从这六种不同的角度上来看，均各有其一定的理论根据，但综合规之，也各有其片面性。笔者意见，认为证候群的说法比较合理，但仍应与其他各种论点结合，才能获有全面的认识。

三、伤寒论“六经”在临床上的价值

“六经”是辨别各种不同类型证候群的纲领，是确定具体治法的依据。仲景的六经是病性、病势、病机、病情、病位等的综合，从具体病象中归纳出来以作辨证论治的范例。柯韵伯曰：“仲景六经各有提纲一条，犹大将立旗鼓，使人知所向，故必择本经至当之脉症而标之，读书者须紧记提纲以审病之所在。然提纲可见者只是正面，读者又要看出底板，再细玩其四旁，参透其隐曲，则良法美意始得了然。”所以六经须分看，亦须合看，总以心中先明六经主病，然后手下乃有六经治法。如太阴病，其在表者宜汗，其在里者宜利小便；阳明病，其在经者宜清，其在腑者宜下；少阳病宜和；太阴病宜温；少阴病宜温，宜清、宜补；厥阴病宜温、宜清等等。

但是，又不可拘泥于六经分条而将治法固定，不识活用。如见太阳证便治太阳，见少阴证便治少阴，见少阳阳明证便治少阳阳明。因经中各篇包含着不少大小不同的证候群，各有各的脉证，自然各有不同的治法。仲景书重在证候，并不为六经所囿而机械固定。如程郊倩曰：“一经有一经之主脉，一经有一经之主证，稍有假冒，以经核之，可以据此验彼；若有越经，以经核之，可以从彼执此。即以太阳一经而论，脉浮，头项强痛而恶寒，自是太阳之为病，固无与他经事。何以阳明亦有太阳，少阳亦有太阳，三阴中亦有太阳？无非与此条之脉与证有符合处耳。又有太阳病竟不能作太阳病处治者，亦无非与此条之脉与证有参差处耳。”又柯韵伯曰：“六经各有主治之方。而他经有相互通用之妙。如麻桂二汤，为太阳营卫设，而阳明之病在营卫者亦用之；真武汤为少阴水气设，而太阳之汗后亡阳者亦用之；四逆汤为太阴下利清谷设，太阳之脉反沉者亦宜之；五苓散为太阳消渴水逆设，阳明之饮水多者亦宜之；猪苓汤为少阴下利设，阳明病小便不利者亦宜之；抵当汤为太阳瘀血在里设，阳明之蓄血亦用之；瓜蒂散为阳明胸中痞鞕设，少阴之温温欲吐亦用之。合是症便用是方，方各有经，而用可不拘，是仲景法也。仲景立方，只有表里寒热虚实之不同，并无伤寒、中风、杂症之分别，且风寒有两汤迭用之妙，表里有二方更换之奇。或以全方取胜，或以加减奏功。”从此可以看出，不管辨证也好，论治也好，仍须随机应变，不可泥于六经之分而不知活用。

如前所述，仲景六经，正是整体性的辨证施治纲领，它是随证以分经，并非因经以定证。正如恽铁樵所说：“六经者，就人体所著之病状为之界说者也。是故病然后有六经可言，不病直无其物。”何云鹤认为：‘六经只是医学上术语——代名词，它的实质是什么？完全要看引用这一术语的医者，他的用意所在。”我们认为只要明了伤寒六经的含义，那些局限在词方面的争论是多余的。在临床上掌握六经的不同证候群是第一步，也是最重要的一步。知道了病属何经，在某一方证的范畴，就可以决定治法。这就是循经认证，随证用方的捷法。正如陶节庵所说：“得其纲领，易如拾芥，脉证与理而已。求之多歧，则支离破碎，如涉海问津矣。脉证者，表里阴阳虚实寒热也。理者，知其常、通其变也。”柯韵伯说：“六经之为病，不是六经之伤寒，乃六经分司诸病之提纲，非专为伤寒一症立法也。”昔人每云，通伤寒可以治杂病，其理也就在此。

四、“传经”“直中”“合病”“并病”问题的探讨

“传经”“直中”“合病”“并病”为伤寒六经中的重要问题。所谓“传经”，即疾病的传变；“直中”，谓起病时即现三阴证者；“合病”，为两经三经中的某些主要症状混合出现；“并病”，为一经证候未除，而另一经证候同时并见。兹作简单探讨如下：

伤寒论每有言一日、二三日、六七日、八九日、十三日等。此皆假定之时期，以说明病的过程，并非确切不易之时日。有些注家每引热论一日太阳、二日阳明、三日少阳来解释伤寒六经病的传变。后来就有人对此提出不同意见。如陶节庵曰：“风寒之初中人也无常，或入于阴，或入于阳，皆无定体，非但始太阳终厥阴也。或自太阳始，日传一经，六日至厥阴，邪气衰不传而愈者；亦有不罢再传者；或有间经而传者；或有传至二三经而止者；或有始终只在一经者；或有越经而传者；或有自少阳阳明而入者；或有初入太阳不作郁热，便入少阴而成真阴证者；或有直中阴经而成寒证者。所以凡治伤寒，不可拘泥。”又柯韵伯曰：“旧说日传一经，六日至厥阴，七日再太阳，谓之再经。自此说行，而仲景之堂，无门可入矣。”事实上疾病之传变，并无固定之次序，不但不能以日数计，而且其次序也无一定。正如张景岳说：“伤寒传变不可以日数为拘，亦不可以次序为拘。”所以执定热论六经来解释伤寒论六经病的传变，决不可通。

大凡疾病的传经与否，决定于三个主要因素：一为受邪的程度（邪盛则传）；二为患者体质之强弱（体弱则传）；三为治疗用药的当否（不当则传）。这是传与不传三个重要条件。那么，我们究竟怎样来知道已传与未传呢？这还主要决定于“证候”出现的情况。如张令韶说：“本太阳病不解，或入于阳，或入于阴，不拘时日，无分次第，如传于阳明，则见阳明症，传于三阴，则见三阴证。病邪之相传，随其症而治之。”可谓一语中的。又程钟龄还有循经传、表里传、越经传等说法，也不过说明疾病的传变无一定不易的规律。太阳病不愈，既能传阳明（循经传），又能传少阳（越经传），更有不经阳明、少阳而迳传少阴（表里传）者。因此还应以临床上所出现的证候为标准。

“直中”之说，一般认为病邪不从三阳经依次传入，而直接中入三阴经者。实际上只因患者体质虚弱，抗病机能衰减，故受病后即出现阴性症状。这就进一步说明了病邪侵袭机体，并不一定按着六经次第传入，所以也就不能固定以六个阶段来衡量六经的病证。“直中”二字不见仲景原文，后世注

家是根据“证治”的特殊情况来解释它的。宋元以后医家多数认为传经之邪俱为热，直中三阴之邪俱为寒。其实这也不是绝对的。昔人谓传经之邪，以阴气存亡为生死；直中之邪，以阳气消长为安危。传经者亡阴为多，直中者亡阳为多。因病发于阳，则阳邪亢进，阴气极易消亡，故阳明之白虎、承气之类，均所以破阳邪而救阴液；病发于阴，则阴寒气胜，阳气消沉，故少阴的四逆、通脉之类，均所以破阴邪而复阳气。因此，阳证传阴多为病重，阴证回阳多为向愈。

“合病”“并病”两者自有区别之处。“合病”是两经或三经同病，由于邪甚之故；“并病”即传经而本经证候未罢者。本论言“合病”分四类，其计七条：论太阳阳明合病三条，主葛根汤一条(32)；葛根加半夏汤一条（33）；麻黄汤一条(36)。论太阳少阳合病一条（172），主黄芩汤，呕者黄芩加半夏生姜汤。论阳明少阳合病一条(256)，主大承气汤。论三阳合病二条，主白虎汤一条（219）；未出方者一条（258）。言“并病”者分两类，共计四条：论太阳阳明并病一条（48），未出方，只言宜小发汗，当解之熏之。论太阳少阳并病三条，刺大椎、肺俞、肝俞一条（171）；当刺大椎第一间、肺俞、肝俞，刺期门一条（142）；未立方治一条（150）。柯韵伯曰：“病有定体，故立六经而分司之；病有变迁，更求合病并病而互参之。此仲景立法之尽善也。”可见所谓“合病”“并病”仅是错综复杂的证候群，由于证情特殊，不能独归于任何一经，因此只能用“合”和“并”来解释。所以六经虽各有主证主方，但各经相互之间并不是孤立的，而是统一的、有着整体联系的。如前面所说，六经须分看亦须合看、即是此义。如果机械地把六经分割开来，片面地认为某经只出现某几个证候，或只能适用某些药方，这和辨证论治的精神就难以尽合了。

[《上海中医药杂志》1958，(7)：4]

伤寒、温病的学术源流与辨证论治

欧阳锜

汉代张仲景氏著《伤寒杂病论》总结了秦汉以前的临床经验，为后世中医学术有规矩的开端，对人民保健事业上的贡献是相当远大的。其书伤寒部分为治疗各种急性传染病最始见的书，即现在流传的伤寒论。温病，也是急性传染病，伤寒论中但有温病之名，宋金元以来，温病流行较广，医家复创滋阴，寒凉之法以治温病，逐渐成温病学派，对至明清，温病学派与伤寒派形成对立。学习伤寒的，以为温病不遵守六经法则为违背经旨；学习温病者，执古方不足以治今病之说以非难伤寒，实际上是学者自不全面，不是每种学说有什么矛盾，温病学说也就是从伤寒论的基础上经过不断实践逐渐发展而来的，难经所谓伤寒有五，就已概括有温病在内。由于实践中体会的经验各家有所不同，学术理论上的分歧是不可能避免的，后之学者对伤寒温病的理论不能全面掌握，甚至先入为主，偏寒偏热的成见蒂固根深，在临床上不从客观实际出发，那就有随时发生错误的可能，对病者来说，是极其不利的，对发挥祖国医学的治疗作用，也是有极大障碍的。目前中医学术上亟待统一的也就是在这个问题上。本文就伤寒与温病的学术源流和辨证论治两方面提出个人的意见，这些意见也还不够全面，有待于同道之指正。

一、学术源流

伤寒原有广狭二义，狭义伤寒，就是指感受寒冷气候而引起的疾患；广义伤寒，即概括四时风、温、暑、湿等症。伤寒论沿用素问六经之名，将各种急性传染病归纳为六个类型，在三阳证中，不但阳明可以代表温病，太阳、少阳也有很多关于温病理论方法的阐述。伤寒论说：“太阳病，发热而渴，不恶寒者为温病，若发汗已，身灼热者，名曰风温，风温为病，脉阴阳俱浮，自汗出，身重，多眠睡，息必鼾，语言难出。若被下者，小便不利，直视失溲。若被火者，微发黄色，剧则为惊痫，时瘛疭，若火熏之，一逆尚引日，再逆促命期。”这就明确示人以伤寒与温病之鉴别，伤寒发热，大多得汗而解，温病发热，汗出而热反炽盛，可知温病，非麻桂辛温发汗之剂所宜　雷少逸时病论亦特别指出：“凡温病切忌辛温发汗”。仲景当时对体温郁积过高之症，不单取麻黄、桂枝相配伍，而取麻、桂、石膏相配伍，于辛温发汗法中，已另辟辛凉发汗一法，如不善于体会此中意义，对温病也妄用辛温发汗，发汗不解，再妄施“火攻”“泄下”之法，结果使体内水份过度受伤，给温病发展创造了有利条件，以致发生黄疸、尿闭，甚至小便失禁以及直视抽搐等神经症状，这都是温病误治后产生的坏症，非温病发展结果必然如此的。伤寒论治疗温病的方剂虽多遗佚不传，但如麻杏石甘汤、栀子豉汤、白虎汤、承气汤、猪苓汤，黄芩汤、黄连阿胶汤等，仍是可以效法的。特别是在治疗上必须照顾阴虚患者的体质和着重保护津液，提出这是治疗温病的关键。伤寒论说："脉浮热盛而反灸之，此为实，实以虚治，因火而动，必咽燥吐血。"又说"微数之脉，慎不可灸，因火为邪，则为烦逆，追虚逐实，血散脉中，火气虽微，内攻有力，焦骨伤筋，血难复也。"又说："大下之后，复发汗，小便不利者，亡津液故也，勿治之，得小便利必自愈。"又说："脉浮数者。法当汗出而愈，若下之，身重心悸者，不可发汗，当自汗出乃解、所以然者，尺中脉微，此里虚，须表里实，津液自和，便自汗出愈。"基于上述，微数之脉与脉浮热盛之病人，都属于阴虚热盛的体质，所谓慎不可灸，也当然不能用辛温发汗，如误用之，使里黏膜充血破裂，就会发生咽燥吐血之症，或热盛于内而为烦闷呕逆，或脉中血液被灼而残害筋骨，这就是不照顾阴虚患者的体质而造成的不良后果。由水份消耗而伤及血液，这对温病的发展变化已有较明确认识，已为后世温病学家之所取法。尤以朱丹溪对"血难复也"一句有深刻体会，因创"阳常有余、阴常不足"之说，也就是进一步说明温病保护水份的重要性。仲景当时对水份受伤而致小便不利与下法而致身重心悸等症，特别指出不能再用利尿发汗之剂而重伤其水份，（滋润生津之剂当可以用）待体液恢复，小便自然通利或自汗出，然后可以自愈，于此可见，伤寒论的理论方法，又何尝不可以对待温病呢？如独固执伤寒方多辛燥不适宜于治疗温病，那对伤寒论的整个精神就不够彻底了解，以致已往伤寒、温病学说上无谓的争论经久不决，甚至最近还有说伤寒论未包涵温病学说的，这都是一种偏见。

伤寒温病的致病原因，现代医学始推原于细菌、病毒不同之故，当然也与时令气候有关，古时不知有微生物，都认为是因气候影响而使本体发生寒热变化。内经谓"冬伤于寒，春必病温"。伤寒例云："冬时严寒——中而即病者，名曰伤寒，不即病者——至春变为温病，至夏变为暑病"。凡此不因感冒而暴发之热性病，后世皆称为"伏气温病"。伤寒例又说："——其冬复有非节之暖名曰冬温，冬温之毒与伤寒大异。"冬令应寒而反热，因时令反常，感之即病，这就是"新感温病"，此后如吴又可谓"温疫从口鼻而入，伏于膜原，其传变有九。"叶香岩谓"温邪上受，首先犯肺，逆传心包。"都是属于新感温病之类。

温病的治疗方剂，伤寒以后，当首推刘河间之双解散，因当时流行的热性病。多不适宜单纯用麻桂等辛温发汗之剂，故刘氏于发表清热方中，佐以承气汤、六一散、四物汤（去地黄）等而订出双解散一方，其方在热性病初期，是具有发汗解热、清理肠胃等综合作用的。伤寒医鉴说："——恐麻黄、桂枝之误，遂取双解散，无论伤风伤寒，内外诸邪，皆能治疗，从下症借汗者，亦不为害"。于此可见其方适应之广泛了。不过当时流行的热性病，是伤寒还是温病？尚值得怀疑。所以王安道批判刘河间说："殊不知仲景之麻黄汤、桂枝汤，本不用于夏热之时也——若仲景为温暑之方，必不为此，必别有法，但惜其遗佚不传，致后人有分歧之患"。王氏很明显指麻桂诸方不适宜于夏时流行之温病，治温暑之方已经失传。原则上伤寒与温病的方剂，是不能混合而为一的。可见刘氏虽知伤寒与温病有别，但不及王氏那样明确。故刘氏对温病的治疗方法，亦常多模棱两可，如伤寒标本说："凡表症脉浮，身体肢节疼痛——伤寒无汗用麻黄汤，伤风自汗用桂枝汤；一法，不问风寒，通用双解散或天水散最妙"。刘氏对脉浮，体痛恶风寒之表证，主张用其自订之双解散、天水散，而又不忘麻桂二方，这对于伤寒表证宜用辛温，温病表证宜用辛凉，似乎尚无定见，其所订双解散，虽不如麻桂等纯为辛温燥烈之剂，比较治温病的辛凉清润诸方，仍然是有些距离的。如此如吴又可、戴麟郊、吴鞠通等皆能对伤寒温病不同之点作出精详的分析，而处方用药与伤寒的界线也尚有不够明之处，如吴又可以达原饮加大黄、葛根、羌活、柴胡、生姜、大枣等为表里分消之剂；戴麟郊以人参败毒散、九味羌活汤为辛凉、辛寒之方；吴鞠通对风温等症初起恶风寒者仍主以桂枝汤，这与温病治疗原则都是不相合的。自叶天士创卫、气、营、血之说，订出辛凉、泄热、清营、凉血诸法，温病治疗方法始臻完善，叶氏并慎重指出："温邪……若论治法，则与伤寒大异也"。章虚谷对叶氏极端推崇，他说:"伤汗温病，二千年来，纷纷议论，叶氏始辨其原流，明其变化，不独为后学指南，实补仲景之残阙，厥功大矣"。自后王孟英以内经、仲景之文为经，以叶天士及各家之文为纬，著温热经纬一书，温病之学，始称集大成。

伤寒论将各种急性传染病的症候归纳为六个类型，沿用素问六经之名，分三阳经、三阴经，三阳经代表热症，三阴经代表寒症，并创立传经，直中之说，以病变由三阳经逐渐发展的为传经；病变发展迅速，直见三阴证者为直中，中医历来都以此作为一切外因病病变发展的规律。此种规律，适应范围最广，温病的发展变化只属于六经范围的一部分，比如温病皆有发热，就不牵涉三阴，温病虽发展迅速而无直中寒症，再从温病的转变上看，由于高热消耗的结果，多致水份受伤，或发生烦渴燥结等消化系症状，或发生神昏强直抽搐等脑神经症状，（古人以燥结肠胃为顺传，以侵犯心包为逆传）经过泄下清解等治疗以后，水份恢复，或发生战汗，或转为疟状，或现轻微表症而愈。叶氏谓“伤寒多有变症，温病虽久在一经不移，以此为辨”。叶氏虽以卫、气、营、血为温病辨证纲领，吴氏对温病又分上、中、下三焦论治，如叶氏认为邪留三焦，亦为伤寒少阳病，燥结肠胃，亦称为阳明里结之症；吴氏以上焦为太阳温病，中焦为阳明温病，下焦为少阴温病。他们并没有否认六经，不过他们从温病发展变化方面，已另得出一种规律，特借用卫气营血、三焦等名词以为言论的依据，因此伤寒与温病的学术源流是同归而殊途的，由于学术源流上有些分歧，致使后世对伤寒温病的界线每多纠缠不清，实际上所谓六经、三焦、卫气营血等，也就是适应观察不同病变一种代名词而已。

二、辨证论治

伤寒与温病的治疗方法，主要是建立在内经所谓“寒者热之、热者寒之”的原本原则之上，所以都必须辨识其症状之属寒属热才能够决定治疗，仍然是不能离开“辨证论治”的方法的。兹根据临床常见症状，把伤寒温病在治疗上的常用药物相互对照的表例于后，以资采用。

类别	症治	伤寒		温病	
		辨证	治疗	辨证	治疗
全身症状	恶寒	鼻寒无汗、轻度发热	麻黄、羌活、生姜、桂枝、防风	发热自汗、咳嗽	桑叶、薄荷、牛蒡、桔梗
	发热	头痛、恶寒无汗、或微汗恶风	桂枝、白芍、防风、川芎	自汗、或微恶寒、咳嗽烦渴	菊花、山栀、连翘、黄芩
	身痛	恶寒无汗、骨节酸楚、鼻塞流涕	麻黄、桂枝、荆芥、羌活	发热微汗、口渴、或身重	蚕砂、防己、木瓜
	关节痛	关节疼痛、不能屈伸、恶风微肿	桂枝、羌活、独活、秦艽、附子	身热尿赤、关节烦疼	丹皮、白芍、木瓜、防己、忍冬藤
	自汗	汗漏不止、恶风、四肢拘急	附子、白芍、甘草	身热不恶寒、口渴引饮	知母、石膏、粳米、甘草
	无汗	恶寒鼻塞、身痛骨节酸楚	麻黄、桂枝、生姜	微恶寒、鼻塞喷嚏、或干咳便秘	荆芥、薄荷、葱须、桔梗、（微寒）知母、麦冬、杏仁（干咳）
局部症状	头痛	恶风项强、周身胀痛	羌活、白芷、川芎	面赤口苦、耳鸣目眩	蔓荆、菊花、薄荷、蒺藜、蝉蜕
	面赤	不能得小汗出、身疼、恶寒不渴	麻黄、桂枝、生姜、白芍	头痛目赤、烦渴便秘、耳鸣	菊花、栀子、桑皮、丹皮
	腰痛	腰冷如坐水中、得温则减	独活、防风、白术、细辛、桂枝	尿赤烦渴、或下部沉重	秦艽、萆薢、知母、黄柏
	胸满	咳喘痰多、不渴苔润	半夏、砂仁、陈皮、豆蔻	咳嗽烦满或痛、口燥渴	瓜蒌、枳壳、马兜铃
	腹满	喜得温按、恶寒、下利尿清	吴萸、干姜、白术	痛不可按、痛热咽干尿赤	厚朴、枳实、大黄、芒硝
呼吸系症状	咽痛	恶寒体痛、饮热则痛减，小便色白	射干、桂枝、皂荚、半夏	咽干声嘶、目赤口渴、二便涩	生地、白芍、银花、连翘、黄连
	哮喘	无汗恶寒、或喉中如水鸡声	射干、麻黄、半夏、茯苓	身热汗出、痰涎壅盛	葶苈、杏仁、瓜蒌、芥子
	咳嗽	恶寒鼻寒、或喉中作痒	陈皮、半夏、苏叶、生姜	气急息重、痰稠难出	杷叶、贝母、杏仁、石苇
循环系症状	厥逆	恶寒或倦卧、或下利清谷、脉沉细	附子、干姜、甘草	胸胁烦满、自汗口燥、或吐泄	石菖、枳壳、连翘、蚕砂、木瓜
	吐血	面青白、恶寒、血色紫黑	当归、艾叶、姜炭	面目赤、口燥心烦、血色鲜红	侧柏、白芍、生地、仙鹤草
	衄血	头痛恶寒无汗	荆芥、苏叶、桔梗	头部胀痛、心烦目瞑鼻干	知母、生地、茅根

续　表

消化系症状	呕吐	身痛无汗、不能食、食则作酸	生姜、半夏、吴萸、草果	烦渴面赤、口中臭粘暴吐即酸	黄芩、黄连、石斛、竹茹
	口渴	口渴不欲饮，或水入即吐	半夏、茯苓、生姜、粉葛	口渴引饮、唇红尿赤	知母、花粉、葛根
	不食	胸满、便泄、或呕吐	白术、干姜、砂仁、茯苓	烦闷不舒、口渴便秘或泄不爽	枳壳、厚朴、石斛、扁豆
	呕逆	旋发旋止、饮冷则甚、或肢冷	干姜、半夏、丁香、柿蒂	呃声不休、心下烦满	陈皮、竹茹、石斛、黄连
	便秘	初硬后溏、恶寒腹满	干姜、白术、厚朴	绕脐痛、潮热烦渴	大黄、芒硝、枳实、厚朴
	下利	头痛恶寒、腹满、完谷不化	粉葛、羌活、苍术、茯苓	口秽尿黄、泄下腥臭	扁豆、厚朴、黄连、白芍
	便脓血	恶寒倦怠、脉细、小便色白	当归、木香、肉桂、石脂、干姜	发热口渴、里急后重、肛门热痛	头翁、秦皮、黄柏、黄连
泌尿系症状	尿秘	关节疼痛、身重不可转侧	桂枝、羌活、茯苓、防己	少腹满痛、腰痛、或咳喘不能卧	桔梗、前仁、淮通、萆薢、黄柏
神经系症状	烦躁	不汗出而烦躁、或汗后恶风、四肢逆冷	麻黄、桂枝、石膏（不汗）附子、干姜、茯苓（汗后）	烦扰不安、口渴、或胸中窒塞、结痛	栀子、豆豉、竹叶、石膏、枳壳
	失眠	恶寒肢冷、昼日烦躁不得眠、夜而安静	干姜、附子、白芍、甘草	夜烦不眠、或五心烦热、咽干口渴	黄连、阿胶、生地、白芍、枣仁
	强直	恶风寒、项背局部强硬	羌活、桂枝、粉葛、麻黄	高热神昏、强直反张、面目赤、时瘈疭	紫雪丹、牛黄丸
	痉挛	恶寒、四肢拘急、难以屈伸	附子、桂枝、米仁、白芍、甘草	高热神昏、痰潮不语、四肢抽搐	天竺黄、胆星、犀角、木瓜、双钩、石膏

表内虽未采用成方，在临床上如能根据所有症状，正确的辨证择药；把选择的药物配合起来使用，与成方的组织内容，是不会有原则上的差别的。

治疗温病的方药，虽然是从伤寒论的基础上发展而来的，由于历代医学的总结提高，比伤寒论就要丰富得多了，这正是祖国医学的进步，所以都应该系统学习，全面掌握，不能有先入为主的门户见解。

通常应用的止呕，镇痛等药品，根据症状表现不同可以随症出入加减，但也必须掌握“辨证论治”方法，如生姜、半夏只适宜于寒呕而不适宜于热呕；薄荷、菊花、防己、蚕砂只适宜于温病的头痛、身痛而不适宜于伤寒，这就是中医“辨证论治”的特点非对症用药可此。

中医在治疗上应掌握寒热，不但对传染病必须如此，对慢性病亦不能忽略这点。就是现代医学尚不可能对所有的疾病都能对因治疗，所以目前对某些病根据寒热症状采用寒热疗法，以改善机体内在环境，使健康条件占优势，求得在治疗上发生效果。在解决实际问题方面仍然有它一定的作用。

［《新中医药》1958，9（5）：3］

《伤寒论》汇要分析

俞长荣

一、《伤寒论》是一部什么书

《伤寒论》是后汉张机撰著的，原名《伤寒卒病论》计十六卷。现在通行的伤寒论和金匮要略据说原是一部书，这十六卷书当汉末晋初因政局紊乱就逐渐散失。晋太医令王叔和搜集残本加以整理撰订，虽然不完全是仲景原文而还能保留仲景面目。可是叔和之后又历了几度兵燹，特别是永嘉之乱（按石勒陷洛阳，晋怀帝被掳）文物丧失惨重，王氏整理的伤寒论又遭遇到破散的命运。后来又经过各代无数人的搜集，反复传抄，更易编次，各附已意。后人于伤寒论支离破碎处，动辄归咎于叔和，把叔和骂成为杜撰圣书的祸魁，其实叔和有功而无过，不任其咎。

唐初，孙思邈著千金要方时，还没有引载伤寒论（按要方卷九、十所载伤寒不是从仲景文中引来的）他说：“江南诸师秘仲景要方不传”可知伤寒论当隋唐时候就不易见了，后来经他苦心搜集才收载于其晚年所著的千金翼方中，这对伤寒论的传行后世也有一定的功绩。

唐天宝间，王焘撰外台秘要曾引用伤寒论方，注出卷至十八，且还含有金匮诸方在内，可知王焘所见又一别本。

五代时始盛行刻版印刷术。宋英宗治平二年才以国家力量令林亿、高保衡、孙奇等校正医书，将天宝间节度使高继冲所献的伤寒论十卷雕版印行于世，是为宋版伤寒论；还将翰林学士王侏在馆阁日于蠹简中所得到的金匮要略三卷也同时刊行；此外刊行的尚有金匮玉函经八卷（伤寒论别本异名的），这是仲景遗书自汉建安十年至宋治平二年（二〇五——一〇六五）上下八百六十年中，分合隐现的概况。

伤寒论通行现在的有两种本子：一是宋版本，一是成注本。宋版本国内早就没有原刻本了，只有明万历间虞山赵开美复刻出来的，还不失治平旧观，算是唯一佳本了（时人简称赵刻本）。成注本是金成无已注解的，经明汪济川校刊，因累经翻印，错字甚多。此外又有医统本，也是成无已注解的，经明朝徐镕校刊，内容与汪刊本基本相同。

十多年前，蔡桔泉先生介绍日本大塚敬节校正的“康平伤寒论”，据说是日本康平时（约我国北宋嘉祐四、五年闻）传录本；是北宋以前旧本的一种，中间有嵌注、有旁书、又有缺字用“□”代替，款式注解比他本可谓别具生面，但也有人怀疑它是北宋以前的旧本。前几年周歧隐先生介绍两种古本伤寒论：一是“长沙本”（长沙刘崐湘收存的）一是“桂林本”（桂林罗哲初收存的），但也有人怀疑这两书是今人伪造的。不过，真的也好，怀疑也好，我们先有个印象，日后自会得出结论。

伤寒论是一部辨证论治的经典著作，是总结汉以前人们对疾病作斗争积累起来的经验，经过分析归纳再加上作者——张仲景自己的临床经验发挥而定出来的许多治疗法则，是一部诊治热性传染病的通论。在汉以前治病有法无方，至此才有法有方，因而为后世医学创造了发展的规律，所以仲景被推崇为“医中之圣”。

二、伤寒是什么病?

“伤寒”在名词上可以分作三种，一是日人译文“肠窒扶斯”（肠热病）的伤寒，一是太阳篇“发热或未发热，恶寒、体痛、呕逆、脉阴阳俱紧”的伤寒；还有一种就是伤寒论广泛所指的伤寒。这三个“伤寒”必须分别清楚，如果互相混淆，就不能把伤寒论学习好。

“肠窒扶斯”的伤寒和太阳篇第三条的伤寒，都是狭义的，都仅指一种病或一些症状。太阳篇第三条的伤寒仅是伤寒论内的一小部分，这是大家都明白的。至于“肠窒扶斯”的伤寒也有人把它认做就是伤寒论广泛所指的伤寒，这就大错了；因为根据“肠窒扶斯”所呈现的症状来看，它和温病中的“湿温”是比较接近的；如果将广泛的伤寒指为“肠窒扶斯”那决不可。

伤寒论所称的伤寒究竟是什么病，它就是包括多种热性传染病（或多种热性流行病）。

仲景著伤寒论时，曾撰用素问九卷，“伤寒”二字是由素问引用来的，素问有：“今之伤于寒也，则为病热”“今夫热病者，皆伤寒之类也”的记载，可知伤寒的主要症候就是发热。古人并认为伤寒是会流行的，千金方引小品说：“伤寒，雅士之称，云天行、温疫，是田舍间号耳”，肘后方说：“贵胜难言总呼伤寒，世俗因号为时行”，外台秘要许仁则论天行病说：“此病方家呼为伤寒，而所以为外感之总称者”。可知在晋、唐以前，伤寒和“天行”“时行”“外感”是同类异名的，所谓“天行”“时行”“外感”就是今日的传染病。又据仲景自序，其宗族在十年之内死亡三分之二，伤寒十居其七，可见仲景所指的伤寒是属于传染性疾病也无疑义了。因此，将伤寒论广泛所指的伤寒，解释为多种热性传染病，是比较接近的。

三、怎样学习《伤寒论》

《伤寒论》是祖国医籍最有价值而且是古今中外医界所推崇的一部书，很多的人（包括中西医和医务界以外的人士）很愿意去研究它，但都有一个共同顾虑，就是内容深奥，难以理解。其实伤寒论是祖国医籍中最适合实用而且最易领会的一部书，我们只要将伤寒论里的一些问题弄清楚。就不至感到有什么奥秘，是容易学习的，再进一步结合临床也能够运用裕如。清代名医柯韵伯说：“仲景之门，人人可入”就是这个道理。

（一）要领会《伤寒论》“辨证论治”的基本精神

《伤寒论》作者张仲景著这部书，是总结前人经验加上自己临床实践写作出来的，内容以“辨证论治”为基础。什么叫作“辨证论治”，就是依据临床上所呈现的各种症候，按阴、阳、表、里、寒、热、虚、实的不同，将伤寒病归纳为六个症候群（即六经），依证立法，依法立方，完全从病证的客观规律来决定治疗的原则；换一句话说：任何疾病，尽管症状千变万化，但总不越出阴、阳、表、里、寒、热、虚、实八个纲领范围，只要掌握住证候出现的特点，把它们划分作若干类型，然后适当地给予汗、吐、下、温、卫、和、消、补等法来治疗。这套方法不仅是诊治伤寒病的基本规律，而且是中医诊治体系的基础。我们学习伤寒论不可单从某些名词、文字上斤斤计较，最主要的是学习它的大法——辨证论治。

李士材说："方者，定而不可易者也；法者，活而不可拘者也。非法无以善其方，非方无以疗其症。学者先以方法熟习之，后以方法融会之。则方可以随时变，而不逾仲景之法；法可以随症立，而不外仲景之方。由是则超于方亦方也，逸于法亦法也。"浅田氏说："夫法所以辨阴阳、定病位者也，方所以随其位而制其宜者也，故法明而方效，亦犹规矩备而后奇工百出也。是故学伤寒者，为得其法也。"二人说的话很对，他们指导我们学习伤寒论必须领会其精神，掌握其方法，融会圆变，是有参考价值的。

（二）要正确对待《伤寒论》的术语

我们学习《伤寒论》时，应当首先明确一个问题，就是要追溯到作者张仲景的生长时代——东汉的社会背景。那时社会是封建制度，学术趋向儒、道两家两说。仲景为想写成一部伟大的著作，不得不适应当时的社会环境和学术潮流，因而沿用了当时盛行于社会上的一些术语——阴阳、六经、营卫……等。这些术语，我们应把它们看作是用来解释从临床上实践所得出的理论的代名词，不能以玄学的角度看成唯心的东西。

阴阳、表里、寒热、虚实、六经、营卫、三焦是伤寒论比较主要的术语，也是近代医界争辩的焦点，特参考一些近代学者的意见并结合个人体会，简单地解释如下：

1. 阴阳：阴阳本来是我国古代的唯物主义哲学学说，古人用它来说明宇宙间一切事物的发展、矛盾、统一的现象。含有相反相成，互相制约，互相联系的道理。

所以阴阳并非固定的指某一事物，而是代表事物或自然界一些现象的属性。[1]

周秦以来，这种阴阳学说被广泛地应用到医学方面。我国现存的最古医书——内经，就是应用阴阳来解释医学上的一切问题，如对生理和病理的分析、疾病和证候的归类。诊断和治疗原则的确定等，而形成了中医理论体系的基础。

仲景著伤寒论时，曾撰用素问九卷，伤寒论里的阴阳有一部分是从素问里引用过来的，它和素问里的阴阳有某些相似而不相同的地方：素问的阴阳，所指范围较大，除说明人体生理、病理问题外，还包括人体以外的自然界现象；伤寒论的阴阳则是用来解说疾病现象和机体机能：它有时是指病势的进退，如第七条"病有发热恶寒者，发于阳也，无热恶寒者，发于阴也"，第一三一条"病发于阳……病发于阴……"；有时是指机体机能的盛衰，如第二十三条"此阴阳俱虚"，第三三七条"阴阳气不相顺接"，以及所谓"亡阳"等；有时是指脉象，如第三条、第二八三条"脉阴阳俱紧"第十二条"阳浮而阴弱"等；有时既指病势又指机能，如第一一一条"阳盛则欲衄，阴虚小便难；阴阳俱虚弱，身体则枯燥"。

大凡病之热者为阳，寒者为阴；实为阳，虚为阴：病之属于进行性者为阳，属于退行性者为阴；机能亢进为阳，衰减为阴；体质强、精神兴奋、抗病力旺盛者为阳；体质弱、精神阻抑、抗病力衰减者为阴。[2]所以，阴阳应该看作是一种机动性的名词，只要掌握它的原则性，是可以理解一切的。

2. 表里：表里就是内外，是显示症候呈现的部位层次。表症是指热病初期的病变阶段，就是病理机转活动于体表浅层所呈现的症状如发热、恶寒、头项痛、体痛、有汗或无汗、鼻塞、咳嗽、脉浮等；里证是指热病中期或后期的病变阶段，就是病理机转已影响及内部脏器组织，所呈现的症状如心力衰竭、四肢厥冷、神识不清、腹痛、大便秘或下利、脉沉等。

总之：表症是象征着机体抗力与疾病斗争，有驱之使出的现象，此期病较轻微，无生命危险，里证是指病邪内在或深在的意思，机体抗力趋向衰落，发展下去有危及生命的可能。所以说里证比表症为严重。

3. 六经：六经就是太阳、少阳、阳明，太阴、少阴、厥阴。六经名词见于伤寒论，也见于内经，它的实质是什么，完全要看引用这一术语的作者的用意所在。同属内经系统，灵枢六经和素问六经不完全相同；而素问六经和伤寒论六经又有差别。灵枢六经是指手足十二经的经脉，是适应于针灸运用的经穴线路。素问六经除指手足十二经脉的经穴线路以外，还指十二经脉发病的病证——主要是手足六经的病证，同时还指及岁时气候——五运六气的运行和交错。因此，我们不能以灵枢六经来衡量全部素问，也不能以素问六经来衡量伤寒论。[3]

伤寒论的六经，是作为说明伤寒病证候出现的六个提纲，也就是将伤寒分作六个症候群，每一经病名代表其一些症候群；这些症候群并不包括每一阶段的全部症状；同时常有这一经的某些症候见于那一经的，也可能有两三经症候同时并见（即所谓合病或并病）；这些症候有时按次序演进（即所谓传经），有时并不一定依次演进（所谓越经）；它和现代医学上的传染病分期是相似而实不相同的，只可看作是热性传染病中六个比较一般性的共同症候被作重点提出，不是六种病，也不是六个阶段。[4]

正因为六经意义是随着医者观点的不同而异，所以过去有一些学者竟将灵、素六经和伤寒论混淆起来，用灵素六经来解释伤寒如："六经气化""六经分配脏腑""伤寒传足不传手"……等之说，附会强合，生搬硬套，把一部原来是实用易懂的书，反弄成玄妙糊涂难以理解，完全违背了仲景本意。

仲景为了总结前人经验结合自己临床实践，从疾病的症候中找出一些规例，因此"博采众方，勤求古训""撰用素问九卷，八十一难"，由于内经时代已引用六经，六经并已成为当时医家流行术语，所以仲景著伤寒论也沿用六经名词，不过他只沿用六经名称而内容含义却和素问不同，只要看伤寒论里对三阳三阴只称"病"不称"经"就可以体会仲景原意了。

柯韵伯说："仲景于诸病之表里阴阳分为六经。清理脉证之异同，寒热之虚实，使治病只在六经"，又说："凡风寒、湿热、内自、外感，自表至里，寒、热、虚、实，无所不包；所以六经提纲各立一局，不为经络所拘"。可见伤寒论六经是代表六个不同症候群，这个见解不仅是现代多数学者所赞同，即在清初医家就有这个观点。

因此我们可以体会：仲景把不同的热病，综合它们的热型、脉象、症候分成六个症候群，症候群的名称沿用了当时的流行术语——太阳、少阳、阳明、太阴、少阴、厥阴，由此掌握了一般热病的临床规例和转变，更由此创立了执简御繁的药治方法。[3]

4. 营卫：营卫两字在古典文学上如尔雅有"营卫守围，皆在外垂"意思是有外捍内固的保卫意义。内经说："营气者，泌其津液，注之于脉，化以为血，以荣四末，内注五脏六腑，以应刻数焉；卫气者，出其悍气之慓疾，而先行于四末分肉皮肤之间而不休者也"，又说："营在脉中，卫在脉外"，又"其浮气不循经者为卫，其精气之行于经者为营气"。难经说："营行作荣，荣者荣华之义也"又"营者经营也，卫者护也"。叶天士认为"肺主气属卫，心主血属营"。现代学者对营卫的见解也不一致，有的认为营是指血浆，卫是指体温；有的认为营是血液循环，卫是气体交换。我认为这些看法都对，只是营卫所指范围还应该广泛些。我同意金寿山先生的见解：营是指体液循环的生理作用，卫是指食物在人体内氧化过程中所产生的热能，兼及体温调节中枢、皮肤、汗腺的机能，抵抗疾病的能力。[5]但由于机体是完整统一的，其生理作用是彼此互相关联着，营卫只能在文字上来分，而实际意义应当看作是机体对内对外的生理协调作用的一部分，不能呆板地把它分立起来。

伤寒论引用营卫仅见于太阳篇如：第五十条"荣气不足，血少故也"（按"荣"成本作"营"，古荣、营通，下同），第五十三条"荣行脉中，卫行脉外"，复发其汗，荣卫和则愈"，第五十四条"此卫气不和也"第九十五条"此为荣弱卫强，故使汗出"等。这些条文近代有的学者（如陆渊雷、山田氏）认为非仲景原文。他们认为营卫两字见于灵枢，而仲景自序撰用素问九卷，其同于素问的十无一二，同于灵枢的百无一二云云；他们又认为这些条文文句不似仲景辞气。这里我们姑且存疑。至于里面营卫的含义，当然不越出上面所说的范围——机体对内对外的生理协调作用。

5. 三焦：三焦究竟是什么，是近代中医学术界争鸣的一个重点问题。有的说三焦有名而无形，有的说三焦有名有形。这里不准备作专题讨论，仅就古今医家对三焦的记载和看法略举一二，供作参考：内经素问说："三焦者，决渎之官，水道出焉"。灵枢说："上焦出于胃上口，并咽以上……中焦亦出胃中，出上焦之后……下焦者别回肠，注入膀胱而渗入焉"。难经说："三焦者，水谷之道路，气之所终始也。上焦者在心下，下膈，在胃上口，主纳而不出……中焦者在胃中脘，不上不下，主腐熟水谷……下焦者当膀胱上口，主分清浊，主出而不纳"。唐容川认为三焦是油膜。章太炎、祝味菊、陆渊雷等则认为是淋巴管。至于温病学的三焦，则是用来代表温热病所呈现的症状群的三个阶段，和以上所述的三焦意义完全不同。

我认为三焦是有名无形的，它是古人所假设的对呼吸、消化、泌尿器官的生理部位和作用的代名词；大体言之：上焦系指咽、喉、食道、气管、肺脏等部位，中焦系指胃肠，下焦系指泌尿、生殖器官及大肠的一部分。

伤寒论引用三焦名称，仅见六条条文即：第一二四条"……以热在下焦，少腹当鞕满"；第一四五条："……无犯胃及上二焦，必自愈"；第一五九条"……理中者，理中焦，此利在下焦"；第二三〇条"……上焦得通，津液得下，胃气因和"；第二四三条"食谷欲呕……得汤反剧者，属上焦也"；

第二八二条“……以下焦虚有寒不能制水”。

由以上六条文字中更不难体会：仲景所谓上焦是指胸以上器官，中焦是指胃肠，下焦是指泌尿、生殖器及大肠的一部分了。

至于“寒热”“虚实”，顾名思义可以理解，限于篇幅不多赘述。

（三）要用科学方法来分析和整理伤寒论

仲景生长在一千七百年前封建王朝的旧中国，时代背景给他的限制，研究和创造的条件远比不上今天的优越。他只能就当时的常见疾病，利用当时所有的知识和可能收集的资料，结合他个人的临床经验加以整理归纳，为诊断治疗作出一些结论，如果站在科学进步的今天来衡量它，当然有它一定的缺点。相信每一个懂得并承认事物是不断向前发展的人，一定不会向古人苛求的，也一定不会被束缚在古人的圈子里。何况年代久远，原本残缺失佚，反复传抄；而历代注家又喜欢弄文舞墨搀入己见（据说注伤寒论的明有五十余家，清有百余家），你斥我不是，我驳你无稽，众说纷纷莫知所以。我们现在如果不用科学方法加以分析整理，就不能把伤寒论学习好。

所谓科学方法并不是说把一些现代医学名词硬套进伤寒论里面去，或者把伤寒某一症候一定要说成是某一病菌或病毒传染的，如果这样，那就无异“削趾适履”了。我说的科学方法是指用唯物辩证法实事求是的精神来分析批判。陆渊雷先生说：“读古医书，当分别观之，不可一概盲从，凡理论合事实亦合者，当以科学证明之；凡理论合而事实不合，或理论不合而事实合，当存而待考；凡理论事实俱不合者，即当剪辟”。我认为陆先生的意见基本上是对的。

个人体会，《伤寒论》内容包括有四个部分，我们应当用不同的态度来分别对待：

1. 合理部分：伤寒论是总结汉以前医家所积累下来的经验并根据作者——张仲景自己临床实践写作出来的，它的内容是建筑在唯物辩证的基础上，绝大部分是理论与事实相符合的；也就是说绝大部分是符合科学道理；对这绝大部分，我们有责任继承下来，并让它发扬光大。

2. 错简或遗漏部分：伤寒论因为历遭兵燹原本残缺失次，且在唐代以前还没有发明印刷术，全赖传抄行世，因此有一些条文错简或遗漏。例如第二十八条“服桂枝汤或下之，仍头项强痛，翕翕发热无汗，心下满微痛，小便不利者，桂枝去桂加茯苓白术汤主之”中“去桂”二字有误；第一四一条“寒实结胸、无热证者，与三物小陷胸汤、白散亦可服”系“与三物小白散”之误。又如桂枝加葛根汤不应有麻黄；甘草泻心汤脱落了人参，……象这样的例子很多，不胜枚举。对这些错简或遗漏部分，我们有责任加以更正，不能再跟着古人尾巴，因错就漏循文衍饰。但更正伤寒论条文应本着严肃、认真、慎重的态度，万不可单凭个人意气草率从事，对原文有怀疑的地方，须详细参考与伤寒论相关的医籍（如玉函、金匮）汉以后名著以及各家注本，再结合临床事实得出结论，然后该改就改，该删就删，该补就补，才能使学术进步，使后代有所依循。

3. 存疑部分：条文中有某些设问答语，某些以营卫脏腑释病，有些但持脉辨证，有些以针刺治病；象这类条文，前人多疑非仲景原文，有的疑为王叔和搀入，有的认为后人所搀或注文混入正文，但目前还不能找到一定根据。我认为不管是仲景原文抑是叔和或后人搀入，总的来说，都是古人著作，只要是合理的我们都应该采取，不合理的就予以扬弃；但介于合理和不合理之间的怀疑部分，目前尚难辨明是非，就不应轻易下结论，只好留下研究。

4. 不合理部分：伤寒论固然以总结临床经验为主，但因时代背景影响，理论方面难免牵涉到一些附会玄虚部分，如“阳数七，阴数六”“六经欲解时”等是受当时社会文艺学术趋向所渲染；并不足怪。我们以二十世纪的眼光来看二世纪的事物，是不应向古人责难的，当然也不需要替古人辩护。象这类接近玄虚部分就该扬弃掉。还有一部分是衍文如第三十条“问曰证象阳旦……”这一条句话凌乱语无精要，徒足以眩惑后学，就毫不犹豫地予以删除。我认为只有去其芜杂，才能点出精华所在，对改进中医学术来说，是有一定意义的。

参考文献

[1] 薛崇成．中医阴阳学说之基本概念．中医杂志，1955年6期．

[2] 阎德润．伤寒论评释．人民卫生出版社．

[3] 何云鹤．六经浅解．福建中医药，1957年2月．

[4] 姜春华．伤寒论六经概说．北京中医，1954年7月．

[5] 金寿山．试从科学观点上来研讨营卫问题．上海中医药杂志，1955年9月．

[《福建中医药》1958，3（5）：13]

我对《伤寒论》"桂枝去桂加茯苓白术汤"的认识

严子藩

《伤寒论》说："服桂枝汤，或下之，仍头项强痛，翕翕发热，无汗，心下满微痛，小便不利者，桂枝去桂加茯苓白术汤主之。"这个古方，历来注伤寒论的，到目前为止，约有三说：一说不去桂，如成无己云："桂枝汤以解外，加茯苓白术，利小便，行留饮。"因此丹波元简说："成注不及去桂之义，但云桂枝汤以解外，则成注所本，无去桂二字乎？若不去桂，而用此方于此证，或有效验。王肯堂以降，多谓是水饮所致，然无的据，金鉴则依桂枝去芍药之例，谓去芍药之误，其说亦难从。"一说是去桂，如喻嘉言说："去桂枝者，以误不可复用也。然桂枝虽不可用，其主下诸属，皆所必需，倘并不用芍药以收阴，甘草姜枣以益虚而和脾胃，其何以定误汗误下之变耶？"一说去桂是去芍药之误，如金鉴云："去桂当是去芍药。此方去桂，将何以治仍头项强痛，翕翕发热，无汗之表乎？当改之。"

以上三说，究竟从谁呢？应当以去芍药为是。

不言去桂一说，虽用意较深，但不去芍药，对本条所举的方证是不合的。①不利于无汗：总的来说，本条证是属汗或下后表证未解而内饮停聚于中焦；不去芍药，不但芍药的酸收，有碍于桂枝的辛散而力不专，达不到解除"无汗"等表证，而且芍药有留恋饮邪之弊。论中虽有小青龙汤治伤寒水饮射肺的表证曾用芍药，但小青龙汤中有大队麻、桂、辛等辛散之品，而芍药之用，正是防止麻、桂、辛等过于辛散而设。论中"无汗"不得用桂枝汤的指示，正是桂枝汤中有芍药的缘故，因为芍药禁用于"外感寒热而无汗者"（见中国医学汇海本经注）。②不利于心下满微痛：本条心下满微痛，小便不利。系饮停中焦的征象。饮属阴邪，芍药为阴药，不去芍药，难道不有云翳蔽日之虞吗？金鉴云："论中有脉促、胸满、汗出、恶寒之证，用桂枝去芍药加附子汤主之。去芍药者，为胸满也。此条证虽异，而其满则同，其为去芍药可知。"虽然论中有少阴阳虚水气上凌而心下悸，振振欲擗地的真武汤证，方中也用芍药，但是，从82条来看：彼有"汗出"，不似本条之"无汗"。金鉴云："……真武汤用芍药者，里寒阴盛，阳衰无依，于大温大散之中，若不佐酸敛之品，恐阴极格阳（82条有发热一证），必速其飞越也。"于此可悟真武汤用芍药，是为汗出卫阳外泄而设，目的还是取它饮汗以守阳。也许有人会说：芍药虽不宜于胸满，此条是心下满微痛，芍药能止痛，有用它的必要。其实仲师用芍药止痛，多用于腹痛，如"本太阳病，医反下之，因尔腹满时痛者，桂枝加芍药汤主之"即其例。同时，阴性的心下满闷疼痛，仲景不但不用芍药，而且却选用桂枝。例如金匮胸痹心痛短气篇说："胸痹，心下痞，……胸满，胁下逆抢心，枳实薤白桂枝汤主之。"又："心中痞，心悬痛，桂枝生姜枳实汤主之。"虽然论中没有明文指出芍药治心下痛，但是临床上阳性的心下痛，芍药还是有选用的机会，不过它不宜阴性的罢了。

基于上述，不言去桂而留芍药，这一说是不可从的。近来有人研究此方乃是"减去本方桂枝二两，尚存桂枝一两在内……"（见本刊1957年6月号）。个人对此解释也不同意。①本条表证多于里证，即表证有三（头项强痛，翕翕发热，无汗），里证仅二（心下满微痛，小便不利），一两桂枝，虽配了三两生姜，但有三两芍药在内，不但不可能达到解表的目的，而且也难免芍药留恋饮邪和外邪。虽然本经议到芍药能"利小便"，但个人认为本经所谈大概是因为芍药有养阴的作用所致。因为小便不利有阴虚的，阴液足则小便利。本条的小便不利是脾不运输所致，实无选用芍药的必要，②论中不但没有减去主药的用量，而仍冠以主药为汤名的例子，可为佐证；相反地，只有增加了主药的用量，而冠以主药为汤名的记载，如小承气汤把厚朴加重了，便称为厚朴三物汤。尤在泾说："承气意在荡实，故君大黄，三物意在行气，故君厚朴。"

关于去桂之一说，虽千金卷九也是去桂，但有如下两点不可从：①从体例上看不可从：如徐灵胎说："凡方中有加减之法，皆佐使之药，若去其君药，则另立方名。今去桂枝，而仍以桂枝为名，所不可解。"恽铁樵也说："此条可疑，桂枝汤以桂为君，今去其桂，不词实甚，且无类似之文，可为佐证。全部伤寒论，有麻黄汤去麻黄，附子汤去附子，芍药甘草汤去芍药甘草乎？"②从症状上看不可从：本方去了桂枝，保留芍药，不但不能治愈头项强痛，翕翕发热，无汗等表证，而且心下满微痛也不可能行散。因为没有桂枝，便不能宣中化气。吉益氏云："历观此证，无去桂之理。此因水气结滞，致心下满微痛，不逐心下之水，则不得外发，故服桂枝汤或下之，而不解也。今加茯苓白术以逐水气，以桂枝散其满，去芍药者，欲令其力专也。凡逐水之剂，未尝有芍药。以是知其不当去桂矣。"

这种从证测方的眼光，去对待伤寒论的错简，基本上是和金鉴一致的。至于喻氏谓“因误不可复用桂枝”，这话未免有些偏激。论中虽有汗或下后有不可再服桂枝汤的话，但汗或下后用桂枝的也非很少，如“服桂枝汤，大汗出，脉洪大（不烦渴），与桂枝汤如前（服）法……”及“下之后，其气上冲者（指头项强痛，鼻鸣，干呕，脉浮等），可与桂枝汤。”均是其例。喻氏又谈到“倘不用芍药以收阴”的话。这条是不是伤了阴呢？根据心下满微痛来推敲，“无汗”决不是汗或下后阴液不足以作汗，“小便不利”也不是汗或下阴液虚竭而尿量短少或无，二者均属水津停留不布所致。如果是阴虚的话，不但不应有心下满微痛，而且头痛也不在项背，同时还必有一系列的阴虚证。因此，去桂留芍之说终不可从。

此方既不可从去桂的记载，又不可从不去桂的说法，自然宜从留桂去芍的论点。兹把金鉴的解释，抄录于下：金鉴云：“此条为表未解，而心下有水气者立法也。服桂枝汤或下之，均非其治矣。仍有头项强痛，翕翕发热，无汗之表证，心下满微痛，小便不利，停饮之里证，设未经汗下？则是表未解而心下有水气，当用小青龙汤治之。今已经汗下，表里俱虚，小青龙汤非所宜也。故桂枝汤去芍药之酸收，避无汗心下之满，加苍术之燥利，使表里两解，则内外诸证自愈矣。”

这里使我们体会到：①伤寒表证无汗不得用桂枝，有汗不得用麻黄，这是定法。本条无汗用桂枝，63条有汗用麻黄，这是活法。因为它们所要达的目的不同，故所配的药也不同。②本条“仍”字是主眼，不可轻易读过。因仍字下文的证，可以理解到是本来具有的，故金鉴有设未经汗下，当用小青龙汤的话。因而心下满微痛，也给小青龙证留下了一个心下证的印象。③不仅临床诊病要全面看问题，就是读书，特别是久经传抄的有错简的经典医书，也要能全面的去分析问题。尽管去芍找不到怎样错写的根源，但全面的以方测证，从实际应用出发，是可以冰释的。④本方方后但云“小便利则愈”。个人体会到可能省写了“汗出”二字，因为它和五苓散均属太阳表里证。五苓散方下会说“多饮暖水，汗出愈”，事实证明本方和五苓散药能中病时，均有微微汗出及小便增长的情况。

笔者对《伤寒论》还是初学，以上所述，难免偏于主观，不妥之处，敬希先进同道们指正！

［《上海中医药杂志》1958，(6)：8］

《伤寒论》研究和整理的我见

裘沛然

一、著者史实和本书沿革

在谈到正题之先，来考正一下著者的史实和本书沿革，是必要的。根据后世医书记述，关于张仲景的一些事迹，大都说他是：南阳人，曾举孝廉，官至长沙太守，始受术于同郡张伯祖”。仲景籍隶南阳郡，这当然无误，至于做太守之说，是否正确？近人丁福保对这问题曾经提出过，他说：“考灵帝时，孙坚守长沙，及袁术有南阳，以苏代领长沙，建安三年，长沙太守张羡叛刘表，羡没，子怿嗣为太守，刘表并之，代以韩玄，及韩玄降先主，廖立继为太守，灵献之间，似无仲景守长沙之日”。以后章太炎、陈无咎等都曾讨论过，但都没有得出可信的结论，亦有人说张羡即仲景，更没有确据。去古逾冠，文献不足，仲景官太守的记载，有作进一步考证的必要。

考仲景做太守的说法，自宋代开始，当时的著名学者如陈伯玉、晁子止、马贵与等都在他们的著作中引称过；医籍上则首载于医林别传，其原始资料，俱出唐甘伯宗的名医录。甘氏距仲景已数百年，和甘氏同代的刘知几、王焘、孙思邈等，都是熟知仲景的人，俱没有只字提及仲景做过太守，甘氏异说独倡，史书何据？我们从汉晋文献来考证，自远较甘说为愈。晋代王叔和、皇甫谧距仲景为最近，王叔和只说“仲景明审”，没有提到长沙太守之事；皇甫谧甲乙经在记述了张氏见王仲宣一段事迹后，接着说：“仲景论广伊尹汤液，为数十卷，用之多验，近代太医令王叔和撰次仲景选论甚精”。应当说明：古代封建社会里对做过官的人，和称“编户”的平民，是两种看待的，所以有“吾从大夫之后”的话，表示他身份和平民不同，因此在古代文献里，凡引称做过官的人，常先举衔而后称名。我们再看皇甫谧序文里，他称侍中王仲宣、祭酒刘季琰，对王叔和则说太医令，举淳于意且只称衔而不名，都是这类笔法。据此例推论，假使仲景确实做过太守，皇甫氏也一定要大书特书，而决不会轻易略过的。

太平御览引何颙别传：“何颙南阳襄阳人，……同郡张仲景，总角造颙，颙谓曰，君用思精而韶不高，后将为名医”。传里的韵字，应作风标高迈解。考汉末一般文人通习，是很注重“韵”的，他们都是通过“韵”的相互标榜，而入仕途，所以韶虽似风神高逸，却为当时仕进所借以揄扬推引的主要条件，仲景缺乏这样条件，故何颙断定他只可为名医。否则古时太守和方技，名位悬殊，使仲景果为长沙守，何氏品鉴人物，岂有遗大举小之理，而作别传的人，更不会说“卒如其言”了。

同时，在仲景自序里也可以看出他对仕宦的看法：“怪当今居世之上，……但竞逐荣势，企踵权豪，……举世昏迷，莫能觉悟，……蒙蒙昧昧，蠢若游魂”。太守在当时应是荣势权豪的一类，正是仲景所鄙弃的，他岂能在痛诋“权豪”之余，自己去“以身蹈之”呢。

如上所论，甘氏名医录既无征不信；汉晋文献的记述都和仲景做太守的说法相刺谬，“官长沙”云云，未足列为信史。但仲景虽然不曾做过官；却也不是仅仅如今人所说的一位专业医生，他是博洽多闻而又兼综方术的学者。故刘知几说：“元则仲景，时才重于许洛”。近人自章太炎以降，多误以元则作元化，以为华佗与张机并称，不知刘氏所指的元则，是魏国的桓范，当时号称智囊，仲景与他相提并称，则才识当亦相类，况刘氏明谓“陈寿国志，广列诸传，遗此不编”。华佗传已列三国志，知几所指，本极明晓，太炎氏以仲景元化医名相埒，遂依类推想，失于细察之故。

仲景书流传到今日，已经迭遭散佚，不但全书内容多有错简；就是仲景原序，也已被人窜改，首先伤寒卒病论的名称就很可疑。因为这书经晋迄唐，虽然经过许多名医阅览并且称引，但没有一人提及这个书名。还有自序所说的十六卷，也大有问题，我以为仲景书在当时应有三四十卷以上。理由是：皇甫谧距离仲景的时代最为接近，他所看到的伤寒论本子当校后世所流传的要真确得多，据他说：“仲景论广伊尹汤液，为数十卷”。（林亿等以今本伤寒论衡量古籍，将数十卷改作十数卷，殊欠审慎）。既称为数十卷，最少当有二三十卷，十六卷之数，决称不上数十卷。又汤液经据汉志所述为三十二卷，仲景论既是推广汤液，就应在三十二卷之上，如果只有十六卷，仅及汤液原卷之半，“广”于何有！此其一；太平御览引高湛养生论谓王叔和编仲景书为三十六卷，高湛和王叔和距离的时代很近，所见应是叔和原本，应该知道：王叔和并不是浅妄之流，他编仲景书的态度非常审慎，我们从附注中“疑非仲景方”等字眼可以看出，他绝不会把原书大事更张，三十六卷的本子，很可能是根据仲景原书轮廓而撰次的，况叔和编此书是搜采辑佚性质，其卷数不可能比原书更多。此其二；梁代阮孝绪编撰七录，著录辨伤寒十卷，黄素方二十五卷，伤寒身验方一卷，评病要方一卷，以上都属仲景的著作，总其有三十七卷。此其三；唐代王焘著外台方就引证到十八卷。此其四；由上四点已足证明原书绝对不止十六卷，该书在晋时可能有两种通行本，一种是叔和编次的三十六卷本，一种是七录所著录的总其亦有三四十卷。仲景的书，王叔和没有大改变，到隋唐时却起了非常巨大的变化，隋志和唐志，都只有仲景方十五卷，我以为这个变化是由当时传抄节录所造成的，因为仲景书本有“医论”和“方症”两个部分，后人传抄，可能只节录辨证处方的部分，而把医论的大部分略去，（删略部分，今尚能检出一二，如周礼贾疏引仲景“神农能尝百草则炎帝者也”等，今本已佚）。才把“仲景旧论”变成了“仲景方”，从三十多卷浓缩成十五卷，我觉得这一变，使仲景书变得更为精简而切用。至于现在流行的本子，是宋高继冲进献、经林亿等校定的，高继冲进献的伤寒论，和王洙所发现的金匮要略方，都可能由唐代十五卷本的仲景方蜕化而来。

也有人说：王叔和没有编次伤寒论，皇甫谧所说王氏撰次仲景乃指脉经而言。这一说，我觉得不很正确，高湛养生论明载叔和“撰成脉经十卷”又“编次仲景方论三十六卷”，可见脉经和撰次伤寒是截然两事，不能混为一谈。即细绎皇甫谧原序，也很易了解，按一般引称古书通例，说卷必实指其数，如“老子五千言”“史记百三十卷”“黄帝内经十八卷”等等，皇甫氏所见到的仲景遗论，大概是品种很多卷数繁乱而又残缺不全的书，故不能明白实指几卷，只能笼统说为数十卷，正因其书散佚凌乱，故需要王氏的搜采和撰次，原序文理很顺，细心体会，亦不难理解。

二、门径的认识

甲，训诂　古代文献的字句和名词。虽然今日仍沿用着，其涵义已经有了变更，所以读古书，必须通训诂，否则就易发生误解。譬如拿伤寒二字来说，我们都知道“热病皆伤寒之类”，以及“伤寒有五”的说法，但究竟伤寒二字，作何解释？它在汉代究是代表那一类疾患？考汉时伤寒名称，一般不大多见，崔实政论的“虽延历之术，非伤寒之理”，是仅有的引称。史书上比较多见的是疫疠一辞，魏志载：“文帝在东宫，氛疠大起，时人雕伤”。曹丕与吴质书：“昔年疾疫，亲故多离其灾”。（离字古同罹），释名：“疫，役也，言有鬼行疾也”。说文：“疫，民皆病也”。字林：“病流行也”。论衡：“温气疫疠，千户灭门”。小品说：“伤寒雅士之称，天行温疫，是田舍间号耳”。天行就是指鬼行疾的疫疠，也就是伤寒，故仲景说：“死亡三分有二，伤寒十居其七”。肘后方说：“贵胜雅言，总呼伤寒，世俗号为时行”。时行是包括后世的温疫、温病之类，汉时所称的伤寒，实已统括疫病和温病。吴又可、叶天士辈所以另举温疫和温病旗帜，就是不懂伤寒二字的训诂之故。又如太阳篇：“伤寒……大青龙汤发之”。里面的发字，注家自成无已以降多作发散解，陆渊雷今释引魏氏说，亦释为发汗。他们不知道古代文献里的发字，在某些地方有“与”字的意义，“发之就是与之”，发表发汗，仲景从没有单用发字的。再如“亡阳”二字，历代注家多作汗出过多阳气外越解，“此误也”！这里的“亡”字，应训作“无”，不释为亡失的“亡”。千金脉经俱作“无”，可证。至于阳字，也不作真阳或阳气解释。仲景文中的阳字，是指太阳、少阳经等的阳证而言，“亡阳”就是没有太阳经等症状，我们看论中提到阳字的，如“病有发热恶寒者，发于阳也”。是明指阳经的症状；“伤寒六七日，……此为阳去入阴故也”。说明已没有阳经症状，病已转入阴证，若阳字作阳气解，则人身阳气，就是危重的病也只可说是极虚或衰微而不应该说“去”的。又如“无阳则阴独”的阳字，如不作阳证解，则试问人身里阳气可以片刻“无”吗?“少阴病，脉微不可发汗，亡阳故也”。“脉微弱者，此无阳也，不可发汗”。两条一经对照，就会更清楚地显出亡阳二字确是指没有阳证的解释，并可说明“亡阳”不是一定由汗多而致的。又论中即使谈到阳气，也是指示阳经症状的轻重，故在麻黄症说：“阳气重故也”。无汗就“阳盛则欲衄”。有汗则“汗出为阳微”。后世的阳气概念，和仲景原旨，已有不同，细辨自能认识。

乙、体例　大论的章法体例，有许多特点，学者必须懂得这些，钻研上就方便得多。

（1）论中每汤必有主治的详细症候一或两条，作为该汤主治标准，论中凡称柴胡症、桂枝症等，都指此而言。其余条文，但说宜某汤，不再说主症，除特别指出的以外，都包括该汤主症在内，如“太阳病十日以去，脉浮细而嗜卧者，外已解也，……脉但浮者，与麻黄汤”。“伤寒脉浮滑，白虎汤主之”。“发汗后恶寒者，虚故也，不恶寒但热者，实也，与调胃承气汤”。麻黄、白虎、调胃各凭主症，举脉而言，是一种简笔，必须懂得这一体例，才不会曲解。

（2）大论体裁，凡列入某一经篇内的各项条文，不问为本经或别经的病，都冠以本经的病名，论中除极少数条文可能是错简之外，其余悉遵此例。如“阳明病，发潮热，大便溏，小便自可，胸胁满不去者，小柴胡汤主之”。此本柴胡症，以潮热似阳明，故列入此篇，即冠以阳明病三字。“阳明病，不能食，攻其热必哕，所以然者，胃中虚冷故也”。胃中虚冷，和“胃家实”相反，列于此篇，照例称阳明病；“少阴病，自利清水，色纯青，心下必痛，口干燥者，可下之，宜大承气汤”。此阳明病，为有自利清水疑似少阴处，故置于少阴篇，照例称少阴病。这种体例，是仲景为鉴别诊断而设，注家不谙此例，往往以臆测附会。

（3）论中常有倒装笔法，如“太阳病，发热恶寒，热多寒少，脉微弱者，此无阳也，不可发汗，宜桂枝二越婢一汤”。该汤应与热多寒少句承接，若脉微弱，是禁忌症。又“三阳合病，腹满身重，难以转侧，口不仁，谵语遗尿，发汗则谵语，下之则额上生汗，手足逆冷，若自汗出者，白虎汤主之”。下面若自汗出十字应与遗尿句衔接，大论像这样笔法最多，学者当须识此。

（4）有许多条文，系承接上条，故只指示与上条不同之处，不再重复该汤的主治症候。如“伤寒脉浮缓，身不疼，但重，乍有轻时，无少阴证者，大青龙汤主之”。又“发汗已，脉浮数，烦渴者，五苓散主之”。五苓主症为小便不利，大青龙为无汗烦躁，因承接上文，故概从略。

（5）大论文字，有部分很枝蔓，但大多数是极其谨严的，如同一用桂枝汤，有曰“主之”，有曰“宜”，有曰“可与”，里面大有出入。“主之”是此症必须此药，“可与”是病情已有变化，经过研究而后与，至于“宜”，是在各汤的斟酌之间，而最后选定用某汤。又如“服桂枝汤，大汗出，脉洪大者，与桂枝汤如前法”。此条眼目，完全在“如前法”三字，因为仍与桂枝汤，见得前药没有用错，药既未误，为什么病不见好，原因在于服药不得法，因桂枝汤服法，本戒“如水流离”，故特别提示曰：“如前法”，以微似有汗者为佳。

丙、识别　伤寒论究是什么性质的书，它有何种特长，讹字错简，如何识别？都在本节加以讨论。

（1）我以为大论是一部经过整理而有特种形式的医案文献。它和其他方书的性质不同，也和一般医案的性质不同，方书专是列方举症，不讨论病的变化，大论则对于病情演变，特别注重；医案只叙述每个病例的情况，而大论则是千百个病例的总结，它是具有科学条理的综合医案，这样的组织形式，是古来所仅有。它首先把千头万绪的病例，基本上纳入六类，每一类例里，又将许多症象分作若干小例，再就每一小例（如桂枝症等）的发病症状，服药经过，病情转归等详加记录，由许多个别的病例，加以统一后成为一个小例，首述该一小例的发病症状，如“头痛发热，汗出恶风，桂枝汤主之”。次述服药经过，如“服桂枝汤，大汗出后，大烦渴不解，脉洪大者，白虎加人参汤主之”。最后则述病情转归，如“反与桂枝，欲攻其表，此误也！得之便厥，咽中干……”。像这类记述，在论中占很大分量，这完全是许多病例的统一记述，又如“师首夜半手足当温，两脚即伸”等文字，真是绘声绘材的医案实录，就是论中的议论各条，也是仲景师徒讨论病例的记载，我们读伤寒论应该把它看作具有条理法则的特种医案来读才对。

（2）大论的唯一特点，就是能做到实事求是的要求。例如它在沿用古代传经学说时，曾说：“太阳病七日以上自愈者，以行其经尽故也，若欲作再经，针足阳明，使经不传”。“伤寒三日，……三阴当受邪”。但是仲景在实际上见到传经并无一定日期，且非一定要传的，故他又说：“太阳病过经十余日”。“二三日阳明少阳证不见为不传”。重事实，轻空论，这是大论的优点。

（3）论中有脉家的学说羼入，例如“太阳病脉浮而动数，浮则为风，数则为热，动则为痛，数则为虚”。又“脉浮而芤，浮为阳，芤为阴，浮芤相搏，胃气生热”。又“脉浮者，必结胸也；脉紧者，必咽痛；脉弦者，必两胁拘急；脉细数者，头痛未止”之类。考仲景说脉各条，都很简要，且必和证候合参，像上面这样文辞枝蔓，很难理解的，恐属后世所羼杂的。

（4）论中有后人注解羼入正文的，如“血弱气尽，腠理开，……正邪分争，往来寒热”。本是上条的注解；又“病常自汗出者，此为营气和，营气和者，外不谐……”。是下一条的注解；又“太阳病中风，以火劫发汗，邪风被火热，血气流溢，失其常度，……”是被火各条的注解，都是在传抄时被错乱的。

（5）论中错字很多，注家不审，每作强解。如“表有热，里有寒，白虎汤主之”。这样显然的错误，尚还有人曲解，至于错得比较隐晦的，自然只能随文顺释，不敢怀疑。例如“伤寒不大便六七日，头痛有热者，与承气汤，其小便清者，知不在里，仍在表也，当须发汗”。文里小便清，当系大便清，注家多作小便清长解，皆误。盖清字古同圊，即厕所，“其大便清者”等于说清便自调，再从文义上推求，先说不大便六七日，反过来说，倘若大便清者，显得文气相连，义理很顺，如易作小便来释，就要费一番迂回。何况小便清长，是后代名词，仲景只谓之“小便色白”，惟大便则常有清便、清谷、清血等记述可证。

三、六经的性质和作用

六经是大论的主要内容，就它的性质和作用，分作二点来论述。第一、我们首要认识六经的性质，六经是实质的，不是抽象的；是方面的，不是阶段的；是讨论“病”的，不是汇列“症”的。

何谓是实质的，不是抽象的？今人对于六经有两种抽象的概念：一种是根据司天在泉之说把六经释为气化的作用；一种是从“八纲”出发如日人丹波氏解释太阳为表热病，太阴为里寒实病等的抽象概念。这两种说法，都是片面的。气化之说，本为仲景所不言，出于后世附会，固不用多赘；至于以表热或里寒里热等来划分六经的界限，为今日相当多数的医家所称道，其实也是不够全面的。譬如说“太阳主表”，试问太阳随经瘀热在里而用抵当桃核承气的“腑病”，难道不算太阳病吗？但这些不能算它是“在表”的病。这种错误概念的形成，是因为不认识六经的实质性，不了解仲景“撰用素问”的本义。应知六经在古人的心目中是有经络肌肤脏腑的实质的，论中“以行其经尽”，不是经络的明证吗？“太阳随经瘀热在里热在下焦热结膀胱、阳明胃家实、太阴脾家实腐秽当去”等，不是统辖脏腑的明证吗？近人把素问的经络脏腑学说和仲景的六经分了家，由实质的性质转为抽象的概念，像太阳病中有寒有热有表有里的现象，便不容易从太阳主“表热”的片面的概念来解释了。

何谓是方面的，不是阶段的？六经原是疾病的六个方面，不是某一种疾的六个阶段，这点不但旧说常见混淆，就是近人也有把它释为前驱期、进行期，极期、轻快期等等的说法。固然有些疾病可以传历诸经，但决没有遍传六经的；有些疾病则只局限在一经的范围，它和前驱期轻快期等必要经过的情况根本不同。论中关于这点也指示很清楚：“太阳病至七日以上自愈者”“阳明无所复传”“少阴病得之一二日”等，都是说明六经的性质，是空间的方面，不是时间的阶段。

何谓是讨论“病”的，不是汇列“症”的？六经既占有人体各部的区位，因外感侵袭而呈生理的逆转，就成为“某经之为病”。它是有着病因和病理的依据，症候不过是某一经的病理所呈现的病象，是病的见证，不是病的本身。今人解释六经当它是症候的分类集结，称为“症候群”，把六经的“病”说成六类症状，这作为以今日的医学知识来研究六经则可，若便以此为六经的诠释，与古时原有涵义恐不尽符合。

第二，关于六经的作用，六经是阴阳学说的实际应用，是诊断和治疗所依据的标准。中医学最高的指导理论是阴阳学说，它虽导源灵素，而实从易老胚胎而来。易经“一阴一阳之谓道”。老子“负阴而抱阳”。他们都是以交互对待的阴阳理论来解释自然界万物的变化，“人法地，地法天”。当然也同样受阴阳的复杂错综的支配。六经就是人体里阴阳的六个环节，这六个环节统带着体内的组织脏腑，成为阴阳所代表的物质基础。至于诊断就是在六经的标识下，去辨别标本，分判经府，鉴别疾病的表里寒热虚实的变化，脏腑经络气血的通滞，它是通过六经所显示的各种症状，从而诊察那一部分阴阳的偏胜。治疗就是制止偏胜的方法，是依据正气驱病的方向从最简捷的通路以祛除病邪于体外，所有汗、吐、下、温、清、和六种疗法，都是根据这个原理而产生，和六经都有密切的联系。

四、《伤寒论》的研究方法

关于伤寒论的研究法，有系统分类、症候排比、方药对勘这三种比较扼要的方法。

（1）系统分类法：是将论中各种症候，作有条理的分析，譬如太阳病，先把它分为经府两系，把桂枝、麻黄、青龙，越婢等症，列为在经的一系；五苓，抵当、桃核承气症等，列为在府的一系；在两系之外，还有旁系，如变症和坏病等。每系下面，再分为各小类，如变症项下，类别为结胸下利痞满等等，每小类下，更有子目，例如痞满就有五种泻心的子目。这样把全书条文分隶六经，每经各分若干系，每系各分若干小类，每小类又分若干子目，提纲挈领，脉络清楚，伤寒论的主要内容，就会朗若列眉。

（2）症候排此法：是学习辨症的主要方法，有总的排比和分类的排比两个步骤。总的排比，如研究发热，就将论中所有发热的条文，都摘出来，排比在一起，举一些例子，如“头痛发热，汗出恶风，桂枝汤主之”。“脉浮紧，发热恶寒，身疼痛，不汗出而烦躁，大青龙汤主之”。“发热恶寒，热多寒少，……宜桂枝二越婢一汤”。“头痛发热，身疼腰痛骨节疼痛，恶风无汗而喘，麻黄汤主之”。“往来寒热，胸胁苦满：……小柴胡汤主之”。“身热恶风项强，胁下满，手足温而渴，小柴胡汤主之”。“胸胁满而呕，日晡潮热，已而微利，此本柴胡症”。“热结在里，复往来寒热，宜大柴胡汤”。“不大便六七日，舌燥而渴，日哺小有潮热，从心下至少腹，鞕满而痛，不可近者，大陷胸汤主之”。“谵语有潮热，……大承气汤主之。”等等。就上所举的发热症状，再作分类的排比，把发热的主伴各症，都分别归纳在各种汤证下。经过这样分类之后，譬如小柴胡症，就有三种热型，即身热恶风寒，及往来寒热，或日晡潮热。第一类热型，应当寻出它和麻桂，青龙，越婢等症状的辨别；第二类热型和大柴胡的辨别；第三类热型和陷胸、承气等症的辨别，在这样复杂细致的层层分析下，对各汤所主症候，就能具有深切的认识。

（3）方药对勘法：可分三个程序，第一步把全部方剂先厘分为若干类系，成为初步的归类，如将桂枝一类的汤方，成为一系，柴胡一类的汤方，成为一系等，然后进行此一系和彼一系所主症状的相互对勘，从而了解每一系的汤方所治的特异于他系的共通证候。第二步进行每一系里面的许多汤方内部的比较对勘，是系内的对勘。例如桂枝系内有桂枝汤、桂枝加杏朴汤、桂枝加葛根汤、桂枝加附子汤等，从各汤的方药增损，以辨识每汤的主治症候。第三步就每一汤方所组成的各药，进行比较对勘，是方内的对勘。譬如桂枝汤内五种药，各分主什么症候？这些药如在别的汤方里，又起什么作用？经过这样比勘以后，就会知道每药有单味主治和配伍主治的两种功能。例如桂枝汤是甘草汤、桂枝甘草汤、芍药甘草汤等所组成，但是桂枝汤的功能，并不等于各汤效能的总和，或者各药单味主治的总和，这是祖国医药的特点之一，也是研究工作中最艰奥而最切实的问题。

上面三种研究法，系统分类法是窥采伤寒论全貌和了解疾病内容的主要方法，症候排比法为临床诊断所必学，方药对勘法和治疗法则有密切关系，三种方法，各有它价值，我们在学习中都不可偏废。

［《新中医药》1958，9（7）：17］

对伤寒与温病的体会

徐景藩

（一）

祖国医学对于热性病症的认识很早，如《素问·热论》:“今夫热病者，皆伤寒之类也……其死皆以六、七日之间，其愈皆以十日以上……”。古代对急性发热病症统称之为“伤寒”（广义的）；从病因、症状的分类，又有各种热性病的病名，如温病和伤寒（狭义的）等等。

病名是一个概念性的名词，中医病名更具有概括的意义。“温病”虽然在难经中属于广义伤寒下的一种病症，但从历代温病学说的发展来看，同样地，它也是包含很多种热性病的总称，如吴鞠通温病条辨中就载有：“风温、温热、温疫、温毒、暑温、湿温、秋燥、冬温、温疟”九种之多。

明王安道云：“温病不得混称伤寒，因伏热在内，……法当清里热为主，佐以清表之法……”，是从治疗法则上，把伤寒、温病二者区分开来，而其所以有这些病因和治法的区分，归根都是以临床上不同的症候表现为基础，因为伤寒、温病之症状、治法，有其不同之处，故先人一再阐述鉴别。但也由于伤寒、温病都是急性发热性病症，具有其同点，治疗原则上均有汗下清等法，二者关系密切，甚至不可分割。历来各家，争论剧烈，各找理论根据，各从临床实践。至明清一代，中医对热性病的认识及治疗法则益趋完善，达到光辉灿烂的境地，温病学说在争鸣中日益巩固和发展。

温病学说是伤寒论的进一步发展，是前人在无数次实践中获得的宝贵成果，是祖国医学发展的一个重要部分。尽管伤寒、温病之争论现在还有，但温病学说已经历了千百年历史的考验。过去是发展了，今后也会更加发展的。因为最主要的支持是客观的存在与实践的证实。石家庄和各地对流行性乙型脑炎的治疗实例与成绩，就是一个鲜明的例子。

伤寒、温病，并不是绝对对立、不相容的矛盾，而是具有密切联系的中医治疗急性热病的二个有机组成部分，抛开任何一方面，都是错误的。

（二）

伤寒论以伤寒命名，是指广义的伤寒（内容也包含狭义的伤寒），张仲景总结了秦汉以前的临床医学，以及个人的经验，从素问热论的基础上进一步发展了以六经作为辨证论治的纲领，不同于热论以经络通路来解释症状，而是以六经来代表了热性病不同阶段所表现的各种症象的总和；称之为“太阳病”，“太阴病”，（将各个不同类型症候群，以阴阳、表里、虚实、寒热、作为纲领性的说明，其六经的意义，不只限于热性病，正如程应旄所说“仲景之六经，是设六经而赅尽众病。”）

伤寒论以阴阳为两大纲，这是有热性病临床客观存在为基础的，热性病病型各不同，表现症状，病形，以及其变化、发展的错综复杂。以六经的本病及合病、并病实难概括与包罗一切。人类对事物的认识，是不断发展着的。在仲景当时对于“太阳病，发热而渴，不恶寒”之“温病”，只是指出了一个纲，没有详尽的分述，亦未直接立方。而后世临床医家从无数次实践中，认识到热性病的辨证及治疗法则，单以仲景方书，满足不了客观存在的实际需要。对“温病”这样一种类型的病症，逐渐增加认识，积累了经验。于是，创造性地提出了卫、气、营、血、三焦的辨证纲领，这些辨证纲领，同样是对很多复杂症候的综合性的归纳，分成类型，使立法，治疗有所遵循，是历代医家在整体观念的医学思想指导下，通过临床上无数次实践观察，随着察舌辨证等诊断学的发展摸索出来的一套诊疗热性病的规律。六经和卫气营血，三焦的理论根据都源于内经，并且对疾病类型阶段的归纳综合，方法上的进步和发展。

伤寒论太阳篇里，分太阳伤寒、中风、温病、伤寒、中风，均系太阳病未伤及津液的病症，温病则易化热伤津，所以初起即见发热、口渴、不恶寒的症状（即有恶寒，也是短暂而轻微的），故成无已认为，“非伤寒也，积温成热，所以发热而渴，不恶寒也”，陈修园等人主张：“人之温病，不必由于伤寒，不独太阳一经”“六经俱有温病”，又指出“四时皆能病温”，仲景只于太阳篇要略地提到温病，而后世在伤寒论的基础上发展并充实了温病的理论及治法，并非完全抛开伤寒六经及其治法而另外标异。

（三）

仲景论述了温病的症状及其转归的大要，但未立方，柯韵伯等人认为“麻杏甘石汤，为温病之主剂”。主张温病热盛于表，用麻杏甘石汤；热盛于里用白虎汤。吴鞠通引用了伤寒论方剂作为治温病的法则，温病条辨中的桂枝、白虎、栀豉、瓜蒂、承气、柴胡、抵当、桃花等等均无非大论之方，而对于桂枝汤之应用，见于上、中，下三焦篇中，可见温病治疗方法与伤寒论关系之一斑，此与吴氏仅从伤寒辛温解表的一方面而误认为伤寒不可治温病的论点，有自相矛盾的地方。伤寒有广义，狭义之分，吴鞠通以狭义伤寒的治法不适于治温病这一个点上，造成有些人扩大为温病与广义伤寒的对立，这是应该澄清的问题。但对温病治疗大法以辛凉为主，是创造，是发展，须要正确认识，不可混淆。

所以伤寒论第六条，培示温病不可发汗。按其意，是指辛温发汗，后之温病学者创立了辛凉平剂如银翘散、桑菊饮等，有透表汗解之效，而无辛温耗液之弊。更能广泛应用于热性病的早期。这些治疗法则也是从仲景解表清里的麻杏甘石汤的基础上创立的，主要关键麻黄配伍了石膏、是辛凉之剂了。

化斑汤，玉女煎等方，以治气血两燔的病症，是白虎汤方意的发展。热性病至烦躁、神昏、谵语、脑症状之出现，不一定都适用承气汤，不一定是阳明腑证。牛黄丸、紫雪丹、至宝丹之应用，有其独特的功效，丰富了治疗手段。自此而中医对热性病危重症候作出了更大的贡献。至于温病学说之顺传、逆传，则是从无数次临床实践中抽象出来的一个概念。手经、足经之理论，固然有不妥之处，然能从而领会精神，掌握其辨证用药的规律即可。不应该以为理论上尚未获得统一而否定某一方面。此外，如一、二、三甲复脉汤之与炙甘草汤，增液汤，黄龙汤，宣白、导赤承气汤，也均是从伤寒论方基础上的发展，这一系列的方药，都是前人积年的经验实践中获得的丰富成果。

凡是偏执一方面而否定另一方面的见解，都是不正确的，因为伤寒（广义的）、温病，包括多种热性病。病型多端，变化和发展也快，主要是在辨证的基础上进行治疗，有什么证，就用什么药和方。治疗热性病是从症候，治法去推测其病因，确定其病名的。譬如理论上讲，狭义的伤寒是“感触冬令之寒邪”，冬温是“冬应寒而反温，非其时而有其气，人感之而即病者”（雷少逸），如是，则同一年的冬令，同一地区，气候相同，同时而发病者，应该同为伤寒（狭义的），或者同为冬温而事实上却不然。有表现为恶寒、头痛，发热、无汗，舌白、脉浮紧宜辛温发汗的。有表现为发热，有汗，口渴、鼻干、脉数，宜清温解热的。有的是从前一型病不解，转为后一型者，所以主要是在于从证立法；不可拘泥。

其次，热性病既有时令与病因之不同，即使症候相似，在不同季节，用药亦有一定差异，不能抛开与发病有密切联系的时令因素。恶寒、发热、无汗、脉紧的症候群，如在冬月，则可用麻黄或紫苏。若在盛暑，则宜香薷。麻黄、香薷，俱为辛温之品，但未有冬月而用香薷者。在应汗的总原则下，结合具体症象、时令去选择方药。伤寒论，作为广义伤寒热性病诊疗的重要文献，对于四时热性病不同病因、症状类型的治疗内容，是存在一定的缺陷的。所以温病的治法方剂，在伤寒论基础上发展了、丰富了。因此，如吴鞠通在温病条辨一书的凡例中认为是“羽翼伤寒”，确非过分的说法。

再者，温病所包含的病症，和瘟疫、时行，又有密切的关系，吴又可认为“后人去温、加疒为瘟，即温也，不可以温瘟为两病”，喻嘉言、周禹载等均主张：“一人受之则为温，一方受之则为疫”。柯韵伯也认为：“温热利害，只在一身；瘟疫利害，祸延乡里”。可以看出温病与瘟疫，仅是传染蔓延的程度上不同而已，温病是广义的热性病的概称。疫疠、瘟疫，也可隶属于温病的范畴。在症候治疗上，后者虽各有一定的特点，但从性质上是属于一致的。

由于医学的不断发展，我们应该很好地把伤寒论与温病的学说与经验，全部系统地继承下来，在临床实践上将伤寒、温病的辨证治疗法则二者结合起来、反过来再从理论上整理提高，最后将伤寒、温病的鸿沟消除掉，使中医治疗热性病更趋完善、系统。放出异彩，丰富世界医学的医疗内容，为人类卫生保健事业作出更多的贡献。

结　语

1. 伤寒（广义的）、温病，都是概括性的病名，同样是很多种热性病症的总称，在病因和症状表现虽有一定的差异，然其关系密切，是祖国医学治疗热性病的二个有机组成部分。

2. 伤寒论六经辨证，温病的卫、气、营、血和三焦其理论根据均源于内经，而其实用价值均在便于归纳症状，明确类型及阶段，以及辨别病之深浅，作为指导实践的立法施治的根据，是医学认识，实践的不断发展的结果。

3. 温病学说的治疗法则，是以伤寒论为基础，而复有创造性，足以补伤寒论之不足。

4. 温病学说经历了历史的考验，过去是发展了，今后除了继续发展外，最终是与伤寒论的辨证治疗法则二者溶合起来，使中医治疗热性病的手段，更趋完整、系统、放出异彩，丰富世界医学内容，是我们中医界每个同志应有的责任。

［《江苏中医》1958，(9)：39］

对《伤寒论》第176条白虎汤证条文的初步商榷

凌春明

张仲景所著的《伤寒论》，是一部治病活人、千古不渝的医学宝典。但是由于它流传久远，经过多次的传钞版刊，错简误文是在所难免的。

本论辨本阳病脉证并治法下白虎汤证（176条）其原文为：“伤寒脉浮滑，此表有热，里有寒也。白虎汤主之”由于本条文字，脉证与方药，均不符合。致引起各注家的意见分歧。有的认为本条文字有错简；有的随文解释；也有提出更改意见的。就手头不多的参考中，大致可归纳为如下三类：

（一）对本条文字没有提出错简意见，而对“表有热，里有寒”句作不同注释者：

1. 认为里有寒的“寒”字作“邪”字解者：成无己曰：“浮为在表，滑为在里。表有热，外有热也，里有寒，有邪气传里也。以邪未入府，故止言寒。如瓜蒂散证云：胸上有寒者是矣。与白虎汤以解内外之邪”。沈明宗曰：“此风邪传胃化热也。若见单浮，为风邪在表。此伤寒而脉浮滑，乃里热达于阳明表热。谓里有寒，是互风言也。”

按成氏所说的“里有寒，有邪气传里也，以邪未入府，故止言寒”。是以“邪”字来代“寒”字，未免太笼统。古人所谓的“邪”，不但六气皆可称“邪”，七情亦得称“邪”，如素问调经论说：“夫邪之生也，或生于阳，或生于阴；其生于阳者，得之风雨寒暑，其生于阴者，得之饮食起居、阴阳喜怒”。据此，如不承接上文，单一“邪”字是不能表示出属于何种“邪”的。上面所指之“邪”，当然属于六气之一。如果承袭上句的“寒”字而为寒邪，那是说里有寒邪了。这样解释也只等于在里有寒下面添一邪字而已。至于“邪未入府，故止言寒”，那末上句的“表有热”，为什么又不言表有寒呢？这样解释，是前后有矛盾的。接着下面引证的瓜蒂散证条“胸上有寒者是矣”作为对比。按166条瓜蒂散证有：“胸中痞鞕，气上冲喉咽不得息。”的症状，“胸中痞鞕”是为寒痰上实之证，“气上冲咽不得息。”是痰涎涌逆之故。所以说，“胸上有寒。”与本条只叙脉象，未述症状者不同，以之比拟，似欠妥当。

沈氏说脉单现浮象而不兼者，是风邪在表，现在伤寒脉浮滑，是里热达于阳明表热。并指出这里“寒”字。是指风而言。据此则浮滑两脉，都指受风邪所致，表热里寒，亦是指风而言。那末原文：“伤寒脉浮滑”上面“伤寒”两字，它又表现于何脉何证呢？这样解释，也是很勉强的。

2. 认为里有寒的“寒”字是指发热的本因者：方有执曰：“伤寒见中篇首条，其脉不浮，浮者风也，其不独伤于寒亦有风则然也。滑为里热，以滑且浮，知热不独在里，故指言此有表热，盖表里俱热之谓也；里有寒者，是非对表里而称，以热之里言也。盖伤寒之热，本寒因也，故谓热里有寒，指热之所以然也。”张志聪曰：“此表有太阳之热，里有癸水之寒。夫癸水虽寒，而与阳明相搏，则戊己化火为阳热有余。故以白虎汤清阳明之热”。陈修园曰：“太阳本寒而标热，若其脉象浮滑，浮为热在表，滑为热在经，此为表有标热，便知其内有本寒，内经所谓“凡伤于寒，则为热是也。”“宜以白虎汤主之。”

三氏对本条的“表有热，里有寒”是分两方面讲：1. 表里问题：2. 寒热问题。他们认为：这里的表里，不能指对待的表里，表是指肌表的表，里是系热里的里；这里的寒热，也不是对待的寒热，热是指表热，寒是指热因。其实表里是应该对立的，特别在同条文字里的出现。试观本论里，凡是表与里并称的，都是指对立而言，如：表热、里寒、外热，表里不解，表解、里未和等。这里如果表是指表里的表，而里却指热里的里，非但没有根据，而且难以令人置信。至于寒与热，也应该对立的，不应以热为表热，而寒是热因。如果以发热的本因来解释寒，这是推而求其本。日人山田宗俊说：“若果推本而言，凡布帛之黄者、赤者、黑者、青者，皆谓之白可乎？热汤谓之寒水可乎？可谓无目矣”我很同意他这样说。

（二）对本条文字，疑有错简，并未提出更改意见者：高学山曰：“古人之书，不必矜为尽解，若矜尽解，则自欺以欺人者多矣。此条脉与证既不对，脉证与方又不对，其表里寒热字样，俱似有舛错者，岂当日或有缺文耶？当悬之以俟后之高明者。

读高氏的注释，虽平淡无奇，但他是以很虚心的态度对待经典著作。并且经过详细的钻研，看他“岂当日或有缺文耶”一句，智者所见，已高人一等矣。“悬之以俟后之高明者。”正是留给我们深入研究祖国医学的责任。

（三）认为本条文字有错简，并提出更改意见者：1. 将本条原文“里有寒”的“寒”字，迳改为“邪”字的，如柯韵伯的伤寒来苏集，将本条原文改为：“伤寒脉浮滑，此表有热，里有邪也。白虎汤主之。”并在其上注曰：“此条论脉而不及证，因有白虎汤证而推及其脉也。勿只据而不审其证，脉浮而滑为阳，阳主热。内经云：“脉缓而滑曰热中。是浮为在表，滑为在里。旧本作里有寒者误。此虽表里并言，而重在里热，所谓热结在里，表里似热者也。”

柯氏将原文里有寒的“寒”字，更为“邪”字，上面已经说过，“邪”字不能固定代表六气中任何一气，所以还是不能明确其含义的。况迳改经文，能使原文逐渐湮没而失却本来面目，与提供更改意见，是有所不同的。前者是否定经文，而以主观意见窜改；后者是虚心地提出更改意见，以供参考和研究。本人认为：在并未得到确属考据和充分理论根据以前，不迳改原文而保持经文真面目，可以提出更改意见，以供参考和研究，这样对待古典经文的态度是比较正确而适当的。

2. 认为本条的“表有热，里有寒”是表里互差，应为表有寒，里有热者：林亿曰：“前篇曰：热结在里，表里俱热者，白虎汤主之。又云，其表不解，不可与白虎汤。此云，脉浮滑，表有热，里有寒者，必表里字差矣。又阳明一证云，脉浮迟，表热里寒，四逆汤主之。又少阴一证云，里寒外热，通脉四逆汤主之。以此见差明矣。”（许宏金镜内台方议宗其说，注末多：“千金翼曰，白通汤非也。”一句。又王肯堂伤寒准绳亦宗其说，注末加：“又阳明篇曰，脉滑而疾者小承气汤。既用承气，是为里热也。又厥阴篇曰，脉滑而厥者，里有热，白虎汤主之。是谓滑为里热明矣。况知母、石膏，性皆大寒，岂应以水济水。成氏随文释之非也。）方中行曰：“世本作表有热，里有寒，必系传写之误。夫白虎本治热病、暑病之药，其性大寒，安得里有寒者可服之理。详本文脉浮滑，不但不紧，而且见滑，乃阳气甚而郁蒸，此里有热也。里热甚则格寒于外，多厥逆身凉，而为亢害之证，此表有寒也。观厥阴篇中脉滑而厥者，里有热也。则知此表里二字，为错误可知，当上下更易之”。程应旄曰：“读厥阴中脉滑而厥者，里有热也。白虎汤主之。则知此处表里二字为错简。里有热，表有寒，亦是热结在里，郁住表气于外，但较之时时恶寒，背微恶寒者，少倏忽另星之状。”柳宝诒在温热逢源里有这样一段总结性的按语：“此节经文，理不可通，王三阳以寒字作邪字解，魏念庭以里字作经络之里解，沉尧封以寒字为喝字之误，王梦隐引徐亚枝说谓寒字当作痰字解，以上诸家，均系曲之为说，惟方氏之说，以表里二字互易，于义略近。”日人丹波元简（伤寒论辑义）、山田宗俊（伤寒论集成）均赞同方氏之意见。已故名医曹颖甫（伤寒发微）、陆渊雷（伤寒论今释）以及近人任应秋（伤寒论语释）、欧阳锜氏（伤寒金匮浅释）亦都主张为“表有寒，里有热。”比较适当。

林亿等各家，均认为此处的“表有热，里有寒，是表里字差，当上更易为“表有寒，里有热。”查白虎汤的药物组成如知母、石膏，均为大寒之品，是清阳明胃热的要药，本文治里有热是并无疑问的。至于表有热而应用白虎，是尚需商榷的。按本条既列入太阳篇，如果表有寒，应指太阳表证未罢的表寒。但本论第 170 条说：“伤寒脉浮，发热无汗，其表不解者，不可与白虎汤。……”据此则表证未罢，白虎汤应在禁用之例。虽然 168、169 条也有时时恶风、背微恶寒的表证，但用的是白虎加人参汤了。假使说：这里的表有寒，是指热厥而外显假寒，那是厥阴篇脉滑而厥的证候。既见于厥阴，此处不应重复。何况热厥者其脉应沉伏。陆渊雷氏说：“但热厥者，脉沉伏而滑，此云浮为可疑耳”此说甚是。

结语：白虎汤所组成的药物，主要是清阳明胃热的大寒之品，因此“表有热，里有寒”而用白虎是不相符合的。象成无已等随文解释，窥其意是不愿对众所共仰的仲景著作有所非议，勉为曲解而已。查金匮玉函经辨太阳病形证治下第四有关本条的记载，其文为：“伤寒脉浮滑，而表热里寒者，白通汤主之。旧云，白通汤，一云白虎者恐非。”其下注有：“旧云以下出叔和。”按玉函经与伤寒论同为仲景著作，而两者对本条的文字出入很大。细审玉函经与伤寒论对本条的脉证方药都不符合。因此本条文字，其为错简或缺文，是很明显的。

虽然各家对本条意见不一，但不论其认为文字有差无差，对滑脉是里有热是一致的。研究祖国医学，主要是挖掘问题，领会精神，取其菁华，用于实际，并不斤斤于原文应改与否，亦不必硬套曲解。本条的脉浮滑，浮为表热，滑为里热，是表里俱热的本脉。本方所主治的，也以不恶寒，但恶热，口渴饮冷，心烦，身大热，自汗，脉浮滑或洪大，作为依据，因之本条文字，如果要脉、证、为药俱为相应，则“表有热，里有寒。”应为“表里俱热”才能符合。并宜将本条列入阳明篇。至于改为“表有寒，里有热。”如果是太阳表寒未罢，白虎应禁用；若是脉滑而厥的假寒，是厥阴篇的白虎汤证，非但与本篇不应并见，况厥逆表寒，其脉应沉伏而滑，是在特殊情况下，表现在体表的假象，不可作为本汤的主证。因此表里互易，是不切于实际应用的。

［《浙江中医杂志》1958，(11)：28］

《伤寒论》各型脉象汇考

庞祝如

切脉是中医诊断四法中的一法，虽然历来也有不少大胆的医家，对切脉一法提出怀疑甚至反对的意见，以为切脉是“心中了了，指下难明”，但平心而论，脉象在临床上，实足为诊断辨证之一助。

因为脉象所反映的，不外是心力和血行的状态及高级神经反射活动的情况，虽不能完全依据而诊断疾病，但对患者身体状况的考察，正邪消长趋势的掌握，实有一定的意义。所以西医在诊察时也要切脉搏和听心音，可见是有科学的根据的。特别是根据巴甫洛夫学说来看，中医的切诊及其脉象与内脏相关的说法是值得进一步探求的。

《伤寒论》中提到脉象的条文并不很多，大概统计一下，在397条中，约有137条述及脉象，不足二分之一。但所提到的脉象，却有26种之多。主要是用于脉证对参以辨别证候类型，以及藉以了解患者体力的变化，疾病的趋势和转归等，从而作为决定治法的指针。兹为进一步研究起见，特将论中所提到的各型脉象，按照下列七类，汇集而加以简单的考释，以了解切脉在诊断上的实际意义。

一、表示脉搏节律的脉象，计有下列二种

1. 结脉——伤寒论中提及结脉的计三条，如太阳病篇第131、184、185条等。主要征象表示气血凝滞，不相接续，或气血衰微，不能续行，前者见证是身发黄、少腹鞕，小便不利；后者见证是心动悸等。据难经说："结者，脉来去时一止，无常数，名曰结也。"孙思邈千金翼方说："脉来动而中止，按之小数，中能还者，举指则动，名曰结。"方龙潭脉经直指说："至来不匀，随气有阻，连续而至，暂忽而歇，故曰结。"可见结脉是脉搏缓慢而不整，时有歇止的一种脉象，也就是间歇脉之一，为气血结滞之候，致经络梗塞而不条，脉气未脱而停顿，不得快于流行而止歇；也有因气血衰残，精力不继，所以断而复结，绩而复断，为久病或虚劳患者所常见。

2. 代脉——伤寒论中提及代脉的仅二条，如太阳病篇第184、185条等。主要征象表示血气衰微不能相绩。故见此脉者，或则心悸，或竟难治。据王叔和脉经说："代脉来数中止，不能自还，因而复动"。杨仁斋察脉真经说："代者阴也，动中有止，不能自还，因而复动，由是复止，寻之良久则起，如更代之代"。楼全善医学纲目说："不能自还者，动而中止，复来如前，动同而不数也。"可见代脉是脉无定候，变更不常，或脉搏平气中忽见强弱，或搏动一定次数后忽然止歇，略久才复的一种脉象，为气血衰微之候。

二、表示脉搏频率的脉象，计有下列四种：

3. 数脉——伤寒论中提及数脉的计18条，如太阳病篇第4、50、53、58、73、121、126、128、140、146条，阳明病篇第76、77条，少阴病篇第5条，厥阴病篇第7、36、39、41、43条等。主要征象表示表邪热盛，或胃肠虚燥，或阳气微、膈气虚，或血少阴虚，或里有热邪。故其见证是头痛发热，汗出反恶寒，或自汗出、反不恶寒发热，或烦渴，或吐，或消谷善饥不大便，或下利有微热，或圊脓血等等。据王叔和脉经说："数脉去来促急。"吴山甫脉语说："医者一呼一吸，病人脉来六至，曰数。"张路玉医通说："数脉者，呼吸定息六至以上，而应指急数，不似滑脉之往来流利，动脉之厥厥动摇，疾脉之过于急疾也。"可见数脉是脉搏往来急速，在一呼一吸之间达六次以上的一种脉象，就是速脉，为阳盛阴亏或阴盛拒阳之候。

4. 迟脉——伤寒论中提及迟脉的计13条，如太阳病篇第51、63、102、140、150条，阳明病篇第18、31、46、54条，少阴病篇第44条，厥阴病篇第8、32、42条等。主要征象表示气血虚乏，病邪入里，真阳不足，热力衰竭，津液不充，寒不化谷。故其相应的见证是：身疼痛、恶风寒；或手足厥逆、咽喉不利；或胸胁下满如结胸；或身重短气，腹满而喘；或下利清谷；或食难用饱、微烦头眩、便涩腹满等等。据王叔和脉经说："迟脉，呼吸三至，去来极迟。"滑伯仁诊家枢要说："迟、不及也，以至数言之，呼吸之间，脉仅三至，减于平脉一至也。"吴山甫脉语说："医者一呼一吸，病者脉来三至，曰迟。"张路玉医通说："可见迟脉是脉搏往来迟缓，在一呼一吸之间仅达三次的一种脉象，是阴盛阳亏之候。

5. 疾脉——伤寒论中提及疾脉或称急脉的计三条，如太阴病篇第4、89条，阳明病篇第37条等。主要征象表示邪气盛欲传里；或因汗药激荡，血气亢进；或则热结兼虚。故其见证是烦躁欲呕；或目直视不能眴，不得眠；或谵语潮热等等。据滑伯仁诊家枢要说："疾，盛也，快于数而疾，呼吸之间脉七至，热极之脉也。"李士材诊家正眼说："六至以上，脉有两种，或名曰疾，或名曰极，总是急速之形，数之极也。"可见疾脉是脉搏比数脉更快，在一呼一吸之间达七八次以上的一种脉象，是热极或虚极之候。

6. 促脉——伤寒论中提及促脉的计4条，如太阳病篇第22、35、146条，厥阴病篇第24条等。主

要征象表示邪盛而与正争，使脉气混乱，故其见证是胸满，或下后利不止，或手足厥逆等。据高阳生脉诀说：“促者阳也，指下寻之极数，并居寸口，曰促。”杨仁斋察脉真经说：“促者贯珠而上，促于寸口，出于鱼际，寻之数急，时似止而复来。”王士亨全生指迷方说：“促脉之状自尺上下寸口，促急有来无去。方龙潭脉经直指说：“夫促脉者，脉之疾促，并居寸口谓也。盖促者数之胜，数者促之源，先数而后促，此至数之极也。”可见促脉是寸口脉搏特别躁疾的一种脉象，是营卫无度阴气促阳之候。

三、表示脉搏弹性的脉象，计有下列四种：

7. 紧脉——伤寒论中提及紧脉的计24条，如太阳病篇第3、17、39、47、48、51、56、68、89、113、134、141、146、155、158条，阳明病篇第12、15、24、44条，少阳病篇第4条，少阴病篇第3、7条，厥阴病篇第30、36条等。主要征象表示寒邪在表，体内抵抗强烈，皮毛紧闭；或寒邪入里，水饮内实；或阳气衰微，阴寒特甚。故其见证是：发热恶寒而无汗，体痛，呕逆；或烦躁；或自衄；或目直视不能眴、不得眠；或心下逆满，气上冲胸；或结胸热实心下痛，按之不鞕；或作痞；或腹满谵语；或胁下鞕满，干呕不能食，往来寒热；或口苦咽干、腹满微喘；或潮热，发作有时；或心烦，自下利；或咽痛而复吐利；或邪结在胸中，手足厥冷等等。据王叔和脉经说：“紧脉，数如切绳状”。论中辨脉法说：“脉紧者，如转索无常也。”但据丹波元简脉学辑要说：“紧，即不散也。谓其广有界限，而脉与肉划然分明也。寒主收引，脉道为紧束，而不敢开散涣漫。”可见紧脉是脉管收束脉搏分明的一种脉象。

8. 弦脉——伤寒论中提及弦脉的计8条，如太阳病篇第104、146、149条，阳明病篇第35、52条，少阳病篇第3条，少阴病篇第44条，厥阴病篇第41条等。主要征象表示阴气潜留，或邪入少阳，或寒实在胸等等。故其见证是两胁拘急；或腹中急痛；或眩冒谵语；或惕而不安、微喘直视；或胁下及心痛；或头痛发热；或心中温温欲吐而不能吐；或里急下重等等。据辨脉法篇说：“弦者，状如弓弦，按之不移也。”王叔和脉经也说：“弦者，如张弓弦。”严三点脉微旨说：“弦，如筝弦，长过指而有力。”王文洁脉诀图注林说：“弦，一条而来，按之不移，举之应手，端直如弦”。高鼓峰己任篇说：“弦如弓弦之弦，按之勒指”。可见弦脉是脉管紧张，脉搏端直有劲的一种脉象，为邪在少阳，血气收敛，或胃气衰败之候。

9. 缓脉一伤寒论中提及缓脉的计6条，如太阳病篇第2、24、40条，阳明病篇第10、64条，太阴病篇第6条等。主要征象表示病在表，体内抵抗不强，皮毛不闭；或体气充实、邪气渐去等。其见证是：发热汗出恶风；或身不疼但重；或如疟状发热恶寒，热多寒少，清便自可；或手足自温等等。据孙思邈千金翼方说：“按之依依，名曰缓。”王本仆素问平人气象论注说：“缓者，为缓缓之状，非动之迟缓也。”吴山甫脉语说：“缓，状如琴弦，久失更张，纵而不整曰缓，与迟不同。迟以数言，缓以形言。”丹皮元简脉学辑要说：“缓者，弛也，不急也。”可见缓脉是脉管松弛，脉搏缓纵不鼓的一种脉象，为气血不足之候。浮而缓是卫气伤，沉而缓是荣气弱。但若缓而滑大，却多实热；缓而迟细，则多虚寒，凡脉缓者皆易愈（张介宾景岳全书）。

10. 弱脉——伤寒论中提及弱脉的计14条，如太阳病篇第12、28、39、43、102、118、145条，阳明病篇第64、71条，太阴病篇第8条，少阴病篇第6条，厥阴病篇第35、41、53条等。主要征象是表示：营气不固；或正虚表阳微、脾胃热力衰竭；或本有寒分；或邪气渐传里；或命门真火衰微；或邪已退而正气虚；或阳邪热退、阴气将复，体温离欲散。故其见证是：自汗出，恶风寒；或发热口渴；或不能卧、但欲起，烦躁心下结硬；或胃气弱，续自便利；或呕吐、身有微热而厥；或下利、有微热而渴等等。据王叔和脉经说：“弱脉，极软而沉细，按之欲绝指下。”戴同父脉诀刊误说：“极软而沉细，如绝指下，扶持不起，不能起伏，不任寻按。”滑伯仁诊家枢要说：“弱，不盛也。极沉细而软，怏怏不前，按之欲绝未绝，举之即无”。可见弱脉是脉管软弱少弹性，脉搏极无力的一种脉象，是极虚之候，病后及老人见此脉为顺，平人及少壮见此脉为逆。

四、表示脉搏振幅的脉象，计有下列七种：

11. 大脉——伤寒论中提及大脉的计8条，如太阳病篇第26、27、31、138条，阳明病篇第9、52条，少阳病篇第5条，厥阴病篇第41条等。主要征象表示邪盛正虚；或里热甚盛；或邪甚病进等。故其见证是大汗出，或大烦渴，或两胫挛急，或结胸，或短气腹满，或但欲眠睡、目合则汗等等。据内经说：“大则病进。”脉诀说：“大脉大于常脉一倍，应指满溢而力不大。”滑伯仁诊家枢要说："大，不小也。浮取之者浮而洪，沉取之大而无力。"可见大脉是脉形粗大、脉搏振幅满溢而力不大的一种脉象。

12. 洪脉——伤寒论提及洪脉的计2条，如太阳病篇第26、27条等。主要征象表示表里热邪盛，故其见证是大汗出或大烦渴不解。据严三点脉法微旨说："洪，如春潮之初至，按之溜溜然。"吴山甫脉语说："洪犹洪水之洪，脉来大而鼓也。"张路玉医通说："洪脉者，既大且数，指下累累如连珠，如循琅玕，不似实脉之举按逼逼，滑脉之软滑流利也。"可见洪脉是脉搏振幅阔大、旺盛有力的一种脉象，是火气燔灼之候。

13. 小脉——伤寒论中提及小脉的计2条，如太阳病篇第134条，少阳病篇第8条等。主要征象表示正气衰或邪气微。故其见证是结胸下利或病状渐已。据吴山甫脉语说："小脉形或减于常脉一倍，曰小。"何梦瑞医碥说："小与大相反，一名细。细甚无力名微。"滑伯仁说："小，不大也。浮沉取之，悉皆损小。"可见小脉与细脉相类，是气少血衰之候。"因脉管缩小，故脉搏振幅亦小。多由心脏衰弱、低血压、贫血或主动狭窄等所致。

14. 细脉——伤寒论中提及细脉的计11条，如太阳病篇第38、61、126、134、146、155条，少阳病篇第3条，少阴病篇第1、5、20条，厥阴病篇第26条等，主要征象表示外邪已解；或伤营内虚，血液不充；或胃气伤，津液耗亡；或阳气衰微，或阴寒甚盛。故其见证是：困倦嗜卧，或振寒，或自汗出，或结胸下利，或手足厥冷、心下满，或头痛发热，或自欲吐等等。据王叔和脉经说："细脉小大于微，常有但细耳。李中梓说："细之为义，小也。微脉则模糊而难见。细脉则显而易见。故细比于微，稍稍较大也。"可见细脉是脉形细小的一种脉象，是阳气衰微之候。

15. 长脉——伤寒论中提及长脉的仅一条，即太阴病篇第2条。主要征象表示正气足，病将欲愈。据高阳生脉诀说："长者，阳也。指下寻之，三关如持竿之状。举之有余曰长，过于本位亦曰长。"李士材诊家正眼说："迢迢首尾俱端，直上直下，如循长竿，首尾相称，往来端直也。"何梦瑶医碥说："长，溢出三指之外。"可见长脉是脉形端直，脉搏来去皆长的一种脉象，是气强胜血之候。长而和缓，是病邪向愈；但长而硬满，则是阳盛内热。

16. 短脉——伤寒论中提及短脉的也仅一条，即阳明病篇第34条。主要征象表示气血两竭，生气不能接续，心血竭而将亡。故说："脉短者死。"据滑伯仁诊家枢要说："短，不长也。两头无，中间有，不及本位。"孙光裕太初脉辨说："有短小之象，不能接续，有累累之状，曰短。"可见短脉是脉形短缩不及本位的一种脉象，是正气衰微之候；但也有因痰气食积阻碍气道的。

17. 厥脉——伤寒论中提及厥脉的也仅一条，即太阳病篇第110条。主要征象表示里虚，故其见证是下利。据论中不可下篇说："厥者，脉初来大，渐渐小，更来渐大，是其候也。"可见厥脉是类似结脉或代脉的一种脉象。但结代两脉是表示脉搏节律的不整，或动或止的脉象；而厥脉则应该是表示脉搏振幅的不一，忽大忽小的一种脉象，是正虚邪盛之候。因为正气本虚，不能主持，随邪气进退，故脉搏也表现出大小进退的形状，类似交替脉。

五、表示脉搏张度的脉象，计有下列三种：

18. 浮脉——伤寒论中提及浮脉的计56条，如太阳病篇第1、12、17、30、31、38、39、40、43、46、47、48、50、51、52、53、56、58、72、73、102、113、117、120、122、134、138、140、144、146、158、161、173、177、181、183条，阳明病篇第10、12、24、44、46、48、52、55、60、64、66、67、77条，少阳病篇第5条，太阴病篇第4、6条，少阴病篇第10条，厥阴病篇第2、39条等。主要征象表示病邪在表，体内气血奔凑于外而抵抗；或邪由里向上出表；或阳气强，胃邪热盛。故其见证是头项强痛、发热恶寒；或身疼痛，不汗出而烦躁；或小便不利，微热消渴；或结胸心下痞满，按之作痛；或身体烦疼，不能转侧；或口若咽干，腹满微喘；或无汗而喘，或潮热汗出，或脾约大便难，或但欲眠睡、目合即汗；或下利便脓血等等。据难经说："浮者，脉在肉上行也，滑伯仁诊家枢要说：浮、不沉也，按之不足，轻举有余，满指浮上曰浮。"张路玉医通说："浮脉者，下指即显浮象，按之稍减而不空，举之泛泛而流利，不似虚脉之按之不振，芤脉之寻之中空，濡脉之绵软无力也。"可见浮脉是脉搏大而较软，浮在肉上，轻按即得，重按反软的一种脉象，是病邪外袭卫气抗拒于表之候。

19. 沉脉——伤寒论中提及沉脉的计21条，如太阳病篇第62、63、68、95、130、131、134、141、146、155条，阳明病篇第41条，少阳病篇第4条，少阴病篇第5、20、21、25、43条，厥阴病篇第32、41、42条等，主要征象表示气虚、血不足；或病邪入里；或里寒阴甚，阴气独盛，内伤真寒；或邪结下焦。故其见证是：身体疼痛；或心下逆满，气上冲胸；或昼烦夜安；或其人发狂，小腹硬满，小便自利；或身黄，少腹硬，小便不利；或结胸热实，心下不硬而痛，或喘满干呕不能食；或手足厥逆，咽喉不利，泄利不止，或下利清谷，泄利下重；或手足寒，骨节痛；或但欲卧，自汗出等等。据王叔和脉经说：“沉脉举之不足，按之有余。”王士亨全生指迷方说：“沉脉之状，取之于肌肉之下得之。”可见沉脉是脉搏轻按不觉，须重按才得的一种脉象。据黎民寿决脉精要说，是阴气厥逆阳气不舒之候。但沉而有力是热实，为阳盛而阴微；沉而无力，是阴盛而阳微，前者急宜养阴退阳；后者则急宜生脉回阳。

20. 芤脉——伤寒论中提及芤脉的也仅一条，即阳明病篇第 66 条。主要征象表示阴血虚，致“胃气生热，其阳则绝”。据王士亨全生指迷方说：“芤脉之状，如浮而大，于指面之下中断。”张三锡四诊法说：“芤，指下浮大而无力者是也。”刘三点理玄秘要说：“芤，浮而无力。”张介宾景岳全书说：“浮大中空，按如葱管。”可见芤脉是脉搏浮而按之无力的一种脉象，是阳气浮散之候，多见于失血及产后，总是大虚之证，乃血少的反应。

六、表示脉搏强力的脉象，计有下列三种：

21. 实脉——伤寒论提及实脉的计 4 条，如阳明病篇第 60、65 条，厥阴病篇第 45 条，差后篇第 3 条等。主要征象表示邪已入里，属里实；或病胜藏中气伤，胃阳绝，即所谓真藏脉现。故其见证是：如疟状、日晡所发热；或胃有实，差后更发热；或下利日十余行等。据王叔和脉经说：“实脉，大而长微强，按之隐指愊愊然。”黎民寿决脉精要说：“脉之来，举之有余，按之不乏，浮中沉皆有力而言之也。”吴山甫脉语说：“实，中取之，沉取之，脉来皆有力，曰实。”滑伯仁诊家枢要说：“实，不虚也。按举不绝，迢迢而去，动而有力，不疾不迟。”何梦瑶医碥说：“结实之谓实，如按猪筋，又如葱中水充实。”陈远公辨证录说：“实脉，不独按指有力，且不可止抑之状。”可见实脉见脉管充实，脉搏有力的一种脉象，为三焦气满之候，非正气有余，乃邪气有余之象。据张路玉医通说：“消瘅鼓胀坚积等病，皆以脉实为可治；若泄而脱血，乃新产骤虚、久病虚羸而得实大之脉，良不易治也。”

22. 虚脉——伤寒论提及虚脉的计 3 条，如太阳病篇第 181 条，阳明病篇第 60 条，厥阴病篇第 22 条等。主要征象表示虚而无力或余邪未尽。其见证是：身体烦疼不能自转侧，不呕不渴；或如疟状日晡所发热；或腹满而厥等等。据王叔和脉经说：“虚脉迟大而软，按之不足，隐指豁豁然空。”周正伦医圣阶梯说：“虚，不实也。无力为虚。按至骨无脉者，谓之无力也。”可见虚脉是脉管空虚、脉搏无力的一种脉象。为正气虚衰之候。气血不充，故脉不鼓。张介宾景岳全书说：“浮而无力为血虚，沉而无力为气虚，数而无力为阴虚，迟而无力为阳虚。但见指下无神，总是虚脉。”

23. 微脉——伤寒论提及微脉的计 24 条，如太阳病篇第 24、28、39、50、61、62、97、121、130、145、167 条，阳明病篇第 37、65 条，太阴病篇第 2 条，少阴病篇第 1、6、7、10、20、37、45 条，厥阴病篇第 13、18、41 条等。主要征象表示营弱阴虚、血行无力；或阳气衰微；或表里俱虚；或邪气渐微；或里寒阴盛，表阳甚虚；或本有寒分，里虚已极。故其见证是：恶寒胸满，或汗出恶风，或身重心悸，或振栗汗出，或昼日烦躁夜而安静，或少腹硬满、小便自利，或胸中痞鞕，气上冲咽喉不得息，或不能卧，但欲起、心下结，或但欲寐，或下利清谷，手足厥逆等等。据王叔和脉经说：“微脉，极细而软，或欲绝，若有若无。”滑伯仁诊家枢要说：“微，不显也。依稀轻细，若有若无。”李东璧濒湖脉学说：“轻诊即见，重按如欲绝者，微也。”董西园医级说：“微为气血不足不象，以指按之，似有如无，衰败之况也。凡脉之不甚鼓指，脉体损小者，即是微脉。若至有无之间，模糊影响，证已败矣，虚极之脉也。”张路玉医通说：“微脉者，似有若无，欲绝非绝，而按之稍有模糊之状，不似弱脉之小弱分明，细脉之纤细有力也。”可见微脉是脉形细小，脉搏软弱，似有若无的一种脉象，是气血俱虚之候。

七、表示脉搏动态的脉象，计有下列三种：

24. 滑脉——伤寒论提及滑脉的计 6 条，如太阳病篇第 144、146、183 条，阳明病篇第 37、76 条，厥阴病篇第 25 条等。主要征象表示里气实，里有郁热或宿食，致血行旺盛。其见证是心下结胸而痛，或热利下血，或宿食积滞等等。据孙思邈千金翼方说：“按之如动珠子，名曰滑。”滑伯仁诊家枢要说：“滑，不涩也。往来流利，如盘走珠。”可见滑脉是脉搏往来流利毫无涩滞的一种脉象，是气实血壅之候。若滑而和缓，是气血充实的佳兆；若过于滑大，则是阳盛热实的证象；若滑而弦，则是虚损病人或泻利患者所常见。

25. 涩脉——伤寒论提及涩脉的计10条，如太阳病篇第49、104、181条，阳明病篇第35、37、67条，太阳病篇第2条，少阴病篇第6、45条，厥阴病篇第39条等。主要征象表示里气虚、血少津竭，致气血流行不利。故见证是身体烦疼，不能转侧；可津液枯燥，大便不行；或腹中急痛，或汗出不彻；或下利呕而汗出；或圊脓血；或大汗亡阳；或竟昏不识人、循衣摸床等等。据王叔和脉经说："涩脉细而迟，往来难且散，或一止复来。"王太仆素问脉要精微论注："涩者，往来时不利而蹇涩也。"相类脉诀说："参伍不调名曰涩，如两沾沙短且难。"戴同父脉诀刊误说："或一止复来，因是涩不流利之止，与结代之止不同。"可见涩脉是脉博往来不流利，或有时有歇止的一种脉象，是类似不整脉的一种；为气血俱虚之候。

26. 动脉——伤寒论中提及动脉的也仅一条，即太阳病篇第140条。主要征象表示邪盛正虚，故其见证是"头痛发热微，复汗出而反恶寒。"据辨脉法篇说："数脉见于关上，上下无头尾，如豆大，厥厥然动摇者，名曰动脉。"王士亨全生指迷方说："动脉之状，鼓动而暴于指下不常。"何梦瑶医碥说："数而跳突，名动。乃跳动之意。"可见动脉是脉形短小如豆，脉搏跳突而数的一种脉象，是气血相搏之候，是虚象，多见于大惊之后。

以上26种脉象是伤寒论中在叙述证候时所提及，用于脉证对参，以辨别和确定其类型的。但原论中对各该脉象所具有的特征及其性质和原理，并没有详细的解说，使初学者不易领会和掌握。因此，特别根据有关文献，综合各家学说，作一初步的简解，使学习伤寒论的同志，得一概括的认识。同时，对于切诊方面的学习，也可稍有帮助，但因笔者学验俱浅，难免挂漏错误，并乞先进同道指正。

[《浙江中医杂志》1958，(11)：21]

《伤寒论》桂枝去桂枝加茯苓白术汤的探讨

谷振声　北京中医学院

(一)

《伤寒论》太阳篇第二十八条称："服桂枝汤或下之，仍头项强痛，翕翕发汗，无汗，心下满、微痛，小便不利者，桂枝去桂加茯苓白术汤主之。"历代伤寒注家对于这条经文的理解，有不同的看法。特别是桂枝去桂和去芍的争论，相持了百余年，到目前为止，还没有统一的认识。这对学习伤寒论来说，的确是一个现实的问题。

关于这个问题的争论，由来已是很久了。历史上第一个注解伤寒论的金成无己，他对这条经文的注解，在字里行间已经有了怀疑；清汪琥的伤寒论辨证广注和章虚谷的医门棒喝，他们就怀疑经文有所错简了，一直到吴谦编纂医宗金鉴，怀疑更大，他大胆地认为桂枝去桂加茯苓白术是去芍的误简。他们在旧社会里，为了追求科学的真理，能够批判地去继承祖国医学遗产这个大前提出发，敢于提出否定的意见，这种治学的态度，是难能可贵的。

实际上，关于桂枝去桂加茯苓白术汤这个方证的争论，不止反映去桂去芍的单一问题上，而是包括了许多方面。现在为了便于探讨起见，拟将历代几家主要的伤寒注解所反映的不同见解，归纳为以下五个大类，作为进一步研究的基础。

第一类：承认桂枝去桂加茯苓白术。持此种见解的，如王肯堂、尤在泾、柯韵伯、陈修园、徐灵胎等。陈修园说："太阳之气内陷于脾，而不能转输也。以其无汗，知桂枝汤不能丝丝入扣也。桂枝之长于解肌，不长于利水，故知桂枝之不可用也。"徐灵胎说："头痛发热，桂枝证仍在，以其无汗，则不宜更用桂枝。"他们都以本证无汗，不能再用桂枝，所以要主张去桂枝。伤寒论第十六条称："桂枝本为解肌，若其人脉浮紧，发热汗不出者，不可与之也。常须识此，勿令误也。"他们之所以要去桂枝，可能是从这个基础上来的。

第二类：否认桂枝去桂，认为桂枝去桂是去芍的误简。持这种见解的，如吴谦的医宗金鉴、日本吉益献的观证辨疑、尾台榕堂的方伎杂志等。医宗金鉴说："去桂当是去芍药。此方去桂，将何以治头项强痛、发热无汗之表乎。"观证辨疑说："本作去桂，今从医宗金鉴去芍药。历观此证，无去桂之理。"方伎杂志说："去桂二字可疑。方剂无去其主药之理，桂枝去芍药加附子汤、桂枝去芍药加皂荚汤，桂枝去芍药加蜀漆龙骨牡蛎汤；柴胡去半夏加括蒌汤；木防己去石膏加茯苓芒硝汤；此等诸方，其所去加，皆不过臣佐药，可以证焉"。他们认为头项强痛，翕翕发热等太阳表证仍在，不能遽去桂枝。伤寒论第二十二条称："太阳病，下之后，脉促胸满者，桂枝去芍药汤主之。"本方证有心下微满微痛，所以要认为桂枝去桂是去芍的误简。

第三类：不言桂枝去桂或去芍，主张桂枝汤加茯苓白术。持这种见解的是金成无己和日本的丹波元简。成无已说："外证（指"仍头项强痛，翕翕发热"等表证）未罢，无汗，小便不利，则心下满微痛，为停饮也。与桂枝汤以解外，加茯苓白术，利小利行留饮也。"丹波元简说："成注不及去桂之义，但云桂枝汤以解外，则成所注本，无去桂二字欤。若不去桂，用此方于此证，或有效验。"丹波元简很赞成成无已的见地，认为太阳病外证未罢，桂枝汤仍不可少；心下满微痛，小便不利，责在水饮，所以要另加茯苓白术，从而化湿利水。成注虽不及去桂之义，实质上就是怀疑经文有误简的开端。

第四类：明言经文有误简，怀疑方证难合拍。持此种见解的，如汪琥伤寒论辨证广注、钱璜伤寒溯源集，日本喜多村伤寒疏义等。汪琥说："或下之三字，当在发无汗之下。"又说："头痛项强，发热无汗，此因误服桂枝汤，而在表之寒，犹未解也。心下满痛，小便不利，此复因误下，而寒邪入里，水停心下也。"钱璜说："头项强痛；中风伤寒均有之证也。翕翕发热，是热在皮毛，中风证也。无汗，则又伤寒之本证矣。就此诸证，为风寒兼有无疑矣。而但服桂枝汤，是治风而未治寒也。恐是后人传写之误，未可知也。即或用之，恐亦未在必效也。夫风寒并感，以桂枝麻黄各半汤治之可也。"他们二人的见解，汪说是舍证以从方：钱说是舍方以从证。虽然所持不同，但是怀疑经文有错简，方证不合拍，这是非常一致的。

第五类：不置可否，认为去桂去芍，不必取烦。持此种见解的是近人阎德润伤寒论评释。他说："桂和术，同为芳香性健胃药，去彼加此者，亦因其已服桂枝汤，不差之故也。如以为不去桂枝另加术，则二者发生协同作用，其力强矣。亦不必勉强改去桂为去芍药，如头项强痛，将何以镇静之乎。故以斥芍药者亦非也。我以为二味之作用相同，去彼改此，不必取烦。"他的见地和成无已的注解，大同而小异，最所不同的，他是从西医的药理眼光，去看祖国医学的辨证论治。但是无论怎样，给我们参考研究，还是有益的。

（二）

上面所征引的几种不同见解，如果以另一方法把它归纳起来，总的可以反映下面几个问题：

1. 在未服桂枝汤以前，本方证的原来证候是什么？是中风、还是伤寒，或者是风寒两伤营卫？

2. "服桂枝汤或下之"是不是造成本方证的主要因素？

3. "服桂枝汤"后所反映的证像，属于哪些范畴，是不是也算做坏病？

4. "心下满微痛，小便不利"的主要因素是什么？本方是不是为误治救逆而设？

笔者的看法是：本条方证，原来是太阳中风的桂枝证，服了桂枝汤以后，因为汗出不彻，表证未罢，所以仍旧要用桂枝以解表；心下满微痛，小便不利，这是病者宿有停饮，膀胱气化失司关系，芍药苦酸收敛，所以要去芍药加茯苓白术。总的来说，本方证不是误治所造成，也不是为救逆而设。基本同意吴谦医宗金鉴易去桂为去芍的见解。具体依据，有以下四个方面：

1. 从修辞上看：条文称"服桂枝汤，或下之，仍头项强痛，翕翕发热。"不称"太阳伤寒，反与桂枝汤，而复下之，此为逆也，其人心下满微痛，小便不利，急当救里，桂枝去桂加茯苓白术汤主之。"这是值得我们研究的。细绎仲景笔意，文用"服"或"仍"字，不用"反""复""逆""救"等字，必有深长的含义，绝对不是随手拈来的文章，而是经过再三推敲非常精练的笔法。例如"服桂枝汤"的"服"字，论中第二十六条称："服桂枝汤，大汗出后，大烦渴不解，脉洪大者，白虎加人参汤主之。"又第四十六条称："服药已微除，其人发烦目瞑，剧者必衄，衄乃解，所以然者，阳气重故也。"这两条经文的"服"字，都不包括误治，主要是说明治疗的经过而已，和本条"服"字的含义基本相同。又如论中第二十九条称："伤寒脉浮自汗出，小便数，心烦微恶寒，脚挛急，反与桂枝汤，欲攻其表，此误也。"从这个"反"字和"误"字来看，指的是属于误治而非常明显的。所以本条只称"服桂枝汤"，不称"反与桂枝汤"证明本方证"服桂枝汤"不属于误治。这是第一点。

第二点，如本文经文"或下之"的"或"字。论中第四十条称："干呕发热而咳，或渴、或利、或噎、或小便不利、少腹满、或喘者。"这或个"或"字，都是指或然而言。吴谦医宗金鉴注云："或、未定之辞。"也就是说，所谓或，没有肯定的意思。这个含义与本条的"或"字含义，也是基本相同的。结合本条具体情况来说，就是太阳中风证，服了桂枝汤以后，有的再经攻下，有的未经攻下，但是目前最主要的证象，仍是"头项强痛，翕翕发热"等太阳表证。由此可见，这个"或下之"，不是构成本方证的绝对因素，是非常明显了。

第三点：如本条经文称"仍头项强痛"的"仍"字。论中第五十六条称："伤寒不大便，六七日，头痛有热者，知不在里，仍在表也。"又百二十四条称："太阳病，六七日，表证仍在……"，这两个“仍”字的含义，是指服了桂枝汤以后，桂枝证仍在的意思，和本方证“仍”字含义完全相同。由于表证仍在，所以要继续用桂枝，来解太阳在表之邪。

总的看来，本条方证，初起属太阳中风是无疑的；服了桂枝汤以后，由于汗出不彻，表证仍在，仍须继续解表也是无疑的；至“于心下满微痛，小便不利，”这是新邪触动宿饮所致，所以要用桂枝汤去芍药加茯苓白术。同时也可以证明，初时用桂枝汤，不是误治而是正治，继之用桂枝汤去芍药加茯苓白术，也不是为救逆而设，而是为新邪触动宿饮的临时御变方法。

2. 从证象上看：本条经文称：“服桂枝汤，仍头项强痛，翕翕发汗，无汗……”，关于无汗一证，也是各家争论的重点之一。持去桂见解的，认为无汗是属于伤寒的本证，桂枝为自汗而设，无汗则禁用桂枝，所以主张去桂枝。持去芍见解的，他也不反对无汗是伤寒的本证，但是芍药苦酸收敛，无汗者多禁用；忝以心下满微痛，小便不利，也是在禁之例，所以主张去芍药。不难理解，他们在辨证认识上是基本一致的，但是在施治见解上则有所不同，问题是：本方证的所谓“无汗”，是否就是伤寒麻黄汤证的“无汗”，这是值得研究的。从证象来分析，这里所谓“无汗”，既不属于原见的证象，也不属续见的证象，更不属于麻黄证的“无汗”，而是指服桂枝汤以后，因药力未逮，汗出不彻，在原来“自汗”的相对基础上，因而称为“无汗”。换言之，就是“无甚汗”的意思，实质上仍属于桂枝汤证的“自汗”范畴。这是祖国医学辨证施治的基本方法，也是仲景谆谆告诉后人，在紧要关头，用药主张，不能左右摇摆不定的警语。我们为什么要这样说呢？本论桂枝汤方后称：“服已，（指服桂枝汤已）须臾啜热粥一升余，以助药力。温复令一时许，遍身漐漐微似有汗者益佳……；若不汗，更服依前法；又不汗，后服小促其间，半日许令三服尽；若病重者，一日一夜服，周时观之；服一剂尽，病证犹在者，更作服；若汗不出者，乃服至二三剂。”从这段经文看来，桂枝汤证的“自汗”乃是和麻黄汤证的“无汗”相对而言是非常明显的。否则，经文既称“自汗”，服药以后，反称：“遍身漐漐微似有汗者益佳”，甚至还有“若不汗”，“又不汗”，“若汗不出者”等相反现象，这对桂枝证“自汗”的解释，是非常清楚的。由此可见，仲景之所以反复叮咛，主要就是在于服汤后的“有汗”“无汗”一大关键，也就是观察汗出彻和不彻，从而衡量药力的逮和未逮。研究服汤后的“有汗”“无汗”，对桂枝汤证来说，显然是有价值的，本方证的“无汗”，就是属于后一类情况，所以要仍以桂枝来解表。

又本方证：“心下满微痛，小便不利，”上面已经谈过，是由于膀胱气化失司，水饮内停关系。近人曹颖甫伤寒发微说：“服桂枝汤，汗从肌腠外泄，便当尽剂而愈。或服汤已，而汗出不彻……，则水气当停心下。水郁于中，则阳冒于上，而头项为之强痛。翕翕发热而无汗者，停蓄之水，不能作汗故也。水停心下，则心下满微痛。水气不行，故小便为之不利”。由此可见，所谓“心下满微痛，小便不利，”为本方证续见的证象，而不是误下的坏病，所以要加茯苓白术健脾利水，配合桂枝温通膀胱气化，升清降浊。如误以无汗为伤寒本证，忌桂留芍，势致玄府密闭，引邪入里，水饮愈积，泛滥成灾，最后酿成坏病。

3. 从方义上看：本方桂枝汤去芍药加茯苓白术，实际上包括了苓桂术甘、苓桂甘枣、茯苓甘草三个方义在内。论中苓桂术甘汤条称：“心下逆满，气上冲胸，起则头眩，身为振振摇者。”苓桂甘枣汤条称：“其人脐下悸，欲作奔豚。”茯苓甘草汤条称：“伤寒厥而心下悸者，宜先治水。”这三方都是为水饮内停而设，苓桂并用的方子，由此可见，本方证除了如上面所述的有解表功能的同时，也包括了温通膀胱气化，健脾利水的作用，是毫无疑问的。陆渊雷伤寒论今释称：“凡苓桂并用者，多为逐水之剂，则心下满微痛，为水饮无疑；凡逐水诸方，及汗吐下之骏快者，皆不用芍药，则芍药之当去无疑；逐水方当用桂枝，况有头痛项强，翕翕发热之表证，则桂枝之不当去亦无疑。由是言之，此条之证，盖其人素有水饮，因卒病太阳而引起宿疾，水停中焦，致令心下满微痛也。治之以桂枝去芍药加茯苓白术汤者，盖临时御变，与喘家加厚朴杏子同意。”这一记载，很清楚地说明了去芍的意义。我们知道，仲景伤寒论，经汉末永嘉的变乱，几曾散佚，虽然经过晋太医令王叔和的一番整理，中间仍不免还存在些错简，这是很自然的现象。宋时郭白云作伤寒补亡论，目的也无非是从这个基础上出发的。例如本方的白术就是一个明显的事实，素问病能论：“泽泄术各十分”，神农本草经亦称术，由此可见，术上加白字，想为后人所沾。日本喜多村伤寒疏义称：“术分赤白，昉见陶宏景本草经集注，盖仲景之时，未有苍白之分。”吴谦医宗金鉴怀疑去桂为去芍之误，从白术一个事实来看，是不无根据的。

4. 从药义上看，桂枝和芍药二药，是各家争论的主要点。现在不妨征引些古代文献的记载，提供大家参考研究。我们先看桂枝的记载。金张元素珍珠囊称："桂枝开腠理，解表发汗。"元李东垣用药法家称："气薄则发泄，故桂枝上行而解表。"清黄宫绣本草求真称："桂枝入膀胱，化气而利水。"（以上记载，是据中国药学大辞典引，见人民卫生出版社第九六〇页）从这些文献看来，桂枝在本方的主要作用有两方面，①解表发汗，②入膀胱化气利水。本方证："头痛项强，翕翕发热，无汗……，"这是外有未解的表证，"心下满微痛，小便不利，"这是水饮内停的里证，由此可见，本方所得继续用桂枝，是完全有必要的。其次再看有关芍药的记载，清邹润安本经疏证称："芍药其味苦酸，苦者则能降不能开，故凡阴沍之结于上者，非开无以致其力者忌之。"又称："太阳病，下之后，脉促胸满者，桂枝去芍药汤主之。本太阳病，医反下之，因尔腹满时痛者，桂枝加芍药汤主之。同一满也，而芍药有去取之殊，何哉！芍药之用，在痛不在满，心下满痛，则在所不用。"本草纲目引寇宗奭称："气虚寒人禁之，古人云，减芍药以避中寒，诚不可忽。"又引朱震享称："芍药酸寒收敛，无温散之功。"（见人民卫生出版社版第八〇三页）从这些文献来看，芍药的主要作用，是在痛不在满，如小建中汤，桂枝加芍药汤等证是，凡是痛重于满，则以芍为主，如满多于痛，则以去芍为良。本主证"心下满微痛，小便不利。"对满甚于痛的描述是非常明显的，由此可见，本方所以去芍药，也是非常明显的。

近人湖南刘仲迈伤寒杂病论疏义称："去桂枝之和外，俾药力专走中焦，苓术健脾利水，姜枣宣胃和中，芍药甘草，酸以敛之，甘以缓之俾中焦运化，则满痛自除，水道通调，或表里气和，则发热头项强痛俱解，设里和外证不解，再以桂枝汤治其头项强痛。"他的见解，除了不及本方证表证仍在，要用桂枝，心下满痛，要忌芍药诸义以外，主张先和里而后治表，如里和表仍不解，然后再议桂枝汤治表，这样一步分做两步走，倒不若易桂去芍为捷呢？不同意见，征引于此，并供大家参考。

［《北京中医学院学报》1959，(1)：36］

端正对《伤寒论》的认识

张志民

读任何一本书，对读这本书有什么意义，读完它以后作什么用？都必须有正确的认识，然后能有信心、有勇气、有毅力，从头到尾对它作艰苦深入的学习。对读伤寒论来说，这一点显得是特别重要。

如果读《伤寒论》而没有正确的认识，将有怎样的后果不行？这里举一个实际例子来看：

江苏中医学校一位进修班学员说他"从开业以来，囿于'南方无伤寒'、'古方不可治今病'之偏见，对麻、桂等方，视若洪水猛兽，望而生畏"的情况。

他说："去年十月份，学习伤寒论的阶段，曾医治张姓一个病例；病者自述已乏力十余天，发热形寒近一星期，卧床四天了。下午热势较高，微恶寒，我以芳香疏泄剂与之。二剂后再诊，热势更高，烦躁，夜不安卧，渴不多饮，上腹部有红疹，病似西医之肠伤寒，乃嘱服合霉素，病仍不减，因之，病家改邀他医诊治，亦予合霉素，前后共服百余粒，卧床二十八天，寒热依然不退，再邀我治疗。病者一般状况尚佳，惟每天发热二三次，发热时则烦躁，皮肤灼热无汗，不恶寒，周身不痒感。因想到目前所学伤寒论第 23 条条文，觉得症状颇相符合，乃毅然处麻桂各半汤与之，服后一时许，得汗甚畅，次日，热不再发，皮肤潮润而愈。"

他感慨地说："如果在过去，一个病程已历月余，卧床二十八天的病者，我是无论如何不敢用麻桂等方药的，这次运用了，竟获得这样显著的功效，真使我万分高兴，更深刻地体认到伤寒论的实用价值。过去对伤寒论方所以不敢轻用，是由于没有很好学习，而采取了人云亦云的态度，轻率地认为真的南方无伤寒，这是绝对错误的。今后，一定要很好的学习这部经典著作，进一步廓清过去的错误思想。"（载江苏中医学校学习通讯第 3 期）

上面这一事例，有力地说明：当某些不正确的成见先入为主的盘据在脑海里的时候，虽曾读过伤寒论，但是不会用这部书的方剂，可以说是枉读了伤寒论。由此证明：端正对伤寒论的认识是多么的重要！

本着这个意见，下面第一节选录古今医家对伤寒论不够正确的言论，第二节选录古今医家对伤寒论正确的言论，从对比中，辨明是非，以端正我们对伤寒论的认识，为学习伤寒论铺路。

对《伤寒论》不正确的看法

宋代的韩祗和觉桂枝难用，因此怀疑古今的桂枝可能有所不同（伤寒微旨）。

朱肱在类证活人书中及庞安常在伤寒总病论中，都说在夏月用麻桂发表，须加寒药，否则热甚斑黄。类证活人书是一本好书，但这几句话须要商榷。滥用麻黄、桂枝，虽在冬月亦会遇到热甚发黄等变证，不仅限在夏月。因为冬月可以有温病，夏月也可以有"伤寒"（应读作麻黄汤证的伤寒）。广州是真正的南方，在5~10月间，经常炎热如北方的夏天，在这期间，同道们常用桂枝加附子汤、葛根汤、桂枝汤、麻黄汤等原方，没有碰到热甚斑黄等变证。主要在于辨证正确，有是证用是药。况且仲景用麻黄桂枝等药，原已昭示种种不同的配伍方法。例如兼见热证的病症，伤寒论中原已有麻桂和石膏等凉药相配伍的方剂，如桂枝二越婢一汤、麻杏石甘汤、大青龙汤、葛根芩连汤等方，尽可辨证诊治，随宜选用。象朱肱那样的说法，易使人带上有色眼镜来看待伤寒论和麻黄等药。立说是欠妥善的。

金元的张洁古和朱丹溪说："古方不能治今病。"

清代的秦皇士把仲景的长沙当作江北，说江南无真伤寒，因此说麻黄汤、桂枝汤适用于北方冬月（伤寒大白、伤寒热病总论）。

马贵与文献通考引黾氏的说："仲景著伤寒论有大人之病而无婴儿之患，有北方之药而无南方之治。"

张子鹤医师在他的"中国医学科学讨论"中说："是则伤寒论者其即流行性感冒论欤?""吾以为六经之名称，乃仲景氏对流行性感冒之六种大要症状之代名词。"最后他又说："吾人认为伤寒论之治流行性感冒尚属勉强。"

陈方之医师在1955年第三号中华医学杂志发表的"伤寒论的内容分析"，一文，在总结中，归纳伤寒论能治的病为：（1）肠窒扶斯；（2）流行性感冒；（3）结核性疾病；（4）败血病；（5）胸膜炎脓胸；（6）急性偻麻质斯；（7）单纯性下痢；（8）赤痢；（9）痉挛性便秘；（10）糖尿病之化脓性合并症等十类病（按：在中华医学杂志1956年第2号，1957年第1号上，各载有批评该文的文章）。

医史家李松声医师在1954年第一号的中华医史杂志发表的"中西医都需学习的伤寒论，他的内容和评价"一文中说："自从体温表应用于测量人体热度以后，以前所争的阴阳表里，几分钟便可解决，为什么还费很大功夫记诵那些很不容易记的六经证治。所以我建议中医科学化的第一步便是使用体温表来检查体温，不再凭着'脉浮、头项强痛、恶寒'诊断为太阳证，更无须凭着'脉微细、欲寐'来诊断为少阴证。所以伤寒分经是应该抛弃的东西了"。李医师认为中医学阴阳寒热表里虚实的学说是可以用体温表代替的东西，伤寒论的六经是可以抛弃的东西。换句话说，他认为伤寒论是没有多大价值的。

以上各种说法，都是有问题的。

伤寒论一书，能用来治那些疾病呢？伤寒论是否如以上各人所说如此无用呢，不是的，绝对不是这么一回事。

从唐宋到现在，各医籍中记载前人按照、伤寒论、金匮要略两书的理论和方法而治愈许多种类疾病的治验记录是极多的。解放后，各地贯彻党中央中医政策的结果，中西医学杂志刊载各地医院中医科和个体中医师的治疗成绩，证明伤寒、金匮两书中绝大部分的方剂、能治愈多种多样的疾病，不胜枚举。总的说一句，伤寒论的法和方所适用的范围是很广泛的，绝对不象上面几位所说那样狭隘。

除上面已经批判说明者外，其他欠全面的看法，由下节各家言论来说明。

对《伤寒论》正确的看法

首先应端正对书名"伤寒论"的认识。

千金方引小品说："伤寒是雅氏之辞，云天行温疫是田舍间号耳。"

肘后方说："贵胜雅言，总名伤寒，世俗因号为时行。"

内经："今夫热病者，皆伤寒之类也。""人之伤于寒也，则为病热。"

难经："伤寒有五：有中风，有伤寒，有湿温，有热病，有温病。"

伤寒论中仲景自序："其死亡者三发有二，伤寒十居其七。"

根据以上考证，可知在仲景时代，"伤寒"二字和"天行温疫""时行"等词同义。因此可以说，伤寒论实是一部论治热病（包括温病）的书。后世对伤寒论的许多错觉，多由于把伤寒论的"伤寒"和麻黄汤证"伤寒"混淆对待，并且缺乏正确的考证和认识所致。如果把"伤寒论"读作"天行温疫论"或"时行论"或"热病论"，把麻黄汤证"伤寒"读作"中寒"，把桂枝汤证"中风"读作"伤风"，当可减少许多错觉和笔墨纠纷。

其次，谈谈伤寒论能治哪些疾病。

陈修园在古今医论中说："……至云仲景伤寒论独为伤寒而作，非治杂症，试观其中表里寒热虚实阴阳诸法全备，杂症俱可仿之为则，虽代有名贤杂症诸书，不过引而伸之，触而长之，谁能出其范围，后学果能熟读揣摩，则治杂证思过半矣，推而广之，并可统治男妇小儿一切杂症。”

江苏中医学校伤寒论释义：“伤寒论的内容，正是讨论各种外感热病的发展规律，以及辨证论治的法则。论中理、法、方、药的运用规律，完全是临床实践的总结，因而它能正确的指导实践，我们如能运用它的原则和方法；就可以掌握一般外感热病的治疗规律，到目前为止，这部著作能够仍有很高的价值，其原因也就在这里。”

戴北山广瘟疫论自序中说：“瘟疫一证，历代名哲，具有成方，如仲景有大青龙汤、阳旦汤、越婢汤、黄芩汤、白虎汤、大小柴胡汤、三承气汤、麻黄升麻汤诸条，别瘟疫之见症为汗法、下法、和法、双解法，轻重深浅，纵毫备具，特散见于诸经条中，而未尝直指其名为瘟疫，非不欲明言也，其书本伤寒立论，而互为区别之书，非专论瘟疫之书。且上古文辞简易，详于辨症，而不详于立名，欲人从症上细辨，则不必名上区别，而自无混治之矣。”

欧阳锜：“于此可见，伤寒论的理论方法，又何尝不可以对待温病呢？如独固执伤寒方多辛燥不适宜于治疗温病，那对伤寒论的整个精神就不够彻底了解，以故已往伤寒、温病学说上无谓的争论经久不决，甚至最近还有说伤寒论未包含温病学说的，这都是一种偏见。”（新中医药第 9 卷第 5 期伤寒温病的学术源流与辨证论治）。

邓铁涛：“若果从发展来看温病，温病是从伤寒的基础上向前发展的，可以看成是伤寒的发展。但假如认为既是发展了，便一笔抹煞伤寒，取消了伤寒宝贵经验——方与法，是错误的。同样认为温病源为卑不足道，杀人多于救人，而一笔抹煞了温病数百年来的治疗经验，也是不对的。”（中医杂志 1955 年 5 月号）

江苏中医学校温病学新编：“由于后世医家逐渐感觉到有许多热性病在发展过程中的一切表征，有好些地方是出于伤寒论所记载的规律范围之外的，如果完全株守伤寒论的一套理论和方法来处理一切热性病，有时候很难达到预期的效果，并且感觉到有许多热性病的发展，除去各个疾病的特殊性之外，它们之间还有一定的共同性可以成为一个类别，于是在逐渐摸清它们的性质和规律的同时，便在伤寒论的理论基础上逐渐产生了一套新兴的理论，成为处理这一类热性病辨证施治的思想指导，以补充伤寒论的不足。这一类的疾病就是上面所说的温病，这一套新兴的理论便是指导临床实践的温病学说。”

此外，古代如陆九芝在世补斋医书中有“论刘河间治温全用伤寒方”，近代如张锡纯在医学衷中参西录中有“温病之治法详于伤寒论解”等，都是专门性的论证，这里不细述。

归纳以上六家论说，说明：

1. 运用伤寒论的原则和方法，可以掌握一般外感热病的治疗规律；

2. 推而广之，并可统治男妇小儿一切杂症；

3. 伤寒论中的理论方法，可以对待温病。伤寒论中有治温病的方和法，但伤寒论详于辨证而不详于病名；

4. 伤寒论中治温病的细则是不够详尽的，需要后世的温病学说来补充它的不足，所以两者不可偏废；

5. 温病学说是在伤寒论的理论基础上逐渐产生的，是伤寒论的发展，两者不是对立的。

再谈谈后人对伤寒论的评价：

谢观：“伤寒论为医经典，首创辨证论治，识证有定法，疗病有主方，垂之百世而不能越其轨。”（中国医学大辞典）

章巨膺说：“所以伤寒论在中医经典医籍中，毫无疑问，其评价占在第一位。”（上海中医药杂志 1956 年 5 月号）

阮其煜：“其不知者，以为中医仲景伤寒论一书，范围甚小，仅论热病而已，其实医理显明，本末兼赅，直可为内科各症之基础书。能熟读此书，方得为中医内科之有根底者。凡欲研究中医内科，必须先读仲景伤寒论一书。否则中医内科，不以此入门者，仅得内科之皮毛，而不能精通其医理。故仲景伤寒一书，实可改其名为‘中医内科全书’。（叶劲秋：仲景学说之分析）

阎理渊教授说：“中医书籍既然浩如烟海，不易看完，因此就有抓中医学术重点和中心思想体系的必要。打算抓住其中心思想，就需要读其经典著作。何谓其经典著作呢？我认为‘内经’、‘伤寒论’这两部书就是。……伤寒论主要记述热性病，为治疗学奠定了基础。”（健康报 1955. 1. 28，我是这样学习中医的）

归纳以上几位意见，说明；

1. 古今有学问的中西医学家都推崇伤寒论是中医学中很重要的经典著作；

2. 能熟读此书，方得为中医内科之有根底者；否则仅得中医内科之皮毛，而不能精通其医理。

关于伤寒论的特点：

章次公：“我们读仲景书一定要认识它的特点，所以不同于千金、外台、圣济总录等类书，就因仲景是临床家，其书以‘辨证施治’为主题，选用主药有它一定的范围，并不是验方的总汇。仲景书之所以可贵，因为它有纯客观的思想，反对医家诊病处方轻视临床证候草率从事的精神，从自己实践中的直接经验，结合前人的经验成果，掌握证候群，定出了许多应用的规律，这是仲景的具体成就，也是仲景的主要内容。”（中医杂志 1955 年 2 月号，张仲景在医学上的成就）

章氏说明，伤寒论不可仅当作一部方书看待，不可用千金、外台、圣济总录等类书来和它比拟。

日本东京拓殖大学汉方医学讲座讲师龙野一雄说：“伤寒论不是把病固定下来，而是把病看作变化流转的；不是从片面来论病以讲求治疗的现代医学所能想象得到的，这是非常进步的观点，对于现代医学，确有很大的启发。”（中医临证处方入门第 399 页）。

小　结

概括上面所举古、今、中、外医学家的言论，认为：伤寒论是中医经典著作中占很高评价的一部分。其内容有理论、有诊断、有治疗法则、有方剂，为中医治疗学奠定了基础，可以治一般热病，也有治温病的方和法，但不够详尽，应结合后世的温病学说，以补充之。推之广之，可统治男妇小儿一切杂症。它不仅是中医学的内科总论和各论，其中有非常进步的观点，对现代医学有很大的启发，学中医学的人，必须熟读精通这部书（当然也须读其他中医各课程）

[《浙江中医杂志》1959，(3)：7]

统一伤寒、温病学说的认识

章巨膺

前　言

几千年来，我们的祖先在长期与疾病斗争的过程中，累积了极其丰富的医疗经验，随着历史的发展，在这许多实践经验中，逐渐总结了理论知识，以后又根据这个理论知识去指导实践，于是更丰富了临床治疗经验，这样的反复提高，从而形成了祖国医学独特完整的理论体系。这就是祖国医学所以能蕴藏着丰富多彩的内容，成为一个伟大的宝库，对我国民族的生存，繁衍有着巨大的贡献，所以党一再指示我们要全面地、系统地去继承这份极其珍贵的民族文化遗产。

但是必须明确我们在继承祖国医学的同时，还有整理、发扬、提高的任务，无可否认，几千年来的祖国医学由于历史条件的限制，不少地方是存在着缺点和问题的，某些学术问题直到如今还是争论不休，无法统一认识的，即如本文将讨论的伤寒温病问题已经是几百年来争论的焦点。但是现代中医谁都知道这两者都是属于一医学所称“外感热病”的范畴，在临床应用上都有重大的价值，这里就把这个学术问题加以讨论，在全盘接受的基础上试作学术整理的刍义。

伤寒、温病学说的纷争

远在 1800 年前，我国伟大的医学张仲景首先著作了临床治疗学——伤寒卒病论一书，尤其伟大的，他对当时危害人民健康最大的各种热性病（可能包括了传染病）特别重视。他综合了秦汉以前的医疗经验，吸取了民间实践有效的汤方，结合了自己的心得，创造性地写下了伤寒论这部论述热性病的专著。这部有系统、有法则、有规律的著作不仅在当时对医界澄清了学术问题，而且为后世提供了理、法、方、药的原则，指出了辨证论治的准绳，因此直到如今，它在中医治疗学方面一直起着理论指导的作用，于此可见张仲景伤寒学说在中医学术上的崇高地位。

多世纪来，这个学说的理论体系和治疗原则是历代医家所崇奉信守的，后世所有理论的推演、阐发，也都是循绎内经和本论的文义而发挥的，尽管晋王叔和、隋巢元方和肘后、千金、外台等在热性病方面提出了更多的温病名称，在诊断治疗上也有更多的体验和发明，然而谁也没有提出与伤寒论不同，甚至相反的意见。但是这种情况一直维持到金元时代，开始发生了变化，首先是刘河间在所著伤寒直格中的“伤寒六经传变”里对于热病的治法与仲景有了不同的意见，他在临床实践中感到仲景方不能适应很多热性病的治疗；之后，元代王安道著医经溯洄集中有“张仲景伤寒立法考”“伤寒、温病、热病说”等篇，论述温热症的证治，明显的提出“温病不得混称伤寒”更具体地讨论了温病的病因、诊断和治疗，这样伤寒温病才开始明显的分了家。到了明清两代，温病专著像雨后春笋般的涌现出来，伤寒温病已截然分为两种系统了，如喻嘉言有“仲景书详于治寒而略于治温”的说法，叶天士有“仲景伤寒，首重六经，河间温热，必究三焦”。以及“伤寒多有变证，温病在一经不移”等等论点。由于伤寒温病学说在理论上分了家，因而在辨证上有了新的认识，论治上亦大有不同了。很多医家提出了伤寒方不能治温病，最早如宋代的朱肱就已经认为伤寒麻桂二方只适宜于西北、江淮一带，只适宜于冬季、春初，王安道认为伤寒论方药只适宜于即病的伤寒，而不适用于不即病的温病；张洁古有古方不能疗今病；明清温热诸家在论治上则更多新颖的创造，如叶天士最具体的指出：“若论治法，与伤寒大异”。这些论点，都强调论证了伤寒温病本质的不同，治疗方法必须严格加以区别，但是崇奉仲景伤寒论的却又坚持异议，认为伤寒温病本是一家，温病是包括在伤寒范围内的，理论上不应该另立门户，治疗上更不能越出伤寒范围，如柯韵伯说：“阳明为成温之薮”。陆九芝说：“凡伤寒有五，而传入阳明遂成温病”。又说：“温热之病本隶于伤寒论中，治温之方并不在伤寒论外”。又说：“夫膏黄芩连岂治寒者哉，岂不是治温治热，乃以论名伤寒，即谓仲景不知温热，则论亦不名中风，何不并云仲景不知中风乎”。所有这些说明过去伤寒温病的纷争，是异常尖锐的，而且这种纷争一直延绵到近来，还是继续存在，晚近所谓“伤寒派”“温热派”“经方派”“时方派”正是这两种学派纷争的客观反映。

伤寒、温病的实质精神

仲景作伤寒论，在他自序中说，撰用素问九卷八十一难，全书中引用素问的虽仅一、二见，但它的论说在内经学说基础上建立起来，是可以肯定的。素问热论篇说：“人之伤于寒也，即为热病”。“今夫热病者，皆伤寒之类也”。毫无疑问，这是仲景伤寒论说的根据，显然伤寒是指一切热病而说的，伤寒论是讨论热病的专书。自序中又说：“余宗族素多，向余二百，建安纪元以来，犹未十稔，其死亡者三分有二，伤寒十居其七”。可以概见当年伤寒疾病之多，从其发病之多，死亡之众，相信这些热性病中一定概括了现代某些急性传染病在内，那么伤寒论讨论的内容一定是包括了许多传染病在内的一切急性热病了。

伤寒论的基本内容是以六经分证，后世医家认为江河不可废的法则，并且有人说百病不出六经范围。诚然六经辨证是仲景在热性病中通过长期实践所总结出来的几种共同规律，这个规律不仅有高度的原则性，而且也有极大的灵活性，总之他在指导实践方面有决定性的价值。过去我们一直把六经单纯看作是六类证候群的代名词，认为仲景把热性病中所有的临床表现区别为六个类型，其实六经的实际应用不仅如此，其更重要的含义是在识别、权衡“正”“邪”之间的关系，以现代医学的语言来说，就是导致疾病的致病毒和人体反应的抵抗能力之间的势力问题，外来疾病因子称为“邪”，人体自卫疗能称为“正”，三阳证是正气盛，邪气实的病势，人体自卫抵抗能力强盛的时期；三阴证是正气虚、邪气深的病势，人们自卫抵抗能力不足或有竭的时期，因此六经辨证的出发点是在整体观点的基础上，通过全面观察，分析综合而产生的，他的治疗法则也是从这个基础上出发的。

至于温病呢，首先他讨论的内容也是热病范围，不过它的特点是在更多的更具体的指向传染病方面。内经既指出热病皆伤寒之类；难经提出伤寒有中风、伤寒、湿温、热病、温病五个名目；伤寒论明白的说太阳病发热而渴，不恶寒的为温病，这说明温病是属于伤寒系统的，亦就是说温病也是讨论外感热病的，亦是讨论急性热病的，当然这决不是说仲景伤寒论讨论的热病范围已经概括了后世讨论的各种温热病，恰恰相反，后世讨论的温热病正是伤寒论中所未完备的。例如吴又可在温疫论里说：“伤寒与中暑感天地之常气，疫者感天地之厉气……此气之来，无论老少强弱触者即病”。显然后世温病的内容是概括许多急性传染病在内的，与伤寒论讨论的热病范围是两种类型的。

温病学说发展到清代，才系统完备起来，它的立论中心是卫气营血和三焦的辨证体系，后世医家对此推崇备至，甚至认为可与仲景的六经并驾齐驱，可见它的学术地位也是很高的。事实上当我们在临床工作中，特别在传染病方面，卫气营血和三焦的辨证原则确实是有极大指导作用的，所以卫气营血和三焦的理论体系对另一种类型的热性病是有重大价值的。但它的本质也是属于热性病中特别在传染病方面所总结出来的共同规律，同样，它也像六经一样是代表着不同类型的证候群，更重要的是它的辨证重心放在正邪相持极其复杂的斗争中，亦即是致病毒力很炽盛，人体自卫抵抗力亦很繁重的形势下所建立起来的，它的理、法、方、药也是从十分细致精密的全面观察后产生的，显然这个理论体系的实质同样是在整体观点的基础上出发的。

由此可见，尽管伤寒温病有着历史性的纷争，但是它们讨论的基本内容都是当时社会最多见的热性病，它们立论的基础同样是辨证论治，它们的思想方法同样是从整体观点出发的，那么它们的实质精神是一致的。

温病学说就是《伤寒论》的发展

前面既经说明伤寒温病同样是讨论热性病的，它们的立论原则都是辨证论治，它们的思想方法都是从整体观点出发的，但是为什么它们的理、法、方、药完全是两个系统呢？而且还要引起争论呢？

其实这一点并不足奇，社会历史是向前发展的，祖国医学同样是如此，仲景伤寒六经学说尽管有他一定的学术地位，但是历史的演进，温病学说的发展，正是反映了这一点。由于伤寒温病长期的纷争，更使学术上获得了巨大的推动和促进，通过百家争鸣，大大地丰富了临床学的内容，因此，温病学说在理论上益臻完善，不仅充实了伤寒论，而且进一步获得了发展。

一、推阐辨证的理论

伤寒论的六经论证，千百年来在急性热病方面一直被推为辨证论治的准则。但是随着历史的发展，后世发展的疾病愈来愈多，病变愈来愈复杂，治疗的方法、药物也日渐增加丰富起来，这样当然不是伤寒六经的理、法、方、药所能概括得了，而且很多发现更是仲景书中所没有提到过的，于是在长期实践中，又逐渐累积经验，等到明清又比较成熟地总结了温病学说——卫气营血和三焦的辨证规律，应该首先肯定这是历史发展的必然趋势，是热性病理论上的进一步提高。

叶天士说："大凡看法，卫之后，方言气，营之后，方言血，在卫汗之可也，到气才可清气，入营犹可透热转气，入血就恐耗血动血，直须凉血散血"。这是后世医家一致推崇的温热病辨证规律，这个规律除了在程序上区别病情的轻重深浅外，更重要的，他亦是从实践经验中所总结归纳出来的四种类型，从其整个讨论内容来分析，它的辨证内容，重点集中在阳证方面，也就是说卫气营血四个阶段都是正气盛，人体抵抗力没有衰弱的阶段。这种辨证法在分证上明确，在观察上严密，在治疗上丰富；它是渊源于仲景伤寒论的传统，而且是发扬光大了伤寒论的辨证精神。

至于"三焦"同样是一种辨证法则，吴鞠通温病条辨说："伤寒论六经，由表入里，由浅及深，须横看，本论论三焦，由上及下，亦由浅及深，须竖看"。毫无疑问，吴鞠通当时所见热病一定不能以仲景六经来概括，于是创立另一种归纳方法来加以区别，但是他总的精神也是从"正""邪"间势力出发的，如上焦是正盛邪浅的阶段；中焦是正邪两盛的阶段；下焦则到了正衰邪深的阶段了。这种分证法则同样是说明病势的深浅，病程的阶段，当然也同样起到理论指导实践的作用。

二、明确传染病的范畴

温病的名称最早见于内经，素问生气通天论说："冬伤于寒，春必病温"。金匮真言论说："夫精者，身之本也，故藏于精者，春不病温"。这是概念性的提出温病原因，其实它的含义并不仅仅是字面上"伤于寒""不藏精"的意义，但后世颇多学者在这字面上大做文章，纠缠不清，并提出了伏气温病的名目，显然是很大的误解。淮安吴氏说："不藏精三字须活看，不专主房劳说也"。他的见解虽然高人一等，但对精字的理解，多少还是从生殖房劳方面去着眼的。实际上，内经这段文义的精神是根据自然现象的规律，以"天人合一"的概念来结合人体解释的。内经以生长收藏与春夏秋冬相联系，认为春生、夏长、秋收、冬藏是自然界的普遍规律，假使"冬伤于寒""冬不藏精"，表示没有掌握这个规律摄生，机体的内环境与自然的外环境没有取得统一协调，于是内部生理产生了弱点，当然疾病容易侵袭了。恽铁樵氏说："冬者闭藏之令也，冬不藏精也，是逆冬气，逆冬气，则春无以奉生，故至春当病"。内经上说："邪之所凑，其气必虚"。可见冬伤于寒的寒字，冬不藏精的精字都不单单是字面上的意思。至于春必病温含义，乃是说以后容易患热性病罢了。所以内经时代的温病认识只是概念性的指出要掌握摄生的规律来防止疾病的发生而已。

伤寒论太阳病篇说："太阳病发热而渴，不恶寒者为温病，若发汗已，身灼热者，名曰风温。风温为病，脉阴阳俱浮，自汗出，身重多眠睡，鼻息必鼾，语言难出，若被下者，小便不利，直视，失溲，若被火者，微发黄色，剧则如惊痫，时瘈疭，若火熏之，一逆尚引日，再逆促命期"。这是仲景对温病的认识，只在辨证上的识别，没强调指出它是属于传染病性质。

等到王叔和、巢元方、孙思邈、王焘那个时期，温热病开始在病因上、理论上、诊断上和治疗上都有了发挥，他们首先指出了温病有新感伏邪之分，在讨论内容中有时行、温疫等名称，在症候认识上有温毒发斑的描述，显然从这时开始，温病范围中是包含着传染病在内了。

明代汪石山正式提出温病有伏气与新感两种，他说："苟但冬伤于寒，至春而发，不感异气，名曰温病，病稍轻，温病未已，更遇温气，变为温毒，亦可名为温病，病较重，此伏气之温病也，又有不因冬月伤寒而病温者，此特春温之气，可名曰春温，如冬之伤寒，秋之伤湿，夏之中暑相同，此新感之温病也"。后世关于伏气新感的争论很多，姑且不讨论两者的论点，但从他们描述的症状乃是两种类型的疾病，尤其伏气温病一系列中毒症状大部分是现在急性传染病的临床表现，因此伏气新感之分，与其说是以感邪之后发病的迟早为依据，例不如看作为一种区别某些传染病的辨证方法，而且论述中所谓“异气”“温气”“春温之气”正是蕴蓄着传染的含义。

明末，吴又可对温病之属于传染病范畴论述得最直截了当，并且首先指出温病即温疫，他说：“温者热之始，热者温之终，温热首尾一体，故又有热病即温病也，又名温疫者，以其沿门阖户如徭之役，众人均等之谓也，今省去‘彳’加‘疒’为疫，又为时疫时气者，因其感时行戾气所发也”。此外在区别伤寒温病方面、病因认识方面、发病情况方面，都具备了传染病的认识。他说：“伤寒不传染于人，时疫能传染于人；伤寒之邪自毫窍而入，时疫之邪自口鼻而入；伤寒感而即发，时疫感久而后发；伤寒汗解在前，时疫汗解在后”。又说：“伤寒与中暑，感天地之常气，疫者感天地之厉气，此气之来，无论老小强弱触之即病，邪自口鼻入，舍于伏灶之内”。又说：“其年疫气盛行，所患皆重，最能传染，即童辈皆知为疫，盖毒气锺厚也，其年疫气衰少，闾里所患者不过几人，且不能传染，时师皆以为伤寒为名，不知者固不言疫，知者亦不便言疫，然则何以见其为疫，盖脉证与盛行之年，纤细相同，至于用药取效，毫无差别，是以知温疫四时皆有，常年不断，但有多寡轻重耳”。所有这些都指出了温病的传染病范畴。

清代以来，温病学说更进一步发展而系统起来，讨论的内容也更见丰富，戴北山杨栗山叶天士薛生白吴鞠通王孟英都是对温病大有贡献的代表人物，他们对论证的范围更见扩大，对传染病的认识更有发明，如叶天士说：“温邪上受，首先犯肺”。指出呼吸道传染病的一个系统，余师愚著疫疹一得，特别对发疹性传染病加以讨论，此外吴鞠通，归纳温病为九种，王孟英更加扩充，他们讨论的内容如果一一与现代医学相印证，几乎全部是传染病的内容了，于此可见温病学说的发展奠定祖国医学对传染病的认识。

三、丰富诊断的知识

温病学说更有在诊断上独到的创造发明，如察舌、验齿、辨斑疹、诊耳目等等，都是在临床实践中，经过细致观察获得的经验，其中尤以舌苔的诊断更是详备。叶天士、章虚谷等对此都有详细的论述，外感湿热篇更为精要，以舌苔的色泽辨病邪之在气在卫，入血入营，以舌质的润枯审津液的劫烁、耗伤、和告亡，如“初传绛色中兼黄白色，此气分之邪未尽也”。“舌绛而干燥者，火邪劫营”。又如“若白干薄者，肺津伤也”。“舌绛而光亮，胃阴亡也”。“绛而不鲜，干枯而萎者肾阴涸也”。等等丰富多采的描述，在过去是从来所没有的。这是温热学家独特的经验心得，是异常珍贵的诊断技术，直到如今我们在热性病诊断方面能掌握这份知识，应该首先归功于这些深入钻研厚今薄古的温热学家。

此外温病诊断中的辨斑疹，也是难能可贵的，虽然这项认识是远溯子千金、外台的温毒，但温病学说在这方面推论极为丰富，叶天士说：“凡斑疹初见，须用纸拈照见胸背两胁，点大而皮肤之上者为斑，或云头隐隐，或琐碎小粒者为疹，又宜而不宜多见。……若斑色紫小点者，心包热也，点大而紫，胃中热也，黑斑而光亮者，热胜毒盛。……若黑而晦者必死，若黑而隐隐，四旁赤色，火郁内伏，大用清凉透发，间有转红成可救者，……斑属血者恒多，疹属气者不少，斑疹皆是邪气外露之象，发出宜神情清爽，为外解里和之意。”这在斑疹的检查技术、诊断、预后治疗等各方面都有精当的认识。

当然，温病学说在诊断上的创造还不止此，如对于白痦的观察，验齿的方法，耳目的辨证，也都是丰富的经验的抒写。还有如戴北山推广吴又可温疫论之说，对热病指出辨气、辨色、辨脉、辨舌、辨神的五个诊断法：辨气，说温疫有病气；辨色，说温疫面有垢色；辨脉，温疫初起不浮；辨舌，温疫舌苔垢厚；辨神，温疫初起神志即不甚清爽，此外他的辨证法分别表、里两大类；又作出汗、下、清、和、补五法的辨证等等，这样在热性病的诊断方面，更加系统化起来。

四、充实论治的方药

由于温病学说的发展，给热性病治疗学方面提供了丰富的资料，这是温热家最成功的创造发明，叶天士说：“辨营卫气血虽与伤寒同，若论治法却与伤寒大异”。可见温病治法方面，有很突出独到的内容。

最先突破伤寒方范围的是金代刘河间，他说：“守真为此虑，恐麻黄桂枝之误，遂处双解散，无问伤风、伤寒、内外诸邪皆能治疗，从下证错汗者，亦不为害，如此革误人之弊已不少矣”。又说：“设若以热药解表，不惟不解，其病反甚而危殆矣，其治之之法，自汗宜以苍术白虎汤、无汗宜以滑石凉膈散，散热而愈”。这是由于他亲身体验到这些热病用辛温解表的错误后，才打破常规地揭示了辛凉解表通下清里的治疗法则，为后世温病治疗方法导引了方向，其后张从正王安道陶节庵吴又可等在治疗方面的理论，亦都确认辛凉解表为治温的规矩准绳，等到吴鞠通作温病条辨，乃正式系统地订出如银翘散、桑菊饮等辛凉解表的代表性治方，于是在热病初期的治疗上不再单是过去伤寒论麻桂辛温的一种方法了。

后世温病在病因上有新感伏邪的认识，因此，其发病机制亦有邪自内发、邪自内出等论点，支持这种说法的人相当普遍，王安道说：“凡温病、热病、若无重感，表证虽间见，而里病为多，斯时也，法当治里热为主，而解表兼之，亦有治里而表自解者。……此足以明其热之自内达外”。戴北山说：“温邪传经与风寒不同，风寒从表入里，故必从太阳而阳明而少阳而入胃，若温病则邪从中道，而或表或里，视人何经之强弱为传变，……在风寒从表入里，所有里证，必待渐次闭郁而成，故在表时，不必兼见里证，入里后不必复见表证，若温邪本从中道出来，故见表证时，未有不兼一、二里证者，且赤有不见一、二半表半里之少阳证者。”叶天士说：“若因外邪先受，引动在里伏热，必先辛凉以解新邪，继进苦寒以清里热。”愈根初说：“病无伏气，虽感风寒暑湿之邪，病尚不重，重者皆新邪引伏邪者也。”此外，吴又可又有邪匿募原的说法。总之他们认为温病范围的热病不是一般简单的解表剂所能济事，在病情上比较复杂，在病程上比较缠绵，所以戴北山说：“一经专见一经证者属风寒，一经杂见二、三经证者风温热。”因此推论认为这种病邪一定预伏在内，一定入里盘踞，一定隐匿募原了，正由于这样认识，再加病情上的复杂、病理上的缠绵，所以温热病在这个阶段治里热的清法特别丰富起来了。他们除了应用仲景伤寒论中白虎汤一类方药外，突出的清营凉血的犀角地黄汤，芳香开窍的清宫汤、牛黄丸、紫雪丹、至宝丹等等，这些都是临床上有显著治效，而伤寒论所不备的方药。

温热家还有一种滋阴增液疗法，也是很突出的，喻嘉言说：“缘真阴为热邪久耗，无以制亢阳而燎原不息也。”吴鞠通说：“热病未有不耗阴者，其耗之末尽则生，尽则阳无留恋，必脱而死也，真能体味斯言，思过半矣。”这是温热论治上一种新的治疗观点，温病学者认为热性病最易耗伤阴液，因此在病的过程中尤其在温病后期，特别重视保养津液，并提出了加减复脉汤、、大小定风珠、护阳和阴汤、五汁饮等等，此种扶正达邪的医疗观点不仅充实了伤寒论的方药，而且更体现了整体观点的医疗原则。

在温病学说中还有对于湿邪的种种治疗方法，这在伤寒论里是没有的 但温病学家强调提出：“温热蒸热”“热为湿罨”“热邪夹湿”“湿遏热伏”等等，都是说明这类热病更多一重“湿邪”的病理因素，于是在治疗上有‘芳香化浊”“辛温燥湿”“淡渗分利”“辛开苦降”等方剂，它的主要目的在使“湿”去而“热”无所依，所以叶天士有“湿与温合，蒸郁而蒙蔽于上，清窍为之壅塞，浊邪害清也”。“渗湿于下，不与热相搏，势必孤矣。”的论述，这亦是温热家在临床实践中的经验体会，值得遵循的治则。

统一伤寒、温病学说的矛盾

以上综合的说明了温病学说是在伤寒论基础上发展起来的，温病学说更丰富了伤寒论的内容，它们共同在热性病的治疗上发挥积极的作用，那么它们之间是一脉相承，不应该存在着矛盾，也不应该相互对立斗争的。诚然伤寒温病在理、法、方、药各方面是有所差异，但并不等于两者具有对立的矛盾，恰恰相反，有许多地方还可以一致起来，例如仲景指出温病不可误汗，正是意味着不可用辛温发汗，为后世辛凉解表法则的嚆矢；又如在阳明病方面讨论的内容，几乎都能为温病学说的张本；少阴病的黄连阿胶汤等，都是温病“滋阴补液”治则的先声。事实上，后世论温诸家亦多有这种看法，他们也看到伤寒温病有共同的一面，像俞根初采用六经为纲领参用三焦学说来论治温病，吴坤安有述古、论新之作，述古根据仲景，论新采用天士，此外吴鞠通的温病条辨王孟英的湿热经纬亦多融合仲景论说和方药，很明显的伤寒温病在热性病方面是具有千丝万缕的联系，事实亦正是如此，伤寒论为温病学说奠定了基础，而温病学说的成就乃是伤寒论的进一步发展，这是伤寒温病所以有条件统一起来的先决因素。

在另一方面，因为这两种学说立论的思想方法是一致的，所以它们的基本精神亦是统一的，“六经”亦好，“三焦”亦好，“卫气营血”亦好，都是对热性病“辨证论治”的方法，都是在整体观点的概念下正邪形势的分析下，综合得出的规律，因此，它们都具有强大的指导实践作用。在卅年前，我也片面的崇奉仲景，不同意叶、吴，这是在学习过程中最大的弯路，以后逐年在临床实践中才陆续体会到温病学说的重要性，它不仅不能与伤寒论学说对立，恰恰能羽翼伤寒论的不足，如果在临床上全面掌握，融会贯通，灵活运用，交互分析，那么在热性病的治疗上真能左右逢源，得心应手，因此我们必须把两者学说紧密的结合起来，统一认识，发挥更大的作用。

小　结

数百年来，由于学者孤立的、片面的学术观点，因而形成伤寒与温病门户对立；如果采取了客观的态度，从两者的本质上去探讨；首先肯定它们讨论的内容都是急性热病范畴，其次它们辨证论治的诊疗，规律都在整体观点的基础上产生的，尽管它们在理论治疗上有所不同，但在某些原则上还是一致的，因此我们体会到："伤寒学说是温病学的基础，温病学说是伤寒论的发展"，两者一炉共治融会贯通，才能在临床上应付裕如，若偏私狭隘的死守门户，不仅在认识上犯了片面主观的毛病，在治疗上便见捉襟见肘，穷于应付了。解放以后，由于中医政策的贯彻，祖国医学的治疗成绩，格外地发扬光大，在温病学说的应用更体现了它的实用价值，因此我们有必要把两者的理、法、方、药联结起来，统一认识，交互使用，在临床上进一步给以科学论证，使祖国医学在热性病的理论和治疗方面发出更多更大的光彩而努力！

[《上海中医药杂志》1957，(3)：4]

从《伤寒论》尚有32条论文在《金匮要略》中残存来谈《伤寒论》的编次和内容的删削问题

何爱华

一、引　言

《伤寒论》是中医的主要经典著作之一，历代医家皆尊奉它为临床治疗的法则。但由于它是张仲景著述于东汉的"建安"年代的著作，流传到现在，已经有一千八百年的长久历史，因而它的内容在抄传的历史过程中，或多或少的要发生一些错讹的地方。因此，千年以来，也有不少先哲前贤，对这个问题进行了必要的研究，留下了光辉的业绩。其中尤以王履、方有执、喻嘉言、柯韵伯等几位先人的贡献为最大。但由于历史条件的限制，他们的研究也难免要有错误的产生。本文是在党的中医政策光辉照耀下，初步提出几点个人的不同见解。但因水平所限，错误之处在所难免，故请医道同仁多加指点。

二、从《伤寒论》尚有32条论文在《金匮要略》中谈起

最近读得中医研究院编著的《金匮要略语译》一书[1]，这书不但内容非常简洁精当，而且对勘工作亦十分严谨，除载有极为清晰的现代语言的"语译"外，而且还有考订确凿的"按语"。从这些清楚而确切的考订"按语"中，我们可以看到，伤寒论尚有32条论文在金匮要略中存在。(如附表)

金匮要略篇别	伤寒论篇别及条数
奔豚气病脉证治第八	辨太阳病脉证并治中65．117
五藏风寒积聚奔肠病脉证并治第十一	辨阳明病脉证并治247
烦渴小便不利淋病脉证并治第十三	辨太阳病脉证并治中84 辨阳明病脉证并治222、223 辨厥阴病脉证并治326
惊悸吐衄下血胸满瘀血病脉证并治第十六	辨太阳病脉证并治中87
呕吐哕下利病脉证治第十七	辨少阳病脉证并治306 辨厥阴病脉证并治360—368．371．372．374—379．381
趺蹶手指臂肿转筋阴狐疝蛔虫病脉治第十九	辨厥阴病脉证并治338
妇人杂病脉证并治第二十二	辨太阳病脉证并治下143—145 辨阴明病脉证并治216
合计七篇	三篇32条

上述之32伤寒论条文，虽散在金匮七篇中，但以厥阴病篇的内容为居多，达二十条，占总数的三分之一强，特别是《呕吐哕下利病脉证治》一篇，尤为显著突出，为伤寒论厥阴篇其有条文5～6条，今有20条复出在金匮中。方有执、喻嘉言两家，都认为成无已诠本伤寒论的《辨痓湿暍脉证》一篇，已被搜入金匮中，而予以删削。《辨不可发汗病脉证并治》以下共八篇，内容的绝大多数条文，都是《太阳病脉证并治》等十篇内容的复出，因此，也全部删削。《辨脉法》《平脉法》《伤寒例》三篇也因词句不雅驯，而被全部删削。一共删去十二篇内容。新近出版伤寒论著作的几种主要刊本[2~4]，亦皆遵循方，喻等各家的意见，对上述删除的内容，也就弃而不谈。因此，现在的伤寒论，只有《太阳病脉证并治》等十篇内容。由此看来，现在伤寒论的重复内容，只有这32条的尾巴了！它还侥幸的被保留在伤寒论中，没有对照出来，而被删削去。

三、《伤寒论》在王叔和撰述不曾残缺失次

方有执、喻嘉言两家都认为伤寒论是张仲景作于东汉建安年间，王叔和是西晋人，时经三国乱后，由王叔和撰述编次，妄附己见，错乱圣言。由此，伤寒便因王叔和而坠地，王叔和也就成为："一罪之魁"了！然而，据时贤宋向元同志的研

究[5]，王叔和并不是西晋时代的人，乃是汉末三国时人，上与张仲景时代，很相接近。王叔和不但不是晋太医令，而是魏太医令；他还不是张仲景的弟子，而且他在魏初撰述伤寒论时，直接和卫汛一道从张仲景那里获得了完整的张仲景的真传。因此，伤寒论的内容编次，在王叔和进行撰述的当时，也不是“残缺失次”。张仲景和王叔和的师徒关系，这决不单纯是在今天的历史条件下，才逐渐被研究或发见，而为我们所认识。即便是方有执，也不得不承认说：“叔和为仲景之徒，……不为虚称也[6]”。既然张仲景和王叔和是师徒关系，师徒相授，“不为虚称”，那么，王叔和撰述老师张仲景的著作——伤寒论，当然是完整的，并不曾“残缺失次”，这是可以肯定的事实。而伤寒论从原来的《伤寒杂病论十六卷》，被编次成为“残缺失次”的事，虽然我们尚不知确知是发生于何时及何人之手？但也肯定这是后来的事了。因此，王叔和的“一罪之魁”的“罪”，也当宣告无“罪”了！而王叔和撰述当时的伤寒论，一定是像张仲景所宣布的那样：没有伤寒和杂病之分的《伤寒杂病论十六卷》了！

四、辨删削之失策

伤寒论的原来面貌，本无伤寒杂病之分野而是伤寒杂病的合璧，号称《伤寒杂病论》的，王叔和撰述老师张仲景遗书之时，仍然是这样的原貌。因此，它的内容互见，这是很合理的常事。它遭到后人编次之后，虽然使它的内容发生了“残缺失次”的变化，但仍有互见的内容，也还是很合理的常事，并不足为怪。前文已经述及，伤寒论尚有32条论文，在金匮中重复，且集中在《呕吐哕下利病脉证治》一篇中居多，而没有被删削。这在原书来说，也是合理现象。这里即以这32条论文为提纲，当线索，来讨论伤寒论的内容删削问题；按照方有执的原意，伤寒论中的《辨痉湿暍脉证》一篇、因为被“残缺失次”后的金匮所搜入，故将它从伤寒论中删削掉。《辨不可发汗病脉证并治》以下八篇内容，绝大多条文，在太阳病等篇中“悉具载之”，故亦全部删削掉。这样看来，现在我们又新发现这32条论文，在金匮有载，且集中于《呕吐哕下利病脉证治》一篇中，这比方有执的观点来看，它在伤寒论中岂不也是多余的重复吗？理应删削吧！不然张仲景的六经、八纲、八法，并不是专为那一个证而立、而那一个证。都可以运用六经，八纲来辨证确认证属何经？何纲？确定运用或选用八法中那一法来进行施治。因此，伤寒论中的《辨痉湿暍脉证》一篇，并非金匮内容之简单重复！《辨不可发汗病脉证并治》以下八篇，也并非太阳病等各篇内容的简单重复！何以言之？且以《辨痉湿暍脉证》为例，伤寒论太阳病篇中有：“太阳病，……若被火者，微发黄色，剧如惊痫。时……。（6条）”这是什么病？难道说，它不是《辨痉湿暍脉证》一篇中“痉”一类的病吗？这能说“瘈疭”一类的“痉”病，不是伤寒，而是杂病吗？一定要把它从伤寒中删削掉吗？事实上？热病能发生痉挛、搐搦，或瘈疭、杂病同样也能发生痉挛、搐搦，或瘈疭等症状。以现代医为例，检温，体格检查，理化检查等诊断方法，既适用了传染病，也适用于一般临床。我们却不能说，这些辨证的诊断方法，只是为传染病而立，不适用于一般临床，或只是为一般临床而立，不适用于传染病。解热、镇痛、消炎、抗菌等疗法，也既能应用于传染病，又能应用于非传染病的一般临床治疗。同理，望、闻、问、切既能诊断热病，也能诊断杂病。桂枝汤既能治热病，也能治杂病。现代医学如此，张仲景之法，亦理当如此！且张仲景原书号称：《伤寒杂病论》，根本就没有伤寒和杂病之分。因此，这些被删削篇幅的内容，姑且不论，它究竟是否为张仲景之“造书”，或是王叔和的“编述”，或后人的“伪托”。但它的实际应用价值，正如原编所说：“夫以为疾病至急，仓卒寻按，首要难得，故重集诸可与不可方治，比之三阴三阳篇中　此易见也。”这话确有其理，信而有征，耐人寻味！因此，喻嘉言也不得不承认说：“可与不可诸篇，独遗精髓”，说明确有精华之存在。

其次，以《辨脉法》，《平脉法》两篇来说，方有执认为是“叔和述仲景之言，附己意以为赞从之辞。”喻嘉言认为：“文不雅驯，错乱圣言，妄入己见，碎剪美锦，缀以败絮，盲瞽后世。”尽管如此，喻嘉言确实是可以看得出具有真知灼见和先见之明的。他也不得不承认，这两篇中的《辨脉法》一篇是“仍仲景之旧”的。《平脉法》一篇，虽是“托仲景以传”的，但也“犹未至于颠倒大乱。”因为有喻嘉言的这些话可证，基本上还可以肯定说：《辨脉法》，《平脉法》两篇，大有精华存在。

再以《伤寒例》一篇来说，方有执认为它是出自王叔和的伪托，致使“仲景之道反愈晦，究其叛乱，不由厄于此例！”这样，不但王叔和就成为“一罪之魁”了！而且《伤寒例》也就更是方有执所深恶痛绝的矛头指向了！因此，他就一刀两断，一笔勾销，干脆把它削去。喻嘉言虽然也说《伤寒例》是：“蔓引赘辞，文不雅驯，错乱圣言。”而盛赞方有执削去《伤寒例》是："大得尊经之旨"！但是喻嘉言的治学态度，却是令人钦佩的。他不但责备了方有执削去《伤寒例》有："未免施之过激"之失，同时他自己的态度也和缓为"不若爰礼存丰"的程度。因此，他在具体做法上，也采取了和缓一些的和风细雨的"取而驳正之"的平稳办法。他驳正的结果：《伤寒例》里面，仍有"此处却精"，或"甚精"的精华内容存在。一句话，即使这十二篇内容，就是后人的伪托，也有它的一定实际价值，值得我们研究的。因有以上之种种理由，故此我敢说，删削伤寒论十二篇内容，乃一失策之处，值得我回顾，并引以为戒的。

五、建议认真筛选，吸其精华

日常里，我们常说；"坚决跟共产党走！""一定听党的话！"党的中医政策号召我们："系统学习，全面掌握，整理提高。"可是，我们在学习伤寒论这部中医主要经典著作时，并没有认真地按照党的方针、政策、指示办事。听党的话，去系统学习，全面掌握。与此恰恰祖反，我们倒有些偏信方有执了，没有认真进行仔细地研究，却把伤寒论删削去十二篇内容，这不能不说是一件很大的憾事！党号召我们："系统学习，全面掌握，整理提高。"的目的，决不是为了厚古薄今，泥古不化；而是为了整理提高，吸其精华，丰富现代医学科学的内容，创立我国的新医药学派。因此，我斗胆建议，把删削去的十二篇内容恢复回来，进行一番细致地认真筛选研究工作，来吸取它的精华。

参考文献

[1] 中医研究院. 金匮要略语释. 人民卫生出版社，1959.

[2] 重庆市中医学会. 伤寒论. 重庆市人民出版社复刊，赵开美宋本，1955.

[3] 南京中医学院. 伤寒论释义. 江苏人民出版社，1957.

[4] 中医研究院. 伤寒论语释. 人民卫生出版社，1959.

[5] 宋向元. 王叔和生平事迹考. 北京中医学院学报，第一期，1960.

[6] 方有执、喻嘉言，伤寒论著三种. 商务印书馆，1957.

[《中医争鸣》1959，(12)：34]

伤寒六经的研究

张　琪　黑龙江省祖国医药研究所

伤寒六经与经脉的关系，一直成为历来研究伤寒论者所瞩目的一个问题，如果说它（伤寒六经）来自经脉学说，它的六个证候群和热论纯以经脉出发的六个证候群根本不同，如果说它与经脉没有关系，它与热论又有相同之处，这就难免使人发生怀疑，所以直到目前为止还不能找到一个完满的答案。笔者不揣浅陋，仅就个人心得对此问题加以分析，其中如有不妥之处尚希高明予以指教。

六经和经脉的关系

从伤寒六个证候群观察分析，是贯串着经络（经脉）学说在内的，如热论伤寒一日太阳受之，头项痛腰脊强，是因足太阳经络起于目内眦上额交巅，下项循脊抵腰等。伤寒论太阳病则有头项痛腰脊强等症候。热论有伤寒三日少阳受之，少阳主胆循胁络于耳，故胸胁痛而耳聋，伤寒论少阳病有耳聋目眩、胸胁苦满等症状，毫无疑问这些症状都是邪循经脉而来的。其他三阴病亦有好多部分与经络有关者，如厥阴病之头痛，少阴病咽痛等，此外论有关刺风池、风府、期门，以及灸少阴等疗法、传经、过经诸问题，都是以经络学说为依据的，所以清以前注家，认为仲景六经是继承素问经脉学说，不是没有道理的。

上面引证了一些热论六经和伤寒六经有关系的一部分，但两者毕竟还是有本质上的不同，如热论则纯属热证，治法仅有汗、下两法，伤寒则既有热证又有寒证，治法则有汗、吐、下和温清补利小便八法，热论的证候群，纯粹以经络循行路线出发，伤寒则不完全从经络出发，所以前人柯韵伯说："夫热病之六经专主经脉为病，但有表里之实热，并无表里虚实……但有可泄可汗之法，并无可温可补之例也……夫仲景之六经，是分六区地面所该者广，虽以脉为经络而不专在经络上立说，凡风寒温热，内伤外感，自表及里，有寒有热无乎不包……"又说：太阳重在表证表脉不重在经络主病……由此看来后人否认六经来源于经络学说也是有依据的。

伤寒六经是在热论六经基础上发展形成的

综上所述，伤寒六经和经络学说，既有着千丝万缕的联系，又和热论六个证候群根本不同，究竟应该怎样理解呢？这就是本文所要讨论的中心。

从伤寒论内容实质推敲，它的指导思想和内经基础理论是分不开的。它是一部外感性疾病临床实验记录，总结了著者以前和当时的治疗经验，全书总的精神，在于辨证施治，所以六经所提出的六个证候群，仅是作为证候分类的纲领。在伤寒论以前，内经有十二经络分属归经和五脏六腑证候分类等，所有这些都是前人在实践中的经验积累、仲景当时从客观实践中特别是在观察外感性疾病的发展过程中，碰到了错综复杂，变化多端的证候群，发现了用以前的经络脏腑学说；不能全部概括，因此在吸取前人学说的同时，创造性的运用八纲学说，即掌握正邪相争机转，而和脏腑经络学说错综交织地结合起来，制定出掌握外感性疾病发展规律的步骤和措施，这就是新的六经内容和定义，因为它纯是从客观实践出发，所以不仅在当时，即使到今天依然对中医临床具有现实指导作用。正因为伤寒六经吸取了经络脏腑学说之精华，所以它和热论有部分相合之处，又因它不是纯以经络脏腑出发，而是结合八纲学说在内所以和热论又不尽然相同，这就是两者同中有异，异中又有同的基本原因。

近代许多研究伤寒论者，却不是这样看法，他们认为伤寒六经，所代表六个证候群，与经络藏腑没有关系。只是独立的六个证候群，把六经等于六个符号看待，那就可存可废了，如伤寒论今释就是这种看法的代表者。

近人有舍弃脏腑经络，以八纲解释六经，虽然比较简明易懂，但对六经实际意义是只见树木不见森林的片面看法，只可作为抽象的概念，不能作具体分析，所以其结果却是得半遗全。如三阳为表、实、热证，三阴为里、寒、虚证，太阳为表，阳明为里，少阴为半表半里，固然是不错的，不结合经络学说，则意有未尽，如太阳病脉浮头项强痛恶寒，其中脉浮恶寒是邪在表之标志，头项强痛如果舍弃太阳经脉则难以理解，（太阳经上额交巅入络胸还出别下项挟脊抵腰）阳明是里实热证，但必须结合足阳明胃家方有着落，三承气汤都是针对手足阳明胃大肠而设，少阳主证口苦目眩耳聋，胸胁苦满，寒热往来，其中除了寒热往来可以理解正邪机转于表里之间（半表半里）外，其余都是邪循少阳经脉出现征候，（足少阳经脉起于目锐眦，上抵头角，下耳后，其直者从缺盆下循胸胁而至小趾次趾之间）此为八纲与经络结合之又一例证，三阳病除了阳明腑证外，邪在经络尚未传入脏腑，故多贯串经络学说，三阴病则邪已深入脏腑，故多贯串脏腑学说，如太阳病的腹满吐利、和少阴病的脉微细但欲寐，虽然都属于虚寒证，一个是脾脏，一个是心与肾，如果不结合脏腑，单纯以虚寒目之，则失之太泛，在治疗上亦无所遵循，再如厥阴病，历来认为最难理解，实际消渴气上撞心，心中痛热、吐等症，乃肝木之气挟相火上冲所致，乌梅丸的主效，亦在于敛濈肝木之气以安胃，如果舍弃足厥阴肝，便无法理解。三阳三阴，从经络到脏腑，正是贯彻内经外邪从皮毛→经络→脏腑的精神实质，再与正邪相争的机转，阴阳表里寒热虚实错杂交错的结合起来，形成一个新的六经总和，因此用任何单一的脏腑经络学说，或单一的八纲学说来对待它，无疑都是主观的片面的。这就是直到目前为止，伤寒六经还不能用其他学说所代替的理由。

上述看法，也曾经有人发生过怀疑，如章太炎氏说，太阳、阳明六部之名，昔人拘于脏腑，不合则指经络，又不合则冈以无形之气，卒未有使人餍者服……持这样看法的人，恐非章氏一人，因此就这个问题，不妨再加以讨论。

如所周知，祖国医学是带有自发朴素辩证唯物主义的，尤其在伤寒论里，更从实践体现了这个问题，疾病的发生，有因地、因时、因人的不同，禀赋的厚薄，脏腑的偏阳偏阴，正邪的偏盛偏衰等，所有这些条件，本身就规定着证候的出现，不会一成不变的。伤寒六经既然作为辨证的纲领，因此它本身就规定着多元化，而不是一元化。阴阳五行脏腑经络，营卫气血等共同组成了祖国医学的完整体系，由于它们内部的互相联系，才反映了机体的完整和统一。近代许多研究伤寒论者之所以对待六经才能正确认识，就在于把祖国医学的完整体系割裂起来，只是纯粹从抽象公式出发，把异常错综复杂朴素迷离的客观事物矛盾，简单化和公式化。毛主席教导我们说：……因为一切客观事物本来是互相联系的和具有内部规律，人们不去如实的反映这些情况，而只是片面的或表面的看他们，不认识事物的互相关系，不认识事物的内部规律，所以这种看法是主观主义的，章太炎氏所谈的对伤寒六经拘于脏腑，不合则指经络等……正是由他当时还不能理解它们内部的互相关系，而错误的把它们对立起来，所以其结果只能对六经从主观片面来理解。

伤寒六经是不是把内经脏腑经络学说，而取代之了呢？不是的，前面已讲过伤寒六经只是总结外感性疾病的发展规律，并且也不是完整无缺的，如温病的三焦和营卫气血证候分类法，都是在六经基础上发展起来的，可以补充六经的不足。其他如痰病等，就不是伤寒六经所能概括，张仲景另一部著作金匮要略，则多体现了脏腑经络证候分类，如痰饮篇之心水肝水等，内经论脏腑经络证候分类，则尤为详尽，所有这些内容，远非伤寒六经所能兼容并包，后人把伤寒六经过分夸大，认为万病皆统御六经之在内，也是一种不符合客观实际的看法。

［《哈尔滨中医》1960，(1)：56］

栀子豉汤是不是催吐剂

姜承第　淮阴专区中医进修班

栀子豉汤载于张仲景《伤寒论》，是由栀子（十四个）香豉（四合）两味药组成。这两味药的性味功能，似无催吐作用，然而在方后却注明，“得吐者止后服”六个字。历代医家对此见解颇不一致。为了进一步搞清这张方子作用的真实性，现列举其有关注家的论述，再结合先辈们的临床应用和个人的肤浅实践，作初步分析。

综合注家对本方其有两种不同看法，一种认为是吐剂；另一种否认是吐剂。如成无己谓：“内经曰：其高者因而越之，与栀子鼓汤以吐胸中之邪。”柯韵伯云：“惟豉之腐气，上熏心肺，能令人吐耳；观瓜蒂散必用豉汁和剂服……”林澜曰：“邪热客于胸中，结而不散、烦热窒塞，故宜此汤（指栀豉汤）吐胸中之邪。”汪琥曰：“胸中窒者，胸有物也。下之而不出，以其物在膈上故宜吐之。”综观以上数家之见解均认为栀子豉汤为吐剂。

另一种否认本方是吐剂的，如刘河间曰：“凡诸栀子汤皆非吐人之药，以其燥热郁结之甚而药顿攻之，不能开通则郁发而吐……”陈修园曰：“二张以吐下虚烦无复吐之理，此因瓜蒂散用香豉而误传之也。”以上两家所见，皆是否认本方是吐剂。其下像丹波元简、张锡驹等注家皆赞同其说。但本方究竟是不是吐剂呢？兹按鄙见分析如下：

一、药物性能和方剂配伍

名医别录：“栀子疗目赤热痛心中烦闷。豆豉主伤寒头痛发热瘴气恶毒烦躁满闷。”陶氏明显指出，栀子可以除烦泄热，香豉可以宣透解郁，两味合剂，具备泄热除烦宣透解郁之效。如果从辨证求因方法上来研讨，更不难得出本方的效能：胸膈间郁热，就易于影响胃不和，胃不和则心烦卧眠不安……本方具有和胃泄热的功能，所以对心烦懊侬就起到独特的疗效。现在我们再从方剂配伍上着，栀豉合剂的甘苦泄热，是迥异于瓜蒂散的酸苦涌泄。因瓜蒂散之所以能涌吐，主药在于瓜蒂，而不在香豉，同时香豉在瓜蒂散中，只算一味赋形药，并不占主要地位。

二、服法上的区别

本方后有“得吐者止后服”一句，意思是说：服药得吐后即不必再进二服。而瓜蒂散的服法则是“不吐者少少加、得快吐乃止”。其药效目的是“其在必吐”。从服法上不难看出显然是两个不同的意图，就是说，用瓜蒂散必定要见到涌吐，才能达到药效；而用栀子豉汤仅仅提出“得吐者止后服”一句，可见其意与瓜蒂散显然有所区分。我们知道大凡适用栀子豉汤的证候，本来就有心中懊侬漾漾欲吐的自觉证，在此时服任何苦药都会引起呕吐，并不局限在栀子豉汤。从病理上来说，心烦懊侬的原因是膈热胃不和，得吐后热邪则随之外泄，邪既去则证可愈。由此可见“呕吐”虽不是栀子豉汤的预期药效，但是经过呕吐，也能达到病愈目的，因此方后注明“止后服”。另外有人认为栀豉汤的催吐，不在栀子而在香豉，那么像栀子干姜汤、栀子厚朴汤二方里并没有豆豉，然而方后皆有“得吐者止后服”六个字；再如枳实栀子豉汤中，既有栀子又有豆豉，但方后却无“得吐者止后服”等语，这又将如何解释呢？由此可见，单从“得吐者止后服”六字，便肯定栀豉汤为吐剂，其理由显然不十分充裕。

三、《伤寒论》原文比较

根据《伤寒论》记载栀豉合剂共计四则（即栀子豉汤、栀子甘草豉汤、栀子生姜豉汤、枳实栀子豉汤），其中以栀豉汤为主，其他三方都是在栀豉汤的基础上随证加减的。为了便于分析，列举伤寒原文如下：76条“发汗、吐、下后、虚烦不得眠；若剧者必反复颠倒、必中懊侬，栀子豉汤主之；若少气者栀子甘草豉汤主之；若呕者栀子生姜豉汤主之。”又393条“大病差后劳复者，枳实栀子豉汤主之。”

根据以上两条原文来看，病之起源皆属于虚，前条是“发汗，吐、下后；而后条是“大病差后劳复”，可见本证之“烦”是迥异于阳明府实之“烦”了。同时在已经汗吐下后，正气已虚的情况下焉有复用催吐之理？特别在“虚烦不得眠”的字义中，已经明确指出不是实烦，既非实烦而任用峻猛的吐法，与虚补实泻的治疗法则就不相符合了。

我们再从栀豉生姜汤来看，在具备虚烦懊侬栀豉汤的证情下，再出现呕吐，则于栀豉方中另加生姜。可见栀豉生姜汤的药效，不但除烦又要止呕。试想在一张方子里既要催吐、又要止呕，是比较难以理解的。

仲景使用吐法是十分谨严细致的，特别在每条原文里都是明确交待，如本论中的吐法——瓜蒂散两条：“病如桂枝证、头不痛项不强……此为胸有寒也，当吐之、宜瓜蒂散。”（166条）“病人手足厥冷，脉乍紧者邪结在胸中……病在胸中当须吐之、宜瓜蒂散。”（355条）从这两条来看；都有“当吐之”的说明，而细考栀豉汤诸条，始终没有“当吐之”的字样，由此可见仲景用此方的意旨，重在泄热除烦而不在于催吐。

四、临床实用并不见吐

笔者历经十数年运用本方从无呕吐者；又曾遍访同道请教，均谓“服用本方呕吐者鲜见”。历代先贤临床使用虽多，但并无言及催吐者。如小儿药证直诀用本方治小儿蓄热在中、身热狂躁昏迷不食；圣济总录用本方治蝦蟆黄舌上起青脉昼夜不眠；资生篇用本方治疗心肾不安、和脾胃、败毒清温、功难尽述，皆未提及“可以致吐”。可见误指本方为催吐之剂与实际不符。

总的说，学习理论必须与实践结合，特别伤寒论是一部指导临床实践的经典著作，更须要和临床“兑现”，本书年代久远，讹错残缺势所难免，注疏者不下数百家，各执理据，意见不一，各有长短，互有得失，我们后学必须结合实际，学习致用。以上所述仅是笔者的管窥之见，确当与否，尚待同道们批评指正！

［《中医杂志》1960，(3)：34］

为什么白虎汤证会恶风寒

万友生　江西中医学院

《伤寒论》太阳病篇中提出了这样两条条文：(1)“伤寒若吐若下后，七八日不解，热结在里，表里俱热，时时恶风，大渴，舌上干燥而烦，欲饮水数升者，白虎加人参汤主之”；(2)“伤寒无大热，口燥渴，心烦，背微恶寒者，白虎加人参汤主之”。其中所谓“时时恶寒”和“背微恶寒”两证，引起了历代注家的争论，有的认为是太阳风寒未净，有的认为是热蒸汗出肌疏，有的认为是阳热郁而不舒等等。各是其是，各非其非，尚无定论。因此，现在提出这个问题来加以讨论，这是很有必要的。

（一）

大家都知道，白虎汤是主治阳明经证的，而阳明经证则是以大热、大汗、大烦、大渴、脉洪大为主证的。阳明经证之所以会大热、大汗、大烦、大渴、脉洪大，是因燥热亢盛于阳明之经，病机向上向外所致。具体地说，阳明经燥热亢盛故大热；热主发泄故大汗；燥伤津液故大渴；胃络通心，阳明胃热炽盛，熏灼心神，故大烦；热蒸向外故脉洪大。因此，阳明经证一般是不恶寒而恶热的。如伤寒论说：“阳明病，外证云何？答曰：身热，汗自出，不恶寒，反恶热也。”一般来说，病人所嫌恶的，一定是其所有余的，病人所喜悦的，一定是其所不足的。寒病则寒有余，故恶寒，如太阳寒盛于表为恶寒，寒者温之，故宜用麻黄汤等温散其寒；热病则热有余，故恶热，如阳明热炽于里必恶热，热者清之，故宜用白虎汤等清解其热。但在特殊情况下，寒病也有恶热的，如格阳证，病人本来是阴盛内寒，但因虚阳外越，以致呈现面赤足冷，身热燥扰裸体卧地上，脉象浮大无力而按之虚空等症。热病也有恶寒的，如热厥证，病人本来是阳盛内热，但因阳热内郁，以致呈现四肢厥冷或通身冰冷，脉象沉滑或沉伏等证。以上这些，是必须首先预示明确的。

（二）

为什么白虎汤证会‘时时恶风”或“背微恶寒”呢？

有的认为是太阳风邪未净所致。如柯韵伯说：“恶风为太阳表证未解，然而时时恶风，则有时不恶，表将解矣。”成无己也说：“然以背微恶寒，为表未全解，所以属太阳也’等等。他们认为：太阳之表虽有余邪未净，但如阳明里热已成，现有大烦大渴等证的，急当用白虎汤救其里急。如柯韵伯所说的“故当救里，以滋津液，里和表亦解，而不烦两解之法。”成无己则认为白虎汤具有“和表散热”的作用。吴鞠通更把它列为“辛凉重剂”，说它能“达热出表”。张锡纯也指出：“石膏能散邪”。由此看来，只要阳明里热已成，即使太阳表有余邪未净，仍可用白虎汤清热散邪。

有的认为是因热蒸汗出肌疏所致。如医宗金鉴说：“背微恶寒，……乃阳明内热重蒸于背，汗出肌疏，故微恶之也”；汪苓友也说：“时时恶风者，乃热极汗多不能收摄，腠理疏，以故时时恶风也”；周禹载则说：“时时恶风者，阳外虚也；舌燥而烦，渴饮水至数升者，阴内亡也”等等。他们认为：阳明病所以会一方面呈现大热、大汗、大烦、大渴、脉洪大，而另一方面又呈现时时恶风或背微恶寒等证，是因热炽于里而阴虚于表（大汗耗散表阳）所致，故宜用白虎汤以清热救津，并加人参以益气助阳。

有的认为是因阳热郁而不舒所致。如章虚谷说：“邪入于里，则表无大热也，口燥渴而心烦，内热已甚也，热郁肺胃，阳不能舒，故心烦而背微恶寒，……以恐人疑背微恶寒为太阳未罢，故特申之”；程郊倩也说：“伤寒无大热，而口燥渴心烦，则热归于里，郁蒸不解可知”等等。他们认为：阳明病燥热亢盛，其热势向外宣发的，固然会恶热；如其热势向内郁遏的，亦可能恶风寒，甚至还可能出现肢厥和体厥等，如伤寒论所说的：“伤寒脉滑而厥者，里有热，白虎汤主之”，“伤寒脉浮滑，此表有寒，里有热（根据宋林亿等校正本），白虎汤主之”等等，就是例证。

以上三说，各有理由，谁是谁非，互有争执。

主张太阳风寒未净一说的，不同意热蒸汗出肌疏之说。认为如果不是太阳风寒未净于表，而纯粹是阳明燥热亢盛于经，必但恶热而不恶风寒。因为阳明燥热亢盛于经，也就是阳盛于表，既属阳盛于表，虽然大汗肌疏，只是借以散热，并无所谓亡阳，只是恶热喜凉，不会恶风恶寒。譬如人当炎夏热蒸大汗肌疏的时候，莫不以迎风取凉为快，所无见风反恶之理，如果说阳明热蒸汗出肌疏会恶风寒，那是完全不符合事实的。究其所以致误之由，可能是以太阳表虚证的汗出肌疏恶风恶寒上推想而来。殊不知太阳表虚证的汗出肌疏所以会恶风恶寒，是因表有风寒所致；它和阳明经证的汗出肌疏所以会恶热，是因表有燥热者大不相同，决不能等同视之。

主张热蒸汗出肌疏一说的，不同意太阳风寒未净之说。认为如果是太阳风寒未净，即使是阳明里热已成，也决不可用白虎汤。因为伤寒论曾经明文指示过：“伤寒脉浮发热无汗，其表不解者，不可与白虎汤，渴欲饮水，无表证者，白虎加人参汤主之。”这就是说，病由太阳经转属阳明经的时候，阳明经证本来应该用白虎汤主治，但如果太阳之表尚未解的，则不可用；必须在只有阳明里证而无太阳表证的情况下才可用，这是十分明显的。因此，如果说白虎汤证的“时时恶风”与“背微恶寒”是因太阳风寒未净所致，那就显然违背伤寒论的本意了。

主张阳热郁而不舒一说的，既不同意太阳风寒未净之说，也不同意热蒸汗出肌疏之说。认为太阳风寒未净一说，既然违背了伤寒论“其表不解者，不可与白虎汤”的明文，显然不可从；而热蒸汗出肌疏一说，也违背了伤寒论“阳明病……不恶寒，反恶热”的明文，同样不可从。只有作阳热郁而不舒解，才比较心安理得。

（三）

我们究竟应该怎样来正确认识这个问题呢？我认为应该以第三说较为合理可从。因此上述“时时恶风”与“背微恶寒”以及“其表不解者，不可与白虎汤”三条条文，都列在太阳病篇中，这是具有深意的。我们必须从下列两点深加思考：（1）为什么在太阳病必恶风寒的主证之外，又提出阳明病白虎汤证有恶风寒？而既说白虎汤证有恶风寒，又说其表不解者，不可与白虎汤？（2）为什么在阳明病身热汗自出，不恶寒反恶热的主证之外，又提出白虎汤证有发热无汗时时恶风背微恶寒？

首先，我认为如果把白虎汤证的“时时恶风”与“背微恶寒”和太阳病的恶风恶寒表证等同视之，就未免过于简单肤浅了。因为伤寒论在辨证上是极其精细的。常常在同中求异，异中求同。例如恶风寒本属太阳证，但也有不属太阳者；恶热本属阳明证，但也有阳明病反恶风寒者。因此，这里所说的“时时恶风”与“背微恶寒”，正示人以必须认清太阳病传阳明之后的有时微恶风寒，和原有的太阳病的恶风寒，是两回事，一则宜汗，一则宜清，不容混淆，张仲景为了防止后人误认，所以接着明文指出“其表不解者，不可与白虎汤”，并继续强调说到必须在“渴欲饮水，无表症”的情况下，才可用白虎汤，这就充分地表明了这里所说的“时时恶风”与“背微恶寒”决非太阳表证未净，可以毫无疑问。

其次，我认为这里正说明了阳明经证有属阳热宣发的，必有属阳热郁遏的问题。一般来说，阳明经证的大热、大汗、大烦、大渴、脉洪大，是因燥热亢盛于经，病机向上向外所致，病属阳热宣发，已如上述，但在特殊情况下，也有病属阳热郁遏，以致呈现发热（无大热）无汗，时时恶风，背微恶寒，心烦、口燥渴等证的，不可不辨，其所以发热无汗或有时微恶风寒者，是因阳热郁遏于内而不能宣发于外所致。临床上常见阳明病热郁无汗，服白虎汤而大汗透彻周身，其病霍然而愈者不少。吴鞠通把白虎汤列为辛凉重剂，说它能达热出表，这是合乎临床实际的。但他在提出白虎汤禁忌证的条文中说到“汗不出者，不可与也”，则有可商之处。因为白虎汤证必大汗出，这是就阳明燥热亢盛，阳热宣发于外的一般情况而言；但在特殊情况下，如其阳热郁遏于内，则多无汗。因此，如果说汗不出者，不可与白虎汤，是不够全面的。不如伤寒论所谓“其表不解者，不可与白虎汤”较为妥当。因为太阳寒郁的无汗，固当禁用白虎汤；而阳明热郁的无汗，又宜用白虎汤的缘故。

最后，我想提出如下几点来结束本文：

（1）白虎汤证应该以大热、大汗、大烦、大渴、脉洪大的五大证为主，一般来说，必须具备此证，才能应用本方。

（2）白虎汤证如有呈现“时时恶风’与“背微恶寒”证的，是因阳明经热郁而不舒所致。其证多无汗而烦渴，舌苔黄而干，脉象滑数；它和太阳经寒闭而不开的无汗而不烦渴，舌苔多白而润，脉象多浮紧者，显然可别。后者宜用麻黄汤发汗，前者仍当用白虎汤清解。

（3）白虎汤证如果兼有太阳风寒表证的，必不可单纯使用白虎汤，而宜根据太阳阳明偏多偏少的具体情况，适当地选用大青龙汤、麻杏甘石汤、白虎加桂枝汤等方，始克有济。

以上，是否正确，希望大家批评指正。

[《江西中医药》1960，（6）：39]

试谈温病学与《伤寒论》的关系

石集贤　江西中医学院

温病学说是历代医家不断实践不断总结而丰富起来的，在学术上发生过很多的争论，特别是与伤寒论的关系问题上争论更多。有的认为温病是在伤寒论范畴之内的，可用伤寒六经证治来概括；有的则认为与伤寒论截然不同，辨温病的卫、气、营、血，与三焦可与伤寒六经对待而看。这种争论，从历史发展的观点来看，是促进了学术的发展。从现在来看，温病是伤寒论的一个支流，它是在伤寒论的基础上发展起来的。惟因温病是发展的产物，在很多方面又发挥了前人所未道及的，以及补充了前人说得不完备的，在病因、病理、证候上均与伤寒论中的狭义伤寒不同，这种既有联系又有区别的看法，看来是比较妥当的。下面将分别叙述。

一、《伤寒论》对温病学发展的影响

祖国医学把一切热性病统称为伤寒，它有广狭二义。素问热论篇说：“今夫热病者，皆伤寒之类也。”这指的是广义的伤寒；难经说：“伤寒有五，有中风、有伤寒、有湿温、有热病、有温病。”这五种之一的伤寒为狭义的伤寒，即指感受寒邪而即发的热性病。

张仲景的伤寒论论述了多种热性病，详细地叙述了人体伤于寒而发生的热性病传变规律，提出了辨证施治的原则，对后世中医的临床辨证治疗方面，一直起到指导作用。不过伤寒论里虽然包括了多种热性病，毕竟是不够完备的。但我们必须认识，它对温病理论的叙述，不论在病因、病理、证候及治疗等方面，均提出了较为详细的叙述，启发了后世对温病的研究，这可以从以下几方面看出来：

1. 开始了比较详细的论温　伤寒论在太阳篇里就讨论了伤寒与温病的鉴别，说：“太阳病发热而渴，不恶寒者为温病。”“若发汗已，身灼热者为风温。”伤寒例里也叙述了伏气温病及新感温病，如：“冬时严寒，中而即病者，名曰伤寒，不即病者，至春变为温病，至夏变为暑病。”这些都是属于伏气温病的。又说，“其冬复有非时之暖，名曰冬温，冬温之毒与伤寒大异。”“秋时应暖而反大热，冬时应寒而大温，此非其时而有其气，是以一岁之中，长幼之病多相似者，此时行之气也。”此时行之气所发生的疾病为何病，论中固未明言，从现在看来则属新感温病之类。

除了上面所引的温病与伤寒不同及伏气温病、新感温病的记述之外，还谈到了温疟、温毒和温疫等。

2. 对温病辨证纲领的启发　伤寒论以六经辨证，把病分成太阳、阳明、少阳、太阴、少阴、厥阴六个类型，并以此衡量正邪之间的关系，就根据这些表里深浅而选择方药。温病以叶天士的卫气营血和三焦为辨证论治的原则，在名词上与伤寒六经似很不相同，实质上均以内外深浅而分的。叶天士是根据内经的“卫在外，气卫外，营在脉中，血营于内”的内外深浅的意义而运用在温病学上的，与伤寒论里的六经的精神一致。叶天士自己也说：“辨营卫气血与伤寒同。”至于三焦论治，从表面上看，似乎是温病学家的创论，实际上也是受了伤寒论影响的，伤寒论中就有：

“上焦得通，津液得下，胃气因和……”

“伤寒服汤药下利不止，心下痞鞕，服泻心汤已，复以他药下之，利不止，医以理中予之，利益甚，理中者理中焦，此利在下焦，赤石脂禹余粮汤主之……”

由上条文看来，伤寒论里就开始了三焦论治的先河，不过在温病学上叙述得更为详尽，运用更加广泛了。

所以温病辨证纲领是直接或间接受到伤寒论六经的影响的，但不是一成不变，而是发展了，特别是叶天士提出的“温邪上受，首先犯肺，逆传心包”的看法，对临床辨证有独到的见解。所谓逆传心包，就是当心阴伤损的时候，温邪不顺传至中焦气分，而传至营分心包（心包属营），发生舌绛、神昏谵语、舌蹇肢厥的证候，这叫作逆传，这是伤寒论中所没有道及的，也表明医学发展到清代已别

开生面。

3. 伤寒论初步树立了舌诊轨范　舌诊在中医的临床上是一种很重要的诊断方法，也是祖国医学上很独特的一环，对于温病更具有特殊的意义。因温病是温热之邪，容易伤津液，不能单凭诊脉，如中暑病人脉伏肢凉时，还用白虎汤，主要依据舌绛、苔黄而决定的。舌诊在内经中就提到有，“肺热病者……舌上黄……”惟较简单，到伤寒论里，就有“舌上白胎滑，舌上胎滑，舌上干燥而烦，舌上白苦”等记载，叙述也更为详细，对舌诊是大大进了一步，树立了舌诊的轨范。温病学在舌苔上分白苔、黄苔、黑苔、灰苔等，苔又有厚、薄、腻、腐浊、有津无津等不同，舌质又分淡、红、绛等代表热的深浅，这种以舌和苔的色泽辨邪之在卫、在气、入营、入血；以舌的润枯审津液的存亡等等，都是温热家细致的体会和宝贵的总结，是值得进一步发扬的。

4. 温病治疗的方药，很多是伤寒上有的，或是来源于伤寒论的　伤寒是伤人之阳，所以伤寒中大部分方药是辛温、甘温的，然而伤寒论中有许多是辛凉甘寒清里热的方剂，如黄芩汤、白虎汤、黄连阿胶汤、栀子豉汤，以及阳明府实证的三承气汤，均常在温病中应用的。有些方子是伤寒方子发展的，如增液承气汤、清燥养营汤。由于温病病情比较复杂，病程亦常较缠绵，所以除了上面所述的方剂之外，还有温病独特的方剂，如清营凉血的犀角地黄汤和芳香开窍的清宫汤、牛黄丸、紫雪丹、至宝丹等，这些都是伤寒论中所不具备的。

由以上数点看来，不容怀疑，温病是伤寒论的进一步发展的产物。由于它是进一步的产物；因此很多新的东西，如辨斑疹，叶天士就说得极细致，如“斑疹初起，须用纸燃照，看胸背二胁，点大而在皮肤之上者为斑，或云头隐隐，或琐碎小粒者为疹。”吴坤安说；“斑者有触手之形，而无碍手之质。”在诊断方面，叶天士说：“斑属血者恒多，疹属气者不少。”等等，都是伤寒论所未道及的，而且已推至极丰富的阶段。

另外，还有验齿，这是叶天土温热篇说到的，对温病后期用药是一个很重要的依据。叶说：‘温病看舌亦须验齿，齿为肾之余，龈为胃之络，热邪不燥胃津，必耗肾液……病深动血，结瓣于上，阳血色紫，紫如干漆，阴血色黄，黄如酱瓣，阳血若见，安胃为主，阴血若见，救肾为要……”

这些新的诊断方法，加入到温热病中，就使温病的内容更加丰富了，诊断就更全面细致了，这是我国医学上的一个很大的发展。

二、温病与伤寒论中的狭义伤寒不同点

温病的发展，固然是补充了伤寒论之不足，但同狭义的伤寒相比较，则温病与伤寒有许多根本不同之点。

兹就病因、病理、证候、治疗等方面比较如下：

		狭义伤寒	温病
病因		寒邪	温热之邪
病理		邪从毛窍入，感而即发，一般寒邪先留连在表，然后化热入里，因先受于足经、且易伤人之阳，最后多亡阳之证。	邪从口鼻而入，新感温病感而即发，伏气温病逾时而发，热变最速，易伤人之阴，如心阴亏乏，逆传心包，因先受于手经，最后多发生亡阴之证。
证候		发热轻，恶寒重，口淡舌和，口不渴，小便清利，舌苔白，舌质一般不变等。	发热重，恶寒轻，口渴引饮，尿黄赤，舌苔黄，舌质红或绛等。
治疗	初期	辛温发汗	新感温病辛解肌；伏气温病以清里为急。
	中期	发生了阳明邪实，泻其实热，惟下不嫌迟。	温病中期是救液通腑，其用泻下法，则下不厌早。
	末期	宜扶阳抑阴等。	宜壮水制火等。

小　结

由上看来，温病与伤寒论的思想方法是一致的，不管六经也好，三焦也好，卫气营血也好，均是在整体观念下创立的对热性病的辨证施治纲领。它们不是对立的而恰恰是伤寒论的发展，补充了伤寒之不足，更充实了热性病的辨证施治的内容。如果在临床上对这三种辨证方法融会贯通，灵活运用，那么在热性病的治疗上，就会左右逢源、得心应手。

温病包括在广义伤寒之内，狭义伤寒与温病确有不同的地方，但这并不等于两者具有截然对立的矛盾，在许多方面还有一致的地方。如伤寒论中阳明病讨论的内容，就是后世温病学说的张本；少阴病的黄连阿胶汤，是温病滋阴补液的先声，很明显的，温病与伤寒具有千丝万缕的联系。事实上，伤寒论为温病学说奠定了基础，而温病学说的成就，使祖国医学大大的向前推进，显得更加丰富多彩。我们必须在这个丰富的医学遗产中，在党的中医政策的指导下，更好地系统学习，全面掌握，整理提高，使热性病的治疗方法更加丰富，疗效更高，更有效地保障人民健康，在世界医学中也发出更灿烂的光芒。

[《中医杂志》1961，(2)：5]

谈谈经方与时方

赵恩俭　天津医科大学附属医院

（一）

经方与时方，在祖国医学方面，是两个方剂流派。一般是把仲景遗论（伤寒论，金匮要略）中的方剂叫经方，把后世的方剂叫时方。经方这一名称起源很早，据汉班固的《汉书·艺文志》记载，方技有“医经，经方，房中，神仙”四家。后两种不是正式的医家，姑置不论。“艺文志”上对经方的解释是：“经方者，本草石之寒温，量疾病之浅深，假药味之滋，因气感之宜，辨五苦六辛，致水火之齐、以通闭解结，反之于平。及失其宜者，以热益热，以寒增寒，精气内伤。不见于外，是所独失也。故谚曰：有病不治，常得中医。”这说明，经方家是一种以方药治病的医学。另外的医经一派，“艺文志”上说是：“医经者，原人血脉，经络，骨髓，阴阳表里，以起百病之本，死生之分，而用度箴石，汤火所施，调百药齐，和之所宜，至齐之得，犹磁石取铁以物相使。拙者失理，以愈为剧，以生为死。”说明是与经方不同的。后来传世的医方惟有仲景书中所载是古代经方所遗，因此他在伤寒杂病论自序上说：“勤求古训，博采众方。”

众方就是他所能搜集到的经方，所以晋皇甫谧会说：仲景“论广伊尹汤液，为数十卷。”（数十卷当是十数卷之误）他论广的著作就是伤寒杂病论（伤寒论和金匮要略两书的前身）。古代有汤液疗病始于伊尹之说，经方可能就是汤液经方的意思。后来宋晁公武“郡斋读书志”上著录王叔和“脉经”十卷说：“晋王叔和撰”。按唐甘伯宗名医传曰：“叔和西晋高平人，性度沉靖，博通经方”。王叔和所博通的经方可能就是仲景的遗方，所以他撰次“伤寒论”，对仲景遗著作了整理。此后经方就形成仲景方的专称。但是新的医方却没有时方一说，直到唐宋都是如此。例如宋陈振孙“书录解题”著录仲景“伤寒论”十卷说：“其文辞简古奥雅，又名伤寒杂病论，凡二百一十二方，古今治伤寒者未有能出其外者也。”但是宋朝人著伤寒书的如庞安常“伤寒总病论”，郭雍“伤寒补亡论”，朱肱“伤寒活人书”等，都用后世方或自拟方补充伤寒古方的不足，而陈氏认为他们都不能出伤寒论之外。可见当时尚无时方之说。至金元时期刘、张、李、朱争鸣于时，各于理论实践上有所发展，但是论者认为四家如孔门诸贤，各得圣人之一体，不能与仲景相抗衡。可见仍无时方之说。直至明清间吴又可、叶香岩、薛生白、吴鞠通、王孟英诸家出，以治温热名于时，形成温热派，审证立方，坚决要跳出伤寒圈子，独树一帜，始有叶、薛时方之说，以与经方相对抗，影响于医学甚巨。所以，经方时方问题的中心，乃是伤寒方与温热方的问题。三百年来，争执甚大，个别的人甚至形成门户之见，宗派之争，自诩为经方派，谓时方为离经叛道，漫无法则。自矜为时方派，目经方派为抱残守缺，食古不化，其结果各抱成见，反而影响了医学的发展。

（二）

经方是古代的医方，时方是后代新方，它们是辨证存在的，没有古方不可能凭空出来时方。时方是经方的发展，经方是时方的基础，不能把它们绝对地对立起来看待。进一步讲：“伤寒论”的白虎、承气、青龙、柴胡、真武等汤，是古经方，芍药甘草汤新加汤等，就是仲景新拟的方，在当时即是时方。但在今天看来，我们何尝不拿它当作经方呢？清代温热家如叶、薛等人　又何尝不用白虎、承气等经方呢？因此，我们应当运用发展的观点来看待经方与时方的问题。

既然经方与时方，只是一个古今先后的关系，它只能是后者继承了前者的内容，随着历史的发展而发展。经方与时方的纷争，这与经方的流传经过有着密切的关系。仲景的“伤寒杂病论”，著于东汉末建安十年左右，书成不久即行散佚，到西晋时经王叔和撰次，于是伤寒与杂病遂分而为二。然而流传仍是不广，即使象隋朝巢元方和唐朝孙思邈这样的医学大师，都很不容易见到。因为在巢元方的“诸病源候论”上，只在妇人三十六疾条下提到：“仲景义最玄深，非愚浅能解；”在伤寒门提到过仲景文章，但是征引不全，亦未提出于何处。可能是引自小品方的。孙思邈著“千金要方”时说：“江南诸师秘仲景要方不传。”其时，孙氏当未能见到仲景经方，直到孙氏晚年著“千金翼方”时，才获得“伤寒论”传本，收入九、十卷中。可见仲景所遗的经方，由于疗效卓越，为人所珍，以致秘而不传。象巢氏、孙氏这样的博学，犹未能获见全貌，一般医家可想而知，以致梁七录上说：“张仲景辨伤寒十卷，亡。”实际上十卷“伤寒论”并未亡。著录上说亡，是因为流传极秘极少，外间若干年绝无所知，所以认为是亡了。“金匮要略”的流传更晦。除巢氏病源有所征引外，在唐王焘“外台秘要”上征引了若干条，提到引自“伤寒论”，这或是未经王叔和撰次的原本亦未可知。他书未见有提到仲景这部分杂病论的。“脉经”虽有“伤寒”“金匮”内容，但流传亦不广。直到宋朝翰林学士王洙在蠹间中得仲景“金匮玉函要略”方三卷，后经林亿等厘定为现传世之“金匮要略”，而与林亿等校正之“伤寒论”并行于世。然而由于这两书文辞古奥，当时医人多未能读。所以当时有人感概地说：“医家但知有活人书，不知有仲景‘伤寒论’。”直到金时成无己注解始有人读“伤寒论”，至明清医家注疏“伤寒论”者，不下百余家。而注“金匮”的，由明初赵以德起，后亦有若干家。坠失千余载的经方之学始得复显于世。经方的优点是充分发挥了辨证论治的精神，制方法度谨严，无一药不切合病情，无一方不合于法则，不但能充分发挥每一药物的作用，同时亦于配伍上发挥了集体的作用。一味药的加减或药量的更动，就发生了全局的变化，使方义治疗都不相同了。例如桂枝汤加桂去桂治疗就变了，加倍芍药的量，再加胶饴一味就变成小建中汤，不治表而治里了。诸如此类，不胜枚举。所以皇甫谧曾说：“仲景垂妙于定方。”（晋书皇甫谧传）陶弘景说：“惟仲景一部，最为众方之祖。”（本草经序例）可以设想仲景当时所见的古方亦不可能都是好的，他一定有所取择，同时又有所发展。所以他的医方才能具有很高的水平，不幸是由于疗效高被人秘而不传，几乎失坠，使他这部分宝贵遗产未能得到正常发展，而与时代脱离了。尽管经方法度严明，神妙高超，但是后世的疾病有若干种却非经方所能医治，这是经方的局限。

时方之称虽然起之甚晚，但是其来源很远。我们知道，仲景在著“伤寒杂病论”时是“勤求古训，博采众方”的，他博采后经过一番抉择，并发展了若干成熟的经方而成。在他的这部著作所录的经方以外，还有不少流传的医方，这些医方当时决不会因为有了“伤寒杂病论”就都消声匿迹的。相反地由于“伤寒杂病论”为人秘而不传。而世人熟知的却是这些医方。这些医方流传于世，对祖国医方发展的影响是很大的。我们看葛洪的“肘后方”及“千金”“外台”等书所引的华佗、范汪、许仁则，小品、古今录验等方，其中若干都有汇药成方不合仲景法度的。及至两宋刊传的和剂局方、圣济、圣惠诸方，就有若干药味庞杂，漫无法纪。金元以降，新方愈来愈多，其水平很高的却很少。及至明清间，注“伤寒”“金匮”的日多，有人读仲景书了，但在实践方面早已给时方打好了很深的基础，成为时方的世界。时方在很大程度上，只是继承了历代方书的成就。解决了不少经方所不能解决的后来临床上的复杂问题和新的问题，例如经方只能治疗风寒外感而于风湿客邪就不能解决。邪热深重发生痉厥后在当时经方的条件下，是很难医治的，遍观经方，只有大承气汤是涤荡肠胃力量最强的方剂，所以在“伤寒论”和“金匮要略”上都提出热扰神明的初期急用下法，其实并不是很理想的方法。但是这病在时方家看来，紫雪丹，牛黄丸便完全可以解决问题的，总要比大承气汤有把握得多，这是时方的优点。例子很多，不胜枚举。但是，经方的法度严明、疗效卓越的优点，时方并未能完全继承下来。例如桂枝、麻黄、柴胡、承气等方，药味一有移动，方义立变，治疗亦就不同，而且只要对症，效如桴鼓。后世诸方，并不能具有这些优点。药味庞杂全无法度的不谈，即如最著称的，如补中益气、四君、四物等方，主药删去一两味仍可发挥原方的作用；又如时方中最著名的银翘散、桑菊饮二方，四味主药对换，仍可治疗其病，可见时方的制方法度是不够严整的。而经方麻黄汤，桂枝汤的主药却绝不能对换。这不过是几个例子而已。经方是祖国医学辨证论治的典型，但它与时代脱了节；时方真能解决若干具体的新问题，但它有若干地方够不上严格的要求。这种铁一般的事实矛盾，明明摆在这里，哪会没有经方时方的纷争。

（三）

经方时方，都是祖国医学在发展过程当中逐渐形成的宝贵遗产。我们应当全部继承下来，本着实事求是的精神，用科学的方法去分析认识它们，更重要的是通过实践，来使它们合流，产生出既完全具有高度辨证施治法则，又内容丰富、能够解决众多实际问题的医方来。这样就使经方时方之争，变为相互取长补短的合流，使祖国医学向前推进一步。

经方、时方的问题，是一个学术问题。由于经方与时方所引出的某些医家自矜为经方派，某些医家自矜为时方派，这就不单单是学术问题了。假如两派不本着实事求是的态度，互相尊重，取长补短，而抱门户之见，这样不但不会使医学发展，相反地会使学术受到坏的影响。所以，我认为只能有经方与时方暂时的存在，而再有经方派与时方派的门户之见存在，就不合乎时代的要求了。以上所谈由于笔者水平所限，可能不全面，甚至是错误的，希望大家给予批评指正。

[《天津医药杂志》1961，(8)：211]

对经方与时方的看法

赵寄凡 天津市中医学院附属医院

1. 经方与时方的来源，从汉书艺文志引七略叙方伎分为四种：一医经，二经方，三房中，四神仙。医家所讲者唯医经，经方二种。医经之书现存者仅黄帝同经十八卷，而经方十一家，尽失无传。黄甫士安曾说："伊尹选用神农本草，以为汤液"。汉张仲景论广汤液为十数卷，用之多验。此书不可多见，习见者唯伤寒金匮。可能是经方之传也。祖国医学在唐宋以前，本无所谓派别，按清四库全书提要医家类说，儒之门户分于宋，医之门户分于金元，也就是说金元四家：如刘完素阐明火化，用药多主寒凉。张子和崇奉完素，对古人汗吐下三法用之最精，尤擅攻下。朱丹溪创阳常有余，阴常不足之说，偏重养阴。以上三家世称寒凉派，攻下派，养阴派，但是三派同源。张朱二氏，实际由刘完素学说演变而来；他们提倡古方不能治今病。至于李东垣，从张洁古学医，洁古首创古今异轨之说，不用古方，东垣承其学，以土为万物之母，著脾胃论，为补土派，力反寒凉峻削。四派各有发明，互为竞争。因此，后世医者认为经方时方的派，起于唐宋之后。明清以来，伤寒温病之争，更为发展，从而对经方时方的争辩，也更进一步显著。

2. 经方与时方的评价以及今后如何创造：从社会发展，疾病的演变看，金元四家及明清诸贤，显然各人受当时环境影响，不无局限。然其创造性的贡献，不可抹煞。我们应当很好的学习他们这种精神。但是时方不如经方的法则严明，由四诊辨识八纲，按八纲运用八法，既灵活而有规律，条理严整，一丝不苟。而时方的法度，就不如经方严格，经方不但照顾疾病整体全面，更按轻重缓急，阶段分明，如先表后里，先里后表，或表里兼顾，合病并病，兼证等；其处方用药，如正治从治，君臣佐使，大小缓急奇偶复等，是由实践中总结出来的一套。我们中医的辨证论治，理法方药，到现在为止，还是经常不变的宝贵理论体系。后之明贤虽在这个基础上补充发展，不过是量变，尚没有更高的理论来代替到质变。如果用抽象的看法，以某一个时方与某一个经方对比，有的时方对经方可以分庭抗议，究竟大多数不如经方水平高。我尤其不同意离开中医体系，汇药成方，把中医理论简单化、庸俗化，甚至不要中医理论。我这不是否定单方验方的临床实效。晋葛洪也会为了照顾地方偏僻，根据价廉易得，深入研究药性药能，创造性的写出肘后方，简便切用，收到又廉又验之效。由葛洪其他著作中也可知，他对于中医理论研究。也有相当的水平，方能有这样通权达变的贡献。要知立方的好坏必须用理论实践两方面来衡量，不可偏废。斯大林同志曾说："离开实践的理论是空洞的理论，离开理论的实践是盲目的实践。"既然如此，则经方理论实践皆超过时方之上，这是不可否认的。然则是不是临床治疗，就合经方之外，一概不用时方，包括后世发展药物在内，执有限的死方药，以不加化裁，治无穷的病变呢？那就成了顽固不化的泥古派。我们常说仲景之书，可以应万病，不是单指的伤寒一百一十三方，或金匮二百六十二方，乃是他的立方用药，大经大法，包括温病在内。但我也不同意清代陆九芝与近代陆渊雷的说法，以阳明一篇，白虎承气就治温病的万变。尤其吴鞠通温病条辨，首用桂枝汤。他以为尊重仲景，我则认为是违反仲景。伤寒论第六条，对温病诊断治疗，禁汗忌火的原则，指示很清楚，不过未详细立方。如果有人用伤寒辛温方子治温病，自命经方派，其后果当由其自己负责，与经方无干。要知真正的经方家，是掌握了经方立法用药，以审查千万方药，或自己创方，恰当的运用于临床。这种例子现在很多，许多文献上没有记载的疑难大症，以仲景的理论指导，均可收到很高疗效，所以我的看法，不管前人时方亦好，自己创方亦好，只要在理论上、疗效上、确定达到经方水平，即称为经方，亦未为不可。但是要想创造，必须先继承深透，而后批判扬弃，更应当学习仲景的虚心钻研大胆革新的精神。为什么这样说呢？仲景自序云："勤求古训，博采众方。选用素问九卷，八十一难，阳明大论，胎胪药录，并平脉辨证。为伤寒杂病论合十六卷。"足见他勤求古训，是为了辨清糟粕精华，达到古为今用；博采众方，是为了吸收多数特长，总结提高，决不是泥古。更结合个人临床实践，大胆革新，如打破内经说的汗不以奇，下不以偶，创造了汗药反以桂枝汤五味为奇，下药大承气汤反以四味为偶。所以说仲景著作，是中医理论体系承先启后的伟大创造贡献。但是仲景受当时社会环境所限，他的创造亦不是完整无缺的，要知中医理论体系到现在为止，还停留在朴素唯物论的阶段，尚未提高到辩证唯物论的科学水平。不过我们相信在党的正确领导下，中医政策光辉照耀下，中西医紧密结合，共同努力，以毛主席思想为指导，理论实践反复验证，创造新医药学派，指日可待。愿我们中西医同志共勉之。所言是否正确，限于本人学术水平，难免偏颇。希望批评指正。

[《天津医药杂志》1961，(8)：213]

不必强分经方时方

程鸿儒　天津中医学院

一、什么叫经方？什么叫时方？

1. 首先从“经”字来谈，如章太炎说：“按经者，编丝缀属之称，异于百名以下用版者，亦犹浮屠书称修多罗。修多罗者，直译为线，译义为经。盖彼以贝叶成书，故用线联贯也。此以竹简成书，亦编丝缀属也，……是故绳线联贯谓之经”。

张氏的解释是用线联贯成为书册者就是经，这是很朴实的。另一解释是我国的传统习惯，富有尊经的意思。如刘师培说：“……六经为上古之书，故经书之义，奇偶相生，声韵相协，以便记诵；而藻绘成章，有叁伍错综之观。古人见经之多文言也，于是假治丝之义而锡以六经之名。即群书之文言者，亦称之为经，以与鄙词示异。后世以降，以六经为旧典也，乃训经为法；又以六经为尽人所共习也，乃训经为常”。

刘氏以“训经为法”“训经为常”诸义，说出中国尊经的传统习惯，也说明常法常道皆谓之经。医学中称之经方也有这种涵义。马列主义与毛主席著作指导革命实践，无往不利，所以称为经典著作。在医学的医方方技上来讲，也是这个道理。所以唐书食货志云：“必立经常简易之法”。

2. 至于时方的“时”字，我认为含有“时间”“时令”“时势”“时务”的义意。时间是指年月日时而言，“时间”又常与空间对举，“时间”是指往古来今，而纵至于无限；“空间”是指上下四方，而横至于无限。总起来看，是纵横联贯，而至于上下四方、往古来今，而无所限止。与常法常道之“经”字的含义是相同的。

“时令”据礼月令云：“季冬之月，天子乃与公卿大夫共饬国典，论时令，以待来岁之宜”。吴澄曰：“时令、随时之政令也”。

“时务”据三国志蜀志、诸葛亮注引襄阳记云；“刘备访世事于司马德操，德操曰，儒生俗士，岂识时务，识时务者，在乎俊杰”。

“时势”是指时代之趋势，国策齐策云：“夫权籍者，万物之率也，而时势者，百事之长也，故无权籍、倍时势，而能事成者寡矣”。这说明掌握政权，管理国家大事的人，应当审时度势。范文正公曾说“不为良相，则为良医”。千金方云：“上医医国，中医医人，下医医病”。由此看来，管理国家大事的人与医务工作者，对广大人民的生命安危，疾病痛苦，都有同样的责任，也都不能脱离审时度势的原则。尤其是医务工作者，更不能脱离这个原则，如果在临床上脱离“审时度势”的原则，也就等于脱离“辨证论治”的原则，决不会得到良好的效果。我们知道人体致病的因素，与自然界的气候变化，以及时令季节有重大的影响关系，而疾病的轻重与时间的久暂，以及周围的人事环境，也有一定的关系。因此必须经过详细的调查研究之后，才能因时、因事、因人、因病来决定处理方法，始能达到圆满效果，因此我认为凡是治疗疾病而经常有效的药方，都是医务工作者必须掌握的“医方”，并没有经方与时方的分别。

二、经方与时方的关系

经方与时方的关系问题，从根本来讲并没有什么矛盾。不过由于社会背景不同，与后世医家学习的门径不同，便强行分裂而形成矛盾，实际这种矛盾还是统一的，这是客观存在的事实。如果我们不承认这一点，深恐在祖国医学领域内，还要产生许多不同的派别。如史记扁鹊仓公传云：“使意尽去其故方，更悉以禁方予之”。这就应当有“故方派”与“禁方派”，我们近来搜集了许多单方与验方，如果单纯掌握某一部分方子，能够运用治疗，这又应当产生“单方派”或“验方派”吗？张仲景就是总结了前人的经验，搜集民间验方，并结合自己的临床实践，写出伤寒杂病论十六卷，并未以经方家自居，并很虚心的说是“勤求古训，博采众方”。虽然如此，而他是“撰用素问九卷，八十一难。阴阳大论……”而写成的，我们尊称为“经方”未尝不可。

到了明代，吴又可见到当时医家用伤寒法治疗温疫感觉不足，创作了温疫论。他着重指出伤寒与温疫的传法不同，并说明“温疫初起，是邪气蟠踞于募原，内外隔绝，表气不能通于内，里气不能达于外”。治疗方法是以达原饮为主，更以养营滋阴最为突出。全书共计44个方子，采用仲景者约有19个，我们如称之为“时方派”，其继承仲景部分，应当如何呢？

叶天士之温热论，虽有“温邪上受，首先犯肺……若论治法，则与伤寒大异”之说，而后人则讲叶氏违背经方，专尚辛凉之时方派，或谓其临证指南医案法无准则，不如经方严格，殊不知案中所用诸方，采伤寒金匮者约66个，此外对金元四家，以及景岳之新方、古方亦兼采并用。在其所撰医衡中谈到："治病不办三因虚实，一概笼统用药，以致虚虚实实……不肯留心前人论病论脉论治诸说，遂至越规矩、弃绳墨，师心自用；若欲脱去陈旧论，而独辟新奇，殊不知仲景以下，如河间、丹溪、东垣、洁古、海藏诸贤，衡证衡脉，用药立方，丝丝入扣，不偏不倚"。说明叶氏既非师承一家，更非独辟新奇，既非专尚辛凉之时方派，又非泥古之经方派。

吴鞠通虽以辛凉之银翘散立论，而在其温病条辨193个方子中，采用仲景者达40多个。且对伤寒论的温病治法有所发挥和充实。

王孟英在内经的基础上，根据热病论、刺热论篇、评热病篇与灵枢热病篇的主要精神，加以发挥，并总结仲景、叶天士、陈平伯、薛生白、余师愚等家的著作，加以阐述而写成了温热经纬，全书立方均仿伤寒论，其113方，其中引用仲景著者52方，选用各家及个人经验者61方。所以他说"择昔贤之善者而从之，间附管窥，非敢妄逞已见欲盖前贤"。

从以上诸家来看，都是在内经的理论基础上发展起来的，也都继承仲景"勤求古训，博采众方"的治学精神，在医学上做到继承发扬，充实提高的成绩。他们的关系是一脉相承、互相衔接的，也是逐渐发展的，我们何必划分经方时方呢？

我们的临床治疗，要善于灵活运用，不能泥而不化，"能知其常而通其变"。有人认为仲景伤寒论是以六经辨证用药，为千古不易的经方，不能更易，这是不明伤寒论之真谛的说法。如桂枝汤与麻黄汤，大家都知道是太阳经的方子，但其应用的范围并不局限太阳一经。如95条："太阳病，发热汗出，此为营弱卫强……"宜桂枝汤。42条又云："太阳病，外证未解，脉浮弱者"，276条："太阴病，（腹满而吐，食不下，自利益甚，时腹自痛）脉浮者，可发汗"。372条："厥阴病，下利腹胀满，身体疼痛者……"均宜桂枝汤。46条："太阳病，脉浮紧，无汗发热，身疼病，……以麻黄汤主之"。36条："太阳与阳明合痛，喘而胸满者……"，235条："阳明病，脉浮，无汗而喘者……"也宜麻黄汤。

从实际来看，仲景并非拘泥逐经用药，有的从证，有的从脉，其立法大意，有一定的灵活性；可见有此法未必有此证，有此证也未必有此方，假如仲景再生，而想尽宗其成法，也未必完全相合。如再立新方也未必不无长短。

事物的发展，都是由低级到高级，由不足而达到丰富，在祖国医学领域内，虽有经方时方之名，派别之分，实际都是旧社会的产物。不论经方、时方或单方、禁方、验方，都是治疗疾病方法，可以统称为"医方"。经方与时方没有什么矛盾，不必强行分裂。

[《天津医药杂志》1961，(10)：385]

谈谈学习《伤寒论》

任应秋

《伤寒论》是中医学习辨证施治较有系统的书，是后汉张仲景的杰出著作。学习中医，必须要读《伤寒论》的重要意义，已经为大家所熟知了，但是究竟如何阅读才好？我想从以下几方面拉杂谈一下，仅供初学《伤寒论》者的参考吧。

一、选 本

一般读《伤寒论》的，往往都是读注本的多，很少有从《伤寒论》白文本着手，其实这是研究伤寒论的关键问题，不应该忽略。因为白文本是仲景《伤寒论》的基本面貌，各家注本于《伤寒论》的本来面目，或多或少都有所改变了。当然，所谓白文本，亦只是指北宋林亿等的校刊本而言，除了林校本而外，我们不可能再看到更接近仲景原论的白文本来。北宋刊本，亦为稀世之珍，国内还没有访到是否有这个本子的存在。其次是明代赵开美的翻刻宋本，据《经借访古志补遗》说："此本为仲景全书中所收，曰翻刻宋板 其字画端正，颇存宋板体貌，盖伤寒论莫善于此本。"可惜这个刻本，亦流传甚少，不易购得。无已，下列几个本子，还不失为《伤寒论》白文本的善本。第一是民国元年武昌医馆列本，其次是民国十二年恽铁樵托商务印书馆的影印本。又其次是民国二十年上海中医书局的影印本。这三个本子都是据赵氏翻刻本而校刊或影印的，在古旧书店时或可以买到。1955年重庆人民出版社发行的《新辑宋本伤寒论》，也是据赵刻本排印的，1959年又增附索引发行，仍不失为较好的白文本，只是删节去原本的辨脉法、平脉法、伤寒例、辨痉湿暍病脉证、辨不可发汗病脉证并治、辨可发汗病脉证并治、辨发汗后病脉证并治、辨不可吐、辨可吐、辨不可下病脉证并治、辨可下病脉证并治、辨发汗吐下后病脉证并治等十二篇，以及三阴三阳各篇篇首所列诸法条文，可以称做《伤寒论》的白文节本。

二、选 注

注《伤寒论》的，从宋至今，不下四百余家，要想尽读这些注本，既不可能，亦没有这个必要。但是较好的注本，不仅可以帮助对《伤寒论》的理解，还足以启发我们的思路。因此，在阅读了白文之后，选几家较好的注本来看，这是非常必要的。兹选列数家如下，以供参考。

1.《注解伤寒论》宋、聊摄成无己注

书凡十卷，这是通注《伤寒论》的第一部书。汪琥说："成无己注解伤寒论，犹王太仆之注内经，所难者惟创始耳"。的确，没有蓝本可凭，而要注释这样一部经典著作，是不太容易的事。成氏注的唯一特点，基本是以《内经》为主要依据。仲景在自序里曾说："撰用素问、九卷"。而一般人也说仲景《伤寒论》是在《内经》的基础上发展起来的，读了成氏注，更可以说明这一点。如《伤寒论》说："凡用栀子汤，病人旧微溏者，不可与服之"。成注以《素问》标本病传论作解云："病人旧微溏者，里虚而寒在下也，虽烦，则非蕴热，故不可与栀子汤。《内经》曰。先泄而后生他病者，治其本，必且调之、乃治其他病"。这条确是治病的标本先后问题，旧微溏里虚证是本病，栀子豉汤证是标病、新病，里虚者，只能先温其里，这既是《内经》治病求本的精神，亦是仲景最为丰富的经验。又如《伤寒论》说："脉浮紧者，法当身疼痛，宜以汗解之，假令尺中迟者，不可发汗，何以知之然？以荣气不足，血少故也"。成注云："针经曰，夺血者无汗，尺脉迟者，为荣血不足，故不可发汗"。凡此都可以说明仲景运用《内经》理论于临床，是非常纯熟的。尽管在《伤寒论》的文字中，很难看到仲景引用《内经》的成语，一经成氏注释，则知仲景立法，往往以《内经》为依据。足见仲景所说撰用素问、九卷，完全是有来历的。因此可以说，如果善读成氏注，实足以启发我们更好的运用《内经》理论于临床。成氏于晚年还著有《伤寒明理论》四卷，反复分析发热、恶寒等五十个症状的性质，亦大足以启迪我们临床辨证的思考方法，值得一读。

2.《尚论篇》清、西昌喻嘉言著

书凡四卷，本名"尚论张仲景伤寒论重编三百九十七法"。喻氏书是以明代方有执的《伤寒论条辨》为依据而著的，其立论要点有三：首先驳正王叔和叙例，认为多属不经之语。其次是从仲景三百九十七法中循其大纲细目，分别厘订。又其次是指出《伤寒论》以冬月伤寒为大纲。六经中又以太阳一经为大纲，太阳经中又以风伤卫、寒伤荣、风寒两伤荣卫为大纲。因而他把《伤寒论》原文重新作了如下的调整：凡风伤卫证列于太阳上篇，寒伤荣证列于太阳中篇，风寒两伤荣卫证列于太阳下篇。太阳阳明证列于阳明上篇，正阳阳明证列于阳明中篇，少阳阳明证列于阳明下篇。合病、并病、坏病、痰病，悉附入少阳篇。据腹之或满或痛而当下当温者列于太阴篇。凡本经宜温之证列于少阴前篇，凡少阴传经热邪正治之法列于少阴后篇。凡肝肾厥热进退诸法列于厥阴篇，并以过经不解，差后劳复、阴阳易诸病悉附入之。总之喻氏是持错简方法治《伤寒论》的中心人物，前继方有执，后启张璐、黄元御、吴仪洛、周禹载、程郊倩、章虚谷诸家，把《尚论篇》阅读了，诸家之说，便可一以贯之。

3.《伤寒论集注》清、钱塘张志聪著

书凡六卷，是他晚年的定本，未曾完稿，便即死去，后来是由高士宗给他完成的。张志聪认为王叔和叙例自称热病，证候既非，条例又非，大纲与本论，且相矛盾，便削去了叔和叙例。"他又以成无己阐发风伤卫，寒伤荣之说，而以脉缓、脉紧、恶风、恶寒、有汗、无汗等分列桂枝、麻黄两大证，与风寒两感，荣卫俱伤的大青龙证鼎足而三诸说，为始差毫厘，终失千里，反足以蒙蔽仲景之学，不足为训。他尤其是认为六经编次，自有条理贯通，不容妄为诠次，这一点是和喻嘉言一派持错简论的，完全相反，他把六经诸篇三百九十八条，按照原本次序分做一百章，自为超迄，各具精义，决不能把《伤寒论》当作断简残篇，遽然予以条裂节割；应该是拈其总纲，明其大旨，从汇节分章，使其理明义尽而后已。至其治《伤寒论》主要思想，期在阐明人体"经气"的变化。他认为三阴三阳，六经六气，在天地之间有，在人身之中亦有，无病则六气运行，上合于天；外感风寒，便以邪伤正，始则气与气相感，继则从气而入于经。懂得"经气"的道理，从而读《伤寒论》，便能因证而识正气之出入，因治而知经脉之循行。他的这个主张，又经张锡驹的继续发挥，陈修园的不断宣扬，于是他便成为维护伤寒旧论一派的中坚人物，并且对后学的影响很大。

4.《伤寒来苏集》清、慈溪柯韵伯著

"书凡八卷，包括《伤寒论注》四卷，《伤寒论翼》二卷，《伤寒论附翼》二卷。他认为《伤寒论》经王叔和编次后，仲景原篇，不可复见，章次虽或混淆，距离仲景面貌，还不甚远。而方有执、喻嘉言等重为更订，只是于仲景愈离愈远。惟《伤寒论》里既有太阳证、桂枝证、柴胡证等说法，必然它是以辨证为主的，要想把《伤寒论》的理论更好地运用于临床，最实际的，就是其中辨证的方法。因此，他主张不必孜孜于传仲景旧论的编次，更重要的是传仲景辨证的心法。例如太阳篇，他分列了桂枝汤、麻黄汤、葛根汤、大青龙汤、五苓散、十枣汤、陷胸汤、泻心汤、抵当汤、火逆、痉湿暑等十一证类，桂枝汤里汇列有关的凭脉辨证十六条，桂枝坏证十八条，桂枝疑似证一条，有关桂枝证的十八方，如桂枝二麻黄一、桂枝加附子等汤统列于此。麻黄汤证里汇列有关麻黄汤脉证的十四条，麻黄汤柴胡汤相关脉证一条，汗后虚证八条，麻黄汤变证四条，有关麻黄汤证五方，如麻黄汤、麻杏甘石汤等统列于此。其他诸证，亦无不按此类分条列。这就是柯氏以证为主，汇集六经诸论，各以类从的方法。他这样分篇汇论，挈纲详目，证因类聚，方即附之，对于临证来说，是比较适用的。同时他在《伤寒论翼》里将全论大法、六经病解、六经正义以及合病并病、风寒、温暑、痉湿等问题，都作了系统的分析，足以启发学思不少，章炳麟氏谓柯韵伯能识《伤寒论》大体，就是指这几篇议论而说的。后来徐大椿著《伤寒论类方》，也是以方类证，不过他和柯韵伯的不同点是：韵伯分经类证，以方名证，徐大椿则以方分证，方不分经。这两种方法，在临证时都有现实意义。

5.《伤寒贯珠集》清、长洲尤在泾著

书凡八卷。全书各篇分立正治法、权变法、斡旋法、救逆法、类病法、明辨法、杂治法等，为其组编的骨干。如太阳篇分做太阳正治法、太阳权变法，太阳斡旋法、太阳救逆法、太阳类病法五章。其他阳明、少阳、三阴诸篇亦无不如此辨治立法分条。如治伤寒者，审其脉之或缓或紧、辨其证之有汗无汗，从而用桂枝麻黄等法汗以解之，这是正治法。顾人体有虚实之殊，藏府有阴阳之异，是虽同为伤寒之侯，不得迳用麻桂法，必须考虑到小建中、炙甘草、大小青龙等汤，这是权变法。治疗中常常发生过与不及的流弊，或汗出不彻，或汗多亡阳，因而又有更发汗以及温经等法，这是斡旋法。不幸而误治，或当汗而反下，或既下而复汗，致成结胸、协热下利等证，于是乎有大小陷胸、诸泻心汤等方法，是为救逆法。太阳受邪，绝非一种，如风湿、温病、风温、中暍等，形与伤寒相似，治则不能雷同，而有麻黄、白术、瓜蒂、人参、白虎等方治，这是类病法。说明尤氏是通过临床实践，从伤寒条文中体会出仲景的种种立法的，使人便于掌握，实有惠于后学不少。

三、阅读方法

《伤寒论》是理论密切联系实践，将辨证施治的方法，贯穿在理法方药之中的最有系统，最有条理的书，因而它是学习祖国医学的必读书籍。我这里所谓读，必须是读得烂熟。最低限度要能背诵六经条文，在读的时候，最好用白文本，不要用注本。例如谈到桂枝汤证，便能把前后有关桂枝汤证的条文都能列举出来，谈到麻黄汤证，便把有关麻黄汤证的条文都能列举出来，这才基本叫作熟读了。

熟读以后，才来细细地研读注本，前面所列举的几个注本，是最起码的，如研读成注有心得，能帮助我们把《内经》里许多理论与《伤寒论》联系起来，学习张仲景如何运用《内经》理论于临床。于研读成注之后，再研读张注。读张注时，他的凡例、本义、最不要疏忽，因为从这里可以了解他的中心思想，最好是能按照他所分的一百章，扼要地写出提纲来，这样有帮助我们对《伤寒论》的全面分析。读张注后再读喻注，喻注是以三百九十七法和三纲分立说为基础的，姑无论我们同不同意他的分类方法，但三阴三阳、风寒营卫等是研究《伤寒论》的基本问题，我们可以吸取其经验，更好地来处理这些问题。读喻注后再读柯注，读柯注应先读他的论翼部分，因为这部分都是研究《伤寒论》的基本问题，尤其是“全论大法”“六经正义”“风寒辨惑”三篇，最关紧要，从这里识得大体以后，再阅读他的“论注”部分，不仅易于深入，对我们辨识伤寒方证的关系，很有好处。读柯注后再读尤注，尤注是研究《伤寒论》的立法为主的，领悟其阐述伤寒确立治法的所以然，足以启迪我们临证立法施治之机。我之所以介绍这几个注家。并不是说他们可以概四百余注家之全，而是从成注以溯仲景的学术思想渊源，从张注以识伤寒论的立论大法，从喻注以辨阴病阳病传变之奥，从柯注以察辨证立方之微，从尤注以判施治立法之所以。这几方面都下了一定的工夫，庶可以比较全面地了解伤寒论的辨证论治的法则，对于指导临床实践也有一定帮助。

当然，各个注家之间，有许多不同的看法，甚至还有相互排斥，相互非议的地方，可以不必过于追究这些问题，而是取其各家之长，弃其各家之短，取长弃短的唯一标准，一以能通过临证实践为指归。如成注“衄家不可发汗，汗出必额上陷脉急紧、直视不能眴，不得眠”条说：“衄者，上焦亡血也，若发汗，则上焦津液枯竭，经络干涩，故额上陷脉急紧，诸脉者皆属于目，筋脉紧急，则牵引其目，故直视不能眴，眴，瞬合目也。”而一般注家均解释为“额上陷，脉紧急”。这不仅是临证时所未曾见，而理亦难通，深藏内在的经脉，称为陷脉，内经固有此说也。成注栀子豉汤方说：“酸苦涌泄为阴，苦以涌吐，寒以胜热，栀子豉汤相合，吐剂宜矣。”这里成氏虽依据内经为说，诸家亦不乏同意成氏之说者，但临证时用栀子豉汤。从未发生涌吐。前者成氏之说，和者无多，但理足事明，我们取之；后者成氏之说，虽注家多有和者，但非临证事实，我们弃之，从不阿其所好。

［《中医杂志》1962，(3)：30］

《伤寒论》397法113方的我见

金寿山　上海中医学院

《伤寒论》397法之说，始于宋高保衡、孙奇、林亿等《校定伤寒论序》。序言说：“今先校定张仲景《伤寒论》十卷，总二十二篇，证外合三百九十七法，除复重，定有一百一十二方。”按：《校定伤寒论》（据明赵开美复刻本）所谓“证”与“法”，是从第五篇《辨太阳病脉证并治上》算起，至第二十二篇《辨发汗吐下后病脉证并治》止，其体例以条文不出方治者称为“证”，出具体方治者称为“法”（包括针灸方法）。在各篇正文之前，把这些称为“法”的条文重列，字句间有简化，略同于目录的形式。例如：

《太阳上篇》：“太阳中风，阳浮而阴弱，阳浮者热自发，阴弱者汗自出，啬啬恶寒，淅淅恶风，翕翕发热，鼻鸣干呕者，桂枝汤主之。”

这一条，即重列于正文之前，作：

“太阳中风，阳浮阴弱，发热汗出恶风，鼻鸣干呕者，桂枝汤主之。第一。”

其字句已较正文简化。条文中“第一”两字，即指此条是本篇的第一法。此条条文之下又注有：

“五味。前有太阳病一十一证。””

“五味”，指桂枝汤的药味数，“前有太阳病一十一证”，即指“太阳之为病，脉浮，头项强痛而恶寒”至“病人身大热，反欲得衣者，热在皮肤，寒在骨髓也；身大寒，反不欲近衣者，寒在皮肤，热在骨髓也”的一十一条条文而言。《校定伤寒论》从《太阳上篇》起至《发汗吐下后篇》，每篇篇名之下均注有合若干法，计：

《太阳上篇》合一十六法	《太阳中篇》合六十六法
《太阳下篇》合三十九法	《阳明篇》合四十四法
《少阳篇》无	《太阴篇》合三法
《少阴篇》合二十三法	《厥阴篇》合一十九法
《霍乱篇》合一法	《阴阳易差后劳复篇》合六法
《不可发汗篇》合一法	《可发汗篇》合四十一法
《发汗后篇》合二十五法	《不可吐篇》无
《可吐篇》合二法	《不可下篇》合四法
《可下篇》合四十四法	《发汗吐下后篇》合四十八法

合之仅得387法，与序言之数不符，显有脱误。兹就高保衡等所定体例作为标准，将《伤寒论》第五篇至第二十二篇条文全部核对一过，得出脱误条文计有10条如下：

《太阳上篇》有2条：

“太阳病，头痛至七日以上自愈者，以行其经尽故也，若欲作再经者，针足阳明，使经不传则愈。”（重庆市中医学会本第8条）

按照体例，出具体针刺治法者算作“法”，本条出针足阳明治法，应列法中。

“问曰：证象阳旦，按法治之而增剧，厥逆，咽中干，两胫拘急而谵语。师曰：言夜半手足当温，两脚当伸。后如师言，何以知此？答曰：寸口脉浮而大，浮为风，大为虚，风则生微热，虚则两胫挛，病形象桂枝，因加附子参其异，增桂令汗出，附子温经，亡阳故也。厥越，咽中干，烦躁，阳明内结，谵语烦乱，更饮甘草干姜汤。夜半阳气还，当热，胫尚微拘急，重与芍药甘草汤。以承气汤微溏，其谵语，故知病可愈。”（重庆市中医学会本第30条）

按照体例，条文出方治者算作“法”，本条甘草干姜汤、芍药甘草汤、承气汤方治，应加（本条与原文上一条是内容重复的，但按照规定伤寒论》的体例，重复的条文仍应算入。）

《太阳中篇》有2条：

“病发热头痛，脉反沉，若不差，身体疼痛，当救其里，四逆汤方。”（重庆市中医学会本第92条）

“伤寒中风，有柴胡证，但见一证便是，不必悉具，加柴胡汤病证而下之，若柴胡证不罢者，复与柴胡汤，蒸蒸而振，却复发热汗出而解。”（重庆市中医学会本第101条）

《阳明篇》有1条：

“阳明病，下血谵语者，此为热入血室，但头汗出者，刺期门，随其实而泻之，濈然汗出则愈。”（重庆市中医学会本第216条）

《少阳篇》有1条：

“本太阳病不解，转入少阳者，胁下硬满，干呕不能食往来寒热，尚未吐下脉沉紧者，与小柴胡

汤。”（重庆市中医学会本第266条）

以上四条，出四逆汤、柴胡汤、刺期门法、小柴胡汤等方治，按照体例应加入。

《可吐篇》有3条：本篇篇名下注曰：“条法，五证”，与正文不合。考本篇仅七条，是：

第1条：“大法，春宜吐。”

第2条：“凡用吐法，中病便止，不必尽剂也。”

上二条，未出方治，按照体例，当然是

第3条：“病如桂枝汤，头不痛，项不强，中痞硬，气上撞咽喉，不得息者，此为有寒。

第4条：“病胸上诸实，胸中郁郁而痛，不能食郁，按之，而反有涎唾，下利日十余行，其脉反迟，寸口脉微此可吐之，吐之利则止。”

第5条：“少阴病，饮食入口则吐，心中温温，欲吐复吐者，宜吐之。”

第6条：“宿食在上脘者，当吐之。”

第7条：“病手足逆冷，脉乍结，以客气在胸中，心下两烦，食欲不能食者，病在胸中，当吐之。”

以上五条，只说“当吐之”或“此可吐之”不是具体方治，按照一般体例，都不应算作“法”，热论中吐法仅有瓜蒂散一方，说“当吐之”无异用瓜蒂散，等于出具体方治，可以算作“法”。据此而言却有五法，不是二法。原注说：“合二味，五证”，误；应该说：“合二证，五法。”王安道说：“可吐篇却有五法，其止言二法者，恐误矣。”

《不可下篇》有1条：

“得病二三日，脉弱，无太阳柴胡证，烦躁，心下痞，四日，虽能食，以承气汤少少与微和之，令小安，至六日，胃承气汤一升。若不大便六七日，小便少，虽不大便，但头痛，后必溏，未定成硬，攻之必溏，须小便利，屎定硬，乃可攻之。”

本条重见于《阳明篇》，但字句略异，《阳明篇》作：

“得病二三日，脉弱，无太阳柴胡证，烦躁，心下硬，四五日，虽能食，以小承气汤。少少与微和之，令小安，六日，与承气汤一升。若不大便六七日，小便少者，虽不受食，但初头硬，后必溏，未定成硬，攻之必溏，须小便利，屎定硬，乃可攻之，宜大承气汤。”（重庆市中医学会本第251条）。

在《阳明篇》的一条算作一法，因为出有小承气、大承气方治。在本条虽不出大承气方治，仍出有小承气方治，以彼例此，仍应算作一。

据此，原有计数387法，加入脱误条文10法，为397法。但是，高保衡等所定397法的体是不合理的。首先，是重复问题。《不可发汗》下等篇诸法，绝大多数与《太阳》等篇重复，法两数者约计之有160余法之多。其次。自乱体例，例如：《太阳上篇》：“太阳病三日，已发汗，若吐，若下，若温针，仍不解者，此为坏病，桂枝中与之也，观其脉证，知犯何逆，随证治之。”桂枝本为解肌，若其人脉浮紧，发热汗不出者，不可与之也，常须识此勿令误也。”算作一法，按本条体例，从反面提出不可与某某汤者，不称此条却算作一法，误。《太阳下篇》：“妇人，发热，经水适来，昼日明了，暮则谵语，如见鬼状者，此为热入血室，无犯胃气，及上二焦，必自愈。”病胁下素有痞，连在脐旁，痛引少腹，入阴筋者，此名藏结，死。”以上两条，不出具体方治，俱称为法，误。又《可下篇》：“结胸者，项亦强，如柔痉状，下之则和。”算作一法。此条重见于《太阳下篇》，字句有异，作“病发于阳，而反下之。热入因作结胸；病发于阴，而反下之，因作痞也。所以成结胸者，以下之太早故也。结胸者项亦强，如柔痉状，下之则和，宜大陷胸丸。”在《太阳下篇》的一条，出有大陷胸丸方治，固应算作“法”，此处不出方治，却亦算作一法，与体例不合，亦误。但自乱体例之处尚不多，仅上面所举4例而已。重要的是这样简单地、机械地以出方治的条文称为“法”，不出方治的条文不称为“法”，是否合乎《伤寒论》的精神，很值得商讨。须知《伤寒论》全书贯彻辨证施治的精神，处处有法，正如王安道所说：“若以法言，则仲景一书无非法也，岂独有方者然后为法哉；且如论证论脉，与夫享谆教戒，而使人按之以为望闻问切之准则者，其可谓之法乎，其不可谓之法乎！”

至于《伤寒论》113方，却有确数可寻，按照论中出方先后的次序排列。这113方应为：

1. 桂枝汤
2. 桂枝加葛根汤
3. 桂枝加附子汤
4. 桂枝去芍药汤
5. 桂枝去芍药加附子汤
6. 桂枝麻黄各半汤
7. 桂枝二麻黄一汤
8. 白虎加人参汤
9. 桂枝二越婢一汤
10. 桂枝去桂加茯苓白术汤
11. 甘草干姜汤
12. 芍药甘草汤
13. 调胃承气汤

14. 四逆汤
15. 葛根汤
16. 葛根加半夏汤
17. 葛根黄芩黄连汤
18. 麻黄汤
19. 小柴胡汤
20. 大青龙汤
21. 小青龙汤
22. 桂枝加厚朴杏子汤
23. 干姜附子汤
24. 桂枝加芍药生姜各一两人参三两新加汤
25. 麻黄杏仁甘草石膏汤
26. 桂枝甘草汤
27. 茯苓桂枝甘草大枣汤
28. 厚朴生姜半夏甘草人参汤
29. 茯苓桂枝白术甘草汤
30. 芍药甘草附子汤
31. 茯苓四逆汤
32. 五苓散
33. 茯苓甘草汤
34. 栀子豉汤
35. 栀子甘草豉汤
36. 栀子生姜豉汤
37. 栀子厚朴汤
38. 栀子干姜汤
39. 真武汤
40. 禹余粮丸(《校定伤寒论》注明方本阙，但出本方的条文算作一法。)
41. 小建中汤
42. 大柴胡汤
43. 柴胡加芒硝汤
44. 桃核承气汤
45. 柴胡加龙骨牡蛎汤
46. 桂枝去芍药加蜀漆牡蛎龙骨救逆汤
47. 桂枝加桂汤
48. 桂枝甘草龙骨牡蛎汤
49. 抵当汤
50. 抵当丸
51. 大陷胸丸
52. 大陷胸汤
53. 小陷胸汤
54. 文蛤散
55. 白散
56. 柴胡桂枝汤
57. 柴胡桂枝干姜汤
58. 半夏泻心汤
59. 十枣汤
60. 大黄黄连泻心汤
61. 附子泻心汤
62. 生姜泻心汤
63. 甘草泻心汤
64. 赤石脂禹余粮汤
65. 旋覆代赭汤
66. 桂枝人参汤
67. 瓜蒂散
68. 黄芩汤
69. 黄芩加半夏生姜汤
70. 黄连汤
71. 桂枝附子汤
72. 去桂加附子汤
73. 甘草附子汤
74. 白虎汤
75. 炙甘草汤
76 大承气汤
77. 小承气汤
78. 猪苓汤
79. 蜜煎方(《校定伤寒论》注明猪胆方附)
80. 茵陈蒿汤
81. 吴茱萸汤
82. 麻子仁丸
83. 栀子蘗皮汤
84. 麻黄连翘赤小豆汤
85. 桂枝加芍药汤
86. 桂枝加大黄汤
87. 麻黄细辛附子汤
88. 麻黄附子甘草汤
89. 黄连阿胶汤
90. 附子汤
91. 桃花汤
92. 猪肤汤
3. 甘草汤
94. 桔梗汤
95. 苦酒汤
96. 半夏散及汤
97. 白通汤
98. 白通加猪胆汁汤
99. 通脉四逆汤
100. 四逆散
101. 乌梅丸
102. 当归四逆汤
103. 当归四逆加吴茱萸生姜汤
104. 麻黄升麻汤

105. 干姜黄芩黄连人参汤

106. 白头翁汤

107. 四逆加人参汤

108. 理中丸

109. 通脉四逆加猪胆汁汤

110. 烧裈散

111. 枳实栀子豉汤

112. 牡蛎泽泻散

113. 竹叶石膏汤

以上113方，其中《太阳中篇》禹余粮丸一方，有方名，无药味，故《校定伤寒论》注曰："方本阙。"其序言说："除复重，定有一百一十二方。"是已经除去禹余粮丸来计算的。但《阳明篇》土瓜根方亦缺，猪胆方的药味及用法完整无缺，本可独立成方，《校定伤寒论》作附方论，附在蜜煎方之后，则《伤寒论》方，按其实数，仍为113方。所以陈修园说："其一百一十三方之数，宋元旧本，与近本俱同，无须赘论。"但近人却又有不同的看法，有人以为缺少的一方是人参汤，如肖熙《关于伤寒论397法113方》一文（见本刊1956年4月号），根据理中丸方后有作汤加减法一段文字，认为理中丸之外，必别有理中汤，好象抵当汤、丸分为两方一样。虽则原文中"不及汤"等说法，是后人注解的口气，但其加减法及服法，仍应该是被漏列的原文。并引证《太阳下篇》"伤寒服汤药，下利不止，心下痞硬，泻心汤已，复以他药下之，利不止，医以理中与之，利益甚。理中者，理中焦，此利在下焦"的条文中只言"医以理中与之"，不言汤与丸，则理中之方，必有汤与丸的分别云云。按："肖氏所指的论据是不充分的，第一、论中理中丸方后"然不及汤"四字，显然是后人注解的口气，肖氏也认识到这一点，不知何以语气一转又转到"但其加减及服法，仍应该是被漏列的原文"？其次，肖氏以《太阳下篇》的条文只言"医以理中与之"，遂断定"则理中之方必有汤与丸的分别"，又何所见而云然？若准此而言，则论中"桂枝不中与之也""先与小柴胡""宜服四逆辈"等说法，看成为桂枝、小柴胡、四逆等方都有汤丸的分别，可乎？即果如所言，理中有汤与丸的分别，也能说是一方而不是两方，不能与抵当汤、丸分为两方同例看待，因为前者药味相同，分量无异。服用量也很接近；后者药味虽同，分量轻重有别。所以认为113方中缺少人参汤一方未免深反凿。也有认为113方减人参白虎汤重复，实为112方（见《中医杂志》1955年11月号郑业：《伤寒论类方对比》），理由亦不充足，已有人提出不同意见，兹不赘述。

结　语

由于目前通行的《伤寒论》本，多起自《太阳上篇》，终于《阴阳易差后劳复篇》，适得398节文，与397法之数接近，陈修园《伤寒论浅注》又有意改成397节，谓一节即是一法。这样容易使人看成《伤寒论》397法即指条文而言，其实却不是这回事，故辨交如上。须知397之说，在宋时习俗相传，本无确数，高保衡等定《伤寒论》的时候，因循旧说以实其数，所定注根本不甚合理。且进一步言，学习《伤寒论》应学习它的精神，着眼于大方大法，若桂枝节而求之，即使不差秒忽，亦诚如陆九芝所云："何补于古人，何益于来者。"我们千万不能不顾实际，钻到牛角尖去。至于113方，虽有亦应加减变化，活法在人。所谓397法、113方个人以为应作如是观。

[《上海中医药杂志》1962，(3)：28]

试论古代治"伤寒学"的概况及其流派的形成

任应秋

（一）

古代曾经流行一种热性病——伤寒病，病情是较严重的，死亡亦很快，王如《素问·热论》所说"其死皆以六七日之间"，而死亡的多半都属于"两感证"。故《热论》又说："其两感于寒而病者，必不免于死。"所谓两感，即藏与府同时俱受寒而病，以致藏府两伤，营卫不行而死亡[1]。正因为伤寒病在当时对人类生命的威胁这样大，除《素问》《灵枢》于本病的刺法都有专篇记载外，汉、唐之际，研究的颇不乏人，虽然文献遗佚已甚，多不足征，而王焘仍说"诸论伤寒，凡有八家"[2]。即阴阳大论、王叔和、华佗、陈廪丘、范汪、小品、千金方、经心录。其实书中注列有肘后、深师、集验，崔氏、张文仲、古今录验诸家的方治，并不仅是八家的问题。其中除王叔和主要是"搜采仲景旧论"而外，其他各家不惟是没有完全搜采仲景，如孙思邈说："江南诸师秘仲景要方不传。"[3]证明许多都不曾见过仲景《伤寒论》的，所以各家方治均不同于仲景。即如巢氏《诸病源候论·伤寒诸侯》，亦有许多不同于仲景的地方。可惜这些文献都保存得不够完整，尤以阴阳大论、华佗、陈廪丘方论、范东阳范汪方、陈延之小品、宋侠经心录、释僧深深师药方、姚僧垣集验方、崔知悌崔氏方、张文仲备急方、初虞世古今录验方诸家，都为一鳞半爪了。但就现存仅有的文献中，亦可以看出诸家于伤寒病的研究还是很有成就的。例如：阴阳大论认为“伤寒”与“时行气”不同，伤寒是伤于冬时严寒的正气，时行是感于非时之气。伤于严寒而即病，是为伤寒病；虽伤于寒，而寒毒藏于肌肤，没有即时发作，至春可以病温，至夏可以病暑。这不仅分辨了伤寒、时行、温病、暑病之不同；伏气为病之说，比《内经》所言更具体了。所以王叔和、巢氏病源、小品、千金方等都采用了这一学说[4]。

华佗认为伤寒病治得愈早愈好治，愈迟愈不易治。病在皮，治以摩膏火灸；在肤治以法针，或服解肌散发汗；在肌仍当发汗。如在胸，宜用吐法；在腹或入胃，便当用攻下。这是治伤寒病的一般大法。而治法的施用，又与季节气候的变化大有关系，他主张春夏无大吐下，秋冬无大发汗。发汗的方法又有两个方面，在冬及初春，气候大寒，可用摩膏火灸，以及温热药来发汗；从春末到夏末秋初，气候大热，可用清凉方剂，不宜随便用火灸。吐下的处理，尤当以脉证为凭，无热而狂躁者，可用五苓散，并刺喉以探吐，去其毒物；若热已入胃而脉快者，为实证，便当急下；若脉朝平夕快，便当少下。另有一种虚烦热证，似伤寒而实非，汗吐下均所当禁，不可妄投[5]。

陈廪丘鉴于发汗法用于伤寒病，是个重要环节，但临证时有发汗而汗不出的，更有个别的人，本来就不容易出汗，因而用发汗法也有困难，他主张用薰蒸法来发汗，这确是一种有效的发汗方法。薰蒸法发汗虽有数，但亦以体润漐漐为宜，若失血和下利的虚羸者，更当慎用[6]。

范汪引据《素问》，阐发了人伤于寒反更为热的病机，主要是阴极变阳、寒盛生热、热盛生寒而成，所以诸病伤寒的，往往发热恶寒。其用栝蒌汤治渴，只栝蒌根一味，秦皮汤、豉薤汤、蕙草汤、通草等，通疗伤寒下利，竹皮汤治交接劳复卵肿等，均为简易方剂[7]。

小品反对“伤寒是雅士之辞，天行温疫是田舍间号耳”的说法，而认为伤寒与天行温疫是大有区分的。所用白薇散、鸡子汤、葛根汤三方，都是发汗解热不同的轻重方剂。余如射干汤疗喉哽，萎蕤汤疗胸背痛，茅根橘皮汤疗呃逆，芍药地黄汤、茅花汤、麦门冬汤疗衄血，漏芦连翘汤疗丹疹，犀角汤疗热利，青箱子散疗匿蚀生疮，泰皮汤疗目赤痛等[8]，在临床上都很合用。

经心录提出：治疗伤寒稍有错误，便复手取祸，应与热病、风温、温病、阴毒、阳毒、热毒、温疫天行等与伤寒相类似的疾病，详加审辨[9]。

深师传疗伤寒二十二方，第一方用葛根半斤，乌梅十四枚，葱白一握，豉一升。在发汗之中，略加收缩，颇宜用于卫阳不固者。其黄芩汤用黄芩、桂心、茯苓、前胡、半复等，是小柴胡的变方，颇宜于呕逆胸痞而因于痰饮者。其石膏汤由三黄汤、栀豉汤加石膏麻黄而成，遍解三焦表里之热，亦自成矩法。他如甘草汤、半夏散、赤苏散、干姜丸、甘竹茹汤、大橘皮汤之治呕哕，贴喉膏的疗喉痛，駃鼓丸的疗宿食，黄柏蜜方、升麻方之疗口疮，酸枣汤之疗不眠，桃皮汤、龙骨汤、黄连犀角汤之疗匿疮，大青汤、葵子汤之疗劳复等[10]，均是临证时值得参考的方剂。

集验疗伤寒十一方，第一方真丹砂一味，治头痛壮热脉盛。第二方葱、豉、童子便三味，用以发汗。第三方猪胆、苦酒、鸡子三味，以养阴退热毒。第四方大柴胡汤，即仲景大柴胡加知母、萎蕤、甘草，治烦闷谵语、便秘。第五方大青、甘草、阿胶、豉四味，治出斑疹。乌扇膏、升麻汤治喉痛，蘗皮汤治血利等，施于临床，疗效均著[10]。

崔氏除传度瘴散、神丹丸、葱豉汤、葛根汤（葱白、豆豉、葛根）、麻黄汤（麻黄、葛根、葱白、豆豉）、黄连解毒汤、增损四顺汤、陟厘丸外，并有灸法、蒸法、姜兑法等，其中尤以增损四顺汤治少阴下利，效果良好，方用炙草、黄连、人参、干姜、附子、龙骨六味，腹痛加当归、呕加橘皮，兼有理中、附子、泻心诸方之长，脾肾兼顾，阴阳两摄，的是良方。滑石汤、瞿麦汤治伤寒小便不利，据崔氏所记，仲景的桃花汤，亦出自阮氏[12]。

张文仲疗伤寒十八方，其中传支太医疗败伤寒一方最为突出，方用鳖甲、升麻、前胡、乌梅、枳实、犀角、黄芩、甘草、生地黄九味，治阳毒发斑，清解血热，最为奇验[13]。

古今录验疗伤寒十九方，其中的解肌汤，调中汤都有卓效；解肌汤用葛根、麻黄、茯苓、牡蛎四味，两解表里水湿。调中汤用大黄、葛根、黄芩、芍药、桔梗、茯苓、藁本、白术、甘草九味，治热结四肢而腹泻，解结热，利中焦，颇具法度。桂枝汤加黄芩名阳旦汤[14]，足补仲景所未备。

以上这些虽是不完整的记载，但已经是吉光片羽，弥足珍惜的了。

（二）

研究伤寒病而文献具在，又比较完整地保留下来的，在汉、唐之际，则有张仲景《伤寒论》、葛洪《肘后方》、巢元方《诸病源候总论》、孙思邈《千金要方》、王焘《外台秘要方》五家。张仲景对伤寒的辨证论治，理法方药，最为完备，葛洪只是搜集一些疗伤寒较简便的方药而已。巢元方详于伤寒证候的记录，而略于方治。孙思邈治伤寒，仅略具规模，而尚未成体系。王焘本非医家，竟能旁搜远集，传播诸家方治。如上所列，皆赖以存。这其中最杰出的，当然要推张仲景了，所以巢元方，孙思邈、王焘诸家，都常以仲景之说为依据，尤其是孙思邈在著《千金要方》时，深以未得亲见仲景的《伤寒论》为憾，到了晚年撰《千金翼方》的时候，见着仲景《伤寒论》，数为神功，并鸠集论中要妙，以“方证同条，比类相附”的方法，单独构成两卷，实于《翼方》里[15]，精以推广流传。这可以说是从全面研究《伤寒论》现存文献中最早的一部书，它的主要内容如下：

太阳病：

用桂枝汤法五十七证、方五首。

用麻黄汤法十六证、方四首。

用青龙汤法四证、方二首。

用柴胡汤法十五证、方七首。

用承气汤法九证、方四首。

用陷胸汤法三十一证、方十六首。

杂疗法二十证、方十三首。

阳明病状七十五证、方十一首。

少阳病状九证。

太阴病状八证、方二首。

少阴病状四十五证、方十六首。

厥阴病状五十六证、方七首。

伤寒宜忌：

忌发汗、宜发汗。

忌吐、宜吐。

忌下、宜下。

宜温。

忌火、宜火。

忌灸、宜灸。

忌刺、宜刺。

忌水、宜水。

发汗吐下后病状三十证、方十五首。

霍乱病状十一证、方三首。

阴阳易病劳复七证、方四首，附方六首。

孙思邈这种以方类证的研究《伤寒论》方法，实开后世以伤寒方名伤寒证的先河。同时孙思邈特别重视仲景对桂枝、麻黄、青龙三法的运用，他说：

“夫寻方之大意，不过三种，一则桂枝，二则麻黄，三则青龙。此之三方，凡疗伤寒，不出之也。其柴胡等诸方，皆是吐下发汗后不解之事，非是正对之法。”（《千金翼方卷九·伤寒上》）

孙思邈重视麻、桂、青龙三方的见解，是否受王叔和“风则伤卫，寒则伤荣，荣卫俱病，骨节烦疼”[16]之说而来，尚待研究，而后世成无已、方中行、喻嘉言等的“桂枝治中风，麻黄治伤寒，青龙治中风见寒脉、伤寒见风脉”三纲鼎立之说，实由孙思邈之影响，殆无疑义。早于孙思邈，研究仲景《伤寒论》较有成就的，应推王叔和著的《脉经》。《脉经》卷七共有二十四篇，几乎全部是《伤寒论》的内容，它最突出之点是：只是从《伤寒论》的治法加以分析，主要分散不可汗证、可发汗证、病发汗以后证病不可吐证、病可吐证、病不可下证、病可下证、病发汗吐下以后证、病可温证、病不可灸证、病可灸证、病不可刺证、病可刺证、病不可水证、病可水证、病不可火证、病可火证等十七篇，皇甫谧在《甲乙经》序文里说：“近代太医令王叔和，撰次仲景，选验甚精，指事施用。”正是指王叔和所撰的《脉经》卷七中选《伤寒论》诸文而编成这十几篇而言，后人竟因此指责王叔和曾编撰《伤寒论》并搞定了《伤寒论》，这种说法，不一定符合事实（当然，辨脉法、平脉法、伤寒例三篇，可能是出自叔和）。据我看来，王叔和从辨证、立法、施治的角度，把仲景《伤寒论》提高以为辨治一切疾病的准绳，而不是局限于治伤寒病，对中医临床辨证论治的运用，是起到了一定促进作用的。

唐以前研究《伤寒论》的情况，大略如此，虽然宋臣林亿等在《伤寒论》序文中曾说：“自仲景于今八百余年，惟王叔和能学之。其间如葛洪、陶景、胡洽、徐之才，孙思邈辈，非不才也，但各自名家，不能修明之。”可惜葛洪、陶景、胡洽、徐之才等研究《伤寒论》的文献，已不足征；当然便无从讨论了。

（三）

宋人研究仲景《伤寒论》的，就越发多了，初步估计，至少在八十家以上，但其中已多半佚逸，不可复见，如高若讷的《伤寒类要》，钱乙的《伤寒指微》，丁德用的《伤寒滋济集》等，都是一代名医的名著，尚且不传，其他更无论了。惟就现存文献中最可得而述的，有以下几家：

成无已《注解伤寒论》十卷和《伤寒明理论》四卷。前者是通注《伤寒论》的第一部书，汪琥说：“成无已注解《伤寒论》，犹王太仆之注《内经》，所难者惟创始耳。”[17]这话是很有道理的。成氏注《伤寒论》，基本是以《内经》为依据，仲景自己说曾撰用《素问》和《九卷》，一般人也说仲景《伤寒论》是在《内经》的基础上发展起来的，读了成氏注，完全可以说明这一点。在《明理论》中，提出发热，恶寒等五十证，反复分辨，必期其理明而后已。其辨烦躁，则以烦为阳，躁为阴；其辨心悸，则有气虚和停饮之别；其辨下利，则谓须知冷热虚实消息；其辨短气，则谓有表里虚实真假之别。凡此辨证说理，虽然是说《伤寒论》各条所述而加以分析，但到了析疑启奥的时候，亦往往引据《内、难》为说。成氏不仅是注《伤寒论》的发凡者，同时亦是研究仲景学说比较精深的一代代表人物。

韩祇和《伤寒论旨论》二卷。韩氏研究伤寒论的方法，基本是从《辨脉、平脉、伤寒例》三篇着手的，因而他书中阐发最主要的有三点：第一、治伤寒平脉辨证，应以辨脉为主，他说：“凡治杂病，以色为先，以脉为后；治伤寒以脉为先，以证为后。”又说：“大抵治伤寒病，见证不见脉，未可投药；见脉不见证，虽少投药，亦无害也。”[18]其辨脉又分两个方面，先辨阳明，次分脉象。关前为阳脉，关后为阴脉，凡《伤寒论》中脉之阴阳，均应作如是观。脉象以浮、沉、迟、数、盛、虚、大、小、缓、紧，足以尽之。第二、治伤寒应凭气候轻重，各立方治。无论阴阳虚实病证，均分做立春以后至清明以前，清明以后至芒种以前，芒种以后至立秋以前几个时期，分别立法施治，甚至他提出立春以后至芒种以前虽有可下脉证，亦未可便投，以天气阳力尚微也；到了芒种后五六日，天气炎盛了，投下必无后患。[19]第三、治伤寒不能拘泥仲景方。他说：“古今治伤寒，无出于仲景方，仲景尚随证加减药味，量病而投之；况《素问》有异法方宜论，岂须待《伤寒论》中有法也。”[20]因此在他的书里，除《可下篇》从仲景方治外，其他均别立方药。是执一端而治病也。假令杂病方可治伤寒病者，亦可投之，《四库全书提要》说：“书凡十五篇，间附方论：大抵皆推阐张机之旨，而能变通于其间。”信然。

朱肱《南阳活人书》二十卷。第一卷辨经络，第二卷论切脉，第三卷论表里，第四卷论阴阳，第五卷论治法，第六卷论伤寒、伤风、热病、中暑、温病、温疟、风温、温疫、中湿、湿温、痓病、温毒诸病名，第七卷论痰证、食积、虚烦、脚气诸病与伤寒似是而实非，第八卷论发热，第九卷论恶寒，第十卷论结胸与痞，十一卷论欬逆，十二、十三、十四、十五卷论药证并药方加减法。十六、十七、十八卷论杂方，十九卷论妇人伤寒，二十卷论小儿伤寒，全书凡用一百一条间答方式写成，其着眼处，总在辨证一一清楚，其辨证的方法，是类聚有关诸说而详析之，如论表里，凡《伤寒论》中的表证、里证、半在表半在里证、表里两见证、无表里证、先温里乃发表证、先解表乃攻里证、急当救里证、急当救表证等，无不细为分说；其他诸论，亦复如此。徐大椿说：“其书独出机杼，又能全本经文，无一字混人已意。”[21]的确，朱氏持论还是比较客观的。

许叔微《伤寒百证歌》五卷，《伤寒发微论》二卷、《伤寒九十论》一卷。伤寒百证歌，顾名思义，是列伤寒证百证而脉为歌括者，其实书中第一证至第八证、第十证至十二证、第十六证至三十八证、第九十八证至第一百证所咏的，都是关于伤寒辨证总的问题，并不是具体证候，因而所谓百证，实际不足八十证了。许氏辨证是有论有据的；如表里寒热歌云：“病人身热欲得衣，寒在骨髓热在肌，先与桂枝便寒已；小柴加桂次温之。病人身寒衣裤退，寒在皮肤热在髓；白虎加参先除热，桂黄各半解其外。病有标本并始末，先后不同当审察；里寒表热脉沉迟，里热表寒脉必滑。”《伤寒论》第十一条：“病人身大热，反欲得衣者，热在皮肤，寒在骨髓也；身大寒，反不欲近衣者，寒在皮肤，热在骨髓也。”这条只有证，而无脉治，许氏据朱肱《活人书》里寒表热者，脉沉而迟，里热表寒脉必滑之说，而补其脉；又据朱肱寒在皮肤，先与桂枝，次与小柴胡加桂汤；热在骨髓，先以白虎加人参汤，以除其热，次以桂枝麻黄各半汤以解其外之说[22]，而补方治；脉证并治俱全，而又歌咏之便于记习，实不失为实用之书。《发微论》尤为许氏治伤寒学的心得，其中如论伤寒七十二证候，论桂枝汤用赤白芍，论伤寒慎用丸子药、论伤寒以真气为主、论桂枝肉桂、论动脉阴阳不同等，均足以征其学识俱到的功夫。《伤寒九十论》，是许氏治伤寒诸证的验案，每案均有论，不仅为医案中的上乘，亦治伤寒论理论联系实际的最好读物。

庞安常《伤寒总病论》六卷。庞氏是治伤寒病而名者，淮南人流行着一句口头语：“安常能与伤寒说话。”可以想见他治伤寒病的纯熟。他给苏东坡的书里也说：“安时所撰《伤寒解》，实用心三十余年。”庞氏治伤寒的基本论点，是以《阳明大论》“冬时严寒，中而即病者，名曰伤寒；不即病者，寒毒藏于肌肤，至春变为温病，至夏变为暑病”之说为依据的；因而他对伤寒、暑病、温病三者，都有发挥。其治伤寒，固悉据仲景法，但强调两点：第一、天寒之所折，则折阳气，足太阳为诸阳主气，阳气既伤，必然以回护阳要紧。第二，必随土地气候，回机用药，他说：“江淮地暖，各春可行桂枝汤，春末至夏至以前，桂枝、麻黄、青龙内宜加黄芩，夏至后，桂枝内须随证增知母、石膏、升麻等；时行寒疫，及病人虚寒者，正宜用古方，不再加减。”[23]对暑病，则据《素问》分五种热治，尤注意于时行寒疫的治法。温病分青筋、赤脉、黄肉、白气、黑骨五证，自谓为王叔和以后，对温病最有阐发的一个，其所以如此分证，要不外以一年五运的变化为根据。

郭雍《伤寒补亡论》二十卷。所谓补亡，即郭氏认为仲景书残缺已久，凡伤寒中所有的证，以及他证有类似伤寒的，在仲景论里已经不够完备了，便取孙思邈《千金方》、朱肱《活人书》、庞安常《总病论》、和与郭同时的名医常器之[24]的学说，有合于仲景论的，分别补入，是曰《补亡论》。其第一卷设为问答，以伤寒名例居前，附以叙论、治法及刺热等法。第二、三卷为辨脉、平脉法。第四卷首叙六经统论，继之以太阳六经证治。第五、六、七各卷，都是仲景原论，这几卷里面，补入庞安常、常器之两家之说最多。第八至十二卷，叙汗吐下温灸刺及用水用火之法。第十三至十八卷叙两感、阴阳易、病后劳复等二十余种证，以及类似伤寒诸证。第十九、二十卷叙妇人、小儿伤寒并痘疹诸证。要之，郭氏于仲景论虽无甚发明，但汇集诸家之说从而整理之，郭氏实肇其端。

杨士瀛《伤寒类书活人总括》七卷。吸取仲景平脉、辨脉的精神，以《伤寒》《金匮》所述的常见症状为主，就各个症状而分辨其应主的方治。如发热多见于三阳经，太阳发热则恶寒，阳明发热则自汗，少阳发热则干呕。太阳发热，表热而里不热；阳明发热，则里热盛而达于表；少阳发热，在二阳三阴之间，必轻于纯在表或纯在里者。太阳之热当温散，阳明之热当寒攻，少阳之热当和解。太阴厥阴皆不发热，只是少阴有反热二证，虽发热，终于是脉沉或下利手足冷。因而他在这篇辨发热的前端便贯以歌括一首云：“发热初阳冷必生，阳明发热汗之形；少阳脉细仍兼呕，反热而沉属肾经。”他如潮热、寒热、恶风、恶寒诸证，无不如此分辨，无不贯以歌括，与《活人书》同样重在分辨脉证分治，不过《活人书》为问答体，本书则先以歌括提其要，再从而细细分辨。其第一、二、三数卷，从伤寒证治总的方面分析，尤具要领。

以上七家，为两宋研究《伤寒论》最有代表性的人物。成无己以“经”注“论”，并从每个症状明辨具出现于不同的证候，韩祗和偏重伤寒的辨脉和发病的节令，而测其病机的所在以制方。朱肱既从经络、阴阳、表里以概伤寒之全，又从主要症状而分辨其证候之所属。许叔微一以平脉辨证为主，尤注意于仲景方的辨证使用。庞安常颇重视伤寒阳气之被折，并随气运变化而论伤寒、暑病、温病方治的各异。郭雍汇集诸家之论，谓为足补仲景亡失，而创整理《伤寒论》的先河。杨士瀛一以《活人书》的辨证方法为主，复为韶语括其纲要。凡此，虽各有其特点，或者亦偶有私淑，如许叔微之于成无己、朱肱，郭雍之于朱肱、庞安常、常器之等，但是还没有形成学术上的流派。

（四）

那么，治伤寒学的流派，应该是从什么时候开始呢？据初步的窥测，明代方中行氏侈言《伤寒论》的错简，实开其端。方氏为明万历间新安人，著《伤寒论条辨》八卷。他认为不仅《伤寒论》代远年湮，早已失其旧观，即是王叔和所编次的，亦为后人所纷更，要想彻底研究《伤寒论》，首要“心仲景之心，志仲景之志”，以求合于仲景之道，而使“协陟重明”。换言之，就是要把错简不堪的《伤寒论》，按照仲景的本来意思，加以移整考订，而返还其本来面目。他说：

“愚自受读以来，沉潜涵泳，反复细择，窃怪简编条册，颠倒错乱殊甚；盖编始虽由于叔和，而源流已远，中间时异世殊，不无蠹残人弊；而注家则置弗理会，但徒依文顺释，至历扞格聱牙，则又掇拾假借以牵合。于是不惮险遥，多方传访，广益见阔，虑积久长，晚忽豁悟，乃出所日得，重考修辑，属章于万历壬午，或于去岁己丑，凡若千万言，移整若干条，考订若干字。曰‘伤寒论’者，仲景之遗书也，‘条辨’者，正叔和故方位，而条还之之谓也。”（《伤寒论条辨》跋）

的确，在方氏以前，注《伤寒论》的已近百家，却少有谈到错简这个问题，正如他所指责的“注家弗置理会。”而方氏又用的什么方法来移整错简呢？他认为旧本卷一的“辨脉法”“平脉法”、卷二的“伤寒例”、卷七到卷十汗吐下可不可诸篇，都是王叔和“述仲景之言，附已意以为赞经之辞，譬则翼焉传类也。”但篇名已非叔和之旧，而为后人所纷更。脉法两篇，虽有翼于仲景，但不能列于卷首，应置于篇末。“伤寒例”于义难通，竟削去之。六经诸篇，于太阳篇大加改订，分卫中风、寒伤营、营卫俱中伤风寒三篇，凡桂枝汤证及其变证一类的条文，列于卫中风篇，其六十六条，二十方。凡麻黄汤证及有伤寒二字列于各条之首的条文，列于寒伤营篇，其五十七条，三十二方。凡青龙汤证及脉浮紧、伤寒脉浮诸条文，列于营卫俱中伤风寒篇，共三十八条，十八方。阳明病篇整为七十七条，十方。少阳篇九条。太阴篇九条，二方。少阴篇四十六条，十五方。厥阴篇五十四条，六方。另立辨温病风温杂病脉证并治一篇，凡二十条，三方。霍乱篇九条三方。阴阳易差后劳复篇九条，四方。方氏认为十一篇这样的安排，便算是恢复了叔和所诠次的仲景《伤寒论》。后来西昌喻嘉言著《尚论张仲景伤寒论重编三百九十七法》（简称《尚论篇》）四卷，认为张仲景著《卒病伤寒论》十六卷，到了晋代，其《卒病论》六卷，便已绝不可复觏；就是《伤寒论》十卷，亦为劫火之余，仅得之于读者口授，所以篇目便不免有先后差错了。所幸尚有三百九十七法，一百一十三方的名目，还可以为之校正。喻嘉言这种说法，与方中行虽有不同，而其言错简则一。所以他甚赞方氏的主张，并以方氏于太阳三篇，改叔和之旧，以风寒之伤营卫者分属，卓识超越前人，大得尊经之旨。因而他在方氏条辨的基础上，大倡三纲鼎立之说云：

“夫足太阳膀胱，病主表血，而表有营卫之不同，病有风寒之各异，风则伤卫，寒则伤营，风寒兼受，则营卫两伤，三者之病，各分疆界，仲景立桂枝汤、麻黄汤、大青龙汤，鼎足三纲大法，分治三证，风伤卫则用桂枝汤；寒伤营则用麻黄渴：风寒两伤营卫，则用大青龙汤。用之得当，风寒立时解散，不劳余力矣。乃有病在卫而治营，病在营而治卫，病在营卫而治其一，遗其一，与夫病己去营卫而复汗，病未去营卫而误下，以致经传错乱，展转不已，源头一差，末流百出，于是更出种种节日，辅三法而行。”（《尚论篇》卷一：论太阳经伤寒证治大意）

伤寒论错简已甚，而以三纲改正错简之说，方中行倡于前，喻嘉言继其后，于是此风大扇，和者竞起。如吴江张路玉的《伤寒缵论》及《绪论》，昌邑黄坤载的《伤寒悬解》，海监吴仪洛的《伤寒分经》，吴门周禹载的《伤寒论三注》，新安程郊倩的《伤寒论后条辨》，会稽章虚谷的《伤寒论本旨》等，都是以错简言《伤寒论》的代表人物和著作。这几个人之中，张路玉、吴仪洛都主要是以喻嘉言为依据的，但其间亦略有不同。如张路玉对《伤寒论》条文的释义，非常佩服喻嘉言，认为嘉言“独开生面”，因而他在《伤寒缵论》里，裁取《尚论篇》的注文特别多。惟于喻嘉言的伤寒温热不分，又大持异议，张氏不仅以“太阳病，发热而渴，不恶寒者，为温病；若发汗已，身灼热者，名曰风温；风温为病，脉阴阳俱浮，自汗出、身重，多眠睡、鼻息必鼾、语言难出，……”这条为温病，即仲景的黄芩汤、白虎汤，白虎加人参汤、黄连阿胶汤、猪苓汤、猪肤汤诸证治，都是属于温热病的范畴，而非伤寒病；他这主张，又是受到刘守真的影响而来的，不过刘守真没有突出地标明温热而已。吴仪洛则尊崇喻氏备至，以为《伤寒论》经王叔和编次，把大纲混入节目之中，无可寻绎了，独喻氏能振举其大纲，次详其节目，将三百九十七法分隶于大纲之下，极得分经之妙，所以名其书曰《伤寒分经》。确实，吴书除承袭喻说而外，无甚发明，只是在仲景条文中略衬细注，就本文而联贯疏明，这样句栉字比的方法，自拟于程子的说诗，后来陈修园作《伤寒论浅注》，到采用了这一方法，程应旄、章虚谷主要是以方中行为依据的，方氏说：“读之者皆知其为《伤寒论》也，而不知其乃有所为于伤寒而立论，所论不啻伤寒而已也。本草素难之显仁藏用者，表表然无余蕴矣，所以法而世为天下则，方而世为万病祖。”[25]而程氏亦说：“《伤寒论》之有六经，非伤寒之六经也，乃因伤寒而设六经，辨以勘辖之，凡一部书，谆谆辨脉辨证，无非从伤寒角立处定局，从伤寒疑似处设防，处处是伤寒，处处非伤寒也。”[26]以《伤寒论》的辨证法括百病，应旄完全同于方氏，而条文的前后调整分篇，便大不同于方氏了。章虚谷著《伤寒本旨》，自首“余择善而从，即依方氏而分篇目”，其所依者，亦不过依其以风伤卫、寒伤营、风寒两伤营卫分篇的精神，其于条文的具体安排，亦不尽同于方氏，如辨脉平脉篇诸条，方氏仅易其篇名而另立之，虚谷则选择其中有关《伤寒论》所载病证，以及辨阴阳虚实之理的，分别插入六经篇中，其统论脉理，已具于《灵、素、难经》的，便削去不录了。因禹载是兼采方、喻之说的，所以他称为“三注”。但他亦有异于方、喻之说处，以条文的安排言，方、喻都以“太阳之为病，脉浮，头项强痛而恶寒”为太阳上篇首条。禹载则以“病有发热恶寒者，发于阳也；无热恶寒者，发于阴也。发于阳者七日愈，发于阴者六日愈，以阳数七，阴数六故也”为首条，以其以有热证无热证，为辨阳证阴证之大纲也。就条文的释义言，方、喻解释这条，都以风伤卫、气为阳，寒伤营、血为阴；禹载则谓“阳经受病，则恶寒发热；阴经受病，则无热恶寒”。他如“病发于阳，而反下之”的结胸条文，少阴篇首“始得之，所发热，脉沉”等文等，禹载无不突破方、喻藩篱，而独辟蹊径。至其六经分篇，大体虽本于方、喻，而每篇又首揭经脉环周之理？为各立说，打下根基，也不同于方、喻了。黄坤载治古医经，无不以错简为言，如《素问悬解》《灵枢悬解》《难经悬解》等都是，《伤寒论》错简之说方、喻已倡于前，黄氏和之，更为激烈，移动诸条文，出入于方、喻之间，自谓：“于破裂纷乱之中，条分缕晰，复其次第之旧；纵与仲景篇次，未必悉合，然席委明白，脉络清楚，伤寒之理著，而仲景之法传实。”[27]黄氏虽言错简，而与以上诸家的最大不同处，即畅发五运六气之义，以究伤寒藏府、经络、营卫、表里、阴阳、寒热、虚实诸病变，在这方面持论颇高，实为诸家所未及。

要之，持错简论诸家，无不集矢于王叔和与成无已，甚至于对林亿等校书的宋臣，亦大肆攻击。平心而论，诸家于《伤寒论》都有不同的发挥，但由于崇拜“圣人”之念过深，以为仲景皆是，而叔和尽非，还是失之偏激。徐大椿说：“今人必改叔和之次序，或以此条在前，或以此条在后，辄加辩驳，以为原本不如此，抑思苟无叔和，安有此书，且诸人所编，果能合仲景原文否耶！”[28]这话有些道理，改动条文，使其能更好地发挥辨证施治作用，未尝不可，欲改动条文，辄攻击前人，便没有什么意义，何现王叔和未必曾编次《伤寒论》呢？[29]成无己之注，不仅不能一概抹煞，其中确有不少是注得很好的。他又是第一个注《伤寒论》者，其首创的功绩，尤未可遽没。当然，方中行首倡错简，亦不是凭空臆说，如王履计算伤寒三百九十七法之数，反复不符合，便已提出《伤寒论》并非全书[30]的说法了。

参考文献

[1] 王冰注云：“藏府相应而俱受寒，谓之两感.”而《热论篇》亦云：两感于寒者，病一日则巨阳与少阳俱病；二日则阳明与太阴俱病；三日则少阳与厥阴俱病，五藏已伤，六腑不通，营卫不行，如是之后，三日乃死.

[2] 见《外台秘要方》第一卷首篇.

[3] 见《千金要方》卷三十一第十三页(《道藏》本》.

[4] 见《外台秘要方》第一卷一页.

[5] 见《千金要方》卷二十九第三第四页(《道藏》本).

[6] 见《千金要方》卷二十九第六页(《道藏》本).

[7] 见《外台秘要方》第一卷五页. 第二卷伤寒下诸病门.

[8] 见《外台秘要方》第一卷六、十八、十九页，第二卷伤寒下诸病门.

[9] 见《外台秘要方》第一卷八页.

[10] 见《外台秘要方》第一卷十七、十八页. 第二卷伤寒下诸病门.

[11] 见《外台秘要方》第一卷二十页. 第二卷伤寒下诸病门.

[12] 见《外台秘要方》卷一卷二十九至三十三页. 第二卷伤寒下诸病门.

[13] 见《外台秘要方》第一卷三十四至三十六页. 第二卷伤寒下诸病门.

[14] 见《外台秘要方》第一卷三十七至三十九页. 第二卷伤寒下诸病门.

[15] 见《千金翼方》卷九.

[16] 见《注解伤赛论》卷一　辨脉法第一.

[17] 见汪琥《伤寒论辨证广注》凡例.

[18] 见《伤寒微旨论》卷上　可汗篇.

[19] 见《伤寒微旨论》卷上　可下篇.

[20] 见《伤寒微旨论》卷上　治病随证加减药篇.

[21] 见《医学源流论》卷下　活人书论.

[22] 见《南阳活人书》卷二　十七问.

[23] 见《伤寒总病论》卷一　叙论.

[24] 常器之，北宋名医，南渡之后犹健在，郭氏当得其指授者.

[25] 见《伤寒论条辨》序.

[26] 见《伤寒论后条辨》：辨伤寒论二.

[27] 见《伤寒悬解》卷下：仲景微旨.

[28] 见《医学源流论》卷下　伤寒论论.

[29] 参看任应秋《伤寒论语译》十二至十三页.

[30]《溯洄集》：伤寒三百九十七法辨云：“夫伤寒论，仲景之所作也，至叔和时，已多散落，虽叔和搜采成书，终不能复其旧，然则，今之所传者，非全也，明矣.”

[《上海中医药杂志》1962，(7)：5]

张仲景著作略考

姜春华

张仲景书，今所通行者有二：其一《伤寒论》，其一《金匮要略》也。据今本《伤寒论》自序称：“为伤寒杂病论。合十六卷”。《隋书·经籍志》：“张仲景方十五卷。”注“仲景后汉人，梁有《黄素药方》二十五卷，亡。”又：《医方论七条》（无名字），下注“梁有张仲景《辨伤寒》十卷，《疗伤寒身验方》一卷，张仲景《评病要方》一卷，亡”。又：“张仲景《疗妇人方》二卷”。按隋志所称张仲景方十五卷，较仲景自序所说卷数为少，若加入其余数种则又超出梁之《黄素药方》《辨伤寒》等书，其卷帙亦有数十之多，均与自序不合。

《甲乙经》所曰：“仲景论广伊尹汤液为数十

卷。”《太平御览》高湛曰：“王叔和编次张仲景方论，编为三十六卷。”设此二人之言为可信，则在晋代仲景书已有数十卷之多矣；其所以与自序之数不符者，则仲景《伤寒杂病》十六卷原不分篇；王叔和既将伤寒杂病分为二书，伤寒分六经，又益以伤寒例、脉法、以及可不可诸篇；杂病有脏腑、以及诸病各自分篇；妇人亦另有专篇，以是卷帙逐多耳。王焘《外台秘要》引仲景方，凡在伤寒金匮者皆称《仲景伤寒论》，似王氏所据，为原始未分本，然所称卷数乃复不合。其中百合诸方、霍乱理中汤、附子粳米汤、通脉四逆汤，并云出第十七卷中，肺胀小青龙加石膏汤、越婢加半夏汤、肺痈桔梗白散等，并云出第十八卷中。然仲景自序云十六卷，而王氏所引乃至十七、十八卷，此殆传钞者自为增损乎？

宋孙奇等序《金匮要略方》曰：“张仲景为《伤寒杂病论》合十六卷，今世但传《伤寒论》十卷，杂病未见其书，或于诸家方中载其一二矣。翰林学士王洙在馆阁日，于蠹简中得仲景《金匮要略方》三卷，上则辨伤寒，中则论杂病，下则载其方并疗妇人。……伤寒文多节略。故断自杂病以下，终于饮食禁忌，凡二十五篇。”观王氏所得，书称要略，则系节略之本，非仲景全书也。其上卷伤寒，孙奇等因已校定《伤寒论》《金匮玉函经》，故认为此节略之卷不足取而弃之，录其杂病以下凡廿五篇（即今通行之《金匮要略》）：想当日未经节略之本，当较今本更多也。

观历来著录，中名卷帙纷然杂陈，梁隋著录不同，《新唐志》录张仲景《伤寒卒病论》十卷（与梁录同）。赵希弁《郡斋读书附志》、陈振孙《书录题解》、钱大昭《补续汉书艺文志》均作“张机《伤寒论》十卷”，钱氏注云：“隋志作《辨伤寒》。”是其袭梁录之十卷，误以为隋志之书也。宋志录《金匮要略方》三卷，赵希弁称《金匮玉函经》八卷，陈振孙称《金匮要略》三卷二十五篇，钱大昭称《金匮要略》二十四卷，注云：“通考作《金匮玉函经》八卷，崇文总目三卷。”钱氏所称二十四卷与徐镕本合（徐氏将二十五并入二十四中），殆是所据。候康《补后汉书艺文志》录“张仲景《脉经》一卷，张仲景《金匮玉函经》八卷，张仲景《评病要方》一卷，《五藏论》一卷，《方》十五卷，《口齿论》一卷，《治妇人方》一卷。”注：“以上见焦竑《国史经籍志》。”按宋志录《张仲景》一卷，又《五藏营卫论》一卷，张仲景《伤寒论》十卷，《五藏论》一卷，《金匮要略方》三卷，张仲景《疗黄经》一卷，又《口齿论》一卷，《金匮玉函》八卷。宋志《五藏论》有二，其一则多营卫二字，可能是重出。《金匮要略方》三卷，当是王洙馆阁之旧本。焦氏所录《金匮玉函》八卷，殆是今本《金匮要略》。徐镕序《金匮》云：“夫《金匮玉函经》八卷，东汉张仲景祖书名也。《金匮方论》三卷，《伤寒论》十卷，似西晋王叔和选集，撰次后俗传书名也。若《金匮玉函要略方》，五代及宋相沿书名也。”按：徐氏以《金匮玉函经》为仲景书原名，说误，仲景当时称《伤寒杂病论》耳。

按上征引，名目繁多，似难究诘。吾人欲寻仲景之迹，当观叔和所集，因汉晋相距不远；而叔和所集，则以隋志著录为可靠。曾朴《补后汉书艺文志》称，隋志仲景书凡四种二十八卷，卷数有出入，宋志则七种，而隋志之《疗妇人方》《评热病要方》尚不与焉。若合而计之，则仲景乃有九种，宋志之所以多出者，实杂病一书分为多种耳。曾氏考云：“其《脉经》一卷，《五藏营卫论》一卷，《金匮要略方》三卷，《疗黄经》一卷，《口齿论》一卷（今本缺口齿门），《金匮玉函》八卷，合之适当隋志之《张仲景方》十五卷合。其《经脉》一卷，即《金匮》之藏府经络先后病脉篇，《疗黄经》一卷，即黄瘅病篇，《五藏营卫论》一卷，即五藏风寒积聚篇，《金匮》篇末之疗妇人，即隋志之《疗妇人方》，若与《伤寒论》之十卷合，则仍隋志著录之旧也。”至于隋志卷数不与仲景自序合者，乃王叔和重编之故也。

[《上海中医药杂志》1962，(7)：12]

《伤寒论》六经若干问题

姜春华

《伤寒论》之六经，最为历来医家聚讼之焦点，它的来历到底怎样？内容实质到底是什么？后人对它的看法怎样？实有讨论的必要。因此提出若干问题，作为文献综述，个人主观片面的见解，也附在内，希同道教正。

一、六经名称之来源及其涵义

《伤寒论》有太阳、少阳、阳明、太阴、少阴、厥阴的名称，下面无“经”字，只称某某病，即提纲亦只称某某之为病，各篇条文亦只称某某病而不称某某经病；因条文中背“过经不解”“行其经尽”等字样，故一般都以为太阳病即太阳经病，阳明病即阳明经病；也就是说肯定它是六经。据《伤寒论》自序，有撰用《素问》、九卷之说（或谓九卷即《灵枢》之称。），则此六经之名当自《内经》而来。（《伤寒论》自序中，自“夫天布五行”以下为六朝文字，前段不伪。）汪苓友说：“仲景分六经，不出《灵枢·经脉》。”又说：“《内经·热论》一篇，乃伤寒之根本也，张仲景著《伤寒论》，其六经传变，即从此篇之文而推广之。”汪氏以为仲景六经之名出于《灵枢·经脉》，其传变则出于《素问·热论》；二者结合推广以成，亦仅说明了仲景六经传变的引申发展，对于《热论》六经与《伤寒》六经二者本质不同，则汪氏似无所知。程郊倩则以为六经虽同而见证不同，证不同由于寒温之因不同。其驳叔和《序例》说：“《内经》云：热病者皆伤寒之类也，着一类字，见热病特伤寒中之一类耳。然类而不类，亦不类而类，盖同此六经，而病因之寒热有不同。如一日巨阳受之，头项强痛腰脊强，类也，其不类者，恶寒与不恶寒也；二日阳明受之，身热目痛鼻干不得眠，类也，其不类者，伤寒入胃，热病不入胃，入胃则不传故也；《伤寒论》184条：‘阳明居中主土也，万物所归，无所复传。三日少阳受之，胸胁痛而耳聋，类也，其不类者，伤寒有往来寒热，热病但有半里之热而无半表之寒也。伤寒三阴证有寒热错杂之不齐，热病则但有热而无寒；四日太阴受之，则腹满嗌干，全不类伤寒腹满吐利食不下之太阴也；五日少阴受之，则口燥舌干而渴，虽类伤寒少阴负趺阳之一证，而总不类伤寒脉微细但欲寐之少阴也；六日厥阴受之，则烦满而囊缩，在伤寒烦或有之，而却不类伤寒食不下，下即吐蚘之厥阴也。”程氏将《热论》六经证与《伤寒》六经证对比，看出其间异同，因而作出；六经同，因不同，故证不同的结论。我们姑依程氏的结论，说二者经络是一个基础，憔二者原因不同，致经络表现证候不相同，但二者既然不同，那就不能用《热论》一日一经的六经来说明《伤寒论》的六经了，而况《伤寒》六经虽取自经络，其实质内容已非经络之旧，我们看《伤寒论》全文，就可以理解，决不能再说《热论》的六经与《伤寒论》相同。古人已有先我而言之者。如柯韵伯说：“仲景既云撰用《素问》，当于《素问》之六经广求之，按《皮部论》云，皮有分部，脉有经纪，其生病各异，别其部分，左右上下，阴阳所在，诸经始终，此仲景创六经部位之原。又曰：阳主外，阴主内，故仲景以三阳主外，三阴主内。又曰：在阳者主内，在阴者主出，以渗于内，故仲景又以阳明主内；少阴亦有反发热者，故仲景又于表剂中用附子，是固其渗也……。”柯氏以为仲景之六经不应看作经络之经，他说：“经络之经是六经道路，非六经地面。”他认为仲景六经部位是由于《皮部论》的启发而创立的。然尚嫌不够全面，因仲景六经不仅证见经络，也联及脏腑，不仅联及脏腑，更联及寒热虚实，所以单纯说仲景六经是地面，是不全面的。近代学者顾古生也以为仲景六经亲自《内经》多方面，他说：“盖六经部分有横行者，十二级流注，自手太阴至足厥明，十二时相传者是也；有分层者，伤寒由表入里，由三阳、二阳、一阳，三阴，二阴、一阴者是也；有分形者，背为太阳，面为阳明，胸胁为少阳，大腹为太阴，少腹为少阴，凡隐曲处为厥阴是也；言非一端，各有所当。”顾氏指出仲景六经言非一端，各有所当，真能道出仲景六经的真髓。我们如果执其一端不知其所当，将永立于仲景门墙之外。但顾氏也只说明了部位问题，对病情病性的动态仍付阙如。我们如果从《内经》的阴阳各方面来看《伤寒论》，可以说《伤寒论》确实统括了整个《内经》的阴阳体系。仲景虽分三阴三阳，其总纲则是一阴一阳，以阴阳为辨证论治的基础，也就是从《内经》所说的“治病必求于本”而来。在《伤寒论》中普遍看出它从《内经》的阴阳而来，如《内经》“言人之阴阳，外为阳，内为阴。”于《伤寒论》则表为阳，里为阴。《内经》以府为阳，脏为阴；于《伤寒论》则胃实为阳明，脾虚为太阴。《内经》“言人身之阴阳，则背为阳，腹为阴。”于《伤寒论》则项背强之为太阳，腹满痛之为太阴；《内经》之“寒为阴，热为阳。”于《伤寒论》则三阴主寒，三阳主热；“发热恶寒者发于阳也，无热恶寒者发于阴也”。《内经》“阴胜则阳病，阳胜则阴病；阳胜则热，阴胜则寒。”于《伤寒论》则少阴病脉微细，欲寐，下利清谷，四肢厥冷，背恶寒；阳明脉大，大热，大渴、大汗也，胃中干，便秘；《内经》“静者为阴，动者为阳，迟者为阴，数者为阳。”于《伤寒论》则“脉数急者为阳，脉迟弱者为阴。”《内经》“阳胜则身热，腠理闭，喘粗，为之俯仰，汗不出而热，齿干以烦冤；……阴胜则身寒，汗出身常清，数慄而寒，寒则厥。”此则《伤寒》三阴三阳之总则也。《内经》“阴在内，阳之守也，阳在外，阴之使也。”故伤寒重津竭于内，急阳亡于表；其取诸《内经》者，尚有虚为阴，实为阳等多方面；故《伤寒论》之六经，赅表里寒热虚实、经络脏腑营卫气血精气，以及邪正消长诸方面，实由《内经》而索；而归纳之三三阴三阳，发展成为新体系，则仲景之创获也。

六经之名来自《内经》，当无疑问，其含义不同，已如上述。以往学者，以其具《灵枢·经脉》之名，又兼《素问·热论》“今夫热病者皆伤寒之类”之名，言病位则取《经脉》之说，曾传变则取《热论》之说，强求其合，龃龉遂多，顾古生说：“盖热论总言传经之邪，仲景兼论真中及犯府之症，其宗旨判然不同。”顾氏前言仲景六经所赅非一，而此外再申明两者之病不同，颇为有见。后人之所以一定要用《热论》求解释《伤寒》六经，主要由于《伤寒论》首冠以《热论》之故。陈修园说：“《伤寒论》六经与《内经·热论》六经，宜分别读；王叔和引《热病论》文为序例，冠于《伤寒论》之首，而论中之旨反因以晦。”修园此言是也。

莫枚士认为：“《热论》依气行之脉络言，故所著症与《灵枢·经脉篇》义合，《伤寒论》依邪入之次序言，故所著症与《灵枢·经脉篇》义不合。经但以阴阳分表里两层，而以身之前后两侧分为三阴三阳，仲景不但分表里两层，且分表之表为太阳，表之里为少阳，里之表为太阴，里之里为少阴，里之至里为厥阴。其府为阳明，义取递进，不取平按，其名同实异也。欲穷伤寒六经症者，勿缠合《灵、素》以乱之”（节略）。莫氏指出二者不同之故，虽未言及仲景用《内经》阴阳之整个概念，但已指出仲景六经分部与经脉有异，“义取递进，不取平按”，嘱人勿缠合《灵、素》以乱之，较之修园更为直截。

结　语

1. 六经之名来自《内经·经脉》。

2. 《伤寒论》六经概括《内经》全面阴阳概念。

3. 《伤寒》六经，亦赅表里寒热虚实、经络脏腑、营卫气血、精气、正邪消长诸方面。

4. 《伤寒论》六经与《热论》六经，名同实异。

二、六经属手足经的问题

《伤寒论》六经，名则取自《经脉》，内容则体现了《内经》的阴阳全面概念，程郊倩因其不同，并其名而疑之，他说“观其标篇只云太阳、阳明等，太阳、阳明字下并无经字。”他怀疑《伤寒》六经不是经，有一定的理由。

由于三阴三阳之名取自《经脉》，而《热论篇》但举六经之名不言手足，然详其证候则是足六经，《伤寒论》仅标六经之名，亦不明言手足，然详提纲之证候，亦属足之六经，因此后人有伤寒传足不传手之说；又因各篇中亦有手经见证，遂又有足经赅全身之说；此外更有“谓之伤足经则可，谓不传手则不可”之说。不知六经提纲为后人所拟，非仲景所自为，故提纲为足经见证，而各经之条文则概手足经，后人不知此故，遂致纷呶不休。引论如下：

1. 主张传足不传手说：朱肱《活人书》，首论经络，其六经之证，仍本于《热论》，而非《伤寒论》之证。其论阴阳，则有“伤寒只传足经不传手经”之说（张景岳谓此言创自刘草窗者，非）。刘草窗认为：“足之六经属水、木、土，皆不胜寒气所伤，故水遇寒则涸而冰，本遇寒则叶落枝枯，土遇寒则拆而不坚；手经所属皆金与火，金与火不畏寒，故金过寒则愈坚；又火体极热，寒不能袭。”刘氏用五行之性能以说明足六经之所以受病与手六经之所以不受病之故，其意盖以为肺真为金，心真为火，而伤寒之真为寒，又不顾《伤寒论》中有手经证。吾以为朱氏误以《热论》六经同《伤寒》，刘氏之说根本不成立。

2. 非传足不传手之说：刘河间《宣明论》说：“《热论》又曰，三阴三阳五脏六腑皆受病，营卫不行，五脏不通，则死矣，未尝止传足经不传手经。”刘氏引《内经》之说，以证明三阴三阳五脏六腑皆有受病者，不止于足六经，已足驳斥传足不传手之说。

陶节庵说：“传足不传手，此庸俗之谬论，岂有是哉！人之充满一身，无非血气所养，半夜循环，运行不息，焉有止行于足不行于手之理乎。”陶氏此论血气循环，受病之后，不会只行于足经而不行于手经，甚为有理。但陶氏认为寒气所伤者是足经，所传则不限，立论依据，仍是四时五行的性能。他说：“伤寒者乃冬时感寒即病之名，冬乃坎水用时，其气严凝，水冰地冻，在时则足太阳、少阴正司其令，触冒之者，则二经受病，其次则足少阳、厥阴。继冬而司春令，亦伤何也？盖风木之令，起于大寒节，正当十二月，至春分后方行温令，故风寒亦能伤之，足阳明、太阴中土也，与冬时无预而亦受伤寒者，缘土无定位，无成名，无专气，寄王于四时，能始终万物，故四时寒热温凉之气皆能伤之也……手之六经，主于夏秋，故不伤也，足之六经盖受伤之方分境界也，若言伤足不伤手则可，以为传足不传手则不可。”陶氏以为寒可伤足经，但其传则可连手经，其持之之理，则以时季所主之五行分境界为论据，其妄不待辟。

李梴挺说：“上古只分三阴三阳，而不分手足，其意甚深，况手足三阳同手走头至足，手足三阴同足走胸腹与手，岂有经络同而受病又有不同者哉！

此说非难伤足不伤手最为有理。李氏更举《伤寒论》中手经见证说："喘咳发热，分明手太阴、太阳病也，狂言谵语，分明手少阴病也，胸满干呕耳聋，分明手厥阴、少阳病也。"张景岳更进一步地批评传足不传手之论，他说："奈何草窗刘氏不明其理，遂谬创伤寒传足不传手之说，谓足经所属皆水、土、木，手经所属皆金与火……，夫人之金火两脏，不过以五行之气各有所属耳，岂即真金真火，不能毁伤者耶？夫人之血气运行周身，流注不息，岂传遇手经而邪有不入者哉！"因此他提出周身上下足六经包括在内之说，他在《类经》热论注说："然本经之不言手经者何也？盖伤寒者表邪也，欲求外证，但当察于周身上下脉络，惟足经则尽之矣；手经无能偏也，且手经所至，足经无不至者，故但言足经，则左右前后阴阳诸证，无不可据而得，而手经亦在其中，不必言矣。此本经所以止言足者，为察周身之表证也；"此则论《内经·热论》只言足六经证不言手六经证之故，亦说明《伤寒论》足六经可以概手六经。

张令韶则以为脏腑有形，经络无形，无形可概有形，他说：今人言太阳止曰膀胱，言阳明止曰胃，少阳止曰胆；三阴亦然，是以有传足不传手之说。不知脏腑有形者也，三阴三阳无形者也，无形可以该有形，而有形不可以概无形，故一言三阳而手足三阳俱在其中，一言三阴而手足三阴亦在其中，所以六经首节止言太阳之为病、少阴之为病，而不言足太阳，足少阴之为病，其义可思矣。况论中厥阴心包络、少阳三焦、太阴肺之证颇多；又阳明燥结，有不涉于大肠者乎？传足不传手之说非也。"张氏经络无形之说亦不通，经络有一定部位，与脏腑有一定联系，病则有一定见证，手有手经见证，足有足经见证，何得诿诸无形耶。但其亦见到论中有手经见证，亦斥传足不传手之非。

要之《热论》只言六经，未提手足，其证则为足经。《伤寒论》提纲亦为足经之证，而六经各条中又有手经之证，后人不知提纲非仲景之旧，不知仲景六经名取经络，实质已非，妄求统一，转致纠缠不清。

结　语

1. 因六经提纲与《热论》六经均足经证，故误以为伤寒传足经。

2. 因本论有手经证，故认为伤足经亦传手经。

3. 因本论具有手足经证，认为足经可赅手经。

4. 以五行性能四时方位解释受病之理，不符实际。

5. 以经络为无形，脏腑为有形，言某经即赅手足二经，以求矛盾的统一。

三、对六经不作经络的几种观点

由于《伤寒论》六经非单纯经络之六经，故各家另有体会。或从表里，或从脏腑，或从"地面"划区等立说。

1. 从解剖部位分六经：方有执《伤寒条辨》以人体解剖部位和五脏六腑分属六经，以皮肤肌肉及六腑为阳表，五脏为阴里。他说："经络筋脉，类指十二，配三阳三阴而总以六经称，六经之经，与经络之经不同，……若以六经之经断然真作经络之经看，则不尽道，或诶不可胜言。"他举儒家六经、国家六部作比方，以为六者统辖而已，人身而骸亦统在六经之中，他的《六经图说明》说："太阳者、风寒之著人，人必皮肤当之，当之则发热，热在皮肤，皮肤在躯壳之外，故曰有。……表合太阳足膀胱。""阳明者、风寒之邪，过皮肤而又进，接皮肤者肌肉也。不曰肌肉而曰阳明者，肌肉居五合之中，为躯体之正，内与足阳明胃合也。""少阳者、邪过肌肉而又进，则又到躯壳之内、府脏之外，所谓半表半里者，少阳、足胆经之合也。""太阴脾也，脾居中而阴事　故次少阳而为三阴之先受，少阴肾也，厥阴肝也。"观方氏所言六经，仍是足六经，惟从解剖之部位分区耳。他对手经何故不受病，则以为"小肠经不与皮肤合，不合则不主病，手大肠不与肌肉合，不合则不受病'，至于心肺何以不受邪？则引《灵枢》"心为一身之主，不受外邪，肺位高居上，主出不受纳，二者均不与外之三阳合"。方氏病足不病手之说，实亦不通之论，心肺果不受邪？何以论中有心肺见证，且手太阴肺主皮毛，与手阳明大肠为表里，手少阴心主神明，与手太阳小肠为表里，不从经络配合脏器所主立论，强牵皮毛属足太阳。可见方氏仍未跳出传足不传手之观点。

2. 认为六经是画限辖病，名为经而非经：程郊倩说："伤寒之定六经，无非从深浅而定部署，以皮肤为太阳所辖，故署之太阳，肌肉为阳明所辖，故署之阳明，筋脉为少阳所辖，故署之少阳云耳；所以华佗曰，伤寒一日应皮，二日在肤，三日在肌，四日在胸，五日在腹，六日入胃，只就躯壳间约略及浅深，而并不署太阳、阳明等名，然则仲景之分太阳、阳明等，亦是画限之意，所以辖病也。"程氏首先承袭方氏之皮肉解剖部位，继则以华佗六经病位作比，结论为仲景之六经画限辖病，六经不过便于统属证候之代名词，其义殆与今之证候群无异；这个意见将六经看死了、僵化了六经，是不全面的。

3. 取足经舍手经又兼解剖部位：魏荔彤氏既取足经受病之说，又兼取方氏解剖部位，他说：“足太阳膀胱，其经行身之背，初感风邪，多感于背，为足太阳之经分，故病邪在是，治亦在是，况足太阳主皮肤，如天之无所不包，且不止行身之后也，若手太阳小肠，非邪所及，故不必治也。”魏氏因伤寒初起有头项强，故取经络之行于背为说，又因发热为全身证，故又取方氏之皮肤包全身为说，要之太阳经脉不足说明，乃取皮肤而补充之。又说：“足阳明胃受足太阳之表邪，变热入里，因营卫在表者原出于胃，故热邪得从营卫通胃之络入胃（按：方氏说太阳主皮肤而统营卫，阳明则主肌肉，此言太阳之邪入里，则非次入于肉矣。)，病邪在胃，自当治胃，若手阳明之大肠，病邪及之，亦不必治。”此则坚持足六经之说，而不认手经，甚至有手经之证亦以为不必治，是持论之偏也。又说：“病邪在胆，若手少阳三焦以其无形，藉躯壳之形为形，故不能专受传经病邪。”此以三焦无形而否认手少阳受邪也。又说：“若手太阴肺、即有连及之邪，亦不必治。”又说：“邪入足少阴，即治足少阴矣，若手少阴心经，并邪真犯心，无论何病，俱不受邪，皆以心主代之，不必治也。”又说：“足少阴受邪，无论寒热，皆传足厥阴，若手厥阴心包络，亦代心受病，并不受他经之邪。”魏氏因坚持足经，排斥手经，故立但治足经不治手经之说，以为心不受邪包络代之，但包络亦系手经，既称代心受病，何得谓不受邪耶？亦不必治耶？真可谓大胆妄言。

4. 以六经作地面经界观：柯韵伯氏经于《伤寒论》之六经与《内经》六经不同，袭方氏之意，以为六经是地面经界。他说：“夫一身之病，但受六经范围者，犹《周礼》分六官而百职举，司天分六气而万物成耳。伤寒不过是六经中一证，叔和不知仲景之六经是经界之经，而非经络之经，妄引《内经·热病论》作序例，以冠仲景之书，而混其六经之证治，……夫热病之六经，专主经脉为病，但有表里之寒热，并无表里之虚实。”柯氏指出《热论》有表里之寒热而无虚实，与仲景之包括虚实不同，是正确的；以为六经是经界之经，百官分治，则方氏之意也。他的“经界”学说，是将地理比人体。他说：“精以地理喻，六经犹列国也，腰以上为三阳地面，三阳主外而本乎里；心者、三阳夹界之地也，内由心胸，外自巅顶，前至额颅，后至肩背，下及手足，内合膀胱，是太阳地面。此经统领营卫，主一身之表证，犹近京几御敌之国也。内至心胸，至胃及肠，外自巅颅，由面至腹，下及于足，是阳明地面。由心至咽，出口颊，上耳目，斜至巅外，自腰胁内属胆，是少阳地面。此太阳差近阳明，犹京几矣。腰以下三阴地面，三阴主里而不及外，腹者三阴夹界之地也？自腹由脾，及二肠魄门，为太阴地面。自腹至两肾及膀胱溺道，为少阴地面。自肠由肝，上隔至心，从胁肋下及小肠、宗筋，为厥阴地面。此经通行三焦，主一身之里证，犹近京几夹辅之国也。太阴阳明同居异治，……若经络之经，是六经道路，非六经地面矣”柯氏前既言腰以上为三阳，又说太阳、阳明下及手足、则腰以下亦阳矣。因氏既取《内经》上为阳、下为阴之说，而三阳经证之在上部者，又皆符合经脉之途径、故又维持经脉之说，因立经证不尽符经脉之途径，譬如太阳经脉即不包全身，故又提出六经是地面。

柯氏又一反向来太阳属膀胱之说，而创太阳属心之论说：“今《伤寒》书皆以膀胱为太阳，故有传足不传手之谬，不知仲景以心为太阳，故得外统一身之气血，内行五脏六腑之经隧。”既称心统一身气血，内行脏腑，则任何一经之病无不涉及太阳，亦无一而不属太阳矣，太阳一经有病，亦必涉及各脏腑矣。且既以心为太阳矣，而又牵及膀胱何也。

方氏以太阳主皮肤，统一身之表（朱肱、成无己虽有“太阳主表为诸阳主气”之说，乃指经脉而言，不指皮肤），柯氏以心统一身，方氏将人体分部，分属六经，柯氏亦将人体分部，分属六经，均因单纯经络不能统括，故创此以图说明仲景之六经耳。

此外更有一说，之附此以作参考。明、何彦澄说：“或从肩背，由督脉三阳经分入客于肌肤之间，而为阳热之证；或从胸腹由冲任二脉客于三阴经分；或从口鼻径入脏腑而为道中阴经之证，此伤寒证所由得也。”此说牵及奇经、口鼻，据作者所见文献，前此似未经人道过。

结　语

1. 六经非单纯经络，故或从表里脏腑，或从层次地面划分。

2. 方、程、柯氏等，否认六经为经脉之经，以为是人体部位之区分，以此辖病，乃因经络不足说明之故。

3. 方氏受《热论》足六经及《伤寒论》提纲之影响，强调手经不与皮肤肌肉合，心肺在上，不受邪。魏氏则以足经为主，虽有手经见证，亦不必治。说均牵强。

四、传经问题

《伤寒论》关于传经的几条条文，有似一日一经的，有的二三日、六七日、十余日尚在一经的，兹据本论及各家对传经的见解而讨论之。

《伤寒论》："伤寒一日，太阳受之，脉若静者为不传，颇欲吐，若躁烦，脉数急者，为传也。"

这一条说伤寒一日是太阳受邪，脉静则病不发展，若脉数急而有欲吐烦躁等证，则病情发展。钱璜说："伤寒一日太阳受之者，即《内经·热论》所谓一日巨阳受之，二日阳明受之之义也。"本论之六经与《热论》不同，钱氏之说非，然本条及下条又均似《热论》传经之说。

"伤寒二三日，阳明少阳证不见者，为不传也。"

《医宗金鉴》解释说："伤寒二日阳明受之，三日少阳受之，此其常也。"按《热论》的次序是一日巨阳，二日阳明，三日少阳，与此条之次序颇相同，无怪后人以《热论》解释《伤寒》也。由上两条观之，似乎伤寒的常轨是一日传一经，不传则是"太阳邪轻热微。"后人因倘执定一日一经，将与后交矛盾，所以方有执另为解释说："一日、二日、三日、四五六日者，犹言第一、第二、第三四五六之次序也，六要譬如计程。如此立个前程期式约模耳，非计日以限病之谓。"沈金鳌也认为："一日约辞，非定指一日。"舒驰远说："虽曰一日太阳，二、三日阳明、少阳，然不限定日期，必察其所见之证属于何经，若传至何经，又必转见何经之证，不然何所征验。"亦以为日期不限定，以见证为主。他们与方氏同，在见到某某证则曰入某某经，可是一日太阳二日阳明，以次相传之日数不必泥。

这两条的问题是：首先提出了一日太阳，二、三日阳明、少阳的说法，与《热论》相同，而与本论另条矛盾。

"太阳病，头痛至七日以上自愈者，以行其经尽故也；若作再经者，针足阳明，使经不传则愈。"

成无已说："伤寒一日至六日传三阳三阴经尽，至七日当愈。"其他如喻昌、钱璜、《金鉴》等，均用六日传六经为解；本条七日以上指的是太阳病，柯韵伯说："夫仲景未尝有日传一经之说，亦未有传至三阴而头尚痛者，曰头痛是未离太阳可知，曰'行'则与'传'不同，曰其经是指本经而非他经矣，是七日乃太阳一经行尽是期。"由这一条七日尚在太阳，与上条一日一经之说是有矛盾的，或谓前条为假拟之辞，非实同《热论》之日传一经，但另条更明白。

尤在泾注："按《内经》云，伤寒一日，巨阳受之云云，又云七日太阳病衰，头痛少愈云云，盖伤寒之邪有离太阳而入阳明者，有遍传诸经而犹未离太阳者，此太阳病头痛至七日以上自愈，正与《内经》之旨相合。"尤氏素称博洽，于此乃极不通，焉有邪既留太阳又遍传诸经，邪既遍传六经，何不见六经证耶，谓与《内经》之皆尔，谬矣。

"伤寒三日，三阳为尽，三阴当受邪，其人反能食不呕，此为三阴不受邪也。"

此条说得很明白，前之三日为三阳，后之三日为三阴，与《热论》冥合无间，所以汪琥说："伤寒三日者，即《素问》相传日数。"沈金鳌于前条解释一日、二日是"约辞"，在此条却说"三日三阳为尽，三阴当受邪，三阴必先太阴脾。"这里不再作'约辞'，而确定了三日传三经了，沈氏前后不照应，自相矛盾。

"伤寒三日，少阳脉小者，欲已也。"

此条仍是一日一经之意，与前说同。

由于《伤寒论》中对传经之文，有一日一经和六日一经，所以后人有执着一日一经的，有认为不拘日数的，也有调和二者之说，认为一日一传是"经气"，不拘日数是"病气"等等。兹分别讨论于下。

1. 可以循经传、可以越经传、可以自受，可以道中：戴元礼说："伤寒先犯太阳，以次而传，此将言其概耳，然其中变证不一，有发于阳即少阴受之者，……亦不循经而入，如初得病径犯阳明之类，不皆始于太阳也；亦有首尾止在一经，不传他经；亦有止传一二经而止者，不必尽传经也。至如病之踰越，不可泥于次序。"戴氏此说是从全论内容结合临床实际的体会。本论中有一日传，亦有七日未传（一日传一经有之，但非六日传尽六绝之意）。有始终一经，有一二经即止者。有初病即犯阳明，道中阴经者；临床所见亦确如此，故戴氏不拘于日传一经，六日传遍之说，最为合理。王海藏亦认为能循经传，亦能越经传，王氏更分别顺逆传、上下传、误下传、表里传，又有传本、传里、循经得度等名，虽嫌支离，要之说明不必循序耳。

吴谦说："阳邪以日数次第而传者，一二日太阳，二三日阳明，三四日少阳，四五日太阴，五六日少阴，六一日厥阴。"吴氏用《伤寒例》太阳病一二日发，阳明病二三日发之语，不肯定一日二日，而用约辞。又引《活人书》说："寒邪首尾只在一经而不传者有之，有间传一二经者，有传过一经而不再传者，有足经冤热而传入手经者，有误服药而致传变者多矣。”又说：“热邪乘虚之经则传也，若经实则不受邪，而不传也。”吴氏说同数氏，末言出则传，实则不受，言简意赅，为不循序作了合理的解释。氏更从五行生尅说，而有夫传妻，妻传夫，母传子，子传母等说，殊无意义。

近人章太炎说：“《伤寒论》‘太阳病六七日’，‘太阳病八九日’，‘太阳病，过经十余日’，又云‘阳明居中土也，无所复传’，又云‘少阳病得之一二日’，‘少阴厥阴得之二三日’，是伤寒非传遍六经，三阴病不必自三阳传致，更无一日一经之说也。叔和序例，引《素问》以皮傅，后人转相师法，遂谓一日太阳，二日阳明，三日少阳，四日太阴，五日少阴，六日厥阴，刘守真见世无其病，并仲景《伤寒论》而疑之。然如正阳阳明之非受传，少阴寒证之直人，虽《活人》与成无己亦不能有异言，则知《伤寒论》本与《素问》不同。”章氏说得很对，但他也同柯氏一佯，说本论中无日传一经之说则非。我们如果从本论全文看，则传经的情况如戴、章诸氏的见解，肯定本论不是用《热论》一日一经之说，本论之一日太阳，二、三日阳明、少阳不见为不传，及伤寒三日、三阳为尽、三阴当受邪等条，可能是王叔和掺入，因其既取《热论》作序例，自可能掺入与《热论》相同之资料；或者前人传抄混入，叔和不辨而取之；或者叔和之后，为求符合《热论》之说者所掺入，虽未可知，总之一日传一经之说，与本论全部精神不符。仲景著书，决不会自乱其例，自造矛盾。戴、吴诸氏以为有一日传一经，有几日在一经，盖见其矛盾而为之解，殊不知纵有一日在一经，然论中绝无一日传一经，六日而传尽之证据，况“三日三阳为尽，三阴当受邪”之语气，其指一日一经何等肯定，其违背全论之精神亦何等明白，又何必曲为之说耶！章氏为朴学家，其说虽原自戴氏，但言必有征，故以引经证经之法，引述论中诸条，证实有多日尚在一经，三阴不必自三阳传入，正阳阳明之非受传，少阴寒证之直中，试取全论而观之，何有于日传一经六日六经之证耶？

2. 六经以“气传”而非“病传”说的问题：因为《伤寒论》中传经之说有矛盾，后人不知系掺入的资料，乃设法为之圆说，首先提出气传病传者为张志聪氏，他说：“厥阴为一阴，少阴为二阴，太阴为三阴，少阳为一阳，阳明为二阳，太阳为三阳，故《素问·至真要大论》论六气司天，六气在泉；皆始于厥阴，终于太阳，无病之人，六气循行，亦从厥阴而少阴，少阴而太阴，太阴而少阳，少阳而阳明，阳明而太阳，若伤寒一日太阳受病，则从阳而阴，由三而一，须知本论中纪日者言正气也，传经者言病气也，正气之行每日相移，邪病之传一传便止。”其言之似乎成理者为误令韶氏，陈修园亦受其迷惑，引入浅注中作读法。张氏说：“传经之法，一日太阳，二日阳明，六气以次相传，周而复始，一定不移，此‘气传’而非‘病传’也。本太阳病不解，或入于阳，或入于阴，不拘时日，无分次第，如传于阳明则见阳明证，传于少阳则见少阳证，传于三阴则见三阴证，如下文明言少阳证不见者为不传也？伤寒三日，三阳为尽，三阴当受邪，其人反能食不呕者，此为三阴不受邪也，此病邪之传也。须知正气之相传，自有定期，邪之相传，随其证而治之，而不必拘于日数，此传经之大关目也。不然，岂有一日太阳则先头痛发热等证，至六日厥阴不已，七日来复，又见头痛发热之证乎？此必无之理也。”张氏说的气传，好似人体正常生理，言人体一日气在厥阴，至第六日在太阳（他说正常时，气自里达表。）此气若指经中之经气，则是一日夜五十周于身，不是六日一周于身，看他所说的气，实是指本经应天之气，如太阳、即太阳寒气，阳明、即阳明燥气，他在前段文章中大谈天人说：“太阳之为病，兼气与经而言之，何胃气？则太阳之上寒气主之；何谓经？则太阳之脉连风府，上头项，挟背抵膝足，循身之背，足太阳膀胱之经脉”。他认为人身经脉上应天气，引《素问·天元纪大论》说：寒、暑、燥、湿、风、火，天之阴阳也，三阴三阳上奉之。”又曰：“厥阴之上，风气主之，少阴之上，热气主之，阳明之上，燥气主之，太阳之上，寒气主之。天有此六气，人亦有此六气，与天同体者也。’它以为天有此六气，人身也有此六气，因此他说：“天之寒气感于人，人即以已之寒气应之，所谓两寒相得，两气相从者也。”至于人体的寒气是什么呢？则以“足太阳膀胱为寒水之脏”而“三焦膀胱者腠理毫毛”其应，是太阳又主通体之毫毛，而为肤表之第一层。”又说：“三阴三阳上奉天之六气，下应地之五行，中合人之脏腑，合而为一，分而为三。”张氏这些说法有好多问题。（1）张氏误解《内经》的三阴三阳上奉之。《内经》是讲的天地之气，不是讲人的三阴三阳。张氏误以为人的三阴三阳上奉天之六气。（2）天之六气是一年之气，逐节轮换，并非六天一转，人体之六经经气，也要逐节轮转方能符合六气，张氏前面说气传一日一经，六天一转，一个是一年一转，一个是六天一转，如何相应？（3）太阳膀胱可引经文“毫毛其应”牵到肤表，六气之邪多有表证，又以何理来说明毫毛为肤表之第一层。（4）如果说人体六经之气六日一轮回，则凡人伤寒，必在第六日太阳主气之日；余五日不同气却不感受，宁有是理？（5）如果所说的气是太阳的寒气，阳明的燥气，则应该每天每时都在木经上行，用不着传，如果一传，则今天的太阳之气到明天已非太阳，各经轮回相传，均非本经之气，谈不上本经之气了。

因为张氏提出了气传，病传的不同，魏子千就问：“伤寒六气相传，正传而非邪传固已，不知无病之人，正亦相传否？不然正自正传，邪自邪传，两不相涉：正传可以不论，何以伤寒必计日数也?”张氏答：“无病之人，由阴而阳，由一而三，始于厥阴，终于太阳，周而复始，运行不息，莫知其然，病则由阳而阴，由三而一，始于太阳，终于厥阴，一逆则病，再逆则甚，三逆而死矣。”张氏以气传从一而三，则《内经》少阳为一阳，阳明为二阳，太阳为三阳，自内而外之说，如此，则此六气之行，由内而外，一日在最内之厥阴，至第六日乃外达于太阳，当第一日唯厥阴有气，第六日亦唯太阳有气，此气六日之中惟一经有气，余则无气，无气尚是活经耶，据修园说：无病之人，终气之传，无所凭验。”则此‘气传’乃无凭之说也。又病则由三而一，由外而内，当亦必依经而行，不会错乱，不错乱故可计日。事实上病之发展并非如此，张氏亦自知其不通，故末了说：“吾友高士宗云，读论者因证而识正气之出入，因治而知经脉之循行，则取之有本，用之无穷，若执书合病以求治，则非矣。”这一段话无异推翻了前面每日逆行一经之说，其进退维谷如此。

蜀人郑钦安，可能亦受张氏影响，有一气分为六气图说，自外而内，画六圈，外则太阳寒气，内之最后则厥阴风气，他说：“今以一圈分六层，是将一元真气分为六气，六气即六经也。气机自下而上，自内而外，真气充满周身，布护一定不易，外邪入内，先犯外之第一层，第一层太阳寒水，气化出路，故畏风恶寒，治之不当，邪不即去，渐至第二层，二层乃阳明所主，阳明主燥，外邪至此，化为燥邪，故恶热，治之不当，邪不即去，渐至第三层，三层乃少阳所居，半表半里之间。……”郑氏不谈天人相感，亦不谈经气之传，似无纰漏，惟将一元真气化作六气，亦即六经，未免杜撰；且如所作图，层层而入，岂每病皆按次序循行乎，不如戴、吴诸说远矣。

结　语

1. 本论中有日传一经，亦有六七日、十余日尚在一经，其一日一经，不符全论精神，当为后人增入以求符合《热论》。

2. 有人体会为约模定程，有认为可以循经传，可以越经传，亦可直中，较为符合临床实际。其日传一经，肯定不符事实。

3. 六经‘气传’而非‘病传’之说，为避实逃虚法，理论不通。

4. 一元真气化六气为六经，有违《内经》经脉。

五、六经提纲问题

《伤寒论》原无提纲二字，后人称每篇之首条“某某之为病”为提纲，说这一条为全篇的纲领，是本篇的主要证，大家都很重视。柯韵伯说：“仲景六经各有提纲一条，犹大将立旗鼓，使人知有所向，故必按本经至当之脉证而标之。”其实每篇的第一条（阳明篇在第二条）不能作为本经证候的提要，即不能作为提纲，可能是王叔和或后人拟入，或就原条文拟改，决非仲景所作。因为提纲是足经的症状，而这些症状不能代表本经篇内的症状，例如：“太阳之为病，脉浮，头项强痛而恶寒。”方、喻诸家，以为“此为太阳之总冒，以下几一提及太阳病，即具此证，此脉。”果如所说，则第二条“太阳病，发热，汗出恶风，脉缓者，名为中风。”第三条“太阳病或已发热，或未发热，必恶寒体痛呕逆，脉阴阳俱紧者名为伤寒。”一则恶风，一则恶寒，一则脉缓，一则脉紧，各不相同。且第六条“太阳病发热而渴，不恶寒者为温病。”此则明言不恶寒，与第一条之恶寒相反，如何可以说凡太阳病均具此脉证呢？柯氏以为“脉反沉，头不痛，项不强，不恶寒，是太阳之变局。”然则唯提纲始算正证，它皆变证，正证何少，变证何多耶？既是变证，仍冠以太阳病何也？曲为提纲作护，强词夺理。

阳明病第一条有太阳阳明，正阳阳明、少阳阳明的问答，第二条始曰“阳明之为病，胃家实也。”与各经篇首条例不同。少阳篇第一条曰“少阳之为病，口苦咽干目眩也。”按189条阳明中风亦有口苦咽干之证，而此乃专作少阳提纲，可怪。按例言，提纲为一篇之主证，其中不应谈及具体治疗，乃太阴篇“太阴之为病，腹满而吐，食不下，自利益甚，时腹自痛，若下之，必胸下结鞕。”厥阴篇提纲亦有“下之利不止”语，不复成为提纲。少阴病之亡阳厥逆，实为要证，而提纲中一字不提。厥阴病只提消渴，气上撞心，心中疼热，饥而不欲食以及吐蛔等，与本篇中所言不相关，而本篇中之厥多寒少，厥少寒多，先厥后热，先热后厥，以及下利厥冷等要证反不一提，不成其为提纲（厥阴55条，其中下利二十八见，厥冷廿见，厥热交错十见，渴欲饮水吐蛔仅一见，且此二条渴非消渴，吐蛔乃蛔厥。）后人不怀疑提纲之非仲景所作，反尊之为一篇之纲领，曲为之说，柯氏更生出"提纲是正面，又要看出底极，细玩其四旁，参透其隐曲。"似乎仲景要故意使人难解，作出谜底，使人猜谜似的。看提纲那里有什么正面文字。柯韵伯自己知道提纲与内容不同，乃又说不仅为伤寒而立，是赅杂病而言。吴坤安亦说："六经主病，仲景非专为伤寒立言，如厥阴所述，气冲吐蛔等证乃厥阴风木自病，不拘伤寒杂证，但见呕逆吐蛔者即是肝邪犯胃，宜兼厥阴而治。"这些都是知其不可通而求其通的理论。

我的看法，欲识本经之证，只有从本经中全面来看，除误治转变之证外，总汇共证，吐若干证即该经之病。虽证不必悉具，但应有其主要的若干证，提纲可有可无。原来提纲既无本经主证，则临床参考价值可疑，而且自从有了提纲，反使一般人印定了"伤寒是足经病"的观念。

结　语

1. 六经提纲非仲景所拟定，为后人拟入。

2. 六经提纲不符各经主要证候，实用价值不大。

六、六经次第问题

《内经·热论》一日巨阳、二日阳明、三日少阳、四日太阴、五日少阴、六日厥阴。今本《伤寒论》编排六经之次第与之相同。若依病情发展论，则《热论》之次序与之相同。若依病情发展论，则《热论》之次序，正说明由浅及深。惟《伤寒论》之病情，太阳为初起，阳明有初病即成，少阴既曰得之一二日，则亦病之初起；太阴、厥阴，亦不必来自太阳；既非由浅及深，则其次第不必与《热论》同。后世有议之者，如戴元礼、丹波元简等。戴氏说："太阳在表，少阳在表里之间，阳明在里；自外渐入内，次第正当如此；果如《伤寒论》中所说，一日太阳，二日阳明，三日少阳，岂可第二日在里、而第三日方半表半里乎："丹波著《述义》，其次第一为太阳，二为少阳，并说少阳为半表半里之症，仲景既拈之于太阳篇，唯其名则取之《内经》，是以更摘其概列，之阳明之后，今先立于阳明者，他人知传变之叙而已。"（节要）

张子和《伤寒心镜》说："庞安常谓：'阳主生，故足太阳水传足阳明土，土传足少阳木，为微邪。阴主杀，故木传足太阴土，木传足少阴水，水传足厥阴木，为贼邪。'盖牵强附会。"他不承认这个次序的合理，另引《内经·阴阳离合论》之言以证《伤寒论》之篇次，他说："太阳根起于至阴，名阴中之阳；阳明根起于厉兑，名曰阴中之阳；少阳根起于窍阴，名曰阴中之少阳；太阴根起于隐白，名曰阴中之阴；少阴根起于涌泉，名阴中之少阴；厥阴根起于大敦，名曰阴中之绝阴，其次序正与此合。"意谓《内经》太阳之次为阳明，阳明之次为少阳，而与《伤寒论》之次第相同。但这也只证明六经的次序与之相合，并没有说出什么理由。

《伤寒论》原来概论伤寒杂病，后人将它分开。虽条文有某某病之称，当时并未分篇，应无次第可言。王肯堂说："王叔和编次张仲景《伤寒论》立三阳三阴篇，共立三阳篇之例，凡仲景曰太阳病者入太阳篇，曰阳明病者入阳明篇，曰少阳病者入少阳篇；其三阴篇亦依三阳之例，各如太阴、少阴、厥阴之名入其篇也。"这个推测是很有理的，因为从六篇的内容来看，除有六经标目的条目外，其他归类有很多不惬当的，要是仲景自己分篇，决不如此。王氏说："其或仲景不标三阳三阴之名，但曰伤寒某病用某方主之而难分其篇者，则病属阳证发热结胸痞气蓄血衄血之类皆混入太阳篇，病属阴证下利呕吐之类皆混入厥阴篇也。惟燥屎及屎硬不大便大便难等证，虽不称各，独入阳明篇者，由此证类属阳明胃实，非太阳厥阴可入，故独入阳明也。所以然者，由太阳为诸阳之首，凡阳明、少阳之病皆自太阳传来，故诸阳证不称名者皆入其篇；厥阴为三阴之属，凡太阴、少阴之病皆至厥阴传极，故诸阴证不称名者皆入其篇。"王氏将这些问题指出，对于理解六经的面目是有意义的。清代高学山氏肯定原书不分篇，所持的理由是可信的，他说："仲景《伤寒论》原书必不从六经分篇，当只是零金碎玉，挨次论去耳，分从六经者，其王叔和之意见，盖病虽不能逃六经，而六经亦何能限病哉，既从六经分篇，则一病而界于两经之间，及一二三条而有经之变证者，将何所收受乎？且不必逐条冠之曰太阳病，阳明病等之字样矣。"仲景书每条之上冠以某某病，正说明其原始不分篇。高氏之见极是，后世急论少阳与阳明之先后次第者可谓多事矣。又王肯堂以为六经条文分篇不懂，尚未知《伤寒论》中混有杂病条文，而杂病篇中亦混有伤寒条文？不仅六经分篇之不惬也。举例言之，痉湿暍诸条之太阳病，中风历节篇之少阴脉浮而弱，水气篇之太阳病。黄疸篇中阳明病脉迟、食难用饱云云。他如无标目消渴篇之脉浮发热渴欲饮水小便不利猪苓汤，渴欲饮水口干燥者，亦伤寒之条文。

结 语

1. 六经原始当不分篇。

2. 叔和将阳性证混入太阳，阴性证混入厥阴，遂乱其例。

七、六经统百病与为伤寒而立的问题

本论六经，有人认为为百病而立，不仅伤寒。也有认为是为伤寒而立。按本论以三阴三阳统概表里寒热虚实，任何疾病，其诊治之理，当不出其范围。张志聪说："本论虽论伤寒，而经脉脏腑阴阳交会之理，凡病皆然。"的确，以此高度概括性的阴阳以审察疾病属性，分析病情进退，推测病理过程，掌握治疗之攻补，实为临床之关键，固属凡病皆然，不仅伤寒为然也。

据本论自序"为《伤寒杂病论》合十六卷"既称伤寒又曰杂病，更申之曰合十六卷，则在书系伤寒杂病并论可知矣。但虽系并论，其中仍有分别，其称"合为十六卷"可见二者之分合，推其原来叙述，凡伤寒之类的热病，如六气之病，当概在伤寒之内，其伤寒中有特殊型者，则入于杂病，其杂病之有共同型者，则又入于伤寒，其中分而不分，不分而分。叔和将伤寒与杂病划而为二书，致后人误以为六经是为伤寒一病而设，与它病无关。柯韵伯知其失，特矫枉过正，遂谓六经可概杂病。柯氏说："原夫仲景之六经为百病立法，不专为伤寒一科，伤寒杂病，治无二理，咸归六经之节制。"说治同一理是对的，说咸归六经之节制则非。当然，人身全部不出十二经脉范围，可是仲景六经之证显然不能概括杂病篇之证。柯氏说："夫仲景之六经是分区地面，所该者广，虽以经脉为经络，而不专主经络上立说，凡风、寒、湿、热、内伤、外感，自表及里，有寒有热，或虚或实，无乎不包。"其言仲最六经名为凯而实非经是对的，说六经表里寒热虚实也是对的，但说内伤、外感无不包，就有问题，因为柯氏混淆了伤寒与杂病二者的共同性和特异性问题。柯氏又说："如太阳之头顶强痛，阳明之胃实，少阳之口苦咽干目眩，太阴之腹满吐利，少阴之欲寐，厥阴之消渴气上撞心等症，是六经之为病，不是六经之伤寒，乃六经分司诸病之总纲。"柯氏此言非常牵强，因其不知提纲为后人拟增，遂不顾提纲之纯为足经证不概手经，且此六经提纲又不能概括六经之主要证，何可言是六经之为病而可以作为分司诸病之总纲耶？柯氏又说："观仲景独于太阳篇别其名曰伤寒、曰中风、曰中暑、曰温病、曰湿痹，而他经不复分者，则一隅之举，可以寻其一贯之理也。"柯氏不知六经本不分篇，又不知中风、中暑、湿病，其初期皆有大同之共同证，故皆可称太阳病，因其初起又有异，即因其异而有中风、中暑、伤寒之别；又因其病本不同，发展殊途，故六经之中，又各有中之名。柯氏又说："其他结胸、脏结、阳结、阴结、瘀热发黄，热入血室、谵语如狂等证，或因伤寒或非伤寒，纷纭杂沓之中，正可以思伤寒杂病合论之旨矣。盖伤寒之外皆杂病，病名多端，不可以数计，故立六经而分司之。伤寒之中最多杂病，内外夹杂，虚实互呈，故将伤寒杂病合而参之，正以合中见泾渭之清浊，此扼要法也。"柯氏说结胸、脏结、瘀热发黄等，或因伤寒或非伤寒，这是对的，说伤寒中多杂病，也是对的；因为结胸可由杂病误下而成，发黄亦见于杂病，而伤寒过程中因患者某些脏器之素虚，病邪因其虚而传入，则见杂病之证。惟杂病终不得与伤寒混淆，因杂病伤寒均各有必见之"正证"，不得因其变证而混淆病之"正证"。柯氏说："杂病之名多端，不可以数计，故立六经而分司之。"夫此区区六经之提纲，能司不可以数计之病邪？柯氏苟平心思之，当知其不可通也。

古代伤寒与杂病之分，吾人似不能用现代的疾病分类而讨论之，如以为伤寒为急性传染病，杂病为内科各系之疾病，则不惬当。因《金匮》之疟疾、痉病、黄疸，皆现代之急性传染病，《伤寒论》中之太阴病，则《金匮》腹满宿食之类，如用现代分类，则痉病应属伤寒，太阴病应归杂病。但从总的来说，则中风、历节、疟疾、百合、狐惑、阴阳毒、消渴、水气、虚劳、肺痿、肺痈等，皆为独立之疾病，有特殊性的自成一系的症状，而伤寒则为较广泛的，有共同性的一系的症状，仲景当时可能以普遍共同性的作为伤寒，以各个特殊的作为杂病，伤寒以证分类，故重在辨证论治；杂病以病（中医学概念之病）分类，故重在辨病施治。但二者是辨证的结合，治症之中有治病，治病之中亦辨证，二者非绝对的。举例言之，如黄疸篇之有谷疸、酒疸、女劳疸之别。方法有茵陈蒿汤、茵陈五苓，前者用大黄之苦寒，后者用二苓之淡渗，虽同以茵陈为主，其不同如此。更有栀子大黄、硝石矾石诸方之不同。又如"脉浮以汗解，桂枝黄耆汤"，"哕者小半夏汤"，"腹满而呕小半夏"，"腹满小便不利大黄硝石汤”，“酒黄脉浮先吐，脉沉先下”。又如疟病篇，“脉弦小紧者下之，脉弦迟可温，脉紧可汗，脉大可吐”，“温疟身无寒但热，白虎桂枝汤”，“疟多寒，蜀漆散”，是指治病而结合辨证也。蜀漆（常山苗）、柴胡为治冠病之有效药，而石膏、知母、桂枝、干姜则又治热以寒，治寒以热之辨证对治法也。黄疸之用茵陈、栀子、大黄，似为对病施治，然亦领辨证。至于桂枝加黄耆用于黄疸似乎治症，为解表而助正法，小建中汤（桂枝加饴糖）治黄而小便利，则调和营卫又补其中，其辨证施治之精神又如此。此类辨证施治之方法不能谓无治病作用。至于《伤寒论》中治法重在祛邪以安正，正虚则重在扶正以祛邪，处处主动，以解除人与病之主要矛盾问题，并非单纯的以解决证候为主，故辨证论治决非对证施治，其实质是以机动的方法解决人与病的主要矛盾为主的。

《伤寒论》六经虽不必统百病，但其中辨证论治的精神法则，却可应用于百病，而其中的方药更可广泛应用于各种疾病，并非伤寒方只治伤寒，也非古方不适用于今日，只在如何理解六经中之辨证精神，以及方剂组合的主要作用，则多病可用一方，一病也可用多方。举例言之，如118条桂枝甘草龙骨牡蛎汤，原治火逆下之，因烧针烦躁者：112条医以火劫迫之，亡阳惊狂，亦用枝桂龙骨牡蛎等，再从药物之作用测之，则此方乃治正虚者，有温补收敛安神等作用，可活用于虚寒性之下利、久痢不止、痰饮之水走肠间、吞酸吐水、咳唾多痰、自汗盗汗，白带漏下、梦遗滑精、鼻涕过多、耳流脓水、痰核溃疡、心悸怔忡、夜卧不安、小儿多惊等。举一反三，他可类推，故吾谓六经就百病之说有问题，惟六经之方可施之于百病则无问题。

结　语

1.《伤寒论》之理法方药可用于百病，其六经提纲则不能概百病。

2. 伤寒与杂病原不分，因其不分，可以看出同中之异，异中之同，合中见泾渭之清浊。

3. 伤寒以共同证为主，故重在辨证论治，杂病以特异证为主，故重在辨病施治，但二者并非绝对的，而是辨证的，治证亦达到治病，治病亦必须辨证。

总　结

1. 由于伤寒杂病本是混合，而六经也原不分篇，后人既将伤寒与杂病分为二书，又将六经分为六篇，以是混乱了原作的共同性中有特异，特异性中有共同，二者参互出入，提示同中有异，异中有同的精神，以及疾病开始与发展既有共同，又有不同的情现，而造成了一律阶段化。吾人欲理解伤寒杂病与六经实质，必须不为今本《伤寒》《金匮》编次所拘，从其全面而理解之。

2.《伤寒论》六经之名来自《内经》，但其内容实质已非经络之旧，作者融会《内经》全部阴阳概念，包括了表里寒热虚实经络脏腑营卫气血邪正消长等，成为一个多种概念的高度综合体。它不是单纯的经络，也不是单纯的地区和病程划分，更不是简单的证候群。后人不从六经全部精神与《内经》的全部阴阳概念来联系体会，而拘拘于《伤寒》六经中某些符合于《内经》经络途径的症状为说，因此不能阐明仲景六经的实质。吾人欲认识仲景六经，必须从《内经》的全部阴阳概念（包括经络脏腑气血营卫等）来理解，决不可单纯的用某些观点来理解，否则就会陷于片面。

3. 传经问题的造成，一是由于前人将《内经·热论》加于伤寒之首，致后人将两种不同的六经证候和传变混为一谈，这是造成历史上纷争的一个主要原因；二是由于后人因《内经·热论》有日传一经，六日传遍六经之说，乃掺入类似日传一经之条文于《伤寒论》中，以求符合于《热论》，致造成《伤寒论》中传经日数的矛盾；三因《热论》六经是足六经证，后人为求得一致，乃掺入足六经证之提纲，遂致产生了伤寒传足不传手，伤足不伤手等谬论。吾认为应删除《伤寒论》首的《热论》文字，不受《内经·热论》传经说影响，并从全论中理解传经的实际情况，摒除其日传一经不符全论精神的条文。

4. 六经中有手经证，而六经提纲只是足六经证，且提纲又不能提示一经中主要证候，既不能起指导作用，反印定了人们传足不传手的观点，吾人欲理解六经证候，应从六经各篇条文中前后参考汇合，从而分别证候之主副，知某经应具某证，一见某证即知属于某经。

5. 六经症状虽不能概括百病，但六经方剂尽可应用于百病。吾人应从六经的实质精神理解方剂的作用，从而以之应用于百病，不为伤寒一病所限，不为六经一证所拘，达到异病同治，同病异治的作用，并达到辨证论治与辨病施治的结合。

参考书目

宋本《伤寒论》

《金匮要略》

《素问》

《灵枢》

宋朱肱《南阳活人书》

清程郊倩《伤寒后条辨》

清钱璜《伤寒溯源集》

清柯琴《伤寒论翼》

清张锡驹《伤寒直解》

清魏荔彤《伤寒本义》

金成无己《注解伤寒论》	清尤怡《伤寒贯珠集》
金刘完素《伤寒直格》	清沈金鳌《伤寒纲目》
金张子和《伤寒心镜》	清舒诏《伤寒集注》
明何彦澄《伤寒海底眼》	清吴坤安《伤寒指掌》
明戴元礼《证治要诀》	清高学山《伤寒辨似》
明王肯堂《伤寒准绳》	清吴谦等《医宗金鉴》
明陶华《伤寒金生集》	清郑钦安《医法圆通》
明方有执《伤寒条辨》	清莫枚士《研经言》
明李梴《医学入门》	近人顾古生《医学随笔》
明张景岳《类经》	近人章太炎《医论》
明吴绶《伤寒蕴要》	
清张志聪《伤寒论集注》	

[《上海中医药杂志》1962，(8)：17]

从《伤寒论》初探六经标本中气

松　涛

《内经·六微旨大论》说："少阳之上，火气治之，中见厥阴；阳明之上，燥气治之，中见太阴；太阳之上，寒气治之，中见少阴；厥阴之上，风气治之，中见少阳；少阴之上，热气治之，中见太阳；太阴之上，湿气治之，中见阳明。"它以风寒热湿燥火为本；三阴三阳为标，本标之中者为中气，如少阳厥阴为表里，阳明太阴为表里，太阳少阴为表里，表里相通，则彼此互为中气。这本来是就自然界气化而言（可从一年四季二十四节的六气推步看出），它和人体脏腑经络并不是一回事；但后世医家在天人相应的思想支配下，逐渐把它结合到人体脏腑经络上来，认为脏腑为本居里，十二经为标居表，表里之间居中相络者为中气。而且有些人更具体地运用伤寒论的理、法、方、药来验证它。这就和内经原意有所不同了。我认为就人体脏腑经络的气化作用来谈六经六气，也和自然界气化一样有常变之分，即在人体六经正常情况下的气化为内六气，它是养人的；而在反常情况下的气化为内六淫，它是害人的。前者健康，后者疾病。由于人体六经六气为病有标本中的不同，故内经至真要大论说："百病之起，有生于本者，有生于标者，有生于中气者，有取本而得者，有取标而得者，有取中气而得者，有取标本而得者。"本文试就伤寒论的六经标本中气问题来谈谈个人的初步体会：

（一）太阳：标阳、本寒、中见少阴

太阳属膀胱与小肠，膀胱为水腑，小肠虽为火腑，但又为受盛水谷，变化精微，分别清浊之处，其精微归之于脾，并非清（水液）入膀胱，别浊（滓秽）入大肠，可见人身水液在太阳占据了重要地位，而水之气为寒，所以说太阳本寒。太阳本寒受到少阴本热的温煦，不但不致现寒，反而蒸化出太阳的阳气，敷布周身，温暖皮肤，所以说太阳标阳。这是就正常情况而言。

若就反常情况来说：太阳标阳失于固守，以致阴邪（如寒邪等）入侵，则表现寒证。由于体表寒甚，故必恶寒，标阳被郁，故多发热，表寒郁阳，永难化气，故多无汗，寒邪收引筋脉，故多脉紧，所以太阳伤寒多现恶寒发热无汗脉紧等证，而宜用麻黄汤发散其表寒。如果表寒不解，本寒内应，邪传太阳之里，膀胱气化受阻，而现少腹满小便不利等蓄水证，则宜用五苓散渗利其里水。若太阳寒水证不已，标阳始则被郁，终致受伤时，就有可能进一步伤及太阳中见少阴的本热而变为少阴寒水证，如太阳病篇的四逆汤证、干姜附子汤证、真武汤证、茯苓四逆汤证等。这些少阴寒水证和太阳寒水证是不相同的，太阳寒水证多属实证，治宜温散渗利，着重于驱邪；少阴寒水证多属虚证，治宜温化渗利，着重于扶正。例如水肿病，急则治标时，常用"开鬼门"（发汗）和"洁净腑"（利水）的方法，也就是治太阳；缓则治本时，常用温肾化气的方法，也就是治少阴。这是因为太阳少阴相为表里，凡水肿病，初起大多病在太阳而属实证；如果久延，则多病入少阴而属虚证的缘故。但太阳寒证也有属虚的，如桂枝加附子汤证和桂枝去芍药加附子汤证等，就是由于太阳标阳受伤，失其固卫健运之职所致。

太阳本寒失于滋润，以致阳邪（如温热等）入侵，或表寒郁阳化热，则现表热证。由于体表热盛，故发热而不恶寒，津液不足，故口渴。所以太阳温病多现发热口渴不恶寒等证，而应用麻杏甘石汤等辛凉清解其表热。如果表热不解，渐传入里，或归太阳火腑，热伤血络，血溢肠间，瘀蓄不行，而现少腹硬满小便自利等蓄血证，则宜用抵当汤攻下其瘀血；或与阳明标阳、本燥合化，而成为白虎、承气的阳明经、腑证。甚至伤及太阳中见少阴的阴液，则传变为少阴热证，如太阳病篇的风温变证和火逆变证等。

（二）阳明：标阳、本燥、中见太阴

阳明属胃与大肠，胃为燥土（土之气虽为湿，但脾为阴土主湿，胃为阳土主燥，有所不同），大肠为燥金，故阳明以燥为本。且胃又为水谷之海，而主津液。正因为阳明以燥为本，故胃能受纳水谷，大肠能变化糟粕，而水谷不致停聚成湿。同

时，由阳明本燥发出的标阳敷布周身，温暖肌肉，而肌肉中的水液也不致停聚成湿。由于阳明本燥、标阳获得太阴津液的滋养，也就不致偏亢而现燥热。这是就正常情况而言。

若就反常情况来说：阳明标阳偏亢现热的白虎汤证，即阳明经证，或因阳明津液素亏，阳邪直中；或因太阳伤寒郁阳化热，消耗了阳明的津液而成。阳明外主肌肉，其标热亢盛于经，故现壮热恶热自汗烦渴脉浮洪等证，而宜用白虎汤清解。

阳明本燥太过的承气汤证，即阳明腑证，或因阳明津液素亏，阳邪直中；或因伤寒郁阳化热，消耗了阳明的津液而成。阳明内主胃肠，其本燥结实于腑，故现潮热恶热腹满痛大便硬脉沉实等证，而宜用承气汤攻下。

由于阳明本燥标阳，阳气旺盛，即使感受阴邪，也易从阳化热。如阳明病篇说："始虽恶寒，二日自止，此为阳明病也。"（184 条）即其例证。如阴（寒）邪在表，尚未从阳化热，治当发散的，也应以辛凉的葛根为主。

由于阳明与太阴相表里，故阳明病有可能转化成为太阴病。例如麻子仁丸所主治的脾约证，就是由于阳明本燥太过，进一步灼伤了太阴、阴液而成的。但这还只能说是阳明与太阴同病，故麻子仁丸方中，一方面用小承气汤攻下阳明实热，另方面用麻、杏、芍、蜜滋养太阴阴液。假使完全转属太阴的，决不可再用承气攻下，而应采用后世增液汤（生地、玄参、麦冬）等增水行舟，始克有济。此属太阴热证。若阳明病攻下太早或太过，又可伤及太阴阳气，使从中见之湿化，而现太阴寒证，如阳明病篇说："此但初头硬，后必溏，不可攻之，攻之必胀满不能食也。"（209 条）即其例证。

（三）少阳：标阳、本火、中见厥阴

少阳属胆与三焦，为相火所寄之处，尤其三焦乃命火游行之地，故少阳以火为本。正因为少阳以火为本，故胆中所涵阴液不致凝结，而三焦亦得成其"上焦如雾，中焦如沤，下焦如渎"之功。同时，由本火发出的标阳，敷布周身，温暖腠理，而腠理中的水液，也不致停聚成湿。且正因为胆涵阴液，水润三焦，少阳本火标阳才不致偏亢现火热。这是就正常情况而言。

若就反常情况来说：少阳标阳为病，有本经自病和他经传来的不同，本经自病的，如少阳病篇说："少阳中风，两耳无所闻，目赤，胸中满而烦者。"（264）"伤寒脉弦细，头痛有热者，属少阳，少阳不可发汗。"（265 条）由于风为阳邪，故少阳中风即合标阳化火，而现风火上炎证。至于少阳伤寒，虽然寒为阴邪，但因少阳标阳偏亢，故发热而不恶寒，它和寒郁太阳标阳热而必恶寒者不同，所以不可发汗。因为少阳标阳本火，即使感受阴邪，也易从阳化热，如果误用辛温发汗，势必扬汤助沸。若由他经传来的，如少阳病篇说："本太阳病不解，转入少阳者，……往来寒热，……与小柴胡汤。"（266 条）这是因为太阳伤寒郁阳化热传入少阳，寒邪郁热于半表半里，故现往来寒热等证，而宜用小柴胡汤和解（后世注家推小柴胡汤为少阳经证的主方）。

少阳本火为病，多现"口苦咽干目眩"（263 条）的腑证，本证伤寒论未出方，后世注家认为当用黄芩汤主治，并推黄芩汤为少阳腑证的主方。少阳标阳被郁的，可用柴胡升散；少阳本火上炎的，宜用黄芩清解。

由于少阳与厥阴相表里，故少阳病有可能转化成为厥阴病。例如少阳病篇所谓少阳病不可发汗吐下，如果误用，就可伤及厥阴，致使风木内动，肝魂不宁，而现惊悸谵语等变证。这类变证在少阳病篇中虽未出方，但后世注家认为可以参考柴胡加龙牡汤等方。此外，少阳标阳本火如与阳明标阳本燥合化，又可转化成为阳明病。如少阳病篇说："少阳不可发汗，发汗则谵语，此属胃，胃和则愈。"（265 条）这是因为"阳明居中土，万物所归"（184），阳明为六经出路的缘故。

（四）太阴：标阴、本湿、中见阳明

太阴属脾肺，脾为湿土，肺为清金（肺与大肠同属金而主燥，但大肠属阳腑燥金，肺属阴藏清金，有所不同），故太阴以湿为本。正因为太阴以湿为本，故能涵养脾阳肺气而滋润胃肠。同时，由本湿发出的标阴，敷布周身，润泽肌肤，使内而胃肠，外面肌肤，不致枯燥。且由于脾阳和肺气的温运流通，又使太阴阴液不致停聚成湿。

太阴标阴为病，或因阴邪直中太阴之经，或因阴邪由太阳涉及太阴之经所致。而阴邪之所以能够侵犯太阴之经，必因太阴阳气先虚。当阴邪在表时，即现风寒湿表证，如太阴病篇说："太阴中风，四肢烦疼。"（274 条）"伤寒脉浮而缓，手足自温者，系在太阴。"（278 条）"太阴病，脉静者，可发汗，宜桂枝汤。"（276 条）这并可与太阳病篇中的桂枝附子汤证和甘草附子汤证互勘。由此不难看出：为什么治疗太阴（或由太阳兼涉太阴）风寒湿表证，要用攻中带补的桂枝汤，桂枝附子汤，甘草附子汤等方的理由所在。

太阴本湿为病，其阴邪之所以能够侵犯太阴之藏，也必因太阴阳气先虚。当阴邪在里时，即现寒湿里证。如太阴病篇说："太阴之为病，腹满而吐，食不下，自利益甚，时腹自痛。"（273条）"自利不渴者，属太阴，以其藏有寒也，当温之，宜服四逆辈。"（277条）后世注家认为太阴里虚寒证应以理中汤为主方，这不仅可从霍乱吐利寒多不用水（与太阴病自利不渴相同）者主用理中汤看出，也可从太阳病误下陷入太阴表证未除而下利不止主用桂枝人参汤（本方既用理中汤温太阴之里，又用桂枝解太阳之表）看出。

由于太阴与阳明相表里，故太阴病有可能转化成为阳明病。如阳明病篇说："伤寒脉浮而缓，手足自温者，是为系在太阴，……至七八日，大便硬者，为阳明病也。（187条）即其例证。

（五）少阴：标阴、本热、中见太阳

少阴属心肾，心属火，肾属水，而肾又为先天元阳元阴之所在，坎水中潜龙火，心火且为命火之焰，故火在少阴占居主导地位，而应以热为本。正因为少阴以热为本，肾水和心血受到火热的温煦，故能流行不息，以成其温滋体内五脏六腑之功。同时，由本火蒸化肾水心血所发出的标阴，敷布周身，润泽体外四肢百骸。因此，水火既济，既不觉其水之寒，亦不觉其火之热。这就正常情况而言。

若以反常情况来说：少阴标阴为病，或因阴邪直中少阴之经，或因阴邪由太阳涉及少阴之经所致。而阴邪之所以能够侵犯少阴之经，必因少阴阳气（坎火或离火）先虚。当阴邪在表时，即现表寒证，如少阴病篇说："少阴病，始得之，反发热脉沉者，麻黄附子细辛汤主之。"（301条）若表寒不解，进一步伤及少阴本热时，阴邪即可由表入里（或少阴阳气素虚，阴邪直中其藏），而现里寒证，如少阴病篇中的四逆汤证，附子汤证，真武汤证，白通汤证，通脉四逆汤证等。

少阴本热为病，或因阳邪直中少阴之藏，或因伤寒郁阳化热传入所致。而阳邪之所以能够侵犯少阴之藏，必因少阴阴液（肾水或心血）先虚。当阳邪入里时，即现里热证，如少阴病篇说："少阴病，得之二三日以上，心中烦，不得卧者，黄连阿胶汤主之。"（303条）"少阴病，脉细沉数，病为在里，不可发汗。"（285条）

由于少阴与太阳相表里，故少阴病有可能转化成为太阳病。如少阴病篇说："少阴病，八九日，一身手足尽热者，以热在膀胱，必便血也。"（293条）即其例证。此外，少阴阴证回阳太过，燥化成实，也可转化成为阳明病　如少阴病篇说："少阴病，六七日，腹胀不大便者，急下之，宜大承气汤。"（322条）这也是因为阳明居中土，万物所归之故。

（六）厥阴：标阴、本风、中见少阳

厥阴属肝与心包络，肝为阴木，属阴风（它和胆为阳木属阳风者有所不同），心包络为心之外膜，心属火，心包络自亦属火。但因心包络在五藏中居于辅助地位，故厥阴应以风为本。由于肝之阴风获得震阳和心包络火的温煦，阴阳相济，既不现寒，亦不现热，而为和风。且因风主疏泄，故厥阴所藏之血和由本风所输出的标阴，乃得以流畅，而不致郁滞，以成其养内滋外之功。这是就正常情况而言。

若就反常情况来说：厥阴标阴为病，或因阴邪直中厥阴之经，或因阴邪由太阳涉及厥阴之经所致。而阴邪之所以能够侵犯厥阴之经，必因厥阴阳气（震阳和心包络火）先虚。当阴邪在表时，即现表寒证，如厥阴病篇说："手足厥寒，脉细欲绝者，当归四逆汤主之。"（351条）"若其人内有久寒者，宜当归四逆加吴茱萸生姜汤。"（352条）从后条所谓"内有久寒"来看，可以推知前条必系外有新寒，因此才适用桂枝汤加当归细辛木通以通血脉而解散厥阴经的表邪。

厥阴本风为病，有三种情况，第一种是因肝阳和心包络火不足，阴邪直中厥阴，而阴风挟寒内动，故现寒证。如厥阴病篇说："干呕，吐涎沫，头痛者，吴茱萸汤主之。（378条）第二种是因厥阴阴血不足，阳邪直中，而阳风挟火内动，故现热证，如厥阴病篇说："热利下重者，白头翁汤主之。"（371条）"下利欲饮水者，见有热故也，白头翁汤主之。（373条）第三种是因厥阴阴阳两虚，寒热之邪杂处其中，故现寒热错杂证，如厥阴病篇说："厥阴之为病，消渴，气上撞心，心中疼热，饥而不欲食，食则吐蛔。"（326条）本条上热下寒证为厥阴病提纲，在诸证中占据主要地位，宜用乌梅丸主治。这是因为手厥阴心包络在上主热，而足厥阴肝在下主寒的缘故。

由于厥阴与少阳相表里，故厥阴病有可能转化成为少阳病，如厥阴病篇说：呕而发热者，小柴胡汤主之。"（379条）即其例证。此外，厥阴阴证回阳太过燥化成实，或热从燥化，由脏出腑，亦可转化成为阳明病，如厥阴病篇说："下利谵语者，有燥屎也，宜小承气汤。"（374条）

以上是就伤寒论六经标本中气为病的基本情况

分别举例而言，是否符合内经至真要大论所说的标本中气为病的精神，由于个人初探此道，领会不深，难免谬误，希望大家批评指正。

[《江苏中医》1962，(12)：1]

同中有异、异中有同的伤寒与温病

蒋其学

《伤寒论》及温病学在祖国医学理论体系中是重要的组成部分之一，《伤寒论》的辨证论治法则是中医学术的精华，而温病学的理论体系是以伤寒论的思想体系为基础的，并且有很大发展使急性热病的理法方药更为完备，实可补伤寒论之不足；伤寒论与温病学，两者都是急性热病的辨证施治纲领，是不可分割的统一整体。现将伤寒及温病的初步管见分述于下，敬祈同道不吝赐教。

伤寒与温病的区别

伤寒与温病，两者都属于热性病范围，原则上无多大区别，“伤寒论”所论及的是广义的伤寒，可以包括狭义的伤寒和温病在内，如太阳病篇中就有温病和风温两证的记述，但狭义的伤寒则仅指太阳病中的麻黄汤证。所以若就广义伤寒而论，即温病是其中的一种，若就狭义伤寒而论，则与温病的脉证恰恰相反，治法亦异。如果因伤寒与温病在辨证论治体系的原则方面一致，就误认为温病就是伤寒的话，也是不够恰当的；反之，将伤寒与温病间继承和发展的关系一律割断开来，同样是不合于客观事实的，应当从其矛盾的普遍性中进行异中求同，再从其矛盾的特殊性中进行同中求异，才是实事求是的科学的态度，因此不能说伤寒与温病之间就完全没有分别了，因为在临床症状的特点及在辨证施治的特殊规律上，两者之间仍是有一定差别的，今将其不同的特点区别如下；

(一) 感受外邪之性质有所不同

《巢氏诸病源候论》云：“夫伤寒病者，起自风寒”，在病源卷十温病发斑候云：“夫人冬月触冒寒毒者，至春秋发病”，及“冬月天时温暖，人感乖戾之气……冬温毒始发出肌肤”，指出伤寒是感风寒而感，冬温是感寒毒及温邪之气而成。明陶节庵云：“夫伤寒者自霜降后至春分前，天冷严寒，水冰地冻，而成杀厉之气，人触犯之即时病者名正伤寒，若冬月而天气温燥，感之则为冬温。如至春分节后，天气温燥，人感壮热而病者为温病”。陶氏此言说明了正伤寒因冬日感寒邪所致，冬温系冬日感温邪而起病，温病乃春日感温邪而即病，其所感受之外邪各不相同。章虚谷云，“如天气寒冷则风从寒化，而成伤寒；温暖则风从热化而为温病”，也阐明了人感寒冷之风邪则成伤寒，感温暖之风邪则成温病。上述三则，都说明了伤寒和温病在发病时所感受之外邪性质有所不同。

(二) 发病时有无潜伏期

“素问”阴阳应象大论云：“冬伤于寒，春必病温”。王叔和亦在“伤寒例”中之“阴阳大论”云：“中而即病者名曰伤寒，不即病者，寒毒藏于肌肤中，至春变为温病”。但应该说明，在外感温病方面也与伤寒一样的感而即病，没有潜伏期，但在伏气温病方面则有潜伏期，“冬伤于寒，春必病温”则是指有潜伏期的伏气温病。宋朱肱在“类证活人书”中云：“其即时而病者，头痛身疼肌肤热而恶寒，名曰伤寒。其不及时而病者，寒毒藏于肌肤之间，至春阳气发生，则寒毒与阳气相薄于营卫之间，其病与冬时即病无异，但因春温气而变，名曰温病”。按朱氏之说，同样说明伤寒是感受外邪即时发病，没有潜伏期的，而温病则不即时发病，至春受温气触犯而发病，是有潜伏期的，所以伤寒与温病的发病有无潜伏期是有区别的。

(三) 外邪所犯的经络部位不同

明吴又可云：“伤寒之邪，自毫窍而入，时疫之邪，自口鼻而入”。叶香岩外感温热篇云：“温邪上受，首先犯肺，逆传心包”；又在医案疫门内云：“口鼻吸入秽浊，自肺系渐入心包络”。吴鞠通曰，“温病由口鼻而入，自上而下，鼻通于肺，肺者皮毛之合也”，又说：“凡病温者，始于上焦，在手太阴”。叶氏医案温热门中云：“初病手经，不当用足经方”，这几个论点，都认为在病邪所犯的经络和部位方面，伤寒和温病是有所不同的，对伤寒而言，病邪初犯足太阳膀胱经，邪从毫窍而入。对温病而言，病邪初犯手太阴肺经，邪从口鼻而入。

(四) 临床症候群的差别

①在初起的证候上有伤寒和伤温的区别：

伤寒的初起见证以寒邪出现，如恶寒发热，无汗，口不渴，无内热，脉浮紧。温病初起见证以温邪出现，如发热，微恶寒或不恶寒，有汗或无汗，舌尖赤，内热，心烦口渴，脉数。

②在某些主证上有恰恰相反的现象：

伤寒初起并不口渴，但温病初起必有口渴；伤寒初起必有恶寒发热，温病初起必有发热，但多不恶寒或微恶风寒。

③在后期病理转归上有不同的结果：

伤寒证后期表现伤阳者较多，如伤寒论中多有“发汗多，若重发汗者，亡其阳”，“病人脉阴阳俱紧，反汗出者，亡阳也”，“少阴病脉微，不可发汗，亡阳故也，阳已虚，尺脉弱涩者，复不可下之”等记载，所以伤寒论以救阳气为急务。而温病后期表现伤阴者较多，如温病条辨中着重指出：“温病忌汗”，“温病最善伤阴”，“温病伤人之阴，故喜辛凉以救其阴”，故治温病始终着重于保津养阴。

（五）病理传变特点上的不同

叶香岩外感温热篇云：“温邪上受，首先犯肺，逆传心包”，说明大多数急性热病在临床上出现咳嗽喘促的呼吸器症状，而且往往由于高热稽留而出现神昏谵语等神经系统症状，而这种病理传变在伤寒证中是不多见的，但在温病方面则较为普遍，这是伤寒与温病在初起时病理传变的不同特点。明吴又可云，“伤寒邪感在经，以经传经；时疫以邪在内，内溢于经，经不自传”，是说明伤寒证的六经传变，原则是由表入里，但温病除了外感温病的由表入里外，在伏气温病方面都是由里传表的，这是两者间传变不同的特点，如张路玉所云：“伤寒自气分传入血分，温热自血分发出气分”，事实上新感温病也象伤寒一样由表传里，伏邪温病才会由内向外而发。叶香岩外感温热篇又云：“盖伤寒之邪留恋在表，然后化热入里，温邪即热变最速”，其意即指伤寒的传变，在一般情况下多数依太阳传阳明，或由太阳传少阳，在传变速度上是比较缓慢的，不象温病的温邪犯肺即逆传心包引起神昏谵语那样快速，但事实上也不能绝对而论，因为伤寒证中也有开始即出现太阴或少阴的所谓“寒邪直中三阴”的症状，不过一般的说来，温病易于伤阴，阴亏则肝风上逆，病邪传变较速，这种说法似乎也有事实根据的。

（六）在治疗特点上的不同

《史记载》仓公用火齐汤（三黄汤）治热病，已昭示后世治温病宜凉解而不宜温散，主内而不主表的最先范例。仲景在《伤寒论》中云：“太阳病发热而渴，不恶寒者为温病；若发汗已，身灼热者，名曰风温。风温为病，脉阴阳俱浮，自汗出，身重多眠睡，鼻息必鼾，语言难出，若被下者，小便不利，直视失溲”，可见仲景当时已明确指出温病不可误汗，更不可用辛温发汗，所以在仲景当时已主张治温病宜凉不宜温及主里不主表。宋朱肱在“活人书”中指出，“治风温证不可发汗，治湿温证也不可发汗”，提出要用苍术白虎汤治湿温，以及说明在春秋两季中用桂麻二方治病时必须加减运用，如他指出：“桂枝汤自西北二方居人，四时行之，无不应验，自江淮间唯冬及初春可行，自春末及夏至以前，桂枝证可加黄芩半两，夏至后桂枝证可加知母一两或加升麻半两”。金朝刘河间认为不可用辛温解表以治热病，所以自制清里解表的“凉膈”“双解”诸方以资应用，运用清法以清里热兼用辛凉解表以治温病。明王安道云：“风温病、热病，若无重感，表证虽间见，而里病为多，斯时也，法当治里热为主，而解表兼之，亦有治里而表自解者”，又云：“温病不得混称伤寒，……，法当清里热为主，而解肌次之”。明喻嘉言云：“凡伤寒种种危候，温症皆得有之 亦以正虚邪甚，不能胜其任关，至于热症尤为十之八九，缘真阴为热邪久耗，无以制亢阳”，认为温病易于伤阴，主张用滋阴增液法治温病。明李梴“医学入门”云：“温热不恶寒，则病非外来；渴则自里达表，郁热腠理，不得外泄之故，终是里多表少，当治里热为主，而解肌次之”。叶天士在温病篇中云：“辨营卫气血，虽与伤寒同，若论治法，则与伤寒大异也”，并提出，“在表初用辛凉轻剂”，“始初解表用辛凉”，又在医案温热门中云：“治法以辛凉微苦，气分上焦廓清则愈”。吴鞠通云：“若真能认得伤寒，断不致疑麻桂之法不可用，若真能识得温病，断不致以辛温治伤寒之法治温病”。综上所述，历代医案均认为伤寒与温病的治法特点不同，均主张治伤寒可用辛温，而治温病必用辛凉，且治温病多重里而解肌次之。个为对比其治法特点起见，兹再略为剖析如下：

①汗法运用上的不同：

伤寒汗不厌早，温病汗不厌迟，如“温病条辨”上焦篇云：“伤寒一汗即解，温病忌汗，汗之不惟不解，反生他患”。伤寒初起宜辛温发汗，如以麻黄汤、桂枝汤等以解寒邪；温病初起宜辛凉解肌，如以银翘散、桑菊饮之类以轻清解肌。

②在下法的运用上有所不同。

伤寒下不厌迟，温病下不厌早，伤寒可以峻下，温病宜用缓下，如条辨上焦篇汪按引叶天士语云：“伤寒下之宜猛，温病下之宜轻”。伤寒里证当下，必待表证全罢方可通下；温病里证当下，则可不拘表邪尚有与否。

③温法运用上的不同：

伤寒论对亡阳证可用四逆汤等温燥剂以回阳温中，温病条辨中对虚寒证亦忌用燥热的回阳救急剂，仅可用加减复脉汤等滋润剂。

④清法运用上的不同：

伤寒论对热邪久恋及脉数之热证，运用的白虎汤等清热重剂，温病学对此等热证则运用清营汤等清热轻剂。

⑤消法运用上的不同：

伤寒论对外邪郁结的邪正俱盛的实证，用大柴胡汤等攻破剂；但温病学对此等证只宜用一加减正气汤等缓消剂。

⑥补法运用上的不同：

伤寒论对体衰脉弱之虚证可用通脉四逆汤等温补剂，但温病学对虚证仅用救逆汤等清补剂。

《伤寒论》与温病学之关系

伤寒与温病虽然在主证特点及施治特点上有所区别，但其辨证论治体系的基本法则是一致的，同时伤寒论与温病学间实有其一定密切联系，今将其原则上之关联略作探讨如下：

（一）《伤寒论》及温病学均以《内经》学说为基础

①《伤寒论》的六经是在《内经》学说的基础上发展而成的。

张仲景的《伤寒论》以“六经”立论，系统地确立了祖国医学辨证论治体系，树立了中医治疗学的规范，但如果将伤寒论详加剖析时，可以发现仲景不但“勤求古训、博采众方”，而且其思想体系及理论根据，基本上是渊源于“内经”的，如就伤寒论“六经”中三阳经与三阴经的排列，依太阳、阳明、少阳、太阴、少阴、厥阴的顺序而演变；而“素问热论”对热病的演变记述是：“一日太阳、二日阳明、三日少阳、四日太阴、五日少阴、六日厥阴”、《伤寒论》中也有“伤寒一日，太阳受之”，“伤寒二三日，阳明少阳证不见者，为不传”，及“伤寒三日，三阳为尽，三阴当受邪”等记载，可见在热邪按日期演变的说法上，《伤寒论》与《内经》是基本一致的，可是《伤寒论》的“六经”是传变的，而且有合病，併病及直中等传变的复杂现象，不同于“内经”中“六经”一日传递一经的固定形式。这就说明仲景对“六经”传改日期方面，继承了“内经”的理论体系，在实践中灵活运用，并没有犯教条主义。在六经分证的综合性归纳法方面。“素问热论”指出六经的形证是：“三阳（太阳）受之，故头项痛，腰脊强”，“阳明受之……故身热目疼而鼻干，不得卧也”。“少阳受之，故口渴舌干而渴”，“厥阴受之……故烦满而囊缩”。伤寒论中的“六经”形证是：太阳病则恶寒发热、头痛身疼、项背强。阳明病则身热、汗出、口渴、便闭、腹满而痛。少阳病则咽干、目眩、耳聋、胸胁苦满。太阴病则腹满时痛、吐利食不下。少阴病则恶寒厥逆、但欲寐。厥阴病则消渴、气上撞心、心中疼热、下利等”。可见在症状记录上，两者的相差不太大。由此观之，伤寒六经确是从《素问》六经分证的基础上充实发展而成的证候分类法。

②温病学中的“卫、气、营、血”及“三焦”也是在《内经》学说的基础上发展而成的：

清代叶天士在“温热论”及“临证指南医案”中，归纳了历代温病学说的精华，并加入自己的实践研究，主张用“卫、气、营、血”四个阶段，划分温病在病变过程中四个不同的证候群，以及作为温病治疗措施上的论治依据。吴鞠通又在叶氏“卫、气、营、血”学说的基础上，著“温病条辨”一书，将温病分上中下三焦立论，成为温病学系统性的专书。考“卫、气、营、血”及“三焦”之名称，在“内经”中早有所构述，如“灵枢营卫生会篇”云，“何气为营，何气为卫……其清者为营，浊者为卫，营行脉中，卫行脉外”，“素问痹论”云：“营者，水谷之精气也，和调于五脏，洒陈于六腑，乃能入于脉也，故循脉上下，贯五脏络六腑也；卫者，水谷之悍气也，其气慓疾滑利，不能入于脉也。故循皮肤之中，分肉之间，熏于盲膜，散于胸腹”。“灵枢决气篇”云，“上焦开发，宣五谷味，熏肤、充身、泽毛，若雾露之溉是谓气”。及“中焦受气，取汁变化而赤，是谓血”。根据以上条文看来，“内经”中的“营、卫、气、血”主要是阐明人体的正常生理变化，以及四者在机体内的深浅界限，但叶天士引用：“内经”中营卫气血的基本精神，以区分温病之病理机转中的阶段层次，并作为温病辨证施治的依据，如“温热论”云：“大凡看法，卫之后方言气，营之后方言血，在卫汗之可也，到气才可清气，入营犹可透热转气……入血就恐耗血动血，直须凉血散血”，虽然叶氏所论之“卫、气、营、血”与“内经”中所云有颇大程度的差别，但叶氏参考“内经”中关于说明人体生理机能之深浅层次的基本精神，并借用其名目及定义加以发挥，使之成为温病辨证论治法则及临床实施的步骤，因此其学说基本上是渊源于内经的。

《内经》对于“三焦”的理论如《灵枢·营卫生会篇》云：“上焦出于胃上口，并咽以上，贯膈而布胸中……中焦亦并胃中，出上焦之后，……上注于肺，化而为血……，下焦者，别回肠，注于膀胱，而渗入焉”。“及上焦如雾，中焦如沤，下焦如渎”，说明人体在内脏机能上下联系的整体性。吴鞠通则运用“三焦”及结合“卫、气、营、血”来归纳温病的证候群，以上中下三焦立论，作为温病辨证论治的纲领，但吴氏所论“三焦”之含义，与《内经》中之“三焦”不尽相同，吴氏是借用其名目及概念而加以扩充用的，但也可看出吴氏的三焦立论是渊源于《内经》的。

对照之下，足证伤寒论及温病学均以“内经”为借鉴，其思想理论体系同以“内经”为基础，因此在思想方法体系上是有密切关联的。

伤寒和温病在辨证论治基本法则上是一致的

《伤寒论》以六经为纲领来指导临床实践，“六经”的辨证论治法则，是以“八纲”（阴阳、表里、虚实、寒热）立论的，如三阳病为表为热，三阴病为里为寒。温病学以“卫、气、营、血”及“三焦”划分病情的表里深浅阶段，及作为切合温病特点的辨证论治纲领，也同样体现着“八纲”的基本法则，同时伤寒与温病同样以四诊为辨证的工具，因此可以肯定的说伤寒论和温病学的辨证论治基本法则是一致的。如叶天士在“温热论”中云：“辨营卫气血虽与伤寒同”，吴鞠通云：“是书（指温病条辨）着眼处，全在认证无差，用药先后，缓急得宜；不求识证之真，而妄议药之可否，不可与言医也”。根据叶吴二氏的见解，都认为虽然伤寒与温病在施治特点上有所区别，但在辨证论治的基本原则上是没有分歧的，因为“六经”“三焦”及“卫、气、营、血”，都体现着祖国医学辨证论治的精神。正如戴北山云“世之治伤寒者，每误以温热治之，而治温热者，又误以伤寒治之，此辨之不明也”，指出伤寒与温病的治疗特点虽然不同，但辨证的原则是统一的，所以出现误治的原因完全由于辨证不明之故，认为只要通过明确细致的辨证过程，不难将其独特的证候群区别开来，也就说明了伤寒温病两者的施治，都要依靠辨证论治体系作准绳，才不至于迷失方向，才能发挥其应有的效果，因此辨证论治法则是伤寒论及温病学所共同遵循的。

伤寒温病均属热性病范畴，有共同的规律为基础

《内经》把伤寒和温病都包括在热病内，如《素问·热论》云：“今夫热病者，皆伤寒之类也《难经》云：“伤寒有五，有中风、有伤寒、有湿温、有热病、有温病”，《内经》所述之伤寒系指广义伤寒而言，“难经”所论之伤寒亦有广义的及狭义的两种，狭义的伤寒与温病都包括在广义伤寒之内，因此伤寒论中所论的热病就属于广义的伤寒，而太阳病也就包括了狭义的伤寒与温病，说明伤寒和温病都是急性热病的证候群，伤寒论与温病学都体现着治疗急性热病的基本法则，而且两者的基本传变规律有着共同性，如《伤寒论》的“六经”传变，由太阳传阳明是由表传里，由阳明传少阳是由实致虚，可以看出伤寒的基本传变规律是由表传里，由寒化热和由实致虚。而在温病学中的“卫、气、营、血”的基本传变上，由卫分传入气分则是由表入里，由气分传入营分及血分时，则是由实致虚。至于温病“三焦”的基本传变规律是始于上焦，终于下焦，也体现着由表入里及由实致虚的共同规律，均与上述伤寒“六经”传变的三个规律基本一致。所以伤寒与温病共同以四诊八纲作为区别病程演进的准则，在病机传变上有共同的基本规律，而且同属于热性病的范畴。

温病学是在伤寒论的基础上扩充而成的

①温病学说思想体系的形成，是由于伤寒论所启发的：

《伤寒论》的六经分证，说明病邪由表入里由浅入深的基本传变规律，归纳了六个不同的证候群，也就是标定了六个邪正交争消长的一般规律，同时仲景在《伤寒论》中把人体视作整体关联的有机体，认为机体内各脏器均有密切关联，而机体与外界环境也相互适应，这种整体观念也在六经分证中获得充分的体现，因而确立了中医学术上的思想体系。而温病学说的“卫、气、营、血”及“三焦”虽然名目及论治特点上与伤寒六经不同，但是亦渊源六经分证的整体观念思想体系的，也是同样的体现着标示出病邪由表入里由浅入深的基本传变规律，因此在辨证论治思想体系方面，温病学既是在伤寒论启发的基础上形成的。

②在辨证论治基本法则上《伤寒论》为温病学树立了规范：

《伤寒论》中已初步提出温病的理法方药，如：“太阳病发热而渴，不恶寒者为温病”，明确的指出了伤寒与温病在症状鉴别上的要点，如“若发汗已，身灼热者为风温”，指出了治疗温病不可误汗，更不可以辛温发汗的基本法则。又《伤寒论》在阳明病的治法中，用白虎汤清阳明经热，以及用承气汤通下阳明腑实证等法，上述法则均为温病学所模仿采用，并加以发挥。还有如太阳病中有麻杏石甘汤等辛凉方剂，后世部分医家认为可以治风温证，从而说明伤寒论早已开了以辛凉方剂治温病的先河；其他如葛根芩连汤、竹叶石膏汤、茵陈蒿汤和白头翁汤等，都可以看作是治疗温病的初步方案，

可见虽然伤寒论中治疗温病的方案并不太多，但在辨证论治基本法则方面，伤寒论早已为温病学说指出了一条明确的前进道路，可以说伤寒论是温病学的指路碑。

③温病学的部分方剂来源于伤寒论，或在其原方基础上发展起来的：

《伤寒论》中的黄芩汤、白虎汤，黄连阿胶汤、栀子豉汤以及阳明腑实证的三承气汤等，在温病学中是常用的方剂。而温病条辨中的增液承气汤及清燥养荣汤等，则是根据伤寒论的方剂化裁而成的。如温病卫气不解而气分热炽时，投以辛凉重剂白虎汤；对气分炽热不从外解而里结于肠胃之证，投以承气汤等苦辛通降剂，若白虎与承气均系伤寒论原方，而温病学沿用之。另如治阳明温病津液不足者，服增液汤再不下者，增液承气汤主之。对温邪之恋阳明，脉虚大，手足心热，甚至手足背热者，用加减复脉汤主治。吴氏因认为辛温药能使阴液枯涸，于温病不宜，所以为了生津养阴，对温热患者施以滋养强壮疗法，就把伤寒论中的复脉汤内之参桂姜枣等助阳温燥品除去，加入白芍而成加减复脉汤，以补充大量阴液之意。在温病学中，象这样的用仲景原方化裁使用的例子很多，所以说在方剂运用方面，温病学中的方剂除了运用仲景原方外，还有部分是在伤寒论原方基础上扩充而成的。

温病学丰富了伤寒论的内容，可补伤寒论的不足

伤寒论集后汉以前的古代医学大成，对祖国医学起了发展与提高的桥梁作用，值得我们重视与钻研运用，但不能说伤寒论的内容已经非常完备充实了，更不能盲目推崇伤寒论为万能了，因为伤寒论对于温病的治疗方案是比较缺略的，虽然已经提出了部分纲领，但事实上仅依靠伤寒论的理法方药去统治一切热病是办不到的，因此温病学说的成立和发展是必要的。温病学说（比较详尽的论述温病，而且行之有效），不但丰富了急性热病的内容，使温病的治疗体系更趋完备，而且可补伤寒论的不足；是故吾人不应武断的只重伤寒论而否定温病学，当然更不应只重温病学而轻视伤寒论，因为这两种门户的偏见都是片面的。今就温病学对伤寒论所起的补充羽翼作用剖析如下：

（一）温病学扩大了热性病的证治范围

《伤寒论》中除了太阳篇指出温病和风温的鉴别较为明确外，其余对温病的论述是不太多的。温病条辨分述风温、温热、温疫、温毒、暑温、湿温、秋燥、冬温、温疟等九种温病，而以温热及湿温为两大纲要，进而区分为上、中、下三焦的共同证候群，不但使温病的辨证论治体系更为完备，而且扩大了热性病的证治范围，正如吴鞠通在温病条辨凡例中所说：“是书虽为温病而设，实为羽翼伤寒”。事实上也是如此，不可否认的是温病条辨对温病的论述比较完备，较有系统，理法方药较为丰富，其他如叶天士、王孟英二氏之学说，对温病的治法均有不少补充和发挥，且在临床上确有其指导实践的价值，宜乎后人对之有“大江南北，三时感冒，咸取则焉”的评价，近如年前我国医界运用温病的治则治疗乙型脑炎获得良效，堪称一个光辉的范例，证明温病学说不但丰富了伤寒论的内容，且是符合客观需要的，我们应在推崇伤寒论的同时，宜对温病学亦予同样重视，因为两者同是祖国医学遗产中的重要组成部分，不应对之存有片面或偏废的错误观点。

（二）温病学丰富了急性热病的理法方药内容

虽然伤寒论已经粗具对温病论治的初步方案，而且也有部分方剂可以治疗温病，但由于伤寒论对温病论治内容所占比重较小，是以对温病的治疗方案不够完备，事实上不可能靠伤寒论的方剂理法去治疗一切急性热病，所以温病学说的进一步完备，一方面可以丰富急性热病理法方药的内容，另方面对热性病的理论体系加以充实和提高，不但可补伤寒论对温病论治的不足，而且对祖国医学水平的提高有一定的积极意义。

①明确了急性热病的保津养阴治则：

吴鞠通治疗温病最重视养阴保津，“温病条辨”一书中始终强调以保津养阴为主，吴氏在条辨“评论”中云：“本论始终以救阴精为主，这个“存津液”的原则，虽然在“伤寒论”中已有论及，但“伤寒论”一书在治则中极偏重于救阳气方面，是以较多地运用辛温燥热的方剂，而“温病条辨”一书则为适应温病特点起见，始终在施治上避免辛温燥热，以防其灼耗阴液，如吴氏云：“温病忌汗，汗之不惟不解，且生他患”，所以在风温施治中，用辛凉解表法，以辛凉平剂银翘散及辛凉轻剂桑菊饮以达表散热，用辛凉解表以保津液，避免用辛温方剂以防其伤津损阴，这就丰富了热性病滋阴解表的治法内容。吴氏又云：“温病最善伤阴，用药又复伤阴，岂非为贼立帜乎？此古来用伤寒法宜温病之大也”。因此吴氏对温热久恋中焦，阴津受损时，用复脉汤生津养阴。吴氏又在阳明温病中，主张急下存阴，如对津液不足，服增液汤不能通下时，投

以增液承气汤以泻下救津，但不同于伤寒论中之阳明腑实的单纯峻下法，乃系运用通下与滋阴并行的润下法，以达到既能泻下邪热之效又收增液救津之功的治疗目的，也就丰富了急性热病下法的内容。另如吴氏在对急性热病中出现邪入心包神昏谵语及痉厥舌短等神经系统症状时，所采用的牛黄丸、紫雪丹等芳香开窍以解热生津的独特法，均可补伤寒论中之不足。

②丰富了急性热病的滋养强壮营养疗法的内容：

温病学中的养阴生津治则，是治疗温热病的特点之一，不但对高热证候群有养阴生津之效，而且符合滋养强壮的营养疗法精神。因为温热患者的临床症状，大多属于稽留性的热性病范围，例如热重于湿的湿温病亦可能相当于现代医学之肠伤寒，或如类似于暑温的乙型脑炎等高热稽留性热病，一般病程都比较延长，在热病稽留期同，体温调定点升高，如用发汗剂强退其热，一则会使体温调节机能易于受损，二则会导致体液及血液中的水分枯涸，同时亦难以达到退热目的，反而会使病情增剧，所以对于一般稽留性热病，不但禁用辛温发汗以防津液受损，而且应在施行清法的同时，施以增加水份及维生素的滋养强壮疗法，起到预防组织缺水及防止养分消耗过多的作用；此点吴氏已有原则性的见解，如其在条辨中已曾强调：“温病伤人身之阴，故喜甘寒等咸以养其阴”，在临床实施方面的范例如指出：对阳明温病通下后汗出之证，用益胃汤以复其阴液。对太阴温病口渴甚之证，用雪梨浆以补充患者体液，对温邪久恋阳明燥渴脉虚大手足心热之虚热证，用加减复脉汤以养阴清热。对温病误表津液枯竭心悸神昏之证，用复脉汤回其津液。对下焦温病热深厥浅脉细促心悸甚之证，用三甲复脉汤以生津滋阴。这些都是间接或直接生津养阴以扶正祛邪的治疗措施，创立了温病治法的独特风格，既补充了热性病患者之体液，又滋养强壮其机体抗病机能，丰富了治疗急性热病的滋养强壮营养疗法内容，可见那些讽笑吴氏治法为“果子药”者，实来有见于此也。

（三）温病学丰富了热性病的诊断方法

在《伤寒论》原文内，张仲景仅提出了几种温病的鉴别方法，但除了对太阳病中的温病及风温的鉴别较明确外，其余对温病的详细诊断法则提及不多，而温病学内如吴鞠通在温病条辨中把九种温病的鉴别法明确指出，以三焦区分温病的特殊论治步骤，而且在伤寒论舌诊的规范上，扩充了舌诊的内容，并增强了舌诊在温病学中的重要性。又如叶天士除了遵循内经及伤寒论的理论体系基础上，提出了辨斑疹及验齿等对温病诊断鉴别的重要意义，从而使热性病的诊断鉴别法更趋完善。如舌诊在伤寒论中虽已成立规范，但仲景在六经分证的一脉一证论治中，提到舌诊方面的并不太多，而在温病学中舌诊更被提到较重要的地位，因温病易于耗液伤阴，是以除脉诊闻诊问诊外，需要以舌的润枯消息津液的存亡，以苔之厚薄区分病位之表里，以舌质的绛淡诊查病邪的深浅，以舌苔色泽考察温邪在卫气营血中那一阶段，因此舌诊在温病中的更广泛被运用，实是温病学中比较独特的一环。又如辨斑疹及验齿方面，叶天士云：“斑属血者恒多，疹属气者不少”，即以斑疹之鉴别作为对卫分气分病机所属之辅助诊断。叶氏又云，“温病看舌亦须验齿，齿为肾之余，龈为胃之络”，并指出察龈之有阳血色紫者则以安胃为主，验齿之有阴血色黄者则以救肾为要，以验齿为区分病位所在及病邪深浅之辅助诊断法。这些独特的诊断方法，在伤寒论中是比较缺略的，因此温病学在热性病的诊断鉴别方面增加了较为丰富的内容，使热性病的辨证体系更为全面。

最后谈谈对伤寒及温病学派之看法

最近医界同道有的认为，主张伤寒与温病分家者始于明代王安道，认为王安道对温病的看法开始趋向分化，并把温病的名称治法及发病机转与伤寒截然分开，且主张伤寒方不可治温病，且谓王氏用狭义伤寒的眼光去看伤寒论，开后世经方派与时方派争的源头云云。这种看法，依笔者浅见，认为有值得商榷的地方，考王安道对伤寒及温病的见解如：“温病不得混称伤寒，因伏热在里，虽见表证，唯以里证为多，法当清里热为主，佐以清表之法，亦有里清而表自解者”，这个论点，说明了温病和伤寒的病理机转特点方面有所区别，在治法特点上亦有差异，不能混作一谈，告诉后人不要以为温病就是伤寒，以免后人不分青红皂白的用辛温发汗剂去治温病；并主张治温病应以清里热为主，虽然这个见解是比较偏于论伏气温病方面的治法了，可是原则上没有什么大错，并没有提出要将伤寒与温病分家。同时他说：“仲景立法天下后世之权衡，……凡杂病之治，莫不可借也，今人因伤寒之法可借治温暑，遂谓其法为伤寒暑温设，吁！此非识流而昧源者欤”，这个观点则提出仲景的论著是祖国医学辨证论治的基础，可作中医学术体系的核心，但不可因伤寒论中有些是可治温病的方剂，就误认为可以统治一切伤寒与温病了，因此王氏的意思是说用伤寒论的方剂去统治一切温病是不够切合实际的，必须对治温病的理法方药加以补充才能全面。王氏这个见解并没有否定伤寒论的价值，也没有主张伤寒与温病对立，因此笔者愚见以为伤寒与温病的分家不始于王氏安道，而始于陆九芝。

陆九芝对温病学家叶吴等人的评击甚剧，他首先反对叶氏的“温邪上受首先犯肺，逆传心包”的说法，并提出，“温热之病为阳明证，证在伤寒论中，方亦不在伤寒论外，本不难辨”，陆氏认为温病就是阳明病，强调伤寒论的阳明病可以概括一切温病，把温病学的成立认为是多此一举，亦即主张伤寒方可以就治一切温病，力辟温病学是毫无价值的东西，是完全否定温病学而只重伤寒论的“经方派”代表，也就是“伤寒派”的主要人物之一，因此笔者认为主张伤寒论与温病分家造成门户派别之见的，实是始于陆九芝。陆氏的片面看问题，可能由于他深钻伤寒论，对伤寒论甚有心得，推崇伤寒论接近到迷信的地步，因此只看到伤寒论对中医学术有承先启后价值的一面，不承认伤寒论对温病论治的不足之处，因而没有看到温病学对祖国医学有其积极意义的一面。近代医学家如恽铁樵等，认为叶吴之书疵误百出流毒天下，也是只重伤寒论主张取消温病学的代表人物。

至于张仲景在伤寒论中已经明确指出狭义伤寒与温病的区别，并提出风温不可误汗，可以理解到仲景原意并没有主张用治伤寒的方剂去统治一切温病，因此我们不能称仲景本身是“伤寒派”。而陆九芝及恽铁樵等过分推崇伤寒论主张废弃温病学的人，才算是名符其实的“伤寒派”。而叶吴等温热学家亦原则上遵循仲景的辨证论治体系，主张温病的辨证与伤寒六经一致，著书立说的动机并非为了与伤寒论对立，只是为了告诉后人勿误以治伤寒之辛温发汗剂治温病，及为了补充伤寒论中对温病治法的不足，使温病学的理法方药更趋完备而已，其主张是有一定进步意义的，是有益于祖国医学的充实提高的，因此也不能把叶吴二氏说成是“温病派”。只有那些主张有了温病学就可以推翻伤寒论的人，和即使遇到伤寒证亦运用温病治法去处理的人，才是真正的“温病派”。事实上，伤寒论和温病学两者都是急性热病的辨证论治纲领，同样是先民们长期与疾病抗争所积累的宝贵经验，同样是祖国医学宝贵遗产的重要组成部分，我们不应该重此轻彼，绝对不能只重视伤寒论而抛弃温病学，更不应该只承认温病学而否定了伤寒论，必须彻底打消门户派别的意见，必须对两者都予以应有的重视，并同样地结合现代科学方法去钻研整理充实提高，以丰富新中国医学的内容，这才是正确的治学态度。

结　语

1. 伤寒与温病，同中有异，异中有同，即是既有矛盾一面，也有统一的一面。伤寒初起无口渴而温病必口渴，伤寒治法宜辛温而温病宜辛凉，这就是矛盾一面；但伤寒与温病同属热性病范畴，有共同的辨证论治基本法则为基础，这就是统一的一面。如果我们片面的看问题，认为温病就是伤寒，认为治伤寒的辛温发汗法可以统治一切温病，那就犯了主观主义的错误。伤寒论和温病学不是对立的，因为伤寒论中已有部分论治温病的内容，温病学是在伤寒论基础上发展起来的，两者在辨证论治体系上是一致的，所以并不是水火不相容的，两者相辅而行，才是全面客观的。

2. 温病学的健全很大程度上基于伤寒论的启发，如温病条辨上焦温病所用的银翘散与桑菊饮，是辛凉解表的好方子，但伤寒论中的麻杏石甘汤早已为辛凉法树立了规范，只不过温病学更扩大了辛凉法的应用范围而已，又如中焦温病在伤寒论承气汤基础上，增添了增液承气汤等滋阴润下法，而在下焦温病中所用的加减复脉汤，也是在伤寒论的炙甘草汤基础上化裁而成的。因此可说伤寒论替温病学打好了基础，温病学补充了伤寒论中对温病论治的内容，从这些事实说明了伤寒论与温病学不但没有门户之见，而且有极密切的学术关系。

3. 叶吴二氏没有与伤寒论对抗，也没有修正伤寒论的内容，更没有反对伤寒论，如叶天士例中说：“是书虽为温病而设，实为羽翼伤寒”，说明其著书立说之动机，全在补充伤寒论中对温病论治之不足，且其在条辨编写体例方面均多仿效伤寒论，所以说叶吴二氏对伤寒论并无门户之见，更没有离经叛道，陆九芝及恽铁樵等诬之为离经叛道，实是片面主观看问题，犯了教条主义，没有从事物的发展中看问题的缘故。

4. 在古今世界中，由于一部分人对中医学术缺乏全面的理解，在学术上片面及主观的看问题，至今中医学术上形成门户派别之见，经方派迷信伤寒论，认为伤寒论万能，主张用伤寒方治温病，完全否定了温病学说，这是抱残守缺的教条主义思想。时方派只看到温病学说的临床实效。盲目的批判伤寒论古方不能治今病，主张用温病学说解决一切，也是片面狭隘的主观主义错误，太过与不及，都不从实际出发，同样的缺乏调查研究的精神。事实上伤寒论与温病学在理论体系上一致，同样是祖国医学宝贵遗产的重要部分，不应有所偏废，没有分门别户的必要，没有分立学派的可能，应该抛弃一己的成见，对之同样重视，同样钻研，同样运用，才符合实事求是的精神，深愿同道们澄清中医学术之派系分歧，正确的开展百家争鸣，共同为新中国医学之发扬光大而努力。

[《哈尔滨中医》1963，(6)：13]

介绍张仲景《五藏论》

赵有臣　辽宁中医学院

公元1900年（清光绪二十六年）在甘肃省敦煌莫高窟中发现了一批古书及文物，据考古家推测，这些东西是公元1000年左右封闭到石窟中去的，或者就是在公元1035年（宋，景佑二年），西夏赵元昊侵宋的一场战乱中封藏的，因为其中所出土叠部汉文书籍的署年，没有一个在宋至道年间（公元995～997年）以后的。这次意外发现，使我们得以见到不少久已散佚的古书，《张仲景五藏论》就是其中之一。

敦煌出土的《张仲景五藏论》共有两部，都是手写本，而且又都残缺不完。其中一部被斯坦因盗走，现藏于英国伦敦不列颠博物院，一部被法人伯希和盗走，现藏于法国巴黎国立图书馆，因而现在国内只能见到该二种写本的照片，而见不到实物。1949～1951年我国王庆菽同志留学英国时，曾摄回不列颠博物院所藏之敦煌出土书籍照片若干卷，其中便有《张仲景五藏论》一书，1958年陈邦贤先生曾将此照片附以说明，转载于该年之《医史与保健组织》杂志第1号中，当时我曾据该杂志将《张仲景五藏论》清写了一份，不过因为照片字迹漫漶，不少字一时未能认清，心中常引以为憾。1961年忽于日本1959年4月份《汉方之临床》杂志上，见到宫下三即氏论述敦煌出土医学书籍的文章中，载有宫下氏对《张仲景五藏论》的清写本，我急速取来与我以前的清写本作了一番对照，结果见到宫下氏认错的字也不少，不过还有个别地方可以作参考，特别是我未见到巴黎藏本的《张仲景五藏论》，而宫下氏却引用了，在这方面获得的裨益较大。不过大多数以前没认清的字，经过这番对照，仍没得到解决多少，因此使我感到象这样一千多年前的书籍，保存到现在，字迹漫漶是必然的现象，现在不仅我们在照片上看不清，就是拿到原物也未必都能看清楚，因此我就放弃了将来或许能遇到较清楚照片的希望，而又重新拿取1958年第1号《医史与保健组织》杂志，就其中陈邦贤先生所刊出之伦敦藏卷《张仲景五藏论》照片，反复玩索。不料原来未认清的字，数日之间竟得到基本解决。

伦敦及巴黎所藏的两个《张仲景五藏论》残卷写本，从现存部分来看，不仅内容尽同，而且彼此的误字及俗白字也一样，可见二者是来自同一传本，用以互相校补，最为合辙。其中以伦敦藏卷首尾尚全，即据以为底本，但残缺了350余字，至于巴黎藏卷，则仅存全书后半截之五分之二，不过它还可以将伦敦藏卷所残缺之350余字，补上约70字，其余剩下的280余字，我又多方参考推敲，拟补上了120余字。总之，全书共约1700余字的一部《张仲景五藏论》，最后还剩下了160余字没有补上，但经过这番加工，现在已经约略可读了。

陈自明在公元1237年（宋，嘉熙元年）所著的《妇人大全良方》：卷十妊娠总论中说：“《五藏论》有称耆婆者，论一月如珠，二月如桃花，三月男女分，四月形象具，五月筋骨成，六月毛发生，七月游其魂，儿能动左手，八月游其魄，儿能动右手，九月三转身，十月受气足”，这节引文，虽称出自《五藏论》，但不见于敦煌出土本《张仲景五藏论》中，另外陈氏又说：“如《五藏论》者，类皆浅鄙，妄托其名”，从“类皆”这一语气来看，陈氏所见到的《五藏论》并不止一种。原来从隋唐到宋代，以《五藏论》命名的医书确实不少，如《隋书·经籍志》有《五藏论》五卷；《旧唐书·经籍志》有《五藏论》一卷；《新唐书·艺文志》有《裴琏五藏论》一卷；《宋史·艺文志》有《神农五藏论》一卷、《黄帝五藏论》一卷、《赵业黄庭五藏论》七卷、《张向容大五藏论》一卷、《张向容小五藏论》一卷；《通志·艺文略》有《吴竞五藏论》五卷、《元女五藏论》一卷。敦煌出土除《张仲景五藏论》外，还有《明堂五藏论》；吐鲁番出土的有《焉婆五藏论》一卷，不胜枚举。至于我们现在要介绍的《张仲景五藏论》最早著录是宋《崇文总目》及郑樵《通志》，录曰《张仲景五藏论》一卷，和敦煌出土本的卷数正相符合，在这以前，《旧唐志》及《新唐志》虽都有《五藏论》一卷的著录，但未指明作者姓氏，因而我们不能确定它们所指的就是《张仲景五藏论》。

上述这些《五藏论》，因《张仲景五藏论》及《明堂五藏论》《焉婆五藏论》有出土本，尽管大都残缺不完，尚能窥得其概貌外，还有《耆婆五藏论》曾为朝鲜古医书《医方类聚》所引，日本人多纪茝庭曾从《医方类聚》中录出一个辑佚本（上述陈自明《妇人大全良方》中所引。五藏论“有称耆婆者”云云一段，即见于此书中，因知陈氏所据必是《耆婆五藏论》)；更有《吴竞五藏论》中的“神圣茸香散”一方曾为《苏沈良方》所引（见该书卷四），其余的一些《五藏论》大都散佚，难以窥知其内容。

就现存的资料来看，所说的《五藏论》，其中论说“五脏六腑”及“内景”的事反而极少，其大部分内容是论述药性、药方和一些医学基本知识，而且辞句又大都是通俗浅白的韵文体，特别便于诵读和记忆；因此我们设想：《五藏论》者，乃是公元6～14世纪左右即隋初到宋末前后，流行于民间，供初学使用的一种特定体裁医书的通用名称，当时曾有很多这类体裁的医书，基本都是以《五藏论》的名称出现的，我们要介绍的《张仲景五藏论》，就是其中之一。

其次，此书的作者并不真是张仲景，因为写本中不仅载有不少象荜茇那样仲景时代尚未有的药物，而且还提到公元5世纪龚庆宣氏所著的《刘涓子鬼遗方》，仲景是公元2世纪的人，如何能写出公元5世纪的事呢？另外书中的学术见解与仲景的《伤寒论》及《金匮要略》也判然有别，使人一望可知其决非出自仲景之手，可见前引陈自明所说的“如《五藏论》者，类皆浅鄙，妄托其名”一语，是有其一定根据的。据初步推测，此书当系隋唐间人所作，特托张仲景之名，以便取人珍重而已。不过节中却有些参考价值，尤其药性方面，据现存的部分来看，已涉及了110多种药物，有些地方可以补现存本草书籍的缺略，如王羲之《十七日帖》有天鼠膏治耳聋的记载，曾遍检诸家本草及方书，都无此论述，独此书有曰：“大（天）鼠煎膏，巧疗耳聋，得萆麻而加妙”。我相信如能将此书与各家本草及唐宋以前的医书对照研究，一定能得到很多的收获，现将该节全部清写本刊出，以供参考：

普名之部，出本于医王皇帝，□□□□□□□□□□有一千余卷，耆婆童子，妙闲□□□□□□□□□□何能备矣。天有五星，地有五岳，运有五行，人有五藏，肺为将军，脾为大夫，心为帝王，肝为汞（丞）相，肾为列女，肝为胆合，脾以为（胃）通，小肠连心，膀胱连肾，大肠连肺，肝热则目赤，心热则口干，肾虚则耳聋，肺风则鼻窒，脾□则□□，目是肝候，舌是心观，耳作肾思，鼻为肺应，心主于肉，肺主于肤，肝主于舫，肾主于骨，骨假舫立，肉假皮存，面肿关脾，皮曰（因）骨长，故知骨患由肾，舫患则出肝，肉患则伤心，皮患则由肺，只是十二经脉，上下巡还，八脉寄经，内外流转，三焦六腑，四海七身，胱膈咽喉，唇舌牙齿，臂肘指爪，膝胫脚踝，背胁项股，眼鼻至须，眉髭发□有患处，并有所因，莫不内积虚劳，外员（损）风习（湿）者也，察其颜色，即便寒温，听之音声，便之□□□□□□心病，多笑者肾耶（邪），啼哭者患肝，声吟者□□，□□□□冷，皮青者是风，颜黑者是温，面黄者□□，□□□□忘，脾虚则戏（喜）饥，肾冷则腰疼，肺□□□□，□□□者患冷，声乱者患风，声轻者患虚（?），□□□□□，视毛则知骨，见爪则知舫，看目则知肝，察（?）□□□□，肾败则齿黑，血伤则皮燋，舫绝则爪干，声嘶则肺损，□□血余是患（?）者，壮热其原，寻原□□□□□□□□□藏腑（府），如此委细，乃是良医，□□□□□□□□□□，应病与药，无病不除，世无良（?）医，枉死者半，□□□为贵，头圆法天，足方法地，天有□□，人有□□，天有□□，人有□□，天有六律，人有六腑（府），天有七星，人有七□，天有□□，人有□□，天有十二时，人有十二经，天有廿四气，人有廿四椎，天有三百六十日，人有三百六十骨节，天有昼夜，人有瞋（?）眠，天有雷电，人有音声，天有日月，人有眼目，地有草木，人有血脉，地有九洲，人有九窍，地有土石，人有骨齿，地有草木，人有毛发，四大五常，假合成身，四大不调，百病俱起，○经曰，神农本草，辩土□□□□□□□□□□注经说酸碱而陈冷热，雷公妙典，咸述刨炙之宜，弘景奇方，委说根茎之用，周公药对；虚谈犯角（触），□□□□□□□□、直说五风之妙，扁鹤（鹊）能（?）回芒（丧）车，起死人□□□□□□□□、画地（华他）割骨除根，患者悉得抽愈，刘蠲（涓）子叙述，学在鬼边（遗），徐百一之丹方，偏疗小儿之效，淮南葛氏这法，秘要不传，集验之方，人间行用药疗也，疗人万病，肥白俱解，子孙昌盛，众人爱敬，皆由药性，只如八味肾气，补六极而差五劳，四色神丹，荡千阿（疴）而除万病，有命者必差，号（号）太子死甦生，无命者难为，秦景公于焉致死，人之养病，如火积薪中，去火如薪得全，去病人皆得活，薪不去火，虚被焚烧，有病不医，徒劳芒（丧）命，贵人之所贵，贱人之所贱，昔季康子会（馈）药，夫子拜而受之，上故贤圣，由（犹）敬其药，是以上中下（?）三品，□□不同，甘苦酸碱随其本性，若能君臣行用，玄疾疼能□□□□□□他身命，故本草云：零瑞之草，然则长先（生），锺乳□□□□□□，犀角有抵触之义，故能起痊駈耶（邪），牛黄怀□□之□，故能安魂定魄，蓝田玉屑，镇厌（压）精神，中台射香，荖（瘥）除（?）□□□□□□□□□冷而除腰疼，上蔡防风，傪头风而胁痛□□□□□□□□□□去头疼，太山茯苓发阴阳而近（延）年益寿，□□□□□□□□□之名，大黄宜引众公，乃得将军之号，半夏有止呕之功，相制必借生姜，当归有致（止）痛之能，相使还须白止，□□□□□□□目聪明，远枳（志）人参，巧会开心益智，赤禅（游或油）宜涂鸡子，白癞须附（敷）越桃，火烧宜怗（帖）水芹，杖打稍加营实，非（蜚）尸走疰，速用雄黄，忽勿惊耶（邪），急急求龙齿，头风起闷，须访菊花，脚弱行遥（迟），宜求石斛，欲令见鬼，久服麻花，拟去白虫，柒（漆）和鸡，墙微（蔷薇）却其疥癣，解（蟹）黄嗜去柒（漆）疮，通草疗耳龙（聋），石胆唯除眼莫（膜），胶秦（秦艽）结罹（罗）文之状干柒作螬（蜂）窠之刑（形）。母砂会取光明，升麻只求青绿，秦胶（椒）须汗，矾石须包，杜仲削去胶皮，桂心取其有味，石英研之似粉，杏人别捣如膏，菟丝酒渗乃凉（良），朴消火烧方好，防葵为（唯）轻唯上，狠毒唯重唯加（嘉），黄芩附（腐）肠为精，蔄茹柒头为用，石南采葉（叶），甘蘜（菊）收花，五加割取其皮，母（牡）丹捶去其骨，鬼箭破血，仍有射鬼之零（灵），神屋除温，非带报神之验，呕吐汤煎乾菖，所转酒煮木瓜，目赤须点黄连，口疮宜含黄蘗，脾转应痛，须访茴（茵）芋，骹养（搔痒）皮痛，汤煎蒴葛（藋），伤寒发汗，要用麻黄，壮热不除，宜加竹葉（叶），恒山鳖甲，大有荖（瘥）疟之功，虵脱绿丹（丹），善除丹（按“丹”字疑衍）癫痫之用，雄黄除黑翰（皯），木阑能去死皮，敝（茼）草煞齿内之虫，黎芦除烂鼻中宿肉，黄连断痢除疳，子（?）土（?）悦傪面皮，桃花润泽肤躯，穹（芎）穷枳实，心急即加用之，紫菀凝（款）冬，气嗽（嗽）要须当用，盲（虻）虫水蚍（蛭），即有破血之能（?），自述（术）槟榔，有散气消食之效，昌蒲（蒲）强寄（记），鳖甲通神，阴疮汤煎（?）蛇床，淋涩须加滑石，仙灵脾草，能去腰疼，然则忘杖归家，大（夭）鼠煎膏，巧疗耳聋，得草（萆）麻而加妙，虵交宜封人粪，蜂螫苹拨妙除，零羊角通噎駈耶，青羊肝疗疳明目，石脂加颜发色，白及（芨）卷面除皮，知母通痢开胸，空青消证（癥）止泪，孔公薮消食肥泽，蜜驰（陀）僧去痊赖人，壓（压）石寄假蜂房，水肿惟须（按“须”字下，疑脱“虎”字）杖，肠结通惟须甘遂，患眼宜取蕤人，安胎必借紫威，伤身要须地髓，恼（脑）心闷偏加木笔，血闩（闭）急见蒲黄，舅芻（?）脚累疮瘫，地胆破徽瘕息夹（肉），班猫能除鼠漏，松热（?）抽恶夹风疽，牵牛写水排脓，蒚（葶）历伐肿气泄水，桃人绝其鬼气，石南伤去诸风，瘿气昆布妙除，瘫瘇必须消食（按原抄本旁注一小“石”字），脱公（肛）久宜取鳖头，下贱虽曰地浆，天行病食者皆愈，黄龙汤出其痼（厕）内，时气病者能除，贫者虽号小方，不及君臣取写 有处出处，有灵有验，有黄有贱，有高有下，净（净）秽山中药。五藏论一卷

清写本中所月符号说明

1. 原本无断句，文中之断句逗点均系笔者所加；

2. 原本断烂处，由笔者以“□”填补其字数，但原本系竖写，有竖格无横格，每行字数 20 ~ 30 不定，所以其断烂处究竟为几字，往往难以确定，这样笔者所填补之“□”个数，只能是大概，而不是绝对的；

3. 字下圆点的字，这是笔者据《千金方》《金匮玉函经》、多纪茝庭辑佚本《耆婆五藏论》等书，或者就原本推敲其上下文所拟补的，除据辑佚本五藏论拟补者于字下圆点上方加“×”号外，其他均不作区别，至如《辑佚本耆婆五藏论》，笔者并未见到原书，所补数句，都是由其他书籍中间接引来；

4. 清写本中的括弧，都是笔者所加，括弧内的字，乃是括弧前一字或两字的译写，有的因为前面的字是别体字或古代通用或俗白字；有的是因为前面的字是误字，无论何者，只是其应作某字，便直接于括弧内注某字，别不作说明；

5. 衍字或缺字亦利用括弧内说明，一般在说明前加一“按”字；

6. 有的括弧内无字，而只有一个“?”号，其用意有二：一是表示该字在照片上残阙或不清，二是表示该字虽在照片上清楚，但因系别体字或错字而不知应译写作何字；

7. 文中在“经曰神农本草”一句之前，有一个“○”，是原来就有，非笔者所加；

8. 在上方加个“△”号的字，是表示该字系

据巴黎藏本校补的；

9. 在字的右上角加一个“■”号，是表示在原本上，到该处是一行出最末字。

参考文献

[1] 宋以前医籍考.

[2]《西域考古记举要》，法国郭鲁柏撰，冯承钧译. 中华书局出版，1957年4月上海第一次印刷.

[3]《唐代文献丛考》万斯年辑译. 商务印书馆出版，1957年9月新1版. 其他均于文内指明故从略.

[《江苏中医》1963，(5)：31]

对《伤寒论》与《内经·热论》关于六经问题的我见

张云鹏

《伤寒论》是中医辨证论治最有系统的经典著作，它与《内经·热论》的关系如何？历代医家有着各种不同的见解。笔者本着学习的精神，略抒管见如下：

笔者体会：《伤寒论》与《内经·热论》之间，是既有联系，又有区别。所谓联系，是从历史发展上来认识；所指区别，是从内容实质上来考虑。兹先谈历史发展上的联系。仲景《伤寒杂病论》自序中说：“……乃勤求古训，博采众方，撰用素问、九卷、八十一难、阴阳大论、胎胪药录，并平脉辨证，为伤寒杂病论合十六卷。”据现存医籍来考查，其中《素问》生气通天论、阴阳应象大论、阴阳离合论、玉机真藏论、热论、评热病论……等篇，关系较为密切，这就是医学历史发展上的联系。后人说“承前启后”，是《伤寒论》最大的贡献，是不无原因的。关于《伤寒论》六经与《内经·热论》六经，是否一致的问题，笔者体会：《伤寒论》六经的名称，虽渊源于《内经》：但其实际意义，则完全不同。仲景是用《内经》六经的名称，而赋予了新的涵义和新的内容；因此，在实质上和《内经·热论》有了原则性的区别，而区别点，可从三方面来讨论：

一、六经主要症状不同

为了便于对照起见，兹将《伤寒论》与《内经·热论》的六经主要症状，列比较表如下：

表：《伤寒论》和《内经·热论》六经症状比较

姓名	《伤　寒　论》	《内经·热论》
太阳	脉浮，头项强痛而恶寒，发热。	头项痛，腰脊强。
阳明	不恶寒反恶热，汗出烦渴，谵语，便秘。	身热，目疼鼻干，不得卧。
少阳	往来寒热，胸胁苦满，心烦喜呕，嘿嘿不欲饮食，口苦，咽干，目眩，脉弦细。	胸胁痛而耳鼻。
太阴	腹满而吐，食不下，自利益甚，时腹自痛。	腹满而嗌干。
少阴	脉微细，但欲寐，恶寒身踡，手足逆冷。	口燥舌干而渴。
厥阴	消渴气上撞心，心中疼热，饥而不欲食，食即吐蚘，下之利不止，或厥热相间。	烦满而萎缩。

根据上表的比较，《伤寒论》与《内经·热论》六经的主证，在三阳证有同有异，而在三阴证则有异无同。因此，清·柯韵伯说：“仲景六经总纲法与《内经·热论》不同。”究其六经主证有异的关键，笔者体会：在于归纳论证的方法不同。《内经·热论》是以经脉论证为中心，从经脉循行路线和表里相关来归纳，其范围较狭，有实热证，而无虚寒证；《伤寒论》是以辨证论治为中心，从病情属性、邪正消长的情况来归纳，其范围较广，有实热证，并有虚寒证。后者可以概括前者的证候，而前者不能包涵后者的证候。如《内经·热论》中的三阳病，没有《伤寒论》太阳的恶寒症、阳明的府证、少阳的往来寒热等主证，仅有头项痛、腰脊强、身热、目疼、鼻干、胸胁痛、耳聋等三阳经脉循行路线所反应的证候。《内经·热论》的三阴病，是属实热里证，可以归入《伤寒论》阳明病中；《伤寒论》所述的三阴病，是属虚寒里证，为《内经·热论》所未涉及的。所以，清·程应旄说：“《素问》之六经，是一病共具之六经，仲景之六经，是异病分布之六经；《素问》之六经，是因热病而原及六经，仲景之六经，是设六经而该尽众病。”

二、六经传变规律不同

《内经·热论》说：“伤寒一日，巨阳受之……二日阳明受之……三日少阳受之……四日太阴受之……五日少阴受之……六日厥阴受之……。”来说明热病六经传变规律。其中所谓一日、二日、三日是不符合实际的，一般认为：一日传一经，六日传遍六经，周而复始，至七日复传太阳。这不仅与《伤寒论》六经传变不同，亦为临床实践中所未见。由此，前贤对此作了种种解释，如清·张令韶说：

"传经之法，一日太阳、二日阳明、三日少阳、四日太阴、五日少阴、六日厥阴，六气以次相传，周而复始，一定不移，此气传而非病传也。"历代学者很少同意他的"气传"看法。至于清·高士宗所提出的"循次"见解，是被大多数人所接受，他说："一日受、二日受者，乃循次言之，非一定不移之期日也。"纵然如此，仍与《伤寒论》六经传变，迥然不同。试观《伤寒论》第4条"伤寒一日，太阳受之，脉若静者为不传，颇欲吐，若躁烦，脉数急者为传也"；第5条"伤寒二三日，阳明、少阳证不见者，为不传也"；第266条"本太阳病不解，转入少阳者，胁下鞕满，干呕不能食，往来寒热，尚未吐下，脉沉紧者，与小柴胡汤"；第269条"伤寒六七日，无大热，其人躁烦者，此为阳去入阴故也"。据以上四条，仲景对六经传变规律，提出了三个基本原则：1）六经的传变，是以脉与证为唯一的依据。2）六经的传变，不能拘于日数，对《内经·热论》"一日巨阳受之，二日阳明受之，三日少阳受之"的一日传一经之说，提出了反对意见。3）六经的传变不是机械的循次相传，有越经而传的可能。这些，均与《内经·热论》有所区别。

若说《内经·热论》中的"两感"与《伤寒论》"合病""并病"有联系，则更难理解。《内经·热论》所谓"两感"，是指表里两经俱病；《伤寒论》所谓"合病"是指非表里两经俱病。在《内经·热论》中，无"合病"之说，在《伤寒论》中，亦无"两感"之名。有人说：《伤寒论》第301条"少阴病，始得之，反发热，脉沉者，麻黄附子细辛汤主之"；是属于少阴与太阳两感证。的确，历代注家，除徐灵胎认为：发热、脉沉、均属少阴外，悉以两感解释。但是，本条的脉证，又与《内经·热论》中所说，"病一日则巨阳与少阴俱病，则头痛、口干而烦满"的症状不同。更重要的，《内经·热论》中的两感是指虚中夹实、阴中有阳、寒中有热。因此，二者是很难混为一谈的。

三、六经治疗法则不同

正由于《伤寒论》与《内经·热论》归纳论证的方法不同，治疗原则也有很大的差异。在《内经·热论》中，只提出"其未满三日者，可汗而已；其满三日者，可泄而已"的二个治疗原则；按其作用，仅为热证、实证而设。在《伤寒论》中，是具备了汗、吐、和、清、下以及温、补诸法，可应用于热证和实证，寒证和虚证。《内经·热论》中的三阳病，只用汗法，而《伤寒论》中的三阳病，应用了汗、吐、和、清、下诸法。《内经·热论》中的三阴病，采用泄法，《伤寒论》中的三阴病，多用温、补法，这是一个很大的距离。因此，日人丹波元简说："本经所论三阴病者，即仲盘所谓阳明胃家实证，故下文云：其满三日者可泄而已；仲景所论三阴病者，乃阴寒之证，此本经所未言及。"这不仅说明了治疗法则有差异，同时，也证实了归纳论证方法的不同。

也有人认为：《伤寒论》中少阴病之急下存阴是热病、是下法；同时，少阴病之黄连阿胶汤证，旨在养阴泄热，也是热证、也是下法，企图说明《内经·热论》六经与《伤寒论》六经的一致性。依笔者粗浅看来，这种说法，是令人迷惑的。按少阴病是属于全身虚寒证候，由于少阴统括心肾，所以，表现为心肾衰弱，阴阳俱虚，故特揭"脉微细、但欲寐"为本病的提纲。又因于人之体质有偏阳偏阴，少阴兼有水火二气，所以，少阴病的病理机转，既可从阳虚而化寒，又可从阴虚而化热。用温经回阳的四逆汤、白通汤，治其寒化证；复出育阴清热的黄连阿胶汤、猪肤汤，治其热化证。但少阴病，本为心肾衰弱，毕竟以寒化为多，每见虚寒、亡阳之证，这是本病的主流，所以，温经回阳为治疗本病的主要关键，亦为主要的方法。若从阴虚而热化，则为本病的支流，育阴清热一法，是为少阴病的次要方法。《伤寒论》中，少阴病三急下证，既非本病的主流和主要的方法，又非本病的支流和次要的方法，而是类似少阴病，"大实如羸状"的阳明里实证，按理不能列入少阴篇：其所以冠"少阴病"三字，是提醒后人，明辨疑似，不为假象所惑，与篇中所列第318条"少阴病四逆，其人或咳、或悸、或小便不利、或腹中痛、或泄利下重者，四逆散主之"，其意义相同。若把少阴病三急下，看为少阴病的本证，这是一个误会，因为，失却了仲景六经辨证纲领的重大意义；也就是应该与《内经·热论》中的"三阴可泄"加以区别的理由。

综上所述，《伤寒论》与《内经·热论》在历史发展上是有所联系，《伤寒论》六经名称，是渊源于《内经》，但在具体内容上，是不一致的，表现在六经主要症状、六经传变规律、六经治疗法则等三个方面。因此，可以这样说：《伤寒论》六经与《内经·热论》六经，在历史发展上是有一定联系的，在内容实质上是有原则性区别的。似乎不能将两者笼统地说成是一致的，以上管见，是否有当，尚希同道们指正。

[《上海中医药杂志》1963，(9) 13]

探讨《伤寒论》运用和发展《内经》的理论

章巨膺　于尔辛

引　言

张仲景著《伤寒论》，在自序中说："余宗族素多，向余二百，建安纪年以来，犹未十稔，其死亡者，三分有二，伤寒十居其七。感往昔之沦丧，伤横夭之莫救，乃勤求古训，博采众方，撰用素问、九卷、八十一难、阴阳大论、胎胪药录，并平脉辨证，为《伤寒杂病论》合十六卷，虽未能尽愈诸病，庶可以见病知源，若能寻余所集，思过半矣"。把著作《伤寒论》的目的以及其理论渊源，讲得很清楚。无疑的，《伤寒杂病论》是仲景运用和发展《内经》等节的理论，而又结合自己临床实践经验，加以归纳、发挥而成的。

但是，在《伤寒论》中很少见到直接引用《内经》等书的明文。历代各家仅零星的应用了片段经文，进行注释，未能明显地突出《伤寒论》渊源《内经》的理论；在近代文献中也很少系统的用《内经》文字来联系《伤寒论》的内容。因此，有必要地具体探讨《内经》与《伤寒论》的理论和实践关系，找出线索，为之对勘，充分阐明《伤寒论》如何地在《内经》基础上丰富发展起来，是有重要意义的，主要使学习祖国医学者，咸知第一要学好《内经》，在《内经》的理论基础上进一步学习《伤寒论》，有事半功倍之效。本文仅仅是初步轮廓，有待进一步的充实。

外感热病的病因病机总则

张仲景著《伤寒论》，'伤寒'二字实系外感热病的总称。这个名称的来源，本之《素问·热论》："今夫热病者，皆伤寒之类也。"外感热病的病机，不外是卒然感受了风寒之邪，而致成病。《水热穴论》："人伤于寒而传为热，何也？岐伯曰：夫寒盛则生热也。"《风论》："风气藏于皮肤之间，内不得通，外不得泄，风者，善行而数变，腠理开则洒然寒，闭则热而闷，……名曰寒热。"又如："因于露风，乃生寒热。""风成为寒热。"今风寒客于人，使人毫毛毕直，皮肤闭而为热。"等等，散见于《素问》各篇。其总的意义都是说，风寒之邪中于人，而引起恶寒发热的症象。这是《伤寒论》"中风""伤寒"等名称的来源，也是太阳病篇所叙述的症状和治法的经典文献上的根据。

外感之中人，由皮毛而渐入于经络，逐步深入而至于脏腑，《皮部论》："是故病之始生也，必先于皮毛，邪中之，则腠理开，开则入客于络脉，留而不去，传入于经，留而不去，传入于府，廪于肠胃。"正是《伤寒论》六经传变方向的理论根据。《热论》说："伤寒一日，巨阳受之，……二日，阳明受之，……三日，少阳受之，……"。假如我们不死板的理解一日、二日、三日的话，而是把它看作说明外邪由外至内，逐步深入传变，则《伤寒论》中所载，正本此而来。例如《伤寒论》："伤寒一日，太阳受之，脉若静者，为不传；颇欲吐，若躁烦，脉数急者，为传也。"（4条）"伤寒二三日，阳明少阳证不见者，为不传也。"（5条）这是《伤寒论》传经的理论，也明显的可以看到来源于《内经》。

《伤寒论》六经分证基本上渊源于《热论》。若把《内经》记载与《伤寒论》中条文来对勘一下，不难看出《伤寒论》与《内经》上的文字，基本上吻合，而且更为详备，可以肯定的，《伤寒论》六经证候源本于《内经》而加以发展的。不仅如此，《伤寒论》中治法，也宗《内经》的基本理论。如《热论》："其未满三日者，可汗而已；其满三日者，可泄而已。"这些原则，正是麻、桂、承气汤方治的根据。又如"巨阳者，诸阳之属也，其脉连于风府，故为诸阳主气也。"因此，在太阳病篇的治法中，有刺风池、风府的方法，如"太阳病，初服桂枝汤，反烦不解者，先刺风池风府，却与桂枝汤则愈。"（24条）之文。

《热论》又云："其不两感于寒者，七日巨阳病衰，头痛少愈。"正是《伤寒论》："太阳病，头痛至七日以上自愈者，以行其经尽故也……。"（8条）的依据。又如"十二日，厥阴病衰……大气皆去，病日已矣。"则为"风家，表解而不了了者，十二日愈。"的蓝本。这些是从病机牵涉到预后问题。

可见，作为论外感热病总称的《伤寒论》，其病因、病机及传经等，从其底面来看，都是以《内经》为根据，而加以补充发挥而成的。

阴阳表里寒热虚实的诊断

《皮部论》"阳主外，阴主内"。《伤寒论》本此，六经总则：三阳经属阳，主外；三阴经属阴，主内，而又互为表里。以阳明、太阴两经为例，

"阳明之为病，胃家实是也。"（180条）其证候则为不更衣，内实大便难…"（181条）"身热汗自出，不恶寒反恶热也"。（182条）而太阴则"自利不渴者……以其藏有寒故也。"（277条）两者一阴一阳，一内一外，一虚一实，恰恰相为对待。其他四经亦莫不如此。这是根据《素问·太阴阳明篇》："太阴阳明为表里，脾胃脉也，生病而异者何也？岐伯对曰：阴阳异位，更虚更实，更逆更从，或从内，或从外，所从不同，故病异名。……阳者，天气也，主外，阴者，地气也，主内。故阳道实，阴道虚，故犯贼风虚邪者，阳受之；食饮不节，起居不时者，阴受之，阳受之则入六腑，阴受之则入五藏。入六腑则身热，不得卧，上为喘呼；入五藏则䐜满闭寒，下为飧泄，久为肠澼。"这说明了太阴阳明二经之阴阳、表里、寒热、虚实的关系，正是《伤寒论》阳明实热、太阴虚寒之所根据。其他诸经表里、寒热、虚实之相互关系类此。

《伤寒论》六经之阴阳、表里、寒热的理论，即本于《内经》，其辨证法则亦从经旨发展而来。"病有发热恶寒者，发于阳也；无热恶寒者，发于阴也……。"（7条）明示临床上遇到发热而恶寒的，为表证、阳证；而遇到恶寒无热者，为里证、阴证。以寒和热两大证候来区别阴证和阳证之不同，《逆调论》："阴气少而阳气胜，故热而烦满也。"和"阳气少而阴气多，故身寒如从水中出。"如此对勘，明明白白。

不仅辨阴阳、表里、寒热是如此，即辨证虚实也是同样的。《鍼解篇》："言实与虚者，寒温气多少也。""察后与先者，知病先后也。为虚与实者，工勿失其法。"这是《内经》中辨别虚实的基本原则，《伤寒论》根据此而为辨证施治，如"发汗后恶寒者，虚故也。不恶寒但恶热者，实也。"（70条）就是从寒温气多少来辨证虚实。因此，"发汗病不解，反恶寒者，虚故也。"（68条）"下之后，复发汗，必振寒脉微细，所以然者，只内外俱虚故也。"（60条）以及阳明病提纲胃家实，是实证，太阴病，以其藏有寒，是虚证，少阴病，以下焦虚有寒（282条）也是虚证。

更进一步，从《调经论》"阳虚则外寒，阴虚则内热，阳盛则外热，阴盛则内寒。"来分析《伤寒论》的有关条文。"自利不渴者，属太阴，以其藏有寒故也。"（277条）"少阴病，欲吐不吐，心烦但欲寐，五六日自利而渴者，属少阴也，虚故引水自救，若小便色白者，少阴病形悉具，小便白者，以下焦虚有寒，不能制水，故令色白也。"（282条）均说明太阴、少阴俱为阳虚的疾患，而以"阳虚则外寒"为其理论根据。又如"少阴病，二三日咽痛者，可与甘草汤…。"（311条）"少阴病，下利咽痛，胸满心烦，猪肤汤主之。"（310条）"少阴病，咽中伤生疮，不能语言，声不出者，苦酒汤主之。"（312条）"少阴病，得之二三日以上，心中烦，不得卧，黄连阿胶汤主之。"（303条）这些又是阴虚则内热的具体证治。"

"阳盛则外热"，如阳明病之外证为身热汗自出，不恶寒反恶热也。"（182条）"阳明病，脉浮而紧，咽燥口苦，腹满而喘，发热汗出，不恶寒反恶热，身重，……"（221条）"若渴欲饮水，口干舌燥者……"（222条），"阳明病，谵语，发潮热，脉滑而疾者……"（214条），"汗出谵语者，以有燥屎在胃中……"（217条），三阳合病，腹满，身重，难以转侧，口不仁面垢，谵语遗尿……"（219条）等等都是例子。

《伤寒论》："病有发热恶寒者，发于阳也；无热恶寒者，发于阴也……"（7条）。此无热恶寒，发于阴也，就是"阴盛则内寒"的说明。因此病机的条文还有"病人身大热，反欲得衣者，热在皮肤，寒在骨髓也……。"（8条）"太阳病，或已发热，或未发热，必恶寒，体痛呕逆，脉阴阳俱紧者，名为伤寒。"（3条）"病有得之一日，不发热而恶寒者……"（182条）等等。

《伤寒论》中以具体的证候治法，有关阴阳虚实的原则，发展了《内经》上有关阴阳虚实的理论。由于源于《内经》，因此不仅适用于外感发热这类疾病，而且具有普遍的意义，对于内伤杂病同样适用，故柯韵伯有："原夫仲景之六经，为百病立法，不专为一科，伤寒杂病，治无二理……"之言。

表里先后标本缓急的治则

《伤寒论》中对于疾病的治法，都根据其病机的标本，病位之表里，而定治疗之先后缓急，有一定的法则。病在表，必先解外，若遇到表里证夹杂的，既有表证，又有里证，有两解表里的；有只解表而里自和的；有只和里而表自解的；有先救里而后救表的，有先解表而后攻里的，凡此表里先后，标本缓急之治，悉本《内经》的理论，具体运用于临床实践。

如"伤寒，医下之，续得下利，清谷不止，身疼痛者，急当救里，后身疼痛，清便自调者，急当救表，救里宜四逆汤，救表宜桂枝汤。"（91条）又如"病发热，头痛，脉反沉，若不差，身体疼痛，当救其里。”（92条）论述标本缓急的治法非常具体。病发热，头痛、身疼痛、为寒邪在表，为病本；误下而下利清谷，为气机下陷，脾胃阳虚，脉反沉，若不差，为内寒，为病标。急则先治从标，治以四逆，温里，得清便自调，知里已和，然后从桂枝汤以和荣卫而治表，是本之《标本病传篇》：“病发而不足，标而本之，先治其标，后治其本”的理论。又如“脉浮数者，法当汗出而愈，若下之，身重心悸者，不可发汗，当自汗出乃解，所以然者，尺中脉微，此里虚，须表里实，津液自和，便自汗出愈。”（49条）“脉浮紧者，法当身疼痛，宜以汗解之，假令尺中迟者，不可发汗，何以知然，以荣气不足，血少故也。（50条）“伤寒阳脉涩，阴脉弦，法当腹中急痛，先与小建中汤，不差者，小柴胡汤主之。”（100条）亦均本此理论。

“病发而有余，本而标之，先治其本，后治其标”的治疗原则，又为《伤寒论》以下各条治法的根据。“太阳病，外证末解，不可下也，下之为逆，欲解外者，宜桂枝汤。”（44条）太阳病不解，热结膀胱，其人如狂，血自下，下者愈，其外不解者，尚未可攻，当先解其外，外解已，但少腹急结者，乃可攻之，宜桃核承气汤。”（106条）太阳病，为表症，为病本，而其人如狂，少腹急结等症候，则为标，邪甚于表，而救里非当务之急，因此宜先治其本，后治其标。

“伤寒不大便六七日，头痛有热者，与承气汤，其小便清者，知不在里，仍在表也，当须发汗……宜桂枝汤”（56条）更明显地说明了仲景根据《内经》表里、先后、标本的治疗原则。

“伤寒，医以丸药大下之，身热不去，微烦者，栀子干姜汤主之”（80条），“凡用栀子汤，病人旧微溏者，不可与服之。”（81条）则又是根据《标本病传篇》“先泄而后生他病者治其本”的原则。病人旧有大便微溏者，为里虚，为其病本。胃气素不实，栀子苦寒，在所忌用，故不可服也。栀子豉汤证是标病，新病，里虚者，宜先温其里，成无己曰：“病人旧微溏者，里虚而寒在下也，虽烦，则非蕴热，故不可与栀子汤。”

又如83，84诸条，“咽喉干燥者，不可发汗”，“淋家，不可发汗，发汗必便血等，因素来体质阴虚而热，如予发汗，发表不远热，热逼火行，安得不出血乎，所以有不宜治标的禁忌，这是依据《内经》“先热而后生病者治其本”的原则。

伤寒论85、86、87、88各条，“疮家虽身疼痛，不可发汗，汗出则痓”。“衄家，不可发汗……”，“亡血家，不可发汗……”，“汗家，重发汗，必恍惚心乱，小便已阴痛……”。都是说明发汗的禁忌和可能产生的危害。这些“疮家”“衄家”“亡血家”等等，本已有病，如有外感表证，治疗就宜慎重，不可治标，妄行发汗，以致变端。这又是根据《内经》“先病而后生寒者治其本”的原则。

从《内经》“先寒而后生病者治其本”的原则，可以理解以下诸条的治法。如“伤寒二三日，心中悸而烦者，小建中汤主之”。（102条）。此先伤于寒，而后生心中悸烦，故宜治本，君桂枝通心阳而散寒也。又如“伤寒脉结代，心动悸，炙甘草汤主之。”（117条）此亦由于“寒伤心主，神明不安，故动悸，心不主脉，失其常度，故结代也”。（柯韵伯语）故治本以炙甘草汤，诚如柯氏所说：“补心之阳，寒亦通行者欤。”

标本缓急之治法撮举数例如上，可见《伤寒论》中有关表里先后、标本缓急治法之理论，皆本之《内经》而具体运用也。同样，这些原则也不仅适用于外感伤寒热病，对内伤杂病也一样起着指导实践的作用。

六经病候的辨证施治

《伤寒论》的基本理论以及治疗大法，是运用和发展了《内经》经旨，略如上述，至其六经病候的辨证施治精神，也是渊源于《内经》，兹探讨如下：

一、太阳病证治

太阳病的典型症状是：脉浮、头项强痛，恶寒（或恶风）而发热。《生气通天论》：“因于露风，乃生寒热”；《脉要精微篇》：“风成为寒热”；《刺志论》指出：“气盛身寒，得之伤寒”《热论》：“三阳经络皆受其病，而末入于藏者，故可汗而已”。又曰：“其未满三日者，可汗而已”。《玉机真藏论》“今风寒客于人，使人毫毛毕直，皮肤闭而发热，当是之时，可汗而发也”。《阴阳应象论》：“邪风之至，疾如风雨，善治者治皮毛。”及“其有邪者，渍形以为汗；其在皮者，汗而发之”。《风论》：“风气藏于皮肤之间，内不得通，外不得泄。”《六元正纪大论》：“发表不远热”。《至真要大论》：“寒淫所胜，平以辛热”。凡此都是《伤寒论》太阳病的基本治疗法则的理论所本。例如：“太阳病，外证末解，脉浮弱者，当以汗解，宜桂枝汤”。（42条）“太阳病，外证未解，不可下也，下之为逆，欲解外者，宜桂枝汤”。（44条）“太阳病……今脉浮，故在外，当须解外则愈：宜桂枝汤”。（45条）“太阳病，脉浮紧，无汗发热，身疼痛，八九日不解，表证仍在，此当发其汗……麻黄汤主之”。（46条）“脉浮者，病在表，可发汗，宜麻黄汤”。（51条）“脉浮而数者，可发汗，宜麻黄汤”。（52条）“伤寒发汗已解，半日许复烦，脉浮数者，可更发汗，宜桂枝汤”。（57条）“形作伤寒……解之当汗出愈”。（113条）“病在阳，应以汗解之……”（141条）。《伤寒论》太阳病篇的正常治法，正与《内经》经旨相吻合。

此外，“病如桂枝证，头不痛，项不强，寸脉微浮，胸中痞鞕；气上冲咽喉，不得息者，此为胸有寒也；当吐之，宜瓜蒂散”（166条）。这是本之《阴阳应象大论》“其高者因者越之。”的治法。又如：“伤寒八九日，风湿相搏，身体疼烦，不能自转侧，不呕不渴，脉浮虚而涩者，桂枝附子汤主之。”（174条）。“风湿相搏，骨节疼烦，掣痛不得屈伸，近之则痛剧，汗出短气，小便不利，恶风不欲去衣，或身微肿者，甘草附子汤主之。（175条）。其病源，是本之《痹论》：“风寒湿三气杂至，合而为痹也。”痛的原因，则是“痛者，寒气多也，有寒故痛也”，前者主以桂枝附子汤，后者主以甘草附子汤。则是本之此“其逢湿甚也，阳气少，阴气盛，两气相感，故汗出而濡也，”的理论。

二、阳明病证治

阳明病的提纲是：胃家实。它的主要症状：身热，汗自出，不恶寒反恶热，胃中干燥，内实不更衣。其初步面貌都从《内经》中来。阳明病烦热的基本原理，正如《逆调论》所说，系阳盛的关系。“阴气少而阳气胜，故热而烦满也。”阳明病胃实谵语的病理，正如《阳明脉解篇》说：“阳盛，则使人妄言骂詈，不避亲疏，而不欲食……。”《伤寒论》之“夫实则谵语”。“（210条）“……独语如鬼状，若剧者，发则不识人，循衣摸床，惕而不安……”（212条）及“阳明病，谵语……小承气汤主之”（214条）“阳明病，谵语有潮热，反不能食者，胃中必有燥屎五六枚也……宜大承气汤。”（215条）凡此皆本之《内经》的理论。

阳明病的治法，主要是“清热”和“通府”。亦不越《内经》的范围。关于“清热”的原则，主要用白虎、白虎加人参等汤，正是《至真要大论》“热者寒之”及“热淫于内，治以咸寒”之法。关于“通府”的原则，如208、213、215、241各条，主用之承气汤，正是《热论》：“其满三日者，可泄而已”（按：经文“其未满三日者，可汗而已；其满三日者，可泄而已。”是言表里之大体，可汗可泄，不能拘泥于三日之数，详注文。）及《脉要精微篇》：“中满者写之于内”，用药依据，亦本《六元正纪大论》“攻里不远寒”，总的是为了“下之则胀已”。

三、少阳病证治

《热论》：“三日，少阳受之，……故胸胁痛而耳聋……。”《脉解篇》：“少阳所谓心胁痛者，言少阳盛也。”这些也正是《伤寒论》少阳病篇中基本证候。如“少阳之为病，口苦，咽干，目眩也。”（263条）“少阳中风，两耳无所闻，目赤，胸中痛而烦者，不可吐下，吐下则悸而惊。”（264条）“……转入阳者，胁下鞕满，干呕不能食，往来寒热，尚未吐下，脉沉紧者，与小柴胡汤。”（266条）以及为了鉴别诊断，入于太阳篇中的“往来寒热胸胁苦满，嘿嘿不欲饮食，心烦喜呕……。”

（96条）“……往来寒热，休作有时，嘿嘿不欲饮食……。”（97条）从这些条文中，可以看到源本于《内经》所论的迹象。在成无己的一段注文中，非常明白地道出仲景运用《内经》阴阳表里的理论，具体分析病机在半表半里的寒热往来、胸胁苦满、心烦呕吐等等证候 从而知仲景对于少阳病之治疗，既不取汗、又不取下，更明白地指出汗、吐、下误治之病变，创造了小柴胡汤和解表里之治，具体的说明运用和发展《内经》的理论而又结合临床实践经验的事实。

四、太阴病证治

《伤寒论》太阴病的辨证施治总则，是根据上文阴阳、表里、寒热、虚实之义，更本于《太阴阳明论》：“太阴阳明为表里，脾胃脉也。生病而异者，何也？岐伯对曰：阴阳异位，更虚更实，更逆更从，或从内，或从外，所从不同，故病异名也。”恽铁樵氏阐明此理，在论太阴病的总则说：“须知阳明与太阴，只辨一个寒热虚实：虚者从太阴治，实者从阳明治；热者从阳明治，寒者从太阴治；故277条：“自利不渴者属太阴，……”藏寒当温，宜四逆辈；279条：“大实痛者，桂枝加大黄汤主之。”最是明显。故喜多村谓实者阳明，虚者太阴，自利者，肠寒而利也，阳明篇之燥矢，肠热而燥也，阳明篇定义为胃家实，固是指胃，太阴篇第一语即曰腹满而吐，吐亦指胃也。故知阳明与太阴病位悉同，并五分别，所当辨者，寒热虚实而已。”此论指出仲景对太阴病的辨证施治精神，本之于《内经》的理论，明白如画。

五、少阴病证治

《伤寒论》六经病证，在三阳主重在太阳、阳明；在三阴则主重在少阴。少阴病生死大局关系更大，关键在于正气与阳气之存亡，故少阴篇中条文论可治与不可治以及死者条文较多，不同于其他诸篇。因此，少阴篇中对于恶寒、踡卧、四逆、自利、烦躁、脉微细弱等等的辨证，非常细致，如“少阴病下利，若利自止，恶寒而踡，手足温者，可治。”（288条）“少阴病，恶寒而踡，时自烦，欲去衣被者，可治。”两条皆恶寒而踡，前条下利自止，手足温，阳气未败；后条烦而欲去衣被，为阳气犹在，故皆云可治。“少阴病，恶寒身踡而利，手足逆冷者，不治。”（295条）与前两条对勘，阴寒沉重，阳气已败竭，故不可治。其他为（296条）（297条）皆论阴阳寒热之机，本之《内经》之旨。《针经》说：“多热者易已，多寒者难治。”此正是少阴篇可治不可治，甚者死的理论根据。至于治则，则《至真要大论》中寒者热之”“逆者正治，从者反治”等，为少阴病篇方治所本。

六、厥阴病证治

厥阴篇条文所论病因、病机以及治则，错综复杂，其中心主题为：“上热下寒”“寒热胜复”，尤以寒热胜复之义为主要，故所论以厥逆病机为多，所以有胜复，在于阴阳之消长，邪正之弛张，厥逆为阴气胜，发热为阳气能复者，厥少热多或厥逆相应者，其病可愈，如331条332条336条所论皆是；若厥多逆少，阳气退，其病为进，如342条所论。要之，阴阳消长，寒热胜复，实即邪与正纷争之局，虽在厥阴篇中具体论之，实赅伤寒热病全局言之，皆本之《内经》阴阳寒热的理论发挥，于厥阴病篇中更见发展的蹊径。

结　语

从以上非常不完整的论述中，已可看到《伤寒论》中论病的基本理论和论治的基本原则，是如何与《内经》的说理相一致，显然它们之间存在着血缘关系。张仲景在《内经》理论基础上，结合自己的临床实践经验，创作了《伤寒杂病论》，奠定了辨证施治的规律，大大的丰富和发展了秦汉以前先民的医学遗产。林亿称其识用精微，祖述大圣人之意，诸家莫与伦比，确是定评。

本文目的在表达仲景如何的“勤求古训，博采众方”而作《伤寒论》的伟大精神，但是疏陋简略的叙述，只好说是粗具轮廓。期于今后在这个基础上，进一步的探索，这也是仲景所言：“思求经旨，以演所知。”之意。

［《江苏中医》1963，（10）：1］

谈谈《伤寒论》的教学经验

李克绍　山东中医学院

笔者曾担任《伤寒论》教学工作，水平不高，经验有限，但是为了交流经验，愿把教学中一点不成熟的经验体会，写出来供大家参考。

1. 以代表性的条文为主，用类同的条文作为补充或发挥　《伤寒论》中，如桂枝汤证、麻黄汤证、栀子汤证、泻心汤证、柴胡汤证、结胸证等的条文，一般都有几条，乃至十几条。其中必有一条对于病理证候的描述，比较典型而具体，这就是有代表性的主要条文；其余大都是补充或发挥的条文，居于从属性的次要地位。因此只要把主要条文作为重点讲深讲透，其余的条文，只要从大同中找出其小异，略加分析，就可以迎刃而解。这不但在学习时付出的精力要少，而且还可以把这一汤证的全部资料，组成一个完整的统一体，使认识更加简明而系统。各院校现用的讲义中，有的采取归类方法编写，实际就是运用了这一原则。我认为即使用的是原编次编写的讲义，课后作出这样的小结，也是必要的。现举桂枝汤证为例来说明如下。

第2条：太阳病，发热，汗出，恶风，脉缓者，名为中风。

第12条：太阳中风，阳浮而阴弱，阳浮者，热自发，阴弱者，汗自出，啬啬恶寒，淅淅恶风，翕翕发热，鼻鸣干呕者，桂枝汤主之。

第13条：太阳病，头痛发热，汗出恶风，桂枝汤主之。”

第53条：病常自汗出者，此为荣气和，荣气和者卫不谐，以卫气不共荣气谐和故尔。以荣行脉中，卫行脉外。复发其汗，荣卫和则愈。

第54条：病人脏无他病，时发热自汗出，而不愈者，此卫气不和也。先其时发汗则愈，宜桂枝汤。

第95条：太阳病，发热汗出者，此为荣弱卫强，欲救邪风者，宜桂枝汤。

以上六条，都属于桂枝汤证的范畴，而以12条最具有代表性。所以要想使同学们对于太阳中风的病理证候和桂枝汤的作用有深刻的体会和了解，就必须把这一条作到充分而详细的解释。在学好这一条的基础上，用13条补充说明，这些证候不必悉具，只要有“头痛发热汗出恶风”，就构成使用桂枝汤的条件。进一步再用54条发挥一下，凡发热汗出，只要是由于卫气不和，而不是由于内脏有病变所引起，那么即使变为间歇的“时发热自汗出”，也应当用桂枝汤；用53条发挥一下，凡由于卫气不能与荣谐的常自汗出，即使发热不明显，或者基本不发热，也应当用桂枝汤。最后可以用95条作结束语：凡病在太阳，症状是发热汗出，不论是持续性的，或间歇性的，病理都是荣弱卫强，病因都是外受风邪，方剂都宜桂枝汤。这里只要把怎样叫“卫不和”，怎样叫“外不谐”，和为什么先其时发汗，简明的解释一下，就可以把太阳中风的证候和治疗，由一般到特殊，全面的掌握起来。

2. 以原则性条文为主，引用同一理法的其他条文作具体说明　对于具有指导实践的重要原则的条文，既要知其当然，又要理解其所以然；既要有抽象的概念，又要有具体的说明。如：

第42条：太阳病，外证未解，脉浮弱者，当以汗解，宜桂枝汤。

第44条：太阳病，外证未解，不可下也，下之为逆；欲解外者，宜桂枝汤。

这两条提示了这样一个原则：凡外症未解，脉象浮弱；或误下之后外症未解，仍欲解外时，都应当用桂枝汤。必须指明，凡邪不太盛，或正气受挫，都不可峻汗，因此在上述情况下，不论有汗无汗，都只能用桂枝汤；若误用麻黄汤，就有出现亡阳厥逆等变症的可能。这样，同学们就必然会作为必须严格遵守的原则重视起来。若不突出这一重点。只混在桂枝汤证一起泛泛讲去，不但不能突出条文的重要精神，反而使学者认为伤寒条文有不少重复似的。

讲明了原则的理论根据，再举以下条文作具体说明：

第15条：太阳病，下之后，其气上冲者，可与桂枝汤，方用前法；若不上冲者，不可与之。

第21条：太阳病，下之后，脉促胸满者，桂枝去芍药汤主之。

第22条：若微寒者，桂枝去芍药加附子汤主之。

第43条：太阳病，下之微喘者，表未解故也，桂枝加厚朴杏子汤主之。

以上几条，都是下后用桂枝汤解外的具体例子。讲授时不但要指出“气上冲”“脉促”“胸满”和“微恶寒”等的病理，更重要的是要从这些不同变症之中，找出其共同之处——正气受挫，来为下后用桂枝汤的理论根据，作出更有力的证明。如不把这些条文从属于原则性的条文之下，而和其他桂枝汤条文混同一起，不分主次，学者就会觉得杂乱无章，繁琐难记。

又如51条“脉浮者，病在表，可发汗，宜麻黄汤”，这条是说，凡用麻黄汤发汗，必须是表病脉浮。这里须要提示一下，麻黄汤的标准脉象是浮紧；桂枝汤的标准脉象是浮弱；本条但浮不弱，是用麻黄汤的最低标准，若不够达个标准就仍是桂枝汤所主。也应当提示本条是指的无汗表实证，但不宜作为重点。因为本条的精神是论脉，不是论证，若过多的提出表实无汗等证候，不但分散听者的注意力，还会使他们感觉到本条有脉无证，重复无味。

3. 证候要结合临床，刻画逼真，避免公式化　学习《伤寒论》的主要目的是辨证论治，辨证的关键是找出主症，并抓住特点。过去曾有人试图以症候群代替辨证法，把某些症状加在一起，便等于某一汤证；减去或加上某一些症状又等于另一个汤证。这种公式化的方法，是既不深透又不正确的。譬如309条“少阴病，吐利，手足厥冶，烦躁欲死者，吴茱萸汤主之”；296条“少阴病，吐利，躁烦，四逆者死”，如果用症候群来解释，就看不出哪一条的症状多些，哪一条的症状少些，那么为什么一属吴茱萸汤证，一属死证，就无法解决。曾有人用这样的公式来分析：

309	吐甚于利 吐为主症	烦甚于躁 烦为主症	四逆非主症	病在中焦脾胃，没有伤及肾阳，是正与邪争。	吴茱萸汤证
296	利甚于吐 利为主症	躁甚于烦 躁为主症	四逆为主症	病在下焦，肾阳先虚，更至神气浮越	死证

这样是比较清楚一些了。但是每条都有几个主症，并且不深不透，理解和记忆仍有困难。我认为首先应当把烦躁作为这两条的主症肯定下来，然后找出其烦躁各有什么特点，以决定其可治与不可治。309条的烦躁，是中焦有寒浊，水火被阻，不能相交，必辗转不安，或呼号欲死，所以用吴茱萸汤温胃降浊，即能治愈；而296条的烦躁，是由于火水将竭，无力相交，必精神萎靡，重病面容，声低气怯，决不呼叫。通过这样解释，不但听者容易接受，并且他们还会自动的体会到：吴茱萸汤证的

烦躁，应当是一得病就烦躁；而少阴死证的烦躁，则是病久临危阴阳决离时才出现。296条是元阳已竭，必然四逆；而309条还相对的属实，可能仅仅手足厥冷，轻者也可能不冷。这样，其印象远比死记图表深刻而牢固。

比如讲大青龙汤证的身重时，必须刻画出拘束不堪如绳索束缚的形象，听者才能联想到是邪尚在表，也容易理解脉浮缓是浮而迟缓有力，原因是伤寒失治，由身痛变来。这样就不至于和身体沉重的白虎汤证、倦怠懒惰的少阴身重混为一体了。如果只是教条式的在大青龙证的身重下，加上“脉浮缓”“乍有轻时”，在白虎汤证的身重下加上“自汗出”“脉洪大”“反恶热”，在少阴病的身重下，加上“脉沉迟”“下利”“厥逆”等等脉症，不但不容易记忆，而且这些附加的脉症，也不一定恰如所想的那样齐备。

通过刻画证候，不但能加强理解与记忆，还能启发学员们钻研和学习的兴趣。例如有一次我讲82条“振振欲擗地”，是病人由于头眩，身体不能保持平衡，怕要跌倒，因而两手伸出欲找支持物时，立刻就有人会问67条“发汗则动经，身为振振摇”是什么样子？同时也就有人能够分析，动摇经气的“振振摇”，是肌肉无主，二者似同实异。可以设想，若不与临床实践相结合，只从字面上顺文解释，在毫无临床经验的同学们，是不会提出这样问题的。

在《伤寒论》中的每一症状，差不多都有它的特点。譬如发热一症，就有翕翕发热、蒸蒸发热、身灼热、微发热、无大热；汗，就有濈然微汗、漐漐汗出、发热汗多、但头汗出、额上汗出；不能食，就有阳明中风、阳明中寒、有燥屎等等，讲课时都不要轻易放过。

4. 方剂的运用，要从基本原则达到高度的灵活　同学们对于伤寒诸方剂的运用，往往固定在某一些症状上。譬如一提起桂枝汤，就想到是发热汗出；一提起白虎汤就想到是身热自汗脉洪大；一提起小柴胡汤，就想到是往来寒热、胸胁苦满。对于药物也是如此，一见到白术，便认为是健脾燥湿；一见到大黄，便认为是通下大便等等。在初学时能掌握这些基础知识，当然是好的；但是局限在这些症状上，就表示学习的不够深透。因为桂枝汤不但可用于有汗，也可用于无汗；可以解表，有时又不是为了解表。白虎汤不但可用于身热自汗脉洪大，当热深时无大热不汗出脉滑肢厥也可取用。小柴胡汤不但可用于往来寒热、胸胁苦满等症，凡伤寒表症只要脉弦细就当使用。五苓散不但可用于脉浮小便不利微热消渴的蓄水证，且可用于冷水潠灌后的肉上粟起、水气内停的心下痞，和清浊不分的霍乱吐利。白术不但能健脾燥湿，又可走表治风湿身烦痛；大黄不但能通大便，还能通脾络之塞以治太阴腹满大实痛等等。依此类推，应当要求学者将论中所有的方药都能灵活的运用起来，才算达到“精”的要求。

5. 症状的变化，既要掌握其各别的特点，又要找出其相互的联系　《伤寒论》本身就是一个完整的统一体，六经有其各自的特点，也有其相互的联系，找出这些联系，系统的贯穿起来，就能若网在纲，有条不紊。六经之间的联系，从前注家已有不少的阐发，这里不多赘述，现举一二症状之间的联系来说明其对于理解和记忆所起到的帮助：

例如我在讲完三阳之后，曾把衄、蓄血、热入血室等，综合在一起，作出下列的图表：

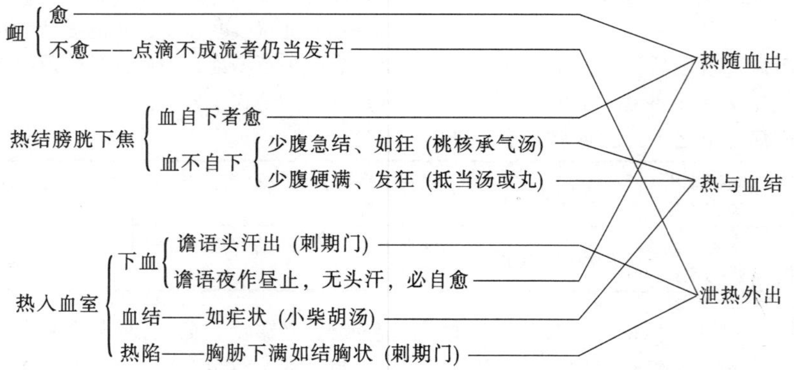

通过这样的联系，不但帮助了理解和记忆，而且对于学习伤寒的兴趣，也能起到很大的鼓舞和启发。

又如在讲少阴热化证时，曾把303、285，294、293等条文联系在一起诵读，也曾引起听者的极大兴趣。是这样读的：“少阴病得之二三日以上，心中烦，不得卧，舌赤少苔，脉细沉数，病为在里，不可发汗，黄连阿胶汤主之。若但厥无汗，而强发之，必动其血，未知从何道出，或从口鼻，或从目出，是名下厥上竭，为难治。本证不治，八九日一身手足尽热者，以热在膀胱，必便血也。”

以上所列，在内容观点上，可能有不少错误，希望同道们指出。

[《中医杂志》1964，(3)：23]

对宋本《伤寒论》原文第28条的质疑

王家喻　江苏省大丰县中医院

宋本《伤寒论》原文第二十八条“服桂枝汤，或下之，仍头项强痛，翕翕发热，无汗，心下满微痛，小便不利者，桂枝去桂加茯苓、白术汤主之”。这一条文的内容，各家注本不一，归纳起来，可有如下四种不同意见：

1. 主张去桂的。有王肯堂、尤在泾、柯韵伯、沈明宗、高学山、陈修园、唐容川、谢利恒、左季云等。他们所持的理由有三：1. 本论有“发热汗不出者，不得与之也”的明训；2. 虽然外有表邪，但因内有水饮，故不可攻表，否则会引起水邪妄动，如六十五、六十七、八十二条即是。必先治水饮，小便得利，水饮去，则表亦自解；3. 方后有“小便利则愈”一语，可见此条以利小便、逐水饮为主，非若桂枝汤后有“漐漐微似有汗”可比。其代表理论，如晚清唐容川在《伤寒论浅注补正》中说：“此与五苓散互看自明。五苓散是太阳之气不外达，故用桂枝以宣太阳之气，气外达则水自下行而小便利矣；此方是太阳之水不下行，故去桂枝重加苓、术以行太阳之水，水下行则气自外达，而头痛、发热等症自然解散，无汗者必微汗而愈矣。五苓散重桂枝以发汗，发汗即所以利水；此方重苓、术以利水，利水即所以发汗也”。

2. 主张去芍的。有医宗金鉴、徐灵胎、陆渊雷、日人山田正珍、吉益猷、尾合榕堂以及近人程门雪等。他们所持的理由，也有三条：1. 头项强痛，是桂枝汤本证，《伤寒论》原文一百六十六条有“病如桂枝证，头不痛，项不强……”的记载；2. 一方绝无去君药之理，本论诸方凡有加减，皆为佐使之药，若去君药，则须另立方名，故仍名桂枝者，不会去桂；3. 用桂枝解表，兼温饮化气，加苓、术利小便以逐水饮，去芍药者，令其力专。观本论的逐水诸方，均无芍药，如五苓散、猪苓汤、苓桂术甘汤、茯苓甘草汤等。且心下满不宜用芍（见二十一条），腹满则可用之（如二百七十九条）。其代表理论如陆渊雷在《伤寒论今释》中说：“考仲景方，凡苓、术并用者，多为逐水之剂，则心下满微痛，为水饮无疑。凡逐水诸方及汗、吐、下诸方之骏快者，皆不用芍药，则芍药之当去也无疑。逐水方多用桂枝，况有头项强痛，翕翕发热之表证，则桂枝之不当去也亦无疑。由是言之，此条之证，盖其人素有水饮，因猝病太阳而引起宿疾，水停中焦，致令心下满、微痛也。治之以桂枝去芍药加茯苓、白术汤者，盖临证御变，与喘家加厚朴、杏子同意”。

3. 认为就是桂枝汤加茯苓、白术，不须去桂枝或去白芍的。有成无已、日人丹波元简及近人阎德润等。其理有二：1. 外有头项强痛、翕翕发热之表证，故仍用桂枝汤以解外；2. 内有水停中焦之心下满、微痛，故加苓、术以利便行水。如成氏说：“今外证未罢，无汗，小便不利，则心下满微痛，为停饮也，与桂枝汤以解外，加茯苓、白术，利小便以行留饮也”。

4. 认为条文传抄讹错的。有钱潢、日人喜多村等。他们认为：头项强痛，是太阳病的共有症，而无汗则是伤寒的本症，翕翕发热则是中风的本症。如此，则中风、伤寒，两种症状兼有。单用桂枝，是治风未治寒，难以取效。可见是兵燹战乱之后，条文传抄散佚之误。

四种不同意见，已如上述，那么，我们究竟何舍何从呢，目前，大多数的人，都服从第二种看法，认为是桂枝去芍药加茯苓、白术汤，比较妥切。本人在温课中，对此条玩味再三，颇有疑窦，特提出如下两个极不成熟的意见，以抛砖引玉。

1. 对“无汗”的看法。主张去桂的学者，根据论中有“无汗忌用桂枝”的明训。但是，《伤寒论》十六条下半节桂枝汤禁例的全文是：“桂枝本为解肌，若其人脉浮紧，发热汗不出者，不可与之也，常须识此，勿令误也。”结合本条来看，就不是这样了。因为翕翕发热，往往与自汗伴发（见原文十二条）。翕翕二字，是形容热势轻浅之象，如禽鸟之羽毛薄薄地附合在支肤之上，其热不重，约在摄氏三十八度左右，多见于发热汗出的中风证。若系伤寒，应该是高热无汗。伤寒病人，其脉浮紧，正是桂枝汤的禁忌证。此条虽然没有提到脉象，但从“仍头项强痛、翕翕发热”的语气上，可以体会出未服桂枝汤之前，也是翕翕发热的。因此说，本条很可能是发热有汗的桂枝汤证，也就是中风证。至于条文中的“无汗”二字，可以理解为服用桂枝汤之后，因为没有“遍身絷絷微似有汗”，所以临床症状仍然如前一样，未能减轻。桂枝汤本是解肌之方，原文四十二、五十三、五十四条，都明显地指出了它的发汗作用。在桂枝汤后的用法中，也一再提出：要“遍身絷絷微似有汗”；若“汗出病差，停后服，不必尽剂”；若“不汗，更服依前法”；“若汗不出，乃服至二三剂”的嘱咐。不过，只是发汗的轻剂罢了，不能认为桂枝汤不属于发汗剂的范畴，而着眼在桂枝证的发热汗出上。

4. 若能如上所说，对于去桂与去芍的问题，也就容易解决了。个人极不成熟的意见，可以根据成注全用桂枝汤加茯苓、白术，不一定强调要减去桂枝或芍药。

《伤寒论》原文第十五条说：“太阳病，下之后，其气上冲者，可与桂枝汤，方用前法；若不上冲者，不得用之。”太阳病，误下后（当然也包括汗、吐）如何治疗，要根据人体正气抗病的趋势而决定。如果病邪内陷，则成结胸、痞满、协热下利等症，就非桂枝汤所适用，而应依据所现的变证分别施治。如果病邪并不内陷，仍有向上、向外的趋势，即有“其气上冲”的现象，就仍应从“因势利导”着眼，再用桂枝汤，希望病邪还能从表而解。日人丹波元简解释“其气上冲”说：“太阳经气上冲，为头项强痛等症。”则与此条更能吻合。因此说，适合再用桂枝汤。一方面，桂枝汤可以继续发挥它的固有的解外作用；另一方面，桂枝又能温化水饮与温化膀胱之气以利小便。至于芍药，《本经》谓能止痛、利小便（敛阴生津，小便自利，非通利也）。如此，则用之亦无不可，且能缓解与镇静头项强痛（阎德润语）。

古人所谓“胸”，乃指胃脘部，非若现代医学所指心肺之处的胸腔也。有时也称“心”，如俗称“心里疼”，实是胃痛，并非“真心疼”。因此，《伤寒论》一书中所称的结胸、胸满、心中、心下，有很大可能是指上腹的胃脘部。且此条云：“心下满”，而不曰：“心中满”或“胸满”，更有可能是指胃脘以下的中、下腹部。其满而微痛者，也有可能是由于小便不利，水蓄于内，所产生的膀胱部胀满腹痛，并且影响到胃部的一种不适感觉。如此，投以桂枝加茯苓白术汤，一以解外，一以利水，则表里同病之一系症状，可望一齐获效。

本人对《伤寒论》这部经典著作，学习得很肤浅，本不应对前贤的高论妄加非议，但为了要弄懂学习过程中的“拦路虎”，本着求教的精神提出来，衷心地希望明达者加以指正，并望深入研讨，对此条的问题，能得出一个正确的结论，从而指导临床实践。

[《浙江中医杂志》1964，(3)：24]

六经初探

杨志一　江西省中医药研究所

六经为三阳三阴的总称，太阳、阳明、少阳叫作三阳，指在表在腑；太阴、少阴、厥阴叫作三阴，指在里在脏，脏腑相为表里，阴阳互相维系。前人把它的含义概括地指出为：“六经，即为表里脏腑之别名。此语最为精当。我国最早一部医书——内经里面，就开始运用“六经”概括了热病过程的症候分类和痹、疟等疾病的分类。后汉张仲景著伤寒论，以六经为纲，论治百病，清代汪琥说：“内经热病一篇，乃伤寒之根本也，张仲景伤寒论其六经传变，即此篇之文而推广之。(《伤寒论辨证广注》)。指出伤寒论六经系在内经基础上发展而来。程郊倩说：“素问六经是因热病而原及于六经，仲景之六经，是设六经以赅尽众病。(《伤寒后条辨》)。指出了伤寒论六经与内经六经的异同点，所谓赅尽众病，柯韵伯具体地说：“六经分症，音兼伤寒杂病。(《伤寒论翼》)。观伤寒论集方剂针灸于一炉，备伤寒杂病于一书，即可了然。更可理解到，六经学说导源于内经，发展运用于张仲景伤寒论，这是中医学术的发展。过去，由于反动统治的束缚，中医学术几陷于中断的境地，摒理法，执方治病，特别是使包括脏腑经络的六经学说没有发挥应有的作用，认为伤寒六经仅是六个症候群，并与十二经对立起来，认为十二经经络穴道仅属针灸范围，形成内科与针灸科分家，原有的中医理论体系面目全非。解放以来，党中央大力贯彻继承和发扬祖国医学遗产的方针，颓风大振，面貌一新，在以脏腑经络为理论核心的前提下，从而体会到六经关系于脏腑经络的贯串运用，至为密切，试就六经中几个关键性的问题及其临床分类问题，提出初步探讨如下。

一、六经是六个症候群吗

周学海读伤寒论方法指出：“太阳经主皮毛，阳明经主肌肉，少阳经主腠理，太阴经主肢末，少阴主经血脉，厥阴经主筋膜。又说：“太阳内部主胸中，少阳内部主膈中，阳明内乱主脘中，太阴内部主大腹，少阴内部主小腹，厥阴内部主少腹”(《读医随笔》)。这从六经所主部位上具体说明了六经分主表里三焦的部位，呈现出六经纵横面的一个体系。过去，陆渊雷氏误解六经为“六个症候群”。甚至说成为：“少阴为热病的变型，太阴是杂病，非伤寒，厥阴则为杂凑”等。这种说法，显然是脱离了六经体系，只从现象看问题，没有透过现象找本质。例如太阳翕翕发热在皮毛，阳明蒸蒸发热在肌肉，少阳寒热往来在腠理；又如大腹肿满责在太阴，小腹满痛责在少阴，少腹胀满痛引两胁，责在厥阴。这些症候，倘不着眼于六经部位的本质上，则真象不明，用药就无从下手。

近来有人认为“伤寒论的六经，是辨证的，不是辨经的”，这种说法与仲景“分经论治”的精神是不符合的。清代吕震名说：“仲景六经之法，一经有一经之证，先要分看，而或此经杂彼经之证，又要合看。(《伤寒寻源》)。近人恽铁樵说：“内经谓五脏各有畔界，各有经界，初病病经气，继乃病脉络，若入脏则真脏病矣，故经言某脏病，皆从经气说。(《十二经穴病候撮要》)。从这些文献可以看出：“经”是本质，“证”是现象。当然，“证”的现象不能脱离“经”的本质，但必须透过现象来找本质。所以吕震名氏又说：“要在于辨似，有阳证似阴，有阴证似阳，有阳证转阴，有阴证转阳，有阳证杂阴，有阴证杂阳，有阴阳错杂。”象这些复杂性的辨证问题，只有抓住六经本质，才能获得解决。正确看法应该是：内科与针灸科“循经取穴”一样，必须强调“分经论治”“用药归经”例如头痛一症，唐宗海说：“头乃三阳所总司，药分三面按经施。(《医学一见能》)，特别是阳盛格阴，阴盛格阳等危证，更必须透过病的现象寻找本质，达样，辨证才能得到要领，用药不致于毫厘千里之差。所以柯韵伯说：“只在六经中求根本，不在诸证名目上寻枝叶。”这一论断，值得玩味深思。

二、六经与脏腑经络的关系

从六经与脏腑来说，内经以五脏六腑合膻中为十二宫，脏者为阴，即是足太阴脾，手太阴肺，足少阴肾，手少阴心，足厥阴肝，手厥阴心包络（即膻中)；腑者为阳，即足太阳膀胱，手太阳小肠，足阳明胃，手阳明大肠，足少阳胆，手少阳三焦。《素问》说：“阴者藏精而起亟也。阳者卫外而为固也”（生气通天论），指出阴是蓄藏精而守于内的，阳是保卫人体外围的。如阳气在外有所活动，阴气即在内起而应之。内经以阴阳的对立统一来说明脏腑表里的内外联系。同时经络与脏腑的关系是互相往来的，一方面从经络出发由外而内，灵枢说：“十二经者，内属于脏腑，外络于肢节”（海论)，指出通过经络使人体四肢和脏腑联系起来。另一方面从脏腑出发，由内而外，灵枢又说：“五脏者，所以藏精神魂魄者也，六腑者，所以受水谷而行化物者也，其气内干于五脏，而外络肢节，其浮气之不循经者为卫气，其精气之行于经者为营气，阴阳相随，内外相贯，如环之无端”（卫气篇)，指出脏腑之气，由里达外，必借经络营卫运行于其间，以发挥“阴阳相随，外内相贯”的作用。总之，仲景六经本于三阴三阳，进一步把阴阳理论具体运用于临床，体现了脏腑经络的病理变化。

从六经与十二经来看，一般说来，是一个分合的问题，分手足阴阳则为十二经，合则为六经，十二经分布于周身上下四肢百骸，内与脏腑直接相通，基本上与伤寒六经相伞。试从针刺来看，前人早已主张调六经，《灵枢》说：“六经调者，谓之不病，虽病，谓之自已也。(刺节真邪篇)。从伤寒论来看，又未尝不注重十二经，如“太阳病头痛至七日以上自愈者，以行其经尽故也，若欲作再经者，针足阳明)《伤寒辨注》作足三里穴）使经不傳则愈。(伤寒论太阳上篇)。此外，复有风池、风府、期门等穴针刺法。清代汪琥说：“业医者，欲知伤寒傳变奇证，总不越于手足十二经”（《伤寒辨注》)。从证候来看，例如手之三阳，足之三阳皆会于头，故在三阳病中多见头痛证。手之三阴、足之三阳皆聚于腹，故在三阴病中多见腹痛证，这无不与诸经循行的路线有关。再从伤寒论足经兼手经来看，明代张景岳说：“手经所至，足经无不至者，故但言足经，则左右前后阴阳诸证，无不可按而得，故但言足经而手经亦在其中”（《类经》)。以上说明仲景六经包举了足经和手经，而统于足经。然六经究以六气为主，黄坤戴说：“经有十二，六气统之，两经一气，故曰六经”（《伤寒说意》)。可见六经与十二经的最后分界，即在于此。总之，人身脏腑经络相互关系，是先有五脏六腑，没有经络俞穴，从标本关系来看，则脏腑为本，经络为标，二者并行不悖，但不能相互包举，只有六经六气统摄面广，贯穿了表里脏腑，包举了脏腑经络，所以只有抓住六经，才能反映出整个病机。

三、六经六气和五行

六经六气之说出自内经，《素问》说：“少阳之上，火气治之，中见厥阴，阳明之上，燥气治之，中见太阴，太阳之上，寒气治之，中见少阴，厥阴之上，风气治之，中见少阳，少阴之上，热气治之，中见太阳，太阴之上，湿气治之，中见阳明”（六微旨大论)。可以看出，六经表里相络者为中见，有中见才构成气化，以阳明太阴为例，阳明主燥，太阴主湿，燥湿合化，阴阳平衡，何病之有？倘阳明不得太阴中见之湿，则燥化太过而为胃家实，太阴不得阳明中见之燥，则湿化太过而为腹满自利。推而论之，邪从阳化，贵在存津液，邪从阴化，贵在护元阳，这是伤寒六经的理法概括。这里必须指出：六气发病又往往因人而异，《医宗金鉴》说："六气之邪，感人虽同，人受之而生病各异者，以人之形有厚薄，气有盛衰，脏有寒热，所受之邪，每从人之脏气而化，或从虚化，或从实化，或从寒化，或从热化。"从唯物辩证法来看，六气外因是变化的条件，脏气内因是变化的根据，外因通过内因而起作用。但临床所见，阴阳从化，往往是阳从阴化则易，阴从阳化则难（其理详见黄坤载《伤寒说意》一书）。另一方面，五脏以五行为主，脏腑相连，从化合一，清代吕震名说："脾与胃为表里，同从土化也，肺与大肠为表里，同从金化也，肾与膀胱为表里，同从水化也，肝与胆为表里，同从木化也，心与小肠为表里，同从火化也，膻中与三焦为表里，乃手少阴之别派，摄行君火者也。(《伤寒寻源》)。五脏配五行，以五行生克制化，说明人身脏腑生理和病理变化，大致病在经则以经气相傅，此为常例，病入脏则以生克相传，此为变例。如伤寒太阳篇中，"肝乘脾""肝乘肺"等条，亦以至行为说，毕竟是变例，仲景了结伤寒再作金匮，即所以尽其变。因此，我们认为，以六经辨证治疗各种疾病，既要知其常，又要通其变，常变结合，才能左右逢源，运用自如。

四、六经与三焦

六经与三焦，应看作是一个纵横面的问题。清代周学海说："伤寒分六经，以表里言，温病分三焦，以高下言"，又说："吴鞠通谓，温病分三焦，伤寒何独不分三焦"（《读医随笔》），指出表里上下为六经与三焦的纵横关系。根据这一论点，试作补充说明，例如伤寒六经中的少阳病，为半表半里枢机不和，故用小柴胡汤以和解表里，若属心下痞，则为上下不通之病，独取五泻心汤以辛开苦降，而柴胡不中与之，这是表里法。又如"阳明病胁下鞕满，不大便而呕，舌上白胎者，可与小柴胡汤，上焦得通，津液得下，胃气因和，身濈然汗出而解。"这说明仲景表里法中又寓有上下法，因势利导，纵横自如；又如太阴下利在中焦，法取四逆理中辈，若利在下焦，则用赤石脂禹余粮丸之固涩，而不取理中等，这更从部位上指出了三焦的具体情况和不同措施。谈到三焦气化过程，内经有很好的形象描写，《灵枢》说："上焦如雾，中焦如沤，下焦如渎"（营卫生会篇），清代汪讱庵注云："上焦如雾之氤氲，中焦如沤之上浮，下焦如渎之蓄泄"（《素灵类纂约注》）。我们认为上焦氤氲之雾，是由于中焦脾为胃升腾其津液，下焦蓄泄之渎，是由于上焦肺行下降之令，转输膀胱，而中焦上浮之沤，则赖肾中之元阳温养脾土。因此，可以概括地说：肾为气化之根本，而三焦为气化升降之道路。再从升降出入来看，周学海说："升降直而出入横，气不能有升降而无出入，出入废则升降亦必息矣。(《读医随笔》)，指出了升降出入，二者是相辅而行，不可分割的。《灵枢》说："营出于中焦，卫出于下焦。(营卫生会篇)，而上焦宗气又为营卫之所合，而升降出入又不能脱离营卫。周学海说："营行脉中，卫行脉外，营气是随六阴六阳之经，循环往来，终而复始，即以经脉之升降为升降也；卫气不拘于经，行于手足六阳之部分则上升，行于手足六阴之部分则下降，是表升而里降也。(同上)。说明营卫二气出入于脏腑经络之间，横则表里出入，直则上下升降。前面已提到六经为表里脏腑之别名，营卫气血无所不包，在营卫气血中，既有出入，又有升降，在伤寒六经中，首重营卫，复有上述出入升降的例证。因此，我们认为六经是一个比较全面的完整系统，可以说六经包括三焦，而三焦不能脱离六经。

五、六经关键——开阖枢

六经开阖枢之说，始于内经，《素问》说："太阳根于至阴，结于命门，阳明根于厉兑，结于颡大，少阳根于窍阴、结于窗笼……太阴根于隐白，结于太仓，少阴根于涌泉，结于廉泉，厥阴根于大敦，结于玉英。"又注："三阳之离合，太阳为开，阳明为合，少阳为枢……三阴之离合，太阴为开，厥阴为合，少阴为枢。(阴阳离合论)。以三阳三阴开合枢为人身阳分和阴分之气出入于表里的关键，蒋星墀说："正气出入、由厥阴而少阴、太阴，而少阳、阳明、太阳，循环往复。六淫之邪，则从太阳，入一步，反归一步，至厥阴而极。此邪气进而正气退行，不复与外气相通，故开合枢三者，最为要旨"（《吴医汇讲》引）。这是指生理和病理两个方面，如开合枢利，则由阴出阳，始于厥阴，终于太阳，为生理常态，以人体血液由内达外，营养肌肤，其内部废料及碳气水份等，则由口鼻、汗孔及二便排泄于体外，即由阴出阳的正常作用。倘开合枢不利，则由阳入阴；始于太阳，终于厥阴，则为病理变态。仲景伤寒论以六经为纲，正为治病应变立法，主要是从开合枢中体现三阳三阴及阳经与阴经之间的病理机转。清代柯韵伯说："太阳为开，仲景以之主表，而以脉浮、恶寒、头项强痛为提纲；阳明为合，故以之主里，而以胃实为提纲；少阳为阳枢，归重在半表，故以口苦目眩为提纲。太阴为开，又为阴中之至阴，故主里寒而自利；厥阴为合，又为阴中之阳，故主里热而气逆，少阴为阴中之枢，故所主或寒或热，或表或里，与少阳相似"（《伤寒论翼》）。这里应该说明，太阳为表，太阴为里中之表，俱属于开；两阳合明为阳明，两阴交尽为厥阴，俱属于合；开合的关键在于枢，枢又有阳枢阴枢之分。少阳位于太阳、阳明之间，为阳中之半表里，转太阳则开，转阳明则合，故为阳中之枢；少阴位于太阴、厥阴之间，为阴中之半表里，转太阴则开，转厥阴则合，故为阴中之枢。而且少阴病之所以但欲寐，柯氏明确指出："卫气行阳则寤，行阴则寐，其行阴二十五度，常从足少阴之分，间行脏腑，少阴病则枢机不利，故欲寐也。"（《伤寒论翼》）。这说明卫气行于阴则寐，关键在于足少阴，倘少阴枢机不利，则出现欲寐不能寐之证。此外，肾开窍于二阴，主二便，若肾气不充，则开合亦为之失常，如肾消小便多，肾虚小便不利，均以肾气丸补肾壮阳，使肾脏之机能健旺，则小便之多者可少，秘者可通，此少阴为枢的又一体现。总之，从开合枢来看三阴三阳是同中有异；从三阳三阴来看开合枢，又是异中有同。福建郑遂牟说："伤寒论主要的论据，仲景是用内经开合枢的道理写成，也可以说它的灵魂是寄托在这里。"这种说法是有见解的。

六、六经的虚实传变

六经传变，不能脱离三阳三阴的范围。大体说来，三阳经居表，是一个邪实的局面；三阴经居里，是一个正虚的局面。阳经属实，阴经属虚，实则传表传腑，虚则传里传脏，这是整个六经的传变规律。日人喜多村氏说："邪在表者为太阳，虚则为少阴，邪在半表半里者为少阳，虚则为厥阴，邪入里而实热者为阳明，虚则为太阴。（《伤寒疏义》）。以虚实定阴阳，最为简明切要，衡以内经"邪气盛则实，精气夺则虚"之义，亦无不合。至于丹波元简氏以寒热定阴阳之说（见《伤寒述义》），似觉可商。尤在泾说："三阳必分经腑，三阴必分经脏寒热。"指出阴经有寒热，其实表里俱有寒热，非阴经所独有。必须指出，这里所谓寒热，不是专指病的寒热现象，而是透过现象寻找病的本质属性。例如恶寒发热为太阳，潮热不恶寒为阳明，寒热往来为少阳，这是三阳病的发热现象；手足温为太阴，手足逆冷为少阴，肢肤厥冷为厥阴，这是三阴病发冷的现象。然在三阳病中，太阳则有表寒里热之大青龙汤证，又有表里俱寒之小青龙汤证；阳明有热结之承气汤证，又有胃中虚冷之吴茱萸汤证；惟少阳则有热证而无寒证。在三阴病中，太阴虚寒有理中汤证，亦有大实痛之证；少阴有寒化亦复有热化之证；厥阴有寒厥亦复有热厥之证。周学海说：六经乘虚而传，寒热随偏而化"（《读医随笔》），说明人体邪正相争的过程中，最虚之处，便是容邪之所，寒化热化各视人体的阴阳虚实而形成。六经不仅各有虚实寒热，亦各有表里，而太阳为表之表，阳明为表之里，少阳为半表半里；三阴为里，而伤寒传入三阴，尚有在经表证，如太阳有桂枝加芍药汤，少阴有麻黄附子细辛汤，厥阴有当归四逆汤之类。以上说明六经的主要内容不外是阴阳表里，寒热虚实，为后世"八纲"的先导。近人往往注重"八纲"，"却很少顾及到六经，殊不知仲景六经中在每经和整个病上交织了八纲，从而创立了八法——汗、吐、消、和、温、清、补、下，反映了"法中有方、方中有法"的特点，建立了辨证论治的基础。故喻嘉言说："不明脏腑经络，开口动手便错。（《医门法律》）。倘合此六经基础，而专言八纲，则脏腑经络病机不明，又从何见病知源？

七、六经辨证的临床运用

六经辨证运用于临床，是全面性的，不仅运用于外感热病，而且适用于内伤杂病。徐玉台说："凡病不外六经，精于伤寒者，乃可通治杂病，如虚损之证，保阴液则复脉宜投，护阳气则建中是赖；痰饮之证，开太阳则青龙有效，摄少阴则真武多功……"（《医学举要》）。这说明六经不是专为伤寒立法，而是各种疾病的诊疗通则，尤其是六经辨证分类在临床运用上具有一定的特点。例如柯韵伯说："六经皆有痉病，须审部位以别之，（1）身以后者属太阳，则凡头项强急，项背几几，脊强反张，腰似折，髀不可以曲，腘如结，皆其症也；（2）身之前者属阳明，头面动摇，口噤齿龂，缺盆扭痛，脚挛急，皆其症也；身之侧者属少阳，口眼㖞斜，手足牵引，两胁拘急，半身不遂，皆其症也；（3）若腹内拘急，因吐利而四肢拘急，是太阴痉；（4）恶寒踡卧，尻以代踵，俯而不能仰者，是少阴痉；（5）睾丸上升，宗筋下注，少腹里急，阴中拘攣，膝胫拘急者，厥阴痉也"（《伤寒论翼》）。柯氏从形体部位上明确指出六经痉病的鉴别点，同时，痉病患者出现神志昏迷，又为六经痉病共有的脑症状。从形神合病可以看出，六经痉病与大脑的关系至为密切。临床所见，在儿科中以阳明温痉与太阴痉病——慢脾风较为多见，阳明多从燥化实化，燥则宜清，以白虎汤为主；实则宜泻，以大承气汤为主。太阴多从湿化虚化，均宜温补脾肾，以理中地黄汤加味，辄应手取效。

再以六经疟与六经利为例。临床所见，六经疟疾以少阳疟居多，故有“疟不离少阳”之说。只要见寒热往来之少阳证，直从少阳治之，以小柴胡汤和解枢机，其疟自解。倘少阳而兼太阴，出现胸胁苦满、不欲食、大便溏、溺黄、舌苔黄白、脉象弦濡等症，宋代严用和从脾胃论治，以小柴胡加减而立清脾饮一方，见效最捷。又如阳明温疟，壮热多汗，烦渴引饮、脉弦大，以白虎汤直清阳明，其热自解；倘高热而微恶寒，骨节烦疼，脉弦大而浮，是阳明内热而太阳未罢，治疗上又非白虎加桂枝汤不为功。六经下利，从表里来看，太阳病误下，利遂不止者，以葛根芩连汤解肌清热，太阳阳明合病下利者，以葛根汤升清解表；太阳少阳合病自下利者，为阳邪入里，胆火下迫，兼见头痛胸满、口苦咽干、寒热往来之症，或大或弦之脉象，以黄芩汤清热和中，脉迟者不用。从寒热来看，阳明热利谵语，内有燥屎，热结旁流，以小承气汤通因通用；厥阴热利下重，口渴喜饮水，以白头翁汤清疏湿热。太阴寒利，腹满时痛，自利不渴，以理中汤温补脾阳，少阴寒利，下利清谷，里寒外热（外热为阳浮发热），汗出而厥者，以通脉四逆汤温阳回逆。同时，少阴寒利又有表里之分，如“下利腹胀满，身体疼痛者，先温其里，乃攻其表，温里宜四逆汤，攻表宜桂枝汤”（《伤寒论·厥阴篇》）。指出寒利先里后表的治法，是从病机出发的。再以伤寒为例，阳经伤寒，如“太阳证罢，但发潮热，手足漐漐汗出，大便难以谵语者，下之则愈，宜大承气汤。(《伤寒论·阳明篇》)。此阳明燥化之证，主用大黄，通腑解热，明代吴又可对此大有发挥（详见《瘟疫论》)。阴经伤寒，如“两胫逆冷，胸腹满，多汗，头目痛，苦妄言，其脉濡而阴弱小而急，不可发汗，治在太阴”（《伤寒活人书》)。此太阴湿化之证，必见身热踡卧，舌白腻不渴，大便溏等症，法取仲景桂枝加芍药汤及四逆辈（见伤寒太阴篇）以扶阳温解。此证又称湿温，多与今之肠伤寒相暗合。我在吉安行医时，每逢夏秋之际，奔走城乡，对湿温时证，多按上法取效，其中以阳证较多，阴证亦非罕见，而阴证往往是阳虚之体，邪从寒化，亦有从阳证误治而来，说明黄氏“阳从阴化则易，阴从阳化则难”的论点，是很正确的。

再以传染性肝炎而论，过去看法，认为急性属阳，慢性属阴，最近，根据六经临床观察，在急性肝炎病例中，往往有阴证出现，慢性肝炎病例中，也间有阳证存在，因而打破了急性属阳，慢性属阴的看法。在急性黄疸型传染性肝炎病例中，着重分虚实，即实则阳明，虚则太阴的传变规律，阳明湿热发黄，投以茵陈蒿汤清利温热；太阴寒湿发黄，投以茵陈四逆汤温阳化湿，曾收到满意效果。在慢性期则着重分寒热，即寒属太阴，热属厥阴。太阴寒化，表现为阳虚血弱，宜归芪建中汤温补血阳；厥阴热化，表现为阴虚血燥，宜逍遥散或一贯煎养血润燥，法较稳妥而有效。

几年来，我们在血吸虫病临床研究方面，曾运用了六经分类方法，发挥了较大的作用。从五脏生克来看，血吸虫病发病机制在于肝病传脾。然以六经临床分类来看，在急性发作期，往往不是出现厥阴肝经症状，而是从太阴脾经开始，进入慢性期，亦由太阴而厥阴，最后损及少阴。这个发病过程，既与伤寒始于太阳、终于厥阴不同，又与肾先受病的水肿有异。因此，我们初步体会，认为本病系湿邪下受，脾胃先伤而起，然后木乘土位，中运无权，因而形成了肝病传脾的局面，这说明了肝脾互传的因果关系。在初步摸索阶段，我们曾把晚期血吸虫病归纳为湿浊、瘀热、虚弱三型，但只着眼了病因方面，却不能说明病所、病机的具体情况。嗣后通过反复实践，结合经络测定仪的对照观察，认为湿浊的发病机制在太阴，瘀热在厥阴，虚弱在少阴，并进一步探索经络脏腑的本质变化。

六经类型各有特征：急性发热期，病邪在阴阳表里之间，有的太阴兼阳明，则以壮热多汗、口中腻、渴喜热饮、脉数而不洪为特征；有的太阴兼少阳，则以寒热往来，口苦、胸胁满、脉弦濡为特征；有的太阴本经发热，则以身壮热而不恶热，口中和，脉浮大虚数为特征。慢性腹水期，病在三阴，如太阴腹水，则以肢腹肿满而软、脐突、色萎黄、脉缓软为特征；厥阴腹水，则以腹胀满，青筋暴露、下肢赤肿而硬、色苍黄、脉弦数或涩为特征；少阴腹水，则以腹满、足胕肿如泥、形瘦神疲、色苍白、脉沉细为特征。

分经论治亦各有特点，如急性发热期，以扶正祛邪为主，虽涉及三阳，却不离于太阴，故见太阴兼阳明之证，则用达原饮以透湿清热，或兼见少阳，则用清脾饮以清理脾胃；或太阴虚热，则用补中益气汤以甘温退热。这种用药方法，完全着眼于阴经受病的本质上，而不为高热的假象迷惑以致漫投苦寒降热之剂。进入慢性期，则以调理阴阳为主，其中又分阳虚阴虚两种：（一）偏于阳虚寒化的，如太阴停水以实脾饮温运行水；少阴停水以金匮肾气丸或禹余粮丸温肾利水；脾肾阳虚停水，则用附桂理中汤以温补脾肾；太阴寒湿发黄，则用茵陈四逆汤以温阳化湿等。（二）偏于阴虚热化的，如厥阴瘀热停水用调荣饮化瘀行水；瘀热结痞，肌肤甲错，或妇女经闭，而无水状者，则用大黄䗪虫丸缓中补虚；瘀热发黄，则用丹栀逍遥散加茵陈、郁金等清肝利胆。归纳起来，前者用药不离于温，后者用药多取乎润，对清除腹水一般不采用导泻剂。腹水清除后，对肝脾肿大患者，以归芪建中汤（丸）调补肝脾为主，一般不采用攻瘀剂。这些方法疗效较显著，而且稳固，说明分经论治具有一定的优越性。

从病机转归来看，病以出表为顺，入里为逆。例如慢性血吸虫腹水患者郑××，面色萎黄、舌淡脉缓、腹满大便溏，食后作胀、显属太阴型，从调理脾胃着手，服胃苓汤三剂，腹胀见减，突然寒战发热，自汗、口苦、胸满不欲食、大便溏泄、小便黄、脉转弦象。认为太阴之邪有借少阳为出路的趋势，此为顺转，还因势利导，引邪外出，初服柴平汤两剂，寒热减轻，再服补中益气汤以扶正祛邪，四剂痊愈。此证倘不及时助正达邪，则邪不得从少阳而解，恐其久热逆传心包，引起昏迷的病变，造成逆转。因此，事前不宜专事降热以陷邪入里，而宜着重扶正以引邪外解。这是正确的处理，值得注意。

从疗效机制来看，我们初步观察，认为凡属太阴型或厥阴型者，为肝脾失调阶段，此时肾元未败，患者精神食欲尚好，能支持工作，治疗尚可奏效。至于太阴兼少阴，或厥阴兼少阴，则为阴阳虚损阶段，此时肾元衰败，患者食欲精神不振，丧失劳动能力，治疗就比较困难。其中一属阳虚即太阴兼少阴型，多见一派虚寒现象，如肢腹肿满、泄泻、手足冷、脉微细等，倘能及时投以大剂温补元阳之剂，尚可能挽救，一属阴竭即厥阴兼少阴型，病从热化，逆传心包，多见神昏谵语，腹胀满绷急，大小便不利，舌尖红，甚至呃逆等危候，最为难治。对这一转归问题，我们认为可用六经中的开合枢原理来阐明，即太阴为开，厥明为合，少阴为枢，枢可以转开，也可以转合，本病之顺逆转归，问题在于枢机的开合。上海老中医程门雪在水肿病类型中顺逆方面指出："肾水泛滥，横逆脾土，是从开的一面，还是逆中之顺，而当内陷心包，煽动肝风，病转厥阴，是从合的一面，即逆中之逆。"（1959年10月号中医杂志。阴阳经络五行学说在临床上的运用）由此可见，晚期血吸虫病肝硬化腹水虽与水肿受病不同，而阳虚与阴竭之最后转归，二者都无二致。更可体会到六经开合枢的道理，不是专指某一种疾病而言，而是前人从各种疾病反复实践中得出来的经验结晶。

结　语

1. 本文以黄坤载"经有十二，六气统之，两经一气，故曰六经"为根据。论述了六经六气与脏腑经络的关系，及其运用和发展。

2. 从"六经即脏腑表里之别名"这一论点，对六经分主表里三焦纵横面的整个体系加以阐述，并对误解六经为六个症候群之说加以批判。

3. 对六经开合枢的关键和虚实传变的规律，作出了适当的论证，并强调指出分经论治的重要性。

4. 在临床上以痉病、疟、痢、伤寒、传染性肝炎、血吸虫病等为例，证明了六经辨证分类的正确性和适应性。

[《江西医药杂志》1964，4（4）：184]

对《伤寒论》中几个问题的认识

许自诚　兰州医学院

《伤寒论》是祖国医学古典著作之一，几千年来一直被广大中医所珍爱，研究它的人也不少，并且也都在不同的角度上，对《伤寒论》中的某些重大问题，进行了探讨，提出了自己的学术见解。但是，由于过去历史条件的限制，人们也无法，也不可能集思广益地发挥集体的智慧，取得统一的思想认识，因此，对某些重大问题，迄今仍使人们认识模糊，概念不清。去年五月间，中央卫生部召开了全国中医教材修订会议，在这次会议上，对于《伤寒论》中的某些问题，通过了集体的编写创作，取得了一致的认识，澄清了一些概念，笔者初学中医，得有机会参加这次会议，甚感荣幸，并且受到了一次极为深刻的教育，启发很大。兹就《伤寒论》中的几个问题，谈一下自己的收获。

一、《伤寒论》与伤寒病

众所周知，《伤寒论》是总结了汉代以前，我国劳动人民同疾病作斗争的宝贵经验和理论知识，是一部优秀的理论结合临床的医学巨著。这是就其全书的总的精神实质而说的。但是，究竟《伤寒论》的具体内容是什么？人们很难给它下一个确切的定义。这次会议明确的提出了"《伤寒论》是一部阐述多种外感疾病的专书，其中论述了六淫为病而以风寒为主”的著作。会议并且认为：“学习《伤寒论》，不仅能使我们在诊疗伤寒病时，有一个比较全面的认识，而且它所运用的辨证施治的方法，对于诊疗其他各科疾病，也同样具有普遍的指导临床实践的意义”。从这里可以看出三个问题：(1)《伤寒论》是论述多种外感疾病的专书，而不是多种外感热性病的专书；(2)《伤寒论》主要是以论述外感风寒为主的伤寒病为重点，而不是对六淫疾病全论得完美无缺；(3)《伤寒论》并不是诊疗一切内伤疾病的唯一书籍，而是其所运用的辨证施治的方法，具有普遍的指导意义。关于第一个问题，吴考盘老先生讲得很清楚（请参看本刊去年第九期）。这里只谈一下我对第二、三问题的认识。

从《伤寒论》太阳、阳明、少阳、太阴、少阴、厥阴病的治疗主方来看，除了阳明病的白虎、承气、厥阴病的白头翁汤等为苦寒药，和厥阴、少阳病的乌梅丸、小柴胡汤为寒热并用药外，其余，不论是太阳病的主方桂枝汤、麻黄汤，太阴病的四逆辈（如理中汤），少阴病、厥阴病的附子汤、四逆汤等，无一不是根据“寒病用热药”的原则立方的，而且这些方剂在整个《伤寒论》中对伤寒病的治疗上是主要代表，其中关于桂枝汤、麻黄汤的加减应用，更为广泛，其药味的性质及组合，甚为精当为后世所宗。从病因学上说，伤寒病是由于感受风寒病邪所引起，风寒病邪侵袭人体后，最易损伤阳气，所以，根据病因而采用顾护人体阳气为主的治疗方药，也正是反映了中医治疗伤寒病极为重要的基本理论观点。由此可见，这次会议把《伤寒论》的主要内容，明确的提出了是以讲述伤寒病为主，我认为是完全正确的，是大会的成绩之一。这一定义的确定，无疑对于继承和发扬祖国医学来说，是有其重大意义的。

对于《伤寒论》与温病学之间的关系，因而也就更为明确了。《伤寒论》是以讲述伤寒病为主的专书，而温病学是专讲温热病的专书，它们对于伤寒病或温热病的发展、演变、治疗都各有其特殊的一套理论知识和治疗方法。同时，值得提出的一点是，伤寒病解表用辛温药，温热病解表用辛凉药，后者中必须要配合解毒之药品，否则即失去其主要的治疗意义。两种疾病，两种治疗，诊断不应模糊，治疗必须清楚，概念不许混淆。诊疗外感疾病的这两种书，必须同时并重，才能全面，不可忽视一方或重视一方。会议还就《伤寒论》对温病学的发展关系上，提出了正确的论断，认为“《伤寒论》为温病学的成长打下了良好的基础，而温病学则是伤寒论的进一步发展”。因为《伤寒论》对温病的含义，首先开了肇端，如《伤寒论》第6条：“太阳病，发热而渴，不恶寒者为温病，若发汗巳，身灼热者，名风温。”将伤寒与温病区分开了。我们知道，《伤寒论》中一些清热养阴，或急下存阴的治疗方药，如麻杏石甘汤、栀子豉汤、葛根芩连汤、白虎汤、竹叶石膏汤、黄连阿胶汤及三承气汤等，也同样可以治疗温病，而后世治疗温病的一些有效方剂，如三甲复脉汤、化斑汤、小定风珠等，也似乎都由《伤寒论》的炙甘草汤、白虎汤、黄连阿胶汤等方剂中脱胎而来的。可见，《伤寒论》为温病学的治疗奠定了一定的基础，而温病学的发展，却又补充了《伤寒论》的不足。此外，如温病学上“温邪上受，首先犯肺，逆传心包”的温病病理发病学的理论，芳香开窍和清热解毒之安宫牛黄、紫雪、至宝丹等著名方药在治疗学上的发明，以及辨舌在诊断上的卓越贡献等等，无一不是在说明了温病学不是始终停留在《伤寒论》中的水平上，而是进一步发展了《伤寒论》，自成了一套温病学的理论体系。

其次，再谈一下《伤寒论》是不是诊治一切内伤疾病的唯一书籍的问题。《伤寒论》中的一些方剂，确实可以治疗某些内伤疾病，并且也能取得一定的疗效。但是，根据我粗浅的体会，《伤寒论》的精髓，不是在于几个方剂上，而更重要的是在于它的辨证施治的方法，具有无限的生命力。如《伤寒论》第7条：“病发热恶寒者，发于阳也，无热恶寒者，发于阴也”，第90条：“本发汗，而复下之，此为逆也，若先发汗，治不为逆，本先下之，而反汗之，为逆，如先下之，治不为逆”；又第16条：“观其脉证，知犯何逆，随证治之”。前条说明诊断疾病，首先必须辨明是阳证还是阴证；中条启发人们，治疗疾病，应分先后步骤；后条指出，治疗原则，必须以脉、证为根据。象这些原则，对诊治任何疾病也都是适用的。在具体的辨证条文，更是不胜举例，如第25条：“服桂枝汤，大汗出，脉洪大者，与桂枝汤”26条：“服桂枝汤，大汗出后，大烦渴不解，脉洪大者，白虎加人参汤主之”，以上下对比的方法，提出了在同服桂枝汤之情况下，由于证的改变，病机进展变化的不同，采用了不同的治疗办法，以同中求异，异中求同的办法，辨证而施治。可见，如果学习和掌握了《伤寒论》中的辨证施治的方法，不仅使我们在伤寒病的发生、发展、变化的过程中，处方用药，就是对于其他各科内伤疾病，尽管证情复杂，同样可以运用辨证施治的方法收到应有的效果，其所以“具有普遍的指导临床实践的意义”的精神，即在于此。但是，应该强调，这不等于学习和掌握了《伤寒论》的这种方法，就可以治疗一切内伤疾病了，对于后世治疗各种内伤杂病的理论知识和经验部分就不需要再去学了，相反地更说明了，在学会应用这种辨证施治的方法的基础上，更需要进一步地学习和掌握其他各科（内、外、妇、儿等）诊疗疾病的具体的特殊方法及其学术上的成就，这样，才能使辨证施治的方法，运用得确切，合乎各科具体疾病的特殊性，疗效定能更好些。

二、六经与脏腑、经络、“气化”的关系

1. 六经与经络　《伤寒论》六经与经络的关系问题，过去即有着不同的看法。有些人认为《伤寒论》六经与《内经》经络学说有关，它与十二经是一线相串的；有些人认为与十二经无关，是具有独立意义的另一体系；还有一些则认为与经络有关，但也有界限。这次会议明确的提出了“《伤寒论》的六经，是渊源于《内经》，它与祖国医学的理论体系是一回事，决不能分割去看。”这一问题的确定，不仅对于六经与经络之间有了正确的关系，也说明了它与《内经》的理论是一脉相承的。《内经》中的六经由于手足经同名（如手阳明大肠经，足阳明胃经）而形成了手三阳、足三阳、手三阴、足三阴的区别，所以，六经实际上就是十二经，道理是很浅显的。《伤寒论》中记载的某些重要的临床证候，也与手足经脉的分布关系是密不可分的。再从《伤寒论》六经病的主证和六经分证的规律看，也是符合《内经》的理论的，它与《素问·热论》中篇中的记载，其纲领内容，基本上是相一致的，这一点，历来多数学者的意见也是相同的。因此，这次会议提出，《伤寒论》六经与《内经》理论及其经络学说是一回事，可以说，是对《伤寒论》中这一问题的一次整理工作。

2. 六经与脏腑　六经与脏腑关系的认识问题，与六经是否属于十二经的问题是密切相关的。既然，六经不是独立于十二经而离开了祖国医学的理论体系，那么，它与脏腑的关系，自然就很好理解。经络内属脏腑，外络肢节。每一经各有所属的脏腑，手足三阴经与六脏相通，手足三阳经与六腑相通，阳经属腑络脏，阴经属脏络腑，而脏腑之间，由于经脉的这种络属关系，也形成了“表里”的联系，这样，人体才能经常地保持着互相连贯，内外协调统一的整体性。这次会议提出：“十二经属于整个六脏六腑，经络与脏腑之间，形成极为密切的关系”的结论，显然对于加深理解祖国医学的理论体系有很大好处。《伤寒论》六经与脏腑在生理上的关系是如此，就是在《伤寒论》整个六经辨证施治的过程中，也充分反映了它们之间在病理上的关系。如《伤寒论》第1条：“太阳之为病，脉浮、头项强痛而恶寒”，第124条：“太阳病，六、七日表证仍在，脉微而沉，反不结胸，其人发狂者，以热在下焦，少腹当鞕满，小便自利者，下血乃愈，所以然者，以太阳随经，瘀热在里也，抵当汤主之”。前条说明了病邪侵袭太阳经后，沿着其循行的部位发生病理性症状，所谓太阳经证；后条说明经证未愈，病变可随经入腑，在下焦部位，热与血结于少腹而成蓄血证。总之，这些病变，都是沿着经络，或其络属的脏腑，相应地产生不同程度的有规律的反映。又如《伤寒论》20条：“太阳病，发汗，遂漏不止，其人恶风，小便难，四肢微急，难以屈伸者，桂枝加附子汤主之”；64条：“发汗过多，其人叉手自冒心，心下悸欲得按者，桂枝甘草汤主之”，从这两条还可以看出，如太阳病不愈（或治疗不当，或素日脏腑机能较差），也有可能累及相“表里”的心、肾而为病，前条是伤了肾阳，后条是损了心阳，但是，不论损伤何脏为病，无一不是体现了经络与脏腑之间的密切关系。由上所述，从经络受病，到络属的脏腑，到“表里”的脏腑的一系列病理转化的过程中，可以清楚地看出，疾病虽然不是那样刻板地向前发展，逐步深入，但明显地说明了经络与脏腑之间有不可分割的密切关系。可见，这次大会提出，十二经络属于六脏六腑的看法，不仅有其生理上的基础，而且也符合《伤寒论》本身探讨疾病发展的规律的。

3. 六经与“气化”　“气化”是祖国医学理论体系中的一个重要问题。过去研究《伤寒论》的人，其中有一部分人是十分重视“气化”问题的，对《伤寒论》中临床证候的产生机理，往往以“气化”来解释或说明。这次会议更加明确的指出了“气化”在《伤寒论》中的地位，以及对“气化”的一系列的问题作了原则性的说明，如“气化”的意义，“气化”与脏腑经络的关系，及其他们之间的相互关系等。“‘气化’是说明脏腑经络生理机能活动及病理变化的一种理论概括”；“‘气化’必须建立在脏腑经络的物质基础上”；“‘气化’如离开了脏腑经络就失去了物质的基础，而脏腑经络离开了‘气化’，则又失去其变化的作用”；“脏腑、经络、‘气化’三者之间，是息息相关的，不能分割去看。”这样，不仅对于正确的理解《伤寒论》六经的病机打下了一个比较全面认识的基础，就是对《伤寒论》本身来说　也是一次整理提高工作，

使我们在思想上有了一个明确的概念，加强了祖国医学理论体系的系统性。

六经病证与病机

通过这次会议的学习，使我进一步认识到，从脏腑、经络、“气化”三者的相互关系上，来探讨六经病证的病机，才是全面而可靠的分析方法。会议中指出：“任何疾病，都是在病邪侵袭后，人体脏腑经络生理功能紊乱而产生的病理结果，而任何临床表现的症状，则又是这种疾病病理变化的客观反应”。可见，只有了解了脏腑、经络之“气化”的正常生理功能后，对六经病证的病机，才能有所深入，从而也为辨证施治，处方用药，打下牢固的基础。过去对六经病证的病机，历代医家有着不同的见解，有人以经络来解释，有人以脏腑来解释，有人以“气化”来解释，这次大会又明确的指出了“这些看法，都是各人站在不同的角度上研究，所以也都有一定的理由……但是，不论那一种说法，都是不够全面的”。六经病证的整个内容，实际上即概括地反映了所有脏腑、经络的“气化”异常的证候，每一经之病证，即反映了其所属脏腑、经络的“气化”之病理变化，如果单纯的用某一个理由去解释或说明它的整个病变的病机，忽视了它们之间的相互关系，看来，的确是不够全面的，也不符合祖国医学理论体系的系统性和连贯性。兹以太阴病为例，略为说明如下。

太阴经属脾、肺两脏，由于经脉的络属关系（脾经“入腹属脾络胃”，肺经“下络大肠，还循胃口、上膈属肺。”），脾胃之间，肺大肠之间，形成极为密切的“表里”关系。在脏腑的生理功能上，脾主运化水谷，胃主受纳水谷，二者共同担负着消化的任务，由于其“纳”“运”作用的无障碍，故消化机能始终保持正常。胃主纳谷，脾主运化功能的根本原因，又在于脏腑本身的生理特性及其“气化”的复杂关系，脾喜湿而胃喜燥，在正常情况下，燥、湿相济，经常调和，因之，清阳上升，浊阴下降，上下升降机能平衡，消化过程即处于健康状况。于此又可知，胃以下降为顺，脾以上升为常，脾升清阳，胃降浊阴，这是脾胃的正常生理特性。反之，在病理情况下，如果胃的燥性过盛，与外邪相合而化热，灼伤津液，则有发生阳明经证或腑证的可能性；如果脾的湿性过盛（脾主湿而恶湿），脾阳显得不足，寒湿之邪与湿相合，损伤阳气，导致了脾胃升清降浊功能的紊乱，胃不能下降而上逆为呕吐；脾不能上升而下陷为下利；湿盛则濡泄，脾阳为寒湿所困，则生腹满；寒湿阻滞脾络，则生腹痛；胃气因寒湿而呆滞，则不能受纳水谷，故不思饮食。这些症状的病机，正如《内经》所说：“浊气在上，则生䐜胀，清气在下，则生飧泄”。腹满、呕吐、下利、腹痛，不思饮食等证，均为太阴病的主证，足见脾胃的生理机能，实为探讨其病理变化的可靠基础。《伤寒论》中提出太阴病的治疗“当温之，宜服四逆辈”的理由，也正是针对着它的病理变化而采用的以恢复其生理功能为主的治疗原则。太阴病的病机如此，其他各经病也莫不如是。至于《伤寒论》太阴篇中，为何只谈脾病，而不说肺疾呢？对于这一问题，会中也曾论及，认为，“太阳主一身之表，两肺主皮毛，所以风寒病邪侵入后所发生的肺脏病变，张仲景已在太阳病篇中加以概括，故在太阴病篇中即未谈”。从以上所述，可以看出，不明白脏腑经络“气化”三者在正常生理上的相互关系，欲要探讨其病理机制，并提出正确的治疗方向，势必会带来一定的困难。所以，我认为大会强调这一问题的提出，是十分正确的。

[《中医杂志》1964，(4)：37]

《伤寒来苏集》和柯韵伯的学术思想

王衍生　浙江中医学院

《伤寒来苏集》，是清代名医柯韵伯研究《伤寒论》的著作，是金元以来数百家《伤寒论》的注本中一部比较优异的作品，是学习和研究《伤寒论》的一本良好参考书，它的学术价值，可和成无己的《注解伤寒论》；及尤在泾的《伤寒贯珠集》并称。清代名医叶天土氏曾为《伤寒附翼》写过序言，称其注疏，透彻详明，可谓精而不乱。近人章太炎氏亦认为柯氏“堪称仲景功臣”。可见柯氏研究《伤寒论》是非常成熟的。本文谨就《伤寒来苏集》来探讨柯氏的学术思想，同时对柯氏的治学态度和《伤寒来苏集》的主要内容，作简单地介绍。不妥之处，请批评指正。

《伤寒来苏集》内容简介

《伤寒来苏集》，是《伤寒论注》《伤寒论翼》和《伤寒附翼》三部著作的合称。

《伤寒论注》共四卷，逐条注疏《伤寒论》原文，但在编次上作了较大的改变。它首先集中原文中有关脉证大局的条文，作为总论。然后，因原文有“太阳证”“桂枝证”和“柴胡证”等字样，乃将条文，以六经分证，分为太阳、阳明、少阳、太阴、少阴和厥阴等脉证，再在六经脉证里，列出本经的纲领性条文，作为总纲，最后以方类证，分为桂枝汤证、麻黄汤证等，分别集中该汤证的有关条文，而于每条条文之后；加以注疏与发明，议论明晰，颇能切合临床实用。

《伤寒论翼》共二卷，上卷分别论述《伤寒论》大法、六经、合并、风寒、温暑、痉湿及平脉色；下卷系统分析了六经病的病机、脉证、治法和转归，并讨论了仲景的制方大法。在这部著作里，柯氏常常对《伤寒论》的关键性问题，提出了个人独到的见解，比较集中地表现了他自己的学术思想，启发后学较多。

《伤寒附翼》共二卷，以六经类方，分析了六经方剂的用药意义和临床具体运用方法。在分析六经方剂之前，先列六经方总论，对本经各方剂作了综合性的介绍。

柯氏的治学态度

柯韵伯氏，名琴，号似峰，浙江慈溪丈亭（现划归余姚县）人，生于明代万历末年，卒于何时，手头资料，无法查考。

柯氏好学博闻，对于古代诗文造诣较深。先后曾校正《内经》和注疏《伤寒论》，评解唐宋金元时代名家方剂，著有《内经合璧》和《伤寒来苏集》，对继承和发扬祖国医学作出了一定贡献。遗憾的是：从柯氏到现在，不过三百多年，而《内经合璧》早已失传，名家方剂评解也仅仅散见于罗东逸的《名医方论》等书。而且从《伤寒来苏集》来看，柯氏立论常常引证临床实例，如《伤寒附翼》注解桂枝汤说：“愚常以汤治自汗、盗汗、虚疟、虚痢，随手而愈，因知仲景方可通治百病”。又注解麻黄汤说：“予治冷风哮和风寒湿三气成痹等证，用此辄效，非伤寒一证可拘也。”可见柯氏的临床经验，是非常丰富的。但是，柯氏的医案从未被人发现过，这也是很可惜的。至于有人因此推断柯氏缺少临床经验，显然是片面的看法。

柯氏鉴于《伤寒论》是祖国医学的经典著作，由于年代久远，并且先后有多次变乱，虽经王叔和编次，而脱落、错简的现象，仍然严重存在。其中非但有许多王叔和附会的文章，而且还有不少是后世夹杂的词句，已非仲景原著。历代注家往往依样葫芦，随文敷衍；或者断章取义，曲解原意；或者另寻枝叶，自鸣一得，以致“彼此矛盾，黑白不辨”，给后学带来了许多困难，因而重新加以校正和注疏。这种动机是很可贵的。

柯氏注疏《伤寒论》的态度，确是非常严肃的。他认为《伤寒论》既然存在着上述的一些缺点，那么，注疏者就必须逐条细勘，逐句研读，参考先后条文，体会全论的精神。要摒弃个人主观成见，客观地进行分析研究，才能看得出讹字、衍文、脱落和错简，才能分得清作者原文和后人的插笔。注疏者非但要在语言文字之间，观察作者的本来面目，而且要在语书文字之外，体会作者的实在精神，才能表达作者的原意，才能有助于后学。柯氏在《伤寒论注》里，注解原文时，就根据这样的要求，对某些可疑的条文，进行删改补充，而在注解中加以说明，表达了他自己怎样理解原文，同时也不失王叔和编次后的面貌。但是，就因为这样，后世学者，曾对柯氏提出批评，如曹炳章《医学读书志》说：“以何者为仲景之贡，柯者为王氏之笔，并辟林成二家三百九十七法之谬，及改讹补阙诸字，仍不免蹈文人擅作聪明之习，似失注者之本分。”很明显，提出这种批评，是“注不破经，疏不破注”的思想影响。《伤寒来苏集》凡例说：“叔和序例，固与仲景本论不合，所集脉法，其中有关于伤寒者，合于某证，即采附其间，片长可取，即得攀龙附骥耳。”这又是柯氏尊重前人劳动的态度。

柯氏的学术思想

柯氏研究《伤寒论》的主要学术思想，可归纳为下列四点：

一、认为六经是以脉为经纪的分区地面

柯氏认为仲景六经是经略之经，不是经络之经。《伤寒论翼》六经正义说：“仲景既云撰用《素问》，乃《素问·皮部论》云：‘皮有分部，脉有经纪，其生病各异，别其部分，左右上下，阴阳所在，诸经始终’，此仲景创立六经部位之源。”又说：“夫仲景之六经，是分区地面，所该者广，虽以脉为经纪，凡风寒湿热，内伤外感，自表及里，热寒虚实，无乎不包，而总名伤寒杂病论，所以六经提纲，各立一局，不失经络所拘，勿为风寒画定也。”这是认为仲景的六经是根据《内经·素问·皮部论》而创立的，是以脉为经纪的六个分区地面，即：腰以上为三阳地面，内由心胸，外自巅顶，前至额颅，后至肩青，下及手足，内合膀胱，是太阳地面；内自心胸，至胃及肠，外自头颅，由面及腹，下及手足，是阳明地面，由心至咽，出口

颊，上耳目，斜至巅，外主胁，内属胆，是少阳地面。腰以下为三阴地面，自腹由脾及二肠魄门，是太阴地面；自腹至二肾及膀胱溺道，是少阴地面；自腹由肝，上膈至心，从胁肋下及于小肠宗筋，是厥阴地面。并且认为某一经地面受邪，出现某一经的脉证，形成了某一经病；某一经地面的邪气，犯及另一经地面，或者二经或二经以上的地面同时受邪，出现二经或二经以上的脉证，就形成了合并病，从而解释了六经的提纲与脉证。

至于六经的传变关系，柯氏认为是一经地面的邪气转移到另一经地面的结果。而且《伤寒论翼·六经正义》还说："太阳地面最大，内邻少阴，外邻阳明，故病有相关。"又说："太阴阳明地面虽分，并无阻隔，元气有余，则邪入阳明；元气不足，则邪入太阴。"《厥阴病解》说："少阳厥阴，同一相火，相火郁于内是厥阴病，出于表为少阳病。"认为太阳与少阴，阳明与太阴，以及少阳与厥阴之间，地面关系非常密切，所以最多相互传变。

因此，柯氏不同意以《素问·热论》的一日一经来说明仲景六经的传变。《伤寒论翼》注解原文"伤寒二三日，阳明少阳证不见者，为不传也。"说："伤寒一日太阳，二日阳明，三日少阳者，是言见证之期，非传经之日也。……盖太阳经部位最高，故一日发；阳明经位次之，故二日发；少阳经位又次之，故三日发；是气有高下，病有远近，适其至所为故也。夫三阳各受寒邪，不必自太阳始。……若伤寒二日当阳明病，若不见阳明表证，是阳明之热不传于表也；三日少阳当病，不见少阳表证，是少阳之热不传于表也。"又注解原文"伤寒三日，三阳为尽，三阴当受邪，某人反能食而不呕，此为阴不受邪也。"说："三阴各自受寒邪，不必阳经传授，所谓太阴四日、少阴五日、厥阴六日者，亦以阴经之高下，为见证之期，非六经部位以次相传之日也。"认为所谓一日太阳、二日阳明等是指六经病的见证日期，不是传经日期。六经病的见证之所以有先后，是由于地面部位有高下不同，加以六经病除可以由于地面关系，从别经传变过来外，也可以直接自受外邪的缘故。太阳部位高，受邪后见证早，阳明部位较低，受邪后见证较迟。因而反对伤寒六经日传一经，进而否认传经学说。如《伤寒论注》注解原文"太阳病，头痛至七日以上自愈者，以行其经尽故也。"说："阳明经出大指端内侧，太阳经出小指端外侧，经络不相连接，十二经脉，足传手，手传足，阳传阴，阴传阳，与伤寒之六经，先阳后阴，先太后少之次第迥别，不知太阳传六经，阳明传少阳之说何据乎？"认为伤寒六经的次序和十二经脉不同，而且经脉不相连接，传经的论点没有根据。

柯氏认为伤寒六经来自内经，赅诸阴阳、表里、寒热、虚实、经络、脏腑等各方面的意义，和十二经脉不完全相同，这是非常正确的。但是，他把六经确定为六个分区地面，藉以说明六经的病症和传变关系，并且否定了传经，值得深思。

二、认为六经俱有伤寒、中风、中暑、温病、湿痹的脉证与治法

柯氏认为仲景原书的六经之中，都有中风的脉证和治法；如《伤寒论注·伤寒总论》说："仲景分别六经，俱有伤寒中风脉证治法，叔和时，太阳篇存者多而失者少，他经存者少而失者多，阳明篇尚有中风脉证二条，少阳经只证一条而不及脉，三阴俱有中风欲愈脉，但无中风脉证，以伤寒论为全书，不亦疏乎，"认为现行本《伤寒论》中，有关中风的条文主要见于太阳篇，而其他各经，或有脉而无证，或有证而缺脉，这是原书散佚的结果。为了说明这个问题，柯氏在注解原文"太阳中风，四肢烦疼，阳微阴涩而长者，为欲愈"等时，先后提出六经伤寒和中风的辨证。他认为：太阳以恶风恶寒别风寒；阳明以能食不能食别风寒；脉弦细、头痛发热，或呕而发热是少阳伤寒，耳聋目赤、胸烦是少阳中风；太阴中风，四肢烦疼，太阴伤寒，手足自温；少阴病，始得时，尚有发热，脉沉是中风；厥阴中风，微浮为欲愈脉，热利下重为未愈证。柯氏这个论点的主要根据是：中风伤寒是以病因命名的病名。六经之病，不论是从太阳传变过来的，或者由于本经自感外邪而起的，由于风邪而起的就是中风；由于寒邪而起的，就是伤寒。

不但如此，柯氏在《伤寒论翼·全论大法》中还说："观仲景独于太阳篇，别其名曰伤寒、曰中风、曰中暑、曰温病、曰湿痹，而他经不复分者，则一隅之中，可以寻其一贯之理也。"认为六经之中，包括了中暑、温病和湿痹的实际内容。《伤寒论翼·风寒辨惑》说："清火凉解吐下等剂，正谓温暑时疫而设，所以治热，非以治寒，治热淫于内，非治寒伤于表也。"《厥阴病解》说："厥阴提纲是温病，……要知温乃风木之邪，是厥阴本病，消渴是厥阴之本，厥利是温病之变。"更加肯定了阳明厥阴是温病，驳斥了后人认为伤寒法不适用于温病，伤寒方不能治温病的错误论断，扭转了后人忽视《伤寒论》是温病学说的发展基础的不正确看法。

三、肯定六经为百病立法不专系伤寒一科

柯氏在指出了六经辨证适用于一切外感疾病之后，进一步肯定了六经是为百病立法的。《伤寒论翼》自序说："原夫仲景之六经为百病立法，不专为伤寒一科。伤寒杂病，治无二理，咸归六经之节制。六经各有伤寒，非伤寒中独有六经也。"又《全论大法》说："盖伤寒之外皆杂病，病不脱六经，故立六经而分司之。伤寒之中，最多杂病，内外夹杂，虚实互呈，故将伤寒杂病而合参之，此扼要法也。"认为伤寒和杂病的病因虽然不同，而临证时以八纲八法来进行辨证论治的原则是一致的。何况伤寒之中往往夹杂杂病，二者不可分割，所以仲景把伤寒和杂病合并论述，创立六经来分司百病，因此临证时，只须"在六经上求根本，不在诸证名目上求枝叶。"柯氏这个论点，阐发了六经的重要意义，为六经分证的应用，打开了广阔的道路。后人以六经治理杂病，多由于柯氏这论点的启发，如陆九芝氏《世补斋医书》说："余之治伤寒也，即从来苏集入手，故能不以病名病，而以证名病；亦能不以药求病，而以病求药，即治杂病，亦能以六经分之，是皆先生之教也。"可见柯氏这论点对继承和发扬祖国医学的贡献是巨大的。所以，曹氏《医学读书志》表彰柯氏说："伤寒杂病，异轨同辕，六经本为百病立法，不专系伤寒，实传仲景数千年未火之薪，厥功声矣。"

但是，伤寒毕竟是伤寒，杂病毕竟是杂病，所以仲景原著既称伤寒，又称杂病。伤寒和杂病的辨证论治的原则固然是一致的，而在具体的处理上仍有其不同的地方。因此，柯氏认为六经可以适用于杂病，是完全正确的，但是认为六经完全包括了杂病的治法，未免有问题。

同时，柯氏在《伤寒论翼》自序说："自王叔和编次，伤寒杂病分为两书，于本论削去杂病，然论中杂病留而未去者尚多。"又说："世谓治伤寒，即能治杂病，岂知仲景杂病论，即在伤寒论中。"《全论大法》又说："叔和既改换仲景原文，独为伤寒立论，十六卷中，不知遗弃几何。而今六经之文夹杂者亦不少，岂犹仲景旧集哉。世以《金匮要略》为仲景杂病论，共（可能为"其"字之误）、经魔魅之后乎！"王叔和编次的《伤寒论》，夹杂不少杂病条文是事实。但是柯氏既然承认王叔和把"伤寒杂病分为两书，于本论削去杂病"；既然肯定"六经为百病立法"，就不能因为《伤寒论》的法方可以治理杂病，而认为"仲景杂病论，即在《伤寒论》中"。至于因此而否定了《金匮要略》更是无稽的臆断。

四、主张风寒相因为病反对三纲鼎立

关于太阳中风伤寒的病机，柯氏在《伤寒论翼·风寒辨惑》中说："风寒二气，有阴阳之分，又相因为患。盖风中无寒，即是和风，一夹寒邪，中人而病。"《伤寒论注》注解原文"寸口脉浮而紧，浮则为风，紧则为寒，风则伤卫，寒则伤荣，荣卫俱病，骨肉烦疼，当发其汗也。"说："风寒本自相因，必风先开腠理，寒得入于经络，荣卫俱伤，则一身内外之阳不得越，故骨烦疼。"似为风寒中伤人体，是相互作用于荣卫的，风须夹寒，才能中人，寒邪伤人也需风邪先开腠理，因此不论中风或伤寒，在病机上都是荣卫俱伤的。在辨证上《伤寒论注》注解原文"太阳病，发热，汗出，恶风，脉缓者，名为中风。"条说："若太阳初受病，便见如此脉证，即可定其名为中风，而非伤寒矣。如寒风太厉，中之重者，或汗不出而脉反紧。"又注解原文"太阳病，或已发热，或未发热，必恶寒体痛呕逆，脉阴阳俱紧者，名为伤寒。"条说："虽有已发未发之不齐，而恶寒体痛呕逆之证，阴阳俱紧之脉先见，即可断为太阳之伤寒，而非中风矣。……然天寒不甚；而伤之轻者，亦有身不疼，脉浮缓者矣。"认为太阳中风，汗出脉缓；太阳伤寒，无汗脉紧。但是，由于人体体质的强弱，居地的高下，时令的乖和，受邪的轻重的不同，中风伤寒的脉证就有变化，不能认为脉紧就是伤寒，脉缓就是中风；也不能认为无汗就不是中风，有汗就不是伤寒。在治法上，《伤寒附翼》注解大青龙汤说："仲景治表，只有麻桂二法。麻黄治表实，桂枝治表虚，方治在虚实上分，不在风寒上分也。盖风寒二证，俱有虚实，俱有深浅，俱有荣卫，大法又在虚实上分浅深，不在风寒上分荣卫也。夫有汗为表虚，立桂枝汤治有汗之风寒。……以无汗为表实，而立麻黄汤治无汗之风寒。"认为不必在病因上分风寒，也不必在病机上分荣卫，而必须在辨证上分虚实。表虚汗出当用桂枝汤，而表实无汗就当用麻黄汤。至于大青龙汤，柯氏认为是"为风寒在表而兼热中奇设，不是为有表无里而设，故中风无汗烦躁者可用，伤寒而无汗烦躁者亦可用"。

因而，柯氏极力反对许叔微氏的"脉浮而缓风伤荣，脉紧兼涩寒伤卫。"和"桂枝治中风，麻黄治伤寒，大青龙治伤寒见风脉，中风见寒脉"的主张。对方有执氏等认为"风则伤卫，寒则伤荣，风寒兼受则荣卫两伤，风伤卫则用桂枝汤，寒伤荣则

用麻黄汤，风寒两伤荣卫则用大青龙汤。”的说法，自然也同样地给予驳斥和攻击。如：《伤寒来苏集》自序说：“独怪大青龙汤，仲景为伤寒中风无汗而兼烦躁者设，即加味麻黄汤耳。而谓其伤寒见风，又谓之伤风见寒，因以麻黄汤主寒伤荣，治荣病而卫不病，桂枝汤主风伤卫，治卫病而荣不病，大青龙主风寒两伤荣卫，治荣卫俱病，三方割据瓜分。……种种蛇足，羽翼青龙，曲成三纲鼎立之说，巧言簧簧，洋洋盈耳，此郑声所为乱雅乐也。”

风寒二邪往往是共同作用于人体而致病的，中风夹寒，伤寒夹风，也是临床上常见的现象；荣卫二气的关系，非常密切，荣病则卫阳不能固密，卫病则荣阴无法内守，因此，许方诸氏的三纲鼎立之说的理论根据是站不住脚的，无怪柯氏极力反对。但是，柯氏认为伤寒可见汗出脉缓，中风可见脉紧无汗，并且拿“风寒相因为患”以及人体体质，居地高下，时令乖和，受邪轻重来解释，表面上似乎有一定道理，实质上是拘泥于某些原文冠有“中风”，而叙证中有“脉紧”“无汗”，或冠有“伤寒”，而叙证中却是“脉缓”“汗出”，牵强附会，随文敷衍。不过，柯氏强调不论中风、伤寒，见桂枝证即用桂枝汤，见麻黄证即用麻黄汤，深深体现了祖国医学的同病异治、异病同治的辨证论治的精神。

小　结

1. 柯氏著《伤寒来苏集》，注疏《伤寒论》，常有独到的见解，对继承和发扬祖国医学有一定贡献。

2. 柯氏“六经为百病立法”的论点，扩大六经分证的临床应用，对后世医家启发很大。

3. 柯氏主张“风寒相因为病”，反对前人三纲鼎立之说，强调辨证论治，有临床实际意义。

4. 柯氏认为六经是以脉为经纪的分区地面，从而解释了六经脉证和传变关系，是值得深思的。

5. 柯氏否定《金匮要略》，没有客观根据；注疏原文时，仍然未免泥于文字。

[《浙江中医杂志》1964，7（3）：3]

对《伤寒论》第15条“其气上冲”和第231条“其外有热”疑问的探讨

王华英　宁波市第二医院

《伤寒论》第15条（伤寒论条文次序，依照全国中医教材会议审定本）云：“太阳病，下之后，其气上冲者，可与桂枝汤，方用前法；若不上冲者，不得与之。”第231条云：“阳明病下之，其外有热，手足温，不结胸，心中懊侬，饥不能食，但头汗出者，栀子豉汤主之。”第15条的“其气上冲”和第231条的“其外有热”，这二个“其”字，都引起了历代注家的猜测。如其气上冲，汤本求真说：“方机云：‘凡上冲者，非上逆之谓，气从少腹上冲胸者是也。’如是则气上冲者，即发作的上走性神经证，此是上冲之剧者；其有缓者，……但现头痛耳。”[1]有些注家说，就是“太阳病的发热脉浮，汗出恶风，头痛项强，鼻鸣干呕等”证（就尽桂枝证仍在）。[2]，也有些注家没有明白指出究竟是什么气，只不过含糊复述一遍。我认为其气上冲病人自己应能感觉到有一种气在上冲着，并且定能指出这气从这处冲向那处，这才叫其气上冲，不象患头痛或桂枝证的病人不能感到有什么气在上冲着，所以把“其气上冲”解释作头痛，或即桂枝证，显然是不妥当的。“其外有热”，也有同样情况的猜测，容后再述。这二个“其”字，为什么会引起各家注家意见不一致呢，我认为“其”字之前是有缺文。理由是“其”字是一个代名词。凡用代名词，它的前面必有一个被代的名词，《马氏文通》称为前词。它说：“被代之名词，在代名词之前者名前词，也有在代名词之后者，也曰前词。”又说：“苟有代名词之前，而无前词者，则其所指为共知之事理。”也就是说：如果没有这个前词，我们就不能知道它所代的究竟是指什么事物。除非共知的事理，可以无前词，否则就不能缺少前词。他并举了许多例子，摘录二则如下：

《史记》：余读孔氏书，想见其为人。“其”字代孔氏，前面孔氏书的孔氏，就是“其”字的前词，言想见孔氏之为人。

《三国演义》：一日到一家，投宿其家，一少年出拜，问其姓名，乃猎户刘安也。此例文章组织是倒装句，前词放在后面。前面一个“其”字代刘安，后面一个“其”字代少年。也就是说：一日到刘安家，投宿其（指刘安）家，一少年出拜，问其（指少年）姓名，即猎户刘安也。

据此可知，如果“其”字之前没有前词，确实不能知道它所代的究竟是何人物。如上例所说：余读孔氏书，想见其为人，若无孔氏的前词，仅说余读书，则其后面所说的想见其为人，就不能知道究竟想见什么人的为人。

“其气上冲”和“其外有热”的前面，都无一个词可作“其”字的前词，而这二个“其”字，又非大家所共知的事理，所以历代注家就产生出许多不同的猜测，是理所必然的。代名词之前，既然必须有一个前词，而这二个“其”字都无一个前词，因此我认为这二个“其”字的前面是有缺文。

本条的“下之”，应该认为误下。因为太阳病依法应以汗解，而今下之，这是违反治疗原则，所以是属误下。误下之后，其气上冲，则此气之上冲，可知由于误下之故。如果气之上冲，作者不认为与下之有因果关系，似不必言“下之后”，因误下而易引起病变的病位，首推肠胃道部分，如结胸、痞、协热利等皆是。因此本条的其气上冲，认为是肠胃之气上冲，殊较近理。

查《伤寒论》《金匮要略》中，因误下而引起气上冲的计有三条，都与桂枝证或头痛者无关，相反的皆说明由于肠胃道病变，即心下或脐腹之气冲向胸或咽喉等处。如《伤寒论》67条说：“伤寒，若吐若下后，心下逆满，气上冲胸，起则头眩，……茯苓桂枝白术甘草汤主之。”第165条：“伤寒吐下后，发汗，虚烦，脉甚微，八九日心下痞鞕，胁下痛，气上冲咽喉，眩冒，筋脉动惕者，久而成痿。”《金匮要略》腹满寒疝宿食病脉证治第十说：“夫瘦人绕脐痛，必有风冷，谷气不行，而反下之，其气上冲，不冲者，心下则痞。”从这里三个例子来看，证明第15条的气上冲亦为肠胃道的气，殆无可疑，而且其缺文为心下逆满、心下痞鞕之类的词句。此言虽属推测，我认为虽不中，亦不远。拟补原文如下：“太阳病下之后（心下逆满或心下痞鞕），其气上冲者，可与桂枝汤，方用前法；若不上冲者，不得与之”。

有些注家认为桂枝汤仅适用于脉缓头项强痛发热恶风汗出鼻鸣干呕等桂枝证，所以认为“其气上冲”，就是这些症状，而不知桂枝汤亦大主治其气上冲的地方。查仲景之书，治疗其气上冲，除奔豚证的奔豚汤一例无桂枝外，其余所有的气上冲，都用有桂枝。例如下：

1. 《伤寒论》第67条（见上略）。

2. 《伤寒论》第121条：“烧针令其汗，针处被寒，核起而赤者，必发奔豚，气从少腹上冲心者，灸其核上各一壮，与桂枝加桂汤，更加桂二两也。”

3. 《伤寒论》第65条：“发汗后，脐下悸者，欲作奔豚，茯苓桂枝甘草大枣汤主之。”（气上冲，是奔豚证主要症状，欲作奔豚，实际上气还未上冲，用桂枝乃含有预防之意）。

4. 《金匮要略》痰饮咳嗽病脉证并治第十二：“青龙汤下已，多唾口燥，寸脉沉，尺脉微，手足厥逆，气从少腹上冲胸咽，……与桂苓五味甘草汤。”又“冲气即低，而反更咳、胸满者，用桂苓五味甘草汤去桂加干姜细辛以治其咳满。”（本条气冲消除，治疗即除桂枝，可知桂枝与气冲关系之密切。同时体会，此即《伤寒论》15条所谓“若不上冲者，不得与之之意。”）

5. 《金匮要略》痉湿暍病脉证治第二防己黄耆汤加减中云：“气上冲者加桂枝三分。”

从以上几条例子，足以说明气上冲与使用桂枝的关系。由此可知桂枝汤固然是治疗太阳病的头痛项强发热恶风汗出鼻鸣干呕等证的主要方剂，但对胃肠道病变之气上冲，亦为张仲景不易的治疗原则。

关于第231条阳明下之“其外有热”，手足温，不结胸……的“其外有热”的“其”字，同样引起许多注家意见不一致。如《伤寒论译释》注云：“如果府证未实，而早用攻下，则不但邪热不能清除，相反会引起其他变证。最多见的，是热邪留扰胸膈的栀子豉汤证。其外有热是邪热未净，心中懊侬，饥不能食，是热扰胸膈的特征。”[3] 章虚谷注云：“此即阳明余邪未尽 而无燥屎者，下后，有形实邪已去，则无胀满之证矣；尚有无形热邪散漫，故外有热而手足温，并非误下邪陷，故不结胸……。”[3] 柯韵伯注云：“外有热是身热未除。手足温尚未濈然汗出，此犹未下前证，见不当早下也。不结胸，是心下无水气，知是阳明之燥化。”[3] 魏念庭注云：“表邪未全入里，乃即以为胃实而遂下之，则其外仍有热，究不能随下药而荡涤也。于是虽热而不潮，手足虽温，而无濈然之汗出，则是在表者仍在表，而下之徒伤其里耳。即不至于全在太阳者误下成结胸……。”[3] ……等等。

这些注解不但对“其外有热”，多未指出何处外面有热，而且对手足温、不结胸的注语亦不妥当。例如译释注词略而不言，视同衍文；章注浮泛敷衍，极不深切；柯注、魏注对其外有热、手足温，均认为前证仍在，非下之后之变证；不结胸，柯注认为误下后心下无水气，乃阳明之燥化。其实，“其外有热”，明明是误下后的病变，而非表证仍在。至于不结胸，则是排除可疑证之词，不能当作阳明之燥化。总的说来，多是不中肯的。

我认为“其”字的疑问和上文推断一样，同样有缺文。但这个缺文，主要是这条条文乱了。我认为本条中“不结胸”三字，是应移置在“其外有热”之前，作为“其”字的前词。因为本条的阳明病下之，与15条一样同属误下，上条是太阳病的误下，本条乃阳明病的误下。大家知道，阳明病的误下的后果，最易造成变证的，是结胸证和热邪留扰胸膈的栀子豉汤证。不结胸三字，提前在其外有热之前，是说明了之后的变证不是结胸，排除了可能发生变证的其中之一，诊断注意力可专在热扰胸膈方面。但为什么又可作“其外有热”的前词呢，结胸，是指胸部内的病变，不结胸，是说胸的内部无结胸的病变，其（即指胸部）外有热，就是说：胸部外面是有热的。紧接“手足温”三字，是用手足不热如平人的温和来说明胸外虽然有热，只限于局部而不是全身皆热，明确指出了热邪留扰胸膈的部位和它的症状。

参考文献

[1] 汤本求真（刘泗桥译）. 皇汉医学，上篇，卷一，60页. 上海东洞学社出版，1930.

[2] 任应秋. 伤寒论语译，第30页. 上海卫生出版社，1957.

[3] 南京中医学院伤寒教研组. 伤寒论译释，第811－812页. 上海科学技术出版社，1959.

［《浙江中医杂志》1964，7（12）：15］

对《伤寒论·少阴病脉证篇》第二条的认识

陈　亮　浙江省上虞县联江联合保健所

《伤寒论·少阴病脉证》第二条：“少阴病，欲吐不吐，心烦，但欲寐，五六日自利而渴者，属少阴也，虚故引水自救。若小便色白者，少阴病形悉具。小便白者，以下焦虚有寒，不能制水，故令色白也。”历代注家对本条的注释，有同有异。为便于探讨，摘录几家代表论说如下，供参考：

1. 认为是全属虚寒的　成无己说：“此自利而渴，为寒在下焦，属少阴；肾虚水燥，渴欲引水自救，下焦虚寒，不能制水，小便色白也……此下利虽渴，然小便色白，明非里热。”程锺龄说：“问曰，肾气虚寒而亦口渴者何也，答曰，肾者水脏也，虚故引水自救，小便必色白，白因下焦虚有寒，不能制水，故令色白也。”二氏之说，同出一理，总属肾气虚寒之故。

2. 疑本条有寒有热，但未明显指出何者为寒？何者为热，而结论为虚寒之症　喻嘉言说：“自利而渴，加以口燥舌干，似乎转经热病之形悉具；然肾热则水道黄赤。若小便色白，又非肾热症，乃下焦虚寒，不能制水，仍当以从事温法”。

3. 说本条为寒热杂居，是上焦实热、下焦虚寒之症　柯韵伯说：“少阴从火化，故自利而泻，少阴主下焦……下焦虚，故心烦而渴，关门不闭，故自利。然必验小便者……热则黄赤，寒则清白也，若不于此详察之，则心烦而渴，但治上焦之实热，而不顾下焦之虚寒，则热病未除，下利不止矣”！

四、认为本条应分为两节研究《伤寒论释义》：“本条应分两节研究，第一节从欲吐不吐至引水自救，是叙述少阴阳虚的吐利症的症状；第二节是从小便色白至末句，是叙述小便色白，为诊断阳虚寒甚的重要依据”。

以上四种论说，各有理义。但与笔者认识，有所不同，除同意《伤寒论释义》将本条经文分为两节外，我认为经文第一节，是少阴之邪，从火而化的虚热症，属于温病的范畴。其理由是：

1. 从“欲吐不吐”看，俞根初伤寒总诀中说：“少阴兼心包证，初起发热，即神呆不语，欲寐而不得寐，心烦躁扰，口干舌燥，欲吐粘涎而不吐……”这是对本节经文的绝好注解。

2. 从“心烦”看，烦为阳为风，心烦总是阳邪所致，少阴病邪从火化，阴虚血少，心阳亢盛，阳亢不入于阴，阴虚不受阳纳，所以，心中烦，不得卧寐。因此，属虚热症。

3. 从“引水自救”看，水字本身就含有寒、凉的意义。例如本论第七十一条：太阳病发汗后，大汗出，胃中干，烦躁不得眠，欲得饮水者……”；第一七〇条：“伤寒脉浮，发热无汗……渴欲饮水”；第一六八条：“伤寒……热结在里……表里俱热……大渴，欲饮水数升者……”；第二〇二条：“阳明病，口燥，但欲嗽水……”。其他，如第二二二条、二二三条，都有饮水的症状，患者都是热症，则所饮之水，都是寒凉的。那么，文中“引水自救”的水，也无疑是寒凉的了。从字面来说，这四个字，是形容了一个患者迫切地讨索凉水，以救自己的虚热的意义。再则，古人对水、汤，很有分别，如《孟子》说：“冬日则饮汤，夏日则饮水”。足证古人所说之水、汤，是有凉、暖区别的。因此，笔者不同意《伤寒论释义》中谓：“但此为阳虚的口渴，故渴喜热饮，而饮亦不多，和阳经实热的大渴大饮是不同的”，适此相反，此为阴虚口渴，是渴喜冷饮的，阴经虚热，也要渴饮寒凉的。

四、从“小便白”看，在第二节“若小便色白者”一语中，就可看出，是衬托出第一节经文中，患者的小便必是黄赤的。《伤寒论》文字精简，含义深长，论中所有的前置词或假设词，绝对不是等闲文字，若小便色白者的“若”字，即带有肯定性的意思。如果，第一节与第二节，小便都是白色的，何以不在第一节说明，反而要在第二节开始就说明呢？且本条经文中，独言小便白色，是鉴别诊断的重要依据。是从小便的颜色，来辨证疾病之属寒属热。《伤寒论》中应用“若”字的条文很多，各个“若”字，都是仲师在辨证与施治上的关键性提示，我们后人不可轻率读过，诚如魏荔彤说：“细玩‘若’字，‘欲’字，可见其祛邪者，自有别法”。所以，从小便上来看，第一节经文所叙述的也是少阴病虚热症。

根据上述四点，则本条第一节中的下利是热利，引饮是冷饮，是叙述少阴阴虚的吐利症状。它与肾气虚寒的少阴病不同。与本条经文的第二节所叙之病，也有分别了。

至于，第二节经文，可从：

1. “少阴病形悉具”的“形”字来着眼，如太阳篇中有“其形如疟”的一条，说明了患者病形如疟，而实质上并不是疟，因此，不能用柴胡汤，而用桂枝二麻黄一汤一样。本节之少阴病形悉具，只不过是出现形似少阴病症状的一种疾病，而不是真正的少阴病。同时，本条经文，在第一节开始，已经冠以少阴病了，无必要再在第二节中，写上少阴病字样，况且，写的是“少阴病形”，这是说明患者，也下利，也饮水，但小便是清白的。

2. 从“下焦虚有寒”来看，笔者推重柯氏“上焦实热，下焦虚寒”之说。因为，本节文中独指下焦虚有寒，则必有“上焦实有热”之意包涵于文中。那么，上焦实热、下焦虚寒之症，怎么是属于少阴病呢？

根据上述二点，本条经文第二节的病型，是形似少阴病，实质是上焦实热、下焦虚寒的一类病型。则与柯氏之说，又不尽同。柯氏认为全条经文，是上焦实热，下焦虚寒的病型。而笔者却认为第二节经文所叙述的是这样一类病型。

最后，归纳笔者的认识如下：即《伤寒论·少阴病脉证篇》第二条经文，叙述了二种病型。第一种，是第一节经文所指的是温病范围内的少阴邪从火化的虚热症；第二种，是第二节经文所论的为形似少阴病，实质不是少阴病，是“上焦实热、下焦虚寒”的一类病型。仲师何以在这条经文中，实录这二种病型呢？因为：1. 第二条经文作为第一条提纲的辅助提纲，它羽翼了提纲，补充了提纲之不足。2. 是提示后人，少阴病不但有阳虚的寒症，也有阴虚的热症，即有伤寒，也有温病。3. 仲师独指小便颜色，作为鉴别诊断的重要依据，是后人误认“上焦实热、下焦虚寒”之症为少阴病的虚热症。

［《浙江中医杂志》1965；8（2）：16］

对“桂枝去桂加茯苓白术汤”药证的探讨

权依经　兰州中医学校

《伤寒论》原文第28条：“服桂枝汤或下之，仍头项强痛，翕翕发热，无汗，心下满微痛，小便不利者，桂枝去桂加茯苓白术汤主之。”对本条的药证，前人和今人有去芍和桂枝汤加茯苓白术及去桂的不同争论，直至现在仍未确定。至于争论的理由已见于各注本和杂志，本刊四卷十二号及七卷三号亦有讨论，兹不再赘。那么，究竟何舍何从呢，兹以《本草经》《伤寒论》本身及《内经》理论根据来解决这一问题。

一、认为去芍的一种说法，本人是有着不同的认识。按《本草经》对芍药的记载：“芍药气平，味苦，无毒，主邪气腹痛，除血痹，破坚积，寒热疝瘕，止痛，利小便，益气。”再考张仲景对汗下后去芍药诸条，均与此条证不符合。如：

1. 汗后桂枝汤去芍药法 115条（本文所引《伤寒论》条文，系根据1964版中医学院试用教材重订本）云：“伤寒，脉浮，医以火迫劫之，亡阳，必惊狂，卧起不安者，桂枝去芍药加蜀漆牡蛎龙骨救逆汤主之。”此条的去芍药，系因亡阳的缘故，所以方中不去桂枝而独去芍药，因芍药不宜于亡阳之症。另外，真武汤的去芍药则是腹痛止，有下利故。

2. 下后桂枝汤去芍药法　22条云：“太阳病，下之后，脉促，胸满者，桂枝去芍药汤主之；若微恶寒者，桂枝去芍药加附子汤主之。”前半条之所以去芍药者，以其下后伤胸中之阳而致胸满；后半条之所以另加附子者，以其阳虚不足以抵御外寒的缘故，而并非是本条所说的“心下微满痛”。

二、认为即是桂枝汤加茯苓白术的一种说法，本人也有不同的认识。按《本草经》对桂枝的功用记载：桂枝气温，味辛，无毒，主上气咳逆，结气喉痹，吐吸，利关节，补中益气。再看看《伤寒论》对桂枝汤的适应汗下后范围：

1. 服桂枝汤后仍服桂枝汤法　如果是真桂枝汤证，服桂枝汤而不愈者，那是药轻病重，不足以胜邪，当仍服桂枝汤。如原文24条云：“太阳病，初服桂枝汤，反烦不解者，先刺风池、风府，却与桂枝汤则愈。”25条云：“服桂枝汤，大汗出，脉洪大者，与桂枝汤如前法。”这些都是桂枝汤证，但因病邪重而药力轻，故未愈，当仍以桂枝汤治疗。

2. 汗后服桂枝汤法　57条云："伤寒发汗，已解，半日许复烦，脉浮数者，可更发汗，宜桂枝汤。"236条："阳明病，脉迟，汗出多，微恶寒者，表未解也，可发汗，宜桂枝汤。"242条："病人烦热，汗出则解，又如疟状，日晡所发热者，属阳明也……；脉浮虚者，宜发汗。……；发汗宜桂枝汤。"以上诸条，虽已用汗法，但表证仍在，故均宜桂枝汤来治疗。

3. 下后用桂枝汤法　56条云："伤寒，不大便六、七日，头痛有热者，与承气汤；其小便清者，知不在里，仍在表也，当须发汗，宜桂枝汤。"15条云："太阳病，下之后，其气上冲者，可与桂枝汤，方用前法。"169条云："伤寒大汗后，复发汗，心下痞，恶寒者，表未解也，不可攻痞，当先解表……，宜桂枝汤。"以上各条，虽经误下，但表证仍在，且病机有向上趋势，没有其他里证，故犹用桂枝汤治疗。

4. 汗下后用桂枝汤法　45条云：太阳病，先发汗不解，而复下之，脉浮者不愈，浮为在外，而反下之，故令不愈。今脉浮，故知在外，当须解外则愈，宜桂枝汤。"此条虽经汗下，但脉仍浮，说明病犹在表，故用桂枝汤以解表。

5. 表里兼治法　93条云："伤寒，医下之，续得下利清谷不止，身疼痛者，急当救里，后身疼痛，清便自调者，急当救表。救里宜四逆汤，救表宜桂枝汤。"94条云："病发热头痛，脉反沉，若不差，身体疼痛，当救其里，宜四逆汤。"371条云："下利腹胀满，身体疼痛者，先温其里，乃攻其表。温里，宜四逆汤；攻表，宜桂枝汤。"从以上这些表里兼治的条文中来看，张仲景是注重表急治表，里急治里的。治里后，若有表证则治表，若无表证则不治。决不是一有表证，而里证较重，便不顾里急，而一味治表，而是里证急，即当先治里的。其实，里治后，因正气恢复而表证亦愈。这就不能说，有表证就得一定用表法，绝无此例。

三、认为去桂的一种说法，本人大致同意，但其中也有不同的地方，提出如下。

1. 原有症状：头痛项强，翕翕发热，无汗，心下满微痛，小便不利。

（一）医家用桂枝汤的见解　医者为什么要用桂枝汤呢，因为《伤寒论》12条的桂枝汤证中有"翕翕发热"句，并有言"太阳中风"，即可知有项强头痛证，故用桂枝汤治疗。

（二）医者用下法的见解　因前用桂枝汤治疗而未愈，乃据135条的结胸证有"结胸者，项亦强，如柔痉状，下之则和，宜大陷胸丸"，故又用了下法。

2. 汗下后的症状：仍头项强痛，翕翕发热，无汗，心下满，微痛，小便不利。

（一）汗下后为什么病症不变呢　17条云："桂枝本为解肌，若其人脉浮紧，发热汗不出者，不可与之也，常须识此，勿令误"由此可见，桂枝汤为无汗之大禁。一般服桂枝汤，若药症相符，即应病愈；若不相符，即应变坏。但此症服桂枝汤后，既不愈而又不坏，可见本条的无汗不是表邪的外束。用下法后，病仍未愈而又未变坏，据此，又可知本条的病症既非太阳表证，又非下法的适应证了。夫药物内服后，系赖中焦运输而起作用，而此症两服汗、下药，都不起作用，盖因中焦的运输失职故也。

（二）汗尿的来源《素问·经脉别论》说："饮入于胃，游溢精气，上输于脾，脾气散精，上归于肺，肺朝百脉，输精于皮毛。"这就是说，水液入于胃中之后，通过胃的气化作用先输到脾，又通过脾的运化作用，而上至肺，最后，又通过肺气散布，将水液中清的一部分输于皮毛、脏器以及各组织之间。又如《灵枢·决气篇》说："腠理发泄，汗出溱溱"，这就是说，将水液中浊的一部分，又经过三焦的气化作用，输于腠理而为汗。再如《灵枢·本神篇》说："三焦、腠理、毫毛其应。"这就是说，三焦、腠理、毫毛，同为一气化。又如《素问·灵兰秘典论》说：膀胱者，州都之官，津液藏焉，气化则能出矣。"这就是说，机体又将一部分浊的水液依三焦之水道而下注膀胱和其他脏器。注藏有余的，通过膀胱的气化作用而从尿道排出，便是尿液。据此，可知吾人每日饮进的水液中清的一部分，藉上焦的开发，灌溉到人体各组织和腠理间；其浊的一部分，藉上焦的气化作用而为汗为尿。人们每到天气炎热时，则汗多而尿少；相反的，在天气寒冷时，则尿多而汗少，甚至无汗。

通过上述的证实，则知本症的无汗，是因中焦的气化不行，以致影响到上焦的开发作用的，并非表邪外束之无汗，故虽用桂枝汤而症未变坏。而"翕翕发热"，亦非太阳中风证，系因中焦的湿热无出路而郁热薰蒸所致。同样，"头项强痛"，亦是中焦的湿气胜而影响到太阳经的。如病机十九条中的"诸痉项强，皆属于湿"，正与此症的病理相同。

为什么用了下法之后也不变坏呢，因为病机在里而不在表，故虽用下法，而无表邪入里之患；因抗力犹胜，故无下利不止的变证。因中焦失职，故本症独有的是心下满，微痛，而小便不利。言心下，即可知是脾胃部，以其病根在中焦，而中焦又停水，以致气化不行，故有满微痛的感觉。正因上焦不开，影响下焦的气化不行，故致小便不利。因而，本症既不能用汗法，又不能用下法。

通过以上讨论，再核对28条原文来看，本证病根在脾，病机在膀胱，故汗下法均不得当。用健脾利小便药，使脾气升、肺气降，则水道通调，诸病可愈，也证明了本方宜去桂而不宜去芍药。同时本人在1963年4月赴成都时，据成都中医学院伤寒教研组刘述机主任谈及某老中医，曾遇见本证相同的患者，用桂枝去桂加茯苓白术汤，一服即愈。

通过对本条的讨论，体会《伤寒论》的治法是多种多样的，并非是汗、吐、下、消、和、温、清、补等法所能包括的。桂枝汤是适用于发热汗出，脉浮弱和病机向上、向表、发烦等症；而不适用于发热无汗和病机向里、向下之症。桂枝是适应于阳虚阴盛的小便不利，兼有表症者；而不适用于阴虚阳盛的小便不利症。芍药是不适用于阳虚阴盛的胸满症；而适用于阳盛阴虚的阴结、腹满痛等证。下法是适用于热邪入里和痰饮互结，以及腹中燥结的实证；而不适于三焦气机障碍的病证。

[《浙江中医杂志》1965；8（2）：14]

《伤寒论》六经病理初探

施家珍

《伤寒论》是以辨证施治的方法，阐述多种外感病发展变化规律及其具体治疗方法的一部临床医籍。六经分证是《伤寒论》理论的核心。六经病理不明，不仅无法全面而系统地解释《伤寒论》的各项条文与正确地解决历史上遗留下来的伤寒学派和温病学派在若干理论问题上的分歧，更重要的是影响我们正确地运用六经分证的理论以指导临床实践。

历代医家对《伤寒论》六经的实质的认识不一，有人以经络来解释；有人以脏腑来解释；有人以气化来解释。这些看法，各有一定的理由，都以《内经》为根据。近来有的同志认为："《内经》中的六经由于手足经同名（如手阳明大肠经、足阳明胃经）而形成了手三阳、足三阳、手三阴、足三阴的区别，所以，六经实际上就是十二经，道理是很浅显的"[1]。我们认为这个问题，不是这样简单。实际上按照六经即十二经的说法，也并不能解决《伤寒论》六经的实质问题。因为：（1）《伤寒论》所述的太阳病的正治诸法如桂枝汤、麻黄汤、大青龙汤、小青龙汤、麻杏石甘汤等证，其所反映的病理变化主要为手太阴肺经证；（2）《伤寒论》太阴篇并不包括手太阴肺经证；（3）《伤寒论》厥阴篇并不包括手厥阴心包经证。清代经方派名家徐灵胎因为《伤寒论》中"阳经中多阴经治法，阴经中多阳经治法，差错不一"，所以他"乃探求三十年而后悟其所以然之故"，因而得到结论说："不知此书非仲景依经立方之书，乃救误之书也。""盖因误治之后，变症错杂，必无循经现症之理。当时著书亦不过随症立方，本无一定之次序也。"[2]我们认为徐氏的看法，虽未必完全正确，但从其议论中，可以看出探讨六经病理问题的复杂性，因而我们对这个问题的研究，必须采取科学而审慎的态度。

为什么历代医家对六经病理下了那么大的功夫而没有彻底解决这个问题呢？我们认为除了他们受着当时自然科学水平的限制以外，更重要的是当时在哲学上还没有辩证唯物主义的认识论，医学研究没有它做为指导思想，因而在认识问题上不能不受到"尊经崇古"思想的束缚。所以，我认为在我们探讨《伤寒论》六经病理以及整理、提高祖国医学遗产中其他重大理论问题的工作上，绝对不能只在文献里面兜圈子，走"以经注经"的老路，必须以辩证唯物主义和历史唯物主义的观点为指导，以实践作为检验真理的标准，综合分析各家学说的异同，加以"去粗取精，去伪存真"，实事求是地进行科学的探讨，才能逐步地解决问题。现将个人对《伤寒论》六经病理所进行的初步探讨写出，请中医界老前辈及读者同志们，批评指教。

一、证和六经分证

清代伤寒名家柯韵伯在其所著《伤寒来苏集·凡例》中说："《伤寒论》一书，自叔和编次后，仲景原篇不可复见。……琴有志重编，因无所据。窃思仲景有太阳证、桂枝证、柴胡证等辞，乃宗此义，以证名篇，而以论次第之，虽非仲景编次，或不失仲景心法耳。"由此可见"证"在《伤寒论》中是具有特殊意义的。它并不是孤立的个别的症状。《伤寒论》并无所谓"头痛证""发热证"这一类名词，和后世方书分门类证者不同。

《伤寒论》中所说的"证"，是指人体在疾病发展过程中一定阶段上病理生理变化所表现的形式。例如桂枝汤证是"头痛，发热，汗出，恶风"。若"头痛，发热，恶寒而无汗"者，便非桂枝汤证。这并不是一种单纯的症状加减法问题，而是因为有汗和无汗其病理机制不同。疾病的变化是非常复杂的，同一的病理机制，所表现的具体症状可能有一些差别，如果这种差别并不是主要的，仍可用同一方剂治疗。例如“太阳中风，阳浮而阴弱，阳浮者热自发，阴弱者汗自出，啬啬恶寒，淅淅恶风，翕翕发热，鼻鸣干呕者，桂枝汤主之”；“太阳病，头痛，发热，汗出，恶风，桂枝汤主之”。此两条经文之主证相同，虽然前一条有鼻鸣干呕症状，后一条无鼻鸣干呕症状，但均主以桂枝汤。

“证”是一定阶段上病理生理变化所表现的形式，因此，它带有阶段性。同一的疾病在先后不同的阶段上，可以出现不同的“证”，由上一阶段的“证”转变为下一阶段的“证”，就是证的传变。证的传变原因有三点：

1. 由疾病本身发展规律所决定；
2. 原发的疾病未愈，又并发其他疾病；
3. 由误治而引起逆证。

由于外感病的种类很多，再加上病人的体质有强弱之不同，所以同一的疾病可以表现出多种不同类型的“证”，而不同的疾病在其发展过程的某一阶段上，如其病理变化的性质相同，则又可能产生相同类型的“证”。因此，在中医辨证施治的实践中，就有所谓“异病同治”和“同病异治”的现象，但从实质上看，都是“同证同治”，中医辨证施治的科学性也就在这里。

毛主席在《矛盾论》中指出：“就人类认识运动的秩序说来，总是由认识个别的和特殊的事物，逐步地扩大到认识一般的事物。人们总是首先认识了许多不同事物的特殊的本质，然后才有可能更进一步地进行概括工作，认识诸种事物的共同的本质。”《伤寒论》的六经分证，就是通过这种认识问题的方法而产生的。我们现在学习《伤寒论》，都是从第一条“太阳之为病，脉浮，头项强痛而恶寒”学起，这一条是太阳病的提纲，这个提纲是怎样来的？它正是从太阳病中许许多多个别的和特殊的“证”（例如，桂枝汤证、麻黄汤证、大青龙汤证、小青龙汤证等等）中，概括其共同的证候而来的，因此它反映了以上诸证的共同的本质（即共同的病理机制），所以六经分证中的“证”（如太阳证、少阳证等），比《伤寒论》中一些具体的“证”（如桂枝汤证），是高了一级的东西，其概括性较强，而更具有普遍意义。

《伤寒论》中六经提纲，是六经的本证，但《伤寒论》中各篇的内容，却包括了六经本证及各种不同类型的变证、误治后的逆证，此外，还有一部分条文所指的内容是杂病。因为有些杂病和外感病有类似的“证”，有提出鉴别诊断的必要；有些杂病和外感病中某一个证，有相同的病理机制，因此，可用同一方剂治疗，所以亦一并叙入；有些病人既有外感亦兼有杂病，往往有比较复杂的见证，也有必要加以分析。所以我们不能认为全论各条，均属外感病。因此，在我们研究六经病理机制时，必须以六经本证为基础，否则很容易导致出不正确的结论来。

二、六经和脏腑经络的关系

历代医家对《伤寒论》六经实质认识虽不完全一致，但对于三阴经的看法，并无不同。即太阴为足太阴脾，少阴为足少阴肾，厥阴为足厥阴肝。吴鞠通著《温病条辨》，虽以三焦为纲，实际上是以经络脏腑为纬，但其所论者着重于温病。以《伤寒论》和《温病条辨》合勘，则可以看出病在阴经，亦有寒温之不同，事实上《伤寒论》中三阴篇中亦非全部是虚寒证。因此，不能把“阴经”和“阴证”两个概念混淆。关于三阴经的病理，过去没有甚么争论，本人同意前辈医家的看法。

《伤寒论》六经病理之不明，其关键主要在太阳篇上。因为自王叔和编《伤寒例》引《素问·热论篇》以序伤寒以来，后世不少注家多宗其说，认为《伤寒论》中太阳病是足太阳膀胱经证，因此，有“伤寒是由皮毛而入，邪袭太阳膀胱经；温病多由口鼻而入，邪袭太阴肺经”的说法，一直流传到现在。清代陈修园又将太阳病分为太阳经证和太阳腑证，沿用至今。但是也有一部分医家对历代相传的膀胱主表说提出不同看法。如明李时珍在《本草纲目》麻黄条下指出：“麻黄乃肺经专药，故治肺病多用之。张仲景治伤寒无汗用麻黄，有汗用桂枝，历代名医解释，皆随文附会，未有究其精微者。时珍尝释思之，似有一得，与昔人所解不同。……风寒之邪，皆由皮毛而入，皮毛者，肺之合也。肺主卫气，包罗一身，天之象也。是证虽属乎太阳，而肺实受邪气。其证时兼面赤怫郁、咳嗽有痰、喘而胸满诸证者，非肺病乎？盖皮毛外闭，则邪热内攻，而肺气膹郁，……是则麻黄汤虽太阳发汗重剂，实为发散肺经火郁之药也。”柯韵伯则对“膀胱主表说”“伤寒传足不传手”说，作了有力的批判，他在《伤寒论翼》中说：“今伤寒书皆以膀胱为太阳，故有传足不传手之谬。”“仲景书，只宗阴阳大法，不拘阴阳之经络也。夫阴阳散之可千，推之可万。以心为阳中之太阳，故更称巨阳以尊之。……膀胱位列下焦之极底，其经名为足太阳，以手足阴阳论，实阴中之少阳耳，以六腑为阳论，与小肠之太阳，同为受盛之器耳。”“仲景以心为太阳，故得统一身之气血，内有五藏之经隧。若膀胱者，何得外司营卫而为诸阳主气哉。”“夫心主营，肺主卫，风寒来伤营卫，即是手经矣。且大肠接胃，俱称阳明，小肠通膀胱，俱称太阳，伤则俱伤，何分手足？”以上诸家说法，究竟那一个比较正确？我们根据《伤寒论》太阳病的提纲来看，其所主者为表证、表脉。从其正治诸证（如桂枝汤证、麻黄汤证、大青龙汤证、小青龙汤证、麻杏石甘汤证等）的主要症状来看，均为病在肺卫，而不在手足二太阳经，这是目前在临床实践中所见到的客观事实。因此，我认为：《伤寒论》中的太阳病，当从李时珍之说，解释为手太阴肺经证，比较更符合临床实际。这在文献上也有根据，例如：

1. 根据《内经》脏象学说，应当是肺主表，而不是膀胱或小肠主表。《素问·灵兰秘典论》说：“肺者，相傅之官，治节出焉。”《素问·平人气象论》说：“藏真高于肺，以行营卫阴阳也。”《素问·五藏生成篇》说：“肺之合皮也，其营毛也。”又说：“诸气者，皆属于肺。”由此可见肺的作用及其主表的理由。而小肠则仅司消化、膀胱仅藏津液而已。所以，《素问·灵兰秘典论》说：“小肠者，受盛之官，化物出焉……膀胱者，州都之官，津液藏焉。”

2. 前辈注家，皆侧重从经络立论，而言经脉主病之文献，莫详于《灵枢·经脉篇》，据该篇记载：“肺手太阴之脉，……是主肺所生病者，欬，上气，喘渴，烦心，胸满……气盛有余，则肩背痛，风寒，汗出中风。”所述见证，皆在《伤寒论·太阳篇》各主要典型“证”之内。而“膀胱足太阳之脉，……是动则病冲头痛，目似脱，项如拔，脊痛，腰似折，髀不可以曲，腘如结，踹如裂，是为踝厥，是主筋所生病者，痔、疟、狂、癫疾，头颈项痛，目黄，泪出，鼽衄，项背腰尻腘踹脚皆痛，小指不用。”则和《伤寒论·太阳篇》各主要的典型“证”，关系远不如肺经之密切。

3. 据《中医内科学讲义》“肺病辨证施治简表”，风寒束肺主以麻黄汤、小青龙汤。也是认为《伤寒论·太阳篇》的主要方剂所主治的是肺经证。

因此，我们认为以肺经证释《伤寒论》太阳病，则可以使伤寒、温病、杂病的辨证体系统一起来。太阳病可以分为两大纲：

1. 风寒犯肺，即《素问·玉机真藏论》所说的“风者百病之长也，今风寒客于人，使人毫毛毕直，皮肤闭而为热，当是之时，可汗而发也。……弗治，病入舍于肺”。因病人体质不同，其感受各异，表虚者为“太阳中风”，表实者为“太阳伤寒”。

风寒伤人，每当人心阳不振之时。太阳中风，营弱而卫强，营之弱由于心阳不振，故桂枝汤以桂枝为君，非单取其辛甘发散为阳之义，且以其能通心阳也。太阳伤寒恶寒无汗，用麻黄以开玄府之闭，必佐桂枝以温营分之里，亦因桂枝可以通心阳。通观仲景太阳篇主方不仅麻、桂、大小青龙诸方不离桂枝，即治伤寒脉结代心动悸之炙甘草汤亦不离桂枝，即可观其大旨矣。

2. 风热犯肺：即《伤寒论》所谓：“太阳病，发热而渴，不恶寒者，为温病”。吴鞠通《温病条辨·上焦篇》所列手太阴肺经证诸方，可以补仲景之未备。

至于太阳病变证，则有结胸、心下痞、水逆等之不同，太阳逆证则有火逆、温针、误下之异。盖表邪入里，途径多端，疾病初起，辨证不清，最易误治，所以《伤寒论》条文，亦以太阳篇为最多。此等变证、逆证则不限于一经。

太阳之病理既明，则阳明和少阳的问题亦可迎刃而解。“阳明之为病，胃家实是也”，仲景已有明文；少阳主胆，诸家亦无异义。后世温病学说之手厥阴心包经证，从其实质的意义说，按“六经分证”的理论，则当系于阳明，其原因是：

1. 从《伤寒论》的条文中，表面上虽无“邪入心包”的提法，但神昏谵语、循衣摸床诸证，均集中在阳明篇，其所以无芳香开窍之法者，是因为当时尚未发明牛黄、至宝这一类方剂，不等于没有这种证。

2. 陈平伯《外感温病篇》说：“风温证，身大热，口大渴，目赤唇肿，气粗烦躁，舌绛、齿板，痰咳，甚至神昏谵语、下利黄水者，风温热毒，深入阳明营分。”可见营分之证可系于阳明，在温病学家中亦有此种认识。

3.《温病条辨·中焦篇》二十条：“阳明温病，舌黄燥，肉色绛，不渴者，邪在血分，清营汤主之。”按卫、气、营、血之说，营之后方言血，邪在血分犹系之阳明，则邪在营分亦系之阳明，有何疑义。

根据以上所述，我们可以得出结论说：《伤寒论》六经和脏腑经络有一定关系。从《内经》关于阴阳学说的大法来看，则阳主外，阴主内，阳道实，而阴道虚，两者是一致的。三阴之证皆主里，非里虚寒证，即里虚热证，以阴道虚也。三阳之证皆为实，有热实，有寒实（如三物白散证、瓜蒂散证），以阳道实也。五脏以心、肺为阳，故仲景以心肺之证系之于三阳，六腑为阳，故仲景以六腑之证属之三阳。所以，我认为柯韵伯所说“仲景书只宗阴阳大法，不拘阴阳之经络也”，可谓深得仲景之旨。

六经之病理既明，则伤寒学派和温病学派之争论，亦可得到解决。因为“六经”“卫气营血”和

"三焦"，其基本原理是一致的，都是从辨证施治中总结出来的人体在外感病中病理生理变化的规律。"六经"的范围广，包括寒热虚实四个方面；温病专从热的一方面立论，只有实热、虚热两大纲。但温病学对于温热病的认识比《伤寒论》深化得多。《伤寒论》和温病学说，都继承了《内经》的基本理论，也都有所发扬。正如毛主席在《实践论》中所指出的："人们的认识，不论对于自然界方面，对于社会方面，也都是一步又一步地由低级向高级发展，即由浅入深，由片面到更多的方面。"我们相信在党的正确领导下，通过现代医家的实践以及中西医的合作，会对于伤寒、温病的病理研究工作，创造出卓越的成绩来。

以上是我个人重复温习了有关伤寒、温病各家学说后的初步体会，有些问题（如六经传变规律问题，《伤寒论》和《热论》六经异同问题，六经和卫气营血、三焦辨证方法如何具体统一问题，以及《伤寒论》中若干个别条文的解释问题）因限于篇幅，未能全部列入。所以本文论述的内容是很不全面的。同时限于个人水平，其中错误和不当之处，亦所难免，请中医界前辈予以指正。

[《中医杂志》1965；(5)：30]

参考文献

[1] 许自诚. 对《伤寒论》几个问题的认识. 《中医杂志》. 1964年，第4号，38页.

[2] 徐灵胎.《伤寒论类方·序》.

《伤寒论》六经分证的精神实质

沈济苍

后汉张仲景氏，是我国古代杰出的医学家之一，他一方面勤求古训、博采众方，总结了汉以前劳动人民从长期和疾病作斗争中所积累起来的医学知识和实践经验；一方面在继承《内经》理论的基础上，进一步加以充实和发展，著成《伤寒论》一书，具体地阐述了辨证论治的基本法则。这些基本法则，正体现在六经分证之中，它不但对外感热病指出了发生和发展的规律，而且具体地指出了在各种不同情况下的诊断和治疗法则；这些理、法、方、药的运用，对其他各科疾病也同样具有普遍的指导意义。笔者常说："学习《伤寒论》，是学习祖国医学辨证论治的基本功。"就是因为《伤寒论》是讲究这些基本法则的第一部著作。自汉以来，无论在诊断上、治疗上，尽管在学术方面已经有了不少进展，但总的说来，都没有离开过这些基本法则，历代医家之所以将《伤寒论》尊为经典、奉为圭臬，是有一定道理的。正因为《伤寒论》六经分证包含着这些基本法则，所以正确理解六经分证的精神实质，有其重要的意义。这个问题不解决，在研究《伤寒论》辨证论治的具体内容时会受到一定的影响，对《伤寒论》中所说的这些基本法则就会模糊不清。历来注家对此问题，见仁见智，各有不同，最近从有些同志发表的文章中或从讨论中可以看出，大家的见解也并不是一致的。笔者不揣谫陋，对《伤寒论》六经分证若干问题提出拙见如下，希高明指正。

一、六经分证的来源

《伤寒论》的六经，从总的方面来说，是渊源于《内经》的。但《内经》中所说的三阴三阳，并不只是一个意义，所以从分证的角度上来说，《伤寒论》六经分证是渊源于《素问·热论》的。当然，《素问·热论》的六经分证，与经络学说是分不开的，它以表证为阳，以里证为阴，其证候亦多以经络循行路线为主；而《伤寒论》的六经分证则是比较全面地继承了《内经》各方面的理论，除了经络、藏府、营卫气血等理论外，特别着重阴阳的消长与转化，邪正的盛衰与进退，它在很大程度上补充了《素问·热论》分证的不足，所以无论在传经次序、传经日数、六经证候以及六经治法等方面，较之《素问·热论》所说，都有了很大的发展，显得更为全面而具体，在临床上起着实际的指导作用。兹仅就以下数点，列表以见其异同：

（1）传经次序	热　论：	三阳三阴传经次序，固定不移。
	伤寒论：	有循经传、有越经传、有表里传、有直中，传经次序并不固定。
（2）传经日数	热　论：	日传一经，六日遍传六经，固定不移。
	伤寒论：	有二、三日或五、六日传一经，有十余日传一经；以脉证的变不变决定疾病的传不传，既不受日数限制，更不必遍传六经。
（3）六经证候	热　论：	主要为经络循行路线所出现的症状，且仅有热证、实证。
	伤寒论：	经络脏腑诸证悉具，表里寒热虚实俱全。
（4）六经治法	热　论：	未满三日可汗，已满三日可下。
	伤寒论：	汗、吐、下、和、温、清、补、消，辨证施治。

以上说明：《伤寒论》六经与《素问·热论》六经其间既有联系、又有区别。《伤寒论》六经在《素问·热论》六经的基础上，既有继承、又有发展。《伤寒论》六经虽非《素问·热论》六经之旧，但也不能撇开经络。因此，若说二者之间毫无共同之处、或者认为完全一致的看法，似乎都是值得商讨的。至于《伤寒论》中也有。“一日太阳、二日阳明、三日少阳”云云，这确是仲景沿用了《素问·热论》的说法，正是在这些地方，我们既可以看到他的理论根底来源、也可以看到他的理论发展所在，这是医学发展的痕迹，并无矛盾可言。宋本《伤寒论》原文第4条云：“伤寒一日，太阳受之，脉若静者为不传，颇欲吐，若躁烦，脉数急者，为传也”又第5条云：“伤寒二三日，阳明少阳证不见者，为不传也。”从这两条可以充分看出仲景已经清楚地说明了观察疾病的传变与否，主要决定于脉证的有无变化，实际上并不是用日数来推断的，这正是仲景师古而不泥古、理论善于结合实际的范例。我们学习《伤寒论》，说明了六经分证的来源及其发展，对进一步理解它的实际涵义，有很大的好处。

二、六经分证的涵义

《伤寒论》以六经为纲，它贯串着八纲辨证的具体内容，所以六经分证与八纲辨证是不可分割的。外感热病的发展过程，实际上就是邪正斗争的发展过程，六经分证与八纲辨证的具体内容，完全体现了这种斗争的发展过程。病情在不断演变，由此而产生的各种证候，也就跟着不断演变，于是形成了一个一个综合性的证候类型。这些证候类型的产生，必然和人体的经络、藏府、营卫气血等等生理病理变化有着密切的关系，所呈现出来的证候，虽然很复杂，但必然有它一定的规律。《伤寒论》六经分证的形成，也必然是从长期实践中观察得来的。他把多种外感热病在发展过程中所产生的各种证候，从整体观念出发，依据人体正气的强弱、邪气的盛衰、病位的浅深、病势的进退等方面的病机结合起来，进行分析归纳，找出其共同规律，在阴阳两纲（即三阴三阳）的基础上，再分清表里、寒热、虚实，然后把各种不同的证候类型分隶于六经，并定出相应的治疗法则。这是仲景的创获，其功绩是不可泯灭的。然而仲景的创造，显然是根据《内经》的阴阳学说：关于这一点，在《伤寒论》中可以看得很清楚，是不容置疑的。《素问·阴阳应象大论》说：“阴阳者，天地之道也，万物之纲纪，变化之父母，生杀之本始，神明之府也；治病必求于本。”又说：“善诊者，察色按脉，先别阴阳。”又说：“审其阴阳，以别柔刚。”这些理论，可以说都是《伤寒论》六经分阴阳的主要依据。又如《素问·阴阳应象大论》说：“阴胜则阳病，阳胜则阴病；阳胜则热，阴胜则寒；重寒则热，重热则寒。”《素问·调经论》说：“阳虚则外寒，阴虚则内热；阳盛则外热，阴盛则内寒。”《灵枢·通天篇》说：“谨诊其阴阳，视其邪正，安容仪，审有余不足，盛则写之，虚则补之。”诸如此类，在《内经》中只是比较原则性的理论，《伤寒论》显然受到这些理论的启示，把疾病在发展过程中所出现的具体脉证与病机完全结合起来，作为六经分证和八纲辨证的依据，仲景这样地阐明经旨，并运用到实践中去，应该说这是非常可贵的。同时，我们在这里可以明显地看出，《伤寒论》的六经分证，它不仅规定了各组的证候类型，而且还包含着邪正进退与阴阳转化等复杂的病机变化；因此三阴三阳这个名称，自有其特殊的意义，目前还不能用其他的名称来代替它。倘认为六经名称不过是一种符号，好比甲乙丙丁，可以随便更易，这显然是不妥当的。病情的演变，情况很复杂，往往虚中有实，实中有虚，阴中有阳，阳中有阴，既有一般的规律，又有特殊的规律，因此，必须肯定六经分证决不是各个孤立的，而是不可分割的和相互联系的。有些同志常把六经分证称做六个证候群，这样一来，把六经分证的概念和现代医学所说的证候群的概念完全混淆起来，容易将六经分证误解为六个互不相关的和固定不移的东西，那显然也是不妥当的。

三、六经的传变问题

《伤寒论》的六经分证，主要在于辨证，所以又称六经辨证。这是说，不但要分，而且要辨，不但要分得清楚，而且要辨得明白，这样才能对疾病的千变万化，掌握住它的一定规律，笔者认为《伤寒论》是统论多种外感热病的，而且包括不少杂病在内，它决不是指某一个病的终始。同时，外感热病的发生，可以因所受外邪性质的不同，以及人体的正气强弱而异，虽然大部分多从太阳开始，但也可以从各经自发。所谓各经自发，就是说既可以从太阳开始发病，也可以从阳明或少阳开始发病，甚至可以从少阴开始发病，因此，它不可能用某一种病的特定的传变方式来概括或代表。进一步说，即使是同一个病，在它的整个发展过程中，也并不是六经证候全部都会出现，更不是一定从太阳到厥阴这样地次第相传的，我们只要抓住这个关键，就可以知道越经传的意义要比循经传的意义更加广阔，记住循经传、越经传、各经自发、直中阴经以及由实转虚、从阴出阳等等理论，这样，对多种外感热病的传变规律，就会有一个完整而明确的概念。有些同志对于《伤寒论》的六经次序，有所争议，认为三阳的排列次序，应从原来的太阳→阳明→少阳，改为太阳→少阳→阳明；笔者认为：如果明确了六经分证和传变的实际意义，就知道六经的排列次序原无争论的必要。后人如张志聪、陈修园、柯韵伯等，运用开、阖、枢的说法来解释《伤寒论》的六经传变，不但张冠李戴，而且与临床实际不符。

值得注意的是：《伤寒论》中的合病、并病，它也是一种传经的规律，而且是一种比较复杂的传经规律，它在《伤寒论》中占有相当重要的地位，历来注家都没有予以应有的重视。大家知道，凡两经或三经之证同时并见的谓之合病，前一经之证未罢，而后一经之证已见的谓之并病。外感热病在发展过程中有许多证候往往不是一经所能包括的，它是交错出现的，《伤寒论》就用合病、并病的理论来表达这些复杂的传经规律，它进一步反映了六经分证的不可分割性。《伤寒论》谈到了太阳与阳明合病、太阳与少阳合病、阳明与少阳合病以及二阳并病、三阳合病等，条文虽然只有12条，而且只见于三阳，不见于三阴，然而合病、并病的精神，却贯串着全书，决不是仅仅局限于这12条。《伤寒论》中有不少条文，明明是合病、并病，而没有明说是合病、并病，这是古文的简奥之处，就要我们能在无字处着眼，举一反三，触类旁通，才能有良好的收获。例如99条的“身热恶风，颈项强，胁下满，手足温而渴”，实际上是三阳合病。104条的“胸胁满而呕，日晡所发潮热”，实际上是少阳与阳明并病。146条的“发热微恶寒，支节烦疼，微呕，心下支结”，实际上是太阳与少阳并病。又如279条的“本太阳病，医反下之……大实痛者，桂枝加大黄汤主之”，实际上是太阳与阳明并病，不过这是由于误下所造成，放在太阴篇中是为了与桂枝加芍药汤证相互辨证。尤其值得注意的是，301条麻黄附子细辛汤证的“反发热，脉沉”，实际上是太阳与少阴同病，与92条的“病发热头痛，脉反沉”遥遥相对。301条是在少阴病的角度上谈的，以脉沉为主，故云“反发热”；92条是在太阳病的角度上谈的，以发热头痛为主，故云“脉反沉”。实际上这两条都是发热脉沉、都是太少同病，只因所站的角度不同，提法才不一样。《素问·热论》以阳经阴经同病称为两感，它的原意是说，凡是两感之病，病情就比较严重；《伤寒论》虽无两感之名，但92条与301条在阳经与阴经同病以及病情比较严重的意义上来说，这明明又是一个十分重要的规律，借用两感这个名称；似乎还是可以的。很多注家，不明此理，在六经原分表里之外，将各经再分表里，于是乎钱潢等人，对301条有少阴之表的说法；又因少阴有表，于是乎黄元御有“细辛入足少阴肾经、发少阴之汗”的说法，此说陈陈相因，视为理所当然；笔者却有不同的看法，因为少阴主阴、主里，哪能再有什么表证，那能再有什么汗法。如果301条认为是少阴表证，那么等于说少阴病可以用汗法了；如果说细辛是发少阴之汗的，那么麻黄也成为少阴病的发汗药了。根据这个逻辑，92条也就变成了太阳里证，又无异说太阳病可以用四逆汤了。其说显然与临床实际不符，徒乱人意，殊难信从。少阴禁汗，285、286条有明文规定，也完全符合临床实际；301条之用汗法，是由于兼见太阳表证，尚有可汗的条件之故。原文虽然只说少阴病，未说太少同病，但六经分证的精神，原不是各个孤立的，诸家的眼光被六经的框框限住了，跳不出少阴的圈子，致有此失。至于太少同病，在临床上是数见不鲜的，有些急性热病初起，往往开手即需应用温补药，如人参姜附之类，因为病虽初起，每多邪实正虚之证，正气衰弱的病人，虽表证悉具，但其脉常不浮而沉，这样的病就应作太少同病论治，不得单用发汗药，这是一个重要的规律。如果不注意这个规律，认为是一般的发热，单纯地使用解表药，以致发汗过多，往往可以造成大汗亡阳，这就是《伤寒论》中所称的误汗了。所以起病时凡见高热不退、脉象软数无力、精神萎顿的病人，就需要考虑维护正气，不可一味表散，或者太少同治，甚至急当救里，这就是《伤寒论》92条的真真价值。领会这些理论的精神实质，在临床上就懂得什么叫作虚中挟实、实中挟虚，阴中有阳、阳中有阴，这不但能十分正确地指导临床，而且必然会相应地提高医疗质量；因为掌握了这些理论，就可以掌握疾病的演变趋势，对诊断、治疗、预防以及预后等各方面都有很大的帮助。

一部《伤寒论》，为什么太阳篇的内容要占全书的一半光景，为什么太阳病要谈到白虎、承气与小柴胡汤，还要谈到四逆汤与真武汤，一言以蔽之，就是为了六经传变的关系。太阳病由于病情的演变，既可以由表入里而转实，也可以由阳入阴而转虚，因此谈到了白虎、承气、小柴胡以及四逆、真武等方，这是非常自然的事情，我们都未曾被太阳的框框所限住，而说这些都是太阳病的内汤方；

那么为什么到了三阴篇又会产生问题了呢，这是不能不提出来加以讨论的。笔者认为：研究《伤寒论》，只要从临床实际出发，思路就不至于被六经的框框所限住。仲景《伤寒论》主要从两个方面启发我们，第一是教人分清六经证候，并掌握它的传变规律，从而可以正确地进行辨证论治。第二是突出反复辨证的精神，所以各篇独多辨析疑似的条文，其目的还是为了严格掌握六经分证，以免毫厘千里，造成误治的危险。举例来说，如少阴篇中所以有四逆散证与三急下证，完全是为辨证而设，并不是少阴病应该用四逆散和大承气汤，但这又必须从无字处着眼，精思冥悟，才能洞彻它的真实意义。

关于互相辨证的例子，在《伤寒论》中是举不胜举的，因不涉本文范围，不再赘述。

结　语

1.《伤寒论》六经分证，渊源于《素问·热论》。但《伤寒论》的理论，除了经络学说之外，主要还在于阴阳学说的指导。本文将两方面的文献作了一个比较，说明《伤寒论》在《素问·热论》六经分证的基础上有很多的补充和发展。笔者认为，二者之间既有联系、又有区别；既有继承、又有发展；因此不能只谈经络，但也不应撇开经络。

2. 外感热病的发展过程，即邪正斗争的发展过程。《伤寒论》以六经为总纲，贯串着八纲辨证的具体内容，实际上体现着疾病的发生及其发展规律，所以既有分证分型的性质，又有传变进退的意义，决不能与现代医学所称的证候群等同起来。

3.《伤寒论》是统论多种外感热病的，而且包括不少杂病在内，它决不是指某一个病的终始，外感热病大部分多从太阳开始发病，但也可以从各经自发。即使是同一个病，在它的整个发展过程中，也并不是六经证候都会全部出现，更不是一定从太阳到厥阴这样次第相传的，因此，记住循经传、越经传、各经自发、直中阴经以及由实转虚、从阴出阳等等理论，对于多种热病的传变规律，就会有一个完整而明确的概念，对于《伤寒论》六经的排列次序，也就没有争论的必要。

4. 笔者认为，合病、并病是一种比较复杂的传经规律，它在《伤寒论》中占有相当重要的地位。外感热病在发展过程中有许多证候往往不是一经所能包括的，《伤寒论》用合病、并病的理论来表达这些复杂的传经规律，正反映了六经分证的不可分割性。本文援引了《伤寒论》若干条文，认为诸如此类的条文，实际上都是合病、并病，同时也说明了合病、并病的精神是贯串着全书的。

5. 阳经与阴经同病，同样是一个十分重要的传经规律。本文就《伤寒论》原文92条与301条的实际意义作了阐述。在这一问题上，说明了疾病虚中挟实、实中挟虚的复杂性，并应善于掌握它的治疗法则，这也同样说明了六经分证的不可分割性。总的说来，正确理解《伤寒论》六经分证的精神实质是十分重要的。融会贯通以后，便觉处处符合临床，显得非常亲切。相反，如果把六经割裂起来看，或者被六经的框框所限住，就往往不容易和实践结合起来，这是我们学习《伤寒论》者所应该注意的问题。

［《上海中医药杂志》1968；(6)：1］

对《伤寒论》一书几个问题的探讨

刘渡舟　北京中医学院

《伤寒论》是一部什么书

《伤寒论》为后汉人张仲景著。它是同疾病作斗争的产物，反映了我国医学在后汉时期的光辉成就。《伤寒论》原名叫《伤寒杂病论》，因当时被兵火破坏，已残缺不全。后经晋人王叔和整理，到宋朝“至平”中，校正医书时，先将《伤寒论》十卷颁行于世。从此一书分为二书，一名《伤寒论》，一名《金匮要略》。

《伤寒论》问世以来，深受广大医家推崇，为辨证论治的理论体系，提供了极其宝贵的经验。由于《伤寒论》在医学上的科学成就，被奉为中医学必读之书。但是，对此书还存在一些认识上的问题。如有人把《伤寒论》当作治外感的专书，还说：“外感法仲景，内伤法东垣”。

我认为《伤寒论》不是专治外感，而是一部辨证论治的书；为了说明这个问题起见，从以下几点进行叙述。

张仲景在原序中，很自负地说：“虽未能尽愈诸病，庶可以见病知源”从这两句话，可以体会张仲景著书目的在于广治诸病，并不只治一个外感病，方有执能体会书中的精神，他在《伤寒论条辨》写出“论也者，仲景自道也，盖谓愤伤寒之不明，戚宗族之非命，论病以辨明伤寒，非谓伤寒之一病也。”方氏把“论病”高于伤寒之上，则与“原序”的精神互相契合。认识了《伤寒论》是辨证论治的书，不落于专治外感的偏见，无疑是正确的。

或有人问：如果伤寒同杂病未分前的《伤寒杂病论》，说是辨证论治的书，还可令人接受。如今两书已分，只剩下《伤寒论》了，还强调它有“杂病”的辨证论治内容，这样说是很难理解的。对这个问题，我想从以下几个方面来解答。首先从六经分证来说，《伤寒论》的六经分证是广义的，包括杂病在内。试看六经分证的提纲，只提“太阳之为病”……“厥阴之为病”，其中并不提“伤寒”二字，这就看出，六经分证是广义的，包括了杂病。举例来说：属于杂病范围的宿食和中寒的吐泻，在《伤寒论》的阳明、太阳两经中，无法可以分出它只是外感而不是杂病。所以，伤寒一过了太阳经，其中就包括了杂病的内容，这也是临证的事实。

换言之，即使是外感，其中也难免有杂病。为什么这样来说，如以正虚感寒为例，论中有“伤寒尺脉迟……”，“伤寒心动悸……”，或太阳病反见少阴沉脉等等。这时，外感之邪与正气之虚比较，而正虚是主要的矛盾方面，治疗的原则应先扶正固本为主，对外感来看则亦退居于第二位，非是当务之急。那么，扶正固本治正气之虚，其辨证已介于杂病之间，所以，只讲外感，不讲杂病是不现实的。何况，外感发病，多有夹杂，如夹饮、夹食、瘀血、寒热等问题，如论中的“伤寒表不解，心下有水气”的“寒饮”；“伤寒胸中有热，胃中有邪气”的“上热而中寒”；“大下后。六、七日不大便，烦不解，腹满痛”的“宿食”均可以反映出来，《金匮要略》虽然分出以后，杂病的内容，固未尝少。若是《伤寒论》没有杂病的内容，反是不符合发病的客观规律，而《伤寒论》也不成其为一部辨证论治的巨著。再从《医宗金鉴》提出的“气同病异”的理论分析，主要是在“内经”的根据上找原因。要看到男女不同性，老幼不同气，脏腑有厚薄之分，体质有强弱之别。既要做具体分析，那就不能只讲“伤寒”而不及于杂病。

很多的医家认为：凡《伤寒论》的条文，不冠伤寒之名，系指杂病而言。如论中的“病如桂枝证”，“病胁下素有痞”，“病常自汗出”……，本来皆与外感无关，以达成外感与杂病相提并论之美，所以书名叫《伤寒杂病论》。《金匮要略》另自成书以后，对伤寒中讲杂病并未失其原义。

“坏证”在《伤寒论》中大约占了三分之一的篇幅。张仲景借“误治”的机转，在写《伤寒论》的同时又写杂病。借汗、吐、下的变化，过渡到杂病方面，而辨杂病，它是把外感与杂病交织在一起而融会贯通。试看，论中的六十三条至七十条的内容，显然是辨五脏杂病与治法的。

综上所述，可以看出《伤寒论》的内容，是通过外感与杂病的具体事实，来反映它的辨证论治的方法，这样，就不能认为伤寒论是治伤寒的专书，或者是治外感的专著，而应当是辨证论治的书。

六经的概念

《伤寒论》的辨证论治的物质基础是“六经”。六经，就是太阳、阳明、少阳、太阴、少阴、厥阴。对六经同样也有认识方面的问题，如把六经当作六种证候的概括，不承认它是脏腑经络的体现。有一个日本人叫喜多村的，在所著的《伤寒疏义》的序文里说：“本经无六经字面，所谓三阴三阳，不过假以标表里寒热虚实之义，固非脏腑经络相配之谓也。”这种观点不但在日本，在我国持这种观点的也不乏其人。

我认为，如果“六经”不代表脏腑经络的生理病理，而只是毫不相关的名称，那就大有问题了，读《伤寒论》必先观其序，然后方知著者用意所在。“原序”明明白白指出：“经络府俞，阴阳会通”，这就看出六经不可能不与脏腑阴阳相关。如果它同脏腑经络丝毫无关，只是六经症候群，那么反映疾病所产生的病理变化究竟在什么地方？可以说，没有脏腑经络的病理变化，决不可能孤立地出现六类症候群。所以，六经概括了手足十二经，内属于脏腑，也是不容怀疑的事实。

六经分证的方法，在当时是临床医学一个突破，它解决了临床方面带有关键性的几个问题：(1) 解决了“病位”所在。如太阳经主表病，阳明经主里病，少阴经主半表半里病。三阳经反映六腑的病变，三阴经反映了五脏的病变。(2) 解决了病的寒热属性。如三阳经病多见热证，三阴经病多见寒证。(3) 解决了邪正的虚实关系。如三阳经病，邪虽盛而正气不虚，三阴经病，阴邪盛而阳气已衰。(4) 解决了病性的阴阳：如三阳病，以发热为主，是病发于阳而为阳证，三阴经病，以恶寒为主（不发热），是病发于阴而为阴证。

以上，六经分证，解决了表里、寒热、虚实、阴阳八类证候纲领，起到“八纲”辨证的先驱，在临床上，确有纲举目张，执简驭繁的作用。

六经脏腑表里关系

六经分阴阳，阴阳有表里，以成阴阳会通，互相联系的作用。例如六经中的太阳与少阴为表里，而示肾与膀胱相联系。如太阳为病，表受邪侵则太阳之气向外抵抗，由于太阳与少阴为表里，若少阴里阳已虚，则太阳之邪，飞渡少阴者，亦恒见之。论中的“病发热头痛，脉反沉，身疼痛”的少阴伤寒证；或者是正气恢复，拒邪外出，如论中的“少阴病，八、九日，一身手足尽热者，（以热在膀胱必便血）”的热迫膀胱证，皆可反映脏腑表里出入的相互关系，这对疾病的预防和治疗都有指导意义。

附医案一：唐叟，年逾古稀，冬月患感，头痛发热，鼻流清涕。自服羚翘解毒丸，前后共服六丸，自觉精神甚疲，而且手足发凉。其子恳余诊，切脉未久，唐即侧头欲睡，握其手，果凉而不温，切其脉不浮而反沉，视其舌则淡嫩而白。余曰：此少阴伤寒，肾阳已虚，如再进凉药，恐生叵测，法当急温，以回肾阳。予四逆汤，服一剂而神转旺，再剂手足转温而愈。

六经的传变原则

六经为病，或由表传里，由阳入阴；或由里出表，由阴出阳，都可叫“传经”。六经的传变，从原则上讲，主要有三个方面：（1）有关正气的盛衰：正气充足，抗邪有力则不传，正气虚衰，抗邪无力则传经。若正气恢复，有拒邪外出之力，则可由阴转阳，或“战汗”作解。（2）有关邪气的强弱：感邪势盛，所向披靡而内传。若邪气不盛，或日久而衰则不传经；或已内传的，可转为外出之机。（3）有关治疗：治疗及时，护理得法，可杜绝内传之机；反之，邪气无制而得逞，正气抗邪而无助，势必导致向内传变。

以上这三个原则，其中以正气的盛、衰为决定传与不传的关键。由此可见，不能按六经的排列顺序，机械地计算某日传某经。论中有；‘伤寒一日，太阳受之。脉若静者，为不传；颇欲吐，若躁烦，脉数急者，为传也。”证明了辨证是否传经应以脉证为根据。

六气对辨证的意义

祖国医学不但认为自然界里有六气，而人体之中亦有六气。六气的存在是以六经为基础的。如太阳经的寒水之气，阳明经的燥金之气等等。六经若被邪伤时，则反映其所主之气而为病。以太阳经为例，在发病中出现的寒水之证较为突出，如真武汤证，苓桂术甘汤证，苓桂枣甘汤证。为什么太阳病而有寒水之证？这与太阳主寒水之气有关，因为太阳受邪之后，气不能化津，阳不能制水，水气便会猖獗，因而出现水证。其他五经，以其气而类推。

六经六气，反映病证，这一理论，对辨证论治是有意义的。因为它可以解释每经的发病特性，做到心中有数。另一方面，可以解释六经对六气的生理和病理的变化而辨证论治。

主证、兼证和变证的临床意义

《伤寒论》的六经证候，有“主证”“兼证”和“变证”之不同。如以桂枝汤证为例，其主证是头痛、发热、汗出、恶风、脉浮缓。兼证则有或喘，或项背强几几等。主证是辨病之常，兼证是辨病之变，对兼证的加减治法，颇耐人寻味，而开拓治疗思路。

至于“变证”就是误治后的“坏证”。前已说明，它包括相当一部分的“杂病”，其所涉及的范围较广，是《伤寒论》一个主要的组成部分。

以上所介绍的三类证候，它和孤立的症状有所不同，它有内在的联系，反映了客观规律，有其辨证的特征。所以，依据证候去辨证，则事半功倍。并且证候记的熟，则反映的快，治疗效率就要提高。为了说明问题起见，附下列三个病例证实：

附医案二：明朝的李念莪，治一个六、七天不大便，而又头痛、身热的患者，切其脉则浮，问其小便色清而不黄。李辨为太阳表邪不解，治用桂枝汤发汗。一医不解问曰：为什么六、七天不大便，你还用桂枝汤发汗？李曰：《伤寒论》说，“伤寒不大便六、七日，头痛有热，其小便清长，知不在里，仍在表也，当须发汗，宜桂枝汤。”今病虽不大便，而脉浮尿清，故病不在阳明仍在太阳也。用之果愈。（《医宗必读》）

附医案三：陈慎吾老大夫，生前治一女孩，五、六日发热不退，服药无效。陈老诊脉时，患儿矢气甚臭，乃问其母，大便已数日未解。陈老曰：《伤寒论》云：“转矢气者，此有燥屎也。”况脉滑，舌红皆应之，乃投承气汤，大便泻下而愈。

附医案四：李××，女，38岁。长期呕吐，兼见低烧，服药已百余剂不效。舌苔白滑，时有进修医生陈君在侧，问曰，此何证也？余曰：“呕而发热者，小柴胡汤主之”，果服三剂而吐止烧退。

从以上三例体会，可见证候对辨证是很重要的，掌握了证候，继承古人的经验，临证时则少走弯路。

《伤寒论》治疗法则

《伤寒论》有治疗的方法和指导治疗的原则，这是《伤寒论》科学成就的一个重要方面。辨证的目的在于治疗，用什么方法去治疗，用什么观点去指导治疗。确是临床的一个重要课题。《伤寒论》在治则上确立两个前题。一个叫“阴阳自和”，一个叫“保胃气，存津液”。“阴阳自和”是说治病的最终目的，不是别的，而是促使其阴阳自和而愈。因为，致病因素虽有千头万绪，总结起来，皆因阴阳不和而成，所以，古人有“治病必求于本，本于阴阳”之说，在治疗时，从阴阳的大前提入手，则不失其战略上的价值。可能有人问：《伤寒论》的阴阳自和，泛指误治以后的待期自愈机转，如今又说它是治疗的前提，恐非《伤寒论》的原意吧。我认为，自愈的“阴阳自和”与治疗达到的“阴阳自和”理本无二，都是为了阴阳自和而已。但是古人认为阴阳本身可以自和的，其实是阴阳在斗争中始能得和，“斗”是绝对的，“和”是相对的，没有“斗”的前提，就没有“和”的结果。从临床治疗，用手段或纠阴阳之偏，或促进自和条件，才能使消极变为积极，变被动为主动。论中的“急下存阴”“急温存阳”等法，无非是补不足，损有余，达到阴阳自和的目的。

“保胃气，存津液”这句话，是清人陈修园从《伤寒论》中总结出来的。它的精神是：治病时要把人、病、治三方面的关系摆正，其中“人”是主要的。治疗服药，无非为的是“人”，因此，治病就不要伤人，提出“保胃气，存津液”的理论。因为正气不伤，则能抗邪御病，而立于不败之地。要没有这个原则，很可能先伤了正气，则抗邪之力下降，导致邪气的滋长，使治疗处于被动的地位，至于其他原则从略。

附医案五：张某，男，35 岁。患温病经治疗 2 月，它证皆除，惟遗有“呃”发作不止，饮食俱废，诸医束手。不得已，经人介绍新民县某老医生，专程来治。诊视毕，语其家人曰，此病汗、下之法屡用，津伤而胃气耗，今稀粥尚不能进，况于药乎？嘱浓煎大米令饮其汤，少调洋参末，每日服三次。至第五日，呃止而思食。有魏医者问老医曰：公之方无非是轻描淡写，竟治愈大病，能为余辈言耶？老医叹曰：《伤寒论》不云乎“凡病若发汗、若吐、若下、若亡血、亡津液，阴阳自和者，必自愈。”此证胃阴虚而胃气耗，阴虚则津少满气逆，气耗则胃弱而不食。若用竹叶石膏汤虽亦对证，虑其胃虚已甚不能运药。改用大米煎汁所以养胃。五谷养胃胜似药物，以其性和而不偏，少加洋参以滋胃之气阴，量少则运，多则滞矣。治法不得不轻描淡写，君以为如何？

从《伤寒论》体会，它在治则上，具备了“保胃气，存津液”的宗旨。例如：它对大青龙汤发汗的要求：“温服一升，取微似汗，汗出多者，温粉敷之。”对大承气汤的泻下要求“得下，余无服。”可见它用汗下之法，格外谨慎，其中具备了“保胃存津”的精神。另外，《伤寒论》还有积极的治病法则，从而保存了气津，如大承气汤的急下存阴，四逆汤的急温存阳，把寒热之邪，消灭于阴阳未亡之前，亦起到保胃存津的作用。

至于治法，就是治病的具体方法。从《伤寒论》的治法上看，有麻桂的汗法，瓜蒂的吐法，硝黄的下法，姜附的温法，芩连的清法，参草的补法，䗪蛭的消法，柴芩的和法等等。

“治疗八法”从《伤寒论》而体现，被后世医家所重视，治病却邪，离不开“八法”的范围，它有战术上的意义。但必须在“治则”的指导下而进行。

《伤寒论》的方剂

中医最早的方剂记载，见于《内经》。它仅载一十三方，不能满足临床的需要。到了西汉由于药物的发展，方剂这才随之增多。从出土的西汉木简来看，其中不少关于方剂的记载，反映西汉时期的方剂已具有相当水平了。由此推论，《伤寒论》所载的一百一十二方和九十一味药物，非尽出张仲景之手，但张仲景保存了西汉或更早的医药遗产，并与辨证论治的理论结合起来，形成了理、法、方、药的治疗体系，确是一个重大的贡献。

《伤寒论》的方剂成就有下述几点：（1）体现了治疗“八法”在临床的具体应用，如麻黄汤的汗法，瓜蒂散的吐法，大承气汤的下法，小柴胡汤的和法，四逆汤的温法，白虎汤的清法，炙甘草汤的补法，抵当丸的消法，它提供了方以法立，法以方传的科学成就；（2）组方精简，配伍严密，有简、便、廉的优点，很受农村的欢迎；（3）方与证结合的严密，疗效显著，科学性很强；（4）组方不拘一格，随证施处，不偏于一家之见，可为后世法。此外，学习《伤寒论》的方剂，还应注意以下几个问题：方的加减法，如小青龙汤证渴减半夏加瓜蒌根；方的煎煮法，如大承气汤先煎枳实、厚朴，后下大黄等的煎药法；服药法；如桂枝汤先服一升等的服药法；剂量：使用《伤寒论》的方剂，如不参考它的组方剂量，则必影响疗效。

由上述来看，使用“经方”的范围：要注意加减法，煎服法，剂量的轻重，服药后的要求，然后方能发挥治疗之作用。

结束语

《伤寒论》是一部把伤寒与杂病融会贯通的书，它既有理论又有实践，有机地把理、法、方、药一脉相联。并以六经分证的方法，客观的反映了脏腑经络发病的规律，构成了比较完整的辨证论治的思想体系。

六经分证方法，包括了脏腑和八纲的辨证内

容，它总其大成有机地结合起来，因而为后世的辨证发展奠定了基础。

《伤寒论》的辨证方法，往往从正反两方面加以分析，用以反映病位、病理、病性、正邪、治疗宜忌等一系列问题，它具有朴素的辨证法。所以，在六经的主证、兼证以外，又论述了各种“变证”。

《伤寒论》虽仅有一百一十二方，但其科学价值直至今天犹有现实意义。

《伤寒论》由于其历史的局限，其中当然不可避免的存在这样和那样的问题，限于篇幅这里就不再叙述了。至于文中错误之处，希望得到指教。

［《新医药学杂志》1978；（1）：18］

伤寒解惑论

李克绍　山东中医学院

写作缘起

近几年来，我每当讲完《伤寒论》课之后这样想：早在旧社会，我就是一个《伤寒论》的爱好者、自学者。在自学的过程中，遇到过不少的难题。为了解决这些难题，查文献，翻旧注，走了不少弯路。这虽然也解决了一些问题，但总的来说，收效不大。对于一些关键性的问题，仍然是糊涂的。

解放了，中医进了大学，我也随着得到了重新学习的机会。经过历年的备课、讲课，经过同学、教师之间的互相帮助，互相启发，尤其是回顾、总结了多年来伤寒方在临床上的运用效果和经验体会，才发现这些关键性的疑难问题之所以产生，而又长期得不到解决，是和学习《伤寒论》的方法，紧密地联系在一起的。

从前是钻进故纸堆里，死记硬背，人云亦云，依样胡芦。旧注钻进牛角尖去，我也走到牛角尖去。旧注争论不休，我也蒙头转向。所以长期被关在《伤寒论》的大门之外。后来觉得此路不通，就改变了学习方法，破除迷信，解放思想，从发现问题和解决问题的方法上下工夫：一切旧注，只作参考，有分析，有批判，能肯定，能否定，最后并以一定的实践经验作检验。这样，就觉得研究《伤寒论》的大门开了，过去的一些疑难问题，一个接一个地消融了不少。

我在想，我所遇到的一些糊涂问题，也是所有《伤寒论》读者的共同问题，把这些问题一一地摆出来，并把解决这些问题的方法，一一地归纳、整理起来，并使之从理论上和临床实践结合起来，从发扬祖国医学遗产的愿望来说，从培养青年一代接班人的责任来说，都是极其必要的。

以上就是这部《伤寒解惑论》写作的动机和目的。

当今，全国在揭批“四人帮”的大好形势下，在党中央号召把科研工作搞上去的群众运动中，广大医务工作者，正遵照伟大领袖毛主席；“中国医药学是一个伟大的宝库，应当努力发掘，加以提高”的教导，掀起一个学习祖国医学的热潮。形势喜人，责无旁贷。把这些解惑的成果，和解惑的方法，以争鸣的精神，公开出来，对于学者来说，或许能起到一点促进作用。同时也自知写作水平不高，缺点错误在所难免，能让读者们有机会阅读一下，借以搜求批评、指正的意见，以便下一步重新整理和提高，也是非常必要的。

第一部分　几个基本概念的认识

一、伤寒和温病的关系

二、三阴三阳和六经

三、伤寒传经的实质和伤寒日数的临床意义

学习《伤寒论》，首先遇到的是下面一些问题：一、《伤寒论》所论的伤寒，究竟是广义的？还是狭义的？就是说包不包括温病在内？二、《伤寒论》以三阴三阳名篇，即所谓六经，六经的概念究竟如何？三、伤寒有传经之说，传经究竟是怎么一回事？

这些问题，是历代注家争论得非常激烈的问题，也是学习《伤寒论》必须首先弄清楚的问题。下面谈谈个人对这些问题的体会。

一、伤寒和温病的关系

《内经·热论》说：“今夫热病者，皆伤寒之类也。”《难经·五十八难》说：“伤寒有五：有中风，有伤寒，有湿温，有热病，有温病。”这说明祖国医学中的伤寒二字，有广、狭两种不同的涵义，广义的是包括所有的热病在内，狭义的是五种伤寒中之一。

对于《伤寒论》中所论的伤寒，究竟是广义的，还是狭义的？在中医界过去和现在，一直存在着这两种不同的争论。有的认为，《伤寒论》只是为治伤寒而设，这个伤寒是狭义的，并不包括温病。张仲景可能还有《温病论》，必然已经散失了。或者说仲景只长于治伤寒　而短于治温病。如杨栗山、王安道等就是这样认为的。

另一部分人则认为，《伤寒论》的伤寒，是广义的，是包括温病在内的，能治伤寒就能治温病，“后人不能出其藩篱。”这两派的争论，相持不下，一直延续到今天，还没有统一的结论。

《伤寒论》究竟是否包括了温病？能不能治温病？这个问题，应当以发展的眼光来看待。从《伤寒论》的内容来看，确实是包括了温病在内的各种热病，但由于是历史上第一次总结，实践经验还不能说十分丰富，理论水平也不够十分完整，所以用现代眼光来看待的话，对于治疗伤寒方面，是比较完整了，而对于治疗温病方面，则不可否认是不够的。但也只能说是“不够”而已，而不能说不包括温病。譬如从方剂来看，桂枝二越婢一汤就是一张辛凉解表的方剂；温病学中的化斑汤，就是《伤寒论》中白虎汤的加味，加减复脉汤、一甲复脉汤、二甲复脉汤、三甲复脉汤、救逆汤，都从炙甘草汤衍化而来；增液承气汤，就是调胃承气汤去甘草加生地、元参、麦冬；坎离既济汤，就是黄连阿胶汤加生地、甘草；椒梅汤来源于乌梅丸，凉膈散来源于栀子豉汤，至于治则方面，举例说，叶香岩《外感温热篇》云：“救阴不在血，而在津与汗，通阳不在温，而在利小便。”这实际来源于《伤寒论》中的芍药甘草汤、桂枝加附子汤和猪苓汤等。因为芍药甘草汤是养津以救阴，桂枝加附子汤是止汗以救阴，而猪苓汤是利小便以退热。这都足以说明，温病不但在方剂方面，就是理论方面，也都与《伤寒论》蛛丝马迹，一脉相承。

温病学说在《伤寒论》的基础上，不但有所发展，而且还有所改进。例如，表证兼有里实证的，在《伤寒论》中先汗后下是绝对必要的，而在温病学中则可以同时表里两解。又如《伤寒论》中的阳明中风，主以栀子豉汤，而在温病学中三黄石膏汤所主治的症状，实际就是《伤寒论》中的阳明中风，疗效却远比栀子豉汤更为理想。还有：“伤寒若吐若下后不解，……循衣摸床，惕而不安，微喘直视，脉弦者生，涩者死，”论中仍主以大承气汤作孤注一掷，而在温病学中则有大、小定风珠和增液承气汤等，都比单用大承气汤更加稳妥而可靠。这些，都足以说明，温病学是《伤寒论》的进一步发展，来源于《伤寒论》，而不同于《伤寒论》。吴鞠通总结温病，著《温病条辨》，自称跳出伤寒圈子，可以说他确实跳出伤寒圈子了，因为在理论方面，从六经辨证，改用卫、气、荣、血与三焦辨证；在药物方面，从麻黄、桂枝发展到薄荷、芦根、西瓜皮等。但也可以说仍然没有跳出伤寒圈子，因为温病本来就包括在《伤寒论》之中。不过由于时代的继续发展，药物的继续发现，理论的继续提高，到一定程度，也和其他科学一样，分科只是其必然的结果罢了。

二、三阴三阳和六经

凡读过《伤寒论》的人，都知道伤寒是以六经辨证的。六经就是三阴三阳。三阴三阳是怎样产生？又怎样为祖国医学所利用的呢？下面谈谈这个问题。

古人分析事物的属性，起初只有阴、阳两个方面。后来由于只分阴阳，觉得还不够，也不能说明较为复杂的问题，于是又把阴阳各分为三，便成了三阴三阳——太阳、阳明、少阳、太阴、少阴、厥阴。《素问·至真要大论》：“愿闻阴阳之三何谓？岐伯曰：气有多少异用也。”是说：阴阳虽然能代表事物的两个方面，但是不同事物的每一方面，其阴或阳总是有偏多偏少的不同，因而它的作用也就各不相同，所以又分为三阴三阳。

三阴三阳用到祖国医学方面，在《内经》就有：用以代表风、寒、暑、湿、燥、火六气的，如《素问·天元纪大论》：“厥阴之上，风气主之，少阴之上，热气主之，太阴之上，湿气主之，少阳之上，相火主之，阳明之上；燥气主之，太阳之上，寒气主之”就是。用以代表脏、腑的，如《灵枢·经脉篇》，以太阳代表膀胱与小肠，阳明代表胃与大肠，少阳代表胆与三焦，太阴代表脾与肺，少阴代表肾与心，厥阴代表肝与心包络，代表了脏腑，同时也就代表了各脏腑的所属经络。由于各脏腑的经络，有由胸走手，由手走头，由头走足，由足走腹的不同，因此又把各脏腑及其经络区分为手三阴、手三阳、足三阴、足三阳。这样就由六演变为十二，由抽象的概念，演变为具体脏腑经络的名称了。

三阴三阳在祖国医学中不但代表了六气、脏腑和经络，而到了汉代张仲景著《伤寒论》又用以代表疾病的类型。如“脉浮、头项强痛而恶寒”为太阳病，“胃家实”为阳明病，“口苦、咽干、目眩”为少阳病，“腹满而吐、食不下、自利益甚、时腹自痛”为太阴病，“脉微细、但欲寐”为少阴病，“消渴、气上撞心、心中疼热、饥而不欲食，食则吐蛔”为厥阴病。这就是历代《伤寒论》注家所说的“六经”。

《伤寒论》中划分六种病型，本来是和六气、脏腑、经络都有着密切关系的，所以也只有以三阴、三阳命名才最为全面，最为恰当。试看《伤寒论》中的篇名，只是“辨太阳病脉证并治”“辨阳明病脉证并治”等等，而不是辨“太阳经病”“辨阳明经病”，其原因就在这里。《伤寒论》的注家和读者们，都习惯于把三阴三阳叫着“六经”，“六经”读起来比“三阴三阳”方便，但是容易使人错误的认为“经”即“经络”之经，由此把人引入歧途。例如有的《伤寒论》注家竟说：《伤寒论》只提足经，不提手经，是由于足经长，手经短，言足经就能包括手经。刘草窗竞进一步提出了“伤寒传足不传手”的谬论，他们直把三阴三阳等同于经络，这都是从六经的“经”字引起的错误。柯韵伯在《伤寒论翼》中说，“仲景六经，是‘经界’之经，而非‘经络’之经”。意思是六经之经是面，而不是经络之经的线。这一解释，倒很正确，但是张仲景只提过三阴三阳，何尝提过“六经”？正如章太炎在《猝病新论》（现改称《章太炎医论》）中所说：“仲景本未直用经字，不烦改义。”

三、伤寒传经的实质和伤寒日数的临床意义

外感病发生以后，总是每日每时地在不断变化，决不会老是停留在原始的症状上。这种变化的结果，在《伤寒论》中有的叫着“传”，有的叫着“转属”或“转入”。后世注家的所谓“传经”，就是以此为根据，又加以主观想象和神秘化而造出来的。

《伤寒论》中的“传”或“转属”究竟是怎么一回事呢？是不是和后世所谓的“传经”那样神秘难测呢？现分析说明如下。

原来外感发病的初期，三阴三阳的症状并不典型，最初只是觉得“发热恶寒”或“无热恶寒”并酸懒不适而已。这就是六经发病的前驱期。在前驱期虽然还看不出将来要发展为那一经病，但是也可以有一个大概的认识。这就是“病有发热恶寒者，发于阳也，无热恶寒者，发于阴也。”这是因为，如果恶寒的同时又发热的话，就说明患者阳气素盛，大概将来会定型于三阳。如果只恶寒而不发热，说明患者阳气素虚，将来必定型于三阴。至于什么时候定型，就是说三阴三阳前驱期的长短，也有其临床的大体经验。一般是：太阳病可以没有前驱期，一得病当天就会“脉浮、头项强痛而恶寒”，顶多只是短暂的“或未发热”而已。而阳明病则是“始虽恶寒，二日自止，即自汗出而恶热也”，显现出阳明的特征，终于“三日阳明脉大”，成为典型的阳明病。至于少阳病口苦、咽干、目眩，则多出现于第三日，这从“伤寒三日，少阳脉小者，欲已也”，反面证明伤寒三日脉不小就是少阳未已，就要出现口苦、咽干、目眩的少阳病。由此可见，三阳发病，由前驱期到各经症状的出现，大概是太阳病在第一日，阳明病在第二日，少阳病在第三日。然而临床常有不少发热恶寒的患者，未经治疗，也并不出现任何三阳病的症状，竟会逐渐寒热消失而自然痊愈。因此论中又说：“伤寒一日，太阳受之，脉若静者，为不传也。”又说，“伤寒二三日，阳明、少阳证不见者，为不传也。”结合“伤寒三日，少阳脉小者，欲已也”，说明轻度外感，可能发生于肤表，也消失于肤表，而不向前发展。

至于三阴病典型症状的出现，也有其临床的大体规律。三阴病的前驱期是无热恶寒，既然发不起热来，病情就会向里虚里寒的三阴方向发展。这就可能“伤寒四五日，若转气下趋小腹者，此自欲利也”，这就是传入太阴。或者“至五六日，自利而渴者”，“属少阴也”。如果六七日不解，出现厥，无论寒厥或热厥，则为病入厥阴。这样看来，三阳病典型症状的出现，其先后次序，大概是太阴病是四、五日，少阴病是五、六日，厥阴病是六七日。但是无热恶寒的患者，是否都要出现三阴病，也不能肯定。因此论中又说：“伤寒三日，三阳为尽，三阴当受邪，其人反能食而不呕，此为三阴不受邪也。”

从以上可以看出，三阳病的出现，有一个发热恶寒的前驱期，三阴病的出现，也有一个无热恶寒的前驱期。由前驱期进入出现各经的症状期，这就叫“传”。柯韵伯认为，“传”，就是《内经·水热穴论》“人伤于寒，传而为热”之“传”，就是变化了的意思。具体说来，就是由阳病或三阴病共有的前驱期，变为可以明确划分为某一经病的症状定型期，这就叫“传”。

也可以看出，前驱期的长短，三阴病和三阳病也各不相同。太阳病很少有前驱期，阳明病是二日以后，少阳病是三日以后，太阴病是四日以后，少阴病是五日以后，厥阴病是六日以后。这就说明：病情越深重的，其前驱期越长，病情较轻浅的，其前驱期也较短。后世注家，不把一日太阳、二日阳明、三日少阳、四日太阴、五日少阴、六日厥阴看作是前驱期的长短，却把一、二、三、四……等理解为六经病互相传递的日期和先后次序。认为伤寒第一日，应当发为太阳病，第二日太阳病应当传给阳明经，变成阳明病，第三日再由阳明经传给少阳经，变为少阳病……以致最后变成厥阴病。为什么产生这样的错误认识？这是由于：一、把三阴三阳六经，错误地认为是经络之经；二、把同一经病的

前驱期和典型期看成是两个病；三、错误地把“传”理解为这一经病传给另一经发病，成了“传递”“传授”之传。注家们并且引用《内经·热论》“伤寒一日，巨阳受之，……二日阳明受之，……，……六日厥阴受之”作为日传一经的论据。并且认为，日传一经，依次相传，是伤寒的一般规律。但是临床并未见到日传一经这样的事实，于是又强为解释说：这是一般中之特殊，传经中之例外云云……。其实《内经·热论》的几日某经受之，何尝是指这一经传给那一经，实际仍然指的是前驱期进入典型症状期。这点，沈金鳌在《伤寒论纲目》中，所引闵芝庆的说法，已经接近于这样的初步认识。

《伤寒论》中的“传”，并不是说这一经病变成另一经病，已如上述。但是临床上由这一经病传递给另一经而变成另一经病的情况，确实是有的。譬如：“太阳病若发汗、若下、若利小便，此亡津液，胃中干燥，因转属阳明。”“本太阳病，初得病时发其汗，汗先出不彻，因转属阳明”。“太阴者，身当发黄，若小便自利者，不能发黄，至七八日大便硬者，为阳明病也。”“本太阳病不解，转入少阳者，胁下硬满，干呕不能食，往来寒热”。“本太阳病，医反下之，因而腹满时痛者，属太阴也”，等等都是。总之，或因误治，或是自然演变，由这一经病变成另一经病，是常有的。但这不叫“传”，而叫“转属”或“转入”。“转属”和“传”不同，传之前的前驱期和传之后的典型症状期，其临床表现虽然不同，但前后仍是一个病。而“转属”就不同了。转属之前是一经病，转属之后又是另一经病。虽然在现代医学看来，可能仍是一种病的前后不同阶段，而在《伤寒论》中，则由于属性和治则的显然不同，就要划分为两种不同的类型而成为两种病了。

为了说明外感病“传”和“转属”的实际意义及其与发病日数的关系，列表如下：

上表表明：（一）传，是同一经病的深化。转属是病位和属性的变化。（二）不但每一经病的前驱期进入定型期的“传”，可有大概的日数作参考，就是定型后的“转属”，也可以根据日数划分阶段来观察。大体足以六日为一过程，也叫“经”。第一过程终了，叫作“经尽”，进入第二过程叫作“再经”。第一过程，由不典型到典型，是疾病的进行期。第二过程是疾病的变化期。变化有两种可能：一是向好的方面变化，包括病情缓解或痊愈在内。论中说“太阳病七日以上自愈者，以行其经尽故也”，“发于阳者七日愈”就是。如果患者是无热恶寒，四、五日未出现太阴病，五、六日又未出现自利而渴的少阴病，六、七日又不出现厥，那就是里阳恢复，就是论中所说的“发于阴者六日愈。”

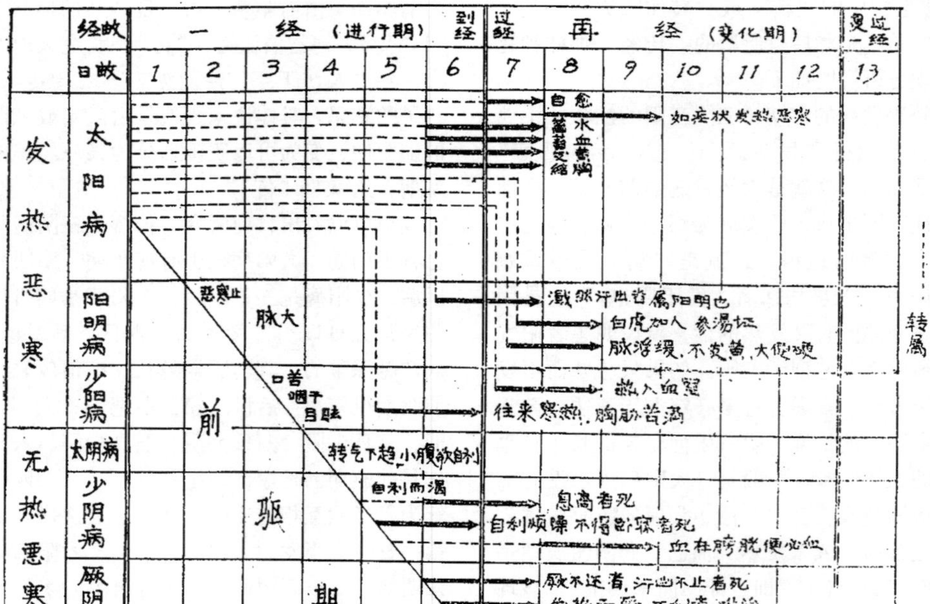

另一方面是向坏的方向发展。包括转属阳明、转属少阳，也包括蓄水、蓄血、发黄、结胸等在内。这些变化，都是从受病之日起，邪正斗争，阴阳气血由渐变而突变的结果。

既然体内阴阳气血在不断地演变，所以伤寒发病之后，其日期的深浅，有其大体的临床指导价值。论中不少条文都提到“一二日” “二三日”“三四日”“四五日”“五六日”“六七日”“七八日”“八九日”“十余日”，“十三日”等，都是启示体内的变化情况，是指导临床的参考资料，虽然不能过于拘泥，但也不是无的放矢。

凡变症之由于自然演变而成的，大体都有日数可供参考。但如果是由于治疗或治疗不当而变的，其变化就不受日数的限制，亦如太阳病经过发汗而愈，就不需要“七日以上”一样。但是误治以后的结果，除了关系到所采取的治疗方法以外，也取决于内在因素，而内在因素的形成，仍然与日数有关。譬如太阳病发汗因转属阳明；只有在肠胃逐渐化热的情况下才能促成。如果是初病的一二日，内未化热，即使过汗，也只会亡阳，不会化燥。又如论中的变证，有不少是由于“太阳病下之”所促成的。太阳病而竟误用下法，就提示可能是太阳病虽然未解，而阳明已在化热化燥了，这也必然与日数有关。正因如此，所以在什么情况下发汗会亡阳，什么情况下发汗会转属阳明，什么情况下下之会协热利，什么情况下下之会下利清谷，什么情况下下之会成结胸、作痞、致虚烦，除了汗下不如法之外，内因也要考虑在内，因此，日数的深浅，仍然有参考价值。

日数既然可以启示内在的变化情况，所以临床诊断、处方用药，日数也有参考价值。例如“少阴病，得之二三日，麻黄附子甘草汤微发汗”，为什么？“以二三日无里证，故微发汗也。”又如“伤寒二三日，心中悸而烦者，小建中汤主之。”是因为二三日就悸而烦，只能是里虚，邪热入里之烦，不可能那样迅速。又如251条估计燥屎的形成，“二三日，烦躁心下硬”，只是宿食。“至四五日”才“少与小承气汤令少安。”“至六日”才“与承气汤一升”等等，都说明日数的多少，在临床治疗时，也是不可忽视的参考资料之一。

三阴病以少阴病和厥阴病最为深重，而六七日、七八日是再经的初期，也是这两经病极为关键的时刻，不是好转，就是恶化，读《伤寒论》时，尤应注意。

由以上所述，可见伤寒的变化是与病程长短，关系极为密切的。但是也要看到。这只有在旧社会，尤其是旧社会的偏僻农村，才能观察得最清楚。因为哪里缺医少药，患病后有的不能及时治疗，任其自然演变，所以连一般农民，也有这方面的常识。譬如直到现在，农村中的老年人，每遇到外感热病，还常提到“伤寒紧七慢八”之说（就是说，七八日是伤寒病变化的关键时刻），就是明显的例子。可是到了今天，毛主席的革命卫生路线，深入人心，赤脚医生的茁壮成长，合作医疗的普及巩固，使广大农村形成了一个防治结合的卫生网。预防为主，积极治疗，送医送药上门，不允许疾病自由发展，就很难观察到日数对伤寒的关系，因而病程长短，就不像以前那样被临床者所十分重视了。不过我们既然要研究《伤寒论》，就仍应考虑到千余年前编写《伤寒论》的时代背景，结合临床实际，实事求是地弄清楚伤寒的日数究竟有什么价值？传经究竟是怎么一回事？才能真正理解《伤寒论》。另一方面，借此了解一下人体的抗病机制，也是有益的。如果不是这样，只盲目地看注解，就会被旧注家引入迷途。旧注家的错误在哪里呢？错就错在脱离实际，凭空臆想，挖空心思，牵强附会。错就错在硬把这些变化称之为“传经”，而且还造出什么“循经传”“越经传”“首尾传”“表里传”，“传足不传手”等等谬说，把一部极其朴素实用的《伤寒论》，涂上了一层层形而上学的彩色。

第二部分　原文阅读法

原文阅读法，也包括怎样看注解在内，因为看注解的目的，就是为了理解原文。

《伤寒论》的原文，是千余年前用古汉语写成的，医学上的名词术语，和行文的语法习惯，都有其时代的特点，能不能正确地理解这些特点，对于能否正确地理解《伤寒论》，有很大的关系。至于看注解，更要有分析，有批判。因为各家见仁见智，各不相同，甚至门户水火，互相诋毁。如果不善于分析，就会“彼亦一是非，此亦一是非”，蒙头转向，如坠云里雾中，甚至被别人牵着鼻子走，替错误作辩护。看注解越多，吃亏越大，这样的人，也是不少的。

把各家不正确的注解，找出其所以错误的原因，又根据这些原因，提出纠正的方法，就有以下几项。

一、要正确理解当时医学上的名词术语

《伤寒论》中的名词术语，是极为朴素的，有的流传到现在，还是大众化语言（如能食、不能

食、大便硬等)。但是这种语言用在医学上，就有一定的涵义，也有一定的运用范围，又与一般的语言不同。

病与征

病，有病名，有一定的病位，有一定的属性，其发生、发展，基本上有一定的过程与规律。在《伤寒论》中，病有三阳病、三阴病等。

证，是每一种病在不同时期的不同症状表现。譬如同是太阳病，初期是脉浮、发热、恶寒、头项强痛等表证，而到了出现水液代谢障碍时，就会出现消渴、小便不利等里证。在《伤寒论》中，除表证、里证之外，还有桂枝证、柴胡证等名词。

伤　寒

有二义，一、是广义的，是一切外感病的总称。初起有发热恶寒的，也有无热恶寒的。发热恶寒的多发展为三阳病；无热恶寒的多发展为三阴病。

二、是狭义的，是三阴三阳病分类中的一种病型，与中风相对待。如太阳病有太阳中风、太阳伤寒；阳明病有阳明中风、阳明中寒（见下注），少阳病有少阳中风、少阳伤寒。太阴病、少阴病、厥阴病也是如此。

中　风

是三阴三阳病分类中与伤寒相对待的一种类型。其命名的根据有二：一、是风性疏泄与寒性凝敛相对待。如太阳病有汗称中风，无汗称伤寒。二、是指阳邪，与寒为阴邪相对待。如大青龙证，无汗烦躁者为阳邪，为中风；身不痛但重，不烦躁者，相对之下为阴邪，为伤寒。阳明病，能食者，为阳邪，为中风；不能食者，为阴邪，为中寒。少阳病，目赤、胸中满而烦者，为阳邪，为中风；仅头痛发热，目不赤，不烦满者，相对的为阴邪，为伤寒。太阴病手足自温，不太热，不烦痛者，为伤寒；四肢烦痛者，相对的为阳邪，为中风。由于那时还没有“寒化证”“热化证”这样的名词，所以少阴病和厥阴病，同样也都是以寒化证为伤寒，以热化证为中风。

阳明中寒：

中寒仅在阳明病中一见，是与阳明中风相对待。其胃阳素盛，化热迅速者为中风；胃阳不盛，化热迟缓，化燥费力者为中寒。因阳明病是胃家病，是里病，所以不叫伤寒而叫中寒（中，作平声读）。

传、转属、转入、系在

传、转属，见前《伤寒传经的实质和伤寒日数的临床意义》。

转入，即转层。

系在，伤寒在还未转属别经之前，已经具备了转属别经的内在条件，出现了可能转属别经的苗头，叫作“系在某经”。譬如“伤寒脉浮缓，手足自温者，此为系在太阴。”就是说，缓主内湿，手足不热而温，是脾阳不盛，这就具备了表热与太阴脾湿相搏、转变为太阴发黄的条件，所以就叫作“系在太阴”。

发汗、解表、解外、解肌

四者都是驱除表邪的意思，但其涵义稍有不同。发汗，是服药后必须温复，必须达到出汗的目的。解表和解外，虽然也是以驱除表邪为目的，但是服药之后，听其自然，不用温复，也不一定必须出汗。表，是肤表，部位一定；外，是对里而言，除了里都是外，因此半表半里也可以叫作外，但不能叫作表。如“欲解外者，宜桂枝汤。”“先宜小柴胡汤以解外”都是。前之外，实际是表，后之外，实际是半表半里。解肌，是指邪在肌腠，专指表邪之表疏有汗者而言，是桂枝汤的专长。

和、和之

和，即无病。如“口中和”，即口中清爽，不燥不渴。“表和里实”，是无表证而已成实。“荣气和”，是荣无病。“表未和”“里未和”“卫气不和”，是表、里、卫气处于病理状态。

和之，是用小剂量的药物治之使和。如“桂枝汤小和之”，“微和胃气，与调胃承气汤。”比常规汗下为轻，故称和之。

口不仁

即口不和，是口中粘腻不清爽，但尚未至于燥渴。旧注解释为口不知味，不够理想。

脏

若与腑对举，是指五脏，若不与腑对举，便是包括六腑在内的腹腔全部脏器。如“诸病在脏”(《金匮要略》)、“脏无他病”“脏有寒”“脏结”“脏厥”“脏寒”等都是。这和《内经》“愿闻十二脏之相使”和“凡十一脏皆取决于胆也”的“脏”字，都是广义的，是统所有脏腑而言的。

胃

《伤寒论》中的胃，是指整个消化道说的。如“阳明之为病，胃家实是也”，胃而称“家”，显然不仅仅是仓廪之官的胃。又如“胃中必有燥屎五、六枚也”，这显然是指的大肠。

心下、心中

这是单指的胃，或胃周围，不包括大肠，小肠。如“烦躁心下硬”“心中痛热，饥而不欲食”“心下痞硬”等都是。

血室

即子宫。有的注家指为肝经，有的注家指为冲脉，都是错误的。

强

亢进的意思，是病理现象。如“荣弱卫强”“浮则胃气强”都是。

少气

《灵枢·五味篇》：“故谷不入，半日则气衰，一日则气少矣”。是气息微弱，不是短气。

能食

是食欲正常，对不能食而言。如“下利后当便硬，硬则能食者愈”。“阳明病，若能食，名中风”。

颇能食

是较能食、略能食、食欲尚可的意思。如“到后经中颇能食”。

消谷善饥

即食欲亢进，是病理现象。如“合热则消谷善饥。”

不能食

有二义：一是食欲减退。如“阳明病，若中寒，不能食。”一是厌食。如“反不能食者，胃中必有燥屎五、六枚也。”

小便利

即小便正常，与小便难、小便少相区别。如“若其人大便硬，小便自利者，去桂枝加白术汤主之。”“小便利者，大便当硬。”

大便硬

即较坚硬的大便。有时是对大便溏言，即大便正常，不溏薄，能够成条。如“下利后，当便硬”就是。

初头硬

即大便头尚能成硬，而后部则是溏粪。

燥屎

是坚结干硬的粪块，极易致成肠梗阻、导致自身中毒等危症。如“烦不解，腹满痛者，此有燥屎也。”

下利、下利清谷

下利，即腹泻。虚寒腹泻并泻下未消化的食物，叫下利清谷。

热利下重

即里急后重的痢疾。

经、到经、过经、再经、行其经尽。

见前《伤寒传经的实质和伤寒日数的临床意义》。

寒

指寒痰、水饮。如“此本有寒分也”“膈上有寒饮”“此寒去欲解也”等都是。

哕

指膈痉挛，俗称打呃忒。与胃痉挛有呕的声音无呕出物的干呕不同，也与噫气不同。

噫气、干噫

噫，同嗳，即嗳气。

太阳病如疟状

指发热恶寒之间歇发作者，是表邪已衰而未尽的现象，与寒时不热，热时不寒的往来寒热不同。

二、读于无字处和其他语法上的一些问题

读于无字处，就是说要从原文的简略处下功夫、找问题。因为古人的著作，有时略去人所共知的一面，而只写人们不知的一面，有时只写突出的一面，而略去普通的一面；有时只写其中的某一面，而那一面由读者自己去体会。例如阳明篇三急下证和少阴篇三急下证，有几条都略去了腹满、腹痛等大承气汤的主证，却突出地描述了“目中不了了、睛不和”“下利清水”“发热汗多”“口燥咽干”等证。就是因为；既然说“大承气汤主之”，那么大承气汤的主证腹满、腹痛必然在内，‘这是人所共知的，所以略而不提。但是大承气汤证的腹满、腹痛等证，在一般情况下，并不构成急证。急在那里？急就急在“目中不了了、睛不和”，因为这已是自身中毒。急就急在“发热汗多”“下利清水色纯青”“口燥咽干”，因为这将导致严重脱水，或已接近脱水。至于“发汗不解”更加“腹满痛”和“腹胀”极重而仍“不大便”，更是肠梗阻的危急症状，所以必须急下。如果不了解这一点，忽视了条文中所略去的腹满、腹胀、腹痛，只从文字的表面上找问题，就必然对于发热汗多和口燥咽干这样的症状竟用峻剂大承气汤表示怀疑。陈修园著《伤寒论浅注》就曾怀疑过，并且强解为这是下的水谷之“悍气”。“悍气”这一名词，见于《灵枢·动输篇》和《灵枢·邪客篇》，本来是用以形容卫气性质的栗疾，以与荣气性质的冲和相区别，

并不是卫气、荣气之外，另有一种什么悍气。陈氏由于不明白大承气汤的主症就在于无字处，所以不能正确地理解原文，而且为了强使原文符合自己的意见，就又曲解了“悍气”。

再举一例：

187 条（条文号数，是根据宋治平本明代赵开美复刻本的次序。以下同）：“伤寒脉浮缓，手足自温者，此为系在太阴。太阴者，当发身黄，若小便自利者，不能发黄。至七八日，大便硬者，此为阳明病也。”

读这样的条文，从“若小便利者，……七八日大便硬者，”应当想到“此为系在太阴”句之前，是略去了“小便不利，大便不硬”这两个症状。只有把略去的这两个症状，同“脉浮缓、手足自温”结合起来，才能对于伤寒系在太阴的病理，认识得更清楚。对于“至七八日大便硬者，为阳明病也”和 278 条“至七八日虽暴烦下利日十余行，必自止”这同一疾病的两种不同机转，就更容易理解了。

又如：论中有好多变证是由于太阳病下之后出现的。太阳病为什么竟采用下法？这可能是在太阳病未解的同时，又出现了可下的里证，或者出现了容易误诊为可下的其他症状。（如 28 条的“心下满、微痛”、少阳中风的“胸中满而烦”、太阴病的“腹满”，……等）也应当根据下后变证的轻重和特点，来推测其未下之前的具体症状，这也是读于无字处的方法之一。

还有一些问题，也是由于不能正确理解《伤寒论》的语法而产生的，兹举两例如下。

1. 不注意句法的简化所引起的错误

例如：243 条，“食谷欲呕，属阳明也，吴茱萸汤主之；得汤反剧者，属上焦也。”《医宗金鉴》认为：“得汤反剧，非中焦阳明之胃寒，乃上焦太阳之表热。吴茱萸气味俱热，药病不合，故反剧也。”程郊倩则认为：得汤反剧者，是上焦寒盛格阳，以致药不能下达中焦之阳明。这样，都把上焦和阳明分割开来。其实呢，阳明是指整个胃肠道而言，胃肠道本身就可以分为上、中、下三焦。《难经》就说，上焦当胃上口，中焦当胃中脘，下焦当胃下口。《金匮要略》云：“上焦有寒，其口多涎，”就是胃上口。《伤寒论》云：“此利在下焦，赤石脂禹余粮汤主之。”就是指的大肠。本条的“得汤反剧”，明明是寒涎聚在胃上口，未服药之前食谷欲呕，是寒涎得热欲散的缘故，服吴茱萸汤之后，辛燥之性，使邪从上溃，所以反而吐剧。这也是药已中病的好现象。如果寒涎不在上焦胃上口，而在中焦胃中脘，那么服药后寒涎就会温散下降，不至于呕吐，病也会好的。所以属上焦也好，属中焦也好，都未离开阳明的范畴。可见六经不是三焦，而又离不开三焦。“属上焦也”，是“属阳明之上焦也”的简化语，注者不知是简去了“阳明”二字，强把二者分家，就造成了上述错误。

2. 分不清句法中的宾和主所引起的错误

例如：131 条，“病发于阳，而反下之，热入，因作结胸；病发于阴，而反下之，因作痞也。”

舒驰远认为，病发于阳，阳指风伤卫，病发于阴，阴指寒伤荣。柯韵伯谓：“阳者，指外而言，形躯是也；阴者，指内而言，胸中、心下是也。”论中第七条，已经明白指出：“病有发热恶寒者，发于阳也；无热恶寒者，发于阴也。”注家们为什么偏偏避开这一前提而却另作猜测呢？其原因就在于：如果把“发于阳”，“发于阴”指为“发热恶寒”和“无热恶寒”的话，那么发于阳下之成结胸是说得通的，但是发于阴下之因作痞，在他们看来就存在问题。因为五泻心汤证，都是在发热的基础上误治而成，没有一个是在无热恶寒的情况下出现的。因此，只好把“发于阳”“发于阴”另作解释，以求与“作痞”相适应。

其实；本条的“成结胸”和“因作痞”二者并不是相提并论的。其重点是阐明“病发于阳，而反下之，热入，因作结胸”，突出的关键是“热入”。至于“病发于阴，而反下之，因作痞也”，只是陪衬句法，是说如果不是病发于阳，而是病发于阴的话，即使下之，也无热可入，充其量只能作痞而已，是决不能成结胸的。这在古代语法上，叫作“借宾定主”。

正由于上句是主，下句是宾，所以下文接着就说：“所以成结胸者，以下之太早故也”。接着又提出结胸的症状和治法是：“结胸者，项亦强，如柔痉状，下之则和，宜大陷胸丸。”而没有再提痞的治法。

痞，虽然不是本条的主题，但是还要说明一下，在无热恶寒的情况下，下后若能作痞，才能证实“发于阳”“发于阴”是指发热和无热的可靠性。

无热恶寒，而反下之，能不能作痞呢？成五泻心汤征的热痞，当然是不可能的，但是痞的种类太多了，除了热陷致痞之外，还有停水之痞，痰饮之痞，胃寒之痞，胃虚气逆之痞。《金匮要略·腹满寒疝宿食篇》云：“夫瘦人绕脐痛，必有风冷，谷气不行，而反下之，其气必冲；不冲者，心下则痞也”。这类的痞，难道其作痞之前还必须发热恶寒吗?

其实，病发于阳，下之并不仅限于成结胸，痞、虚烦、挟热利、发黄等证，都有出现的可能。痞的成因，也不一定都是下后所促成，发汗、催吐或未经治疗，都能成痞。论中149条就说，“伤寒五、六日，呕而发热者，柴胡汤证俱，而以他药下之，柴胡证仍在者，复与柴胡汤，此虽已下之不为逆，必蒸蒸而振，却发热汗出而解。若心下满而硬痛者，此为结胸也，大陷胸汤主之。但满而不痛者，此为痞，柴胡不中与之，宜半夏泻心汤”。张仲景并没有把痞的成因，固定在“病发于阴”上，而这里却指出；“病发于阴，下之因作痞也”，显然是为了从对面烘托、证明：结胸之因下而成者，必是“病发于阳”，必是“热入”。张隐庵云：“病发于阳者，发于太阳也，太阳主表，宜从汗解，而反下之，则胃中空虚，邪热内入，而结于胸膈之阳分，因作结胸。病发于阴者，发于少阴也，少阴上火下水，而主神机出入，治当助其君火之阳，而反下之，则邪陷胸膈之阴分，因作痞也”。这段解释，把阳指为太阳，阴指为少阴，亦即发热恶寒和无热恶寒之意，这点还是正确的。但仍然不知“因作痞”是陪衬句法，竟和“成结胸”列于互相对比的同等地位，这就势必要在“发于阴”上找“作痞”的论据，而痞的成因实际又不限于病发于阴，所以他对于作痞的这段解释，也不可能词通理达，而只能是模糊不清和不切实际罢了。

三、内容不同的条文，要有不同的阅读法

《伤寒论》的条文，共有三百九十七条。这些条文，有属于病理说明的，有属于鉴别对比的，有属于具体治疗的，有属于原则指导的，更有一些是临床的病案记录。总而言之，有原则，有具体，有主题，有旁证，内容广泛，各有不同。因此，读起来其侧重点也不能一致。

譬如第29条的“伤寒脉浮、自汗出、心烦、微恶寒、脚挛急，反与桂枝汤欲攻其表，此误也。得之便厥……”，就是一段很详细的临床记录，其下一条就是这一条的病案讨论。所以读这样的条文，就应当象讨论病案一样，务求分析透彻，排除疑似，而不是要求背得熟、记得牢。

又如第97条：“血弱气尽腠理开，邪气因入，与正气相搏，结于胁下，……”这是对于小柴胡汤证的病理解释。读这样的条文，只要求理解柴胡诸证的发病机制，不是要求别的什么。如果原文不易理解的话，也可以撇开原文，另找浅显易懂的说明，目的是只要能弄明白道理就好。

还有一些是属于具体治疗，临床应用的，如“太阳病，头痛、发热、汗出、恶风者，桂枝汤主之。”“若脉浮、发热、渴欲饮水、小便不利者，猪苓汤主之。”“发汗吐下后，虚烦不得眠，若剧者，必反复颠倒，心中懊侬，栀子豉汤主之”等等。这些最好是能够牢固地掌握起来。但是能够牢固掌握起来的一个先决问题，仍要先理解其病理。

至于鉴别对比，是从相似的共同现象中，找出其本质的差别，所以理解更重于记忆。例如：“下之后，复发汗，必振寒，脉微细，所以然者，内外俱虚故也”。这与表证未解者，同样都有恶寒的症状，但这是脉微细，而且恶寒出现在发汗热退之后，所以是内外俱虚。这和表证未解脉浮发热的恶寒是不同的。又如“呕而发热者，柴胡汤证具”，可是“本渴而饮水呕者，柴胡不中与之也”。“伤寒脉浮缓，手足自温者，此为系在太阴”，可是“伤寒四五日，身热恶风，颈项强，胁下满，手足温而渴者，小柴胡汤主之”。通过这样的鉴别对比，胃虚停水之呕和柴胡证之呕，太阴的手足温和柴胡证的手足温，似同实异。越辨越细，越辨越明，才是学习的目的。

又如第148条：“伤寒五六日，头汗出，微恶寒、手足冷、心下满、口不欲食、大便硬、脉细者，此为阳微结，必有表复有里也。脉沉亦在里也。假令纯阴结，不得复有外证，悉入在里。此为半在里半在外也。脉虽沉紧，不得为少阴病，所以然者，阴不得有汗，今头汗出，故知非少阴也，可与小柴胡汤。没不了了者，得屎而解。”

这一段，既有病理说明，也有鉴别对比，有具体症状，也有治疗原则，同时也是一份完整的病历和病理讨论。这样的条文，论中也是不少的，不要忽略过去。

以上这几类的条文，除了有关某一汤证的具体症状，需要重点掌握以外，其余的只求理解，不要强记。只有属于治疗原则那样的条文，才既要理解，又要强记。因为这类条文，是从有关治疗的条文中综合、归纳而得出来的结论，反过来又能指导临床，并能帮助理解与之有关的原文。现举几条这样的原文如下。

1.“太阳病，外证未解，脉浮弱者，当以汗解，宜桂枝汤。”

这是从论中所有用桂枝汤解外的条文中归纳出来的一条重要原则。是说，凡是太阳病，要采用桂枝汤的依据，就是“外证未解”、脉象浮弱。只要合乎这一原则，就不管有汗无汗，已未汗下，只要还有一两个太阳症状，如身痛、脉浮等，说明是外

证未解，同时又脉象浮弱，不能峻汗，就是桂枝汤所主。根据这一原则，就可以推知，下后脉促（指脉象上雍两寸，仍属浮脉的范畴）、胸满者，微喘者，其气上冲者，都是外证未解，脉象都应浮弱。有的注家认为本条也应当有“汗出”一证，这不但把本条从指导意义上降低为一般的具体用法，而且还把桂枝汤的应用，局限在狭小的圈子里。

2. “伤寒脉弦细，头痛发热者属少阳。”

这已把少阳伤寒的主脉主证简单扼要地点了出来。根据这一原则来运用小柴胡汤，就不必口苦、咽干、目眩，不必往来寒热，不必具有所谓柴胡四大主证，只要是发热，却脉不浮紧、浮缓而弦细，就属于少阳的范畴，就应以小柴胡汤主治。根据这一原则，那么读《伤寒论》“伤寒阳脉涩、阴脉弦，法当腹中急痛者”，服小建中汤后不差，脉已不涩而仍弦者，就当然会想到用小柴胡汤了。读“伤寒五六日，头汗出、微恶寒、手足冷、心下满、口不欲食、大便硬”，而同时又“脉细者”，也当然会想到用小柴胡汤了。

3. “渴欲饮水，口干舌燥者，白虎加人参汤主之。”

这就是白虎汤所以要加人参的重要原则。口干舌燥，是包括裂纹起刺在内。渴欲饮水到口干舌燥的程度，这表示热炽津伤，非加人参以救气阴不可。从这点也可以推知五苓散之渴、猪苓汤之病，以及加花粉、乌梅、文蛤之渴，都只是口干，而舌不会燥，不会裂纹，不会起刺。也可知白虎汤证虽然表里俱热，但只是口不仁，还不渴，或虽渴而尚未到口干舌燥的程度。还有，热盛津伤的渴欲饮水，口干舌燥，既然是白虎加人参汤的主证，那么，只要具备了这一主证，其余的症状就都是次要的了。什么大热、大汗、脉洪大等，都可能不典型。因此，读到“伤寒无大热”“背微恶寒”“时时恶风”等，白虎汤证俱不典型，但却“舌上干燥而烦，欲饮水数升者”，自然就会想到是白虎加人参汤证了。

4. “手足厥寒，脉细欲绝者，当归四逆汤主之。”

这就是运用当归四逆汤的原则。只要肢寒脉细是由于阳虚血少，就不管是“腹濡脉虚复厥者”“少腹满，按之痛，冷结在膀胱关元者，”都可以用当归四逆汤为主，随证加减治疗。

除了上述各类条文以外，还有一些价值不大，甚至落后错误的东西，则以删去不读为是。

四、要有机地把有关条文联系在一起

《伤寒论》的条文，虽然在形式上是逐条分列，节段分明，但实际是互相联系、互相对照、互相启发、互相补充，是不可分割的一个大整体。因此，读《伤寒论》时，不能条条孤立，必须有机地互相联系在一起，才能领会的更为全面、更为深透。现举三阴中风为例，说明如下。

《伤寒论》三阴篇的中风证，只有太阴中风指出是“四肢烦痛，阳微阴涩而长者为欲愈”。有脉象，也有症状。至于少阴中风，是“脉阳微阴浮者，为欲愈”，厥阴中风是“脉微浮，为欲愈；不浮，为未愈。”都只有脉象，并无症状。因此，注家们或顺文敷衍，只解脉象，干脆不提应当是什么症状（如钱璜）；或则持怀疑态度，认为这可能是另一派古医家的传说，张仲景有意无意地记录下来，也可能是王叔和强掺在里面（陆渊雷）；也有个根据太阳中风的症状来推测，认为也应当是发热汗出。众说纷纭，莫衷一是。

究竟应当怎样解决这个问题呢？我认为首先应从“中风”这一名词的涵义入手。

“中风”和“伤寒”，是相对而言的。这在前面名词术语的解释中，已作了较为详细的说明。并在那一节里也提出了少阴病和厥阴病中以热化证为中风，寒化证为伤寒。

以少阴病和厥阴病的热化证为中风，这是把三阳病和太阴病的中风、伤寒各条条文有机地联系在一起，又加以对比、综合、推理而得出来的结论，《伤寒论》原著中并没有这样的明文。因此，对于这一结论是否正确，还需要来一次检验，检验的方法，仍然是把这二经热化证的病理、症状，和其同经的中风所标明的脉象，各自有机地联系起来，看看脉证是否一致，才有说服力。下面先探讨少阴中风。

少阴中风，是脉“阳微阴浮者，为欲愈。”我们试从欲愈的脉象，推寻其未愈的脉象，就应当是阳脉不微，阴脉不浮。少阴是心肾水火之脏，其为病也是心肾水火失调。阳脉不微，就表示心火不降，阴脉不浮，就表示肾水不升。水不升，火不降，就必然水亏火炽，心肾不交，而导致“心中烦，不得卧”。这正好是少阴热化证。少阴热化证的病理、脉象、治则与发展变化，是怎样的呢？如果把有关条文（285、290、293、294、303）联系在一起，就可以看出一个非常清楚的轮廓，是：“少阴病，心中烦不得卧”，舌赤少苔，“脉细沉数，病为在里，不可发汗”，“黄连阿胶汤主之”。若

“但厥无汗，而强发之，必动其血，未知从何道出，或从口鼻，或从目出，是名上厥下竭，为难治”，如果未治，而脉“阳微阴浮者，为欲愈”。亦有“七八日，一身手足尽热者，以热在膀胱，必便血也”。这就是把与热化证有关的条文组织在一起。这样，不但可以确凿看出少阴中风就是少阴热化证，而且把少阴中风证的具体症状和脉象、治则、应用方剂、禁忌和预后，组成了一个完整的描述。这就说明，把有关条文有机地联系在一起，是非常重要的。

再探讨一下厥阴中风。

厥阴是风火之脏，其为病是风火郁闭于里，所以出现“消渴、心中痛热”等一系列风煽火炽、火盛灼津的症状。这属于阳邪，自然也就是中风了。其脉象和预后怎样呢？在下一条紧接着就说：“厥阴中风，脉微浮，为欲愈；不浮，为未愈”。就是说，脉微浮，是风火有出表之意，消渴、心中疼热等证即将消失。如果不浮，是风火仍郁于里，即为未愈。三阴病最怕亡阳，所以多死于寒化证。至于热化证，基本无死证，所以“脉不浮”，亦只不过是“未愈”而已。

这两条紧密相联，一述证，一述脉，互相联系，互相补充。不但是补充了厥阴提纲那条的脉象是“不浮”，而且还启示了三阴热化证无死证，这又一次说明读《伤寒论》要把条文有机地联系起来的重要性。

不能把《伤寒论》的条文有机地联系起来看，却孤零零地去钻研某一节段，就容易走入死角，既不能正确地理解原文，也不会恰当地筛选旧注。沈明宗在所著《伤寒六经辨证治法》中就已经提到：“且如阴亏者，风邪传里，以挟肾中相火而发，阳邪炽盛，治当养阴抑阳”。这明明指出少阴中风就是少阴热化证。但至今没有被人所重视，其原因就在这里。

五、解剖方剂，注意方后注

全部《伤寒论》只用了八十几种药物，而组成的方剂却有一百多个。这突出的说明伤寒方的灵活、简练、严格。要学习这种灵活、简练、严格，就要善于解剖方剂。譬如就其药物的组合举例来说吧，桂枝汤实即桂枝甘草汤和芍药甘草汤的合方再加姜、枣。四逆汤实即甘草干姜汤和干姜附子汤的合方。这些合方的作用，也就是各个单方作用的总和。又如大青龙汤，可以看作是麻黄汤和越婢汤的合方；桂枝二越婢一汤也可以看作是小剂量的大青龙汤去杏仁加芍药，黄连汤可以看作是半夏泻心汤去黄芩加桂枝。这样，就可以看出；大青龙汤和桂枝二越婢一汤，虽有轻重之分，却都是辛凉解表剂，共同的主药是麻黄配石膏。半夏泻心汤和黄连汤虽然主证不同，但关键都是苦辛并用，寒热合用，因而骨干药物是干姜配黄连。这样，分析其药物的组合，就可以掌握其特点，以便更灵活更恰当地运用于临床。

研究伤寒方的加减法，也是解剖的方法之一。譬如同是腹痛，理中汤是“加人参足前成四两半”；四逆汤是加附子；小柴胡汤是去黄芩加芍药；“阳脉涩，阴脉弦”用小建中汤；太阳病下后时腹自痛用桂枝汤加芍药或再加大黄。同是口渴，理中汤是“加白术足前成四两半”；白虎汤是加人参；小柴胡汤是去半夏加栝蒌根；柴胡桂枝干姜汤是干姜花粉并用；厥阴消渴是用乌梅丸。这些证同病异，证同药异的特点，有助于加深病理的认识，有助于启发思路，促进临床时心灵手活。

从方剂的加减法中，不但可以加深理解所以出现这些症状的内在因素，而且还可以把有关方剂系统起来，更便于记忆和掌握。譬如就小柴胡汤的加减法来看整个柴胡系诸方吧：小柴胡汤根据条文中七个或然证来加减，方中的人参、半夏、黄芩、生姜、大枣，都可以减掉不用，只有柴胡、甘草不减。而在大柴胡汤和柴胡加龙骨牡蛎汤中，连甘草也减掉了，只有柴胡不减。所以这些方剂连同四逆散、柴胡桂枝干姜汤在内，都是正宗的柴胡加减方。

方中不减柴胡，固然是柴胡汤的加减方，而有的方中没有柴胡，也仍然是柴胡汤的加减方。譬如黄芩汤就是。尤其是黄芩加半夏生姜汤，可以清楚的看出是小柴胡汤去柴胡、人参加芍药而成。去了柴胡，黄芩就成了主药，这已不仅仅是加减方，而是小柴胡汤的衍化方了。

黄芩汤从小柴胡汤衍化出来，实际是减去了小柴胡汤解半表的那一半，而留下其清半里的那一半，所以主证就不是胸胁苦满和往来寒热，而是口苦、咽干或下利或兼呕了。

再以桂枝汤而论，其加减方和衍化方就有：桂枝加葛根汤、葛根汤、桂枝加厚朴杏子汤、桂枝去芍药汤、桂枝去芍药加附子汤、桂枝加附子汤、桂枝加芍药汤、桂枝加大黄汤、桂枝加桂汤、桂枝去桂加茯苓白术汤、桂枝去芍药加蜀漆龙骨牡蛎救逆汤、以及桂枝新加汤、小建中汤等。这一加一减，有时是加强其解表的作用，有时是照顾其兼证，更有时使方剂的作用全盘变了。

更有意义的是：有的方，药味完全相同，只是用量稍有不同，作用就变了，方名也变了。例如桂枝汤和桂枝加桂汤、桂枝加芍药汤，三方的药物完全相同，而桂枝汤是调和荣卫，解肌发汗；重用桂枝就平肾邪降奔豚；重用芍药就破阴结治腹痛。又如桂枝去芍药加附子汤和桂枝附子汤，药物也完全相同，前者治误下后脉促胸满兼阳虚恶寒者，而后者桂枝和附子的用量稍重一些，就祛风湿治身烦痛。这说明药物的加减，甚至用量的加减，也有不少学问，大有学头。

下面再谈谈方后注。

方后注，读者往往忽略过去，其实有好多问题——如用药目的及病理特点等，都可以在方后注得到启发。例如柴胡桂枝干姜汤方后注云："初服微烦，复服汗出便愈"。"初服微烦"，好象药不对证，但复服"汗出便愈"，说明初服之烦，是将要汗解的先兆，这就是"烦乃有汗而解"的道理。这在临床时能使思想有所准备，不至于见到病人服药后发烦而引起怀疑。另一方面，"汗出便解"，不但是"胸胁满、微结、小便不利、渴而不呕、头汗出、往来寒热"等解了，连初服的微烦也解了。又因"初服微烦"，可知服药之前，可能连微烦也没有，这又可知柴胡桂枝干姜汤的一系列症状，只有"小便不利""渴"和往来寒热等水饮微结的特点是主证，而"心烦"一证，则是可有可无、可轻可重的。

又如通脉四逆汤方后注云："其脉即出者愈"。这与服白通加猪胆汁汤的"脉暴出者死、微续者生"是不同的。从一是"暴出者死"，一是"即出者愈"，两相对照，可知二证虽然都是阳气即将脱散或即将澌灭的危险重证，但是通脉四逆汤证的关键在于阴寒内闭，迫使脉道不通，服通脉四逆汤后"脉即出"，说明内寒已开，脉道即时通畅，阳已返舍。而白通加猪胆汁汤证，已无阳可格，生机即将澌灭，服汤后只有脉搏微微续出，才是生机未漓，若是"脉暴出"，便是反常现象，这叫作"回光反照"，是必死之征。这就说明白通汤证比通脉四逆汤证更为严重，临床必须注意。

又如茵陈蒿汤方后注云："一宿腹减，黄从小便去也"，可知茵陈蒿汤证，常兼有腹满这一症状。

又如桂枝去桂加茯苓白术汤方后注云："小便利即愈"。可见本方的目的，是开水饮、利小便，而不是发汗。这就可以对于注家们"去桂""去芍"的争论，有一个初步的分析和看法。

六、要和《内经》《本草经》、《金匮要略》结合起来

为什么学习《伤寒论》还要和《内经》《本草经》《金匮要略》等古代作品结合起来呢？这是因为要研究《伤寒论》，就先要了解《伤寒论》的观点和论据，而《伤寒论》的写作，是和这些古籍有关的。

仲景在《伤寒论》的叙言中，明明指出是"撰用《素问》《九卷》《八十一难》《阴阳大论》《胎胪药录》"。《素问》和《九卷》，就是现在的《内经》。《胎胪药录》虽然不一定就是《本草经》，但是《本草经》成书在《伤寒论》之前，比起其他中药典籍为早，因此，《本草经》即使不是《胎胪药录》，但它的观点，至少也是接近于《胎胪药录》的。尤其是《金匮要略》，它和《伤寒论》不但同出于张仲景之手，而且最初还是一部书，因此，《伤寒论》中的一些名词、术语，理论观点，在《金匮要略》中，更容易互相印证。

举例来说，"胃家实""承气汤"这两个词，都来源于《内经》。《灵枢·平人绝谷篇》云："胃满则肠虚，肠满则胃虚，更虚更满，故气得上下，五脏安定。"可见"胃家"是既指胃，又指肠。"实"就是只能满，不能虚。只满不虚，是由于"气"不能下，承之使下，方名就叫承气汤。如果不了解这一点，就会把"胃家"局限为足阳明。有人认为伤寒传足不传手；承气即承亢，就是由于没有和《内经》相结合，或者结合的不恰当（如"承亢"）而造成的。

又如"少气"这个词，来源于《灵枢·五味篇》的"故谷不人，半日则气衰，一日则气少矣。"又如，论中的血室，有人认为是冲脉，有人认为是肝经，也有人认为是子宫，互相争论，相持不下。而不知《金匮要略·妇人杂病篇》描述"生产后"的"水与血俱结在血室"，已明确指出是"少腹满，如敦（音对，古代盛食物的器具）状"。"少腹""如敦"，不清清楚楚地说明是子宫吗？

为了综合说明读《伤寒论》需要和《内经》《本草经》《金匮要略》相结合，并说明弄清名词术语的涵义、读于无字处、注意方后注等的重要性，再举174条为例，说明如下：

174条云："伤寒八九日，风湿相搏，身体痛烦，不能自转侧，不呕，不渴，脉浮虚而涩者，桂枝附子汤主之。若其人大便硬，小便自利者，去桂枝加白术汤主之。"

历来注家对于本条的分歧是：为什么大便硬、

小便自利，还要去桂枝加白术。成无已认为：“桂枝发汗走津液，此小便利、大便硬，为津液不足，去桂加术。”就是说，大便硬是津液不足致成的，为了保持津液，才去掉桂枝而代以白术。因为桂枝能发汗，发汗就要伤津。这样的解释，从表面看来，似乎是有道理的，但是仔细推敲，还是不能令人信服。发汗有时能伤津，这是人所共知的，但是本条服药后并不发汗，如何能伤津？何况白术是燥性药，不用桂枝，反加白术，这能是为了怕伤津吗？

尤在泾云：“若其人大便硬、小便自利，知其在表之阳虽弱，而在里之气自治，则皮中之湿，所当驱之于里，使从水道而出，不必更出之表以危及久弱之阳矣。故于前方去桂枝之辛散，加白术之苦燥，合附子之大力健行者，于以并走皮中而逐水气，此避虚就实之法也。他指出加白术是为了合附子以“并走皮中而逐水气”，这与方后注合，无疑是对的。但又说“不必更出之表，以危久弱之阳”，这显然是指去桂枝说的。桂枝通阳化气，服后又不发汗，如何能危及久弱之阳”？又说“皮中之湿，所当驱之于里，使从水道出”，“驱之于里”，也和前说“合附子并走于皮中而逐水气”相矛盾。再是论中已指出“其人小便自利”，这还需要驱之于里使从水道出吗？

注家们对于本条的解释，为什么矛盾重重，不能令人满意？就是因为：

1. 没有注意到《伤寒论》中的名词术语和现代不同。不知道去桂枝加白术汤证的“大便硬”是大便不溏不薄，是大便正常，“小便自利”是小便不涩不少，是小便正常，反认为大便是像燥屎那样坚硬，小便是病态的尿量太多。所以成无已就把大便硬认作是津液不足，《医宗金鉴》也怀疑“大便硬、小便自利而不议下者”，是“风燥湿去之硬”。

2. 不会读于无字处。不知道从“若其人大便硬、小便自利者，去桂枝加白术汤主之”的“若”字去考虑：“桂枝附子汤主之”之上，是略去了“小便不利，大便不硬”几个字。也就是说，不知道桂枝附子汤证还应当有小便短少、大便溏薄这些症状。

3. 没有和《金匮要略》结合起来。《金匮要略·痉湿暍篇》说：“湿痹之候，小便不利，大便反快。”本条风湿相搏，身体痛烦，和湿痹一样，大都有内湿的因素，也往往是小便短少，大便溏薄。

4. 没有结合《本草经》来认识加白术的作用。《本草经》称；“术，主风寒湿痹死肌。”这明明指出术能走表，乃风寒湿痹稽留肤表的必用之药，而不是像成无已所说“为津液不足，去桂加术”，也不是像尤在泾所说，是为了把皮中之湿，“所当驱之于里”。

5. 没有注意方后注。其实，加白术是为了走表驱湿，方后注已经注得很明白。方后注云：“初一服，其人身如痹，半日许复服之，三服都尽，其人如冒状，勿怪，此以附子、术，并走皮内，逐水气未得除，故使之耳”。明明说“其人身如痹”，明明说“附子、术并走皮内逐水气”，而注家却偏要说加术是把“皮中之湿驱之于里”，偏要说“为津液不足”，这就是没有注意方后注的缘故。

还有，方后注明明还说，“此本一方二法，以大便硬、小便自利去桂也；以大便不硬、小便不利，当加桂”。原来原文中所略去的“大便不硬、小便不利”，已经补在方后注中。而注家们却偏偏忽略了这一点，以致费了不少笔墨，吵了不少年代。

更重要的是“以大便硬、小便自利去桂也；以大便不硬、小便不利当加桂”，这清楚地指出：去桂加术和去术加桂的根据，是小便利与不利，大便硬与不硬。而大便硬与不硬的关键，又在于小便利与不利。据此可知，加桂枝是为了通阳化气，温通水道。这和苓桂术甘汤、五苓散等方用桂枝一样，是阳虚湿不化的主要药物。尤其配有附子，在表里俱湿、内外阳虚的情况下，二药并用，能彻上彻下，彻内彻外，阳通湿化，表里俱解。反之，若无内湿，就不需要通阳，去桂枝的辛温，改用白术走表去湿，也就够了。有的注家解加桂是走表祛风，加术是因为风去湿存、忘却了桂枝能通阳，白术能走表，所以怎样解释听起来也是糊涂的。

总而言之，凡读《伤寒论》，不管是对于名词、术语的涵义不理解，或是不会从无字处找问题，或是不知与《内经》《本草经》《金匮要略》相结合，或是疏忽了方后注，都能对于《伤寒论》造成不正确的理解。但是造成这些错误的一个更为重要的原因，就是没有与临床相结合。试问，如果临床遇到大便真正结硬，其小便量又非常多的情况下，能不能加白术？如果不能，那么注《伤寒论》注的再动听，也是纸上谈兵，是毫无意义的。

七、要与临床相结合，不要死扳教条，不要死抠字眼，不要断章取义，不要牵强附会，不要画蛇添足

我们现在去阅读千多年前的古医书，必然会遇到不少困难的。但是只要与临床相结合，从实践中

找正确的答案，总是可能的。不然的话，撇开临床，单从文字上抠字眼，或断章取义，或牵强附会，或画蛇添足，以这些方法，强使古书符合自己的意见，就必然走入迷途。历代《伤寒论》注家，有时争论不休，分歧百出，往往就是这些原因造成的。现举几例条文如下。

《少阴篇》309 条云："少阴病，吐利，手足厥冷，烦躁欲死者，吴茱萸汤主之。"

又，296 条云："少阴病，吐利、躁烦、四逆者死。"

两条都有吐利，都有四逆，都有烦躁，但一是可治的吴茱萸汤证，一是严重的濒死之征。为什么呢？周禹载认为：关键在于"四逆"重于"厥冷"，吴茱萸汤证是，"厥冷"，厥冷只是手足发凉，凉不过肘膝，而 296 条是"四逆"，是已凉过肘膝，所以前者可治，而后者则是死证。程郊倩认为：应从躁、逆的先后上找问题。他认为，从字面上看，309 条厥冷写在烦躁之前，是由吐利、四逆转为烦躁，这是由阴转阳，所以可治，用吴茱萸汤。而 296 条四逆写在吐利、躁烦之后，是由躁烦转入四逆，是脾阳已绝，所以是死证。柯韵伯、张璐玉，也未离开上述认识。

以上这些解释，就是撇开临床，死抠字眼。这两条如果结合临床来看，病理不同，其临床表现也并不相同。吴茱萸汤证，是寒浊阻塞在胸膈，阴阳被阻，不能相交，所以烦躁难忍、呼叫欲死是主证，用吴茱萸汤温胃降浊，寒涎一开，烦躁即解，阴阳相交，厥冷、吐利等症都可好转。而 296 条是阳光欲熄，四肢逆冷是关键，并且重病面容，濒死状态。其烦躁也是阴阳决离，决不呼叫，也无力呼叫，与前之"欲死者"大不相同。这样，可治与垂死的差别，稍有临床经验的人，都可一见了然，又何必从烦躁的先后和厥冷的轻重来作这些似是而非的文章呢？

再举一例：

67 条云："伤寒吐下后，心下逆满，气上冲胸，起则头眩，脉沉紧，发汗则动经，身为振振摇者，茯苓桂枝白术甘草汤主之。"

82 条："太阳病发汗，汗出不解，其人仍发热，心下悸，头眩，身瞤动，振振欲擗地者，真武汤主之。"

钱天来注后一条云："方氏引《毛诗》注云，擗，拊心也；喻氏谓无可置身，欲擗地而避处其内，并非也。愚谓振振欲擗地者，即所谓'发汗则动经，身为振振摇'之意。"这段解释，驳斥了方、喻二家对于"振振欲擗地"的解释，这是对的。但却把前条的"身为振振摇"和下条的"振振欲擗地"等同起来，则是错误的。论中明明说"发汗则动经"才导致"身为振振摇"可知其所以身为振振摇，是由于本不应发汗，却强发其汗，耗伤了周身经络的气血津液，使筋脉失于濡养，不能自主而致成的。而 82 条的振振欲擗地，则是由于头眩，使身体失去平衡，欲找寻外物支持，所以才两手伸出，形成振振欲擗地的样子。二者在病理上和外观表现上，都基本不同。伤动经气的"身为振振摇"，并不关系头晕，不管头晕与否，静养几天，经气恢复、至少"振振摇"是会好的。而 82 条的"欲擗地"，主要是头眩所致，治不好头眩，"欲擗地"就不会自愈。而头眩是阳虚水泛所致，所以只有用真武汤扶阳镇水，一切症状，才都会消失。像这样的筋脉无主和平衡失调，也是稍有临床经验的人，就可以作出正确诊断和适当治疗的，而某些旧注却离开了临床实质，咬文嚼字，甚至搬出《毛诗》，这是何等的荒唐啊！

例三

第 318 条云："少阴病，四逆，其人或咳、或悸、或小便不利、或腹中痛、或泄利下重者，四逆散主之。"

本条如果撇开临床，只根据现代行文的常例来领会，就会认为："四逆"上无"或"字，是主证；其余如咳、悸、小便不利、腹中痛、泄利下重等证之上，都有"或"字，都是可有可无的或然证。这样的认识就是错误的。因为如果这些或然证都可有可无，那么当四逆出现在这几个症状全然不在的情况下，还有什么根据来用四逆散呢？四逆散的作用是疏肝导滞、发越郁阳。当肝气不舒，木郁乘土，阳郁气滞时，是会出现腹中痛或泄利下重的。由于腹痛和泄利下重虽然必见，但不一定全见，有时只出现其中之一，所以这两个主证上也都加有"或"字。至于小便不利，是阳不宣而水不化，虽不一定必见，但却是常见。只有咳、悸、四逆，才是真正的或然症。因为咳和悸是水不化之后凌心凌肺而致，不上凌心肺就不出现咳和悸。四逆也只有在阳郁太重时才出现，一般情况下并不出现四逆。那么为什么"四逆"之上不加"或"字呢？这是因为本篇是讲的少阴病，少阴病常见的症状就是四逆，本条既然要编入少阴篇和少阴病相对照，当然就要突出"四逆"了。

柯韵伯认为，"泄利下重"字，应该列在"四逆"句之后，不应当列入或然症中，这对于四逆散的作用，确有临床体会。但是证之临床，四逆也不是必然之证，只有把腹中绵绵坠痛和泄利下重并列为主证，才算更合逻辑。

例四

第38条："太阳中风，脉浮紧，发热恶寒，身疼痛，不汗出而烦躁者，大青龙汤主之。……"

第39条；"伤寒脉浮缓，身不痛，但重，乍有轻时，无少阴证者，大青龙汤发之。"

以上两条，都是用大青龙汤主治，因为38条有"不汗出而烦躁"一证，所以大多数注家认为第39条也应当有"烦躁"一证。这就是画蛇添足，死扳教条。大青龙汤是辛凉重剂，能发越郁阳，清透表邪，必须无汗，这是肯定的，但是烦躁这一症状的或有或无就不一定了。《金匮要略·水气篇》云："病溢饮者，当发其汗，大青龙汤主之，小青龙汤亦主之。"证之临床，溢饮一般是不出现烦躁的。再看大青龙汤的药物组成，接近于越婢汤，而越婢汤就不是为烦躁而设。尤在泾注下一条是这样说的："伤寒脉浮缓者，脉紧去而成缓，为寒欲变热之征，经曰，脉缓者多热是也。伤寒邪在表则身痛，邪入里则身重，寒已变热而脉缓，经脉不为拘急，故身不痛而但重。而其脉犹浮，则邪气在或进或退之时，故身体有乍重乍轻之候也。"这一解释，除了说身重是"邪入里"，脉缓是"寒已变热"，还不够理想（也可能是辞不达意）之外，其可取之点是排除了烦躁这一症状，并指出缓脉是从紧脉变来，身重是从身痛变来，这些都和别的注家不同，、而且也是很有道理的。现将"身重""脉缓"的解释，稍作更正，并把这段文字更通俗、更详细的语译如下：

太阳伤寒，一般是脉浮紧、身疼痛。但是如果不及时治疗，旷持多日，表邪不退，就可能脉由浮紧逐渐变为浮缓，身痛也逐渐变为身重。其所以紧去变缓，是由于荣卫更加滞涩所致，所以是迂缓有力，和太阳表虚证的浮缓不同。脉不紧了，身也就不痛而变成身重了。但是荣卫滞涩的身重，和阳明病热在肌肉的身体沉重不同，也和少阴病阳虚倦懒的身重不同，它是不轻跻、不灵活，周身有拘束感。这种表证表脉的变化，虽然也给诊断上带来困难，但是这一身重的特点是"乍有轻时"。根据这一特点，同时其脉犹浮，仍能说明是属于太阳表证。为什么能乍有轻时呢？因为人身的阳气，一日二十四小时之内，是随着天阳的强弱而变化的。"日中而阳气隆"，人体得天阳之助，外抗力强，正胜邪衰，就能乍有轻时。其余时间，正气处于守势，就身重如故。这和论中所说"太阳病欲解时，从巳至未上"是一个道理。这也就是尤氏所说"邪气在或进或退之时"的实际意义。

从尤氏这一解释来看，不但没有把烦躁一证强加在本条之上，而且从他说的"脉紧去变缓"，"身痛变重"中，可以体会出荣卫已极滞涩，表邪已有顽固难拔之势。这就不是麻黄汤所能解决的问题，因此，必须改用大青龙汤。论中说"大青龙汤发之"，"发之"一词，不用在上条，而用在本条，就是表示表邪已很顽固的意思。

再从方药上加以说明：38条的特点是烦躁，要清热除烦，必须加入石膏。为了防止发越不透，恐石膏有寒中致泻之弊，所以又倍加麻黄。而39条的特点是身重，必需大力发泄，所以倍用麻黄。又嫌麻黄过于辛热，也必须加入石膏。这样，就可以把大青龙汤从"不汗出而烦躁"里解放出来，在临床上用得更活。

前已说过，张仲景划分"伤寒"和"中风"这两个名词的依据，大都是对比之下以阴邪和阳邪来划分的。同是无汗的太阳病，38条有烦躁，为阳邪，叫"太阳中风"，39条无烦躁，对比之下为阴邪，叫"伤寒"，这和其他各经的中风、伤寒，也包括《金匮要略·五脏风寒积聚篇》的风、寒在内，其涵义是明显一致的。如果把39条也硬加上烦躁一证，就不但在临床上把大青龙汤塞进狭小的圈子，而且在术语上也搅乱了风和寒的涵义。有的注家指这两条为一是风中兼寒，一是寒中兼风，就是由于弄不清风和寒的涵义而作出的牵强解释。

例五

第16条："桂枝汤本为解肌，若其人脉浮紧、发热、汗不出者，不可与之也；常须识此，勿令误也。"

"脉浮紧、发热、汗不出"，明明是麻黄汤证，如果误用了桂枝汤，由于桂枝汤开毛窍之力量太弱，对于脉浮紧的表实重证，往往发不出汗来，却鼓舞血行，容易导致斑黄吐衄等变证，所以谆谆告诫"不可与之也"。但是本条的"脉浮紧""发热"和"汗不出"，是紧密相连的，不能断章取义割裂开来。后世注家，往往摘出"汗不出"这一个症状来作为论中一切用桂枝汤的禁忌证，甚至连"太阴病脉浮者，可发汗，宜桂枝汤"一证，也认为应当是"汗自出"，这是非常错误的。

论中第42条云："太阳病，外证未解，脉浮弱者，当以汗解，宜桂枝汤"。这条对于用桂枝汤的标准，只提出"脉浮弱" 而没有提出必须"汗自出"，这就证明"汗不出"而禁用桂枝汤，是在"脉浮紧"的情况下才适用，是有条件的。

临床证明：表证未解而脉浮弱者，不一定都汗自出。例如年老体弱、荣卫不足的患外感者；太阳表实症，过经未解，表邪渐衰者，已经汗、下，但表邪仍未尽者，都能脉转浮弱。但除非过汗过下促成亡阳者外，很少有自汗的。在这种情况下，如果不用桂枝汤，难道还能用麻黄汤吗？

在脉不浮紧的情况下，不但“无汗”不是禁用桂枝汤的条件，就连“脉浮”“发热”也不是必要的症状。如91条云：“伤寒医下之，续得下利，清谷不止，身疼痛者，急当救里；后身疼痛，清便自调者，急当救表。救里宜四逆汤；救表宜桂枝汤。”又，《霍乱篇》云：“下利止而身疼不休者，宜桂枝汤小和之。”大下之后清谷不止，和霍乱剧吐剧利之后，不但自汗一证不可能有，就连“脉浮”也没有了，“发热”也没有了，只剩了说明是表不和的“身疼痛”一证，就仍用桂枝汤。读《伤寒论》就应这样来认识：原则不是教条。把构成原则的前提，断章取义地割裂开来变成了教条，就无异划地为牢、作茧自缚了。

例六

141条：“病在阳，应以汗解之，反以冷水潠之，若灌之，其热被劫不得去，弥更益烦，肉上粟起，意欲饮水，反不渴者，服文蛤散，若不差者，与五苓散。寒实结胸，无热证者，与三物小陷胸汤，白散亦可服。”

柯韵伯注云：“本论以文蛤一味为散，以沸汤和一方寸匕服，汤用五合，此等轻剂，恐难散湿热之重邪。《金匮要略》云，渴欲饮水不止者，文蛤汤主之，审证用方，则此为汤而彼为散为宜也。”柯氏的意思是：本条病重方轻，一味文蛤，不能治“益烦”，不能解“皮粟”，所以主张把《金匮要略》中有麻黄、石膏的文蛤汤与本方互相对调。

按：“渴欲饮水不止者”一条，见于《金匮要略·消渴篇》，下文作“文蛤散主之”，不是“文蛤汤主之”。文蛤汤一条，见于《金匮要略·呕吐哕下利篇》，原文是“吐后渴欲得水而贪饮者，文蛤汤主之。”柯氏所引，误散为汤，显系粗疏。我们且撇开柯氏文字上的错误不谈，仅就《金匮要略》中汤、散两条原文作以对比，看看文蛤散和文蛤汤二方主治的主要不同点究竟在那里，然后才能确定《金匮要略》中的文蛤汤应否与本条的文蛤散互相对调。

在《金匮要略》中，文蛤汤、散二方虽然都主治渴欲饮水，但是二者的提法是不同的。文蛤散是主治“渴欲饮水不止者”，而文蛤汤是主治“渴欲得水而贪饮者。”“不止”和“贪饮”不同。“不止”是无时或止，是时间上的持续，并不表示渴的程度严重。而“贪饮”才是渴饮无度，饮不解渴。为什么这样说呢？这可以从药物中推断出来。文蛤散只文蛤一味，主要作用是化痰湿，其清热的作用是极其有限的。因此，其所治的“饮水不止”，主要是痰湿留滞，阻碍津液的输布所致成的。不是热盛，就不用麻黄、石膏。一味文蛤，少与频服，是治上以缓，以渐达到湿化津生的目的。而文蛤汤证的“贪饮”，是已经化热，其热远较文蛤散证为重，所以其方也是越婢汤加文蛤而成，是取麻黄挟石膏以清透里热。

明白了汤、散二方的作用不同，主治各异，再看看141条究竟是湿重热轻呢？还是湿热并重？那么宜汤宜散，就可以不辨自明了。

原文提到病因是“热被劫不得去”，主证是“弥更益烦”。但这个烦的特点却是“意欲饮水、反不渴。”这就说明不是热重，而是湿重。湿邪阻遏，不但能使津液不潮而“意欲饮水”，还能使胸阳不宣而“弥更益烦”。尤其在潠灌水劫、肉上粟起，三焦气化不能外通肌腠之后，烦就更会加重。因此，用文蛤散化湿为主，希望湿去阳通，就可烦解渴止，皮粟亦解。但也考虑到“此等轻剂，恐难散湿热之重邪”，所以又予先提出一个补救的办法，就是“若不差者，与五苓散”。为什么用五苓散呢？因为五苓散内通三焦，外达皮腠，通阳化气，行水散湿。所以服文蛤散之后，湿不化而烦不差者，或湿去烦解而皮粟不消者，都可用之。

解皮粟用五苓散的温化，而不是用文蛤汤的清透，这又一次说明本证是湿重热轻。也正因为是湿重热轻，所以潠灌之后，还作了另一种设想：就是在湿更重、热更轻，或者有湿无热的情况下，那么湿结之后，不但不是“益烦”，竟连饮水也不“意欲”的时候，那就成了“无热证”的寒实结胸，那时不但不能用石膏，就连文蛤也不用，而是改用辛热逐水的巴豆霜了。

总而言之，从“意欲饮水反不渴”；到“若不差者与五苓散”，再到“寒实结胸无热证”，全文的来龙去脉，都说明是湿重热轻，决不宜用文蛤汤那样的辛寒重剂。柯氏硬要把文蛤汤搬来，实属牵强附会。

例七

279条：“本太阳病，医反下之，因而腹满时痛者，属太阴也，桂枝加芍药汤主之；大实痛者，桂枝加大黄汤主之”。

注家对于本条的解释，虽然在某些提法上亦有不同之处，但总的来说，大都认为：“腹满时痛”是邪陷太阴；“大实痛”是胃肠中有腐秽、宿食，或称“结滞”；二方中的桂枝汤是解表，或者说是

"升下陷之阳";加芍药是和太阴,加大黄是下腐秽或宿食。总之,二方都是表里两解。只有张隐庵提出桂枝加芍药汤是取建中之义,未提表里两解,许宏认为大实痛是脾实,未言胃实,但仍未说明脾实和胃实究竟有何不同。

这里需要讨论的是:一、大实痛究竟是脾实,还是胃实?脾实和胃实有什么不同?二、桂枝加芍药汤和桂枝加大黄汤二方是否是表里两解?

第一个问题胃为阳明之腑,脾为太阴之脏。胃,如前所说,系指整个消化管道而言。脾,如《素问·太阴阳明论》所说,"脾与胃以膜相连耳",系指连于胃肠而能"为之行其津液"的膜。因此,胃家实是胃肠中有宿食、粪便留滞,脾家实是胃肠外之膜的脉络气血壅滞,二者显然有别。本条的腹满腹痛,究竟是肠内的事,还是肠外的事?要解决这个问题,首先要看腹满腹痛是在什么情况下促成的。论中明明说"本太阳病,医反下之,因而腹满时痛"。"因而"是什么意思呢?是因"医反下之"。可知未下之前,并没有腹满腹痛。那末,之所以腹满腹痛,显然是由于下后外邪内陷而促成的。

外邪内陷,只能使气血壅滞,决不会陷入肠胃而变成腐秽和硬便,所以本条的腹满腹痛,病灶在肠胃之外,不在肠胃之内,是脾实而不是胃实,是毫无疑问的。正如原文指出的那样:"属太阴也"。

邪陷胃肠之外的脉络之间,使气血壅滞所致成的腹满腹痛,也有轻重之分。轻的"寒气客于肠胃之间,膜原之下,血不得散,小络引急,故痛。按之则气血散,故按之痛止"。重的"寒气客于经脉(不是小络)之中,与炅气相搏则脉满,满则痛而不可按也。寒气稽留,炅气从上,则脉充大而气血乱,(即充血肿胀),故痛甚不可按也"(见《素问·举痛论》)。痛不可按,就是大实痛。可见大实痛不一定是肠胃中有腐秽、宿食,邪气客于肠外的经脉与炅气相搏,同样可以出现。

太阴大实痛,是脾实不是胃实,是气血壅滞,不是腐秽、粪便,已经很清楚了。但是还有人引用278条"至七八日,虽暴烦下利日十余行必自止,以脾家实,腐秽当去故也"来辩驳说:以肠中的腐秽去,称为脾家实,那么本条的太阴大实痛当然也是指肠中的腐秽了。这一提法确实迷惑了许多读者,因此,必须指出其错误的所在。

首先,278条的脾家实,其表现为暴烦下利,而本条的大实痛却表现为痛不可按。其次,278条是腐秽去必自愈,而本条却没有腐秽可去,也不会自愈。因此可知278条的脾家实,是正气实,指的是肠胃道阳气恢复后驱湿下出的功能。而本条的大实痛,是邪气实,指的是气血凝滞,脾络不通。两"实"字的涵义不同,因此,把278条的脾家实等同于本条的大实痛,就导致了上述错误。

另一个问题是:桂枝加芍药汤和桂枝加大黄汤是否表里两解?

这首先要分析邪陷太阴出现腹满时痛或大实痛之后,是否一定有表证存在?还能有什么样的表证存在?

按:太阳病下之后,能有以下几种情况:一是邪尚未陷,表证仍在,这时仍应解表。例如"太阳病外症未解,医反下之,脉浮者不愈。……须当解外则愈,宜桂枝汤"就是。又如"太阳病下之后,其气上冲者,与桂枝汤方用前法""太阳病下之,微喘者,表未解也,桂枝加厚朴杏子汤主之""太阳病下之,脉促胸满者,桂枝去芍药汤主之"。这些都是邪气未陷,表证仍在,所以仍用桂枝汤解表。虽然根据情况,有时也将桂枝汤略为加减,但其加减的药物,也总以无碍于解表为原则。二是外邪已陷,但表证未清。这时表兼里实的,应当先汗后下,表兼里虚的,应当先温后汗,一般是分两步走。如下后"心下痞、恶寒者,表未解也",先与桂枝汤解表,后与大黄黄连泻心汤治痞。下后"下利清谷,身体疼痛者",先与四逆汤温里,后与桂枝汤解表,都是这样。为什么要分两步走呢?因为如果里寒不先温里,里实又将桂枝汤与泻下药合用,便减弱了桂枝汤的通阳作用,达不到解表的目的。只有在表邪极轻,仅又是身热未去,或者脉象未静(如脉促),连身疼、恶寒也没有了的情况下,才一方两解,本分两步。如桂枝人参汤中用桂枝,葛根芩连汤中用葛根,就是这样。三是已算不上是表证,只能叫作表未和的,就专于治里。如"脉浮数者,法当汗出而愈,若下之,身重心悸者,不可发汗,当自汗出乃解。……须表里实,津液自和,便自汗出愈"就是。身只是重,而不是痛,这是下后荣阴不足,阳尚未通,已不算表证了,所以不必发汗,可以等待其津液自和,也可以补养荣阴,佐以通阳(如小建中汤),促其津液早日自和,以达到自汗出而愈。四是连表未和也没有了,外邪全陷于里,这已成坏病,"桂枝不中与之也,知犯何逆,以法治之。"

本条下后应该是上面所说的哪一种情况呢?外邪已陷入太阴,不可能表证表脉典型具在。桂枝加芍药汤、桂枝加大黄汤又不是分两步走,其所加的药物,芍药酸敛、大黄苦寒,又不利于桂枝汤解表,所以也不是表邪未清。因此,据方测证,应当是已无表证，但是桂枝还有一点温通的作用，所以充其量也只不过是表未和罢了。

为了进一步说明本证不是表未解，而是表邪已解，或者充其量也只是表未和，下面再从桂枝汤谈起。

在习惯上，人们一提到桂枝汤，往往就会想到解表。其实，桂枝汤的基本作用是调和荣卫。临床可以利用它调和荣卫这一功能来解表，但不是凡用桂枝汤都是为了解表。例如《金匮要略·妇人妊娠篇》云："妇人得平脉，阴脉小弱，其人渴，不能食，无寒热，名妊娠，桂枝汤主之。"既是平脉，又无寒热，却用桂枝汤，这足以说明桂枝汤并不是专用于发汗解表的方剂。既然桂枝汤本身都不应看作是解表的专用方剂，那么从桂枝汤衍化而来的方剂，就更不应看作是解表的了。譬如桂枝新加汤、小建中汤，人们已都承认不是解表剂，而从桂枝汤衍化出来的桂枝加芍药汤和桂枝加大黄汤，更接近于新加汤和小建中汤，却硬要说是具有解表的作用，岂不是凭空臆想，脱离临床吗？

再从加芍药谈起。

用桂枝汤解表，是可以灵活加减的。但是加减有一条重要原则，就是必须有利于解表。试看加芍药是否有利于解表吧！21条云："太阳病，下之后，脉促胸满者，桂枝去芍药汤主之。"下后脉促胸满，是邪将陷而暂尚未陷，此时要解表，就连原方中的芍药也不用了。因为只有去掉芍药之酸敛，才有利于桂枝汤的温通，才能达到驱邪的目的。而本条不是邪将陷，而是邪已陷，不但不去芍药，而且倍用芍药，这还能说本方中的桂枝汤是为了解表吗？

张隐庵认为，桂枝加芍药汤即建中之义。"建中之义"是什么意思呢？就是说，二方的作用，虽然有建中、和中的不同，但治疗的重点，都是中焦之太阴，而不是肤表之太阳。这一提法，排除了桂枝加芍药汤是表里两解的说法，倒很有意思。但是"建中之义"，究竟不等于就是建中。因为小建中汤的主药是饴糖，是以建补中焦取汁化荣为目的，在里虚不宜发汗而又有极轻微的表不和时，服小建中汤荣卫充足之后，能促进人体的自然疗能，有时可能促使自汗而解，这在医学术语上叫作寓汗于补。而桂枝加芍药汤的主药是芍药，是以破阴结、通脾络、止痛为目的，连饴糖也没有，就只能和中，不能建中，连自汗的希望也没有了。

最后从加大黄谈起。

桂枝加芍药汤已经不能解表，那么桂枝加大黄汤就更不能解表，这已不辨自明了。但是加大黄是否为了荡涤肠胃中的腐秽呢？诚如一见用桂枝汤就想到解表一样，人们在习惯上，也往往一见加大黄就想到是下大便。其实，用大黄固然能下大便，但是用大黄并不都是为了下大便。《本草经》称大黄的作用是："下瘀血、血闭寒热、破症瘕积聚、留饮宿食、荡涤肠胃、推陈致新、通利水谷、调中化食、安和五脏。"可见大黄是血分药，善破血滞，兼走肠胃。试看张仲景是怎样用大黄的吧！治水与血俱结在血室的大黄甘遂汤用之，治热结膀胱的桃核承气汤用之；治热在下焦少腹硬满的抵当汤、丸用之；治吐血、衄血的泻心汤用之；治肠痈的大黄牡丹汤用之。以上种种，都是为了祛瘀血、通脉络，而不是为了泻大便。又如我们临床，治两眦赤脉及血贯瞳人用之；治丹毒赤肿、水火烫伤，亦常用之，都是为了祛瘀通络，也不是为了泻大便。为什么在气血凝滞，出现太阴大实痛的情况下，用一点大黄，却硬要指为通大便呢？

荡涤肠胃中留饮宿食，的确也是大黄的专长。但是如果留饮宿食在肠胃，并出现了腹满腹痛的话，用大黄就得兼用气分药，如枳实、厚朴，木香、槟榔等。如果不用气分药而仅靠大黄，那么气分不开，结滞不去，就会腹满不除，腹痛不止。而桂枝加大黄汤不但没有气分药，而且与辛甘、酸甘合用；大黄又只用二两，温分三服，每服合现代二钱，这样的剂量，能是为了通大便吗？

其实，用大黄不是为了通大便，本来用不着我们去争辩，《伤寒论》原文就已经提到了。试看本条之下接着就说："太阴为病脉弱，其人续自便利，设当行大黄芍药者宜减之，以其人胃弱，易动故也"。"其人续自便利"，就是说，在"医反下之"之后，其人不是腹泻一两次即止，而是大便继续溏薄快利，这时如果腹满时痛或大实痛，而要用桂枝加芍药汤或杜枝加大黄汤的话，就要把芍药和大黄的用量，再次酌予减少，这是因为"其人胃弱易动"，怕因此而引起腹泻。加大黄竟怕出现腹泻，这能是为了泻肠胃中的腐秽宿食吗？

那么加大黄究竟是为什么呢？很清楚：加芍药是为了破阴结、通脾络。破阴结，就是破太阴之结滞；通脾络，就是通"小络引急"。大黄是在加芍药的基础上又加的，所以除了破阴结、通脾络之外，还要泻经脉的"灵气"。

本条在理论上，在临床上，在条文的文字上，是如此的清楚，而某些注家们却竟作出错误解释，就是因为把桂枝汤的作用和大黄的作用，撇开临床而作了硬性教条规定的缘故。

八、要敢破敢立

在封建社会里，知识分子队伍中，由于受儒家学派的影响，有一股很顽固的保守势力，很多人对于祖国的文化遗产，包括医学在内，不是以进步的科学真理为根据，而是保持着“注不破经、疏不破注”这样的保守立场。他们不但对于所谓“经文”不敢持否定态度，甚至连注经的所谓“名家”，也只能服从，不可对抗。譬如有人对某些问题提出新的见解和看法时，就有人会问道：“你见过那一注家是这样说的？”他们不是从道理上来说服，而是以权感的言论相压服。

我们承认，历代注家们对于《伤寒论》的注解，或从理论上予以发挥，或从临床实践中予以论证，贡献是不少的。然而也要看到，注家们的解释，也并不都是尽美尽善的。就连《伤寒论》原文，也要一分为二。精辟独到之处是有的；牵强附会，闭门造车的，也不算少。我们如果不加分析，跟着他们某些错误的论点钻进去，或者明知不对，但慑于“名家”的权威；或者因为这已是多数人的看法，积重难返，便随波逐流，人云亦云，这不是正确的态度。因此，我们要求：除了分析旧注要有科学的态度以外，批判旧注还要有反潮流的精神。有分析才会有批判，敢破才能敢立。

怎样分析旧注是否正确，从而提出新的见解呢？我认为：凡是越解释就越神秘越难懂，这样的注解就必有问题，就应当撇开旧注，改弦易辙，另找新的论据。譬如前面所说的传经，就是这样。除此以外，《伤寒论》的旧注中还有一些问题，虽然已为大多数学者所公认，但又确实令人难解，现在提出来重新探讨一下。

1. 风伤卫和寒伤荣的问题

太阳中风是风伤卫，太阳伤寒是寒伤荣，这是从成无己以来大多数《伤寒论》注家的共同认识，几乎没有人反对了。风为什么伤卫？寒为什么伤荣？又解释说：风属阳，卫亦属阳，寒属阴，荣亦属阴，阳邪伤卫，阴邪伤荣，这是以类相从。这是多么形而上学的认识啊！这样的解释，且不说学者听不懂，就是作这样解释的本人，也不会懂，不过是在自欺欺人罢了。正因为听不懂，所以到了清末唐容川就起来辩驳说，错了！应当是风伤荣，寒伤卫。然而风伤荣、寒伤卫，听者又何尝能懂，还不是和风伤卫、寒伤荣一样，在自欺欺人吗？

凡是越解释越难懂的就必然有问题，就应当另找答案。

那么风寒荣卫是怎样一种关系呢？《素问·皮部论》去：“是故百病之始生也，必先中于皮毛。”荣是行在脉中，卫是行在脉外的，因此无论是风是寒，既然必先中于皮毛，也就必然先伤卫。卫气伤了便怎样呢？《灵枢·本脏篇》云：“卫气者，所以温分肉、肥腠理、充皮肤、司开合者也。”尤其是“司开合”这一功能，对于体温的放散和汗液的排泄，起着极为重要的调节作用。卫气伤了，调节的作用失灵，不是开而不合，就是合而不开。开而不合就自汗脉浮缓，就卫强而荣弱；合而不开就无汗脉浮紧，就卫强而荣不弱。自汗为风性疏泄，无汗为寒性凝敛，这就是中风、伤寒命名的由来。旧注不去分析风、寒对于卫气的不同影响，也不分析荣和卫的相互关系，却强把风、寒、荣、卫分了家，就造成了上述错误。

有人反对说：“风则伤卫，寒则伤荣”是《伤寒论》的原文，不能随便篡改。岂知《伤寒论》的原文，并不都是张仲景的原文。因为《伤寒论》是经过王叔和重新加工整理而成的，他为了给学者打基础，编前增入《辨脉法》《平脉法》《伤寒例》《痉湿暍》等篇。“风则伤卫，寒则伤荣”，就在《辨脉法》中。他又为了学者便于检寻，编后又增入“可”与“不可”等八篇。尤其是“可”与“不可”诸篇之首，有“夫以疾病至急，仓卒寻按，要者难得，故重集可与不可方治，比之三阳三阴篇中，此易见也”的说明，明明指出是“重集”，不是仲景原编。王叔和整理《伤寒论》，其贡献是不可埋没的，但又辑入其他杂说，有时使《伤寒论》的本旨，欲明反晦，这一点早已有人批评过。更重要的是，学术研究，必需以真理为标准，只要有道理，任何人的意见，都应当采取。如果没有道理，不但是王叔和，即便是张仲景，同样也应当提出批评，决不应当人云亦云，盲目服从。

2. 三阴三阳开合枢的问题

读《伤寒论》的注解，往往会遇到开合枢这样一些名词，他是根据《内经》“太阳为开，阳明为合，少阳为枢”，“太阴为开，厥阴为合，少阴为枢，”而采入《伤寒论》的注解中的。《内经》中的三阴三阳，本来是代表人体的正常生理现象，它和《伤寒论》中用以代表外感疾病类型的三阴三阳并不完全相同，因此，如果说开合枢在《内经》中还能起到一点帮助理解的作用的话，那么搬到《伤寒论》中来，就可能连这一点作用也不一定有了。我们试举张隐庵对于《伤寒论》中三阴三阳开合枢的说明为例，他说，“夫三阳在外，太阳主天气（开的意思）而常行于地中，阳明主合而居中土，少阳主枢而内行于三焦，此三阳在内，而内有阴阳也。三阴在内，太阴为开而主皮肤之肉理，少阴主枢而外浮于肤表，厥阴为阴中之少阳而通会于肌腠，此三阴在外，而外有阴阳也。”象这样的解释，对于临床实践毫无价值且不说，就是为理论而理论，也有些讲不通。譬如厥阴怎样为合？就不好讲了，只得避开“为合”，而笼统地解为“阴中之少阳而通会于三焦”。

凡是无助于临床实践，而又越解越难懂，越学越糊涂，这样的注解，必有问题。

开、合、枢究竟是怎么一回事呢，这应当先从开、合、枢这三个词的产生和演变说起。

原来，三阴三阳的开、合、枢，《素问·阴阳离合论》，《灵枢·根结篇》和《甲乙经》，均作“太阳为开，阳明为合，少阳为枢”，“太阴为开，厥阴为合，少阴为枢”。惟《黄帝内经太素》作“太阳为关”“太阴为关”。萧延平《太素·按语》云：“太阳为关，关字《甲乙经》《素问》《灵枢》均作开，日本抄本均作‘开’，乃关字省文（‘关’原为‘开’——笔者）。玩杨注（指《内经太素》杨上善注），门有三义：一者门关，主禁者也，主禁之义，关字为长，若开字则说不去矣。再考《灵枢·根结篇》及《甲乙经·经脉根结篇》，于‘太阳为开’之上，均有‘不知根结，五脏六腑，折关、败枢、开合而走’之文，本书卷十《经脉根结》与《灵枢》《甲乙经》同。则是前以‘关’、‘合’、‘枢’三者并举，后复以‘为关’、‘为合’，‘为枢’分析言之，足证后之‘为关’关字，即前之‘折关’关字无疑矣。下‘太阴为关’，与此同义”。

据萧氏的《按语》，足以说明开、合、枢本来是关，合、枢，由于‘关’字古作‘开’，又误作“开”，就把关、合、枢，误作开、合、枢。本来关可以折，合可以开，枢可以败，明明是名词，可是演变为开、合、枢之后却成了动词，因而意义也就变了。为了证实开、合、枢确实是关、合、枢的错误演变，兹再举《内经·皮部论》以作证明。

《素问·皮部论》中有“阳明之阳，名曰害蜚”，“少阳之阳，名曰枢持”，“太阳之阳，名曰关枢”，“少阴之阴，名曰枢儒”，“心主之阴，名曰害肩”，“太阴之阴，名曰关蛰”等语。据日本人丹波元简《素问识》的考证（文繁不录），害蜚当作合扉（即门扇、门板），枢持当作枢杼（即门脚、门轴，门内外开合全仗此轴），关枢是“持门户”的横木（即门栓），枢儒当作枢檽（柱上承木之斗拱），害肩当作合榍（扉上容枢之枅），关蛰当作关槷（即门橛，在门当中两扇门相合处，以防门过于合向里去）。由此可见：太阳、太阴为关，关指关枢、关槷，阳明、厥阴为合，合指合扉、合榍，少阳少阴为枢，枢指枢杼、枢檽。这本来是古代建筑学上的一些名词，古人用于三阴三阳，其目的是以比类、取象的方法，帮助学者领会其大体意义。诚如丹波氏所云：“且害蜚、枢持、关枢之类，为三阴三阳之称者，不过借以见神机枢转之义，亦无深义焉”。而有的注家，却偏偏就此传抄之误，在开合枢上大作其文章，注《伤寒论》者尤其如此。结果把《伤寒论》越讲越玄妙，学者越听越糊涂。这有什么用呢？

3. 蓄水证是太阳之邪循经入府，热与水结在膀胱的问题

太阳病蓄水证，是指71条至74条的五苓散证说的。对于这几条的解释，从前就有不少注家称之为太阳府证，认为是太阳之邪，循经入府，以致热气水互结在膀胱所致。尤其是近几年来，从各地出版的《伤寒论讲义》之类来看，对上述意见，几乎全都一致起来，未见有谁提出异议。

蓄水证是太阳病中几个重点病变之一，太阳之邪如何循经入府，又如何使热与水互结在膀胱，我觉得很难理解，而且这对于理论和实践，都是极为重要的问题，所以提出来让大家讨论一番，是值得的。

蓄水证，就是水的代谢异常，主要是水的排泄有问题。研究一下水在正常情况下是怎样运行的？在太阳病中，又是什么原因影响水的正常运行？对于解决上述问题，是会有帮助的。

《素问·经脉别论》云：“饮入于胃，游溢精气，上输于脾，脾气散精，上归于肺，通调水道，下输膀胱，水精四布，五经并行。”这就是正常人体内水代谢过程的简要叙述。“脾气散精，上归于肺”，是“代”的过程，“通调水道，下输膀胱，”是“谢”的过程。这里讨论的是蓄水，其主要矛盾在“谢”的方面，所以重点讲讲“水道”和膀胱的作用，以及二者的相互关系。

《素问·灵兰秘典论》云：“三焦者，决渎之官，水道出焉。”“膀胱者，州都之官，津液藏焉，气化则能出矣。”这说明：三焦是行水之道，膀胱是贮水之器，水的排泄，是通过上、中、下三焦，最后进入膀胱贮存起来，到一定程度，再排出体外。也可以推知：如果是三焦不利，水道不畅，水就不仅会郁在下焦，而且还会郁滞在人体上、中、下各部组织内，使上焦不能如雾，中焦不能如沤，下焦也不能如渎。如果不是三焦失职，而仅仅是膀胱不能排泄的话，那就会形成尿潴留，出现小便

难、小腹满等症状。尤其是小腹满这一症状，膀胱蓄水时必然存在，而在三焦水道不畅的情况下，其水下输膀胱的功能迟滞，是不能或很少可能形成小腹满的。

明白了上述道理，我们再看看太阳病的蓄水证，是怎样一些症状吧。第71条是“脉浮、小便不利，微热、消渴。”第74条是“渴欲饮水，水入则吐。”这两条都是典型的蓄水证，但是这些症状中并没有“小腹满”，而“消渴”这一症状，恰好就是水饮停蓄，致使正津不布，也就是上焦不能如雾的表现。由此可见，把蓄水的病理看作是三焦不利，比看作是蓄在膀胱，更有说服力。

再看蓄水是怎样形成的吧。71条是：“太阳病，发汗后，大汗出”，72条是“发汗已”。73条是“伤寒汗出而渴”，74条是“太阳中风六七日”。太阳中风本来就“汗自出”，所以把这几条合起来，可以看出，蓄水证是出现在太阳病发汗之后，或者自汗出之后。为什么这样呢?《灵枢·本藏篇》云：“三焦、膀胱者，腠里毫毛其应”。原来人体内的水液，由三焦外出皮肤腠理就是汗，由三焦下输膀胱就是尿，汗和尿虽然出路不同，名称各异，但在体内时不能分家，而且都与三焦、膀胱有关。因此汗多者尿必少，汗少者尿必多。太阳病的发热、脉浮，水液已经有升向体表准备作汗的趋势，表虚自汗者自不必说，即使是表实无汗证，也可因发汗而使水液乘势外泛，尤其是平素三焦气化不足的患者，一经大汗；或中风汗出延至六七月，水液由于外应皮毛，其下输膀胱的功能就会逐渐减弱，但其上行外泛之水，又不能尽出体外，就势必留滞于三焦，这就形成了小便不利、消渴的蓄水证。有的注家认为蓄水证是太阳之邪循经入府，岂有由于发汗竟把经邪引入太阳之府的道理！注家之所以把蓄水证解释为循经入府，是根据经络与脏腑的关系，撇开临床，又加以想象而得出来的。经络和脏腑之间，肯定是有关系的，但是经络不是水的通路，因此把蓄水说成是循经入府，是讲不通的。

有人说：水虽然不能循经入府，但是太阳经中之热，是可以循经入府与膀胱之水相结的。这一说法，正好就是所谓“热与水结”的理论根据。因此有必要分析一下，蓄水证的病理是否水因热结，这样，就连是否循经入府，也可以不辨自明了。

治疗太阳蓄水证的主方是五苓散，请看五苓散是否利水并兼有清热的作用吧。

五苓散中的利水药是茯苓、猪苓、泽泻。其中只有泽泻味咸微寒，稍有清热的作用，而猪苓、茯苓，都味甘性平，只能利水，不能清热。尤其是方中的桂枝和白术，一属辛温，一属甘温，一味泽泻加入两味温性药中，硬说本方能解热利水，实在太勉强了。真正热与水结致成小便不利是有的，譬如猪苓汤就是这样。但是猪苓汤证，并不是热邪循经入府，方中也不用白术和桂枝，而是除茯苓、猪苓、泽泻之外，更为重要的是用阿胶育阴，用滑石甘寒利窍。

“积重难返”，是说习惯势力、传统观念不容易改变。在学术界也是这样。就以这几条蓄水证而论，本来并不是难于分析的问题，只是由于从前有些注家是这样说的，于是总有人为这些注解找论据、作辩护。除了引用经络和脏腑的关系以证明“循经入府”之外，还常引用《伤寒论》原文以证明蓄水证必小腹满。如论中125条云：“太阳病，身黄、脉沉结、小腹满、小便不利者，为无血也。”他们说：这就是太阳病蓄水和蓄血两大府证的鉴别。其所以需要鉴别，就是因为蓄水证也有小腹满。还有人由于临床用五苓散治膀胱尿潴留，确实行之有效，因而也认为这几条蓄水证就是水蓄在膀胱。这些说法，都是片面的。我们当然知道，小便不利又加小腹满，是蓄水证，但这并不是说所有的蓄水证都小腹满。五苓散可以治膀胱尿潴留，但是也有针对性，而不是能治所有的尿潴留，更不是凡用五苓散都是为了尿潴留。尤其是125条的“身黄、脉沉结、小腹满、小便不利者”这虽然也算蓄水，但这是茵陈蒿汤证，予以茵陈蒿汤就能“一宿腹减，黄从小便去也。”他和这几条五苓散证，根本没有对比的价值。

辩者会说，名家旧注就是这样说的。但是翻阅旧注，各家意见，并不一致。譬如张令韶就说：“小便不利者，乃脾不转输。”张隐庵说：“大汗出而渴者，乃津液之不能上输，用五苓散主之以助脾。”都没有说水蓄在膀胱。尤其是柯韵伯解释水逆证云：“邪水凝于内，水饮拒绝于外，既不能外输于玄府，又不能上输于口舌，亦不能下输于膀胱，此水逆之所由名也。”更清楚地指出“不能下输膀胱”，是三焦不利，不是膀胱蓄水。不过这些说法，比较起来还是少数，所以未被人们所重视。但真理有时是在少数人手里。

九、要一分为二

《伤寒论》的写作，在当时是成功的。但是时代在前进，科学在发展。以现代医学水平来衡量千余年前的作品，无疑是会有一些唯心的、落后的东西。因此，学习《伤寒论》就要去芜存精，一分为二。现从以下几个方面予以评价。

1. 在辨证方面有突出的贡献，但在辨病方面，还远远落后于现代

临床证明，有些疾病，如果依伤寒法辨证，依伤寒方用药，其疗效往往出人意料，为现代医学所不及，这已是中西医务工作者所共认的事实。但在辨病方面，还是很不够的。《伤寒论》中之所谓病——例如六经病，在现代医学看来，属于多种不同热性病（也包括某些杂病）的不同阶段。譬如头痛、发热、恶寒的太阳病，伤风、流感以及其他热性病的初期都可能出现。发热、恶热、口渴、便秘的阳明病，则是多种热性病中期或末期的共同症状。口苦、咽干、目眩或往来寒热、胸胁苦满的少阳病，则多见于感冒或并发胸膜、肝、胆等疾患。自利不渴的太阴病，则是消化道机能衰减的慢性胃肠炎。脉微细、但欲寐的少阴病，则多见于消耗性疾病出现心力衰竭时。心中痛热的厥阴病，慢性萎缩性胃炎有时也出现这样的症状。因此，要弄清疾病的本质和病原、病灶，以便掌握疾病发展、变化的全过程，作到心中有数，单凭六经辨证，还是远远不够的，还必须中西医结合，弄清楚究竟是什么病。

2. 在理论方面，有创新，也有不足之处

例如“六经辨证”，这是《伤寒论》在祖国医学方面突出的贡献，它确实为后世临床大开方便之门。但是也要看到：

（1）六经辨证本身，就存在着教条。譬如少阴篇三急下证，明明是燥屎形成的肠梗阻，只因症状表现为“下利清水”，而不是“大便硬”，是“口燥、咽干”，而不是“大渴欲饮水”，是“腹胀不大便”，而不是“大便难”，便不叫阳明病，却叫少阴病，就是证明。又如：同是寒浊为患的吴茱萸汤证，表现为“食谷欲呕”时就划归阳明；表现为“吐利、手足厥冷、烦躁欲死”时，就划归少阴；表现为“干呕、吐涎沫、头痛”时，就划归厥阴。同是停水不渴的茯苓甘草汤证，汗出者，划入太阳，厥而心下悸者，划入厥阴。同是胸中停痰的瓜蒂散证，“气上冲咽喉、不得息者”，划入太阳；“胸中满而烦、饥不能食者”便划入厥阴。同是阳虚水泛的真武汤证，“发热、心下悸、头眩”的写在太阳篇；“腹痛、小便不利，四肢沉重”的，写在少阴篇。甚至连“脉滑而厥”的白虎汤证、“下利、谵语”的燥屎症也编入厥阴篇。这种撇开疾病的本质，只从现象上来分经的作法，实是典型的教条。

（2）六经辨证，不但其本身存在着教条，而且在后世温病学说“卫气荣血”、辨证的相形之下，也显得不够。譬如衄血、蓄血、热入血室、桃花汤证、黄连阿胶汤证等，以六经来辨证，就远不如以卫、气、荣、血辨证，更便于临床。

下面举例说明以六经代替荣血辨证所致成的错误。

257 条云：“病人无表里证，发热七八日，脉虽浮数者，可下之。假令已下，脉数不解，合热则消谷善饥，至六七日不大便者，有瘀血，宜抵当汤。”

285 条云：“若脉数不解，而下不止，必协热便脓血也。”

这两条从下之前的“无表里证、发热、脉浮数”，结合下之后的“挟热便脓血”来看，可能本证就是温病学说中的“气血两燔”证。因为“无表里证”，是说发热的同时，并不兼有恶寒、身痛、头痛等表证，也不兼有腹满、潮热、便秘等里证。这样的“发热”“脉浮数”，就启示了数为荣热、浮为热蒸于气的可能。尤其是下后脉数不解的两种结局，一是“六七日不大便者，有瘀血，”一是“下不止，必便脓血”，更清楚的说明，病已涉及荣血。这本应清荣、凉血，或透热转气，采用清荣汤、化斑汤之类的方剂，却反用了下法，就导致荣热内陷，出现“脉数不解”和“协热、便脓血”等变证。

由此可见，在张仲景写《伤寒论》的当时，对于荣、血的辨证，在理论上尚未形成，临床实践也缺乏这方面的经验。

除了六经辨证这样的理论存在着以上这些缺点以外，在其他方面，就说治则吧，理论上也不完善。譬如表证兼见里实证，始终坚守先解表后攻里这一原则，直如天经地义，不可更改。就连二阳并病，仅仅是“面色缘缘正赤”，也要先“解之熏之”，先治太阳，后攻阳明（见 48 条）这远不如后世的双解散、防风通圣散之类的表里两解等进步方法，更为适用。

（3）在诊断方面，有宝贵的经验，但有些方面，还很原始，而且也有错误。

譬如对于阳明里实、里热的诊断：“有潮热者，此外欲解，可攻里也。”“手足濈然而汗出者，此大便已硬也。”“小便利者，大便当硬。”“小便少者，此但初头硬。”以及少阴病的诊断：“但头汗出，故知非少阴也。”“小便色白者，少阴病形悉具，”等等，这些宝贵的临床经验，不胜枚举。但是有些方面，还很原始，仅就舌诊来说吧，《伤寒论》那么大的篇幅，其中仅有“舌上燥而渴”“舌上苔者”“舌上白苔滑者”“口燥舌干”等了了几条，这远不如近代舌诊，对舌质、舌苔的色泽、形态，分析

得更为具体，更为详尽。

又如11条："病人身大热，反欲得近衣者，热在皮肤，寒在骨髓也；身大寒，反不欲近衣者，寒在皮肤，热在骨髓也。"

这里以皮肤代表邪在浅层，以骨髓代表邪在深层，不但是概念不清楚、而且在个别特殊情况下，这一诊断方法也不可靠。譬如阴盛格阳的通脉四逆汤证，就能"身反不恶寒"，而不是"欲得近衣"。

在诊断方面，不但存在着上述的疏漏和教条，而且也有错误。譬如第237条："阳明证，其人喜忘者，必有蓄血，所以然者，本有久瘀血，故令喜忘，屎虽硬，大便反易，其色必黑者，宜抵当汤下之"。这分明是消化道内出血，其所以喜忘，也是血并于下，上气不足（大脑贫血）所致。这样的脱血症，不去治肠胃，却攻下瘀血，诊断上倒果为因，治疗上也逐末忘本。虽然祖国医学对于内出血的治疗，有时采用活血祛瘀的疗法，也有利于出血点的愈合，但这里提出是"本有久瘀血"，而且用的是攻血峻剂，这显然是以破瘀为目的，而不是以治疗出血点为目的。其所以错误，就是由于诊断方面存在问题。

还有一些诊断方法，近似于江湖医生的骗术。如第75条："未持脉时，病人叉手自冒心，师因教试令作咳，而不咳者，此必两耳聋无问也，以重发汗，虚故如此。"为了弄清病人是否因过汗伤阳而导致耳聋，不直接询问，却令病人作咳来试探，这种弄虚作假的骗人伎俩，不加批判，反作为医学的心传，这是很可鄙的。

又如论中有所谓"不治""死"等证，这在当时那样的医疗水平，可能是那样的，但在现代医学的条件下，采用强心、急救等措施，未必就是死证。学《伤寒论》时，也要活看。

3. 在方剂、用药方面，简练、灵活、严格，确有精辟独到之处，但有些方面，还是不如后世的成就

前已提到，先汗后下，就不如后世的防风通圣散、双解散等一方两解，更为稳妥而可靠。又如阳明中风用栀子豉汤，就远不如刘河间的三黄石膏汤。再举一例来说明今胜于昔、后来居上。

第212条："伤寒若吐若下后不解，不大便五六日上，至十余日，日晡所，发潮热，不恶寒，独语如见鬼状；若剧者，发则不识人，循衣摸床，惕而不安，微喘直视，脉弦者生，涩者死。微者，但发热谵语者，大承气汤主之。若一服利，则止后服"。

病已发展到"循衣摸床""惕而不安"的程度，这分明是热炽伤阴、肝风内动的危证，这只有滋阴潜镇，如后世的一甲、二甲、三甲复脉汤，以及大、小定风珠等酌用，才为对证。即使有腹满不大便的症状存在，也应当采用新加黄龙汤、增液承气汤等增水行舟法，才能立足于不败之地。而那时还没有这样的方剂，所以只能采用大承气汤来作孤注一掷，是很不理想的。

4. 诊断技术的不足

由于缺乏科学的诊断技术，所以对于病灶，只能笼统地指出其大概部位。譬如"此冷结在膀胱、关元也"，只能使人想象、揣摩，而不能象现代医学那样，具体指出是某一脏器，某一组织。又如"胁下素有痞"，也不能象现代医学那样，指出是肿瘤，是脏器，是肝。

5. 其他方面

如治疗法中的噀灌法，以及熏、熨、温针、烧针等火劫法，现代已不多见，至少在治疗外感热病方面，已很少见到。而在《伤寒论》中，却占了相当大的篇幅。文字方面，也可能有脱简或传抄的错误。如136条："伤寒脉浮滑，此以表有热，里有寒，白虎汤主之。"注家们虽然作了许多解释，也作了许多更正，但仍是不能令人满意。又如98条的最后一句，"食谷者哕"，语法上既不蝉联，对于全文又毫无意义。凡此都可能是脱简或传抄的错误，都不要强作解释。

[《山东中医学院杂志》1978；(1)：1]

浅谈伤寒与温病

孙泽先　辽宁中医学院

"伤寒"与"温病"到底是个什么关系？这是学习祖国医学经典著作必然要遇到的问题；也是自从温病学派于医林之中独树一帜以来、一直在争论着的问题。本文仅就这一问题谈些浅显的看法，以便在学术讨论中互相切磋。

（一）

祖国医学在研究热性病的过程中，先后形成了伤寒与温病两大学派。这两大学派，就其理论基础来说，都可以上溯到《内经》和《难经》。《素问·热论篇》指出："今夫热病者，皆伤寒之类也。"《难经·五十八难》也指出"伤寒有五：有中风，有伤寒，有湿温，有热病，有温病。"虽然伤寒有广义和狭义之分，广义的伤寒可以包括温病，但从《伤寒论》中所描述的热性病和温病学说中所描述

的热性病比较看来，其间存在的显著差异是不容置辩的。

伤寒与温病两类热性病的差异，概括起来，突出地表现于“伤阳”和“伤阴”两种不同的趋向。

病之初期，邪正初争于表，每见发热恶寒。伤寒的病机特点以阳气（卫阳）被伤为主，表现出恶寒重、发热轻，口不渴、脉浮紧或浮缓等证，所以在治疗上确定了“辛温解表”的原则；温病的病机特点以阴津被伤为主，表现出发热重，恶寒轻、口中渴、脉浮数等证，所以在治疗上确定了“辛凉解表”的原则。同一汗法，一因伤阳偏寒而“汗中兼温。”一因伤阴偏热而“汗中兼清”。

病之中期，邪正剧争于里，每见但热不寒。此期伤寒、温病的病机特点均为邪热炽盛，灼伤阴津。二者在表现上和治疗原则上大体相似，如辛寒清透，苦寒直折甚或苦寒泻下诸法，皆可通用。

病之末期，邪气伤正益甚，虚象渐次显露。伤寒之虚，多以伤阳为主，表现出“脉微细”“但欲寐”“恶寒身踡而利”等证，所以在治疗上多用辛热之剂，以回阳救逆为主要原则。温病之虚，多以伤阴为主，表现出“神倦瘈疭，脉气虚弱，舌绛少苔，时时欲脱”“身热面赤、口干舌燥”等证，所以在治疗上多用甘寒或咸寒之剂，以增液救阴为主要原则。同一补法，一因伤其阳而“补中兼温”，一因伤其阴而“补中兼清”。

当然，阴之与阳，互为根柢；伤寒之中，亦有阴亏之证、救阴之法；温病之中，亦有阳脱之候、扶阳之方；扶阳救阴是二者共同遵守的基本治疗原则；但从主体上看，伤寒、温病之间的伤阳、伤阴之别，是显而易见的。因此叶天士在论述温病特点时曾经指出：“辨卫气营血虽与伤寒同，若论治法则与伤寒大异也[1]”。

（二）

为了探求伤寒与温病之间显著差异的起源，前人提出许多理论根据。认真地分析这些理论根据，可以加深对问题的理解。

吴鞠通认为：伤寒由毛窍而入，自下而上；温病由口鼻而入，自上而下。寒为阴邪，阴盛必伤阳；温为阳邪，阳盛必伤阴[2]。

这个论断，当时在理论上足使伤寒、温病泾渭分明，功堪赞誉；可惜后人由此滋生误解，以为邪传途径是形成伤寒、温病差异的起源。事实上并非如此。从现代免疫学角度来看，皮肤、黏膜构成了非特异性免疫系统的外屏障，它是防止病源生物入侵机体的第一道防线。认为伤寒之邪必从皮肤而入、温病之邪必从黏膜而入，是难以理解的。因为最低限度有两点证据不支持这样的看法：第一，引起热性病的病原生物多从黏膜入侵机体；第二，同一次流感的发生，在不同病例中可以同时见到表寒证和表热症。至于邪分阴阳，那也完全是从病人临床表现上反证出来的：证见伤阳，邪便属阴；证见伤阴，邪便属阳。所以，前人对伤寒、温病之中的邪传途径以及病邪性质的判定，实是从辨证中推测而知、又反过来做为辨证理论依据的一番形象思维的功夫，它只是对伤寒、温病差异的一种描述方法，而不是形成差异的起源。

追究伤寒、温病差异的起源，刘河间的一段话是值得重视的。他在研究当时流行的热性病的过程中，逐渐发现，热性病的性质在变化，一味拘守伤寒辛温之法，难以获得满意的疗效，于是着手改革，“自制双解、通圣辛凉之剂”并提出“五运六气有所更、世态居民有所变”[3]的理论根据。

五运六气，是古代医学家说明自然环境和机体的周期变化之间相互关系的一种学说，它的基本内容，在现代自然科学中，应属于物候学的范畴。从古到今，自然环境和机体之间的关系，绝不是一成不变的，而是处在不断变化之中。河间的推论，不但有他当时临床实践上的证据，即在今天的自然科学中，也可以得到证明。我国著名的物候学家竺可桢指出：“物候古代与今日不同”、我国历史书上充满了物候古今差异的证据”[4]。

造成物候古今的差异，对于人类来说，一方面在于自然环境的天然演变，另一方面更在于人类的社会实践活动。人类对于自然环境的适应不是被动的、消极的，而是能动的、积极的。随着社会生产力的不断发展，人们不断地改造自己周围的环境，使衣食住行，代有更变。这样，机体对外界的适应性也必然随之逐渐演变。现代医学统计学表明，同一病种的发病率，可随职业的不同而存在一定的差别，这也可以做为周围环境和机体适应性之间上述关系的佐证。

古今物候的差异和伤寒、温病的差异有什么关系呢？应该看到，同伤寒相比，温病的特点是化热迅速，往往起病即见发热、口渴、脉数等显著的热象。现代医学认为，“体温在决定动物对某些传染因子的自然免疫方面是一个重要的因素，可以把各种感染之后的发热作为对抗微生物的一种保护性反应”[5]，在发热中，吞噬细胞的吞食作用，抗体的形成以及肝脏的解毒功能可以得到加强。所以说，机体具有发热反应，说明机体具有一定的反应能力和防御能力[6]。温病比伤寒化热迅速，使得发热三期中的初期——升热期（或称增热期）[7]的时限大为短缩，这说明罹患温病的机体要比罹患伤寒的机体具有更为敏感的反应能力。究其原因，自然要联想到古今物候的差异。这个差异，包括了自然气候、病原生物以及人的机体适应性等因素的变化。同前两种因素比较起来，人的机体适应性的变化不能不占有重要的位置，因为人是其中最活跃的因素。人们越是致力于改造外环境、用以保障机体内环境的相对稳定，那么机体对于外界的变化就越为敏感。刘河间说“世态居民有所变”，实际上包涵了这样一个道理。从仲景到河间，其间约经八百余年，已经使人感觉出上述的变化；再从河间到天士，又是六百余年的间隔，这种变化更加显著则是不言而喻的。因此有理由说，历史的发展，物候的变化，是形成伤寒、温病之间差异的起源。

这里还须说明，由于个体的差异，在古今的热病之中，伤寒、温病都存在。但是就总的趋势来说，仲景之时伤寒居多，天士之时温病居多。所以仲景所著的是《伤寒论》而不是《温热论》；天士所著的是《温热论》而不是《伤寒论》。道理很清楚：理论是实践的结晶，谁有什么样的实践，谁就有什么样的理论。

顺便谈谈“伏邪”的问题。对于这个问题的争论，由来已久。从现代医学中寻找“伏邪”根据的努力，迄今并无结果。现代免疫学的研究表明，貌似平静的正常机体中，时时在进行着“正”与“邪”之间的斗争。虽然一些资料可以证实正常人体中不但可以寄生某些菌丛，某种病毒、甚至还可能存在一定限量的肿瘤细胞，但是这些不能为“伏邪”之说提供任何根据。因为要是把这些当作“伏邪”的根据，就等于人人身上皆有“伏邪”，这就使“伏邪”失去了本来的特殊意义。按今天的观点来看，所谓“伏邪”为病，是机体以较强的敏感性对某种致病因子的一种反应，由于反应之快，使增热期的血管收缩反应所致的恶寒症状呈隐性地或一过性地迅速通过，旋即进入高热期；而被医生感官所觉察到的，便是起病即见一派里热之征。应该明确，祖国医学对“伏邪”的研究和现代医学不同。现代医学可以把一些病原生物分离出来，单独去研究它的理化性状。祖国医学研究“邪”则不能离开临床、不能离开“证”，必须遵守“从辨证中来到辨证中去”的原则。换句话说，是“证”决定“邪”，而不是“邪”决定“证”。“伏邪”之说的全部意义，是提示人们注意温病的发生不都是按着先表后里的顺序，还存在起病即见里热明显的这样一种情况，须在临床中预先做到心中有数。如果离开这个意义去争论“邪从何来，伏于何处”的问题，到底有否实际价值，是应该加以考虑的。

（三）

伤寒与温病之间存在历史性的差异，这是问题的一个方面；另一方面，它们之间又存在历史性的联系。这种联系，在其辨证论治体系上反映得较为明显。

伤寒辨证论治以六经为纲，温病辨证论治以卫气营血或三焦为纲。对此，前人曾做过形象的描述，说六经辨证是由表入里，卫气营血辨证是从浅到深、三焦辨证是自上而下，其间经纬交织，有一纵一横之妙[8]。

伤寒与温病在辨证论治体系上是不是那种纵横交错的关系呢？讨论这个问题，有两个观点需要首先明确。第一，必须明确，六经、卫气营血和三焦等概念，都来源于《内经》；但自从它们被移入热病的研究中并做为辨证论治的纲领之后，又都充填了新的内容，使这些概念在名词不变的情况下，暗暗地改变了原有的含意。第二，必须明确，祖国医学的理论阐述中，常常包涵着形象思维的过程。此关不透，往往引人在字面上斟酌过细，结果求深反惑，被某些字句的形象色彩弄花了眼，看不清本来是十分质朴的真实内容。

前人认为伤寒与温病在辨证论治体系上是纵横交错的关系，那是一种形象化的说法。如果我们的思维紧紧跟着“表里、浅深，上下”转来转去，便会感到眼花潦乱。其实径直看去，问题倒很简单：由表入里也好、从浅到深或自上而下也好，无非都是“由轻到重”的代名词；六经也罢，卫气营血或三焦也罢，无非都是把热性病的整个过程分成若干阶段加以研究，从而概括其发生发展的一般规律。

研究热性病发展过程的阶段的划分，伤寒、温病分别有六分、四分和三分的不同。然而在基本阶段上（即前述之初、中、末三期），它们都遵守着共同的基本原则。病之初期，无论辛温、辛凉，总在于“因其轻而扬之”；病之中期，无论辛寒，苦寒，总在于“因其重而减之”；病之末期，无论辛热、甘寒或咸寒，总在于“因其衰而彰之”。可见它们的辨证论治体系在基本方向上并无二致。

伤寒、温病辨证论治体系方向的一致性，还表现在方药运用的师承关系上。在温病中所运用的许多方剂，都同伤寒方剂有着密切的关联。例如，凉膈散源于栀子豉汤；化斑汤源于白虎汤；新加黄龙汤，宣白承气汤、导赤承气汤、牛黄承气汤、增液承气汤源于大、小、调胃三承气汤；加减复脉汤、一甲、二甲、三甲复脉汤源于炙甘草汤等等。其间或原方照用而有所发挥，或更变其制而有所改革，或师承其意而有所创造，充分反映出二者在辨证论治体系上一脉相承的关系。

总之，伤寒与温病的辨证论治体系是一致的，相同的。这是因为，《伤寒论》的问世，创立了祖国医学基础理论和临床实践密切结合的典范，热性病的深入研究亦由此获得坚实的基础。在这个基础上，随着历史的发展，温病学说逐渐成长起来，犹如“老树有新枝、自有根相连”。某些温病学家声称“跳出伤寒圈子”[9]，实际上并不是离开这个基础，而是在这个基础之上，结合医疗实践所提出的新的具体问题，加以创造性的发展。应该着重指出，这一创造性的发展，不仅表现于临床上的新成就（如辨舌验齿、观察疹痦以及创立一些疗效稳妥的方剂等），而且还表现于理论上的新突破——使“辨证”（卫气营血和三焦）与“辨病”（如风温、春温、暑温、湿温等等）的结合略具规模。其理论意义在于提供了一个把疾病一般性的研究和疾病特殊性的研究互相结合起来的范例。这方面的进一步探讨，对于我们开展中西医结合、创立中国统一的新医学、新药学将是有益的。

小　结

“伤寒”与“温病”，同中有异，异中有同，先后承启，交映生辉。两个学派的先后出现，是历史发展的必然结果。我们今天学习祖国医学，当然不应该沿袭以往的某些门户之见，而应该用辩证唯物主义和历史唯物主义的观点予以正确对待。只有这样，才能认清伤寒与温病同出一源的根据，流派各异的道理以及同归一汇的前景。

参考资料

[1] 见《外感温热篇》.
[2]（8）见《温病条辨》卷一：凡例.
[3] 见《素问病机气宜保命集·伤寒论》.
[4] 竺可桢、宛敏渭.《物候学》42～46 页，第一版，科学出版社，1973．8.
[5] 首都医院基础组.《实用免疫学基础》，16 页，第一版，科学出版社，1976．3.
[6－7] 大连医学院病理生理教研组《病理生理学》101～164 页，第一版，人民卫生出版社，1961．10.

[《辽宁中医》1978；(3)：1]

六经探索
——《伤寒论》的哲学论据及其与“应激学说”的联系

孙泽先　辽宁中医学院

《伤寒论》的“六经”，一直是历代医家争论的问题。由于研究的角度不同，各家的结论也不同。有的认为是经络（如宋代的朱肱），有的认为是证候（如明代的陶华），有的认为是气化（如清代的张隐庵），有的认为是八纲（如近代的陈逊斋），还有的认为是病之段落（如近代的陆渊雷）。这是前人对“六经”的看法。那么今天从哲学的角度来看，“六经”到底是什么？“六经”与现代医学有怎样的联系？“六经”对目前以及今后的医学有哪些意义？本文拟就这些问题，对“六经”的有关内容进行初步的探索。

一、从寒热变化特点看六经矛盾运动规律

寒和热，是热性病最常见的两种相反的现象，反映着机体内部正邪斗争、阴阳消长的两种相反的趋势。正如《素问·疟论篇》所说：“今热为有余，寒为不足。”《素问·调经论篇》也说：“阳虚则外寒，阴虚则内热；阳盛则外热，阴盛则内寒。”根据这个道理，透过寒热变化的特点，就可以推断机体内部阴阳的消长，正邪的胜负，从中找出六经的矛盾运动规律。

（一）太阳

太阳病的寒热特点是“恶寒”（可伴有发热）（见宋版《伤寒论》第 1，2，3 条；以下简写条数）。对于本病的恶寒，一般都从“卫阳被遏”或“卫阳不固”来解释。其实“被遏”和“不固”说明的是一个意思，就是卫阳的作用不足以抗邪。这种不足，是由于乍受邪气的侵袭，机体正常情况下具有的阳气未及相应增强，不能应付变化了的情况所造成的相对的阳气不足。“阳虚则外寒”，于是出现了恶寒。既然是相对的不足，不是虚惫不堪，机体还有抗邪的潜力和能力，因而又可以伴有发热。发热恶寒，就是产生在“相对阳虚”的基础上。

正因为太阳病的主要矛盾在于相对阳虚，所以本病主方桂枝汤和麻黄汤之中，并没有采用大辛大热的附子，而是采用通阳化气的桂枝。所谓通阳化气，就是借着桂枝的温透，激动阳气的化生，化生作用增强了，自能充分调动卫阳抵抗邪气，解决相

对阳虚的问题。

（二）阳明

阳明病的寒热特点，已经从太阳病的“恶寒”向其相反的方面转化了，变成“不恶寒反恶热”（182条）。这个变动，标明机体内部发生了从“阳虚则外寒”到“阳盛则外热”的转化。阳虚变为阳盛，本来是件好事，它象征着正气充分发动起来抵抗邪气达到了高潮；但若发展过度，也可以变成坏事。过度的热，能够灼伤津液、耗损正气，以致发生“腹满身重，难以转侧，口不仁，面垢，谵语，遗尿”（219条）甚或“目中不了了，睛不和”（252条）等严重情况，每可危及生命。

正因为阳明病的主要矛盾在于过度的阳盛，所以本病主方白虎汤和承气汤之中，各用石膏，大黄为主药，清之、泻之，目的都是为了削其热势，解决过度的阳盛问题。

（三）少阳

少阳病的寒热特点，既不同于太阳病的“恶寒”，也不同于阳明病的“不恶寒反恶热”，而是介于其间的“往来寒热。（96条）。它提示机体内部正邪斗争、阴阳消长的情况亦波动于太阳、阳明之间。正气的发动虽较太阳病为强，却不如阳明病之盛。因而正邪的斗争进退交错，形成了“拉锯战”的局面。正气不能振发的主要原因，不在于虚而不举，而在于郁而不伸。本病的“胸胁苦满、心烦喜呕”等等表现就说明了这个问题。

正因为少阳病的主要矛盾在于气郁不伸，所以本病主方小柴胡汤之中，以柴胡为主药，疏之发之，目的就是为了解除气郁不伸的状态，“令其条达而致和平”。

（四）太阴

太阴病的寒热特点，开始从阳明病的“不恶寒反恶热”向其相反的方面转化，最初成为“脏有寒”（同时尚存手足自温）（277，278条）。它标明机体内部发生了从“阳盛则外热”到“阴盛则内寒”的变化。所以前人有“实则阳明，虚则太阴”的说法。这个变动是病从三阳进入三阴的转折点，从此阳气开始衰弱而阴气逐渐转盛。“脏有寒”而“手足自温”，表明太阴病为阳衰阴盛之始，其寒象尚属局部。然而邪气毕竟动摇了后天之本（脾），出现“自利不渴”“时腹自痛”（273，277条）等中阳（脾阳）虚衰的证候。

正因为太阴病的主要矛盾在于中阳虚衰，所以本病主方理中丸（汤）之中，用甘草、干姜“以扶其阳”（29条），用人参、白术补中益气，目的就是为了使中阳得以恢复。

（五）少阴

少阴病的寒热特点，完成了从阳明病的“不恶寒反恶热”向其相反方面的转化，最终变成“恶寒”（不伴有发热）（295条）。这里虽然复现了太阳病“恶寒”的特点，但是二者有着本质的不同。太阳病是“发热恶寒”，它的产生基础是“相对阳虚”，少阴病是“无热恶寒”，它的产生基础是“绝对阳虚”。所以前人有“实则太阳，虚则少阴”的说法。所谓绝对阳虚，是说少阴病在太阴病“脏有寒”的基础上，又增加了“下焦有寒”，机体内部既存在“阴盛则内寒”。又存在“阳虚则外寒”。这表明寒象已从局部发展到全身，邪气不仅动摇了后天之本，又动摇了先天之本（肾），出现了“手足逆冷”“恶寒身踡而利”等元阳（肾阳）衰微的证候。

正因为少阴病的主要矛盾在于元阳衰微，所以本病主方四逆汤之中，不但用了甘草，干姜“以扶其阳”，并且加用大辛大热的附子，目的就是为了回阳救逆，以防亡阳不返导致生机的终结。

（六）厥阴

厥阴病的寒热特点是寒热错杂，主要表现在厥热互见方面。厥是指手足逆冷（337条），它是阴盛阳衰的标志，热是指发热（341条）或者手足由逆冷转温（368条），它是阳气来复的标志。

传统的说法认为，厥阴病由少阴病进一步发展而来，是三阴病中最危重的终末阶段，为阴寒极盛的生死关头——阴极而反．故有阳气来复，遂造成厥热互见、寒热错杂的局面。这种说法，实在大有商榷的余地。

在《伤寒论》中，至重至危的证候莫过于亡阳。病至亡阳，已经出现手足逆冷、脉微欲绝等一派阴寒极盛的征象，此时仍然属于少阴病的范畴。如果再进一步发展，就是“阴阳离决，精气乃绝”。当然它也可以发生转化，出现阳气来复的情况，但是必须注意，“在这里，条件是重要的，没有一定的条件，斗争着的双方都不会转化”（见《毛泽东选集》第五卷第398页）。对于一个亡阳的病人来说，要是没有一定的体质方面的条件，没有一定的治疗（回阳救逆）方面的条件，那么，阴寒极盛怎能自然而然发生转化，出现阳气来复的情况呢？问题还在于阳气来复必见热象，若是从“手足逆冷”。“恶寒身踡而利”等但厥无热的少阴病中，出现厥热互见的情况，说明阴寒极盛开始发生转化，出现了阳气来复；而回阳救逆的全部目的，正在于促成这种转化。所以阳气来复的出现，应是病情向愈的佳兆，决不是少阴病进一步发展的象征。

前人忽略了阴阳互相转化的条件问题，以为无须条件，只要是阴寒极盛，就应该自行转化为阳气来复，进而把阳气来复反过来当成阴寒极盛进一步发展的象征，由此产生对厥阴病的误解。这是基于历史条件的限制，古代朴素的辩证法不可能摆脱“循环论”的影响所造成的后果。

由此可见，厥阴病在三阴病中，并不是最危重的终末阶段，而应当是介于太阴病和少阴病之间。

厥和热对于三阴病转归的判定有着重要的意义，因此仲景将厥热变化的规律加以总结，特立厥阴病篇，意在示人必须注意观察厥热的进退，推测阴阳的胜负，把握病情变化的关键，以便因势利导，使病情向有利的方面转化（见342，343条）。

本病篇中有关厥的条文虽多，主要的不外寒热两端，形成的原因都是“阴阳气不相顺接”（337条）。所谓不相顺接，无非或为寒凝，或为热壅，总归是造成了气机阻滞的缘故。所以前人有“实则少阳，虚则厥阴”的说法。解决厥阴病的主要矛盾，在于辨明寒热，分别论治：寒则温之，如四逆汤（353条）等；热则清之，如白虎汤（350条）等；寒热兼见则温清并举，如乌梅丸（条338）等。目的都是为了使寒凝热壅得以消除，气机阻滞得以疏解。这样，“阴阳气”能够“相顺接”了，也就为病情向着有利方面的转化打通了道路。

综上所述，依据疾病变化过程中正邪斗争、阴阳消长的情况来看，六经渐进发展的顺序应当是；太阳、少阳、阳明、太阴、厥阴、少阴。按着这个顺序，寒热的变化，从“发热恶寒”上升到“不恶寒反恶热”而后跌落下来成为“无热恶寒”经历了一个近似于螺旋曲线的过程；阴阳的消长，也从“相对阳虚”上升到“阳盛”而后又跌落下来成为“绝对阳虚”，经历了同样的过程。在这个过程中，正邪矛盾双方的斗争、以及在一定条件下向各自其相反方面的转化，决定着疾病的转归。病在三阳，其寒热特点一般以热象为主，标志着机体内部正邪斗争、阴阳消长之中，正气、阳气是矛盾的主要方面，显示出正邪斗争逐渐高涨的趋势；病在三阴，其寒热特点一般以寒象为主，标志着机体内部正邪斗争、阴阳消长之中，邪气、阴气是矛盾的主要方面，显示出正邪斗争逐渐衰落的趋势。所以《伤寒论》指出：“病有发热恶寒者，发于阳也，无热恶寒者，发于阴也”（7条）。

因此说，六经不是六个独立的病，也不是六个孤立的症候群，它是疾病变化之中具有不同性质的六个环节。这六个环节分别标志着正邪力量对比的六种不同情况，它们有机地联系起来，构成了疾病由量变到质变、由开始到终结的全部过程，从而概括出疾病发生发展的一般规律。

二、六经与应激学说

《伤寒论》是一部关于热性病的专著。热性病虽然只是整个疾病的一个种类，其与非热性病各有区别，它们的表现各有不同，但是“个别一定与一般相联而存在。一般只能在个别中存在，只能通过个别而存在”（见《列宁全集》第38卷第409页）。在《伤寒论》中，不是逐一地讨论每个热性病，而是将这一大类病总起来加以讨论；不是叙述这类病的某个片断，而是叙述了它的全部过程。就是说，《伤寒论》研究的主要内容，是从热性病的个别表现（特殊性）之中所概括出来的共有的东西（一般性）。六经则是其中的六个环节，抓住了六经，也就抓住了疾病的一般规律。

正是由于《伤寒论》能从热性病的特殊性中概括出疾病的一般规律，才使得它本身的意义跃然超出了热性病的范围。后世医家长期的实践证明，《伤寒论》不仅指导着热性病的辨证论治，也同样指导着其他疾病的辨证论治。柯韵伯曾经给予中肯的评价，他说：“仲景约法，能令百病兼该于六经，而不能逃六经之外，只在六经上求根本，不在诸病名目上寻枝叶”（见《伤寒论翼》全篇大法第一）。

祖国医学早在公元3世纪初叶就能够重视并概括出疾病的一般规律，实为难能可贵。

西方医学对疾病的一般规律也进行了研究。本世纪三十年代，加拿大病理生理学家韩思·塞里，通过前人的工作和自己的动物试验，创立了“应激学说”，从内分泌的角度概括了疾病发生发展的一般规律。

应激学说认为，各种不同的激原（如感染、中毒、创伤、高温、低温、失水、出血、缺氧、放射线损害、神经紧张、过度疲劳等等）作用于机体时，除了能产生与激原本身性质有关的特殊性反应（如烧灼的起泡、挫伤的血肿等）之外，还能产生与激原本身性质无关的一般性反应。这种无论何种激原均可引起的一般性反应之总和，就叫作“应激”。应激的变化规律，就是疾病发生发展的一般规律，这一规律可分为三期：

（一）动员期

此时机体突然受到激原的作用，还不能马上动员出“适应能”与之适应，所以出现以损伤为主的现象：肾上腺皮质细胞中的颗粒减少，其分泌物似已倾入血液循环，血液浓缩，血中氯化物减少，组织呈普遍分解状态，动物发生休克相。

（二）抵抗期

此时动员期的形态和生化改变多已消失，并且呈相反的现象：肾上腺皮质肥厚，富于分泌颗粒，血液稀释，其中氯化物增加，体内开始合成代谢，机体的“适应能”达到了高峰。如果适应成功，进入恢复期。

（三）衰竭期

如果激原继续强烈作用并超过了一定限度，则抵抗期所产生的“适应能”消耗殆尽，机体出现了与抵抗期相反而与动员期相似的现象，直至死亡。

这是应激中三期变化的大致程序。关于应激学说的细节，自有专门资料可供参考，兹不详加引述。

值得注意的是，如果把六经的三个主要环节（太阳、阳明、少阴）与应激学说的三期相互比较，就可以发现，二者有着共同的矛盾运动规律。

A. 太阳（相对阳虚）——B. 阳明（阳盛）——C. 少阴（绝对阳虚）

A. 动员期（分解代谢）——B. 抵抗期（合成代谢）——C. 衰竭期（分解代谢）

六经和应激学说各自通过以上三个主要环节，来说明疾病发展全部过程中机体内部的主要变化情况。三个主要环节的形成，都基于矛盾向相反方面的两次转化，也称做两次否定（A 转化为 B，即 B 否定了 A；B 转化为 C，即 C 否定了 B）。在最末环节（C）上又都复现了最初环节（A）的某些特征，而且最末环节的基础也都与最初环节的基础截然不同：A 是“能源”刚刚燃烧而作用不显；C 则是“能源”燃烧殆尽而濒于熄灭。从中不难看出，六经和应激学说都遵循着“一个极其普遍的因而也是极其广泛地起作用的重要的自然、历史和思维的发展规律”（恩格斯：《反杜林论》151 页），这就是唯物辨证法的否定之否定规律；

近年来出现的中西医结合的某些科研成果，也为寻找六经与应激学说的联系提供了线索。

上海的沈自尹等曾经从生化方面证实了肾阳虚患者尿中 17 羟排量减少，说明肾阳虚时肾上腺皮质功能处于低下状态。重庆医学院新医病理研究小组还从病理形态上证实了临床上以虚损表现为主的某些病种，肾上腺等五个内分泌腺都呈明确的退行性病变，显示其机能之减退。那么，六经之中以肾阳衰微为主要表现的少阴病，其肾上腺皮质功能应是低下的；而应激学说中的衰竭期，也表现出肾上腺皮质功能低下。这个现象，对于揭出少阴病和衰竭期在生化基础方面的联系有着一定的启发作用。

目前的资料，尚不能证实六经与应激学说在理化基础方面的确切联系。但是二者之间的固有联系已经表现于它们共同的矛盾运动规律方面。尽管六经是通过临床实践、从证候入手所取得的研究成果，而应激学说是通过动物试验、从内分泌入手所取得的研究成果，它们所概括的，都是疾病发生发展的一般规律。

三、六经的意义

从疾病的特殊性中概括出一般规律，这是一个对于疾病认识上的飞跃。有了这个飞跃，才能掌握疾病发展变化的基本环节，确立各个环节诊治的基本原则；才能体现疾病万变不离其宗的道理，为具体的辨证论治提供明确的指导方向。因为“事实上，一切真实的、详尽无遗的认识完全在于我们在思维中能把个别的东西从个别提高到特殊、然后再从特殊提高到一般；完全在于能从有限中找到无限，从暂时中找到永久，并且使之确定起来”（恩格斯：《自然辩证法》第 195 页）。这就是《伤寒》的六经能够一直有效地指导临床实践、并且对于祖国医学的发展产生深远影响的根本原因。

六经展示出疾病是一个正邪矛盾双方对立统一的运动过程，这是一个十分可贵的学术观点。就具体的病例来说，在诊治的当时，总是表现其某一片断。如果不注意这个片断上的正邪双方的联系和运动，就容易对疾病产生孤立、静止和片面的看法，引起诊治上的失误。六经强化了疾病是一个矛盾的运动过程的观点，有助于纠正上述思想方法上的错误。例如，看到病在太阳，应该想到它的传变，既可能出现回转阳明的有利趋向，也可能出现进展少阴的不利趋向。也就是说 按着六经的观点来看，疾病不象一只停泊在码头上的船，而象一只航行在逆流中的船——它既有一定航线可循，又无时无刻不在变动。

在疾病这一矛盾的运动过程中，时时注意了正气（内因）的变化。机体抗御外邪的能力本源于正气。正气的虚实规定着疾病的转归。六经之中三阴三阳的辨别，就是以判定正气虚实为根据；贯穿六经始终的“扶阳气”“存津液”两大基本治则，也是以扶助正气为根据。这与《内经》关于“正气存内，邪不可干”“邪之所凑，其气必虚”的观点，是一脉相承的。

同时，在疾病这一矛盾的运动过程中，又时时注意了条件（外因）的变化。病邪的强弱、治疗的当否、饮食起居、情志变化、气候、宿疾等各种条件，都可以影响着疾病的转归。例如，由于条件的不同，疾病的发展可能不一定按着六经渐进的顺序，出现“循经传”“越经传”“直中”等不同形式；疾病变化的环节也可能重叠出现，发生“合病”“并病”等不同情况；同为太阳病，可有“经证”“腑证”之分；同为少阴病，又有“寒化”“热化”之别；更兼药之太过不及、汗下诸禁、误治坏病等等，其中因人、因病、因时、因治诸般变异，不胜枚举。凡此种种，都说明了运用六经辨证论治，必须依据条件变化的情况，做到具体问题具体分析。

能够运用疾病发生发展的一般规律来指导疾病的治疗，并体现出疾病是一个矛盾的运动过程，这是六经辨证的基本特点，也是祖国医学的基本特点。这个基本特点为今后的医学提示了两个问题：第一，疾病在机体中不是做为某种形态存在的，而是做为一个矛盾运动过程存在的。第二，在疾病这一矛盾的运动过程中，有它的特殊性或者说特殊规律，又有它的一般性或者说一般规律。所谓特殊规律，是指各种疾病在它们的运动过程中，有着各自的特点，即各自的病因、病位、病程等等；抓住这些特点，才能把各种疾病鉴别开来，并针对病变各自的具体特点，找出相应的特异性的治疗方法。所谓一般规律，是指各种疾病在它们的运动过程中，又有着若干共同的变化环节；抓住这些环节，才能把握疾病发展变化的基本趋向，并针对病变当时所处的具体环节，找出相应的非特异性的治疗方法。这是认识疾病不可缺少的两个方面。实际上，中西医结合的主要目的，就在于运用中、西医两法进一步从理论上和临床上去研究疾病的特殊规律和一般规律，并把它们有机地联系起来。

应当再次申明，《伤寒论》的学术成就是多方面的，本文仅是从哲学的角度对六经的有关问题做了初步的探索。从以上的讨论中可以看出：

六经概括出疾病发生发展的一般规律，它对进一步研究疾病的特殊性有重要的指导作用。它体现了疾病是一个矛盾的运动过程，正确地反映出祖国医学的疾病观。六经的创立，是祖国医学基础理论和临床实践相结合的产物。它能够经得起历代医家各从不同角度的推敲，并且经得起长期临床实践的考验这一事实，对于祖国医学基础理论的合理性以及“废医存药论”的荒谬性，都是一个有力的证据。

六经和应激学说在矛盾运动规律上的联系，预示了中、西医在理论上结合的可能性。两种医学在理论上的结合，对于改变目前中医和西医那种“两峰对峙，双水分流，各尽其妙，莫相高下”的局面，将有着决定性的意义。六经的深入研究，有利于这个结合的发展；同时，也只有在这个结合的发展中，六经的研究才能更加深入。

科学在发展，六经的研究当然不应该停留在过去的水平上。必须用现代科学知识和科学方法，使六经的合理内容冲破旧有形式的束缚，提高到新的水平上来；同时，现代医学也需要在这个提高之中得到发展。

[《辽宁中医》1978；(4)：1]

试谈伤寒与温病的异同

何志雄　广州中医学院

《温病学》系在《伤寒论》的基础上发展起来的，都是讨论外感热病的专书。伤寒和温病既然同为外感发热病，其辨证又同以脏腑学说为依据，且气血津液是脏腑功能活动的物质基础，故叶天士在《外感温热篇》中指出，伤寒和温病，在辨营卫气血方面基本是相同的。但由于两类疾病的性质以及病理机转不同，所以在治则上就有所区别，故叶氏接着指出：‘若论治法则与伤寒大异也’。此外，温病学说的创立，是补《伤寒论》的不足，因此吴鞠通在《温病条辨》说：‘此书虽为温病而设，实可羽翼伤寒’，是非常正确的。现将伤寒和温病的异同概述如下：

一、伤寒、温病发病原因和病理机转

伤寒与温病都是感受风邪而引起发病，初起也都有不同程度的恶寒。伤寒的患者，因体内无邪热内伏，一般津液较足，而且感受寒邪较盛，出自下焦的太阳表气因受寒邪所伤，故恶寒症状较为明显，始终存在于整个太阳表证的过程。伤寒太阳表证内传入里有两种原因，一是治疗不当，津液受伤，寒邪内陷而化热，由外寒证变为里热证；一是病者阳气较虚，抗病力差，当寒邪入侵，由府及脏时，就出现不同程度的虚寒病变。病至后期，由于阴阳转化，可以出现阴虚内热证，也可因阳损及阴，触动肝火，成为寒热错杂证。

温病虽然也由风邪所诱发，但温病的患者平素津液较为不足，在未发病前，先有不同程度的邪热内蕴。邪热伤人津液，在肺津不足，外合皮毛的肺卫之气功能减弱的情况下，风邪外受，便出现风温

卫分的证候。病机在肺卫，所以必伴有不同程度的咳嗽。由于先有邪热内蕴，所以化热极速，不久即出现胃热炽盛的症状，又因心肺同居上焦，关系密切，所以邪热得以侵犯心营，出现逆传心包的症状。化热速，又易转入营血分，这是温病病理变化的特点。此外，在气分热炽时又往往容易引动肝风，这也是温病的一个特点。病至后期，因肾阴受灼过甚，肝失滋养，便会出现虚风内动的症状。当阴液受伤过甚不能继续化生阳气时，只出现气液两虚症状，一般不会出现阳虚寒证。

二、伤寒，温病辨证的异同

伤寒以辨脏腑受寒邪所伤的证候为主。但寒可化热，故有寒证也有热证，其中寒热夹杂，虚实互见的也属不少，病情复杂，故用六经辨证。所谓六经辨证，就是分辨每一个证的寒热虚实，阴阳表里。六经辨证，就是八纲辨证应用于外感发热病的一种辨证方法。

温病是热病。温病的发病过程，始终是以邪热为主，只有表里虚实，无寒热可辨。而且邪热伤人津液，继必损及营血，故以卫气营血作为辨证纲领。

伤寒与温病的病理变化和病的性质虽然不同，但二者俱为外感发热病，都是由表入里，在《伤寒论》中包含着不少温病的内容，必须互相印证，才能较全面掌握外感发热病的发病规律。

太阳病和风温卫分证都是以恶寒作为主症。但太阳病以恶寒为主，寒罢即热退而愈。

温病以发热为主，寒罢热未必退，必身热除而病始愈。太阳之表气出自下焦膀胱气化，若膀胱气化功能减弱，可以兼见下焦停水。温病之表气出自上焦手太阴肺，热伤肺津，必见咳嗽而无停水兼证。且心肺相通，若邪热转盛，而心气或心阴又不足时，邪热往往容易内陷心包。太阳病化热后虽然也可侵入血分，但不是内陷心包，而是循经与下焦之血相结。不论是伤寒或温病，当病邪入里化热时，同样出现热郁于胸胃或见胃热炽盛等症状。惟由伤寒转化的，有寒证热证，或寒热夹杂之辨，温病则但热无寒。

温病的气分证候，包括了《伤寒论》中的阳明病，少阳病，和太阴病的一部分。太阳篇中的虚烦，痞症，结胸等也属温病气分的范围。

《伤寒论》中的阳明病，是在太阳病误治伤津化热时转属的，虽然邪热炽盛，因胃中津气受伤，邪热易下结于肠，若邪热不盛，又有成为下焦阴虚停水的可能。温病出现的阳明热证，则由卫分化热时自然形成，邪盛而正不虚，邪热过盛，可以引动肝风，出现手足瘛疭，甚至角弓反张等症，或邪热下迫而反见下利。

伤寒的少阳病，多数是因太阳病误治伤胃，胃气不化，影响三焦气化枢转，以致胆气郁结，故出现口苦咽干，胸胁苦满，心烦喜呕，寒热往来等症。而温病涉及少阳三焦，来路有二，一为邪热留恋三焦，影响气机枢转，以致痰热内阻，一为湿热阻遏膜原。虽有寒热起伏似疟热型，但胸闷而兼见脘腹痞胀而胁不满，苔腻色黄而口不苦，且无喜呕病情。惟春温初起，与伤寒直接由风寒诱发的少阳病的病机相近似，同样见到头痛发热，心烦口苦而不恶寒的胆热内盛症状。惟春温属热性病，必兼口渴，脉弦而数。少阳病属伤寒，胆郁三焦亦失枢，有胸胁满之兼症而口不渴，脉弦细不数。

所谓温病气分也包括了太阴病的一部分，系指因脾失运化所产生的内湿。湿温病初起即脾胃同病，湿热交困，症见身热不扬而病程长。太阴病当阳气恢复时虽有湿热发黄见症，然系病程中脏病及府的变症。湿温重在湿热，太阴病重在寒湿，但湿热与寒湿是可以转化的。

温病邪热内郁胸膈，症状与伤寒基本相同，惟温病每兼府实，伤寒则为阳明热炽先期。痰热结胸，温病与伤寒基本相同，惟水热结胸和寒实结胸为伤寒所独有。痞症在温病多属实热，伤寒则寒热虚实互见。

温病和伤寒的病理变化最大的区别在于邪气传入三阴。温病的营分血分，统属三阴。病至三阴，不论伤寒、温病，辨证的重点俱在少阴。心肾属少阴之脏。寒邪伤人阳气，故伤寒以少阴肾阳受伤为病理特点，并以脉微细，但欲寐为辨证提纲，邪热伤人阴液，故温病以心所主之营血受伤为病理特点，并以身热夜甚，心烦躁，斑疹出血，脉细数为辨证提纲。伤寒少阴病的结局是阳气外亡，温病营血分病的结果是阴液内竭。但阳亡阴液往往随之外泄，阴竭则阳气亦随之外脱，故二者病理变化尽管不同，而归转则无二致。

病至厥阴，不论伤寒温病，必定触动肝火，以出现热症为主。在伤寒来说，因系在少阴虚寒证的基础上转属的，故见胃虚肠寒（肾阳虚）而肝火炽盛（肾阴虚）的寒热错杂症状。在温病来说，有两个方面，一是阳明热盛，引动肝风，出现身热口渴，手足瘛疭等症，一是心营热盛而引动肝风，出现身热肢厥，神昏，手足瘛疭，舌质红绛等症，或肝肾阴伤过甚，出现手足蠕动，心中悸动，神倦舌绛的虚风内扰症状。肝热下迫于肠而见后重便脓血，则为伤寒温病所共有。

此外，伤寒和温病，俱有谵语症状。伤寒谵语系由阳明府实引起，有苔黄燥，脉沉实，腹痛便秘可据。温病谵语，则因热灼营阴，或热陷心包引起，热灼营阴者必见斑疹，热陷心包必见神昏。甚则舌蹇肢厥，二者舌质红绛无苔，脉见细数。至若热入血室所见的谵语，伤寒和温病的病理及症状基本相同。

伤寒和温病也同样有战汗的病理机转。伤寒战汗，因胆郁正虚，正邪剧烈交争，病机重点在胃气不足。温病战汗，因邪气留连气分，液伤过甚，影响抗病能力，引起正邪剧烈交争，病机重点在胃阴不足。二者同见脉伏，肢厥，寒战，继而身热汗出。惟伤寒有口苦胸胁满，苔白腻可据，温病则有心烦口渴，舌红苔燥可据。

三、伤寒、温病治法的异同

伤寒、温病发病之始，邪气在表，俱宜汗解。伤寒重在表寒，宜用辛温发汗，麻、桂二方是代表方剂。温病重在里热，病位又在肺卫，故宜辛凉解表清热宣肺，银翘、桑菊是其代表方药。若外兼寒湿，则宜改用新加香薷饮。若外寒内热，邪热迫肺，无论伤寒温病，俱宜凉解，可用麻杏石甘汤。

外邪入里化热，伤寒与温病治法基本相同。如邪热留扰胸膈之用栀子豉汤，痰热互结于胸膈之用小陷胸汤，阳明热盛之用白虎汤等是。惟痞症在伤寒多因误治引起，寒热夹杂，虚实互见，故有五泻心汤之设。而阳明热症在伤寒多数由误治传变，故实中有虚，用白虎汤时应加人参以益气生津。至于府实内结，伤寒多见邪热与肠中糟粕相结而用大、小承气汤，温病则胃燥热结较多而用调胃承气。也有阳明热盛而动肝风的，宜用白虎酌加凉肝熄风之品。

至若三焦病变，伤寒主用小柴胡汤转少阳之枢。温病则分别选用黄连温胆汤以化湿清热，分消走泄，或用蒿芩清胆汤以清泄胆热，兼予化湿理气。春温初起和由风寒诱发之少阳病，胆热自里出表，均宜用黄芩汤直清里热，惟伤寒系属新感，更兼三焦失枢，宜加柴胡以诱发之。

伤寒的太阴病，重在寒湿停滞，故宜温运中阳之理中四逆辈。温病的湿温，重在湿热，热因湿遏，也要温化。湿在上焦者宜芳香化浊，可选用藿朴夏苓汤、三仁汤等，湿在中焦者宜苦温燥湿，可分别选用一、二、三加减正气散，湿在下焦者宜淡渗利湿，可用茯苓皮汤。但湿温究系热病，若邪热偏盛者，宜以清热为主，利湿为辅。湿热均等可用黄芩滑石汤，兼秽浊者宜甘露消毒丹，热重于湿者用三石汤。由于寒热可以转化，故伤寒太阴病有桂枝倍芍加大黄，湿温有四、五加减正气散之方治。

病在少阴心肾，伤寒以肾阳受伤为主。以温壮肾阳为首要任务，用药不离附子。偏虚者附子配人参，停水配生姜，里寒则干姜与附子合用，外寒则附子配麻黄。温病病变重点在心，热伤营血，治宜清营泄热，甚则清热解毒，凉血散血。清营汤，犀角地黄汤是其代表方剂。若热与血结于下焦，伤寒温病，均宜桃仁承气汤加减，阴虚阳亢，治法亦同，宜黄连阿胶汤。伤寒阴虚有停水之变，主用猪苓汤。温病则多成为真阴欲竭之疾，主用加减复脉汤。

病在厥阴，伤寒多寒热错杂，虚实相因，治宜乌梅丸滋养肝液，温凉并用，消补兼施。温病纯热无寒，但有虚实之辨。症见手足蠕动，心悸动而神倦脉虚，为虚风内动之征，宜分别选用二甲、三甲、复脉、大定风珠等滋阴潜镇。若见手足抽搐，身热，神昏躁扰，则属热盛引动肝风，宜羚羊角钩藤汤凉肝熄风。至于肝热下迫胃肠，症见腹痛，后重便脓血者，不论伤寒温病，俱宜白头翁汤加减。

温病神昏谵语，多属热陷心包，急宜凉开，如紫雪、至宝，安宫牛黄丸等。伤寒谵妄，多属府热熏蒸，宜急下以存阴。至于战汗，法宜益胃，在伤寒宜用参、草、姜、枣以助胃气，在温病则宜雪梨浆，五汁饮等以益胃阴。

四、体会

1.《伤寒论》和《温病学》都是论述外感发热病的专书。《伤寒论》详于外感寒证的辨证论治，其中虽然也有一部分讨论温热病的方法，但寒证变热证，系因误治伤津所致，故阳明和少阳病的症治多见于太阳篇中，属于伤寒的变症和变法。阳明篇重点在讨论府实证，旁及湿热相兼。少阳篇着重论述病机，小柴胡汤反为重出之方。病在三阴，则以寒证为主。温病学系专门讨论外感引起的温热病，其中也包括了温疫的症治，系在《伤寒论》的基础上发展起来的，补充了前人理论和治法的不足，丰富了祖国医学对外感发热病辨证论治的内容。

2. 外感发热病的寒证和热证，其分别不在所感受的外邪（温疫除外），而在于体质的不同。津液不伤，内无蕴热，风寒外侵伤人体之阳气而引起发病，称为伤寒。平素肺胃津液不足，体内有不同程度蕴热，因感受风邪诱发内热（因病初起即呈热象，故一般称为温邪）的，称为温病。伤寒和温病，源同而异流。阴阳互根，可以转化，所以寒证可以化热，热证也可以变寒。伤寒和温病，虽各有其特点和不同的针对性，但可以互通之处不少，不应将两者截然分开，至若各立门户，互相攻讦，尤属不当。

3.《伤寒论》的方药，虽然是以治外感寒证为主，但对外感初起兼有热象的，并不固执辛温法，如大青龙汤、麻杏甘石汤、桂枝倍芍加黄芩汤等都是治太阳病外寒里热的方药，其他如栀子豉汤，黄芩汤等也是治疗起病即见阳明，少阳病的方剂。温病宜用辛凉解表，但也不屏弃辛温解表之法，如葱豉汤，新加香薷饮，藿朴夏苓汤、杏苏散等皆可因症选用。温病方药，有不少系从伤寒方加减变化而成，青出于蓝而胜于蓝。然伤寒与温病方药亦各有其特点，伤寒方药，简洁精练，针对性强，温病方药，灵活多变，照顾面广，此其大较也。

4. 伤寒和温病理论的根据同是来源于《内经》。《伤寒论》在《内经》理论的基础上与临床相结合，全面论述外感发热病的发病和病理变化，依法立方，详于治寒。温病又在《伤寒论》的基础上，再加发挥，补足了《伤寒论》略于治温的缺陷。由不完善到比较完善，这是历史发展的规律。学习和整理祖国医学，不能割断历史。重此轻彼，或避难就易的思想也是不对的。我们除了应将《伤寒论》和《温病学》有机地联系起来学习外，还应吸取近代尤其是解放后群众的发明创造，再结合现代科学的成就，创立新型的东方外感发热（传染）病学。这是我们的历史任务。

[《新中医》1978；(5)：12]

试论《伤寒论》六经传变的规律

朱式夷　太原钢铁公司峨口铁矿医院

六经传变是反映伤寒病整个病理过程有关脏腑经络的内在病理变化，在《伤寒论》中对六经病症脉的规定及其发展规律，以及表里、寒热、虚实的矛盾运动的阶段性，作了精辟的论述，对临床实践起了指导作用。这些论述历代医家作了许多不同的理解，如何正确地学习它、运用它，是值得深入研究的。

六经脏腑表里的意义

《伤寒论》对表里关系的规定如下：

太阳主表证，或称“外证”。

阳明主胃家实证，有“外证”，也有里证。

少阳主半表半里证。

三阴（包括太阴、少阴、厥阴病）：均属里证，并没有它们自己的表证（或外证），如果有表证，均属太阳。

这里，规定太阳主一身之表，若具有表症表脉，即按太阳汗法论治，并非太阳经络主宰肤表之意。如原文指出：

“太阳病，外证未解，脉浮弱者，当以汗解，宜桂枝汤”。

“脉浮，病在表，可发汗，宜麻黄汤。”

“伤寒，医下之，续得下利清谷不止，身疼痛者，急当救里；后身疼痛，清便自调者，急当救表。救里，宜四逆汤，救表，宜桂枝汤”。

“阳明病，脉浮，无汗而喘者，发汗则愈，宜麻黄汤”。

“伤寒六、七日，发热，微恶寒，肢节烦疼，微呕，心下支结，外证未去者，柴胡桂枝汤主之。

“太阴病，脉浮者，可发汗，宜桂枝汤”。

“少阴病，脉细沉数，病为在里，不可发汗。少阴病，得之二、三日，麻黄附子甘草汤微发汗，以二、三日无里证，故微发汗也”。

这几段文字简明地指出表症表脉的意义，各经但见表症表脉，均按汗法处理，有表里分治或表里合治。《伤寒论》首篇明确规定太阳病的主症是头项强痛而恶寒，主脉是脉浮。足见各经的所见表症表脉，即属太阳。而治则为汗法。也明显地看出，表里的定义以症脉的指征为主，而与经络学说各经的表里关系（如太阳与少阴相表里等）不同。

可见实际上《伤寒论》中的表里代表着病理阶段，不是经络的含意，与《内经·热论》的经络主病的观点不能相提并论，所以清·柯琴曾称：“仲景立六经总纲法，与《内经·热论》不同。太阳只重在表症表脉，不重在经络主病，看诸总纲，各立门户，其意可知”。我认为，这样的论点是吻合《伤寒论》的定义。有些医家囿于经络主病的观点，在太阳病篇中只指出太阳病与少阴病有表里关系，而不提其他各经的传变，与太阳亦可有表里关系，显然与《伤寒论》的原文相悖，有削足适履之嫌。

六经传变的病理基础

六经传变，是基于伤寒病理过程中脏腑经络、营卫气血的病理生理变化之上的，如《伤寒论》原文中说：

“太阳之为病，脉浮，头项强痛而恶寒”。

接着分述中风、伤寒、温病、风温等病的特征，并有专篇论及湿、暑、痉在太阳病期的病象。由此可见风、寒、暑、温、湿、火等邪均能侵袭肌表为病，并非“太阳专主寒水之气”，由致病因素与条件的特殊性从而规定太阳病症脉的特殊性及其病理的发展规律。《伤寒论》谈及伤寒居多，而温病学说是后世医家在此基础上有所充实发展，但其中营卫气血的病理基础是相同的。

“阳明之为病，胃家实是也”。

“问曰：何缘得阳明病？答曰，太阳病，若发汗、若下、若利小便，此亡津液，胃中干燥，因转属阳明，不更衣，内实，大便难者，此名阳明也”。

这里阐明形成阳明病的转归，无论各经均以津液损伤引起胃家实（痞、满，燥、实、坚）证者属之，治则用下法。故方剂具有泻实作用的，应属阳明病。

“少阴之为病，口苦咽干目眩也”。

“伤寒五、六日，头汗出，微恶寒，手足冷，心下满，口不欲食，大便硬，脉细者，此为阳微结，必有表，复有里也。脉沉，亦在里也，汗出为阳微。假令纯阴结，不得复有外症，悉入在里。此为半在里半在外也，脉虽沉紧不得为少阴病，所以然者，阴不得有汗，今头汗出，故知非少阴也，可与小柴胡汤……”。

“伤寒五、六日，中风，往来寒热，胸胁苦满，嘿嘿不欲饮食，心烦喜呕，或胸中烦而不呕，或渴，或腹中痛，或胁下痞硬，或心下悸，小便不利，或不渴，身有微热，或咳者，小柴胡汤主之”。

“血弱气尽，腠理开，邪气因入，与正气相搏，结于胁下，正邪分争，往来寒热，休作有时，嘿嘿不欲饮食，脏腑相连，其痛必下，邪高痛下，故使呕也，小柴胡汤主之……”。

综上所述，少阳病的病机在于营卫气血受到一定消耗后，邪气乘腠理之虚，向里发展，结于胁下，阳气微结于半表，阴气微结于半里，故上焦有心烦、心下悸、咳，中焦有嘿嘿不欲食，腹中痛，心下痞硬，喜呕，在下焦则小便不利，大便硬等。病势进一步发展，即由三阳传入三阴。

“伤寒六、七日，无大热，其人躁烦者，此为阳去入阴故也”。

“太阴之为病，腹满而吐，食不下，自利益甚，时腹自痛，若下之，必胁下结硬”。

“自利不渴者，属太阴，以其脏有寒故也，当温之，宜服四逆辈”。

“少阴之为病，脉微细，但欲寐也”。

“少阴病，欲吐不吐，心烦，但欲寐，五、六日，自利而渴者，属少阴也。虚故引水自救，若小便色白者，少阴病形悉具。小便白者，以下焦虚，有寒，不能制水，故令色白也”。

“厥阴之为病，消渴，气上撞心，心中疼热，饥而不欲食，食则吐蚘，下之利不止”。

“凡厥者，阴阳气不相顺接便为厥。厥者，手足逆冷者是也”。

三阴的病机大体为，太阴病由于脏寒而吐利，少阴病进一步由脏之虚寒而亡阳，厥阴病却是阴阳气不相顺接了。细读《伤寒论》的各经的演变均列举上、中、下三焦的证候，是机体在脏腑经络及营卫气血整体的变化，并不能类似经络主病中按经络部位分布而生病，而是依病势侵袭内脏逐步的深化。其中寒热、虚实的变化也不以何经主何脏为病立论，这一点，对学习《伤寒论》非常重要。因此，认为《伤寒论》的六经是反映病理的阶段性，正符合物质矛盾运动的客观规律。毫无疑义，病理阶段性之形成是人体脏腑经络、营卫气血内在矛盾运动激化的体现。六经是病理阶段，脏腑经络是病理基础，两者息息相关，因此承认病理阶段，却不能否定它们之间的关系。反之，如果象有些历代医家理解《伤寒论》的六经划分与《内经·热论》的经络主病等同，甚至以手足十二经的理论去硬套，则完全失去该书的原意。

六经的气化关系

以六气来配合六经的说法渊源于《内经》，有所谓太阳主寒水之气、阳明主燥金之气等。于是这种六气、六经、五行的理论充塞于《伤寒论》的历代注释之中。但研究《伤寒论》原文却完全与这些理论格格不入。

风、寒、暑、湿、燥、火六气，这些物质运动的激化形成对人体来说是一种邪气（六淫）时，就构成为致病的因素和条件，由于它们的特殊性从而规定了疾病的特殊性，如此产生了太阳病期各类病证——中风、伤寒、风湿、暑温、风温、湿温等。这里必须指出，六淫均可为病，而不是太阳专主“寒水之气”。如《伤寒论》说：

“病有发热恶寒者，发于阳也，无热恶寒者，发于阴也。”

这条的阴阳，既指邪气的阴阳，寒湿属阴，温热属阳，又指人体相应的阴阳。足见发病有阴阳的区别，而不专以阴为邪，故以太阳专主“寒水之气”与原文不符。又如：

“阳明病，若能食，名中风；不能食，名中寒。”

风属阳邪，寒属阴邪，阳明病亦可有阴阳之别，哪里存在阳明专主“燥金之气”呢？如果说，阳明病的病机是一种燥化的转归，就意味着“主燥金之气”的话，那么就不是什么“燥金”之气了，应名“燥土”，因胃属“土”。如果说大肠属“金”，因燥屎在大肠，但肺亦属金，又将如何说明？且《伤寒论》阐明阳明病机明明是“津液少，胃中干燥”，显然以“胃”为主，何得以“大肠”为主呢？由此可见将所谓“燥金之气”强加在阳明的头上，也是不合《伤寒论》原意的。

历代有些医家为了强调经络主病的观点，按经络与脏腑的关系，将太阳病的某些病证理解为所谓“经证”“腑证”，以迎合太阳经络膀胱之意，说这是气化的事实，但琢磨仲景原文，大相迳庭。所谓“腑证”有二，一曰“蓄水证”，即五苓散证；二曰“蓄血证”，即热结膀胱证。其有关五苓散证原文如下：

“中风发热，六、七日不解而烦，有表里证，渴欲饮水，水入则吐者，名曰水逆，五苓散主之。多服煖水，汗出愈”。

“太阳病，发汗后，大汗出，胃中干，烦躁不得眠，欲得饮水者，少少与饮之，令胃气和则愈；若脉浮，小便不利，微热消渴者，五苓散主之”。

“太阳病，其人发热汗出，不恶寒而渴者，此转属阳明也。渴欲饮水者，少少与之，但以法救之，宜五苓散”。

这些条文互相参照，鲜明地指出五苓散证的特点是：

（1）主症主脉：表里证，表症有发热、不恶寒、汗出，里证有烦躁、渴欲饮煖水、不得眠、心下悸、小便不利、水入即吐等。脉浮或浮数。

（2）病机：属太阳阳明并证。太阳病经发汗后，表证不解，因津液少，胃中干，转化里热，向阳明发展，寒热相搏，气向上逆，故须桂枝解肌，泽、苓诸药利小便以清里。分析本方泽泻苦寒为主，桂枝为辅，猪苓、茯苓渗下为佐，白术养胃为使，是一个表里双解的结构。

这里是太阳转变阳明的病理变化，并不是什么“膀胱”腑证，利小便是泻热的一种方法而并非膀胱的一种病变，而指明是有关“胃气”的问题。

其有关热结膀胱证原文如下：

“太阳病六、七日，表症仍在，脉微而沉，反不结胸，其人发狂者，以热在下焦，少腹当硬满，小便自利者，下血乃愈。所以然者，以太阳随经，瘀热在里故也，抵当汤主之”。

“阳明病，其人喜忘者，必有蓄血，所以然者，本有久瘀血，故令喜忘，屎虽硬，大便反易，其色必黑，宜抵当汤下之。”

“病人无表里证，发热七、八日，虽脉浮数者，可下之。假令已下，脉数不解，合热则消谷善饥，至六、七日不大便者，有瘀血也，宜抵当汤。若脉数不解，而下不止，必协热便脓血也”。

这蓄血证究竟它的病所何在？属于那一经？上文比较即明，它的病所在下焦，属于阳明里证，从大便色黑，屎硬而排出反易，便脓血等描述，病在大肠，而且以“小便自利”与病在膀胱相鉴别。由此可见，这是阳明病的范畴，故抵当汤主用下法，根本不是什么太阳病或太阳腑证。假令它是太阳病，何以它的主脉为沉或沉结？而不是太阳病的脉浮？何以原文申明无表症？足见设“腑证”一词以释蓄血证是错误的，何况仲景并无此名。之所以曰“热结膀胱”者，指下焦之膀胱部位而已。

综上所述，从经络主病的观点注释《伤寒论》是矛盾百出，牵强附会的，违背了该书的宗旨及其普遍指导法则。六经传变中气化关系是体现在病程中表里、寒热、虚实这些矛盾运动之中，而不体现在以六气配合六经机械的、静止的观点上，人体内在气化却是脏腑经络、营卫气血变化的总体，在病程中由于邪正力量的消长和气血的盛衰，而有矛盾运动的连续性和阶段性，《伤寒论》正确地发挥了这一点，所以它是应用朴素辩证法于临床的一部好书。

[《新医药学杂志》1978；(6)：6]

六经辨证与脏腑、八纲、卫气营血辨证的关系

潘澄濂

要更好地理解六经、脏腑、八纲、卫气营血辨证的相互关系，必须以毛主席的哲学思想为指导，运用辩证唯物主义和历史唯物主义的观点来研讨这一问题，可能会有较正确的认识。现对下面的两个问题，先谈一些看法，可能有助于认识上述几个辨证之间的关系。

一是：关于伤寒与温病的区别。

“伤寒”这个名词，有广义和狭义之分，所以《难经·五十八难》说：“……伤寒有五，有中风、有伤寒、有湿温、有热病、有温病，其所苦各不同。”这里伤寒有五的“伤寒”，就是指广义的伤寒。张仲景著论，以伤寒为名，就是这个意思。下面所谓的“有伤寒”的“伤寒”，可能就是《伤寒论》所说的“太阳病或已发热或未发热，必恶寒，体痛，呕逆，脉阴阳俱紧者，名曰伤寒”的伤寒，它与“太阳病，发热而渴，不恶寒者，名为温病”的狭义温病，其临床表现，显有区别。

但是，由于医学科学的不断发展，到了明、清时代，医家认识到发热是多种急性传染病主要的共有症状。根据《素问·热论》“今夫热病者，皆伤寒之类也”的理论，把秦、汉时代的狭义温病，上升为广义。对一般具有发热的急性传染病，几乎多称为温病，且有取代广义伤寒的趋势。然而，狭义伤寒和狭义温病的证治，有其差异，不容混淆。

二是：辨病与辨证的关系。

疾病是由各种致病因素（包括内因和外因）所引起的一个综合、复杂的过程，有其病理改变，另一方面有生理防御性活动，以功能障碍为特征，使人体对外界环境的适应力受到限制和劳动力降低。

辨病：是根据患者的病史、临床表现、结合多方面的物理化学的实验检查，对疾病作出确诊。例如化脓性脑脊髓膜炎与乙型脑炎，临床表现虽同有发热、头痛、抽搐等症状，但从其发病季节、症状特点、血液、脑脊液检查，特别是检出病原体，或血清补体结合试验、中和试验等的综合分析，对孰为化脓性脑脊髓膜炎，孰为乙型脑炎，不难鉴别，作出确诊。这就是现代医学的诊断学，也就是这里所指的辨病法，它不仅是临床医务人员的主要任务，而且也是研究中医临床工作者的一项关键性问题。

祖国医学对疾病的认识虽有疟疾、痢疾、麻疹……的病名，由于历史条件的关系，在外感病方面如：伤寒、温病、湿温等等；在杂病方面如：痰饮、咳嗽、水气、积聚等等，大都是以“证”为基础，与现代医学的辨病有所不同。

证；一般是具有二种以上症征所组合而成。虽不能全面地反映某一疾病的本质，特别是对病理改变的认识，有其不足之处，这是要承认的。但是，中医对疾病的观察，很重视整体和局部的关系，致病因素和抗病力的关系，外界环境和发病的关系，所以中医辨证，不论运用六经、脏腑、或卫气营血的辨证法则，都以上面的几种关系作为前提，来辨别八纲的属性，为治疗提供依据。同一证的普遍性中求其特殊性，因此，有同病异治、异病同治的辨证论治的方法。

由于病是一个综合而复杂的过程，所以有许多疾病在其发生和发展过程中，可以先后或同时发生二种以上的证，这就要用全力找出其主要矛盾和矛盾主要方面，而给以治疗。特别是“证”，可在某一种病的过程中而出现，亦可在另一种病的过程中而存在，这从传染性肝炎，或胆囊炎病程中有的出现黄疸，有的不出现黄疸的例子，可以看出病与证的关系。

但是，目前已发现有些病，它的自觉症状不很明显，而实验检查有异常，相反的，也有自觉症状明显，而实验检查无异常（可能是目前检查条件限制的关系），这就要对前者从病着眼，对后者从证着手。总的来说，辨病与辨证相结合，有利于探索病机，提高疗效。

对以上两个问题有所认识，不仅可以破除经方派和时方派的界线，而且有利于中西医结合，尤其是对各种的辨证法则，相互取长补短，灵活运用于临床，确有很大意义。

为了便于讲述各种辨证之间的相互关系，特列表于后，供参考。

六经与脏腑、八纲、卫气营血辨证的关系简明表

六经	脏腑	主症	八纲	温病辨证	主要方剂	备考
太阳病	包括皮毛肺 手经:小肠 足经:膀胱	表证:脉浮,头项强痛而恶寒,“温病”卫分证头痛、恶寒、发热、口渴,苔薄白,脉数 腑证:小便不利,少腹满	(属表) 表虚 表实 寒化 热化	属卫分热化证	“伤寒”:表虚:桂枝汤 表实:麻黄汤 热化证:麻杏石甘汤 “温病”:卫分证:桑菊饮、银翘散	蓄水:五苓散 蓄血:桃仁承气汤、抵当汤。应列入于阳明病篇
少阳病	手经:三焦 足经:胆	经证:咽干、目眩、口苦、脉弦 腑证:胸胁苦满,往来寒热,苔黄腻	(属半表半里)	属气分证	“伤寒”:小柴胡汤 “温病”:蒿芩清胆汤,达原饮	
阳明病	手经:大肠 足经:胃	经证:发热自汗出,不畏寒,口渴、脉洪大,苔黄而干 腑证:胃家实,腹硬满,不大便或神昏谵语,苔黄燥而起芒刺	(属里) 实热证	属气分热化证可兼有入营证	“伤寒”“温病”经证:白虎汤 辨证:承气汤或增液承气汤 “温病”:兼入营证:紫雪丹、神犀丹、安宫牛黄丸	茵陈蒿汤 栀子柏皮汤
太阴病	手经:肺 足经:脾	“伤寒”:腹满下利,时腹自痛,脉濡细 “温病”:发热,胸痞腹满,口不渴,舌苔白,脉濡数	(属里虚) 寒化证或湿化证	属气分湿化证	“伤寒”:理中汤、干姜黄连黄芩人参汤 “温病”:三仁汤、连朴饮、甘露消毒丹	

续表

少阴病	手经:心 足经:肾	"伤寒":脉微细,但欲寐,阳虚证,舌白质淡。伤阴虚热,心烦,舌质红绛 "温病":发热、神昏,舌光绛,脉细数或滑数	(属里)寒化虚证热化伤阴入营证	属营分证,可兼血分证,邪入心包	"伤寒":虚寒:四逆汤 伤阴:黄连阿胶汤 "温病":清营汤、增液汤 兼血分证:犀角地黄汤、化斑汤	"金匮":肾气丸,治肾气虚衰证 "温病":三甲复脉汤,治肾阴虚证
厥阴病	手经:心包络 足经:肝	"伤寒":气上冲心,心中疼热,饥不欲食,食则吐蚘厥证分:寒厥、热厥、蚘厥 "温病":发热、神昏或默默不语、舌短囊缩、肢厥或抽搐	(属里)热化寒化	属营分证,邪入心包,肝风扇动	"伤寒":寒厥:当归四逆汤 蚘厥:乌梅丸 热厥证:白虎汤 "温病":三甲散、至宝丹(三甲散有鳖甲、龟甲、穿山甲、蝉蜕、僵蚕、牡蛎、䗪虫、白芍、当归、甘草组成)	

从本表以观六经辨证是以经络为命名。盖经络既有脏腑之隶属，又与八纲六气相关，含义深远。所以分太阳病，少阴病……，是将各种疾病的发生和发展过程中，从其演变的症征，概括出六种不同的类型与属性，以应用于临床，到目前为止，仍是行之有效的。

太阳病的主症主脉是“脉浮，头项强痛而恶寒”。这些脉症，多见于急性传染病的初期，在八纲分类，是隶属于表证。但是它也存在着两种不同属性，即寒化的和热化的，而且也还有表虚和表实的区别，所以《伤寒论》太阳病篇有伤寒、中风、温病之分，就是这个意思。

太阳病的表证，与温病学说的卫分证，是否近似？目前认识，尚不一致，从证来分析，虽同隶属于表证，但《伤寒论》的太阳病偏重于寒化证，温热家的卫分证，重在热化证，有其一定的差异。特别是太阳病篇的麻黄汤证，大青龙汤证，麻杏石甘汤证等，均有喘咳的症状。实践证明，这些以麻黄所组成的方剂，治疗呼吸道感染的疾病，确具有一定的疗效。所以将这些呼吸道病变的证治，列入于太阳病范畴，是依据“肺合皮毛”“肺开窍于鼻”等的理论而来的。叶香岩《外感温热篇》所说的“温邪上受，首先犯肺”，与它似同出一辙。但是，急性传染病除经呼吸道传播外，尚有经破损的皮肤、黏膜以及消化道传播，认为只有“犯肺”也是片面的。

膀胱属足太阳经，所以《伤寒论》将小便不利、少腹硬满的泌尿功能障碍的病变，也列入于太阳病篇，体现经络与脏腑相关学说。正由于这个关系，后世某些医家，提出了伤寒传足不传手，温病传手不传足的说法，然乎否乎？值得商榷。

少阳经是与胆和三焦相关。少阳病的提纲“口苦、咽干、目眩”。我认为在临床辨证上，仅可作参考。它的主症主脉是：胸胁苦满，往来寒热，默不欲食。八纲分析，是隶属于半表半里，半虚半实证，这可从它的主方——小柴胡汤所组成药物的性能和功效，说明问题。

少阳病在温热家的卫气营血辨证，是属气分证的一种类型。目前，临床上有许多疾病，如胆囊炎、胰腺炎、胸膜炎等，从少阳病辨证着手，寻找有效疗法，此外，在急性传染病，如传染性肝炎、疟疾、钩端螺旋体病等，出现少阳病的证型者，应用柴胡为主的制剂而治疗，获得较好的疗效的报道，已屡见不鲜。由此可见，少阳病的证治，在急性传染病和部分消化系统疾病中占有一定的地位。但是，有些人囿于柴胡伤肝阴的说法，即使遇到少阳病，亦不敢应用柴胡剂，这是对柴胡的性能和作用认识不够有关，值得作进一步探讨。

阳明病的主证是：“胃家实”，但是，在《伤寒论》还有“身热，汗自出，不恶寒，反恶热”的外证（一般称为“经证”）。八纲辨证是属里、实、热证。不论哪一种热性传染病，若其临床表现：日晡潮热，不大便，或热结旁流，腹硬满，舌黄燥，或芒刺，脉滑实等，中医辨证就是属于阳明腑实证。根据病情轻重，选用大、小承气汤急下以救津，如果无大便燥结，腹不硬满，仅是发热不恶寒、口渴、舌干苔黄质红，脉滑大，这是阳明经证，一般以白虎汤或白虎加人参汤治之，清热以益气。

阳明病在温热家的卫气营血辨证，是隶属于气分热化证，也是急性传染病趋向极期阶段的表现。由于温热家对温病的治疗，重视救阴，所以创造了增液汤、清营汤等的清热养阴剂。又如对兼有阳明腑实证的，则有增液承气汤、黄龙汤之类的一面攻下通腑，一面滋养津液。这于急性传染病的治疗方面，增加了不少新的方法，以弥补白虎、承气之不足。

但是，白虎汤的主药石膏、承气汤的主药大黄，皆是中医历来的治疫的要药。王学权《重庆堂随笔》说：“石膏，余师愚以为治疫主药。而吴又可（治疫）专用大黄。”可见虽同称为疫，而其致病因素、病变机理、临床表现等等，各有不同，故治亦各殊。实践证明，临床上如对乙型脑炎、流行性脑脊髓膜炎之类的疾病，可宗余师愚的方法。治伤寒、副伤寒、传染性肝炎之类的疾病，可取法吴又可。总的来说，都是在《伤寒论》阳明病证治的基础上而发展起来的。

值得注意的就是阳明病虽属气分热化证，但极易伤津耗液，使邪热陷入心包，而引起昏迷、痉厥等危重症状。对这种昏迷、痉厥的治疗，在《伤寒论》惟局限于承气汤之攻下，而温热家则运用紫雪丹、至宝丹，并还创制了神犀丹、安宫牛黄丸等的开窍醒脑的方药，大大提高了疗效。

太阴病的主症是：“腹满而吐，食不下，自利益甚，时腹自痛。”很明显的，这是脾胃消化功能障碍的病变表现。在以八纲辨证来分析，是属于里虚而寒的证。

由于脾是后天之本，为生化之源，所以很重视调理脾的功能。关于脾胃病变的治疗，除太阴病篇外，如《金匮要略》的腹满、寒疝、宿食、呕吐、哕、下利诸篇，均是论述脾病证治的文献，应与《伤寒论》的太阴病互为参考。在名著李东坦的《脾胃论》中，治疗脾胃病变的方剂，不少是由《伤寒论》《金匮要略》中的理中汤、建中汤、四逆汤、泻心汤等化裁而出，而且又有了较大的发展。

在温热家来说：如叶香岩《外感温热病》说的“舌苔不燥，自觉闷极者，属脾湿盛也……。”薛生白《湿热病篇》的“湿热证初起发热、汗出，胸痞，口渴，舌白，湿伏中焦……。”吴鞠通《温病条辨》的“足太阴寒湿，痞结胸满，不饥不食……”等等的文献。可以看出太阴病，在温热辨证中，也是隶属气分证。特别是温热家还指出太阴病与湿的关系是很密切的，所以提出有燥湿、化湿、渗湿等的治疗方法。又如明·吴又可《温疫论》所说的温疫初起，治以达原饮。吴氏虽未说及与湿有关，但从其病变表现，达原饮所组成的药物功能来看，仍属湿病的范畴，所以近世称吴氏所指的温疫，为湿疫，不无根据。

但是，在外感病过程中所表现的太阴病，以湿和热并见较多，正如叶香岩所指出的“在阳旺之躯，胃湿恒多，在阴盛之体，脾湿亦不少，然其化热则一。”这是它的特点，与那些内伤病的脾胃功能障碍或衰竭的疾病，是有差异的。

少阴病的主症主脉是：“脉微细，但欲寐。”它是心或肾受病所致。少阴病虽属里虚证，可是它的性质，可分为四逆汤、真武汤之类的温经通阳剂所治疗的心阳衰弱的阳虚证或亡阳证，以黄连阿胶汤、猪苓汤之类的滋阴清热剂所治疗的肾阴亏损、心火亢盛的阴虚证。

由于少阴病有阳虚和阴虚两大类的不同性质，在温病卫气营血辨证来看，少阴病的阳虚证，仍属气分寒化证。少阴病的阴虚内热证，则隶属于营分证，甚至也有迫血妄行的血分证。如：“少阴病八、九日，一身手足尽热者，以热在膀胱，必便血也”。又“少阴病，但厥无汗，而强发之，必动其血”。但是，《伤寒论》少阴病篇，对阳虚证的论述较详。对营液涸竭的阴虚内热证，特别是辨证的指征，语焉而不详。治疗方法，也不很完备。温热家在这方面确作了很多的补充。例如：对邪入心包，肝风煽动的昏迷、痉厥证，采用了清热养阴，开窍镇痉法，对伤营动血证，采用了清营凉血法或活血化瘀法，对阴竭阳亢证，还采用了育阴潜阳法或养阴复脉法。所有这些，对急性热病的营分证、血分证，或营血两燔证的辨证和治疗，确有了很大的贡献，值得重视。

厥阴经从属于肝和心包络。《伤寒论》厥阴病的提纲：“消渴，气上撞心，心中疼热，饥而不欲食，食则吐蚘，下之，利不止。”这是蚘虫病发作的临床表现，作为厥阴病的辨证提纲，是值得商讨的。因此，我在临床辨证上，常以《内经·热论》的“耳聋、囊缩而厥。水浆不入，不知人”等症为依据。

厥阴病在八纲辨证，可以说是寒热夹杂，虚实相兼，变化多端，但在急性热病范围来看，属营分证为主，这可从薛生白《湿热病篇》“湿热证，七、八日，口不渴，声不出，与饮食亦不却，默默不语，神识昏迷……此邪入厥阴……”条，予以说明。

至于“厥”，是厥阴病重要证候之一。《伤寒论》说：“凡厥者，阴阳气不相顺接便为厥。厥者，手足逆冷者是也。”但是，厥，一般可分为热厥、寒厥（或称脏厥）和蚘厥。

热厥：是在高热的情况下，出现四肢厥冷，脉象沉伏，也就是《伤寒论》所说的“厥深者热亦深”的病变。这些病变，较多是在急性热病的过程中而出现。《伤寒论》的“伤寒，脉滑而厥者，里有热，白虎汤主之。”这为热厥的治疗，提供了线索。

寒厥，又称为脏厥，是属虚寒性的病变，较多见于大量失水、失血、或剧烈疼痛的情况下而发生，可伴有循环衰竭。《伤寒论》如“大汗，若大下利而厥冷者，四逆汤主之。”又如“手足厥寒，脉细欲绝者，当归四逆汤主之”等等，都是治疗寒厥的方法，证之临床，确具有较好的疗效。

蚘厥，因剧烈疼痛，而引起的厥证，临床上常用乌梅丸治疗，获得良效。

此外，如生脉散、苏合香丸等等，对治疗厥证，亦各有其一定的疗效，值得参考。

综上所述，六经辨证与脏腑、八纲及卫气营血辨证等，既有横的联系，又有纵的关系。由于疾病的变化是错综复杂的，因而，不论六经见证，脏腑见证，或卫气营血见证，各证都不是孤立的，而是有合、有并、有顺传、有逆传，尤其是八纲的表与里，寒与热，虚与实，甚至阳与阴，都不是绝对的，而是相对的。正因为这种关系，所以还有表中兼里、寒中兼热、虚中兼实的病变属性，对此复杂的病变，如果没有以六经、三阳三阴的系统概括，作为辨证指标的基础，很难辨别病变的部位、性质及属性。但是，各种辨证法则，各有它的优缺点。因此，在临床上具体应用，必须相互贯通，取长补短，尽可能结合辨病，既要掌握它的原则性，又要有它的灵活性，只有这样，才能作出较全面、较正确的辨证，为治疗提供依据。

总之，中医的临床辨证，目前，还停留在以感官直觉的“四诊”。在某些方面，尚缺乏客观指标。今后，要进一步研究改进，运用现代科学的实验检查方法，探索客观指标，为阐明辨证论治的原理，为创造我国统一的新医学、新药学提供条件，也是我们应该努力的方面之一。

以上的见解，很是粗浅，请批评指正。

[《新医药学杂志》1978；(6)：20]

《伤寒论》证治实质的探讨

郭子光

一、《伤寒论》的学术价值

后汉张仲景撰著的《伤寒论》，是一部中医辨证论治的经典著作。自唐宋迄今，中外学者从事《伤寒论》之研究不下四百余家，有以经解经阐明六经证治之奥义的；有从经络、从气化、从脏腑、从八纲论六经的；有主张按方类证的；近人更倡言六经是病之阶段性，证候群等等。真是“历代伤寒注本，一本有一本的伤寒，一家有一家的仲景。”但都异口同声，推崇备至，誉其为“方书之祖”，强调“医者之学问，全在明伤寒之理”，视其为衡量造诣深浅之标尺。《伤寒论》能吸引历代医家莫大兴趣，这个事实本身说明：这部书既经得起历代医家从不同角度的推敲，又经得起不同时期的实践检验。尤其是近三十年来，中西医在空前广大的实践上，应用中医中药取得的许多卓有成效的治验，大多是根据于本书所阐述的理法方药。如茵陈蒿汤治疗黄疸症，乌梅丸治疗胆道蛔虫症，麻杏石甘汤治疗支气管肺炎等多种呼吸系热性疾病，白虎汤用于乙脑、小儿夏季热，白头翁汤治疗痢疾，炙甘草汤用于某些心律不齐，四逆汤用于抢救休克，承气汤治疗某些急腹症等。这些世所确认的疗效，与今日长足进展之西方医学相比，在许多情况下并不逊色。然而，《伤寒论》何以具有如此强大的生命力？日人和田氏[1]说得好：“汉方医学的经典著作，为内经、伤寒论、金匮要略等，但其最有价值者，惟伤寒论也。……是项著作，虽系古代文献，但是数千年间医疗实践之真实记录。”

“真实记录”意味着对疾病本来面目的认识，而不附加任何主观成分，因此能正确地反映疾病的自然特性和药物配伍的规律性，而不带一点神秘的因素。试观《伤寒论》397条、112方，无一不是与客观事实紧密联系在一起。但仲景并不是一个单纯的事实材料的收集者，他提供的已经不是原始性医疗活动中纯粹是经验所得的成果。仲景总结了经许多代证实了的有效经验和事实，通过对机体疾病正反两方面的观察，同中求异、异中求同，把各种疾病在不同的人体，不同的时间、环境条件下相类似的反应特点，概括起来称为证候，针对证候使用具有严格配伍规律的特定“汤方”进行治疗，叫作辨证论治。辨证论治这一概念，在整体的宏观的水平上，正确地反映了机体疾病运动变化及其治疗的规律，确定了祖国医学自成体系地发展的根本方向。辨证论治观念，现时之所以被中西医师以富有兴趣的心情接受了，把它看成勿庸疑义的正确概念，就在于它渗透着纯朴的唯物辨证的世界观，具有许多先进的思想方法：

（一）把机体疾病的个性与共性结合起来

众所周知，仲景的观察方法，不是观察特异性致病因素在人体内脏各部所造成的形态损伤，而是针对疾病过程机体反应性的表现——症状，进行观察和研究。由于致病因素、人体素质、环境条件不同，患病时其反应性的表现也必然不同。而这些“不同”总不外部位、性质和程度的差异。仲景引用三阴三阳（后世概称为“六经”）、阴阳表里寒热虚实（后世概称为“八纲”）、以及脏腑经络来表述这些差异性，贯穿于《伤寒论》的始终。

人们[2,3]普遍认识到，由于不同致病因素引起的不同疾病，在其表现上有很多共同之处。对这些共同点，仲景用六经、八纲、脏腑经络等概括出很多证候。例如，急性传染病初期，大多有发热、恶寒、头身痛、苔薄白、脉浮等症状，把这些症状综合起来看，具有在表向外的趋势，称为太阳表证；随着病情的发展，热势不断升高，体液逐渐耗损，出现高热、烦渴、便秘、神昏、谵语、苔黄燥、脉洪数等症状，把这些症状综合起来看，则具有在里向内的趋势，称为阳明里证。如果进一步分析，太阳表证可区分为表虚的桂枝汤证，表实的麻黄汤证，阳明里证可区分为里热的白虎汤证，里实的承气汤证等等。而这些证候是许多急性传染病或非传染性发热性疾病所共有，并非某一特定疾病所专有。可见，由六经、八纲、脏腑经络等概括出来的证候反映出不同疾病的共性。还应认识到，由同一致病因素引起的同一疾病，在不同的患者身上，其表现有很多不同之处，对这些不同点，仲景同样用六经、八纲、脏腑经络等概括出很多证候。例如，根据“病有发热恶寒者，发于阳也；无热恶寒者，发于阴也。”同是感冒病，有的患者恶寒头身痛而伴发热，是属太阳病的证候；有的患者恶寒头身痛而不发热，甚至体温低落，则属于少阴病的证候了。太阳少阴，泾渭分明，治疗迥异。可见，由六经、八纲和脏腑经络等概括出来的证候，反映着同一疾病对不同患者的个性。应该看到，许多疾病的共性证候往往因不同的个体而发生很大变化，其治疗则是针对变化了的证候进行的。因此，一部《伤寒论》对病无常法，对证有常方，归根结底，更重视机体的个性。

（二）把整体和局部结合起来

仔细研究《伤寒论》就会发现仲景所确定的汤证不外三类：整体反应性证候，局部反应性证候，整体和局部反应共同构成的证候。主要表现为发热、恶风、自汗出、头痛、脉浮缓的桂枝汤证，是典型的整体反应性证候。主要表现为脉结代、心动悸的炙甘草汤证，则是心脉失调所致的局部反应性证候。具有桂枝汤证的脉症，又兼有肺失调引起的气喘，便是整体和局部反应共同构成的桂枝加厚朴杏子汤证。由此可知，仲景既重视整体，也重视局部，并提出了许多把整体和局部结合起来辨证治疗的范例。但进一步分析则会察知，仲景更加重视整体治疗。仲景反复强调“外证未解”，“当先解表”，这是普遍的原则。所谓外证者，即表证，属整体反应性证候。所谓解表者，就是调节整体反应性的治疗方法之一。在仲景看来，单纯性的表证（不兼里证）自然应该解表，表证又兼里证（局部反应性证候）的，也应先解表而后治里，即先进行整体治疗，然后才进行局部治疗，这样的治疗步骤，有的可以收到“表解里自和”的效果。也就是随着整体反应性的正常（表解），其局部病变反应也可能趋于自愈（自和）。仲景观察到，如有表证不解表而去攻里，往往因邪气内陷造成“变证”“坏证”，如桂枝加厚朴杏子汤证、桂枝人参汤证、甘草泻心汤证等，不胜枚举。事实是这样的，重视局部，忽视整体，有时可以造成不良后果。应当指出，里证不等于全都是局部反应性证候，具有壮热、大汗出、大烦渴不解、脉洪大的白虎汤证；四肢厥冷、脉微欲绝、下利清谷的四逆汤证等里证，就属于整体反应性证候。仲景在本论 93 条、94 条中指出，当表证（桂枝汤证）与属于整体反应性的里证（四逆汤证）同时存在，而后者居于矛盾的主要方面时，应“急当救里”，待里证解除，而表证尚在时，才“急当救表”。可见急当救里和急当救表，都是把针对整体反应性证候的治疗放在首位。

（三）把内因和外因结合起来

疾病的形成，是病原因子、环境条件、机体抗病能力等，多种因素综合作用的结果。但归纳起来可分外因——邪气和内因——正气两类。邪气泛指一切致病因素，正气泛指一切持维人体正常生理、抵抗疾病的因素。仲景巧妙地把着眼点放在环境致病因素与机体抗病能力互相作用后引起机体反应性上，确定出代表疾病发生发展规律和邪正消长关系的一系列证候，这些证候实际上把内因和外因结合在一起了。因为邪气的盛衰，也就是正气强弱的反映，如正邪均盛，则病多表现为热证实证；如正气虚，邪气盛，则病势逐步由三阳证转为三阴证；当正气渐复，则邪气亦随之由盛而衰，病势逐步由重转轻而愈。疾病的发生固然是外因通过内因起作用，而疾病的转归，内因更是起着主导作用。所以，仲景处处以维护人的正气为本。服桂枝汤只取微汗，汗出则“停后服”，服承气汤“得下，余勿服”，桂枝汤中用芍药敛阴，防其过汗伤阴，白虎汤中用粳米防其寒凉伤胃，以及“急下存阴”，“急温存阳”等法，无不寓有保护正气的意义。陈修园说得对，一部《伤寒论》的精神实质，在于“保胃气、存津液”六个字。这说明陈修园早已认识到仲景更加重视内因（正气）的作用。

（四）把疾病视为一个发展变化的过程

在仲景看来，疾病是一个过程，这一过程是由正邪相争而形成的相对静止性和不断变化发展对立统一起来的。有疾病的相对静止性，才能确定出可辨认的证候。如太阳病、阳明病、桂枝汤证、麻黄汤证等。疾病不断地变化发展，则表现出由此证候向彼证候的转化。伤寒一日太阳，二日阳明，三日少阳……即寓有疾病由表入里，由阳转阴的变化发展的意义。而这种变化究其形式有二：渐变和突变。当疾病趋于渐变时，由此证候向彼证候转化，常常形成一些中间证候。例如，桂枝麻黄各半汤证，桂枝二麻黄一汤证，就是桂枝汤证和麻黄汤证的中间证候。再如，葛根汤证是太阳阳明的中间证候；柴胡桂枝汤证是太阳少阳的中间证候；桂枝加附子汤证是太阳少阴的中间证候；桂枝加芍药汤证、桂枝加大黄汤证，是太阳太阴的中间证候等。突变可因正气虚、邪气盛，疾病的自然转变引起；更可因误治、失治邪气内陷，亡阴亡阳所致。如白虎汤证、四逆汤证等便是。但是，疾病的静止性是相对的，其变化发展则是绝对的。因此，由疾病的相对静止性形成的阶段性，其界限实际上并不十分清楚，在整个过程中往往互相交错。故仲景在太阳表病阶段，罗列了属阳明的白虎汤证，属少阳的小柴胡汤证，属少阴的四逆汤证等里证，体现出疾病演变的复杂性。由此可见，仲景既看到了疾病相对静止性，更认识到疾病变化发展的绝对性，从而把疾病的阶段性和全过程比较正确地结合起来，提示出常中知变，变中求常的思想方法，确实难能可贵。

由于仲景《伤寒论》，把立足点放在环境致病因素与机体抗病能力互相作用后引起的反应性上，并把疾病看成一个不断变化发展的过程，十分重视过程中对立因素的相互作用，才在最广泛的程度上，从疾病的个别表现中概括出一般规律，根据疾病的一般规律来调节机体反应性以对付致病因素，达到治疗目的。这不仅大大弥补了因历史条件限制，对特异性致病因素认识不足的缺陷，而且还为后世医学的发展不断提示新方向。除《伤寒论》本身长期实践的成果，曾以“注释”的形式被结合进去，使其内容不断丰富外，后世温病学的创立，也是在《伤寒论》的基础上发展起来的。可以这样说，《伤寒论》在整个祖国医学发展中，起着承前启后的作用。

然而，当前自然科学新趋向的特征，是越来越分析入微，医学科学已发展到微观、亚微观的分子领域，我们研究《伤寒论》的意义何在呢？大家知道，生命现象是极其复杂的，用分子和原子的物理、化学运动规律来研究疾病，解释疾病，可能发现许多新的规律，推动医学向前发展。但毕竟不可能代替整体的宏观规律的研究，而说明疾病的一切，因为前人的这些经验、事实、规律也是客观存在。它不仅是我们取得新成就、发现新规律的阶梯，并必然作为一个组成部分包括在后来更加丰富的成就、规律之中。可见，微观、亚微观不仅不排斥宏观的研究，还可能为整体的宏观规律的确定性及发展，提供更加精细的实验方面的依据。但时至今日，医学界还仅仅停留在对各种证候及其治疗规律的临床使用、验证、或资料分析上，因而了解得很少。如能应用现代自然科学一切最先进的方法和手段，来研究仲景确定的证候及其治疗的联系、差异和实质，可以预言，必将导致新的医学理论萌芽。

综上述所述，仲景的名字和他的著作之所以富有生命力而迄今不朽，就在于他的书中充满着纯朴的唯物辩证的先进思想，而仲景本人就是这种唯物辩证观在医学上的实践者，致使他所揭示的疾病规律和创制的汤证，至今仍具有令人信服的确定性。应当指出，在一千七百多年前，祖国医学道路上竟然出现如此惊人的创造，不能不认为是世界医学史上一个奇迹。这里用得着俞氏[4]并不过分的评价：张仲景是祖国“实践医学”的奠基人，“辨证医学”的创造者，这光荣崇高的名号，将永远标志着祖国医学事业的前进。

二、六经证治实质的探讨

《伤寒论》有太阳病、阳明病、少阳病，合称三阳病；太阴病、少阴病、厥阴病，合称三阴病。其篇名也是“辨太阳病脉证并治”“辨阳明病脉证并治”等，下面并无“经”字。说明不是辨太阳经病、辨阳明经病……，而是辨太阳病，阳明病……，后者的内涵大得多。由于《伤寒论》自序有撰用《素问》九卷之说，后世医家把“九卷”理解为《灵枢》，并根据条文中有“过经不解”“行其经尽”等字样，认为三阴三阳病就是六经病，由此而习惯地称为“六经辨证”。当然如果仅仅是名字之差未尝不可，但如果把它理解成辨经络之病，就未免欠妥了。许多注家未能全部地揭示三阴三阳证治实质，其源盖出于此。

自从清初柯韵伯、徐大椿等，倡导《伤寒论》应按方类证，以方名证，着眼于大方大法以后，注家们多从其说进行研究。尤其是在本世纪近三十年来，已逐步从理论上、实践上形成寻求六经证治的本质、规律性，代替了对古典字句进行繁琐考据的新趋势。人们试图通过临床验证、总结和文献资料分析，去检验和确定其内在连贯性，大方向无疑是正确的。由于研究的角度不同，实践的对象不同，对六经证治的实质，也各有各的认识。有[5,6,7]认为是“病之阶段”“证候群”“综合征”“神经病理性单位”的，晚近[8,9]则倾向于认为是疾病的“一般规律”“非特异性的时相过程”的证治等，认识逐渐深入，越来越接近实质，并起到了广开思路的作用。

证，就是证候。辨别证候进行治疗就叫作辨证论治。在《伤寒论》里，人们习惯上把针对特定证候进行治疗的方药联系在一起，称为汤证。如桂枝汤证、麻黄汤证，葛根汤证等。证与症不同。症，一般多指单个的症状，如头痛、发烧、腹泻等；“对症治疗”是把症状孤立起来对待，症与治之间的关系是简单的、直接的，所产生的效果是非常局限的，不过以解除某个症状为目的而已。证也不同于病。如果说，病是代表致病因素作用于机体引起某种疾病的纵的全过程，那么，证则是多种疾病过程中一个横的共同表现。证代表着一系列的症状、体征，实际上是一个包含了病因、病位、病性、病势等内容的综合性概念。辨证论治的目的不是解除某个症状，而是治好病，其手段不是完全针对特异性病因进行治疗，公认是主要通过调节机体反应性达到治疗目的。那么，《伤寒论》中的证候是怎样确定的？又是怎样具体进行调节的呢？笔者试图依据眼界所及的事实材料和个人认识，对其实质和规律性进行探讨。由于仲景之书寓意深奥，笔者学识浅薄，错误、偏见和牵强附会几乎难免，请同行多多指正。

（一）证候的确定原则

上面已述及，证候是多种疾病过程中一个横的共同表现，代表着一系列的症状、体征。那么，是根据什么原则把一大堆看起来杂乱无章的症状、体征联系起来，形成一个个不同的具体证候呢？古医家对这一点认识不一，有经络说，脏象说，八纲说，气化说，六因说……都反映了问题的不同侧面，但都不全面。还是近代医家姜春华氏[10]说得对：仲景融会了内经全部阴阳概念，包括表里寒热虚实经络脏腑营卫气血邪正消长等，以此高度概括性的阴阳，审察疾病的属性，分析疾病进退，推测病理过程，而形成的证候，实际上是一个多种概念的高度综合体。只有本姜氏所言，不执一端，才不致置身于仲景门墙之外。

大家知道，基于《内经》阴阳学说的理论，人体“阴平阳秘”就是健康，“阴阳失调”人就病了，治疗的目的也就在于“谨察阴阳所在而调之，以平为期”。仲景就是遵循这一观点，把疾病看成人体阴阳失调的过程，并针对阴阳失调的情况进行分析，而确定出各种证候的。其分析的原则约有下列三条；

（1）阴阳定量：考仲景融会《内经》阴阳概念，分析疾病不外两种方法，即定性分析和定量分析。《内经》说：“善诊者，察色按脉，先别阴阳。”凡在外的，向上的、明显的、兴奋的、亢进的、热的、进行性的、色泽鲜明的、声音洪亮的症状和体征属阳；反之，在内的、向下的、隐晦的、抑制的、减退的、寒的、退行性的、色泽晦暗的、声音低微的症状和体征属阴。把病情区分出性质截然不同的阴证和阳证两大类，就明确了疾病变化发展及其治疗的方向性，这是定性分析。然而，仅仅对各种病情作定性分析，不能说明较为复杂的问题，因为不同的病情其阴阳的每一方面，总是有偏多偏少、偏盛偏衰之不同。于是根据其多少盛衰的情况，把阴阳各分为三，便成为三阴三阳：太阳、阳明、少阳，太阴、少阴，厥阴。《素问·至真要大论》说：“愿闻阴阳之三何谓？岐伯曰：气有多少异用也。”“多少”是一个量的概念，把阴阳各分为三，这是定量分析。可见《内经》对事物的分析，就有了定性、定量的方法，而仲景把它运用于临床实际。不过，其方法是定性、定量的，其手段却限于历史条件，未能应用现代自然科学的实验、仪表等，予以表示出来，而是凭长期的反复的实践经验观察来确定。

然而，事物的性质主要是由取得支配地位的矛盾的主要方面所规定的。阴阳作为分析疾病的矛盾性的概念，各种证候的性质，自然取决于阴阳在量上谁占优势，即谁占支配地位。因此，对各种证候的定性分析的结论，实际上是定量分析的结果。应当指出，这里的量不仅指数量，还包括部位、程度等含义。例如以三阴三阳的常见症状——寒热来说，太阳的“恶寒发热”，少阳的“往来寒热”、阳明的“不恶寒反恶热”“壮热”“潮热”，反映着不同程度（量）的阳盛，太阴的“脏有寒”，厥阴的厥热互见，少阴的“无热恶寒”，反映着不同程度（量）的阴盛。三阴三阳，就是根据不同程度的阴阳量划分的。按其阴阳量大小则：少阳 < 太阳 < 阳明，厥阴 < 太阴 < 少阴。

可见，阴阳量的差别性和因此而引起的阴阳失调，是形成各种证候的根本原因，也是确定各种证候的主要依据。由此可知，三阴三阳分证是一个阴阳定量的概念，而不是一个疾病传变的必然规律。从事临床者大约都应该有这样的体会：温病卫气营血的传变比较明显，伤寒三阴三阳的传变则极少见。把三阴三阳理解为疾病变化发展的六个阶段是不合适的。

当我们在上面讨论阴阳量的差异性的时候，其实际意义仅仅是指阴和阳在量上的比例而言。仔细研究，由于人体正气有盛衰，反应力也就有强弱。正气充实的人，反应力强，其总的阴阳量是在增强的基础上出现差异性，所以也可叫作增强性失调，各种实证如邪盛正盛的大青龙汤证、白虎汤证等便是；正气虚弱的人，反应力弱，其总的阴阳量在减弱的基础上出现差异性，所以也可叫作减弱性失调，各种虚证，阴阳两虚、气血两虚，如炙甘草汤证、小建中汤证等便是；正气一般，不特别充实，但也不虚、反应力中等，其总的阴阳量在差不多正常范围内出现差异性，所以也可叫作不虚性失调，如桂枝麻黄各半汤证，桂枝二麻黄一汤证等。可见，对各种症状、体征进行阴阳定量分析时，还要注意到这种差异性的增强、减弱或不虚的性质，才能更确切地说明阴阳失调的情况。

（2）阴阳层次；前面提到，证候是多种疾病过程中一个横的共同表现。但这种表现必然从特定的部位表现出来，而其部位则有深有浅，有表有里，有经（经证）有腑（腑证），有在胸中、在心下、在气、在血等不同，形成一个个不同的病理层次。由于这些层次本身也有阴阳之分，如在表为阳，在里为阴，在腑为阳，在脏为阴，在气为阳，在血为阴等，故称之为阴阳层次。一个证候就是一个病理层次的阴阳失调的反应。三阴三阳实际上就是六个大的病理层次的反应。所谓太阳病，属于人体肤表阴阳失调；阳明病是病在里，多涉及胸中胃肠；少阳病在半表半里，多涉及胆和三焦，太阴病的病位较深，多涉及脾胃，少阴病的病位更深，多涉及心肾，厥阴病则多涉及肝经。这六个大的病理层次里面，又可分为若干较小的病理层次，人们将这种小的病理层次的反应和针对其治疗的方药联系起来，称为汤证。如太阳病里，有桂枝汤证、麻黄汤证、葛根汤证等。由于人体脏腑虚实各有不同，在这些较小的汤证里面，有的又兼有某些局部层次的阴阳失调，而形成若干更细小的汤证。如桂枝汤证里，有桂枝加厚朴杏子汤证、桂枝加附子汤证、桂枝甘草汤证等，代表着更细的病理层次。在三阴三阳这六个大的病理层次中，如同时出现二个或二个以上病理层次的阴阳失调称为“合病”，如[11]图示：

太阴——→ ⎫
　　　　　⎬相合
阳明——→ ⎭

如先后出现二个或二个以上病理层次的阴阳失调，称为“并病”。如图示：

太阴——→ ⎫
　　　　　⎬相并
阳明——→ ⎭

在较小的病理层次中，也可以同时出现二个或二个以上层次的阴阳失调，如桂枝麻黄各半汤证、桂枝二麻黄一汤证、桂枝二越婢一汤证等。如二个或二个以上较小病理层次的阴阳失调，但由于阴阳量的差异性，有的层次阳 > 阴，阳占支配地位，有的层次阳 < 阴，阴占支配地位，这种情况同时出现，便形成所谓寒热错杂、阴阳混淆的证候。如麻杏石甘汤证，大青龙汤证等。不仅如此，即使同一病理层次，在不同的人身上，或不同时间，也可因阴阳量的不同，或阳占优势，或阴占优势，而出现性质不同的证候。如病皆在表但有麻黄汤证、桂枝汤证之别；病皆在心下失痞，却有诸泻心汤证之异；病皆在胃腑，但有几个承气汤证之不同。可见，阴阳层次和阴阳定量一样，是形成和确定证候的依据。

（3）阴阳升降：如前所述，阴阳失调是由于阴阳量的差异性引起的，而此种差异性则具体表现为阴阳升降失调。阳具有上升性、发散性、温热性和动的性质，阴具有沉降性、凝聚性、寒凉性和静的性质。在阴阳等量条件下，一升一降，一散一收，一动一静，人体处于动态平衡，即正常生理。当阴阳量出现差异性时，如阳 > 阴，则阳的升散动性 > 阴的沉凝静性，临床上表现为发热、汗出、烦躁、脉浮洪滑数等症状，属于阳旺，如阳 < 阴，则阳的升散动性 < 阴的沉凝静性，临床上表现为恶寒、无汗、肢冷、脉沉细迟涩等症状，属于阴证。由此可见，通过阴阳升降失调所表现出来的各种脉症，进行分析是确定证候的又一依据。

在仲景看来，疾病是作为一个矛盾运动过程而存在的，每日每时地不断变化发展着，并依一定条件向其反面转化。这种变化发展，这种转化，在仲景书中叫作“传”“转属”“转入”。如“伤寒一日，太阳受之，脉若静者，为不传也。”“太阳病，若发汗，若下，若利小便，此亡津液，胃中干燥，因转属阳明。”前者说明阳明有“自和”的趋势，是朝恢复的方向转化；后者属于恶化。又如“本太阳病，医反下之，因而腹满时痛者，属太阴也。”这是由阳证转化为阴证，即是朝反面的转化。究其转化的根本原因，就在于阴阳升降的矛盾性。“重阴必阳，重阳必阴。”本来是阳 > 阴，但当阳的升散动性发展到极点时，就可因其过分升散而减弱，变成阳 < 阴。例如，《伤寒论》29 条，本为太阳病，“若重发汗，复加烧针”大力增强阳的升散动性，导致大汗亡阳的四逆汤证，就是阳证转化为阴证。究其转化的条件，仲景书中多归咎于误治，如误汗、误下、误吐、误利等，实际上有的是疾病本身自然发展的结果，不一定是误治引起的，程氏[13]提醒人们，读《伤寒论》如不注意这一点，容易使人产生治病还不如不治为好的误解。不过从这里可以看出，仲景已笼统地认识到矛盾转化必须的条件性。

根据李氏[12]的理解，凡三阳病或三阴病共有的前驱期（如出现发热恶寒、无热恶寒等不典型症状时），变为可以明确划分为某一经的症状定型期，就叫作“传”，意思是同一证候由不明显到明显之谓，而不是注家们错误的说法：“传”就是这一经病传给另一经发病的“传经”；由这一经病传给另一经病，叫“转属”或“转入”。无论“传”“转属”“转入”，以及形成的“坏病”“变证”等，总之都是证候的转化。这种转化不仅是阴阳升降关系的变化引起，而且还可从阴阳升降的情形中，预测其证候是否要转化。“伤寒一日，太阳受之，脉若静者，为不传；颇欲吐，若躁烦，脉急数者，为传也。”太阳病本为阳的升温动性占主导，脉若静者，说明阴的沉降静性在增长，阴阳升降有可能达到平衡，故“不传”；若吐、躁烦、脉急数者，表明已居优势的阳还在继续增强，所以要“传”。不过，疾病时以升为主导，还是以降为主导，这完全取决于阴阳量的差异性，即取决于证候——这个矛盾统一体中，阴阳谁占优势，谁居于支配地位。

综上所述，可见仲景把疾病视为一个阴阳失调的矛盾运动过程，几乎全部立足于分析阴阳之间的关系，而确定出各种证候及其转化规律。这是仲景在当时的条件下，为寻找调节人体反应状态的确定性，而总结出来的可辨体系。

（二）阴阳的调节原理

有些医生富有兴趣地提问：辨证论治不辨细菌病毒，不问病理损伤，不管化验检查，却能获得无可非议的疗效，是怎么回事？这个问题让中医来回答原本很简单：“谨察阴阳所在而调之，以平为期。”中医学也有病因，如六淫、七情等，但仅仅是治疗上分清界限的概念，故与西医学的细菌病毒等病因绝对异趣。问题是中医真的按照细菌、病毒、损伤、化验来用中药汤方治疗，又不一定能获得或提高疗效。然而，从分析科学的角度来看，怎么也不可思议。以致人们仍然力图用“病因治疗”的原理来阐明中医某些汤方、药物的疗效。通过实验观察，结果发现一些汤方，药物有抑菌制菌作用，但其作用强度与西医抗菌药相比，不可同日而语，而有些能治疗感染性疾病的汤方，则根本没有抗菌作用。对一些非感染性疾病的治疗，情况也多是如此。随着探索工作的逐步深入，思路也越来越广。人们[14]发现麻杏石甘汤治疗小儿肺炎能取得较好的疗效，但实验证明，此方对链球菌、溶血性链球菌、肺炎双球菌，金色葡萄球菌、白色葡萄球菌、卡他球菌等，均无抗菌作用。[15]五苓散对水液代谢障碍时，有利尿作用，并促进局部性水肿的吸收，而对健康人、正常小鼠、家兔则均无利尿作用。《金匮》肾气丸既可治浮肿、少尿，也可治多尿夜尿。不仅复方是如此，一些单味中药也是这样。如[16]青黛能降低慢性粒细胞型白血病的白细胞，但降低到接近正常指标就不再下降了，且无骨髓、免疫功能的抑制。人参[15]既可升高血糖，也可降低血糖，既可防止 ACTH 引起的肾上腺肥大，也可防止皮质素引起的萎缩。从这许多事实中，人们逐渐形成了目前带倾向性的认识：辨证论治是调节作用，是通过调节人体的反应状态而取得疗效的非特异性治疗方法。这样，中西医学的认识就比较接近了。

但是，《伤寒论》中 112 方针对 112 个特定证候，是怎样进行调节的？有什么共同的特点和规律？笔者通过学习、研究《伤寒论》，初步认为，调节作用的二相性、整体性和固本性，体现出阴阳调节原理的基本规律。

（1）调节的二相性：上面提到的肾气丸、独参汤“既可……”怎样，“也可……”怎样，就体现出二相性调节作用。这与西药大不相同，西药的作用多是单相性的，降血糖药不会升高血糖，升血糖药不会降血糖；降压药不会升压，升压药不会降压。为什么仲景汤方会有这样的作用呢？这是基于仲景把疾病视为阴阳失调的过程，平调阴阳就必然成为治疗疾病的总原则。这一总原则导致汤方的配伍必然要求是：发而不过散，收而不过敛，升而不过亢，降而不过沉，清而不过寒，温而不过燥，补而不过腻，攻而不过破……补阳当于阴中求阳，补阴当于阳中求阴。“过了”，就被认为有可能导致已经失调的阴阳向其反面转化，达不到平调的目的。

这样一来，就构成汤方组合上的二相性。《伤寒论》112方中大多是寒温并用、攻补兼施、升降两行。桂枝汤既用桂枝、生姜辛温通阳，增强卫阳的升散动性，又用芍药、甘草、大枣酸甘敛阴，助长营阴的凝聚静性，以节制其升散太过。小青龙汤，既用麻黄、桂枝、甘草，增强在表之阳气的升散动性，用干姜、细辛、半夏降低在里之阴（寒饮）的凝聚静性，又用五味、芍药、甘草酸甘合化助长阴的凝聚静性达到在表以监制麻桂的过度升散，在里防姜辛夏的过度温燥，免其饮去热生。诸泻心汤，既用芩连之寒，又用姜附夏之温。炙甘草汤既用姜桂酒温阳，又用麦地胶益阴。如此等等，无不体现汤方组合的二相性配伍规律。汤方是这么配伍的，自然呈现调节作用的二相性。中药多半是自然状态的植物药，单味中药成分的复杂性已堪称一个“复方”了，所以有的单味中药就具有调节的二相性，前面介绍的人参便是一例。正因为具有调节的二相性，所以中药、汤方才有针对性大，副作用小，相对来说疗效比较缓慢的特点。然而，此种二相性调节的实质是什么呢？刘氏[15]从分子生物学的角度进行了探讨，指出C-AMP与C-GMP的比例失调会导致各种病变，因此其比值（C-AMP/C-GMP）偏高者需降低，偏低者需升高。实践证明，许多中药、汤方正是通过调整C-AMP、C-GMP这种相对平衡而起调节作用的。刘氏指出，值得注意的是中药与C-AMP有协同作用，很低浓度（10^{-5}～10^{-6}M）C-AMP即可加强中药的作用。刘氏的研究及其发现很有意义，对阐明阴阳平衡调节原理的实质，以及提高中药疗效，提示出无可置疑的正确途径。

（2）调节的固本性：纵观《伤寒论》112方，用药93味，用得最多者首推炙甘草，共70方，次为大枣40方、附子23方、人参22方，这些扶助人体正气的药物，与其他药物相比之下，出现率最高的事实说明，仲景制方很重视固本。不仅在用药上体现了调节的固本性，在治疗方法上也处处以固正气为本。如太阳病用桂枝汤只取微汗，还要以米粥保胃气助药力；阳明病承气汤急下以存津液、调胃气，得便则停后服，免伤气液；少阳病禁用汗吐下法，立小柴胡汤调节胃气，使津液下行，并以人参扶助正气，使之濈然汗出而解；太阴病告诫不可下，免伤胃气损津液，当温中回阳，少阴病急温回阳；厥阴病告戒“下之利不止”，都是护胃气存津液之法。陈修园对《伤寒论》“保胃气、存津液”六个字的总结，正说明阴阳调节的固本性。然而，此种调节的固本性的实质是什么呢？有人[17]认为《伤寒论》中扶正固本汤方的主要治疗作用，在于增进营养，补充体液和其他物质缺乏，以加强体力，恢复生理机能的正常反应性，并能调节心脏血管系统的机能，加强心肌收缩力，升高血压，促进循环，制止汗腺排泄亢进，保持体温等。这种认识虽算全面，但太概括了。有人[18]从机体免疫状态进行过探讨，经动物实验发现，扶助正气的补阳类药物有使抗体提前形成的作用，而益阴类药物则有使抗体存在的时间延长的作用，从而得出印象：扶正固本药物（补阴补阳）能纠正因虚证而造成的免疫功能缺陷。可能从一个侧面说明了调节的固本性的实质。

（3）调节的整体性：我们在前面评议《伤寒论》的学术价值中，已讨论到仲景强调一般情况下“外证未解”“当先解表”“表解里自和”；在特殊情况下又“急当救里”和“急当救表”，着眼于整体调节的方面。对表证里证是这样，对上病下病也是这样。例如74条“中风发热，六七日不解而烦，有表里证，渴欲饮水，水入则吐者，名曰水逆，五苓散主之。”中风发热是表证，不解而烦病已入里，水入则吐是中焦停饮，称为“水逆”，不用麻桂解表，不用芩连清里，不用二陈和胃，而用五苓散化气利水，“上病下治”，而“水逆”自平，里和表解，就是整体性调节的手段。再如，32条“太阳与阳明合病者，必自下利，葛根汤主之。”不从下利治，而从上取，属于“下病上治”的整体性调节手段。后世治痢所用的“逆流挽舟”法，即是从此悟出来的。蒲辅周氏[19]用桂枝加葛根汤治愈一例严重痢疾毒血症病人，就是采取的这种调节方法。不仅如此，在汤方的配伍上也处处以整体性调节为指导，就以五苓散为例，其制方之目的旨在利水，但不仅用苓泽利浊水，还用桂枝通阳气；不仅要除水湿于下，还用苓术固脾气于中，虽着眼于利水，实调节于整体。上面是从《伤寒论》的治疗方法和汤方配伍角度，探讨其调节的整体性。其实《伤寒论》的各种证候，本身就是人体整体性反应的表现。这种反应性实际上是致病因素、环境条件、人体状态等综合因素互相作用的结果。而针对这种证候进行治疗的特定汤方，从此种意义上说，当然也就都属于整体性调节了。不考虑单一的因素，而针对综合性因素；不从局部损伤着眼，而从整体反应性调节，这种治疗方法的实质，被[8,9]认为是一种非特异性的。但其具体原理尚待阐明。

三、创立统一的中医辨证学

当我们在评议《伤寒论》的学术价值的时候，

曾经提到不仅其本身长期实践的成果，曾以“注释”的形式被结合进去，使其内容不断丰富，而且还起着承前启后的作用。现在人们习用的卫气营血辨证、三焦辨证、脏腑辨证、气血辨证、病因辨证等，这些辨证方法都是在《伤寒论》六经辨证的启发下发展起来的。因为在仲景以前没有形成中医辨证论治的体系。可以说这些辨证方法，各据不同的实践，从不同的侧面去辨别疾病，都包含着认识疾病的相对真理的颗粒。然而能不能把这些辨证方法结合起来，归于划一，使其更加全面地反映疾病的规律性呢？科学发展史告诉我们，问题提出的本身在后来就常常导致科学的发展，或形成重大的科学成就。侯占元氏[20]提出创造统一的“中医辨证学”，代表了中医学本身发展的必然趋势，是一个非常有价值的命题。侯氏认为，统一的“中医辨证学”其初级阶段，是以中医的理论为指导，以临床实践和文献资料为依据，把各种辨证方法归纳起来，统一起来，形成一门完整的科学，这是整理、提高祖国医学的起步，但又是必须走过的一步；“中医辨证学”的高级阶段，是运用现代自然科学的最新手段，揭示出各种证候及其治疗的内在连贯性、规律性，因而具有高度的确定性，是建立在新的理论水平上的非中非西的辨证方法，将作为一门崭新的学科而成为未来医学的重要组成部分。由此可见，我们学习、研究《伤寒论》是手段，创造新医学才是目的。根据侯氏的创见，笔者初步设思，统一的“中医辨证学”应以六经为纲，把脏腑、卫气营血联系起来，形成六个体系：

（1）太阳——肺—— 卫

（2）阳明——胃肠 ⎫

（3）少阳——胆、三焦 ⎬ 气

（4）太阴——脾 ⎭

（5）少阴——心肾 ⎫

（6）厥阴——肝 ⎭ 营血

然后，在《伤寒论》，《温病学》以及内、妇、儿、外各种书中，根据上述体系，选出各种致病因素，如气郁，血瘀，痰饮，水湿、饮食、虫积，风、寒、暑、湿、燥、火，以及各种不足因素，如阴虚、阳虚、气虚、血虚、精亏、津乏等引起的各种典型证候，按上述体系进行归类，并在这些证候中体现出表里寒热虚实阴阳的性质。这样就把各种辨证方法融会在一起了。当然，这需要作专题研究，已非本文阐述的范围。

我们深信，在当前这个伟大的新的历史时期中，自然科学的一切方面，包括医学科学中的祖国医学在内，都将突飞猛进，而使以往的一切大大地相形见绌。

参考文献

[1]（日）和田正系.《伤寒论阶梯》（叶心铭译）. 人民卫生出版社，第1版1956.

[2] 侯灿. 八纲作为机体典型反应状态学说对现代医学的理论实践意义. 广东中医，6：1962.

[3] 匡调元. 辨证论治原理探讨（整体制约论）. 成都医药通讯（内部资料），4：1，1977.

[4] 俞天农. 从经方泻心汤谈到伤寒论的辨证基础与实践. 浙江中医杂志，3：29，1958.

[5] 陆渊雷.《伤寒论今释》.

[6] 姜春华. 伤寒论六经概说. 北京中医，7：21，1954.

[7] 朱式夷. 中医辨证施治规律的探讨. 中医杂志，8：156，1958.

[8] 马泰. 关于塞里应激学说的评价问题《塞里应激学说概要》上海科技出版社，1963年第1版1页.

[9] 孙泽先. 六经探索. 辽宁中医，2：1，1978.

[10] 姜春华. 伤寒六经若干问题（二）. 上海中医药杂志，9：15，1962.

[11] 朱里仁. 对伤寒合病、并病的肤浅认识. 江苏中医，4：27，1959.

[12] 李克绍. 伤寒解惑论（上）. 山东中医学院学报，1：1，1978.

[13] 胡建华. 程门雪老师对《伤寒论》中“坏病”的见解. 新医学杂志，4：16，1978.

[14] 姜静娴. 试论方剂学研究中的中西医结合问题. 江苏中医，1：5，1978.

[15] 刘亚光. 从分子生物学角度探讨中西医结合（续）. 浙江中医，2：35，1978.

[16] 成都中医学院附属医院：青黛及其制剂治疗慢性粒细胞型白血病疗效观察. 成都中医学院附属医院《资料选编》，4：23，1977.

[17] 庞祝如. 伤寒论的治疗“八法”分析. 浙江中医杂志，8：102，1957.

[18] 中国人民解放军第一军医大学：消化系统《中西医结合进展概况》（文献综述），66页，1976.

[19] 蒲辅周. 中医药治疗痢疾毒血症2例. 上海中医药杂志，8：13，1964.

[20] 侯占元. 努力发掘祖国医药学宝库加快创造新医学新药学. 新医药学杂志，5：19，1978.

[《成都中医学院学报》1979；(1)：2]

《伤寒论文字考》条文部分补正

岳美中　中国中医研究院

想继承古人的东西，首要条件必须具备读懂古书的能力，最低限度要能断句读，明训诂，否则字句还弄不清楚，那里谈得到阐幽发微善继善述呢？

可是古书是旧时代遗留下来的产物，在语言文字上，都有它的时代性，不同于现代的语气和文理，若不深加讲求，必致望文生义，以今测古，或郢书燕说，牵强附会，错误的理解了古人，为害非浅。况且医学是关切人的生命之学，一有所误，贻害更是不可想象的。

惟研究古书，殊非易事，倘不谙习它那个时代的文物制度的沿革性和语言文字的习惯性，以及社会的背景等，则无以探索古书的奥义。孙思邈说过，“欲为大医，必须涉猎群书，如经史诸子等”。没有深博的学问，读古书是费力甚至是不入的。现在之习医者，多缺乏古书文学的修养，对古籍更容易陷于臆测悬揣，今不识古，又怎能“古为今用”呢？

《伤寒论》是医籍中的经典著作，出于后汉张机之手，距现在1700年余，词简义奥，在古代纸张和印刷术未发达之时，张著中的科条字句之间，多立彼此互为补充的体例，读时稍一疏忽，即错解其义，固不仅古字与假错字之不易识别。我国注解《伤寒》者虽多，然多不注意训诂，“自《伤寒》传及日本，其随文解义者，颇视我国为审慎”（上三句引章太炎序《伤寒论今释》语）。如伊藤子德（名馨）氏所著《伤寒论文字考》，取经史以解《伤寒》，更多以经证经之处，考据甚详，辨证甚密，殊有助于研读‘大论’者。间有所不足与不够惬意的，取而略事补正，非敢非议东贤，亦欲更有助于研读古籍尔。第恐未尽合经旨，仍望高明续有所补正，以补正我之不足，使经义益呈显豁，经旨益臻明朗，则不独我一人之受赐。

燥烦［原文］《太阳上篇》曰：“颇欲吐，若燥烦，脉数急者，为传也。”谨案：燥烦二字，熟语。盖燥上略口字，以与吐字接文，而吐属口也。《痉湿暍篇》及《太阳下篇》并有“口燥烦”之文，可征。口燥烦者，口燥甚也，烦字有甚字之义，如身体“烦疼”，骨节“烦疼”及“烦渴”之“烦”是也。口燥烦者，热欲属胃之候，故为传也。若从宋本作躁烦，而为烦躁之义，则伤寒而有烦躁者，正是大青龙汤之证也，伤寒是传里者，岂独限大青龙耶？其非不辨而可知。口燥烦，旧解烦为一字句，误也，纵义理可通，奈文之丑拙何。且《阳明篇》曰：“少阳阳明者，发汗利小便已，胃中燥烦，实；大便难是也。”此燥烦二字，明明是熟语，何者？下文释其条云，“太阳病，发汗，若下，若利小便，此亡津液，胃中干燥，因转属阳明。不更衣，内实，大便难者，此名阳明也。”是释胃中燥烦，只曰胃中干燥，而绝不言烦躁之义，则烦字连熟燥字，而为虚字可知耳。

［补正］《辨不可下病篇》：“乾烦不得眠”，此烦作“甚”字解极显，不得眠，由乾甚。栀子豉汤方条：“虚烦不得眠”，不得眠，由虚甚。乾甚，虚甚，燥甚，其义一也。

微发黄色［原文］《太阳病上篇》曰：“微发黄色，剧则如惊痫。”尾台中岛三伯曰：“微字下当添‘则’字看，盖因下句有则字而省之，是古人简处。”馨谨案：此说是也，是文家所谓影略法者也。此文例儒经最多，论中亦仅有此，读古书者不可不识。今举二、三，以示初学。《论语》：“子贡曰，夫子之文章，可得而闻也；夫子之言性与天道，不可得而闻也”，是文章上略“言”字，不然，闻字不通，盖因下文有言字而影略之。“子贡曰，“百工居肆，以成其事；君子学，以致其道”。是学上略“居”字。居学（居学字见《札记》及《韩非子·外储说》。）居学校也，盖承上句居字而影略。《太阳病上篇》曰：“夜半手足当温，两脚当伸，后如师言”。是两脚上略“后”字（据下文饮甘草干姜汤而手足温，重与芍药甘草汤而两脚伸，是温与伸非一时之事，则两脚上略后字可知。）又中篇曰：“发汗后，恶寒者，虚故也；不恶寒，但热者，实也，当和胃气，与调胃承气汤”。是热上略“恶”字。《阳明篇》曰：“阳明病，潮热，大便微鞕者，可与大承气汤”云云：“其后发热者，必大便复鞕而少也，以小承气汤和之”。又曰：“伤寒若吐若下后，不解，不大便五、六日，上至十余日，日晡所发潮热”云云：“微者但发热谵语者，大承气汤主之”。此两条发热之间，并承上文之潮热字，而影略“潮”字，其他学者宜类推矣。

［补正］按伊藤氏所引之证据，皆非省略“则”字之例。古书中一省则字，一不省则字之例，如《诗，东门之墠》 “其室则迩，其人甚远”。（“甚”上省则字。）《左传》襄十年“我辞礼矣，彼则以之”。（“我”下省则字。）《孟子·告子上》“耳目之官不思而蔽于物……心之官则思”。（“不”字上省则字。）《史记·项羽纪》“项王则受璧置之坐上，亚父受玉斗，置之地，拔剑撞而破之”（“亚父”下省则字）

又按惊痫后世多指小儿病，《巢氏病源》曰：“痫者，小儿病也，十岁为癫，十岁以下为痫”，痫即宋以后所谓“小儿惊风”。此处之惊痫，系指大人病。

伊藤氏此篇，在读古书方面，可谓独具只眼，启迪后学不少。

几几［原文］几几字始见《素问·刺腰痛论》，十六卷中，亦往往有此字。成无己曰："几"，音殊，几几，引颈之貌。几，短羽鸟也，短羽之鸟，不能飞腾，动则先引其颈尔。项背强者，动亦如之，非若几案之几而偃屈也"。馨谨案：此说非是，何者？若果有引颈之貌，于项背几几可通，然至《金匮·痉病篇》曰："身体强几几"，然则既曰"身体强"，乃岂独为后背强而引颈之貌耶？其说之非，可思而知。

［补正］陆渊雷《伤寒论今释》引《诗豳风》驳成氏说曰："成氏云几几者伸颈之貌也，后世医家，皆从成意。然《说文》之几，所以状短羽之飞，非所以状项背之强。且项背强者，不得伸摇，成氏乃谓伸颈摇身，伸引其颈，非也。《豳风》"赤舄几几"，《毛传》曰："几几绚貌"，《释文》不出音，则当读如几案之几。《伤寒论》之几几，亦所以状项背之强，其读皆如几案矣。按"几几"，《诗》："赤舄几几"（音几）；《广雅》云："几几，盛也"。盛也即盛貌。"身体强几几"谓身体强之盛也。强几几，犹云"莽洋洋"（见《楚辞》），洋洋状莽（莽，广大也。）之大，犹几几状强之盛也。"项背强几几"，几几亦是状强之盛，"至头几几然"，几几然则状痛之程度之盛。张揖（作《广雅》者）较张仲景之时代稍后，张揖之说盖本于三家诗，仲景之用"几几"字，当与张揖同。谓几几当作几几（音殊）几几（音仁）者，皆臆说，古书无以几几（音殊）几几（音仁）连文者。

有、在通用［原文］《太阳病下篇》曰，"此为阳微结，必有表复有里也。"馨谨案：此两"有"字，当读作"在"，下文"脉沉亦在里也"，此为半在表半在里之文可证。古者"有""在"互通。……《论语·子张篇》曰："贤者识其大者，不贤者识其小者，莫不'有'文武之道焉。"是莫不'在文武之道焉'之意。《左传》僖九年曰："其'在'乱乎？君务靖乱，无勤于行，"（杜注云："在，存也，微戒献公，言晋将有乱。"馨谨案：杜氏在乱释有乱是也，在训存，盖似未知"有""在"互通之例。）是"有乱乎"之意。又昭十一年曰："必'为'鲁郊"，古者"为""有"互通：（见王引之《经传释词》），是"在"鲁郊之意，故杜注云"言昭公必出在鲁郊，不能有国也。"《金匮·脏腑经络先后病篇》曰："肝虚则用此法，实则不'在'用之，"此"不在"亦"不有"之意，不有即不为也。是古者"有""在"互通之明证也。

［补正］伊藤氏谓"必有表复有里也"之两"有"字当读作"在"，非是。有训在，非"在"之借字。伊藤解"莫不有文武之道焉"之"有"字为"在"，亦非也（有字是有无之有）。《左传》僖九年"其在乱乎"之在当训终(《尔雅》"在，终也"。）不当训有。《左传》昭十一年"必为鲁郊"之为字训在，是因为"为"与"于"通，如《左传》庄元年"筑王姬之馆于外，为外，礼也"（于，为，皆训在）是也。《金匮》"肝虚则用此法，实则不在用之"，"在"借为采（采，俗作采。《书·皋陶谟》"在治忽"，今文《尚书》在作采。）伊藤训在为有不妥。

少腹［原文］注家曰：少腹之少，《玉函》及程应旄本作小，是也。盖脐上曰大腹，脐下曰小腹，《素问·脏气法时论》有明文可证。又考《释名》云"少腹、少、小也，比于腹以上为小也。"由是观之，小讹为少，其来久矣。"馨谨案：少小音同字通。《晋语》曰："少溲于豕牢，而得文王，不加病矣，"韦注云："少，小也；溲，便也。"是一人小便亦言少溲，则小腹言少腹未必为怪也。注家云小讹为少，盖考证之疏耳。少训小，又见《吕览·当务篇》高注。

［补正］《伤寒论今释》曰："刘完素《伤寒直格》云：'脐上为腹，脐下为小腹，小腹两旁谓之少腹，'可谓凿矣。"按刘谓脐两旁为少腹，系本诸王冰注《素问·气交变大论》"少腹，谓脐下两旁髎骨内也。"然则"少腹""小腹"仍应分别居之。

消息［原文］十六卷数用"消息"字，此二字凡有二义。《平脉法》曰："消息诊看，料度府脏。"此"消息"字，谓详察也，《脉诀》注及《赤水玄珠》曰："消息者，言详细审察"，是也。《霍乱病篇》曰："吐利止而身痛不休者，当消息和解其外，宜桂枝汤小和之，此"消息"字谓节度起居饮食而摄养也。《挥麈录》曰："消息，谓进退摄养，"是也。《金匮·疟病篇》曰："弦数者，风发也，以饮食消息止之。"此"消息"谓加减也。《祖庭事苑》曰："消，尽也，息，生也，谓可加即加，可减即减"是也。唐泽德夫曰："虽后世医书，用消息字似有三义，《千金方·少小婴孺方·小儿杂病第九》蒲黄汤方后云："消息视儿羸瘦，半之，"此"消息"亦蓄详审之义。又《论治病略例》曰："若初瘥，气力未甚平复者，但消息之；须服药者，当以平药和之，"此"消息"则节度起居饮食而摄养之义。又《婴孺方初生复第二》甘草汤方后云："如得吐，余药更不须与；若不得吐，可消息"；又芫花园方后有"当以意消息与服之"，此"消息"并是加减之义。馨得此说，益足征愚说。其他儒书所用，亦义不一：《易》剥及丰彖传所谓消息，谓阴阳与时消长也。又《参同契》注及邵子《皇极经世书》“一岁之间，自子至巳为息，自午至亥为消，”此亦一义也。《晋书·陆机传》曰：“汝能赍书取消息否?”此“消息”，《唐韵》等书所谓音信是也。学者随处求义可也。

[补正] 丹波元简《医賸》载《伤寒直格》云：“消息，谓损益多少也。”锦城大田公干（元贞）尝谓云：“《公羊》昭十九年曰：乐正子春之视疾也，复加一饭，则脱然愈；损一饭，则脱然愈；复加一衣，则脱然愈；复损一衣，则脱然愈。”何休注：“脱然，疾除貌也，言消息得其节，《伤寒论》消息二字得之，而义自明。”此亦可为“消息”作加减进一解。

[《浙江中医学院学报》1979；(4)：1]

试论《伤寒论》“六经”当为“六病”

刘绍武　山西省太原市中医研究所
(整理　胡连玺)

东汉末年张仲景所著《伤寒杂病论》一书，其辨证施治，法度精严，是对汉以前医学的总结，并对后代医学的发展起了积极的推动作用，故该书为历来医家所重视。就是在今天，仍不失为发掘祖国医学的宝藏之一。对大搞中西医结合，指导临床实践仍有很大的实用价值。但是由于此书成书年代久远，又几经显晦，数为变易，已非仲景旧貌。其中又杂以他说，给我们的学习带来很大困难。另一方面，经过许多医家的注释，虽然对我们的学习提供了不少方便，但有一些玄学思想也掺了进来。如假借运气，附会岁露即是。就是以《内经》之六经学说解伤寒，也给学习增加了不少麻烦。本文将就此问题予以讨论：

《伤寒论》原著中的“经”不是“六经”辨证之“经”

考“六经”之说创于朱肱，其在《活人书》中明确指出：“六经”是足太阳膀胱经、足阳明胃经、足少阳胆经、足太阴脾经、足少阴肾经、足厥阴肝经。并说：“治伤寒先须识经络，不识经络，触途冥行，不知邪气之所在”。张景岳、汪琥等从而和之，并推广至手足十二经。但是无论古代或近代，也有很多人不同意这种看法，如方有执、柯韵伯、恽铁樵等。

要讨论太阳、阳明等是“六经”还是“六病”的问题，还得从《伤寒论》原著上作一番研究。在现行之赵开美本的398条中，粗略统计：言“太阳病”者55条；言“阳明病”者36条；言“少阳病”者1条；言“太阴病”者2条，言“少阴病”者41条，言“厥阴病”者2条；共计137条。而单言“太阳”“阳明”“少阳”“太阴”“少阴”“厥阴”者尚未统计在内。涉及“经”字者只有14条，其中第143、144、145三条为经水之经，与“六经”之“经”无关，当除外，馀仅得10条。现对此10条中“经”的含义讨论如次：

第30条：“……附子温经，亡阳故也……”中之“温经”是说明附子的功用不是“六经”辨证之“经”

第67条：“伤寒，若吐、若下后，心下逆满，气上冲胸，起则头眩、脉沉紧，发汗则动经，身为振振摇者，茯苓桂枝白术甘草汤主之。”中的“发汗则动经”是谓误汗而伤动经脉，其症即“身为振振摇”。此“经”字虽为经脉之经，然此处为谈病理，非指病属何经。

第124条：“太阳病，六七日，表证仍在，脉微而沉，反不结胸；其人发狂者，以热在下焦，少腹当硬满，小便自利者，下血乃愈。所以然者，以太阳随经瘀热在里故也。抵当汤主之。”此条中之“经”指经络言，是谈病理变化为表热通过经络而入于里。但说明是通过足太阳膀胱经而入于其腑，观小便自利即可知。由“少腹当硬满”与“下血乃愈”说明热瘀在肠（参看237）条）。从这一条亦可明显地看出太阳病不是指足太阳膀胱经病。

第160条：“……经脉动惕者，久而成痿，”“经脉动惕”或以为即67条之动经，或以为全身经脉跳动，惕惕不安。前一解是谈病理，后一解是叙症状，但都不是说其病在哪一“经”。

以上四条中的“经”，或谈药理，或讲病理，或叙症状，都不能作辨证之“经”的根据。

第103条：“太阳病，过经十余日，……”第105条：“伤寒十三日，过经，谵语者，以有热也，当以汤下之。第217条：“汗出谵语者，以有燥屎在胃中，此为风也，须下者，过经乃可下之。……”此三条之“过经”均指太阳病已罢。然不称太阳经已过，或病已过太阳经，可知仲景对于辨证只称太阳病或太阳证，或径称太阳。第217条虽为阳明病，其“过经”仍指太阳病已罢。对于其余五病不复见此词，故“过经’一语或为太阳病已罢之专用语。以文义看，此“经”字只能作界限或范围来解，柯琴所说“仲景之六经是经界之经，而非经络之经”，大概即指此而言。若推而广之于其余五病，“六经”只能作六种范围，即六类证候解，不能作六条经络解。所以此四条亦难以作为“六经”立论之依据。

第8条：“太阳病，所痛至七日以上自愈者，以行其经尽故也。若欲作再经者，针足阳明，使经不传则愈。”第114条：“太阳病，以火熏之，不得汗，共人必躁，到经不解，必清血。名为火邪”。第384条：“伤寒，其脉微涩者，本是霍乱，今是伤寒，却四、五日，至阴经上，转入阴必利。本呕下利者，不可治也。欲似大便，而反矢气，仍不利者，此属阳明也，便必硬，十三日愈，所以然者，经尽故也。下利后，当便硬，硬则能食者愈。今反不能食，到后经中，颇能食，复过一经能食，过之一日当愈，不愈者，不属阳明也。”

以上三条所言之“经”最符合“六经”之“经”，但细释此三条难解之处甚多。

1. 第八条之“行其经尽，按《素问·热论》所说：“七日巨阳病衰，头痛少愈”。此为按日传一经，六日传三阳三阴尽，故七日当愈。

另一解谓“头痛”一症除太阳病外他证少见，故七日是太阳一经行尽之期，不是六经传受之日，“行其经尽”是行完了太阳本经。此两种说法孰是孰非，故置不论，但都没有经络的含义：“经”只作为界限、范畴的意思。第384条：“到后经中”的“经”，包含了第二周期的六个“经”，这种意思就更明显了。

2. 第114条之“到经”，注家多遵成注以七日复至太阳为“到经”。第八条以七日为“经尽”。它们都是行了一个周期，而第384条却以行完了两个周期为经尽，此中妙义殊难明了。实际是无法明了的，以我五十多年来的大量临证，从来没有见过这种按“六经”顺序周而复始传变的情况。可以说这样的学说是经不起实践的检验的，以这种不切实际的理论是难以做为解《伤寒》的指导的。

3. 《伤寒论》第5条说：“伤寒二、三日，阳明、少阳证不见者，为不传”也。第4条说：“脉若静者为不传”。仲景既已批判了这种日传一经的学说，不当复用此说，所以对于这样的条文完全可以怀疑其非仲景所作。

4. 此三条之辨证仅拘于日数而略于脉证，这是不符合仲景“观其脉证，知犯何逆”的辨证精神的。

由于这三条本身存在这样多的问题，其所谈之“经”虽为“六经”之“经”，也难以作为“六经”立论之依据。

从以上分析可知，在《伤寒论》的原著中找不到“六经”立论的有力依据。相反的到有137个条文在谈“病”，这些条文明白地指出为“太阳病”“阳明病”……，况且各篇之标题就是称“病”而不作“经”的，依照原著称作“六病”在学习中反倒觉得明白晓畅，应用上简捷方便，这是我们认为“六经”当为“六病”的一个理由。

“经”与“病”为本质不同的两种概念

以经络解伤寒的问题，还涉及经络的循行与症状的关系问题，脏腑经络的表里关系与证候的表里出入问题，经络与治疗的关系问题等等。为便于讨论，现归纳为两个具体问题，讨论于下。

（一）怎样理解太阳病之头项强痛，阳明病之口燥咽干鼻衄，少阳病之耳聋、目赤、胸胁苦满等症状以及刺风池、风府、期门等法与经络无关呢？

我认为这些问题确实须要辨别清楚。首先应该肯定经络学说是祖国医学的重要组成部分，无论在生理功能上，病理变化上，诊断治疗上都有重要的意义。一切疾病不论在病理变化上和转化过程中都有经络的参与，这是不容置疑的。因为经络有运行血气，联络脏腑，沟通表里上下内外的作用，也是病邪出入的道路，如124条之“太阳随经瘀热在里”就是很好的一例。但是绝不容许把病邪传变的途径与证候类型的划分混为一谈。经络辨证自有其独立的内容，与伤寒论的辨证法则绝不相侔。至于头项强痛属太阳，口燥咽干属阳明，耳聋目赤胸中烦满属少阳仅是各该病的局部症状。这怎么能说六病是依经络的循行划分的呢？方中行所说：“若以六经之经，断然直作经络之经看，则不尽道，惑误不可胜言，后世谬讹，盖由乎此。”其原因就在这里。

（二）应如何领会《伤寒论原序》中明白指出：“经络府俞，阴阳会通”，第92条之“病发热，头痛，脉反沉，若不差，身体疼痛，当救其里”与293条热迫膀胱证之“少阴病，八、九日，一身手足尽热者，以热在膀胱，必便血也”中的脏腑表里出入关系即经络的会通关系呢？

我认为应该从下面几点来领会：

1. 不可断章取义，试观原序为：“人禀五常以有五藏，经络府俞，阴阳会通，玄冥幽微，变化难极，自非才高识妙，岂能探其理致哉”。此为举五藏经络府俞以概人体所有组织，“阴阳会通。是说各组织之间成为有机联系的统一整体，其奥妙深微的道理是变化无穷的。勉励大家努力学习，成为学识高深的人才能懂得其中的道理。这一段道理并不是单指经络府俞而言的，这种举少数以概全部的写法是汉代文章言简意赅的特点。退一步说，就是单指经络府俞的阴阳会通关系，也只是讲它们的生理病理关系，并没有提及其为辨证纲领或分证方法的意思。到是读内容先须识标题。各篇名称只作“辨某某病脉证并治”而不作“辨某某经”或“辨某经病”，正是《伤寒论》之辨证依“病”不依“经”的明显所在。

2. 脏腑的阴阳属性是由其“藏精气而不泻”与“传化物而不藏”的功能所决定的，藏与腑由经络的属络关系相联系而成表里关系。但是脏腑经络的分表里绝不同于证候的分表里。不然的话，因三阳经与三阴经各有表里关系，那就应该三阳经为表证，三阴经为里证，这种结论谁也不会同意的，所以经络的表里与证候的表里完全是不同的两个概念。

3. 六病的传变是错综复杂的，将传于何病乃取决于邪正双方及治疗之正误，并非一定要循着经络传于其府，或传于其所属表里关系的经络或脏腑。如太阳病误治后可转为葛根芩连汤证，亦可为桂枝人参汤证，还可为大陷胸汤证，诸泻心汤证，栀子豉汤证，白虎加人参汤证等等，为什么就不按照脏腑表里的关系来转化呢？所以我们认为证候在转化过程中，应当想到经络可能是病邪传变的途径。但是，不追究它的具体传变途径并不影响对证候的认识。如第248条：“太阳病三日，发汗不解，蒸蒸发热者，属胃也”。只要认清其发热、汗出、不恶寒、反恶热、蒸蒸发热就是阳明病，至于通过哪几条途径，从来没有人追究过。若认为太阳病的病邪在膀胱经，要传至胃经，它们之间并没有表里关系，则不知通过哪种关系和什么顺序。若按流注顺序中间要经过肾、心包、三焦、胆、肝、肺、大肠七经，中间这些经为什么又不表现出症状来，或是另有别的途径就不得而知了。经络的病理变化只是机体病理改变中的一个部分，而营、卫、气、血、津、液、皮、毛、筋、骨、肉都可能参与，怎么能只重经络而不及其余呢。何况经络亦非止六条，张景岳曾谓：“伤寒传变，止言足经，不言手经，其义本出素问热论篇中，夫人之血气运行周身，流注不息，其传过手经而有不入者哉”。其已推广为十二经，何不谓十二经辨证呢？依照其理，则其传过奇经而有不入者哉？十二经都受邪怎么能只谈六经呢？所以我们认为六病的传变规律与经络的表里关系不大。

4. 仲景用太阳、阳明诸名作分证纲领，其内容皆非《内经》之旧，因一以论证候，一以名经络。正如叶天士用卫、气、营、血诸名作为分证纲领一样，诸名虽出《内经》，而与《内经》论物质讲功能的内容完全两样。以经络解伤寒正如同把温病分证的卫气营血仍然看作是构成人体的某些物质一样。可见太阳病、阳明病……与太阳经（脉），阳明经（脉）……是不可混淆的两种概念。

5. 以实践第一的观点来说，临证施治皆重于证而忽于经，按证发药，其证自解，若寻经摘药，反增踌躇。我于30年前曾治一人冬月患伤寒，40余日不解。病者由壮热烦躁而变为厥冷昏睡，呼之不应，喂以汤水，尚知下嚥，已十余日。诊得周身厥冷，寸口、趺阳脉皆无，按腹则濡，启眼睑视之，双目赤如血裹。思得证情如此险恶而迁延十余日不败者乃正气尚未内溃，两目红赤乃火热之候，邪热内伏而阳不得伸，正热深者厥亦深之谓。遂投大剂白虎汤一贴，石膏重用一斤，知母亦用至五两，煎一大盆嘱频频灌服，进半剂遂热大作，病者苏而大呼“热死我了”，半日尽剂而热不退，撮药不及，时正值天降大雪，遂作雪球与啖，进大于拳者九枚，热退而安。所以目赤一症而断为热厥。若依经络则不知作如何判断。如据肝经连目系，少阴经脉起于目外眥来理解，则当以少阳、厥阴来论治了。可见在临床应用上，重在辨证而不重于辨经络。六病辨证正是对各种证候进行分类和概括，若用经络对这些证候作分类和概括就困难很多了。

6. 在六病的概念中，概括了病性（阴阳）、病势（寒热）、病位（表、里、半表半里）、病体（虚实）的内容，在经络的概念中则无此种含义。以病位为例来说，三阳病中，病邪在表的，因势利导，可汗之而解；病邪在里的，亦因其势可下之而解；邪在半表半里的则非汗下之所宜，可清之（黄芩汤证）或和之而解。体现了辨证的目的全在于施治。若以经络辨证论治则没有这样的区别，因为每条经络都内属于脏腑，外络于肢节，每一经络都既可出现内部脏腑的疾患，又可出现外部体表和肢节的疾患，这种辨证也就达不到何经可汗，何经可下，何经可清的辨证目的 这与六病辨证中太阳主表，阳明主里，少阳主半表半里的辨证法则是有根本的区别的。所以六病对于经络在辨证上毫无依从关系。

总之，“经”与“病”的概念有着本质的区别：六经是生理的，其循行有固定的路线，虽无病，其存在依然如故，《伤寒论》的“六病”是病理的，是人为的划分证候类型的方法，无病则“六病”不复存在。经络无论外在体表或内至脏腑均为线段的，至其病象亦只出现于其循行部位及其所络属之脏腑；而“六病”之表现常为全身性的。经络之阴阳是用以说明人体组织结构之属性，由脏腑之不同及经络循行体表部位的区别所决定；而“六病”的阴阳是用以说明疾病的属性，由病势、病位、病体所决定，包括了表里寒热虚实的内容。“经”与“病”是本质绝不相同的两种概念。所以我们认为对《伤寒论》辨证的“六经”当称“六病”。

小　结

（一）本文对以“六经”解说《伤寒论》分证方法的学说作了简略讨论，我们认为对历来沿袭已久的“六经”分证应作“六病”分证。理由是：

1.《伤寒论》原作中对“六经”没有明确的提法和充分的依据。《伤寒论》的“目次”有“辨太阳病脉治并上”“辨阳明病脉证并治”……“辨阴阳易差后劳复病脉证并治”等十节。

2. 在太阳病的例说中，说明“经证”之邪并不在“经”，“府证”之邪亦不在本“府”。六病分证的法则与经络的循行及其所属脏腑的功能没有明显的依从关系。

3. 在整个病理变化中，经络只是参与变化的一个部分，不能单用经络代替整个机体的病理改变。

4. 经络是组成人体的一个部分，而“病”是机体阴阳失调的结果，是属于完全不同的两个概念。

（二）本文的写作目的并不在于争“经”与“病”这一字之差，而是希望通过讨论，对《伤寒论》的辨证法则有一比较正确的认识，从而对这一有高度实用价值的古典医著能更好地学习它和应用它，使它能在“古为今用”的方针指导下发挥更大的作用。

［《新中医》1979；（4）：12］

略论伤寒六经传变问题

魏甫贤　广州中医学院

1.《内经·热论》中所言伤寒之阳明及三阴，皆属热证，治法则云：“其满三日者，可泄而已”。而《伤寒论》阳明及三阴经，不仅有可清可泄的热证，还有宜急温之以四逆辈的寒证。这是《内经》和《伤寒论》的不同点。目前，一般是用病传三阴，有寒化与热化之分来解释。但考之成无已和历代名家，则多主伤寒传经与寒邪直中的说法。这些论点，历代都有争鸣。

2.《内经·热论》：“伤寒一日，巨阳受之，故头项痛，腰脊强，二日阳明受之，阳明主肉，其脉侠鼻络于目，故身热、目疼而鼻干，不得卧也。三日少阳受之，少阳主胆，其脉循胁络于耳，故胸胁痛而耳聋。……四日太阴受之，太阴脉布胃中络于嗌，故腹满而嗌干。五日少阴受之，少阴脉贯肾络于肺，系舌本，故口燥舌干而渴，六日厥阴受之，厥阴脉循阴器而络于肝，故烦满而囊缩”。这是《内经》所述之六经病症。

至汉代医家，不但了解伤寒有《内经》所列的经病，而且还发现有气病和府病。仲景总结整理了这些经验，按《内经》六经之名分经归纳，补充了《内经》之所未言者，并列举不同的治疗法则：太阳主汗，少阳和解，阳明及三阴主清主下，无疑是“其未满三日者，可汗而已，其满三日者，可泄而已”的运用。

鉴于寒邪为病。除伤寒外，还有寒邪直中，病情更较严重。所以《伤寒论》诸经的中寒里证，亦即指寒邪直中而言。考《内经·举痛论》，其内容与《伤寒论》之里寒证相吻合，仲景当时对中寒病证的诊断，可能是有所依据的。《内经·举痛论》：“寒气客于小肠，小肠不得成聚，故后泄腹痛矣”。“寒气客于肠胃，厥逆上出，故痛而呕也”。“寒气客于五藏，厥逆上泄，阴气竭，阳气未入，故卒然痛死不知人，气复反则生矣”。《内经》先列寒邪客于肌肉经脉，后论客于藏腑，《伤寒论》则自阳明病开始，列入“中寒”之症。因太阳为表，少阳为半表半里，阳明为阳之里，又主胃肠，三阴当然属里。寒邪直中阳明及其以下诸经，皆谓中寒。

《伤寒论》190 条：“阳明病，若能食，名中风，不能食，名中寒”。阳明中寒（寒邪直中阳明），不能食是特征。均于 191、194、226 各条反复申明。此外，尚可见脉迟，下利清谷之症。病在阳明，当知身有大热，与三阴不同也，故曰“里寒外热”（见论 225 条）。太阴中寒，也不能食，并有腹满、吐、利、时腹自痛，参阅太阴病篇提纲可知。身无大热但手足自温，自利而不渴也，是太阴证的特点。

少阴中寒，吐利，蜷卧神疲，肢冷，脉微，自利而渴，小便清白。虽未明言，吐利后当亦不能食。厥阴中寒，症似少阴而更甚，肢冷而厥，或冷结内藏（见论 340 条），或全身肤冷，躁烦不安（论 338 条）。病在厥阴，有时可见寒极生热。阴极转阳之机。这是厥阴病的特点，故列为本经提纲（论 326 条）。凡诸中寒之证，皆治之以四逆汤辈。若寒极生热，阴极转阳，寒未已而热已生，其间则有寒热并见之候，宜乌梅丸法。

3. 既然阳明属里，而其以下诸经之寒证皆划入中寒（寒邪直中）范围；相反，其热证，则皆属传经之证。成无己在《伤寒明理论·四逆篇》中对此已早有阐述："伤寒始者，邪在皮肤，当太阳阳明受邪之时，则一身手足尽热，……伤寒，脉浮，手足自温者，是系在太阴，……至于邪传少阴为里证已深，虽未至厥而手足又加之不温，是四逆也，若至厥阴则手足厥冷矣"。成氏以手足之温否作为六经辨证分型的指归。他又说："经曰：少阴病四逆，……四逆散主之。方用柴胡、枳实、芍药、甘草四者，皆是寒冷之物，而专主四逆之疾，是知四逆非虚寒之证也。又有四逆诸汤也治四逆，手足寒，方用干姜、附子热药者，厥有旨哉。若手足自热至温，从四逆而至厥者，传经之邪也，四逆散主之。若始得之手足便厥而不温者，是阴经受邪阳气不足，可用四逆汤温之。大须识此，勿令误也"。成氏所谓"传经之邪"指由太阳传入于里之病。所谓"阴经受邪"，指寒邪不经太阳，径直中于里之证也。治法一凉一温，故曰"厥有旨哉"（即很有奥妙之意）。他还妨仲景的语气告诫说："大须识此，勿令误也"。成氏是《伤寒论》较早注家之一，他对《伤寒论》的精微阐发较为深刻，后世医家在临床实践中体验到他的这些论点是比较正确的。现举明张景岳和清张石顽两氏的论述如下：《景岳全书·伤寒典·阳证阴证辨》说："伤寒纲领，惟阴阳为最，此而有误，必致杀人"。"若病自三阳，不能解散而传入三阴，则寒郁为热，因成阳证。盖其初病必发热，头痛，脉浮紧，无汗，以渐而深，乃入阴经。此邪从阳分传来，愈深愈热。虽在阴经，也阳证也。其脉必沉实有力，其证必烦热炽盛。此当攻里，或清或下，随宜而用"。"若初起本无发热头痛等症，原不由阳经所传而径入阴分（即阴经）者，……乃为真正阴证。……此以传经不传经而论阴阳也"。石顽在《张氏医通·伤寒·阴阳传中》指出："当知伤寒传经之证，皆是热邪"。"至于阴证，既无热邪气蒸，万无传经之理"。他还说："夫治伤寒之法，全在得其纲领。邪在三阳，则当辨其经府；病入三阴，则当分其传中。盖经属表，宜从外解；府属里，必须攻下而除。传属热，虽有阳极似阴，厥逆自利等症，但须审先前曾发热头痛，至四五日或数日而见厥利者，皆阳邪亢极，厥深热深之证。急当清理其内，误与温药必死。……间有发汗太过而成亡阳之候，亦有攻下太过而阴阳俱脱者，不妨稍用温补。然脱止阳回即当易辙，不可过剂以耗其津，况此证与真阴受病不同。中属寒……"。石顽此论，可谓句句中肯。

总之，伤寒病初犯太阳为表，病入阳明及三阴，则皆为里证。非寒莫中，非热莫传，这是掌握伤寒病机的重要关键，不可不察。

4. 总观《伤寒》和《金匮》，既有外风所中之（中风）篇，为何不立一中寒篇？书中并有五藏风寒积聚篇，其实非论外寒所中之病。历代诸家认为中寒已并入《伤寒论》中，验之临床，中寒证与五藏风寒积聚篇不符，却与寒邪直中阳明或三阴之证合，则此论益信。根据以上理论，证明《伤寒论》不仅论述了伤寒病，而且也涉及中寒病；伤寒传经入里皆是热证；直中于里，皆是寒证。临床上见有里证，必须辨明其为传为中？方可施治。

此外，伤寒病，太阳病期为表寒，阳明病期为里热。过去主张"入里则寒邪化热而为里热"。此语似有语病，因寒邪伤人在表为表寒证，入里则为里热证，此属病变不同阶段的表现，亦即八纲之属性，并非寒邪传变为热邪，应避免误解。

［《浙江中医药》1979；（4）：122］

临床中学习《伤寒论》的点滴体会

封万富　内蒙古乌盟医院

《伤寒论》一书为汉代名医张仲景先生所著，汇集了我国汉代以前的医学成就，为既有实践又有理论的一部经典著作，深受历代广大医者推崇，本书以六经分证的方法，有机的将理、法、方、药贯串在每一个论点之中，密切的联系了脏腑经络辨证的方法，构成了比较完整的辨证诊治的思想体系，在医学上是一个前所未有的重大发展和贡献。也是内经理论体系的一个发展　为学习中医者必须习读之书，其科学价值直到今天还犹有现实意义，现将临床中通过学习"伤寒论"以后治疗的六例病案，整理如下。

1. 李××，女，37岁，1975年就诊

患荨麻疹数年，每日必发，疹出如粟，逢汗出遇风时加重，病发则全身肌腠不舒。经多种方法治疗，效果始终未能满意，虽为小疾，但病情发作时搔痒难忍。心中作烦，颇是影响工作与休息。

"伤寒论"太阳篇中曰"太阳中风，阳浮而阴弱，……啬啬恶寒，淅淅恶风……桂枝汤主之"。又曰"太阳病，项背强几几，反汗出恶风者，桂枝加葛根汤主之"。

可知该患为肌腠疏泄，玄府不固，风邪侵入肌府，又善行而数变，故窜之毛窍搔痒难忍。阳气外泄，故又汗出恶风经气不舒。

故方拟桂枝加葛根汤再加治风之圣药防风15

克，共服二十余剂基本告愈。

2. 马××，48岁，1974年7月就诊

家人来述，病已两周，近两天病重，今日更危，要求出诊，到患者家中，见患者果然危在旦夕。目中不了了已不识人。喃喃自语，循衣摸床。撮空理线，急诊六脉，均见沉弦，舌苔黄厚而燥，中心略黑，问家人有否大便，已六日没大便。向家属交待病情后，同意服中药。“伤寒论”阳明篇中曰“伤寒若吐若下后不解，不大便五六日，上至十余日，日晡所发潮热，不恶寒，独语如见鬼状，若剧者，发则不识人，循衣摸床，惕而不安，微喘直视，脉弦者生，涩者死。”

可知该患为阳明热炽伤津，阴液内竭，肝风内扰，热迫神明，热极神昏之危候，急予阳明峻下剂大承气汤，通腑泻热，拯救津液，药以大黄10克、芒硝10克、枳实10克、川朴10克、并加连翘15克、竹茹15克、黄芩15克一剂，一煎服后六小时大便燥屎一次，臭气难闻，嘱家人再进二煎又大便二次，为燥屎粪块并稀水，此时患者神志已清，舌苔退之大半。上方去川朴加甘草，取调胃承气汤之意，服三剂后患者转危为安，又更服他方调理善后。

3. 马××，男，32岁，1978年元月就诊

患者于一九七六年五月份感冒后，遗患眩晕至今，症已二年，终日不解，如晕舟车之状，甚感苦恼，每当病情大作时，两目白睛及眼睑四周必呈潮红，无恶心呕吐，不耳鸣，自述二年来经多种办法治疗不佳，又经西医有关科室多种检查，亦无特殊发现。诊之见六脉弦而稍大。

“伤寒论”少阳病中曰“少阳之为病，口苦、咽干、目眩也”。又曰“伤寒中风，有柴胡证，但见一证便是，不必悉具……”

可知该患为病邪留居少阳，邪热上迫空窍所致，又经曰“肝开窍于目”。治法必当和解少阳，方以小柴胡汤，柴胡10克、黄芩12克透达清泄邪热之功，党参10克、甘草10克、小枣三枚扶正，半夏10克、生姜二片和中，和中扶正肝有所藏。全方共奏助正去邪之功。又加镇逆潜阳之品牡蛎15克、龙骨15克、赭石15克、怀膝12克服五剂，复诊时患者自述症已去十之七八，又嘱再服五剂。

4. 吕××，女，成，社员1973年6月

患病已三个月，病起腹痛，泄泻，伴呃逆自作食积处理，购买番泻叶浸泡服用。服后前症不但未减。泄泻更甚，每夜必登厕3～4次面白脉弱，胸闷不舒，不欲进食。

“伤寒论”太阴篇中曰“太阴之为病，腹满而吐食不下，自利益甚，时腹自痛，若下之，必胸下结鞭”。又曰“自利不渴者，属太阴，以其脏有寒故也，当温之，宜服四逆辈”。

可知该患为中焦脾土虚寒，脾主运化，阴盛阳衰，运化失健，水湿寒饮偏注大肠，论中指出治则当温之宜服四逆汤一类的药物，附子理中自然首当其选，方以温中回阳的附子10克、白术12克、炙甘草10克、炮姜6克、党参20克，并加对健脾有专效的炒山药25克及厚肠理气的煨木香10克，共服九剂病愈。

5. 赵××，男，23，1964年5月

前半月患风瘟，热退咳止：但心烦难寐，寐梦惊惕，头晕目瞑，六脉细而稍数，舌红苔不显。

“伤寒论”少阴篇中曰“少阴病，得之二三日以上，心中烦，不得卧，黄连阿胶汤主之”。

可知该患为邪热耗伤阴津，心火亢旺，心主神志，心神不宁故心烦不得卧，又肾为水脏，其真阴被耗，水火不济则心肾不交，故成上症，用育阴清热，滋水降火的原方，以芍药、阿胶、鸡子黄之酸甘滋养肾阴，黄连苦寒直折心火，黄芩苦寒泻升腾之相火，如法煎熬，三剂症减夜寐而安。

6. 孙××，女，67岁，1975年12月

患者西医已确诊为冠心病，广泛性前壁心肌梗塞，心绞痛频发，两臂时时厥逆，六脉结代沉伏，一次在待诊时，心绞痛骤发，面色皖白，额出冷汗，倦卧不动，六脉不及，急给含服硝酸甘油片，才予缓解。

“伤寒论”少阴篇中曰“少阴之为病，脉微细。但欲寐也”。“少阴病，脉微细沉，但欲卧，汗出不烦，自欲吐，至五六日自利，复烦躁不得卧寐者，死”。“少阴病，脉沉者，急温之，宜四逆汤”。

可知该患为心阳欲脱之险证，阳存则生，阳亡者死。法当回阳救逆以振奋未绝之微阳，急予四逆汤方予干姜10克、附子10克、炙草15克又加黄芪、党参各30克，峻补元气，桂枝10克，温通阳气，服十余剂后自述症状有所减轻，带方回家继续服用。

伤寒论的治疗方法及药物作用，疗效明显确切功效专长，方剂组织严谨，只要辨证得当有很高或出乎意想之外的疗效，除上述病例所学习的方剂外，各地报导的在中西医结合工作中疗效肯定的如治疗痢疾的白头翁汤，治疗传染性黄疸型肝炎的茵陈蒿汤，治疗乙型脑炎的白虎汤等等。都是“伤寒论”中有所记载的，所以启示了我们很有必要进一步去学习“伤寒论”、研究“伤寒论”、整理“伤寒论”。

[《江苏医药·中医分册》1979；(4)：45]

关于《伤寒论》厥阴病的讨论

王　琦　中国中医研究院
（整理　李铁君）

对《伤寒论》厥阴病，历来争议较多，我们研究生班在进行《伤寒论》的研究学习时，北京中医学院刘渡舟老师，中医研究生班方药中老师、时振声老师，江西中医学院万友生老师等，就厥阴病的本质、提纲、厥证等问题，作了重点辅导。主讲者从不同角度阐发了厥阴病的实质，析难解疑，使学者多有启发。现将讨论内容整理如下，以期有兴趣的同志一起来探讨这一问题。

一、厥阴病的本质

方药中老师：厥阴病实质是什么？历来认识颇不一致。归纳一下，大致有以下几种看法：

1. 认为厥阴是两阴交尽，为阴之极。因此认为厥阴病本质是寒。我认为阴阳转化的规律是从阳入阴，由阴出阳。厥阴为两阴交尽，阴尽而阳生，所以说厥阴病的本质不是阴寒。

2. 认为厥阴是阴尽阳生，阳气来复，复气太过则热，复气不及则寒，或则寒热胜复，阴阳错杂，这仍然没有接触到实质。我认为研究六经实质离不开脏腑经络的生理病理，研究厥阴病实质就应联系到手厥阴心包、足厥阴肝的生理病理；倘离开了脏腑经络的生理病理而言阴阳胜复就没有物质基础。

3. 干脆否定。代表人物如陆渊雷。他说：“伤寒厥阴篇，竟是千古疑案，篇中称厥阴病者，仅四条，除首条提纲有证候外，余三条文略而理不清，无可研索。”另如日人山田正珍氏亦持相同态度说：“厥阴篇亡而不传矣。”认为“厥阴之为病……；厥阴病渴欲饮水者……；厥阴中风……，厥阴病欲解时……”等四条是王叔和补的阙文。

4. 认为厥阴病的本质是热厥，代表人物如陆九芝。陆氏云：“厥阴之上，风气主之，中见少阳火化，故有热。人身元阳到此亦化阳邪退伏于内，不能充达于外，故有厥。此其热固是热，而其厥则更是热，非当其热时则为热，而当其厥时即为寒也……”“厥者何？热是也。先厥者后必热，厥深者热亦深，厥微者热亦微……。”我本人同意陆九芝的观点。根据是什么呢？

（1）厥阴篇本身的定义：原文335条“伤寒一二日至四五日厥者，必发热；前热者，后必厥。厥深者热亦深，厥微者热亦微。厥应下之……。”

（2）从治疗来看，厥阴篇处方十六个，解表、清热、攻下、催吐占九个　余为温中及寒热并用方。

（3）厥阴篇中的几条寒厥，一是厥阴经表之寒，如当归四逆汤及吴茱萸汤证，一是热厥转化而成的寒厥，所以需温中回阳的四逆辈，作为鉴别诊断而列入篇中。

二、厥阴病的提纲

万友生老师：原文325条“厥阴之为病，消渴，气上撞心，心中疼热，饥而不欲食，食则吐蛔，下之利不止。”这条与338条合看仅能说是蛔厥证，不能作为厥阴病的提纲，不能说明厥阴病的实质。日人丹波元简也认为此条不能为厥阴病提纲。他认为上热下寒和寒热胜复是厥阴病的提纲。我认为，就外感热病来讲，主要应从热厥证来进一步认识厥阴病。只有认清热厥，才能认清厥阴病的真面目。现在有人在介绍厥阴病时，只提到“蚘厥”的乌梅丸证和“寒厥头痛”的吴茱萸汤证，这就太简单了。

三、关于厥证

刘渡舟老师：厥的概念问题，原文337条：“凡厥者，阴阳气不相顺接，便为厥。厥者，手足逆冷者是也。”手足阴阳十二经脉，其连接点皆在手足。阳热盛极可以拒阴于外而发生热厥，先发热而后厥，多是传经之邪。阴寒盛阳气衰，无阳以温四末，则为寒厥。寒厥属脏病为多，或为直中少阴之阴邪，或为汗、吐、下阳气亡失，或为热厥转化而来。寒厥主要在少阴篇讨论，脏厥也属于寒厥的范畴。四逆散证的气厥，是阴阳之气不和，阳气被阻遏，不能布达于四肢而发生的厥逆。另外，尚有痰厥的瓜蒂散证；蚘厥的乌梅丸证；厥阴寒邪循经上逆的吴茱萸汤证；厥阴经脉寒凝的当归四逆汤证和当归四逆加吴茱萸生姜汤证等。根据《内经》对“厥”的论述，厥证另一方面还应包括有神昏、痉厥、瘈疭等症状。

少阴病、厥阴病二篇有很多论述厥的条文。少阴寒厥，是真阳衰竭，阴寒内盛的亡阳证候，临床尚易认识。当少阴寒厥到了更严重阶段，阴盛格阳，浮阳外越，面色戴阳。其本质仍然是寒厥，热是假热。而厥阴病的热厥热是真热，寒是假寒，两者的概念是截然不同的。

万友生老师：仲景受当时历史条件限制，不可能把很多问题都搞清楚。加之《伤寒论》年代久远，又经重新编次，错简阙漏在所难免。我认为温病学说补充和发展了《伤寒论》的学术思想，研究厥阴病与温病学说，尤其是与《温病条辨》有关条文进行探讨。

厥阴者，手厥阴心包，足厥阴肝也。厥阴之上，风气主之；阳明病热到极点，热极生风，很容易涉及厥阴，亦即温病学说“邪入心包”和“热动肝风”之证。肝肾乙癸同源，病到少阴，也到了极点，亦易涉及厥阴，亦即所谓“阴虚风动”之证。

厥是手足逆冷，热是通身发热。如350条“伤寒脉滑而厥者，里有热，白虎汤主之。”这是否是阳明病涉及厥阴病的热厥呢？《伤寒论》中找不出答案。《温病条辨·上焦篇》第17条云：“邪入心包，舌蹇肢厥，牛黄丸主之，紫雪丹亦主之。”吴鞠通的自注，对我们研究热厥很有帮助。他说：“厥者，尽也。阴阳极造其偏，皆能致厥。伤寒之厥，足厥阴病也；温热之厥，手厥阴病也。舌卷囊缩，虽同系厥阴现证，要之舌属手，囊属足也。盖舌为心窍，包络代心用事；肾囊前后，皆肝经所过，断不可以阴阳二厥混而为一，若陶节庵所云：‘冷过肘膝，便为阴寒’，恣用大热。再热厥之中亦有三等，有邪在络居多，而阳明证少者，则从芳香，本条所云是也；有邪搏阳明，阳明太实，上冲心包，神迷肢厥，甚至通体皆厥，当从下法，本论载入中焦篇，有日久邪杀阴亏而厥者，则从育阴潜阳法，本论载入下焦篇。”当然，他以舌卷、囊缩来划分手厥阴证还是足厥阴证是不全面的，但主要精神却从热厥阐明了手厥阴心包、足厥阴肝的病理变化。《温病条辨·中焦篇》第6条指出：“阳明温病，面目俱赤，肢厥，甚则通体皆厥，不瘈疭，但神昏，不大便七八日以外，小便赤，脉沉伏，或并脉亦厥，胸腹满坚，甚则拒按，喜凉饮者，大承气汤主之。”此条重点在阳明热极，牵涉厥阴。于此可以证明，阳明热极以致邪闭心包，是厥阴病热厥的一个重要原因。

肝肾同居下焦，乙癸同源，肾中真阴不足，水液被热邪消灼，肝木失水之柔养，则虚风内动，神倦、瘈疭、肢厥等证悉见。《温病条辨·下焦篇》第14条“下焦温病，热深厥甚，脉细促，心中憺憺大动，甚则心中痛者，三甲复脉汤主之。”“热深厥甚”四字提得明确，这就补充了《伤寒论》对热厥的论述。再如第18条“痉厥神昏，舌短，烦躁，手少阴证未罢者，先与牛黄紫雪辈，开窍搜邪；再与复脉存阴，三甲潜阳，临证细参，勿致倒乱。”少阴病涉及厥阴，也是厥阴病热厥的重要成因之一。

上焦肺卫之邪也有逆传心包的，这就是叶天士所论“温邪上受，首先犯肺，逆传心包”的过程。倘从上焦卫分逆传而来，但见厥阴热厥而无阳明腑实的，则用凉开法的牛黄、紫雪辈。

热厥由阳明而来，即仲景“厥应下之”之例，若热陷心包，内闭情况又十分严重，则应先予牛黄、紫雪等凉开法，再用承气汤攻泻实热。

热厥由少阴来，则应着重育阴潜阳，柔肝熄风。如三甲复脉汤、大小定风珠等。

《伤寒论》和温病学说，具有不可分割的内在联系，只有综合研究，才能使我们的认识更趋全面。

时振声老师：我说两点。第一，热厥下利问题：厥阴病厥、热、利、呕，颇似“中毒型菌痢”“感染性休克”，出现高热、神昏、痉厥瘈疭等症状，符合“热深厥深”病机，此症热毒甚重，重点在阳明热极，上冲心包，下动肝风；根据厥应下之的原则，抓住时机攻下，往往可以热去厥回，对挽救休克、控制感染、排除毒素、缩短病程均有积极意义，承气汤类是其代表方剂。

第二、热厥向寒厥转化的问题：厥热胜复属于热厥，“热几日，厥几日”是厥重与热重的比较而言，也是热厥向寒厥转化的过程。强调寒热多少，有邪气进退的一面，也有正气恢复与否的一面。热厥死亡，必定要转化成寒厥。热厥未能“下之”，向寒厥转化，如342条“伤寒厥四日，热反三日，复厥五日，其病为进，寒多热少，阳气退，故为进也。”即是所谓“厥不止”者也。“厥应下之”条文要与厥几日、热几日日数条文联系起来看，阳气退则病进，阴气退则正复；不要分割，分割开来就不好理解。

刘渡舟老师：厥阴、少阴皆有寒厥，二者如何区别？我想谈谈这个问题。厥阴少阴二经，本是相互影响的。少阴寒厥，阴寒极盛可以有囊缩、舌卷、神昏、指甲青紫等厥阴见证。然而，少阴寒厥的特点是阴极盛，虚阳欲脱，或者格阳于外，真寒假热的里虚寒证。厥阴寒厥，是指厥阴经表寒邪所致，病位在经脉。至于厥阴篇中有四逆辈条文以及戴阳证条文，是为了鉴别诊断而设。脏厥证也属寒厥，应该看成是少阴影响了厥阴的厥少同病。“厥阴之脉，挟胃属肝，上贯膈，布胁肋，循喉咙之后，上入颃颡，连目系，上出与督脉会于巅……”寒邪循经上犯，则巅顶头痛，寒邪犯中，则干呕吐涎沫。一般多讲肝阳上亢，肝风上旋的病机，肝之寒邪上逆，却常被人所忽略。肝阳上犯多动风，肝阴上逆多动水，所以有痰欲，吐涎沫，这就是吴茱萸汤证。其方能温肝降逆，散寒止呕。肝主藏血，倘营血不足，寒邪又客于厥阴经脉，就发生脉细手足厥冷的当归四逆汤和当归四逆加吴茱萸生姜汤证，其方能温运血行，散寒通脉。近代用此方治疗冻疮、冻伤、血栓闭塞性脉管炎、月经痛、腰腿痛、雷诺氏病等，皆取其温通经脉之效。

时振声老师：讨论厥证还有个寒热真假鉴别及其预后转归的问题。厥阴病的热厥是真热假寒：有发热，神昏，瘈疭之热状，又有四肢厥冷之寒象。少阴病阴盛格阳是真寒假热，二者病机相反，一应"下之"，一则惟恐散阳不回，需大剂通脉四逆以迎阳归宅。热厥又可能转化成寒厥，对此鉴别诊断，实有弄清楚之必要。历代医家有许多不同的经验，看法，如有以口渴饮冷与否辨；有以指甲红赤、青紫辨；有以小便赤、白辨；有以脉沉弱、沉滑辨；也有以冷过肘膝与否辨……。我认为，在审察全身状况的前提下，辨舌是比较客观的：舌润泽，苔黑或苔水滑是寒厥；舌绛苔黄燥起刺属热厥。另外，腹诊也不可忽视。以中毒性菌痢而言，通过腹诊，亦可知其端倪：腹满坚，按之有痛苦表情，肠鸣音亢进，是为热厥；如果肠鸣音消失，血压下降，已发生肠麻痹，完全过渡到寒厥，不能接受热厥治疗，多在1～2小时内死亡。厥不回，脉不还，利不止，热厥转化成寒厥，皆为死证。

小　结

通过讨论，基本上弄清了厥阴病的真面目。

厥阴病的实质就是手厥阴心包、足厥阴肝的病理反应。热厥是厥阴病的主要表现。热厥的主要症状是：发热、神昏，痉厥、瘈疭、四肢厥冷……。热厥可以由上焦太阴肺或中焦阳明胃所传，而产生热闭心包、热动肝风；也可以由下焦少阴肾水亏少，水不涵木，虚风内动而产生。"厥应下之"，是治疗热厥的主要原则，但清解法、凉开法、滋阴潜阳等法也是治疗不同热厥的方法。

热厥可以转化为寒厥，所谓"厥热胜复"就是这种转化的过程。所谓"厥"是四肢厥逆，是阴胜的表现，厥之多少，标志着邪气之进退；"热"是发热，是阳复的机转，热之多少，标志着正气的消长，阳气长，病当愈；阳气退，病为进，不独本篇强调如此，在少阴病决死生的有关条文中，亦以手足温、时自烦为阳复佳兆，可治，厥逆不止，脉绝不回，躁扰不安为阳绝恶候，也体现这一精神，所以热厥转为寒厥，这是病情恶化，趋向死亡的过程。亡阳寒厥主要在少阴篇讨论。厥阴寒厥主要是经表之寒。

[《新中医》1979；(6)：18]

《伤寒论》对温病学的贡献

郑秉熊　江西中医学院

《伤寒论》是我国古代的伟大医学家张仲景所著。他在《内经》《难经》的理论基础上，总结了汉代以前的医学成就，结合他自己丰富临床经验而写成的。原名《伤寒杂病论》，内容包括《伤寒论》和《杂病论》两个部分。《伤寒论》是创造性地总结了外感热病的发生、发展、变化规律、治则以及方药配伍的一部著作。它有效地指导着外感病及其他杂病的辨证论治，为后世医学发展包括温病学的发展作出极其重要的贡献。温病学是明代王安道所创始而为清代叶天士、吴鞠通等所发展而形成的中医学术派别。伤寒与温病的关系，在中医学术界上曾发生过很多争论，形成了所谓"伤寒学派"与"温病学派"。"伤寒学派"临证尊六经，好用古方，故称为经方派。"温病学派"喜用寒凉药，提出"古方不能治今病"故称为时方派。两派学术上常有争论，促进了中医学术的发展。但现在来看，温病学说是在《伤寒论》的基础上发展起来的，温病也只能说是伤寒病中一个支流。固然在很多方面补充与发展了前人所未道及的内容，但亦不能抹煞《伤寒论》对温病学所给予的贡献。应该肯定《伤寒论》是对当时的一切外感热病辨证与治疗有巨大贡献，当然亦包括对温病的贡献。下面就《伤寒论》对温病的病因、辨证、治法及对后世温病的影响分述如下：

一、提出了温病病因有伏气和新感之分

《伤寒论序例》中把温病成因分为两种：第一种是"冬时严寒……中而即病者，名曰伤寒，不即病者，寒毒藏于肌肤，至春变为温病，至夏变为暑病"。"是以辛苦之人，春夏多温热病，皆由冬时触寒所致，非时行之气也"。这是进一步阐明《内经》"冬伤于寒，春必病温"的精神，为后世伏气温病的最早记载，一直到明代王安道还是遵循《伤寒论》伏气温病的说法，伤寒例中又指出"其各有非节之暖者，名曰冬温，冬温之毒，与伤寒大异。""凡时行者，春时应暖而复大寒，夏时应大热而反大凉，秋时应凉而反大热，冬时应寒而反大温，此非其时而有其气，是以一岁之中，长幼之病多相似者，此时行之气也。"此则时行之气所发生的"长幼之病多相似者"的病，虽未明言为何病，但从病因来看，是为新感温病之类了。其他如"更感异

气”而变为他病如温疟、风温、温毒、温疫，都是说明病中更感“异气”而发为温病，虽未明言这些病的症状如何？但从脉象辨证来说亦属于外感而即发的新感温病。所以说《伤寒论》是最早提出了有伏气温病和新感温病的病因的不同，为后世温病的“新感”和“伏气”学说作出了前导。

二、《伤寒论》是最早提出温病症状和忌用辛温治疗

《伤寒论》第六条：“太阳病，发热而渴，不恶寒者为温病。若发汗已，身灼热者，名曰风温。风温为病，脉阴阳俱浮，自汗出，身重，多眠睡，鼻息必鼾，语言难出。”这条说的温病是指温邪的邪热内郁，充斥内外，热灼津液，所以有发热而渴，不恶寒的症状。这是有别于发热恶寒的中风伤寒证的。治疗虽然没有指出用辛凉之剂，但却提出不能用辛温解表来发汗，如果误用之，则必会出现身灼热、多眠睡、鼻息必鼾、语言难出的风温变证。这里说的风温是温病误用辛温发汗后的变证，而不是后世陈平伯所说的新感温病的风温。所以说张仲景为后世温病首用辛凉忌用辛温的治疗大法，提供了很大的启示。

三、六经辨证为温病的卫气营血和三焦辨证论治打下基础

《伤寒论》将外感热病分作六经辨证论治，反映了中医辨证论治的基本思想。它是不断综合分析人体疾病过程中关于阴阳、表里，寒热、虚实等不同病理基础上形成的。随着历史发展，后世医学家在继续运用六经辨证纲领对外感疾病进一步分析与观察中，补充和发展了八纲辨证内容，总结出一套新的外感热病的辨证论治规律——卫气营血和三焦。也就是说伤寒的六经辨证是为温病的卫气营血与三焦辨证作出启发与贡献。

《伤寒论》根据外感热病的传变与发展规律，将疾病分成太阳、阳明、少阳、太阴、少阴、厥阴六经辨证，贯穿着阴阳、表里、寒热、虚实等由浅入深的辨证论治的基本概念，形成一套较为完整的外感热病的辨证论治的法则。后世温病学家叶天士根据伤寒的六经辨证提出卫气营血作为温病的辨证纲领。他说“大凡看法，卫之后方言气，营之后方言血。在卫汗之可也，到气才可清气，入营犹可透热转气”。他所说的卫分是指表证阶段，气分是指但热不寒的里热阶段与邪留三焦的半表半里阶段。营分则更进一步出现舌绛、神昏斑疹阶段，至血分则系疾病的邪热灼阴的虚证阶段。所以卫气营血辨证与六经辨证实质上都是贯穿八纲的辨证纲领，它的精神都是根据伤寒论的六经辨证而来的。叶天士自己也承认“辨营卫气血与伤寒同”。

至于三焦论治，早在《伤寒论》中就已开始，如“上焦得通，津液自下，胃气因和……”。“伤寒服汤药下利不止，心下痞鞭，服泻心汤已，复以他药下之，利不止，医以理中予之，利益甚，理中者理中焦，此利在下焦，赤石脂禹余粮汤主之。”后世温病学家吴鞠通以三焦作为温病的辨证论治纲领，也是直接受到伤寒论六经辨证的影响，《温病条辨》中提出温病的传变规律也是由浅入深，由表及里，由实转虚发展的。上焦心肺证包括肺卫的表证与心包的营分症状；传入中焦脾胃证包括阳明里实证和太阴湿热证；最后传入下焦肝肾包括邪热伤阴，痉厥动风的一切温病后期虚证阶段。近代温病学家亦有直接采用六经辨证来统治一切外感热性病的，如俞根初的《通俗伤寒论》便是。所以说《伤寒论》的六经的辨证论治法则是为温病学的卫气营血和三焦辨证作出贡献。

四、《伤寒论》对温病辨证与治疗的贡献

虽然《伤寒论》中认为寒邪易伤人之阳而发病，所以论中大部分方药是属于辛温、甘温的，但《伤寒论》是包括一切古代外感热性病的专书（广义伤寒），当然亦叙述温病的辨证与治法，陆九芝说：“凡伤寒有五，传入阳明遂成温病。”又说：“温病之病本隶于《伤寒论》中，治温病之方，并不在《伤寒论》外。”实际上《伤寒论》阳明病的内容就是后世温病学说的张本；少阴病的黄连阿胶汤就是后世温病滋阴清热的治疗先声。所以《伤寒论》里的阳明经证的表里俱热用白虎汤，阳明腑实的用承气汤，以及阴虚内热的黄连阿胶汤和太阳与少阳合病用黄芩汤，都系温病的症状与治疗方剂。温病学讲义中的风温病热在阳明，无形热盛用白虎汤；有形结热用承气汤；热烁真阴阴虚阳亢用黄连阿胶汤；以及春温热在少阳胆用黄芩汤都是用的伤寒论的辨证与治法。有些辨证与治疗已在《伤寒论》的基础上加以发展与提高，如增液承气汤，加减复脉汤，大定风珠等都是在伤寒方剂的基础上发展起来的。但也不能否认后世温病学家对外感热病的发展与创新，如热入心包的清宫汤；热入血分的犀角地黄汤以及开窍用的牛黄丸，紫雪丹，至宝丹等。

由此可见，《伤寒论》对温病的启示是卓越的，是不可磨灭的。过去所谓伤寒学派和温病学派争论，各执已见，相互指责，形成经方派与时方派的

矛盾是完全不必要的。我们应以历史发展的观点看事物,《伤寒论》是首先揭出温病的辨证论治,而温病学说是继承与发展了《伤寒论》辨证论治的原则,大大丰富了祖国医药的内容,不断推向前进,在医学中独树一帜,其成就多渊源于《伤寒论》,而有所创新。

[《江西中医学院学报》1979;(6):11]

浅论厥阴证在六经传变中的位置

施太源　浙江乐清县仙溪卫生院

伤寒的传变,厥阴证是否即六经传经之极?值得探讨。

对《伤寒论》厥阴篇的认识,历代医家各有争论,如王肯堂《伤寒准绳》认为:“厥阴为三阴之尾,凡太阴少阴之病皆传至厥阴传极,故诸厥阴证不称名者皆入篇”。《医宗金鉴》说:“厥阴者,为阴尽阳生之藏,与少阳为表里,邪至其经,从阴化寒,从阳化热,故其为病,阴阳杂错,寒热混淆也”。而陆渊雷《伤寒论今释》则认为“本篇称厥阴病者仅四条,除首条提纲有证候外,余三条文略而理不清,无可研索。”近人金寿山亦认为:“伤寒论的厥阴病是六经的最后一经,为阴之尽。”而俞长荣《伤寒论汇要分析》则说:“本人很同意厥阴病是阴阳错杂,寒热混淆的见解。……本病是少阴病的进一步发展,其性质本属里、属虚、属寒”。历代注家多以厥阴证为三阴之极和六经辨证的最后阶段。

按原文已充分反映了厥阴病的症候特点:如326条:“厥阴之为病,消渴,气上撞心,心中疼热,饥不欲食,食则吐蛔,下之利不止”。337条:“凡厥者,阴阳气不相顺接,便为厥。厥者,手足厥冷者是也”。341条“伤寒,发热四日,厥反三日,复热四日,厥少热多者,其病当愈;四日至七日,热不除者,必便脓血。以及342条:“伤寒,厥四日,热反三日,复厥五日,其病为进。寒多热少,阳气退,故为进也。”在上述诸条揭示了厥阴证在疾病发展阶段,因三阳与三阴之间的变换而产生上热下寒,寒热交错,正邪相争的过程。并解释“厥”是阴阳气不相顺接,而非真阳欲绝之厥逆。又指出厥少热多是正胜邪怯当从外解,厥多热少乃正气衰邪将入里为病进。此节皆为厥阴证的传变顺逆预后而设。

厥阴证的治法中,仲景用乌梅丸,其药物组成有乌梅、黄连、黄柏敛阴制肝以清邪热,蜀椒、干姜、附子、细辛通阳散寒,人参、当归补气养血,总不离祛邪扶正之旨。如热多厥少,病邪由里及表,则从三阳论治。原书已分列若干治法:其中如“伤寒,脉滑而厥者,里有热,白虎汤主之”。“下利谵语者,有燥屎也,宜小承气汤”。“热利下重者,白头翁汤主之”。均针对症转阳明热在气分而或清或下。若有“呕而发热者,小柴胡汤主之”。是症转少阳当与和解。若“下利后更烦,按之心下濡者为虚烦,宜栀子豉汤”。或“病人手足厥冷,脉乍紧者,邪结在胸中,心中满而烦,饥不能食者,病在胸中,当吐之,宜瓜蒂散”。此虚烦及中满而烦,均为余热未清,欲从太阳外解,则宜轻剂微发表或涌吐治之。又如“伤寒六七日,大下后,寸脉沉而迟,手足厥冷,下部脉不止,咽喉不利,唾脓血,泄利不止者,为难治,麻黄升麻汤主之”。及“手足厥寒,脉细欲绝者,当归四逆汤主之”。此两条均有手足厥冷症,但分析脉象,表里虚实之间有很大差异,不能混淆。以上说明了厥阴证可转三阳外解。正衰邪盛亦可逆转太阴、少阳。其因“发汗,若大下利而厥冷者,四逆汤主之”。及“大汗出,热不去,内拘急,四肢疼,又不下利厥逆而恶寒者,四逆汤主之”。因此篇中救逆之法都不出四逆类。

再从厥阴病死候辨证引证“伤寒六七日,脉微,手足厥冷,烦躁。灸厥阴,厥不还者,死”。与“伤寒六七日不利,便发热而利,其人汗出不止者,死。有阴无阳故也”。“下利手足厥冷,无脉者,灸之。不温,若脉不还,反微喘者,死。少阴负趺阳者,为顺也”。和“少阴病,下利清谷,里寒外热,手足厥冷,脉微欲绝,身反不恶寒,其人面色赤,或腹痛,或干呕,或咽痛,或利不止脉不出者,通脉四逆汤主之”条,以及“下利清谷,里寒外热,汗出而厥者,通脉四逆汤主之”之证用意极为相似。可见通脉四逆汤即四逆倍干姜加附子之回阳救逆法亦通治厥阴危逆之证。

基于这一理由,似可推论少阴证为六经传经之极,阴阳俱衰的最终表现,既立方有四逆、真武、通脉四逆汤扶垂绝之微阳;又有黄连阿胶汤、猪肤汤救已涸之真阴。厥阴篇对真阴亏耗者通篇则未论及,而少阴篇论治正合《内经》“生命之源,水火同义”之说。这样,否定前人以厥阴证为六经传变终极的见解,而代之以少阴、亦无不可。

[《浙江中医药》1979;(6):214]

《伤寒论》药物的统计

林乾良　孙福顺　浙江中医学院

《伤寒论》是中医最早、最重要的临床典籍，历来受到国内外医学界普遍的重视。该书共收方剂113个，其中禹余粮丸有名无方，所以实存方剂112个。

《伤寒论》一共才112个方剂，该书应用的药物到底有多少种的问题，应该说不难得出准确的回答的。而实际上，这问题一直未曾有过较为一致的意见。从现有的国内外资料来看，《伤寒论》所用药物的数目，各家统计从82种到95种，由于该书药物总数尚不能确定，要进一步研究该书有关药物的应用次数，当然更是茫无指针，各执一辞的了。

作者认为，要解决这个问题，关键有两个：一是要有个令人信服的核定标准；二是要有严密的统计方法。为此，作者采用卡片分类的方法，将《伤寒论》所有的方药制成方卡与药卡进行统计。

先谈药数：关于《伤寒论》的药数，最高者是叶劲秋《伤寒论汇纂便览续编》，计95种；其次是任应秋《伤寒论证治类诠》，计93种；再次是中医研究院药物研究所《中药药性总论》，计90种；日本小泉荣次郎《汉法方剂的新研究》为85种；曾育麟《伤寒论所用中药的统计》（中药通报二卷三期）最低，仅82种。今据我们的分类排比，定为87种（详见后）：计矿物8种，动物11种，植物68种。关于这一数据，有几点核定标准应该加以说明：1. 水主要是作为汤剂的基质，其本身说不上有什么医疗的作用，当然不能当作药来看；同理，热汤、白饮、清浆、暖水、潦水、甘澜水、沸汤、麻沸汤等概不计入。2. 粳米已经入药，则饭、粥可以不计。3. 黝花未曾计入，主要因为此药是在加减方中提到（方后加减法中单见的药，概不计入，薤白也是同例）；次则原文中有“且黝花不治利、麻黄主喘，今此语反之，疑非仲景意”，显见有存疑处。4. 温粉未曾计入，主要因为它不明是方还是药，更不用说内含何物了；次则从原文“温服一升，取微似汗，汗出多者，温粉扑之”，可知是服药后可能出现情况的处理，与该方本身无关。5. 有些药虽原方的组成中未提及，但在制备及服法中曾用到，为病人所服用，其实也是该方组成之一，应予计入，如炙甘草汤中之清酒。

在药数明确的基础上，统计有关各药的应用次数，问题就比较少了，只是需要大量细致的统计工作罢了。经我们统计，在《伤寒论》的112方中，应用次数最多的五味药是：甘草70次，桂枝40次，大枣40次，生姜37次，芍药30次。这五味药恰巧也就是桂枝汤的原方，可见昔贤所论桂枝汤为汤剂第一方，以及伊尹从烹饪而悟及医药（相传著有《汤液经》一书）等，是有点道理的。应用达10次以上的，还有9种药：干姜22次，人参21次，附子20次，半夏18次，黄芩16次，大黄15次，麻黄14次，黄连12次，茯苓11次。应用3次至10次的，共有20种药：白术10次，杏仁9次，栀子8次，石膏、柴胡与枳实都是7次，厚朴与芒硝都是6次，细辛与牡蛎都是5次，葛根、当归、香豉与粳米都是4次，阿胶、黄柏、泽泻、桃仁、龙骨与知母都是3次。用2次的，共有18种：桔梗、栝蒌根、猪苓、葶苈子、赤石脂、麦门冬、蜂蜜、蜀漆、甘遂、吴茱萸、水蛭、虻虫、赤小豆、麻子仁、葱白、猪胆汁、通草、苦酒。仅有一次的，共有以下35种：五味子、滑石、蜀椒、巴豆、胶饴、栝蒌实、文蛤、贝母，瓜蒂、茵陈蒿、秦皮、白头翁、芫花、大戟，旋覆花，代赭石、乌梅、升麻、竹叶，鸡子黄、鸡子、铅丹、禹余粮，连翘、生梓白皮、猪肤、白粉、清酒，人尿，天冬、萎裩、烧裈、海藻、商陆根、生地黄。

关于以上数据，还有以下几点是应该说明的：1. 苦酒其实就是醋，故蜜煎导方中的法醋不另列。2. 鸡子其实就是鸡蛋，但苦酒汤中标明“去黄”，而黄连阿胶汤中则药名即为“鸡子黄”，经反复推敲，仍以定为两种为宜，盖系一物异药，跟栝蒌根与栝蒌实的意思相仿。3. 有的药物，其本身列药是没有问题的，但在药用次数上，凡属作为另一种药物的炮制者则不应计入，例如清酒洗大黄及苦酒渍乌梅，两酒均未计入。以上诸点，如有不当，尚祈读者诸君有以教之。

［《浙江中医学院学报》1979；(6)：60］

浅谈对《伤寒论》学习法的体会

孟琳昇　内蒙古土右旗中医研究所

仲景《伤寒论》一书，以六经分证为主体、脏腑经络为核心，系统地阐释了外感疾病的发生、发展和变化规律，创立了辨证论治的法则。是学习中医的必读经典之一。由于本书逐条列证、以证立方，内容广博，又且文辞古奥、言简意赅，给初学带来一定困难。现提出一些学习本书的管窥之见，请不吝教正。

循序渐进　反复熟读

《伤寒论》是张仲景“勤求古训，博采众方”而写成的临床经验总结。因此，学习本书时，首先要对中医学的若干基本理论：如阴阳五行、脏象经络、病因病机、辨证施治、药物方剂等，有一个概念认识。只有这样，才能就《伤寒论》中的一些观点、论证，比较有正确分析、推理、判断的能力。反之，如不由浅入深，一开始便苦读原书，当无不可，但往往易致枯燥难记、理解领会不深，终至事倍功半，收获不大。过去，有些人甚至读了《伤寒》一生，不能临证，确应引为借鉴。基本功得到训练，分析能力亦已相应具备，即应经常反复阅读《伤寒论》，循序渐进，既不可能一气呵成地读完全文，也不应随心取舍，任意旷废，必须顺序细读，持之以恒，要坚决反对“一曝十寒”的学习态度。个人体会是，初学阶段，最好先通读原书一遍，后把各条按字数多少、条文长短，根据本人理解和记忆能力，划分若干天数，每日“雷打不动”，达到“日有所获、日有所进。”这样“长计划、短安排”，以反复阅读原文为主，适当阅读注解为辅，在理解原文基础上，最好熟读成诵。应该指出，尝见一些《伤寒》读者或注者，斩头去尾、重文轻方或重方轻用，有些采作普及教材的，虽保存《伤寒论》之名，而只选留原文一、二百条，不仅使原文内容失真，而且多数方剂下的用法宜忌等注意事项，均被删简。我们继承祖国医学遗产，特别是学习中医经典著作，应力求系统完整、实事求是地加以琢磨推敲，否则即无法取其精华、去其糟粕。倘原文未窥全豹，就谈不上接收与继承，更遑论批判、扬弃？再说《伤寒论》中有关方剂的用法服法目前还有参考研究价值，怎能轻易淘汰。其中有关配伍比例、服法用法部分，有很多恰恰正是其精华之处，如大陷胸汤、丸二方，遵法运用，各得其宜，舍法从药，则难臻尽善；抵当汤、丸，用各有别，如不掌握，则轻重莫辨，缓急难分。读《伤寒》，既要读条文，更要读附方，有助于正确理解原意，有效地指导理论和实践。

其次，初读《伤寒论》，应该在一字一句上下功夫，就是要多了解字义、多掌握语汇。由于原书写成于东汉，很多文字古奥深僻，目前已不常用，如桂枝汤证中的“絷”、大承气汤证中的“濈”等字，字典亦较罕见。语汇方面，如桂枝证中形容恶寒状用“啬啬”、恶风状用“淅淅”、发热状用“翕翕”。说得有声有色，生动具体。这些字和词的用意，必须逐一搞清。因此，学习《伤寒》，不仅要有中医的过硬基本功，还要不断提高一定的古典文学修养。不然即味同嚼蜡，无法消化。学到头，仍不免是“外行”。所以，建议今后在编写《医古文》时，不局限于语文学范围，同时，还应注意编入中医经典中的一些古奥辞汇。使能适应各科教学和自学，为学习经典医籍打好基础。

抓住重点　泛览勤问

学《伤寒》，先通读，后精读，然后细细咀嚼，才能深明经义，了如指掌。但因原书条文，有纲有目、有主有从，故应抓住重点反复学，围绕提纲分类学。全书分太阳、阳明、少阳、太阴、少阴、厥阴六大类。每类有专门纲领条文，并以“之为病”三字，明确标示各经主脉、主症。每经之中，以经证、腑证、变证、合病、并病、坏病等为目，证、病之中又有细目，如太阳病经证中伤寒、中风等即是。论述每一细目时，又以主要条文为纲，如第2条即是中风之提纲，而12、13、24、53、54、57等条则是中风证治之目。这样，使全书形成纲中有目、目中有纲、纲目分明、重点突出。学习时，可具体灵活归类。《伤寒贯珠集》《伤寒来苏集》等书，就曾根据这一原则，作过以纲带目的归纳。

注释《伤寒论》，迄今已近二百余家。学者应尽可能分析对照各家见解，如尤怡、喻嘉言、柯琴、陈修园等著作，近代的《伤寒论释义》《伤寒论译释》等均能各抒己见，说理明晰，须先专攻一二家学说，而后广泛涉猎，把其中某些观点学懂弄通。但对这些浩繁的参考资料，也不能“走马观花”，要苦学精研，才能对《伤寒》原文加深理解和记忆，并把一些“存疑待考”的原文，搞出眉目。

精读与泛览相辅相成。有精读而无泛览，则孤陋寡闻、自以为是；有泛览而无精读，则漫无边际、无所适从。这是一个由约返博、由博返约的过程。

古人说：“非学无以广才”。也可以说：“非问无以广识”。书本属死的知识，而经过实践却成为活的经验。中医学这些精神宝贵财富，确能“发前人所未发”。有些老中医虽无著作，但对《伤寒论》却有不少独到认识，我们不仅要请教古人，还得养成“敏而好学，不耻下问”的习惯，向周围群众虚心请益，这才是可贵的治学态度。

前后对照　左右呼应

学习是研究的开端，研究是学习的继续。《伤寒论》成书年代较早，历经传抄，讹伪难免。或因认识不同，不少条文内容，至今仍有争议，给学者带来一定困难。凡“存疑待考”的，不要轻易搁置，应经过认真探讨、仔细分析。另由于历史条件不同，原书文字繁简不一，有的条文繁而不紊或简而有序。如果把条与条、篇与篇割裂对待，就无法领会精神实质。而且原文397条，虽各条分列，却可以互相映证，有着侧重面和内在联系。因此，学习时应考虑以下几方面的合参。

1. 条与条互参　围绕各条提纲，以归纳证候、以汇集主方，以重点条文联系从属条文，作到归类、鉴别、分析。使每一病证，都能找出病机、证候、治法、方药、用法、宜忌的规律来，并力求使之条理化、系统化。原书条文中有部分不易分立的：如太阳病的经证——中风、伤寒、温病证型载于篇首；而腑证的蓄水、蓄血证型却在篇中交错出现；少阳病的整个辨证论治规律，大部分记述于太阳篇；阳明病经证的主症主方，也在太阳篇中方能找到。等等，都应把全书条文整体剖析，有目的地予以整理归纳，才能丝丝入扣，不致脱节。

2. 篇与篇互参　按六经分证，以阴阳统属八纲。表、实、热统于三阳；里、虚、寒贯串三阴。八纲的相互关系，又共同反映着机体抗病能力和致病因素的机转，故有“实则阳明，虚则太阴”之说。学习阳明病，就应当结合太阴篇共同分析。其他篇章依次类推。

3.《金匮》与《伤寒》互参　《金匮要略》与《伤寒论》原为一书，后人撰次时划分为二。两书内容，往往可互为参证。如《伤寒》181条白虎汤证的“里有寒”，初读时令人费解。当见到《金匮·脏腑经络先后病》14条，即豁然明朗。从而了解到《伤寒》“里有寒”的“寒”字。是广义之寒，亦即《内经》“今夫热病者，皆伤寒之类也”寒字的解释。《伤寒》93条中的“寒”字，《金匮》就曾明确地改成“病”字。这就可理解为里有热的病情变化是属白虎汤证无疑。历来注者对本条所作种种猜测，也就不辨自明。

以证测方　以方测证

《伤寒》397条，有的证详而方简，有的方具而证略，亦值得推究。有证无方者，可以第6条为例，如“太阳病，发热而渴，不恶寒者，为温病”。条文虽为鉴别病证所设，但证情和病机，不言伤寒而属温病。然本条有证无方，故应据此推论用“热者清之”的治法。条文续谓：“若发汗已，身灼热者，名为风温”。这与后世温病学派所说的风温相一致，方药自宜辛凉解表，始能合拍。

以方测证更为多见。如原文19条，“喘家，作桂枝汤，加厚朴杏子佳”。方药加减甚详，而主症却仅标明为“喘”。以桂枝汤为基本方，可知其表虚，故应见恶风、自汗、脉浮；结合朴、杏宣肺、降逆、化痰，症状自然兼见胸膈窒闷、痰多喘逆等表现，从而正确理解本条为“表虚中风，肺气上逆”的证型。

总之，证略者，可从方药考究；方缺者，可按证候推测，以便完整地掌握辨证和用药规律。

脉因互参　多思广用

多数条文，常常以脉论证，开首即言脉象。以脉象佐证病因病机；或借病因阐明机理、证候。如17条：“桂枝本为解肌，若其人脉浮紧，发热汗不出者，不可与之”。桂枝汤治中风脉浮缓，如伤寒则脉浮紧，为麻黄汤证。其症状病因不同，病机各异，治法必然有别，故“桂枝不中与也”。他如49条“脉浮数者，法当汗出而愈”；50条的“脉浮紧者，法当身疼痛，宜以汗解之”；96条的“但阳脉微者，先汗出而解；但阴脉微者，下之而解”……都无一不是以脉来审证求因，作为论治依据，使学者能从繁复的条文中掌握要领。

我们提倡多读书，但反对读死书和食古不化。更不能被古人束缚住自己的手脚，所谓“尽信书则不如无书”。古人说：“学而不思则罔，思而不学则殆”，即要求善于独立思考，不要受众说所迷惑。读原文，要反复玩味，读各家注释，能多作分析，从正反两面猎取心得。另一种方法，即在“学中用，用中学”。这里有一个理论结合实际的问题。只有学用一致，才能真正有所发现。

《伤寒论》一书，历代均视为经典。其内容博大精深，对临床治验，具有普遍的指导意义，应该广泛深入地继续发掘与继承，为在实现“四化”中，重放祖国医学的光辉。

[《浙江中医药》1979；(9)：343]

试论《伤寒论》六病分证的特点及其意义

张志民

“病”与“证”的含义

《伤寒论》的辨证论治系按六病分证，一般当能理解；但对“分证”两字的含义，似有必要作进一步的探讨。《伤寒论》原书篇名，均为“辨××病脉证并治”，既用“病”字，又有“脉证并治”，可知仲景选用病、脉、证、治四字自寓有不同意义，而须予以区别使用。再如原文“太阳之为病，脉浮，头项强痛而恶寒。”“阳明之为病，胃家实是也。”和其余少阳、太阴、少阴、厥阴四病提纲的条文，以及第266条：“本太阳病不解，转入少阳者，胁下硬满，干呕不能食，往来寒热，尚未吐下，脉沉紧者，与小柴胡汤。”各条之“病”，都专作六经所主的“病”字解，不可作一般的“病”字读。《伤寒论》无“六经”两字，只有“太阳病”“阳明病”等六病字眼。而后世所谓六经分证实系一种错误说法，应改称“六病分证”，较为恰当。至于《伤寒论》中“证”字与“病”字有区别，正如太阳病之有桂枝汤证，少阳病之有柴胡汤证，非常明确，可毋须解说。

“症”指个别的症状，如自汗出、头痛、恶寒等即属之。条文中虽未举出“症”字，但主要是叙述症状，若与“证”相权衡，却有狭义和广义的差别。“证”指通过望、闻、问、切四诊，把患者的全身症状整理成一个有诊断价值的证候群。分析其内在联系，来说明病的部位（表里）、性质（寒热）以及病理机制。例如第38条：“太阳中风，脉浮紧，发热、恶寒、身疼痛，不汗出而烦躁者，大青龙汤主之；若脉微弱，汗出恶风者，不可服之。服之则厥逆，筋惕肉瞤，此为逆也。”若按六病分证原则，上述脉证，即应称大青龙汤证。仲景原文虽较简括，但可以观察分析，其证候群的病位为在表，病在早期，属表寒里热，表寒偏盛、正实邪盛之阳证。病机则为寒邪紧束，郁热不宣。寒束必见舌苔薄白，脉浮紧，恶寒发热，头痛身疼；热郁则舌质微红，无汗而烦躁、口干。以本条为例，倘“证”“症”无区别，则不可能提出任何一个独立症状，而能提示上述这些病位、病机的含义。

“病”字主要指《伤寒论》的六病。即按热病的发展全过程分为六种不同的证候阶段和类型。从而提示了病位、病机和病的属性等。例如：三阳病都属表，三阴病都属里。进一步具体划分，则太阳病属表，阳明病属里，少阳病属半表半里；太阴病属表，少阴病属里，厥阴病属半表半里。热证、实证多发生在三阳病阶段。寒证、虚证多发生在三阴病阶段。六病各有它一定的组成部分。每一病有若干分证。正如太阳病之有桂枝汤证、麻黄汤证、葛根汤证、大小青龙汤证等一样，并从其不同脉证互相鉴别。各分证是《伤寒论》六病不可缺少的组成部分。故太阳病的“病”与大青龙汤的“证”有区别，是显而易见的。

六病分证的特点

《伤寒论》六病各有其提纲，六病之下各列许多分证为目，各分证多有其具体脉象和症状。用六病分证法进行辨证论治，有纲举目张、执简驭繁的优越性。这是六病分证特点之一。

其次，《伤寒论》共有112个方证。证以方名，方由证立，有一证必有一方，有是证必用是方。方证一体。当某病被辨明为太阳病之大青龙汤证时，其处方亦即随之而得，即大青龙汤是。这是《伤寒论》六病分证法最突出的一个特点。

第三，各条在论述病情变化时，证、方、药三者亦随之而作相应的变化，四者结合得非常紧密。例如大青龙汤证系麻黄汤证加见有烦躁症者，故在麻黄汤辛温解表的基础上，加甘寒之石膏和姜、枣，使变为温、凉合剂，达到兼清郁热之目的。这是《伤寒论》六经分证法特点之三。

六病分证与类证鉴别

《伤寒论》条文中，提示了如何运用六病分证结合八纲进行类证鉴别。例如第350条：“伤寒脉滑而厥者，里有热，白虎汤主之。”厥有寒厥热厥之分。寒厥宜四逆汤，热厥宜白虎汤。仲景用“脉滑”“里有热”五字，指出类证鉴别的要点。四逆汤证之厥，脉当微细，今脉滑，且曰“里有热”，显属热厥。又如第304条，“少阴病，得之一二日，口中和，其背恶寒者，当灸之，附子汤主之”。本条文叙述简略，但如能全面对照，则不难理解。太阳病麻、桂各方证，有恶风恶寒证，其人当有脉浮，恶寒，口中不和（或口淡），少阳病应口苦，咽干（口中亦不和），往来寒热，脉当弦；此条口中和，仅背部恶寒；而条文冠以“少阳病”三字，当知其脉微细，与太阳病之脉浮及少阳病之脉弦可鉴别。阳明病白虎加人参汤证有“时时恶风”证和“背微恶寒”证，且当有大汗，大烦渴不解，脉洪大等证。今曰“少阴病，口中和”，则“脉微细”与“脉洪大”，“口中和”与“大烦渴不解”易辨。故仲景用“少阳病……口中和，其背恶寒”三句点出：此是附子汤证。而非太阳、少阳、阳明病证。又如第61条：“下之后，复发汗，昼日烦躁不得眠，夜而安静，不呕，不渴，无表证，脉沉微，身无大热者，干姜附子汤主之。”此条有“昼烦夜静”四字，已揭明是阳虚而非阴虚，阴虚当昼静夜烦。不呕，指无少阳病。不渴，指无阳明病白虎加人参汤证。无表证，指无太阳病表证（大青龙汤证有表证兼烦躁）。既非太阳、少阳、阳明三病，再点出“脉沉微”三字，故可辨明是阳虚证，宜干姜附子汤。以上三例，旨在说明六病分证，是对类证鉴别一个重要关键，必须深刻领会。同时，这三条原文命意深奥较难理解。如能举一反三，其他条文和方证即可迎刃而解，并取得临床上的实际运用。

六病分证与八纲的关系

六病分证是八纲理论的发展和实践。《内经》早有“阳胜则热，阴胜则寒”；“阳虚则外寒，阴虚则内热”；“寒者热之，热者寒之”；“邪气盛则实，精气夺则虚”；“实则泻之，虚则补之”等的简朴记载。仲景继承这些学说，用八纲指导辨证论治的作用得到充分的发挥，六病分证实已包括在上述理论范围并按具体证候落实到各个治则和方剂中，所谓“阴盛则寒”，如四逆汤证、白通汤证等是；“阳胜则热”，如白虎汤证等是；“邪气盛则实”，如三承气汤证等是。至于“寒者热之，热者寒之”，“实者泻之，虚者补之”等治法，《伤寒论》六病分证已寓汗、吐、下、温、清、和、消、补等八法。又如《素问·至真要大论》病机十九条中说：“诸病水液，澄彻清冷，皆属于寒”；“诸转反戾，水液浑浊，皆属于热”；“诸呕吐酸，暴注下迫，皆属于热”。仲景分别热利后重及洞泄寒中，并其全身症状，概括为太阳、阳明合病的葛根汤证；太阳、少阳合病的黄芩汤证；阳明病的白虎汤证、三承气汤证；太阴病的理中汤证；少阴病的真武汤证、四逆汤证；厥阴病的白头翁汤证、乌梅丸证等方证。六病分证与八纲是不可分割的，八纲是基础，六病分证是辨证的具体形象。《伤寒论》全书所论所辨，均不出阴、阳、表、里、寒、热、虚、实的八纲圈子。因此，两者是相辅相成的。要学好《伤寒论》的六病分证，也必须研究《内经》的八纲学说。

六病分证辨证法的作用

六病分证辨证法是外感热病的诊治纲要，亦是温病学说的发展基础。温病学说是继《伤寒论》发展而来，学好六病分证辨证法，对于诊治外感热病，能起到启发和指导作用。例如“卫、气、营、血”学说是“六病”学说的补充和发展。设若与“六病”学说相权衡，卫分证候相当于“表证”(表热证)；气分证候相当于少阳病半表半里和阳明病里热阶段；气分证候中的邪留三焦相当于少阳病半表半里；气分大热证候相当于阳明病白虎汤证；气分证候中的热结肠胃相当于阳明病的三承气汤证；至于营分血分证候，在“六病”学说中就比较欠缺。《温病条辨》中共有203方，内中属《伤寒论》原方或其加减、化裁方共90方，占44.4%。《温病条辨》在论述方剂解说和应用方法时，对《伤寒论》原方就略而不论。所以《伤寒论》和温病学的理论体系虽各有创见，但在理、法、方、药方面仍是一脉相承的。

结束语

本文指出：在祖国医学文献中，病、证、症三字习惯上常互相通用，但在《伤寒论》中却颇有区别；更重要的是“六病”的“病”字和“×××汤证”的“证”字都有特殊的含义和作用，必须充分理解，俾有助于理论联系实际。

《伤寒论》不足之处，是在六病分证中，详于寒证而略于热证，详于救阳而略于救阴。对诸如“湿热”证、“营血”证、“血热”证、“逆转”证和“伏邪”证等，都略而不详，对验舌、辨齿等重要辨证方法也缺乏明确介绍。故须与温病学说合参，才能取长补短，融会贯通。

[《浙江中医杂志》1980；(1)：21]

《伤寒论》研究性著作简介

余瀛鳌　中国中医研究院

东汉张仲景的《伤寒论》是奠定我国临床医学基础的重要著作。自北宋校正医书局予以重新整理刊印后，历代医家根据《伤寒论》原著，编写了相当一批数量的派生著作。《伤寒论》的派生著作共分两大类，一类是《伤寒论》的注本，自宋·成无己的《注解伤寒论》迄今，公开刊刻印行的已有一百几十种；另一类属于《伤寒论》的研究性著作。这类著作对于《伤寒论》并不采取逐篇、逐句注解的形式，而是针对《伤寒论》全书或书中有关内容，采用研究、分析、归纳、阐述、论辩、发挥、解疑、释义、补订、提要等形式进行整理编写，有助于对《伤寒论》内容实质和学术思想的深入学习和理解，我们把这一类作品称为《伤寒论》的研究性著作。自宋迄今，我所看到的约有百余种之多，今择其较有影响，具有一定特色的《伤寒论》研究性著作简介于后，供进一步研读《伤寒论》的同志们参考。

1.《伤寒微旨论》：2卷，宋·韩祇和约撰于1086年。原书已佚，后世刊本系从《永乐大典》中辑录编成，全书自“伤寒源”至“劳复证”共十五篇，论述辨脉，汗、下、温中等治疗大法及用药，并介绍某些伤寒病证的证治，后附方论、治案。韩氏在推阐《伤寒论》的学术经验方面，体现了一定程度的变化与发展。

2.《伤寒总病论》6卷。宋·庞安时约撰于1100年。这是一部较早而有相当影响的《伤寒论》

研究性著作。卷1叙述六经分证：卷2谈汗、吐、下、温、灸等治法；卷3介绍与伤寒有关的一些杂证；卷4～5列述暑病、寒疫、温病等病证，卷6载伤寒杂方、妊娠杂方。本方在处方用药方面，在《伤寒论》的基础上参考诸家学说，并结合个人实践，有相当的补充和发挥。

3.《伤寒明理论》：4卷。宋·成无已撰。约刊于1156年。1～3卷，扼要地辨析伤寒五十种症候及其病理；卷4专论方药，选《伤寒论》常用方二十首，强调配伍制使的关系，并以古典医籍结合个人体会加以分析。本书严器之所写序言指出，撰写这部著作是为了让读者“读其论而知其理”，使能辨识伤寒病证，故以“明理”为书名。

4.《类证活人书》：22卷（一作20卷）。宋·朱肱撰于1108年。初名《无求子伤寒百问》，又名《南阳活人书》，作者分述伤寒各种相类证候和一些杂病证治，并介绍妇人、小儿伤寒及其治方，内容颇多发明，后经宋·王作肃予以增注，改名《增释南阳活人书》，解放后有排印本。

5.《伤寒补亡论》：20卷（实存19卷，其中卷16明代印即已亡佚）。宋·郭雍撰于1181年。作者鉴于当时所见《伤寒论》有残缺的情况，遂取《千金方》《类证活人书》以及庞安时、严器之等诸家学说，参以个人见解作为补充，故题名“补亡”。编次与一般《伤寒论》传本不同，内容有所扩充。本书在辑佚工作中有一定的贡献，但体例混乱，仲景原文和后世注文相互掺杂，又未能考证文字的原始出处，这是编写方面的缺陷。1959年上海科技出版社出版排印本，题名《仲景伤寒补亡论》。

6.《许叔微伤寒论著三种》：宋·许叔微撰。其中（1）《伤寒发微论》，2卷。又名《张仲景注解伤寒发微论》。许氏历述伤寒七十二证证治，介绍某些伤寒病证的用药法，并扼要地辨析了伤寒、中风、风湿、温疟等病的脉证。是学习《伤寒论》的辅助读物。(2)《伤寒九十论》，1卷。此书记载许氏医案九十例，并以《内经》《难经》《伤寒论》等古典医籍结合个人见解予以剖析，论述精要。(3)《伤寒百证歌》，5卷。许氏将《伤寒论》中证候等内容编列为一百种，用七言歌诀阐析介绍，并引据古典医籍加以评注，加深读者对所论诸证的认识。

7.《伤寒百问歌》：4卷。宋·钱闻礼撰，撰年不详。作者根据《伤寒论》原文，以七言歌诀的形式提出九十三个问题，内容包括对六经症候、类证鉴别、治法等问题的讨论，钱氏引前人有关《伤寒论》注文以阐析部分歌诀，便于读者对《伤寒论》主要论点的理解。

8.《伤寒类书活人总括》：7卷。宋·杨士瀛撰。简称《活人急括》。此书以总括《伤寒论》《类证活人书》二书的内容为主；多附杨氏学术见解编成。卷1为“活人证治赋；卷2伤寒总括；卷3伤寒证治；卷4～6分述发热、恶风、四逆、头痛等多种症候的证治；卷7介绍小柴胡汤加减法、伤寒诸笃证，以及伤寒别名、戒忌、产妇伤寒、小儿伤寒等。

9.《伤寒直格》：3卷（原为6卷，或称6集）。金·刘完素撰，葛雍编。又名《刘河间伤寒直格方论》。上卷叙干支配脏腑，病因，运气主病，脉诊等统论内容；中卷论伤寒六经传受，并分析一些辨证及其治法；下卷集仲景麻黄汤、桂枝汤等方以及益元散、凉膈散、黄连解毒汤等共34方。《伤寒论辨证广注》的作者汪琥认为：“是书之作，实大变仲景之法者也”。卷终有“伤寒传染论”，明确提出“秽气”“秽毒”致病的唯物主义观点，在治方和病因认识方面，较之前人有明显的进步。

10.《伤寒标本心法类萃》：2卷。金·刘完素撰。简称《伤寒标本》。是一部论述伤寒证治的专著。上卷叙述病证，自伤风、伤寒、中暑、中湿至食复、劳复共44则；下卷载所用64方，其中仲景方约占半数。此书卷上有“传染”一则，以示伤寒与疫房的区别，在治法上月双解散、益元散等方以补仲景治法之未备。此书或认为系出于托名，明·王肯堂将其编入《医统正脉》中。

11.《伤寒类证》：3卷。金·宋云公撰。刊于1163年。宋氏自称密受于“常山医流张道人”，全书将仲景397法，分证五十门，用表格的形式列述伤寒诸证及其兼证的证治，指明当用何方治疗，条理尚较清楚。

12.《阴证略例》：1卷。元·王好古撰于1236年。王氏以阴证伤寒难以辨识治疗，遂采集前人有关学说参以已见，专以阴证设论，按病举例说明，全书叙述阴证颇详。首列《内经》阴阳脉例；次叙张洁古及作者的内伤三阴例；续举伊尹、扁鹊、张仲景、许叔微、韩祗和诸例，证方俱备，有论有辨，串证用药，颇具条理，书末附作者治验。本书虽为阴证伤寒而设，亦可作为研究内科杂病阴证的参考。

13.《伤寒图歌活人指掌》：5卷（一作3卷）。元·吴恕撰于1337年。简称《伤寒活人指掌》。宋·李知先曾于1166年将《类证活人书》中伤寒诸证编成歌括，书名《活人书括》。吴氏在《活人书括》的基础上予以重订，融会《伤寒论》《类证活人书》等前人著作，增辑若干图表编纂而成。论述证治颇详。此书后经吴氏门人熊宗立续编成10卷本，改名《类编伤寒活人书括指掌图论》，补充了不少内容。

14.《伤寒六书》：6卷。明·陶华撰于15世纪中期。即《陶氏伤寒全书》。包括六种伤寒著作，即（1）《伤寒琐言》，乃陶氏学习研究《伤寒论》的随笔，所谓“琐言”，并非系统之作。（2）《伤寒家秘本》，重点论述伤寒若干病证以及风温、湿温、风湿等病证的证治，并有伤寒总论，脉证指法等内容。（3）《伤寒杀车搥法》，此卷论劫病法，制药，解药法，并列秘验方37首。(4)《伤寒一提金》，为提纲性伤寒启蒙读物。（5）《伤寒截江网》，介绍伤寒有关辨证识病、病因及用药法则，并论男女伤寒在治疗上的区别。(6)《伤寒明理续论》，陶氏参考《伤寒明理论》结合个人闻见予以补充修改编成。陶氏在学术上受朱肱的影响较深，六种书的内容颇有重复，辨证条理亦欠明晰，选方较杂。

15.《伤寒补天石》：2卷，续编2卷。明·戈维城撰，上卷自“伤寒统辩”起至“冬温伤寒”共51篇；下卷自“时行疫症”起至“足厥阴肝经证”共46篇。续编二卷，自恶风、恶寒起至百合病，共43篇。此书统论四时外感诸病较有条理，并记载前人从未提到的“黄耳伤寒”“赤膈伤寒”等病证，在治法上选取了一些民间草药方，如典耳伤寒用马蹄金等。

16.《伤寒准绳》：明·王肯堂《证治准绳》组成部分，又名《伤寒证治准绳》。8卷。卷首“入门辨证诀”，鉴别外感、内伤之发热，阐析伤寒、类伤寒一些症候在因、症方面的不同点。卷1介绍伤寒总例；卷2～4列述六经病主要病证及其方治；卷5～6合病、并病及汗、下、吐后病证等；卷7为劳复、食复、瘥后诸病、四时伤寒、妇人和小儿伤寒等；卷8分析伤寒脉法及治疗伤寒常用药的药性。本书引用前人学说颇多，临床部分汲取各家不少方药，作者在自序中称：“是书……为因证检书而求治法者设也”。故有一定的临床参考价值。

17.《伤寒典》：明·张介宾撰。即《景岳全书》卷7～8。张氏根据《素问》“今夫热病者，皆伤寒之类也”的理论，阐述伤寒多种病证，并从八纲的角度予以辨析，其治法主张“古法通变”，汲取《伤寒论》以后诸家的学术经验，并将有关方剂加以归类分析，是学习研究伤寒证治的参考读物。

18.《伤寒括要》：2卷。明·李中梓撰。刊于1649年。李氏曾撰《伤寒授珠》10卷，后毁于兵火，“遂以《伤寒授珠》删繁去复，简邃选玄，仅得十之二。……颜曰‘括要’，谓括义详而征词简也”（自序）。首列总论，继则以证为纲，末则以方列证，是一部简明的伤寒参考读物。现有《珍本医书集成》本等。

19.《伤寒辨证》：4卷：清·陈尧道撰。刊于1679年。作者汇集宋元以来诸家学说，以阴阳、表里、虚实等中医基础理论分析和论证伤寒或与伤寒有关的某些杂病的诊断、治法。卷4药方部分，溶经方、时方于一炉，阐明其主治、服法及加减法，是学习研究《伤寒论》的辅助读物，解放后有影印本。

20.《伤寒大白》：4卷。清·陈之祯撰。刊于1714年。此书重点论述并解答《伤寒论》原著中的一些难题或不易理解的内容，使读者读后能明白于心，故以“大白”为书名。陈氏指出治疗伤寒热病当分表邪、里邪、兼有表里邪三种情况，书中以长沙地区为我国南北分界线，机械地认为麻、桂北方可用，南方不可用，这种观点是片面的。

21.《伤寒论读》：清·沈尧封撰于1765年。作者认为《伤寒论》中所论伤寒，亦即《难经》中“伤寒有五”（见五十八难）那种广义的概念。沈氏据此分析六经病证，并辨太阳证传经、病解和误治，对于临症识病、分辨相似而相混的证候有一定的启发。末附“脉法”及《伤寒论》全部方剂，是研究《伤寒论》的参考读物。后编入《三三医书》中。

22.《伤寒抉疑》：清·程云来问，喻嘉言答。1968年程氏向喻氏提出有关伤寒发病、病理、临床辨证和治疗等多方面的疑问共16问，喻氏一一予以答辩，二十八年后复由徐彬抄录刊行。

23.《伤寒说意》：10卷，卷首1卷。清·黄元御撰。据《四库全书提要》记载，“元御既作《伤寒悬解》，谓论文简奥，非读者所能遽晓，后著此书（指《伤寒说意》）以开初学之门径”。本书除列述六经病证外，卷首对六经、六气、营卫、风寒、传经等均有专题论述。

24.《伤寒医诀串解》：6卷。清·陈念祖撰。这是陈氏个人研读《伤寒论》的心得，写成医诀，融会诸家学说，用串解的形式予以表达，以便读者对《伤寒论》诸篇有一个纲领性的认识。原书缺漏不全，后经其侄陈道著补订刊行。

25.《伤寒录源》：3卷：清·吕震名撰于1850年。作者指出：有人以为“伤寒”多从风寒而得，“殊不知伤寒不必尽属寒因，若风、若湿、若温、若热，皆统辖于伤寒二字内”（见本书自序）。吕氏首辨风、寒、湿、温、热之源流及六经辨证诸法，次辨别各证的疑似之处，后述制方精义。此书现有1930年中医书局影印本及《珍本医书集成》本。

26.《金镜内台方义》：明·许宏撰于1422年。1794年复经程水培校订，是一部研究《伤寒论》方剂的专著。许氏称张仲景《伤寒论》方为内台方，将113方归纳为汤、丸、散三类，每方列举方药配伍与辨证施治准则，或阐明制方深意，或介绍方剂的灵活加减法。全书议论平实，条理明晰，其问答部分，对读者有一定的启发。

27.《伤寒类方》：不分卷。清·徐大椿编释。书成于1759年。徐氏将《伤寒论》方分为桂枝汤类、麻黄汤类等共十二类。先论主方条文，后以同类方条文附述于后，方义与临床密切契合，分类清楚，叙述较有条理。解放后有影印本。

28.《长沙方歌括》：6卷·清·陈念祖编撰。陈氏取《伤寒论》方，用韵语写成歌括，其子陈蔚为之作注，多附刊于陈念祖《伤寒论浅注》之后，解放后有单行排印本。

上述若干种，都属于《伤寒论》研究性的派生著作。这些著作可以体现祖国医学对伤寒类病证在病因、病理、诊断、治疗等方面，以及在理论认识和临床实践方面的继承变化和发展情况，这对深入研究《伤寒论》原著是有重要参考价值的。

[《成都中医学院学报》1980；(2)：10]

《伤寒论》研讨

吴考槃

《伤寒论》自序云："勤求古训，博采众方，撰用《素问》九卷、《八十一难》"，则其书辨证法则是来源于传统古训，治疗措施是博采众方，理论学说是撰用《素问》《难经》，已很清楚地作了自我介绍。兹就本人看法，约略述之如下。

撰用素难

《素问》《难经》为祖国医学的理论源泉。《伤寒论》是在撰用《素问》《难经》以演其所知的。如《素问·热论》说："今夫热病者，皆伤寒之类也。"则伤寒可以包括热病，热病可以说是伤寒之一类，但并不等于说伤寒者，皆热病之类也可知。所以《素问·水热穴论》说："人伤于寒而传为热，夫寒盛则热也。"《难经》五十八难说："伤寒有五，有中风，有伤寒，有湿温，有热病，有温病，其所苦各不同。"此《伤寒论》之所由名，后人有广义和狭义伤寒之说，就是这个道理。正因这样，所以《伤寒论》撰用其义，在《太阳病篇》说："太阳之为病，脉浮，头项强痛而恶寒。"又说："恶寒者，表未解也。"《阳明病篇》说："恶寒者，外未解也。"《少阴病篇》说："恶寒身踡而利，手足逆冷者不治。"《厥阴病篇》说："寒多热少，阳气退，故为进也。"这些所谓未解、病进、甚至不治，无非着重言其寒之轻重不同，即其正气强弱之分。所以《素问·热论》说："人之伤于寒也，则为病热，热虽甚不死，"而《伤寒论·少阴病篇》则说："少阴病，恶寒身踡，时自烦欲去衣被者可治。"又说："少阴病，吐利，手足不逆冷，反发热者不死。"《厥阴病篇》说："厥少热多，其病当愈。"都是强调寒为邪气干正之病，而热是正气抗邪之证。能明此理，则其方之所以多主桂麻散寒，姜附振阳，是完全可以理解的。

辨证法则

辨，是辨明、辨别之谓。即《中庸》"明辨之"。《广韵》"辨""别也"之义，所以辨证，不但要辨明症状的属于何病，还须辨别其病候的属于何经。因为病有广泛的，亦有局部的，证亦如是，都须要辨明辨别之，而后可以措施得当，药到病除。原文如云："太阳病，发热汗出恶风，脉缓者，名为中风。太阳病，或已发热，或未发热，必恶寒，体痛呕逆，脉阴阳俱紧者，名曰伤寒。""太阳病，发热而渴，不恶寒者，为温病。"同是太阳病，而有中风，伤寒，温病之别，这是说明一经不主一病，一病不主一经之义。原文又说："伤寒中风，有柴胡证，但见一证便是，不必悉具。"这又说明不问何病，但以症状为主，此是辨别一病不主一证，一证不主一病之义。原文又说："心烦喜呕……或渴，小柴胡汤主之。"又说："本渴而饮水呕者，柴胡不中与之。"这是辨明主客不同，治亦不同之义。原文又说："胸胁苦满，小柴胡汤主之。"（所以阳明病，胸胁满不去者，亦主小柴胡汤。）又说："若心下满而硬痛者，此为结胸也。但满而不痛者，此为痞，柴胡不中与之。"此辨病位不同，病性不同，证亦不同之义。所以阳明有承气证，亦有四逆证，少阴有四逆证，亦有承气证。能辨及此、而后可以病不误治，治可活人。

博采众方　发扬光大

博，《玉篇》"广也"，采，《释文》"择也"。众，《说文》"多也。"方，《易疏》"法也。"然则所谓博采众方者，就是广择多种方法，令其有效之谓。其间桂枝汤，来源于岐伯对黄帝之间[1]，为众方之首。所以《伤寒论》对于桂枝汤的运用，至详且尽。如太阳病，头痛发热，汗出恶风者，主以桂枝汤。见项背强几几者，桂枝加葛根汤。汗漏不止者，桂枝加附子汤。喘者，桂枝加厚朴杏子汤。身体痛，脉沉迟者，桂枝加芍药。

生姜人参汤。腹满时痛者，桂枝加芍药汤，大实痛者，桂枝加大黄汤。奔豚者，桂枝加桂汤。脉促胸满者，桂枝去芍药汤。微寒者，桂枝去芍药加附子汤。心下满微痛者，桂枝去桂加茯苓白术汤[2]。惊狂起卧不安者，桂枝去芍药加蜀漆牡蛎龙骨汤。面色反有热色者，桂枝麻黄各半汤。形如疟，日再发者，桂枝二麻黄一汤。热多寒少者，桂枝二越婢一汤。支节烦疼微呕，心下支结者，柴胡桂枝汤。计十有五方。此外其他方中用及桂枝者，还有桂枝甘草汤，桂枝甘草龙骨牡蛎汤，桂枝附子汤，桂枝人参汤，茯苓桂枝牡蛎白术甘草汤，茯苓桂枝甘草大枣汤，麻黄汤，大青龙汤，小青龙汤，葛根汤，葛根加半夏汤，五苓散，茯苓甘草汤，甘草附子汤，柴胡桂枝干姜汤，柴胡加龙骨牡蛎汤，黄连汤，小建中汤，炙甘草汤，半夏散及汤，当归四逆汤，当归四逆加吴茱萸生姜汤，桃仁承气汤，麻黄升麻汤，乌梅丸二十五方，总共四十一方，占全书一百十三方用数36%强，仅次于甘草（六十八方）用数（60%强）。其中有用于散寒的，有用于解肌的，有用于补血强心的，有用于通脉活血的，有用于治痛的，有用于化气的，随其相须[3]的不同，而不同其效用，可谓极尽其长，无微不至，可师可法。

祖述宪章

发汗用麻黄。麻黄《本经》谓“味苦温，主中风伤寒，头痛温疟，发表出汗，去邪热气，止咳逆上气。”《伤寒论》就是根据这一传统效能应用。是以不论病在三阳三阴，风寒温病，凡宜发汗而解的，都唯麻黄是用。故其方的名称，虽有麻黄、葛根、大小青龙、桂麻各半、桂二麻一、桂二越一、麻杏甘石、麻黄连翘、麻附细辛、麻附甘草、麻黄升麻等不同，麻黄总为必用之药。

攻下用大黄。大黄《本经》谓“味苦寒，主下瘀血血闭寒热，破癥瘕积聚，留饮宿食，荡涤肠胃，推陈致新，通利水谷道，调中化食，安和五藏。”《伤寒论》用及大黄各方，都不越这一主治范围。所以方名虽有承气、陷胸、泻心、抵当、麻仁、茵陈蒿、桂枝、柴胡等异称，主治有攻结、攻痞、下燥屎、下瘀血、润脾约，以及属气属血、在上在下等不同，而大黄总为主要药品。

利小便用茯苓。茯苓《本经》谓“味甘平，主……利小便。”《伤寒论》所以用主利小便诸方，如五苓、猪苓、真武、茯苓甘草诸方，都以茯苓为要药者，就是依据《本经》主治而来的。

药理发明

药之治病，有表里上下不同，寒热温凉各异，有长于表而短于里的，有宜于上而不适下的，有专长的，有兼长的。故有的用至几十次之多（桂枝、甘草等），有的但用及一二次（桔梗、滑石等），如芍药原文云：“太阳病，下之后，脉促胸满者，桂枝去芍药汤主之。”“本太阳病，医反下之，因而腹满时痛者，桂枝加芍药汤主之。”一云胸满，一云腹满，同一满病，而一去一加，则芍药虽有治满之效，而其利于下之腹满，不适于上之胸满，是不言而喻的。又如五味子、干姜、细辛三味，同有治咳之效，而小青龙汤咳而微喘，三味同用，小柴胡汤、四逆散方后云：咳者加五味子干姜，不及细辛。真武汤方后云：咳者加五味子、细辛、干姜。据小青龙汤原文有心下有水气句，真武汤原文有此为有水气观之，则咳而有水气的，非五味子、干姜所能胜任，而细辛具有此长可知。再如栀子豉汤主心烦懊侬，小承气汤之主腹满不通，而心烦腹满，则去其治懊侬之豉，及通便之大黄，但取治烦之栀子和治满之枳朴的栀子厚朴汤，以及大青龙汤的桂枝石膏寒热同用，柴胡加龙骨牡蛎汤的人参大黄补泻合方，这些灵活变化，相反相成，真如匠心独出，巧夺天工，引人入胜。

施治要法

施治大法，先表后里，先汗后下，此常法也。先卫后表，先下后汗，此变法也，亦活法也。故原文云：“太阳病，外证未解，不可下也？下之为逆。”又说：“其外不解者，尚未可攻，当先解其外。”又说：“心下痞，恶寒者，表未解也”，不可攻痞，当先解表，“表解乃可攻痞。”又说：“阳明病，脉迟，汗出多，微恶寒者，表未解也，可发汗。”此皆所谓常法定法也。原文云：“伤寒不大便六七日，头痛有热者，与承气汤。”又说：“病发热头痛，脉反沉，若不差，身体疼痛，当温其里。”又说：“发热六七日，虽脉浮数者，可下之。”又说：“下利清谷腹胀满，身体疼痛者，先温其里。”此皆所谓变法活法也。但知常必须知变，方可通权达变，知定又能知活。方可运用灵活。是以原文说：“本发汗而复下之，此为逆也，若先发汗，治不为逆。本先下之，而反汗之为逆，若先下之，治不为逆。”又说：“但阳脉微者，先汗出而解。但阴脉微者，下之而解。”又说：“脉实者，宜下之。脉浮虚者，宜发汗。”又说：“脉浮者，以汗解之。脉实者，以下解之。”第先表后里，或先里后表，都是指表甚于里，或里甚于表而言。如两不偏甚，即可表里并治，如本论桂枝人参汤，附子泻心汤证等是。《素问·标本病传论》说：“谨察间甚，以意调之，间者并行，甚者独行。”医能识此，是可“万举万当”的。

承先启后

《素问·阴阳应象大论》说：“其高者因而越之，其下者引而竭之，中满者泻之于内，其在皮者，汗而发之。”《伤寒论》主瓜蒂散以越其胸上之邪，抵当汤以竭其腹下之蓄，承气汤以泻其中满之实，麻黄汤以发其在皮之汗。《素问·决死生论》说：实则泻之，虚则补之(《难经》六十九难则作者)。《伤寒论》主陷胸、十枣以泻实，炙甘草汤以补虚，都是继承素、难理论而加以润色发扬的。后世刘完素的主寒凉，即就其白虎、栀豉之法而修饰的；张元素的脏腑药式，即因其六经辨治原则而演释的；张从正的主攻下，即以其陷胸十枣诸方而化裁的；李杲的主温补，即从其理中建中之旨而运用的；朱震亨的主养阴，即由其复脉竹叶方剂而变通的。余如李中梓的中和，叶、薛、吴、王的温热学说，无非皆其柴胡、麻杏等方而挥发的，诚继往开来的杰作。引而伸之，触类而长之，伤寒可治，温病可治，即其他诸病，通可隅及旁通的。

结 语

综如上述，《伤寒论》来源素、难，不特汉前医学传统法规，赖以得存，而传至后世，以及今日，仍是有其相当作用，尽管伤寒温病，寒热攻补，各是其说，类都不能出其辨治范畴，而尤其为人所心醉的，其文简要典雅，左宜右有，可以在有方处效其用，无方处会其神，读一回有一回之益，读百回有百回之益，诚为一部宝贵的好书。

参考文献

[1]《外台秘要》卷一诸论八家《范汪论》.
[2] 对《伤寒论》桂枝去桂加茯苓白术汤之研讨. 上海中医药杂志，1957年6月号.
[3]《神农本草经序录》七情之一.

[《成都中医学院学报》1980；(3)：1]

《伤寒论》刍言

刘渡舟　北京中医学院

《伤寒论》历史的变革

《伤寒论》原名叫《伤寒杂病论》。也有人叫《伤寒卒病论》，考“卒”字乃是“杂”字的误写。

这部书是公元196年~204年后汉人张机字仲景所写的作品。

张仲景，南郡涅阳人，约生于公元150年~219年，他的事迹汉书无传。据唐《明医录》载：“南阳人，名机，仲景乃其字也。举孝廉，官至长沙太守，始受术于同郡张伯祖，时人言，识用精微过其师。所著论，其言精而奥，其法简而详，非浅闻寡见所能及”。

东汉末年，连年战争，百姓流离失所，导致了疾疫流行，死人很多。

张仲景家族是拥有两百多人口的南阳大族，在疫情的危害下，还不到十年时间就死亡了三分之二的人口，其中死于伤寒的则占十分之七。

张仲景在序文中曾哀叹地说：“感往昔之沦丧，伤横夭之莫救”，因此激发了他著书活人的志愿。为了著书济世，他勤求古训，博采众方，广泛地吸收了汉以前的医学成就，并结合自己的体会，在前人的基础上而又有所创新。经过了辛勤的劳动和反复的印证，终于写成了《伤寒杂病论》合十六卷。

这部作品问世不久，就遭到了兵火的摧残，致使原书十六卷残缺不全。

公元256年~316年，西晋太医令王叔和搜集了一些残存之书，进行整理并撰次成篇，但只整理了十卷，对十六卷的原貌已不复见。所以晋以后的《隋书经籍志》和《唐书艺文志》只载《伤寒论》十卷，而不再称十六卷。

到了公元1065年；宋治平年间，政府指令高保衡、林亿等人校正医书，把开宝年间节度使高继冲进上的《伤寒论》十卷，总二十二篇，加以校正，同时梓板而颁行于世。

在这个时间，翰林学士王洙在馆阁从蠹简中检得的《金匮玉函要略方》三卷，也加以校正而刊行于世。

由于史书上没记载王叔和撰次《金匮玉函要略方》之事，此书可能经唐人之手所集，其确切情况有待考证。

《伤寒论》是一部什么书

《伤寒杂病论》本来是伤寒与杂病有机联系、

相提并论的一部书。自宋治平梓板简称《伤寒论》，而林亿等人又有十卷论伤寒，六卷论杂病的说法，使人误解为《伤寒论》是专论伤寒，而《金匮要略》则专论杂病，一直流传至今。

为了正确理解本书起见，先介绍一下什么是伤寒，什么是杂病，以及伤寒与杂病的内在联系，方能对本书作出正确的评价。

先说伤寒：伤寒有广义和狭义之分，《素问·热论》说“今夫热病者，皆伤寒之类也，”这句话是指广义伤寒而言。至于狭义伤寒，则只限风寒，而不包括风寒以外的其他邪气。考《伤寒论》的内容则是主论风寒，兼论杂病，它虽亦提及温病等证，乃是与风寒进行鉴别，作为伤寒类证而出现，所以，不像风寒那样论述全面，也没有系统的治法。因此，还不能说《伤寒论》就是广义的伤寒。

再说杂病；汉时对疾病的分科，尚无今日内外科之称，当时对外感发热的急性病，皆叫作伤寒；对伤寒以外的疾病，包括了许多慢性病，都称之为杂病。

伤寒与杂病，本来是两种不同的发病形式，张仲景把它们共揉一书之中，而相提并论的理由是和以下几个问题有关的：

（1）因伤寒单纯发病者少，而与杂病相兼的则多，故伤寒与杂病合论则全面。

（2）人分男女，体有强弱，感邪虽一，发病则异；而且内因是变化的根据，故辨证不明杂病，则亦不能明伤寒。所以，只论伤寒，不论杂病，则不能曲尽辨证之长。

（3）有的病人先患它病，后感伤寒，内伤外感，病情杂沓，难求一致，无法用伤寒一种发病形式而统摄诸病。

柯韵伯对此深有体会的说：“伤寒之中最多杂病，虚实互呈，故将伤寒、杂病合而参之，此扼要法也。”

综上所述，可以看出，《伤寒论》是通过伤寒与杂病的具体的事实，以反映它的辨证方法。也可以这样说，伤寒与杂病必须共论，方能显示六经辨证以统摄诸病的意义。故柯韵伯又说：“盖伤寒之外皆杂病，病不能脱六经，故立六经而分司之。”也反映了六经辨证以统摄伤寒、杂病这一事实。

同时应该指出的是，《伤寒论》这部书言简意赅，极尽含蓄吐纳、虚实反正、宾主假借、对比发挥之能事，故在辨证中有其潜移默化的感染力，起到了文以载道的效果。

另外，还应看到作者在六经辨证中，只讲某经之为病，不讲某经之伤寒，把百病兼括于六经而不能逃出六经之外，他只在六经上求根本，而不在诸证上求枝叶，因而突出了六经辨证的特点。

方中行也认为《伤寒论》是论病之书，非为伤寒一病而设，这些提法，确实抓住了《伤寒论》的主要精神。

根据上述理由，说明了伤寒与杂病互相共论以阐明辨证论治之法，本来不存在伤寒在前，杂病在后；或十卷论伤寒，六卷论杂病的说法。学习《伤寒论》目的是在于辨证论治，绝不可降格以求而满足于伤寒一病。

六经的概念

六经的实质：《伤寒论》以六经辨证为核心，究竟六经的实质是否存在，在伤寒学中也议论纷纷，莫衷一是。有的学者把六经为病，归纳成六类证候，用以赅括阴阳表里，寒热虚实等证情。如丹波元简在《伤寒论述义》中曾说“伤寒论一部，全是性命之书……所谓病者何也？三阴三阳是也。热为阳，寒为阴，而表里虚实，互有不同，则六者之分，于是立焉。”可以看出，他是把六经建立在阳热阴寒的证候上，而不把六经证候建立在脏腑经络之上，为此，他又指出：“至于经络脏腑之言，经中间或及之，然本自别义，非全经之旨。惟以寒热定阴阳，则触处朗然，无不贯通也。”

由此可见，丹波元简的学术观点，是反对从《素问·热论》的六经理论来探讨六经实质的。这种思潮在国内也大有人在，实有加以澄清之必要。

我认为《伤寒论》的六经，是继承了《热论》的六经，而有其脏腑经络的客观存在，所以，六经是物，而并不是符号。如果离开中医的传统经络学说而去解释六经则是值得商榷的。因为从《内经》到《伤寒论》经络学说本来是一脉相承的，如本论的太阳病提纲，先揭出头项强痛，它和《热论》说的“其脉连风府”的精神完全符合。

论中还有许多按经取穴针刺之法，如果象丹波元简没有经络的说法，岂不成为无源之水和无本之木。所以，六经不能离开脏腑经络去辨证。

但是，《伤寒论》却又和《热论》不一样。它在六经辨证上比《热论》有了发展。它不但辨热证和实证，而且也辨阴证、寒证和虚证，可以这样说《热论》的六经只辨伤寒，而《伤寒论》的六经，既辨伤寒，又辨杂病，从而建立了辨证论治的理论体系。

六经是脏腑经络，而辨证则是脏腑经络生理、病理的反映和正确的认识。可见祖国医学的朴素辩证法思想是建立在经络脏腑的物质上的。

六经辨证方法

六经辨证方法，它以三阳经统摄六腑，三阴经统摄五脏，以反映脏腑经络的病理变化。

它还反映人体抗邪能力的强弱，病势进退缓急，正与邪相互关系和治疗是否得法等情况，从而辨出了病变部位、寒热趋向、邪正盛衰、阴病阳病，以作为诊断治疗的根据。

概括地讲，凡风寒初客于表，反映出来太阳经表不利，荣卫失和的证候，便是太阳病；邪由表入里，反映出胃家实的证候，便是阳明病；若正邪分争在胁下，反映出少阳枢机不利的证候，便是少阳病。至于三阴经的证候，主要以邪气入脏，阴盛阳衰，抗病力弱，机能衰减为其特点。如太阴病反映出来的是脾胃虚寒证；少阴病反映出来的是心肾阳虚证；厥阴病反映出来的是阴盛阳衰，阴极阳复的寒热错杂证。

六经辨证方法，应先辨明病发阴阳，阴阳既明，才能进而统摄表里、寒热、虚实的具体病情。

然而阴与阳，表与里，寒与热，虚与实是互相对立的，但由于脏腑的经脉沟通，就有可能使对立的阴阳寒热，变为相通的统一性。这种既对立而又统一的辨证思想，以反映六经的阴阳变化，这就是中医的辨证。

现以太阳经为例：足太阳膀胱和足少阴肾经脉相联，互为表里。它在一定的条件下，则阴阳是可以转化的。古人说“实则太阳，虚则少阴”，可见虚与实就是变阴变阳的一个条件，待到阴阳的病性一变，则表里、寒热也就随之而变。我们随着病情的变化，而用阴阳两点论去分析归纳，也就是《伤寒论》辨证的精神之所在。

六经的辨证，离不开脏腑经络的物质运动，张介宾说：“经脉者，脏腑之枝叶，脏腑者，经络之根本。知十二经之道，则阴阳明、表里悉、气血分、虚实见……，凡人之生，病之成，人之所以治，病之所以起，莫不由之。”

张氏精辟地论述了辨证论治离不开经脉之道，可谓要言不繁，先获仲景之心。

张仲景在原序里也说“经络府俞、阴阳会通，玄冥幽微，变化难极，自非才高识妙，岂能探其理致哉。”可见仲景重视经络府俞的客观存在，使人要了解阴阳会通之理，然后在发病中才能了解阴阳脏腑可以转变，才可以一分为二的观点对待证候演进。

《素问·方盛衰论》说的好，善诊者“治黷知善，知病知不病，知高知下……，用之有纪，诊道乃具，万世不殆。”这种教导医生从两方面的情况用以诊治疾病的思想是带有辩证法的意义。

但是，上述的一分为二辩证法思想必须绳之以六经，因为六经是有物的．它和只从症状表面变化那种“辨证”则有质的不同。

古人说：经者径也，据经方知病来去之路，经者界也，据经则知病之畔界而彼此不紊。

所以，辨证而在于证候，证候则根于六经，故古人又说：治病不明经络，犹如盲人瞎马，而鲜有不败。

六经为病传变

六经为病不外正邪斗争，然正有强弱，邪有微甚，因而有传经与不传经之分。

一般地讲，凡邪气由表入里，由阳入阴，属于邪盛而病进，若正气抗邪有力，能拒邪外出，由里出表，或由阴转阳，属于邪衰而病退，但是，决定是否传经，在于正气的盛衰和治疗、护理是否得当，其中尤以正气的抗邪能力为先决条件。

辨病邪传变，对治疗和预防都有现实意义。其辨认方法，正如论中所说：“伤寒一日，太阳受之，脉若静者，为不传；颇欲吐，若躁烦，脉数急者，为传也。”接着又说：“伤寒二三日，阳明少阳证不见者，为不传也。”它说明了分析传经与不传经，要从其脉证变化入手，不是按六经顺序自然发展，更不是日传一经，以日而计传。

邪气传经的形式，归纳起来约有四种情况：

（1）一般传经：如太阳之邪或传阳明，或传少阳；

（2）表里传经；如太阳之邪，内传少阴；或少阳之邪，内传厥阴；

（3）越经传，太阳之邪，不传阳明、少阳而传于太阴；

（4）直中，若病邪不经太阳、阳明、少阳而开始发病即见少阴证候的，叫作“直中。”主要由于阳气虚衰，抗邪无力，邪气长麾直入而中脏，所以，它比以上的传经之病为严重。

传经以外，还有合病与并病。合病与并病的情况，据丹波元简说：“合病并病者，表里俱病是也。方其感邪，表里同时受病者，谓之合病。表先受病，次传于里，而表犹在者，谓之并病。合病则剧，并病则易，此合，并之略也。”

由上述可见，凡两经，三经同时发病，不分先后次第的叫合病，合病多为原发。

合病共有四种：曰太阳阳明合病；太阳少阳合病；少阳阳明合病；三阳合病。

若一经之病未愈，继而另经之病又起，而有先后次第之分的叫并病，并病多为续发。

并病有两种：曰太阳阳明并病；太阳少阳并病。

《伤寒论》治疗法则

《伤寒论》这部书是有理法方药程序的。理：是指六经辨证之理，前边已加介绍。法：是指治疗的方法和指导治疗的原则。辨证最终目的在于治疗，用什么方法去治疗，用什么观点去指导治疗，确是临床上一个重要课题。

《伤寒论》在治法上，确立两个前提：一个叫“阴阳自和”，一个叫“保胃气，存津液。”阴阳自和的意义：是说治病求本，本于阴阳；阴阳不和则病，使其阴阳自和则愈。因此，在治疗时，从阴阳的大前提入手。

“保胃气，存津液”的精神，是说治病时要把人、病、药三方面的关系摆正，其中的“人”是主要的。这是因为治病服药，无非为的是人，因此，治病时就不要伤了人，因而提出了“保胃气、存津液”的法则。若没有这个法则，很可能在治疗中先伤了正气，正气先伤，则抗邪无力，而导致了邪气的滋长和发展，使治疗处于被动。

《伤寒论》的治病方法，还有麻、桂的汗法，瓜蒂的吐法，硝、黄的下法，姜、附的温法，芩、连的清法，参、草的补法，柴、芩的和法，䗪蛭为丸的消法等等。

中医的治疗八法，从《伤寒论》而体现，后世医家奉为圭臬。临床治疗，离不开“八法”的范围，必须在“法”的正确指导下而进行。

《伤寒论》的方剂

中医最早的方剂记载见于《内经》。但它仅载一十三方，不能满足临床的需要。到了西汉，由于药物的发展，方剂也随之而增多。从出土的西汉木简来看，其中不少关于方剂的记载，反映西汉时期，我国的方剂学已具有相当水平了。由此推论，《伤寒论》所载的一百一十二方和九十一味药物，非尽出张仲景之手，而有其继承。但是，张仲景能够保存了西汉或更早的医药遗产，并与辨证论治的理论结合起来，形成一个比较系统的理、法、方、药环节，确是一个重大的贡献。

《伤寒论》的方剂，上溯岐黄，下逮百世，有方书之主称，其主要成就有下述几点：

（1）体现了治疗八法，在临床的具体应用上，奠定了方以法立，法以方传的理论；

（2）组方精简，配伍严密，经亿万人次实验而疗效显著；

（3）方与证结合得紧，确能解决证的要求，科学性很强，至今仍有研究价值；

（4）组方不拘一格，随证处施，不偏于一家之见，可为后世法。

学习《伤寒论》的方剂，要记其剂量大小轻重，煎服方法以及服药后的禁忌和要求等。然后才能发挥经方治疗之效。

通过以上的叙述，可见《伤寒论》是一部兵火残余之书，它是伤寒与杂病共论以突出辨证论治为目的。

辨证的方法，它以六经为核心，而反映脏腑经络的生理病理变化。由于脏腑经络、阴阳会通的机制，故每经之病可以分为阴阳两类，又可由阴阳而划分为表里、寒热、虚实等证。

《伤寒论》的治疗法则，以阴阳自和为根本，而以保胃存津为前提，因而把治疗八法体现于一百一十二方之中，因此构成了中医的理法方药的治疗环节，为后世开辟了汤液治病的先河和规范。

［《新中医》1980；（4）：12］

试论仲景的学术思想

何绍奇　中国中医研究院

张仲景的不朽巨著《伤寒杂病论》，是祖国医学临床体系的奠基之作。

“以仲景之心”（元人罗天益语），探讨其学术思想，是一件很有意义、但又相当困难的工作。本文旨在抛砖引玉，给自己增加一次学习和请教的机会。

辨病与辨证相结合的思想

现存《伤寒论》与《金匮要略》两书，既辨病又辨证，是辨病论治与辨证论治相结合的典范。有关辨病与辨证的精神虽然奠基于《内经》，而具体地、成功地结合二者于临床，则开创于仲景。

从原著可以看出：仲景不仅对散见于《内经》《难经》中的若干病名进行过整理（如伤寒、温病、疟疾、中风、黄疸等），而且又新定了不少病名，如痰饮病、历节病、百合病、虚劳病、狐惑病、肺痈病等等。这些疾病，在仲景著作中，既有辨病与辨证的详细内容，又有与之相应的方药，充分地反映了他对疾病认识的丰富和深化。

由于祖国医学本身的特点，基于疾病的认识方法，是对临床表现的客观观察、分析和概括，所以中医疾病主要以症状命名。但既然作为病名出现和存在，就不等于原来的一个（或几个）症状了，而是既有能反映某一疾病的若干临床特点，以区别于其他疾病的内容，又有关于某一疾病的病因、病机、发展、转归、预后等全过程的内容。其间包含了前人在实践中得到的相当丰富的理法方药诸方面的经验，由此可知，辨病的意义首先在于获得对某一疾病的全局的认识。如果没有这样的认识，只是辨证，就难以把握整个疾病过程，因而对其基本病理变化以及可能出现的变化、转归缺乏了解，治疗上就抓不住中心。正是这样，仲景很重视辨病，而且正是通过辨病，确立了若干针对某些疾病基本病理的治疗原则。如痰饮之以温药和之，虚劳之用甘温扶阳，水肿之发汗利尿等等皆是；六经病之分别使用解表、清里、攻下、和解、温补脾阳、温补肾阳、温补肝阳，亦都是针对六经病的不同基本病理而提出来的大纲大法。有了这样的大纲大法，也就有了针对某一病的甚本病理的专方专药，如百合病，其基本病理为汗下吐后，（或非经汗下吐）肺阴虚而有热，故以百合为专药，百合地黄汤为专方；胸痹的基本病理是胸阳不足，浊阴阻痹于清旷之地，故以瓜蒌薤白剂为专方专药；黄疸的基本病理是湿热熏蒸于肝胆，故以茵陈为专药；血痹的基本病理是气虚血瘀，故以黄芪桂枝五物汤为专方，等等。伤寒六经病中，麻桂为太阳病之专方，柴胡剂为少阳病之专方，白虎、承气为阳明病专方……等等，也都是十分明确的。

另一方面，仲景又特别强调辨证论治。这是因为：从疾病的病程来说，大凡一个病，皆有初、中、末之异。如同一伤寒病，初起其邪在表，继则化热入里；在阳经不愈，正退邪进，则有传入三阴的可能。又，病有传经、有直中、有循经传、有越经传、有合病、有并病，情况大小相同。同时不同的患病对象、不同的季节气候、不同的居处环境，即使是同一疾病，同一阶段，也可能出现很大的差异，因此需要辨证。“证”，简单地说，就是机体在致病因素作用下的特定的反应性。辨证，就是对疾病过程某一阶段中的机体状态，诸如成因、病变部位、性质，以及正邪消长情况的一个综合的、本质性的判断，是论治的依据。例如：同为太阳病，从对病的认识来说，其病理机制为外邪入侵，正气与之抗争于肌表。“脉浮者，病在表，可发汗”，则为其治疗大法。但由于患病对象体质及病邪性质之异，而有中风、伤寒之别。前者称之为“表虚证”；后者称之为“表实证”。仲景分别使用了桂枝汤、麻黄汤二方。又如虚劳治法，《内经》谓“损者益之”“劳者温之”，“形不足者温之以气，精不足者补之以味”；《金匮要略》则以甘温扶阳、温补脾肾为基本法则，都是对整个病的一般情况而言。在仲景笔下又有亡血里虚、气血两亏、肝肾阴虚、阴阳两虚、肝虚不眠、内有干血、外挟风气种种不同的证的区分。病因病机不同，治则方药亦异。这就说明：仅有辨病论治的大纲大法还不行，还必须辨证，而且要以辨证为主，同时在具体临床上，也只有从辨证入手，结合辨病，才能在不失法度的情况下，对具体情况作具体的分析和处理。

正气对疾病有决定性作用的思想

正与邪，是构成疾病的一对基本矛盾。邪，即邪气，是对一切致病因素的概括。正，即正气，是对人体正常生理机能及其物质基础的概括；对于邪气来说，它又是对机体抗病能力的概括。疾病的过程，就是正邪斗争的过程 更明确地说，就是内外致病因素对机体的损害和机体抗损害的过程。在这一过程中，正气无疑地是要起决定性作用的。《金匮要略·脏腑经络先后病脉证第一》曾明确地指出：“若五脏元真通畅，人即安和，客气邪风，中人多死。”仲景还从病邪犯人的途径上，强调了正气在疾病发生、发展中的决定性地位，如说：“经络受邪入脏腑，为内所因也。”经络之感邪，既说明正气相对地处于劣势，而且邪气还能由浅入深，至于脏腑，又说明正气非但不能祛邪外出，反而在正邪斗争中节节败退。这里的“内所因”，很明显就是指的正气。其他诸如“人能养慎，不令邪风干忤经络”“不遗形体有衰”“房室勿令竭乏”“服食节其冷热苦酸辛甘”，以及“适中经络，未流传脏腑，即医治之”等等，也都是从摄生的角度强调固护正气的重要性。

疾病过程中的正邪关系，是相当复杂的，而仲景的分辨也极其细致。如：同一太阳病，虽然说“脉浮者可发汗”，但又有“表实证”“表虚证”之不同；还有若干条“不可汗”之诫。同一阳明病，既以清下为其常，又有“脉迟，食难用饱”的阳明虚寒证之当温当补者。同一少阳病，既有小柴胡汤这样的扶正达邪之方，又有兼太阳之表、兼阳明之里的不同变化。同一太阴病，既以“可温、宜四逆辈”为正治，又有“腹满大实痛”而用桂枝加大黄之例。少阴病，本无热证，但又有兼太阳之表，脉浮反发热者；既以虚寒证为其常，亦有热化的“三急下证”，急攻热邪以存阴液，同属少阴热证，既有用下法者，又有当清之用泻南补北者。厥阴病的情况就更复杂了：或寒热混杂、或虚实并见；表证中有里证，里证中复有表证；寒证中有热证，热证中亦有寒证；虚证中有实证，实证中尚兼虚证。这就是病理变化的复杂性、多变性。

疾病的过程，就是正邪斗争的过程。尽管仲景著作之中汗、吐、下、和、清、温、消、补诸法悉备，约之却不过祛邪与扶正两大法。仲景祛邪之法，大略有三：

1. 因势利导：给病邪以适当的出路，使之速去，毋使伤正。如病在表用汗法，病在里用下法皆属之。外证未解而下之，本应下之而反汗之，俱属误治。

2. 区分缓急：证急则急攻，证缓则缓攻。以《伤寒论》阳明病篇为例：篇中252、253、254三条，虽然情况不尽相同，但都是属于胃府积热、灼烁真阴，如不急下，则阴液耗竭，痉厥立见；而同篇256条之由宿食而致之腹泻下利证，257条大便鞕之脾约证，前者虽用大承气，却说“当下之，宜大承气汤”；后者则用脾约麻子仁丸。杂病之属正虚邪实者不少，但正虚往往优先考虑。如《金匮要略》痰饮之用温药和之，明明是水饮为患，只曰“和”，不曰“攻”，即是示人要充分虑及正气之先虚。又虚劳篇的大黄䗪虫丸，治五劳虚极羸瘦而内有瘀血者，不攻其瘀，则新血不得渗灌，欲攻其瘀，又怕伤正。所以用地黄、芍药、甘草养护其虚，配合活血行瘀，以去其邪，也是缓证缓攻之一例。

3. 中病即止：仲景用攻法，（包括汗、吐、下、清、消诸法）十分谨慎，除了掌握好适应证、攻邪时机等关键之外，在用攻法方药时，总是强调中病即止这个原则。

扶正之法，大抵重在阴精、阳气二端。兹分述之：

1. 扶阳气

①助阳：仲景在热病方面，十分重视阳气的盛衰存亡。这是因为六经之中，不仅阴寒湿邪最易伤人阳气，就是火热之邪，亦劫阴，又伤阳。何况阳可卫外，人之感邪，在一定意义上说，与阳气卫外功能的不足至有关系。仲景从外感热病的最初阶段起，就周密地考虑到了如何扶阳气的问题。如桂枝汤就是一张很明显的“扶正以祛邪”的方子。既用桂枝辛甘温散，复以辛热的生姜助其卫阳；既用芍药益阴和里，复以大枣扶助营阴；甘草合桂姜则辛甘化阳，合芍药则酸甘化阴，合大枣则养胃气以滋汗源，是为一物三用者。且服后啜热稀粥一升余，以助药力，并温覆令一时许，使精胜而邪却，于是遍身漐漐汗出而愈。这就叫作“助阳”。

②固阳：《伤寒论》20条发汗太过，遂漏不止，恶风等证之桂枝加附子汤，即是为固其表阳而设。表阳既虚，汗漏不止，则阳气随汗而泄，如不急固，就会进一步发展为亡阳，即阳随汗脱。所以就其程度来说比起亡阳略浅一层。

③护阳：护阳，即预先顾护阳气之虚。88条示汗家不可汗，89条示病人胃虚有寒不可汗，汗之则生它变。就告诉人们注意，阳虚者要慎用汗法，以免重伤其阳。再如阳明里实之用承气，仲景反复告诫宜慎，且须中病则止，更是虑及苦寒下夺，过剂会损伤中阳，中阳一伤，病即由阳入阴矣。以上等等皆属之。

④温阳：阳气当温养，所以温阳的范围应是很宽的，这里是指三阴里虚寒证，使用温补阳气之法。如太阴病之温补中阳，少阴病之温补肾阳，厥阴病之温补肝阳等等皆属之。

⑤回阳：回阳，多用于阳气欲脱的危重证，每见于少阴病、厥阴病。其证大汗淋漓，手足厥冷，恶寒身倦，或吐利烦躁，或面赤戴阳，脉微细欲绝甚或无脉。方以四逆汤或通脉四逆汤为代表。

⑥保养胃气：无论是在热病，还是在杂病的治疗过程中，仲景特别重视保养胃气。胃气是对整个脾胃机能的概括，包括脾胃的阳和阴两个方面。由于胃主纳，脾主化，不仅是饮食水谷之源，精气血液之本，而且药物口服后要通过脾胃才能达于病所。所以脾胃机能健全与否，与人体健康和疾病转归的关系十分密切。细玩仲景书中，除了脾胃自病，常用甘温扶阳之法外，对于邪实者，祛邪外出，也是最积极的保养胃气。由他脏、他经之病影响脾胃者，重点治疗原发病，亦是间接的保养胃气。至于当用攻时不可过于猛峻，当用补时不可失之呆钝，病势衰其大半，即不乱服药，以饮食调养将息之，即其所谓“糜粥自养”等，都是仲景书中有关保养胃气的重要内容。

2. 存津液

《伤寒论》中扶阳之法，一般都易于理解。对于存阴、益阴、救阴之法，却往往为人所忽视。是以陈修园读《伤寒论》凡数十年，始悟出“存津液是全书宗旨”。仲景“存津液”之法，有两个方面：

①护阴：即保护阴液。《伤寒论》第83条到89条七处不可汗的条文中，大都与素体阴血不足有关（咽喉干燥者、淋家、疮家、衄家、亡血家、汗家）。又355条瓜蒂散证方后注曰：诸亡血家寒象，不可与瓜蒂散。233条“阳明病自汗者，若发汗，小便自利者，此为津液内竭，虽鞕不可攻之”，都具有保护其阴液的意思。

②存阴：是指在热病的治疗过程中，能果断地、不失时宜地祛除邪气，就能积极而有效地保护正气，俾邪去正安。而正气不外乎阳气阴液两端。阴阳互根，阳气既伤，阴液也会受影响，阳气得

固，津液亦自复。例如20条桂枝加附子汤证，关键在于卫阳不固，治疗是一意复阳，但深一层看，实寓存阴之意于其中。治病求本，要抓主要矛盾，解决了阳气不固的主要矛盾，津液不致随之而失，则作为次要矛盾的阴伤也就随之得到解决。同理，阳明经证之用白虎，大清气分热邪，热撤则津回；府实证之用承气，更属急下以存阴了。

③益阴与救阴：益阴是指在伤寒的不同阶段和不同情况下，兼用不同的补益阴液之品。如太阳中风之桂枝汤证，服药后啜稀热粥，即是取水谷之精，助胃增液以滋汗源，俾精胜而邪却。陈修园说："阴者，阳之家也"，殆即此意。又桂枝加芍药生姜各一两人参三两新加汤之治发汗后，身疼痛，脉沉迟；白虎加人参汤之治"大汗后，大烦渴不解，脉洪大者"；四逆加人参汤之治霍乱"恶寒脉微而复利，利止亡血"；396条竹叶石膏汤之治"伤寒解后，虚羸少气，气逆欲吐"等。96条小柴胡汤证注云："若渴去半夏加人参合前成四两半，不渴外有微热者，去人参加桂枝"，更是直接点明人参是当作益阴药而使用；花粉则专为生津而设。人参一药，有说补气，有说益阴。我们今天通过临床来看，人参的双相作用是很明显的。它是一药而兼补气阴之长，与补气药同用，则重在补气；与养阴药同用，则重在补阴。何况气之与阴总是互相滋生的呢。除此之外，仲景还用泻南补北，即泻火养阴之法。如303条之黄连阿胶汤救阴，主要用于阴竭危候，多由热病过程中汗下太过而致。如29条，由于误汗伤了胸中之阳，先以甘草干姜汤与之；若厥愈足温者，更作芍药甘草汤与之，即示人以误治后伤阳与伤阴之治法。其中芍药甘草汤即酸甘化阴以益阴血，可以看作这是治疗亡阴的一条基本原则。由于阳亡则阴竭，故太阳篇中有误汗下后阴阳两虚之茯苓四逆汤证，霍乱篇390条之通脉四逆加猪胆汁汤证。这些当然是九死一生的重笃证，治疗起来相当困难，但择其重点，仍在固阳回本。对于阴损及阳者，论中叙述不够，近来多用生脉散或参附龙牡汤为主方，可以参考。

[《北京中医学院学报》1982；(2)：10]

关于《伤寒论》争论的几个问题

鲁兆麟　北京中医学院

后汉医学大家张仲景所著《伤寒论》，被奉为中医经典著作之一。迄今为止，研究《伤寒论》专著有千余种，诸家对其中的许多问题各抒己见，争鸣不已。兹就争论的几个问题简述如下：

一、《伤寒论》之成书

仲景著作，今通行者有《伤寒论》和《金匮要略》，但据史料记载，则不尽同。《伤寒论》自序云：为伤寒杂病论，合十六卷。"《甲乙经》序云：仲景论广伊尹《汤液》为数十（明抄本、《医经正本书》为"十数"）卷，月之多验，近代太医令王叔和撰次仲景遗论甚精，皆可施用"《隋书·经籍志》记有"张仲景方十五卷。"注"仲景后汉人，梁有黄素药方二十五卷，亡。"又《医方论七卷》下注："梁有张仲景《辨伤寒》十卷，《疗伤寒身验方》一卷，张仲景《评病要方》一卷，亡。"又"张仲景《疗妇人方》二卷。"《旧唐书》记有："张仲景药方十五卷，王叔和撰。"《新唐书·艺文志》著录"王叔和张仲景药方十五卷，又伤寒卒病论十卷。"宋《太平御览》引高湛《养生论》云："王叔和采摭群论，撰成《脉经》十卷。"又云："编次仲景方论为三十六卷，大行于世。"而《补后汉书艺文志》录有张仲景著《脉经》《金匮玉函经》《评病要方》《五藏论》《口齿论》《治妇人方》等书。《宋志》中也录有《脉经》《五藏荣卫论》《伤寒论》《五藏论》《金匮要略方论》《疗黄经》《口齿论》《金匮玉函》等书目。但仲景著书，除《伤寒论》与《金匮要略方论》外，其他多佚而不传。

对于《伤寒杂病论》，虽仲景曾云"合十六卷"，但宋人孙奇在校刊《金匮要略》序中说："张仲景为《伤寒杂病论》合十六卷，今世但传《伤寒论》十卷，杂病未见其书。"钱潢《重编张仲景伤寒论证治发明溯源集》亦说："卒病论早亡。"喻昌《尚论篇》也云："卒病论已不可复睹。"可见其书早亡，这是历史事实。但由于孙奇在《金匮要略》序中又云："翰林学士王洙在馆阁日，于蠹简中得仲景《金匮要略方》三卷，上则辨伤寒，中则论杂病，下则载其方并疗妇人……伤寒又多节略，故断自杂病以下，终于饮食禁忌，凡二十五篇。"因孙奇等已校订《伤寒论》，故对上卷多节略。后人依此，有认为《伤寒杂病论》虽亡，然《伤寒论》，《金匮要略》可概括之，一些医家则认为分《伤寒论》与《金匮要略》者乃是书也。但也有人认为孙奇等校刊的《金匮要略》仅三卷，与《伤寒杂病论》卷数不合，名称亦异，显然是两书，不能说《金匮要略》是由《伤寒杂病论》所分出，故对王焘《外台秘要》所说"仲景之书，一而已矣，判为要略者，盖自王叔和始"提出异议。

关于《伤寒论》与《伤寒杂病论》的关系，多数医家认为《伤寒论》即《伤寒杂病论》内容，但因现今流传为十卷，与《伤寒杂病论》之十六卷不同，又有“晋太医令王叔和撰次”之文，说明是经王氏整理而成。且《伤寒例》中有“今搜采仲景旧论，录其证候诊脉声色，对病真方有神验者，拟防世急也。”《甲乙经》序中有“近代太医令王叔和撰次仲景遗论甚精”等，可为佐证。但近人亦有不同看法，认为《甲乙经》有：仲景论广伊尹《汤液》为数十卷，用之多验。”说明当时仲景之书已广泛流传，王叔和所编次仲景遗论，乃《脉经》，非仲景书也。又有人据《隋书经籍志》载“梁有……张仲景《辨伤寒》十卷”，并无王叔和撰次字样，直至宋人所作《新唐书·艺文志》才见到“王叔和”字样，认为王氏编次《伤寒论》证据不足。但多数医家承认编次之说，且《太平御览》引高湛文，已明确指出，王叔和不仅“撰成《脉经》十卷”，同时又“编次仲景论为三十六卷”，说明王叔和编次之说绝非臆断。

二、六经辨证之探讨

对六经的认识，亦是伤寒学家争论的主要问题之一。仲景自序中有：“撰用《素问》《九卷》《八十二难》《阴阳大论》《胎胪》《药录》之语；《灵枢》有手足三阴三阳十二经脉，《素问·热论》中有热病三阴三阳传变之不同，且其病症，都与经脉有关。若“二日阳明受之，阳明主肉，其脉侠鼻络于目，故身热目痛而鼻干，不气卧也。”“五日少阴受之，少阴脉贯肾络于肺，系舌本，故口燥舌干而渴。”等等，足以为据。故宋代朱肱著《南阳活人书》，首先绘三明三阳经络图，以经络释六经。认为：“治伤寒先须识经络，不识经络，触路冥行，不知邪气之所在，往往病在太阳，反攻少阴，证是厥阴，乃和少阳，寒邪末除，真气受毙。”且据《素问·热论》只言足三阴三阳受病，得出“伤寒只传足经不传手经”的看法。

这一看袪，被后世一些医家所非议，对完素在《宣明论方》中说：“《素问·热论》之三阴三阳病证后，尚有‘三阴三阳，五藏六腑皆受病，荣卫不行，脏腑不通，则死矣。’等语，未尝只传足经不传手经。”李梴《医学入门》更举“喘咳发热，分明手太阴、太阳病也；狂言谵语，分明手少阴病也；胸满干呕耳聋，分明手厥阴、少阴病也。”以说明六经传足不传手的说法片面而不可取。

与朱肱经络说不一者，许叔微则着重于八纲辨证的发挥，他虽对经络释六经说不加否定，但强调六经中阴阳、表里、寒热、虚实八纲的重要性。认为表证一般指太阳病。里证则又有阴阳之别，在阳则指阳明府证，在阴则包括三阴病。而太阳又有表虚、表实之别，里证也有里实、里虚之异。许氏以八纲概括六经，探讨六经之实质，亦被后世一些医家所称许。

方有执对经络释六经则大持非议，认为“若以六经之经，断然直作经络看，则不尽道，惑误不可胜言，后世谬讹，盖由乎此。”他从脏腑与体表组织的角度来阐发，认为太阳是膀胱与皮肤之表，阳明是胃与肌肉；少阳为胆腑与躯壳之内，脏腑之外为半表半里，太阴为脾脏，少阴为肾脏，厥阴为肝脏。方氏之后，注重六经与脏腑关系，以脏腑学说阐发六经病机者不乏其人。

另有一些医家则以六气阐发六经，若张志聪、张锡驹、陈念祖为其代表。张志聪认为伤寒传经，自古未明，故在《伤寒论集注》中说：“夫阴阳之理，从阴而阳，由一而三，厥阴为一阴，少阴为二阴，太阴为三阴，少阳为一阳，阳明为二阳，太阳为三阳，故《素问·至真要大论》论六气司天，六气在泉，皆始于厥阴，终于太阳。无病之人，六气循行，亦从厥阴而少阴而太阴，太阴而少阳，少阳而阳明，阳明而太阳，若伤寒一日，太阳受病，则从阳而阴，由三而一。”其从运气说之标本中气及六经主气来认识，盖太阳寒水之气，有通体，有分部，阳明燥气主之，亦可从湿而化，少阳主相火之气，太阴主湿土之气，少阴有标本寒热之气，厥阴从中见少阳之火化，故六经提纲不一。陈念祖最折服二张之说，认为“唯张隐庵，张令韶二家俱从原文注解，虽间有矫枉过正处，而阐发五运六气阴阳交会之理，恰与仲景自序撰用《素问》《九卷》《阴阳大论》之旨吻合，余最佩服。”

除此之外，另有一些医家从证候分类的角度以阐发六经机理，若程应旄则认为“凡一部书，谆谆辨脉辨证。”“仲景之分太阳阳明等，亦是画限之意，所以辖病也。”柯韵伯则认为“仲景于诸病之表里阴阳，分为六经”，“犹《周礼》分六官以统百职，四时分六气以纪生成。”“叔和不知仲景之六经，是经略之经，而非经络之经。”这种以六经为六个证候的观点，对后世亦有影响。

个人认为，历代医家立论角度不同，故对六经看法不一。《伤寒论》是辨证论治大经大法的张本。程应旄氏谓“谆谆辨脉辨证”是抓住其中心的。仲景原序中亦有“经络府俞，阴阳会通”之语，这就说明六经辨证是不离经络脏脏的。但同时分三阴三阳诸症，又确有阴阳、表里、寒热、虚实之别，故六经中包括八纲亦言有至理。六气存在于六经之中，亦有实际意义，它符合天人相应的思想，反映六经致病特点，值得探讨。以证候释六经者，其目的在于强调临床辨证，正符合《伤寒论》处处强调“平脉辨证”“脉证并治”的观点。故对《伤寒论》之六经，应从多方面认识，如能善于对待历代诸家关于六经的争议，识别异同，反能促使仲景学术益加深化，而无轩轾之弊了。

三、伤寒与杂病、温病

《伤寒论》原序云：“余宗族素多，向余二百，建安纪年以来，犹未十稔，其死亡者，三分有二，伤寒十居其七”。后世一些医家据《素问·热论》：“今夫热病者，皆伤寒之类也”和《难经·五十八难》：“伤寒有五，有中风，有伤寒，有湿温，有热病，有温病”之说，将伤寒理解为一切外感热病的总称，《伤寒论》则是专门探讨外感病证治的专著。如庞安时《伤寒总病论》认为，外受寒毒，“其即时成病者，头痛身疼，肌肤热而恶寒，名曰伤寒；其不即时成病，则寒毒藏于肌肤之间，至春夏阳气发生，则寒毒与寒气相搏于营卫之间，其患与冬时即病无界，因春温气而变，名曰温病也。因夏暑气而变，名曰热病也。因八节虚风而变，名曰中风也。因暑湿而变，名曰湿病也。因气运风热相搏而变，名曰风温也。其病本因冬时中寒，随时有变病之形态耳，故大医通谓之伤寒焉。”因此，后世有“外感法仲景”的说法。

而另一些伤寒大家则扩充《伤寒论》应用范围。程应旄提出该书之“法而世为天下则，方而世为万病祖。”“处处是伤寒，处处非伤寒也。”“病之所生，伤寒与杂病异，病之所在，伤寒与杂病同，”主张《伤寒论》既可适于治外感，又可用于治杂病。张锡驹《伤寒论直解》也说：“书虽论伤寒，而脏腑经络，营卫气血，阴阳水火，寒热虚实，靡不毕备，神而明之，千般疢难，如指诸掌。故古人云：“能医伤寒，即能医杂病，信非诬也。”柯韵伯氏认为《伤寒论》中，“凡条中不贯伤寒者，即与杂病同义。”“六经之为病，不是六经之伤寒，乃六经分司诸病之提纲，非专为伤寒一症立法也。”张、柯二氏亦持此观点。

仲景原序中有云：“虽未能尽愈诸病，庶可以见病知源。”可以体会仲景著书之目的，在于广治诸病。历代不少医家认为《伤寒论》不仅可治外感病，且可广泛应用治疗杂病。

《伤寒论》所治外感病中，是否有温病？《素问》《难经》中伤寒的含义。包括了温病。且《伤寒论》太阳篇中，也有“太阳病，发热而渴，不恶寒者为温病。若发汗已，身灼热者，名曰风温”等条文。似乎《伤寒论》中已概括了温病证治。然通过临床验证，一些医家提出了不同的看法。宋代伤寒大家庞安时在《上苏子瞻端明辨伤寒论书》中即提出：“四种温败坏人候，自王叔和后，鲜有明然详辨者，故医家一例作伤寒，行汗下，天下枉死者过半，信不虚矣。”故尔，他在《伤寒总病论》第五卷中，专列四时五种温病，处方用药主张寒凉，重用石膏，创立不少方剂，虽未能尽善尽美，但对温热学说的创立不无影响。

金元时期，刘完素据《素问·热论》“伤于寒则为病热”，倡“热病只能作热治，不能从寒医。”其门人和私淑者马宗素、镏洪、常德、葛雍等大倡其说，均认为《内经》之伤寒是指热病而言。如马宗素云：“守真首论伤寒之差谬，故一切内外所伤，俱有受汗之病，名曰热病，通谓之伤寒。”他反对《南阳活人书》将三阴三阳分为寒热，认为“六经传变，古圣训阴阳为表里，惟仲景深得其意。厥后朱肱编《活人书》特失仲景本意，将阴阳二字释作寒热，此差之毫厘，失之千里。”马氏认为仲景三阴三阳分表里，这是正确的，但对朱肱分三阴三阳为寒热“特失仲景本意”则值得商榷。盖仲景三阴证是寒证为主，三阳证以热证为主，这是《伤寒论》条文中明白反映出来的，将仲景之六经和《内经》之六经混为一谈，反而不够贴切。不过，马氏之意在于传河间之学，认为外感热病要用“热者寒之”的方法治疗，不宜辛温发汗、温阳回阳。因此，完素及其门人、私淑者主张宜辛凉解表，清热养阴。这样，以河间学派为代表，对外感病的治疗，提出了与《伤寒论》绝然不同的观点和方法，实为后世温热学说之先导。

尔后，吴又可《温疫论》提出温疫和伤寒从病因、病证、传变规律到治疗均不同的认识，认为温疫一病是天行戾气所致，从口鼻而入，邪伏膜原，表里分传，治疗当以疏利为主。余霖《疫疹一得》更强调疫证和伤寒应当细致鉴别，不可混为一谈。随后，叶天士创卫气营血辨证，吴瑭用三焦分证的方法辨识温病，并具体制定了辛凉解表、清热透营、清热养阴等方剂。这样，温病学说与伤寒学说得以互相补充，以辨识外感诸病，揆之临床，各在一个侧面充实了中医学的内容。温病学说的形成，使对外感病的治疗，更臻于完善。

经方派与时方派的形成

《伤寒论》有很高的实用价值，对其研究者众多，医家均称其为“经”，仲景之方则称之为经方。伤寒学派诸大家，重视《伤寒论》的研究，善于运用仲景之方，则被后世称之为经方学派。

与之相对者，则是时方派。它的产生与《和剂局方》的问世有关。宋代医药事业发展，先后设制“医药惠民局”“医药和剂惠民局”。陈师文、裴宗元等奉敕编著《太平惠民和剂局方》一书(《和剂局方》)。该书：“宫府守之以为法，医门传之以为业，病者恃之以立命，世人习之以习俗。”由宋至金元，盛行一时，影响颇大。戴良《丹溪翁传》云：“时方盛行陈师文，裴宗元所定大观二百九十方。”即以《和剂局方》为时方代表。故陈修园云：“唐宋以后始有通行之时方。”至金元时期，刘河间、李东垣、张从正、朱丹溪等各创新说，自制新方，一反《局方》之“据证验方”。朱丹溪在《局方发挥》中尤为激烈。他认为：“医者，意也，以其传授虽的，造诣虽深，临机应变，如对敌之将，操舟之工，自非尽君子随时反中之妙，宁无愧于医乎！今乃集前人已效之方，应今人无限之病，何异刻舟求剑，按图索骥，冀其偶然中，难矣。”朱氏虽在反对《局方》，实则对死守仲景方者，亦是批评。这样，金元以降，强调辨证论治，自创新方，与明以后伤寒学家研究运用仲景方药不同，形成经方派与时方派。以致今日在中医界中存在经方与时方的不同概念。

对待经方与时方，历代医家看法不同。若徐大椿则是推崇古方、经方的代表，其在《医学源流论》云：“《伤寒论》《金匮要略》，集千圣之大成，以承先而启后，万世不能出其范围，此之谓古方，与《内经》并垂不朽者。”而朱丹溪、张元素等则反对之，张元素认为：“运气不齐，古今异轨，古方新病，不相能也。”个人认为，经方与时方，都是在临床实际中经过反复验证而形成的。既不能否定经方，也不能对时方持绝对否定态度。应当看到，时方正是在运用经方治疗某些病证而疗效不著时，通过历代医家反复实践总结出来的，以致能流传至今，被后人继承。因此，应该正确对待经方与时方。

总之，千余年来，对于《伤寒论》的争鸣，促进了对仲景学说的深入研究，推动了中医学的发展。

[《北京中医学院学报》1982；(2)：14]

《伤寒论》版本及目录学研究概况

王　琦　杨健武

《伤寒杂病论》于汉末约公元200～210年成书，至宋治平二年（公元1065年）林亿等将伤寒部分的文字定型为《伤寒论》，在此八百余年间，史料记载的张仲景书目及卷数纷然杂陈。宋治平至今又历九百余年，《伤寒论》的版本及有关专著又有大量增加，古今不少学者对此进行了整理研究。现就近30年主要的有关文献综述如下：

一、《伤寒论》定型以前的古传本

马氏[1]指出传世医书中的古本有：“脉经”本《伤寒杂病论》。王叔和所撰之《脉经》十卷中有三分之一以上的内容收录了《伤寒杂病论》的文字，这是《伤寒杂病论》现存最早的一种古本。“千金”本和“千金翼”本《伤寒杂病论》。在唐孙思邈《千金要方》和《千金翼方》分别收录了《伤寒杂病论》的两种古本。“外台”《张仲景伤寒论》是唐代王焘《外台秘要》中直接引用的一种古本。淳化本《伤寒论》，收入《太平圣惠方》卷八。并指出早期目录学所载古本，见于隋唐前后史志中的还有：张仲景《辨伤寒》10卷，张仲景《评病要方》1卷（以上出梁《七录》)。《张仲景方》15卷，张仲景《疗妇人方》2卷（以上出《隋书经籍志》)。《张仲景药方》15卷（原注：王叔和撰）（出《唐书经籍志》)。《伤寒卒病论》10卷（原注：合钞·王叔和撰）（出《新唐书艺文志》)。《张仲景方》9卷（出《日本国见在书目》）张仲景《脉经》1卷、张仲景《伤寒论》10卷（以上出《宋史艺文志》)。姜氏[2]指出张仲景书，以隋志著录为可靠。

蒋氏[3]根据洪氏[4]赵氏[5]等考证，将杂乱纷纭的《伤寒杂病论》的历史沿革，划分为晋至梁、隋至唐和宋以后三个阶段，并将其衍变关系以图示说明。(《伤寒杂病论》衍变关系图见下页)

马氏[1]还提出20世纪初在甘肃敦煌莫高窟出土文物中，还有三种医书与《伤寒论》个别篇节的内容全部或部分相同，认为抄录时间分别为隋代以前和五代或宋初，价值相当宝贵。现分别收存于英国不列颠博物馆及法国国立图书馆。

康平本《伤寒论》和康治本《伤寒论》

王氏等[6]指出是东传日本的两种《伤寒论》古传本。康平本《伤寒论》系1346年（日本贞和二年）日人和气朝臣复录于丹波雅忠手抄的我国古卷子本，丹波氏抄录于日本康平三年（公元1060年，即北宋嘉祐五年)，故以康平为名。其篇次少于宋本，共13篇，在个别条文与文字方面与宋本互有出入，特别是宋本中一些原文，本书作为注文，而注文又有旁注、脚注、大字附注等形式。日本昭和十二年（1937年)，本书由大塚敬节用诸本互校，注于书眉，由日本汉方医学会印行。1946 年，大塚敬节氏将校注本寄赠苏州叶橘泉氏，叶氏复予重校，1947 年在国内发行。杨氏[7]指出康平本陆渊雷、范行准、叶橘泉、姜春华等氏均认为系最善本，其价值超过赵本与成本。但是否确为古本，尚有可疑之处，如我国古籍历来分卷，但此书不分卷，就是应当怀疑的一个例证。马氏[1]指出此本近代重刊后，我国及日本医界对其年代问题曾有多种不同看法。但据 1959 年《汉方之临床》6 卷 8 号载《关于敦煌出土医书的意义》一文中提到石原明及渡边幸三氏不久前发现了日本镰仓时代（即 1184 ~ 1344 年）朱笔加点的钞本断简“太阳病篇”，进一步证实康平本的真实性。

钱氏[8]指出，《康治本伤寒论》公元 805 年由我国传入日本，日本康治二年（1143 年）由日本和尚了纯按唐传入本摹写，日本安政五年（1858 年）由医官户上玄斐雕板刊行。该本系节录本，有 65 条经文，50 首方，42 味药。无疑系唐代传本，在学术史上有重要意义。马氏[1]指出由于此本早在林亿等校定《伤寒论》之前，故具有一定历史价值和供校勘参考的作用。王氏等[6]指出沙门了纯的抄本，经人影抄，为丹波赖易发现，丹波氏父子 1856 年予以刊行。日本民族医学研究所于 1965 年影印。1965 年 10 月 6 日，全日本医疗机关联合会访华代表团访华时赠送给我国两部，现藏于中医研究院图书馆。

《伤寒杂病论》衍变关系图

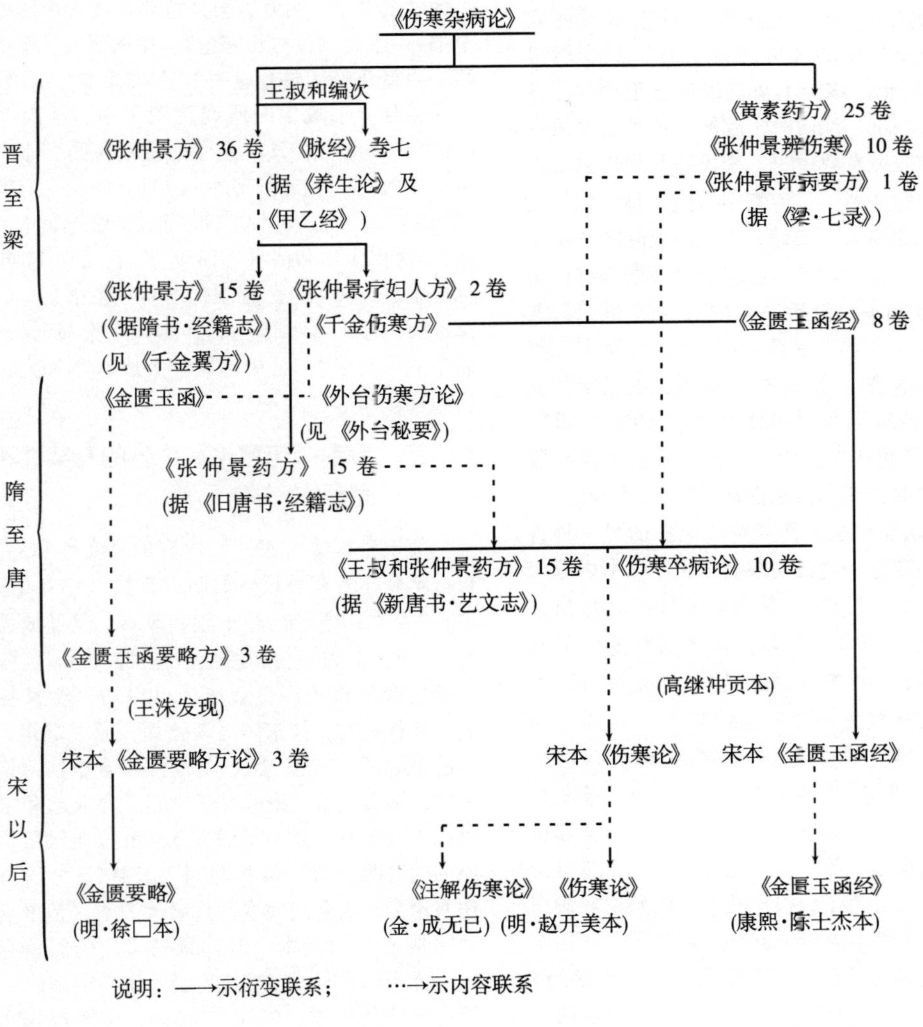

说明：⟶示衍变联系；　　⋯→示内容联系

二、《伤寒论》文字的定型及其版本系统

马氏[1]指出，1057年（嘉祐二年）北宋政府设立的校定医书局校刊张仲景医书时，将伤寒病部分（包括脉法部分）的两种不同传本分别整理成《伤寒论》10卷和《金匮玉函经》8卷，并把伤寒部分以外的内容整理成《金匮要略方论》3卷。由于开始镂版印刷，此后《伤寒论》各种版本的原文也趋于统一定型，未再有较大的变动。现存《伤寒论》的主要版本有宋本、成注本以及《金匮玉函经》。

宋本《伤寒论》。治平本即北宋原刻本，1065年（治平2年）由林亿等氏整理的《伤寒论》10卷22篇，附加校注（即书中所见的“新校正云”字样）。先后刊行了大字本、国子监刊小字本和浙路小字本三种，统称宋本[1]。李氏等[9]和杨氏[10]均指出治平本《伤寒论》早已失传。现在所说的宋本，是赵开美于1599年影刻的一种宋本《伤寒论》，连同陆续刻印的《金匮要略方论》合辑成《仲景全书》行世。该版本清代以后已很少见，日本枫山秘府存一部，沈阳医学院图书馆和上海第一医学院图书馆收藏有数种[1]。李氏等[9]指出赵氏本刊年较早，校雠甚精，且为复制宋版，是研究、校勘《伤寒论》最重要之典籍，中医研究院图书馆藏有此书。马氏[1]指出明代以后相继出现根据赵氏影宋本的多种复刊本，包括日本在17～19世纪的若干刊本（宽文9年本，文政10年本，天保十五年本，安政3年本等），及国内在20世纪的若干刊本（1912年本，1923年本，1931年本及1955年重辑本等）。1955年重庆中医学会校订，重庆人民出版社出版的排印本《宋本伤寒论》，即据此本校印。

《金匮玉函经》是《伤寒杂病论》的另一种古传本，与《伤寒论》均以伤寒病为主，二书内容大同，但编次互异[1]。尚氏[11]和李氏等[9]亦指出该书与《伤寒论》同体而别名，是《伤寒论》的别本。杨氏[7]谓此书内容与《脉经》《千金翼方》中所引仲景原文相接近，共29篇115方。马氏[1]指出《金匮玉函经》的首次校定是在1066年（治平三年），全书共8卷29篇，其前6卷为论（条文），后2卷为方。各卷首均记有“张仲景著，王叔和撰次，林亿等氏校正”等字样。赵氏指出《金匮玉函经》早在唐代已经有了，很早就和《伤寒论》脱离开，而作为一个别本流传于世，所以对研究《伤寒论》有极大的参考价值。马氏指出《金匮玉函经》再次刊行于1086～1094年左右，但北宋的这两次刊本均佚。南宋时本书一度刊刻，此后历元、明各代均未见复刻。1717年（康熙丁酉）本书由陈世杰氏据何焯氏手抄本校勘后刊行。李氏等[9]则指出该书目前所能见到的最早版本，系康熙五十五年丙申（1716年）上海陈氏起秀堂刻本。以后的清抄本，日本翻刻本，解放后之影印、排印本，悉据此本。尚氏认为，由于陈世杰未通古义，多有妄改之处。杨氏[10]指出康熙刊本在南京龙蟠里图书馆存在一部。《金匮玉函经》1955年由人民卫生出版社影印出版。

成无己《注解伤寒论》，马氏[1]认为刊行于1144年，成为宋以后《伤寒论》流行的主要传本，也是最早的全文注释本。成注本共10卷，内容篇次基本上同于“宋本”（林亿等校本），但也有部分文字增删。原刻本已早佚，第二次刻本（约1172年）保存到明末亦佚。李氏等[9]指出成氏本现有20余种版本，现存最早的本子是元初刻本，书藏北京大学图书馆。明万历间吴勉学刊《古今医统正脉全书》，收有《注解伤寒论》，中医研究院图书馆有藏。明赵开美《仲景全书》亦收此本，字画清楚，书品甚佳，书藏中医研究院图书馆。马氏[1]指出《注解伤寒论》在日本刊印的有宽文间刊本（1661～1672），香川氏小字本（1715年），京都刊本（1756年），浅野徽本（1797年），跻寿馆本（1835年），天保十年和训本（1839年），天保11年订字标注本（1840年）。近现代的有江东书局本，《四部备要》本，《四部丛刊》本，广雅书局石印本，启东书局石印本，《中国医学大成》本和人民卫生出版社影印本等。

三、今本《伤寒论》内容的真实性和完整性

关于今本《伤寒论》内容的真实性和完整性，自古至今亦多有争议。如明方有执《伤寒论条辨》说：“今本伤寒论已经王叔和改移，复经成无己窜乱。”清·纪昀等《四库全书总目》说：“（张）机所著伤寒卒病论，自金成无已以后，注家各自争名，互相窜改，如宋儒之谈错简，原书端绪，久已瞀乱难寻。”[12]近人姜氏[13]也说“今本伤寒论条次失序，篇章凌乱，既非仲景面目，亦非叔和之旧。”洪氏[4]认为现存的《伤寒论》，虽可能保留了仲景原书的某些形式，但并非完书。赵氏[19]认为现行伤寒论是十六卷的残本，是梁代旧本，是永嘉之乱文物丧失后的残本，但仲景精义，仍能留存。马氏[1]亦指出，早在隋唐之际，《伤寒杂病论》已经没有完整的传本。刘氏[20]指出，伤寒流传本，因几经传抄，刊刻变乱，真伪如何，论无定论，正如

邓羲瑟《伤寒注疏》序所云："历代伤寒注本，一本有一本伤寒，一家有一家仲景"。认为现通行者，多属伪本俗本，若真说要得见仲景书文真貌，可能唐代作品要接近可靠一些。但也有相反的看法，如邓氏[12]通过六个方面的分析，认为今本伤寒论除了有疑点的序例外，各篇都是仲景的原作，其完整性和真实性在基本上是没有问题的。刘氏[16]也认为《伤寒论》398条，是一个有机的整体，在条文之间，无论或显或隐，或前或后，彼此之间都是有机地联系。作者在写法上，充分发挥了虚实反正，含蓄吐纳，参证互明，句深义永的文法和布局，从而把辨证论治方法表达无遗。肯定了《伤寒论》的真实性和完整性。

针对这种情况，刘氏[15]对研究《伤寒论》提出三点认识：1. 今本《伤寒论》是研究的依据，舍此则无以是从，仍当受到尊重。2. 各家注本，各有见地，仍是迄今研究《伤寒论》之宝贵财富，不能于以抹煞。3. 不专限在版本考证和条文疑阙方面下功夫，而贵在从实践上去研究。这种看法无疑是正确的。

四、《伤寒论》专著的目录学研究

《伤寒论》问世至今，研究注释者很多，李氏[17]指出现可稽考者，约有五百余家，国内现存近四百种，散见于笔记、刊物等各种资料中者，不可胜计。傅氏[18]指出独立成书专门研究《伤寒论》的著作书目有1061种，分属753家。面对如此丰富的医籍，有必要进行编目与分类的目录学研究。

耿氏[19]提出如下的张仲景著作《伤寒论》《金匮要略》的编目与分类：1. 伤寒论：本文。别本如金匮玉函经等。注释如注解伤寒论等。发挥如伤寒类证活人书等。论方如伤寒附翼等。歌赋如伤寒百症歌等。图表如伤寒审证表等。其他如伤寒论文字考等。2. 金匮（略）。3. 合编：合刻如仲景全书等。注释如伤寒、金匮发微合刊。混合重编如仲景学说之分析。发挥如要略厘辞。方论及歌括如伤寒类方歌纂。其他。李氏[17]从目录学角度对《伤寒论》本文、别本、注释、发挥、方论、图表歌括等类典籍进行了研究，写出近三百种中医研究院图书馆藏书的提要，并择要举出40种。

傅氏[18]本着既反映《伤寒论》研究内部的联系，又反映专著的实际情况，既反映当今不同的研究方向和学术见解，又反映《伤寒论》研究的发展历史，提出如下的分类方法：

（一）图书研究。一、校雠，1. 考订（1）真本无伪（2）真伪相杂；2. 校正；3. 整理。二、目录。三、语义，1. 句读训诂；2. 旨意（1）提要，（2）翻译①古今对译，②不同语种。

（二）医学研究。一、应用研究，1. 六经辨证，（1）验证补充①辨证方法②方证增补，（2）序列①以方类证②以法类证③以经类证；2. 诊治法则，（1）诊法①脉学②症状学（分一般和特种）③舌诊学，（2）治法①法②方③药。二、理论研究，1. 理论基础，（1）《内》《难》基础，（2）《易》理基础；2. 病理基础，（1）外因论，（2）内因论，（3）内外因结合。

本文从《伤寒论》定型以前的古传本、《伤寒论》文字的定型和版本系统以及其他主要流传本三方面综述了《伤寒论》版本的历史沿革。还择要叙述了各家对今本《伤寒论》内容真实性完整性的看法以及代表性的目录学研究成果，以期为研究《伤寒论》的同道提供目前《伤寒论》版本及目录学研究的概况和一些参考材料线索。

参考文献

[1] 马继兴. 中医研究院张仲景学说研究论文选编，1页，1982.
[2] 姜春华. 上海中医药杂志，(7)：12，1962.
[3] 蒋泽霖. 陕西中医函授，(4)：10，1982.
[4] 洪贯之. 新中医药，(8)：29，1954.
[5] 赵有臣. 辽宁医学杂志，(9) 45，1960.
[6] 王琦等. 中医杂志，(8)：68，1980.
[7] 杨维益. 河南中医，(2)：13，1982.
[8] 钱超尘. 北京中医学院：仲景学说研究会学术交流材料，1982.
[9] 李铁君等. 浙江中医学院学报，(2)：28，1982.
[10] 杨维益. 河南中医，(2)：13，1982.
[11] 尚启东. 浙江中医学院学报，(5)：47，1981.
[12] 邓曼. 中医杂志，(3) 5，1955.
[13] 姜春华. 新中医药，(10)：37，1954.
[14] 赵锡庠. 中医杂志，(4)：10，1955.
[15] 刘少安. 贵阳中医学院学报（增刊），1982.
[16] 刘渡舟. 陕西中医，(1)：1，1980.
[17] 李铁君. 中医研究院张仲景学说研究论文选编，32页，1982.
[18] 傅元谋. 成都中医学院参加全国仲景学说研究会首届学术交流会论文，1982.
[19] 耿鉴庭. 中医研究院张仲景学说研究论文选编，30页，1982.

[《黑龙江中医药》1983；(2)：21]

《脉经·卷七》初探

刘　峰　杨维益

现行《脉经》一书，相传为晋代王叔和所撰，目前人们重视《脉经》，并不仅仅在于它是一部诊断学专著，还在于书中卷七收录了《伤寒论》的大部分内容。

《脉经》卷七共二十四篇，从一——十七篇分别从汗、吐、下、温、灸、刺、水、火等治法之宜忌（即“可”与“不可”），对伤寒病的治疗进行了探讨。全卷约85.2%的内容见于现行的《伤寒论》[1]。卷末附有“治伤寒形证所宜进退，王叔和集仲景评脉要论”十九字。

王叔和为晋人，由于他生活的年代与仲景较为接近，故历来医家皆认为现行《脉经》中的辨伤寒部分确经王叔和之手加以整理，为《伤寒论》一书的最古传本，但若根据文献记载及《伤寒论》的内容来看，王叔和所编撰的原始脉经中是否保存有较完整的《伤寒论》，似有可供商榷之处。

一、晋人对王叔和著作的记载

从现存文献来看，晋时对王叔和的撰述曾有记载，如《甲乙经》序曰：“近代太医令王叔和撰次仲景选论甚精”，并未明确提出书名。

《太平御览》卷722“高湛养生论”有“王叔和，性沈静，好著述，考核遗文，采摭群论，撰成脉经十卷，编次张仲景方论为三十六卷，大行于世”之语。据宋·张杲《医说》所载之王叔和传，云出自张湛养生方。按张湛为东晋人，著有《养生要集》，于隋志、新旧唐志皆有记载，故高湛与张湛似为一人。由高湛养生论可以看出，王叔和所撰《脉经》与张仲景方论并非一书。

二、史志对王叔和《脉经》的记载

梁·《七录》虽记有秦承祖·脉经等数种题为脉经的著作，但只记有《王叔和论病》六卷，未提及叔和《脉经》。

在《隋书·经籍志》中，首次录有王叔和《脉经》，为十卷本。

《旧唐书·经籍志》（940～945）只记载两种脉学著作，即《脉经》二卷，无撰人，及徐氏《脉经诀》三卷，而未能收入王叔和之《脉经》。

《新唐书·艺文志》（1044～1060）虽有《脉经》十卷，但却没提撰者。根据《旧唐书》未能载入叔和《脉经》，此十卷本不能轻断即属叔和。

由此可见，史志明确记载王叔和《脉经》卷者，只有《隋志》。以后直到宋代林亿等校之前，在新旧唐书中，虽收载有脉经，却未提到王叔和的名字，卷数也有不同于十卷的，可见王叔和《脉经》并不象有些人认为的那样，历代十卷本流传下来，因而基本保持着王著原貌。

三、《脉经》中的《伤寒论》内容对八世纪前医学界的影响

据《甲乙经》述，王叔和曾作过太医令。《后汉书》“百官志”有“太医令一人，六百石，掌诸医药”的记载，说明了太医令在当时医学界中的显赫地位。因此，王叔和撰《脉经》，实际上也是代表官方对晋以前的有关医籍进行的一次整理。初唐孙思邈作《千金方》时曾有记录，隋唐之际，又传入日本，窥此可知《脉经》在当时的影响。

现传《脉经》卷七，虽体例与《伤寒论》不同，辨六经病杂乱无章，六经传变没有先后次第，但是仍体现了六经分证的思想，并载有《伤寒论》的绝大部分条文。因此，原始脉经中如俱存有现《脉经》卷七的内容，那么就很难理解为什么在唐代以前，虽然不少方书，如《肘后方》《小品方》《范汪方》，《集验方》等，皆载伤寒证治，却鲜有引用《伤寒论》条文者，更不见以六经辨证疗伤寒的医家。有人认为《伤寒论》在南北朝、隋代因限于师徒传授，故未能公开流传。如果说《伤寒论》仅限于师徒间流传的话，《脉经》则否，因为它是太医令王叔和整理过的医籍。原始脉经中若确有所谓仲景辨伤寒六经的内容，在重视外感病治疗的两晋六朝，是不可能被众医家视而不见的。

唐·孙思邈《千金要方》卷二十八重点论脉，全卷共分十六篇，其中第十、十一、十二、十三、十四、十五诸篇，不但内容几乎与现《脉经》之卷四、卷五同，连篇名亦大部照录。说明孙氏著书时，曾参考叔和《脉经》，但可以推测孙氏并未见到《脉经》卷七的内容。理由如下：

1.《千金要方》卷九“伤寒上”有“江南诸师，秘仲景要方不传”一语，考孙氏所收《伤寒论》条文，仅有太阳、阳明、少阴三经病证，可见当时所得辨伤寒之文多有缺失。如其所见《脉经》中有今本卷七内容。卷末又注明“王叔和集仲景评脉要论”，且全篇显而易见为辨伤寒病证，孙氏为何不详加引录，反要责备“江南诸师秘仲景要方不传”呢？

2.《千金要方》保存的《伤寒论》内容虽少，

但却有一些现《脉经》中没有的条文，如“发汗汤”第五中的“凡酒客勿与桂枝汤，若服必呕”及“凡服桂枝汤吐者，后必吐脓血也”等，另如“宜吐第七”的瓜蒂散方证亦不见于现行《脉经》。这些现象表明，孙氏《千金要方》中的有关《伤寒论》内容并非来源于现在我们所见到的《脉经》。

王叔和《脉经》在897年（日本国见在书目）以前已传入日本。982年，日本整理传去的隋唐医书，编成《医心方》，全书收集隋唐医书百余家，其中引录《小品方》《范汪方》《葛氏方》《僧深方》《集验方》等书内容各百条以上，但未收入一条《伤寒论》的方治，若传入日本的《脉经》中确有现行脉经卷七的内容，它不会不对当时全面模仿中国的日本医学产生影响，《医心方》不可能遗漏不录。

在王焘的《外台秘要》之中，保存了一种18卷本的《仲景伤寒论》，从王焘大量由《千金要方》及《千金翼方》来转录《伤寒论》一书的条文来看，王焘所得之《仲景伤寒论》与今《伤寒论》相比，条文缺失甚多，但王焘并未从《脉经》中转引一条有关内容，间接地说明当时人们并不知王氏《脉经》中有所谓“王叔和集仲景评脉要论”一章。

四、关于唐代医书记载的王叔和伤寒学

仲景为汉代名医，叔和既整理仲景佚文，自然不当与仲景的学术思想格格不入，因此了解一下初唐医书中所保存的叔和遗论，对认识王叔和有无整理过《伤寒论》的六经辨证可能有所裨益。

在《千金要方》及《外台秘要》的叔和论伤寒中，并不能找到关于六经辨伤寒的论述，而《千金要方》中倒有这样一段文字，王叔和曰：“……夫伤寒病者，起自风寒入于腠理，与精气分争，荣卫否隔，周行不通。病一日至二日，气在孔窍皮肤之间，故病者头痛恶寒，腰背强重，此邪气在表，发汗则愈。三日以上，气浮在上部，填塞胸心，故头痛胸中满，当吐之则愈。五日以上，气沉结在脏，故腹胀身重，骨节烦痛，当下之则愈。”从此段话可以看出，叔和对伤寒病的认识，与华佗的论述“夫伤寒始得一日在皮……六日入胃，乃可下也”[2]非常相近。如王叔和确实苦心整理过六经辨证，难道会用上述的话来描述伤寒病吗？所以，卷七出自叔和的可靠性值得怀疑。

五、关于宋初的《脉经》本与林亿等的校定

1066年左右宋·林亿等着手校定《脉经》时，曾见到三个版本，曰：“有以隋·巢元方时行病源为第十卷者，考其时而谬自破；有以第五分上下卷，而撮诸篇之文，别增篇目者，推其本文而义无取。”[3]由于此两种掺伪之本较易判别，故未被采用。但从另一角度亦可看出，当时的《脉经》本已被窜改。

至于林亿等校定后的《脉经》，则在宋传本的基础上又有了很大的改易。据林亿等校定之《脉经》序：“今则考以素问、九墟、灵枢、太素、难经、甲乙经、仲景之书，并千金方及翼说脉之篇以校之，除去重复，补其脱漏，其篇第亦颇为改易，使以类相从，仍旧为一十卷。”从这段文字来看，仅就林亿等校定之后的《脉经》而言，便已同宋初时流传的《脉经》面目皆非了。

六、关于《脉经》卷七的处方形式

卷七中有不少方剂的处方形式为“属××汤证”。用证字说明方剂主治，是根据辨证进行施治的标记。据现存资料来看，隋以前方书中有不少“方”是只有药物而无方名的。多以“治……，××方”为处方形式，如《小品》的“治大病后虚汗出不禁方”，[4]《集验方》的“大汗出后，脉犹洪大，形如疟，日一发，汗出便解方”[5]等。考《肘后方》的大部分方剂亦未提方名，这体现了方剂学在两晋六朝时的进化程度。而《脉经》卷七所出方剂甚多，每个方剂都有明确的方名，从方剂的表达形式来看，已超越了两晋时的医学水平。（另外卷七与卷八，卷九的处方形式亦有着明显区别，后者一变而为“××汤主之”。同是一人的著作而体例不同，也不能不引起人们的疑问。）

综上所述，晋人将《脉经》与《张仲景方论》分为两书，两晋六朝时又不见现行《脉经》中的伤寒论内容对医家治伤寒有何影响，并且现见的保存于初唐时期医书中的版本未被当时医家所援引，故认为，在原始脉经中已保存有《伤寒论》的大部分内容的说法，是不能令人折服的。此很可能是唐宋医家据晋人的记载集当时的伤寒论条文，加以编纂，而附于脉经之中。因此，现行的《脉经》可以视为王叔和原撰之脉经与唐宋时有关伤寒论记载的汇编，但冠以王叔和之名而已。

参考文献

[1] 小曾户洋等.《脉经的研究（第3报）》. 日本东洋医

学会志，31（2）：50．1981．

［2］唐·王焘．《外台秘要》，第173页．人民卫生出版社，1957．

［3］晋·王叔和《脉经》．商务印书馆，1956，见《宋校定脉经进呈劄子》．

［4］丹波康赖．《医心方》，第323页．人民卫生出版社，1955．

［5］同上，见第320页．

［《北京中医学院学报》1983；（3）：25］

关于《伤寒论》注家之研究

郭子光　段光周　成都中医学院

《伤寒论》之所以富有生命力，历千七百余年而不衰，除了这部著作的内容是数千年间医疗实践的真实记录和总结以外，还与历代医家深入研究《伤寒论》，不断丰富和发展了伤寒学说有关，本文就历代伤寒注家的研究情况初步探讨如下。

整理编次揭示了辨证论治的基本规律

大家知道，张仲景《伤寒杂病论》约成书于公元3世纪初，时值汉末战乱纷起，以致散失不全。西晋太医令王叔和进行广泛搜集，甚至“有闻必录”，将其中伤寒部分整理、编次为《伤寒论》。这是一个研究过程，也是一种研究方法。从现行宋本或成本《伤寒论》来看，其三阳三阴条文顺序实际上贯穿着一定条件下证候传变、转归的内在联系，并非任意堆砌。如24条：“太阳病，初服桂枝汤，反烦不解者，先刺风池、风府。却与桂枝汤则愈。”提出表邪太甚，阻于经络，药不胜病的处理办法；接着25条云：“服桂枝汤，大汗出，脉洪大者，与桂枝汤，如前法”指出服桂枝汤后，仅见大汗出，脉洪太阳热盛于外的证候时，仍当从太阳施治；若“服桂枝汤，大汗出后，大烦渴不解，脉洪大者”（26条），则为阳明里热炽盛，津液被劫，当以白虎加人参汤清泄里热，益气生津：服桂枝汤后，“若形似疟，一日再发者”，此为汗后微邪郁于肌表，宜用桂枝二麻黄一汤，汗出必解（25条）。这些都充分揭示了太阳病服桂枝汤后病机传变的连贯性。所以，陈修园在《伤寒论浅注·凡例》中称赞道：“然自《辨太阳病脉证篇》至《劳复》止，皆仲景原文，其章节起止照应，王肯堂谓如神龙出没，首尾相顾，鳞甲森然，兹刻不敢增减一字，移换一节。”可见王叔和的编次是成功的。要是没有王叔和的辛勤搜集，今天不可能有《伤寒论》其书；对搜集起来的杂乱无章的条文，如不进行编次研究，则《伤寒论》最多也只是一本经验方集，不可能体现出中医特有的辨证论治规律。宋·严器之也充分肯定了王叔和的研究成果，他在《注解伤寒论·序》中写道：“晋太医令王叔和，以仲景之书，撰次成叙，得为完帙……，迄今千有余年，不坠于地者，又得王氏阐明之力也。”然而，王叔和面对一大堆杂乱条文方证，在没有原本或其他佐证资料的情况下，怎样识别真伪，去芜存真？凭什么把条文方证编次在这里而不编次在哪里呢？对于这样一个难度很大的研究课题，伤寒条文方证本身提供的线索是极有限的，除非编次者对伤寒方证拥有丰富的实践经验，否则是无能为力的。王叔和“博通经方”，为当时最高明的大医家，担此重任，适得其人，其成功自不在话下。

王叔和之后，孙思邈倡言“方证同条，比类相附”，将条文方证重新归类，也属于编次研究方法，这些研究在揭示伤寒六经方证之间的连贯性、差异性和规律性方面，很有意义，也便于掌握应用，而为后世许多注家所采用。纵观古今，约有下列几种归类方式

（1）按方类证：以柯韵伯《伤寒来苏集》为代表，特点是以方名证，按方类证，把一个个方证视为一个个独立存在的证候，如桂枝汤证、麻黄汤证、白虎汤证等，将有关条文汇列于下加以分析。这种归类的优点是，能够完整地体现各个方证的脉证，明确分辨出主证与次证，及其与类证的鉴别，对方证的病机也能较好地认识，便于掌握应用。

（2）按法类证：以尤在泾《伤寒贯珠集》为代表，特点是以法类证，以证论治，将有关条文方证汇列于大法之下加以阐述。其法包括正治法、权变法、斡旋法、救逆法、类病法、明辨法、杂治法等，充分揭示了伤寒治法规律。在按法类证的基础上，采取了三阳病分经、腑证，三阴病分经、脏证的归类方法，在一定程度上体现了方证的传变与转归。

（3）按经类证：以陈修园《伤寒论浅注》为代表，特点是立足于六经气化理论，将三阳病方证条文按经证、腑证、变证归类；三阴病按阴化阳化、水化火化、寒化热化加以归类，充分体现出方证的联系及其传变、转归的机理。

（4）按症类证：以沈金鳌《伤寒论纲目》为代表，特点是以伤寒百余个主症，如恶寒、发热，烦躁、咳嗽、小便不利等，为归类标准，将具有这些主症的条文方证汇列于下，加以比较分析。这种归类方法的优点是，充分阐明了伤寒各种主症不同的发生机理、表现特点及其治法异同，可以说是又

一部伤寒症状鉴别诊断学。

（5）按因类证：以钱潢《伤寒溯源集》为代表，他采取以方证的发病原因为归类标准，如太阳病有中风、伤寒、风寒两感、中风火劫、中风误吐、伤寒蓄血等，将有关条文方证汇列于下，以突出方证的病因为特点。

（6）按理类证：就是按伤寒病理性质进行归类，并以理名证。最典型者莫过于目前正在使用的中医学院伤寒教材《伤寒论选读》。如该书在太阳病里，有表虚证、表实证、邪热壅肺证、心阴心阳两虚证、脾胃阳虚证、肾阳虚证、阴阳两虚证、上热下寒证等，将突出方证的病理、病位和病性为特点，而且具有与其他杂病的病因性质易于联系的优点。

此外，近代还有按脉类证者，如浮脉、浮紧、浮大、浮数等，将有关条文方证汇列于下，加以分析，突出了伤寒脉法规律。也有伤寒病案归类的专著，叙述对伤寒方证的验证与实际应用的经验。总之，对伤寒条文方证来说，一切可以进行归类，比较的方式方法几乎都有了，而且都以各自的特点较深刻地揭示其内在规律。

校刊注释是发展伤寒学说的主要形式

校刊、考据是一种传统研究《伤寒论》的方法，虽然着眼于文字上的错落，但却以医学实践为根据。此法肇始于宋代林亿，他也是最权威的校刊、考据研究者。例如，他认为176条“伤寒脉浮滑，此表有热，里有寒，白虎汤主之。”其中表里二字互差。后来成无已、许叔微、方有执等虽对林亿之说大加反对，但其说理甚为牵强，不足服人。往后的医疗实践证明林亿之说是正确的。故柯韵伯直接将“表有热，里有寒”改成“表有热，里有邪”；桂林古本改成“里有热，表无寒”；承澹盦改成“表有寒，里有热”，总之，里有热才能以白虎汤主之，这种认识渐趋于一致，是符合临床实践的。又如：对158条甘草泻心汤的药物组成，林亿认为应有人参，而原方脱落，也是符合实际的。

明代方有执堪称《伤寒论》考据家。他用考据研究方法确定了《辨脉法》《平脉法》《伤寒例》等十二篇并非伤寒原文，“皆叔和述仲景之言，附已意以为赞经之辞”。但自方有执提出上述见解之后，有些伤寒考据家对其余十篇中的许多条文、字句也认为是王叔和自撰羼入，其最突出者要算日本山田正珍氏，例如，他在《伤寒论集成》中认为第48至54条皆是“叔和补入之语”，理由是这七条“皆以荣卫言之，合于《辨脉法》中说，而不合于仲景全论之旨”。他认为仲景是不讲荣卫的。对第75条他也认为“此条王叔和敷演桂枝甘草汤条意者，辞气与《平脉法》相似，决非仲景氏之言也，宜删”。照山田氏的说法，则《伤寒论》条文就所剩无几了，山田氏的一些错误考据，究其原因：第一，仅仅以《平脉法》《辨脉法》等十二篇为考证标准；第二，纯粹应用语辞、文字的考据方法进行研究，没有从医学理论与实践出发。仲景明言“撰用素问九卷，八十一难”。而内、难中广泛叙述着荣卫之说，仲景引入这一概念应是很自然的。可见，运用校刊、考据研究《伤寒论》，必须主要从医学理论与实践出发，否则就会失之偏颇。

注解、释义是发展伤寒学说的主要研究方法，也是丰富伤寒内容的主要形式，由宋代成无已首先开创。他用《内经》《难经》的理论解释《伤寒论》三阴三阳及其条文方证，写成《注解伤寒论》一书，使《伤寒论》辨证论治、理法方药第一次获得理论上的说明，他的《伤寒明理论》对《伤寒论》五十个主要症状产生的原因、机理、表现特点和鉴别要点，都作了精深的阐述。成氏的研究方法给后世以无穷启迪，他之后的数百注家主要采取这种形式来发扬伤寒学说，丰富伤寒经验，如有侧重脏腑经络理论注解的，有从六因、八纲理论去认识的，有以气化升降理论去发挥的，近代更出现许多研究《伤寒论》的“新解”。这些注释都从不同的角度融会了注者本人及其时代的新认识、新经验，因而使《伤寒论》的理论愈阐愈明，经验愈积愈多，应用范围也越来越广。现举麻杏石甘汤证的注释为例，即可见一斑。麻杏石甘汤证共两条，即63条：“发汗后，不可更行桂枝汤，汗出而喘，无大热者，可与麻黄杏仁甘草石膏汤。”162条与63条相同，只有“下后”二字之别。

宋·成无已《注解伤寒论》注解：“汗出而喘有大热者，内热气甚也；无大热者，表邪必甚也，与麻黄杏子甘草石膏汤以散其邪。”没有对汗出而喘、无大热作正面解释。

明·方有执《伤寒论条辨》注释：“……寒不得泄，而气转上逆，所以喘益甚也。无大热者，郁伏而不显见也。”认识到热邪郁伏的病机，但郁伏在哪里；病位不明确，其对汗出而喘的解释也是不满意的。但比成无已进了一步。

清·钱潢《伤寒溯源集》注解：“汗出而喘者，肺主皮毛，邪热但在肺脏也。无大热者，言表里皆无邪也，邪在表则发翕翕之热；邪在里，则发蒸蒸之热，此不言不热，又不言微热，而曰无大热者，盖肺主皮毛，因邪热在肺或时有微热……，热邪实于肺中，则肺气满而喘矣，开阖失司，是以汗出也。”“热邪实于肺中”一句，把病因、病性、病位鲜明地点出来，对汗出而喘一证的解释较好，对无大热解释仍较勉强，但比成、方两注跨前了一大步。

解放初五十年代，承澹盦《伤寒论新注》注解：“为风温证发热汗出而喘之正治法。”“无大热者，以有汗出，表层之热随汗排泄，按之不觉其大热也；非无大热，热郁于肺中也”对无大热一证作了恰当的解释，并补充了针灸治法。

六十年代，二版教材《伤寒论讲义》注解：“热邪内迫于肺，热郁熏蒸而汗出，气逆不降而喘作，因热在里不在表，故身无大热。”解释得简明确切。

值得注意的是清·柯韵伯《伤寒来苏集》对此的注解，他说：“二条无字，旧本讹在大热上，前辈因循不改，随文衍义，为后学之迷途。”他索性将原文“汗出而喘，无大热者”改成“无汗而喘，大热者”，柯韵伯提供的是另一个侧面的经验，无汗，热不得泄，自然大热；汗出，表热得泄，所以无大热。根据近代郭协壎氏对60例属于麻杏石甘汤证病人的观察，有汗者占65%，无汗者占35%（《上海中医药杂志》4：44，1957），以有汗者居多，但无汗者亦占三分之一，说明汗之有无不是本证的一个重要指标，历来注家不改原文有理，柯韵伯改得也有据。后来，钱文才氏确定，热、渴、喘、咳四大症，为麻杏石甘汤证的证候指标(《江苏中医》3：17，1965)，与过去的相比较，显然明确得多，也更符合实际。至于不少报道将本方用于治疗风疹块、烂喉痧、遗尿，以及多种眼科疾病等获得良效，则属应用范围的扩展。

从上述麻杏石甘汤证的注释轨迹来看，有两点值得我们借鉴：第一，过去注本中互相对立的意见，可能反映着不同时期，不同侧面的经验，在继承工作中不要轻率取舍；第二，“新注”是发展伤寒学说的一种形式。如果一本“新注”中包含了作者及其时代的新经验、新认识，而且能够指导临床实践，不是牵强附会的，那么，这本“新注”应被认为是成功的，我们应当欢迎，不应责难。当然，在“新注”还不能完全代替旧注中的经验、认识时，则旧注仍不失其保存价值。

此外，还有一种选择性地汇集前人注释，并附以己见的研究方法，即所谓“集注加批”方法。这种研究是集中前人注释的精义，加以归纳成篇，对后学者自可提供不少方便，不但易于领会原文的意义，同时还能从各种不同认识、经验的对比中，明其异同，知其得失，以窥其全豹，避免偏从一家之说，三十年代出版的黄竹斋《伤寒论集注》即具有这种研究特色。

专题阐发把仲景学说的研究引向深入

历来注家对《伤寒论》的专题研究，多属于探讨性质，探讨虽带推理性，但能广开思路，深化认识。柯韵伯《伤寒论翼》就是一部古典式的伤寒专题探讨论文集，在“全论大法、“六经正义”“合并启微”等论文中，阐述了自己独特的见解，提出不少精辟的论点，对揭示这些问题的实质颇有启发。近代刊物杂志上发表的许多类似文章，也属于这一研究范围。纵观古今专题研究情况，以针对《伤寒论》的大难题——六经病的实质，研究最多。所谓六经病，即三阴三阳病的习惯名称，对其病理实质、传变转归，诸家各有创见，如朱肱的经络说，庞安常的病因（寒毒）说，许叔微的八纲说，高学山的脏腑说，喻嘉言的三纲鼎立说，尤在泾的经腑经脏说，张志聪的六气气化说，近代有阴阳多少说、阶段说、证候群说、体质说等等，这些探讨都从不同的侧面揭示着六经病理实质及其传变转归的规律，对于发展伤寒学说都很有价值。

另外，近代还兴起用实验方法研究《伤寒论》，也属专题研究范畴。从目前情况来看，主要以针对《伤寒论》的方药和脉法为研究对象，其中脉法研究仅仅是对个别脉象图形特征进行观察，方药的实验研究则为最多。如邓祖藩氏通过人和动物的实验，观察五苓散的利尿作用(《中华医学杂志》1：7，1961)；姜静娴氏等用抑菌试验，证明麻杏石甘汤对呼吸道几种主要细菌，如链球菌、肺炎双球菌等均无抑菌作用(《江苏中医，1：5，1978)；管谷爱子对柴胡桂枝汤还进行过神经药理学研究(《中西医结合研究资料》4：95，1977)；其他如茵陈蒿汤、芍药甘草汤、大承气汤等许多伤寒方剂或单味药都进行过实验研究。这些研究对阐发伤寒方药疗效原理的某些方面，有一定参考，并对某些伤寒证候的发生机理，也可提供一定佐证。但遗憾的是，绝大多数实验研究的方法与指标是以西医药理学为基础的，而不是按照伤寒的理法来设计药理试验与观察指标，所以成效甚少。因此，如何按照伤寒学说设计实验研究与观察指标，甚至建立伤寒证候动物模型，是实验研究的新课题，也是一项难度很大的创造性劳动。但是，只有这样，才能真正将仲景学说纳入实验研究的范围。

综上可见，历代注家对《伤寒论》的整理、编次、校刊、注释及专题阐发等研究，因其立足于临床实践，一般说都是富有成果的。正是这些研究，不仅推动了伤寒学说自身的发展，使其内容不断丰富，范围不断扩大，认识不断深入，学术水平不断提高，而且这些规律又渗透于临床各科领域，具有普遍的意义，起着承先启后的作用。

[《上海中医药杂志》1983；(5)：33]

《伤寒论》之提纲辩

刘渡舟　高　飞

近年来有些同志本着争鸣精神，对《伤寒论》六经提纲提出异议，认为六条提纲证内容有限，起不到提纲的作用；若依据提纲学说学习《伤寒论》，则会束缚人们的思想而疏忽对六经病的全面认识和正确理解。更有甚者，认为六经提纲之说实是研究《伤寒论》的桎梏，必须打破。问题提得很严重，使人读后不能默然，事关研究仲景学说之大局，不得不辩。如有主观片面之处，尚希指正。

考古人著书，率有纲目之制，书中之章节条目，必统摄于一定的理论原则之下，使读者能采摭要义，如纲绳在握，则心胸井然有序。所以，书中之有提纲，乃写作之必需。如果著书胸无定见，不讲章法，平铺直叙，缺纲少目，则使人味如嚼蜡，此虽有书，亦不足以为书也。如此而欲达到“文以载道”，成为传世之作，岂非空话耶?《伤寒论》乃是一部医文并茂、言简意赅之巨著，其中提纲、子目，仲景虽未明言，然读书如饮水，冷暖人自知也。是《伤寒论》本有提纲，并非为后人所强加。然则“纲”之义为何？考《经书·盘庚上》曰：“若网在纲，有条而不紊。”韩非子也说过：“善张网者引其纲，不一一摄万目而后得。”由此推知，凡书中之提纲，皆具有统摄与指导之意义，而《伤寒论》这部书，除体现了仲景对疾病运动规律的正确认识之外。同时在写法上也是以纲带目，主次有序，前后联系，首尾相顾，如古人所云“鳞甲森然”者也。

那么，《伤寒论》之提纲体现于何处呢？目前对提纲的认识可分为两大派。一派主张以六经做为辨证提纲，其理由认为仲景辨证方法，总不离六经之范畴。这一观点，为国内大多数医家所赞同。另一派指国内少数医家，亦包括日本古方派在内，他们认为仲景辨证八纲不是六经而是阴阳，只要辨出是阴、是阳，则表、里、寒、热、虚、实等情自可迎刃而解。这样在伤寒学中，就形成了一宗六经，一主阴阳的两种看法。我们认为，《伤寒论》确实以阴阳为大纲。如《辨脉法》的“凡脉大、浮、数、动、滑，此名阳也，脉沉、涩、弱、弦、微，此名阴也”，此仲景以阳阴为纲而统摄辨脉之法也；《太阳病上篇》第7条的‘病有发热恶寒者，发于阳也，无热恶寒者，发于阴也”，此以阴阳为纲统摄辨证之大旨也；《太阳病中篇》第58条的“凡病，若发汗，若吐，若下，若亡血，亡津液，阴阳自和者，必自愈”，此外仲景又以阴阳为纲概括治疗之总则也。如此看来，阴阳似乎可以代替六经而为《伤寒论》一书之纲矣。然阴阳如作为辨治总纲，大则大矣，美则美矣，而其义犹未尽善也。何以见之？这是因为中医阴阳学说是建立在唯物论基础之上的，故阴阳必须要应象。所谓“象”者，系指有形象之物体也。若象应于人，则五脏为阴，六腑为阳，血为阴而气为阳，荣为阴而卫为阳也。所以《伤寒论》以太阳应膀胱，阳明应胃家，太阴应于脾……，于是六经辨证体系得以建立矣。倘无脏腑经络之客观基础，则无象可应，而阴阳辨证之法亦无法落于实处。可见阴阳不能脱离物象而独立存在。此外，六经辨证与八纲辨证本是体用关系，体，指脏腑经络；用，言阴阳变化，二者共同反映人之生理、病理，而使医生有规律可循。后世有些医家不认此理，企图把阴阳与六经分开，反使仲景之道不行。

《伤寒论》向有397法之称，若无纲目之制，则读者未有不望洋兴叹者。于是仲景锦心绣手，于六经之首各设提纲以统摄之，曰“太阳之为病……”“阳明之病……”等等。此六条提纲证开宗明义，提要钩玄，反映了本经病证的脉证特点和主要病机，故为方有执、钱虚白、徐灵胎、柯韵伯等大家所承认，亦为研究伤寒之广大学者所重视。可惜的是，有的同志由于主观思想的局限，对提纲之义的认识浮于表面而不做深入分析，例如挑剔太阳提纲未言“发热”，借此等理由否定六经提纲之说。可以看出，这些同志对仲景之论、柯琴之书缺乏系统的研究，对仲景为何不提发热之底里，则更茫然不解。考仲景在第3条曾云：“太阳病，或已发热，或未发热，必恶寒”，很清楚，他提“发热”时用“或”字，提“恶寒”则用“必”字，仲景认为发热乃后现之证，所以不列入提纲之中。柯琴指出：“太阳为巨阳，阳病必发热，提纲亦不言及者，以始受病，或未发热故也，其精细如此。”此言深得仲景的心法，使人折服。

否定提纲说的同志认为，六条提纲证内容过简，不能概括六经“所有病证”，这表明，这些同志尚未领会“纲”之概念和意义。“纲”为网上之绳，喻事物最主要的部分。凡张网者必先引其纲，方能有条而不紊，夫纲举而后目张，所谓“不一一摄方目而后得”也。这一道理还是柯琴讲得妙，他说仲景择本经至当之脉证标之，而为六经之提纲也。如果不符合“至当”二字者，则就宁缺勿滥而又有何不可？如果要求所有脉证都在提纲条里一一兑现，那还有什么“纲”可言呢？

至于说提纲是研究《伤寒论》的桎梏，则更是危言耸听。提纲挈领，以纲带目，乃善学所为也，焉有反使人愈发糊涂之理？所以，柯韵伯在强调了六经提纲的意义之后又进一步指出：“读书者须紧记提纲以审病之所在，然提纲可见者只是正面，读者又要看出底板，再细玩其四旁，参透其隐曲，则良法美意始得了然。”柯氏不但举提纲以审病之所在，又能由正面至底面，而四旁，分出纲与目的不同层次，提出辨证的具体方法，其体会之深，论述之精辟，令人叹为观止。历史上象柯韵伯这样赞同提纲说者大有人在，他们治伤寒学非但未被提纲所束缚，而且各有成就，这是有目共睹的事实，故此看来，“桎梏”之说可以休矣。

综上所述，提纲是起指导统摄作用的关键，凡是科学研究，著书立说，莫不贯以提纲之法，然后得以实施。《伤寒论》于六经辨证中各有提纲一条，犹大将之建旗鼓，使人知有所向，这是何等重要之事！然竟遭如此非议，岂不令人费解？

《伤寒论》贵在能指导实践，我们既要从理论进行研究，也应从临床加以验证。为此，仅以太阳病提纲为例，对其指导临床之意义略抒管见。

太阳，指的是足太阳膀胱经。《素问·热论》云：“巨阳者，诸阳之属也，其脉连于风府，故为诸阳主气也。”所以，太阳才有总六经、统营卫、司一身之表的功能。凡风寒等邪犯表，太阳必首当其冲。此时正邪相争于表，故其证候之提纲即如第1条所云：“太阳之为病，脉浮，头项强痛而恶寒。”柯韵伯认为：“观五经提纲，皆指内证，惟太阳提纲为寒邪伤表立。”本条的“脉浮”，是邪客于表、气血向外抗邪的反映，故为表证之纲脉；“头项强痛”“恶寒”则为表证之纲证。之所以把这些脉证都提高到“纲”的高度加以认识，正是由于它们对于临床辨证具有切实的指导作用。现在，先论太阳病的纲脉——浮脉。浮脉主表，乃是任人皆知之事，但若作为表之纲脉来认识，则不见得能为人们所重视。本条中先论脉而后论证，体现了凭脉辨证的重要。比如说，患者有头痛、恶寒等症状，看来极像表证，但如果切其脉不浮，而反见沉迟，就很难说它是太阳病，当然也就不能采取发汗进行治疗了。即便是寸、关皆浮，而惟尺脉不浮的，也不能用发汗之法。浮脉为纲，其严格如此。由此可知，凡已经切到了寸口之脉浮，那就不论其为何病，也不要管病程多久，都应首先考虑该病是否为表邪不解，抑或由于表邪不解所引发的各种疾患，对此必须认真加以分析，方不致发生差错。我在浮脉主表的问题上，既有经验又有教训。记得过去看过一个头痛发热的病人，切其脉浮，这本是外感引起的发热，治当解表发汗，使其表阳不遏就会热退身安的。然而由于我对浮脉主表这个纲未能抓住，反误用了一些寒凉清热之药，结果使阳气闭遏，表邪无路可出，因而发热不退，造成误治。类似这种情况，尚不限于个人，故有总结之必要。

吃一堑，长一智。经过这一次教训，方使我明白了太阳病提纲的重要意义，而对浮脉主表的实用价值有更切身的体会。有一次我应邀会诊，病人是一六岁男孩，患肾小球肾炎，尿中有蛋白、红细胞和管型。患儿周身皆肿，但以面肿为甚，切其脉浮滑而数，舌苔白而略腻，大便虽调，小便则黄赤而不利。我抓住脉浮、面肿为纲，辨为“风水”，为疏越婢汤加苍术，服后令小发其汗。果一剂而面肿消，小便畅通，各项化验指标亦明显好转。时有学生问我：肾炎不治其蛋白尿，师反发汗何也？曰：以其脉浮故尔。提纲之精要如此，非亲身体验者不足道也。

再谈太阳病的纲证。“头项强痛”的出现，与太阳受邪之后经脉气血不利有关。《灵枢·本脏篇》曰：“经脉者，所以行血气而营阴阳，濡筋骨而利关节者也。”太阳经络脑下项，故太阳为病，可见头项强痛之证。柯韵伯指出：“三阳俱有头痛症，六经受寒俱各恶寒，惟头项强痛是太阳所独也。……盖太阳为诸阳主气，头为诸阳之会，项为太阳之会故也。如脉浮恶寒发热，而头不痛项不强，便知非太阳病，如头但痛不及于项，亦非太阳定局。”由此可知“头项强痛”为太阳病之纲的重要意义。至于“恶寒”，则属卫阳受伤，不能温煦肌表的病理反映。根据伤寒学者们的研究，凡文中“而”字以下的证候，都具有关键性意义，如“无汗而喘”的“喘”，“不汗出而烦躁”的“烦躁”等证皆是。所以本条中“头项强痛而恶寒”的“恶寒”，也就成为辨表证的关键。古人云，“有一分恶寒，便有一分表证”，故证见“恶寒”的，即应考虑从表论治。如第164条云：“伤寒大下后，复发汗，心下痞，恶寒者，表未解也。”本条乃叠经汗下后成痞，而仲景却诫之曰“不可攻痞，当先解表”，所以然者，以其人恶寒未罢，而表犹未解故也。

综上所述，太阳病的脉证提纲确是字字珠玑，其实用价值不容低估。但也应看到，脉与证并非各自孤立存在，而是有着密切的内在联系，如在脉浮的同时，又应有头项强痛或恶寒等主证出现。此外，学习六经提纲证尚应参合其他诸条脉证，这样抓纲带目，执简驭繁，层层深入，则更有利于辨证施治。

除六经提纲学说之外，尚有方、喻的三纲鼎立说，沈金鳌的伤寒纲目说等，虽然各自格局不同，内容有异，但他们承认《伤寒论》之有提纲则一也。就六经提纲而言，既为读书学习之门径，又为临床辨证之关键，其作用可谓大矣。历代贤哲不知花费了多少心血，始识得《伤寒论》之提纲所在，而且为一书之大旨也，奈何竟遭弃而舍之！这岂不是太轻率了吗？

[《河南中医》1985；(6)：1]

试评研究《伤寒论》的三纲、症状二流派

沈敏南　浙江省嘉兴市王店中心医院

《伤寒论》是东汉张仲景所著，被奉为四大经典之一，是我国第一部理、法、方、药俱全的临床治疗医书。问世以来，为中外医者所重视。历代学者从不同角度探求《伤寒论》的真旨，遗留至今的约有400多家注本。此众多文献，析其流派，不外尊经维护旧论及错简重订二大学派，而“三纲”“症状”流派是错简重订学派的主要内容。本文试评“三纲”“症状”二流派，析其异同，供当前研究仲景学说之参考。

方有执的《伤寒论条辨》是三纲流派的发端者，他首用三纲学说编次《伤寒论》，喻昌、程应旄附之，沈明宗之《伤寒六经辨证治法》是其杰出者，这样成了完整的三纲流派。成无己的《伤寒明理论》是症状流派的创始者，王肯堂的《证治准绳·伤寒》是其中砥者，日·中西惟忠《伤寒之研究》是其精深者，沈金鳌、陈尧道亦附之，便形成症状流派。

立新论　穷诘辨证　注疏精深

三纲，症状派学者均认为现存的《伤寒论》是条文式的札记，不能精确地体现仲景的辨证心法。所以，前者用三纲学说来研究，后者从探求症状实质着手，都试图揭示仲景辨证的精华。

一、三纲学说

三纲派学者把三纲学说视为《伤寒论》之精微，并以此说作为注疏《伤寒论》的主要依据。他们认为一部《伤寒论》就是从风伤卫、寒伤营、风寒两伤营卫的病因、病机来阐述的。具体内容如下：1. 风伤卫：卫气属阳，有温养分肉、充实皮肤、滋养腠理、主司汗孔开合之作用。而风为阳邪，阳则从阳，风邪侵入则伤卫气，便形成太阳中风之病机。又把太阳中风误治后之变证和传变入里的阳热证，均从风伤卫注疏辨析。如少阴三急下证，《伤寒六经辨证治法》认为风伤卫证传入少阴而成，尝谓：“此风热耗竭肾阴与胃津之急也。少阴风热炽盛，肾水欲绝而不上灌于咽，胃中津液亦竭。”2. 寒伤营：营气属阴，有营养之功，流溢于中能滋养五脏六腑，布散于外则润泽筋骨皮毛，注于血脉化而为血。而寒为阴邪，阴则从阴，寒邪侵入则伤营气，便形成太阳伤寒之病机。又把太阳伤寒误治后之变证和传变入里的阴寒证，均应从寒伤营来注疏剖析。如旋覆代赭石汤证，方氏认为是太阳伤寒证误治后，外邪已解，胃气尚弱，气逆不顺而成。3. 风寒两伤营卫有三类：一类是初感于寒，续中于风，脉象浮缓，证似麻黄汤证；另一类是先中于风，再感于寒，证似麻黄汤证反见烦躁；还有一类是寒热相杂证候，即是风伤卫入里之热证与寒伤营入里之寒证相合而成。这三类证候均从风寒两伤营卫的病机来注疏。如上热下寒的黄连汤证，沈氏以风寒两伤营卫解析，尝曰：“此风寒两伤太阳阳明位。胸中有热，即风伤卫传入太阳之胸；胃中有邪气，乃寒伤营传入于胃而寒气下行，复侵于脾，故腹中痛，风邪犯胃、气逆上行欲呕吐也……。”[2]总之，三纲学说的实质是强调病因在整个病程中所起的主导作用。

二、症状学说

症状学者认为创立辨证施治是《伤寒论》的最大贡献，而症状又是辨证的最小单元。所以，重视主次症状的研究，能有效地揭示仲景辨证的心法。《证治准绳·伤寒》是症状学派的代表作。它把87种主要症状按六经证候进行研究，并把症状分为主、兼、变三症。如对少阴病就分了心肾虚寒，虚热两种类型，而以但欲寐、口燥、咽干、咽痛、吐利为其主症。这种确立主症的研究方法，是探索六经证候的基本方法。

中西惟忠的《伤寒之研究》是将症状进行类比，析其异同，并以八纲理论来解析之。如对汗

症：太阳经发热恶寒、漐漐汗出是表证；阳明经不恶寒，反恶热，濈濈汗出是里证；少阳经往来寒热、头汗或盗汗是半表半里证；少阴经下利、脉微涩、喘而汗出；厥阴经发热、四肢厥冷、大汗出均为阴阳二竭之证。另外，他还重视对病情轻重的研究。如寒厥的四逆汤证最轻，白通汤证次之，通脉四逆汤证最重。这种从八纲理论出发，对病位，病性及病情轻重进行研究，给辨证提供最原始之素材，亦就是症状流派的精华所在。

创错简　编次新颖　匠心独运

三纲、症状学者认为现存的《伤寒论》决非仲景之原书，颠倒错乱尤甚，必须重新编次，才能反映仲景著书立说之真意。

一、三纲流派是从六经立论，用三纲编次

三纲学者认为《伤寒论》之精髓是六经。风伤卫、寒伤营、风寒两伤营卫是六经的主要内容，只有从六经立论，用三纲编次，才能揭示仲景之真旨。如《伤寒论条辨》全书是按六经编次，各篇均打乱原文，按三纲学说重订。例如把太阳病篇分为三章，按风伤卫、寒伤营、风寒两伤营卫的次序排列条文；其他五经虽不分篇，但亦按三纲安排。其方法有二：（一）对于本经混乱处进行纠正，达到前后衔接。如将13条“太阳病，头痛，发热，汗出恶风者，桂枝汤主之”，与97条“太阳病，发热汗出者，此为荣弱卫强，故使汗出，欲救邪风者，宜桂枝汤”调整到一处排列，前者以明太阳中风之症状，后者以示太阳中风之病机。（二）二经混乱之条文，在注释中给予指明错简于何处。如阳明病261条“伤寒瘀热在里，身必发黄，麻黄连轺赤小豆汤主之”因太阳主一身之表，该条是湿热袭表之证候，故《伤寒论条辨》在注释中指明此条应列入太阳病中，是错简而误入阳明篇的。

沈明宗的《伤寒六经辨证治法》也是用六经、三纲编次。其方法有二：一是按不同外邪进行分类编次。二是将热证、寒证之条文分类编次。如少阴病分为前、后篇。前篇是风邪传里，以挟肾中相火而发，阳邪炽盛之条文；后篇是寒邪伤营，传入肾中，而从水发，以至亡阳、虚寒等证之条文。方氏与沈氏均是从六经、三纲之理论进行编次，但前者仅重视病因在外感病中的地位，而后者则注重于病因、病机之编次；方氏发其端，沈氏畅其义也。

二、症状流派是以辨析主次症状编次

成无己《伤寒明理论》是症状研究的创始者，但他仅论述了症状的定义及病机。王肯堂的《证治准绳·伤寒》则是把《伤寒论》条文重新打乱，按其主、次症状用六经分篇，各篇之中又先立主症，然后附以主症条文。该书共立主症38个，如太阳经立发热、恶寒、恶风、头痛、项强、身体痛等主症。次症则列于各篇主症之后，也有列于合并病、坏病篇中论述的。这就是王氏的六经症状编次法的梗概。

中西惟忠的《伤寒之研究》亦是以症状编次。但其方法是以纲带目，类比析理，如“热五道”一篇，将以热命名的12种症状类聚为一篇，并按疾病的病性、病位之不同，立恶寒发热、往来寒热、身热、恶热、潮热五大纲。大纲之下又列小目，如身热纲下，有表热、外热、微热三小目。中西惟忠还对症状进行了类比，如“头痛头眩”一篇，以头痛、头眩合并而论。尝曰：“头痛头眩，亦皆有阴阳之别，而头痛则专于太阳而厥阴与焉，头眩则专于少阳而少阴与焉。”[3]这就提示了此二种症状的六经部位。总之，王氏之症状研究重在六经学说，阐发了六经的实质；惟忠之症状研究注重于类症分析，揭示了各种症状的本质。两者各有千秋，并存不悖。

三纲派注重传变症状派重视补亡

三纲学者注重传变。如《伤寒论条辨》用了二张“阳病在表自外而内之图”，“阴病在里自下而上之图”，来说明阳经、阴经之传变梗概。尝谓：“太阳者，风寒以著之，人必皮肤当之；当之则发热，热在皮肤，皮肤在躯壳之外，故曰表有汗、无汗……。阳明者，风寒之邪过皮肤而又进，接皮肤者，肌肉也……。少阳者，邪过肌肉而又进，则又到躯壳之内，腑脏之外，所谓半表半里也。”[4]阴经是脾居中而初受，然后入少阴、厥阴。“表道自外而内，里道自下而上”。[4]这就是方氏对伤寒病传变的基本认识。

症状学者着眼于补亡。以王氏《证治准绳·伤寒》为例，首先对症状进行大量补亡，仅瘥后诸病一篇就补亡了水气、喜睡、欲吐、目暮微烦、惊悸、烦热、虚汗、喘嗽、梦泄、失音、呕哕、下利、腰痛、不得眠、发豌豆疮、遗毒、昏冒等17种，其次王氏还对拾遗八个章节的诊法，特别对察舌论述详尽，尝谓：“凡舌鲜红者吉，青为冷，青而紫者为阴为寒也；赤而紫者为阳为热也，黑者亢极者为难治。凡舌上胎白而滑者，表有寒也……；胎黄而燥渴者热盛也，胎黑而燥渴者热甚而亢极

也；若不燥渴，舌上黑胎而滑者为寒为阴也；舌卷而焦黑而燥者，阳毒热极也；舌青而胎滑者阴毒冷极也。凡舌肿胀、舌上燥裂、舌生芒刺皆热甚也。凡舌硬舌强、舌短缩，神气昏乱、语言不清者，死也。”[5]另外，王氏还补充了274首确有实效的方剂。如在解表法中王氏立清解散，用苍术、荆芥、甘草、麻黄治四时感冒、风寒湿侵表之证，验之临床，确有效果，故被后世医家所习用。

综上所述，三纲、症状流派是伤寒学派的重要组成部分，对《伤寒论》的研究做出了巨大的贡献。但是由于各种原因的局限，使他们没有也不可能全面揭示仲景的心法。因此，我们现在学习、研究《伤寒论》，仍须结合其他流派，才能窥得伤寒学派全豹。

（本文条文参阅成都中医学院编《伤寒论讲义》，1964年版。）

参考文献

[1] 沈明宗．伤寒六经辨证治法，卷六，17页．上海卫生出版杜，1957年．
[2] 同1，卷三，11页．
[3] 中西惟忠．伤寒之研究，42页．人民卫生出版杜，1957年．
[4] 方有执等．伤寒论著三种．伤寒论条辨，21页．商务印书馆，1957年．
[5] 王肯堂．证治准绳·伤寒，卷一，59页．上海科学技术出版杜，1959年．

[《安徽中医学院学报》1985；(2)：11]

对《伤寒论》的紧脉进行对比分析

刘渡舟

考《伤寒论》有关紧脉辨证的问题，大约有二十多起，虽然都以紧脉为主，然在辨证论治上却又有不同，为了探求平脉辨证之理，实有综合归纳、对比分析之必要。现简述如下，以供同道们参考。

紧脉主病，概括来讲，主要有三种，即：寒证、实证、痛证，并且往往同时出现。为了说明问题起见，在六经分证的前提下，试将紧脉主病的不同情况，加以介绍。

一、太阳病，脉浮紧

太阳病为表证。如被寒邪所伤，则见“脉阴阳俱紧”“脉阴阳俱紧”，是指寸、尺脉位皆见紧脉。然寒邪束表，正气抵抗于表，故脉紧而浮，也自在言外。

1. 紧脉主寒：浮紧之际、是为表寒之诊。寒邪伤阳，最为酷烈，其发热虽有早晏之分，而恶寒之证必定先见。伤寒恶寒，勿论拥被向火，概不能缓减。自觉寒从背起，洒淅然，淅淅然，及于全身，而畏恶为甚。

2. 紧主疼痛：寒邪袭表，而使荣卫不利，气血凝涩，经脉拘急，脉来浮紧，故可出现头痛、身疼、腰痛、骨节疼痛等证。

3. 紧主邪实：太阳之寒邪束表，寒主收引，而使皮毛腠理为之闭敛，则荣卫皆实。所以，一身虽然灼热，但无半点汗意可言。以其无汗，故称为表实之证。皮毛者，肺之合也。今寒凝表闭，而使肺气不利，故可使人发生气喘。针对这一情况，仲景名为“无汗而喘”。他提示了“无汗”和“气喘”两个证候；又揭出“无汗”与“气喘”的因果关系。

二、若太阳病，浮紧不去

上述之太阳伤寒，如不用麻黄汤发汗解表，以致寒邪不去，而浮紧仍在。寒邪久羁、则阳郁不伸。此时寒邪欲出而无机，欲传而又难入；阳气既不能拒邪外出，又不能得汗而宣达，正邪势均力敌，相峙于表，把人憋得烦躁不安。仲景则称之为“不汗出而烦躁者”。明确指出躁燥的产生，是由于不出汗之故。治用大青龙汤，峻发寒闭阳郁之汗，则表可解，脉紧去，烦躁自安。

三、若寒欲化热，则脉由紧变缓

夫寒客于表，阳气被郁，则随着人体的阳气而使寒邪渐趋化热。紧主寒，缓主热，尤怡云：脉缓者，变热是也。则脉由浮紧一变而为浮缓。所以，第39条才说：“伤寒脉浮缓”。这是仲景继第38条的“脉浮紧”，而又谈到“脉浮缓”。说明表寒化热的程序和脉证变化。伤寒邪在表则身疼，邪入里则身重、经脉不为拘急，故身不疼但重。“紧”与“缓”本是互相对比之文，而不是孤立的去谈脉缓。但有的注家不从两条对比进行分析，不能从表证的发展以求其变化，必然离开仲景之意境，而在什么“缓者风之诊”上求根本．因之难免就离题而越来越远。类似这样的问题尚不止此。如第27条的“太阳病、发热恶寒，热多寒少，脉微弱者。此无阳也，不可发汗，宜桂枝二越婢一汤”。其精神而与“伤寒脉浮缓”有近似之处。然有的注家，竟不知“脉微弱”与“热多寒少”的寒邪化热的关系，而认为“脉微弱”与“此无阳也”做为括弧句子加以处理。因而就犯了主观片面的错误，并且把人也引入了歧路。

四、阳明病的脉紧，又与太阳病不同

太阳病的脉浮紧，主伤寒无汗表实。而阳明病的脉浮紧，则主经中受邪，而腑已成实。何以见之？如第201条的“阳明病，脉浮而紧者，必潮热发作有时。”可以看出，紧在太阳则主表实，若在阳明则主里实；紧在太阳则无汗，在阳明则有汗；紧在太阳则恶寒，在阳明则必发潮热。如此种种，不一而足，必须互相对比，才能使人别开生面，而做到同中求异。

五、若少阴病脉阴阳俱紧，则主寒盛亡阳

脉紧主寒盛之证，若见于少阴，则有寒盛亡阳之变。第283条所说：“病人脉阴阳俱紧、反汗出者，亡阳也。此属少阴，法当咽痛而后吐利。”这因为太阳与少阴经脉相连，互为表里。如少阴阳气充盈、则外助太阳而抗邪有力，可使在表之邪不能内传。如果少阴之阳气先虚，则支助太阳之力而不足，致使太阳之邪由表入里飞渡少阴，则形成寒盛于里，而使阳气失去固表摄阴作用，故脉紧而反汗出。则病不属太阳，而属于少阴。此证不但汗出，而且由于里寒也有吐泻与手足厥逆之证。治当扶阳驱寒为急务。仲景未出方治，而通脉四逆等汤则不啻三年之艾矣。然而此证若脉由阴阳俱紧而一变为“脉暴微”，手足由厥转温，则反映了阳气自复，而寒邪已有退却之势，主其病为欲愈。此时纵有心烦、下利之证，亦无碍大体，而终必自解。

六、脉若乍紧，其病为何

有的病是脉乍紧、乍不紧，而令人捉摸不定。此证乃痰实有形之邪，随气机上下而痹于胸中。痰上痹胸阳，不能外达四末，则有时手足发生厥冷而脉乍紧；若痰随气下而不上痹胸阳，则手足厥冷不发，脉亦不紧。紧主邪实，实则易聚，故除手足厥冷以外，必见心下痞满，饥不能食等证。治当因势利导，在脉乍紧时，而用瓜蒂散涌出胸中痰浊实邪则瘳。

七、脉沉紧而证候又有不同

脉沉紧主里实与疼痛。如仲景所述“大结胸”三证、即：脉沉紧、心下痛、按之石鞕。

夫大结胸证，为水热凝结的实证，故脉来沉紧而有力。然结胸证又有“从心下至少腹鞕满而痛不可近者”的剧烈疼痛特点。而应紧脉主痛，自是理所当然之事。

另外值得一提的是《伤寒论》有时紧弦常互相借用，例如：第67条之“脉沉紧”和第108条之“寸口脉浮而紧”，第266条之“脉沉紧者气”，其“紧”字皆应作“弦”字体会，方能使脉证相符而不发生矛盾。又因紧脉以力言，脉来紧张而有力；弦脉以形状言，如按琴瑟弦，端直以长。所以两脉可假借而用，但又不能混为一谈也。

由上述可见，太阳病的脉紧变缓，为寒邪化热；而阳明病的脉紧则为里实已成：少阴病的脉紧变微，则为寒邪欲去；结胸脉紧主实、主痛；而痰痹胸阳，则脉来乍紧；少阴脉紧，则主寒盛亡阳。可见紧脉为病，有不同场合，也有不同的辨证标准。古人云，“比为六义之一”，通过紧脉相互对比，以及紧脉的发展变化，使我们眼界大开，加深了认识，而又提高了水平。一隅三反，而为研究伤寒学者告。(条文号码依赵开美本)

[《北京中医杂志》1985；(6)：44]

《伤寒论》论治“坏病”的寓义析

孙雯霞　昆明市中医医院
李庆生　云南中医学院

坏病既成，危害匪浅。何谓坏病，如何辨识，怎样防治？是临证不可忽视的问题。追本溯源，详细论治坏病者，首推张仲景之《伤寒论》，该书几近1/3的内容论及坏病。鉴古议今，对其试作分析，弄清仲景为何重视论治“坏病”，其寓义何在？方法如何？无疑是极其有益的。

“坏病”辨

《伤寒论》明言“坏病”者，有第16条和第267条，此二条均论述外感病因误治而成变证。此种变证，在《伤寒论》中比比皆是，因而后人多认为坏病即为误治所致之变证。然，细观《伤寒论》，凡变证至极，施药不效，常致难治、死证；亦有一些条文所载，未明言误治，见证属杂病之疑难重证，多为难治、不治、死证。由此提示，坏病既指外感病经误治而逆，病势较本证为重之变征，又包括杂病中疑难危重之难治、不治、死证。据此，粗略分析了《宋本伤寒论校注》(朱佑武校注，湖南科技出版社1982年版)的全部原文(共397条)，论及坏病见证者共129条。具体内容如下：(1)误治而成者共107条。有的同一条文中见若干变证，分别为不同原因所致，累计为141例次。发展为死证者5例，难治证者2例。误治的主要原因是：误

下（66例次），误汗（30例次），误吐（16例次），误火灸温针（16例次），它因误治（3例，分别为误利小便、温中焦、汗出入水）。（2）注明“坏病”者2条，皆由误汗、吐、下、温针而致。（3）未明言病因，所论为杂病之疑难重证者共18条。其中死证13条，难治、不治证5条。（4）常法治疗无效，预后为死证者2条。（5）列出坏病又附方药者共58条，选用方54个，使用次数67方次。（6）坏病在六经病中的分布并不一致，具体为：太阳病共84条，误治81条，病发不治死证3条。阳明病共17条，误治15条，病发不治死证2条。少阳病共2条，误治2条，无不治死证。太阴病共3条，误治3条，无不治死证。少阴病共8条，误治2条，病发不治死证6条。厥阴病共15条，误治6条，病发不治死证7条，常法治疗无效，预后为死证2条。因此，可以说仲景重视治坏病，在分析了大量的坏病后，从正反两方面总结经验而成《伤寒论》，实不为过。

论治“坏病”之寓义

通观《伤寒论》，论治坏病之寓义，主要为以下数端。重篇论坏病，旨在示医者“常须识此，勿令误也。”（第16条）。坏病一经形成，病情复杂，病势急重，变化较速，辨证不易。若此时再失治误治，多发展为不治、死证。若辨证准确，治之得法，尚可救逆为顺。

坏病的成因甚杂必须详辨，只有防患于未然，才能杜绝误治，以断坏病之源。误治变证中，误汗吐下为多见，误火攻致病常多急，邪气犯脏乱阴阳多危。细究其因，汗吐下三法，皆寓祛邪即扶正之理，为《伤寒论》所用八法中祛邪较速，奏效较快者，“一汗而解”“下之则愈”“吐之则安”。用之得当，邪去病除；用之不当，伤正助邪，变证亦快。三法误治，坏病即生，误治之逆，其理在此。误用火灸温针而成坏病者，观其本证，多为热证或阴弱之体。温针火灸，为火攻散寒之法，用于此类病证，则愈炽其热，灼伤其阴，遂发变证而病势急。病邪深入于里，为病情加重，若犯脏腑扰阴阳，致阴阳乱而相离，必发危证。

从坏病在六经中的分布可以看出，病在太阳多变化，病至厥阴多难治。太阳病中变为坏病者最多，厥阴病之坏病者多为不治、难治、死证，居六经之中的少阳、太阴病变为坏病者最少。析其原因，太阳为人体之表，防病之藩篱，外感病发，多从太阳而始，此时正气尚充，可抗邪于外，而外邪始犯，侵袭力强，正邪初争，变化亦快。此刻若治疗正确，多可“一汗而解”，截断病邪之深入发展，若治疗不力，甚或误治，正邪交争更甚，变化迅速，易成坏病，病势急重。因其为外感初病，变证坏病多为病邪由表入里，累及它经而转为它经之证，或并病，或合病，故死证相对少。厥阴为人体之里，其病为邪深入内，正气抗邪力弱，病势较重，病邪犯脏，阴阳被损，互不相约，甚至离绝，多发生危重死证。少阳、太阴为六经病发展变化的中间阶段，病由外而入可传至少阴，厥阴，病退又可自里出表而达太阳，所以坏病相对少。

然而，同一误治，其变化如何，与患者素质密切相关。“发汗后，恶寒者，虚故也，不恶寒，但热者，实也”（第70条）。即是阳气素虚者发汗伤阳而恶寒，阳气素旺者发汗伤津而邪热盛。

仲景在列出“坏病”的条文中，强调“观其脉症，知犯何逆，随证治之。”这是《伤寒论》论治坏病思想的核心，亦是治坏病之总则。以此昭示后学，坏病既成，当不惧坏病之“逆”，详辨脉症，探明坏病之由，灵活随证施治，可尽救急挽逆之能事。即随坏病的病机变化，辨证准确，方证相符，可获一定效果。仲景还示人以若干救逆之法，力救坏病，以平为期。论中所列治坏病用的54方，即是明证。兹以第29条原文内容为例：“伤寒，脉浮，自汗出，小便数，心烦，微恶寒，脚挛急。反与桂枝（汤）欲攻其表，此误也。”明确指出上述见证用桂枝汤属误治。随文仲景提出救逆之法有四：（1）“得之便厥，咽中干，烦躁吐逆者，作甘草干姜汤与之，以复其阳。”（2）“若厥愈足温者，更作芍药甘草汤与之，其脚即伸”。（3）“若胃气不和，谵语者，少与调胃承气汤。（4）“若重发汗、复加烧针者，四逆汤主之”。

认识坏病，有助于明确方药的禁忌证，戒后人勿误。《伤寒论》中一部分误治的坏病，是以禁忌证的方式提出的。“衄家，不可发汗，汗出，必额上陷脉急紧，直视不能眴，不得眠”（第86条）。这种以反证法示其禁忌的记载，书中屡见不鲜，所记载的各种禁忌证，均源于对坏病的总结分析，既明确了方药的禁忌证，也显示了许多方药的适应证，提出了各种病证相应的治则，使治疗有法可循，减少了误治的发生。可以说，禁忌证是教训的总结，适应证是成功经验的概括。

借分析坏病机传，论伤寒兼及杂病，是仲景论治坏病的又一特点，误治而成坏病，可致外感病转变为杂病，若损及脏腑，则病重而逆甚。“伤寒，若吐、若下后，不解，不大便五六日，上至十余日，日晡所发潮热，不恶寒，独语如见鬼状。若剧者，发则不识人，循衣摸床，惕而不安，微喘直视，脉弦者生，涩者死……”（第212条）。“伤寒，本自寒下，医复吐下之，寒格，更逆吐下，若食入口即吐，……”（第358条）。以如此表述方法，仲景借讨论误治致坏的机转，在《伤寒论》中论述了外感病与杂病的关系，也就论及了部分脏腑杂病，使外感病与杂病交织在一起而融会贯通。治疗上除解表法外，还全面采用了温、清、补，消等法，范围扩展到了杂病方面，丰富了辨证论治的内容。如：“发汗过多，其人叉手自冒心，心下悸，欲得按者，桂枝甘草汤主之”（第64条）。“伤寒脉结代，心动悸，炙甘草汤主之”（第177条）。

识“坏病”的方法及其分证

追溯病史，分析治法，联系现症，进而对比分析，排疑去非，前后联系，是仲景辨识坏病的基本方法。如；“下之后，复发汗，昼日烦躁不得眠，夜而安静，不呕，不渴，无表证。脉沉微，身无火热者，干姜附子汤主之”（第61条）。从“下之后，复发汗”寥寥数语知其病史及误治，又依“不呕”，排除了少阳病证，由“不渴”，辨其非阳明之证；“无表证”三字，言明病已不在太阳之表，据前“下之后，复发汗”，联系后文“脉沉微，身无大热者，”即可辨明此证为误汗、下之后，中阳受伤之证。

以药由轻渐重的“试探法”，是仲景辨别坏病”的重要方法。此法尤其适于疑难复杂，似是而非之证，若药性与病性相符，稍服轻剂（小量）就可出现“顺承”之象，使可明辨其属某证；反之，若药、病之性不符，服药而无“顺承”之象，则可否定其为某证，不可再用此类药物治之。三承气汤之运用，堪称“试探法”应用之典范。“若不大便六七日，恐有燥屎，欲知之法，少与小承气汤，汤入腹中，转矢气者，此有燥屎也，乃可攻之；若不转矢气者，此但初头硬，后必溏，不可攻之，攻之必胀满不能食也。（第209条）。试探之法，既可排疑去非，提高辨证的准确性，又有助于掌握方药的适应证和禁忌证。

坏病既成，其病机复杂，见证多变，病势急迫。因机分证，归纳起来，主要的有：（1）亡阳：“发汗多，若重发汗者，亡其阳，谵语”（第211条）。“伤寒脉浮，医以火迫劫之，亡阳，必惊狂，卧起不安”（第112条）。亡阳可分为：亡卫阳，见汗多恶寒之桂枝附子汤证；亡肾阳，见汗多肢厥，下利，脉微沉而细之四逆汤证；亡心阳，见烦躁，甚则惊狂的桂甘龙牡汤证或救逆汤证。（2）伤阴：阴伤则不能和阳，阳自偏盛，见烦躁不已，咽喉干燥，甚者阴阳俱伤而竭，如：“太阳病中风，以火劫发汗，……阳盛则欲衄，阴虚小便难，阴阳俱虚竭，身体则枯燥（第111条）（3）津伤：误治伤津耗液，热独盛，更伤津液。体失津液之濡，内热燥结，见口干渴，小便难，大便硬，烦躁，甚则邪热犯肺而喘咳，或扰及心神而谵语。“伤寒四五日，脉沉而喘满，沉为在里，而反发其汗，津液越出，大便为难，表虚里实，久则谵语”（第218条）。（4）伤血：误治而火热内攻，热灼血脉，血失常度。“邪风被火热，血气流溢，失其常度，……”（第111条）。“少阴病，但厥无汗，而强发之，必动其血，未知从何道出，或从口鼻，或从目出者，是名上厥下竭”（第291条）。（5）阴阳离绝：误治，或亡阳，或伤阴，或坏病发展至脏腑衰败，阴阳衰竭，则病危重或不治。“其人汗出不止者，死，有阴无阳故也。（第346条）。（6）上下相拒：坏病至极，阴阳相离，上脱下竭而亡。“少阴病，下利止而头眩，时时自冒者，死”（297条）。

抓住根本变化，方可别坏病，辨顺逆，测预后。首先，据阴阳变化辨顺逆。顺者虽经误治，阴阳受损而未衰，但可自发平衡而和，病即自愈。“凡病若发汗，若吐，若下，若亡血、亡津液，阴阳自和者，必自愈。”（第58条）。逆者为坏病至极，阴阳衰败，相互离绝，必发难治、不治、死证。即如前述第346条“死，有阴无阳故也。”其次，据小便利与不利，分析津液损伤的程度，判断热性病危重证之预后。“小便利者，其人可治”（第111条）。此法开拓了温热病预后之先河，启发了后世温病学家“存得一分津液，便有一线生机”之要旨。

综上，足见仲景力戒坏病发生，正视已成之坏病，从中汲取教训，示后人以前车之鉴，并传救逆之方法。展示了仲景以整体观为指导，将坏病的发生、发展、治疗、预后等综合起来分析的正确方法，丰富和发展了辨证论治，这是其论治坏病寓义的关键所在。

［《辽宁中医杂志》1986；（8）：5］

《伤寒论》与《汤液经》

姜春华

皇甫士安《甲乙经·序》说：“仲景论广伊尹《汤液》为数十卷，用之多验。近代太医令王叔和撰次仲景选论甚精。说明仲景《伤寒论》乃于《汤液经》之后而广之。皇甫为晋人，距汉不远，其言当可信。又梁·陶弘景《用药法要》（敦煌石室唐写卷子本传抄）说："诸名医辈张玑……等，咸师式此《汤液经》法。"此书之名最早录于《汉书·艺文志》经方类中，作三十二卷。观陶氏所说汉晋名医多人，可见此书在汉晋六朝尚广泛流行。陶氏根据当时尚存之《汤液经》撰为《辅行诀脏腑用药法要》，录诸劳损天行热病方等。唐人传抄藏于敦煌石室，世人无由见，又对皇甫氏之序言未能重视。故后世咸以为《伤寒论》为仲景所自撰，更有人以为全书辨证论治为仲景发明。近人杨绍伊因"论广"二字疑及《伤寒论》是据《汤液经》扩充，因其当时未能见到石室之文，只凭"论广"二字提出疑问，故难令人信服。

按今《伤寒论》有大小青龙而无大小白虎，据陶氏著中引《汤液经》，有大小六神诸方，据陶弘景说：《汤液经》……方亦三百（三百二字疑衍）三百六十首，今《伤寒论》只有一百一十三方，遗缺不少。陶氏仅录存六十首，尚遗三百首。陶氏又说："外感天行之病经方之治有二旦六神大小等汤，昔南阳张玑依此诸方撰为伤寒论一部。"今录于下，以资对比。

小阳旦汤治天行病发热汗出而恶风、鼻鸣、干呕、脉弱者。按此方证，即《伤寒论》桂枝汤证。

小阴旦汤治天行病身热汗出头目痛、腹中痛、干呕、下利者。按《伤寒论》无此方，有黄芩汤多大枣十二枚，为治太阳与少阳合病自下利者而设。

大阳旦汤治凡病自汗出不止，气息惙惙，身劳无力，每恶风寒，腹中拘急，不欲饮食，皆宜此方。若脉浮大者方更切证。按此方即《金匮要略》黄芪建中汤，于小建中加黄芪一两半，治虚劳里急诸不足证。

大阴旦汤治凡病头目眩晕，咽中干，每喜干呕，食不下，心中烦满，胸胁支痛，往来寒热者，按即《伤寒论》小柴胡汤方。

小青龙汤治天行发热，恶寒、汗不出而喘，身疼痛，脉紧者，按即《伤寒论》小青龙汤方。

大青龙汤治天行病表不解，心下有水气、干呕、发热而咳不已者。按方后注曰一方无干姜作七味，当从。同《伤寒论》大青龙汤。

小白虎汤治天行热病人，汗出不止，口舌干燥，饮水数升不已，脉洪大者。按即《伤寒论》白虎汤。

大白虎汤治天行热病，心中烦热，时自汗出，口唇干燥。渴欲饮水，时呷嗽不已，久久不解者。方：石膏如鸡子大一枚，麦门冬半升，甘草炙二两，粳米六合，半夏半升，生姜二两，竹叶二大握。按即《伤寒论》白虎汤加麦冬、半夏、竹叶。呷嗽，疑即后世哮喘之称。

小朱乌汤治天行热病，心气不足，内生烦热，坐卧不安，时时下利，纯血如鸡鸭肝者。按即《伤寒论》之黄连阿胶鸡子黄汤。《汤液经》方后煎汤附语更为详细。

小玄武汤治天行病，肾气不足，内生虚寒，小便不利，腹中痛，四肢冷者。本方即《伤寒论》中真武汤，仅有生姜易干姜之不同。

大玄武汤治肾气虚疲，少腹中冷，腰背沉重，四肢清，小便不利，大便鸭溏，日十余行，气力弱者。按即《伤寒论》真武汤加人参、甘草、芍药，减去一两。亦即附子汤多干姜、甘草。

从以上对比可以看出以下几个问题：1.《伤寒论》方有出自《汤液经》或小有出入，或缺如。2. 称天行发热，不称伤寒中风，故杨绍伊疑仲景增入者，悉伤寒条目，而六经诸条是《汤液》原文。3. 曰"凡病"可见《汤液》之方不以一病立方，可以通治。4.《伤寒论》中经方改易名称，陶隐居究其原因说："阳旦者，升阳之方，以黄芪为主；阴旦者，扶阴之方，以柴胡为主；青龙者，宣发之方，以麻黄为主；白虎者，收重之方，以石膏为主；朱乌者，清滋之方，以鸡子黄为主；玄武者，温渗之方，以附子为主。此六方者为六合之正精，升降阴阳，交互金水，既济水火，乃神明之剂也。张玑撰《伤寒论》，避道家之称，故其方皆非正名，但以某药名之，亦推主为识之义耳。"论中白虎、青龙之名犹存者，想为魏晋人依《汤液》而改。

［《中医杂志》1985；（10）：61］

"微似有汗"似字辨

李克绍　山东中医学院

《伤寒论》第十二条桂枝汤方后注有"……微似有汗者益佳，不可如水流离"云云，日本人山田正珍，在其所著《伤寒论集成》"微似有汗解"中，对似字提出了"似续一义"这一与众不同的新解释。这一解释，对国内外《伤寒论》学者影响颇大，现将这段文字摘录下来，分析他以续解似的理论是否正确，和他所引用的一些旁证是否可靠，并提出个人的看法，以便和广大读者共同商讨。

"微似有汗解"原文如下。

"桂枝麻黄葛根青龙诸汤，均是太阳病发汗之剂，凡行斯诸剂者，宜温复以发其汗也。然尝观桂枝汤服法曰，温复令一时许，遍身漐漐微似有汗者益佳。其于麻黄葛根青龙三方，皆言复取微似汗。训似为肖，非真之谓也。若然，则此等诸方，殆不可以发汗言之，乃其于桂枝汤证言当以汗解，或言可发汗，于大青龙证言发之，皆非可疑乎?”

这是说，把桂枝汤服法中的“微似有汗”和麻葛大青龙等汤服法的“取微似汗“，似字都解为“肖”，是不对的。因为肖即象，象是有汗就不是真有汗，不是真有汗，便与桂枝证的“当以汗解”“可发汗”和大青龙证的“发之”自相矛盾。

接着又说：“麻黄葛根青龙三证，俱是表实无汗之病，虽与以大剂，虽复以厚被，其汗不易出，出亦非一身漐漐手足俱周，则邪气不肯解围矣，今乃取微似有汗而止，恶保无发汗不彻转属阳明之虞乎？益可疑也。”

这又说，发麻葛青龙等表实证之汗，除非全身手足都汗出漐漐，则邪不肯去，若仅仅似汗而止，岂不怕汗出不彻转属阳明？这又从临床角度指出，发汗时仅仅好象有汗，是不够的。

接着又说：“古今解伤寒者，无虑数十家，未见一人容疑其间，或却称似字为有味，愈益可疑也。”

这是感叹古今这么多的《伤寒论》注家，竟没有一人提出怀疑，宁非怪事？言外之意是，太可悲了。

“一日，适读《诗》之《小雅·斯干》篇云：“似续妣祖”，《毛传》云，‘以，嗣也。’又，《周颂·良耜》篇云，‘以似以续，续古之人。’《毛传》云，‘嗣前岁，续往事也。’《孔疏》云，‘似则为嗣，嗣续一义。’乃知似字不独训肖，又训为嗣为续矣。由兹考之，所谓微似有汗者，即微微似续有汗之谓，非其状似有汗之谓也。”

这又从古代文献中证明，似可以通嗣，可以作续解，因而“微似有汗”应解作微微继续有汗，而不应解为象是有汗。

“仍又考白通加猪胆汁汤条，有脉暴出者死，微续者生之文，《孔疏》所谓似续一义，或言微似，或言微续，果是同义。对暴出为言。”

这是为似续一义找出的第一个旁证。他是从微续者生的“微续”联想到微似有汗的“微似”，二者是相同的。前者对暴出者死而言，是微微继续脉出，后者对如水流离而言，是微微继续汗出。于是便下结论说，“或言微似，或言微续，(似续）果是同义”。

“又考《痓湿暍篇》云，若欲治风湿者，发其汗，但微微似欲汗出者，风湿俱去也。欲乃续字误写。观桂枝麻黄各半汤条，清便欲自可之欲，《辨不可发汗篇》及《脉经》并作续字可见矣，夫若是，则微似有汗者，微微似续有汗之谓，明白精确，不可易也。如其所谓复取微汗，盖省略温复令一时许云云数十言为一小句者，非复可疑矣。”

这是为似续一义找出的又一个旁证。这个旁证引用了发风湿者之汗的“微微似欲汗出者”一句。但似欲汗出，仍不是真正的汗出，于是又引用《辨不可发汗篇》及《脉经》，“清便欲自可”的欲字均作续，证明本句欲字乃续字之误，治风湿时微微似欲汗出，应是微微似续汗出，这样，似与“续”联用，而不是与“欲”联用，则似仍是续义。

以上把山田氏训似为续的根据介绍明白了，以下再就此文提出我个人的看法。

训“似”为“嗣”为“续”，是否正确，关键在于先弄清怎样才算微似有汗，微似有汗是否能愈病，是否等于汗出不彻。弄清了这些问题，就可以明确将似训嗣有无必要。然后再辩论一下其训似为嗣的论据是否恰当，则全部问题即可迎刃而解。

我认为微似有汗之似字，仍当解作“肖”。肖似有汗，乃周身湿润，但尚未汗出成珠之状，这一形象，称之为有汗，不象，称之为无汗，所以才说“似欲汗出”“微似有汗”。试从临床证明之。麻葛大青龙等表实证，都发热无汗，此等证多是熇熇之热，周身干涩，绝不湿润，在此情况下，服药后干涩变为湿润，这算不算微似汗？

或问：伤寒表实诸证，服药后周身干涩变为周身湿润，这算是微似有汗了，但微似有汗这句话，是写在桂枝汤方后注中的，桂枝汤是治太阳中风表虚有汗的专剂，服药前本已有汗，服药后又温复发汗，这样，药前药后连绵不断之汗，将微似有汗解微续有汗，不是正好吗？

答曰：服桂枝汤以前之汗，兼有恶风感，乃风性疏泄，卫气不和所致，柯韵伯称之为邪汗，曹颖甫称之为病汗。而服药后温复之汗，乃水谷之津，借药力以达于体表，不恶风，且觉遍身舒适温暖，曹颖甫称此为药汗。病汗与药汗，原因不同，病人感觉也不同。而且表疏的病理之汗，不会反仅是周身湿润，而是其汗较多，如203条所说，“若汗多微发热恶寒者，表未解也”，其“汗多”就是表未解的特征之一。因此，服桂枝汤后，由汗出较多之病汗，转变为周身仅仅湿润之药汗，“微似”就失去“微续”之义，解为微肖就更恰当了。

或问：嗣续有汗，虽不能讲成药汗与病汗相嗣续，但若理解为温复之后，使汗出持续（似续）而不遽止，也能讲通吧，试看方后注“温复令一时许”，就是要汗出似续（持续）的意思。

答曰：像这样硬为“似续一义”找根据，实无此必要。方后注明明是“温复令一时许遍身漐漐”，而不是遍身漐漐微似有汗一时许。需知药入胃中，温复之后，归心归肺，助津化汗，总需一段时间，临床证明，从无汗到见汗，再到遍身漐漐，常常是“令一时许”。而且遍身漐漐了，就不宜再嗣再续了。

再说，把桂枝汤看成是表证有汗的专剂，也是不对的。因为无汗的表证，有时也可以用桂枝汤发汗。试看论中“太阳病，外证未解，脉浮弱者，当以汗解，宜桂枝汤。”这条并未说太阳表虚证未解，而是说不论有汗无汗，只要外证未解脉浮弱的，都当用桂枝汤解外。又如“太阴病脉浮者，可发汗宜桂枝汤”。人所共知，三阴表证都是不会有汗的，兹用桂枝汤发太阴表证之汗，这又证明，太阴之为病脉弱，只要脉浮而弱，无汗也可用桂枝汤。再看桂枝汤方后注，“若不汗，更服依前法”，“又不汗，后服小促其间”，“若汗不出，乃服至二三剂”。这些“不汗”“汗不出”等词，解释为药汗未出，或解释为和服药前一样，仍然不见汗出，都是可以讲通的。

或曰：微似有汗之状，不应是遍身漐漐，《集韵》“漐漐，小雨貌。”既然像小雨一样，就是汗已成珠，解似为肖，就不对了。

答曰：果真汗出如小雨一般，那就绝不止是汗出成珠，雨再小，落到人身上，也会如水流离的。所以讲“漐漐”，只能结合临床去体会“小”字，而不应从“雨”字上作文章。譬如古诗有“天街小雨润如酥”之句，雨再小，也决不止如酥之润，而在这里说周身微汗润如酥，倒是可以的。

或问：临床证明，服药发汗，常常不止是周身湿润，并是汗出成珠，也能愈病，兹强调只许周身湿润，岂不脱离临床？

答曰：确实，服药发汗，汗虽成珠，但只要不是大汗出，不是如水流离，总是会愈病的。但同样可以愈病，汗不成珠总比成珠好，因为成珠之汗，最容易如水流离，不如汗不成珠，只周身湿润，更为稳妥，所以方后注才说，“微似有汗益佳”。“益佳”就是更好的意思，是对比汗已成珠说的，是有汗为佳，似汗益佳。如果越出这个佳字，就是下文所说的“如水流离，病必不除”了。

或问：汗出不彻，不也是微似有汗吗？二者如何区别？

答曰：划清楚汗出不彻和微似有汗的区别，这的确是解决问题的关键。过去不少《伤寒论》注家，对此问题多一略而过，未作详细解释。柯韵伯曾说“汗出遍身，则邪从汗解”。邪从汗解，就是汗出已彻，所以汗出不彻一词，实际是汗出不能遍身之谓。试看方后注有“遍身漐漐”之文，“遍身”是包括手足在内的，连手足四末这些最不易出汗的部位，都湿润了，他处岂能不湿润？这就是汗出已彻。有人讲，汗出不彻，是指只局部有汗，如但头汗出，身无汗，或腰以上汗出腰以下无汗等，这都是对的。若认为只有大汗多汗才算汗出已彻，就不对了。

再从行文的习惯上谈一下“微似有汗”之“似”字，应不应该作嗣作续解。按《诗》“以似以续”“以续妣祖”，这些似续连用的句子，显然有嗣前续后之义。如果不是似续连用，单言似而无续字者，“似”作“嗣”解的并不多。据我所知，除《诗·大雅》“召公是似”之“似”通嗣以外，他处尚未见到。就是“召公是似”之“似”，也只是嗣前之义，若作为时间持续来讲的似字，则一个也没有。

我们再翻开张仲景的著作查对一下有关似、续的文句，除了“微续者生”外，还有“续自汗出不恶寒”，“续自汗出无大热”，“续得寒热发作有时”，“续得下利清谷不止”，“产后风续之数十日不解”，“虽利心下续坚满”，“肝水者……小便续通”等，这些续字，没有一处用似字代之者，至于似字，除“似欲汗出”和“微似有汗”之似字皆无续义外，还有“若形似疟”，“病人似喘不喘，似呕不呕”等，也没有一个似字作嗣作续解者。“利遂不止”不作利似不止，“遂漏不止”，不作似漏不止。盖周秦以前，“似”“嗣”常混用，似作嗣用者，又多似续连用。到周末和秦汉，文字已逐渐规范化，则通用嗣而不用似。仲景生于汉末，为什么偏要将当时已经通行的嗣字，硬写作已不通行的似字，使当时已较通俗之文，夹杂上这样古僻的文字呢？所以从行文风格来说，以续解似，也很不协调。

以下再就山田氏所引用的论据，谈点看法。

《伤寒论》白通汤条，有“脉微续者生”之文，山田氏便从“微续”联想到“微似”。因为他本人早已有似续一义这一主见在起作用，竟毫不犹疑地认为，“或言微似，或言微续，果是同义”。象这样，简直使续字不敢与微字联用，一联用就成了“似续一义”的注脚，这样推理方法的混乱，足以说明其看问题的主观性太强。

尤其荒唐的是，他为了以续解似，竟提出治风湿的“微微似欲汗出者，的“欲”字，是续字的误写，以便似续连用，附和似续同义。他也知道“欲”字无“续”义，怎么办呢？说也凑巧，《脉经》及《不可发汗篇》都把“清便欲自可”写作“清便续自可”，这就为“似欲”即“似续”找到了所谓“根据”。乍看去，这简直是天衣无缝，无瑕可指，但仔细推敲，则矫揉造作，生搬硬套之嫌，仍很显然。因为“清便欲自可”和“清便续自可”，仍有其各不相同的内涵。“欲自可”是二便既不失禁，也不困难，可以随心所欲。“续自可”是说和未病的一样，圊便都不存在病态。所以二者虽然都能讲通，但其涵义还是不同的。涵义既然不同，要证明欲字为续字误写，是不能成立的。

以上说明“微似有汗”以嗣解似，理论上既有矛盾，论据也不可靠。但山田氏还有一点是值得推崇的，这就是：1. 对过去已形成一致看法的问题，敢于提出自己的见解，尽管还是不成熟的见解，但绝不人云亦云，随波逐流。2. 引证渊博，反映他在博览群书方面，下了不少工夫。但对于科研来说，单靠以上两点是不够的，至关重要的是要有分析问题的思维方法，山田氏的思维，并不周密，仍然显得太简单。

写到这里，正确与否，请读者展开辩论。

［《北京中医学院学报》1989；12（3）：14］

仲景医学与食疗食养

李春生　中国中医研究院西苑医院

食疗又称药膳，系采用具有疗效的食品，或将食物与药物混合，适当加入调味剂，制成鲜美可口的饮食，用以疗疾健身的学问。食养系指饮食养生，内容除涉及进餐前后的调理之外，还包括饮食禁忌，食物中毒的防治等，属于预防医学的范畴。

后汉张仲景所撰《伤寒论》和《金匮要略》两书，不仅是中国传统医学辨证论治和药物疗疾的奠基著作，而且总结了汉代以前食疗、食养的经验，对食疗学的发展做过突出贡献，影响也很深远。兹概括分析如下。

食　　疗

一、广泛使用疗效食品治病

仲景两书载药 162 种，方剂 244 首。若以清代王孟英《随息居饮食谱》作为筛选疗效食品的主要标准，并参考唐·孟诜《食疗本草》，可确定疗效食品 32 种，占药物的 19.75%。这些疗效食品分属方剂 77 首。占两书载方的 31.55%。即约三分之一的仲景方，皆含有疗效食品，可见其使用疗效食品的范围相当广泛。

仲景医学中采用的疗效食品大体归六类：

水饮类：白酒、黄酒。

谷物类：饴糖（胶饴）、大麦、薏米、赤小豆、薯蓣、麹、粳米、小麦。

调和类：香豉、醋（苦酒）、蜂蜜、蜀椒、桂枝、紫苏、吴茱萸。

蔬食类：葱白、薤白、生姜、干姜、蒲弱。

果实类：杏仁、百合、瓜子、大枣。

毛羽类：猪肤、猪膏、羊肉、阿胶、鸡子白、鸡子黄。

这些疗效食品从归经和功用上看，主要归脾胃、肝胆、肺大肠、膀胱诸经，起到调理肺胃、养血通脉、宣肺宽肠、疏利膀胱等作用（见表）。特别值得提出的是，与脾胃相关的疗效食品占其中的 50%，表明仲景治病极重视顾护后天之本；与肺脏相关的疗效食品占其中的 28.13%，体现仲景对“风发”诸病主张先以“饮食消息止之。”

仲景著作中疗效食品的归经和功效

疗效食品名称	%	主要归经	功　用
小麦、大麦、粳米、薏米、红枣、饴糖、白蜜、生姜、干姜、吴茱萸、蜀椒、薯蓣、鸡子黄、神曲、香豉、羊肉。	50.00	脾胃	补脾养胃 散寒止痛 和中消滞 推陈致新
杏仁、薤白、白酒、紫苏、鸡子白、猪肤、瓜子、葱白、百合。	28.13	肺、大肠	宣肺舒郁 固金祛邪
阿胶、桂枝、黄酒、苦酒。	12.50	肝、胆	养血调营
蒲蒻、赤小豆、猪膏。	9.37	膀胱	利水清热

二、擅长选取疗效食品组方

张仲景擅长用疗效食品组方，在尽可能适合病人口味的情况下取得疗效。其常用的剂型有：

汤剂。是将食物（主要指疗效食品）、药物和溶媒（水、酒、蜜等）混合煮成的液汁。汤剂是张仲景制剂的最主要类型，常用的食疗汤剂有：桂枝汤、甘麦大枣汤、十枣汤、乌头煎等。大多适用于急病、变化较快的疾病或重症。

臛剂。又称肉羹，是在用肉煮的浓汤中，加入药物或调味品制成。如《金匮》当归生姜羊肉汤，用于寒症腹中痛、胁痛里急及产后腹痛，具有养血荣肝、行滞散寒功效。

酒剂。是将药物或疗效食品，加酒浸渍过滤制成。如《金匮》红兰花酒，治妇人诸风，腹中血气刺痛，具有通经行血作用。

散剂。是将疗效食品中加入药物，杵为细粉，以减毒增效。如《金匮》薏苡附子散，治胸痹时缓时急，具有下气散寒逐痹功效。

以上疗效食品的组方制剂种类，虽然相对简单，但已初具软食、饮料、冲服粉食的规模，对后世食疗剂型的发展，起着启迪作用。

仲景二书的食疗方若与西汉马王堆帛书《五十二病方》相比，前者谨和五味，药食调度，方法井然；而后者虽然鸡、鱼、彘（猪）、马、鹿、酒等腼醢并荐，但药食杂陈，似尚未脱草泽医粗犷原始之习气。从这种意义上讲，《伤寒》《金匮》在食疗学的发展中，亦可谓承前之桥梁。

三、仲景方的食疗发展举例

在仲景所制的方剂中，有的原非专为食疗而设，但经过后人的化裁，在食疗方中占有显要地位。现举法制猪肚方以说明之。

方剂组成：用豮（音 fen，指阉割过的猪）猪肚一个，洗净。再将人参五两，干姜一两半、花椒一两、葱白七两、共捣末，加糯米半升调和均匀，入猪肚内缝合，不令泄气，加水一斗半，将猪肚煮烂熟，空腹食之。功能补虚益气，温中散寒，食治老人虚羸乏气力，及脾胃虚寒之胃脘疼痛。

本方首见于唐代孙思邈《千金翼方·养老食疗》，名曰："猪肚补虚羸乏气力方"。宋·陈直《养老奉亲书》将它更名为"法制猪肚方"，列于上籍之首，从而成为全书的第一张食疗方剂。此方系由《金匮要略》大建中汤去饴糖，加葱白、糯米、猪肚组成。大建中汤以干姜、川椒为主药，主治"心胸中大寒痛，呕不能饮食，出见有头足，上下痛不可触近"，其症颇为急重，故取药物汤剂以温散寒邪。此方以人参、糯米、猪肚为主药，主治虚羸乏气力，其症较缓较轻，故改药汤为煮剂以食养之。

法制猪肚方的制法特点，是将诸药捣为末，放猪肚内缝合，勿令泄气，然后加水锅中，不加盐和佐料，煮烂熟，空心温服，食药、米及猪肚。所服之药，皆取甘淡以养脾，故对老年脾胃虚寒者有益。

从大建中汤向法制猪肚方沿革，可以窥见仲景医学对我国老年医学食疗学发展的深远影响。

食　养

一、仲景医学重视饮食养生

养生，又称"养性"，系指养成良好的生活习惯，以求内外病悉皆不regular，从而延长寿命。养生的内容不外动养（气功、导引）、静养（生活起居）、药养，食养四个部分，仲景医学对食养尤为着意。

张氏认为"凡饮食滋味，以养于生，食之有妨，反能为害"（《金匮要略·禽兽鱼虫禁忌并治第二十四》）。象"水能浮舟，亦能覆舟"一样，"若得宜则益体，害则成疾。"因此，注重消息饮食，"服食节其冷热苦酸辛甘"，不使人体发生衰弱现象，病邪就较难侵袭人体而产生疾病。

张氏指出，不少疾病的发生，与饮食有关。例如饮食不相宜而停滞，就会患"宿食"病；食物不清洁或臭败，食之就会中毒伤人。故"切见时人，不闲调摄，疾疢竞起。若不因食而生，苟全其生，须知切忌者矣。（同上）。

一些疾病的产生，常以进食改变为先兆。如《金匮要略·脏腑经络先后篇》所云，"病者素不喜食，而暴思之，必发热也。"同样，五脏患病各有其适宜和不适宜的饮食，吃了适宜的饮食，疾病就会减轻；吃了不适宜的饮食，疾病就会加重。熟谙这些学问，对于病中养生，尤有重要价值。

在患病服药和病后康复阶段，更应重视饮食调理。例如患"太阳中风"病，宜服桂枝汤，桂枝汤以桂枝生姜之辛味，配合芍药之酸味、甘草大枣之甜味，微火煮沸，即成一剂味美可口的酸辣汤，服之当发挥发汗作用。此时又啜稀粥一升余，养胃气而资汗源，温覆令一时许，自然会收到"遍身漐漐似有汗出"的效果。若再注意禁生冷、黏滑、肉面、五辛、酒酪、臭恶等，防止发汗后胃汁不足，进诸物引起食复，则疾病即可很快治愈。在疾病康复阶段的养生，特别应注意不能"强与谷"，以致出现"脉已解而日暮微烦"症状。由于此属"脾胃气尚弱，不能消谷，故令微烦。"处理方法，张仲景主张令病人"损谷。——减少食量，微烦自然会消失。这也是饮食养生应当强调的事。

二、饮食养生的重点在食忌

饮食入于脾胃，中焦受气取汁，成为人体后天化源。假如饮食不节，食物不洁或搭配不当，"病从口入"，常会招致疾病。因此，在饮食养生中，注意食物禁忌等，每每是保健防病的关键。

仲景医学在饮食养生方面，将食忌列首位。他总结了前人饮食养生的经验，撰《禽兽鱼虫禁忌并治》和《果实菜谷禁忌并治》二篇共89条（见《金匮要略》，一谓此即六朝梁史所载之《黄帝杂食忌》二卷），对食忌做了较为全面的论述。

张氏认为，进食首先应与季节和疾病不相悖；得之才能益体。例如，“春不食肝，夏不食心，秋不食肺，冬不食肾，四季不食脾”，又，“肝病禁辛，心病禁咸，脾病禁酸，肺病禁苦，肾病禁甘”。他解释说，春不食肝者，“为肝气王（旺），脾气败”；若食肝，“则又补肝，脾气败尤甚。”若非王（旺）时，即虚，“以肝补之佳。”余脏准此。

张氏指出，生腐臭败及有毒食物，皆不可食。例如，秽饭、馁肉、臭鱼，“食之皆伤人”，食生肉，饱饮乳，“变成白虫”。脯藏米瓮中，有毒，及经夏，“食之发肾病”。六畜自死，“皆疫死”，则有毒，不可食之。诸肉及鱼，若狗不食，鸟不啄者，“不可食”。果子落地经宿，虫、蚁食之者，“人大忌食之”。生米停留多日，有损处，“食之伤人”。

张氏强调，好物不可多用，与体质不相合之物亦不可用，以免招灾生病。例如，梅多食，“坏人齿”。李不可多食，“令人胪胀”。林檎不可多食，“令人百脉弱”。橘柚多食，“令人口爽不知五味。”梨不可多食，金疮产妇亦不宜食，“令人寒中。”樱桃、杏，“多食伤筋骨”。安石榴不可多食，“损人肺”。胡桃不可多食，“令人动痰饮”。生枣多食，“令人热渴气胀”。羊肉，其有宿热者，“不可食之”。痼疾人，不可食熊肉，“令终身不愈”。

张氏还观察到，不少人由于食物搭配不当，从而产生疾病，贻害后人。因此又列举了许多食物配位和身体特殊情况的禁忌。例如，鸡不可共葫蒜食之，“滞气”。食蜜糖后，四日内食生葱蒜，“令人心痛”。饮白酒，食生韭，“令人病增”，这些经验，可作为养生者之借鉴。

对于因饮食不慎而致病、中毒者、张氏提出了不少解救方法。现举数例于后：

1. 鲙食之，在心胸闷不化，吐复不出，速下除之，久成癥病，治之方。

橘皮一两、大黄二两、朴硝二两。

上三味，以水一大升，煮至小升，顿服即消。

2. 贪食，食多不消，心腹坚满痛，治之方。

盐一升　水三升

上二味，煮令盐消，分三服，当吐虫食，便差。

3. 通除诸毒药。

凡诸毒，多是假毒以投。元（无）知时，宜煮甘草、荠苨汁饮之。

4. 食蟹中毒，治之方。

紫苏煮汁，饮之三升。紫苏子捣汁饮之，亦良。由上述四方可以看出，仲景医学对食物中毒的解救方法，泻下、涌吐、通治、专治之方基本齐全，可谓自成体系，实用有效。反映当时在这些方面，祖国医学已达到相当高的水平。

[《中医研究》1991；4（2）：16]

介绍几种有关六经实质的学说

贾太谊　方城县中医院

《伤寒论》是以六经为提纲进行辨证论治的，有关六经的实质，为自古至今治伤寒学者争论之焦点，其施治说近三十种，其中既有传统理论的解释，亦有现代科技的印证，既有自然科学的新知，亦有思维科学的套用传统与新颖，尖端与边缘，都在为揭示六经实质而发凡。笔者仅就其中几种假说，作一简介：

一、经络说

经者径也，据径则知邪的来去之路和病的范围。尤在泾说：“太阳居三阳之表而其脉上额巅，入络脑，还出别下项，故伤寒中风皆如此……。”因此头项强痛，可知是太阳经受邪。同样，根据其他经络的走向，亦可判断出疾病所在之经。如见颜面痛，额痛，鼻干可知是阳明经受邪；见耳聋目赤，胸胁苦满，可知是少阳经受邪；见胸满时痛，可知是太阴经受邪；见咽痛咽干，可知少阴经受邪。这种观点认为：离开了经络学说，上述各个证候的发生与机理就无法解释。

二、六经脏腑说

脏腑学说，是以脏腑为中心，把伤寒六经出现的所有证候都隶属于脏腑的轨道上来，去理解和解释六经的。因此，他们认为，六经离开了脏腑就无法解释了。

章太炎说：“少阴者，心病也。心脏弱，故脉微细，心行懈，故不能逐客邪而厥冷。若太阳者，则对少阴病而言，心脏不弱，血行有力故能排其客邪，外抵经络肌肤。而为发热，此不必为膀胱小肠也。阳明病者，胃肠病也，胃家实之意……”。《素问·热沦》认为：“三阳属经络，三阴属脏腑”。

三、六经气化说

六经气化之说，源于《内经》，用于注释《伤寒论》则是清代张志聪为代表。他用六经的气化特点，即太阳之气为寒，阳明之气为燥，少阳之气为火，太阴之气为湿，少阴之气为热，厥阴之气为风来说明六经为病，或寒或热，或燥或湿，从标从本，不同的病证是具有一定的指导意义的。

陆九芝说："六经提纲主气化，六经为标，六气为本，太阳之为病，寒水之气为病也。阳明为燥金气化，少阳为相火气化，太阴湿土病也；少阴君火之化也，厥阴风木之病也"。张子和说："以六气考之，厥阴风木之病也"。张子和说："以六气考之，厥阴为初之气，少阴为二之气，太阴为三之气，少阳为四之气，阳明为五之气，太阳为终之气。"此外，陈修园在《伤寒论浅注》中，张隐庵在《伤寒论集注》中亦谈到过气化。因此，为了能深刻理解《伤寒论》六经病证的性质、特点及其发病机理，有必要熟悉六经六气的道理。

四、六经部位说

"柯韵伯云：仲景六经是分区地面……不为经络所局，均为风寒划定也"。日本丹波元简说："太阳病者，表热证也。少阴病者，表里虚寒了。厥阴病者，里虚而寒热相错杂证也"。

部位说是指病邪所在的位置而言，他们认为：疾病有在表，在里，在半表半里之分。根据人的体质强弱，其邪盘踞的位置不同，其传变也异。大凡三阳病多为实热证，三阴病多为虚寒证。

五、六经是指抗病力说

抗病力说是根据人体抗病能力的强弱去解释六经病的。他们认为：太阳病是抗病能力强盛阶段；少阳病是抗病力不及阶段；阳明病为邪入里而抵抗力最强阶段；太阴病为抵抗力衰弱阶段；厥阴病为出生入死阶段。

祝味菊说："太阳病为降温机能始受障碍时所起之抵抗现象，有表里之分，在肌腠为表，在膀胱为里。阳明病谓抵抗有余，胃肠充实之候，少阳病谓抵抗不及，淋巴还流壅滞，病势转机介于表里之候，少阴病为抵抗力衰弱，神经疲惫之候，太阴病为抵抗不足，体温降低，水谷失化，小肠吸收功能薄弱，腑气充实之候也，厥阴病，谓该病过程中出生入死之候，如其人抵抗力逐渐回复者生，反之，无抵抗力者死也"。

六、六经阶段说

此观点认为，六经就是疾病发展过程六个不同时期，依次相排为：太阳，少阳，阳明，太阴，少阴，厥阴。

此外；还有人认为是代表疾病的符号等。

关于六经涵义，在《黄帝内经》中已讲到经络、脏腑、气化三种。历代医家以经络、脏腑、气化、部位、抗病力、疾病阶段等来探讨六经，是有一定道理的，又各有所发挥，为后世提供了进一步探讨的宝贵资料，但亦有片面性。就经络而言，源于脏腑，遍布全身，运行气血，亦即以六经联系着五脏六腑，对经络在脏腑发病过程中所起作用的研究，不能离开脏腑气血的因素。

气化是脏腑经络生理机能活动的表现，气化离开了脏腑经络，就失去了物质基础，脏腑经络离开了气化，也就反映不出其功能活动。

部位说亦不过把六经证候归纳其类进行分析辨证，也未能尽言其实质。

抗病力说是从现代医学的观点，对六经进行探讨的，若完全脱离中医固有的理论基础去追求其实质变化，恐非仲景原意，且有些牵强附会。

《伤寒论》是一部阐述多种外感热病的专书，它的精髓在于辨证施治。疾病的临床表现实际上是各脏腑，经络，属性有阴阳，部位有浅深，病机有寒热、虚实，从而形成不同的综合征候群，六经是各种外感热病中同中有异、异中有同的六个症候群，因此，六经辨证，实际包括了脏腑、经络、气化、部位、抗病力等各方面，以及八纲在内的综合辨证。六经辨证，主要理论基础是阴阳消长的过程。因此，应从多方面探讨，才能全面理解它的精神实质，从而把《伤寒论》的辨证施治真正学到手，以便更好地运用到临床中去，提高中医医疗质量，使国粹永放光芒。

[《河南中医药学刊》1991；(3)：28]

《伤寒论》中纵横交错的辨证艺术

温长路　洛阳市第二中医院

《伤寒论》是一部理法方药俱备、理论联系实际的名著，它创造性地提出了六经辨证论治的完整体系，在祖国医学发展史上树立了永恒的丰碑。

细读《伤寒论》全书，虽然它把各种外感病的临床表现综合为六个类型，并按照太阳、阳明、少阳、太阴、少阴、厥阴六条脉络进行辨证，实质上六经所属归经络、所应有脏腑、病性有阴阳、病位有浅深、病情分寒热、病体有虚实，病程中又无不涉及气、血、津液。因此我们说，六经辨证之中实际包含着经络、脏腑、八纲、气血津液等多种辨证方法，是作者独具匠心，综合运用纵横交织的辨证艺术的范本。

六经为纲，阐精述微

六经辨证是《伤寒论》作者的发挥和特色所在，这一点是世所公认的。张仲景把人体感受各种不同的外邪干扰所引起的病理反应按其性质分为阴阳两类，阴阳中又各分为三种，然后就其病理反应、临床表现、变化规律、治疗原则、治疗方法、预后测估等方面进行全面论述。他巧妙运用分合契机，分则阐精述微，至详至细；合则提纲挈领，纲目分明。

说到太阳病，张氏认为其主一身之表。有共性："脉浮，头项强痛而恶寒。"有区别：或中风，"发热、汗出、恶风、脉缓"，桂枝汤主之，或伤寒，"恶寒、体痛、呕逆、脉阴阳俱紧"，麻黄汤主之。但病情是在动态中发展变化的，故张氏又在太阳病的大类项中演化出其多种变证、兼证、夹证多种，有针对性的设方60多首，可见张氏用心之专、功底之深、治学之严谨。

说到阳明病，张氏一语道破曰："胃家实也。"该经为阳盛之所，病在胃肠，是由于胃肠传导失职，宿食、粪便留滞不行，化热化燥所致。表现形式上或是以胃家实为主的阳明腑证，或是以里热为主、表里俱热的阳明经证。其他象阳明中风、中寒、夹淤、发黄等变、兼、夹证也详于论说，其辨证论治法则至今仍为医者法宝。

少阳病为半表半里之证，主证为"口苦、咽干、目眩。"究其因，或由太阳表证不愈转化而成，或少阳本身少火被郁而发。此证治疗的关键是驱邪外出，截断病邪内传之路。如治疗得当，则邪去病愈；如治疗不当，则邪进病深。

太阴病病位在脾，病性或虚或寒，主要表现为"腹满而吐，食不下，自利益甚，时腹自痛。"是由于脾不能为胃行其津液，使胃中水谷留滞蕴为湿邪而发病的。属里寒的，用四逆汤、理中汤类治之；属里实的，用桂枝加芍药汤、桂枝加大黄汤类治之。

少阴病累及心、肾二脏，非水火失调即水火两虚，故主要表现是"脉微细，但欲寐。"至于是表是里、属热属寒，还是经络病变以及类似证，书中都有专门条款逐一述及。

厥阴病表观于肝与心包所主部位，主要特点是上热下寒、厥热往来。这里除对热利下重的白头翁汤证和上热下寒的乌梅丸证作出明确的说明外，还对寒、热诸厥一一立论，实有滴水不漏之功。

在充分分类讨论的基础上，作者又不失时机进行综合述要，不仅直呼有"并病""合病"存在，而且明确告诉人们：书中的六经病在客观上是密不可分的。如阳明、太阴，一胃一脾，生理上互为表里，临床表现上相反相承，厥阴、少阳，一肝一胆，共主相火，休戚相关。所以，人们就很容易在六经辨证中提纲挈领地总结出阳病属实、属热、在腑，治宜祛邪，方法上或汗、或清、或和；阴病属虚、属寒、在脏，治宜扶正，方法上或温、或补、或灵活用之的共同规律，并把它有效地用之于临床。

纵横交织，网络全局

《伤寒论》中其他辨证方法的运用是和六经辨证的方法交织在一起的，只不过作者是把它们的运用与六经辨证熔为一炉、结为一体，而没有进行分门别类的罗列罢了。其实，这正是作者在众多辨证方法中抓住六经，旁涉诸法，独树一帜的苦心所在。

在《伤寒论》中，八纲辨证与六经辨证的交叉运用是贯通全书的。假如去掉阴阳这个概念，六经辨证也就无法存在了。这不只是因为六经的命名就有三阳、三阴两个对立的方面，而且全书的章中句里到处是阴阳关系的再现。从《伤寒论》总纲中提出的"病有发热恶寒者，发于阳也；无热恶寒者，发于阴也"的总述，到太阳病中"阳浮者，热自发；阴弱者，汗自出"、厥阴病中"阴阳气不相顺接，便为厥"的阔论，几乎满目都是用阴阳辨证方法的实录。

表里辨证在《伤寒论》中的体现也十分具体，且不说六经传变中隐喻的表里方法，仅文字中直观可见的条目也多不胜收。"病人身大热，反欲得衣者，热在皮肤，寒在骨髓也。"皮肤在表，骨髓主里，通过表里辨证得出病在里的结论。"下利腹胀满，身体疼痛者，先温其里，乃攻其表。"表面看来说的虽是先里后表的治疗大法，其实也是运用表里辨证方法的结果。更耐人寻味的是，《伤寒论》活灵活现地描述了半表半里的小柴胡证，实可谓作者对表里辨证方法运用上的可贵发挥了。

虚实辨证的方法在《伤寒论》中也不乏运用，如"下之后，复发汗，必振寒，脉细微，所以然者，以内外俱虚也。""下之若早，语言必乱，以表虚里实故也”等，都是在六经辨证中交错运用虚实辨证方法的写真。

寒热辨证方法与六经辨证交相运用的实例更丰，只是在阴阳、表里、虚实辨证方法的论理中已多处述及，这里就不必再去重复了。

脏腑是人体的中心，因此六经辨证的落脚点始终围绕着脏腑。《伤寒论》中多处明示：六经各有脏腑所应，脏腑各有经脉所系。也就是说，六经辨证与脏腑辨证自然而然是胶结难分的。太阳病伤寒中的：“肝乘脾”“肝乘肺”，阳明病中的“脾约证”“胃家实”，少阳病中关于“胃和则愈，胃不和烦而悸”等款的内容，都是用脏腑辨证的方法论述六经病变的。

运用气血津液辨证是《伤寒论》的显著特色之一，是《伤寒论》中“保津液”学术思想的精华。桂枝汤证中对“时发热自汗出，而不愈”的卫气不和证的判断、结胸证中鉴别大陷胸汤证与大承气汤证的望“舌上燥而渴”的望诊方法、柴胡证中关于“血弱气尽，腠理开，邪气因入”的病理分析等，皆都是按照气血津液辨证方法立论的。

其他象反映病因辨证的“太阳病，若发汗、若下、若利小便，此亡津液，胃中干燥，因转属阳明”的变证、反映营卫辨证的“卫气不共荣气谐和故”的“病常自汗出证”、反映三焦辨证的“以下焦虚有寒，不能制水”的少阴寒证等，都是六经辨证方法与其他多种辨证方法交织运用的纪实。

概言之，《伤寒论》中六经辨证的方法虽然作为该书辨证方法的主体贯穿始末，但其他多种辨证方法也被作者巧妙地与他自己创造的证辨方法交汇融和在一起，以互为补充、互为结合，从而使该书成为各种辨证方法的大成，把祖国医学的辨证体系从此完善起来。

珠联璧合，运用得体

《伤寒论》对纵横交织的辨证方法的联合运用之所以被称为一门艺术，决不是笔者信口雌黄。这是因为，全书对多种辨证方法的运用既不是无机的拼凑，更不是偶然的巧合，而是作者根据古人的经验，通过对它们间相互关系的分析，结合自己的实践和创见刻意安排的。这种艺术，总体看来珠联璧合，浑若一体；分解开来又各具特点，运用得体。从作者自述的“勤求古训，博采众方，撰用素问、九卷、八十一难、阴阳大论、胎胪药录，并平脉辨证，为伤寒杂病论”的话可以看出，这种艺术是融和医学史上的理论和实践的产物，是医学发展的必然。

从作者具有的治学态度和知识领域可以推知，他能够提挈六经之纲领，综合多种辨证方法之精髓是顺理成章的事。作者在力倡六经立论的同时，不仅不排斥八纲辨证是对一切疾病的病位和证候性质的总概括，把阴阳、表里、寒热、虚实的内容贯穿于六经之中，而且认定六经证候的产生是脏腑经络病理变化的反映，对六经病证的论述时时与五脏六腑的生理病理紧密结合起来。其他象营卫气血、津液等的变化既与六经生理活动难分难解，又与八纲、脏腑各种辨证关系相辅相承，从而使得《伤寒论》形成了它特有的纵横交织的辨证艺术。

对这种辨证艺术运用的实例书中很普遍，除前两个专题中我们的论述属于这个范畴外，这里再就多种辨证方法纵横交织、联合运用的例子略举一二，以反复证实这种艺术的魅力。如书中在探讨太阳中风变证的治法时说：“病人脏无它病，时发热自汗，而不愈者，此卫气不和也。”这里，“脏无它病”是运用脏腑辨证方法辨思之后的结论，“卫气不和”是运用营卫辨证方法的概括，加上它所属的六经辨证的本身，至少就是三种辨证方法的综合了。又如在探讨邪在少阳、影响阳明出现不大便而呕的证治时说的“与小柴胡汤，上焦得通，津液得下，胃气得和，身濈然汗出不解”的话里包括的辨证方法则更多，已从文字上明确告诉我们的就有三焦、津液、脏腑、八纲、六经等多种。如果对这些实例稍加分析的话，其他更多的辨证方法的体现也隐约可见。张仲景运笔之妙就妙在把多种辨证方法纵横交织在一起，使人一方面有呼之能出之觉，一方面又有分之难出之感。

总之，《伤寒论》的功绩在于它在提出较为完整的六经辨证体系的同时，又较为全面的吸取和运用了其他多种辨证方法的精华，从而形成了它的纵横交织的辨证艺术。它的这种艺术不仅对祖国医学辨证论治学说的确立产生过划时代的影响，而且也必将影响着祖国医学辨证论治学说的发展和前景。

[《中医研究》1991；4（4）：20]

《伤寒论》部分原文质疑

朱　倩　刘士敬　甘肃省中医院
（指导　钱超尘）

《伤寒杂病论》，成书于东汉末年。至魏晋，原书已散失不全，晋王叔和整理其伤寒部分，成《伤寒论》。宋代校正医书局又编撰整理，颁行全国。东汉末至北宋，历经了八百余年，仲景之书时隐时现，世人对其进行的文字增补，内容加工，体例改革确属难免，只以敦煌残卷《伤寒论·辨脉法》（抄于唐代）而论，和赵开美摹刻宋本相比，两者文字多处有异，内容有别。由此可知八百年流传期间，原书面貌已大有改变。笔者考治平本《伤寒论》，发现多处文字，殆非东汉时所应有，一一列举如下：

一、协热

《伤寒论》一三九、一四〇条有“协热利”，一六三条有“协热而利”，二五八条有：“协热便脓血，”此“协”必后人次动之文字。汉代避讳风盛，为了避殇帝刘隆之讳，《伤寒论》凡“癃”均作“淋”“小便难”等，仲景《伤寒论》原序云：“建安纪年以来，犹未十稔”等“建安”，献帝年号，献帝名刘协，故从避讳角度看，仲景岂敢直呼当时皇帝之名。又考《金匮玉函经》、唐本《伤寒论》，“协”均写作“挟”，可见宋本之“协热”当为“挟热”。

二、消息

“消息”连用本义是一消一长，互为更替，《易·丰》：“日中则昃，月盈则食，天地盈虚与时消息”。《伤寒论》三八七条有“吐利止而身痛不休者，当消息和解其外。”方有执《伤寒论条辨》曰：“消息，犹言斟酌也”。两汉典籍不见“消息”作“斟酌”之例，晋隋后多处可见。《晋书·慕容超载纪》：“其令博士以上，参考旧事，依《吕刑》及汉魏晋律令，消息增损，议成燕律。”《隋书·礼仪志五》：“今之玉辂，参用旧典，消自取舍，裁其折中”。

三、癞

《伤寒论·平脉法》有“痒者，名泄风，久久为痂癞”。“癞”指恶疮，麻风。《说文》不录，《辞源》曰：“癞，《说文》作‘疠’。原指疫疾，唐人始作‘癞’。唐慧琳《一切经音义·四》“波罗密多经”中专论“癞病”有述。两汉麻风病均作“疠”，《史记·范蔡传》，张家山汉简《脉书》《素问·风论》等均作“疠”。先秦两汉“疠”泛指多种恶性传染病，也专指麻风病，后人为区分之，另造一音同、形不同的“癞”以专示麻风病。“疠”“癞”古音均是来纽月韵。

四、治

《伤寒论》三五五条有“右二味各等分，异捣筛，合纳臼中，更治之。”“治”，这里是专指在臼中粉碎加工药材的术语，汉时作此义时均写作“冶”，无一“治”字。马王堆汉墓医籍、武威出土汉医籍，屡见不鲜，均为“冶”，《说文》：“冶，销也”。《一切经音义》：“冶，销铄也”。“冶”本义是销镕金属，用以指中药的粉碎乃汉时之特征。“冶”古余纽鱼韵，“治”定纽之韵，古音有别，罕见通借之例，是知“治”实际是“冶”之误字。

五、了了

《伤寒论》二五二条：“伤寒六七日，目中不了了，睛不和，无表里证，大便难，身有微热者，此为实也”。“了了”视物清楚之义，“了了”连用指清楚，两汉典籍不见，唐以后多见，唐李白《李太白诗·秋浦歌》：“桃波一席地，了了语声闻”。金元好问《客意》：“雪尾灯青客枕孤，眼中了了见归途。”

又《伤寒论》三九六条：“大病差后，喜唾久不了了，胸上有寒”。一四八条：“设不了了者，得屎而解”。“了了”指结束，完结，了结之义，两汉典籍不见，“了”作“了结”解首见南朝范晔《后汉书·仲长统·损益》，“人远则难绥，事总则难了。”

六、关于《伤寒论》原序

前面已述，汉时避讳之风盛行，不仅官名、人名、地名有避讳之例，而且许乡文字也不得不改用其他字来代替。杭世骏《订鹄类编·历朝避讳字宜改正》，“邦，汉史凡言邦皆曰国，避高祖讳也，……彻，彻侯为通侯，蒯彻为蒯通，避武帝讳也。庄，老庄为老严，办装为办严，庄子陵为严子陵，避明帝讳庄也。秀，《汉书》‘秀才’为‘茂才’，避光武讳。隆虑侯为林虑侯，避殇帝讳也。庆，庆氏为贺氏，避安帝讳也。询，荀卿为孙卿，避宣帝讳询也。”《伤寒论》原序中“徇”“婴”“庆”“秀”“保”“志”“辨”为西汉、东汉多位皇帝名中用字，均非原书所应有。因仲景生卒年在汉末献帝时代左右，对西汉宣帝刘询，孺子刘婴，特别是东汉光武帝刘秀、顺帝刘保、桓帝刘志、少帝刘辨之讳，无疑其著作中当避之。

除此之外，《伤寒论》中多次出现“彻”“壮”“旦”等字，也属汉时避讳之列。

七、家

《伤寒论》“家”出现次数甚多，多指患有某种病证的人，如风家、淋家等，或作名词后缀用，表示属于哪一类人或事物，如胃家、脾家等，这种构词现象当是魏晋之后之现象，两汉典籍未见。“家”放在名词后专指具有某种性质的人，可见晋陈寿《三国志·吴志·太史慈传》：“（太史慈）由是知名，而为州家所疾。”“家”这种名词后缀用法的广泛使用则在隋唐以后，唐韩愈《八月十五夜赠张功曹》：“州家甲名使家抑，坎坷只得移剖蛮”。孙汝听注：“使家谓湖南观察使”。唐白居易《观刈麦》：“田家少闲月，五月人信忙。”又考汉简《治百病方》,《五十二病方》及《引书》《脉书》,《肘后备急方》等，均无“家”这种名词后缀的用法，疑此“家”字仍后人增补之。

八、瞤

《伤寒论》有“筋惕肉瞤”一症，陈尧道《伤寒辨证》曰：“夫惕者，筋脉动跳也，瞤者，肌肉蠕动也”，《伤寒论》《金匮要略》中，有不少“瞤”训为“肌肉跳动、掣动”之例。《说文》：“瞤，目动也”。汉刘歆《西京杂记》：“夫目瞤得酒食”。汉蔡邕《广连珠》：“巨闻目瞤耳鸣近夫小戒也”。训“瞤”为肌肉掣动，最早见于《素问》，如《素问·气交变大论》：“筋骨繇复，肌肉瞤酸”。今考《内经》中“瞤”出现六次，都是指“瞤”的引伸义，“跳动”。《素问》第七十、七十一、七十四篇作“瞤瘈”。《素问》中把“瞤”训为肌肉掣动的所有篇章均系唐代王冰次注《素问》时补入的运气七篇。据林亿新校正，《四库全书提要》等多数意见，运气七篇实是王冰补入的后人之作。其他两汉典籍只见“瞤”的本义用法，未见把“瞤”训为“肌肉掣动”之先例，而唐时已大量出现，如段成式《酉阳杂俎续集·支动》：“有一女奴胎唇瞤动，诘之果窍器而欲逃者。”

九、《伤寒论》本无青龙、白虎、玄武等神名

敦煌残卷医籍有《辅行诀脏腑用药法要》（下简作《法要》），书名题梁华阳隐居陶弘景撰，经考为后人整理。《法要》载《汤液经法》部分内容，《汤液经法》见《汉书·艺文志》，为汉时古方书，其中记有大小阳旦、阴旦、青龙、玄武、白虎及朱雀汤。《法要》曰：“弘景曰：外感天行，经方之治，有二旦、六神、大小等汤，昔南阳张机，依此诸方，撰为《伤寒论》一部，疗治明悉，后学咸尊奉之”。《伤寒论》中青龙、真武、白虎等汤头，来源于古方《汤液经法》。又《法要》云：“张机撰《伤寒论》避道家之称，故其方皆非正名也，但以某药名之，以推主为识身”。经考，《法要》中大阴旦汤即小柴胡汤，大白虎汤即《伤寒论》中竹叶石膏汤，小朱雀汤即黄连阿胶汤，大阳旦汤即黄芪建中汤。可见《法要》的成书时代（梁——隋唐），所见《伤寒论》为避道之称，方剂命名无四神之称，而只以药物名称命名，如桂枝汤、小柴胡汤、黄芩汤等，后来，后人据《汤液经法》有关内容，对《伤寒论》汤头名称加以改动，遂成后世所见《伤寒论》青龙、真武、白虎等方剂。

十、胃气强

《伤寒论》二四七条：“趺阳脉浮而涩，浮则胃气强，涩则小便数，浮涩相搏，大便则硬，其脾为约”。此“胃气强”当为“胃气弱”。

《伤寒论·辨脉法》二十六条云：“趺阳脉浮，浮则为虚，浮虚相搏，故令气噎，言胃气虚竭也”。《金匮要略·呕吐哕下利病脉证并治》曰：“趺阳脉浮而涩，浮则为虚，涩则伤脾，脾伤则不磨，朝食暮吐，暮食朝吐，宿食不化。名曰胃反”，胃反之证实为脾阴、胃阴两虚，脾胃虚热，津液不足，浮脉主虚，涩脉为脾阴不足之象。又《伤寒论·辨脉法》十九条：“趺阳脉浮而涩，……久病在脾，法当下利，何以知之？若脉浮大者，气实血虚也，今趺阳脉浮而涩，故知脾气不足，胃气虚也。”

又考《伤寒论》原文，大都为有韵之文，其韵脚常押在每句话最后一字上。“胃气强”之“强”阳韵字，与上下句不押，若“胃气弱”则“涩”“弱”“数”“搏”“约”都是韵尾为塞音的入声韵字，诸可相押。这也证明了“胃气强”当为“胃气弱”。

［《中医研究》1992；5（2）：23］

《伤寒论》397法探

董正华　陕西中医学院

凡研习《伤寒论》者，皆知《伤寒论》有397法。然而对397法的具体所指及含义，历代医家见解颇异。笔者仅就所见资料，探讨如下：

一、397法说的来源

《伤寒论》397法，并非出自仲景原文，最早见于北宋·林亿等校刻“伤寒论序”。谓“今先校定张仲景伤寒论十卷，总二十二篇，证外合397法，除重复定有112方，今请颁行”。[1]其后，南宋严器之为成无己《注解伤寒论》作序，亦倡其说。

谓“聊摄成公，……注成伤寒十卷，出以示仆，其397法之内，分析异同，彰明隐奥，调陈脉理，区别阴阳，使表里昭然，俾汗下而灼见……。[2]后之学者，多遵其言，遂使《伤寒论》397法说风行于世。

二、对397法的不同见解

古今医家，大多皆遵林、成之言，只是笼统地说《伤寒论》397法，而不究其具体所指。但是也不乏有识之士，悉心探究其所指及含义。综合主要有以下四种观点：

1. 宋本《伤寒论》所载法数之和。此说已久，且占多数，皆以明·赵开美影摹复刻宋本《伤寒论》为据。宋本（实为赵本）凡十卷、二十二篇，前四篇（辨脉法、平脉法、伤寒例、痉湿暍病）在篇名下无任何说明，从辨太阳病第五至辨发汗吐下后病第二十二，共十八篇，各篇篇名下皆有小注“合××法”等。医家以此为根据，认为397法即各篇所载法数之和，如清·周省吾说：“考前明吾虞赵开美翻刻宋版伤寒论全文，其397法于每篇之首注共几法，先则节录原文，开明第一、第二，次于原文之下，复列一、二、三之数，总计全书治法，了如也”，[3]现代也有人同意此说。[4]

2. 王安道去其重复，改397法为238治。元代医家王安道，对397法说提出质疑、特作“伤寒397法辨”。通过核对各篇所载法数及原文，发现六经病篇所叙之“法”在诸“可”与“不可”篇中又重复并累计之，他认为是不合理的。指出“林亿等不问重与不重，一概通数之，以立总目，何不见重载八篇之中，其方治者止有15条，为六经篇之所无，其余153条皆六经篇已数过者，安有一法而当两数之理乎？”于是，王氏“于397法内，除去重复者与无方治者，止以有方治而不重复者计之，得238条，并以治字易法字，而曰238治。”[5]

3. 喻嘉言重新编排，节取六经病等篇，归纳为397法。明末清初，喻嘉言则节取《伤寒论》六经病证、差后劳复阴阳易篇，去其原书法的部分，归纳得367法；另摘取诸篇有关温病的内容，增“温症”篇，得30法，而凑成397之数，在此，喻氏主要概括《伤寒论》原文的精神，或某些治疗法则，将其名之曰“法”。如“太阳之为病，脉浮头项强痛而恶寒”，为太阳受病之初，定脉定证一法；“太阳病，发热汗出，恶风脉缓者，名为中风”，为辨中风定脉定证一法；它如桂枝汤禁忌三法；中风误下热邪内陷而成结胸六法等等；温症则有解肌法、吐法、下法、温经散邪法、通阳法、解表温中法等。[6]

4. 陈修园删取原文得397节。清代医家陈修园，删取宋本《伤寒论》辨太阳病第五，至辨阴阳易差后劳复病第十四，共十篇内容。并去掉原篇中“法”的部分（因其与方治重复），而按所论内容分段，得397节，谓此397节即397法。如陈氏说：“余考仲师原论，始于太阳篇，至阴阳易差后劳复篇止，共计397节。……节中字字是法，言法即可以该节也。”[7]在此，节即条，一节指具有较完整意思的一条原文。

陈修园节取宋本《伤寒论》六经病证篇的基本内容，其分节（条）比较合适，对后世影响较大。因其适得397节，与397法数相吻合，故近世多数学者受其影响，而认为397法即现本《伤寒论》397条。

［《陕西中医学院学报》1992；15（2）：4］

张仲景《伤寒杂病论·平脉法》考辨

何爱华　黑龙江中医学院

错简派的误区

张仲景《伤寒杂病论·平脉法》，只见于金·成无已诠注、明·赵开美校正本。作卷一第二篇[1]。笔者曾辨析错简派方有执删削张仲景《伤寒杂病论》的《平脉法》等十二篇经文为失误，建议认真研究十二篇经文，吸其精华[2]。其后，评论《伤寒论讲义》，再次建议把十二篇经文纳入为附编，羽翼正文，发挥应有作用[3]。此后，曾单就《平脉法》，专文讨论不同认识[4]，引来赵有臣的再论商榷[5]。后来，再次论证《平脉法》等篇为张仲景学术遗产的真传[6]。经过三十年来反复研究探索，笔者认为，为了正确、全面、完整地继承和弘扬张仲景的学术思想和医学遗产，必须在已有的基础上，深入考察和辨析《平脉法》的科学价值。

错简派的代表人物方有执说[7]：“此(《平脉法》）已下，皆王叔和述仲景之言，附已意以为赞经之辞，譬则翼焉，传类也。篇目旧名平脉，次第二而僭经右。夫传不可以先经，论脉亦无先各脉而后平脉之理，且平脉不过数条，冒事必如此耳。后亦各脉，安得直以平脉名篇，皆非叔和之旧，其后人之纷更明甚。”喻嘉言明知[8]，“后汉张仲景著《卒病伤寒论》”，“至晋代不过两朝相隔，其卒病论六卷，已不可复睹，即伤寒论十卷，想亦劫火之余，仅得读者之口授，故其篇目，先后差错。”却责难于林亿、成无己。说什么“殊不知，林、成二家，过于尊信叔和，往往先经后传，将叔和纬翼仲景之辞，且混编仲景之书，况其他乎？如一卷之平脉法，……其文原不雅驯，反首列之，以错乱圣言。”又说：“平脉一篇，妄入已见。……碎剪美锦，缀以败絮，盲瞽后世，无繇复睹黼黻之华，泥于编述，大意私淑原委，自首至尾，不叙一语，明以贾人居奇之术，致令黄岐一脉，斩绝无遗，悠悠忽忽，沿习至今，所谓千古疑窦，莫此难破，兹欲直溯仲景全神，不得不勘破叔和。……仲景之道，人但知得叔和而明，孰知其叔和而坠也哉？”还说：“王叔和于仲景书，不察大意，妄行编次补缀，尚存阙疑一线。……观其篇末，补缀脉法，分为二篇，上篇仍仲景之旧，下篇托仲景以传，犹未至于颠倒大乱者，第其不露补缀之痕，反以平脉本名，易为辨脉，而阴行一字之颠倒，此吾所为讥其僭窃耳。若夫林亿之校正，成无己之诠注，则以脉法为第一卷矣。按仲景自叙云，平脉辨证，为伤寒卒病论，合十六卷，则脉法洵当隶于篇首。但晋承汉统，仲景遗书未湮，叔和补缀之言，不敢混入，姑附于后，不为无见，二家不察，竟遗编篇首，此后，羚羊挂角，无迹可求，讵能辨其孰为仲景，孰为叔和乎？然犹隐而难识也。”

方有执《伤寒论条辨》，根据序跋，著于明·万历十七年至二十七年间（1589～1599）。喻嘉言《尚论篇》著于清·顺治戊子五（1648）年。已有三个半世纪之久。由于历史的原因，方有执和喻嘉言都站在古代儒家尊经崇古的立场上，明明知道：“按仲景自叙云，平脉辨证，为《伤寒卒病论》，合十六卷，则脉法洵当隶于篇首。”却一方面责难《平脉法》为“叔和述仲景之言”，或“王叔和于仲景书，不察大意，妄行编次补缀”，而“妄入己见”，“反以平脉本名，易为辨脉，而阴行一字之颠倒”，遂“讥其僭窃矣”。故尔“其文原不雅驯”，“碎剪美锦，缀以败絮，盲瞽后世”等，对王叔和大加挞伐。另一方面，从张仲景《伤寒杂病论》来说，本无经传的分别。《平脉法》的位置，原在篇首或篇末，或为王叔和撰次失当，或为林亿等校正和成无己诠注所移易？这些问题，皆属推测，本无实据可考。但方有执和喻嘉言却以“传不可以先经”为理由，而责以“篇目旧名平脉，次第二而僭经右”，“皆非叔和之旧，其后人之纷更明甚”，而为“冒事必如此耳”。喻嘉言还说什么：“晋承汉统，仲景遗书未湮，叔和补缀之言，不敢混入，姑附于后，不为无见”。或“若夫林亿之校正，成无己之诠注，则以脉法为第一卷矣。”而以“殊不知，林成二家过于尊信叔和，往往先经后传”等，来责难林亿和成无己。准此，方有执和喻嘉言所述的各种问题，由于皆缺乏真实的历史根据，不仅皆为不能成立的莫须有。而且正是由于方有执和喻嘉言等之说，在导向上，将研究张仲景《伤寒杂病论》的方向，引入歧途，进入误区，以致三个半世纪以来，使部分学者，误以为《平脉法》，并非张仲景的著述，甚或亦非王叔和的撰次，而不能做出正确的科学评价。这样，“不得不勘破”的，并不是王叔和、林亿、成无己之说，与此相反，恰恰是方有执和喻嘉言等之说。因此，笔者兹在已有的基础上[2～4,6]，再进行更深入的考察和辨析。

以《脉经》为证

尽管《平脉法》不见于《金匮玉函经》，亦不见于敦煌石室旧藏《伤寒论》残卷和《敦煌古医籍考释》，而无隋唐抄写卷子本可凭。但《平脉法》[1]开篇的第一、二两条，却见于王叔和《脉经》卷五第一，王叔和《脉经》的篇目为《张仲景论脉第一》[9]。因此，钱熙祚《脉经跋》说[10,11]：“(《脉经》)第五卷引张仲景论脉二条，在《伤寒论·平脉法》中，可证此篇为仲景原文”。这是有力的根据和线索。这二条经文，按照《平脉法》[1]计数，共为286字。与《脉经》相较，《脉经》除篇首缺“问曰”二字外，其余均为“脉经”优于《平脉法》。值得本文在这里探讨的是，《平脉法》的“寒则牢坚”“动则为痛”“数则热烦”三句经文。《脉经》皆从医理脉象，分别作为“寒则弦紧”“动弦为痛”“数洪烦热”。两者有着明显的差异，应以何者为是，实须辨明是非。笔者认为，由于《平脉法》上句为“风则虚浮”，与《脉经》相同。因此，与之相对应的下句，必以“寒则弦紧”为是，即《脉经》是正确的。而《平脉法》的“寒则牢坚”是错讹的。同理，由于《平脉法》上句为“沉潜水畜，支饮急弦”，亦与《脉经》相同。因此，与之相对应的下句，亦必以“动弦为痛”“数洪热烦”为是，亦即《脉经》是正确的。而《平脉法》的“动则为痛”“数则热烦”是错讹的。在这里，文理只能是说明医理的说理工具，而文理必须符合医理。因此，任何强调文理，不顾医理的说法，都是站不住脚的。这样，《平脉法》的上句，既为“沉潜水畜，支饮弦急”；而以“弦急”组成双组的脉象为词组。那么，其下句必无单以“动”“数”单词为对之理，而必定以“动弦”“数洪”为双组脉象相对应地组成词组为对。这样，全句则以《脉经》的“风则浮虚，寒则紧弦，沉潜水畜，支饮急弦，动弦为痛，数洪热烦”。全部以双组组成的脉象词组为正确的。而《平脉法》只以单个脉象为词组则是错讹的。因此，《平脉法》根本不存在赵有臣所谓[5,12]“偏偏用‘坚’字”，而不避隋文帝杨坚讳，乃至改“坚”为“鞭”等问题。当然，说“《平脉法》不仅不是《张仲景辨伤寒》之旧，而且也不是隋代抄传之旧”等说，自然更不能成立。与此相反，从《脉经》卷五《张仲景论脉第一》来说，毫无疑问，《平脉法》本来就是“张仲景述”的旧文。这一点是必须首先肯定的。王叔和《脉经》就是确凿的证据。

脉象相乘相干

《平脉法》说，脉象“变化相乘，阴阳相干”。这就为我们提供了重要的信息和根据。脉象“变化相乘，阴阳相干”之说，不见于《黄帝内经》，首见于《难经》。《难经》说：“关之前者，阳之动也。脉当见九分而浮。过者，法曰太过：减者，法曰不及。遂上鱼为溢，为外关内格。此阴乘阳之脉也。关之后者，阴之动也。脉当见一寸而沉。过者，法曰太过；减者，法曰不及。遂入尺为覆。为内关外格，此阳乘阴之脉也。”又说：“阴阳更相乘，更相伏也。脉居阴部，而反见阳脉者，为阳乘阴也。虽阳脉时沉涩而短，此谓阳中伏阴也。阴脉居阳部，而反阴脉见者，为阴乘阳也。虽阳脉时浮而长，此谓阴中扶阳也。”还说：“从后来者，为虚邪；从前来者，为实邪；从所不胜来者为贼邪；从所胜来者，为微邪；自病者，为正邪。”这就是《平脉法》脉象“变化相乘，阴阳相干”理论的最早雏型及由来。及至张仲景《伤寒杂病论》，则在《难经》的基础上，使脉学与阴阳五行学说相结合，推向日趋完善的境地。这在《脉经》中，有很完整的载录。《脉经》卷三[9]分别以“肝胆”“心小肠”“脾胃”“肺大肠”“肾膀胱”为五部。每部王叔和分别题以“右新撰”“右四时经”“右素问、针经、张仲景”的题记。仅以《肝胆部》为例，根据王叔和题记，其内容：自“黄帝问曰”至“黄帝曰善”，自“真肝脉至”至“毛折乃死”两节经文，皆出于《素问·玉机真藏论》。自“肝脉来”至“曰肝死”，自“春脉微弦”至“曰今病”，两节经文，皆出于《素问·平人气象论》。自“肝藏血”至“死于秋”，一节经文，出于《灵枢·本神》；自“足厥阴气厥”至“金胜木也”，一节经文，出于《灵枢·经脉》。二者，皆字句无讹。其余，“春肝木王”至“虽病即差”，自“肝脉来濯濯”至“为瘈疭挛筋”，自“肝死”至“如蛇行者死”，三节经文，则无疑皆出自于张仲景。其余，“心小肠”“脾胃”“肺大肠”“肾膀胱”等四部，皆可类推。为了深入探讨《平脉法》与《脉经》的关系，兹将《脉经》卷三《肝胆部第一》[9]中，属于张仲景的第一节论述脉象“变化相乘，阴阳相干”的经文，全文抄录于下：

“春肝木王，其脉弦细而长，名曰平脉也，反得浮涩而短者，是肺之乘肝，金之克木，为贼邪，大逆，十死不治。反得洪大而散者，是心之乘肝，子之扶母，为实邪，虽病自愈。反得沉濡而滑者，是肾之乘肝，母之归子，为虚邪，虽病易治。反得大而缓者，是脾之乘肝，土之凌木，为微邪，虽病即差。”

这样揭示脉象“变化相乘，阴阳相干”与阴阳五行生克关系的论述，是《难经》所没有的。而是张仲景在脉学上的一项创新和发明。为了全面地了解五脏脉象“变化相乘，阴阳相干”与阴阳五行的关系，兹将《脉经》卷三“肝胆”“心小肠”“脾胃”“肺大肠”“肾膀胱”五部，论述脉象“变化相乘，阴阳相干”的有关五脏脉象与五行生克关系部分论述列于次：

从五脏脉象与五行生克关系来说明脉象“变化相乘，阴阳相干”与阴阳五行生克关系的理论，已经达到相当完善的境地。对此，兹以“弦细而长”的脉象为例，略作说明：春季是肝脉旺盛的季节，诊得“弦细而长”的脉象，为平脉，即是正常的脉象而无病证。夏季是心脉旺盛的季节，诊得“弦细而长”的脉象，为“肝之乘心”。按照五行生克乘侮的关系，肝属木，心属火，木火为母子相生关系，故“肝之乘心”，为“母之归子”。因此，肝与心相乘克，为“木行乘火，名曰顺”。在致病机制上，只能引起“虚邪”。因而病情较轻，“虽病易治”。长夏是脾脉旺盛的季节，诊得“弦细而长”的脉象，为“肝之乘脾”。按照五行生克乘侮的关系，肝属木，脾属土，土生木，木土本为母子相生的关系，今肝脾相乘，则为“木行克土”，即“木行侮土”，“子之侮母”，故为“大逆”。因此，肝与脾相乘克，在致病机制上，则为“贼邪”，其病情预后不良，多属危重，而“十死不治”。秋季是肺脉旺盛的季节，诊得“弦细而长”的脉象，为“肝之乘肺”。按照五行生克乘侮的关系，肝属木，肺属金，木金为相克相乘的关系，今虽反侮，为“木之凌金”，而“木行乘金，名曰横”。因此，在致病机制上，肝肺相乘，仍属“微邪”，病情尚属轻微，预后良好。故曰“其病欲解”，“虽病即差”。冬季是肾脉旺盛的季节，诊得“弦细而长”

的脉象，为“肝之乘肾”。按照五行生克乘侮的关系，肝属木，肾属水，木与水本为相生的关系，今肝肾相乘，义为反侮，但为“子之扶母”。因此，在致病机制上，虽为“实邪”，但仍属相生的关系，亦属病情较轻，不为逆，“虽病自愈”。这样，以“弦细而长”的肝脉脉象为核心，在阴阳五行学说上，完整地贯穿起来。其余“浮涩而短”“洪大而散”“沉濡而滑”“大而缓者”等四种类型的脉象，皆可类推。由此，不难看出，张仲景创造性地把阴阳五行学说相乘相侮的生克关系与五脏脉象变化相结合，以预测病情善恶的预后判断方面，已经形成一套完整的理论体系。

自张仲景至王叔和与《敦煌古医籍》

根据《脉经》，《平脉法》至少还有：自“师曰：呼吸者”至“名曰内实外虚”47字，见于《脉经》[9]卷一第十三。自“问曰：病人恐怖者”至“其面白脱色也”29字，见于《脉经》卷一第十二。自“问曰：人不饮”至“唇口干燥也”19字，亦见于《脉经》卷一第十二。自“问曰：人愧者”，至“面色乍白乍赤”20字，亦见于《脉经》卷一第十二。自“问曰：经说”至“肾气也”69字，与《脉经》卷一第六的内容相近似。自“问曰：脉有残贼”至“诸脉作病也”33字，亦见于《脉经》卷一第十二。自“问曰：脉有灾怪”至“故名灾怪耳”89字，亦见于《脉经》卷一第十二。自“问曰：翕奄沉”至“故令脉滑”27字，亦见于《脉经》卷一第十二。自“问曰：曾为人所难”至“故令脉紧也”76字，亦见于《脉经》卷一第十二。上述9节经文，409字，皆出自于《脉经》。这样，《平脉法》全篇有12节经文，805字，皆出自于《脉经》，占《平脉法》全篇2388字的百分比为34.7%。至少说，这些内容，应为张仲景的遗论真传，是无可置疑的。特别是从脉象“变化相乘，阴阳相干”与阴阳五行生克关系来说，《平脉法》有“问曰：脉有相乘”至“木行乘火，名曰顺”一节经文，共64字，见于《脉经》卷五第十一《从横逆顺伏匿脉》[9]。其文作“问曰：脉有相乘，有从有横，有逆有顺，何谓也？师曰：水行乘火，金行乘木，名曰从。火行乘水，木行乘金，名曰横。水行乘金，火行乘木，名曰逆。金行乘水，木行乘火，名曰顺。”两者相较，略有差异，其所不同者，《脉经》“何”前有“谓”，“顺”后无“也”。而《平脉法》则相反，“何”前无“谓”，“顺”后有“也”而已，余则完全相同。并见于《伤寒论》正文，108条：“伤寒腹满、谵语，寸口脉浮而紧，此肝乘脾也，名曰纵，刺期门。”109条：“伤寒发热，啬啬恶寒，大渴欲饮水，其腹必满，自汗出，小便利，期病欲解，此肝乘肺也，名曰横，刺期门。”这样，脉象“变化相乘，阴阳相干”与阴阳五行生克之说，在张仲景《伤寒杂病论》中，已臻于相当完善的境域。从而导致了《敦煌古医籍》的《五脏脉候阴阳相乘法》[13]等有关专著的撰述和传世。而这种专著，一直到唐代，仍有手抄卷子本流传，并有甲、乙两种传本，都流传到河西走廊，为敦煌石窟所收藏，遂成为《敦煌古医籍》之一。从这些事实来说，张仲景是一位在《难经》基础上，以阴阳五行学说为主导，十分出色地完成了独具特色的脉象“变化相乘，阴阳相干”与五行生克相结合的完整理论体系的创立者，是当之无愧的。

结　语

综上所述，由于王叔和《脉经》在研究张仲景学说上，具有不容忽视的科学价值。而张仲景《伤寒杂病论·平脉法》，全篇至少有12节经文，805字，占全篇34.7%的内容，皆与《脉经》相同。并且，王叔和大部分以篇目和题记表明，它们确为张仲景原著。因此，错简派方有执和喻嘉言等亦只能说是王叔和撰次张仲景遗论的。这样，说《平脉法》是所谓“唐宋间人所羼入的”，只能是一种推测，而没有确凿的历史根据为证。从《平脉法》的内容实质来说，即使是所谓“唐宋间人所羼入”张仲景《伤寒杂病论》的，或以王叔和《脉经》为资料而伪撰的，也决不能说这部分内容，一定不是张仲景的遗论真传，不是张仲景学说的一个组成部分，而没有继承和弘扬的科学价值。与此相反，为了正确、全面、完整地继承和弘扬张仲景的医学遗产和学术思想，就必须完整地发掘和弘扬《平脉法》这份宝贵医学遗产和学术思想。

参考文献

[1] 汉·张仲景述，魏·王叔和撰次，金·成无己注解．明·赵开美校正：《注解伤寒论》人民卫生出版社影印，北京，1956.

[2] 何爱华．从《伤寒论》尚有32条论文在《金匮要略》中残存来谈《伤寒论》的编次和内容删削问题．中医争鸣．1960；（8）：34.

[3] 何爱华．《伤寒论讲义》读后．哈尔滨中医．1965；（5）：34.

[4] 何爱华．略谈我对《伤寒论·平脉法》的认识．辽宁中医．1978；（4）：58.

[5] 赵有臣．再论《平脉法》．辽宁中医．1978；（4）：61.

[6] 何爱华. 关于《伤寒杂病论》的几个问题. 河南中医. 1983;(1):7.
[7] 方有执.《伤寒论条辨·伤寒论著三种》, 上册. 上海: 商务印书馆, 1957: 139.
[8] 喻昌撰.《尚论篇·伤寒论著三种》下册. 上海: 商务印书馆, 1957: 1~4.
[9] 王叔和.《脉经》邻苏园小字本. 上海: 上海科学技术出版社. 1959.
[10] 丁福保, 周云青.《四部总录医药编》上册. 上海: 商务印书馆, 1955: 252~253.
[11] 冈西为人编著. 宋以前医籍考. 长春: 人民卫生出版社, 1958: 141~142.
[12] 赵有臣. 伤寒论与金匮要略之版本及其内容沿革之探讨. 辽宁医学, 1960; (9).
[13] 马继兴.《敦煌古医籍考释·导言》. 南昌: 江西科学技术出版社, 1988: 27~28, 1~2, 57~66, 92~114.

[《中华医史杂志》1992; 22 (2): 90]

仲景著作文献研究简议

张灿玾　山东中医学院

仲景学术，为祖国医学宝库中一灿烂明珠。其影响之大，推行之广，实属罕见。千百年来，仅就其理论、应用及文献研究等方面的著作，也称得上是浩如烟海，汗牛充栋。但由于仲景著作年代久远，其学术博大精深，故仍有许多问题尚待进一步加深研究，探索源流，辨别真伪。现仅就仲景著作文献研究方面的三个问题，在前人研究的基础上，略抒管见。

仲景著作之考证

仲景著作问世之后，深得时人赞许，然经三国兵变，即已散佚，幸得晋·王叔和整理，方得再现。后复经永嘉之乱，又遭兵劫，此后辗转传抄，遂失庐山真面目矣。故后世史志著录及医籍征引种种，名目繁多，称谓不一，亦难免真伪相间。现举宋以前之主要者如下：①《隋书·经籍志》有《张仲景方》十五卷；张仲景《评病要方》一卷，并附记梁有《辨伤寒》十卷；张仲景《疗妇人方》二卷。另有《五脏论》五卷，不著撰人。②《旧唐书·经籍志》有《张仲景方》十五卷（注：王叔和撰），又有《五脏论》一卷，不著撰人。③《新唐书·艺文志》有王叔和《张仲景药方》十五卷，又《伤寒卒病论》十五卷，还有《五脏论》一卷，不著撰人。④《郡斋读书志》有《金匮玉函经》八卷（注：汉·张仲景）；《仲景伤寒论》十卷。⑤《直斋书录解题》有《伤寒论》十卷，汉长沙太守南阳张机仲景撰，其文辞简古奥雅，又名《伤寒卒病论》，凡一百一十二方；《金匮要略》三卷，张仲景撰，王叔和集，林亿等校正。⑥《崇文总目》有《金匮玉函要略》三卷，张仲景撰；张仲景《口齿论》一卷。⑦《通志·艺文略》有张仲景《脉经》一卷；《张仲景方》十五卷；张仲景《评病要方》一卷；《金匮玉函》八卷；《金匮玉函要略》三卷；张仲景《五脏论》一卷，又《五脏荣卫论》一卷，不著撰人；张仲景《口齿论》一卷；张仲景《疗妇人方》三卷；张仲景《伤寒论》十卷（注：晋·王叔和编次）。《通志》所载，显系综合以前诸书著录而兼收之也。⑧《宋史·艺文志》有张仲景《脉经》一卷，又《五脏荣卫论》一卷；张仲景《伤寒论》十卷；《金匮要略方》三卷（注：张仲景撰，王叔和集）；张仲景《疗黄经》一卷：又《口齿论》一卷；《金匮玉函》八卷（注：王叔和集）；张机《金石制药法》一卷；《金匮方》三卷，不著撰人。

从上述书目著录仲景著作中，可看出一些很值得注意的问题。如以数量论，愈后愈多，《隋志》仅有四种，而《通志》则有九种之多。著作名称，亦前后不一，雅俗不同。早期称《张仲景方》或《张仲景药方》等，后世则有《金匮》《玉函》等雅号。前书不著撰人的著作如《五脏论》，后世则署为张仲景撰。前世不曾著录之著作如《口齿论》，而宋代书目又有新增。如此等等，疑点颇多。前人也曾作过考证，如《后汉书艺文志考》云：“按仲景诸书，晋·王叔和为之论集，乱其原本，自后分并次序，一任医家之颠倒，名目众多，至不可诘难。然循流溯源，叔和去汉犹近，欲寻仲景之迹，舍叔和其何能明。欲叔和所论集，则自以《隋志》为得实。考《隋志》载仲景书……共四种二十八卷耳。而《宋志》所载，其目倍于《隋志》……计之得七种（按未包括《金石制药法》），而《隋志》《疗妇人方》《评病要方》尚不及也。则仲景书已有九种矣。初不解其故，因取今所存《金匮要略》，反复观之，恍然悟曰，《宋志》所载之书，即《隋志》所载之《仲景方》，实一书。观其所载《脉经》一卷，《五脏荣卫论》一卷、《金匮要略方》三卷、《疗黄经》一卷、《口齿论》一卷、《金匮玉函》八卷，合之适符十五卷之数，可证也。今其书则杂糅于《金匮要略》中，……试以《宋志》十五卷，合以《伤寒论》十卷，《评病要方》一卷，而析出《要略》中妇人方二卷，非仍二十八卷之旧乎。”似此强合《隋志》二十八卷之数，则与别书著录之卷数，难以尽相契合，究其内容，亦乏实证，故难以尽信。根据古代文献流传演变的历史特点，众书目著录诸仲景著作，特向我们提出了这样一个重要问题，即著录诸书，究竟哪些确系仲景著作，或与仲景著作有关，哪些有可能是出于假托之作。

梁启超在其《中国历史研究法》第五章第二节中，谈到“鉴定史料之法”时曾云：“其书前代从未著录，或绝无人征引而忽然出现者，十有九皆伪。”这对于研究仲景著作，颇有参考意义，如今存《伤寒论》及《金匮要略》诸内容，不仅前世书目中均有著录，自晋·王叔和《脉经》以下诸要籍中，亦皆有征引，是其真也无疑。而其他著作，则颇多疑处。如《五脏论》一书，宋以前史志虽有著录，均不著撰人。然《崇文总目》及《通志》等则标明为张仲景撰。又详《敦煌古医籍考释》收敦煌卷子有张仲景《五脏论》甲、乙、丙、丁四种传本，特以甲本与乙本存文较多。今以甲本为例，其中有一段文中有“陶景注经”“雷公妙典”“仲景其方”“雷公《药对》”“□侠正方”（注：疑应作“宋侠正方”。宋侠，北齐人，撰有《经心录》，见《隋书·经籍志》，又旧抄本作“桐君药录”）、“刘涓子秘述”“淮南葛氏之法”（按：此当指葛洪之法。葛本晋丹阳句容人，在南朝齐至陈时，设淮南郡于当涂，句容应在此辖区内，此当出于该时人手笔，故称“淮南葛氏”）、“《集验》之方”（按《集验方》为北魏、北周时姚僧垣撰）等语。且特据“仲景其方”一语，则《五脏论》文，显非仲景自述。又征引上述诸家，皆东晋及南北朝时人也，且其下限，及于南朝末时，故疑张仲景《五脏论》，或出于南朝末期人手笔，复经隋唐时人抄录。当然，其中也或有仲景这方面著作遗文，是此书当系假托之作，故《医方类聚》引《五脏论》中“医人”内容，虽见于敦煌卷子，然字、句方面，多有差异，且不署撰人，或别有所本，亦可为证。又如《宋志》所载张仲景《疗黄经》一书，《汉志》原有《五脏六腑瘅十二病方》四十卷，然不著撰人，后则佚失，诸书不录。隋、唐诸志中，亦无疗黄专集著录，而《宋志》中，忽出张仲景《疗黄经》一卷，另又有扁鹊《疗黄经》三卷，蒋淮《疗黄歌》一卷。似此等等，不能不引起怀疑。且就今存《伤寒论》《金匮要略）而言，本有治黄之专篇及专方存焉，何再出《疗黄经》一卷，故此书亦或系宋以前好事者，集历代疗黄诸方及时人之法，假托为仲景之作。又如《宋志》著录张仲景《口齿论》，在《新唐书》中仅有邵英俊《口齿论》一卷，别无他家口齿类著作，又详古医籍征引，如《外台》牙齿病援引诸家方论近二十种，《医方类聚》齿门援引诸家方论近六十种，均无仲景《口齿论》方。故是书亦疑系后人假托之作。凡著录愈后出者，这种可能性愈大。而早期如《隋志》中著录别书，是否系后人摘取仲景著作有关内容编纂成册，或仲景确有是作，现亦难考。从而说明，历代书目著录之仲景著作，定有真伪之别。至于清人补、续之《后汉书·艺文志》所列仲景著作，皆系搜集后世著录辑补，更难为凭。

《伤寒杂病论》传本研究

据今存《伤寒论·张仲景序》，该书原称《伤寒卒病论》，原书早佚，今所见者，多系宋以后传本及宋以前古医籍传文。现举其要者如下：

1.《脉经》传文。卷七为伤寒内容，卷末附记云：“治伤寒形证所宜进退，王叔和集仲景评脉要论。”卷八，卷九为杂病及妇科内容。

2.《千金》传文。孙思邈曾云：“江南诸师，秘仲景要方不传。”故《千金》仅有伤寒条文四十余条，杂病若干条，散见于各病中，应是当时仲景著作散传于社会者，仅此而已。

3.《千金翼》传文。孙思邈自云：“论曰：伤寒热病，自古有之，名贤睿哲，多所防御，至于仲景，特有神功，寻思旨趣，莫测其致，所以医人未能钻仰……今以方证同条，比类相附，须有检讨，仓促易知。”可证思邈此时已得伤寒之全，然重为编排，非原书之次矣。

4. 宋臣林亿等校定《伤寒论》。林亿序称：“总二十二篇，证外合 397 法，除复重定有一百一十二方。”

5. 宋臣林亿等校定《金匮玉函经》。林亿等自疏云：“《金匮玉函经》与《伤寒论》同体而别名。欲人相检阅而为表里，以防后世之亡逸，其济人之心，不已深乎！细考前后，乃王叔和撰次之书，缘仲景有《金匮录》，故以《金匮玉函》名，取宝而藏之之义也。”本书内容，正如林亿等所云，“与伤寒论同体而别名”。而晁公武氏却以为即《金匮玉函要略方》，此误也。《金匮玉函经》自卷二至卷八、与《伤寒论》内容虽大致同，然亦颇多异处，卷一《证治总例》一篇，三言张仲景曰或仲景曰文，且兼言“地水火风”及“四百四病”等佛家用语，则显非仲景之作。故就其主体而言，或系《伤寒论》别传本，复经后人增“证治总例”于前，而成此篇也。

6. 宋臣林亿等校定《金匮要略方论》。林亿等自序云："翰林学士王洙在馆阁日，於蠹简中得仲景《金匮玉函要略》三卷，上则辨伤寒，中则论杂病，下则载其方，并疗妇人……以其伤寒文多节略，故所自杂病以下，终于饮食禁忌，凡二十五篇，除重复合二百六十二方，勒成上中下三卷，依旧名曰《金匮方论》。"据此，则王洙所得《金匮玉函要略》三卷本，有可能为宋以前《伤寒杂病论》传本之一。其辨伤寒部分，或因"文多节略"，且与林校他本《伤寒论》传本大致同，故不曾再校进呈，唯将杂病部分新校问世。然从林亿等自序及今存《金匮要略》与《脉经》卷八、卷九内容对照，可见有如下几个问题值得注意：从内容方面看，虽大致同，然篇目及条文则有增减分合处。如《脉经》第一为"平卒尸厥脉证"，《金匮》第一为"脏腑经络先后"，《脉经》第四为"干霍乱转筋脉证"，今在《伤寒论》第十三"辨霍乱病脉证并治"，《脉经》"平黄疸寒热疟脉证第九"，《金匮》则为"疟病第四"及"黄疸病第十九"。其他如文字及条数等，亦互有差异。但从总体分析，似可认定《脉经》卷八所载，主要是源于《伤寒杂病论》中杂病内容。《脉经》卷九为妇人病，此与《金匮》妇人病三篇内容差别较大，《金匮》条文，大都见载于《脉经》，而《脉经》中却有相当多条文，不见于《金匮》。据上述情况，并回顾《隋志》著录仲景著作，不妨提出如下设想：①原王洙所得《金匮玉函要略》，证与方分立，妇人病诸方证与杂病分立；②据此体例及今本《金匮》妇人病诸篇条文情况分析，似可认为，仲景该书早期传本中，不包括妇人病，而王洙所得本，或后人摘取部分疗妇人病方附载书中，故在卷下；③《隋志》著录《张仲景方》十五卷、《评病要方》一卷，疑即《伤寒杂病论》早期传本，若按方证分立之例，十五卷者当是论证，一卷者，或系载方；④《脉经》妇人病诸篇内容，或即《隋志》著录张仲景《疗妇人方》二卷。宋人郑樵曾谓："书有亡者，有虽亡而不亡者。"据于此说，似可大致认为，《脉经》卷七、卷八含《伤寒杂病论》内容，卷九含《疗妇人方》内容。是原书虽亡，其主要内容亦存《脉经》中。

7.《太平圣惠方》传文。该书卷八有《伤寒论》传文若干条，多有与宋臣诸校本不同处，以其成书在北宋之初，故颇有参考价值。

8. 敦煌医学卷子《伤寒论》残文。此虽为数不多，以其出于唐以前，参考价值亦较大。

9. 日本康治本《伤寒论)》。据书末记系唐德宗贞元乙酉年写本，日本康治二年（当南宋高宗13年）沙门了纯重抄本，惜仅存64条50方。康平本《伤寒论》，末记康平三年（当北宋仁宗38年）二月十七日侍医丹波雅忠。此或系北宋以前旧本，然书末附记80余字，现缺近半，故难推其原委。综览全文，其篇目及条次，与宋臣校本大致同。唯无"辨脉法""平脉法"及诸"可"与"不可"等篇内容。且多有将正文作小字夹注或旁注者，与《脉经》等早期医籍传文亦均不同。又据后记"可令近四部之教习（下缺一字）也"之义，疑系后人改写本，以为教经之用，恐非古传真貌。

另有近世始出之长沙与桂林古本《伤寒论》，细审藏者之序及附增内容，学者多疑系假托之作，恐非长沙旧文。

总之，《伤寒杂病论》虽佚，然就今存古文献而论，当以《脉经》《千金翼》及王洙所得旧藏本，或更接近原书内容。至其条数之多少及文字差异；亦传抄中互有存亡所致也。

《伤寒论》内容与体例探讨

上述几种《伤寒论》传本及传文，体例差异较大，今举其要者，作一初步探讨。

宋臣林亿等校定本，主要包括辨脉法、平脉法、伤寒例、辨痉湿暍脉证、辨三阴三阳病脉证并治、辨霍乱病脉证并治、辨阴阳易差后劳复病脉证治及诸"可"与"不可"凡二十二篇，仍保留十卷本。

《金匮玉函经》主要包括证治总例、辨痉湿暍、辨脉、辨六经病形证治、辨厥利呕哕病形证治、辨霍乱病形证治、辨阴阳易差后劳复病形证治、辨诸"可"与"不可"病形证治、辨热病阴阳交并生死证等计八卷。卷一证治总例显系后人编撰，已如前述。然其"论热病阴阳交并生死"与《脉经》卷七论热病诸篇相比，则有一共同之处，即均有《素问》刺热篇或评热病论及《灵枢·热病》部分经文，另有较多条文，则《内经》亦不具。

康平本《伤寒论》主要包括"伤寒例""痉湿暍""辨三阴三阳病""霍乱""辨阴阳易差后劳复病"等。

《脉经》卷七主要包括第一至第十七为汗、吐、下、温、灸、刺、水、火等诸"可"与"不可"，热病阴阳交并少阴厥逆阴阳竭尽生死证、重实重虚阴阳相附生死证、热病生死期日证、热病十逆死日证、热病五脏气绝死日证、热病至脉死日证、热病损脉死日证等。

《千金翼》卷九、卷十主要包括太阳病用桂枝汤法，用麻黄汤法，用青龙汤法，用柴胡汤法，用承气汤法，用陷胸汤法，杂疗法；阳明病状，少阳病状，太阴病状，少阴病状，厥阴病状，伤寒宜忌，发汗吐下后病状，阴阳易病已后劳复。此虽系孙思邈重新编排，但肯定会保留古传本之某些原型，如辨三阳三阴病，宜忌总篇中诸宜与忌（即《脉经》言“可”与不可”）等。

从以上诸书篇目及体例看，差别较大，现对以下几个问题，作一初步探讨。

“伤寒例”究竟是不是原书内容，首先有明人方有执提出“削伤寒例”，并大肆抨击王叔和，兼及成无已。以为叔和编述，为作伪之罪魁，无已注解，朦胧为训，“伪不容有，无之可也，既应无之。削之足矣，故从削”。详观今“伤寒例”文，有所谓“今搜采仲景旧论，录其证候诊脉声色，对病真方有神验者，拟防世急也。”此显非仲景自语，当系叔和为文。然文中明言“搜采仲景旧论”，则“伤寒例”中诸论，似非叔和杜撰也。且文中诸多引《阴阳大论》文，与仲景自序撰用《阴阳大论》之义亦合。又《脉经》卷末记云：“治伤寒形证所宜进退，王叔和集仲景评脉要论。”其中有“脉损”诸条，亦见于“伤寒例”中。此末记虽系后人追记，亦可证明前人早已认定“伤寒例”等文，原属仲景旧论，叔和集之而已。

“辨脉法”与“平脉法”，古传本不一，如《金匮玉函经》有“辨脉”而无“平脉”，康平本《伤寒论》则二篇均无。后世注家，多有删除者，方有执则并二篇为“辨脉法”，且移于辨诸病之后。其谓“此篇已下，皆叔和述仲景之言，附已意以为赞经辞，譬则翼焉，传类也。”又云：“夫传不可以先经，论脉亦无先各脉而后平脉之理……皆非叔和之旧，其为后人之纷更明甚。”观方氏此论，实失之矣。详《脉经》卷五“张仲景论脉第一”诸论，今具《伤寒论·平脉法》中，足证叔和不敢自僭，特标明为张仲景论脉。又《脉经》卷一第十二“言迟者风也”至“针灸数十百处乃愈”一段，“平脉法”中亦具此文。结合《伤寒论·序》所谓“撰用《素问》《九卷》……并《平脉》《辨证》”语义分析，似可认为“平脉法”与“辨脉法”，不仅为《伤寒论》内容，而且有师承或有所本，并非仲景杜撰。序言之《平脉》《辨证》，当系古医籍之缩语，方有执释平脉为平人之脉，误之甚也。平与评同，又与辨通，故平脉释评脉或辨脉之义均通。

《伤寒论》中有无《素问》《九卷》内容。仲景自序明确言云：“勤求古训，博采众方，撰用《素问》《九卷》……”而今存古传本中，大多不具今《素问》《灵枢》具体内容，故后世医家，颇有异议，然《脉经》卷七“病可刺证第十三”论热病诸文，均见于《灵枢·热病》，“病不可刺证第十二”文末有小注云“出《九卷》”。“热病生死日证第二十”诸文，均见于《素问·刺热篇》及《灵枢·热病》，又“重实重虚阴阳相附生死第十九”中，亦有文见于《素问·通评虚实论》。卷末附记云：“王叔和集仲景评脉要论”。此文究系宋臣校文误作大字正文，或宋以前人附记，现亦难考，但可说明，附记者亦认为《脉经》引此《内经》原文，乃仲景书旧文。又《金匮玉函经》卷六“论热病阴阳交并生死证”中，亦有《素问·评热病论》及《灵枢·热病》部分经文，亦或另有所本。且《伤寒论》别篇中亦有少量《内经》原文。因而，此等经文，很有可能系仲景撰用者。若此，则与仲景序言之义亦合。另外，《脉经》卷七尚有较多有关热病条文，既不见于《素问》《九卷》（今《灵枢》）中，亦不见于《伤寒》《金匮》中，唯《金匮玉函经》卷六中，尚保留少量条文。又详《脉经》卷七第一有两条云：“右二首出医律。”第十八中有若干表明条文出处之小字标目，如“右热病阴阳交部”“右少阴部”“右厥阴部”“右阴阳竭尽部”等。第十九，一云“右重实重虚部”，一云“右阴阳相附部”，上述诸文，当系叔和自语。凡此标目，究系另出别书，抑或仲景书中原有此目，现亦难考。特如“少阴部”有十条，“厥阴部”有七条，今均见于《伤寒论》少阴与厥阴篇中，比较支持后说。综观上述诸文，对仲景撰用《素问》《九卷》情况的考证，似可提供一定的文献依据。

汗、吐、下等诸“可”与“不可”是否《伤寒论》旧文？详《伤寒论》古传本及古医籍传文，大都具此内容，唯日本康平本无。然后世对此文颇多非议。如元人王安道云：“夫叔和增入者，辨脉、平脉与可汗、可下等诸篇而已。其六经病篇，必非叔和所能赞词也。”及明人方有执复云：“凡痉湿暍、辨脉上下篇、可汗不可汗、可吐不可吐、可下不可下、发汗吐下后诸证，皆叔和分经及述经外之余言，附以已意以撰次之。”夫安道在前，有执在后，执此以诋毁叔和者，代有其人。探讨这一问题的关键，似在于分析宋臣林亿等校定之两种伤寒古传本，即《伤寒论》与《金匮玉函经》，在诸“可”与“不可”诸篇首的一段按语，该文云：“夫以为疾病至急，仓卒寻按，要者难得，故重集诸可与不可方治，比之三阴三阳篇中，此易见也。又时有不止是三阴三阳，出在诸可与不可中也。”此文两书虽同，然篇目及具体内容差别较大，《玉函》特多出若干内容。是则说明本文非出于宋臣之手。详析重集之义，一者寻按易得，一者使“不止是三阴三阳”之条文有所归属。然重集者究系何人，似非叔和莫属。既云“集”，则决非自撰。又详西晋皇甫谧曾云：“近代太医令王叔和撰次仲景遗论甚精。”谧与叔和同时代人，去仲景甚近，其为言也，足可为征。是此云所集者，近谧所谓撰次遗论之义也。从而，似可认为条文内容，不管源于何书，叔和撰集之时，当出于仲景遗论中也。

[《中国医药学报》1992；7（3）：6]

祝味菊对伤寒六经的研究贡献

曹留蓝　江苏省昆山市陈墓中学医务室

祝味菊（1884～1951）近代著名医家。早年攻读医经，披阅不倦，遇难处必求其所以然。后就读军医校二年，又东渡扶桑。融会中西，博学广识，对中医理论多有发挥。其医学见解与世医颇不同。其治以擅用温热扶阳挽救危重蜚声医林。倡议中西医合作，并身体力行，早在1937年与德国医生兰纳博士等合组中西医会诊所，为当时国内绝无仅有之创举。

祝氏在1944年所撰《伤寒质难》（以下引文同）中指出：伤寒六经病证，前贤因主观认识不同，见仁见智，各异其趣，历有经络、脏腑、气血、病位诸说，各有所据及所偏。其注释者，则多循汉唐“注不破经”陈例，随文敷饰，总不脱六经本身藩篱。甚者“翻腾空论”（陆渊雷语），纠缠于无谓之争。太炎先生乃有“逐条强解，成书累卷”（《医论集》）而死于句下之叹！祝氏对此则批评更激：“千古滔滔，立说者各是其道，出主入奴，非吾所谓道也”。（《发凡篇》）强调伤寒六经的科学内涵与临证实用价值，提示后人对其继续研探，应有所发展、创新，方不负时代要求与仲景心旨。

祝氏认为：疾病不能脱离人体而独立。病原繁多，随时代而变异；本体惟一，人体自然疗能虽百年而不易，故既病“则病变之逆顺，预后之吉凶，人体抗力亦实左右之”；是则“体质之论，实为中医精神所寄”。所谓伤寒六经病证，仅为借用以代表人体各种不同程度抗邪程序之代名词。但病变万端，六经所固定的证候并不能包含一切抗邪情形，遂不囿于前人之说，融纳新知，续予发挥，据其平生研究经验所获，创立“以五段代六经”，自成一家之说，“虽叛古逆今，勿顾也”。他谓一切外感性热病，无论其为六淫之袭，菌毒之激，人体未有不起抵抗者，抵抗之趋势，即证候之表现，总不出五种阶段；所谓伤寒六经病证，亦不出此五种范围：即开始抵抗（太阳），抵抗不济（少阳），抵抗太过（阳明），抵抗不足（太阴、少阴）及最后之抵抗（厥阴）。要之，人体抗邪反应“不外体力之盛衰，抗力之消长”；五段者，抗力消长之符号也。祝氏“五段”之说，以变革的精神脱出泥古不化的传统禁锢，为进一步探索伤寒六经的真谛拓展思路，对临床治疗迄今仍具启迪、指导意义。

1. 太阳伤寒，为人体对于邪毒开始合度之抵抗。因其先驱症状多见于表，故前人称太阳为表病。祝氏曰：太阳为六经证候之首，对其研究透彻，治外感之大要可思过半矣，故阐释不厌其详。表病之主症为恶寒发热，发热之原因系邪正相搏，体温调节中枢受激；或为六淫外激致放温障碍，或为菌毒内激致生温亢进。发热之动机，对六淫之邪，欲酿汗而解表；对菌毒之邪，欲令产生抗体，以消内在之菌毒。诊视之要：外观表机之开合，内察正气之盛衰。释曰：“开之太过，名曰表亢；合之太甚，名曰表闭。气之太过曰亢，有余曰盛，不足曰怯，怯甚曰衰，不盛不怯曰和”。其治开表以辛，和表以甘，制亢以凉，扶怯以温。故放温障碍，发热无汗：表闭甚而里气不亢者，法主辛温，麻黄汤；气怯而甚者加附子，即麻附细辛汤；表闭而里气盛者，法主辛凉，银翘散；气亢而甚者加石膏，即大青龙汤；表闭而里气和者，辛平宣散，葱豉荆防之属是也。放温激进，发热自汗：表亢而里气怯者，法主甘温，桂枝汤；表亢而里亦亢者，法主甘寒，白虎汤；表亢而里气盛者，法主甘其凉，芦豉之类是也；表亢而里气和者，法主甘平，桑菊之类是也。要之，太阳伤寒首重解表，解表者，解除人体因抗邪诱起之反应，调正其本身营卫之不和。据此，祝氏评曰：前人以寒热酸楚，谓邪客于表，汗以散之，一若体表有实物可解，此皆抽象之词；“表何尝有邪，又何尝有风可祛，有寒可逐，有热可清乎!”从而否定千百年来指六淫之邪为实有其物之沿误。现代研究认为所谓“病位在表”，只是理论上的一种抽象，其本质是机体对病邪诱袭所产生的一种全身性反应。这与祝氏上述涵义类同，即此亦可见其卓识深远之一斑。祝氏并释解表主用汗法之机理曰：“汗法可以调节亢温，可诱导血行向表，协助自然疗能，一举而数善备矣。”于简括中寓灼见。但指出：“倘汗而不解，则为汗之不得其道也”；其或为“肠有宿垢，或菌毒内踞，或身体之一部遭遇炎性之刺激，或代谢之废物引起自身之中毒”，要之，必有内激之因也。其治：“诱因但治其反应，主因必去其病原”，若无祛除病原之特效专药，则时时扶持其抗力，维护其自然疗能，亦可令正胜而邪却。祝氏并进一步提出“治疗外感疾病，不必待病至深入而后方行之”，而应“观察邪行之趋势，以施早期疗法”的设想。当代名医姜春华氏所创“截断扭转”理论，或即循此思维的具体发挥。

2. 少阳伤寒，为人体对于邪毒抵抗持续不济，未能协调也，但正气有可胜之潜力。其成因为内有障碍，脏腑功能不能自由发挥。如胸有积饮则汗出不达；肠有积滞则府气不宣。水饮成于三焦之不利，积滞因于脾胃之不适。但此处之积滞，为传化失职，仅令妨碍抗能，未见抵抗太过之象，与阳明腑证有别；故虽曰府实，亦当归于少阳，“此仲景柴胡汤所以有硝黄之加也”。其治：去其障，则正伸而邪达，法用和解；和者协和其正气，解者解除其障碍。喻谓“譬如行旅，征马踟蹰，非马不前也，荆棘瓦砾障于途也；去其障，则昂然奔逸而莫能自制矣”，可称形象。如湿重而脾运受困者，茅术半夏宣发中阳，助麻桂以收和解达表之功；大便溏薄，则气怯无汗，麻桂柴葛之外，重与术附益果之属以固之；溺频而多，则液阻无汗，麻桂柴葛之外，兼与故纸覆菟之类以摄之；膀胱满而不能下者，法当渗利，五苓散主之等。障碍当视其性质之不同各予专药，如柴胡有宣畅气血、散结调经之效，故为少阳和解去障之专药。要之，正气未能协调者，则善为诱导。诱导者，损有余，补不足，以求机体动态平衡。

3. 阳明伤寒，为人体对于邪毒之反应失之过激也。其成因：体实气盛之人，抵抗太过一也；非寒而温，未虚而补，应汗失表，宜攻失下二也。历来医家都称阳明证有入经、入腑之别，主用清下二法。祝氏则曰：“入经入腑”乃从药效反溯而名之，皆为想象之词；以高热而用清，以排滞而用下，亦似是而非之说。阳明证为伤寒至于极期，正邪双方各为其生存而作殊死之战，抗力岂皆有余哉！清而下之，抑低其抗力，愈虚其虚矣。故阳明虽有可清可下之证，而无必清必下之理。体壮气盛之人，抵抗太过，兴奋太甚，方可制亢以凉，一清而愈，白虎汤为正治。府实之候，非必承气之证，其有宿滞陈积在上则宜消，在下则宜导；府实而体虚，宜用温通；府实而气盛，必具见仲景可下之证，方可假手于一下而愈”。下滞之药，为去病之用；温凉之性，为疗人之方，不可治病而忘人!”

或谓邪重而发之暴者，每能直接造成阳明证候，必须用寒凉清下之法。祝氏辩曰：邪无论轻重，必待机体之反应而后症状方显，故疾病为病原与人体相互作用之产物。人之受邪，邪体虽同，后果各异。以疟疾为例，定期剧寒高热，烦渴引饮为当然病型；然发热后或体力自如，或困顿不堪，或发而自休，或发而不已，其转归亦因人而异。其治，如疟发而虚，即不得月清，仍当用温。俗言疟为“脾寒”，截疟七宝饮即是温药。

4. 太阴、少阴伤寒，同为人体对于邪毒抵抗不足。它与少阳伤寒的区别：“大凡具有抗力而未能发挥者，谓之少阳；无力反应则谓太阴，少阴。故少阳不足在标，太阴、少阴不足在本”。其成因：先天不足，后天失调；或困于痼疾，或伤于新病，其素秉虚弱则一也。久服寒凉，滥于攻下，发汗过多，伤于药物，致阳气日困，心用日衰二也。如“太阴之为病，腹满而吐，食不下，自利益甚，时腹自痛”，此言胃肠消化功能不足。“少阴之为病，脉微细，但欲寐也”，此言心脏功能之不足。形质指阴，功能指阳，故太阴、少阴伤寒，咎在阳气抗力之不足。不足曰怯，怯者温之，温药有扶阳助正、强壮之意。故其治“不足在表，温以卫之；不足在里，温以和之；形不足者，温之以气；精不足者，温之以味”。仲景之理中、吴萸、四逆、真武等，何莫非温阳之方。

或谓正虚为病可用温，菌毒炎症为病则不可温。祝氏力斥其非：狭义之伤寒，病菌所致，其治可用温否，方书有载。急性肺炎，其体力不足者，麻膏疗病，枣附强心，此千金越婢汤也，可用温否？痢下赤白，细菌原虫之为患也，实痢用清，虚痢用温，为治痢之要则。温药治疟，已见前述。以寒凉之药治菌毒炎症，用之于体虚之人，无异抑正纵邪，反碍其自然疗能。要之，无论六淫、菌毒，其为病而正属虚者，总不离乎温法，此祝氏之心旨。

5. 厥阴伤寒，最后之抵抗也。厥者极也。病危而人体抗力不能作最后之调正，则惟死而已：如阳亢不降，热厥不回，则燔灼而死；阴极不回，寒厥不止，则消沉而亡。热厥而身热渐退，为正胜邪衰，其厥自止：寒厥而手足转温，为正胜阳复，为疾病转归之佳兆。寒厥治以回阳救逆，四逆汤或通脉四逆汤，见虚脱之状用四逆加人参汤。热厥治以清法或下法，直折其亢，白虎汤或承气汤类。所谓得凉则安，承乃制也；失凉则危，亢则害也。现代中西医结合抢救感染性休克，即常运用治疗热厥的清、下二法，确有一定效月。

病邪既退，得养则昌：“真阴虚者，滋以养之；心阳衰者，温以养之；神惫者，养之以酣寐；心劳者，养之以恬淡。毋滞其阴，毋扰其阳，醒脾开胃，以纳谷浆，此外感热病善后之法也”。

祝氏总结曰：外感性热病，阳气为抗邪之先锋。“阳衰一分，病进一分；正旺一分，则邪却一分。”因此主张未病重阴，既病重阳，喻为“承平之时，修文为主；荒乱之世，崇武为尚”。故称善理阳气，则“五段”疗法得其要矣：“太阳伤寒，重在和阳；少阳有碍，重在通阳；阳明太过，重在抑阳；太阴、少阴不足，重在扶阳；厥阴逆转，重在潜阳”。这对当前治外感热病恣用寒凉的偏见，不失为一有益的启示。

综上所述，祝氏“五段”之说，其立论注重体质内因，强调因人而异，抑亢扶怯，使之符合机体自然疗能，提高其自身免疫能力；其治则首重阳气抗邪作用。当今医学对中医与体质免疫学说的研究方兴未艾，重温祝氏对伤寒六经别具匠心的见解，对这一课题的进一步探索或具一隅裨益。

[《河南中医》1992；12（4）：159]

台湾对《伤寒论》若干问题的研究

曾友长　福建省中医药研究所

台湾中医界对张仲景《伤寒论》的研究，主要从理论探讨、临床应用、方药的现代药理研究等方面着手，有些不乏新颖见解。现将有关方面的内容分述如下。

一、对《伤寒论》六经的探讨

伤寒六经的实质是什么？历代医家有不同的见解。黄民德认为，仲景《伤寒论》中所说的六经，指的是针灸学上的三阳三阴经，理由有四：

1. 仲景在《伤寒论》原序中提过：“经络府俞，阴阳会通，玄冥幽微，变化难极。自非才高识妙，岂能探其理致哉。”可见仲景了解并重视经络、府俞及阴阳的变化。2.《伤寒论》描述太阳、阳明、少阳、太阴、少阴、厥阴病的各提纲，以及本病、并病、合病的种种症候群与其相应经络的循行部位及藏象的原理相吻合，这也可以证明《伤寒论》的六经确与针灸学上的六经雷同。3.《伤寒论》中风寒病邪的传经，有“传本”“循经传”“越经传”“表里相传”“循经得度传”，以上数种传经更可以说明与针灸医学的六经有极相似的地方。4. 整部《伤寒论》中论及有关针刺者有：①刺风池，风府；②针足阳明；③刺期门；④刺大椎、肺俞、肝俞；⑤刺巨阙；⑥刺端；⑦刺少阴；⑧刺劳宫、关元。谈及灸者计有：①灸少阴、厥阴；②灸赤核。

戴楚雄对《伤寒论》六经分证与《素问》六经证候进行比较研究，认为《伤寒论》六经，仅沿用《素问》六经之名。而未承其实，两者有以下五方面的不同：1.《素问·热论》一日传一经，六日传遍，七日再传太阳，周而复始；而《伤寒论》六七日传一经，一再传后，或愈或死，绝不周环，故少阴多死亡之证。2.《素问·热论》之太阳传阳明，阳明传少阳，绝无例外；而《伤寒论》则太阳传少阳，少阳传阳明，亦有太阳径传阳明者，没有阳明反传少阳者。3.《素问·热论》之三阳证，在《伤寒论》均为太阳证，如《热论》曰：“三阳经络皆受其病，而未入于脏者，故可汗而已。”而《伤寒论》之少阳证，则不可汗下。4.《素问·热论》之三阴证，均为热灼伤津之候；而伤寒之三阴，如太阴之脾胃虚寒，少阴之心肾衰竭，厥阴之寒热胜复，两者绝不相同。5.《伤寒论》之少阳与三阴证，为《素问·热论》所不具。

陈太羲在“韩思塞里与六经传变”的研究中，探讨了应激学说与六经传变的关系，认为应激学说不仅对西方医学具有划时代的意义，对中国传统医学也有重大的“映射”作用。应激学说有推动“六经传变”学说现代化的潜力，六经传变学说也可供给应激学说治疗学的药疗系统。六经传变与非特异性反应的概念有不谋而合之处，它们都是论述“病传周期”问题。六经传变，是面对症状群求证的宏观或宏观推理的过程；应激学说，是面对“综合征”求证的微观或微观推理的过程。但六经传变的范围只限于热病之类，而应激学说的范围则广及一般病理，甚至于涉及到生理。陈氏并认为，六经传变的外在症状群和应激学说的内在综合征之间有相互的关系，这种关系是今后研究的重点，两者只有相互挂钩，《伤寒论》的百余首方剂，在应激学说的治疗学中，才能充分利用和深入研究。

二、对《伤寒论》诊法的研究

诊法研究进一步发掘了仲景诊病的方法，其内容涉及到望、闻、问、切几方面。1. 观两目：黑白分明者内无热，目视不明者里有热。2. 看唇舌：唇红而润者无热，唇干而焦者里有热。舌苔白滑者表未解，黄者热渐深，黑者热已剧。3. 审胸腹：胸满而痛者为结胸，不痛者为痞气；如未经下而有之，为上焦痰水，已经下而有之，为误下坏症。腹中痛硬为燥粪或蓄血。脐下动跃或痛，上冲于心者为冲气；腹中鸣响，其气下趋者欲作泻。燥粪者小便不利，脐下如痞瘩状；蓄血者小便自利，脐下如怀孕状。4. 问口渴；渴不欲饮者邪在表，渴饮不止者里热甚，漱水不欲咽者内有瘀血。5. 别阴阳　初起时头疼身痛，发热恶寒，脉浮紧浮大，为阳经表证；此后烦躁作渴，纯热无寒，便闭尿赤，为阳经传入阳明腑之热证，脉虽沉伏，不可误作阴证。如初起时脐腹绞痛，肢厥唇青，脉来沉迟或微，为直中阴经之寒证，虽面赤烦躁，不可误作阳证。阳证而其体质素虚者不胜下，下之太过，卒见脐腹绞痛，洞泄不止，手足厥逆，此属阳证转阴；阴证而其体素热者勿过温，温之太过，卒见烦躁大渴，自汗昏谵，二便不通，此为阴证转阳。6. 辨脉证：脉浮紧者正伤寒，浮数者为寒包火，沉弱者为中寒证，沉滑者为里热证。凡伤寒得死证，脉尚可治者，弃证从脉；得死证脉，证有可治者，弃脉从证。7. 论治法：先辨表里，表证急者先解其表，后治其里，正伤寒宜用辛温以发之，寒包火宜用辛凉以解之，里证急者先治其里，后解其表，中寒证宜辛热以温之，里热证宜苦寒以攻之。如病在表而反用下，则邪乘虚入里，微者为痞气结胸，胜者为肠滑洞泄，病在里而反用汗，则表益虚而里益实，轻者为衄血斑黄，重者为痉厥亡阳。大致阳证宜汗、宜透、宜清、宜下，阴证宜温、宜补。阳转阴证者宜急温，阴转阳证者须急清。8. 察服药：凡服发汗药，如一剂无汗，当再与之，仍无汗者，为营卫乏绝，当养阴补正而再汗之，三治无汗者死。凡服泻下药，先燥而后溏者，为邪已解；但利清水而无燥粪，痞满如故者，为未解，当再下之，三下不通者，属液枯肠燥，当滋润之，通者生，不通者死。

三、对《伤寒论》方药的药理研究

主要从《伤寒论》方的配伍机制、剂量关系及某些单味药的药理作用等方面进行研究，阐明《伤寒论》方的治病机理，进一步验证《伤寒论》方的可行性与科学性，丰富了研究的内容。如林锦成通过研究认为，桂枝汤中桂枝与芍药在镇痛方面有相辅相成的作用。适量的桂枝有芳香健胃作用，能使肠胃蠕动亢进，排除肠中腐败之气体，此即所谓祛风、行气之作用。芍药与甘草配合对胃肠道的作用，一是对于胃的运动，小剂量时稍呈亢进，大剂量则有抑制的倾向；二是对于游离肠管运动，初呈轻度而短的亢进现象，后呈抑制（抑制的程度与浓度用量相关），三是上述作用甚易产生急速性药物耐量增加。芍药与甘草的配合作用，既可解除痉挛又不影响胃肠的运动。桂枝有致热因素，为辛热之品，能促进蛋白分解，释出能量与钾离子，故服桂枝汤须啜粥以助药力，初起温病不恶风者忌服。林氏并认为，麻黄汤中的发汗作用，主要是麻黄素能兴奋交感神经、亢进汗腺的功能，但其能升高血压，使血管收缩，增加周围血管阻力，妨碍汗腺分泌，故方中兼以桂枝，因其能降低外周血压，促进局部之血液循环，二者的配合则利于发汗。

致德对四逆汤及各单味药所具效应进行研究，发现内服或注射乌头碱，能兴奋迷走神经中枢，使心搏变慢，中毒时反使心搏变快。干姜与生姜的药理作用又有所区别，大量姜酮注射于家兔静脉，可引起中枢性运动麻痹，但口服大量，并无显著变化，仅有亢进食欲、抑制肠蠕动的效用。大量生姜汁灌入蟾蜍胃中，立刻引起血压上升，但于蟾蜍腹静脉注射时，对血压并无上述影响，这种现象可能由干姜辣素对胃黏膜特殊感受器的强烈刺激，引起血管运动中枢或交感神经的反射性兴奋而致，因而提出民间用生姜汤灌胃急救休克患者时，可用这种对特殊受纳器的刺激所引起的反射原理来解释。

杨玲玲等对小柴胡类方的药理作用进行研究，以评估其治疗肝炎的疗效。实验依《伤寒论》之药材组合比例作体内检定。模型为四氯化碳引发的ICR雄性小白鼠肝障碍之病态动物，研究发现，小柴胡汤中单味药，以甘草、柴胡、黄芩之保肝作用最强，将各单味药组合成柴胡汤或加减方，其保肝作用更为明显，尤以小柴胡加牡蛎与小柴胡加牡蛎减大枣二方最有效。

四、对《伤寒论》方的临床应用研究

经方应用研究，使《伤寒论》中的理法方药广泛应用于内、外、妇、儿、五官科等多种疾病。张步桃认为，仲景方治疑难杂证具有神奇的疗效，如苓桂术甘汤治疗美尼尔氏综合征的症候群，当归四逆汤治疗雷诺氏现象的症候群，均有满意疗效。张光雄以甘草干姜汤治疗各种寒证34例，病种包括胃脘痛、腹胀、腹泻、胸痛、痛经、眩晕、鼻衄、吐血、遗尿、劳淋等，取得满意的效果。有的对台湾地区伤寒方的临床验案　进行了系统的整理和报道，认为柴胡桂枝干姜汤治疗疟疾、产后头痛目眩、口吃、肩项强痛、乳癖、老年人尿闭等，小柴胡汤治疗感冒、发热、妇女热入血室、败血症、渗出性胸膜炎、久咳、黄疸、急性肾盂肾炎、癃闭、水肿等，大柴胡汤治疗发热、膈下脓肿、胃溃疡、急慢性胆囊炎、血吸虫病并发传染性肝炎、慢性阑尾炎急性发作、少腹坚块、呕利痞痛等症，葛根汤治疗感冒引起的牙龈肿痛或声音嘶哑、或后项背酸痛等，均可获较好的疗效。

五、对《伤寒论》的评价

认为《伤寒论》之所以得到如此高的评价，是因其独具特色，1. 对病直接论证，绝少涉及五运六气种种玄奥的理论，使人便于研究。2. 虽然论及脉象，但对脉理、脉学种种玄妙莫测、徒乱人意的辞句，似乎有意尽量避免，所以相当实事求是，与后世医家大谈阴阳脉理以治病的方式截然不同。3. 书中所载的方剂与辨证，相当严谨，具有组方精练、配伍有律、加减有则的特点，临床应用又极为灵活，可作后世医者的典范，更便于供现代医学者的研究，使其有路可循、有案例可辨。

总之，台湾学者的以上研究，都证明了《伤寒论》中有关论述的科学性，大大丰富了《伤寒论》的研究内容。

[《国医论坛》1992；(5)：4]

张仲景食疗思想初探

董凤娣　洛阳市第二人民医院
王雅琴　洛阳市第一中医院

食物疗法是古人倡导的，近年来有较快发展的用以弥补单纯药物治疗的不足或因其副作用较大而用以矫形、矫味、解除或缓解药物副作用的乐于被病人接受的一种辅助治疗方法。早在《黄帝内经》中就有记载，如《素问·阴阳应象大论》“精不足者，补之以味”即确立了这一治则，而在《素问·汤液醪醴论》中又作了进一步的阐述“黄帝问曰：为五谷汤液及醪醴奈何？岐伯对曰：必以稻米，炊之稻薪。稻米者完，稻米者坚。……此得天地之和，高下之宜，故能至完，伐取得军，故能至坚也”。医圣张仲景不仅是辨证施治的开先河者，更是善用食疗的一代宗师，在其撰著的《伤寒杂病论》397条112方中，与食疗有关的就有90余条、70方，其取材广泛，用法多样，涉及的食物谷类如大麦、小麦、粳米、赤小豆等；有蛋白质类如鸡子黄、鸡子白、羊肉等；有果糖类如大枣、饴糖、蜂蜜等；有蔬菜类如葱白、生姜等；有酒类、调料类如清酒、白酒、苦酒（即米醋）、法醋（即食用醋）等，用法上有啜热粥与不须啜热粥或进冷粥之分，有化米粉、粥、糜粥、白饮（即米汤）、食糜（即只能吃稀饭，不能吃干饭和不易消化的食物）、食煮饼（即淡熟面条）之别，或告诫服药后禁食生冷、黏滑等饮食禁忌。其制方中若用食物时，或作主药衔一统之功，或作辅佐取相得益彰之趣，或作使药减缓毒性，引药直达病所，笔者仅择其主要探讨之，以期使学习《伤寒杂病论》者，不仅能深刻领会仲景六经辨证之精髓，也能在发扬光大仲景食疗思想方面有所建树。

一、以食作药配伍制方

仲景善用食疗，首先体现于制方配伍中，其具体用法有以下三个方面：

1. 做主君衔一统之功　《伤寒杂病论》112方中，以食物作主药的有6方，入药的食物为生姜、蜂蜜、大枣、赤小豆、小麦、饴糖。

生姜泻心汤，本方和胃消痞，宣散水气，治胃虚水饮停滞所致痞证，方中重用生姜作君药，取其和胃降逆、宣散水气而消痞满，又与半夏相配伍，可增强和胃降逆化饮之功，诚如柯琴所云“君生姜佐半夏，全以辛散甘苦之枢，而水气始散。”蜜煎导方，以“食蜜七合……于铜器内，微火煎，当须凝如饴状，……欲可丸，并手捻作挺，令头锐，大如指，长二寸许……以内谷道中，以于急抱，欲大便时乃去之”即以蜂蜜一味煎成坐药，清热润燥，刺窍通便，治阳明病津伤便硬者。又如十枣汤，方中有甘遂、芫花、大戟，本是致逐水饮治悬饮病之峻剂，仲景“先煮大枣肥者十枚，取八合去滓，内药末，强人服一钱匕，羸人服半钱，温服之……得快下利后糜粥自养”，柯琴释此方“邪之所凑，其气已虚，而毒药攻邪，脾胃心弱，使无健脾调胃之品主宰其间，邪气尽而元气亦随之尽，故选枣之大肥者为君，预培脾土之虚，且制水势之横；又和诸药之毒，即不使邪气之盛而不制，又不使元气之虚而不支，此仲景立法之尽善也。”该方不仅以大枣顾护胃气为君，且以糜粥自养，借谷气补养，使邪去而不伤正。赤小豆当归散治狐惑酿脓证，亦取赤小豆渗湿消热之功能为主药，与他药配伍，而解毒排脓。甘麦大枣汤用小麦一升为君，养心液，安心神，治妇人脏躁证。小建中汤温中健脾，调补气血，仲景重用饴糖一升为主药，甘温补中，又与芍药配伍共成酸甘化阴，养营益血，缓解急迫之功，治疗伤寒病脾虚心悸、腹痛证及诸虚劳里急之杂病。

2. 居臣位辅君主取相得益彰之趣　《伤寒杂病论》中作臣佐药的食物有鸡蛋（有鸡子黄、鸡子白之别）、赤小豆、粳米、葱白、饴糖、羊肉、小麦等。

百合鸡子黄汤、黄连阿胶汤、苦酒汤方均以鸡蛋为臣入药，前二方取鸡子黄，后一方取鸡子白。百合鸡黄汤以鸡子黄一枚辅佐百合共奏滋养肺胃之阴以安脉气之功，治百合病虚烦不安，胃中不和而吐者；黄连阿胶汤取鸡子黄与芍、胶滋肾阴；养营血，安心神，兴助主药连、芩清心火、除烦热之力而使心肾得交，水火既济，治少阴阴虚火旺证。苦酒汤方则用苦酒之酸以消肿敛疮，佐鸡子白之甘寒，润燥止痛，解除少阴客寒咽痛之苦。

瓜蒂散、麻黄连翘赤小豆方均用赤小豆为佐药，前者用味苦酸之赤小豆佐瓜蒂利水消肿，涌吐痰实，治痰实阻于胸膈者；后者取赤小豆清泄湿热之功能，助麻、翘解毒散邪、清利湿热之力，治阳黄兼表证者。

白虎汤、白虎加人参汤、白虎加桔梗汤、竹叶石膏汤、麦门冬汤、附子粳米汤、桃花汤等方中均用粳米为佐药，取粳米健脾胃，补肺清热、益气调中之功能，顾护胃气，使大寒之剂不致伤胃，且能配伍主药使胃气得养而能生津，或治阳明病表里俱热、津液受损者；或治病后余热未清，津伤气逆者；或治“太阳中热，暍是也”之伤暑证；或治温疟证、虚热肺萎证；或治脾胃虚寒、水湿内停的腹满痛证、虚寒下利之便脓血证等，总以粳米辅佐君药，相得益彰，共奏奇效。

白通汤、白通加猪胆汁汤、通脉四逆汤及旋覆花汤中均有葱白为辅，宣通上下，解阴阳格拒之势，使姜、附破阴回阳一举得成，治少阴病阴盛戴阳证；后一方取“葱十四茎”，温通阳气而散结，治肝着病。

黄芪建中汤、大建中汤用饴糖甘温补中为臣佐，大建中气，前者治阴阳两虚证，后者治脾胃虚寒的腹满痛证。

另如当归生姜羊肉汤，取“形不足者，温之以气，精不足者，补之以味”之旨意，用羊肉补虚生血，助当归、生姜温血散寒而形精兼顾；厚朴麻黄汤取小麦一升，先煮小麦熟去滓，内诸药，助血养心安中治咳喘证。

3. 行使药之能，缓药毒，达病所　中药之毒副作用，虽较西药少而轻，但也不能不审慎用之。病之必须用时，往往加上佐使药物减缓毒性，使病去而正不伤。仲景于此点尤为慎重，察其所治方，凡方中有峻下、快利、逐水等药时，均用药佐使之，而使用最多的，即是可入食的大枣、蜂蜜、食醋、生姜及酒类等，即使方中无毒药时也常见用之，乃是引导药物，直达病所，使攻专而力强。

先以大枣为例：《伤寒杂病论》中有大枣之方剂有58方，多用大枣养血补肝，调和诸药。著名的如炙甘草汤，重用大枣30枚，为诸方之最，乃用大枣合胶、麻、麦、地、甘草以益营气，其作用不可低估；当归四逆汤、当归四逆加吴茱萸生姜汤用大枣25枚，仅次于炙甘草汤，用甘草大枣为使补中益气，合主辅药共治血虚寒厥证；又如皂荚丸、葶苈大枣泻肺汤用大枣或枣膏甘温安中而缓和药性，使药不伤正；甘麦大枣汤、苓桂甘枣汤等用大枣甘润补中以缓急；亦有用枣肉和丸以补益中焦，治产后虚热烦呕的如竹皮大丸等。

次以蜂蜜为例，《伤寒杂病论》中用蜂蜜做使药的方剂有24方，且多以丸药为主，蜂蜜能和百药，主五脏诸不足。丸者缓也，以蜂蜜丸之，其意自明，仲景以蜜为丸的如鳖甲煎丸、薯蓣丸、大黄䗪虫丸、皂荚丸、赤丸、麻子仁丸、理中丸、肾气丸、己椒苈黄丸、九痛丸、乌梅丸、半夏麻黄丸、当归贝母苦参丸、矾石丸、栝蒌瞿麦丸、桂枝茯苓丸等。亦有不作蜜丸而入汤药者，如大半夏汤用白蜜一升为使，与人参补虚润燥，助半夏和胃止呕之力，治虚寒胃反证；大乌头煎、乌头汤中均“内蜜二升”，取白蜜甘缓，即能制乌头毒性，且可延长药效，使病邪祛而正气不受戕伐；甘遂半夏汤治留饮，亦以白蜜佐使当药，甘辛，使酸收甘缓以安中，防甘遂逐水太过；猪肤汤加白蜜一升，甘寒清虚热；润燥止痛，治少阳虚热咽痛证。

再以苦酒为证：仲景用食醋做使药的方剂《伤寒杂病论》中载有4方，即猪胆汁方、苦酒汤方、乌梅丸方、黄芪芍药桂枝苦酒汤方。猪胆汁方用法以苦降清热，以酸苦导泄治津亏有热结证；苦酒汤方使米醋消肿敛疮，助半夏、鸡子白散结祛痰；清热消肿，治少阳痰热阻闭之咽痛证；乌梅丸“苦酒渍乌梅一宿”治寒热错杂、正虚邪实的蛔厥证，乌梅本为酸味，再用米醋浸渍，同气相求，更增其酸，后人“蛔闻酸则静”即由此而来；黄芪芍药桂枝苦酒汤，本用桂，芍调畜力君臣，又配苦酒之使以增强泄营中郁热作用专治黄汗病。

生姜入药为使，在《伤寒杂病论》中有71方。如桔枳姜汤用生姜半斤，散水和胃降逆，治胸痹轻证；桂枝生姜枳实汤，君桂枝使生姜通阳散寒，温化水饮，以平冲降逆，治心中痞痰饮气逆的心痛证；当归生姜羊肉汤，取生姜配当归温血散寒，羊肉补虚生血，治血虚寒疝及妇人产后血虚腹痛诸证；小半夏汤、小半夏加茯苓汤，用生姜治痰饮，呕吐或兼眩悸；干姜人参半夏丸，用生姜汁糊丸，半夏生姜汁蠲饮降逆，使中阳得振，寒饮蠲化，胃气得降，则呕吐可止，治妊娠恶阻病机属于胃虚寒饮者，旋覆代赭汤也以生姜、半夏配伍和胃化饮，助代赭石重镇降逆之功，治胃虚痰阻，噫气不除证。另如著名的桂枝汤类、葛根汤、大青龙汤、当归四逆加吴茱萸生姜汤、真武汤，吴茱萸汤等，均以生姜为使药，辅助君臣，建立奇功。

最后再论酒类作使药，或引药直达病所，或和解诸药，考《伤寒杂病论》中，用酒的方剂有11方，且又有清酒、白酒之分、用清酒作使药的如当归四逆加吴茱萸生姜汤“……上九味……清酒六升和”，加清酒同煎，以其助诸药活血而散久寒，鳖甲煎丸“用清酒一解五升，浸灰，候酒尽一半，着鳖甲于中……”胶艾汤治漏下，半产后下血不止之胞阻病“清酒三升’，均以酒行药势。用白酒者如栝蒌薤白半夏汤，用白酒轻扬以行药势，达病所，共奏通阳散结，豁痰下气之效，以疗胸痹。其他用酒作使的如红兰花酒，下瘀血汤、土瓜根散、当归芍药散、当归散、白术散等，均用酒煎或酒服，乃取其引药入血分并能行血之功能，使功专而力强。

二、饮食调养以扶正气、助药力

《伤寒杂病论》中用饮食调理脾胃功能，主要起到扶正气、助药力的作用，用法很讲究，有用热粥、冷粥、米汤、米粉、小麦汁、大麦粥、食糜、糜粥、煮饼等不同，论及的方剂有21方。

服药后须啜热粥助药力驱邪外出的如桂枝汤，桂枝加黄芪汤，栝蒌桂枝汤，理中丸等，均在服药须臾或食顷，啜饮热稀粥，前三方意在使谷气内充则易于酿汗，驱邪外出，治风寒表虚证，黄汗证；后一方进热粥以助药力而温养中气。

不须啜热粥的如葛根汤、麻黄汤、桂枝加葛根汤等，在方后服法特意注明“不须啜粥”“余如桂枝将息及禁忌”云云，乃仲景示后人不必拘泥于热粥发汗，病机不同，治法不同，饮食调养亦自当不同。

更有三物自散用之妙者“上三味，为散，内巴豆更于臼中杵之，以白饮和服……，不利，进热粥一杯，利过不止，进冷粥一杯”，对此柯琴有妙解“本剂非欲吐，本欲其利，若不利进热粥一杯，利过不止进冷粥一杯，此又审方之妙理欤，仲景每用粥为反佐者，以草木之性各有偏长，惟稼穑作甘为中和之味，人之精神血气，皆赖以生，故桂枝汤以热粥发汗，理中汤以热粥温中，此以热粥导利，复以冷粥止利，神哉!”

以白饮和服的方剂有五苓散、三物白散、牡蛎泽泻散、半夏散及汤、四逆散等。五苓散和白饮助药力发汗驱邪；三物白散用白饮和以其甘留恋于胃，不使巴豆速下；牡蛎泽泻散因其大病瘥后，余邪未尽，用白饮和服，兼顾胃气，可防葶苈、商陆利水太过而得伤正气；四逆散用之使中气和而四肢之阴阳自接，三焦之热自平，则肢厥自愈；半夏散及汤用之，乃因半夏有毒；白饮可顾护胃气，与甘辛和中止痛，调和诸药而缓半夏之毒性。

用米粉的方剂如猪肤汤“加白蜜一升，白粉五合，熬香，和令相得，温服六分，”取米粉甘淡，和中止利，使之与猪肤白蜜合用，清热而不苦寒，润燥而不呆滞，治少阴虚热咽痛。

其他如大建中汤“……如一炊顷，可饮粥三升，后更服，当一日食糜，温覆之”，十枣汤“……得快下后，糜粥自养”诃梨勒散“粥饮和”、白术散“……复不解者，小麦汁服之，之后渴者，大麦粥服之”、硝石矾石散“……以大麦粥和服”、枳实芍药散“……麦粥下之”、百合洗方“……洗已，食煮饼”等等，均强调了用药之后饮食调养的重要性，虽有食糜、糜粥、小麦汁、大麦粥、煮饼之不同，但概括其意义，均在保护脾胃，建立中气，减少峻毒药物副作用，增强抵抗力，防余邪复发。

有关服药后的饮食禁忌，仲景也有交待，以恐影响药效，如桂枝汤后即注明治疗期间禁生冷、黏滑、肉面、五辛、酒酪、臭恶等物；乌梅丸方后也禁生冷、滑物、臭食等，虽然涉及条文不多，然已明示后学者，不可忽视饮食调养这些细微小节，以免药效因其减，病愈因其复发。

以上所述，仅是笔者对仲景饮食疗法学术思想的粗浅探讨，意在抛砖引玉，百家争鸣、不当之处，请予斧正。

[《中医药学报》1993；(4)：2]

《伤寒论》名称流变考

崔锡章　北京联大中医药学院

张仲景的《伤寒论》，自汉末撰成以来，由于战祸连年，成书不久即开始散乱，又经历代传抄而残缺失次，因而在内容、编次、文字等诸方面留下许多疑难之点，成为千百年来研习者考辨不尽的课题。下面仅就《伤寒论》一书的名称流变，考证如下：

关于张仲景的著作，在史志当中，最早见于《隋书·经籍志》(以下称《隋志》)其著录情况如下：

《张仲景》十五卷。注：仲景后汉人

《张仲景辨伤寒》十卷

《张仲景评病要方》一卷

《张仲景疗妇人方》二卷

这时，并没有《伤寒论》之书目。以后《旧唐·经籍志》（以下称《旧唐志》）著录云：

《张仲景药方》十五卷，王叔和撰。

至《新唐书·艺文志》（以下称《新唐志》）则始有《伤寒论》之名：

王叔和《张仲景药方》十五卷。

又《伤寒卒病论》十卷。

《新唐书》修于北宋仁宗时期。在此之前，关于张仲景的著作还散见于其他几处史籍：

（1）葛洪《肘后备急方》卷一第一：“《张仲景诸要方》：“捣薤汁以灌鼻中”。“《张仲景诸要方》”：“麻黄四两、杏仁七十六个，甘草一两，以水八升，煮取三升，分令咽之，通治诸感忤”。

（2）孙思邈《备急千金要方》卷九：“江南诸师秘《仲景要方》不传”。

（3）《太平御览》卷722：“《张仲景要方》序曰：卫汎好医术，少师仲景有才识。”

（4）《太平御览》卷720：“高湛（当作张湛）《养生论》曰：王叔和性沉静，好著述，考核遗文，采摭群论，撰成《脉经》十卷，编次《张仲景方论》为三十六卷，大行于世。”

（5）日本名医丹波康赖所撰《医心方》引张仲景著作19条，皆云出自《张仲景方》。

（6）九世纪末日本藤原佐世奉敕编撰《本朝现在书目录》（后世通称《日本国现在书目录》）也载有《张仲景方》书名。

从以上著录，我们可以看出，在宋以前，张仲景的著作以《张仲景方》《张仲景药方》《张仲景方论》等名称流传，至《新唐志》才有《伤寒卒病论》之名。到北宋治平二年林亿、孙奇校勘整理以后，才第一次有了《伤寒论》官定本。那么《伤寒论》一书在此以前是否就不存在呢？《张仲景药方》与《伤寒论》又是什么关系呢？

首先，从《隋志》对张仲景之书著录看，四书二十八卷并不是同一层次的著作。《张仲景评病要方》一卷，《张仲景疗妇人方》二卷以及《张仲景辨伤寒》十卷，从其内容、卷数分析，是在张仲景著作流传中，医家根据自己的需要从《药方》中抄出，流入社会，而被收入《隋志》的。正因为其基本内容保存在《张仲景方》十五卷之中，而时有亡佚，如《张仲景疗妇人方》二卷及《评病要方》一卷，新旧《唐志》皆未载入，《宋史·艺文志》也未著录。但考今之《金匮要略》末载有疗妇人方三篇：《妇人妊娠病脉证并治》《妇人产后病脉证并治》《妇人杂病脉证并治》，与《隋志》所记，依然有着必然的联系。

清末曾朴著《补后汉书艺文志并考》（《二十五史补编》第二册2556页）曾对此评析说：“按仲景诸书，晋王叔和为之论集……欲知叔和所论集，则自以《隋志》为最实。……《宋史志》所载其目，倍于《隋志》，曰《脉经》、曰《五脏荣卫论》、曰《伤寒论》、曰《金匮要略》……计之得七种，而《隋志》《疗妇人方》《评病要方》，尚不及也，则仲景书已有九种矣。初不解其故，因取今所存《金匮要略》反复观之，恍然曰：《宋志》所载之七书，即《隋志》所载之《仲景方》，实一书。”正说明了《张仲景方》十五卷与其他诸书的分合关系，《张仲景辨伤寒》的内容留存于《张仲景方》之中。

其次，关于《张仲景辨伤寒》十卷，日本学者丹波元简在《伤寒论辑义·综概》中论述说，“又隋《经籍志》注，载梁《七录》《张仲景辨伤寒》十卷，亡。今《伤寒论》每篇尽冠辨字，即此指今《伤寒论》。而云其亡者，盖《千金方》称江南诸师，秘仲景伤寒方法不传，然则《隋志》云亡者，其实非亡也”。他以“辨”字推论《张仲景辨伤寒》十卷即《新唐志》所载《伤寒卒病论》十卷。对此，北京中医药大学钱超尘教授亦云：“考《伤寒论》，每篇皆以‘辨’字开头，如：‘辨太阳病脉证并治’，‘辨阳明病脉证并治’等等，且二书卷数相同，故知《张仲景辨伤寒）十卷，即张仲景《伤寒卒病论》十卷”。证明了《伤寒论》从《张仲景方》中被传抄离析出来后，曾以《张仲景辨伤寒》之名称流传。

其三，唐代名医孙思邈在写《备急千金要方》一书时，曾称“江南诸师秘《仲景要方》不传，把仲景之书称作“要方”，但在约三十年之后，他撰写《千金翼方》时，在卷九、卷十著录的却是《伤寒论》全书的内容。此唐本《伤寒论》1957年人卫出版社曾据光绪四年版影印发行，说明了《伤寒论》的内容确实保存在《张仲景药方》之中。

对于《张仲景药方》与《伤寒论》的关系，目录学家余嘉锡在《四库提要辨证》卷十二子部，成无己《注解伤寒论》一书之下，有篇记载也可作为补充：

“清之末叶，仲景之原本《伤寒论》忽出于世，而又为人所秘，不可得，遂在若存若亡之间，甚可惜也！丁国钧在《荷香馆琐言》（在《丙子丛编》内）卷上云：‘江宁濮部郎云依精医，为余言旗人邴味清得《伤寒论》真本。邴行医，秘之不示人。濮与熟习，始得见之。其编次首太阳，次阳明，次太阴……篇中与今本不同者甚多，皆今本所脱夺讹误。郦盖得之于长沙医生蔡三先生某者。蔡所居邻古庙，光绪某年，当事新庙，蔡为经理，庙中旧有砖几一，蔡识为古物，置新几易得之。细察知系石函，开之，得书十五轴，则仲景《伤寒论》十五卷也……盖叔和撰仲景生平著述以为《药方》十五卷，又取伤寒杂病别行以为十卷”。对蔡某所得是否为伤寒古本，本文姑且不论，而据余嘉锡之分析，证明《伤寒论》之内容，保存于《张仲景药方》之中却是确凿可信的。

由此，我们可以看出，张仲景《伤寒论》之书名，曾经过以下之流变：在宋以前，其基本内容或全部内容保存在《张仲景药方》之中，又曾以《张仲景辨伤寒》之名从《药方》当中离析出来，至《新唐志》始记载为《伤寒卒病论》，到《宋史·艺文志》著录为《伤寒论》。

[《北京中医杂志》1994；(5)：47]

高继冲本《伤寒论》与《永类钤方·伤寒》

冈田研吉　日本东京都町田市玉川学园冈田医院
郭秀梅　日本医科大学第一附属病院东洋医学中心

《太平圣惠方》卷八的伤寒论，就是林亿等在《伤寒论·序》所提到的“节度使高继冲曾编录进上”的淳化本，这一中医文献学界最新发现，马继兴倡于先，钱超尘证于后，令人茅塞顿开，围绕《太平圣惠方》伤寒论的诸多疑点，涣然冰释。今撰此续貂之作，意在循源讨流，并以此就正方家。

一、高继冲本《伤寒论》的传载

纵考《伤寒论》流传的历史，可以说高继冲编录进献的《伤寒论》，是赖《太平圣惠方》而保存和传世的。《医方类聚》除较完全地收载了《太平圣惠方》卷八伤寒论内容外，其所载宋人刘元宾《神巧万全方》和《通真子伤寒括要诗》中，也载有高氏本部分内容。此后，明代《永乐大典·寒门》曾用高氏本校正《伤寒论》条文。

高氏本曾引起日本江户时代学者的注意。丹波元简《伤寒述义》卷四血热瘀血条云：“有热壅上焦而吐脓血，有热迫下焦，血下而愈，有里热而衄。按：阳明篇衄二条，与少阴简便血条，《圣惠方》并拟黄芩汤。”丹波元简按语中提及的《圣惠方》，正是卷八伤寒论，即高继冲本。

对高氏本给予明确肯定的是喜多村直宽的《伤寒论札记·宋版注》，且看喜多村的一段话：“宋版促脉下每条注之曰：‘一曰纵’，又阳明篇胃家实注：‘一作寒’。按：促之与纵，实之与寒，相去霄壤，无互错之理。然促脉之极，或有一止者，而阳明亦有属胃寒者，则奚得云促不纵、而实亦无寒乎？凡此等注文与经旨反处，却有深意，非偶然相讹。故前人并举以备检讨耳，未可从一概抹杀也。促脉见太阳上篇，又下篇及辨脉。《圣惠方》胃家实作胃中寒，又冬阳明病反无汗，又冬阳明病脉浮而紧云云，并与宋版注合。”

喜多村直宽无疑认真研究过《太平圣惠方》卷八伤寒。他认为林亿等的注文与《圣惠方》合，并指出这些显然来自《圣惠方》的异文“有深意，非偶然阳论”，赞赏之意，溢于言表。林亿等人为《伤寒论》作注时，参考了《太平圣惠方》卷八，是毋庸置疑的。

中国国内收载高氏本的医学著作中，元代李仲南的《永类钤方》卷一伤寒（以下简称永类本）颇值得重视。日本北里研究所文献研究室小曾户洋博士曾对此书作过概说，文载于《现代东洋医学》(1991.4)。

《永类钤方》初刻于元穴至顺二年（1331年），现中国北京大学图书馆有藏。此书明朝初年与《圣惠方》《得效方》等一起传入朝鲜。80年代初，中国学者曾对《永类钩方》中关于骨伤科的贡献作过评价，而未论及伤寒论部分。仔细研读永类本六经及可与不可条文，与高氏本若同出一祖本，究竟永类本是钞自《太平圣惠方》卷八，还是另有所本，一时难以考定。在元代，林亿等校正的《伤寒论》早已刊行三百年，成无己的《注解伤寒论》（约成于1144年）也广为流布，而此时李仲南却编偏将残缺的高氏本《伤寒论》编集在自己的著作中，这不能说没有历史原因。即使永类本伤寒论不是直接来自高氏本，而是转录于《太平圣惠方》卷八，也至少可以证明李仲南对高氏本是作过认真研究，并且推崇备至的。

二、高氏本与永类本的比较

《太平圣惠方》卷八的高氏本，有些内容是王怀隐等人根据《诸病源候论》等书增入的。除去这些增入的内容，高氏本的结构是：辨伤寒脉候、辨太阳病形证、辨阳明病形证、辨少阳病形证、辨太阴病形证、辨少阴病形证、辨厥阴病形证、辨可发汗形证、辨不可发汗形证、辨可吐形证、辨不可吐形证、辨可下形证、辨不可下形证、辨可灸形证、辨不可灸形证、辨可火形证、辨不可火形证、辨可水形证、辨不可水形证、辨可温形证。

永类本的结构是：三阴三阳六经伤寒证治、可汗不可汗证治、可下不可下证治、可吐不可吐证治、可温证治、可水不可水证治、可灸不可灸证治、可刺不可刺证治。

从上述目录看，高氏本与永类本内容大体相同，只是排列形式不同。永类本以表的形式将脉病证治统列在一起，特别是六经病的排列，以脉居先，病证次之，后载其方。永类本与高氏本最相似的部分，是“三阴三阳六经伤寒证治”。

三、永类本的特点

《永类钤方》伤寒部分的特点，约略撮之，有如下述：

1. 文词从简

永类本在不失原义的前提下，尽力做到行文省约。例如：高氏本某经病，在每条文前冠某经名，太阳经，则曰太阳为病、太阳中风等。永类本则删去太阳字样，直接证述脉病证治。再如：少阳经高氏本“少阳中风，两耳无所闻，目赤，胸中满而烦，不可吐下，吐下则悸而惊，宜柴胡汤”，共30字。永类本为“中风耳聋，目赤，胸中烦满，不可吐下，吐下则悸而惊。”共20字。厥阴经高本“发汗面色赤有热者”条，永类本作“发汗面赤有热者”，省略一“色”字。类似条例不胜枚举。

2. 兼取众长

永类本在处理高氏本与诸本不同之点时，李仲南兼取众长，损益折中，务求切合临床实际。例如：高氏本“太阴病，下之后，腹满实痛，宜桂心芍药汤。若大实腹痛者，宜承气汤下之。”此条宋本、唐本、《玉函》《脉经》均作“桂枝加大黄汤”，而不是“承气汤”。永类本兼收并蓄：“若大实腹痛，桂枝大黄汤，或承气汤下之。”再如，高氏本“太阳与阳明合病而自利，宜术附汤”，宋本、唐本、《脉经》均作“葛根汤”。永类本允执厥中，此条为：“太阳阳明合病必自利，葛根汤主之。若脉沉微，术附汤。”

3. 避庙讳

《太平圣惠方》卷八所载高继冲本，不避隋、唐、宋讳。隋文帝杨坚的“坚”，唐高宗李治的“治”，宋太祖赵匡胤之祖名玄朗的玄”，高氏本都不加避讳。太阳病、少阴病条下的“宜玄武汤”，高氏本均不避“玄”字，永类本作“真武汤”，避宋庙讳。考此文宋本、唐本、《王函》《脉经》均作“真武汤”，或许李仲南转录自上述四种本子。

4. 酌加己意

永类本基本上不与高氏本相忤，但也不是完全照抄，有时略作小结，有时酌加己意。如高氏本太阳经前14条都用桂枝汤。永类本小结曰：“以上并用桂枝汤”。高氏本“若脉浮者，可发其汗，沉者宜攻其里也。”永类本在‘沉”字下用双行小字标明“实者”二字，表明李仲南认为此时脉象当为“沉实”。

总之，李仲南的《永类钤方·伤寒》，颇为完整地记载了高继冲本《伤寒论》，这是在《太平圣惠方》卷八之后，又一珍贵版本。

李仲南的身世，史书未载，根据《永类钤方》成书年代推算，大约生于13世纪末。他自号栖碧，隐于道院。《永类钤方》原名《锡类》，取义于《诗经·大雅·既醉》“孝子不匮，永锡尔类。”是为了怀念父亲病殁，衔哀茹痛而作。他在这部感情色彩很浓厚的书中，采用了高继冲本伤寒论，说明在元代，高氏本的价值仍然得列医家的承认。而《永类钤方》伤寒部分，给我们研究高继冲本《伤寒论》的流传，提供了极为宝贵的资料。

［《吉林中医药》1995；(1)：43］

试论《伤寒论》三阴三阳为六病辨证体系的文献依据

谢　光　朱　玉　甘肃中医学院

《伤寒论》一书中太阳、阳明、少阳、太阴、少阴、厥阴这三阴三阳其本旨究竟是什么？这一问题始终是治伤寒诸多争论的焦点之一，自明形成各个治《伤寒论》学的流派以后，各派别在此问题上聚讼纷纭，至今尚无定论，有代表性的两种观点，一种认为三阴三阳系指“六经”，另一种则认为三阴三阳不是“六经”，而是“六病”，即仲景据以划分外感疾病的“六种病型”。笔者经研习有关文献，尤其是几种重要的《伤寒论》传本，并将它们一一加以对勘，认为三阴三阳为“六病”说似更合仲景原意，故特申述之，因笔者学力不逮，管见障目之说，在所唯免，敬析高明不吝指正。

1. 从几种《伤寒论》传本的演变看《伤寒论》条文的原始编次。

目前，《伤寒论》的通行本有二种，一是明·赵开美氏的影宋刻本；另一则是金·成无己的《注解伤寒论》。这两种版本均以北宋·林亿等所校正的《伤寒论》，即宋刊治平本为祖本。宋本今已不可得见，但因明·赵开美本为影宋刻本，故仍存宋本之旧貌。此本各卷之前均记有：张仲景述，王叔和撰次，林亿等校正。其内容只有白文和校注，没有注解。

那么北宋·林亿等在校定《伤寒论》时所依据的蓝本又是什么呢？宋本《伤寒论》序中有一段文字："开宝中，节度使高继冲，曾编录进上，其文理舛错，未尝考正。历代虽藏之书府，亦阙于仇校。是使治病之流，举天下无或知者。"从这段文字推测，林亿等可能是依据北宋初荆南节度使高继冲进奉于宋廷的一种《伤寒论》传本作为其校定蓝本的。据著名中医文献学家马继兴氏考证，高继冲进献于宋廷的《伤寒论》古传本，后被收入公元992年（淳化三年）刊行的《太平圣惠方》卷8中（以下称淳化本）。[1]另据学者考证，高继冲本至迟为唐末传本。[2]

既然《太干圣惠方》卷8中的淳化本与宋本同以高继冲本为底本，我们将此两本加以对勘，结果发现，虽然宋本与淳化本在三阴三阳顺序编排的体例上一致，但在太阳、阳明、少阳、太阴、少阴、厥阴每一部分中的条文，此两本无论在数目、内容，还是在编排方面，都有很大差异。例如太阳病部分的条文宋本有178条，分为上中下三部分编排；而淳化本仅有条文36条。所谓太阳病提纲的条文，在淳化本中排在第二条，而且其后尚有"太阳为病，头痛项强而恶寒，其脉浮数，宜桂枝汤"。[3]从淳化本此条的内容来看，恐难以将此条作为太阳病提纲。因其仅为一条叙述桂枝汤适宜证的条文，除太阳病外，其他如阳明、少阳、太阳、少阴、厥阴病等的提纲。在淳化本中，均为叙述某方之证的条文，难以将其视为某病之提纲。此外，关于六经病欲解时的条文，淳化本皆无。《太平圣惠方》在编纂时，编者仅尽类编之功，而对所收录内容，并未加以删削改易。那么为何两种出自于同一种祖本的《伤寒论》传本——宋本与淳化本，会有如此大的差异呢？原因可能在于林亿等在校定高继冲本的《伤寒论》时，因"其文理舛错，未尝考正。历代虽藏之书府，亦缺于仇校。"故又据别本对其作了更正改易，遂致淳化本与宋本大相径庭。

《伤寒论》还有另一种重要的唐代传本——《千金翼方》本。孙思邈在编定《千金要方》一书时，因"江南诸师秘仲景要方不传"，他尚未见《伤寒论》全帙。至其晚年编《千金翼方》时，方才见到一种《伤寒论》传本，孙氏遂将其收入《千金翼方》中，故在《千金翼方》中保存了《伤寒论》的一种传本。

但保存在《千金翼方》中的《伤寒论》传本，其编次已非原貌。因孙思邈在见到《伤寒论》传本后，先将其加以改编，嗣后才收录入《千金翼方》，诚如他自叙曰："伤寒热病，自古有之，名贤濬哲，多所防御。至于仲景，特有神功。寻思旨趣，莫测其致，所以医人未能钻仰。尝见太医疗伤寒，惟大青、知母诸冷物投之，极与仲景本意相反。汤药虽行，百无一效。伤其如此，遂披《伤寒大论》，鸠集要妙，以为其方，行之以来，未有不验。旧法方证，意义幽隐。乃令近智所迷。览之者造次难悟。中庸之上，绝而不思。故使闾里之中，岁致夭枉之痛，远想令人慨然无已。今以方证同条，比类相附，须确检讨，仓卒易知。[4]"从此段文字我们清楚地看到，思邈痛心于伤寒为害之惨烈与时医治之不得法所致之枉死，乃潜心钻研仲景《伤寒论》。因思邈认为《伤寒论》古传本中原有的编排方式使人难于透彻理解其真谛，所谓"旧法方证，意义幽隐"。于是他对论中条文重加编次，采取了"方证同条，比类相附"的方法，集同类方证条文于一类，既便于检索，亦便于理解。思邈对《伤寒论》条文进行比附归类的方法如下：太阳病：用桂枝汤法五十七证，方五首；用麻黄汤法一十六证，方四首；用青龙汤法四证，方二首，用柴胡汤法一十五证，方七首；用承气汤法九证，方四首；用陷胸汤法三十证，方十六首；杂疗法一十证，方十三首。阳明病状七十五证，方十一首。少阳病状九证。太阴病状八证，方二首，少阴病状四十五证，方十六首。厥阴病状五十六证，方七首。伤寒宜忌：忌发汗，宜发汗。忌吐，宜吐。忌下，宜下。宜温。忌火，宜火。忌灸，忌刺，宜刺。忌水，宜水。发汗吐下后病状三十证，方十五首。霍乱病状十一证，方二首。阴阳易病已后劳复一证，方四首，附方六首。

如果从孙思邈对《伤寒论》中条文所作的比附归类工作的角度来看，《千金翼方》的《伤寒论》传本只能视为一种已失其原始编次面貌的传本。但也正因为孙思邈对《伤寒论》条文的改编工作，他被学者认为是研究《伤寒论》卓有成就的一位医家。[5]

但是如果我们将《千金翼方》本和宋本加以对勘，却发现此两本在条文的数目，内容及排列方面极为相似，在阳明病状、少阳病状、太阴病状、少阴病状与厥阴病状等部分的条文，数目与排列两本完全一致。太阳病状部分的条文排列两本虽有所不同，但也有许多条文在排列上完全一致。如宋本的首条、二条与"千金翼"本的首条、二条和三条同；宋本的第七～第十九条与"千金翼"本的第六~十八条其排列完全一致。关于宋本与“千金翼”本在条文排列方面的近似性，因宋本后出，且经校定，故合理的解释可能是林亿等曾据“千金翼”作为校定高继冲本的校本，因高本“文理舛错”，而“千金翼”本文字显然纲目清晰，条理分明，以致使宋本与高本大不相同，而反类似于“千金翼”本。为支持这一论点我们再举二例以资说明。(1)在宋本“痉湿暍篇”首，条文113条云：“伤寒所致太阳病，痉湿暍此三种宜应别论，以为与伤寒相似，故此见之。”[6]据此条文，一些注家认为因伤寒痉湿暍与太阳病相似，故此仲景将它们列于论中与伤寒进行辨别，免致混淆。然而在《千金翼方·卷九·伤寒上》“太阳病用桂枝汤法第一”后亦有一段话曰：“论曰：伤寒与痉病、湿病及热暍相滥，故叙而论之。”根据《千金翼方》的体例，书中凡为孙氏本人的评论与见解，其文之前均冠以“论曰”二字。假设宋本113条确为仲景为防太阳病与痉湿暍相混淆而设，则思邈大可不必自家设论而反不取仲景之言。正因为仲景并未明确指出太阳病宜与痉湿暍相辨别，以致时医在辨证治疗上屡屡失误。孙氏自己就指出：“尝见太医疗伤寒，惟大青知母等诸冷物投之，极与仲景本意相反。”有鉴于此，孙氏才将痉湿暍三病列于太阳病之前，并指出四者宜加鉴别，可能后世“千金翼”本的《伤寒论》在传抄过程中，孙氏语篡为本论文。(2)前已述及，淳化本《伤寒论》三阴三阳中并无提纲条文，而在宋本与“千金翼”本中均有，“千金翼”本《伤寒论》中太阳等六病状首条均为提纲条文，这符合孙思邈欲使仲景原条文纲目清晰，从而在编次上加以改易，故将每病首条辟为提纲。诚如思邈自谓：“旧法方证，意义幽隐。乃令近智所迷，览之者造次难悟。”显然，“千金翼”本中这种首条为提纲证的排列次序，已非原始编次之旧貌，而是经思邈改易而成。淳化本《伤寒论》首条均无提纲证似可证实此点。如此，则宋本与“千金翼”本这种首条均为提纲证的相似性，说明宋本中条文编次也非《伤寒论》原始编次，至少在很大程度上受到了“千金翼”传本《伤寒论》的影响。

那么原本《伤寒论》中条文究竟是如何编次的呢？要探讨这一问题，我们就需回溯至现存最早的《伤寒杂病论》传本——“脉经”本。《伤寒杂病论》一书写成后的半个世纪内，曾由王叔和进行了一次整理修订。皇甫谧在《针灸甲乙经》中说：“仲景论广伊尹汤液，为数十卷，用之多验。近代太医令王叔和撰次仲景选论甚精。”王叔和对《伤寒杂病论》的修订是在担任西晋太医令时进行的，因此也是代表官方的。此外，叔和修订时代距仲景著书时代未远，仲景原著可能尚存全帙；加之叔和与仲景弟子卫汎氏互有交往，亦可从中了解仲景著作的情况，这些条件都极便利于叔和的整理工作。

王叔和所修订的张仲景医著的名称和卷数据公元五世纪左右（后魏）高湛氏记载为“编次张仲景方论为三十六卷”（见《太平御览》卷772引）。但是这种36卷本的张仲景方论在以后的隋、唐史志及医书中均未引录。而在王叔和本人所撰写的另一部医书即《脉经》10卷中，三分之一的内容却是收录张仲景《伤寒杂病论》的文字。因此，《脉经》中收录的《伤寒杂病论》文字，被视为现存最早的一种《伤寒论》传本。[1]

在《脉经》卷七中收录的有关伤寒病辨证的条文，其排列的体例颇不同于宋本和“千金翼”本。这些条文不是以太阳、少阳、阳明、太阴、少阴、厥阴等六经病的形式排列，而是根据不同的治疗方法，以可与不可为篇次进行排列的。即：不可发汗证，可发汗证，发汗以后证，不可吐证，可吐证，不可下证，可下证；发汗吐下后证；可温证，不可灸证，可灸证；可刺证，不可刺证，不可水证，可水证；不可火证，可火证。

《伤寒论》条文在宋本中的三阴三阳排列形式和在《脉经》本中“可与不可”的排列形式，哪一种更有可能为原始编次呢？从现在文献来看，“可与不可”的排列形式可能为《伤寒论》中条文原始的编次。因为依据《脉经》中所采取的以“汗、吐、下、温、刺、灸、水、火诸法对条文进行分类，较切合临证运用。比宋本的勉强定为397法，要符合实际得多。[7]其次，如果《伤寒论》条文仲景确以太阳等六经形式排列的话，为何会“又时有不止是三阳三阴（的条文），出在诸可与不可中也”（见宋本“辨不可发汗病脉证并治第十五”）[8]，即按照三阳三阴体例竟不能容纳全部条文。难道仲景在撰写时考虑如此不周，自乱体例吗？对此，我们认为结论应当是仲景在撰写《伤寒论》时采取的是切合临证运用且能容纳全部条文的“可与不可”的形式编次条文，即保存在《脉经》卷七中的排列形式，这种保存原始编次形式的传本流传到唐代为孙思邈所见，孙氏认为方证条文以“可与不可”的编次其意义难于即刻明了，即他所谓；“旧法方证，意义幽隐，乃令近智所迷，览之者，造次难悟”。既然孙氏认为“可与不可”的原始编次意义难明，他即对其进行了整理改编。他采取了“方证同条，比类相附”的分类方法，凡属同类条文，即归属在一起，依据这种方法，则自然而然地将“可与不可”等各类中的条文分别纳入太阳、阳明、少阳、太阴、少阴、厥阴等各类中。但是有些条文却无法归入六经各类中，孙氏于是将这些条文仍保留在原有的篇目内，罗列于“伤寒宜忌”一篇和“发汗吐下后病状”一篇中。经过孙氏的改编，《伤寒论》的条文大多纳入三阴三阳分类的体系之中。与以前的“可与不可”分类迥然不同。所以孙氏才有“方虽是旧，弘之惟新，好古君子，嘉其博济，无嗤诮焉。”之语。[9]

到了宋代，林亿等校定《伤寒论》时，仍然沿袭了孙思邈所采取的三阳三阴分类法。然而，即使是在宋本中，也仍然遗留有一些证明宋本最早的祖本是以“可与不可”的篇目作为条文分类标准的文字。在宋本“辨不可发汗病脉证并治第十五”第二条云：“夫以为疾病至急，仓卒寻按，要者难得，故重集可与不可方论，比之三阴三阳篇中，此易见也。又时有不止是三阳三阴，出在诸可与不可中也。”根据宋本中这段记文我们可以了解到，为求检索方便，故重集可与不可方论。重集者，再集，又集也。可见“可与不可”的体例原已有之，后被六经分类体例取代。故须重集。此外，“可与不可”的体例仍须保留在宋本中的另一重要原因是有些无法分入六经类的条文，必须放在“可与不可”中，这些情况足以说明宋刊治平本《伤寒论》的最早祖本对条文的分类是采取“可与不可”的形式。

2.《伤寒论》三阳三阴的本旨

《伤寒论》太阳、阳明、少阳、太阴、少阴、厥阴这三阴三阳究竟为“六经”抑或“六病”，从古至今，争论很多，对此问题，我们结合前述有关《伤寒论》条文原始编次问题略作阐述。前文已述及，《脉经·卷七》中“可与不可”的条文分类形式，应为仲景所采取的条文分类法。其实，就《伤寒论》中罗列的方证条文单独来看，每条一般以叙述一证一方为主，具有相对的独立性；将所有条文结合来看，则可见它们反映了外感热病在其发生、发展及演变过程中所表现的种种复杂证候。仲景以太阳病、阳明病、少阳病、太阴病、少阴病、厥阴病等三阳三阴来命名整体证候中处于某一阶段，具有某些特征的特定病型。同时，对所有证候，仲景以治法为纲统领之。因此，《伤寒论》全书充满了以证立法，依法处方，见此证即用此方，用此方必用是药，理法方药一线贯穿的辨证论治精神，如将三阴三阳视为死板相传的“六经”，恐有失仲景三阴三阳本旨，只有以“六病辨证”体系去认识《伤寒论》三阴三阳，始可正确反映其本旨。[10]

3. 结语

根据几种重要的《伤寒论》传本的异同对比可见，仲景对伤寒病虽有太阳病、阳明病、少阳病、太阴病、少阴病、厥阴病等三阴三阳的区分，但其论述伤寒病辨证施治的条文的原始编次体例却是“可与不可”，即采取以治法为纲，统领全部条文。由此，可认为以三阴三阳顺序排列作为“六经”或“六经相传”说的根据无文献依据。因据三阴三阳顺序编次条文始自于唐·孙思邈，而非张仲景。仲景在《伤寒论》条文中所涉及的三阴三阳其本旨是外感热病的六个阶段或六种类型，即所谓“六病”，基本精神在于辨证施治。

参考文献

[1] 马继兴. 伤寒论版本概说. 北京中医学院学报，1982；(1) 3.

[2] 钱超尘. 高继冲及所献《伤寒论》考略. 中国医药学报，1986，(1) 43.

[3] 王怀隐，等. 太平圣惠方. 上册. 北京：人民卫生出版社，1982 年：216.

[4] 孙思邈. 千金翼方. 北京：人民卫生出版社影印，1982：97.

[5] 任应秋. 中医各家学说. 上海：上海科技出版社，1980：92～94.

[6] 南京中医学院伤寒教研组. 伤寒论译释. 上海科技出版社，1980：523.

[7] 任应秋. 中医各家学说. 上海：上海科技出版社，1980：92.

[8] 南京中医学院伤寒教研组. 伤寒论译释. 上海：上海科技出版社，1980：1287.

[9] 孙思邈. 千金翼方. 北京：人民卫生出版社影印，1982：97.

[10] 王琦. 六经非“经”论. 中医杂志，1983；(6) 4.

[《甘肃中医学院学报》1995；12 (1)：2]

《伤寒论》“四逆辈”探讨

李宇航　北京中医药大学

“四逆辈”一词，见于《伤寒论·辨太阴病脉证并治》原文第 227 条：“自利不渴者，属太阴，以其脏有寒故也，当温之，宜服四逆辈”。“四逆”此指四逆汤；“辈”犹类也。像这样用“辈”字来概括方药者，《伤寒论》中仅此一处。综观《伤寒论》，四逆汤主要针对下焦少阴肾虚寒证而设。根据原文，本条病机属中焦太阴脾脏虚寒，当立温中散寒、健脾燥湿之法，采用理中汤予以对证治疗。仲景于此却以“四逆辈”统括而论，其意何在？

一、历代注家对“四逆辈”的解释

（一）认为“四逆辈”主要指四逆汤

持有这种观点的代表人物是曹颖甫、沈目南。如曹颖甫《伤寒发微》曰：“至于不渴，则其为寒湿下利无疑。曰脏有寒者，实为寒湿下陷大肠，初非指脾脏言之，盖此证必兼腹痛，按之稍愈。用大剂四逆汤可一剂而愈，不待再剂而决”。沈目南《伤寒六经辨证治法》说：“寒邪传入太阴，必因脾肾阳虚，以挟水寒上逆于脾，故显自利不渴诸证，当以四逆汤补阳燥湿为主”。两位注家均认为，太阴寒证之病变未必仅仅局限于中焦脾脏，或可陷于大肠，或可累及于肾而涉及下焦，令人眼界开阔。但若将四逆汤视为治疗太阴脏虚寒证之主方，则未免过于拘执。

（二）认为对“四逆辈”应灵活看待

持这种观点的医家主要认为，“四逆辈”并非专指四逆汤。如成无己解释为“四逆汤等”方；尤在泾注其曰“四逆汤之类”；而钱天来《伤寒溯源集》则明确指出：“阳经有下利，而阴经尤多下利，惟自利而不渴者方属太阴，何也？以太阴脾脏有寒邪故也。……，曰四逆辈而不曰四逆汤者，盖示人以圆活变化之机，量其轻重以为进退，无一定可拟之法也若胶于一法，则非圆机矣”。成、尤二家依原文直解，钱氏发挥颇为精辟，皆示人不必泥于四逆。然四逆汤之类究竟何指，圆活之机如何把握，却往往令初学者一时难以领悟。

（三）认为“四逆辈”自然包括理中汤

凡持有这种观点的医家，均在注释中明确提出了理中汤。如喻昌《尚论后篇》曰：“经言辈字者，为药性同类，惟轻重优劣不同耳。凡太阴自利不渴，师言有用理中而愈者，甚则理中加附子而获安者，凡言辈者盖如此”。《医宗金鉴》说：“今自利不渴，知为太阴本脏有寒也，故当温之。四逆辈者，指四逆、理中、附子等汤而言也”。而陈亮思则更为简明地提出：“言四逆辈，则理中亦在其中”。由于这些解释均在一定程度上强调了理中汤在治疗太阴脏虚寒证方面的作用，故得到当今多数学者的认同及肯定。但是，假如读者对《伤寒论》尚未融会贯通，单纯从字面上去理解“四逆辈”必然包括理中汤，则难免感觉有些牵强。

二、理解“四逆辈”需要搞清的问题

（一）理中汤与四逆汤二者关系密切

理中汤与四逆汤均针对里虚寒证而设，皆具温里散寒之功，在方剂学中统称为温里剂。就《伤寒论》而言，具有温阳散寒功效的最基础方是甘草干姜汤（29条）。无论理中汤还是四逆汤，均由其加味而成。甘草干姜汤加入人参、白术，则成为温中散寒之主方理中汤；若单加附子，则成为温补下焦肾阳之主方四逆汤。此外，根据《伤寒论》第386调理中汤方后注：“腹满者，去术加附子一枚”。不难看出，经这种变化后的理中汤，实际上已相当于四逆汤加人参了。而且，这一加减法，颇具临床意义。程郊倩《名医方论》说：“参、术、炙草，所以固中州，干姜辛以守中，必假之以焰，釜薪而腾阳气……若水寒互胜，即当脾肾双温，附子加之，而命门益，土母温矣”。可见，理中汤与四逆汤虽然从功效上看，有主温中焦太阴与下焦少阴之明显区别，但从方剂演化过程及临床应用角度分析，二者又存在着十分密切的联系，此为仲景随证组方加减化裁之范例。因此，言“四逆辈”者，自然包括理中汤、四逆汤、甘草干姜汤等等。

（二）四逆汤具有补火生土之功效

四逆汤以主治阳衰阴盛四肢厥逆而命名。故《医宗金鉴》说：“方名四逆者，主治少阴中外皆寒，四肢厥逆也”。《伤寒论》第323条曰：“少阴病，脉沉者，急温之，宜四逆汤”。从少阴病“急温之”而首选四逆汤来看，四逆汤应为治疗少阴肾阳虚衰的代表方剂。方中附子温肾回阳，干姜温中散寒，甘草调中补虚，合为回阳救逆之要方。虽然药仅三味，却既能温肾回阳，又可温脾散寒。柯韵伯《伤寒来苏集》认为：“姜、附、甘草，本太阴药……理中只理中州脾胃之虚寒，四逆能佐理三焦阴阳之厥逆也……盖脾为后天，肾为先天，少阴之火所以生太阴之土。脾为五脏之母，少阴更太阴之母，与四逆之为剂，重于理中也”。因此，柯韵伯在《伤寒附翼》分六经总论方剂时，并未将四逆汤归入少阴，而是与理中汤一道列入了太阴。尽管对柯氏的这种分类方法恰当与否，值得商榷，但他对于四逆汤有关补火生土的阐发，确是颇有见地的。故《医宗金鉴》论四逆汤说：本方能“鼓肾阳，温中寒，有水中暖土之功”。王晋三《绛雪园古方选注》归纳四逆汤功效亦云：“少阴用以救元海之阳，太阴用以温脏中之寒”。看来，四逆汤虽主治少阴，但又能鼓肾阳以温中，并兼治太阴。既然理中汤、四逆汤均属同类，且四逆温中之力更胜于理中，所以，这即是论治太阴病，而曰服“四逆辈”的原因之一。

（三）理中汤是治疗太阴脏虚寒证之主方

理中汤以其具有温运中阳、条理中焦之功而得名。陈恭溥《伤寒论章句》称："理中丸（汤），温补中土第一方也。"方中人参、甘草健脾益气，干姜温中散寒，白术健脾燥湿。使脾阳健运，寒湿得去，则中州自安。尽管《伤寒论》原文第227条，在论述中焦太阴脏虚寒证的主证、病机、治疗时，只提出"宜服四逆辈"，而没有直接提及理中汤，但理中汤为治疗本证之主方，则不容怀疑。《伤寒论》第159条："理中者，理中焦"乃仲景之明训！因此，"四逆辈"虽称之四逆，而理中汤必在其中。

三、论治太阴病曰"宜服四逆辈"的意义

通过以上讨论，"四逆辈"应理解为理中汤、四逆汤一类的方剂。既然如此，仲景为何不称之"理中辈"，而曰其"四逆辈"呢？如果只是从其属同类、四逆汤温阳之力强于理中汤等来解释，似乎难以使人信服。刘渡舟教授《伤寒论临证指要》说："《伤寒论》为辨证论治之巨著，其文以言简义深、寓意奥妙见称"。因此，有必要对"四逆辈"展开更进一步的讨论，探求其含义。

（一）体现了治中有防的思想

《素问·四气调神大论》："不治已病，治未病，不治已乱，治未乱"强调了治未病的重要性，以及防重于治的精神。《伤寒论》学术渊源于《内经》，因此全论始终贯穿着这一精神。

六经之中，太阴外邻少阳，内近少阴。外邪自少阳传入太阴进而少阴，是其传变的一般规律。病在少阳之时，为防止疾病内传太阴，仲景在治疗少阳病主方小柴胡汤中，加入了甘草、人参、大枣，其目的在于先行健脾，以防疾病内传太阴。而病在太阴，同样应该注意到邪气有内传少阴之势。因此，在治疗太阴病时，也应考虑到温补下焦肾阳，以防疾病内传少阴。正如《金匮要略》中指出："夫治未病者，见肝之病，知肝传脾，当先实脾……虚虚实实，补不足，损有余，是其义也，余脏准此"。《伤寒论》治疗太阴病，提出"宜服四逆辈"而不局限于理中汤，恰恰体现了这种思想，从而进一步揭示出伤寒六经病传变的一般规律及其治疗法则。

（二）反映出并病同治的精神

《伤寒论》中，太阴病与少阴病皆有虚寒性下利，但二者有所不同。病在太阴，由于中焦脾脏虚寒，运化失司，寒湿内盛，故以下利溏稀而不渴为特点，即原文"自利不渴者属太阴"。病在少阴，由于下焦肾阳虚衰，火不暖土，不能蒸化津液而上承，故以下利清谷而伴口渴为常见，即原文"自利而渴者属少阴也"（282条）。

然而根据临床角度分析，中焦虚寒下利与下焦虚寒下利并非不可逾越，其间也并不存着绝对的界限。《伤寒论诠解》说："中焦下利严重到一定程度，即由脾阳虚而发展到肾阳虚时，则会形成下焦下利。中焦虚寒下利时可服理中汤；若利久不愈，发展到下焦虚寒下利时，就必须用四逆汤来治疗。"由于中焦太阴下利以"自利益甚"（273条）为特点，故常易累及少阴而伴发下焦下利，导致脾肾两虚，即太阴少阴并病的不良后果。因此，《伤寒论》在此概括地提出"宜服四逆辈"，就是要示人应时刻注意观察病情变化，根据病机之进退，正确选用温脾或脾肾双温的方药。同时也揭示出太阴病发展过程中，脾与肾之间所存在着的微妙关系。因此，李中梓《医宗必读》曰："肾主二便，封藏之本，况肾主水，真阳寓焉，少火生气，火为土母，此火一衰，何以运三焦，熟腐五谷乎？故积虚者，必挟寒，脾虚者，必补肾"。可见，曰"四逆辈"者，蕴含着仲景论治太阴病，并非专责于脾的远见卓识。

（三）示人以灵活变通之法

《伤寒论》立方之意，皆在于示人以法。原文称"四逆辈"不仅示人以法，亦示人以应变之旨。高学山《伤寒尚论辨似》说："曰辈者，兼附子、理中等汤而言，正欲量于湿气寒气之轻重，而增减姜附苓术之义"。就原文"当温之，宜服四逆辈"所指范围而论，从广义上理解，自然包括与其病机相关的所有温热类方剂。然而，分析太阴病病机，一般多表现在虚、寒、湿3个方面。但阳虚气衰之程度、感受寒邪之轻重以及所挟湿邪之多少，往往又因人而异。因此具体用药，需根据客观情况灵活选方，或用理中汤温中健脾燥湿，或用四逆汤壮火助阳暖土，或用甘草干姜汤温脾散寒和中，或用附子汤（305条）温经散寒除湿，或用桂枝人参汤（163条）表里双解止利等等。此外，还应考虑有无宿疾、兼证等多种因素，并可参照理中汤方后原文所附之加减范例随证化裁。可见，"宜服四逆辈"并不意味着无法可寻，实际上它是从若干具体之中所概括出的抽象，目的在于示人临证之时不必拘泥，从而充分体现出"观其脉证，知犯何逆，随证治之"的辨证论治思想。正如钱天来所云："曰四逆辈而不曰四逆汤，盖示人以圆活变化之机，量其轻重以为进退，无一定可拟之法也"。

后世对于中焦虚寒下利日久不愈的患者，运用理中汤加入附子而制成附子理中丸，采用脾肾同温的治疗方法，恰恰是根据了《伤寒论》“四逆辈”未病先防、并病同治、随证治之的宗旨。可见，深入理解“四逆辈”之含义，对于指导临床实践，亦具有十分积极的现实意义。

[《北京中医药大学学报》1995；18（1）：9]

论张仲景与张元素学术思想的内在联系

董泽宏　首都国际机场医院

张仲景继承了《内经》《难经》等的理论，结合自己的临床实践，提出以六经论伤寒，以脏腑论杂病，其所著的《伤寒杂病论》，对后世产生了深远的影响。后人尊他为“医圣”，尊他的著作为医经，并从不同方面对仲景的学术思想进行研究。易水学派的开山张元素就是宗《内经》、法仲景，熔各家学派为一炉的大师。而后人对其学说的研究，多认为其受华佗、孙思邈、钱乙等影响为多，笔者认为其论失之偏颇，元素的学术思想主要根于《内经》，发于仲景，是仲景学说的新发展。

一、《内经》对仲景、元素的影响

仲景在《伤寒论自序》中说：撰用《素问》《九卷》《八十一难》《阴阳大论》《胎胪药录》并平脉辨证，为《伤寒杂病》合十六卷。后人考证，《九卷》即今之《灵枢》，《阴阳应象大论》即王冰补上的七篇大论。由此可知仲景学术思想的渊源主要是《内经》。仲景研究《内经》极其用心，勤求古训，是卓有成就的医家之一，如清·张隐庵作《素问集注·增补凡例》说：“《内经》唯医圣张仲景运用最熟，自隋唐扬氏、近代马氏、吴氏，注释几十家，经旨反为所掩”。张仲景把《内经》中的脏腑经络、阴阳五行病因学说以及诊断治疗方面的知识，有机地联系起来，发展了《内经》整体观念和辨证论治的基本思想。张元素治学也颇重视《内经》的研究，对这部古典医书曾达到梦寐以求的境地，他学习《内经》，遵从于仲景，吸取了仲景成果的大量成分，他认识到整体观念是中医学的核心，而脏腑是整体观念的核心，因此，他把《内经》散见各篇的脏腑辨证理论及仲景等医家研究《内经》脏腑方面的内容汇集起来，使散乱的材料一统为完整的学说。针对《内经》多论药少论针的不足，根据《内经》的理论，对药物气味、制方用药理论进行了归纳整理。今人赞之，既使前人理论系统化，又开创了一代新风。

二、脏腑辨证是伤寒杂病辨证的新发展

张元素脏腑辨证学说是对《内经》和诸家理论的升华和综合，然而从《伤寒杂病论》中吸取的成分是比较主要的。当今伤寒大家吴考磐说：“张元素的脏腑药式，即因六经辨证原则演绎的”。仲景的六经辨证是对病邪传变不同阶段的6种证候群的分类，六经的每一经分手足二经，故实际上为十二经。“十二经脉者，内属于脏腑，外络于肢节。”经络脏腑和人体各部组织有着不可分割的关系，经络为病，既可由病邪相感所致，又可由经脉相传经气变动而致即是动病，也可由脏腑延及所属经脉即所生病。所以六经仅是辨证形式的一种，既可用于外感，又可用于内伤。程郊青、张锡钧等皆认为《伤寒论》为统治百病之书，实是道出了六经辨证的关键。专举外感伤寒等邪论，病邪从外而入，起毫毛而发腠理，入于经脉或循经而传，或不循经传变入于脏腑，治与脏腑辨证同。脏腑发病有向愈加重甚至死亡之两种转归；治疗本经证有正治法；变证或脏腑病，当随证治之。六经证除太阳经外，其他经证与脏腑证区别不多，特别是三阴经，如太阴经一病即见中焦脾胃阳虚证，少阴初发即有心肾阳虚，更无甚区别。元素的脏腑辨证学说，正是将这种辨证方法结合《内经》理论，前人研究《内经》、仲景学说成就及自己的体会改变辨证形式推演而成的。如《医学启源·手足阴阳》篇《五脏六腑除心包络十一经脉》等篇，论述经络所属，又论述了六经及所属脏腑的生理病理，对某些病证也论述甚详，又如《医学启源·六气方治》把脾约丸中的病理证候方解作了全面的论述，可以说是对脾约丸证治的诠释。

仲景的六经辨证，重在经络，以经络为纲，杂病辨证重在脏腑，以脏腑为纲。反映仲景杂病辨证的《金匮要略》一书中，每篇都体现着这种基本精神，其中《脏腑经络先后病脉证》为杂病辨证总纲，《五脏风寒积聚病脉证并治》是论述风寒和真脏脉象，三焦各部病证及脏腑积聚症。此两篇对元素脏腑辨证的形成影响较大，部分是原句摘录或意义引申，举元素脏腑辨证的肝脏为例：生理上，将肝的性质功用部位特征进行概括，其次论述肝脉6种不同的病理变化，这些最早见于《内经》，然仲景学说的《平脉》《辨脉》两篇及其他各篇都有散在论述。其三叙述肝的是动所生病。其中《金匮·五脏风寒积聚病脉证并治》举“肝中寒，两臂不

卷，舌本燥，喜太息，胸中痛，不得转侧，食则吐而汗出也”与元素：“肝中寒，则两臂不举，舌燥，多太息，胸中疼，不能转侧，其脉左关上迟而涩者是也”大致相同。肝中热、肝虚冷，是动所生，则是本篇肝死脏、肝中风、肝着及《妇人杂病脉证并治》篇部分内容的归纳，其中包括元素自己的经验和文字的推演。其四指出肝病的种种演变和预后。这也见于《五脏风寒积聚》《疟病》《黄疸》等篇。最后从补虚、泻实、温寒、清热几个方面提出常用的药和方，这些均是《内经》理论和仲景用药经验结合的总结。

三、遣药制方和仲景用药的联系性

仲景的《伤寒杂病论》既把1700多年前的理论进行总结，也把《神农本草经》的药物知识及民间用药经验系统地整理，与临床证治结合起来，全书理法严谨，用药精当，组方适宜，既是一部病理专书，又是一部药理专书。书中共使用药物214种，药不泛用，每味药都注重性能和升降沉浮的作用。注重药物研究的元素，从仲景用药经验中吸取了大量的养分，他著的《脏腑标本寒热虚实用药式》把药物按十一脏分类，每类有泻实、补虚、清热、祛寒4组，这是对仲景和元素以前医家用药的分类组合。这种药物分类法，既是对仲景等医学经验的总结，也是一种创新。

张元素发明药物归经之说，也是受仲景的影响。《伤寒论》泻心汤治无形邪热结于心下痞证，《金匮要略》治热盛吐衄，方中黄连能泻心火，元素认为归心经。小柴胡汤、大柴胡汤均为治肝胆三焦病，元素认为归肝胆三焦经。引经是对药物的升降浮沉理论和药物归经的结合，如少阳胆与三焦经病，在上用柴胡，在下用青皮，因气味厚薄不同，引经药物各殊。元素归经和引经学说比仲景等前人的药物理论，确是前进了一大步，虽法于仲景，但成就高于仲景。

张元素遣药重在气味，制方也以气味与病机的协同为基础，他拟订了风制法、暑制法、湿制法、燥制法、寒制法等5种方法，并以五行生克理论解释：“谓如风淫于内，即是肝木失常，火燥而炽，治以辛凉，是谓辛金克其木，凉水灭其火也，其治法每皆如此”。他的制方理论从原句看，基本是引自《素问·至真要大论》诸气在泉之法，然而细分析，也是对《伤寒杂病论》组方原则的归类的解说。比元素稍早的成无己在1144年著成《注解伤寒论》解释仲景方较入微，他注释发散风邪的桂枝汤时说：“桂枝辛热用以为君，是就辛甘发散为阳之义，盖发散风邪，必以辛为主，故桂枝所以为君也；芍药味苦酸微寒，甘草味甘平，二物用以为臣佐者，《内经》所谓风淫所胜，平以辛，佐以苦，以甘缓之，以酸收之，是以芍药为臣，而甘草为佐也；生姜味辛温，大枣味甘温，二物为使者，《内经》所谓风淫于内，以甘缓之，以辛散之则以枣姜为使者也”。元素风制法曰：“肝木酸，春生之道也，失常则病矣，风淫于内，治以辛凉，佐以苦辛，以甘缓之，以辛散之”。从成氏桂枝汤的注释和元素风制法的组成比较可知，元素和本《内经》而组方的仲景联系是非常紧密的。

四、对仲景方剂学的继承和发展

仲景组方时，对药量药味的增减及炮制方法、生熟药运用都是极其严格的，故后人尊其方为“经方”。元素对仲景方理解比较深刻，并认为对待前人之方，应灵活化裁，不能墨守成方，他说：“运气不齐，古今异轨，古方今病不相能也”。张氏方剂上的主要成就的一部分，就是批判地继承别人经验，其中仲景的尤多。如九味羌活汤就是张元素针对桂枝麻黄二方主证所制成的四时发散通剂，因四时发散用伤寒方法度极严，有汗不得用麻黄，无汗不得用桂枝，偶有差迟，便会发生变证，张氏制此通剂的主要宗旨，在于使人用之不犯三阳禁忌。枳术丸是元素根据枳术汤的用意，所制成的丸方，枳术汤重用枳实破结下气以制停水，为实证而设，枳术丸重用白术补脾祛湿化痰，重在补虚。二方仅以用量有差，而补泻缓急的作用便大不相同。再如张元素用白通理中二方化裁而来的加减白通汤，治太少阴的虚寒，为挽救急剧吐利而虚脱的良方。

综以上述，二张氏的学术渊源同根于《内经》，然而，仲景学说是《内经》根本上的主干，而元素学说则是主干上长出的高枝，元素部分地继承并发展了仲景学说，二家有着必然的内在联系。

[《北京中医药大学学报》1995；18（1）：17]

论近代的《伤寒论》研究高潮

王振国　山东中医药大学

自清代末叶开始的近代《伤寒论》研究，至本世纪二三十年代逐渐达到高潮。这一研究高潮是在西学东渐日益迅速，中医学面临着存亡续绝局面的特定历史背景下，以特有的研究形式展示出来的，与两宋时期、明末清初形成的两次《伤寒论》研究高潮有着迥然不同的学术特征。[1]。这次研究高潮较前两次高潮都有其特殊而又重要的进展，特别是作为近代时期“研究模式”的开始，具有开创性意义，对后世产生了深远的影响。这一时期中医学尤其是经典研究处境十分困难，《伤寒论》研究却在困境中崛起，是十分发人深思的。作为确立这一时期研究高潮的标志，有以下五端。

一、《伤寒论》研究家和有关论著的大批涌现

自唐代孙思邈到近代以前，研究《伤寒论》著作的约300家，而从1840年到1948年的100余年间，《伤寒论》研究著作即达150余家。其影响较著者，如唐宗海《伤寒论浅注补正》，曹颖甫《伤寒发微》，黄竹斋《伤寒论集注》，陈伯坛《读过伤寒论》，包识生《包氏医宗》，恽铁樵《伤寒论研究》《伤寒论辑义按》，陆渊雷《伤寒论今释》，阎德润《伤寒论评释》，余无言《伤寒论新义》等。《伤寒论》研究卓有成就的医家分布的地域也非常广泛。在明清《伤寒论》研究的鼎盛时期，著名的伤寒学家多聚集于江浙一带。从明末的方有执、喻嘉言，到清初的钱塘二张，其后又有柯韵伯、徐大椿、钱潢、尤在泾等，莫不出于此地。近代，江浙沪杭固然名家辈出，北方的张锡纯，中原的黄竹斋，也各影响一方。近代岭南部分医家，一改崇尚叶薛，多治温热病学的风气，陈伯坛、黎庇留、谭次仲等医家，俱以研究《伤寒论》而名于岭南。

不仅在短期内医家及研究书目之多，前代难以比拟，在学术思想方面，由于师承授受不同，抑或南北地域的差异而有不同的研究重点，以致在学术观点和研究方法上，各有侧重，形成不同的流派，如以恽铁樵、陆渊雷为代表的部分医家，治学与研究受国学大师章太炎先生的深刻影响，并服膺日本汉方医家的《伤寒论》研究，在其研究中大量采用中西汇通的观点。他们大致尊奉章氏研究中国医学的主张，即“贵习群方，以资验证，一也；上不取《灵枢》《内》《难》，下不取元明诸家，以长沙为师，二也；兼采远西之说，以资攻错，三也。”[2]对国内《伤寒论》研究诸家，特别推崇柯、尤二氏，附和章氏所论：“创通大义，莫如浙之柯氏，分擘条理，莫如吴之尤氏。”[3]余无言、阎德润诸家的学术倾向，多与之相似，是比较坚定的中西汇通派。以唐宗海、陈伯坛为代表的医家，承钱塘二张之余绪，大倡六经气化学说，可称近代《伤寒论》研究中的“气化派”。他们以气化为研究《伤寒论》的大纲而别具特点。唐氏认为张隐庵、张令韶二家的注解，虽间有矫枉过正处，而阐发五运六气、阴阳交会之理，恰与仲景撰用《素问》《九卷》《阴阳大论》之旨吻合，是仲景立论所本，故以西医的脏腑形迹印证气化学说，力图以此对二张及陈修园的六经气化论进行诠释补正。陈伯坛则以阴阳为纲要阐发三阴三阳气化学说，提出治伤寒学“以阴阳二字为心法，知阴知阳为眼法，治阴治阳为手法[4]的论点。唐、陈二家在气化理论的阐释上，与钱塘二张及陈修园相比，减少了气化学说的玄奥色彩。陈伯坛门人彭泽民等传其学，在岭南也蔚成一派。曹颖甫虽然学宗张志聪、黄元御，也受到气化学说的影响，但并不恪守维护旧论之说，亦不为黄氏五运六气之论所拘，唯于张氏之说药，黄氏之重阳，则每申其义而扩充之。尤其是对某些条文的正误、仲景方的运用，皆以临证实际为去就。从其学者，大多能以经方大剂起沉疴、愈废疾，时称善用经方的“曹派”。

二、近代《伤寒论》研究模式的确立和基本问题研究的深化

近代早期《伤寒论》研究的基本思路仍是明清《伤寒论》研究思路的延伸。至唐宗海出，由于西学影响日盛，研究思路方发生较大变化，但仍不外以“西学”对《伤寒论》学术问题进行“印证”。此后，一些医家对研究思路和方法的探索尤为致力，并渐趋模式化。章太炎倡导研究仲景学术，以不取叶薛诸家、唯师长沙之学，并且习群方以验证之，采西说以参合之为号召，比唐氏的“汇通”思想更具体、更全面地体现了时代特征。恽铁樵是一个“改良”论者，对中医经典著作进行诠释。他提出的研究原则是：（1）发明古书精义，以《内经》《伤寒论》为主。“欲求中医学与西医学相化合而吸收其精华，不精研《素问》《伤寒》其道亦无由”[5]；（2）采取西国学说，并以日本明治维新为鉴；（3）证诸实地经验，“对经文不可解处，一以病能病形为证实”。进而提出了研究《伤寒论》等经典所应具备的知识结构：“其一是古文学的眼光，其二是新世纪的常识，其三是临床治病的经验”[6]。陆渊雷则受日人影响较深，提出“证候”与西医“症状”不同，“仲景书中证候，处处是用药的标准”[7]，因而更着眼于探究“证”的研究方法，以求最终解释仲景是“对证用药，不是对病用药”的原因。余无言自述注释《伤寒论》的原则为：以经注经，举仲景原文，纵横驰策，以相呼应；以精注经，采诸家学说精英以相发明；以新注经，引西医新说，以资汇通；以心注经，以个人心得和诊疗经

验，以资参考[8]。

综观诸家之论，不外以下模式：（1）尊奉经典：《伤寒论》包含了中医学思想的精华，必须整理和继承；（2）兼采西说：他山之石，可以攻玉，在近代历史条件下的中医学研究，不能不以西方医学为借鉴，（3）证诸实践：临证实践是发展和检验经典理论的最重要途径。

历代注家研究《伤寒论》，无不注目于伤寒涵义、六经本质等基本问题的研究。关于伤寒涵义，古人原有广义、狭义之分。清代温病学派崛起，则伤寒温病多相对言之。但经方家仍多尊《难经》之说，以伤寒概温病。近代由于西医病名的介入，概念一度混淆不清。经过一段时间的争论，各家对照中西学说，对伤寒涵义的界定趋于明确。恽氏谓："中国伤寒之名词有广狭两义，广义的范围极宽泛，《内经》所、谓凡热病皆伤寒之类是也，实与西国传染病之名词相当"[9]。这种通过中医广义伤寒与西医传染病对比进行的界定，对认识中西医学体系的不同并寻求汇通之道确有助益。

六经亦即三阴三阳的病理实质、传变转归，历代注家各有创见。如朱肱的经络说、庞安时的病因（寒毒）说、喻昌的三纲鼎立说、张志聪的六经气化说等。章太炎1923年的《伤寒论演讲词》中谓："仲景以太阳、阳明等名篇，不过沿用旧名，与经脉起止之说无与也"，并在《论脏腑经脉之要谛》中，提出六经犹"六部"，"伤寒所以分六部者，各有所系，名目次第，虽袭《内经》，固非以经脉区分也。按伤寒太阳等六篇，并不加经字，犹曰太阳、阳明部耳。"恽铁樵发展日人学说，提出"六经为病后之界说"的论点，陆渊雷受西医理论影响，倡言"六经症候群说"。陈伯坛论三阴三阳，虽承袭钱塘二张而倡六经气化学说，但其阐发气化学说以阴阳为要，提出三阴三阳的实质是人体应天之六气而反映出来的功能活动的概括，三阴三阳的气化规律，可概为"三阴三阳主动论""三阴三阳合化论""标本中气旺则从化论"[10]。黄竹斋的六经观大体承袭于清人程郊倩之说，认为六经是从病之浅深以定部署的，但其"三阳标部位，三阴标质体"观点，有一定的新意。

三、思想界、文化界、西医界对《伤寒论》研究的关注和参与

在中国医学史上，文人、士大夫研究医学，代而有之，也不乏专攻《伤寒论》而颇有成就者。如北宋·孙兆（登进士第，官至殿中丞）著《伤寒脉诀》，高若讷（进士，任龙图阁直学士，史馆修撰）作《伤寒类纂》，沈括作《别次伤寒》，清·魏荔彤（历官江常镇诸道观察使兼崇明兵备道）之撰《伤寒论本义》等。但影响却没有能与近代章太炎先生相匹者。章太炎先生（1869～1936）晚年颇热衷于中国医学研究，对《伤寒论》研究尤具卓识。据不完全统计，章氏留下的谈论医药的著作中，医学论文28篇，演讲文稿2篇，专讲《伤寒论》的即达10篇，有关《伤寒论》的亦有3篇；医学文苑14篇，涉及《伤寒论》的即有9篇。可见其对《伤寒论》的服膺钻研之深。

近代名医恽铁樵，是文人而医的代表。其代表著作有《群经见智录》《伤寒论研究》《伤寒论辑义按》等。他是近代中医学家中，对中西医学进行过比较全面的研究，能够在当时历史条件下，比较全面地认识到中西医学理论体系的不同，应从各自的文化传统寻找其立足点，进而肯定《内经》理论科学价值和指导意义，坚决反对以西学为标准否定中医理论的医家。《中国医学史》称"恽氏医学思想是有开创性的，对中国医药学的发展有着积极的影响。他是近代医学史上一位卓有建树的医家"[11]。

近代西医界对《伤寒论》研究极为关注。余云岫作为倡言废止中医的代表人物，首先向中医经典《内经》《伤寒论》发难，代表了一种全盘否定中医的错误倾向。但西医界也不乏有识之士，以肯定的态度，对《伤寒伦》进行研究和诠释。阎德润《伤寒论评释》就是代表之一。

四、系统而完整的《伤寒论》教学研究

《伤寒论》作为教材之一，在近代得到了系统、完整的教学研究。因为，在近代的教育体系中，传统的带徒教学方式和以一部经典、一家注疏作为教材的方法已远不能与之适应。"整理中医学术"和"创造新法教本"相结合，进行《伤寒论》教材的系统整理，成为近代《伤寒论》研究家的一大课题。

恽氏主办的铁樵中医函授学校系列讲义中，《伤寒论辑义按》与《温病明理》《伤寒论研究》是相配套的教材。前者是以宋本为蓝本，与《千金方》《外台秘要》《金匮玉函经》互证，考其异同，并且集历代《伤寒论》注家之精华，再参以作者个人见解的注释性著作，是学习全部《伤寒论》的读本。后二者则以论文的形式，对《伤寒论》的基本问题，诸如伤寒六经、六经提纲、病型及传经、治法、寒温关系等，进行专题论述。两种教材一纵一横，一经一纬，互为补充，互相发明，既适于教学

与自学的实际需要，又有很高的学术价值。包识生的著作《包氏医宗》中，首集五卷专论伤寒。卷一《伤寒论章节》是对仲景原文的标点，乃为整理原文而设，次序一依旧例，只订正个别字句，标出提纲。卷二《伤寒方法》和《经方歌括》，前者照抄旧方，后者则因陈修园所撰《经方歌括》未切方名，有忘题之弊，故以方名裁作首句，期于学者易知。卷三《伤寒表》8 篇，将全文分 24 例，50 章，397 法，是纲领式总结。卷四《伤寒论讲义》分注、讲、义三项，主要以问答的形式，逐条讲析原文。卷五《伤寒方讲义》将《伤寒论》中的方剂，分主方、单方、偶方、复方、合方、加减方、六经方、六淫方、阴阳表里寒热虚实方等，详予分析注解。诸卷各自独立，又共同构成一个相互联系、相互补充的教材系列。

五、空前的版本整理和目录学研究

近代印刷技术的发展，为各种版本的整理刊行提供了条件。仅 1912 年至 1931 年间重印的《伤寒论》本文，即有 1912 年武昌医馆刻本，1923 年恽铁樵据赵开美翻刻宋本，1925 年影印末本，1931 年上海中医书局影印日本摹明・赵开美复宋本等六七种。随着《伤寒论》及研究著作的大量重印，对《伤寒论》版本的整理之作，如经学家廖平重辑《伤寒杂病论古本》、日人吉益南涯《删定伤寒论》等也刊行间世。除本文外，所谓《古本伤寒杂病论》《伤寒论新元编》《伤寒汲古》以及日本《康平伤寒论》等一批真真假假的《伤寒论》别本也在这一时期出现。

近代全面、专门的《伤寒论》书目整理和目录学研究，规模空前。经过两宋、金元和明清时期卓有成就的《伤寒论》研究，至民国初年，《伤寒论》文献之丰，使有关的目录学研究日益必要和迫切。近代编纂的中医工具书，如谢观《中国医学大辞典》收录有大量有关《伤寒论》文献的条目；丁福保、周云青合著之《四部总录・医药编》（1929）自宋・晁公武《郡斋读书志》起至 1929 年以前的目录书止，凡属医书的题跋，差不多搜罗齐备。“伤寒书目”被列为专科书目之首。仅《伤寒论》本文的版本即载录北宋刊本、明赵开美校刻本、民国元年武昌医馆刻本、商务印书馆影印赵刊本及日本宽政年间仿宋版本、天保间存诚药室校宋刊本、文政间刊本等多种刊本，并引述《郡斋读书志》《直斋书录解题》《后汉书・艺文志》《补后汉书艺文志考》《四库全书总目提要》《隋书经籍志考证》《古今伪书考》，《医籍考》等多种书目文献，是近代重要的医药目录学著作。对历代伤寒研究总书目的搜集整理，也取得很大成绩，代表性论著如廖温仁《支那中世纪医学史》中“《伤寒论》及其注解书目”（1932）上海《中西医学杂志》载周莎《历代研究伤寒的文献底统计》（1935）；上海中国医学院院刊《国医文献》载曹炳章《历代伤寒书目》考（1936）及李春生《医籍考伤寒类目录》等，为《伤寒论》文献研究提供了便利。其中曹氏《历代伤寒书目考》搜罗赅备，著录自汉晋唐直至民国 25 年（1936）伤寒书目总计 409 种，日本伤寒书目 77 种，并附验舌类 6 种，具有总结的意义。

近代《伤寒论》研究高潮的出现，绝非偶然现象。它是在近代思想解放运动中，中医学所依赖的中国传统文化思想受到强烈冲击，传统研究方法和思维方式被突破，西方医学迅速发展，中医学面临巨大压力和挑战的形势下出现的。正是《伤寒论》理法方药所具有的临床实证性，使之成为近代中医界以临证实效求存图兴的必然选择。对上述五个方面为基本标志的近代《伤寒论》研究高潮，必须置于社会文化的大背景中进行考察，把学术的历史延续性和特定的时代环境作为评价的基本前提。

参考文献

［1］王振国．论近代伤寒论研究的学术特征．山东中医学院学报，1992；（4）：2

［2］章次公．章太炎先生之医学．苏州国医杂志，1936.

［3］陆渊雷．伤寒论今释．章太炎序．北京：人民卫生出版社，1955.

［4］陈伯坛．读过伤寒论．北京：人民卫生出版社，1954：7.

［5］恽铁樵．伤寒论研究．卷一．上海：商务印书馆，1924：7.

［6］恽铁樵．生理新语．卷一．上海；华丰印刷铸字所，1928：4.

［7］陆渊雷．陆氏论医集．卷一．上海：民光印刷公司．1933：28.

［8］余无言．伤寒伦新义．自序．上海：千顷堂书局，1953.

［9］恽铁樵．伤寒论研究卷一．上海：商务印书馆，1924，24.

［10］肖衍初．陈伯坛与读过伤寒论．新中医，1983；（12）：39.

［11］傅维康．中国医学史．上海中医学院出版社，1990；548.

［《山东中医学院学报》1995；19（1）：1］

伤寒六经的实质及气一元论观探析

杨在纲　贵阳中医学院

《伤寒论》成书至今，已逾一千七百多年，历代医家视为医中经典，倍加推崇。这不仅是因为它能有效地指导中医临床实践，更主要的是此书蕴藏着中医学整体辨证观的精华，在证治方面集中反映了中医精气学说——气一元论——天人相应观点，体现了六经病治疗的整体调节理论，为探索中医理论实质的重要文献之一。

一、人与天地一统，气是人身之根本

中医认为，宇宙万物都是由气构成的，人也不例外，气为人身之根本，所谓“人以天地之气生，四时之法成”，“人生于地，悬命于天，天地合气，命之曰人”（《素问·宝命全形论》）即此之谓。中医学还认为，人之生、长、壮、老、已也是由人体内气之盛衰所决定的，正如张介宾所说：“夫生化之道，以气为本，天地万物，莫不由之……人之有生，全赖此气。”中医治疗的过程也可以说就是调气过程，也如张景岳所言：“夫所谓调者，调其不调之谓。凡气有不正，皆赖调和，如邪气在表，散即调也；邪气在里，行即调也；实邪壅滞，泻即调也；虚羸困惫，补即调也。由是类推，则凡寒之、热之、温之、清之、升之、降之、抑之、举之等，调气大法也。”其着眼点均在于气。

由此可见，气是人体之根本，而精气学说则是中医理论之根本，人与天地一统，均在一个“气”字。通过气，使“人法地、地法天、天法道、道法自然”。（《道法经》）人体始终顺应着自然的法则。“气”将天地人联系成一个整体，这就是中医的气一元论观，它是中医天人相应观的根据所在。《伤寒论》正是着眼于“气”，生动而具体地描述了人体疾病的变化规律及治疗法则。

二、人体生命系统运动方式与六经的形成

人体生命活动是气的运动，阴阳是驱动气运行的原动力，精、气、血、津、液等则是气运行的物质基础。其运动方式是以五脏为中心的五权分立的螺旋状运动，其运行规律“与天地相参，与日月相应”集中反映在中医运气学说之中。

阴阳五行、脏象经络学说是中医基础理论的核心，脏象中呈现由经络沟通、以五脏为中心的五权分立的自控稳态系统，其自控机制通过五行生克关系来实现，这一稳态系统处于不停的运动之中，即气的运动。五脏在其系统中并非等同，其区别是通过与各脏腑功能活动有关的气、血、精、津等物质来体现的。由于阳气在系统中呈螺旋状运动，因此五脏不在同一个水平面上，而气、血、精、津等亦分别存在于不同的层次之中。阴阳作为人体生命活动的发动中心，位于人体最核心的位置，阴阳变动驱动气的运动，这种运动既适应于外界环境，又无时无刻不受到外环境的影响。由于阴阳相互作用的结果，整个人体就分为相互对立、相互依存的两大类结构和现象。如是，阴阳变动为生命活动的原动力，驱动以五脏为中心的全身组织器官的活动，表现为气，而五脏之间又存在生克制化的关系，于是在整体上，脏腑及相关组织功能活动呈现出由内到外、深浅有序的各个层次，从而产生了六经系统。六经已远远超出了经络的范围，而脏腑活动的物质如气、血、精、津等也以其特定的状态渗注于各个不同的层次之中。在这一整体中，横向上是随着以阴阳为核心的螺旋式旋转运动而形成的多层次的面，在这个面上，五脏相关、六腑相应，通过经络联系及生克制化的相互作用，构成一个相对稳定的状态，其内部运动使五脏在同一个时相里总是呈现出由内到外的螺旋状排列，这对于六经系统的形成具有至关重要的作用；在纵向上，五脏各有所主，通过经络的循行、气血贯通，将相应脏腑及组织器官联系成一个整体，沟通表里内外。这种状态随着时间的推移不断运动发展，构成了人体生命活动的四维空间。

三、人体阳气的层次性分布与六经证治规律

六经病证是人体之气在天地之气的影响下运行失调的结果。当外环境（包括自然及精神环境）的各种变化超过机体自身调节的能力时，在整体上即出现阴阳偏盛偏衰的状态。此时，六个层次表现出六种不同的抗病能力，既呈现出一身阳气的层次性分布，又反映了气、血、精、津等物质的相应变化。阳气盛者抗邪于外，邪正剧争，表现为三阳病，在此阶段，人体功能与物质在病程中会逐渐受损，若至正不胜邪，则阳气不足、物质亏损，表现为三阴病。当我们在总体上对伤寒六经病证的治则进行考察时不难发现，其立法原则是符合上述分析的。作为人体最外层次的病证，相当于“太阳病”，是机体由正常转入病理状态的开始，此时机体首要的是及时动员力量抗御邪气的侵袭，因此，“振奋

阳气”是其立法原则。若此阶段涉及气血病变，亦均为经脉运行障碍所致，一般不致有亏损之变。病及阳明，正盛邪实，关键是祛邪，祛邪即是扶正，此顺其势而治之之法。少阳病邪气不盛，然正气已虚，邪不盛则不须用攻，攻必伤正；正气未虚至极又不宜用补，纯补必恋邪，在顾及双方的前提下，祛邪扶正同时进行，但均不宜用峻剂，《伤寒论》谓之曰“和”。观三阳病证所用之方，虽曰以祛邪为主，但其立论实为“扶”阳气，目的在于迅速恢复正常的人体时空状态，所有有碍阳气恢复或损伤阳气之举皆为不宜，诚如伤寒治禁甚多，莫不虑于此。病至三阴，其变有二，一为机体抵抗力在三个层次上的减弱，表现为阳气不足；一为相应层次气血精津等物质的代谢失常，故治疗立论为“扶阳气、存阴液”。太阴病以阳气不足为主；病至厥阴阶段，已接近最后防线，机体必激发生命的全部活力与邪气抗衡，于是出现厥热胜复的复杂局面，较之于少阳病邪正双方大起大落，更反映出该生命系统的不稳定性，治当理顺其混乱之阳气；病及少阴，机体抗病力已极弱，功能、物质均明显受损，同时影响到生命核心之阴阳，表现出相应的两大类变化，其严重性在于正气虚损而又无后继之力，扶偏以恢复平衡则为治疗之大法。由此可见，病至三阴，虽皆以扶正为主，但各层次偏重不同；而同是阳气不足的太阴与少阴，由于所处的空间不一样，其治疗难易与病情轻重预后均大有区别。总之，六经病证治可概之为阳气阴津两方面，其中又以阳气为变化的主导，其病变趋势是从平衡的被打破，到阳气抗邪高潮、到受损到虚衰，在治疗上与此相应，从外到内依次是振奋、顺势、调和、补益、理顺、扶偏。在阴津方面，其病变趋势由阳气所左右，开始或仅有运行障碍，然后出现受损趋势，其后是受损、不足，相应的治则是调节运行，防止受损，而后补其不足。阴阳两方面的变化各有偏重，形成了六经病证的总体趋势与治疗的总体布局。体现了中医“内因是变化的根据，外因是变化的条件”辨证的疾病认识观，也反映了中医治疗的整体调节理论。

四、《伤寒论》学术意义再认识

如前所述，阳气的变动是整个《伤寒论》的着眼点，而阴阳五行则是这一变动的基本形式，它又是以人体脏腑经络以及气血精津等为基本物质基础的。阴阳既是阳气变动的原动力，又因而使阳气变动呈现相反相成的两大类现象；五行生克制化关系使阳气变动在脏腑以及赖以生成的气血精津等物质基础上形成一个相对稳定的动态系统，不断完成生命的过程。

《伤寒论》自序曰：“夫天布五行，以运万类，人禀五常，以有五藏；经络府俞，阴阳会通；玄冥幽微，变化难极。”序以见义，表达了天人相应及整体系统观是仲景立论的指导思想。纵观全书，无论是在诊病方面的平脉、审因、察证，还是在断病方面对人体生理病理的分析，均遵循“天人相应”的整体系统观去探索人与自然的密切关系。可以认为，伤寒六经是基于对人体生命活动总体认识的全方位的时空概念，阴阳是生命活动的发动中心，阴阳变动既驱动整个机体的生命过程，又与外环境密切相关，统一于自然界的大环境之中。全书正是在这样的思想指导下，以阳气变动为着眼点，系统阐述了人体生命活动的特点和疾病发生后的全过程，这就是该书具有普遍指导意义的根本所在。

《伤寒论》的这种认识观在当时的历史条件下是难能可贵的，其中已孕育了现代辩证唯物论基本观点，《伤寒论》方法论的研究，对中医理论的发展与深化有不可估量的促进作用，这也是《伤寒论》对后世中医发展产生深远影响的原因所在。

[《国医论坛》1995；(2)：1]

《周易》与《伤寒论》

孟庆云　中国中医研究院
基础理论研究所

明代医学家张景岳在《类经附翼·医易》中指出：“是以《易》之为书，一言一字，皆藏医学指南；一象一爻，咸寓尊生之心鉴。故圣人立象以尽意，设卦以尽情伪，系辞焉以尽言，变而通之以尽利，鼓之舞之以尽神，虽不言医而义尽其中矣”。不仅《黄帝内经》是参照和吸取《周易》的理论结构和象数观念而成书，东汉末年张仲景所著《伤寒论》也不例外。

从六象论人体到六爻之变推疾病的六经

《伤寒论》六经，是阐述外感热病规律的理论框架。明确六经涵义，是把握《伤寒论》的关键所在。宋代医家许叔微在《伤寒九十论》中提出三阴三阳是分证的方法。继后自金代成无己在《注解伤寒论》中以表里分析六经，又有宋代朱肱和明代汪琥等人的经络说，明代李时珍、清代程郊倩，高学山、近人章太炎等人的脏腑说，元代张子和、清代张志聪、黄元御、张锡驹、陈念祖等人的气化说，日人丹波元简、近人陈逊斋之八纲说，清代钱潢的八法说，清代柯琴的六界说，明代陶华的证候说等，至近代又有何廉臣的三焦说，陆渊雷的六阶段说，周学海、俞根初等人的六层次说，祝味菊的邪正说，姜春华的阴阳说，岳美中的时空说，赵锡武的六病说，矢数道明的六病位说，陈邦贤的症候群说等等。各家对此争论已久，莫衷一是。

欲明六经须从张仲景对《黄帝内经》的继承入手，但更深层次的开凿，还得从《周易》之理分析，才能解说得透达，因为连《黄帝内经》也是以《周易》为框架建立起的理论规范，张仲景的时代正是易学大兴，数学、天文、地学、化学、文学等都援用易理来建构本学科理论的时代。

《伤寒论》之六经所表述的是六种“象”，而病象的演进乃是对“六爻之动”的模拟，具体来说，是对乾卦初九到上九的模拟。病的表现也是“象”，为了使“立意尽象”能“象其物宜”，《伤寒论》没有选择八卦模式而选择了六爻。因为，在外感热病过程中，变化的特征最为明显。发病时为太阳病，向阳明、少阳、太阴、少阴乃至厥阴病演化。与“六爻之动，三极之道也”（《易传·系辞》）相似，而六爻，可表示天地之阴阳之多少，也能表示人在疾病过程中阴阳之多少，即《易传·说卦》所谓：“立天之道，曰阴曰阳。立地之道，曰柔曰刚。立人之道，曰仁与义，兼三才而两之，故易六画而成卦，分阴分阳，选用柔刚，故易六位而成章”。

《伤寒论》贯穿了人与天地节气相合的思想。《伤寒例》开宗明义地道出六爻和一年季节的关系：“是故冬至之后，一阳爻升，一阴爻降也。夏至之后，一阳气下，一阴气上也。斯则冬夏二至，阴阳合也。春秋二分，阴阳离也。阴阳交易，人变病焉”。《伤寒论》之六经，其六种病象，正合三阴三阳。与《易传·文言》及《素问·六节藏象论》中一年六节一致：阳气外盛为太阳，故高热在体表，是为太阳。少阳则表示阳气内外俱亢，凡体内外高热，可名为阳明病。少阳时节阳气初生，时冷时热，故当有往来寒热之特征为少阳病。六经之太阴象于长夏，长夏多雨湿，故以水泻为主之病象为太阴病。少阴象初夏，初夏火热益升，故少阴病象常伴烦热失眠。厥阴象冬去春来，乍暖还寒时节，故厥阴病以寒热错杂为特征。上述病象如从人体部位和脏腑特征而论，太阳病在头项，阳明在胃，少阳在两侧胸胁，太阴在脾，少阴在心肾，厥阴在肝。如上的特征和《素问·六节藏象论》《素问·藏气法时论》《素问·热论》的论说相符。明代医家张景岳在论医易的关系时，就指出《伤寒论》六经对《周易》六爻模拟的特征，他以此说：“故以爻象言之，则天地之道，以六为节”（《类经图翼·医易》）。从太阳经阳明、少阳、太阴、少阴至厥阴的过程，可堪比为《乾卦》从初九，经九二、九三、九四、九五至上九的过程。《伤寒论》之六经之为病，从病在表到入里、转为阴证逐渐加重，到少阴为最重，而致厥阴为尽阴，两阴交尽，阳气来复，“物穷必反”。乾卦从初九的“潜龙勿用”。到“见龙在田”，直至九五的“飞龙在天”，“龙”不断飞升，到上九则“亢龙有悔”，也是至极而返。这是医学家受《周易》象数观念的启导，以六种病情合六爻，法于阴阳而以六经为框架，不仅分证外感热病，而且动态地反映了病情的进展顺序。

不仅以病象模拟六爻，还能在时间顺序上合六节，即《黄帝内经》所谓的“和于术数”。《周易》的“数”，表示一定的规律。《伤寒论》主要引用了“天以六六为节”和“七日来复”的《易》数。《易传·系辞》以“六爻相杂，唯其时物也”来阐发病象与时间的关系。时间和象二者，时离象则不显，象离时不迁，是“时不离象，象不离时”。六经的病象在发生，结束和时间有一定的对应。如以一日分六节言，中午为太阳本气之旺时，故“太阳病欲解时，从巳至未上”（9～15点）；阳明之气旺于下午，故“阳明欲解时，从申至戌上”（15～21点）；少阳之当今时间是上午，故“少阳病欲解时，从寅至辰上”（3～9点）。而晚上是太阴之旺时，故“太阳病欲解时，从亥至丑上”（21～3点）；子夜是少阴经之当令之时，故“少阴病欲解时，从子至寅上”（23～5点）；厥阴旺于黎明，故“厥阴病欲解时，从丑至卯上”（1～7点）。《伤寒论》吸收了《周易》的时象观念，而推导出六经时象系统，在一定程度上符合疾病的病情变化趋势。历代以来，有一派学者如张子和、张志聪、黄元御、陆九芝、张锡驹、陈念祖等人所持的气化学说就是从人之六气对应六节之时序为据提出其理论的。《伤寒论》在客观记述病象的传经特征的同时，还以“七日来复”为据，判断六经病的转归。复卦、震卦、蛊卦、巽卦、既济卦的卦辞、爻辞中记述了阴阳变化有一个“七日来复”的小周期，《彖传》称此为“天行也”。在人体上，妇女行经期为七日，急性炎症经变质、渗出、增生到愈合也七日，这是由“近取诸身”而认识到的《易》“数”。《素问·热论》说：“今夫热病者，皆伤寒之类也，或愈或死，其死皆以六七日间”。《伤寒论》以“七日来复”为据，据少阳、老阴之数推论病愈的时间，《伤寒例》

说："病发阳者七日愈，发于阴者六日愈，以阳数七、阴数六故也"。这虽是一种"和于术数"的推理，但可以说明《伤寒论》六经和《易》数的关系。反映《伤寒论》在六经辨证时"象以定数""数以征象"的特征。

模拟卦的病证模型

《伤寒论》还把卦象当成人体的生理和病证的模型。因外感病过程中，阴阳气机之升降至为重要，故每以阴阳上下能交感之泰卦为正常生理模式，而上下不交之否卦模式便成为六经病过程和常见证候，如太阳病过程中的五泻心证，在阳明病和少阴病的承气汤三急下证等皆是。三承气证颇有代表意义。

《伤寒论》治阳明腑证用三承气汤。何以用"承气"二字命名方剂？历代医家多从成无己之注："承，顺也。正气得顺舒"。此说虽通，终属失凿。"承"并非指顺，"气"也当是邪气。如是而论，"承气"之义不是"正气得顺舒"。

仲景伤寒之论，阐发于《内经》"三篇热论"，但理从《周易》者颇多。阳明腑证为胃家实，有燥屎阻隔。正合否卦之卦象。朱骏声《六十四卦经解》说："否，闭塞不通也。此本乾卦阳往而消，阴往而息，至三爻成否"。"天气上升而不下降也，地气沉下又不上升，二气隔也。以天地之象应人，阳明腑证之位序与否卦之六二爻正相合。否卦·六二爻辞曰："包承。小人吉，大人否亨"。承气之气，概指邪气，承气汤并非顺其邪气，而是"包承"其应爻能达到阴阳之和。所谓"包承"，系指下卦三卦三爻之应爻（阴爻）二者之世应。特别是六二与九五爻。六二爻应该能包承九五爻之卦气。否卦·九五爻辞："休否，大人吉，其亡其亡，系于苞桑"，是离乱危险之处境。六二爻对九五爻得有包承，才能达到《易传·系辞》所谓："危者安其位，亡者包其存者也，乱者有其治也"。因而承气汤并非顺其邪气，而是"包承邪气于燥屎中而下之之称也"。用了承气汤，最后达到下卦为三阳爻，上卦为三阴爻，全卦为泰卦；或下卦二爻为阳爻，上卦五爻为阴爻，全卦为既济卦，等均可。此时才能达到"否休，大人吉"。五泻心汤证，也是因为出现了"心下痞"，以泻其火而治。因泻心汤证乃是"病发于阴，而反下之，因作痞"和脉浮而紧，而复下之，紧反入里，则作痞"。此痞即否卦之意象。因心下即胃之上脘，处身体之中部，在胸之下，腹之上。为上下交界，气机升降之枢。气机上下升降失常，痞寒于中，而致心下痞。根据痞满的特征分别用半夏泻心汤、生姜泻心汤、甘草泻心汤、大黄黄连泻心汤、附子泻心汤等五泻心汤，乃至旋覆代赭汤，泻热下气消痞，改变状如否卦的状态以治。

《周易》的中和观与《伤寒论》之"和"

中和观念是《周易》的哲学特征之一。《黄帝内经》和《伤寒论》的疾病观念和治疗原则都是以中和为模式建立起来的。

在《周易》象数推演中，常采用"比应"的分析方法。以下卦和上卦司爻位相比，如有阴爻与阳爻相比，谓之"有应"，也称"和"。二、五爻中之位两爻相比"有应"，则谓之"中和"是为最佳。因能达到阴阳协调的"保合太和，乃利贞"（《乾卦·象传》）之故。《周易》重视阴阳调和也是《黄帝内经》的立论点。《素问·生气通天论》的"内外调和，邪气不能害"。以阴阳匀平为生理，以阴阳失和为病理，故调和阴阳，使达到"平人"状态的动态平衡是治疗的目标。即《素问·至真要大论》"必先五胜，疏其血气、令其调达，而致和平"之谓。

"和"也是《伤寒论》言生理、论病及治疗之要义。张仲景之言"和"就是要达到负阴抱阳有"冲气以为和"的水平。《伤寒论》以"身和""色和""脉调和""口中和""腹中和""身形如和"为平人。如其"不和"或"未和"为疾病，如"胃中不和"，"卫气不和""晴不和"与"表里未和"等，这些不和是阴阳不协调，不在正常范围。《伤寒论》据此以"和"为治疗目标。例如第58条："凡病，若发汗、若吐、若下、若亡血、亡津液者，阴阳自和者，必自愈"。第250条云："太阳病，若吐、若下、若发汗后，微烦，小便数，大便因鞕者，与小承气汤，和之愈"。

《伤寒论》还创立了和法，用于疾病之初、由表入里及治疗晚期的关键时刻。外感之初的太阳中风，可以用桂枝汤调和营卫以"小和之"。而当邪在半表半里之间时，可以"与小柴胡汤和解之"。当治疗了很长一段时间，有阴阳表里乃至心律率乱等多方面的失衡，可用炙甘草汤以和之。此时已是阴阳两虚，气血不续，以至心动悸、脉结代。《伤寒论》把此方入在最后一节，可见其用心。当然，和法所调节的内容是多方面的，有时调节营卫、气血、津液，有时调节人体的生理节奏及人与天地间的节奏，有时又是双向调节。但可用一句话以概之，就是调节阴阳。调节阴阳，是《周易》中道观念在医学上的应用。古文《尚书·周官》有"论道经邦，燮理阴阳”之语，孔安国有“经纬国事，和理阴阳”之谓。张仲景运用得最为神妙。有时即使在偏盛偏衰的情况下，仍需用和法来维护病人，如“病痰饮者，当以温药和之”。对这样阴寒水湿之痰饮，除用温药外，也用和中之品以防温药伤阴之敝。体现了一种辩证法的思想。可见“和为贵”之论用于医学也不为谬。

[《中医研究》1995；8（2）：9]

《伤寒论》“欲作”探究

温武兵　高京宏　山东中医学院
（导师　张桂珍）

“欲作”，将要发作之义。钱天来说：“谓之欲作，盖将作未作之时也。”[1]疾病将要发作而暂未发作，或将要变化而暂未变化，这一时期在临床中多称为疾病的前驱期或不典型症状期。此期可表现出各种各样的先兆症状。《伤寒论》中特别提示并列举了奔豚、痼瘕、谷疸等疾病“欲作”之期的症状表现及部分治疗措施。现就原著中对疾病“欲作”期的症状表现、治疗以及因未能及时控制疾病的发展而导致疾病“已作”后的症状表现及其补救措施等加以归纳整理，以期体会仲景对疾病“欲作”期进行刻意描述的原始真义。

欲作再经

“欲作再经”出自原文第8条“太阳病，头痛至七日以上自愈者，以行其经尽故也。若欲作再经者，针足阳明，使经不传则愈。”“头痛至七日以上自愈”，是举头痛为例，也应包括发热、脉浮等脉证在内。太阳病有不经治疗，七日以上自行痊愈的，所谓“发于阳者七日愈”。（原文第7条）这是因为六天已过，在此期间，邪气逐渐消退，经气逐渐恢复到正常的缘故，故曰：“行其经尽故也。”但因人体质有强弱不同，致病邪气也有轻重之别，所以说七日以上自愈，也仅仅是有这种可能性。如果七日以后，邪气不衰，正气也未能完全恢复，则病仍不愈而将继续迁延下去，即“欲作再经”。所以，为防止疾病迁延日久，伤正致变，就应当及时地给予相应治疗，以扭转疾病的发展趋局。此时可针足阳明三里穴，因足三里穴对伤寒热不已，热病汗不出皆有治疗作用，故针刺后汗出热解，太阳之邪便可消失于肤表，不继续发展，病即痊愈。若失治误治，则易导致外邪入里，不但可转属为阳明或少阳病，也可导致结胸、痞硬等变证的产生[2]。故在邪气“欲作再经”而未作再经之时，或进入第二过程“再经”之初，及时地给予相应治疗有着重要意义。一方面可阻止邪气继续向深重方向发展；另一方面，早期治疗对防止邪气持续消耗人体正气，即对人体正气的保存有着积极作用。

欲作奔豚

《伤寒论》中第65条指出：“发汗后，其人脐下悸者，欲作奔豚，茯苓桂枝甘草大枣汤主之。”太阳病误汗的变证颇多，但因汗为心液，误汗则更易损伤心阳。心阳既伤，不能下制肾水，肾水就有可能乘发汗之势上凌阳位，导致奔豚的发作。奔豚发作之先，多出现脐下动悸之先兆。柯琴云：“脐下悸时，水气尚在下焦，欲作奔豚之兆而未发也。”[3]是奔豚发动而尚未上冲的关键时刻。所以在奔豚将发而未发之时，当果断地先其时以治之，需速服茯苓桂枝甘草大枣汤以防止奔豚的发作。方中茯苓重用且先煮，是以淡渗利水为主，更用桂枝甘草壮心阳以镇之，大枣甘草培脾土以制之，配以甘澜水煎服，利水不助肾邪，使寒水之邪不能上凌而从膀胱下泄，即可防止奔豚的发作[2]。若失治误治，奔豚已发，若再用茯苓桂枝甘草大枣汤淡渗利水就起不到治疗作用。而应在桂枝汤调和营卫的基础上，加重桂枝的用量，即给予桂枝加桂汤，就可起到壮心阳、降逆气的作用。（可参考原文第117条）。

欲作固瘕

原文第191条云：“阳明病，若中寒者，不能食，小便不利，手足濈然汗出，此欲作固瘕，必大便初硬后溏，所以然者，以胃中冷，水谷不别故也。”“固瘕”一证，历代有许多不同注释，成无已、方有执等认为是寒气结聚而成坚固者；喻嘉言、张路玉等认为是溏泄久而不止者；尤在泾认为是胃寒成聚，久泄不止者等等，我们认为，关于《伤寒论》中“固瘕”的定义及病证表现，以柯韵伯的论述较为中肯。柯氏云：“痼瘕，即初硬后溏之谓，肛门虽固结而肠中不全干也。溏即水谷不别之象，以症瘕作解者谬矣。”[4]固瘕产生的病机，则必须紧扣《伤寒论》原文，以联系的观点全面考查固瘕形成的各个环节后才能找出。固瘕多发生在阳明中寒的过程当中，所谓阳明中寒，是指素体胃阳不足之人，由于中焦阳气亏虚，患阳明病后化热迟缓、化燥费力的一段过程。这类病人在此期间多出现不能食或食欲不振、小便不利等。众所周知，阳明病本当大便硬，但胃阳不足的患者，由于阳衰不能泌别水谷，则必小便不利。既为小便不利则使水湿留滞肠中，就不易或不能化燥成实。在这种前提下，只能使大便初硬后溏，或形成溏硬混杂的大便，从而导致固瘕的发生。另外，由于中阳亏虚，无力蒸津至全身以为汗，而仅能蒸发于胃之所主四肢，故可出现手足濈然汗出而全身无汗[2]。所以，固瘕形成之先，其表现应是不能食或食欲不振，小便不利，手足濈然汗出以及舌淡苔白等一派胃阳不足之象。此时若未能控制病情发展，就易导致固瘕的发生，而出现大便初硬后溏或溏硬混杂。固瘕发生后，由于"水谷不别"，精微物质不能得到充分吸收。则五脏六腑失于充养，可造成人体全身性的气血津液亏虚。同时，胃阳衰弱日久，阳病及阴，腑病及脏，疾病可转属入太阴而发为太阴病。如上所述，固瘕发生的主要病机应为胃阳不足，其发生前后的许多病证表现按病机分类已与太阴病相似。但太阴病病机为脾脏虚寒，多出现腹满、腹痛、呕吐、下利等诸多虚寒征象。而阳明中寒虽然是胃阳不足，但胃阳衰与脾脏虚寒则有着本质的差别。仅从"大便初硬后溏"来看，"后溏"可以说明是胃阳不足而水谷不别，但"初硬"则表明了胃阳虽衰但仍尚存有一定化燥的能力。且此时如果胃阳能够及时回复，则疾病仍可从燥而化定型于阳明里实证。所以，不管是"欲作固瘕"还是"固瘕已作"，其治疗皆应以回复胃阳为主，皆可选用理中丸等一类方剂，必要时还可配合五苓散利小便以实大便。待胃阳恢复，疾病可仍从燥化而成大便硬，则或攻或润或导，皆可随证治之。值得说明的是，固瘕的"欲作"期和"已作"后治疗方法虽然相近，但二者的治疗效果则应有快慢不同，"欲作固瘕"者，由于固瘕尚未发生或刚刚露出苗头，此时胃阳虽虚而必虚而不甚，及早治疗可迅速回复胃中阳气。固瘕发生后，虚象已经彻底暴露，此时治疗虽亦可收到良好效果，但因固瘕已作。势必导致人体气血津液的亏耗，其治疗效果必不如趁固瘕"欲作"之先为佳，甚至需久久图之方可收效。

欲作谷疸

见于原文第195条"阳明病脉迟，食难用饱，饱则微烦头眩，必小便难，此欲作谷疸。虽下之腹满如故。所以然者，脉迟故也。"本条"脉迟"贯穿于条文始终，揭示了谷疸发生的病机。阳明病若燥热入腑成实者，也可见到脉沉迟有力，必伴有不大便、小便利、腹满而痛、潮热谵语等证。但本条述及脉证不是小便利而是小便难，且无潮热不大便等证，腹虽满下之依然如故，此外还有食难用饱，饱则发烦头眩等证。故由此可以测知，本条论及之脉迟，当时"迟则为寒"之迟。是中阳不足、脾胃亏虚的脉象。中阳不足，脾虚不运，则水谷不能消化，故不能饱食；饱食之后，水谷不化郁聚胃中则发烦；阻碍清阳上升则头眩；且谷食久郁则生热；加之里阳不足，不能化湿，以致小便不利，内湿停留，就会造成谷热与内湿相结，形成发黄的谷疸病。所以，成无已注曰："疸，黄也。以其发于谷气之热，故名谷疸。"[5]故从以上分析可以看出，谷疸"欲作"之初，必有脉迟、食难用饱，饱则发烦头眩以及小便难等前驱症状。其治疗论中虽未列出具体方药，但据《伤寒论》遣方精神，我们认为以理中丸合五苓散治之甚为恰当。方以理中丸温中阳助脾运化为主，合以五苓散利小便以除水湿。使中阳健、水谷化、水湿除，即可预防谷疸的发生。倘谷疸已作，身目发黄，可参考《金匮要略·黄疸病篇》中对谷疸的治法，以茵陈蒿汤先去其湿热而退黄，其后仍须在理中丸的基础上加减用药，补胃阳之虚以治本。此外，因热由谷起，故在药物治疗的同时必须配合饮食调护，如"损谷"即适当减少饮食量，少食多餐等方法皆可采用。

综上所述，仲景在《伤寒论》中对疾病"欲作"之期的描述颇为详细，并列出了部分行之有效的方药和治疗措施。通过对条文的细致分析我们体会，仲景刻意强调疾病"欲作"之期的意义不外乎以下两点：

1. 强调"治未病"的重要性。纵观《伤寒论》全论，不难发现处处闪烁着"治未病"这一预防医学思想之光。仲景不仅重视"未病先防"，更着力于"既病防变"。疾病一旦发生，应及时将其治愈于萌芽阶段。若任由疾病发展，则必导致人体正气的消耗。且人体质各异、疾病发展过程中可随体质的强弱、阴阳气血的偏盛偏衰出现不同的变化，都会给临床准确诊断及合理用药带来一定困难。所以，只有在疾病将作未作、将变未变之时迅速采取措施加以控制，将其治愈于初始，才是中医学治病疗疾的根本大法。

2. 仲景在临床过程中发现许多疾病在发生之先都有一定的先兆症状，经过摸索整理后逐渐形成了一套实用性较强的疾病预测方法。但是，各种疾病的发生与发展趋势都不是固定不变的，所以，仲景在记录这些疾病的过程当中也运用了不同的笔法。如《伤寒论》中对疾病的发生发展趋向有"必发""故作""固作""欲作"等等不同用语。虽然都可以看作是推测之辞，但这些毕竟不是仲景信手拈来，而是经过不断锤炼形成的。所以其中也必存在着程度差别。仅就"必发"和"欲作"比较而言，

“必发……”代表着人体的阴阳气血在病邪的作用下已失去平衡，疾病向着较为固定的趋势发展，即使早期用药也很难迅速回复阴阳气血的平衡，即疾病发生的可能性较大。而“欲作……”则说明人体阴阳气血的平衡状态虽遭破坏，但尚未达到失衡程度，疾病在一定条件下有自愈的可能；或阴阳气血虽已失衡，但早期果断治疗可迅速恢复其动态平衡状态，即疾病发生的可能性较小。不同的用语充分展示了仲景周密的思维方法及严谨的治学态度，是值得我们进一步研究、整理与继承的。

参考文献

[1] 钱璜．伤寒溯源集．卷六．

[2] 李克绍等．伤寒论语释．山东科学技术出版社，1982．

[3] 柯琴．伤寒来苏集．上海科学技术出版社，1986：219．

[4] 柯琴．伤寒来苏集．上海科学技术出版社，1986：81．

[5] 成无己．注解伤寒论．人民卫生出版社，1984：73．

[《中医研究》1995；8（2）：12]

李时珍对《伤寒论》的研究

刘家骅　浙江温州市第二人民医院

在数千年的中医历史长河之中，有两位中流砥柱式的人物。这就是张仲景和李时珍。仲景学说研究虽在中医学术界占有主导的地位，但时珍国药研究反在世界科学中享有光荣的声誉。时珍之所以能名扬海外，而仲景除了日本汉方医之外鲜为人知，其中有一个重要因素：药是医的基础，医学理论不论何等高明，最终还要落实到用药上，受到药的检验。因此在用药研究上反馈中医理论的研究是颇具实效的方法。

虽然研究伤寒，代有其人，但是大多偏于理论上的牵强附会，甚至是运气玄学上的侈谈。致令研究伤寒之人入于云雾之中。时珍一生注重药物之研究胜于他濒湖脉学的理论研究。他对张洁古的《珍珠囊》一书惟崇备至。他服膺张洁古趋过张仲景，他称洁古“大扬医理，灵素之下，一人而已”，足见他对易水学派鼻祖评价之高。然而不能以此论断他对伤寒研究概然不知。相反，从他所留下的片言只语之中，叹服他对伤寒研究有很深的造诣。深感是吉光片羽，靡是珍贵。爰撷取数端整理于下：

一、太阳病的实质是“肺受邪气”

时珍说：“津液为汗，汗即血也。在营则为血，在卫则为汗。夫寒伤营，营血内涩，不能外通于卫，卫气闭固，津液不行，故无汗发热而憎寒。夫风伤卫，卫气外泄，不能内护于营，营气虚弱，津液不固，故有汗发热而恶风。然风寒之邪，皆由皮毛而入，皮毛者，肺之合山。肺主卫气，包罗一身，天之象山。是证虽属手太阳，而肺实受邪气。其证时兼尚赤沸即，咳嗽有痰，喘而胸满诸证者，非肺病乎？”

二、“无汗用麻黄，有汗用桂枝”的独特见解

时珍说：“张仲景治伤寒无汗用麻黄，有汗用桂枝。历代明医解释，皆随文傅会，未有究其精微者。时珍常绎思之，似有一得，与昔人所解不同云。”他说麻黄汤证是“皮毛外闭，则邪热内攻，而肺气愤郁，故用麻黄、甘草同桂枝，引出营分之邪，达之肌表，佐以去泄肺而利气。”桂枝汤证是“腠理不密，则津液外泄，而肺气自虚，虚则补其母，故用桂枝同甘草，外散风邪以求表，内伐肝木以防脾。佐以芍药，泄木而固脾，泄东所以补西之。使以姜枣，行脾之津液而和营卫也。”因此他认为“麻黄汤虽太阳发汗重剂，实为发散肺经火郁之药也。”“桂枝汤虽太阳解肌轻剂，实为理脾救肺之药也。此千古未发之秘药，愚固表而出之。”

三、结构与痞满当有血分气分之辩

时珍说：“仲景治心下痞满，按之软者，用大黄黄连泻心汤主之。此泄脾胃之湿热，非泻心也。病发于阴而反下之，则作痞满，乃寒伤营血，邪气乘虚结于上焦。胃之上脘在于心，故曰泻心，实泻脾也……病发于阳而反下之，则成结胸，乃热邪隐入血分，亦在上胱分野。仲景大陷胸汤丸皆用大黄，亦泻脾胃血分之邪，而降其浊气也。若结胸在气分，则只用小陷胸汤，痞满在气分，则用半夏泻心汤矣。成无己注释伤寒论，亦不知分别此义。”这是李氏以用药研究反馈理论研究的一个例证。他认为：“大黄乃是太阴，手足阳明，手足厥阴五经血分之药。凡病在五经血分者，宜用之，若在气分用之，是谓诛伐无过矣。而成无己局限于认识大黄之泻下一面；热所胜，以若泄之，大黄之苦，以荡余热，下燥结而泄胃强。”考仲景金匮中之大黄牡丹皮汤，大黄䗪虫丸等无不以大黄为血分药，邹澍说：“火热而能著血，则无处不可著矣。故著隧道，则为血闭寒热，著横络则为症瘕积聚，著肠胃则为留饮宿食，大黄通血闭，贯火用于土中，在隧道则隧道通，在横络则横络通，在胃肠停滞则下。”

（《本经疏证》）因此认识大黄为泻下药而不是血分药，实识其标而不识其本也。治小结胸之小陷胸汤虽有栝楼之降下，但非血分而在气分，泻心汤之泻脾胃亦在气分，非关血分。因为二者皆无大黄之血分药也。时珍之意正在于此也。

四、小陷胸汤之栝楼应该全用

时珍说：“栝楼古方全用，后世乃分子瓤各用。”有失仲景本意。他统观金匮与伤寒之后指出：“张仲景治胸痹痛引心背，咳唾喘息，及结胸满痛，皆用栝楼实。乃取其甘寒不犯胃气，能降上焦之火，使痰气下降也。成无已不知此意，乃云苦寒以泻热。盖不尝其味厚不苦，而随文傅会尔。”由此可见李氏在用药辨味上是多么严谨，一丝不苟地研究仲景方药本意。

五、少阳病是既兼心上焦之邪，又兼脾胃中焦之证

时珍认为：“少阳之证，寒热胸胁痞满，默默不欲饮食，心烦喜呕，或渴或否，或小便不利。虽曰病在半表半里，而胸胁痞满，实兼心肺上焦之邪。心烦喜呕，默默不欲饮食，又兼脾胃中焦之证。”这足以说明李氏分析病证是实事求是地落实到脏腑病机上，而不在玄虚名词上画蛇添足。

六、柴胡散火之标、黄芩折火之本的观点

时珍对小柴胡汤退少阳病之热，同成无已诸家的观点不同。他说，“成无已注伤寒论，但云柴胡、黄芩之苦，以发传邪之热……殊不知其治火之妙。杨士瀛《直指方》云：柴胡退热，不及黄芩。盖亦不知柴胡之退热，乃告以发之，散火之标也；黄芩之退热，乃寒能胜热，折火之本也。”他的这种观点，同他亲身体验黄芩功效有关。他二十岁时，因外感咳嗽久致骨蒸发热，肤如火燎，遍服柴胡麦冬荆汤诸药未效。其父偶思东垣治肺热如火燎，宜一味黄芩汤泻肺经气分之火，后果然获愈。

七、对小柴胡汤加减法中减芩的看法

时珍不仅认定“柴胡乃手足厥阴少阳必用之药”，“柴胡乃引清气、退热必用之药”。而且还认定“黄芩以治手足少阳相火，黄芩亦少阳本经药也。”因此对小柴胡汤加减法中减芩不可轻易决断而失小柴胡汤之本意。故当深层领会仲景去芩之用意。他说：“仲景又云：少阳证腹中痛者，去黄芩，加芍药。心下悸、小便不利者，去黄芩，加茯苓。似与别录治少腹绞痛，利小肠之文不合。”这是提醒说“别录”称黄芩能治小腹绞痛，利小肠，仲景何以去之呢？可是成无已随文敷衍，不求甚解，“成氏言黄芩寒中，苦能坚肾，故去之，盖亦不然，至此当以意逆之，辨以脉证可也。若因饮寒受寒，腹中痛，及饮水心下悸，小便不利，而脉不数者，是里无热证，则黄芩不可用也。右热厥腹痛，肺热而小便不利者，黄芩其可不用乎？故善观书者，先求之理，毋徒见其文。”李氏读书求甚解值得效法。

八、四逆汤的附子为破阴回阳之毒药

时珍心目中附子虽救逆功捷，但毕竟为破阴药，而非补阳药，且大声疾呼附子为毒药。他先摘引吴绶的话：“附子乃阴证要药……有退阴回阳之力，起死回生之功。”继借丹溪之口：“仲景八味丸用为少阴向导，其补自是地黄，后世因以附子为补药，误矣。”最后他发表说：“附子毒药，非危病不用，而补药中少加引导，其功甚捷。”同时他还指出：“有人才服钱匕，即发燥不堪，而昔人补剂用为常药，岂古今运气不同耶？”这是他反诘那些以古今运气不同为由而执迷古人以附子为补药的错误观点。他还列举荆府都昌王、蕲州卫张百户，及《医说》中赵知府等人虽皆常服附子而长寿，但并非附子之补，皆其脏腑禀赋之偏”之故，“不可以常理概论”。更有令土地气使然：“民啖附子如啖芋栗”。但这些事实都不能否定附子为毒药的药理。李氏的真知灼见令人赞叹。联想如今有人吸咽而高寿，却不能以此判断吸烟能补益身体，亦同理也。

九、伤寒用芍药，意在主寒热，利小便

时珍尊重本经之说：芍药气味苦平，能主寒热，利小便。但不知何时讹传芍药为酸寒收，因此时珍藉苏颂东垣之言加以发明：“以此颂曰张仲景治伤寒多用芍药，以其主寒热，利小便故也。果曰：或言古人以酸涩为收，本经何以主利小便？曰芍药能益阴滋湿而停津液，故小便自行，非因通利也。”考仲景桂枝汤小青龙汤有芍药以其主寒热，真武汤附子汤有芍药以其利小便，诚可信也。时珍还对芍药有赤白不同功之说：“白芍药益脾，能于土中泻木，赤芍药散邪，能解血中之滞。”时珍还阐发洁古心法说芍药“得炙甘草为佐，治腹中痛，夏月少加黄芩，恶寒加桂，此仲景神方也。”此语实导出芍药甘草汤加黄芩为黄芩汤之意，芍药甘草汤加桂有桂枝汤与小建中汤之妙。

（以上时珍所言均引自《本草纲目》）

[《时珍国药研究》1995；(6) 2：2]

试论伤寒学研究之历史分期

万晓刚 湖北中医学院

考诸文献，对伤寒之研究，可上溯至《内经》。而东汉《伤寒杂病论》之问世，则标志着伤寒学说理论体系的形成。自此以降，尤自唐宋始，有关伤寒学之研究，其势如江河奔流，一日千里。据统计，其著作逾千家，论文以万计，硕果累累，成就斐然，对中医学体系之影响，极为重大而深远。纵观其发展过程，实属源远流长。而从宏观之历史角度，对伤寒学说研究进行整体性阐论者，相形欠缺。故而本文以古今文献为据，拟对伤寒学研究之发展过程试予分期。

无庸置疑，学术研究必然受社会经济及时代之影响，但“问题在于，社会现象，除了这个共同点之外，还有自己的专门特点，使社会现象相互区别，而这些专门特点对于科学最为重要。”[1]因此，笔者赞同何氏之观点：中国医学和中国医学史本身所固有的专门特点及其发展规律，是其历史分期之首要理论原则[2]。伤寒学研究之历史分期也应根据这一原则。否则，有可能割裂其发展过程之延续性，难以揭示其继承与发展之内在关系。其次，能够体现阶段性特点之标志性事件，也是其分期的重要依据。

根据上述原则，本文将伤寒学研究发展过程划分为五个时期，试述如次。

学说形成时期（先秦～公元219年）

伤寒一词，见于《内经》。而对伤寒之研究，早于《内经》者，间或有之，如甲骨文资料即有“祸风”“病疫”等词，这可能是有关广义伤寒病的最早文字记录。《山海经》亦有类似记载，然均未明确提出伤寒概念，且片言只语，实难与《内经》相媲。《内经》著于先秦迄西汉年间，故伤寒之研究，暂可确定始于先秦，殆无疑辞。至东汉末年，《伤寒杂病论》之问世，标志着伤寒学说理论体系之形成。是书著述之确切年份，本无文献记载，今多据其自序推论，当著于建安十年（205）至仲景卒前（219）一段时期。

此期之特点是对伤寒概念、性质、范畴、脉症、治法、方药进行初步研究，并逐渐形成系统理论。如《内经》论述其概念、性质和脉证治法；《难经》“伤寒有五”之范畴规定；淳于意运用清养兼施之治法方药于临床[3]等，皆为伤寒学理论体系之形成奠定了基础。至东汉末，仲景撰著《伤寒杂病论》，集前期研究之大成，创立了外感热病六经辨证之理论体系，伤寒学说方始形成。

传抄整理时期（219～1065）

伤寒学研究，其内涵本指对广义伤寒（外感热病）之研究，而《伤寒论》作为其研究之经典著作，对后世影响极大，故而有关伤寒学之研究，多以之为中心。伤寒学研究因此分为四个方向：对广义伤寒之研究；对《伤寒论》之研究；对广义伤寒和《伤寒论》研究之研究；多方面交叉渗透性研究。而以对《伤寒论》研究为其主要方向。自是书问世以后一段时期，治伤寒学者，不乏其人。据《外台秘要》所载，即有王叔和、葛洪、范东阳、陈延之、巢元方、孙思邈等。其研究内容，因史料阙如而难窥全貌。唯《伤寒论》一书，分合隐现，辗转传世，尚有脉络可循。因此可将东汉末至宋校《伤寒论》这一阶段，姑且名为《伤寒论》传抄整理时期。其间，西晋王叔和首次编次整理，厥功甚伟。陈延之著《小品》予以引用[4]；而孙思邈于《千金翼方》载原文430条、方90首，较完整地保存了《伤寒论》之内容。至宋时，王怀隐编撰《太平圣惠方》，曾予收录。而林亿等人奉旨校刊医籍，则以据考证认为属南朝或初唐年间之高继冲传本为蓝本，“校定张仲景《伤寒论》十卷，总二十二篇，证外合397法，除重复，定有一百一十二方”（宋刻《伤寒论》序），印行于世，结束了长达800余年的传抄时期。

此期之下限，即林亿校刊年份，学术界多含混其辞，认为约在1068～1077年间。今查明·赵开美《仲景全书》刻本所附《国子监刻书表》：“治平二年二月四日，进呈，奉圣旨镂版施行”，则其下限可确定为治平二年（1065）。

这一时期除以传抄整理为其主要特点外，也进行有关治法、方药临床运用规律之研究。如王叔和之诸法宜忌、孙思邈之方证相附等，对后世之研究也很有影响。

偏重临床运用时期（1065～1144）

此期始于宋刻《伤寒论》后，终于成注《伤寒论》前，持续时间约80年。其间因宋、辽、金等国之间战乱绵延，疫疠流行，民众多疾，于医药之需求，甚为迫切。官方曾因《伤寒论》等医书纸墨价高，而别作小字雕印出卖，以应所需。故而在此阶段，以继承整理为其基础，伤寒学研究自然渐转于较有系统地运用六经辨证方法治疗外感热病的临床探索时期。其研究特点基本可概括为四点：注重广义伤寒之温热类疾病；方药的大量增补，尤以寒温并用和寒凉剂为多；重视阴阳、表里、寒热、虚实的辨别；病、证、脉、症辨析及医案之记述。其代表性医家，以朱肱、庞安时、许叔微最为著名，

值得指出，朱肱所著《类证活人书》，影响颇为深远。其六经经络说，开六经理论研究之先河，而对现代六经实质之研究，仍有指导意义。

理论与临床并重时期（1144～1894）

宋绍兴十四年（1144），成无己撰成《注解伤寒论》，为全面注释《伤寒论》之先驱者。是书之作，标志着伤寒研究进入了理论与临床并重之全面发展时期。由是注家蜂起，诸子争鸣。注释、阐论、发挥、验证，层出不穷，仁智互见，极大地丰富和发展了伤寒学说。其研究特点大要有三：

1. 六经理论学说：自朱肱六经即足六经之说启其端，历代医家各倡其说。汪琥继承朱肱之说：柯琴提出六经地面经界说：俞根初倡言六经形层说（而其所论之伤寒，又系包括多种温热病证的“广义伤寒”）；张志聪主张六经气化说等，或引经据典，或自阐新义，深化了六经本质之认识。

2. 临床运用探讨：继前期之研究成果而深化推广之。徐灵胎等继孙氏以方类证而别有新意；尤在泾等取王氏治法之学，以法类证却迥异其趣；陈修园等提倡分经审证之说，似更符合六经辨证临床运用之原理。它如舌脉、证症、方药之辨析补亡等，均从不同角度推动了六经临床运用之研究。

3.《伤寒论》著作整理：以陈修园为代表之维护旧论派，与以方有执为代表之错简重订派，在原著编次问题上，针锋相对，互不见容。虽各有所取，然均失偏颇。

另外，在这一时期，广义伤寒赅括之温热类疾病，其研究发展甚快，终于脱却伤寒，另立新说。

综合研究时期（1894年～现代）

约于17世纪中后叶，西方实验医学始行东传，中医学术研究渐受影响。这一趋势曾反映于《医学原始》（王宏翰）、《中西医粹》（罗定昌）等著作中。而吸取西学研究伤寒之先行者，应是西蜀唐宗海。其《中西医书汇通五种》及《六经方证中西通解》之成书，标志着伤寒研究进入了一个新时期。关于《中西医书汇通五种》之成书年限，各说不一[5～7]，而以《血证论》著述较早（1884），似无疑义。在《血证论·凡例》中，曾言“外有《中西医判》《六经方证通解》两书……今已刊出”。由此推论，其成书年份可能更早。然而邓其章所撰之《伤寒论浅注补正·序》成于光绪二十年（1894），与前相悖。为稳妥起见，本文暂将上述医书之著成下限定为1894年，并以之为此期之上限。

这一时期的研究范围基本继承了前期的特点：原著编次整理与校勘翻译；六经本质理论研究；六经辨证方法临床运用规律探索；经方临床运用之推广等。然而，其最具特征性者，在于研究方法和手段之多样化和现代化。唐氏取西学以衷中，实启多法综合研究之开端。随着科学技术的迅猛发展，这一趋势更形明朗化，而尤以近20年为著。计算机、系统论、耗散结构、生物化学、物理学、生理学、病理学等新学说、新方法和新技术的引进，及其与传统研究方法之相互结合，为伤寒学之研究展示了广阔的前景。中外学术交流之扩大，同时也使伤寒研究呈现出国际泛化趋势。

总而言之，大范围、多途径、新方法，普及与提高结合，继承与创新并重，是这一时期之研究特点，同时也是伤寒学研究之发展方向。

参考文献

[1] 斯大林. 马克思主义和语言学问题. 北京：人民出版社，1971：27.
[2] 何爱华. 中国医学史分期之我见. 中华医史杂志，1988；18（3）：142.
[3] 彭坚. 淳于意对外感热病治疗学的贡献. 中华医史杂志，1983；13（4）：204.
[4] 马继兴. 《小品方》残卷研究. 中国医药学报，1986；1（3）：47.
[5] 赵洪钧. 中西医汇通思想初考. 中华医史杂志，1986；16（3）：145.
[6] 甄志亚主编. 中国医学史. 上海科学技术出版社，1984：146.
[7] 孔建民. 中国医学史纲. 北京：人民卫生出版社，1988：269.

[《中华医史杂志》1995；25（2）：89]

明代《伤寒论》研究对后世的影响

欧阳兵　山东中医学院

在《伤寒论》研究史上，明代是承前启后的重要时期。总体上论，明代的《伤寒论》研究，尤其是前中期的研究，实际上是以《伤寒论》为核心的广义伤寒病的研究。这与宋元时期一脉相承。这种研究的不断积累、不断深化，导致了外感热病认识上的飞跃，即温病学说的形成。自方有执大倡重编修辑《伤寒论》，到张遂辰力主“悉依旧注”。及至吴又可《温疫论》问世，明代《伤寒论》研究之范畴逐渐向《伤寒论》原文复归。这种研究范畴

的转变，对后世的《伤寒论》研究具有重要意义。清代及其后《伤寒论》研究的不断深入，较大程度受益于这一转变。明代《伤寒论》研究对后世的影响，首先表现在温病学说直接受其催化而趋于成熟，其次突出表现在以下三方面。

一、明刻本《伤寒论》为后世提供了研究依据

自北宋治平二年（1065）林亿等氏校定《伤寒论》，至明万历年间，凡500余年。雕版印刷术愈趋兴盛，医籍刊行量日增，宋本《伤寒论》有否复刻已难考据。依现有文献记载，至明末宋本几濒于绝世。明代著名藏书家和校雠家赵开美，于万历二十七年（1599）摹刻宋本《伤寒论》于垂绝之际，对《伤寒论》的传世和后世的《伤寒论》研究具有不可估量的贡献。赵氏复宋本的特点是逼真宋版，校对精细。因其特点，加之北宋原刊今已失传，故今人又称赵氏复宋本为“宋本”，足见赵氏功绩之大。成无己注解本自金大定十二年（1172）首次刊行，迅即成为元明间流传最广的《伤寒论》传本。然其大量传诵，有赖明人的多次复刻。既知的明刊本近十种。其中汪济川刊本刻印俱佳，是今传世的范本。赵开美《仲景全书》本亦字画清楚，书品甚良。明代以后乃至今日，宋本和成注本一直是最权威的传本。可以认为，后世的《伤寒论》研究得益于明人之复刻，否则学无所凭。

历史上，官方对《伤寒论》的校定整理始自北宋，治平本是其成果。清代吴谦的《订正仲景全书·伤寒论注》是具有官方性质的第二次整理。吴氏对《伤寒论》之修订，主要依据了赵开美校刻的《仲景全书》，由于《伤寒论》流传既久，残缺不全，存者编次传写多误，故吴谦等欲正其错讹，删繁补遗。受方有执影响，吴氏在篇次上重新作了编排，在条文订正上则以《仲景全书》为准，吴氏以经文中凡错简遗误，文义不属，应改补删移者，审辨精考，用不同符号标明于条文之中，并加按语于条文之下。共订正原文70余条，列为“正误篇”。对整节舛谬，“证不与脉符，药不与病合，虽有是方，世无其病，即有其病，难用是药，承讹袭谬，无济实用”[1]的35条原文，列为“存疑”篇，以志阙疑。吴氏的这些研究，均建立在赵开美校刻《仲景全书》的基础上。

清代治《伤寒论》者，在考据和文字训诂方面做了大量工作。如日人丹波元简的《伤寒论辑义》，以赵开美复刻的治平十卷本与《外台秘要》《千金》《金匮玉函经》互证，考其异同。实为一部《伤寒论》早期传本的对校本，对研究《伤寒论》原貌多有启示。山田正珍《伤寒论集成》既重文字之训诂，又及医理之阐发，凡自一字一语之义，至于各章全篇之旨，必正其出处，探其意蕴。伊藤子德《伤寒论文字考》《伤寒论文字续考》专于《伤寒论》文字之训诂及语法研究，旁征博引，议论精深。此类校勘训诂成果的取得，大多得力于明人校刻《伤寒论》。即便是现今的《伤寒论》研究，亦以明人之校刻为主要依据。

二、重编整理导致了后世编次方法之多样

明代之前，许多医家根据自己的理解，运用类证等方法对《伤寒论》原文重新归并，目的在于阐明仲景辨证论治规律。明代伊始，王履、黄仲理等发其端，方有执和其后，对仲景《伤寒论》旧貌颇多推究。尤其是方有执《伤寒论条辨》问世，重编求旧之风日甚，对后世影响极大。

首追方氏而大兴重编之法的是清初名医喻昌。喻氏认为，《伤寒论》十卷为劫火之余，仅得之口授，其篇目前后差错。赖有397法、113方之名目，可为校正。王叔和编集时多附以己意，林亿校正、成无己诠注中，往往先传后经，以叔和纬翼之词，混编为仲景之书。“惟方有执作《伤寒论条辨》，削去叔和序例，大得尊经之旨。太阳三篇，改叔和之旧，以风寒之伤营卫者分属，尤为卓识”[2]。于是将太阳篇编次方法明确为“三纲”。其《尚论篇》在方氏基础上进一步整理，以冬伤于寒、春伤于温、夏秋伤于暑为主病大纲。四序之中；以冬月伤寒为大纲。伤寒六经之中，以太阳为大纲。太阳经中，又以风伤卫、寒伤营、风寒两伤营卫为大纲。其于《伤寒论》原文则六经各自为篇。其中太阳篇中的类伤寒证、少阳证等，依六经纲领归入它篇。少阴病则分寒化、热化两类。合病、并病、坏病、痰病四类附三阳经末，过经不解、差后劳复病、阴阳易病三类附三阴经后。又专写一篇以辨叔和编次之失，另写一篇，辨林亿、成无已校注之失，并驳正王叔和序例二篇。此后舒诏《伤寒集注》、吴仪洛《伤寒分经》、沈明宗《伤寒六经辨证治法》、高学山《尚论辨似》等，篇章次第一本喻氏。而张璐、程郊倩、程知、钱潢等，则在《尚论篇》基础上进一步调整。如张璐《伤寒缵论》太阳篇遵方、喻三纲，少阳篇则以经、府分证，三阴经以传经、直中、坏证分类重编。钱潢《伤寒溯洄集》主张以法类证，如太阳中风证治分正治、坏病、失治、火劫、误吐、误汗、蓄血等，伤寒证治则分为正治、

失治、禁汗、误汗、误下、蓄血等，而分经证治之中又贯穿方、喻“三纲鼎立”说。周扬俊《伤寒论三注》则以三阳分经府证，三阴分寒化热化。这些医家在具体编次上各具其长，但总未脱方、喻“三纲”窠臼。三纲分类方法亦经诸多医家不断改进，六经辨证的框架更加明朗，而不失为一种条理清楚、系统性强的编次方法，利于阐明《伤寒论》辨证论治规律。当然，用风伤卫、寒伤营、风寒两伤营卫来解释桂枝汤、麻黄汤和大青龙汤的方证机理，则过于机械教条，既不合《伤寒论》原旨，亦不切合临床实际。

在方有执影响下，吴谦代表官方纂注的《订正仲景全书·伤寒论注》亦对篇次重新作了编排。他如柯琴、徐灵胎之以方类证，尤在泾之以法类证等多种编次方法，不同程度地带有方、喻影响之痕迹。方有执大倡的重编整理之风，其影响迄今不衰。

三、学术论争深化了后世的《伤寒论》研究

学术争鸣是科学发展的重要内动因。与方有执观点相悖，张遂辰等家认为，《伤寒论》赖王叔和编次得以较完整地流传。成无己不仅没有曲解仲景之说，而且引经析义，实为诸家所不及。遂辰门人张志聪、张锡驹遵从遂辰基本观点，又颇多发挥。其后陈念祖亦附和三张之说，认为叔和编次《伤寒论》有功千古。以至明末清初之际，围绕《伤寒论》篇次编排等问题形成了激烈的学术争鸣。这种论争的表面形式是关于《伤寒论》篇章结构的编排次序，及有关内容之取舍。其出发点则是不同医家对《伤寒论》辨证论治思想的不同理解，论争的实质是如何更好地阐明《伤寒论》辨证论治精髓。因此，在论争过程中，众多医家无不综合运用注疏训解、编次整理、考据校勘等不同方法，研究和阐发《伤寒论》辨证论治规律。从而深化了《伤寒论》研究水平，使《伤寒论》研究更趋成熟和兴盛。在这种激烈论争的浓厚学术气氛中，其他医家的《伤寒论》研究也有较大进步，形成了多层次、多角度探讨《伤寒论》辨证论治规律的局面。如柯琴《伤寒来苏集》为代表的以方类证，尤在泾《伤寒贯珠集》的以法类证，沈金鳌《伤寒论纲目》的以症类证，包兴言《伤寒审证表》的分经审证等，均从不同角度阐明了《伤寒论》辨证论治思想。并由外感伤寒之辨证，渐次发展为内伤杂病之辨证指导。

始自明末的伤寒学派内部的学术论争，影响巨大而深远。直至近代，诸多伤寒学者及其著作中，仍深深打上了明清学术争鸣的烙印。

本文蒙徐国仟教授审正，谨致谢忱。

参考文献

[1] 吴谦等. 医宗金鉴（第一分册）. 北京：人民卫生出版社，1980；404.

[2] 严世芸. 中国医籍通考（一）. 上海：上海中医学院出版社，1990；402.

[《中华医史杂志》1995；25（2）：92]

从细胞和细胞因子水平看《伤寒论》六经学说

杨麦青　辽宁大连外贸局医院

《伤寒论》是一部临床病理生理学，凡急性热性病伴有全身性机体反应发生，发展及其转归者，均属伤寒。其间显示为炎症、微循环障碍，发热、水电解质代谢和酸碱平衡紊乱、缺氧、休克、毒血症、弥散性血管内凝血（DIC）以及心力衰竭、呼吸衰竭等不同病理时相。轻者仅演进一、二阶段“不传”而“自止”，重者“传经”“直中”“合病”“并病”，迅兼数个阶段，“难治”“不治”而趋向死亡。

对于《伤寒论》中“六证”分证及其“传经”实质的认识，随着现代医学之进展，可进一步达到细胞及细胞因子水平。

一旦外邪内受，病原微生物因子如细菌、病毒通过吸附、侵入、繁殖、扩散，立即招致机体自稳态急剧紊乱。视病原微生物种属差异，毒力大小、深度、数量、侵袭力如何；机体抵抗力（包括年龄、季节、环境、精神因素、体质因素、营养状态等）降低或易感性、敏感性增高情况，发生不同的应答反应。亦即《伤寒论》中的“发于阳也”的抗损害反应，和“发于阴也”的损害反应。

不同器官的血管平滑肌受体，不只对平时交感神经释放的递质 NE 等起反应，也对血液中儿茶酚胺及各种递质起反应。细菌、病毒及其产物可激活体内某些潜在系统（包括交感—肾上腺体质系统、补体系统、激肽系统、凝血与纤溶系统），产生各种超生理剂量的生物血管活性物质，以及炎症介质、内源性有毒物质等。在此等物质的不同浓度、量的作用下，结合机体的不同器官、系统的功能状态以及不同作用时间，临床就出现了不同时相的病理生理症候群，亦即进入《伤寒论》中六经病。

一、太阳病

太阳病是急性热性病初始阶段。论中除：“伤寒所致，辨太阳病痓、湿、暍，此三种宜应别论”外，列中风、伤寒、温病为太阳病辨证纲目。条文有：“太阳病，发热，汗出，恶风，脉缓者，名为中风。”“太阳病，或已发热，或未发热，必恶寒，体痛，呕逆，脉阴阳俱紧者，名曰伤寒。”“太阳病，发热而渴，不恶寒者，为温病。”

病原微生物侵入机体作用部位后，如未被局部免疫功能所清除，则经一定时间繁殖后（潜伏期）使机体发病。如肺炎球菌靠其荚膜侵袭力吸附，侵入呼吸道黏膜，细胞分裂、增殖；流感病毒则吸附、穿入细胞内增殖、脱壳、释放。细菌、病毒毒素，除引起上皮细胞破坏、黏膜充血、水肿细胞脱落等局部病理改变外，其毒素入血，引起发热、恶寒等全身症状。

若细菌、病毒数量少，毒力弱，突破黏膜屏障时则为分泌型 IgA 所粘附，继为吞噬细胞所吞噬，可使疾病顿挫或止于轻型。

病原体为外源性致热原，如内毒素分子量大，难通过血脑屏障，不能直接作用体温调节中枢。每待激活吞噬细胞合成释放内源性致热源（EP），方可达到体温调节中枢，以 PGE，cAMP、单胺等为介质，使体温调定点上移，引起发热。其“或已发热”，即已产生 EP；“或未发热”，就是等待吞噬细胞合成释放 EP 的前过程。

细菌内毒素可直接使交感神经兴奋，释放 NE 作用于体表微循环 α 受体，使体表细动脉收缩引起寒颤、竖毛反应。若毒素量小，释放的 NE 量少，不足以引起微循环收缩，不致影响汗腺分泌，即“汗出，恶风”之中风；若毒素量稍大，NE 释放多，微循环收缩影响汗腺分泌，即“无汗”“恶寒”之伤寒。中风用桂枝汤，伤寒用麻黄汤，皆为扩血管药物，辛温解表，调正体表微循环，借以恢复局部黏膜组织的正常免疫防卫功能。

炎症损伤直接和间接作用于各种细胞（白细胞、血小板、吞噬细胞等）合成前列腺素（PGE）、组织胺，5－HT 等。PGE 可抑制交感神经末稍释放 NE，且可使体表微循环舒张，推测若 PGE 合成在血中浓度较高，且 PGE 又为 EP 介质易导致发热，此时则表现为“不恶寒，反恶热”的温病。又炎症介质中 PGE 和低浓度的 5－HT、组织胺、缓激肽均有致痛作用，故太阳病可“头痛”“体痛”。

若分子量较小或对中枢神经系统有选择性的病原微生物（如脑膜炎双球菌、乙型脑炎病毒等），可通过血脑屏障，出现“身重，多睡眠，鼻息必鼾，语言难出”，“惊痫”，“瘈疭”，“直视失溲”，“口不仁”，“面垢”，“谵语”等中枢神经系统症状，此属“内温”，或“三阳合病”。“太阳温病”用麻杏甘石汤，“阳明温病”用白虎汤，重用石膏，降低脑内 Na^{+}/Ca^{2+} 比值，调控离子平衡达到降热。

若病原体毒力甚强，免疫力极度低下，吞噬细胞合成释放 EP 少，可不发热，迅即发生“少阴直中”，故少阴病条文亦见于太阳病篇中。

二、阳明病

“阳明之为病，胃家实也。”“何缘得阳明病?”“太阳病，若发汗，若下，若利小便，此亡津液。胃中干燥，因转属阳明。”一语道破了阳明病的由来和底板。太阳病恶寒，立毛肌收缩，出现散热障碍，同时引起骨骼肌微循环舒张（因其血管平滑肌为 β^{2} 受体，对 NE 为舒张效应）骨骼肌细动脉又受交感舒血管神经纤维支配，释放的递质为乙酰胆碱（Ach），可引起汗腺分泌汗液。其后交感神经紧张降低，皮肤小动脉舒张，动静脉吻合枝开放，皮肤血流量剧增，提供汗腺分泌所需水分，遂使汗腺分泌活动增强。此时，阳明自汗，波澜摇动，蒸蒸发热，但热无寒。肝及肌糖原大量分解，使产热量增多故“大热”。汗液蒸发，故“大渴”。血管血流加速，容量增大，故“伤寒三日，阳明脉大”。此为“阳明经证”，用白虎汤清里热。有实验用 0.9%/NaCl 溶液给动物作脑室灌流，可使体温上升 2℃，若向灌流液中添加 $CaCl_2$，则可抑制上述发热反应[1]。重用石膏，可能降低 Na^{+}/Ca^{2+} 比值。有人提出细胞内消耗能量最多的是钠泵（Na^{+}，K^{+}－ATP 酶），钠泵消耗能量占整个细胞总能量 40～60%。有报道知母皂甙元能抑制钠泵活性[2]。

病原微生物毒力强，机体抵抗力旺盛，体内糖、脂肪、蛋白质分解增强，机体代谢率高达 60%，故高热持续。久之，细胞内氧供应相对不足，有乳酸，酮体堆积，机体出现负氮平衡状态，抵抗力下降。体液消耗，出现脱水，氯化物潴留，消化腺分泌液减少，胃肠蠕动能力减弱，食糜停滞，肠内发酵，腐败过程增剧。蛋白分解产物，氨生成增多，硫化氢、组织胺、吲哚等再吸收，遂转成为“潮热”“谵语”“有燥尿”“大便硬”“腹满痛”的“阳明腑实”证。机体在持续发热状态下肠道菌群大量繁殖，且菌种比例变动，毒力剧增。细菌内毒素经门脉大量吸收入血，出现“若剧者，发则不识人，循衣摸床，惕而不安，微喘直视”。“独语如见鬼状”或“目中不了了”“睛不和”等重笃症状，故需用大承气汤，荡涤肠腔污垢，以硝、黄下其气，改善全身尤其脑细胞中毒状态。有报道承气汤类可使内毒素血症阴转率明显提高，并有脑室灌流液中PG水平下降，与肛温下降呈正相关，说明降低中枢神经介质可起降温作用[3]。

其余阳明中寒用吴茱萸汤，阳明蓄水用猪苓汤，脾约用麻仁丸，发黄用茵陈蒿汤，其定位均与消化道虚寒或热结有关，故诸方证亦列入阳明病篇。

三、少阳病

“少阳之为病，口苦，咽干，目眩也。”太阳病病邪深入，阳气盛则传入阳明，阳气衰则直中少阴。若“血弱气尽”，正气虚不足以固腠理，“邪气因入，与正气相搏，结于胁下”。或太阳病不解，邪气微，乃转入少阳。少阳病发热、恶寒同太阳病，唯寒热不齐，各相回避，一往一来，势若两分。少阳病因何往来寒热，休作有时？缘于少阳自受寒邪，阳气尚少，不能发热，至五、六日郁热内发，始得与寒气相争，或太阳伤寒过五日，阳气已衰，而余邪未尽故也。据此推测少阳病和体内免疫系统功能有关。少量病原体吸附、侵入机体作用部位，如卫气不足，细胞免疫功能低下，某些细胞因子产生不足，EP合成释放少，故至五、六日始得发热。或病原体毒力微，不能激活交感神经末稍释放足量NE，导致持续恶寒，仅为少阳中风。故既不在表，即非体表微循环收缩之太阳病；又不在里，又作热反应亢盛之阳明病；此即半表半里，实为非表非里之少阳病地面。

以外邪而论，凡毒力相对较弱之病原微生物种属，如普通感冒病毒、肝炎病毒、结核杆菌、疟原虫所致之，若干轻型呼吸道感染、肝炎、结核病、疟疾等临床症状，多呈少阳病状；且受累部位多在胸胁，甚或伴有胸膜、腹膜等浆膜改变。

以病情而论，少阳为游部，其气游行三焦，循两胁，输腠理。相火上走空窍，故有：“口苦，咽干，目眩”；少阳枢机不利，便见：“胸胁苦满，嘿嘿不欲饮食，心烦喜呕，或胸中烦而不呕，或渴，或腹中痛，或胁下痞硬，或心下悸、小便不利，或不渴、身有微热，或咳”等或然症状，多是上述诸感染性疾患的或然症状，每为消化腺细胞分泌功能紊乱。消化道有大量消化腺，分泌消化液，含有机物，离子和水。腺细胞分泌大量酶原颗粒，受到分泌刺激后由细胞顶端排出。胃肠道还释放多种激素和肽类，如胃泌素、胆囊收缩素，促胰液素、VIP、GIP、P物质等，有的作用于同一靶细胞受体上相互竞争，作用机制，颇为繁杂。植物性神经对胃肠道有调节作用，刺激副交感神经可引起胃肠肌肉兴奋，消化腺分泌增加，刺激交感神经引起活动抑制，植物神经紊乱可导致消化腺分泌功能紊乱。

机体受细菌、病毒侵袭，交感神经末稍释放NE，导致唾液腺分泌减少，胃肠道蠕动及分泌功能异常，遂出现：口苦、咽干，“痞”“痛”“利”“呕”等或然症状。消化腺中前人以胆为有形，故少阳腑证为胆。因浆膜、淋巴液为无形，故少阳经证为三焦。少阳病无论经证、腑证，均以小柴胡汤和之。

有人以B超观测服小柴胡汤后胆囊的形态学改变，证实有利胆作用[4]。有报道小柴胡汤可改善感染小鼠的细胞免疫功能，及腹腔巨噬细胞吞噬杀菌能力。吞噬细胞呈活跃状态，细胞体明显增大，伪足增加，胞核浓缩变小，胞浆空泡增多，吞噬率、吞噬指数均提高[5]。

少阳病兼表由太阳传入者用柴胡桂枝汤；兼里者转属阳明用大柴胡汤、小柴胡加芒硝汤；“痞”可选用诸泻心汤；”痛”用黄连汤，“利”用柴胡桂枝干姜汤；“呕”是少阳本证，仍用小柴胡汤。

四、太阴病

“太阴之为病，腹满而吐，食不下，自利益甚，时腹自痛。若下之，必胸下结硬。”太阴病提纲是内伤寒，不是外感，脾脏有寒，不能为胃行其津液，故下利也。太阴病主证为呕吐、下利、腹痛、腹满等消化道功能紊乱症候群。其后演进为水电解质代谢紊乱和酸碱平衡紊乱，导致明显细胞内外液改变。水和电解质广泛分布于细胞内外，受神经内分泌调节保持动态平衡。体液中细胞内、外液的交换，水和电解质（钠、钾等）以及PH的相对稳定，对保持机体正常活动至关重要。如稳定机制破坏，则直接影响细胞代谢功能，影响生命活动的生理、生化进程，从而使全身各器官、系统的机能代谢发生障碍。

肠道黏膜均具有吸收、分泌水和电解质之功能。吸收是小肠绒毛上皮细胞和大肠表层细胞的功能，分泌则是小肠隐窝细胞功能。水的转运是由电解质经细胞膜主动转运造成渗透压差所引起的。吸收是电解质从上皮细胞一侧进入细胞，从另一侧进入细胞间隙，钠氯协同转运，钠进入细胞后在底侧和旁侧细胞膜，通过 Na^-、K^+ – ATP 酶泵出细胞至细胞间隙，因渗透压增高使肠腔水分渗入细胞间质进入血循环。分泌可视同吸收的相反过程，细胞内信息传递产生的各种分泌刺激，使隐窝细胞内Cl^-通透性增加，由细胞分泌至肠腔。氯的分泌伴随钠转移，遂形成渗透压差，使分泌液含大量水分进入肠腔。

细菌肠毒素（如霍乱弧菌、沙门氏菌属、致病性大肠杆菌等）能穿过细胞膜激活腺苷酸环化酶，使细胞内 ATP 生成过多 cAMP，促进肠液大量分泌，并抑制黏膜上皮细胞对钠的吸收，促使 Na 和水向肠腔渗透，导致严重脱水。

某些肠毒素可使肠上皮嗜铬细胞释放 5 - HT，促进乙酰胆碱及血管活性肠肽（CIP）分泌释放，增强肠道分泌及蠕动功能，引起腹泻。

一些更为强烈的细菌内毒素和痢疾杆菌，则可引起一系列毒血症症状，如高热、神志障碍、中毒性休克。

“太阴病，脉浮者，可发汗，宜桂枝汤。”是外合太阳为太阴经证，指腹泻之轻者。“自利不渴者，属太阴，以其脏有寒故也，当温之，宜四逆辈。”是内并少阴，为太阴脏证，指脱水之重者，多为低渗性脱水，失钠多于失水，细胞外液低渗，水向细胞内转移，故不渴。

其余“小便不利”者用五苓散化气行水；“腹满”低血钾者用厚朴生姜甘草半夏人参汤。至若中毒性痢疾所引起的下利；“少阴病，自利清水，色纯青，心下必痛，口干燥者，急下之，宜大承气汤。”为阳明、“少阴三急下证”，虽下利亦不列入太阴病篇中。

五、少阴病

“少阴之为病，脉微细，但欲寐也”。此微细之病脉，欲寐之病情，以示正气之虚，故少阴篇中历言死证。

少阴病本态是心血管衰竭综合征，即心力衰竭与休克。心力衰竭乃指泵衰竭，心血输出量减少，远不能适应全身组织代谢需要的一种病理过程。常见原因为心脏负荷过重、心肌代谢障碍、弥漫性心肌损害引起的心肌收缩性减弱。从受累部位先后，可分为左心衰竭或右心衰竭，乃至全心衰竭；从细胞水平来看是心肌细胞缺氧。

正常情况下交感神经递质 NE 与心肌细胞膜上β_1受体结合，激活腺苷酸环化酶使细胞内 ATP 转变为 cAMP，促进细胞外Ca^{2+}内流，细胞肌质网释放Ca^{2+}进入胞质，胞质内Ca^{2+}浓度升高，激活心肌细胞进行“兴奋 - 传导 - 收缩”。正常心肌复极化时，心肌细胞肌质网的 ATP 酶被激活，使胞质中Ca^{2+}逆浓度差被摄取到肌质网保存，一部分Ca^{2+}被运出细胞外，Ca^{2+}浓度降低，心肌舒张。

缺氧时心肌内 NE 量少，细胞膜 β 受体敏感性降低，cAMP 生成不足，使Ca^{2+}内流减少，肌质网摄取Ca^{2+}减少，产生心肌兴奋——收缩偶联障碍。

肺内感染、肺炎、肺水肿、呼吸衰竭等引起外呼吸功能严重障碍，内吸过程中血液携带血氧和CO_2的功能降低时，均可引起心肌细胞缺氧。

“少阴病，四逆，其人或咳，或悸，或小便不利，或腹中痛，或泄利下重者，四逆散主之。”是指少阴病初期，病因来自呼吸道或消化道感染者，机体尚有代偿能力，多呈“少阴热化”症状。

“少阴病，二三日不已，至四五日，腹痛，小便不利，四肢沉重疼痛，自下利者，此为有水气。其人或咳，或小便利，或下利，或呕者，真武汤主之。”此为失代偿期，水气凌心之“少阴寒化”证，每为心力衰竭。

少阴病在末稍循环改变方面表现为低血压倾向、低血压、休克。休克时组织灌流压降低，可归咎于心血输出量减少，每起因于感染性休克时外周血管扩张。机体受强烈细菌毒素损害，使处于“应急”状态，遂过度兴奋交感—肾上腺髓质，释放大量儿茶酚胺入血，使全身大部分末稍血管收缩（主要是体表、肾、腹腔内脏器官微循环细动脉收缩），保持心、脑血流供应。并促使心肌收缩加强，心率加快，虽是损害反应，尚有一定代偿意义，属微循环缺血期。而另一方面体内合成 PGE 抑制 NE 释放和或内毒素激活组织胺、激肽等释放，逐步促进体表小动脉由收缩转为扩张，为高排低阻性休克、暖休克，属“少阴热化”证。若外周血管继以收缩为主，则为低排高阻性休克、冷休克，属“少阴寒化”证。“少阴热化”用四逆散，有报道：四逆散能增加心脏泵血功能[6]；具有抗内毒素休克作用[7]，对Ca^+内流有一定阻抑作用[8]。“少阴寒化”用四逆辈，有报道：四逆汤能增强在位和离体心脏的收缩性；有改善内毒素休克微循环作用[9]。其中间型用四逆散加附子。

若微循环持续收缩、痉挛，则皮肤、肾、腹腔内脏处于严重缺血、缺氧状态。组织、细胞中糖无氧酵解加强，大量乳酸、酮体堆积，出现酸中毒，细动脉对 NE、E 反应性降低开始松驰，细静脉仍收缩，形成微循环淤血期。心、脑、肾、肺均发生功能变化，如心力衰竭、脑水肿、肾功能衰竭、休克肺，皆可发生。若再持续缺氧，则进入休克晚期使细胞中有氧氧化减弱，酸中毒，线粒体氧化过程障碍，ATP 生成大为减少，细胞膜上的钠泵

(Ca^{2+}、K—ATP 酶)运转失灵，细胞 Ca^{2+} 增加，K^+减少，渗透压增高，引起细胞水肿。溶酶体膜稳定性被破坏，溶酶体释出引起细胞变性、坏死，网状内皮系统严重受损，机体免疫力减退、消失。此外严重缺氧、酸中毒，亦可损伤血管内皮细胞，使胶原暴露，激活内源性凝血系统，导致 DIC。

故少阴篇中有“吐，利，躁，烦，四逆者死。”“下利止而头眩，时时自冒者死。”四逆，恶寒而身踡，脉不至，不烦而躁者，死。”“息高者，死。”“烦躁不得卧寐者，死。”“必便血也。”“但厥，无汗，而强发之，必动其血，未知从何道出，或从口鼻，或从目出，是名下厥上竭，为难治。”从一系列连锁症状精确地归纳了少阴病是心血管衰竭综合征。

六、厥阴病

“厥阴之为病，消渴，气上撞心，心中疼热，饥而不欲食，食则吐蛔，下之利不止。”厥阴提纲是温病而非伤寒。厥阴主热，故“消渴”，火气上逆，故“气上撞心，心中疼热”；脾气陷下，故“饥而不欲食”；上热下寒，故“下之利不止。”除提纲外复有“发痈脓”“唾脓血”“其喉为痹”“便脓血”“便血”“下利厥逆”“烦躁”“躁不得卧”“肤冷、躁无暂安时”等症状，构成了中毒、败血、脑症候群。手足愈寒，肝胆愈热，论中又用“厥深者热亦深，厥微者热亦微”，阐明机体中毒性反应与微循环改变之同步关系。中医学以厥阴主肝，其本态是肝具有解毒功能；当休克晚期，体内有毒物质骤增，肝解毒功能障碍，则出现中枢神经系统的中毒性反应。故中枢神经系统之改变，与“肝”同义。

几乎所有热性病都有血细胞和体液化学成分的变化，包括血浆源性炎症介质（血浆内凝血、纤溶、激肽和补体的部分活化产物）、组织源性炎症介质（组胺、5—HT、PG、溶酶体成分等）的增加。其改变程度往往取决于病原微生物毒力大小与疾病演进的持续时间。如毒力强的菌属、毒株如乙链、金黄色葡萄球菌、脑膜炎双球菌、痢疾杆菌等细菌，可使血管内皮细胞损伤胶原暴露，Ⅻ因子被激活，血小板聚集，介质释放，内源性凝血系统反应加速，相继激活纤溶、激肽和补体系统，又网状内皮系统吞噬大量坏死细胞、细菌、内毒素，处于“封闭”状态，易于促进 DIC 形成。DIC 时微血管中可形成微血栓，阻塞相应部分微循环，导致多脏器出血。如消化道出血、肾上腺皮质出血，此属“厥阴血分”，用后世方解毒活血汤。

若中枢神经系统直接感染，细菌病毒通过血脑屏障，引起脑细胞水肿、变性、坏死，出现高热、烦躁、惊厥、嗜睡、昏迷、意识障碍等症状，乃属“厥阴气分”，可选用白虎汤、承气汤，或后世方安宫丸。无论厥阴病中“气分”，“血分”，久则两相并病而为“脏厥”，机体出现多脏器功能衰竭。

参考文献

[1] 冯新为主编. 高等医药院校教材. 病理生理学. 人民卫生出版社，1988：89.

[2] 沈自尹. 肾的研究进展与总结. 中国医药学报，1988；(3)：56.

[3] 王宝恩，等. “下法”的临床应用与实验研究. 中医药国际学术会议论文集. 中国学术出版社，1987：42.

[4] 聂风缇，等. 胆囊昼夜节律及小柴胡汤利胆作用的时间治疗学探讨. 中国医药学报，1985；(4)：6.

[5] 周锡顺，等. 小柴胡汤对小白鼠腹腔巨噬细胞吞噬功能的影响. 仲景学说研究与临床，1985；(1)：43.

[6] 龚传美，等. 四逆散对麻醉猫心功能的影响. 仲景学说研究与临床，1985；(1)：35.

[7] 李松风，等. 四逆散抗休克作用的实验观察. 仲景学说研究与临床，1985；(2)：44.

[8] 李在彬，等. 四逆散水醇沉液的抗心律失常作用及其对心电图的影响. 仲景学说研究与临床，1985；(1)：40.

[9] 陈玉生，等. 中药四逆汤治疗休克的实验研究. 中医药国际学术会议论文集. 中国学术出版社，1987：189.

[《中国中医基础医学杂志》1995；1（3）：10]

“阴阳自和”是人身阴阳的深层规律

祝世讷　山东中医学院

“阴阳自和”是中医学的一项重要理论，具有极高的理论价值和临床意义。但是，历来对它的认识不足，重视不够，探讨不深，主要限于《伤寒论》的研究范围，没有作为阴阳学说的一项基本理论，没有提到应有的学术高度，没有进行专门的理论研究，临床实践也还十分薄弱，这是经典中医学已经提出但没有解决好的一个重大学术问题。今天，我们有必要也有条件把这个问题重新提出来，把研究进一步展开和深化，使对“阴阳自和”的理论认识和临床应用上升到新的时代高度，达到自觉和充分的程度。

现代科学的系统自组织理论为研究和理解“阴阳自和”提供了全新的理论和方法，发现中医学对于人身的自组织特性和机制早有深刻的认识和有效的驾驭，“阴阳自和”是遵循阴阳学说对人身自组织规律的理论概括，是中医学关于人的自组织理论，反映着人身阴阳的深层规律，应当把它提高到阴阳学说的一项基本理论的高度，作出新的更深入的研究和阐明。

一、《伤寒论》的“阴阳自和”观点

在现存可考的中医文献中，最早论“阴阳自和”的是张仲景的《伤寒论》，有两条经文讲：“凡病，若发汗、若吐、若下，若亡血、亡津液，阴阳自和者，必自愈。”“问曰：病有不战、不汗出而解者何也？答曰：其脉自微，此以曾发汗，若吐、若下、若亡血，以内无津液，此阴阳自和，必自愈，故不战不汗出而解也。”主要是指治当汗、吐、下而用有过，损伤津血，机能不衰，阴阳会自和，病可自愈。

后世对“阴阳自和”的讨论，主要限于对《伤寒论》上述经文的注解，如成无己《注解伤寒论》、方有执《伤寒论条辨》、尤在泾《伤寒贯珠集》等都有一些独到的认识和体会。吴谦等的《医宗金鉴》则有所发挥，注曰：“凡病，谓不论中风、伤寒一切病也，若汗、若吐、若下、若亡血、若亡津液，施治得宜，自然愈矣。即或治未得宜，虽不见愈，亦不至变诸坏逆，则其邪正皆衰，可不必施治，惟当静以俟之，诊其阴阳自和，必能自愈。”

对“阴阳自和”的认识有所展开和深化的是清代的柯琴，他可能是历史上从“阴阳自和”讨论治疗和向愈最多的医家，其《伤寒来苏集》到处可见“阴阳自和故愈”“阴阳自和而愈”“阴阳自和则愈”“阴阳自和而自愈”“阴阳自和而病自愈”等论。仅在其《伤寒论注》中使用“阴阳自和”不下15次之多。特别是他明确提出了“欲其阴阳自和，必先调其阴阳之所自”的观点，认为：“其人亡血亡津液，阴阳安能自和。欲其阴阳自和，必先调其阴阳之所自。阴自亡血，阳自亡津，益血生津，阴阳白和矣。要知不益津液，小便必不得利；不益血生津，阴阳必不自和。”这实际上创立了“调阴阳自和”的治法。

仲景以降，关于“阴阳自和”的理论和实践，概而言之包括三方面基本内容：一是人身存在着“阴阳自和”的机制，它是祛病向愈的内在根据和客观基础；二是治疗不论得宜与否，均应诊察和依靠“阴阳自和”，只要“阴阳自和”必能自愈；三是不要仅着眼于症状的纠正，而要以“阴阳自和”为枢机，调理阴阳促其“自和”，病必自愈。

二、中国哲学的“阴阳自和”思想

“阴阳自和”概念未见于《内经》而见于《伤寒论》，但并非张仲景所创，亦非中医学首倡，它是中国古代哲学的一个重要概念。现存可考文献最迟在王充的《论衡·自然》中已有论述，曰：“正身共己而阴阳自和，无心于为而物自化，无意于生而物自成。”王充（27～97）是东汉初人，张仲景（约160～218）是东汉末人，王充早100多年。从上文中可以看出，“阴阳自和”不象王充在此首创，似为当时流行用语；其始用可能在西汉或更早。

“阴阳自和”思想的核心不在“和”而在“自”。“以和为贵”是中国哲学的一个基本观点，讲求阴阳之间的和合、协和是阴阳学说的一个重要思想。但在“阴阳自和”这里，思想更深入了一个层次，即着重于揭示阴阳之间的“和”是怎样实现的？世界上有多种多样的“和”“合”，其形成的机制有两种截然不同的情况：一种是主要靠外力的控制而组合成的（如搭积木、装配机器），是“他和”；另一种是主要靠内在力量自我实现的（如夫妻相爱、民族团结），是“自和”。那么，阴阳之间的“和”是怎样实现的呢？“阴阳自和”观非常明确地强调了是靠阴阳的内在力量自我实现的，是“自和”，而不是靠外力支配的“他和”。

阴阳为什么是“自和”的？中国哲学有着明确的认识和说明。

第一，“自和”是阴阳的本性。“易有太极、是生两仪”，“道生一，一生二”，“气分阴阳”，“阴阳者，一分为二也”。这些经典论述都明白无误地强调了阴阳是统一体的两个方面，“二”是由“一”生出的，“对立”是“统一”中的“对立”，阴阳作为“二”首先是“一”的，作为“对立”的两个方面首先是“统一体”的；因而，“和”是阴阳的先天根基、自然本性，是自身内在的规定性，完全无须任何外力来支配。

第二，阴阳之间的交互作用是实现“自和”的内在机制。“一阴一阳之谓道”，“阴阳交而生物”，“刚柔相摩，八卦相荡”，“生生之谓易”。这些经典论述也都明白无误地强调，阴与阳之间在性质上是相反的，但在功能上是相成的，两者之间存在着互根、互生、互化、互用等相互作用，使阴阳在变化过程中自然而然地“和”起来，“和”是“阴阳运化之所为”。

第三，“阴阳自和”是普遍的客观的自然规律。“万物负阴而抱阳，冲气以为和”，“道法自然”，“为无为，则无不治”，“天地合气，万物自生”，

“因其自然而推之”。这些经典论述也都明白无误地强调，“阴阳自和”是普遍的自然规律，万事万物都遵循它；“阴阳自和”又是一种客观规律，它不以人的意志为转移，人可顺而驭之，不可逆而更之；人们认识了它，它在起作用，不认识它，它也在起作用；人们可法其自然，就其“自和”之势而推之，使它为人们的一定目的服务，由此可以大有作为。

这些思想最早可溯至《周易》，其后的道家有了更深刻的论述，《庄子·田子方》记孔子见老聃，老聃论道曰：“至阴肃肃，至阳赫赫；肃肃出乎天，赫赫发乎地。两者交通成和，而物生焉。”特别是秦汉之际的新道家，思想更加具体明确了。如《淮南子》说：“万物固以自然”，“所谓无为者，不先物为也；所谓无不为者，因物之所为。”

王充的《论衡》对“阴阳自和”的思想有了更系统的发挥。他认为，天道自然，阴阳自生自化，万物自生自灭，指出：“自然之化，固疑难知，外若有为，内实自然”“天地合气，万物自生”，“天地合气，人偶自生”，“天地不欲以生物而物自生，此则自然也；施气不欲为物而物自为，此则无为也。”他认为，至圣至贤者黄帝、老子能提挈天地，把握阴阳，善顺“阴阳自和”之势而用：“黄老之操，身中恬澹，其治无为，正身共己而阴阳自和，无心于为而物自化，无意于生而物自成。”

三、从系统自组织理论看“阴阳自和”

系统自组织理论是现代系统科学的前沿学科，主要包括耗散结构理论、协同学、超循环理论等，其共同点是研究和揭示系统如何自己组织自己、从无序到有序、并在内外扰动中建立和保持有序稳定的机制和规律。这些理论的研究证实，世界上没有“造物主”，除了人造的“人工系统”属于“他组织系统”之外，一切现实的自然系统都是“自组织系统”。根据现有的研究，“自组织系统”不同于“他组织系统”的主要特点可概括如下。

第一，自动性。即系统进行组织的动力源泉在系统内部，是自己产生、自己发展、自己消亡。如人的“生长壮老已”。

第二，方向性。即系统的组织过程是不可逆的，沿着时间箭头去而不返，向着表征系统最佳的“目标值”运动，直至达到并维持在该“目标值”上。如人的胚胎发育、生长成熟，及健康态“阴平阳秘”的建立和保持。

第三、自稳性。即系统在自组织机制的作用下，自己把自己保持在“目标值”上；一旦内外扰动使系统状态偏离开“目标值”，系统就不稳定，就引起系统内部自组织机制的作用，再把系统组织到“目标值”上。如人体在复杂的内外扰动中进行自我调节，各种生理指标在波动中保持着常数。

第四，自主性。即系统对于来自外部的作用，不是被动适应；而是由自组织机制自主性地处理，可吸收、同化、缩小、放大、储留、发散等，处理的结果表现为系统对外来作用的应答。如对于人身来说，“四时之化，万物之变，莫不为利，莫不为害”（《吕氏春秋·尽数》）。外来的各种作用都要通过机体的自组织机制的处理，才能呈现出致病或治病的效应。

自组织是自然系统的普遍的本质特性。宇宙的起源和演化、太阳的起源和演化、地球的起源和演化、生命的起源和演化、人的生长壮老已等，都是自组织的。自组织是事物的复杂性、有机性的实质性内容，是整个现代科学对世界进行新的探索的前沿领域。

人是世界上最典型的自组织系统，对人的自组织特性及其机制和规律的探索，是当代医学的新课题，也是现代科学最热的研究方向之一。而正是在这里，中医学作出了具有深远意义的重要贡献，即以“阴阳自和”为核心，在理论和实践上对人的自组织机制和规律有了相当深刻的认识和驾驭，“阴阳自和”论是中医学关于人身自组织的理论。

当然，相对于人身自组织机制和规律的客观存在来说，“阴阳自和”所反映的还远不够全面和准确，理论认识和临床应用还不够深入和充分，还没有建立起专门的关于人身自组织的概念和理论，迫切需要吸收和运用现代系统自组织理论，把这方面的研究进一步展开和深化，这是中医学跨世纪发展的一个重大课题。

中医学的“阴阳自和”论具有极高的科学价值。尽管它在理论上尚不完备，但它毕竟已经触及并有效地驾驭了人的自组织特性和规律，为研究人身自组织现象打开了一扇大门，由此前进，可全面揭示人的健康和疾病乃至整个生命活动过程的自组织特性和规律，这不仅会有力地促进中医学的现代发展。而且将对整个医学和现代科学作出重要贡献。

四、“自和”是人身阴阳的深层本质

人身阴阳有层次性。除了通常按生理、病理、药理所作的划分以外，还存在着外在表现与内在机制，现象与本质，一级本质与二级、三级本质等层次。从这个角度来看，需要深入分析和研究三个层次。

第一，状态。即人身阴阳瞬时变化所呈现的状态。是“现于外”的，表现为临床可见的阴阳征象或证候，可以直接地观测到。人身阴阳的基本状态可分为三种：阴平阳秘、阴阳失调、阴阳离决。

第二，机制。即影响和决定着阴阳状态的内在运化机制。是“藏于内”的，不可见，但可调。阴阳的状态正常与否是这种机制正常与否的外在表现，要改变阴阳的状态必须调理阴阳的运化机制。阴阳的运化机制也包括三个方面：以“阴藏精”“阳化气”为核心的阴和阳各自的运化机制；以“互根”“互生”“互化”“互用”为主要内容的阴与阳之间的相互作用机制；阴和阳对于人身内外环境条件变化的应激性自我调节机制。这三种机制又相互作用，从整体上影响和决定着阴阳的总状态。阴阳失调未必是单一机制的失常，往往是多种机制及其相互关系失常所致。

第三，规律。即阴阳运化所遵循的自然法则。更深地“藏于内”，不可见，不可更易，但可驾而驭之。它支配着阴阳的运化机制，制约着阴阳运化的方向和过程，决定着阴阳运化为什么征象或证候，是影响和决定阴阳变化的最深层因素。这种自然法则最根本的是“阴阳自和”。

在人身阴阳的这三个层次中，第三个层次是更深刻、更基本、更重要的，“阴阳自和”作为人身阴阳的深层本质和规律，更应当重视，更应当强调，更应当掌握。在目前的研究水平上，迫切需要从以下几点深化理解。

首先，“自和”是人身阴阳的本性。“阴阳自和”是人身固有的、内在的、本质的特性，是人身阴阳运化的一条根本规律。就是说“和”是人身阴阳本性的内在要求和趋向，是“自生自化”的自然法则，它伴随人的一生，与人身阴阳俱在，不论是否发病，不论医家是否注意到它，它都在自然而然地发挥着作用。

其次。“自和”是人身阴阳的深层本质。阴阳的临床征象和证候是“阴阳自和”的外在表现，如果说阴阳的运化机制是一级本质的话，那么“阴阳自和”就是二级本质，是更深一层的本质。人身阴阳的临床征象和证候的正常与否，不仅仅是阴阳运化机制的正常与否，更深刻的根源还在于阴阳“自和”的能力和过程正常与否。因而，对阴阳病机的认识和对阴阳的调理，需要透过阴阳的征象和证候深入到阴阳运化机制，再透过阴阳运化机制进一步深入到阴阳的“自和”能力和过程。

再次，“自和”是阴阳运化的动态过程。“阴阳自和”不是一个静止状态，而是一个动态过程。一方面，阴与阳之间通过其相互作用达到“和”需要时间，被干扰失“和”后再自我调节回到“和”也需要时间，在时间延续的各个时相点上，“自和”的程度和状态往往是不一样的；另一方面，由于机体内外条件的振荡，阴阳“自和”的能力也发生着变化，“自和”的过程会受到这样那样的干扰，造成阴阳“自和”的最佳、失佳、破坏等不同状态。阴阳“自和”的这种动态过程，大体可分为三种基本状态：一是“阴阳自和”的能力和过程正常，呈现为“阴平阳秘”；二是“阴阳自和”的能力削弱或过程异常，呈现为“阴阳失调”；三是“阴阳自和”的能力瓦解、过程中止，呈现为“阴阳离决”。这三种状态之间没有非此即彼的严格界限，存在着“亚态”“过渡态”及三态之间的相互转化。特别是一、二两态之间的相互转化，为发挥人的主观能动作用留下了巨大的活动空间，可以通过养生、治疗对“阴阳自和”的能力和过程进行调理，促其从第二态向第一态转化。

五、“阴阳自和”是发病和愈病的枢机

在既病的情况下和愈病的过程中，如何认识和运用人身固有的“阴阳自和”规律，这是一个重要的原理性问题。人身作为自组织系统，其自动性、方向性、自稳性、自主性自然而然地发挥着作用，无论是致病因素还是治病因素，都要经过人身的自组织过程，才能被组织、转化为发病、不病、有效、无效等效应，人身的自组织机制是发病和愈病的枢机。“阴阳自和”是人身的自组织机制，发病必然通过它，愈病也必然通过它，应当深入研究和揭示损“阴阳自和”为病的病机，按“阴阳自和”愈病的法则，制定诊“自和”、用“自和”、助“自和”、调“自和”的治则治法。

第一，“阴阳自和”是发病的枢机。“阴阳自和”是人身的自组织过程，条件的变化如果不能改变“阴阳自和”的能力或过程，就不能使“阴阳自和”的状态失佳，就不能破坏“阴平阳秘”，就不会“阴阳失调”。哪里有“阴阳失调”，哪里首先是“阴阳自和”的状态、过程、能力的失常。正如系统自组织理论所指出的，条件的变化如不改变系统的自组织过程，就不能改变系统的状态。人身之病归根到底是“阴阳自和”之病，“阴阳自和”失佳是最深的病机。可以说，健亦健在“阴阳自和”上，病亦病在“阴阳自和”上。

第二，“阴阳自和”是愈病的枢机。不但各种致病因素只有通过“阴阳自和”过程才能对人身的

状态产生某种效应，而且各种治疗因素也只有通过调理“阴阳自和”的能力和过程才能从深层次调整阴阳的状态。中医学的一个重要特色是其治疗深度，即其治则、治法、方药、针灸的治疗作用点，大多在深层机制，是通过调理“阴阳自和”而发挥作用，故不仅可同病异治、异病同治，而且同一方、同一药可同时产生多种不同的治疗效应，所谓“施治于外，神应于中”，“一推其本。诸证悉除”。治病愈病归根到底是通过“阴阳自和”而奏效的，调“阴阳自和”是最深的疗愈机制。可以说，治亦治在“阴阳自和”上，愈亦愈在“阴阳自和”上。

第三，“阴阳自和”无病不在。“阴阳自和”作为愈病的枢机，不仅仅存在于仲景所论“若发汗、若吐、若下，若亡血、亡津液”的情况下，而且存在于《医宗金鉴》所论“不论中风、伤寒一切病”的情况下。“阴阳自和”失常是一切病证最深的“病本”所在，只要没有“阴阳离决”，不论病的程度如何，“阴阳自和”的能力和过程仍然存在。“阴阳自和”的失常，失的是“阴阳自和”的能力之“常”、机制之“常”，而不是“阴阳自和”的能力和机制的丧失，问题只在于“自和”的能力和过程失常的性质和程度不同。要么内伤自耗使“自和”能力削弱，要么外邪过盛使“自和”能力相对不足，要么“自和”过程受到干扰，“自和”不顺不是不欲“自和”，不是不趋“自和”，而是“自和”的力量不足，欲“自和”而不能。

第四，顺“阴阳自和”之势而用。“阴阳自和”是愈病枢机，临床诊治应察其“自和”而不能的病情，顺其“自和”之势而用，助其“自和”由“不能”转化为“能”，可从根本上扭转病机。在临床复杂的病变中，具体方法可以多种多样，根据仲景以来的认识和实践，最少可分为三种基本情况：一是“待自和”，即诊其病势，知可“自和”，不药不治，待其自愈；二是“助自和”，即虽有“自和”之力，但有邪有损，单靠“自和”之力不足自愈，可因“自和”之势，扶正祛邪，助其“自和”而愈；三是“调自和”，即“自和”之力虚弱，“自和”过程扼阻，需对阴阳“自和”的能力和过程进行调理，增其能力，畅其过程，强其“自和”而愈。

第五，立调理“阴阳自和”之法。因“阴阳自和”之机而用，是最深最活的治疗原理，应立为临床治疗的专门法则。根据已有认识，可概括为“调其阴阳之所自，阴阳自和必自愈”，可称为“阴阳自和法”。所谓“调其阴阳之所自”，是指对“阴阳自和”的能力和过程的调理，包括对阴阳各自的运化过程的调理，对阴阳之间互根、互生、互化、互用等相互作用的调理，对阴阳趋和机制和过程的调理，及对有碍阴阳“自和”的虚损、病邪的诊治等。其具体方法和方药，可以在对现有调理阴阳的多种方法和方药进行挖掘的基础上予以发挥和创造。

[《山东中医学院学报》1996；20（3）：14]

《伤寒论》“气上冲”辨治管窥

温武兵　山东中医学院
（导师　张桂珍）

“气上冲”是病人自觉体内有气自下向上冲逆的一种主观感觉，不能通过切诊获得。“气上冲”或缓或急的表现，可作为主证或兼证出现在多种疾病的不同阶段及治疗过程中，反映的都是不同致病因素作用于人体所产生的相似病理反应，只不过随人体体质因素和致病邪气的性质、程度的不同而在病机、病位、病性及症状等方面显示出不同的个体差异。准确抓住其病机实质是治疗本证的关键，所以必须以辨证论治的方法来同中析异、异中求同。现就《伤寒论》中“气上冲”证的不同特点，从病机学角度分类概括，同时分析归纳其病因、病性、病位、病势及仲景对本证的辨治用药规律，以期对临床“气上冲”证及其类似症状的诊断、治疗有所佐助。

“气上冲”证《内经》已有论述，如《素问·至真要大论》云：“岁少阳在泉…，民病腹中常鸣，气上冲胸。”《灵枢·四时气》篇也有“腹中常鸣，气上冲胸，喘不能久立，邪在大肠……小腹控睾，引腰脊，上冲心，邪在小肠者…”的记载，皆指出“气上冲”证可出现在不同疾病的过程中。《伤寒论》对“气上冲”证的描述与记录更加详细完备，且大都有方药以法治之，补充了《内经》的不足，形成了一系列“气上冲”证及其类似症状的辨治方法。

一、表证误下　正逆拒邪

论中第15条云：“太阳病，下之后，其气上冲者，可与桂枝汤，方用前法。若不上冲者，不得与之。”即言太阳病当汗而误下致正气受挫，但若病人体质强健者，正气被伤不重，未被下药所屈服，仍能与邪抗争，故邪气未因误下而内陷。只是由于未下之前，正气充足，其向上向外抗邪之力纯属自然，故病人无“气上冲”一类感觉；误下之后，正气受挫，幸喜被伤不重，故其外出抗邪之力虽较为勉强，但向上向外的总趋势未变[1]，此时病人可出现体内似有气向上冲逆的感觉。不过这种冲逆之力，当微而缓和，乃是人体正气在非常状态下欲抗邪外出的一种特殊反应形式，是人体本身具备的自疗机能的启动。所以，在这种正气受挫但虚而不甚，邪气未陷而表证未解的情况下，伴有正气向上向外之“气上冲”证者，治疗就当顺应正气趋势，与桂枝汤解表邪、调荣卫、和里气、助正外达，药后邪去正复，表里气和，其“气上冲”证，自当解除。故成无己注云：“太阳病属表，而反下之，邪欲乘虚传里，若气上冲者，里不受邪，而气逆上与邪争也，则邪仍在表，故当复与桂枝汤解外。”[2]所以，本证之辨证要点，除误下之先的太阳表证变化不大外，脉必浮弱或略显虚象，“其气上冲”之势，亦当微微而和缓。

二、痰阻胸中　涌迫上逆

论中第166条云“病如桂枝证，头不痛，项不强，寸脉微浮，胸中痞硬，气上冲喉咽，不得息者，此为胸有寒也。当吐之，宜瓜蒂散。”本条之“气上冲喉咽”与“不得息”同时并见，可推知其“气上冲”之力，剧烈且持久。其病位，论中提出“寸脉微浮”，提示上焦有实邪结聚；“胸中痞硬”“胸有寒也”则反映出本证乃寒痰结聚、壅塞上焦胸膈的病性及病理机制。这样，一方面由于寒痰结于胸中，胸阳受阻，营卫运行不利，可出现营卫不和之“如桂枝证”（论中以“头不痛、项不强”与真正的桂枝汤证及太阳病误下后“其气上冲”证鉴别）[3]；另一方面，由于寒痰壅塞阻滞胸中，正气奋而欲抗邪外出，故有涌迫上逆之“气上冲喉咽”之势。但因痰壅气滞较甚，欲从上出而不能，并使气机宣降不利而逆上，且严重影响肺主呼吸的功能，故病人除能感到有冲逆较剧的“气上冲喉咽”外，还伴有程度较重的呼吸困难（不得息）。“气上冲喉咽”证的出现，不仅提示正气与寒痰水饮之邪相搏，气机不利，逆而向上的病机，更进一步说明了正气抗邪有外出的可能性。故在这种寒痰水饮结聚于上，有外出之机却不能自出的情况下，治疗应遵《内经》“其高者，因而越之”之旨，顺应正气向上抗邪的趋势，急投以瓜蒂散涌吐痰实，使寒痰水饮之邪，一举从上排出，则“得快吐后”，痰涎祛除，呼吸通畅，气机畅达，正复里和。“气上冲”及其余诸证，可随快吐而顿除。本条“气上冲喉咽”的综合辨证；当与原文324条、355条合参，除伴有“不得息”、胸中痞硬、发热、汗出、恶风等证外，还可伴见“温温欲吐”，胸中满而烦，饥不能食等证（原文324条）；若痰阻胸中，阳气不能达于四肢时，还可能出现四肢厥冷等痰厥重证（原文355条）。脉象多为寸部微浮有力，或脉乍紧，或脉弦迟等。临床把握其病位及致病特点，就不难作出诊断及正确治疗。

三、脾阳不运　水饮上逆

论中67条云：“伤寒若吐若下后，心下逆满，气上冲胸，起则头眩，脉沉紧……茯苓桂枝白术甘草汤主之。”本条“气上冲胸”证的成因，与伤寒失治误治因素有关。据原文可知其病位在心下中焦。伤寒误用吐下之后，脾阳被伤，脾失健运，水停心下，故病者出现“心下逆满”；更因脾不散水，水饮内停逆而上泛，凌及阳位，加之饮停心下，饮阻气逆，合而导致“气上冲胸”的发生。患者可感到有气自心下时时上冲心胸部位，同时多伴有呕吐清涎或时吐清痰等表现。另外由于水饮阻遏，清阳不升，浊阴上逆，也可同时并见“起则头眩”。脉象沉而紧，也反映了本证水饮内停的病机。综观诸证，“气上冲胸”的原因，责之于水饮内停，而水饮内停又因脾阳不健所致。故本证的治疗，当健脾温阳与温化水饮并举，投以苓桂术甘汤，使脾阳健而痰饮除，饮去正复，气机调畅，不独治逆而逆气自平。综合辨证可与《金匮要略·痰饮咳嗽病脉证并治》篇互参，除病者自感时时气上冲胸外，心下逆满或胸胁支满，起则头眩或目眩，脉沉紧等应是必具之证。

四、心阳不足　肾水内动

论中117条云：“烧针令其汗，针处被寒，核起而赤者，必发奔豚。气从少腹上冲心者，灸其核上各一壮，与桂枝加桂汤，更加桂二两也。”本条“气从少腹上冲心”作为主证贯穿于整个疾病的过程中，其成因是由于烧针逼汗，损伤心阳，及针处被寒，寒邪深入所致。烧针逼汗，最易误伤心阳，心阳虚则不能下制肾水，肾水内动复得入内之寒邪所助，水寒泛滥而上冲阳位，导致“奔豚”的发作。“奔豚”一证，乃病人自觉有气自少腹而起，状如惊豚奔走，上冲心胸，冲击突撞，病人极其痛苦，发作欲死。治疗急当壮心阳、制水寒、降冲逆，以桂枝汤加入桂枝二两使心阳得复，肾邪得制，冲气泄而中气和。诚如徐灵胎所云：“重加桂枝不特御寒，且制肾气，又药味重则能达下。凡奔豚证，此方可增减用之。”[4]另外，当“灸其核上各一壮”，以通阳散寒断绝外寒内入之路。内外合治，灸药并施，双解内外之邪。本证的辨证着重在奔豚上冲，也可能伴有脐下或心中动悸等证。

五、正虚不运　浊邪上犯

论中160条云："伤寒吐下后发汗，虚烦，脉甚微，八九日，心下痞硬，胁下痛，气上冲咽喉，眩冒，经脉动惕者，久而成痿。"本证的成因，责之于体虚之人误用吐下发汗之法，使表里益虚、气血俱损。正虚不耐邪扰，病初即可见到脉微心烦。此时本当以小建中汤补中气益化源，若失治不察，任其发展，则八九日间，正气持续衰弱，中虚不运，水谷精微不化而留为浊垢，结聚于心下而成本虚标实之"心下痞硬"证。同时由于心下痞塞气机不畅而逆上，浊气随逆气上犯，病人可自觉有气上冲于喉咽之间。此外，精微不能上荣头目则眩冒；精微不能充养经脉则筋脉动惕；正虚不运，气血僵滞则胁下痛。综上所述，本条述证复杂，既有表里气血虚弱之候，更有心下痞硬，浊气上犯等虚中夹实、因虚致实之证。其"气上冲咽喉"一证，也是在这种病理状态下所导致的多种病理表现中的一种。另据病机推测，其"气上冲"之力，当微弱而断续，故临床不能将其作为主证来治疗，而应当抓住疾病"本虚标实"的特性，以扶正补中为主，兼以散结祛邪，攻补兼施，缓调中气。论中虽未列出方药，但据《伤寒论》方证精神，笔者以为以理中汤合桂枝加芍药汤治之为佳。方以理中汤补气运脾、温补中焦为主，更合桂枝汤调荣卫、和阴阳，桂枝汤中倍用芍药，乃取芍药有破阴结、通血痹、益气和营的作用。诸药配伍，补而不滞，通不伤正，少量长期服用，使中气逐渐回复，才能使痞消而气下。此外，若病人表现出痞硬较甚、气上冲逆之势稍剧者，可按张石顽论虚痞治法的"补中微兼疏通"[5]的方法，在上二方的基础上适量加入半夏、砂仁等品。

六、木火不调　肝气横逆

论中326条云："厥阴之为病，消渴，气上撞心，心中疼热，饥而不欲食，食则吐蛔。下之利不止。"本条乃厥阴病提纲证，厥阴病的产生，在于肝木失于条达，心火失于敷布，从而形成风煽火炽、独盛于上，肝阴不足、木不疏土之上热下寒证。"气上撞心"作为厥阴病上热下寒证中的一个症状，其成因是由于风煽火炽，阴液被耗，水不涵木，肝气横逆上冲所致，与临床杂病中常见的因情志内伤所致肝气横逆，表现为胸胁胀痛或走窜胀痛者有一定差异。"气上撞心"是病者可感到有气在胸膈间窜逆冲撞，仲景不言"气上冲心"，而特别提示出"气上撞心"，是别具一番匠心的。故可据"撞心"二字推断，本条述及之气上冲之势，当迅速而强烈，病者可在胸膈部位感到似有物撞击的感觉，且多伴有心下胃脘部的灼热拘挛痛楚之感。正如汪琥所云："气上撞心，心中疼热者，火生于木，气即是火，火性急速，以故上逆之势如撞。"[6]故"气上撞心"和"心中疼热"，形象地描述了厥阴病风煽火炽、肝气横逆的"上热"病机。但因厥阴病还有"下寒"因素存在，故其治疗，应全面掌握全身症状，抓住"上热下寒"的病机特点，以乌梅丸清上温下，养肝阴舒肝用[7]，药后火散寒消，肝阴得补、肝体得固、肝急得散、肝气可复。"气上撞心，心中疼热"及其他诸证，可相继消失。

七、阴精亏虚　余热上炎

论中392条云："伤寒阴阳易之为病，其人身体重，少气，少腹里急，或引阴中拘挛。热上冲胸，头重不欲举，眼中生花，膝胫拘急者，烧裩散主之。"本条之"热上冲胸"当是病人自觉有热气上冲胸膈部位而言。其成因，多在大病初愈，余邪未尽，正气未复之时，误犯房劳使精室（或胞宫）空虚，此时伤寒余邪留热乘虚而入，热邪循冲脉上至胸中而散，故可导致"热上冲胸"证的发生，且多伴有少腹里急甚则牵引前阴拘挛。李东垣曾指出，凡逆气上冲，或兼里急，或作燥热，皆冲脉上逆。本证正是《素问·骨空论》之"冲脉为病，逆气里急"的典型体现。由于冲、任、督皆起自胞中，则热随督脉上逆而头重难举，热随任脉上行则眼花缭乱、视物不清。此外，人体病后气血津液未复，更因房劳耗劫其精，多伴有身重、少气、膝胫酸软拘急、小便不利等阴阳俱虚、气血精津失养等虚候。至于本证的治疗，临床多以调补肝肾、安冲降气为要。仲景列烧裩散方，临床虽不常用，但据方后注"小便即利……此为愈矣"可见，无论运用什么治法方药，只要能使人体阳通津复，疾病就有好转的可能性。

综上所述，仲景在《伤寒论》中对"气上冲"证的描述颇为丰富，其多彩的治疗手段和独到的辨证技巧为后世对"气上冲"证的辨治奠定了基础。

参考文献

[1][3][7] 李克绍，等．伤寒论语释．济南：山东科学技术出版社，1982：39，55，586．

[2] 成无己．注解伤寒论·卷二·辨太阳病脉证并治上．北京：人民卫生出版社，1984：41．

[3] 徐大椿．伤寒论类方·桂枝汤类一．南京：江苏科学

技术出版社，1984：7.
[4] 张璐．张氏医通・卷三・诸气门上・痞满．上海科技出版社，1990：108.
[5] 汪琥．伤寒论辨证广注・卷十・辨厥阴病脉证并治法．上海科技出版社，1959；173.
[《山东中医学院学报》1995；19（3）：149]

柯琴“温病症治散见六经”学术思想探讨

李惠义　南京医科大学第二附属医院
李　飞　扬州中药厂

柯琴，生于慈水，卒于虞山，是历代著名的伤寒注家之一。柯氏立言明彻，不落前人窠臼，提出“伤寒杂病治无二理，咸归六经之节制”等论断，阐发了六经的重要意义。本文进一步探讨柯氏“温病症治，散见六经”的学术思想，可以提高我们对伤寒、温病异同的认识，扩大六经分证的应用。

一、外邪伤人从表而入，温邪亦不例外

《伤寒论》以六经为辨证纲领。六经辨证施治的精神法则对临床各科具有普遍的指导意义。《内经》有“冬伤于寒，春必病温”的记载。《难经》只是论述“伤寒有五”，而未再提伏寒变温之说。仲景本《内》《难》之旨而著《伤寒论》，绝不会持一偏之见立论，当系两者兼赅于其中。《伤寒论》第6条云：“太阳病，发热而渴，不恶寒者，为温病”，论述了太阳温病主证及误治变证。柯氏深味其旨，云：“此条不是发明《内经》‘冬伤于寒，春必病温’之义，乃概言温病之证如此。”又，该条只言证而不言脉，亦与此有关。《难经》云：“温病之脉，行在诸经，不知何经之动也，各随其经所在而取之。”可见，仲景不言脉象正是要人不应拘一面看问题。《伤寒论》中包括了一切外感的治法，温病应当在内。从广义的角度来讲，六经辨证，不仅适合于外感，也适合于杂病和温病。因此，柯氏提出了“仲景约法，能令百病兼赅于六经，而不能逃六经之外，只在六经中求根本，不在诸病名目上求枝叶”的主张。此为我们打开了广阔的思路。

二、阳明为成温之薮

温病学虽然已经形成卫气营血与三焦的辨证体系，但并未完全离开六经。《伤寒论》124条云：“太阳病六七日……其人发狂者，以热在下焦，少腹当硬满；小便自利者，下血乃愈…”这明显是血分受病。故柯氏注：“气病传血，上焦病而传下焦也。”柯氏指出：“寒去而热罢，即伤寒欲解证，寒去而热不解，是温病发见矣。”又说：“夫相火寄甲乙之间，故肝胆为发温之源，肠胃显市，故阳明为成温之薮……若夫温热病不因伤寒而致者，只须扶阴抑阳，不必补中益气矣。”（《伤寒论翼・温暑指归》）阳明病是里热实证，里热熏蒸，所以不恶寒，反恶热。但阳明病初起的时候也每有恶寒，这是本经自感寒邪而发生的症状，然其恶寒的程度也很轻微，而时间亦很短暂，很快就化热化燥而自然消失。这是因为阳明以燥气为本，虽受寒邪，亦必从燥化，所以不论表证、里证、寒证、热证，只要传到阳明，就必然反映出燥气证候。经典伤寒派的代表人物之一陆九芝赞同柯氏“阳明为成温之薮”的论点，指出：“温病者，阳明也”，“病之始自阳明者为温，则邪自太阳已入阳明者亦为温。”他分析了一些温病学家的经验方，认为皆不外《伤寒论》的阳明方。如杨栗山的治温疫十五方，“特将僵蚕、蝉蜕之不担重任者加入芩、连、膏、黄方内，使人看似杨氏新方，而又不知不觉已暗将《伤寒论》方参入”。认为温病学家学说虽多，实际上不过是将他经或他证之名来代替阳明之实而已。由此可见，柯氏之论，确属阅历之语。

三、治温诸出，多寓六经辨证之中

《伤寒论》确定的辨证施治原则，是后世温病学发展的基础，其中不少治疗方药，亦可运用于温病。如“通阳不在温，而在利小便”，其言从《伤寒论》五苓散方悟出；泻心汤苦辛通泄，其法开于仲景；甘寒生津，原为白虎加人参、麦门冬汤化裁而得；凉血散血、咸寒救液等法，亦自《伤寒论》黄连阿胶汤方加减出入，仲景早启其端。若属温病初起，邪热闭肺之时，麻杏石甘汤亦为常用之方；柯氏认为，该方是“温病发汗逐邪之主剂。”他如葛根芩连、栀豉、陷胸、三承气、竹叶石膏，治温诸出，亦多以此为臬，直到现在，上述类似方剂的临床使用价值仍然很高。柯氏认为六经之中，包括了中暑、温病和湿痹的实际内容。如《伤寒论翼・风寒辨惑》说：“消火凉解吐下等剂，正谓温暑时疫而设，所以治热，非以治寒，治热淫于内，非伤寒于表也。”《伤寒论翼・厥阴病解》说：“厥阴提纲是温病……要知温乃风木之邪，是厥阴本病，消渴是厥阴之本，厥利是温病之本。”更加肯定了阳明厥阴是温病，驳斥了后人忽视《伤寒论》是温病学说发展基础的不正确看法。再看温病学派，吴鞠通本人亦承认：“虽为温病设，实可羽翼伤寒。”温

病学导源于《伤寒论》当无疑义。柯氏云：“温邪有浅深，治法有轻重，此仲景治温之大略也。”充分肯定了张仲景的伟大业绩。后世温病学家实是在继承《伤寒论》辨证论治的学术思想基础上，大大发展了伤寒学说，赋予温病学以新的内涵，因此，温病学与《伤寒论》在学术上实是一脉相承不可分割的，二者应结合学习和研究。

陆九芝《世补斋医书》云：“今之治伤寒也，即从《来苏集》入手，故不能以病名病，而以证名病；亦不能以药求病，而以病求药，即治杂病，亦能以六经分之，是皆先生之教也。”徐灵胎云：“凡病不外六经，精于伤寒法，乃可通治杂病，盖杂病之规矩准绳，乃毕具于伤寒中也。”曹氏《医学读书志》表彰柯氏说：“伤寒杂病，异轨同辕，六经本为百病立法，不专系伤寒，实传仲景数千年来火之薪，厥功伟矣。”领会柯琴“温病症治，散见六经”的学术思想，能够有助于我们理解“寒温统一”的深刻意义。因此可以认为：学习《伤寒论》，是学习它对一切疾病的辨证施治的方法，凡说伤寒方不能治杂病，把杂病或温病等和《伤寒论》对立起来，都是极其错误的。

[《江苏中医》1995；16（3）：37]

《伤寒论》“急”治浅识

吴　洁　南京中医药大学

《伤寒论》中言“急下”者有6处，一般称为“阳明三急下”（第252条、第253条、第254条）与“少阴三急下”（第320条、第321条、第322条）。此外，在少阴篇中还有“急温”（第323条）之谓。在这些相邻条文的治法前一再出现“急”字，而不象其他条文冠以“宜”“当”或“缓”，对此历代注家多随文训释而未予深究。通过学习笔者认为，其涵义有三。

一、急者，疾速也

“急”是针对“缓”而言，用以强调治疗应疾速而快，即要求立即采取治疗措施，拯危救焚。《伤寒论》中须“急下”者，皆予服急攻之大承气汤，以大剂速服，集中药力峻下热结、釜底抽薪，却不似通常运用攻下剂，多轻剂缓调或小剂试服；须“急温”者，则即刻予四逆汤之大辛大热，迅速恢复阳气以控制病势。

二、患者，危殆也

从上文所涉及条文的证情来看，均为凶险、危笃、刻不容缓之证。如急下之证，可见有“目中不了了、睛不和”“口燥咽干”“自利清水，色纯青”“腹满痛”等阳明燥热充盛、少阴真阴将竭之危象，若稍涉差迟，则可致亡阴、亡阳之变，因此务必亟夺其邪，以救阴液；急温之证，虽仅见有“脉沉”，但已露出心肾阳虚的本质端倪，若因循失治，则厥、逆、烦躁等危证将接踵而至，故亦当见微知著、急治为图，预杜亡阳、虚脱之变。

三、急者，急方也

张子和曾谓：急方者，有急证急攻之急方，有汤散荡涤之急方，有气味厚药之急方。以此衡量，则大承气汤与四逆汤二方均属其范畴。二方皆为汤剂，“汤者，荡也，去大病用”，下咽易散而行速。从其药物组成看，大承气汤中大黄、芒硝、厚朴、枳实四药，咸、苦、寒，其味厚，“味之厚者则泄”，药力雄猛，直趋于下而力不衰，用之攻下热结有立竿见影之效；四逆汤中附子、干姜、甘草三药，辛、甘、温，其气厚，可温补肾阳，迅速恢复阳气，救危难于既倒。故二方均为急治之代表方。

[《中医函授通讯》1995；（4）：7]

国医革新寻师章太炎

胡　樾　浙江余杭县卫生局

章太炎先生是一位很有特色的旧民主主义革命家，是近代中国思想史、学术史上屈指可数的巨人[1]，他的革命业绩、学术贡献，史家早有评说，这里仅从其政治生涯及渊博的治学中，掇取医学研究的一个侧面，作一鸟瞰，对研究近代医学文化史或有所裨益。

政治生涯与治学精神

章太炎（1869～1936），名炳麟，字枚叔，浙江余杭人。为敬崇民族文化大师顾炎武和黄太冲的学问和气节，取号太炎。他一生处于鸦片战争、列强入侵、“五四”运动、辛亥革命、封建皇朝彻底崩溃、新时代崛起的动荡时刻。他曾经作过维新改良派的信徒，经历过戊戌变法、义和团运动失败的教训，使他一改初衷，公然与清廷挑战。鲁迅先生对他评价：“考其（太炎）生平，以大勋章作扇坠，临总统府之门，大诟袁世凯的包藏祸心者，并世无第二人；……”“七被追捕、三入牢狱，而革命之志终不屈挠者，并世亦无第二人[2]。”袁世凯死后，他与孙中山一起组织“护法运动”，经年奔波却无法阻止军阀混战。他失望、彷徨、消极，使他逐渐脱离民众而落伍，但他仍孜孜不倦，致力于学术上的新探索。从他诸多著作可以证实，他是一个不甘寂寞而努力进取的学者。鲁迅先生曾说过：“太炎先生虽先前也以革命家现身，后来却退于宁静的学者……。”[3]抗日运动爆发，他已年迈病笃，上书当局要求抗日，保持了一个革命者和爱国者的晚节。1936年逝世于苏州。解放后遵其与民族先贤张苍水地下比邻的遗愿，迁葬西子湖头，可以相逢应共说兴亡”了[4]。

太炎先生的学术涉及面很广，无论哲学、经学、天文、地理、数学、佛学、医学、文字学等都专心钻研。“他实在是一个心灵巨大的思想广博的近代奇人。[5]”

医学研究和著作

从医学这个侧面，可窥测章太炎的治学严谨，尤其晚年，他潜心研究哲学、佛学、经学、医学。医学领域涉及医经、经方的研究、医学典藉的考证、医史人物的述评、古代医用度量衡的详考、单方、草药、铃医[6]等等，都有其独特的见解。从他的家族史、文字交、医学同道中也不难看到他与医学有深厚的渊源。

太炎尝言：“吾家三世皆知医。[7]”“祖晓湖先生，中岁好医术，自周秦及唐宋明清诸方书悉诵上口，以家富不受人饷糈，时时为贫者治疗，处方不过五六味，诸难病旬日起[8]。”父轮（楞）香，“生平长于医，为人治病，辄效。暇则以诗自娱。”① 兄椿伯，从钱塘仲昴庭习医，“家居又宦游所至，有窭人子求治疾者，必应之，所全活甚众。然未尝以技自暴，惧为显要役也[9]。”

章鉴（晓湖）－章濬（轮香）
- －章炳森（椿伯）
- －章炳箴（未查及知医）
- －章炳箴（太炎）

至太炎也精医，著作甚丰，对仲景医学研究尤深。曾著《张仲景事状考》《菿汉间话》，为《伤寒论单论本》《何本金匮玉函经》《伤寒论辑义》《伤寒论今释》《中国医药大辞典》《中国医药问题》等书籍校核、题辞、作序；还在当时出版的医学刊物撰写研究《伤寒论》、评价各家流派、探讨脏腑经络实质和考证，偶也为人治病。他的医学著作、评论，引起了医学界的重视，被任为上海国医学院院长、苏州国医学校和苏州国医研究院名誉校长和院长，并为苏州国医学校书题“诚敬勤朴”校训。太炎先生介入医学界的时刻，又正是中国从封建社会沦为半封建、半殖民地社会时期，医学本身由于近代西方医学的介入、祖国医学面临冲击和挑战的年代，两军壁垒森严，各执己见，有互不相让之势。而太炎先生摒除偏见，既捍卫传统医学，但他又不摒弃西医，主张中西医兼容、互补短长。他从三个方面着手。1. 发表大量医学著作，以抒己见；2. 从事《伤寒论》的研究，扩大祖国医学的影响；3. 广交中西医学界有识之士，以表达他中西兼容、国医革新的主张。

一、太炎医学著作

据现有手头资料，戊戌变法事败后避难台湾，于光绪二十五年（1899）农历1月27日在《台湾日日新报》发表“论医师不宜休息[10]；”1910年《学林》披露了“医术平议”；1923年《华国月刊》刊载了“拟重刻古医书目序。”从是年起，大量医学著作陆续公诸于世，直到谢世。在这14年中可以说是太炎致力于医学研究最旺盛阶段。据不完整统计，有百余篇之多，虽专业医家也有自叹不如之感。编纂成帙者计有：医学巨著(《猝病新论》5卷38篇)；演讲词（“《伤寒论》演讲词”），（医学论文1. “伤寒误以风湿之误治”，2. “论证脏腑经脉之要谛”，3. “论诊脉有详略之法”，4. “论十二经与针术”，5. “论十二经开阖之理”，6. “论伤寒传经之非”，7. “温度不能以探口为据说”，8. “治温退热论”，9. “论肺炎病治法”，10. “阳明证变法与用麻桂二汤之正义”，11. “黄疸病”，12. “论厥阴病”，13. “疟论”，14. “温病自口鼻入论”，15. “中土传染病论”，16. “论少阴病”，17. “论医笔记五则”，18. 论霍乱上、中、下”，19. “论湿温治法”，20. “伤寒新论”，21. “桃仁承气抵挡汤之应用”，22. “猩红热论”，23. “劝中医审霍乱之治”，24. “对于统一病名建议”，25. “时师误指伤寒小柴胡证为湿温辨”，26. “脚气论”等28篇）；医学考证（1. “张仲景事状考”，2. “古之权量之考证”，3. “王叔和考”）；论医书牍12篇；医学文苑16篇；杭州章太炎纪念馆藏稿18篇。②

二、对《伤寒论》的见解

太炎先生对医学造诣颇深。特别对历代医界视

① 《光绪余杭县志稿》，人物列传第92页，余杭县地方志办公室藏。

② 杭州章太炎纪念馆供稿

为经典著作，奉为圭臬的《伤寒论》更有独特的见解。《伤寒论》为汉代以前的经方总汇。他博览伤寒诸藉，写下了“张仲景事状考”，“伤寒论单论本题辞”“复刻何本金匮玉函经题辞”“伤寒论辑义按序”“蓟汉间话”[12]。其他在论医书牍、医学考证、医学文苑中涉及《伤寒论》者不下20余篇。今就仲景事状、《伤寒论》见解、中西医不谋而同，略叙其识见。

（一）仲景事状《后汉书》《三国志》皆无张仲景传，《史通·人物篇》：“当三国异朝，两晋殊宅，若元则，仲景时才重于许（昌）洛（阳）；何桢、许询、文雅高于杨（州）豫（州），而陈寿《三国志》、王隐《晋书》，广列诸传，遗此不编。”换句通俗话，正史未见单独列传。林亿《伤寒论序》引唐·甘伯宗《名医录》：“张仲景名机，南阳人，举孝廉，官至长沙太守。（注：《辞海》，张仲景条，用相传曾任长沙太守。）始授术于同郡张伯祖。时人言，识用精微过其师。”太炎并不以一家言为然，再以旁藉考证之。《太平御览》引何颙别传：“同郡张仲景总角造颙，颙谓曰：君用思精而韵不高，后将为良医，卒如其言。”《后汉书·党锢传》：“何颙，南阳襄乡人。”《别传》言同郡，与《名医录》“南阳人”相符。《别传》又载：“仲景事何颙、依刘表、交王粲，所与游皆名士，疑其言行可称者众，不徒以医术著也。”言“才重于许洛。”即建安十三年（208），表次子刘琮以荆州投曹操，仲景已在许昌、洛阳也。《伤寒论·自序》：“建安纪年以来，犹未十稔。”《事状考》按此推测：“则论成于建安八、九年（约203～204年），上与何颙同时，与（曹）操（荀）彧相校，其时还不过中身。”太炎以诸多旁藉来探索仲景之人之事。

（二）《伤寒论》诸藉原为汉代以前的经方总汇，仲景勤求古训，博采众方而成之，加上历代各家增选、注解，不下百数十家。虽见仁见智，或有异岐，但不逾矩。他在“伤寒论单论本题辞”中提到：“隋《经籍志》《张仲景方》15卷，梁《辨伤寒》10卷，唐《艺文志》王叔和《张仲景药方》15卷，又《伤寒卒（杂）病论》10卷，唐志以15卷者题王叔和，则《伤寒论》在其中。今《伤寒论单论本》10卷、《金匮要略》3卷、合之不及15卷数。《要略》亦有缺文。据林亿序，翰林学士王洙在馆阁于蠹简中得仲景《金匮玉函要略方》3卷。称《要略》则不详；言蠹简则不备，可知也。”卷不全则无疑。缺文者如：“《五藏风寒积聚篇》脾无中寒，肾无中风中寒，林亿等已知其缺矣。又《周礼》天官疾医疏引张仲景《金匮》云：神农能尝百药，则炎帝也。今《要略》不见其语。”又“论《中脉法》及《可不可》诸篇，明清诸师多谓叔和所增。今案《脉经》第五卷有张仲景《论脉》，即《平脉篇》问答辞，是《脉法》为仲景本明矣。”此论与今人“张仲景《伤寒杂病论·平脉法》考辨”[13]有相似之处。

《金匮玉函经》太炎先生验证为《伤寒论》别本。历代医家多有抄录流传，康熙末、学士何焯所抄宋本，陈世杰为之校刻。清修《四库》无《金匮玉函经》之目。太炎得日本复刻本，惊欢不已。医师徐衡之等惧是书不传，拟重为镂版行世。请太炎校核后复刻，并于1932年为之题辞。故名《复刻何本金匮玉函经题辞》，前置何陈旧序。

在中西医各以其术相倾之际，武进名医恽铁樵穷究《伤寒论》，欲以此为中医立极，取日本丹波元简辑义作后按。书成于同治七年（1868），颇得太炎嘉许。于是请赐序。太炎欣然挥笔，序曰：“自《素问》《灵枢》说脏腑经脉之状，于今多不验，讦者遂谓中土无医”，排斥中医。他又笔锋一转，理直气壮地说：“夫医者以愈病为职。不贵其明于理，而贵其施于事也。’即视其效果。他又说：“《伤寒论》诸本有注者，以成无已为最先，然于文义或多疏略，而东土训诂独详，故铁樵依丹波辑义为本，次下己意，以为后按。”他忿慨地说：“吾顾世之治《伤寒论》者，不蕲（祈）于为博士，而蕲于铃医。”“然则渔父可以傲上圣，漉盐之氓可以抗大儒矣，岂在中西辨论之间也?”太炎先生在当时中西医论战中讲一句气话，但又是公道话。

（三）中西医不谋而同。《蓟汉间话》：“中土论时病率谓因于风寒暑湿；而远西以为热病皆由细菌（微生物）。余谓此方智者，盖已亿度及之，以无实证，故医家不用耳。”据宋玉《风赋》：“有大王之雄风（正），庶人之雌风（邪）分言。其论庶人之雌风云：堀然起于穷巷之间，动沙堁，吹死灰，骇溷浊，扬腐余。故其风中人，欧温致湿，生病造热，中唇为胗，得目为蔑。是风非自能病人，由其所传浊溷腐余为之，则与空气传布细菌（微生物）之说，不谋而同。”这是外环境因素。《素问·生气通天论》：“风者，百病之始也。清静则肉腠闭拒，虽有大风苛毒，弗之能害。”此论道及机体内在抗病因素，疾病的发生、发展、有内外因素的凑合，并非单一条件可以致病。案《说文》：苛，小草，害人之小草，非细菌（微生物）云何？太炎又说：“惜当时无显微镜，无由实验，故说多支离不能专守耳。”事实他已在文中点明，中西医之学说

"不谋而同"，颇有见地。

太炎先生以治训诂之学，出于余绪，研究医学。他认为："近世治经籍者，皆以得真本为亟，独医家为艺事，学者往往不寻古始。"他为医家属方技门抱不平；又要求用训诂治学方法去啃啮经典著作。感叹地认为："方（有执）喻（嘉言）以下，恣意颠倒，清世唯有成无己注本稍完善，然尚不能窥其本源。"持论似有尊古太过，不无失之偏颇之处。

三、医苑情深　诗书寄心声

太炎先生与医药界同道交往甚深、诚恳而感情深笃，在文笔中时有流露。如盛赞钱塘儒医仲学辂的《仲氏世医记》[14]。曾撰《余觉先先生墓志铭》，文曰："余以暇日窥《本草》《经方》，闻范玄平，殷仲堪、陆敬舆，刘梦得之风而慕之。友人镇海余岩云岫习远西医术，亦偏窥域中方，时与讨论，往往有所获。""云岫以其先人觉先先生状请铭……。"铭曰："倜傥之行，而束于市闾。百金之产，而施若有余。赵邠卿之节与？王彦方之德与？[15]悼念名中医恽铁樵、陈善余；名西医江逢治的挽联及项松茂诔。感情真挚，词句委婉动人，今录如下：

挽恽铁樵："千金方不是奇书，更赴沧溟求启秘；五石散竟成末疾，尚怜甲乙未编经。"

挽陈善余："论文在三十载以前，盛德若虚，未就痨乡窥藏史；学医自中工而下，圣儒长往，始知元里有方书。"

挽江逢治："医师着录几千人，海上求方，唯夫子初临独逸；汤剂远西五四逆，少阴不治，愿诸公还读伤寒。"

项松茂诔："君之卖药，上希韩康，厥志超奇，士也非商，……，为义舍生，是为国殇。"

太炎先生对预防医学也极关注，曾作防疫诗二首。

"高柳日光赤，飞尘乱度墙。济生无桔并，隐背尚藜床。灶上若新菜，阶前抒酢浆。何当赴龙窟，一写百金方。

少壮日以去，员舆存旧人。暴书常苦热，裹药暂宜春。汤暖浮筒桂，盆坚捣细辛。颓龄如可度，焉用坐庚申。"

太炎先生的医学识见和治学方法为现代医学所接受，在医学界有一定的影响。如名中医祝味菊、章次公、陆渊雷、徐衡之、叶熙春等在学术上均有不同程度受其影响。其部分遗作曾由《苏州国医杂志》于1936年夏，编辑"章校长太炎医学遗著特辑"出版问世。章次公曾赞誉："语必徵实，说必尽理，所疏通证明者，而皆补前人所未举，……。"[16]太炎先生治学涉及诸多领域，医学仅其治学中的一个分支。今稍加点述，以不敢忘其对医学的贡献。

承蒙张慰丰教授的悉心指导和修改，在此表示深切的谢意。

参考文献

[1] 姜义华. 章太炎思想研究. 上海：上海人民出版社，1985：687.

[2、3] 鲁迅关于太炎先生二三事.《鲁迅全集》(6). 北京：人民文学出版社，1981：545～551.

[4、5、10、11] 章念驰编选. 章太炎生平与思想研究文选. 杭州：浙江人民出版社，1986：141、130～141、298～368、369～432.

[6] 耿鉴庭. 怀念爱护中医的国学大师章太炎先生，健康报，杏苑 (30). 1986. 6. 7 第4版.

[7、8、9、12、15]《章太炎全集》(5). 上海：上海人民出版社，1985：196～198；194～196；89～91、124～127、127～129、149～151，106～114、271～272.

[13] 何爱华，张仲景《伤寒杂病论·平脉法》考辨. 中华医史杂志，1992～(2)：90.

[14] 章炳麟. 仲氏世医记.《杭县志稿》：卷二十四，文征杭县修志馆，1949 手抄本，余杭县志办公室重刊，(24). 1985：42～45.

[16] 黄兆强. 章太炎轶事补遗，健康报，1988. 2. 13. 第4版.

[《中华医史杂志》1995；25 (4)：238]

《伤寒论》研究的反思

贾春华　王海林　承德医学院

魏晋迄今，《伤寒论》的研究者已逾数百家，著述千余种，给人以"滔滔者天下皆是"之感，诸家虽皆欲"心仲景之心，志仲景之志"，使《伤寒论》协陟重明，然大多事与愿违，众多著述中获仲景之心者几希。诚如闵芝庆所讥"设人各一见以自高，何时复出仲景而始定"。那么，对此众多医家的研究，我们应持何种态度，也就是说应如何看待这些研究成果呢？从医学发展角度而言，《伤寒论》的研究者，无疑发展了医学理论，从某一角度阐发了《伤寒论》中可能包括的某些理论，然而若从历史的观点去分析，评判这些成果时，皆不免有以今释古、随文敷释、牵强附会之嫌，造成这些现象的原因，乃在于认识与研究方法的欠缺。

1. 对古代医学流派认识不清，盲目将《伤寒论》认同于《黄帝内经》一派，自此以《内经》之理发《伤寒》之微既成定式。

关于中国古代医学流派的问题，谁都难以拿出强有力的证据，现今为人们征引最多者，莫过于《曲礼》“医不三世，不服其药”。按孔疏引旧说云。三世者，一曰黄帝针灸，二曰神农本草，三曰素女脉诀，又云天子脉决”，谢利恒、陈邦贤氏皆以为此乃中国医学之最古派别。此是否为中国医学派别之最古者，是很难摘清楚的。然从学派形成的条件来推测，于春秋战国时期当有医学流派之形成。何则？医药的起源甚早，医药是医学流派形成的最基本因素，医药经验的积累，必然要形成医学理论，尽管其理论有粗细之分。而古代的医学理论必以当时文化思想为说理依据，以求得世人认可。在学术文化领域中，东周后半期，除道家外，其他重要学术流派皆已创立。虽然我们不否认医学流派的形成较文化学术流派形成有一“后滞’现象，但在春秋战国时期形成医学流派的条件已经成熟，郑、齐、鲁诸国中的医家很难排除以法、兵、儒之理释医药之可能，而法、兵、儒思想上的差别，决定了医学理论的不同。这一点我们只要反复研究一下《内经》这部总汇医学百家的著作，就不难发现各篇章间思想上的差异。从文化思想史上观之，医学流派的产生如此，若我们从太古时代民族分类来看，亦可证明太古时代医学间的不同。古代民族可以分为三系，即以燧人、伏羲为泰族；炎帝、神农为炎族；黄帝、颛顼为黄族。从现存史籍中我们虽很难对此三系间医药的差别作到精确的了解，但民族部落间的医药一定存在着差异。若今之蒙医、壮医、彝医、藏医间的不同。故《中国古代史》一书谓“神农所创之医为医之经验，黄帝所创之医为医之原理，进化之级应如是也。”若从医学发展之角度审视此观点，此说甚是。那么我们再看一下《伤寒论》与《黄帝内经》于医理上的粗精程度，得出《伤寒论》为经验医学、《内经》为医学原理的结论是显而易见的。难怪秦伯未先生谓“《内》《难》论病书也，《伤寒》诊病书也……，故《伤寒》绝鲜理论，合病理治疗于一。”也很难否认日本医家怀疑《伤寒论》为长江文化圈、《内经》为黄河文化圈内产物的认识。然而我国《伤寒论》的研究者，在没有搞清《伤寒》与《内经》关系的情况下，盲目地认为《伤寒论》为《黄帝内经》的发展，将其视为同一医学流派的著作，走上了以经释论的道路。其实早在宋代既有人认识到《伤寒》与《内经》的不同，以第三扁鹊自称的窦材于其《扁鹊心书》序中即说张仲景、王叔和等人皆不师《内经》，只不过这种看法是从另一角度提出的，但始终未能引起人们的重视。

2.《伤寒论》版本歧出，医家不辨源流，对原文中的篇章字句领悟有异，引发无谓之争端。

《伤寒论》版本众多，今较公认者有王叔和《脉经》本、孙思邈《千金翼方》本，宋本、高继冲本、成无己注解本、桂林古本、敦煌残卷本及日本的康平、康治本等。于此众多版本中最为中国学者推戴者莫过于宋本，然宋本亡佚已久，今之所存者唯明·赵开美之复刻本。然赵本《伤寒论》自刻讫至清初数十年，既淹晦无闻，乾隆38年修《四库全书》仅录成无己《注解伤寒论》10卷。由于赵本《伤寒论》在清代较少流传，习伤寒者以成注本居多，由于成注本本身的原因，引发了诸多无谓的争议。今举一、二例证之。

“三百九十七法”是伤寒研究者争议的焦点之一，“三百九十七法”之名首见于林亿、孙奇校正《伤寒论》时所写序言，其谓“证外合三百九十七法”。自元代王履既孜孜于此“三百九十七法”的索求，于成注本的结果是茫然不知所在，考宋本亦仅得388法，至于所差9法，终未找出，自此引发出诸多争议，或谓397条即为397法，或变“法”为“节”，或不知其详妄加评说，以致象柯韵伯这位以注解伤寒称雄医林的大家亦说出了“三百九十七法之言，既不见于仲景之序文，又不见于叔和之序例，林氏倡于前，成氏、程氏和于后，其不足取信，王安道已辨之矣。”以柯氏之明敏，若得宋本《伤寒论》详考，恐不难得出确切结论，亦不会遗此笑柄。397法的实质内涵，现已被钱超尘、王庆国两教授相继考出，想必无人再会对397法提出非议。

厥阴病篇是《伤寒论》六经病篇中最为难解的一篇，陆渊雷先生早将其称之为“千古疑案”，姜春华先生亦有“千古疑案话厥阴”之作。时至今日，仍为仲景学说研究中争议颇大的问题之一，有人认为326条不能作为厥阴病提纲，将337条作为本篇提纲始确；有人提出以“类似证来处理厥阴篇中的条文。诸此种种争议，皆因未睹宋本《伤寒化》之故，未能仔细研讨《金匮玉函经》，在宋本《伤寒论》“辨厥阴病脉证并治第十二”的标题下，清晰地赘有“厥利呕哕篇”五个小字，而此五字正是解开这千古之谜的利器，它已很明白地告诉我们，于厥阴篇中附入了“厥利呕哕篇”的内容。若我们再检阅一下《金匮玉函经》，则可见在“辨厥阴病形证治“昭然列有“辨厥利呕哕病形证治”一篇，可见“厥利呕哕”原独立成篇。至于“厥利呕哕”是何时被附入厥阴篇，将其附入厥阴篇的原因是什么？我们只能是推测了。可以说“厥利呕哕”附入厥阴篇的时代不早于《金匮玉函经》刊刻之时，若在此前已经附入，它在《金匮玉函经》中不会独立成篇；其混入的原因很可能是为了求得与其他五篇内容上的平衡，或便于与厥阴病鉴别而附入的。然因成注本删除了“子目”，后世医家不明在厥阴篇中附入“厥利呕哕”的内容，因而绞尽脑汁从厥阴的角度去阐发“厥利呕哕”。如371、373条的白头翁汤证的病机为厥阴肝经湿热迫肠，白头翁汤的功效亦成了“清热燥湿，凉肝解毒”；379条的“呕而发热者，小柴胡汤主之”，亦被释为厥阴转出少阳。总之，解释此篇的内容千万不可离开“厥阴肝”，这又是多么的牵强。那么，仲景的本意又应是什么呢？他为什么要将“厥利呕哕”独立成篇呢？其实很简单，仲景只不过是将有关“厥利呕哕”的重要方证并列一处，便于鉴别罢了。

3. 附庸风雅，不辨先后，以当时流行之学说阐发仲景文学，犯以今释古之大忌。

《伤寒论》所述内容究竟出自何时，也是很难说清楚的，但《伤寒杂病论》书成于汉末恐怕已是诸家认同的史实。那么于《伤寒论》中不应出现汉以后创建的医学理论，然许多《伤寒论》的研究者不辨此理，强加己意，饰古人以时装，以示仲景医学之莫测高深，良好的初衷，导致令人啼笔皆非的结局。这种现象最显著的一例就是运气学说的介入，运气学说始见于《素问》王冰注本之“七篇大论”，林亿诸人于校正此书时既怀疑此七篇内容为王冰羼入，贾得道先生于《中国医学史略》称“终唐之世，直至北宋初年，差不多三百年间，仍未见有人引用这种学说”。五运六气的盛行，当在1099年刘温舒著《素问论奥》之后，这部书专论五运六气，并附图说明，经朝廷提倡，运气学说始受重视，其后的《圣济经》《圣济总录》相继采用此说，王安石变法后，规定“运气大义”为医学生必试科目之一，运气学说始得流行。其实，这种学说自流行之日起，即有人表示怀疑，《褚氏遗书·辨书》篇谓“人婴所气，疾作于身，气难预明，故疾难预定，气非人为，故疾难预测，推验多舛，拯救易误”。故许多医学大家，但言其名，不袭其实，若刘完素重小运不及大运，即为此之明证。关于运气学说的科学性与实用性我们姑不作诸多评价，但运气学说于汉代在医学中是无人运用的。故以运气学说解释《伤寒论》无论多么的“天衣无缝”，其可信程度也要大大地打些折扣了。诚如陆渊雷先生于《伤寒今释》中所批评的那样，“假借运气，附会发露，以实效之书，变为玄谈”。但这也不能避免陆先生本人以细菌说释《伤寒》所犯之同样错误。我们不否认在仲景的著作中存在着某些先进、科学的思想，但这些思想绝非即现在之“某某论”。在现行节本《伤寒论》中，确实没有过多理论的阐述，很多内容恰似临床实录，欲以某种理论进行解释均有可通之处。

4.《伤寒论》的研究结果没有形成仲景医学，即在《伤寒论》的研究历程中，无人创立出特有的理论体系。

大多数医家皆认为仲景集汉以前医学之大成，撰成《伤寒论》以成一家之言。既成一家之言，其理论自应有别于其他医家，然而《伤寒论》的理论体系至今尚未发掘出来，虽然我们不排除有人称《伤寒论》“三阴三阳诊疗体系”者，但对这一理论体系的诠释，又莫不释以《内经》之理了。所以说现今《伤寒论》的理论即《内经》的理论，或者说都是以《内经》阐发出来的。在《伤寒论》自身理论体系的发掘中，中国的《伤寒论》研究远不如日本，日本汉医古方派依据《伤寒论》自身，提出了“万病一毒”“气血水”“气血食”等理论，并构筑成相应的理论体系。这种理论体系是否完善，我们暂且不论，但这些理论确系由《伤寒论》推衍而出的。这不免让笔者想到了从方证角度来研究《伤寒论》的柯琴、徐大椿这两位伤寒大家的研究成果，皆已建立了“方——证”辨证体系的刍型，若再加以精密核实扩张，《伤寒论》“方——证”的论治体系是可以完全建立起来的，所惜者，以《内》《难》解《伤寒》的定式已经形成，使这一呼之即出的理论体系“夭折”了。而后来的日本医家在汲取《类聚方》《方极》等诸书的基础上建立了“方证学”。这是令我们感到遗憾的。近代，现代《伤寒论》的研究虽然反复探求仲景的辨证论治精神，扩大《伤寒论》方的应用范畴，以现代科学手段阐发《伤寒论》中的方药，并取得了一些成绩，但仍不过是中医药研究“花园”中的几朵小花，开得也不太灿烂，距建立起仲景医学的理论体系，不知尚有多么遥远的距离。

往者不可追，来者犹可及，痛定思痛，亡羊补牢。《伤寒论》的研究不能再走古人的老路，应独辟蹊径。本文只不过列举了一些《伤寒论》研究中的现象，而未具体阐述形成这些现象真正的历史原因，并未分析形成这些现象的文化背景。笔者以为，欲继续开展《伤寒论》的研究，首先应搞清《伤寒论》与《黄帝内经》的关系，两者的关系是继承发展，还是别有所授？是发展又发展了哪些篇章？其次应总结《伤寒论》研究历程中的得失，分析文化思想变迁对《伤寒论》研究产生的影响，这些影响又如何反映到医理中。只有在此基础上，《伤寒论》的研究方能有长足之进展，反此，只能是在《伤寒论》上添枝加叶而已，且难免有狗尾续貂之嫌。

[《中国中医基础医学杂志》1995；1（4）：48]

《伤寒论》"项背强几几"当读"项背强几几"

赵桂玉　山东省淄博市张店口腔医院

《伤寒论·辨太阳病脉证并治》篇："太阳病，项背强兀，反汗出恶风者，桂枝加葛根汤主之。句中"兀"，古今学者大都误释。成无己注云："兀者，伸颈之貌也。动则伸颈，摇身而行。项背强者，动则如之。"本卷之末所附《释音》云："兀，音殊，短羽鸟飞肌也。自从成氏读"兀"为"殊殊"，训解为短羽鸟飞行状态之后，八百多年来，绝大部分治《伤寒论》者都这样训读训解，此乃大误。

此条原文说明太阳病初起，项部和背部呈现出强直的现象。若把"兀"解为短羽鸟飞行时的状态，此与太阳病初起时的病证显然是不相贴切的。也就是说成氏的训解是错误的。溯"兀（shū）"字，始见于东汉许慎的《说文解字》，训为"鸟之短羽飞兀也，象形，读若殊。这就是成无己训解的根据。

笔者认为，许氏的这一训读是错误的。因为如果假定"兀"的确是文字，那么，它就应当作为一个文字符号在古代记录过语言，也就是说在古代文献中出现过。但是笔者遍查古代典籍，没发现"几"字记录过语言，也就是说举不出"几"字用在古书中的例子，而唯独《伤寒论》用"几"，是不能成立的。因为张仲景写《伤寒论》的目的是让人看的，并希望人们读懂它，所以也就不可能从《说文解字》中找一个人们未曾使用的"字"来表达其含义。可见，如果训读为"兀"不符合"文字是记录语言的符号"这一基本原则。

笔者认为，"兀"是"几几"之误，其读音，不应读为 shū，而当读为 jǐ。"几几"是"盛"义。历代学者都曾有所论述。如《广雅·释训》："几几，盛也。"清·王念孙疏云："《豳风·狼跋篇》云："赤鸟几几，是几几为盛貌也。《素问·刺腰痛》篇：腰痛侠脊而痛，至头几几然，目𥆨𥆨，欲僵仆。新校正云：按《太素》作"头沈沈然"。"据此可知，"几几"是"盛"义，《素问》中的几几"，《太素》训作"沈沈"，（沈，同沉，重义）"几几""沉沉"分别是"盛""重"之义，其意也相近。另外，今人编著的《联绵字典》及《中文大辞典》也明确地说："几几，盛也。"

再，《医宗金鉴·伤寒心法要诀·项强》云："项背几几强太阳，脉浮无汗葛根汤。"注云："几几强，拘强而甚之貌。可见，把"几几"注为"甚"义。"甚"与"盛"为近义词。丹波元简在《伤寒论辑义·卷一》云：案《说文》字无钩挑，有钩挑者，乃几案之几字也。几，乃鸟之短羽，象小鸟毛羽未盛之形，飞兀也，故凫字从几。盖形容其颈项强急之意也。这一段论述，虽然对"几"的字形论述有误，但最后一句，盖形容其颈项强急之意也。把"几"训为"急"却是对"强兀"的正确训释。

又《金匮要略·痉湿暍病脉证治》对"痉"病论述时云："病者身热，足寒，颈项强急，恶寒，时头热，面赤目赤，独头动摇，卒口噤，背反张者，痉病也。"而《脉经·平痉湿暍脉证》对"痉"病论述时云："太阳病，其证备，身体强几几然，脉沉迟，此为痉。可见，《金匮》的"颈项强急"和《脉经》之"身体强兀然"，即"强急"之义。

综上所述，"急"与"盛""重""甚"义近。《伤寒论》中的"强兀"应训正为"强几几"，"几"应读作 jǐ，是"盛""甚""急"义。

[《国医论坛》1995；（5）：44]

《伤寒论》"大椎第一间"析

王铁林　中国中医研究院西苑医院

大椎第一间，出自《伤寒论》第 142 条。在《伤寒论》中明确指出的孔穴名称有大椎、肺俞、肝俞、期门、风池、风府等七个穴位，唯对大椎第一间，历代医家多所注释且不统一。有谓肺俞，有言陶道，有疑指商阳者，有曰在脊骨第一节上，有论在第七颈椎和第一胸椎棘突之间，尤以解为大椎穴者居多。笔者以为，大椎第一间当理解为"大椎穴"和"第一间"（陶道穴）两个穴位，但非今之所称大椎、陶道两穴的位置。试析之，就正同道。

虽《伤寒论》年代久远，"大椎第一间"系坏字所误而致讹传难以除外。但据现存典籍所载亦无争议之处，故暂不予讨论。唯待明者再正之。吾将

"大椎第一间"句读后分解为"大椎"和"第一间"。对"大椎"因原条文中所指为刺穴部位，故可认为指大椎穴，但对"第一间"应从太阳与少阳并病、穴性主治及骨节序数等结合起来理解。在著《伤寒论》之时，其所论针刺的治疗部位"第一间"可能尚无孔穴名称，故以"第一间"代之，为明确其部位之所在，而与大椎穴并列言之。同一个穴位，既用孔穴名称，又用解剖部位代之，在仲景之书中尚未见到第二处。而仅以解剖部位表示孔穴名称者，则非《伤寒论》一书，亦非仲景一人。如《金匮要略》"病趺蹶……刺踹入二寸……。"《千金要方》则有70多处，如"小儿暴病，灸顶上回毛中"等。又《素问·刺志篇》"病在少腹，腹痛不得大小便……刺少腹两股间，刺腰髁骨间……"等，不胜枚举。

《针灸甲乙经校释·背自第一椎循督脉下行至脊骶凡11穴第七》中指出："大椎，在第一椎上陷者中；陶道，在大椎节下间；身柱，在第三椎节下间……。"余向下排列之孔穴均述之"某穴，在某椎节下间"。历代文献多宗《针灸甲乙经》之说，《国家标准经穴部位》亦从此说。对"椎节"指脊椎棘突而言当无异议。据此，遵循古人最早赋予的含义探讨之，依前后经文体例及概念的准确性来证之，陶道穴既曰"在大椎节下间"，则应理解为在大椎骨棘突下间，即第七颈椎棘突下；而不应"当是指大椎穴下一棘突，即第一陶椎棘突下。"因而，大椎穴"在第一椎上陷者中"只可理解为在第七颈椎棘突上陷者中。顺言之，身柱"在第三椎节下间"当是指在第二胸椎棘突下间。当颈部前屈时从上向下首先摸到的最长的棘突为第七颈椎棘突，因其是椎骨之最大者，为项后平肩第一大椎骨，故名"大椎"骨。此亦为医家所共识。《经穴部位文献考与解剖》亦有谓"后发际不明者，则从大椎（第七颈椎棘突）之上加三寸，用于头项部的定穴。"须强调的是古人所认识的生理解剖关系，很难完全与现代解剖学统一，古人以第七颈椎为第一椎，乃以形定义，不能将古人的解剖概念与现代之概念硬相套用。研讨古代医学名词的定义，引证文字学是应该的，灵活亦是必要的，但应上下文互参、互文见义，究其经文之本意。故笔者亦认为第一椎乃是指第七颈椎而言。既然大椎穴（即今经外奇穴之崇骨穴，别名椎顶、太祖）"在第一椎上陷者中"，而"第一间"与大椎穴并列言之，则"第一间"当理解为"在第一椎节下间"，亦即"大椎节下间"之谓，故"第一间"可认为是陶道穴（即今之所言大椎穴）。陶道穴首见于《针灸甲乙经》和《素问》王冰注，或许仲景著书之时尚未有陶道穴位之名，故以第一间"名之，为明确其部位之所在，而与大椎穴并言。

又据《伤寒论》第142条和第171条文所见，虽均为太阳与少阳并病，内容大致相似，但应注意到其症状之描述程度和排列顺序等亦有所别。仲景用字、词十分讲究，结合所刺孔穴的穴性主治，于此之选穴组方明化裁之义，体现了仲景之制方严谨，重视同中求异、异中觅同，以病机为核心的辨证论治思想。示人临证之际，应知常达变，活法圆机，行其针药，治危得安的良苦用心。

[《中国针灸》1995；(5)：57]

《伤寒杂病论》成书补考

柯雪帆　上海中医药大学

《伤寒杂病论》，绝大多数学者认为成书于东汉末年，由张机（仲景）所撰。但是近年有学者提出不同看法，认为东汉不可能出现这样高水平的医学著作。王叔和《脉经》中有关《伤寒论》的记载，也可能是后人伪托。对此，展开过一些学术争鸣。兹再作出补充考证，支持成书于东汉末年，张机所撰的观点，并求正于海内同道。

成书的年代与地域

《伤寒杂病论》成书约为公元200～205年之间，作者为张机（仲景），荆州南阳郡（今河南省南阳市）人。当时全国范围内战乱频仍，疫疠流行。但荆州地区自初平元年（190年）刘表任荆州刺史以后，局部得到稳定发展。刘表为当时八俊之一，重视文教，因而当地学术空气浓厚。《后汉书·刘表传》记载，当时荆州"南接五岭，北据汉川，地方数千里，带甲十余万。"刘表"招诱有方，感怀兼治。""万里肃清，大小咸悦而服之，关西、兖、豫学士归者盖有千数，表安慰赈赡，皆得资金。逐起立学校，博求儒术，……爱民养士，从容自保。"《三国志·王粲传》说："士之避乱荆州者，皆海内之俊杰也。"卫凯《与荀彧书》云："关中膏腴之地，顷遭荒乱，人民流入荆州者十余万家。"这样的局部繁荣，直到建安十三年（208年）刘表病死，约持续了20年。这20年正是张仲景写作《伤寒杂病论》的大好时机。《伤寒杂病论集》中说"建安纪元以来犹未十稔"，约公元196～205年，这几年正好在刘表治理的20年之中。根据甄志亚主编的《中国医学史》推断，这20年张仲景约为40～60岁，正是年富力强之时。《三国志》王粲传载，粲年十七（192年）“以西京扰乱，皆不就，乃之荆州依刘表”。皇甫谧在《针灸甲乙经》序中说仲景为王粲诊病时粲年20余，其地当在荆州，其时仲景年约45岁。《王粲传》载，粲病死时年41（217年）。皇甫谧说，仲景诊断王粲“四十当眉落，眉落半年而死”。《三国志》与《针灸甲乙经》两书所载年岁是符合的。总之，200～205年之时，在荆州之地，写成《伤寒杂病论》是有可能的。

《伤寒杂病论》是秦汉医药学的结晶

我国医药学在秦汉时期有全面的发展，在预防医学、基础理论、临证医学、方药学、针灸、推拿学等方面均有长足的进展。张仲景全面继承这些先进的医药成果，总结出了《伤寒杂病论》一书。

《黄帝内经》与《难经》中的许多先进内容在《伤寒杂病论》中有所体现。如《上古天真论》中的预防思想，《难经·八十一难》的“毋虚虚实实，损不足，益有余”理论，与《金匮要略》脏腑经络篇中的肝病传脾思想以及《伤寒论》中表里先后治则一脉相承。《黄帝内经》中的风论、痹论、咳论、痿论等篇均以脏腑为辨证纲领。《难经》论五脏六腑颇详，以脏腑解剖生理为特点，其中三十七难已与病证相连。而在《金匮要略》中的脏腑辨证则已达到灵活运用并与其他辨证方法相结合的较高水平。

《难经》论脉是其主要内容，《伤寒杂病论》亦重视脉诊。《难经》中“独取寸口”，“脉有尺寸”，“脉之太过不及”，“阴阳相乘”，“脉有阴阳”等理论，在《伤寒杂病论》中均有体现，其继承发展关系十分明显。

《汉书·艺文志》载有经方十一家，274卷。经方的涵义是：“本草木之寒温，量疾病之深浅，假药味之滋，因气感之宜，辨五苦六辛，致水火之齐，以通闭解结，反之于平。”可见那时方剂学的内容已经十分丰富，按病种分类，根据药物性味配方，根据病情用药，制成不同剂型。《伤寒杂病论》只有16卷，数量虽少，在张仲景选编时有所精简。在内容上，如将《汉书·艺文志》经方十一卷的标题与现行《金匮要略》的篇名相对照，两者之间有惊人的吻合之处。范行准曾撰文分析认为“以两者部类而言，则彼此略可覆掩，没有过多的差异。”反映出《伤寒杂病论》与《汉书》经方之间的密切联系。张仲景在《伤寒杂病论集》中说“博采众方”，可能包括《汉书》经方在内。他在荆州刘表所设立的学校中，读到这些经方是很有可能的。

《伤寒论》中的六经辨证已经形成一个辨证体系。然而六经辨证源于《内经》，《内经》中的《热论》《刺疟篇》《刺腰痛篇》均用六经辨证方法，其中《热论》中的六经辨证已相当完整。伤寒六经辨证源于《内经》是十分明显的。

《伤寒杂病论》重视脉与症的结合，称为“平脉辨证”，而脉证结合之法在《史记·仓公列传》中已经清晰可见。所列许多医案，以脉证结合作为辨证基础。

《伤寒杂病论》中的药物大部分载录于《本草经》中，在一些药物的特殊应用方面，两书有惊人的相似之处。如蒲黄利小便（见蒲灰散），半夏治咽喉肿痛（见苦酒汤）；木通利九窍血脉关节（见当归四逆汤），桂枝治结气喉痹（见半夏汤），芍药利水气（见真武汤），这些用法，在其他医书中甚少记录，而两书记载相同。则《伤寒杂病论》之源于《本草经》可能甚大。

1972年出土的武威汉简，为东汉早期的文物，早于《伤寒杂病论》近二百年。虽仅木简、木牍92枚，却记载了内、外、妇、五官各科的病症数十种；载有柴胡、当归、龙骨、磁石、矾石等药物90多种，载有比较完整的医方30多个（复方）；有汤、丸、膏、散、醴、滴、栓等不同剂型。可见此时方药学已有很高的成就。在此简牍中已有“异病同治、同病异治”的萌芽，在上述秦汉医药学的基础上产生《伤寒杂病论》这样伟大的著作是完全可能的。不愧为秦汉时代医药学的结晶。

《伤寒杂病论》与秦汉著作文体相似

在文章风格上，《伤寒杂病论》不仅与《黄帝内经》有相似之处，与汉代其他学者的文章相比较，也有相似之处。试看扬雄《太玄》中的一段文字：“日月往来，一寒一暑，律则成物，历则偏时，律历交道，圣人以谋。”再看一段《淮南子·天文训》：“天道曰员，地道曰方；方者主幽，员者主明。明者吐气者也，是故火日外景；幽者含气者也，是故水月外景。吐气者施，含气者化，是故阳施阴化。”再看两段《史记·仓公列传》的文字：“根在右胁下，大如覆杯，令人喘、逆气、不能食。”“烦满食不下则络脉有过，络脉有过则血上出，血上出者死。”再录几段《伤寒杂病论》的文字作为对照。《伤寒论》134条：“太阳病，脉浮而动数，浮则为风，数则为热，动则为痛，数则为虚。”247条：“趺阳脉浮而涩，浮则胃气强，涩则小便数，浮涩相搏，大便则硬，其脾为约。”《金匮要略》水气病篇："心下坚，大如盘，边如旋杯，水饮所作。"《金匮要略》疟病篇："若但热不寒者，邪气内藏于心，外舍分肉之间，令人消铄脱肉。"两相对比，在文句结构、章法风格上有许多相似之处。足以说明《伤寒杂病论》具有汉代文章的风格。

总之，《伤寒杂病论》这个书名虽然到宋初才出现于《新唐书·艺文志》，但从此书的内容来看，却是东汉时代的作品，这可以从成书时代荆州地区的社会背景，当时医药学发展的水平，以及文章风格等方面得到证明。

[《中医研究》1995；8（6）：8]

谈《伤寒论》的设计

朱元起　天津中医学院一附院

《伤寒论》的著述动机，固然基于当时伤寒的病死率较高。但病死率高并不是因为当时不知伤寒。从出土文物证实，两汉时代已经有了一些治疗伤寒的有效方剂，甘肃居延海出土的"伤寒四物"汤等木简就是早于《伤寒论》百年左右的汉代医方。（中医杂志 12：671，1953）仲景原序中明言"勤求古训，博采众方……为伤寒杂病论合十六卷"，可见书中所列的方剂和方法，不少就是取材于他人（包括前人）的临床经验。所以仲景"感往昔之沦丧，伤横夭之莫救"，并非伤感世医不知伤寒病的一般诊疗规则，而是伤感凡医不会辨疑析微，也不学辨疑析微，但凭"管窥"，草菅人命。因此论中不是以铺述证治，条陈规律为重心，而是在疑似、细微之处反复着墨，不厌其烦。一切从辨证出发，以"辨"为主线，依"辨"定取舍，正是本书设计的主导思想。

一、《伤寒论》的选材

《伤寒论》的选材，正是遵循以辨为主的写作意图。书中内容大致可分为四类，一类是正面论述伤寒病证、传变及方药，一类是辨析，包括辨别证候、症状、表里治法先后缓急、阴阳消长及预后生死等；再一类是误治变证，另外还有相当数量的杂病。论证、辨析和救误（包括杂病）三者篇幅大致相等。按一般著书惯例，热病专著应紧紧抓住热病自身固有的规律做文章，着力雕塑其临床见证、发展变化、预后转归及相对应的治疗方法……即用绝大篇幅来勾画疾病的脉络，揭示整个病变过程并指出应采取的对策。本书仅用三分之一左右的条文来"论证"，而条文又比较集中用于对少数方证的描绘，以致一些主要证型未能正面论述或只草草论述。如：太阳之麻、桂，阳明之承气，皆用墨甚重，刻画较细，而阳明"三清法"中，栀子豉汤、猪苓汤几乎没有正面描绘（除少阴、厥阴各一条），都是从误治角度道出；白虎汤虽有四条论及，但只凭原条文，也不能得出"四大"的主证，麻杏甘石证、葛根芩连证，从临床实际来看，都是外感热病初期的常见证型，而仲景偏偏不从正面论述，而纳入误治范围内。……这种有疏有密，时细时粗的内容安排和比例设置，显然不是以勾画疾病脉络为重心，只是为辨析提供规准而已。

略于"论证"而详于"辨析"，是本书选材上的突出特点。书中直接用于辨证候、辨症状，辨病势，辨治法、辨真假、辨顺逆、辨标本缓急……的条文就不下百条，内容广泛，剥割精当，融渗各篇，贯穿全书。特别对于"虽然服药未愈，但还没有打破疾病正常发展规律"的"经治证"也根据反应状况指出了三种不同的处理原则，一是基本病机尚未改变的应继续投治，如"凡柴胡汤病证而下之，若柴胡证不罢者，复与柴胡汤"（101）；二是基本病机略有改变的应加减投治，如"太阳病，下之微喘者……桂枝加厚朴杏子汤主之"（43），"太阳病，下之后，脉促胸满者，桂枝去芍药汤主之"（21），三是治法虽无大偏误，但未能阻止疾病的传变，病机已有改变的，应采取相应治法，如"太阳病三日，发汗不解，蒸蒸发热者……调胃承气汤主之"（248）。这些本来可以正面铺述，但仲景偏偏借用"论误"形式，有些甚至竟对应取材，把"经治"与误治放在一起对比处理，如"发汗后恶寒者，虚故也；不恶寒但热者，实也，当和胃气，与调胃承气汤"（70），其用意在"辨"是很明显的。不仅如此，即使在"论证"的条文中也挟有不少辨析的内容，甚至形成"辨多于论""辨重于论"的局面，如：描述麻桂各半汤时指出"脉微缓者，为欲愈也；脉微而恶寒者，此阴阳俱虚，不可更发汗更下更吐也：面色反有热色者，未欲解也"（23）；描述蓄血证时指出"小便不利者，为无血也，小便自利，其人如狂者，血证谛也"（125），描述大承气汤证后指出"若汗多，微发热恶寒者，外未解也，其热不潮，未可与承气汤；若腹大满不通者，可与小承气汤，微和胃气，勿令至大泄下"（208）等都是很明显的例证。

"误治"和"杂病"在书中所占的比例超常是本论的又一特征。所谓误治是泛指偏误的治法。因于误治，既可以打乱疾病的发展规律而造成"变态”，如“伤寒脉浮，自汗出，小便数……反与桂枝欲攻其表，此误也……”（29），“太阳病，当恶寒发热，今自汗出，反不恶寒发热，关上脉细数者，以医吐之过也”等，也可能没有打破疾病的正常规律，只是促进了疾病的深入或复杂化，如“太阳病发汗，汗出不解，其人仍发热，心下悸，头眩身瞤动，振振欲擗地”（82），“发汗后，水药不得入口为逆……发汗吐下后，虚烦不得眠，……”（76）等。“变态”不是本病所固有的表现，所以叫“变证”；“深入”虽属疾病过程中可以出现的固有部分，但此时此刻的出现，毕竟是不适当的治疗所导致的。按一般常规，专著虽然可以论述误治，但不宜篇幅过多。而仲景论误之笔竟达百处，占全书的四分之一，涉及四十余方，占全书的三分之一，如此广泛、细致地讨论误治后的各种情况变化及救治方法，其用意在于“辨”是很明显的。至于杂病，本非热病专著的论述内容，若要载入，也应附后另列。而本书不仅载录了相当数量的杂病，而且与正文相杂并列，有些甚至冠以“伤寒”“太阳病”……之名，如“伤寒脉结代，心动悸，炙甘草汤主之”（177），太阳中风，下利呕逆……十枣汤主之”（152），“伤寒腹满谵语……名曰纵，刺期门”（108），“伤寒八九日，风湿相搏，身体疼烦……去桂加白术汤主之”（174）等等。如果炙甘草汤、十枣汤还可以用“素有杂病，复感外邪”来强解；那么“名曰纵”一条则历代注家颇有“议论”；风湿证条则今古公认是“太阳类证”。至于“病如桂枝证，头不痛，项不强，寸脉微浮，胸中痞鞕，气上冲咽喉，不得息者”（166），“病胁下素有痞……”（176）等，则明知是与外感无涉的杂病，此处载录，显然是为“辨”而设。

《伤寒论》“略于正论，详于辨析，超量论误，混录杂病”的选材方式，充分反映了作者“以辨证为中心，以防逆为目的”的基本思想，这与“自序”中的精神是吻合的。

二、《伤寒论》的体例

《伤寒论》的体例，很像一部略加整理的临床记录或临诊随笔。格调不一，有常有变，着墨不匀，有浓有淡，内容不受六经疆界的限制，条文方证不避类似和重复，既有“论断”，也有“问难”，既有精炼的“治疗记录”，也有临诊的“思维过程”；既有成功，也有“失败”……这种“疏、散”的笔触，既不同于《千金》《外台》，也不同于《金匮要略》。它不是以铺陈病证为中心，而是以“辨”为纲，贯穿一线，根据“辨”的需要决定内容和形式。这种体例是为突出辨证而作的精心设计。

书中总的布局虽以三阳三阴分门立户，但在论述中却未严守这一成规。如：太阳篇列白虎加人参汤（26）用来辨服桂枝汤后的不同转归和治法，指出“大烦渴不解”为辨证要点，列芍药甘草附子汤（68）和调胃承气汤（70）用来辨发汗后的属虚属实，指出“恶寒（但热）”是辨证要点；列四逆汤（91）用来辨表里缓急的治疗先后，指出“下利清谷不止”为辨证要点。另如苓桂术甘汤（67）、甘草干姜汤（29），小建中汤（102）、真武汤（82）等等。其余各篇也与太阳篇雷同，如：阳明之桂枝汤（234），太阴之桂枝加大黄汤（279），少阴之四逆散（318）等，都是立足于辨，突破“门户”的例证。

把症状相同的条文集中论述，是突出辨证的有力手法之一。如太阳下篇的51条中，集中辨结胸、辨痞的条文约占五分之四。在辨析中不仅收入了柴胡桂枝汤，柴胡桂枝干姜汤、大柴胡汤，旋覆代赭汤、桂枝人参汤、五苓散、太少并病等本属其他篇章的内容，而且收入了脏结、热入血室、十枣汤、瓜蒂散等其他学科的疾病。再如，厥阴篇的56条中，集中辨厥热往复，辨厥、利、呕、哕诸证者达52条之多。所收内容不仅遍及各篇，而且不少属杂病。这种高度集中的形式和相当“庞杂”的内容，显然不是为了论述某一经病，而是专意为“症状鉴别”而作的安排。

同一方证，多条论述，甚至分列于两篇或三篇之中，即使内容很少的方证也采取分割、分列形式。如：猪苓汤分列三条，阳明二条（223～224）是从“发热，渴欲饮水’着眼，少阴一条（319）是从下利着眼；茯苓甘草汤两度出现，在太阳（73）是辨饮停部位，在厥阴（356）是辨治疗顺序；瓜蒂散三次列证，在太阳（166）是辨“痞”，在厥阴（355）是辨厥，在少阴（324）是为了辨明四逆汤的适应证；栀子豉汤，太阳篇、阳明篇均已论及，厥阴篇再次列载，目的在于辨“利”……可见仲景是以意图统形式，以形式统内容，而中心意图是“辨”。

书中还有些内容基本相同，甚至完全相同的条文重复出现。如：“呕而发热者，柴胡汤证具”（149），“呕而发热者，小柴胡汤主之”（379），前者从“心下”的不同表现来辨证，后者从呕的不同原因来辨治，“渴欲饮水，少少与之”既见于太阳（71），也见于阳明（244），又见于厥阴（329），说明这一护理原则并不受经界所限，而有通用意义，在论误条文中，“发汗后，不可更行桂枝汤……”（63），“下后不可更行桂枝汤”（162），说明无论经汗、经下，（或未经汗下），只要见证相同，就应同治；坏病，太阳（16）、少阳（267）均有载述，文字虽略有不同，但都要求“随证（依法）治之”，也是强调以见证为准，不要受“阶段”或“治疗过程”的束缚。可见，“重复”既是论辨所需，也是阐述“异因同果”的一种方式。与此相对，有些条文刚强调“异因异果”，如：“发汗后，腹胀满者……”（66），“伤寒吐后，腹胀满者……”（249）列证虽同，但由于治疗过程不同（病理改变不同），治法亦不同。更有“同因异果”的情况，如太阳病误汗就有虚变、实变、虚实兼夹之别，在脾、在肾、化燥、动饮之异，变证达二十余种，“同因异果”“异因同果”“异因异果”的并存和交错，意在示人既要注意治疗过程和病理阶段的异同，又不能泥于病史和“阶段”，应该认真辨析，把握病机。这是辨证精神在病史、病程上的体现。

三、《伤寒论》的笔法

《伤寒论》的笔法，以“举隅”和“呼应”为主旋，这对编织上述体例，实现以“辨”为髓的写作意图有极大作用。本书分条论述，文字有限，采用“举隅”的写法，文字轻巧、机动，便于驾驭，散阅则症状较少，互参则脉症较全，既可以加工提炼典型证，也可以充分列举非典型证；既可以集中进行鉴别，也可以分散与多方比较。由于是“举隅”，因此所举无定，或举主略次，或举次略主，或举证略脉，或举脉略证……或繁或简，疏密相杂，但繁处虽详，也来尽绘全貌，简处虽约，亦不失其要。由于是“举隅”，所以任何一条都不能无遗地反映方证全貌，而需各条互参，有些方证虽经互参，仍不能从原文中得见全貌，如白虎汤、茯苓甘草汤都是突出之例。可见所举之“隅”，并非为了勾绘方症，而是为“辨”选材。因辨证对象不同，故所选之材可能是症，也可能是脉；可能是一症，也可能是数症；可能是主要脉症，也可能是次要脉症。如208条辨大承气，小承气及不可与承气汤时所举皆为主症；240条辨宜下、宜汗时皆为主脉；216、217两条辨谵语之当下与否时所举则非主症；51、52两条则非主脉。临床上情况复杂，每治一证，每处一方，往往需要将几个，十几个，甚至更多的方证进行衡量比较，“举隅”之笔是与临床实际相吻合的。

“呼应”是与“举隅”相辅而行的又一常用笔法，是作者运用论述的技巧，或借特定词汇的帮肋，使条文或段落之间发生联系，以揭示其内在关系的手段。如：“其外不解者，尚未可攻”（106）与“表证仍在……抵当汤屯之”（124）相呼应，说明治疗太阳蓄血有“轻者循序”和“重者宜取”两条原则，“服药已微除，其人发烦目瞑，剧者必衄，衄乃解”（46），“自衄者愈”（47），“不发汗，因致衄者，麻黄汤主之”（55）彼此呼应，说明表寒、衄、麻黄汤之间的辨证关系，又如“小便数者，大便必鞕”（244），大便鞕，小便当数”（110），“小便少者……但初头鞕，后必溏”（251），“今为小便数少……故知不久必大便也”（203），“其人多汗……大便必鞕”（213），“发热汗多者，急下之”（253），“汗出多而渴者，不可与猪苓汤。以汗出多胃中燥，猪苓汤复利其小便故也”（224），“大下之后，复发汗，小便不利者，亡津液故也。勿治之，得小便利，必自愈”（59），小便利者，其人可治。（111）……等多条呼应，从汗、小便、大便之间的相互关系，揭示津液的盈亏和“走向”对病势，转归的影响及应采取的对策。另如“发热头痛，脉反沉”（92），与“反发热，脉沉者”（301）两“反”对用，说明既非太阳，也非少阴，而是“两感”证。“反汗出恶风”（14）一条，用“反”是以葛根汤为正进行呼应。有时是用“应”“当”等词与“反”相照，但有不少地方却是举反而略正，以反测正。

上述笔法的选用，最大限度地调动了文字的能动性，使分列“定位”的条文活跃纸上，反映出复杂的相关性，而使“死书”变成了“活法”。

四、《伤寒论》的文字

《伤寒论》的文字，有两个突出的特点，一是大量选用了表示选择或假设关系的连词，二是相当多地选用了范围副词。这对实现“着眼于辨”的写作意图确有不少补益。

书中表示选择或假设关系的连词有“或”“若”“设”“假令”等。“或”多用于连接某些方证的或然证，使典型证与几种非典型证同时展现，示人既要抓住主要病机，又要注意细微的变异。这正是临诊时辨证施治的关键。“若”“设”“假令”虽指假设条件，但都是依临床实际提出的“假设”。用“假设”词连接的治疗过程，有“可能”和“未必”两层意思，如“太阳病，若吐若下若发汗后，微烦，小便数，大便因鞕者，与小承气汤和之愈”（250），所列的吐、下、发汗，可以是实有的过程，但并非是必备的。这也是强调辨证地看待病史的一种手法；用“假设”词连接的症状表现，多是展示疾病经治后的不同转归（或为治疗提示禁忌），如“阳明病……若发汗则躁……若加温针必怵惕……若下之……心中懊侬……”（221）是因不同治疗导致的不同转归，“发汗吐下后，虚烦不得眠，若剧者，必反复颠倒，心中懊侬，”若少气者……若呕者……”（76）是同一治法出现的不同转归，示人对临床的多变性要作充分估计，辨证地对待。可见，表示选择或假设关系的连词，能够提高笔法的辨证效应。在《伤寒论》一书中，尽管为了文章的简练和起伏的需要，很多地方作了“省略”，而“或”“若”一类的词却仍然出现了百次以上，这种现象，对探求仲景的著书动机也是寻驿之丝。

书中的范围副词，以“但”和“凡”出现较多。“凡”的应用揭示了一定范围的共性，如“凡厥利者，当不能食”（332），“凡厥者，阴阳气不相顺接便为厥……手足逆冷是也”（337），这些都具有一定的“通用”意义。“但”的应用在于局限所指，以使个性特征更明确，如“但头汗出，身无汗”（236），“但欲漱水，不欲咽”（202）等，都逼真地勾划了症状，明确了辨证要点。书中数十次选用范围副词，反映了作者对认证、辨疑的重视。此外，仲景对“知”“先与”“以”“更”等词的应用，都颇具匠心，值得研究。

综上所述，《伤寒论》虽以伤寒病的变化规律为主要论述对象，但作者从初衷到设计，乃至调墨，始终以“辨”为主线，依“辨”定取舍，一切从突出辨证出发，通过反复辨析，不仅示人以规矩，而且示人以巧。书中所展现的思维方法和辨证秘诀，无论从内容上，或学术价值上，都远较伤寒本证为广、为高。《伤寒论》实质上是一部中医学的方法学。

［《天津中医》1995；12（6）：39］

论伤寒的十大辨证关系

刘义生　刘　敏　江西中医学院附院
童国祥　空军九江疗养院
（指导　陈瑞春）

《伤寒论》作为辨证论治第一书，其中包含着各种辨证关系，正是这种错综复杂的关系，构成了全书严密的辨证体系，充分体现了朴素的辨证法思想。本文在通观全论的基础上，概括出十大关系，旨在进一步揭示疾病的内在联系，以有助于理解《伤寒论》的精神实质。

一、阴与阳

《素问·阴阳应象大论》指出：“阴阳者，天地之道也……治病必求于本。”阴阳的对立统一是自然界的普遍现象，在人体而言，阴阳对立统一的破坏是疾病的本质所在，因此，治病必“谨察阴阳之所在而调之，以平为期”。仲景继承《内经》的阴阳学说，在《伤寒论》中首先将外感病执简驭繁地分为阴证和阳证两大类。所谓“病有发热恶寒者，发于阳也；无热恶寒者，发于阴也”。即为论中阴阳的总纲。发于阳者，乃阳气亢奋，正邪斗争较为剧烈，恶寒同时伴有发热；发于阴者，乃人体阳气相对低下，邪正斗争不明显，故多无热而恶寒。由于六经以脏腑为基础，而脏腑有阴阳之分，所以六经亦有阴阳之别。阳经之病发于腑，腑属阳，气血较盛，抗邪有力，故以翕翕发热、壮热、潮热、往来寒热等各种热象为特点；阴经之病发于脏，脏属阴，气血虚寒，抗邪无力，故以各种寒象为特点。

正是因为阳证、阴证取决于阳气的亢奋与低下，所以仲景依据阳气亢奋程度以及阴阳之气衰弱程度所致阴阳偏盛偏衰的数量，又分别将它们一分为三，合为六病。所谓太阳病，乃病之初起，阳气最盛，但处于开始亢奋状态；阳明病乃病之急剧阶段，阳气亢奋极盛，相对阴气不足；病至少阳，则阳气相对虚少。三阴病乃阳气相对虚衰，阴气较盛。太阴为阳衰之初，阴气尚未受损；少阴则阳衰较甚，阴气亦不足，阴阳易于偏衰，故有寒化热化之分；厥阴则阴阳之气均为最少，所以吴鞠通称：“厥者，尽也。阴阳极造其偏皆可致厥。”这是很有道理的。

论中脉亦分阴阳。即寸为阳，尺为阴；浮取为阳，沉取为阴；阳主表，阴主里。仲景以脉之阴阳的相对概念来说明病机，如：“太阳中风，阳浮而阴弱，阳浮者，热自发，阴弱者，汗自出……。”阳浮乃卫阳浮盛、抗邪于外之故，而阴弱则为卫外不固，营不内守而然。又如：“伤寒，阳脉涩阴脉弦，法当腹中急痛。”乃以脉之阴阳以示中阳虚弱而土虚木乘之病机。

伤寒中人之后，其证型表现和传变是以阴阳胜复为病理基础的。《素问·阴阳应象大论》说：“阴胜则阳病，阳胜则阴病。阳胜则热，阴盛则寒。”阳病、阴病指阴、阳之偏胜或亏损，从而造成对立面的相对亏虚或偏胜，从寒热的变化就可以观察到阴阳胜复的病理变化。邪在太阳，寒（阴）邪胜，阳气被郁，故恶寒重发热轻。寒郁阳渐次化热，阳渐胜而阴渐却，故表现出表寒重里热轻（大青龙汤证）和表寒轻里热重（麻杏甘石汤证），待寒邪完全化热，阳胜其阴则为阳明病。这就是一个典型从寒热的表象转化来观察阴阳胜复过程。太阳病可以内传阳明，也可内传太阴或少阴，还可以留连在太阳，起关键作用的不是病邪的轻重，而是身体素质的阴阳偏盛偏衰以及正邪斗争过程中的阴阳盛衰。伤寒之所以能直中三阴是因为三阴阳虚，复感于寒。阴阳胜复在少阳与厥阴表现尤为突出。少阳为枢，乃阴阳之枢纽，若阳气盛，少阳病则转阳明，阴气盛则转三阴。理解这一点就不必为少阳究竟在太阳之后还是阳明之后而争论不休。厥阴之厥热胜复实为阴阳消长的外在表现。一般说来，阴气胜则厥逆，阳气复则发热，因此，根据厥热之先后，阴阳之胜复可以判断病之愈与不愈，利用厥热之多少推测病之进退（392条）。

阴阳的对立统一关系除表现为阴阳胜复的消长关系外，还表现为阴阳的相互转化。阳证可以转化为阴证，阴证又可转化为阳证。太阳病可因误汗误下而致种种阳虚之证，如21条阳虚漏汗的桂枝加附子汤，64条心阳虚损，悸动不安的桂枝甘草汤证，61条肾阳虚而烦躁之干姜附子汤证，等等。相反，太阴湿邪化燥可以转属阳明（192条），少阴热化也可以转为阳明而成少阴三急下证等（320条～322条）都是阴阳转化的例证。

《伤寒论》认为阴阳在一定范围内是可以自行调节的，如58条指出："凡病，若发汗、若吐、若下、若亡血、亡津液，阴阳自和者，必自愈。"也就是说，尽管阴阳平衡遭到破坏，只要不超过一定的限度，机体可以通过阴阳的消长转化而达到新的平衡。若超过了这个限度，就必须借助于药物来促进这种调节作用。因而《伤寒论》的治法概括起来就是调节阴阳的偏盛偏衰。病在太阳用麻黄、桂枝发散其郁阳，病传阳明用白虎、承气泻热存阴，病入太阴用理中温散寒湿，病归少阴用四逆扶阳消阴，总之都是损有余而补不足，从而使阴阳重归平衡。尤需指出，《伤寒论》常阴阳之药合用成方而调阴阳。《素问·阴阳应象大论》谓："气味，辛甘发散为阳，酸苦涌泄为阴。"如论中之桂枝汤，即为辛甘化阳之桂枝甘草汤与酸甘化阴之芍药甘草汤溶合而成，因而外可调营卫，内可调阴阳，既可治外感邪气，又可治内伤诸证，是很好的调节阴阳的名方。又如小柴胡汤及泻心类方，小柴胡以柴芩之辛苦，一透一清而和解半表半里；泻心汤类方则以半夏、干姜之辛开合黄芩、黄连之苦降而调和肠胃。仲景的对立统一观于此可见一斑。

二、寒与热

寒热既是病因，又属病性。《伤寒论》虽详寒略温，但伤于寒后，固体质差异或治疗过程中伤阴伤阳的不同，又有寒化和热化两种不同的转化途径。以简图示意：

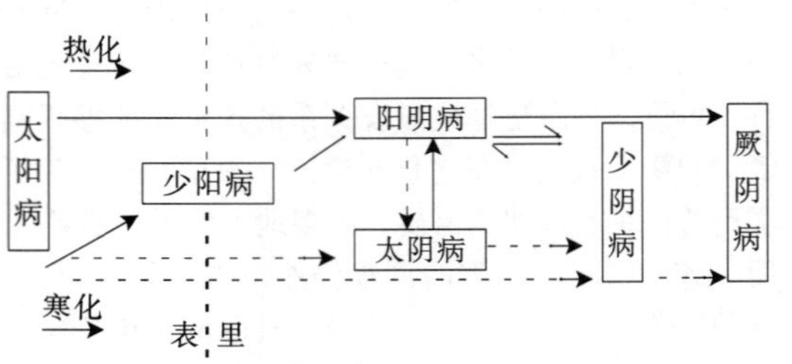

从图中可以看出，六经皆可有寒化、热化证。邪在太阳，多为表寒实之麻黄汤证或表寒虚的桂枝汤证，亦可出现发热恶寒、热多寒少的桂枝二越婢一汤证。太阳病郁阳化热可传阳明，也可因寒伤阳气而寒化传入太阴、少阴。阳明病有白虎汤证或承气汤证等里热证，亦有食谷欲呕，属阳明，用吴茱萸汤的里寒证。少阳病小柴胡汤证既有寒证又有热证。太阴病理中丸证是寒证，而"发黄、手足自温"是热证。少阴病的四逆辈为寒化证，而黄连阿胶汤证、猪苓汤证则是热化证。厥阴病的吴茱萸汤证、当归四逆汤证为寒证，而"厥深热亦深，厥微者热亦微"的热厥则为热证。应当指出，邪入厥阴，当以手厥阴心包的神昏谵语和足厥阴肝的瘈疭发痉见证为是，其中主要为热闭心包与热甚动风。如"……多睡眠、鼻息必鼾、语言难出……直视失溲……剧则如惊痫时瘈疭"和"独语如见鬼状……发则不识人，循衣摸床……微喘直视"等即是，后世温病学家在这一方面作了进一步的完善。另一方面的寒厥，论中"伤寒，脉微则厥，至七八日肤冷，其人躁无暂安时者，此为脏有寒"即是。

如前所述，同为一种病因，且病位相同，却有寒热证之异，说明寒热在病变过程中是既对立又统一的，病证是寒化还是热化在于病变过程中各种因素共同作用下的阴阳偏胜。

还必须指出，寒热是可以相互转化的。不仅太阳表寒可以郁阳化热，太阴、少阴阳复太过亦可热化。如"太阴者……若小便自利者不能发黄，至七八日大便硬者为阳明病也"，以及少阴虚寒因化热伤络而致的便血，皆可视为是寒热转化的例证。

《伤寒论》中，寒热错杂证甚多，其产生原因是多方面的。有因表寒郁阳化热而为表寒里热证；有因表证误下损伤里阳而致的里寒挟表热之下利证；有因“胸中有热，胃中有邪气”的上热下寒证；亦有膈热肝寒之蛔厥证：还有胃热脾寒，误用吐下而成的寒热相格证等等。治法运用，仲景常寒温并施，如表寒里热多用麻黄配石膏，寒热错杂于中焦者则以干姜伍黄连。还有反佐运用，如阴盛戴阳证服热药格拒者用白通加猪胆汁汤等，这些都是为寒热错杂证而设。

三、表与里

表里是指病变部位相对而言。论中以三阳为表而三阴为里，以太阳为表则阳明、三阴为里。从太阳经本身来说，经证为表，腑证则里。74条指出：“中风发热，六七日不解而烦，有表里证，渴欲饮水，水入则吐者，名曰水逆，五苓散主之。”此处之表证指太阳经证，里证为蓄水证。“太阳随经，瘀热在里”的抵当汤证亦为里证。不仅太阳有经腑表里证，六经之病亦各有表里。一般地说，以经络病变为主则为表证，以脏腑病变为主者则是里证。六经的表证即《素问·热论》所谓的经络病变：“伤寒一日，巨阳受之，故头项痛腰脊强。二曰阳明受之，阳明主肉，其脉挟鼻络于目，故身热目赤而鼻干，不得卧也。三日少阳受之，少阳主胆，其脉循胁络于耳，故胸胁痛而耳聋。……四日太阴受之，太阴脉布胃中络于嗌，故腹满而嗌干。五日少阴受之，少阴脉贯肾络于肺，系舌本，故口燥舌干而渴。六日厥阴受之，厥阴脉循阴器而络于肝，故烦满而囊缩。”（成无已本有伤寒例一篇，载有六经经络证候）若太阴之病，见脉浮，可以发汗（276条）。少阴病始得之反发热（301条）亦为经之受寒。厥阴病的当归四逆汤证是经络为病，皆可视为表证。仲景的表里之分，侧重在有无太阳经证。因此，病邪在肌表者，证见恶寒发热脉浮者属表，而在里的脏腑病变均作里论。历代有争议的是少阳。此为半在里半在外”的认识（153条），因为按六经顺序当在阳明之后，但论病则在阳明之前。条文指出；“伤寒五六日，头汗出，微恶寒，手足冷，心下满，口不欲食，大便硬，脉细者，此为阳微结，必有表，复有里也。”可见仲景亦是以“微恶寒”发热的肌表症状作为表证标志，而“心下满，口不欲食，大便硬”的热结脏腑症状作为里证的标志。

表里证可以独立存在，但更多的是同时存在。太阳病脉证并治虽占全论之近半，但其中的兼表证又占绝大多数，而兼变证的绝大多数又是表里同病。表里同病的原因可以是合病或并病的结果，更主要是因为患者内有宿疾而因外感触发。

表里同病的治疗原则，一般是先表后里，如44条：“太阳病，外证未解不可下之。”237条：“阳明病脉浮无汗而喘，发汗则愈。”这里因为表证不解，治里则可能引邪入里，而加重里证。但是里证急于表证时则又当先里后表，如“下腹胀满，身体疼痛者，当先温其里，乃攻其表”。224条：“三阳合病，腹满身重难于转侧，口不仁面垢谵语遗尿……若自汗出者，白虎汤主之。”表病里虚或表病里实，皆因里证较急，故以治里为先。因此，表里同病，总以救急为是。若表里俱急或不急则可表里同治，但应根据表里偏重权衡用药。如大青龙汤、麻杏石甘汤，同治表寒里热，但前者偏重于表，后者则偏重于里。

表里证尚可相互转化。一般来说，表证轻里证重，表证入里病势加重。与温病不同的是伤寒里证一般不出表，而是转属阳明。太阴湿邪化燥转属阳明（192条），少阴热化转为阳明的三急下症，这是因为“阳明属中主土也”，若平素胃阳偏亢，皆可燥化的缘故。

四、邪与正

伤寒病的发生和发展，归根到底是邪正斗争的结果。《素问·热病论》谓：“邪之所凑，其气必虚。”仲景《金匮要略》更明确指出：“若五脏元真通畅，人即安和”，“不遗形体有衰，病则无由入其腠理”。重申了正气不足是发生疾病的根本原因，而正邪斗争的消长盛衰则决定了疾病的发展变化。这在《伤寒论》中则尤为明确。所谓正气，除了抗病能力之外，仲景还着重指出了体质因素的作用。

六经的传变有循经传、越经传、表里传、首尾传和直中之不同，其表现形式不一。伤寒病的病势进退是决定于什么？单纯决定于邪气盛衰，取决于治疗方法得当与否，还是因正气强弱而定？《伤寒论》常以误下、误汗表示病情进展，似乎伤寒传变决定于外因，然而深究伤寒的发生和发展就可以看出仲景是立足于内因，认为传变的关键取决于体质。伤寒病或发于阳或发于阴是因于素体阳盛和阳虚的不同，同是风寒外感，或为表实证，或为表虚证，是素体卫阳强弱的不同，而不在于风伤卫、寒伤营。太阳传经，若阳明伏热即传阳明，太阴虚寒则传太阴。同为误汗，有汗后传入少阴和阳明的不同；同为误下，有里热挟表邪下利和阳虚烦躁之异。这自然不能用“误汗伤阳，误下伤阴”一概而论。论中尚有因误治不同而传变相同者，如63条为误汗，16条为误下却都出现肺热壅盛的咳喘证，这只能用素体肺胃伏热来解释。论中类似情况比比皆是，足见传经的关键在于体质。伤寒病的发生、变化和发展尤其与胃气有关，因为“胃为三阴之屏障”，所以论中多以能否饮食和有无呕利作为传经与否和病在阳经阴经的鉴别所在（如4条、270条）。如果说《内经》“正气存内，邪不可干”奠定了体质为主的发病学说，那么《伤寒论》已经从体质对疾病的传变关系大大地发展了《内经》体质论，用体质因素解释伤寒千变万化的病机，可以帮助更好地理解传经的精神实质。

强调正气和体质，并不排除邪气的作用，《伤寒论》在病因方面不但突出了寒邪的作用，而且指出痰、水、瘀血等病理产物在发病中的作用。如71条邪与水结可为蓄水证，128条邪热与血相结可形成蓄血证，124条之小结胸病则是邪热与痰饮相结而成。

邪正斗争的消长产生了虚与实的病理变化，邪正力量的对比则决定了疾病的转归。《素问·热论篇》指出：“人之伤于寒也，则为病热；热虽甚不死，两感于寒者，必不免于死。”伤寒在三阳阶段，由于正气充实，抗病力强，邪正斗争激烈，故证见发热明显，热虽甚但预后良好，可以汗吐下攻邪祛病。在三阴阶段，由于阳气内损，复感于寒，阳衰不能抗寒，证多不见发热而但恶寒，尤以少阴心肾阳虚者，预后多不良。故“少阴病，脉沉者，急温之，宜四逆汤”回阳救逆，否则阴阳离决，出现“吐利烦躁者，死”。（296条，以上是论中正邪关系的具体体现。

五、虚与实

虚实是辨别邪正盛衰的纲领。虚实在论中有多种相对含义：一指正气盛衰，如《伤寒论干脉法》：“初持脉，来疾去迟，此出疾入迟，名曰内实外虚也。”指的是脉气出入，以分内外阴阳气之多少。二指病变的微甚，如“伤寒六七日，结胸热实”，及“此非结热，但以胃中虚，客气上逆，故便硬也。”三是根据邪盛正衰分虚实，即《素问·通评虚实论》所谓“邪气盛则实，精气夺则虚”。虚证实证取决于双方力量的对比。虚实是动态的，就一般而言，三阳病多属实证，三阴病多为虚证。但《伤寒论》中六经各有虚实，太阳有表实表虚之分，表实证因寒郁卫阳，营阴不畅而证见无汗、脉紧，表虚证为卫阳不固，营阴失守而证见汗出脉缓。阳明有邪热壅盛之白虎汤证，也有津气受伤无津作汗之久虚证（201条）；有阳明腑实之承气汤证，也有脾虚不能为胃行其津液的脾约证。太阴病，除了脾胃虚寒的理中、四逆汤证，也有太阳误下、邪陷太阴而为脾实之桂枝汤加大黄汤证；少阴除有阴盛之诸四逆汤证，也有少阴热化腑气壅塞当急下之证。厥阴有血虚寒厥之当归四逆汤证，也有气郁致厥的四逆散证等。

除了单纯的表实，表虚、里实、里虚证外，更有表里俱实与表里俱虚之证，前者如葛根芩连汤证，后者如桂枝人参汤证等等。表里俱实证或源于表邪盛，邪传入里，或因于误治邪气内陷。亦有素有痰饮、内外合邪而成的，如小青龙汤证（40条）。表里俱虚证则多因表虚证误治伤里而成，如21条、22条均是由误治损伤里阳而致病涉及少阴的。当然，还有表实里虚（如麻黄附子细辛汤证）、表虚里实（如桂枝加大黄汤证）等各种虚实错杂的证候。这些证候的产生，有的因正虚受邪，如阳虚感寒而成的里虚表实证，有的是邪未去而正已伤，如热盛伤津的白虎加人参汤证。还有内脏素虚而致气机失调者，如脾虚气滞之厚朴生姜半夏甘草人参汤证（66条）。对于这种错杂证候，仲景平治于权衡，或寓攻于补，或寓补于攻，总之要使补正不留邪，祛邪不伤正，以平为期。

从实证与虚证的发展趋势看，实证多传阳明，虚证易陷少阴。因为阳明为传化之腑，当更虚更实，阳明为阖，凡里证不和者，又以阖病为主。又因少阴为元阳之所，伤寒伤阳，穷必及少阴，而厥阴也多为少阴并病。所以历来有“实则阳明，虚则少阴”之说，不是没有道理的。

由于虚实是邪正斗争的动态过程，故虚实可以相互转化，由实转虚，可以是误治后导致正气不足，如“下之后，复发汗……脉沉微，身无大热者，干姜附子汤主之”（61条）。当然，论中由实转虚多以误汗误下申述其原由，这其中必有正虚不能胜邪的内因存在。反之，若正气渐胜而邪气渐衰，也可由虚转实，如192条由太阴转阳明即是。凡此由虚转实、由实转虚等，在论中颇为详尽，应当深入研究。

六、补与泻

《伤寒论》中八法俱备，而归结其治法则可以“补”“泻”两字统而论之。《素问·三部九候论》谓：“虚则补之，实则泻之。”三阳病多实证，治宜泻法：三阴病多虚证，治宜补法。太阳病，邪在表，“其在皮者汗而发之”，以麻黄汤、桂枝汤发表，阳明腑实，“中满者泻之于内”，以承气汤类方泻热通便，以及白虎汤、柴胡汤清泄阳明、少阳热邪等等，皆《素问·阳明应象大论》所谓：“其实者散而泻之”之法。病在太阴、少阴，为阳虚阴寒，故以理中、四逆辈“温之以气”，此即“损者益之”之法。而《伤寒论》用方的一个显著特点是攻中寓补，充分体现了扶正祛邪重视正气的观点。在桂枝汤内用桂枝、白芍调和营卫、解肌祛邪，同时用大枣、甘草益气和中，安内攘外。病在阳明，于石膏、知母清气泄热之中伍以甘草、粳米益气调中，使大寒之剂不致伤胃。治阳明腑实，用承气汤，以大黄芒硝泻热通腑，同时伍甘草调胃生津。邪在少阳，用柴胡、黄芩清泄半表半里之邪，同时用人参、甘草、大枣益气和中扶正达邪。太阴病、少阴病用方，于散寒破阴的同时必以甘温扶阳之法则更是如此。

前已述及论中虚实错杂证很多，治多攻补兼施，然亦是法随证变，表有邪而里已虚，则宜“先温其里，乃攻其表。虚重邪轻，寓攻于补。因虚致实，扶正为治，如316条：“少阴病……腹痛，小便不利，四肢沉重疼痛……此为有水，真武汤主之。”相反，邪实正虚，寓补于攻，如：“心下痞，而复恶寒汗出者，附子泻心汤主之。”因实致虚，专以攻邪，如：“伤寒六七日，目中不了了，睛不和，无表里证，大便难，身微热者，此为实也，急下之，宜大承气汤。”等等，可以看出，仲景用攻补之法，似有准绳，实无定论，是权衡病之虚实而灵活运用。

七、升与降

升降出入是人体气化功能的基本形式。《素问·六微旨大论》说：“升降出入，无器不有。”“出入废则神机化灭，升降息则气立孤危。”伤寒病的实质乃气机升降的失常，因此，仲景用药非常重视升降作用。

肺主宣发肃降，外感风寒则肺卫闭遏，宣降失常，故太阳表实证有无汗而喘，用麻黄辛温宣肺、杏仁苦泄降气，使肺得宣降。脾胃居于中州，为人体气机升降之轴心，脾主升清，胃主降浊，阳明腑实，胃肠失于通降，症见便结或不大便。诸承气汤以大黄枳实等以通下为治，太阴寒湿内阻，升降失常，故见下利或呕吐，予理中丸温中健脾，使脾能升清运湿。若脾胃不和，寒热互结致痞，那么“清气在下则生飧泄，浊气在上则生胀”故证见脘痞、干噫食臭、肠鸣下利，治用泻心汤类方，以干姜、半夏之辛以升，合黄芩黄连之苦以降，一升一降以调和脾胃。心肾相交，水火既济，为气机升降之根本，在生理状态下，心火下蛰于肾，肾水上奉于心。若肾阴亏虚，肾水不能上承则心火独亢而见心烦不得眠，口燥咽痛，为少阴热化证，治以黄连阿胶汤，方中用阿胶、芍药、鸡子黄滋肾水，用黄连、黄芩清心火，使水火相济，心肾相交。若心阳虚衰，心火不能下暖肾水，则阴盛于下而出现少阴寒化证，其甚者可见阴盛格阳而致浮阳外越，方用通脉四逆加猪胆汁汤，即在温阳药中反佐咸寒苦降使浮阳潜降。膀胱藏津液，气化后升腾使水津四布，五经并行。若水与邪结而不行，停蓄下焦，津液不能上承，在下则小便不利，在上则口渴。故治蓄水证，方用五苓散，既有茯苓，猪苓之淡渗利水，又有桂枝通阳以助气化。

在治疗上，仲景尤其注重调节机体自身的升降功能。如太阳病误下之后，其气上冲则示正气较旺，邪未内陷，仍可与桂枝汤，若不上冲，则邪已内陷，不得与之（15条）。同时，仲景还很注意病位高低和病势的升降而使用不同方法。痰实阻于胸膈，因“其高者因而越之’用瓜蒂散以催吐（171条），热实结胸，心下痛硬，因“其下者，引而竭之”，用大陷胸汤泻热逐水（138、139条）。伤寒呕多，因其势为升，虽有阳明证不可攻下（209条）。治热利每用葛根清热升清，镇浮阳每以龙牡潜降。病在中焦治以辛开苦降，如此升降之妙用，为后人开了先河，喻嘉言的“逆流挽舟”法未尝不是有本于此。

八、标与本

在复杂多变的病证中，常有标本主次的不同。所谓标，即现象，所谓本，乃本质。《素问·标本病传论》说：“病有标本……知标本者，万举万当，不知标本，是为妄行。”标本是相对概念。从病因和症状来说，病因是本，症状是标。仲景很少自注病因病机，多示人以症状。然而，同一症状，往往采用不同治疗方法，这就是因为病因病机不同。同为下利，有太阳表邪内迫肠道者，治用葛根汤；有少阳邪热内迫阳明者，治用黄芩汤；有里热挟表邪之下利，治用葛根芩连汤；还有太阴虚寒下利，用理中丸；厥阴热利用白头翁汤及少阴虚寒下利，治用四逆汤。所有这些，其标均为下利，但其本——病因则不一，故治法各异，此即所谓“治病求本”。同为厥证，有当回阳救逆者（115条），有需清泄阳明者（350条），有宜通阳利水者（305条），有须涌吐痰涎者（354条），还有应养血温经（351条）、和中解郁（318条），甚至安蛔止痛者（338条），这正是由于病因不一之故，实际也就是标本的关系所在。

同样，论中也有病机一致症状却不相同者，即本同而标异。如心阳虚这一病机，可以表现为心悸

(64条)，也可表现为烦躁（122条），还可表现为悸狂（115条）奔豚。因此，又有异病同治之法，即温心阳，桂枝甘草汤加味的诸方即是其例。

标本的另一含义是以症状新旧而论，旧病为本，新病为标。如19条旧病为素喘，新病为伤寒。或以原发症状为本，继发症状为标，如93条伤寒为原发证候，下利为继发症状。若以病变部位而论，原发病变部位是本，继发病变部位是标。如301条原发病变部位在少阴，继发病变部位在太阳等等。由于标本是整体的、统一的，所以标和本可以互相转移，互相影响。因此，仲景治病很注重标本的主次和缓急关系，即“急则治标，缓则治本”。如93条：“伤寒，医下之，续得下利清谷不止，身疼痛者，急当救里，后身疼痛，清便自调者，急当救表。”当然，尚可标本同治，如“少阴病，始得之，反发热，脉沉者，麻黄附子细辛汤主之”及“喘家作，桂枝加厚朴杏子汤主之”等即是。说明标与本的关系，又寓有其原则性和灵活性。

九、真与假

在疾病发展过程中，尤其是危重阶段，往往容易出现真热假寒或真寒假热的证候。仲景多处强调，示后人应仔细辨证，不可疏忽，指出：“病人身大热，反欲得近衣者，寒在皮肤热在骨髓也。”这就是从病者之欲与不欲来辨真假寒热。程郊倩说：“寒热在皮肤者，属表属假，寒热之在骨髓者，属本属真。本真不可得见，而标假易惑，故从欲与不欲处断之。”当然临床辨证尤当脉症合参，如“伤寒脉滑而厥者，里有热，白虎汤主之”，此乃阳盛格阴、阳极似阴之热厥证。虽四肢厥冷，但滑为阳脉，点出其热深厥深之意，不可以为寒证而用温药，此乃热邪深伏阳气不能布达之故。后世吴又可等更从胸腹灼热与否、大小便的变化和舌苔等多方面补充了寒热厥证的辨别方法。而“少阴病，下利清谷，里寒外热，手足厥逆，脉微欲绝，身反不恶寒，其人面色赤或腹疼，或干呕，或咽疼，或利止脉不出者，通脉四逆汤主之”则从另一角度讨论了阴证似阳的真寒假热证。其外反热，其面反赤，其身反不恶寒乃少阴肾中阳虚已极微阳不能内守，向上向外浮越而成，从其脉微欲绝可知，此即王冰所谓：“身热脉数按不鼓击者，此名阴盛格阳，非热也。”这是有临床意义的。

论中除辨寒热真假外，还注意辨虚实真假，如“伤寒六七日，目中不了了，睛不和，无表里证，大便难，身微热，此为实也，急下之，宜大承气汤”，乃热结肠胃，经络阻滞，气血不能畅达因而精神恍惚，目光模糊，此即所谓：“大实有羸状。”冉雪峰说“病既复杂，治易犹疑，因疑生悟则可，因疑致误则不可。”（冉雪峰医案·霍乱四）临床出现真假疑似者多证情复杂，故医者当从复杂证候中找出本质的东西，这就是去伪存真的辨证过程，值得效法。

十、常与变

《伤寒论》无论是论证、论脉、论治皆从常与变两方面示人以规范，意在知常达变。

从证来说，伤寒有发病传变规律可循，这是带普遍性的，是常，是共性。但是，由于各种因素的影响，每个阶段的病并不固定不变，这就是所谓特殊性是变，是个性。如伤寒数日后一般有传入三阴之可能，如“伤寒三日，三阳为尽，三阴当受邪”，但“其人反能食而不吐，此为三阴不受邪”，即是告诫后人伤寒传变当据证而辨。太阳病发表，汗后当病减，但有“发汗病不解，反恶寒者，虚故也”，则为汗后转虚。阳明病法多汗，反无汗是久虚津亏无以作汗之故。水热互结于胸腹多为结胸，但亦有发黄者（138条），可见，证的常变是以临床为依据的。

从脉来说，脉症是相应的，一般地，每个症都有它特定的脉象，但也有例外，因此，须脉症合参。脉浮紧一般见于风寒表实证，但其人“……发热汗出不恶寒反恶热身重”则属阳明病，乃阳明经热盛则浮，邪气实则紧之故。在外感初起，其脉当浮，但亦有“少阴病，始得之，反发热，脉沉者”，此太少两感证。“数为热，当消谷引食，而反吐者……以胃中虚冷故吐也”，可见数脉也见于虚寒之证。论中谈“变”常以“反”字示人，如“病发热头痛，脉反沉，……”表病里脉是脉症不符，故曰“反”。

从治法来说，“热者寒之”“寒者热之”是正治法，亦即常法，特殊情况下，亦有反治法，如少阴病戴阳证，证见身热烦躁而用大辛大热之四逆汤，以热治热。阳明热厥症见四肢厥冷，用白虎汤以寒治“寒”。“少阴病，自利清水，色纯青，心下必痛，口干燥者，急下之，宜大承气汤”通因通用等等，实际上也是针对疾病本质的，此即所谓“必伏其所主，而先其所因”的道理。

此外，论中有许多兼变证条文。所谓兼证，一种指在某一组症候外，兼见一种其他主要症候，如太阳表虚证可见项背强几几，兼喘，兼漏汗等，都是以桂枝汤证为基础的症候群，故以桂枝汤或加葛根，或加朴、杏，或加附子以治其兼证。另一种是指在某一组症候外或见某些症候，如“伤寒表不解，心下有水气，干呕，发热而咳，或渴，或利，或噎，或小便不利，少腹满，或喘者，小青龙汤主之”。此为表实兼饮，故除发热恶寒等症外，尚有饮犯肺胃之咳、呕。但因水饮可随气机升降，故所到之处皆可发病，从而有一系列或然症，因此，治以小青龙汤为主，酌情加减变化。上述两种情况皆可在某种程度上视为共性外的个性。所谓“变证”指疾病在原有基础上已经发生了变化。如太阳表寒郁阳化热变为表寒里热之麻杏甘石汤证，太阳病发汗过多变为心阳虚而心下悸之桂枝甘草汤证等，都是太阳病的变证，由于病机显著变化，治疗则与原发病显然不同。对于兼变证，仲景指出：“观其脉证，如犯何逆，随证治之。”这一辩证法思想，对于千变万化的临床治疗是有广泛的指导意义。

[《江西中医药》1995；26（6）：46]

张仲景“虚则郑声”定义源流疏略

贾孟辉　贺晓慧　宁夏医学院

“虚则郑声”语出《伤寒论》第210条，文曰：“夫实则谵语，虚则郑声。郑声者，重语也。”对“郑声”一词的训解，历代医家见解基本一致，如五版教材释为“语言重复，声音低微”之意。而仲景何以将正气虚所见“精神衰乏，不能自主，语言重复，其声微短”（《医宗金鉴》）之症冠以“郑声”之名？其定义所援及源流又何？对此则鲜有探讨，每使研习者只知其然而未达其所以然。为此，笔者谨从“郑声”与儒学音乐文化、时代背景及儒学对医学的渗透等角度考析之。

“郑声”原是指春秋时代郑国的世俗之乐。如《孟子·梁惠王下》云惠王“直好世俗之乐”，汉人赵歧注曰：“谓郑声也。”那么，“郑声”这一世俗音乐从形式到内容又何？《论语·卫灵公》云：“子曰：行夏之时，乘殷之辂，服周之冕，乐则韶舞。放郑声，远佞人，郑声淫，佞人殆。”作为儒学的开山祖师孔子视“郑声”为淫，可见郑国的这种世俗音乐与儒学“乐而不淫”的礼乐准则相悖。淫者，惑乱也。孔子之所以视“郑声”为“淫”，是因为“郑声”之歌词情思比较放浪，音乐节奏比较浮靡，使听之者为之沉湎忘返，丧失意志。郑国音乐又何以为“淫”，其因有三：一则郑国之俗使然，如许慎《五经异议》云：“郑国之俗，有溱洧之水，男女聚会，讴歌相感，故云‘郑声淫’。”二则地理人情使然，如宋·张载《张子全书·礼乐》曰：“盖郑卫之地滨大河，沙地土不厚，其间人自然气轻浮。其地土苦，不费耕耨，物亦能生，故其人偷脱、怠堕、弛慢、颓靡。其人情如此，其声音同之。”三则商旅发达使然，如清·魏源《古诗微》云郑卫之地，商旅云集，“商旅集则货财盛，货财盛则声色辏。”故孔子的“郑声淫”以儒学礼乐准则高度界定了郑国之音乐是淫荡邪僻、节奏放纵而不合中正。诚如清·陈启源《毛诗稽古篇》所云：“夫子言‘郑声淫’耳，曷尝言‘郑诗淫’乎？声者，音乐者，非诗词也……郑声靡曼幻眇，无中正平和之致，使闻之者导欲增悲，沉溺忘返，故曰‘淫’也。”

儒学注重礼乐教化。尤其在夏商周三代，周朝的礼乐制度最为繁缛，几乎社会生活的方方面面无不包容其中。就音乐而言，周朝统治对音乐的社会功能已有深刻认识，把礼与乐紧密结合，作为维持社会秩序、巩固王朝统治的有效手段，从社会心理上规范制约群体与个人的行为和思想，从而强化王权统治。如《诗·大序》云：“情发于声，声成文谓之音。治世之音安以乐，其政和；乱世之音怨以怒，其政乖；亡国之音哀以思，其民困。”阐述了音乐是人情感的流溢及音乐的形式和内容可反映国态民情的重要性。难怪荀子论《乐》篇强调“声乐之入人也深，其化人也速。”于是提出以乐“制欲”而达天下“大齐”的安邦定国之策。故周朝严格规范了音乐的形式、内容、等级及享用标准。如《左传·隐公元年》云：“公问羽数于众仲，对曰：‘天子用八，诸侯用六，大夫用四，士二。夫舞所以节八音而行八风，故自八以下’。公从之，于是初献六羽。始六佾也。”又《尚书·大禹谟》有：“罔失法度，罔游于鱼，罔淫于乐。”分别指出了音乐分为四等，唯天子能享八佾之乐，以及要求勿沉溺于声色的原则性。

春秋时代是奴隶制趋于崩溃，封建制正在形成的过渡阶段，社会上出现了政权下移，僭越礼制，新旧交替的混乱状态。周乐的情形与此相一致，即孔子所谓“礼崩乐坏”天下无道”为春秋的社会文化特征。如《左传·庄公二十八年》“楚令尹子元欲蛊文夫人，为馆于其宫侧而振《万》焉”，说明大臣僭用先王《万》乐以蛊惑妇人一事。孔子为主“兴于诗，立于礼，成于乐”，以挽救周礼为己任，注重先王、周室之乐，竭力斥责僭越礼乐的人或事。如《论语·八佾》云：“季氏八佾舞于庭，是可忍也，孰不可忍也。”言辞愤切，可见对季氏僭用天子八佾之乐的放纵行为之愤慨。又《论语·季氏》曰："天下有道，则礼乐征伐自天子出；天下无道，则礼乐征伐自诸侯出……"，指出了当时"天子失官"，佞人乱政，雅乐干乱的时代背景。故视"郑声"为"淫"，"恶郑声之乱雅乐"（《论语·阳货》），则是孔子义不容辞的卫道所为。

自汉武帝"罢黜百家，独尊儒术"始，几乎历代封建统治者都把孔子尊为儒家，奉为"圣人"，致使儒学思想作为封建统治哲学而占据意识形态的支配地位长达两千余年。而中医理论体系的建构及思维模式的形成，无不受儒学思想的影响。换句话说，即儒学思想在漫长的发展过程中不断地渗透到医学领域。作为生于汉末的儒医张仲景在其著《伤寒论》中就难免有儒学思想的烙印。如《伤寒论·自序》就有"上以疗君亲之疾，下以救贫贱之厄，中以保身长全，以养其生。"显系儒学忠孝思想之所为。

由此可知，仲景将语言重复，低微气怯之虚候命之曰"郑声"，是缘于"郑声淫"。如此对医学名词的内涵界定既生动形象，又赋予感情色彩，乃仲景文辞并茂的行文特征。《素问·脉要精微论》有"言而微，终日乃复言者，此夺气也"，又《素问·通评虚实论》有"邪气盛则实，精气夺则虚"，阐明了所见语言重复，低怯气微属虚候，为正气不足。仲景将此候概括为"郑声"，显然源于"郑声"的内涵是情调放浪浮靡，气息低微无力，邪僻幻眇及不正无和之致。可谓言简辞约而旨意悠远，所概者广，所容者博。

综上所述，"虚则郑声"的概念界定，源于孔子的"郑声淫"，是儒学音乐文化思想对祖国医学渗透的体现。

[《国医论坛》1995；(6)：7]

对《伤寒论》几条原文注释的一点意见

王玉明　山西省忻州地区卫生学校

笔者在《伤寒论》的教学中，发现现行教材对某些原文的注释不尽妥贴，现将管见就教于同道。

一、关于真武汤证"其人仍发热"的病机

原文82条："太阳病发汗，汗出不解，其人仍发热，心下悸，头眩，身瞤动，振振欲擗地者，真武汤主之。"本证为汗后阳虚水泛无疑，但对"其人仍发热"的病机，《伤寒论讲义》言道："若虚阳外越，所以其人仍发热。[1]笔者认为虚阳外越是在阳气大虚，阴寒内盛的基础上，盛阴与虚阳相格而成，一般见于阴盛阳衰较为深重之证，必当有下利清谷、手足逆冷、脉微欲绝等证。本证仅见心下悸、头眩、身瞤动、振振欲擗地，阴寒内盛之候并未出现，可见其阳虚阴盛的程度并不严重，阴阳二气不当产生格拒。再者，若为虚阳外越也非方中一味附子温经扶阳所能奏效。故"其人仍发热"非虚阳外越所致，当是表邪未解而然。本证原本为太阳表证自当有发热恶寒等证存在。原文明言："太阳病发汗，汗出不解，其人仍发热"。仍，依旧，依然也。意即原有的太阳表证发热依然存在没有解除，而又出现了心下悸等征。如非表证之发热，仲景行文不言"仍"多曰"反"予以区别。如"发汗病不解，反恶寒，虚故也"。这里的汗出不解，既直接指出了太阳之邪未解，又间接说明病邪发生了传变。故本证当是发汗后。表邪未解，损伤肾阳，气化不利，水气内停之证。肾阳固虚，然必不甚。联系五苓散证"太阳病，发汗后，大汗出"致"脉浮，小便不利，微热消渴"亦为表邪不解，外邪入里，气化不行，水蓄于内。二者颇有许多近似之处：同为太阳病汗不如法所致；同为表邪不解，外邪入里，气化不利而然。只不过一者在脏，重在肾阳虚气化不行，主水无权，水气泛滥，一者在腑，重在膀胱气化不利，水蓄下焦。究其实质只不过是阳气损伤的轻重有别而已。轻则仅为水腑为患，用桂枝通阳化气兼解表邪，重则累及其脏加附子温经扶阳，肾阳得复，水气得化，经气宣通，不治表表邪自解。相互对照其义即明，辨之为虚阳外越未免牵强附会，反令人生疑。

二、大柴胡汤证不当是服小柴胡汤后出现

原文103条："太阳病过经十余日，反二三下之。后四五日，柴胡证仍在者，先与小柴胡汤；呕不止，心下急，郁郁微烦者，为未解也，与大柴胡汤下之则愈"。对本条大柴胡汤证的形成，历代注家多以为是出现在服小柴胡汤以后。《伤寒论讲义》曰："若服小柴胡汤后，证见呕不止，心下急，郁郁微烦等，是因屡下之后，病邪兼入阳明，化燥成实之故"[1]。笔者认为"呕不止，心下急，郁郁微烦"并非出现在服小柴胡汤以后，而是服药以前就已存在。其理有三：

其一，小柴胡汤本为和解少阳之专方，若服药前仅为"柴胡证仍在"，服药后即使不能"必蒸蒸

而振却发热汗出而解”，（101条）也绝无加重病情由少阳深入阳明之理。其二，所谓“呕不止”者，要在“不止”二字，含义有二：一是指原有的“心烦喜呕”服药后呕吐未止，心烦转微；二是指呕吐较为频繁而剧烈。说明病非仅在少阳，亦已涉及阳明，故服之不能解除。其三，仲师曰：“先与小柴胡汤”，“先与”二字当须体察，“先与”是相对“后与”而言，可知先与之时，已知未必能尽除二经之邪。若邪单在少阳服之当枢机运转，其邪尽去，多曰“主之”。何以“先与”而不直接用大柴胡汤？一者虽少阳阳明同病，若“证候仍以少阳为主，当从少阳论治”[1]。服之或可“上焦得通，津液得下，胃气因和，身然汗出而解。”（230条）二者少阳禁下，“先宜服小柴胡汤以解外”（104条）取先表后里之义。若不解则当以大柴胡汤和解攻下两解少阳阳明之邪。总之，本条大柴胡汤证为少阳误下深入阳明所致，非服小柴胡汤后方见。

三、旋覆代赭汤证“心下痞硬，嗳气不除”并非误治后出现

原文161条：“伤寒发汗，若吐若下解后，心下痞硬，嗳气不除者，旋覆代赭汤主之”。本证“心下痞硬，嗳气不除”注家多言其“经吐下之误”[1]后出现。笔者以为应是吐下之前就已出现。其理有二：一者若汗后仅为表邪不解则医者无反用吐法下法之理，既为误治也无反使表邪得解之可能。再者所谓“不除”，除者，去掉也；不除即没有去掉。是统言“心下痞硬与嗳气”虽经治疗未能解除，非仅指嗳气频作而言，是原有之证非新见之证。故本证“解后”是指伤寒发汗，表邪已解，然中气受伤，胃虚痰阻气逆，而见心下痞硬与嗳气，疑其病在上焦而吐之，疑其病在下焦而下之，治非所宜二证不除，当主以旋覆代赭汤补中化痰降逆。

四、关于寒湿发黄之病因

原文259条：“伤寒发汗已，身目为黄，所以然者，以寒湿在里不解故也。以为不可下也，于寒湿中求之”。对于伤寒发汗何以致发黄，注家认为：“多由脾胃中气本虚，寒湿内盛；或因伤寒发汗太过，损伤中阳，以致寒湿中阻[1]”或“素来脾阳不振，感受寒湿之邪”[2]三个方面阐之。笔者认为三说有失原文之义。若为素体中虚，寒湿内盛之体则凡为医者决无用汗法解表之理；若为发汗太过，中阳被伤，则寒湿之生，尚需一定时日，非若发汗后便见发黄；若为素体脾阳虚弱，感受寒湿之邪，则寒湿在表而用汗法，虽非方证完全相符，仍不失为治湿之一端，虽不可能祛其寒湿，亦不致加重病情。推敲原文当是：素体脾阳虚弱，内有寒湿，又复感外邪为发汗之前的证情。寒湿为阴邪，其性沉滞粘腻，发汗虽可祛其外邪，却不能除其在里之寒湿，反而阳随汗泄更伤中阳，脾阳益虚，寒湿更盛。此即原文强调“寒湿在里不解故也”之义。发汗并非直接引起发黄的原因，而为诱因，因汗而诱发了发黄。

参考文献

[1] 李培生，等．伤寒论讲义．上海科学技术出版社，1985：61、86、126、142、145.

[2] 湖北中医学院．伤寒论选读．上海科学技术出版社，1979：119.

［《河南中医》1995；15（6）：6］

明代《伤寒论》研究方法述略

欧阳兵　山东中医学院

自两宋始，《伤寒论》研究日渐兴盛，明代则是《伤寒论》研究史上承前启后的重要时期。明代医家继承发扬了前贤创立的诸多方法，又多创新，使《伤寒论》研究方法臻于完善。特别是明代后期，各家标新立异，互有新说，伤寒学派内部的学术论争亦由此而始并日趋活跃，对后世产生了极大影响。剖析明代《伤寒论》研究方法，定会裨益于今日的《伤寒论》研究。依研究重点、目的之不同，明代《伤寒论》研究方法大概可分为以下几种。

一、以症类证法

以症类证是探讨《伤寒论》辨证论治规律的一种重要方法。它是以症状为核心，分门别类，把《伤寒论》中具有同一症状的若干方证条文汇集起来，通过分析、比较和综合，揭示仲景辨证论治规律的方法。这种研究方法肇始于宋代，其发端者为刘元宾《伤寒括要》，代表人物当首推朱肱。朱氏《伤寒百问》中主要采用了以症类证的研究方法。金·成无已《伤寒明理论》则在朱肱基础上，把类证研究推向了新的高度。受前人影响，明代类证研究极为兴盛，且类证编排形式多样，各得其长。从现存文献分析，以症类证是明代医家阐发《伤寒论》辨证论治规律的主要方法，多数医家是以类证方式归类《伤寒论》内容。

明初黄仲理涵濡仲景之书20余年，乃折衷条析类证，分门为卷，成《伤寒类证》。是书在明代影响较大，诸如陆彦功、方有执、王肯堂、吴绶、张遂辰等家均不同程度接受了其中的观点。惜该书今已亡佚。明代类证研究较突出者，当属陶华《伤寒明理续论》，《伤寒家秘的本》，吴绶《伤寒蕴要全书》以及戈维城《伤寒补天石》，三者基本代表了明代前、中、后时期的类证研究水平。陶华《伤寒明理续论》从春温变热、痉证始，至不仁、霍乱、瘥后昏沉止，逐列71证。每证均论其基本病象、病因病机、辨证要点、治法、预后等，甚为详明。陶氏《伤寒家秘的本》亦列证75种。两者虽间有重复，然皆长期临证实践之结晶，类证研究之心得，在明代的影响实非他人可比。吴绶比类各种伤寒证（症）130余种，详其辨证方治。戈维城《伤寒补天石》续集以症状为纲，从恶风恶寒、发热始，至自利、便脓血、百合病止，列症90种，辨析详治，便于学用。他如张介宾《伤寒典》在鉴别症状的同时，特别注意与八纲辨证方法的结合。刘纯《伤寒治例》采用分证列法的形式，以现证95种为纲，而每证推其病源，与其治法。李中梓《伤寒括要》则每一证先列仲景全文，次列后贤续论，次列管窥总释。其于症状之鉴别明而且简。又楼英《医学纲目·伤寒论》之分六经列主症而类归原文，王肯堂《伤寒准绳》、陈文治《伤寒集验》对类证研究成果之汇集，闵芝庆《伤寒明理论删补》对成氏《伤寒明理论》之充实、发挥等，均进一步提高了类证研究水平。

二、以方类证法

以方类证是把《伤寒论》中具有相互关联的方剂分组归类，以方名证，汇集相关的条文方证，通过比较、分析和综合，探求《伤寒论》辨证论治规律的一种研究方法。唐·孙思邈是其开山。孙氏《千金翼方》出于“须有检用，仓卒易知”的目的，创立了“方证同条，比类相附”[1]的类方研究体例。但是仅为编次，尚无阐发。朱肱在《伤寒论》研究中，曾使用以方类证方法，然也不系统。真正系统的《伤寒论》类方研究实发端于明初许宏。许氏《金镜内台方议》类编《伤寒论》113方，释义平实简明，较大程度推进了类方研究水平。

许氏《方议》归类简明，全书12卷，先按汤、散、丸分《伤寒金镜内台论》113方为三大类。每类再以基本方为纲，加减方为目，归并为若干项，方证条文悉归其后。每方逐列治证、组成、用法、禁忌，附以议论，阐发制方之义。意较微者，复设问难以明之。议论平实，条理清晰。“其说虽以成注为主，然亦多所发明。”[2]尤其问难部分，颇有启发性，对探讨仲景辨证思想大有裨益。诚如冯士仁所言：“令不知医者，自病自药，简方俱可无误；令深于医者，鉴轻重权衡、毫厘千里之辨，不敢轻下一匕。”[3]之后，明代某些医家亦部分采用了这一研究方法。陈文治《伤寒集验》卷四至卷六，从桂枝汤到大白术汤，广采包括《伤寒论》113方在内的方剂494首，也以基本方为核心，加减方类从，再以方类证。仅桂枝汤及其加减方便收载34首。其内容虽过于驳杂，但仍不失为类方研究《伤寒论》的较好参考。张介宾《伤寒典·伤寒治例五十八》，分伤寒方为汗散、温中和中、清里、吐涌、攻下，培补6大类，下分15小类。李中梓《伤寒括要》以方例证，探究制方精义，简述临证应用等，堪资研习。

这种类方研究的方法，其意义绝不限于对《伤寒论》方剂的分析，而是以方剂为核心，全面阐发仲景辨证论治过程中理法方药之间的逻辑性内涵。运用这种方法，可以深刻揭示方与证之间的特定对应关系，以及方证之间的相互联系。

三、重编整理法

重新编次整理，是医家广泛运用的《伤寒论》研究方法。从王叔和撰次整理《伤寒论》，孙思邈“方证同条，比类相附”，至林亿等校定而成宋本，以及宋金元各代医家的类证，专题研究等，几乎都对《伤寒论》原文次序进行了不同程度的重编整理，以求阐明仲景辨证论治规律。尽管重编整理方法渗透在各家的研究过程中，且各家对原文次序也存在着不同的看法，但明代以前诸家对孰为仲景《伤寒论》旧貌的问题没有过多讨论，重编的目的在于切合实用，便于发挥。由方有执《伤寒论条辨》之作俑，重编之风大兴，重编的目的亦演变为恢复《伤寒论》旧貌。以致伤寒学派内部的学术论争由此而始日趋公开、激烈。

先于方有执，明初王履、吕复、黄仲理、汪机等家曾对王叔和编次《伤寒论》多有微词，陶华《伤寒琐言》对王叔和撰次、成无己注解亦多异议。但止于直观推测，对如何恢复仲景旧貌，怎样才算仲景旧貌等问题未加议论。方有执则旗帜鲜明，认为《伤寒论》初乱于王叔和编次，再乱于成无己注释，其“颠倒错乱甚殊”，故需“重考修辑”。方氏潜心《伤寒论》数十年，撰成《伤寒论条辨》，重点对《伤寒论》原文编次重订，力图恢复仲景之旧，还其本来面目。方氏重编《伤寒论》的较大举措是削《伤寒例》，重编的重点是太阳篇。方氏将太阳篇原文重新组合为卫中风、营伤寒、营卫俱中伤风寒三篇，分列于前三卷，对其他各篇也做了相应调整。方氏对《伤寒论》的重编修辑，反映了他对伤寒病证发生发展、传变转归的实践与认识。如对太阳篇的编次，就突出表明了三层含义：①由于感受风寒邪气不同，中伤人体的病位层次不同，故发病方式与证候类型各不相同，有"卫中风，营伤寒、营卫俱中伤风寒"三种；②因于发病方式与证候类型不同，其传变与转归也不一样，各有各的变证；③尽管发病方式与证候类型不同，传变与转归不一，但都属于太阳病，必定有其共同的病理基础，即"营卫不和"。这应是方氏重编太阳篇的实质意义。方氏对太阳篇的编次的方法，经喻昌补充、概括为"三纲鼎立"说，历来对其多有微词。然从历史的角度着，方氏按三纲分类，不失为一种条理清楚、系统性强的编次方法。方氏重编《伤寒论》有其失：一是轻易删改原文，二是轻言自己的编次方式最接近仲景原貌。

四、以经释论法

以经释论的方法，创始于成无己。成氏在其《注解伤寒论》中，每引《内经》《难经》《神农本草经》等理论，阐释《伤寒论》原文，而成为《伤寒论》注释方法之主干。成氏释论全面系统，深得王肯堂、李中梓，史暗然等明代伤寒学者之赞许。即或《永乐大典》残本中所存95条《伤寒论》原文，每条也均首引成氏注语。明人尊崇成氏最力者，当推张遂辰。张氏为明末治《伤寒论》代表人物之一，与方有执相反，他"尊王赞成"的观点甚为畅明。张氏在研究《伤寒论》过程中，一袭成无己创立的以经释论方法，编次上亦"悉依旧本，不敢去取。"[4]遇有成氏释义未明之处，则取成氏其他著作如《伤寒明理药方论》等有关内容，补注其中。对成氏注解难以苟同之处，或采前人注解之精要，或发己意以辨之，与成氏原注相得益彰。即便对成无己持反对态度的方有执，也十分注意溯源穷流，本《灵枢》《素问》《难经》诸书而参究《伤寒论》之理，以求互证发挥。

张遂辰继承、发扬了成无己以经释论方法，在后世影响较大。清代张志聪、张锡驹、陈念祖等家多从之。由于张遂辰和方有执对成注本原文顺序及其内容看法不一，且各有尊从者，《伤寒论》研究史上的学术论争由方、张而始且益趋激烈。这种论争的结果是极大地深化了清代乃至近代的《伤寒论》研究。

五、专题、摘要性研究及其他方法

本类研究以《伤寒论》中某个（类）问题为对象，通过综合运用多种方法，在深化研究的过程中，揭示仲景某些学术精髓。

明代专题研究《伤寒论》的代表为王履《医经溯洄集》，是书分多个专题深入，细致地研究了《伤寒论》治则、治法、方药、伤寒与温病的关系等，立论准确，论述精辟，深得后学赞誉。舌诊是明代医家专题研究的重点，伤寒舌诊专著有张吾仁《伤寒辨舌世验精法》、申斗垣《伤寒舌辨》、陶华《伤寒点点金书》，其他《伤寒论》文献中，除专于原文注疏者外，大多有舌诊内容的专题论述，丰富了伤寒诊法。摘要研究《伤寒论》者，有万全《万氏家传伤寒摘锦》、汪机《伤寒选录》、孙在公《伤寒捷径书》等，各有侧重，多有发挥。王肯堂《伤寒准绳》，张介宾《伤寒典》中部分运用了病案分析法，佐证辨治伤寒之得失。熊宗立《伤寒运气全书》、卢之颐《伤寒金镵疏钞》、陆彦功《伤寒类证便览》、吴绶《伤寒蕴要全书》等，则用气化学说阐释《伤寒论》中的某些问题。明代另有部分医家有力于《伤寒论》的普及类研究，如李盛春的《治伤寒全书研悦》、龚廷贤《寿世保元·伤寒门》、申相《伤寒捷法歌》、张世贤《伤寒要诀歌括》、黄升《伤寒启蒙》等，删繁就简，释奥为浅，切于学用。

总之，明代在《伤寒论》研究方法上较前代有较大进步。多种方法的不断完善，为多角度阐发《伤寒论》辨证论治规律，促进伤寒学说发展具有积极意义，也为后世的《伤寒论》研究奠定了坚实基础。

参考文献

[1] 孙思邈. 千金翼方. 北京：人民卫生出版社影印，元大德刊本，1955：97.

[2] 丹波元胤. 中国医籍考. 北京：人民卫生出版社，1983，425.

[3] 许宏. 金镜内台方议. 北京：人民卫生出版社，1986：序6，9.

[4] 张遂辰. 张卿子伤寒论. 上海：上海人民卫生出版社，1956：凡例1.

[《国医论坛》1995；(6)：11]

《伤寒论》自序质疑

廖又明　湖北省鄂州市华容人民医院

《伤寒杂病论》原书早已亡佚。传之于世的《伤寒论》一书，学术界一般公认确系张仲景著作。然而《伤寒论》之自序（以下简称《序》），恐非仲景原作。不信，请看以下疑点。

避　讳

《序》文首句云："余每览越人入虢之诊，望齐侯之色，未尝不慨然叹其才秀也"。东汉开国皇帝为刘秀，是时应避"秀"字讳。如"茂（秀）才异等诏"。前几版统编本科教材皆谓张机生活于公元150～219年，考其时系桓帝刘志（132～167）、少帝刘辩（176～190）、献帝刘协（181～234）即位之时，然《序》中"降志屈节""平脉辨证"，均未避"志"字、"辨"（"辩"与"辨"通）字之讳，并无改字、空字、缺笔之象。殇帝刘隆，《金匮要略》中用"淋"而不用"癃"，而《难经》则用"癃"而不用"淋"。说明仲景有避讳之例，而《序》文却不避讳，当非出自仲景手笔。

史　实

张机生卒年代有如前所述，今又有人说生活于二世纪中叶至三世纪中叶，而三世纪中叶为三国时代，其时战乱频繁，大疫流行。如曹植《说疫气》："家家有僵尸之痛，室室有号泣之哀"。曹操亦云："白骨露于野，千里无鸡鸣"。建安七才子之一王粲的《七哀诗》云："出门无所见，白骨蔽平原"。均说明当时大疫流行之广，死证之多，而疟、利、霍乱等病死亡率应不在伤寒之下，可《序》中却言："其死亡者三分有二，伤寒十居其七"。又观《伤寒论》正文，死证并不多见。《序》中言："上古有神农、黄帝、岐伯、伯高、雷公、少俞、少师、仲文，中世有长桑、扁鹊，汉有公乘阳庆及仓公，下此以往，未之闻也"。"上古"一词实指汉代以前，仲景本为汉代，诚非自述之语气。

文　体

汉代行文用词委婉，常以"不幸""见背""不禄"表示人之死亡，且有"入境问禁，入门问讳"之礼仪，而《序》中却直言："建安纪年以来，犹未十稔，其死亡者，三分有二"。又《序》中有"委付凡医"之语，"凡医"一词与《金匮要略》之用"中工""下工"亦不一致，若以为互文，本非一篇，毋须如此。此外，《序》中文字尚有不合之处，姑不赘述。

综上所述，《序》中实存破绽之处不少，颇疑此《序》乃他人所作，后人张冠李戴，妄题仲景之名。然而无论是自序或他序，所具唯物论观点仍应受到重视，不得因为非出仲景之手而否定其学术价值。

［《浙江中医杂志》1995；（7）：320］

《伤寒论》99条"手足温而渴者"之辨析

周益新　山西省大同市基建职工医院
李银章　山西省大同市精神病医院

《伤寒论》99条曰："伤寒四五日，身热，恶风，颈项强，胁下满，手足温而渴者，小柴胡汤主之"。历代不少注家认为本条为三阳合病，治从少阳。现代高等医药院校教材《伤寒论讲义》也持这种观点。认为："伤寒四五日，身热，恶风，颈项强属太阳表证；胁下满，属少阳半表半里之证；手足温而渴，属阳明里证"。从而归纳本条提要是"三阳证见，治从少阳，而以和解为主"[1]。笔者细译经文，并参究历代注释，认为本条乃太阳少阳并病，"手足温而渴"仍为少阳证，提出来是作为鉴别诊断，并非阳明证。理由如下：

首先，若邪入阳明，其证应见一身手足皆热，濈然汗出，口渴引饮等证，临床并不能只凭"手足温而渴"便判定为阳明里证。通观《伤寒论》全篇，"手足温"是指手足温和，或者是手足接近常温，《伤寒论》中亦并未以此作为阳明病的特征。《伤寒论》187条和278条均言："伤寒脉浮而缓，手足自温者，是为系在太阴"。这是因为脾主四肢，四肢为诸阳之本，太阴为至阴，感受外邪之后未能抗邪于表而为发热，然而太阴病阳虚的程度较轻，脾阳尚能布于四末，故手足温和。但太阴病虽有手足温和并不口渴，《伤寒论》277条载"自利不渴者，属太阴，以其脏有寒故也"。因此"手足温而渴"亦非太阴病，观96条"渴"为少阳病之或然证，是少阳邪热伤津所致，可见本条"手足温而渴"仍为少阳证。《伤寒论》中提出来是为了与太阳病、阳明病相鉴别，表明邪未传经。正如著名伤寒学家李克绍先生所言："本证手足温，好像系在太阴，渴又好象转属阳明，但太阴不当渴，如果是阳明里热之渴，又必一身手足尽热。而本证是手足温与渴并见。尤其是结合胁下满一证，更清楚地说明是邪入少阳。其所以渴，是津结气燥。因有身热恶风的太阳表证未罢，且兼渴，所以用小柴胡汤应去半夏、人参加栝蒌实、桂枝，温覆取微似汗"[2]，甚是。

其次，《伤寒论》是一部揭示"辨证论治"的专著，提示人们不仅要能辨简单的证候，而且更要能辨复杂的疑似证候，其内容详于言变而略于言常，对于常规的如六经病的主证主方论述不多，而对非典型的、证情疑似的、病势不定的复杂证候，常常举一反三，不厌其烦，多方面予以提示。99条亦是《伤寒论》论述少阳病的疑似证者，"手足温而渴"发生于"伤寒四五日"，为三阳当尽，当入三阴，病邪向里传变之际，虽然六经传变不能刻板以日数为拘，但此时已出现"手足温"之太阴病特征，不能不考虑邪是否已传太阴，同时又有"口渴"之一证，则又当考虑邪入阳明，但太阴病口不渴，标志邪未入太阴，没有发生传变，而口渴又兼手足温，则邪亦未传入阳明，既然邪未入太阴、阳明，说明仍在少阳，可见张仲景辨证精细入微，丝丝入扣。况且本条是承98条而来，98条曰："得病六七日，脉迟浮弱，恶风寒，手足温，医二三下之，不能食而胁下满痛，面目及身黄，颈项强，小便难者，与柴胡汤，后必下重"。其"手足温"为邪入太阴的标志，虽兼有恶风寒、颈项强等表证及胁下满痛等柴胡疑似证，提示不可妄用小柴胡汤，宜温中散寒祛湿。99条虽有类似98条"恶风，颈项强，胁下满，手足温"之证，但有"身热""渴"等证，不同于前条。98条为太阴兼表，99条为少阳兼表，两条相较，足以说明张氏99条提出"手足温而渴"之寓意，是与98条邪入太阴相鉴别，正如日人丹波元简《伤寒论辑义》云："案参前条考之，不身热而手足温者，非柴胡证。身热而手足温者，乃柴胡证"[3]。再看228条曰："阳明病，下之，其外有热，手足温，不结胸，心中懊侬，饥不能食，但头汗出者，栀子豉汤主之"。也是以"手足温"提示阳明病下后是否转为太阴虚寒证。因为"实则阳明，虚则太阴"，治疗不当，常可传入太阴，而又结合兼见外有热，心中懊侬，但头汗出等见证，说明为余热扰于胸膈，未转为太阴病。可见以"手足温"为标志提示疾病是否传入太阴，是《伤寒论》辨证时惯用的一种方法。

第三，历代也有不少注家认为99条为太阳、少阳并病，"手足温而渴"为少阳证者，如清·钱天来《伤寒溯源集·少阳篇》言；"身热恶风，项强，皆太阳表证也。胁下满，邪传少阳也。手足温而渴，知其邪未入阴也。以太阳表证言之，似当汗解，然胁下已满，是邪气已入少阳。仲景原云：伤寒中风，有柴胡证，但见一证便是，不必悉具，故虽有太阳未罢之证，汗之则犯禁例，故仍以小柴胡汤主之。但小柴胡汤当从加减例用之。太阳表证未除，宜去人参加桂枝，胁下满，当加牡蛎，渴则去半夏加栝楼根为是"[1]。清·尤在泾《伤寒贯珠集》亦曰："此条类似太阳与少阳并病。以太阳不得有胁下满，少阳不得有颈项强，且手足温而渴，知其邪不独在表，而亦在里也。欲合表里而并解，则非小柴胡不可耳"[4]。日人丹波元简明言："案方氏、喻氏，依颈项强之一证，为三阳合病，非也。颈项强，乃太阳证，而非阳明证"。"又案《外台》引仲景《伤寒论》，本条亦云小柴胡汤主之。而其方则柴胡桂枝干姜汤也。盖从加减例，而改易者，与钱氏之意符矣"[3]。

综上所述，99条为太阳少阳并病，"手足温而渴"为邪在少阳之证，《伤寒论》中提出特作为鉴别诊断之据，指出用小柴胡汤主之，只示人以大法，具体应用宜参钱氏与丹波氏之说，以96条小柴胡汤加减法灵活用之。

参考文献

[1] 李培生，等. 伤寒论讲义. 第1版. 上海：上海科学技术出版社，1985：140.

[2] 李克绍. 伤寒论语释. 第二版. 济南：山东科学技术出版社，1982：226.

[3] 日·丹波元简，等. 聿修堂医书选·伤寒论辑义. 第1版. 北京：人民卫生出版社，1983：118.

[4] 清·尤在泾. 伤寒贯珠集. 新1版. 上海：上海科学技术出版社，1959：126.

[《浙江中医杂志》1995；(9)：389]

浅谈黄元御、陈修园应用运气学说在《伤寒论》研究中的贡献

刘香春　青海省中医院

《伤寒论》是一部理、法、方、药、辨证论治自成体系的医学专著。为研究《伤寒论》而在医学发展史中逐渐形成了医学的一大流派，即伤寒学派。在伤寒学派中，黄元御、陈修园、张志聪、张锡驹等医家都是应用运气学说研究《伤寒论》的代表。

运气学说是我国古代研究天时、气候变化及气候变化对人体发病影响的一种学说。通过阐述阴阳五行的道理来说明五运六气的变化。因此，五运六气的变化规律就是阴阳五行的变化规律。人既然是生存于自然界运气的变化之中，那么运气的变化就无不随时影响着人体五脏六腑的生理、病理变化。如《素问·气交变大论》曰：岁木太过，风气流

行，脾土受邪，民病飧泄、食减……；岁水不及，湿气大行，长气反用……民病腹满、身重……。从自然界气候的异常变化引起运气的太过与不及，来说明自然界变化与人体脏腑生理、病理变化的关系。历代很多医家如王冰、刘完素、张介宾等应用运气学说研究医学，从而使运气学说及其在医学中的应用得到了发挥。其中黄元御、陈修园，在应用运气学说研究《伤寒论》方面做出了突出的贡献。现分述如下：

黄元御以运气治伤寒的特点

黄元御以运气治伤寒的特点重在用“气化”。具体可分为以气化释六经和从气化角度认识伤寒六经诸病的病因、病机两方面。

他在用“气化”解释六经含义时，认为“人有十二经，仲景伤寒，但立六经者，六气也，少阴、少阳、阳明，手经司气而足经从化者也；厥阴、太阴、太阳，足经司气而手经从化者也。”并把六经从化的关系做为各篇纲领，很明了。同时指出，“伤寒六经皆言足经而不言手经，以足经周遍于身，其部大，手经只行两手，其部小。”

在分析六经诸病的病因病机时，也是从“气化”角度去认识的。他认为“病则太阳是寒，阳明是燥，……惟少阴则不从热化而从寒化。”将“气化”贯穿于六经各篇，对六经病的病因病机论述独具特色。在此基础上，又提出了“两经同气”的重要观点。“两经同气”乃手足二经均从同化。如手足太阳二经均从寒化，释曰：“足太阳膀胱从寒水主令，手太阳小肠之火从而化寒……。”

陈修园以运气治伤寒的特点

首先陈修园在赞同张志聪、张锡驹运气说的同时，提出运用气化说中阴阳六气标本中见的理论来阐述六经及六经诸证的病因病机，确是精义独明的。他引用《素问·六微旨大论》中所说：少阳之上，火气治之，中见厥阴……厥阴之上，风气治之，中见少阳；……意为：少阳，其标为火，本为阳，中为风……依次类推。

另一方面，他把运气说中的阴阳从化关系灵活地应用于伤寒的分经审证之中。认为，太阳经证中有经、府、变三证，而变证中又存在着从阴化，从阳化之异。如凡汗下太过伤正，而虚其阳，阳虚则从少阴阳化……。而三阴经证中，太阴之邪，不外乎从阴化、从阳化两方面；少阴之邪，分从水化为寒，从火化为热两方面；而厥阴为两阴交尽，宜无热证，然厥阴主肝，而胆藏于内，胆火内发，故从热化者反多，寒化者则少。进而得出：“如此分经审证，非深得六经六气之旨，不能道其只字”的观点。

由此。我们可借鉴前辈的经验，进一步研究运气学说及其在临床中的应用。

[《青海医药杂志》1995；25（9）：9]

论《伤寒论》的特色与优势

陈亦人　南京中医药大学

《伤寒论》这部医学典籍，创于东汉张仲景，定于西晋王叔和。由于它所创立的“辨证论治”理论能够有效地指导实践，经得起长期的临床检验，因而得到广大医家的崇奉，几乎历代著名医学家，都很重视对《伤寒论》的学习、研究，并有所阐发。特别是自金·成无己为《伤寒论》全文作注以后，注家越来越多，已达四五百家。不仅国内研究者代有其人，日本医家有深入研究的也不在少数。韩国某医家更在国际中医学术会议上宣读题为《伤寒论》照亮了韩国医学发展的光辉道路》的论文，足见评价之高，影响之大！我国成立正规中医高校以来，一直规定《伤寒论》为必修课程，是完全正确的，也是非常必要的。

然而，认识并非完全一致。近来竟有些院校主张削减《伤寒论》课时或改为选修课，这样的做法，似乎符合改革要求，实际上是一种无知的盲动，势必丢掉中医学的精华，培养不出合格的中医人才，带来严重的后果。要想充分发扬中医学的优势，尤其是诊治疑难病证的优势，就必须加强对《伤寒论》的学习、研究而不是削弱。本人积数十年的临床和教学经验，对《伤寒论》略有体会，愿将一得愚见提供参考，敬希教正。

一、《伤寒论》的特色

《伤寒论》六经分篇，既不是独立的六种疾病，也不是某种病的六个阶段，而是对很多疾病的共性概括，后世所谓《伤寒论》“六经辨证”理论只适用于风寒性质外感病的说法，全出于附会，是有悖于书中内容，也不符合临床实际的。因为六经只表明病之所在，是无法确定治法的。至于那样多的“六经传变”名目，皆属于纸上空谈的附加部分，并无实际意义。要想学好《伤寒论》理论，首先应了解它有别于其他医籍的特色是什么？本人刍见有五大特色，兹简述如下。

一是“杂”。《伤寒论》中，多数条文是外感夹杂杂病。仅从太阳病篇 178 条原文来看，除了

“伤寒”“中风”“温病”“风温”等专属外感病外，其余都是内外夹杂。诸如：“证象阳旦”条为伤寒兼夹阴阳两虚证；小青龙汤主治的为外感兼夹寒饮证；发汗禁例九条，大多以为因麻黄汤是发汗峻剂，实际是因都属兼夹里虚证。如何治疗内外夹杂证，是重要的原则问题，所以在“发汗禁例”条文之后，接连四条（90～93条）专门讨论汗下先后的应用原则和规律，实有深意。至如102条伤寒，治用小建中汤，177条伤寒，治用炙甘草汤等原文，则是外感病兼夹杂病里虚证先治其里虚的实例。若不知先治其里虚，只知发汗解表，那么，后果将不堪设想。《伤寒论》中这类外感内伤夹杂的条文比比皆是，只因医家被外感专著说所束缚，习而不察罢了。

不仅内外夹杂，而且多寒热夹杂和虚实夹杂，《伤寒论》中很多寒热同用、攻补兼施的方剂，都是针对这些复杂病情而创制的，只要运用得当，皆有很高疗效。

二是“变”。《伤寒论》中言变多而言常少，绝大部分是探讨非典型的、证情疑似的、病势不定的复杂证候，意在通过对这些复杂的、非典型的病情讨论，揭示辨治的规律和方法。

三是“活”。辨证强调具体分析，通过许多实例的分析，突出辩证思维活法，极少固定证型；论治要求根据病机，采用相应治法，如：“观其脉证，知犯何逆，随证治之”，“以法治之”，绝无刻板呆法；至于方药运用，贵在掌握配伍规律，必须随证化裁。充分体现一个“活”字。

四是“严”。《伤寒论》中的文字极为严谨，在辨证方面，绝无游移假借，模棱两可，而是于细微处见精神，如少阴病有两条同样是烦躁、四逆、吐利诸症，却一属不治的死候，一为治以吴茱萸汤。若不仔细观察，很难做出确诊。原来仅是“烦”与“躁”轻重的不同，正如尤在泾所析：“彼以阴极而阳欲绝，此为阴盛而阳来争，病证虽同，而辨之争与绝之间，盖亦微矣。”《伤寒论》虽然仅有113方，由于是示人以配伍规律，只要能掌握这些方药配伍规律，就能做到随证化裁变化，收到无穷的妙用。明代程敬通对此曾有一极为精辟的评价：“以方为方，方遂一成而不易；以矩为方，方乃万变而不穷。”确为深入有得的论断。

五是“简”。正由于其文字严谨，绝少繁词冗句，常有仅举一脉或一证，就出主治方药，旨在突出重点，或举主略次，或举变略常，或举脉略证，或举证略脉，所举即是辨证的眼目和根据，故无须繁引而自知。因而六经病篇连同霍乱、差后劳复篇共398条条文，只有13404字，这是其他任何医籍都难以比拟的。

二、《伤寒论》的优势

上述的五大特色，实际也是《伤寒论》的优势所在。实践证明，《伤寒论》的辨治理论，不仅能指导典型的常见病辨治，而且能有效地指导大量疑似难辨、屡治无效的各科疑难病的辨治。据此相衡，《伤寒论》不但是外感与杂病合论，还应是侧重研究疑难病辨治理论的“疑难病学”。特别是它蕴含的科学思维方法，对开阔思路，解决疑难尤有启迪和帮助。

随着时间的推移，经验的积累，研究的深入，临床的需要，《伤寒论》指导疑难病辨治理论的优势将得到更多的证明。近代常有运用经方治疗疑难病的报道，并已出版了多种专著。更可喜的是：已不单是验案资料的汇集，而是总结提出运用经方的思路与思维方法，如王三虎氏编著的《经方各科应用与探索》，以夹叙夹议之法，阐发精微，评论得失。他在《经方五官科新用》章提出：“将经方活用于五官科疾病，这所以能获得满意的疗效，关键在于：①抓病机；②从兼证入手；③重新认识方剂的配伍意义；④针对五官科疾病的特点选方。在《疑难奇症的经方新用》章指出“疑难奇症之治疗，不应囿于‘怪病多痰、怪病多瘀’等传统观念。运用经方也不能求证之全，只要病机相符，用之有道，就应‘但见一证便是，不必悉具’，从思路上讲，既可运用上述一种方法，亦可将几种方法同时应用。”在《经方治疗神经精神疾病》章指出“展示其应用概况，探讨其活用规律，对发扬仲景学说，开拓临床思路有一定作用。”又，“能如此，则经方治病之范围还可扩大，疗效也将进一步提高。”这些论点，对于如何运用经方于各种疑难病，均有一定启发作用。再如王付同志主编的《伤寒杂病论汤方现代研究及应用》将实验研究与临床应用结合起来探讨经方的机理、作用，对于扩大经方治疗疑难病的范围也颇有启发意义。

本人运用《伤寒论》理论治疗疑难杂病也略有体会，如用炙甘草汤加水蛭治愈现代医学认为逆转的“二尖瓣脱垂症”，用黄连阿胶汤治愈经中西医专家屡治无效的“室性早搏”，用桂甘龙牡汤治愈心阳不振的“精神障碍症”，用旋覆代赭汤合芍药甘草汤治愈贲门痉挛、食道扩张症，用麻黄附子细辛汤加味治愈脑干脑炎病，等等，不多枚举。

三、加强研究《伤寒论》的现实意义

实践证明；治疗疑难病是中医学的最大优势，值得努力发扬。然而关于疑难病的治验记载，只是一鳞半爪，尚缺乏系统论述。专门研究疑难病辨治规律的唯有《伤寒论》，因此，要发扬中医治疗疑难病的优势，除了广泛阅读古今医籍外，尤须着重研究《伤寒论》，要想学好《伤寒论》，必须打破“外感病专著说”的传统偏见，明确《伤寒论》的特色和优势，深入领会书中蕴含的辩证思维方法。只有这样，才能提高辨治能力，充分发挥中医治疗疑难病的优势。为解决疑难病人的痛苦作出更多的贡献。因此，加强《伤寒论》有关疑难病辨治理论的学习、研究，的确有着重要的现实意义。

[《国医论坛》1996；11（1）：1]

论《伤寒论》编次的两派之争

张大明　张国泰　河南省中医药研究院

一、宋本《伤寒论》的状况与两派的形成

《伤寒论》原为《伤寒杂病论》，成书于汉代，后不久即佚散不全，经晋代王叔和收集散佚之书，将其伤寒部分重为撰次，固已非原书之貌。其后此书时隐时现，所见条文或多或少，编次亦彼此有异，至宋金之时，方出现内容基本定型的通行本，一为宋治平二年校定的宋版本，即宋本；一为金代成无己作注的《伤寒论注解》，即成注本。宋以后医家对《伤寒论》的研究，主要据此二本，所称“原文”者，即此二本之文；所称“原次”者，即此二本之次，由于二者内容相近，故以下简称二本为“宋本”。

《伤寒论》研究到了明代，由方有执启其端，讥成驳王，倡言错简，力行重编，而作《伤寒论条辨》。此后效之者蜂起，错简之声不绝于耳，重编之法多种多样，重编之著亦洋洋大观，形成重编派。与此相对，张遂辰等遵王赞成，维护宋本原次，作随文顺释之著，亦形成维护旧次派。此二派从明至今仍各有其继承者，各是其说，各著其著。编次之争仍无定论。那么为何会如此呢？这主要是由宋本的状况和学习研究《伤寒论》的需要产生的。

（一）宋本《伤寒论》的状况

1. 编次不尽合理　要编写一本学术著作，据人们一般的认识过程与表达习惯，往往遵从下面一些准则安排内容：先总说后分述，先抽象后具体，先常后变，先独后兼，先本后它；同类相从，前后一致，体例统一，逻辑性强等，而使全书成为一个协调的学术体系。这样既便于明确地表达自己的意思，也便于他人准确地理解。而若以此上标准考察宋本，则显然远未达标。首先内容的安排准则就大成问题。就六经之病来说，粗看似有一些准则，大体是将六经之病各条文分置于各经篇中，然若再深入细察，则见乱无章法，明显是一本糊涂账。对此钱潢曾较为具体的指出：“少阴诸证杂入太阴篇中，合病并病散于三阳之后，结胸痞证曾不分阴阳，脏结三条，分隶四卷首尾，中风伤寒纷出，麻黄桂枝杂陈。”

2. 条文的相对独立性　写作文体可以是条文式或非条方式的。非条文式的文体因是大段连续写作，所以内容前后互为制约明显，承上启下，环环相扣。因而句与句或段与段的内容从语气、行文、文意上联系紧密，不具有明显的独立性，合而组成一个结构紧密、关系确定的整体（这虽然在客观上不能避免他人断章取义，但从主观来说，是将其作为一个整体论述的）。而条文式的写法则相反，是化整为散，分而写之。结果每条从内容、语气、行文都是一个相对独立的单元，引相对独立性。

3. 条文内容简朴　《伤寒》条文往往是出方剂不言药性，察证候罕言病理，或出方不详证，或示证不出方。而这不言、罕言、不详、未出，使得条文内容过于简朴。

4. 条文意义有可塑性　由于条文内容简朴，及下面所说的条文前后关系难以确定，不能互相制约，使得条文的意义不能确定。其意义犹如一团可塑的橡皮泥，可以解释之手任意塑造，一是条文单独时，即可作多种解释，二是置于某章节中又可增作在此处意义的某些解释，若再挪至别的章节，还可作别处意义的解释。并且这些解释都可以言之成理。

5. 条文间的关系难以确定　由于以上原因，又使得条文间的前后关系及次序难以确定。许多条文置于此处固可，有其理由；而插入彼处亦无不可，同样不乏道理，具有联系的广泛牲，缺乏联系特异性。

（二）学习研究《伤寒论》的需要

宋本的条文编次状况，在重编派看来显得逻辑混乱，层次错乱，眉目不清，体例不一，缺乏条理，分类不当。实难以揣摩和归纳冀准则为何，给

研究学习造成困难。“使读之者茫无端绪，检阅者漫难寻讨。”断非医圣之原次，必需重为编次，以利研读，不破不立，不贵成王，则重编无由。他们先造舆论，历数成、王之失，宋本之谬，为其重编张本，作理论上的铺垫。同时声明自己所编乃纠成王之失，或条还仲景原次，或合于仲景心法，然后按自己对《伤寒论》的理解重编条文。

重编派们纵观全书，沈潜涵泳，反复细绎，从字里行间苦苦搜寻重编的线索和准则。由于条文意义及关系的不确定，加之各人师承、治学，气质、时代等种种差异，对《伤寒论》的理解各不相同，因而所寻得的线索与准则，所运用的方法相应亦各有差异。方有执认为三纲病理是其主线，而以三纲重排，欲以此“正叔和之方位，而条还之”。柯琴思得方证为一重要线索，“乃宗此义，以症名篇，而次第论之”，自信“虽非仲景编次，或不失仲景心法耳”。徐大椿“乃探求十三年”，方悟出。仲景当时著书，亦不过随证立方，本无一定次序。于是“不类经而类方”，并认为如此则“与仲景之旨无不吻合”。……

虽然重编者多家，重编去多样，争讼不休，但仍有共同规律可寻，无论以三纲编排，还是以方证重编，或是按法类证再编，都自觉不自觉地遵从前文所述的那些准则——欲理乱为顺，大概也只有遵从了那些准则——事实证明，其中较有影响，成绩较大者正是很好地遵从那些准则的。从其所编可看出，他们审诂条文意义，以类相聚，或以方类证，或以治法类聚，或以证类方。然后再进一步细审条文性质，适合说明什么问题，依其“材”而排其次，尽量将条文排于可较充分显示其意义，发挥证、正法，本方的条文排于前，以提纲挈领。进而承上分述，言其变方、变法、变证者类随其后。在不同程度上做到前后一致，体例统一。由于条文的相对独立性、意义及相互关系的不确定，为重编提供了可能与方便，使之得以成功。

另一方面，宋本的特点同样大大帮助了维护旧次派，此派亦有理由选择宋本次的原次为合理的编次。既然条文间的不确定，那就意味着条文间有多种可能的联系可供选择，维护旧次即是一种颇为容易入选的可能的选择。何况宋本按六经排次，本合于一定的医理，依此文顺释，推演发挥，在其间充填说明联系的医理文理弥补缝隙，也不是十分费力的事。维护旧次派的实践已说明了这点——麻黄桂枝杂陈，重编派固可认为其乱无章法，然并不妨碍维护旧论派另作合理的理解。他们可以理解成如此编次乃是张机向人们反复比较二汤的种种异同，不这样则不足以明确的区别。在重编派看来某条或某章节实属错简，而维护旧仑派却能看出此条是承某条或某几条而来，要说明什么问题，此数条起止照应，次第并然，或另有深意存焉。……反正条文间关系不确定，维护旧次派所说的这种关系也不能说绝无存在的可能，难以否定。更因为宋本是较早的版本，总认为愈早的本子愈接近于张机的原本，更倾向于此种选择。即便有重编派所言的弊病，并不妨其认为宋本之次“如神龙出没，首尾相应，鳞甲森然”。

二、关于两派的评介

《伤寒论》编次之争，实际上是要解决两个问题。一是文献事实问题，二是医理体系问题。所谓文献事实问题，即考究现存《伤寒论》编次与原书是否相符，而不考虑其合不合医理，此可称为“合实”问题。所谓医理体系问题，是探究现存条文编次是否合理，如何排次方自圆其说，而合于其医理协调自足的要求，并便于研读，此可称为“合理”问题。

长期以来，历代以至现代的很多研究者，对此两个不同性质的问题一直混为一谈，不能分清道明，《伤寒论》编次之争之所以争讼不休，不能说与此没有很大关系。因此必须对之深入研究。

在许多研究者心中，合理与合实是一而二，二而一，浑然一体的。不存在合理不合实，或合实不合理的编法。究其缘故，乃是其潜意识中有浓厚的崇圣遵经意识，认为仲景为医圣，其书为经典，其所编次必然合理，宋本或某本如不合理，则非仲景原次；反过来说，合理则必然合实——故方有执一旦排得一自以为合理的编次，即确认为是仲景原次，而敢出“条还之”的大言，而二张等看出宋本的种种合理，故认为宋本合实，为张机原次，而竭力维护之。

其实合理未必合实，合实也未必合理。从古至今《伤寒论》的排法甚众，各有一定的医理，而原书绝不会有这么多的排法。合实与合理可以不统一。何况各家所坚持之理或为自己认为之理，未必与张机之理尽合。即使张机所遵之理尽为其知，也未必能排成原书之次。这种脑力劳动过程不可能完全被别人完全重复。

在追求合实方面，二派所用和方法基本上是从医理文理上推测，并无过硬的文献证据，这无非等同于文献研究中的理校法。然理校一法在解决文献事实上并非是得力之良法。如高亨先生为久研《老子》之大家，在他所著《老子正诂》中，自己研究并结合别人意见对《老子》作了52处理校，每一校都自有其理，但与新出土的帛书《老子》相比，符合率仅仅3处而已，符合比率为6%。可见理校是十分危险的方法。何况高氏校《老子》基本上是属于词语校勘，词语本身居句子之中，受语气、文意制约，关系较为确定，校勘依据较多，可靠性相对高一些。而《伤寒论》编次所校者为条文次序，条文间又有较大独立性，所据较少，其符合率当会更低，难以为凭。由此提示，在合实问题上，二派所用方法不当，其说无法验证，不能成为定论，其所争当为无谓之争。在合理与便于研读方面，重编派成绩较大，较佳的重编本体例统一，分类明确，条理清晰，如柯琴的《伤寒论注》、尤怡的《伤寒贯珠集》等。虽未必是原次，但毕竟在聚讼纷呶中芟除藤蔓，提供了自足完整、简明协调的医理体系，在原次未见的情况下，亦不失为可取的编法，此类编法虽未必达到与原次一丝不差之"形似"，但可能得其主要精神而达到"神似"。对于《伤寒论》的研究者来说，后者比前者更为重要。它在一定程度上纠正了宋本之弊，不但令初学者易于掌握，亦方便了对某一专题的研究。

维护旧论派在解决合理方面，不是重编条文而是拘守宋本原次，随文顺释，在注文中作章节段落起止照应的解说，以论证宋本编次的合理。而宋本由于所代久远，辗转流传，历经抄刻增删编次，次序颠倒错乱、原文脱失，衍文羼人在所难免。拘于原次而又欲自圆其说则如同戴着镣铐跳舞，不免牵强迂曲，顾此失彼。说明局部合理易，而论证整体合理难。前文所言的宋本编次之种种不合理处，虽然从维护旧论派的理论看合理，但从前文所言的那些准则看仍不合理，其所论证并不能完美，所以重编派仍要重编。虽然如此，维护旧次派毕竟为宋本之编次提供了一些合理的理解，这些理解有助于宋本的研究。同时也由于这些理解不同于重编派，故可供在研究合理问题时参考。成绩虽不如重编派，也有一定成绩，这也是其能与重编派抗衡的一个重要原因。

三、结语

我们今天研究《伤寒论》的编次，一是应明白此中包含两个问题，并将这两个问题分开。二是要知道解决这两个问题适宜的方法。若要解决合实问题，只有发掘到张机原本，与之对校，单凭理校断不能解决。而解决合理问题，只须按前文所言之准则编排条文，或就某编次讲出一番道理。在当今情况下我们可以解决的只能是合理问题。所以应当专心解决合理问题。在解决合理问题时不以合理论证合实，作无谓之争。合实问题最好置而不论，留待以后解决。

[《中国中医基础医学杂志》1996；2（1）：13]

《伤寒论》176条"里有寒"当为"里有实"

张保伟　河南省中医院

《伤寒论》第176条原文："伤寒，脉浮滑，此为表有热，里有寒，白虎汤主之。"由于本条"里有寒"三字与脉治不符，历代医家争议颇多，杨韵伯《伤寒来苏集》改原文为："伤寒，脉浮滑，此表有热，里有邪，白虎汤主之。"黄元御《伤寒悬解》改原文为："伤寒，脉浮滑，此里有热，表有寒也，白虎汤主之。"现行中医院校教材《伤寒论讲义》则认为应系："伤寒，脉浮滑，此表里俱热，白虎汤主之。"而肖氏[1]则撰文认为当以桂林古本《伤寒论》"伤寒，脉浮滑，此以里有热，表无寒，白虎汤主之"为准。细绎以上各论，似均不能表达仲景原旨。本人细考仲景立法原意，详勘诸家之论，认为"里有寒"之"寒"字系"实"字之误，试论如下。

一、寒实字形　相似易误

实，古作实，与寒字字形相似。仲景之书，历经战乱，几易其稿，传抄者误实为寒，一字之差，在所难免。《伤寒论》第180条："阳明之为病，胃家实一作寒是也"可证。而表里互换，有无更替，表里俱热之讹，错非一处，古人治学，极其严谨，绝无此理。里有邪之说，以邪未至里结，故训寒为邪，甚为牵强。桂林古本《伤寒论》作"里有热，表无寒"，则其意纯为里热之证，又与浮脉不符；肖氏把浮滑之脉作为洪脉，实强篡圣人之意也。据王氏[2]考证，桂林古本已是第13稿，而王叔和所得为第7稿，且方氏[3]认为王叔和曾任西晋太医令，是一位认真严肃的学者，治学态度十分严谨。故两种传本当以何者为准，不可偏执。

二、里实脉滑　脉证相符

浮滑之脉，《伤寒论》中凡四见，除本条外，第138条小陷胸汤证主痰热结胸，140条主邪盛于里而下血血虚，《注解伤寒论·辨脉法》原文有："脉浮而滑者，浮为阳，滑为实。"四处浮滑脉中的滑脉，皆主里实热证。浮脉主病有三，一主病位在表，如本条及辨脉法；一主病位在上，如138条；一主血虚，如140条。滑脉主实的条文尚有《注解伤寒论·辨脉法》："趺阳脉滑而紧，滑则胃气实"，《金匮要略方论·腹满寒疝宿食病脉证治》："脉数而滑者实也。"而《伤寒论》第350条"脉滑而厥者，里有热，白虎汤主之"之滑脉则主热。可见仲景之滑脉多主里实热证。浮脉主热在表的尚有《伤寒论》第6条"风温为病，脉阴阳俱浮"及第12条。太阳中风，阳浮而阴弱，阳浮者热自发……"。总而言之，脉浮滑与表有热、里有实，脉证相符。

三、里实里结　当有所别

仲景承《内经》之训，其书撰用《素问》等书而成。《素问·通评虚实论》曰："邪气盛则实，精气夺则虚。"因此，实是指邪气过盛而言，里有实当指邪热过盛于里，非专指邪热与结粪相合之里结承气证。张氏[4]认为，"胃家实基本上是指热结，不一定有结粪。可供参考。

四、里结之证　未必皆下

仲景用下法，是相当谨慎的。如《伤寒论》第217条曰："须下者，过经乃可下之，下之若早，语言必乱。"故仲景对《伤寒论》第168条"热结在里，表里俱热"之里结证也未用承气汤下之，而用的是白虎加人参汤，加人参者，因吐下之后体虚渴饮之故。可见仲景用下，必待结粪而后施，也即后人戴天章所说"温病下不厌早，伤寒下不厌迟"，信有以也。

五、表热里实　错综互备

热与实乃错名之举，属错综之修辞手法，即热指发热的症状，实指邪气过盛之病机。表有热、里有实又属文义互备的一种修辞手法，乃表有实热，里有实热之意。里有实热是说热邪过盛于阳明之里，表有实热乃指肌肤热甚。仲景文辞，深奥如此。

六、表热里实　脉治皆符

仲景此条，乃以脉测证，以证释脉，以脉统治，"伤寒脉浮滑"一句，已道出表热里实，其治法亦跃然纸上。故下文用"此以表有热，里有实"以释浮滑之脉，并领出"白虎汤主之"之治。验之临床，白虎汤是治疗热盛阳明气分的代表方剂。阳明里热炽盛，热邪充斥表里内外，蒸腾津液，其证必见大热、大渴，大汗。脉洪大或浮滑，以白虎汤辛寒解肌，达热出表，则热虽盛而不致里结，里虽实而邪能出表，病可向愈。清代温病学家吴鞠通把白虎汤列为辛凉重剂，亦深得仲景之旨也。

综上所述，笔者认为《伤寒论》第176条原文当为："伤寒，脉浮滑，此以表有热，里有实，白虎汤主之。"如此，则脉证相符，方证相印，文理、医理皆通也。不妥之处，敬请同道斧正。

注：《伤寒论》指上海科学技术出版社1983年4月出版之宋本，所引条文序号也以该书为准。

参考文献

［1］肖衍初．河南中医，1985；（5）：25.

［2］王清海．河南中医，198[illegible]；（5）：27.

［3］方春阳．河南中医，1985；（5）：25.

［4］张家骏．河南中医，1982；（5）：7.

［《国医论坛》1996；11（1）：40］

清代伤寒书目著录评析

姜永平　山东中医学院

对伤寒书目的著录，是《伤寒论》文献研究的组成部分之一，也是后人学习、研究《伤寒论》的重要参考。从文献学角度讲，清代对伤寒书目的著录，无论是著录数量还是著录水平，都超越了前代，有必要加以系统的分析。

一、著录形式

综观清代伤寒书目的著录，可归纳为以下几种形式。

（一）综合性目录的著录

由纪昀等人据皇帝旨意，将我国历史上最大的一部丛书——《四库全书》采入或未采入的古籍提要汇编而成了《四库全书总目》（初刊于乾隆五十八年）。书目卷一〇三～一〇四子部十三至十四为医家类书目，著录医书97部共1816卷；卷一〇五子部十五为医家类存目，著录医书94部，682卷。其中伤寒类书目有：医家类——《伤寒论注》《伤寒明理论》《伤寒微旨》《伤寒总病论》《伤寒直格方》《伤寒标本心法类萃》《内外伤辨惑论》《医经溯洄集》《证治准绳》《伤寒论条辨》《景岳全书》《医宗金鉴》《尚论篇》《伤寒舌鉴》《伤寒兼证析义》《绛雪园古方选注》《伤寒类方》等；医家类存目——《伤寒悬解》《伤寒说意》《长沙药解》《伤寒心镜》《伤寒心要》《伤寒医鉴》《伤寒治例》《伤寒指掌》《伤寒缵论》《伤寒绪论》《伤寒分经》《伤寒论条辨续注》等。

从其对伤寒书目著录的具体内容看，包括了书名、版本、著者姓名及提要，提要包括书之大致内容、体例、学术观点、学术渊源等，确可起到目录学“辨章学术”“提要勾玄”的作用。另外，其著录还有以下特点，一是对张仲景原著未加著录，二是对清代伤寒书目的著录似带有倾向性，即多为“方——喻”体系中的著作，如《尚论篇》《医宗金鉴》《伤寒缵论》《伤寒分经》《伤寒论条辨续注》等。

在《总目》成书后约50年，周中孚仿效《总目》体例，著成《郑堂读书记》。共收医书152种，其中伤寒书目24种。每书名下有著者姓名、《总目》有否著录及提要等内容。其中有的是《总目》未收或新出之书，故可作为《总目》的补充本。从其著录看，无《总目》那样的倾向性。

（二）中医专科目录的著录

据史料记载，清顺治~道光年间，曾有中医专科目录问世，如邹澍《医经书目》等，惜已亡佚。现存清人之医学专科目录，影响较大的是成书于咸丰二年（1852年）的曹禾的《医学读书志》。本书共著录医书427种（除重复），有关伤寒书目50余种。其著录按朝代先后为序，以历代医家为纲，将史料所载及其所见书目罗列于各医家名下，且注明出处。每家书目之后，附以著者简介、学术观点、渊源。内容丰富，且条分缕析，言简意赅，编裁得当。无论其体例还是内容，都较明代《医藏目录》为胜。以张璐为例：

国朝张氏璐

四库存目	民间行本
张氏医通十六卷	千金衍义三十卷
伤寒瓒论二卷绪论二卷	千金伤寒舌鉴一卷
本经逢原四卷	子倬伤寒兼证析义一卷
诊宗三味一卷	

右书五种，长洲张璐撰。璐字路玉，号石顽。……并著伤寒缵绪二论，缵论先列原文，次附注释及正方一百十三，皆本喻昌。绪论首载总论四十八篇，次杂法五篇，证治百篇，杂方百四十九，皆撷采陈言，出以己语，大要以简易浅近为宗。……

此可看出曹氏著录之大要。曹氏之《医学读书志》，无论是其对伤寒书目著录的数量之大、内容之详备，还是分类的合理性，也超过了明代《医藏目录》。

在此值得提及的是，成书于公元1826年的日人丹波元胤的目录书《中国医籍考》（原名《医籍考》），全书共八十卷，九大类，收录了上自秦汉，下迄清代道光初年的中国医书（包括存、佚、未见）共2878种，是古代国外最大的中医专科目录。本书除直接取材于医学著作外，凡历代史书、各种书目、地志博物，艺文著述、笔记杂说等书中的有关记载，均加以搜罗，分门别类。书中卷二十三方论一至卷三十五方论十三，为有关伤寒书目的著录，共收260余种。每种均注明出处、卷数、存佚、序言、跋语、著者传略、历史考证等项目，有的还附有作者按语。内容丰富，资料详明，对学习研究《伤寒论》有重要参考价值，至今影响很大。

（三）医书中引书目录的著录

除了前面所谈及的综合性目录、中医专科目录外，清代还有许多医书（包括研究《伤寒论》的专著）都在其引书目录项中，对一些伤寒类书名有所著录。如我国历代以来最大、最完整的一部医学类书，清陈梦雷的《古今图书集成·医部全录》，在其“本书引用医学书目”项下，共列医书116种，其中有《伤寒论》《活人书》《明理论》《溯洄集》《伤寒六书》《伤寒全生集》等伤寒类书名。

在研究《伤寒论》的专著中，如林澜的《伤寒折衷》，其“考证诸书”项下，共列书名162种，其中有关伤寒书名有《伤寒指微》《明理论》《南阳活人书》等36种。它如王梦祖《伤寒撮要》在引用书目项下，也列有伤寒书名40余种。而在汪琥《伤寒论辨证广注·采辑古今诸家伤寒书目》项下，专列伤寒书名47种。

除此之外，一些医书中又散见有一些伤寒书名，如程杏轩《伤寒析疑》，提及诸多伤寒书名如《金鉴》,《缵论》《伤寒分经》《尚论》《后条辨》《三注》等。

医书中所引用的伤寒书名，不但说明著者对其作了参考，而且也反映了著者的学术倾向，故对《伤寒论》文献研究也是有益的。

二、著录特点

通过对清代伤寒书目著录的整体分析，可归纳以下几个特点。

（一）著录量大

这在综合性目录、中医专科目录及引书目录中均有体现。清代较大量地著录伤寒书目，其原因则与伤寒类书籍的增加及人们对医书著录的重视等有关。由是也可以从侧面证实清代对《伤寒论》研究的普及与重视。

（二）条分缕析，编裁得当

清代对伤寒书目的著录，大都分类清晰，使人查阅时有规律可循。如《四库全书总目》在编排上以时代先后为序，即所谓的“通以时代为次”，并以著作名称为纲，这样，通过著述与时代的结合，达到了执简驭繁的目的，利于研究。再如《医学读书志》也是以时代先后为序编排(《医宗金鉴》除外)，但与《总目》不同的是，以各代医家为纲，罗列著作。如此，可让人从另一角度按类索书，同样可体现其规律性，也极便于研读。

（三）辨章学术，考竟源流

清代对伤寒书目的著录，大都带有提要，主要是叙录体形式。这对于读者了解著者生平、主要学术观点及学术渊源、对后世的影响诸方面，甚为便利，充分体现了目录学“辨章学术，考竟源流”的独特作用，并推动了清代及清以后的《伤寒论》研究，其影响远至今日。

（四）反映时代特征

清代伤寒书目的著录，存在着较为明显的时代性。如从《总目》所载《四库全书》所收清代研究《伤寒论》的六部著作看，注释本两部，即《医宗金鉴》，《尚论篇》，其作者吴谦、喻昌皆“方——喻”体系成员；发挥本两部，即张登《伤寒舌鉴》、张倬《伤寒兼证析义》，二人皆张璐之子，而张璐也是“方——喻”体系较有影响的一员；论方两部，即王子接《绛雪园古方选注》、徐大椿《伤寒论类方》。考清代前、中期（乾隆以前）的《伤寒论》研究，确属“方——喻”体系影响最大，著述亦多。这说明《总目》之著录，反映了当时《伤寒论》研究的主流。再如《医学读书志》，则较为明显地流露出清代崇尚汉学、唯经独尊的学风，其主要表现有二：一是在其自序中，对宋以前治经方、本草、伤寒者加以赞许，对金元医家大加驳斥，称其为“悖医经本旨”“成门户结习”，但独赞成无已“独注伤寒”、赵以德“反注金匮”、滑寿“注难经”等，反明季薛已、张介宾等“沿金元结习”，但赞方有执治伤寒为“守学术之正”。二是其对清代医书之著录，乃有选择地只对治医经、经方、伤寒、本草者共二十六家加以汇集。其中著录治伤寒者13人，如张志聪，喻昌、张璐、徐大椿、程郊倩、柯琴、陈修园等，大都是对《伤寒论》原文、原方进行注释、整理并具一定影响的人物。

另外，从整体看，清代对伤寒书目的著录，又存在着较为明显的阶段特征，即清代前期以综合性目录、引书目录为主，后期则以中医专科目录为主，这似乎也反映出了中医目录学在清代的发展情况。

总之，清代伤寒书目的著录文献价值较大，对学习、研究《伤寒论》很有裨益，有必要更进一步加以研究。

［《中医文献杂志》1996；(2)：3］

从《武威汉简》看仲景学说

张定华　孙其斌　甘肃省中医院

本世纪七十年代出土的《武威汉代医简》，是迄今所发现的我国最早的医药著作的原始文物，它在一定程度上反映了汉代早期的医药水平和真实情况。由于《伤寒杂病论》等经典著作，其原本均已佚失，我们所见的都是经过历代辗转传抄、修订和刊印的，具有一定的局限性。武威医药简牍为我们研究相距150年之后，东汉末年成书的《伤寒杂病论》提供了依据。

一、病名的确立

简文：“治伤寒遂风方，付子三分，蜀椒三分，泽泻五分，乌喙三分，细辛五分，茉五分，凡五物皆治合方寸匕，酒饮，日三饮。

《伤寒论》太阳病，或已发热，或未发热，必恶寒，体痛，呃逆，脉阴阳俱紧者，名为伤寒”。

早在《内经》中就有“今夫热病者，皆伤寒之类也”的记载。《居延汉简》许多简牍中也见“伤寒”二字。在汉代由于生产力水平低下，饮食居住条件简陋，西北地区又气候寒冷多变，昼夜温差很大，人们极易感寒而发病，出现相应的一系列症状，加之当时战争不断，社会动荡不安，人们背井离乡，颠沛流离，居无定处，食无定时，抵抗防御能力降低，也导致了伤寒的发病。使伤寒在当时曾严重流行，给人类带来极大的危害性。正如张仲景在《伤寒论》序文中所说：“余宗族素多，向余二百，建安纪年以来，犹未十稔，其死之者，三分有二，伤寒十居其七”。因此，在两汉之际，研究伤寒病的，颇不乏人。《武威汉代医简》和《居延汉简》中均只提“伤寒”二字，而未言及其起病原因、所现症状，这就说明汉代人们对“伤寒”这种伤于寒邪所引起的疾病普遍已有了较深认识。正是在此基础上，张仲景“感主昔之沦丧，伤横夭之莫救”，乃“勤求古训，博采众方”，创造性地把外感疾病错综复杂的证候及其演变加以总结，为时代，为民族写出了巨著《伤寒杂病论》，并在书名冠以“伤寒”二字。

二、症状的描述

简文："治久咳上气，喉中如百虫鸡鸣状……"。

《金匮要略》"咳而上气，喉中水鸡声，射干麻黄汤主之"。

又牍文"治久泄肠辟颐血□□裹□□□医不能治皆射去方……肠中恿加甘草二分，多血加桂二分，多农加石脂二分……。"文中［恿］即［痛］字的异体字；［泄］即下泻；［肠辟］结合全文看为《素问·通评虚实论》之［肠辟下脓血］；［农］用作［脓］。

《伤寒论》曰"少阴病，二三日至四五日，腹痛，小便不利，下利不止，便脓血者，桃花汤主之"。

在武威医药简牍中，还有许多症状的记载：声音嘶哑，鼻不利，头痛，胁痛，腹胀，小便难等，这些也均在《伤寒杂病论》中出现。二者在症状的描述上，许多述语是相同或相似的。

三、辨证施治法则的运用

《伤寒杂病论》是我国第一部理法方药完善、理论联系实际的典著。张仲景提出："观其脉证，知犯何逆，随证治之"被认为是辨证施治法则的具体体现。武威医药简牍中就体现了这一法则在临床治疗上的具体运用。

"治久咳上气，喉中如百虫鸡鸣状卅□以上方，柴胡、桔梗、蜀椒各二分，桂、乌喙、姜各一分……"。

"治久咳逆上气汤方，茈菀七束，门冬一升，橐吾一升，石膏半升……"。

以上二简，都治咳嗽日久，气逆上冲，症同但用药各异，这是"同病异治。

简文"治诸□，石□出石，血□出血，膏□出膏，泔□出泔，此五□皆同乐治之……"。文中［乐］用作［药］字；［诸□］即［诸癃］。此谓"异病同治"。

《金匮要略》："胸痹心中痞气，气结在胸，胸满，胁下逆抢心，枳实薤白桂枝汤主之；人参汤亦主之"。由此可见，随着时间的推移，医学不断向前发展，最终诞生了《伤寒杂病论》。

四、药物运用方面

简文"治久咳上气，喉中如百虫鸡鸣状……凡六物，治合和丸以白蜜大如樱桃，昼夜含三丸……"。

这种以白蜜治合诸药制的蜜丸，是迄今仍在沿用的中医最常见的药物剂型之一，在《伤寒杂病论》中也广为应用，如"肾气丸方……右八味末之，炼蜜和丸梧桐子大"。

在《武威汉代医简》中所载方剂三十多个，其中大部分是作为复方的成分出现的。一个方剂少则三两味药，多达十五味药，可见在当时，人们对中药在复方中的复杂性能已经掌握，这对张仲景不无启迪，他在《伤寒杂病论》中对药物的运用，往往注意它在组成方剂后的作用。试观大青龙汤，方中虽有石膏之寒以清热，却又有麻、桂之辛温；直用麻、桂发其汗以散水气，何以又用甘草、大枣补其中，从单味药物的原有作用来看，是很难理解的，但组方后，确实起到发汗兼清郁热的作用。

汉代处于秦统一全国，建立我国第一个中央集权的封建专制王朝以后，经济文化迅速发展，为医学的发展提供了良好的条件。综观武威医药简牍全文，似乎是当时医家的一部读书和医疗实践的记录，记载了作者个人医疗心得和当时较有实用价值的方剂，从中可以窥见汉代早期祖国医学的发展水平，这正是《伤寒杂病论》问世的临床基础。

参考文献

［1］甘肃省博物馆等编．武威汉代医简．文物出版社，1975．

［2］湖北中医学院．伤寒论选读．上海：上海科学技术出版社，1979．

［3］北京中医学院．内经选读．上海：上海科学技术出版社，1978．

［《甘肃中医》1996；（9）2：6］

王叔和编次《伤寒论》质疑

陈道纯　福建医学院附属协和医院

《伤寒论》原名《伤寒卒病论》，是古代医学家张仲景在东汉末所撰写的医学典籍（下称"原著"）。自明清以来，普遍认为：原著在成书不久即毁于战火，后经晋代太医令王叔和将残余的伤寒部分重新编次，成为流传至今的《伤寒论》一书。有人并变认为王叔和对原著进行了大幅度的修改和补充。这样，又引起了关于今本《伤寒论》中许多内容真伪的争论。

对王叔和重新编次《伤寒论》的说法，曾有作者提出异议[1]，但近年出版的多数医史书、教科书仍持旧论。本文拟根据史料就此再次提出质疑。

重编说的由来

王叔和重编《伤寒论》的说法始于唐代。据《古今图书集成医部全录》引唐代甘伯宗《名医传》："仲景作《伤寒论》，错简，迨叔和撰次成序，得全书。"[2]

至宋代，高保衡等作《校正金匮玉函经疏》，说："《金匮玉函经》，与《伤寒论》同体而别名。……细考前后，乃王叔和撰次之书。……仲景之书，及今八百余年，不坠于地者，皆其力也。"

明代徐镕作《金匮要略方论序》，说："《金匮方论》三卷、《伤寒论》十卷，似西晋王叔和选集撰次后，俗传书名也。"

明代方有执作《伤寒论条辨》，开始怀疑《伤寒论》的一些内容为王叔和所改移，并说："是书也，仲景之作于建安，汉年号也；出自叔和之撰述，晋太医令也。相去虽不甚远，盖已两朝相隔矣。是仲景之全书，非仲景之全书，诚不可晓也。

清代喻嘉言《伤寒尚论篇》说："后汉张仲景，著《卒病伤寒论》十六卷。……至晋代不过两朝两隔，其《卒病论》六卷，已不可复睹。即《伤寒论》十卷，相亦劫火之余，仅得之读者之口授，故其篇目，先后差错。……太医令王叔和，附以已意，编集成书。"

清代柯琴《伤寒论注》说："《伤寒论》一书，经叔和编次，已非仲景之书。仲景之文遗失者多，叔和之文附会者亦多矣。"

清代陈修园《伤寒论浅注》说："要知平脉辨脉、伤寒例、诸可与不可等篇为王叔和所增。辨痉、湿、暍脉证一篇，王叔和从《金匮》采人。"

从上可见，唐代甘伯宗之时，犹认为仲景原著只是"错简"，王叔和只是对错简的仲景原著予以"编次成序"，原著内容仍是完整的，没有实质性的改动。明清两代，"重编"的说法被逐渐扩大，从而有"劫火之余""得之口授""拆为二书""附以已意""改移篡乱""增入诸篇"等种种说法。这些说法来自明清两代医家的推测，缺少唐宋及以前史料的支持。

早期史料的记载

隋代以前，有关仲景著作演变的重要资料有：王叔和《脉经》序及正文、皇甫谧《甲乙经序》《医说》引晋《张湛养生方》《太平御览》和《医说》引《张仲景方论序》《隋书经籍志》等。

《脉经》自序有"和鹊至妙，犹或加思；仲景明审，亦候形证"之语，今本《脉经》有大量篇幅收录仲景选论，表明叔和确实对仲景非常崇拜，对仲景著作非常重视。但这里并没有仲景原著错简、散佚、毁于战火、重新编次等有关记载。

晋代皇甫谧《甲乙经》自序说："仲景论广伊尹《汤液》为数十卷，用之多验。近代太医令王叔和，撰次仲景选论甚精，指事施用。"这是王叔和整理仲景著作的最早记载，但这里也没有仲景原著错简、散佚、毁于战火之类说法，也没有指明叔和撰次之书为《伤寒论》，更没有"拆为二书""附以已意""增人诸篇"这类的提示。"选论"二字，一种传本作"遗论"，这可能是后人推测仲景原著"散佚"以及叔和撰次仲景"已散佚之论"的一个原因。但"遗论"二字仅出自一种传本，不一定是皇甫谧原话。且叔和撰次之时，仲景已故，其论自是"遗论"；仅凭"遗论"二字，并不能断定仲景原著散佚。相反，从自序的上下文看，皇甫谧之时应有两类著作并行于世，且体现着各自的实用价值；前者是仲景论广伊尹《汤液》而成的著作数十卷，"用之多验"；后者是叔和撰次的仲景选论，"指事施用"。

《医说》引晋代《张湛养生方》记载："王叔和，高平人也。博好经方，尤精诊处，洞识摄养之道，深晓疗病之源。采摭群论，撰成《脉经》十卷，篇次《张仲景方论》为三十六卷，大行于世。"[3]这是现存有关叔和生平的最早资料之一，明确记载叔和所撰之书为《脉经》和《张仲景方论》。从书名和卷数看，《张仲景方论》应具有"仲景选论"的性质，而不可能是《伤寒论》原著。此外今本《脉经》也有大量篇幅收录"仲景选论"。这样就进一步证实了《甲乙经序》中王叔和"撰次仲景选论"提法的可靠性。

宋代《太平御览》和《医说》[3]中都有引自《张仲景方论序》的资料。据以下推测，该序很可能出自叔和之手：1. 序中提供了仲景本人、仲景老师及仲景弟子的较详细资料，多为早期他家资料所无，揭示是与仲景年代相近的人所写；2. 基本上出自同一时代的《伤寒卒病论》《脉经》《甲乙经》都有作者自序，而无同时代其他人的序。《张仲景方论序》与《张湛养生方》的记载相互印证，表明王叔和确曾编写过《张仲景方论》。

《隋书·经籍志》载有《张仲景方》十五卷和张仲景《辨伤寒》十卷，提示这是曾同时流行的两种书。前者可能源自《张仲景方论》，后者可能是今本《伤寒论》的前身。

综上看来，早期资料并没有仲景原著"错简"的记载，更没有"劫火之余，得之口授"的有关依据。

早期资料提示王叔和曾撰次“仲景选论”，即《张仲景方论》以及《脉经》。但未提示曾对《伤寒论》原著进行过重新编次。

小　结

一、《伤寒论》原著“劫火之余，仅得之读者口授”，王叔和“拆为二书”“附以已意”“改移篡乱”“增入诸篇”等说法，出自明清两代医家的推测，缺少唐宋以前史料的支持。

二、仲景原著“错简”，王叔和“撰次成序，得全书”的说法，始见于唐代，缺少隋代以前史料的支持。

三、从早期看，王叔和确曾整理过仲景著作，但撰次的是“仲景选论”即《张仲景方论》以及《脉经》。没有证据表明王叔和对《伤寒论》原著进行过重新编次。

四、因此，现存《伤寒论》一书是否经过王叔和的编次整理，仍是个有待研究的问题。权威性的教科书和医史书上对此不宜过分肯定。学术论坛应给这一问题的讨论留下余地。

参考文献

[1] 邓曼. 中医杂志，1995：1（3）：5.

[2] 陈梦雷. 古今图书集成医部全录，第12册. 北京：人民卫生出版社，1962；106.

[3] 张杲. 医说. 卷1，影印本. 上海：上海科学枝术出版社，1984；12～17.

[《中医文献杂志》1996；（3）：20]

略论朱肱对《伤寒论》的整理编次

李金田　甘肃中医学院

朱肱，字翼中，自号无求子，别号大隐翁，宋·吴兴（今浙江嘉兴）人，徽宗朝授奉议郎医学博士，人称朱奉议，著有《伤寒百问》和《类证活人书》等书传世，是宋代诸多研究《伤寒论》医家中富有成就者之一。其著《类证活人书》，凡二十二卷，为当时颇有影响的一部代表作，于弘扬仲景之学贡献甚大，诚如清代医家徐大椿在《医学源流论·活人书论》中所赞：“宋人之书，能发明《伤寒论》，使人有所执持而易晓，大有功于仲景者，活人书为第一。”而朱著之所以获得如此高的评价，除了与朱氏在广收博采、务实求新思想指导下对《伤寒论》的诠解说明，补充发挥有关外，也与他对《伤寒论》条文的重新整理和编次有着很大关系。本文仅就后一问题简论如次，不妥之处，敬请指正。

一、朱编的动机与目的

《伤寒论》作为一部阐述多种外感疾病及部分杂病辨证论治的中医经典名著，极受历代医家所推崇，而朱肱作为宋时研究外感伤寒病的临床大家，亦不例外。朱氏认为，在众多的伤寒著述中，以仲景之书最为详备，“其余诸子百家，时有一得，要之不可为法。”这种由衷敬重仲景的心态，促使他在临床诊治与研究伤寒病的过程中，曾用综合分析方法精研《伤寒论》达数十年之久，有许多发明与建树，其著《类证活人书》，又名《南阳活人书》，也是因为仲景家居南阳的缘故。这本书中，既有朱氏依据仲景心法对《伤寒论》条文进行的重新整理和编次，也有结合自己临床心得对《伤寒论》或缺内容的不少补充与说明，前者可谓继承，后者则是继承中的发展。其整理编次《伤寒论》的动机和目的有二：其一，为了使《伤寒论》“易晓而喜读”。盖仲景之书，立论虽宏，却又言简意奥，“常人难晓”，加之“士大夫又以艺成而下，耻而不读”，或“纵欲读之，又不晓其义”，“往往仓卒之际，束手待毙，卒归之于命而已”矣。感悟如此，志在重编，所编“虽未能尽窥伊尹之万一，庶使天下之大，人无夭伐，老不哭幼，士大夫易晓而喜读”，则所愿足矣。其二，为了更加清楚地昭示《伤寒论》证治大法。盖“伤寒有证异而病同一经，药同而或治两证”的复杂情况，唯有通过对证（实则是症）和方的“类而分之，参而伍之”，方能做到“审知某证者某经之病，某汤者某证之药”，然后“用之万全矣”。又说：“百问中一证下有数种药方主之者，须是将病对药、将药合病，乃可服之。”这里所说“将病对药”和“将药合病”正是对后世所谓以症类证和以方类证二种归纳形式的早期说明；体现了朱氏对《伤寒论》辨证论治这一中心问题从不同角度进行的研究与总结。其中，“将病对药”是以症为纲，条例有关方治，旨在揭示《伤寒论》对同一临床表现用不同方法论治的精细和全面，“假如下利而心下痞，称十枣汤、大柴胡、生姜泻心汤、甘草泻心汤、赤石脂禹余粮汤、桂枝人参汤之类，虽均是治下利而心下痞，其方有冷有热，仔细详药证以对治之，则无不中矣。”此即后世所谓的以症类证式编次，主要见于朱著卷十一以前的伤寒百问中。所谓“将药合病”又是以方为纲，方后汇列有关条证，旨在揭示《伤寒论》载方各自所治条证间的内在联系与区别，展现该书各方运用的整体情况，这即后世所谓的以方类证式编次，见朱著卷十二至卷十五的“说药证并药方加减法”，于系统学习、全面掌握仲景的各个方治十分便利。但须注意的是，朱氏是在前十一卷以症类证式编次的基础上，又于卷十二至卷十五安排以方类证式编次内容的，这二种前后间互有重复的编排形式，恰好反映了朱氏对《伤寒论》辨证诊治规律所进行的一种逆向式（即由证及方和由方及证）研究与总结，从而使得仲景的思想脉络更加清楚明了，也更加实用方便，诚如武夷张蒇在《类证活人书》序言中所说：“得此书者，虽在崎岖僻陋之邦，道途仓卒之际，据病可以识证，因证可以得方，如执左契、易如反掌，遂使天下伤寒，无横夭之人，其为饶益不可思议”。可见朱氏编次的目的主要在于昭示《伤寒论》辨证论治的基本规律，并方便后学者的系统掌握与临床实用，可谓大有功于仲景者矣。

二、朱编的形式与做法

整理编次《伤寒论》，既是一个研究过程，也是一种研究方法。这种研究，发端于西晋王叔和，不仅源远流长，而且在渐次发展中形成了多种以王编为蓝本的各具特色的编次形式，其中既有以方类证的，也有以症类证的，还有以法、脉、因、理等多种形式加以归纳的。而朱氏所编，则如前述，主要有以症类证和以方类证二种形式。由于对其以症类证式编次将另文介绍，兹仅就其以方类证式编次的具体做法与特点简述如后。

考以方类证式编次的研究方法，唐有孙思邈“方证同条，比类相附”倡始于前，清有柯韵伯“按经分证，以方命证”完善于后，而宋时朱肱则为这种编次形式的渐次发展起到了承前启后的中介作用，且不乏独到之处。其具体做法是不泥于《伤寒论》条文的原有篇属和先后，采用以方为纲，单独标目，独立成节的形式进行重新类归与编次。它始自桂枝汤，终于烧裈散，凡一百十三方，具体是卷十二为一至二十九方，卷十三为三十至四十七方，卷十四为四十八至八十方，卷十五为八十一至一百十三方。这种编排有二大特点：首先，从整体编排而言，各方虽单独成目，但在前后编排中，又将论中相类方证汇列一处，如第一至十九方是桂枝汤类方、二十至二十八方是麻黄汤类方、二十九至三十四方是柴胡汤类方等。从而既有利于每个方证的具体学习，也有助于类似方证间的前后对照。其次，就每方后的条文编排而言，是将论中原本散见于不同篇章中的该方主治条文悉归其后，并标明原出篇属。这种编排，虽说方后汇列条文有多有寡，但究其内容则不外该方主要适应证、禁忌证、疑似证及服此方后的转归证等几个方面，最后又悉明此方组成与用法。如桂枝汤，朱编以之为起始方，标序是一，方后汇列了《伤寒论》与之有关的二十五个条证。从这些条文的篇数来看，朱氏明确标示前二十条“属太阳”，次二条“属阳明”，后三条分别“属太阴”，“属厥阴”“属霍乱”。这样既全面汇列了论中有关此方的主要条证，又明确标示出这些条证的原有篇属，使人阅后顿觉脉络清楚，章法井然，而又不失原编分篇布局的辨证意义。它较之孙思邈因循六经章次，将太阳病篇分为太阳病用桂枝汤法、麻黄汤法、青龙汤法、柴胡汤法、承气汤法、陷胸汤法及杂疗法等七节的随经分证编排就更有实际意义，也就为后世柯韵伯的以方命证奠定了基础。再从条文内容来看，所列条文主要体现了以下几方面的内容：第一，桂枝汤的主治证。其中既有太阳篇的，也有其他各篇的；既有外感邪气的太阳中风证，也有外感以外的杂病及霍乱病，可谓赅者广、治者全，如太阳病篇“太阳中风，阳浮阴弱，发热汗出，恶寒鼻鸣干呕者”，及杂病“病常自汗出”和“病人脏无他病，时发热自汗出而不愈者”、霍乱病“吐利止，身痛不休”等，悉归其中。第二，服桂枝汤后的部分转变证。盖桂枝汤证用桂枝汤，本系正确之治，但因临床证情复杂，加之患者体质、病情轻重、用药方法、药后护理等方面的差异，服之或能治愈，或不能治愈。未治愈者，如证情未变，可续用桂枝汤，如“太阳病服桂枝汤，反烦不解，先刺风池风府，却与桂枝汤则愈。”“服桂枝汤大汗出，脉洪大者，与桂枝汤”等条即是。如证情已变，则须重新立证选方，朱氏于此处就例举了诸如桂二麻一汤、白虎加人参汤、桂枝去桂加茯苓白术汤、甘草干姜汤、芍药甘草汤、调胃承气汤和四逆汤等七方主治的有关条证，如“服桂枝汤大汗出，大烦渴不解，脉洪大者；白虎加人参汤主之”就是一个典型例证。这些条证在后文的各自方类中虽又出现，似属重复，没有必要，但实则很有意义，它除了对照鉴别（如前举服桂枝汤大汗出后一用桂枝汤、一用白虎加人参汤者，似同而实异）以外，主要是借此反映桂枝汤服后可能要出现的一些变化情况，示人知常达变，树立察一明二思三的动态掌握疾病发展规律的辨证思想。第三，桂枝汤的禁忌证。如“桂枝本为解肌，若脉浮紧发热汗不出者，不可与之”。要求在掌握该方主治证的同时，须对其禁忌证做到心中有数。第四，表里同病治疗先后的原则性条证。盖桂枝汤本为治表证之方，但表证或可同兼里证，故须明此。如“太阳病不解，热结膀胱，其人如狂，血自下，下者愈。其外不解者，尚未可攻，当先解其外……其解外宜服（桂枝汤）。”“伤寒医下之，清谷不止，身疼痛，急当救里，后身疼痛，清便自调，急当救表。救里宜四逆汤，救毒宜桂枝汤。”前者是先治表后治里，后者是先治里后治表，从而再现了《伤寒论》表里病治疗的常、变之法。第五，桂枝汤方的组成与用法。

三、朱编的优点与缺点

就朱编的总体情况而言，章法清楚，主题明确，除前述特点亦属优点外，尚有以下几点：其一，比较完整地展现了《伤寒论》各方的具体运用情况。这种编排，既能明确反映同一方治中各条证间的内在联系，也可为临床使用其方者提供原则性导向，如前述桂枝汤者，其治就有外感中风、杂病汗出和霍乱吐泻后身痛的差异，而维系这些不同病证间的内在环节不外营卫不和、卫强营弱这一基本病机而已。其二，将原本分散于不同篇属中的同一方治条文悉归一处，实可便利每个方证条文的检索研究，能使后学者和使用者于仓卒之间对其精神旨趣得以全面或大体把握，此即孙思邈所谓的“须有检讨，仓卒易知”也。其三，不循六经章次，突出治方为纲，而又于每个方证条文后标明原编出处，使人既能心悟仲景六经辨证之妙义，却又不被六经病的框架所泥定，其优贵在突出辨证以论治，自与唐·孙思邈和清·柯韵伯因循六经章次者有别。第四，始倡“药证”概念，提出“药证者，药方前有证也。”这里的“证”，虽说尚不能与现今所言之“证”划等号，但它的提出，尤其是于以方类证前提出就很有实际意义，因为它不仅为后面的编排形式确定了原则，界定了范围，也为后世柯韵伯的以方命证奠定了基础。第五，朱氏所编，不唯理论研究，更重临床实用。这主要体现于三方面：一是所汇条文并非《伤寒论》的全部，而是有所取舍的，其选与不选，编入与不编入的主要标准在于有无方治，如有方治者依方悉编，无方治者则舍而不编；二是在部分条证后又据仲景文义补充了《伤寒论》的某些治方，如前举蓄血证者，朱氏不仅把它也编于桂枝汤下，而且还于条末补充了“其解外宜服”，自是指宜服桂枝汤而言，这样也恰于仲景原文中的“当先解其外”相呼应；三是所编条文并非原编条文的照抄照搬，而只是撮其之法，凝其之理，以不失仲景大义为前提，因而也就不十分讲究条文字词方面的同一，这可以从前面例举各条文中得到印证，兹不重复。

再就每个方证条文的具体编排而言，其优点亦显然可见，这在前举桂枝汤时已有所论及，它既整体类归了原本散见于太阳、阳明、太阴、厥阴和霍乱诸篇中的桂枝汤证条文，又汇列了本属其他方证但又与桂枝汤证有着某种联系的诸如白虎加人参汤、调胃承气汤等方证的条文，还同列了桂枝汤的禁忌证条文，这种以主治条证为主，兼及其他有关条文的重新编次，主次明确，层次井然，能使读者因循以求，渐次深入，从而全面、系统地掌握。

当然，朱编也存在着一些不足或值得商榷的地方，如对于条文的处理方面，将有方治者悉入而编，无方治者舍而不选，及不讲究条文字词同一等，这从临床实用角度而言或可算作优点，但若从《伤寒论》研究的全面性、系统性而言，则又是不足之处，似有破坏仲景六经整体性，失却原著风貌之嫌。再如前举桂枝汤下的部分转变证，仲景虽也言及是汗后致变，但汗法之方绝非桂枝汤一端，因而汗后致变者也就未必尽是桂枝汤所为了。

[《甘肃中医学院学报》1996；13（3）：3]

日本江户中后期对《伤寒论》的研究

胡玉玲　长春中医学院
郭秀梅　日本顺天堂大学医史学研究室

日本江户时期，《伤寒论》的研究就其深度和广度而言都取得了长足的进展。19世纪上半叶涌现出几位医学巨匠，他们引进中国乾嘉学派的理论和方法，吸收清儒文字学、音韵学、训诂学取得的成就，使《伤寒论》的训诂、校勘面貌为之一新。

一、研究概况

江户中后期，日本学者研究《伤寒论》卓然成家者多达10数位，18世纪日本汉方医学从事《伤寒论》研究的山田正珍的《伤寒论集成》《伤寒考》，以及多纪元简（又称丹波元简）的《伤寒论辑义》《医胜》《金匮玉函要略辑义》已有中国版本问世。铃本良知的《伤寒论解故》《医海蠡测》则鲜为人知。19世纪，喜多村直宽的《伤寒论疏义》《伤寒论劄记》《伤寒论汇考》，伊藤凤山的《伤寒论文字考》《伤寒论文字考续篇》《伤寒论文字考续篇增补》《张仲景伤寒论自序集解》，以及森立之的《伤寒论考注》《枳园丛考》《金匮要略考注》《本草经考注》《素问考注》都达到了前所未有的高度。在中国明末清初，医界对文字训诂比较轻视，部分学者热衷于从《伤寒论》中剔除王叔和的手笔，而妄改经文。东瀛学者的研究成果恰好填补了这个缺憾。

日本明治维新以后，汉方医学遭到当局的取缔，《伤寒论》研究陷于停顿。但是森立之等人组织了“温知社”，坚持汉方医学的讲习。

二、主要成就

江户时期东瀛学者对《伤寒论》的研究侧重于训诂校勘，主要是从文献考证方面进行深入探讨。他们的主要成就有两个方面，一是解决了一批聚讼纷纭的难题，二是为若干难题的解决开辟了道路。

例如：卷二服桂枝汤方后的“温服令一时许，遍身漐漐，微似有汗者益佳，不可令如水流离，病必不除”一文。山田正珍《伤寒论集成》注云：“麻黄、葛根、青龙三证俱是表实无汗之病，虽与大剂，覆以厚被，其汗不易出，出亦非一身漐漐，手足俱周，则邪气不肯解围矣。今乃取仅似汗而止，恶保无发汗不彻，转属阳明之虞乎！益可疑也”。山田氏从临床实际出发，大胆献疑，认为“似”字有问题。接着山田氏说：“一日适读《诗》之《小雅·斯干篇》云‘似续妣祖’。毛傅云：‘似，嗣也。’”他又举出《周颂·良耜篇》“似”训为“续”的证据后，作出结论：“乃知‘似’字不独训肖，又训为嗣；为续矣。由兹考之，所谓微似有汗者，即微微续有汗之谓，而非其状似有汗之谓也”。山田氏训“似”为“续”，可谓得其确诂矣。

再如“几几”之训为“短羽鸟飞几几”，音“殊”，从成无己而后一直相沿成习。明代王肯堂《证治准绳》始倡“绚貌”之说，认为是形容“项背拘强之状”。可惜王肯堂的解释并未获得后世医家的首肯。宇津木益夫《风寒热病方经篇》对王肯堂语焉未详的“几几”，从医理与文献考据两个方面进行了透彻的发挥。他说“余每遇是证，必问其所苦，皆曰项背强急，而不任其坚重，按之则坚凝如石，不唯其项之强，连其肩背而拘重矣”。时贤钱超尘在王肯堂的基础上，进一步考证“几”音jǐn（见《伤寒论校注》），从而彻底廓清了弥漫八百余年的尘埃。

又如《伤寒论》太阳下篇有“半钱匕”之说，森立之《伤寒论考注》认为“钱匕”不成文，宜改作“钱上”。《本草序例》说“钱五匕者，今五株钱边五字者，以抄之亦令不落为度”。日本《顿医抄》引此文“钱五匕”作“钱五上”。《医心方》引《本草经》亦同，而且《医心方》一书引书“钱匕”，悉作“钱上”，无一作“匕”者，而“方寸匕”皆作“匕”无一作“上”者。森立之认为《证类本草》成于宋人手，校改颇多，此“钱五匕”疑亦连上文“方寸匕”而误，宜从李唐遗卷改作“钱五上”。这一则校勘，廓清了近千年来的疑团。

其他，如山田正珍《伤寒论集成》依据朝鲜本《三纲行实》有“须”字误作“微”字者，提出《伤寒论》太阳中篇的“微除”是“须臾”之讹。他说：“须字一讹为弥，弥字再讹为微。须弥由形而讹，弥微由音而讹也。又按除与臾古音相同，因致转讹。”如果没有深厚的文字音韵功底，是不可能作出如此令人击节赞赏的校勘的。

此外，诸如铃木良知《枳园丛考》训“喘冒”为“沸胃”，即“怫郁”。伊藤凤山《伤寒论文字考续篇》训“二阳并病，太阳初得病时，发其汗，汗先出不彻”的“先”字为“急”；以及许多名物的考据和争论（郑声、越婢、转失气、更衣、不仁、黄耳杯、将息等）都对正确理解《伤寒论》原文有所裨益。

三、研究的特点

江户中后期《伤寒论》研究有以下特点。

第一，广泛引进清代朴学研究成果，运用文字、音韵知识解释《伤寒论》的语言，旁征博引古代文献。东瀛学者已学会分析汉字形体构造，他们对“杂病”“卒病”的辨析已相当深入。令人感兴趣的是他们也掌握了“声训”：“纲之言刚也”，“惵之言叶也，聂也”，“瘛之言掣也”，“疭之言纵也”，“欲之言续也”，“识之志也”，“致之言至也”，“辨之为言别也”，“习之言缉也”，“搏之言拍也”，不一而足。初步统计，日本20几位学者，在50余部著作中中国古代文献约110部，字书、韵书及训诂专著约40部，中医著作40余部，引人注目的是清代刚刚完成不久的《经传释词》《广雅疏证》《读书杂志》《说文解字注》《十驾斋养新》《十三经校勘记》《尔雅义疏》等已被引述。

第二，训诂与校勘并重。日本学者不满明代擅改古书之风，反对借口王叔和编次不当而臆改《伤寒论》的方、喻诸家。他们发现文字衍讹误倒之处，总是极为慎重地保存原文，在注中提出改正意见。例如《辨太阳病脉证六》“常须识此，勿令误也”，《伤寒论札记》云：“按‘常’疑‘当’讹，‘当须’字见太阳中篇、阳明篇、厥阴篇、平脉法等。《左传·隐四年传》‘大义灭亲’，杜预注：‘明小义则常兼子爱之’。阮元《校勘记》曰：宋本、淳熙本、岳本、足利本‘常’作‘当’是也。”

第三，文理与医理结合。江户学者大多医文兼擅，他们具有深厚的汉学根底，能熟练地运用古汉语阅读、写作。前述“似”训“嗣”，“几”训“拘”，无不是从医文结合的角度阐述的。正是由于江户时期日本学者的功力深厚，又不囿于古训，敢立新说。因此形成了尔后日本《伤寒论》研究的独特道路，为仲景学说另辟蹊径。

第四，强烈的批判精神和学术争鸣。江户后期《伤寒论》研究形成百家争鸣的局面，几乎所有的重要问题都展开了争论。例如越婢汤的命名，多纪元简《伤寒论辑义》、喜多村直宽《伤寒论劄记》《伤寒论疏义》主张维持成无己“发越脾气”之说，伊藤凤山《伤寒论文字考》训“越”为“治”，训“婢”为“肥”，认为“越婢汤本治洪肿盛肥之刑”，森立之《枳园丛考》训“越”为“起”之讹，“婢”为“脾”之音讹，“脾”为“痹”之俗体，并举大量文献证明从病旁与从“月肉”的字相通，虽然有繁而寡要之诮，但仍可见其治学严谨，立论有据。

江户中后期的《伤寒论》研究，也存在它的局限性，主要是繁琐考证，令大多数临床医生望而却步。虽然学者们多次发出“医家昧文字”、“医家昧佔毕”（佔毕即小学，语出《礼记·学记》）之叹。他们研究成果大多束之高阁。鲜为人知。另外，当时中日两国缺乏现代信息交流手段，加之动乱、战争，都大大阻碍学者的双向交流。不能共享研究成果。

[《山东中医学院学报》1996；20（3）：192]

《伤寒论》236条“瘀热”含义之我见

刘国晖　赵致镛　成都中医学院

《伤寒论》236条云：“阳明病，发热，汗出者，此为热越，不能发黄也。但头汗出，身无汗，剂颈而还，小便不利，渴饮水浆者，此为瘀热在里，身必发黄，茵陈蒿汤主之”。

对其中“瘀热”之义，历代注家各执一说。如成无己解为热郁：“但头汗出，身无汗，剂颈而还，热不得越也。”三版教材亦云“邪热郁滞于里。”有的又释为湿热交蒸，瘀郁不解。如尤在泾曰：“湿与热得，瘀郁不解，则必蒸发而为黄矣。”程郊倩亦云：“两邪交郁，不能宣泄，故窨而发黄。”钱天来更直解为“其湿热郁蒸，瘀蓄在里，故身必发黄……盖以湿热胶固壅积于胃，故曰瘀热在里。”对于上述观点，和之者多，非之者寡。尤其是“瘀热”即湿热这种观点，今天几乎铸成定论。影响最广的如二版教材云：“若但头汗出，剂颈以下全身无汗，湿热上蒸不得外散，小便不利，湿热内蓄不得下行，渴饮水浆，益增其湿，湿热相蒸，身必发黄。”考以上二种观点，或置“瘀热”之“瘀”字于不顾，或指“瘀”字与“郁”通，或把“瘀”与湿混为一谈，观点虽有差异，但均是不究“瘀”字含义之故。笔者认为若舍“瘀”字本含“积血”之义而把236条之“瘀热”断为“湿热”或“郁热”，则“瘀热”之本义晦，阳明发黄之病机不备，于仲景原意有悖，因此不揣浅陋，提出自己之管见。

一、瘀本积血，而非湿义

考“瘀”字首见于《楚辞·九辨》，其云“形消铄而瘀伤”。注云“瘀，病也”。说明“瘀”字的本意就含有形体的物质性损害的病理概念。但成书于秦汉之际的《黄帝内经》虽有“恶血内留”“血凝泣”“血泣不行”等有关瘀血的描述，但“瘀”字还未成为专门的医学术语。逮至西汉杨雄所著《太玄经·八太玄数》及史游所著的《急就篇》才有“八为疾瘀”“疟、麻、瘀、痛、瘼、温病”的记载，其“瘀”字之注均为“瘀，积血之病”，至此“瘀”乃“积血”的含义才十分明朗，并已经成为与“疟、阙、瘀、痛、瘼、温病”并列的有关疾病的专门医学术语，故东汉末年许慎在撰《说文解字》收“瘀”字时，毫不含糊地给“瘀”字下了“瘀，积血也”的精确定义，也就是说此时“瘀”字乃“积血”的含义已广为人们所用。而与许慎同时代的张仲景虽“撰用素问九卷，八十一难……”但在《内经》没有使用“瘀”字的情况下，要把“瘀”字引入自己的著作中，以释病理，必须遵循古今对“瘀”字使用的含义。即使据古文字的发展规律，仲景对“瘀”字有什么引申的话，但都必本于“瘀”字为“积血”这个包含形体损伤的物质性的病理概念。而“湿”字乃卑下潮湿之义，不管是其含义还是语音均与“瘀”字风马牛不相及。至于阳明发黄病机中湿热之湿乃是从方义和小便不利推出，不应从“瘀”字所出。由此可见，“瘀”字的本义是“积血”，即含血行不畅之义，而非湿义，二者不能混为一谈。

二、仲景遣词精当，瘀郁两分

三版教材认为“瘀与郁可通用，即邪热郁滞在里”。前面已谈到“瘀”字的本义是积血，但仲景所著《伤寒论》使用“瘀”字时，是否因其音与郁相近而互为通假呢？这就有必要从《伤寒论》原条文对瘀、郁二字的使用进行探讨。

考《伤寒论》“瘀”字共在五条原文中出现，124条太阳蓄血的“瘀热在里”1条，阳明发黄232、236条的“瘀热在里”2条以及237“久有瘀血”和257“有瘀血”2条。124条是讨论太阳得病以后，表邪随经陷入下焦，血热相结，属蓄血，故曰“太阳随经，瘀热在里”，其瘀字专指“积血”，而262条的“瘀热”虽有不少注家释“瘀”为湿，惟清代血病专家唐容川独具慧眼，明确指出此条之“瘀”字乃指积血瘀滞不行。他说“若热入肌肉，令人血气相蒸，则瘀滞不行，是名瘀热”，并且从药物方面加以论证：“连翘散血分之热，赤小豆疏血分之结。”至于237条和257条“瘀血”明是指血液停积。由此可知，仲景在《伤寒论》中五处使用“瘀”字，其中124、237、257、262四条的“瘀”字的含义均为“积血、血行不畅”。又据仲景对病理概念叙述的前后一致性（如太阳病、结胸等)，那么236条的“瘀”字的含义亦应为积血，血行不畅。

热乃无形之气，瘀为有形之积，两者泾渭判然，故仲景始终在描述气行不畅时均使用“郁”字，而不用“瘀”字。如48条“设面色缘缘正赤者，阳气怫郁在表，当解之熏之。”此乃言阳气郁于体表而行有不畅。380条“伤寒大吐、大下之，极虚，复极其汗者，其人外气怫郁。”此亦言气行不畅：103条“太阳病，过经十三日，反二三下之，后四五日，柴胡证仍在，先与小柴胡汤；呕不止，心下急，郁郁微烦者，为未解也，与大柴胡汤。”此又言腑气不通，心下（胃）气行不畅而微烦也；366条“下利，脉沉而迟，其人面色少赤，身有微热，下利清谷，必郁冒汗出而解……。”此指阳气与邪气相争，再言气行不畅也。

综上所述，仲景深明“瘀”与“郁”两字判然有别，故气行不畅用“郁”字表述，血行不畅用“瘀”字描述，毫无半点含混，遣词是很有分寸的。

三、大黄之用，主在行瘀

236条阳明发黄的主方为茵陈蒿汤。茵陈蒿汤由茵陈、栀子、大黄三味药组成。绝大多数注家认为其方义是茵陈利湿退黄，栀子除烦热通调水道，清泄三焦，大黄“除胃热”“导热下行”。笔者认为若仅把大黄之用释为“除胃热”和“导热下行”，其疑有二。其一，据《本经》栀子条下云：“栀子味苦寒，无毒，主五内邪气，胃中热气。”既然栀子能主胃中热气，一向以用药简练著称的仲景就会仅用栀子。因有此一味强大清泄三焦，主胃中热气的栀子足矣，何须再加大黄。其二，诚然《本经》谓大黄有“荡涤肠胃，推陈致新”通腑之功，仲景亦有此用法，如小承气汤、调胃承气汤等。但是大黄之于通腑，必胃肠有燥结方可用之，此乃湿热薰蒸，尚未成燥结，何须用大黄？或云260条“腹微满”不正是腑气壅滞，热结在里，胃家实之象而何？但仲景明言大黄除满，乃是通腑而除满，必肠中燥结初成“腹入满不通者”（208条）方可用之，否则“腹微满，初头硬，后必溏。”（238条）至于此条之腹满，从方后自注“一宿腹减，黄从小便去矣。”可知腹满乃黄（湿热）作祟，即湿热交蒸所致，腹之所以减，乃黄（湿热）从小便而走，非从胃腑之大便而去。且湿热之腹满必无蒸蒸发热，手足潮然汗出、谵语、脉滑疾等阳明腑实已成之象，大黄岂可轻而试之？故仲景屡言“不可攻之”。或云泻心汤之用大黄，并无燥结，非通腑泻热而何？诚然，泻心汤之大黄是泻热无疑，然泻心汤证之病机乃是无形之邪热聚于心下，彼用大黄，妙在麻沸汤渍，取其轻扬走上，引大黄泻心下无形之热结，与阳明有形燥结在肠，用大黄久煎，必走肠府泻热结燥屎自是有别。综上述，236条茵陈蒿汤之用大黄既非主要泻热，亦非通腑除满。那么236条之大黄之用何在？考仲景用大黄除通腑泻热以外，还有一项重要的用途即活血逐瘀。此正仲景本《本经》大黄“下瘀血，血闭寒热，破癥瘕积聚”之主功也。对此大黄的功用，已有些注家有所领悟，如二版教材云：“大黄……兼清血分之热。北京中医学院刘渡舟教授更一针见血地指出：“大黄的特点善于破结行瘀，推陈致新……本证湿热发黄，为湿热交结并涉及血分，故谓‘瘀热在里’，用大黄不仅能荡涤肠胃以泻热实，而且能行血导滞，以破湿热之蕴结。”可谓一言中的。综上所述，大黄之用除泻热外，主要在于行瘀，既然大黄之用主在行瘀，那么必有瘀可行，而236条“瘀热”之“瘀”必是积血之义。

以上通过古文字学的考证，《伤寒论》原条文，茵陈蒿汤大黄功用的分析三个方面论证了236条“瘀热”之“瘀”字的含义既非湿，亦非郁，乃是血行不畅，积血之意。故236条的“瘀热”的本义应为湿热胶结，瘀阻血脉。

注：文中所引条文以上海科学技术出版社1983年版《伤寒论》为准。

[《河南中医》1996；16（3）：13]

《伤寒论》的魅力

傅延龄　北京中医药大学

刘渡舟教授说："《伤寒论》是中医之魂。中国医学典籍之最有价值而为历代医家所推崇备至者，厥唯《伤寒论》。倘若没有《伤寒论》，中医将黯然失色，也很有可能不会达到既已达到的水平。"（《伤寒论研究大词典》刘渡舟序）

如果我们将古代各时期的优秀医学著作比为瑰宝，那么《伤寒论》则是其中最为璨灿的明珠。自《伤寒论》问世以来，至今一千又七百年，人们对《伤寒论》赞不绝口，尊之医经，奉为圭臬，学习它，研究它，运用它，兴趣浓烈，蔚然成风，形成了壮大的学术流派。据不完全的统计，截至1990年底，历代各类《伤寒论》研究著作达到2300多部，各类《伤寒论》研究论文也达数千篇之多。《伤寒论》不仅为中国医学家所热爱，也赢得了国外无数医学家的推崇。甚至在某国汉方医界，竟然有独尊《伤寒》，不重《内经》的现象。可以说，在中医历史上，无论是过去还是现在，《伤寒论》都具有无穷的魅力。

为什么《伤寒论》具有这样大的魅力？笔者以为其道理主要在于下述几个方面：

1.《伤寒论》理法方药具有很高的实用性和有效性，是十分可靠的临床经验

晋·皇甫谧曰："仲景论广《汤液》，为十数卷，用之多验。"孙思邈说："江南诸师秘仲景方而不传。"正因为仲景方特别有效，当时人们才会藏之金匮，秘而不传。宋·孙奇等说：仲景之书"尚以对方证对者，施之于人，其效如神。"《四库书目提要》曰：仲景之书。得其一知半解，皆可以起死回生。"故林亿、孙奇、朱肱、陶华、徐熔等都称仲景之书为"活人之书"。他们认为东汉名医华佗于狱中索火所焚者，正是仲景之书。

今天我们在谈论《伤寒论》时，应该清楚地看到，历代医家之所以尊重它，其原因主要在于此。时至今日，《伤寒论》仍然为人们广泛运用，显示出强大的生命力，此真古人所谓"历千载而不坠于地"。人们对《伤寒论》方赞不绝口，是基于临床实效，有感而发，绝非盲目崇拜。刘渡舟教授曾赞曰："中医书百种，唯有此书(《伤寒论》）真。"

为什么《伤寒论》方具有如此高的实用性和有效性？因为《伤寒论》方是长期临床实践经验的结晶，经受了长期的检验和反反复复的筛选。

今所见《伤寒论》方是经过三次主要的筛选以后的结果。第一次发生于仲景以前。我们知道，仲景继承并发展了汉以前汤液疗法的经验，是仲景以前几千年医学经验的结晶。在仲景以前，人类的医疗活动至少已有几千年的历史，积累了丰富的经验。经方虽然主要是在仲景的著作中与我们见面的，但它们的大多数在仲景以前就已出现，就在应用之中，并不断得到检验和改进，其中一部分早被淘汰，流传下来的多为精华，仲景所继承的正是这些经验。后人虽然极度尊敬、赞誉甚至神化仲景，但对于仲景继承前人医学经验的事实都是持肯定态度的，只不过人们往往以神农、伊尹来指代仲景的前辈人。如宋·孙奇说"仲景本伊尹之法，伊尹本神农之经"。

第二次是仲景本人的筛选。我们有充分的理由可以相信，张仲景本人在"勤求古训、博采众方"时，对他所接触到的方剂作了大的筛选。张仲景本来就是一位临床医生，有实践经验，名师指点，且天资聪颖，对古人经验的学习、研究和继承自然做得很好。

张仲景方剂的主要来源有三：一是来源于仲景的前人，主要是指从书本上得来者，《汉书·艺文志》记载经方11家计295卷，其中有《汤液经》者。后世有不少人如皇甫谧就说过张仲景"论广《汤液》"，提出《汤液经》是仲景方的主要来源。由于皇甫谧是晋人，距仲景时代不远，故他的话还是比较可信的。其次，张仲景方剂来源于他的同时代人，这自然包括他的老师张伯祖。"博采众方"应该包含这一方面的意思。最后仲景在临床实践中自然也创制了不少的方剂。"博"指涉及范围之广，而"采"则是依据一定的标准选择性地摘取。从某种程度上说，仲景方是他对他那个时代的方剂进行了筛选后得到的精华。

第三次筛选，也是十分重要的一次筛选，是由西晋王叔和进行的。王叔和在对仲景旧论作搜采整理时，不是有文必录，有方必录，而是依据一个标准，这个标准就是"效果极佳、用之皆验"者录入。《伤寒例》中有王叔和语"今搜采仲景旧论，录其证候、诊脉、声色，对病真方，有神验者"可证。由此可见，仲景书中那些不符合王叔和标准的内容包括方剂，不属"真方"，难称"神验"者，叔和就弃而不录了。由于叔和是一代名医、太医令，学验俱丰，故他的筛选在一定程度上讲还是可靠的。所以我们说，王叔和的功绩不仅在于他对仲景旧论的搜采，还在于他对仲景方剂的精选。《伤寒论》经过如此再度筛选，其实用性和有效性就得

到了进一步的提高。《千金要方》载方5300多首，《千金翼方》载方2000多首，《外台秘要》载方6000多首，其方不可谓不多，但是相对《伤寒论》来说，其有效性和实用性不可同日而语。所以方不在多，而在于精；效不在于有，而在于好。

2.《伤寒论》方为医方之祖

金人成无己说：“自古诸方，难可考评，唯仲景之方，最为医方之祖。是以仲景本伊尹之法，伊尹本神农之经，医帙之中，最为枢要。”称仲景方为“医方之祖”其意思不仅是说《伤寒论》方是中医方剂现存之最古者，更重要的是说《伤寒论》方剂是后世方剂之母，后世方剂是由《伤寒论》方剂派生出来的。这里举理中汤为例来作说明。江苏名医曹仁伯说：“理中是足太阴极妙之方……设脾家当用理中，而胃家有火，则古人早定连理一方矣。设气机塞滞，古人早定治中一方矣。设脾家当用理中，而其人真阴亏者，景岳早有理阴煎矣。其肾中真阳衰者，加附子固然矣，其衰之甚者，古人又有启峻汤一方矣。此外，加木瓜则名和中，必兼肝气，加枳实、茯苓，治胃虚挟实。古人成方，苟能方方如此用法，何患不成名医哉。”（见《增评柳选四家医案》）为了更加清楚地说明这个问题，笔者将曹先生之所言扩而广之，作为下图：

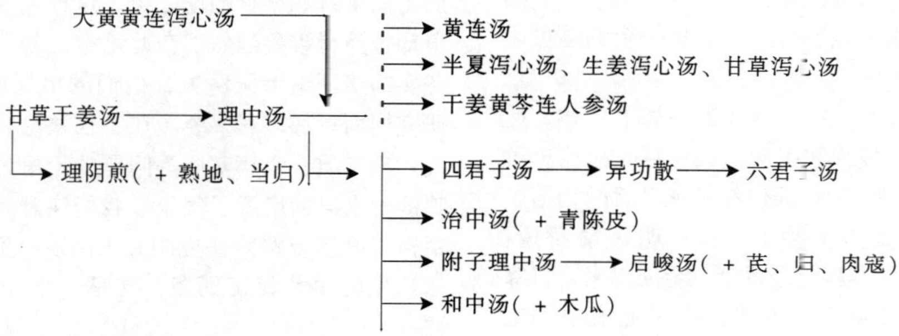

不唯理中汤，其他许多《伤寒论》方都被人们作为“母方”，巧妙地交换出一个个“子方”如桂枝汤、麻黄汤、白虎汤、栀子汤、承气汤、柴胡汤等无一不是如此，所以学《伤寒论》方，就找到了方剂的根，寻得了方剂的源，如此便能从源到流，抛简驭繁，曲尽变化，使用者根据中医基本原则对原方（母方）进行加减化裁，则何止于112方？真正是数之可十，推之可百，数之可千，推之可万；万之大不可胜数。如此一来，经方的适应证又得到更大扩展，所以，曹先生有“古人成方，苟能方方如此用法，向患不成名医哉”的感想。

3.《伤寒论》是中医临床医学之原始，反映了临床中医学的本来面貌

《伤寒论》重点论述医疗经验，朴素无华，不似有些医书议论，云遮雾障，多歧亡羊。秦伯未先生即说过：“中医萌芽于神农、黄帝，历春秋、战国两汉名医哲匠，而渐臻发达。下次六朝、隋、唐，其光又微。宋代竟尚虚玄，金、元继之，好言逞辩，说者因讥唐后无书。”（《清代名医医案精华·自序》）无独有偶，现代名医岳美中先生也说：“《伤寒》《金匮》，察证候不言病理，出方剂不言药性，从客观以立论，投药石以祛疾。其质朴之实验学术，实逼近科学之堂奥，真祛疾之利器。……唐代《千金》《外台》诸书，其中质朴之学、实用之方，直上接仲景，果能用之得当，亦有如桴鼓之效。……益坚信中医之奥妙原不在宋元以后。”这两段话虽然稍有偏颇和厚古薄今之嫌，但却也切中后世医学的某些弊端。比较起来，《伤寒论》的质朴就显得十分可贵。学习《伤寒论》不仅易于接近医学本质，较易于得到中医的科学真谛，不受误导，不被迷惑；而且，正因为《伤寒论》“绝鲜理论”（秦伯未语，见《清代名医医案精华·自序》）故给后世学者留下了大量的研究课题，更重要的是留下了广阔的思维自由和思维空间。后世医家对《伤寒论》的研究之所以十分浓烈，与这一方面的因素有着极大的关系。

4.学习《伤寒论》是中医成才的必由之路

综观中医发展的各个历史时期，举凡有所成就者，无不深深得益于仲景之学。明·徐熔说：“《金匮玉函要略》《伤寒论》皆仲景祖神农、法伊尹、体箕子而作也。唐宋以来，如孙思邈，葛稚川、朱奉议、王朝奉辈，其余名医虽多，皆不出仲景书。又汤液本草，于孙、葛、朱、王外，添王叔和、范汪、胡洽、钱仲阳、成无己、陈无择，其议论方定，增减变易，千状万态，无有一毫不出于仲景者。洁古张元素、其子张璧，东垣李明之，皆祖张仲景汤液。”“仲景广汤液为大法，晋宋以来，号名医者，皆出于此。”徐熔以后的情况依然如此，即

使是温病学家如叶天士、吴鞠通等，在仲景学说方面都有深厚的基础。由此观之，医不可无仲景书。此正如清·邓珍所言："张仲景作《伤寒杂病论》合十六卷，以淑后学，遵而用之，困苏废起，莫不应效若神。迹其功在天下，犹水火谷粟，是其书可有，而不可无者。"

最后，笔者还要说明的是，《伤寒论》和《金匮要略》原是一本书，我们上述对《伤寒论》的分析和评价，大多也符合《金匮要略》。将这二部著作分割开来，隔离开来，那么我们就只能得到半部仲景，未为全面。只有将它们结合，才成完璧。

当然，这里又引出了一个问题，为什么无论从历史还是从现实的情况来看，人们对《伤寒论》的重视要过于《金匮要略》呢？对这样一个问题可以有下述几方面的答案：

其一，《金匮要略》发现较迟。如上所述，此书一直到宋·王洙发现才引起世人注目，故徐忠可说："此书坠废已久。"而即使在发现以后的相当长一段时间里，其流传也并不广泛。明·俞桥说：《金匮要略》"林亿等虽校理重刻，金元以来，世寡经见，诸家或载《金匮》方治，多于他书中得之耳。不然，何未有一人能语其颠末者。"与此相关的是，医家对《金匮要略》的注释也较晚。此书古来无注，医家卒不易读。成无已七十八岁作《伤寒明理论》、八十岁完成《注解伤寒论》，未暇注《金匮要略》。世间万事，创始唯难。成氏《注解伤寒论》开《伤寒论》注释之先河，为其后的研究奠定了重要的基础；成氏之后，《伤寒论》研究蔚然成风。但成氏未注《金匮要略》，这不仅未能启动《金匮要略》研究，也易于使人误解成氏重《伤寒》而轻《金匮》，对《金匮要略》研究有其不利影响。明朝以来，始有起而论《金匮要略》者，然至于清季，亦不过数十家，但这时《伤寒论》研究类著作已逾千种。

其二，《金匮要略》内容较为繁杂。众所周知，王叔和在整理编次《伤寒论》时，但"录其证候、舌脉、声色，对病真方，有神验者。不符合此要求者即舍而不录。故《伤寒论》十分简洁、精炼。但林亿等人在校订《金匮玉函要略方》时，仅删去其上卷，"又采散在诸家之方，附子逐篇之末，以广其法。"而并未像王叔和整理仲景旧论那样仔细筛选，故相对《伤寒论》而言，《金匮要略》相当繁杂、零乱。所以，研究《金匮要略》的难度要大于研究《伤寒论》的难度。此外，亦有部分医家认为《金匮玉函要略方》并非仲景著作，而是后人伪托。这种观点，或多或少影响了部分人对《金匮要略》的重视。

其三，百病之急无急于伤寒。在古时，伤寒(即外感疾病,多为急性感染性疾病,尤其是急性传染病)是人类健康和生命的最大威胁,故医学家十分重视伤寒之病,进而重视伤寒之书,这是自然的道理。《伤寒例》即说过,伤寒之病"名人睿哲,多所防御;至于仲景,特有神功"。所以学习和研究《伤寒论》者甚众。相对而言,以杂病论述为主的《金匮要略》就被不少医家放到次要的位置。

最后，有关《伤寒论》的论争较多。自方有执、喻嘉言提出《伤寒论》错简重订的观点之后，《伤寒论》研究便部分走上一条歧途，也就是所谓的错简重订和维护旧论之争，这种无太大意义的论争却也演得轰轰烈烈。在此论争之外，又出现客观务实的辨证论治派医家，他们的出现使《伤寒论》研究局面更加多彩多姿。在《伤寒论》研究中，有关六经实质、六病实质等问题的论争，也为百家争鸣的学术局面增添了气氛。我们注意到，类似的争论在《金匮要略》研究中并未出现，虽然《金匮要略》里的学术疑案更多，这是一个耐人寻味的问题。

[《国医论坛》1996；11（4）：1]

《伤寒论》病、证、症的结构与临床意义

聂惠民　北京中医药大学

《伤寒论》是一部辨证论治的专著。辨证论治是祖国医学的特点，病、证、症是辨证论治的重要组成部分。因此，探讨《伤寒论》病、证、症的层次结构，对临床具有重要意义。

《伤寒论》病、证、症的概念和关系

1. 病、证、症的概念　从《伤寒论》病、证、症概念来看，是认识疾病的过程，辨别疾病的核心内容，各有不同涵义。从六经病而论，太阳主表，风寒侵袭于表，太阳首先受邪，正邪交争，则现脉浮、头项强痛、发热恶寒等症状。这是太阳受邪，营卫失调的病理反映，称之为太阳病。脉浮为太阳病主脉，具有诊断表证的重要意义；头项强痛，为太阳病的主症，恶寒为太阳病的必见症，发热恶寒是太阳病的热型，具有鉴别诊断意义。这些症状是太阳受邪的病理反映，代表一定病理演变的过程。然而太阳病又有中风与伤寒之分，两种不同的证候表现，还可传变为种种变证。因此，从太阳病的产

生来看，其病、证、症是不同的。所谓病是反应疾病全过程的本质，应包括：外在的致病因素；人体生理机能的异常改变；有一定的病理演变过程，有一定规律性及其特定的临床症状。概而言之，疾病是在一定致病因素作用下，人体机能出现了异常变化，或机体脏器受到实质性损害，导致体态阴阳平衡失调，反映出病理演变的过程，即为疾病。所谓证候是在疾病发生演变过程中不同阶段，或不同类型病理本质的反映。因此，每一证候亦包含病因、病位、病性、病势等因素，所以证代表了疾病所处于不同阶段或类型的病理变化，也就是某一阶段或类型病理变化的概括。所谓症状是病人自己感觉到异常变化及医生诊察到的阳性体征（如舌苔、脉象）等，症状是病或证在病人形体上具体表现出来的病理反映。因此，在临床论治中，各自具有不同的指导作用。

2. 病、证、症的关系　病是人体内外环境失调而导致的病理变化的全过程，反映疾病本质变化；证是疾病在某一阶段病变的本质反映，是由一组具有固定病理变化，反映某一阶段疾病本质的症状组成；症状是病和证的病理变化的具体外在表现，每一种疾病都有它的基本症状，由基本症状又构成了某一阶段的证。因此这三者的关系：症状是组成疾病和证的基本因素和外在表现；证是疾病不同性质的阶段或类型的表现；病是症状和证候的病理本质概括。

《伤寒论》病、证、症的基本结构

1. 以“病”为纲　《伤寒论》以病为论述纲要。首先设有“辨太阳病脉证并治”等六经病纲要系统，每经病又提出辨证纲要。如“太阳之为病，脉浮、头项强痛而恶寒”为太阳病的辨证纲要；“阳明之为病，胃家实是也”为阳明病的辨证纲要，余可类推。全部《伤寒论》以六经病为纲，论述了外感热病的发病规律及其传变，同时论述了误治后的坏病。

2. 以“证”为目　六经病发展演变中具有变化多端的证候表现，故在六经病脉证并治的前提下，以证为目，分别论述不同的证候。如太阳病34条“太阳病桂枝证”则提示太阳病按方证分为桂枝证、麻黄证。42、44、146条的“外证未解”代表了太阳病表证未解；46、124条的“表证仍在”说明太阳病，发热恶寒、脉浮等表证仍在。这类条文所指“表证”与“外证”意同，又统称为太阳证，220条的“太阳证罢”即是此例。74条的“有表里证”是指太阳表证与太阳里证而言。里证指太阳腑证，125条太阳病身黄，脉沉结，少腹硬，小便自利，其人如狂，是“血证谛也”，指出太阳腑证（蓄血证）的一组症状。论六经病传变中，第5条的“阳明、少阳证”说明太阳病的传经与否，以阳明证、少阳证的出现为标志。此外，太阳病变证中，132条和133条的“结胸证”是太阳病变证之一；130条的“脏结无阳证”说明脏结证以无阳证为其特点。以上数例，皆为太阳病之“证”，为论治提供了基础。因此，就太阳病的辨证规律而言，则有太阳经证和太阳腑证。太阳经证称为表证，又称为外证，从病因和症状又有中风证、伤寒证，如以方名称为桂枝证、麻黄证，太阳腑证即太阳里证，从病因和症状分为蓄水证、蓄血证。太阳病因误治或病邪自然传变，可形成坏病，或称为变证；以证候特点又有结胸证、脏结证、心下痞等；如以病性又可分为寒、热、虚、实等不同证候。阳明病182条提出“阳明病外证”以“身热汗自出，不恶寒反恶热”为证候特征；204、237条提出“阳明证”即指阳明实证而言。少阳病101条的“有柴胡证”、103条的“柴胡证仍在”、149条的“柴胡证俱”均说明往来寒热、胸胁苦满、心烦喜呕等柴胡汤证仍在；267条的“柴胡证罢”代表了少阳病柴胡证已解。又如三阴病302条的“少阴病……无里证”，此处里证指少阴吐利等里虚寒证；39条的“无少阴证”说明不见少阴吐利恶寒，身蜷欲寐，脉微细等少阴阳虚阴盛证，以此作为鉴别诊断要点。概言之，《伤寒论》是以病为纲，证为目，纲为体，目为用，有了证候的辨证才能遣方用药。

3. 以“症”为基本因素　《伤寒论》论病、述证皆以症状为基本内容。如太阳病，必见发热，恶寒，头项强痛，脉浮等一组风寒束表的症状；少阳病，必见口苦、咽干、目眩等一组胆热气郁的症状；太阴病，必见腹满，呕吐，食不下，自利，时腹自痛等一组脾虚寒困的症状。可见论病是以症状为基本因素。论证也以症状为基本因素，如见发热汗出，恶风脉缓等一组风邪为主，外束肌表的症状，为太阳中风证；若见发热恶寒，无汗而喘，头痛身痛，骨节疼痛等一组寒邪为主，外袭肌表的症状，为太阳伤寒证；若见小便不利，口渴欲饮水，微热等一组水蓄膀胱的症状，为太阳蓄水证，若见少腹急结，其人如狂，小便自利等一组热结血瘀的症状，为太阳蓄血证。综上可见，证亦由症状所组成，根据症状可作为证候辨证的依据，根据广泛复杂的症状寻求其发病的规律，探求其病理变化的本质反映。总之，《伤寒论》虽以条文形式写作，而论述的结构，则病、证、症三个层次为中心，其结构完整，重点突出，层次分明，形成三层结构的基本体系。

《伤寒论》病、证、症的实践意义

1. “病”是辨析的总纲《伤寒论》辨析疾病首分阴阳，如第7条：“病有发热恶寒者，发于阳也，无热恶寒者，发于阴也。”将六经病分阴阳两大类。以阳为纲，有太阳病、阳明病、少阳病；以阴为纲，有太阴病、少阴病、厥阴病。论述明确，条理清析，举纲张目，层次了然，给临床诊断提出了辨识疾病的纲领，指明了辨别疾病的方向，明确了疾病的属性，确定了病变的部位，概括了所属的脏腑与经络，发病的特征与规律，疾病的传变与预后。

2. “证”是辨析的核心　《伤寒论》辨证论治过程中，在明确病的前提下，再据脉证表现，分辨出不同证候类型，不同阶段的主要矛盾，找出病变的核心。因此，辨证的意义在于：①辨证是审查病因病机，确定病位病性的基础。如277条“自利不渴者，属太阴，以其脏有寒故也……”“自利不渴者”是证候表现，“属太阴”标示病位，“脏有寒”明确病因病机及病变性质；②辨证是判断传变的依据。第5条“伤寒二三日，阳明少阳证不见者，为不传也。”以少阳、阳明证的出现与否，作为传经的依据。267条“若已吐、下、发汗、温针，谵语，柴胡证罢，此为坏病。”以柴胡证罢，确认疾病本质已变。③辨证是确定论治的原则。16条提出“观其脉证，知犯何逆，随证治之”的辨证论治原则，所谓“随证治之”即是依据证的本质和特点，确定论治的原则和治法。如42条“太阳病，外证未解，脉浮弱者，当以汗解，宜桂枝汤。”此以外证的存在，作为确定采用汗法的依据。149条“柴胡证仍在者，复与柴胡汤”，以柴胡证仍在，确定再使用小柴胡汤和解枢机，即是“随证治之”的典范。综上所述，辨证论治的核心，在于辨证；辨证的关键在于辨别证候的本质；辨证的目的，在于确立治则与治法，所以辨证是核心内容。

3. “症”是辨析的具体内容　症状是组成病与证的基本单位和具体内容。辨证论治，必须通过症状的综合分析，才能得出病与证的概念，所以要重视“观其脉症”的基本方法。观察脉证，首先要抓住主症，再通过对主症及其变化的分析，逐步摸清证候的本质，证与证的传变关系，进一步探示其发展变化。所以，抓主症是辨证的关键。辨认主症的意义及方法：①首先综合征状之间的联系，并找出它们之间的共性及反映病变的关键症状，升华出“病”与“证”的概念；②是辨认疾病与证候的本质；③是区别证与症之间的关系和规律；④确定加减用药的标准。

总之，《伤寒论》病、证、症体系中，六经病只作为辨证的纲要，表示发病部位、所属脏腑经络的病理变化及其疾病演变的过程和规律，而大量的内容是论述六经病中的各种证候，确定治疗原则，遣方用药的依据，所以证是《伤寒论》的核心，贯穿于始终，成为全论的精髓，临证的圭臬。

［《中国医药学报》1996；11（4）：4］

《素问·热论》与《伤寒论》的源流关系

陈志强　曹　枫　河北省省直机关第一门诊部

张仲景在《伤寒杂病论》原序中写到：“勤求古训，博采众方，撰用《素问》《九卷》……并平脉辨证，为《伤寒杂病论》。”阐明了《伤寒论》与《内经》的关系。笔者就《素问·热论》与《伤寒论》的源流关系予以粗浅的探讨。

《素问·热论》云：“今夫热病者，皆伤寒之类也。”“人之伤于寒，则为病热。”据此仲景认为所伤之寒为病因，发热是因寒所致的主要症状。于是仲景按其病因对外感热病进行了命名，用伤寒概称所有的外感发热病证，故书名曰《伤寒论》。

在辨证方法上，《伤寒论》沿用了《素问·热病》以六经为纲的辨证方法，并结合其临床实践给予了发展，所以两者又有明显的区别。其一，《素问·热论》是以经脉病证为中心，范围较狭窄，只论实热证而无虚寒证，而《伤寒论》在此基础上，以辨证论治为核心，以八纲（虽未明确提出）为纲领，根据病因、病位、病性以及抗病能力把复杂多变的外感热病融在六经病证之中，使之条目清晰、井然有序。其二，《素问·热论》所论的三阳经证相当于《伤寒论》中六经病证中的太阳病证，三阴经证相当于《伤寒论》中六经病证中的阳明病证，故《素问·热论》：“其未满三日者，可汗而已，其满三日者，可泄而已”。即未满三日者病在三阳，治之以汗，已满三日者，病在三阴，治之以泄。而《伤寒论》据临床所得、补充了外感后期出现的虚证和寒证，大大丰富了《素问·热论》的证候学分类。另外，两者在症状的归纳方面亦有很大的差异，《素问·热论》侧重于经络循行部位上的病理反映，而《伤寒论》则是脏腑经络的整体病理反映。在对外感热病传变规律的认识上，两者观点基本一致，总的规律都是由表入里，由阳转阴。但《素问·热论》只论及了循经以次相传和表里两感两种，而《伤寒论》在此基础上又提出了“越经”“直中”“合病”“并病”等多种方式。

《素问·热论》以“帝曰：五脏已伤，六腑不通、荣卫不行，如是之后，三日乃死，何也？岐伯曰：阳明者，十二经脉之长也，其血气盛。故不知人三日，其气乃尽，故死矣”的外感热病预后转归的具体例证，论证胃气在疾病发展过程中的重要作用。所以《伤寒论》无论是在治疗用药上，还是在禁忌护理上，处处强调顾护胃气。如在治疗大法上有充土以祛邪、攻邪必护土、食疗以养胃等法。在用药上，许多方剂中都有生姜、大枣、炙甘草这三味补益和鼓舞中焦脾胃之气的药物（用生姜的方剂37首，用大枣的方剂40首，用炙甘草方剂71首）。另外，《伤寒论》中谈到用粥的有33条7方，以粥直接参与治疗或药后调养。这些都集中体现了《伤寒论》在治疗外感热病时，时时顾护胃气的思想，《素问·热论》以“食肉则复、多食则遗，此其禁也”明确了热病初食，必须注意饮食护理。《伤寒论》在继承《热论》的“食复”观点基础上，又提出了大病初愈，因劳而复的“劳复”观点，并有治疗的具体方药，如393条云：“大病差后，劳复者，枳实栀子豉汤主之。”以此而示大病初愈，既要注意饮食护理，又当注意劳作起居。

综上所述，《素问·热论》与《伤寒论》有着不可分割的源流关系，《素问·热论》是《伤寒论》的理论渊源，《伤寒论》是《素问·热论》的进一步丰富和发展。

[《河北中医学院学报》1996；11（3）：17]

《伤寒论》学术研究与未来发展探讨

王兴华　南京中医药大学

汉代名医张仲景撰著《伤寒杂病论》，创立六经辨证论治体系，不仅使外感病的辨治有规律可循，而且对临床各科均有指导作用，受到历代医家的极力推崇。

一、当代新识

当代对《伤寒论》的研究，范围非常广泛，涉及到体质、病因、病理、诊法、辨证、治则、治法、方药等诸多方面，获得了不少新认识，并将《伤寒论》的研究提高到了新水平。如：体质是指个体的特殊性，其本质是指阴阳气血的强弱多寡和脏腑功能的盛衰等。据此，可将伤寒体质粗略地划分为六大类，即六经人，每组人中又可划分出若干型。太阳人：先天禀赋及后天调摄较良，对外界环境的适应性最强，感受一般外邪，造成其阴阳偏差不剧，多在其自和（自稳调节控制机能）限度内，不发病，或稍有不适而自愈；邪气太盛，有造成表证的倾向；为病多局限于体表或累及与表有关的脏腑经络，一般不涉及其他脏腑。依其营卫的相对偏盛偏衰等因素，又可分为卫强质、营弱质、阳郁质、痰湿质、血瘀质等类型。阳明人、少阳人、太阴人、少阴人、厥阴人等，也各有其特点。《伤寒论》中所述及的病因主要有外感、误治、劳复等。据著名气象物候学家竺可桢《中国近五千年来气候变迁的初步研究》描述：东汉时代天气趋于寒冷，降霜、降雪，年平均温度大约比现在低2℃～4℃。由此可见张仲景所处的时代气候是相当寒冷的，以之推测当时外感病因以寒邪居多，故以“伤寒”命名，是有一定根据的。《伤寒论》有其独特的六经辨证体系，同时结合八纲辨证、脏腑辨证、气血津液辨证等，主次分明，条理清楚。有的还认为《伤寒论》中含有时相辨证、反馈辨证、体质辨证等方法，并提出了“证三态”的概念，认为六经病各有初证、显证、变证，从而形成一个相对独立的系统的纵横辨证体系。有的则从邪与正、标与本、常与变、阴与阳等范畴探讨其辨证方法，或从共性与个性、整体与局部、内因与外因等方面分析，或从分析、归纳、综合、演绎等方面认识，更有运用电子计算机等现代科学技术与设备以研究《伤寒论》的辨证诊疗系统者。对于《伤寒论》中的方药，当代多从其临床应用、制方理论（包括药物配伍、组方特点、加减变化、加工炮制、剂型和煎服法等）、药理实验等方面研究，并有不少新发现和新见解。如临床应用，一方面验证原著中所叙述的方证，一方面扩大其应用范围，增治新病种、新证候。如大柴胡汤被广泛应用于治疗胰腺炎、胆囊炎、胆石症、肝炎、胃炎、肠炎、痢疾、阑尾炎、腹膜炎、盆腔炎、前列腺炎、肾盂肾炎、高血压、脑动脉硬化、神经官能症、精神分裂症、美尼尔氏综合征、三叉神经痛、过敏性紫癜、湿疹、皮炎等，效果显著。不少医家认为，经方的应用关键在于正确辨证，抓主症，抓特征，如小柴胡汤“但见一症便是，不必悉具”，有相当大的灵活性，不能刻板呆法。有关经方验证与扩大应用的报道甚多。在制方理论方面，认为其配伍药物有同类相助、相辅相成、相反相成、巧用气味、量变方变等特点。炮制方法多样，如咀、切、擘，碎、研、筛、炮、炙、熬、蒸、洗、渍等20余种。剂型有汤、散、丸以及外用制剂等。煎服法有先煎、后下、烊化、兑冲、泡渍、加酒、加醋、加蜜和选用特定水等；有1次顿服，有分次试服，有中病即止等多种服用方法，并重视药后调护。实验研究方面有经方作用机理研究、配伍机制研究、用量比例研究以及药物炮制、溶媒、煎煮方法的原理研究等。作用机理研究的指标很多，如抑菌、抗炎、免疫、保肝、利胆、胃肠运动功能、降血脂、血液流变、微循环、解除平滑肌痉挛、保护胃黏膜、抗凝、耐缺氧、抗血栓形成、抗过敏、平喘等，获得了许多新识。配伍机制研究证实经方配伍具有相当的科学性，如白虎汤诸药合用效果明显而持久，如单用石膏退热作用较弱而短暂，配知母则退热作用加强。再如茵陈蒿汤中，茵陈有利胆作用，但不能使胆囊收缩，山栀只能轻度收缩胆囊，大黄无收缩胆囊作用。茵陈配山栀，只呈现山栀的作用，再加入大黄，则胆囊发生强烈收缩，证实全方使用效果最佳。用量比例研究中发现五苓散按仲景原著剂量比例用药，利尿效果较好，如各药等量使用，则效果明显减弱。药物炮制研究中发现炙甘草汤中炙甘草对抗心律失常优于生甘草。

除上述之外，尚有张仲景史迹研究、《伤寒论》成书年代研究、版本学研究、目录学研究，有关条文的校勘、考据、注释、排列、分类研究等。这些都从不同方面推动了伤寒学说的发展，使其内容不断丰富，范围不断扩大，认识不断深入，提高了学术水平，开创了全面研究《伤寒论》的新格局。

二、未来发展

《伤寒论》学术理论的发展与科学技术的更新和研究方法的进步密切相关。旁观近代西方医学之所以发展较快，是因为其善于借用物理学、化学、生物学等相关自然科学领域中取得的新技术、新成果，为己服务，促成了自身的成长、壮大。相比之下，《伤寒论》的研究乃至整个中医药学的研究在这方面就显得苍白。不是说没借用，而是说借用得太少，尚不足以促进自身的发展。应该在传统研究方法的基础上增加新思路与新方法，借用新成果与新技术，使《伤寒论》的研究跨上新台阶，取得新成就。

目前，科学技术发展极快，整个自然科学正在从实验为主的分析时代走向高度综合而又高度分化的系统时代，这正为《伤寒论》的研究和发展提供了一个契机。因为《伤寒论》本来就具有整体性、思辨性和重视调节的特点，这恰与当代整体性、综合性和系统性的科学思潮相契合，在理论体系和临床诊疗体系等方面都具有一定的优势，能够与现代自然科学研究接轨，从而开创新局面。然而，我们还必须同时认识到，《伤寒论》的辨证论治体系及其理、法、方、药应用仍未脱离传统医学范畴，在一定程度上还属于经验医学，因为其中的主要方面是从临床实践中总结出来的经验，且以传统的经验积累方式为主，宏观研究多，微观研究少，缺乏深层次的实验对比，还没有经历高度的分化，因而也就谈不上高度的综合，其内涵和外延尚较为模糊，有待进一步深入研究。但这进一步深入研究的思路、方法、途径都不能继续依赖传统的思维定式，因为它们已经不可能解决这些问题。因此，必须另辟蹊径，必须从现代科学技术方面寻求解决问题的方式、方法和途径，必须通过实验研究等方法来证实。这就迫使我们必须尽快地将《伤寒论》的研究引入现代科学技术的轨道，在新的条件下开展深层次的研究，以崭新的思路、精良的仪器、严密的设计、细致的观察、确切的统计、科学的分析和归纳来验证原有的理论，并将其升华到新的高度和水平。

《伤寒论》是一门医药应用学科，研究对象具有双重性。一是《伤寒论》原有内容的研究，其理、法、方、药需要借助现代科学技术研究，存疑和有争议问题需要借助新方法探索，假说需要证实，真理有待发展。二是生活在现代社会中的人与其疾病，由于历史的变迁、制度的更替、环境的变化等诸多因素影响，人的体质、思想、习惯和疾病种类都与汉代大不相同了。就我国目前情况而言，烈性传染病的发生率已降到极低点，大都得到有效控制，而心血管疾病、遗传性疾病、免疫性疾病、胶原性疾病等的发生率则相对上升，工业污染和加工食品等也对人体产生较大影响，这也要求我们重新认识，更新观念，采用新的思路和方法来研究之。例如，既往医家多认为《伤寒论》是辨治外感病的专著，这可能是医家所处的时代和环境中，人群的外感病发生率较高，应用《伤寒论》的理、法、方、药辨治有效，从而产生的认识。而当代医家则认为其理、法、方、药尤适用于疑难杂病，对不少西医西药无法解决的疑难杂病，用《伤寒论》的理、法、方、药来辨证治疗，往往能够收到意想不到的效果，这可能与现代疾病谱的变化有关，从而产生了不同认识。所以，《伤寒论》的研究内容就包含了传统的和现代的两个部分，其研究的困难程度和复杂程度是不言而喻的，不采用多种方法研究是不行的。事实上，生理学、病理学、药理学、分子生物学、物理学、化学、数学、伦理学、心理学、版本学、目录学、训诂学等不同学科的研究方法已不断渗透到《伤寒论》的研究之中，今后需要在多层次、多模式、多途径、多指标研究《伤寒论》方面加大力度。

临床应用是《伤寒论》研究的极重要方面，但目前尚存在不少有待改进和提高之处。如：个案报道较多，大样本报道较少；回顾性总结较多，前瞻性研究较少；宏观指标较多，微观指标较少；随意性判断较多，统计学处理较少。事先缺少严格的科研设计，影响了先进性、科学性、客观性。因此，在今后的研究中，要加强科研方案设计，按照现代科学研究规程实施，并作科学衡量和评价。以证候为主体者，要制订证候判断标准；以病名为主体者，要制定疾病诊断标准。凡有全国性统一标准者，应严格遵照执行。要注重纳入标准，选择符合预订条件的受试对象，排除不符合入选标准者。在研究过程中，应遵循对照、随机、盲法等原则，尽可能避免或减少各种干扰因素所造成的误差。疗效判定也应按全国统一标准执行。无统一标准者，应分别制订合理的疗效标准，尽可能采用定量化的标准，以利于确切地判定其诊疗效果。

《伤寒论》中有不少科学假说，需用科学实验方法来证实。从某种程度上说，实验方法的先天不足是《伤寒论》发展滞缓的原因之一。有些问题长期争论不休，难以取得统一认识，通过实验研究取证，则有可能打破这种僵持局面。《伤寒论》中的方药有待于进行深层次的实验研究。六经辨证也需要通过建立模型的方法来进一步探究，用实验的方法揭示六经证治的微观本质，并使之客观化、精确化、科学化。当然，这只是一种初步设想，不足之处可以在具体实施中不断改进和完善。只要我辈肯下功夫钻研，总能想出好的办法来。如认为六经病证模型方法难度较大，也可以先从比较简单一些的方证系统入手，选择典型方证造模研究，逐步摸索，不断积累经验，再向六经病证模型过渡。

在《伤寒论》的研究中还存在着不少疑点，对于那些古今医家意见分歧、争论较大的问题，应列专题研究，组织一部分对《伤寒论》研究较深、学术造诣较高的专家，协作攻关，从理论、临床、实验等方面着手，全面研究，争取早日拿出令人信服的数据，用事实说明问题，既定性，又定量，科学解释，不搞门户之见，以避免无休止的空头争论。如局部地区研究力量薄弱，不足以形成优势，则可多边合作或跨地区协作，并充分发挥全国仲景学术研究会和各省、市仲景学术研究会的作用，集中人力、物力、财力，确立几个重点研究课题，有的放矢，以利早出成果。

［《北京中医大学学报》1996；19（4）：6］

《伤寒论》“汗出必额上陷脉急紧”句读之我见

于　文　河南省舞阳卫生职业口等专科学校
（指导　于儒浚）

《伤寒论·辨太阳病脉证并治第六》：“衄家，不可发汗，汗出必额上陷，脉急紧，直视不能眴，不得眠”[1]。文中“汗出必额上陷脉急紧”句，历代读法约之有三：其一“汗出必额上陷，脉急紧”；其二“汗出必额上陷脉急紧”；其三“汗出，必额上陷脉急紧”等。由于句读不切，因而对“额上陷脉”之注，亦多附会牵强。如《医宗金鉴》认为是“额角上陷中之脉”[2]；尤在泾认为是“额上两旁之动脉，……陷下不起”[3]；钱天来氏认为是“额以上者，囟门也”[4]。钱氏注解，与实际不符，前贤业已辨之；而《医宗金鉴》及尤氏诠释，亦可谓顺文敷衍，其精微处仍未能发，且对临床亦少裨益，究其因主要在于句读失当。

求诸原著，证之临床，笔者认为应将其逗作“……，汗出必额上，陷脉急紧”，方切合原著文义。其据有二，其一，“额上汗出”是一具有特殊诊断意义的征兆，仲师在叙证时每作为一完整的短语以行文。如“湿家下之，额上汗出”[5]，“下之则额上生汗”。盖额部属心[6]，汗为心液，衄久虚体，肺心必伤，误汗复耗阴损阳，致虚阳上冒而现额部汗出，且每如珠湿凉。这一望诊特征，临床诊断价值甚高。故仲师特将“额上汗出”这一常规句式，倒装为“汗出额上”，并在“汗出”“额上”之间，加一“必”字以示坏病的趋向，进而强化了这一征兆在实践中的辨证意义。其二，原著中上焦热邪或中焦湿热上蒸之“但头微汗出。（136）”“额上微汗出”（200）等证，与本症相较，虽汗出皆在头额，汗出的区域（头、额）、量度（大、小、多、少），质度（湿凉、粘热）等，亦有虚实各异，寒热不同，但“额上汗出”这一组词规律，却从未变化。准此，将“汗出必额上陷”后之逗，前移为“汗出必额上”，“陷”字与后文“脉急紧”读为“陷脉急紧”句。这样，其蕴蓄旨趣，则跃然纸上矣。

"陷脉"之位并非指"额上"。"陷，高下也，落也"[7]，具下沉、内人义，属自动词。仲师将其冠于"脉"字前，颇具匠心。考"陷脉"为词，早见于《黄帝内经》。如《灵枢·九针十二原篇》"针陷脉则邪气出"[8]；《素问·骨空论》"腨下陷脉灸之"[6]；《素问·生气通天论》"陷脉为瘘"[9]。三者的不同点在于前两"陷脉"系特定的名词性词组，均是指肌骨陷处的经脉俞穴；而后一"陷脉"，则为特定的动词性词组，具寒邪内入血脉之义。本文"陷脉"亦具误汗外邪乘虚内侵脉中之动势，故笔者认为本文"陷脉"，指的是"虚体误汗，虚邪乘机袭陷脉内之动势"。虚邪深入，损伤元气，脏真窘急，精柔衰惫，则急而且紧之脉象必兆于寸口矣。它既非指"额角两旁之动脉"；又不是"额角上陷中之脉"，而实指寸口急紧之脉。这一点后贤尤恬独具慧眼，着力指出"脉急紧者，寸口之脉"[3]，力辟旧说，惜未引起注家重视，良可慨也！不知"陷脉"之用，仲师旨在教启医人，于病未变之先，要在详审素质，综合整体，求是发越寓于虚体之虚邪；病已变之后，贵在观其脉证，知犯何逆，以法和调脏腑之偏颇。

注：本文引用条文号码以《伤寒论》重庆市人民出版社1955年第1版为准。

参考文献

[1] 张机．伤寒论．重庆市人民出版社，1955：29.

[2] 吴谦，等．医宗金鉴．订正仲景全书．人民卫生出版社，1979：307.

[3] 尤在泾．金匮要略心典．上海人民出版社，1975：118.

[4] 南京中医学院伤寒论教研组．伤寒论译释．第2版．上海科技出版社，1980：585.

[5] 湖北中医学院．金匿要略讲义．上海科技出版社，1963：24.

[6] 王冰编．黄帝内经素问．人民卫生出版社，1978：325、189、18.

[7] 许慎．说文解字．中华书局出版社，1963：305.

[8] 河北中医学院．灵枢经校释．人民卫生出版社，1982：19.

[《河南中医》1996；16（4）：7]

《伤寒论》"抵当汤"考析

刘士敬　北京解放军302医院

朱　倩　北京隆福医院

抵当汤方名的训解古今意见不一。成无己云："血畜于下非大毒𠔉剂，则不能抵当其甚邪，故治畜血曰抵当汤。"又方有执《伤寒论条辨》注："抵当之'当'，去声。抵，至也。至当不易之正治也。"可见成无己训"抵当"为"抵挡"取抗拒之意，方有执训"抵当"为"至当"取"最为恰当"之意。然而，以上两种训解细析后，仍觉不妥，"抵抗"或"抗禦"含被动意义，然抵当汤破血逐瘀，涤荡体内瘀血结实，其性峻猛，岂只是"抵挡。"又《伤寒论》载方甚多，多行之有效，不得独名此方为"至为恰当"，而自贬其余诸方。

考《尔雅·释虫》云：蛭蝚，至掌。"郭璞注："未详。"又考《说文》虫部亦训："蛭蝚，至掌也。"许训取自《尔雅》。南朝陶弘景《名医别录》云："水蛭……一名蚑，一名至掌。"之后，诸多本草书籍沿用陶氏之训。"至""蛭"章纽质韵，"抵"端纽脂韵，章端舌音双声，脂质对转，"抵""蛭"读音近而通。"掌"章纽阳韵，"当"端纽阳韵，古音同。可见"至掌"即"蛭当"亦即"抵当"，通名水蛭，俗名蚂蝗。古人在传抄书籍过程中，使用文字极不统一，只求同音，同音假借广泛存在。《神农本草经》"栝楼"也名"地楼"，《名医别录》曰"果赢"，汉简《治百病方》"藜芦"作"利庐"，即是实例。故"抵当汤"亦即"水蛭汤"。

笔者认为仲景撰写《伤寒论》时，该方一定不是写成"抵当汤"而有可能写成"水蛭汤"等，理由如下：

《尔雅》《说文》及东晋郭璞《尔雅注》均未把水蛭训为"至掌。"从南朝陶弘景《名医别录》之后，才把水蛭训为"至掌"。

《尔雅·释鱼》："蛭蟣。"郭璞注曰："今江东呼水中蛭虫入人肉者为蟣。"《名医别录》："一名蚑。"《本草图经》："一名蜞。"均来自于《尔雅》《说文》："蛭也。"许慎沿用了《尔雅》之说。"蛭""蚑""蜞"魏晋时音值近，可通。《尔雅·释虫》又见"蛭蝚，至掌。"《说文》同，实指另一种虫类，非指"蛭"，东汉许慎、东晋郭璞均未说明，《神农本草经》水蛭条下，也未见"至掌"之称。而陶弘景误把"蛭蝚"当成"水蛭，实际是未明"蛭蝚"为何物所致。"蛭蝚"也称"至掌"，也即"螲裆"，两者读音近，郭璞注曰："螲蟷"，似蜘蛛在穴中有盖。""蛭蝚"合称为一种虫名，只训"蛭"是错误的，如"蛞"即蝌蚪，而"蛞蝼"则是另一种虫名，蝼蛄是也。陶氏的这一错误训解，使《千金翼方》《太平御览》《通志略》等沿用下来。《伤寒论》原貌方名都是以某药名之，故

《伤寒论》“抵当汤”可能为“水蛭汤。”至南北朝后，“水蛭”亦名“至掌”，学者在传抄过程中，据其音同而写成“抵当汤。”当然，也不排除后世学者以“抵当”的谐声关系来烘托该方功用之目的。

［《国医论坛》1996；11（4）：45］

医易相通话伤寒

陈桂苍　福建省诏安县中医院

自晋唐迄今，中外医家围绕着《伤寒论》，从脏腑、经络、气化、症候群、控制论等角度，整理研究，历久不衰。笔者认为，科学离不开哲学的指导。本文试从医易角度浅谈之。

一、《伤寒论》问世　闪耀《周易》光辉

汉代是易学兴盛阶段。《周易》尊为儒家六经之首。阴阳术数广泛流布，象数易说如雨后春笋，儒生术士必须研习。阴阳学说成为时代文化主题。官居太守的张仲景，必然吸取当代文化精华，作为构建《伤寒论》的哲学指导，这是无可置疑的。因此，她的问世，闪耀着易哲的光辉。

二、天人相应　仲景立论思想

八卦各有三爻，象征地、人、天三部，六十四别卦各具六爻，初、二两爻象征地，三、四两爻象征人，五、六两爻象征天，古称“三才之学”。《周易》科学地把人置于地天时空区间内考察的思维模式，指导着医学应把人与自然的关系作为研究的中心，为仲景从宇宙大天地中探索人身小天地提供了象数模型和哲理依据。《伤寒论·自序》云：“夫天布五行，以运万类，人禀五常，以有五脏，经络府俞，阴阳会通；玄冥幽微，变化难极。”言为心声，序以见义，表达了“天人相应”是仲景立论的思想。

仲景抓住人体脉搏与四时有同步节律，在《伤寒论·平脉法》中云：“脉有三部，阴阳相乘……随时动作，效象形容，春弦秋浮，冬沉夏洪。”《系辞上传》也云：“天地变化，圣人效之。”天人相应，信息同源，于此可见。

三、阴阳为纲　符合科学原则

《周易》用阴爻（－－）、阳爻（—）标示宇宙最基本的单元，并交叠构成六十四卦，仿效宇宙衍化过程，概括了物质世界的起源、发生、发展和消亡的运动变化。阴阳符号虽简单，功用却很大，是剖析天下一切事物的方法论，故《系辞·上传》云“一阴一阳之谓道”，“易简而天下之理得矣。”

仲景勤求古训、博采众方，融会贯通了表里、寒热、虚实、脏腑、经络、卫气营血、邪正消长等，故能大包大揽地把六经病、脉、证所引起的症状、体征，通过取象比类，统统归纳于阴阳之中。确立“病有发热恶寒者，发于阳也；无热恶寒者，发于阴也。”［宋版原文（下略）第7条］为辨证总纲。以“凡脉大、浮、数，动、滑，此名阳也；脉沉、涩、弱、弦、微，此名阴也；凡阴病见阳脉者生，阳病见阴脉者死。”（辨脉法第1条）为辨脉、预后的总纲。提出“观其脉证，知犯何逆，随证治之。”（第16条）“凡病，若发汗、若吐、若下、若亡血、亡津液，阴阳自和者，必自愈。”（第58条）为治疗总纲。仲景以阴阳学说丰富的内涵，对六经之病脉证治进行高度概括，体现了科学上的简单性原则，符合《象·同人》“君子以类族辨物”的方法论。

四、三阴三阳　取义六爻模型

《周易》划分太阳升降出入的轨道为6个时空阶段，以乾卦六爻应象。《象·乾》云：“大明终始，六位时成，时乘六龙以御天。”六位由初微、渐盛、旺盛、盛极、始衰、来复构成一个阴阳消长转化周期。《伤寒论》从太阳病到厥阴病的设置与传变规律，同样体现了阴阳邪正盛衰转化的六个位象。

此外，《伤寒论》认为六日经尽，七日来复，为一个愈期，如“太阳病，头痛至七日以上自愈者，以行其经尽故也。”（第8条）风家，表解而不了了者，十二日愈。”（第10条）

由上可见，六经证的结构框架和经气循环周期，系取义于《周易》六爻思维模型。

五、医易预测　依据阴阳消长

《周易》占筮依据事物卦爻阴阳消长变化，了解过去，推知未来，作出预测。《系辞·下传》云：“夫《易》，彰往而察来，而微显阐幽……象事知器，占事知来。”

仲景预测疾病吉凶约有3法：①依据《河图》：“天一生水，地六成之；地二生火，天七成之”的数论测病。水属阴，成数是六；火属阳，成数是七。《伤寒论》云：“发于阳，七日愈；发于阴，六日愈，以阳数七，阴数六故也。”（第7条）病发于阳，指表、实、热的三阳病，知是阳盛之体，抗病

力强，当六日经尽邪退，恶寒除而余热未散，必待七日阳气来复，余热随太阳经气之开而外散，故应在阳数七为愈期。病发于阴，指里、虚、寒的三阴病，知是阳虚之体，抗病力弱，至六日经尽正复邪退，因无余热，阴阳自和，故应在阴数六为愈期。②依据经气生旺节律。《伤寒论》总结三阳病从日出阳升到日入阳降为缓解期，如“太阴病欲解时，从巳到未上。”（第9条）“阳明病欲解时，从申到戌上。”（193条）“少阳病欲解时，从寅到辰上。”（272条）总结三阴病从夜半阳回到天明前后为缓解期，如“太阳病欲解时，从亥至丑上。”（第275条）“少阴病欲解时，从子至寅上。”（第291条）“厥阴病欲解时，从丑到卯上。”（第328条）③依据《易》占，近病逢冲则愈，久病逢冲则死。《伤寒论·平脉法》云，“日中得病夜半愈者，以阳得阴则解也；夜半得病明日日中愈者，以阴得阳解也。”夜半子时为阴，日中午时为阳，子午相冲，阴阳相和，故病缓解。

六、借鉴易说　指导防病养生

汉代《易》家取六十四卦中的泰、大壮、夬配春，乾，姤、遁配夏，否、观、剥配秋，坤、复、临配冬。指示自然界万物“阴阳消息”的意义，谓之“十二辟卦”。仲景借鉴其说，指导防病养生。《伤寒论·伤寒例》云：“冬至之后，一阳爻升，一阴爻降也。夏至之后，一阳气下，一阴气上也。斯则冬夏二至，阴阳合也；春秋之分，阴阳离也。阴阳交易，人变病焉。此君子春夏养阳，秋冬养阴，顺天地之刚柔也。”如十月坤卦用事，六爻纯阴；至十一月冬至，阴极则阳生，气候由寒向温，于卦则初爻阴变为阳，变为复卦；四月乾卦用事，六爻纯阳；至五月夏至，气候由暑向凉，于卦则初爻阳变为阴，变成姤卦。可见，二分，二至是阴阳升降离合的转折点，病人应之，亟宜注意防治：强调春夏养阳，秋冬养阴，养生者应当顺应自然规律。

[《国医论坛》1996；11（5）：10]

《伤寒论》厥阴病实质探析

刘承仕　青岛医学院

由于《伤寒论》成书于战乱年代，更加文字古奥，文简义繁，自西晋王叔和编次以来，几经显晦，虽经历代医家多次注释、发挥，至今尚有许多疑难争论不清。“厥阴病”就是其中较突出的一个问题。本人在学习和讲授《伤寒论》的过程中，深感“厥阴病”有进一步研究的必要。

综合历代注家对“厥阴病”的认识，主要有以下几种观点：①认为厥阴病是两阴交尽，为阴之极。因此，认为厥阴病的实质是寒极。如程应旄说：“厥阴者，两极交尽，阴之极也。极则逆，逆固厥。”②认为阴阳是互为消长，互为进退的，两阴交尽之际，就是一阳初生之时。所以说厥阴病是阴尽阳生，阳气来复。复气太过则热，复气不及则寒，故厥阴病的表现为寒热错杂，阴阳胜复。如《医宗金鉴》说：“厥阴者，阴尽阳生之藏，与少阳为表里者也。故其为病，阴阳错杂，寒热混淆，邪至其经，从化各异。”③认为厥阴病的实质是热。柯韵伯说：“太阴厥阴，皆以里证为提纲，太阴主寒，厥阴主热，太阴为阴中之阴，厥阴为阴中之阳。”

现就厥阴的生理病理特点，谈谈个人的认识，供大家参考。

一、厥阴病是邪热闭郁，热极阴竭

《伤寒论》是专门研究外感寒邪侵犯人体，造成机体各部组织功能异常所引起的各种病症变化。由于功能的不同，故有太阳、阳明以至太阴、厥阴等六种不同的病证表现。因此，厥阴病的产生，主要取决于厥阴的生理状态。厥阴为风木之脏，体阴而用阳。主疏泄而枢转阳气。寒邪凝敛收引，内犯厥阴，最易凝闭，致厥阴疏泄不畅，转枢不利。气机郁滞，阳气不得外枢，闭郁于内则易于化热化火。《内经》所谓“阳盛则热”是也。这样，首先形成了“内热郁闭”的病理特点。四肢为诸阳之末，阳气闭郁于内，不能枢转外达，四肢无阳以温则厥冷。这又进一步形成了“内热外厥”的病理特点。而其内热与外厥的程度则取决于气机郁闭的轻重。《伤寒论》335条说：“伤寒一二日至四五日，厥者，必发热，前热者，后必厥，厥深者，热亦深，厥微者，热亦微。”指出了热郁致厥的病理机制。陆九芝说：“厥阴之上，风气主之，中见少阳化火，故有热。人身元阳到此亦化阳邪退伏于内，不能充达于外，故有厥。”

但是，厥阴病的病理特点还远非仅是热邪内闭，郁而不伸。若单纯为邪热闭郁而厥，则与阳明白虎汤证同。《伤寒论》350条说：“伤寒脉滑而厥者，里有热，白虎汤主之。”即指此而言。335条指出“伤寒一二日至四五日”，根据伤寒传变的规律，一二日病传阳明，而四五日则当病厥阴。因此，从这一角度说，也可以认为厥阴病为阳明热郁深入发展的结果。厥阴为阴柔之脏，内藏营血。邪热内闭厥阴，其枢转外透之机闭塞，邪热内炽，势必灼伤阴营，致营血耗劫。其热邪闭郁越重，耗灼阴营就越甚，最终将造成“热极劫阴，阴液竭绝”的病理特点。《内经》称厥阴为“一阴至绝”，“阴之绝阴”，意即在此。因此，笔者认为，厥阴病的实质应该是“邪热闭郁，热极阴竭”，而其临床变化及预后转归，也就完全取决于内郁之邪热外枢的转机和阴营耗劫的程度。

二、厥阴病提纲为热闭阴劫，非上热下寒证

《伤寒论》326 条说：“厥阴之为病，消渴、气上冲心，心中疼热，饥而不欲食，食则吐蛔，下之，利不止。”一般认为本条提纲所示为“上热下寒、寒热错杂证。”笔者认为这种认识没有抓住厥阴病的实质。如果是下寒，应该是脾肾阳虚，为什么不称太阴、少阴病，而名厥阴病？即或厥阴病影响太阴少阴，脾肾虚寒，其下利泄泻是必然的，为什么初不见下利，而下后才见。更为甚者，既为脾虚有寒，为什么反而有饥饿之感？其饥不饮食如何能解释为脾失健运？显然，这种解释本身就违背了中医的基本理论。正因如此，因而有些注家甚至对厥阴病提纲持否定态度。认为厥阴病提纲只反映了厥阴病的一个证型，不能反映厥阴病的实质。

笔者认为由于厥阴邪热内闭，劫灼阴液，故消渴。内闭邪热不得枢转外诱，则上逆撞心，更加燔灼营血，心阴劫灼故灼心而疼热。热盛则善饥，然胃喜润而恶燥，阴津耗夺，胃内无液以滑润，不能消谷磨食，故虽饥而不欲食。此乃热病后期，邪热深入，阴精劫夺之常见症状。成无已说：“邪传厥阴，则热已深也。邪自太阳传至太阴，则腹满而嗌干，未成渴也；邪至少阴者，口燥舌干而渴，未成渴也；邪至少阴者，口燥舌干而渴，未成消也；至厥阴成消渴者，热甚能消水也。”尤在泾说：“伤寒之病，邪愈深者，其热愈甚，厥阴为阴之尽，而风木之气，又足以生阳火而灼阳（阴）津。津虚火实，脏燥无液，求救于水，则为消渴。消渴者，水入不足以制热，而反为热所消也。”指出了厥阴病“邪热内炽，热极阴竭”的病理特点。若因见气上冲而反用攻下，无物可攻反重劫阴液，必然造成邪热下迫，下利不止，甚至阴竭阳脱的危重证候。故尤在泾说：“下之利不止者，胃家重伤而邪热下注也。”显然，这种下利与太阴少阴等虚寒性下利清谷不止是有本质不同的。正因为有下利不止一症，也就造成了诸多注家得出厥阴病为寒热错杂，或上热下寒的结论。至于吐蛔一症，或则蛔虫因饥而动，食入蛔出，扰动则吐；或则并不吐蛔。绝不能把吐蛔一症看成是厥阴病的必备症状。因人的体质不同，有蛔虫则吐，若并无蛔虫，难道就不得厥阴病不成？

三、从厥热胜复谈厥阴病的实质

厥热胜复是厥阴病的一种主要表现形式，也是厥阴厥证的主要特点。它与阳明热厥不同，前面已经述及。它与少阴厥逆，厥不复热之寒厥证也完全不同。少阴厥证是因阳气衰亡，脏气衰败，故非治以温壮元阳，回阳救逆不能使阳气恢复，即使阳气复也只能是厥愈“手足温’，却绝不会出现变厥为发热的表现。非但不应发热，相反，应出现恶寒而倦卧，才是阳气渐复病情向愈的趋势。如《伤寒论》258 条说：“少阴病，下利，若利自止，恶寒而倦卧，手足温者，可治。”289 条说：“少阴病，恶寒而倦卧，时自烦，欲去衣被者可治。”若少阴厥证由厥变发热而见烦躁、发热、脉暴出者，则是阳气暴亡之脱证，而绝不是病愈的表现，如 315 条说：“少阴病，下利，脉微者，与白通汤，利不止，厥逆无脉，干呕烦者，白通加猪胆汁汤主之。服汤脉暴出者死，微续者生。”300 条说：“少阴病，脉微细沉，但欲卧，汗出不烦，自欲吐。至五六日，自利，复烦躁不得卧寐者，死。”都说明少阴病由厥反变发热是阳气暴脱之死证。但厥阴病却以厥热胜复为主要特征。由厥而变发热则是病情好转的表现。如 341 条说：“伤寒发热四日，厥反三日，复热四日，厥少热多，其病当愈。”显然这与少阴病厥证是完全不同的两种病。一般注家认为，厥阴为两阴交尽，一阳初生，阳复则发热。笔者认为，这种解释是不足以说明问题的。若如是说，则少阴病之厥逆为何不可阴尽而阳生，阳复而发热呢？问题的实质在于厥阴厥证所以出现与少阴厥证完全不同的病理反应，主要取决于厥阴厥证的性质及厥阴的生理病理特点。

形成热深厥深这一厥阴厥证病理特点的原因，是由于邪闭厥阴，阳热闭郁不伸。因此，其厥证的愈与不愈，完全取决于枢机是否通利。若枢机畅利，内闭之阳热得以外散，则可由厥而变为发热，病可因之而愈。故《伤寒论》336 条说：“伤寒病，厥五日，热亦五日，设六日，当复厥，不厥者，自愈。”若邪热虽外散，但因厥阴已伤，转枢不利，热邪仍可再次闭郁而厥逆，这样就形成了厥热交替，互相胜复的临床表现。由此可见，厥阴病的预后完全取决于内郁之热邪是否能得以枢转外散。若枢机畅利，阳热由里出表，则由厥变热，热散病

愈。反之，势必使邪热继续深入，厥证不愈，病情加重。342 条说：“伤寒厥四日，热反三日，复厥五日，其病为进，寒多热少，阳气退，故为进。”这里所说的阳气退，应指阳气退伏于内而言，是热深厥深的进一步发展。若厥逆加重，热邪闭郁日深，灼阴竭液，最终造成阴液枯竭，阴竭阳亡，阴阳双脱。此即《内经》的所谓阴阳离决之热，也即叶天士所谓。阴竭阳厥”之谓。陈光松说：“厥，尽也，盖言阴下竭，孤阳上尽。”诚然，厥阴病发展至此，同样会形成阳亡厥逆，但这与少阴阳气衰亡之寒厥证是有本质不同的。

四、从厥热下利及下利便脓血，谈厥阴病的实质

厥热下利是厥阴病的又一主要特点。但这与少阴病手足厥冷，下利清谷迥然不同。虽少阴病下利也可见发热，但其发热在厥利的同时。如 325 条说：“大汗出，热不去，内拘急，四肢疼，又下利厥逆而恶寒者，四逆汤主之。”364 条说：“下利清谷，里寒外热，汗出而厥者，通脉四逆汤主之。”由于这种发热是阴盛格阳于外，虚阳外脱的表现，因此，其发热多伴有大汗不止等阳亡的特点。

而厥阴病之厥热下利却不同。其下利一般是伴随厥逆而出现的，并不与发热并见。一旦变厥为发热，则利者必自止，见厥复利。”可见厥阴病的厥利决不是阴寒盛极或亡阳虚脱所致，而是邪热闭郁下迫为利。因此，其预后转机完全取决于枢机的通利，邪热是否能够外散。若枢机不利，邪热继续闭郁，将会产生两方面结果，一方面是耗阴竭液，一方面是迫使邪热另找出路，以求病情向有利方面转化。邪热从上、下迫出，或上迫于咽喉，或下迫于前后二阴。上迫咽喉则为喉痹肿痈，甚则吐脓血；下迫大小肠则成挟热下利、尿赤。如 334 条说：“伤寒先厥后发热，下利必自止，而反汗出，咽中痛者，其喉为痹。发热无汗，而利必自止。”“若不止，必便脓血，便脓血者，其喉不痹。”《灵枢·痈疽》篇说：“大热水止，热盛则肉腐，肉腐则为脓。”意即在此。又如 339 条说：“伤寒热少厥微，指头寒，嘿嘿不欲食，烦躁。数日，小便利，色白者，此热除也，欲得食，其病为愈；若厥而呕，胸胁烦满者，其后必便脓血。”指出了热散病除及热闭不除，枢机不利，邪热下迫，下利脓血的病机。又 341 条说：“伤寒发热四日，厥反三日，复热四日，厥少热多，其病当愈；四日至七日，热不除者，必便脓血。”又进一步指出了虽邪热外散，但因邪热有余，必然灼血腐肉，而成脓血下利的病机。

厥阴病之下利是因厥阴热郁所致，少阴病之下利是阳气不固之清谷不止，两者绝不相同。366 条说：“下利，脉数而渴者，今自愈。设不差，必流脓血，以有热故也。”正因厥阴下利便脓血为邪热郁闭，燔灼营血下迫而成，故仲景特制白头翁汤，以清热解毒、凉血止痢，专用于治疗厥阴热利便脓血之证。这与少阴阳亡不固之便脓血，而用桃花汤收涩固脱治之又有本质的不同。

五、对其他厥病的认识

《伤寒论》337 条说：“凡厥者，阴阳气不相顺接，便为厥，厥者，手足逆冷者是也。”因此，凡是能造成阴阳气血的运行失调，使阳气不能输达于外，均可出现四肢厥冷的厥证表现。而厥阴病则以厥证为其主要临床特点。为了使人们正确认识厥阴厥证与其他厥证的区别，以便分清轻重缓急，便于救治，故仲景又将元阳衰亡之少阴厥证，即四逆汤类证；痰涎阻滞、胸阳不宣致厥之痰厥，瓜蒂散证；水饮停滞、中阳不伸致厥之茯苓甘草汤证；气郁不伸、阳气内闭之气厥，四逆散证；血虚寒凝厥逆之当归四逆汤类证；实热郁闭阳明热厥之白虎汤证；寒凝肝胃阳气不得宣畅之寒厥吴茱萸汤证；蛔虫扰动、气血闭结之蛔厥乌梅丸证，及脏气衰败之脏厥证等各种不同的厥证，均并列于厥阴篇中，以资鉴别。但这绝不能混淆厥阴热厥，阴竭阳亡厥逆的概念。历代多少医家所以对厥阴篇的认识不同，至今争论不休，其原因就在于此。因此，正确辨析厥阴厥证与其他厥证的成因，对弄清厥阴病的实质是极为重点的。

总之，从厥阴病的各种临床表现分析，笔者认为，厥阴病的实质是邪热郁闭，不得外枢，与营阴搏结，耗阴竭液。其病之转归完全取决于厥阴转枢是否得以恢复。若枢转通利，内闭之阳热得以透发外散，营阴不被耗灼，病情就会向痊愈方面转化，并见发热厥愈利止的病理反应；若邪热郁闭继续深入，阴营耗竭，终将造成阴竭阳绝、阴阳离决之势而一厥到底。

[《河南中医》1996；16（5）：5]

试论喻嘉言对《伤寒论》的研究

熊曼琪　广州中医药大学

喻昌，字嘉言，明末清初（约公元 1585～1664 年），江西南昌府新建县西山朱坊村人，因新建曾

名西昌，故晚号西昌老人。其著书传于世者，有《尚论张仲景伤寒论》（简称《尚论篇》）、《医门法律》《寓意草》等。喻氏研究《伤寒论》的学术思想，主要反映在《尚论篇》中。《尚论篇》分为两部分，即《尚论张仲景伤寒论三百九十七法》四卷（附卷首一卷），详论六经证治，以尽伤寒之意；和《伤寒尚论后篇》四卷，以推广春月温病，夏秋暑湿热病以及脉法诸方等。于《伤寒论》研究至新至详，下面分别加以探讨。

一、持错简之论　倡三纲之说

喻昌研究《伤寒论》，力斥叔和之非，讥讽林、成之晦，独承有执之说。他认为《伤寒论》一书，至晋时已历遭劫火，仅得之读者口授而流传，故其篇目先后差错而不全，经“太医令王叔和附以己意，编集成书”（《尚论篇卷首·尚论张仲景伤寒论大意》），“乃碎剪美锦，缀以败絮，盲瞽后世”（《尚论篇卷首·尚论张仲景伤寒论先辨叔和编次之失》），继之林亿、成无己两家，过于遵信叔和，往往先传后经，将叔和羽翼仲景之辞，混编为仲景之书，“则其所谓校正、所谓诠注者，乃仲景之不幸，斯道之大厄也”（《尚论篇卷首·尚论张仲景伤寒论大意》），虽后代有贤者，然能得仲景之心者，乏其人也。至“万历间，方有执著《伤寒条辨》，始先即剥去叔和序例，大得遵经之旨”（《尚论篇卷首·尚论张仲景伤寒论大意》）。故《尚论篇》依有执错简之说，于条文次序多加改动。但于盛赞方氏之余，喻氏亦有独特见解，谓有执径削《序例》，“未免失之过激，不若爱礼存羊，取而驳正之”（《尚论篇卷首·尚论张仲景伤寒论大意》），乃于卷首，先辨叔和编次之失，次驳叔和《序例》之误，再正叔和四变之妄，层层剖析，欲使后学者，晓其得失，免囿于其见，“是非既定，功罪自明也”（《尚论篇卷首·尚论张仲景伤寒论大意》）。

喻氏素以主张规范化著称，其在条文编序方面，亦大昌纲目之说。他认为，有执以风寒分伤营卫来分证，卓识超越前人，故于外感病中，以冬伤于寒，春伤于温、夏秋伤于暑热为主病之大纲；四时外感又以冬月伤寒为大纲；他解释说：“夫足太阳膀胱，病主表也，而表有营卫之不同，病有风寒之各异，风则伤卫，寒则伤营，风寒兼受，则营卫两伤，三者之病，各分疆界，仲景立桂枝汤、麻黄汤、大青龙汤，鼎足大纲三法。”（《尚论篇卷一·论太阳经伤寒证治大意》）三纲鼎立之说，至此宗备。大纲既定，还须详求其节目，才可成为至当不易之规，故他将伤寒六经各自为篇，每一经之前，都叙述证治大意，次则以法为目，法下分列条文，加以注释，并将合病、并病、坏病、痰病四类附于三阳经末，以过经不解、差后劳复、阴阳易病等附于三阴经末，这样纲举目张、条理清晰，求理法方药于一统。

二、以纲统法　类三汇聚　法证相应

喻氏治伤寒之学，尤重大“法”，谓《伤寒论》“赖有三百九十七法，一百一十三方之名目可为校正”（《尚论篇卷首·尚论张仲景伤寒论大意》），故“举三百九十七法，分列于大纲之下，然后仲景之书，始为全书”（《尚论篇卷首·尚论张仲景伤寒论大意》）。综观嘉言所定之法，计有太阳经上篇五十三法，太阳经中篇五十八法，太阳经下篇二十四法，阳明经上篇三十九法，阳明经中篇三十一法（缺第二十八法），阳明经下篇三法，少阳经全篇二十法，附合病九法，并病五法，坏病二法，痰病三法，太阴经全篇九法，少阴经前篇二十五法，少阴经后篇十九法，厥阴经全篇五十五法（实仅至于第四十七法），附过经不解病四法，差后劳复病六法，阴阳易病一法，春温证上篇三法，春温证中篇十二法，春温证下篇十五法，合计共得三百九十七法（实际仅得三百八十八法）。

喻氏在三纲鼎立、以纲统法的原则下，在条文的具体编排上，还结合了类证汇聚的方法。例如阳明经篇分上、中、下三篇，上篇是外邪初入阳明地界，太阳之邪未尽者（太阳阳明）之条文，中篇为凡外邪已离太阳、未接少阳（正阳阳明）之条文，下篇是外邪已趋少阳、未离阳明（少阳阳明）之条文，少阴病分上、下两篇，以寒化、热化之证分类归纳条文；他如合病、并病，坏病、痰病，过经不解病、差后劳复病等，也都是将同类证候汇聚一处，进行分类编排的结果。纵然于太阳经篇三纲之下，也是进行证候分类，于每一类证候中，总结其各种治法，归纳条文，如“中风病主用桂枝汤解肌和营七法”，“不解肌，或误汗病邪入里用五苓两解表里二法”，“不解肌，而以火劫汗伤阴致变四法”，即分别归纳了太阳中风正证，腑证及误治失治变坏证等，然后法随证立，证法相应。

喻氏进行类证汇聚的原则，或依其病因相同（包括相同的误治方法），或依其证候相类似，或依其病机相同而方药亦同，或依其传变趋势相同，或依其因为某方某法之禁忌证等，由于各类证候既有共同点，亦有不同处，故其法治，同中有异，异中有同，汇聚一处，可以达到相对鉴别、知常达变的目的。如《太阳经中篇》有“服麻黄汤得汗后察脉辨证有次第不同三法”一节，一法辨汗解后复烦脉浮当纯解表者，一法辨汗后宜表里两解之证，一法辨汗后里少表多者，说明虽均为汗后，但表里有不同，证情有轻重，故治疗亦异。

由上可见，喻昌以纲统领三百九十七法，又结合类证汇聚而归纳原文，使法随证转，证法相应，类证互辨，纲举目张，体现了《伤寒论》辨证施治的精华所在，如果没有较深的理论造诣和临床上的丰富经验，是难以进行如此精深研究的。

三、条文释义　不落俗套

喻氏在注释条文方面，不拘泥于前人之说，往往于众人忽略之处，有独到之见解，于后学者颇有启发。如脾约证，成无己谓之“胃强脾弱”，后人也多所附和而未加深究，嘉言独谓其不然，他在《尚论篇卷二》的“附答门人奇问”中曰：“盖约者，省约也。脾气过强，将三五日胃中所受之谷，省约为一二弹丸而出，全是脾土过燥，致令肠胃中津液日渐干枯，所以大便为难也。设脾气弱，即当便泄也，岂有反难之理乎？相传谓脾弱，不能约束胃中之水，何以反能约束胃中之谷耶？”此不囿于前人之说，单以燥土津枯而立论，确有新意。

喻氏于注文之中，每以精细的辨证而析其机理，持论不同凡响。如他在《尚论篇·太阳经中篇》第七法注文中说：“见脉紧故当用麻黄汤，而脉浮不紧者，乘其邪方在表，当用麻黄汤托出其邪，不使得入；既脉浮数而不紧者，乘其邪正欲传，当用麻黄汤击其半渡，而驱之使出，……可见天然一定之法，不因邪势之浅深，辄可变易也。”可见麻黄汤证，脉浮紧为常，脉但浮不紧或脉浮数为变，辨证不可但凭一证之变而改弦更辙，妄施他法，必以病机为立法之据，足见其辨证之功底。

综上所述，可见喻昌在《伤寒论》的研究方面，有许多独特的立论。自其将三纲鼎立之说系统化之后，以此来订正、研究《伤寒论》的学风渐次兴起，如张璐祖仲景之文，宗喻昌之说，采各家之注，参个人之见，撰成《伤寒缵论》一书；程知的《伤寒经注》则谓唯有喻嘉言能“破前人窠臼，开后学之悟门”；舒弛远为嘉言再传弟子，故对其更加推崇备至，谓《尚论篇》一书，使“仲景斯道，焰如日月”（《舒氏伤寒集注》）；吴仪洛之《伤寒分经》则是全面承袭了喻氏学说，认为“将三百九十七法分隶于大纲之下，极得分经之妙”；他如徐忠可（喻昌门人）的《伤寒图说》、史以甲的《伤寒正宗》，高学山的《伤寒尚论辨似》、黄元御的《伤寒悬解》等，在理论上也多宗尚喻氏之说，可见喻氏学术思想对后世影响之大。

方、喻两氏执错简论，倡三纲之说冲开了当时的泥古不化的风气，开创了各派争鸣的局面，推动了《伤寒论》的研究，但应该指出的是，所谓三纲鼎立的基本思想，即风伤卫、寒伤营、风寒两伤营卫之说，早在王叔和的《伤寒论·辨脉法第一》第20条已有论及，原文说：“风则伤卫，寒则伤荣，荣卫俱病，骨节烦疼。”孙思邈则谓；“夫寻方之大意，不过三种，一则桂枝，二则麻黄，三则青龙，此之三方，凡疗伤寒，不出之也。”（《千金翼方卷九·伤寒上》）成无己则认为，风伤阳，寒伤阴，卫为阳，营为阴，故风伤卫，寒伤营，各从其类而伤也。可见前人对三纲的理法方药已有论述，只是未提高到统领全书的高度。而喻氏独尊方有执，非议成、王不遗余力，也未免失之偏激，况此三纲之说，凿分营卫，机械地进行病理套析，也不无可非之处。故后世持反对意见的亦大有人在，如柯琴《伤寒论注·自序》谓：“三纲鼎立之说，巧言簧黄，洋洋盈耳，此郑声所为乱雅乐也。”尤在泾《伤寒贯珠集》虽亦按法类证，却不以三纲之说印定眼目，只以大纲大法，贯汇经文。柯、尤两氏，结合临证应用以阐发《伤寒论》之理法，较之喻氏过求理论之规范而机械划分三纲，是有一定进步的。

喻氏还以伤寒法统括温病，颇多发挥。他认为，《伤寒论》虽详于寒而略于温，但辨治温病之法尽括其中。他在深入研究《伤寒论》的基础上，结合《内经》的学术思想，提出了较为系统的温病辨证纲领，尤其是他提出的保阴为主的治疗原则和伤寒方治温病的思想，对后世温病学派有一定的影响。但是他提出的温病三纲分证理论，由于和临床实际有一定出入，而且他在冬不藏精及两感温病的选方用药中，使用温热方药较多，故未被后世医家广泛接受。

总括上述，可以看到，喻昌在《伤寒论》的研究中，不但于原文的编次、释理方面有独特的见解，而且他推广《伤寒论》之用，于温病方面亦师仲景之法，对后学颇有启迪。其提出的新理论虽亦有不妥之处，但其着意于求新发挥，不泥于前人之说的改革精神，却是值得赞扬的。

［《江西中医药》1996；27（5）：2］

《伤寒论》特殊行文手法10例

李宇航　北京中医药大学
许山鹰　北京市中医医院

《伤寒论》成书于东汉末年，其行文不仅体现了当时的语言风格，而且多寓深奥医理于质朴文字之中。今人在学习《伤寒论》时，如不了解它的语言特点，往往对深入领悟其辨证论治思想，带来一定困难。本文就《伤寒论》中的一些特殊写作手法加以归纳，并举例说明，意在总结规律，供同道参考。

一、假宾定主

即假借"宾文"以烘托"主文"的一种写作手法。亦称之为"宾主法"。

举例：太阳病，发汗后，大汗出，胃中干，烦躁不得眠，欲得饮水者，少少与饮之，令胃气和则愈。若脉浮，小便不利，微热消渴者，五苓散主之。(71)

说明：本条论太阳膀胱蓄水之证。前半段至"令胃气和则愈"，论汗后胃中津亏之证；后半段至"五苓散主之"，论水蓄膀胱气化不利之证。二者均见口渴，但病机不同，治法各异。前宾后主，借助"宾文"而使"主文"卓然醒目，从而突出了"小便不利"为五苓散证的辨证要点。

二、举此赅彼

只描述事物的某一方面，而另一方面的内容则不言而喻。有言为实，无言为虚，寓虚于实，故又称"虚实法"。虚者不见其文，故亦称"省文法"。

举例：太阳之为病，脉浮头项强痛而恶寒。(1)

太阳病，发热，汗出，恶风，脉缓者，名为中风。(2)

太阳病，或已发热，或未发热，必恶寒，体痛，呕逆，脉阴阳俱紧者，名为伤寒。(3)

说明：发热与恶寒并见，为太阳表证特征之一。原文第1条，论太阳病脉证提纲，但言"恶寒"，乃举此赅彼之文法。实论恶寒，而虚含发热。观下文2、3条论太阳中风、伤寒之证，皆列"发热"于首可知。这种寓虚于实的省文笔法，不仅执简驭繁，往往还具有耐人寻味的效果。

三、正反设变

即于"正面"直叙中加以"反面"论述，以求设变、启迪思路的一种写作手法。

举例：伤寒，服汤药，下利不止，心下痞硬，服泻心汤已。复以他药下之，利不止，医以理中理之，利益甚。理中者，理中焦，此利在下焦，赤石脂禹余粮汤主之。复不止者，当利其小便。(159)

说明：本条自始至"服泻心汤已"，论病发于阴而反下之，遂见痞利，当服泻心汤，可谓常理，为正面写。自"复以他药下之"至终，由与常理大有径庭的再行误下，引出了与"下利"一证有关的种种病理变化及治疗方法，为反面写。当知仲景在此，并非以药试人，乃设法御变，以示后人。可以看出，反面写具有以下特点：其一，不受"正面"文法的约束。其二，可对"正面"论述的某些不足加以补充。其三，设变于常，有利于抓住某一论述环节层层深入。

四、对比发明

把看似脉证相近的条文集中排列，以利于相互鉴别，分析研究。

举例：太阳中风，阳浮而阴弱，阳浮者热自发，阴弱者汗自出，啬啬恶寒，淅淅恶风，翕翕发热，鼻鸣干呕者，桂枝汤主之。(12)

太阳病，头痛、发热、汗出、恶风，桂枝汤主之。(13)

说明：原文第12条与第13条皆论桂枝汤证恶风、发热、汗出等，看似相近。然对比中，第13条无"中风"二字显而易见。揭示出桂枝汤的临床辨证应用，并不局限于中风外感。正如《伤寒来苏集》所说："此条（第13条）是桂枝本证，辨证为主，合此证即用此汤，不必问其为伤寒、中风、杂病也。"可见，两条对比，同中求异，扩大了桂枝汤临床应用视野。

五、举偏概全

即举出某些事物的抽象或局部，去概括它们的具体或全部。

举例：伤寒一日，太阳受之，脉若静者，为不传，颇欲吐，若躁烦，脉数急者，为传也。(4)

说明：原文第4条辨太阳病传于不传，所言脉"静"、脉"数急"并非临床具体或全部实际脉象。以脉静论不传，是概括太阳病原有脉证未发生根本改变，或浮缓、或浮紧、或浮数等。以数急论传变，则强调脉证的变化，是相对脉静而言，或洪大滑数、或沉实有力、或弦细无力等等。从本条可以看出，在一定情况下，举偏法则更能突出某事物于另一事物间的差异性，利于宏观鉴别。

六、分承并举

即先论述某一种病理表现，而后列举与之相关的种种转归，分别与之承接。这是《伤寒论》条文中比较常见的布局形式。

举例：太阳病，得之八九日，如疟状，发热恶寒，热多寒少，其人不呕，清便欲自可，一日二三度发。脉微缓者，为欲愈也，脉微而恶寒者，此阴阳俱虚，不可更发汗更下更吐也，面色反有热色者，未欲解也，以其不得小汗出，身必痒，宜桂枝麻黄各半汤。(23)

说明：本条自“太阳病”至“一日二三度发”，论太阳病日久，邪郁不解的证候。以下分述三种不同的转归与之承接。其一，脉微缓者，为欲愈佳兆。其二，脉微恶寒者，为表里俱虚之证，故不可更行汗吐下法。其三，面色反有热色，是指前述表郁不解之证仍在，又见面赤身痒，故治宜桂枝麻黄各半汤小发其汗。由于所列举的这三种转归均分别于前文承接，因此也有人称这种行文结构为“一头多尾”。

七、排除限定

即采用否定排除的写作手法，使辨证范围逐步得以缩小或限定，从而更加有利于对疾病的鉴别及诊断。

举例：下之后，复发汗，昼日烦躁不得眠，夜而安静，不呕，不渴，无表证，脉沉微，身无大热者，干姜附子汤主之。(61)

说明：本条辨汗下后烦躁之证，以“不呕”排除少阳病，以“不渴”排除阳明病，又以“无表证”除外了太阳病，使辨证范围逐渐缩小，说明病不在三阳。阴证见烦躁，多责于肾阳虚衰，又以“身无大热”排除了残阳尽越于外的阴盛格阳之证。故知此乃误治后，肾阳暴伤之证。当速与干姜附子汤顿服，单刀直入急救回阳。

八、寓意双关

即在论述临床脉证的同时，寓意揭示其病理变化。

举例：太阳中风，阳浮而阴弱，阳浮者热自发，阴弱者汗自出，啬啬恶寒，淅淅恶风，翕翕发热，鼻鸣干呕者，桂枝汤主之。(12)

说明：第12条论太阳中风证治。“阳浮而阴弱”一句，既指出了桂枝汤证主脉为浮缓之象，同时也揭示出其卫阳浮盛、营阴外泄的病理机制。观下文“阳浮者热自发，阴弱者汗自出”可见其意。

九、夹叙插说

指夹于条文中的插入语句，往往是对上文的注释、补充或说明。这样的语句一般可用括孤括上。也有人称之“自注句”。

举例：少阴病，欲吐不吐，心烦，但欲寐，五六日自利而渴者，属少阴也，虚故引水自救。若小便色白者，少阴病形悉具，小便白者，以下焦虚有寒，不能制水，故令色白也。(282)

说明：本条论少阴虚寒之证，其中“虚故引水自救”及“小便白者，以下焦虚有寒，不能制水，故令色白也”均为夹叙自注之句。少阴寒证“自利而渴”固然是与太阴寒证“自利不渴”（227）相鉴别的辨证要点，但为说明其有别于三阳实热下利而伴有的口渴，故自注曰“虚故引水自救”，意在揭示本证肾阳虚衰，不能蒸化津液上承而口渴的病机。此时又进一步提出辨别少阴虚寒之证的关键是小便色白，并自注阐明其机理在于“下焦虚有寒，不能制水，故令色白也”。

十、反文兜转

即将条文后面的某段文字提前到另一段文字之前。这种安排，往往具有突出和渲染作用。在理解条文原意时一般需要将句子顺序加以调整。亦有人称之为“倒装”。

举例：太阳病，发热恶寒，热多寒少，脉微弱者，此无阳也，不可发汗，宜桂枝二越婢一汤。(27)

说明：理解本条需要将句子顺序加以调整，“脉微弱者，此无阳也，不可发汗”应接在“宜桂枝二越婢一汤”之后。如《伤寒本旨》所云；“此条经文，宜作两截看。宜桂枝二越婢一汤句，是接‘寒多热少’句来，今为煞句，是汉文兜转法也”。有强调桂枝二越婢一汤虽然属小汗方，但若阳气不足，脉微弱者，亦当禁用之意。

参考文献

[1] 刘渡舟. 伤寒论临证指要. 学苑出版社，1993年.
[2] 柯韵伯. 伤寒来苏集. 上海科技出版社，1959年.
[3] 钱天来. 伤寒溯源集. 上海卫生出版社，1957年.
[4] 张虚谷. 伤寒本旨. 线装刻本.

[《中医教育》1996；15（5）：30]

论《伤寒论》学科发展方向与研究方法

熊曼琪　广州中医药大学

在加强学科建设的今天，我们首先遇到的就是学科发展方向问题。《伤寒论》中意义重大、最具鲜明特色、巨大优势和发展潜力的学科发展方向何在？用什么样的研究方法才能加快学科发展步伐？根据我校伤寒论学科的现有条件和《伤寒论》的自身特点，结合在重点学科建设中的体会，谈谈我对伤寒论学科发展方向及研究方法的认识。

一、学科发展方向

1. 六经辨证论治体系的现代化研究

（1）立论依据

《伤寒论》历盛不衰，究其主因之一是它奠定了中医学辨证论治的理论和方法，对临床各科实践都有普遍的指导意义。《伤寒论》是以六经病分篇汇列条文方证的。因此，其整个辨证论治的理论体系是建立在六经辨证的基础上的。历代治《伤寒论》之学的医家都把研究重点放在六经辨证的框架及方证所反映的辨证论治规律和方法上，但六经的实质及六经辨证论治体系所触及的问题，又是历代学者争论不休的焦点，是当代《伤寒论》研究不可回避的重要课题。因此，开展六经辨证论治体系以现代化研究，用科学语言予六经本质及六经辨证论治体系以创新而不离宗、客观深入地阐析和理论升华，为求破千古玄奥，建立更完善的辨证论治体系，无论对《伤寒论》辨证论治理论和方法的发展，还是对中医临床实践都有重要意义。

（2）研究内容与目标

①以六经为基础，融各种具体的辨证方法于一体，为外感热病及内伤杂病建立更为完善的辨证论治体系。六经是《伤寒论》中最基本的概念，又是一个具有多种含义的概念。它概括了病变的部位、疾病的性质、病情的程度及病势演变的趋向等含义。《伤寒论》将脏腑经络、营卫气化学说综合应用于六经证治之中，使之成为辨之可见，诊之可察，有规律可循的科学体系，为各种具体辨证论治方法的产生奠定了基础。《伤寒论》六经包括人体手足十二经脉和其联系的十二脏腑。《伤寒论》中虽无八纲之名，但确有八纲之实。其以六经分阴阳，以阴阳统摄表里；用寒热、虚实来探求病位之所在，病情之属性，病势之进退，作为论治的依据。可见，脏腑经络、八纲辨证都是《伤寒论》辨证的重要内容。六经辨证孕育了脏腑经络、八纲辨证、卫气营血、三焦辨证的形成，是六经辨证在外感热病辨证应用不断深化的结果，其与六经辨证有内在联系性和统一性，都以脏腑经络为病变基础，都反映了疾病的定性、定位和正邪消长状况。卫气营血辨证突出了病理演变过程，三焦辨证明确反映了疾病的腑脏定位，这与六经辨证是病理演变的不同阶段概念，又是脏腑经络病位的确定，其基本精神是一致的。

自然科学的发展趋势就是综合和分化的辩证统一，把各种辨证方法有机结合起来研究，建立更为完善的综合辨证方法。《伤寒论》六经概念内涵丰富，外延宽广。六经辨证是建立在人体脏腑经络、营卫气血生理病理变化基础上的理法方药一线贯通的辨证论治体系，对临床实践具有广泛的适用性和指导意义。因此，六经辨证论治体系的现代化研究，应以六经为基础，以六经特有丰富的内涵为依据，以纲带目，在重视对各种具体辨证深入研究的同时，把六经辨证与各种体系具体辨证方法有机结合起来研究，最终融为一体，为外感热病及内伤杂病建立更为完善的辨证论治体系。

②以辨证论治为核心，深化辨病与辨证相结合的诊治体系，赋予它更多更新的科学内容，最终达到病证规范化、标准化、客观化。辨证论治是中医的特色。《伤寒论》通过六经辨证框架及方证条文的示范奠定了辨证论治的基础。但阐发具有普通意义的辨证论治原则和方法历来是《伤寒论》研究的重心。首先应当明确的是《伤寒论》辨证论治体系是辨病与辨证相结合的。而病证结合程度的不断提高及其形式层次的不断深化既是形势的迫切需要，又是当代《伤寒论》研究的重要内容之一。由于历史的局限和中医理论体系自身的特点，历代医家在《伤寒论》病证概念和含义的理解和运用上存在着主观随意性，造成了病证概念上的不统一现象，至今未形成统一的病证诊断规范和辨证标准。加之辨证依据的主观因素多而客观指标少，以致辨证论治结果的个体差异较大，结具严重妨碍了中医学术的发展及临床科研工作的深入。故《伤寒论》病证的规范化、标准化和客观化研究是当务之急。应坚持宏观与微观相结合，定性、定量和定位紧密结合的原则，在临床实践的基础上，统一病证概念，使之规范化，标准化，并采用多学科研究方法，赋予病证更多更新的科学内容，从而使中医学对病证的认识和运用达到规范化、标准化、客观化的层次和高度。

2.《伤寒论》方治疗疑难重症的系统研究

《伤寒论》是仲景“勤求古训，博采众方，并平脉辨证”的总结。其实践性很强，对临床具有指导意义。因此，加强临床研究，是《伤寒论》学科发展、理论升华的重要途径。《伤寒论》被称为“方书之祖”，其经方今用历验不鲜。现代中西医结合的不少成果，也从伤寒方中吸取了有益的经验。由于社会人群疾病谱的变化，目前外感热病明显减少。而老年性疾病、心血管疾病及肿瘤等疑难重症却在急剧增加。像糖尿病、各种心衰、肾功能不全、恶性肿瘤等仍是现代医学的疑难重症。因此，《伤寒论》研究对象的重点应适时由外感热病向各种疑难重症转移，开展该方向的研究。这样不仅能显示《伤寒论》的实用价值，发掘经方的治病潜力，促进学科的自身发展，而且将促进中医药治疗疑难重症整体水平的提高，体现中医药的优势。该方向的研究应将文献研究、临床研究和实验研究三者紧密结合，不仅要为疑难重症的治疗寻找有效的方药和方法，深刻而全面地揭示作用机理，而且更要探求治病规律，丰富中医学对疑难重症辨证论治的理论和方法。

3.《伤寒论》方药配伍规律及药理学研究

《伤寒论》方剂组方有素，配伍严谨，用药精炼，行之有效，已为临床所公认。但《伤寒论》不少疗效显著的方剂，由于缺乏配伍规律及药理学的研究，其组方原理未能全面阐发，临床应用也受到限制，开发出的新药更是屈指可数。《伤寒论》方剂是仲景医疗实践宝贵经验的结晶，是《伤寒论》精华在论治方面的最后集中体现。用现代科学方法对其深入研究，不仅能为推广应用和开发新药提供科学的依据，而且可揭示仲景制方之谜，促进方剂学的发展。该方向的研究应包括组方原理、配伍规律、作用机理、量效关系、药效优化、适应证拓宽等内容，并应以现代药理学研究技术和方法为主要手段，以开发新药或推广应用为研究目标。

《伤寒论》内容丰富，精华纷呈，诸如辨证方法、论治法则、营卫理论、体质学说等内容都是仲景学说的重要组成部分，但能否成为学科发展方向的研究内容，不仅取决于其是否有意义、有价值，还取决于研究者所在学科的自身优势和条件。因此，《伤寒论》研究应紧密结合自身的主客观条件来确立学科发展方向。

二、《伤寒论》研究的指导思想

一门学科要发展就必须发扬其特色和优势，即发展其本身特有的、经临床实践和现代科学证明合理的、有价值的，并符合医学发展趋势的精华部分。《伤寒论》精华还体现在整体观念上。它源于《内经》，并在《伤寒论》中得到了应用并有所发展。因此，《伤寒论》研究成败、成果价值在很大程度上取决于能否坚持和发展这一特色，而不在于应用新技术、新指标的多少。比如开展太阳病辨证论治体系的研究，就必须以整体观念作为研究的指导思想。因为太阳病证的病理生理内容十分广泛，虽主要以膀胱、小肠及其经络的病变为主，但肺主皮毛而统卫气，肺与大肠、太阳与少阴互为表里，故太阳病证的研究还要注意肺。心、肾及肠胃的生理病理改变。所以说，《伤寒论》不论哪种学科发展方向的研究，在加强微观研究的同时，始终都要在宏观角度把握研究方向，充分体现整体观念，避免片面的、静止的、形而上学的研究。这样才有可能深刻地探索人体内部及其与自然、社会之间互相联系的规律和本质，才有可能促进伤寒论学科的发展。

三、《伤寒论》研究的方法

纵观《伤寒论》的研究方法大致可分为二大类：一是传统的文献理论研究，包括文献综述、编次整理、校勘注释和方法学探讨等；二是现代的实验研究，包括临床研究与动物实验研究，

传统方法研究曾从不同角度对《伤寒论》展开了系统而全面的研究，留下了大量的著述，不断丰富和发展了仲景学说。但不容置疑，传统研究方法存在不少问题，突出表现在重复性研究多，理论假说多，以经解经多，而实验检验与阐析的少，故传统方法已不宜再作为《伤寒论》的主要研究方法。

多学科相互渗透结合是中医学的固有特点。《伤寒论》本身就吸收了先秦及当时的哲学思想、天文学、数学、心理学等多学科的研究成果。现代医学的发展史就是一部成功利用和借鉴多学科知识、新技术方法的历史。目前分子生物学已渗透到医学科学的所有领域，推动着医学由细胞水平向分子基因水平发展。紧密结合中医理论的特点，采用现代先进的技术和方法已成为促进伤寒论学科发展的重要途径。自八十年代以来，多学科方法研究中医学引人注目，并取得了较大的成绩。因此，《伤寒论》研究方法应由传统的文献理论研究转变到以多学科方法结合的实验研究为主，从偏重主观、定性的研究向重视客观、定量的研究转移。在当前特别要重视分子生物学、药理学、科研方法及计算机技术等的应用，并加强多学科间的交流学习和协作攻关，围绕学科发展方向，通过具体的课题研究，

对《伤寒论》精华部分进行深入而全面的研究和阐发，这样才能把《伤寒论》研究推向一个更新、更高的境界。

[《中医教育》1996；(5)：20]

伤寒两感论

汪栋材　江西中医学院

两感之名，首见于《内经》。《素问·热论》有"其两感于寒而病者，必不免于死。"两感是相互表里的阴阳两经的经脉及所属脏腑同时感受寒邪，表里同病，脏腑俱伤，营卫不行，预后不良的危重证候。张仲景继承发扬了《内经》学术思想，《伤寒论》中虽无两感之名，但有两感之实。然而后世多数注家、学者均认为麻黄细辛附子汤证为太阳少阴两感，实有张冠李戴之嫌。本文以《素问·热论》对两感的论述为本，从《伤寒论》有关原文进行客观分析，对《伤寒论》两感的辨证论治作出系统归纳，以求正本清源。

一、两感探源

《素问·热论》对感受寒邪而变为热病的概念、病因病机、证候分类、临床表现、六经传变规律、治疗大法与禁忌、护理原则以及预后转归等均作了较为系统的论述。与此同时，篇中对两感——外感热病中较为特殊和最为严重的证候也进行了详尽的阐述。论中有"人之伤于寒也，则为病热，热虽盛不死，其两感于寒而病者，必不免于死"，"其病两感于寒者，其脉应与其病形何如？两感于寒者，病一日，则巨阳与少阴俱病，则头痛口干而烦满。二日，则阳明与太阴俱病，则腹满身热，不欲食，谵言。三日，则少阳与厥阴俱病，则耳聋囊缩而厥；水浆不入，不知人，六日死。……五脏已伤，六腑不通，营卫不行……"由此可知，两感的病因是外感寒邪，其病位则在相互表里阴阳两经的经脉及所属脏腑，因此两感的病机为外寒侵袭，客表则经脉营卫不行，气血运行不畅；入里则五脏损伤、六腑不通，而致邪气充盛，正气不支。两感的发病方式与传变规律为起病一日，相互表里的太阳少阴两经同病，来势迅猛，传变迅速，阴阳两经同时并传，日传两经，以日相传。所以两感的证候表现为两经症状同时出现，如病一日，既有太阳之头痛，又有少阴之口干烦满。由于两感是伤寒热病中最为严重的证候，传变迅速，不待完成传变应有之期，就会死亡，所以有两感不得尽期而死之论。因此其预后不良，正如《素问·热论》所说："今夫热病者，皆伤寒之类也。或愈或死……"或死者，即"其两感于寒而病者，必不免于死""其死皆以六七日之间。"两感表里双传，碍于汗下，属于难治的危重证候，故论中未指出治疗大法。综上所述，可见两感是相互表里的阴阳两经的经脉及所属脏腑同时感受寒邪，表里同病，脏腑俱伤，营卫不行，预后不良的危重证候。

二、麻黄细辛附子汤证非太少两感

自《素问·热论》对两感的发病、因机、症状、传变、预后进行系统论述之后，后世注家、学者大多认为《伤寒论》301条"少阴病，始得之，反发热，脉沉者，麻黄细辛附子汤主之"为太阳少阴两感。现行五版教材认为："本证脉症合参，因知是少阴兼表证，因为少阴与太阳相表里，所以又称'两感证'。"然本证原文既未言表里同病之合病、并病，而是首冠"少阴病，始得之"，可知其非太阳少阴表里两经同时发病，不符合《热论》所谓："病一日，则巨阳与少阴俱病"的论述。本证症状表现既无太阳表寒之头痛、项强、身痛、脉浮，又无少阴里寒之下利、厥逆、脉微。而且论中302条有"少阴病，得之二三月，麻黄附子甘草汤微发汗，以二三日无里证，故微发汗也"的明文，可见本证不具备两感证同时有表里两经症状表现的特点。

从301条原文叙述可知，本病是少阴病初起之证，根据论中第7条"病有发热恶寒者，发于阳也，无热恶寒者，发于阴也。辨阴阳的原则，少阴病以里虚寒证为主，其病当无热恶寒。本证发热一症，若如后世注家所说为太阳表证，那么其机理当为风寒与太阳所主之营卫相争，即正邪相争于表。果真如此，本证必兼头痛、身痛、脉浮等太阳表证的症状。既为太阳表证发热，根据辨阴阳的原则，仲景又何必言"反"呢？赵嗣真在比较本条和92条"病发热头痛，脉反沉，若不瘥，身体疼痛，当救其里，宜四逆汤"时说"均是发热脉沉，以其头痛，故属太阳，阳证当脉浮，以无头痛，故名少阴病，阴病当无热，今反热，寒邪在表，未全入里，但皮肤郁闭为热，故用麻黄细辛以发表热，附子以温少阴之经。"发热一症，乃少阴表寒所为，虽与相表里的太阳有关，但绝非太阳表证所致。太阳为阳经，主营卫而居人身最外层，外寒侵犯人体，太阳首当其冲，寒为阴邪，太阳所主卫外之标阳自然立即起而与之抗争，而出现寒热交争的病理表现。少阴为阴经，如果外寒直中少阴标阴，以阴从阴，其病当以无热恶寒为常例，正因为少阴与太阳相表里，地处紧邻，当其外寒直中少阴而未入里（即302条所说“无里证”），停留于体表太阳所主的地带，作为紧邻能不被发缨冠，奋发卫阳之威力往救而出现“反发热”之变态吗？从原文一个“反”字，即可体会到本证之所以有发热的变例，也就可以据之以为麻黄细辛附子汤为少阴表寒证的反证。所以说少阴表寒证的发热是受到相表里的病理影响则可，如果竟因此以邻为壑，把六经所属病位混淆，将少阴表证说成太阳表证，是不正确的。至于脉沉，乃因本证为阴经表证，较之三阳表证，其病位相对较深，加之病在少阴，正气已虚，故脉不浮而沉，而非五版教材所说脉沉为少阴里虚寒证的确据。少阴里虚寒证的确据反映在脉象上应是少阴病提纲条文280条所说的“脉微细”，绝非脉沉。然浮脉主表，沉脉主里，也只是病之常例，论中浮脉主里，如脉浮滑之白虎汤、小陷胸汤证，不可枚举，反之脉沉主表亦然，临证应脉症合参，知常达变。由上所述，麻黄细辛附子汤证的病理为风寒直中少阴之表，绝不是太阳少阴两经同时感受寒邪，表里同病，脏腑俱伤，营卫不行，预后不良的危重证候——太阳少阴两感为病。正因为本证为少阴风寒表证，其病为始得之，故治疗可遵《素问·热论》“其未满三日者，可汗而已”的原则，用发汗方法治疗，正如302条所说“少阴病，得之二三日，麻黄附子甘草汤微发汗。”但本证乃阴经表证，病位较深，阳气已虚，所以仲景用麻黄细辛附子汤主之，方中麻黄细辛各二两发汗解表散寒，辅以炮附子一枚温经助阳，共奏温经发汗解表之功。

三、《伤寒论》两感证治

（一）太阳少阴两感

原文：91，387，388，389条。

证候：伤寒发热，头痛身痛，恶寒，下利清谷不止，或既吐且利，小便复利而大汗出，四肢拘急，手足厥冷，脉微欲绝，急当救里，宜四逆汤。吐利止而清便自调，但发热身痛等症不休者，当消息和解其外，宜桂枝汤小和之。

病因病机：恶寒发热，汗出，头痛身痛为寒邪侵袭经脉，营卫不和之太阳表虚应有之主证。大汗出而四肢拘急，与“发汗，遂漏不止，四肢微急，难以屈伸”之桂枝加附子汤证同，少阴阳虚已见，少阴阳虚，不能化气行水，小便当难。及至下利清谷不止，手足厥冷，小便复利而大汗出，脉微欲绝，少阴肾阳将绝，不能固摄，阳欲外脱下绝之理已明。总之本证为寒邪侵袭太阳少阴经脉脏腑，在表经脉营卫气血因寒凝而致营卫不行，气血不畅；在里肾阳虚衰，膀胱失约，不能固摄，正虚已极，邪气充盛。

治法：太少两感虽为表里同病，病已至此，阳欲外脱，当急救其里。纵有表证未罢，亦不可舍本求末，发汗以促阳亡。应用四逆汤回阳救逆，庶可拨乱反正于顷刻之间。待其阳回本固里和，仍有表未解者，才可斟酌使用桂枝汤和解其表。

（二）阳明太阴两感

原文：225，226，210，364，366，368，372条。

证候：脉浮而迟，身体疼痛，身有微热，其人面少赤，下利腹胀满，不能食，饮水则哕，甚则下利清谷，脉微肢厥，不可攻表，当先温其里，利止厥回，仍身痛不休者，乃可攻表。温里宜四逆汤，攻表宜桂枝汤。否则就会导致下利不止，阳衰阴竭，直视谵语，阳气上脱外越则喘满，阳气下脱不固则下利，难免死亡转归。

病因病机：寒邪外犯阳明太阴经脉，寒邪收引凝敛，寒邪郁闭阳气，正邪相争，则身有微热，面色少赤，气血运行不畅，故身体疼痛，脉浮而迟。寒邪直中太阴阳明，寒为阴邪，易伤阳气，胃中虚冷则不能饮食，饮水则哕。太阴阳虚寒盛，则下利腹胀满。下利清谷，脉微，肢厥皆为阳虚将绝，阴寒内盛所致。若不积极救治，回阳救逆，那么阳气上脱外越，下脱不固，死亡在所难免。如不辨两感证候之危重，见其脉浮、发热、身体疼痛，反攻其表，发汗以促阳亡，正如论中211条所说：“发汗多，若重发汗者，亡其阳，谵语，脉短者死。”

治法：阳明太阴两感，不可攻表，当急先温其里，宜四逆汤辈回阳救逆，如四逆汤、附子理中汤、附桂理中汤之类。若阳回利止，仍有身痛等表证，乃可攻表，宜桂枝汤调和营卫，和解其表。

（三）少阳厥阴两感

原文：146，148，140，353，354，368，369，378，388，345，362，346条。

证候：伤寒脉沉紧，呕而发热，大汗出而热不去，腹内连两胁拘急，四肢疼或拘急，又大下利而日十余行，厥逆而恶寒，脉微欲绝，不可攻表，当先温其里，服汤利止，厥回，脉续，仍有发热微恶寒，肢节疼痛，或拘急不解，乃可攻表。温里宜四逆汤，攻表宜柴胡桂枝汤。否则就会导致厥不止，脉不还，反微喘，汗不止，阳气衰绝，上脱外越，就会死亡。

病因病机：本证为少阳厥阴两感为病。寒邪侵袭少阳厥阴经脉，营卫气血运行不畅，故有四肢疼痛，拘急不解，腹内连两胁拘急。寒邪郁闭，正气不伸，邪正相争，故有呕而发热。寒邪直中少阳厥阴，寒邪伤阳，以致少阳厥阴阳虚，三焦水谷不别，乙癸同源，厥阴阳虚，不能温蒸运化水谷，故有下利日十余行，四肢厥逆。少阳厥阴两感于寒，病之初始，其脉沉紧（弦），绝不会出现少阳之浮弦。及至阳虚寒盛，正虚已极，则脉微欲绝。如不急救回阳，阳气衰绝，则厥逆不止，脉绝不还。正虚邪盛阳气上脱外越，而致喘息，汗出不止，就会死亡。若见其四肢疼痛，拘急不解，以为寒邪客表，而不辨大下利，日十余行，厥逆脉微等两感为病，反发汗解表散寒，必致汗出阳亡，也就是论中346条所说："其人汗出不止者死，有阴无阳故也。

治法：少阳厥阴两感，当先急温其里，宜四逆汤回阳救逆，通脉四逆汤、通脉四逆加猪胆汁汤亦可辨证选用。若阳回利止厥回脉复，仍有四肢疼痛，拘急不解等表证，才可攻表，宜柴胡桂枝汤调和营卫，和解少阳。

总之，临证当遵《内经》之旨，师仲景之法，灵活变通化裁，庶可挽狂澜于既倒。否则，"夫欲视死别生，实为难矣！"

［《国医论坛》1996；11（6）：1］

《伤寒论》中"乍"字用法再析

聂惠民　北京中医药大学

《伤寒论》这部经典著作，成书于东汉末年，其文辞古奥，医理深幽，并结合实践，诚可谓文以载道之典范。书中用"乍"字多处，其义圆活，医理深蕴其中。历来虽有注释，但不乏顺文演义而未诠释其义者，令人难以理解，故有必要深发其义，再行分析，以求明义。

一、乍字用法的含义

书中原文应用"乍"字有多条，见于《辨脉法》24条，《平脉法》43条，《伤寒例》110条，《太阳病篇》39条、48条，《阳明病篇》242条，《厥阴病篇》355条，共出现12次之多。其用法灵活，皆代表着一定含义，蕴寓着较深的医理，有明确的辨证意义。概括论之，其用法的含义有二：一作副词：表示出现迅速；亦可表示动作或状态的时隐时现，释为"忽然"。另一作代词：表示虚指，其义与"或"相同，可释为"有时""有的人"。据此分析原文，认识医理，更有裨益。

二、乍字用法分析

1. 用作副词　即有忽然之意，表示症状的出现及变化较速，见如下各条。

"乍静乍乱"见《辨脉法》24条："脉浮而洪，身汗如油，喘而不休，水浆不下，形体不仁，乍静乍乱，此为命绝也"。本条论述五脏及生命将绝之脉证。脉浮而洪与身汗如油，喘而不休等同见，说明脉之浮洪涌盛，此为邪气胜之故，加之汗如油，喘不休，此乃正气欲脱之兆。水浆不下，胃气绝也；形体不仁，乃因荣卫绝，肌肤失于充润所致，故肌肤不仁，痛痒不知，神志失常，乃濒死危候之脉证。"乍静乍乱"系指病人神志错乱，忽而安静，忽而烦乱不宁。"乍"字用作副词，表示病人临危时神志的变化无常，变化较快。

"乍白乍赤"见《平脉法》43条，本条论述羞愧时的色脉变化。羞愧之情必动于心，心动则色脉必有异常变化，神色荡而不定，气血紊乱，故其脉见浮。"乍白乍赤"是气上则血荣于面，面色忽而见赤；气下则面无血荣，故面色忽而见白。此"乍白乍赤"表示人在羞愧时面色的迅速变化，可作"忽然""忽而"解，为暂时现象，不作疾病的面色变化。

"乍数乍疏"见《伤寒例》110条："脉至乍数乍疏者死；脉至如转索，其日死"。本条论述从脉象来判断死候。脉来"乍数乍疏"是心气已竭，脉律紊乱的表现，此乃正气已衰，邪气盛实，导致荣卫之气将欲断绝，为危重之死候。此处以"乍数乍疏"表示脉来忽快忽慢的变化状态，提示病情恶化的表现。如果脉来弦急如转索，绝无柔软之象，失去柔和有神之态，提示胃气已绝，故为死证。病情危重之时，其脉象异常是多种多样的，其变化也是较速的，故"乍"亦释为"忽然"为宜。

2. 用作代词　表示症状时隐时现，可释为"有时"，见于下述各条。

"乍有轻时"见《太阳病篇》39条，本条论述太阳伤寒兼内热的变化表现与治法。太阳"伤寒脉浮缓，身不疼，但重，乍有轻时"，反映表邪郁闭，既不得外解，又未传变入里，而现寒欲变热之征兆。寒邪渐趋化热，脉则由浮紧渐为浮缓；证则由身疼痛变为身不疼但重。因表闭阳郁不宣，壅于肌表，气机不利，故身重；又因邪气有传入之势，处在进退于表里之间，故身重常见有时减轻，同时又无少阴证，故本证具备伤寒表实兼内热的基本特点，治以大青龙汤。从本证病变特点而论，"乍有轻时”之“乍”，释作“有时”则更为贴切。

“乍在腹中，乍在四肢”见《太阳病篇》48条：本条论述二阳并病的成因与脉证及治疗。二阳并病的原因，由于太阳病初得时本应发汗，但汗之不彻，达不到驱邪外出的目的，表邪不得外泄，反而入里化热，其太阳证罢，见汗出，不恶寒，是转属阳明。若太阳表证不罢，仅有部分外邪入于阳明，此为二阳并病，若发汗不彻，阳气怫郁不得越，阳郁过甚，则其人烦躁；阳气怫郁不解，营卫之气运行涩滞不利，故有疼痛之感，有时在四肢，有时在腹中，按之又无明确的疼痛部位，即所谓“不知痛处，乍在腹中，乍在四肢，按之不可得”。据病机分析，此非为有形之邪作痛，而为汗出不彻，阳气怫郁所致，同时亦反映了烦躁的征象，故治当更发汗则愈。“乍在腹中，乍在四肢”，既往有作“忽而在腹中，忽而在四肢”解；也有作“或在腹中，或在四肢”者；亦有顺文而过者。但据本条所论述之证，结合临床，“乍”字释为“有时”更符合证候机理。今之临床所谓胃肠型感冒即常有如此表现。

“脉乍紧者”见《厥阴病篇》355条，本条论述痰实致厥证，其手足厥冷乃因痰实有形之邪凝结，郁遏胸中阳气不达四肢而致。在手足厥冷之时，脉乍见紧象乃是实邪内阻、气血运行不畅而致。紧脉主实。正如《金匮要略·腹满寒疝宿食篇》曰：“紧脉如转索无常者，有宿食也。”可见脉乍紧之象乃因痰食之邪阻滞而成，同时，实邪郁遏，结在胸中，气机不畅，则见心下满而烦，知饥而不能食。对此“脉乍紧者”不少注家，均是顺文而过，对“乍”字未明释其义。亦有作“忽然”解，但《伤寒论三注》则提出“脉乍紧”，则有时不紧，而兼见之脉不一，意在言外……”。在痰实致厥之证，据其病机“脉乍紧者”之“乍”释作“有时”为宜。

3. 既可作副词，又可作代词　条文中作为副词，释为“忽然”，但依文又可作为虚指代词，其义同“或”，释为“有的”如“乍难乍易”出于《阳明病篇》242条：“病人小便不利，大便乍难乍易，时有微热，喘冒不能卧者，有燥屎也，宜大承气汤。”本条论述阳明腑实内结，大便乍难乍易的证治。阳明燥屎内结，热盛耗津，故见小便不利，大便乍难乍易，时发潮热；燥屎内阻，腑气不通，导致肺气不利，故伴有喘冒不能卧之候。本证病机关键在于“有燥屎也”，故宜用大承气汤。对“大便乍难乍易”的“乍”字，有顺文未释者，亦有释为“忽而困难，忽而容易”者。据原文所述证候，结合临床，“乍”字可有两种解释：其一，作为副词释为“忽然“，即大便燥结出现难于排下；热结旁流时，则大便通畅，易于排出。因此“乍”字作“忽然”解与病情较为合拍。目前中西医结合治疗急腹症中“不完全性肠梗阻”及“高位肠梗阻”时，可有大便乍难乍易的表现。其二，亦可作为代词（虚指代词）释为“有的”。阳明腑实，燥屎内结，病人小便不利，发有潮热，喘冒不能卧，大便有乍难者，亦有乍易者，大便“乍难”，“有的”大便见燥结难下，是“有燥屎也”宜大承气汤，此为阳明腑实证的常见证候，易于理解。但也“有的”大便“乍易”，即见于热结旁流，大便通畅，易于排下，此因燥热在里，迫津下注旁流，而燥热反结不下所致，关键亦因“有燥屎也”宜大承气汤。如原文321条及374条，皆论燥屎内阻，热结旁流的证治。结合临床来看，阳明腑实证，可以见燥屎内结，大便难下；亦可见燥屎内结，热结旁流大便易下，大便表现虽有难易之时，但“有燥屎”则一，故治法不殊。

[《北京中医药大学学报》1996；19（6）：19]

《伤寒论》中“烦”字探析

宋金香　黑龙江省克山县第一人民医院
王永君　克山县中医院
冷殿生　克山县双河卫生院

《伤寒论》中记载“烦”字条文计69条，“烦”字在《伤寒论》中共出现过77次。其中有的用来叙述症状，如大青龙汤之烦躁，栀子豉汤之虚烦等，有的用来判断其疾病传变，如“伤寒六七日，无大热，其人躁烦者，此为阳去入阴故也”(269条)；亦有的用来推断预后，如“少阴病，吐利、躁烦四逆者，死”（296条）。上述之烦，皆为烦扰不宁之意。然而，将《伤寒论》中含“烦”字条文均作此理解，则有悖原旨，不但造成理论上的混乱，且不利于指导临床。细细揣摩，《伤寒论》之“烦”字尚有痛之意，即《说文》、“烦，热头痛”之谓也。

一、身体四肢疼烦

《伤寒论》151条：“伤寒六七日，发热微恶寒，支节疼烦，微呕，心下支结，外证未去者，柴胡桂枝汤主之”。对于“烦疼”有分而解之为“四肢关节疼痛而烦”，也有认为是“四肢关节甚为疼痛”。如179条：“伤寒八九日，风湿相搏，身体疼烦，……桂枝附子汤主之”。还有人认为：因缠绵不已，酸楚难忍，以致烦乱不宁，谓之疼烦。更有人释为“烦是疼痛剧烈”，如180条甘草附子汤证之“骨节疼烦”。而274条：“太阴中风，四肢烦疼，阳微阴涩而长者，为欲愈。”此条之“四肢烦疼”竟有人释为“四肢不耐烦的疼痛”，不但费解，语言亦不通。烦是一种心理活动的表现，肢节和骨节是不可能出现的，但又无法解释清楚。故历代注家对以上4条的身体与四肢“疼烦”或“烦疼”，或者作以上臆断之释，或者随文敷衍而过。其实，如明确了“烦”为“痛”之意，那么疼烦即是疼痛。也就避免其围绕“烦”字曲为解释而大作文章了。

二、暴烦下利

《伤寒论》278条：“伤寒脉浮而缓，手足自温者，系在太阴。太阴当发身黄，若小便自利者，不能发黄。至七八日，虽暴烦下利，日十余行，必自止。以脾家实，腐秽当去故也”。此“烦”字，历代医家均未道明本意。方有执可能察觉作“心烦”讲与临床不符，但又无法作其他解释，只好将“烦”去掉而迳称“暴下利”，而实则“暴烦”是指突发的腹部急痛而言。在临床实践中，从未见到突然心烦而后下利的病人。然而，腹痛而泻，泻后则安的患者则每每可见。确有不少患者，或因情志不遂，或因感受寒邪，或因伤于饮食等，突然出现腹痛而泻，泻后痛止，反复出现几次，往往不治而病症自愈。且多见于体质好，平素脾胃功能较好的人，即条文中的“脾家实”是也。

三、蛔厥时烦

《伤寒论》338条：“……蛔厥者，其人当吐蛔。今病者静，而复时烦者，此为脏寒，蛔上入其膈，故烦，须臾复止。得食而呕，又烦者，蛔闻食自出，其人常自吐蛔。蛔厥者，乌梅丸主之。又主久利。”因受“烦”字的约束，病症终未剖析清楚，历代注家均将“烦”字作“心烦”讲，惟《伤寒论选读》云：“此‘烦’字，当是对主证的总概括，含有疼痛、呕吐、烦躁不安之意。”在此是据临床而制定“烦”定有疼痛之意，但仍然没有跳出“烦”字的圈子，尤其是认为还含有呕吐之意，就更难令人信服。

所谓蛔厥相当于胆道蛔虫病，其主证是：阵发性钻顶样上腹或右上腹绞痛，进食易诱发疼痛，伴恶心、呕吐，或可吐出蛔虫，缓解期安静如常人。何以仲师陈述本病用“烦”字而不用“病”字？其一，使用形象描述法，即在绞痛发作时可使病人坐卧不宁，辗转不安，颇似烦躁至极之状。其二，意在指明痛的性质是“灼痛，热痛”。如326条厥阴病提纲之“气上撞心，心中疼热”，历代医家多认为本条应与蛔厥症互参。如柯韵伯云：“此与气上冲心，心中疼热，饥不能食，食即吐蛔者，互文以见义也。着厥阴诸证，与本方相符，下之利不止，又与主久利合，则乌梅丸为厥阴主方，非只为蛔厥之剂矣。”仅从条文前后互看，“烦”即“疼热”，又与《说文》之释完全一致，故蛔厥之“烦”释为“痛热”无可置疑。

总之，任何理论都必须经得起实践的检验，否则，理论再好也只不过是纸上谈兵，尤其是对《伤寒论》这样临床性很强的医著的解释与理解，绝不能以字解字，或随文敷衍。一定要与临床结合起来，方不致偏离经旨。以上肤浅体会恐有谬误，尚需同道批评指正。

[《黑龙江中医药》1996；(6)：4]

张仲景古方称量考

朱文惠　上海市崇明县中心医院
沈兰心　上海市崇明县庙镇医院

近四十多年来，考古不断有所发现，为研究古代度量衡提供了实物佐证。现根据《中国古代度量衡图集》摘录于下：

三钧铁权：高19cm，底径17.5cm，实测重22490g，1968年河北满城陵山二号西汉墓出土。权呈钟形，纽残，身铸突起阳文“三钧”。据《汉书·律历志》载：“30斤为钧，四钧为石。”按自铭计算每斤约合250g。

铜环权：新莽时代，实测环权数据，1号权，外径3cm，重60.4g；2号权，外径4cm，重120.6g；3号权，外径5cm，重241.2g。

大司农铜权：东汉，底径10cm，实测重量2996g。铭文写清为光和二年。“光和”为汉灵帝刘宏年号。光和二年即公元179年。时间与张仲景为同时代。按12斤权折算，每斤合249.7g。

以上的考古新发现，证明东汉秤约为现代秤的1/2。即每斤应折合为今秤的250g。

那么东汉时期度量衡在医药上到底怎样运用？根据研究，张仲景著作《伤寒杂病论》除经过晋代王叔和初步整理外，真正比较有系统有组织研究，是从唐代开始，唐代离汉代去古未远，相对来说可靠性大一些。特别是唐《新修本草》系世界上第一部官修药典，在公元659年即唐显庆四年政府颁行。其中卷第一中指出："谨案古秤皆复，今南秤是也。后汉末以来，分一斤为二斤，一两为二两耳，金银丝绵，并与药同，无轻重矣。"原文中首先肯定"古秤皆复"。同时在《晋书·律历志》曰："元康中，裴顾以为医方人命之急，而秤量不与古同，为害特重，宜因此改治权衡，不见省"。由此可见张仲景时期医药秤量采用复秤（即小称）。复秤秤药为合汤药之用，即古秤皆复之意。复秤1斤等于今秤半斤，故复秤称小秤。反过来今秤比复秤大1倍。这个问题近世并有实物可资证明。日本奈良的已仓院，尚保存有我国唐代药物，账目所记的年代为日本天平胜宝八年（我国唐至德元年公元756年），距今已有1200多年，即采用小秤计量的。账上的第一种是麝香（＋＋＋＋即40剂）重42两，并袋及裹，小，已下并同。此处的"小"，"已下并同"系指所用的秤是小秤，麝香以下都是小秤秤的。可见后汉末复秤即小秤延续至唐代仍在贵重医药秤量上使用。

原文中第二段"古方唯有仲景而已涉今秤，若用古秤作汤，则水为殊少，故知非复秤，悉用今者耳"。说明对水之类溶液，不值得使用复秤，而是使用今秤。说明仲景在度量衡上，药物用复秤（小秤）秤药，必求合古，人命关天，而对水之类溶液，使用今秤（大秤），两者划分得非常恰当科学，而又符合客观实际需要。

原文中前后两段有两层意思，不能曲解原意，造成前后矛盾。张仲景生活年代约公元150年～219年之间，就是晋秤始后汉末为同一时代，据《新修本草》古秤皆复理所当然包括张仲景古方使用复秤在内。

因此张仲景时代药用秤应是现代秤1/4，即一斤等于现代125g。一两约等于7.8g。

［《中医杂志》1996；37（10）：756］

《伤寒论》六经研究41说

王庆国　李宇航　北京中医药大学
王　震　保定市第一中医院

《伤寒论》的主要学术成就之一，在于其创立了六经辨证论治体系。千百年来，古今中外众多学者十分重视对伤寒六经的研究，并为此做出了不懈的努力。正如恽铁樵[1]所说："《伤寒论》第一重要之处为六经，而第一难解之处亦为六经，凡读伤寒者无不于此致力，凡注伤寒者亦无不于此致力。"为了比较全面而客观地向读者展示历代医家在六经研究方面所取得的成果，我们查阅了大量的古今文献，并对六经诸说加以归纳，共得41种。

一、经络说

朱肱[2]提出："治伤寒者先须识经络，不识经络，触途冥行，不知邪气之所在。"故《类证活人书》卷一专设经络图，示人经络循行之路以辨六经病症。如"足太阳膀胱之经，从目内眦上头连于风府，分为四道，下项并正别脉上下六道以行于背，……今头项痛，身体疼，腰脊强，其脉尺寸俱浮者，故知太阳经受病也。"其后汪琥等亦从此说，但并不限于足经，而是手足并论，使此说得到了进一步的发展。

二、脏腑说

何志雄[3]认为："《伤寒论》六经，是为认识外感疾病的需要，在藏象学说的基础上，对人体功能作出的另一层次的概括。首先将脏腑功能分为阴阳两大类：五脏属阴，六腑属阳；然后再根据各脏腑的不同功能以及所属经络不同的循行部位，分为三阴三阳，名之曰太阳、阳明、少阳、太阴、少阴、厥阴，这便是伤寒六经。每一经的功能并非是其所概括的脏或腑的功能的机械相加，而是综合了这些脏腑与外感疾病有关的功能。"其中"以肺气统属太阳，小肠隶属于阳明，是与《内经》的六经最明显的区别"。鲁福安[4]亦云："六经之中除表现有本经所属脏腑的病变以外，还包括有不少它经所属脏腑的病变。"可见近人以脏腑释六经，与古人不同，已不再拘泥于同名经所属的脏腑，而是结合六经病变特点予以了适当的调整。

三、气化说

此说源于《内经》，后由伤寒注家张隐庵、陈修园、唐容川等发挥，用六气特点解释伤寒六经，故亦称"六气说"。如陈修园[5]大倡此说曰："六气之本标中气不明，不可以读伤寒论。"刘渡舟[6]指出："讲求六经标、本、中气化学说时，首先要建立三者之间的有机联系。"即："太阳为寒水之经，本寒而标热，中见少阴之热化"；"阳明本燥而标阳，中见太阴之湿化"；"少阳本火而标阳，中见厥阴风木"；"太阴本湿而标阴，中见阳明燥化"；"少阴本热而标阴，中见太阳寒气之化"；"厥阴本气为风，标气为阴，中见少阳火气"。并结合六经病对标本中气化学说进行系统论述，同时指出"标本中的气化学说，有辩证法思想和唯物论的观点。它能系统地分析六经的生理病理以及发病之规律，而指导临床并为历代医家所重视”。

但也有人对此说提出了不同的观点。如章炳麟为《伤寒论今释》序曰：“假借运气，附会岁露，以实效之书，变为空谈。”陈亦人[7]亦云：“大多强词夺理，玄奥难深。”

而近来郝印卿[8]在深入研究的基础上，对此说做出了较为客观的评价：“由《素问》六气气化到伤寒六经气化显然是中医学术的发展，以三阴三阳为框架，天六气和人六经为中心的对应同构，是继《素问》以五行为框架，五运和五脏为中心的对应同构之后，对天人相应内容的又一系统归纳。不言而喻，只要中医藏象理论不变，六经气化学说即不可能因个人的好恶而被抹杀。”

另有将脏腑功能活动称为气化者，与此说概念不同。

四、地面说

柯琴[9]认为：“夫仲景之六经，是分六区地面，所赅者广，虽以脉为经络，而不专在经络上立说。……请以地理喻，六经犹列国也。”即：“内自心胸外自巅顶，前至额颅，后至肩背，下及于足，内和膀胱，是太阳地面。……内自心胸至胃及肠，外自头颅，由面至腹，下及于足，是阳明地面。由心至咽，出口颊，上耳目，斜至巅，外自胁内属胆，是少阳地面。……自腹由脾及二肠魄门，为太阴地面。自腹至两肾及膀胱溺道，为少阴地面。自腹由肝上膈至心，从胁肋下及于小腹宗筋，为厥阴地面”。

五、六部说

方有执[10]则把六经比喻为门类或职能部门：“六经之经，与经络之经不同。六经者，犹儒家之六经，犹言部也。部，犹今六部之部。……天下之大，万事之众，六部尽之矣。人身之有，百骸之多，六经尽之矣。”并绘制人体示意图对六经六部受邪加以说明，认为阳病在表自外而内：“太阳者，风寒之著人，人必皮肤当之，……皮肤在躯壳之外，故曰表，……表合太阳足膀胱经；阳明者，风寒之邪过皮肤而又进，接皮肤者肌肉也，……肌肉居五合之中，为躯壳之正，内与阳明足胃经合也；少阳者，邪过肌肉而又进，则又进到躯壳之内，脏腑之外，所谓半表半里者，少阳足胆经之合也。”而阴病在里自下而上：“太阴，脾也。脾居中而主事，故次少阳而为三阴之先受。少阴，肾也。厥阴，肝也。……”且阴道逆，其主下，故肝虽近脾，肾虽远而居下，肾次脾受，肝最后受。”

六、形层说

俞根初[11]把人体分成六个层次，说明病邪浅深与进退：“太阳经主皮毛，阳明经主肌肉，少阳经主腠理，太阴经主肢末，少阴经主血脉，厥阴经主筋膜。太阳内部主胸中，少阳内部主膈中，阳明内部主中脘，太阴内部主大腹，少阴内部主小腹，厥阴内部主少腹。”并将胸腹部位亦分属六经以利于辨证。

七、三焦说

何廉臣于《重订通俗伤寒论》中勘曰：“张长沙治伤寒法，虽分六经，亦不外三焦。言六经者，明邪所从入之门，行经之径，病之所由起所由传也。不外三焦者，以有形之痰涎水饮瘀血渣滓，为邪所搏结，病之所由成所由变也。窃谓病在躯壳，当分六经形层。病入脏腑，当辨三焦部分。详审其所夹之邪，分际清晰，庶免颟顸之弊。其分析法，首辨三焦部分。”认为伤寒六经辨证中包含着三焦辨证的思想内容，两者有机地结合，适用于各种外感及内伤杂病。

八、阶段说

祝味菊[12]根据人体正气与病邪抗争的状态，按六经次序分成五个阶段：“太阳之为病，正气因受邪激而开始合度之抵抗也。阳明之为病，元气愤张，机能旺盛，而抵抗太过也。少阳之为病，抗能时断时续，邪机屡进屡退，抵抗之力，未能长相继也。太阴、少阴之为病，正气懦怯，全体或局部之抵抗不足也。厥阴之为病，正邪相搏，存亡危急之秋，体工最后之反抗也。一切时感，其体工抵抗之情形，不出此五段范围。此吾卅年来独有之心得也。”

九、病理层次说

郭子光[13]认为：“把三阴三阳解释为疾病变化发展的六个阶段是不合适的。”而“三阴三阳实际上是六个大的病理层次的反应。所谓太阳病，属于人体肤表阴阳的失调；阳明病是病在里，多涉及胸中胃肠；少阳病在半表半里，多涉及胆和三焦；太阴病的病位较深，多涉及脾胃；少阴病的病位更深，多涉及心肾；厥阴病则多涉及肝经。这六个大的病理层次里面，又可分为若干较小的病理层次，人们将这种小的病理层次的反应和针对其治疗的方药联系起来，称为汤证”。

十、阴阳胜复说

柯雪帆[14]云：“外感热病的病变部位虽然离不开脏腑、经络，并且在某个阶段有可能主要表现为某一脏腑、经络的病理变化，但外感热病毕竟是一种全身性的疾病，仅仅用一二个脏腑或一二条经络，显然不能作出圆满的解释。众所周知，邪正斗争是外感病的主要矛盾，而阴阳胜复是邪正斗争的具体表现，它反映了病邪的性质及其变化、人体正气的变化以及邪正双方力量的对比，用阴阳胜复来解释伤寒六经辨证就抓住了邪正斗争这个主要矛盾。用阴阳胜复解释六经辨证，是从整体出发，从动态变化看问题，比较符合外感热病是全身性疾病、外感热病发展有阶段性这两个特点。因此，我认为阴阳胜复是《伤寒论》六经辨证的理论基础。”时振声[15]亦云：“从阴阳消长结合脏腑、经络的变化来看六经病，就不会局限在某一经络、某一脏腑，而是可以看到急性热病是一个全身性疾病。”

十一、位向性量说

肖德馨[16]“归纳六经含义有四种：定位、定向、定性、定量”。定位，即六经有表示病变部位的含义。定向，即六经有表示外感病发生、发展和演化趋向的含义。定性，即六经有表示疾病性质或属性的含义。定量，即六经有表示病情虚实或盛衰程度的含义。同时强调“只有把四种含义综合起来，才能比较全面地反映六经的内涵”。

十二、八纲说

日·喜多村直宽[17]说：“本经无六经字面，所谓三阴三阳，不过假以标本表里寒热虚实之义，因非脏腑经络相配之谓也。此义讨究本论而昭然自彰，前注动辄彼是纽合，与经旨背面而驰也。……凡病属阳、属热、属实者，谓之三阳；属阴、属寒、属虚者，谓之三阴。细而析之，则邪在表而热实者，太阳也；邪在半表里而热实者，少阳也；邪入胃而热实者，阳明也。又邪在表而虚寒者，少阴也；邪在半表里而虚寒者，厥阴也；邪入胃而虚寒者，太阴也。”

国内有陈逊斋等亦从此说。而张琪[18]对此说持否认观点：“近人又有舍弃脏腑经络，以八纲解释六经，虽然比较简明易懂，但对六经的实际意义是只见树木不见森林的片面看法，只可作为抽象的概念，不能作具体的分析，所以其结果却是得半遗全。”

十三、证候抽象说

牛远起[19]认为：“证是六经的基础，六经是证候的抽象。《伤寒论》采用了列证辨析的写作手法。……仲景通过对各个证型的分析判别，根据各个证的品格的高低，普遍意义的大小而加以排列分类，从而构成全书的梁柱。各经提纲就是在各种各样的证中提炼出来的。先实践，后理论，先提炼，后命名，这是祖国医学实际的发展过程，也是六经辨证体系实际的创立过程。而且“把六经理解为证候类型的抽象，并不是否认它与脏腑、经络、气血、营卫等有关；恰恰相反，它能更正确、更客观地反映脏腑、经络、气血、营卫的病理而不囿于经络之狭”。

十四、症群说

此说受西医学理论影响，首先由陆渊雷[20]提出：“太阳、阳明等六经之名，……指热病之证候群，为汤液家所宗，《伤寒论》及《素问·热论》是也。”50年代黄文东、金寿山、盛国荣、吕敦厚、何云鹤、孙宝楚等皆执此说。如黄文东[21]曰：“所谓六经，就是太阳、阳明、少阳、太阴、少阴、厥阴，就这六个病型的症候群，利用分经辨症，及其诊断方法，以鉴别表、里、寒、热、虚、实等种种轻重不同的情况，来运用汗、吐、下、和、温、清、补、涩，以及针灸等种种不同的治法，这就是中医治疗伤寒的基本法则。”何云鹤[22]追溯了《灵枢》《素问》六经之含义，与《伤寒论》比较，认为其各有不同。而六经“在《伤寒论》，指热病侵袭人体后发生的各类型症候群。……症候群的名称沿用了当时的流行术语，太阳、阳明、少阳、太阴、少阴、厥阴，由此掌握了一般热病的临床规例和传变，更由此创立了执简驭繁的药治方法”。

十五、综合体说

姜春华[23]指出：“《伤寒论》六经之名来自《内经》，但其内容实质已非经络之旧，作者融会《内经》全部阴阳概念，包括了表里寒热虚实经络脏腑营卫气血邪正消长等，成为一个多种概念的高度综合体。它不是单纯的经络，也不是单纯的地区和病程划分，更不是简单的症候群。后人不从六经全部精神与《内经》的全部阴阳概念来联系体会，而拘于《伤寒》六经中某些符合于《内经》的经络途径的症状为说，因此不能阐明仲景六经的实质。吾人欲认识仲景六经，必须从《内经》的全部阴阳概念（包括经络脏腑气血营卫等）来理解，决不可单纯地用某些观点来理解，否则就会陷于片面。”

十六、治法说

伤寒六经，既是辨证的纲领，又是论治的准则。因此一些医家对其研究侧重于治法方面。钱潢[24]认为：“大约六经证治中，无非是法，无一字一句非法也。”又如尤在泾释《伤寒论》强调治法，认为太阳的治法，不外乎正治、权变、斡旋、救逆、类病、明辨、杂治七种，其他诸经亦各有法，诸法如珠之贯通于全论，故名其著为《伤寒贯珠集》。俞长荣[25]亦云：“学习和研究《伤寒论》的重点应该转移，不要在条文辨释上花费过多精力，而应该去研究它的精华所在——诊治大法。”并指出“再过几十年或百余年，《伤寒论》必将改写。那时也许‘伤寒’、‘六经’等名称将被改换，但本论的诊治大法精神将与祖国医学永远共存。”

十七、六界说

恽铁樵[1]认为：“六经者，就人体所著之病状，为之六界说者也。是故病然后有六经可言。不病直无其物。”又曰：“《伤寒论》之六经所言甚简，苟知其为病后之界说由属易解。不必多为曲说，使人坠五里雾中也。”刘渡舟[26]指出：“六经辨证……不是空中楼阁。‘经者，径也’，据经则知邪气来去之路；‘经者，界也’，据经则知病有范围，彼此不相混淆。有了范围，有了界限，就能使我们在辨证时一目了然。”如此界、经结合，以释六经之“经”字含义，不仅概念明了，而且对临床具有指导意义。

十八、六病说

刘绍武[27]认为：“在《伤寒论》的原著中找不到‘六经’立论的有力依据。相反地倒有137个条文在谈‘病’，这些条文明白地指出为‘太阳病’、‘阳明病’，……况且各篇之标题就是称‘病’而非‘经’的，依照原著，称作‘六病’在学习中反倒觉得明白畅晓，应用上敏捷方便。”并强调“经”与“病”的概念有本质区别：“六经是生理的，其循行有固定的线路，虽无病，其存在依然；《伤寒论》的六病是病理的，是人为的划分证候类型的方法，无病则‘六病’不复存在。”

十九、环节说

孙泽先[28]认为：“六经不是六个独立的病，也不是六个独立的症候群，它是疾病变化之中具有不同性质的六个环节。这六个环节分别标志着正邪力量对比的不同情况，它们有机地联系起来，构成了疾病由量变到质变、由开始到终结的全部过程，从而概括出疾病发生发展的一般规律。”其中太阳病的主要矛盾在于相对阳虚；阳明病的主要矛盾在于过度阳盛；少阳病的主要矛盾在于气郁不伸；太阴病的主要矛盾在于中阳虚衰；少阴病的主要矛盾在于元阳衰微；厥阴病的主要矛盾在于气机阻滞。

二十、时空说

岳美中[29]曰：“时间和空间，纵横地交织在一起，才形成宇宙。人在其间，生存下去，繁殖下去，是须臾不能离开它的。”认为“仲景之《伤寒论》，在总的辨病上，既审查到病在空间上的客观存在，又抓住时间上的发展变化”。因此，伤寒六经把外感病分成三阴三阳，旨在空间和时间，不仅明辨了空间上客观存在的“证”，而且又认识了在变化发展时间上的“候”。因此各方治的运用亦“都是既掌握了空间；又抓住时间，针对病情，很仔细地随机以应付之”。同时指出，《伤寒杂病论》对于急性热病和慢性杂病“掌握了空间和时间的辨证规律，给我们不少启示，有助于我们更好地继承、挖掘祖国医学的精华”。

二十一、阴阳离合说

陈治恒[30]认为：“《伤寒论》以三阴三阳作为辨证纲领，本于阴阳离合的理论。张仲景撰述的《伤寒杂病论》，在论述外感病部分，以三阴三阳作为辨证纲领、论治准则，正是他根据《内经》阴阳离合理论，结合实践的具体运用。”如果只将三阴三阳局限在经络、脏腑形态结构上看问题，不但与仲景立论不符，而且有刻舟求剑之弊。”由于“人是一个有机的整体，阴阳保持着相对的平衡。在正常情况下，是不可能察见阴阳所属的经络、脏腑及其气化的不同表现。当人体感受外邪之后，阴阳的相对平衡和协调统一遭到破坏，就会导致阴阳的离而失和，根据所呈现的脉证，本‘以常测变’的原则，就可辨其病之所在”。并强调“在研习《伤寒论》时，对三阴三阳开阖枢的关系是不应忽视的”。

二十二、《周易》太极说

王梅竹[31]认为："《伤寒论》之六经辨证体系的形成，是以仲师的平脉辨证之医疗实践为基础，遵循《内》《难》之医理，深究《周易》之哲理，在《周易》之阴阳的思想指导下而创立起来的。"刘联群[32]进一步指出："六经是概括人体阴阳气血变化规律的纲领，这个纲领本于《周易》太极阴阴。三阳归属在太极阳端，三阴归属在太极的阴端，但为一个整体，并把人体十二经脉纳入六经之中，构成了一个人体与大气相合的整体循环模式，体现了以阴阳为纲的基本原理。在病理方面，六经是用来观察、分析和认识疾病的说理工具。……从总体讲，太阳是一切阳性疾病的始发期，阳明是一切阳性疾病的最明显期，少阳是一切阳性疾病的衰减期，太阴是一切阴性疾病的始发期，少阴是一切阴性疾病的最深重期，厥阴是一切阴性疾病的衰减期。"

二十三、体质说

郑元让[33]认为："病发于阳、病发于阴是仲景对体质的划分。"并以机体脏腑功能状态为依据提出六经人假设：认为气血充盛，脏腑健和者为太阳人；胃阳素盛，津液偏欠者为阳明人；胆火偏盛，三焦枢机不利者为少阳人；脾阳不足，不耐寒湿者为太阴人；气血不足，心肾阳虚者为少阴人；肝肾阴虚，相火偏亢者为厥阴人。同时指出："伤寒六经人之假说归纳了人体千差万别的素质。虽然尚存在介于这些类型之间的体质，但提挈此六种体质，基本上可以驾驭对所有人的辨证论治。"

二十四、系统说

张长恩[34]谓："人体是自然界里的一个系统，而六经是人体六个相互联系的子系统。"肖德馨[16]进一步提出："《素问·热论》就已把六经作为系统概念，用来概括外感疾病的发展过程。《伤寒论》在此基础上，总结前人及汉代医家治疗一切外感病的经验、方法，以六经系统概念做为理论支架，形成了理法方药完整的六经辨证体系。整个六经系统，是代表整个病人是由六个相互联系的部分组成的有机整体，和疾病是由六个相互联系的阶段组成的总体过程。"而"每个子系统由哪些要素（成分）组成，要视各要素在外感病过程中相互联系、相互影响、相互作用、相互制约的关系来决定"。并对六经各系统的要素组成（经络、脏腑、体形、皮部及官窍）进行了逐一归纳。

二十五、集论说

杨培坤等[35]认为："仲景学说中的六经一体观，就是把人体的总体系统视为一个集合，而六经中的每一经视为这个集合中的元素，……就六经系统中的每一个子系统而言，其所属的脏腑、经络、官窍等等，又均为一个集合，因而我们也可以用集合的表示法予以描述。"同时"结合集合的有关运算，就可以通过集合的数学模型对仲景学说中的辨证与论治的思维过程予以描述。"

二十六、病理神经动态说

朱式夷[36]从现代神经病理学的观点，探讨伤寒辨证论治规律，认为六经为不同"病理神经动态"的六个病理阶段。太阳即先有抑制转向兴奋；阳明即兴奋期；少阳即兴奋抑制交替期；太阴即抑制期；少阴即机能衰竭期；厥阴即中枢衰败期。并指出："为什么伤寒论有这样高的评价，丰富的内容呢？主要是，它充分地说明'伤寒'病的各种不同体质、不同病灶、不同证候的复杂情况，归纳出其中的规律，而这种规律反映的不仅具有伤寒的特征，而且实际上讨论了其他疾病都可遇到的神经动态。"

二十七、高级神经活动说

50年代全国曾掀起对巴甫洛夫高级神经活动学说的学习热潮，因此不少中医学者，试图运用这一学说阐释六经证治原理。如王慎轩[37]提出："中医学术的理论和经验，有很多部分，可以用巴甫洛夫的学说来解释它的原理，伤寒论的六经证治法，也可以用他的学说来证明。"认为"大脑皮质内经常发生着两种精神活动过程，即兴奋与抑制。兴奋和抑制，调节适当，就是生理健康的现象，兴奋和抑制反射太过，就是病理变化现象。仲景以兴奋太过而发生的症候群，叫作三阳证"。太阳病是兴奋反应趋向表部；阳明病是兴奋反应趋向在里部；少阳病是神经的兴奋太过，而正气抵抗病毒的能力乍强乍弱。而又"以抑制太过而发生的症候群，叫作三阴证"。轻度的抑制太过为太阴病；高度的抑制太过为少阴病；抑制过于强烈，反会出现兴奋反抗现象的为厥阴病。

二十八、模糊聚类说

孟庆云[38]认为："中医诊断处方可以说是典型

的模糊现象，使用的语言是模糊语言。”而“控制论中的模糊控制，是建立在模糊教学基础上，运用模糊概念对模糊现象进行识别、控制”。因此提出：“六经为六种模糊聚类分析，其识别要点，主要应从正邪（抗干扰力与干扰）、病期（时间）、脏腑（病变空间）等因素加以分析。即六经病是正邪、时间和表现于脏腑经络之症状的函数。”

二十九、理想模型说

瞿岳云[39]认为：“从方法论的角度而言，《伤寒论》六经分证的实质，是运用理想方法建立的‘理想模型’。属于抽象科学。”并解释说：“所谓‘理想模型’就是为了便于研究而建立的在思维中可以实现的一种高度抽象的理想形态。”因为“用单一的脏腑、经络、气化和时空的观点来解释和表叙外感热病的发展规律，都有一定的局限性。于是张仲景不自觉地运用了科学抽象中的理想化方法，并且为了强化说理，使自己的抽象思维更加纯化，在《内经》的影响之下，借用六条经络之名，抓住热病发展过程中的主要矛盾和主要特征，排除种种次要的、非本质的因素干扰，而建立了既有脏腑经络，又有邪正消长阴阳胜复和时间空间概念的六个理想模型——六经分证理论”。

三十、病理时相说

杨麦青[40]从细胞和细胞因子水平探讨《伤寒论》六经学说，认为：“《伤寒论》是一部临床生理病理学，凡热性病伴全身性机体反应、发展及其转归者均属伤寒。其间显示为炎症、微循环障碍、发热、水电解质代谢和酸碱平衡紊乱、缺氧、休克、毒血症、弥漫性血管内凝血以及心力衰竭等不同病理时相。轻者仅演进一、二阶段‘不传’而‘自止’，重者‘传经’、‘直中’、‘合病’、‘并病’，迅兼数个阶段。”

三十一、多级多路立体说

王文明[41]认为：“《伤寒论》的六经辨证分型，是运用理想化方法，……组成一级六路的既独立又相互联系的辨证分型体系，做为多级多路分型的总纲。纲明则目随之而立，所以每一经在提纲主证的统领下，以八纲的辨证方法分成若干纵横层次，形成二、三级多路分型体系。在有的经中，还可在此之下分成若干小层次和具体汤证，以组成第四、五级多级多路辨证分型网络。……由此不难看出：张仲景在著述《伤寒论》时就充分地运用了‘多级多路调节’理论，使外感热病在辨证分型上形成多级多路体系。进而建立起六个层次分明、又相互联系的多级多路体系的辨证论治立体模型。”

三十二、二值逻辑三维说

黄宗南等[42]对《伤寒论》三阴三阳进行了数学模型设计，认为：“阴阳二值逻辑是仲师《伤寒论》的主要思维方法，表里寒热虚实是由阴阳逻辑衍生出来的具体逻辑值，成为三阴三阳辨证论治的主要思路，而三阴三阳提纲的精神恰好与这三组二值逻辑相一致，于是构成了三维立方体的几何模型设计条件。”

三十三、六经非经论

王琦[43]认为：“《伤寒论》诸多谬说曲解者，皆与这一‘经’字有关。今当力斥其非，拨乱反正。”认为当称“三阴三阳六病”。阎艳丽[44]亦云：“正是‘六经辨证’模糊了《伤寒论》的本来面目，缩小了对《伤寒论》研究的视野，拘紧了思路，并招致任意附会仲景书的后果，理当弃去，而代之以原著提示的‘六病辨证’。”此说虽与“六病说”论据有相近之处，但以否定伤寒“六经”这一名词为其主要目的。

三十四、伤寒六经与抗损伤反应过程

朱家鲁[45]认为：“在伤寒六经病证的演变过程中，机体的防御机能是随着疾病的变化为转移的。因此，可以根据六经的传变规律来掌握其不同阶段的起作用的抗损伤反应过程。”认为“三阳病变都是正盛邪实，机体之抗损伤反应较为显著。至于邪入三阴，多系正气溃败，机体的抗损伤反应受到破坏，此时多表现为机体的保护性代偿作用为其特征”。并结合六经病证加以论述。

三十五、伤寒六经与应激学说

应激学说创立于本世纪30年代，主要是从内分泌角度概括疾病发生发展的一般规律，其规律分为三期。孙泽先[28]把六经三个主要环节，即六经的太阳（相对阳虚）－阳明（阳盛）－少阴，（绝对阳虚），与应激学说的三个期，即动员期（分解代谢）－抵抗期（合成代谢）－衰竭期（分解代谢）相互比较，认为：“六经和应激学说各自通过以上三个主要环节，来说明疾病发生发展的全部过程中机体内部的主要变化情况。三个主要环节的形成，都基于矛盾向相反方面的两次转化，总称两次否定。”而“六经和应激学说在矛盾运动规律上的联系，预示了中、西医在理论上结合的可能性。”

三十六、伤寒六经与时间生物学

蔡抗四[46]认为：“近20年形成的新的边缘学科——时间生物学早在古代《伤寒论》中就得到充分的反映。六经病解的时间推算和服药方法，就是这一理论具体用于临床。”许世瑞[47]亦认为：“《伤寒论》中以大量条文记载了六经病证发生、发展、传变、向愈的规律，其中所示六经病证欲解的规律变化，最具时间医学意义。”

三十七、伤寒六经与逻辑学

程磐基[48]从逻辑学角度对《伤寒论》的六经病进行探讨，分析六经病的概念与张仲景思想方法。指出：“六经病篇首‘××之为病……’一条，可以认为是为六经病下的定义，具有提纲挈领的作用，是《伤寒论》辨证论治的纲领。”并提出了六经病各自的外延定义及内涵定义，如原文第1条可以认为是太阳病的外延定义。其内涵定义是风寒袭表，卫气受邪。且“逻辑学认为，分类是进一步明确概念外延的一种方法”。所以原文2、3条“运用了分析、对比的方法来区别太阳病的两类型”。而“这种分类方法使得太阳病的外延定义更为明确”。

三十八、伤寒六经与自然辩证法

杨麦青[49]运用自然辩证法探讨仲景学说及伤寒六经。指出：“事物的矛盾法则，是辩证法的最基本的法则。”而“《伤寒论》中的矛盾统一，是通过六经病具体形态互相转化的对立统一，……《伤寒论》在六经传变的具体分析基础上完成了阴阳、虚实、邪正、寒热的对立统一，显示了错综复杂的疾病规律在各个不同过程中的矛盾特征”。此外，还结合六经病就有关质量互变律、现象和本质、同一性和差别性等进行了讨论。

三十九、伤寒六经与哲学

陈云平[50]指出：“《伤寒论》创立了六经证治，从而使中医辨证论治体系完整化、系统化，……通篇贯穿张仲景朴素唯物论思想。”认为：“《伤寒论》六经证治，就是通过机体在外的不同表现，进行综合分析，判断其内在病理变化。”因此“张仲景不但是一位伟大的医学家，而且也是一位伟大的哲学家。所以学习《伤寒论》不仅要学他的辨证论治方法，还要学习他的哲学思想，才能全面领会《伤寒论》的本义，探明张仲景的学术思想。”

四十、伤寒六经与信息数学

朱式夷[51]探讨《伤寒论》六经辨证规律提出：“中医的辨证是经过一系列的数学演算而后成立的，决不是任意的逻辑。演算愈细致精确，辨证功夫愈深。”而“这种独特的运算方法实际上属于信息数学。它启蒙于《内经》，奠基于《伤寒杂病论》，成熟于清代，是仲景学说的光辉成就之一，可命名为仲景数学”。

四十一、伤寒六经与三论

80年代以来随着系统论、控制论、信息论的盛行，国内学者开始运用这些理论阐述六经辨证规律。如廖子君[52]从系统论角度探讨《伤寒论》六经体系；孟庆云[38]从控制论模糊识别探讨《伤寒论》六经涵义；王宝瑞[53]论述《伤寒论》六经辨证理论体系中的信息论方法等。而宋天彬[54]指出：“用现代的眼光来看，《伤寒论》包含丰富的系统论、控制论、信息论思想，可见只要是真理，古今中外的认识都会不谋而合。

除上述诸说外：尚有将上述的两种或两种以上观点组合而成的其他学说，如脏腑经络说、脏腑经络气化说等，本文不再一一列举。

参考文献

[1] 恽铁樵. 伤寒论研究（线装书）. 恽氏铅印本，1935. 7：19.

[2] 朱肱. 类证活人书. 上海：商务印书馆，1955. 2～10.

[3] 何志雄.《伤寒论》六经实质探讨. 新中医，1983，(2)：6.

[4] 鲁福安. 从《伤寒论》六经主证的病理基础看六经与脏腑经络间的关系. 河南中医，1981，(4)：6.

[5] 陈修园. 伤寒论浅注（影印本）. 北京：中国书店，1985. 凡例～图注.

[6] 刘渡舟.《伤寒论》的气化学说. 新中医，1983，(2)：10.

[7] 陈亦人.“六气之本标中气不明，不可以读伤寒论”刍议. 江苏中医，1981，(5)：25.

[8] 郝印卿. 伤寒六经气化学说寻根（续）. 山西中医，1994，(4)：46.

[9] 柯琴. 伤寒来苏集. 上海：上海科学技术出版社，1986. 162～165.

[10] 方有执. 伤寒论条辨·图说（影印本）. 上海：商务印书馆，1957. 1～5.

[11] 俞根初. 重订通俗伤寒论. 杭州：新医书局，1956. 2.

[12] 祝味菊．伤寒质难．上海：大众书店，1950．78．
[13] 郭子光．《伤寒论》证治实质的探讨．成都中医学院学报，1979，(1)：2．
[14] 柯雪帆．阴阳胜复是《伤寒论》的理论基础．上海中医药杂志，1980，(4)：14．
[15] 时振声．《伤寒论》的六经与六经病．河南中医，1981，(4)：1．
[16] 肖德馨．《伤寒论》的方法论研究．新中医，1983，(2)：24．
[17] 喜多村直宽．伤寒论疏义（线装书）．日本学训堂聚珍版，1851．6．
[18] 张琪．伤寒六经的研究．哈尔滨中医，1960，(1)：56．
[19] 牛元起．关于六经实质的探讨．中医杂志，1980，(10)：10．
[20] 陆渊雷．伤寒论今释．北京：人民卫生出版社，1955．5．
[21] 黄文东．对伤寒论的六经辨症与治法之体会和意见．上海中医药杂志，1955，(11)：24．
[22] 何云鹤．六经浅释．福鸾中医药杂志，1957，(1)：1．
[23] 姜春华．伤寒六经若干问题．上海中医药杂志，1962，(9)：15．
[24] 钱潢．伤寒溯源集·附录．上海：上海卫生出版社，1957．374．
[25] 俞长荣．《伤寒论》精华在于诊治大法．新中医，1983，(2)：10．
[26] 刘渡舟．伤寒论十四讲．天津：天津科学技术出版社，1982．7．
[27] 刘绍武，胡连玺．试论《伤寒论》“六经”当为“六病”．新中医，1979，(4)：12．
[28] 孙泽先．六经探索——《伤寒论》的哲学论据及其与“应激学说”的联系．辽宁中医，1978，(2)：1．
[29] 岳美中．试谈辨证论治和时间空间．上海中医药杂志，1978，(复刊号)：14．
[30] 陈治恒．关于《伤寒论》三阴三阳的探讨．成都中医学院学报，1982，(4)：237．
[31] 王梅竹．试从《周易》三阴三阳概念浅析《伤寒论》六经辨证体系的形成．黑龙江中医药，1987，(5)：14．
[32] 刘联群．《伤寒论》六经原理新探．河南中医，1990，(5)：2．
[33] 郑元让．伤寒六经人的假设．新中医，1983，(2)：55．
[34] 张长恩．《伤寒论》六经实质新探．北京中医，1983，(1)：34．
[35] 杨培坤，邹志东．试论仲景学说的集论思想．上海：上海交通大学出版社，1992．51，84．
[36] 朱式夷．中医辨证施治规律的探讨．中医杂志，1958，(3)：156．
[37] 王慎轩．从巴甫洛夫学说来研究张仲景伤寒论的六经证治法则．上海中医药杂志，1955，(7)：16．
[38] 孟庆云．从控制论模糊识别探讨《伤寒论》六经通义．陕西中医，1980，(5)：1．
[39] 瞿岳云．略谈《伤寒论》之研究．辽宁中医杂志，1981，(理论专辑增刊)：31．
[40] 杨麦青．从细胞和细胞因子水平看《伤寒论》六经学说．中国中医基础医学杂志，1995：(3)：10．
[41] 王文明．浅谈《伤寒论》中的多级多路调节．中医药信息，1989，(2)：4
[42] 黄宗南，刘家骅．从阴阳逻辑初探《伤寒论》三阴三阳实质——《伤寒论》数学模型设计．北京中医学院学报，1984，(4)：16．
[43] 王琦．六经非经论．中医杂志，1983，(6)：4．
[44] 阎艳丽．《伤寒论》非六经辨证．河北中医学院学报，1989，(1)：5．
[45] 朱家鲁．浅论机体抗损伤反应在《伤寒论》中的体现．云南中医杂志，1982，(3)：17．
[46] 蔡抗四．时间生物学在《伤寒论》中的反映．江西中医药，1983，(3)：30．
[47] 许世瑞．六经病欲解的日时间探讨．河北中医学院学报，1989，(1)：26．
[48] 程磐基．从逻辑学角度对《伤寒论》六经病的探讨．辽宁中医杂志，1983，(6)：8．
[49] 杨麦青．自然辩证法与仲景学说．新中医，1983，(2)：22．
[50] 陈云平．张仲景的哲学思想初探．辽宁中医杂志，1983，(12)：30．
[51] 朱式夷．医学信息与仲景数学．中医药学报，1983，(5)：3．
[52] 廖子君．从现代系统论看《伤寒论》六经体系．国医论坛，1992，(3)：1
[53] 王宝瑞，试论《伤寒论》六经辨证理论体系中的信息论方法．医学与哲学 1986，(1)：7．
[54] 宋天彬．《伤寒论》研究刍议．辽宁中医杂志，1983，(1)：7．
[《北京中医药大学学报》1997；20 (4)：23]

从《内经》《难经》《伤寒论》、《金匮要略》《脉经》看独取寸口诊法的渊源与发展

王庆国　北京中医药大学

独取寸口是中医最重要的脉诊方法，由于其简便易行，可通过切寸口一脉而了解周身阴阳气血之

盛衰，五藏六腑之病变，故而受到历代医家的推崇，最终替代诸法而成为临床上运用最广的脉诊方法。但是，目前对这一脉诊方法的应用过程中存在着过分夸大寸关尺分候五藏六腑法的作用，忽视寸口诊法所包含的其他方法之作用的倾向，并因而影响了其在临床上的正确应用。有鉴于此，个人认为有必要对独取寸口法的历史渊源、发展过程及其所包含的具体内容予以回顾与探讨。

一、独取寸口理论的提出与完善

众所周知，在秦汉之时，脉诊的部位颇不相同，仅《内经）所载，就有遍身诊法、人迎气口诊法、切寸诊尺法、独取寸口法等数种之多。这一方面是由于师承学派不同，渊源各异，以至“各自是其法”的缘故，另一方面也反映了诊脉部位由繁至简的发展过程。从现存文献来看，最早提出独取寸口之理论者，是《素问·五脏别论》与《素问·经脉别论》。《五脏别论》指出：“气口何以独为五脏主？岐伯曰：胃者，水谷之海，六腑之大源也，五味人口，藏于胃以养五脏气，气口亦太阴也，是以五藏六腑之气味，皆出于胃，变见于气口。”《经脉别论》云：“食气人胃，浊气归心，淫精于脉，脉气流经，经气归于肺，肺朝百脉，输精于皮毛，毛脉合精，行气于府，府精神明，留于四脏，气归于权衡，权衡以平，气口成寸，以决死生。”按照《素问》的理论，独取寸口法的依据有二：其一，肺位最高，且受五藏六腑之气所熏蒸，寸口是肺脏经脉的道路，故寸口亦为五脏六腑之道路；其二，胃纳水谷，化生精常上传于肺，通过肺的输布治节，五藏六腑皆受其气，因而百脉朝会于肺，寸口为肺经脉气的道路，所以取寸口可察脏腑的病变。《素问》为独取寸口作了理论上的铺垫，迨《难经》出，又结合《灵枢·营卫生会篇》提出了新的观点：《难经·一难》云：“十二经皆有动脉，独取寸口，以决五藏六腑死生吉凶之法，何谓也？然，寸口者，脉之大会，手太阴之脉动也。人一呼脉行三寸，一吸脉行三寸，呼吸定息脉行六寸。人一日一夜，凡一万三千五百息，脉行五十度，周于身，……故五十度复会于手太阴寸口者，五藏六腑之所终始，故法取于寸口也。”《伤寒论》继承了《难经》的理论，在《平脉法》中归纳为“荣卫气血，在人体躬，呼吸出人，上下于中，因息游布，津液流通，……出人升降，漏刻周旋，水下百刻，一周循环，当复寸口，虚实见焉。”按照《难经》《伤寒论》的观点，独取寸口的理论依据除《素问》所载者外，更重要的是因为人之血脉流行赖肺的呼吸之气以推动，营卫之气遍布周身，循行五十次复会于寸口，因而诸经之脉皆汇于肺，寸口为五脏六腑脉气之所终始，所以诊寸口能够了解营卫气血的盈亏，脏腑的虚实。

二、寸口三部分位的确立

《内经》虽率先提出了独取寸口的理论和尺寸的概念，但除此之外，对寸口脉的长度及寸口脉的分位则语焉未详。至《难经》出，首先解决了寸口脉的长度问题，并提出了寸关尺的概念。《难经·二难》提出：“从关至尺是尺内，从关至鱼际，是寸内，……阴得尺内一寸，阳得寸内九分，尺寸终始一寸九分。”《三难》曰：“关之前者，阳之动，脉当见九分而浮；……关之后者，阴之动，脉当见一寸而沉。”由此可知，寸口脉共长一寸九分，其中前九分为寸，乃阳之动；后一寸为尺，乃阴之动。这样看起来，关部好象只是尺寸之间的一个界限，并无地位。但在《十八难》又指出：“脉有三部九候，……三部者，寸关尺也。”再通过寸以候上部，关以候中部，尺以候下部的记载来看，在《难经）中，实际上关部也象尺寸一样，是有其实际位置的。在《伤寒论·平脉篇》中，也明确提出“脉有三部，尺寸及关”，并对寸关尺的运用作了较为详细的记载，这都说明，到了东汉时，寸关尺的分部问题已经得以解决。对这一问题记载最详的是王叔和的《脉经》，此书卷一“分别三关境界脉候所主第三”中云：“从鱼际至高骨，却行一寸，其中名曰寸口，从寸至尺，名曰尺泽，故曰尺寸。寸后尺前名曰关，阳出阴入，以关为界。阳出三分，阴入三分。”这就说明，掌后高骨，为尺寸之界，亦即关部。关部占尺内三分，寸内三分，共计六分。《脉经》的成书，去东汉未远，其寸关尺的分部当为时习所用。至此，我们可以说，寸口脉的长度及分部问题在东汉时已经十分清楚，即寸口脉共长一寸九分，以掌后高骨为界，前九分为寸（实际上是六分），后一寸为尺（实际上是七分），关部占寸内三分，尺内三分，共为六分。

三、寸口诊法包含的具体内容及其形成与发展

根据《内经》《难经》《伤寒论》《金匮要略》《脉经》的记载，寸口诊法所包含的以脉诊的不同部位诊查人体机能状态及疾病的内容至少有以下5个方面，而寸关尺分候五脏六腑法只是其中之一。

(一)根据三部脉的共同变化作总体的推断

诊寸口脉，最重要、最基本、也是最常用的方

法是从寸口脉的共同变化对人体的状态作总体的推断。《脉要精微论》指出："夫脉者，血之府也。长则气治，短则气病，数则烦心，大则病进，……代则气衰，细则气少，涩则心痛。"此论虽未必只是对寸口脉而言，但自当包括寸口脉在内。而《平人气象论》"欲知寸口太过与不及，寸口之脉中手短者，曰头痛；寸口脉中手长者，曰足胫痛；寸口脉中手促上击者，曰肩背痛；寸口脉沉而坚者，曰病在中"，则明显是从寸口脉的共同变化诊断疾病的典型例证。在《难经》中，通过寸口脉的共同变化来诊察疾病也是脉诊最重要的方法。如《九难》："数则为热，迟则为寒"，《十四难》："脉洪大者，苦烦满；沉细者，胸中痛；滑者伤热；涩者中雾露；沉细夜加，浮大昼加"等概属此类。《伤寒论》更是把通过寸口脉的共同变化来诊断疾病作为脉诊最基本的内容之一。如《平脉法》关于脉象的总论部分即指出："脉有三部，尺寸及关，……变化相乘，阴阳相干，风则浮虚，寒则牢坚，沉潜水蓄，支饮急弦，动则为痛，数则热烦……"。《辨脉法》亦云："寸口脉，浮为在表，迟为在里，数为在腑，迟为在脏。"《平脉法》又云："寸口诸微亡阳，诸濡亡血，诸弱发热，诸紧为寒。"纵观《伤寒论》《金匮要略》全书可以看出，仲景通过对寸口脉的总体变化的诊查，再参以症状表现，不仅可以辨病名，辨证候，辨病因，辨病性，辨病位，辨病势，析病机，而且可以定治则，选方药，明治禁，辨向愈，决生死，其运用范围之广，说理析机之深，远非其他诊法可以比拟。由此可知，根据寸口三部脉的共同变化对疾病作总体的推断，是寸口诊法最重要的内容。

（二）根据尺寸脉的对比变化推断阴阳气血的盛衰

根据尺寸脉的对比变化推断阴阳气血的盛衰，是寸口诊法另一个重要内容。此法在《内经》中未见记载，最早见于《难经》的二难与三难。《二难》云："从关至尺是尺内，阴之所治也；从关至鱼际是寸内，阳之所治也。"《三难》云："关之前者，阳之动也，脉当见九分而浮，过者法曰太过，减者法曰不及，遂上鱼为溢，为外关内格，此阴乘之脉也；关以后者，阴之动也，脉当见一寸而沉，过者法曰太过，减者法曰不及，遂入尺为覆，为内关外格，此阳乘之脉也。"《难经》之论，不仅奠定了以尺寸脉的强弱对比判断阴阳盛衰的理论依据，而且以例举的形式说明了具体应用的方法。《伤寒论》继承了这一方法，并将其应用于临证之中，作为判断阴阳平衡、阴阳偏盛偏衰与阴阳离决的依据。《辨脉法》云："阳脉浮大而濡，阴脉浮大而濡，阴脉与阳脉同等者，名曰缓也。"此处阳脉指寸，阴脉谓尺，浮大而濡为有胃气之象。尺主阴，寸主阳，阴阳同等，故为常人无病之脉。反之，若二脉失和，则有阴阳偏盛偏衰之虞。同篇又云："阴脉不足，阳往乘之；阳脉不足，阴往乘之。曰：何谓阳不足？答曰：假令寸口脉微，名曰阳不足，阴气上入阳中，则洒淅恶寒也。何谓阴不足？答曰：尺脉弱，名曰阴不足，阳气下陷入阴中，则发热也。"阴阳之盛衰，明显见于尺寸之脉，阳虚阴盛则寒，阳盛阴虚则热，其说理丝丝入扣。再如《平脉法》"寸口脉微，尺脉紧，其人虚损多汗，知阴常在，绝不见阳也"，《辨脉法》"阳微则恶寒，阴弱则发热"等论述，均为以尺寸脉对勘判断阴阳盛衰的例证。此外，阴阳的决绝，也可在尺寸脉的对比中有所体现。如《平脉法》云："寸脉下不至关为阳绝，尺脉上不至关为阴绝。此皆不治，决死也。"这些记载较之《难经》又明显前进了一步。不仅如此，《伤寒论》《金匮要略》还根据气属阳，血属阴，表为阳，里为阴的理论，将此法扩展到判断气血的偏盛偏衰与病位的在表在里，如《辨脉法》"阳脉浮，阴脉弱者，则血虚"，《辨脏腑经络先后病第一》"病人脉浮者在前，其病在表，脉浮者在后，其病在里"，即为用尺寸脉对勘判断气血盛衰与病位表里的例证。

（三）根据寸关尺三部的不同变化推断人体上中下三部的病变

以寸关尺三部分候人体上中下三部的病变，也为《难经》所首倡。《一八难》云："三部者，寸关尺也……。上部法天，主胸以上至头之有疾也；中部法人，主膈以下至脐之有疾也；下部法地，主脐以下至足之有疾也。"此条即清楚地系以寸关尺三部分候人体上中下三部之疾的明确记载。至《伤寒论》，则使之更为具体，《平脉法》首条云："三部不同，病各异端，太过可怪，不及亦然，邪不空见，终必有奸，审察表里，三焦别焉，知其所舍，消息诊看，料度腑脏，独见若神……。"本条指出，通过三部脉的不同变化，可以察表里，审三焦，知邪气之所舍。寸关尺三部以别三部之病，在《伤寒论》中虽例数不多，但通过对某些条文的分析，可以知其梗概。如《太阳病病下篇》166条，《可吐篇》第3、第4条，均是在对症状有一定了解的基础上，以寸口脉微浮或微滑判知病在上焦胸中而用吐法；《太阳病下篇》第154条，则是以关上脉浮再结合心下痞满，而知为中焦邪热壅聚。在《金匮要略·五脏风寒积聚篇》第20条则论述的更为明确，此条云："诸积大法，脉来细而附骨者，乃积也。寸口积在胸中；微出寸口，积在喉中；关上积在脐傍；上关上，积在心下；微下关，积在少腹；尺中，积在气冲；脉出左，积在左；脉出右，积在右；脉两出，积在中央；各以其部处之。"由是可知以寸关尺三部分候人体上中下三部之法也为寸口诊法的重要内容。

（四）根据左右寸关尺的不同变化分候五脏六腑之疾

以左右寸关尺六部分候五脏六腑之法，是现今临床上应用最广的方法，但此法既不见于《内经》，亦不见于《伤寒论》《金匮要略》，究其由来，似应以《难经·十八难》为肇端，但《十八难》的论述并非十分明了，而对此法论述最为明了者当属《脉经》。《脉经》第一卷第七节"两手六脉所主五藏六腑阴阳逆顺第七"中载："脉法赞云：肝心出左，肺脾出右，肾与命门，俱出尺部。"并据此将五藏六腑各配于左右寸关尺六部，即：心与小肠候于左手寸部，肝与胆候于左手关部，肺与大肠候于右手寸部，脾与胃候于右手关部，肾与膀胱候于两手尺部，但左属肾，右属子户。由此可见，左右寸关尺分候五藏六腑之法，实际上并不是王叔和所首创，王叔和只是将《脉法赞》的内容记录下来而已。《脉法赞》一书已不可见，其理论渊源也不得而知，但可能与《内经》《难经》不无关系。《素问·脉要精微论》云："尺内两傍，则季胁也；尺外以候肾，尺里以候腹；中附上，左外以候肝，内以候膈，右外以候胃，内以候脾；上附上，右外以候肺，内以候胸中，左外以候心，内以候膻中；前以候前，后以候后；上竟上者，胸喉中事也；下竟下者，少腹腰膝胫足中事也。"此虽是指诊尺肤而言，但脏腑排列的位置与《脉法赞》大体相似；而《难经》和《伤寒论》《金匮要略》寸关尺分候三部之法，以寸候上部，关候中部，尺候下部，在左者候左，在右者候右，也与《脉法赞》的脏腑排列不无关联。因此可以说《脉法赞》关于左右寸关尺六部分候五藏六腑之法，是在《内经》《难经》等书的基础上加以整理升华，并将其转移应用于寸口脉的产物。

（五）根据指法轻重分候五脏的病变

以指法轻重分候五脏，也为《难经》所首倡，《难经》根据《内经》肺主皮，心主脉，脾主肌，肝主筋，肾主骨的论点，创造性地提出了以按诊指法的轻重分候五脏的方法。因肺主皮毛，其气最浅，所以《难经》规定，"如三菽之重，与皮毛相合者，肺部也"；心主血脉，其气次浅，故规定，"如六菽之重，与血脉相合者，心部也"；如此类推，以次递加至十五菽之重，分别诊候脾、肝、肾各部。按指法之轻重虽可分为5个层次，但按九候之法又可大致分为浮中沉3种取法。心肺3、6菽重者，属于浮取，肝肾12、15菽重者，属于沉取，而脾之9菽重者，属于中取。所以在第四难中又说："脉有阴阳之法，何谓也，然，呼出心与肺，吸入肾与肝，呼吸之间，脾受谷味，其脉在中。"而所谓呼吸，反映在脉象上，就是浮沉之别。呼气向外向上，故属阳而见于浮取；吸气向内向下，故属阴而见于沉取；而脾受谷味而在中，则呼出吸入无不因之，故见于中取。因此，四难有关呼出心与肺，吸入肾与肝的论述，不仅阐述了五脏与呼吸的关系，而且也阐述了五脏在浮沉之间的反应。故而后文又云："浮者阳也，沉者阴也，故曰阴阳也。"心肺同具浮部，肾肝同居沉位，虽有指按轻重区别，但也有脉形上的差异，即"心肺俱浮，何以别之？浮而散大者心也，浮而短涩者，肺也"；"肾肝俱沉，何以别之？牢而长者，肝也，按之濡，举指来实者，肾也"；"脾者中州，故其脉在中。"《伤寒论》虽在《平脉法》中对此有所记载，但在具体诊察疾病的条文中未见实际应用的例证。

综上所述，独取寸口诊法肇自《内经》，经过《难经》《伤寒论》《金匮要略》《脉经》的补充而逐渐发展完善。寸口诊法包含有多方面的内容，其中最重要者为通过寸口脉的共同变化对疾病作总体的推断，其次为通过尺寸脉的对比判断阴阳气血的偏盛偏衰，再次为以寸关尺三部分候人体上中下三部，第四才是以左右寸关尺六部分候五藏六腑的病变，第五是以指法轻重分候五脏之疾。除此之外，在运用以上方法时，还要结合胃脉根脉的有无，结合时脏脉的理论判断疾病的纵横顺逆及预后。因此，我们在临床上运用独取寸口法诊查疾病时，对寸关尺分候五藏六腑法要有正确的认识，不应片面地扩大此法的价值，而是要对古人的理论与方法予以全面地理解和继承，如此才能获取更多的信息，使寸口诊法在辨证论治的过程中发挥更大的作用。

[《北京中医药大学学报》1997；20（5）：20]

《伤寒论》中“火逆”新探

尹政珍　新疆中医学院

“火逆”一词，首见于《伤寒论》。《伤寒论·辨太阳病脉证并治》中第116条曰：“…脉浮，宜以汗解，用火灸之，邪无从出，因火而盛，病从腰以下必重而痹，名火逆也。”张隐庵注：“火降者，因火而逆也。”因误用了艾灸、烧针、熏熨等火法，而引起逆证、变证。纵观《伤寒论》，有关此类的论述多达18条，尤以三阳证及一切里热津伤的病证误用可致“火逆”。“火逆”见证，有太阳病误用，可出现汗不出者；而火逆内攻，有致热伤血络而吐血、便血者；有热伤胃津躁烦谵语者；有致阴虚阳亢而小便难、发黄，口干咽烂，手足躁扰，捻衣摸床者；有致心阳损伤惊狂，卧起不安或发奔豚者；少阴病误用，可出现咳嗽，腹泻、谵语、小便难；阳明病误用，可出现怵惕不安，烦躁不眠；少阳病误用，可出现谵语等[1]。

《伤寒论》中多处提出火攻导致“火逆”，使后世受到很大影响。如宋代《太平惠民和剂局方》附录许洪的《指南方论》中有伤寒十劝，提到“伤寒胸胁痛及腹满，不可妄用艾灸”。明·张景岳也认为阳盛阴虚的热证不宜用灸，否则“灾害立至”。王孟英也提出“灸可劫阴”之说[2]。火法是否可致逆呢？早在《内经》时代就已有“火郁发之”之说。《灵枢·痈疽》曰：痈“发于胁，名曰败疵。败疵者，女子之病也，灸之。”《灵枢·癫狂》曰：“狂而新发。”“灸骨骶二十壮。”提出了热证用灸的经验。唐·孙思邈在《千金方·灸例》中载：“其温病随所著而灸之，可百壮余，少至九十壮。”《千金方·卷十六》又有：“胃中热病，灸三里三十壮。”《千金方·卷三十一》有“消渴咽喉干，灸胃管下输三灸各百壮”及“灸胸堂五十壮”的治法。明·龚居中在《红炉点雪》一书中明确指出：灸法用于寒热虚实诸证无往不宜。虞抟在《医学正传》中还作了解释：“虚者灸之，使火气以助元气也；实者灸之，使实邪随火气而发散也；寒者灸之，使其气复温也；热者灸之，引郁热之气外发，火就燥之义也。”而张仲景对火攻之法亦有运用。《伤寒论·辨太阳病脉证并治》第48条曰：“二阳并病……设面色缘缘正赤者，阳气怫郁在表，当解之熏之。”因阳热在表，可透散，借熏法的透散能力以去热。此与阳实在里当用清法以及阳盛阴虚忌用火灸不同[2]。可见，不适当的应用“火法”，可变生他证而致“火逆”；恰当的“火法”，不仅可以温阳散寒、振奋阳气、畅达解郁，治疗虚寒证，亦可以清热解毒、活血化瘀、宣通发散、调理脏腑，治疗各种热证。随着历史的发展，火法在临床上的运用愈加广泛，但亦有医家碍于医圣仲景“火逆”说，不敢越雷池半步，以致不能充分发挥“火法”优势。因以本人通过认真分析《伤寒论》中“火逆”出现的四方面的原因，对正确认识“火逆”及应用“火法”，于临床是有一定帮助的。

一、“火逆”的出现与疾病本身的性质有关

从《伤寒论·序》中看出，作者置身在一个战乱纷飞、温疫流行的年代，所著《伤寒论》是研究伤于寒而发于热的外感热病的专著。此病具有发展快、病势猛、传变迅速、变化多端的特点。使用《伤寒论》治法，一部分病情也难以控制。如《伤寒论·辨太阳病脉证并治》中第26条有：“服桂枝汤，大汗出后，大烦渴不解……。”同篇61条有：“下之后，复发汗，昼日烦躁不得眠，夜而安静，不呕不渴，无表证脉沉微……。”同篇71条：“太阳病，发汗后，大汗出，胃中干，烦躁不得眠……。”说明《伤寒论》对当时的某些热病的传变规律尚未认识完全，一直到后世通过大量的实践，才解决了温热病的发展，变化规律及机理而创立了温病学派。其治法也与伤寒治法不同，多使用寒凉药物治之。明·吴有性著《温疫论》曰：“温疫之邪，伏于募原，如鸟栖巢，如兽藏穴，营卫所不关，药石所不及，至其发也，邪毒渐张，内侵于府，外淫于经，营卫受伤，诸症渐显，然后可得而治之。邪其浸淫之际，邪毒尚在募原，必待其或出表，或入里，然后可导引而去，邪尽方愈，所以疫邪方张之际，势不可遏，似使邪毒迷离募原，便是治法。”[3]可见，温病学派的崛起，使后世医家进一步明确了伤寒与温病的传变规律及治法皆不同。将温病当作伤寒论治，不仅不能控制疫情，甚至还会出现发黄、谵妄、出血等后期症状。而这些症状的出现，据分析并非因火法引起，而是温病的传变所致，是疾病的自身发展、演变的过程。

二、“火逆”的出现与人体的体质有关

《灵枢·通天》曰：“古之善用针艾者，视人五态乃治之，盛者泻之，虚者补之。”即是根据人的体质类型进行针灸补泻。同篇中又将人的体质分为五种类型，即太阴之人、少阴之人、太阳之人、少阳之人、阴阳和平之人。并指出：“太阴之人，多阴而无阳，其阴血浊，其卫气涩，阴阳不和，缓筋

而厚皮，不之疾泻，不能移之。少阴之人，多阴少阳，小胃而大肠，六腑不调，其阳明脉小而太阳脉大，必审调之，其血易脱，其气易败也……。”也就是说，太阴之人要用较重的刺激手法即泻法，不然就难以收效，而少阴之人，其血气易脱，再用重泻手法，则容易出现衰败，所以要根据体质谨慎调理。《千金方》也谈到：“凡言壮数者，若丁壮遇病，病根深笃者，可倍多于方数，其人老小羸弱者，可复减半。”[4]指出体质不同，选用灸法的刺激量不同。同样，由于体质的差异，同样的刺激，往往也有不同的反应。在东汉末年，仲景所处的时代，人民颠沛流离，饥饱无常，致使许多人正气不足，感染温疫，而有些人由于体质不同，容易从火燥化，使用火法不慎，而导致“火逆”。

三、“火逆”的出现，与施火方法不当有关

“火逆”虽在古籍论述中有治疗寒热虚实不同的病证，但具体的操作，确有着严格的区别。唐·孙思邈《千金方》中就有灸之生熟法的记载。灸之熟法，即是指艾炷大，壮数多，灸之时间长；灸之生法，即是指艾炷小，壮数少，灸之时间短。《千金方》中强调，对虚证、寒证当用“熟灸法”；对实证、热证，当用“生灸法”。若投火不当，不问病情、年龄、体质，一味重火猛烧强求取汗，势必导致“火逆”之乱。在仲景“火逆”条文中也可看出，使用“迫”“劫”“强责”之词，反映了“火逆”与施术不当有关。

另有火法操作与护理不当，也与“火逆”出现有关。如火针及化脓灸除了施术前严格消毒外，火针操作要求先把针烧红后迅速刺人，迅速拔出，刺的深度要根据病情、体质、年龄及部位而定。操作完后3~4小时，还当消毒针孔一次，较深的部位，刺后当用消毒纱布贴敷，并嘱病人5~7日不可洗澡以防感染，若不注意这些，即可引发“火逆”。

再如化脓灸及民间灯火灸，均当注意控制灸疮面积大小、深度及灸疮的护理。若注意清洁疮口，溃疡面不弥漫扩大，流乳白色脓液为正常；若化脓过多，溃疡而不断发展，脓汁由淡白稀薄转为黄绿色或疼痛，如不及时控制，即可变生“火逆”。

四、“火逆”变证，是仲景强调辨证施治之警句

《伤寒论·辨太阳病脉证并治》第6条：“风温为病，脉阴阳俱浮，自汗出，身重……。若破火者，微发黄色，剧则如惊痫，时瘈疭；若火熏之，一逆尚引日，再逆促命期。”第16条：“太阳病三日，已发汗，若吐若下若温针，仍不解者。此为坏病……。”《伤寒论·辨阳明病脉证并治》第221条载：“若加温针，必怵惕烦躁不得眠。”《伤寒论·辨少阳病脉证并治》第267条载：“若已吐下，发汗温针、谵语，柴胡汤证罢。此为坏病……。”[1]以上均可看出，三阳病证，如果使用火法不当均可以出现一系列变证，逆证。故仲景以“若”字作警句，告诫医家当注意：不要不顾病邪的性质、火灸的特点及病人的体质而滥施火法，否则，就会产生严重的后果。“观其脉证，知犯何逆，随证治之”，是其治疗原则。

综上所述，正确的认识和分析《伤寒论》中“火逆”变证，对于我们在临床上更合理、更恰当地应用火法是十分重要的。“火法”虽在临床上有治疗寒热虚实之不同病证，但各自又有它不同的适应证及操作要求。仲景学说的精髓在于强调灵活辨证施治，因此，我们也当用辨证的眼光来看待“火逆”。

参考文献

[1] 南京中医学院伤寒教研室主编. 伤寒论译释. 第2版. 上海：上海科技出版社，1980：45~53.

[2] 魏稼主编. 各家针灸学说. 第5版. 上海：上海科技出版社，1983：16~30.

[3] 任应秋主编. 中医各家学说. 第4版. 上海：上海科技出版社，1980：124.

[4] 靳瑞主编. 针灸医籍选. 第5版. 上海：上海科技山版社，1986：101.

[5] 湖北中医学院主编. 伤寒论选读. 第4版. 上海：上海科技出版社，1979：35

[《新疆中医药》1998；16（1）：2]

仲景著作价值的二重性

——兼论仲景著作的研究

张大明　张国泰　河南省中医药研究院

仲景著作有着临床、理论、医史等诸多方面的价值，这是众所周知的，而长时期对这诸多价值的二重性——潜价值与显价值，却缺乏认识，未形成明晰的概念。本文试就此问题作一探讨。

一、仲景著作的潜价值与显价值

仲景著作的多种价值虽是客观存在，但若与其实现者联系起来考察，便不难发现，在不同的时代或不同的读者那里，对它价值的认识是不同的。如一个初学中医者读《伤寒论》，多可知书中何方治

何病，而对其中深奥的理法则往往视而不见。此即所谓“不善读者，未免滞于句下”。仲景著作对于此时的他来说，其价值实际只相当于一般的方书。而对《伤寒论》有一定研究的人，则会发现更多的东西，若是研究《伤寒论》的大家，那发现的价值会更多。这说明在不同的人那里，仲景著作价值实现的情况迥然有异。而我们又不能因某些人认识不到某价值而否认它的存在。于是我们便应该承认仲景著作的价值确实具有二重性——潜价值与显价值。对于研究仲景著作的某个人来说，认识到的价值为显价值，未认识到的为潜价值；而对于社会来说，有人认识到了某价值，用口头或书面等方式发表，产生一定影响，即成为显价值，若无人认识，或即使有人认识到，但未经交流，于社会无影响，亦为潜价值。从价值二重性观点看，仲景著作研究历史可以看作一个潜价值不断转化为显价值的过程，历代研究之目的，即是促成这种转化。若能从价值二重性观点分析仲景的价值及转化规律，可能会从新的角度解释或解决仲景著作研究中的一些问题，促进仲景著作研究的进展。下面试就仲景著作价值转化的规律性及研究的持久性问题作一探讨。

二、影响价值转化的几个因素

1. 价值观因素　在研究仲景著作时，人们容易带着一定的价值倾性。如医史学者重视其医史价值，临床医生多对临床价值感兴趣。即使同为临床医生，内外妇儿各科又各有其侧重点。由于价值取向的影响，导致了揭示价值的各有偏重。如内科医生可能对炙甘草汤在治疗心动悸方面的价值认识比较深刻，而揭示出其有治疗冠心、高心、肺心病之价值；而其治疗青盲、内障等目疾的潜价值则往往是由眼科医生所揭示，内科医生常常容易忽略。

2. 个人知识素养因素　如前所述，初学中医者之所以不易将仲景著作中之潜价值转化为显价值，多因知识素养不足。欲深入揭示仲景著作之潜价值，就须熟悉仲景著作，并将研究中的问题意识常存于心间，形成较强的问题意识。有了这样的心理知识准备，才能在研读仲景著作时通过先后合参、比较异同等而有所领悟；或在临证时受到某些触发而忽来灵感悟出某价值，使某久思不解之问题迎刃而解。所谓灵感只拜访那些有准备的头脑，即是指此。如从柯琴《伤寒论注凡例》中可看出，柯琴素有重编伤寒论的思想准备，而形成问题意识，“因无所据”，难以着手。后在研读伤寒论中读至太阳证，而联系到桂枝、柴胡诸证，灵感悟发，“乃宗此义”，以方证编次，终成一代大家。

3. 时代因素　回顾仲景著作研究史，可以看出每一时代虽都不同程度地揭示了仲景著作中的潜价值，但都只是部分地使潜价值转化为显价值。这是因时代限制了人们的能力。纵然研究者知识素养丰厚，灵感频至，可以作自己时代的皎皎者，但决不可能超越时代。柯琴虽然无愧于其时代，是一出类拔萃者，但他不可能超越时代，用现代实验方法研究《伤寒论》。作为一个仲景著作的研究者，不仅要加强知识素养，更要利用本时代的先进理论及方法，以提示出前时代不可揭示的价值。就社会来说，由于古代印刷及交通等限制，学术交流难以进行，有些潜价值虽已被个人揭示，却难以成为社会的显价值，由显而复归于潜。所以我们要充分利用时代的有利条件，进行广泛而经常的学术交流。

4. 方法因素　工欲善其事，必先利其器。已往对仲景著作价值的较大的揭示，多是创用了新的方法而达到的。如方有执的三纲编次法、柯琴依方证重编法，现代的实验研究法等。方法之不同，导致了对仲景著作价值揭示的方面及程度的差异。每一方法都可能有助于揭示某方面的价值，而对另一些价值的揭示却相对无力。历史上的伤寒学术流派，很大程度上是因其方法不同而形成。他们往往拘于自己惯用的某些方法，而忽视其他方法揭示出的价值，以至于互为攻击。我们要避免步古人之后尘，应善用法而不拘于法，对各种方法所揭示的价值不可轻易否定，并尽可能创用新的方法来研究，将仲景著作中的潜价值转化为显价值。

三、关于仲景著作研究的持久性问题

1. 仲景著作中某些价值显然具有持久性　仲景著作中的一些具有高度哲理性、普遍性、原则性的理法，如六经辨证、又如“观其脉证……随证治之”“见肝之病……当先实脾”等。由于揭示了某些规律性普遍性的问题，因而具有长久的指导价值，中医临床工作显然不可能脱离这些理法，其价值故持久不衰，吸引人不断地研究探讨。其次仲景著作中的许多方药，按原文运用得当则屡试不爽，治疗价值之持久，也是研究之持久的一个重要原因。

2. 潜价值不断转为显价值　仲景著作较多的理法是那些针对某具体汤证，初看普遍性并不强的理法。如服桂枝汤取微汗，汗出后停服；服承气汤，得下止后服等。若我们对它的认识不止于字面，再深入一些研究，可以悟出其中保胃气，存津液的寓意。这样，就使其中的具有普遍性指导意义的价值由潜转显。不仅是运用桂枝、承气二汤，运用其他方剂也可以参照这个原则。仲景著作中不仅有前面言明之理法，更有丰富的理法寓含于诸多的方药之中，几乎一方一药都寓有深意。如麻黄汤之君臣佐使次第井然，真武汤中白芍敛阳反佐，诸多方剂的化裁加减等。我们若通过反复运用体会，掌握了其中组方用药之规律，辨证论治之精神，就不难发现这些方药不仅具有明显的治疗价值，也许更重要的、生命力更强的是它的示范价值。仲景著作之所以不常作为方书检方对症，而是作为必读经典反复学习，意盖在此。造成仲景著作生命力长存，研究持久不衰的一最重要的原因，正是由于其潜价值可以不断向显价值转化。由于总是可以从中发现新的价值，故长期激励着一批又一批学者研究仲景著作。

3. 潜价值转化为显价值的困难性　首先，仲景著作是佚而复辑，已非原貌，由此而失却了许多揭示其潜价值的线索。历代研究者或依法重排，或依方重排，或以证重排，往往有得也有失，不尽人意。其次此项研究甚为不易。若是知识素养不丰厚，心理准备不足，或是所用方法欠佳，或是因为价值观的偏侧，或是为时代所限定，均可使许多潜价值不能转化为显价值。这其中时代因素限制作用较大，有些潜价值不到了某个时代，不具备了某些条件，便难以或不可能揭示，而在此之前只能是潜价值。有了以上的困难，便决定了仲景著作之潜价值不可能在某一时代或被某一天才完全揭示，而只能是一场持久战，只有随着时代的推移，其潜价值才会逐渐转化为显价值。

[《中国中医基础医学杂志》1998；4（6）：31]

东汉末建安大疫考

——兼论仲景《伤寒论》是世界上第一部流行性感冒研究专著

赖　文　李永宸　广州中医药大学

东汉中后期，我国中原地区疫情频发。《后汉书·五行志》录有疫情十次，全发生在安帝元初六年（公元119年）以后，[1]尤其是建安年间（公元196～219年），疫情持续时间之长、死亡人数之多，是历史上少见的。仲景一族“向余二百，建安纪年以来，犹未十稔，其死亡者，三分有二，伤寒十居其七”。[2]“建安二十二年（公元217年），疠气流行，家家有僵尸之痛，室室有号泣之哀；或阖门而殪，或覆族而丧”。[3]士宦之家亦不能幸免，建安七子中，便有五人殁于此难。[4]早在近两千年前便肆虐中原的究竟是什么病？这是中国乃至世界流行病史上值得探究的问题。

亲历其疫、并以医学家的眼光来观察、记录、研究建安疫病的是张仲景。正如清代王孟英《霍乱论》是对1821年上海霍乱大流行的真实记录一样，张仲景《伤寒杂病论》中的“伤寒”部分亦是对建安疫病证治的真实记录和理论总结。因此，《伤寒论》是探讨建安疫病种的重要资料和突破口。

1.《伤寒论》与《小品方》在外感天行（温疫）证治上的明显差异及两书先后适用于不同的历史时期，说明仲景所论之伤寒主要是外感天行中的一种，而非一切外感传染病。

众所周知，仲景所论之伤寒，初起以风寒束表的发热恶风寒头身强痛为典型症状，治以辛温。六经传变诸症中，除阳明实热和少阴热化外，方治亦主要是辛温和温热。但是自仲景之后二百年的南朝陈延之《小品方》，对天行伤寒的认识和方治却有明显不同。《小品方》（辑佚本）卷六共辑有“治冬月伤寒诸方”28首。[5]其中见于仲景伤寒方的仅一首“白虎加人参汤”。28方中以辛温药为主的仅五方，五方中无一用附子，反而大都含有黄芩、连翘、石膏、麦冬、鳖甲等清热养阴药。尤其值得注意的是：《小品方》治伤寒诸方所主治之证，六次提及热毒、阳毒，两次提及斑疹，这是仲景六经病所未见者。[6]此外，在28首方中，仅一方说明“治春夏天行伤寒”，以茅根为主药；一方言“治伤寒热毒”“兼治天行”，重用漏芦、连翘、黄芩、大黄，兼用麻黄。与此相呼应的是，同卷“治春夏温热病诸方”共辑有8方，其中5方标明治天行瘟疫（内有3方说明发病季节是春夏、夏月），症状多以头痛壮热、四肢烦痛、发斑出疹、渴饮为主。[7]

以上资料显示：南北朝时期，瘟疫的好发季节已从仲景时期的冬季转为春夏；其主要病种从仲景所常见的以寒邪犯表或直中为特征的寒性传染病让位于以壮热烦渴出斑疹身烦痛为主要特征的温热性传染病，伤寒已基本上不能视作瘟疫病；对天行疫病的治疗，亦从仲景时期的以辛温为主变为辛凉、尤其是寒凉为主，仲景伤寒方大都不被采用。正因为伤寒在六朝已不是主要疫种，陈延之才有必要于《小品方》中极力阐析伤寒与时行瘟疫的区别；[8]也正是由于疫病病种的改变，《伤寒论》在南北朝开始受冷落，到了隋唐时期（正值我国气候史上的温暖期），《小品方》被政府定为学医必读之书，而孙思邈遂有“江南诸师秘仲景要方不传”之叹。[9]

由此可见，《伤寒论》原本不是通治一切外感传染病的通论，而是专治（或主治）建安年间某种时行疫病的专书，其所记录的疫病症状、病变过程、方治疗效，可用作推求建安疫病病种的可靠资料。

2. 仲景时代的气候特点、《伤寒论》主方的来源及其在六经病中的应用，表明建安年间流行的大疫主要是以寒邪致病为证候特点和病理机制的寒性瘟疫。

“东汉时代即公元初，我国天气有趋于寒冷的趋势……到三国时代，曹操在铜雀台种橘，只开花不结果。曹操儿子曹丕在公元225年到淮河广陵（今之淮阴）视察十多万士兵演习，由于严寒，淮河突然冻结，演习不得不停止。这是我们所知道的第一次有记载的淮河结冰，那时气候已比现在寒冷了。”[10]《后汉书·五行志》亦记载“献帝初平四年（193年）六月，寒风如冬时”。[11]气候明显变冷，导致“阴阳失位，寒暑错时，是故生疫”。[12]这是东汉后期疫情剧增的重要原因，也提示该时期的疫种与寒冷气候关系密切，加上汉末三国时期的战乱，疫情一旦发生，便蔓延难息。从史料看，建安年间造成高死亡率的瘟疫大流行至少有四次：建安前期（196～205年间）、建安十三年（208年）、二十二年（217年）二十四年（219年）[13]。在这种气候与社会背景下，患者往往以感受风寒为诱因，以风寒束表的发热恶寒头身强痛为首发症状，仲景便归之为“伤寒”。

仲景治时行伤寒的主要方剂，来源于上古《汤液经法》中的外感天行方。《汤液经法》一书已佚，其外感天行方幸为敦煌医卷《辅行诀脏腑用药法要》所保存。陶弘景于书中明确指出：“外感之疾，日数传变，死生往往在三五日间”，“外感天行，经方之治，有二旦、六神、大小等汤。昔南阳张机，依此诸方，撰为《伤寒论》一部”。“张机撰《伤寒论》，避道家之称，故其方皆非正名也，但以某药名之，以推主为识耳。”[14]可见，魏晋六朝所谓“外感”，均指具传染性、病情变化快、死亡率高的天行瘟疫，而非一般的受寒感冒。从《法要》的记述看，上古治外感天行方分为两类：小阳旦汤（即仲景桂枝汤）、小阴旦汤（即黄芩汤加生姜）、大阴旦汤（即小柴胡汤加芍药）、小青龙汤（即麻黄汤）、大青龙汤（即小青龙汤）、小玄武汤（即真武汤）、大玄武汤（即真武汤与理中丸合方）等温性方，云“治天行发热”“治天行身热”“治天行肾气不足”等；小白虎汤（即白虎汤）、大白虎汤（即竹叶石膏汤易人参为半夏）、小朱鸟汤（即黄连阿胶汤）、大朱鸟汤（即黄连阿胶汤加人参干姜）等寒凉方，则云“治天行热病”。[15]显然，上古经方已把有发热症状的外感天行病分为寒温两种。而仲景取小阳旦汤（桂枝）等辛温方为建安疫太阳病之首行方，而以大、小白虎等为伤寒传变入里（或直中）后热化证的对证治疗方，其方证之先后主次布局足见其所见所治之疫病为寒性疫病。

3. 伤寒六经病的症状和传变特点最符合流感特征。

经晋王叔和把伤寒病方治从《伤寒杂病论》中析出，唐孙思邈把本以治法分篇以“可”与“不可”立目的《伤寒论》古本改进为六经病篇次，[16]伤寒病的症状特点和病变过程显得清晰了。正如刘渡舟教授所说：伤寒六经病“既是对疾病所表现的六类证候的概括，又表示伤寒病变过程中的既不相同而又互相联系的六个阶段。”[17]因此，仲景对伤寒六经病的阐述是我们了解建安疫病病种的主要临床依据。

伤寒病初起以发热恶风头项强痛为主症。现今已知，可造成“无论长少”甚或“阖门而殪”式大流行的传染病，初起时大都可有这种表现。但是，在这类烈性传染病中，流行性脑脊髓膜炎、斑疹伤寒、天花、猩红热常有斑疹或痘疹等明显体徵，而仲景六经症状中全无提及；鼠疫的流行常先有（或伴有）大量死鼠的异常现象，而当时的史料及仲景均无记述；霍乱弧菌引起的流行性霍乱、伤寒杆菌引起的肠伤寒等，以严重吐泻为主症，与仲景伤寒病以或吐或下利为病情发展的某一阶段时可能出现的症状之一明显不同；均可排除。而流感则无论在病情初起、发展、危重阶段，都与伤寒病十分相似。

例如，伤寒六经病症状可大致归纳为四类：一是以发热（或壮热、或寒热往来）、头身强痛、恶风寒（或但恶热）等为主的全身症状；二是以咳喘、胸胁苦闷、手足厥逆等为主的呼吸循环系统症状。三是以呕吐下利、腹满腹痛、不欲食等为主的消化系统症状；四是以谵语、遗尿、但欲寐、口不仁、烦躁等为主的神经系统症状。患者得病后，随其正气的强弱、体质的寒热、感邪的轻重、治疗的当否、有无宿疾等不同情况而出现不传经而向愈，或传经（顺经传、隔经传、表里传）、或直中、或合病并病、或坏病等而加重病情乃至危殆的不同转归。现代医学把流感分为四型：初起以畏寒高热、剧烈头痛和周身酸痛为常见症状，若无继发感染和并发证，则为单纯型流感，一般发热2～3日可渐愈。若发生混合感染和并发证，可发展成支气管和细支气管型、肺炎型和其他型（胃肠型、脑炎型、中毒型等），各型症状及病情变化与伤寒六经病症状及传变很相似。[18]

值得注意的是，仲景主要从两个方面观察和描述伤寒病的变化发展，并据此制定相应方治：一是受邪时日和相应症状表现。仲景此说主要是秉承《素问·热论》的计日传经理论。虽说这一理论因患者个体差异而不可拘守，但作为临床医家的张仲景，是以当时临床所见的伤寒病病情发展的一般规律为依据来验证和认同《内经》理论的。二是用药施治后或失治、误治后病情的相应变化。只有对某一病种进行过长期大量的临床病例观察，才能有如此具体细致的描述；也只有当这一病例是同一病种时，患者才能有如此相似症状和带规律性的病程，仲景才能据此总结出一套切合临床需要的治疗措施。因此，仲景《伤寒论》的临床疾病原型不可能是多种流行性传染病，而很可能就是流感。

4. 流感有寒性热性之分，建安大疫为寒性流感。

道光十至十三年（1830～1833），我国发生流感大流行，并蔓延全球。[19]从中医文献的记载看，这次流感性属温热。如李文荣（乾隆至道光年间江苏丹徒人）《知医必辨》曰："道光十二年大行瘟疫，得病即壮热非常，神糊妄语，甚则发狂，稍服燥药，立见致命，服犀角地黄汤则愈。此温症也，阳毒也。"[20]陆以恬（浙江桐乡人）《冷庐杂识》亦有类似记载："道光癸巳（1833年）仲秋，三弟以灏年十五，患伏暑，初见发热恶寒头痛，延同里某医治之，某医素奉盛名，诊视匆遽，误为感寒，用桂枝、葛根、防风等药二剂，而神昏肢冷。余时方自郡城归，更延茅平斋治之，以为热邪入里，用生地、元参、银花、连翘、竹叶等味，竟不能痊。人皆归咎于茅，而不知实误于某也。"[21]

与此相反，1957年的流感世界大流行，我国大部分地区被波及，中医药界对该次流感的治疗经验是"宜用辛温"，[22]多以仲景方取效。明清文献亦有寒疫的记载，如清徐延祚《医粹精言·卷四》引《崇祯甲戌篇》："大兵之后，人民流离，元气馁弱，忽值大寒暴雪，寒疫之病日见其多，类皆面赤发热，口渴神离，因以参附而奏效者，指不胜屈。"[23]从所记病因症状和方治疗效看，上述疫情有可能是寒性流感。

建安伤寒、崇祯甲戌年寒疫以及1957年的寒性流感均发生在寒冷气候条件下，[24]须治以辛温、温热。而十九世纪上半叶气候较温暖，[25]中医文献所载疫证大都为温热病，1830～1833年的流感亦属温热性质，须治以辛凉、寒凉。流感的寒温与气候及病毒株型的关系有待探讨，但流感有寒性与温性之别却是可以肯定的，建安年间发生的流感无疑是寒性流感。

5. 伤寒方在现代临床上应用最多、疗效最确切的流行性传染病病种也是流感。

从《伤寒论方证研究》、[26]《伤寒论方古今临床》[27]、《当代名医证治汇粹》、[28]《临床实用伤寒学》、[29]《伤寒论与临证》[30]等书所收集的伤寒方现代临床应用资料看，用伤寒方主治的传染病病种以呼吸道和胃肠道传染病为主，其中报道最多最集中的是流感。兹以《临床实用伤寒学》为例，将所治传染病中有可能造成延门阖户式大流行和高死亡率的病种及所用方剂对比列举如下：[31]流感：麻黄汤、桂枝汤、小青龙汤、大青龙汤、小柴胡汤*、柴胡桂枝汤、白虎汤、竹叶石膏汤、麻黄附子细辛汤（共9方）

流行性脑脊髓膜炎：大青龙汤、白虎加人参汤、葛根芩连汤、（共3方）

急性菌痢：小柴胡汤*、葛根芩连汤、干姜黄连黄芩汤、栀子柏皮汤、大承气汤、桃核承气汤（共6方）

伤寒：葛根芩连汤、调胃承气汤（共2方）

以上资料表明，伤寒方对流感和急性菌痢有很强的针对性，而其中作为治疗伤寒首证和常见早期证候的第一梯队方剂麻、桂、青龙、白虎类，一致趋向被用于治疗流感；主治阳明腑实证和少阳、三阳下利证的第二、第三梯队方剂一致趋向被用于治疗菌痢。从这一现代临床实践可以推证当年建安疫病的初、早期证候表现为现代单纯性流感，其病情发展多兼有胃肠道症状。其余四书所反映的情况亦大体同此。

各书所列伤寒方主治的症状中，报道最多的四种症状依次是发热、头身强痛、咳喘胸痛、吐泻腹痛便秘，其余为过敏性荨麻疹和鼻炎、心悸胸闷、衄血、水肿、眩晕、呃逆、骨节痛、手足冷等。这些症状或是流感单纯型、气管与支气管型、肺炎型、胃肠型的常见症状，或是流感并发症、继发症可能出现的症状。

综上所述，我们认为建安疫是世界上最早有记载的流感大流行，仲景《伤寒论》是世界上最早的流感研究专著。伤寒六经病原本是流感病情不同阶段的证候群，仲景以此为临床模型，理性化地总结出寒性外感传染病的某些证候特点和传变规律及诊治方药。由于中医理论的高度概括性和哲理性，并在中医辨证施治思想的指导下，后世医家得以把《伤寒论》的理法方药推广应用到其他性状相类似的疾病和证候的治疗中去。

我国自建安年后，近两千年来可能发生过许多未被明确记录的流感流行。从近、现代我国少数几次有记录的流感流行情况看，我国流感的总趋势是：越往后世，病情的严重性和病死率越低。如道光十～十三年的流感流行，在《清史稿》中仅有一年的记录（道光十一年），且没有提及死亡情况，其他古医籍中亦甚少记载，可见当时并未造成很大影响。1889－1890年的世界流感大流行，仅法、德两国死于流感及其并发症的就有约106300人；[32]与此形成对比的是，“1890年初，广州及广东全省发生流感，虽然流传甚广，并增加了死亡率，但此病显然不属于严重的疾病”，“广州本身一直对各种疾病有着惊人的免疫力。”[33]1918－1920年的世界流感大流行，欧、美、非、澳四大洲的患病人数达5.5亿，死亡人数2～2.5千万，较第一次世界大战所有战场死亡人数还要多，[34]在亚洲的印度、菲律宾也造成极大高的死亡率，[35]但在我国，却似乎并不算严重。如当时在上海，此病“不在应报告卫生处诸病症之列”，[36]故“无从定患者与死者比较之确数，但此症蔓延似属颇广，而死额尚不为高耳”。[37]1957年3～4月的全国流感大流行，“据一些城市的估计，发病率约为人口的20%～40%……症状一般不严重……合并症发病率（主要为肺炎、支气管炎及心脏衰竭，主要发生于儿童、老年人及有慢性疾病的人中）及病死率据三地的统计各为3.3%及0.01%，4.4%及0.011%，0.67%及0.07%”，有研究提示，该次流感的病毒可能与1889～1891年大流行的病毒相似。[38]这是很令人深思的。研究我国古代流感流行史，将有助于了解近、现代流感在我国造成的死亡率远低于他国的原因，并将对现代流感的防治有所启示。

参考文献

[1] 刘昭注补录了东汉初建武年间（公元37～50年）三次疫情．此后至公元119年未见疫情记录．

[2] 刘渡舟．伤寒论校注．北京：人民卫生出版社，1991年；19～21.

[3] 曹植．说疫气．北京：人民文学出版社，1984年；177.

[4]《三国志·魏·王粲等传》：“禹以十七年卒，干、琳、桢二十二年卒．文帝书与元城令吴质曰：昔年疾疫，亲故多离其灾，徐、陈、应、刘一时俱逝．”同篇路粹传裴松之注引韦仲将语：“元瑜（即阮禹）病于体弱．”中华书局，1982年；602.

[5]《小品方》诸卷目辑自日本残卷．“伤寒诸方”本为30首．其中两首疑非出自《小品》．故除外．

[6] 马继兴《中医文献学》：收于北宋《太平圣惠方》第八卷的伤寒条文是以五代高继冲本为底本的伤寒古传本，内有今本《伤寒论》的佚文．其中有有关伤寒发斑的条文，但晋、唐医书中所录伤寒论条文均无发斑的记载．北宋校《伤寒论》主要依据高继冲本．但今传世的赵开美影宋刊本并无伤寒发斑之说．赵本可能有个别文字的脱失，但不致略去如此重要的见症，或因当年林亿等较书时，因高本“文字舛错，未尝考证”而删去不取亦未可知．故建安伤寒有发斑之说，尚无确证．上海：上海科技出版社，1990年；111.

[7] 高文铸辑．小品方．北京：中国中医药出版社，1995；108～124.

[8] 原文见［7］．108～109.

[9] 孙思邈．千金要方．北京：人民卫生出版社，1959年；187.

[10] 竺可桢．中国近五千年来气候变迁的初步研究．考古学报，1972（1）：21.

[11] 范晔．后汉书·五行志．北京：中华书局，1965年；3313.

[12] 同［3］.

[13]《三国志·魏·武帝纪》：“十二月……公至赤壁与备战，不利．于是大疫，吏士多死者，乃引军还．”《三国志·吴·孙权传》：“二十四年，是岁大疫，尽除荆州民租税．”北京：中华书局，1982年；31，1121.

[14] 马继兴、等．敦煌古医籍考释．南昌：江西科学技术出版社，1988年；132，135.

[15] 同［14］，132～135页.

[16] 说据马继兴《中医文献学》．上海：上海科技出版社，1990年；111.

[17] 刘渡舟．伤寒论通俗讲话．上海：上海科学技术出版社，1988年；5.

[18] 魏承毓、等．实用流行病学．兰州：甘肃科技出版社，1989年；267～274.

[19] H·马克威尔．流行性感冒．北京：人民卫生出版社，1959年；1～11.

[20] 沈洪瑞，梁秀清．历代名医医话大观．下册，太原：山西科技出版社，1996年；1302.

[21] 同［20］，上册，960页.

[22] 宋祖敬．当代名医证治汇粹．石家庄：河北科技出版社，1990年；10.

[23] 同［20］，上册，851页.

[24] 据竺可桢《中国近五千年来气候变迁的初步研究》，1955～1957年天津出现了七、八十年来最寒冷的冬季；1955年正月，华东至中华南都出现了打破纪录的绝对最低温度；洞庭湖、汉江、淮河出现了二十世纪第一次有记录的结冰；海南岛南部下霜.

[25] 见［10］．31页.

[26] 辽宁省中医研究院. 伤寒论方证研究. 沈阳：辽宁科学技术出版社，1984 年.
[27] 浙江医大第一期西中班. 伤寒论方古今临床. 杭州：浙江科技出版社，1983 年.
[28] 同 [22].
[29] 熊曼琪、张横柳. 临证实用伤寒学. 北京：中国科学技术出版社，1991 年.
[30] 聂惠民. 伤寒论与临证. 广州：广东科学技术出版社，1993 年.
[31] 加 * 号者来源于《汤液经法》天行病方.
[32] B. M. 日丹诺夫，等. 流行性感冒. 北京：人民卫生出版社，1963 年；355.
[33]《近代广州口岸经济社会概况 · 十一 · 灾异》引粤海关税务司雷乐石（LS. ROCHER）1891 年 12 月 31 日写于广州的《粤海关十年报告（一）》. 广州：暨南大学出版社，1995 年；882.
[34] 同 [19].
[35] 同 [32].
[36] 申报，上海，1919 年 3 月 8 日.
[37] 申报，上海，1919 年 3 月 19 日.
[38] 朱既明. 中华医学杂志，1958（2）：121.

[《上海中医药杂志》1998；（8）：2]

《伤寒论》几个问题的探讨

李树沛　姜建国　山东中医药大学
周爱民　山东省立医院

在研读《伤寒论》的过程中，常被某些问题所困惑，下面结合历代伤寒注家的研究，举几个问题谈谈我们的认识与体会。

一、一证

《伤寒论》101 条指出：“伤寒中风，有柴胡证，但见一证便是，不必悉具”。这一原则的提出，对少阳病的辨证及小柴胡汤的运用是十分重要的，但何谓“一证”？诸家认识不一。如郑重光云：“有柴胡证，但见一证便是，不必悉具者，言往来寒热是柴胡证，此外兼见胸胁满硬，心烦喜呕及诸证中凡有一证者，即是半表半里……”他主张必须在“往来寒热”的基础上，再兼见其他“一证”。这种说法对“一证”的界定过严，同时与仲师原文精神有悖。如 37、99、104、379 诸条小柴胡汤证，并无往来寒热，《皇汉医学》引刘栋语云：“凡柴胡汤正证中之往来寒热一证，胸胁苦满一证，嘿嘿不欲饮食一证，心烦喜呕一证之四证中，但见一证，即当服柴胡汤，其他各证（指或然兼症）不必悉具也”。刘栋虽对“一证”的界定较宽，但仍未脱离第 96 条的内容。如 265 条“伤寒脉弦细，头痛发热者，属少阳”。此条显然应治以柴胡汤，均属“一证”范畴。我们认为，对“一证”的理解，不必界定在某症某脉上，只要能真实反映少阳病病理性的任何脉症，都应列入“一证”的范畴内。

更为重要的是：为什么只有柴胡汤的运用要“但见一证便是，不必悉具”？这是个深层次的问题，这个问题搞不清楚，会直接影响对少阳病的理解。少阳位于半表半里，主持枢机，为气机上下升降、内外出入关键所在。这种位置与功能的特殊性，决定了少阳发病有如下的特点。其一，所谓半表半里，即外连于表，内连于里，所以病变涉及的范围较大，出现的症状繁杂。其二，少阳为胆府，胆主疏泄，而疏泄对气的运动、情志调节及脾胃运化均有直接的影响，所以一旦少阳为病，胆失疏泄，就会出现气机、情志及脾胃多方面的病症。其三，少阳主枢机，具有灵活多变的特点。所以少阳为病，不但病症繁杂，而且多变。第 96 条列出 7 种或然症及 37，99，104，379，394 诸条对小柴胡汤证的论述，就充分提示了这种发病的特殊性。正因为少阳为病有这种病位广、病症杂、变化多的特点，大大增加了少阳病临床辨证的困难性，从而也给小柴胡汤的运用带来问题，所以，仲师提出“但见一证”的训诫。其实质就是提示我们运用小柴胡汤辨治少阳病时要注意抓主症、求病本。

二、白通

以“白通”名方，“白”，指葱白；“通”，指“通阳”。由于受通脉四逆汤证“面色赤者加葱九茎”的影响，大多注家及教科书均认为本方证既然用葱白施治，就应具有通脉四逆汤证的阴盛格阳虚阳上浮“面色赤”的病机与表现。既然如此，仲师在《伤寒论》中又重复列出白通汤证的意义何在呢？笔者认为：言“白通”者，必然另有与四逆汤，包括通脉四逆汤证不同的旨义，以提示少阴寒化证的另一格局。首先，从体例方面分析，314 条指出：“少阴病，下利者，白通汤主之。”本条不及其他，但提“下利”一证，就别有深意。少阴寒化，脾肾阳虚。必有下利，且以“下利清谷”为特征。但本条的“下利”与“白通”联系起来分析，就知晓本条的“下利”不是简单的“清谷”之利，其病机也不是简单的阳气虚衰。因为肾主二便，肾阳虚衰，不但影响水谷的运化，而且会影响到二便的固摄。因此，肾阳虚而且陷，下利就会有滑脱、下坠、不爽等特殊表现。阳气虚陷是本证的实质。

中气下陷，用柴胡、升麻升举中气；阳气下陷，则用葱白升举阳气。葱白善通上下阳气，虚阳被格而上浮时，用葱白宣通上下阳气使上格之阳回复。同样，若虚阳下陷时，仍可用葱白宣通上下阳气使下陷之阳升提。此乃“白通”之本义也。所以，白通汤用葱白之旨与通脉四逆汤加葱白当有所别，不可混而论之。

三、续自便利

“续自便利”见于280条，是为279条桂枝加芍药汤和桂枝加大黄汤而设的。原文是“太阴为病，脉弱，其人续自便利，设当行大黄、芍药者，宜减之，以其人胃气弱，易动故也。”所谓“续自便利”，指大便稀溏而不成形，乃太阴脾阳虚衰寒湿内盛的特征之一。此条阐示两种机制：其一，说明279条的“大实痛”虽治用大黄，但决非宿食粪便滞于肠胃而大便结硬的胃家实。此“大实痛”属脾络瘀阻不通则痛，用大黄破血滞，通脾络，止腹痛。但大黄究有泻下通便，损伤脾胃之弊，故尔告诫云“宜减之”，即控制药量，防止伤正。其原因仲师亦明确告曰：“以其人胃气弱，易动故也。”何谓“易动”？本有“续自便利”也。

其实，“续自便利”更深一层地揭示了脏虚络实的特殊病机。脏腑经络为病，从常法而言，实则俱实，虚则俱虚。但279，280两条证明：太阴腹痛证乃脾络瘀滞不通而痛，就经络为病而言，本属实证，故治用芍药、大黄之苦泄祛邪之品。然而，脾主大腹，腹痛属太阴病的范畴。虽实在经络，但难免兼有太阴脾脏虚寒的特点。这就是“大阴为病，脉弱，其人续自便利”所揭示的涵义。可知，仲师于297条太阴腹痛后设此条的目的是告诫我们：治太阴经络之实，勿忘太阴脾脏之虚。

本条不但揭示了脏虚络实的特殊病机，更为重要的是，在辩证思维上揭示了传统的“大实痛”是胃家实、加大黄是通大便的观点是不妥的。仲师明明指出“续自便利”，怎能是胃家实而大便硬?!

四、自利而渴

原文282条云：“五六日自利而渴者，属少阴也”。关于少阴病口渴之理，舒驰远注解为“若寒邪侵至少阴，则真阳受困，津液不得上潮，故口渴”。意为少阴阳虚，气化失职，致津不上承而渴。此说颇具代表性。我们认为这种解释是不妥当的。关键在于未能从根本上揭示少阴病的特征，淡化了仲师此句的涵义。

不要孤立地看待此句，我们若把太阴病的“自利不渴”以及厥阴病的“消渴”前后联系起来分析理解，就容易探及真谛。首先，从写作体例特点而言，本条的“自利而渴者属少阴”。与227条的“自利不渴者属太阴”前后互应。同为下利，太阴病以“不渴”说明太阴阴气较多、气化主湿的生理病理特征，故尔称之“属太阴”。同样道理，本条的少阴病则以“渴”说明少阴阴气较少的生理病理特征，故尔称之“属少阴”。三阴比较，厥阴为“两阴交尽”，阴气最少，故厥阴为病则为“消渴”，以说明相火内炽、肝阴不足的病理特征。

其实，关于“自利而渴”的机制，仲师于原文中已经阐述明了，可惜人多忽之。在“自利而渴属少阴”句后，仲师自注“虚故引水自救”，何谓“虚”？即指少阴阴气本少也。以口渴而引水，自救肾燥。可见，所谓肾阳虚衰气化失职津不上承的注解，既有悖仲师原文之旨，又未及太阴、少阴、厥阴生理病理特征。

［《山东中医药大学学报》1999；23（2）：93］

《注解伤寒论》所据祖本考

李玉清　山东中医药大学

关于成无己《注解伤寒论》所据之祖本，前人未见有系统考察者，一般认为其本于林亿等校定的宋本《伤寒论》，然笔者通过对成注本的研究，发现其与宋臣校定本《伤寒论》之间，异文特多，且有些异文，难以用传抄致误来解释。因此，特选定宋臣校定本与成注本①全面加以比较，以便对成注本之祖本进行探讨。

成注本与林校本相异处

成注本与林校本相异之处可分为二大部分：条文异文情况及方药中异文情况。现分述如下：

一、条文部分异文情况，约有以下几种：

1. 通文。二本有些异文属通文。如“伤寒例”中，林校本“阳盛即毙”，成注本“即”作“则”。按二字双声，为通文。又338条林校本“其人常自

---

① 成注本采用1956年人民卫生出版社影印赵开美刻《注解伤寒论》，其中条文之序号采用1956年重庆人民出版社出版社的新辑宋本《伤寒论》中的条文号，林校本采用1991年人民卫生出版社出版，刘渡舟主编《伤寒论校注》。

吐蛔”，成注本“常”作“当”。此类通文有39处。

2. 错倒。二本有些异文属文字错倒。如206条，林校本“面合色赤”，成注本“色赤”作“赤色”。此类情况有37处。

3. 文字的增加。二本有些异文属成注本较林校本文字的增加。如214条中，成注本“若不转失气”，林校本无“失”字。又231条中，成注本“一身及面目悉黄”，林校本无“面”字。此类情况有106处。

4. 文字的减少。有些异文属成注本较林校本文字的减少。如“辨脉法”中，成注本“立夏得洪大脉”，林校本此前有“师曰”二字。又116条中，成注本“乃有汗而解”，林校本“乃”字前有“烦”字。此类情况有86处。

5. 异文。有些异文属二本文字有异。如“平脉法”中，成注本“水下二刻”，林校本“二”作“百”。又30条中，成注本“病证象桂枝”，林校本“证”作“形”。又324条中，成注本“急温之”，林校本作“当温之”。此类情况有59处。

二、方药中异文情况，约有以下几种：

1. 药物的用量不同。二本有些药物的用量不同。如27条，成注本生姜的用量为一两叁钱，林校本则力一两二铢。又33条生姜的用量，成注本为“叁两”，林校本为“二两”，半夏的用量，成注本为“半升”，林校本为“半斤”。其他如34条黄芩，38条大枣，63条石膏，69条茯苓，96条半夏，100条甘草、生姜，126条桃仁，134条甘遂，172条大枣，174条生姜，177条麦门冬、大枣，247条大黄、杏仁，303条黄芩，397条人参的用量，二本均不同。约有20味药的用量不同。

2. 药物用量的写法不同。二本有的药物用量相同，但药物用量的写法不同。如29条中芍药甘草汤中药物的用量，成注本将用量分写于各个药物之下，林校本则总写于甘草之后。成注本作“白芍药肆两，甘草肆两”，林校本作“白芍药，甘草各四两”。其他如40、67、68、96、107、124、173、316、357、371条中，均有用量分写于药物之下与总写于一药之后之不同，有11个方子用量的写法不同。

3. 药物的加工法不同。二本有些药物的加工法不同。如27条，成注本麻黄后有“去节”二字，林校本此药后无此二字。又31条中，芍药的加工法，成注本后有“切”字，林校本后则无。其他如61条附子，80条干姜，107条生姜、大枣，112条蜀漆，118条桂枝，161条生姜，163条桂枝，174条附子，261条栀子，262条大枣、生梓白皮，302条附子，338条附子、桂枝，351条桂枝、大枣，357条桂枝，395条蜀漆的加工法，二本均不同。有21味药物的加工法不同。

4. 药物的炮炙法不同。二本有些药物的炮炙法不同，如33条，成注本麻黄的炮炙法为“汤泡，去黄汁，焙干，秤”八字，林校本中则无此八字。又79条中厚朴、枳实的炮炙法，成注本厚朴的炮炙法为“姜炙”，林校本作“炙，去皮”；成注本枳实的炮炙法为“水浸，去穰炒”，林校本“去穰炒”作“炙令黄”，差别较大。其他如27条甘草，29条甘草干姜汤方中干姜、调胃承气汤中大黄，35条杏仁，66条厚朴、甘草，96条甘草，118条甘草，124条虻虫、大黄，126条水蛭、虻虫，176条甘草，261条甘草的炮炙方法，二本均不同。有17味药物的炮炙方法不同。

5. 煎制药物前药物加工法不同。二本有的方子煎制前药物加工法不同。如29条芍药甘草汤、调胃承气汤、四逆汤的加工法均有“㕮咀”，林校本此三方中均无“㕮咀”二字。又71条煎制前药物的加工法，成注本作“为末”，林校本则作“捣为散”。其他如27、31、112、118、124、141、247条的加工法，二本均不同。有11个方子煎制前药物的加工法不同。

6. 煎法不同。二本有些方药的煎法不同。如73条，成注本的煎法为“以水四升，去滓，分温三服。”林校本“四升”后有“煮取二升”四字。又163条，成注本的煎法为“更煮取叁升”，林校本此后还有“去滓”二字。其他如236、262、303、315、318、338条中的方子，二本的煎法不同，有8个方子煎法不同。

7. 药后防护法不同。二本有些方药服后的防护法不同。如31条葛根汤，成注本服药后的防护法为“覆取微似汗，不须啜粥。”林校本“覆”作“复”，无“不须啜粥”四字。

8. 服法不同。二本有些药物的服法不同。如68条方中，成注本的服法为“分温服”，林校本作“分温三服”。又69条方中，成注本的服法为“日叁服”，林校本作“日二服。”其他如175、233、236、247、386条方中，二本的煎服法不同。有7个方子服法不同。

9. 服药量不同。二本有些方药的服药量不同。如141条白散的服药量，成注本作“强人半钱”，林校本作“强人半钱匕”。又173条方中，成注本的服药量为“温服壹升，日叁服，夜贰服。”林校本则未提到服药的用量，仅云：“温服，昼三夜二”。

10. 药物的排列次序不同。二本有的药方中药物的排列次序不同：如31条方，成注本的排列次序为：葛根，麻黄，桂，芍药，甘草，生姜，大枣。林校本的次序则生姜在甘草之前，甘草在芍药之前。其他如33、40、65、66、71、73、96、106、107，112、149，161、172、174、177、223、262、316、351、357、359、371、386、395条方，二本药物的排列次序不同。共有25个方子药物排列次序不同。

11. 药物的不同。二本相同方子中，有药物的增减或药物不同。如31条葛根汤中成注本有“桂”一味药，林校本则作“桂枝”。其他如71、103、107条方中亦有药物之不同。

三、条文、加减法排列次序之不同

二本有些条文、加减法的排列次序不同。如“不可下病”篇中，“伤寒呕多，虽有阳明证，不可攻之。”一句，除成注本无“伤寒”二字外，且排列次序不一。成注本此句在“太阳病，外证未解，不可下，下之为逆”之前，林校本则在此句5条之后。又“可下病”篇中，“病腹中满痛者，此为实也，当下之，宜大承气汤”一句，林校本除“宜大承气汤”作“宜大承气、大柴胡汤”外，且排列次序不同。成注本此句在“下利，脉反滑，当有所去，下之乃愈，宜大承气汤”条后，林校本则在此句之前。其他如40、76、393条方后的加减法中，均有文字次序之不同。

四、条文分合离析之不同

成注本与林校本条文之分合离析亦有不同。其不同可以分为二种情况：一种情况为成注本析为另条之条文，林校本则为一条，如16条，成注本自“桂枝本为解肌”始析为两条。又101条，成注本自“凡柴胡汤病症而下之”句以下，析为另条。此类情况有43处。另一种情况为林校本分为二条之条文，成注合为一条。如林校本21、22条，成注本将此二条合为一条。又如128、129条，林校本为二条，成注本则合为一条。此类情况有5处。

关于成注本祖本的考证

考诸史料可知，宋时《伤寒论》公私藏本尚有多种不同的版本，林亿等校定《伤寒论》所据之版本即非止一种，且成注本与林校本之间存在大量的异文，亦表明成注本有可能未以林校官定本为祖本，现聊述如下：

1. 宋时《伤寒论》传本众多，除《脉经》《千金要方》《千金翼方》《外台秘要》中所载《伤寒论》之内容外，尚有高继冲进献本、《金匮玉函经》本、《金匮玉函要略方》中伤寒部分、《张仲景方》十五卷(《上善堂书目》）著录：“宋板《张仲景方》十五卷，汲古阁藏本，有毛子晋跋”[1]，说明《张仲景方》十五卷本于北宋不仅存世，且刊刻过。通过对宋代现存有关《伤寒论》类文献的考察，确有一些非属林亿校定本的系统。如通过对郭雍《伤寒补亡论》① 中引《伤寒论》文与林校本《伤寒论》文对校，发现郭本引文较林校本增加的文字有167处，减少的文字有164处，通文有39处，倒文有26处，异文有119处，有10处条文排列次序不同，且有条文有无之不同。有1条经文郭本有，林校本中无，即“伤寒三日，太阳脉弱，至四日，太阴脉大”一句，林校本中即无此条，然此条见于《千金翼方》及《金匮玉函经》中，仅“三”作“一”。有3条经文郭本中无，林校本中有。此等异文似难以用误写来解释。有些条文二本均有，但有6条条文林校本于别篇重复出现，而郭本于同篇中无；约有11条条文二本均有，郭本引文于别篇重复出现，林校本于同篇则未出现。郭本引文中有“官本作某某”之语。详郭本于卷十中“病发于阴而反下之”下有小字校文“一作汗之，官本及《脉经》皆作下之。”若郭本以官定林校本为底本，则不会在校文中出现“官本”作某某之文，官本与《脉经》一样，当为对校本。按此所谓“官本”，当指由林亿等校定、官方刊印颁行之本。林校本中某些文字以郭本中小字校文中正文。如“辨脉法”中，郭本文“脉沉涩弱伏（一作弦）微”，林校本“伏”作“弦”，后无小字校文，即林校本以郭本之校文为正文。又383条，郭本引文“吐利而复发热也，一作自吐下又利止，复更发热”林校本恰以其小字校文（括号内文字）为正文，其后并无小字校文。郭本中有大字与林校本中小字校文相同处。如110条，林校本“大热入胃”后有小学校义“一作二日内，烧瓦熨背，大汗出，火气入胃。”而郭本引文正作“火气入胃”。[2]

由上可知，郭氏本非以官定本为底本，亦说明宋代《伤寒论》传本非止一种。又近年郭君双撰

① 《伤寒补亡论》采用1992年中国书店出版影印武昌何逢时刻本。

文，就《张仲景方》在《本草图经》中的佚文进行分析，认为治中汤与《伤寒论》中理中丸，是同方异名的关系，是由于传本不同所致。[3]此可说明，仲景之书，在宋代传本尚多。

2. 有些关键性异文，似非传抄致误或成氏改动所致。二本有大量的异文存在，有些异文，并非形近音同之字，难以用误写来解释。且某些异文，成注本虽与林校本有异，然与《金匮玉函经》中相应的文字同。如396条中，成注本“胃上有寒”，林校本“胃”作“胸”，《金匮玉函经》同成注本。又251条，成注本“虽不能食”，林校本“能”作“受”；“可下病”篇中，成注本“凡服下药”，林校本作“凡可下者”；成注本“中病即止”，林校本“即”作“便”，《金匮玉函经》均同成注本。

3. 成注本与林校本相异之处，非据《金匮玉函经》改。成注本与林校本相异之处，与《金匮玉函经》对照可知：《金匮玉函经》有时与成注本中文字同，有时与林校本中文字同。如成注本与林校本22味药物的用量不同，其中成注本有9味药之用量与《金匮玉函经》中相应的药物的用量相同，即38条大枣，63条石膏，100条甘草，126条桃仁，134条甘遂，177条大枣，247条大黄，303条黄芩、阿胶，397条人参的用量，虽此9味药之药量，成注本与林校本不同，但与《金匮玉函经》中相应的药物用量同。故成注本与林校本药物用量之异似非尽出于误写。

又如将成注本与林校本条文离析不同之处与《金匮玉函经》比较，因《金匮玉函经》中无“平脉法”及“伤寒例”，故除去此二篇中二本条文离析不同的条数，则林校本有23条，成注本析为另条，林校本有3处相邻条文，成注本合为一条。其中，成注离析的23条条文中，有10条《金匮玉函经》亦与成注本同，将条文作了离析。如97条，成注本与《金匮玉函经》均自“服柴胡汤已”句以下析为另条。又林校本116条，自“微数之脉”至“血难复也”，自“脉浮”至“名火逆也”，自“欲自解者”至“故知汗出解”，成注本与《金匮玉函经》分别各析为三条。成注合为一条的三处条文，有一处《金匮玉函经》亦与成注同，将条文作了合并。即林校本231、232条，成注本与《金匮玉函经》均将此二条合为一条。

又将成注本与林校本服法不同之处与《金匮玉函经》比较可知：成注本与林校本约有7处服法不同，其中，《金匮玉函经》有4处，即175、233、236、386条方之服法，与成注本同，如175条，成注本服法为“汗止复烦者，服五合”，林校本“汗出”作“汗止”，《金匮玉函经》与成注本之服法同；有2处，即68、247条服法，与林校本同，如68条，成注本服法为“分温服”，林校本作“分温三服”，《金匮玉函经》与林校本之服法同。有一处与二本均不同，如69条茯苓四逆汤，成注本服法为“日叁服”，林校本作“日二服”，《金匮玉函经》则作“分温再服”，与二本均不同。

又将成注本与林校本煎制前药物加工法不同之处与《金匮玉函经》比较可知：成注本与林校本有10个方子之加工法不同，其中，《金匮玉函经》有7个方子的加工法，即29条芍药甘草汤、调胃承气汤方、71、118、124、247、31条方加工法与成注本同。有二个方子，即29条四逆汤、141条白散方的加工法与林校本同。如白散方，成注本“右件叁味为末”，林校本作“右三味为散”，《金匮玉函经》同林校本。有1个方子与成注本、林校本均不同，即112条，成注本药物加工法为“右为末”，林校本中无”为末，一字《金匮玉函经》与二本均不同，作“㕮咀”。

由上可知，成注本与林校本某些相异之处与《金匮玉函经》同，说明此等异文非成注本任意删改所致，又成注本与林校本相异之处并非全与《金匮玉函经》同，说明成注本与林校本相异之处非据《金匮玉函经》而改。

4. 林亿等校定《伤寒论》所据之版本非止一种。林亿校定《伤寒论》所据之十卷本，亦必非仅存一本，观今林校本中之校文亦可见一斑。详林校本中有许多校语：“一作某某”“一云某某”“一法某某”等文字，约有98条之多，当为林亿校定时所出之校文，此足以说明林亿据校之传本非止一本。又如《素问·平人气象论第十八》“平肺脉来，厌厌聂聂，如落榆荚，曰肺平。”其下小字注曰：“浮薄而虚者也。新校正云：详越人云：……与《素问》之说不同、张仲景云：秋脉蔼蔼如车盖者，名曰阳结，春脉聂聂如吹榆荚者，名曰数，恐越人之说误也。”[4]其中引张仲景文，今成注本、林校本中均无“春脉聂聂如吹榆荚者，名曰数”及“秋”字。《金匮玉函经》“辨脉法”中有“脉聂聂如吹榆荚者，名曰散也。”[5]此条亦见于敦煌残卷S202[6]。此亦为林亿所见之《伤寒论》本有不同传本之明证。林亿等校定本颁行全国后，其校定《伤寒论》所据之祖本，并不一定就此湮灭，少数人手中或有珍藏、流传，并据此进行医学研究。

由上可知，宋代《伤寒论》传本众多，研习者并非均以官定本为底本，成注本与林校本之间大量的异文，难以均用误写来解释，且某些异文，成注本虽与林校本有异，然与《金匮玉函经》中相应的文字同，说明此等异文非成氏任意改动所致，是故成注本似另有所据。成氏家世儒医，家中或有非官定之十卷本，亦非无可能。从成注本总体结构来看，其与林亿等校定本亦大致相近，或者说基本一致，因此，似可认为：成注本所据之祖本有可能与林校本属同一系统，但非同一版本。又因历经传抄，不同的抄本之间错讹衍倒，亦在所难免，故此与林校本之间虽大体同，但异文亦多。

参考文献

[1] 孙从添. 上善堂书目. 见：李茂如主编. 历代史志书目著录医籍汇考. 北京：人民卫生出版社，1994：533.

[2] 李玉清.《伤寒补亡论》引《伤寒论》文所据祖本之探讨. 中医文献杂志，1998，(3)：1.

[3] 郭君双.《张仲景方》图经本释例. 见：钱超尘，高文柱. 陈饮铭主编. 中医药文献研究论丛. 北京：中医古籍出版社，1996：78～79.

[4] 黄帝内经素问. 影印明. 顾从德翻宋刻本. 北京：人民卫生出版社，1956：42.

[5] 张机. 金匮玉函经. 影印本. 北京：人民卫生出版社，1956：22.

[6] 赵健雄. 敦煌医粹. 贵阳：贵州人民出版社. 1988：38.

[《中华医史杂志》1999；29（2）：104]

从《伤寒论》“去桂不去桂”之争谈理校的局限性

李　华　河南中医学院

《伤寒论》中颇有一些关于文献事实的问题有待研究，如桂枝去桂加茯苓白术汤的“去桂不去桂”之争。《医宗金鉴·正误存疑篇·正误》中列举了十几个此类问题，在按语中说明改动的理由，后下结论曰：“当改之”“当删之”“当补之改之”“当移之”“悉改之”，总之“均传写之误”，“均当改之”。如“去桂当是去芍药。此方去桂，将何以治仍头项痛、发热无汗之表乎？细玩其服此汤日余依桂枝汤煎服，其义自见。服桂枝汤已，温复令一时许，通身漐漐微似有汗，此服桂枝汤法也。若去桂则是白芍，甘草、茯苓、白术、并无辛甘走卫之品，而曰：余依桂枝汤法，无所谓也。且论中脉促胸满、汗出恶寒者，用桂枝去芍药加附子汤主之。去芍药者，为胸满也，今证虽稍异，而满则同，其为芍药可知，当改之。”上述这类问题，是医理正误的问题，同时更是文献事实的问题。去桂不去桂、去桂枝还是去芍药，不同医家（或注家）会有不同的理解，验之临床亦是得失并见。从这里可以看出，理校有它的局限性。

医书依理而写，按说可依理而校。但一本书之所以有价值，常是超乎常理。校者或际遇不同，或角度不一，或认识差异，一般难达原作者之境界，不然，大概就去著书而不是校书了。校书者一般是循常理而校，认识上难免不到位，这样便产生了理校的局限性。况且，即使作者本人，校自家稿时也常常不能重复写作时的思维活动，尚需查看原稿，他人情形可知。然理校者，最高明为此法，最危险亦此法也。高明者，不依他本，凭理而校，然若不参透原书之理，不博事理，断难用此法，故此法之用非高明者莫属，危险者，能参透原书之理，达到高明境界者有几？历史上王冰曾对《内经》以理校动过大手术：“其中简脱文断，义不相接者，搜求经论所有，迁移以补其处；篇目坠缺，指事不明者，量其意趣，加字以昭其意；篇论吞并，义不相涉，阙漏名目者，区分事类，别目以冠篇首；君臣请问，礼仪乖失者，考校尊卑，增益以光其意；错简碎文，前后重叠者，详其指趣，削去繁杂，以存其要……”虽在王冰为高明者，然其未敢自许，“凡所加字，皆朱书其文，使今古必分，字不杂揉”，可谓高明者用高明法。

再有一例。宋代苏轼、黄庭坚、秦少游、佛印见一院壁上题有杜甫诗：“林花著雨燕脂□，水荇牵风翠带长”，脂后一字被蚀。四人据意补字，苏补“润”、黄补“老”、秦补“嫩”、佛补“落”，而实为一“湿”字。前三位都是大诗人，佛印文学修养亦高，均可称高明者，却不能据诗意正确补字，其原因正如后人所评。湿字“出于自然，而四人遂分生老病苦之说，诗言志，信矣。”可见理校之当慎。以上也可以看出，理校可以是开放性的多种答案，而文献事实必然是封闭性的唯一答案、单凭理而校，中的者盖寡。理校只是在对他校、本校不能实行时的权宜之法，亦即无法之法。理校的意见只能是仅供参考，有待于对校的验证，而且严格地说，不仅理校靠不住，他校本校亦非善法，只是可能比理校可靠一些罢了。解决文献事实的最终方法只能是与原本对校，舍此别无良法。

话题再回到对《伤寒论》条文的理校上，之所以要用这种欠恰当的方法来解决不适合解决的问题，原因有二：一是有浓厚的崇圣尊经意识。仲景为医圣，其书被奉为经典。若实践证明加减某味药正确，便认为原文必定如此；条文若与实践不合，则必为"传抄之误"。可是细究《伤寒论》条文便不难发现，临床事实与文献事实可以不统一。如《伤寒论》第7条："病有发热恶寒者，发于阳也；无热而恶寒者，发于阴也。发于阳，七日愈，发于阴，六日愈，以阳数七、阴数六也。"对于此条，大家均无异议，认为文献事实如此，然病愈之期岂能如此刻板？此条言理之误，不待验之临床已明矣。二是受崇圣尊经意识影响，导致分不清这其中包含着两种不同性质的问题，需用二种性质不同的方法来解决。试想，若仅凭临床事实（疗效）来校改文献，那么有关桂枝汤的条文就可以改为"湿疹、过敏性鼻炎、消化不良等，可与桂枝汤。"果真如此，岂不大乱！正确的方法应该是：在临床实践中，怎样临床疗效好，我们就怎样办，而不必考虑条文"去桂不去桂"；在研究文献事实时，严格按照其特有的方法和规律去对待，不能被临床所左右。

本文指出理校的局限性，并非是要否定理校的作用。若当时王冰必待原本而校，只能不校，而若不校，《内经》可能还是难以读通的错简碎文，甚至连这样简脱文断的本子也不能流传下来。虽然后来流传的本子早已朱墨不分，难辨何为王冰补加，何为原来之文，二者混融为一，在一定程度上与其说是学《内经》，不如说是学王冰，然此本对于中医学的发展、对《内经》的流传，均有非常重要的历史意义，"理校"《内经》的王冰功莫大焉！

古籍散佚损坏严重，许多情况下他校、本校、对校不能进行，此时只可借助于理校这种方法。但我们要明白理校有它自身的局限性，当慎之又慎，并且不以理校作为最后结论。

[《河南中医药学刊》1999；14（5）：7]

《伤寒杂病论》对秦汉医药学的继承与发展

柯雪帆　上海中医药大学

张仲景的《伤寒杂病论》成书于东汉末年（约为公元200~205年之间），为中国医药学的经典著作，唐肃宗时就被列为医师的必考科目，历代医药著作纷纷引用其内容作为论据，目前仍为中医院校的必修课程。一千多年前就流传到朝鲜、日本，成为这两个国家的传统医药学的主要内容。近年欧洲亦多研究此书者。其影响如此深远，有进一步深入研究之必要。而此书对我国秦汉时代医药学的继承与发展，无疑是一个主要的研究内容。

一般认为，东汉末年战乱频仍、疫疠流行是《伤寒杂病论》成书的主要原因，这一看法尚欠全面。在《伤寒杂病论》成书之前的20年间（即火烧新野之前），荆州局部地区在刘表统治下得到稳定发展。许多著名学者如王粲、宋衷、綦毋闿、王肃等云集荆州，建立学校，研究学术，与当时北方以郑玄为首的经学互相呼应，并有新的发展，可称学术繁荣。《三国志·王粲传》说："士之避乱荆州者皆海内之俊杰也。"[1]当时年富力强的张仲景处于这样的文化环境中，既能学到许多秦汉时期的名著，又能接受当时南方的学术新思想，从而著成《伤寒杂病论》。

就现存资料，将《伤寒杂病论》与东汉之前的医药著作相对照，可以看出，前者对后者既有明显的继承，又有很大的新发展，并且发展与继承往往密切联系不可分割。新的发展即寓于继承之中，而又有所扬弃，认真的继承可能便是发展的萌生处。兹将其继承与发展的主要内容例举如下：

《伤寒杂病论》继承《黄帝内经》中的预防思想，提出"上工治未病""若人能养慎，不令邪风干忤经络……勿令九窍闭塞……不遗形体有衰，病则无由入其腠理"。[2]这些论述几乎与《内经》相同。而其发展在于与脏腑辨证相结合。提出了"见肝之病，知肝传脾，当先实脾"，[3]提出了"适中经络，未流传脏腑，即医治之""四肢才觉重滞，即导引、吐纳、针灸、膏摩"　"节其冷热、苦酸辛甘"[4]等具体的与脏腑经络相结合的预防方法。并深刻地指出了"风气虽能生万物，亦能害万物，如水能浮舟，亦能覆舟"[5]的人与自然之间的辩证关系。在"当先实脾"之后，又明确指出了"四季脾旺不受邪即勿补之"。这是治疗方法与自然环境之间的辩证关系。这些无疑是仲景的新发展。更值得注意的是《伤寒杂病论》扬弃了《素问·上古天真论》中成仙升天的思想，显现了继承、扬弃与发展之间的结合与联系。

六经辨证源出《黄帝内经》81篇医论中，《热论》《刺疟篇》《刺腰痛篇》三篇用六经辨证论治。均以经络学说为基础，以人体体表部位划分为主要方法，开始将六经与阴阳、表里等概念相结合，治疗以针刺为主，开始与药物治疗相结合，治疗理论比较简单，如《热论》只提汗下两大法，可以说是六经辨证论治的萌芽。《伤寒杂病论》继承了《内经》中的六经辨证，仍分太阳、阳明，少阳，太阴、少阴、厥阴六个阶段，次序也没有变动。仍以阴阳表里为辨证大纲。但是，《伤寒杂病论》中的六经辨证不仅是一种辨证方法，已形成一个综合性的辨证论治体系。综合了邪正阴阳、表里虚实、经络脏腑、营卫气血等内容，有机结合成体系。《热论》中已有三阳为表、三阴为里之说。《伤寒杂病论》则进一步在三阳中再分太阳为表，阳明为里，少阳为半表半里。在三阴中又有太阴兼太阳或兼阳明，少阴兼阳明或转出太阳，厥阴转出少阳等等既感复杂而又符合临床实际的兼挟与转化。六经病证的兼挟虽导源于《热论》“两感”之说。但能全面地论述六经病之间复杂的兼挟证候则为《伤寒杂病论》之功。

汤方辨证（简称汤证）为《伤寒杂病论》所首创。在六经病中各立汤证若干，有主有辅，如太阳病中以桂枝汤证、麻黄汤证为主，以五苓散证为辅。在每一个汤证中各有主症、兼症、变症，各与方药的加减变化相对应。既分清了相关汤证之间的区别，又建立了相关汤证之间的联系。既形成了一个汤证的小系统，又为六经辨证大系统的一部分，使六经辨证得到新的发展。《伤寒杂病论》中的六经辨证，临床内容丰富，充分注意到了症与症之间的联系，明确了症的主次关系，突出了主症。临床证候与方药之间有明确的对应关系，使辨证与论治相统一。论治之中有大法，有具体治法，有变法，有几种治法同时应用，均具体体现于方药。其发展既有质的飞跃，又有量的扩充，是划时代的巨大发展。

《伤寒杂病论》中的杂病部分（即今《金匮要略》的主要内容）可能是继承汉代的“经方十一家”（见《汉书·艺文志》）。汉“经方十一家”共274卷，其书内容未能得见。从其标题与现行《金匮要略》的篇名相对照，两者之间有惊人吻合之处：如五脏六腑痹十二病方与血痹虚劳、胸痹心痛短气、趺厥等篇对应。五藏六腑疝十六病方可与奔豚气、腹满寒疝，狐疝等篇对应。客疾五藏颠狂方可与百合狐惑阴阳毒，惊悸吐衄等篇对应。金创瘛疭方可与疮痈肠痈篇对应。妇人婴儿方可与妇人妊娠、产后、杂病三篇对应。神农黄帝食禁可与禽兽鱼虫禁忌、果实菜谷禁忌相对应。这样的对应绝非偶然，无疑是张仲景继承与发展秦汉医药学的有力佐证。医史学家范行准对此曾有专篇论述。

《伤寒杂病论》中的300多首方剂，其中可能有仲景自创的新方，也可能有来自民间的验方，但其主要来源可能是《汉书·艺文志》经方十一家中的《汤液经法》。《汉书·艺文志》所说的经方，其涵义是“本草石之寒温，量疾病之深浅，假药味之滋，因气感之宜，辨五苦六辛，致水火之齐，以通闭解结，反之于平”。[6]可见当时方剂学的内容已经比较丰富。皇甫谧在《甲乙经》序中说：“仲景论广伊尹汤液为数十卷。”[7]可见《汤液经法》是仲景方药的源头与发展的基础。

《汉书·艺文志》所载经方的具体方剂今日未能得见。如以西汉的《五十二病方》及武威汉简中的方剂与《伤寒杂病论》中的方剂相比，后者显然有巨大的进展。主要体现在4个方面：①方剂的药物组成有比较完整的配伍规律。如桂枝与甘草的辛甘相配，温振阳气。桂枝与芍药的辛甘与酸甘相配，相反相成调整阴阳。芍药与甘草的酸甘相配，和营益阴。桂枝与茯苓的辛淡相配，通阳利水。麻黄与石膏的辛温与辛寒相配，清宣肺热。麻黄与白术的辛温发散与甘温守中相配，宣通阳气，并行表里之湿，虽发汗而不致过汗。麻黄与附子的温散与温阳配伍，发汗祛邪与回阳救逆同用，阴阳表里虚实对立面得到统一。附子与干姜相配，辛热加辛热，温命门与温肺脾相加，起协同互补作用。略举数例，余可类推。②方剂药物组成的加减变化灵活多样。一方为主，形成类方。如桂枝汤一方，在《伤寒论》中，其加减变化方就有17方之多。方药变化多而不杂，各有其适应症，病情区分十分明确。③一方能治多种病证，一病之中，因其微细差别而用多种方剂。如金匮肾气丸一方治虚劳、痰饮、消渴、转胞、脚气五种疾病。附子汤一方既治少阴寒湿证，又治妇人妊娠少腹如扇证，外感与杂病兼治。桂枝汤在《伤寒论》中有27处用此方，在《金匮要略》中亦有3处应用。此外，防己黄芪汤、小建中汤等均为一方治多种病证之例。一病用多方在《伤寒杂病论》中亦颇多见。同为少阴病阳虚证，由于证情略异，用四逆汤加减变化达7方之多。同为阳明病腑实证，治法有三承气之别（兼症不计在内）。同为痰饮病，或益肾，或健脾，或利水，或温化，或泻实，方药各有不同。④《伤寒杂病论》中方药的煎服法与服药后护理各随其病证、药物之异而不同，内容丰富。经现代研究，具有十分宝贵的科学内涵，已有许多专文论述，兹不复赘。总之，《伤寒杂病论》在方药方面的进展是划时代的，故后世尊为“方书之祖”。

探讨张仲景《伤寒杂病论》对秦汉医药学的继承与发展，以历史为鉴，对我国传统医药学在21世纪中的发展，必将有所裨益。

参考文献

[1] 陈寿. 三国志·魏志·王粲等传. 见：二十五史. 上海：上海古籍版社，1986，1138.

[2~5] 张仲景. 金匮要略·脏腑经络先后病脉证第一. 见：金匮要略讲义. 上海：上海科技出版社，1985，

10、8、10、10.
[6] 班固．汉书·艺文志第十．见：二十五史．上海：上海古籍出版社，1986，533.
[7] 皇甫谧．针灸甲乙经·序．北京：人民卫生出版社，1956，2.

[《中华医史杂志》2000；30（1）：21]

论六经辨证与寒温统一

姜建国　山东中医药大学

寒温之争在中国医学史上历时最长，影响最大。寒温之争虽然与古代医家学术思维的局限性有关，但也极大促进了伤寒与温病两大学术流派的发展。近年争论之声渐息，统一之声鹊起。寒温能否统一暂且不论，我认为这里有一个误区，即对《伤寒论》及六经辨证体系尚缺乏一种整体性、全方位的认识。下面就几个问题略述已见。

一、六经辨证非外感病辨证纲领

（一）《伤寒论》论伤寒的名与实问题

《伤寒论》论述的是广义伤寒，这一点现在基本达成共识。广义伤寒就是风寒暑湿燥火“六淫”邪气为病。仲师既名《伤寒杂病论》，王叔和又以伤寒部分与杂病部分分类，分《伤寒论》与《金匮要略》两部医书，所以不论广义也好，狭义也罢，《伤寒论》总是主论外感疾病的，六经辨证自然也是外感病的辨证纲领。正因为此，全国统编《伤寒论》教材（四版）把《伤寒论》定位为“一部阐述多种外感热病辨证论治的专书”。这一说法基本代表了近代伤寒研究者对《伤寒论》的一般认识。

我们若抛开先入为主的“伤寒”之名，会通全书，从实质内容上分析六经病全论，就会发现，整个《伤寒论》398条，论述外感病的内容很少。少阳主论胆病，阳明主论胃肠，太阴主论脾病，少阴主论心肾，厥阴主论肝病。以上诸经均以论脏腑病变为主，只有个别条文与外感病有涉。

或曰：太阳总是主论外感病的吧？从开篇首论而言，确是如此。太阳病篇是六经之首，伤寒、中风两证又是太阳病篇之首，所以，太阳病篇前60余条，基本上论述的是外感病或与外感病相关的内容。但自61条干姜附子汤证后，论述的却基本上是“坏病”。仲师所谓“坏病”，实质是指太阳病变坏了。太阳病是表病，一但变“坏”，就是里病，即变成不是外感表证的证候了。太阳病篇共178段条文，其中60余条论述外感病，就条文方证数量而言仅占三分之一。

太阳病篇基本上分为本证、兼证、变证、类（似）证四大证，其中只有本证与兼证是外感病或与外感病相关，而大量的变证与类证均非外感病。有的亦仅以感受外邪为诱因而已。

其实，太阳病篇包括整个《伤寒论》，是以外感病而发端论“病”（广义）之辨证论治的。太阳中风证与太阳伤寒证在六经辨证中起到了论病的“引子”的作用。这与中医“百病之始，皆始于皮毛”的传统发病观有关。

（二）《热论》论六经的源与流问题

或曰：从源而言，《伤寒论》之六经，乃源于《素问·热论》之六经，而《热论》之六经，乃确确实实论的是外感热病的辨证论治，那么，《伤寒论》之六经就不应出《热论》之范围。换言之，《伤寒论》之六经就是外感热病的辨证纲领。

“今夫热病者，皆伤寒之类也”。仲师既“撰用《素问》”论病“伤寒”，就以《热论》的三阴三阳（六经）论伤寒热病作为辨证之纲领而为我所用。但作为一代辨证论治的大师，并不是机械、教条的借用，而是从内容实质丰富、发展了“六经”的内涵。《热论》之六经，只论经络病，而《伤寒论》之六经则经络、脏腑、气化病俱全；《热论》之六经，只论实证，而《伤寒论》之六经却阴阳表里寒热虚实俱全；《热论》之六经，只汗泄治法，而《伤寒论》之六经则汗吐下和温清补消八法俱全。何况仲师针药并施，博采众方，使《伤寒论》不但是中医辨证论治之源，亦成为中医方书之祖。

综上所述，虽然《伤寒论》的六经辨证“源”于《热论》，但其“流”已发生了根本性的变化。所以《热论》与《伤寒论》同论六经，但我们却说仲师开创了中医辨证论治之先河。因此，若囿于“源”说，以《热论》之六经，界定《伤寒论》之六经，进而肯定六经辨证是外感热病的辨证纲领，是对六经辨证学说的发生发展缺乏历史性、客观性分析所造成的，在思维方法上有误区。

二、寒温如何统一的问题

寒温统一是伤寒与温病的统一，在寒温分争久持不已的态势下，在寒温分争的前提思维有问题的情况下，提出寒温统一观点是有益的。而且在病因学说、病机学说、病证学说发展日趋完备的当代中医学，也确实需要有一部较为完整、系统的外感病学。

问题是，寒温统一究竟如何“统”？以什么

"统"？实质就是如何处理六经辨证与卫气营血辨证（包括三焦辨证）的关系问题，这是关键所在。统一的思路无非有二：一是从以上三个辨证纲领中，拿出一个较为适宜的，作为外感病的专用辨证纲领；二是舍其三者，另辟蹊径，创出一个全新的外感病辨证纲领。

我认为，创新不易，完全可以从以上三个辨证纲领中比较选择。前面述及，六经辨证从实质内容上突破了外感病的范围，并非单纯的外感病的辨证纲领。卫气营血辨证与三焦辨证相比较，卫气营血辨证是由表及里的辨证，这种横向层次的辨证，更能从本质上体现外感病的演变规律，因此，用卫气营血辨证统辖外感病的辨证较为适宜。

《伤寒论》详于寒，略于温；温病学则以温热（包括湿温、暑温、温毒）为重点，补充了《伤寒论》之不足，因而详于温而略于寒。可见，将《伤寒论》的太阳中风与太阳伤寒诸证，以及其他五经有关外感病的内容（包括《金匮》"痉湿暍"篇），补入温病学的卫分证及相关证中，就能较为全面地体现与涵盖"风寒暑湿燥火"六淫邪气所导致的外感疾病的基本内容与框架。

其实，所谓太阳病，就其病理概念的阐述而言，不如讲卫分证更为顺理及容易理解。讲"太阳主外"，要从膀胱脏腑讲起，要从太阳经络走背布表阐述其部位之理，要从"卫出下焦"阐述其气化之理。尤其需要指出的是，太阳病讲到具体病理，仍然不离于"卫"。太阳中风证的病理是风中肌腠，卫失开合（又称营弱卫强）；太阳伤寒证的病理是寒闭肌表，郁遏卫阳（又称营卫滞涩），所以太阳病总的病理叫作营卫不和。

可见，太阳中风与太阳伤寒两大证仍然未出"卫分证"的范畴。所不同的是由于感受邪气是风寒，而非温热，因此所表现的证候及治法、方药与温病有异。中医解表的两大治法及方剂的两大类型，辛温解表法（方）始于《伤寒论》，辛凉解表法（方）始于温病学（《温病条辨》）。辛温也好，辛凉也罢，均是针对卫分证的治疗而设的。

温热邪气致病，古人也认识到了，《难经》论广义伤寒五种，其中就包括"温病"。仲师于《伤寒论》第6条亦明确提出"温病"的概念、症状、病名、误治及变证，并有较为详细的论述，只是受历史条件的局限，没能创出辛凉解表法（方）。其根本缘由可能是受"今夫热病者，皆伤寒之类也"的外感邪气致病理论的影响乃至约束。广义伤寒的概念，可谓源远流长，根深蒂固。由于用"寒"代表一切外邪的病因学说占居主导地位，即使发热，也是"人之伤于寒变而为热"。所以《伤寒论》及与其同时代的其他论伤寒病的医书，均未超越这种辨证论治理论思维的局限，都不可避免地带有历史的印记。这也体现了中医外感病学发展史的必然规律。

叶天士与吴鞠通等，不但是温病大家，他们对伤寒学说也非常精通，对仲师医圣也非常崇敬。由此可知，他们舍弃六经辨证而创立卫气营血与三焦辨证，这是要有勇气的。对于温病，为什么不运用六经辨证？恐怕一个最根本的原因是经过临床实践证明，六经辨证不专适宜于外感疾病的辨证论治。从明代以后医家包括伤寒注家就认识到六经辨证对疾病的普遍性指导意义，并提出"六经钤百病"的观点。

三、六经辨证的重新定位问题

随着伤寒学说研究的深入，对《伤寒论》及六经辨证的认识也逐渐加深。全国统编《伤寒论》教材（五版）就对《伤寒论》定位为"《伤寒论》是一部阐述多种外感疾病及杂病辨证论治的专书"。对比四版教材多了"杂病"二字，这无疑在认识上是一种进步。但是，我们还应看到，虽然伤寒学崛起与研究近两千年，明清伤寒注家且不说，即使在当代仍然有不少医家，或惑于"伤寒"之名，或囿于寒温之争，在思维上难以跳出"外感"的藩篱，还把《伤寒论》视为外感病专书，把六经辨证视为外感病的辨证纲领。这就从根本上淡化了《伤寒论》的理论价值，淡化了六经辨证的实践意义。

尽管《伤寒论》的太阳病是中医论外感病之原始，麻黄汤、桂枝汤是中医治外感风寒病之祖方，然而，就《伤寒论》的整体内容而言，就六经辨证的普遍性指导意义而言，就千余年的历史长河中《伤寒论》对中医学发展的巨大贡献而言，就当前中西医碰撞、新学科迭出、中医何去何从的形势而言，就中医基础理论、临床理论亟待进一步挖掘、继承、发扬的历史责任而言，我们确实需要对诸如六经辨证、寒温统一等重大理论问题，对似《伤寒论》这样的经典医著，进行更为深入的研究，提出更为现实、科学的观点，而要做到这一点，就必须在思维上突破旧的传统观念，首先对于六经辨证要突破"外感"的框框，重新定位。

笔者在拙著《伤寒思辨》中，曾提到几个值得深思的问题：一部《伤寒论》为什么能历千余年而不衰？仅仲景一家之言，为什么能使历代医家、无数学者，孜孜以求，奉为圭臬？仅论病"伤寒"，为什么能对内外妇儿诸科疾病有广泛的指导意义？

并谈到研读《伤寒论》的几点体会，即要注重运用历史唯物主义和辨证法的观点，去研究探析《伤寒论》；要注重运用中医的常变观、相对观、恒动观、系统观、联系观、整体观等思维方法，去分析、揭示六经辨证所蕴涵的中医最基本的辨证论治大法、规律、精髓。

我们从宏观上作个比较，或许会有些新的启发。先就几部经典医著进行比较。仲师撰写《伤寒论》在自序中就明言“撰用《素问》《九卷》”，前面也讲到六经辨证源于《素问·热论》。但是，《内经》是纯理论性医著，而《伤寒论》则理法方药俱全。也就是说，《伤寒论》不但讲理论，而且还讲病、讲证、讲脉、讲舌、讲治、讲方、讲药，甚至具体讲到药物的煎法、服法、禁忌及药后反应、药后处理、瘥后预防复发等。更有特点的是，把医理、病理、脉理、治理、方理、药理等理论融于具体的“病脉证治”之中。所以，《伤寒论》不但是一部理论医著，而且又是一部临床医著。过去把它称作“桥梁课”，现在研究生教学又列入“临床基础学科”，这都反映了《伤寒论》不同于《内经》的特点。

《伤寒论》与温病学，过去人们认为它们主要的区别是，前者论寒，后者论温。其实，《伤寒论》与温病学相比较，最大的区别是，就内容而言，温病学除风寒外，包括了所有的六淫外邪导致的外感疾病，如风温、暑温、湿温、温燥及温毒等。就辨证而言，温病学的卫气营血辨证，较之六经辨证，更能体现外感病由表及里的传变规律。即使三焦辨证，虽然与卫气营血辨证同属温病的辨证纲领，但由上及下的纵向辨证，总不如由表及里的横向辨证更直接、自然地反映外感病邪的的传变规律。所以，我认为人们视为外感病三大辨证纲领的六经辨证、卫气营血辨证、三焦辨证，只有卫气营血辨证最适合于外感病辨证。

由此看来，论外感辨证，《伤寒论》不如温病学；论内伤杂病，《伤寒论》不如《内科学》（指高校统编教材）。那么《伤寒论》与六经辨证的价值何在呢？在当代中医学术发展的过程中还有多少现实意义呢？

我们再作个比较，《伤寒论》的六经辨证与《内科学》的脏腑辨证，虽然《内科学》论病较全，辨证规范，但就“辨证”而言，特别是辩证思维而言，《伤寒论》的六经辨证极有特点与优势。其一，《内科学》的辨证形式基本是“块状”的（一病分几型），《伤寒论》的辨证形式，除了“块状”的外，还有“条状”（经与经相传）与“辐射状”（由表分传六经）。其二，《内科学》分型谈病，过于规范，统的较死，阐常者多；述变者少。《伤寒论》以病为纲，也分证型，但谈兼证、谈类证、谈合病、谈并病、谈转属、谈传变，尤其是大谈变证（仲师以正病对言之称“坏病”）。在“变证”的辨证论治中，充分阐发了“达变”的变法辩证思维，成为《伤寒论》最为鲜明、极为活泼的辨证特色。其三，《内科学》谈病论证虽然也按诸如呼吸、消化分类系统，但每个病基本是独立的，不但病，即使证与证之间的联系亦较少。《伤寒论》则整个六经病既是独立的，又是一个整体，在病与病之间，证与证之间，互为联系，彼此引发，相互影响，极能体现中医辨证论治的“整体观”。其四，《内科学》由于辨证形式是“块状”，分型谈病过于规范，论病基本是独立的，除了极个别病以外，在辩证思维上缺乏“动态”。而《伤寒论》由于是以风寒外邪为病因、以外邪袭表为契机而“辨病脉证治”的，所以，表病是动态变化的，表病传里更是动态变化的；每一经病是动态变化的，病与病之间的传变转属也是动态变化的。如条文中的“一二日”“二三日”……是表明动态变化的时间；“发汗吐下”后，是表明动态变化的前因等等。可以说整个六经辨证是动态的，充分显示了中医辨证论治的恒动观。其五，《内科学》（包括外妇儿诸科及大部分临床医著）的辨证论治过程大都截止到药物加减，可以说，这样的辨证论治过程不系统，环节有缺陷，是一个“半截子”的辨证。《伤寒论》不但病脉证治、理法方药具备，而且每一证每一方的“方后注”中还阐述了辨证论治的最后几个环节，即药物的煎法、药物的服法、药物的禁忌、服药后的反应和处理方法等。这与前面的理法方药组成了一个完整的辨证论治整体。可以说，《伤寒论》的六经辨证才真正体现了中医辨证论治的整体性。

综上所述，《伤寒论》的六经辨证具有整体观、常变观、恒动观，及涵盖性、联系性、系统性等特点，这些特点，就是《伤寒论》的“活力”所在。六经辨证的主要价值不在于它开创了中医辨证论治的先河，那是它的历史价值，而在于它的现实意义，即通过 398 条、112 方的病脉证治，科学地、形象地、真实地、理论联系实际地揭示了中医辨证论治过程中最为精髓、最为宝贵的思维特征，即“动”的、“活”的，亦即“变”的辨证思维大法与规律。可以说，就中医辨证论治的“达变”思维而言，自古至今浩如烟海的医学著述，很少有能达到《伤寒论》的水平。

近年在“中医现代化”口号下，大力提倡辨病论证的“规范化”；所谓的“规范化”，就是讲辨证论治的常规常法，就是讲疾病演变的规律性、有序性，就是讲名词术语的统一性，这些都是必要的。但就中医的理论体系特征而言，就中医的辨证思维特点而言，重点应在“达变”上，即着重研究疾病演变的无序性，研究辨证论治的灵活性。实质上最能体现中医学的精华和特色，往往不在其“常”而在其“变”。陈亦人教授曾指出《伤寒论》的六经辨证是疑难病的辨证纲领，有人曾建议把《伤寒论》作为培养高层次中医人才的教科书，这些说法的主要依据就是，《伤寒论》的六经辨证最接近中医学的本质。而本质性的东西又是“动”的、“活”的、“变”的辨证论治思维。

以上从三个方面论述了有关《伤寒论》的六经辨证及寒温统一等理论问题，这些问题的提出及论述，是笔者多年的读书体会，虽然认识粗浅，在此提出来，意在抛砖引玉，以期对《伤寒论》六经辨证的研究与中医外感病学的讨论有所裨益。

[《山东中医学院学报》2000；24（1）：10]

《本草图经》引仲景方论考异

郭秀梅　日本顺天堂大学医史研究室
日本北里东洋医学所医史研究部
冈田研吉　日本东京都町田市
玉川学园冈田医院
加藤久幸　日本中国传统医学研究所

苏颂（公元1020年～1101年）所著《本草图经》，为一部图文并茂的本草学专著，在医药学史上占有重要地位。由于此书早佚，它的内容主要靠《证类本草》《本草纲目》等后世作品的引文得以保存。20世纪90年代初，中国出现苏颂研究热潮，使苏颂在科技史、医药学史、文学史上的业绩得到公认。

《本草图经》中所引文献相当丰富，约有200余种[1]，这是以前任何本草著作所不曾有的。其中许多医籍现已失传，这些引文显得弥足珍贵。《本草图经》将药物与方剂结合起来，对常用药物均列出以其为主药的配方，从这些被保存下来的古方中，可以窥知宋以前传承而今已亡佚或改动的医方之端绪。

张仲景《伤寒杂病论》于东汉末年成书以后，800年间若明若晦，不绝如缕，传本不一。直至北宋（公元1065年）经孙奇、林亿等人校定而后始成定本。宋版亦已失传，今可见者乃是明刻宋版《伤寒论》《金匮要略》。宋朝校正医书局在整理校定时，曾作过某些修改和重新编纂，所以今天我们能看到的宋版，与张仲景原著存在某些歧异。而《本草图经》成书于1062年，略早于孙奇、林亿校定的《伤寒论》，分析其所引仲景方论，对于了解北宋仲景伤寒方的不同传本，具有借鉴意义。

一、引述内容及方式

《本草图经》在论及朴消等47味药时，引述了仲景方论。其中朴消、甘草、栀子、鼹鼠、海蛤5味，提及“张仲景《伤寒论》”；赤石脂、禹余粮、泽泻、人参、柴胡、薏苡仁、王不留行、黄芩、芍药、麻黄、葛根、瞿麦、败酱、百合、紫参、防己、红蓝花、大黄、葶苈、芫花、泽漆、旋覆花、半夏、牙子、桂、厚朴、猪苓、枳实、吴茱萸、皂荚、诃梨勒、獭、诸鸡、䗪虫、蛴螬、麻蕡等36味药，引语前冠以“张仲景治伤寒、杂病、胸痹、风湿等”；木香、蜀漆、柏实、阿胶4味，引语前冠以“张仲景方”，或在“张仲景”三字后直书方名；鼠妇1味冠以“张仲景主”；豚卵1味冠以“张仲景有”。此外，蜘蛛、木香、阿胶3味所引仲景方剂，则是转引自《传信者药》所引方剂，见于《金匮要略》的有朴消（消石矾石散）、赤石脂（乌头赤石脂丸）、泽泻（泽泻汤）、人参（人参汤）、薏苡仁（麻黄杏仁薏苡甘草汤）、王不留行（王不留行散）、麻黄（射干麻黄汤、厚朴麻黄汤）、瞿麦（栝蒌瞿麦丸）、败酱（薏苡附子败酱散）、百合（百合知母汤、百合滑石散、百合鸡子汤、百合地黄汤）、紫参（紫参汤）、红蓝花（红蓝花酒）、葶苈（葶苈大枣泻肺汤）、芫花（十枣汤）、泽漆（泽漆汤）、旋覆花（旋覆代赭汤）、半夏（大半夏汤、小半夏加茯苓汤、半夏麻黄汤）、蜀漆（蜀漆散）、牙子（狼牙子汤）、柏实（柏叶汤）、厚朴（厚朴三物汤、厚朴七物汤）、猪苓（猪苓汤、猪苓散）、枳实（枳术汤、枳实薤白桂枝汤）、吴茱萸（吴茱萸汤）、皂荚（皂荚丸）、诃梨勒（诃梨勒散）、阿胶（黄土汤）、獭（獭肝散）、诸鸡（鸡屎白散）、䗪虫（大黄䗪虫丸、鳖甲煎丸）、蛴螬（大黄䗪虫丸）、蜘蛛（蜘蛛散）、鼠妇（大鳖甲丸），共33味药，43首方；见于《伤寒论》的有赤石脂（桃花汤）、甘草（甘草汤）、人参（理中丸）、黄芩（泻心汤、葛根黄芩黄连汤）、芫花（十枣汤）、栀子（枳实栀子豉汤）、海蛤（文蛤散）、麻仁（麻子仁丸），共8味药，9首方。

二、歧异与疑点

苏颂《本草图经》引述仲景方论，与《伤寒论》《金匮要略》的内容可以说是大同小异，但有如下一些歧异现象也颇引人注目。

1. 引文出处　《本草图经》引述方剂见于《金匮要略》者多达43首，却无一字言及《金匮要略》。日本学者森立之《伤寒论考注》作过以下推论："盖仲景之原文，伤寒与杂病合并论之。""当时尚有合伤寒杂病题曰《伤寒论》者，苏颂采用之欤？抑亦有所受而引用之欤？"[2]

2. 药味组成　《本草图经》所引方剂的药味组成与《伤寒论》《金匮要略》基本相同，仅个别方剂略有差异。例如"柏实"条下引述柏叶汤，方中载有"阿胶一挺，炙"，而《金匮要略·惊悸吐衄下血胸满瘀血病脉证治第十六》柏叶汤方中则作"艾三把"。

《外台·卷二·伤寒吐唾血及下血方三首》云："仲景《伤寒论》吐血不止者，柏叶汤主之方，青柏叶三两，干姜三两，切，艾三把。"但方后小字注云："一方有阿胶无艾。"

这种现象或许说明了唐代王焘看到的柏叶汤就是《伤寒论》里头的方，而北宋苏颂所引据的"张仲景方"则与孙奇、林亿所校正的本子存在歧异。

3. 用药剂量　《本草图经》所引仲景方剂的用药剂量，与《伤寒论》《金匮要略》存在差异者比较多见。例如"赤石脂"条下引述乌头赤石脂丸方中，附子为二分，而《金匮要略·胸痹心痛短气病脉证治第九》中，该方附子为半两，炮，并有"一法一分"的记述。《金匮要略》的"一法"是否就是指苏颂所据的本子呢？待考。

再如"麻蕡"条下所引麻子丸中载"大黄枳实各一斤"，而在《伤寒论·辨阳明病脉证并治第八》麻子仁丸方中则云"枳实半斤炙，大黄一斤去皮"。

4. 煎制服法　《本草图经》所引仲景方论，在煎制服法方面，有的却详于《伤寒论》和《金匮要略》。例如"朴消"条下引消石矾石散方云"消石熬黄，矾石烧令汁尽"；而《金匮要略·黄疸病脉证并治第十五》则云"消石、矾石烧"。"大麦粥汁和服方寸匕"之后，《本草图经》有"大麦用无皮者"字样，《金匮要略》则无。

5. 方剂名称　《本草图经》引述仲景方名与《伤寒论》《金匮要略》有异者达15首，可见《本草图经》保留了古代的方名。具体详见下表。

药名	《图经》方名	仲景方名	出处
甘草	一物甘草汤	甘草汤	《伤寒》
人参	治中汤	人参汤 理中丸	《金匮》 《伤寒》
薏苡仁	麻黄杏人薏苡人汤　薏苡人附子散	麻黄杏仁薏苡甘草汤 薏苡附子散	《金匮》 《金匮》
王不留行	八物王不留散	王不留行散	《金匮》
败酱	薏苡人附子败酱汤	薏苡附子败酱散	《金匮》
旋覆花	七物旋覆花代赭汤　三物旋复汤	旋覆代赭汤 旋覆花汤	《伤寒》 《金匮》
半夏	半夏加茯苓汤	小半夏加茯苓汤	《金匮》
枳实	枳实术汤 枳实薤白桂汤	枳术汤 枳实薤白桂枝汤	《金匮》 《金匮》
皂荚	皂角丸	皂荚丸	《金匮》
獭	獭肝丸	獭肝散	《金匮》 附《肘后》
䗪虫	大鳖甲丸	鳖甲煎丸	《金匮》
麻蕡	麻子丸	麻子仁丸	《伤寒》

6. 药物名称　药名的歧异计有：薯蓣作山芋，桂枝作桂，白术作术，杏仁、薏苡仁作杏人、薏苡人，麻子仁作麻子。

7. 方剂主治　《本草图经》"紫参"条下云："张仲景治痢，紫参汤主之。"而《金匮要略·呕吐哕下利病脉证治第十七》则云："下利肺痛，紫参汤主之。"《金匮要略》在主治上比《本草图经》多了"肺痛"二字。

森立之《本草经考注》云："《图经》引张仲景无'肺痛'二字，亦似是。"《金匮要略》紫参汤方后小字注云"疑非仲景方"。不知献疑者是不是孙奇、林亿，疑点是否与肺痛有关。

8. 中药量词　《本草图经》总括药物数量时大多用"物"，例如消石矾石散方后是"三物等之"，乌头赤石脂丸方后是"五物同杵末"。在《本草图经》所引仲景方剂中，有15首用"物"，只有治中汤、柏叶汤、文蛤散3首用"味"。而《伤寒论》《金匮要略》相应的方剂只有理中丸、王不留行散2首用"物"，其余都用"味"。

9. 《伤寒论》《金匮要略》未载方　《本草图经》所云仲景方，而不见于《伤寒论》和《金匮要略》者，计有3首：

其一为"豚卵"条下云："张仲景有猪肚黄连丸是也。"考之，"豚卵"指"牡猪外肾"，即猪睾丸。猪肚黄连丸不见于《伤寒论》和《金匮要略》，而且猪肚亦非豚卵。

其二为“鼹鼠”条下云：“粪主伤寒劳复，张仲景《伤寒论》及古今名方多用之。”考鼹鼠粪《伤寒论》和《金匮要略》均未载。

其三为“獭”条下云：“张仲景治冷劳有獭肝丸方，又主鬼疰，一门相染者，取肝一具，火炙之，水服方寸匕，日再。”考《金匮要略·血痹虚劳病脉证并治第六》附《肘后》獭肝散方与此同，但未详是否出自仲景。

10. 避讳用字　《本草图经》引仲景方论用字不拘避讳，且绝无统一修改的倾向。

隋讳“坚”（文帝名坚）。“人参”条下云“张仲景治胸痹，心中痞坚”，“枳实”条下云“张仲景治心下坚大如盘”，但在“禹余粮”条下云“张仲景治伤寒下痢不止，心下痞鞕”（鞕即鞕）。

唐讳“治”（高宗名治）。“人参”条下有“治中汤主之”。同一方剂，在宋版《金匮要略》作人参汤，宋版《伤寒论》作理中丸。

宋讳“曙”（英宗名曙）。“瞿麦”条下引栝蒌瞿麦丸中有“茯苓、山芋各三两”，而《金匮要略》则是“薯蓣三两”。苏颂把“薯”改作“山”，是否避英宗讳？考宋英宗赵曙即位于1064年，而《本草图经》成书于1062年，显然，苏颂不可能为避英宗讳而改“薯蓣”为“山芋”。

3　讨论与推想

前述歧异十端，均属大同中的小异。苏颂《本草图经》所引仲景方论，与《伤寒论》《金匮要略》的基本内容和文字大体一致，属于同一个理论体系。但既然存在诸多记述上的歧异，就难免引发人们深长思之。

（1）关于传本　北宋校正医书局刊印《伤寒论》以前，仲景《伤寒杂病论》一直以手抄本流传。古人在抄录方书时难免有鱼亥之讹，有时也情不自禁地将自己的经验或自认为重要的内容阑入仲景方论。所以，到北宋年间，孙奇、林亿等《伤寒论》序云：“历代虽藏之书府，亦阙于雠校。”可想而知，当时流传的《伤寒杂病论》一定是五花八门，真伪难辨。苏颂《本草图经》所引据的《伤寒论》本子与《伤寒论》《金匮要略》基本一致，说明他们选用的传本都是皇家书府收藏的善本。但苏颂所引的似为《伤寒论》与《金匮要略》尚未分开的《伤寒杂病论》，所以，《本草图经》只字不提《金匮要略》。

总括药物的中药量词，从唐初孙思邈开始一律用“味”，在这以前一律用“物”。《本草图经》用“物”多于用“味”，可以证明唐代除了《千金》《外台》用“味”以外，还有一些传本用“物”，或“物”“味”混用，而且能在《千金》《外台》流行之时，保持其独立传承的地位。

（2）关于仲景方与非仲景方　在《伤寒论》《金匮要略》中屡屡出现“疑非仲景方”“疑非仲景意”字样，在《伤寒论》太阳篇小青龙汤方“今此语反之，疑非仲景意”后，林亿等还加“谨按”予以驳斥：“以此证之，岂非仲景意也？”可见这一问题由来已久。在《伤寒论》《金匮要略》方剂中，常见到“一法”“一作”“一云”“一方”等字样，表明孙奇、林亿无法判断究竟哪个是仲景方，只好兼收并蓄。其实张仲景《伤寒论·序》已经告诉我们他是“博采众方”的，为了多一点选择的余地，在他采择的“众方”里，保留一些歧异，是可以理解的。后人在传抄的过程中增加一些附方，而且明言出自《肘后》《千金》《外台》《古今录验》（这一点在《金匮要略》中尤为突出），表明张仲景学说是一个开放系统，它是时代的产物，是历史的积淀，因此笔者认为今人没有必要去揣测哪个方不是仲景所制，更没有必要（也不可能）去分辨“何者为仲景言，何者为叔和笔”（柯琴《伤寒论注·自序》）。《本草图经》提到的猪肚黄连丸、鼹鼠粪等，可能是苏颂见到的本子有此记述，也可能是苏颂认为这些方剂都符合张仲景的学说。苏颂作为政府的学官，有“句句有来处”（宋庠、宋祁语）之誉，大约不会象苏轼那样“想当然”从事吧。

参考文献

[1] 苏克福，等. 苏颂与《本草图经》研究，长春：长春出版社，1991：148.

[2] 森立之. 伤寒论考注. 自笔本，キリエント出版社影印，日本国立国会图书馆藏，1988：5.

[《国医论坛》2000；15（1）：1]

成无己训释《伤寒论》的特色

黄春丽　石狮市医院

陈竹友　福建中医学院

成无己，宋代山东聊摄人，后来聊摄并于金，晚年遂为金人。他博极研精，深造自得，本《内经》之意释仲景之书，以经注论，以论证经，开创以注解的方法研究《伤寒论》的先河，使后世能明伤寒之理，知伤寒之用，推动了伤寒学说的流传与发展。其所撰《注解伤寒论》10卷，是现存最早的《伤寒论》全注本，兹就其注论特色作一探讨。

一、溯本求源，以经释论

成氏采取“以经释论”的研究方法，始终运用《素问》《灵枢》《难经》等古典医经的学理，注解《伤寒论》条文方证，不仅使内、难、伤寒学理一脉相承，融会贯通，还起到经论结合，以论证经的效果，使伤寒方证义理彰明，内难学理具有实际的内容。

（一）以经释论中条文

“太阳病，发汗，遂漏不止，其人恶风，小便难，四肢微急，难以屈伸者，桂枝加附子汤主之。”

成氏注：“太阳病，因发汗，遂汗漏不止而恶风者，为阳气不足，因发汗，阳气益虚而皮腠不固也。《内经》曰：‘膀胱者，州都之官，津液藏焉，气化则出’。小便难者，汗出亡津液，阳气虚弱，不能施化。四肢者，诸阳之本也。四肢微急，难以屈仰者，亡阳而脱液也。《针经》曰：‘液脱者，骨属屈伸不利。’与桂枝加附子汤，以温经复阳。”

太阳病，发汗，本属正治法，为何出现大汗淋漓，甚至遂漏不止呢？成氏注为“阳气不足”“腠理不固”，即《素问·生气通天论》“阳者，卫外而为固也”的道理。文中二段引文，一见于《素问·灵兰秘典论》，一见于《灵枢·决气篇》。通过成氏的注解，不但使《伤寒论》条文有了理论根据，还使《内经》所谓“膀胱者腠理毫毛其应”的理论具有了实在的内容，收到了以经释论，经论结合，承前启后，互相印证的效果。

再如以《难经》释《伤寒论·厥阴篇》“伤寒下利，日十余行，脉反实者死。”成注：“下利者，里虚也。脉当微弱反实者，病胜藏也，故死。《难经》曰：‘脉不应病，病不应脉，是为死病’”。所引《难经》语出《难经·十八难》，其据经解释，大抵允洽合理，对探索仲景学术渊源不无裨益。

（二）以经释论中方药

如注解桂枝汤云：“《内经》曰：‘辛甘发散为阳。’桂枝汤，辛甘之剂也，所以发散风邪。《内经》曰：‘风淫所胜，平以辛，佐以甘苦，以甘缓之，以酸收之’。是以桂枝为主，芍药、甘草为佐也。《内经》曰：‘风淫于内，以甘缓之，以辛散之’，是以生姜、大枣为使也。”上述3条引文，“辛甘发散为阳”见于《素问·阴阳应象大论》，其余2条见于《素问·至真要大论》，皆以《内经》四气五味之理，解释仲景组方之义，有理有据，彼此发明，若非造诣极深，难以达到如此境界。

二、尊仲景原旨，依文释义

成氏力图照仲景本来的思想去研究《伤寒论》，尽量不把论中没有的东西包括进去，《注解伤寒论》一书许多地方就采用了依文释文，随文顺释的方法，这种非常朴实的科学态度，使得他的注释比较接近于仲景原意。

如“阳明病，苦中寒，不能食。小便不利，手足濈然汗出，此欲作固瘕，必大便初硬后溏。所以然者，以胃中冷，水谷不别故也。”

成氏注：“阳明中寒不能食者，寒不杀谷也。小便不利者，津液不化也。阳明病法多汗，则周身汗出，此手足濈然而汗出，而身无汗者，阳明中寒也。固瘕者，寒气结积也。胃中寒甚欲留结而为固瘕，则津液不得通行，而大便初硬，必后溏也。”此为成氏依文释义，文字简洁朴素，平实稳重可从。

由于历史条件的限制，《注解伤寒论》中也有些片面之处，瑕瑜互见，在所难免。成氏随文顺释，也不免有抵牾附会之处，然仍不失为我国注释和阐发伤寒学的先导，对其后伤寒学的发展有很大影响。明·王肯堂《伤寒准绳》云：“解释仲景书者，惟成无己最为详明，虽随文顺释，自相矛盾者时或有之，亦白璧微瑕，固无损于连城也。”

三、注释与训诂相结合

虽然成氏注解《伤寒论》，不着意于字词之诠释，而重在医理之阐发，但纵综《注解伤寒论》全书，可以发现其注释中亦蕴含着丰富的训诂学内容和方法。

1. 引文证义　成氏引用医学经典中的原义，证明词义训诂是言之有据，有征可信的。

如“太阳病，先下之而不愈，因复发汗，以此表里俱虚，其人因致冒，冒家汗出自愈。所以然者，汗出表和故也。得里未合，然后复下之。”

成氏注：“冒者，郁也，下之则里虚而亡血；汗之则表虚而亡阳。表里俱虚，寒气怫郁，其人因致冒。《金匮要略》曰：‘亡血复汗，寒多，故令郁冒，汗出则怫郁之邪得解，则冒愈。’《金匮要略》曰：‘冒家欲解，必大汗出。’汗出表和而里未和者，然后复下之。”成氏以“引文证义”的方式解释了“冒”字的词义。诸如此类，在《注解伤寒论》中颇多，读成注时应加以注意。

2. 以俗训雅　注解贵通俗易懂，用人民的口头语解释书面语言是我国训诂学的一个优良传统，成注继承了这一优良传统。

如“发汗吐下后……心中懊侬，栀子豉汤主之。”成注：“懊侬者，俗谓鹘突是也。”“鹘突”乃当时口语，时人读之，自然会感到亲切易懂。再如成氏以”小便”训“溲”，以“不大便”释“不更衣”，亦属于以俗训雅之别。

3. 说明修辞手法　“伤寒，哕而腹满，视其前后，知何部不利，利之则愈。”成注：“哕而腹满，气上而不下也。视其前后部，有不利者即利之，以降其气。前部，小便也；后部，大便也。”由此可见，“前”，“后”是借代的修辞格。

4. 综释全句，兼寓训词

“太阳中风，阳浮而阴弱。阳浮者，热自发；阴弱者，汗自出。啬啬恶寒，淅淅恶风，翕翕发热，鼻鸣干呕者，桂枝汤主之。”

成注：“阳以候卫，阴以候荣。阳脉浮者，卫中风也；阴脉弱者，荣气弱也。风并于卫，则卫实而荣虚，故发热汗自出也。经曰：‘太阳病，发热汗出者，此为荣弱卫强者是也。’啬啬者，不足也，恶寒之貌也。淅淅者，洒析也，恶风之貌也。卫虚则恶风，荣虚则恶寒，荣弱卫强，恶寒复恶风者，以自汗出，则皮肤缓，腠理疏，是亦恶风也。翕翕者，熇熇然而热也，若合羽所复，言热在表也。鼻鸣干呕者，风拥而气逆也。与桂枝汤和营卫而散风邪也。”在此注释中，成氏将每个脉症都加以详细分析，阐明病机，又以本论经文为根据，并对“啬啬”，“淅淅”和“翕翕”等生僻之词一一加以训释，条理清晰，丝丝入扣，彰明隐奥，其中释“翕”为“若合羽所复”，采用了形训的方法，把“翕”看作“合羽”之会意，《说文》：“从羽合声”，可见其训释全面而具体。

5. 分析句段之间的关系　“夫欲候知四时正气为病，及时行疫气之法，皆当按斗历占之。九月霜降节后，宜渐寒，向冬大寒，至正月雨水节后，宜解也。所以谓之雨水者，以冰雪解而为雨水故也。至惊蛰二月节后，天气和暖，向夏大热，至秋便凉。”成注：“四时正气者，春风、夏暑、秋湿、冬寒是也。时行者，时行之气是也。温者，冬时感寒，至春发者是也。疫者，暴疠之气是也。占前斗建，审其时候之寒温，察其邪气之轻重而治之，故下文曰：“冬寒、春温、夏热、秋凉，为四时之正气也。”此段大意为根据斗历推算节气变化，借以测知四时发病的因素，而首先应了解四时气候变化的规律。成无已以“故下文曰”四个字说明段中两部分之间相互承接的密切关系。

四、注释与校勘相结合

“然气候亦有应至而不至，或有未应至而至者，或时至而太过者，皆成病气也。”成注：“疑漏或有至而不至，此一句按《金匮要略》曰：‘有未至而至，有至而不至，有至而不去，有至而太过，何故也。……’《内经》曰：‘至而和则平，至而甚则病，至而反者病，至而不至者病，未至而至者病。’即是观之，脱漏明矣。”在此，成无已采用了他校的方法，根据作者所著之书《金匮要略》互校及前人之书《素问》相校指明“或有至而不去”为脱文。

又如“伤寒所致太阳痓湿暍三种，宜应别论。”成注：“痓，当作痉，传写之误也。痓者，误也，非强也。《内经》曰：‘肺移热于肾，传为柔痉。’柔为筋柔而无力，痉谓痉而不随。痉者，强也，《千金》以强直为痉。经曰：‘颈项强急，口噤背反张者痉。’即是观之，痓为痉字明矣。”此为校讹字，考《说文·疒部》“痉彊急也。”《金匮玉函经》卷二作“痉”，可见成氏的校勘是对的。

［《福建中医药》2000；31（1）：7］

“辨证论治”的历史和方法

刘渡舟　北京中医药大学

我认为，一部《伤寒论》经过归纳分析研究之后，极为清晰、极为醒目地突出了三个字，也就是：证、治、辨而已矣。

证与治是指方证，即《伤寒论》中的方证与治疗。其中既有仲景的继承，也有仲景的发展。如以证言，《伤寒论》的六经辨证，汲取了《内经·热论》的六经分证内容；如以治疗言，《伤寒论》后世尊称为方书之祖。溯源穷流，经方是从《汤液经法》发展而来。殷商时期的伊尹撰写的《汤液经法》传到了西汉时期的太仓公淳于意，淳于意又传到东汉长沙太守张仲景。张仲景继承了《汤液经法》，发扬光大，大放异彩，撰写了《伤寒杂病论》。梁·陶弘景说：“昔南阳张机，依此方，撰为《伤寒论》一部，疗治明悉，后学成尊奉之。”由此而论，用汤液治病，《伤寒论》获方书之祖称，首先是来源于神农之药，发展而成为汤液之方，又发展而成仲景之论。

方与证的对应，比类相附之际，张仲景慎思之、明辨之，有机地、也很巧妙地揉进了辨析证候的理论与思想方法。它的作用能把僵化的病症，变成了活的灵魂。譬如说在大论中，用一个“发汗后”，从中游离出“恶寒者，虚故也；不恶寒但热者，实也。当和胃气，与调胃承气汤”；“身疼痛，脉沉迟者，桂枝加芍药生姜各一两人参三两新加汤主之；汗出而喘，无大热者，可与麻黄杏仁甘草石膏汤”……。不一而足，非常丰富。能于指顾之间，辨出了寒、热、虚、实各种证候。

《伤寒论》是辨证的专著，一书之中，可分为“主证”“兼证”“挟杂证”“变证”四大类。实际上也就是两类：一叫作系统辨证类，如用六经模式进行辨证；二叫非系统辨证类，如用误治模式辨误治后各种变证。

大概而言，系统辨证的内容占了三分之二，非系统辨证则占了三分之一。辨“变证”是张仲景看家的功夫，被认为是辨证之魂，把它突出来而加重视，才能深入学习。

有人问，《伤寒论》辨证之学在那里？我说神出鬼没，变化万千。其重点非止六经，应该落在“变证”上头。一谈到“变证”，大家都认为来自于汗、吐、下的误治，其实大多数是张仲景巧立名目，借水行舟，为了使“辨”活泼泼的来往自在。它神机独运，大显身手，有机地把客观的证和主观上的思维紧紧地拉在了一起，让人开动机器，调动分析能力，经过“春郊试战马，虎帐夜谈兵”一番努力之后，不但使证与方发生了有机地联系，而且由死棋变成为方证的活棋。

张仲景用“辨”运“思”，而用“辨”字打头，所以叫作“辨证论治”。

辨是讲思维活动的一种学问，凡所见所闻非细心观察不可。昔者张仲景总角造颙，何颙见曰：“君用思精而韵不高，后将为良医。”

实践医学比做当今科学上的硬件，思辨医学比做当今科学上的软件，硬件与软件应当是相互沟通的，相互为用的。《伤寒论》乃是一部实践医学，也是一部伟大的思辨医学！

辨证论治的提出有它的历史根源；神农创造了“药”；伊尹创造了“方”；张仲景则集其大成创造了“辨”。用这种观点看问题，则叫历史唯物主义，而不限于一人一事的小天地。

以上我们重点地论述了“辨”字的意义和作用。下边再谈一谈学习辨证论治的方法。我认为当分两步走：

第一步叫作继承，首先要记住张仲景的原话，最好能做到背诵如流，脱口而出。比如说六经为病之证、误治救逆之法，以辨处变之方，这些内容，零金碎玉，非常珍贵，必须熟烂于胸中，有了六经分证层次，有了辨证救逆方法，内因是根据，外因是条件，才能使人有感而通，一拍即合。

关于背书的问题，历来有所争论。我的意见，倾向于应该背点书的。《医宗金鉴·凡例》中说：“医者书不熟则理不明，理不明则识不清，临证游移，漫无定见，药证不合，难以奏效。”它指出的“背”，是为了书熟；书熟是为了理明；理明是为了识清；识清之后，才能做到临床辨证。

这种学习方法，虽然是按图索骥，照猫画虎，近于临摹，但是走出了这一步，毕竟迈进了仲景的辨证大门。

凡是死的东西，其中必有活的机转，继承之中，必有创新机遇。事物是一分为二的，如此才能推动事物的发展与前进。

所以读书不怕笨，也不怕死。而令人可畏的在于慵懒不为的思想。清朝人彭端淑说过一句话，叫作“为之则难者亦易，不为则易者亦难矣”。

唐诗上的“春眠不觉晓，处处闻啼鸟，夜来风雨声，花落知多少”你可以记，也可以不记，而无关紧要。至于《伤寒论》中的“太阳之为病，脉浮，头项强痛而恶寒；太阳病，发热，汗出，恶风，脉缓者，名为中风；太阳病，或已发热，或未发热，必恶寒，体痛呕逆，脉阴阳俱紧者，名为伤寒”，对比之下，虽然枯燥乏味，但不能轻视，必须牢牢记在心头，只有记得住，记得烂熟，才能用得上，也才能用的准确无误。

人的灵机，说来也怪，不开窍时则茫茫一片，触途成滞。到了开窍之日，则明明白白，一通百通。怎么能开窍？人的灵机是伟大的，只有拳拳伏膺，加深火候，换来一声爆豆，才能做到凭证知辨。

第二步叫灵活应用，指的是在大论的方、证归纳与分析研究之下，经过陶冶锻炼，“十年磨一剑”，达到了融会贯通，能会之以意，与张仲景共呼吸，建立起来自己的辨证方法，如天马行空，独来独往。

以上我所讲的是学习《伤寒论》的方法论。方证相对是讲继承，要突出历史唯物主义；方证之间的内涵，讲的是要突出辩证唯物主义。

张仲景强调“平脉辨证，为《伤寒杂病论》合十六卷”。所以，它发展了方、证之学，开创了辨证之法，而被后人尊称为医圣。

［《北京中医药大学学报》2000；23（2）：1］

《伤寒论》对温病学的影响辨识

朱松生　浙江中医学院

《伤寒论》是继《内经》《难经》之后，创立辨证论治的理论体系。明、清时代温病学派的发展，除源于《内经》的理论基础外，就是在《伤寒论》的基础上进一步发展起来的。《伤寒论》是温病学发展的基础，而温病学说的成就乃是《伤寒论》的进一步发展。

一、《伤寒论》是广义的外感热病学；温病隶属伤寒

张仲景著作《伤寒杂病论》明确提出是撰用《素问》《九卷》《八十一难》。《素问·热病篇》中云："今夫热病者，皆伤寒之类也……人之伤于寒也，则为病热。"论述了凡一切外感热病皆属伤寒的范畴。温热病种类繁多，都是伤寒的各个分支。《难经·八十一难》云："伤寒有五，有中风，有伤寒，有湿温，有热病，有温病。"疫病也包括在其内，仲景自序中称："余宗族素多，向馀二百，建安纪年以来，犹未十稔，其死亡者三分有二，伤寒十居其七。"其死亡率如此之高，足以证明他所指的伤寒，其中包括多种急性传染病。由此可见，伤寒作为一切外感热病的总称，温病本隶于《伤寒论》。

二、《伤寒论》六经辨证与温病学卫气营血、三焦辨证继承发展关系

《伤寒论》六经辨证是《内经·热论》六经病证的继续和发展，六经是对外感疾病病机变化规律的概括。仲景继承发展前人经验和理论的观点，对后世温病学家创卫气营血、三焦辨证有重要影响和启发作用。温病学家叶天士根据《内经》有关卫气营血生理功能和《伤寒论》六经辨证中有关卫气营血病变机理的论述，认识到温病的发生发展主要是温邪侵犯卫气营血病理变化，创"卫之后方言气，营之后方言血。在卫汗之可也，到气才可清气，入营犹可透热转气……入血就恐耗血动血，直须凉血散血。"的辨证论治体系。继后吴鞠通在《伤寒论》有关上中下三焦病位概念和六经脏腑病机理论启发下，认为温病的病机变化规律，主要与三焦所属脏腑的病变有关，创"温病由口鼻而入，鼻气通于肺，口气通于胃，肺病逆传则为心包，上焦病不治，则传中焦……中焦病不治，即传下焦……始上焦，终下焦。"及"治上焦如羽，非轻不举；治中焦如衡，非平不安；治下焦如权，非重不沉。"的辨证论治体系。温邪侵犯人体后的病理变化，主要表现为卫气营血和三焦所属脏腑的功能失调和实质损害。阐明六经本自包括三焦。六经辨证、卫气营血辨证、三焦辨证是外感热病的辨证纲领，都是对外感热病的病机变化规律、表里、轻重、浅深、虚实的相互转化规律，加以理论概括，用以指导辨证施治。

三、《伤寒论》辨证求因观推进了温病病因学的演化发展

《伤寒论》辨证求因、审因论治的观点非常突出，仲景对外感疾病进行审因论治的范例，对后世温病病因的演化发展颇有启发。

①伤寒说《素问·阴阳应象大论》曰："冬伤于寒，春必病温，"王叔和曰："冬时严寒……中而即病者，名曰伤寒，不即病者，寒毒藏于肌肤，至春变为温病，至夏变为暑病……皆由冬时触寒所致。"叶氏亦曰："春温一证……昔贤以冬寒内伏，藏于少阴，入春发于少阳。"直接指明了温病的致病原因是"冬伤于寒"，为伏邪温病初起所以用苦寒清里热提供了理论依据。

②新感春温说汪石山曰："有不因冬月伤寒而病温者，此特感春温之气，可名曰春温。"邵仙根曰："春温有二种，…… 感而即发之春温，初起微寒，后但热不寒，此由肺卫而受邪也。"新感温病的提出，使温病在因证脉治方面形成更为完整的理论体系而羽翼伤寒学说。

③戾气说仲景时代流行的所谓"伤寒"病，不仅是多种外感病，而且大部分应属于严重的流行病和传染病。明末，吴又可《温疫论》指出："温疫之为病，非风、非寒、非暑、非湿，乃天地间别有一种异气所感。"提出'邪由口鼻而入"的感邪途径。这种大胆突破"百病皆生于六气"的观点，是温病病因学的一大发展，是划时代的创见。

④六淫化热说《素问·至真要大论》曰："夫百病之生也，皆生于风寒暑湿燥火，以之化之变也。"故后世有"外感不外六淫，民病当分四气"之说。六淫化热说，主要是六淫之邪从热而化所致，叶氏称之为"温邪"。风热病邪、湿热病邪、暑热病邪、燥热病邪、伏寒化温的温热病等统称为温邪。

⑤温毒说隋代·巢元方《诸病源候论》将阴阳毒也归纳于伤寒之例，称"伤寒阴阳毒"其病类似后世所称的"温毒"。清代邵步青有论温毒的专著

《温毒病论》。温毒病邪是指具有温热性质而又有肿毒特征的一种致病因素。风热时毒引起的大头瘟，温热时毒引起的烂喉痧都有局部红肿热痛，甚则溃破糜烂的特征。现代许多学者也提出毒寓邪中的见解。

四、《伤寒论》治疗学术思想启示了温病治疗学的新发展

没有《伤寒论》所创立的中医学辨病与辨证相结合的论治体系和基本方法，没有它所总结的解表、清里、攻下、和解、刺期门以泻热血以及先表后里等治疗原则和方法，就不能有温病学辨病与辨证相结合的论治原则以及解表、清气、清营凉血等治法理论。

①温病在治疗上承袭了《伤寒论》的某些法和方：如风温病，邪热壅肺，以麻杏石甘汤清热宣肺平喘；肺热移肠，以葛根芩连汤苦寒清热止利；热盛阳明，以白虎汤清热保津；阳明热结，以调胃承气汤软坚攻下泄热。春温病，热郁胸膈，以栀子豉汤清宣郁热；阴虚火炽，以黄连阿胶汤育阴清热。

②完整了发汗解表，扩展了清热、攻下、滋阴诸法：叶氏针对温病表热证，则拟定了辛凉轻解之法，吴鞠通制定银翘散、桑菊饮二方，轻以去实。叶氏“入营犹可透热转气”，“入血就恐耗血动血，直须凉血散血。”是在《伤寒论》清法基础上的新发展，吴氏拟定清营汤清营泄热，犀角地黄汤凉血散血，加减玉女煎气营两清，化斑汤气血两清。吴氏在《伤寒论》三承气汤的基础上又扩展了温病五承气汤：宣白承气汤、导赤承气汤、牛黄承气汤、增液承气汤、新加黄龙汤。热毒余邪久羁，肾阴耗损以《伤寒论》炙甘草汤加减名加减复脉汤滋阴养液，并由此增损而为一、二、三甲复脉汤、大定风珠等方。

③新增开窍、息风诸法：叶氏认为温病神昏的病变机理，以热闭心窍为多，因而创“逆传心包”之说，为应用清心开窍法，提供了新的理论，多以清宫汤送服安宫牛黄丸、至宝丹、紫雪丹。后世的温病学家，则认识到湿热酿痰蒙闭心包而神昏者，用菖蒲郁金汤、苏合香丸芳香清热，化痰开窍。对热盛动风者，主以羚角钩藤汤之类凉肝息风；阴虚动风者，主以大定风珠养阴息风。

凡此种种，皆是在《伤寒论》随证治之观点的启示下，推进了温病治疗学的新发展。

［《中医教授通讯》2000；19（2）：2］

宋以前《伤寒论》传本及校勘整理研究

田思胜　山东中医药大学

《伤寒论》原为《伤寒杂病论》中的一部分，经宋代林亿校勘后方始定型。但此书历汉末至宋900余年，代有整理，早失其原貌。本文试图从所见到的宋前《伤寒论》传本与宋本《论寒论》进行比较研究，以期探讨《伤寒论》传本系统、校勘情况、演变过程等，以利于全面客观地把握《伤寒论》这部经典著作。

一、宋前《伤寒论》传本情况

现能见到的宋前《伤寒论》传本有《脉经》本、《千金要方》本、《千金翼方》本、《外台秘要》本、敦煌残本P. 3287和S. 202[1]6种。

《脉经》一书，为西晋王叔和撰。其成书年代约公元242年，比《伤寒论》问世晚30年左右。卷七是热病的辨证论治，共24篇，1～8篇为伤寒论条文。王叔和《脉经》由晋至唐300多年流传不绝。至宋，林亿、高保衡等“考以《素问》《九墟》《灵枢》《太素》《难经》《甲乙》、仲景之书，并《千金方》及《翼》说《脉》之篇以校之，除其重复，补其脱漏，其篇第亦颇为改易，使以类相从，仍旧为十一卷，总九十七篇。”[2]之后，又经元、明、清校刻，流传至今。《千金要方》《千金翼方》二书，为唐·孙思邈撰。现能见到未经宋代林亿校正的东洋医学善本丛书《新雕孙真人千金方》影印本和经过林亿校正的人民卫生出版社影元大德丁未良月梅溪书院刻《千金翼方》本。因此，《新雕孙真人千金方》伤寒部分可窥唐时《伤寒论》之原貌。又，宋臣校勘极为审慎，林亿作《新校备急千金要方例》，言明校正情况。如例云：“凡诸方论，咸出前古诸家，及唐代名医加减为用而各有效，今则遍寻诸家，有增损不同者，各显著于方下，庶后人用之，左右逢其源也。”[3]故《千金翼方》伤寒部分亦保存了早期《伤寒论》面貌。《外台秘要》共收《张仲景伤寒论》（有的地方为《张仲景伤寒》等小字注语）222条，著录到18卷，为《伤寒论》《金匮要略》二书的内容[4]。其条文是按类收录，以证带条文，部分条文据《千金要方》所引而加以转引。此书为唐·王焘撰，成书于天宝十一年（752）。现所见为人民卫生出版社据经余居刊本影本。敦煌残卷本是1900年在甘肃省敦煌县莫高窟藏经洞内发现的，均为唐时手抄本，在

编号为 P. 3287 和 S. 202 中有《辨脉法》《景平脉法》《伤寒例》残卷，有极高的文献价值，可惜内容太少，不能窥其全貌，仅能用其作参考。

二、宋本《伤寒论》与宋前《伤寒论》传本的比较

宋本《伤寒论》即明·赵开美的复宋刻本，实为复宋本。由于影印逼真，后世均称宋体，在此，亦称宋本，但林亿校定的原刻本早已不见。赵氏于1599年以前刊刻金·成无己的《注解伤寒论》，刊印后，又得到宋版《伤寒论》，并于1599年予以复刻。他在刻《仲景全书·序》中说：“复得宋本《伤寒论》焉。予曩知成注非全文，及得是书，不啻拱璧，转卷间而知成之荒也，因复并刻之，所以承先大夫之志欤。”[5] 并与《注解伤寒论》，《金匮玉函方论》以及《伤寒类证》合辑成为《仲景全书》。我们今天所见到的称作宋本的《伤寒论》即指此本。

1. 内容的比较

将宋本《伤寒论》和《脉经》《千金要方》《千金翼方》《外台秘要》中的《伤寒论》部分的篇目内容进行比较，可以得出以下结论。①唐前的《伤寒论》条文不是按三阴三阳排列的，而是按汗吐下可与不可体例序列。能见到最早按三阴三阳排列的是唐代孙思邈，并且是孙氏自己调整的。在《千金翼方》卷九伤寒内容前有一小序，孙氏云：“遂披伤寒大论，鸠集要妙，以为其方，行之以来，未有不验。旧法方证，意义幽隐”，因此，“今以方证同条，比类相附。须在检讨，仓促易知”。虽然“方虽是旧，弘之惟新。”[6] 可见，孙氏重新进行了编次。孙氏不仅“方证同条”，而且按三阴三阳比类相附。考《千金要方》中的伤寒条文，是按“发汗汤第五”“宜吐”“宜下”等名篇，其篇下首为“例曰：大法春宜吐。凡服吐药，中病便止，不必尽剂也”等治疗大纲，下列属此法条文。将其与《脉经》相对照，体列、条文、次序二者相同，只是《千金要方》中条文远少于《脉经》。②伤寒宜忌部分。《千金翼方》与《脉经》大同，二书远多于宋本《伤寒论》。说明宋本《伤寒论》又是在前人的基础上将可与不可诸篇条文逐渐加入三阴三阳篇中。③《脉经》本，《千金翼方》均未有《伤寒例》内容。《伤寒例》的内容在《千金要方》卷九引有两处，一为转引《小品》引《阴阳大论》文，一为“王叔和曰：夫阳盛阴虚，汗之则死……”一段。此两段《外台秘要》均引用，后一段内容较孙氏所引为多，亦冠以王叔和曰。在敦煌残卷 P. 3287 中有三段，系《伤寒例》内容，其载云：“仲景曰：《阴阳大论》云：凡伤寒之病，多从风寒始也”至“凡两感病俱作”一段末。三段前后衔接与宋本《伤寒论》同。

2. 条文的比较

宋本《伤寒论》可与不可诸篇共有条文291条，绝大部分条文与三阴三阳中条文重复，只有少数条文不见于三阴三阳篇中，但在《脉经》卷七均能找到。《千金翼方》的伤寒宜忌部分共有151条，多数条文不见于三阴三阳篇中，只有少数有方条文与前重复。《脉经》卷七1～17篇内除去热病条共有伤寒条文340余条。又从条文对比来看，《脉经·病可吐证第五》《千金翼方·宜吐第四》、宋本《伤寒论·辨可吐第十九》所载七条内容相同，与《金匮玉函经》本亦相同。在次序方面，仅《千金翼方》本第六条、第七条前后颠倒，其他均同。又《千金翼方》本与宋本《伤寒论》中的“霍乱病的脉证及治法”凡10条，“阴阳易差后劳复病脉证并治”凡7条，条文内容及次序均同，且与《金匮玉函经》本同。其他可与不可篇诸本相差较大。关于三阴三阳篇条文，《脉经》本没有列出专篇，但宋本《伤寒论》三阴三阳篇中的条文均能在《脉经》本中找到，只是在文字、体例上有差别。

例如：《脉经》：太阳病，头痛发热，身体疼，腰痛，骨节疼痛，恶风，无汗而喘，属麻黄汤。

《伤寒论》：太阳病，头痛发热，身疼，腰痛，骨节疼痛，恶风，无汗而喘者，麻黄汤主之。

《脉经》中的体例为“属××汤”，而宋本《伤寒论》中则为“××主之”。另外，现见《脉经》本中只列脉证、方名，未列方药组成及煎服方法。

《千金翼方》中的伤寒内容显然经过孙氏整理。孙氏列出三阴三阳篇，又以“方证同条，比类相附”进行编排，并且，于太阳篇用力最大，以桂枝汤、麻黄汤、青龙汤为纲，列“太阳病用桂枝法第一”；“太阳病用麻黄法第二”；“太阳病用青龙法第三”。其下列主证、主方、加减证及加减方。三阴三阳篇的条文排列与宋本《伤寒论》中某些地方相同，但从整体来看，宋本《伤寒论》较之《千金翼方》其内在结构的联系性和逻辑性更加严密。

3. 文字的比较

将《脉经》本、《千金翼方》本、宋本中的《伤寒论》条文逐一对照，明显看出：①宋本《伤寒论》中没有的条文而《脉经》《千金翼方》中均载有，且内容一致。②条文中的个别字，宋本《伤寒论》中未有而此两传本中均见，并且往往一致。

③宋本《伤寒论》因避讳或其他原因改动的字而在此两本中保持原样。

例如：大怒无刺，新内无刺等忌刺论述分别见于《千金翼方·忌刺十二》和《脉经·病不可刺证第十二》。宋本《伤寒论》无。

宋本《伤寒论》“桂枝加芍药生姜各一两人参三两新加汤”，《千金翼方》《脉经》均作“桂枝加芍药生姜人参汤”。

凡宋本《伤寒论》大便硬的“硬”字，《脉经》《千金翼方》中均作“坚”字。敦煌卷子S. 202中亦作“坚”。

又将敦煌残卷与以上三个传本相比较，发现敦煌残卷中S. 202传本行文较之P. 3287传本坚涩，且S. 202与《脉经》《千金翼方》多有相似之处，而P. 3287行文流畅，条文、文字、避讳字与宋本《伤寒论》相似，可证P. 3287传本为宋本《伤寒论》在唐时的一个传本[7]，二者为一个流传系统。

通过宋本《伤寒论》与宋前《伤寒论》传本的比较研究，可以发现：①《脉经》本、《千金翼方》本、唐残卷S. 202为一个流传系统。而宋本《伤寒论》与唐残卷P. 3287传本属同一流传系统；②以三阴三阳名篇，最早见于《千金翼方》，且为孙思邈编次，而此前《伤寒论》传本的条文是按汗吐下可与不可体例进行编排的，即《伤寒论》原貌并非按三阴三阳病篇排列；③《伤寒论》在流传过程中，文字不断润色，条文编次逐渐完善，条文之间的内在有机联系更加严密，六经辨证规律的体现越发明显，表现出一种渐次完善的过程。

三、宋前《伤寒论》整理校勘情况

（一）王叔和首次进行整理

东汉末年，军阀混战，社会动荡，印刷未有发明，因此《伤寒杂病论》成书之后流传并不广泛，散失、错简、虫蚀现象在所难免。经过约半个世纪，晋代太医令王叔和进行了首次整理，其根据如下：①王叔和在撰写《脉经》时见到过《伤寒论》。其在《脉经·自序》中云：“仲景明审，亦候形证”。②晋代医家皇甫谧言及王叔和撰次仲景遗论。他在《针灸甲乙经·序》中云：“近代太医令王叔和，撰次仲景遗论甚精，指事施用”。③《小品方》载有“王叔和曰：今收采仲景旧论”语。《伤寒例》云：“今收采仲景旧论，录其证候，诊脉声色，对病真方有神验者，拟防世急也。”[8]考之《外台秘要·诸论伤寒八家》中载有《伤寒例》这段文字，前冠以王叔和曰，引文后小字注云：“《小品》《千金》同”。《小品方》的作者为南北朝人，其成书年代为刘宋孝建元年（454）至元徽元年（473年），去古未远，云：“王叔和曰：今收采仲景旧论”，当言出有据。④高湛《养生论》言及王叔和编次《张仲景方论》。《太平御览》“高湛养生论”云：“王叔和……编次《张仲景方论》，为三十六卷，大行于世。”高湛为后魏人（即北魏，386～543年），与《小品方》成书年代相近。由此可见，言“编次”与“撰次仲景遗论”“收采仲景旧论”说法一致。足以证明叔和不仅在著自己《脉经》书时引用了仲景内容，而且，切实编次整理过仲景的著作。编次整理后的书名名何，现不能得知，一般认为即是《伤寒论》。

经王叔和整理后的《伤寒论》可以说保存了《伤寒论》的原貌，其原书现不能得见，但从《脉经》卷七所收《伤寒论》部分即可窥见一斑。其体例为汗、吐、下可与不可，即病不可发汗证第一；病可发汗证第二；病可发汗证第三；病不可吐证第四；病可吐证第五；病不可下证第六；病可下证第七；病发汗吐下以后证第八；病可温证第九；病不可灸证第十；病可灸证第十一；病不可刺证第十二；病可刺证第十三；病不可水证第十四；病可水证第十五；病不可火证第十六；病可火证第十七。另外，前有“辨脉”“平脉”“痉湿暍”三篇，叔和又加入“伤寒例”一篇[9]。除《脉经》之外，《千金要方》中伤寒部分，是现今能见到的最早的《伤寒论》传本，其体例与《脉经》大同，可证《脉经》中伤寒体例即为《伤寒论》原貌。

（二）隋唐时期的校勘情况

古籍在传抄过程中，任何医家都可以删改、校勘或加按语。后之医家再行抄录，不知何为原著，何后人所加，或照本全录，或再行校勘。在林亿校定时，《伤寒论》传本中即有这种情况，林亿均用大字，作为正文，予以保留。隋唐时期《伤寒论》的校勘，多在条文、处方或煎服法后以按语的形式出现。现能察出的有以下4种情况。

（1）大字正文前冠以“本云”

例如：桂枝加附子汤后有：“本云：桂枝汤今加附子，将息如前法”。

（2）大字正文前冠“一方云”。

例如：原文：“本以下之，故心下痞，与泻心汤；痞不解，其人渴而口燥烦，小便不利者，五苓散主之。十九。一方云，忍之一日乃愈。”

（3）没有任何指征，但明显为宋前人的校语：

例如：大柴胡汤后：“一方加大黄，若不加，恐不为大柴胡汤”。

小青龙汤方后：“且尧花不治痢，麻黄主喘，今此语反之，疑非仲景意。”

（4）大字条文

在《辨不可发汗病脉证并治第十五》之首，有：“夫以为疾病至急，仓卒寻按，要者难得，故重集诸可与不可方治，比之三阴三阳篇中，此易见也。又时有不止是三阴三阳，出在诸可与不可中也”。

前三种校语为何人所加已无可考，且无意义。第四种校语，在可与不可诸篇之首，类似小序，说明集可与不可诸篇原因。有人认为此小序为宋林亿所加，但其中有诸多疑点。此段小序见于宋本《伤寒论》《金匮玉函经》《注解伤寒论》中。林亿在《校正金匮玉函经疏》中说：“先校定《伤寒论》，次校正此经，其文理或有与《伤寒论》不同者，然其义皆通，圣贤之法不敢臆断，故并两存之，凡八卷，依此旧目。”[10] 林亿校书十分审慎，与它本不同者则小字注于下；与医理不通者，则小字加按语以明之。《伤寒论》与《金匮玉函经》文理或有不同，林亿竟依其旧目两存之，故而不会在校定时于每一书中均加一小序。此段文字不见于《千金翼方》，故此，当为宋·林亿前、唐·孙思邈后的医家所为。由此可以推知，在这段时期，可能有人系统的整理过《伤寒论》。《伤寒论》文字的润色、条文的重新编次，大都是在此时期完成的。

四、宋代林亿校勘及《伤寒论》的定型

北宋初年成立校正医书局，以林亿为首对《伤寒论》等医籍进行了校勘。其校勘所用底本认为是《新唐书·艺文志》又增录的《伤寒杂病论》十卷本，其校勘应用了四校法。

对校法：所谓对校，即用同书之祖本或别本对读，有不同之处则注于旁。林亿所用对校本有《太平圣惠方》本、《伤寒论》其他单行本、《金匮玉函经》。兹举数例如下：

若反滑而数者，故当知屎一作溺脓也。《玉函》作溺。

阳阴之为病，胃家实一作寒是也。《太平圣惠方》卷八实作寒。

本校法：即前后互证，决其异同，正其谬误。林亿亦采用了本书前后互校的方法。

例如：《辨发汗吐下后脉证并治第二十》大黄黄连泻心汤：大黄二两酒洗　黄连一两　上两味以麻沸汤渍之，须臾绞去滓，分温再服。有黄芩，见第四卷中。

《辨不可下病脉证并治第二十》甘草泻心汤条方后注：有人参，见第四卷中。

他校法：即以他书校本书。林亿采用了《千金翼方》《脉经》《仲景杂方》等书进行了校勘。

例如：太阳病，发热恶寒，热多寒少，脉微弱者，此无阳也。不可发汗，宜桂枝二越婢一汤。（在此方之后，林亿等小字按云）：越婢汤方见《仲景杂方》中，《外台秘要》一云起婢汤。

少阴病，下利，脉微涩，呕而汗出，必数更衣，反少者，当温其上，灸之。《脉经》云：灸厥阴可五十壮。

理校法：段玉裁曰：“校书之难，非照本改字，不讹不漏，定其是非之难，所谓理校也。”林亿在校勘《伤寒论》时，或据别本，或据医理，订正是非多处，贡献极大。

例如：太阳病，项背强几几，反汗出恶风者，桂枝加葛根汤主之。方三。葛根四两　麻黄三两、去节　生姜三两、切　甘草二两、炙　大枣十二枚　桂枝二两、去皮　臣亿等谨按，仲景本论，太阳中风自汗用桂枝，伤寒无汗用麻黄，今证云汗出恶风，而方中有麻黄，恐非本义也，第三卷有葛根汤证，云无汗恶风，正与此方同，是合用麻黄也。此云桂枝加葛根汤，恐是桂枝中但加葛根耳。

林亿分析、引证正确，有理有据，结论中肯。

总之，林亿通过不同传本的对校，本书前后互校及他书参校，遇底本与校本不同者，则加小字注明；于医理不通者，则小注加按语，广录别本所云，再以医理正之。校勘精当，忠于原貌，不擅改原文。林亿校勘《伤寒论》贡献极大。首先，由于林亿校勘，《伤寒论》才得以以范本的形式流传至今。其次，保存了大量的宋前文献资料。林亿对前人校勘均以大字正文予以保存，另外，宋前不同传本中有差异的文献资料则以小字夹注的形式予以保留。再次，其校勘方法、态度对中医校勘学亦有较大的贡献。

五、结语

《伤寒论》成书后，王叔和的首次整理，使《伤寒论》得以流传。在流传过程中，衍化为《伤寒论》和《金匮玉函经》二大传本系统；文字润色、条文编次、三阴三阳名篇及六经辨证体系均在流传过程中渐次完善。宋代林亿校勘，才使《伤寒论》定型规范，流传至今。

参考文献

[1] 赵建雄. 敦煌医粹. 贵阳　贵州人民出版社，1988，14.

[2] 福州市人民医院．脉经校释．北京：人民卫生出版社，1984，669.
[3] 孙思邈．千金要方·序．影印江户医学影北宋本．北京：人民卫生出版社，1955，5.
[4] 马继兴．中医文献学．上海：上海科学技术出版社，1990，110.
[5] 刘渡舟．伤寒论校注．北京：人民卫生出版社，1991，15.
[6] 孙思邈．千金翼方．影印元大德丁末良月梅溪书院刊本．北京：人民卫生出版社，1955，97.
[7] 田思胜．林亿校勘《伤寒论》及其价值．山东中医药大学学报，1997，(1)：63.
[8] 刘渡舟．伤寒论校注．北京：人民卫生出版社，1991，32.
[9] 田思胜．《伤寒例》考析．中医文献杂志，1995，(2)：19.
[10] 张仲景．金匮玉函经．影印清初何义门鉴定本．北京：人民卫生出版社，1955，6.

[《中华医史杂志》2000；30（3）：175]

《伤寒例》当为《伤寒论》概论析

赵永生　南阳市张仲景医院

余弱冠初涉医门，常惑于《金匮要略讲义》[1]（简称《金匮要略》）《脏腑经络先后病脉证篇》相当于全书总论，“属全书概论性质”，而《伤寒论讲义》[2]（简称《伤寒论》）却无如此“概论性质”的总论。

适至1981年有幸得黄竹斋先生《伤寒杂病论会通》[3]及白云阁藏本木刻版《伤寒杂病论》[4]，后又获日本国访华学者赠《康平伤寒论》[5]，反复读之才悟出历来有争议之《伤寒例》实为《伤寒论》之概论也。

一、“错简”说与“维护旧论”派之争不能磨灭概论性质

明代方有执推出“错简”说，认为通行的《伤寒论》年代久远，篇编错乱，虽然王叔和编次，仍存在不少人为的错乱，因此他提出了重新编次主张，在他的《伤寒论条辨》中，削去《伤寒例》，以“卫中风、寒伤营、营卫俱中伤风寒”立说。清初，喻嘉言附和“错简”说。然明末清初之张遂辰及其弟子张志聪、张锡驹与“错简”说针锋相对，他们认为王叔和、成无己有助于仲景《伤寒论》，该书皆仲景原文，绝非错简，不主张随意取去重编，在阐述仲景方法上亦多心得。清末陈修园基本上同意这种观点，现代多称他们为“维护旧论”派。[6]

白云阁藏本的出现，虽无可考究是否为张仲景第十二修改稿，但该书较全面的反映了张仲景的学术思想，且给多个历史悬案予以正确的答案，《伤寒例》与《平脉法上、下》《杂病例》位于卷首，可见《伤寒例》在《伤寒论》中的重要地位。再就《康平伤寒论》本而言，虽注“宋本、伤寒例、编首、载四时、八节、二十四气、七十二候、决病法，此盖后人之赘言耳。”但《伤寒例》也收入其篇首，并不否认其重要地位给以削删之。

二、《平脉法上、下》与《伤寒例》均在篇首，何单言《伤寒例》为《伤寒论》之概论

《平脉法上》虽在篇首，但仅讲平人不病之脉，以平脉为准可推诸坏病之脉，阐述脉与气血脏腑之关系，引伸平脉之依据；脉与色合主形内外，当四诊合参。此总叙平脉之根源。

《平脉法下》即辨脉法，虽在篇首，只讲辨别诸脉之法，包括脉名、部位、相类、相反之脉，此谓辨脉法之大纲也。文中列举阴阳之脉及诸脉见证，继而又言奇经八脉及其见证、治法，示后学者当“相体虚实，察病轻重，采取方法，权衡用之，则无失也。”

综上所述，并未涉及伤寒及《伤寒论》条文，无指导学习《伤寒论》之方法，故《平脉法上、下》虽列在篇首，不能为《伤寒论》之概论，当为《伤寒杂病论》（包括《杂病论》《金匮要略》）全书的导论。

三、分析《伤寒论》之内容当确认《伤寒论》之概论即《伤寒例》

《伤寒例》首列四时、八节、二十四气、七十二候决病法，仲景遵《内经》论病之原诊，乃摄其纲要，以二十四气列伤寒论卷端，使人易晓，诚医者临证决明之首务也。示学习《伤寒论》者当天人相应，从而引伸四时外感及时行疫气的病因病机，指出对于伤寒的诊治当依四时之节气，寒暑之往来、阴阳之消息、脏腑气血应时之旺衰，色脉因之而变化，观其病证脉以确立治法方药尔。

《伤寒例》继讲“伤寒之病逐日浅深以施方治”，告示学习《伤寒论》者，当因地而宜，四方之土，高下不同，温凉有异，起居饮食习惯嗜好有别，医之治病，当审其土地所宜。再以《内经》旨义：一日太阳、二日阳明、三日少阳……，引伸伤

寒传经之说及六经脉证并治之正法；伤寒三日传经在阳，未入于腑者，可汗而已；三日之后传经在阴，已入腑者，可下而已。又讲表里并病，阴阳两经俱传，传经变病及其治法。

《伤寒例》指出“凡人有疾，不时即治，隐忍冀差，以成痼疾”，示病人当早求医，医者以时治之，突出了《内经》未病防治的思想，进一步引伸先解表后攻里等宜汗吐下和补等治疗原则。这些原则及服药方法，在《伤寒论》中广泛应用，可说明《伤寒例》实与《伤寒论》正文相互应，明示全文道理之意也。

《伤寒例》统篇文章不仅结伤寒定名、定性，并指出伤寒六经传变规律，传经之病证脉治，内含六经之提纲，为《伤寒论》之梗概。所以说《伤寒例》当为《伤寒论》之概论。

参考文献

[1] 湖北中医学院. 金匮要略讲义［M］. 上海：上海科学技术出版社，1963.

[2] 成都中医学院. 伤寒论讲义［M］. 上海：上海科学技术出版社，1964.

[3] 黄竹斋. 伤寒杂病论会通［C］. 西安：陕西省中医药研究院印，1982.

[4] 张机. 白云阁藏本木刻版伤寒杂病论［M］. 河南省南阳市张仲景历史文献馆. 1982.

[5] 张机. 康平伤寒论［M］. 东京：日本汉方协会出版部，昭和十二年.

[6] 中国大百科全书编辑委员会《中国传统医学》编辑委员会. 中国大百科全书. 中国传统医学［M］. 上海：中国大百科全书出版社，1992.

［《河南中医》2000；20（5）：3］

禹余粮丸方补缺初探

郭建国　陕西省城固县中医院

《伤寒论》第八十八条太阳病篇：“汗家重发汗，必恍惚心乱，小便已阴痛与禹余粮丸。”（方本缺）。医圣仲景其《伤寒论》被尊为经典，乃方术之祖，言言金石，字字珠玑，不可改易一字，“方本缺”亦被人们接受，以致下千年悬案。后世有王日休补方用“禹余粮，赤石脂，生梓皮各三两，赤小豆半斤，其为末蜜丸，弹子大，以水二升，煮取一升，早暮各一服”。清代医家陈修园对其评曰：“只不过利水之品，毫无深意。”近读早于《伤寒论》一个多世纪之《武威医简》其方证多与《伤寒论》方相似，书中《公孙君方》之主治，功效与《禹余粮方》方证暗合。仲景撰《伤寒论》“勤求古训，博采众方，”，《公孙君方》是否仲景“博采”而来，对其有关问题讨论如下：

一、禹余粮方丢失时间

晋·皇甫谧《甲乙经》序云：近代太医令王叔和撰次仲景遗论甚精。”《甲乙经》成书于公元255至282年间，王叔和生卒不祥，张仲景《伤寒论》成书时间据”建安纪年以来，犹未十稔，其死亡者三分有二……乃勤求古训　博采众方……为《伤寒杂病论》合十六卷。”建安纪年为公元196年，十年后即为206年，仲景卒于219年，即《伤寒论》书成在公元206年至219年年间。王叔和整理仲景遗论应在219年至282年之间。《伤寒论》成书后在民间流传，简牍脱落现象会时有发生，但这些珍贵方术人人精心爱护，如获至宝，短期内不可能丢失，皇甫谧卒于282年，《甲乙经》成书应在282年之前，而王叔和整理《伤寒论》又在《甲乙经》成书之前。实际上《禹余粮方》丢失时间就在王叔和整理《伤寒论》之前，约在公元3世纪中叶。

二、禹余粮丸方主治功效及其他

《伤寒论》第八十八条：“汗家重发汗，必恍惚心乱，小便已阴疼”。清·陈修园注：“平素患汗病之人名曰汗家，心主血，汗为心液，患此病人之人其心虚血少可知，若重发其汗，则心主之神气无所依，必恍惚心乱，且心主之神气虚不能下交于肾，而肾气亦孤，故小便已，而前阴溺管中痛。”新版教材注曰：“汗家卫阳不固，津液素亏，若再发其汗，阴阳俱亏，心阴虚于上，则恍惚心乱，肾阴亏于下则小便后出现心疼。”《伤寒论》太阳病篇从84条至89条记载太阳病误汗的变证，“汗家重发汗”历代注者皆轻描淡写，而致病机分析上有误。以余之见，把着眼点只放在“汗家重发汗。”而没有想到“医家”“重发汗”之背景，如“汗家”复感外邪后恶风，发热（本在太阳病篇）等表证。治宜解表（发汗）。病本体虚，发汗后外邪未解，病邪深入，入里化热，临床上经常可见阴虚之人更易热化，热扰心营则心内烦乱，神志恍惚；汗出津伤，则小便短赤，便后出现尿道疼痛。当时“八法”已俱，医者惟选“汗法”自有他的道理，只是认识不足，只知发汗，不知清里罢了。以禹余粮为主药立方，再结合发病过程，病机应为：汗出、内热、津伤。“汗家”复感外邪，治疗不当出现的变证，治则当以敛汗，清热，养阴。

三、公孙君方

（一）出土时间地点及其他

1972年底出土于甘肃省武威县古墓随葬医药简牍，记载药物100种，其中69味见于《神农本草经》，11种见于《名医别录》。载方30多个，多为治××病方，其中有标明方名的二首，即《公孙君方》《鲁氏青行解腹方》，考虑这两首方剂是记载当时的流行处方。处方规范程度不及《伤寒论》，医简年代大约在公元1世纪中后期。据墓中有“鸠杖”及成批医简随葬，推断主人很可能是一位具有一定社会影响并从事医业的古稀老人，医简是他的临床经验总结性记载。

（二）《公孙君方》组成

汉简83号木牍全文：樊石二分半，牡鞞三分，禹余粮四分，黄芩七分，蘖米三分，厚朴三分，凡六物皆治合和丸，以白蜜丸大如梧实，旦吞七丸，晡吞九丸，莫吞十一丸，服药十日知小便数多，廿日愈，公孙君方。今考方中：禹余粮性味甘涩平，归胃大肠经，《本草纲目》云：“手足阳明血分重剂也”，专功收涩。樊石即明矾，性味酸寒，归脾胃肺经，《本经》载：主寒热泄痢，有收涩之功。黄芩味苦性寒，《本经》主寒热黄疸，《本草纲目》“主风热”。以上三味均有止血作用，血汗同源，止血药乃能止汗。厚朴味苦性温，主中风，伤寒、寒热、惊悸。陈修园云：“苦能泄热，可治气逆之惊悸”。蘖米，蘖通蘖，酿酒用的发酵剂。《名医别录》云：“蘖米味苦无毒，主寒中下气除热。牡鞞，“牡”有做“阳”字解者，“鞞”通“麴”，中药“曲”字意义相同，最早曲类中药只有六神曲，六神曲气味辛甘平，主化水谷宿食，全方今释为：禹余粮四分，黄芩七分，厚朴三分，明矾二分半，蘖米三分，六神曲三分。上六味中药，共分细末混合均匀，炼蜜为丸、丸大如梧桐籽。早晨服七丸，下午吃饭时服九丸，晚上服十一丸，服药十天后小便量增多，服药廿日病愈。

四、《公孙君方》功效主治

方中禹余粮，樊石收涩敛汗；黄芩，厚朴、蘖米除热；六神曲调胃。本方未记载功效、主治。据“服药十日知小便数多”方中未用利水药，反用收敛药，而服药后小便量增多，可知服药前小便量少。有小便量少，又用收敛药，考虑病机有汗出，津液损伤。方中黄芩用量较大，辅以厚朴，蘖米均有泄热之功。方中收敛药用量较大——汗出；重用黄芩、辅以厚朴、蘖米，方药组成编于寒凉——内热；有汗，内热，又出现小便量少——津液亏耗。归纳病机为汗出、内热、津伤。功效：敛汗，清热、养阴。主治：因感受外邪而致汗出较多，里有实热所致小便量少等症。

五、讨论

①王叔和整理《伤寒论》时，乃当朝太医令，拥有丰富的医学资料，当发现禹余粮方丢失，他不会置若罔闻，但终无结果，可以这样认为，距仲景生活年代最近的王叔和都无法找回禹余粮方，随着时间的推移，解决可能性越来越小，好在仲景撰次从《伤寒论》时“勤求古训，博采众方”，那么，禹余粮方也可能在“博采”前人方之列了，这又给我们留下了一条挖掘的线索。近年来，各地有出土文物，著名的长沙马王堆帛书，发现了最早的经络循行路线记载，纠正了《内经》为最早记载经络循行路线的说法，又如甘肃武威旱滩坡汉墓出土文物科学工作者评价的那样，这批医药简犊可能是墓主人长期临床实践的记载，简牍内容丰富，在诊断，治疗和处方用药等方面，生动的体现了辨证施治的原则和方法，在我国最早的医方书《伤寒杂病论》原本早已佚失的情况下，这批简牍的出土，便为研究我国古代医学提供了一个重要的可靠的依据。

②《禹余粮方》与《公孙君方》比较（以下简《禹方》，《公方》）

《禹方》为治疗太阳病汗家误治出现的变证而设，有方剂名称无方药组成，其病因为平素多汗之人患太阳病，医者用药后证见：恍惚心乱，小便已阴疼”。以病因，主症推出病机为：素体阴亏之人患太阳病，发表后汗出邪不解，外邪入里化热，热扰心营，津液亏耗。有了病因、病机、主症。治则为敛汗、清热、养阴。《公方》有药物组成，有疗效记载，但无主症。方中六味中药，收涩药两味，清热药一味量独大，辅以厚朴，蘖米均有除热之功。方中未用滑利之品，反用收涩中药，用药后出现“小便数多”为病向愈，可知病前尿少，为体内津液不足之象，结合收敛药，清热药运用，其病机应为：汗出、内热、津伤。治则：敛汗清热，养阴。两方对照，病机相同，治则无异。

③《公方》年代较《伤寒论》早，而且《公方》在当时已广泛流传，人们闻其名，知其效，故本方木牍无常记载适应症。《禹方》缺药，但症犹存，症反映出汗出、内热、津伤之病机；“公方”以药推法，亦具收敛、清热、养阴之功，珠连璧

合，可望千年悬案得以澄清。

［《陕西中医函授》2000；（3）：10］

浅探仲景著作一分为二之由来
——兼驳分书系由王叔和所为

赵体浩 南阳理工学院国医国药系

一、关于仲景著作

仲景著作原本有二，一为仲景自序中所称的《伤寒杂病论》十六卷；二是曾在隋唐时期流传而于唐以后不复再现的《张仲景方论》（或称《张仲景药方》《张仲景要方》）。这可从有关史志和历代著述中看得出来。如晋·皇甫谧《甲乙经·序》云“汉张仲景论广汤液为十数卷，用之多验”，说明皇甫谧见到并经临床验证的是仲景关于汤液方论之书十数卷；而“近代太医令王叔和撰次仲景遗论甚精，皆可施用”一句中所说的“仲景遗论”，则指的是《伤寒杂病论》。以上可以得出两点：一是仲景的这两部著作在晋代均经皇甫谧运用验证过，说明二书确实存在；二是王叔和曾将因传抄和兵火中脱漏散佚的《伤寒论》的残卷进行过整理撰次（共10卷，在宋代林亿之前广为流传，此不再赘），内容仍然是伤寒与杂病合论。

到了南北朝至隋唐期间，仍可看得出这两本著作或隐或现地在流传。如梁《七录》载“《张仲景辨伤寒》十卷”；《隋书·经籍志》载“《张仲景方》十五卷”而未载《伤寒杂病论》；《旧唐书·经籍志》也只是载“《张仲景药方》十五卷”而未载《伤寒杂病论》；《新唐书·艺文志》则同时载“《王叔和张仲景药方》十五卷”和“《伤寒杂病论》十卷”，首次提出了《伤寒杂病论》之名，且仅为十卷而非原来十六卷之旧。下此以往，世可得见者从有关载籍来看，似乎只有经叔和整理撰次的《伤寒杂病论》一书的内容还在流传，但均易名为《伤寒论》或者是冠有“仲景”字样的一些书名，却无一言《伤寒杂病论》之名，也无十六卷的记载。至于有关方剂学方面的《张仲景方论》，到了唐代则已不复见，因而唐·孙思邈在其《千金要方》伤寒上卷末不由感叹到：“江南诸师秘仲景要方而不传。”这里所说的“仲景要方”，即是指《张仲景方论》，该书由于被江南诸师私享而秘密地存藏起来，使得自唐朝以后就逐渐失传而成为坠绪。

以上说明，原来两部仲景著作，后来得以传世者，只剩下经王叔和整理撰次的《伤寒杂病论》一部了。这部书在以后晋、南北朝、隋、唐至宋的漫长时期内，几乎是以《伤寒论》名称或冠有“仲景”字样的一些书名而出现的，也就是说，这段时期流传的《伤寒论》或《伤寒杂病论》，基本上是伤寒与杂病合论的，并无外感与杂病的明显界定，也无王叔和把《伤寒杂病论》分为《伤寒论》和《金匮要略》的记载，更未见单独形式的《金匮要略》的分化流行。

二、《伤寒杂病论》删分为二并非叔和所为

仲景传世之作《伤寒杂病论》十六卷，究系何人何时将其一分为二而成目前《伤寒》《金匮》这个样子？这段公案迄未了讨，一般都说是王叔和将其删分（如黄元御、柯韵伯、喻嘉言、方有执），并责怪他附会已意篡改经旨，这实为千古奇冤！

笔者认为，出现《伤寒杂病论》分书现象及界定外感与杂病域限的原因是多方面的，不能一口咬定就是叔和所为。理由大致有如下几点：一则皇甫谧在《甲乙经·序》中说：“近代太医令王叔和撰次仲景遗论甚精”，这里只是说“撰次”，并未云分书；二则《太平御览》“高湛养生论”中曾提到“王叔和……编次《张仲景方论》为三十六卷，大行于世”，说明仲景有关方论的专著也经叔和编次过。这本书据记载可能是所有仲景著作方论的大汇集，其中既有《伤寒论》的方剂，也有《金匮要略》的方剂，还可能有其他著作中的方剂，对于这些明知不是来自一书的方剂，叔和却偏采用集录的办法去进行编次，而对于仲景另书《伤寒杂病论》的撰次，想必叔和也会以同样的态度去对待而不率意分删；三则王叔和身居太医令尊位，完全有条件著书梓行，不需借分化仲景著作之机来炫耀自己，《脉经》之著即是明证；四则王叔和在他自己的著作《脉经·卷七》中，还记载着80%的现行《伤寒论》内容及部分《金匮要略》内容，其所引仲景原文，也依然是伤寒、杂病、小儿、妇人一体共论，故丝毫也看不出有分书之痕；五则宋·王洙于馆阁蠹简中所发现的《金匮玉函要略方论》三卷，还是上则辨伤寒，中则辨杂病，下则载其方并疗妇人，证明至迟宋时还有未分化的《伤寒杂病论》版本流传于世；六则《伤寒杂病论》书成之际，正值东汉王朝土崩瓦解、四海扰攘之秋，加之印刷术尚未问世，致使书成不久即简册散落，到叔和手中已不知为什么样子，后经叔和对散失的仲景遗论广为搜集，通过艰难的整理撰次，才使其成编不坠保存

下来。这些只能说明叔和对整理研究仲景学说厥功有加，根本不能凭此“撰次”而硬说是叔和把仲景之书一分为二了，若真的是叔和把书分化的话，那么为什么在晋至唐代这段时间内未见专论杂病的《金匮要论》单行版本流传呢?

由此可知，仲景《伤寒杂病论》删分为二的现象并非叔和所为，经叔和整理编次后的原书内容也并无外感与杂病的明显界定。那么到底是何时何人将其分化? 多数学者认为可能是后世医家在历代传抄中逐渐将其依势分开。笔者认为，这种说法不够清楚，书分为二之事原肇自北宋“校正医书局”。

三、《伤寒杂病论》一分为二之真正由来

公元10世纪末，宋朝统一天下，由于中央政权对医学书籍的重视，于北宋嘉祐二年（公元1057年）设立了“校正医书局”，由唐禹锡、林亿、孙奇、高保衡等人参加校正医书。这些人在嘉祐二年至治平年间校刊张仲景医书时，先以《脉经·卷七》《千金翼方》和端拱年间节度使高继冲进献的《伤寒论》作为校本，分别整理成《伤寒论》10卷和《金匮玉函经》8卷。之后，他们又开始对王洙于馆阁蠹简中得到的《金匮玉函要略方论》进行整理，据孙奇、林亿等《金匮玉函要略方论·序》载:“臣奇先校定《伤寒论》，次校定《金匮玉函经》，今又校成此书。”从这几句话可知，《金匮玉函经》与《金匮玉函要略方论》是两本书，实乃《伤寒论》之别本。又曰:“仍以逐方次于证候之下……又采散在诸家之方附于逐篇之末……以其伤寒文多节略，故断自杂病以下，终于饮食禁忌，凡二十五篇，除重复合二百六十二方，勒成上、中、下三卷，依旧名《金匮要略方论》。”由这段文字可知，由于十卷之《伤寒论》当时已在流行，而三卷《金匮玉函要略方论》与十卷《伤寒论》相比又“文多节略”，故校正者删除了上卷伤寒部分，并撷采散在于《千金要方》《外台秘要》《古今录验》等著作中的仲景方，最后把删剩的两卷仍勒成三卷，书名仍用《金匮要略方论》（不过少了“玉函”二字)，也即现行之《金匮要略》。从此，仲景遗著的文字才趋于定型，其伤寒部分和杂病部分才截然分开，《伤寒杂病论》才被衍变成《伤寒论》与《金匮要略》两种形式流行于世，一直至今。这就是《伤寒杂病论》书分为二的真正由来。

[《河南中医》2000; 20 (4): 3]

《康平伤寒论》的发掘及其学术价值

王长凤　山东省泰安市中医二院
李华安　山东省泰山医学院

一、《康平伤寒论》的发掘及考证

1936年，大冢敬节在东京某书店，得到一本题为《伤寒论》的传写本，因为抄写者的落款为“康平三年二月十七日，侍医丹波雅忠”，为了与广泛流传的宋本《伤寒论》相区别，世人称其为《康平伤寒论》。据大冢敬节称，他与我国名医叶橘泉先生为30年的书信好友，因此将《康平伤寒论》寄给叶先生。叶先生将《康平伤寒论》重校后，于1947年刊行。遗憾的是，半个世纪以来，《康平伤寒论》似乎未得到我国学者的应有重视。

《康平伤寒论》由侍医丹波雅忠于日本后冷泉天皇康平三年，即1060年抄写，比我国北宋孙奇、林亿等于1065年校正的宋本《伤寒论》还早5年，因此《康平伤寒论》是现存最早的《伤寒论》古本。据钱超尘《伤寒论文献通考》称，《康平伤寒论》最早可能是由日本遣唐僧空海于806年带回日本，并长期在僧院中流传，直到17世纪日本江户时代才流传到社会。

《康平伤寒论》与宋本《伤寒论》相比，康平本无“辨脉法、“平脉法”以及“可”与“不可”诸篇，其余篇数和条文与宋本完全相同，但是康平本的抄写格式和宋本的排印格式大不相同。康平本抄写的条文，每行字数不等，有15字一行的，还有14字一行的，更有13字一行的。据大冢先生考证，15字成行的条文是仲景《伤寒论》原文，14字成行的条文是准原文，13字成行的条文则是后人的追文，不是仲景原文。在康平本中，13字成行的条文共计138条，约3764字，标明是后人的追文，而在宋本中，这些都被排入仲景原文。在康平本中，旁注有110处，嵌注有102处，合计212处，约2100字，标明是后人对仲景原文的注释，而在宋本中，这些也被排入仲景原文。

据大冢先生考证，康平本在12世纪以前就在日本流传，而宋本则于17世纪以后才传入日本。又据钱超尘先生考证，康平本的一个抄本在唐代805年传到日本以后，这个古老的传本在唐代继续流传，它绝有在中国绝迹。

康平本有许多问题有待考证。我们尚不知康平

本是否是皇甫谧所说“仲景论广伊尹汤液为十数卷，用之多验”，是否是“近代太医令王叔和撰次仲景遗论甚精，皆可施用”。也不知是否是孙思邈所说“江南诸师秘仲景方而不传”的抄本。更不知孙奇、林亿等在校正宋本伤寒论时，所用的底本中，是否有康平本。回答这些问题，固然有待新的发掘和考证，但是就康平本和宋本比较而言，康平本在中日两国都未得到广泛流传，而宋本不仅在中日两国得到广泛流传，且被视为《伤寒论》的善本。那么为什么中日两国学术界对《伤寒论》的研究方向和研究方法同归殊途呢？

二、以经释论派是宋本之误导

宋本《伤寒论》于1065年被御批刊行后，成无已引用《内经》《难经》解释《伤寒论》，并于1144年发表了他的《注解伤寒论》，确立了以经释论的研究方法和研究方向，成为我国《伤寒论》研究中的主流派。直到当今大学统编的《伤寒论讲义》，仍然认为仲景伤寒论是对《黄帝内经》的继承和发展，甚至认为《伤寒论》是广《素问·热论》而作。由于康平本的发掘，证明这是历史的误会，以经释论是宋本的误导，宋本中的那些含有黄帝内经学术观点的章句，几乎都是后人的“自己之说”，而被宋本“混于仲景所言之中”。

例一，康平本中的序，前半文，即从”余每览越人……”至“思过半矣”，每行用15字抄写，标明是仲景原文，而且首文有一旁注“集论曰”3字。在“博采众方”之下有一嵌注“撰用素问、九卷，八十一难、阴阳大论、胎胪药录，并平脉辨证”凡23字，但是宋本将此两处注文都排于仲景原文，这就错误地告诉后人，张仲景的《伤寒论》是参考《素问》《九卷（灵枢经）》《八十一难（难经）》等书写的，为以经释论派提供了先入为主的依据。康平本中的序，后半文，即自“夫天布五行”至文末，每行用13字抄写，标明不是仲景原文，而是后人的追文。文中指出阴阳五行、脏象经络，玄冥幽微，劝说读者学习古人，思求经旨。这些与《伤寒论》几乎无涉的文字，也被宋本排入仲景序文的原文之中，硬是要把《伤寒论》推到《素问》中去。

例二，《伤寒例》虽然也被康平本抄于篇首，但是其中部分条文用每行14字抄写，只是准原文，而多数条文是用每行13字抄写，为后人追文。在宋本之前，唐孙思邈《千金翼方》、王焘《外台秘要》中都每每指出，《伤寒例》中的某些段落并非仲景原文，而且孙奇、林亿等于北宋治平二年校正宋本《伤寒论》时，所用的底本中，既有《千金》，亦有《外台》，为什么把《伤寒例》都“校”成仲景原文呢？原来《伤寒例》的内容虽然杂乱无章，但其基本内容是阐述《素问·热论》有关伤寒、温病和两感于寒及其传变日数等，除此之外，还有五运六气、平脉辨证等，都是黄帝内经的学术观点。顺便提及，从太阳病到劳复病，康平本也用每行13字间或抄写了几十条条文，其内容也涉及伤寒传变日数，打着《素问·热论》深刻的烙印。更值得注目的是，在这几十条追文中，有3条提出使用针法，还有3条提到使用灸法。根据皇甫谧的说法，《伤寒论》是古代汤液家之经典，而黄帝内经历来被视为针灸家之经典，孙奇、林亿等校正宋本《伤寒论》时，有意无意地将历代追加于《伤寒论》中而且是反映黄帝内经学术观点的《伤寒例》及有关条文，统统“校”进仲景原文中，实际上反映了这些“医儒兼通之士”的学术观点。与其说成无已是以经释论的首创家，莫如说孙奇、林亿是以经释论派的始祖。

三、宋本《伤寒论》颠倒错乱殊甚

自北宋治平二年（1065年），宋本《伤寒论》刊刻颁行，到明万历二十年（1592年）方有执著成《伤寒论条辨》对宋本提出质疑，历时527年，历代伤寒家一直沿着以经释论的方向治伤寒，方有执对此作了精辟分析：“愚自受读以来，沉潜涵泳，反复细绎，窃经简编条册，颠倒错乱殊甚。盖编始虽由于王叔和，而源流已远，中间时异世殊，不无蠹残人弊，今非古是，物固然也。而注家则弗置理会，但徒依文顺释……至历杵格聱牙，则又掇拾假借以牵会，即其负前修以误后进，则其祸斯时与害往日者，不待言也。”方有执从研读章句入手，经考证，首先认定《伤寒例》是王叔和“述仲景之言，附已意以为赞经之辞，”主张将此扬经抑论的《伤寒例》断然删去。其次认定《辨脉法》《平脉法》以及诸“可”与“不可”诸篇，均非仲景原文。然而方有执及其追随者，对于从太阳病到劳复的《伤寒论》，只发现其章句错乱，却因无从稽考而难以删除。日本古方家受方有执的启发，运用古文辞学方法考证宋本《伤寒论》，并在康平本发掘以前，就完成了对《伤寒论》的“重考修辑”。原来在康平本中用每行13字抄写的追文和用小字抄写的旁、嵌注文，都被宋本“校”入仲景原文，这是宋本“杵格聱牙”和注家“掇拾假借以附会”的原因所在。例如：“太阳病欲解时，从已至未上”“阳明病欲解时，从申至戌上”“少阳病欲解时，从寅至辰上”“太阴病欲解时，从亥至丑上”“少阴病欲解时，从子至寅上”“厥阴病欲解时，从丑至卯上”等有关生死时辰和日数的条文，在康平本中都是13字成行的追文。而成无己则引经注解，大讲运气，使人更觉荒诞。再例如，康平本中的旁注和嵌注，本是《伤寒论》习读者随笔所作的注释，后被宋本“校”为仲景原文。这些注释，有的较为准确，有助于对仲景原文加深理解，譬如原文：“夫实则谵语，虚则郑声”，嵌注“郑声，重语也”。但是多数注文反映了以经释论的学术观点，干扰了《伤寒论》的固有体系，而且掺入的注文多了，会使原文文理艰涩难懂，例如“伤寒，脉微而厥，至七八日肤冷，其人躁无暂安时者，此为脏厥，非蛔厥也。蛔厥者，其人当吐蛔。今病者静，而复时烦者，此为脏寒，蛔上入其膈，故烦，须臾复止，得食而呕又烦者，蛔闻食臭出，其人常自吐蛔。蛔厥者，乌梅丸主之。又主久利。”这段文字，条理紊乱，语言謇涩，横竖不像出自医圣仲景之笔。果然。在康平本中，此段文字计有6处旁嵌作注：旁注“此为脏厥”、嵌注“蛔厥者，其人当吐蛔”，旁注“此为脏寒”、嵌注“蛔上入其膈，故烦”、旁注“烦者，蛔闻食臭也”、嵌注“又主久利”。若删除这些注文，那么宋本的仲景原文应是“伤寒，脉微而厥，至七八日肤冷，其人躁无暂安时者，此为蛔厥也。今病者静而复时烦，须臾复止，得食而呕，又烦，其人当自吐蛔。蛔厥者，乌梅丸主之”。一位胆道蛔虫症（蛔厥）患者的临床表现跃然纸上，条理清楚，文字流畅，却被孙奇、林亿等“校正”得杂乱无章，令人费解。

康平本的发掘，动摇了宋本的善本地位，也向以经释论派提出了严正挑战。半个世纪过去了，学术界再也不能对康平本视而不见了。

参考文献

［1］大冢敬节．伤寒论解说．康平伤寒论（传写影印本）．创元社，1986年版
［2］李华安，蔡建前．康平伤寒论评注．济南：山东科学技术出版社．1990年版
［3］钱超尘．伤寒论文献通考．北京：学苑出版社．1993年版

［《江苏中医》2000；21（4）：38］

柯琴治《伤寒论》之创见

杨　利　广州中医药大学
（指导　邓铁涛）

王叔和以降，治伤寒学者不下百家，各有发挥，“伤寒学”因之蔚成大观。然“如何是六经本来义”“仲景立方大旨云何”，长期以来，混沌难明，歧义层出。清代韵伯柯琴先生著《伤寒来苏集》，卓识不凡，直言“仲景六经，为百病立法”“仲景因脉症立方，不拘病名、经络”，恰似拨云见日，对临证如何使用经方有指导作用。

一、仲景六经，为百病立法

叔和编次仲景遗篇，易名为《伤寒论》，并撰《伤寒例》附入，则王氏心目中，仲景之书是专为外感病而设，晋唐以来千余年中，几为定论，故有“外感法仲景，内伤法东垣，杂病踵丹溪”之说。其间虽有人指出此书系伤寒杂病合论，但积习既成，和者甚寡。柯氏在《伤寒来苏集》中，对此进行了澄清，指出：“按仲景自序，言作《伤寒杂病论》合十六卷，则伤寒、杂病未尝分两书也。凡条中不冠伤寒者，即与杂病同义”；“岂知仲景杂病论，即在伤寒论中，且伤寒中又最多杂病夹杂其间，故伤寒与杂病合论，则伤寒杂病之症治井然”；“伤寒之中最多杂病，内外夹杂，虚实互呈，故将伤寒杂病而合参之，正以合中见泾渭之清浊，此扼要法也”。确如柯氏所言，《伤寒论》中一些条文，实系杂病或外感与杂病相兼，如“伤寒脉结代，心动悸，炙甘草汤主之”，病人有心悸宿疾，心阳不振，心血不足，复罹伤寒，由于正虚已甚，不堪发汗，故先以炙甘草汤补心阳、滋阴血，以期正胜邪却，是先治杂病者；小青龙汤治“伤寒表不解，心下有水气”，是太阳表寒兼水饮内伏的表里双解之法；素有悬饮“心下痞，硬满，引胁下痛，干呕，短气”者，复病太阳中风，则先解其表，“表解者，乃可攻之。……十枣汤主之”，是先治外感，后治杂病者。类似条文还有不少。临床上单纯外感或单纯杂病相对容易诊断，而两者夹杂时，往往疑似难辨，此时辨证论治便显得更加重要。仲景外感杂病合论的苦心，在于盘根错节处，教人如何辨表里寒热虚实，如何识标本先后缓急，如何用汗下和吐温清消补，种种常中之变、变中之常，正是大匠示人以规矩处。若拘于外感专书之说，不惟条文难以索解，更不会灵活使用仲景之方，且失平脉辨证之神髓。柯氏悟得仲景心法，书中再三申明此理，值得我们三思。

仲景之书，兼论外感内伤，其旨既明，则六经不专为伤寒而设，其义显见。故柯琴说：“按仲景自序云，虽未能尽愈诸病，其留心诸病可知。故于诸病之表里阴阳，分为六经，令各得所司，清理脉症之异同，寒热之虚实，使治病者只在六经下手”；

"岂知仲景约法，能合百病，兼该于六经，而不逃六经之外，只在六经上求根本，不在诸病名目上寻枝叶"；"原夫仲景之六经，为百病立法，不专为伤寒一科。伤寒杂病，治无二理，咸归六经之节制。六经各有伤寒，非伤寒中独有六经也"。俞根初《通俗伤寒论》也说："六经钤百病，是为确定之总诀"。疾病之名，难以数计，然其病之发生，总因脏腑经络气血阴阳失常，不外表里寒热虚实诸证。而仲景之六经，正是脏腑经络生理功能和病理变化的概括；六经辨证，虽无八纲之名，而有八纲之实，则可用于各种疾病，也是理之所至。何秀山云："病变无常，不出六经之外，《伤寒论》之六经，乃百病之六经，非为伤寒所独也"（《通俗伤寒论》）。温病名家，多取法于仲景，试观吴瑭《温病条辨》中多次提到六经，如"阳明温病""阳明湿温""暑邪深入厥阴"等。俞根初之《通俗伤寒论》，名为"伤寒"，实际多论温热、湿热病，更是以六经辨证为指导，所创葱豉桔梗汤、蒿芩清胆汤、羚角钩藤汤、柴胡陷胸汤等，疗效甚佳。因此，六经辨证与卫气营血、三焦辨证等是互为补充，应融合起来，以使六经辨证更加完备。叶天士之《临证指南医案》亦常据六经来论治杂病，如中风门胡案"阳明脉络已空，厥阴阳气易逆"；不寐门吴案"少阳郁火不寐"等等。柯氏"发明六经为百病立法"之论，对于我们研究、充实、发展六经理论，大有启迪。

二、仲景因脉症立方，不拘病名、经络

对于《伤寒论》方的运用，一些医家不知仲景活法，拘于病名、经络立论，柯氏则认为"仲景治方，不拘病之命名，惟求症之切当"。如对桂枝汤治中风而不治伤寒，麻黄汤治伤寒而不治中风之论，柯氏细析《伤寒论》原文42条"太阳病，外证未解，脉浮弱者，当以汗解，宜桂枝汤"。既言太阳病，则可以是太阳中风，也可以是太阳伤寒，然不论中风、伤寒，只要见脉浮无力，知病人正气偏虚，不堪麻黄汤之峻汗，便应以桂枝汤为宜。56条"伤寒不大便六七日，头痛有热者，与承气汤。其小便清者，知不在里，仍在表也，当须发汗。若头痛者，必衄，宜桂枝汤"，也是示人活法，知伤寒亦有用桂枝汤者，关键在于察脉辨证，分别表虚、表实。对于持风伤卫、寒伤营、风寒两伤营卫，作为桂枝汤、麻黄汤、大青龙汤的使用标准者，柯氏则作了辨驳，认为风寒有轻重，中人有深浅，一不能泥定风只伤卫、寒只伤营，盖卫行脉外、营行脉中，岂有营病而卫不病之理？且营卫同为水谷之气与吸入之清气化生，两者可分而不能截然分开，因此，以营卫凿分风寒，误矣。二不能认为中风一定轻，伤寒一定重，仲景所谓"太阳中风，脉浮紧"，即中风重者；"伤寒脉浮缓"，即伤寒之轻者；只要见"不汗出而烦躁"，是风寒外闭、里有郁热之象，就可用大青龙汤。试问"风寒两伤营卫"，而无里热见症，大剂石膏岂非诛伐无辜？故柯氏曰："要知仲景立方，因症而设，不专因脉而设。大青龙汤为风寒在表而兼热中者设，不专为无汗而设，故中风有烦躁者可用，伤寒而烦躁者亦可用。盖风寒本是一气，故汤剂可以互投"。并进一步指出，桂枝汤不仅可以治太阳中风、太阳伤寒，还可以治疗杂病。《伤寒论》原文53条"病常自汗出者，此为荣气和，荣气和者外不谐，以卫气不共荣气谐和故尔。以荣行脉中，卫行脉外，复发其汗，荣卫和则愈，宜桂枝汤"。54条"病人脏无他病，时发热自汗出…… 宜桂枝汤主之""病常自汗出""时发热自汗出"显系杂病，用桂枝汤调和营卫，即可治愈。柯氏说："愚常以此汤治自汗、盗汗、虚疟、虚痢，随手而愈"，洵非虚语。桂枝汤对于一些内伤低热不退、慢性泄泻、荨麻疹、妊娠恶阻等属营卫不和者均有佳效。而白虎汤，伤寒、温病可用之，杂病中消渴、痹证、痿证等亦常用之，更可证"仲景立方不拘病名"之论的精当。

仲景立方亦不拘于经络，如吴茱萸汤为阳明虚寒证之主方，然又可治少阴病、厥阴病，《伤寒论》云："食谷欲呕，属阳明也，吴茱萸汤主之"（243条）；"少阴病，吐利，手足厥冷，烦躁欲死者，吴茱萸汤主之"（309条）；"干呕，吐涎沫，头痛者，吴茱萸汤主之"（378条）。还有猪苓汤既可治阳明胃热津亏兼水气内停者，亦可治少阴病阴亏内热、水饮不化者；阳明病热炽水竭者用大承气汤急下，少阴病水乏不堪热劫者亦当以此汤急下之。这正是仲景立法用方之灵活处，体现了辨证论治的精神。柯氏独具慧眼，将《伤寒论》按"以方类证"的方法进行编排，示人以活法，令后人更好地领会仲景平脉辨证的精髓。

后人对仲景方的灵活运用也证明了柯氏见解的正确。如《温病条辨》中以泻心、陷胸法化裁治疗湿温病，如"脉洪滑，面赤身热头晕，不恶寒，但恶热，舌上黄滑苔，渴欲凉饮，饮不解渴，得水则呕，按之胸下痛，小便短，大便闭者，阳明暑温，水结在胸也，小陷胸汤加枳实主之"；"阳明暑温，脉滑数，不食不饥不便，浊痰凝聚，心下痞者，半夏泻心汤去人参、干姜、大枣、甘草，加枳实、杏仁主之"。近人治疗消化系统疾病如慢性胃炎、肝

炎中也常用此方，每收佳效。可见，用方不必拘于伤寒、温病、杂病之名，而应求其病机。

柯氏一生，精研《伤寒论》，如其所言“胸中无半点尘，目中无半点尘”，真称得上一片圆机活法，直窥长沙秘奥。

[《浙江中医杂志》2000；（4）：141]

正确认识和评价伤寒学说与温病学说

周永学　陕西中医学院

伤寒学说与温病学说是祖国医学外感病学的两大理论体系，都是古代医家和劳动人民与疾病作斗争的经验积累和理论升华。但是，围绕着对温病学的评价问题，从清代开始，伤寒学派与温病学派展开了激烈的争论，一直持续到现在，难以休止。如何正确认识二者的关系，正确评价它们的地位和作用，是学习温病学必须首先解决的问题。

一、伤寒学派与温病学派之争

（一）争论的由来

伤寒学派与温病学派研究的对象都是急性外感热病，在金元时代以前，祖国医学对急性外感热病的认识都是承继《内经》的理论，辨治基本上都是不离伤寒的方法。

对于急性外感热病，《内经》中有许多专篇论述，如《热论》《刺热论》《评热病论》《寒热病》《热病》等。虽然《内经》对温病的病名、特性、治则等都有论述，但总体上是以寒统热的，如《素问·热论》中明确提出：“人之伤于寒也，则为病热，”“今夫热病者，皆伤寒之类也”。同时，还提出了热病的六经传变及治疗原则。

东汉·张仲景继承《内经》学说，总结前贤理论精华和实践经验，结合自己的临床体会，撰写了中医历史上第一部理法方药一线贯穿的辨证论治专著《伤寒杂病论》，创立了六经辨证的理论体系，使临床诊治外感热病有纲可依、有法可循。自此以后直到明代，绝大多数医家对外感热病的诊治都是遵循和沿用《伤寒论》的六经辨证法则进行的，形成了”法不离伤寒，方必遵仲景”的成规。

随着社会的发展和外感热病种类的增加，人们对外感病认识的进一步深刻，一些医家在临床实践中逐步体会到，完全按照《伤寒论》理论方药已不能适应临床治疗的实际需要，因而提出了发展和革新的主张。如宋代的朱肱、郭雍，特别是金元四大家之一刘河间，更是在热病的治疗方面大胆地创新论、立新法、订新方，对促进温病学的发展作出了重大的贡献。他根据实践体会，认为伤寒六经传变皆是热证，六气皆从火化，因而在治疗上主张以寒凉为主，被后世称为“寒凉派”，他的学说为后世创立以寒凉清热为中心的温病治疗学打下了基础，是温病学创立的重要开端。

受河间学说的影响，元代医家王安道在《医经溯洄集》中更进一步从概念、发病机理和治疗原则上把温病与伤寒明确予以区别，强调“温病不得混称伤寒”，从此，温病便开始从伤寒体系中分离出来。

明代吴又可著《温疫论》，也强调伤寒与温疫二者有“霄壤之隔”，要严格区分。

到了清代，伤寒学说受到了空前的挑战。许多医家在总结、继承前人有关温病理论和经验的基础上，结合各自的实践体会，著书立说，对温病的认识更加深刻，理论日趋完善，治法不断丰富，创造性地总结出了一套比较完整的温病辨证论治体系，从而使温病学彻底脱离了伤寒论体系，形成了一门新的独立的学科。

在清代众多的温病学家中，首推被誉为“温热大师”的叶天士为杰出的代表人物。其口授的《温热论》是温病学理论的奠基之作。叶氏系统地阐述了温病的病因、病机、感染途径、侵犯部位、传变规律和治疗大法等，创立了卫气营血辨证施治的理论体系，并发展了温病的诊断方法。其后的吴鞠通，继承叶氏理论并经大量临床实践，编著成《温病条辨》，创立三焦辨证，系统论述四时温病，整理总结出大量温病的治疗大法和方剂，使温病学形成了以卫气营血和三焦辨证为核心的辨证论治体系，成为一门独立的学科。

温病学说形成以后，以其新颖的理论和丰富的经验及确切的疗效，很快风行大江南北。一方面，众多医家吸纳新学，运用温病学理论指导临床、辨治外感热病；另一方面，还有不少有识之士，医学大家发表新作，进一步阐发和充实温病学，如王孟英。杨粟山、戴天章、雷少逸、何廉臣等。从而汇聚了一股新生力量，形成了温病学派。

温病学理论的产生和温病学派的形成，本来是祖国医学发展史上的一次飞跃，是中医外感热病学划时代的进步，是理论随实践而发展的必然结果，但是一些固守伤寒学说的医家对此无论从感情上和学术角度都不能接受，对以叶天士、吴鞠通为代表的温病学派大肆攻击，横加指责，说他们是“标新立异”“数典忘祖”，认为温病学派背叛了《内经》

《伤寒论》学说，其创立的卫气营血及三焦辨证为核心的温病学说为异端邪说，是“多此一举”。温病学派的医家为捍卫这一新兴学科和自己的尊严，也对攻击者进行了“还击”，从而导致了伤寒学派与温病学派之争开始。

（二）争论的焦点

根据伤寒学说与温病学说的有关论述，伤寒与温病学派之争的争论焦点主要是两个方面，即伤寒是否包括温病和伤寒论方能不能治疗所有温病。

伤寒学派认为：温病虽然是独立的病种，但伤寒是一切外感热性病的总称，温病自然包括其中，不必自成体系，张仲景所著的《伤寒论》是论述急性外感热病的专著，既适用于伤寒，也适用于温病。《伤寒论》所确定的六经辨证纲领不独为伤寒而设，也是认识温病发生发展变化过程的理论和方法。“废伤寒则六经失传，废六经则百病失传。”在治疗上，《伤寒论》虽未明确地提出温病的治法，但阳明病篇的清下两法就是为温病而设，论中的白虎汤、承气汤、黄连阿胶汤、竹叶石膏汤、麻杏石甘汤、葛根芩连汤等方剂，都可以治疗温病。

因此，他们对温病学的产生给予了强烈的反对和攻击。在伤寒学派中，对温病学攻击最猛的首推清代陆九芝。他说“凡病之为风为寒为温为热为湿者，古皆谓之伤寒，乃人知风与寒为伤寒论中病，而于温与热谓不可用伤寒论中方，方既出于伤寒论，自是治寒方，必非治温法，岂有治温用治寒方者，于是一遇温热病，无不力避伤寒方，更无人知温热之病本隶属于伤寒论中，而温热之方，并不在伤寒论外者。”（《世补斋医书·卷二》）风寒温热皆在论中，论中之方可治伤寒，亦治温热。

近代著名医家陆渊雷亦持此论直斥温病学派是非。他说：“晋唐以前，凡流行发热之病，皆谓之伤寒，其范围至广，故《内经》言热病皆伤寒之类，……伤寒论所集，不限于脉紧无汗之麻黄证，论中阳明病即赅括温热，少阳病亦赅括疟疾，他若小青龙证赅括大叶肺炎及其类似之病，理中汤证赅括慢性及结核性肠炎，而急性传染病之前驱亦即伤寒太阳病也。由是言之，凡哆口谈温热，欲与伤寒对峙者，皆谬妄弗可从。”（《清代名医医案精华·序》）

温病学派的认识与伤寒学派完全不同，他们强调温病与伤寒是外感热病的两大类型，病因病机截然不同，概念不可混淆，治疗应严格区别。他们承认伤寒论是治疗外感病的专著，并为祖国医学的发展做出了不朽的贡献，但是，由于历史条件的限制，其内容毕竟是详于寒而略于温。在太阳病篇中尽管有一些关于温病的记载，但不能反映温病发生发展变化的全过程，也没有提出具体的治疗方法与方药。阳明病篇虽有清下两法，并创制白虎汤，三承气汤等清热泻火通便的方剂，但不能用此治疗所有温病，也不能适用复杂多变的温病整个过程，所以温病学派主张跳出伤寒的圈子，创立新的理法方药以羽翼伤寒。

在温病学派中，有很多医家直陈以寒统温的弊端，力主寒温应严格区分，如李士材谓：“仲景方法为冬月即病之正伤寒设也，后世混将冬月伤寒之方，通治春温夏热之病，遗祸至今，未有能改”（《伤寒括要·伤寒总论》）。喻嘉言也说：”仲景书详于治伤寒，略于治温。”（《尚论后篇·论春三月温证大意》）。还有医家从实践中的惨痛教训直陈以寒治温的祸端，如吴又可说：“崇祯辛已，疫气流行，山东浙省，南北两直，感者尤多，至五六月益甚，或至门传染。始发之际，时师强以伤寒法治之，未尝见其不殆也。或病家误听七日当自愈，不尔必十四日而瘥，因而失治，有不及期而死者，或有妄用峻剂，攻补失序而死者，或遇医家见解不到，心疑胆怯，以急病用缓药，虽不即受其害，然迁延而至死，比比皆是。”（《温疫论·序》）

可见，温病学派认为伤寒不能概括温病、伤寒之法之方不仅不能包治温病，相反若用之则遗害无穷。

（三）争论的评价

前文已述，温病学派与伤寒学派争论的焦点是伤寒是否包括温病及伤寒论方法能不能治疗温病，所以，我们就从这两方面来分析和评价二者的争论。

伤寒是否包括温病？回答这个问题，首先要弄清伤寒的含义。在中医历代文献中，伤寒的含义并不是单一的，如《素问·热论》中说：“今夫热病者，皆伤寒之类也”，这里是把所有的外感热病都归属于伤寒，温病也不例外。但是，《难经，五十八难》又说：“伤寒有五：有中风、有伤寒、有湿温、有热病、有温病。”这里把伤寒又分为五类，五类之中，又有伤寒。为了区分两个伤寒，后世对两个伤寒的含义作了界定，分广义伤寒和狭义伤寒。广义伤寒即《内经》所称之伤寒，是一切外感热病的总称，狭义伤寒即《难经》五种之一的伤寒，专指感受寒邪，初起以恶风寒发热无汗脉浮紧为特点的一类外感热病。张仲景《伤寒杂病论》就是遵照《难经》的分类，对中风、伤寒作了详细的论述，也提到了温病、热病和湿温。

由此可见，广义伤寒包括温病在内，二者是一种隶属关系，而狭义伤寒则不包括温病，二者是一种并列关系。伤寒学派认为温病属于伤寒，不必自成体系，如果从广义伤寒角度来看，这种观点是对的。但是，温病学派认为伤寒不能包括温病，温病应与伤寒羽翼，却是针对中风和狭义伤寒而言，也不为错，发生争论的原因，当属伤寒概念混淆，广义狭义不分所致。

实际从后世温病学家所言，温病的范围不仅局限于《难经》五类之温病，也包含了湿温热病在内，狭义伤寒也不仅是五类之一的伤寒，还包括中风。按温病学派之分，应是凡感受风寒邪气而病者为伤寒，凡感受温热邪气而病者属温病。温病与伤寒确实是两类不同性质的外感热病，应当区别对待。

至于第二个争论焦点，即伤寒论治法和方剂能不能治疗温病。温病学的发展和形成本身就已经说明了这个问题，即伤寒论的一些治法和方剂可用于某些温病及温病的某个阶段的治疗，但不能包治所有的温病，也不能用于温病的所有过程。

从温病学的发生发展和形成过程可以看出，温病学是以《内经》为理论基础，以《伤寒论》为辨证论治的基础，《伤寒论》的清下散表滋阴育阳诸法是温病治法形成的基础，其白虎、承气，麻杏石甘，黄连阿胶以及四逆诸方也为温病必用之方。所以说，温病学与伤寒论在学术上是一脉相承的、不可分割的，《伤寒论》是温病学形成的重要基础。

但是，《伤寒论》毕竟成书于东汉末年，由于当时的历史条件和对热性病认识的局限，其内容不可能完整和全面。社会在发展，人类在前进，自然也在变更，疾病亦不可能永远维持在东汉时的状态，人们对疾病见得多了，随着教训和经验的不断积累，认识必然会得到提高，必然要在原有的基础上进行发展，以适应疾病的变化和临床的需要。正如刘完素所言："余自制双解通圣辛凉之剂，不遵仲景法桂枝麻黄发表之药，非余自炫，理在其中矣，故此一时，彼一时，奈五运六气有所更，世态居民有所变。……故经所谓不知年之所加，气之盛衰，虚实之所起，不可以为工矣"（《素问病机气宜保命集·伤寒论第六》）。

《伤寒论》成书以后，在当时还没有与之相媲美的理法方药系统全面的著作，临床医生若能见到此书，即如获至宝，一般都是依其理法方药进行临床的。特别是在宋代，由国家校正医书局大量勘印以后，伤寒论即风靡九州，医家对外感病的治疗，基本上都是法不离伤寒，方必遵仲景。但是随着临床经验的积累，有许多医家深刻体会到完全遵循《伤寒论》经方已不能适应临床治疗的需要，因而提出了发展和改革的主张。如宋代朱肱提出运用麻黄汤、桂枝汤等辛温发表剂治疗外感病不能一成不变，必须因时、因地、因人而灵活加入寒凉清热药。金元刘河间更是直言治疗热病，麻桂辛温之剂当禁，宜寒凉清热直泻其火。明清医家则另辟蹊径，在《伤寒论》以及前人经验的基础上，形成了温病学理论，系统论述《伤寒论》未能详论的温热类疾病，创立新的辨证方法和大量方剂，治疗《伤寒论》所不能治疗的诸多疾病。由此可知，温病学正是在《伤寒论》法方不能治疗温病的背景下才逐步形成的。若如伤寒学派所说，伤寒论可治疗所有温病，那么，温病学就不可能产生和形成了。实践证明，温病学的产生是中医外感病学进步和发展的必然，它无论在病因病机上和具体证治方法上，都较《伤寒论》有了很大的发展，弥补了《伤寒论》的不足，提高了对外感热病的治疗效果。所以温病学形成以后，很快得到绝大多数医家肯定、接受和运用，特别是现代，在治疗急性传染病，急性感染性疾病以及其他内科急症方面发挥着难以替代的作用。

对于温病学派与伤寒学派之争，全国中医院校统编五版教材所下的结论是很客观中肯的，即温病学与《伤寒论》在学术上是一脉相承，不可分割的，《伤寒论》是温病学形成的重要基础，温病学又是《伤寒论》的发展和补充。既不能认为《伤寒论》之外再有温病学是多此一举，也不能把温病学与《伤寒论》截然对立起来。

伤寒温病之争历时千余年，这场争鸣对完善外感热病学起了重要的推动作用。历史已经作鉴，实践反复证明温病学的产生非常必要。我们认为，只要对祖国医学的发展有益，对任何新的学术观点和新兴学科都应给予鼓励和支持，对经实践检验是正确的理论和经验，就应该肯定，在科学上绝不能感情用事，不顾事实。如果现在还有人抱着伤寒论的框框对温病学横加指责，进行伤寒温病学派之争，那实在是没有必要了。

二、伤寒学说与温病学说的区别与联系

伤寒学说与温病学说是中医外感热病学两大分支，在学术上，都是以《内经》为理论依据的，温病学又是在伤寒论基础上发展起来的。二者既有千差万别，又有千丝万缕的联系。下文通过两种学说的比较，以展示其区别与联系。

（一）病因与发病

伤寒与温病学说都是根据《内经》六淫病因学说来阐释外感热病的病因病机的，所不同的是伤寒主要论风寒性质的致病因素。而温病则详论了温热性质的致病病因，另外，温病学说中又增加了“疠气”病因。

伤寒学说认为，寒邪是外感热病的致病主因，大多数热病都是因感受寒邪引起的。如王叔和说：冬时严寒，受之而即病者为伤寒，不即病者，寒毒藏于肌肤，至春发为温病，至夏发为暑病。他是根据《内经》“人之伤于寒者，则为病热”的观点提出这一病因推断的，这里不仅把伤寒病因指为寒邪，而且认为温病（春温）、暑病（暑温）的病因也归结为寒。受此影响，后世伤寒学家提出了伏气学说，即温病、暑病为伏气——即寒邪潜伏所致。有些温病学家也认为温病分新感和伏气两类。

温病学认为，温病的病因，是六淫之中性质温热的一类病邪——即温邪所致。这一观点最早由叶天士提出，他说：“温邪上受，首先犯肺。”近代医家对温邪概念作了进一步的明确，认为它是指六淫中性质温热的一类病邪，分风热病邪、温热病邪，暑热病邪，湿热病邪，燥热病邪，这是导致不同温病的主要病因。这种病因学说既容易解释温病的病机，又与以寒凉清解为主体的温病治法方药相吻合。

在温病病因学说中，还有一种“疠气学说”，这是明代温病学家吴又可在《温疫论》中首先提出的，他说“温疫之为病，非风非寒非暑非湿，乃天地间别有一种异气所感”。他认为疠气种类繁多，毒力不等，致病力强，无问老少，病状相似。每种疠气对脏腑经络都有特异性损害。不难看出，疠气学说已经把外感病综合病因（六淫）提高到致病主因的认识水平上，与现代医学对病源微生物的认识非常接近，这是对祖国医学病因学说的巨大发展。但是，这种病因学说因历史条件限制，还局限于推理阶段，没有形成因证脉治完整的体系，不能指导临床辨证施治，有待于进一步研究整理。

在感邪途径上，伤寒温病两家均认为邪从肌表和口鼻而入，区别在于伤寒学家认为外邪的侵入途径以肌表为主，此从以太阳病为首篇，以发汗解表为初起治法中可知，温病学家认为外邪主要是从口鼻侵入的，如薛生白云：“从表伤者十之一二，由口鼻入者十之八九(《湿热病篇》)。”吴鞠通曰：“温病由口鼻而入”（《温病条辨》），因而温病学称初起病证为邪在肺卫。

在发病上，伤寒论更重视人体正气的作用，基本上遵循《内经》“正气存内，邪不可干”“邪之所凑，其气必虚”的发病学观点。温病学亦重视正气的作用，但更强调邪正力量对比，认为人体正气不足，邪气可以侵入，同时又指出，虽然人体正气不虚但邪气致病力强，超越人体的防御能力，同样可以侵入而发病，这与有些温病常发于青壮年的实际亦相符合。

（二）传变规律

伤寒学家认为外邪是循六经传变的，而温病学家则认为外邪是循卫气营血和三焦传变的，二者提法虽然不同，但都遵循由表入里、由浅入深、由阳入阴、自上而下、由实转虚这一基本规律的。

伤寒学说认为，外邪袭人，先犯太阳，因太阳主表，为六经之藩篱，温病学说认为，外邪由口鼻而入，先犯肺卫，因卫行于表，内与肺通，主管毛孔汗腺开合和防御外邪。对此，吴鞠通解释道：“太阳阳腑也，伤寒阴邪也，阴盛伤人之阳也。太阴阴脏也，温热阳邪也，阳盛伤人之阴也”（《温病条辨·上焦篇》），他认为邪之性质不同，故初起所伤有别，虽有一定道理，但也有些牵强。伤寒温病虽然感邪不同，但是初起都是在表，都影响人体的卫阳，所不同的是，寒邪凝滞，因遏阻太阳经气，经气不舒，疼痛较著，为表寒证，温邪性热，易伤阴液，初起即有阴液不足的表现，为表热证。

关于传变规律，伤寒学家虽公认六经传变规律，但在传变方式上又众说纷纭，提出了循经传，越经传，直中以及表里传、虚实传、首尾传等等，比较公认的是循经传、越经传和直中。循经传是指太阳→阳明→少阳→太阴→少阴→厥阴，后世亦有医家认为循经次序应是太阳→少阳→阳明→太阴→厥阴→少阴，越经传最常见表里经传变，如太阳→少阴，阳明→太阴，少阳→厥阴；直中，是指外邪不经三阳，直入三阴。除此之外，还有合病以及并病，合病是指两经或三经病证同时出现，并病是指一经证候未罢，又出现另一经证候。

温病学认为，传变规律从横看，是卫→气→营→血，从纵看是上焦→中焦→下焦。这是一般的传变规律，也有特殊传变，如“逆传心包”，是卫不传气而直入营，还有卫气同病、卫营合邪、气血两燔等等，亦有类似伤寒直中而直接表现气营血分病变。

伤寒温病对疾病传变规律的论述，是建立在外邪对人体损伤的规律性的基础上的，由于外邪的性质有寒热之分，所以形成了六经和卫气营血，三焦的不同认识，二者都源于《内经》，都是符合临床实际的，都能说明各自疾病的发生，发展和演变的规律，对指导临床辨证施治和预防治未病有重要的指导作用。

（三）临床表现与特征

伤寒温病都是外感热病，为了便于对比，这里将他们都分为初中极末四期，并列举典型证候。

分期	伤寒	温病
初期	太阳病：恶寒重、发热轻、头痛、身痛 骨节痛、舌淡、脉浮紧或浮缓	卫分证：发热重、恶寒轻、口微渴 咳嗽、舌边尖红、脉浮数
中期	阳明病：经证：大热、大渴、大汗、脉洪大 腑证：日晡潮热、腹满硬痛、大便秘结 少阳病：往来寒热、口苦咽干目眩 胸胁苦满默默不欲饮食，脉弦细	气分证： 邪热壅肺：身热咳喘 阳明热证：似伤寒阳明经证 阳明实证：纯实：似伤寒阳明腑证 虚实挟杂：阳明腑证伴气虚或伴阴虚 湿热困阻：上焦：头重如裹，呕恶 中焦：胸闷脘痞腹胀 下焦：小便不利，少腹胀满
极期	太阴病：腹满而吐，食不下，时腹 自痛，自利益甚 少阴病：但欲寐，脉微细 大汗淋漓面苍白 手足厥逆呕下利 厥阴病：厥证（脏厥、蛔厥、寒厥、热厥） 下利（寒利、热利、寒热错杂利） 呕哕（虚寒、实热、肝逆）	营分证：身热夜甚神昏谵语 斑疹隐隐，渴不欲饮 舌红绛，脉细数，热盛动风 血分证：身热灼手，吐血、衄血、便血 溲血、斑疹密布、昏狂 谵妄，舌质深绛 内闭外脱：身热骤降、喘喝欲脱 昏愦不语、四肢厥逆 汗出不止，脉散大无根
末期	阳气虚弱：面色皖白，短气懒言，食少脉弱 余热未尽：发热口渴，心烦懊侬或脘腹胀满 气阴两伤：瘦弱、少气、发热口渴 阳虚水泛：面浮肢肿、心悸气短、筋惕肉瞤	肺胃阴虚：干咳不已，口干而渴 肾阴耗损：低热不退，咽干齿黑舌干绛 虚风内动：手足蠕动，形瘦神疲 阴虚火炽：心烦懊侬、口干咽燥、脉细而数

通过上表对比可以看出，伤寒温病在初期都以表证为主，但前者表寒，后者为表热。

中期二者皆表现为热偏盛，只是温病中湿温有所区别。

极期伤寒以寒邪伤阳，脾心肾阳虚为主，甚则亡阳厥逆，阴虚和寒热错杂之证为次，温病则为热盛灼营闭心动血动风为主，甚者内闭外脱或气随血脱。

末期伤寒温病都有余热未尽之证，但伤寒更多见阳气不足和阳虚水泛之证，温病则多见肺胃肝肾阴虚及虚风内动和阴虚火炽之证。

伤寒温病同属外感热病，因此初起表证、中期热盛、极末期阴阳两伤是其共同点，但二者的特征亦很明显，从病因来看，伤寒感受的是寒邪，温病感受的是温邪。

从病势及传变上看，伤寒相对发病缓传变慢，变证少，温病则发病急，传变快，变证多；从热势上看，伤寒之热有限，最甚不过阳明经证腑证，温病之热猖厥，热极可内闭心包，引动肝风，动血出血，耗竭肾阴；从正邪相争的结果看，伤寒易损伤阳气，温病易损伤阴液，从死亡原因来看，伤寒多因亡阳，温病除了阴竭之外，内闭外脱、气随血脱都是凶险逆证。

（四）辨证纲领

伤寒以六经辨证为纲领，温病以卫气营血和三焦辨证为纲领，分别是伤寒学说和温病学说的理论核心，二者都是建立在人体脏腑经络、阴阳气血营卫的生理病理变化基础上的理法方药一线贯穿的辨证论治的纲领，既有中医生理病理学的理论基础，又对临床具有重要的不可替代的指导作用。

六经辨证是在《内经》六经分证基础上创立的，并根据六经与脏腑、气血津液阴阳、四肢百骸的联系与相互影响，分析外感热病演变过程正邪相争、病势进退、临床表现、证候特色、病变部位、寒热趋向等，归纳总结而得出的辨证方法。六经辨证将复杂多变的外感热病总结为六大证候类型，对于判断病变部位、病变性质、病理机转、邪正盛衰、病势进退及预后转归都有非常重要的指导意义。

张仲景通过勤求古训以及自身大量实践，对六经病各自的因、证、脉、治都作了深入细致的论述，并将每经病的常证、变证、兼证以及传变转归都一一说明，合而言之，其病有六，分而言之，变化无穷，临床医生只要掌握了这种辨证方法，就能通过外感病反映于外的证候、脉象结合病人体质以及发病季节等因素，对疾病作出诊断辨证和处方用药，所以说六经辨证既是辨证的纲领，又是论治的准则。

卫气营血辨证亦是依据《内经》对营卫气血的论述和与脏腑经络的联系而创立的。叶天士在大量的临床实践中发现，温病尽管复杂多变，但是都可区分为轻、中、重、极四个阶段，而这四个阶段又那是因为温邪影响了人体卫、气、营、血的生理功能而产生，如初起是邪袭肺卫、卫阳被郁、肺失清肃所致，中期是各脏腑功能失常，即气的功能失常所致，再深入则影响心神和营阴，更甚之则热盛迫血妄行。所以，他将温病归纳为卫分证、气分证、营分证、血分证四大类型，用卫气营血的生理病理及与脏腑的联系解释温病的病理。卫气营血四者不是独立的，之间既有浅深层次划分，又有相互滋生影响，据此，叶氏提出了温病的传变规律，并根据四个阶段的病变特色，制订了治疗大法，即“卫之后，方言气，营之后，方言血，在卫汗之可也，到气才可清气，入营犹可透热转气……，入血就恐耗血动血，直须凉血散血”。其后的医家吴鞠通等又补充了卫气营血的治疗用方，使卫气营血形成了一套因、证、脉、治完整的辨证纲领。

三焦辨证系吴鞠通所倡论。他根据《内经》对三焦部位的描述，和对温病临床表现的长期观察与实践，用三焦分述温病的临床表现和发展变化规律以及治则方药，创立了三焦辨证纲领。

吴鞠通创三焦辨证纲领的目的并非取代卫气营血辨证，主要是他发现了温病有自上而下纵的发展规律，而卫气营血辨证主要从由表及里横的方面剖析温病，而且对湿温病的分析不够透彻，对温病后期肝肾阴虚的病证没有概括，辅以三焦辨证，则弥补了这方面的不足，使温病的辨证纲领更加切合实际。

六经辨证和卫气营血、三焦辨证是不同时代的产物，虽然都是针对外感热病，在论述疾病发展变化上有许多相同之处，但是二者之间的区别是显著的，如六经辨证没有对温病详细概括，没有风热表证、邪陷心包、热盛动风、入营动血等主要证候的描写，而卫气营血和三焦辨证又对风寒类疾病和证候没有概括，所以，两种辨证方法各有适用范围，不能相互取代。

（五）治法方药

伤寒温病都是邪正斗争的结果，因此其治疗均以扶正祛邪为总则。而且，扶阳气，存津液的学术思想，始终贯穿于各种论治过程之中。由于病因不同，病种各异，伤寒温病在具体治法方药上又存在明显的区别。

伤寒初起病在太阳，治宜发汗，又随伤寒与中风不同，而分辛温发汗和解肌祛风、调和营卫两种，方取麻黄汤与桂枝汤；阳明病主要有经、腑两证，治宜清、下，分别应用白虎汤和三承气汤；少阳病当予和解，方用小柴胡汤，太阴病当温中散寒祛湿，以理中丸为代表；少阴病寒化证以回阳救逆为治，应用四逆汤类，热化证以育阴清热为法，宜黄连阿胶汤；厥阴病寒者热之，可用四逆，热者寒之可用白虎、白头翁汤，寒热错杂者，寒热并用，如乌梅丸。

温病初起，病在上焦肺卫，治宜辛凉解表方以银翘散为代表；病入气分，壅于上焦肺者，宜清热宣肺，方取麻杏石甘汤；热盛阳明者，据其无形与有形，使用清法或下法，用白虎汤或调胃、增液承气汤；湿热弥漫宜清热祛湿，方以甘露消毒丹为代表；热入营分，治宜清营透热，方取清营汤；热陷心包宜清心开窍，用“凉开三宝”；热盛动风宜清热凉肝熄风，用羚角钩藤汤；热盛血分，宜清热凉血化瘀，方用犀角地黄汤；温病后期，肝肾阴虚，以加减复脉汤为代表咸寒滋阴。

伤寒温病治法丰富，以上仅为其梗概，尤其是《伤寒论》的治法丰富，实际上包含了汗、吐、下、和、温、清、消、补八法，不仅为外感热病立法，也为内、外、儿、妇各科确定了治法典范。但从外感热病角度来看，《伤寒论》中的六经病治法更适合于风寒外感所致的伤寒，与之相比较，温病学的卫气营血、三焦治法，对温邪引起的急性外感热病更加丝丝入扣，切中病机。

温病学治疗方药虽借鉴于《伤寒论》，但有了很大的发展，如使用下法，根据温病的特点，除了清热攻下用调胃承气汤外，另有滋阴攻下的增液承气汤，益气滋阴攻下的新加黄龙汤，宣肺通下的宣白承气汤，清肠通下的导赤承气汤，清心泻下的牛黄承气汤等等。另外像辛凉解表、清营、开窍、熄风、凉血等治法及相应方药都是《伤寒论》所不备。证之临床，温病学的治法方药在防治急性传染病和感染性疾病方面，比伤寒法方更加实用和效捷。

伤寒温病在治法方药上有源流关系，温病学的治法方药是在《伤寒论》的基础上发展起来的，一些伤寒的治法和方药被温病学直接采纳，大量的新法新方则是后世医家（包括伤寒学家）在临床实践中总结提炼形成的，温病学家除了自己的创造外，更多的则是吸纳了历代医家治温经验和方药，经过整理归纳溶入温病学理论之中的。所以，温病学的治法方药不是温病学家独自拟造的，它是以《伤寒论》为基础，总结历代医家经验所形成，是对《伤寒论》的发展和补充，是历史和学术发展的必然产物。

三、关于寒温统一

伤寒学说与温病学说同是源于《内经》，研究的对象都是外感热病，二者又存在继承与发展的关系，所以，从清代俞根初著《通俗伤寒论》直到现在，二百余年，有许多医家主张将伤寒温病学说统一起来，建立中医外感热病学，以避免学派之争，有的医家更是积极探索，提出统一的设想和方案，将伤寒与温病溶为一体。笔者认为，目前，尚不具备统一的条件，勉强统一必将影响两种学说的完整性和科学性，影响其发展。

（一）统一的方案不可取

从清代至现在，关于寒温统一的方案亦是众说纷纭，莫衷一是，有以六经辨证为主体的统一方案，有以卫气营血辨证为主体的统一方案，有以八纲辨证为主体的统一方案，有以脏腑气血辨证为主体的统一方案，有以分期或分段辨证的方案，还有把外感病分为风寒、温热、湿热三类进行辨证的方案。我们在这里对有代表性的方案分析如下。

1. 用六经辨证为主体统一外感热病的辨证论治　清代的伤寒学派医家大多持此观点，如俞根初，他在《通俗伤寒论》中，采用六经辨证对伤寒和温病进行分证和辨治。他认为六经除了各循行部位及所属脏腑外，在躯干部位还有分工、太阳主胸中，少阳主膈中，阳明主脘中，太阴主大腹，少阴主小腹，厥阴主少腹，他把温病的各种证候按照病位和损伤脏腑分属于六经，然后以六经辨证为纲领进行辨证论治。这种统一方案漏洞百出，既歪曲了伤寒论六经辨证，又抛弃了温病卫气营血辨证，仅把温病的证候重新安排了位置，而且这种安排无法体现外感热病由表及里，由浅入深的规律性，无法反映证与证之间的联系，等于抽掉了外感病辨证论治的脊梁，况且对证候的排位也不尽合理，所以这种方案是不可取的。

2. 以卫气营血辨证为主体统一外感热病的辨证论治　持此观点是近代一些中医院校和学者。他们把外感病的证治分为五个阶段，即卫分病，气分病、营分病，血分病及热病后期。卫分病包括中风与伤寒表证，热病后期包括伤寒少阴病的寒化证。这一方案虽保留了温病学的全部内容，但却遗弃了伤寒论的绝大部分证治精华，无法反映伤寒论六经辨证的基本内容，无法说明风寒之邪由表及里致热损阳的病变规律，实属弃伤寒学说而留伤寒证候的作法，显然是不合理的。

3. 以八纲辨证统一外感热病辨证论治　持此观点的医家颇多，他们认为无论六经辨证和卫气营血，三焦辨证都离不开八纲辨证，都要辨表里寒热虚实阴阳，所以用八纲归类伤寒和温病的证候，有的以表里两大纲进行概括以辨证论治。其方案是表证分表寒证、表热证、表寒虚证、表热虚证；半表半里证既包括伤寒少阳病，也包括温病少阳、膜原证；里证分为里热证和里寒证，里热证有气分、营分、血分证及下焦肝肾阴虚之分，里寒有太阴、少阴、厥阴之别。

还有以虚实两大纲归类伤寒温病证候进行辨证论治。具体方案是实证分表证、半表半里证和里证，表证包括风、寒、湿、燥、温诸邪在表的证型，半表半里包括伤寒少阳病和温病邪留三焦证，里证皆属热证，包括气分证、营分证、血分证、邪入心包证、热极动风证。虚证则主要分为阳虚和阴虚两大类，阳虚包括脾、肾阳虚和亡阳证，阴虚包括肝肾阴虚和亡阴证。

这种方案虽然将伤寒温病的大部分内容都予以收容和安排，也符合中医的辨证论治理论，但是却忽视了六经辨证和卫气营血辨证、三焦辨证的内在联系，割裂了三个辨证纲领的完整性，重视矛盾的共性，忽视矛盾的个性。八纲辨证是总纲，是对病位病性，邪正盛衰的总概括，而六经辨证，卫气营血辨证及三焦辨证则是从外感热病角度，具体地详细地分析了外感热病各个阶段表里阴阳寒热虚实的各种证侯，其治法方药都是在相应辨证纲领指导下进行的，所以对外感热病，单纯用八纲辨证来指导，是不可取的。

以上三种统一方案，具有一定的代表性，其他方案与之大同小异。笔者认为，这些统一方案制订者的主观愿望是好的。但是，他们都忽略了伤寒学说与温病学说独立性和完整性，忽视了两种学说所揭示的外感热病的规律性，只是简单地把二者的主要证候归纳成类，而没有把两种学说的核心即六经辨证和卫气营血、三焦辨证溶为一体，因而这种统一的方案是不可取的。

（二）统一的条件不成熟

伤寒温病学说都是因、证、脉治自成一体的完整的理论体系，从病因病机到辨证论治都是相互联系、前后对应、一线贯穿的。要将两种学说溶为一体，笔者认为，必须具备以下条件：

1. 病因要突破　伤寒温病学说对病因的认识，都是以《内经》六淫为基准的，伤寒重点论述风寒邪气，温病主要论述风热、湿热、燥热、暑热邪气。其六经辨证、卫气营血辨证、三焦辨证的理论都是建立在病因学说基础上，而这种六淫病因，从现代医学角度看，是综合病因，而非致病主因，是模糊的，不确切的。所以要突破六经辨证和卫气营血、三焦辨证的束缚，建立新的统一的外感热病学，必先以病因学说为突破口，把中医对外感热病的综合病因提高到致病主因认识的高度。这样，伤寒温病的区别与联系就一目了然，就为统一创造了主要条件。

2. 诊断要明确　中医重视辨证，忽视诊断，这是不争的事实，伤寒温病亦是如此，特别是伤寒论，它把外感热病分为六大部分，各为太阳病、阳明病、少阳病、太阴病、少阴病、厥阴病，实际上是证的归类。《金匮要略》虽有病的诊断，亦多属杂病。温病有所进步，把外感热病分成春温、风温、暑温、秋燥、湿温、冬温、大头瘟、烂喉痧等等，有了病的概念，而且强调诊断的重要性。但是，这种诊断仍然比较笼统，不够具体。

外感热病大多都是急性病，每种病都有其独特的发生发展规律，不同的疾病，预后也有很大差别。所以确定病名，明确诊断，是准确预防和控制外感热病的前提，也是统一外感热病学的必备条件。试想，诊断不明确，统一的外感热病学必然是伤寒之中有温病、温病之中有伤寒，时而伤寒，忽又转成温病，这样的统一实际是将伤寒温病绘成一锅大杂烩，只能贬低伤寒和温病的理论水平和实用价值。

3. 辨证纲领须深究　六经辨证、卫气营血辨证、三焦辨证分别是伤寒和温病的理论核心，要统一三种辨证方法，还须对三种辨证方法进行更深入的研究。如六经辨证中阳明与少阳、少阴与厥阴何为先后的问题，厥阴病的实质问题，卫气营血辨证中营和血的界限问题，这些都有进一步探讨的必要。特别是六经辨证与卫气营血辨证的实质与联系还须进一步揭示，只有这样，才能找到统一辨证纲领的路子。

中医的一大特征，即辨证论治，伤寒温病学说的精华即六经辨证，卫气营血辨证和三焦辨证，这是中医学的宝贵财富，要统一伤寒温病学说，必须吸收三种辨证方法的长处，建立新的外感热病学辨证纲领，从前面提到的几种统一方案来看，远远没有做到，就当前外感热病学研究的现状来看，还不可能做到。

病因没有突破，诊断还不明确，六经辨证卫气营血辨证、三焦辨证还须进一步研究，目前尚无比较理想的新的外感热病学辨证纲领，在这种情况下谈统一，还为时过早。

任何一门科学的发展都要经过由分到合又由合到分的不断循环过程。东汉张仲景著《伤寒杂病论》既论外感，又论杂病，后经宋代林亿等将外感和杂病分开，到明清时代，叶天士、吴鞠通等又创立温病学，以羽翼伤寒，其中合与分，都是根据当时医疗实践客观需要以及学术发展而水到渠成的。这里有两个前提条件，即临床实践需要和学术发展。当时以伤寒方治温病，不能完全满足临床需要，经过许多医家的实践和研究，建立了一套新的理法方药，辨证论治体系，才形成了温病学。这是当时临床实践的需要，也是学术发展的必然产物。而现在，临床应用伤寒六经辨证和温病卫气营血辨证、三焦辨证诊治外感热病比较自如，还没有到问题成堆，不统一、不改革就影响临床的地步，况且，直止当前，无论在病因病机上，还是诊断辨证上，治法方药上，理论与实践都还没有什么大的发展。在这种情况下谈统一，不但不利于学科发展，而且会导致古人的许多精华被遗弃，继承——发展——创新，这是科学进步的必然过程，没有认真的继承，就难以发展，没有发展，就根本谈不上创新。所以，笔者认为，我们现在的主要任务，还是继承前贤的先进经验，寻找前贤的欠缺之处，通过实践和研究，提出新的解决办法，积累大量地、系统的科研新成果、新理论，伤寒温病的统一，将会水到渠成。

［《陕西中医函授》2000；（5）：5］

张仲景运用形象比喻写作手法探析

杨大华　江苏省东海县石榴医院
张　芬　江苏省东海县妇幼保健所

张仲景不但是伟大的医学家，而且更是一位杰出的写作高手。其高超的写作技巧不仅表现在文笔的简洁朴素，直观明了，而且还体现在他善用比喻的修辞方法对临床经验加以形象地表述。这种形象比喻在《伤寒论》与《金匮要略》中都有着充分的体现。笔者不揣陋见，陈予同道以供参考。

一、喻体的范围及表达方式

大凡比喻，都离不开本体与喻体两大要素。仲景所用形象比喻，其本体无疑是宝贵的临床经验，而喻体的范围却非常广泛，不拘一格，包括自然现象的“雷鸣”，动物类的“蛇”“豚”，植物类的“蒜”“粟”，器皿类的“盘”“杯”，食物类的“炙肉”“羹上肥”，货币类的“五千钱”，娱乐用的“博棋子”。除了这些可见可闻的实物之外，还有想象中虚幻的“鬼状”“神灵”。这些丰富的喻体，为形象比喻提供了生动的材料。

仲景运用形象比喻大多都采用明喻，常以“如……”“如……状”等形式表达。这些例子很多，诸如“目赤如鸠眼”“如麻子大”“尿如皂荚汁状”，但也有不用比喻词“如”而同样表示比喻者，如“奔豚”“喉中水鸡声”“腹中雷鸣”等。

二、形象比喻在描述临床表现方面的运用

1. 描述脉象　脉诊是仲景辨证的重要组成部分，但由于其经验性强，操作难度大，因此长期以来不像其他诊法那样易于掌握，正所谓“胸中了了，指下难明”。为了让后学者能熟练掌握病脉形态，仲景常借实物来形象说明。如《辨脉法第一》以“车盖”形容阳结脉，以“循长竿”形容阴结脉，以“羹上肥”形容脉象虚浮，以“蜘蛛丝”形容脉象微弱如绝，以“状如弓弦”形容弦脉，以“转索无常”形容紧脉。再如《金匮要略·五脏风寒积聚》篇以“按之如索不来，或曲如蛇行者”来形容肝的真脏脉，以“浮之实如麻豆”来形容心的真脏脉，以“按之弱如葱叶”来形容肺的真脏脉。这些形象的比喻，使原本枯燥的脉象变得活灵活现，为学习者进行揣摩体会提供了极大的帮助。

2. 描述病色和病声　“望而知之谓之神”。如何能在初诊病人的第一眼中获得视觉资料，这也是检验中医诊察工夫的标准之一，仲景教给我们的经验是从把握病人的肤色特征入手，如以“鸠眼”来形容狐惑病人热毒上冲之目赤，以“锦纹”来形容阳毒病人面部的赤色斑块，以“橘子色”形容阳黄，以“烟熏”形容心脏脏气绝的肤色。病之表现既可征于色，更可发于声，仲景也同样重视闻诊，多以自然界的声音来形容病人发出的声音信号。如以“水鸡声”来形容喉间鸣声连连不绝，以“雷鸣”来形容肠鸣音亢进等。

3. 描述异常感觉及神态　如以“奔豚”形容气从少腹上冲咽喉的突然发作与反复无常，以“炙脔”形容梅核气病人咽部阻塞、吞吐不尽的异物感，以“心中如啖蒜齑状”形容酒疸病人之胃中灼热不适。又如“潮热”，用“潮”形容发热如潮汛，来往定时有信。以上均是对感觉性质的描述。在程度方面，有以“五千钱”形容肾着病人的腹部沉重之极，以“如被杖”形容阴毒病人身痛之甚，以“切痛”形容腹痛如刀切样难以忍受。就范围而言，则又有以“手掌”形容留饮病人后背寒冷面积之大小。这些比喻，读后令人大有身临其境之感。神态反映了神经及精神系统的受损程度，对此仲景也有形象的比喻。如《伤寒论》第212条之“独语如见鬼状”，第145条之“暮则谵语，如见鬼状”，《金匮要略》妇人脏躁之“象如神灵所作”等。

4. 描述腹征　胸腹之内，脏腑所居，乃气血生化之地，内脏之病，腹表常有所见，谓之腹征。对此仲景也有形象描述。如大建中汤腹征“出见有头足”，即是以“头足”来形容腹中寒气攻冲、腹皮因之突起形成块状物，并上下冲动如有头足；枳术汤腹征以“心下坚大如盘，边如旋盘”之“盘”“旋盘”来形容水饮内聚痞结心下之态；大黄甘遂汤腹征之“少腹满如敦状”，以“敦”这种古代装食品的器具形容妇人水血并结血室、少腹胀满隆起之状；其他还有以“其腹如鼓”来形容皮水之腹征等等。

5. 描述排泄物与分泌物　排泄物与分泌物是临床重要的诊断依据，仲景也非常重视其特征性变化。如以“鸭溏”“鹜溏”形容大肠有寒、大便水粪俱下的样子，以“粟状”形容石淋病人小便排出的砂石之物，以“柏汁”形容黄汗之颜色，以“牛鼻上汗”形容水寒浸下引起会阴部经常潮湿。

三、形象比喻在描述用药经验方面的运用

仲景多用形象比喻来形容药丸之大小。如以“麻子大”形容赤丸，以“梧桐子大”形容麻子仁丸、干姜人参半夏丸、乌梅丸、肾气丸，以“小豆大”说明半夏麻黄丸及当归贝母苦参丸，以“弹子大”形容竹皮大丸、薯蓣丸等。

其次用来说明服药间隔时间。特殊疾病有特殊的服药法，尤其在服药间隔时间上更有讲究，对此，仲景常以做饭与行路的时间来比喻。如大建中汤的服药间隔时间是“如一炊顷”，大黄附子汤是“如人行四五里”，麻黄升麻汤是“相去如炒三斗米顷”而“令尽”。“一炊顷”也好，“人行四五更”也罢，这些虽不具体，但在没有钟表计时的古代，也只能以此来推测时间的长短。

再次用来描述服药后的反应。药物入腹是否有效，效之大小，愈之与否，仲景非常重视。这方面

的形象比喻也很多，如以“如虫行皮中”形容服桂枝去芍加麻辛附子汤后病将向愈之兆，以“皂荚汁状”形容服茵陈蒿汤后小便颜色的变化，以“新血下如豚肝”描述服下瘀血汤后所下之物，以“其知者，如醉状”形容服乌头桂枝汤后的瞑眩反应。

四、对张仲景运用形象比喻的评价

形象比喻是用人们熟悉的具体事物来描述生疏的事物，用浅显的、易懂的道理讲述深奥难懂的道理，从而使描述对象显得更加鲜明、生动、清晰。张仲景运用形象比喻也同样起到了这种效果，尤其在描述临床表现方面，使后学者能在众多的内容中尽快抓住特征去理解和掌握，有利于传道、授业和解惑，值得今人借鉴。现代医学也很重视对某些特征的形象描述，如“蜘蛛痣”“满月脸”“舟状腹”“奔马律”、”枪击音”等。

当然，其间也有不足之处，特别在用药量化上缺乏精确性。如甘遂半夏汤，甘草的用量为“如拇指大一枚”，拇指有个体差异，是强人还是瘦人的，是成人还是小儿，尚不明确；又如大青龙汤中石膏如”鸡子大”，猪膏发煎中乱发如“鸡子大”，鸡子也有大小之别，以何为凭？枳实栀子豉汤条“若有宿食者，内大黄如博棋子五六枚”，“博棋子”是何物？是围棋还是象棋？汉代的博棋子究竟有多大？这一切都不得而知了。可见这方面的形象比喻，也只是一种概约之数而已，不必追根强求。

[《国医论坛》2000；15（5）：6]

小柴胡汤同名方考

陈志英　嵊州市人民医院

小柴胡汤首见于张仲景《伤寒论》，由柴胡、黄芩、人参、半夏、炙甘草及生姜、大枣组成，主治伤寒少阳证，被称为“和解表里之主方”[1]。后世医籍中以“小柴胡汤”名方者尚有20余首。这些方剂单与原方名同，实则有异，而其中大多数又是由张仲景小柴胡汤（以下简称“仲景方”）衍化而来的，故分析诸小柴胡同名方与仲景方的衍化关系，既可加深对张仲景小柴胡汤的认识，亦有裨于其临证加减应用。今择其要者简述如下。

一、加味同名方

《太平圣惠方》卷9小柴胡汤，由仲景方加赤芍、枳实组成，用法中去枣。主治伤寒病六日，其病深结在脏，三阴三阳俱受病[2]。仲景方本为和解少阳而设，主治邪在半表半里之证，今病已深入脏腑，由气及血，三阴三阳俱病，故配赤芍入血分以“通宣脏腑壅气”（《药性本草》），枳实入气分以“疏通、决泄、破结实”（《本草衍义》）。总观全方，仍以和解为主旨，所加二味乃增强和解疏泄之功耳。《妇人大全良方》卷6小柴胡汤，即仲景方加生干地黄；用于妇人伤风七八日，续得寒热，发作有时，经水适断，此为热入血室[3]。仲景方本有治疗热入血室之功，再配生地入血以清热，则其功尤著。《伤寒大白》卷2小柴胡汤，乃仲景方加陈皮，主治少阳潮热，发于寅卯二时，先有微寒而热，有汗，脉弦[4]。仲景方为和解少阳之剂，益以陈皮疏理气机，更有助原方和解之能，故诸同名方中加此味者亦多。《笔花医镜》卷1小柴胡汤，由仲景方加赤芍而成。主治寒热往来，少阳疟疾，口苦耳聋，胸满胁痛[5]。仲景方主治邪在半表半里之少阳证，益以赤芍入血之品，可清热凉血以防邪入血分，亦有助原方和解之功，此乃笔花先生心得之配也。

二、减味同名方

《普济生》卷339小柴胡汤，亦即《活人书》卷19之黄龙汤，由仲景方去半夏、姜、枣而成；主治妊妇寒热头痛，嘿嘿不欲饮食，胁下痛，呕逆痰气，及产后伤风，热入胞宫，寒热如疟，并经水适来适断，病后劳复，余热不解。此亦邪在少阳、热入血室之证[6]。半夏体滑性燥，为妊娠所忌，且产后多伤阴，亦非其所宜，故去之。

三、加减同名方

《云岐广脉诀》小柴胡汤，由仲景方去甘草，加五味子、白芍药、桑白皮而成，用法中不加枣。此方主治肺伤咳嗽气促，冷汗自出，背膊劳强，夜卧不安，脉象按之不足，举之有余[7]。因病位在肺，故所加诸味多有敛肺止咳之功。《口齿类要》小柴胡汤，即仲景方以黄连易黄芩，主治肝胆经风热侮脾土，唇口肿痛等症[8]。本证肝经风热为本，脾胃郁热为标，故以黄连清泻中焦，较黄芩当胜一筹。《症因脉治》卷2小柴胡汤，由柴胡，黄芩、陈皮、甘草组成，用于吐血兼少阳经见证者[9]。此方虽较仲景方简略，而柴胡意犹存，仍不失清解之旨。《伤寒大白》卷2小柴胡汤，由仲景方去人参，加陈皮、川芎、天麻组成，主治少阳眩晕证[4]。本证当由风痰之邪所致，故人参不宜。陈皮理气化痰，川芎上行祛风，天麻平肝定晕，三味与柴胡相伍，故宜于少阳眩晕之证，亦深得吴昆“去其所弊，加具所宜”[10]之皆。《女科切要》卷7小柴胡汤，由仲景方去半夏，加花粉而成，用法中不加枣，主治产后阴虚发热[11]。产后伤阴，发热而渴，故去辛燥之半夏，益以生津之花粉，正合仲景方后加减法之意：“若渴者，去半夏，加人参，合前成四两，栝蒌根四两。”《经验喉科紫珍集》卷下小柴胡汤，以玄参易人参，去黄芩加桔梗，不用姜枣煎，主治少阳受病，头角、两耳前后结肿，耳鸣筋痛，寒热呕吐，烦躁[12]。本证乃毒邪结聚少阳而成，故方中以清热解毒，又辅以桔梗、升麻散结解毒，所配甚当。

四、变量同名方

《仁斋直指方》卷26小柴胡汤，组成与仲景方同而且量略异，用法中又加乌梅1个。此方主治男女诸热出血，血热蕴隆[13]。仲景方虽曰和解，但偏于清热，故可用于血热出血之证。加乌梅，乃取其收涩之功以兼顾其标。

除上述诸方外，小柴胡汤同名方尚有数首，因与仲景方相去较远，此不一一分析。

参考文献

[1] 柯韵柏. 伤寒来苏集［M］. 上海：上海科学技术出版社，1959，127.

[2] 王怀隐. 太平圣惠方［M］. 北京：人民卫生出版社，1958，254.

[3] 陈自明. 妇人大全良方［M］. 北京：人民卫生出版社，1985，178.

[4] 秦之桢. 伤寒大白［M］. 北京：人民卫生出版社，1982，88.

[5] 江涵暾. 笔花医镜［M］. 天津：天津科学技术出版社，1999，12.

[6] 朱棣. 普济方［M］. 北京：人民卫生出版社，1959，604.

[7] 张壁. 云岐子脉诀［M］（见《济生拔粹》. 上海：涵芬楼影印）.

[8] 薛己. 薛氏医案选·口齿类要［M］. 北京：人民卫生出版社，1983，399.

[9] 秦景明. 症因脉治［M］. 上海：上海科学技术出版社，1990，98.

[10] 吴昆. 医方考［M］. 南京：江苏科学技术出版社，1985，20.

[11] 吴道源. 女科切要［M］. 北京：中国书店，1987.

[12] 黄梅溪. 经验喉科紫珍集［M］. 上海：千顷堂书局.

[13] 杨士瀛. 仁斋直指方［M］. 福州：福建科学技术出版社，1989，706.

［《中成药》2000；22（6）：456］

张锡纯对《伤寒论》的研究特点

董正华　陕西中医学院

张锡纯是我国近代著名的中西医汇通派医家，晚年曾在天津创办“国医函授学校”，设立“中西汇通医社”，自编“伤寒论讲义”供学生学习。该讲义被收入《医学衷中参西录》第七期中。张氏是一位较早运用中西医学理论来研究《伤寒论》的医家之一，他注重临床实践，理论联系实际，主张灵活变通应用经方，对《伤寒论》的阐发有许多独到的见解，对学者有很大启发。本文仅就《医学衷中参西录》中，张氏对《伤寒论》的研究特点作以归纳，供学习者参考。

一、衷中参西释《伤寒》

张锡纯生活于1860～1933年，此时正值两次鸦片战争之后。西方列强入侵，中国沦为半殖民地、半封建社会的时代。随着帝国主义的文化侵略，西方医学也广泛地在我国传播开来，对中国的传统医学发生了极大的冲击。一向被视为中医经典医著的《伤寒论》应怎样得到现代科学的解释，便成为中医学术中急待需要研究的课题。张氏幼学举业，并承父训，自学中医，20岁后即开始为人诊病，30岁后又接触西医知识，随着临床实践的体验，他逐渐对中西医学都有了较深刻的认识。正如他说：“年过三旬始见西人书，颇喜其讲解新异，多出中医之外。后又十余年，于医学研究功深，乃知西医新异之原理多在中医包括之中，特古籍语意浑含，有赖后人阐发耳”（《医学衷中参西录》第五期一卷）。于是在“中医包括西医之理”思想的指导下，他以中医理论为主，参与西医学知识，来阐发《伤寒论》。

张氏衷中参西解释《伤寒论》，首先用西医生理病理来印证中医理论，用以说明六经病证的病理基础。如释桂枝汤证说：“人之营卫皆在太阳部位，卫主皮毛，皮毛之内有白膜一层名为腠理，腠理之内遍布微丝血管即营也。其人若卫气亢盛，可为固身之外围，即受风不能深入，其人恒多汗闭不出，迨其卫气流通，其风自去，原可不药而愈也。至桂枝汤所主之证，乃卫气虚弱，不能护卫其营分，外感之风直透卫而入营，其营为风邪所伤，又乏卫之保护，是以易于出汗；其发热者，因营分中之微丝血管原有自心传来之热，而有风以扰之，则更激发其热。其恶风者、因卫虚无御风之力，而病之起点又由于风也”（P396）。这里张氏用西医生理、解剖知识，印证中医的营卫腠理，说明太阳中风证营卫失和汗出发热恶风的病理机制。又如阳明发黄诸证，指出“黄疸为胆汁妄行血中”所致，寒湿黄疸“所现之黄色，虽似黯而不甚黯淡者，因有胆汁妄行在其中也。此盖因肝胆阳分不振，其中气化不能宣通胆汁达于小肠化食，以致胆管闭塞，胆汁遂蓄积妄行，溢于血分而透黄色”，用西医学胆汁排泄不畅，逆入血中的理论来印证中医黄疸的病机；指出茵陈具有“升发之性，实能开启胆管之闭塞”（P455），说明茵陈蒿、具有利胆退黄的作用机理。

其次是治疗用药上的中西合参。张氏认为：“中药和西药相助为理，诚能相得益彰，能汇通中西药品，即能汇通中西病理。当今医界首务，询当以此为首图”（论中西之药原宜相助为理，第五期二卷）。鉴于此，张氏临床在应用经方时，往往配合西药。他认为西药阿司匹林“性凉而能散，善退外感之热……兼能退内伤之热”（P19），故将阿司匹林与多种中药复方配合以发汗退热，如治太阳伤寒兼咽喉疼痛者，用麻黄汤化裁服后不汗出者，则服“阿司匹林瓦许，以助其汗”（P401）；治热结膀胱而胞宫未尝蓄血者，以经府两解法，用鲜白茅根二两、滑石一两煎汤送服阿司匹林以助发汗（P404）。此外还有代桂枝汤治太阳中风证（P397）等等。张氏中西药合用，实开近代中西药配合治疗之先河。

二、六经为纲诠方证

六经是《伤寒论》的理论核心。关于六经的实质，历代医家有多种不同的见解和看法。《六经总论篇》指出：“伤寒治法以六经分篇，然手足各有六经，实则十二经也。……《伤寒论》之以六经分篇，此遵《内经》定例，寓手经于足经中也。……经者，气血流通之处也。人之脏腑与某经相通，即为某经之府，其流通之气血原由府发出，而外感之内侵遂多以府为归宿”（P393）。这里张氏首先明确了对六经本质的认识，即《伤寒论》之六经包括手足十二经所属的经络、脏腑及其营卫气血，它们构成了六经病证产生的生理病理基础，应在此基础上去理解《伤寒论》。

在阐释《伤寒论》的具体内容时，张氏一反前人逐章逐条释解法，而以六经病为纲，重点方证为目，联系临床实际，诠释《伤寒论》六经病证的基础方证四十余首。如太阳病之桂枝汤证，麻黄汤证，大、小青龙汤证，麻杏甘石汤证，大、小陷胸汤证，炙甘草汤证等等；阳明病之白虎汤证、白虎加人参汤证、猪苓汤证、三承气汤证、茵陈蒿汤证等等；少阳病之小柴胡汤证、大柴胡汤证等；太阴病之四逆辈诸寒证、桂枝加芍药汤证、桂枝加大黄汤证等；少阴病之麻黄附子细辛汤证、黄连阿胶汤证、附子汤证、真武汤证、桃花汤证、通脉四逆汤证等；厥阴病之乌梅丸证、当归四逆汤证、白头翁汤证等；其他尚有理中丸证、竹叶石膏汤证等等。

方证是《伤寒论》六经病辨证论治的基本单位，从方证入手是《伤寒论》临床研究的捷径。作为临床医家，张氏对此有深刻的体会，所以他采用方证研究法，这样既避免陷入《伤寒论》理论文献研究中繁琐的考据、论争不休、莫衷一是的困境．又能充分发挥他临床实践经验丰富的长处，就其本身有深刻体会处深入阐发。张氏的这种研究方法，值得现代医家效法。

三、联系临床证经文

《伤寒论》是一部阐述多种外感疾病和杂病辨证论治的经典医籍，其理论性和实践性都较强。张氏在诠释六经病诸方证时．既有病因病机、证候治法、方义药理的中西医理论探讨，又大量列举本人或他人的实践治案或应用体会，通过临床实例来验证经文，不尚空谈是张氏研究《伤寒论》的一大特点。考张氏在诸方证的诠释中，大多载有临床验案和应用体会，不仅有成功的治验，亦有失败的教训，给读者的启发颇多。如麻杏甘石汤后载林某某咳嗽案：因受风温而酿成肺病，屡经医治无效，脉一息五至浮沉皆有力。自感喉连肺际若觉痒则咳嗽顿发，剧时连嗽数十声、周身汗出，吐出稠痰咳嗽始止，心中发热，大便燥甚，四、五日一行。由肺际作痒，即顿发咳嗽，悟知从前病时风邪由皮毛袭入肺中未除，肺中风热相助为虐，宜以麻黄祛其风，石膏清其热，处麻杏甘石汤原方，煎服一剂，咳嗽顿愈。以此证明麻杏甘石汤疏风清热、宣肺止咳，治肺热咳嗽证疗效极佳。

通过实践，不但可以验证经文，加深对方证的理解和掌握，而且可以纠正前人某些不正确的看法。如后世将白虎汤证的主症归纳为“身大热、汗大出、口大渴、脉洪大”等四大症；吴鞠通又进一步归纳其应用本方的四禁（脉浮弦而细、脉沉、口不渴，汗不出）。长期以来，白虎汤的四大症及四禁说几成定论。张氏根据经文结合临床认为，此说不仅有悖于经旨，也不符合临床。他指出：白虎汤证在《伤寒论》中凡见者三处，三条原文皆无“口渴”；其中两条原文并无“汗出”，由此说明“汗大出、口大渴”，并非白虎汤之主症。从药物分析，

“石膏原具有发表之性，其汗不出者，不正可借以发其汗乎”（P435）？还联系临床实际，“阳明实热证，渴而兼汗出者，十人之中不过一二人”罢了。据此，张氏指出：“临证若见其脉象洪滑，知其阳明之府热已实，放胆投以白虎汤必无差谬，其人将药服后，或出凉汗而愈，或不出汗其热亦可暗消于无形。”并说：“此愚生平经验所得，故敢确实言之”。从理论认识到实践验证，皆纠正了前人对白虎汤证的片面看法。

四、应用经方贵变通

在临床医疗实践中，应如何应用经方？是一成不变地照搬原方，还是根据具体病情灵活变化呢？张氏明确提出“用古人之方，当即古人立方之意而推广变通之”（P441）的用古不泥古的观点，主张采取灵活变通的态度对待经方。他认为“古今气化不同，人身之强弱因之各异”（P464）；因此，“用古人之方，原宜因证因时为之变通，非可胶柱鼓瑟也。”例如使用麻黄汤时，“又宜因时因地因人细为斟酌”，“如温和之时，汗易出少用麻黄即能出汗；严寒之时汗难出必多用麻黄始能出汗，此因时也。又如大江以南之人，其地气候温暖，人之生于其地也，其肌肤浅薄，麻黄至一钱即可出汗；至黄河以北，用麻黄约可以三钱为率；至东三省人，因生长于严寒之地，其肌肤颇强厚，须于三钱之外再将麻黄加重始能得汗，此因地也。至于地无论南北，时无论寒燠，凡其人劳碌于风尘，与长居屋中者，其肌肤之厚薄强弱原自不同，即其之易出不易出，或宜多用麻黄，或宜少用麻黄，原不一致，此因人也。”这里，张氏仅以麻黄汤中麻黄的用量为例，说明临床应用经方时，必须因人因时因地制宜地灵活变通，确实含有普遍的指导意义。

针对某些疾病病机的兼夹或病情的变化，张氏仍主张“师仲师之意，而为之变通”（P507）。必须根据病机病情的变化，灵活地化裁使用经方。仍以麻黄汤为例：伤寒表实兼邪热内传阳明者，可于麻黄汤中加知母；伤寒表实证兼阳气虚者，宜加黄芪，兼肺劳阴亏者，则加山药、天冬；麻黄汤证其人素有吐血者，则宜去桂枝加防风、白芍；麻黄汤证兼咽喉疼痛者，宜将方中桂枝减半、加天花粉、射干等等。在张氏所释诸方证中，都一一注明其随证应用化裁，充分反映了张氏师古而不泥古的创新精神。

五、结合实践补未备

《伤寒论》中尚有部分证治不全，或限于当时的认识水平，仲景断为“不治”、”死”，等预后不良的危证而未出方治者，张锡纯充分利用其临床实践经验丰富的长处，创制新的方药，以补充仲景之未备，完善《伤寒论》的证治。例如《伤寒论》大青龙汤证曾云：“若脉微弱，汗出恶风者，不可与服之；服之则厥逆。筋惕肉瞤，此为逆也。”张氏指出：“大青龙汤既不可用，遇此证自当另有治法，拟用生黄芪、生杭芍各五钱，麻黄钱半煎汤一次服下。若其人误服大青龙汤，而大汗亡阳，筋惕肉瞤者，宜去方中麻黄，加净萸肉一两”，益气敛阴固脱。又如少阴病白通加猪胆汁汤证，服汤”脉暴出者”，属阴竭阳脱之危象，仲景断为“死”，为不治之证。张锡纯结合临床经验，提出可用“回生山茱萸汤”（P414）大剂煎服以救治之。他说：“愚临证数十年，于屡次实验中，得一救脱圣药，其功效远过于参芪，而自古至今未有发明，其善治脱者其药非他，即山萸肉一味大剂煎服也。盖无论上脱、下脱、阴脱、阳脱奄奄一息，危在目前者，急用生净萸肉三两，急火煎浓汁一大碗，连连温饮之，其脱即止，脱回之后；再用萸肉二两，生怀山药一两，真野台参五钱煎汤一大碗，复徐徐温饮之，暴脱之证皆可救愈”（P484）。

六、《伤寒论》赅温病方

张锡纯认为仲景《伤寒论》是为广义伤寒而设，自然包括温病的治法方药。由篇首太阳病列中风、伤寒、温病三类即是明证。然其书中未明言温病治法方剂，“反复详细推之，乃知《伤寒论》中原有治温病之方，特因全书散佚，后经叔和编辑而错简在后”（P403），“《伤寒论》中原有温病，浑同于六经分篇之中，均名之为伤寒，未尝明指为温病也”（P494）。根据这一认识，张氏明确提出“温病治法详于《伤寒论》”（P503）的观点。分析《伤寒论》诸方后指出麻杏甘石汤具有辛凉发汗，解表清热之效，“实即治温病初得之主方”（P404），“其病因有由于外感风热者皆可用之”（P405）。它如大青龙汤、小青龙汤加石膏、小柴胡汤酌加石膏皆可用于温病初得者。若温病传经入里，“清燥热”者，可用白虎汤、白虎加人参汤；通下肠结可用大小承气汤；开胸结可用大小陷胸汤；治肠热下利用黄芩汤、白头翁汤；治湿热发黄则宜茵陈蒿汤、栀子柏皮汤等。其他如凉润、清火，育阴安神之剂，如竹叶石膏汤、黄连阿胶汤等，也可用于温病的不同病变阶段。

参考文献

张锡纯．《医学衷中参西录》．河北人民出版社．1974

年，第二版.

［《陕西中医学院学报》2000；23（6）：7］

《伤寒论》阴阳含义类析

刘庆帮　姚惠萍　南京中医药大学

阴阳理论是中国古代哲学的重要内容，既是认识世界的方法，又是对世界认识的结果。阴阳理论是天地万物间蕴涵的一种“一以贯之”的根本规律。《黄帝内经》对阴阳作了高度的概括和评价，“阴阳者，天地之道也，万物之纲纪，变化之父母，生杀之本始，神明之府也”。中医学以阴阳理论为其基本理论内核，借助阴阳理论来认识人体的结构、生理、病理，对疾病的性质进行判断，确定治疗原则以及认识药物的性味、功用等。可以看出，阴阳理论贯穿着中医学的始终，不深刻地理解阴阳的涵义，就无法学好中医学。

《伤寒论》是阴阳理论具体应用于临床辨证论治的实例，阴阳理论亦贯穿于全篇始终。许多条文直接以“阴阳”来叙述、说明，因阴阳包含的意义广泛且模糊，后世注家对此的理解多有歧义，同一阴阳，往往此处与彼处解释大相径庭，易使初学者产生迷惑。本文试将《伤寒论》中的有关条文进行摘录、归类、分析，初步总结其对阴阳理论的运用情况，以冀对临床、教学提供参考。

《伤寒论》中约有38条原文在文字表述上涉及“阴阳”这一概念，其涵义大致可分为以下几种情况：

一、脉诊分阴阳

《伤寒论》中此类共有9类原文。现摘录如下：脉阴阳俱紧（3）（283）、脉阴阳俱浮（6）脉阴阳俱停……但阳脉微者……但阴脉微者（94）、阳脉微……阳脉（245）、阳脉涩，阴脉弦（100）、脉阳微阴涩而长（274）、脉阳微阴浮（290）、浮为阳，芤为阴（246）。另一些注家认为第12条的“阳浮而阴弱”虽未明言“脉”，实亦暗指此义。

关于脉诊的阴阳，包括三种涵义，即脉象、脉体、诊脉方法。不可拘执于其中一种，否则难以通释原文。

（一）脉象分阴阳

脉象即诊脉后所得之脉的状态，这类涵义正如辨脉法第一条即说：“问曰：脉有阴阳，何谓也？答曰：凡脉大、浮、数、动，滑，此名阳也；脉沉、弱、涩、弦，微、此名阴也”，即阳病之脉象为阳脉，阴病之脉象为阴脉。当然，这是通过长期辨证实践，对脉象总结归类，确定为一定体系的脉学理论。诊断疾病时，是以所诊得之脉象来帮助判定疾病的证候。《伤寒论》246条“浮为阳，芤为阴”即属此类。

（二）脉位分阴阳

是将寸、关、尺三部分为阴脉、阳脉，寸脉为阳，尺脉为阴。“辨脉法”中云：“阴脉不足，阳往从之；阳脉不足，阴往乘之。曰：何为阳不足？答曰，假令寸口脉微，名曰阳不足，……何为阴不足？答曰：尺脉弱，名曰阴不足”；《脉经》亦云：“从关至尺是尺内，阴之所治也；从关至鱼际是寸口内，阳之所治也，”又云：“关前为阳，关后为阴”。《伤寒论》第6条“脉阴阳俱浮”及第94条“脉阴阳俱停”，注家都认为阴阳指尺寸而言。

（三）诊脉方法分阴阳

指取脉的指力而言，浮取为阳，沉取为阴。《脉经》云：“脉有阳盛阴虚，阴盛阳虚，何谓也？然，浮之损小，沉之实大，故曰阴盛阳虚；沉之损小，浮之实大，故曰阳盛阴虚”。浮取以候外，沉取以候内，外为阳，内为阴　故浮取沉取可以诊察人体阴阳的状态。《伤寒论》脉以浮沉分阴阳者较多，如第245条、100条、274条即属此类。

脉诊分阴阳目的是诊察人体阴阳二气的状态，判断疾病的病机、病势、预后等，为制定治疗原则提供依据。因人体阴阳状态为一，脉之阴阳虽有三义，但表面上是言脉象，实际上皆暗指人体整体上的阴阳状态，故有时又难以截然区分。三种方法有时也会同时运用，《脉经》中即有此例，“寸口脉浮大而疾者，名曰阳中之阳，……寸口脉沉细者，名曰阳中之阴，……尺脉沉细者，名曰阴中之阴，……尺脉滑而浮大者，名曰阴中之阳”。即为寸，关、尺三部分与浮取、沉取结合辨证。这也导致了后世注家虽对《伤寒论》中某些以阴阳言脉象的条文解释会有不同，但所阐明的疾病的实质是一样的，皆能自圆其说。如对第三条“脉阴阳俱紧”，方中行认为“阴为关后，阳为关前，俱紧，三关通度而急疾，寒性强劲而然也”；程郊倩认为“紧而浮沉，俱有力也”；柯韵伯认为“阴阳指浮沉而言，不专指尺寸也”。对第12条“阳浮而阴弱”的解释，由于原文并未直接言明为脉象，所以有的认为是言病机，有的认为是言脉象，言脉象又有指尺寸的浮沉和不同看法，但最终对病机的理解是一样的。

二、阴阳为“位”，指人体之内外

《伤寒论》中阴阳有时指人体外部和内部而言。关于人体之阴阳分部《内经》中有较为详尽的论述。《素问·金匮真言论》说：“夫言人之阴阳，则外为阳，内为阴；言人身之阴阳，则背为阳，腹为阴；言人身之脏腑中阴阳，则脏者为阴，腑者为阳。”可见人身阴阳的区分有其层次性，从人的整体上论，第一层先将人体分为内部和外部，辨别内外是辨别疾病性质首要的一步，《内经》所言“善诊者，察色按脉，先别阴阳”即先区别疾病在内或在外。《伤寒论》条文中多处言内外，如42条，“太阳病，外证未解，脉浮弱者，当以汗解，宜桂枝汤”，又如45条“太阳病，先发汗不解，而复下之，脉浮者不愈，浮为在外，而反下之，故令不愈。今脉浮，故在外，当须解外则愈。宜桂枝汤”等。同时可以看出，辨别病在内在外是确定治疗原则的关键。《伤寒论》269条：“伤寒六七日，无大热，其人躁烦者。此为阳去入阴故也”，此处阴阳即指病邪所在位置；又131条“病发于阳而反下之，热人因作结胸；病发于阴而反下之，因作痞也”，柯韵伯释曰：“阳者指外而言，形躯是也；阴者指内而言，胸中是也”，此处阴阳即指内外。内外与表里不尽相同，《伤寒论》中所言的“外证”，有时是指里证表现于外的征象。如“阳明病外证云何？答曰：身热，汗自出，不恶寒，反恶热也。”这里所说的“外证”，并非表证，而是阳明里热亢盛，表现于外的症状。

三、阴阳指阴气和阳气

《伤寒论》中阴阳多数指此义。阴气和阳气是指人体内处于动态变化中的精微，以其功能特点象天地之阴、阳而取类比象，命名曰阴、曰阳。阳主乎动，动则向上、向外；阴主乎静，静则向下、向内。有上外、下内的趋向性的不同，故阴阳二气在人体所分布的位置也就不同。《素问·阴阳应象大论》云：“阴在内，阳之守也，阳在外，阴之使也”；《素问·阴阳应象大论》云：“故清阳出上窍，浊阴出下窍，清阳发腠理，浊阴走五脏，清阳实四肢，浊阴归六腑”，都说明阴阳二气各守其位，各司其职，《素问·至真要大论》亦云：“调气之方，必别阴阳，定其中外，各守其乡”。

阴阳二气当其位则正，不当其位则邪，当其位则为主，不当其位则为客。《素问·阴阳应象大论》指出：“清气在下，则生飧泄，浊气在上，则生䐜胀，此阴阳反作，病之逆从也。”《伤寒论》第134条“阳气内陷，心下因硬，则为结胸”，此处阳气指在表之邪气，因其在阳位而名曰阳气。第111条“太阳病中风，以火劫发汗。邪风被火热，血气流溢，失其常度。两阳相熏灼，其身发黄。阳盛则欲衄，阴虚小便难。”此处“两阳”一指风为阳邪而居阳位，一指以火法劫汗，使气（内守之阴气）不内守而并于阳位。气并于阳则盛而阴虚，阳主乎动，阳盛则迫血妄行而为衄，阴虚则里无津液而小便难。

再如46条“服药已微除，其发烦目瞑，剧者必衄，衄乃解。所以然者，阳气重故也”，及48条“阳气怫郁在表……阳气怫郁不得越”337条“凡厥者，阴阳气不相顺接，便为厥”，第58条“凡病，若发汗、若吐、若下、若亡血、亡津液，阴阳自和者，必自愈”，都是指用阴阳二气的失衡状态来说明病因、病机以及向愈的机理。

另外，阴阳还指阴经、阳经而言；阴有时又专指生殖器官，因其义易明，兹不赘述。

四、结语

综上可以看出，《伤寒论》继承了《内经》的阴阳理论，并运用于临床实践，为后世树立了榜样。理解阴阳理论关键是要懂得其思维方式属意象思维，而不把阴阳视为某种固定的物质形态，故《素问·五运行大论》指出“天地阴阳者，不以数推，以象之谓也”，《内经》云：“阴阳者，异名而同类。”《灵枢·阴阳系日月》说：“且夫阴阳者，有名而无形。”如一般认为气为阳，血为阴，然气郁滞不通则可呈阴象，血流动急疾亦当属阳象；心属五脏为阴，属手少阴心经，然《内经》又言心属火，为阳中之太阳，一脏而所论不同者何也？阴者，隐也，五脏居人体之内而不现，又藏精气而不泄，其象属阴；心居胸中阴位，推动一身之血行，其动不已，则象又属阳。是知万物皆有阴阳，阴阳为一体之两象，象可分而体不可分。阴阳之象处变化之中，不可固定而论，学者须灵活变通、掌握、运用。

[《中医研究》2001；14（2）：19]

《伤寒论》第319条之病变趋势辨析

张国骏　汪　洋　天津中医学院

《伤寒论》第319条：“少阴病，下利六七日，咳而呕、渴，心烦不得眠者，猪苓汤主之。”对于本条的诠释，虽不乏历代名家阐述，然颇感未尽其义。至于今人普遍将本条的“下利六七日”判定为阴虚液泄之证，更令人费解，既然阴虚，缘何“下利六七日”？还是由于“下利六七日”而导致阴虚呢？笔者细细推敲，觉得若从“下利六七日”入手加以剖析，似为理解本条原文旨义的关键。兹仅略述如下，敬祈明达斧正。

一、关于诸家注解本条的质疑

金代成无己认为：“此下利呕渴，知非里寒；心烦不得眠，知协热也。与猪苓汤渗泄小便，分别水谷。……”成氏之说回避了“下利六七日”的问题，也未能阐明病机，仅以“知非里寒”“知协热也”解释病机，恐难自圆。更以“当利其小便”释猪苓汤之用，也恐失仲景本意。

清代柯琴认为：“……二三日心烦是实热，六七日心烦是虚烦矣，且下利而热渴，是下焦虚不能制水之故，非芩连芍药所宜。……故用猪苓汤主之。以滋阴利水而升津液。”柯氏之论虽能探究病机，但对于“下利六七日”这个关键问题也未能正面做答，而且，对证候的病机解释，似有偏颇之嫌。

清代吴谦认为：“凡少阴病下利清谷，咳呕不渴，属寒饮也。今少阴病六七日，下利粘秽，咳而呕，渴烦不得眠，是少阴热饮为病也……。”吴氏以“寒饮”和“热饮”有别，强论其病之属性，依据不足。认为下利“粘秽”，依据是什么？倘若如此，其证候还属少阴病否？

《伤寒论讲义》（五版教材）认为“少阴病下利，有寒热之分”“水气偏渗于大肠则下利；水气犯胃则呕；水气内停而津不上布则渴；阴虚有热，上扰神明，则心烦不得眠。”《伤寒论讲义》虽详论证候、病机，但仍对“下利六七日”避而不谈，且对少阴病热化证为何下利的问题，未予阐发。既然属“阴虚有热兼水气证”，而其证候却为何一派水气为患表现？水从何来？阴虚本身何以有水气内停呢？

二、对本条证候基础——少阴病的理解

众所周知，凡外邪侵袭少阴，心肾虚衰，出现以脉微细、但欲寐为基本脉证特点的病证，即为少阴病。少阴病一般有寒化证和热化证之分。典型的少阴病寒化证，常见脉微细、但欲寐、下利、甚或手足逆冷等证候，以阳气虚衰、阴寒内盛为基本病理特点；典型的热化证，以少阴肾水亏虚、心火上炎为特点。

少阴病也并非仅此两种类型，如原文第318条的四逆散证就属于“从化不全”（笔者自拟名）之类，它既不是典型的寒化证，也不属典型的热化证。当然还有诸如少阴兼表证、少阴三急下证等。

由于素体心肾阴阳俱不足，感受外邪而发少阴病。在病变发展过程中，阴阳的偏衰始终处于动态变化之中，以阳虚为主者，表现为寒化证；以阴虚为主者，表现为热化证。寒化证与热化证虽是少阴病的主要证型，但并不是一成不变的。在某种特定的条件下，或因体质因素，或因治疗因素，或因感邪与发病因素而发生变化。寒化证的发展变化如向虚阳外越、甚或亡阳方向发展，则出现所谓“死”证；如在寒化过程中，以阳虚为因而阴津严重耗损为果，则阴阳的偏衰会发生变化，其变化可能由寒化证发展为热化证或寒化与热化并存，或在寒化证得温阳治疗，阳气渐复而阴津未复，则也会使少阴病寒化证发展为热化证。

三、对“下利六七日”的理解

下利之症，属于少阴病寒化证的主症表现，正如原文314条“少阴病，下利，白通汤主之”，又如原文317条“少阴病，下利清谷，里寒外热……通脉四逆汤主之。”再如原文296条“少阴病，吐利，躁烦，四逆者，死”。可见，下利一症是少阴病寒化证的常见症状。但当下利与厥逆、畏寒并见时，多属于寒化危重证候。

“少阴病，下利六七日”，与“少阴病六七日，下利”的内涵是不同的。前者是指少阴病出现下利已有六七日，是指该病证的病史；而后者是少阴病发生已有六七日才出现下利。两者显然是不同的。综观原著，论某病几日出现某症，与某病出现某症几日是两个完全不同的概念，如原文37条“太阳病，十日以去”出现“胸满胁痛者，与小柴胡汤。”又如第124条“太阳病，六七日”现“表证仍在”且“脉微而沉，反不结胸……。”再如第307条“少阴病”的“二三日至四五日”期间出现“腹痛，小便不利，下利不止，便脓血”者，以“桃花汤主之”。通过以上原文可以看出，原病证概念与现病证概念不同，原症状与现症状的概念有别。本条原文“下利六七日”提示着从发生少阴病下利到现在已有六七日，才出现‘咳而呕、渴、心烦不得眠”，而“下利”一症仍在。

疾病的发生到就诊时间的长短与当时缺医少药的历史背景有关，本条所言从发病到就诊时间较长，仲景根据问诊的情况得出了“少阴病，下利六七日”的回顾性诊断。

四、对“水气”为患的认识

水气之产生是因为少阴病阳衰阴盛，阳气不能化气行水。寒化证的发生发展过程中，下利是其外在表现之一，是阳虚而不能温化水湿，水湿下注于肠的结果。水湿不能温化，不仅可表现为下利，也可表现为其他症状，如上逆则咳，中攻则呕。尽管少阴病已发生六七日，由于下利而致阴津的严重耗伤，阴阳虚损发生着变化，但由于阳虚所产生的病理产物水气，并未因这种转化而消除，只不过现证病机主要是以阴虚生热为主罢了。

五、对现证候的病机分析

原本属少阴病寒化证，在病变发展过程中“下利六七日”，尚未发展到阳衰阴盛，虚阳外越的程度，故未出现厥逆、畏寒蜷卧等症状。但由于少阴病的基本病理是心肾虚衰，阴阳俱不足，所以在下利的过程中，阴津耗伤，心肾阴阳进一步耗损，体内的阴阳平衡状态出现了由量变到质变的过程，原本以阳虚为主，发展为以阴虚为主的病证。致使出现阴虚水热互结的病理。也正是因为少阴病寒化已六七日，并未发生亡阳，即其病势转归未向阳衰方向进一步发展，而显现热化，热化则是其病势转归。

本证的发生发展变化就是由少阴寒化未愈而向少阴热化发展的一种特殊证候。所以其病证表现较为特殊，一方面有寒化的病理产物水气为患，如现仍下利，咳而呕；另一方面有阴虚生热的表现，如渴而心烦不得眠。

六、对本证治疗的认识

任何疾病的发生发展时刻处于动态变化之中，临床辨治须针对某一相对静止阶段进行辨证论治。疾病变化的多样化、特殊性决定着同一病证的不同阶段当有不同的治则、治法。

本条少阴病证在证候表现、病机、病势等方面具有其特殊性，则须灵活辨治。属于寒化、热化的动态转化阶段，因此治疗上尽管仍有水气为患，但以阴虚生热的病机为主，病证发展方向是趋向于热化，故治疗上，采用育阴清热利水之剂。

七、小结

1. 本条所述证候属少阴病特殊证型；2. 本证属少阴寒化向热化发展、转化过程中的某一阶段；3. 本证属标本兼治法，育阴救本，清热利水治标；4. 本证服猪苓汤后，仍需进一步针对少阴病阴阳盛衰的不同而采用相应的治疗。

［《天津中医学院学报》2001；20（2）：1］

仲景医方与《小品方》方剂比较研究

袁　冰　中国中医研究院医史文献研究所
石东平　北京中日友好医院

东汉末年张仲景所著《伤寒杂病论》是我国医学发展史上影响最大的著作之一，书中方剂被后世医家尊为“群方之祖”。此书在现代被分为《伤寒论》和《金匮要略》两部分。《小品方》乃刘宋时人陈延之撰，是我国南北朝著名的医方书。因原书已亡佚，现代《小品方》一书是经后人辑复的。本文中“《小品方》”是指经后人辑复的《小品方》全书，“《小品方》残卷”是指现存于日本东京北里研究所附属东洋医学总合研究所的《小品方》残卷。宋·高保衡、林亿等《备急千金要方·后序》云：“臣尝读唐令，见其制，为医者皆习张仲景《伤寒》、陈延之《小品》。张仲景书今尚存于世，得于迹，其为法莫不有起死之功焉。以类推之，则《小品》亦仲景之比也。究寻于《千金方》中，则仲景之法，十居其二三，《小品》十居其五六。”[1]可见仲景医书与《小品方》至唐代仍然是极有影响的两部医书。因此唐律将此两部书定为医者必读之书。两书成书时间相距200余年，[2]其间方剂有较大发展。从仲景方到《小品方》，能否反映方剂的继承和发展轨迹，有必要进行比较研究。

一、《小品方》对仲景方的继承

陈延之在《小品方·自序》中云：“今先记述上古已来旧方。”并列了18种方书作为参考书目，其中包括《张仲景辨伤寒并方》有9卷、《张仲景杂方》有8卷。[3]且据统计，《小品方》残卷中有14首方源自仲景医方为：茱萸汤、橘皮汤、栝楼子汤、厚朴汤、桂枝汤加乌头汤、当归生姜羊肉汤、大黄附子汤等。[4]具体到方剂继承则包括四个方面：直接引用仲景医方、方剂名同药异、方剂名异药同、无方剂名药同。

直接引用仲景医方：如《小品方·治霍乱诸方》中附子粳米汤治“霍乱四逆，吐少呕多者。”其方药与《金匮要略·腹满寒疝宿食病脉证治》中附子粳米汤主治证、药味、剂量及煎服法全同。又如《小品方·治咳嗽上气诸方》中射干麻黄汤与《金匮要略·肺痿肺痈咳嗽上气病脉证并治》中射干麻黄汤主治证及方名药味皆同。

方剂名同药异：《小品方》残卷中治“寒疝，腹中痛及诸胁痛里急者”之当归生姜羊肉汤与《金匮要略·腹满寒疝宿食病脉证治》中治“寒疝，腹中痛及胁痛里急者”之当归生姜羊肉汤方名同，除多一味芍药外，余药及主治证皆同。据《神农本草经》载：“芍药味苦平，主邪气腹痛，除血痹，破坚积寒热。”[5]《小品方》添芍药一味，有助于解除腹胀满冷痛之症。又如《小品方·治冬月伤寒诸方》中“葛根汤，治病三四日不差，身体毒热方。”[6]与《金匮要略·痉湿暍病脉证》中治“太阳病，无汗，而小便反少，气上冲胸，口噤不得语，欲作刚痉”之葛根汤[7]虽方名同，药味却不同。《小品方》中葛根汤少大枣一味，却多龙胆、大青、萎蕤、黄芩、石膏、升麻6味药。据《神农本草经》载：“龙胆味苦涩，主骨间寒热。”“石膏味辛微寒，主中风寒热。”“萎蕤苦甘平，主中风暴热。”“黄芩味苦平，主诸热黄疸。”这些药味的选择皆符合“身体毒热”之证。这表明两葛根汤方意已有差异，仅方名相同而已。

方剂名不同药同：《小品方·治冬月伤寒诸方》中有“下之已，更发者”之百合滑石代赭汤，与《金匮要略·百合狐惑阴阳毒病证治》中治“百合病下之后者”之滑石代赭汤药味全同。又如《小品方》残卷“治寒疝心腹疼方，桂枝汤加乌头汤”与《金匮要略·腹满寒疝宿食病脉证治》中乌头桂枝汤药味全同。

无方剂名药同：《小品方·治冬月伤寒诸方》中“治百合病变热者方。”与《金匮要略·百合狐惑阴阳毒病证治》中治“百合病变发热者”之百合滑石散的主治证、药味同。又如《小品方·治冬月伤寒诸方》中“百合病，经一月不作，变成渴者方。”《金匮要略·百合狐惑阴阳毒病证治》中治“百合病一月不解，变成渴者”之百合洗方主治证、药味、用法亦同。

综上所述，《小品方》较多地继承了仲景医方，但通过比较可知，《小品方》在其基础上又有所发展。

二、《小品方》对仲景方的发展

大方增多：仲景方药味一般较少，少则一二味，多则八九味，鲜有十味以上大方者。而《小品方》中却出现了一定数量的大方。据统计，在仲景医书中含十味药以上方剂者，《伤寒论》3首，《金匮要略》8首，其中重复乌梅丸1首，合计10首。在《小品方》中含十味以上方剂者达42首，为前者的四倍强。其中有：白垩丸（21味），白薇散（20味）、增损肾沥汤（17味）、膀胱引急方（16味）、小竹沥汤（15味）等。

同证主方增多：如治奔豚，在《金匮要略·奔豚气病脉证治》中只载奔豚汤，桂枝加桂汤、茯苓桂枝甘草大枣汤3首方。而在《小品方·治气逆如奔豚状并诸汤方》中则载有奔豚汤、牡蛎奔豚汤、葛根奔豚汤等6方。又如《金匮要略·妇人妊娠病脉证并治》中载桂枝茯苓丸等9首方，而在《小品方·治妊胎诸方》中，竟收载茯苓丸等50余方。可知同为治妇人妊娠病，《小品方》较之《金匮要略》录方多五倍强。

纵观仲景医书，皆为一首方对应一条条文。而在《小品方》中却出现另一种形式。如《小品方·治妊胎诸方》中“治月未足，胎死不出，母欲死方。”用“大豆醋煮，服三升，死儿立出，分二服之。”“又方：桃白皮如梧子大，服一丸，立出。”其中“又方”多达4方。[8]又如“治产难方”，其“又方”达6首。[9]即某病证可用多首方治疗，这是方剂发展到《小品方》的一大特点。

《小品方》中收录了大量的单方。仲景医方中也记载有单方，但数量较少，包括《伤寒论》中甘草汤，《金匮要略》中瓜蒂散、文蛤散、诃梨勒散、鸡屎白散等。经初步统计，仲景医方中单方仅有20余个，《小品方》收录的单方则达90余个，是前者的约四倍。《小品方》所录单方具有简、便、廉、验的特点。如《小品方·治霍乱诸方》中“治霍乱洞下腹痛方：以艾一把，以水三升，煮得一升，顿服之良。”[10]“治霍乱，或引饮，饮辄干呕方，煮高良姜饮之，大佳。”[11]数量众多，不一一例举。

随病证种类增多，诸病治方日趋细致：《金匮要略·妇人妊娠病脉证并治》一篇中只论述了妇人妊娠常见病的脉证和治疗。《小品方·治妊胎诸方》中，在论述妊娠常见病的基础上，增加了“欲去胎方”“断产方”“产难方”“易产方”“胞衣不出方”“子死腹中方”“横产方”“逆产方”，共计40余方。

方剂主治病证增多。《金匮要略·胸痹心痛短气病脉证治》中记载“九痛丸：治九种心痛。兼治卒中恶，腹胀痛，口不能言。又治连年积冷流注，心胸痛，并冷冲上气，落马坠车血疾等皆主之。”其以九痛丸主治九种心痛及一些相关病证。此方亦可见于《小品方·治心痛腹胀满冷痛诸方》中，只在药味上将“生狼牙”改为“生狼毒”，余皆同。在此基础上，《小品方》载有更多类似方剂，如《小品方·治心痛腹胀满冷痛诸方》中载有“七气丸，治七气。……亦治早起中风余疾也。”《小品方·治虚满水肿诸方》中“十水散，……主十水。”《小品方·治下利诸方》中“乌梅丸，治杂下方。……合二十种下。”《小品方·治女子众病诸方》中“白垩丸，主妇人三十六疾，病各异同治之方。”即从一首方治同种病的不同证型和一些相关病证到同一首方治疗不同的病证（白垩丸）。

预防方剂的增多：《小品方·治春夏温热病诸方》中载“正朝屠苏酒法，令人不病温疫。”[12]说明预服屠苏酒可防温疫、辟疫疠一切不正之气。《小品方·治妊胎诸方》中载：“预服散，令易生，母无疾病。未生一月日前预服，过三十日行步动作如故，儿生堕地皆不自觉，甘草散方。”[13]说明预服甘草散，可令妇人无疾易产。

收录巫方的增多：在仲景医方中收录了少量巫方，如《伤寒论》的烧裈散及《金匮要略》中的救卒死方：“将鸡肝及血涂面上，以灰围四旁，立起”。《小品方》继续收录巫方，且数量有所增加。经初步统计，在仲景医方中收录巫方5个，《小品方》收录巫方15个，是前者的三倍。如《小品方·治妊胎诸方》载：“治胞衣不出方，取夫单衣盖井上，立出。”[14]“治产难数日欲绝，秘方。书奏作两行字，凡二十字，文曰：帝乙生子，司命勿止，既出其胞及其子，无病其没母。封其中央，以朱印之，令产妇持之。”[15]

方剂本身化裁：即将前人验之有效的一方或数方化为一首新方。《小品方》残卷中载：“栝楼子汤，治胸痹方。”药味包括栝楼子、枳实、半夏、薤白。而考《伤寒论》一书中治胸痹有栝蒌薤白半夏汤、枳实薤白桂枝汤。此方合而减去白酒、厚朴、桂枝三味，则为《小品方》中栝楼子汤。又如《小品方》残卷中载：“芍药汤，治虚羸腹中痛，补益气力方。”其药味有芍药、茯苓、当归、生姜、麦门冬、桂肉、大枣、甘草。而在《金匮要略·血痹虚劳病脉证并治》中载有：“虚劳里急，悸衄，腹中痛，梦失精，四肢酸痛，手足烦热，咽干口燥，小建中汤主之。”其药味有桂枝、甘草、大枣、芍药、生姜、胶饴。此即小建中汤去胶饴加茯苓、当归、麦门冬三味而成《小品方》中芍药汤。

总之，陈延之《小品方》是在总结，继承前贤诸书的基础上，加之以自身临证治验而著成。其书中所录方剂当具一定的代表性。其在继承仲景《伤寒杂病论》方剂的基础上，又有新的变化，此可部分测知东汉末年至南北朝刘宋时期200余年间方剂变化的趋势。其方剂较之仲景医方，大方增多、同病主方增多、出现一病多方和一方治多种病证、出现了大量单方、收录预防方剂和一定数量的巫方、化裁出新方等。这些趋势表明随社会、医学的发展，方剂也有较大的发展，且具有本身的特点，对后世方剂产生了深远的影响。

感谢导师郑金生研究员、朱建平研究员对本文提出的宝贵意见。

参考文献

［1］孙思邈．备急千金要方．后序．影印本．北京：人民卫生出版社，1955：544.

［2］高文铸辑注．小品方．第1版．北京：中国中医药出版社，1995：263.

［3］陈延之．小品方．见：北里研究所附属东洋医学总合研究所医史文献研究室主编．小品方．黄帝内经明堂：古钞本残卷．东京：北里研究所附属东洋医学总合研究所，1992：3～4.

［4］马继兴．小品方残卷的医方出典考察．见：高文铸辑注．小品方．北京：中国中医药出版社，1995：350.

［5］神农本草经．第1版．北京：人民卫生出版社，1963：65.

［6］王焘．外台秘要．卷1．影印本．北京：人民卫生出版社，1955：66.

［7］张仲景．金匮要略方论．第1版．北京：人民卫生出版社，1963：5.

［8－11］丹波康赖．医心方．影印本．北京：人民卫生出版社，1955：494，502，240，238.

［12］葛洪．肘后备急方．卷8．影印本．北京：人民卫生出版社，1956：150.

［13－15］王焘．外台秘要．卷33．影印本．北京：人民卫生出版社，1955：941，936，933.

［《中华医史杂志》2001；31（1）：33］

《伤寒论》国内外研究现状

万晓刚　广州中医药大学

《伤寒论》研究，是中医学术研究之热点，并呈现出明显的国际泛化趋势。数十年来，国内外相关研究成果层出不穷，就研究内容而言，无论其深度和广度，均属史无前例，而其研究方法和手段，更是令人耳目一新。

纵观数十年《伤寒论》研究过程，我们不难看出，有关《伤寒论》研究的思路和方法，是继承和创新的交错。换言之，即根据具体的研究对象和目的，合理选用传统的研究方法或大胆采用现代科学研究方法。传统的考据、校注、验证、推理等方法，在理论研究中仍占有相当的比重，而计算机技术、信息论、控制论、系统论、模糊数学、生物化学、光学、电学、力学、药理学、病理学等各种现代科学技术方法和手段的渗入，则体现了当今科技发展的时代特征。限于篇幅，笔者仅就近数十年的研究状况，简要评述如下。

一、传统理论研究

本文所讲之传统理论研究，系指围绕《伤寒论》展开的相关文史哲及医学理论和学术观点的研究，主要包括版本考证、伤寒注家、六经辨证体系、哲学思维、发展历史等内容。

在《伤寒论》版本研究方面，目前学术界多数仍认同以宋本和成注本为权威版本。近年来，《千金翼方》所载之《伤寒论》以其时间早于宋本而颇受重视，有学者将之称为唐本《伤寒论》。而若注重文献考证价值者，则林亿等校刊之别本《金匮玉函经》自然不容忽视。当代最具影响力的宋本《伤寒论》，应属刘渡舟教授等以赵刻本为蓝本校注的《伤寒论校注》本。另外，日本康治本和康平本、敦煌《伤寒论》残卷、长沙古本和桂林古本等，近年来均在不同程度上引起学术界的反响。

关于《伤寒论》的学术渊源，目前存在几种不同看法。其一，是依据其自序所述，认为其理论根源于《内经》，国内医家多数认同这一观点。其二，认为《内经》与《伤寒论》属于不同的医学体系，《伤寒论》根源于江南文化圈以药疗为主的医学体系。持这一观点者，以日本部分医家为代表。其三，依《甲乙经》和《注解伤寒论》所述，并据近年的文献考证成果，认为《伤寒论》主要源于《伊尹汤液》，属经方体系，与《内经》所代表的医经体系有别。

自成无己首开注释之风以来，其后注伤寒者，代不乏人。其学术观点、治学方法等，对后世之研究有着很大的影响。因此，研究注家及注本，成为《伤寒论》现代研究之一大热点。就总体而论，目前伤寒注家注本之研究成果虽多，但涉及面不广，主要集中于明清部分影响较大之医家，如柯韵伯《伤寒来苏集》、尤在泾《伤寒贯珠集》、钱塘二张等。然而，随着这类研究的深入，有关伤寒学术发展历史的研究逐渐展开，从历史宏观的角度，考察《伤寒论》及伤寒学术的发生发展规律。

六经证治体系，是《伤寒论》之核心内容，亦是现代医家致力研究之重点。围绕六经体系之生理、病理、诊断、治疗等方面，研究者们开展了大量艰苦而卓有成效的工作。在这一领域内，最富挑战性的课题，仍属六经实质和厥阴实质问题的探讨。

有关六经实质的争论，历经近千年而未衰。仅近40年来，围绕这一问题就曾出现过数次较大规模的争鸣。50年代中后期的争鸣，其主要观点并未脱离前人之说；而80年代之争论，则逐渐渗入一些新学说；时至90年代，随着多学科交叉渗透之趋势愈显明朗，各种新观点层出不穷。然则，就其实质而言，多是前人观点的现代翻版或诠释，并未有大的理论突破。

由于原著的散佚传抄等原因，《伤寒论》文字错漏、义理未明之处甚多，而尤以厥阴篇最为突出。是以有关厥阴篇的认识，历代医家多不统一。数十年来，围绕厥阴的生理、病理、定性、定位等关键问题，研究者们付出了大量心血。其中，以万友生教授为代表的学者们，提出寒温合论观点，受到学术界的广泛重视。

随着对人类思维规律研究的发展，有关《伤寒论》辨证方法的研究，近年来受到普遍关注。研究者们除运用传统方法总结《伤寒论》之思维方法及规律外，更引入一些新学说，如系统论、控制论、信息论、逻辑学等，以应证之，取得了一批成果。

另外，有关《伤寒论》未病学说思想、体质学说思想、气化学说思想、时间医学思想等理论研究，亦取得相当的成就。

二、临床运用研究

本文所言之临床运用研究，指《伤寒论》六经辨证体系在现代临床中的运用规律和方法研究，主要包括病证诊断、治法原则、方药运用、临床思维等内容。其中以《伤寒论》方药在现代临床上的扩展运用尤为引人注目。

在病证诊断方面，部分学者除强调遵循传统方法审证求因外，主张将建立病证诊断模型作为突破口，运用多种手段，包括数理统计分析方法及计算机技术，通过大范围的文献分析和临床检验，对《伤寒论》六经主要病证进行定性、定量的规范化研究，建立相对客观的诊断标准，以利于临床推广应用。有研究者曾将《伤寒论》基本内容和逻辑思维，进行数理分析，并建立相应的计算机六经辨证论治系统，取得一定成效。其核心内容之一，即是六经病证诊断模型的建立。值得注意的是，这类研究尽管颇具价值，然从目前的研究成果来看，其广度和深度尚不尽人意，各种相关因素的处理存在不少困难，尤其是在中医辨证诊断原则性与灵活性关系处理上，尺度难以把握。因此，研究成果距临床实用，尚有很长的一段距离。

有关六经治法体系的研究，目前多限于理论阐述和临床验证。而具体治法之于临床，必须通过相应方药加以体现，故治法之研究成果，常是通过方药临床研究而来。就《伤寒论》方药临床运用研究而言，主要表现在其运用范围的扩展和对现代疑难危重病证的救治方面。大量的临床研究结果表明，《伤寒论》方疗效确切，在现代疑难危重病证的救治方面，颇具特色。其主要的研究方法，目前比较倾向于大样本观察统计其对现代医学诊断明确的疾病的疗效。这类研究，有利于拓展经方的治疗范围，科学验证经方的临床疗效。而其不足之处在于，西医辨病与中医辨证之间的关系不易把握。注重经方对西医疾病的泛应性，必然将以忽视中医辨证作为代价，而方药之运用，却是建立在中医辨证的基础上，如此则其临床疗效难以与实际相合。

方药临床运用研究的另一重要特征，是剂型改革。这一方面的研究，比较而言，以日本汉方医成就最为突出。汉方剂型的改良，不仅节省药源，使用简便，而且促进了日本工业经济的发展。近年来，这一形势已为国内官方及学术界所重视，并拟定了相应的发展规划。然须明确指出的是，剂型改革应以确保疗效为基本前提，此其一也；其二，正确处理现代药理应用标准和传统应用标准之间的关系；其三，充分发挥传统剂型加工及煎服法等理论优势。

方药临床运用规律的研究，是目前较为热门的课题。从临床思维角度探讨这一课题，具有普遍性指导意义。梅国强教授曾系统探讨了扩大经方临床运用范围的途径，是此类研究之典型。

三、现代实验研究

本文所论之现代实验研究，指采用现代科学技术实验手段和方法，研究《伤寒论》六经证治体系，以期揭示其内在本质。目前有关研究主要集中在证候本质、方药机理等方面，其成果从不同角度和层次上，阐明了六经证治体系的部分机理。

六经病证本质研究，多从两个途径入手。一是确立一定的诊断标准后，选择合适的病例，通过对照观察，检测其相关的理化指标，进而分析推断其内在的病理生理机制。一是以中医病因学说为依据，复制相应的证候动物模型，观察其病理生理变化，以推断其内在机制。两种途径各有优劣，前者关键在于诊断标准的建立是否合理和干扰因素的控制是否得当；后者关键在于动物模型建立是否合理及动物与人体差异的判别。

就已有的研究结果来看，病证实质研究涉及太阳、阳明、少阳、太阴、少阴、厥阴各经的具体证候，研究指标涉及组织形态学、细胞学、分子生物学、生物化学、流体力学、光学、生物电学、电磁学等内容，结果表明，六经病证涉及多系统多脏器多层次的病理改变，并不能以现代医学的观点去对号入座。某一特定证候的病理变化，除去病种相关外，可在某些方面呈现出一定的共性特征，且这种共性特征并不受病种之影响，提示中医证候分类具有一定的客观性。

值得指出的是，六经辨证作为一个理论体系，始终贯穿着中医整体恒动观念，而六经传变学说，正是体现这种观念的最好例证。研究者们为了揭示这种变化规律，曾进行了艰巨的探索。有关太阴、少阴阳虚证证治关系及阴证转阳的实验结果，从多方面证实了这种病证转化关系的客观存在。

症状体征是证候的基本表象，从特定症状和体征入手，探索其内在机制，是揭示病证本质的一条重要途径。胸胁苦满作为少阳病定位症状，具有一定的特征性意义。研究结果表明，在不同病种的对照观察中，胸胁苦满多与胆、肝二经密切相关，进而从侧面证实了六经分证论治之客观性。而用无创性彩色超声 Doppler，显像技术研究脉象，证实位、数、形、势一种或多种属性的变化，是形成脉象的基础。而从位、数、形、势的变化及其关系加以分析，可望了解脉象与心血管生理学、病理学以及全身各系统之间关系的变化规律，进而揭示病证之内在机理。

经方的药理机制研究，是《伤寒论》现代实验研究的一个极其重要的组成部分。近几十年来，主要经方都已成为研究对象，诸如小柴胡汤、桂枝汤、白虎汤、大承气汤、理中汤、四逆汤等。其药理效应，随方药之不同而异，且每一方剂常呈现多系统多层次的泛化作用，较之西药，特异性多不显著。然其突出的临床疗效与药理特异性的不符，迫使研究者们颇费心血地去探求其中的奥妙。目前多数研究者倾向于方药的主要作用机制，并不在于其直接对病原的清除和对病理损伤的修复，而是通过整体调节作用，调动各种积极因素，以促使机体自我康复。

这种调节作用的一个显著特点，是其良性的双向调节效果。即在病理状态下，方药通过逆病理变化的调节，以达到促使机体康复的目的。是以桂枝汤既可促使动物的低温状态恢复，亦可促使动物的高体温下降。而多数方药在生理状态下，却并不表现出明显的调节作用。正是这种特定方药与机体的特定病理变化的契合，相互作用，彼此影响，才发挥出其特定的治疗效应。

四、现代教育研究

随着全国各地中医院校的陆续创建，有关现代《伤寒论》教育的问题日益突出，而院校教育首先面临的是教材建设。全国高等医药院校《伤寒论》教材建设历经数十年，目前已编至第6版，为中医药人才培养做出了重要贡献。值得一提的是，与第5版教材配套的教学参考丛书《伤寒论》，以其翔实的资料、公允的评述、合理的阐论，博得海内外学者的一致赞誉。

在数十年的教学实践中，《伤寒论》教育已从单纯的传统课堂讲授模式逐渐过渡到教学——临床——科研结合的综合模式，说明经典理论对实践的指导意义日益受到重视。与之相应的是教学方法和手段的不断改进和优化，电化教学、多媒体教学、临床讨论、实验教学、题库建设等，逐渐完善。形象生动的讲解，直观可信的演示，大大提高了经典著作的教学效果。为提高教学质量，加强人才培养，各院校相继开展了一系列有关《伤寒论》教学的课题研究，并取得了喜人的成绩。

综上所言，《伤寒论》研究总体形势不错，呈现出大范围，多途径，普及与提高结合，继承与创新并重的国际泛化趋势。然而在科学技术突飞猛进的当今，仍须明确方向，把握机遇，迎接挑战，将《伤寒论》这门古老而年轻的学科推上一个新台阶。

[《国医论坛》2001；16（1）：1]

文化仲景与伤寒正名
——突破仲景学说研究的狭隘性

刘吉善　十堰市中医院

仲景学说非个人学说，乃是从黄帝时代至东汉末近三千年医学内容的总结。《伤寒杂病论》的总旨是寻源固本，辨证论治，力求尽愈诸病，“杂”应作“总”字解，外感热病与杂病只是该书部分内容而非全貌。“寒”不作传统的“寒邪”解，而应作“正气”释，伤寒就是损伤正气而致诸病。现详论之。

一、张仲景是医学文化圣人

为什么要从文化角度研究仲景呢？因为当时史书未载，老百姓从古至今称高明医生为“扁鹊再世”，“华佗再世”，很少有人称“张机再世”的，我国现代一些科技读物论医时，竟将其大名漏掉。众人皆知，称孔子与老子为圣人，是其代表了儒家与道家文化。同理，称仲景为圣人，是他代表了医学文化。他的身世朦胧，堪称千古之谜。从仲景至今近二千年，整体医学绝对飞跃，却没有一个中医越其位，究为何因？因史料凤毛麟角，只好从文化与历史环境去探讨。

司马迁将中国历史从黄帝时代写至汉武帝，《史记》诞生。张仲景将中国医学从黄帝时代写至东汉末，《伤寒杂病论》诞生。他们二人得天独厚，各自享用了华夏三千余年的史料，后人实难望其项背，这就是为什么史家难出第二个司马迁，医家难出第二个张仲景。现谈几点理由：

仲景说著书时撰用《素问》《九卷》等书，而《素问》的第一句话就是“昔在黄帝，生而神灵，弱而能言，幼而徇齐；长而敦敏，成而登天”。这和《史记》开篇雷同，以致现代学者困惑，究竟是谁抄袭谁？在此暂避争鸣，至少证明了二书取材同源。仲景《伤寒杂病论自序》（以下简称《自序》）首句曰：“余每览越人入虢之诊，望齐侯之色，未尝不慨然叹其才秀也”。既说明他对先贤佩服，又暗示他对作者虔诚，仿效史笔，也有可能。

仲景的史学正统观很浓，其《自序》显示，引言以经史为主，少有杂家，“入虢之诊”与“变为异物”句，分别引之《史记》的《扁鹊传》与《贾谊传》。“危若冰谷”原意出自《诗·小雅·小宛》，“思过半矣”出自《易·系辞下》，并以孔子语收篇。

仲景的书至今没有像《史记》那样对待，当成有三千年医疗实践经验之总结，而只看成个人医学成就，造成狭隘化的恰好是他的古今信徒们。众人奉仲景为医圣，怎么就不思维开阔一点，是什么环境和原因造就出了圣人？公认的托词是《后汉书》未载，资料厥如，难道有谁比仲景还了解仲景吗？仔细琢磨一下他的《自序》就会玩味无穷，他分明在述说：我是个天才加勤奋的人，是个精通天文、地理、经史等多才之人，故而汇聚古今史料，编著成医学巨作。

正史中医籍最早的记载是《汉书·艺文志》的《方技略》，“方技”就成了医药卫生类的代名词，但在《自序》里不提方技，责怪别人不“精究方术”，申明自己“宿尚方术”，此非一字之差，而是表明他不仅精医——方技，而且还精天文、历法和占卜类——术数，合称“方术”。《自序》中的“夫天布五行，以运万类，人禀五常，以有五藏；经络府俞，阴阳会通；玄冥幽微，变化难极”，“自非才高识妙，孰能探其理致哉！”等语，展示他是一个精通天、地、人，才高识广的人。

据仲景斥“当今居世之士”，“竞逐荣势，企踵权豪”，“惟名利是务”之语及“上以疗君亲之疾，下以救贫贱之厄”的“下救”口吻，可测知他既非平民之辈，亦非低层官宦，“长沙太守”可存疑，谁又能绝对言他未做其他高官呢？从“余宗族素多”和谴责别人“彼何荣势之云哉?”等语可知他确实处于望门之中，联想到南阳是汉光武帝刘秀的家乡，在建立东汉王朝时，其统治集团主要由南阳豪强组成，并使南阳与洛阳并肩成为全国两个最大的中心城市。在政治、经济、文化思想、科技等得天独厚的沃土上收点硕果又何奇之有！况且仲景还不是一枝独秀。智慧化身诸葛亮（公元181～234年）就与此地有关，南阳同乡张衡（公元78～139年）发明的浑天仪、候风地动仪等早于世界科技同行千年以上，这位画家、数学家的《二京赋》使“洛阳纸贵”，《灵宪》记的2500颗恒星，竟与近代观测相似，郭沫若惊叹道“如此全面发展之人物，在世界史上亦所罕见”。生活在这块风水宝地上的张仲景能出医学之《史记》，当在情理之中，何况史载他当时生活的周围，就是海内俊杰聚会之地，群星灿烂之处。

仲景对自己的实力很自信，他不仅笔伐当今之士“曾不留神医药”，而且揭露了当今之医，“不念思求经旨”，技术陈旧，诊病草率，“所谓窥管而已”。而正面能做到的就是他本人！《自序》表白的够坦率了，“上古有神农、黄帝、岐伯、伯高、雷公、少俞、少师、仲文，中世有长桑、扁鹊，汉有公乘阳庆及仓公。下此以往，未之闻也。”这也是引自《汉书·方技略》的观点。弦外之音，既然时代呼唤历史名医来填补仓公至东汉末的空白，仲景只好当仁不让！

《汉书·艺文志》首先就感叹道“昔仲尼没而微言绝”，意为孔子死后，含义深远精要之论就断绝了，而仲景在《自序》末却引用孔子云“生而知之者上，学则亚之，多闻博识，知之次也”。但他避而不谈自己属于“上”“亚”“次”的哪一等，致使迷底长期未揭。其实这是不言之言，糊涂的明白，言下之意，他自己三者皆是，即天才加勤奋，能够继承医学上的圣人之道，故有“余宿尚方术，请事斯语”作为线，这就是医学圣人、文化仲景。

二、《伤寒杂病论》是寻源固本的结晶

说《伤寒杂病论》是止于东汉末源与流的医学总结，并非为了拔高。因从《史记》《汉书》及晋、隋以上的文献资料中的医学内容与之对比，和已知出土的医学文物，包括《五十二病方》为代表的十五部马王堆医书，《武威汉代医简》《万物》《张家山汉墓医简》《敦煌医学卷子》等相比较，实难与仲景书从档次上相仲伯，且历史地位难撼！

从时间上看，《自序》所选人物是从神农、黄帝……扁鹊……仓公至仲景本人，也是引用《汉书·艺文志》“太古有岐伯、俞拊，中世有扁鹊，秦和……汉兴有仓公”的观点。

从该书引用的书目看，也是囊括东汉前全部所存医著。仲景说：“撰用《素问》《九卷》《八十一难》《阴阳大论》《胎胪药录》。”也许是智者千虑？至今学者都认为引用就这几部书，实际上这几部都是“医经”，如果说是“古训”而“勤求”尚可，但一部方书也没有，“众方”从何“博采”？问题出在“并平脉辨证”一句，意为上几部医经“与各种治病方书”的简称，才能与前句“勤求古训、博采众方”相对应，若将书目一一列出岂不太冗杂，如果将“平脉辨证”靠前句，岂不张仲景给五部医经“诊治疾病”？往后靠，“平脉辨证”当是书内内容，岂不成了《伤寒杂病论》引用《伤寒杂病论》，所以作仲景自己诊治解与理皆不妥，作“方书”解最贴切。

“为《伤寒杂病论》合十六卷。虽未能尽愈诸病，庶可以见病知源。若能寻余所集，思过半矣”。虽然客观不可能，但该书追求的目的是“愈诸病”。见病思源的“源”有两重意思，一是可寻治法的源泉，二是该书撰用“古训”“众方”是从神农、黄帝医书到仲景本人，是古医学精华的结晶，代表了太古至东汉医书上最高成就。尚若疑虑，可请你“寻余所集”，只要把我写书时撰用、收集的医经、经方找来研究一下，消除疑虑就不会难了。遗憾的是，仲景的“所集”今人难饱眼福，高兴的是，《伤寒杂病论》又将这些史料投入辨证论治的熔炉里精炼后，绝大部分保存下来了。例如柯雪帆2000年1月在《中华医史杂志》撰文讲，《汉书·艺文志》所载“经方十一家”共274卷，“从其标题与现行《金匮要略》”的篇名相对照，两者之间有惊人吻合之处。如五藏六腑痹十二病方与血痹虚劳、胸痹心痛短气、趺厥等篇对应；……神农黄帝食禁可与禽兽鱼虫禁忌果实菜谷禁忌相对应，这样的对应绝非偶然，无疑是张仲景继承与发展秦汉医学的有力佐证。医史学家范行准对此曾有专篇论述。

再如《汉书》载有《汤液经法》三十二卷，当为方书专著始祖，皆认为已佚，但仲景书却将其基本保存下来了，皇甫谧（公元215～282年）的《甲乙经·序》曰：“伊尹以亚圣之才，撰用《神农本草》以为汤液。……仲景论广伊尹汤液为十数

卷，用之多验。”成无已《明理论》云“惟仲景之方，最为众方之祖。是以仲景本伊尹之法，伊尹本神农之经，医帙之中，特为枢要”。

宋代高保衡，林亿在《金匮要略方论》序中说“翰林学士王洙在馆同日，于蠹简中得仲景《金匮玉函要略方》三卷；上则辨伤寒，中则论杂病，下则载其方……国家诏儒臣校正医书……仍以逐方次于证候之下，使仓卒之际，便于检用也”。从上述可知，仲景书中的方书卷原是独立的，“经叔和编次，已非仲景之书”（柯韵伯语）。宋代能使原著重见天日，实属千载难逢。惜大臣孙奇为了“方便”，又将方、证折散搭配，使人难寻全貌，千虑一失致千古遗憾，虽然至今人们推崇“经方”地位，但仲景对先秦两汉方书总结的伟大功勋，却在医学史上大为逊色了。对此，刘河间独具慧眼，在《原病式》中赞朱肱《南阳活人书》时发出了振聋发聩之语：“自黄帝之后二千五百有余年，有仲景方论一十六卷，使后之学者有可依据。”

《伤寒杂病论》的“杂”字应作“总”字解，因仲景书反复强调“固根本”，“见病知源”，“反对”“窥管”等，即使后世称的《金匮》《玉函》，亦装物之品，寓包罗诸物之义，《金匮》开篇即与热病续接，与《伤寒论》并无鸿沟，仲景全书，三因说，四神（五灵）说，六经说，皆泛指诸病，本意是总结他以前的一切病，多年来认为他只长于治外感热病和杂病，或寒温对立，或教条搬用，狭隘谈事，实有负圣心。

“名不正”也使丰富的医史淡化了，因为仲景之前传世的《内经》《难经》《本草经》皆为理论性著作的“经”类，而正是《伤寒杂病论》将其与方类有机相合，中医学才真正画龙点睛．至今腾飞之势不减。若只囿于“热病”“杂病”说，岂不一叶障目？

三、伤寒就是伤正气而致诸病

俗云伤寒有广义狭义之分，狭义指外感风寒，广义泛指外感热病。实际上广义狭义皆为狭义，即外感病的代称，同一伤寒病名曰狭义又曰广义，于理有格，况且在古代医家很少把“寒”作为“六淫”代表，若曰广义，也应是“风”而不是“寒”。按《内经》理论，“风为百病之长”，用仲景的话“风气虽能生万物，亦能害万物”。就是今日的感冒药也俗称“伤风胶囊”而很少以“伤寒”取名。可见一斑。

广、狭义之分，非仲景本意，乃后人观点，分歧出在理解上。如《素问·热论》“今夫热病者皆伤寒之类也”是说所有外感热病，都是伤寒中的一类，伤寒还应包括“其他类”，否则直言“热病者伤寒也”好了，何必兜圈。而《难经》不明《素问》之奥，将热病与伤寒合二为一，分述为五，使后人误狭为广。由于战乱，仲景书一分为二，半部书被强名之《伤寒论》，使人皆认为仲景书是外感专著治广义伤寒。再加上《自序》提及家族患“伤寒”死亡率高，本想促己发奋加速著书，若单为家族设，仲景书岂不成了“张氏家庭保健册”了。至于后世《肘后方》“贵胜雅言，总名伤寒，世俗因号为时行”，《小品方》“伤寒邪士之词，云天行温疫，是田舍间号耳”。张子和认为凡四时不正之气致病“皆得谓之伤寒”等等，以至今日皆成定论；外感疾病等于广义伤寒，全属《难经》影响误狭为广。那么何谓仲景广义伤寒？答：因正气亏虚或受损伤，致邪气乘虚而入而使人体产生各种疾病名曰“伤寒”，简言之“正虚而致诸病曰伤寒”。

“寒”应是人所需正气之一，过则为灾，“六淫”才是病因。千年来为伤寒争讼不已即犯“只言邪”，“不言正”之偏。生理上寒就是精，按《内经》理论，肾主寒水之气，“受五藏六腑之精而藏之”，“与谷气并而充身”，又曰真气，它通过“营卫”而达抗病之目的。故“正气存内，邪不可干”。“冬不藏精，春必病温”“冬伤于寒，春必温病”，“寒”与“精”互称即是其理。这方面的理论还很多，如“北方之气，其在天为寒，在地为水”，“其脏为肾”，“其德为寒”。“寒”在人体抗病的载体就是阳气，故主寒水之气的“太阳经”行一身之表，放在“伤寒”辨证之首，《素问·热论》曰“巨阳者，诸阳之属也，其脉连于风府，故为诸阳主气也”。“寒”为医之六经之首，其领袖地位令人费解，若察其历史文化背景则有助释疑：如乾卦为《周易》之首，其相配应的就是为天，为寒、为冰、为坎。再如《穆天子传·卷一》曰“天子大服……，奉璧南面，立于寒下”。近人顾实注曰：“寒者，河宗之神也。昭四年《左氏传》曰‘以享司寒’，杜注云：‘司寒，玄冥水神也’。”“此古谓水神曰寒之证。水神即河神也。天子立于寒下者，殆将受命于河神之前，神在上，故曰寒下也”。以上足证“寒”作“正”解“自有源头活水来”。

从古汉语角度讲，“寒”亦可作“正”解。《说文》载“寒”的造字就寓有保卫之义，由下部冰冻，中部草荐，上部房屋组成，意即大地冰冻，人在屋内裹物以抗之。《释名》“寒，捍也”。《玉篇》“扞，卫也，字亦作捍”。《左传》的“唇亡齿寒”亦说明失去护卫，易受侵袭。这与仲景“皮之不存，毛将安附焉?”理出一辙。

“寒”字“邪”“正”皆可释，既非穿凿其说，亦非孤证，如此相反相成一字二义的字，古汉语中甚众，如杨树达在所著《积微居金文说》中曰：“古人言语施受不分，如买与卖，受与授，籴与粜，本皆一辞，后乃分化耳，教与学亦然”。正邪皆释的“寒”字，文字学上称“反训”。从晋代郭璞注解《尔雅》至今，历代贤哲对“反训”皆有大量论及，如徂训存，乱训治，窒训空．故训今，贷训予等。今人蒋绍愚言之最爽：“所谓‘反训’，简单地说，就是一个词具有两种相反的意义。”“寒”释“正”合法!

或曰，仲景为何不改革一下，取风木、君火或脾土为代表呢？须知六经辨证是仲景的发挥与发展，而非发明。《素问》约成于战国至秦汉，其脏腑经络排座次主要分为三类，有以四季春（肝）为首的，有以君（心）为首的，有以经脉循行手太阴经（肺）为首的，唯独六经以主寒水之气的太阳为首，显然受秦文化影响最深。

秦始皇最崇拜阴阳五行，为克周之火德，改年始，朝贺皆自十月朔，衣族皆尚黑色，“数以六为纪，符，法冠皆六等，而舆六尺，六尺为步，乘六马，更名河曰德水，以为水德之始”（《史记·秦始皇本记》)。《素问》将十二经压缩为“六”，想必受秦法影响。汉代重“土德”，仲景书中也充满了“五”与“土”的概念，由于他著书时引自“素问”的六经，故仍以太阳为首，把生精主寒水之气的“寒”，作为正气的广义代表。

四、结语

通过从文化角度、历史角度，特别是对仲景《自序》的探讨认为，只把仲景看作个人英雄，虽然没错，但有狭隘的一面，至少忽略了两点：一则他是当时整个医学的代表，犹如儒之孔子，道之老子，正是因为《伤寒杂病论》的诞生，才使中医科学体系脱颖而出，至今长盛不衰。二是仲景在医史中的地位前无古人，是他将黄帝时代至东汉末的医学宝藏浓缩成《伤寒杂病论》。其缺点是缺少编年体纪事和对各流派的介绍。优点是省去了医经部分，能够大胆取舍，上善若水，使后世享用无穷。

《伤寒杂病论》应恢复全书名为好，辨证论治适用当时医学的全部，而非某一种。正如柯韵伯所论的：“仲景六经，是分六区地面，所赅者广，凡风寒湿热，内伤外感，自表自里，有寒有热，或虚或实，无所不包。”

“寒”义改邪归正，即正伤而致诸病，否则就会使“伤寒”狭隘化，如寒温之争，内伤外感之争，皆是不明伤寒本义。“治诸病”既是医圣之遗产，亦是永无止境的课题。

[《河南中医》2001；21（2)：5]

仲景学说现代研究思路

翟慕东　王小平　成都中医药大学

《伤寒杂病论》是一部创建辨证论治体系、并留下大量疗效卓著的方剂、证治实录以及经验体会的中医经典著作。《伤寒杂病论》凝聚着仲景毕生的心血。千余年来，历代医家对其辨证论治体系的研究，一直没有间断过。可以说，一切可以进行归类、比较的方式方法几乎都有，而且以各自的方法和特点，揭示六经辨证论治的内在规律，使其内容不断扩大、丰富。概括起来，对仲景学说的研究方法大致可分为3方面：①仲景原著的整理、编次研究；②原著的校刊、注释研究；③专题专著的学术研究。但是，随着时代的变迁，科技的进步，以及社会经济的发展，除了以上几个方面的研究外，对仲景学说的现代研究也越来越受到重视。

什么是现代研究？现代研究方法的内涵是什么？对仲景学说如何进行现代研究？这也是中医现代化所面临的新课题。关于对仲景学说如何进行现代化研究，笔者不揣鄙陋，提出管见，敬希同道斧正。

一、现代化研究应保持仲景学术的自身特色

笔者观察了近几年全国有关仲景学术研究的文章，发现除了一些经方及病证的证治规律探讨外，绝大多数论文都偏向于运用仲景方治疗某种病的临床观察或验案报道，以及某汤方针对某一指标的实验研究。看不出仲景学术整体观念的特色和精华。

六经病证的辨证施治，和人体脏腑经络、营卫气血及其所在部位的功能有机结合，构成了包括六经病证在内的联系规律。这是一个整体的观念。因此对仲景学术的现代化研究应立足于此。其成果和价值，在很大程度上取决于能否坚持和发展这一特色。如果不从整体的联系规律去研究，只是单独地割裂开来作某个指标的研究，则会失之于“流散无穷”，而对仲景学术的现代发展，起不到多大的有益作用。何新慧教授主编的《伤寒经纬》，谈到了对太阳病中风证病机的现代研究，认为中风证的病机是“营卫不和”[1]。《伤寒论》中营卫不和有4

种类型：一是卫强营弱，二是卫弱营和，三是营卫俱弱，四是卫强营郁。如果从整体规律去把握，就可以从分析桂枝汤方着手，去探求营卫不和的本质。药理研究证实，桂枝汤对体温、汗液分泌、免疫功能、肠胃运动等的调节，均呈双向调节作用，此与营卫不和证的种种失于平衡、阴阳不和的表现相吻合。同时，桂枝汤对脾胃运化功能有修复、改善、促进的作用。而营卫气血均源于水谷精微，有赖于脾胃的健运化生，从而印证了营卫不和的本质主要是机体某些功能不平衡的结果。其不平衡主要表现在以下几个方面：①产热、散热的不平衡；②汗出多少的不平衡；③防御功能的下降；④同时伴有消化功能的减退。这些异常与营卫所主的生理功能均有一定关系。同样，对于“证”的研究，对于“病”的研究，都应把握整体规律这个方向，在这个框架下，进行一些微观指标的研究。微观是为宏观服务的，是为了更好地揭示宏观、充实宏观、发扬宏观。分析是为了更好地综合，这样才能不失其学术的精髓，才能真正推动仲景学术的现代化研究。

二、应重视六经病与证的动态研究

《伤寒论》通过六经辨证框架及方证条文的示范，奠定了辨证论治的基础。同时应该明确，仲景在《伤寒杂病论》中，不论外感和内伤、热病和杂病，辨证论治体系原本是辨病与辨证相结合的。广州中医药大学熊曼琪教授认为，《伤寒论》以病分类，病下分证的诊断层次颇为清晰。在论治过程中，更是以病为纲，以证为目，病证紧密结合[2]。辨病是对疾病全过程的纵向认识，每个病都有着自身的病因、病状、病机、病程及演变趋势、转归、预后等规律。一般来讲，其治疗是恒守常法。但疾病在发展中，却常因人因时因地而不同。因此，辨病就需要针对疾病过程中的脉和证，进行动态地观察和研究。辨证是对疾病发展过程中某一阶段病情的横向认识。异病同证亦往往多见，故有“异病同治”之说。但是，相同的证候必然受到不同疾病的影响，而使证候的转归各有不同。例如：太阳表证“恶寒发热”，在单纯感受寒邪初期，在大叶性肺炎感染初期及一些急腹症炎症反应初期都可以见到。然而，经发汗治疗后，其病情转归预后却是完全不同的，既有汗出而愈者；也有变为里热壅盛、汗出而喘的麻杏石甘汤证；以及变为阴亏燥结，腑实腹胀满的大承气汤证。因此，仲景在《伤寒论》太阳篇中就演示了各种转归传变的不同证治。如果在疾病发展变化中，当症状不显，而病理改变尚未恢复时，若只辨证不辨病，就会觉得无证可辨而失去治疗。可知证在病中处于局部地位，要受到病的制约。用脉证动态地去研究病，则可使整体与局部、共性与个性、动与静有机地结合，从不同角度、不同层次来揭示疾病的本质。这是一个重要的研究内容。

由于历代医家在病证概念和含义的理解、应用上存在着主观随意性，辨证依据主观因素多而客观指标少，因此妨碍了中医的发展。在对《伤寒杂病论》之病证作动态研究的同时，辨证规范化、标准化、客观化的研究也是重要内容。宏观应与微观相结合，定性和定量、定位相结合，在临床实践的基础上，使之达到相对的统一。例如，广东林氏提出了少阴病辨证中的一些现代化检测客观指标，他认为从血压、呼吸频率、尿量及肾功能、休克指数、血气分析、心输出量，以及借助微循环观察、血液流变学的检测、血小板及其功能分析、眼底镜检查等可以赋予少阴病以现代科学内涵，加深理解少阴病的发病机理，对少阴病“亡阳证”“上厥下竭证”“亡阴证”“死证”等的认识和辨治，有着非常重要的临床意义[3]。

三、临床研究应重视向疑难重症的转变

近几十年来，经方临床研究相当普及，不断有经方治疗新病证的报道。如《伤寒论》中的芍药甘草汤，原文治疗阴虚所致的脚挛急证，现代临床已经引伸用于腓肠肌痉挛、支气管平滑肌痉挛咳嗽、流行性出血热后期下肢痉挛、小儿舞蹈症、胃痉挛性疼痛、胃炎等。但这种拓展治疗，往往多以个案、验案的形式见载于各中医药期刊中。随着个案的增多和积累，从回顾性病例总结，进展到前瞻性的、有目的的经方治病专题研究，这也是目前临床研究的热点。由于社会的发展、自然环境的改变，导致了社会人群疾病谱的变化。糖尿病、心血管疾病、肾功能不全、恶性肿瘤等现代医学疑难重症急剧增加。欲重新显示仲景学术的实用价值，仲景学术的临床实践及科研实验应适时地向这些重心转移。例如梅国强教授运用“温阳活血利水法对慢性充血性心力衰竭患者左心功能的影响”的临床研究[4]，以及杜雨茂教授用真武汤为主治疗慢性肾功能衰竭[4]等，都取得了用经方治愈内科疑难重症的成功。对现代医学疑难重症的研究，需要文献、临床和实验研究三者的有机结合。文献研究可以为选方立题提供充分的依据；临床研究要采用随机对照原则，所采用的标准、观察的指标、方法及疗效评定，应是公认的权威标准，并符合统计学要求；实

验研究在公认的动物模型基础上，应用先进的技术和方法，进一步证实疗效，并深入阐明其作用机理。这种研究不应仅仅说明某方某法治疗某病，更重要的是揭示其治病规律及作用机理。这样才会从整体上把握住中医治疗疑难疾病的大方向。

四、开发应用应重视取得经济和社会效益

应加强对仲景方进行配伍规律及药理学的研究。方药的开发研究，对于仲景学术的现代化发展，前景应该最为广阔，伸展的余地应该最大。仲景汤方的物质基础和作用机理，远非通过单一化合物结构的分离和修饰而达到特异的单一作用的西药制药和作用模型所能比拟的，它有自己独特的药学特征。它通过主要药效组分，在多靶点和靶器官上发挥整体综合调节作用。运用现代科技方法在诸如组方规律、作用机理、量效关系、药效优化、开发剂型等多个方面进行深入研究。例如，用小柴胡汤制成的冲剂用于退热，用四逆汤制成的针剂用于抢救休克，均有较好疗效。仲景芍药甘草汤中芍药甙的作用是通过一种皂甙与细胞膜结合，从而改变细胞膜的结构，起到快速调节作用，对应激性溃疡有预防作用；甘草有效成分 FM_{100} 通过调节胃黏膜中 cAMP 的含量，起到调节胃酸分泌和保护胃黏膜作用，故临床上不仅仅用芍药甘草汤治疗一些痉挛性疾病，还将其用于治疗慢性胃炎，也有良好疗效[4]。选用稳定的、有定量的质量控制标准的制剂，通过药物动力学、临床药理学、血清药理学等研究，既可丰富仲景汤方的临床药用理论，又为新产品开发拓宽了途径，并提供了有力的科学依据。

五、应重视多学科结合进行仲景学术研究

仲景在《伤寒杂病论》一书中，结合了先秦及汉代医学、哲学、数理、天文、气象等方面的知识成果，其本身就是多学科综合运用的典范。现代对仲景学术的研究，也应该采取多学科结合，相互渗透，利用和借鉴多学科知识和新技术方法来进行研究。目的是进一步认识其证治体系，更深入地探讨其体系的本质，并扩大其实用的途径，这也是仲景学术现代研究方法的内涵。例如，桃核承气汤和柴胡桂枝汤，仲景分别用治于太阳蓄血证和少阳兼太阳中风证。广州中医药大学承担的“加味桃核承气汤对糖尿病患者及糖尿病动物模型的临床及实验研究”[5]的科研课题，就运用了文献整理，现代生理、生物化学、药理、动物实验，以及电镜、同位素、分子生物学、基因工程等多方面、多层次的现代科技相互渗透的研究方法，揭示了桃核承气汤治疗糖尿病的作用机理。又如柴胡桂枝汤加减方治疗癫痫及小儿多动症，就是运用脑电生理技术、细胞免疫检测手段，以及智商测定等现代科技知识相结合方法进行的研究。一旦取得初步成果，就可不断提出新问题、新观点，根据临床观察中发现的问题，继续开展实验研究，就会逐渐形成系列化研究，取得可喜的成果[5]。这些成功的经验，应该值得重视。

六、应重视自身方法论的总结和探索

从方法论上讲，哲学层次、亚哲学层次的方法，代替不了医学与其他各门学科的特殊方法。它只能通过自然科学的一般研究方法，如抽象、假设、模型等起作用。中医学目前在自身学科的学术规范与技术标准的基础性内涵建设方面处于滞后状态。从目前临床研究和实验研究来看，仲景学术研究乃至整个中医研究采取的方法、手段及指标，都是用的西医模式。用以检测中医科研是否规范，实有“削足适履”之感。怎样才能创造性地做出符合自身学科规律的学术规范和技术标准呢？笔者认为一是要强调“动”，即动态研究。它是活跃的灵魂。但“动”不是盲目的乱动，它是有着自身规律的。动是一种态势，受多因素支配。二是要强调“合”，即综合分析，整体把握。在各种动态的条件下，综合分析，找出其发展的规律。例如，怎样来判定正常脉象的标准？正常人的脉象可以因其性别、年龄、体质、职业、居处、时间不同而异，但都属于正常范围，岂能仅用 1 个数据即可判定？因此，要在保持整体方法特色的优势下，加强空间多维形式的研究，动态地观察。成都中医药大学邓中甲教授在中医方法学认识上颇有建树，提出了中医质、量的动态规律及定性、定位的一系列见解[6]，给人以启迪。目前学术界提出的“辨症状论治”“辨体质论治”“辨时论治”“经络辨治”等也都体现着一种“动”和“合”的精神。炙甘草汤在《伤寒论》中治疗心动悸、脉结代，这种脉象与时间、体质也有着动态关系。如江氏等“早搏发生时间与心悸辨证分型的相关性研究”，通过对 120 份早搏发生时间段，较为典型的 24 小时动态心电图分析，以研究早搏发生时间与辨证之间的内在联系，借以探讨在一定的时间周期内，人体的阴阳节律、昼夜节律的关系。在不同的时间段，采用不同的临床治疗方法，不失为一种新的思路及理论依据[7]。怎样在脉证的动势中，结合辨病的规律，摸索出适合中医特色的动量与动势的综合数据，用于定性、定位等，这是一个长期而艰巨的任务，需要广大关心热爱中医的有识之士，有意识、有目标地去探索研究的方

法。只有在大量积累的基础上，才会产生一个质的飞跃。

参考文献

[1] 何新意主编. 伤寒经纬 [M]. 上海：上海中医药大学出版社，2000.

[2] 熊曼琪. 辨病分证是仲景学说的灵魂 [J]. 中医杂志，1994，35 (4)：2246.

[3] 林安钟. 少阴病辨证现代化刍议，见：熊曼琪主编，伤寒论金匮要略教学探索 [M]. 广州：广东科技出版社，1996. 42.

[4] 朱章志，李赛美，黄仰模等. 经主应用与研究 [M]. 广州：广东经济出版社，1998. 92，337.

[5] 熊曼琪，陈纪藩，梁柳文等. 伤寒论金匮要略教学探索 [M]. 广州：广东科技出版社，1996. 11.

[6] 邓中甲. 中西比较医学 [M]. 北京：教育出版社，2001.

[7] 江磊磊，吴敏，葛明等. 早搏发生时间与心悸辨证分型的相关性研究 [J]. 江苏中医，2001，22 (2)：9.

[《成都中医学院学报》2001；24 (2)：5]

《伤寒论》求“正”

吴修符　蔡　群　山东中医药大学

《伤寒论》原文中共出现8次“正”字。由于历代学者包括现用统编教材多解释为“正好、恰好”，或释义含糊不清，或干脆不解，给学习《伤寒论》原文及教学带来诸多不便及失误，导致了许多不必要的争议，实属不妥。正确理解“正”的涵义，有助于正确理解原文含义及教学规范，故对“正”字辨析如下。

一、“正”为“最”“极”之义

“正”在古汉语中可作程度副词用，表“最”“极”之义。如《荀子·礼论》“先王之道，礼乐正其盛者也”，“正”为“最”之义。“正”亦表“真”“极”之义。如杜甫《玉华宫》中的“万籁真笙竽，秋色正萧洒”，文中的“真”“正”是互文，“正”犹“真”也（引自徐仁甫《广释词》）。《伤寒论》中多处“正”亦如上述意义，表示病证最为典型、病情最重。原文179条中的“正阳阳明”，48条中的“设面色缘缘正赤”，236条中的“色正赤”即是。下面以“正阳阳明”为例探讨之。对原文179条中的“正阳阳明”历代注家均有不同注释，成无已《注解伤寒论》注曰“邪自阳明经传入府者，谓之正阳阳明”，意即阳明腑证即谓之正阳阳明。依成氏之见，太阳阳明、少阳阳明是否阳明腑证，如是阳明腑证称谓为何不一？方有执在《伤寒论条辨》中释：“正，谓本经也，以病至本经遂入胃而成胃实也。”汪琥在《伤寒论辨证广注》中释：“若头不痛，项不强，太阳表证毫无者，此即是正阳阳明。”此两家把病入阳明即称为正阳阳明。如此注释，白虎汤证、麻子仁丸证，阳明中寒证亦为病入阳明，又如何解释呢？吴谦《订正伤寒论注》释为：“太阳之邪乘胃，宿食与燥热结，谓之正阳阳明。”张锡驹在《伤寒论直解》中释为：“燥化太过，无中见太阴湿土之化，此阳明胃家自实，所谓正阳阳明者是也。”吴氏、张氏认为凡是宿食与燥热相结的阳明腑实证统称谓“正”。虽然对正阳阳明的认识较准确，但仍没有和太阳阳明、少阳阳明区别开。再看中医院校所用的统编教材，一直沿用“外邪入里直犯阳明而形成的叫正阳阳明”。同时还把太阳阳明、少阳阳明释为从太阳病转化来的称太阳阳明；由少阳病转化来的称少阳阳明。看似明确区分，实际是错误的。为什么？仲景在原文183、184条文中论述了阳明病的成因，在这两条原文中仲景并没有把直犯阳明之病称“正阳阳明”，而是称“此为阳明病也。”而在179条中称“太阳阳明者，脾约是也。”并且在原文247条中详细介绍了脾约证的辨证施治，并未见太阳病转化而来的论述。同时在原文179条中指出“少阳阳明者，发汗，利小便已，胃中燥烦实，大便难是也。”并在233条中讨论了少阳阳明的施治，在这两条原文中也无从少阳病转化来的只字片语。而正阳阳明，仲景在179条中称之“胃家实是也”，“胃家实”是阳明腑实证中热实相结最重的病证，后人把180条“胃家实”作为阳明病的提纲证就是最好的说明，因为每一经病的提纲证都代表了每经病最典型的病证。把最为典型的“胃家实”称为“正阳阳明”，次之的则称“太阳阳明”，最轻的称之“少阳阳明”，这种称谓与古代命名太阳、阳明、少阳、太阴、少阴、厥阴的涵义一脉相承。正如《内经》所曰：“阴阳之气，各有多少，故曰三阴三阳也。”由此可见，阳明腑实证有轻重之别，称谓则有太、少、正之不同。从治疗上可以更清楚认识上述论点。太阳阳明，仲景用麻子仁丸润下；少阳阳明用蜜煎法等肛门用药导下；正阳阳明用三承气汤攻下，因热实相结最重，用润、导只能是杯水车薪，只有攻下才能解决问题。以上所述，论证了正阳阳明之“正”为程度副词，是“最”“极”之义。相同意义的证还可见于48条中的“面色缘缘正赤”

的“正”、236条方后注中的“色正赤”之“正”。前者的面赤不同于一般表热之面赤，更不同于虚阳上浮之面赤，而是热郁将传阳明之二阳并病，因此面赤的程度极重，所以仲景不仅称“正赤”，还用了“缘缘”二字形容之。后者可见小便黄，非一般热证小便黄，而是湿热蕴蒸、影响了肝胆疏泄、胆汁外溢的发黄，也就是黄“如皂荚汁”般的极黄了。

二、“正”为“仅”“只”之义

在古文中，“正”亦作范围副词用，表“只”“仅”“止”之义。清·刘淇《助字辨略》，举《汉书·循吏传》中“正颇重听，何伤”，“丈夫为吏，正坐残贼免。追思其功效，则复进用矣”为例，释“正”为“只、仅”之义。又如《世说新语》中“风景不殊，正自有山河之异”中的“正自”表“只”，“乃自寻三陆，平原不在，正见清河”，“正”也“只”之义。《伤寒论)》138条中的“正在心下”之“正”即如上义。而历代许多注家及统编教材却将“正”译为“正好、恰好”，意指某一点。如成无己注：“与小陷胸汤，以除胸膈上结热也”，把心下局限于胸膈。唐容川则译为“心下指膈膜言”。有些注家干脆含糊不清，如柯韵伯曰：“正在心下……未及胁腹。”而全国统编五版教材译为：“仅在心下胃脘部”，六版教材译曰：“心下相当于剑突下……胃、胆、肺、心四个脏腑的病变有可能反映到心下”。以上种种解释力求把“正在心下”局限于某一个部位，在很大程度上起了误导，显然欠妥。以大结胸证为例说明之，称其为结胸证，并不是单指病变在胸，仲景在134、135、136、137条条文中明确指出“膈内拒痛”“心下痛”，“水结在胸胁也”，“从心下至少腹硬满而痛不可近”。可知此证病变范围较广，病情较重，故称“大结胸”。这与仲景在某些病证中称之“少腹、下焦、膀胱”并非专指少腹、下焦、膀胱的涵义是相同的。所以原文138条中的“正在心下”并非专指某一部位，而是指相对大结胸证，此证病变范围较局限，程度较轻，故用小结胸称之。因此此文中的“正”当为范围副词，绝非“正好、恰好”之义，正如冉雪峰曰：“大结、小结是其结有轻重。”张锡驹注曰：“汤有大小之别，证有轻重之殊。”再以临床实践看，小陷胸汤既可治疗痰热互结的咳喘证，亦可治疗湿热蕴结的胃、肠疾患，亦可窥见一斑。至于某些条文中出现之正邪之“正”及表示时间正月之“正”等学术界无异议，不再赘述。

综上所述，《伤寒论》原文48、179、236条文中的“正”为程度副词，表“最”“极”之义，138条文中的“正”为范围副词，则表“只”“仅”之义。正确理解其涵义，对我们正确阅读理解原文，统一观点，减少争议，规范教学有极其重要意义，故求正之。

［《山东中医药大学学报》2001；25（4)：293］

《伤寒论》辨疑四则

李心机　山东中医药大学

一、先其时发汗则愈

语出第54条，“病人脏无他病，时发热自汗出，而不愈者，此卫气不和也。先其时发汗则愈，宜桂枝汤”。

本证特点是“时发热自汗出”，即发热汗出，时作时止，无定时。病人在“脏无他症”的前提下，其发热只能是卫阳外浮。卫者，卫外而为固，功在司开阖，司开阖贵在有度。本证卫阳亢浮，故有“阳浮者，热自发”的可能。卫阳亢浮，导致司开阖功能失调，失于阖则必汗出。因为汗出则热散而身凉，亢浮之卫阳得以暂时平稳、固秘，故表现为一时性的不发热、不汗出。故此反反复复，卫气浮而有热，开则有汗，汗出则热散，卫阳则复平。此所谓时发热自汗出。从中可见，本证病机仅是“卫气不和也”，故症虽发热，但其热必不甚。

本证治疗，文曰“先其时发汗”。因为本证发热汗出是时作时止，故难以确定发热汗出其“时”，其“时”不定，何谈其“先”！有人以“先其时”给药治疗痛经为例，以解“先其时”的意义如何云云，岂不知月经是定期来潮，因其“时”可定，故才有其“先”之举。假设是月经不定期的病人患有痛经，那又何以能“先其时”呢？

仲景在本条之所以能够提出“先其时”发汗之法，是因为本证病人已经确定是“脏无他病”。这是一个非常重要的前提，若没有这个前提，“先其时”则无从说起。而对病人做出“脏无他病”结论，则是经过了一个过程，此可以从“时发热自汗出，而不愈者”一句中领悟。这是一个反反复复发热汗出“而不愈”的病人，仲景通过对这个反反复复发热汗出而不愈的病人进行观察和思考，才认识到本病“病人脏无他病”，这正是“观其脉证，知犯何逆”的过程。仲景在做出“病人脏无他病”“此卫气不和也”诊断的基础上，提出了“先其时发汗”，所谓“先其时”不是发热汗出之先，而是发热汗出症状刚刚露出端倪之际，其时先发汗，放手大胆应用桂枝汤发汗，而免除了“按寸必及尺”“握手必及足”“人迎、趺阳三部必参”“动数发息必满五十”等常规之序，此其时“先发汗”，可谓仲景急汗之法。

二、但见一证便是

语出第101条，“伤寒、中风，有柴胡证，但见一证便是，不必悉具。”本条伤寒、中风，是言太阳伤寒与太阳中风。从《伤寒论》原文可见，在太阳病发病过程中，可以自发地形成桂枝汤证（第12条）、葛根汤证（第31条）、麻黄汤证（第35条）、大青龙汤证（第38条）、小青龙汤证（第40条）、五苓散证（第74条）、大陷胸汤证（第135条）等等，同样在太阳病的发病过程中，也可以自发地形成小柴胡汤证，如第95条、第99条、第100条、第103条、第104条，第148条、第149条等。

因此，本条文曰“伤寒、中风，有柴胡证”，是说在太阳伤寒或太阳中风的发病过程中出现的柴胡证，此是太阳病，“邪气因入，与正气相搏，结于胁下”，形成柴胡证。所谓“有柴胡证”，其前提是太阳病，包括太阳伤寒和太阳中风的发病过程中有柴胡证，而不是指在少阳病的发病过程中出现柴胡证，更不是“伤寒、中风、有柴胡证，但见一证便是少阳病”。这就是说，本条所言，是在太阳伤寒或太阳中风的发病过程中，只要有一个小柴胡汤的适应症状，就可以治以小柴胡汤，而不必小柴胡汤的症状悉具。此条更与少阳病无涉。

有柴胡证，“但见一证便是，不必悉具”。“一证”是指什么症状？注家们莫衷一是。要了解“一证”的涵义，还须从什么是“悉具”入手。纵贯《伤寒论》有关小柴胡汤条文，除了第96条之外，用小柴胡汤的指征是：太阳病十日已去之胸满胁痛（37）；伤寒四五日之胁下满（99）；伤寒之脉弦、腹痛（100）；热入血室之寒热发作有时（144）；伤寒五六日，阳微结之头汗出、微恶寒、手足冷、口不欲食、大便硬、脉细（148）；呕而发热（149、379）；阳明病之胸胁满不去（229）；阳明病之胁下硬满，不大便而呕（230）；少阳病之胁下硬满、干呕不能食、往来寒热（266）；伤寒十三日不解之胸胁满而呕（104）；伤寒差后之更发热（394）等等。从中可见，运用小柴胡汤，若上述应用指征都必须具备，这是不符合疾病规律的，也是完全不可能的事情。因为在不同的情况下，小柴胡汤证病机反映的表现形式不同，其具体症状亦不同，从这个角度讲，上述这些小柴胡汤应用指征，在一个具体的病人身上，不仅“不必悉具”，而更主要的是不可能悉具，或者根本就不存在所谓的悉具。

那么“不必悉具”是否指第96条之“往来寒热，胸胁苦满，默默不欲饮食，心烦喜呕”所谓的四个主证不必悉具呢？回答也是否定的。因为从上述讨论中可见，对小柴胡汤来说，若干症状“悉具”是没有临床意义的，因为论中之“脉弦、腹痛”，“呕而发热”，“脉弦、胁下及心痛，耳前后肿”以及“伤寒差以后，更发热”等，也“不必悉具”，但也都是柴胡汤证。

由此可以得出结论，“悉具”只是认识上理想化的追求，是不存在的。“不必悉具”是仲景对“悉具”认识的否定，是告诫不要寻求悉具。

诊断一个小柴胡汤证，虽然让所有的具体症状都具备是不可能的，但有几个具体症状并存却是常见的，如第96条，不仅有四个主要症状，而且还有七个或然症状。但临床上，伤寒、中风在其发展过程中，形成小柴胡汤证，不可能都同第96条一样，而是根据病人、病情、病程、病势等的影响，各有变化，各有不同。这就提出了一个问题，应当怎样确定小柴胡汤证，对此，仲景提出了一个原则，“有柴胡证，但见一证便是”。实际上，这里的“一证”，不是一个具体的症状，而是仲景提供的一个活法。即这个症状不是孤立存在的，而是在病人的若干个症状中能反映出小柴胡汤证病机的症状，这个症状在一定程度上具有不确定性。如“胸满胁痛”“胁下硬满”是小柴胡汤症状，但在第98条中，“不能食而胁下满痛”，“与柴胡汤，后必下重”却不是。再如阳明中风，“胁下及心痛”是小柴胡汤证，但第160条，“伤寒吐下后，发汗，虚烦，脉甚微，八九日心下硬，胁下痛”却不是小柴胡汤证，又如“呕而发热者”是小柴胡汤证，但太阳病，“发热，恶寒，体痛，呕逆，脉阴阳俱紧”，虽“呕而发热”，却不是小柴胡汤证。再如“伤寒差以后，更发热”是小柴胡汤证，但论中伤寒发热者何其多，却不都是小柴胡汤证。综上所述可见，“伤寒、中风，有柴胡汤证，但见一证便是”，是言在伤寒或中风发病过程中，在由若干症状组成的特定背景下，其中能反映出小柴胡汤证病机的症状，就是那个“一证”。这个“一证”可能具有某些特异性，如往来寒热、胸胁苦满等；也可能不具有特异性，如发热、呕吐、脉弦、腹痛等。但都必须在特定的症状背景下，才具有“但见一证便是”的诊断意义。

三、潮热与发热

潮热，首见于第104条，“伤寒十三日不解，胸胁满而呕，日晡发潮热”，“潮热者，实也”。成无己释云：“潮热，若潮水之潮，其来不失其时也。一日一发，指时而发者，谓之潮热。若日三五发者，即发热也。”（《伤寒明理论》）日人伊藤凤山驳之曰：“此说非也，《阳明篇》曰‘阳明病，脉浮而紧者，必潮热，发作有时’。果若如成氏所说，一日一发，指时而发者，谓之潮热，则‘发作有时’一句属蛇足。其说之非，可以知矣。”伊藤氏对成氏的驳言是有道理的。日晡，申时，下午四时前后。所，通“许”，不定之辞，表略数。今人解潮热为“定时发热，如潮水之汛定时而至”或“发热如大海涨潮一样，多于午后定时而发。”其对潮热的理解，核心是“定时”，或是“定时发热”或是“下午定时发热”云云。非是。若果如所言，潮热是“发热如大海涨潮一样，多于午后定时而发”，那么，阳明病除了所谓“午后定时而发”潮热，其他时间，比如上午，发热还是不发热？如果上午也发热，那么是否说上午之发热称之为“发热”，而下午之发热则称之为“潮热”呢？

潮热，本论凡十二见，除本条之外，第137条“日晡所，小有潮热”；第201条“必潮热，发作有时”；第208条“有潮热者，外已解也”；第209条“阳明病，潮热”；第212条“日晡所，发潮热，不恶寒”；第214条“阳明病，谵语，发潮热”；第215条“阳明病，谵语，有潮热”；第220条“二阳并病，太阳证罢，但发潮热”；第229条“阳明病，发潮热，大便溏”；第231条“阳明中风，胁下及心痛，一身及目悉黄，有潮热”；第208条“其热不潮，未可与承气汤”。从这些条文中的潮热可见：①潮热不等于发热。即发热时，不一定有潮热现象，故有“其热不潮”之说。②不论有无潮热现象，这些病证都有发热症状。即潮热是在发热症状持续存在状况下的一种特殊的发热现象。③虽文中多处提到日晡所发潮热，但日晡所发热并非都是潮热。同时，潮热也并非都发于日晡所。所谓“必潮热发作有时”，并不是说发热定时发作就是潮热，而是说潮热现象有时发作，有时不发作。

综上所述，潮热并不是表述发热如大海涨潮一样，午后定时而发。潮热不含有发热与时间的关系，而是表述病人发热的感觉，即在持续发热的同时，一阵阵地有如潮水上涌的烘热感，其时病人发热加重，反映里热外蒸之病势。这种发热现象，可以不定时地出现，而由于天人相应关系的影响，以午后四时前后尤为明显。在杂病，阴虚火旺的病人也可见于夜间潮热，伴有骨蒸盗汗。

四、寒湿发黄

本论第259条云：“伤寒发汗已，身目为黄，所以然者，以寒湿在里不解故也。以为不可下也，于寒湿中求之。”

“伤寒，发汗已”，能够“身目为黄”者，其“伤寒”不是一般意义的发热恶寒之伤寒，与第187条对照，当属“伤寒脉浮而缓，手足自温者”。其证当系在太阴，既可小便不利而发展为太阴病，也可以小便自利而发展为阳明病。小便利与不利，关乎湿之有无，小便利则湿从燥化，不能发黄，病发阳明；小便不利，水停为湿，则病发太阴。

本证伤寒，发其汗，能够身目为黄，其原因有二：一是其人素有内湿；发汗更伤脾阳，内湿益甚。二是发汗鼓荡邪热，造成湿与热酝酿之机。只有湿热郁蒸，才能濡染黄化，流于肌表，致身目发黄。

发黄必有湿，无湿之酿则不能发黄；发黄必有热，无热之蒸亦不能发黄。

无论是湿热发黄还是寒湿发黄，发黄作为一个具体的症状、一个具体的过程，均源于湿热的酝酿、蒸化。单就“发黄”这一具体症状、这一局限的“点”来说，寒湿发黄与湿热发黄在发生机制上没有本质的区别。“证”不同于“症状”，若就“证”来说，寒湿发黄证与湿热发黄证则有阴阳属性的不同。这是因为，证的阴阳属性主要取决于机体阳气的盛衰，在发黄证中，湿邪作为主要病因，随机体阳气的盛衰，可能产生从阳化热或从阴化寒两种不同的变化趋势，从而形成两种不同的过程：外感寒湿较盛，或误治后损伤阳气，中阳相对不足者，机体化热迟缓或无力化热，湿邪从阴化寒而可形成寒湿发黄证；若中阳相对充盛者，机体化热迅速，湿邪从阴化热而可形成湿热发黄证。

寒湿发黄证的形成是一个比较复杂的复合过程，机体虽然有邪热，但热郁不甚，热势不张，仅能勉强形成热郁蒸湿之势而发黄，却不能热化为阳热实证。此正如釜底之薪少，仅能令釜中之水温，而不能令其沸。在寒湿发黄证中，邪热蒸湿发黄仅仅是一个局部的、短暂的过程，而证的总体演变趋势仍是从阴化寒，故寒湿发黄证的总的病机则是“寒湿在里不解故也”。

“于寒湿中求之”是仲景确立的治疗原则，体现出治病求本的精神。条文未列方药，后世韩祇和为此设制茵陈茯苓汤、茵陈茱萸汤等既用姜、附、茱萸之辛温药体现出于“寒湿中求之”的治本精神，又用苦寒之茵陈、木通等清热利湿以治黄。

[《山东中医药大学学报》2001；25（5）：322]

《医宗金鉴》校正《伤寒论》论评

李 华 《河南中医》编辑部
王玉民 河南中医药研究院

《伤寒论》成书后不久即遭散失，后又屡经编次，传写之讹、错简之误，必不能免。故古代医家强调看此类书当选精校善本，以免误入歧途，事倍功半。

以错简立论，认为《伤寒论》条文秩序经叔和撰次后，而至“颠倒错乱殊甚”，而将全书重为编次者为方有执；而对众多条文字句集中校正者当推《医宗金鉴·正误存疑篇》。《正误存疑篇》中所列条文约百条，作者认为“尤有整节舛谬者三十五条，证不与脉符，药不与病合，虽有是方，世无其病，即有其病，难用是药，承讹袭谬，无济实用”，“附于卷末，作为存疑”。

《医宗金鉴》对《伤寒论》条文的校正为补、删、移、改四法。其中认为当补者共11条，如92条：“病发热头痛，脉反沉，若不差，身体疼痛，当温其里，宜四逆汤。”《医宗金鉴》按曰：“身体疼痛之下，当有‘下利清谷’四字。若无此四字，则当温里之文竟无着落矣，未有表病而温里之理也。阅后太阴篇中云：‘伤寒医下之，续得下利清谷不止，身痛者，急当救之，四逆汤。’其义益明，遵经补之。”认为当删者共13条，如68条：“发汗病不解，反恶寒者，虚故也，芍药甘草附子汤主之。”《医宗金鉴》按云：“发汗病不解之‘不’字，衍文也，发汗病不解，则当恶寒，何谓反恶寒？病解恶寒，始可谓虚。当删之。”余则，认为当移者共6条，认为当改者共31条。限于篇幅，不再一一举示。

明代方有执首倡错简论后，引发《伤寒论》研究学术争鸣，结果促成了《伤寒论》研究史上维护旧次派与错简派两大流派的产生，影响至今，对《伤寒论》学术研究有很大推动。《医宗金鉴》对《伤寒论》条文的成批校正，亦有助于《伤寒论》研究的进展。且其校正独具慧眼，常在别人习焉而不察之处看出问题，尤为难得。如《医宗金鉴》首次从医理角度提出28条的去桂去芍的问题，引起了研究者们对此条文的争鸣，争鸣涉及医理与实证、文献问题与临床问题等，影响广泛。但由于《伤寒论》成书年代久远，原本不存，对校无据，他校亦难以为凭，故《医宗金鉴》之校正主要是采用理校辅以本校法进行，但并无文献学方面的过硬证据，只宜于作为研究《伤寒论》的参考，并不必急于将其作为定论。

《伤寒论》条文古朴，言简意丰，解释余地大，故释义纷出。对同一条文，此研究者固然可认为有误当校，校后再释；而彼研究者或认为无误，而随文顺释。二者均有其理。故在《伤寒论》研究中偏于保守谨慎的维护旧次派，对《医宗金鉴》中所指出的当校条文，并不以为错，“弗与理会”，仍是随文顺释。如对28条的去桂去芍之争，《医宗金鉴》虽提出质疑，言之凿凿，但也有研究者讲此方“转旋之妙”，认为“桂枝去桂加茯苓白术者，助脾之转输，令小便一利，而诸病霍然矣。”而《医宗金鉴》对此认识并不正确。校正时多言曰“当改之”“当移之”“当删之”“当补之”等，未免过于武断。

再如篇中提出“当移”之数条，均不当移。因从古汉语修辞角度分析，这些条文之方剂之所以置于文末，乃为汉文倒装文法，古代医家对此已有认识，名之为“兜转法”或“倒笔法”。此为古汉语特殊修辞法之一，目的在于使随证所用之方剂醒目易见。此种修辞现象，并不宜作为校对对象。对于不明乎此者，在注解中说明即可；而《医宗金鉴》却将此类条文置于正误篇中，作校对处理，言其不通修辞过矣，但这样处理实属不妥。何况此类文句移位之“错误”，是很难归咎于传抄与错简的。

总之，《医宗金鉴》对《伤寒论》的校正虽然有缺点，但与一味随文顺释，唯原文是从者相比，无疑是更能积极地推动《伤寒论》研究的进展。这启发我们现代的《伤寒论》研究者，与其随文顺释，曲为说辞，何如大胆怀疑，提出问题。这样才能推动《伤寒论》研究不断深入开展。

[《中医研究》2001；14（5）：封4]

《伤寒论》“痉”字考辨

贾延利 山东中医药大学

《伤寒论·辨痉湿暍脉证》：“伤寒所致太阳病，痉、湿、暍此三种，宜应别论。”句中“痉”字，有的笼统注为病名，是什么病，语焉不详。有的注为通“痓”，是个通假字，其实都是错误的。因为如认为是病名，大都依从《集韵·至韵》：“痓，风病。”其显然不当。如认为“痓”通“痉”，古音不同，不能构成通假。其实，“痓”是“痉”字之讹，因古字形体相近而误。考《说文解字》无“痓”字，而有“痉”。其云：“痉，强急也。”《说文解字》没收“痓”，这说明汉以后“痉”在传抄时讹写为“痓”。到魏张揖《广雅》才把错字“痓”收入，并训为“恶（Wù）也”。从此以后，讹以传讹。退一步说，“痓”即使本来就有，在中医古书中也讲不通，因“痓”古人训为“恶也”。可以肯定地说，中医古书中所有“痓”字，都是“痉”字之误。如《太素·经筋》载“主痫瘈及痓”。杨上善注曰：“痓，擎并反，身强急也。”此注正说明“痓”原作“痉”（音儿 jìng），是“身强急”之义。另外，《素问·厥论》有“发喉痹，嗌肿，痓，治主病者”的记述，而全元起本将“痓”作“痉”。这也有力地说明南北朝时还没有误为“痓”。

其实，发现这一错误的应首推宋代成无己。成无己在《注解伤寒论》中云：“痓，当作痉，传写之误也。痓者，恶也，非强也。《内经》曰：肺移热于肾，传为柔痓。柔为筋柔而无力，痉谓骨痉而不随。痉者，强也。《千金》以强直为痉。经曰：颈项强急，口噤背反张者痉。即是观之，痓为痉字明矣。”这一训释，澄清了汉代以后人们对“痓”字的错误认识。这一点清代文字学家王筠在《说文解字义证》也云：“《六书故》：医书以中寒湿、发热、恶寒、颈项强急、身反张如中风状，或掣纵口噤为痓，有汗为柔痓，为阴痉，无汗为刚痓，为阳痓，考之《说文》，合之以声，痓乃痉之讹，当定为痉。”

可见，“痓”是“痉”之讹。笔者查阅了古代医书中所有“痓”字，发现都是“脊背强直”的“痉”字之义。如《金匮要略·痓湿暍病脉证治》：“病者身热足寒，颈项强急，恶寒，时头热，面赤目赤，独头动摇，卒口噤，背反张者，痓病也。”《素问·气厥论》：“肺移热于肾，传为柔痓。”两处中的“痓”都是“痉”义。

特别值得注意的是，《伤寒论·辨痓湿暍脉证》有“太阳病，发热无汗，反恶寒者，名曰刚痓。太阳病，发热汗出，而不恶寒，名曰柔痓。太阳病，发热，脉沉而细者，名曰痓。”此段文中的三个“痓”，在《脉经·痓湿暍病脉证治》中，都作“痉”。

由上可知，“痓”当是“痉”字之误。“痉”是“肢体脊背强直”的病证，如按“痓”字理解，显然不通。

［《国医论坛》2001；16（6）：56］

《普济残卷高本伤寒论》简介

赵怀舟　闫永芳　山西省中医药研究院
贾　颖　山西中医学院
段美英　山西老区医学院

宋·林亿等校正《伤寒论·序》中着重提到一个背景颇深的《伤寒论》传本：“开宝中（宋太祖赵匡胤年号，公元968～976年），节度使高继冲曾编录进上，其文理舛错，未尝考证。历代虽藏之书府，亦缺于仇校，是使治病之流，举天下无或知者。”习惯上把这个《伤寒论》传本称作“高继冲本《伤寒论》”。马继兴先生《中医文献学》（上海科学技术出版社1990年出版）对此作了首次考证，该书第123页“高继冲本与淳化本《伤寒论》”一节约略说到：高继冲原是五代时期荆南国的末主，963年国亡降宋任节度史。开宝中高继冲将其编录本进献宋朝，此后不久即978年（太平兴国三年）宋政府开始编集《太平圣惠方》一书。至992年（淳化三年）纂成刊行。其中卷八首为伤寒叙论、脉候、日数，次为六经病形证，次为可与不可诸篇，末为附方。其文字体例全与《伤寒论》相同，可证卷八全文应是古传本之一，可称为淳化本《伤寒论》，而高继冲本为其底本。高继冲本的重要特点是保存了《伤寒论》古本中的一些原始资料，很值得重视。

多数人认为高继冲这个本子在林亿序中一笔带过之后，相当长的一段时间内仍未能显扬广播。事实上这是一种误解，钱超尘先生已经指出；“《医方类聚》编成于公元1445年……其中卷29‘伤寒门’收录了《太平圣惠方》卷八《伤寒论》，也就是高继冲进献本。”（《伤寒论文献通考》，学苑出版社，1993：484.）

笔者发现，15世纪初，明藩王朱橚（？～1425年）在主持编写《普济方》时曾参照成无己《注解伤寒论》对高继冲本《伤寒论》做过一番除复重、分篇次的文献加工工作，从而留下了所谓《普济残卷高本伤寒论》一种。由于《普济方》的大行于世，也使高本《伤寒论》的实际内容得以流传。这个本子的内容散次于《普济方·伤寒门》的第121、125、127、128、129等5卷之中。

高本《伤寒论》的第一部分“伤寒叙论”1700字弱，《普济方》卷121“伤寒总论”删首尾400余字而保存其大部。

高本《伤寒论》的第二部分“辨伤寒脉候”

1700字强，因与《普济方》卷126中完整收载的《注解伤寒论·辨脉法》相重而被全文删除。

高本《伤寒论》的第三部分“伤寒受病日数次第病证”一节600余字，《普济方》卷126全文引录。篇名较之今本《太平圣惠方》卷8多一“辨”字，是。

高本《伤寒论》的第四部分“辨太阳病形证”凡36条：《普济方》卷127所载《注解伤寒论·太阳篇》之末保留残文7条，相当于通行宋本的第45、47、52、32、66、156、157等条。1959年人民卫生出版社版《普济方》删此7条。

高本《伤寒论》的第五部分“辨阳明病形证”凡39条：《普济方》卷128所载《注解伤寒论·阳明篇》栀子柏皮汤证的方论之间保留9条残文，相当于宋本的第180、185、203、205、208、230、240、254、170等条。1959年人卫版《普济方》删此9条。

高本《伤寒论》的第六部分“辨少阳病形证”凡6条，相当于宋本的第263、266、267、264、265、269等条：《普济方》中粗检未见。

高本《伤寒论》的第七部分“辨太阴病形证”凡6条：《普济方》卷128所载《注解伤寒论·太阴篇》之末保留2条残文，相当于宋本的第273～276（连为1条）、278条。1959年人卫版《普济方》删此2条。

高本《伤寒论》的第八部分“辨少阴病形证”凡24条：《普济方》卷128所载《注解伤寒论·少阴篇》之末保留1条残文，相当于宋本的第305条。1959年人卫版《普济方》删此1条。

高本《伤寒论》的第九部分“辨厥阴病形证”凡13条：《普济方》卷128所载《注解伤寒论·厥阴篇》之末保留11条残文，首条“夫伤寒六七日，烦满而囊缩，此则毒气在脏，可下而愈，宜小承气汤。”宋本所无，其余10条相当于宋本的第99、100、76、147、146、78、107、168、174、23等条。1959年人卫版《普济方》删此11条。

高继冲本《伤寒论·六经篇》凡124条条文：《普济方》保留其残文30条，其所保留者多皆行文用药与宋本不同者。今欲观之，当看《四库全书》本《普济方》，1959年11月人民卫生出版社版《普济方》删此30条条文，统一了其书体例，却丧失了一个传本。

高本《伤寒论》第十部分“辨伤寒热病两感证候”253字，及第十一部分“辨伤寒热病不可治形候”37条，在《普济方》卷129中完整保存。

高本《伤寒论》的“可与不可”诸篇亦收载于《普济方》的卷129中，但经重新编次。今将其篇目冠以高本旧篇篇次数字，依样录之如下：

十八、辨可灸形证（高本4条，《普济方》全文引录）

十九、辨不可灸形证（高本1条，《普济方》全文引录）

二十、辨可火形证（高本1条，《普济方》全文引录）

二一、辨不可火形证（高本5条，《普济方》全文引录）

二二、辨可水形证（高本4条，《普济方》全文引录）

二三、辨不可水形证（高本4条，《普济方》全文引录）

二四、辨可温形证（高本9条，《普济方》全文引录）

十三、辨不可发汗形证（高本13条，《普济方》残存10条）

十二、辨可发汗形证（高本11条，《普济方》残存8条）

十五、辨不可吐形证（高本6条，《普济方》全文引录）

十四、辨可吐形证（高本7条，《普济方》残存5条）

十七、辨不可下形证（高本12条，《普济方》残存11条）

十六、辨可下形证（高本17条，《普济方》残存13条）

高继冲本《伤寒论》最后第二十五部分“伤寒三阴三阳应用汤散诸方”50首，《普济方》未录。

高继冲本《伤寒论》仅是一个节录本，它以患病日数区分六经太少厥阴之法是对六经病本质的大胆探索，而其六经篇行文简洁、条条有方的形式特点，又使之客观上具备了统计《伤寒论》有方之法的功能，堪称《伤寒论》子目之初形；其六经篇诸条文所用之方每有与宋本、成本不同者，亦足资借鉴。

《普济残卷高本伤寒论》虽然仅及原帙之半，但意义重大，至少表现在两个方面：

第一，在成无己《注解伤寒论》盛极一时，几欲取宋本而代之的年代里，《普济方》能将高本置于与成本几乎同等重要的高度上来处理，在一定程度上改变了这个《伤寒论》六朝传本“举天下无或知者”的曲高和寡状态。

第二，《普济残卷高本伤寒论》的存在从一个侧面提示我们，“高本《伤寒论》”的流传或许不只是被收编于《太平圣惠方》一种形式。《普济残卷高本伤寒论》中至少有3条条文是今本《太平圣惠方》所无者，也似乎说明了这一点。虽然不能肯定朱棣看到了其单行本，但承认“淳化本《伤寒论》或“高本《伤寒论》”是独立于成本之外的一个重要的《伤寒论》传本，这本身已经是一件了不起的事了。

《普济方》之后约百余年，在明·王銮所撰《幼科类萃》卷十五“伤寒诸方”中我们仍然可以看到“高继冲本伤寒论”的痕迹，不能不说此与《普济残卷高本伤寒论》的提倡和苦心经营有一唱一和之应。

[《中医文献杂志》2002；(1)：32]

从《内经》标本逆从论看《伤寒论》

张跃华　三门峡市人民医院

《内经》认为：疾病虽多，不外阴阳；病证虽杂，不外标本；治法虽繁，无非逆从。故《素问·标本病传论》曰：“夫阴阳逆从标本之为道也，小而大，言一而知百病之害，少而多，浅而博，可以言一而知百也。”本是指草木之根，标是指草木枝叶末梢，通常以标本比喻相关而又对立的事物。《内经》正是把标本的概念引申到人体及疾病等方面，如六气之标本，风寒湿热燥火为本，“三阴三阳为标”；“病为本，工为标”，内脏为本，肢体为标；先病为本，后病为标等，并提出了“标本相移”的理论。《伤寒论》不仅把此标本理论有机地运用于辨证施治过程中，而且对此给予进一步充实和发展。

一、标本理论的应用

《伤寒论》中用到“本”字达10次以上。如104条“此本柴胡证，下之以不得利，今反利者，知医以丸药下之……”。其“本”和“今”即是“本”和“标”之意。又如“伤寒，其脉微涩者，本是霍乱，今是伤寒，却四五日，至阴经上，转入阴必利；本呕，下利者，不可治也”（384条）。144条“以其人本虚，攻其热必哕”。266条“本太阳病不解，转入少阳者……与小柴胡汤”。156条“本以下之，故心下痞，与泻心汤，痞不解……”98条“本渴饮水而呕者，柴胡不中与也……”等等。其“本”有指原发病者，有指其素体虚实者，有指发生新病原因的，有指原有症状者等，且其“本”与“今”相对应，明显为标本之意。在对标本理论的运用上更加广泛。

（一）病机为本，症状为标

如11条“病人身大热，反欲得衣者，热在皮肤，寒在骨髓也；身大寒，反不欲近衣者，寒在皮肤，热在骨髓也”。此即辨其寒热真假，当审清病机。又如101条“伤寒中风，有柴胡证，但见一症便是，不必悉具。凡柴胡汤病证而下之，若柴胡证不罢者，复与柴胡汤，必蒸蒸而振，却复发热汗出而解”。即言治疗当以病机为本，不必以症状多寡，误治与否受影响。又如同为痞证，仲师有泻心汤、半夏泻心汤、生姜泻心汤，甘草泻心汤、旋覆代赭汤、五苓散、十枣汤等治法。同为五苓散方，可用于蓄水、水痞、水厥等不同病证的治疗中。如此举不胜举，由此树立了同病异治、异病同治之典范。

（二）里为本，表为标

有关条文很多。如“下利腹胀满，身体疼痛者，先温其里，乃攻其表。温里宜四逆汤，攻表宜桂枝汤”（372条）。此为里虚为主，先治里则正气不虚，正能胜邪则外邪易解。若里不虚而有表证，则先解表，表解则邪不易入里，如81、56、164、106、152条等。不管先表后里或先里后表，总以里为本。

（三）主症为本，兼症为标

如上文101条“但见一证便是，不必悉具”，即言以主症为本，兼症为标。《伤寒论》还列举了灵活运用小柴胡汤的条文，如266条“本太阳病不解，转入少阳者，胁不疑满，干呕不能食，往来寒热，尚未吐下，脉沉紧者，与小柴胡汤”。“呕而发热者小柴胡汤主之”（379条）。229条“阳明病发潮热，大便溏，小便自可，胸胁满不去者，与小柴胡汤”。无论是太阳病转入少阳，还是厥阴病转出少阳，或是阳明病柴胡证未去，但见柴胡证之主症，即可与服小柴胡汤。又如书中小青龙汤证、小柴胡汤证、真武汤证、四逆散证等条文，均首列主症，次列或然症，即明示读者以主症为本，兼症为标，从而指导临床辨证施方。

（四）正气为本，邪气为标

如280条“太阴为病，脉弱，其人续自便利，设当行大黄芍药者，且减之，以其人胃气弱易动故也”。194条“阳明病不能食，攻其热必哕。所以然者，以胃中虚冷故也。以其人本虚，攻其热必哕”。100条“伤寒，阳脉涩阴脉弦，法当腹中急痛，先与小建中汤。不瘥者，小柴胡汤主之”。等等。据此看出，仲师非常重视正气，攻邪不伤正，且尤其重视胃气。在具体用药上，很多组方多攻补兼施，其姜、枣、草应用尤多，可见其义。

（五）病机为本，病因为标

如16条“太阳病三日，已发汗，若吐若下若温针，仍不解者，此为坏病，桂枝不中与之也，观其脉证，知犯何逆，随证治之”。即从病因上看，无论太阳病是因汗、吐、下或温针，虽然其病证未愈，但其病机发生变化，故不可再用桂枝汤，当谨守病机，随证治之。又如179条“病有太阳阳明，有正阳阳明，有少阳阳明”，无论其阳明病来路如何，总与胃燥热实有关，故181条又曰“太阳病，若发汗若下若利小便，此亡津液，胃中干燥，因转属阳明。不更衣，内实，大便难者，此名阳明也”。也就是说，病因虽多，但病机为一，故“可以言一而知百也”。

（六）阳为本，阴为标

《素问·至真要大论》曰“阳气者，若天与日，失其所则折寿而不彰，故天运当以日光明”。“凡阴阳之要，阳秘乃固”，又曰“阴平阳秘，精神乃治，阴阳离决，精气乃绝”。既强调阴阳必须平衡，又强调了阳气的重要性。仲圣遵《内经》之旨，在《伤寒论》中始终贯穿了“扶阳气”“存阴液”的治疗精神，但仔细阅读，仍可看出尤其重视阳气的存亡。如286条“少阴病、脉数，不可发汗，亡阳故也，尺脉微涩者，复不可下之”。指出阳虚禁汗，阴虚禁下；288条“少阴病下利，若利自止，恶寒而倦卧，手足温者可治”。295条“少阴病恶寒身倦而利，手足逆冷者不治”。分别指出了阳回可治，纯阴无阳则不治。342条“伤寒厥四日，热反三日，复厥五日，其病为进，寒多热少，阳气退，故为病进”。说明阳复不及以致厥多于热，病情则加重。在治疗上，对阳亡阴竭者仍重回阳救逆，用药重用回阳之生附子或配补气生津之人参为主。如390条“吐已下断，汗出而厥，四肢拘急不解，脉微欲绝者，通脉四逆加猪胆汁汤主之”。385条“恶寒脉微而复利，利止，亡血也，四逆加人参汤主之”等。若把《伤寒论》与后世继此发展而来的温病学相比较，其“伤阳”与“耗阴”“亡阳”和“阴竭”，“回阳救逆”与“救阴固脱”的对比，更见仲圣以阳为本的思想观念。

（七）病为本，工为标

“病”即病人、病情，“工”即医生、治疗。仲圣非常重视“以病人为本”，如《伤寒论》中出现“风家”“呕家”“疮家”“亡血家”“强人”“羸者”等字句，即是以人为本的显现。在桂枝汤的服法上：适寒温、啜热粥、温覆取微汗……禁生冷等；调胃承气汤有“少少温服”（29条）、“温顿服”（207条）等，是具体的以人为本的表现。“差后劳复”篇更对劳复、食复及差后护理明确提出要求并制定治疗方剂，更加淋漓尽致地体现出医圣以人为本、病人至上的精神准则。

二、治法逆从的体现

《素问·标本病传论篇》曰：“治有取标而得者，有取本而得者，有逆取而得者，有从取而得者。故知逆与从，正行无问，知标本者，万举万得，不知标本，是谓妄行。”仲圣在《伤寒论》中灵活运用了标本逆从治法。如90条“本发汗，而复下之，此为逆也，若先发汗，治不为逆；本先下之，而反汗之，为逆，若先下之治不为逆”，与《内经》“治反为逆，治得为从”一脉相承，提示疾病有轻重缓急不同。治法有先后次序之别。兹就两方面加以阐述：

（一）治病求本

1. 反治法的灵活应用　如热因热用之通脉四逆汤治疗阴盛格阳证（317条）、白通汤、白通加猪胆汁而治疗阴盛戴阳证（314、315条）；寒因寒用之白虎汤治疗热厥证（350条）；通因通用之大小承气汤治疗热结旁流（321、374条）、大柴胡汤治疗呕痞下利症（165条）、白头翁汤用苦泄之药治疗下利脓血症（371、373条）；塞因塞用之三泻心汤方中均用人参、草、枣治疗痞证（149、157、158条），以及用苦寒之猪胆汁加入回阳药中的药物反佐法（390、315条），是对《内经》反治法最具代表性的应用，并为后世仿效至今。

2. 同病异治，异病同治　如下利一症，在六经病中均可见到，其治法有解表温里、解表清里、疏表止利、和胃消痞、通腑泻热、清热泻火、温涩固泻、分利小便、回阳止泄、清湿酸敛等十法，治疗上有用葛根汤、黄芩汤、三承气汤、四逆汤、真武汤、乌梅丸、甘草泻心汤等30余个方剂。又如桂枝汤可治头痛发热汗出恶风之太阳中风证（12、13条），又治杂病营卫不和之自汗等症（54条），以及“太阳病下之后其气上冲者”（15条）、“伤寒发汗后，复烦脉浮数者”（57条），太阳表证误下而表证未罢者（164条）、太阴病表未解者（91、372条）、阳明病脉迟、汗多微恶寒、表未解者（234条）等。而用桂枝汤为主加减所治之疾病则更多，如奔豚、身痛、腹痛、心悸等，难以枚举。这一同病异治、异病同治之法为后世辨证施治树立了光辉的典范，并推崇备至。

3. 辨证用药　仲圣治病很少见“症”加药，而是“观其脉证，知犯何逆，随证治之”。即以病机为本，以人为本，或以阳气为本，正气为本，或以主症为本等加减用药，与今之时方风格有异。如20条太阳病发汗太过见阳虚漏汗，予桂枝汤加炮附子，并非加止汗剂。62条太阳病发汗后身痛，以桂枝汤加重芍药、生姜、再加人参治疗。21条太阳病下之后脉促胸满者以桂枝汤去芍药治疗等，此皆为桂枝汤之加减用药。又如见症腹痛者，96条以小柴胡汤加芍药治之，386条以理中汤加重人参治之，318条以四逆散加炮附子治之，317条以通脉四逆汤去葱加芍药治之等等，皆是以病机为本、主症为本。再如四逆汤药量“强人可大附子一枚，干姜三两”；十枣汤“药末，强人服一钱匕，羸人服半钱”，此皆以人为本加减用药。总之，无论是调整药量，还是加减药味，均非见汗止汗、见痛止痛，而是辨证用药，使药病相及，即317条方后云“病皆与方相应者乃服之”。

（二）“间者并行，甚者独行”

1. “甚者独行”　如91条“伤寒，医下之，续得下利清谷不止，身体疼痛者，急当救里；后身体疼痛，清便自调者，急当救表。救里宜四逆汤，救表宜桂枝汤”。此为辨表里先后缓急之法。92条“病发热头痛、脉反沉，若不瘥、身体疼痛，当救其里，宜四逆汤”。此均为“甚者独行”之意。又如厥阴病篇81条“伤寒，哕而腹满，视其前后，知何部不利，利之则愈”，与《素问·标本病传论》“小大不利治其标”“先病而后生中满者治其标”之意相似。再如少阴之三急下证与阳明之三急下证均用大承气汤，但其理不同。后者为阳明病里热蒸腾，阳热呈亢极之势，阴液有枯竭之虞，故以大承气汤急下以存阴，为治本之法，与《素问·标本病传论》“病发而有余，本而标之，先治其本，后治其标”相似。少阴三急下证，为少阴阴虚，从阳化热，致肠燥腑实，水竭而土燥，故以大承气汤急下阳明之实，泻土以全水，此与《素问·标本病传论》“病发而不足、标而本之，先治其标，后治其本”相似，为治标之法。所谓“至虚有盛候，大实有羸状”，均行“甚者独行”之法。后世效法此义，于临床上治疗鼓胀、昏迷等病也取得了至妙之用。

2. “间者并行”　此法《伤寒论》中应用很多，如桂枝人参汤、桂枝加附子汤、柴胡桂枝汤等均为表里同治之法，虽然其表里之证有所偏重，但均非急甚，故表里同治。甘草泻心汤等三泻心汤及厚朴生姜半夏甘草人参汤、猪苓汤等均为补泻合剂，寒热并用，也均为针对寒热虚实轻重而采用“间者并行”之法。

总之，《伤寒论》是一部辨证论治之典范，它虽以六经辨证为纲领，但仍遵从《内经》理论，并对《内经》标本逆从论具体模范地应用于临床，对其内涵进一步充实和发展，有效地指导了后世的临床施治。

[《中医研究》2002；15（1）：11]

吴鞠通《温病条辨》对《伤寒论》的继承与发展

黄　海　福建中医学院

从学术的渊源来看，温病学说是对仲景学说的继承和发展，是与其一脉相承的。在这方面，体现最为鲜明的当是吴鞠通及其《温病条辨》。

《温病条辨·朱彬序》道：“余来京师，获交吴子鞠通，见其治疾，一以仲景为依归，而变化因心，不拘常格，往往神明于法之外，而究不离乎法之中，非有得于仲景之深者不能。”[1] 吴鞠通著作《温病条辨》，在“凡例”篇中写道：“是书仿仲景《伤寒论》作法，文尚简要，便于记诵”，“是书虽为温病而设，实可羽翼伤寒”，“《伤寒论》六经由表入里，由浅及深，须横看；本论论三焦由上及下，亦由浅入深，须竖看，与《伤寒论》为对待文字，有一纵一横之妙。学者诚能合二书而细心体察，自无难识之证。虽不及内伤，而万病诊法，实不出一纵一横之外。”[2] 吴鞠通对仲景学说的继承与发展，主要体现在以下几方面。

一、擅用经方，融会深刻的体会与见解

吴鞠通擅长应用经方。《温病条辨》一书共附208首方，其中经方原方应用有30首，吴氏对经方的见解，有许多独到之处。举白虎汤为例。《伤寒论》第176条“伤寒，脉浮滑，此以表有热，里有寒，白虎汤主之。”[3] 第219条“三阳合病，腹满身重，难以转侧，口不仁，面垢，谵语遗尿。发汗则谵语，下之则额上生汗，手足逆冷。若自汗出者，白虎汤主之。”[4] 第350条“伤寒脉滑而厥者，里有热，白虎汤主之。”[5] 从仲景原文来看，难以把握白虎汤的运用指征，或者说这些原文很难指导学者有效地应用白虎汤。《温病条辨》上焦篇第7条“太阴温病，脉浮洪，舌黄，渴甚，大汗，面赤，恶热者，辛凉重剂白虎汤主之。”[6] 第22条“形似伤寒，

但右脉洪大而数，左脉反小于右，口渴甚，面赤，汗大出者，名曰暑温，在手太阴，白虎汤主之；脉芤甚者，白虎加人参汤主之。”[7]吴氏很具体地描述了白虎汤的适应症是恶热、面赤、渴甚、大汗、苔黄、脉洪大数等，很符合临床实际。上焦篇第9条“白虎本为达热出表，若其人脉浮弦而细者，不可与也；脉沉者，不可与也；不渴者，不可与也；汗不出者，不可与也；常须识此，勿令误也。”[8]还具体地补充了白虎汤的禁忌症。上焦篇第40条“太阴伏暑，舌白口渴，有汗，或大汗不止者，银翘散去牛蒡子、元参、芥穗、加杏仁、石膏、黄芩主之；脉洪大，渴甚汗多者，仍用白虎法；脉虚大而芤者，仍用人参白虎法。”[9]这条条文，点明了鉴别白虎汤证与白虎加人参汤证的要点是脉虚大而芤。这样就使白虎汤证更通俗易懂，更便于掌握。又如《伤寒论》第303条“少阴病，得之二三日以上，心中烦，不得卧，黄连阿胶汤主之。”[10]仲景对该证论述甚简。《温病条辨》下焦第11条“少阴温病，真阴欲竭，壮火复炽，心中烦，不得卧者，黄连阿胶汤主之。”[11]则不仅列举病证的临床特征是“心中烦不得卧”，而且点明了“真阴欲竭，壮火复炽”的病机及其治疗。更可贵的是吴氏对黄连阿胶汤的药物组成有其独到的见解，吴鞠通在按语中写道：“以黄芩从黄连、外泻壮火而内坚真阴；以芍药从阿胶，内护真阴而外捍元阳。名黄连阿胶者，取一刚以御外侮，一柔以护内主之义也。”[12]

二、化裁经方，拓展临床应用的新领域

《温病条辨》中208首方，由经方化裁而成的方有40余首。经过化裁，拓展了经方应用的新领域。如《伤寒论》中阳明腑实证用大承气汤来治疗，而对阳明腑实的兼证，仲景却没给答案。《温病条辨》中焦第17条“阳明温病，下之不通，其证有五：应下失下，正虚不能运药，不运药者死，新加黄龙汤主之。喘促不宁，痰涎壅滞，右寸实大，肺气不降者，宣白承气汤主之。左尺牢坚，小便赤痛，时烦渴甚，导赤承气汤主之。邪闭心包，神昏舌短，内窍不通，饮不解渴者，牛黄承气汤主之。津液不足，无水舟停者，间服增液，再不下者，增液承气汤主之。”[13]亦即阳明腑实兼气阴两虚者，用新加黄龙汤；兼痰热壅肺者，用宣白承气汤；兼热甚小肠，用导赤承气汤；兼热闭心包者，用牛黄承气汤；兼肠燥津亏，用增液承气汤。吴鞠通通过对大承气汤加减化裁，大大地扩大了承气汤的临床应用范围。又如桃核承气汤在《伤寒论》中，用治蓄血轻证。《温病条辨》下焦篇第21条“少腹坚满，小便自利，夜热昼凉，大便闭，脉沉实者，蓄血也，桃仁承气汤主之，甚则抵当汤。”[14]桃仁承气汤是桃核承气汤去温热之桂枝，加凉血活血之当归、赤芍、丹皮而成。应该说这样化裁对瘀血与邪热互结于下焦而邪热较甚的蓄血证更为合适。

三、善用温药，传承仲景回阳救逆法则

常人都认为“伤寒为法，法在救阳；温热为法，法在救阴。”其实不尽然。纵观《温病条辨》，吴氏不仅承接仲景温法救阳之衣钵，更有所发挥。《温病条辨》中以干姜、附子为君药组成的方剂近30首之多。仲景温阳法，主要集中在《伤寒论》的太阴病篇和少阴病篇中。吴鞠通应用温阳药，在某种程度上比仲景有过之而无不及。《温病条辨》中焦篇中有9条条文论及太阴病脾阳虚寒湿证。如中焦篇第48条“足太阴寒湿，舌白滑，甚则灰，脉迟，不食，不寐，大便窒塞，浊阴凝聚，阳伤腹痛，痛甚则肢逆，椒附白通汤主之。”[15]第49条“阳明寒湿，舌白腐，肛坠痛，便不爽，不喜食，附子理中汤去甘草加广皮厚朴汤主之。”[16]第94条“自利腹满，小便清长，脉濡而小，病在太阴，法在温脏，勿事通腑，加减附子理中汤主之。”[17]第95条“自利不渴者属太阴，甚则哕，冲气逆，急救土败，附子粳米汤主之。”[18]等涉及10余首以干姜、附子为君药组成的方剂，对仲景的“四逆辈”发挥得淋漓尽致。

下焦篇中涉及温阳内容的条文达17条，温阳方剂达18首之多，病种主要涉及湿邪损伤下焦肾阳的证治；寒疝证治；疟病证治；脾肾阳虚，久痢不愈的证治等。如下焦篇第43条“湿久不治，伏足少阴，舌白身痛，足跗浮肿，鹿附汤主之。”[19]第44条“湿久、脾阳消乏，肾阳亦惫者，安肾汤主之。”[20]第71条“痢久阴阳两伤，少腹肛坠，腰胯脊髀酸痛，由脏腑伤及奇经，参茸汤主之。”[21]第77条“噤口痢，胃关不开，由于肾关不开者，肉苁蓉汤主之。”[22]等。从这些方证可以看出，吴氏治疗下焦肾阳虚证，是以温补法为主，且善于应用血肉有情之鹿茸，配伍附子组成方剂，这与《伤寒论》少阴病中以附子为君的回阳救逆汤方有所不同。

以上例证足以说明，《温病条辨》中的温阳法与温阳方并不逊于《伤寒论》中温法的内容。

四、创立新论，弥补仲景《伤寒论》之未备

1. 详述热厥　《伤寒论》论热厥，主要是第

335条“厥深者热亦深，厥微者热亦微，厥应下之……”[23]，和第350条“伤寒，脉滑而厥者，里有热，白虎汤主之。”[24]《温病条辨》上焦篇第17条条文下注解中，明确指出：“再热厥之中亦有三等：有邪在络者居多，而阳明证少者，则从芳香，本条所云是也；有邪搏阳明，阳明太实，上冲心包，神迷肢厥，甚则通体皆厥，当从下法，本论载入中焦篇；有日久邪杀阴亏而厥者，则从育阴潜阳法，本论载入下焦篇。”[25]上焦篇第17条“邪入心包，舌蹇肢厥，牛黄丸主之，紫雪丹亦主之。”[26]中焦篇第6条“阳明温病，面目俱赤，肢厥，甚则通体皆厥，不瘛疭，但神昏，不大便七八日以外，小便赤，脉沉伏，或并脉亦厥，胸腹满坚，甚则拒按，喜凉饮者，大承气汤主之。”[27]下焦篇第14条“下焦温病，热深厥甚，脉细促，心中憺憺大动，甚则心中痛，三甲复脉汤主之。”[28]吴鞠通执简驭繁地将热厥以三焦分类，上焦热闭心包之厥，中焦阳明热甚之厥，和下焦肝肾阴亏之厥及其具体的治法。

2. 补论阴黄　《伤寒论》对阴黄论述，只有第187条“伤寒脉浮而缓，手足自温者，是为系在太阴。太阴者，身当发黄；若小便自利者，不能发黄。”[29]和第259条“伤寒发汗已，身目为黄。所以然者，以寒湿在里不解故也。以为不可下也，于寒湿中求之”[30]。仲景对阴黄的论述比较简单，而且没有具体的治疗方药。《温病条辨》中焦篇46条“足太阴寒湿，四肢乍冷，自利，目黄，舌白滑，甚则灰，神倦不语，邪阻脾窍，舌蹇语重，四苓加木瓜草果厚朴汤主之”[31]。第47条“足太阴寒湿，舌灰湿，中焦滞痞，草果茵陈汤主之；面目俱黄，四肢厥者，茵陈四逆汤主之”[32]。吴鞠通对仲景“于寒湿中求之”作了具体的诠释。

3. 完备清法　《伤寒论》中汗、吐、下、和、清、温、补、消八法具备。但对清法主要集中在清气分邪热，诸如白虎汤，白虎加人参汤，黄芩汤，麻杏甘石汤，栀子豉汤，葛根黄芩黄连汤等。应该说仲景清气法还是比较完备的。张仲景对营血分证亦有所认识，如《伤寒论》第202条“阳明病，口燥，但欲漱水不欲咽者，此必衄”[33]，第227条“脉浮发热，口干鼻燥，能食者则衄”[34]都认识到阳明气分邪热深入营血分的证候，但未提出具体的治疗方法。而吴鞠通在《温病条辨》中系统地论述了邪热深入营血分的证治，如上焦篇第10条“太阴温病，气血两燔者，玉女煎去牛膝加元参主之”[35]，第11条“太阴温病，血从上溢者，犀角地黄汤合银翘散主之”[36]，第15条“太阴温病，寸脉大，舌绛而干，法当渴，今反不渴者，热在营中，清营汤去黄连主之”[37]，第16条“太阴温病，不可发汗，发汗而汗不出者，必发斑疹，汗出过多者，必神昏谵语。发斑者，化斑汤主之；发疹者，银翘散去豆豉、加细生地、丹皮、大青叶，倍元参主之。”[38]等等。

当然，《温病条辨》中还有许多张仲景所未涉及的内容，诸如辛温解表、化湿解表、润燥解表、滋养肺胃之阴、填补肝肾真阴等。也正因为如此，更说明了吴鞠通不仅继承了仲景学说，并有所充实和发展，使《温病条辨》与《伤寒论》互补。诚如朱彬在《温病条辨》序中所言：“昔人谓仲景为轩岐之功臣，鞠通亦仲景之功臣[39]。”

参考文献

[1] 吴鞠通. 温病条辨. 北京：人民卫生出版社，1972，1.

[2] 吴鞠通. 温病条辨. 北京：人民卫生出版社，1972，9～10.

[3] 朱佑武校注. 宋本伤寒论校注. 长沙：湖南科技出版社，1982，90.

[4] 朱佑武校注. 宋本伤寒论校注. 长沙：湖南科技出版社，1982，108.

[5] 朱佑武校注. 宋本伤寒论校注. 长沙：湖南科技出版社，1982，164.

[6] 吴鞠通. 温病条辨. 北京：人民卫生出版社，1972，19.

[7] 吴鞠通. 温病条辨. 北京：人民卫生出版社，1972，30.

[8] 吴鞠通. 温病条辨. 北京：人民卫生出版社，1972，19～20.

[9] 吴鞠通. 温病条辨. 北京：人民卫生出版社，1972，39.

[10] 朱佑武校注. 宋本伤寒论校注. 长沙：湖南科技出版社，1982，142.

[11、12] 吴鞠通. 温病条辨. 北京：人民卫生出版社，1972，122～123.

[13] 吴鞠通. 温病条辨. 北京：人民卫生出版社，1972，68.

[14] 吴鞠通. 温病条辨. 北京：人民卫生出版社，1972，128.

[15、16] 吴鞠通. 温病条辨. 北京：人民卫生出版社，1972，84～85.

[17、18] 吴鞠通. 温病条辨. 北京：人民卫生出版社，1972，114.

[19、20] 吴鞠通. 温病条辨. 北京：人民卫生出版社，1972，143.

[21] 吴鞠通. 温病条辨. 北京：人民卫生出版社，1972，160.

[22] 吴鞠通. 温病条辨. 北京：人民卫生出版社，1972，

164.
[23] 朱佑武校注. 宋本伤寒论校注. 长沙：湖南科技出版社，1982，158.
[24] 朱佑武校注. 宋本伤寒论校注. 长沙：湖南科技出版社，1982，164.
[25、26] 吴鞠通. 温病条辨. 北京：人民卫生出版社，1972，27～28.
[27] 吴鞠通. 温病条辨. 北京：人民卫生出版社，1972，62.
[28] 吴鞠通. 温病条辨. 北京：人民卫生出版社，1972，125.
[29] 朱佑武校注. 宋本伤寒论校注. 长沙：湖南科技出版社，1982，96.
[30] 朱佑武校注. 宋本伤寒论校注. 长沙：湖南科技出版社，1982，123.
[31、32] 吴鞠通. 温病条辨. 北京：人民卫生出版社，1972，82～83.
[33] 朱佑武校注. 宋本伤寒论校注. 长沙：湖南科技出版社，1982，100.
[34] 朱佑武校注. 宋本伤寒论校注. 长沙：湖南科技出版社，1982，110.
[35～38] 吴鞠通. 温病条辨. 北京：人民卫生出版社，1972，20～23.
[39] 吴鞠通. 温病条辨. 北京：人民卫生出版社，1972，1.

[《中华医史杂志》2002；32（1）：36]

《伤寒论》阳明病篇有关问题评述

顾武军　南京中医药大学

一、关于“胃家实”

“胃家实”在阳明病篇条文中凡二见，即“……正阳阳明者，胃家实是也”（179）（以下原文均引自陈亦人主编《伤寒论译释》，上海科技出版社，1992年8月第3版）。“阳明之为病，胃家实是也”（180）。而对于“胃家实”的解释则有不同意见，《灵枢·本输篇》云：“大肠小肠皆属于胃”，是知“胃家”其赅者当为胃与大肠，其分歧主要在对“实”字的理解。一谓实即邪气盛，邪气盛则实，章虚谷说：“胃家者，统阳明经府而言也；实者，受邪之谓[1]。”余无言说得更为明白，他说：“胃家实之实字，约有二义，食物滞积而实者，实也；表邪传里而实者，亦实也。食滞而实者，是为承气汤证；热入而实者，是为白虎汤证[2]。”现今的很多教材也持此观点，颇具代表性。另一种观点则认为实即有形糟粕之邪内结于大肠而言，尤在泾说：“胃者，汇也，水谷之海，为阳明之府也。胃家实者，邪热入胃，与糟粕相结成实，非胃气自盛也[3]。”

由于180条延用了“之为病”的体例，后世医家多以此作为阳明病之提纲，若从“提纲”作释，似乎以第一种观点较为恰当，有谓“凡是提纲条文，均可高度概括一经的基本特点，即一经的共性”。然而，“胃家实”只能说明热实证的特点，即白虎、承气之例，要知阳明病除热证、实证外，尚有虚寒之证，仲景明文“阳明病，若能食，名中风；不能食，名中寒”（190），“食谷欲呕，属阳明也，吴茱萸汤主之”（243），是知即便“胃家实”赅热、实之证，也有其不可避免的局限性。

如果我们避开“提纲”说不谈，而从仲景原意来分析，本人认为后一种观点较为正确。因阳明的“提纲证”与其他病篇不同，其他病篇作为提纲证的“之为病”条都列于各篇之首，但阳明病的“之为病”条则列于第二条，即列于“问曰：病有太阳阳明，正阳阳明，少阳阳明，何谓也？答曰：太阳阳明者，脾约是也；正阳阳明者，胃家实是也；少阳阳明者，发汗利小便已，胃中燥烦实，大便难是也”（179）之后，是以不少医家都认为阳明病的提纲证实是对上条条文内容的总结，脾约、胃家实、大便难，其表述虽不同，其实都是指燥屎内结而大便难，以“正阳阳明者　胃家实是也”作为代表。汪苓友说：“武陵陈氏注云，此承上三节而言，三阳明之为病，其入胃之途虽有不同，而邪在胃家，其实则一而已。故正阳阳明，固为胃家实矣，而太阳之脾约，少阳之大便难，又何尝非胃家实乎？以其均入阳明，均为胃实，故总结之曰：阳明之为病，胃家实也。《条辨》云：实者，大便结为硬满而不得出也。愚按此言，则是仲景云胃家实，当兼大肠府实合看，以肠与胃上下实相通也。所以海藏辨胃中有燥屎五六枚云　此非在胃中也，通言阳明也，言胃是连及大肠也。今者大便结为硬满，则大肠火燥之气逆而上行，故名曰胃中实，要之胃中非有物也。据海藏此言，实与上文胃家实之义互相发明，学者细玩其说，斯义自见[4]。”陈亦人《伤寒论译释》亦谓：“本条紧接在三阳阳明条之后，确实带有总结性质，陈亮斯的分析是比较合理的[5]。”可见“胃家实”实是指肠中有燥屎。尽管刘渡舟氏谓：“‘胃家’是指足阳明胃和手阳明大肠”，但在解释“实”时则谓，“‘实’指胃肠有燥热凝结，腑气壅滞不通，而使新陈代谢不利。”他在解释三阳阳明条时亦谓：“……外邪侵犯阳明经表，邪气进而循经入腑化热，因燥成实；或是宿食化燥，因燥成实，皆可形成阳明腑实证，即名正阳阳明。……本条据邪气的来路不同，将阳明病分为三类。所谓脾约、胃家实、大便难，是言阳明里实的不同程度。”姜建国也说：“本条实际是阳明病篇的第2条，凡提纲证均列于每经病篇的第1条，唯阳明病篇例外。仲师先于179条讲阳明病的分类（三种病型），然后又从三种病型中，将最危重、最典型，也最有代表性的一种病型——‘正阳阳明者，胃家实是也’，拿出来作为阳明病的提纲证。由此，亦可证明，所谓‘胃家实’之‘实’，确指大便秘结的阳明病而言[6]。”再从“问曰：何缘得阳明病？答曰：太阳病，若发汗，若下，若利小便，此亡津液，胃中干燥，因转属阳明；不更衣，内实，大便难者，此名阳明也”（181）来看，此之胃家实之阳明病实指阳明府实之证。既然实是指燥屎内结，那么胃家实是指大肠实而言，从论中“胃中有燥屎五六枚”等条文亦可看出仲景论中此言胃者实指大肠。

二、关于“恶寒”和“阳明居中，主土，万物所归，无所复传”

论中曰：“问曰：阳明病外证云何？答曰：身热，汗自出，不恶寒，反恶热（182）。”此揭阳明热实证之外证，阳明里热亢盛，蒸则腾于外，则身热；里热太盛，迫液外泄，则汗自出；不恶寒，反恶热，旨在和太阳病作鉴别，不恶寒则非太阳表证，反恶热则因里热太盛。刘渡舟说：“不恶寒反恶热，是阳明病的特征，据此即可和太阳病的翕翕发热、恶风寒，少阳病的往来寒热相鉴别[7]。”在论述了阳明病特征之后，接着又提出了与此特征相反的问题，即：“问曰：病有得之一日，不发热而恶寒者，何也？答曰：虽得之一日，恶寒将自罢，即自汗出而恶热也（183）。”“问曰：恶寒何故自罢？答曰：阳明居中，主土也，万物所归，无所复传，始虽恶寒，二日自止，此为阳明病也（184）。”对此有两个问题要进行讨论。

一是对于这里的“恶寒”，有人释作“阳明经初感外邪，经气被遏，阳气郁而不伸，所以不发热而恶寒”。此说似可作释，但太阳主表，为六经之藩篱，而“阳明居中”，外邪何以不经太阳而直入阳明而使阳明经气被遏？要知疾病的发生、发展决定于正气与邪气两个方面，体质有差异，邪气也有差异，同时感邪之后病邪的转化往往与人之体质有关。阳明主燥，若病者胃热素盛，感邪之后，邪气极易化热内传阳明，此即柯韵伯所谓“阳明为成温之薮”，此内外合因，始时初感之邪仍在太阳，是以恶寒，而因阳明内热素盛而邪很快从燥化热入里，则表现为恶寒自罢，不恶寒反恶热，诚陈亦人说：“邪入阳明，大都从燥而化。因此太阳病的恶寒，到了阳明就恶寒罢而反恶热[5]。”但其之恶寒必时间短暂，程度轻微，即所谓“恶寒将自罢”，若果须二日方能自止，仍须从表而治，是以论中有用桂枝汤、麻黄汤之例。如果为阳明经气被遏，而里热较甚，岂有用桂枝、麻黄之理，要知“桂枝下咽，阳盛则毙”。

二是关于“无所复传”，有谓“阳明以燥为本，诸经病证，无论表里寒热，只要并入阳明，则必从燥化，因燥成实，故曰‘万物所归’。一旦邪从燥化成实，实则秘固，复得通畅则生，止于秘固则死，尚何复传，故曰‘无所复传’”。诚然，若从三阳病论之，外邪从表入里，至阳明即“无所复传”，也就不必再论三阴之病了。要知疾病的传变受正气、邪气、治疗（含护理）等诸多因素的影响，论中有谓“伤寒三日，三阳为尽，三阴当受邪，其人反能食而不呕，此为三阴不受邪也”（270）。据此可知，此不传三阴因“其人反能食而不呕”，反之，若其人不能食而呕，则会邪传三阴。诚柯韵伯曰：“若胃阳有余，则能食不呕，可预知三阴不受邪矣。盖三阴皆看阳明之转旋，三阴之不受邪者，借胃为之蔽其外也，则胃不特为六经出路，而实为三阴之外蔽也。胃阳盛则寒邪自解，胃阳虚则寒邪深入阴经而为患，胃阳亡则水浆不入而死。要知三阴受邪，关系不在太阳而全在阳明”[8]。是知“无所复传”是有条件的，那就是要看胃气的强弱。胃气强，邪入阳明，易从燥化而成热实之证，运用清下之法则病解而不复传；胃气弱，邪入阳明则难于燥化成实，清下不当则胃气更伤，邪气进而传入三阴。

三、关于219条

“三阳合病，腹满身重，难以转侧，口不仁，面垢，谵语遗尿。发汗则谵语，下之则额上生汗，手足逆冷。若自汗出者，白虎加人参汤主之”（219）。

对于本条的解释，有谓是三阳合病而偏重于阳明的证治，即三阳合病而阳明邪热偏盛而从阳明证治，取用白虎汤。我认为此说欠妥，因仲景明言“表不解者，不可与白虎汤”，从文字内容来看，当是三阳合病而太少之邪统归阳明的证治，用白虎汤是清阳明之热，而非三阳之热。其说如后。

“若自汗出者，白虎汤主之”应接在“谵语遗尿”后，此属倒装句法。既言“三阳合病”，则除阳明病之证外，还当有太阳病和少阳病之证，即所谓“三阳合病者，太阳、阳明、少阳合而为病也”。然从所见之证来看，则主要是阳明气分之热独重，阳明经气壅滞，所以腹满身重，难以转侧；胃热灼津耗气，胃之窍出于口，舌体属胃，所以口不仁而言语不利，不知食味；阳明主面，胃热蒸郁，津液上泛，所以面部油垢污浊；热上扰而神明错乱而谵语；热下迫而膀胱失约而遗尿。是时之治疗，仲景特提出“若自汗出”作为辨证之眼目、运用白虎汤之依据。论中明言“伤寒脉浮，发热无汗，其表不解，不可与白虎汤”（170）。此三阳合病有太阳表证者，何以能用白虎汤呢？要知是时自汗出正说明表邪解而邪热尽归阳明，论中谓“汗出濈濈然者，是转属阳明也”（185）、“伤寒转系阳明者，其人濈然微汗出也”（188），“若自汗出者，白虎汤主之”，换言之，若不自汗出，则不能用白虎汤，是知“若自汗出”是用白虎汤之关键，诚汪苓友所说：“或问白虎汤何以能解三阳之热？余答云：病至自汗出，则太少之邪总归阳明矣，安得不从阳明而专治之”[4]。由此可见，本条始时为三阳合病，而病至自汗出则为阳明邪热独盛，太、少之邪已总归阳明，所以说此白虎汤是治阳明邪热炽盛，非为治三阳合病而邪热偏重阳明。由于邪在阳明气分，即无形之邪热充斥表里，既无太阳之表，亦非阳明之府实，是以不可与汗、下之法治，误用则变证蜂起。

四、关于小柴胡汤、麻黄汤、桂枝汤

阳明病篇之柴胡汤证、麻黄汤证、桂枝汤证都是阳明病之兼证，主要是辨表里之先后，不得视作阳明病之证治。首先讨论一下小柴胡汤证：“阳明病，发潮热，大便溏，小便自可，胸胁满不去者，与小柴胡汤（229）。”“阳明病，胁下硬满，不大便而呕，舌上白苔者，可与小柴胡汤。上焦得通，津液得下，胃气因和，身濈然汗出而解”（230）。

以上两条，主要是讨论少阳阳明的证治。229条从“胸胁满不去”之“不去”二字来分析，其“胸胁满”发生于“潮热”之前，说明此阳明病是由少阳转属，但少阳之证尚未罢。同样，230条虽以“阳明病”冠首，但其“胁下硬满”“而呕”亦可谓少阳之证未罢。对此少阳与阳明并病而治用小柴胡汤，其“大便溏，小便自可”及“舌上白苔”即为其选方遣药的依据。从“大便溏，小便自可”可知其阳明腑实未甚；从“舌上白苔”可知其阳明里热不甚。据此则可采用先表后里之法，先治少阳。同时，小柴胡汤具有和解枢机、通调三焦的功能，即便有阳明里实之证，亦可兼而治之，论中“上焦得通，津液得下，胃气因和”就是对其通调三焦功能的补叙。陈亦人说：“小柴胡汤的和解枢机，仅是一种形象化譬喻，实际上具有宣通上焦气机的作用，药投中病，上焦气机得通，则津液自能输布下达全身，胃气因之亦能和调内外，胃气和则一身之气皆和，所以能濈然汗出，而邪随汗解。不仅能汗出病解，由于津液得下，还具有利小便的作用；由于胃气和，津液布，还具有通大便的功能。因此，小柴胡汤不但和解少阳枢机，而且广泛适用于许多病证[5]。”另外，言“与”而不言“主之”，既有斟酌审势之意，又有处方加减、进退之变。所以，陈亦人又说：“小柴胡汤是治少阳病的主方，可是此处只曰‘与’而不曰‘主之’，可能因为兼有阳明，还有和解兼攻的大柴胡汤可供选择，用一‘与’字，正是论治精神的具体体现（5）。”

“阳明中风，脉弦浮大而短气，腹都满，胁下及心痛，久按之气不通，鼻干，不得汗，嗜卧，一身及目黄，小便难，有潮热，时时哕，耳前后肿。刺之小差，外不解，病过十日，脉续浮者，与小柴胡汤”（231）。本条实是论述阳明中风兼见太、少的辨治。脉弦浮大，以脉定证，弦为少阳，浮为太阳，大为阳明，此为三阳合病之脉。短气、腹满、鼻干、身目悉黄、潮热、嗜卧、时时哕等证，是阳明邪热郁闭所致；胁下及心痛，久按之气不通，不得小便，耳前后肿等证，为少阳邪热郁聚不通；不得汗，是太阳肌表闭塞；此三阳合病之证，当此时机，宜泄阳热之邪为急不容缓，然解表、攻里均非所宜，故仲景先用刺法，以泄经络郁闭之热，刺后里热解而少阳之证仍在，是时病虽有十日之久，仍可与小柴胡汤治疗。柯韵伯说：“刺之，是刺足阳明，随其实而泻之。少差句，言内证俱减，但外证未解耳，非刺耳前后，其肿少差之谓也[8]。”陈亦人说：“从‘外不解’三字，是知针刺后里热已解，外与里相对而言，非指太阳之表不解。如少阳之外证未解，当和解少阳，虽病过十日，亦须用小柴胡汤治疗。从下条‘脉但浮……用麻黄汤’来对证，则证除了脉浮外，当尚有其他少阳见证[5]。”是知用小柴胡汤主要是针对邪在少阳而言，并非三阳合病治从少阳之谓，当从发展变化中观之。

其次再讨论桂枝汤证和麻黄汤证：“阳明病，脉迟，汗出多，微恶寒者，表未解也，可发汗，宜桂枝汤（234）。”“阳明病，脉浮，无汗而喘者，发汗则愈，宜麻黄汤”（235），“病人烦热，汗出则解。又如疟状，日晡所发热者，属阳明也。脉实者，宜下之；脉浮虚者，宜发汗。下之宜大承气汤，发汗宜桂枝汤”（240）。

以上3条皆是论阳明病兼表证之证治。但这里必须明确3个问题，一是阳明病非皆实证、热证，也有虚证、寒证；二是表证也有寒、热、虚、实之异；三是表里同病而治从先表后里，其里证必不甚重急。以此为前提来领会其内容，决不可拘泥于阳明为实证、热证，更不可释作阳明经表受邪。

234条、235条以有汗、无汗辨表虚，表实而分别治以桂枝汤、麻黄汤。陈亦人说：“阳明病并非都是热实证，也有虚证、寒证，本条（指234条，笔者注）阳明病脉迟，当是阳明寒证，汗出多，微恶寒，则是兼太阳表虚，营卫不和，所以说表未解也，表未解，自应发汗解表，但汗出已多，所以不用麻黄汤，而宜桂枝汤解肌表之邪。注家大多泥定阳明病为热实证，因而解释往往牵强附会。其实早在宋代的庞安常与朱肱等已经明确指出‘阳明中寒，恶寒为病在经，与太阳合病属表，可发其汗’，如果是阳明热证，即使兼太阳之表，也不可用辛温性质的麻桂，否则岂不蹈‘阳盛则毙’的复辙[5]？”“本条（指235条，笔者注）与上条一样，同是阳明寒证兼表，不过不是自汗表虚，而是无汗表实罢了。……既然是无汗表实，所以治宜麻黄汤发汗”[5]。

240条以脉定证而确定表里同病的治法，大承气汤、桂枝汤仅是举例，关键是辨汗、下之先后。陈亦人说：“从整个病情来看，本条颇近似太阳阳明并病，正当表里传变之际，所以有偏表偏里的差异，有宜汗宜下的不同。其审证的关键主要是脉象的虚实。脉实者里必实，所以宜大承气汤，攻其里实。脉浮虚者表证未罢，里虽实而未甚，所以宜桂枝汤和营解表。本证也可以说是表里同病而里不虚的，原则上是先表后里，所以应当先解表而后攻里。解表发汗用桂枝汤，只是举例而言，不必拘泥。脉实可与大承气汤，也是举例而言，仍当根据病情的轻重缓急，选用三承气汤[5]。”仲景言“宜”而不言“主之”，同样是既有斟酌审势之意，又有处方加减、进退之变，若结合后世温病学说的理论，属于表热之证者自当可选用辛凉解表之剂，这才符合仲景“虽未能尽愈诸病，庶可以见病知源，若能寻余所集，思过半矣”之旨。

五、关于茵陈蒿汤证

“阳明病，发热汗出者，此为热越，不能发黄也。但头汗出，身无汗，剂颈而还，小便不利，渴引水浆者，此为瘀热在里，身必发黄，茵陈蒿汤主之”（236），“伤寒七八日，身黄如橘子色，小便不利，腹微满者，茵陈蒿汤主之”（260）。

此湿热发黄之证人所共知，但因证见“腹微满”、方中有“大黄”，是以后世注家有谓其当有里实便结之证，柯韵伯说：“腹微满，胃家实也。调和二便，此茵陈之职[8]。”钱天来也说：“邪食壅滞，而腹微满也[9]。”近人更有谓：“大黄除瘀热，推陈致新，……可知本证当有腹满，大便秘结，小便不利等证。”腹满、小便不利之证固然有之，但大便秘结则未必有之，要知此腹微满是湿热壅滞太甚，用大黄是助茵陈以除湿热，仲景于方后注中明言服茵陈蒿后“小便当利”而非大便当利，其“一宿腹减”的原因是“黄从小便去也”，小便利，黄从小便去而腹减，可见其腹满非腑实便结。诚刘渡舟说“茵陈蒿苦寒轻扬，清利湿热，推陈致新，为治疗黄疸之专药；栀子苦寒，清热利湿，通三焦而利小便；大黄苦寒质重，最善泻热导滞，破结行瘀，推陈致新。三药相伍，具有开上宣中导下之功，使瘀热湿浊从小便排出。故方后云：‘小便当利，尿如皂荚汁状，色正赤，一宿腹减，黄从小便去也’。”“本方与承气类方剂不同。承气汤功专泻热导滞，釜底抽薪，为阳明腑实，燥热内结而设，使燥热之邪从大便排出；本方功专清热利湿，宣通三焦，为阳明湿热内蕴发黄而设，使湿热之邪从小便排出”[7]。

参考文献

[1] 章虚谷. 伤寒论本旨，卷3 [M]. 聚文堂发兑、偁山书屋藏版，1.

[2] 余无言. 伤寒论新义 [M]. 上海：千顷堂书局，1954，149.

[3] 尤在泾. 伤寒金匮温病名著集成，伤寒贯珠集 [M]. 北京：华夏出版社，197. 462.

[4] 汪苓友. 伤寒论辨证广注 [M]. 上海：上海卫生出版社影印，1958. 116，131.

[5] 陈亦人. 伤寒论译释，第3版 [M]. 上海：上海科技出版社，1992. 751，754，843，840，844，849，850，859.

[6] 姜建国. 伤寒论析疑 [M]. 北京：科学技术出版社，1999. 213.

[7] 刘渡舟. 伤寒论讲解 [M]. 北京：光明日报出版社，1987. 301，342.

[8] 柯韵伯. 伤寒来苏集，伤寒论注 [M]. 上海：上海科技出版社，1959. 6，97，114.

[9] 钱天来. 伤寒溯源集，新1版 [M]. 上海：上海卫生出版社，1957，227.

[《南京中医药大学学报·自然科学版》2002；18（2）：65]

试论《伤寒论》是经典广义的外感病学

臧　凡　山西晋中汽贸公司医务室

《伤寒论》作为我国现存最早的临床医学专著，一向被誉为祖国医学经典名著，然而后世部分医家认为它是专论寒邪为患的狭义外感病学，至今仍有相当一部分学者持此观点，此观点不能正确继承《伤寒论》的学术思想，甚而影响到对每个条文的认识和理解，因此有必要与同道商榷予以澄清。

一、“伤寒”一词是对一切外感热病的总称谓

《素问·热论》云：“今夫热病者，皆伤寒之类也。”《难经·五十八难》云：“伤寒有五：有中风、有伤寒、有湿温、有热病、有温病。”《肘后方》云：“贵胜雅言，总呼伤寒，世欲因号为时行。”《千金方》引《小品》云：“伤寒雅士之辞，天行瘟疫，田舍间号耳。”《外台秘要》引许仁则论天行病云：“此病方家呼为伤寒，而所以为外感病之总称者，盖寒为天地杀疠之气亘于四时，而善伤人，非温之行于春，暑之行于夏各旺一时之比，是以凡外邪之伤者尽呼为伤寒。仲景所以命书名只取于此而已。”由上可见“伤寒”一词从先秦至晋唐都是对一切外感热病的总称谓。

二、《伤寒论》产生的时代对象是严重的流行型热病

《伤寒论》的作者张仲景一生处于东汉末年，其时天下大乱，民不聊生，正是诸军并起，政治动荡的时代。大乱必伴大疫。据史书记载，自建宁四年（公元171年）至中平二年（公元185年）的15年间，常有大疫流行。建安时期著名文学家曹植《说疫气》中云：“建安二十二年疠气流行，家家有僵尸之痛，室室有号泣之哀，或阖门而殪，或覆族而丧……此乃阴阳失位，寒暑错时，是故生疫。”张仲景《伤寒论》自序亦云：“余宗族素多，向余二百。建安纪年以来，犹未十稔，其死亡者三分有二，伤寒十居其七。”《湖南通志名宦者》载：“张机，长沙太守。时大疫流行，机精解医药，民赖全活者甚众。”这些史料记载都说明，在仲景时代流行的所谓“伤寒病”应当是多种外感热病，并且大部分是严重的流行病和传染病。

三、“六病”皆对发热而言

“六病”是张仲景在《伤寒论》中确定的“太阳病”“阳明病”“少阳病”“太阴病”“少阴病”“厥阴病”。为弄清“六病”皆对发热而言，还须作如下说明：“太阳之为病”就是太阳之为发热病的省笔，“脉浮头项强痛而恶寒”是太阳热型的特点；“阳明之为病”就是阳明之为发热病的省笔，“口苦咽干目眩”是少阳热型的特点……。据此可以看出，“六病”提纲条文只有对发热而言才具有辨证诊断的意义。

《伤寒论》共398条，其中言“六病”之条文占203条，可见“六病”辨证的重要性，我们只有从“病时”和“病位”[1]上认识“六病”的实质，才能真正做到“若寻余所集思过半矣”。仲景不仅确立了“六病”的“病时”和“病位”，还确立了狭义的“伤寒、中风、温病、风温、风湿”。从“六病”所描述疾病的临床表现来看，已经包括了温病“卫气营血”各期所能出现的常见症状。从治疗手段和方法上看，《伤寒论》不仅有辛温解表、调和营卫、扶正祛邪、温阳救逆，还有辛凉解表、清气法、攻里法、清热解毒法、辛开苦降法、刺期门以泻血热法，其中许多方剂，如白虎、承气、柴胡、栀子、泻心、陷胸、五苓、猪苓、麻杏石甘、竹叶石膏、复脉、葛根芩连、黄芩汤、黄连阿胶等方都被后世应用于临床治疗温热病，并一直沿用至今。这说明它并不是专论寒邪为患的狭义外感病学，而是经典广义的外感病学。

四、讨论

《伤寒论》书名“伤寒”是广义的，条文中的“伤寒”是狭义的。广义的伤寒，存在于“六病”之中，存在于狭义的“伤寒、中风、温病……”之中，广义与狭义是辩证的统一。为什么后世部分学者看不到它的广义性，只看到它的狭义性呢？笔者认为原因主要是宋代以后。某些注解《伤寒论》的医家忽略了对“六病”病名的认识，而在《伤寒论》中仲景对病名是有明确界定的，如第二条“名为中风”，第三条“名为伤寒”，第六条“名为温病”……。那么“六病”病名是如何确定的？答案是：“六病”病名是由“六病”提纲条文本身的语句结构确定的，即在主语和介宾词组中间用“之”字形成特定的短语，如“太阳之为病”——即“太阳病”。“太阳病”的一般含义是：在“太阳”的时间里出现了发热的疾病，如同时具备脉浮头项强痛而恶寒的个性则为典型性太阳证。后世部分医家

由于对“六病”病名没有从这个基点去理解，而武断地把“太阳病”解释为足太阳膀胱经。因而就看不到“六病”皆对发热而言的共性，他们只看到条文中的狭义“伤寒”，这样就形成了《伤寒论》是专论寒邪为患的错误观点。

参考文献

[1] 臧东来. 试论“病论”六病时位是“《伤寒论》”的证治程序［J］. 中医药研究，2001，17（3）：2~3.

［《中医药研究》2002；18（2）：5］

从《伤寒论翼》看柯韵伯在学术上的创见

宋俊生　广州中医药大学

（指导　熊曼琪）

柯氏，名琴，字韵伯，号似峰。清代浙江慈溪县丈亭乡人，后迁居江苏常熟。其生卒年代不详，有的医史资料记载生于1662年卒于1735年，有的（《中国医学人名录》）认为生于明末。其著作有《内经合璧》（已亡佚）和《伤寒来苏集》。

《伤寒来苏集》是柯氏的代表作，由《伤寒论注》《伤寒论翼》和《伤寒附翼》三部组成。其中《伤寒论注》四卷撰于1669年，内容主要是柯氏对《伤寒论》条文进行从新编次，采用“以方名证，以证为纲”的编排方法将伤寒论原文进行归类，是《伤寒来苏集》的主要部分。《伤寒论翼》两卷撰于1674年，是柯氏对《伤寒论注》的补充。上卷论述全论大法、六经、合并、风寒、温暑、痉湿、平脉法；下卷系统论述六经病的病机、脉证、治法和转归，并讨论了治疗大法。《伤寒附翼》两卷，撰写年代不详。该书专论伤寒论方，以六经类方。每经先列总论，对本经各方剂作了综合性介绍，然后结合病因病机及脉证阐明方义及适应症，包括用药意义及具体运用方法。《伤寒论翼》特点是将《内经》理论与《伤寒论》的内容紧密结合，又不泥于《内经》的条文而人云亦云。往往能发前人之未发，令人折服。笔者仅就《伤寒论翼》的读后感简述之。

一、以经释论，创“经界”说

柯琴在深入研究《内经》和《伤寒论》的基础上，就《伤寒论》的六经，提出了与众不同的“经界”说。柯氏首先否认六经理论来源于《素问·热论》，柯氏在《伤寒论翼》中说：“……叔和不知仲景之六经，是经界之经，而非经络之经。妄引内经热论作序例，以冠仲景之书，而混其六经之症治，六经之理因不明。”柯氏认为仲景之“六经”非来源于《素问·热论》。在否认源于《素问·热论》的同时提出了六经理论源于《素问·皮部论》。柯氏说：“然仲景既云撰用素问当于素问之六经广求之。按皮部论云：皮有分部，脉有经纪，其生病各异，别其部分，左右上下，阴阳所在，诸经始终，此仲景创立六经部位之原。”并将六经分区的理论依据规定为：“内由心胸，外自巅顶，前至额颅，后至肩背，下及于足，内合膀胱，是太阳地面也”；“内自心胸至胃及肠，外自头颅，由面至腹，下及于足，是阳明地面”；“由心至咽，出口颊，上耳目，斜至巅，外自胁内属胆，是少阳地面”；“自腹由脾及二肠魄门，为太阴地面”；“自腹至两肾及膀胱溺道，为少阴地面”；“自腹由肝上膈至心，从胁肋下及于小腹宗筋，为厥阴地面”。柯氏将人体划分为六区地面，认为此六区地面，内接脏腑，外连肢体，上达巅顶，下及胸腑，在部位上相互嵌合，功能上相辅相成，正常时相互为用，异常时相互影响。此种划分生理上可以囊括人体全部功能，病理上充分反映人体的各种病变。这种观点虽未成定论，但其反对单纯以经络来解释六经，显然扩大了六经的范围，对后世医家全面的认识疾病，进行有效的辨证论治，提供了切实可行的理论依据。正如柯氏所说：“夫仲景之六经，是分六区地面，所该者广。虽以脉为经络，而不专在经络上立说。”又说：“凡风寒温热内伤外感，自表及里，有寒有热，或虚或实，无乎不包。”其别开生面的经界地面说，在当时对深入研究《伤寒论》的六经涵义起到了积极的作用。

二、以经释论，阐明“治则”

柯琴在《伤寒论翼》中，运用《内经》理论，详细分析了《伤寒论》的治法，使《内经》理论与《伤寒论》的治则紧密结合。柯琴说：“当知仲景治法，悉本内经。”柯氏以《内经》理论为指导将《伤寒论》中具体治法为例证进行说明，为后世医家更深刻地理解和运用《内经》理论，指导临床实践打下了坚实基础，故柯氏进一步解释说：“岐伯曰：调治之方，必别阴阳。阳病治阴，阴病治阳，定其中外，各守其乡。外者外治，内者内治。从外之内者，治其外；从内之外者，调其内。从内之外而盛于外者，先调其内，后治其外；从外之内而盛于内者，先治其外，后调其内。”又说：“本论所称发热恶寒发于阳，无热恶寒发于阴者，是阴阳之别也。阳病制白虎承气以存阴，阴病制附子吴萸以扶阳，外者用麻桂以治表，内者用硝黄以治里，其于表虚里实，表热里寒，发表和表，攻里救里，病有浅深，治有次第，方有轻重，是以定其中外，各守其乡也。太阳阳明并病，小发汗，太阳阳明合病，用麻黄汤，是从内之外者，治其外也。阳明病，发热汗出，不恶寒，反恶热，用栀子豉汤，是从内之外者，调其内也。发汗不解，蒸蒸发热者，从内之外而盛于外，调胃承气，先调其内也。表未解而心下痞者，从外之内而盛于内，当先解表，乃可攻痞，是先治其外，后调其内也。”柯氏将《素问·阴阳应象大论》“治病必求于本”的治疗原则，用《伤寒论》的具体治疗实践进行阐述，其思想方法实属理论与实践结合之典范。

三、倡仲景为“百病立法”

柯氏认为仲景之六经，为百病立法，非伤寒一科，他主张伤寒杂病，治无二理，它们都归六经之节制，故治伤寒者须究其中有杂病之理；论杂病者，须知《伤寒论》也有关杂病之治。他在《伤寒论翼》中说：“岂知仲景约法，能合百病，兼该于六经，而不能逃六经之外。”柯氏最早提出六经为百病立法的观点，他认为一身之病俱在六经范围之中，伤寒不过是六经中之一证，六经病既包括外感病，又包括杂病在内。并认为伤寒杂病治无二理，六经各有伤寒，非伤寒独有六经。在说明伤寒与杂病关系时，柯氏认为仲景杂病论，即在伤寒论中，且伤寒之中，又最多杂病夹杂其间，故伤寒与杂病合论。他在《伤寒论翼》中说：“按仲景自序言作伤寒杂病论合十六卷，则伤寒杂病，未尝分两书也。凡条中不冠伤寒者，即与杂病同义。如太阳之头项强痛，阳明之胃家实，少阳之口苦咽干目眩，……是六经之为病，不是六经之伤寒。乃是六经分司诸病之提纲，非专为伤寒一症立法也。观五经提纲，皆指内证，惟太阳提纲为寒邪伤表立。……因太阳主表，其提纲为外感立法，故叔和将仲景之合论全属伤寒。不知仲景已自明其书不独为伤寒设，所以太阳篇中，先将诸病线索，逐条提清，比他经更详也。其曰：太阳病或已发热，或未发热，必恶寒体痛呕逆，脉阴阳俱紧者，名曰伤寒。是伤寒另有提纲矣。此不特为太阳伤寒之提纲，即六经伤寒总纲，亦不外是。观仲景独于太阳篇，别其名曰伤寒，曰中风、曰中暑、曰温病、曰湿痹，而他经不复分者，则一隅之举，可以寻其一贯之理也。其他结胸、脏结、阳结、阴结、瘀热发黄、热入血室、谵语如狂等症，或因伤寒、或非伤寒，纷纭杂沓之中，正可思伤寒杂病合论之旨矣。盖伤寒之外皆杂病，病名多端，不可以数计，故立六经而分司之。伤寒之中最多杂病，内外夹杂，虚实互呈，故将伤寒杂病合参之，正以合中见泾渭之清浊，此扼要法也。”柯氏从伤寒杂病论本为一书谈起，谓该书中“最多杂病、内外夹杂，虚实互呈，故将伤寒杂病合参之，正以合中见泾渭之清浊”。“合中见泾渭之清浊”一则说明了伤寒与杂病可以互相比较，区别正邪内外，二则说明两者是相互关连的。当然柯氏的上述观点尚未被医家所共识，但六经为百病立法，不专击伤寒，已被医家所接受。柯氏还强调说：“明六经地形，始得握百病之枢机。详六经来路，乃得操治病之规则。”实乃对伤寒论方治百疾病，提供了理论依据，从而指导医者拓展临床应用范围，起到了推动作用。柯氏这一观点受到后世医家的赞誉，正如曹禾在《医学读书志》中评曰：“伤寒杂病异轨同辕，六经本为百病立法，不专击伤寒，实传仲景数千年未火之薪，厥功伟矣。”

柯氏将《内经》理论灵活地与《伤寒论》的内容紧密相结合，可见其研究之深，应用之当。这对后世医家更深刻地理解《内经》理论以指导临床实践树立了榜样。当然仔细玩味，书中未免也有矫枉过正之词，如“仲景之六经，非经络之经”此论似自相矛盾，柯氏确定六经分区以经络为途径，因此六经分区“经界”说的物质基础，应包括脏腑、经络、及气化功能所及的部位，否则为“无源之水，无本之木”。但柯氏在学术上的创新精神对于如何在继承的基础上发展中医学术，仍将为后人借鉴。

[《广州中医药大学学报》2002；19（2）：157]

华佗“六部三法”伤寒学说的历史意义

曹东义　河北省中医药研究院

华佗生活于东汉末年，与仲景同时代。《三国志》与《后汉书》中都有他的传记，称他是沛国谯人，即今安徽亳县人。曹操的爱子仓舒（曹冲）死于建安十三年，也即公元 208 年，曹操曾经说：“吾悔杀华佗，令此儿强死也。”所以，华佗应当死于公元 208 年之前。当时正是仲景著作《伤寒杂病论》的时期，即“建安纪年”十年（205）之后。东汉末年的这两位医学巨匠都对伤寒学说有着深刻的见解，发展了伤寒证治，但是，我们没有资料可以证明他们曾经相识，并有过互相影响。比较两位医学家对于伤寒病的论述，不难看出两位伟大的医学家，都对伤寒病的证治进行过深入的研究，并且都取得了前无古人的成就，值得我们深思。华佗独创“伤寒六部传变”和以汗吐下三法治伤寒的学说，为我们留下了极为难得的学术见解。他还非常重视伤寒病过程中“胃烂斑出”的证治，实为后世温病学家辨治斑疹的先驱。他的学说深受王叔和、《诸病源候论》《千金要方》《外台秘要》等医家或论著的推崇，影响极为深远。

一、华佗对伤寒“六部三法”的表述

华佗论述伤寒病证治的著作，虽久已失传，但在王叔和散佚的医学著作中，和现存的《诸病源候论》《千金要方》《外台秘要》等医学著作中，都引有华佗关于伤寒病证治的论述。其中以孙思邈的引述最为系统和详备，最有参考价值。

孙思邈《备急千金要方》引华佗曰：“夫伤寒始得，一日在皮，当摩膏火灸之即愈。若不解者，二日在肤，可依法针，服解肌散发汗，汗出即愈。若不解，至三日在肌，复一发汗即愈。若不解者，止，勿复发汗也。至四日在胸，宜服藜芦丸，微吐之则愈。若病困，藜芦丸不能吐者，服小豆瓜蒂散，吐之则愈也。视病尚未醒醒者，复一法针之。五日在腹，六日入胃。入胃乃可下也。若热毒在外，未入于胃，而先下之者，其热乘虚入胃，即胃烂也。然热入胃，要须下去之，不可留于胃中也。胃若实热为病，三死一生，皆不愈。胃虚热入烂胃也，其热微者，赤斑出，此候五死一生；剧者黑斑出，此候十死一生。但论人有强弱，病有难易，得效相倍也（笔者按：《外台秘要》所引“华佗曰”此下还有“病者过日，不以时下之，热不得泄，亦胃烂斑出矣”）。

得病无热，但狂言，烦躁不安，精彩言语，不与人相主当者，勿以火迫之，但以猪苓散一方寸匕，服之。当与新汲水一升，若二升，强饮之。令以指刺喉中，吐之，病随手愈。若不能吐者（笔者按：(外台秘要》此下还有“此病辈多不善”)，勿强与水，水停则结心下也。当更以余药吐之。皆令相主，不尔更致危矣。若此病辈，不时（笔者按：此“时”字《外台秘要》作“急”，于义为切）以猪苓散吐解之者，其死殆速耳。亦可先去毒物，及法针之，尤佳。夫饮膈实者，此皆难治。此三死一生也。病者过日，不以时下，则热不得泄，亦胃烂斑出（笔者按：“病者过日”以下20字，为《外台秘要》引文所无。盖已见于前，今本《千金要方》错简于此。）……

春夏勿大吐下，秋冬无大发汗。发汗法，冬及始春，大寒时，宜服神丹丸。亦可摩膏、火灸。若春末，及夏月、始秋，此热月不宜火灸及重复。宜服六物青散，若崔文行度瘴散，赤散、雪煎亦善。若无丸散及煎者，但单煮柴胡数两。伤寒时行亦可服以发汗，至再三发汗不解，当与汤。实者，转下之。

其脉朝夕驶者，为辟实也；朝平夕驶者，非辟也。转下汤为可早与。但当少与，勿令大下耳。少与、当数其间也。

诸虚烦热者，与伤寒相似，然不恶寒，身不疼痛，故知非伤寒也。不可发汗。头不痛，脉不紧数，故知非里实，不可下也。如此内外皆不可攻，而（笔者按：《外台秘要》此下还有一“师”字）强攻之，必遂损竭，多死，难全也。此虚烦，但当与竹叶汤。若呕者，与橘皮汤。一剂不愈，为可重与也。此法（笔者按：《外台秘要》此下还有“官泰”二字，似为孙思邈所删）数用，甚有效验。伤寒后虚烦，宜服此汤。”[1]

《千金要方》与《外台秘要》成书相差百年左右，皆引用华佗的伤寒学说，文字基本相同。是孙思邈，王焘都见到了华佗的著作，而分别引用，还是《外台秘要》转引自《千金要方》？笔者倾向于是后者。如果是前者，说明唐代中叶华佗的著作还在流传刪假如是后者，那就有可能说明华佗的著作当时已经失传。

二、华佗“六部传变”不同于《素问》六经

《素问》《灵枢》之前，中医学认为外感热病虽与伤于寒邪有关，但古人只称其为“热病”，而不名其为“伤寒”。《难经》“伤寒有五”之论，创立了广义伤寒学说，此说以及《阴阳大论》的伏邪温病与多种温热病属于伤寒的思想，对仲景产生了巨大的影响，他撰著了我国第一部外感热病论治的专著，取名为《伤寒杂病论》[2]。华佗在其著作之中只云伤寒，而不称热病，由此也可推知其学术主张，应当受到《难经》与《阴阳大论》的影响。

华佗伤寒“六部传变”的学说是：一日在皮，二日在肤，三日在肌，皆属在表，可用汗法治疗；四日在胸，乃可用吐法；五日在腹，六日在胃。入胃之后可以用下法治疗。华佗在不可能见到《伤寒杂病论》的情况下，不用六经“条块分解”、一经一经地平列伤寒病的证候，而是按由表及里、由浅入深、自上而下的规律描述伤寒病的发展过程，故能自成体系，丰富了《素问》热病的传变学说；也

可以说，“六部传变”是温病卫气营血辨证、三焦辨证学说的滥觞；其胃热、胃烂而致斑出的理论，足以弥补仲景之不足，受到温病学家，以及唐宋迄今不少医家的称道与遵循。

华佗伤寒“六部传变”的学说，不像仲景《伤寒杂病论》自序那样，标明“撰用（素问》《九卷》《八十一难》《阴阳大论》”。然而，从其内容来看，华佗创立这种伤寒“六部传变”的学说，虽然主要来自于临床实践，但也受到《素问·热论》影响，故云“日传一部”。但华佗“六部传变”学说，毕竟不同于《素问·热论》和仲景《伤寒杂病论》的六经辨证，自成一套辨证体系，体现出他对伤寒病的独特认识。华佗凭着这一独特的认识，指导临床实践，取得了超越前人的疗效。

华佗“六部传变”的传变方式，与《素问·热论》一样，也是把发病日数作为一个非常重要的指标，当成临床治疗的依据，虽有整体把握伤寒病情变化的优点，但是验之于临床，难以完全相符。“日传一部”与《素问·热论》“日传一经”一样失之于拘泥。相比之下，仲景《伤寒例》[3]中“当一二日发”“当三四日发”、《伤寒论》“伤寒三四日”“太阳病四五日”等“或然之词”的应用，则更能切合临床实际，更符合辨证论治精神，而不是像《热论》那样强调“三日前后分汗泄”，或像华佗那样按伤寒病的日期分别使用汗吐下三法，不愧为辨证论治的典范。

三、华佗治伤寒三法空前丰富

华佗在《素问·热论》以“汗泄二法”治疗热病的基础上，发展为用“汗吐下三法”治疗伤寒病。发汗之法，除保留针刺之外，还可以用膏摩、火灸的外治方法取汗解表；也可以通过内服解肌散、神丹九、六物青散、崔文行度瘴散、赤散、雪煎等方药发汗，或单用柴胡发汗，使解表的治疗方法大为丰富[4]。

华佗吐法也有瓜蒂散、赤小豆散、猪苓散、饮冷水探吐等多种方法。

华佗对下法有独到的认识，认为早下晚下都是误治，早下伤人正气，引邪深入，使病情加重；晚下则失去治疗时机，胃中邪热得不到及时治疗，往往导致胃烂斑出，致人死亡。后世温病学“斑出阳明”的理论，与此有着明显的渊源关系。

《华佗传》云：“府吏倪寻，李延共止，俱头痛身热，所苦正同。佗曰：‘寻当下之，延当发汗。’或难其异，佗曰：‘寻外实，延内实，故治之宜殊。’即各与药，明旦并起。”[5]二人虽都是头痛发热，华佗却能够区别出一为在表，一为在里，分别用汗法和下法治之而速愈。虽然《华佗传》引文可能有误，但仍然可以说明 华佗对汗法与下法，运用得精妙与娴熟，与其常用三法治疗伤寒的学术特长，完全相符。

仲景《伤寒杂病论》，不仅注重外感病的发热，而且对发热的不同程度，发热的伴随症状，都进行了细致的区别，给予不同的治法，亦即辨证论治的方法。比如发热伴有恶寒 属于表证发热，需要发汗解表治疗。再进一步划分，在发热恶寒同时存在的时候，如果属于没有汗出，或有脉浮紧和呼吸喘促，可以使用麻黄汤；如果发热恶寒，伴有汗出，或有鼻鸣干呕，应当使用桂枝汤；如果是素有咳喘，又新有外感表证，则须选用桂枝汤加厚朴、杏仁；如果外感表证，发热恶寒的同时，有饮邪停聚心下，则需要用小青龙汤进行治疗；如果发热恶寒的同时，兼有内热口渴，烦躁身痛，则需要用大青龙汤治疗。

临床上常常有误治之后，表证未去又添正气损伤的新情况，如伤阴、伤阳、身痛、心悸、欲作奔豚等证，应当分别采用桂枝加葛根汤、桂枝加附子汤、桂枝加芍药生姜各一两人参三两新加汤、桂枝加蜀漆龙骨牡蛎汤、桂枝加桂汤等进行治疗。仲景还有桂枝加芍药汤、桂枝加大黄汤、桂枝麻黄各半汤、桂枝二麻黄一汤、麻黄杏仁甘草石膏汤、麻黄附子细辛汤、麻黄附子甘草汤、葛根汤、葛根芩连汤等与表证有关的方剂。

《伤寒论》对下法的使用，也很细致：用大承气汤、小承气汤、调胃承气汤治热结于里；桃核承气汤、抵挡汤、抵挡丸治疗血热互结；十枣汤、大陷胸汤、大陷胸丸、小陷胸汤治疗水热互结，或是痰饮与热互结，等等。仲景治疗伤寒的法则、方药，细密如此！决非汗、泄二法，或汗、吐、下三法的几个药方，所能简单概括。仲景六经辨证的内容，博大精深、丰富多彩。难怪王叔和《脉经·序》说：“仲景明审，亦侯形证，一毫有疑，则考校以求验。故伤寒有承气之戒，呕哕发下焦之间。而遗文远旨，代寡能用，旧经秘述，奥而不售。遂令末学，昧于原本，互滋偏见，各逞已能，至微疴成膏肓之变，滞固绝振起之望。良有以也。”[6]唐代医学大家孙思邈也说：“伤寒热病，自古有之，名贤睿哲，多所防御，至于仲景特有神功。寻思旨趣，莫测其致，所以医人未能钻仰。[7]”仲景六经辨证的学术特长，是在宋代之后才被认识的。

四、华佗六部传变受到后世推崇

自华佗伤寒病的"六部传变"学说行世之后，受到魏太医令王叔和的重视。《备急千金要方》引王叔和曰："伤寒病者，起自风寒，入与腠理与精气分争，荣卫否隔，周行不通。病一日至二日，气在孔窍皮肤之间，故病者头疼恶寒、腰背强重。此邪气在表，发汗则愈。三日以上气浮在上部，填塞胸心，故头痛，心中满，当吐之则愈。五日以上气沉结在藏，故腹胀身重、骨节烦疼，当下之则愈。明当消息病之状候，不可乱投汤药，虚其胃气也。[8]"王氏此论源于华佗，又有所阐发，使汗吐下三法更明晰易施，同时，论明邪气在胸与入腹，为气之浮沉所致，实为吴鞠通外感温病三焦辨证之雏形。

巢元方（诸病源候论》"伤寒诸候"，在引用了《伤寒例》中"阴阳大论"的有关内容之后，又云："伤寒病者，起自风寒，入与腠理与精气交争，荣卫否隔，周行不通。病一日至二日，气在孔窍皮肤之间，故病者头疼恶寒、腰背强重。此邪气在表，洗浴发汗即愈。病三日以上，气浮在上部，胸心填塞，故头痛、心中满闷，当吐之则愈。五日以上，气深结在脏，故腹胀身重、骨节烦疼，当下之则愈。[9]"很显然，这一段文字正是王叔和概括的华佗"六部传变"的有关内容，《诸病源候论》的作者将其置于卷首，其后才引用《素问·热论》"日传一经"的有关文字，足见其对"六部传变"学说的重视。

《诸病源候论》"时气诸候"，也是在引用了《伤寒例》有关文字之后，又云："时病，一日在皮毛，当摩膏火灸愈。不解者，二日在肤，法针，服行解散汗出愈。不解，三日在肌，复发汗，若大汗即愈；不解，止，勿复发汗也。四日服藜芦丸，微吐愈；若病固，藜芦丸不吐者，服赤豆瓜蒂散，吐已解，视病者尚未了了者，复一法针之当解。不愈者，六日热已入胃，乃与鸡子汤下之愈……时病始得，一日在皮，二日在肤，三日在肌，四日在胸，五日入胃。入胃乃可下也。"[10]这一段关于时气病传变规律的论述，也源于华佗所说伤寒六部传变和三法治伤寒的学说。可见华佗关于外感热病由表入里、由浅至深、自上而下的"六部传变"学说，是一种普遍的规律，因此受到后世医家的重视。

《伤寒论》六经辨证体系大行于世之后，华佗"六部传变"学说渐少有传者。宋代之后，世人每当提起伤寒病证治，便想到仲景的学说，很少有人知道华佗的伤寒学术思想。华佗虽事迹列于史传，有弟子吴普、樊阿传其学，而其独特的伤寒学术竟成绝学；后人虽曾对《后汉书》仲景无传，深表遗憾，然而，宋代之后，研究仲景《伤寒论》学术特点、对其方证进行研究和补充的专门著作，多达六百余种，确有深刻的原因在其中。这种现象还见于元代名医李东垣，他曾著有《伤寒会要》三十余万言，其友元好问也称："大概其学，于伤寒痈疽眼目病为尤长。[11]"然而，其大部头的《伤寒会要》书久已失传；而《脾胃论》《内外伤辨惑论》，却因其独特的善补脾胃的学术特长，至今被尊崇。华佗的伤寒学说至今不传，也当与其自身的"六部传变"不如仲景的"六经辨证"更为全面详尽有关。然而，历史地看问题，华佗的"六部三法"治疗伤寒的学说，不仅发展和丰富了《素问·热论》的外感热病学说，而且也有不少方面为仲景《伤寒论》所未及，对后世温病辨证理论的形成，体现出古今渊源的继承关系。因此，在中医外感热病学史上，华佗的"六部三法"伤寒学说，应当具有一定的历史地位，值得进一步深入研究。

参考文献

[1] 孙思邈. 备急千金要方，卷9，影印本. 北京：人民卫生出版社.

[2] 余瀛鳌. 仲景和他的《伤寒杂病论》. 南京中医学院学报，1982，4，67.

[3] 曹东义. 论张仲景、王叔和与《伤寒例》. 中华医史杂志，1991，2（3）：141.

[4] 曹东义. 辛凉解表法的历史形成过程研究. 河北中医药学报，2000，15（4）：9.

[5] 陈寿. 三国志·华佗传，见：段逸山主编《医古文》. 上海：上海科学技术出版社，1984，31.

[6] 王叔和. 脉经·序，影印本. 北京：人民卫生出版社，1982，1.

[7] 孙思邈，千金翼方，卷9，影印本. 北京：人民卫生出版社，1983，97.

[8] 孙思邈. 备急千金要方，卷9，影印本. 北京：人民卫生出版社，1995，174.

[9] 巢元方. 诸病源候论，卷7，见：曹炳章原辑《中国医学大成》（9）. 北京：中国中医药出版社，1997，68.

[10] 巢元方. 诸病源候论，卷9，见：曹炳章原辑《中国医学大成》（9）. 北京：中国中医药出版社，1997，78.

[11] 丹波元胤. 中国医籍考. 北京：人民卫生出版社，1983，412.

［《中华医史杂志》2002；32（3）：159］

喻昌对《伤寒论》发展的贡献

赵珍品　广州中医药大学

喻昌，字嘉言，明末清初著名医家，是伤寒学派中错简派之中坚。其传世之作主要有《尚论篇》《寓意草》《医门法律》，后世合称《喻嘉言医学三书》。喻氏研究伤寒的主要学术思想，集中体现在《尚论篇》中。《尚论篇》全称为《尚论张仲景伤寒论重编三百九十七法》，后为简明起见，简称《尚论篇》。喻氏治学伤寒，在理论上勇于探索，敢于创新，打破成规；实践中重视治法的确立，提倡理论联系实际；对于伤寒和温病的研究方法，提倡三纲鼎立学说和重订突出治法是其对《伤寒论》的两大贡献。

一、倡导三纲之说

喻氏认为，有破则有立，若使仲景伤寒理论“如日月之光昭宇宙，必先振举大纲，然后详明其节目，始为至当不易之规”。他大倡纲目之说，将四时外感，以冬月伤寒为大纲；伤寒六经又以太阳一经为大纲；而太阳经中，又以风伤卫，寒伤营，风寒两伤营卫为大纲；这就是喻氏伤寒三纲之说，欲立医学之规矩以随范后人。他认为只有先明确了大纲，再根据大纲探求其病理变化和治疗规律，才容易掌握辨证论治的原则性和灵活性。“仲景立桂枝汤、麻黄汤、大青龙汤，鼎足大纲三法，风伤卫则用桂枝汤，寒伤营则用麻黄汤，风寒两伤营卫，则用大青龙汤，用之得当，风寒立时解散，不劳余力矣”，因而他重新编次的《尚论篇》太阳经部分便分作三篇，风伤卫为上篇，寒伤营为中篇，风寒两伤营卫为下篇。每篇中又分若干部分，在每一分类前面，都冠以全篇证治大意，在每一部分前后，有小标题和小结。这样的编次，条理清楚，纲举目张，对理解内容具有提纲挈领、执简驭繁的作用，的确给后学者带来了很大的方便。

除此之外，喻氏还提出温病三纲说。他认为“仲景详于治伤寒，略于治温，以法度错出于治伤寒中耳”。他运用伤寒的归纳方法把温病也划分三个类型，以冬伤于寒，春必病温为一类；冬不藏精，春必病温为一类；既冬伤于寒，又冬不藏精，至春月同时发病为又一类。并把这三种类型与伤寒三阴三阳加以对照，认为冬伤于寒，邪藏肌肤，即邪中三阳之谓也；冬不藏精，邪入阴脏，即邪中三阴之谓也；冬伤于寒又兼冬不藏精，则与两感伤寒相符不差。这无疑是一个伤寒学说扩展应用的可贵探索。如此，喻氏将温病三纲学说和伤寒三纲学说相提并论，从而形成独特的辨证纲领。

二、重订突出治法

喻氏治学伤寒注重理论与实践相结合，与方氏显著不同之处，是喻昌重视“法”的确立。每篇每条均注明“法”是其所创。所谓“法”，相当于条文下之“提要”性质。如《伤寒论》第一条：“太阳之为病，脉浮，头项强痛而恶寒”。喻氏在条文之前曰：“太阳经受病之初有定脉定证一法”，此十四字即喻氏所称的“法”。在三纲鼎立的原则下，以纲统法，全书共制定了397法，一如其书所言“重编三百九十七法”，则“毋论法之中更有法，即方之中亦更有法，通身手眼始得一一点出，读之而心开识朗”。这样的行文体例，突出了《伤寒论》辨证论治之精髓，如授人以渔，而不致使后人拘泥于《伤寒论》中成方成药，重点掌握治病大法，使方随法立，药从方组，处方用药方能灵活多变。这样，仲景之书“传之后世，如日月之光华，旦而复旦，万古常明也”。

在抓住大法的同时，注释条文方面亦不落俗套，从小着眼，往往从众人忽略之处，阐发幽微，见解独到，多有发明。如“脾约”一词的阐述，成无己释为“胃强脾弱”，后人多附会此说，但喻氏认为“盖约者，省约为一二弹丸而出，全是脾土过燥，致令肠胃中津液日渐干枯，所以大便为难也”。他不囿前人之说，理论上多有创新发明；又如秋燥论、大气论的提出，便可对其读书之精、之透略窥一斑了。

三、喻氏治学精神对后世的影响

（一）三纲学说的影响

喻氏伤寒三纲学说这一规范化辨证纲领的提出，使得后世如张璐、吴仪洛、周扬俊、沈明宗等人，均宗其法，对伤寒论作进一步发挥和补充；其温病三纲，从伏气学说立论而自成一家，柳宝诒发挥其义，擅长治疗伏温，亦成为温病大家。

（二）突出治法的影响

喻氏临床不仅重视审证议病，而且十分讲究立法用药，长期以来积累了许多的治病经验，如肿胀、痢疾等症的论治深得后人赞赏，为后世陈修圆、丁甘仁所推崇，其先议病再议药的论证提倡，乃指导今人的临床实践。

（三）治学精神的影响

“尚论”一词，首见于《孟子·万章下》：“以友天下之善士为未足，又尚论古人”，意为向上追论。喻氏在其自序中称其有感医事不振，恐“此理一晦，黑若夜行，心窃忧之，于是杜门乐饥，取古人书而尚论之”，即旨在追论仲景以针砭时弊。喻氏师古而不泥古，注重实际，喜创新说，具有革新精神。笔者认为，喻昌的错简之论、三纲之说虽有标新立异之嫌，但却开创了《伤寒论》学术争鸣的先河，开启了医家们从多角度研究《伤寒论》的思路，以致明清时期涌现出《伤寒论》错简派、赞赏派、辨证派等多种学术流派；以“经”释论、“六经”“三纲”“经络脏腑”“八纲辨证”“方药类证”“运气学说”等种种研究方法的形成与喻氏所倡新说不无密切关系。如其自序中最后云：“是编聊引其端，等诸爝火，俟夫园通上智，出其光华，于以昭彻玄微，与黄、歧、仲景而合辙。倡也糠秕在前，有荣施矣。”他自谦为爝火（小火把），真用心良苦，使人想起庄子的话：“日月出矣，而爝火不息，其于光也，不亦难乎。”对于喻昌的耿介狷傲，特立独行，是否应作如是观呢？

[《广州中医大学学报》2002；19（3）：236]

试论《伤寒明理论》的学术成就

董正华　陕西中医学院

金代成无己所著的《伤寒明理论》[1]，是学习《伤寒论》的一部重要参考书。全书共四卷仅四万余字，分证论和方证两部分。该书主要辨析了《伤寒论》的五十个证候和二十首方剂，篇幅虽不大，内容虽有限，但皆属开创性的工作，对中医证候的鉴别分析及方剂学制方理论的研究，都有很大的启发意义，具有重要的学术价值。本文主要从证治、方剂两方面概括其学术成就。

一、辨伤寒五十证，首创类证分析法

《伤寒论》是我国第一部理法方药比较完善的临床治疗学专著。该书以六经病为纲，辨析多种外感疾病和杂病，其证候繁杂，初学者往往难以融会贯通。成无己在系统注释阐发《伤寒论》、撰成《注解伤寒论》之后，又选择六经病中比较常见的发热、恶寒、咳、喘等五十个证候（症状），通过阐释含义、分析病机、类证比较、辨别异同等方法，使诸证候概念明确、病机清晰、表里寒热阴阳属性昭然，读后确有明理之感。

1. 明确概念，释证之含义。明确各种证候的具体表现，是临床辨证诊断的基础。鉴于《伤寒论》文辞古奥，言简意赅，为避免对证候概念理解不一，《伤寒明理论》首先解释诸证的具体含义。如“寒热”证，为“往来寒热也。”“潮热”证是指“若潮水之潮，其来不失其时也，一日一发，指时而发者，谓之潮热。”“瘛疭”是“瘛者筋脉急也，疭者筋脉缓也；急者则引而缩，缓者则纵而伸，或缩或伸，动而不止者，名曰瘛疭，俗谓之搐者是也。”《伤寒明理论》所论五十证，皆是此例。首先明确各证的定义，统一概念，既有助于初学者正确理解仲景原意，也有助于临床审证辨证。

2. 分析病理，皆遵《内》《难》。成无己受《伤寒杂病论》原序的启发，采用以经解论法注释阐发《伤寒论》的义理，故在分析诸证产生病理机制时，悉遵《内经》和《难经》的学术观点。如分析自汗证说：“《内经》曰阳气卫外而为固也。卫为阳，言卫护皮肤，肥实腠理，禁固津液，不得妄泄。汗者干之而出，邪气干于卫气，气不能卫固于外，则皮肤为之缓，腠理为之疏，由是而津液妄泄，濈濈然润，漐漐然出，谓之自汗也。”解析发狂证时说：“《难经》曰狂之始发也，少卧不饥而自高贤也，自辨智也，自贵倨也，妄笑好歌乐也，妄行走不休也，狂家所起，皆阳盛致然。《内经》曰阴不胜其阳，脉流薄疾，并乃狂也。又曰邪入于阳则狂，……《难经》曰重阳者狂，重阴者癫”等等，皆以《内经》《难经》的学术观点为理论依据，来阐发伤寒诸证的病理机制。这样不仅使《内》《难》的基础理论与临床实际紧密联系起来，而且也使《伤寒论》中某些深奥隐晦的医理变得浅显明了，便于学习掌握。

3. 类证比较，辨析异同。《伤寒明理论》所选择的五十种证候，分见于伤寒六经诸病，性质各异，论治不同。但通过成无己的类证辨析，不仅有助于异中求同，便于集中了解《伤寒论》对某一证的辨治全貌；而且还有助于同中求异，便于掌握各证的表里、寒热、虚实辨治。例如“谵语”证，首先指出谵语的病机为“心藏神而主火，病则热气归焉；伤寒胃中热盛，上乘于心，心为热冒，则神昏乱而语言多，识昏不知所以然，遂言无次而成谵妄之语”。随邪热之轻重不同，具体又表现为谵语、独语、狂言、语言不休、言乱等五种情况。归纳伤寒六经病谵语有：火劫谵语、汗出谵语、下利谵语、下血谵语、燥屎在胃谵语、三阳合病谵语、过经谵语、亡阳谵语等八种类型。最后还归纳说明谵

语的预后。又如“自利”证，明确自利的概念，指出伤寒自利有表里、寒热、虚实多种类型，并以此为纲，归纳六经病自利的证治。

其余所列诸证，皆是如此，分析形证，辨别异同，极为精当；可谓是中医学最早的一部症状鉴别诊断学。

4. 发展创新，补仲景之未备。《伤寒明理论》在类证分析时，对仲景论而不详的某些问题，皆根据成氏自己的临床体会，或结合其他医家的经验，予以补充阐发。例如舌诊在《伤寒论》中论述甚简，《伤寒明理论》“舌上胎”篇，则联系《内经》《金匮》有关论述，说明舌苔产生机理，较全面地论述了舌苔的厚薄、颜色、润燥的临床辨证意义。该篇是中医舌诊专著问世之前，比较系统讨论舌诊的文献专篇。又如“霍乱”，成氏除归纳《伤寒论》霍乱证治外，还指出霍乱的成因为“饮食所伤”；补充许仁则干、湿霍乱分类法，说明两类霍乱的预后不同，并提出“食饮有节，起居有常”是预防霍乱的重要措施。似此，皆补充了《伤寒论》的不足，是对仲景学说的发展。

总之，《伤寒论》六经病是从纵的角度揭示多种外感疾病发生发展规律及辨治方法；《伤寒明理论》证论三卷则是从横的角度归纳五十种证候在六经病中的发生及辨治规律，开创了类证分析法研究《伤寒论》的先河。

二、析伤寒二十方，为方论研究之先驱

《伤寒论》以其重要的理论及实践价值，而备受历代医家推崇，其方剂被尊为“方书之祖”“群方之冠”。《伤寒明理论》卷四药方论篇，选择麻黄汤、桂枝汤等二十首伤寒基础方剂，结合《内经》的组方原则予以剖析，借以说明病证与方剂、方剂与治法、方剂组成的配伍规律等，系统总结出《内经》《伤寒论》的制方理论。《伤寒明理论》药方论篇既是第一部专门研究经方的专著，也是第一部专门剖析方剂制方理论的专著。成无己是中医方论研究的先驱，把方剂理论研究推到一个新的阶段。

1. 确立七方、十剂说。成氏在总结前代方剂学研究成就的基础上，首先明确提出方剂分类的“七方”“十剂”说。考“七方”说，始于《素问·至真要大论》篇，“君一臣二，制之小也，君一臣三佐五，制之中也；君一臣三佐九，制之大也”，“君一臣二奇之制也，君二臣四偶之制也；君二臣三奇之制也，君二臣六偶之制也”，“补上治上制以缓，补下治下制以急；奇之不去则偶之，是谓重方”。成无己则以其为根据，归纳为“治方之用，大小缓急奇偶复，七方是也。”由此，《内经》制方七方说遂得以倡行。考“十剂”说，渊于北齐徐之才《药对》，原是按功用归类药物的方法，迄宋《圣济总录》则于每种之后又添一“剂”字。成无己则明确指出：“制方之体，宣通补泻轻重滑涩燥湿，十剂是也。”即将功用作为方剂的分类依据，使“十剂”说得以沿用。

2. 循名责实，释方名之含义。经方之方名，皆具有一定含义，或以主药为名，或以功效为名，或以主治病证、病机特点为名，还有借比类取象法，用古代天神命名者等等。了解方名的确切含义，即可循名责实，掌握该方的功效主治大意。因此，成无己在药方论篇对某些特殊方剂，多先从释名入手，详解方名的含义。例如青龙汤、白虎汤、真武汤、大承气汤、四逆汤等等。

3. 据《内经》制方理论，剖析方义。《伤寒明理论》药方论篇所释诸方，皆以《内经》阴阳应象大论、至真要大论等篇所载的治法，君臣佐使组方原则，以及四气五味配伍原则为根据，联系所治病症的病因病机来剖析诸方的组方大意、配伍规律。以方释法，法与证合，使人读其方而知其法、明其证，而药、方、法、证紧密相联。

例如桂枝汤方，他首先以《伤寒论》为依据，指出其适应证及禁忌：“盖桂枝汤，本专主太阳中风，其于腠理致密、营卫邪实、津液禁固，寒邪所胜者，则桂枝汤不能发散。必也皮肤疏凑又自汗，风邪干于卫气者乃可投之。”其次分析组方大意：“桂味辛热，用以为君，必谓桂犹圭也，宣道诸药，为之先聘，是犹辛甘发散为阳之意。盖发散风邪，必以辛为主，故桂枝所以为君也。芍药味苦酸微寒，甘草味甘平，二物用以为臣佐者，《内经》所谓风淫所胜，平以辛，佐以苦，以甘缓之，以酸收之。是以芍药为臣，甘草为佐也。生姜味辛温，大枣味甘温，二物为使者，《内经》所谓风淫于内，以甘缓之，以辛散之，是以姜枣为使者也。”通过上述分析，即把桂枝汤君臣佐使的组方大意、配伍规律、适应证、禁忌证都清晰地揭示出来。其他诸方皆如此类。

参考文献

[1] 金·成无己撰.《伤寒明理论》. 上海科学技术出版社，1959年1月新1版.

[《陕西中医学院学报》2002；25（3）：1]

以敦煌遗书《法要》探讨张仲景经方之源

张永文　南京中医药大学

本文所要讨论的经方，是专指张仲景的《伤寒论》和《金匮要略》两本书中所载的方剂。敦煌遗书《辅行诀脏腑用药法要》（以下简称《法要》）中多次提及南阳张机及其著作《伤寒杂病论》，并载方51首，其中许多方剂虽名与张仲景经方有异，但组成及主治多有相似，兹参阅遗书《法要》，对张仲景经方之源提出管窥之见，以抛砖引玉。

一、敦煌遗书《法要》简介

敦煌遗书《法要》为敦煌遗书中极具有代表性的著作，该书保存较完善，内容中记载着大量久已失传的中医古籍内容，如《桐君药录》《汤液经法》等，书中所载的内容在历代均无流传、无记载、无刊行，故实非后人妄纂附凤之作。《法要》书名下加题“梁华阳隐居陶弘景撰”，实非陶弘景本人所作，乃后人集其说而成，其人为尊陶弘景托其名而成。其成书年代大约在陶弘景之后至隋唐之间。晋以前之道书、兵书、方使书等技艺类书多以“诀”命名，示其言简意赅也，本书以“辅行诀”名之，亦取此意。

二、敦煌遗书《法要》对张仲景《伤寒杂病论》的记载

《法要》中记载：商有圣相伊尹，依《神农本草经》及《桐尹采药录》，撰《汤液经》三卷，其载方360首，上品上药、中品中药及下品毒药，各120首。“凡共三百六十首也，实万代医家之规范，苍生护命之大宝也。今检录常情需用者六十首，备山中预防灾疾之用耳。[1]”而《法要》中实载方51首，其中五脏及心胞病大小补泻方各1首，共24首，五脏泻方5首，五脏补方5首，二旦及六神（实为四神）汤大小各1首，共12首，开五脏窍方5首。由此可见，《法要》的作者的确目睹了《汤液经法》，且将其中的60首方剂记载了下来。《汉书·艺文志·方技略》内载医经7家，经方11家，而经方11家中有《汤液经法》32卷。《法要》还云：“外感天行，经方之治，有二旦、六神大小等汤。昔南阳张机，依此诸方，撰为《伤寒论》一部，疗治明悉，后学者咸尊奉之。”然经方“其方意深妙，非俗浅所识，缘诸损候，藏气互乘，虚实杂错，药味寒热并行，补泻相参，先圣遗奥，出人意表。汉晋以来，诸名医辈，张机、卫汜、华元化、吴普、皇甫玄晏、支法存、葛稚川、范将军等，皆当代名贤，咸师式此《汤液经法》，愍救疾苦，造福含灵。”故据《法要》记载，张仲景之经方，当以《汤液经法》为蓝本，参照二旦、六神大小汤而成，并且“后学者咸尊奉之”，也就是后人将张仲景之《伤寒杂病论》称为方书之祖。然张仲景之方“其间增减，虽各擅其异，或致新效，似乱旧经，而其旨趣，仍有圆之规矩也。”指明张仲景之方随证加减，增加新效，扩大治疗范围，但仍不失经方之制也。

三、《法要》与《伤寒杂病论》中相同的方剂

《法要》与《伤寒杂病论》方药相同或相近的方剂共有18首，且大部分（特别是二旦、六神汤）与《伤寒杂病论》中张仲景之经方在组成、药量、主治、用法及加减变化等方面基本相同，只是方名有异。

1. 五脏补泻汤与仲景经方相同的方剂

其小补心汤与张仲景之栝楼薤白半夏汤方剂组成相同，主治亦同，惟煮药张仲景用白酒一斗，此用白截浆一斗；大补心汤与张仲景栝楼薤白半夏汤组成及主治相同；小泻心汤与张仲景泻心汤组成相同，用法“以麻沸汤三升，渍一食倾，绞去滓”；小泻脾汤，《法要》中治“脾气实，下利清谷，里寒外热，腹冷，脉微者方”，此方与张仲景四逆汤组成相同，但此方主治“脾气实证”，实则一派脾气虚寒之象；小补脾汤与张仲景之理中丸组成、主治及加减法均相同；泻心汤与张仲景干姜黄连黄芩人参汤用药相类，惟多一味甘草，主治“救误用清下，其人阳气素实，外邪乘虚陷入，致心下痞满，食不下，利反不止，雷鸣腹痛”；泻肾汤与张仲景之茯苓桂枝五味甘草汤相类，只多一味生姜，主治“救误用汗法，其人阳气素虚，致令阴气逆升，心中悸动不安，冒，汗出不止”；建中补脾汤组成及主治与张仲景小建中汤相同。

2. 二旦、六神汤中与张仲景经方相同的方剂

小阳旦汤方药组成、主治与张仲景桂枝汤相同，其服药法略粗于张仲景之法，“上方，以水七升，煮取三升，温服取一升，服已，即啜热粥饭一器，以助药力，稍令汗出，不可大汗淋漓，汗之则病不除也。若不汗出，可随服之，取瘥止。日三服。若加饴一升，为正阳旦汤”；正阳旦汤即张仲景小建中汤；太阳旦汤即张仲景黄芪建中汤加入

参，治“凡病汗出不解，气息惙惙，身劳力怯，恶风寒，腹中拘急，不欲饮食，宜此方”；大阴旦汤与小柴胡汤相似，只多一味芍药，而其主治亦同；小阴旦汤即张仲景黄芩汤加生姜，其证治与黄芩汤相近；小青龙汤主治及方药与张仲景麻黄汤相同；大青龙汤与张仲景小青龙汤主治及方药相同：小白虎汤即张仲景白虎汤，其方药组成、主治及服药法均相同；大白虎汤即张仲景竹叶石膏汤，主治相同，仅此方用生姜，张仲景用人参；小朱鸟汤即张仲景黄连阿胶汤，“治天行热病，心气不足，内生烦热，坐卧不安，时下利纯血，如鸡鸭肝者”；小玄武汤即张仲景真武汤，主治及方药皆相同，因唐避玄宗之讳而改玄武为真武；大玄武汤治“肾气虚疲，少腹中冷，腰背沉重，四肢清，小便不利，大便鸭溏，日十余行，气惙力弱者”，组成即为张仲景真武汤与理中汤之合方。

总括以上 18 首方剂，与张仲景经方有诸多相似之处，只是方名相异，特别是二旦及六神汤 12 首方剂中，有 11 首方剂与张仲景经方相似。这正应《法要》所云：“外感天行，经方之治，有二旦、六神大小等汤。昔南阳张机，依此诸方，撰为《伤寒论》一部”之语。张仲景之桂枝汤啜热稀粥法、麻沸汤渍服法、白虎汤及和解的小柴胡汤等，皆非其所独创，《汤液经法》中早已有记载，这说明《伤寒杂病论》源于古佚书《汤液经法》。张仲景在继承的基础上加以创新，并在医疗实践中逐步发展和丰富了《汤液经法》中诸多方剂的内涵，扩大了其主治范围，从而形成了所谓的经方。至于方名的改变，或谓张仲景为避道家之讳，或谓是历代传抄之误。从方药组成上可以证明，张仲景之《伤寒杂病论》是以《汤液经法》为蓝本而成，而经方实则源于《汤液经法》，通过《法要》可再现《汤液经法》之原貌。

四、历代医家对张仲景经方之源的认识

晋·皇甫谧《甲乙经·序》中曰：“伊尹以亚圣之才，撰用《神农本草》以为《汤液》，……张仲景论广伊尹汤液为十数卷，用之多验，近代太医令王叔和撰次张仲景选论甚精，指事施用。”宋·林亿等《伤寒论·序》中亦云：“夫《伤寒论》盖祖述大圣人之意，诸家莫其伦拟，故晋·皇甫谧序《甲乙针经》云：“伊尹元圣之才，撰用《神农本草》，以为《汤液》，汉张仲景论广《汤液》为十数卷，……是张仲景本伊尹之法，伊尹本神农之经，得不谓祖述大圣人之意乎。”元·吴澄《活人书辨·序》中说：“汉末张仲景著《伤寒论》，……而《伤寒论》即古《汤液经》，盖上世遗书，张仲景特编纂云尔。”从以上医家的论述可推论出张仲景经方的确来源于伊尹《汤液经法》，而伊尹《汤液经法》又来源于《神农本草》，他们之间是一脉相承的关系。再来看看张仲景自己是怎么说的，张仲景在自序中说：“感往昔之沦丧，伤横夭之莫救，乃勤求古训、博采众方，撰用《素问》《九卷》《八十一难》《阴阳大论》《胎胪药录》，并《平脉辨证》，为《伤寒杂病论》合十六卷。”为何张仲景序中未见《汤液经法》之书名，而历代医家都认为张仲景之《伤寒杂病论》确源于《汤液经法》，究其根本，盖一书有两名，张仲景序中所提到的《平脉辨证》可能即为古佚书《汤液经法》[2]。观张仲景序中云：“并《平脉辨证》”，这个“并”字足以说明《伤寒杂病论》是以《平脉辨证》为基础，结合《素问》《九卷》等书而成，也就是以《汤液经法》为蓝本而成的。

五、结语

《法要》一书中，较完整地保存了《汤液经法》的一些学术内容，具有较高的学术价值，其对于张仲景《伤寒杂病论》中经方的来源，有明确的记载。张仲景《伤寒杂病论》流传至今，期间经过传抄、失散、校正已历 800 多年，书中传抄之误或编著者之语被作为原文的可能是存在的。而《法要》藏于敦煌藏经洞中，未经过流传，未经过校正，因此较好地保存了该书的内容，从中可窥已佚古书之原貌，故该书值得现代医家潜心研究，以期能将其中的学术思想及其基本理论融入现有的中医基础理论，以丰富现有理论。

参考文献

[1] 丛春雨. 敦煌中医药全书［M］. 北京：中医古籍出版社，1994、116.

[2] 朱章志，李赛美. 经方临床应用与研究［M］. 广州：广东经济出版社，1998. 22.

［《中国中医基础医学杂志》2002；8（3）：75］

《伤寒论》第 309 条之我见

张国骏　徐军娟　天津中医学院

对于原文第 309 条‘少阴病，吐利，手足逆冷，烦躁欲死者，吴茱萸汤主之”的认识，迄今为止，历代注家对此多避重就轻，阐发未能得其真要。少阴病阳衰阴盛，而遣方用药却没有针对少阴病的心肾虚衰，而仅以温胃散寒，降逆止呕的吴茱

萸汤主之，这绝非偶然。笔者认为，本条所论少阴病属于寒化重证，标本俱急，且标急难以救本，故以“吴茱萸汤主之”，属权宜治法。对此，贸然提出以下认识，以求正于同道。

一、诸家之论

对于本条原文，诸家大致有以下几种不同认识。成无己认为：“吐利手足厥冷，则阴寒气甚；烦躁欲死者，阳气内争。与吴茱萸汤，助阳散寒。”成氏之说回避焦点“少阴病”，仅以“阳气内争”解释病机及治疗，恐难自圆。柯琴认为：“少阴病吐利，烦躁四逆者死。……此云手足，是指指掌而言，四肢之阳犹在。……故用吴茱萸汤以温之，吐利止而烦躁除。”柯氏之论虽探究病机、病势，但对于如此严重的少阴病，为何不用四逆汤等实质问题，却避而不谈。尤在泾认为：“此寒中少阴，而复上攻阳明之证。吐利厥冷，烦躁欲死者，阴邪盛极，而阳气不能盛也，故以吴茱萸温里散寒为主。……然后条（296 条）云：‘少阴病，吐利躁烦，四逆者，死。’此复以吴茱萸主之者，彼为阴极而阳欲绝，此为阴盛而阳来争也。病证则同，而辨之于争与绝之间，盖亦微矣。”尤氏以阳是否与阴争来别其是否用吴茱萸汤，显然承袭成氏之论，实际上也避开了为何不从少阴论治的问题。吴谦认为：“名曰少阴病，主厥阴药者，以少阴、厥阴多合病，……少阴之烦躁则多躁，厥阴之烦躁则多烦。……今吐而不吐蛔，手足厥冷，故以少阴病名之也。……多烦而躁欲死，故属厥阴病主治也。所以不用四逆汤，而用吴茱萸汤也。”吴氏以“躁烦”和“烦躁”有别以及是否“吐蛔”来强论其不属少阴病，而是厥阴病，“所以不用四逆汤，而用吴茱萸汤也。”不免有牵强之嫌。钱天来认为：“吐利，阴经之本证也。……阴邪纵逆，胃阳衰败而不守，阴阳不相顺接而厥逆。阳受阴迫而烦，阴盛格阳而躁……。”钱氏对吐利、四逆、烦躁之机理论述较详，但对“少阴病”却只字未谈，显然避重就轻。《伤寒论讲义》（5 版教材）认为“它不是少阴病正治方法”并提出疑问“本条少阴病冠首，吐利，四逆，亦酷似四逆汤证，何以不用四逆汤而用吴茱萸汤？关键是‘烦躁欲死’一证，标志着阴邪虽然很盛，而阳气尚能与阴邪剧争，而不是阴盛阳亡，故可借用吴茱萸汤温降肝胃，泄浊通阳……”《伤寒论讲义》认为“酷似四逆汤证”“借用吴茱萸汤”，至于是不是少阴病？不“借用”吴茱萸汤又当用何方？均无后文，实难令后学理解。

二、原文辨析

（一）其病确属少阴病无疑

众所周知，凡外邪侵袭少阴，心肾虚衰，出现以脉微细、但欲寐为基本脉证特点的病证，即为少阴病，少阴病一般有寒化证和热化证之分。典型的少阴病寒化证，常见脉微细、但欲寐、下利、甚或手足逆冷等证候，以阳气虚衰、阴寒内盛为基本病理特点，常以重在驱寒回阳的四逆汤、白通汤、通脉四逆汤等为主方。

对照原文第 296 条“少阴病，吐利，躁烦，四逆者，死”及本条原文所论证候，两证均有阳衰阴盛的吐利、厥逆等临床表现，均明确其证候为“少阴病”。从原著的行文习惯看，以某病冠首，即论某病，病初不能确诊为某病者，才以“伤寒”（广义）冠首。再从前后文来看，第 304 条至本条所论证候均为不同特点的少阴寒化证的证治。如，寒湿凝滞证及下利便脓血证和本条少阴病寒化证的吐利四逆证。因此，本条所论证候属少阴病无疑。

（二）其证为少阴病寒化重证

下利一症是少阴病寒化证的常见症状。纵观少阴病篇，论及下利的原文并非少见，但论及下利与厥逆并见的原文却为数不多，除本条之外，仅有第 296 条的“死”证、第 315 条的白通加猪胆汁汤证和第 317 条的通脉四逆汤证。审视 3 条原文，均为少阴病寒化重证之论。有理由认为，凡少阴病下利、厥逆并见者，多属少阴病寒化重证。

呕吐一症，在少阴病篇也为数不少，但与下利、厥逆并见者仅见本条与第 296 条，故正确理解第 296 条原文，有助于对本条原文的认识。关于第 296 条，历代注家及近代学者的认识是一致的，均认为其属少阴病寒化危重证候。

手足逆冷为少阴病寒化重证的症状之一，当阳气虚损，不能温达四末时，即可出现。但由于阳气虚损而不能外温四末的程度不同，其四逆程度也有所不同。厥逆之轻者，仅手足逆冷；重者则四肢逆冷。少阴病见吐利、躁烦、四逆，属阳气虚衰至极，阳气有外亡之势，属少阴病之危重证候，据第 296 条预后为“死”，推断其为四肢逆冷。本证手足逆冷与第 296 条之四逆相比较，两者只是阳气虚衰程度有别而已，并没有本质区别。

为什么本证用吴茱萸汤，而第 296 条的证候却是死证？因受成氏“阳气内争”及尤氏“辨之于争与绝之间”的影响，历来对于本证为何用吴茱萸汤而第 296 条为何曰“死”的认识，没有脱离“烦躁”与“躁烦”的框套，所谓以烦为主，则为阳气犹争；以躁为主，为阳无力以争。前者预后良好，后者预后不良。但考《伤寒论》中有关论及烦躁与躁烦的原文，其实两者在原著中是常常混用的。如原文第4条的”若躁烦”与第134条的“短气躁烦”均非危证之论。而相反在第133条“结胸证悉具，烦躁者亦死。”和第343条“……烦躁，灸厥阴，厥不还者，死”中，却有危候之论。不难看出，躁烦虽有死证，但躁烦绝不都是死证；同样，烦躁虽有预后良好者，但也并非无危重之候。因此“烦躁欲死”与“躁烦”并非判定两证候预后良否的标准。

综上，本证与第296条证候均属少阴病寒化重证，其病机均为心肾阳衰，中焦寒凝，阴寒上逆，症状表现基本相同，其证候表现均有呕吐、下利、厥逆、烦躁，虽手足逆冷与四逆，在阳气虚衰程度上有别，但阳衰阴盛，阳气不温四末的机理是一致的。本证的“欲死”是表述病人因剧烈吐利而痛苦难耐之状，而第296条之“死”指少阴病之危重证候濒临死亡之际，仲景在丰富的临床经验基础上，对其病势的判断结论。即使辨为“死”证，也并非不必积极救治。仲师论第296条为“死”而本证用“吴茱萸汤主之”，实为危与重之对举，一者言危；一者言重，两证均属于少阴病寒化重证。

（三）其治法属权宜之法

任何疾病的发生发展时刻处于动态变化之中，临床辨治必须针对某一相对静止阶段进行辨证论治。即不可能在疾病变化中的任何阶段均用某一特定方剂，也不可能对不同病势的病人采用同一常规法治疗。

通过上述辨析，本证证候重笃，病机复杂，除具少阴病寒化重证的脉微细，但欲寐，下利，四逆等证候表现外，还有剧烈呕吐，气机逆乱，烦躁至极，呼号欲死的特殊性，其病机以少阴阳衰，阴寒内盛为本，阴寒迫胃，胃气上逆为标。常规治法自当回阳救逆，以四逆汤、通脉四逆汤为主方。然本证“吐利”置于诸证之首，言呕吐严重，虽阳衰阴盛，急当回阳，但毕竟剧烈呕吐，无法进食四逆汤等回阳救逆类方药，故先以温胃降逆止呕之吴茱萸汤，先止其呕，此属权宜治法，俟呕止后，仍须以四逆汤回阳救逆，或可与四逆汤交替服用。类似治法于《伤寒论》中并不鲜见，如原文306条“少阴病，下利，便脓血者，桃花汤主之。”少阴病下利便脓血，属脾肾阳衰，络脉不固，统摄无权，大肠滑脱。从桃花汤的组成来看，并无温阳回阳之附子，而是以赤石脂、干姜温涩固脱，并非治本之剂。

三、结论

少阴病寒化证是以脉微细、但欲寐为特点，严重病证还会出现下利、手足甚或四肢逆冷，一般当用四逆汤、白通汤、通脉四逆汤等治疗，但某些少阴病证在证候表现、病机、病势等方面具有其特殊性，则须灵活辨治。第309条的证候属少阴病寒化证重证，本当以四逆或通脉四逆汤为主方，但阴寒迫胃，气逆剧吐，进药有碍，须先止呕，故采用权宜治法，即先治其标，后治其本，或可标本交替治之，此恐仲景之言外。

笔者认为：一，本条所论属少阴病无疑；二，本证属少阴病寒化重证；三，本证的治法属权宜治法；四，本证服吴茱萸汤后，仍需进一步针对少阴病的阳衰阴盛而采用回阳救逆治疗。

［《天津中医学院学报》2002；21（4）：10］

仲景学说的精神实质摄要

章　恪　江汉大学医学与生命科学学院

仲景学说对中医学的影响已逾一千七百年。现在，中医学正向着现代化的目标迈进，怎样继续学习研究仲景学说？笔者认为，《伤寒论》和《金匮要略》虽成书年代久远，其局限性显而易见，然而仲景学说中许多精神实质和原则是永恒的，需要继承和发扬。要坚持和弘扬中医特色和优势；以下仅从十个方面阐述仲景学说的精神实质。

一、整体性原则

仲景学说在认识疾病时，并非用解剖还原方法对人体各组织器官的功能简单相加来认识其生理和病理。这虽是历史的局限，但另一方面为机体的整体性能、整体行为和规律提供了医学理论。而用这种整体性思想指导药物治疗，其重点也在于方剂的整体功效而并非单味药的作用。

例如：《伤寒论》（12）条“太阳中风，阳浮者，热自发，阴弱者，汗自出。啬啬恶寒，淅淅恶风，鼻鸣干呕者，桂枝汤主之。”文中“阳浮而阴弱”的病理是指机体的整体性能和行为，并非某个器官孤立的病理现象。而桂枝汤的调和营卫作用也不是桂枝或芍药单味药所具有的，而是桂枝汤中五味药的综合作用。需要特别指出，仲景学说中的整体观，不是 $1+1=2$ 式的整体观，而是 $1+1>2$ 的整体观。

二、相互联系原则

由于有了上述整体性原则，所以仲景学说认识疾病的重点，并不在具体的组织实体上，而是在各脏腑器官之间以及人体与外界环境之间的相互联系和综合作用上。这种相互作用在今天看来，是一种复杂的、非线性的关系。虽然前人表述十分抽象，也未能从微观上具体揭示出这些联系的形式和机制，但这种来自实践的认识深刻反映了脏腑组织之间最本质的关系，并确能通过调节和控制这些联系达到机体整体最优的目的。

如《金匮要略·肺痿肺痈咳嗽上气病》：“火逆上气，咽喉不利，止逆下气者，麦门冬汤主之。”气逆咳喘，肺之过也。而麦门冬汤重点在于滋补胃之气阴。病在肺，何治胃？盖因肺阴不足，清肃之令不行，而致咳喘唾沫。而土为金母，胃主津液。故以麦门冬汤益胃气、养胃阴，待中气充，胃津足，则津液自可上归于肺。此为补土生津，虚则补母之法。

三、有序性原则

仲景学说不仅强调脏腑之间的特定联系，而且强调这种联系要建立和维持特定的秩序。认为即使脏腑以及其间联系的性质未变，只要联系的秩序发生了变化，机体整体性能也会发生变化。因此，除强调机体的相互联系外，还特别强调考察相互联系的有序性。包括脏腑结构上的有序性，生命进程中的有序性，和治疗过程中的有序性。

例如：《伤寒论》（58）条“凡病，若发汗、若吐、若下，若亡血、亡津液，阴阳自和者，必自愈。”“阴平阳秘”是生命进程中的有序性的一种表现。我们知道，在封闭系统中，系统都是自发地趋向于熵增加，有序度降低。但在开放系统中，在一定条件下，却可以出现相反的过程，即系统能够定向地趋向于减熵，使有序度提高。“阴阳自和”就是机体自发趋向减熵，提高有序度的能力。此条正是强调了机体这种自我恢复正常秩序的能力是疾病得以康复的内在原因。

又如：《伤寒论》90条“本发汗，而复下之，此为逆也。若先发汗，治为不逆。本先下之，而反汗之，为逆。若先下之，治为不逆。”强调辨证施治时要注意汗下先后有序。这种汗下先后的秩序在今天是否还有重要的临床意义姑且不论，但其中所包含的有序性原则至今仍有重要指导意义。如中医学中“急则治标，缓则治本”的治疗原则就是有序性原则的一个体现。

四、动态原则

仲景学说特别强调对疾病发展变化的方向、趋势和方式以及其动力、原因和规律的研究，以便能有效地驾驭疾病。并认为生命发展变化的动力来自机体内部的矛盾斗争。而临床则可以通过药物和针灸的作用来推动患病机体的自我调控，达到治愈疾病的目的。

在《伤寒论》中，就是用太阳、阳明、少阳、太阴、少阴、厥阴即“六经”的概念来提示患病机体由阳盛到阴盛的发展趋势，以此来动态地指导治疗中的寒热补泻。

再如：《伤寒论》（15）条“太阳病，下之后，其气上冲者，可与桂枝汤，方用前法；若不上冲者，不得与之。”指出表证误下后邪气是否内陷，主要决定于机体内部正邪两方面的矛盾斗争。“气上冲”与否就是这种斗争反映于外的信息。

又如：《伤寒论》（16条）“太阳病，已发汗，若吐、若下、若温针，仍不解者，此为坏病，桂枝不中与之也。观其脉证，知犯何逆，随证治之”。一个“随”字突出了疾病“过程流”的特性，其动态观跃然纸上。

五、辨证论治原则

仲景学说的巨大历史功勋就是创立了辨证论治原则。这是一种完全不同于现代医学的诊疗疾病的方法论原则。“证”在表面上看是若干脉症的集合，实际上反映了人体病理状态下的系统状况。因而辨证论治有着极强的个体针对性。后世从《伤寒论》的“六经辨证”发展到“卫气营血辨证”“三焦辨证”“气血津液辨证”“脏腑辨证”等多种辨证方法，实际上都是张仲景创立的辨证论治原则在不同场合下的具体运用。辨证论治原则至今仍有效地指导着中医各科的临床实践。随着中医向现代化方向发展，辨证论治也将吸收现代医学的检测信息，以充实自己的理论体系，弥补微观辨证的不足。

六、抓主要矛盾原则

在仲景学说里，张仲景在处理有多重矛盾的复杂病证时，总是全力以赴地找出主要矛盾，重点地加以解决，而不是面面俱到地对每一个细节问题平均使用力量。因此，仲景方具有用药少而精的特点。

例如：《伤寒论》（20）条“太阳病，发汗，遂漏不止，其人恶风，小便难，四肢微急，难以屈伸者，桂枝加附子汤主之”。汗漏不止而且小便量少不畅，已是明显津伤，为何不重用芍药敛阴生津，再加用一些生津之品，反用辛燥之附子助阳？其原因在于此证病理上的主要矛盾为阳气不足，卫外不固（从恶风可知），而导致汗出不止。因此治疗重在扶阳，扶阳才能摄津，这是抓主要矛盾的典范。

七、透过现象看本质

仲景学说认为，在一般情况下，表面症状和内在病机是统一的，症状往往能够反映病机。由此提出了辨证论治的方法。但同时又指出，症状是表面现象，有多变易动甚至虚假的特性。因此，在对复杂病证的诊疗当中，不能只把认识停留在表象上，更不要被假象所迷惑，而应当透过现象看到内在本质，才能作出正确的诊断和治疗。

例如：《伤寒论》（11）条“病人身大热，反欲得衣者，热在皮肤，寒在骨髓也；身大寒，反不欲近衣者，寒在皮肤，热在骨髓也。”指出仅靠病人体表的温度来判断寒热，有时易被假象所迷惑。而询问病人的主观感觉更能反映机体内在的寒热本质。

八、预防思想

仲景学说的预防思想包括两个方面，即未病前的预防保健和已病后防止病情向不良方向转变。反映了预防为主和积极治疗的思想。

例如《金匮要略·脏腑经络先后病》“若人能养慎，不令邪风干忤经络。适中经络，未以传脏腑，即医治之。四肢才觉重滞，即导引、吐纳、针灸、膏摩，勿令九窍闭塞，更能无犯王法，禽兽灾伤，房室无令竭乏，服食节其冷、热、苦、酸、辛、甘，不遗形体有衰，病则无由入其腠理”。即阐明了无病先防和有病早治的预防思想。

又如：《金匮要略·脏腑经络先后病》“问曰：上工治未病，何也？师曰：夫治未病者，见肝之病，知肝传脾，当先实脾。”这是根据脏腑之间的相关性，举例说明既病之后如何防止病情向不良方向传变，充分体现了仲景学说更深层次的预防想的精神实质。

九、原则性与灵活性相结合

仲景学说对待疾病的严肃态度反映在一系列原则性上。因为失去了原则性也就没有了法则和标准。也就不可能对任何疾病做有效的正规化治疗。但如果死守教条而不知变通，就不能应对随时变化的病情。疾病中矛盾的共性与个性兼见，要求我们将原则性与灵活性相结合，对具体问题作具体分析。原则性与灵活性相结合的思想体现组方随证加减的施治过程中。

例如：《伤寒论》（96）条“伤寒五、六日，中风，往来寒热，胸胁苦满，嘿嘿不欲饮食，心烦喜呕，或胸中烦而不呕，或渴，或腹中痛，或胁下痞痛，或心下悸，小便不利，或不渴，身有微热，或咳者，小柴胡汤主之”。本证病在少阳，治疗原则是以小柴胡汤和解少阳之邪。但对于出现在不同人身上的众多或然症，又必须在小柴胡汤的基础上灵活地加减化裁，才能使治疗更具针对性。因此在小柴胡汤方后，仲景记载了详细的加减法：“若胸中烦而不呕者，去半夏、人参，加栝蒌实一枚。若渴，去半夏，加人参四两半，栝蒌根四两。若腹中痛者，去黄芩，加芍药三两。若胁下痞硬，去大枣，加牡蛎四两。若心下悸，小便不利者，去黄芩，加茯苓，加茯苓四两。若不渴，外有微热者，去人参，加桂枝三两，温覆微汗愈。若咳者，去人参、大枣、生姜，加五味子子半升、干姜二两。”从中可以看到仲景用药遣方的特色。

十、辨病与辨证相结合

在仲景学说中既有辨证亦有辨病，从而确立了辨病与辨证相结合的诊疗本系。这种诊疗体系主要反映在《金匮要略》中。《金匮要略》记载的疾病达四十多种。涉及内、外、妇等科。对每个病都论述了其证候特点、病因或病机。在治疗上则采取辨证施治的方法。

以“奔豚气”病为例，临床上以“从少腹起，上冲咽喉，发作欲死，复还止”为特证，“从惊恐得之”乃其病因。在治疗中分为三证：肝郁气逆，侮脾犯胃所致者用奔豚汤 心肾阳虚，寒饮上逆所致者用桂枝加桂汤；心阳不足，水饮内动所致者用苓桂甘枣汤。可见中医自古以来就是辨病与辨证相结合的。

仲景学说体现了中医学最本质的特征。在当今强调中医现代化之时，仍然不能放弃仲景学说的精神和原则。因此，《伤寒论》和《金匮要略》仍应作为学习中医者的必修课。但在学习方法上，应改变传统学习经典的方法，不必再沿袭前人的老路去作繁琐的考证，也不应死背条文或固守其早已过时了的东西。更不应认为其句句是真理而不敢越雷池一步。今天学习《伤寒论》和《金匮要略》应当注重从整体上全面完整地把握仲景学说的精神实质，同时努力用现代科学包括现代医学知识来阐发仲景学说的基本精神和原则，在医疗实践和医学实验中去发展仲景学说，仲景学说应当“与时俱进”并确实在随着时代的发展而发展，如果说，温病学说的诞生是仲景学说发展进程中的第一个里程碑，那么，被现代科学尤其是现代系统科学升华的仲景学说，必将上升到一个新的层次而成为仲景学说发展史上的第二个里程碑。

［《中医药学刊》2002；20（5）：661］

《伤寒杂病论》著述的时代背景

任添华　张淑文　北京友谊医院
李　伟　北京亚科三部六病
中医药技术研究所

《伤寒杂病论》自问世以来，历代先后有800余医家对《伤寒杂病论》加以注疏，对祖国医学的发展起到了一定的促进作用。古人注疏的准则是“注不破经，疏不破注”。《伤寒杂病论》已成为历史文献，从尊重历史的角度看，随便加减就会失去文献的原貌，其中的正确与谬误不能随意更动，改变了原文就等于改变了历史事实，这是我们在谈及《伤寒杂病论》著述历史背景时的态度。

东汉末年，战争频繁，疫疠流行，死人枕藉，到处是“白骨露于野，千里无鸡鸣”的惨状，张仲景就生活在这个时代。当时的历史背景有以下几个突出的方面。

一、东汉建安年间的疫情情况

东汉建安年间，疫疠流行猖獗，人民深受其害，历史文献记载了瘟疫流行的情况。《通鉴》六十五卷记载赤壁大战“时曹军众已有疫疠，初一交战，曹军不利”，说明疫情波及军中。《曹丕与吴质书》记载：“亲故多离其灾，徐、陈、应、刘一时俱逝，何图数年之间，零落殆尽。言之伤心”，说明疫情严重，连官宦贵族亦在所难免。建安七才子中徐轩、陈琳、应阳、刘祯死四个。当时人人自危，许多家庭零落。

《曹集诠评》中曹植曾记载：“建安二十二年，疠气流行，家家有僵尸之痛，室室有号泣之哀，或阖门而噎，或复族而丧。”简练的语言描绘了疫病流行的猖獗，染疫之人大量死亡的惨状。

张仲景《伤寒论》自序中说：“余宗族素多，向余二百，建安纪年以来，犹未十捻，其死亡者，三分有二，伤寒十居其七。”

综上可以看出，当时疫情十分严重。张仲景“感往昔之沦丧，伤横夭之莫救，乃勤求古训，博采众方”。时代赋予的大量实践资料，使张仲景撰《伤寒杂病论》合十六卷。

二、建安年间的文学特色

三国时期，文学以散文见著，“曹氏三杰”“建安七子”都是当时著名的文学家，在历史上有“唐诗”“晋字”“汉文章”之说。汉朝文章言简意赅。东汉时蔡伦虽已发明造纸，但质地粗糙，而且量少，时人多用绸缎书写或竹简刻写，费工费料，造价昂贵，客观要求文章必须精练。《伤寒杂病论》可见一斑。如107条“……胸满烦惊”。135条：“结胸热实”，107条的“胸”指病位；“满、烦、惊”分别代表三个不同的病证，每个字都具有独立的意义。135条的“结胸”指病名，“热实”指病性。言简而意深，真可谓一字一珠。

汉代散文的另一特点就是伏笔、补笔互用，潜明其义。在《伤寒杂病论》中屡见不鲜。63条“发汗后，不可更行桂枝汤，汗出而喘，无大热者，可与麻黄杏仁石膏甘草汤。”开头“发汗后”，将发汗前证治做了伏笔，用一个“更”字补出发汗前的证治过程，说出发汗前似桂枝证，用了桂枝汤。实际证治从条文看显然是不对的。但究系何证？又有伏笔，“汗出而喘，无大热者”的证侯，“可与麻黄杏仁石膏甘草汤”一语双关，道出本病开始就是麻杏石甘汤证。短短20余字，述出病证治疗的全过程；23条“太阳病，得之八九日，如疟状，发热恶寒，热多寒少，其人不呕，清便欲自可，一日二三度发。脉微缓者，为欲愈也；脉微而恶寒者，此阴阳俱虚，不可更发汗、更下、更吐也；……。”太阳病之八九日如何未讲为伏笔。“如疟状，发热恶寒，热多寒少，其人不呕，清便欲自可，一日二三度发”是八九日后的情况。从“不可更发汗、更下、更吐也”述出前边用了“汗、下、吐”之法，三“更”是补笔。可见八九日间患的是38条的大青龙汤证，误用汗、吐、下而出现如所述的一系列变化。散文善用伏笔、补笔，意深而言简，须仔细推敲，方能解其义。这也是《伤寒杂病论》中互文见义的常用方法。

特定的历史环境，造就了具有时代特色的文学。绸缎书写之贵，竹简刻写之难，促使汉代的散文高度精练。《伤寒杂病论》中的条文甚至达到炉火纯青的程度，保留了文章的特有风格，也是其成为中医不朽名著的重要原因之一，亦为研究汉代文学不可多得的史料。

三、三国时代宗法松驰

宗法是封建统治阶级所规定的法规，是统治人民的一种手段，在客观上起了束缚人民思想的作用。东汉末年，诸侯争雄，战争连绵，合宗法松驰，遂诸子蜂起，百家争鸣，人才辈出。三国时代，魏、蜀、吴三国鼎立，各国尽其所能，展示出如同春秋列国争雄时期的局面。张仲景的文学和医学才能就在这个时期得发展和发挥。

刘表是三国初的一位大文学家，张仲景当时在刘表处经常和建安七子在一起。晋皇肓谧《甲乙经》序中谈及张仲景和建安七子中王粲的一段轶事。由于三国时代的宗法松驰，仲景在这个特殊的历史环境，总结临床经验，参阅古典医籍，继承古人而不泥于古人，将理论知识和医疗实践结合起来，根据疫病发生和发展情况，总结了疾病发生和发展的规律，从辨证施治到处方用药创立了自己独立的体系，著述了《伤寒杂病论》。张仲景的医学和文学的发展与当时宗法松驰有着不可分割的联系。

（本文根据刘绍武老师讲述内容整理）

［《内蒙古中医药》2002；（5）：28］

张仲景医方与《汤液经法》考

张灿玾　张增敏　山东中医药大学

中医学之有名医方，在现存医学文献中，最早见于汉末张仲景先生撰著之《伤寒杂病论》的后世整理本《伤寒论》与《金匮要略》中。而医方，在古代又称之为“经方”，今存《汉书·艺文志》保留有汉代刘向父子校书所撰《七略》，有经方十一家，二百七十四卷，其中特有《汤液经法》一书，而后世不传。今仅就仲景医方及《汤液经法》之有关情况，试为探讨。

一、张仲景医方考

（一）仲景医方出典

张仲景医方，原出张机所撰《伤寒杂病论》，因其书散佚后，原书遂不复存世。后经晋人王叔和整理，其医方遂流传于后世。如晋人皇甫谧《针灸甲乙经·序》云：“近代太医令王叔和，撰次仲景遗论甚精。”可证王叔和整理张仲景遗论，信而有徵。至于叔和整理本以何命名，今已无从考证。而隋、唐之世，乃有张仲景医方传世。如《隋书·经籍志》著录有《张仲景方》十五卷，《旧唐书·经籍志》著录有“《张仲景药方》十五卷，王叔和撰”。至宋代官私撰书目，已不见有著录者。惟《政和经史证类本草》引书书目中，尚列有该书，说明北宋时期尚有存本。而今存世者，亦惟林亿等校定之《伤寒论》及《金匮要略方论》。二书卷端均署汉，张仲景述，晋·王叔和撰次，宋·林亿等校正。因知是书，即王叔和撰次之仲景遗书的遗存本，亦或即隋、唐时著录之《张仲景方》的遗存本，亦或为隋、唐之际，人对张仲景医方的整理本。

（二）张仲景存世医方简考

今存《伤寒论》与《金匮要略方论》（以下简称《金匮》）本，林亿等序文中对其内容所含方、法，均有统计数字。如《伤寒论·序》云：“总二十二篇，证外合三百九十七法，除去复重，定有一百一十二方。”《金匮·序》：“凡二十五篇，除重复，二百六十二方。”按此二数字之总合，二书中含有张仲景医方 374 首。然详查二书篇目所计医方，《伤寒论》112 方，两数正合，而《金匮》一书，篇目下计方，据明赵开美刊本所载，目录中所计，从第二篇至第二十五篇，共 257 方，在正文篇目下计方，则为 246 方，而今存本实有方，则仅有 243 方。然第二十五篇尚有 12 方，若再加此 12 方，当为 255 方，与 262 方之数尚差 7 方。这可能系重复方等计算方法不同而出现的差异，也可能在林亿等校定之后，经后世多次传抄翻刻，医方又有所脱失，因而造成了统计数字的不同。

（三）仲景医方简义

现存仲景医方，可见有以下一些特色。

（1）有诸多医方，已具有了方名。医方之始，大都是无名方，如《内经》遗方及近年汉墓出土之医方，若马王堆汉墓帛书《五十二病方》及《武威汉代医简》等皆是。而医方从无名方过渡到有名方，乃是方剂发展过程中一个带有划时代意义的进步。

（2）诸多有名医方，基本上已经具备了一首完整医方的要素，特别是那些具有代表性的医方，如桂枝汤等，具有方名、药物、计量、炮制、煎法，服法、主治、禁忌等内容，体现了医方发展已近成熟阶段。

（3）医方的命名，呈多样化，①以主药命名者，如桂枝汤等。②以全部药物命名者，如麻黄杏仁石膏甘草汤等。③以医方加减命名者，如桂枝去芍药汤等。④以合方命名者，如桂枝麻黄各半汤等。⑤以某种象征意义命名者，如青龙汤等。⑥以姓氏命名者，如侯氏黑散等。⑦以药物总数命名者，如五苓散等。⑧以功效主治命名者，如泻心汤等。⑨以主药合总数命名者，如黄芪五物汤等。反映医方命名的多样化。

（4）无名方。无名方，主要在《金匮》杂疗第二十三、禽兽虫鱼禁忌第二十四及果实菜谷禁忌第二十五三篇中，杂疗方主要有治卒死、溺死、筋骨损伤等方。二十四与二十五两篇，主要为救治食物中毒之方。该类医方有两个特点：①药味少，方法简便。②多用治仓促急证。恐此类医方，大都来源于民间。足证仲景先生已十分注意从民间及文献中，搜集用之简便的简易方。

（四）仲景医方的来源

关于仲景医方，前人曾有谓“群方之祖”说，然细考史籍，似可发现以下几点认识，也可以认为是仲景医方之源头所在。

（1）在仲景之前已有诸有名方存世。证据是①《金匮》中有“侯氏黑散”一方，定系引用方无疑。②《史记·仓公传》中，记有下气汤、苦参汤等有名方。可证在西汉前期，已有了有名医方。③王叔和《脉经》中，有平胃圆、建中汤、肾气圆等有名方10余首，其中建中汤、肾气圆二方，亦见于仲景遗书中，余者则不见于仲景遗书。是当可证仲景与叔和所引医方，皆当源于汉人医学文献中。

（2）仲景之学原有师承。详《太平御览·方术部》：“《何颙别传》曰：同郡张仲景，总角造颙，谓曰：君用思精而韵不高，后将为良医，卒如其言。”又宋·张杲《医说》云：“后汉张机……受术于同郡张伯祖。”（注云：出《何颙别传》）是则说明，仲景之学，原有师承，有些医方，亦或出于乃师。

（3）张仲景先生，为一代良医，其医术高明，著述甚丰。《金匮》《伤寒》中，诸多化裁运用而别立方名者，极有可能乃出于仲景师徒之手。故仲景医方，当有一部分，出于自撰。

根据以上几点，当系仲景医方之来源。

二、《汤液经法》考

（一）出典

《汤液经法》一书，最早见于《汉书·艺文志》，该志本出于汉代刘向与刘歆父子校书时所撰著之《七略》。详《汉志》经方类著录有“《汤液经法》三十二卷”，不著撰人。《四库全书·史部·汉艺文志考证》：“《内经·素问》有汤液醪醴。《事物纪原》：《汤液经》出于商伊尹。……皇甫谧曰：仲景论伊尹汤液为十数卷。”此考证，乃以《事物纪原》及皇甫谧说为本。详《事物纪原》一书，为宋人高丞撰。南宋张杲《医说》中，亦曾引是书说。又皇甫谧说，出于《甲乙经·序》。该序云：“伊尹以亚圣之才，撰用《神农本草》，以为《汤液》。”从而可见，原著录于《七略》之《汤液经法》一书，直至班固所修《汉志》时节录，均不曾著录撰人。从今存文献看，最早为皇甫谧始云，商人伊尹，乃“撰用《神农本草》，以为汤液”。在此，先不讨论皇甫氏所言之“汤液”，是不是《汤液经法》一书。从我国文化发展史与医学发展史的角度看，若云商人伊尹时期，已能“为汤液”，乃是不可信和不可能的。因此，无论皇甫谧氏说，源于何种文献或口耳相传，均不足为信史。此必前人依托为之。由于《汤液经法》一书，后皆散佚，故其内容，亦难以详知。

（一）敦煌卷子本医书引《汤液经法》

《汤液经法》一书，今存医学文献均不见著录或引录。近年由中国中医研究院马继兴研究员等整理《敦煌医药文献辑校》，其中收有《辅行诀脏腑用药法要》（以下简称《辅行诀》）一卷，卷端署“梁华阳隐居陶弘景撰”。其中有多起引《汤液经法》文。

据辑校本称，该书原系敦煌卷子，民国初年，有河北省威县张光荣先生，从敦煌石窟千佛洞驻洞道士手中用重金购得，“文革”期间，原卷子被毁，1974年由其孙张大昌先生将其抄本献给中国中医研究院，经马继兴研究员等人整理后，方得再度问世。

（二）《辅行诀》引录《汤液经法》内容

从陶撰书卷子本中，可见引录《汤液经法》处有多起。

（1）引录《汤液经法》书处。①陶云：“汉、晋以来，诸名医辈，张机、卫汎、华元化、吴晋、皇甫士安、支法存、葛稚川、范将军等，皆当代名贤，咸师式此《汤液经法》，愍救疾苦，造福含灵。”②陶云：“商有圣相伊尹，撰《汤液经法》三卷，为方亦三百六十首。”③书中有阴阳补泻示意图，陶云：“此图乃《汤液经法》尽要之妙。学者能谙于此，医道毕矣。”根据上述引陶氏语，至少说明三个问题：自汉、晋以来诸多名医皆师法于《汤液经法》，《汤液经法》共有医方360首，古人以为《汤液经法》为商代伊尹所撰。

（2）引录《汤液经法》医方。《辅行诀》全卷共有医方，有名方45首，无名方10首，大多未标明出典，故难以确认是否尽出于《汤液经法》，惟有一文作："隐居云：外感天行经方之治，有二旦、四神大小等汤，昔南阳张机，依此诸方撰为《伤寒论》一部，疗治明悉，后学咸尊奉之……今亦录而识之。此方共录大、小阳旦汤各一，大、小阴旦汤各一，大、小青龙汤各一，大、小白虎汤各一，大、小朱鸟汤各一，大、小玄武汤各一，大、小勾陈汤各一，大、小腾蛇汤各一，共16方。凡此诸方，有许多在今存仲景遗书《伤寒论》与《金匮》中亦得见之。因此，此等方从陶隐居所云及仲景医方亦相同来看，当可确认系《辅行决》引录《汤液经法》医方。

(3)《汤液经法》医方16首与仲景医方之异同。上述《汤液经法》医方16首，与现存仲景遗书同类方相校，有诸多异同处。

小阳旦汤，即桂枝汤，《伤寒论·太阳篇》第30条亦称阳旦汤。小阴旦汤，即黄芩汤，惟无生姜一味。太阳旦汤，与黄芪五物汤近似。惟多人参、甘草、饴糖。大阴旦汤，即小柴胡汤，惟多芍药。小青龙汤，即麻黄汤。大青龙汤，即小青龙汤。小白虎汤，即白虎汤。小朱鸟汤，即黄连阿胶汤。小玄武汤，即真武汤，干姜为生姜。大玄武汤，与附子汤近似，惟多干姜、甘草。大勾陈汤，即半夏泻心汤，生姜作干姜。大腾蛇汤，与大陷胸丸近似，惟无杏仁，多枳实、厚朴、甘草、生姜。其余大白虎汤、大朱鸟汤、小勾陈汤、小腾蛇汤四方，则不见于今《伤寒论》与《金匮》中。

从以上十二方中，可见二者之差异有以下几个方面：①同方异名，已见上引诸方。②个别药味之不同，如生姜与干姜之不同，个别药味之增减。③个别计量单位不同，如白虎汤之石膏，《汤液》作"如鸡子大"，仲景方作"一斤"。④个别药物用量不同。如大勾陈汤与半夏泻心汤，黄连、黄芩、半夏三药用量均不同。⑤其余如主治、煎服法等，在行文方面也都有一定差别。

以上为《汤液经法》12方与仲景医方之异同的大致情况。

三、《汤液经法》与仲景医方之渊源关系

前文曾引《辅行诀》陶云"汉、晋以还，诸名医辈张机、卫讯……咸师式此《汤液经法》。"是在说明张机等名贤医方，皆师法于《汤液经法》，又录外感天行经方之治十六方后，又有陶云："阳旦者，升阳之方，以黄芪为主；阴旦者，扶阴之方，以柴胡为主；青龙者，宣发之方，以麻黄为主；白虎者，收重之方，以石膏为主；朱鸟者，清滋之方，以鸡子黄为主；玄武者，温渗之方，以附子为主；（此处当脱"勾陈者"三字）补寒之方，以人参为主；（此处当脱"腾蛇者"三字）泻通之方，以大黄为主。此八方者，八正之正精，升降阴阳，交互金木，既济水火，乃神明之剂也。张机撰《伤寒论》，避道家之称，故其方皆非正名，但以某药名之，亦推主为识之义耳。"

从陶氏所云，已将仲景《伤寒论》方与《汤液经法》方，言为源流关系。然而从上引"陶云"诸多内容来看，有些问题尚待进一步分析。

1.《汤液经法》一书，自《汉书·艺文志》著录以来，在陶氏以前今存之医籍及目录著作，均不见称引或著录。故《辅行诀》中所引《汤液经法》，是否《汉志》著录是书，已难确认。

2. 今存仲景《伤寒论，序》中，所言撰用诸书，惟《药录》与方药有关，不曾言及《汤液经法》，然今存《伤寒论》中，确有青龙、白虎、玄武、阳旦等方名。

3. 详苍龙、白虎、朱鸟、玄武，乃四星名。《汉书·天文志》言二十八宿四宫的划分，东宫为苍龙，南宫为朱鸟，西宫为咸池，北宫为玄武。王充《论衡·物势》中，西方则称白虎。证明《汤液》以四星名方，是有文献依据的。

4. 按陶氏所云，上列《汤液》十六名，就以其本义而论，十六方名除阴、阳二名外，苍龙、白虎、朱鸟、玄武、勾陈、腾蛇，亦皆星名，亦或取义于星象之学。如言360方之总数，亦当取应于周天360度之义。

5. 从上述仲景方与《汤液》的某些差异来看，如方名、行文方式、计量单位、药物用量等方面情况，可证《汤液》之十六方，绝不似从仲景方中抄来而有意作伪者，当是另有所本。因而，《辅行诀》所引《汤液》方，即使不是《汉志》著录之原书传本，亦或出于羽家之流，亦当是在继承前人遗著的基础上，加工整理而成。故此所谓前人遗著，则极有可能即原《汤液经法》之残存传本。

6. 从而说明张仲景方之前，已有诸多有名方存世，其见载之医籍，疑即《汤液经法》。

根据以上分析，从现有古代文献角度而论，《汤液经法》一书应系有名医方之祖，为医方之源，张仲景医方，有诸多继承前人者，为流也。

以上管见，不当之处，尚望方家指正。

[《上海中医药杂志》2002；(7)：8]

《伤寒论》113 方没有佚一方

韩社光　清华大学校医院

韩胜保　北京解放军 361 医院

根据历代文献记载，《伤寒论》书中有 113 方，而实际上书中只有 112 方，所以就说佚一方。例如当代研究《伤寒论》的权威人士北京中医药大学刘渡舟教授主编的《伤寒论诠释》说：“……113 方(佚 1 方)。”

笔者近来再次研读《伤寒论》，书中小柴胡汤前后共出现 7 次，前 6 次方中药物组成、剂量均相同：柴胡半斤、黄芩 3 两、人参 3 两、半夏半升(洗)、甘草（炙)、生姜各 3 两（切)、大枣 12 枚(擘)。唯独第 7 次即 394 条之小柴胡汤为：柴胡 8 两、人参 2 两、黄芩 2 两、甘草 2 两（炙)、生姜 2 两、半夏半升（洗)、大枣 12 枚（擘)。此方与前 6 次方相比较，虽然药物组成相同，但药物用量不同，7 味药中有 4 味药剂量均减为 2 两。

394 条原文是“伤寒差以后，更发热，小柴胡汤主之，脉浮者以汗解之，脉沉者以下解之”，此条文接在 393 条“大病差后劳复者……”之后，其含义亦应是承接 393 条文的意思。明代研究《伤寒论》的大家方有执注曰：“此亦病后不谨调理致复之大法。”清代魏荔彤曰：“大病后不宜大汗……用枳实栀豉汤以微汗是也，大病后不宜大下，用枳实栀豉汤加大黄以微下是也，然亦有不能尽该者……。”说明 394 条之小柴胡汤与以上 6 处之小柴胡汤所适应之证情不同，所应用的法、方药亦应不同，而此处正是将方内药物剂量变化了。因为大病后的治疗，“不能尽该者”即不能用常法常量，应该较常法常量“微”一些，所以此处所用小柴胡汤的和解功能亦应该“微”一些，实际上此处的小柴胡汤较以上 6 处的小柴胡汤其用量减小了。张仲景著作中的方剂，一般方名相同者，方内药物组成、药物剂量均相同，若方内药物剂量变了，虽然药物组成相同，方名也就变了，变成另外一个独立方剂了。如四逆汤：甘草 2 两（炙)、干姜 1 两半、附子 1 枚。另一张方：甘草 2 两（炙)、附子 1 枚、干姜 3 两，此方较四逆汤仅仅干姜多用 1 两半，就不是四逆汤了，而称为通脉四逆汤了。还有多处，方中药物组成完全相同，而由于药物用量改变而变成 2 个甚至 3 个各自独立的方剂，如《金匮要略》中，小承气汤、厚朴三物汤、厚朴大黄汤 3 个方剂，其药物组成完全相同，而由于方中药物用量各不相同，而成为 3 个独立方剂，当然 3 张方子所适应的证情也有一定的区别。

由于以上理由，我认为 394 条之小柴胡汤较以上 6 处的小柴胡汤，方内药物剂量变化了，方名亦应当变化，是一个与其他 6 处小柴胡汤不同的独立方剂。比如可以称为伤寒瘥后更发热之小柴胡汤，或“微”小柴胡汤或小小柴胡汤。如是，《伤寒论》中就正好是 113 方了。

［《中国中医药信息杂志》2002；9（8)：88］

《伤寒论》理论研究的反思

瞿岳云　张凤娥　郭　霞

湖南中医学院

《伤寒论》开创了中医辨证论治的先河，古今中外对其研究者众多，各有所见。同时也造成了与原著本意相悖的混乱，因而值得反思。

一、《伤寒论》六经理论的反思

在《伤寒论》中，原本以太阳、少阳、阳明、太阴、少阴、厥阴“三阴三阳病”立论，分析了外感热病一系列病理变化及其传变规律。可是，自宋代朱肱著《类证活人书》对此而直以“太阳经”“阳明经”“太阴经”等称之后，遂致“六病”以“六经”之说代而漫延开去，沿袭至今，影响甚大。有关《伤寒论》研究的诸多曲解谬说，无不与这一“经”字有关。今当力排其非，拨乱反正。王琦先生[1]曾就此专门撰文，对《伤寒论》研究中传统的“六经”之说，大胆地提出了异议。归纳有关方面的观点有如下几种。

(一)“六经”之说原著没有根据

《伤寒论》中三阴三阳六病，之所以不能称为“六经”的理由，首先是因为在原著中找不到根据。仲景在《伤寒论》中只言“辨太阳病脉证并治”“辨阳明病脉证并治”“辨太阴病脉证并治”等，从未说过“太阳经病”“阳明经病”“太阴经病”……。《伤寒论》全书找不出“六经”二字，可见“六经”之说，实属强加于仲景。诚如章太炎[2]先生所说：“仲景本未用‘经’字，不烦改义”(《章太炎医论》)。然而有人说《伤寒论》的第 4 条：“伤寒一日，太阳受之，脉若静者，为不传；颇欲吐，若躁烦，脉数急者，为传也”，第 5 条：“伤寒二三日，阳明、少阳证不见者，为不传也”，第 8 条：“太阳病，头痛至七八日以上自愈者，以行其经尽故也；若欲作再经者，针足阳明，使经不传则愈”这3条就是讲传经的。恰恰相反，这3条却证明无传之说。认为此是讲传经者，是抓住原文中“为传也”3个字在大作文章，说“传”就是“传经”。这就明明凭空在原著“传”字后面多加了一个“经”。而且又将原文第8条的“再经”，强解为“传经”，无中生有，进行曲解。何谓“传”？此传非传递之义，乃使传变之意。如《素问·水热穴论》说：“人伤于寒，而传为热”。王冰注解云：“‘传’，为‘转’”。用今天的话来说，就是“变化了”的意思。故原文本意是说病有脉、症的变化，才有“传”；无脉、症的变化，就无所谓“传”；也就从根本上否认了外感伤寒，日传一经之说。正如清代柯韵伯所说：“本论传字之义，各告不同，必牵强为传经则谬”。因此，把《伤寒论》所讲之“传”，强解为“传经”而作为“六经”之说的理由，是站不住脚的。《伤寒论》是言六病非言六经也。

（二）“经”是病程期限

《伤寒论》中所讲的“经”究竟是指什么？何谓“经”？何谓“经尽”？何谓“再经”？何谓“经不传”？若把诸“经”理解为六经之经，则属误也。《伤寒论》对外感病中的某些类型，大致以六日为一过程，称为“经”。第一个期限过了，就叫“经尽”；如果病未痊愈，又进入第二个过程，称之为“再经”。所以仲景说，太阳病头痛，经过七天以上，已经经过了一个期限，即“已行其经尽”之谓，故不言“传其经尽”，这样一般可以向愈。《伤寒论》不讲传经，那么讲不讲经络呢？有没有经络病变呢？回答是肯定的。如第8条“针足阳明”就是阳明经。由此说明，经病则病，经不病则不病，并不以“经”字的出现与否为据。而原文“经”字，又不可以此云彼，混淆概念。六病的任何临床表现和特点，究竟系何脏腑、何经络，或何脏腑经络的病变，得作具体分析。太阳病中的那么多证候，如果笼统地以“太阳经”解之，实在无法说通。同理显然，其他如阳明病、少阳病、太阴病等中的诸多证候，代之以“阳明经病”“少阳经病”“太阴经病”的“六经”之说，于理难容。

（三）附会《内经》误之又误

有学者认为，伤寒六经与《素问·热论》《灵枢·经脉》篇一脉相承，传经之说，源于《素问·热论》。其实，《热论》也不是讲传经。《热论》中所谓一日巨阳受之、二日阳明受之、三日少阳受之等等，“受”与“传”非同义语，旨在说明三阳经受邪发病的时期有深浅先后的不同，并不是传经日期。所以，下文说“七日巨阳病衰”，“八日阳明病衰”，“九日少阳病衰”，这说明病情向愈，大概需要经过一定的期限，并不是一经只病一日，日传一经。这一点《伤寒指掌》已经有所揭示，“传经”源于《热论》，实属加罪之词。柯韵伯说得更为概括明了：“仲景六经，是‘经界’之经，而非‘经络’之经。”又说“《热论》之六经，专主经脉为病，但有表里之实热，并无表里之虚寒，但有可汗可泄之清，并无可温可补之例。仲景之六经，是六区地面，所赅者广，凡风寒湿热，内伤外感，自表及里，有寒有热，或虚或实，无所不包”（《伤寒论翼》）。事实上，国内外许多学者对“六经”之说早已竭力匡谬。恽铁樵说：“故问六经为何物？则迳直答曰：六经者，就人体所署之病状为之界说也，是故病然后有六经可言，不病直无其物。执不病之躯体而指某处是太阳，某处是阳明，是不可得而指名，然则何解于《灵枢》之经络？”（《伤寒论研究》），由是观之，《伤寒论》的三阴三阳与《素问·热论》根本是两回事，只要认真地考察研究，就能得出确切的结论。

（四）还本“六病”之说可释众疑

《伤寒论》流传至今，争论的问题很多，还本仲景“三阴三阳”六病原貌，就可以解释很多无谓的争议。过去，由于用某一经络脏腑与某一病机械配属，结果条文解释不通，常常回折穿凿，捉襟见肘，致一部灵巧活泼辨证专书，变得死板教条。去六经之说，则可走晦返真，澄清概念，重新回到三阴三阳六病的辨证体系中来。这样才能全面地、正确地理解《伤寒论》，阐发其真义。如果泥陷六经、传经，而不注意辨证，实背仲景之旨。因此，六病之论，可破传统的六经传变之疑，从而解决少阳位置之争。对于《伤寒论》中的少阳究竟位处何处的争论，至今仍在继续，有的认为它位于太阳、阳明之间，有的则认为位于阳明、太阴之间。分析其争论的根本原因，实乃受“六经”传经次递的影响。然而，从《伤寒论》三阴三阳是六病的概念来看，少阳病作为外感病的一种类型，根本就不存在位于太阳与阳明之间，还是位于阳明与太阴之间的争论问题。同理，也可以解决厥阴病的争论。以《伤寒论》三阴三阳是六病的原始旨意为根据，抛开后世言此是“六经”“气化”学说的桎梏，把厥阴病作为外感病中的一种类型来理解，就无须争论。说其是阴阳消长也好，寒热错杂也好，寒厥、热厥也好，凡此都应根据不同证候进行辨证，有是证，则用是药，根本无须多费口舌，争论不休。

二、《伤寒论》提纲理论的反思

古今研究《伤寒论》的学者，大都习惯于将第1、180、263、273、281、362条称之为“六经提纲”。张仲景《伤寒杂病论》一书，几经散佚，前贤多次辑集，早非南阳原书之旧。早在宋代，《伤寒论》已有各种版本，其撰次和内容各不完全相同。后世医家则以成无已注本所列“某某之为病”的条文为依据，逐步形成了“提纲”之说。此种提法始自清代《伤寒论》注家柯韵伯，他说：“仲景六经各有提纲一条，犹大将立旗鼓，使人之有方向，故必择本经至当之脉症而标之”（《伤寒来苏集·伤寒论冀》）。其在《六经正义》中又有“六经提纲，各立一局”之说。建国以来，中医学院全国统一教材《伤寒论讲义》《伤寒论选读》，均将上述6条标明为“某某病提纲”。有关杂志、书刊为“提纲”申言述义者，更是不少。可见“六经提纲”之说由来已久，且已根深蒂固。然而，纵观《伤寒论》原文全貌，并结合临床实际来分析，六经提纲实非“纲”。所谓“提纲”，顾名思义，自当对某篇或某病具有“提纲挈领”的作用。但这六条条文实际上并不具有这一意义，故严世芸[3]、王琦[4]等就相继为此提出过不同的见解，对其六条原文进行了辨析。

例如，第1条所谓太阳病提纲：“太阳之为病，脉浮，头项强痛而恶寒。”仲景《伤寒论》所称之太阳病，包括中风、伤寒、温病、中暍、痉病等多个病证，提纲之“恶寒”“头项强痛”“脉浮”均无法体现出其纲领性和概括性。如第6条“太阳病，发热而渴，不恶寒者，为温病”。明言太阳病，就无“恶寒”症状，由此可知，恶寒虽为太阳病所常见，但不是它必备的症状。“头项强痛”在最常提的太阳中风（第2条）和太阳伤寒（第3条）两证中均不见。至于“浮脉”更不尽然，如“太阳病，关节疼痛而烦，脉沉而细者，此名湿痹”。足见浮脉未必是太阳病的唯一脉象。所以，“脉浮，头项强痛而恶寒”并不能对太阳病起到高度概括的作用。况且，验证于临床实际，太阳病中的项强，更非常见证候。故把该条文作为太阳病提纲，显然是不妥当的。有的甚至说：“凡称太阳病者，皆指此脉症而言”（《医宗金鉴》），这就更为不实了。

又如第108条所谓阳明病提纲：“阳明之为病，胃家实是也。”条文本身就有破绽。历来被称为六经提纲的条文，虽然文字有简有繁，但其他五条的条文内容，都没有片字论述病因病机，并都直截了当地载明了脉与症，唯独阳明病“提纲”，既未言脉，又未载症，而仅空泛地用“胃家实”三个字的抽象名词来作为一病的“提纲”，岂不怪哉？《伤寒论》体例非常严谨，方证药法条理井然，而独对此所谓“提纲”的条文，仲景何以反而自乱其例如此?！这无疑是一个很大的破绽。后世医家困于旧说，莫能自拔，因而对“胃家实”就产生了不同的解释。尤在泾认为是指阳明腑实证；程郊倩亦认为“指腑病而可攻之阳明也”；章虚谷认为胃家实是统括了经、腑两证，所谓“实”，乃指受邪的意思，不一定指有形的腑结燥屎才是实；还有的则认为，既不指经实，也不指腑实，而是泛指邪气实，如原南京中医学院《伤寒论译释》的作者说：“这里‘实’字，乃是邪实的意思，也就是《内经》所说的‘邪气盛则实’。”照此来说，太阳病、少阳病的提纲岂不都能用‘实’字来概括？可见，“胃家实”的概念本身模糊不清，还能视之为“纲”吗？其他几条“提纲”亦大致如此，也是不能成立的。

综上所述，不难看出《伤寒论》6条“提纲”原文，本来不是什么提纲，而是后世注家强拉到“纲”的地位上来的。这样以每“纲”来解释纲内之各病证，往往是文不对题，无法加以引申和连贯，而且它把人们的注意力引到“纲”上，而忽视了对全篇每一病证的动态发展的认识和理解。同时，由于“提纲”本身的不严密，引起许多无谓的争论，导致思维上的混乱，阻碍了对《伤寒论》更深入的研究。既然有“提纲”之名，理应有“提纲”之实，若因其言而害其意的活，则毋宁立摒其名而求其实。所以，“提纲”之说必须打破。正如严世芸教授所说：“伤寒六经提纲，被后世医家推崇备至，奉作准绳，因而相袭，以为真理。而纵览《伤寒论》全貌，结合临床实际，认为六经提纲实是研究《伤寒论》的桎梏。”“因此，我们研究伤寒应当摆脱‘六经提纲’概念的束缚，从陈陈相因的片面认识中解放出来，而从仲景原文全貌进行深入研究，惟有这样才能更好地深得仲景伤寒学说的真谛。”严氏之说，言之在理，实属高见。

三、《伤寒论》经腑证理论的反思

长期以来，在中医学术界习惯于将《伤寒论》中的太阳病、阳明病分为“经证”和“腑证”来解释其病机，中医高等院校的《伤寒论》教材，也无不是执此而论之。然而却很少有人深虑这样做的根据和正确程度，以至这种观点一直流传至今。然而，王琦、陈亦人[5]等学者通过对《伤寒论》有关原文的分析、研究，认为太阳病和阳明病无须分为

“经证”与“腑证”，强分经、腑的观点与张仲景原文旨意相悖，它严重影响了对《伤寒论》的理解和应用。因而有深入探讨的必要，以期还《伤寒论》的本来面目。

例如太阳病，如果按照划分“经”“腑”的说法，太阳经证，即太阳经脉的病变；足太阳经脉所络属之腑是膀胱，故太阳腑证则就是指膀胱的病变。然而以原著为本分析来看，就会发现这种观点是不符合实际的。《伤寒论》太阳病篇，虽然多次提到“经”字，“如以行其经尽故也”“过经”“到经不解”“太阳随经”等，但这些条文并不就是等于太阳经证。通观全篇，更无一处提到腑证，可见仲景当时并没有经证与腑证之分。经腑并提，首见于西晋王叔和所著的《伤寒例》，其曰：“此三经皆受病，未入于腑者，……已入于腑者，可下而已”。将太阳病分为经、腑证，始于金元成无己对《伤寒论》106条所谓“蓄血证”原文的注解，其云：“太阳，膀胱经也，太阳经邪不解，随经入腑，为热结膀胱。”他对124条作注时说：“太阳，经也；膀胱，腑也；此太阳随经入腑者也。”尔后，几经历代许多注家的发挥，于是就逐渐形成了太阳病分经、腑证之论。沿袭至今，可原书不见明确记载。

依据太阳病分经、腑之论，太阳腑证即膀胱的病变。主要根据其小便“利”与“不利”及其他症状，历来又将太阳腑证分为“膀胱蓄水证”与“膀胱蓄血证”。其实，《伤寒论》原文中并没有蓄水证的称谓。言蓄水证者，是以《伤寒论》太阳病篇第71条、72条、73条、74条原文所论病证归纳而来的。可是此4条原文，无一提及“蓄水”及“膀胱”字样，更没有称为“太阳腑证”。蓄血证所依法的《伤寒论》原文亦有4条，即第106条、124条、125条、126条。从临床表现上来看，4条“蓄血证”的主症是：少腹急结或疼痛，其人如狂或发狂。然而膀胱的功能与精神活动无关，血蓄膀胱为什么能引起“其人如狂”的精神症状呢？且膀胱主气化司小便，其有病者必然会影响排溺，但原文却反复强调，蓄血证当“小便自利”，可见其病变并不在膀胱。

综上所述，无论是“蓄水证”，还是“蓄血证”，皆非是或仅是膀胱的病变。因此，把它们称之为“太阳腑证”是与原著实际不符的。正如南京治伤寒学专家陈亦人先生所说：“把蓄水、蓄血说成膀胱腑证，全由附会而来，不足凭信。”阳明病分经、腑之证，亦是不足为凭的。仲景《伤寒论》以“三阴三阳”六病立论辨证，从未谈什么经证、腑证，即便是同一“三阳病”，少阳病则伤寒诸书从不作经、腑论，不知唯独太阳、阳明病与其他四病有何特殊之理言分经、腑证。硬从太阳病及阳明病中，强分出“经证”与“腑证”，实是仲景之所未言，而有悖仲景之旨意。既于原著中无依据，又在理论上站不住脚，于实践中无指导意义，故应于废之。

四、《伤寒论》扶阳理论的反思

伤寒与温病，是中医外感疾病的2大类型。古人认为，“温病最善伤阴”，“伤寒最易伤阳”。因此，论其治疗大法，常谓温病始终以救护阴津为主，而伤寒“处处为扶阳而设”，“伤寒法在救阳”。笔者认为实则并非尽然，伤寒不仅能伤阳，亦能伤阴。这是因为《伤寒论》所论之“伤寒”，乃广义的伤寒，其中也包括温病，温热病极易灼津伤阴。伤阳或伤阴，外邪的性质虽然是重要条件，但决定性的因素却是人的体质。阴虚之体，为驱其邪，若误用汗、吐、下法太过，也会致阴津亏损。另外，寒虽为寒，但其久羁可蕴而化火，火热伤津，亦可形成阴虚火旺之证。故实际上，仲景在《伤寒论》中，不但指出了“亡津液”的病因病机，而且还强调了“存津液”的重要性，创立了许多滋阴益津的大法和名方，为后世温病学家开辟了养阴治法的先河[6]。清代陈修园曾深有感慨地说：“读《伤寒论》数十年，然后悟出‘存津液’三字。”实为阅历之言。

例如，①清热救阴：凡外感热病，邪热入里化燥，势必伤阴。如《伤寒论》说：“服桂枝汤，大汗出后，大烦渴不解，脉洪大者，白虎加人参汤主之。”又说：“伤寒，脉滑而厥者，里有热，白虎汤主之。”二者治疗均用白虎汤重剂，以撤其热，保存津液。正如张锡纯所说：“方中重用石膏为主药，取其辛凉之性，质重气轻，不但长于清热，且善排挤内蕴之热息息自毛孔透出也。用知母者，取其凉滋阴之性，既好佐石膏以退热，更可防阳明热久者之耗真阴……。”张氏善治伤寒之学，对石膏研究至深，对仲景用白虎汤独具卓识，值得效法。②泻热存阴：伤寒邪热入里，病传阳明或至少阴，其人多汗，津液外泄，热邪内聚胃肠，气机阻滞不利，因而致成胃中燥热，大便硬结之里热实证。《伤寒论》中的“阳明病篇”和“少阴病篇”各立有“三急下证”，均属阳热亢盛而致阴虚者。例如，“阳明病，发热，汗多者，急下之，宜大承气汤”（第253条）；“少阴病，得之二三日，口燥咽干者，急下之，宜大承气汤”（第320条）。用大承气汤者，以大黄、芒硝泻热，从厚朴、枳实行气，泻热行气并用，使之达到清热顺气，泻热以存阴的目的。③润燥养阴：例如《伤寒论》中所述胃强脾弱的脾约证，治用“麻子仁丸主之”。其病机，因为弱者受强者之约束，气馁不用，脾失传输，不能布津，但输膀胱，所以小便数，大便硬。程郊倩说：“脾约者，脾阴外渗，无液以滋，脾家当先干槁，何能以余阴荫及肠胃，所以胃火盛而肠枯，大便坚而粪粒小，麻子仁丸宽肠润燥，以软其坚，欲使脾阴从内转耳。”所谓“胃强”者，胃中余热未尽也；“脾弱”者，脾不能为胃行其津液而为肠中津亏失濡也。因此，脾约证既有邪热未除，又有阴液亏损，成虚实夹杂之势，治当润燥养阴，方用麻子仁丸。④降火滋阴：例如《伤寒论》303条云：“少阴病，得之二三日以上，心中烦，不得卧，黄连阿胶汤主之。”后世称此为阴虚火旺，心肾不交证。心居上焦属火，肾居下焦属水，肾阴亏虚，水不上升；心阳偏亢，火不下降；心肾上下不能交通，故心中烦热，不能安寐。治用黄连阿胶汤，是以方中阿胶、芍药、鸡子黄滋阴益肾，再以黄连、黄芩清心降火，使水火既济，心肾相交。

如此等等，示人以外感病中，必须十分注意护阴，不得独重温阳。

参考文献

[1] 王琦. 六经非“经”[J]. 中医杂志，1983，(6)：4.

[2] 章次公. 仲景在医学上的成就[J]. 中医杂志，1955，(2)：8.

[3] 严世芸. 对“伤寒论六经提纲”的商榷[J]. 上海中医药杂志，1982，(9)：2.

[4] 王琦. 提纲非“纲”论[J]. 吉林中医药，1983，(2)：10.

[5] 王琦. 无分“经”“腑”论[J]. 云南中医杂志，1985，(3)：10.

[6] 陈瑞春. 略谈《伤寒论》的救阴法[J]. 中医杂志，1982，(11)：59.

[《湖南中医学院学报》2002；23（1）：27]

《伤寒论》之痞证当有疼痛辨

魏小萌　漯河市卫生学校

《伤寒论》论痞，历代各家注解虽不尽相同，但大都释其形成为无形之邪，内陷于里，结于心下，以致中焦脾胃之气升降失常，气机阻塞而成；临床以心下痞塞，但满不痛，按之自濡为特点。笔者觉得这种解释似欠妥当，认为仲景在半夏泻心汤条文中所说的“但满不痛者，此为痞”之“痛”字，系“通”的假借字，痞证当有疼痛症状。理由如下。

一、从语言文字学角度讲

《说文》云：“痞，痛也”。明确指出了“痞”是以痛为主症的一种病症。《广韵》亦云痞为腹内结痛。痛和通二字从字的结构上分析均为形声字，声符相同，形符有异，二者属双声叠韵，读音完全相同，故可以视为通假现象。这种情况在古籍中是比较常见的，如《说文句读》指出：“痛，病也，释名痛，通也”。即说明“痛”“通”相通。考《说文》成书的年代早于《伤寒论》约100年，基本上处于同一时期，从历史唯物主义观点出发，我们只有把《伤寒论》放在它赖以产生的特定年代来研究，才能准确地把握其理论渊源和要旨。《说文》较好地保留了汉时字义的真貌，因此有着重要的参考价值。所以痞之“但满不痛”，应理解为“但满不通”而又疼痛才是。

二、从病因病机讲

痞的病因多为误下后邪热内陷，或胃气素虚邪热乘之，以致脾胃升降失司，气机不畅而成。气不畅者血不运，气滞则胀，故痞证表现为心下满闷；血瘀则痛，故痞证在满闷的基础上还可以出现疼痛，“不通则痛”，此之谓也。此外，仲景在《十枣汤》条文中也载有“下心痞满引胁下痛”之语，更明确地指出了痞证除硬满外还兼有疼痛。

三、从痞证症状及临床实践讲

综观《伤寒杂病论》治疗痞证的诸泻心汤证和以痞为兼症的诸条文，绝对讲痞证“心下痞塞，但满不痛”是欠妥当的。五泻心汤证均有心下痞、心下痞满或心下硬，其中生姜泻心汤、半夏泻心汤、甘草泻心汤尚有腹中雷鸣或肠鸣、下利。据此推测，病人还可能会出现胃脘痛或腹痛等症。验之临床亦信而有征，如近代名医岳美中先生用甘草泻心汤治一男性军人胃脘胀痛不适、夜晚常为痛醒的胃窦炎；用生姜泻心汤治愈胡某的慢性胃炎；用半夏泻心汤治疗徐某胃脘胀满、肝区胀痛的慢性肝炎；用甘草泻心汤加茯苓治疗胃脘胀痛，得按痛减等以痛为主症之痞证；投以泻心之辈均获桴鼓之效。笔者也常用泻心汤类治疗胃脘痛、痢疾、慢性结肠炎等以胃脘痛、腹痛为主之痞证而获良效。

总之，《伤寒论》所说之痞无论从字义、病因病机、临床症状诸方面分析，均含有疼痛之意。在痞的形成过程中，早期以气滞不通为主，主要表现为胀满。若影响血运不利，则主要表现为疼痛，两者又往往相互影响，故痞证在临床上多胀满与疼痛并见。正由于痞本含有痛义，故仲景论痞未重复言痛。至其云痞证“按之自濡”者，旨在说明痞证之痛与阳明腑实之痛有着本质的区别。因此，可以说后世绝对认为痞证“按之自濡，但满不痛”的解释既嫌偏颇，亦悖经意，更与临床不合。管窥之见，不妥之处，请诸贤明斧正。

［《河南中医》2002；23（1）：9］

宋本《伤寒论·子目》及其源流初考

赵怀舟　刘莉萍　王红梅　王象礼
张珉珉　山西省中医药研究院
吴晋蒲　山西省运城市盐湖区中医院
（指导　李茂如）

宋本《伤寒论》10卷22篇中有18篇的正文之前，都有一个篇幅或短或长的小目录，由于它与书前司记卷次及每卷所辖内容的总目录性质不同，故此称之为“小目”或“子目”。前人已有关于伤寒子目的论述，只是没有给它一个明确的名称。例如：元·王履《医经溯洄集·伤寒三百九十七法辨》一文中说：“其六经篇、霍乱篇、阴阳易差后劳复篇中，有方治诸条，以数为计，又重载于各篇之前。”[1]，所谓“又重载于各篇之前”“以数为计”的“有方治诸条”即本文所要讨论的“子目”。据笔者统计，宋本《伤寒论》之子目总凡386条，约合10665字（计序号，不计小注）。

宋本《伤寒论·子目》的内容与结构

一、子目与正文的关系

单从文字和文献的角度来看，宋本《伤寒论》是由有论有方和有论无方的两种条文所组成。而宋本《伤寒论》的386条子目正是对总凡684条正文中有论有方诸条文的压缩和提炼。比如：第221条正文“阳明病，脉浮而紧，咽燥口苦，腹满而喘，发热汗出，不恶寒反恶热，身重。若发汗则躁，心愦愦公对切反谵语。若加温针，必怵惕烦躁不得眠。若下之，则胃中空虚，客气动膈，心中懊侬，舌上胎者，栀子豉汤主之。方十一。”[2]不计小注及序号凡76字。其对应子目“阳明病，脉浮紧，咽燥口苦，腹满而喘，发热汗出，恶热身重。若下之，则胃中空虚，客气动膈，心中懊侬，舌上胎者，栀子豉汤主之。第十一。二味。”[3]不计序号及小注仅48字。需要说明的是，尽管子目对于伤寒正文每有压缩，但对其所涉之方名却不作删略。

此外，从子目是为有论有方的条文而设这个角度考察，其中存在个别特例。比如：24条、117条方药与灸刺共论，142条、143条单论刺法，145条、167条、可下篇131条有论无方而皆有子目；8条、216条单论刺法，92条、101条、不可下篇251条有论有方而没有子目等等。从子目是正文的精简与压缩这一角度考察，当我们将子目与正文逐条对比时可以发现约有36条子目与正文之间存在着或多或少的差异。这36条的条文号如下（为节省篇幅不标篇名，仅在篇与篇之间用分号区分）：13、15；36、57、63、71、88、103、117、123；142、149、159、170、209、231；310、322；338；385；53、117、33、34、40、95；233；233；209、214；23、164、103、105、149、159。

二、子目与序号的关系

宋本《伤寒论》的386条子目均标有序号，并以篇为单位独立统计。以“辨太阳病脉证并治上第五”为例，其篇名下有“合一十六法，方一十四首”10字小注。本篇计有子目16条，每条子目之末均标有“第一”至“第十六”的序号标志；而其对应的16条正文之末则标有“（方）一”至“（方）十六”的序号标志。两相对比使我们初步明确了子目的直接目的是用以统计《伤寒论》中“有方之法”的。

子目“第几几”对应正文“（方）几几”的格式有1处例外。《伤寒论》卷十“辨发汗吐下后病脉证并治第二十二”子目“阳明病，下之，心中懊侬而烦，胃中有燥屎，可攻，宜大承气汤。第十八。用前第十五方”[4]对应的第238条正文之末亦标作“第十八”[5]据其体例可知“第”字衍。

三、子目与注文的关系

从上文的举例中我们已经看到了一些与子目相关的注文。比如：篇题下“合几法。方几首”的注文；子目后“（某汤）用前第几方”和/或“（某汤）几味”的注文。上述注文的意义是一目了然的。

前已论及“有方曰法”，因此篇题下所谓“合几法”既是对篇内有论有方条文数目的统计，也是对该篇子目条数的统计；由于方有重复，所以篇内“方几首”的结果总是小于或等于法数的。这也是林亿等人《伤寒论·序》中“张仲景《伤寒论》十卷，总二十二篇，证外合三百九十七法，除复重，定有一百一十二方”的计算依据。而子目后某方在何处，方有几味药的小注也不能小看，它对于具体方药的检索和保存是至关重要的。

此外，子目中还常见“前有某某几证”和“下有某某几证”的注文。比如“辨太阴病脉证并治第十”276条对应子目“太阴病，脉浮，可发汗，宜桂枝汤。第一。五味。前有太阴病三证。所谓“太阴病三证”指“太阴篇”篇首有论无方的3条条文即273、274和275条。同篇277条对应子目“自利不渴者，属太阴，以其藏寒故也，宜服四逆辈。第二。下有利自止一证。”所谓“利自止一证”是指篇中有论无方的278条。由此可知子目注文的另一个功能是统计无方之证。

宋本《伤寒论·子目》的特点和源流

一、子目的特点作用和意义

就宋本《伤寒论·子目》行文的特点来看：1. 行文简练；2. 条条有方；3. 以数为计；4. 方证出注。

就宋本《伤寒论·子目》作用和意义来看：小而言之，子目是方证的统计手段；从文献学角度分析，“子目”可以拆分成两部分——子目及其注文。子目正文保存了《伤寒论》中有方治条文的主要内容。子目之注一则明确了方之药味数，使方不致散乱；二则明确了无方治条文的内容和条数，使证不致散乱。合而观之：主观上，子目是《伤寒论》有方之法和无方之证的统计手段；客观上，它起到了固定《伤寒论》条文与方药，使之不致复为散乱的作用。事实也的确如此，自从1065年（北宋治平二年）有子目的宋本《伤寒论》刊行后，《伤寒论》的条文和方药就基本上固定了下来。再没有学者像孙思邈那样感叹“江南诸师秘《仲景要方》不传”[6]了。大而言之，子目是重方思想的缩影：医家重方药的思想是通贯于古今的，约略言之：《汉书·艺文志》已有“经方”之门类，张仲景就是典型的经方派；《隋书·经籍志》有《四海类聚方》2600卷的著录，将占该志全部医籍卷数之大半；唐·孙思邈的著作明标其目为《千金要方》《千金翼方》；宋代《太平圣惠方》；明代《普济方》皆宏篇巨制。山西已故著名中医版本目录学家李茂如先生曾说：“重方思想在清代也特别有据，中国有王子接的《绛雪园古方选注》《伤寒古方通》，日本有东洞的《方机》《方极》等。”而宋本《伤寒论·子目》恰是对《伤寒论》中有论有方条文的精炼总辑，因此宋本《伤寒论·子目》可以视为医家重方药思想的一个缩影。从这个角度看，子目本身即堪称一部“小伤寒”。

二、子目源流的推断和考察

宋·林亿等校正《伤寒论·序》中着重提到一个背景颇深的《伤寒论》传本：“开宝中（宋太祖赵匡胤年号，公元968～976年），节度使高继冲曾编录进上，其文理舛错，未尝考证。历代虽藏之书府，亦缺于仇校，是使治病之流，举天下无或知者。”习惯上把这个《伤寒论》传本称作高继冲本《伤寒论》。马继兴先生《中医文献学》[7]对此作了首次考证，其“高继冲本与淳化本《伤寒论》”一节约略说到：高继冲原是五代时期荆南国的末主，963年国亡降宋任节度使。开宝中将其编录本进献宋朝，此后不久即978年（太平兴国三年）宋政府开始编集《太平圣惠方》一书。至992年（淳化三年）纂成刊行。其中卷8首为伤寒叙论、脉候、日数，次为六经病形证，次为可与不可诸篇，末为附方。其文字体例全与《伤寒论》相同，可证卷8全文应是古传本之一，可称为淳化本《伤寒论》，而高继冲本为其底本。该本的重要特点是保存了《伤寒论》古本中的一些原始资料，很值得重视。

通过对高继冲本《伤寒论》“辨六经病形证”的深入分析，可知其特点有三：

第一、节录原文——宋本《伤寒论》六经篇（不计霍乱、阴阳易等）总几381条，而高本仅有124条，约占宋本原文的1/3弱。很明显，高本引录伤寒条文具有选择性。

第二、条条有方——仅就六经篇来说，高继冲本《伤寒论》以外的其他传本，都是既有有论有方的条文，又有有论无方的条文。而高本六经篇的每一条条文均有方以应。换言之，仅有有方之法而无无方之证。此处可以顺便提及的是19世纪中叶在日本发现的所谓康治本《伤寒论》[8]，它有65条条文，其中57条有方。有趣的是，其中无方8则竟与后世所谓“提纲证”诸条不谋而合。

第三、行文简洁——笔墨单省是高继冲本《伤寒论》的另一特点。如221条高本作“阳明病，脉浮，咽干口苦腹满，汗出而喘，不恶寒反恶热，心躁，谵语不得眠。胃虚，客热舌燥，宜栀子汤。”[9]仅38字，才及宋本之半。

高继冲本《伤寒论》（此处确切一点说是淳化本《伤寒论》）和宋本《伤寒论》毕竟相隔将近百

年，我们不能否认二者的成书有着不同的时代背景。但只要将高继冲本《伤寒论·六经篇》和宋本《伤寒论·子目》两相对比，我们就不难发现：虽然二者在具体行文上的确存在着较大的差别，但它们的主旨精神和操作方法却并无一致。它们都有意无意地强调了有方之法的重要性，并且不约而同地选用了节略原文的操作方法。如果硬要找出一些不同的话，只能说子目更加细致入微，新设置的序号和小注不但方便了读者的学习和检索，而且有利于文献的条理和保存。笔者在讨论《普济残卷高本伤寒论》时曾经指出："高继冲本《伤寒论》……六经篇行文简洁、条条有方的形式特点，又使之客观上具备了统计《伤寒论》有方之法的功能，堪称《伤寒论》子目之初形"[10]。换言之，宋本《伤寒论·子目》的源头就是高继冲本《伤寒论·六经篇》。

后世较为完整保留子目的著作并不多见，只是在成无已的《注解伤寒论》中变换形式（用双重方框将数字围起来）保留了正文中有论有方诸条下的序号。但成氏不细究其为有方之法而直呼为证，例如：第162条"下后不可更行桂枝汤，若汗出而喘，无大热者，可与麻黄杏子甘草石膏汤"（后有"二十四"双重方框标志）的注文曰："前第三卷，廿六证云，发汗后，不可更行桂枝汤，汗出而喘，无大热者，为与此证治法同。"[11] 所谓"第三卷，廿六证"乃指第63条，条文之末有"二十六"双重方框方例标志者。需要说明的是，即便是这一点点子目曾经存在的信息，在现今重新校排的诸多《注解伤寒论》版本中也多有草率删略，致使读者困惑不解。

参考文献

[1] 元·王履. 医经溯洄集（医统正脉本）. 第1版. 北京，人民卫生出版社，1956：70.

[2] 刘渡舟主编. 伤寒论校注. 第1版. 北京：人民卫生出版社，1991：158.

[3] 刘渡舟主编. 伤寒论校注. 第1版. 北京：人民卫生出版社，1991：143.

[4] 刘渡舟主编. 伤寒论校注. 第1版. 北京：人民卫生出版社，1991：293.

[5] 刘渡舟主编. 伤寒论校注. 第1版. 北京：人民卫生出版社，1991：308.

[6] 唐·孙思邈. 千金要方. 第1版. 北京：人民卫生出版社，1955：187.

[7] 马继兴. 中医文献学. 第1版. 上海：上海科学技术出版社，1990，123.

[8] 汉·张仲景原著. 日·户上玄斐重校. 康治本伤寒论. 第1版. 北京：中医古籍出版社，1982.

[9] 宋·王怀隐. 磁平圣惠方，第1版. 北京：人民卫生出版社，1958，219.

[10] 赴怀舟，等. 《普济残卷高本伤寒论》简介. 中医文献杂志，2002，20（1）：33.

[11] 宋·成无己. 注解伤寒论. 第1版. 北京：人民卫生出版社，1956：67.

［《中医文献杂志》2003；（1）：11］

仲景医学理论的特点及应采取的研究方法

陈　萌　北京中医药大学

陈　强　河南省南阳中医药学校

仲景医学诞生以后，便以其医论质朴、方法具备、用药精简、疗效卓著而闻名于世，受到历代医家的推崇。这不但影响了中医界，还促成了日本汉医古方派的形成。另一方面，古今医家大多认同仲景医学是一门纯粹的经验医学，没有理论或理论较少。这归因于仲景医学中关于正常人体解剖、生理学及中药药理学的论述很少。但是，作为一个伟大的医学体系，如果没有完善的医学理论指导，是很难保持其强大生命力的。本文试图以具体的例子，阐明其医学理论的特点及立采取的研究方法。

一、仲景医学理论的特点

1. 合理性　《黄帝内经》是中医理论的奠基之作。对于中医理论的构建，《内经》的作者们存在两种不同的思维方式——务虚和务实。务虚派将当时盛行的阴阳学说、五行学说等引入医学，建立起二元和五元的模型，将医学中纷繁复杂的人体生理、病理现象及药物学知识等，均比类归附于模型中，使之产生了普遍的联系。这种方法虽然有执简驭繁的优势，但所建立的联系带有很大的猜测性和随意性，例如将五脏既对应于阴阳，也对应于五行。这种思维方式到了唐代以后，受宋明理学"重道轻器"思潮影响，更进一步得到了强化，对中医影响极为深远。

务实派通过观察，记录下了解剖所见，如消化道长度(《灵枢·肠胃》)；分析了人体的生理，如物质代谢的过程(《灵枢·营卫生会》)；分析了疾病的原因，如"夫百病之所始生者，必起于燥湿、寒暑、风雨、阴阳、喜怒、饮食、居处"(《灵枢·顺气一日分为四时》)；并记录了大量疾病征象等。这些认识质朴无华，层次清晰，概念确切，即使放在今天，也是经得起实践验证的。不仅如此，他们还将气一元论引入医学，结合所观察到的人体脏腑、经络等现象，衍化出脏腑之气、经络之气的概念，完成“气”的医学化。

仲景主要继承和发展了《内经》《难经》等古医籍中的务实派理论。如《伤寒论》中的六经分证理论来源于《索问·热论》，但并不拘守“日传一经”之说；《金匮要略》中的治未病理论来源于《素问·四气调神大论》，但更加系统化。当然，仲景在阐述医理时，也使用“阴阳”“五行”等概念，但与《内经》不尽相同。仲景所言的“气”属于医学层次，留下了“若五脏元真通畅，人即安和”之语(《金匮·脏腑经络先后病》)。以阴阳二分法对“气”进行划分，即为“阴气”和“阳气”。作为医学概念，它们具备对立制约、互根互用、消长平衡的辩证关系，但却没有“阴阳”那样的无限可分性和相互转化的特点。如“凡厥者，阴阳气不相顺接，便为厥”（《伤寒论》337条)；“师曰：阴气孤绝，阳气独发，则热而少气烦冤……”(《金匮·疟病》)；“阴阳相得，其气乃行，大气一转，真气乃散”（《金匮·水气病》)。仲景医学中涉及“五行”的仅3条，而且均只有“相乘”，并无固定的生克乘侮搭配，用来说明疾病的传变与轻重。

2. 完整性　金元明时期，随着理学的兴盛，中医学的哲学框架得到了进一步强化。医家们逐渐丧失了实证精神，“袭几句阴阳虚实、五行生克笼统套语，以为用温补之地”，“唯记通治之方数首，药名数十种以治万病”。各大名家受个人临床经验及服务对象所限，对于中医理论各执一端。如刘完素“六气皆从火化”；朱丹溪“阳常有余，阴常不足”；张景岳“阳常无余，阴常不足”；李东垣重脾胃，张景岳重肾及命门等等。中医理论逐渐蜕变为临床经验的说理工具，失去了生命力。

仲景医学理论则不然，其框架由气血津液、脏腑经络等医学概念构成，含义确切，层次清晰。如《金匮·水气病》将水气病的形成机制分为“气分”“血分”“水分”3种类型。事实上，仲景是以水气病为例，将疾病发生、发展的类型一分为三。再如《金匮·脏腑经络先后病》称“千般疢难，不越三条：一者，经络受邪，入脏腑，为内所因也；二者，四肢九窍，血脉相传，壅塞不通，为外皮肤所中也；三者，房室金刃、虫兽所伤。以此详之，病由都尽”。这就揭示了疾病的形成原因。

3. 先进性　中医理论在形成之初便不统一，金元诸家进一步加重了这种趋势。由于哲学框架无所不包，掩盖了这种混乱，因而形成了超稳定结构。建国以后，虽然在中医研究方面投入了大量人力、物力，但因为证实者多，证伪者少，所以并未淘汰那些不利于中医发展的理论内容，带来的后果是，中医临床应用哪家的方，便用哪家的理论；中医科研因不明一些中医理论的内涵，便出现了寻找哲学范畴实质的错误做法。

相对而言，仲景医学理论更经得起论证。例如，在《金匮》中，肾气丸主治病证有五，均与“肾主水”功能异常有关。再如，《难经》称脾“主裹血，温五脏”，而小建中汤证为“虚劳里急，悸、衄，腹中痛，梦失精，四肢酸疼，手中烦热，咽干口燥”，正是脾功能失常的表现。由于仲景所言的脏腑等概念大多与解剖学一致，不仅有利于吸收现代医学的成就，还给后人的进一步研究留下了空间。

二、研究仲景医学理论的方法

1. 总结原书的论述　仲景在《伤寒》《金匮》两书中，言证治方药者多，理论者少，甚至对一些重要的概念也未给出定义。例如，“伤寒病”与“杂病”并不能对应于后世所言的“外感病”与“内伤病”。总结《伤寒》中的论述可知，“伤寒病”是指由外寒所引发的疾病，由于内因的不同，可以表现为各种各样的证，因此，既非风寒型感冒，也非寒性疾病。争议较多的是《辨太阳病》篇中的“坏病”，虽然它们已无表证，但因系伤寒误治而成，仍应归为伤寒病，而非杂病。总结《金匮》中的论述可知，“杂病”不仅包括外湿、外燥、外热所引发的外感病，也包括瘟疫、内伤病、外科病等。

2. 参考相关医籍的论述　仲景医学理论主要继承自《内经》《难经》等书，又为《脉经》《诸病源候论》等所阐发，因此在研究中可参考这些相关医籍的论述。例如，在半夏泻心汤治痞机理的研究中，对于半夏泻心汤证的机理，可以参考《素问·阴阳应象大论》“寒气生浊，热气生清。清气在下，则生飧泄；浊气在上，则生䐜胀”及《诸病源候论·诸否候》“诸否（痞）者，荣卫不和，阴阳隔绝，府藏否塞而不宣通，故谓之否”。对于半夏泻心汤中的药物功用，也可参考相关医籍。如分析半夏的功用，可通过归纳仲景在方中和加减法中的应用，结合《神农本草经》及《灵枢·邪客》“半夏汤”的论述，得出以下结论：半夏可下气、去水、通阴阳，主治心下坚、呕吐、喉咽肿痛、头眩、胸胀咳逆、肠鸣等。

3. 引进现代医学方法　仲景医学诞生于1800年前，其理论不免笼统抽象，但因系实证所得，故不仅需要，而且也能用现代医学方法进行研究。例如，经络理论是伤寒六经病的理论基础，通过分析六经病的证候，结合《灵枢·本脏》“经脉者，所以行血气而营阴阳，濡筋骨，利关节者也”及《金匮·血痹虚劳病》篇中论大黄䗪虫丸证的病机“经络营卫气伤，内有干血”等相关的记载，表明经络系统是一种靠传输物质来实现信息、能量交换的通道系统，故至少应包括现代医学已知的血管、淋巴管、神经、组织间隙等较大的结构，以及细胞膜通道等微结构。经典的经络体表循行线，是循经感传的路线，也即经络之气的体现，是经络系统的特征之一。再者，仲景对“气”的重视，反映了中华文化“重用轻体”的特征。为了保持中医特色，应尽量采用生物物理学中的热力学、磁力学等方法进行研究。

综上所述，仲景医学是中医学中一个相对独立的医学体系，实证精神不仅使其临床医学历经千余年而不衰，也使其医学理论独具合理性、完整性、先进性，堪称中医学的科学内核。使用正确的方法对仲景医学理论进行研究，不仅能促进中医学理论的发展，也可为方证规律等临床医学的研究打下坚实的基础。

[《国医论坛》2003；18（1）：3]

《医宗金鉴》中的伤寒内容特色

黄　海　福建中医学院

《伤寒论》自东汉仲景著书、西晋王叔和搜集编次定名《伤寒论》、北宋林亿等校定以来，被奉为“医门之圭臬”，素有“法不离伤寒，方必尊仲景”之说。但《伤寒论》“所论著，其言精而奥，其法简而详，非浅闻寡见者所能及。”[1]由于《伤寒论》辞旨古奥，义蕴幽深，条目繁多，学者不易理解。

《医宗金鉴》是由清代朝廷编订颁发的大型医学丛书。编辑之时正适国力鼎盛的乾隆时期，乾隆务求标榜文治，下谕太医院“尔等衙门该修医书，以正医学”，并先后由大学士鄂尔泰和亲王弘昼督办，吴谦等人编著，于乾隆七年（1742）大功告成。此后本书成为太医院及民间习医之士学习所用，广为流传。至今我国台湾省中医师特种考试依然沿用《医宗金鉴》作为主要参考书目。

《医宗金鉴》编者认为张仲景《伤寒论》“启万世之法程，诚医门之圣书。但世远残阙，多编次传写之误。今博集诸家注释，采其精粹，正其错讹，删其驳杂，补其阙漏，予以行之天下，则大法微言，益昭诸万世矣！”[2]故首先订正之。

《医宗金鉴》中对《伤寒论》的订正是依据“是集《伤寒》，则首六经，次合病、并病，次差后劳复、食复、阴阳易，次坏病、温病、痉、湿、暍、霍乱，次可汗不可汗、可吐不可吐、可下不可下，次平脉、辨脉法，此一书之次第也。首纲领，次具证，次出方，次因误致变，次因逆成坏，此一篇之次第也。首经文，次注释，次集注，次方药，次方解集解，其经文有缺误者，则加辩论于经文之下，以按字冒之，其于本条互相发明，而非专论本条者，加辨论于本注之后，亦以按字冒之，此逐条之次第也。俾后学了然心目，易于融会贯通。”[3]《医宗金鉴》对研究、学习《伤寒论》作出了很大贡献。

一、以六经为纲，归类条文

宋版《伤寒论》共有条文398条，按六经病依次排列。但每章节主题与条文内容并不完全相符，其中最为典型的当是太阳病篇，共有条文178条，内容不仅涉及太阳病，还有阳明病，少阳病，甚至三阴病。如此多的内容与条文，共存于一篇之中，难免冲淡主题，不便于学习。《医宗金鉴》编者正是基于此事，依据条文内涵，重新合理归类，这方面的典范当为少阳病篇，《医宗金鉴》卷五“辨少阳病脉证并治全篇”。宋版《伤寒论》“辨少阳病脉证并治”篇收录第236～272条（注：条文序号依宋版《伤寒论》，下同），共10条条文，这10条条文的内容根本不能反映少阳病的全貌。《医宗金鉴》将宋版《伤寒论》太阳病、阳明病及厥阴病篇中有关小柴胡汤证内容的条文，如第37、96、97、98、99、100、101、229、230、397条；还将少阳兼太阳的第146条，柴胡桂枝汤证；兼里实的第103、165条，大柴胡汤证，和第104条柴胡加芒硝汤证；兼水饮内停的第147条，柴胡桂枝干姜汤证；以及第143、144、145条，有关热入血室证治，全都移入“辨少阳病脉证并治全篇”中，完整地反映出少阳病本证和兼证，以及和解的正治法和权变法。使少阳病篇内容充实，主次分明，后世中医院校多种版本《伤寒论》教材的编写，都参照这种归类法。

《医宗金鉴》中还将有关合病与并病的条文，单独陈列于卷九，名“辨合病并病脉证并治篇”。《医宗金鉴》中对坏病作了定义，“坏病者，谓不当汗而汗，不当吐而吐，不当下而下，即当汗、吐、下而过甚，或当汗、吐，下而失时，皆为施治失宜，所以成坏病也”[4]。因“其论散见诸篇，今合为一集，以便后学”[5]，故特立卷十一“辨坏病脉证并治篇”。

《医宗金鉴》成书之时，以叶天士、薛生白等温病名家的学术著作尚未形成气候，当时温病学说的概念尚未完全脱却伤寒，独成体系。可贵的是在此时《医宗金鉴》能将《伤寒论》对温病的模糊认识与个别条文，单列卷十二“辨温病脉证并治篇”，这对后学研究温病也是很有启发帮助的。

二、据三纲学说，划分太阳

《伤寒论》中内容与条文最多的当是太阳病篇。“风伤卫，寒伤营，风寒俱中伤营卫”，即所谓的三纲鼎立学说，首倡于成无己，确立于方有执。《医宗金鉴》的主编吴谦承其说，并以此来划分太阳病内容。“卫分受邪，则有汗为虚邪，桂枝证也。荣分受邪，则无汗为实邪，麻黄证也。荣卫俱受邪，均无汗，皆为实邪，大青龙证也。大纲三法，用之得当，其邪立解，用违其法，变病百出。缘风为百病之长，故以风中卫为上篇，寒伤荣与风寒两伤，列为中、下二篇。其条目俱详于本篇之下，俾读者开卷了然，有所遵循也。”[6]

《医宗金鉴》中不仅用三纲学说来分类太阳病篇，并用该理论解释许多条文，这亦是《医宗金鉴》编者研究《伤寒论》的特色之一。如《伤寒论》第7条“病有发热恶寒者，发于阳也；无热恶寒者，发于阴也。……”《医宗金鉴》[注]：“病谓中风、伤寒也。有初病即发热而恶寒者，是谓中风之病，发于卫阳也。有初病不发热而恶寒者，是谓伤寒之病，发于荣阴者也。”[7]

三、按条文内容，合理拆合

《医宗金鉴》编者依据《伤寒论》条文的内容，对一些方证相同者合而论之。如第18条“喘家作，桂枝汤加厚朴杏子佳。”第43条“太阳病，下之微喘者，表未解故也，桂枝加厚朴杏子汤主之。”这两条条文所论，除病因不同外，证治相同，《医宗金鉴》中合而论之，“太阳病，下之微喘者，表未解故也，桂枝加厚朴杏子汤主之。喘家作，桂枝汤加厚朴杏子佳。”[8]。又如第371条“热利下重者，白头翁汤主之。”第373条“下利欲饮水者，以有热故也，白头翁汤主之。”亦因证治相同，《医宗金鉴》中合而论之，“下利欲饮水者，以有热故也，白头翁汤主之。热利下重者，白头翁汤主之。”[9]

对一些条文内容，前后不可分割者，在《医宗金鉴》中亦合而论之。如第21条“太阳病，下之后，脉促胸满者，桂枝去芍药汤主之。”与第22条“若微寒者，桂枝去芍药加附子汤主之。”第22条若脱离第21条，单独论之，则无从谈起。《医宗金鉴》中合而论之“太阳病，下之后，脉促胸满者，桂枝去芍药汤主之。若微寒者，桂枝去芍药加附子汤主之。”[10]这样则前后连贯，独成体系。又如第128条“问曰：病有结胸，有脏结，其状何如？答曰：按之痛，寸脉浮，关脉沉，名曰结胸也。”第129条“何谓脏结？答曰：如结胸状，饮食如故，时时下利，寸脉浮，关脉小细沉紧，名曰脏结。舌上白滑者，难治。”若只论第128条，则有问虽有答，但答而未尽。《医宗金鉴》中合而论之，“问曰：病有结胸，有脏结，其状何如？答曰：按之痛，寸脉浮，关脉沉，名曰结胸也。何谓脏结？答曰：如结胸状，饮食如故，时时下利，寸脉浮，关脉小细沉紧，名曰脏结。舌上白滑者，难治。”[11]这样有问有答，问答相应。

又有一些条文，一条中论述多个问题，若不分开，则使人茫然。如第131条“病发于阳，而反下之，热入因作结胸；病发于阴，而反下之，因作痞也。所以成结胸者，以下之太早故也。结胸者，项亦强，如柔痉状，下之则和，宜大陷胸丸。”条文前部分论述结胸与痞证的成因，后部分论述热实结胸，邪气偏甚于上的证治。《医宗金鉴》分而论之，“病发于阳，而反下之，热入因作结胸；病发于阴，而反下之，因作痞也。所以成结胸者，以下之太早故也。”[12]与“结胸者，项亦强，如柔痉状，下之则和，宜大陷胸丸。”[13]两部分来分述。又如第210条“夫实则谵语，虚则郑声。郑声者重语也。直视谵语，喘满者死，下利者亦死。”条文前部分论述谵语与郑声的区别，后部分论述阳明里实之危候。《医宗金鉴》中亦分而论之，“夫实则谵语，虚则郑声。郑声者重语也。”[14]与“直视谵语，喘满者死，下利者亦死。”[15]分别在两个不同地方论述。像这样合理的合并与拆解，内容分明，使后学研读《伤寒论》，更加明了。

四、对错漏条文，删补修正

《伤寒论》从仲景成书，叔和搜集编次，历经800余年，几经医家传抄，到北宋林亿校对出版发行，错漏难免。《医宗金鉴》编者本着科学的精神，“正其错讹，删其驳杂，补其缺漏”，并加按与注以明之。如《伤寒论》第165条“伤寒发热，汗出不解，心中痞硬，呕吐而下利者，大柴胡汤主之。”《医宗金鉴》编者认为“下利”应改为“不利”。[按]：“下利之‘下’字，当是‘不’字，岂有上吐下利，而以大柴胡下之是乎？”[注]：“伤寒发热汗出不解，表尚未已也；心中痞硬大便不利，里病又急矣。呕吐，少阳、阳明兼有之证也。少阳、阳明两急，心中热结成痞，故以大柴胡汤，外解少阳发热未尽之表，内攻阳明成实痞硬之里也。”[16]又如《伤寒论》第176条“伤寒脉浮滑，此以表有热，里有寒，白虎汤主之。”《医宗金鉴》中将“里有寒”改为“里有热”。[按]：“王三阳云：经文‘寒’字，当邪字解，亦热也，其说甚是。若是‘寒’字，非白虎汤证矣。”[注]：“此言伤寒太阳证罢，邪传阳明，表里俱热，而未成胃实之病也。脉浮滑者，浮为表有热之脉，阳明表有热，当发热汗出；滑为里有热之脉，阳明里有热，当烦渴引饮。故曰：表有热里有热也，此为阳明表里俱热之证，白虎乃解阳明表里俱热之药，故主之也。”[17]

《医宗金鉴》编者除了在各章节中“正其错讹，删其驳杂，补其缺漏”外，还特别设制卷十七“正误存疑篇”，将全书中需要正误的内容，都汇聚在此篇中，并详细论述，便于查阅。

五、用歌诀体裁，便于记忆

“伤寒一证，仲景论中立三百九十七法，一百一十三方，神明变化，可谓既详且尽矣。其治杂证也，则有《金匮要略》分门别类，包举该括，无非示人以规矩准绳，欲其触类旁通，以应变于无穷也。但其辞旨古奥，义蕴幽深，条目繁多，未易领会，人多苦之。兹特撮其要旨，编为歌诀，俾学者便于熟读默记，融会贯通，然后再玩味全书，则易读易解，有会心之乐，而无望洋之叹矣。”[18]《医宗金鉴》编者用心良苦，特立“伤寒心法要诀”一章，将《伤寒论》主要内容，以歌诀体裁，简明扼要，便于诵记，被许多读者，尤其是初学中医的读者所欢迎。有关于脉证的歌诀举例如下：

太阳风邪伤卫脉证：

中风伤卫脉浮缓，头项强痛恶风寒。

痛即发热汗自出，鼻鸣干呕桂枝功。[19]

少阳脉证：

往来寒热胸胁满，脉弦目眩而耳聋。

口苦默默不欲食，心烦喜呕少阳经。

或渴或咳身微热，或胁硬痛腹中疼。

或悸不呕尿不利，舌苔滑白小柴宗。[20]

此二首歌诀高度概括了太阳病中风证（桂枝汤证），及少阳病（小柴胡汤证）的临床特征。

有关于方剂的歌诀，如：

柴芍枳草四逆散，人参姜枣吴茱萸。

乌梅参归连柏细，椒姜桂附苦酒需。[21]

将四逆散，吴茱萸汤、乌梅丸四首方合编于一首歌诀。

有关于症状鉴别诊治的歌诀，如发黄：

湿热发黄头汗出，小便不利渴阳明。

素有寒湿发汗后，黄从阴化太阴经。

阳色鲜明阴色暗，太阳血蓄并狂生。

表实麻翘赤小豆，茵陈里实栀子清。

阴黄茵陈四逆主，便溏尿秘茵五苓。

环口黧黑柔汗死，体若烟熏阳绝征。[22]

该歌诀概括了阳黄与阴黄的鉴别要点及阴黄的治疗，阳明发黄三方证（麻黄连翘赤小豆汤证、茵陈蒿汤证、栀子柏皮汤证）的区别，茵陈五苓散在阳黄中的应用要点，阳黄与阴黄的危象，以及蓄血发黄的辨证要点。

歌诀韵文的形式，符合记忆学原理，尤其适合于初级学习，特别是还符合中医学内容中有较多需要记忆的特点。另外，歌诀之下均有注解，通俗易懂，更方便于学习。

《医宗金鉴》不愧是皇家主编的大型医学丛书，是学习和研究《伤寒论》的好教材。

[《中华医史杂志》2003；33（1）：7]

陈修园对《伤寒论》存津液的发挥

林慧光　福建中医学院

陈修园（公元1753～1823年）名念祖，福建长乐人，清代著名的医学家、教育家。陈修园对伤寒论颇有研究，揭示《伤寒论》治法的精神实质在于“存津液”三字，使人茅塞顿开，从而进一步理解《伤寒论》治法方药的真谛。由于陈修园对“存津液为治伤寒之要”的阐述多散在对条文方药的注释中，本文兹掇其要，分析如下[1]。

一、揭示存津液是真诠

陈修园研究伤寒数十年，将其心得体会在《医学三字经》中总结为“长沙论，叹高坚。存津液，是真诠。”认识到仲景治法处处重视“存津液”，接着进一步自注云：“存津液是全书宗旨，善读书者，读于无字处。如桂枝汤甘温以解肌养液也；即麻黄汤直入皮毛，不加姜之辛热，枣之甘壅，以外治外，不伤营气，亦养液也；承气汤急下之，不使邪火灼阴，亦养液也；即麻黄附子细辛汤用附子以固少阴之根，令津液内守，不随汗涣，亦养液也，麻黄附子甘草汤以甘草易细辛，缓麻黄于中焦，取水谷之津而为汗，毫不伤阴，更养液也。推之理中汤、五苓散，必啜粥饮。小柴胡汤、吴茱萸汤皆用人参，何一而非养液之法乎”（《医学三字经·伤寒瘟疫》）。陈氏在此例举了若干代表方剂，论证了“《伤寒论》一百一十三方，以存津液三字为主”的观点(《长沙方歌括·劝读十则》)。

在《伤寒论浅注》中，陈氏通过注释的方式，委婉陈述对“存津液为治伤寒之要”的发挥，陈氏虽然具有创新的思想，由于尊经崇典，不敢大胆表述自己的创见，因而不能进一步把自己的见解提炼升华，没有系统地阐述“存津液”的学术内容，这也是陈氏创新思想的局限性。

二、分析亡津液的病机

陈修园认为津液的存亡在伤寒证候的发生、发展与传变中起着关键的作用。若汗、吐、下太过，为亡津液的常见病因，亡津液的病理机制有津液干竭、津液不行、气化失职、转化障碍等不同，而亡津液的证候也就有寒热虚实的不同性质。如“太阳病，发汗后，大汗出，阳明水谷之津竭矣。”如表现为“胃中干，烦躁不得眠，欲得饮水者”，此证病机为内水耗竭，欲得外水以自救，治宜“少少与饮之，令胃气和则愈。”“若脉浮，小便不利，微热，消渴者”陈修园认为病机为脾气不能转输，而胃之津液不行，水津不能布散，治宜“五苓散主之”（《伤寒论浅注·辨太阳病脉证篇》）。陈氏在详析了发汗后胃之津液有干竭与不行的区别，病机不同，治亦各异。

又如分析桂枝去桂加茯苓白术汤证时，指出“小便不利”的病机是“无汗则表邪无外出之路，小便不利则里邪无下出之路。总由邪陷于脾，失其转输之用，以致膀胱不能气化而外出，三焦不行决渎而下出”（《伤寒论浅注·辨太阳病脉证篇》）。小便不利提示津液不足，而此证津液不足是因气化不行，引起津液分布紊乱所致。此治“勿用利小便之药治之，姑俟其津回，得小便利，则阴阳和，而表里之症必皆自愈(《伤寒论浅注·辨太阳病脉证篇》)。

陈氏还指出，津液的存亡对伤寒病的传经、好转、痊愈影响甚大。例如“太阳病，若发汗，若下，若利小便，此亡津液，胃中干燥，因转属阳明”，这是太阳病误治亡津液转属阳明病(《伤寒论浅注·辨太阳病脉证篇》)。又如在注解“形作伤寒，其脉不弦紧而弱，弱者必渴”的条文时，陈氏分析“弱者阴不足，阳气陷于阴分，伤其津液，其人口必渴。”其转归有二个方面，其一：“若被火攻者，津液愈亡，致胃中燥热，必发谵语。”重亡津液，导致太阳病转化为阳明病。其二：“然脉弱者，虽不可汗，而见症既有发热，再审其脉弱中见浮，不妨服桂枝汤，啜热稀粥，从养阴法以解之，当汗而愈”（《伤寒论浅注·辨太阳病脉证篇》）。用解表发汗法祛除病邪，津液回复则病自愈。

陈氏上述分析，以津液生理病理为核心，对亡津液有关证候的病因病机作了精辟而深入的阐发，丰富了《伤寒论》辨证论治的内容。

三、阐发存津液的治法

1. 解表发汗，截断传变。陈氏指出桂枝汤、麻黄汤都是通过解表发汗以“存津液”，实际上是祛除病邪于太阳病阶段，以免传变入里化热伤津。所以，“伤寒脉浮，为太阳之病，当以麻黄汤化膀胱津液，出诸皮毛而为汗则愈”（《伤寒论浅注·辨太阳病脉证篇》）。发汗是手段，截断传变、欲保津液才是目的。桂枝汤甘温解肌，“芍药而得大枣、甘草之甘，苦甘合化，可恃之以滋周身之阴液。”陈氏还认识到仲景“取大补阴阳之品，养其汗源，为胜邪之本。又啜粥以助之，取水谷之津以为汗，汗后毫不受伤”（《长沙方歌括·桂枝汤》）。所谓扶正祛邪以存津液之义。由此看来，解表发汗实为截断顺经传变之法。

2. 攻下里热，急下存阴。邪火伤阴，攻下里热，急下存阴，在《伤寒论》中应用颇多，尤以邪热内结，津液内消为急务。代表方如大承气汤，燥结不甚者用小承气汤，里热津伤则用调胃承气汤。对于脾约，津伤内热便硬者，则以麻子仁丸润而下之。陈氏在《伤寒论浅注》中解释大承气汤方义时，转录武陵陈氏方云：“伤寒邪热入胃，津液耗，真阴虚，阳胜阴病。所谓阳盛阴虚，汗之则死，下之则愈。急以苦寒胜热之剂，救将绝之阴，泻亢盛之阳，承气所以有挽回造化之功也。”下之以排除耗液之因，实为“存津液”之根本。

3. 调和气机，通达津液。“少阳之为病，口苦，咽干，目眩”，是少阳病初始上焦津液不足的反应，若顺经传变，出现“阳明病，胁下硬满，不大便而呕，舌上白苔者”，是津液不得下输，引起下焦津液缺乏所致，这时“可与小柴胡汤调和三焦之气，俾上焦得通而白苔去，津液得下而大便利，胃气和而呕吐止，三焦通畅，气机旋转，身濈然汗出而解”（《伤寒论浅注·辨阳明病脉证篇》）。陈修园解释此言小柴胡汤不特达阳明之气于外，更能调和上下之气，流通内外之津液也。

4. 固阳止汗，阳中求阴。陈氏深谙阴阳互根之理，发挥了仲景固阳止汗法。如在阐析桂枝加附子汤方义时指出："取附子以固少阴之阳，固阳即所以止汗，止汗即所以救液"（《伤寒论浅注·辨太阳病脉证篇》）。方中以附子温运一身之阳气，助桂枝以温阳，固卫阳以止汗，使阳气得生，邪气得祛，津液得复而诸证自愈。仲景遣方用药尤如遣兵布阵，处处体现着"存津液"思想。

5. 益气生津，津气同源。津液来源于脾胃运化的水液，脾胃之气充沛则津液充足。陈氏举出小柴胡汤、吴茱萸汤、白虎加人参汤等，都用人参、甘草益气生津。人参在《伤寒论》中用之甚广，无论是寒证热证，只要是亡津耗气，都用此法，即"津气同源"之义。如治阳明经证，"诊其脉洪大无伦者，白虎加人参汤主之"。"加人参者，以大汗之后，必救其液以滋其燥也"（《伤寒论浅注·辨太阳病脉证篇》）。

6. 清热生津，祛邪扶正。里热炽盛，伤津耗液，首当清热祛邪，生津滋液。清热生津法有白虎汤、白头翁汤、竹叶石膏汤等。如竹叶石膏汤，以石膏、竹叶清虚热，以人参、甘草、粳米，滋养胃气以生津液。陈氏引徐灵胎云："此仲景先生治伤寒愈后调养之方也，其法专于滋养肺胃之阴气以复津液"（《长沙方歌括·竹叶石膏汤》）。

7. 助脾转输，散布水津。此法旨在助脾升降，促使津液运行、输布。如五苓散证烦渴的病机是"汗伤中气，脾不转输而水津不能布散"，以五苓散主之，其治疗机理是"五苓散降而能升，山泽通气之谓也。通即转输而布散之，不专在下行而渗泄也"（《伤寒论浅注·辨太阳病脉证篇》）。

8. 啜粥饮水，食疗补津。《伤寒论》著名的啜粥法，给后人留下深刻的印象。如桂枝汤，服已须臾，啜热稀粥一升余，以助药力。五苓散，"作散以散之"，多服暖水以助之，使水精四布，上滋心肺，外达皮毛。陈氏指出"白饮和服，亦即桂枝汤啜粥之义也"（《长沙方歌括·五苓散》）。陈氏认为仲景根据病性、病位不同，分别药食配伍，遣药处方，如通脉四逆加胆汁汤，"以汁补中焦之汁"。又如苦酒汤，以"鸡卵助肺以滋水之上源"，凡此种种，不胜枚举。

综上所述，陈修园继承和发挥了张仲景"存津液"的学术思想，其对"亡津液"的病理，"存津液"的方法进行阐述，论理严密，结合临床，且阐发了自己独到见解，以陈修园"存津液"之说去理解方证的作用机理，确能给后学者以启迪。如现代名医冉雪峰在此基础上，提出"整个伤寒病的治疗关键在于救津液"的见解，郭子光教授则系统探讨了《伤寒论》存津液的途径，从不同角度丰富和发展了《伤寒论》"存津液"之说。

参考文献

[1] 林慧光. 陈修园医学全书 [M]. 北京：中国中医药出版社，1999，8.

[《福建中医学院学报》2003；13（1）：46]

张锡纯对《伤寒论》治学思想初探

刁志光　谢春锐　广东医学院附属医院

张锡纯为近代名医（以下简称张氏），其所著的《医学衷中参西录》在中医界广受好评，他虽无关于《伤寒论》的专著，但在前书中关于《伤寒论》的论述，可以看出其治学思想，较之前人论述，实为巨匠之作，独具风格，特探讨如下。

一、穷究医理　独具创见

首先，张氏对《伤寒论》的原文理解，注重引经据典，从不盲从。如《六经总论》篇"伤寒治法以六经分篇，然手足各有六经，实则十二经有也。手足之经既有十二，而《伤寒论》但分有六经者何也？按《内经》之论十二经也，凡言手经则必明言其为手经，足经者皆系足经，至言手经则必明言其为手某经。《伤寒论》以六经分片，此遵《内经》定例，寓手经于足经中也。解《伤寒论》者，谓其所言六经皆系足经，是尤未明仲景著伤寒之深意也"。再如"至于人言伤寒，其六经相传之次第，详于《素问·热论篇》"。其次，对《伤寒论》的理解，不拘前人论述，按中医原理层层分析，比前人更深入细致。如《太阳病炙甘草汤证》中："炙甘草汤之用意甚深，而注疏家则谓，方中多用富有汁浆之药，为其心血亏少。是以心中动悸以致脉象结代，故重用富有汁浆之药，以滋心血，此方中之宗旨。不知如此以论此方，则浅之忽视此方矣。试观方中诸药，唯生地黄重用一斤，地黄补肾药也，唯当时无熟地黄，多用又恐其失于寒凉，故煮之以酒七升，水八升，且酒水共十五升，而煮之减去十二升，是酒性原热而又复久煮，欲变生地黄之凉性为温性者，欲其温补肾脏也。……由斯观之，是炙甘草汤之用意，原以补助肾中气化，俾其壮旺上升，与心中之气化相济救为要着也。至其滋补心血，则犹方中兼治之副作用也，犹此方中所缓图也”。此段论述可以看出张氏研究医理之精深。再次，在临床实践中注重分析医学原理。又如《太阳病小青龙汤证》中对此方的分析：“小青龙所兼主诸病，喘居其末，而后世治外感痰喘者，实以小青龙汤为主方，是小青龙为外感中治痰之剂，实为理肺之剂也”；“仲景之方，用五味即用干姜，……诚以五行之理，辛能胜酸，《内经》有明文也。……而愚近时临证品验，则另有所得。盖五味之皮虽酸，其仁则含辛味，以仁之辛济皮之酸，自不至因过酸生弊，是以愚治劳嗽，恒将五味捣碎入煎，少佐以射干、牛蒡诸药，即能奏效，不必定佐以干姜也”。《太阳病附子泻心汤证》篇中认为，此方大寒大热并用，医者多不敢试，取黄芪代附子较平易，分析其原理为“盖太阳之府原有二，一在膀胱，一在胸中，而胸中所积大气，实与太阳外表之卫气有息息密切之关系。气原属阳，胸中大气一虚，不但卫外之气虚不能固撤，其外卫之阳，亦遂因之衰微而不能御寒，是以汗出而且恶寒也。用黄芪以补助其胸中大气，则外卫之气固，而汗可不出，即外卫之阳亦因之壮旺而不畏寒矣。盖附子者，所以补助太阳下焦之府，用黄芪者所以补助太阳上焦之府，二府之气化原互相流通也”。此段发前人所未发之理，并依此理更发明新方，更显示出张氏分析和应用中医原理的高明。

二、注重理论和实践相结合

首先，在实践中验证理论。如《六经总论》篇中“至《伤寒论》六经之次序，皆以《内经》为法，而未明言其日传一经，至愚平生临证之实验，见有伤寒至旬日，病尤在太阳之府者，至他经相传之日期，亦无一定，善从《内经》言其常，而病情变化恒有出于常而例于外者，至传至某经，即现某经之病状，此有不尽然。推原其所以然故，且加以平生临证之实验，知传至某经即现某经之病状者，多系因其经先有内伤也。若无内伤则传至某经恒有不即现某经之病时，此在临证细心体察耳”。信古而不泥古，认真观察，细心验证，严谨治学的态度于此可见一斑。又如《阳明病白虎汤证》篇中“愚浮沉医界五十余年，尝精细体验白虎汤之用法……”。其次，以理论指导临床。如《阳明病白虎汤证》中认为“人之所以重视白虎汤而不敢轻用者，定皆未明石膏之性也”。再由《神农本草经》论石膏“气味辛，微寒，无毒”，到《名医别录》中的“解肌发汗”，认为后世背离经典改石膏药性为大寒实为不相信经典。《阳明病白虎加人参汤证》中“夫以常理度之，加人参于白虎汤中，必谓能减石膏之凉力，而此次实验乃知人参反能助石膏之凉力，其理果安在乎？盖石膏煎汤，其凉散之力皆息息由毛孔透达于外，若与人参并用，则其凉散之力，与人参补益之力互相化合，能旋转于脏腑之间，以搜剔深入之外邪，使人净尽无遗，此所以白虎加人参汤清热之力远胜白虎汤也”。再次，理论和临床互相促进。如《论太阳病大陷胸汤》篇中，细述自服甘遂验证其药效的经过，从而体验其药效，进而领悟其使用原理，应用于治疗痰饮病和精神病并取得良好的效果。另外，其所论各篇中治验治实录以及原理分析随处可见，无不体现作者注重和善于理论结合临床实践的风格。

三、医学衷中参西的思想融合其中

如论《阳明病麻黄连翘赤小豆汤证》中论述黄疸机理“此盖因肝胆阳分不振，其中气化不能宣通胆汁达于小肠化食，以致胆管闭塞，胆汁遂蓄极妄行，溢于血分而透黄色，其为黄色之根源各异，实相兼以呈象”。《少阳病黄连阿胶汤证》篇中“鸡子黄含有副肾髓质之分泌素，推以同气相求之理，更能直入肾中以益肾水”。这些观点虽然浅显，但实为中西医结合辨证的临床思维，在当时和现在都是有其积极意义的。《太阳病桃核承气汤证》中认为，热结膀胱而胞室未尝蓄血证的治疗“此当治以经府双解之剂，宜用鲜白茅根锉细二两，滑石一两，其煮五六沸，取清汤一大碗盅，送服西药阿司匹林……”，这则可明显看出张氏的中西医结合治疗的具体应用。

四、善于总结经验　把握原则

如《太阳病小青龙汤证》中“寒温中，皆有痰喘之证，其剧者甚为危险。医者自出私智治之，皆不能效，唯治以小青龙汤，或治以小青龙加石膏汤，则可随手奏效。然寒温之证，兼喘者甚多，而有有痰无痰，与虚实轻重之分，又不必定用小青龙汤也。今即余所经验者，析条分，罗列于下，以备治外感作喘者采用”。其后共列 10 条应用原则，辨证细致，用方独到。如《太阳病麻黄汤证》篇所附：用麻黄汤之变通法中认为，“人之禀赋随天地之气化为转移，古今之气化或有不同，则今人与古人之禀赋，其强弱厚薄偏阴偏阳之际不无差池，是以古方用于今日，正不妨因时制宜而为人变通加减也”，其后所列 3 条辨证加减原则同样是其临床经验的总结。《阳明病三承气汤论》篇中“大承气汤所主之证，原宜脉迟，甚有脉不迟而洪实有力者，亦不妨用。唯其脉不迟而数，若因大便燥结而遂投以大承气汤，其脉之无力者，恒因大便通后而虚脱。其脉有力者，下后纵不虚脱，其病亦必不能愈，所谓降后不解。凡遇此等脉，必设法将其脉数治愈，然后再通其大便”。像这种总结经验后确立的原则，对临床指导意义巨大，体现出作者对方剂的辨证应用原则了然于胸，实质掌握。

五、创新发挥　活法机变

张氏对《伤寒论》的理解精深，应用纯熟，在此基础上创新思想随处可见，深得仲景活法机变之神髓。如《少阳病小柴胡汤证》中“对《伤寒论》原文：“服柴胡汤已，渴者属阳明，以法治之。”认为以法治之意味无穷，即发汗利小便已，胃中烦躁，实大便难之说也。若未利其小便，则有猪苓、五苓之法；若津液热炽，又有人参白虎之法。仲景圆机活法，人存政举，未易言也”。《治伤寒方》篇中，麻黄加知母汤一文，分析紧脉产生的原理和麻黄汤易间有汗出不解的原因为余热未解，加知母以寒润之性入脉中化合为汗，随麻黄达外解烦躁。加味桂枝代粥汤一文着重分析大气和卫气的相连关系，推论桂枝汤的病因病机为大气和卫气俱虚，风邪可直入营分，桂枝汤中粥的用意为取水谷之津以为汗，汗后毫不受伤，主要因外感兼虚，而增加黄芪、防风、知母正可补虚以代粥。此外如从龙汤、馏水石膏饮、加味越婢加半夏汤等方多有发挥。这些都将经方的辨证论治更加丰富，使学者打开眼界，进入新的境界。

综上所述，张氏不但是一位临床专家，而且是勇于实践，敢于创新的精通伤寒的大家。认真分析其治学思想，脚踏实地深入实践，对今天为疗效欠佳所困惑的中医界实有极大的指导意义。

[《辽宁中医杂志》2003；30（2）：98]

《内经》《伤寒论》重言词辨析

范开珍　湖北民族学院医学院

重言词，也叫叠音词，是两个相同的字组成的词语。这种重言词在经典医籍中应用颇为广泛。粗略统计，在《内经》和《伤寒论》中，其使用率及数量仅次于《诗经》和《楚辞》。文中试从语言学和医理两方面来探讨重言词这一特殊的语言现象。

一、《内经》《伤寒论》重言词语言学考察

1. 重言词的组成与分类　重言词由两个形、音、义完全相同的词重叠而组成。从音节的多少来看，构成AA式、AABB式和ABAB式。从词性来看，主要是形容词，亦有少量的名词、动词、象声词等，但这些词一经重叠，多活用成形容词来发挥作用。①“呕不止，心下急，郁郁微烦者，为未解也”（《伤寒论》第106条）。②“其色散，驹驹然未有聚”（《灵枢·五色》）。③“发汗则动经，身为振振摇者，茯苓桂枝白术甘草汤主之”（《伤寒论》第67条）。④“喘息喝喝然，取足少阴”（《灵枢·杂病》）。⑤“但竞逐荣势，企踵权豪，孜孜汲汲，惟名利是务”（《伤寒论·序》）。⑥“如环之无端，亭亭淳淳乎，孰能穷之”（《灵枢·卫气》）。⑦“足阳明之疟，令人先寒，洒淅洒淅，寒甚久乃热”（《素问·刺疟》）。前4例是AA式。“郁郁”形容词，闭结，郁滞的样子。“驹”，名词，稚马，重叠后比喻病色象稚马一样奔驰不定，散而不聚。“振”，动词，摇晃，战抖，重叠后形容振战身摇之状。“喝喝”，象声词，喉鸣声。⑤、⑥是AABB式，形容词，“孜孜汲汲”形容急急忙忙、迫不及待的样子。“亭亭淳淳”形容营气和卫气在人体内流行不息。⑦是ABAB式，“洒淅”，形容词，重叠后形容恶寒的样子。

2. 重言词的语法功能　在《内经》和《伤寒论》中，多处使用重言词。这些重言词在句中的语法功能，大多充当状语，亦可充当谓语、补语、定语等。①“溃溃乎若坏都，汩汩乎不可止”（《素问·生气通天论》）。②“太阳中风……啬啬恶寒，淅淅恶风，翕翕发热”（《伤寒论》第12条）。③“太阳病，过经十余日，心中温温欲吐”（《伤寒论》第127条）。④“是动则病肺胀满，膨膨而喘咳”（《灵枢·经脉》）。以上4例重言充当状语。“溃溃乎”，水奔流貌，形容煎厥的发病像堤坝崩溃的样子。“汩汩乎”，水疾流貌，形容煎厥病势发展迅速，如同决堤难以遏止。“啬啬”，畏缩怕冷之状，形容比较严重的恶寒。“淅淅”，如冷水浇身，不禁其寒，形容恶风之状。“翕翕”温和之意，形容如羽毛覆盖之温和发热。“温温”同“愠愠”，郁闷不舒的样子，形容欲吐不吐之状。“膨膨”，腹胀大貌。⑤“风逆，暴四肢肿，身漯漯”（《灵枢·癫狂》）。⑥“若发汗则躁，心愦愦，反谵语”（《伤寒论》第221条）。⑦“夫所胜者，胜至已病，病已愠愠，而复已萌也”（《素问·至真要大论》）。⑧“伤寒六七日，目中不了了，睛不和”（《伤寒论》第254条）。以上4例重言充当谓语。“漯漯”，形容身上汗出淋漓如流水状。“愦愦”，心烦不安之状。“愠”通“蕴”，“愠愠”形容病蓄

积。“了了”，清楚、明亮。“不了了”，指眼睛视物不清。⑨“伤寒发热无汗，呕不能食，而反汗出濈濈然”（《伤寒论》第 185 条）。⑩“太阳病，项背强几几”（《伤寒论》第 14 条）。⑪“腠理发泄，汗出溱溱”（《灵枢·决气》）。⑫“肝疟者，令人色苍苍然”（《素问·刺疟》）。以上 4 例重言充当补语。“濈濈然”，热而汗出，连绵不断，补充说明汗出的状态。“几几（shū）”本指小鸟伸颈欲飞貌，借喻补充说明项背牵强，俯仰不能自如的程度，系项强之重者。“溱溱”，形容汗出甚多，补充说明汗出的程度。“苍苍然”，青色，补充说明病人的面色。⑬“《兵法》曰：无迎逢逢之气，无击堂堂之阵”（《灵枢·逆顺》）。⑭“《刺法》曰：无刺熇熇之热，无刺浑浑之脉，无刺漉漉之汗”（《灵枢·逆顺》）。以上两例重言充当定语。“逢”，通“蓬”，盛貌，形容军队来势急疾，气焰甚盛；“堂堂”，盛大之貌，形容军队的阵势盛大整齐。“濈濈”，火盛炽热也；“浑浑”形容脉象浊乱而无端绪；“漉漉”，水慢慢渗下，形容汗出如洗。此言疟发作盛极之时，皆不易用针刺疗法。

3. 重言词的修饰功能　修饰文辞是增强语言表达效果的一门技术。在文字载体中，修饰的作用几乎无处不在。《内经》《伤寒论》在表示强调、描摹形状、描写情态、摹拟声音等方面，常借助重言词的修饰功能进行说明。①“脾咳之状，咳则右胁下痛，阴阴引肩背”（《素问·咳论》）。②“发汗则动经，身为振振摇者，茯苓桂枝白术甘草汤主之”（《伤寒论》第 67 条）。③“振振欲擗地者，真武汤主之”（《伤寒论》第 82 条）。④“咳则心痛，喉中介介如梗状”（《素问·咳论》）。⑤“心中澹澹大动，面赤目黄，喜笑不休”（《灵枢·经脉》）。⑥“肠胃之间水，凑渗注灌，濯濯有音”（《灵枢·百病始生》）。重言词“阴阴”强调疼痛的程度是隐隐、不明显。“振振”描摹患者身体战抖不能自主之状。“振振欲擗地”是身为振振摇之重者，也是描摹身体振颤不稳，欲倒之状。“介介”描写喉如有物梗塞，坚硬而有妨碍感。“澹澹”描述心跳不宁之感。“濯濯”，象声词，摹拟腹部胀满雷鸣，肠胃间有水激荡而发出响声。

4. 重言词的音韵特点　《内经》《伤寒论》中的重言词，若以阴声阳声加以区别，则阴声者占大多数。①“大病差后，喜唾，久不了了”（《伤寒论》第 396 条）。②“胸胁苦满，嘿嘿不欲饮食”（《伤寒论》第 96 条）。③“夏日在肤，泛泛乎万物有余”（《素问·脉要精微论》）。④“振寒洒洒鼓颔，不得汗出”（《灵枢·寒热病》）。“了了”，了结，“不了了”形容疾病不止。“嘿嘿（mò）”形容表情沉默，不欲言语。前两例属阴声。“泛泛乎”形容脉象浮于肤表充满指下。“洒洒”形容恶寒颤栗，浑身象被冷水淋洒。后两例属阳声。

二、《内经》《伤寒论》重言词医理考察

1. 辨析症状的表现特征　在《内经》《伤寒论》中，描述某些症状的表现特征或辨别同一症名的不同表现形态时，往往借助重言词这一手段进行说明。①“其应过五寸以上，蠕蠕然者不病；其应疾，中手浑浑然者病；中手徐徐然者病；其应上不能过五寸，弹之不应者死”（《素问·三部九候论》）。此例形象地描述了三部九候的诊脉法。“蠕蠕然”，虫行貌，脉应手软滑而匀和，为不病之脉象，“浑浑然”，浊乱貌，脉应手急，乃气盛太过，为有病之脉象；“徐徐然”，迟缓貌，脉应手缓，乃气虚不足，亦为有病之脉象。古人将症状的特征描述出相应的脉象，用重言词表达得更形象、具体。②“头项强痛，翕翕发热”（《伤寒论》第 28 条）。③“太阳病三日，发汗不解，蒸蒸发热者，属胃也”（《伤寒论》第 248 条）。②、③都是论述“发热”这一症名的，但具体表现形态不同。前例论太阳中风症发热是“翕翕发热”，以“翕翕”形容如羽毛覆盖在身上温温发热之状，说明热度低，程度浅。后例论阳明腑证发热，因阳明为多气多血之腑，主燥，邪入阳明，易化热化燥，所以阳明病的发热，不像太阳病的“翕翕”发热，而是“蒸蒸发热者，属胃也。”以“蒸蒸”形容如热气蒸腾，从内达外的热甚之状，说明热度高，程度深。热已入里，表证已解，故发热而不恶寒，与太阳病的发热恶寒迥异。可见，细心体会文中重言词，有利于我们确切掌握某些症状的表现特征，为准确诊断病情提供重要依据。

2. 说明病状的发作特点　在《内经》《伤寒论》中，若对某些症状的发作需要提示注意，加以强调或进行比较，也常用重言词加以说明。①“饮食如故，时时下利，寸脉浮，关脉小细沉紧”（《伤寒论》第 132 条）。②“热结在里，表里俱热，时时恶风，大渴”（《伤寒论》第 168 条）。③“小便难，有潮热，时时哕，耳前后肿，刺之小差”（《伤寒论》第 231 条）。④“少阴病，下利止而头眩，时时自冒者，死”（《伤寒论》第 297 条）。以上 4 例都是强调指出某一症状发作的次数频繁，提示其症情的严重性。“时时下利”，说明脏结者中阳大虚，脾肾阳微，虽饮食如常，但运化无力，故下利频繁。“时时恶风”，说明阳明汗多，津气两伤，表

气不固所致，非太阳中风之“淅淅恶风”，故以“时时”加以强调。“时时哕”，强调“哕”非一般的呃逆，而是由于阳明邪热郁闭，呃逆频频发作。“时时自冒”，说明少阴病下利止，反而出现头目眩晕，不时有耳鸣目花，神志昏蒙之象，其下利止并非阳气来复，而是阴津已竭，阳亡于上的危重证候。⑤“设面色缘缘正赤者，阳气怫郁在表，当解之熏之”（《伤寒论》第48条）。此条文论述太阳病发汗不彻，阳气不能发越，故生烦躁，或有面赤之象，特别指明，面红的发作特点是“缘缘正赤者”，“缘缘”，持续不断，即满脸持续发红，与阳明腑证之潮热面赤，阴虚之面红如妆等相比较，则判然有别。

3. 判断病情的进退变化　“风家表解而不了了者，十二日愈”（《伤寒论》第10条）。此例预测了太阳病缓解后致痊愈的大致日期。说明易患太阳中风的病人，若服药后表邪虽然基本消除，但正气一时尚未完全恢复，故身体仍“不了了”，即病症缓解而未彻底痊愈，病人仍觉身体不爽。一般需静养，待五脏元气恢复，到十二日，精神爽而告痊愈。

4. 确定临床的服药方法　《伤寒论》中的服药方法有多种，亦颇具临床实际意义。其中用重言词“少少”加以强调确定的竟有多次。古人行文简洁，且忌重复，而仲景却不厌其烦地反复强调“少少”这一服药法，其道理何在？通过分析不难发现，这种“少少”服药法，从一个侧面反映了仲景保护胃气的学术思想。①“少少温服之”（《伤寒论》第29条）。②“虽能食，以小承气汤少少与微和之，令小安”（《伤寒论》第251条）。③“不吐者，少少加，得快吐，乃止”（《伤寒论》第166条）。④“安火上，令三沸，去滓，少少含咽之”（《伤寒论》第312条）。⑤“下火令小冷，少少咽之”（《伤寒论》第313条）。以上5例皆选用“少少”服药法。“少少温服”“少少与微和”均强调有正气不足表现者，承气类方药不可恣意妄用，用药剂量宜小，以免损伤胃气。“少少加”说明服瓜蒂散后不吐者，再加服时应减少用量，以病人得吐为度，勿使太过，以免损伤胃气。“少少含咽”“少少咽之”，说明用苦酒汤和半夏汤治疗咽痛，剂量宜小，其目的除为了使药效持续作用于咽部外，亦寓有卫护正气之意，因半夏生用有毒，不可多服，以免损伤胃气。因此，正确理解仲景服药法中“少少”的含义，对当今临床用药亦不无指导作用。

5. 提示具体的护理措施　《伤寒论》非常重视临床护理工作的作用，认为护理措施得当与否，直接影响疾病的转归。其论述具体护理目标或措施，有时用重言词加以强调说明。①“欲得饮水者，少少与饮之，令胃气和则愈”（《伤寒论》第71条）。②“渴欲饮水，少少与之，但以法救之”（《伤寒论》第244条）。③“温覆令一时许，遍身漐漐微似有汗者益佳”（《伤寒论》第12条）。①、②论述太阳病汗后，外邪虽解，但因发汗太过，损耗津液，以致胃中干燥，渴而欲饮，此时宜因势利导，“少少与饮之”“少少与之”，以重言词“少少”强调护理措施的要点是：给予少量的饮水以滋润胃燥，使津液恢复，切不可让病人恣意饮水，因汗后胃气尚弱，多饮则易生停水之患。最后1例强调发汗护理的具体目标，“漐漐微似有汗者”，遍身微微汗出效果最佳。若护理不当，不得汗或大汗淋漓，病必不除。

综上所述，《内经》《伤寒论》这两部医学经典，对重言词的运用很有特色，在描述症状、判断预后、确定服药方法、制定护理措施等方面起着不容忽视的作用。分析研究其使用特点，对于深入学习写作技巧和准确理解条文的涵义，进一步探讨《内经》《伤寒论》的医学思想大有帮助，也为古代中医药文化的研究，提供了宝贵的语言资料。

［《浙江中医杂志》2003；（2）：83］

构建六经辨证教学图示

李洪娟　北京中医药大学

六经辨证是张仲景《伤寒论》用以论治“伤寒病”的辨证纲领。六经即太阳、阳明、少阳、太阴、少阴、厥阴。六经的实质是什么，历代医家看法不一。这一部分的教学 也是《中医诊断学》教学中的教学难点，即对初学中医的大一学生来讲，在很短的学时内，让他们理解并掌握六经辨证的概念确有一定的难度。

为此，参仿古人用阴阳图解释阴阳概念的方式，我也将六经用图示的方法表达出来，以便使学生能够迅速准确地理解和掌握六经辨证。

一、对六经实质的认识

对太阳、少阳、少阴、太阴的认识，从张介宾的《类经附翼》中有一幅伏羲八卦次序图（见图1）可以看出，太阳少阴、太阴少阳就是对阴阳的进一步划分，阳中之阳为太阳，表达阳气的质量之大，故用乾兑表示；阳中之阴为少阴，表达阴量较小，用离震表示；阴中之阳为少阳，表达阳气量小，用巽坎表示；阴中之阴为太阴，表达阴量之多，用艮坤表示。此图中没有阳明和厥阴的概念。张仲景是临床医家，为了将临床复杂的证候进行归类，他根据《内经·热病论》“伤寒一日，太阳受之……”等有关论述，总结出六经辨证理论。我认为，他所表达的是风寒侵犯人体时，邪气损伤人体阴阳的量化及疾病所到达的层次的概念。简单讲，三阴三阳是对阴阳量化的区别，是对时间和空间不同层次的描述。

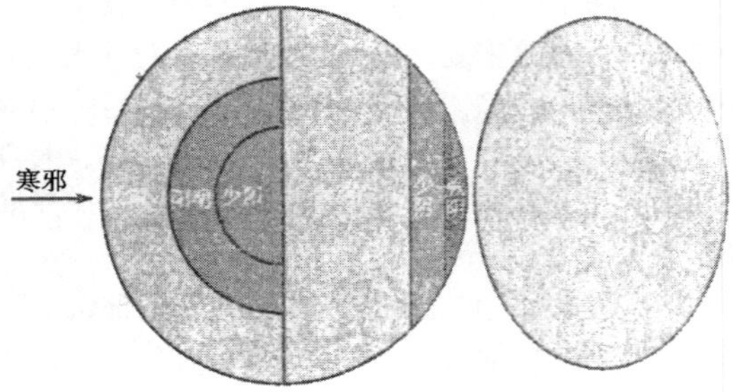

图 1

太阳：表示太阳，是人体的表层，与外界环境直接接触，如人体的皮肤，或呼吸道的黏膜、消化道的黏膜等，表面积大，消耗热量最多。六淫邪气侵犯人体首先损伤这些部位的功能，造成所谓的表证。《医宗金鉴·订正伤寒论注·辨太阳病脉证并治》：“太阳主表，为一身之外藩……凡外因百病之袭人，必先于表，表气壮，则卫固营守，邪由何入……若表气虚，则营卫之气不能御外，故邪得而乘之。”从时间上来讲，太阳表示邪气刚刚进入人体，人体的阳气尚未受到损伤，属于正邪交争初期；从空间讲，皮肤腠理开阖不利，或太阳经的经脉之气运行瘀滞，所以病人表现为恶寒、发热等腠理开阖不利，头项强痛等症状。

阳明：表示阳气中最集中、最炽热的部分，如消化道内（正常状态时消化道的温度就比体表温度高 1 ~ 2 度），能量代谢后产生的热量集中于此，感受邪气后，人体的正气与邪气抗争剧烈，人体产热增加，整个脏腑功能表现为亢进的状态。《伤寒论·辨阳明病脉证并治》：“阳明之为病，胃家实是也。”从时间上看，阳明表示病程进入第二阶段，多在发病的第 2 天或几小时后，为邪正斗争的极期阶段。疾病进入较深的一个层次，全身综合情况为动员所有能量与邪抗争，所以病人表现为高热，不恶寒，反恶热，面赤，脉洪大等阳热亢盛邪热弥漫的症状。

少阳：就是小阳，表示阳气量少，人体的阳气已经受到一定的损伤。如果把能直接接触外界物质的人体部位称为表，五脏等不能直接与外界接触的部位称为里，少阳属于半表半里，是邪气从表入里，即将进入阴经脏腑的区域，伤害脏器实质。其相当于三焦等，近似于淋巴、血液、细胞间液这一层次。《医宗金鉴·订正伤寒论注，辨少阳病脉证并治》：“半表者，谓在外之太阳也；半里者，谓在内之太阴也。邪入其间，阴阳相移，寒热交错，邪正相持，进退互拒，此际汗吐下三法俱在所禁。”少阳在病程上属于第三期，但临床上病人少阳证的出现时间并不固定，太阳病可以直传少阳，甚至体质非常虚弱的人一感冒，就有少阳证的表现，凡邪正交争于半表半里，表现在肌表，正气胜则发热，邪气胜则恶寒，则往来寒热或寒热交错，表现在内脏，少阳枢机不利，则胸胁苦满，嘿嘿不欲饮食，欲呕，头晕目眩，心烦等。

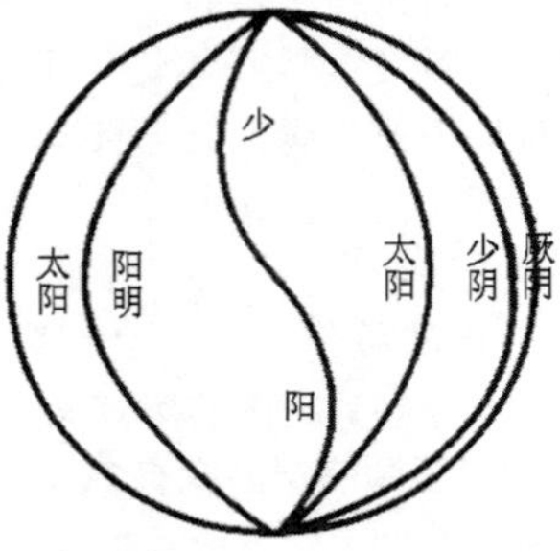

图 2

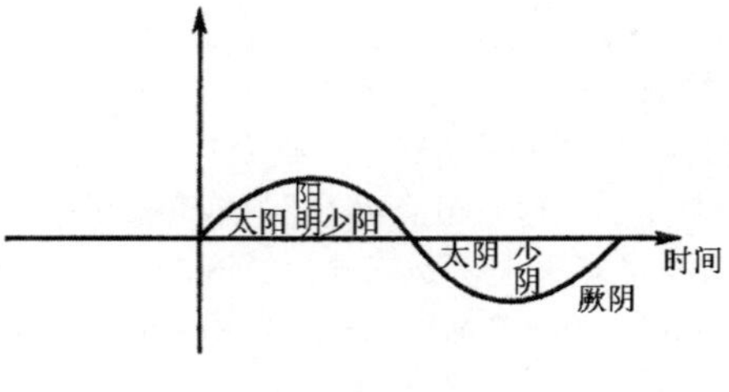

图 3

太阴：阴量大之谓也，津液是构成人体最主要的成分，参与水液代谢的脏器都可称之为太阴。如脾肺等脏，邪气损伤太阴，体内多出现水液代谢障碍，如腹泻、痰多、水肿等。病到太阴，五脏的实质受到损伤，一般不会出现发热的表现，而是但寒不热，因为寒邪入里，阳气损伤，阳气不行温煦之功。《伤寒贯珠集·太阴》：“太阴者，土也。在脏为脾，在气为湿。伤寒传经之热，入而与之相搏，则为腹满吐利等证。直中之寒，入而与湿相搏，亦为腹满吐利等证。”太阴证全身脏器功能下降，临

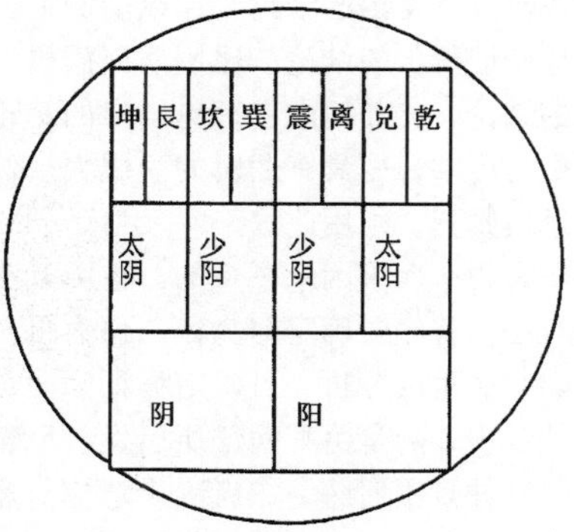

图4

床表现以阴证为主，阳气不能温煦肌表，故四肢不温；脾阳虚衰，寒湿内生，故厌食呕吐腹泻，其中脉象沉缓，最能表达人体阳气被损伤的病理实质。病程上，太阴病属于疾病发展的后期，患太阴病后，一般疗程较三阳病时间要长，机体恢复较慢。

少阴：指阴量不多，但是少阴之阴是阴之精华部分。如精血，属于维持生命活动的重要物质，直接参与人体脏腑组织的代谢。病位主要在心肾。如果邪气损伤到少阴，是人体正气大伤，真阴真阳受损，全身脏腑功能低下。故《伤寒论·少阴病脉证并治》："少阴之为病，脉微细，但欲寐。""少阴病，得之二三日以上，心中烦，不得卧，黄连阿胶汤主之。"少阴病属于疾病的后期——病重期，一般损伤到各脏器的实质，其脏器的功能失于代偿，细胞出现不可逆转的病理改变，较难治愈。少阴病的发热，不是邪正交争的发热，而是阴虚发热，临床上如肿瘤发热、结核发热、妇女更年期发热等都属于少阴发热，这种发热非常消耗真阴，像燃烧的木炭，一但真阴耗尽，火马上就熄灭了。所以张仲景用三甲复脉汤等血肉有情之品来补续真阴。

厥阴：是阴之将绝，阴中之阳欲出（泄）于体外，表达阳与阴的最后一搏之阶段，属于伤寒病中一个临近死亡的特殊阶段。六版《中诊》教材说：厥阴病是六经之末，多由它经传变而成。我认为，少阳病与厥阴病的区别是：少阳病是病邪由阳入于阴时表现的症状，以气机的枢机不利，阴阳不能交和，造成往来寒热现象；而厥阴病是病邪自阴出阳时表现出的症状，如吐蛔虫、气上撞胸等临床表现，是阴阳相离的病理阶段。《伤寒说意·厥阴乌梅丸证》："厥阴者，两阴交尽，阴之极也。极则逆，逆固厥。其病多自下而上，所以厥阴受寒，如龙雷之火，逆而上奔，撞心而动心火，心火受触，则上焦俱扰，是以消渴，而心烦痛，胃虚不能食也。食则吐蛔，则胃中自冷可知。"《南阳活人书·逆冷》："厥者，逆也。阴阳不相顺接，故手足逆冷也。"临床上，病人可死于少阴病阶段，既衰竭而终，也有死于厥阴病，如癌症衰竭期病人，临终时出现痰涎闭阻气道，窒息而亡。或心衰的病人，突然心律紊乱，心跳骤停等。如果抢救及时，及时排出痰涎，或稳定心率，病人有可能转危为安。

二、对六经图示的说明

（图2）圆形表示人体，圆形的左侧半圆表示三阳，右侧半圆表示三阴。左侧半圆外侧表示太阳，示意太阳属表，阳气量大；中间的小半圆表示阳明，示意阳明属里，阳气集中、炽热之处；接近中线部分表示少阳，示意半表半里，阳将进入阴，阳气量减弱；右侧半圆近中线的大部分区域表示太阴，示意阴量之大之多；太阴右侧小部分区域表示少阴，示意阴数量少而质地精微；右侧半圆最外边缘区表示厥阴，示意阴将绝，阳气自阴而出。邪气侵犯人体正好沿箭头方向，按照六经规律，从三阳到三阴，由表到里的不同层次，由阳到阴的此为顺经传，还有越经传、表里传、合病、并病、直中等多种情况。

三、历代医家对六经的认识

有以经络释六经的，宋朝的朱肱在《南阳活人书》中说："治伤寒先须识经络，不识经络，触途冥行，不知邪气所在。"以脏腑解释六经的，李时珍的《本草纲目》："麻黄汤虽发汗重剂，实为发散肺经火郁之药也。"高学山《伤寒尚论辨似》明确指出"足太阳与手太阴同治皮毛之合，则肺部所辖之胸中，原为太阳阳气之公署。"以气化解释六经的，张志聪《伤寒论集注》指出："世医不明经气，言太阳便曰膀胱，言阳明便曰胃……迹其有形，亡乎无形。""太阳、阳明……乃人身经气，而各有分部。"以区域分野解释六经的，柯琴《伤寒论翼》认为"六经是分区地面，所该者广。虽以脉为经纪，……不为经络所拘。""以心为太阳，故得外统一身之气血。"周学海《伤寒补例》明确指出："经也者，分野之谓也……三阴三阳分经，只是人身分野之空名，非如经脉之专有物也。"此外，还有以病因解释六经的。如庞安时认为伤寒病虽有中风、温病、风温、暑病、湿病等区分，但受到冬令寒毒的伤害是最根本的。他在《伤寒总病论》中云："其病本因冬时中寒，随时有变病之形态耳，放大医通谓之伤寒焉。"

中诊六版教材对六经的解释是："六经辨证是以经络和脏腑病理变化的反映。是人体感受六淫风寒邪气，始从皮毛、肌腠，渐循经络由表及里，进而传至脏腑。三阳证以六腑的病变为基础，三阴证以五脏的病变为基础。”

我用该图示讲解六经辨证，经过一年的教学试验，学生们的教学反馈良好，确实起到了比较好的教学效果。

[《中国中医基础医学杂志》2003；9（2）：65]

运用逻辑学判明因果关系五法研究仲景用药心法

张大明　《中医研究》编辑部

逻辑学判断因果关系五法，是人们在长期探求因果关系的实践与认识过程中逐渐总结出来的，是判明因果关系比较可靠的方法，在科学研究中广泛运用。在对仲景用药心法的研究中，为使结论更为可靠，逻辑性更强，需要引进此五法。文中论述了在研究仲景用药心法中，运用此五法的思路及具体方法，并分别举例说明，最后提出运用五法必须注意的几个问题。

一、关于逻辑学判明因果关系五法

逻辑学判明因果关系五法为：求同法，求异法，共用法，共变法，剩余法。以上五法是人们在长期探求因果关系的实践与认识过程中逐渐总结出来的，后由穆勒在其书《逻辑体系》中将其系统说明，故常称为“穆氏五法”。此五法是判明因果关系比较可靠的方法，在科学研究中广泛运用。

二、如何运用五法研究仲景用药心法

仲景著书，行文简略，风格简朴，出方剂不言药性，述症状罕言病机，详于此则略于彼，详于前则略于后。以致后人对仲景用药心法较难把握，故仲景用药心法的研究成为历代注家研究《伤寒杂病论》一大课题。

历代注家在对仲景用药心法研究过程中，也已经自觉或不自觉的、模糊的运用了以上五法中部分方法，而取得一定成绩，对仲景用药心法有所揭示，如孙思邈之“方证同条，比类相附”。然而，这种自发的，模糊的，不系统的研究，难以全面深入的揭示仲景用药心法，其结论亦难免缺乏科学性与逻辑的严密性。针对于此，必须学习并全面掌握五法，并明确的，自觉的、系统的将其运用于仲景用药心法的探讨，由此而得出的结论方才更科学、更准确、更接近仲景原意。且这种就仲景条文所述，用逻辑方法得出的结论，比以药测证，以证论药，循环论证得出的结论、比用病因病机，四气五味得出的结论、比其他虚玄理论得出的结论，更为切实，更为可靠，更具有逻辑的说服力。仲景学说研究欲返璞归真，须用此法。

五法是用来探求因果联系的，运用五法探求仲景用药心法，首先要确定何为因，何为果。从研究仲景用药心法角度分析，可确定病证为因，方药为果，即仲景用某药是由某病证所引发，反言之亦即何病证引发仲景用何药，二者因果对应。通过确定此二者之因果联系——即药证关系——而探求仲景用药心法（此处药证之“证”，为一泛指，可以是疾病，可以是症状，亦可是证候）。

1. 以求同法探讨仲景用药心法　求同法的规则是：在所研究的现象出现的两个或多个场合中，只有一个情况是共同的，那么这个共同情况可能与所研究的对象有因果联系。以图表示即——

场合1A，B，C——a，b，c

场合2A，B，D——a，b，d

场合3A，C，E——a，c，d

所以A与a之间有因果关系。

求同法启示可从不同条文方证中，寻找共同点，从中探讨药证关系。如可从以下4条条文中研究茵陈之药证关系——

场合1　伤寒，身黄，小便不利，腹微满——茵陈蒿汤（茵陈蒿　栀子　大黄）；

场合2　阳明病，头汗出，身无汗，小便不利，渴，发黄——茵陈蒿汤（茵陈蒿　栀子大黄）；

场合3　寒热不食。食即头眩。心胸不安。发黄。——茵陈蒿汤（茵陈蒿　栀子　大黄）；

场合4　黄瘅病。茵陈五苓散主之——茵陈五苓散方（茵陈、五苓散）。

以上4场合中只有发黄与茵陈是共同的，故可确定二者之因果关系，发黄为茵陈之药证，即用茵陈之指征。

2. 以求异法探讨仲景用药心法　求异法的规则是：如果在所研究对象出现的场合与不出现的场合之间，只有一点不同，即在一个场合中有某个情况出现，而在另一个场合中这个情况不出现，那么这个情况与所研究的现象之间可能有因果联系。以图表示即：

场合1　A，B，C——a，b，c

场合2　B，C——b，c

该法启示可从方剂的加减变化中探求药证的因果关系。如牡蛎治疗胁下痞硬，可从小柴胡加减法中推出——

场合1　症状有柴胡症，而无胁下痞硬——小柴胡汤中无牡蛎；

场合2　柴胡症仍如前，而增胁下痞硬——小柴胡汤中加牡蛎四两；

从上可看出，牡蛎出现与不出现的两个场合中，柴胡症不变，只是有无胁下痞硬这一点不同，故胁下痞硬为牡蛎之药证。

3. 以并用法探讨仲景用药心法　并用法即求同求异并用，其规则是：如果在出现所研究的现象出现的几个场合中，都存在着一个共同的情况，而在所研究的现象不出现的几个场合中都没有这个情况，那么，这个情况与所研究的现象之间有因果联系。以图表示即：

正面场合

场合1　A，B，C——a，b，c

场合2　AB，C——a，b，d

场合1　A，B，C——a，e，c

反面场合

场合2　B，C——b，c

场合1　B，C——b，c

场合2　B，C——b，c

并用法以两法同用，是两法的比较运用，交替运用，结论较单用一法更为可靠，其运用可参照求同法与求异法，不再重述。

4. 以共变法探讨仲景用药心法　共变法的规则是：如果当某一现象发生一定程度的变化时，另一现象也随之发生相应程度的变化，那么，这个共变的二者之间可能有因果联系。以图表示即——

场合1　A1，B，C——a1，b，c

场合2　A2，B，D——a2，b，d

场合3　A3，C，E——a3，c，d

所以A与之间有因果关系。

依据此法，可从症状的程度与药量的相应变化中探求二者的因果关系。如理中汤是治中焦虚寒之方，方由干姜、人参、白术、甘草各三两组成。

场合1，理中汤证——理中汤方

场合2，理中汤证，其寒之程度加重——理中汤方加干姜用量，加至“足前成四两半”

由此可知干姜为仲景治寒要药。

5. 以剩余法探讨仲景用药心法　剩余法的规则是：如果已知某一复合现象另一复合现象的原因，同时又知前一现象中的某一部分是后一现象中的某一部分的原因，那么，前一现象的其余部分与后一现象的其余部分有因果联系。以图表示即——

已知A，B，C，D是a，b，c，d的原因，其中：

A是a的原因；

B是b的原因；

C是c的原因；

所以D与之d间有因果关系。

剩余法适用于加味方的药证研究，如果已知某方中群药各有其对症，共同治疗某病证，二者之间存在方证对应的因果关系。若此原方不变，因某一症而加某一药，这一症一药可视为原症与原方之外所剩余之部分，按剩余法之规则，可认为二者之间有因果关系。

小柴胡汤中群药各对其症，共同治疗柴胡证，二者之间存在方证对应的因果关系。方后加减法出一症加一药，可视为柴胡汤与柴胡证之外所剩余之部分，故可确定所出之症所与所加药物之间有因果关系。

三、运用五法必须注意的几个问题

本文以上所举仅是运用五法的思路与示例，欲依用五法全面地、准确地揭示仲景用药心法，提高临床疗效，尚须提高五法的运用水平，逐条逐方逐药分析，做大量的工作。为达到此目的，须注意以下问题——

1. 以五法探求因果关系所得之结论，虽然比较可靠，但仍属或然性推理。加之现存仲景之书错简脱讹之处在所难免，导致研究素材的可信度性降低，相应必然影响结论的可靠性。五法所推出结论也只是提供参考，提供思路，未必是最终结论。

2. 运用五法时当注意逻辑学中所指出的注意事项，以进一步提高结论的可靠程度。如须适当划分有关情况的范围，正确分析有关情况，找出相同点中的差异，不同点中的相同。具体的如在运用求同法时，不可简单地将表面共同的因素定为现象的原因，因在表面相同的现象中可能存在不相干的成分；亦不可忽略表面不同而实际相同情况，因在表现不同的现象中可能有同共的因素。如在运用共变法时，须注意共变的限度，因超过了一定限度，其变共关系可能会发生变异。（详细的可参考专业逻辑著作）。

3. 用此五法不但可助研究仲景对何证用何药，推而广之，反而思之，还可用五法研究仲景用药禁忌，推得否决因果关系的结论。只有宜用与不宜用二者结合，方可全面掌握仲景用药心法。

4. 在确定场合中的情况时，当注意仲景写作特点。仲景著作有详于此则略于彼，详于前则略于后，详药而略证，互文以见义等特点，故为使场合中的情况准确而又全面，当不宜局限于某条文之内容，当前后互参，互为补充，这样得出的结论方更为准确。

5. 运用五法所得结论虽然可能比较接近仲景心法，但这只是从文献研究中所得，即使丝毫不差，但也只是仲景个人，或总结他人用药经验，临床实践中的药证关系未必果真如此。在将仲景心法应用于临床时，应该继续在实践中运用五法检验药证关系，临床实践才是检验药证关系的最好与最终的标准。

[《中华医药研究与创新》2003；(2)：8]

谈伤寒和温病的关系

李致重　刘颖恒　黎家恒　唐德荣
香港浸会大学中医药学院

清代以来，随着温病学的形成和发展，中医界围绕着对温病学的评价及其与《伤寒论》的关系展开争论。伤寒论学派认为，伤寒是一切外感热病的总称，温病自属其中。而温病学派则认为，温病讲温热性外感病而伤寒讲风寒性外感，把两者对立起来。20世纪70年代国内曾有人力倡“寒温统一论”，但至今并未形成学术界的共识。对于伤寒和温病的关系，下面讲三点看法。

一、关于“古方今病”

金元时期，刘河间针对热病初起不可纯用辛温解表之法，不宜投麻、桂辛温大热之剂，设立了双解散、凉膈散等表里双解之剂。据此他提出了“古方今病不相能也”之说。这个说法，成为后世“伤寒与温病病因病机截然不同，治疗上必须严格区别”的理论依据，造成了一定的混乱。

（一）病变了吗

整个人类进化的历史，是以万年为单位来计算的，从《内经》《伤寒论》到现在也不过2000年左右。这对于人类的遗传、变异来说，是很有限的一瞬间。在这期间，尽管人类疾病谱发生了一定的变化，但是就外感温热病的发病原因、病情特点、病理机制以及人的体质因素来说，不可能有本质的改变。

这里，从中医外感病的学术发展来说。《素问·热论》里提到：“今夫热病者，皆伤寒之类也。”这里的伤寒，就是全部的外感热病，与《伤寒论》所讨论的完全是一回事。《素问·热论》六经辨证的内容虽然与《伤寒论》不尽一致，这是学术发展过程中的正常现象，而不是理论原则的差异。应当看到，就温热病来说，在《内经》时期已经有明确的论述了。

再看《难经》。《难经》上说：“伤寒有五：有中风，有伤寒，有湿温，有热病，有温病。”这五个方面指的是广义的伤寒。五者之中的伤寒，相当于《伤寒论·太阳病》相对于中风的伤寒，称之为狭义的伤寒。而五者中的湿温、热病和温病，恰恰是温病学所讨论的问题。可见，《难经》时期对温病也有全面的认识了。

张仲景有没有讨论今天我们所讲的温病呢？

1. 张仲景在《伤寒杂病论》原序中讲：“余宗族素多，向余二百，建安纪年以来，犹未十稔，其死亡者，三分有二，伤寒十居其七。”10年里，他的家族里死于伤寒的竟达145人。如果这些人患的都是太阳表证的狭义伤寒——像今天习惯说的伤风、感冒那样，会造成这么惨痛的结果吗？可以说，张氏宗族中145人死于伤寒，肯定是包括温病在内的广义伤寒。

2. 在《伤寒论·太阳病》的第六条：“太阳病发热而渴，不恶寒者为温病。若发汗已，身灼热者，名风温。风温为病，脉阴阳浮，自汗出，身重，多眠睡，鼻息必鼾，语言难出。”并且还提到其治疗禁忌：“若被下者，小便不利，直视失溲。若被火者，微发黄色，剧则如惊痫，时瘛疭。若火熏之，一逆尚引日，再逆促命期。”这里讲的太阳温病和风温，指的就是温热病。

3.《伤寒论》110～119条专门讨论了火逆。第119条说：“微数之脉，慎不可灸，因火为邪，则为烦逆，追虚逐实，血散脉中，火气虽微，内攻有力，焦骨伤筋，血难复也。”所谓的“焦骨伤筋”，骨属肾，筋属肝，即指伤其肝肾，伤其精血之意。这是温病进入营分和血分时，才会有的情况。据此也足以表明，张仲景那时候遇到过大量的以温热为主的外感病。

4.《伤寒论》在少阳病篇所讲的用小柴胡汤证，其主要病机是少阳枢机不利，胆热内郁，这同样是温病学气分证范畴的一种表现。而且从二阳合病的葛根证到阳明经热的白虎汤证，再到腑实已成的“三承气汤”证，都是温热病。后面少阴病篇的少阴热证，厥阴病篇的热厥证，也同样是温热病，特别是《伤寒论》阳明病篇的“三急下”和少阴病篇的“三急下”，都用大承气一个方来急下存阴——急下在于泻热，热泻自可存阴，这一点是温热病危重阶段中医治疗的至上原则。另外，《伤寒论》最后在劳复篇用的竹叶石膏汤，也广泛地见于温病学著作中。

5.《金匮要略》的痉湿暍篇中，暍病实际上就是中暑，即暑天得的热病。痉病中“痉为病，胸满，口噤，卧不着席，脚拘急，必齘齿，用大承气汤”一条，讲的就是热盛动火的证治。

所以，从《内经》《难经》《伤寒论》《金匮要略》说明，温病学讲的温热病，从古到今并没有变。

（二）方不宜吗

这里我们不妨把《伤寒论》和温病学作一比较。

1. 从《伤寒论》来看，《太阳病》的大青龙汤、麻杏石甘汤、越婢汤、葛根汤，其实都是温病卫分证时的常用方。尤其是大青龙和麻杏石甘，是典型的辛凉解表之方。同刘河间的双解散相比，其组方法度完全一致。

2.《伤寒论》的大黄黄连泻心汤、半夏泻心汤、生姜泻心汤、甘草泻心汤都是针对里有温热或者湿热而设的。半夏泻心汤辛开苦降的原理，为后世治疗湿热郁于中焦时而普遍遵循。吴鞠通在其《温病条辨》里，对半夏泻心汤的应用及加减化裁，更别有心得。

3.《伤寒论》太阳篇治疗下焦蓄血的抵挡汤、桃仁承气汤，是温病学在血分证时“凉血散血”的代表方。

4.《伤寒论》阳明病篇的白虎汤、白虎加人参汤、“三承气汤”、少阴病篇的黄连阿胶鸡子黄汤，也为温病学中的常用方。

5. 吴鞠通在《温病条辨》里把辛凉解表的方剂分为轻剂、平剂、重剂三类。从吴鞠通把桑菊饮、银翘散和白虎汤放在“辛凉”这一相同的层面来看，可联想到比辛凉重剂白虎汤为轻者，在《伤寒论》里则当推大青龙汤、麻杏石甘汤之类了。

6. 更足以说明的是，叶天士《临证指南医案》中，直接或在加减基础上间接用《伤寒论》方的占全部用方的一半以上。

综上所述，“古方今病不莫相能也”这句话，我看不成立。

二、古今相争之由

长期以来“古今”相争的原因，到底出在哪里？

（一）狭义、广义之伤寒相混

明·王安道曾经提到过“世以温病热病混称伤寒，用温热之药，若此者，因名乱实，而戕人之生。”同时他也提出“温病不得混于伤寒”。但是他在这里所说的“不得混”，其实只是指不可用麻黄汤、桂枝汤治疗温热病初期这样一个见解而已。所以他显然拘泥于此，误把狭义的伤寒当作广义的伤寒来看待了。同样的观点在宋代和金元时期，包括朱弘这样的大医家也提出：“风温、湿温等温病，误作伤寒发汗者，十死无一生。”按照《难经》“伤寒有五”的说法，五者中的中风、伤寒，是指狭义伤寒，即太阳病初期的桂枝汤证和麻黄汤证。把《难经》里狭义的伤寒和整个温热病对立起来，当然是不恰当的；而把狭义的伤寒错位为《伤寒论》的主旨，就更不恰当了。

上面提到的《伤寒论》第六条“太阳病发热而渴不恶寒者为温病”，张仲景并没有用麻黄汤、桂枝汤来治疗。而且《伤寒论》太阳病篇的火逆病，张仲景明确指出是民间用温针或者用火灸的方法逼人出汗而造成热盛阴伤的一种危象。尽管《伤寒论》对火逆病没有提出治疗的好方法，但是火逆病绝不是张仲景误用桂枝汤或麻黄汤造成的。所以，广义伤寒与狭义伤寒的概念，切不可相混淆。

（二）《伤寒论》治疗方法之局限性

对于温热病的治疗，《伤寒论》在具体用方用药上，的确有其局限性。

1.《伤寒论》第六条提到的风温，张仲景没有提出治疗方药，而且他在火逆病中也未见治法。如果不是因为时代迁延、几经编次而使《伤寒论》有失原貌的话，这或可说明张仲景时代在温热病的选方用药上，确实有其一定的局限性。

2. 根据《伤寒论》阳明篇的明示，张仲景在腑实证情况下使用大承气汤，是非常小心的。特别是大承气汤，必须达到痞、满、燥、实、坚五实俱全时才可用。而且在究竟该用小承气汤还是该用大承气汤上，他不厌其详地提醒人们要看热潮不潮，小便利不利，矢气转不转，能食不能食等。但是，当病情发展到阳明病第212条的“不大便五六日，上至十余日，日晡所发潮热，不恶寒，独语如见鬼状，若剧者，发则不识人，循衣摸床，畅而不安，微喘直视”这热极而神昏痉厥时，张仲景还用大承气汤，这是为什么？尤其是212条之后提出了阳明的“三急下”，病至少阴热证垂危阶段之时，又提出一个“三急下”，这又是为什么呢？如果说，阳明病相当于温病气分的话，那么从212条出现神昏的时候，病已开始进入营分。往后的阳明“三急下”、少阴“三急下”，实际上就全然是温病的营分和血分了。而张仲景为什么在气分、营分、血分三个不同的病程阶段、不同的临床表现，不同的病理机制的情况下都用一个大承气汤呢？同样一个大承气汤，《金匮要略》里治疗痉病抽风用，《伤寒论》厥阴病的热厥也用。这个谜，1800 年来历代注家虽各执一词，但是皆未能言中真谛。

3. 叶天士在《外感温热论》中有一段很重要的话："在卫汗之可以；到气方可清气；入营犹可透营转气；入血就恐耗血动血，直须凉血散血。"其中，"入营犹可透营转气"一句的意思是：病在气分，处于正盛邪实的极期阶段，邪热嚣张，势必耗竭津液；如果得不到有效治疗，令邪热进一步消灼营阴，病则进入了营分。而"透营转气"是说，病到营分之后，只要气分的邪热得以尽快清解，不再消灼营阴，病也就不再内陷而向愈了。叶天士用的这个"犹"字特别传神，他画龙点睛地提醒人们，病至营分时，切切不可忽视清解气分邪热这一关键治法。理解清楚这句话之后，返回头来再看《伤寒论》用大承气汤，头脑便豁然开朗了。事实上张仲景在 212 条用大承气汤治神昏，以及到阳明的"三急下"与少阴的"三急下"，都是运用"透营转气"的治则，以冀力挽狂澜而求其一线生机。但是不管怎样讲，在气分、营分、血分三个不同的病程阶段都用一个大承气汤，真像是孤注一掷了，这不能不说是《伤寒论》用药的局限性。如果拿温病学的治疗方法相比照，温病学家就会列出一大队方剂来：白虎汤，三承气汤、清营汤、犀角地黄汤、大定风珠，小定风珠、安宫牛黄丸、紫雪丹、至宝丹以及复脉汤类等等。可见，那时候的张仲景还不善于或者不会使用清营凉血、清心开窍、熄风镇潜、复阴救液之类的方药。所以，"古方今病不相能也"之说，其实是这一事实给人们造成的印象。

必须指出，第一，张仲景用药的局限性不在太阳、少阳病，也不在阳明病，而是阳明病以后的少阴病热证和厥阴病热厥证的治疗上，即相当于温病学讲的营分、血分证的治疗。第二，不要把《伤寒论》在用药方面的局限性，误认为其理论上的失误或缺陷。第三。古今相争之由，问题在于用方是否合理，而不在于古今。弄清楚这三个问题，就容易正确理解《伤寒论》和温病学的关系了。

三、正确理解伤寒论与温病学之关系

（一）从总体上看

站在总体上看，《伤寒论》和温病学是中医在外感病方面两个互补的辨证论治体系。《伤寒论》在外感病的治疗过程中始终贯穿着"保胃气、存津液"两个宗旨。保胃气是针对寒邪伤阳讲的，存津液则是针对热邪伤阴讲的。清代医家曹炳章在他的《增补评注温病条辨》一书里说，温病治疗的基本宗旨是"存津液"。所以，《伤寒论》的治疗宗旨是针对广义伤寒的；而温病以"存津液"作为宗旨，是针对狭义伤寒的。这个狭义的伤寒，就是《难经》"伤寒有五"里的湿温、热病和温病。换言之，《伤寒论》讲的是广义的伤寒，温病学讨论的是狭义的伤寒，即广义伤寒中的温病。与《伤寒论》相比，温病学最重要的贡献，是丰富和补充了《伤寒论》在治疗温病（包括温热、湿热）方面用方用药的不足。

（二）三种辨证体系的关系

《伤寒论》的六经辨证和温病学的卫气营血辨证、三焦辨证，这三种辨证论治体系之间的关系是互补的，也可以说是"大体"相通的。

对于这三种辨证论治体系，从 20 世纪 70 年代就有几位很有影响的中医学家致力于研究"寒温统一"问题，试图把《伤寒论》和温病学统一起来。从上面的分析来看，要真正达到或统一这一目标，还需要在理论上做进一步的研究。我们认为三种辨证论治体系大体相通，是基于以下两方面观点。

1. 六经辨证与卫气营血辨证

《伤寒论》的太阳病大体相当于卫气营血辨证的卫分证；

《伤寒论》的少阳病和阳明病大体相当于卫气营血辨证的气分证；

《伤寒论》的少阴、厥阴的热证，大体相当于卫气营血辨证的营分证和血分证。

2. 六经辨证与三焦辨证

《伤寒论》太阳病中的一部分论述，大体相当于《温病条辨·上焦病》讨论的内容；

《伤寒论》少阳、阳明及太阴病的许多内容，与《温病条辨·中焦病》所讲的大体相似；

《伤寒论》少阴和厥阴的热证，与《温病条辨·下焦病》的许多内容同类。

这里我们反复用了"大体"两个字，来表述三个辨证论治体系之间的关系，是因为到现在为止，三者在表述理论问题时的概念、范畴仍各不相同。

《伤寒论》和温病学在辨证论治体系上的统一，今后研究的重点应着眼于理论层面，即概念、范畴的统一问题。时代呼唤张仲景式的当代中医外感病学家。他的责任是要站在整个中医理论的高度，完成中医外感病的概念、范畴的统一，实现中医外感病学辨证论治体系的重组。相信本文前两部分所进行的分析，将会对“寒温统一”这一专题，在理论认识上提供一条的新思路。

[《中国中医基础医学杂志》2003；9（3）：13]

仲景学术研究需要返璞归真、正本清源

张大明　《中医研究》编辑部

仲景学术研究由简至繁虽是一必然过程，但不可忽视其扭仲景学术之弊。当今仲景学术须返璞归真，正本清源。首先要破除对仲景著作的迷信，淡化崇圣遵经意识。其研究思路当以探讨药证关系，方证关系为主，以论释论，互参互证，而非另起炉灶，泛骛远引。可适当引入逻辑学方法进行研究，使结果更接近仲景原意，更具有逻辑的说服力，而达到返璞归真的目的。

一、仲景学术研究之由简至繁

纵观仲景学术研究史，可看出由简到繁的过程。仲景研究始于晋代王叔和，叔和将仲景汗、吐、下、温、刺诸法加以分类，集为不可汗，宜汗，不可吐，宜吐……等十八篇。开后世以治法研究仲景学术之先河。唐代孙思邈研究方法是：方证同条，比类相附。成为以方归类研究仲景学术之肇端。二人均是就仲景著作条文进行分类，为归纳整理条文阶段，可谓之简。至金代成无已，全面注解《伤寒论》，言之未尽，又作《明理论》以阐之，由归纳整理条文阶段转为分析阐述条文阶段，仲景学术研究始得繁矣。清代以来，注家蜂起，名家迭出，形成流派，争鸣不已，仲景学术研究空前繁荣。至于今日，仲景学术研究更有现代传媒，当代科技推波助澜，著作论文成果层出不穷，可谓繁花似锦矣。

二、繁花以锦中的隐患

此类研究虽然有其发挥仲景学术之功，但亦不可忽视其扭曲仲景学术之过——此为繁荣中之隐患。其弊在于此类研究对仲景著作求之过深，以为仲景著作条条句句字字无不隐含有微言大义，因而强注强释，泛骛远引，以曲逞其说。将仲景未言之语，未述之理，未示之意，加于仲景，仲景质朴之学术，被加以浮华之包装，失其真，丧其朴。有些研究者甚至借言仲景以言已，陷入旧式经学研究的“六经注我，我注六经”圈子中。凡此种种，其失为浮为滥为繁为泛为曲。而使仲景平易之学，平添块垒。仲景之学隐，而曲演之说显。其典型而影响较大者，如“三纲”“和法”之属。

“三纲”之说，非仲景所言，而是方有执一派所主张。其谬正如柯琴所批评——“大青龙汤，仲景为伤寒中无汗而兼烦躁而设，即加味麻黄汤耳，而谓其伤寒见风，又谓之伤风见寒。因以麻黄治寒伤营，治营病而卫不病；桂枝汤主风伤卫，治卫病而营不病；大青龙汤主风寒两伤营卫，治营卫俱病。……曲成三纲鼎立之说，巧言簧簧，洋洋盈耳，此郑声所为乱雅乐也。”

再如“和法”，《伤寒论》原中有仲景言明之和法，然非指小柴胡汤而言。其“和法”并非专为某经之病，某方之用而设，而是随证提出，为某些治法的缓用法，小用法，微用法，是针对小邪的法治。正如张令韶在《伤寒论直解》中所言：“本经凡言小和微和者，谓微邪而毋庸大攻也。”指小柴胡汤为和法，乃源于成无已所言，其所指与仲景明言之和法明显不同。而成氏之说出，后世言及和法常是唯小柴胡汤是举，几乎不言张机论中明言之和法，成氏僭言之和法影响远大于张机明言之和法，喧宾夺主久矣，当以正本清源。

并且由此可能引发更令人担忧的情况，有不少习仲景之术者，不耐烦研读原文，而惑于此类书文所注所言之浅俗，之新奇，之浮华，弃本求末，专看注文释文浮文，不免受其误导，越旋越远，难得仲景学术之真。

三、仲景学术研究的返璞归真、由繁回简

为纠正成氏以来“繁”之研究种种弊病，亟需提倡仲景学术研究由博返约，返璞归真，正本清源，以拭去注家嚣嚣浮尘，而见仲景淳朴之真。欲达此目的，首先要破除对仲景著作的迷信，淡化崇圣遵经意识——因这是对仲景著作求之过深的思想基础。其次须摒弃在此思想基础上而产生的强注强释，泛骛远引，以曲逞其说的研究方法。而重新认识到仲景著作的朴实性，实用性，实践性及局限性。重新参考孙思邈“方证同条，比类相附”，之类相对于繁而显得简的方法。但这种简不是简单的倒退，而是在先简后繁，繁有较大发展基础上的由博返约，返璞归真，是事物发展逻旋式上升的必经阶段，是更高层次上的简，是有着更丰富的内容，更有效的方法的简，是脱尽浮华见淳真后的简，是追求更高研究目的的简，是能达到更高研究目的的简。

其具体研究思路为——

1. 以方证关系，药证关系为主要研究目的　仲景之辨证施治，有是证用是方，有是证用是药；方随证变，方随法改，药因方易；药味之进退，药量之增减，皆有理法可循——可视为方药辨证之典范。此为仲景精华之所在，故仲景学术研究当以探究方证关系，药证关系为主要目的。主要解决“是何”的问题，不急于研究“为何”的问题。“是何”的问题不能正确解决，“为何”的研究只能是脱离临床实践的空中楼阁，容易纠缠于浮泛空洞之论。

2. 以原文明言之病理，治法，治则为研究之准则　仲景著作对一些病理，治法，治则原有明确的表述。如所言之病理有“心下有水气”“渴者，此寒去欲解也”“恶寒者，虚故也”“潮热者，实也”。明言之治法有：“先温其里，乃攻其表”“表解者，始可攻之”等。其所言虽简朴而所指确切，言因少而弥足珍贵，当作为研究方证关系，药证关系之主要依据。对于理法的探讨，最可靠的，最接近仲景原义的，应是以论释论，互参互证，而非另起炉灶，泛骛远引。故在此研究过程中，宜慎言仲景未言之医理，慎言仲景未言之药性，慎言仲景未言之方义，慎言仲景未言之治法。

3. 引入逻辑方法进行研究　以往注家们研究方证关系、药证关系，常是以四气五味、脏腑阴阳、君臣佐使等理论为依据，来以证测药、以证测方、以方测证、以药测证。此类方法虽有其一定道理与成效，但每易滑入浮泛繁杂，循环论证，有泛通性而缺乏针对性，反失仲景学术之真。笔者认为欲返璞归真，化繁为简。当就仲景条文所述，通过反复比较异同，同中求异，异中见同，前后彼此互参，统计、归纳、分析而推得仲景著作所示之药证关系，方证关系。由此进而可形成一些行之有效的思路：如从用量最大的方剂中探讨药证的思路，从组成最简单的方剂探求药证的思路，从方剂的药味的加减法，及量的加减法中探求药证的思路，从应用最大频率的方药中探求方证、药证的思路等。如果在此研究过程中能适当引入逻辑学中的探求因果关系的五种方法（求同法、求异法、求同求异共用法，共变法、剩余法），将比较分析的结果纳入逻辑分析的场合之中，以此探讨仲景著作中的方证药证关系，可能使结论更为可靠，更接近仲景原意，更具有逻辑的说服力，而达到返璞归真的目的。

［《上海中医药杂志》2003；（7）：7］

《伤寒杂病论》再溯源

冯世纶　卫生部中日友好医院

有关张仲景撰写《伤寒杂病论》的主要渊源，拙作《伤寒杂病论》溯源[1]、经方探究[2]提出《伤寒杂病论》的主要内容来自于《汤液经法》，张仲景是经方学派的杰出传人，方剂之祖是过誉之谈[3]。今就其主要理论来源进行不成熟的探讨。

一、张仲景并非据《内经》撰写《伤寒杂病论》

自成无己以《内经》注《伤寒》，后世多以张仲景依据《内经》撰写了《伤寒杂病论》，其主要依据是《伤寒杂病论》原序：“撰用《素问》《九卷》《八十一难》《阴阳大论》《胎胪药录》并《平脉辨证》，为《伤寒杂病论》。”因为有《伤寒论》序，人云亦云，多信其实。但也不少人提出异议，如经方大师胡希恕在六十年代就提出“仲景书取法于《汤液经》”。[3]认为此序有问题，并在多次讲座中指出原序从文字、语句、声律上看非仲景本人之作。近在南阳听钱超尘教授讲授其考证论文，持此观点，并提供了有力证据。钱老指出“撰用以下23字为后人所加”，并据杨绍伊的《伊尹汤液经》研究认为是王叔和加入，其大意是：

仲景序中，“撰用《素问》《九卷》《八十一难》《阴阳大论》《胎胪药录》《平脉辨证》”五句，与“若能寻余所集，则思过半矣”，至“欲视死别生，实为难矣”一节，悉出叔和撰次。知者，以此篇序文，读其前半，韵虽不高而清，调虽不古而雅。非骈非散，的是建安。“天布五行”，与“省疾向病”二段，则笔调句律，节款声响，均属晋音。试以《伤寒例》中词句滴血验之，即知其是一家骨肉。更证以《千金方序》文中引“当今居世之士，曾不留神医药”至“彼何荣势之云哉”一节，称张仲景曰。而《序例》中引“天布五行以运万类”至“夫欲视死别生实为难矣”一节，不称张仲景曰。即知其语，非出有仲景之口。再以文律格之：“勤求古训，博采众方”，在文律中为浑说，“撰用《素问》《九卷》”等五句，在文法中为详举。凡浑说者不详举，详举者不浑说。原文当是“感往昔之沦丧，伤横夭之莫救，乃勤求古训博采众方为《伤寒杂病论》，合十六卷。”此本辞自足，而体且简。若欲详举，则当云“感往昔之沦丧，伤横夭之莫救，乃撰用《素问》《九卷》《八十一难》《阴阳大论》《胎胪药录》、并《平脉辨证》为《伤寒杂病论》，合十六卷。”不当浑说后又详举也。且仲景为医中汤液家，汤液家举书不举《汤液经》而举《素问》，不数伊尹而数岐黄，何异家乘中不系祖祢而谱东邻也。至其下之“按寸不及尺，握手不及足，人迎趺阳，三部不参”云云，殊不知三部九候，乃针灸家脉法，非汤液家脉法。针家刺在全身，暂不能不遍体考脉；汤液家重在现证，脉则但候其表里寒热、脏腑虚实、荣卫盛衰以决其治之可汗、不可汗、可下、不可下而已。故诊一部亦已可定，不必遍体摩挲。以汤液家而用针灸家骂汤液家之语骂人，仲景纵亦精于针灸脉法，何至遽瞶瞀而矛盾若是。

著名中医文献学家李茂如先生认为：“应知现传《伤寒论序》出自宋臣所载，其文向以愤世洒泼称著，特专以文章为言耳；若果据以辨章学术，则深知其文真伪错杂，绝难尽信。宋版《伤寒论序》大抵半属仲景之言，半出唐宋医家夸诞之词，试检唐初孙思邈《千金方序》，标名引述云，张仲景曰：当今居世之士……何荣势之云哉一段，信属仲景之言；而夫天布五行……夫欲视死别生固亦难矣一段，别载于《千金方·治病略例第三》，则明系孙氏之言。举此，略证今本《伤寒论序》乃杂引后世之文，不可尽为考溯之据也。清代曹禾《医学读书附记》对此辨之甚详……治学贵在严慎辨察，去伪存真，所称撰用《素问》《九卷》《八十一难》云者，既非确属仲景之言，且亦不合《伤寒论》之实，盖为后人不察本源而妄事增附之文，岂可据为论证乎？”

总之，从以上的考证资料说明“撰用《素问》《九卷》《八十一难》《阴阳大论》《胎胪药录》并《平脉辨证》等不是张仲景手笔，是后人所加，也就是说只就《伤寒杂病论》序看，不能证明张仲景依据《内经》撰写了《伤寒杂病论》，其医学理论不能说是来源于《内经》。

又有的人非常强调《伤寒杂病论》的理论主要依据《阴阳大论》，但据《敦煌医药文献辑校》记载的《伤寒杂病论》（乙本）：“32 仲景曰：《阴阳大论》：凡伤寒之病……”，马继兴注解到：“此书抄写年代为……在唐高宗时期”，“宋本在第四十八条之首并无‘阴阳大论……’字样，宋本第一条虽引有《阴阳大论》……但该引文距第四十八条相去甚远，已不属引文范围”[4]。这里不但说明《阴阳大论》是后人所加，而且其各条文中并无《阴阳大论》的内容。因此，说张仲景引用《阴阳大论》也是无据的。

二、《伤寒杂病论》源自经方理论体系

任应秋老师认为中国医学最古的流派为三：一曰黄帝针灸；二曰神农本草；三曰素女脉诀。并认为张仲景系《神农本草》一派[5]，这是符合中国医史实际。晋·皇甫谧《甲乙经序》云：“伊尹以亚圣之才，撰用《神农本草》以为汤液”。宋刻《伤寒论》序也有“是仲景本伊尹之法，伊尹本神农之经”的记载。从药物理论来看，更能看出《伤寒杂病论》与《神农本草经》一脉相承，而与《内经》不同。如《神农本草经》在论述药味功能时，是从病证特点描述，而不见脏腑经络等理论。如干地黄谓：“味甘寒，主折跌绝筋、伤中、逐血痹、填骨髓、长肌肉。”鳖甲谓：“味咸，平。主心腹癥瘕坚积、寒热、去痞、息肉、阴蚀、痔（核）、恶肉。”阿胶谓：“味甘平，主心腹内崩、劳极洒洒如疟状、腰腹痛、四肢酸痛、女子下血、安胎，久服轻身益气。”这类药，都未提到“养阴”“滋阴”作用。在《伤寒杂病论》中也看不到“养阴滋阴之说。张仲景用鳖甲只是取其主治“癥瘕、痎疟（疟母）”，也不是用其养阴滋阴作用。脏腑辨证都把这类药物视为补心肾阴、养阴滋阴作用。因此，从理论体系看，《伤寒杂病论》是承系《神农》、经方体系，而没有承系《内经》体系。

从两书的内容来看，对疾病的概念、理论概念有明显不同：如对疟疾证治，《金匮要略·疟病》篇第 4 条：“温疟者，其脉如平，身无寒，但热，骨节烦痛，时呕，白虎加桂枝汤主之。”是说疟病脉自弦，已在前论述，今温疟脉不弦，故谓其脉如平。热结于里，则身无寒但热，复有外邪，则骨节烦痛；气冲热壅，故时呕也，此是温疟用白虎加桂枝汤治疗。对此《内经》有着不同的概念。《内经·疟论》篇曰：“帝曰：先热而后寒者何也？岐伯曰：此先伤于风而后伤于寒，故先热而后寒也，亦以时作，名曰温疟。其但热而不寒者，阴气先绝，阳气独发，则少气烦冤，手足热而欲呕，名瘅疟。”这里的瘅疟很明显是《金匮》所说的温疟，而温疟不同《金匮》的温疟。又如对癫狂的论述，《内经》与《伤寒杂病论》也截然不同。如《素问·至真要大论》曰：“诸躁狂越，皆属于火。”《难经·二十难》曰：“重阳者狂，重阴者癫。”《素问·脉解篇》曰：“所谓甚则狂癫疾者，阳尽在上，而阴气从下，上虚上实故狂癫疾也。”即把狂的成因，主要归结为火热、重阳。而《伤寒论》第 112 条曰：“伤寒脉浮，以火迫劫之，亡阳必惊狂。”把惊狂的成因主要归结为亡阳，概念大相反，可见两者

有着理论体系的不同。因未明两个理论体系的不同，而总是按《内经》释《伤寒》往往产生费解或笑话。如对"亡阳必惊狂"，有的注家谓："本方中的亡阳和少阴证的亡阳不同。少阴亡阳是有汗出肢冷，筋惕肉瞤的证候；火邪的亡阳，则是惊狂卧起不安。因为前者所伤是肾阳，后者所伤是心阳，伤肾阳的宜四逆、真武；伤心阳的宜桂枝救逆。本节是因火邪逼迫，心神耗散以致惊狂不安，所以用桂枝汤去芍药之苦平，加蜀漆之辛散，目的是使火邪气与外邪一时并敌……"[6]已知病机是心阳耗散，治疗还要散火气？怎能圆其说？又如对《伤寒论》第27条："太阳病，发热恶寒，热多寒少，脉微弱者，此无阳也，不可发汗，宜桂枝二越婢一汤"的注解，把无阳解释为"阳气虚"或是"表之寒邪轻，而里之温热重"，望文生义，用《内经》解释岂能全通？产生这些问题的原因，是《伤寒杂病论》与《内经》为两个不同的理论体系。只就桂枝去芍药加蜀漆龙骨牡蛎汤证看即可明白。"伤寒脉浮，以火迫劫之，亡阳必惊狂"，是说伤寒脉浮，本宜麻黄汤发汗治之，而医以火迫使大汗出，乃错误的治疗，徒亡津液，不但表不解，且导致急剧的气上冲，并激动里饮，而发惊狂，以致卧起不安。用桂枝去芍药加蜀漆龙骨牡蛎汤能治火劫亡阳的逆治证，故又特称之为救逆汤。此方为桂枝汤去芍药加祛痰的蜀漆、镇惊的龙牡，故治桂枝去芍药汤证有痰饮而惊狂不安者。值得说明的是，蜀漆苦辛平，为除痰、截疟药，并无解表散邪作用，临床常以半夏、茯苓等代之，疗效颇佳。这里可看出《伤寒杂病论》的亡阳与《内经》的亡阳概念是不同的。

总之，从理论体系看，《伤寒》不同于《内经》，《伤寒》有其独特的理论体系。

三、《伤寒杂病论》的六经来自八纲

因成无已以《内经》注《伤寒》，故后世多宗其说，其原因也系《伤寒杂病论序》撰用《素问》等句。今已知此非仲景所写，撰用《素问》已属无据。实际判断其理论是否来自《内经》，还主要看全书的主要内容。

从其内容看，六经的概念即是八纲。《伤寒论》属经方体系，经方的理论主要用八纲辨证。《汉书·艺文志·方技略》记载："经方者，本草石之寒温，量疾病之浅深，假药味之滋，因气感之宜，辨五苦六辛，致水火之齐，以通闭结，反之于平。"是说经方理论的形成，是我们的祖先，在长期的医疗实践中，从常见病反映出的症状不同，用不同的药物治疗，以药物的寒热温凉不同，来治疗人体不同部位的寒热虚实证候，使人体达到阴阳平衡。这便是八纲理论。汉代的《汤液经法》反映出了八纲辨证理论和方证经验，而《伤寒杂病论》也有相同的反映，不同的是增加（上升）了"六经"辨证理论，而这一理论是由八纲辨证衍生而成[3]。分析《伤寒论》的六经实质，六经是指太阳、阳明、少阳之三阳，太阴、少阴、厥阴之三阴而言。《伤寒论》之六经，虽称之为病，其实质是证，而且来自八纲，是把症状用八纲分类，所归纳的六种证候。八纲中的表、里、半表半里三者，都是病位的反应，而阴、阳、寒、热、虚、实六者，都是病情的反应。这样，证候的病情属阳热实，病位在表者即是太阳；证候的病情属阴寒虚，病位在表者即是少阴；证候的病情属阳热实，病位在里者即是阳明；证候的病情属阴寒虚，病位在里者即是太阴；证候的病情属阳热实，病位在半表半里者既是少阳；证候的病情属阴寒虚，病位在半表半里者即是厥阴。这里要注意，八纲也好，六经也好，这是我们的先辈通过观察上千上万急性、慢性疾病反映出的症状总结出的六种证候，即不论是急性病还是慢性病，无论是什么病其发病、变化、痊愈、或死亡，其证候变化皆不出这六种。可知六经是用八纲归类的证候，不是脏腑经络的六经，是经方自成体系的证候理论。

四、辨方证产生了六经理论

陶弘景在《辅行诀脏腑用药法要》曰："外感天行经方之治，有二旦、六神、大小等汤。昔南阳张机依此诸方，撰为《伤寒论》一部，疗治明悉，后学感尊奉之……张机撰《伤寒论》，避道家之称，故其方皆非正名，但以某药名之，亦推主为识之义耳（8）。"这里可明确二个问题：

其一，张仲景主要依据二旦、大小、六神等汤撰写了《伤寒论》：

《伤寒论》的主要方证源自《汤液经法》，其主要内容是继承和发扬、论述了这些方剂的组成和其适应证。分析《伤寒杂病论》，其主要内容是六经辨证和辨方证，尤其注重辨方证，近代经方大师胡希恕刻意提出：辨方证是辨证的尖端[7]，是在强调经方理论的特点。《伤寒杂病论》对每一个方证，论述非常精详，既说明其主要适应证，也详述其禁忌证及类似证、鉴别证，以应用于急性病或慢性病。例如桂枝汤在《伤寒论》就有（第12、13、15、16、17、19、24、25、44、45、53、54、56、57、91、95、164、234、240、272、276、387条）

20多条，《金匮要略》也有论述。其加减方证论述则还有很多。对一个方证论述如此精细，是在告诫后人辨方证的重要性，同时也可看到：在辨方证时，要注意到证的病位在表、还是在里、或是在半表半里。如《伤寒论》第56条："伤寒不大便六七日，头痛有热者，与承气汤，其小便清者，知不在里，仍在表也，当须发汗；若头痛者必衄，宜桂枝汤。"第164条："伤寒大下后复发汗，心下痞，恶寒者，表未解也，不可攻痞，当先解表，表解乃可攻痞。解表宜桂枝汤，攻痞宜大黄黄连泻心汤。"即在反映辨方证及治疗时注意辨病位的表、里；第148条："伤寒五六日，头汗出，微恶寒，手足冷，心下满，口不欲食，大便硬，脉细者，此为阳微结，必有表，复有里也。脉沉亦在里也，汗出为阳微，假令纯阴结，不得复有外证，悉入在里，此为半在里半在外也。"是在反映辨别半表半里证。同时也必须注意到证候的病性属阳、或是属阴，这样根据证的情况、特点，在表属阳热实者为表阳证（太阳病），在表属阴寒虚者为表阴证（少阴病），在里属阳热实者为里阳证（阳明病），在里属阴寒虚者为里阴证（太阴病），在半表半里属阳热实者为半表半里阳证（少阳病），在半表半里属阴寒虚者为半表半里阴证（厥阴病）。这就是张仲景通过辨方证过程中，总结出了六类证候，也即后世称之为三阴三阳、六经，即形成了六经辨证理论，这一理论形成后，又反过来指导辨方证，使《伤寒论》成为六经辨证、辨方证的完整的经方理论体系。这里也就看出，六经是辨方证，析八纲自然产生的六种证候。辨六经、辨方证是经方的重要理论体系，它的科学性不容怀疑。值得一提的是日本的"小柴胡汤事件"。20世纪70年代初期，日本的津村顺天堂制成了小柴胡汤颗粒制剂，同时东京近畿大学有地滋教授发表了"津村小柴胡汤颗粒对慢性肝炎有治疗效果"的报告，刹时间在日本引起不同凡响。小柴胡汤成了畅销药，舆论认为日本汉方走向现代化。短短几年里，津村顺天堂成了乃至世界注目的制药企业，财富积累走向巅顶。但自1987不断报出小柴胡汤引起间质性肺炎的新闻，称"小柴胡汤副作用事件"截至1999年12月报道了188例，死亡22例。结果津村顺天堂1997年破产，2000年津村顺天堂社长津村昭被判刑3年。对这一事件的原因，一些人认为这是"小柴胡汤的副作用事件"，而日本的中医界人士则认为，是没有遵守中医辨证论治的结果，并且揭露出有地滋不让年青人学习《伤寒论》，并且强调："慢性肝炎、肝硬化患者有关小柴胡汤的'证'消失了，还要长期服用小柴胡汤""汉方药非常安全，长期服用也没有问题。"这里看出，有地滋在治疗肝炎时，不论有无小柴胡汤方证凡诊断慢性肝炎、肝硬化即给服小柴胡汤，或即使有小柴胡汤证当小柴胡汤证消失后仍继续长期服小柴胡汤，是造成悲剧的主要原因。这里说明，不辨方证，只是根据西医的诊断肝炎就给服小柴胡汤，是等于让患者服毒药不能称其为副作用！这一历史的教训，正是说明了辨方证的重要性，正所谓辨方证是辨证的尖端。

其二，"张机撰《伤寒论》避道家之称"是明了《伤寒论》理论特点的大眼目：

"避道家之称"这里有两重意思，首先指张仲景改变了方证名，如小阳旦汤改称桂枝汤、小青龙汤改称麻黄汤等。更重要的是改道家的理论为经方理论。据《辅行诀脏腑用药法要》记载："依《神农本草经》及《桐君采药录》，上中下三品之药凡三百六十五味，以应周天之度，四时八节之经。商有圣相伊尹，撰《汤液经法》三□卷，为方亦三百六十首也……今检录常情需用者六十首，备山中预防灾疾之用耳。"这里要说明的是，六十首方证在《辅行诀脏腑用药法要》有记载，它们是：辨五脏补泻方39首，二旦、六神、大小等汤16首，急救方5首。不论是从方证名称看，还是从语言论述看《汤液经法》有道家的五行、五脏观念。而《伤寒杂病论》却没有这些观念。例如《汤液经法》中的小泻脾汤，《伤寒杂病论》改称四逆汤；建中补脾汤改称小建中汤；小补脾汤改称理中汤；小补心汤改称栝楼薤白半夏汤；大补心汤改称栝楼薤白桂枝汤……这里显然看出，方证名仲景不再沿用五脏的名称。即使用原脏腑名，也失去了原脏腑概念，如《汤液经法》小泻心汤，《伤寒论》称之为大黄黄连泻心汤，其适应证是里实热证（阳明病）。这反映出，仲景由"五元论"走向"一元论"，即仲景吸取了《汤液经法》中的方证内容，而舍弃五行、五脏理论，而独重辨方证理论，并把方证按六经（八纲）分类，即创立了六经辨证提纲。道家在养生、医药积累了丰富的资料，二旦、六神、大小等汤是经临床反复验证用之有效的方药，这反映在《汤液经法》对方药和其适应证的记载。其所以有效，是据其适应证即辨其方证而用之。同时还反映出其用五行、五脏理论即五元论指导用药。而张仲景避道家之称，主要是避除五行、五脏之称，改成某药名之的方证名，即把"五元论"改成为"一元论"。张仲景从其医学家的观点，从反复临床实践中认识到，某方剂的适应证，是辨证的关键，药与证相应是治病的关键。例如桂枝汤（小阳旦汤）的适应证是：发热，汗出，恶风，脉浮缓。桂枝加葛根汤方证为：发热，汗出，恶风，脉浮缓，项背强几几。一味药物的不同，意为着相应的适应证不同。甚至药味相同，用药剂量不同，其适应证也不同，如桂枝加桂汤方证为：桂枝汤证而气上冲剧甚者。指导应用方证的理论只能是辨方证的“一元论”，即有是证用是方。用五脏、五行辨证是难于准确的。如《汤液经法》中的小泻脾汤，方药组成为附子一枚（炮），干姜、甘草（炙），各三两。治脾气实，下利清谷，里寒外热，肢冷，脉微者。而小补脾汤，方药组成为人参、甘草（炙）、干姜各三两，术一两。治饮食不消，时自吐利，吐利己，心中苦饥，无力，身重，足痿，善转筋者[9]。从八纲辨证来看，两方都用于里虚寒，都是温阳重剂，但前者称为泻脾，后者称为补脾，实际温补重于后者，到底补什么泻什么让人难以理解。故张仲景避道家之称，把小泻脾汤改称四逆汤，凡见“脉浮而迟，表热里寒，下利清谷者”或“大汗出，热不去，内拘急，四肢疼，又下利厥逆而恶寒者”……即辨方证凡见四逆、脉微弱、里虚寒甚（太阴病）属四逆汤证者即可用之。如按五脏补泻辨证，补脾、泻脾很难对应。这也可知张仲景为何方证名避道家之称，不再沿用五脏名，更主要的是辨证不用五行、五脏理论。

纵观以上所说，张仲景并不是根据《内经》撰写了《伤寒杂病论》。《伤寒杂病论》主要方证源自于《汤液经法》，其理论源自于经方体系的八纲。张仲景从医家实践中继承了《汤液经法》医药知识，并发扬了经方理论，张仲景是经方的杰出传人。他在总结整理经方的方证和理论时，“避道家之称”完善了方证辨证，并由八纲辨证、辨方证发展为六经辨证，撰成了《伤寒杂病论》。而要简述《伤寒杂病论》的特点，它是根据临床常见病（急性病、慢性病、传染、非传染、外感、内伤）的症状反应，用六经（八纲）辨证详辨方证，据方证用药治疗疾病的独特的医疗体系。

参考文献

[1] 冯世纶.《伤寒杂病论》溯源. 国医论坛 1992；(4)：1.
[2] 冯世纶. 经方探究. 中国医药学报，2002； (7)；426.
[3] 胡希恕. 基于仲景学说谈辨证论治. 北京中医学院学报，1980；(4)：10.
[4] 马继兴. 敦煌医药文献辑校. 南京：江苏古籍出版社，1998：12.
[5] 北京中医学院. 北京中医学院三十年论文集. 北京：中医古籍出版社，1986：7.
[6] 南京中医学院. 金匮要略译释. 南京：江苏人民出版社，1959：485.
[7] 陈彤云. 燕山医话. 北京：北京科学技术出版社，1992：43.
[8] 马继兴等. 敦煌古医籍考释. 南昌：江西科学技术出版社，1988：136.
[9] 马继兴等. 敦煌医药文献辑校. 南京：江苏古籍出版社，1998：177.

[《中国中医药报》2003；(12)：24]

《金匮要略》简介

谢仲墨　中医研究院

后汉张仲景的《金匮要略》，是我国现存的最早的一部研究杂病的著作。其中主要的是记载了不少的内科疾病，奠定了祖国医学的内科学的基础，附有简要的妇科学，为后世的妇科学开辟了进展的道路，还有一些外科方面的知识，被后世的外科学家所运用，而加以发展。这确实是一部祖国医学经典著作。

为什么称为《金匮》是很重要的要略呢？金匮是用金属制的匮，保存文件，表示珍重的意思（汉书高帝纪：“与功臣剖符作誓，丹书铁契，金匮石室，藏之宗庙。”注：“以金为匮，以石为室，重缄封之，保慎之义。”）。要略的意义，是论述纲要（要略是淮南子的篇名，淮南子“要略”注：凡鸿烈之书二十篇，略数其要，明其所指，序其微妙，论其大体，故曰要略）。说明为要略，是此书曾有节略的缘故。

一、《金匮要略》的前身及其校定

《金匮要略》这一个书名，是北宋以后出现的。张仲景著伤寒杂病论合十六卷，十卷论述伤寒；六卷论述杂病（丹波元简金匮玉函要略综概说：“案张仲景自序：‘作伤寒杂病论合十六卷’。而梁七录：张仲景辨伤寒论十卷；新唐书艺文志：伤寒卒病谕十卷，此乃今所传《伤寒论》，所谓十六卷中之十卷；其六卷，则乃杂病论，即今金匮要略，其遗佚者。”）。所谓杂病，是指伤寒以外的内科病。杂病部分，就包括现存的金匮要略在内。晋朝的太医令王权和，整理张仲景的著作，伤寒论十卷单行（丹波元简伤寒论综概说：“盖伤寒论十卷，杂病论六卷，各别行于世者。”）。而杂病六卷，据北宋的林亿说，没有看到这部书（林亿等金匮玉函要略方论序云：“今世但传伤寒论十卷，杂病未见其书，或于诸家方载其一二矣。”）。虽然另有伤寒杂病依旧合为一书的“张仲景伤寒论”，内容次序与今存的伤寒论有些不同，被唐朝王焘的外台秘要引用了一些，但这一本子没有流传下来，是非常可惜的。

北宋的翰林学士王洙在破旧的书堆里寻到一部《金匮玉函要略方》，共三卷（见林亿等序），是张仲景伤寒杂病论的节本，上卷辨伤寒，中卷论杂病，下卷记载方剂，并有疗妇人病的方论。王洙把《金匮玉函》要略方抄录下采，传给别人，也只有几家有这部书。有人运用它的方论治疗疾病，效果卓越，然而其中还有不够齐全的地方，因此，孙奇等在整理了伤寒论和金匮玉函经之后，又整理了这部书，由于伤寒论已有完整的十卷本，所以删去金匮玉函要略方的伤寒部分，只保留杂病部分，把方剂编排在病证之下，使读者容易检查使用，又采集仲景散在各家医书中的方剂以及各家医书中优良的医方，附在每篇之末，扩充了原书的疗法，共计二十五篇，除去重复的方剂，共载方剂二百六十二首（见林亿等序），编成上中下三卷，名为金匮方论（见林亿等序）这就是现存的金匮要略。

二、《金匮要略》内容的第一部分

《金匮要略》的第一篇——脏腑经络先后病脉证第一，是全书的绪论。它叙述了病因学说、疾病分类及诊断治疗的重要法则等。

疾病的原因，本篇认为可以分为三类：第一是经络受邪，传入脏腑，这是内因；第二是四肢九窍，血脉相传，发生障碍，这是外部皮肤所中，属于外因；第三是房室金刃虫兽所伤等又为一类。这一学说发展为宋朝陈言三因方的三因学说。陈言以为百病不外乎三因：以六淫所感为外因，七情所伤为内因，房室金刃虫兽等为不内外因（见本篇第二条）。

疾病感染的道路和情况，在本篇中说：清邪属于天气，所以伤害人于上部；浊邪属于地气，所以伤害人于下部；火邪（风邪）浅中于表；小邪（寒邪）深入于里；饮食失节，从口而入，这是食积为病。上述清、浊、火、小、食五种邪伤人，都有一定的规律，所以风邪伤人多在清早，寒邪伤人多在夜晚，湿邪伤人偏于下部，雾露邪伤人偏于上身；风邪使人脉浮，寒邪使人脉急，雾邪伤于皮肤腠理，湿邪流入关节，饮食失节伤人脾胃；还有严寒的气候伤人的大经，酷热的气候伤人的小络（本篇第十三条）。

疾病的分类，仲景从经络脏腑来划分。阳病十八，是头痛、项腰脊臂脚掣痛，病在太阳、阳明、少阳，三六共一十八病。阴病十八，是咳上气喘、哕、咽、肠鸣胀满、心痛拘急、病在太阴、少阴、厥阴、三六也是一十八病（见程林金匮直解）。五脏的病各有十八种，合计为九十种病。人又有六腑，腑各有十八种病，合计为一百零八种病。还有五劳、七伤、六极和妇女三十六种病，都不包括在内（本篇第十三条）。

诊断方面，首先是望诊。拿望鼻作例子，鼻头色青的，为寒凝气血的腹中痛，如再加怕冷则可能致死；如果鼻微黑，为内有水气；黄是胸中有寒邪，白为失血；假使微赤颜色不见于春夏，反见于秋冬，即为不是应该见的时候，主死。再拿目来说，目直视的如发现于痉病，是不治之症（本篇第十三条）。

闻诊方面，如：病人很安静而突然而惊呼的，是关节有病；如果声音低微说话不响亮的，是心隔有病；如果声音细小而呻吟不断的，是头痛病（本篇第四条）。又望诊与闻诊结合的，如：病人呼吸时肩部摇耸的，是胸中有邪阻塞；呼吸时引起胸中气升的，是咳嗽的表现；呼吸时开口气促的，是肺痿吐痰沫的形态（本篇第五条）。

切诊方面，如：病人浮脉见于关前，就是寸浮，为病在外表，浮脉见于关后，就是尺浮，是病在里；其症状为背强不能行动，并且感觉气短得厉害（本篇第九条）。

在本篇中，提出了一些治疗的原则，作为医者的准绳：第一是救表救里的先后，例如病在表，医生误用攻下法，造成完谷不化的下利，在这种情况下，虽有身体疼痛的表症，应当先治其里；服药后，大便已正常，身体疼痛表症仍在的然后应用救表的方法（本篇第十四条）。第二是久病新病治疗的先后，患有某种久病的人，又新得了一种病，应当先治新得的病，然后再治原有的久病（本篇第十五条）。第三条是治病要了解疾病的传变，例如发见肝病，知道要牵连到脾，预先实脾，就不至于传脾（本篇第一条）。第四是诸病在脏的攻法，凡是病在内脏，要用攻法的，应该有可攻症才攻（本篇第十七条）。

此外，本篇以“冬至”为标准，审查气候的变化，指出气候的正常与异常，可以影响人体的健康（本篇第八条）。本篇也说明卫生之道：如果人能内养正气，外慎风邪，不使风犯经络，那就可以不患病；偶尔经络中邪，乘邪没有深入脏腑，及时医疗，感觉四肢重着时，可用导引和吐纳，或用针灸和膏摩的治疗法，不使九窍闭塞不通，更能遵守国法和避免禽兽的灾害；不要在性生活方面耗精过度，衣食最要冷暖适宜，五味（指食物）也要恰合需要，不可使身体有衰弱的现象。照这样做去，疾病就没有机会进入腠理（本篇第一条）。

[《中西医医刊》1951；(2)：61]

对《金匮》的展望

何云鹤

中国医学在临床方面一向有二大主流，即药治和针灸。公元前医家治病用针多于用药，这是因为当时医家对药物性能所累积的经验不多，还不能适当地加以控制和运用。公元后经过经方家和本草家的努力逐步克服了这一困难，于是药治便超越针灸成为中医治病的最大主流。

药治能成为中医治病最大主流，不能不归功于后汉张仲景的“勤求古训，博采众方”编著伤寒卒病论，创立中医的药治方式方法。

仲景以前虽早已有了以药治病的专家，汉书艺文志载有经方十一家，可是这十一家的方书早已佚亡，很难看出它在中医学术发展过程中所起的作用，而《伤寒卒病论》是医家公认现存最古流传最广的方书，近二千年来很少发现比它更伟大的中医作品。

《伤寒卒病论》全书有二个部分，伤寒和卒病即现存《本伤寒论》和《金匮要略》。根据仲景自序“余宗族素多，向余二百，建安纪年以来犹未十稔，其死亡者三分有二，伤寒十居其七，感往昔之沦丧；伤横夭之莫救……。”我们可以初步肯定，仲景这部书重心在于伤寒……广义的伤寒。

然而这并不是说卒病不重要，伤寒所包括范围不过内科学中的传染病，而卒病包括传染病以外的全部内科，范围比伤寒广，重要性更不比伤寒低，至于现存金匮要略不但包括内科还涉及妇科和外科。

《伤寒卒病论》原书早已佚亡，现存《伤寒论》经过晋王叔和编次，虽非旧时面目，但原书内容保存特多，至于现存《金匮要略》并不是直接从原书编次，乃是根据原书节本删编而成。这部节本是宋翰林学士王洙在馆阁蠹简中发掘出来，书名《金匮玉函要略方》，全书共三卷，上卷论伤寒，中卷论卒病，下卷载方并疗妇人，宋林亿在校理时觉得上卷文多节略，当时已有了叔和编次本，因此把它删去，只取杂病以下的中下二卷，仍编成三卷，名金匮要略方。

所以《金匮要略》和《伤寒论》虽同出一人和一书，它们之间有这一点不同的地方。从林亿的伤寒文多节略，可以推想卒病部分必然也是文多节略，可是伤寒文多节略为了有叔和本在，可以删去，卒病虽明知也文多节略，却不能不保存，刊布流传。

在公元2世纪时代要求内科各种疾病都有较详证候记录是有客观上的困难，何况仲景大部分精力集中于伤寒，再加上现存金匮要略又不是伤寒论旧本的卒病部分，因此要略内容比较伤寒论简略是不足为奇，也因此在应付现代复杂的内科疾病时，个人以为要略有必要考虑作适当的补充。

现存金匮要略在内科方面内容有：中风……神经系统脑都疾患。痉……神经系统脑脊髓部分疾患也包括破伤风。瘫痫……神经系统脑部疾患。血痹……末梢神经疾患。肺痿……呼吸系统肺部疾患。肺痈……呼吸系统肺部疾患。咳嗽上气……呼吸系统肺及支气管疾患。痰饮……呼吸系统支气管，胸膜和消化系统胃部疾患。心痛……消化系统胃部和循环系统心脏疾患。胸痹……消化系统胃部疾患。胃反呕吐哕……消化系统胃部疾患。下痢……消化系统肠部疾患。奔豚……消化系统胃肠部疾患。腹满寒疝宿食……消化系统肠部疾患。黄疸……消化系统肝胆部疾患。五脏风寒积聚……除肺中风中寒，大部分指消化系统疾患。肠痈……消化系统肠部疾患。蛔虫……消化系统肠部疾患。狐疝……消化系统肠都疾患。吐衄下血……消化系统和呼吸系统疾患。狐惑……喉及肛门疾患。水气……泌尿系统肾脏，循环系统心脏和消化系统肝脏疾患。淋……泌尿系统尿道及膀胱疾患。虚劳……贫血结核病。失精……生殖系统疾患。历节……运动器官病。湿……运动器官病。消渴……内分泌系统病。脚气……营养缺乏病。中暍……物理病。百合……精神病。疟……传染病。阴阳毒……发斑疹传染病。饮食禁忌……饮食中毒。

根据上述，初步分析，要略所载极为广泛，包括内科各系疾病，然而进一步研究，又体会到范围虽广，内容不太充实。例如神经系统只有中风、痉，痫，痹几种病，内分泌系统只载消渴，营养缺乏只述脚气，循环系统少见独立病种，消化、呼吸系统也比较简单。

当然我们不能要求公元2世纪末的金匮，对各种疾病都有较详记录和治法，但我们也不能在百家争鸣向科学进军的今天，只守住一千八百年前的阵地，要考虑如何补充发展，使中医学术自古代走向近代，自公元2世纪走向廿世纪，以适应现代医学、现代科学的要求。

中医内科虽发源于金匮，自汉以来历代医家都有相当的补充。这些补充都散见于历代医籍著作中，把这些材料收集整理，充实金匮内容，扩大金匮证治范围，是可以使中医内科和现代医学内科接近，进而相互交流。

有人说中医西医由于观点不同，在学术上是很艰接近，不要说别的，就拿中西病名来说，很多名词无法对照，无法统一。不错，中西医在目前阶段，在学术上还存有矛盾，最明显的是学中医可以不懂西医，可以不从现代解剖生理等学课开端，而学西医，却非由现代解剖生理开端不可。但是这些矛盾并不是真的无法调和的矛盾，凡是深切了解中医同时又深切了解西医的人，都会体会着这些矛盾可以调和，可以统一。如何使中医学术接近现代医学，是调和这一矛盾的主要方向，只有双方接近，才有可能引起交流互助的作用。

诚然，中西病名有时是无法对照，无法统一。可是中西医家所述的临床症候，双方不会有很大距离。不但痢、疟、猩红、霍乱、天花等症候，古今相同，中外相同，便是黄疸水肿，也可从其中找出肝前肝后，心型肾型的临床相同点。仲景伤寒论所包括疾病虽多，太阳中风桂枝证和流行感冒相似，小青龙证和支气管性肺炎相似，是可以从症候上体会出。因此从临床症候着手，中西医之间是容易接近，容易交流经验。

古代病名，一名而包括数病，是常有的，这样虽造成了和现代疾病对照的困难，但是经过分析，还是可以使双方接近，如痉病是“口噤不开，背强而直”，包括脑脊髓膜炎和破伤风一般症状。从“新产妇人及金疮小儿脐风得痉风者皆死”，可以初步肯定，所指的痉是破伤风。从“渴病热盛入肾，小儿痫热皆痉”，也可初步肯定，所指的痉是脑脊髓膜炎症（上述症候引二金方）。

中医学术自汉以来即有医经家和经方家之分，医经家重理论经方家重实践，中医理论和现代医学结合较有困难而中医实践和现代医学结合比较容易。金匮正代表着中医的实践，金匮所述各病症状绝大部分可与现代医学所述各病症候对照，既然可以对照便有可能彼此间相互交流，使医学逐步走向一元化。

个人体会中医方书是中医学术实践的所在，是和现代科学现代医学距离最近的桥梁，扩大这一桥梁正是扩大中西医学在经验上的相互交流，而这一桥梁的基石即是伤寒论和金匮要略，因此我们有必要整理古代和近代方书来充实它的内容。

金匮是中医的最早内科学，它的特点在于分类简明，辨证切要，所介绍治方只要证候相符，用之于古人有效，用之于今人也有效。用之于今人有效说明了金匮在临床上的价值，这些价值决不是仲景一人所能创造，乃是集公元2世纪前无数医者和广大劳动人民累积的临床经验而成。

事实上这些经验并不止于金匮，止于公元 2 世纪，汉后历代医家和广大劳动人民都有继续不断的补增，使中医临床各科日益完整。正因如此，我对金匮的展望，它的内容不应止于总结公元 2 世纪以前的中医经验，要继续不断的发展扩大到总结公元 2 世纪以后迄于今日的全部中医经验。不但如此，中医其他临床各科如外科、儿科、妇科、五官科等等，也需要如此，选择适当的方书为中心，然后环绕这个中心扩大和总结历代医家与此有关的经验。这样做对发扬祖国医学，对整编中医学校教材，有其一定作用。这是我个人对金匮的展望，也是对中医临床各科的展望。

[《新中医药》1954，7（11）：15]

《金匮·疮痈篇》的语译

耿鉴庭

（甲）本篇内容介绍

这一篇的篇名，脉经上的标题作“痈肿、肠痈、金创、浸淫脉证”，看起来，是比较合理。本篇的内容共计八条。

第一、二两条，是谈一般外症的诊断方法，也就是脉经的标题上所指的痈肿部分。

第三、四条是谈肠痈的症状及其疗法，也就是脉经标题上所指的肠痈部分。

第五、六条是谈创伤的诊断和疗法的一种，也就是脉经标题上的金创部分。

第七、八条是谈浸淫疮及其疗法。也就是脉经标题上的浸淫部分。

这里面有六个方子，黄连粉的方子，老早的就脱落了，所以实际上只有五个方子，计三、四两条附有两个肠痈方，第六条有一个金创方，接在下面还有两个方子，有方无论，但从它的名称和后来的使用经验上，仍然可以得出它的主治来，第八条黄连粉的方子，可惜不见了，但是也还可能推测出一些类似的方子来。其一、二、五、七、各条均有论无方。这一篇的大致情形是如此。因为留存下来的方法太少。还不能解决这四种病症的全部问题，所以实际应用的时候，必得参考后来的外科书籍，来作补充。这并不是张仲景治这四类疾病的单纯笼统，实际上，张仲景的伤寒杂病论编成以后，当时因为纸还没有普遍应用，竹木简笨重，兼帛昂贵，得到的人，又秘而不肯示人，接着又是天下大乱，王叔和距离他不过几十年，原书就已经散乱不全了。经过王叔和的整理，把伤寒杂病分编成两部书，流传到宋代，杂病部分，已经失传了，王冰从蠹简里又把他找出来，比叔和编的时候，当然更加残缺。所以张仲景著作的杂病部分，西晋时已经打了一个折扣，宋代又打过一个折扣，故而留下来的，就是残缺不完的东西。这一点从上面的第十九篇更可以看出，整理者把上面十八篇可成一类的都编好了，还剩下一些断简残篇，但是仍然值得宝贵，所以就凑成一个十九篇，决不轻易的把那些吉光片羽抛弃掉。过去有些注解的人，不从发展源流上看问题，认为这个十九篇“不妥”。实则是不知当日整理残破遗产者用心的缘故。所以对医学遗产，是要尽其所有的全面接受，绝不可因为某些不重要而丢弃掉一部分。

（乙）各节介绍

第一条

（一）原文

诸浮数脉，应当发热，而反洒淅恶寒，若有痛处，当发其痈。

（二）校勘

这一条在辨脉法上也有，但是没有“反”字，“处”字下有“饮食如常者”一句。“当发其痈”四字，改成“畜积有脓也”五个字。比原文似乎更明确些，敦煌残卷作“洗淅恶寒”，义同，其详见后。

（三）辞释

“浮数脉”浮脉是很浅表的，不用重按，即可以切到，脉诀上形容它是“泛泛在上，如水漂木”。和沉脉是相对的，数脉是一呼吸六至（按医者的呼吸）甚则六至以上，和迟脉是相对的。原文浮数并谈，是说他的兼见，兼见就是两种脉象同时现出来，脉法概言上说得很好，它说：“兼见之脉，正如字书之反切，二字相覆，而音韵自定，病者之脉，往往并见，一以显病情，一以审病所，如浮为表，紧为寒，浮紧并见，确知表寒，沉为里，数为热，沉数并见，确知内热，并见之脉，千歧百异，都准此例而推”。

“洒淅”，洒淅两个字是形容恶寒，这是病人自己的感觉，《内经》里常常用到这两个字，《素问·调经论》上说：“邪客于形，洒淅起于毫毛”。《刺疟论》上又说：“足阳明之疟，令人先寒洒淅，洒淅寒甚久乃热”，《资治通鉴》上，又采取这一意义，形容人的畏惧，如唐武宗会昌六年：“每顾我，使我毛发洒淅”，即俗说“寒毛子站班”的意思。《素问》上又有单作洒洒两个字的，如《素问·诊要经终论》：“令人洒洒时寒”。也有淅淅两字并用的，如《文选》谢惠连咏牛女诗“淅淅振条风”，是拿微雨微雪的声音来比拟微风的声音，苏东坡的《雪后书北台壁尖义韵》二首里，一则说：“但觉衾裯如泼水”，再则说：“冻合玉楼寒起粟”，都和洒淅两字的解释有明显的一致性，洒淅是双声字，声母相同，即是双声。古书里有很多名词采用双声叠韵，是取其便于联想，便于记忆。洒与洗同，所以《神农本草经》，都作“洗洗”如磁石上的“洗洗酸消”，白薇上的“温疟洗洗，发作有时”，女苑上的“风寒洗洗”乌头上的“恶风洗洗出汗”，秦皮上的“洗洗寒气”天鼠屎的“皮肤洗洗时痛”，䗪虫上的“寒热洗洗”等。谈了这许多，总括起来说也就是我们在临床上常常听到病家诉说的：“虽然穿了很多的衣裳，盖了很多的被，但还是如同凉水一阵一阵的洒在身上一样，如同凉风一阵一阵的吹在身上一样。”

（四）语译

凡是浮数的脉，发热是应有的现象，可是病人反而诉说如同凉水一阵一阵的洒在身上，如同凉风一阵一阵的吹到身上，（依照这一现象，脉应当是浮紧的），遇到这种脉和症不相应的场合，如果病者身上某一处再有疼痛，就要考虑到它一定是发生外症。

（五）解释

先说明一下为什么“诸”字要译成“凡是”。《广雅》上说：“诸，众也”。《一切经音义引苍颉篇》解释诸字说：“诸非一也”。说得肯定一点，诸字是代表不定的多数。准此，似可译成各种浮数脉，但浮数是二脉兼见，不可能有“各种”的含义，所以要译得合理，就应当改成“各种病症所见的浮数脉”，不过这一条是先谈脉，后谈证的。换句话说，是拿脉来测证的，如果译成“各种病证所见的浮数脉”，那就以症为主体了，和原来的精神，还有出入，所以译成“凡是浮数的脉”。《医宗金鉴》上把它释成六脉都浮数，与原文第一句的语气和含义，都不能一致。后来又有颠倒一个字，改成“诸脉浮数”来牵就注解的，皆不可从。

“应当发热，而反洒淅恶寒”两句，所以如此译法，因为很可能从字面上把他看成但恶寒不发热，实则原文是叙述病人自己的主诉，并不是完全没有热度。

“发”字在旧的注解上，有些分歧。有人把它当作“发散结气”解释。考痈肿初起，虽有解表法，又有托里法，都可以说它是发，但是这一条的本意，在诊察而不在治法，所以这种解释不很妥当。又有人把它解释成“发现”，虽然合理些，但也不妥当。更有人把它作发生来解释，周扬俊说：“……其将发而痛者……”《医宗金鉴》上说：“若有痛处，乃当发痈之诊”比较合理。因为外科有许多病证，就是拿“发”字作病名，如“耳后发”，“三里发”等，便是说明外症发生在耳后部分和三里穴部分，还有如流注疔疮、丹毒、瘿瘤等等，都归在“发无定处”一类里，从举出的这许多发字里，对于这一句，可见得到一些概念了，所以末句便作如此译法。

第二条

（一）原文

师曰，诸痈肿欲知有脓无脓，以手掩其上，热者为有脓，不热者为无脓。

（二）校勘

脉经上多一个“与”字，成为“欲知有脓与无脓”，比较更透彻些。

（三）辞释

原文没有需要特殊解释的名词，故从略。

（四）语译

老师说：“各种痈肿，要晓得它里面有脓还是没有脓，可以把手按在上面，感觉热得很的就有脓，如果没有热的感觉，就没有脓。

（五）解释

这一个诸字，和上一条的含义，有些不同，所以译成“各种”，如果译成“凡是”也可以，但不如“各种”来得直截了当。

这一条是谈的鉴别外症有脓无脓的方法，后来从这一方法发展起来，不但从热不热上来鉴别，而且更以“软硬”，“陷起”，“痛与不痛”，“色的变不变”，各方面来互参，现在再引一节陈实功《外科正宗》上鉴别脓的方法在下面，读了以后，可以看出这一诊断方法的发展情况。

“轻按热甚便痛者，有脓且浅且稠，重按微热方痛者，有脓且深且稀，按之陷而不起者脓未成，按之软而复起者，脓已成，按之都硬不痛者无脓，非是脓，即瘀血也，按之都软不痛者有脓，非是脓，即湿水也”。

第三条

（一）原文

肠痈之为病，其身甲错，腹皮急，按之濡，如肿状，腹无积聚，身无热，脉数，此为肠内有痈脓，薏苡附子败酱散主之。

（二）校勘

本草图经上引了几句说：“薏苡附子败酱汤，张仲景治腹痈腹有脓者。”

（三）辞释

“甲错”，尤在泾说：“甲错、肌皮干起，如鳞甲之交错”。尤氏只解释了一个“甲”字，把错字变成附带的形容辞。《诗小雅鹤鸣篇》：“他山之石，可以为错”，注解上说“错石，可以琢玉”。也就是俗说的糙石。《圣惠方》在薏苡附子败酱散的主治上说：“治肠痈皮肉状如蛇皮，及如错”，说得很全面，把两个字的含义，都说了出来，总之鳞甲也好，错石也好，都是比拟粗糙不平，摸之碍手。

“急”紧张的意思。

“濡”绵软的意思。

“积聚”在“五脏风寒积聚病第十一”里，对积聚有解释，现在把原文引录出来，便可明了：“积者，脏病也，终不移，聚者，府病也，发作有时，辗转痛移为可治”。这几句是根据《难经五十五难》来的，《难经》原文说：“积者阴气也，聚者阳气也。……气之所积名曰积，气之所聚名曰聚，故积者五脏所生，聚者六腑所成也，积者阴气也，其始发有常处，其痛不离其部，上下有所终始，左右有所穷处，聚者阳气也，其始发无根本，上下无所留止，其痛无常处，谓之聚，故以是别知积聚。”总的说来，积聚是内脏肿大，依上文来推测，积是实质病聚是有发作性的，都是肚皮里面生了硬块。

（四）语译

肠痈这个病，全身的肌皮干燥，看起来好像是鳞甲，摸到手上又好像是糙石，肚皮虽然紧张，可是捺上去又很绵软，似乎是肿着的样子，肚皮里面，并没有其他的“积聚”，身上没有表热，但脉搏跳得很快，这是肠子里生了痈脓，要用薏苡附子败酱散来主治它。

（五）解释

这一条，是指的慢性肠痈，经过很长的时间，才会有这一现象，从临床经验上说，甲错不是短期间可见形成的。“身无热”，医宗金鉴上解释成身无表热，很对，在这种慢性化脓的情况下，是有些微热的，病人往往主诉“内烧”，不过表面上没有显明的高热罢了。

本篇第一方

薏苡附子败酱散方

薏苡仁十分　附子二分　败酱五分

右三味，杵为末，取方寸匕，以水二升，煎减半，顿服，小便当下。

辞释

“方寸匕”匕就是匙，名医别录上说：“方寸匕者，作匕正方一寸，抄散取不落为度。”

方解

尤在泾说：“薏苡破毒肿利肠胃为君，败酱一名苦菜，治暴热大疮，排脓破血为臣，附子则假其辛热，以行郁滞之气耳。”

《类聚方广义》上说：“此方与大黄牡丹皮汤同治肠痈，其有轻重浅深，不俟论也。彼云小腹肿痞，痛如淋，此云腹皮急，按之濡，如肿状，彼云时时发热，自汗出，复恶寒，此云身无热，彼云脉迟紧，此但云数，可以见其证之轻重，而毒之所结，亦自有浅深也”。

第四条

（一）原文

肠痈者，少腹肿痞，按之即痛如淋，小便自调，时时发热，自汗出，复恶寒，其脉迟紧者，脓未成，可下之，当有血，脉洪数者，脓已成，不可下也，大黄牡丹汤主之。

（二）校勘

“肠”，徐镕本作“肿”，魏荔彤和尤在泾都根据徐镕本作“肿”，显然是错误的，当依《脉经》作“肠”，赵以德、程云来、沈目南，以及医宗金鉴，都根据《脉经》作“肠”。脉经上没有“痞”字，巢氏《病源》作“小便数如淋”，没有“小便自调”四个字。

辞释

“肿痞”，痞，《唐韵》，符鄙切，音否，《说文》的解释是“痛也”。徐注说是病结，这里两字连用是指肿胀和痞鞕，程林说：“肿则形于外，痞则著于内。”说得很对。

“按之即痛如淋”，是说患部被按压以后，痛感可以延到精腺会阴和尿管的意思，下文的“小便自调”，便是说明它不是淋。

“脉迟紧”，“迟”是指脉一息三至左右，“紧”是紧急有力，《脉诀》上说它是：“左右弹乎，切绳极似。”李士材解释说：“切绳有喻紧，亦喻左右弹，与弦脉之端直如弦不同。”张仲景又说：“脉紧者，如转索之无常也。”拿他自己的话来解释，更为确当。

“脉洪数”，数脉在第一条已经解释过，洪也是属于浮的一类，《脉诀》上说它是：浮而有力，来盛去悠，也就是大脉和钩脉，这三个字，是异名同脉。

（四）语译

患肠痈的人，小腹部是肿胀和痞鞕的，如果在肿处按一按，患者就会感觉会阴和尿管都被痛感牵延到，好像是下淋似的，但是小便仍然和平常一样，所以并不是淋。身上时时发热，随着就常常出汗，出了汗又恶寒，如果脉是迟紧的，这是脓还没有酿成，可以用下法，下后大便里是会夹有血液的，应当用大黄牡丹汤。倘使脉象是洪数，证明脓已酿成，那就不可以下了。

（五）解释

程林说：“大黄牡丹汤，在当有血句下，以古人为文法所拘，故缀于条末，伤寒论中多有之”所以译白话的时候，就把大黄牡丹汤的一句翻上去。

本篇第二方

大黄牡丹汤方

大黄四两　牡丹一两　桃仁五十个　瓜子半升　芒硝三合

右五味，以水六升，煮取一升，去渣，内芒硝，再煮沸，顿服之，有脓当下，如无脓，当下血。

校勘

牡丹，在《刘涓子鬼遗方》和孙思邈《千金方》上，都是三两，比较合理，《删繁方》芒硝用半合，也值得参考。

方解

程云来解释说：“大黄芒硝，用以下实热。……牡丹桃仁用以下脓血，……别录谓瓜子主溃脓血，为胃肠中内壅要药，想亦本诸此方。”

方与论上说：“大黄牡丹皮汤脉迟紧者，脓未成，可下之。脉洪数者，脓已成不可下，四句示大法也，然临治之际，无界限可画，是以方后再云，有脓当下，无脓当下血，据此则大黄牡丹汤之意始活。”陆川沙说：“肠痈当发炎而脓未成之际，服本方则炎性渗出物随下，其状亦似脓，方后所云有脓当下者，盖指此。”尤在泾说：“云不可下者谓虽下之，而亦不能消之也，大黄牡丹汤，肠痈已成未成，皆得主之，故曰有脓当下，无脓当下血。”他们都从有脓无脓和脉迟脉数上来谈，实际上便秘是用这汤的主要关键，不可不知。

第五条

（一）原文

问曰：寸口脉浮微而涩，法当亡血若汗出，设不汗者云何，答曰：若身有疮，被刀斧所伤，亡血故也。

（二）校勘

《脉经》上没有“浮”字，“刀斧”作“刀器”，赵本及俞桥本法字作“然”字。

（三）辞释

“寸口”，挠骨动脉处切脉的地方叫寸口，李士材解释说，“从鱼际至高骨，却有一寸，因名曰寸，从尺泽至高骨有一尺，医名曰尺，界乎尺寸之间，因名曰关。”

“浮微而涩”、浮字上面已经解释过，微脉和濡脉相同，但力量更不如濡脉，《脉诀》上说“浮小为濡，绵浮水面，濡甚则微，不任寻按”，这是说明脉浮而小的叫作濡，浮像木头飘在水上，濡象棉花浮在水上，微更比不上浮，昔人有以“欲绝非绝，似有若无”来比喻微脉的，很能说明问题。《脉经》上没有这一浮字，也对，因为微脉是属于浮的一类的。涩是细而迟，李仕材说：“迟滞不利，状如轻刀刮竹”。总起来说：脉的轻微而涩，是弛缓而失去弹力的现象，《伤寒论》辨脉法上说：“脉绵绵如泻漆之绝者，亡其血也”即是指的此种脉象。

“法”，是有定式，此处的法，含有俗语“依规律，应当怎样怎样”的意思，《脉经》上作“然”字，也可以通，因为然字可作“如此”用。

“亡血”，即失血，凡是有任何部位出血的病人，都可以叫亡血家。

“若”，有“及”字和“或”字的意思。第二个“若”字作“或”字解也可以勉强用，但依照上下文的语气，应当照国语上“必有忍也，若能有济”的用法，作“乃”字解，方合事。

“设”悬拟的意思。

“疮”古作创，即金创，加疒头的，是六朝的俗字。

（四）语译

问：“诊察寸口的脉，见到浮微而涩的现象，依规律说，不是亡血，便应当是汗出，假使病人并没有出大汗，是因为什么呢?”

答：“这乃是身上有了金创，因为刀斧伤，失血太多的缘故，所以出现这样的脉。

（五）解释

这一条，是谈的以脉测症。

第六条

（一）原文

病金创，王不留行散主之。

（二）辞释

“金疮”：《医宗金鉴》上说：金疮即刀斧所伤之疮也。

（三）语释

原文自明，不须再译。

（四）解释

医宗金鉴上说：此承上条，以明其治也……亡血过多，经络血虚，风寒易得干之，故用王不留行散，一以止血，一以防外邪也，“小疮粉之”即外敷也。

本篇第三方

王不留行散方

王不留行十分（八月八日采） 蒴藋细叶十分（七月七日采） 桑东南根白皮十分（三月三日采）甘草十分 川椒三分（除目及闭口者汗） 黄芩二分 干姜二分 芍药二分 厚朴二分

右九味，桑根皮以上三味，烧灰存性，勿令灰过，各别杵筛，合治之为散，服方寸匕，小疮即粉之，大疮但服之，产后亦可服，如风寒，桑东南根勿取之，前三物皆阴干百日。

校勘

甘草各本都写成十八分，似不当多于主药，所以依坊刻的仲景全书，改为十分。

川椒下“者汗”，徐溶本作“去汗”，极是。赵注本作“者去”二字，不可从，因上文已有“除”字，下文不当再用“去”字。

本草衍义说：用秦椒蜀椒并微炒使出汗。因为椒在炒的时候，仔细观察，的确像出汗。所以要先炒，明代刊本的《金匮》，把升麻鳖甲汤的蜀椒，大建中汤的蜀椒，本方的川椒，乌梅丸的川椒，白术散的蜀椒下面的“汗”字，都改成“汁”字，反而不妥，这出汗一定是从有经验的炮制人员口中留传下来的，如果拿椒做一次实地试验，便可知道的确像出汗，所以用出汗二字，比较妥当。

辞释

“烧灰存性，勿令灰过”。阳湖谢氏说：“植物药品之应烧者，宜煅之如炭，使之枯而不碎，盖以瓦钵，使热气不外泄而自冷，则性质存而不散，若过用火力，使之散碎而成死灰，则无用矣。”

方解

刘桂山说：“王不留行，本经云：‘治金创，止血逐痛’。蒴藋，《本草》不载治金疮，而接骨木一名木蒴藋，《唐本草》云：‘治折伤，续筋骨’，盖其功亦同，桑根白皮，本经‘治绝脉’，《别录》云：‘可以缝金创’，知是三物为金疮之要药。”

本篇第四方

排脓散方

枳实十六枚 芍药六分 桔梗二分

右三味，杵为散，取鸡子黄一枚，以药散与鸡黄相等，揉和令相得，饮和服之，日一服。

方解

《张氏医通》上说：“排脓散，治内痈脓从便出。”

《方函口诀》上说：“此方排挞诸疮疡之效最捷，其妙处在桔梗与枳实合，《局方》人参败毒散连用枳壳桔梗，亦即此方之意也。”

本篇第五方

排脓汤方

甘草二两 桔梗三两 生姜一两 大枣十枚

右四味，以水三升，煮取一升，温服五合，日再服。

方解

雉间焕说：“排脓散，排脓汤二方，排脓字足以知其主治，故略其证，桔梗汤之咳而胸满振寒，即排脓汤证也，用之大胜桔梗汤。”

陆川沙说：“二方皆有方无证，又不见于千金外台诸书，不知是否仲景方，然方意明显，其效不待试而可知，医疗上不可废也，汤散俱名排脓，而俱有桔梗，知《日华大明本草》言桔梗排脓，信而有征，惟古人所谓脓者，不必化脓菌所酿，白血球所腐，凡体内不应有之半流动质，皆谓之脓，余常用排脓散去鸡子黄，为痢疾辅佐药，得之则下赤白冻极爽利，因是缩短病之经过。”

第七条

（一）原文

浸淫疮，从口流向四肢者，可治，从四肢流来入口者，不可治。

（二）校勘

这一条，也见于第一篇“脏腑经络先后病脉证”中，浸淫疮上有“譬如”两个字，口字下有“起”字，除此之外，还有上下文，应当互参一下。

（三）辞释

“浸淫”，“浸淫”是叠韵字。《素问·玉机真藏论》上说：“身热而肤痛为浸淫”，《气交变大论》上说：“身热骨痛而为浸淫”，《本草经》中品草部之下“积雪草，主大热，恶疮痈疽浸淫”。又下品之下“萹蓄主浸淫”。《汉书·食货志》“盗贼依阻山泽，吏不能擒，而覆被之，浸淫日广”。注解说“浸淫，犹渐染也”。《汉书·司马相如传》“浸淫衍溢”，颜师古注解说：“浸淫，犹渐渍也”。渐染、渐渍，意义都差不离，巢氏《病源》上说这病渐渐增长，因名浸淫。意义很明显。后来的人误把“淫”字看作花柳病，是不对的，因为这一点含混，所以这病名开在方子上不好看，病人自己又感觉害这病不体面，后来就多数采用“黄水疮”的名称。

“流”，此处的“流”字，是含有礼记“周流无不遍”的意思。

“可治”“不可治”，魏氏说：“不可治者，难治之义，非当委之不治也。”

（四）语释

“浸淫疮”这个病，由口部向四肢蔓延的容易治，由四肢蔓延到口部的难治。

（五）解释

医宗金鉴上说：“从口流向四肢者轻，以从内走外也，从四肢流来入口者重，以从外走内也”。

第八条

（一）原文

浸淫疮，黄连粉主之。原注：方未见。

（二）辞释

“粉”，有两种解释，第一是尤在泾的解释。原文说：“方未见，大意以此为湿热浸淫之病，故取黄连一味为粉粉之，苦以燥湿，寒以除热也。”魏荔彤说：“《外科精义》，以一味黄柏散调涂，本此。”第二因为治这个病《医心方》《外台秘要》各有一方，《千金方》上有二方，都有黄连胡粉，所以有人认为粉是指胡粉。总之黄连治皮肤病，是很有效验的，依据实验，可加一些飞滑石或熟石膏，都是一与六之比，即一份黄连，六份飞滑石或熟石膏，须要收水采用滑石，须要生皮用熟石膏，是屡试而有良效的。胡粉是铅粉，用起来很粘腻，不如滑石石膏来得爽利。

（三）语释

文意自明，无须再译。

（四）解释

医宗金鉴上说：“此承上条，以明其治也。”

（丙）小结

这一篇，虽然很短，而且不够完全，但对于外证诊断治疗的大要，已可见到一斑了。这原文里面提示了很多的外科必要知识，包括是否发生外证的诊断，阴证阳证的诊断，有脓无脓的诊断，属虚属实的诊断，属寒属热的诊断，以及逆顺、善恶等等的大要。诊断的方法又有触诊，扪诊，望诊，问诊等等。先要掌握了这些，才可以决定治疗处方。从肠痈两张方子里，可知同一疾病，应如何依据不同的现象，予以不同的处理。在肠痈后面还提到了重要皮肤病的治疗，以及后世划入伤科的金创的诊断和治疗。金创治疗的方法，早已不被采用了；黄连治皮肤病，现在仍被采用，且具有一定的成绩。肠痈的两张方子，是一千几百年来，屡试而有良效的。所以外证的鉴别诊断以及薏苡附子败酱散，大黄牡丹汤，黄连粉等三张方子，是这一篇应该注意的重点，其中肠痈两方及其用法，尤其是重点之重点。

［《新中医药》1956，7（8）：361］

我对《金匮要略》的看法

任应秋　北京中医学院

张仲景在《伤寒论》的自序中说：“为伤寒杂病论合十六卷”。现在把“伤寒论”摆成独立的一部分，“杂病”又摆成另一部分，就是“《匮要略》，这是不符合仲景的原来面貌的。仲景整套的著作，为什么会起这样的分化呢？《金匮玉函要略方论》（这是本书的最早名称）的序文说得很明白：“张仲景为《伤寒杂病》合16卷，今世但传《伤寒论》10卷，《杂病》未见其书，或于诸家中载一二矣。翰林学士王洙在馆阁日，于蠹简中得仲景《金匮玉函要略方》三卷，上列辨伤寒，中则论杂病，下则载其方，并疗妇人，乃录而传之士流，亦数家耳……国家诏儒臣校正医书，臣奇先校定《伤寒论》，次校定《金匮玉函经》（即《伤寒论》的另一版本），今又校成此书，仍以逐方次于证候之下，使仓卒之际，便于检用也。又采散在诸家之方，附于逐篇之末，以广其法（即本书所列的附方），以其《伤寒》文多节略，故断自杂病以下，终于饮食禁忌，凡25篇，除重复合262方（我的统计只有226方，他们是包括饮食禁忌，杂疗三篇中，一个方里往往并列几个法总起来计算的），勒成上中下三卷，依旧名曰《金匮方论》。”可见仲景的《伤寒杂病论》原书，早在宋朝，便已经散失不完整了，现行这个本子，首先是由王洙发现，再经孙奇、林亿等人的校订，才流传下来的。

这里有个问题，又出来了，张仲景著的是《伤寒杂病论》，王洙在馆阁发现的本子，就是伤寒杂病合在一块的，似乎是原书了，为什么偏叫《金匮玉函要略方》，而不叫《伤寒杂病论》呢。原来古人把极有价值的书册，都称做“金匮”，或者叫作“玉函”。所以汉书高纪如淳说：金匮，犹金滕（是武王害病，周公著一篇祝文来给武王祈祷病，这祝文当时就是藏在一个金质做的匮里面的，所以叫作金滕也）。师古解释道：“以金为匮，保慎主义。”《史记》说：“与功臣剖符作誓，丹书铁卷，金匮石室，藏之宗庙。”壬子年的《拾遗记》说：“周灵王时，浮提之国，献神通善书二人，佐老子撰《道德经》，写以玉牒，编以金绳，贮以玉函。”葛洪著《神仙传》说：“叔卿入太华山，谓其子度世曰：‘汝归当取吾斋室西北隅、大柱下玉函，函中有神素书，取而按方合服之，一年可乘云而行。’”都是例子。那么尊称仲景书为“金匮玉函”究竟起于什么时候呢？大约始于晋唐时期。理由是：（1）《晋书》葛洪传说：“洪著金匮药方百卷”。《隋书》艺文志还录有葛洪的《玉函煎方五卷》。葛洪的《肘后方》自序说：“凡为百卷，名曰玉函。”是这时的医药方书，开始以“金匮”或“玉函”为名。（2）《周礼》天官疾医职，贾公彦疏说：“张仲景金匮云，神农能尝百药，则炎帝者也。”这是尊称仲景书叫“金匮”的较早文献。因此，我们说：《伤寒杂病论》是仲景原书的名称，“金匮”和“王函”是后人欣赏仲景书的荣誉称号，大概一般简称《伤寒论》为玉函，也就是宋朝孙奇，林亿他们所校订的《金匮玉函经》。称《杂病论》为“金匮”，也就是本书的原名《金匮玉函要略方论》，实际《金匮玉函经》，应该是包括《伤寒杂病论》整套而言。

书的原委谈清楚了，进一步来谈它的性质。也就是说它和《伤寒论》有哪些同，有哪些不同，如何来对待这本书的问题。我的主观看法是：《伤寒论》就是“疾病论”。正如日人惟忠子文氏所说的：“伤寒者，为邪所伤害也，谓“邪”而为“寒”，盖古义也。故“寒”也者，“邪”之名也，而邪之伤害人，最多端矣。”（《伤害之研究》卷一）同时我在《伤寒论语译》里面也提到《孟子》的告子篇有“吾退而寒之者至矣”的话，证明寒作邪解，确为古义之一。伤寒，就是害病的意思，把它当作某一个独立的疾病，既不可以；就解释成为外感病或者热性病，仍是片面的，所以《诸病源候总论》，便叙述了伤寒 64 种之多，因而我理解所谓《伤寒论》，即是疾病总论，是泛指一切疾病辨证施治的总则，或者叫作大纲。正因为它是总则和大纲，所以无论什么疾病，都可以运用伤寒论的道理来衡量它。正如：“马列主义”之用于社会改革一样，放之四海而皆准。至于《金匮》的杂病论，正是《伤寒论》的各证。所以王洙在馆阁中发现的书是：“上则辨伤寒，中则论杂病，下则载其方，并疗妇人。”等于我们现在编书，上篇总论，中篇各论，下篇附方，同一组织形式。再以内容的实质来看，《伤寒论》和《金匮要略》，有许多相同的条文，不必说了，就在各个疾病里，亦贯通了总论《伤寒论》的辨证施治精神，试举出几个例子来说明它：

《伤寒论》91 条说：“伤寒，医下之，续得下利，清谷不止，身疼痛者，急当救里；后身疼痛，清便自调者，急当救表，救里宜四逆汤，救表宜桂枝汤。”这条文告诉我们；凡是里虚而有表证的，总则先温里，后解表，这是辨认表里虚实轻重缓急的原则之一，任何疾病，只要符合这种情况都适用。而《金匮要略》的第 14 条亦说：“问曰，病有急当救里救表者，何谓也？师曰，病，医下之，续得下利清谷不止，身体疼痛者，急当救里；后身疼痛，清便自调者，急当救表也。”与《伤寒论》条文两相比较，组织的形式尽管两不相同，但精神、实质可说都没有两样。

《伤寒论》117 条说：“烧针令其汗，针处被寒，核起而赤者，必发奔豚，气从少腹上冲心者，灸其核上各一壮，与桂枝加桂汤，更加桂二两也。”这里指“烧针”用得不恰当，由于“烧针”的“火邪”或“惊怖”，可以导致奔豚病的发生，而《金匮要略》110 条说：师曰，病有奔豚、有吐脓、有惊怖、有火邪，此四部病，皆从惊发得之。师曰：奔豚病，从小腹起，上冲咽喉，发作欲死，复还止，皆从惊恐得之。”这在总论《伤寒论》的基础上更发展了，惊恐既能发奔豚病，而吐脓、惊怖、火邪等疾病，也可以因惊怖而发动。

《伤寒论》136 条说：“伤寒十余日，热结在里，复往来寒热者，与大柴胡汤。”这是表里两实证，所以用大柴胡汤来通里达表，但是仅有“热结在里”一句话，没有具体的症状可以征验。而《金匮要略》的 135 条说：“按之心下满痛者，此为实也，当下之，宜大柴胡汤。”便把《伤寒论》那句“热结在里”的具体内容，完全补充出来了，因为心下满痛，是大柴胡证，而腹中满痛是大承气证，里实则一，部位悬殊。

这类的例子很多很多，不能一一细举，从这些例子就充分说明《伤寒论》与《金匮要略》的关系，从形式上讲，一个是总论，一个是各论，从实质上讲，总论的辨证施治方法，基本贯注了各论的各篇；各论各篇的内容，完全体现了总论辨证施治方法。

《金匮要略》的性质也明确了，应该进一步看看它的具体内容。既然本书是《伤寒论》的各论，因而它的内容是广泛而复杂的。例如痉湿暍篇，痉病好像就是痉病一个证，其实并不如此。所谓刚痉柔痉，无非是项背间末梢运动神经，因血燥伤津，失去荣养而起的麻痹痉挛证；而疮家之痉，又好像是破伤风；至于30条“痉为病，胸满口噤，卧不着席，脚挛急，必齘齿”，这又是脑脊髓膜炎症了。又如“中风历节篇”，有脑病，有脊髓病，有末梢神经病，有运动器病，有新陈代谢病，由于这些病都往往有疼痛、不遂等症状，所以都把它摆在一块。这样说来，是否古人对某些疾病不很明确呢？却又不然，因为古人观察疾病，以若干症状为一证候，治疗方法，主要是以证候为基础，不兢兢于症状，更不重在器质上的病变，所以我们不能完全以现代的生理系统来衡量古人的病证。要了解古代病证，仍得以《伤寒论》的辨证方法为准。

全书大的病证（限于篇名提出的）共有45个，计为痉病、湿病、暍病、百合病、狐惑病、阴阳毒、中风、历节、血痹、虚劳、肺痿、肺痈、咳嗽上气、奔豚、胸痹、腹满、寒疝、宿食、五脏风寒、积聚、痰饮、消渴、小便不利、淋病、水气、黄疸、惊悸、衄血、吐血、下血、瘀血、呕病、吐病、哕病、疮痈、肠痈、浸淫疮、趺蹶、手指臂肿、转筋、蛔虫、妇人妊娠病、妇人产后病、妇人杂病等。这些病证都贯通阴阳表里寒热虚实的精神，很不容易用现代生理系统来分类，例如惊悸，表面上好像是一个病，实际惊为阳病，多属热，所以《素问》说：“少阳之胜，热客于胃，善惊。”悸则不一定是热，相反，以虚证为多，所以278说：“弱则为悸”。何云鹤先生主张：“中风……神经系统脑部疾患。痉……神经系统脑脊髓部分疾患，也包括破伤风。瘫痫（见69条）……神经系统脑部疾患。血痹……末梢神经疾患。肺痿……呼吸系统肺部疾患。肺痈……呼吸系统肺部疾患。咳嗽上气……呼吸系统肺及支气管疾患。痰饮……呼吸系统支气管、胸膜和消化系统胃部疾患。心痛……消化系统胃部和循环系统胃部疾患。胸痹……消化系统胃部疾患。胃反，呕吐哕……消化系统胃部疾患。奔豚……消化系统胃肠部疾患。黄疸……消化系统肝胆部疾患。腹满、寒疝、宿食……消化系统肠部疾患。五脏风寒积聚……除肺中风中寒，大部分指消化系统疾患。肠痈……消化系统肠部疾患。蛔虫……消化系统肠部疾患。狐疝……消化系统肠部疾患。吐衄下血……消化系统和呼吸系统疾病。狐惑……喉及肛门疾患。水气……泌尿系统肾脏和循环系统心脏，消化系统肝脏疾患。淋病……泌尿系统尿道及膀胱疾患。虚劳……贫血结核病。失精（85条）……生殖系统疾患。历节……运动器官疾患。湿……运动器官病。消渴……内分泌系统病。脚气……营养缺乏病。中暍……物理病。百合……精神病。疟……传染病。阴阳毒……发斑疹传染病。饮食禁忌……饮食中毒”。《新中医药杂志》7卷11期15、16页）这样对《金匮》各篇分类是有缺憾的，首先原则问题没有明确，究以篇名各病分类呢，还是从全书条文中所述疾病进行分类？何氏好像主要是从篇名分类，但失精、瘫痫等病，又是从条文中提出来的，这样就捣乱了分类的基本交点。同时胸痹心痛短气是一个病，胸痹是病名，心痛短气是胸痹病的具体内容，是不能把它分割的。其次，假使要从全书的条文所述疾病来分类，那应提出的疾病，要比篇名多几倍，而不是这样就可以概括的。如三篇妇人病，何先生还没有提到，趺蹶、手指臂肿、转筋等，篇名有的都漏列了。又如宿食病，应该包括胃和肠，甚至有时还偏在胃，所以147条说：“宿食在上脘，当吐之，宜瓜蒂散。”单指肠病是不合适的。中医的湿病，决不仅是一个运动器官的问题。如33条说：“湿家，其人但头汗出，背强，欲得被复向火，若下之早则哕，或胸满，小便不利。舌上如胎者，以丹田有热，胸上有寒，渴欲饮而不能饮，则口燥烦也。”34条说：“湿家下之，额上汗出微喘，小便利者死，若下利不止者，亦死。”这样严重的寒湿证，谁能等闲视之？又与运动器官有什么关系呢？最后的饮食禁忌，也决不是中毒问题，细阅条文，便自明白，所以本书各篇，不贯以辨证的精神，可能要走到“割裂条文”那条歧路上去。

但亦无可否认，《金匮要略》的条文，可能比《伤寒论》的残缺还要多，尤其是五脏风寒、奔豚、惊悸等篇的残缺，更为明显，完璧虽非故，片羽弥足珍，受到学养限制的我，识见只能如此，或者免不掉抱残守缺的讥笑吧！

[《新中医药》1957，8（5）：203]

《金匮要略》的探讨

吴考槃

《金匮要略》和《伤寒论》与《内经》《本草经》，并为祖国医学的经典著作。但内经详于理论，

《本草》专论药治，《伤寒》独重时感；其辨治杂病，方论兼全，且传之最古，条理分明者，首推本书。徐灵胎谓：“上古圣人以汤液治病之法，惟赖此书之存，乃方书之祖也。”则其为祖国医学遗产中宝贵材料之一，确有发扬和钻研之价值。也就可以想见其一斑，今就本人的体会，提出一些不成熟的意见，以供讨论。

一、《金匮》的沿革

晋皇甫谧《甲乙经》序云：“伊尹以元圣之才，撰用《神农本草经》，以为汤液。……《仲景论》广伊尹汤液为数十卷，用之多验。”这就等于说，张仲景的《伤寒杂病论》（包括《金匮》）是根据伊尹的《汤液经》而有所增补。我们如不否认《孟子》所说“伊尹以割烹要汤”的话，则伊尹本其和调五味的技能而旁通医药，很有可能。

今本《伤寒论》仲景自序云：“为《伤寒杂病论》合十六卷。”皇甫谧只说仲景书“数十卷”，但未提及书名。梁有张仲景《辨伤寒》十卷；又隋书《经籍志》云，《张仲景方》十五卷，以及唐贾公彦周礼疏引张仲景《金匮玉函方》云云，书名卷帙各有不同。此因古医对仲景书往往把今本《伤寒论》和《金匮要略》同时并提，亦且仍有统而言之者。如梁时《辨伤寒》当不包括杂病，然另有全本，所以《外台秘要》引录《金匮》汤方均称《伤寒论》，不称《金匮》，《证类本草》引《伤寒论》方都曰《金匮》，又不称《伤寒论》。至宋王洙馆阁所得《金匮玉函要略方三卷》即是全书之删节本，故有“上卷论伤寒”之说。林校《金匮要略》序云：“今世但传《伤寒论》十卷，杂病未见其书……翰林学士王洙……乃录而传之。”又云：“以其《伤寒》文多节略，故断自杂病以下，终于饮食禁忌，凡二十五篇……勒成上中下三卷，依旧名曰《金匮方论》。”则《金匮》之名，虽属后起，原亦概括伤寒部分而言之，自林校的要略本始，独取杂病成书，这就是现在的通行本了。

二、《金匮》的卷帙和篇次

仲景《伤寒杂病论》原十六卷，除去《伤寒》十卷，应有六卷方合；但王洙所得仅三卷，林校仅取中下两卷重编为三卷，已非全貌。今考宋本《金匮》篇目，自藏腑经络先后病脉证篇起，果实菜谷禁忌止，计共二十五篇。其间一篇一病者有之（如疟病和奔豚气病等是），一篇二病者有之（如中风历节和血痹虚劳病等是），或三病和四病合为一篇者亦有之（如痉湿暍及百合狐惑阴阳毒等，和肺痿肺痈咳嗽上气及呕吐哕下利等是），但亦有一病分列二篇（如咳嗽叙在肺痿肺痈上气和痰饮门是）者。其如何分叙并篇和单独论述，均有其应分应合的理由，自当领会其精神所在，以得出比较正确的论断。

《金匮》似为承接《伤寒论》而论述杂病的方书，则其由伤寒而联系到杂病，当然有一承上启下的方法。我认为本书首以藏腑经络先后病、痉湿暍、百合狐惑阴阳毒和疟病中风历节诸病为次，因与伤寒近似或类似，或即为伤寒余邪所致。其每篇的衔接，亦都有其不可分割的一定层次。如于中风历节病篇提及臂不遂为痹，以启下文血痹及虚劳；又因虚劳而顺序及于肺痿肺痈咳嗽上气和奔豚气病。以后复从痹而推叙胸痹心痛短气；由上焦胸痹心痛而顺序到中下焦腹满寒疝宿食和五藏风寒积聚；再由咳嗽而述痰饮咳嗽，因饮病之渴而及于消渴小便不利淋病；因小便不利而类推至水气和黄疸诸病。此外更因奔豚气内提及惊怖而详叙惊悸吐衄下血胸满瘀血，因吐血下血而及呕吐哕下利，又因呕有痈脓一症而及疮痈外科诸杂病，终于妇人及食物禁忌。如从篇目来看，基本是前后一贯一气呵成的。本人认为取分段讲解学习的便利，拟以痉湿暍至中风历节为第一章，血痹至奔豚气为第二章，胸痹至积聚为第三章，痰饮至黄疸为第四章，惊悸至蛔虫为第五章，妇病至禁忌为第六章。如此虽未必尽合于原有的六卷渊源，但于帮助理解还有着一定的意义。

三、《金匮》方药的分析

共记262方，本合附方及杂疗禁忌篇方统数而言。今据一般通行本的22篇（不包括杂疗和禁忌），除附方外，计有178方、147味药；其方与《伤寒论》相同者计29方，药与《伤寒论》相同者计67味。在这178方中，药味用次最多者，首为甘草、桂枝、生姜、大枣、芍药（即桂枝汤方药），全同《伤寒论》；次为半夏、茯苓、干姜、白术、大黄；又次为五味子、阿胶；只用一次者，有代赭石、酸枣仁等62味。于此可见书中用药的一般概况，兹就统计结果分析如下表：

药　　名	引用次数	药　　名	引用次数	药　　名	引用次数	药　　名	引用次数
甘　　草	75	桂　　枝	45	生　　姜	41	大　　枣	38
芍　　药	31	半　　夏	29	茯　　苓	28	干　　姜	25
白　　术	22	大　　黄	21	附　　子	19	人　　参	19
麻　　黄	18	枳　　实	14	杏　　仁	13	黄　　芩	13
当　　归	12	细　　辛	12	厚　　朴	11	石　　膏	11
五味子	9	阿　　胶	9	芎　　䓖	8	黄　　耆	7
泽　　泻	7	桃　　仁	7	黄　　连	6	百　　合	6
防　　己	5	知　　母	5	粳　　米	5	乌　　头	5
蜜	5	滑　　石	5	牡　　丹	5	干地黄	5
桔　　梗	5	龙　　骨	4	牡　　蛎	4	柴　　胡	4
蜀　　椒	4	䗪　　虫	4	栀　　子	4	黄　　柏	4
栝蒌根	3	栝蒌实	3	芒　　硝	3	薏苡仁	3
鳖　　甲	3	葶　　苈	3	防　　风	3	胶　　饴	3
薯　　蓣	3	麦门冬	3	薤　　白	3	橘　　皮	3
香　　豉	3	甘　　遂	3	猪　　苓	3	葛　　根	2
瓜　　蒂	2	苦　　参	2	雄　　黄	2	赤小豆	2
升　　麻	2	射　　干	2	蜀　　漆	2	瞿　　麦	2
虻　　虫	2	水　　蛭	2	小　　麦	2	紫　　参	2
白　　酒	2	赤石脂	2	文　　蛤	2	乱　　发	2
茵陈蒿	2	消　　石	2	矾　　石	2	艾　　叶	2
吴茱萸	2	白头翁	2	秦　　皮	2	川　　椒	2
竹　　叶	2	代赭石	1	鸡子黄	1	鸡屎白	1
生地黄	1	山茱萸	1	豆黄卷	1	酸枣仁	1
款冬花	1	紫　　菀	1	鼠　　妇	1	石　　韦	1
紫　　葳	1	蜂　　窠	1	赤　　芍	1	蜣　　螂	1
云母石	1	白　　蔹	1	曲	1	干　　漆	1
蛴　　螬	1	皂　　荚	1	泽　　漆	1	白　　前	1
生　　葛	1	甘李根皮	1	真　　珠	1	羊　　肉	1
旋覆花	1	麻　　仁	1	大　　戟	1	芫　　花	1
椒　　目	1	蒲　　灰	1	白　　鱼	1	戎　　鉴	1
苦　　酒	1	猪　　膏	1	柏　　叶	1	黄　　土	1
竹　　茹	1	诃黎勒	1	败　　酱	1	马通汁	1
瓜　　子	1	王不留行	1	桑东南根	1	蒴藋细叶	1
藜　　芦	1	蜘　　蛛	1	粉	1	乌　　梅	1
贝　　母	1	葵　　子	1	白　　薇	1	苏　　叶	1
土瓜根	1	天　　雄	1	新　　绛	1	葱	1
红蓝花	1	蛇床子	1	狼　　牙	1		

我说现存《金匮》并非仲景杂病的全貌不是没有根据的。如中风、肺痿、风寒积聚等病有证无方；又天雄散、排脓汤散等则有方而缺证治；而仅存方名但无药味的如杏子汤、附子汤、胶姜汤等；亦有方内缺分量的如赤豆当归散之当归，白术散之牡蛎等。更有文字显见脱误者，如水气篇之寸口脉弦而紧条，和呕吐哕下利篇之寸口脉微而数条都是。这就需要我们旁搜远绍，互考参订，为整理提高打下基础。

四、《金匮》的理论基础及成就

学说成立条件，须有充分的论据，不变的定则，方可小叩小鸣，大叩大鸣。本书实具备此项条件。例如“疟病篇”之疟脉自弦；中风之半身不遂；“积聚篇”之脉出左，积在左，脉出右，积在右；酒疸虽黑微黄等。由于辨证评脉论治类皆具有一定之指征，正如林校所云“施之于人，其效若神”，而徐灵胎谓“其论病皆本于《内经》……用药悉本于《神农本草》……其治病无不精切周到，无一毫游移参错之处。实能洞见本源，审察毫末，故所投必效，如桴鼓之相应。”这是符合事实的。

仲景继承了当时的医学遗产，并予以进一步发扬，故于实践上更为灵活，绝不拘守成规。例如疟病中风，《素问》列有专论，本书只补《素问》之不足，而不雷同于《素问》。百合狐惑阴阳毒，《素问》未有论及，本书不厌其详，可与《素问》后先媲美。其最有价值而可以取法无穷者，莫如教人以辨证施治，灵活比类。例如“胸痹篇”之枳实薤白桂枝汤主之，人参汤亦主之，和茯苓杏仁汤主之，橘枳生姜汤亦主之；“痰饮咳嗽篇”甘草汤主之，肾气丸亦主之，和大青龙汤主之，小青龙汤亦主之；以及“水气篇”之越婢加术汤主之，甘草麻黄汤亦主之，黄疸篇之黄疸病，茵陈五苓散主之；诸黄，猪膏发煎主之等。其开示后人因证立方、变化无穷。真可谓大匠不特使人规矩，直能与人巧者。

五、学习《金匮》的参考读物

《金匮》既为残存的蠹简，其难以理解的地方，当然不在少数。明清以来，就有不少的医家对这部经典著作下过不少的工夫。这些著作，都是我们今天学习所需的参考资料，今将择要介绍如下：

（1）《金匮玉函经二注》
　　明赵　良（以德）衍义
　　清周扬俊（禹载）补注
（2）金匮要略论注　清徐　彬（忠可）注
（3）金匮要略沈注　清沈目南（明宗）注
（4）金匮要略直解　清程　林（云来）注
（5）金匮要略方论本义　清魏荔彤(念庭)注
（6）金匮要略心典　清尤　怡(在泾)集注
（7）金匮悬解　清黄元御（坤载）注
（8）金匮要略注　医宗金鉴卷 18 – 25
（9）曹氏伤寒金匮发微合刊　曹家达（颖甫）
（10）金匮要略今释　陆彭年（渊雷）
（11）金匮玉函要略辑义　日本丹波元简（廉夫）

《金匮》的主要精神着重于辨证论治，因病立方，毫无执方就病，削足适履的机械观点。今书虽残缺，理有可求，愿我同志深入钻研，继承发扬，使祖国医药遗产获得进一步提高，以便更好地为社会主义服务。

［《上海中医药杂志》1958，(1)：10］

对《金匮要略》“痰饮”篇的研讨

沙星垣

（一）

“痰饮”是怎样一种病症？由于一向没有一个比较明确的定义，因此在认证时便容易使概念模糊，一般在临床诊断上多以“咳逆气短喘不得卧”等症称谓“痰饮”，即俗称“痰饮气喘病”。考“痰饮”这个名称，是首见于后汉张仲景《金匮要略》中，如云“其人素盛今瘦，水走肠间，沥沥有声，谓之痰饮”，由此可见，仲景之所谓“痰饮”与上述的“咳逆，气短喘不能卧”等症有所不同，实际后者在仲景的著作中则称之为“支饮”。

《金匮要略》痰饮咳嗽病脉证并治篇中，开宗明义即指出“夫饮有四”，分明“饮”是一个总的名称。仲景以前的文献，如《内经》却不曾有“痰”字，但有“饮”的名称，如《至真要大论》云“太阴在泉，湿淫所胜，民病积饮心痛”；又云“太阴之胜，独胜则湿气内郁，饮发于中，胕肿于上”；又云“太阴之复，湿变乃举，饮发于中”；《气交变大论》云“岁土太过，雨湿流行，肾水受邪，甚则饮发中满食减”；《六元正纪大论》云“太阴所至，为积饮否隔”；《五常政大论》云“太阳司天，湿气变物，水饮内蓄”等记载，其中除叙述了“饮”的病因之外，仅列举了心痛，痞隔，中满，食减，胕肿等症状，而对咳嗽咯痰等症状却并无叙述，可见古时所谓的“饮”，并不等于我们一般所认识的“痰”。“痰”与“饮”这两个名词很少联系并称，把它们联系作为一个名词的，在仲景以前的文献里是找不到的。

《金匮要略》中除“痰饮”外，尚有“悬饮”“溢饮”“支饮”等名称，此“悬”“溢”“支”等字，都是用以描写症状不同的表现。喻嘉言云“诸饮之名，特在其所在辨名定位”，由于“悬”“溢”“支”等字均属虚词，故“痰”字似亦不应作实字，过无崧云“四饮云悬、云溢、云支，皆就饮之情状而命其名，皆是虚字，然则痰饮不应特用实字”。按古时“痰”本作“淡”，丹波氏云“痰本作淡”，在晋唐时如《脉经》《千金翼》中均作“淡饮”，唐慧琳《一切经音义》云“淡饮谓胸上液也”，“淡”字与“澹”通，是水饮摇动的名状，《说文》云“澹水摇也”。《金匮》既以“水走肠间沥沥有声”的症状称为“痰饮”，则可以理解是与水摇的情状吻合的，因此“痰饮”的“痰”字也就应从“淡”为是。

同时我们在《金匮》痰饮篇中，有的症状如“悬饮”的咳唾，“伏饮”的膈上病痰满喘咳吐等，确也是指着肺中的痰液而言，但仲景并不曾以此作为病名是很显然的。

所以我们可以得出这样的一个概念，即仲景所谓的“饮”是一种含义极为广泛的病名，而“痰饮”仅是“饮”病中的一种而已，也就是说“饮”是一个广义的病名，而“痰饮”只是一个狭义的病名，而“痰”字应作为“淡”。至于为什么又以“痰饮”两字为篇目的名称，则另是一个有待考据研究的问题。今依《金匮要略》原意，列表如下：

饮—
- —痰饮（淡饮）
- —悬饮
- —支饮
- —溢饮

（二）

研究仲景的学说，必须在他的著作中领会每个证候的变迁之间的相互关系，以及在诊断、治疗的个别处理的原则上，从正面的或反面的，或通过脉象等不同，或是方药的加减等地方来了解临床证候的不同类型，有时可以在许多证候中来了解方药的处理原则，有时又可从方药反映出证候的类型，而要在这种复杂错综的中间，互相地把它贯串衔接起来。自从仲景采用《内经》“饮”这一个病名，并以不同的临床证候区分为几种类型，事实上是明白易晓的，但是由于在编目上冠以“痰饮”的名称，后世医家则多是将“痰”与“饮”混淆起来，虽如张景岳氏认为两者之间是有其不同的，如云“痰之与饮，虽曰同类，而实有不同也”，但却狭隘了“饮”而把“痰”的范围扩大了。如云“饮清澈而痰稠浊，饮惟停肠胃而痰则无处不到”，又如“饮为水液之属，凡呕吐清水及胸腹胀满，吞酸嗳腐，喔喔有声，皆水谷之余，停饮不行，是即所谓饮也”。是则以“饮”局限于肠胃之病，这是和仲景《金匮》的原旨有很大出入的。

历来医家对“痰”与“饮”在理论的探讨上，虽然各有见地，但以李中梓、喻嘉言二氏阐明得较为精邃，二氏俱引述《内经》经脉别论“饮入于胃，游溢精气，上输于脾，脾气散精，上归于肺，通调水道，下输膀胱，水精四布，五经并行”一节的生理基础，说明人体津液无非为水谷所化，而其正常的分布，全在于水精之能四布和并行于五经，若由于某种原因而引起水道的阻滞不行，便致水精不能四布和并行于五经时，水液便将蓄积停留，即成“饮”之原因矣。喻氏并以“江河回薄之处，秽莝丛积，水道日隘，横流旁溢，自所不免”为喻，并谓此乃仲景“饮”病之旨，确有独到之见。

此外如《圣济总录》以三焦气塞和脉道的壅闭作为致“饮”之原，如云“三焦者，水谷之道路，气之所终始也，三焦调适，气脉平匀，则能宣通水液，行入于经，化而为血，灌溉周身，若三焦气塞，脉道壅闭，则水饮停滞，不得宣行，聚成痰饮”，此所谓“三焦者水谷之道气之终始”，亦即与《内经》“饮入于胃，游溢精气”一节之意相同，尤以能着重指出“脾”是宣行调适的机纽，如云“脾土不能宣达，致水饮流溢于中，布散于外，甚则五脏受病也”似有更进一步的发挥。

从上所述，可知“饮”的成因，主要的关键是在于脾土的不能宣达，以致三焦气塞和脉道不通，从而水液的分布失常，不能循行于经，潴留于各脏腑器官之间，自上而下，从内到外，能引成各种不同的症候。如从此得出“饮”病的定义，当为“凡由各种原因所引起气道或脉道的阻塞，以致水液停留于内脏器官之间的症象是叫作“饮”。并“按照水液所停留的不同部位以及在临床上所表现的不同症状，分别出几种饮的类型”，作为临床的鉴别，并从病情的变化，确立治疗“饮”的几种法则，这是十分重要的。

（三）

不少文献记载中所称谓“痰”的含义，实际上确属也和前述的“饮”相仿，有狭义的一种，也有广义的一种。狭义的“痰”就和咳嗽的证候有着密切的关系，广义的“痰”，它的范围也和“饮”相同，甚至更为广泛。如张从正《儒门事亲》中叙述因痰而致病的症状，有头痛、目涩涕唾稠粘、咳嗽、喘满、时发寒热等，并依病因分类，区分为风痰、热痰、湿痰、酒痰、沫痰（一作食痰）等五种。朱丹溪氏亦分湿痰、风痰、内伤挟痰等类，之外并将痫病、血伤、人身上中下有块等症，亦属于痰，如云“痫病因惊而得，惊则神出舍，舍空则痰生也”，并在《格致余论》中举病例二则，称谓痰病似祟。李梴《医学入门》更有“百病兼痰”之论，因之俗有“百病都因痰作祟”的说法。

总的来说它和“饮”的区别是不大的，如严用和《济生方》云：“人之气道贵乎顺，顺则津液流通，决无痰饮之患，调摄失宜，气道闭塞，水饮停于胸腑，结而成痰。”又如王纶《明医杂著》云：“人之一身气血清顺，则津液流通，何痰之有？惟夫气血浊逆，则浑液不清，薰蒸成聚，而变为痰焉，痰之本水也，原于肾，痰之动湿也，主于脾。”凡此均认为“痰”即人身之津液所化，与前述“饮”之由水谷所化，基本是一致的，但此则更进一步说明痰之本原于肾，张景岳氏说得更为明晰，如其云：“夫人之多痰，悉由中虚而然，盖痰即水也，其本在肾，其标在脾，在肾者以水不归原，水泛为痰也，在脾者以饮食不化，土不制水也。”从上各家所述，可见后世所称之“痰”与古人所谓之“饮”实为相类同而颇难截然划分，而其对“其本在肾”的说法，其实亦早在仲景《金匮要略》肾气丸一方已有暗示，而其根据，亦可在《内经》气交变大论中“岁土太过，雨湿流行，肾水受邪，甚则饮发中满食减”，以及《水热穴论》中“肾者胃之关也，关门不利，故聚水而从其类也”等处衍述而来，所以后世把“痰”“饮”两字联缀不分，也就有它一定的原因了，因此我们可以将上表改为：

痰饮—
- —淡饮
- —悬饮
- —支饮
- —溢饮

“痰”与“饮”在理论方面来讲可以说并无严格的区别，因此亦可以理解为不同时代的异名同义的术语。

但“痰”与“饮”的分类法，却不尽一致，仲景是以症状来命名，后世是以病因为依据，如前述之风痰、湿痰等，即以临床所见之证候，鉴别其属风、属湿之类，即从而区别治疗的法则，确实这是便利于临床治疗学，可以说是进步的一面。至于“百病皆痰”的一种笼统说法，张景岳氏曾力加批判，如云：“后世相传，无论是痰非痰，开口便言痰火，有云怪病之为痰者，有云痰为百病之母者，似乎痰之关系不为不重，而何《内经》之忽之也，不知痰之为病，必有所以致之者，如因风，因火而生痰者，但治其风火，风火息而痰自清也，因虚，因实而生痰者，但治其虚实，虚实愈而痰自平……正以痰非病本，乃病之标耳。”此与《金匮要略》对痰饮辨证论治的精神还是相同的。

（四）

自仲景以“饮”为病名并依据临床证候的不同而分述诸饮之后，晋唐以来医家，虽去汉不远，已有不一致的名称，含义亦因之不尽相同。仅就巢氏《诸病源候总论》及《千金翼》两书比较，如《金匮》分痰饮、悬饮、溢饮、支饮外，尚有留饮、伏饮两个名称，此即后世所谓六饮的根据。《千金翼》则统称谓五饮，有流饮、癖饮而无悬饮、支饮之称，巢氏《病源》兼述以上诸饮，除不称伏饮外，共举饮证十六候，同时更叙癖病诸侯十一候，但大率类同者居多。

在叙述证候方面，三家的看法亦互有出入，如《金匮要略》对溢饮的描写是“饮水流行四肢当汗出，不汗出，身体疼重”，《千金翼》则谓“水溢在膈上五脏间”。又如对流饮的描写，巢氏与《千金翼》一称“水流走于肠胃之间，漉漉有声”，一称“水在肠间，动摇有声”，两者意义与名称俱同，而在《金匮要略》分明即为痰饮之证。诸如此类可见，古时医家对疾病的命名是极不一致的。

根据《金匮要略》等三个文献中对痰饮的分类与症状列表于后，以供学习时参考。（表见7页）

（五）

认识了痰饮是由于水液留潴在内脏或器官之间的一种疾病，就不难理解到痰饮的治疗目的，就应以设法消除水液为第一要意。仲景治疗痰饮病的方法虽有不同，而其要旨当不出此。

众所周知，仲景学说的特点在于“辨证论治”，故治疗痰饮也就不能离开这个精神。所谓“辨证”，也就是说要在临床证候的错综复杂现象之中，辨明其“阴阳寒热表里虚实”的区别。

	金匮要略	巢氏诸病源候总论	千金翼
痰饮	其人素盛今瘦，水走肠间，沥沥有声	水饮气停在胸府，其人素盛今瘦，水走肠间，漉漉有声	（作淡饮）水在胃中
悬饮	饮后水流在胁下，咳唾引痛	饮水过多，留注胁下，令胁间悬痛，咳唾引胁痛	
溢饮	饮水流行，归于四肢，当汗出，而不汗出，身体疼重	水气溢于肠胃之外，在于皮肤之间身体重而多汗	水溢在膈上五脏间
支饮	咳逆倚息短气不得卧，其形如肿	饮水过多，停积于胸膈之间，支乘于心，咳逆喘息，身体如肿之状	
留饮	胁下痛引缺盆咳嗽则辄已（一作转甚）	水气停留于胸鬲之间而不宣散胁下，痛短气而渴	水停在心下
流饮		水流走于肠胃之间漉漉有声令人短气将息遇冷亦能虚胀	水在肠间动摇有声
癖饮		水气停聚两胁之间遇寒气相搏则结聚而成块在胁下弦互起按之则作水声	（作澼饮）水澼在两胁下
伏饮	满喘咳吐发则寒热背痛腰疼目泣自出其人振振身瞤剧		

例如云“溢饮者当发其汗”，溢饮的证候为“身体疼重”，其病因为“饮水流行，归于四肢”和“当汗出而不汗出”，但是我们临床上是不是就根据条文上这几条记载，便可以作为发汗的依据呢？这样在临床上处理问题，就是犯了“死于句下”的毛病，当然不可以。饮证可以发汗，的如三十三条“咳逆倚息不得卧小青龙汤主之”，又在《伤寒论》中的“伤寒表不解，心下有水气，干呕，发热而渴，或渴，或利，或噎，或小便不利，少腹满，或喘者，小青龙主之”。又“伤寒心下有水气，咳而微喘，发热不渴，服汤已渴者，此寒去欲解也，小青龙汤主之”等条前后互参，便可知溢饮的证候，必有寒邪外束，水气阻于表皮的病史可稽，而其临床征象也必有表不解和心下有水气的现象，所以决不是单凭“身体疼重”这样一个证候即便可以发表的。

至于溢饮之应用大小青龙的区别，观大青龙中有石膏，小青龙则有半夏、细辛、干姜，前者因有由热烦躁热重于内的兼证，故佐以清热，后者则有干呕而咳等证，故以治咳止呕为辅。喻嘉言氏云：“溢饮之证，水饮溢出于表，营卫尽为之不利，必仿《伤寒病》营卫两伤之法，发汗以散其水，而营卫经脉行，则四肢之水亦散矣。”故两方均治饮邪在表而宜汗者。而方的所谓大小，则在于发汗药麻黄的剂量多少。另外一是治里有热象，一则为治里有寒，故发表的药虽同，但治里的药却殊，这是饮证可以发汗的一类治法。

我们再从苓桂术甘汤所治的证候来探讨，如其云“胸胁支满，目眩，短气”等，而其病因可在《伤寒论》见到一条云“若吐若下后，心下逆满，气上冲胸，起则头眩，脉沉紧，发汗则动经，身为振振摇者”本方主之，可知中阳虚弱的，使致水饮不化，而胃有蓄水者，必具上述诸症。但是否在临床上遇有上述的证候，便可一概投以苓桂术甘汤呢？当然也不是这样单纯的，也应得再加详辨的。如短气一证，有属心肺阳不足的，有属肝肾阴虚的，是须要加以区别的。如喻氏云：“微饮阻碍呼吸而短气，当辨之几微，若呼之气短，是心肺之阳有碍，宜苓桂甘术汤，通其阳，阳气通膀胱之气利矣；若吸之气短，是肝肾之阴有碍，宜肾气丸通其阴，阴通则小便之关开矣。”此对短气之鉴别颇为精辟，但对肾气丸作用的说明和各家是略有出入的。如丹波氏云“本方治胃阳不足，不能行水而微饮停于心下以短气，肾气丸治肾虚而不能收摄水，水泛于心下以短气”。故苓桂术甘汤之治饮邪阻抑胸中阳气，故用升阳药以升阳而化气是可以断言的，至于肾气丸的作用当以通下焦之阳以行水的解释为宜。

又所谓振振摇者，《金鉴》云：“即战振身摇也，身振振欲擗地者，即战振欲堕于地也。”故如伏饮一条云“其人振振身瞤剧”，虽未出方，当为真武汤证，丹波氏云：“苓桂术甘汤之身为振振摇，真武汤之身瞤动，振振欲擗地，其机相同。”视真武汤的治伤寒误汗邪入少阴，及苓桂术甘的邪犹在太阳，便可知矣。此饮证以温阳为治则的另一种方法。

其次如十枣汤所治的证候为“悬饮内痛，咳家有水，咳烦胸中痛”，所谓内痛《内经》，玉机真藏篇有内痛引胸项，即胁肋内痛也。又《伤寒论》云“太阳中风，下利，呕逆表解者，乃可攻之，其人漐漐汗出，发作有时，头痛，心下痞鞕满，引胁下痛，干呕，短气，汗出，不恶寒者，此表解里未知也，十枣汤主之”。此处一再提到表僻，故虽仍有漐漐汗出，似乎表证，然因发作有时并有痞满引胁掣痛短气等证，故知其病已不在表矣，从《伤寒》《金匮》四条十枣汤证中研究，可知悬饮患者当先有恶寒发热头痛汗出的太阳表证，表解之后则有漐汗出而不恶风，虽或有下利呕逆，却非葛根和半夏证，因其有咳嗽，胸中痛，心下鞕满，引胁下痛等证，故诊断为有水饮内伏而治以利水之峻剂，而为治饮之另一法则。

从上所述，可知研究仲景学说必须将《伤寒》《金匮》前后互参，并应从其临床证候的进退变迁，来进行辨证，并应了解所谓“辨证”，并不是一群孤立的症状，而是包含在一个复合的整体观念之中的，分析“痰饮”的各个环节里也可以略知“辨证”的方法，同时和治疗的法则亦是有密切地联系，上举“汗”“温”“下”（即逐水）虽非治饮的全都内容，但也是其中几个最重要的基本法则。

［《中医杂志》1958，（1）：5］

《金匮要略·脏腑经络先后病篇》浅论

程元廉　北京中医学院

《金匮要略》和《伤寒论》这两部有历史价值的经典书籍，是后汉张仲景的杰作，成书年代约在公元3世纪初叶，原名《伤寒杂病论》，由于内容不同，历代以来，认为《伤寒论》是讨论热病的典范，而《金匮要略》是讨论杂病的专书，在祖国医学理论上和治疗效果上都起了主导作用，后世治疗医学也是以此为根据而有所发展的。

《金匮要略》的理论，是渊源于《内经》《难经》诸书，其中贯串着阴阳、五行、天人合一、四诊、八纲、经络、脏腑、营、卫、气、血、三焦学说，作为辨证论治的规则，指导临床工作，是若干年来理论体系中“不可须臾离也”的绳墨。而“脏腑经络先后病篇”，以个人见解，虽然是条文复杂，有些难以理解的地方，而内容却丰富多采，概括的说明了预防、病因、诊断、治疗等统一性，现在重点的归纳成以几下方面作为讨论。

一、预防方面的思想指导

预防医学，在祖国医学中，最早就见于《内经》，这是古人通过客观的实践，认为一切的致病因素，不出内因（七情）外因（六淫）两类；但是外因的侵入，又多以内因为诱导，就是《内经》所谓“邪之所凑，其气必虚”的道理；因此在《内经》里对摄生问题是十分重视的，如《上古天真论》说：“上古之人，春秋皆度百岁，而动作不衰，今时之人，年半百而动作皆衰者，时世异耶？人将失之耶？对曰：上古之人，其知道者，法于阴阳，和于术数，食饮有节，起居有常，不妄作劳，故能形与神俱而尽终其天年，度百岁乃去，今时之人不然也，以酒为浆，以妄为常，醉以入房，以欲竭其精，以耗散其真，不知持满，不时御神，务快其心，逆于生乐，起居无节，故半百而衰也”；并说：“上古圣人之教下也，皆谓之虚邪贼风，避之有时，恬淡虚无，真气从之，精神内守，病安从来，是以志闲而少欲，心安而不惧，形劳而不倦”；《生气通天论》说：“清静则肉腠闭拒，虽大风苛毒弗之能害”。从这几节经文里，可以理解到古人的要求摄生，作为防病的基础，是有理由的。在《内经》里有关这方面的理论，还有很多，直到现在为止，在祖国医学体系上，人民生活习惯上，仍很重视这些道理。《金匮》作者——仲景先师，他也从摄生防病的基础上发展到治疗医学的预防方法，这是祖国医学中的一大进步，如本篇原文第一节：“问曰：上工治未病，何也？师曰：夫治未病者，见肝之病，知肝传脾，当先实脾……中工不晓相传，见肝之病，不解实脾，惟治肝也。”这节文字，与《难经》七十七难所说之“上工治未病，中工治已病，然所谓治未病者，见肝之病，则知肝当传之与脾，故先实其脾气，无令受肝之邪，故曰治未病焉，中工者，见肝之病，不晓相传，但一心治肝，故曰治已病也”，两条互参，文字略有不同，其意一也。因为五行学说，既是相生，又是相克，而五脏的联系，也是如此，倘是在生理平衡的情况下，它们是互相制约，互相协调，互相依存的，一有病变，就必然形成胜克的道理。古人掌握了这个规律，用之于临床作为辨证论治，这是从实践中得来的经验，证诸临床，也很合事实。例如：肝气过强的病人，常伴有腹痛腹泻，或消化不良等症状，是肝木克脾的现象，在治疗上如果用扶土抑木的痛泻要方，能得到很好效果；假使肝在初病的时候，就先去补脾，就不会发生腹痛腹泻了，推而至于其他四脏，亦皆行之有效。所谓“上工下工”，即在能否运用生克的道理，也就是知道生克道理而能结合到治疗的为上工，相反的就是下工。这也有力地证明了五行学说在祖国医学中是极其重要的，用之于预防疾病的传变，促进患者的早日恢复，则更具有相当的作用和意义。

二、疾病的成因与它的传次

1. 疾病的成因：疾病的成因一般说来，不出内外两种，原文第二节首先就说："夫人禀五常，因风气而生长，风气虽能生万物，亦能害万物，如水能浮舟，亦能复舟，若五脏元真通畅，人即安和，客气邪风，中人多死。"盖以风为五气之首，若能惠风和畅，万物就可以欣欣向荣，假使风气过度，就成为"六淫"之首，不但可以灾害万物，而且对人体亦是为害无穷。推而至于寒暑燥湿四气，同样有象风的可以生长万物，灾害万物，以及成为人体多种疾病的外在因素。其所以言一而不及四者，与首节的言肝传脾而不言他脏的相仿，是一个道理。至于"若五脏元真通畅……中人多死"，是说明人体内在和外在的统一性，天人合一的整体观念，就是"正气存内，邪不可干"的意思。因为在正气不足或情志内伤的情况下，是易于导致客气邪风的乘袭，正气不能御邪，所以说中人多死；反之，虽为邪风所中，亦能易于恢复的。

其次，如原文第八节："问曰：有未至而至，有至而不至，有至而不去，有至而太过……"，这是作者认为自然界的气候变化，与人体有密切关系。因为四季的转移，春温，夏热，秋凉，冬寒，一定要维持常度，才能适合万物的生长收藏以及人的生存；反之，如气候的太过或不及，人体的调节机能就不能相适应。如春分已到，当是春风解冻，而严寒仍未消除，或暑天已去，应该是秋风送爽，却是酷热正甚，或者是夏应热而反凉，冬应寒而反温，这都是气候太过与不及的现象，能使生物受到阻碍或枯萎，更能影响到人体的适应机能，成为致病因素。古人对气候的观察与疾病的影响是深刻的，但事实上，"六淫"的来路与疾病的成因也不外这些道理。

2. 疾病传变的次序：疾病传变多是由表入里，由皮毛至经络，由经络至脏腑，《内经·玉机真脏论》说："风寒之客于人也，使人毫毛毕直，皮肤闭而为热，当是之时，可汗，而解也，或痹不仁肿痛，汤熨或灸刺而出之，弗治病入舍于肺，（由皮毛内入）勿治即传之肝，（金病克木）勿治肝传之脾，（木克土）勿治脾传之肾，（土克水）勿治肾传之心，（水克火）……"；《金匮》原文第二节也说"千般疢难，不越三条，一者经络受邪，入脏腑为内所因也，二者四肢九窍血脉相传，壅塞不通为外皮肤所中也，三者房室金刃虫兽所伤，以此详之，病由都尽，若能养慎，不令邪风干忤经络，未流传脏腑，即医治之……"这与《内经》学说，同样是说明邪气的中人，都是由表及里，由浅入深，由经络而入脏腑，成为内脏的相传不已，这里还反应出外邪的侵入必须要有内在因素的影响，这又与《内经》说的"清静则内腠闭拒，虽大风苛毒莫之能害也"，亦是紧紧衔接的。本条虽是三因学说的导源，但实际上是指出了疾病的传变次序，如以金刃、虫兽所伤来说，似与由表入里、由外入内的关系不大，若用临床观点来证实，并不能离开这个规律，例如：虫蛇的中毒，破伤风的发生痉挛，莫不是由伤口而形成症状，甚至导致死亡，这是有力的证明。在临床上能掌握这些传次的规律，就可以作出适当的治疗，不致错过治疗机会，对防止疾病的恶化和早期恢复是起着重要作用的。

三、症状归类对临床的指导作用

原文第十三节："问曰：阳病十八，何谓也？师曰：头痛，项、腰、脊、臂、脚掣痛。阴病十八，何谓也？师曰：咳，上气喘，哕，咽，肠鸣胀满，心痛拘急……"这节文字，很是复杂，但扼要的把人体一切疾病以阴阳归类的方法作为症状的分类，直接的指示临床诊断，是有帮助的，在祖国医学理论体系上，是广泛运用的。如以人体部位分阴阳，则外为阳，内为阴，经络为阳，脏腑为阴，这里的主要精神，是古人总结出凡是阳经受邪，就会出现头痛，项、腰、脊、臂、脚掣痛等表病症状；而内脏有病，就会出现咳，上气喘，哕，咽，肠鸣胀满，心痛拘急等里病症状。从这两类症状上判断病之在表在里，属阴属阳，属经络，属脏腑，是有一定收获的。所以我们在临床上见到头疼腰痛，项强，脊痛等症，就可以知道是表症或是经络病居多，而用解表或治经络之剂治之；倘是兼见到咳，上气喘，哕等症，就要考虑到肺胃的病变，因此在治疗上也要兼顾，或者进一步推求病因，分清主次，表重者以治表为主，里重者以治里为主，灵活变通，就不会有表里不明、缓急不分的错误发生，且能收到应有的疗效，这是治病中的主要一环。其中的阳病十八，阴病十八，九十病，一百八病等数字，也没有什么根据可以得出结论。在祖国医学中，主要是辨证论治，病的名称，不占主要地位，可于各注释中求之，不作赘述。至于五劳、七伤、六极，则又是古人从内脏所产生的不同证候，属于不易治疗的疾病而定名的，巢氏《病源》可作参考。又如："清邪居上，浊邪居下……"，是指示我们凡是清轻之邪，皆中于人的上部，重浊之邪，皆中于下部，这是从自然气候的性质结合到发病过程中实践而认识的；如雾露之邪伤于皮腠，湿浊之邪流于关节，是易于理解的。以上这些分类方法，都能使我们在临床上作为分析病之在表在里，在上在下，属阴属阳，是清邪、是浊邪的方法。

四、诊断

1. 望诊：望诊就是医者用自己的眼力，去观察病人的神色形态，体质强弱，气血荣枯，病情虚实等等作一次意识上的判断，再配合其他诊断方法，作出正确处理，决定病势安危，所谓“望而知之谓之神”。《金匮》作者对这一门诊断，是有独到的一面，如原文第三节：“问曰：病人有气色见于面部，愿闻其说。师曰：鼻头色青，腹中痛，苦冷者死，鼻头色微黑者，有水气，色黄者，胸上有寒，色白者亡血也，设微赤非其时者死，其目正圆者痉不治”，又“色青为痛，色黑为劳，色赤为风，色黄者便难，色鲜明者有留饮”，这些是以患者面部的气色作为望诊的中心，并且以五行学说结合到五色所发现的部位来推断病的所属及预后吉凶。我们知道，鼻位中央，内应脾土，鼻无异色，与脉之和缓同一意义，这是没有病的象征。这里首先指出鼻头色青，表示肝色见于脾位，（木克土）且腹中痛势剧烈，四肢厥冷，这种情况，是阴寒内盛，阳不运行的表现，可能还有爪甲青紫，气血停顿的现象，所以说是死候。又说鼻头色微黑者有水气，这是从黑色上判断的，因为黑属水色，今见于脾位，是水盛侮土的现象；脾为阴土，为湿所伤，久而化饮，阳气受到抑遏，成为湿盛伤脾；脾为统血的脏器，因于水湿所伤，血不华色，呈现面色萎黄，此为脾病现象。临床上见到吐血、咳血、便血或者妇女崩漏和新产的患者，面部多呈皖白色，这是亡血的特征。赤色见于面部，每于怕羞、饮酒，或受到高热的薰灼才能发现，此非病征。倘是在久病体虚手足厥冷，汗出如珠的情况下发现非时的微赤，就有亡阳的可能；或者见于虚劳病人，亦是阴虚阳越的现象，都是属于难以挽救的疾病。痉病患者在痉挛的发作期间，眼球直视，两目正圆不能转动，到了这种程度，多数是不治之症。至于色青为痛，这是痛甚使然，并非一般痛的疾病必有症状。肾劳的人，精气已败，所以面如柴黑而没有光泽，这与女劳疸之额上黑似有密切关系。风热上扰，面部发赤，在热性病例中，很易见到。黄疸患者，湿热薰蒸，津液不化，有时常致小便困难或大便秘结，倘因产后贫血性的面黄，大便难更易见到。水肿病人，面目浮肿，水隐皮中，就会呈现色泽鲜明状态，这都是经验之谈。上面所谈的这许多望诊，证之于临床，是符合事实的，若能结合到其他诊断方法，全面检查，在医疗工作，自可相得益彰。

2. 闻诊：《内经》云“视喘息、听声音而知所苦”，《难经》云：“闻而知之者，闻其五音，以别其病。”这就证明闻诊在中医诊断里有悠久的历史性和正确性。本篇第四节：“师曰：病人语声寂然喜惊呼者，骨节间病，语声喑喑然不彻者心膈间病，语声啾啾然细而长者头中痛”，这是用医生自己的听觉去辨别病人所发出来的各种声音，从而分析其音调，再结合其他方面的诊察方法，作为诊断疾病的根据，这是祖国医学的特点，也是历代用为诊断有效的方法之一，参加临床工作的，体会得更深。如新病发热的病人，发出来的声音定会强壮有力；内伤久病的患者，语言多轻微而怯弱；热病多言，寒病懒语；实证则发谵语，虚证则有郑声等等，用来作为闻诊上的辨别寒热虚实，是很确切的。我们知道：骨节疼痛的患者，他的体位最好固定不移，因为要避免震动引起痛楚，所以形成欲言又寂静，不敢高声；假使疼痛突然发作，或因触动与转换体位引起疼痛，就会发出一种惊动的呼痛声音。心膈间有病的人，每为湿热痰瘀阻塞气机，成为痞结闷痛，患者产生自动性的保护作用，作为避免或减少病变范围的影响，他的讲话，必然会发出喑喑然不彻的低微声音。头痛病人，对外来的声光刺激感到厌恶，自己的语音，能引起震痛的增剧，所以在言语的时候，尽量压低语声，就成啾啾然既细且长的音调。这许多闻诊方法，仔细体会，是完全正确而且切合实用，应很好的注意和运用。

本篇还有在呼吸上的闻诊，如第五节：“问曰：息摇肩者心中坚，息引胸中上气者咳，息张口短气者肺痿吐沫”。第六节：“师曰：吸而微数，其病在中焦，实也，当下之则愈，虚者不治，在上焦者其吸促，下焦者其吸远，此皆难治，呼吸动摇振振者不治”，这是从所呼吸的不同，作出对疾病的虚实，上下，远近，以及可治不可治的论断。这里所指息摇肩等“息”字，是指一呼一息而言，肺为轻虚之体，主管呼吸的出入，因受稠粘的痰浊所阻，所以胸中坚满，气道窒塞不畅，因而出现息摇肩的样子。咳嗽气逆，是肺气不能肃降，呼吸过程中常能引起气逆作咳，是自然的道理。肺痿病人，部分肺叶失去正常作用，呼吸功能不能适应全身的需要，单凭鼻的呼吸，是供不应求的，必须借着张口呼吸才能维持，因此形成短气，这与肾虚不能纳气的短气有严格区分的。倘是听到病人呼吸微细且快，中焦若有实证，通过攻下后即能恢复，虚弱的病人发现吸而微数，就当别论。上面的法则是不能轻视的，病在上焦，因为肺虚而吸气乏力，能使呼吸浅促，病在下焦，由于肾虚而吸气无权，也能吸促，都是正气虚惫的见证，在治疗上是有些困难的，若再进展到呼吸障碍，全身有振振动摇的时候，可谓濒于死亡是无法治疗的死证。从这许多说法里，以听呼吸作为辨证论治的资助，在发扬祖国医学遗产的今天来说，是要加以研究和发展的。

3. 切诊：切脉又称为脉诊，从脉的动态上推测其太过不及，作为诊断方法。本篇第七节："师曰：寸口脉动者，因其旺时而动，假令肝旺色青，四时各随其色，肝色青而反色白，非其时色脉，故当病。"古人研究色脉，常以四时五行等互相配合来说明平脉病脉，如：肝属木应春分，其色当青，其脉当弦，心属火应夏令，其色当赤，其脉为钩，肺属金应秋令，其色当白，其脉为毛，肾属水应冬令，其色当黑，其脉为石，脾属土应长夏，其色当黄，其脉和缓，（寄旺于四时之中）这是四时脉象与气色相应的常态。相反的如色脉不随正常气候的转变，就为病脉，如春得秋脉而色白，（金克木）夏得冬脉而色黑，（水克火）……等等皆是，此外还有以脉搏出现的部位不同，作为判断疾病的在阴在阳，在表在里，如第九节："师曰：病人脉浮者在前，其病在表，浮者在后，其病在里，腰痛背强不能行，必短气而极也"。诊脉的方法，古有三部九候的不同，这里所说的部位，是指手部的寸关尺而言。关前为阳脉当浮，用以候阳候表，关后为阴脉当沉，用以候阴候里，此为诊脉的常规。有恶寒发热头痛，关前见到浮脉，因阳病得到阳脉，是外感病应有的脉象。倘是脉浮见于关后尺部，而出现腰痛背强不能行动以及短气疲极的现象，就不得以脉浮为表证论治，当以不正常的脉象论治，因为浮是阳脉而见于阴位，反常之象，故知病脉。换句话说，如沉脉见于阳位，也是病脉的现象，这是示人以同一浮脉，因于关前关后之殊，辄有表里不同的治法，这对研究脉学是有很大启发的。

4. 死生的推测：第十一节："问曰：寸口脉沉大而滑，沉则为实，滑则为气，实气相搏，血气入脏即死，入腑即愈，此为卒厥，何谓也？师曰：唇口青身冷，为入脏即死，如身和汗自出，为入腑即愈"，第十二节："问曰：脉脱入脏即死，入腑即愈，何谓也？师曰：非为一病，百病皆然，譬如浸淫疮，从口流向四肢者可治，从四肢流来入口者不可治，病在外者可治，入里者即死。"这两节文字，是从阴阳表里的基础上作为推测疾病的生死吉凶。因为疾病的发展方向，由表入里，由六腑传五脏的均为病势增剧的趋势；由里向表，由五脏传六腑这为病势向愈的趋向。疮疡的从口流向四肢或从胸腹向外扩散，是邪向外散，为佳兆；若是从四肢流来入口或从四肢向胸腹集中，是邪向内聚，为逆候。这与由表传里者重，由里达表者轻，是一个道理。用这个道理来互看上面的两节原文，则前节的寸口脉沉大而滑是将发卒厥的前趋征象，而后节的脉脱可能是卒厥已发的现象。前者的厥发之后，沉大而滑的脉象，可能要转为沉伏或不见，倘是继续出现唇青身冷，就会导致死亡，这是由腑入脏的现象；后者是卒厥之后脉脱不见，若能见到手足温暖，少顷即可汗出身和，脉伏自出，这就是由脏出腑的现象，所以即愈。总的说来，厥之死生，要看阳气的转归如何，若在厥发以后阳气能得转出于阴，则为阳盛阴负，自能体温恢复，脉伏自还，身和得汗而愈；反之而为唇青身冷，阳气已亡，所以说即死。这与《内经》所说"血之与气，并走于上，则为大厥，厥则暴死，气复返则生，不返则死"是同一意义。《金匮》作者以厥病作为阴阳消长推测死生的道理，对学者的启发，是值得深思的。

五、治疗法则

临床上处理任何疾病，要通过理论的指导。诊断的结果，最终目的就是要达到正确的治疗。但是治疗也有一定的法则，离开法则，就会影响疗效甚至可以引起医疗事故的产生。因此，症状有阴、阳、表、里、寒、热、虚、实的不同，治法有标、本、缓、急、反、正、逆、从的区分，用药有寒、热、温、凉、补、泻的分别。《金匮》上的论治，是凭着这些理论根据进行治疗的。如本篇第十四节："问曰：病有急当救里救表者，何谓也？师曰：病医下之，续得下利清谷不止，身疼痛者，急当救里后身体疼痛，清便自调者，急当救表也。"这里是说明治病要分别轻重缓急，在《伤寒论》的治疗大法上，就是里证已具而表证未罢者，仍宜先表后里，医者不察，误用攻下，致使表邪未去，脾胃之阳愈伤，遂致下利不止，而至完谷不化的程度，这时应该治里为主，倘从表治，里气因利而愈伤，中无砥柱之权，很易成为败症，在这种情况下，当急救里；一俟肠胃机能渐复，中阳渐旺，二便自调，而还有身体疼痛的表证存在时，那就应当急救其表。所谓处常达变，是不可缺少的知识。第十九节又说："夫病痼疾，加以卒病，当先治其卒病，后仍治其痼疾也。"这也是在临床上易于发现的情况，如先患慢性病，因为抗病能力减弱，又加上了新感，这时应当先治卒病，否则新病不除，能使旧病恶化，每易引起死亡，若能掌握这些关键，对临床工作是有很大帮助的。又第十七节：“夫诸病在脏，欲攻之，当随其所得而攻之，如渴者与猪苓汤，余皆仿此。”本节所言的治法，与前面的急当救表救里以及先治卒病，又不相同。这里所说的“病在脏”是统指内部，并不代表一脏或五脏，欲“攻”之也不是指攻下，而是指去邪的意思。大凡邪结于内，必然要与水血痰热相依为患，如热性病的口渴，因饮水而致小便不利，此乃水为热所碍，若与猪苓汤润利其小便，则不治热而热随水去；又如蓄血证之热结膀胱，此血为热所碍，当攻其血而病自愈；咳嗽而痰唾稠粘，此疾为咳所得，化其痰则咳嗽可除。诸此之类，若能举一反三，自能应变无穷。这里所讨论的治疗法则，并不全面，若能结合《内经》，互相参究，则体会当更深刻。

结　语

《金匮要略》是以辨治杂病为中心的巨著，全书内容贯串着辨证论治的法则。在这篇“脏腑经络先后病篇”中，可以完整的看出在治疗工作上首先要掌握“五行生克”的学说，才能认识疾病传变的规律，从而控制疾病的蔓延，达到早期恢复，这是从未病时的防范，发展到既病以后的预防传变，是具有启发性意义的。

其次，本篇在“天人合一”的思想的指导下，认识到自然气候对人体的影响作用。气候的变化，既然有助于万物的生长，但是也能成为致人于病的主要因素；同时又从“正气存内，邪不可干”的思想指导下，认识到“形体有衰”是邪气内侵的必要条件，具体的告诉我们邪气中人的法度，成为祖国医学中的病因学说。

基于以上这些情况，《金匮》作者认为疾病的形成虽有内外因素的不同，但病邪的传变次序，一般是由外而内、由表而里，也就是由皮毛而经络而脏腑的；更从表病（阳经）所发生的症状与里病（脏腑）所发生的症状上归纳成为阳病、阴病的两大类型，便于临床上的掌握；并且在诊断上作出详细的启发，使我们体会到四诊在临床上的重要性和必要性。虽未谈到问诊，而问诊的意义亦在其中，这并不是不可理解的。最后如辨别厥病的生死以及治疗过程中的先后缓急，这些都是本篇中的精华所在，是值得学习中医和研究中医的人奉为准则而不可或缺的知识。

［《福建中医药》1958，3（2）：3］

乌扇非射干辨

陈　照　浙江衢县

凡是学习过《金匮要略》的，都知道里面有一张主治久疟不愈而结为癥瘕（脾脏肿大）的验方——鳖甲煎丸。这张古方，现在可以说是通行全国，各地中药铺，均按方制就成药出售，用者都认为有相当的疗效。但是仲景原方内，配伍着乌扇一味，历来都认为就是射干，这是根据《本经》射干有别名乌扇的记载，因此很少有人怀疑。不过从药性方面去解释，又似乎难以理解；于是李时珍有：“射干能降厥阴相火，火降则血散肿消而痰结自解，癥瘕自除”的立论。笔者对这一解释，所谓火降而癥瘕自除的说法，认为难以令人满意，未敢附和。因而对乌扇即射干，亦有重加研究的必要。

我们知道同一《金匮要略》中，用射干的还有射干麻黄汤，仲景用以治咳而上气，喉中作水鸡声的症状。《外台秘要》治喉痹不通，用射干含漱。庞安常《伤寒论》治咽闭肿疾，亦用生射干和猪脂煎膏，噙枣许。这与《本经》所载射干有主治咳逆上气，喉痹咽痛的功效相符合。寇奭《本草衍义》，亦谓射干治肺气喉痹为佳。叶橘泉《现代实用中药》谓：射干为上呼吸道之消炎药。我们在临床上，使用射干于扁桃腺炎，急性热病之咽喉炎肿，有解热解毒消炎的作用。但对脾脏肿大（癥瘕）病，尚罕见有处方使用而得到疗效的报道。那么乌扇和射干，究竟是一物呢还是两物，为什么仲景在鳖甲煎丸中，何以不作射干而作乌扇呢，而且后人用射干，一般都用生药，不加炮制，惟鳖甲煎丸中的乌扇要烧过呢，这些都是值得考虑的问题。

现在让我们再从文献上看看古人对射干这一种药物的认识吧。朱丹溪谓根为射干，叶为乌婴，紫花者是，红花者非。李时珍谓射干即今扁草也，今人所种，多是紫花者，呼为紫蝴蝶。而陈臧器谓射干秋生红花赤点，苏颂亦谓射干六月开花黄红色，这和《植物学大辞典》所谓射干花呈带赤色带黄色相符合。至于开紫花名紫蝴蝶者，则非是射干，实为鸢尾。鸢尾和射干，同科而不同属，所谓鸢尾射干本是一类，但花色不同之说，乃古人没有详加鉴别，不足为据。因此也有误以鸢尾为射干者，如朱丹溪是。可是《本经》关于鸢尾的主治，却有破癥瘕积聚，去水，下三虫的功效。就是后来的《肘后方》，也有用乌扇根治水蛊腹大。《普济方》也用紫花扁竹根治二便不通。可是这两张验方，都被李时珍列入射干附方之内，而肯定说：射干鸢尾，本是一类，但花不同。义云鸢尾即射干之苗，非别一种，其花自有数色云云。殊不如苏恭《唐本草》谓鸢尾根嚼之戟人咽喉，与射干全别。因此笔者认为仲景要把乌扇烧过应用，正是避免戟喉的缘故，而以为鳖甲煎丸中的乌扇，就是鸢尾，并非射干，所以仲景不作射干，而作乌扇。

那么《本经》的射干，为什么有别名乌扇呢？笔者认为《本经》一书，是经过了后人的修补，那些别名，并不一定是本来面目；何况射干与鸢尾二药，自仲景以后，就没有分别。例如，后魏张揖所著的《广雅》，即有“射干鸢尾也”的记载。梁陶宏景亦以射干鸢尾为一种。惟仲景使用射干和使用乌扇（鸢尾），不相混淆，至其主治诸症，悉与《本经》符合。可见射干有乌扇的别名，似系后人所加。

我们再从使用方面来证明。我县曾取射干试用于晚期血吸虫腹水病人作为内服剂，服后并无任何反应；而取紫蝴蝶花根如法煎服，即呈泻下作用，可见《本经》所谓去水，功效准确。至于破癥瘕积聚，亦正合鳖甲煎丸之适应症。因此我肯定了乌扇即鸢尾而非射干，所谓开紫花者是、而红花者非。就是它的作用，正如《本经》所云，绝对不是火降而癥瘕自除。可惜鳖甲煎丸中的乌扇，早被射干取而代之。我以为如果采用鸢尾配合，那么它的疗效，应该更加显著。我的意见如此，还希望同志们，加以批评和指正。

[《浙江中医杂志》1958，(12)：39]

《金匮要略》基本理论的初步认识

张兆吉

后汉时期（公元2世纪初叶），张仲景所著的《金匮要略》和《伤寒论》被后人列为祖国医学四大经典之内，是因为它们对祖国医学起到过继往开来的巨大作用。这两部原为《伤寒杂病论》的书，在《内经》理论的基础上，创造性的发展了“辨证论治”的法则，并补偿了《内经》的姊妹书——《外经》帙亡的缺憾。

《金匮要略》原文据考证为二十二篇，主要内容是论述内科疾病的理、法、方、药。该书共有四百余条文，对“辨证论治”等祖国医学的基本理论，做了理论与实践相结合的论述。该书首篇“脏腑经络先后病脉证篇”是概括全书诊治疾病的法则和纲领，并举例说明诊治疾病的主要方法与方向。本文即以该篇为纲，适当联系他篇内容，谈谈个人学习后对《金匮要略》基本理论的一些初步认识和体会。由于我初学中医不久，加之现代医学和马列主义哲学水平不高，文中必有失当之处，尚希前辈们指教和同志们批评。

对疾病的概念、病因和分类具有朴素唯物主义的认识：

（1）认为疾病是人体与外界环境平衡的破坏：《金匮要略》遵循《内经》的“人与天地相应”学说，强调人与自然环境的相互关系，认为人必须适应外界环境的客观条件才能健康生存，否则，即将发生各种疾病。如原文说：“夫人禀五常，因风气而生长，风气虽能生万物，亦能害万物”，并进一步认识到：外界环境的各种条件经常处于变化之中，人也应随着改变的条件及时去适应，如不能及时适应时，将出现“客气邪风，中人多死”的结果。

这些观点，无疑是古代医家对人体与外界环境作了长时期仔细的观察和深入分析的结果。基于对疾病的本质有了朴素唯物主义的认识，我国古代医家数而对疾病的诊治和预防等方面做了许多卓越的贡献。

我们很容易看到，上述的认识和现代病理生理学对疾病的认识是一致的。如现代医学认为：“疾病发生是由于机体与周围环境相互关系的失调所造成的。”

（2）对自然界气象总的认识：古人在长期的详细分析自然界多变的气候之后，发现气象有一定的变化规律和各种异常的变化现象。于是，对正常的气候变化称为正气（即及时的气），而对异常的气候变化称为邪气（即非时的气）。古人认为人得正气才能生长，遭遇邪气则发生疾病甚至死亡。因此，有“虚邪贼风，避之有时”和“避寒就温”之说。但是，古代医家对正气与邪气的认识是辨证的而不是机械死板的，他们主张如果人的正气充满时，可以抵抗邪气的侵犯。如《内经》说“正气存内，邪不可干”，从而，建立了祖国医学预防和养生学说的思想基础。

（3）由于对气候做了正确的分析，指出异常气候造成疾病的几种类型，前已述及，非时之气称为邪气，这种气象邪气古人分为四种类型，即“未至而至”，“至而不至”，“至而不去”和“至而太过”。“未至而至”是指气候改变比季节到来的早（早至），“至而不至”是指气候变化比季节到来的晚（晚至），“至而不去”是指气候停留于过时的节气而没有适时改变（晚去），而“至而太过”是指气候提早发生了改变（过至）。

按个人的初浅体会，《金匮要略》所论的“至”与“不至”的理论，可在现代生理学上找到证明。现代生理学认为，人在个体生活中，对一年四季的气候变化逐渐形成了巩固的自然条件反射，人可以籍助这种条件反射和有意识的精神活动在节季变化之前，就进行换季的条件准备和使身体的生理变化符合于即将改变的气候。因此，这种条件反射越巩固，就越容易适应季节气候的改变。我们知道成年人就比儿童适应力强，在换季时期小儿的发病率比成年人为高，其原因之一，就是他们的这种条件反射尚不巩固。由于，人们只能对个体生活过程中，经常出现的正常气候变化建立起条件反射，而不能对偶然发生的异常气候改变形成同样的反射，所以，人们对正常的四季气候变化能够适应，而对反常的气象变化缺少足够适应能力，因而，常常发生疾病。比如，由春入夏，人体通过条件反射使皮肤血管略微舒张，呼吸循环系统的活动略有加强加速等变化，以适应外界环境的气温升高的变化。但是，如气候突然发生了反常变化，由温变凉，这时上述的人体适应变化就与反常气候不相适应。因而，反常的气候必将刺激人体的皮表与黏膜，有可能发生病变。在这种情况下，如果人体的抵抗力逐渐降低，就很容易感染某些流行的传染病。所以，中医认为气候的异常变化，可以引起温病，并称这种气候为“戾气”，确是从实践经验中总结出来的理论。

（4）基于疾病是人体与外界环境平衡失调的理论，提出疾病的三大原因。原文说：“千般疢难，不越三条，一者经络受邪入脏府，为内所因也；二者是四肢九窍，血脉相传，壅塞不通，为外皮肤所中也；三者房室金刃虫兽所伤，以此详之，病由都尽。”这里指出了疾病的发生不除内因、外因和不内外因三大方面，其意义在于“执简驭繁”，便于医者掌握疾病性质与治疗的大法，并在同一原因中再加辨证，追求病的深浅久暂而区别对待，并给予正确的治疗。这三大原因虽然说的不够具体，但是给中医病因学奠定了基础，后世医家在此基础上，不断向前发展并逐步达到了相当可观的地步。如宋代陈无择氏认为六淫所感为外因，七情所伤为内因，饮食房室跌扑金刃所伤为不内外因，就前进了一大步。陆士谔氏在《医学南针治病总论》中写到：“病名虽多，内伤外感四字可以尽也，内因、外因、不内外因三种兹分两种便于认证也。”陆氏提出了以内伤外感两种病因代替以前的三因学说。

我个人认为，依马列主义哲学理论分析，一切事物的发生发展以至衰亡的原因，不外内在因素和外在因素两方面。苏联阿历山大罗夫在《辩证唯物主义又》一书中写道：“马克思主义辨证法的出发点是：在自然界和社会中，存在着事物和现象所固有的内部矛盾和同时并存的事物和现象之间的外部矛盾。”因此，病因学上除了内因和外因之外，不内外因在理论上是不存在的。因而，我同意陆氏对病因的看法。分析一下古人所指的不内外因中的各项，可见仍然属于内因或外因的范畴。如房室为内因，金刃虫兽所伤为外因。因为，前者主要损耗肾气，后者主要由外界而来的机械性或生物性伤害而致病的。

祖国医学虽然把疾病分类为内伤与外感两大类，但是，对内因与外因在致病重要性上是有区别的，认为外因必须通过内因才能起作用。譬如，在历节病的原因上，仲景明确指出内因是主导的，如果人平素没有肝肾不足、气血虚弱的内在因素时，就不会因汗出入水或饮酒当风等外因作用而发病。显而易见，这种观点是朴素唯物主义的。毛主席在《矛盾论》中说：“按照唯物辩证法的观点，自然界的变化，主要地是由于自然界内部矛盾的发展。……唯物辩证法认为外因是变化的条件，内因是变化的根据，外因通过内因而起作用。”因此，我认为祖国医学对内因与外因在致病意义的认识上是符合辩证唯物主义的，与现代的形而上学的医学家把内因、外因等同并对立起来的观点有着原则的区别。

（5）概述疾病分类，指出病因不同的病症各异，医生应全面掌握各种疾病，并运用各病的特点诊治疾病。原文说：“问曰：阳病十八，何谓也，师曰：头痛、项、腰、脊、臂、脚掣痛。阴病十八，何谓也？师曰：咳、上气、喘、哕、咽、肠鸣、胀满、心痛、拘急。五脏各有十八，合为九十病。人又有六微，微有十八病，合为一百八病。”这里是根据阴阳表里对疾病进行分类的示范，其主要精神不是分类的本身而是告诫人们如何以客观的方法，按病证的各自特点，用阴阳、表里、寒热、虚实和六淫七情等纲领去分析归纳，以便正确全面地认识疾病。如原文说：“清邪居上，浊邪居下，大邪中毒，小邪中里，馨饪之邪，从口入者，宿食也。五邪中人，各有法度，风中于前，寒中于暮，湿伤于下，雾伤于上，风令脉浮，寒冷脉急，雾伤皮腠，湿流关节，食伤脾胃，极寒伤经，极热伤络。”这就更加明确地告诉我们，应根据各种病邪的特点来掌握它们的规律，加以辨证，同时，也可以看到祖国医学运用整体观点，已将疾病分类和诊断、病理紧密地结合起来了。

在《内经》的基础上，丰富了可贵的预防医学思想：

仲景在《内经》摄生篇的精神指导下，对预防思想又有了发展。他认为预防除了在人体健康时要对疾病进行预防外，还应注意已患病的人体之健康脏器受病邪传变的影响。即指出：对已病的个体仍需进行积极预防措施，以保护正常脏器继续受病而恶化。如原文说："上工治未病……见肝之病，知肝传脾，当先实脾……，"他这种根据五行生克学说具体论述五藏六腑的先后病变的理论，对后世医家的预防、治疗等方面均有极大的启发。仲景以肝病为例，详细论述了脏腑的相互关系，指出高明的医生治病，看到肝有病时，不但要及时治疗已病的肝脏，而且，还要有科学预见，知道相关的脏器可能发生什么改变，以采取适当措施同时给予保护。因肝属木，肝病当克脾土，故需照顾脾脏，如以甘味药物助益脾脏，免其因虚而致泄泻。根据五行配合五脏的理论，某一脏器发生偏胜偏衰时，必然要破坏脏腑间的生理平衡而造成全身性的病变。因此，在治疗上，仲景提出了补病脏、助所生脏、益所克脏的整体方法治疗五脏虚性疾病。这里面蕴藏着"实者泻其子，虚者补其母"的原则，并且，指出人们必须采取综合疗法才能恢复脏器间的生理平衡。

以现代科学观点来看，上述的理论主要方面是正确和宝贵的，如现代医学认为："任何疾病都是受到病因影响后，在各种器官和系统所发生的病理过程互相联系起来成为复杂链锁反应的结果。"局部病变不过是全身病变的局部表现。《金匮要略》提出的"若人能养慎，不令邪风干忤经络"，和"房室勿令竭乏，服食节其冷热，苦酸辛甘，不遗形体有衰，病则无由入其腠理"与《内经》有关养生理论是一致的。主要教示人们平时应讲究卫生，保养身心健康，以期祛病延年。

"脏府经络先后病脉症篇"所提出的"上工不治已病治未病"理论，在以后的各篇里做了具体的运用，如第二篇的"疮家虽身疼痛，不可发汗，汗出则痉"，第七篇的"上气喘而躁者，此为肺胀，欲作风水，发汗则愈"等条文都是告人如何预防疾病恶化转为变病。

从实践中丰富起来的简易有效的诊病方法：

历代医家从长期的临床实践中，逐渐丰富了只靠医生的感官来诊察各种病症表现的简易方法。仲景和历代名医一样，强调望、闻、问、切四诊并用的重要性。兹将《金匮要略》所论的四诊概要和个人的一些认识分述如下：

（1）望诊：主论辨色泽，医生以病人的气色在脸面的表现情况，根据阴阳五行学说的理论诊断疾病性质与部位。如鼻头色青为脾阳衰，寒气盛。为鼻属脾，呈青色是肝木克脾土之故。又如"其目正圆者痉，不治。"痉乃经血不荣肌脉，肌强则目正圆，故常难治。

（2）闻诊：主论辨声音，是凭声音诊断病变的性质和部位。例如"语声寂寂然，喜惊呼者，骨节间病。"这种病人不是脏腑肌脉作痛，而是痛在骨节的疾病，所以，偶有刺骨之痛而被迫失音呼叫。又如"头中痛，细而长"这是头痛思吟，但大声呼叫时能引起头部含气骨发生共震现象而加剧头痛，所以，不得不细而长的呻吟。这些经验，肯定是通过历代医家精心观察，认真思索而总结出来的。因此，我们应该彻底发掘祖国医学的遗产，使其宝贵的经验为广大中医所掌握，提高医疗的水平。

（3）问诊：主论辨证，本篇问诊内容不多，只论病人的所喜所恶及饮食方面的问询重要意义。如原文说："……五脏病，各有所得者愈。五脏病，各有所恶，各随其所不喜者为病。病者素不应食，而反暴食之，必发热也。"

（4）切诊：主论切脉，仲景所著的医书，一向主张脉证合参，但在某些特殊情况下，还有舍脉从证，或舍证从脉的灵活运用。本篇除指出脉应四时的规律外，还以浮脉为例，阐明其在关前关后所主的病象不同，在前时为阳主表，在后时为阴主里，并讨论了脉有入脏入腑的区别。切脉与视诊等所见互参之，在某些情况下，可以断定人的疾病预后。像"五脏风寒积聚病脉证并治篇"中，就提出五脏之真脏脉象，医生遇此种脉象时，当知病人凶多吉少。此外，原文还指出"脉脱入脏即死，入府即愈"这是从脉象测知病变的部位深浅，而做出的结论，可做为临床上推断预后的参考。

在《内经》的理论基础上，创造性地发展了"辨证论治"的法则：

做为祖国医学治疗原则的"辨证论治"，既不是头痛医头的对症疗法，也不是机械的按因下药的原因疗法；而是重视人与外界环境的统一性，运用四诊八纲的诊断方法，辨别证象，从不同的病理变化和发展阶段以及个体的差异性，得出全面的概念，再针对各种不同的情况，因人因地因时的给予不同的整体治疗。显然，这种整体疗法中包括原因疗法和对症疗法。兹将《金匮要略》一些基本治疗的理论与法则归纳并分析如下：

（1）掌握疾病先后缓急，采取适宜的治疗步骤：这方面可综合为标本的先后、表里的先后和新病与旧疾的先后三方面。①标本的先后：仲景在《伤寒论》和《金匮要略》都指出："急者治其标"，"缓者治其本"的原则。如虚劳病腰痛，少腹拘急，小便不利的肾气丸证，主要是少阴肾气受损而肾阳虚衰的缘故，应补益肾间之气，气强则便通证消，不必用药专去利其小便或治其少腹拘急。这是标病处于比较缓和的情况，使用治本的办法。假如，标病十分严重，甚至病人将因此有死亡的危险时，就该首先用药利其小便和控制少腹拘急了。②表里的先后：原文写道："问曰：病有急当救里救表者，何谓也？师曰：病，医下之，续得下利清谷不止，身体疼痛者，急当救里。后，身疼痛，清便自调者，急当救表也。"这是举例说明表病误治成为坏证，不但身体痛疼表方正未解，复添下利清谷的正虚里证，此时救里比救表重要，故宜先救里，里得救，正气恢复，再调治表证即可痊愈。③新病与旧疾：仲景指出，遇有旧疾加新病者，一般应先治新病，继治旧疾。因为，新病轻浅易治，并消除了助长旧疾之患，待新病解除后，再集中精力治疗旧病不迟。

上面讨论的根据疾病先后缓急，采取适宜的治疗步骤是一般的原则，而不能因此死板地使用于一切情况。因为，在临床上，不少的先后缓急病证是运用主次兼顾或表里同治的方法治疗的。分治和同治要根据病情灵活加以运用。

（2）早期诊断，及时治疗，对未病脏器加以保护，防止病势扩大：仲景在《金匮要略》中，经常提到"不治"，"难治"等字样，如"设微赤非时者死，其目正圆者痉，不治。""吸而微数，……虚者不治。呼吸动摇振振者，不治。"这些条文的主要目的，我体会是强调早期诊断、及时治疗的重要性。暗示人们说，病轻时失治，待病重时就难治了！这与《内经》所说的"邪风之至，疾如风雨，故善治者治皮毛，其次治肌肤，其次治筋脉，其次治六腑，其次治五脏，治五脏者，半死半生也"的精神是一致的。至于保护未病脏器的预防思想及方法，已在前面预防部分讨论了，故不赘述。

（3）确定病邪的归聚部位，然后用药攻治：这一治疗原则可以说是医学上的有的放矢。医生诊病用药，应先审其病变性质是属水、属血、属痰或属食，再断其聚留部位，才能以药直达病处，收到事半功倍的效果。如原文说："夫诸病在脏，欲攻之，当随其所得而攻之。如渴者与猪苓汤，余皆仿此。"渴病乃属热邪与体内"水"结而聚，猪苓汤利去多余的水气，则热邪即无所附，因而，热邪就不治而解了。

（4）虚者治其虚，实者治其实补不足，损有余的原则：《金匮要略》广泛地以虚实对疾病进行分类和诊治。如湿病分为表实证，表虚证和里虚证。表实证当治其实，故以麻黄加术汤发汗祛湿；表虚证当治其虚，用桂枝附子汤温经散湿。又如食已即吐的胃中实热证，当以大黄甘草汤泄热通便；而朝食暮吐，暮食朝吐的胃中虚寒证宜用大半夏汤补虚安中。

（5）营养疗法的应用：祖国医学在创建时期，就发现了合理的饮食和适宜的环境对病人恢复健康有很大的益处。如《内经》最先指出："大毒治病，十去其六，常毒治病，十去其七，小毒治病，十去其八，无毒治病，十去其九，谷肉果菜，食养尽之，无使过之，伤其正也。"古人称药为毒，是认为药虽能治病亦可能损害脏府的机能，故主张以药治病应适可而止。反对单纯药物治疗观点，而重视营养的调理和生活环境的作用。又如"毒药攻邪，五谷为养，五果为助，五畜为益，五菜为充，气味含而服之，以补益精气"一段，说的更加具体了，认为药物只能去邪，而恢复人的正气还要靠饮食等方面的调养。

仲景在《金匮要略》中继承并具体运用了这些原则。如原文说"五脏病，各有所得者愈。五脏病，各有所恶，各随其所不喜者为病。"体会其意，是说周围环境的各种因素（包括饮食、起居、气象、精神等方面），有的能促进人的正气恢复而战胜病邪使病转愈，有的则能损伤人的正气而有利于病邪的发展，使病恶化。因此，医生必须掌握这个规律，以便设法运用有益因素并杜绝有害的因素。我认为这里面除了有整体疗法的精神，并还包含有类似巴甫洛夫氏高级神经活动学说中的良性刺激引起良性反应，劣性刺激引起劣性反应的理论。苏联各地区院在一九五〇年开始先后采用的推广的医疗保护制度，就是基于这种观点而应用于临床实践的。这种制度的意义是：保证在医疗环境中，尽量地增加良性刺激，同时尽量地减少或避免劣性刺激。使病人的身体得到保护，才能使病人迅速恢复健康。该制度的主要内容同样是环境、言语态度、营养等方面，与祖国医学强调的大体一致。《金匮要略》的一些条文还具体地运用了上述的精神，如原文说："疟脉自弦……，弦数者，风发也，以饮食消息止之。"又如"更能无犯王法，禽兽灾伤，房室勿令竭乏，服食节其冷热，苦酸辛甘，不遗形体有衰，病则无由人其腠理。”这虽是说明预防养生之理，但也教导医生在治疗时应注意这些方面的影响。

（6）“扶正祛邪”和“祛邪安正” 祖国医学在自发的辩证法和朴素的唯物主义思想指导下，紧紧抓住了决定疾病过程的“正”“邪”斗争的矛盾。“正气”是代表整个生理活动的因素，而“邪气”是代表一切使人致病的因素。疾病的发生与发展的全部过程，就是正气与邪气在人体内矛盾斗争的过程。因此，《内经》指出，治病一方面要消灭邪气，一方面要扶助正气。消灭和削弱邪气，相对地就扶助了正气；而扶助正气，也就加强了消灭邪气的力量。所以，这两者是密切相关的。中医称前种治疗方法为“祛邪安正”，称后种治疗方法为“扶正祛邪”。但是，在实际运用时两者经常是相互配合的。如《内经》说：“邪气盛则实，精气夺则虚”。实指邪实，虚指正虚。前者，应“祛邪安正”，后者，宜“扶正祛邪”。《金匮要略》的“诸呕吐，谷不得下者，小半夏汤主之”条文，所用的蠲饮止呕法是属于“祛邪安正”治法；而“胃反呕吐者，大半夏汤主之。”是以方中人参，白蜜补虚安中，半夏平降呕逆，则属于“扶正祛邪”法。又如“虚劳诸不足，风气百疾，薯蓣丸方之。”这是因为虚劳原为正气虚衰，祛邪必将伤正，故应着重补虚，虚得补，风气百疾随之而自愈。此外，如“膈间支饮其人喘满，心下痞坚，面色黧黑，其脉沉紧，得之数十日，医吐下之不愈，木防己汤主之。”此因本证已属正虚邪滞阶段，必须温凉并用，消补兼施。象这种祛邪与补正结合在一起的治法，在祖国医学中是很普遍的，也是祖国医学的一个独特的创举。总之，在治疗中要遵守祛邪不忘顾正，扶正为了祛邪之全面观点。

（7）随证治疗的原则：随证治疗是在辨证论治总原则指导下的一种重要的具体疗法。它是在总的治疗方针确定后，按着“有是证，用是药”，“随证审因，按因用药”和“随证加减”等法则具体应用的。因而，随证治疗和辨证论治是有区别的。这里仅就《金匮要略》痰饮篇的某些相关条文讨论之。如原文说：“咳逆倚息不得卧，小青龙汤主之。”指出外寒触发内饮的咳逆倚息不得卧病证，应以小青龙汤散外寒蠲内饮。如外邪虽解，然内饮未消并症见下焦冲气上逆，法宜先平冲气，投以桂苓五味甘草汤。其后，如冲气已平，但肺饮又动且见咳满者，治宜苓甘五味姜辛汤温肺散寒。继而，假令肺饮消，但中焦水饮上逆，发生呕吐而冒的症状，可用苓甘五味姜辛半夏汤遂饮止呕。治后，如呕吐止，水气外溢出现浮肿状，可取苓甘五味加姜辛半夏杏仁汤宣肺止咳消肿。如是，可不断地随证加减，直到病症痊愈。可见，祖国医学治法极其广泛，用方选药又非常灵活善变。因此，既或在病因尚未最后弄清的情况下，也可以进行治疗，并且，经常能获得满意的效果。

综前七点所述，我初步体会祖国医学的“辨证论治”法则是一种原因疗法和对症疗法有机结合的整体疗法，是在重视人与外界环境相互关系，运用四诊八纲详细审因辨证的基础上，再依据个体差异及正邪发展的各阶段而立法用药的综合疗法。并且，在治疗中注意环境因素和饮食条件对疾病的影响。因此，这种疗法，既不是单纯的原因疗法，也不是孤立的对症疗法。

结 语

1. 本文以《金匮要略》，“脏腑经络先后病脉证篇”为纲，初步地对该书的基本理论做了探讨。作者认为，仲景的著作包括许多重要的祖国医学的基本理论和丰富的临床实践经验，而它们的集中表现就是“辨证论治”的法则。后者，也是仲景对祖国医学最杰出的贡献。

2. 由于本文是作者的学习心得，在认识祖国医学基本理论的同时，提出了个人的一些不成熟的看法与体会。目的在于用现代医学观点和马列主义哲学来简述古典医学的认识。这点是受苏联学者 B. r. 华格拉立克氏意见之启发，我同意他如下的三点见解：（1）用现代语言明确地，清楚地，易解地说明中医理论的实质；（2）用现代观点来解释古代的认识；（3）对于这些论理的基本原理，作实事求是的科学论证。

3. 学习《金匮要略》后，进一步体会到祖国医学理论和实践经验中蕴藏着极为丰富的遗产。它们之所以宝贵，是因为其主要思想属于自发的辨证法与朴素的唯物主义思想。其中有许多重要理论和思想大有继承与发扬的价值，并可补充现代医学的某些不足。为此，我们现代的中西医工作者必须在党的伟大中医政策指引下，运用马列主义哲学和现代科学理论与技术尽快地继承与整理提高祖国医学遗产，早日创建我国民族的新医学，对我国人民和全世界人民的保健事业做出更加辉煌的贡献！

［《哈尔宾中医》1960，(4)：59］

如何学习《金匮要略方论》

任应秋

一、《金匮》的源流及其与《伤寒论》的关系

《金匮要略》和《伤寒论》齐名，都是汉代张仲景的杰出著作，其实仲景在《伤寒论自序》（原名《伤寒卒病论集》里仅说：“为伤寒杂病论合十六卷”，并没有提到著《金匮》的话。但现行《伤寒论》不仅无杂病，卷数亦只有十卷，这是什么道理呢？宋代郭雍曾解释道：“问曰：伤寒何以谓之卒病？（即指《伤寒卒病论集》这名称而言）雍曰：无是说也。仲景叙论曰：‘为伤寒杂病论合十六卷，而标其目者，误书为卒病。后学因之，乃谓六七日生死人，故谓之卒病，此说非也。古之传书怠堕者，因于字画，多省偏旁，书字或合二字为一，故书杂为桒，或再省为卒，今书卒病，则杂病字也’。今存《伤寒论》十卷，《杂病论》亡矣”（《伤寒补亡论》伤寒名例十问）。郭雍这话是很有道理的。仲景既言“合十六卷”，当然是合并《伤寒论》《杂病论》二者而言，单是《伤寒论》，则无所谓“合”了。的确，仲景合《伤寒论》《杂病论》为一的十六卷原本，早经亡失了，所以《隋志》注引《梁七录》仅有《张仲景辨伤寒十卷》，这就是《杂病论》亡后的十卷单论本，《唐书·艺文志》尽管仍载有《伤寒卒病论》十卷，只是“名存实亡”而已，因六卷《杂病论》已经不存在了。

仲景的十六卷原本虽早经亡失了，但到了宋仁宗时（1023～1063）却发现一部十六卷的删节本，叫作《金匮玉函要略方》，是一位翰林学士叫王洙的在馆阁里发现的，这书约分为三卷，上卷论伤寒、中卷论杂病、下卷载方药及疗妇人病诸法。林亿等校印医书时，以为这书论伤寒的部分，过于简略，不如十卷本（即《伤寒论》现行本）详细，便从中卷论杂病以下到服食禁忌共二十五篇，略加校订，仍然分做三卷，去掉“玉函”二字，更名为《新编金匮要略方论》，这就是《金匮》这部书的由来。说明这书虽非六卷本之旧，但仲景《杂病论》的基本精神还是存在的。

二、基本内容

《金匮》全书共25篇，如按照次第编成号码，共计608条，分别叙述了44个病证；各病共列226方，另有附方28首，整个的概况如此，其具体内容分述如下：

第一篇“藏府经络先后病脉证”，可说是全书的绪论，这里提出了内因、外中、房室金刃虫兽伤等致病的三因，望、闻、问、切等诊察疾病的方法，以及“治未病”的施治大法。其中尤以叙述诊察疾病的内容最为丰富，很值得我们深入地学习。第二篇“痓湿暍病脉证”，叙述痓病、湿病、暍病的“辨证论治”大法。痓病分刚柔而治；湿病分湿痹、寒湿、风湿三类，而分别用分利、温里、温散诸方；暍病而治以养阴祛暑为主。第三篇“百合狐惑阴阳毒病证”，提出“以阴救阳，以阳救阴”为治疗百合病的原则，狐惑病则分上蚀、下蚀而治，阴阳毒由于毒邪蕴蓄，故总以解毒为主。第四篇“疟病脉证并治”，首言疟疾的基本脉证，次则分述疟母、瘅疟、温疟、牡疟的证治。第五篇“中风历节病脉证并治”，治中风须辨中络、中经、中府、中藏之不同，历节病总由肝肾两虚复伤风湿而成，并附及冲心脚气的疗法。第六篇“血痹虚劳病脉证并治”，统述潜阳、培中、补阳土、壮真阳、养阴敛肝、缓中补虚、扶正祛邪治疗虚劳诸大法，血痹病亦由内伤而被微风，故附及之。第七篇“肺痿肺痈咳嗽上气病脉证治”，肺痿病伤津燥热，而有肺冷、气逆之分；肺痈病因于热伤血脉，总以排脓泻热为主；咳逆上气病则有虚、实、痰、气、水、饮、热之别，便当随证治之。第八篇“奔豚气病脉证治”，概述奔豚因惊而发，当分肝气、肾气、寒郁三证而治。第九篇“胸痹心痛短气病脉证治”，提出阳虚于上是胸痹心痛短气病的主要原因，其变化则有阳虚气滞、气滞痰盛、痰挟水气、饮邪兼痰、阳虚湿盛、寒盛气结、寒湿、阳衰等等的各别。第十篇“腹满寒疝宿食病脉证”，讨论了腹满病气滞、热实、里实、表里两实、阳虚阴盛诸证的治法。寒疝病虚寒、郁积、寒饮、血虚、表里寒邪诸证的治法；宿食病的上涌、下泻两种疗法。第十一篇“五藏风寒积聚病脉证并治”，列叙肝、心、脾、肺、肾、三焦诸藏中风、中寒的证治，中风病多半为阳证、实证；中寒病多半为阴证、虚证；积聚病的分辨，积则为藏，聚则属府，积则终不移，聚则发作有时，是其大较。第十二篇“痰饮咳嗽病脉证并治”，凡叙饮证有痰饮、悬饮、溢饮、支饮、心水、肺水、脾水、肝水、肾水诸证之分，辨证则有阳虚、里寒、寒热夹杂之别，论治则有利小便、逐水、泻下、降气利水、平水逆、发汗诸法的各异。第十三篇“消渴小便不利淋病脉证并治”，说

明消渴病在厥阴，而为卫气荣竭所致，治疗则以肾气丸为主；淋病多为阴虚血热，禁用汗法；小便不利病则有胃热和停水之别。第十四篇“水气病脉证并治”，分辨五藏水、风水、皮水、里水、黄汗诸病，而有表证、里证、里寒证、为阳虚、为里热、为阴阳两虚、在气分、在水分、在血分的区分，当各随证而治之。第十五篇“黄疸病脉证并治”，总的提出黄疸多为风痹瘀热所致，并有谷疸、酒疸、女劳疸不同的病证，治法虽以利小便为主，但亦当分辨里热、湿热、表虚、里虚、寒湿、燥证、半表里证的不同而予以不同的治疗。第十六篇“惊悸吐衄下血胸满瘀血病脉证治”，说明惊悸应分水邪、水饮两证而治；至衄血、吐血、下血的论治，虽当各究其因，但总以不发汗为宜。第十七篇“呕吐哕下利病脉证治”，介绍呕病当分热湿、里虚、虚寒、阳衰阴盛、水阻气滞诸证而治；吐病则有虚寒、停饮、胃弱、胃热的不同；哕病亦有里实、气滞、虚热之分；下利也有阳虚、里实、里寒、里热、寒湿、气利、兼表诸证的各别。第十八篇“疮痈肠痈浸淫病脉证并治”，以疮痈应分辨前后期而治，前期宜表散，后期毋伤血；肠痈当以有热、无热、脓成、未成而施治；浸淫疮首当分辨顺逆，从口流向四肢为顺，从四肢流来入口为逆。第十九篇“趺蹶手指臂肿转筋狐疝蛔虫病脉证治”，说明趺蹶为寒湿在下；手臂肿为风湿在上；转筋多由津燥；狐疝总属阴证；蛔病常因子藏寒。明乎此，则治有其法矣。第二十篇“妇人妊娠病脉证并治”，分别叙述了妊娠脉法、妊娠恶阻、以及漏下、胎寒、腹痛、尿闭诸证和养胎方法。第二十一篇“妇人产后病脉证治”，略述产后痉病、郁冒、大便难、腹痛、中风、呕逆、下利七证的病变和治法。第二十二篇“妇人杂病脉证并治”，略叙热入血室、痰饮、藏躁、虚冷、带下、瘀血、腹痛、转胞、阴中寒、阴蚀、阴吹十一种妇人常见病证的病变和治法。第二十三篇“杂疗方”，第二十四篇“禽兽虫鱼禁忌并治”，第二十五篇“果实菜谷禁忌并治”，以上三篇统为杂疗食养方，其中无可讳言夹杂有些迷信的东西，但亦有一部分仍是实用的，不能一概加以否定。

三、迭本和选注

《金匮》的白文本，国内能见到的有：杨守敬跋的元刊本，但流行甚少。明吴勉学校刻的《古今医统正脉》本，商务印书馆据此排印，题名为《新编金匮要略方论》。中华书局亦据此排印的《四部备要》本，题名为《金匮玉函要略方论》。明万历间赵开美校刊的《仲景全书》本，人民卫生出版社影印的单行本即据此。明俞桥刊本，商务印书馆曾据此影印为《四部丛刊》本，题名《新编金匮要略方论》，日本曾有仿俞本刊行，清光绪间成都邓崇文斋的《仲景全书》，即据日仿俞本重刻者。康熙间尚有文瑞堂的癸亥刊本，宝编堂的辛丑刊本。以上诸刻，都是比较著名的善本，目前要买这些原刊本，也是不太容易的事，不得已而求诸次，以我的涉猎来看，商务印书馆和中华书局所排印的《医统正脉》本，都是较好的，因两书的校勘工作都做得不错，错误的地方比较少，很可以做我们的阅读本。惟人民卫生出版社影印的赵开美本，虽经校勘，而存在的错误还不在少数。本来赵开美的原刻也就不太高明，所以就难免存在错误了，如风引汤方的“日数十发”，误为“日数十后”；乌头汤的“乌头”，误为“乌豆”；“九痛丸治九种心”下脱“痛”字；“血痹虚劳”误为“血痹血劳”；……。这些都是一望而知其为错误的，但出版者并没有把它勘正，所以我认为这本书给予初学者做读本，是不适合的。

从来注《金匮》的远不如注《伤寒论》的多，但从明初赵以德的《金匮方论衍义》开始，包括日本人的著作在内，亦有七十余家。要想把这七十多家注本都能阅读一遍，亦非一般人所能办到。其中有的是流传较少，不易看到，如赵以德的《金匮方论衍义》三卷本，张志聪的《金匮要略注》四卷本，我亦仅见到收藏家的手抄本而已。当然，无论大小注家，总有他的特点，有他的独到之处，能普遍过目一通，自是好事，如不可能，还是只有尽先选择其善者而精读之，再逐渐地旁搜远涉，较为妥当。兹就管见所及，介绍几部较有精义与发明，而又容易买到的注本如下：

1.《金匮玉函经二注》　书凡二十二卷，明初赵以德衍义、清吴门周扬俊补注。赵氏的《衍义》流传甚少，惟从周扬俊据《衍义》补注成为《二注》刊行后，知道赵氏《衍义》的人才逐渐多了。赵氏《衍义》本着仲景撰用《素问》《九卷》之旨，往往引据《内经》里的理论来阐发《金匮》各篇的精义，这和成无已的注解《伤寒论》颇有类似之处。所以周扬俊谓赵氏“本轩岐诸论，相为映照”。（见《二注》周氏自序）这完全是正确的。因而阅读了赵氏的《衍义》，可以帮助我们如何运用《内经》理论于临证实践。至周扬俊的补注，则多本于喻嘉言，喻氏为清初治仲景学的佼佼者，故其发为议论，每多精辟的地方。研究《金匮》如能从这《二注》入手，对于许多病证的理解，以及辨证的分析，都大有裨益。本书的刊本较多，较好的有清康熙二十六年丁卯刻本、道光12年壬辰刻本、清道光18年戊戌吴郡经义斋刻本，1958年上海卫生出版社据《中国医学大成》仿宋字本复印发行，亦清晰可读，较之1915年上海校经山房的石印本为优。

2.《金匮要略心典》　书凡三卷，清吴门尤在泾集注。尤氏初非有意注此书，只是平日研习时，随心所得，笔之于书，十年之间，积久成帙，所以名之曰“心典”。尤氏之注，既不费辞，颇能深入浅出，例如他注“见肝之病，知肝传脾”一段云：

“见肝之病以下九句，是答上工治未病之辞。补用酸三句，乃别出肝虚正治之法。观下文云肝虚则用此法，实则不在用之，可以见矣。盖藏病惟虚者受之，而实者不受；藏邪惟实则能传，而虚则不传。故治肝实者，先实脾土，以杜滋蔓之祸，此仲景虚实并举之要旨也。”

许多注家都把肝传脾的肝实证，与补用酸的肝虚证混为一谈，独尤氏认为肝传脾的肝实证，已在“惟治肝也”句终了。“肝虚则用此法”仅指“补用酸”三句而言，这样虚虚实实，便清清楚楚了。尤氏着墨不费，其深入浅出，往往如此。徐大椿对尤氏《心典》的评价说：“条理通达，指归明显。辞不必烦，而意已尽；语不必深，而旨已传。”这还是较正确的。这书主要有：雍正十年壬子初刻本，同治八年己巳双白燕堂陆氏刻本，光绪七年辛巳崇德书院刊本，宣统元年己酉成都同文会刻本。

3.《金匮要略方论本义》　书凡三卷，清柏乡魏荔彤释义。注金匮而议论风生，发明最多的，要算这本书了。例如他解释虚劳病说：

“虚劳者，因劳而虚，因虚而病也。过于动而阳烦，失于静而阴扰，阴日益耗，而阳日益盛也。既云劳而虚矣，则劳必有一定之外因，而虚亦必有一定之内因。五劳七伤，皆耗其藏中真阴，生其藏中邪热，于是邪实而精夺，遂成虚劳之病矣。”

他提出了虚的病因由于劳，病虚而后又有阳烦阴扰之别，既要识劳之外因，尤要辨虚之内变。既要辨精气之虚，也要辨邪气之实。对疾病的如此层层深入细辨，注《金匮》诸家中，实难有与其匹者。注其他诸病，莫不如此。

这三个注本，各有其特点，读《二注》可以丰富我们的基本理论，读《心典》可以扼要地掌握各篇的内容实质，读《本义》可以启发我们深入地分析疾病方法。

［《中医杂志》1962；(6)：38］

读《金匮要略讲义》书后

谢海洲

《金匮要略》一书，为汉张仲景所著《伤寒杂病论》十六卷中的一部分。它总结了汉以前的医药学术经验，给后世医药学术发展奠定了基础，并指出了研究的道路与方向，起到了承前启后的作用。与《伤寒论》一样地发挥了祖国医学的特有医学体系，于理法方药各方面随时贯串着整体观点和辨证论治精神。因之，历代医家对它极为珍视，一向作为学习中医的必修课程。但年代久远，文字古奥，各家注释又皆各抒己见。为了适应教学需要，因之有编写讲义的必要。湖北中医学院主编、全国中医教材会议审定的《金匮要略讲义》一书，就是根据中医学院新订的教学计划而编写的。本书出版以后，笔者本着温课精神，仔细阅读了一遍，感到有以下几方面优点：

1. 充分反映了祖国医学理论体系，既简明又全面。书首有一绪言，阐明本书的理论与其系统性。以下二十五篇，每篇有题解、校勘、词解、释义、结语，每段文字均言简意赅，既便于讲述，又利于学习。如《百合狐惑阴阳毒篇》的题解说：“本篇论述百合，狐惑，阴阳毒三种病辨证与治疗。这些病的病因，主证及治疗虽然各有不同，但在某些症状上，却有类似的情况，所以合为一篇讨论”（32页）。可谓要言不繁，较诸以往注家牵强附会，拉杂而未能击中要害者不可同日而语。校勘则并非有文必录，作到确有把握，校其所当校者，如《消渴篇》将小便利改作小便不利（130页）；《痰饮篇》13条皆大下后“喜虚”，校作“里虚”（115页），其意始明。词释如《肺痿肺痈咳嗽上气篇》第二条“吐之则死”，“脓成则死”（71页），指出这两个“死”字均具有禁戒的意思。释义如《腹满篇》第二条指出“按之不痛为虚”（92页），这一句是插笔。以说明汉代文法的特点，使学者据此可举一反三，既习医理，又学文理。《黄疸篇》第一条，“痹非中风”（154页）一语，释为“痹有闭的意思，是指脾家蕴有湿热，并非风寒湿杂至之痹证”；并说明这句亦可作插笔看。结语则总结了每篇的要点，并进行分析对比，而有所发挥。

2. 明确了继承和发扬的关系，做到不随文衍义，固步自封。如《腹满篇》结语（103页）指出：“宿食在上当用吐法；在下当用下法。后世医家对宿食在胃者，补出消导一法，是有其发展的一面。”《黄疸篇》结语（166页）指出“本篇将黄疸分为三种类型……这样分类是古代的一种分类方法，目前在临床上已少应用。后世医家将本病概括为两类，即阴黄和阳黄”。《疮痈肠痈浸淫病篇》第三、四条下（194页）论述了薏苡附子败酱散、大黄牡丹汤二方治疗肠痈的鉴别方法，并指出大黄牡丹汤对肠痈的治疗，证以后世实践经验，不论脓未成或已成，均可使用。结语又着重指出：“这两个治疗肠痈的方剂，近年来常用于化脓性阑尾炎，取得显著的疗效。此外如鸡屎白散（198页）引伸到王孟英的蚕矢汤。胸痹证（86页）用枳实薤白桂枝汤或人参汤，为同病异治。《消渴篇》结语（135页）指出：“只要病机相得，异病可以同治”等。

3. 对原条文久不得确解，给以正确的解释，并指出了方向。如《百合狐惑阴阳毒篇》第一条下（33页）指出百合病为“平素多思善虑，事不遂愿，日久情志郁结化火，消铄阴液而引起本病者为最多”。这样，可以将以前注家的疑团揣测，迎刃而解。又如《痰饮咳嗽篇》（112页）题解在论述留饮与伏饮之后，指出“并不是四饮之外，另有所谓留饮和伏饮。”在第三至七条下（114页）指出“五脏水饮与四饮之间仍有密切关系；如水在心、肾之与痰饮，水在肺之与支饮，水在脾之与痰饮、溢饮，水在肝之与悬饮，其证其治，均有内在联系，不能机械的划分”。此外，如《血痹虚劳篇》第五条（59页）下，对《金匮》所言之“脉”作了精辟的结语：“往往两条并举，确切地形容脉搏的形态，……论脉，往往把脉的形态和主病结合起来，以说明病理机制；……与后世脉学有其不同之处”。又同篇结语中（67页），指出了为何要建中气以调和阴阳两虚的治疗原则。这些都是过去不得其解的，本书均十分确切地作出了精辟的结语。

4. 对确有明显错误之处，予以扬弃，并对某些条文进行了校正与补充。如《水气篇》第三十条（152页）：“阳前通则恶寒，阴前通则痹不仁”，指出前字疑为不字之误。薏苡附子败酱散（193页）方后，“小便当下”，指出恐有错简。《水气篇》第十九条（145页）之后，据尤、魏注本补了第二十条。痉湿暍篇第十九条（25页），补充后世之辛夷消风散，二十五条（29页）补充清暑益气汤加减等。

5. 对弄不清楚的地方，采取暂时放下，存疑待考，并说明理由。以往注家，喜欢强不知以为知，因之不免有随文衍义之处。本书则实事求是，对古人虽然强解了的，验诸今日临证实践尚认为不够适当的，就不一定引证，并说明不解理由。如《痉湿暍篇》第七条（20页）“若发其汗者……其认如蛇”段，释义中指出：“文义不属，理亦难明，存疑待考。”又如《消渴篇》第一条（131页），第四、五、六条（132页），《惊悸篇》第三条（168页），《呕吐哕篇》第四十六条（190页），《妇人妊娠篇》第十一条（209页）等皆存疑不释。此外也有二说同时并存而加附意见的，如《趺蹶篇》第一条（197页），第六条（200页）等。

6. 综合研究，对比分析明确。如桂附、术附、甘附三方（28页）之分析对比；生附、炮附、乌头（87页）三药之用法鉴别；黄芩加半夏生姜汤与半夏泻心汤（178页）的比较；当归生姜羊肉汤、枳实芍药散、下瘀血汤三方（214页）的临床运用审辨等。此外，对近似的条文合并加以注解。如《腹满篇》二十一至二十三条（101页），论述宿食在肠可用大承气汤的脉证；《黄疸篇》四至六条（157页）对酒疸症状的进一步补充；《下利篇》二十五至三十条（184页），论述下利病的病机进退状况；同篇三十七至四十条（187页）论述下利实热证的治法等，均合并讨论。

7. 书内前后呼应并与有关学科联系。如湿病（23页）治法详见《黄疸篇》（155～156页）；《水气篇》第二十一条（147页）提到“先治卒病，后治痼疾”（16页）等，做到前后呼应。《消渴篇》（135页）注明又见于《伤寒论·阳明篇》；《痉湿暍篇》第六条（20页）注明破伤风证详《中医外科学讲义》等，与有关学科联系。

8. 断句正确，标点清楚。近年来有人误认为中医经典著作只能圈点，不能采用标点。而本书采用标点符号，阅后感到十分清爽。原文采用繁体字，表示古籍；其他地方均适当地运用了简化字，非常恰当。可以说既考古，又证今。

此外，笔者认为本书除具备上述优点外，如能将书首绪言，从各论的基础上，充实有关本书的主要基本知识及基本理论，改写成为总论，这样更可体现出祖国医学理论体系的重要，还有在校对方面（如189页15行“万”字为“方”字之误，119页引证外台深师方一段文字，可能句读有误），最好能再认真的进行一次校勘。

［《浙江中医杂志》1964，7（5）：23］

我对《金匮要略讲义》一书的浅见

张迪蛟　浙江中医学院

这学期以来，我们开始学习《金匮》，所用教材为湖北中医学院主编的《金匮要略讲义》。在此以前，我们曾经过一个学期的教学实习，因此，对学习这门课的重要性有所认识，由于自发的学习要求和初步的临床基础，学习起来就更加对劲，信心较强。通过教师的讲解和阅读有关参考书籍，我对这本讲义有一些肤浅的看法。不揣冒昧，略陈管见，以求教于中医老师们，并供主编单位参考。

《金匮要略》一书，汉代张仲景著，历来被中医界奉为金科玉律。书中理、法、方、药等，至今仍不失为临床指导的依归，但由于年代湮远，难免遗阙。历代医家著释《金匮》者，有数十家之多，在疑难之处，各持己见，说法颇不一致，使后学者莫衷一是，无所适从，所以要编出既通俗易晓，又能反映原旨这样一本较为理想的讲义，确实不是容易的事。然而，由于主编单位的努力和全国中医教材会议上反复讨论修改审定，一本较为完善的《金匮》讲义，终于问世，为我们学习打开了方便之门。

我认为这本讲义的特点，在于：

一、深入浅出，通俗易懂

原书文词古典，残缺颇多，叙症简单，但又言简意赅，或以方测证，或以脉论证，或意在言外，或详此而后简。讲义为了尽量符合我们学生的水平，基本上能做到深入浅出，说理通畅，并相互印证，作出必要的归纳和比较，突出辨证论治的规律，如《肺痿肺痈咳嗽上气》篇中的“咳而脉浮者，厚朴麻黄汤主之”；“脉沉者，泽漆汤主之”二条。是咳嗽上气病偏表和偏里的两种不同治疗，但叙症均很简单。讲义认为：“‘咳而脉浮者’，是寒饮迫肺、上逆咳喘的概括词，以肺脉主浮，而寒饮上迫亦近于表之故。”它的症状可见：“咳喘气逆，肺胀胸满，咽喉不利，痰声漉漉，但头汗出，倚息不能平卧，脉浮苔滑等症；若饮郁化热，又见烦躁。治宜祛寒化饮，利气降逆，用厚朴麻黄汤。”又云：“脉沉者，是水饮内停，喘咳身肿的概括词，以脉沉主里，亦主有水，见于咳嗽上气之证，知为水饮迫肺，可能外兼身肿。治以泽漆汤，逐水通阳，止咳平喘。”本方的区别点在于：“与前证相较，病在于里，故不用麻黄之走表；饮逆不甚，亦无须石膏之重镇；并无胸满，且兼正虚，故参、草在所必用。”又如《痉湿暍》篇中桂枝附子汤、白术附子汤、甘草附子汤三方同治阳虚不能化湿的风湿病，但有表里轻重之别：“桂枝附子汤证为表阳虚而证重，故桂、附相合，温经通阳以散风湿；白术附子汤证为里阳虚而证已转轻，故术、附相合，健脾行湿以逐水气；甘草附子汤证为表里之阳皆虚，故术、桂、附并用，助阳温经以除风湿。”再如《胸痹心痛短气》篇中，栝蒌薤白半夏汤和乌头赤石脂丸均有“心痛彻背”一症，讲义指出，后者更为严重，而且痛无休止。同时，从二方药物组成来分析两者在病机和病位上的差异：“栝蒌薤白半夏汤证是胸阳不振，痰涎壅滞，病位在于胸膺部分，故治以通阳散结；乌头赤石脂丸证是阴寒痼结，病位在于心窝部，故用本方峻逐阴邪。”诸如此类的例子，实不胜枚举。

二、结合临床，曲畅经旨

在释义的同时，能理论联系实际并加以发挥，如《疟病》篇中蜀漆散方后，原书有“右三味，杵为散，夫发前以浆水服半钱”的说法，讲义认为：“唯在服用本方及含有蜀漆或常山之方剂时，必须注意要在未发前一至二小时服药，过早则达不到效果，过迟亦无效，甚或发作更为剧烈。所以古人提出‘未发前’投药的方法，这是用本方治疗疟疾的一个关键问题。”如在《五藏风寒积聚》篇中麻子仁丸条下，指出：“在临床上，本方常用于慢性便秘，大便干燥，而饮食正常者，多能取效。”又如《胸痹短气》篇中，对薏苡附子散证的释义：“本条叙证简略，既云胸痹，可知应有喘息咳唾，胸背疼痛或心痛彻背等证。仲景对附子的用法是：凡亡阳急证，需温经回阳的，多用生附子；用以止痛的，多用炮附子。对发作性疼痛，证属沉寒痼冷，病急而有肢冷汗出的，则用乌头。因乌头止痛作用比附子更强……本证由胸痛一时增剧，尚未到肢冷汗出的程度，故不用乌头而用炮附子。”这样，能引导学者广开思路，不至拘泥于经文之下，能获得更多的知识。

三、敢破敢立，自树一帜

本讲义的特点，还在于许多地方能发前人之未备，提出新的见解。如《中风历节》篇中第一条：“夫风之为病，当半身不遂，或但臂不遂者，此为痹，脉微而数，中风使然。”历代注释者，大多认为这里的“风”与“痹”，是作证候的名称提出的，本条属于中风与痹证的鉴别。如沈仲明说：“此分中风与痹也。”尤在泾说：“风彻于上下，故半身不送；痹闭于一处，故但臂不遂；以此见风重而痹轻，风动而痹著也。”但讲义认为，“本条说明中风一病之脉证。中风的主要症状是突见左侧或右侧半身不能随意运动，若病变较轻者，可能只出现一臂或两臂不能随意运动，乃由于经脉痹阻，瘀塞不通，以致气血不能畅行，筋脉失却濡养之故。‘此为痹’一句，明确地提出了本病的主要病机实由于经脉痹阻。‘脉微而数’是气血亏虚的现象，这就更清楚说明了本病的根本问题在于脏腑之虚弱。”最后还特别强调指出：“本条的‘痹’字，是说明中风的内因，为经脉瘀阻、闭塞不通之意，与外感风寒湿邪所致之痹证不同。”把这里的“痹”字，不作病名而作为病机的概括，可谓别开生面。同时，这样使文意一气贯通，又能与经旨全然吻合。诸如此类具有独创性的见解，为这本讲义添色不少。

四、概括全面，突出重点

全书共二十二篇，每篇首尾都有概说及结语，使整篇内容系统化，在概说中介绍有关方面总的概念，便于学者领会经文，篇后结语，又回顾全篇内容，突出主要问题。同时，文字精练，要言不繁，如：《消渴小便不利淋病》篇中论述小便不利一证：“小便不利，实是一个证候，可以出现于很多疾病。从篇中内容来看，涉及的面亦很广，有伤寒太阳、阳明病，杂病阳虚证及瘀血证等引起的小便不利。”结语中指出：“小便不利，由于气化不行者，用五苓散；由于水热互结者，用猪苓汤。两方的区别，主要在于辛温化气与清热滋阴的配伍不同。由于肾阳不足，下有水气，上有燥热者，用栝蒌瞿麦丸，滋燥利水温阳三者兼顾，前人认为是肾气丸的变法。假如由于瘀血挟热者，可用蒲灰散或滑石白鱼散，化瘀利窍泄热；脾肾两虚而挟湿者，可用茯苓戎盐汤，温肾健脾渗湿。以上方剂，大部分亦可用于淋病，只要病机相同，异病可以同治。”这样，能使学者在全面理解的基础上，由博返约，重点掌握，加深记忆。

五、实事求是，留有余地

讲义既不崇古地扩大经方的实在效用，也没有贬低在临床运用中的价值，恰如其分地反映原著面目，以古为今用、实事求是的科学态度，肯定大部分方剂，用之于临床是很有效果的，如治疗肝着病的旋覆花汤，讲义指出 “叶天士医案常以此方随证加归须、桃仁、泽兰、郁金之类，治胸胁板着胀痛，收效良好，可见此方治络瘀肝着的病证，确有疗效。”然而，限于历史条件，并不是所有方药都能被我们今天所采用，如十枣汤治疗悬饮，讲义指出：“用控涎丹效果更好。”又如用蜘蛛散治疗阴狐疝气，讲义中认为：“蜘蛛有毒性，应用时宜慎重。后世对本证常用疏肝理气药，如川楝子、延胡索、木香、茴香、香附、乌药之类，亦有一定效果。”对于疑难之处，讲义中有十余处均作“存疑待考”或“阙疑不释”，留有商榷的余地，并没有过早的下结论，这也是目前整理古典医籍的应抱态度。

虽然，这本讲义的优点很多，质量较高，但毕竟是新生事物，难免有美中不足之处，例如：古典医籍均有文奥义深，叙证简单的特点，所以译释时必须前后对参，才能文义互见，但讲义某些地方还难免有随文衍义的说法 如《疟病》篇对温疟的释义，原文说：“温疟者，其脉如平，身无寒但热，骨节疼烦，时呕，白虎加桂枝汤主之。”讲义将“其脉如平”释为“温疟患者症状具备，脉亦可以不显弦象”。但我认为：“弦”乃疟病的主脉，温疟亦应无例外，在经文第一条即指出；“疟脉自弦，弦数者多热，弦迟者多寒。”从温疟“身无寒但热（临床所见温疟亦微恶寒），骨节烦疼，时呕”等症状看来，可能亦兼见弦数之脉，却不可能“不显弦象”；同时，在经文“身无寒”之前，又没有转接下文的语气词，因此，是否可释成：“温疟也可出现如同平常所见的疟脉”，这样，与前文“疟脉自弦”可以统一起来。又如《腹满寒疝宿食》篇第四条：“病者痿黄，躁而不渴，胸中寒实，而利不止者死。”这是寒实内结，中气衰败之证。讲义认为：“口不渴是里无热，无热而见烦躁，是胸中寒实内结，阴盛阳微所致，属于阴躁。”阴盛阳微虽然可以致躁，但根据各家注释，本条“躁”当是“燥”字之误，如：《医宗金鉴》说：“躁而不渴，当是燥而不渴，文始通顺。”历代医家如程林、尤在泾、曹颖甫等也多根据“燥”字注释。“而不渴”的“而”字，这里作为语气上的转接，也符合古汉语的文法。由此观之，这里“躁”作“燥”字解较为确切。此可能由于辗转传抄之误。

其次，对于个别病的病机阐发，尚不够完善，如温疟与瘅疟，虽然一般认为仅仅程度上的轻重，但也应该指出绝不雷同，如病机方面：瘅疟为阴气孤绝，阳气独发；温疟虽仲师并未明确指出，但也可以从方证上来推敲，魏荔彤说：“热积于内，阳盛阴伏……不纯是内发之热，惟其外感之风寒郁于表分。”所以症状的表现前者热而少气烦冤，手足热而欲呕；后者则出现身无寒但热（亦微恶寒），骨节疼烦，时呕。因此在治疗上，后世医家认为瘅疟可用白虎加人参汤，清热养阴生津，温疟原文指出用白虎加桂枝汤清热生津，佐以解表。而讲义只侧重它们相同的一面，忽略相异之处，笼统地说：“温疟、瘅疟，从其基本的寒热症状来说，温疟身无寒但热，瘅疟但热不寒，均为热盛的表现，但有程度上的区别。瘅疟病重，温疟较轻，故可看作一类，所不同者，仅为兼证相异而已。”这样的说法，也不无可商之处。

此外，我认为对于某些疑难的经文，历代医家也都各执己见。因此，应在综合前代医家看法的基础上，提出自己新的见解，这样能使学者追本穷源，从善择取。否则，初学者就难知“源头”了。

总之，我认为这本讲义的编写是成功的，可喜的，正符合我们当前学习的需要，的确是质量较高的中医教材之一。不够完善的地方，毕竟是次要的。也可能由于个人才疏学浅，仅凭一孔之见，认识偏面。但是，既认为书本是我们获得知识的主要来源，教材的好坏直接关系到每个同学的学习。对学生来说，也有责任共同来协助主编单位搞好这一工作，为了教好、学好，提高教育质量，更好的发挥教育效果，还必须有待于老师和我们学生之间的共同努力，在教与学的实践过程中，不断的加以充实和提高。

[《浙江中医杂志》1964，7（5）：21]

试论《金匮要略》若干特点

杨扶国　江西中医学院

《金匮要略》为四大经典之一，是祖国医学治疗杂病的第一部基本书，后世内科的治疗法则和许多方药多从金匮发展而来，故学好金匮实在是学好祖国医学重要的一环。兹就金匮一些特点加以讨论，以供同道参考。

一、《金匮要略》与《伤寒论》的关系

金匮要略与伤寒论均为张仲景所著，二书原合在一起，关系密切。伤寒论辨证施治的精神同样贯穿在金匮一书中，伤寒论六经辨证的方法在金匮中也得到了运用，如伤寒论第九十一条云：“伤寒医下之，续得下利清谷不止，身体疼痛者，急当救里，后身体疼痛，清便自调者，急当救表也，救里宜四逆汤，救表宜桂枝汤。”这种表里先后的治疗方法，在金匮要略中是作为治疗原则而提出来的。又如金匮痉湿暍第二篇，痉病因燥，湿病因湿，暍病因暑，三者即占六气之一半，其起病多从太阳开始，实则传阳明，虚则传太阴等，故认识此三病，必须与六经六气联系起来，才能掌握其“分经论治”的方法。

祖国医学同病异治、异病同治的治疗法则，不仅体现在伤寒论中，也贯穿在金匮一书中。同病异治，具体表现在一病能用多方治疗，如湿病在表的，表实用麻黄加术汤，表虚用防己黄芪汤，湿盛阳虚偏表则用桂枝附子汤，偏里则用白术附子汤，表里阳虚则用甘草附子汤；其他如苓桂术甘汤与肾气丸同治短气有微饮；大小青龙同治溢饮等均是。异病同治，表现在一方能治疗多种疾病，如肾气丸，在金匮中凡五见，既治肾消小便利，（按：肾气丸治肾消，方中桂枝易肉桂）又治妇人转胞不得溺，既治虚劳、痰饮，又治脚气上入少腹；又如防己黄芪汤既治风湿又治风水，猪膏发煎既治黑疸，又治妇人阴吹等均是。

伤寒论113方很多来自杂病，而伤寒之方，又大都可用来治疗杂病，故伤寒方在金匮中得到了发展运用。如开太阳则有大小青龙之治溢饮；清阳明则有越婢汤之治风水，白虎人参汤之治暑温，大承气汤之治刚痉证，茵陈蒿汤之治谷疸病；理太阴则有建中汤之治虚劳虚黄，甘草干姜汤之治寒性肺萎等；至于温少阴两用四逆汤之治呕吐下利，更与伤寒同。所以我们学习金匮，如能经常与伤寒论相互参照，收获就更大。

二、以脏腑经络学说为指导思想

金匮，作为一本杂病的专书，和伤寒论不仅有相通之处，更有其本身的独特理论体系。金匮认为染病的产生是脏腑经络机能失调的结果，腑脏经络的疾病又可互相传变，仲景在伤寒论自序中首先指出：“夫天布五行，以运万类，人禀五常，以有五脏，经络府俞，阴阳会通。”这说明人身脏腑经络生长的先后过程和阴阳会通的重要性；不仅为伤寒说法，尤为金匮运用脏腑经络的前奏。故金匮在开宗明义的第一篇中，便以《脏腑经络先后病脉证》命名，论述了五脏病变的规律，并以肝病实脾法为例，指出了上工治未病的预防治疗原则；在第五篇中，将中风分为中络、中经、中腑、中脏四种类别，以辨别病情轻重，邪中浅深；在虚劳第六篇

中，着重补养脾胃以治虚劳，深合难经“损其肺者，益其气”的法则，在第八、九篇中的奔豚气、胸痹，心痛等证，均以护心阳为主，与伤寒论太阳篇桂枝甘草汤证治互相发挥，体现了五脏生理以心为太阳的特点；在第十一篇中，有五脏中风中寒的不同症状的描写，还有五脏死脉的论述；在第十二篇中论述了痰饮以胃为起点影响五脏的证候，在第十四篇中，论述五水之外，还指出五脏水特征，为温阳化水的治疗准则等等，都说明了金匮对脏腑经络的重视。

从上所述，我们不难看出，金匮之杂病是以脏腑病机指导辨证，而伤寒是以六经病机进行辨证。由于伤寒是感邪为患，以经气相传，实则传表，虚则传里；染病是以内伤为主，主要为生克相传，实则相克而传，虚则相生而传。因此，伤寒在三阳阶段是以祛邪为主，祛邪亦即扶正，在三阴阶段是以扶正为主，扶正亦即祛邪；金匮杂病相当于三阴阶段，虽不能脱离五行生克制化，治法亦以扶正为主，如水气病之崇土制水，下利清谷之补火生土，虚劳之增土生金，其中尤以肝病实脾为防止疾病传变的方法，值得注目。

就脏腑病机来说，如病在阳明胃经，多实证热证，病在太阴脾经，多虚证寒证：黄疸篇的“趺阳脉紧而数，数则为热。此为阳明胃热，“阳明病脉迟者，食难用饱则从太阴湿化”等，即说明杂病与伤寒在“六经”传变上有相同之处。又如腹满寒疝宿食篇的宿食或下利，主用六承气汤等条，因金匮宿食乃包括燥屎而言。倘不与伤寒阳明燥屎证合参，就无法应用。

正因为金匮认为杂病是人身脏腑经络机能失调的结果，故对于疾病的发生，金匮认为是先有人体脏腑机能失调，正气虚馁，然后外邪才能侵犯人体，故在首篇便有上工治未病的训示，指出未病之前，应进行预防，已病之后，应防止传变，并且从“五脏元真通畅，人即安和”的内因论点，提出了人应谨慎养生“不令邪风干忤经络”的告诫；在第五篇中，又指出肝肾内虚，气血不足，才会招致邪风侵害人体，罹患中风历节病；在第十五篇中黄疸着重内伤立论，如谷疸、酒疸、女劳疸等。从这里我们可知道，在治疗时应重视人体正气，因正气为本而邪气为标，正气虚馁则邪气嚣张，而正气充实，则邪气自退。这些，正是从内经正气存内，邪不可干”的论点发展而来，体现了内因决定外因的实际意义。

三、《金匮要略》方药的特点

金匮共有方二百多首，大部分是仲景原方，小部分是林亿从千金外台转抄来的附方。金匮方的特点之一是疗效高，约而多验，如临床辨证确切，往往能收到满意疗效。例如小建中汤之治虚劳诸不足及虚黄，苓桂术甘汤之治痰饮咳嗽，大半夏汤之治反胃呕吐，甘姜苓术汤之治肾着，六黄牡丹皮汤之治肠痈，越婢汤之治风水，甘麦大枣汤之治脏躁，半夏厚朴汤之治梅核气等，均屡试屡验，即此可见一斑。

其次，金匮方药物简炼，精而不漏，故能有以少胜多之妙，如常用有效的越婢汤只五味药，小建中汤只六味药，防己黄芪汤只四味药，百合地黄汤只二味药，而大乌头煎亘只有一味药。金匮方的加减也极有法度，如白虎加桂枝汤之治温疟，阳明太阳两解，效如桴鼓，再如越婢加半夏汤治热多水少之肺胀，小青龙加石膏治水多热少之肺胀，临床也常运用；又如桂枝汤加黄芪便成桂枝加黄芪汤，用以治黄汗，而桂枝汤去甘草加黄芪，便成黄芪桂枝五物汤，用以治血痹，临床借用以治风痹痿证等，常能取效。在药物配伍方面也极有规律，如阳虚湿痹偏于表者，用附子配桂枝，偏于里者，用附子配白术，而寒湿历节则取乌头；又如治水肿，水邪在表，表虚兼风者，桂枝配黄芪以固表祛风行水，而表实的多用麻黄开肺发汗，或配石膏清热利水，一般不配用黄芪。

金匮方还很注重药物用量，药量往往因方因病不同而异，如在小承气汤、厚朴三物汤和厚朴大黄汤中，均只有大黄、厚朴和枳实三味药，但因其治疗对象不同，方名也因之而异；再如黄连，在调理中焦的甘草泻心汤中只用一两，而在清利下焦湿热的白头翁汤中用到三两；又如石膏，在辛凉解表为主的越婢加半夏汤中用到半斤，而在辛温发散为主的小青龙加石膏汤中只用二两。有人说，古人不传之秘即在于药物的用量。其实，并不是不传，而是后人不加以注意。

更应该指出，金匮以内伤杂病为主，慢性虚损疾患多有实质病变，故金匮治疗血痹虚劳等多用黄芪，而不用附子；而伤寒以外感病为主，气化为病，少有实质病变，故伤寒治疗三阴里虚多用附子，而不用黄芪。此无他，以附子性慓悍，利于回阳救逆，黄芪乃益气上品，善于理虚补损之故。而且药疗结合食疗，如百合鸡子黄汤之治百合病，当归生姜羊肉汤之治寒疝及产后腹痛等，均从内经“食养尽之”立法而来。

再运用伤寒金匮方于临床，一般有三个方法。一是见其证用其方，如麻杏苡甘汤之治风湿热，越婢汤之治风水，白虎桂枝汤之治温疟等；二是见其证用后世之方，如妇人转胞不得溺和阴吹均用补中益气汤，水气篇中之血分病用调荣饮，中暍证用清暑益气汤等；三是用其方治其他的证，这也就是经方活用的方法，临床上运用机会甚多，是后世发展仲景学说的一个主要方面，如炙甘草汤之治虚劳肺痿，吴茱萸汤之治胃酸过多，肾气丸之治肾病水肿，加减升麻鳖甲汤之治丹痧咽痛，乌梅丸之治厥阴久疟等。又如第十八疮痈篇中，排脓散、排脓汤有方无证，近人曹颖甫用以治胃痈、肺痈，又利用排脓散治鼻渊和治痢疾里急下重之例。亦有用甘麦大枣汤之治小儿夜啼证者。

总之，仲景医学法中有方，方中有法，古为今用，值得发扬。本文仅就三方面讨论了金匮的特点，掌握了这些特点，对学习金匮运用金匮于临床，均有所裨益。当然，金匮的特点，还远不止此，即以金匮脉学来说，“疟脉自弦”，“脉微而数，中风使然”，“脉大为劳，极虚亦为劳”，“脉得诸沉者，当责有水”等等论述，均有独到之处，在临床上具有极高的指导意义，值得进一步研究。

［《江西医药杂志》1964，4（7）：205］

《金匮要略》析疑三则

李今庸　湖北中医学院

《金匮要略》一书，是后汉张仲景所著《伤寒杂病论》的杂病部分。它论述了内、妇等科各种疾病的病因、诊断和治疗。它和《伤寒论》一样，理、法、方、药全备，理论结合实际，辨证施治原则贯串于全书的始终。它在内容的叙述上，对疾病“分类简明，辨证切要”，实为中医治疗内、妇等科疾病的宝贵典籍。然它写成于一千七百年以前，文字比较简奥，内容脱误甚多，令人难以卒读，故历代注释《金匮要略》者辈出，而对《金匮要略》之义颇多阐发，但也见到其中注释对《金匮要略》的内容，望文生义者有之，随文敷衍者有之，牵强附会者有之，妄改原文者有之。现在将我读《金匮要略》中的几个问题写在这里，和《金匮要略》的爱好者共同研讨。

一、《血痹虚劳病脉证并治第六》说：“脉弦而大，弦则为减，大则为芤，减则为寒，芤则为虚，虚寒相搏，此名为革。妇人则半产漏下，男子则亡血失精。”

本节亦见于本书《惊悸吐衄下血胸满瘀血病脉证治第十六》《妇人杂病脉证并治第二十二》和《伤寒论·辨脉法第一》等篇。其中“弦则为减”“减则为寒”的两个“减”字，注家均作为“减少”“减损”讲。如尤怡说：“脉弦者，阳不足，故为减寒”（见《金匮要略心典》）。陈念祖说：“弦则为阳微而递减……减则阳不自振为诸寒”（见《金匮要略浅注》）。吴谦等说：“弦则为劲，减其中取之劲，外急象也”（见《医宗金鉴》），等等。

按：这里诸家注释虽各异，然对本节“弦则为减”“减则为寒”的两个“减”字释之以“减少”之义则相同，但这是与本节原意不相合的。本节原意，是以“弦”“大”二脉以形容“革”脉的形状，又以“弦则为减，大则为芤，减则为寒，芤则为虚”等四句阐明“弦”“大”之义，并进一步阐明“革”脉形状及其病变机理。然这“弦则为减，大则为芤，减则为寒，芤则为虚”四句，是一种对偶性文句，其“弦则为减”“大则为芤”二句相对为文，“减则为寒”“芤则为虚”二句相对为文。这里“芤”字，是一个脉象名词，如把“减”字释为“减少”之“减”，就成了一个量动词而与文理不顺了。

《伤寒论·辨脉法第一》说：“脉浮而紧者，名曰弦也。弦者，状如弓弦，按之不移也；脉紧者，如转索无常也。”说明“弦”“紧”二脉劲急相类，惟“弦”脉“状如弓弦、按之不移”，而“紧”脉则“按之如转索”，左右弹也。据此，本节“减”字，当为“紧”之借字。“紧”“减”一声之转，故本节“紧”字借作“减”。所谓““弦则为减”者，即“弦则为紧”也；所谓、“减则为寒”者，即“紧则为寒也。

本书《腹满寒疝宿食病脉证治第十》说：“胁下偏痛（此下原衍‘发热’二字，今删），其脉紧弦，此寒也”。是“弦”“紧”二脉均主寒。且该篇还说：“寒疝绕脐痛，若发则白汗（原误为“白津”，今改正）出，手足厥冷，其脉沉紧者，大乌头煎主之”。而《外台秘要·寒疝腹痛方门》引此文“沉紧”作“沉弦”，脉象弦急如转索即为“紧”脉、故本节说：“弦则为紧”。寒邪伤人可见紧脉，紧脉每见于寒邪，故《伤寒论·平脉法第二》说：“诸紧为寒”，而本节说：“紧则为寒”。关于“紧则为寒“之句，在本书和《伤寒论》中是屡见不鲜的。如本书《中风历节病脉证并治第五》说：“寸口脉浮而紧，紧则为寒……”；本书《黄疸病证脉并治第十五》说：“趺阳脉紧而数……紧则为寒”；《伤寒论·辨脉法第一》说：“寸口脉浮而紧……紧则为寒”；《伤寒论·平脉法第二》说：“趺阳脉微而紧，紧则为寒……”等等均是。

本节“减”字读为“紧”，为一脉象名词，始与“芤”相为对文。这样，“弦则为紧”与“大则为芤”为一对偶句，“紧则为寒”与“芤则为虚”为一对偶句，文理始通。如把“减”字读为“减少”之“减”，则于文理为未通而于医理亦牵强矣！正因为本节“减”为“紧”之借字，故《妇人良·方崩中漏血生死脉方论》引此文作“寸口脉弦而大，弦则为紧，大则为芤，紧则为寒，芤则为虚，虚寒相搏，其脉为革”而把“减”字直接写作“紧”字了。

二、《腹满寒疝宿食病脉证治第十》说：“趺阳脉微弦，法当腹满。不满者，必便难，两胠疼痛，此虚寒从下上也。当以温药服之。”诸家注释均把“两胠疼痛”理解为“两胁疼痛”，把“胠”字释为“侧胸部”的所谓“胠胁”部位。如吴谦等说：“趺阳，胃脉也，当缓而和。今见弦脉，是肝脉也，肝脉见于脾部，是木盛土虚也，法当腹满。今不腹满者，肝脉微弦不盛而脾不虚，故脾未受病也。肝自郁则失其条达之性，必本经自病，故便难，两胠痛也。然非肝火实病，此乃虚寒从下上也，当以温药服之。”（见《医宗金鉴》）尤怡说：“趺阳，胃脉也。微弦，阴象也。以阴加阳，脾胃受之，则为腹满。设不满，则阴邪必旁攻胠胁而下闭谷道，为便难，为两胠疼痛。然其寒不从外入而从下上，则病自内生，所谓‘肾虚则寒动于中’也，故不当散而当温。”（见《金匮要略心典》）沈明宗说：“脾与胃为表里，诊趺阳胃脉，则能定其脾之虚实寒热。但脉微者，是脾胃之阳微，弦乃肝邪乘于脾胃，肾寒相随肝气上逆，即‘脏寒生满病’之义，故当温药服之。或不满者，脉必弦数，乃挟心相来乘脾胃，与肾寒上逆不同。本经气滞，故作便难。两胠疼痛，又当凉利之治矣。”（见《金匮要略学习参考资料》引《金匮要略编注》）徐彬说：“趺阳脉微弦，微者阳虚，弦者客寒，虚而受寒，腹者脾主之，焉得不满？《内经》曰：‘脏寒生满病’。设不满，是脾胃素有热，邪即避实而袭虚，故寒束其热，而便反难；邪袭两胁而结于其下，乃两胁胠痛。微弦见于下之趺阳而痛发于胁胠，自比风从上受者异，故曰此虚寒从下上也。”（见《金匮要略论注》）

按：从上面所引之文可以看出，注家均把“胠”误释为“胁胠”，又不知“此虚寒从下上也”之句乃是“此虚寒从上向下也”之误，故诸注或曰“肝郁失其条达之性”，或曰“阴邪旁攻胠胁”，或曰“肝邪乘于脾胃”，或曰“肾虚则寒动于中”，或曰“挟心相来乘脾胃”，或曰“脾胃素有热”等等，不一而足。真是节外生枝，画蛇添足！

考《诸病源候论·大便病诸候·大便难候》说：“跗阳脉微弦，法当腹满。不满者，必大便难而胠痛，此虚寒从上向下也。”《外台秘要·淋并大小便难病门·大便难方》说：“跗阳脉微弦，法当腹满。不满者，大便难而脚痛，此虚寒从下而上也。”说明本节的“胠”字，不应当读为“胠胁”之“胠”，而应当读为“脚”字。胠乃“脚”之省文。马王堆汉墓出土帛书载“却谷食气”的“却”字省“卩”作“去”（见《文物》1975年第6期），则“脚”字自然也可以省“卩”作胠”，故《灵枢·经脉》载足太阳经脉所生病的“脚痛”，马王堆汉墓出土医书则作“胠痛”（见《文物》1975年第6期）。《素问·大奇论》载“肾雍脚下至少腹满”，其“脚下”二字，《甲乙经》卷十一第八、《太素·五脏脉诊》则均作“胠下”。正因为“胠”字是“脚”字的省文，故本节“必便难，两胠疼痛”之句，在《诸病源候论》和《外台秘要》中均作“必大便难而脚痛”。本节“微弦”之脉加于“趺阳”，说明“虚寒”之邪病于“脾”，脾居中焦而主腹，故“法当腹满”。如腹不满者，乃虚寒不留于腹而下趋，其邪结于下焦，阳气不通，故为“便难”，为“脚痛”，是即所谓“此虚寒从上向下也”。在祖国医学里，“脾病”而有“脚痛”之证，已早见于《黄帝内经》。如《素问·脏气法时论》所载“脾病者……脚下痛”之文，就是一例。

这里“脚”字，不只是指“足部”，而是指的“整个下肢”，亦即所谓“腿”也。脚，又作“脚脚”。《汉书·高五王传》说：“股战而栗”，颜师古注：“股，脚也”；《韩非子·难言》说：“孙子膑脚于魏”，所谓“膑脚”者，谓摘除其“膝盖骨”也；《玉篇·肉都》说：“腘，曲脚也”；《广雅·释亲》说：“脚，胫也”，王念孙疏证说：“凡对文则膝以上为股，膝以下为胫”；《急就篇》说：“股脚膝膑胫为柱”，颜师古注：“脚，足也”。“股”训“脚”，“膝”训“脚”“腘朏”训“曲脚”，而“脚”又训“胫”，训“足”；是“脚”指“整个下肢”无疑。本书《趺蹶手指臂肿转筋狐疝蛔虫病脉证治第十九》说：“转筋之为病，其人臂脚直”，这里把“脚”与“臂”对举，亦可证“脚”为“整个下肢”。

三、《五脏风寒积聚病脉证并治第十一》说：“邪哭使魂魄不安者，血气少也。血气少者，属于心。心气虚者，其人则畏，合目欲眠，梦远行，而精神离散，魂魄妄行。阴气衰者为癫，阳气衰者为狂。”本节“阴气衰者为癫，阳气衰者为狂”二句，注家均误释其“衰”字，故于其二句之义亦多曲解。如：吴谦等说：“‘阴气衰者为癫’之‘癫’字，当是‘狂’字；‘阳气衰者为狂’之‘狂’字，当是‘癫’字。……心之血，阴也，阴过衰则阳盛，阳盛则为病狂也；心之气，阳也，阳过衰则阴盛，阴盛则病癫也。”（见《医宗金鉴》）唐宗海说：“夫魂附于阴血之中，阴气衰者，则阳魂扰而为癫；魄寓于阳气之内，阳气衰者，则阴魄扰而为狂。”（见《金匮要略浅注补正》）魏荔彤说：“阴气衰者，正阴衰而邪阴盛也，癫乃不识不知之状，阴邪凝闭，而灵明之窍塞矣，故为癫；阳气衰者，亦正阳衰而邪阳亢也，狂乃如鬼如神之状，阳邪暴发，而礼让之意绝矣，故为狂。”（见《金匮要略方论本义》）

按：诸家之注均把“阴气衰者为癫，阳气衰者为狂”二句的“衰”字误释为“衰弱”之义，且吴谦等还以“癫”“狂”二字为互错。如按照吴谦的说法，治狂则当补阴血，而治癫则当补阳气；如按照唐宗海的说法，则治癫当补阴血，而治狂又当补阳气；如按照魏荔彤的说法，则治癫当补正阴，泻邪阴，而治狂则当补正阳，泻邪阳。然在临床上，治疗“癫”“狂”之病，多有用催吐、通下、化痰、泻火、开郁、通窍、重镇、安神等法者，用补法治“癫”“狂”之病固不乏其例，但它毕竟不是治疗“癫”“狂”的一般规律。尤其所谓“正阴衰而邪阴盛”“正阳衰而邪阳亢”之说，治疗要用“补正阴而泻邪阴”或“补正阳而泻邪阳”之法，实属荒唐！黄树曾《金匮要略释义》一书，把《难经·二十难》所谓“重阴者癫”，指为“阴盛之癫”，所谓“重阳者狂”，指为“阳盛之狂”，而把本节所谓“阴气衰者为癫”，指为“心阴气衰之癫”，所谓“阳气衰者为狂”，指为“阳气衰之狂”，从而把本节“癫”“狂”之义，同《难经·二十难》中的“癫”“狂”之义对立起来，这是不对的。考《伤寒论·伤寒杂病论集》中张仲景自己说过，他写《伤寒杂病论》是“撰用《素问》《九卷》《八十一难》……”的。本书是《伤寒杂病论》的杂病部分，在撰写过程中，自然是参考过《难经》一书的。《难经》所述如不误，张仲景在利用时就只会把它加以发展，而不会同它对立，在所论“癫”“狂”这一点上正是如此。本节“阴气衰者为癫，阳气衰者为狂”，正与《难经·二十难》“重阳者狂，重阴者癫”完全同义。因这里两个“衰”字，不应作“衰弱”讲，而当是“重叠”之义。《说文·草部》说：“草，雨衣”一曰‘衰衣’，从草，卑声”；《说文·衣部》说：“衰，草雨衣，秦谓之‘萆’，从衣，象形”；《群经音辨》卷三说：“衰，雨衣”，《广稚·释器》说：“蓑谓之衰”，王念孙疏证：“《越语》曰：‘譬如衰笠，时雨既至必求之’。《经》《传》或‘从草’作‘蓑’……”是“衰”即“蓑”字。《菅子·禁藏》说：“被蓑以当铠鐳”，房玄龄注：“蓑，雨衣，被著之，所惧雨露”；《山海经·西山经》说：“其毫如披蓑”，郭璞注：“蓑辟雨之衣也，音梭”。是“衰”乃以“草”编织而成的“避雨之衣”，今谓之“蓑衣”。衰，古文作“▲”，象草织雨衣重叠襞复，故“衰”字有“重叠”之义。本节“衰”字读“蓑”而作“重叠”讲，则本节“阴气衰者为癫，阳气衰者为狂”，亦即《难经·二十难》所谓“重阳者狂，重阴者癫”之义也。

[《山东中医学院学报》1978，(1)：35]

谈谈《金匮要略》的学习

何汝湛　广州中医学院

《金匮要略》是祖国医学经典著作之一，原与《伤寒论》合编，名为《伤寒杂病论》，为东汉张仲景所著。全书共分二十五篇，论述四十多种内科病，亦有外科病和妇产科病，另外是杂疗方等。每一种病，都以脉因证治为纲领。但条文既不专言脉，又不单论证，有的脉证并举、脉因同谈，证治齐叙、证因共详，同时条文上下例置，杂乱无章，因而要看清它的轮廓面貌，也不是毫无困难的。特别是少接触古典医籍的初学者，将会感到很多难以理解之处。如运用分析、综合，对比的方法，按照每篇的特点，疾病的成因、脉证、治法、禁忌、预后等，将条文分类编排，在不失原书精神的前提下，使其系统化，可初步认识每个疾病的概念，便于学习和掌握基本内容。惟对条文归类，应该尽量保持原文，不能过于割裂，否则有顾此失彼之弊，现将我在学习中的几点体会分述如下：

一、病名与字句

古代对疾病命名，多以证名病，如痉、咳嗽、上气、心痛、短气，腹满、小便不利、惊、悸、吐、衄，下，血、呕吐，哕等证，实际都是用一个症状来名病。这说明祖国医学特点是以辨证为主，以证律病，不同于现代医学以病脉证。它是从证候和脉舌来观察疾病在不同阶段表现的不同情况，以确定治疗方针。书中有的病名是古代病名，和近代不同。例如百合、狐惑、阴阳毒病，今天很难想象它是现代的什么病。可能是古代多有、近代少见的病，又可能是因古代和近代的名称不同，由于沿用近代病名，对古代病名渐渐生疏。所以在学习时，一定要有辩证唯物和历史唯物的观点，经过多方面的检验观察，才能证实。这是祖国医学与现代医学两个不同理论体系的各自独具的特点之一。

同时，对条文字句不能死抠字眼。本书第三篇百合病有说："气溺时头痛者，六十日乃愈；若溺时头不痛，淅然膏，服十日愈；若溺快然，但头眩者，二十日愈"。第四篇疟病又说："病疟以月一日发，当以十五日愈；设不差，当月尽解"。又第十五篇黄疸病说："黄疸之病，当以十八日为期，治之十日以上瘥，反剧为难治"。这里所提出的具体日数，只不过是结合气候和经气所旺，以及正气强弱，作出估计。临床观察，并不一定符合上述日数，学习时必须灵活看待，不能拘执，否则将会脱离实际。又如书内各篇有提到"难治"与"不治""可治"与"不可治""易治"和"即死"的字句，从字义来说，"可治"与"难治"是指这病尚可图治，惟治愈较困难；"不治"和"死证"是指这病危在旦夕，医药无能为力。其实这类文字都有片面性和主观性，只能作为警惕之句来看待。因为医学是随时代进展，古代认为不治之症，今天或有治法，并非无法可治。"自愈"之说亦不是等待其病自愈，而应该采取早期治疗，使病能速愈。

二、古代文法与字义

汉代文法，词句精炼，意义深远。在本书里常运用省文、倒装、借宾定主等笔法来论述病证。如痉病篇内关于刚痉和柔痉的两条条文，仅将不同表证叙述，未有说明痉病主证。其实用一"痉"字即已概括痉病的应有脉证，属于省文。其他如百合病、胸痹病、宿食病、黄疸病等各篇，均有同样笔法出现。在叙证方面，如水气病篇之风水外证，不言胕肿；正水外证，不言腹满。其实风水，正水都有此证，所以不言者，亦是省文。又有倒装笔法，如痉病篇说："痉病有灸疮，难治"。因本篇所论者以痉病为主，所以先提痉病，而将灸疮排于后。实则是先患灸疮，因伤口感染而致痉，这是用倒装笔法叙述。至于借宾定主笔法较为常见。如消渴病篇引用《伤寒论》厥阴病提纲、阳明病胃热伤津的白虎加人参汤、水热互结的猪苓汤，皆有消渴症状，从而作为病与症的对比。又如在黄疸病篇提出虚劳发黄的小建中汤、燥热萎黄的猪膏发煎，用以作为黄证与黄疸的鉴别。其会在各病的脉证中，常举出同中见异的分析，都是同借宾定主的笔法来说明问题。

在汤方中，往往有提出：主某方、与某方、可与某方、宜某方、某方亦主之等不同字样。这些不同措辞是有不同涵义的。例如某方主某证，即说明某方是某证的主方，非其证不能用某方，故说"主方"。与某方的"与"字为迳与之意，较"主之"已次一层，辞意比较松动。至于"可与"两字，更是灵活之辞，说明能否给与此方，还要在临证时加以斟酌。宜某方的"宜"字则表示此方固宜该证；但如另立一方亦未尝不可，显示不指主方而言。某方亦主之句，即因为主证有虚实、轻重、兼挟的不同，所以用两主方，故说"亦主之"。以上所述文法和字义，必先深切理解，才能掌握全书精神。

三、各篇相互对照

有关篇与篇的内容，常有连贯性和共同性，必须相互结合，两相对照，才能得出辨证真义。如水气病篇的五脏之水，应与痰饮病篇的水在五脏联合参看，方知此为水、彼为饮，两者皆同类而异名，乃由于人体内不正常的液体停留而为患，若水饮停留于局部致病的称为痰饮，泛滥于全身而引起病变的则称为水气。但两者都是水，故此有些治疗方剂是可通用的。又如痰饮病篇的咳嗽与肺痿肺痈咳嗽上气病篇的咳嗽，同是肺部疾患。但痰饮是由水饮引起，而咳嗽上气证则有因风水、有因火逆、有因痰浊。从而了解到咳嗽一症就有许多致病因素，临床必须针对不同病因和症状，施以不同的治疗。余如湿病篇内所述的风湿证与历节病由于风湿引起者，虽病邪相同，但治法各异。百合病与妇人脏燥证，皆是精神失常，同属情志之病，也应该联系起来研究，进行比较区别。这样对临床实践可有较大帮助。

四、采用旁证方法

本书原系简略节本，历经战乱散失，又从蠹简中检出，虫鼠剥蚀，有的部分已失去本来面目。所以篇内叙述，详略参差或有或无。其中有病原不详的、证候过简的，治法未备的，既不具体，也有难于理解之处，故必须采用旁证方法。学者可从汉以后、宋以前各医籍中，如《脉经》《肘后方》《诸病源候论》《千金方》《外台秘要》等书参考校勘，以补充书内所不及。例如百合、狐惑、阴阳毒病篇中，关于阴阳毒病未有提出脉象，而且叙证较简。

这三种病的病原是什么？是初感染还是后遗证？本篇未有指出。若考《巢氏病源》《千金》《外台》诸书，则可有所裨益。如百合病，《千金》谓伤寒大病后不平复，变成斯证。狐惑病，《千金》《巢氏病源》谓为温毒气使然。阴阳毒病，则云是伤寒初起，或五六日至十日变成。阳毒脉浮大数，阴毒脉沉细紧数等均有详叙，可释疑团。又如湿病头中寒湿，有身疼发热、面黄而喘、头痛鼻塞而烦等证，治宜纳药鼻中。用什么药外治呢？本篇未有说明。考《千金方》治疗鼻不利、鼻塞气息不通者共有八方，其中外治占六方，是供参考选用。其他与本书相同的病，对于疾病成因、脉证、治疗等都有较新的和详尽的记述，相互考证，取长补短，从而可了解疾病的具体问题。

五、从证测药，从药测证

在各病证治中，有只详于论证而略于方药的，必须用从证测药之法，求出方治。如肺痿病的成因脉证叙述很详，但不出方治。根据本病成因是由于津亏热盛，有脉虚数、咳嗽、吐涎沫等证，若以对证下药而论，当用生津润燥、降逆除痰之法。结合篇内咳嗽上气条有治火逆的麦门冬汤，分析药物组成，有生津降逆除痰作用，可治此病。并考《肘后方》载："麦门冬汤治肺痿咳唾涎沫不止，咽喉燥而渴"，更可证实用此方很为恰当。又如淋病篇中只提出一般证候和治疗禁忌两条，对发病原因和方药不详。但本病与小便不利证同属肾与膀胱疾患，其成因亦有相同之处，故可在治小便不利方中选择使用。至于水气病与痰饮病，两者都是同源异流，但痰饮病篇论述痰饮方治颇为具体；而水气病篇则只提出发汗、利尿、下水等治法，有关逐水方剂，可在痰饮病篇中求之。又有只出方治而略于证候的，应用从药测证之法，推求证候。如百合病篇有："百合病发汗后者，百合知母汤主之"。"百合病下之后者，滑石代赭汤主之"。"百合病吐之后者，用后方（百合鸡子黄汤）主之"。三条只出方治而证候不详。百合病由于阴虚内热，本不应用汗、吐、下三法，若误用此法，其病情变化怎样？证候表现怎样？条文未有指出。根据误汗后治用百合知母两药，其作用是清热润燥，因而推想到误汗伤阴，则变热变燥，可有发热、口燥而渴等症。误下后用百合、滑石、代赭石三药，从药效来看，有养阴清热、利尿涩便之功，可知误下伤阴，热邪下陷，当有大便溏泄，小便不利等症。误吐后用百合鸡子黄两味合用，有润燥除烦之效，从而测知误吐损害胃中津气，致胃气不和，可有虚烦、失眠等证候。通过这两种方法，在证候方药各有不全的情况下，反复推求，深入钻研，常能领悟条文意义，解决许多疑点，难点。

毛主席说："中国医药学是一个伟大的宝库，应当努力发掘，加以提高。"我们对待祖国医学遗产，特别是古代经典著作，应该采取取其精华，弃其糟粕的正确态度，方能做到古为今用，既有继承、又有发展创新，这是今后学习的努力方向。

[《新中医》1979，(4)：51]

再谈对张仲景氏"狐惑病"的认识

张发初　上海市杨浦区中心医院

中华学医杂志 1978 年第 9 期刊载我们"眼、口、生殖器综合征（张仲景氏狐惑病）的认识和 X 线表现"一文。当时考虑到篇幅有限，不可能详细说明张仲景所述的狐惑病与现代医学的眼、口、生殖器综合征的符合处，以致引起读者（彭兴医师）的误解。今特补充如下。

《金匮要略》[1]有关狐惑病的记载共四条。(1)"狐惑之为病，状如伤寒，默默欲眠，目不得闭，卧起不安，蚀于喉为惑，蚀于阴为狐，不欲饮食，恶闻食臭，其面目乍赤、乍黑、乍白。蚀于上部则声嗄，甘草泻心汤主之"。(2)"蚀于下部则咽干，苦参汤洗之。(3)"蚀于肛者，雄黄熏之"。(4)"病者脉数，无热，微烦，默默但欲卧，汗出，初得之三、四日，目赤如鸠眼；七八日，目四眦黑。若能食者，脓已成也，赤豆当归散主之。

根据国外 Chajek 等[2]于 1975 年报告的 41 例白塞氏病和我们所见到的 33 例眼、口、生殖器综合征，将其主要症状与狐惑病的症状作一对比：

1. 狐惑病起病时有类似"伤寒"的发热或寒热表现，有的则在发病时也可"无热"而只有"微烦""脉数""汗出"等证。在张仲景年代，体温表尚未发明运用，一般低热手触温差不易感觉，虽然原文记载"无热"，但有"脉数"之体征，从现代医学观点来看，说明可能有低热。这与 Chajek 等的多数病例有发热（即有些病例无热）和我们明确记载有起病或/和复发时发热计有 18 例（即有些病例无热）相符。

2. 狐惑病的"蚀于喉；蚀于上部"与 Chajek 等病例中 40 例有表浅小溃疡发生在口唇、齿龈、颊、舌、扁桃体或喉部，和我们记载的全部病例均有口腔或/和咽喉部表浅溃疡很相符合。

3. 狐惑病的"蚀于阴；蚀于下部，蚀于肛"，与 Chajek 等的病例男性有阴囊、阴茎溃疡和女性有阴唇、阴道溃疡（共36例），以及我们所见到的病例有生殖器或/和肛门周围溃疡（共28例）相吻合。

4. 狐惑病的“目赤如鸠眼”，可能是对瞳孔以内组织炎症变化的比象的描述，“眦黑”和“脓成”是指该处有化脓表现。这与 Chajek 等（31例）和我们的病例（23例）所见到的结膜炎，虹膜睫状体炎和前房蓄脓性虹膜炎相符。

5. 狐惑病的“其面目乍赤、乍黑、乍白”，可以 chajek 等（36例）和我们病例中（18例）所见到的结节性红斑样皮疹等皮肤病变可使体表局部发生红、紫、黑等颜色改变来解释。

6. 狐惑病中所说“不欲饮食，恶闻食臭”，与我们所见病例中有厌食、恶心、食欲不振等胃肠道症状者的记述相符。

7. 狐惑病中有“默默欲眠”，“卧不得闭”，“卧起不安”等证。Chajek 等（12例）和我们病例（2例）中亦有出现嗜睡、头痛、头晕等症状者。

综上所述，Chajek 等41例白塞氏病以及我们所见到的33例眼、口、生殖器综合征，与狐惑病的症状几乎均相吻合。

另外，综合征（syndrome）为西医学名词，为一组同时出现的证候群，代表一些相互关连的器官病变的临床表现。张仲景在原文把前述的四条加以综合和归纳，统称为狐惑病。这与1937年土耳其皮肤病学家白塞氏报告2例，把有口腔及生殖器溃疡和眼部疾患作为一种特殊综合征，称为“三联复合征”，后人称为白塞氏病或白塞氏综合征（新名称为眼、口，生殖器综合征）相符。

一千多年来，历代医家对狐惑病提出了他们不同的见解、看法和意见，但都不能恰当地解释本病究系后世所遇到的何种疾病。例如，有的注家因不识眼内可以成脓（前房蓄脓性虹膜炎等），遇到注释“脓已成”一句时，误释“今脓成何处，大率在喉与阴肛”[4]。其实，张仲景在原文第四条中主要讲的是眼部症状，全条绝未提及喉与阴肛。

今天，以现代医学的认识来探讨和研究张仲景所述的狐惑病，我们认为只有眼、口、生殖器综合征一病最能与它吻合。

[《中华医学杂志》1979，59（12）：769]

怎样学习《金匮要略》这本经典著作

陶葆荪　广州中医学院

医圣张仲景的《金匮要略》，是祖国医学四大经典著作之一，经过二千年来无数考验，历代都一致承认为至宝贵至实用的经典，与《伤寒论》同是中医辨证施治的最高典范。在汉时是万流所汇，在后世是万水之源，是一个蕴藏宏博的大宝库；后世各家学说都从它那里演变出来。而且它自有其独立的体系和独特的精神，治医诸君未有不向它学习的，亦未有轻视它的。

然而部分注家有认为它文字古奥艰深；有认为它章节杂乱、错简甚多，说成如何难于学习。这种不正确看法，如果不加分辨，怎能端正后学对这本经典的认识和树立后学对学习的信念？有些人说：金匮往往文字简略，“有证无方，有方无证。因而说它脱简甚多。金匮真的章节杂乱、错简甚多吗？不！这是因为他们未经深入反复研究，仍不了解金匮有其独立的完整体系和独特精神的原故。

什么是金匮的完整体系和独特精神？

我曾用十二个字来加以概括，就是“原则启发、举例说明、重点鉴别”。先从全面讲：本书在第一篇提出总纲后，接着就提出“痉湿暍篇”，实具有重要的意义，尤其是着重在重点鉴别的方法。在狭义的承上起下来讲，接着脏腑经络篇在原则上作了医学全盘知识的启发后，就顺着次序来举例说明“外皮肤所中”及“经络受邪”为全部内因病传邪途径，并且反映出和下篇百合狐惑阴阳毒的“血脉受邪”相互间的浅深程度，暗示与六经传变不同。在广义的承上起下来讲，此篇是伤寒杂病的总分章，也是内因、外因大区别。此篇仲景不先不后，偏偏放在两本书的分卷处，分明是两卷书递嬗所在的大关键，这完全是唤起人们在注意伤寒杂病内外因鉴别的总提示。拙作《金匮要略易解》（即现在广州中医学院的讲义）曾提到：按此章论痉病共十二节，提太阳病竟占六节，所出治疗三条方剂，都是从伤寒论来。何以痉病不列入伤寒而列入杂病呢？注家多因此乱了主意，不是说它是伤寒变病，就是说它是伤寒兼病，说了一大堆太阳少阴标本寒热，总是擂不到鼓心，得不到真义，此是未明析内伤外感的大分界是以此篇为开始，因为痉病初起虽类伤寒，而其实则由经络津血先虚，燥热内生，每借外感而爆发，是外感为诱因，津血内伤为主因，主次分明，便不烦言而解，但是仲师偏屡提太阳病三字，这是什么意思？这分明是仲师特提太阳病来突出非伤寒太阳病。所谓太阳，不过是体表的互辞，即是说，此是内伤津血酿成的痉病，是借外感诱发的，纵使有头项强痛恶寒的体表症，究非伤寒单纯外因的太阳经病，故治疗更显示可以不俟传经而迳用急下存津的大承气，证明它与伤寒治例大不相同，又从此处用葛根汤的用意与桂枝加栝蒌根的用法，皆是以生津为主，与伤寒主治实有不同。因此对象不同，治例各异，还可说是伤寒变病或兼病吗？仲景就以这个与伤寒最易混淆最应鉴别的痉病，做杂病论辨证论治的第一篇，含义岂不非常清楚？

这样从编排上已标志着伤寒杂病内外因不同的分界，从章节里更具备了内外因不同的鉴别和治疗上的先从标治，作举例说明。而注家偏死抱着统于一尊的观点，认为伤寒、杂病同一体系，杂病应该统于伤寒，始终一成不变地以伤寒解释来解释杂病，遇到其中有借用伤寒条文的，不懂从杂病另求解释，一味斤斤于六经传变。拼凑不来，又说是错简。有此偏见，遂表达不出本书的完整体系和独特精神，反使后学疑雨疑云，不知所从，贬低了本书价值，深为可惜！

由此篇至第五篇，除了章与章之间，对于经络脏腑、荣卫气血、受邪浅深作了举例说明，和章内证与证之间的脉因证治作了原则启发，重点鉴别外；一直与伤寒作了不断的鉴别，可谓泾渭分明，绝无拖滞。

此外，一章中联合几个证，也不是随便联合，必是它的脉因证治有着原则启发、举例说明、重点鉴别的意义，然后合章。试举几个例子来说：

“腹满寒疝宿食”，先将三证分析开来看，“腹满”是症状，“寒疝”亦症状亦原因，“宿食”是原因。再将三证综合起来看，这个鉴别就全面了，就是由共同的症状以鉴别出同中有异、异中有同的原因，复由一种原因来鉴别开三种同中有异、异中有同的症状，其中还包括着辨证的原则启发，论治的举例说明。

又如“肺痿肺痈咳逆上气”，肺痿肺痈都有“咳逆上气”的（包括肺胀），同是肺病，同是咳逆上气，而三个证的脉因证治都有异同点，而每一个证，自己本身脉证治疗亦有前后期的不同处，因此必须综合起来作相互分析、互相印证，作出重点鉴别，更得到原则启发作用。若果三个证分开来，就会失了以上的重要意义了。如肺痿，只从病因说一说，脉也是拿来与肺痈作虚实的比较，整个脉因证治不全，若以为金匮只作如此论述，就不是善读金匮了。

又如：“胸痹心痛短气。胸痹与心痛皆有短气，而胸痹与心痛常有互相影响，辨别颇不容易，因此联在一篇来在脉因证治各方面互相鉴别，求出其同中的异、异中的同，得出正确的诊断，分别治疗，全不是偶然拼凑，其目的还是在启发后人，对复杂的问题，作深入而细致的鉴别诊断，不单从一个症一方面看问题，而一个症一方面亦随之解决了。此即所谓大经大法。假如将它拆开来，则“胸痺”自“胸痺”，“心痛”自“心痛”，不独失去本篇作用，而“短气”则无所归宿了！

又如：“肺痿肺痈篇”的“咳逆上气”，何以仲景不将它归入“痰饮咳嗽篇”作类证的综合？不知这就是他煞费苦心之处。仲景的归类法，其精神在证与证的鉴别，不在同类合编，与编写内科学的精神体例，判然不同。因为咳逆上气此篇中是凭它突破肺痿、肺痈两者间的混淆点，作出判然鉴别，是有它的重要意义的。如果放在“痰饮咳嗽篇”则无有分别，起不到什么作用，何异赘疣？但是有些注家就以为这就是杂乱无章了。又至简单莫如：“血痉、虚劳”，“中风、历节”。这两章书判然四证，分开来呢，还是合起来呢？合起来则有综合、有分析，发现许多道理，增加许多知识；分开来则各自为证，毫无生发了。又如：“惊悸吐衄下血胸满瘀血”，这是数证同一原因（皆属血病所致），而症状不同。“呕吐哕下利”，这是症状大致相同，而原因各异（寒热虚实都有）。就以上两章完全是采取举例说明，有几个症状不同而同一原因的，有几个症状大致相同而原因各异的，虽然错综夹杂，要做到同异分明，必须采用综合的重点鉴别来互相分析，自可得出其脉因证治的异同点。这种从极复杂中求出极明确的鉴别法的启示，是非常宝贵的。盖复杂的问题既能解决，那简单的更迎刃而解了。但是如果不了解这种体例，而欲以一个证一个证分成病因、病机、症状、诊断、治疗、方药等叙述来要求它，自然就觉得错漏、杂乱、重复了。

金匮的主要内容

金匮丰富多采，体全用大。它包括着祖国医学整个学术思想，实践经验，除阐发了整体观念的中医学特点外；还启示了生理学、病理学、卫生预防学、诊断学、方剂学、药物学、治疗学、妇科学、外科学等等，使后世学者掌握到它的辨证规律、治疗法则，发展了多方面宝贵的趣论，挽救了无数人民的疾苦。

“天人感应、整体观念”，本经第一篇人禀五常节，首先提出。风气能生万物，亦能害万物”；第八节的“时至气至”，说明人的生理病理与天时气候的关系，证明人是不能脱离大气而独立生存，从此可以了解一切生理、病理是矛盾对立和统一的关系。其次关于脏腑与脏腑之间，认为是互相联系互相制约，此脏有病会影响彼脏，这就是整体观念的基本精神。其认识已在千八百年前便能实用于临床实践上，真是祖国医学独特之点。

卫生学和预防医学亦在“五常篇”中作了原则性启发，如说：“五脏元真通畅，人即安和”及“人能养慎，不令邪风干忤经络”，和一切起居饮食的调节，及“上工治未病，知肝传脾，当先实脾”用来说明预防邪传的先期处理，这显然是卫生学与预防医学的肇始，绝无疑义。

诊断学从第一篇第三节的望色，第四节的闻声，第五节的望、闻并用，第八节切、望同参，更能结合天时作了总的提示，还在各篇中不断比较，其运用四诊，深入细致，既能阐明经旨，又能结合实践。特别是“脉学”，一脉可以主数病，一病可以见数脉；其研究之精，启发之文，尤为本书之特点。

治疗学、方剂学、药物学，它的观点是从整体全面出发。如第一篇十七节的五脏病随其所得而攻之，“渴者与猪苓汤”。又见肝的病就防传脾；既用酸又用焦苦，作出面面皆到的治法。又如治先有经络津血内伤为主因，而兼有或风或湿的外邪为诱因的刚、柔二痉，虽借用伤寒方来解决诱因，但特别注重葛根和栝蒌根的凉解生津和大承气的急下存津，启发人以治痉病先顾津液的重要原则；又如厚朴三物汤、小承气汤、厚朴大黄汤少变份量，便收到同中求异的功效；又如同用大黄，而煎煮时间有先后不同，而收效就起了同中有异作用。只于此等处少逞其机，已使肯于钻研的学者受用无穷。又如第一篇第十四、十五节，对表里证的缓急处理和痼、卒病的先后应付，和五脏病各有所得者愈，结合到病者的喜恶与习惯来发扬治病必求其本的清源方法，这不是将临床处理大法作了原则的启发、作了举例说明吗？

其余有关各科，莫不有它的独特阐明，作出了原则的提示，从而启发了王叔和的脉论，陈七择的三因；张景岳从它得到八纲的总结；林之翰从它得到四诊的抉微。更如张子和的汗吐下，全从此处得来，固不在话下；而河间的泻火法，亦何莫不从泻心汤发展出来？东垣的补土法，何莫非从小建中化裁出来？其他取得它的零维寸玉，发展成一家言者，更指不胜屈。这本浑浑无涯的世著，从它无比丰富的内容，从它独特超迈的精神，从它伟大正确的启发，从它对医学的辉煌成就，对人民的巨大贡献，说它是整套祖国医学总泉源之一，说它是一个蕴藏宏博的大宝库，实非过言。

金匮真的古奥艰深难以学习吗？

有些人说它文字古奥艰深。在内经来讲，还算是出于周秦人手笔，但它的文字已远不及夏商的朴拙，不见得有什么佶倔聱牙之处；况为汉人手笔的《金匮要略》此时去古渐远，文字渐备，已不算得古奥坚深了。且医学著述志在授受，务在简明，与其他文章务在驰骋辞藻的，应有所不同，仲景岂有不知？断不致故作奇古令人难续。吾人倘不被好夸大的注家所骇吓，耐心研读，相信必觉它畅通无碍，不觉什么古奥艰深。还记得陈修园在金匮浅注里就有怎样从鼎彝中发现汉文如螺旋，然后乃能解得金匮文义的说法。以等身著作自命学究天人的陈氏，到此才懂得汉文，欺人乎？自欺乎？且看这是汉文古奥呢，还是注家故作艰深？如脏腑经络篇第十二节“脉脱”的脱字，分明是因于卒然突变，致脉乍停歇，是一时性的现象，脉回就可愈，是何等切实明白。而丹波元简偏偏解此“脱”字是“脱使间”的“脱”是助语词 煞费苦心，引了一大堆汉人文章中用脱字为语助词的辞句作证，且看这是汉文的古奥呢，还是注家的故作艰深？又如腹满寒疝宿食篇第十七节“发则白津出”白津就是“白沫”，从临床上见剧痛的病人痛至口角流白沫，所在常有，何至难解？但赵刊本则解白津当作“白汗”，白汗就是“魄汗”“魄”古与“薄”通，薄是逼迫之意，如此千迴百转，才解白汗就是逼使汗出，这样一来，白字便被解成动词，真是说文解字的最高一手，且看这是汉文古奥呢，还是注家故作艰深？又如肺痈有方，肺痿无方，一些人又以为有脱简。不知肺就原因症状本属单纯，只有早中晚期证的区分，容易分别出方应付；但肺痿则所致病的原因甚为复杂，兼是的症状亦甚繁复。殊难出三二方以为主治，反致挂一漏万，因此只作原则启发而不作肯定治疗，使人掌握原则辨证论治，更觉灵活而实际，况下节火逆之麦门冬汤亦可触类引用。不止肺痿这样，其他章节有同等情况的，仲景都是这样处理，这是脱简吗？肺痈“脉微而数”，注家不得其解，又说是错简。陈修园解作微为显之对象；金鉴更硬改微为浮；更有立调停之说的，说成微是对大而言，就是浮小而不滑大，总是死于浮为风的脉诀句下。不知此节已不是初期现象，而是后期痈成将溃之候，所谓脉微而数，“微则为风”“数则汗出”一连串都是涸溯卫气，因先受风邪摧残而虚弱后的经过，此脉之所以微，已不重在风邪的形容，而重在卫气的削弱了，风既重伤卫气，其脉安得不微？仲景还恐后人不明白这个道理，又再申明说，风中于卫，风伤皮毛，接二连三曰微曰风，无不环绕卫气，说明微脉本属卫虚，卫虚由于风伤，此微脉的来源与结果，亦由此来源与结果才有此微脉，何等明白。而偏要改微为浮以凑合风脉，致早晚期证脉不分，不止模糊了仲景对病理机转阐发细致，对脉学常变分析精深，而且点金成铁，贻误后学殊非小事，这是错简吗？又如消渴小便利淋篇第二节：“寸口脉浮而迟，浮即为虚，迟即为劳”。特提出寸口浮迟的脉象，是营卫虚弱而劳乏的表现，并说明由此营卫空乏，精血失却生化的源泉而引起燥热内生，逐渐酿成消渴，此是消渴一个重要的原因和它所以然的脉象。很显然，这虚劳二字分写两脉之下，是脉象迟而浮的形容，是脉象所以然的注脚，两字并未连用，不属名词。而金鉴竟以形容词作名词，以为是虚劳的条文误入于此；丹波元简氏亦以巢源将此条收于虚劳候中，认为可确证金鉴之说。不知巢源将它放在虚劳候中来补充虚劳资料，仍可说是旁搜远绍，灵活运用。但仲景将它放在消渴篇中来说明营卫衰乏的脉象，和透露消渴的原因，这分明是本篇原文，而金鉴竟因有虚劳二字，必将它硬说是虚劳错简，其粗心执着，更不与巢源同论。如这样一类的不知凡几，在拙注《金匮要略易解》中摘出不少，此处只作举例说明，可不多赘。我们就这几个例子来看，可知所谓文字古奥艰深，章节杂乱，脱简甚多，都是部分注家的浮夸所做成，实在可以说注家的错。我在学习金匮过程中，只觉它章与章、节与节之间血脉流畅，肌理分明，联络紧密，照顾周详，确不见得有什么脱漏和杂乱处，此或者由于识力不够，未能发觉也未可定；但纵使有之，亦可肯定必属少数，此是古籍不可避免的。

金匮的证，真的古有今无吗？

有些人以百合、狐惑、阴阳毒三证，认为古有今七。但是我们从临床上所见属于神经衰弱之类疾病，与百合病实无多大不相同，常常用百合知母汤、百合鸡子黄等汤加减，来治神经衰弱，尤其是失眠心悸等证，无不效如桴鼓。证已相类，药亦有效，而必要说它是古有今无，岂能令人信服？至于狐惑病，对照今天一切温热斑疹的遗毒证，何尝不有类同之处？近代注家亦有对照及之者，更不能说是古有今无了，说到阴阳毒，更是历朝历代都有发见的；我们从临床上所见到较严重的传染病中，有面赤斑斑如锦纹、咽喉痛、唾脓血，及面目青、身痛如被杖的症状的病者，实不在少数，即就治疗方面来讲，金匮主治阴阳毒的升麻鳖甲汤，实是历代治疗温毒疫疠方法中的至宝贵的祖方，试问后世医毒症的药方，是否多数使用升麻和雄黄呢？活血行瘀法是否从方中的当归发展出来呢？清阴破结法是否从鳖甲发展出来呢？祛风散寒法是否从蜀椒发展出来呢？败毒和中法是否多数用甘草呢？后人治毒症的方法，实在无不从此方发展出来。竟说它是古有今无，对吗？应知金匮所说的是祖国医疗的大经大法，旨在原则启发，举例说明，重点鉴别，不是老将一个证详细论列，如近世内科学的作法。况历史是发展的，一切朝代背景、地土、气候、疾病，不是一成不变的，何必斤斤要求于百分百的对照相符。吾人应该实事求是，重其实效，略其小疵，纵有小疵，亦不过在提高整理，使到“古为今用”才是。何能因疾病症状上的未全符合对照，名词术语上的稍有含糊，便认为糟粕而去了它，如古人说：“以寸朽弃连抱之材”，岂不深为可惜！

为什么《金匮》给人们这样多误解

查金匮难学的说法，并不无因而至，来由甚远，原始是由于唐人自私，他们重视金匮有过于伤寒，（隋唐之际，伤寒仍若断若续，分见于世；而金匮则声销迹匿，可知它由被重视而反招致湮没，此说并非悬揣。）世袭而藏，秘不传人，由此辗转埋没若干年代，经易朝而没入宋庭，及后才由王洙发觉，但出世未久，适值宋季及金元各大家都注精会神于个人学说的发明，不暇从事于古经整理和注疏，因此又经再次浮沉，至明而后大显于世，明清各名家相继起而为它作了注释，使祖国医学中的鸿宝由隐至显，刮垢磨光，多姿多采的面貌精神，重见于医林。在医学上获得了辉煌成就，注家发扬继承的功劳确不算少；可惜这时统于一尊的思想观念仍盘踞注家的脑海，仍以杂病统于伤寒，以局限于急性外因病的观点来作慢性内因病的注释，因而不能避免抵触而起混乱，一遇有伤寒条文在杂病中，解释不来，便疑错简，更授错简专家以诸多口实。而编辑金鉴诸公，更削足适履，改经从己，这个错误，说是功不补过，颇觉恰如其分。迨至反动时期，亦即帝国主义以大炮战舰为后盾，以文化侵略为前锋的时期，在文化侵略的狂涛汹涌中，中医岂能例外？备受摧残。这时上层则有媚外成性的汪精卫，下层则有数典亡祖的余云岫等，推波助澜，为主子张目、对祖国医学极尽批隙导窍之能事，务必将它支离破碎而后快。还以消灭中医当从中医的经典著作始，四大著作中的金匮要略，被作为攻击的主要对象，说得糟糕一团，真可谓体无完肤。诋中医的人，说中医无理论，而有些中医本人也说："无理论，无理论，"此卅年前事，至今说及，余痛尤存。幸党中央和毛主席英明果断，远瞩高瞻，号召发扬继承祖国医学，使中医开拓了光明前途，而人民也增加了健康保证。作为一个垂老中医竟得见此梦想所不到的兴盛和蓬勃的景象，其欢欣鼓舞，真非语言文字可以表达出来。

金匮真不失为一本至博至大，具备普遍真理的医学经典著作，它掌握了原则启发、举例说明、重点鉴别的方法，来辩证地阐明整个祖国医学理论来施诸实用。因此，我们必须提高对它的认识，坚定对它学习的信心，更必须将它全套掌握过来，作深入细致的研究，为提高整理的基础；尤其是肩负着继承发扬祖国医学整理提高重责的高级研究学者，应从这里发掘。希望大家不负党的号召，为完成继承发扬祖国医学的责任计，为促使中国新医学迅速诞生长成以造福世界人民计，必须珍惜爱护之，努力学习之，发扬光大之。幸甚！幸甚！

［《广东中医》1980，（2）：57］

《金匮》"白津"考释

陈倩亮

《金匮要略》是祖国医学的古典医籍之一。因年代久远，文义深奥，故学习时必须仔细审别。本文拟对"白津"二字进行粗略的考释。

《金匮要略·腹满寒疝宿食脉证治篇》第十二条："……寒疝，绕脐痛苦，发则白津出，手足厥冷，其脉沉紧者，大乌头煎主之。""白津"二字，刊本各有差异，如《千金》《外台》作"白汗"；《金鉴》便谓"白"字，当是"自"字之误等。诸本有别，难确其真，故不少注家主张仍作"白津"为妥。但什么是"白津"？诸注众说纷纭，或以为《素问》之"魄汗"；或以为《脉经》之"白汗"；或以为妇人之白带、男子之漏精；或以为口中之唾液，等等。说法不一，但可概括为三类：

第一，如黄元御《金匮悬解·卷十七》释："发则木气疏泄，肾精不藏，溲出白液"；认为"《素问·玉机真脏论》脾传之肾，名门瘕疝，少腹冤热而痛出白津（注：原文无'津'字，是黄氏所加）即白淫之类。"所以仲景用"蜂蜜缓急迫而润风木，乌头泄湿淫而温寒水也"。如此引经而圆其说，赜之乃源于诸家注《素问》中"白"字之语。如李士材《医宗必读》说："……有气不得仰曰冤，气聚而痛，白精自出。"追溯王冰《黄帝内经素问》亦有"少腹冤热而痛，溲小白液"的注句。因此陈元犀就拿"白津"释为"泄精""漏精"；后人还根据《内经》"任脉为病，男子七疝，女子带下瘕聚"的论点，把"白津"扩展为指"白带"。但这种说"白津"为尿道或阴道流出的一种白色分泌物，不仅无文献记载佐证，又不完全符合原文及《内经》之"白"字，而且缺乏临床根据。

第二，如尤在泾《金匮要略心典》说："白津，汗之淡而不咸者，为虚汗也。一作自汗亦通。大乌头煎大辛大热，为复阳散阴之峻剂"。《金鉴》作"自汗"解，前面已经谈到。有认为"白"通"魄"，魄津即魄汗、自汗，"魄"又通"搏"，邪正相搏，逼迫致汗。由于临床上确有不少剧烈腹痛的患者，每被急迫而致冒汗。所以这种观点，易被接受。但刊本倘作"白汗"，此解确有见地；若仍作"白津"，这就值得怀疑了。因为古时"津"字不能与"汗"字通用。

第三，如近人吴考盘《金匮五十家注》解"白津"为口中"白沫"，曹颖甫《金匮发微》与此解一致。曹氏以《经方实验录·奔豚其二》治浦东周姓一妇人为例，认为"白津"是白色透明而清稀的唾液。他在按中说："益周右每当寒气上冲之时，口中津液即泉涌而出，欲止之不得，其色透明而白，待冲气下降，此种白津方止。其来也不知何自，其止也不知何往，但决非痰浊之属。盖痰浊出于肺胃，此则出于口中，痰浊较浓而厚，此则较淡而清。痰浊之吐出须费气力，此则自然流溢，故二者绝然为二物。夫奔豚为寒性病，既有出白津之例，则寒疝亦为同类之寒性病，共出白津复何疑?"说得理真情切。复诊时在其自按中又说："余琐琐重问白津之状……所言悉合，…细按其脉，颇见弦紧之象，与仲圣所言寒疝之脉相似，益见寒疝与奔豚确属类似之病。"并用当时所学西医学观点，认为唾液实即本案所谓"白津"。分析中肯，结论熨帖入扣"白津"本意。

"白津"二字，笔者通过考释后，认为尽管目前解释还有分歧，但释口中清稀透明的唾液，即俗谓之清水绞，不但理论上能符合仲景原旨，而且实践上也能得到验证。故前述三种解释，以第三种较为正确。

［《浙江中医学院学报》1981，（5）：48］

《金匮》心痛概念及其部位之我见

李发枝

《金匮》中论述心痛，见于该书第九篇(《胸痹心痛短气病篇》)和第十一篇(《五脏风寒积聚病篇》)，后世注家对第十一篇所论的心痛，均认为是寒邪中心或心脏自病所致的疼痛，然对其疼痛当在何处，则无明确论及者，而对第九篇所论的心痛，又众说纷纭。归其大要，约有二说：一认为心痛是病邪逆于心或心包所致之疼痛，至于其疼痛的具体部位则语焉不详。如张璐玉云：“阴邪上乘于心则为心痛也，”沈目南云：“邪感心包，气应外俞，则心痛彻背”；其二则认为心痛是指胃痛，其疼痛的部位在胃脘部，如成都中医学院主编的《金匮要略选读》：“寒饮乘于心下（胃）则为心痛……心痛则以胃脘部症状为主”，何任编著的《金匮要略通俗讲话》说：“心痛是包括心窝和上腹部的疼痛”，“其疼痛的真实所在，应该以胃脘部为多”。笔者认为，《金匮》所论的心痛（包括九、十一两篇）是指病邪侵及心包络所致的疼痛，即《内经》中所说的“厥心痛”而不是指胃痛；其疼痛所反映的部位当在胸中两乳之间，而不是在胃脘部，其理由如下：

祖国医学所说的脏腑，其概念虽和西医解剖刀下的器官不同，但也一定有其组织结构作为形态基础。不同的脏腑，在体内各有其特定的部位和一定的功能活动，《灵枢·胀论》说：“脏腑之在胸胁腹里之内也，若匣匮之藏禁器也，各有次舍，异名而同处一域之中，其气各异。”因此，当某一脏腑发生病变时，就会在与体内特定部位相对应之处，或在与其功能活动有关联的相对应方面，产生某些证候，正如《灵枢·胀论》所云：“故五脏六腑者，各有畔界，其病各有形状。”所谓辨证，也正是根据表现于外的各种不同证候，来推知体内不同脏腑的病变。于心胃，一为阴脏，主血液之运行，而位居膈上之胸中；一为阳腑，主水谷之受纳，而位居膈下之腹里。故其为病也，表现于外的证候，在部位上也必然各异。因此，若谓心痛是指胃痛，似欠妥当。

或曰：《金匮》乃一千七百年前之作，心痛与胃痛，其概念原属模糊，非也！现从以下两方面加以探讨。

其一，由于仲景是：“撰用《素问》《九卷》《八十一难》……为《伤寒杂病论》”的，故需从“内”“难”经的有关论述中，看心痛与胃脘的概念是否清楚。所谓探其源也。

《灵枢·五邪》：“邪在脾胃……肠鸣腹痛”，“邪在心，则病心痛”，《灵枢·胀论》：“胃胀者，腹满，胃脘痛，《素问·标本病传论》：“心病，先心痛”，上述明确指出：“邪在脾胃或胃胀则出现腹满或胃脘痛：而邪在心或心病则导致心痛。《素问·六元正纪大论》：“水郁之发，阳气乃辟，阴气暴举，大寒乃至……故民病寒客心痛”，“木郁之发，太虚埃错，云物以扰，大风乃至……故民病胃脘当心而痛”。这段经文以天人相应之理，说明寒水气盛则病心痛，是为水乘火；风木气盛则病胃脘痛，是为木乘土。仅上述所论就可说明心痛与胃痛是概念不同的两种病证。需要指出，上文中“胃脘当心而痛”句，后世常引为心痛即是胃痛的立论根据，实属误解。盖句中之“当”字，应作“对着”解，不作“相当于”。《辞海》“当，对看，向着。宋子侯《董娇娆》乐府：“花花自相对，叶叶自相当”。《灵枢·五色》篇在论述面部候脏腑的部位时说：“当肾者，脐也。”张景岳注：“肾与脐对，故当肾之下应脐。”因心在膈上，胃居膈下，其部位正上下相对，故“胃脘当心而痛”，即对着心的胃脘部疼痛，仍是指胃脘痛。关于心痛，“内”“难”经中均有“厥心痛”和“真心痛”的论述，如《灵枢·厥论》：“厥心痛，与背相控，善瘈，如从后触其心，伛偻者，肾心痛也”（脾心痛、胃心痛、肺心痛、肝心痛从略），“真心痛，手足青至节，心痛甚，旦发夕死，夕发旦死。”《难经·六十难》：“头心之病，有厥痛、真痛，何谓也，……其五脏气相干，名厥心痛，其痛甚，但在心，手足青者，则名真心痛，其真心痛者，旦发夕死，多发旦死。”所谓“厥心痛”，是指病邪逆于心包络所致的心痛，而“真心痛”则是指病邪侵及心脏实体所致的心痛。真理正如《灵枢·邪客》篇所说：“心者，五脏六腑之大主也，精神之所舍也，其脏坚固，邪弗能容也，容之则伤心，心伤则神去，神去则死矣。故诸邪之在于心者，皆在于心之包络，包络者，心主之脉也。”可见《内经》《难经》对于心痛和胃痛的概念是非常清楚的。

其二，需从《金匮》原著，看心痛与胃痛是否含混不清，是谓澄其流也。

《金匮》对病证的分篇，是较为合理的，“大体上是以病机相同、证候相似或病位相近者为主，分别加以归类”（《金匮选读》语）而成篇的，心与肺，同居胸中属上焦，心主一身之血，肺主一身之气，故心肺之病常相互影响，而证候表现也多在胸部。因此，仲景将心病之心痛与肺病之胸痹、短气合为一篇，名曰“胸痹心痛短气病篇”，并在该篇第一条（条序依湖北中医学院主编《金匮要略讲义》）曰：“今阳虚知在上焦，所以胸痹，心痛者，以其阴弦故也。”明确指出了胸痹和心痛的病机均为上焦阳虚，阴寒之邪上乘，从而揭示了二者的病位也都在上焦胸部。此外，第十一篇第九条说：“心中寒者……心痛彻背，背痛彻心”，第十条说：“收伤者……心中痛而自烦”，更是明言“心中寒”或“心伤”会导致心痛。至于胃痛，由于胃与脾同居腹里属中焦，二者“以腹相连”，以经脉相络属，脾胃之病更易相互影响，其证候表现皆可见腹部（包括胃脘部）胀满或疼痛，且二者之病又都可因伤食而致。因此，仲景将胃病的胃脘（上腹部）痛，归在“腹满寒疝宿食病篇”中，并在该篇首条曰：“趺阳脉微弦，法当腹满。”“趺阳”属胃脉，可候脾胃之气，其脉微为阳虚，弦为寒盛，脾胃阳虚寒盛则纳化俱弱，气机壅滞，故其症状可见腹部（包括胃脘部）胀满疼痛。（该篇之腹满多兼疼痛，观原文自知。）该篇还详细论述了包括胃脘部在内的腹满痛病证的辨证要点及具体治疗方药。此外，由于胃在心之下，故《金匮》中常用“心下”一词来论述胃的病变或病证，如《痰饮咳嗽病篇》第三十条：“卒呕吐，心下痞”，第四十一条：“先渴后呕，为水停心下”，《水气病篇》第三十二条：“心下坚，大如盘，边如旋盘，水饮所作。”上述足以说明，《金匮》中心痛与胃痛的概念亦是泾渭分明的。

综上所述，笔者认为，《金匮》所论的心痛是指病邪侵及心包络所致的疼痛。由于该书中所论的心痛均无“手足青至节”及“旦发夕死，夕发旦死”等症状，故属《内经》中所论的“厥心痛”。

心痛所反映的部位，为什么说当在胸中两乳之间呢？这需要明确五脏之一的心脏在体内的具体位置。

《灵枢·本藏》：“五脏者，固有小、大、高、下、坚、脆、端正、偏倾者……心高则满于肺中……心下则脏外，易受于寒”，《素问·痿论》：“肺者，脏之长也，为心之盖也”，《难经·三十二难》：“故令心肺在膈上也。”从“心高则满于肺中”，肺为心之盖和“心肺在膈上”来看，人的心脏，是在膈之上的两肺之间。《灵枢·胀论》：“夫胸腹，脏腑之郭也，膻中者，心主之宫城也”，王冰注：“膻中在胸中两乳之间”，说明心脏在体内的具体部位，其体表投影在胸中两乳之间，这与现代生理解剖所述心脏位于胸腔内两肺之间、膈肌之上，其体表投影2/3在正中线左侧，1/3在正中线右侧，大致相同。鉴于心包络为心脏外围之脉络。而心脏在体内的位置其体表投影在胸中两乳之间，因此，当病邪侵及心包络而产生疼痛时，其疼痛所反映的部位亦应当在胸中两乳之间。

［《河南中医》1982，（6）：15］

试析《金匮》中的“反”字

孙绍周　山东中医学院

张仲景《金匮要略》一书中，在叙述脉证治的时候，应用了很多“反”字，如“脉反沉迟”“反恶寒”“反不渴”“小便反少”“面反瘦”“反言胸中痛”“医反下之”等等。计有三十八条用了“反”字（做为病名的“胃反”之“反”除外，全书共用“反”字达四十六个。对该字的理解，大部分条文可按“异乎常理之义”作“反而”解释得通，但有的条文则解释不通。对用“反而”解释不通的，注家将“反”字释为传写之误，应为“及”或应无“反”字。但究竟如何理解为是，我想从该字的音义和仲景用该字的寓意两个方面谈谈自己的一点看法。

一、关于“反”字的音和义，大致有三：一是甫远切，音返（fǎn），古通返，有覆、重、更，变、违、叛、悔、又等异乎常理的意思；二是孚袁切，音幡元韵（fān），古通翻，有翻转、颠倒、与“正”相对之义；三是部版切，音阪潜韵（fan），通贩。但《金匮》中的“反”，其音只有“fān”（翻）“fǎn”（反）二音，读“翻”时只有一处，是作为病名的“胃反”之“反”，至于其他叙述病脉证治的“反”皆读作fan”，其古义虽多，但在《金匮》中基本为两个方面：其一是“异乎常理之义”，即所说“反而”的意思，是全书所用最多的一种意义。二是作“更”“重”“又”字解，用于符合常理，起词义累加或加强语气作用，此解法可解通一切用“反而”不能释通的条文。如果以这两种解来分析《金匮》有“反”字条文的话，可分为两种情况，即有的只能用一种解，有的用两种解均可。

只能用“又”“更”“重”字一种解的条文有四，其中如“太阳病，发热无汗，反恶寒者，名曰刚痉”。对该条“反”字一般注家多引《甲乙经·卷七》无“反”字，或从古本“反”作“及”，以为传写之误，但我认为用“又”字“更”字解较为好些，原刚痉除具痉病的典型症状“颈项强急，独头动摇，卒口噤，背反张”外，还有外感风寒而寒邪偏盛的表实证，恶寒一症是不可缺少的。此“反”有加强语气的作用。再如“产妇郁冒，其脉微弱，呕不能食，大便反坚，但头汗出……”，产后血虚不能濡润大肠则大便坚，是合乎道理的，应作“只”字解，若作“反而“解则文理不通。

只有“反而”一种解的条文见于：凡属治疗错误，不应下而下者，仲景皆用“反下之”，《金匮》中共有四条，此“反”字只作“反而”解。另外，痉病“背反张”，之“反”，是说正常人体多前弓、今反而向后弯，故曰“反张”。此反与张组成一个专有名词，与其他“反”字语法作用不同。

除上述情况外，其他有“反”字条文中的“反”多能既用“反而”解，又能用“又”“重”“更”字解，在文理和医理上一般都能释通。但从医理角度以“反而”解较为合适，因这更能体现“反”字在辨证中的作用。

二、仲景用“反”字的寓意

1. 突出脉症对辨病的作用　如“太阳病脉浮而紧，法当骨节疼痛，反不疼，久重而酸，其人不渴，汗出即愈，此为风水。”连用两“反”字，一当“反而”一当“又解，是加强辨证辨病，强调关节疼痛和关节不痛而酸重，是区别太阳伤寒和风水病的关键。

2. 突出脉症对辨证的作用　“身肿而冷，状如周痹，胸中窒，不能食，反聚痛，暮躁不得眠，此为黄汗。”寒湿阻络则状如周痹之疼痛，寒湿阻于肺胃则胸中窒不能食，胸膈以上痛是黄汗属于寒湿之证。此“反聚痛”是与湿热黄汗之胸满相辨别而言。

3. 突出治法的正误　“夫瘦人绕脐痛，必有风冷，谷气不行，而反下之，其气必冲，不冲者，心下则痞”，说明治不对证的错误治疗引起变证的。

4. 突出脉症对疾病的预后作用　如“寸口脉动者，因其旺时而动，假令肝旺色青，四时各随其色，肝色青而反色白，非其时色脉，皆当病。”指出随着四时季节改变，脉象和色泽也有变动，但有正常与异常的不同，若春时肝旺，脉弦、色青是正常。假如此时反而现白色，脉反现毛，是非其时而应有的色脉，即属不正常，预后不良。

［《内蒙古中医药》1985，(3)：44］

《金匮要略》释词析疑二则

夏祖昌

一、“脚肿如脱”

《金匮要略·中风历节病脉证并治第五》第六条（以全国高等中医院校四版教材《金匮要略选读》条文排列次序为准，下同）：“诸肢节疼痛，身体魁羸，脚肿如脱，头眩短气，温温欲吐，桂枝芍药知母汤主之。”文中“脚肿如脱”一句颇为费解。脚，即小腿，“如脱”，是形容肿的状态的。有的注本释为：形容两脚肿胀麻木不仁，似乎要和身体脱离一样。但本条首句指出本证的主证是“诸肢节疼痛”，没有言及麻木症状，且云“肿胀要和身体脱离一样”亦似嫌牵强，并不能说明肿的形态。故认为此解不切经义。

《尔雅》郭璞注：“脱，谓剥皮也。”《庄子·至乐》：“胡蝶胥也（胥，蝶名），化而为虫，生于灶下，其状若脱。”脱，按司马彪说：“新出皮悦好也。”“其状若脱”，是言胡蝶蜕变生出，皮薄嫩光泽“悦好”之貌。本条当取此意。“脚肿如脱”是用“新出皮悦好”貌来比喻脚肿较甚，皮肤显得薄嫩光亮之状。再结合所列治方分析：桂枝芍药知母汤寒热并用，有祛风散寒除湿清热之功，可知病因有湿热之邪，湿热趋下，故见脚肿较甚，明亮光泽，如新脱皮之虫视。

二、“水不沾流”

《金匮要略·水气病脉证并治第十四》第四条：“寸口脉弦而紧，弦则卫气不行即恶寒，水不沾流走于肠间。”文中“沾流”，有人解作“活流”。“流”本来就是动词，焉有“活流”“死流”之别?故此说不妥。沾，即霑。《说文》：“霑，雨霡也（霡，音染，濡也)。《广雅·释诂》：“霑，渍也。”《楚辞》:”揽茹蕙以掩涕兮，霑余襟之浪浪。”故“沾”即浸渍，濡润之意。仲景用“沾流”来形容人体内气化水行，津液四布，渍濡周身的状态，和《内经》“游溢”“如雾”的形容颇相一致。“水不沾流”便停而为水病。

以上所谈实属管见，诚望同道指正。

［《河南中医》1985，(6)；5］

也析《金匮》“当随其所得而攻之”

夏祖昌　张重刚

读本刊1986年第二期《浅析〈金匮〉“当随其所得而攻之”》（以下简际《浅析》）一文，受益匪浅。但对《浅析》的某些解释不敢苟同，兹陈愚见。

后世注家对本条认识之所以不同，关键在于对文中“所得”二字含义的理解有歧。《浅析》在解“得”字时说：“得者，合也”，并说：“由此可引申为适应、适宜、适合。因此，条文中的‘所得’应有如下含义：（1）内外合邪；（2）适当的驱邪途经；（3）脏腑对所入病邪的抗邪能力；（4）适宜的治疗措施。”试问：何以从“得者，合也”就能得出“所得”应有上述四个含义的结论呢？实属主观臆测耳。

考“得”，《说文》曰：“行有所得也”。《玉篇》：“获也”。《康熙字典》引《韵会》“凡有求而获皆曰得，”又“赋受亦曰得”。《说文》所释是“得”之本义，即得到、获得之意。《韵会》训为“赋受”，是“得”的引申义。本条之“得”即“得到”，“受”之意，“所得”，是一个名词性词组。“所”，特殊指示代词，放在动词“得”之前，实际上充当了“得”的前置宾语。“所得”即“得到的……”。这里当解为“得病的原因”。

正因为《浅析》对“所得”二字的认识是错误的，所以，将“病在脏，欲攻之，当随其所得而攻之”解释为“病在脏腑，与机体内病理产物相结，应按脏腑相互关系和气血津液的相互关系，采取所宜治法，将病邪自孔窍驱出体外”，也就不言而喻是欠妥切的。至于《浅沂》在上述解释的前提下又引申出的三个含义，更是牵强附会。

那么，该条当如何解释呢？该条共27字，有法有例，言简意赅，亦易理解。“脏”，篇名曰“脏腑经络先后病”，故“脏”当代指脏腑经络。“攻”，治之意。“随”，循着，根据。“所得”，得病的原因。上半句当泽为：在脏腑经络的各种病证，要治疗它，都应当根据得病的原因去治疗。指出了审因论治的法则。至于下半句“如渴者与猪苓汤”，是对上述法则的举例。“渴”，多为津伤，治以清热生津是其常法，此却与猪苓汤利水清热兼养阴，正是针对其水热互结之病因而治，非见渴止渴也。

［《河南中医》1986，（6）；13］

《金匮要略》“其脉平”释

皇甫予苏　南京中医学院

《金匮要略·痰饮咳嗽病脉证并治第十二》十四条曰，“支饮亦喘而不能卧，加短气，其脉平也。”上言支饮病症“喘而不能卧，加短气”，下却又言“其脉平”，然而，“脉平”究指何脉？若为正常平和之脉，脉症不符，难以理解；若为病脉，当谓何脉呢？对此历代医家众说纷纭，见仁见智，莫衷一是，令人百思不解。

医家各自从不同角度，不同方面对“其脉平”进行阐发。①黄树曾《金匮要略释义》“……惟其饮尚走皮肤而为肿，故脉平而不浮不沉。”认为饮邪泛溢肌肤，脉平为不浮不沉之脉，却未明是何脉；②陆渊雷《金匮要略今释》：“承上条，脉平即是不弦。”脉平为不弦之脉，可是，本弦之脉又该如何理解呢？使人挠首；③吴谦《医宗金鉴》“其脉平，谓见肺之平脉，或浮、或涩、或短。”指脉平为浮，涩，短之脉象，然而，此三种脉象并非支饮病常见，似有牵强；④魏念庭《金匮要略本义》：“仲景言其脉反平，为中取之而言也。”言脉平为诊脉之法，此前贤未曾论及，亦难与文意相合；⑤扬百苇《金匮集释》“脉平，谓平和之脉，”王廷富《金匮要略指难》却言“所谓其脉平，并非无病脉……”认识截然相反。唯有尤在泾氏实事求是不明其义，亦不强加注解，《金匮心典》“此云肺饮不弦，支饮脉平，未详何谓。”

支饮属痰饮之病，喘不能卧、短气，乃饮邪犯肺，支撑胸膈，阻碍气机，肺失宣降所致。“肺主皮毛”，“肺朝百脉”，饮邪犯肺，肺气不利，其病必见于脉。因此，无论“其脉平”谓何脉，皆当为“非无病脉”。既为病脉又指何脉呢？上述诸家见解多歧，何是何非，实难定夺。显然，关键是对“其脉平”之“平”字该如何认识，仅以医理阐述难免片面、抵悟，牵强，模糊，亦不合仲景本意。仲景治病强调“随证治之”，据证选方，支饮之病概不例外，察其主症审其脉象，可见于沉紧、滑、弦等脉象，或兼复之脉。“平”从文意上非为形容词，指某种脉象，而应为动词，“平”乃“辨”也，与“辨”通假。在上古音，平，属耕部，并母；辨，属元部、并母；耕、元二部均为鼻韵尾，可通假转借。《诗·小雅·采菽》“平平左右”，毛亨传：“平平，辨治也。”孔颖达正义曰：“《尧典》云，平章百姓，《书》传作、辨章。则平辨义通，而古今之异耳。”孙思邈《备急千金要方·卷二十八》“平脉者，皆于平旦，勿食勿语……既定，先诊寸口。”由此可知，“其脉平”应为“其脉辨”“辨其脉”，辨，辨别、辨识、辨析之意，辨别支饮病所见之脉。支饮病症可见多种脉象，弦紧之脉又易混淆，所以，应详加辨别，脉证合参，辨证施治，方不离仲景之旨。

[《中医函授通讯》1988；(6)：8]

《金匮·中风历节病脉证并治》篇“脏”“腑”新释

河南方城县中医院　贾太谊

《金匮要略·中风历节病脉证并治》篇中第二条有这样一句话：“邪入于腑，即不识人；邪入于脏，舌即难言，口吐涎”。

纵观有关对《金匮》的注释，不外乎下列两种情况：一是就词释义。如《金匮要略语译》[1]，即释为：“风邪侵于腑，神志就不清楚；风邪侵犯于脏，说话就不方便，而且还会流口水”。二是脏腑不分，认为邪入脏腑，仅是病位深，病势重之意。如《金匮要略选读》[2]就释为“如病邪更重则邪气深入脏腑，影响脏腑功能，放出现不识人，不能言语，口吐涎等严重症状”。

笔者认为，这些解释似欠妥，甚至有失仲景原意。根据祖国医学的理论，腑为阳，脏为阴，腑为表，脏主里，因此，腑病应轻。脏病应重，可在这里为什么邪入于腑即出现不识人的重症，入于脏则只出现舌难言较轻的症候呢？这岂不成了入腑重，入脏轻了吗？因此笔者认为此处的“腑”并非指一般的腑，而是指“奇恒之腑”之一的“脑”。

仲景在《伤寒论原序》中曾经写道：“感往昔之沦丧，伤横夭之莫救，乃勤求古训，博采众方，撰用《素问》《九卷》《八十一难》……合十六卷”。从这段序言中不难看出仲景之理论，是本源于《内经》的，是在《内经》的基础上发展起来的。

《素问·五脏别论》说：“……岐伯对曰：脑、髓、骨、脉、胆、女子胞，此六者地气之所生也，皆藏于阴而象于地，故藏而不泻，名曰奇恒之腑。”由此可证，脑也称为腑。脑既为奇腑．而仲景文中的“腑”字，大有指脑的可能性。从临床症状来分析，则更是显而易明。《本草纲目》强调“脑为元神之府”，金正希曰：“人之记性皆在脑中”，可见，脑是人体极其重要的器官。神明所居，是生命要害所在。一旦邪气侵犯于脑，神明被扰，就可出现神志方面的症状。临床上所见的中风病，无论是闭证或脱证，都可见到突然昏仆，不省人事等症候，均属急危重证。

再从现代医学角度来看，本病与脑血管意外颇为相似，如脑出血病人，起病急趋，来势凶猛，若出血量较大，影响了生命中枢的功能活动，一开始就会出现昏迷状态，且死亡率相当高，无论是脑血栓形成或脑栓塞，若阻塞其重要生命中枢的供血血管，也同样会出现上述症状。综上所述，“腑”应是指脑，那么“脏”又是指的什么呢？

祖国医学的脏象学说，不仅把人的精神意识思维活动归属于五脏，而且主要归属于心的生理功能，《灵枢·邪客篇》也说：“心者，五脏六腑之大主也，精神之所舍也”。并且心主身之血脉，手少阴心经之别络，循经入心中，系舌本，一旦心脏发生了病变，亦易于从舌体上反映出来，所以祖国医学称舌为心之外候。如《素问·阴阳应象大论》说：心“在窍为舌”，“心主舌”，唐容川《血证论》更有“舌为心之苗”之说。再者舌的味觉功能和正常地表达语言有赖于心主血脉和心主神志的生理功能，如果心的功能异常，可导致味觉的改变和出现舌强言蹇等病理现象。正如《灵枢·脉度篇》说：“心气通于舌，心和则舌能知五味矣”。如《灵枢·忧恚无言篇》说：“舌者音声之机也”，《素问·风论》亦云“心风之状，……甚则言不可快”。现代医学病因学理论已经阐明，心脏的病变是缺血型中风的病源之一。如栓子的形成就直接涉及心脏，而由心病所导致的中风即可出现舌强难言，口吐涎，神志不清等症状。鉴于上述原因，此处所言之“脏”无疑是指“心”。

此述浅识，实乃笔者管窥之见，望同道指正。

参考文献

[1]《金匮要略语译》．中医研究院编．人民卫生出版社，1963年版．

[2]《金匮要略选读》．成都中医学院主编．上海科技出版社，1970年版．

[《河南中医》1991；(1)：32]

简析叶天士对《金匮要略》的运用与发挥

吴仕骥　天津中医学院

叶天士是清代著名医家，他溯源岐黄，问道仲景，不但对温热病独有心得，自成体系，现仅就

《临证指南医案》和《温热论》的记述，简析叶天士对《金匮要略》的运用与发挥。

一、阐扬《金匮》幽隐，独超千古

1. 创制活血通络法，其典型的用药是以旋覆花汤为基础加入归须、桃仁，柏子仁等，用来治疗血络瘀滞。

旋覆花汤始载于《金匮要略·五脏风寒积聚病》篇，主治“肝着”。《金匮要略》云：“肝着，其人常欲蹈其胸上，先未苦时，但欲热饮，旋复花汤主之。”“肝着”即肝脏气血郁滞，着而不行。”旋覆花汤的药味是：“旋覆花、葱、新绛。叶天士认为“新绛一方，乃络方耳。”

从《临证指南医案》所记载的医案分析，叶天士创制的活血通络法，是基于他的“久病入络”说，用此针对血络瘀滞而设。他的立法依据是：①劳伤郁怒是导滞络脉郁滞的病因；②气与血生理相因，病理相关。气行则血行，“气既久阻，血亦当病，循行之脉络自痹”因此气滞则血瘀是络脉瘀滞的病理基础；③“经主气，络主血”提示瘀滞的病位是在于络；④“其初在经在气，其久入络入血”是络脉瘀滞的病程分析。因而提出“久病已入血络”“久病必入血络”的观点，故治疗当宜通血络。

《临证指南医案》中以旋覆花汤加归须、桃仁、柏子仁等治疗虚劳、郁证、便血、胁痛、宿痞失血等，此外在积聚、癥瘕，疝、心痛、胃脘痛、疟母、疽等病证也有使用通络法的记述，当然其病机必须是络脉瘀滞者。以活血通络法治疗络病的理论虽是源于古人，但在继承前人的基础上有新的创见，发前贤之所未发，使学者耳目一新。

2. 引申利湿通阳法　《金匮要略·水气病》篇：“厥而皮水者，蒲黄灰故主之。”尤在泾注释曰：“厥而皮水者，水邪外盛，隔其身中之阳，不行于四肢也。此厥之成于水者，去其水则厥自愈。”《金匮要略·妇人妊娠病》篇：“妊娠有水气，身重，小便不利，洒淅恶寒，起即头眩，葵子茯苓散主之。”该条是水气为病，水停而卫气不行故洒淅恶寒；水阻致清阳不升故起即头眩。以葵子茯苓散滑窍利水，小便通利，水有去路，气化阳通，诸症可愈。此二条文皆说明由于水气为患，阻滞阳气，如水邪下泄，则阳气得以畅行。湿与水，质同而形异。湿性重浊，其性类水，也可阻滞阳气的布达。叶天士《温热论》的“热病救阴扰易，通阳最难，……通阳不在温，而在利小便。”已成为温病学中的重要治法之一。湿温病，热处湿中，湿蕴热外，湿热交混，当此之时，治以通利小便，使三焦弥漫之湿，得达膀胱以去，阴霾里湿浊之气既消，则热邪自透，阳气得通。于此可见，叶天士的利湿通阳法，推其本乃源于《金匮要略》。

3. 阐发调养胃阴法　脾胃同属中焦，胃属戊土，脾为已土，戊阴已阳，阴阳之性有别，亦即胃为阳土，喜润恶燥。若胃有燥火，则宜调养胃阴。叶天士运用麦门冬汤治疗虚劳、肺痿、咳嗽、郁证以清养胃阴。治疗脾胃疾，主甘凉濡润调养胃阴的治法，故邵斩甫在《临证指南医案》中说：“先生发明治胃方法独多，有薄味调养胃阴者如《金匮》麦门冬汤及沙参、扁豆、茯神、石斛之类。”确实可以启悟学者。

4. 拓展预防传变论　《金匮要略·脏腑经络先后病脉证》篇；“夫治未病者，见肝之病，知肝传脾，当先实脾，四季脾旺不受邪，即勿补之；中工不晓相传，见肝之病　不解实脾，惟治肝也。”这说明从脏腑相关的整体观念出发，如见肝实之病，且兼脾虚时，则肝病最易传脾，故治肝的同时，注意调补脾土，即是治其来病的脏腑，使脾气充实，预防肝病蔓延传变，中医学的“治未病”是建立在中医整体病理观思想基础上的治疗原则，如能洞悉疾病发展传变的规律，自觉地，主动地采取措施，则能截断阻止病情的传变。叶天士在《温热论》中说：“若斑出而热不解者，胃津亡也，主以甘寒，重则如玉女煎，轻则如梨皮、蔗浆之类。或其人肾水素亏，虽未及下焦，先自彷徨矣、必验之于舌，如甘寒之中加入感寒，务在先安未受邪之地，恐其陷人易易耳。”论述了温病斑去而热不解的治疗大法，特别告诫我们必须注意若肾水素禀不足的，邪热最易乘虚深入下焦为患，示人可于甘寒之中加入咸寒之品滋养肾阴，肾阴充足则邪热无传入之机而病不致恶化。叶天士提出的“务在先安未受邪之地”的观点，也即“治未病”——采取预护措施，治未病的脏腑之意。叶天士的论点，是基于对疾病传变规律的深刻认识而提出来的，体现了他的科学预见性。“先安未受邪之地”拓展了《金匮要略》的预防传变理论，在温病学中是控制疾病发展的一种积极措施。

二、师法《金匮》古方，运以匠心

《金匮要略》被赞誉为方书之祖，其科学价值已被历代医家的实践所证实。叶天士能用《金匮要略》的方剂治疗各种疾病，这在《临证指南医案》中已有多处记载。如建中汤、麦门冬汤、旋覆花汤、甘麦大枣汤、瓜蒌薤白半夏汤、小青龙汤、小青龙加石膏汤、苓桂术甘汤、苓桂五味甘草汤、麻杏苡甘汤、苇茎汤、葶苈大枣泻肺汤、五苓散、肾气丸、白头翁汤、酸枣仁汤、桂枝附子汤、大半夏汤、小半夏汤、附子粳米汤、乌梅丸、木防己汤、桃花汤、吴茱萸汤、鳖甲煎丸等方验案，法度严谨，药中肯綮。其中有些方剂的运用，独具匠心。如咳嗽一症，若土虚而不生金，真气无所禀摄者，以甘温气味建立中宫，虚则辅其母，用建中汤法治疗者有13例；苇茎汤在《金匮要略》主治肺痈，叶天士以此方去瓜瓣加滑石、通草、西瓜翠衣治疗湿热郁阻肺气不降之二便不通，其机理是肺与大肠相表里，又与膀胱通气化，但理肺气则邪可宣通，甘草小麦大枣汤在《金匮要略》主治脏燥，叶天士以此方加阿胶治疗痉厥，即是遵“肝苦急，急食甘以缓之”之旨。其他如以温通法（熟附子，大黄、厚朴、木香、茯苓皮）治疗痢疾，即是师法《金匮要略》大黄附子汤；以桂枝附子汤治疗胃脘痛；以麻杏苡甘汤治疗喘症；以木防己汤治疗痹证；以当归生姜羊肉汤加味补虚散寒治疗疝气等，可谓圆机活法，曲尽病情，其运用之妙，人所难者。

综上所述，叶天士对《金匮要略》的运用与发挥，反映了他读古而不源于古，采方而不执于方，于继承中有发扬，堪称是学习运用古典医籍的楷模。

[《天津中医学院学报》1995；(1)：8]

王洙与《金匮要略》的发现

伊广谦　中国中医研究院

北宋时，翰林学士王洙于蠹简中发现《金匮要略》，彰幽起潜，对于《金匮要略》一书的保存和流传至关重要。而近人对王洙身世及其何以能有此发现，罕见论述，今据有关资料简述如下。

由于王洙的发现，《金匮要略》得以整理问世并流传下去。

北宋仁宗时，诏令设立校正医书局，整理刊印最重要的几部医书，其中就有《伤寒杂病论》。据参与其事的医官高保衡、孙奇、林亿在《金匮要略方论·序》[1]中说：“张仲景为《伤寒杂病论》合十六卷，今世但传《伤寒论》十卷。杂病未见其书，或于诸家方中载其一二矣。”是知其时《伤寒杂病论》中的杂病部分已经失传，吉光片羽，仅能于“诸家方中”窥其一二而已。

幸运的是，据高保衡等所撰序文，当时，“翰林学士王洙在馆阁日”，居然“于蠹简中得仲景《金匮玉函要略方》三卷，上则辨伤寒，中则论杂病，下则载其方，并疗妇人。乃录而传之士流，才数家耳。尝以对方证对者，施之于人，其效若神。”由于是丛拾蠹简，“或有证而无方，或有方而无证，救活治病，其有未备。”可知这是一个有残缺的传抄本。

高、孙、林在校定《伤寒论》中的杂病部分。由于《金匮玉函要略方》“其伤寒文多节略”。故予删除，而仅存杂病内容，“断自杂病以下，终于饮食禁忌，凡二十五篇，除重复合二百六十二方，勒成上、中、下三卷，依旧名，曰《金匮方论》。”具体做法是，“仍以逐方次于证候之下附子逐篇之末，以广其法。”至此，《金匮要略方论》遂成定本，后世流传，绵延不绝。王洙在馆阁蠹简中的发现，终于使《金匮要略》日月重光，丰城之剑，不终埋没。设无王洙的发现，这些蠹简或仍沉晦台阁，或致湮没无存。大约七十年后，金兵攻陷汴京，大肆劫掠图籍，这些蠹简到那时的命运殊难想象。

王洙何以能在蠹简中发现《金匮玉函要略方》

此事绝非偶然，先从王洙身世谈起。按王洙(997—1057)，字原叔，应天宋城（今河南商丘）人。《宋史》本传谓其“少聪悟博学，记问过人。”[2]又谓其“泛览传记，至图纬、方伎、阴阳、五行、算数、音律、诂训、篆隶之学，无所不通。”曾参与修定《集韵》《祖宗故事》《三朝经武圣略》《乡兵制度》，著有《易传》十卷、杂文千余篇。平生仕履，举进士，为府学教授，擢史馆检词讨，为天章阁侍讲，又专读“宝训要言”于迩英阁，累迁至翰林学士。作为翰林学士自可出入馆阁，泛览秘藏典籍，而有所发现。

一、博览强记，学识过人

王洙交游，多为文人学士，一时俊选，并深服推赏。透过他们的评价，可见王洙的学识。如枢密副使胡宿，即赞杨王洙“经术深明，才辞典茂，居迩英劝讲之近，参东观讨论之勤，博洽多通，精明适用。”[3]并大力举荐王洙任史馆修撰。曾巩，唐宋八大家之一，也称赞王洙“博览强记，学问过人”。并谓王洙曾与胡瑗“定乐制，更造钟磬”，及参与纂修《崇文书目》。[3]北宋文坛领袖，亦为唐宋八大家之一的欧阳修，与王洙的交往更多。在欧阳修的文集中，载有“与王源（原）叔问古碑字书”，即是欧阳修就古碑中的难字向王洙请益的信件，谓

“源叔好古博学，知名今世，必识此字”，[5]故师事之。王洙殁后，欧阳修撰墓志铭，称王洙“无所不学，学必通达，如其专家”；称“一时臣贤士。皆称慕之，其名声著天下”，称“所与交游，皆当世贤豪”。[6]又北宋重臣范仲淹、富弼，亦很赏识王洙之“学问经术”，而颇为推重，以为“宜在朝廷”。[7]

二、富藏图书，通目录之学

王洙父子均以富藏图书著称。王应麟即谓王洙在北宋公卿中，为“藏书之富者”。[8]其子王钦臣，字仲至。继承家学，亦以藏书名世。如徐度《却扫篇》卷下云：“所见藏书之富者。莫如南都王仲至侍即家。”[9]据苏魏公《谭训》：“祖父谒王原叔，因论政事，仲至侍侧，原叔令检书史，指之曰：此儿有目录之学。”[10]后世目录学一词，肇始于此。显然，仲至之学乃是承王洙之绪。

三、精研医药，探幽发微

王洙对医药有浓厚的兴趣和深厚的学养。据南宋时吴曾云：“《本草图经》百合一条，引张仲景治病有百合知母汤、百合滑石代赭汤、百合鸡子汤、百合地黄汤，凡四方，并名百合，而用百合治之，不识其义。余（吴曾）按：王原叔内翰云：医药治病，或以意类取。至如百合治病，似取其名，呕血用胭脂红花，似取其色；淋漓滞结，则以灯心木通，不可不知其旨也。以是知《图经》论药，尚不能如原叔。”[11]至此我们可以明白，王洙之博雅多闻，在医药学方面，也是有颇为深入的研究。他能在蠹简中发现《金匮玉函略方》，并非无故。

数十年来，已出版中医人名辞典多部，所收人物不厌其详，稍有关涉，唯恐其遗，而独不收王洙，不无遗珠之憾，故钩稽王洙事迹如上，以供参考。

[《中医文献杂志》1995；(3)：14]

《金匮·水气病篇》第八条试析

吴仕骥　天津中医学院

《金匮·水气病篇》第八条曰：“寸口脉浮而迟，浮脉则热，迟脉则潜，热潜相搏，名曰沉。趺阳脉浮而数，浮脉即热，数脉即止，热止相搏，名曰伏。沉伏相搏，名曰水。沉则脉络虚，伏则小便难，虚难相搏，水走皮肤，即为水矣。”该条文殊难索解，注家各执一词，现据本人学习的粗浅体会，对条文试析如下。

一、注家诠释述评

1. 简述各家注解该条文的主要观点　古今学者注解本条时，立论各不相同，主要有以下几种观点。

（1）气化不行说：以徐忠可为代表，通过对条文所示寸口脉象和趺阳脉象的分析后认为：“所下济之元气，沉而不复举；宜上出之卫气，伏而不能升”“旋运之气机几乎熄矣，熄则阴水乘之，故曰沉伏相搏名曰水。”对于“脉络虚”“小便难”“水定皮肤”的解释是由于阴虚于上，热伏于下，”于是上不能运其水，下不能出其水，焉能禁水之胡行乱定。“陈修园、唐容川、曹颖甫都推崇徐氏的论点。如陈修园曰：“仲景此节，深文奥旨，得徐忠可此说，如暗室张灯，大有功于斯道。”唐容川曰：“徐注可谓有特见。”曹颖甫曰：“徐忠可说理至为详尽。”持气化不行说的还有朱光被，他认为本条的所述水气病形成的机理是由于“元气沉沦，卫气闭伏，三焦无气旋运”所致。

（2）水为热畜说：以尤在泾为代表，他认为该条所论为“热留止于内而不行，则水气因之而畜”“亦所谓阳气伤者，水为热畜不下者也。”高等中医院校各版《金匮要略》教材及何任教授编注的《金匮要略校注》均仍此说。

（3）脾肺合病，经络荣卫之变说：如赵以德的《衍义》。

（4）湿热合邪，凝聚格闭说：如魏念庭的《金匮要略方论本义》。

（5）《医宗金鉴》认为“此条文义不属，不释”，其后《金匮玉函要略辑义》和《金匮今释》皆同意《金鉴》的看法。

2. 关于“沉”“伏”的诠解　注家对条文中所言之“沉”“伏”有两种见解。其一是认为指病机或病情而言。如徐忠可曰：“沉，言其所下济之元气沉而不复举，非沉脉之沉。伏，言其宜上出之卫气伏而不能升，非伏脉之伏。”曹颖甫“直以为浮迟、浮数主脉象言。沉与伏，主病情言。”李彣谓“沉伏者，指水气而言也。”其二是将“沉”“伏”理解为脉象。如魏念庭和《金匮要略校注》。笔者以为前者认识符合仲景原义。而后者将“沉”“伏”释为脉象，可能是受到《脉经》卷五《张仲景论脉第一》所说的“沉潜滀”影响有关。

3. “寸口脉浮而迟”“趺阳脉浮而数”注释的质疑　该条文分别列举“寸口脉浮而迟”与“趺阳脉浮而数”藉以说明水气病形成的机理。多数注家皆随文演义，将两者混同注释。笔者认为这是不妥的。迟脉与数脉是至数明显不同的两种脉象。寸口与趺阳部位有上下之不同，但脉的搏动，皆因心脏之搏动而动。怎么能在水气病发病过程中，在同一人身上出现寸口脉迟而趺阳脉数的现象呢？值得注意的是，曹颖甫和李彣分别以寸口的浮迟脉和趺阳的浮数脉论述水气病发病的不同机理，这种思路颇能启发后学。

二、条文释义

《金匮·水气病篇》第八条是从脉理上论述水气病发生的机理。首先要说明的是，原文中的“搏”，《脉经》卷八《平水气黄汗气分脉证第八》作“搏”。“搏”有“聚”义，见《管子·霸言》房注。

《金匮》中寸口脉与趺阳脉并举时，则寸口脉侯心肺。肺主气，心主血脉。寸口脉浮而迟，其病在迟，乃无气以动之象。迟脉为肺气虚衰下陷，潜而不得上行，此即“迟则为潜”之义。此时寸口浮脉与迟脉并见，则浮脉为虚阳上泛，虚热浮动，此即“浮则为热”之义。寸口脉浮而迟，提示虚热浮动与肺气虚衰而潜藏相合，此之谓“热潜相搏”。其病机实质是肺气虚衰沉潜，故曰“沉”。肺为水之上源，肺气虚衰，肺的通调水道功能减退，水液潴留，则可以发生水气病。

趺阳脉侯脾胃，以诊中气之强弱。趺阳脉宜伏不宜浮，宜缓不宜数。中气者，脾胃之阳，为全身气机升降的枢纽。脾主运化水液。本篇上条所云“趺阳脉当伏，今反数，本自有热，消谷，小便数，今反不利，此欲作水。”乃因胃热所致，是为有余之邪。而本条趺阳脉浮而数，是为虚阳躁动，实则中气不足，止而不运，故曰“浮脉即热，数脉即止”，“热止相搏名曰伏”，此一“伏”字，非指脉象，而是中气虚弱，伏俯不运之谓。中气不足，失于运化，土不制水，也可以发生水气病。

以上两段，互相对勘，分别以寸口脉和趺阳脉脉象论述了肺气虚衰和中气虚弱都可以有发生水气病的可能。

“沉伏相搏……即为水矣”是进一步探讨水气病发生的机理。如肺气虚衰，沉陷而不升；中气不足，伏俯而不运，肺脾俱虚，无力斡旋，阳运不及，焉有不病水者？正如曹颖甫指出的：“沉伏相搏，名曰水，此即专指病情之显著者也。”肺为相搏之宫，朝百脉，肺气沉沦不得充盈于脉，故曰“沉则脉络虚”。《灵枢·问篇》云：“中气不足，溲便为之变。”《素问·玉机真脏论》云：“脾为孤脏，中央上以灌四傍……其不及则令人九窍不通。”脾胃阳虚，中气止伏而不运，不能施化，则小便必难，故曰“伏则小便难。”虚难并见，相互结聚，气化不利，则一任水之横流，水气病作矣。

三、体会

1. 通过脉象论述病理，是《金匮要略》的脉学特点之一　而“寸口脉浮而迟”“趺阳脉浮而数”在《金匮要略》的其他篇章也曾有记述，但主病不尽相同，这正体现了《金匮要略》的脉学又一特点：一种疾病可以见几种脉象，一种脉象可以主多种疾病。

2. 通过对本条文的学习，使我们进一步明晰了　水为阴，气为阳，水不自行，得气乃行，水不自化，得阳乃化。阳气虚衰则可造成水液潴留泛而为肿。对水肿病的认识，时时应注重一个“气”字。从而在水与气的生理、病理乃至治疗方面，注意两者的关连。本篇命名曰“水气”的含义，殆也指此。

［《天津中医学院学报》1995；（3）：3］

读《金匮要略》妇人篇摭记

哈孝贤　天津中医学院

《金匮要略》妇人篇是最早专篇论述妇科的文献，其所赅内容虽欠详备，然钩深致远，能示人以规矩准绳，迄今仍具临床指导意义。惟因年代湮远，辗转传抄，鲁鱼亥豕，脱漏舛错，在在不免。加之文字古奥，注家见仁见智，欲窥仲景原旨，询非易事。兹就学习个别条文之肤浅体会，参诸临床，略陈孔见，容或未妥。冀得方家教正云。

原文　师曰：“妇女得平脉，阴脉小弱，其人渴，不能食，无寒热，名妊娠，桂枝汤主之。于法六十日当有此证，设有医治逆者，却一月，加吐下者，则绝之”。

按　本条主要论述妊娠早期之脉症治法，以及误治后之处理，注家释意，颇多岐见。

一、阴脉小弱

多数注家谓“阴脉”即尺脉，如《金匮悬解》说：“子宫者，少阴肾之位也，故脉见于尺”。《高注金匮》则认为“指沉按”。按《伤寒论》12 条曰：“太阳中风，阳浮而阴弱，阳浮者热自发，阴弱者汗自出，……桂枝汤主之”。《难经·五十八难》云：“中风之脉，阳浮而滑，阴濡而弱”。其中之阴脉，皆指沉取。以此推论，仲景既以桂枝汤治妊娠恶阻，则"阴脉小弱"理解为沉取濡弱，似亦可备一说。

至于阴脉所以"小弱"者，《心典》谓因胎气未盛，阴血初受侵蚀之故；《悬解》谓因"胎之初结，气血凝塞，不见流溢"之故；《高注金匮》则谓心肝脾肺四脏之精气因下注胎元而不足，致"四脏之阴脉小弱"。以上诸家解释，高氏之说求深反晦，临床殊难掌握，意不可取；黄氏所论气血凝塞者，证本属实，脉应弦或滑而不当小弱；尤氏持论虽然允当，但迹近臆测。按本条原文开宗明义即提出"妇人得平脉"，亦即《素问·腹中论》所谓"身有病而无邪脉"之意。"阴脉小弱"并非平脉，乃因孕妇素体虚弱，血气不足之故。张景岳说："中年受胎，及血气羸弱之妇，则脉细小不数者亦有之"。诚为经验之谈。按早孕期间，由于血聚养胎，胞宫充实，尺部脉象理应滑利有力，故《素问·阴阳别论》说："阴搏阳别，谓之有子"。若尺脉反现"小弱"即非常脉，乃是变脉。高学山说："此仲景于经旨之外，文言妊娠之变诊也"。可谓语中肯綮。但小弱之象乃是尺脉与寸关脉相较而言，并非真的细小微弱，"必有隐隐滑动之象"（张景岳），此类情况在临床时有所见。

二、其人渴

注家或主"内多热"（《金匮心典》），或言"金火上升"（《金匮悬解》），或云"津液少布"（《玉函经二注》），或谓"阴火上壅"（《金匮要略释义》），都不免随文敷行，强为解说。盖妊娠早期多见呕恶不食，口渴则未必，即令见有口渴，也与呕吐损伤胃阴有关。而况桂枝汤证中原有"鼻鸣干呕"的症状，故尤在泾认为渴"一作呕亦通"。

三、却一月

多数注家均认为"却一月"是指在妊娠一月之中。如《金匮悬解》："于妊娠之法，六十日间当有此证，设有医治逆者，却一月内可见此证"。高学山更认为；"前项脉证，遂减却一月，而于三十日见矣"。此解殊为失当。大抵月经规律之妇女，浸精时间约在下次月经前14天，停经2周以后，采用现代医学诊断手段，始可能测知是否受孕。古之医者断难在受孕一月之内即能测知已否妊娠，且经误治而致恶阻症状提前30天出现。

按："却"有"再""还"之意(《辞海》)，"却一月"即"再一月"，《玉函经二注》谓"更一月"亦通。意指妊娠60天，正当恶阻之时，设医不知而妄治，则"病气反增，正气反损"（《心典》)，以致延至下一月更会见吐泻交作，病情加重。

四、则绝之

徐忠可谓"绝之"是"禁绝医药"，后世多其说。然则，恶阻证轻时仲景尚予桂枝汤治之，岂更加吐泻，病情转剧后，反禁绝医药，待其自愈之理哉？故陆渊雷认为是"最难解者"。《金匮要略释义》则提出："绝之，谓断绝其妊娠。……言在误治后加吐证，或泄泻证者，则胎必不保而断绝其妊娠矣"。说明妊娠误治后，更加吐泻交作，啻恐有堕胎之虞。此意庶几可从。

五、桂枝汤主之

仲景举桂枝汤治妊娠恶阻，注家多为其曲意解说。如徐忠可云："桂枝汤外证得之，为解肌和荣卫，内证得之，为化气调阴阳也"。此说对后世之影响迄今不衰，但也有不以为然的，如《医宗金鉴》认为："脉平无寒热，用桂枝汤，与妊娠渴不能食者不合，且文义断续不纯，其中必有脱简"。

笔者体会，桂枝汤治疗妊娠恶阻虽非常法，但若孕妇素体虚弱，气血不足，症见四肢不温，呕恶嫌食，口干不欲饮等，以之为底方随症加减，确有较好效果，倘用于内热明显，呕吐酸苦，口渴欲饮者，啻恐偾事。故王叔和说："桂枝下咽，阳盛则毙"。

要之，仲景行文特点，恒略于常而详于变。即如本条之"阴脉小弱"乃指营血虚弱，素体不充的妇女怀妊后之脉象，盖言其变，非言其常也；"无寒热"即非外感之证，故予桂枝汤治恶阻亦属变法而非常法。至于"绝之"之义，当是指不要再用桂枝汤治疗，须"观其脉证，知犯何逆，随证治之"。

［《天津中医学院学报》1995；(4)：35］

《金匮要略》经文释解析疑二则

汤　红　王晓华　福建浦城县医院

1.《金匮胸痹心痛短气病脉证第九》曰："胸痹缓急者，薏苡附子散主之。薏苡附子散方：薏苡仁十五两，大附子十枚炮，右二味，杵为散，方寸匕，日三服。"

对于"缓急"一词的释解，历代注家认识不一，有释以时缓时急，即胸痹之痛时轻时重，时急时缓者，如程云来、李彣、吴谦、黄元御等；有注

"缓"字从"急"义，胸痹病痛危急者，如周杨俊、日人丹波元简等；有认为"缓急"乃为胸痹病所兼有之筋脉拘急缓纵之证者，如尤怡、陈修园等。李今庸在"《金匮要略》析疑七则"一文中认为，古代医学文献上"缓""急"二字每连用而为"缓急"，均为疾病的临床证候，赞从"缓急"为胸痹病伴有之证的释解，并从《神农本草经》薏苡仁主"筋急拘挛，不可屈伸"，附子主"寒湿，踒躄拘挛，膝痛，不能行步"之所载而谓薏苡附子散之方正是用以治疗"胸痹病"伴以筋脉缓急"之证的。张正昭在《浙江中医杂志（1984 年第 1 期）一文中则赞同注"缓"以"急"的观点，认为缓急"一词，古代汉语常作固定的偏义复词使用，义偏在"急"，为情势急迫之意，方中附子十枚也为仲景用附子之剂中用量最大，其温阳散寒止痛效力亦最大，用于胸痹急重证堪当其任。

笔者认为："缓"即"缓解"，"急"即"急剧"之意；"缓急"词，在此当义偏在"缓"，指胸痹之痛已缓而不急，即其证轻而不剧之谓。"缓"乃"急"之修饰词，有"慢"之意，"缓急"在此引申指胸痹之痛缓解不急、不剧解。再者，从仲景所设治胸痹急剧之胸痛彻背、背痛彻心之瓜蒌薤白白酒汤方，亦可证此薏苡附子散方实为胸痹缓解不急而设。故此之"缓急"一词，既非胸痹之"时缓时急"，亦非胸痹痛势急剧，更不是胸痹伴见筋脉缓急，而是指胸痹之痛缓解不急矣。

2.《金匮·痉湿暍病脉证》曰："发其汗已，其脉如蛇暴腹胀大者，为欲解；脉如故，反伏弦者痉。"

对于此条尤其是"其脉如蛇暴腹胀大者"的释解，历代医者认识不一；有将"其脉如蛇"释以"曲如蛇行之状"者，如刘渡舟等编的《金匮要略诠解》："本和继上文言痉脉本直，汗后则风解而湿仍存，故脉不直而曲如蛇行之状。"而对"暴腹胀大者"之句则未作诠解。有将"暴腹胀大者，释为"腹部作胀"的，如魏荔彤云："风去木与湿相丽，则湿邪无所依著，必顺其下坠之性，而入腹作胀矣。风寒外解，而湿下行，所以为欲解也。如是诊之，其脉必浮而不沉，缓而不弦矣。乃其脉如故，而反加伏弦，知其邪内连太阴，里病转增，而表病不除，乃痉病诸证中之一变也。"而对其脉如蛇则未作释解，且所释之语亦繁杂不清。而其他诸注也均是将本条作痉病解，以痉病的"欲解"与"不解"释之，将"其脉如蛇暴腹胀大者"看作是痉病欲解之脉象。

笔者认为：以上诸注实属有误，将"其脉如蛇"释为"曲如蛇行之状"，岂不为《金匮·五脏风寒积聚病脉证并治》篇："肝死藏，浮之弱，按之如索不来，或曲如蛇行者死"之肝脏将死之脉候了吗？若释"暴腹胀大"为"腹部作胀"，则显为病进，又何言"欲解"？况此言脉象、而非言症状。本条所言"发其汗已，其脉如蛇暴腹胀大者"实指风湿之证发汗后欲解之脉象，以蛇吞食较大之食物后，食物在蛇腹中缓慢移动之状来形容脉象之柔缓，而非已成痉病之脉。风湿之证，其脉本为直紧，若发汗后转为柔缓，即"如蛇暴腹胀大"，则为邪退欲解；若发汗后其脉仍然直紧，即"脉如故"，或者反而变为沉强坚伏者，则为病进发展成痉病矣。

[《福建中医药》1995；26（6）：50]

《金匮要略》"数"字本义探析

王居正　西安市白家粮库卫生所

《胸痹心短气病脉证治第九》原文三："胸痹之病，喘息咳唾，胸背痛，短气，寸口脉沉而迟，关上小紧数，瓜蒌薤白白酒汤主之。"条文中，对于此处之"数"字，历代医家均以脉象为解。即："寸口脉之沉迟与关上脉之紧数。"脉一阴一阳，见于同一患者，对此，历代医者各述己见，百家争鸣，然总不离其师曰："夫脉当取太过不及，阳微阴弦，即胸痹而痛，所以然者，责其极虚也，今阳虚知在上焦，所以胸痹心痛者，以其阴弦故也。"之训。

师祖张仲景论病，有一证必有一脉，有一脉必有一证，今胸痹之病，脉有阴阳必证有阴阳。对于这一认识，历代医家见地均同。然而，对其沉迟与紧数同见一病的解释却不尽意，令人难以接受。张石顽之说："寸口脉沉迟者，阳气衰微也；关上小紧者，胃以上有阴寒结聚，所有胸中喘息咳唾，胸背痛而短气。"对"数"字之意采取了回避的态度。

尤在泾曰："胸中，阳也，而反痹，则阳不用矣。阳不用则气之上下不相顺按，交后不能贯通，而喘息，咳唾，胸背痛，短气等证见矣。更审其脉，寸口亦阳也，而沉迟则等于微矣。关上小紧，亦阴弦之意，而反数者，阳气失位，阴反得而主之。"易"所谓"阴凝于阳"。"书"所谓"牡鸡司晨也"是当以通胸中之阳为主。薤白，白酒，辛以开痹，温以行阳，栝蒌实者，以阳痹之处，必有痰浊阻其间耳。"这一解释，对"数"字以"而反数者，阳气失位，阴反得而主之"立论，与师祖"阳微阴弦”之文义似有相悖。

周禹载曰：“寒浊之邪滞于上焦，则阻其上下往来之气，塞其前后阴阳之位，遂令为喘息，为咳唾、为痛、为短气也。阴寒凝涩、阳气不复自舒、故沉迟见于寸口，理自然也。乃小紧数复显于关上者何耶？邪之所聚，自见小紧，然阳遏则葱白通之，既辛散而复下达，则所痹之阳自通矣。”对“数”字以阴盛则阳为解，离师祖之本义。

吏有从误字为解，言“数”即“弦”者多矣。恕不赘述。

吾之严师曾试图从错简上求解：“胸痹之病，胸背痛、短气、寸口脉沉而迟、喘息咳唾、关上紧数，栝蒌薤白白酒汤主之。”将紧数的形成分析为因喘息咳唾所为。与今之肺心病及其他心脏病伴有喘咳发作者较为吻合。然与师祖本义仍旧偏离。尽管如此，这一分析的确提示了“数”字的两种涵义。即：①为脉侯形态；②为多复性状态。久思之，第二种涵义渐渐地明晰，刻之脑髓。仲景师祖，审证论脉、慎而又慎，于胸痹病的首条明确指出：“责其极也”。因虚极而致脉之阴阳同体，其“阳虚知在上焦”一语定音。阳必阳脉虚，故寸口脉虚而微。阴凝则痛，因痛而脉弦紧见关上。极则无力，脉必小微，其理自然。是故，脉之阴为小为弦紧，脉之阳为微为沉迟，虽同见一人而脉证切贴。唯有这个“数”字甚是别扭。严师之语，开我茅塞，博取众家，反复推敲。仲景师祖既为医圣，亦为名儒。其审证论脉，慎之又慎，其用字用词，亦更审慎，对于同一患者脉有阴阳之证，师祖在《血痹虚劳脉并治》篇中亦有论述：“血痹，阴阳俱微，寸口关上微。尺中小紧。……”同样，因证有阴阳：“尊荣人，骨弱肌肤盛。”阴阳俱“重因疲劳汗出，……加被微风，遂得之。”故而脉见阴阳。师祖尊《内经》之训：“阴阳俱病……急治其阳，无攻其阴。”“阳气者，若天与日……，故温阳以振奋正气，散寒以祛邪”除疾乃师祖调理阴阳之法纲。今阴弦沉紧为寒为痛，而数则为阳为热。寒热不可同脉。若“数”字以脉主论，则紧数同体，寒热同脉，必师祖误也。师祖不误，误在吾辈。吾辈不能明白理解师祖此处“数”字实取其本主，为屡次、频繁、频数。《史记·陈涉世家》：“扶苏以数谏敌，上使处将岳”又：“项燕为楚将，数有功”《史记·伍子胥列传》：“吾数谏王，王不用，吾今见吴之亡出。”《柳宗元·捕蛇者说》：“今吾嗣为之十二年，几死者数矣。”师祖此处“数”字，即言阴弦之邪干预阳虚，频频为患，屡屡显现之象，然阳病及阴，阴血亦虚，故“小”为限制之于脉，固曰：“关上紧数。”意印脉体在关位频频出现细小而紧的征象，从这个角度理解，则阳微阴弦自然畅顺，指导临床甚有价值。

例刘某某，女，36 岁，初诊日期：1995 年 8 月 4 日。患者因肺心病、心衰 3 度三年余，多次病危，长期卧床，经多家多方治疗，其结果均是在解除病危之后，纠正病因 巩固疗效方面效果不佳，致使病情渐渐加重，生活不能自理，心情极端痛苦，精神萎靡，情绪低落，对治疗丧失信心。后在亲友的劝导下，抱着一线希望来余处一试。

诊见患者胸痛，胸痹，心悸，心慌，心绪烦乱，乏力，短气，喘息，不得平卧。周身浮肿，以下肢为甚，按之没指，小腹胀满，大便时干时溏，小便短少，面容痛苦、面色暗晦，唇色紫，舌紫暗自瘀点、苔略腐、脉沉细迟涩阵阵有弦紧之象显于指下，其脉证与仲景师祖“阳微阴弦”“责其极虚矣”相吻合。辨以胸阳不振，心肝血虚为主之胸痹、水肿证，给予瓜蒌薤白白酒汤合镇心疏肝、养血化瘀、行水消肿之品，首先振奋心阳，开其胸痹，其后辅以补血通经、强心清肺，健脾益肾，活血逐瘀之味随证变更，调整方药，终于祛病除邪，扶正复康。现患者不但能生活自理，而且可做一些力所能及的事务。

［《陕西中医函授》1996；(1)：43］

《金匮要略》“脉脱”之我见

柴中元 浙江省上虞市中医院

一、诸家异释

《金匮要略》“脉脱”一词，见首篇第十二条：“问曰：脉脱入脏即死，入腑即愈，何谓也？”诸家对此，注释不同，如陈修园以脱为脱换。赵以德以脱为脱去。唐容川以脱为细微涣散。尤在泾以脱为乍伏不见，并说：“脉脱者，邪气乍加，正气被遏，经隧不通，脉绝似部，非真脱也。”但金寿山又说：“脉脱，是脉乍伏不见，有的是真脱……有的是假脱。”曹颖甫说：“脉脱，当指无脉言之。陈修园以为脱换之脱，非也。”而日人丹波氏通过引经据典考字书，又说脱即是或，谓“脱者未可必之辞也。”观今之治金匮之学者，均各承前人之一说，如何任《金匮要略新解》说脉脱“是脉搏微细，好像断绝一样。”可视为继承唐氏说。谭日强《金匮要略浅述》说：“脉脱，是指脉绝如脱，乍伏不见。”可视为继承尤氏说。王谓川《金匮心释》说：“脉脱是指病人脉搏原先正常，突然摸不到了。”此可视为是继承赵氏说或曹氏说。

他如《金匮要略语译》《金匮要略释义》等近代印行的金匮专著，均莫不秉前人之论以立说。对上述诸家注释，以前曾有人表示不满，范式则在《金匮辨解》中说：“脉脱二字，陈修园作脱解，唐容川作细微散涣（当是“涣散”之误）解，喻嘉言谓脱为去，黄树曾谓微或细欲绝解，均不透辟。”又说：“其脉非初病时之脉，曰表则不可定，曰里则不敢必，何如就其实以脱名，其脉脱之谓言除也，此脉脱之所（以）有其名也。”然则谓“不可定”，谓“不敢必”，实亦丹波氏“未可必”之互词，但丹波氏关于脉脱之注，词繁义乖，很少共鸣，可能因为这个缘故，所以最近又有人另撰“新解”《金匮要略》“脉脱”新解。（山东中医学院学报，1995，19（4）：272）。

“新解”引《汉书》“书缺简脱，礼崩乐坏”之文以证“脱”即“脱漏散落”后，说：“脉脱乃脉搏缺漏之义，在形式上可表现为促、结、代，以及屋漏、雀啄、解索、虾游等节律不整且有歇止的脉象。”谓脱为歇止，见解固新，但笔者不敢苟同。

二、笔者管见

在“脱”究竟是一种什么样脉象的探讨中，我认为有一点是值得注意的。这就是：不可太侧重于考字书，而应结合临床实际求索。如侧重于考字书，证“脱”即“或”，以及证“脱”为“缺”，均可言之成理，自成一说。但不论何说，均须有益于临床，如于实用无补，便是无价值。

“脉脱”一条，是接十一条论卒厥文之后而出，因此，过去注家，多谓是论卒厥。如吴谦注：“卒厥之病，多脉脱而不见，脉脱不见而死者，是正气不反也；脉脱不见而生者，是邪气闭而复通也。”所以金寿山认为十一、十二“此两条须参看。”但由于对引起“脉脱”的原因认识不一，近人认为并不一定是论卒厥。王谓川说：“本人认为，引起脉脱症有下列三种原因：一是内因，属心脏本身器质性病变，即现代医学所指的狭心症或二尖瓣闭锁不全一类病症，由这些病引起的脉脱症是一种危候。二是外因，由疮疡病毒内传形成血中毒，即现代医学所指的败血症，由此引起脉脱虽病势危险，但治疗方法得当，也能治愈。三是不内外因，如遭车祸，使大脑受伤引起严重脑震荡，病人一时昏迷，脉停欲绝。病人重则死，轻则生。”陶葆荪认为十一、十二两条虽“都是卒然的病，但病的原因，迥然不同。上（十一）节是内在所生的阳气卒厥的暴病；此（十二）节是外来创伤骤致血脉乍脱的卒病。有注家竟认为这节也是内因病，不知如果属内因而致脉脱，可以说百无一生，哪里有入腑即愈的道理？实则这里的‘脉脱’，除了蛔厥外，是从饮食、房室、金刃、虫兽所创伤，和一切卒惊暴恐所突发而引起一时昏迷的脉乍歇脱来说。”结合以上诸家所提到的一些疾病，如脑血管意外、心脏本身器质性病变、败血症、蛔厥等来看，证“脱”即“或”，无价值；但如证“脱”为“缺”，上述病种事实上也很少见无脉。据笔者临床经验，认为“经隧不通，脉绝似脱”这种病机和症状，主要见之于西医的“上肢无脉症”。本病为周围血管病中的一种常见病，其病有轻重之分，重者脉绝似脱，完全无脉；轻则应指细微，似脱未绝。如说重者即真脱，轻者即假脱，亦通。

三、文献复习

上肢无脉症是无脉症的一个常见类型，无脉症又称为多发性大动脉炎，本病为主动脉及其分支的慢性、进行性且常为闭塞性的炎症，故又称为缩窄性大动脉炎，发展缓慢，病程较长，常在 1 年半至 14 年以上。其病变轻重和临床症状，可因受累血管的部位、程度或范围的差异而不同，但有无脉表现者约占 80% 以上。中医凡病都讲究诊脉，故在对本病的及早发现和正确诊断上，比西医具有优势，就这一点来说，早在秦汉之际的中医古籍中，就已见有关本病的论述，实不足以为奇。《素问·痹论》说：“痹……在于脉则血凝而不流。”血凝而不流，仲景称为血痹，血痹证有轻重，轻者“脉自微涩”；重者“脉结不利”。故《中藏经》说：“血痹者……其脉寸口结，脉结不利，或如断绝也。”

本病血痹因受累动脉不同而表现出不同的症状，如受累动脉在主动脉，造成头部和上肢组织缺血，就表现为上肢无脉症；如受累动脉为降主动脉和腹主动脉，波及到肾动脉和髂动脉，就表现为下肢无脉症，后者在诊脉独取寸口的情况下较易漏诊。据有关资料，上肢无脉症约占 25%，下肢无脉症约占 17%，如果病变同时累及以上两组动脉，临床称为混合型无脉症，约占 40%，故运用中医诊脉优势，特别是在采用三部九候遍身诊法的情况下，本病大部分患者是可以及时作出正确诊断的。

上肢无脉症与混合型无脉症，前者较轻，后者多重，就好象中风有中脏、中腑之分一样，脉脱入脏、入腑之“入”实与中风中脏、中腑之“中”同义。中脏、中腑与入脏、入腑都为说明疾病之轻重。以为入脏是病由外而入里，入腑是病由里而出外，实属泥执。以前注家，谓“脉脱入”三字当连读，而我则认为，脉脱入脏、入腑说，可作无脉症重者即死，轻者即愈看。当然，这是从当时的诊疗水平来说的。就现在来看，轻者可通过动脉侧支循环的形成而自愈或治愈，重者也可经由合理的医疗而免死。

四、治案印证

笔者近日接诊无脉证一例，现抄录以为印证。

男患，61岁，上虞市人，1995年8月12日初诊，头昏头晕，诊左手脉极微，几近无脉，初疑为反关脉，经反复寻按不见，而右手脉正常。即测两手血压，右手正常，左手几无，伴口苦、食欲不振，诊为脉痹，立法化浊通脉。予：茯苓20g、泽泻15g、天麻12g、吴茱萸3g、丹参12g、豨莶草10g、桑枝10g、半夏10g、白术12g、白僵蚕10g、红花5g、天竹黄10g、桃仁10g，2剂。

8月14日二诊：血脉痹阻，左手无脉，经服前方后，左手脉已微弱应指，拟化瘀通脉，参以清热化瘀，予：丹参20g、赤芍20g、白僵蚕15g、川芎15g、生黄芪30g、忍冬藤50g、泽泻15g、生山楂12g、天麻12g、非归15g、生甘草20g、红花10g、桃仁10g、桂枝15g、天竹黄10g、白芥子10g、虎杖12g，4剂。

8月18日三诊，脉症大体同前，继用前法化裁，予红藤20g、川芎12g、黄芪50g、地龙12g、赤芍15g、白芥子10g、忍冬藤30g、天麻12g、桂枝12g、路路通10g、生甘草20g、丹皮12g、当归12g、红花10g、全瓜蒌15g、泽泻10g、羌活10g，5剂。

嗣后又五诊，立法“化痰行瘀、清通络脉”则始终不变。患者头昏晕等自觉症状明显好转，唯左手脉虽应指而仍微细，目前尚在继续治疗中。

按：脉痹则气化不畅，常致浊阴不降，清阳不升，头目昏晕，即此所致，故初诊用药在半夏白术天麻汤与泽泻汤合方基础上加入丹参、桃仁、红花以通脉，治疗重点放在化痰降浊上。从二诊开始，加大了化瘀通脉和清热消炎的力量，用药选方转向桃红四物汤合黄芪桂枝汤为主酌作加减化裁，从初诊即显转机、四诊开始自觉症状明显好转这一疗效来看，上述用药思路与本案病机，是较为合拍的。

总之，以笔者之临床经验，认为屋漏、雀啄、解索、虾游等七怪脉是一种胃气枯、脏气绝时的濒危死脉，不存在脉脱入腑即愈的问题。如说七怪脉为脉脱入脏即死，而促、结、代脉为入腑即愈，不但自古以来无此种说法和见解，即证之临床，亦如凿枘之不合，故我认为脉脱入脏即无脉症之重症，入腑即为轻症，轻症可见无脉，亦可以微弱应指。

［《山东中医学院学报》1996；20（2）：121］

《金匮要略》“文蛤汤”条辨析

邓蕾祖　张笑平　安徽中医学院

《金匮要略·呕吐哕下利病脉证并治》曰：“吐后，渴欲得水而食饮者，文蛤汤主之。兼主微风，脉紧，头痛。”（本文简称“文蛤汤”条）本条写法甚为特殊，可以说是包括《伤寒论》在内的仲景原著中绝无仅有的一种写法。且不说“兼主”乏主语，更重要的是所出文蛤汤与原文中所述证候（主治、兼治）关系不明，以致历代注家对本条甚存歧见。

归纳历代注家意见不外以下3种：

一、文蛤汤为文蛤散之误

清·柯琴《伤寒论注》认为，本条就前段主治证候所出的文蛤汤，病轻药重；而《伤寒论·辨太阳病脉证并治》曰：“病在阳，应以汗解之，反以冷水潠之……其热被劫不得去，弥更益烦，肉上粟起，意欲饮水，反不渴者，服文蛤散”，又为病重药轻，两方证恰为“彼此相错”也，主张此两方应对调之。此说受到众多医家的赞同，如日医丹波元简《金匮玉函要略述义》非但秉承柯氏之说解释本条，而且还举《金匮要略·消渴小便利淋病脉证并治》“渴欲饮水不止者，文蛤散主之”，作为佐证。

二、“文蛤汤主之”传写之讹

清·吴谦等《医宗金鉴》则认为，本条中的“文蛤汤主之”五字，当在“头痛”之下，文义始属，是“传写之讹”。这样条文中的“兼主”之“主”字衍文也，其说实质就将条文方证不符归咎于辗转抄写所致错落。

三、兼主证候为内有饮热而罹他证

高等医药院校教材《金匮要略讲义》1版（1963年版）采取的前述的柯氏的意见；2版（1980年版）却弃而未选作正文；3版（1985年版）则认为，本条文所述“其病之初为上焦水饮互结，吐后水去热留”，因热消水而食饮，“多饮必致水湿内积，加之余热未清，难免不发生他证。”可见3版教材其说又将兼治证候作为并发证候看待。

究及上3种意见，第一种意见，貌似甚为有

理，实则只是一种偏见，因为若依其见而将文蛤汤易为文蛤散的话，其结果只能解其主治证候，而无法释其兼治证候，可谓顾于此而失于彼，这在文理、医理俱难通也。而第三种意见以“难免不发生他证”将其方的兼治证候并入主治证候之中，有悖“兼主”一词之本义，在文理上欠通。笔者认为本条务需从第二种意见解释为是，非但符合《金匮要略》在北宋以前长达7个世纪辗转传抄必致诸多错简脱落之实际情况，更重要的按其意见加以改动，既不失仲景写作体例，又使方证紧密相扣，完全相吻，如此才能符合临床实际，并使之更为妥贴。以下再从方、证分析以明之。

1. 析方　本条所出文蛤汤乃大青龙汤易桂枝为文蛤，也即文蛤散合麻杏石甘汤加生姜、大枣所组成。其文蛤散出自《金匮要略消渴小便利淋病脉证并治》，专为“渴欲饮水不止者”所设，功专润燥生津。麻杏石甘汤见于《伤寒论辨太阳病脉证并治》，专为伤寒汗后邪热壅肺致喘一证所出，功擅清宣肺热。文蛤汤以上两方再加生姜以散外寒，配大枣以补中虚，诸药相合，共奏清里热、散外寒、宣肺润下之效。结合方后语所云“汗出即愈”，可知此乃是一首重在发汗解表之剂，其适应证无疑也当以外寒内热而偏重于在表之证。

2. 审证　本条为文蛤汤一方出主治兼治两证。

主治证候：是篇曾明谓“先呕却渴者，此为欲解”，即因胃中停饮致呕者，如呕后口渴则示饮随呕去，胃阳恢复而消水。然胃阳初复，渴欲思水也只能少少与之，诚如《伤寒论·辨太阳病脉证并治》所告诫：“欲得饮水者，少少与饮之，令胃气和则愈”。若呕后思水而过饮者，即可能重复酿成新饮，这成为本篇所述的猪苓散证。倘饮甚顽固，既随呕去而不尽，又因渴而索水反助宿饮，便可形成愈吐愈饮及愈饮愈吐之恶性循环，这又成为本篇所述的茯苓泽泻汤证。而本条既称“渴欲得水而食饮者”，显然比之猪苓散证严重，比之茯苓泽泻汤证又相对为轻。推其病机，其病本当属于饮热互结，盖因呕吐去其饮而留其热，热邪鸱张则消水不已也。

兼主证候：此证比较简单，在见有主寒主痛的紧脉的基础上，又述有头痛之见症，无疑当责之于微感风寒为患，可见条文中所言“微风”可释为兼有微恶风寒之表现。

[《安徽中医学院学报》1996；15（2）：9]

析《金匮要略》中“风”“寒”“气”三字

金芷君　上海中医文献研究所

古人遣词喜简约，故古文中一字多义的现象时有所见。今以《金匮要略》中的“风”“寒”“气”三字为例，试辨析如下。

一、风

《金匮》中单独使用“风”者有七十五处，其中：

1. 指空气的流动（有十二处）　这是“风”字最基本的含义。《痉湿暍病》篇中“汗出当风”“避风”等属此。

2. 指四时自然之气（有二处）　“风”表示自然界的四时气候，是生物赖以生存的条件。《白虎通·八风》云：“风之为言萌也，养物成功。”《脏腑经络先后病》篇中“夫人禀五常，因风气而生长。”风气合言，即是指自然大气。

3. 泛指外邪（有四处）　由于“风为百病之长”，故经中有以“风”作为外邪总的代称。如《脏腑经络先后病》篇中“客气邪风”；《血痹虚劳病》篇中“风气百疾”等，皆是泛指外邪。

4. 指六淫中的风邪（有四十四处）　这是中医的特定含义，经中最为多见。如《脏腑经络先后病》篇“风中于前”“风令脉浮”等。

5. 指风寒之邪（有二处）　《血痹虚劳病》篇“血痹病……加被微风，遂得之。（脉）在寸口关上小紧，宜针引阳气。”其脉小紧，其治“宜针引阳气”，即寓“寒邪”之义，故“加被微风”应解为外感风寒之邪。

6. 指风热之邪（有五处）　如《黄疸病》篇“寸口脉浮而缓，浮则为风，缓则为痹。”“浮则为风”，《金匮直解》认为“非外证之中风，乃风热蓄于脾土。”

7. 指中风偏枯之证（有四处）　如《中风历节病》篇“夫风之为病，当半身不遂。”此一“风”字，指的就是中风证，即如《正字通》所谓：“四肢偏枯曰风。”

8. 指风水之证（有二处）　如《水气病》篇“水之为病，其脉沉小，属少阴；浮则为风。”此句是从脉象来鉴别正水与风水，由于句首有“水之为病”，故其后不言风水，而简言为“风”。

二、寒

《金匮》中单独言“寒”者七十处，其中：

1. 指六淫中的寒邪（有二十五处） 如《脏腑经络先后病》篇中“寒中于暮”“寒令脉急”等属此。

2. 指阳虚内寒（有二十三处） 《脏腑经络先后病》篇“色黄者，胸上有寒”，是言脾阳不振，脾失健运则面黄。又如《中风历节病》篇“寸口脉……迟则为寒”是言阳虚内寒则脉迟。

3. 指寒实内结（有二处） 《腹满寒疝宿食病》篇“胁下偏痛，发热，其脉紧弦，此寒也，以温药下之，宜大黄附子汤。”此“寒”非虚寒，而是寒实内结之证，用温补无益，而宜以大黄附子汤温下实结。

4. 指恶寒怕冷的症状（有十三处） 如《疟病》篇“但热不寒”；《奔豚气病》篇“往来寒热”等。

5. 表示温度降低（有四处） 如《虚劳病》篇“手足逆寒”是谓手足逆冷不温；“阴头寒”亦谓前阴冷而少温。

6. 指水湿（有三处） 郑玄注《尚书·洪范》中有“寒，水气也”之语；王冰注《素问·五常政大论》中“风寒并兴”句曰：“寒，水也。”以“寒”表示水湿可能与五行属性有关。《黄疸病》篇中论谷疸病机曰：“风寒相搏，食谷即眩……阴被其寒，热流膀胱。”风寒相搏”之“寒”即是“湿”义，“阴被其寒”则是湿困太阴脾土之义。

三、气

《金匮》中“气”字单独使用者有一百三十处，其中：

1. 指自然大气（有二处） 如《脏腑经络先后病》篇曰：“风气虽能生万物，亦能害万物。”证诸《左传·昭公元年》：“天有六气……六气曰阴阳风雨晦明也。”

2. 指呼吸之气息（有三十三处） 《玉篇》：“气，息也。”《肺痿肺痈咳嗽上气病》篇中“上气”“呼气”等属此。

3. 指正气（有四十三处） 此义“气”字多接于脏腑、三焦、阴阳等名后。如《呕吐哕下利病》篇中“五脏气绝”“膈气虚”言脏腑正气不足，功能衰减。

4. 指邪气、病气（有四十七处） 指邪气，往往“气”字接于具体病邪名之后。如《痉湿暍病》篇“汗大出者，但风气去，湿气在”，风气、湿气即为风邪、湿邪之谓。“气”又表示病家自觉症状的上腾之病气。如《奔豚气病》篇中“奔豚气上冲胸”“气从少腹上至心”等属此。日本人伊藤馨曰：“古人立辞简略，故谓邪气单言气耳。”

5. 指征候（有一处） “气”与“候”相通。《玉篇》：“气，候也。”而“候”则有征候之义。《脏腑经络先后病》篇中“病人有气色见于面部”，即是指面部的征象色泽。

6. 指情志，心情（有一处） “气”为情志之义者如常言的“怨气”“怒气”等。《妇人杂病》篇中“妇人之病，因虚、积冷、结气，为诸经水断绝”之“结气”，系指情志郁结之患。

7. 特指矢气（有三处） 如《水气病》篇中“实则失气”；《呕吐哕下利病》篇中“气利”之“气”，均指矢气。此是《释名·释天》所云气之“有声无形”特性之一。

以上分析归纳了“风”“寒”“气”三字的一字多义。至于其他一些搭配成词的情况，如泄风（等五处）、振寒（等二十一处）、气分（等十二处），则往往具有固定的含义，故不作陈述。

［《中医文献杂志》1996；（3）：15］

《金匮要略方论》“肺痿肺痈”篇错简浅析

池建淮 安徽中医学院

《金匮要略方论》是东汉·张机所著，大约成书于公元200年。原属《伤寒杂病论》的“杂病”部分。《伤寒杂病论》自西晋·王叔和编集后，“杂病”部分曾经一度散失，后于宋仁宗时（1023～1063）王洙从旧简中检得，经林亿等校正后，把“杂病”部分另编为《金匮要略方论》而流传于世。

《金匮要略方论》由于历史沿革原因，其错简在所难免。纠正错简是正确理解原著的先决条件。现仅就《金匮要略方论》“肺痿肺痈咳嗽上气病脉证治”篇（下简称“肺痿肺痈”篇）中的错简试作浅析。本文所据本为1963年人民卫生出版社以《医统正脉》为蓝本的排印本，书末《校勘后记》虽列有“校勘表”，但对此篇错简等却未见列出。

笔者认为，《金匮要略方论》“肺痿肺痈”篇的篇末“肺痈胸满胀，一身面目浮肿，鼻塞清涕出，不闻香臭酸辛，咳逆上气，喘鸣迫塞，葶苈大枣泻肺汤主之”条属于错简，该条应视为仲景原文，当排于该篇前文“肺痈喘不得卧，葶苈大枣泻肺汤主之”后，而不当列于该篇“附方”中或排于“附方”后。对此分析如下。

一、从编写体例看

林亿等校正的《金匮要略方论》系保留了《伤寒杂病论》的中、下卷论述杂病和治疗妇人病部分，为便于临床应用又把下卷的方剂部分分别列在各种证候之下，编为上、中、下3卷；此外，还采集诸家治疗杂病医方分类附在每篇之末。正如林亿在《金匮要略方论序》中所言：“仍以逐方次于证候之下，使仓卒之际，便于检用也。又采散在诸家之方，附于逐篇之末，以广其法。”《金匮要略方论》前22篇一般是按论（论述病因病机）、证（症状、脉象）、方（正方、附方主治证候及方药）体例编写的，但“肺痿肺痈”篇在列出治疗肺痈的“附方”之后又出现了“正方”（仲景原方）的条文，此与其编写体例不合。从该条文字叙述来看，症状在前，主方在后，这比较符合张仲景所订其他各方的体例，故笔者认为，该条当是仲景原方而不属“附方”，其附方是“散在诸家之方”，必注明出处，而本条未注明出处。可见不属于“附方”。若为“附方”置于篇末又另当别论。既认为是“正方”，当排于该篇“附方”之前，与之上下文相连续的恰当位置。

二、从文意内容看

“肺痿肺痈”篇讨论肺痈，前文有“肺痈喘不得卧，葶苈大枣泻肺汤主之”之条文，而在篇末又出现“肺痈胸满胀，一身面目浮肿，鼻塞清涕出，不闻香臭酸辛，咳逆上气，喘鸣迫塞，葶苈大枣泻肺汤主之”的条文，此两条皆是论述肺痈的主症及治疗，亦是葶苈大枣泻肺汤的主治范围，内容相贯，文意相通，故编排应相连，而不应分割置之。查阅《备急千金要方·卷十七·肺脏》（孙思邈著，人民卫生出版社影印，1982年版316页）就将该条置于“肺痈，喘不得卧，葶苈大枣泻肺汤主之”条之后，可见张仲景原著是将此两条连排的，而本文所据本及赵本将此条放在“附方”后，恐系后人传抄之误造成了错简。

《金匮要略方论》除“肺痿肺痈”篇错简外，它如《腹满寒疝宿食病脉证治》“脉紧如转索无常者，有宿食也。脉紧，头痛风寒，腹中有宿食不化也”条和《痰饮咳嗽病脉证并治》“先渴后呕，为水停心下，此属饮家，小半夏茯苓汤主之”条，也属类似错简，此不赘述。

[《安徽中医学院学报》1996；15（3）57]

八味丸补入《金匮要略》考评

魏贻光　福建中医学院

八味丸，又名肾气丸、桂附八味丸等。自北宋仁宗朝（公元1023～1031年），孙奇、林亿等人奉敕校定《伤寒杂病论》，八味丸作为补遗方补入《金匮要略》。此后，有人迳称金匮肾气丸。但八味丸究竟出于何时何人之手？又是怎样补入《金匮要略》的？现就这些问题考证，评述如次：

一、八味丸补入《金匮要略》的社会历史背景

由于历史的种种原因，素有“浩如烟海”的中国古代书籍代有散失。医书也难逃此厄远。张仲景《伤寒杂病论》自成书至西晋王叔和为之编次，其间不及百年，十六卷之数仅存十卷，其余六卷已散失无余。据河南地方志所载张仲景还有《评病要方》《脉经》《疗黄经》《疗妇人方》《口齿论》等医书也都遗佚殆尽。《内经》的情况也是这样，唐朝王冰编次《素问》，原为九卷之目，竟阙第七一卷，其余或为简脱文断义不相续，或为颠倒错乱前后不伦。查《隋志》载有《四海类聚方》二千六百卷，方五万余首，遗憾的是，隋代以后人们便无法再睹其浩瀚之风采了。《神农本草经》也曾散失过，至南宋时才由王炎复辑而成。经典著作与大部巨著之遭遇竟是如此，其他医书之境况更是惨不忍睹了，诸如西晋的范汪、阮炳、殷浩、殷仲堪，南北朝褚澄、周弘让，隋唐张文仲、孟诜、崔知悌、甄氏兄弟等，都著有许多有价值的方书。除被类书引用外都没有完整地流传下来。鉴于上述情况，辑复校正医书，引起宋朝政府及有识之士的高度重视，仁宗朝诏集文臣、御医，广征天下医书对宋以前现存医著进行一次全面的校正，其具体做法是：虫蠹残缺字脱文断者，补字缀连。传写错者正其字句，抑或方证不续者，移方补缀，以广其用等等。八味丸就是在这样的历史社会背景下被补入《金匮要略》的。

二、《金匮要略》的由来

据孙奇、林亿等《金匮要略》序称：“翰林学士王洙在馆阁日，于蠹简中，得仲景《金匮玉函要略方》三卷。上则辨伤寒，中则论杂病，下则载其方，并疗妇人。乃录而传之士流，才数家耳。尝以对方证对者，施之于人，其效如神。然而或有证而

无方，或有方而无证，救疾治病，其有未备。国家诏儒臣校正医书。臣奇先校正《伤寒论》，次校定《金匮玉函经》。今又校成此书，仍以逐方次于证候之下，使仓卒之际，便于检用也。又采散在诸家之方，附子逐篇之末，以广其法……凡二十五篇，除重复，合二百六十二方，勒成上、中、下三卷，依旧名曰《金匮方论》”。这段序言说明三个问题。

1.《金匮玉函要略方》的发现过程。王洙是宋朝侍学讲士，所以常出入于像当今国家图书馆、档案室之类的“馆阁”，在偶然中发现《金匮玉函要略方》三卷。该三卷本不同于《伤寒杂病论》十六卷本，也不同于王叔和所辑得其余六卷，而是《伤寒杂病论》一个删节本，所以才更名《金匮玉函要略方》。所谓“金匮玉函”犹西汉贾谊《新书·胎教》云“书之玉版，存之金匮”，言其珍贵之意。《要略》义取汉朝许慎注《淮南子·要略篇》谓：“略数其要，明其所指，字其微妙，论其大体。”意即该书是取仲景《伤寒杂病论》中最精要者略而论之，故名。

2. 临床验证过程：这一过程表明林亿等人对校正医书是高度认真负责的，向苦于失而未得的杂病论治部分，今得之虽名“要略”，然仍不敢轻信，是否精要简略应验证于临床。于是“录而传之士流，尝以对方证对者，施之于人。”经以证验方，以方测证的一番临床验证之后，结论是“其效若神”。因此，就大有必要重为修订了。

3. 校正补遗，“以广其法”。校正，又称校勘，是对同一书籍用不同版本和有关资料相互校对比勘，其文字篇章的异同得失，以订正其错误，是阅读、整理古书的一种专门知识。医家精于此道者不多，精于此者又非医家。林亿通儒知医，从其校正《金匮要略》序言看来，还包括辑复的内涵。其《新校正》的中医书籍内容精当详实，为保存、整理祖国医学遗产作出卓越的贡献。《金匮玉函要略方》，首伤寒、中杂病、后方药，证候与方药分卷著录。为了与已校正的《伤寒论》体例统一，因此先将“逐方次于证候之下”然后“有证而无方”者“采散在诸家之方”或补入条文之中，“或附于逐篇之末”补缀成册。书凡三卷，二十五篇，二百六十二方。此为今本《金匮要略》辑成校正的大体过程。

三、八味丸补入《金匮要略》的证据

八味丸出《崔氏纂要方》故名“崔氏八味丸”。其补入《金匮》证据有三：

1. 书中八味丸凡三见。首见于《中风历节脉证并治第五》篇末。该篇最后一条，即第十条：“病历节不可屈伸，疼痛，乌头汤主之。”条文方论之下又录方六首，崔氏八味丸为第五首，现抄录于下：”崔氏八味丸：治脚气上入少腹不仁。干地黄八两，山茱萸、薯蓣各四两、泽泻、茯苓、牡丹皮各三两，桂枝、附子（炮）各一两。右八味，末之，炼蜜和丸梧子大。酒下十五丸，日再服。”这里可以看出二个问题：其方前冠以“崔氏”，已明此方非仲景原方。那么 崔氏又是何许人？查史书及《中国医籍考》汉及汉以前没有发现有关崔氏医迹传略记载，也没有医著冠以崔氏之名的，故尔，“崔氏”为汉以后人无疑。据新、旧《唐志》《医籍考》及河南地方志，均载有初唐人崔知悌著有《崔氏纂要方》《崔氏骨蒸病灸方》及《崔氏产图》等医书。且《千金》《外台》亦有崔氏八味丸出《纂要方》等语的记载。此外，再看所附六方均出唐人医著，故可认定“崔氏”即是崔知悌。此一也；其二，先立方名，后明证候，其体例与正文先列证候，后言某方主之，前后不一，显属另外附入，非为正文。

2. 八味丸二见于《血痹虚劳脉证并治第六》“虚劳腰痛，少腹拘急，小便不利者，八味肾气丸主之。”三见于《消渴小便不利淋病脉证并治第十三》“男子消渴，小便反多，以饮一斗，小便一斗。肾气丸主之。”该条句下林亿等用小字加注“方见上”，所谓“方见上”意即肾气丸之出处、药物组成、用量、制法及服用方法均与崔氏八味丸同。所不同者首称“崔氏八味丸”，二称“八味肾气丸”，三称“肾气丸”。这是古代一种简略的书写方法，其实“崔氏八味丸”“八味肾气丸”“肾气丸”等是为互名。这里可以看出，林亿等人先将“崔氏八味丸”以附方形式附于五卷之篇末，以应序言“又采散在诸家之方，附于逐篇之末”之例，后将篇中“有证而无方”者，用附方补代仲景遗方并植入条文之中，其补缀方法与序言交待前后呼应，森甲鳞次并然有序。

3.《妇人妊娠病脉证并治第二十》“妊娠养胎，白术散主之。”条文末，加小字注“见外台”。查《外台秘要》卷三十三有“《古今录验》妊娠养胎，白术散方”。说明白术散系出于唐人甄立言之《古今录验方》，林亿等人也作为“有证而无方”之补遗方，植入条文之中。但该方植入处理方法，不同于崔氏八味丸先以附方增补，后以补遗方植入的间接植入法，而白术散是采用直接植入法，若无小字加注，便会误为仲景原方。但略加思考其用意跃然纸上，即崔氏八味丸的间接补入是范例，他方补入仿例直人不一一说明以省笔墨。书中像上述情况的，不止八味与白术散，诸如《千金方》苇茎汤、三黄汤；《近效方》的术附汤；《肘后方》的獭肝散以及《外台秘要》的桔梗白散等近30方之多。

四、应正确对待经方与经效方

宋成无已称《伤寒论》为伤寒“经”，故尔称仲景方为“经方”因此而得名。为了便于说明起见，姑且称仲景以外诸名方为“经效方”。所谓“经方”其“经”可训为“典”“常”“验”，即“经典”“经常”“经验”，意为出于经典著作常用的经验方。“经效方”之“经”自然就没有“经典”含义了。但其余意同“经方”。一般地说判断一张方子优劣，其临床的效验是主要的依据，至于出于何人何书那是次要的。基于此，经方与经效方都是经长期临床反复验证的有效汤方，本应无尊卑优劣之分。笔者考就八味丸非仲景方，旨在探讨《金匮要略》的沿革、变迁，非为剔除八味丸等方，而作另眼看待或贬低八味丸之作用，绝无此意。如果是这样，那是不科学的，也是不公平合理的，更不符合仲景的本意。世人所谓之经方，未必都出自仲景之手。《伤寒杂病论》，其《伤寒论》计方113首，《金匮》计方262首，总共375着，方方都出自仲景那是不可能的。仲景能正确地对待前人经效方，并根据病情变化加减出入创制新方，为我们树立了榜样。

据上所述可以断定：崔氏八味丸，出于初唐人崔知悌编纂的《崔氏纂要方》，该书宋时已佚。林亿、孙奇、高保衡等人奉敕校正《金匮要略》时，采集《千金》《外台》等现存类书中记载的有关前人已佚的经效方，补入《金匮要略》中。世称八味丸、肾气丸、桂附八味丸、桂附肾气丸均为崔氏八味丸之互名，有人迳称金匮肾气丸，此说欠考。

[《中医教育》1996；15（2）：47]

《金匮要略》定量一瞥

陈国权　李桂香　湖北中医学院

何谓“量”？其内涵如何？《辞海》道：量和质都是“哲学名词”，而“量是事物存在的规模和发展的程度，是一种可以用数量来表示的规定性，如多少、大小、高低、长短、轻重、快慢等。”据此定义和涵盖，我们不难从《金匮要略》中找出与之相对应的定量证据来。

一、多少定量

多少定量在《金匮要略》中主要体现在以下5个方面。

1. 月经量次之多与少　如胶姜汤之“陷经漏下”（经气下陷，下血不止）与抵当汤之“经水不利下”；土瓜根散主“经一月再见”与“经水不利”。前者为月经量之多与少，后者为月经次之多与少。

2. 服药次数之多与少

（1）白天次数多晚上次数少：如皂荚丸、麦门冬汤采用的“日三夜一服”法，竹皮大丸的“日三夜二服”法，赤丸的“日再夜一服”法等。

（2）久病服药次数多与新病次数少：如治疗虚劳之薯蓣丸令“空腹酒服一丸”，强调“一百丸为剂”，即服100次之多；而干呕之橘皮汤则嘱“下咽即愈”，即服1次之少。即令再服2次，也不过3次。

3. 服药量之多与少

（1）采取体强之人多服，体弱之人少服与大人多服，小儿少服的取量方法：如小青龙加石膏汤之“强人服一升，羸者减之……小儿服四合”；大乌头煎之“强人服七合，弱人服五合”等等。

（2）采取先多服后少服的取量方法：如甘草附子汤之“温服一升……初服得微汗则解，能食，汗出复烦者，服五合。恐一升多者，服六七合为妙。”

（3）采取先少服后多服：如肾气丸之“酒下十五丸，加至二十丸”；乌头桂枝汤之“初服二合，不知即服三合，又不知复加至五合”等。

（4）采取多量顿服与少量频服：如升麻鳖甲汤、泻心汤皆“煮取一升，顿服之”；而泽漆汤则采取“煮取五升，温服五合，至夜尽”，即5升药液分为10次从白天到夜晚，频频服完。前者1次服药量可达1升之多，后者每次仅为5合。

4. 服药之饱和量　判断服药是否达到了饱和量，主要根据服药后的各种反应。

（1）从服药后汗出之多与少判断：如痰饮服五苓散后之“汗出”与支饮服大青龙汤后之“微似汗”，两者虽都达到了饱和量，但不同之处在于一出汗多，一出汗少。

（2）从服药后小便利之多与少判断：如妊娠有水气，服葵子茯苓散后“小便利则愈”；与支饮服木防己去石膏加茯苓芒硝汤后“微利则愈”，通过服药后小便利与微利，一量多一量少，不言亦喻。

5. 服药之极量　如十枣汤之“……平旦温服之，不下者，明日更加半钱”，意谓今日只能服

“一钱匕”或“半钱匕”；乌头煎之“强人服七合，弱人服五合。不差，明日更服，不可一日再服”，即7合或5合乃日之极量。

二、大小定量

大小定量在《金匮要略》中主要体现在以下5个方面。

1. 疮口的大与小　如王不留行散方后注云：“小疮即粉之，大疮但服之。”

2. 方剂的大与小　如承气汤、青龙汤、柴胡汤、建中汤及半复汤皆有大小之立。或许是祛邪力专或扶正力强者名为“大”，反之则称为“小”吧！在《伤寒论》中尚有陷胸汤的大、小之设，其理一也。

3. 单味药体积的大与小　如头风摩散、薏苡附子散及通脉四逆汤所用附子皆谓之“大”，白木散的加减及射干麻黄汤所用半夏也皆谓之“大”。其余23方所用附子及其他34方所用半夏，无疑俱为“小”了。

4. 丸药的大与小　如肾气丸等8方的如梧子大，薯蓣丸的如弹子大，大黄䗪虫丸等3方的如小豆大，赤丸的如麻子大，桂枝茯苓丸的如兔屎大，矾石丸的如枣核大。此外，蛇床子散的“以白粉少许，和令相得，如枣大”实亦属此类。枣核在枣中，枣大核小，何其昭然。而梧子、弹子、小豆、麻子及兔屎之列，则其中自有一比大小。

5. 煮药火候的大与小　如大乌头煎的“煎令水气尽”，附子粳米汤的“煮米熟汤成”，桂枝加桂汤及佳枝汤的“微火煮取”，显然，前二者火候大，后者火候小。

三、高低定量

高低定量在《金匮要略》中主要体现在以下两个方面。

1. 发热的高与低　如瘅疟的“热而少气烦冤”与小便不利的“微热”，产后病日晡的“再倍发热”与日哺之前的“烦躁发热”，酒疸的“心中懊憹或热痛”与“心中热”，苓甘五味加姜辛半杏大黄汤之“面热如醉”与桂苓味甘汤的“面翕热如醉”等，皆前者热高而后者热低。

2. 服药温度之高与低　如葛根汤等诸多方剂的“温服”与生姜半夏汤的“小冷，分四服”，前者药液热度高，后者则热度低。从桂枝汤的“适寒温服一升”，可见《金匮要略》服药热度高低定量之一斑。况组成桂枝汤的5味药，国内有学者认为，不仅在《伤寒论》中使用的频率最高，在《金匮要略》中也大体如此。从这个角度上讲，桂枝汤“适寒温”的服药热度高低之定量代表了全书。

四、长短定量

长短定量在《金匮要略》中主要体现在以下5个方面。

1. 病程的长与短　如狐惑病的“初得之三、四日，目赤如鸠眼，七、八日目四眥黑”；阴阳毒病之“五日可治，七日不可治”；大黄甘草汤的“食已即吐”与大半夏汤的“朝食暮吐，暮食朝吐”等，皆一短一长。还有“卒病”与“痼疾”，如“卒呕吐”“暴喘满”与“久咳”、支饮咳嗽“至一百日或一岁”等，亦然。

2. 泡药时间的长与短　如百合知母汤、滑石代赭汤等方的“渍一宿”后再煎，与桂枝附子汤等诸多方药的加水即煎，一长一短。

3. 煎药时间的长与短　如大承气汤之“以水一斗，先煮二物，取五升，去滓，内大黄，煮取二升，去滓，内芒硝，更上火微一二沸”；矾石汤之“煎三五沸”；麻黄加术汤之“以水九升……煮取二升半”；栝蒌桂枝汤之“以水九升，煮取三升”；茯苓桂枝甘草大枣汤之“以甘澜水一斗……煮取三升”；茯苓杏仁甘草汤之“以水一斗，煮取五升”等等，皆前者时间长，后者时间短。

4. 服药间隔时间的长与短　服药间隔时间有良久、半日许、如人行八九里及人行四五更之分。如防己黄芪汤的“温服，良久再服”，白术附子汤的“一服觉身痹，半日许再服”，附方《外台秘要》茯苓饮的“分温三服，如人行八九里进之”及大黄附子汤的“服后如人行四五里，进一服”等，这其中的间隔时间自有长短之异。而更多的是“日再夜一服”“日三服”“日三夜一服”及“日三夜二服”之类，多示人在限定的时间内再按平均的时间分服之。显然，在相同的限定时间内，服药次数少者则平均间隔时间长，反之则短。

5. 辅助服剂间隔时间的长与短　辅助服剂的间隔时间有一炊顷、食顷及须臾之分。如大建中汤之“分温再服，如一炊顷，可饮粥二升”；栝蒌桂枝汤的“汗不出，食顷，啜热粥发”及桂枝汤的“服已须臾，啜热稀粥一升，以助药力”等。

五、轻重定量

轻重定量在《金匮要略》中主要体现在以下2个方面。

1. 病情的轻与重　如肺痈的“数则恶寒”与痉病的“恶寒甚”；腹满的“时减，复如故”与

"不减，减不足言"；虚劳小建中汤的"腹中痛"与腹满大建中汤的"心胸中大寒痛"等，俱前轻后重。

此外，病邪"入腑即愈"，浸淫疮"从口起流向四肢可治""病在外者可治"，皆说明病轻；而病邪"入脏即死""浸淫疮"从四肢流来"入口者不可治"、病"入里者即死"。皆说明病重。

2. 药味的轻与重　尽管少数处方的药味用量有"等分"者，如栝蒌牡蛎散中的2味，蜀漆散中的3味等，皆然。但绝大多数处方的药味用量则有轻重之分，如桂枝汤中炙甘草2两，桂枝、芍药、生姜各3两，大枣12枚，等等，其轻重明矣。纵然《金匮要略》中除主要用斤、两、钱、分来表示药味的轻重外，尚用斛、斗、升、合及枚、个、片、把表示多少，用尺表示长短，用鸡子大、弹丸大表示大小，但在实质上都不外乎轻与重。

六、快慢定量

快慢定量在《金匮要略》中主要体现在以下3个方面。

1. 脉的快与慢　如肺痈、消渴、妇人杂病等的"脉数"，与欲作寒湿谷疸、热入血室等的"脉迟"。

2. 攻下瘀血的快与慢　如产后水与血俱结于血室用大黄甘遂汤，强调"以水三升，煮取一升，顿服之，其血当下"。显然，一升顿服后当见到瘀血排出，乃快攻所致；而虚劳干血用大黄䗪虫丸"缓中补虚"，即在缓去瘀血的过程中调补人体之虚，其慢下瘀血明矣。

3. 攻下积滞的快与慢　如寒实内结的腹满用大黄附子汤，强调"分温三服，服后如人行四、五里，进一服。"约摸半小时又服1次，可见其下之快；而痉病用大承气汤则只强调"分温再服，得下止服"，其速度相对为慢。

七、结语

由以上不难看出，《金匮要略》中从月经量次、服药次数、服药剂量、服药饱和量及服药极限量诸方面进行了多少定量；从疮口面积、方剂、药味体积、丸药及煮药火候诸方面进行了大小定量；从发热及服药温度诸方面进行了高低定量；从病程、泡药时间、煎药时间、服药间隔时间及辅助服剂间隔时间诸方面进行了长短定量；从病情、药味诸方面进行了轻重定量；从脉象的数迟，攻下瘀血、积滞方面进行了快慢定量等等。概括起来，不外病证、病情、脉象、病程，制方、用药及治疗7个方面。在1700余年前祖国医学竟能如此全面、详实地定量，是十分难能可贵的。但其中相当部分比较模糊。如制方的5大5小，言"大"者并非药味多于"小"，又非药量之和重于"小"；疮口直径达到多少厘米方谓"大"，不到多少厘米谓之"小"；枣、枣核、免屎等均有大有小；发热分别达到多少度谓"高（或"大""壮"）热""发热""有热"及"无热"；"一炊顷"到底是多长时间；"先食服"即先吃饭后服药，究竟隔多长时间呢，等等。这大概就是"中医定性不定量"之说产生的基础。因此应当用现代科学（含西医学）的知识和方法来更清楚地量化。可从症状入手，先易后难，分期分批，协作攻关。如是否发热在41℃以上、40℃、38℃、37.5℃左右及37℃即可分别定为极热、壮热、发热、微热及无热呢，余如恶寒、疼痛、口渴……皆可仿此。量化的目的至少有三：一是提高诊断的准确性、符合率，提高治疗的有效率，缩短疗程。但迄今为止乃至今后相当长的时间内，中医无法确定上述5种体温分别使用某种固定的药和方，因外感内伤皆能导致之。因此，定量还必须和中医的定性紧密结合，这样既吸取了现代科学定量的长处，又保持发扬了中医定量与定性相结合的特色。二是便于更好地继承，大大减少"只能意会，不能言传"的现象。三是利于和西医学接轨，以便更好地为世界人民服务。

[《北京中医药大学学报》1996；19（3）：19]

从《金匮要略》的校勘论《外台秘要》的方剂文献学价值

连建伟　浙江中医学院

笔者在对《金匮要略》的校勘过程中，曾以明·万历二十七年（公元1599年）赵开美校刻的《仲景全书·金匮要略方论》为底本，以唐·王焘《外台秘要》（明代经余居刊本）为校本，经仔细校勘，反复研究，深感《外台秘要》的方剂文献学价值十分巨大，对于保存中医古籍原貌起到了不可估量的作用，现分述之。

据《外台秘要》知《金匮要略》方之药物

《金匮要略·痉湿暍病脉证治第二》记载："风湿，脉浮，身重，汗出恶风者，防己黄芪汤主之。"但方中防己该用木防己还是汉防己，未作交待。据《外台秘要·卷十九》"疗风湿脉浮身重汗出恶风方"作"汉防己"。说明防己黄芪汤中确应以汉防己为是。

《金匮要略·疟病脉证并治第四》附有“《外台秘要》方牡蛎汤”，由牡蛎、麻黄、甘草、蜀漆4药组成。据《外台秘要·卷五》所载“《仲景伤寒论》牡蛎汤”，在蜀漆之后有“若无，用常山代之”7字，这就告诉我们早在汉代就已有药物代用的现象，只要功用相同或大致相同即可。《外台秘要·卷五》并在煎服法中指出：“以水先洗蜀漆三遍，去腥。”以上药物替代及加工方法，《金匮要略》附方中，均未记载，必细读《外台秘要》原书，方能明了。

《金匮要略·禽兽鱼虫禁忌并治第二十四》载有“治食鸟兽中箭肉毒方”，用“大豆煮汁及盐汁，服之解。”考盐汁并无解毒作用，据《外台秘要·卷三十一》“作蓝汁”，《神农本草经》云：“蓝实，味苦寒，主解诸毒”。据此，“盐”系“蓝”之误，字形相近也。

《金匮要略·果实菜谷禁忌并治第二十五》载有“食苦瓠中毒治之方”，用“黎穰煮汁，数服之解。”黎穰，无考。据《外台·卷三十一》引《肘后方》作“黍穰”，即黍之茎也，可从。

据《外台秘要》知《金匮要略》方之剂量

《金匮要略·痉湿暍病脉证治第二》记载“伤寒八九日，风湿相搏，身体疼烦，不能自转侧，不呕不渴，脉浮虚而涩者，桂枝附子汤主之。若大便坚，小便自利者，去桂加白术汤主之。”去桂加白术汤，即白术附子汤是也。桂枝附子汤的剂量是“桂枝四两，去皮生姜三两，切附子三枚，炮去皮，破八片甘草二两，炙大枣十二枚，擘”。而白术附子汤的剂量是“白术二两附子一枚半，炮去皮甘草一两，炙生姜一两半，切大枣六枚”。据此看来白术附子汤的各药剂量均比桂枝附子汤少一半（方中白术是取代桂枝的，桂枝原用四两，白术却仅用二两）。但从条文推敲，白术附子汤确是桂枝附子汤的加减方，既是加减方，起码两方的大部分药物剂量应该相同。据《外台秘要·卷一》引《仲景伤寒论》作“白术四两，大枣十二枚，甘草炙一两，生姜二两，附子三枚，炮去皮，四破”。如此剂量便能符合加减方的实际情况了。

《金匮要略·百合狐惑阴阳毒病脉证治第三》裁有赤小豆当归散方，但方中当归无剂量，椐《外台秘要·卷二》本方当归作三两。

《金匮要略·痰饮咳嗽病脉证并治第十二》载有木防己汤方，系用“木防己三两，石膏十二枚，鸡子大，桂枝二两，人参四两”组成。其中石膏作“十二枚，鸡子大”，剂量似太重，难以符合临床实际。再看《金匮要略》大青龙汤中的石膏，仅用“如鸡子大”而已。据《外台秘要·卷八》木防己汤，石膏作“鸡子大，三枚”，宜从。

《金匮要略·妇人妊娠病脉证并治第二十》白术散方，除蜀椒用三分外，其余白术、芎䓖、牡蛎均无剂量。据《外台秘要·卷三十三》白术、芎䓖各作四分，牡蛎作二分，可补《金匮要略》之阙如。

据《外台秘要》知《金匮要略》方之煎服法

《金匮要略·惊悸吐衄下血胸满瘀血病脉证治第十六》记载黄土汤的煎服法是“右七味，以水八升，煮取三升，分温二服。”而据《外台秘要·卷二》引《仲景伤寒论》黄土汤的煎服法是“右七味切，以水八升，煮六味，取二升，去滓，内胶令烊，分三服。”这样就更能体现出仲景方的煎服法特点。因仲景用阿胶的方剂往往多在其余药物煎成之后去滓，内胶令烊（消）”的，如《金匮要略》猪苓汤、芎归胶艾汤、白头翁加甘草阿胶汤、炙甘草汤等均是。

据《外台秘要》知《金匮要略》方之主治

《金匮要略·百合狐惑阴阳毒病脉证治第三》记载：“百合病变发热者（一作发寒热），百合滑石散主之。”据此，百合滑石散仅主治百合病发热，症状过于简单，令人难以掌握应用。而《外台秘要·卷二》既以本方“疗百合病变而发热者”。又在用法后记载：“一本云：治百合病小便赤涩，脐下坚急。”细读《外台秘要》，便能全面掌握百合滑石散证，以发热、小便赤涩，脐下坚急为主，故用百合清其虚热，滑石利其小便，甚为合拍。

《金匮要略·疟病脉证并治第四》云：“疟多寒者，名曰牡疟，蜀漆散主之。”并附有“《外台秘要》方牡蛎汤，治牡疟”。牡疟，据《外台秘要·卷五》引《仲景伤寒论》作“牝疟”。《外台秘要·卷五·牝疟方二首》即“《仲景伤寒论》：‘牝疟，多寒者为牝疟，牡蛎汤主之方’；‘又疗牝疟，蜀漆散方’。”考牝、牡，古指雌雄两性。据汉·毛亨《训诂传》云：“飞曰雌雄，走曰牝牡”，如鼪鼠屎，《千金方·卷二十四》《外台秘要·卷三十一》俱作“牡鼠屎”，即可为证。因寒属阴邪，牝属阴类，故疟多寒者 称为牝疟。《金匮要略》作“牡疟”，恐系传抄时因字形相近而致讹也。

《金匮要略·血痹虚劳病脉证并治第六》所载天雄散方，未出主治证，与一般的《金匮要略》方体例不同，似非仲景方。据《外台秘要·卷十六》

有“《范汪方》疗男子虚失精，三物天雄散方”，由天雄、白术、桂心组成，其下有小注：“张仲景方有龙骨”。据此可知《金匮要略》所载天雄散方确系仲景之方，其主治证可据《范汪方》，治男子虚劳失精。

据《外台秘要》知《金匮要略》方之加减

仲景方对晋、唐医家的影响极大。晋、唐医家既注重研究仲景之方，又不断地对仲景方进行加减运用，扩大其临床运用范围。如《金匮要略·血痹虚劳病脉证并治第六》所载的桂枝加龙骨牡蛎汤，主治“失精家，少腹弦急，阴头寒，目眩，发落，脉极虚芤迟，为清谷，亡血，失精，脉得诸芤动微紧，男子失精，女子梦交”诸证。《外台秘要·卷十六》引晋·陈延之《小品方》云：“虚羸浮热汗出者，除桂，加白薇三分、附子三分炮，故曰：二加龙骨汤。”古代医家对仲景方加减运用的宝贵经验，全赖《外台秘要》得以保存，并被宋臣林亿在校正《金匮要略》时转载到《金匮要略》之中。

据《外台秘要》知《金匮要略》方之名实

《金匮要略·胸痹心痛短气病脉证治第九》治胸痹，有人参汤方。据《外台秘要·卷十二》引《仲景伤寒论》：“疗胸痹，理中汤方”。说明人参汤与理中汤均主治胸痹，而且两方的组成、剂量均相同，即人参、甘草、干姜、白术各三两。但近代也有中医学家认为人参汤以人参为君，理中汤以干姜为君，两方不一样，故方名亦不同。如若细读《外台秘要》，便可知理中汤的确就是治胸痹的人参汤，一方而有二名，毫无争议之必要。

据《外台秘要》知《金匮要略》附方之作者

《金匮要略·中风历节病脉证并治第五》之附方有“崔氏八味丸，治脚气上入，少腹不仁。”看其方名，似乎八味丸系崔氏所创制。其实不然，乃崔氏引张仲景之方。据《外台秘要·卷十八》引崔氏云：“若脚气上入少腹，少腹不仁，即服张仲景八味丸方。”可以为证。

《金匮要略·黄疸病脉证并治第十五》之附方有“《千金》麻黄醇酒汤，治黄疸。”据《外台秘要·卷四》引《仲景伤寒论》：“黄疸，麻黄醇酒汤主之方”，其组成、用法均同《千金》麻黄醇酒汤方。宋臣林亿等在校正《金匮要略》时将《千金》麻黄醇酒汤列入黄疸篇的附方之中，说明林亿等治学严谨，知识渊博，对《千金方》《外台秘要》的研究极为深入，从而确认麻黄醇酒汤系仲景之方，才将其补入《金匮要略》之中。

综上所述，根据《外台秘要》可知《金匮要略》方在药物、剂量、煎服法、主治、加减、名实、制方人等7个方面的原貌。笔者在校勘中又发现王焘所引用的《仲景伤寒论》是《伤寒杂病论》的又一个古代传本。《仲景伤寒论》既有《伤寒论》的内容，又包括了《金匮要略》的内容，而且卷数甚多，超过了十六卷（张仲景《伤寒杂病论序》云：“为《伤寒杂病论》合十六卷”），起码有十八卷以上（据《外台秘要·卷十》引《仲景伤寒论》小青龙加石膏汤、越婢加半夏汤方下有小注“并出第十八卷中”）。可惜《仲景伤寒论》古传本早已失传，全靠《外台秘要》保存其部分内容，弥觉可珍。

［《中国医药学报》1996；11（3）：12］

张仲景妇科文献研究简议

张灿玾　山东中医药大学

仲景先生作为一代医学大师，垂法于万世，后人尊之为“圣”，良有以也。其伤寒杂病遗论，早已蜚声海内外，并奉为医学之经典，功不待言。今所议者，仲景于妇科文献方面，聊作探索性研究。

仲景妇科文献的提出

今存《金匮要略》卷下有妇人病三篇44条，涉及妊娠、产后及妇人杂病等多种病证。然而据某些古籍所载，仲景著述之妇科文献，似不止于此。概言之，有以下几方面理由。

第一，上有所承。审视《伤寒论》仲景自序，言其撰用《胎胪药录》一书，近人余嘉锡先生云：“《胎胪药录》，妇人婴儿方书也，胎谓妇人胎脏，胪与颅皆从卢得声，古字通用，即颅囟也。仲景所举《素问》《九卷》《八十一难经》《阴阳大论》，皆周秦以前书，《胎胪药录》当亦其类。”注云：“《汉志》有《妇人婴儿方》十九卷，此或其别名欤?”据余氏说，《胎胪药录》是否即《妇人婴儿方》，尚难考定，然其谓“妇人婴儿方书”之说则甚是；是则说明仲景妇科文献是上有所承的。

第二，下有传人。《太平御览》卷722引《何颙别传》曰：“卫汛好医术，少师仲景，有才识，撰《四逆三部厥经》及《妇人胎脏经》《小儿颅囟方》三卷，皆行于世。”又南宋中后期之张杲《医说》与周守忠《名医蒙求》中，亦均有类同之说，惟“汛”作“沈”，疑形近相误。如《医说》云：“卫沈不知何郡人也，仲景弟子，知书疏，有小才，撰《四逆三部厥经》及《妇人胎脏经》《小儿颅囟经方》三卷，皆其所制，知名当代。”注：“出《仲景方》。”此明出典，尤为重要。详《张仲景方》均有著录。《旧唐书·经籍志》并云为“王叔和撰集。”又《医说》载张伯祖文，亦云：“出《仲景方》序论。”据上述诸说，《张仲景方》一书，原系王叔和撰集，疑原有王叔和“序论”一文，或介绍仲景事迹及有关内容。叔和距仲景甚近，故其言卫汎师承仲景之事，尤为可信；是，则说明仲景确将其妇儿医方或著述，授之于卫沈。

第三，史有著录。《隋书·经籍志》著录有张仲景《疗妇人方》二卷。此后诸史志，虽亦有《妇人方》，然未有署仲景之名者；或隋以后亡佚，亦或并合于其他有关著作中，现已难考。

从上述情况分析，仲景于妇科病方面，是在继承前人的基础上，另有自己的著述，并传于其弟子卫沈。至于《隋志》著录之《疗妇人方》，究竟是出于仲景自撰，或由后人再撰，尚难断定。但不管怎样，历史上曾有过仲景治疗妇人之方书行世，是不容置疑的。

现存《金匮要略》及妇人病考

《金匮要略》一书问世，当然是出于林亿等人之后。观该书宋臣序得知，乃王洙于馆阁蠹简中所得《金匮要略方》三卷，“上则辨伤寒，中则论杂病，下则载其方并疗妇人。”宋臣等以“自杂病以下终于饮食禁忌，凡二十五篇……勒成上中下三卷，依旧名曰《金匮方论》。”审视王洙所得本及林亿等整理本之正名，均有“要略”二字。按“要略”应是对“烦杂”言。从这个意义上讲，是否在于说明书之内容原已不全，或有所删节，故特加“要略”二字。就治妇人病之内容而论，林亿等序称王洙本之排列，上卷伤寒，中卷杂病，下卷“载其方并疗妇人。”从这一排列顺序看，似应作这样的理解，即“疗妇人”这部分内容，并不与杂病相衔接，而是在“方”后，从而不妨提出这样的设想：“疗妇人”这部分内容，并非《金匮玉函要略方》本原有，或为后来传抄人从传世仲景《疗妇人方》中抄录而增附于书中，故顺次于方后。

又细审“金匮”与“玉函”等雅号，对仲景书并无特殊意义。特别是今本《金匮要略方论》，林亿等序后尚有另行保留佚名氏一段：“仲景金匮录岐黄《素》《难》之方，近将千卷，患其混杂烦重，有求难得。故周流华裔九州之内，收合奇异，捃收遗逸，拣选诸经筋髓，以为方论一编”，颇多疑义。首句句读，有作“仲景《金匮》，录岐黄《素》《难》之方”者。细审《隋书·经籍志》有《金匮录》二十三卷，注“京里先生撰。”而《宋史·艺文志》《崇文总目》及《通志艺文方略》均有未对五卷本《金匮录》署撰人。此《金匮录》与本文所言有无关系，虽难断定，而从文例看，若作“仲景《金匮录》”，则与下句“岐黄《素》《难》之方”，恰成对文，于义为顺。若作此文，义固可安，然考之古籍，疑尚未释。如今存《肘后备急方·葛仙翁自序》云：“余既穷览坟索，以著述余暇，兼综术数，省仲景、元化、刘、戴《秘要》《金匮绿秩》《黄素方》近将千卷，患其混杂烦重，有求难得。故周流九州华夏之中，收拾奇异，捃收遗逸，选而集之，使种类殊分，缓急易简，凡为百卷，名曰《玉函》。”又《抱扑子·内篇》卷十五云：“余见戴霸、华佗所集《金匮绿囊》、崔中书《黄素方》及百家杂方五百许卷，甘胡、吕传（疑为博之误）、周始、甘唐通、阮河南等，各撰集《备急方》……余究而观之，殊多不备，诸急病甚尚未尽，又浑漫杂错，无其条贯，有所寻按，不即可得。……余所撰百卷，名曰《玉函方》，皆分别病名，以类相续，不相杂错。”从葛洪两文分析，《金匮绿秩》与《金匮绿囊》当是一书，秩与帙通，书衣也。故秩与囊义同。然著者究系何人，从文字间尚难断定。但不管怎样，在葛氏之前，确有一加冠“金匮”二字含仲景著述内容的医书存世。金匮二字惟宝贵珍藏之义，这与后来孙思邈“江南诸师，密仲景要方不传’之叹犹合。又审视《周礼·天官冢宰下》贾公彦疏云：“案张仲景《金匮》不具，疑当有别。或今本脱，亦可为前说之证。又若将葛文与今存《金匮》佚名氏之文并观，何其相似乃尔”。然葛文“九州之中”之“中”字，此作“内”，当是避隋文帝杨坚父“忠”之讳。然而书中诸多“坚”字，何以不避杨坚讳，这从唐人杨上善注《太素》如正文‘治”字不避李治讳，而注文改作“疗”字之例，或可得到解释。这大概是古人处理经文讳字的一种方式。因疑《金匮玉函要略》一书，系隋人节选《金匮绿囊》与《玉函方》中有关仲景医方，另抄录部分治妇人方附子书后，并摘取葛氏《玉函方》序部分文字，略作改变，赘于书前而成，仍保留“金匮”与“玉函”原义，另加“要略”二字，以示节略，因得是名。以其文多节略，传抄较易，故得流传于世。适至宋代，遂密藏官府，疑王洙所得本，即此书也。复经林亿等整理，删除伤寒，以诸方附之文下，并将治妇人方连于杂病后，保留原佚名氏之文，仍仿旧义，取名《金匮要略方论》，遂成定本，流传至今。

王叔和《脉经》治妇人病考

今审《脉经》一书，收载仲景著作内容较多，其中卷九中九篇，除最末一篇为“平小儿杂病证”外，余者尽为妇人病。

关于王叔和编撰张仲景遗著之事，前人褒贬不一。晋人皇甫谧曾云：“近代太医令王叔和撰次仲景遗论甚精。”近人余嘉锡则云：“以余考之，王叔和似是仲景亲受业弟子，故编定其师之书。”然后世诋毁叔和者，亦颇有其人。我们认为前者为是，特如皇甫谧，与叔和基本上属同时代人，其言尤可信。从《脉经》载文看，叔和撰次仲景遗书，似皆忠于原著或实录。如《脉经》卷七、卷八、卷九三卷中收载内容，一般也认为源于仲景之学，然而也有的将不见于今存《伤寒论》《金匮要略》者，归为叔和自撰。个人认为前者为是。

从今存《金匮要略》与《脉经》有关妇人病的条文相较，自数量上看差异较大。《脉经》共出116条，而《金匮要略》则仅有43条，其中与《脉经》相同或基本相同者有36条，《脉经》不具者有7条。而《脉经》余出条文尚有70条，这70条中，除第一篇诊妊娠法与第八篇诊死生法《金匮要略》中全无外，其余几篇之内容，均与《金匮要略》条文混编。就是《金匮要略》中不具的条文，从文字气象等方面看，也可以说是基本相同或完全相同。关于《金匮要略》中不具的条文，主要有两种类型：一者，纯理论性条文而无方治者；另者，以问曰与师曰之问答体及但云师曰之条文，《金匮要略》中大都不具。而这种形式的条文，在今存《伤寒论》的某些篇，却占有不同程度的数量。如平脉法篇共有文40条左右，而此类形式即有21条。有的篇中“师曰”作“答曰”，义亦同。在《金匮要略》杂病诸篇也有此类条文若干条。这种条文的所谓“问曰”与“师曰”，究是虚设还是实录，从历史的情况和条文内容分析，应属实录。也就是说，是由仲景弟子记录乃师的亲授或师徒问答的实录。从这一点看，也比较支持余嘉锡先生的观点，这个记录者应包括叔和在内。因此，《脉经》中收载的这部分治妇人病的条文，其谓叔和撰集仲景之学术则可；若以为是叔和自家自术，则未之可也。从而似可认为，这部分内容大致有三种情况：一者，不加冠别词的条文，应是出于仲景自著。当然，在仲景自著中必有仲景承接其前人论述的内容。另者，但冠“师曰”的条文，当是出于仲景口授的实录。再者，加冠“问曰”与“师曰”或“答曰”的条文应是师徒问答的实录。但不管什么形式存在的条文，均属于仲景之学。

仲景对妇科方面的贡献

根据上述情况分析，仲景在妇科方面的著述，就今存文献而言，应包括《金匮要略》卷下“妇人妊娠病”，“妇人产后病”及“妇人杂病”三篇与《脉经》卷九的第一至第八篇。实有条文120余条。

从历史的情况分析，仲景在妇科方面亦有所师授或继承。这部分内容，本皆含于《伤寒杂病论》中，此书散失后，或由其弟子或再传人，将遗文所得实录单编独行为《疗妇人方》，唐以后再度佚失。叔和则将其所得编入《脉经》之中。当然，今存《脉经》已非叔和旧貌，其间脱误错讹之处，亦所难免。

从两书仅存120余条条文分析，仲景对妇科学术之贡献，主要有以下几个方面。

重视对怀妊的诊断及男性与女性的诊别。《脉经》所载，较之《内经》又增加了新的内容，后来的《诸病源候论》中，诸多类同的条文，很可能是源于仲景著作。至于这些方法的科学性和实用价值，当然还需要作些深入的研究和检验，方可作出准确的判断。

分经养胎学说的形成。在马王堆汉墓帛书《胎产书》中，虽已有10月养胎之法，但未提及与经脉的关系；而《脉经》则记有十经应10月养胎之说，并指出“手太阳少阴不养者，下主月水，上为乳汁活儿养母”的理论。后世分经养胎说，基本上均源于此。

保留了许多传世的经典性医方。如下证方桂枝茯苓丸之用于胞宫有瘀血诸症；治漏下半产之芎归胶艾汤，后世从中提出当归、川芎、白芍、熟地命名之四物汤，为理血之祖方，亦为治血之基本方；治妇人妊娠常服之当归散，后世以其中之黄芩、白术为安胎圣药；治转胞之肾气丸，后人去桂附命名为六味地黄丸，成为补肾之基本方。其他如治脏躁之甘麦大枣汤、下瘀血之抵当汤、温暖胞宫之温经汤等方，至今仍被视为常效方。足见该书所存古方之价值所在。

对病机与疾病的精僻见解。如“带下有三门，一曰胞门，二曰龙门，三曰玉门。已产属胞门，未产属龙门，未嫁为玉门。”明确指出带下病所在非一，故治当有别。如新产妇人三病——痉、郁冒、大便难的病机论述，都是很有道理的。

对妇科急重病证的预后诊断，都具有重要参考价值，体现了正虚邪实者多死，正盛邪衰者则生的机理。当然，彼时所谓死证，今则不一定皆死。

从学科体系看，仲景妇科内容已基本形成了妇科病的四大门类，即月经病、胎前病、产后病、杂病等，虽然今存本中所列病种及方治尚不多，但其基本框架，已具雏形。

另外，在《脉经》卷九第二第27条云：“师曰：若宫里张氏不差，复来相问。”林亿等校注云：“臣亿等详此文脱误不属，无本可校，以示阙疑。”从宋臣校注可知，此文原已脱误不全。然从余文中可见，此非一般叙述，而是有户籍与姓氏的病案实例。再结合其“师曰”与“问曰”等条文内容分析，足可证明这是仲景先生与其弟子结合具体实例所做的病机分析与病案讨论。故从现存文献记载论，似可认为《史记·仓公传》最早记载了病案，则《脉经》中当是最早记有病案的讨论者。

总之，仲景先生不仅在伤寒方面有卓著成就，在妇科方面贡献亦大。今存《金匮要略》与《脉经》中有关妇人病的内容，当属仲景。从学术方面看，已具妇科的雏形。幸存诸文，在病机与方治方面，都具有重要的应用价值。拙文所及，由于水平与资料所限，臆测之处，亦所难免，意在探讨，原非定论，语有不当，望方家指正。

［《中国医药学报》1996；11（5）：24］

《金匮要略》注释三则

吴仕骥　天津中医学院

一、魁羸

明·赵开美刻本《金匮要略方论》中风历节病脉证并治第五云：“诸肢节疼痛，身体魁羸，脚肿如脱，头眩短气，温温欲吐，桂枝芍药知母汤主之。”《脉经》卷八第五“魁羸”作“魁瘰”。元·邓珍刊本《新编金匮方论》“魁羸”作“魁瘰”。《金匮玉函经二注》《金匮要略心典》《医宗金鉴》“魁羸”具作“尪羸”。

《广雅·释诂》：“魁，大也。”《史记》孟尝君传云：“始从薛公为魁然也，今视之，乃眇小丈夫耳。”段玉裁在《说文解字注》中说：“引申之，凡物大皆曰魁。”据此，“魁”有“大”义。“大”即古“太”字。《说文·羊部》：“羸，瘦也。”慧琳《一切经音义》卷二“羸”字下引《说文》“瘦也，弱也。”故“魁羸”即是太瘦弱的意思，无状关节肿大之义。因而五版教材《金匮要略讲义》将“魁羸”释为“形容关节肿大”是欠妥的。有的学者认为“魁羸”可作“魁瘰”解，并引《集韵》：“瘰疬，筋结病也。”此处可引申为皮下结节，“魁羸”是指关节肿大，皮下有结节。笔者认为“瘰疬”乃病名，又是联绵词。联绵词是由两个音节联缀成义而不能分割的词，王念孙《读书杂志》指出，这种词往往“不可分训”，否则则“失其本指”。

慧琳《一切经音义》卷三十二引《苍颉篇》云：“尪短小偻也。”段玉裁《说文解字注》：“或云短小曰尪。”故“尪羸”谓短小瘦弱，与“魁羸”义近。

二、脚肿如脱

《说文·肉部》：“脚，胫也。”《伤寒论》29条以芍药甘草汤治疗“脚挛急。”该书30条则曰：“……胫尚微拘急，重与芍药甘草汤，尔乃胫伸。”段玉裁云：“膝下踝上曰胫。”故“脚”是连属膝与踝两个关节的。又，在《伤寒论》与《金匮要略》的条文中，“脚”与“足”是有区别的，故在此“脚”不可作“足”解。《广韵·十三末》：“脱，肉去骨。”“脚肿如脱”谓小腿（可能涉及膝或踝关节）肿甚，如肉去骨，状若肉团之义。有的学者引《说文》：“胫，胻也。”“胻，胫端也。”释“脚肿如脱”为膝关节肿胀。张舜徽《说文解字约注》认为：“‘胻’‘胫’自为一物，故《广雅·释亲》云：“‘胻，胫也。’与《史记》索隐同。许书‘胫’‘胻’二篆互训。今本‘胻’篆说解作‘胫耑也’，‘耑’字似涉下文‘腓’篆说解‘胫腨之腨’而误衍。桂氏以股下胫上解胫耑，则直以膝说胻矣，岂可通乎？段氏谓胫近膝者胻，亦非。”笔者以为这种见解是正确的。据此，将“脚肿如脱”释为膝关节肿胀之说，似可商榷。

三、新绛

新绛一药，《神农本草经》未载其名，说者不一。如邹润安《本经疏证》根据陈藏器《本草拾遗》认为“新绛”是帛以红兰花染就。王晋三《绛雪园古方选注》也有这种说法。检《证类本草》所引《本草拾遗》没有邹氏所云的记载。

《说文·草部》：“茜，茅蒐也。”“茅本、茹藘，可以染绛。”《尔雅·释草》：“茹藘，茅蒐。”郭璞注：“今之蒨也，可以染绛。”“蒨”与“茜”同。《证类本草》卷七“茜根”条引《别录》云：“可以染绛，一名地血，一名茹藘，一名茅蒐，一名蒨。”引陶隐君云：“此则今染绛茜草也。”引《图经》云：“茜根一作‘蒨’，染绯草也。”“绛”“绯”是赤色，古代衣服旌旗多用茜草染之，此在

《毛诗》《周礼》中均有记载。“新绛”是否为用茜草染成的丝织品呢？“新绛”究竟是什么呢？据《国语》卷十二《晋语·六·厉公》：“韎韦之跗注”韦昭注曰：“茅蒐，今绛草也，急疾呼茅蒐成韎也。”因此可以认为“新绛”即是茜草，临床实践证明是正确的。叶天士创立通络法，即以旋复花汤为基础加味，自疗久病入络、久痛入络，其处方均用“茜草”，《临证指南医案》所载案例可证。

[《天津中医》1996；13（5）：41]

“转胞”识

马德孚　新疆中医学院

高校教材《金匮要略讲义·妇人杂病脉证并治第二十二》篇中第十九条，论述转胞病证中，解释“胞”同脬即膀胱；而“胞系了戾”指膀胱之系缭绕不顺。就此，谈谈粗疏看法，共同切磋，以期斧正。

一、胞之所指

“胞”义有三：一指“胞中”为少腹部内的生理空间，内藏有膀胱、女子胞、冲、任等督脉之起源，是范围较广的生理部位。如《灵枢·五音五味篇》中“冲脉、任脉皆起于胞中，上循背里，为经络之海。”《素问·气厥论》云：“胞移热于膀胱，则癃溲血。”《金匮要略·五藏风寒积聚篇》曰：“……热在下焦者，则尿血亦令淋泌不通”。再如《素问·示从容论》中“……五脏六腑，胆、胃、大、小肠、脾、胞、膀胱，……”中所提之胞可认为六腑中三焦之代词，因胞为下焦之空腔，乃借喻文法。

二指女子特有器官即“女子胞”。如《素问·五脏别论》云：“脑、髓、骨、肠、胆、女子胞，此者……名曰奇恒之腑。”《素问·奇病论》“……人有重身，九月而瘖……胞之络脉绝也，”

三指膀胱如《灵枢·五味篇》曰：“酸入于胃……胃中和温则下注膀胱，膀胱之胞薄以懦，得酸则缩倦。”王冰注释此段经文云：“膀胱为津液之腑，胞内居之，少腹关元之中，内藏胞器……”。王注文中的“胞内”当指“胞中”即下焦，而“内藏胞器”即指居于胞中之膀胱。

二、“胞系了戾”如何解释

系，《说文》：“繄”段注：“繄当作縣：（通懸）垂统于上而承于下也。”此胞者，上下之间含空间义。所以“胞系”之内涵应作“胞中”（生理部位）有一定的空间位置。其中有着重要的生理机能之维系。

了，《说文》：“尥也”段注：“尥，行胫相交也。牛行脚相交为尥，凡物二股或一股结纠珍缚不直伸者，曰了戾。”

“戾”《说文》：“曲也。”后引伸为“背也”，“乖也”。所以“了戾”常引伸用以作乖戾、乖违、背戾解，不一定指有形之纠珍缚结。

胞系是否有具体的组织形态呢？余认为胞系不是膀胱之系或女子胞的附件，而当指属于胞中各器官之间的生理功能的维系而言。“了戾”是指违背了胞中正常的生理联系，在致病因素下出现乖违之病理现象。所以“胞系了戾”是指产生转胞的病理机制的。即“胞移热于膀胱”“妊娠胎压”等等，皆是“胞系了戾”。

三、转胞一证是否女子特有之疾

《金匮》把转胞载于妇人杂病篇，不能以条文前冠有“妇人”二字，就作妇人特有之疾。妇人之病除与女性生殖系统方面有关外，皆同于男子。故《金匮·妇人杂病篇》明确指出：“在上呕吐涎唾、……在中盘结……时着男子，非止女身。在下未多，经候不匀……此皆带下，非有鬼神。”本篇所载条文大多与经、带、外阴等疾患有关外，其中咽中有炙脔（梅核气）、脏躁、转胞等证也可见于男子。况且《金匮·虚劳篇》有五条条文前冠以“男子”而条文所述之病证亦不是男子所特有，女子同样可患疾，所以仅以载在妇人篇中就只作妇女之病证对待，不免囿于条文似有泥古之弊。

妇人妊娠出现转胞多见于七、八月后，因胎儿长大，加上气虚不摄，常现斯证，故《医宗金鉴》云：“妊娠胎压，胞系了戾不得小便……名曰转胞。”这种情况的“转胞”才是女子妊娠期所特有。但在《诸病源候论·妇人产后病诸候下》亦载“因产动气，气冲于胞，胞转屈辟不得小便故也。”及“产则津液空竭，血气皆虚，有热克于胞者，热停积故小便痞涩难出。”可见古谓转胞不是单指妊娠出现之疾。

《千金方·卷二十》中“治丈夫、妇人转胞不得小便八、九日方：滑石、寒水石各一斤，葵子一升”就明确提出丈夫亦有此疾。

再从治法上来看，仲景提出“宜”肾气丸，说明转胞治法不定，后世在仲景之法上多有发展。《千金》载方十二首，《外台》录方十五首，治法亦各异，其中通利滑窍、活血化瘀之药不在少数。

如蒲黄、乱发、琥珀、滑石、葵子、通草、石苇、车前草等。从众多治法中亦能证明“转胞”不为妇女特有疾患，病理机制也不单是膀胱的病变。

四、《金匮》中之“转胞”当是广义之胞

转胞为古病名，考与转胞之条年代接近的《千金方》《外台》《诸病源候论》亦有记载。形成转胞的因机《外台》中云：“胞转者，是由胞屈辟，小便不通为胞转……此病或由小便应下强忍之或为寒热所迫，此二者，俱令水气上还，气迫于胞屈辟不得充张，外水应入不得入，内溲应出不得出，外内相壅塞故令不通……饱食讫应小便而忍之或饱食讫而走马或小便因急奔走或忍尿入房亦皆令转胞。”由此可见除膀胱本身之因（如忍尿不解）外，膀胱之外的致病因素约束膀胱导致小便不通更为多见。此膀胱之外余认为当指膀胱居于的胞中而言。再从转胞之“转”义来看。[说文]：“转者，还也。”[段注]：“还者、愎也。愎者、往来也。”《中华大字典》：释作“移也。”作“凡事非直接，由他人间接者谓之转。”故转胞之“转”借上述释义就有助于说明转胞一证是间接形成的，是由多种原因转嫁而导致。

仅以载在妇人篇就认为“胞”指子宫，故转胞是“膨大子宫压迫膀胱所致。”或以“胞”通“脬”而作膀胱理解，把胞系作为是膀胱之系屈曲缭绕形成“胞转”，都只能说明转胞形成的一个方面的因机，未能窥其全貌。

综上所述，“胞”当指少腹部内范围广泛的生理部位。“胞系了戾”指这个生理部位受致病因素干扰造成正常的生理维系乖戾，从而产生病理变化，导致出现不得溺的主证。

[《河南中医》1996；16（6）：11]

论徐彬对《金匮要略》的贡献

汪泳涛　上海中医药大学
（导师　顾瑞生）

清·徐彬，字忠可，浙江槜李（今浙江嘉兴）人。先后师从李中梓、喻昌，尽得其传。毕生博览群书，尤尊仲景，视之为医家之周孔，喻《伤寒论》《金匮要略》为医家之六经，称《金匮》为“有药味、有方论之《灵》《素》”（《金匮要略论注·自序》），熟读精思，悉心玩味，颇有心得。因感书成久远，文义古奥，著《金匮要略论注》二十四卷（下简称《论注》，成书于康熙十年），辨难释疑，畅发古人之旨，意在使“人人各习全经，晓畅经义”（《论注·自序》），可谓用心良苦。又著有《伤寒论注》《伤寒论图说》《注许氏伤寒百证歌》，《伤寒一百一十三方发明》，引经析义，广仲景之学，功在不设。兹就其《论注》之风格特点以明之。

一、体例新颖，内容完整

《论注》体例新颖，有论有注。正义疏释备于注；或有剩义及总括诸证不可专属者，见于论。更有经义，可借以发本文之覆者，别具上方。（《论注·凡例》）。注释有注、论、眉批三种形式，互为补充，说理详尽透彻。

“正义疏释备于注”。如注解正水成因，“沉伏相搏，名曰水”，“虚难相搏，水走皮肤，即为水矣，（《金匮》篇十四）。《论注》着力于沉、伏、虚、难等疑难字词的解释，从气机升降出入异常入手，所谓“旋运之气几乎熄矣……上不能运其水，下不能出其水”（《论注》卷十四）。注解紧扣原文，深入浅出，文意通畅，医理圆活，《金匮》隐晦精深之理昭然。

“或有剩义及总括诸证不可专属者见于论”。卷二对湿病逐条释意之后，最后列一论，总结全篇湿病证治。把《金匮》治湿六方归为发汗、渗湿、行湿温下三法，并指出以发汗渗湿为主，外有痹着兼补之，内有积寒兼温之。且补充李东垣升阳除湿汤补虚渗湿，羌活胜湿汤清热化湿，以辅仲景治湿之未逮。又援引《内经》痿证、水肿言湿证之变，此论旁征博引，前后联系，融会贯通，最后附以自身临床治验的医案，可谓尽湿证之治。

“更有经义可借以发本文之覆者别具上方”，以眉批补充注、论之不足。如论历节病，由历节黄汗出引出历节与黄汗的鉴别，在该条文的“论”中已经从症状、病机进行了鉴别，然仍意犹未尽，联系卷十四《水气病》篇中有关黄汗的条文，在眉批中再次强调两证之异：“黄汗重在肿，历节重在痛，但黄汗之肿及头面，而历节独在足，历节之痛偏关节，而黄汗之痛或单在胸”（卷五），使黄汗、历节之辨毫不相淆。

众多《金匮》注本只注正文，对附方附而不释。然徐氏对附方亦细细品味，认为附方中亦有不凡之处，或用于病后调理，或用于本篇病证兼变证的治疗，可以补正文之未备，亦一一详加注释。《金匮》中《奇疗方》《禽兽鱼虫禁忌并治篇》《果实菜谷禁忌并治篇》三篇常被注家弃而不纳，《论注》亦忠实附录，详略不一地进行注释，使全书内

容完整，保持了原书旧貌。

二、方解透彻，释药精详

徐氏《论注》方解透彻，释药精详，不独察仲景之所用，亦察其所不用之由，如肾气丸，《金匮》中凡五见，每见徐氏均有侧重不同、详略不等的注释。在《痰饮篇》中针对方中每味药作了详尽细致的分析："以地黄养真阴，山茱萸益肝，苓药调脾，丹皮凉肝肾之气，使相火自伏，泽泻泻膀胱以通肾气，桂能化气，附益真阳，以运动下焦阳气，使肾之关门利而不壅，则脾气自调，调则健运。古人所谓脾胃之气通，则三焦俱泰者此也。调阴阳，滋根本，实为虚损主方，驱饮又为剩技矣。"（《论注》卷十二）徐氏慧眼独具，直接明了概括本方功在"调阴阳，滋根本"，驱饮为剩技，切中肯綮，一语中的。由此推及利水、止消、除痹，用于转胞、消渴、脚气冲心又为余力，也在不言之中。在《中风历节篇》述及肾气丸，则侧重桂枝与肉桂之辨："唯桂枝有偏行营卫之力，若肉桂则专下入而补矣"（卷五）。且在《妇人产后病篇》的附方中进一步探讨桂枝与肉桂之别，先历数仲景所用桂枝之处，一一分析其中桂枝功用，示人桂枝性温效广，通达营卫，为可通用之药；而肉桂性大热力专下入，非下焦虚寒不可妄用。条分缕析，层层深入，不容人不思，不容人不辨。其方解之透、释药之精可见一斑。

三、方论药味，融会贯通

徐氏熟读《金匮》，统观全书，首尾相顾，融会贯通，方与方有比较，证与证有鉴别，分毫不爽。卷九胸痹病注释中，徐氏首先指出胸痹与支饮、痰饮的联系："盖胸痹证，阳既虚，虚则不运，不运则津液必凝滞而为痰，故胸痹本与支饮、痰饮相类，但支饮、痰饮乃饮重而滞气，胸痹则由阳虚而气削，痰饮因之。"在眉批中再用点睛之笔，道出两证之大不同；支饮邪重，故不得卧；胸痹正虚，故前后胸背应痛。胸痹与痰饮从病机到症状，同中有异，异中有同，故其治温通阳气为相同之处，桂枝、半夏、茯苓、白术等为通用之药。又如卷十七《呕吐哕下利病篇》中吴茱萸汤与半夏干姜散的鉴别。吴茱萸汤证是浊阴上逆，格邪在头，故见头痛，药用参、姜、枣助阳，而以茱萸之苦温下其浊阴；半夏干姜散证乃胃家寒重，以致吐逆不已，用干姜理中，半夏降逆。两证寒邪虽同，有高下之殊，一症之差，理法方药之异，非熟读深研，洞烛幽隐，何以能明？由此也启迪后学，读书当前后联系，融会贯通，绝不可断章取义，就事论事。

四、熟读精思，见解独到

徐氏博览群书，熟读精思，深谙医理，见解独到。如其对消渴病成因之论述，《金匮》言"厥阴之为消渴，（《金匮》篇十三），历代医家多理解为大渴引饮，且视之为六经辨证中厥阴证的一个症状，而对消渴病的论治多强调肺、胃、肾三脏，而徐氏独树一帜，认为"消渴病原总属厥阴，消渴皆由厥阴风郁火燔"（《论注》卷十三），并引证《内经》之言引申其意："二阳结，谓之消"。徐氏进一步指出厥阴为肠胃之气不能健运，结而成消之本。再根据辨证论治的原则，把消渴证治分为三类：能食而渴者，重二阳论治；饮一溲二，重在肾虚论治；不能食而气冲者，重在厥阴论治。徐氏之见别具匠心，机圆法活。消渴以阴虚燥热为病机特点，而厥阴为阴尽阳复，阳易亢易动，肝又为风木之脏，风阳相感，热有燎原之势，燔灼上下而见上、中、下三消之证。清代温病大家叶天士在《临证指南医案》中亦载有肝风厥阳上冲眩晕犯胃为消之案，三消论治多用白芍、生熟地、山萸、龟板、旱莲等养阴柔肝、清热生津之品。叶徐之见，不谋而合，异曲同工。又如百合病证治，徐氏以为并非不治之证，缘其"邪久留连阴位，搏结于脑，则猝难脱身"（《论注》卷三），发前人之未言。

在丰富的临床实践过程中，徐氏对某些药味功效的理解亦有独到的体会。如赤小豆，徐氏言其通利肝气，用于宿食与远血证，又为通乳神药；紫苏叶能入阴和血，兼归气于血，可用于失血证、暑郁证、梅核气；射干、益母草、车前根叶子自然汁用于退黄，都是徐氏可贵经验，值得后世借鉴。

徐氏致力于仲景学说探讨，尤对《金匮》熟读精思，融会贯通，其《论注》以内容之全、体例之新、见解之精而在众多注本中崭露头角，成为《金匮》注本中屈指可数的善本、珍本之一。徐氏亦因其《论注》名存医史。

[《上海中医药杂志》1996；(10)：36]

《金匮要略》方中白酒名实辨

魏道祥　徐州卫生学校

关键词　《金匮要略》白酒　米酒　米醋

据考古研究，五千年前龙山文化的早期，我国已开始酿酒。商代的甲骨文已有"酒"字，商周遗址出土的青铜酒器品种数量之多，足以说明酿酒业已具规模。公元前11世纪的西周王朝，酿酒已发展成为独立的手工业，且品种业已不少。公元前12世纪前半期我国已采用曲、蘖来酿酒了。历代文献医籍关于酒的名称、品种、性质、作用，尤其在医疗上的运用、治疗上的地位均有不少精辟论述，《金匮要略》可谓其中之一。

白酒辛温轻扬。辛以开痹，温以通阳，轻扬善行上走，能行营卫；并助药势以达病所。但临床应用差异甚大，有用高粱酒的；有用绍兴酒的；有用米醋的；有用米酒的，均云有效验，皆曰源于《金匮要略》的瓜蒌薤白半夏汤和瓜蒌薤白白酒汤。随历史之沿革一源而多歧是有可能的，但原意指何物，值得探讨，

白酒非米醋

《周礼·天官·浆人》："掌共王之六饮：水、浆、醴、凉、医、酏"。《辞海》释六饮之"浆"指"淡酒"。可见浆在古时是饮料的泛称，可能还包括酒浆，故不可仅作酢浆解。《千金》《外台》所载"白截酒"显然是指酒，而所载"白截浆"虽不能肯定指酒浆，但也不可断言是指酢浆，故言"截"即是"酢"，似欠妥。再者今所言酱醋的"醋"，古人作"酢"，这是无异议的。

从《金匮·水气病篇》"黄芪芍药桂枝苦酒汤"的方后曰、方后注，结合《本草纲目·醋条》"弘景曰：醋酒为用，无所不入，愈久愈良，亦谓之醯，以有苦味，俗称苦酒"可知，方中之"苦酒"是指"米醋"。因古人认为："醋有数条，惟米醋二、三年入药。余止可啖，不可入药，"《辑义》："魏氏云：古人称醋为苦酒，非另有所谓苦酒也。美酒醯，即人家所制社醋，即镇江红醋是也……醋各处皆是，总以社醋入药"。由此观之，醋之古称，虽有多名，但其呼甚严，未尝与"白酒"相混，更况仲景在一书中分别以"白酒""苦酒"列入方名。一用作治"胸痹"，一用作治"黄汗"，显然是指二物。

凡主"白酒"即"米醋"的医家，其依据主为《千金》《外台》所云，因《说文》："截，酢浆也"，而"酢"系"醋"之本字，其错误认识的根源，恐亦在此。

白酒非黄酒

酒在色泽上，约可分为白酒和色酒两大类，在色酒方面，"绍兴黄酒"恐是最古老者。《吕氏春秋》："越王之栖于会稽也，有酒投江，民饮其流，而战气百倍。"由此可见，春秋时代即有"绍兴黄酒"。查"绍兴黄酒"：黄亮有光，香气浓郁芬芳，口味鲜美醇厚，度数为15～20度左右。访当地，除饮用外，尚有以为烹调菜肴之佐料，如以此酒代水煮成之"酒煮肉"，即是当地的名肴。由此推测，以此酒煮药是有可能的，从这点出发，与《金匮》二方中的酒药同煮似乎相符。但无论如何，仲景断不至于视黄为白，黄白不分。故"白酒"即"黄酒"之说非也，余各种色酒当无例外。

白酒非烧酒

今之"白酒"，系经蒸馏加工制成。通称"曲酒""烧酒""高粱酒"等。蒸馏法，据1975年河北青龙县出土的铜制烧（蒸）酒锅的试验和鉴定，确定不晚于金世宗大定年间（公元1161年），相当于南宋高宗到孝宗时期，此与《本草纲目》中言烧酒"自元时始创其法"相符。而1700年前的东汉时代，在蒸馏法上尚缺文物为证。故不可认为《金匮》方中之"白酒"乃今之"烧酒"。这是其一；其二，查方中之量，据古方药量考证，对照，约折合公制之1400毫升及2000毫升。以含量60度左右的酒，用之如此大量来煮药，实属罕闻，且与临床不符。"烧酒"如此，余各种蒸馏而成的酒，亦当无例外。

查《金匮》中所用的酒与《五十二病方》所用之酒相似。称"酒"者，在品种上未见明确要求。称"清酒"者，是指去滓的醴酒；而"醴"则是用蘖所酿的甜淡酒。称"醇酒"者，据《黄疸病篇》载《千金》麻黄醇酒汤方后的煎服法，可知"醇酒"即"美清酒"，从《饮膳标题》："厚曰醇"、张衡《东京赋》："春醴惟醇"说明醇酒是种质地较好的清酒，称"白酒"者，是指"醝"。从《本草纲目》引宗奭曰："以蘖造者，盖止是醴，非酒也…"，酒由用曲，醴则用蘖，气味甚相辽，治疗岂不殊也?"可知《金匮》方中所用的"白酒"，在品种上是有选择性的。

白酒是米酒

南京中医学院《金匮要略译释》，中医研究院《金匮要略语释》均认为"白酒即米酒之初熟者。"《金匮》方中"白酒"所指的"米酒"不同于《纲目》所载的"米酒。"其在"酒条"的《集解》；中引苏恭之言："酒有秫、黍、粳、糯、粟、曲、蜜、葡萄等色，诸酒醇醨不同，惟米酒入药用"。在上述酿酒的谷物中，唯梗、糯所酿之酒堪称"米酒"。宗奭曰："汉赐丞相上尊酒，糯为上，黍为中，粟为下，今入药佐使，专用糯米，以清水白面曲所造为正。古人造曲未见入诸药，所以功力和厚，皆胜余酒"（按；酒药据查为西晋始现）。由此

可见，汉时米酒是用未加药的曲所酿的酒。

细玩《金匮》二方中之白酒，具有下列特点：色白为一；用量甚多，酒度必低为二；既是方之组成部分又是煎煮之溶剂为三；具煎煮后可饮用之性为四；有辛温轻扬通行之性，用治胸痹为五。但凡具此五者为是，否则为非。

米酒色白味甘，酒度极低，热饮甚良，煎煮无妨，性辛温轻扬，具行药势通血脉，厚胃肠，润皮肤，散湿气，宣通气机等作用；与胸痹之病理机转相吻合；与上述五种特点相较无不具备。故《金匮》方中之“白酒：是“米酒”较为合理通情。

结 语

综上所述，《金匮》二方中所说的白酒当以米酒为是，余则非也。

另须指出，米醋，绍兴酒等诸品，亦具温通上焦阳气的作用，临证可据症选用。如仅取温阳解痛，可用米醋。有以每剂中加镇江米醋 10～15 毫升同煎，用治胸痹的报道。但若取温阳活血，则以“米酒”为是。近人蒲辅周，任应秋、岳美中、刘渡舟等氏临床治疗胸痹多用米酒。

再者，临床应用则宜根据当地条件和各自经验，酌情处理，关于剂量，亦应因人因地制宜。在用法上，亦不必拘泥于同煎，如在药煎成后冲服亦是一法。

总之，对《金匮》方中的白酒，应据胸痹具体证候的病理机转，掌握运用，可望效验。

[《中医文献杂志》2000；(1)：12]

《医宗金鉴》订正《金匮要略》校勘研究

徐成贺　广州第一军医大学

陈垣先生曾指出：“校勘为读史先务，日读误书而不知，未为善学。”读史如此，研读《金匮要略》(下称《金匮》也不例外。《金匮》为汉末张仲景所著《伤寒杂病论》的杂病部分。成书之秋，适逢战乱，虽史籍有载，多未亲睹，至北宋翰林学士王洙，始于馆阁蠹简中发现了《金匮玉函要略方》，亦仅为全书之节略，后经林亿等去伤寒部分加校，方得今日之《金匮要略方论》。王洙所见本无传，后之邓珍本少见，可见者多赵开美本与徐镕本。故《金匮》蠹蛀简错，阙文讹误，理义悬隔，版本不一，使后人虽欲登堂人室，却视之迂远，不免有束诸高阁之憾。

清代中期，官修《医宗金鉴》（下称《金鉴》)，一改前人件注之旧态，目的唯在实用，启发后学，以林亿校本为底本，重理校，采用移、改、删、补，对原文重加订正，使失次者序之，残缺者补之，详加注释，著成了《订正仲景全书金匮要略注》。书中除于条文下直针讹误外，尚于卷末另汇“正误”“存疑”二帙，以备参考。据笔者详细统计，《金鉴》认为《金匮》需校勘的条文共有 124 条，当改者有 35 处，当补者有 16 处，当删者有 16 处，当移者有 39 处，脱简存疑不释者有 40 处。其中因《内经》详而不释者有 3 条，与《伤寒论》重出不释者有 12 条。有的条文脱错较多，对此则既有删、改，又有补、移。今就其校勘形式条例于下。

一、移

凡认为林亿校正本篇次不序，别篇错至该篇，篇中某条应作该篇提纲，或某条医理不通，文义不贯，以及本属《伤寒论》误至《金匮》者，皆当整篇、整条或部分进行移动。

1. 整篇篇次之移　如《金匮》之《惊悸吐衄下血胸满瘀血病脉证治》篇，包括林亿本在内的其他版本，均放置在《黄疸病》第十五篇之后，《呕吐哕下利病》第十七篇之前，作为第十六篇。而《金鉴》则将全篇移至《五脏风寒积聚病》篇的第十一篇之后，《痰饮咳嗽病》篇的第十二篇之前，把它作为第十二篇来处理。

2. 篇间调整之移　如《消渴病》篇第二条前段原文：“寸口脉浮而迟，浮即为虚，迟即为劳，虚则卫气不足，劳则营气竭。”是以脉论述营卫气血不足的虚劳病，故《金鉴》认为是错简于此，当移之《虚劳病》篇中。

3. 提纲条文篇首之移　比较明显的有三条：一是首篇第二条前移作为全篇之提纲；二是第二篇第七条、第十条首移作为痉病之提纲；三是第二十二篇第八条首移作为妇人杂病之提纲。

如第二篇第七条主要原文为：“病者身热足寒，颈项强急，恶寒，时头热，面赤，目赤，独头动摇，卒口噤，背反张者，痉病也。”其中“颈项强急，独头动摇，卒口噤，背反张”，为痉病的主要症状，仲景下言“痉病”者，皆当包括这些症状，不再诸一述之，乃省文笔法。此当为痉病提纲，故《金鉴》云：“今以此为第一条者，盖刚、柔之辨，俱从此条分出。痉病之最备者，宜冠诸首。”

又第二十二篇第八条原文为：“妇人之病，因虚、积冷、结气，为诸经水断绝……”《金鉴》按：

"此条为妇人杂病提纲，当冠篇首，以揭病情。"故也移至篇首。

4. 篇内条文间之移　《水气病》篇十三条为"心水者，其身重而少气，不得卧，烦而躁，其人阴肿"。十七条为"肾水者，其腹大，脐肿腰痛，不得溺，阴下湿如牛鼻上汗，其足逆冷，面反瘦"。《金鉴》认为肾主二阴，肾阳不化，水性下趋，才能出现阴部水肿，故于心水条云："'其人阴肿'四字，当在肾水条内，错简在此，当移之"，又于肾水条云"缺此四字，当补之"。

5. 同一条文内之移　如《产后病》篇第七条"产后七八日，无太阳证，少腹坚痛，此恶露不尽；不大便，烦躁发热……宜大承气汤主之。热在里，结在膀胱也"。《金鉴》认为："'热在里，结在膀胱也'之八字，当在本条上文'恶露不尽'之下，未有大承气汤下膀胱血之理，必是传写之讹，当移之。"

6. 与《伤寒论》互移　《伤寒论》《金匮》本为一书。原属于《伤寒论》内容，但被后人因某一证相类而误至杂病内者，则当仍移至《伤寒论》中。如《消渴病》篇第一条"厥阴之为病，消渴，气上冲心，心中痛热，饥而不欲食，食即吐蛔，下之利不止"。《金鉴》认为"此条是《伤寒论》厥阴经正病，与杂病消渴之义不同，必是错简"。

二、改

凡认为是讹字、错句、词义不明、于医理不属、随文演释而感牵强者，便作改动。

1. 字形因讹而改　如《肺痿肺痈病》篇第十条："大逆上气，咽喉不利，止逆下气者，麦门冬汤主之。"为论肺阴不足，虚火上逆而致的气上逆证。句首之"大"字，当是"火"字，因形近而讹。故《金鉴》按："大逆上气之'大'字当是'火'字，文义病药始属，必传写之讹，又《妇人杂病》第八条："妇人之病，因虚、积冷、结气，为诸经水断绝……在下来多，经候不匀。"《金鉴》认为：在下来多之'来'字与文义不属。云："本条皆经水断绝之病，若系来多，则与上文不合，当改之。"

2. 音义不确而改　如《脏腑经络先后病》篇十三条："槃饪之邪，从口入者，宿食也。"《金鉴》因音求形，认为"槃"当为"檠"字，云："字典无'槃'，当是"檠"字。檠音倾，侧水也。后之积聚门，槃气之'槃'字，也误。"实《金鉴》之改，误也。

又《虚劳病》篇第十条："若肠鸣，马刀侠瘿者，皆为劳得之。"《金鉴》认为瘰疬属虚劳范围，而瘿病不属虚劳，故径改"瘿"为"瘰"。云："每经此证，先劳后瘰，先瘰后劳者有之，从未见劳瘿先后病也，必是传写之讹，当改之。"

3. 病位不属而改　《痰饮病》篇三十条："假令瘦人脐下有悸，吐涎沫而癫眩，此水也，五苓散主之。"为论下焦水饮上逆而致头目眩晕的证治。"癫，为阴盛之病，未能示是病在头的症状，故《金鉴》改"癫，为"巅"，云："巅者头也……当改之。"

4. 脉理不符而改　如《吐衄下血病》篇第五条："脉沉者，衄；浮弱，手按之绝者，下血。"《金鉴》根据脉理，认为"衄吐属阳，当脉见浮弦；下血属阴，脉见沉弱"，因云："脉沉，当是'脉浮'；'脉浮'当是'脉沉'，文义始属。必传写之讹，当改之。"

5. 医理不通而改　如《肺痿肺痈病》篇第二条："……师曰：寸口脉微而数，微则为风，数则为热，微则汗出，数则恶寒……"本条是以脉论述风热之邪引起肺痈病机的条文，既然风热在表，当不出现"微"脉，《金鉴》将三"微"字俱改为"浮"字，指出："脉微之三'微'字，当是三'浮'字，始与文气相属，当改之。"

三、删

即删衍文。凡认为属衍字、衍句者，一并删去。亦有据《伤寒论》条文互勘而删者。

1. 衍字而删　如《痉病》篇第一条："太阳病，发热无汗，反恶寒者，名曰刚痉。"《甲乙经·卷七》无"反"字，古本"反"作"及"。《金鉴》认为刚痉既属太阳风寒表实发痉；则恶寒必有，无需言"反"，故"反"字属衍文，云："当删之。"

又《腹满寒疝病》篇十九条："寒疝腹中痛……抵当乌头桂枝汤主之。"下出方为"乌头桂枝汤方"，而"抵当"二字组成的方已有抵当汤，因此《金鉴》认为"抵当"二字，属衍文，当删。

2. 衍句而删　如《痉湿暍病》篇第八条有"暴腹胀大者为欲解，脉如故，反伏弦者痉"。《金鉴》认为该条末句之"发其汗已，其脉如蛇"与"脉如故，反伏弦者痉"当合为一句，那么，句首之"暴腹胀大者为欲解"，则整句属衍文，当删之。

3. 据《伤寒》而删　如《腹满病》第二十条："其脉数而紧，乃弦，状如弓弦，按之不移。脉弦数者，当下其寒。脉紧大而迟者，必心下坚。脉大而紧者，阳中有阴，可下之。"《金鉴》与《伤寒论·辨脉法》对校，其原文"按之不移"以上与此基本相同，仅个别字有出入。《金鉴》认为《辨脉法》为王叔和所加，不属仲景之文，且与下文医理不通，故云：自“‘其脉数而紧……脉弦数者’之十九字当删。阅《伤寒论·辨脉法》自知。”

四、补

凡认为属漏字，文义不达、脉理不合治法、有此药但缺用此药之证、或有斯证而无治疗斯证之方药者，则补充以便完整。

1. 遗字语涩者补字　如《消渴病》篇第二条：“趺阳脉浮而数，浮即为气，数即消谷而大坚。”此乃以脉论“中消”症见消谷善饥，大便坚硬的病机。《金鉴》认为“‘而大坚’，句不成文，‘大’字下当有‘便’字，必是传写之遗，当补之。”

2. 脉理不通者补脉　如《疟病》篇首条云：“师曰：疟脉自弦……弦小紧者下之差，弦紧者可发汗、针灸也，浮大者可吐之。”疟病多见弦脉，以弦脉兼见它脉，说明病邪偏下、近表、在上，而随设治法。《金鉴》认为“小弦”脉不能示下有实邪，单“紧”脉不能示邪在表，单“浮大”不能示上有实邪，与治法“下”“汗”“吐”不合，故补脉象，以达治意。云：“弦小紧者之‘小’字，当是‘沉’字，则有可下之理。弦紧者，当是‘弦浮紧’，则有可发汗之理。弦浮大者，当是‘弦滑大’，则有可吐之理。且不遗本文疟脉自弦之意。”

3. 有药无证者补证　《腹满病》篇十二条：“按之心下满痛者，此为实也，当下之，宜大柴胡汤。”《金鉴》认为，仅据“按之心下满痛者”，未必宜大柴胡汤，既言“当下之”，则必具“当下”之征，故加按曰：“‘按之心下满痛’之下，当有‘有潮热’三字，若无此三字，则不当与大柴胡汤，是必传写之遗，当补之。”

4. 有证无药者补药　《腹满病》篇第三条：“腹满时减，复如故，此为寒，当与温药。”该条是论虚寒腹满的辨证与治法。《金鉴》按：“此篇无治虚寒腹满之方。‘当与湿药’之下，当有‘宜厚朴生姜甘草人参汤主之’十二字，必是脱简，阅《伤寒论·太阳篇》自知。”

五、存疑

对“全节文义不相符合，绝难意解者，虽勉强加注释，终属牵强，然其中不无可采之句”的条文，于卷末专汇“正误存疑篇”，共二十八条。云：“爰加勘酌其改移删补诸式，与夫存疑之二十八条……”以供参考。

《金鉴》在乾嘉注不破经的学风时代，不囿于随文演释，以求是实用的态度对《金匮》全面订正，有诸多精辟注释，确实在《金匮》注释中面目一新。故此，其云“订正”而不仅言“注”。同时，也持审慎态度，对疑难者而不舍弃，专设“存疑”一篇。但若以清代乾嘉学派“凡立一义，必凭证据，无证据而以臆度者，在所必摈”的严谨学风来衡量，《金鉴》有多臆测妄改之嫌。对其存疑者，设能训诂细考，又有不少是可以解决的。如“妇人乳中虚”之“乳”，本文是“生子”，览《说文》便知；“心气不足”之用泻心汤，“足”字实际是“定”字，因形近而讹，观《千金》即晓。但瑕不掩光，《金鉴》的订正，对整理研究《金匮》做了大量的工作，提出了很多不易发现的问题，具有启发意义，仍是较好的注本之一。

［《国医论坛》2000；15（2）：1］

《金匮玉函要略方论疏义》研析

边玉麟　安徽中医学院

《金匮玉函要略方论疏义》成书于日本嘉永二年（1894），刊行于日本文久元年（1861）。昭和二十七年（1952）大塚敬节·矢数道明编集出版的《近世汉方医学书集成》，将此书收集于内。

作者喜多邨直宽，字土栗，号栲窗，晚年号香城，日本江户人，生于日本文化元年（1804），卒于明治九年（1876）。喜多邨氏天资颖异，幼承家学，18岁时通过考试进入医校任素读，后历任医学馆讲书、照管等职，46岁被授予当时日本医师的最高级称号——法印。他于汉方医学有很深造诣，毕生致力于教学、临床，著述，对日本的汉方医学产生过较大影响，被誉为当时日本医学三大泰斗之一。作者一生著述甚丰，其中医学著作的半数是研究仲景之作，关于《金匮要略》《伤寒论》疏义，更为世人所宝。

《金匮玉函要略方论疏义》的完成，正值作者学业成熟时期，是作者多年研究仲景学术的一部力作，其于自序中言：“余读《伤寒论》三十年，于今窃尝编疏义一书，倾间又注《金匮要略》。”[1]《金匮要略》是论中医疑难杂症之始祖，为习医者所必读。但仲景书文简义奥，倘能得一精良注本，无疑会使后世学者收到事半功倍的效果，喜多邨氏正是进行这一工作的古今中日医家之一。下面就此书的学术特点进行几点评析。

一、广搜博证　力图恢复《金匮要略》原貌

众所周知，我们今天所能见到的《金匮要略方论》，是宋·王洙得到，又经林亿等整理的，这已是宋时的面貌了，而宋以前，《金匮要略》的真面目如何？这正是喜多邨氏极欲弄清并要予以恢复的。首先我们注意到，喜多邨氏对《金匮要略方论》进行疏义，而书名则为《金匮玉函要略方论疏义》为什么要加“玉函，二字呢？因为《金匮要略方论》是林亿等整理后命名的，而王洙在馆阁中得到时则名《金匮玉函要略方》，虽然这并不是仲景始作的原名，但毕竟是林亿整理前的曾用名，显然，喜多邨氏从书名开始就强调了恢复《金匮要略》旧貌的意旨。

他明确指出：“是书（指《金匮要略》）隋唐间显晦不一，宋·王洙得之蟫蠹中……既非仲景之旧，并非王洙之编，较诸《伤寒》，特多抵牾，未免驳駮。”[2]而“《千金》《外台》等所载，反系旧文”，因此他据《脉经》《千金要方》《外台秘要》等宋以前文献，加以删改，补订，甚至调整原文顺序，如此者，全书竟有二三百处。

如血痹虚劳篇的一条，原作“问曰，血痹病从何得之？师曰，夫尊荣人骨弱肌肤盛，重因疲劳汗出，卧不时动摇，加被微风遂得之。”[3]喜多邨氏据《脉经》于“卧”前增人“起”字，按原来的“卧不时动摇，”不好理解，卧着如何动摇呢？即使动摇，也只是在榻褥之中，并不易受凉。加“起”字后，则义理十分明白，因为一会儿卧下，一会儿起来，这样不时动摇，所以容易感风受凉。

再如疟病的一条，原为“疟多寒者，名曰牡疟，蜀漆散主之。”[4]喜多邨氏据《外台秘要》改‘牡’为‘牝’。牡为阳，牝为阴，疟病多寒，理应属阴。牡、牝字形相似，极易讹错。喜多邨氏如此一改，则理通义顺。

喜多邨氏对药物的炮制亦改动较多。如甘草，原书未言“炙”的，喜多邨氏大多据《千金要方》《外台秘要》等加“炙”。笔者统计，《伤寒论》中，除甘草汤、桔梗汤二方中的甘草未言“炙”外，其余所有用甘草者皆言“炙”。说明仲景用甘草绝大部分是需炙的，据此，我们是否可以认为，喜多邨氏的改动不仅有依据，而且可能也是较符合仲景原貌的呢？

《金匮玉函要略方论疏义》中的《金匮要略》原文与我们今天习用的《正脉》本、赵本相比确有较大的不同。但他的改动，皆注明根据，并从医理或训诂的角度加以论证，凡遇疑惑而找不到依据时，只提出自己见解，并不随意改动。所以，现在虽然不能肯定地说前者较后者更接近仲景原貌，但喜多邨氏这方面工作的意义不可低估，不但对我们学习研究《金匮要略》大有裨益，而且为文献研究提供了可贵的资料。

二、探幽发微　力在疏透《金匮要略》义理

喜多邨氏对于《金匮要略》经文的注疏，以义理为主，以训诂为辅，于篇首提挈纲领，然后逐条阐发，或对每一病证进行综合论述，篇末按以结语，将该篇各证、各方进行鉴别、比较、总结，力图解透《金匮要略》义理。以作者的深厚学力，丰富实践，其注文确实浅近明白而又贴近经旨。

如于痉湿暍篇论痉曰：“或言柔痉以柔软得名，岂痉病有柔软者乎。”所谓痉病，其主要症状是肢体强直，当然不可能有柔软者，其所以言刚柔，是为了区别证候的属虚属实，喜多邨氏一语道破，并进一步以太阳病的伤寒（属实）、中风（属虚）为喻，“案太阳病有汗无汗，即中风伤寒之辨，今又取以为辨刚柔之别……”[5]准确地揭示了刚柔之痉的病理本质，使人获举一反三之妙。

又如于五藏风寒积聚篇论趺阳脉，喜多邨氏认为，仲景所以对趺阳脉有较多的论述，是因为趺阳脉主中焦脾胃。脾胃位居中州，为五脏六腑之海，而疾病无不与脾胃有直接或间接的关系，尤其是中焦之病，因此紧扣对趺阳脉的诊求分析，即可掌握疾病寒热虚实之本质。据此，他总括了《金匮要略》所有论趺阳脉，涉及到7篇8个病种，进行综合研究论述，对所有以趺阳脉诊断的疾病，均指出孰寒、孰热、孰虚、孰实，赫赫大段文章，却有条不紊。使读者对全书趺阳脉各种脉象所主的证候，有一个全面而具体的认识。

三、治学严谨　本于实事求是

喜多邨氏治学严谨，注疏力求切实，偶遇医理难明者，宁可存疑置阙，决不随文敷义，更不盲从诸注。如于辨百合狐惑阴阳毒篇案曰：“百合狐惑阴毒之证，古有而今无之病也。注家梦语喃喃，原出于空揣。愚谓若以其所未明施之，临处或有害于性命，亦未可知也，是愚注此篇所以于诸家笺说一概抹杀，置诸阙如之例焉。”[6]

喜多邨氏在这里不强作注解是有道理的。以阴阳毒来说，原文为：“阳毒之为病，面赤斑斑如锦文，咽喉痛，唾脓血，五日可治，七日不可治。升

麻鳖甲汤主之。”“阴毒之为病，面目青，身痛如被杖，咽喉痛，五日可治，七日不可治。升麻鳖甲汤去雄黄蜀椒主之。”[7]仔细玩索，即可发现较大的疑点。其一，据原文描述的症状和所命名来看，阳毒为阳证，阴毒为阴证，而治疗的方药是阳毒用升麻鳖甲汤（升麻二两、当归一两、蜀椒一两、甘草二两、鳖甲手指大一片、雄黄半两），阴毒则用此方去雄黄、蜀椒主之。为何阳证用阳药（雄黄、蜀椒）而阴证反去阳药而纯用阴药呢？其二，阴阳毒究为何病？古今注家皆无确实之见，古宋亦无病例记载，既不知何病，如何作解？古之医籍，或有错简，或确有令今人所不能解者，喜多邨氏如此处理，正是一个科学工作者所应持有的实事求是的态度。

要说篇中亦有笔者不敢苟同者，如呕吐下利篇论大半夏汤煎法，仲景原文为“右三味，以水一斗二升，和蜜扬之二百四十遍，煮药取二升半……”[8]按字面理解，是指此一斗二升水和入蜜后要被扬至240遍，但喜多邨氏注曰：“可每升扬之二十遍，共计二百四十遍……”则变成一斗二升水分12份扬，总共虽扬了240次，但实际上此一斗二升水只被扬了20遍，遍数大大少于原来的要求。不知喜多邨氏对原文即如此理解呢，还是自己主张只需扬20遍？笔者认为仲景煎煮法是根据病情制定的，有其严格的科学性，虽然有些要求我们现在未必完全理解。此大半夏汤之蜜需与所煎药之水扬之240遍，也一定有其道理。如遍数大大减少，恐失仲景原旨。

喜多邨氏倾毕生精力于汉方医学，对仲景之学最为推崇，深有研究，故《金匮玉函要略方论疏义》的学术价值自不必言，日本人称赞曰：“虽为老医国手，亦应置一本于几案上。”[9]实非过誉之辞。我们于此亦可见日人研究仲景之一斑。

参考文献

[1~7] 喜多邨直宽《金匮玉函要略方论疏义》卷一，见：大塚敬节编集. 近世汉方医学书集成（90），东京：名著出版，昭和二十七年.

[8] 喜多邨直宽.《金匮玉函要略方论疏义》. 卷四，见：大塚敬节等编集. 近世汉方医学书集成（91）东京：名著出版，昭和二十七年.

[9] 长谷川弥人.《栲窗喜多邨直宽先生》，见：近世汉方医学书集成，卷88，东京：名著出版，昭和二十七年.

[《中华医史杂志》2000；30（3）：172]

陈修园研究《金匮要略》的特点初探

林慧光　福建中医学院

阮少涵　福州抗生素集团公司卫生所

在中医学术史上，对于《金匮要略》的研究，始于元明，盛于清代。陈修园生活于乾隆、嘉庆年间，在深入研究《伤寒论》的基础上，编撰了《金匮要略浅注》和《金匮方歌括》，对后世影响颇大。本文就以上二书，试析陈修园研究《金匮要略》的特点，以作抛砖引玉之举。

一、揭示读法　《伤寒》《金匮》互参

陈修园作为研究《伤寒论》的大家，深得仲景学术要旨，为了引导后学更好地学习《金匮要略》的学术精华，他在《金匮要略浅注·读法》开篇即言：“《金匮要略》，仲景治杂病之书也，与《伤寒论》相表里。然学者必先读《伤寒论》，再读此书，方能理会”。

从《金匮要略》一书的沿革可知，它与《伤寒论》原为一书。二者一为论伤寒，是以六经分证；一为论杂病，是以病证分篇；彼此互为羽翼，可称为姐妹篇。二书在内容上存在着此详彼略情况，如《金匮》中有些条文冠有“太阳病”，即不再述其症状，因已详于《伤寒论》。为了更完整地掌握一个条文，可把一篇上下条文或前后篇章有联系的条文，对举学习，若在《金匮要略》一书中找不到参考性条文，可参阅《伤寒论》有关条文。如《金匮要略·痉湿暍病脉证第二》中第三条“暴腹胀大者，为欲解。脉如故，反伏弦者，痉”。初看起来，似乎难以理解，陈修园先用小字衬注于条文之中，解释其脉证。之后接着说：“此一节承上节汗后变证变脉外，又变一证也。师不出方，余于《伤寒论》发汗后腹胀条，悟出厚朴生姜甘草人参半夏汤，俟其胀稍愈，再以法治之”（《金匮要略浅注》）。由此可见，在《伤寒论》中有不少条文的原理同样也适用于杂病，而在《金匮》中也有一些条文论及伤寒的原理，其病理、症状有一致之处，其治法与方剂也可相互使用。正如陈修园所说：“盖病变无常，不出六经之外，《伤寒论》之六经，乃百病之六经，非伤寒所独也。《金匮》以《伤寒论》既有明文，不复再赘，读者当随证按定六经为大主脑，而后议证处方，才得其真谛”（《金匮要略浅注·读法》）。故将二书结合研究，相互参读，可取长补短，相得益彰。

二、上考源流　下参众说　对照发明

《伤寒杂病论》曾撰用《素问》《九卷》《八十一难》等典籍内容，因此《金匮要略》一些条文，从《内经》《难经》中可以找到学术渊源。如在《金匮要略·疟病脉证并治第四》第一条中，对“饮食消息止之”一句的理解众说纷纭。陈修园衬注曰：“即《难经》所谓‘损其脾者，调其饮食，适其寒温’之旨也”。接着又强调“末一句言治之不愈，求之脾胃，是为久疟虚疟者立一大法也”。结合临床，在用药物治疗同时，重视调理脾胃，酌情选用某些食物以助药力之不足，较为确当，陈修园又按：“《素问·疟论》言之甚详，……仲景以《内经》之旨深远，难与中人以下说法，另寻阴阳出入大冲要处，独取少阳为主，以补《内经》未言之旨，并示后人握要之图……”（《金匮要略浅注》）。此按告知后人学习《金匮要略》疟病时，可参考《内经》论疟条文。

随着中医药的发展，历代医家对《金匮要略分的学术有所继承发展，如《诸病源候论》《千金要方》和《外台秘要》的一些观点，对学习《金匮要略》很有帮助，特别在校勘学上有所借鉴。明清之后，《金匮要略》的校释本较多，如《金匮方衍义》《金匮要略方注》《金匮要略直解》《金匮要略编注》《金匮要略论注》《金匮要略本义》《金匮要略心典》等书在阐发条文义理方面，各有独到之处。陈修园上考源流，下参众说，他说：“前贤名言精论，千古不磨者，本集或于歌中，或于注中，采集不遗”。其中他认为不够恰当之处，“取原文细绎其旨，求其合于《内经》，又与《难经》之言相为表里，参之《千金》《外台》之说相发明者，而后补注之”（《金匮方歌括·凡例》。陈修园对前贤著作，取其立论平正，能发挥《金匮》奥旨者，逐节辑录于后，以为相互引证，更有助于对原文的进一步理解。

三、审证求因　凭证选方　指导临床

《金匮要略》属条文式古典医籍，从一个篇章对疾病论述的总体看来，病、证、理、法、方、药基本上是完整的。但单就一个条文来说，只突出一点而尚缺乏完整性和系统性，这给学习造成了一定的困难。陈修园着眼于一些不引人注目之处，钩沉索隐，审证求因，凭证选方，精研方义，指导临床。

根据条文中所述的各种疾病的证候表现，以分析探明发病原因，这在分析条文方面是很重要的一环。但首先必须明确各种致病因素的性质及所导致的症状特点，才能据证候推病因。如《金匮要略·惊悸吐衄下血胸满瘀血病脉证并治第十六》中第七条“夫酒客咳者，必致吐血，此因极饮过度所致也”。陈修园指出：“此言酒客吐血，专主湿热而言，凡湿热盛者皆可作酒客观也。”咳，吐血的原因很多，嗜酒亦为原因之一。酒体温而性热，平素嗜好饮酒的人，必多湿热。陈氏又从反面推论出凡有湿热盛者的病机皆作酒客治疗。“师未出方，余用泻心汤及猪苓汤，或五苓散去桂加知母石膏竹茹多效”（《金匮要略浅注》）。审证求因为湿热，故皆用清热利湿方药治之。

基于对中药药性及配伍的深刻了解，陈氏注释方论，颇有深度。如《金匮要略·水气病脉证并治第十四》第二十二条“风水，脉浮身重，汗出恶风者，防己黄芪汤主之”。陈修园按曰：“……用黄芪以走表塞空，枣、草、白术以补土胜湿，生姜辛以去风，温以行水，重用防己之走而不守者，领诸药环转于周身，使上行下出，外通内达，迅扫而无余矣”（《金匮方歌括》）。由此可见，陈氏之注有义精，理明，重点突出之长处，便于掌握机要，举一反三。

四、脉证结合　灵活理解　寻觅机要

《金匮要略》中有关脉学的论述，颇有特点，每篇皆命名为“病脉证并治”，仲景不仅把脉象看作是脏腑经络病理变化的外在反映，作为诊断的重要依据之一，同时还广泛应用脉法解释病机，鉴别病证，确立治法，判断预后等。陈修园深谙此理，认为“仲景一部书，全是活泼泼天机”。《伤寒杂病论》“序言指出三部二字，醒出论中大眼目，学者遵古而不泥古，然后可以读活泼泼之仲景书”（《金匮要略浅注·读法》）。陈氏力求脉证结合，灵活理解仲景深意，略举数例如下：

以脉象诊断疾病：如《金匮要略·痉湿暍病脉证治第三》第一条“太阳病，发热无汗，反恶寒者，名曰刚痉”第二条“太阳病，发热汗出，而不恶寒，名曰柔痉”。陈修园注曰：“此言太阳病有刚柔二痉，推原痉之所自始，为辨痉之法，非痉家之本证也。刚痉脉宜紧弦，柔痉脉宜浮弦，仲景未言，可以悟出”（《金匮要略浅注》）。以脉象断疾病，有其独到的一面。

以脉象解释病机：如《金匮要略·呕吐哕下利病脉证治第十七》第三十四条“下利，脉沉而迟……”。陈修园结合症状，指出：“下利脉沉而迟，其为阴盛阳虚无疑矣。”为仲景进一步阐明病机是肾阳亏虚，阴寒内盛，阴盛格阳，虚阳上浮，从而点明“惟以大药救之，令阴阳和。上下通，必郁冒而解”的治法(《金匮要略浅注》)，从而丰富了仲景的学术思想。

以脉象鉴别病证：如《金匮要略·肿痿肺痈咳嗽上气病脉证治第七》第一条“脉数虚者为肺痿，数实者为肺痈”。陈修园发挥曰：“然二证皆属于热，故其脉皆数”，其病机同为热在上焦，故其脉均数。“须知脉数而虚者为肺痿，脉数而实者为肺痈。实即滑也，此肺痿肺痈之辨也”(《金匮要略浅注》)。二者虽症状相似，但脉一虚一实为鉴别要点。

以脉象确定治法：如《金匮要略·腹满寒疝宿食病脉证治第十》第十七条，陈修园注曰：“此言脉紧为寒疝主脉，又有数而弦，大而紧，俱是阳中有阴，是寒疝之脉之变，其云当下其寒，想即大黄附子汤也”(《金匮要略浅注》)。后世注家多认为即大黄附子汤所主，可以信从。

以脉象判断预后：如《金匮要略·呕吐哕下利病脉证治第十七》第二十五条，陈修园注曰：“此以脉而别下利之轻重也。《内经》以肠澼身热则死，寒则生。此言虽发热不死者，以微弱数之脉，知其邪去而正将自复，热必不久而自退，正与《内经》之说相表里也”(《金匮要略浅注》)。从脉推断病之轻重预后，有临床参考价值，值得推广。

综上所述，陈修园研究《金匮要略》的学术思想和明清医家有一些共同之处。但在上考源流，下参众说，对照发明，寻觅机要，阐发方义，指导临床方面有其独到之处。据不完全统计，《金匮要略》教学参考书（人民卫生出版社，1989 年）引用陈修园有关论述 80 多处，由此可见，有必要深入研究其学术特点，用以指导临床和教学。

［《福建中医学院学报》2000；10（3）：35］

《金匮要略》质疑问难八条

章　恪　武汉市职工医学院

《金匮要略》成书于东汉时期，书中文字古奥，言简意赅，学者稍有不慎，即可能作出错误理解。即便目前使用的高校教材亦不例外，现对《金匮要略选读》(上海科技出版社 1997 年版）中若干条文的释译，谈谈自己的不同看法。

1.《脏腑经络先后病》第十二条：“问曰：脉脱入脏即死，入腑即愈，何谓也？师曰：非为一病，百病皆然……，”对于“脉脱”，教材释为“脉乍伏不见，是邪气阻遏正气，血脉一时不通所致”。为非。脉，切脉，动词，引申为诊断。脱，有出来之意，如词语“逃脱”“脱口而出”。脉脱，即诊断出来。故“脉脱入脏即死，入腑即愈”当释为从诊断中得知病邪入脏预后不好，病邪入腑预后较好。在《伤寒论》中无脱脉的记载。

2.《痉湿暍病》第二十三条：“伤寒八九日，风湿相搏，身体疼烦，不能自转侧，不呕不渴，脉浮虚而涩者，桂枝附子汤主之；若大便坚，小便自利者，去桂加白术汤主之。”对于“若大便坚，小便自利者，去桂加白术汤主之”，教材释为“风邪既去，不必更发其表，免危久弱之阳，故于前方去桂枝之辛散；加白术者……所以与附子相合，能并走皮中而逐水气”。此说并未中的。去桂枝者，乃因有“小便自利”，勿使桂枝利尿重伤其阴；加白术者，乃因“大便坚”，白术补脾以助运化，推动肠道运动，则便秘可除。

3.《中风历节病》第四条：“寸口脉沉而弱，沉即主骨，弱即主筋，沉即为肾，弱即为肝。汗出入水中，如水伤心，历节黄汗出，故曰历节。”对“如水伤心”，教材释为“心主血脉，如水伤心，犹言水湿伤及血脉”。此释十分牵强。心，当为必字之误，“如水伤心，历节黄汗出”应作“如水伤，必历节黄汗出”。必，如果之意，非必然之谓。

4.《奔豚气病》第三条：“发汗后，烧针令其汗，针处被寒，核起而赤者，必发奔豚，气从少腹上冲心，灸其核上各一壮，与桂枝加桂汤主之。”教材随文顺释，认为奔豚气的发病与“针处被寒”有关，“灸其核上各一壮”属奔豚气治疗的组成部分。此说为非。本条“核起而赤”是因针具过热或消毒不严，导致局部炎性包块，“灸其核上各一壮”是为活血散瘀、消散局部结肿。与奔豚气治疗无关，故非内外并治之法。

5.《胸痹心痛短气病》第五条：“胸痹心中痞，留气结在胸，胸满，胁下逆抢心，枳实薤白桂枝汤主之；人参汤亦主之。”对于“心中痞”，教材释为“指胃脘部有痞塞不通之感”。为非。对于胃脘部位，张仲景常用“心下”表示，如《伤寒论》“心下痞，按之濡，其脉关上浮者，大黄黄连泻心汤主之”。本条“心中痞”见于胸痹之证，当指心脏部位的闷胀感。这正是典型心绞痛的一种表现。

6.《胸痹心痛短气病》第八条：“心中痞，诸逆，心悬痛，桂枝生姜枳实汤主之。”对于“诸逆”，教材释为“谓停留于心下的水饮或寒邪向上冲逆”，“心悬痛”，教材释为“指心窝部向上牵引疼痛”。皆非。“诸逆”意为各种误治，如《伤寒论》一逆尚引日，再逆促命期”。“心悬痛”，指心痛伴有紧张感。悬，有悬浮无所依附之意。此条亦为胸痹之证。

7.《惊悸吐衄下血胸满瘀血病》第十七条：“心气不足，吐血，衄血，泻心汤主之。”对于“心气不足”，教材避而不释。足，止也。《老子》：“常德乃足。”注：足者，止也。心为火脏，心气不止，即心火亢盛不制。

8.《呕吐哕下利病》第三十一条：“下利气者，当利其小便。”文中“下利气”，教材释为“既下利气而又矢气之谓”。为非。将“气”误作“气”为错释之因。“气”，《说文》谓即“馈客之刍米也”。故“下利气”指腹泻夹有不消化的食物，即米谷不化的腹泻。

[《国医论坛》2000；15（3）：53]

我对《〈金匮要略〉质疑问题八条》一文第4条的看法

张志恒　甘肃省古浪县干城中心卫生院

笔者有幸阅读《国医论坛》2000年第3期章恪同志所撰“《金匮要略》质疑问难八条”一文（以下简称“问难八条”），对文中所述第4条“发汗后，烧针令其汗，针处被寒，核起而赤者，必发奔豚，气从少腹上冲心，灸其核上各一壮，与桂枝加桂汤主之”的解释不敢苟同。认为其释有失偏颇，不合原文旨意。略述浅见如次。

一、阴乘阳位为奔豚气的病理基础

虽然奔豚气的发生也有因肝气上逆、冲气上逆等所致者，但这不在本条所讨论的治疗范围之内，故兹不作论述。此条所言也见于《伤寒论》太阳病篇第117条。仲景在论述其证时认为这是由于过汗损伤心阳，心阳虚不能下温肾水，肾水不制，少阴寒气从肾发动乘虚上犯，而见气从少腹上冲胸咽之证，故以桂枝汤更加桂枝以温通心阳而泄冲逆之气。可见，奔豚气的发作是因虚致实，其病理机制为阴寒之气上乘阳位而发，这是理解本条的关键所在。

二、经络感传是六经辨证的立法依据

经络之间在生理上相互络属，病理上相互影响，这是仲景立法的依据。从本条“针处被寒，核起而赤者，必发奔豚”来分析，笔者以为太阳为诸经之藩篱，寒邪外袭，必犯太阳，太阳与少阴互为表里，一则过汗损阳，肾气将动，二为寒邪客于其腑，寒气相引则奔豚必发。《医宗金鉴》指出“……故虽有温针之火，但发核赤，又被寒侵，故不但不解，反招阴邪……”可见奔豚气的发生与“针处被寒”也存在着内在的联系。而“问难八条”则否认了这种因果关系，并认为“核起而赤”是“因针具过热或消毒不严，导致局部炎性包块”，“灸其核上各一壮”是为“活血散瘀，消散局部结肿。与奔豚气治疗无关，故非内外并治之法”。笔者认为，这纯属作者主观臆断。若言“核起而赤”为针具不洁所致，将截然不同的另一层表述加于完整的语句之中，这是不合《金匮要略》条文和语言逻辑的。“核起而赤”是“针处被寒”的结果，其寒气不解“必发奔豚”，其状见“气从少腹上冲心”，其治当先“灸其核上各一壮”以散寒凝之气，再服“桂枝加桂汤”以降冲逆之气，扶心阳之虚。文意流畅，毫无赘述之感。因寒为阴邪，其性凝滞，客于局部必遏该处卫分之阳。卫气不行，气血受阻，则见核起而肿。《伤寒论注·卷一》在论述本条时指出：“寒气不能外散，发为赤核，是奔豚之兆也。”《伤寒贯珠集》进一步指出：“烧针发其汗，针处被寒者，故寒虽从汗而出，新寒复从针孔而入也。核起而赤者，针处红肿如核，寒之所郁也。于是心气因汗而内虚，肾气乘寒而上逆，则发为奔豚……”显而易见，针处被寒与奔豚气发病有关，“核起而赤”亦并非因针具过热或不洁所致。

三、温阳散寒，平冲降逆为其治疗大法

桂枝加桂汤所言奔豚气为阴寒之气上乘所致，治法不外温阳散寒。以艾炷灸患处之赤核，一是温经以散外客之寒，二是如尤在泾所言“灸其核上，以杜再入之邪”，而并非单纯的消散瘀结之理。这不等同于《内经》的“火郁发之”，二者是有质的区别的。因此，本条是典型的内外并治之方，也是先后分治的范例。

此外，本方是用桂枝还是用肉桂，历来争执不一。笔者认为本证既有寒邪客于太阳，又有肾气上冲之证，故欲解太阳之邪，当加桂枝；疗肾气上冲，又应加肉桂。所以本证应理解为桂枝加量再加肉桂，则更符合辨证论治之理。

[《国医论坛》2000；15（6）：50]

《金匮要略》“狐惑”病名探疑

邓家刚 广西中医学院

《金匮要略》“狐惑”病是一种因湿热虫毒所伤，临证以目赤、咽喉及前后二阴腐蚀溃疡为特征的疑难杂病。关于“狐惑”病名的解释，特别是对“惑”的诠注，主要有以下两种较有代表性的观点：

其一，认为“狐惑”即狐疑惑乱。如《医说》：“古之论病，多取象比类，使人易晓，……以时气声嗄咽干，欲睡复不安眠为狐惑，以狐多疑惑也”[1]。清·尤在泾在《金匮要略心典》中也说：“盖虽虫病，而能使人惑乱而狐疑，故名曰狐惑”[2]。何任先生更直截了当地指出：狐惑病是因为患者“面色变幻和脉象的无定颇使人惑乱狐疑”[3]。

其二，认为“狐惑”之“惑”，乃“蜮”字之误。清·唐容川在《金匮要略浅注补正》中说：“狐惑二字对举，狐字着实，惑字托空，文法先不合矣。虫蚀咽喉，何惑之有？盖是蜮字之误耳。蜮字篆文似惑，传写滋误”[4]。五十年代黄树曾先生承袭这一观点，再次认为“由于惑蜮二字篆文相似……传写时难免鲁鱼亥豕耳”，完全沿用了唐氏的说法[5]。由此，就产生了一种大胆的假设，即因于字体，因于传写，而致“惑”误作“蜮”。这一说法影响较广，以致其后问世的有关《金匮要略》释义的著作以及现行的高等中医院校的教材，不少均奉此一家之言。如1985年出版的《金匮要略讲义》在对该篇的篇名解释时，开头一句就是：“蜮字篆文似惑”[6]。似乎此说已成定论。

笔者在研读《金匮要略》时，对上述“惑”误之说，颇有疑窦。经再三考查字体发展源流及《金匮要略》成书和流传的经过，终觉此说难以成立。理由如次：

首先，从字体发展源流来看，张仲景不可能以篆文著《伤寒杂病论》。我国汉字字体大致经历了古文→大篆→小篆→隶→真（楷）、行、草这样的演变和发展过程。从字体与时代的关系来看，秦以前为古文，秦后统一文字，一是由大篆改为小篆；二是推行新的书体——隶书。汉承秦制，在两汉时期，书写隶书已经作为一种国家制度，也是一种入仕的手段。当时就有：“何以礼义为，史书而士宦。”史书即当时所称的“隶书”，意思是说，何必去讲究“礼义”，能写好隶书就可以为官做宦了。当然，各个历史时期的文化渊源不是截然割断，而是有所承袭的。隶书就分为秦隶和汉隶，秦隶是从小篆而来，仍然带有篆体的风格，但汉隶，特别是到了东汉晚期，汉隶已成熟定型，其风格已经不同于篆体了。因此，在西汉初期，依然存在篆隶夹杂的现象，而在东汉末年，隶书不仅成了当时的主流，并且发展产生了真（楷）、行、草等新的书体[7]，社会上流传的文献主要以隶书为主。

我们从甘肃武威东汉古墓出土的医简来看，就完全可以说明这一点。据专家考证，1972年在甘肃武威旱滩坡汉墓出土的医简，其年代当属东汉早期，其“字体基本是隶书，但也兼有章草”[8]。在所出土的92枚简牍中，不乏带有“心”“虫”等偏旁部首的文字，如“恿”“愈”“风”“蜀”“虻”等，但没有一个“心”字的形态是与“虫”字的形态相同的。

另外，我们从张仲景个人情况来看，张仲景生活在东汉晚期，官至长沙太守，因此，既然隶书此时已是通行的朝廷命官，不论其所受的教育、仕途的影响，公务的需要，还是著书立说，都不可能不趋时务而弃简就繁，当然也就不可能用篆文来书写《伤寒杂病论》。

其次，从《金匮要略》的成书及其流传来看，不可能有篆书体的《金匮要略》传世。《金匮要略》的成书及流传，大体经历了三个历史时期，即东汉末年，张仲景撰成《伤寒杂病论》，后因连年战乱而散失；西晋王叔和搜集整理编成《伤寒论》，但未见杂病部分；北宋初期，翰林学士王洙发现《金匮玉函要略方论》残简，后由孙奇、林亿等校正编成《金匮要略方论》，嗣后才有了传世通行的《金匮要略》。研究书体文字的专家认为：书体在汉代基本上已臻完备，汉以后可以说不再有书体变化的问题，只是继承和盛衰的问题。以上三个历史时期，汉字的书体除东汉以隶书为主，兼行真、行、草外，魏晋以后，特别是到了唐宋，“真、行二体，是朝野通行的书体”。孙奇、林亿等人，均是朝廷官员，受朝廷之命行校正医书之事，理所当然要使用通行的规范文字来进行编撰工作。由此推断，林亿等人编成的《金匮要略方论》不可能是篆书体的著作。而宋·林亿等诠次的《金匮要略方论》现国内已无存，一般所据者均以明·赵开美校刻的《金匮要略方论》为蓝本，明代的版本更无篆文可言了。

综上所述，所谓“惑”“蜮”因篆文相似而导致传写错误，不论其发生在哪个朝代，出于何种情形，其前提都必须是有篆书体的《金匮要略》存在和流传，事实上这个可能性是不存在的，因而这种因篆而误的说法是没有根据的。有鉴于此，笔者认为“狐惑”还是以“狐疑惑乱”理解为宜，是一种以该病症状变化无常的特点来命名的疾病名称。

参考文献

[1] 宋·张杲. 医说. 上海：上海科技出版社，1984 年.
[2] 清·尤在泾. 金匮要略心典. 上海：上海人民出版社，1975.
[3] 何任. 金匮要略新解. 杭州：浙江科技出版社，1981.
[4] 清·唐容川（秦伯末重注）. 金匮要略浅注补正，大达图书局.
[5] 黄叔曾. 金匮要略释义. 北京：北京人民出版社，1956.
[6] 李克光. 金匮要略讲义. 上海：上海科技出版社，1985.
[7] 包备五. 中国书法简史. 上海：上海书画出版社，1983.
[8] 甘肃省博物馆. 武威汉代医简. 北京：文物出版社，1975.

［《湖北中医杂志》2000；22（6）：7］

《脉经》中《金匮要略》条文的研究

崔锡章 北京联合大学中医药学院

《脉经》是我国现存最早的脉学专著，作者为魏晋时期的医学家王叔和。由于在这部著作中总结并汇集了魏晋之前脉学理论的最高成就，历来被人们所重视，在理论研究与临床实践中产生了巨大影响。又由于它是“本诸《内经》《素问》《九灵》及扁鹊、仲景、元化之说，哀次而成”（《九灵山房集·沧洲翁传》）而在书中保存了大量古佚医书的珍贵资料及传世医书的丰富内容，成为我们辑佚及整理校勘现存古医籍不可多得的著作。

本文通过对《脉经》中《金匮要略》条文的概述以及两书中共有条文的比较研究，论述《脉经》在古医籍整理和《金匮要略》文献史上的重要地位，同时也对《脉经》中未收《金匮要略》条文进行初探。

《脉经》中《金匮要略》条文概述

《金匮要略》全称《金匮要略方论》，是汉代张仲景所著《伤寒杂疟论》杂病部分的后世传本。它的祖本是北宋王洙在馆阁蠹简中所发现的《金匮玉函要略方》三卷，后由北宋校正医书局林亿等人在校勘《伤寒论》《金匮玉函经》之后，据原书“上则辨伤寒，中则论杂病，下则载其方并疗妇人”，又“伤寒文多节略”的特点（宋·林亿《金匮要略方论》序），重新编纂成《金匮要略方论》三卷，同时改变原书体例，把各方列在相应证候之下，即方证同条，约于公元 1066 年（治平三年）刊行。

但是这并非是对《伤寒杂病论》的第一次整理。远在林亿校勘这部著作之前，王叔和就对它进行了重新编次，这就是他撰著的《脉经》。晋·皇甫谧在《甲乙经》序中说：“近代太医令王叔和撰次仲景遗论（选论）甚精”，应是对这次整理的高度评价。考今《脉经》不仅收录了《伤寒论》大部分条文，还保存了《金匮要略》大部分内容，这是后世其他医籍所不能相比的。当然，我们今天所见到的《脉经》《伤寒论》《金匮要略》三书，均已经过宋人之手整理，究竟与原书有多大变化，已难于确切推断，这是我们在研究中不应忽略之处。

今考《脉经》中共有《金匮要略》条文 282 条，约占其书除杂疗方外 399 条的百分之七十左右，并广及《金匮要略》的卷一至卷二十二。这些条文相对集中于《脉经》的卷八，散见于卷三、卷四、卷六、卷七、卷九。详细情况如下表：

金匮要略	卷数	一	二	三	四	五	六	七	八	九	十	十一
	条数	17	27	15	5	10	18	15	[illegible]	9	26	20
脉经	保留条文	3	27	8	4	10	12	7	[illegible]	3	21	19
金匮要略	卷数	十二	十三	十四	十五	十六	十七	十八	十九	二十	二一	二二
	条数	41	13	32	22	17	47	8	8	11	11	23
脉经	保留条文	27	6	29	17	12	28	6	[illegible]	8	10	19

从上表中我们可以清楚地看出，今《金匮要略》之卷上二、四、五、八、十，卷中十一、十四、十五、二十，卷下二十一、二十二的内容，全部或基本保存于《脉经》之中。

两书共有条文的比较研究

如果把两书共有的条文进行比较，就会看出在

282条中，其一是内容文字完全相同的条文。如《脉经·卷八十五》："心下有支饮，其人苦冒眩，泽泻汤主之"。《金匮要略·卷中·十二》所载与其完全相同。这种情况共40余条。其二是文字出入较大。如《脉经·卷九·三》："妇人产后七八日，无太阳证，少腹坚痛，此恶露不尽，不大便四五日，趺阳脉微实，再倍其人发热，日晡所烦躁者，不能食，利之则愈，宜大承气汤主之。以热在里，结在膀胱也。方在《伤寒论》中"。而《金匮要略·卷下·二十一》则作："产后七八日，无太阳证，少腹坚痛，此恶露不尽，不大便，烦躁发热，切脉微实，再倍发热，日晡时烦躁者，不食，食则谵语，至夜即愈，宜大承气汤主之。热在里，结在膀胱也。方见痉病中。"这种情况较少，只有三条。其余近240条均为文字略有差异，并且大多不影响对条文内容的正确理解。如《脉经·卷八·十五》："咳吐脓血，脉数虚者为肺痿，脉数实者为肺痈。"在《金匮要略》中，此条只在"脉数实者"句中承上文省去了"脉"字，文字显得更为精炼。在比较中特别引起我们注意的是以下两点：

1. 删除方名　在《脉经》一书中保留的15条《金匮要略》条文之下，被删除了四逆汤、小承气汤、大承气汤、栀子豉汤、干姜苓术汤，麻子仁丸、甘草泻心汤、越婢加半夏汤、大青龙汤、赤小豆当归汤及瓜蒂散十一个方名。这些方子是北宋林亿在校注《脉经》时删掉的，其原则正如笔者在《林亿校注脉经删方考》(《北京中医药大学学报》1999年5期）所论，即以是否影响此句为完整的句子作为依据。如《脉经·卷九·五》："妇人陷经漏下，黑不解，胶姜汤主之。"《金匮要略》与之同。此条下如果删去"胶姜汤"则不能成句，故林亿不仅没删，还因《金匮要略》为方书，特在此条下出校云："臣亿等校诸本无胶姜汤方，想是前妊娠中胶艾汤"，而《脉经》中则无此注。

2. 王叔和对《金匮要略》条文的离析与组合　分析《脉经》中的《金匮要略》条文，我们可以看到，有时《金匮要略》中的一条在《脉经》中已被离析为二条或三条。如《金匮要略·卷中·十一》"师曰：热在上焦者，因咳为肺痿；热在中焦者，则为坚；热在下焦者，则尿血，亦令淋秘不通。大肠有寒者，多鹜溏；有热者，便肠垢。小肠有寒者，其人下重便血；有热者，必痔。"此条为论述三焦病证及大小肠的寒热证，在《脉经》当中，被离析为三条，分别保留在卷六之十一《三焦手少阳经病证》、卷六之八《大肠手阳明经病证》、卷六之四《小肠手太阳经病证》。这种分经列证如果不是《金匮玉函要略方论》"上则辨伤寒，中则论杂病"的体例，即非仲景原书模式的话，则当是王叔和根据《脉经》一书总结构，条分《金匮要略》经文的结果。

这种情况在《脉经》当中多有所见，如《金匮要略·卷上·七》："问曰：热在上焦者，因咳为肺痿……数实者为肺痈。"这段文字长达116字，论述的是肺痿病因及虚实之热造成的肺痿、肺痈，而在《脉经·卷八·十五》当中，虽保留有这段文字，却被离析为三条，并在当中插入了论述肺痿证的其他条文。

与此相反，《脉经》中的某一段条文，有时则是对《金匮要略》二条或三条内容的组合。如《脉经·卷八·十五》："夫病吐血，喘咳上气，其脉数，有热，不得卧者化。上气，面浮肿，喘息。其脉浮大，不治，又加利尤甚。上气躁而喘者，属肺胀，欲作风水，发汗则愈。这段条文，被列入《脉经·肺痿肺痈咳逆上气痰饮脉证篇》之中，显然是以喘咳上气作为主症划分的。但在《金匮要略》当中则是三条，并且在不同篇中。其从"夫病吐血……不得卧者死。"归入《金匮要略·卷中·惊悸吐衄下血胸满瘀血病脉证治十六》，即以吐血为主症划分的。自"上气，面浮肿……又加利尤甚"为一条，"上气躁而喘者……发汗则愈"为一条，归人《金匮要略·卷上·肺痿肺痈咳嗽上气病脉证治第七》，即以"咳嗽上气"为主症划分的。在《脉经·卷八》虽有《平惊悸衄吐下血胸满瘀血脉证》篇，此条却不在其中。这种划分哪种更为合适妥当，更为保留仲景著作原貌先姑且不论，但它足以反映出在撰写《脉经》中王叔和对《伤寒杂病论》全部条文的精心编次。

从全书的总体结构看，也存在这种情况，如：王叔和虽然把《金匮要略》的基本内容留存于《脉经》之卷八，但又绝非限于此。如《脉经》之卷三是由论述肝胆、心小肠、脾胃、肺大肠、肾膀胱之脉象及病证的五篇组成，每篇结构又为"新撰""四时经""素问针经张仲景"三部分。王叔和在仲景这一部分引用《金匮要略》五条，均出自《金匮要略·卷中·第十一五脏风寒积聚病脉证并治》。此篇共有条文20条(《脉经》中保留19条），而王叔和只把其中"肺死脏""肝死脏""心死脏""脾死脏""肾死脏"五条离析出来，分别归入《脉经》卷三的五篇当中。其他十三条则在《脉经》卷六论述五脏及三焦病证各篇之中，一条保留在《脉经》卷八。

在以上比较分析后，我们可以看出，研究《脉经》中保留的《金匮要略》条文，不仅对于我们整理校勘《金匮要略》在版本内容文字方面有所补裨，对于我们探讨《金匮要略》全书结构及编排也有所启迪。

关于《脉经》未保留《金匮要略》条文的探讨

据笔者所统计，今《金匮要略》之中尚有117条左右未收于《脉经》当中，除去全书条文的重复现象，如《脉经·卷八》有："脉弦而大，弦则为减，大则为芤。减则为寒，芤则为虚。寒虚相搏，此名为革。妇人则半产漏下，男子则亡血失精。"此条三见于《金匮要略》。一见于《金匮要略·卷上·六血痹虚劳病脉证并治》，文字基本相同。二见于《金匮要略·卷中·十六惊悸吐衄下血胸满瘀血病脉证治》，三见于《金匮要略·卷下·二十二妇人杂病脉证并治》，条文中无"男子则亡血失精"，增加了"旋覆花汤主之"。这段文字在《金匮要略》中共重出三次，当然这样情况极少。另外，还有保留于《备急千金要方》22条，《备急千金翼方》1条及《外台秘要》4条，共计27条左右。除此之外，尚有88条左右条文待考。这些条文是在编纂《脉经》一书时被王叔和删除，还是在《脉经》流传中失载，现今又见存于哪些传世的古医籍当中，都是我们研究《金匮要略》一书时必然面临的问题。

综上所述，我们可以看出，《脉经》在保留《金匮要略》条文上不仅早于《千金》《外台》，而且早于林亿等人整理校勘近800年。从保留《金匮要略》内容的完整性及准确性分析，《脉经》也是后世其他古籍所不能比拟的。它不仅在文字校勘、版本流传上为我们研究《金匮要略》提供了材料，还给我们探讨《金匮要略》原貌及结构以启发。因此《脉经》一书在《金匮要略》文献史和古医籍整理中的重要地位是不言而喻的。

参考文献

[1] 马继兴. 中医文献学. 上海：上海科学技术出版社，1990：114.

[2] 何任. 金匮要略校注. 北京：人民卫生出版社，1990：8.

[3] 沈炎南. 脉经校注. 北京：人民卫生出版社，1991：10.

[4] 唐·孙思邈. 备急千金要方，北京：人民卫生出版社，1982：9.

[5] 日·小曾户洋. 脉经对经表.

[6] 唐·王焘. 高文校注本. 外台秘要方. 北京：华夏出版社，1993：11.

[《中国医药学报》2001；16（3）：24]

《金匮要略》首篇"十七句"内涵辨识

袁清思　辽宁中医学院

《金匮要略》首篇第一条第二自然段中有六十九字，从句读的角度来说，由十七个句子组成，故习惯上称为"十七句"。历代注述医家们对其争论不休，笔者认为这段文字不仅是治疗杂病的重要指导思想，也是中医学术中的重大理论问题，有必要进行详细地分析与深入地探讨。

一、"十七句"由来与内容

"十七句"原文为"酸入肝，焦苦入心，甘入脾。脾能伤肾，肾气微弱，则水不行；水不行，则心火气盛；心火气盛，则伤肺；肺被伤，则金气不行，金气不行，则肝气盛。故实脾，则肝自愈。此治肝补脾之要妙也。"加了标点符号就是这样。需要说明的是，以上的文字与断句是以日本宝历六年（1756年）由日本刻印的赵（开美）刻《仲景全书》为依据的。1979年10月以来全国统编本科教材（四版《金匮要略选读》、五版《金匮要略讲义》、六版《金匮要略选读》）都采用了这个版本，只不过是四版有括弧而五版没有。四、五版都加了校勘。到了六版，校勘和括弧全被取消，说明了一种认识趋向。明代赵以德（1368年）所著《金匮玉函经衍义》中虽亦是"十七句"，但其文中"故实脾"变为"肝气盛"，《医宗金鉴》同此。另外，还有"十五句"之称，即在十七句中无"心火气盛"和"故实脾"两句，代表作是由人民卫生出版社根据《古今医统证脉全书》，参考明历（1573年）赵刻本及涵芬楼藏刊本校对后所印的《金匮要略方论》和尤在泾所著的《金匮要略心典》，全国函授统编教材《金匮要略讲义》选用了这个蓝本，没用括弧，加了校注。"十七句"和"十五句"在涵义上没有大的不同。

"十七句"是在上文肝（体）虚病具体治法"补用酸，助用焦苦，益用甘味之药调之"的基础上，进一步阐述其治疗机理，现分析如下：

表1　治疗机理分析表

病名	药味、归入、意义	理论参考	虚实
夫肝之病	“补用酸”→入肝→肝体虚补之以本味	《素问·生气天论》：“阴之所生，本在五味。”《素问·阴阳应象大论》：“酸生肝”。	肝虚可用此法，实则不再用之。
	“助用焦苦”→入心→心火为肝木之子	《内经》：“子能令母实。”王冰：“肝藏血，心行之。”《千金方》“心旺则气盛于肝。”	
	“益用甘味之药调之。”甘→入脾→伤肾，肾气微弱水气不行→心火气盛→伤肺，金气不行→肝气盛。故实脾，则肝自愈。	《素问·五运行大论》：“气…不及，则己所不胜侮而乘之，己所轻而侮之。”《素问·脏气法时论》“肝苦急，急食甘以缓之。”《难经·十四难》：“损其肝者，缓其中。”	

第一篇中仲景无方治，第六篇虚劳病中有一证治可以作为作者对肝虚证治法的一个例证。原文是：“虚劳虚烦不得眠，酸枣仁汤主之。”方剂分析，请见下表：

表2　药物性味及作用分析表

方名	药物	性味	作用
酸枣仁汤	酸枣仁	酸、甘、平	滋阴养肝
	知母	苦、甘、寒	助心火，清虚热
	茯苓	甘、淡、平	健脾益气、宁心安神
	甘草	甘、平	
	川芎	辛、温	疏理气血，助其用

二、“十七句”各派观念与焦点

对于“十七句”之争，由来已久，众说纷纭，但归纳起来不外两大派别、四种说法。

第一派为肯定派，支持和赞同这一理论。其中第一种是“五行相制”观点，以徐忠可(《金匮要略论注》作者)、程云来(《金匮要略直解》作者)为代表。徐氏云：“此处之论只重救受传之脏，故曰治未病。谓之所以迁延不愈者，如木必克土之类，故以必先实脾为治肝之要妙，即为治诸脏之总法也。是故补母，不如直补本脏之初，而又助其子，子能令母实，则本脏更旺，乃又扶肝木所克之脾土，委曲以制仇木之肺金，谓既虚不堪再损，故以安其仇，为急。”程氏云：“夫五味入胃，各归其所喜，酸先入肝，苦先入心，甘先入脾…是见肝之病，当用甘实脾，使土旺能胜水，水不利，则火盛而制金，金不能克木，肝病自愈矣。此治肝补脾治未病之法也。愚谓见肝补脾则可，若则补脾伤肾，肾可伤乎？火盛则伤肺，肺可伤乎？然则肝病虽愈，又当准此法治肺治肾，五脏似无宁日也。“伤”字当作制字看，制之则五脏和平，而诸病不作矣。”第二种是“隔二、隔三”观点，以吴谦(《医宗金鉴订正金匮要略注》作者)为代表，吴氏云：“上工不但知肝实必传脾虚之病，而且知肝虚不传脾，虚反受肺邪之病，故治肝虚脾虚之病，则用酸入肝，以补已病之肝；用焦苦入心，以助不病之心；用甘入脾，以益不实之脾。使火生土，使土制水，水弱则火旺，火旺则制金，金被制则木不受邪，而肝病自愈矣。此亢则害，承乃制，制则生化，化生不病之理，隔二隔三之治，故曰此治肝补脾之要妙也。”

第二派为否定派，反对和否定这一理论。

其中第一种是“述中工谬论”观点，以陈修园(《金匮要略浅注》)和曹家达(《金匮发微》)为代表。陈氏云：“是述中工之误，以为补脾能伤肾…伤肺…为治肝补脾之要妙。”如此“则是治一脏而殃及四脏，恶在肝虚之治法哉。”曹氏云：“述中工谬论，不著紧要。”主张删除。第二种是“谬添注脚”观点，以尤在泾(《金匮要略心典》)和陆渊雷(《金匮今释》)为代表。尤氏说：“酸入肝以下十五句，疑非仲景原文，类后人误添注脚，编书者误收之也。盖仲景治肝补脾之要，在脾实而不受肝邪，非补脾以伤肾，纵火刑金之谓。果尔，则所全者少，而所伤者反多也。且脾得补而肺将自旺，肾受伤必虚及其子，何制金强木之有哉！”陆氏说：“酸入肝至要妙也六十九字，迂谬不可为训，上文言补用酸，助用焦苦，益用甘味，可知补为主，助益为辅，此处专从甘入脾立论，置补与助于不问，一误也；治肝而伤肾伤肺。五脏俱受牵动，是诛伐无过，二误也。此段当是后人旁注，传写并入正文，故以为当删。”由此可见，持否定态度两者之差别，只在于前者认为仲景原文，后者认为是旁注误入。

从以上各家的观点可以看出，争论是非常激烈的，对统编的教科书影响也很大。其产生的原因就是一个“伤”字，持否定态度者把“伤”字作伤害理解，持肯定态度者把“伤”字作制约理解，真可谓“一字之差，失之千里。”1023年王洙在蠹简中所得《金匮玉函要略方》中是“伤”字，而151年后的1174年（南宋淳熙年间）陈言（无择）在《三因极一病证方论·卷八内所因论》中说：“观《金匮》之论…肝虚补用酸，助用焦苦，益用甘味之药。酸入肝，焦苦入心，甘入脾，脾能制肾，肾气微弱，则水气不行，水不行则心火气盛，心火盛则肺金受制，肝气乃舒，肝气舒则肝病自愈。”这是《金匮》遗失800多年重新问世后较早的医学大家的观点，在这里不是完全引证原文，只是引了大概，但把“伤”字改为“制”字是否合理呢？从《说文解字段注》“山海经谓木束为伤”中可知，秦汉时期的“伤”字不完全是伤害、戕害、毁伤或伤病之义，还有制约、抑制、管制等意思，在这里“制”与“伤”即可认为是“克”的同义词，这是符合仲景本义的。但应当指出，历代医书中类似这种情况，一般都用“制”而不用“伤”字，陈言以后，凡推祟“十七句”之论者，多以他的论点为依据。

三、“十七句”的内涵及其临床指导意义

从理论上讲，“十七句”是五行生克制化理论在杂病学治疗原则上的体现。《金匮要略》第一篇，并没有对具体病证的辨证施治，只是论述杂病学中一些具有普遍指导意义的原则。以五行学说为例，开篇第一条首先提出治未病脏腑的理论，肝（木）病传脾（土）；紧接着论述肝（虚）病的治法，又运用这一理论，是自然的。用这一理论作指导，去调整脏腑失调的病变，使之归于平衡，达到治愈疾病的目的。由于脏腑失调的情况比较复杂，结合本条是肝虚有热的病变，故仲景提出味备酸甘焦苦，功兼补助益调的具体治法，以恢复脏腑相互制约的生理平衡，这一“五行相制疗法”正是仲景著述的精义之一。五行学说的运用在本篇望诊和切诊中也都有明确的体现。对如此重要的问题，切不能因一字一词的理解不同，而因噎废食，轻易否定。

从临床的角度来讲，在这一理论原则指导下，产生的疗法叫作“隔二、隔三疗法”。对临床有较大的指导意义。这一提法出自《医宗金鉴》，上文已作引证，不复赘述，要讲清此法，须从“隔一疗法”开始，才能真正理解“隔二、隔三疗法”。

隔一疗法：是针对与本脏有相生（母子）关系的脏腑进行的治疗。如肝：肾—母→肝—子→心，每脏都有生我和我生的相生关系，生我者为母，我生者为子，故亦称为母子关系，治疗上“虚则补其母”“实则泻其子”，补肾→肝→泻心，从而达到治疗本脏的目的，因中间隔本脏，因此称为“隔一疗法”。

隔二疗法：是针对“我克”（己所胜）之脏腑进行治疗。如肝⇌脾（上：肝气有余，相克太过（乘）；下：肝气不足，相克不及（反侮）），治疗方面前者当泻肝之有余或补脾之不足，后者当补肝之不足或泻脾之有余，这是从调节两脏平衡的角度而言，主要是宜用“实则泻之，虚则补之”的原则，从而达到治疗本脏的目的，由于它是在“隔一疗法”基础上产生的，隔着的就是自己和所生之脏，故称为“隔二疗法”。

“隔三疗法”是针对“克我”（己所不胜）之脏腑进行治疗。如肝⇌肺（上：肝气不足，相克达过（乘）；下：肝气有余，相克不及（侮）），治疗方面前者当泻其（肺）之有余，后者当补其（肺）之不足，同时对本脏（肝）之气有余或不足加以纠正。

由上可知，三种疗法综合起来，充分体现了五行学说在临床的指导作用，五脏都在其中，无一例外，每一脏都与其他四脏发生着密切的关系：生我、我生、我克、克我、相乘、相侮；形成了一个复杂的虚实补泻的证治系统，若能掌握规律，运用自如，定会在杂病的治疗中取得满意的效果、成为一代“上工”。

[《中医药学刊》2001；19（6）：580]

《金匮要略》“其脉如蛇暴腹胀大者为欲解”析疑

张保伟　朱平生　河南中医学院

《金匮要略·辨痉湿暍病脉证治第四》中论述痉病之最详细者为第7条（依照李克光主编高等医药院校教材《金匮要略讲义》），该条原文为：“病者身热足寒，颈项强急，恶寒，时头热，面赤，目赤，独头动摇，卒口噤，背反张者，痉病也。若发其汗者，寒湿相得，其表益虚，即恶寒甚。发其汗已，其脉如蛇。”第8条接着论述如下：“暴腹胀大者，为欲解；脉如故，反伏弦者，痉。”对于这两条原文的理解，目前有多种观点。其关键在于“其脉如蛇”和“暴腹胀大者，为欲解”两句。“其脉如蛇”到底是一种什么样的脉象？多数医家从脉“曲如蛇行”来理解。但此为肝死脏的脉象，与文意不符。而“暴腹胀大者为欲解”则令人更难理解，所以《金匮要略讲义》认为“其理未明，当存疑。”综观古人之注，虽然从不同角度进行解释，欲明其理，但均未脱“病人腹部胀大”之窠臼。就连当今最著名的大家李克光教授也持此观点。他在《金匮要略语释》一书中对这句话直译为“痉病患者，突然腹部胀大，这是病情好转的征兆。”而对其欲解之机理，也未加论述，致使仲景此论成为千古之谜。笔者对此文思之数年，略有心得，自以为与仲景原意相合，故不揣冒昧，论之于后。

这段话之所以不好理解。主要原因是句读不明，自宋代林亿等人校注《金匮要略方论》以后，将仲景原文强分为七八两条，并从“其脉如蛇”后断句，以至形成两大疑点，至今不能破解。

欲解此谜，首先应当看一下晋代王叔和《脉经》对此段文字的引用。王叔和为晋代太医令，与仲景时代相近，并且他曾经整理过张仲景的《伤寒论》，为本书的流行做出了不可磨灭的贡献。因此，探讨王叔和对本条的引用情况对理解仲景原意有极大的帮助。《脉经》引文为："痉病，发其汗已，其脉浛浛如蛇，暴腹胀大者，为欲解；脉如故，反伏弦者，必痉。"从以上引文可以看出两个问题，其一，仲景原文"其脉如蛇"和"暴腹胀大者为欲解"是连在一起的，并没有分为两段；其二，原文中又多出了"浛浛"两个字。在王叔和《脉经》中，是没有句读的，后人仍然将"浛浛如蛇"和"暴腹胀大"断开，这是后人不能正确理解之故，这样理解，仍然不能符合仲景原意。如果我们将句读改为"其脉浛浛，如蛇暴腹胀大者，为欲解"，则仲景原意跃然纸上。对于此句，我们就可以解释为"脉象柔和滑利，如同蛇突然胀大的腹部一样"。"浛浛"，《中华大字典》的解释是："浛，水和泥也，浛浛，形容滑利之象。"蛇之腹部，亦光滑流利，蛇在发怒或者吞食食物之时，腹部会突然胀大，胀大之蛇腹，不仅光滑流利，而且触之饱满，富有弹性。此乃缓和滑利有力之脉象，与"按之紧如弦，直上下行"的典型痉病脉象正相对应，是一种恰如其分的痉病欲解之脉象。足以看出张仲景为了形容这种脉象，煞费苦心，而后人不解，反在"其脉如蛇"和"暴腹胀大者"两句半语中苦苦求解，遂生出诸多说法，其用心可佳，却曲解圣意，贻误后人，致使仲景良玉之言，成为千年之谜，良可叹也！

解决了这两个关键问题，对于整段经文也就迎刃而解了。回过头来再对这两段经文的意义进行探讨，则条分缕析，肯綮无碍。从"病者身热足寒"到"背反张者，痉病也"是叙述痉病的典型症状。以下则是痉病运用发汗方法治疗后的情况。仲景论痉病之因，除邪阻经脉之外，同时也提到了津液不足、筋脉失养。所以，在治疗时，除解表外，必须照顾津液。若单用发汗治疗，可能导致其表更虚，再感寒湿之邪，而表现为恶寒加重。发汗以后，也可能邪去病愈，也可能更伤津液，继续发痉。如何判断病愈与否，仲景采用了以脉象判断预后的方法。若脉象如蛇的腹部突然胀大那样缓和而光滑流利，且富有弹性，说明邪去津复，则"为欲解"；若脉象仍然"紧如弦，直上下行"，即仲景所说的"脉如故"，则表示邪气未去，仍将发痉，或者更见伏弦之脉，是邪气深入，病情进展，而痉病难免。此段经文把痉病的主要症状以及应用发汗法治疗以后的转归论述得淋漓尽致，充分证明了仲景为一代宗师，临床大家。而后之名家，误断其句，典解其意，致使医之精华，埋没至今，将近1800年，无人能知，惜哉！

仲景之书，流传至今，仍为医家圭臬，其精奥之处，实用也；其可取之处，临床疗效也。吾辈研仲景术者，当返璞归真，证之于临床，切忌将仲景朴素之文，置之无限深奥之中，研来究去，生出诸多曲解，于临床无补，且贻误后学。

[《河南中医》2001；21（6）：33]

《金匮方论衍义》在《金匮要略》文献研究中的价值

陈大权　天津中医学院第一附属医院
王立颖　天津医学高等专科学校

赵良仁，元末明初医家，字以德，江浦（今江苏江浦）人，迁居浙江。少试吏宪司，即弃去。从丹溪朱彦修学医，治疗多有奇效，名动浙西东，以高寿终。著有《金匮方论衔义》（以下简称《衍义》）、《医学宗旨》《丹溪药要》等书，后两种已佚[1,2]，而《衍义》一书亦流传甚少。从现存文献看，《衍义》乃注释《金匮要略》（以下简称《金匮》）之第一部书[3]，具有较高的学术价值，但其版本稀少，鲜为人知，实有发掘研究之必要。本文试就《衍义》一书的版本价值等方面进行探讨，以为整理《金匮》及其注本，为正确理解认识《金匮》的经旨等提供新的内容。

一、《金匮方论衍义》的版本简介

自《衍义》成书以来，世间流传甚少。本人考诸《郑堂读书记》《皕宋楼藏书志》《四库全书总目》《四部总录医药编》《中国医学书目》《续中国医学书目》等均未载录此书。《中国医籍考》则只录书名，却云未见其书[4]。而《中国医学大辞典》载："《金匮方论衍义》，明·赵以德撰，此书不甚行于世"[5]。至北京图书馆1961年9月出版的《中国图书联合目录》始载："《金匮方论衍义》，三卷，赵以德（良仁）衍义，抄本，藏于中国科学院图书馆"[3]。后经搜寻，又知中国中医研究院图书馆亦藏三卷《衍义》之抄本。此本据中国中医研究院图书馆馆藏书目所载为清·同治12年癸酉，1873年抄本。至此，本书共发现两种抄本，而无刻本。由于客观条件所限，本文主要是以中国中医研究院图书馆馆藏《衍义》之抄本为底本进行研究。

从内容上看，《衍义》包括《金匮要略方论》

《金匮要略方论目录》及正文25篇。其中《血痹虚劳病》篇、《肺痿肺痈咳嗽上气病》篇、《奔豚气病》篇、《胸痹心痛短气病》篇、《腹满寒疝宿食病》篇、《疮痈肠痈浸淫病》篇、《趺蹶手指臂肿转筋阴狐疝蛔虫病》篇、《杂疗方》篇、《禽兽鱼虫禁忌》篇、《果实菜谷禁忌》篇，仅有《金匮》原文，而无赵氏注解。

二、开创注释《金匮》之先河

在赵氏注《金匮》以前，唐代孙思邈的《备急千金要方》和王焘的《外台秘要》中均载有《金匮》之内容，宋代朱肱的《类证活人书》采用了《金匮》的方剂，陈无择的《三因极一病证方论》发展成三因说，金元时期李杲、王好古、朱震亨等亦对《金匮》之内容有所论及。其中朱震亨对《金匮》推崇备至，称其“实万世医门之规矩准绳也”，“医之良者引例推类，可谓无穷之应用”[6]。李杲也在《内外伤辨惑论》中引易水张氏之说曰：“仲景药为万世法，号群方之祖，治杂病如神。后之医者，宗《内经》法，学仲景心，可以为师矣。”[7]王好古则云：“余读医书几十载，所仰慕者，仲景一书为尤，然读之未易洞达其趣，欲得一师指之，遍国中无能知者。”[8]足见这些医学大师对仲景方论的钦敬之情。然又因《金匮》深玄奥妙，故虽皆有注是书之心，却未尝做好。以至从林亿等校订、印行《金匮》（1057~1077年）[9]迄赵良仁注《金匮》（约1368年）[3,10]之前三百年左右，无一《金匮》注本问世。赵氏则排除众难，呕心沥血，创注《金匮》。其以《内经》理论为基础，比较系统地分析了《金匮》立论组方之要旨，而成《衍义》一书。此书不仅为研究《金匮》打开了局面，且对后世一些医家也产生了较大影响，所以首注《金匮》乃赵良仁之重要贡献。

三、校勘《金匮》之文献价值

通过研读《衍义》，发现此书乃难得之善本，对从版本、校勘等方面研究《金匮》及其注本确有一定价值。

1. 与《金匮玉函经二注》对勘，以《衍义》为善　如前所述，《衍义》一书未有刻本，见者不多。清代周扬俊得其抄本，间有缺佚，自为补注，而为《金匮玉函经二注》（以下简称《二注》），并广为流传。因此，关于《衍义》的内容，主要从《二注》中获得，各书引用多据此本。然而，通过将《衍义》与《二注》对勘，发现周氏所得到的《衍义》脱漏讹误较多，而中国中医研究院馆藏《衍义》抄本则脱漏讹误相对较少。二者相比，以《衍义》为善。所以将两书互勘，推出善本书，对于研究《金匮》及探讨赵良仁的学术思想不无裨益。

《衍义》与《二注》[11]对勘，两书有关赵良仁对《金匮》注解方面的不同之处约2800余处。除去字句有异，而意义相同；或意义虽不同，而皆通；或进一步考证者以外，所剩之400余处不同点，经分析，以《衍义》为是者占绝大多数。《衍义》既可校正《二注》之误字，辨别其衍文，又可补出其阙佚。例如，《二注》中《脏腑经络先后病》篇释文中有“胸中脉所主也，宗气之所在。”《衍义》则为“胸中肺所主也……”肺居胸中，主气，故胸中当为肺所主。可知，“脉”乃“肺”字之误。《二注》对《痰饮咳嗽病》篇中支饮喘而脉平的注释为：“虽有支饮，而其饮尚不留伏，不停积，以其在上焦未及胸中，不伤经脉故脉平。其中“以其在上焦未及胸中”一句令人费解。既在“上焦”，岂有不及“胸中”之理？况此句与前后文亦不衔接。而在《衍义》中则无此句，因疑此系衍文。以上仅举数例以说明《衍义》较《二注》中的“衍义”部分为善。当然，并非《衍义》就无讹误及脱衍之处，只是相对要少得多。

2. 质疑《金匮》之某些内容　《金匮》为张仲景所著《伤寒杂病论》之杂病部分，而《伤寒杂病论》在东汉至西晋的一段时期，即因战乱而散失，后虽经王叔和搜集编次，后人仅见《伤寒论》而未见杂病。直到北宋初期，王洙发现《金匮玉函要略方》三卷，经林亿等校订后，删去上卷伤寒部分，而成《金匮要略方论），始见流传于世[10]。现在通行之《金匮》本主要是采用《古今医统正脉全书》（简称医统本，明·王肯堂辑，吴勉学校刻[3]）和（仲景全书》（简称赵刊本，明·赵开美校刻[3]）为蓝本排印刊行的[10,12]。二本均在赵良仁注《衍义》之后。正因为《金匮》几经后人整理，又多次翻刻，故其既非仲景《伤寒杂病论》之杂病部分原貌，亦可能与林亿等校订本书后之面貌有所差异。以《衍义》与现刊《金匮》相对比，亦有多处不同，从而为对《金匮》之某些内容提出质疑，提供了线索，现举例如下。

《金匮·杂疗方》篇载：“救自缢死，旦至暮，虽已冷，必可治，暮至旦，小难也，恐此当言忿气盛故也。然夏时夜短于昼，又热犹应可治”[12]。文中提到的“忿气盛”，是何意？忿，《说文解字》谓：“悁也”[13]。悁，《说文解字》谓：“忿也。”《说文解字注》云：“忿以狷急为义。”《中华大字典》则在“忿”字下释曰：“恨也”“怒也”[15]。《辞海》解”“忿”乃“忿怒、忿恨”；“悁”为

"郁怒、气忿" "忧愁"。[16]《诸病源候论》曰："人有不得意志者，多生忿恨，往往自缢，以绳物系颈自悬挂致死，呼为自缢。"[17]故"忿气盛"可理解为忿恨、郁怒、忧愁等过度。据此，《金匮》这段经文可译为：抢救旦至暮而自缢死者，虽身体已冷，但可以治疗；抢救暮至旦而自缢死者，由于其人忿恨、郁怒、忧愁等过度，治疗起来则有困难。但是若在夏天夜晚短于白天，天气又热，还是可以救治的。如此解释之后，有一问题值得提出，即：暮至旦而自缢死者，是因忿恨等过度所致，难道旦至暮而自缢死者，就无忿恨等过度所致的吗？因此，对文中"忿气"二字有必要作进一步的考证、研究。在《衍义》中"忿气"的"忿"字作"阴"字。考《诸病源候论》有"自缢死，旦至暮，虽已冷，必可治；暮至旦，则难治。此谓其昼则阳盛，其气易通；夜则阴盛，其气难通。又云，夏则夜短，又热，则易活"的论述。《外台秘要》亦载："仲景云：自缢死，旦至暮，虽已冷，必可疗；暮至旦，小难也，恐此当言阴气盛故也。然夏时夜短于昼，又热，犹应可疗。"[18]《医宗金鉴》对《金匮》这一段经文则注释到："旦至暮，阳气有余，阳主生，故虽已冷必可治也。暮至旦，阴气有余，阴主死，故稍难也。"[19]由此可见，据《外台秘要》等所载，以及从医理分析，再结合前后文，《衍义》中"忿"作"阴"，于义为胜。

以上结合《衍义》对现刊《金匮》中的某些字句提出疑议，并根据一些医家的著作以及文义、医理等，对其进行分析，说明赵良仁之《衍义》亦有助于校勘《金匮》。

参考文献

[1] 明·王鏊. 姑苏志［M］. 台湾商务印书馆，1937.
[2]《中医大辞典》编辑委员会. 中医大辞典. 医史文献分册［M］. 北京：人民卫生出版社，1981.
[3] 中国中医研究院. 中医图书联合目录［M］. 北京：北京图书馆，1961.
[4] 日·丹波元胤. 中国医籍考［M］. 北京：人民卫生出版社，1956.
[5] 谢·观. 中国医学大辞典［M］. 北京：商务印书馆，1921.
[6] 元·朱震亨. 局方发挥［M］. 北京：人民卫生出版社，1956.
[7] 金·李杲. 内外伤辨惑［M］. 南京：江苏科学技术出版社，1982
[8] 元·王好古. 此事难知［M］. 北京：人民卫生出版社，1956.
[9] 北京中医学院. 中国医学［M］. 上海：上梅科学技术出版社，1978.
[10] 孟·如. 金匮要略选读［M］. 上海，上海科学技术出版社，1997.
[11] 清·周扬俊. 金匮玉函经二注［M］. 上海：上海卫生出版杜，1958.
[12] 晋·王叔和. 金匮要略方论［M］. 北京：人民卫生出版社，1978.
[13] 汉·许慎. 说文解字［M］. 北京中华书局，1963.
[14] 清·段玉裁. 说文解字注第二版［M］. 上海：上海古籍出版社，1981.
[15] 中华大字典［M］. 北京：中华书局，1978.
[16] 辞海［M］. 上海：上海辞书出版社，1979.
[17] 隋·巢元方. 诸病源候论［M］. 北京：人民卫生出版社，1982.
[18] 唐·王焘. 外台秘要［M］. 北京：人民卫生出版社，1955.
[19] 清·吴谦. 医宗金鉴［M］. 北京：人民卫生出版社，1979.

［《天津中医学院学报》2002；21（3）：4］

风水病证析

刘 俊 叶 进 曲丽芳 张再良
上海中医药大学

"风水"一词始于《内经》而沿用至今。目前临床上有将"风水相搏"或"风水泛滥"作为一个证型而非一个病种的趋势。[1]多认为有外感表证（上呼吸道感染为主）之水肿，即为"风水相搏型"。然表证亦有风寒、风热、风湿等证型，是否就以"风水相搏"一证概之尚可讨论。笔者试从风水病证源流角度结合现代临床，分析将它作为疾病来认识的合理性。

一、宋以前论风水皆以病称

"风水"一词，医籍中最早见于《内经》。如《素问·水热穴论》云："勇而劳甚，则肾汗出，肾汗出逢于风，内不得人于脏腑，外不得越于皮肤，客于玄府，行于皮里，传为胕肿，本之于肾，名曰风水。"又如《素问·评热病论》云："帝曰：有病肾风者，面胕庞然壅……虚不当刺，不当刺而刺，后五日其气必至。至必少气时热，时热从胸背上至头，汗出手热，口干苦渴，小便黄，目下肿……病名曰风水。"另《素问·大奇论》《灵枢·论疾诊尺篇》也论及风水。总结上述文献，风水的病因病机主要为汗出逢风与肾风误刺，主要病变脏腑为肾，相关脏腑有肝、肺、脾、心、胃，病理特点为浮肿并可伴热象。从《内经》所论"风水"来看，明显是将它作为一个疾病来讨论，故谓"病名曰风水"，但未明确对风水病的治法。[2]

汉代张仲景在《金匮要略·水气病篇》中将风水作为水气病之一讨论。该篇在《内经》的基础上补充了不少风水的临床表现，反映出其动态变化过程，尤其在治疗上较《内经》有较大进展。仲景所述风水主要由外感引起，有"风水其脉自浮，外证骨节疼痛，恶风"的风寒证，"脉浮而洪"的风热证，"太阳病，脉浮而紧……身体反重而酸，其人不渴，汗出即愈的风湿证，"寸口脉沉而滑，中有水气，面目肿大，有热，名曰风水"的风水重证，以及"脉浮身重，汗出恶风"的风水虚证等。仲景阐述了"风气相击"的发病机理，首次提出了"当发其汗"的治法，及治疗方药，越婢汤、防己黄芪汤，分别涉及虚实不同的证治。至此对风水病的论治趋于完整。[3]

隋唐时期对风水的理论及治疗方药有所补充，且仍将风水作为病来讨论。隋代巢元方在《诸病源候论》一书中提出"风水病者，由脾肾气虚弱所为也"的论点对后世影响较大。巢氏在风水候中云："肾劳则虚，虚则汗出，汗出逢风，风气内入，还客于肾。脾虚又不能制于水，故水散溢皮肤，又与风湿相搏，故云风水也。令人身浮肿……脉浮大者，名曰风水也。"[4]症状描写与《金匮要略》同，病因病机则源自《内经》。唐代《千金要方》《外台秘要》，宋代的《太平圣惠方》《圣济总录》论风水病皆遵其说。而唐代《千金要方》《外台秘要》对风水病治疗方剂作了补充，其中《千金方》治风水有3方，《外台秘要》为8方。用药除用麻黄发汗解表外，还配以利小便与攻下药，甚至活血养阴药，如茯苓、大戟、当归、鳖甲等。治法仍以汗法为主。

二、自宋后论风水渐由病向证转变

宋代的《太平圣惠方》《圣济总录》《三因极一病证方论》等论治风水病沿袭自《千金要方》《外台秘要》。然自宋代严用和的《严氏济生方》提出阴水、阳水的分类概念后，水肿的辨证体系为之大变。以阴、阳分论水肿打破了原有的以《伤寒杂病论》及《诸病源候论》为主的辨证方法，对后世产生了深远的影响，并沿用至今。故宋以后医家论水病多以阴阳为纲，配以外感与内伤来辨证，而对《金匮要略》论水气病的辨证体系仅偶有论及。

至清代，风水病的概念已逐渐被外感风邪的水肿证所代替，但治法方药都遵仲景，多用越婢汤、越婢加术汤、大青龙汤、小青龙汤、麻杏石甘汤加减以汗法祛邪，如金元时期的张从正[5]，清代的叶天士[6]、吴鞠通[7]、王旭高[8]等。但也有医家推崇仲景的分类法。如明代王肯堂、清代喻嘉言等。但仲景治风水分虚实两端的独到见解日见湮没，防己黄芪汤治疗风水的记载也很罕见。

三、病与证的争鸣

所谓病是指某一疾病的全过程，应有独特的临床表现与病因病机，并可与其他疾病鉴别，且有基本的治法和方药。证则为疾病的发展过程中，某一阶段的病理概括。《内经》及《金匮要略》所论之风水，完全符合成为一种疾病的特征。如有特定的病机——"风气相击"，特定的治法——汗法与方药（越婢汤、防己黄芪汤、杏子汤）。结合目前临床，越婢汤可用于急性肾炎、慢性肾炎急性发作期，而防己黄芪汤多用于慢性肾炎、急性肾炎恢复期，[9,10]其治疗实际已贯穿了疾病的全过程。故笔者认为风水应定为一种疾病而非一证型，是指一类与感受外邪有关的水肿病，起病较急，主要与现代医学所说肾脏病性水肿类似。

之所以会产生目前这种将"风水相搏"作为一个证名的情况，与阴水、阳水分类体系的出现有关。后世多将风水纳入阳水的范畴。笔者认为风水病与阳水是对应于水肿的两种不同的分类法的产物。风水主要以病因与症状命名，而阳水则从病性角度出发命名。从历代医家的认识来看，阳水多为实证，而风水有虚有实，就这一点来说，风水的范围明显较阳水为广。

现代临床文献报道有主张将风水作为病来研究，如于氏、宋氏、肖氏、童氏等。[11~14]但更多的是将风水作为证型来理解，典型的如5版教材《中医内科学》，另可见于大量治疗急性肾炎的临床报道中。但阴阳毕竟为辨证之大纲，仲景对风水的辨治特色对临床仍有指导意义。

四、将风水作为疾病讨论的意义

1. 重视《金匮要略》治疗风水的大法"汗法"

对发汗的理解不应仅限于用麻黄类解表药发汗解表，《金匮要略》中之防己黄芪汤即为益气固表，间接发汗。笔者曾见一水肿患者服防己黄芪汤后汗出而愈的例子。对黄芪这味药，《本草备要》云："生用固表，无汗能发，有汗能止。"[15]分析汗法的作用大致有三方面：一为祛外邪，二为散水，三为宣畅气机。风水由感受外邪引起，水多停于肌表，汗出可使风邪散去。汗亦为水液排泄的一个途径，因故从汗去之为最速。而汗法更重要的作用在于调畅气机。风邪从皮毛入则多伤肺，肺气不利也可致水道不利；发汗可宣畅肺气，使肺通调水道的功能恢复，而使水液输布正常。所以水肿患者在服用发汗解表药后，往往有两种表现：或汗出肿退，或不汗出而小便反多。

目前大量临床报道治疗急性肾炎都以清热解毒法为主流，但过早使用清利或补法可使外邪由表入里，深入难解。有报道认为：对于一些难治性肾炎水肿和难治性肾病综合征高度浮肿者，即使无表证，也可从宣肺利水入手而取效。[16]且古人对由疮毒引起的水肿治疗亦不全用清热解毒法。如王肯堂[17]以消风败毒散与升麻和气饮治疗因用干疮药太早而致肿，即以解表为主。所以应重视汗法在风水病治疗中的作用。

2. 明确病因为外邪特别是风邪，对临床选用祛风类中药贯穿疾病治疗的始终，有一定的指导作用常用祛风药除解表药如麻黄、苏叶、防风、荆芥、浮萍等外，还应包括虫类药。现代药理已证实许多祛风药有抗过敏作用，可抑制感染后变态反应[18]，并可抗炎、解毒、镇痛。其中虫类药有较强的调节免疫的功能。已有报道虫类搜风镇痉药物在肾病中应用有特异性意义。[19]风水病类似于现代医学的急性肾炎的观点已达成共识。已知肾炎是一种免疫性疾病，故祛风药在抗变态反应方面有其独特的优势。

综上所述，《内经》及张仲景对风水的论述及治疗方药对现今临床仍有着重要的指导作用。我们有必要进一步学习、研究并发扬其证治特色，为提高临床疗效拓展思路。

参考文献

[1] 张伯臾. 中医内科学 [M]. 上海：上海科学技术出版社，1985. 228.
[2] 王冰校注. 重广补注黄帝内经素问 [M]. 北京：人民卫生出版社，1963.
[3] 李克光. 金匮要略讲义 [M]. 上海：上海科学技术出版社，1985. 160.
[4] 巢元方. 诸病源候论 [M]. 北京：人民卫生出版社，1982. 118 ~ 119.
[5] 张从正. 儒门事亲 [M]. 天津：天津科学技术出版社，1999. 138 ~ 139.
[6] 叶天土. 临证指南医案 [M]. 上海：上海人民出版社，1959. 224 ~ 226.
[7] 吴瑭. 吴鞠通医案 [M]. 北京：人民卫生出版社，1960. 222，230 ~ 236.
[8] 王旭高. 王旭高临证医案 [M]. 北京：人民卫生出版社，1987. 85 ~ 95.
[9] 李尧学. 越婢汤加减治疗急性肾小球肾炎 42 例 [J]. 湖南中医杂志，1992，(1)：43.
[10] 邱联群. 防己黄芪汤临床应用近况 [J]. 国医论坛，1995，(5)：47.
[11] 于福年. 赵晓梅. 肾病浮肿之正名 [J]. 中医药信息，1989，(4)：46 ~ 47.
[12] 宋建平. 《金匮要略》风水证治探要 [J]. 中医函授通讯，1997，16 (2)：2.
[13] 肖桂宏，宣世昌. 对张仲景论述风水病因证治的探讨 [J]. 黑龙江中医药，1991，(4)：10 ~ 12.
[14] 童安荣，梁金香，李丽梅，等. 中医肾病学中与风水相关的概念探讨 [J]. 中医药研究，1997，13 (1)：8 ~ 10.
[15] 汪昂. 本草备要 [M]. 北京：人民卫生出版社，1963. 7.
[16] 王岂超，卢树丽. 肾炎与上感的联系及中医治疗 [J]. 实用中西医结合杂志，1992，5 (9)：548 ~ 550.
[17] 王肯堂. 证治准绳 [M]. 北京：人民卫生出版社，1991. 160 ~ 166.
[18] 王本祥. 现代中药药理学 [M]. 天津：天津科学技术出版社，1997. 32.
[19] 王刚，余承惠，郭惠芳. 10 种虫类药物在治疗肾小球肾炎中的作用 [J]. 中医杂志，1987，(9)：31.

[《上海中医药大学学报》2002；16 (4)：12]

《金匮要略》中风第一条释义浅析

杜玉玲　上海复旦大学附属金山医院
王法祥　江西省人民医院

张仲景《金匮要略》“中风历节病脉证并治第五”中第一条指出：“夫风之为病，当半身不遂，或但臂不遂者，此为痹。脉微而数，中风使然。”笔者对此条文的释义作以初步浅析。

一、对“或但臂不遂者，此为痹”的看法

痹证是因感受风寒湿热之邪引起的以肢体关节疼痛、酸楚、麻木以及活动障碍等为主症的病证，气血痹阻不通，筋脉关节失于濡养是其主要病机。中风临床表现以猝然昏仆、口眼歪斜、半身不遂为主要特征。由于痹证与中风两病在病因、病机和临床表现上有相同之处，临床上有时难以进行区分和鉴别。对释义颇有争议的“或但臂不遂者，此为痹”中的“痹”，笔者认为可以理解为以下四种含义。(1) 作为中风的一种征兆。古人对此早有著述说明，如喻昌在《医门法律》中曰：“臂不举为痹……，世传大拇一指独麻者，三年内定中风，则又其浅者矣。”说明中风之前可有臂不遂的先兆。现代医学通过反复的临床验证，也发现“臂不遂”常常是中风先兆的一种症状表现。(2) 作为患中风病后的一种较轻症状，多为肝肾阴虚、阳亢、夹痰等内风病变引起。如张谷才认为“本条中‘但臂不遂’句，有注家认为是属中风轻证的临床表现”[1]，

说明“痹”确实是中风后的一种症状表现。在临床上，我们发现许多中风病人并非是“三偏”俱全的典型表现，当患者的皮质中央后回有局部病变时，可出现对侧单肢体感觉消失，如果在前中央回的中点处有破坏性病变时，患者则为对侧一侧上肢瘫痪，出现单瘫即但臂不遂。(3) 内外风所致的中风与痹证交错发病之病证。在临床上也常常观察到，许多正气虚弱的病人发生中风中络后，症状较轻，随后又复感外邪，受风寒湿侵袭而成“但臂不遂者”的顽痹症。(4) “此为痹”，旨意在于说明中风的病因病机。如张氏[1]认为“此为痹”是旨在说明经脉痹阻系中风的主要病机，湖北中医学院也认为“中风若病变较轻者，可能只出现一臂或两臂不能随意运动，乃由于经脉痹阻，淤塞不通，以致气血不能畅行，筋脉失却濡养之故。‘此为痹’明确地指出本病主要病机是由于经脉痹阻。”[2]五版教材在按语中也引述了“‘此为痹’一句，是指出本病的主要病机为经脉痹阻”的说法。

二、对“脉微而数，中风使然”的“脉”的看法

吴谦在《医宗金鉴》中曰：“或但臂不遂者，非中风也，即痹病也。盖痹为阴病，脉多沉涩；风为阳邪，脉多浮缓，今脉微而数，中风使然。”可见，他把沉涩脉作为痹“证”脉的标志。但是有些医家另有看法，如任应秋说：“中风和痹证脉搏，都有微弱的现象，但中风脉搏，微弱之中还带有数象。”[3]有人认为中风与痹都可有微弱脉的同时，而“脉微而数”有时也与痹证有关。《张氏医通》中说：“半身不遂者；偏风所中也；但臂不遂者，风遂上受也。风之所客，凝涩荣卫，经脉不行，分肉筋骨俱不利，故曰此为痹。今因风着为痹，荣遂致微；卫遂致数，盖微者阳之微，数者风之炽也。”认为痹也可有微数脉。但高学山却认为“若或但见一臂不遂，则是痹着之病，另见痹门…诊其脉又微数，则是确为中风使然，而非痹病无疑矣。”[4]刘氏[5]也认为“脉微而数”是借助脉象而论述中风的病理机制，非中风病人也多见微数脉，微数脉并非中风独有，痹也可以有微数脉。可见，脉搏浮与数，沉与涩不能作为痹证主要鉴别点，只可作为内外风侵袭的不同脉象体现。事实上，许多痹证病人的脉象变化多端，即使外风引起也会有不同的脉象，两者并无严格界限。

三、对“夫风之为病”中“风”的看法

事实上，在《内经》中已早有外风与内风的中风病因病机论述[6]，并且张山雷认为“痹未必果皆外感之风邪，而竟不论及内风暴动之病，乃止曰风之为病，曰中风使然，仅以外因之风立论”及“谓之外风所中，似无不可，要之不遂之病，其因有二，有气血不充而为风寒湿邪三气所袭者，其病以渐，即此条所谓风之为病，半身不遂，或但臂不遂之为痹者是也……是外因也。亦有气火上升，内风暴动，激乱神经者，则其病以暴，所以猝中风者，忽然肢节痿废，掣痛不仁……是内因也。”[7]从他的观点中我们可以看到，内风、外风均可以引起痹证。所以，“夫风之为病”中的“风”应包含有外风与内风两层含义，单纯理解为内风所引起痹证或者中风是不全面的。

综合上述我们可以看出，中风与痹证相互影响。张仲景之文在论述中风与痹证的同时，也对中风的病因病机作了说明，病机固然重要，但只有确切而及时地明确和分析出外风、内风所致病之因，才能作出正确和及时的诊断和治疗。古人受历史条件限制，对肢体不遂是由中枢神经还是周围神经病变引起不能予以清晰的鉴别和区分，但是在临床实践中，正确地诊断对判断病情急危、预后却相当重要。我们可以借助现代科技手段和仪器，如 CT、ECT、MRI、肌电图、生化检测等辅助诊断，及时地对病情的诊断、预防和预后作出准确判断。也正如王氏所说：“中风与痹证两病均可出现‘但臂不遂’，其病因病机、兼症、治法又各不相同，因此，不宜将本条解释为中风与痹证的鉴别点，应结合现代临床实践，完善其注释，以利于准确地继承和发扬中医经典要旨。”[8]

参考文献

[1] 张谷才.《金匮要略》讲义 [M]. 安徽：安徽中医学院教务处印，1983. 41.
[2] 湖北中医学院主编. 金匮要略讲义 [M]. 上海：上海科学技术出版社，1963. 47.
[3] 任应秋. 金匮要略语释 [M]. 上海：上海科学技术出版社，1959. 38.
[4] 高学山注. 高注金匮要略 [M]. 上海：上海科学技术出版社，1959. 55～56.
[5] 刘建平. 伤寒杂病论 [M]. 石家庄：河北科学技术出版社，1994. 267.
[6] 程如海.《内经》中风病因病机探讨 [J]. 四川中医，1996 (7)：5～6.
[7] 张山雷. 中风讲诠 [M]. 上海：上海科学技术出版社，1958. 32.
[8] 王怀平. 对《金匮》“中风”与“痹证”鉴别的异议 [J]. 中医药学报，1998 (4)：56.

[《江西中医药》2002；33 (6)：9]

清代《金匮要略方论》稀见注本选介

胡　滨　浙江中医学院
严康维　王树芬　中国中医研究院

汉·张机撰著的《金匮要略方论》是一部总结东汉以前医家和作者本人的临床经验，并开创内伤杂病辨证论治体系的著名医著。被后世公认为“方书之祖”和中医经典。由于该书的发现晚于《伤寒论》，两书虽均由晋·王叔和整理编次，然至明代，才有赵良仁为其作注。远不及《伤寒论》注家蜂起，刻本众多。据我国著名的金匮研究大家何任教授考证，早在唐·孙思邈的《千金要方》、王焘的《外台秘要》及之后的多部医学名著中早已引入该书的方论。宋、金、元期间的医学大师，如朱肱、陈无择、刘完素、李东垣、张洁古、王海藏、朱丹溪，在他们的著作中都论及了《金匮要略方论》的理、法、方、药和对仲景的敬仰之意。直至清代，对该书的注释诠解之作才逐渐多了起来。究其原因可能和明末清初之后临症各科普及发展，众多医家深感该书临床应用指导之重要有关。

笔者在《历代〈金匮要略方论〉著作目录学研究》中发现，清代《金匮要略方论》注本中除后世医家较为熟悉的十家（周杨俊、徐彬、程林、沈明宗、魏荔彤、尤怡、黄元御、陈念祖、唐容川、吴谦）外，尚有不少独具心得与各有擅长的注本。它们或者成书后未曾刊刻，或者刊刻后传本稀少，以致“藏在深闺人未识”。近年来，随着中医药古籍整理研究工作的进展，它们有的已被校点出版，如清·朱光被的《金匮要略正义》与叶霖的《金匮要略阙疑》已被收入《近代中医珍本集》，张志聪的《金匮要略注》被收入《张志聪医学全集》。现选择几家尚未整理、出版的介绍如下，以资探究发掘之参考。

1.《金匮要略广注》三卷　清·李彬（珥臣）撰注。成书于清康熙二十一年（1862），现仅存同年刻本和清渊堂抄本，藏于齐齐哈尔市图书馆。南京医科大学图书馆、南京中医药大学图书馆。

全书分二十五篇编排。卷首脏腑经络脉证篇对运气作较详论述，第二至二十二篇论《金匮要略方论》方义，第二十三篇杂疗方，第二十四篇禽兽虫鱼禁忌，第二十五篇果实菜谷禁忌。每篇均作病因、病机、辨证等简要论述，并对《金匮要略方论》原文加以注释，书末列《金匮要略方论》方并作了分析。

2.《金匮要略纂要》　原书不著撰人，不分卷，成书于清乾隆元年（1736），现仅存同年雪樵抄本，藏于上海图书馆。

全书分“脏腑经络先后病”至“果实菜谷禁忌”二十五篇。对《金匮要略方论》原文加以注释，释文主要援引《诸病源候论》。

3.《金匮要略注》二卷　清·朱音怡（咏清）编注。成书于清乾隆十八年（1753），现存有当年刻本及清三益堂、三秀堂、藜照书屋等刻本，藏于中国中医研究院、河南中医学院图书馆等单位。（本书收入《医理元枢》丛书。）

全书以《金匮要略方论》原书篇次为序，注释时不拘于原书的内容及条文，仅选择疑难病证或晦涩之文，甚至全篇省略不注。如“脏腑经络先后病脉证第一”仅列篇目及三条字词，“痓湿暍病脉证并治第二”全部未注，而以“百合病”为第一篇，“狐惑病”为第二篇，“阴阳毒病”为第三篇。全书共释原文二百九十一条，方一百三十一首。卷首有史进爵序，目录后载自序。本书对病、证、方、药的阐述深入浅出，简明易懂；对词义较晦涩的经文注明其义，或于文间穿插一至数字使文义畅通，以便于初学者理解。

4.《金匮要略集解》三卷　清·周孝垓（平叔）编撰。成书于清道光十八年（1838），现仅存道光间刻本，藏于上海中医药大学图书馆、南京图书馆。

本书上卷载《金匮要略方论》原文“脏腑经络先后病第一”至“奔豚气第八”，中卷自“胸痹心痛短气第九”至“惊悸吐衄下血胸满瘀血第十六”，下卷自“呕吐哕下利第十七”至“果实菜谷禁忌第二十五”。全书注解多采取张璐《医通》释义和徐彬《金匮要略论注》，间附尤怡、程林等近二十医家之说和作者己见。若《金匮要略方论》原文只言治则而未出方者，加以按语并补以后世药方。对《金匮要略方论》方剂药量之古今换算，也作了较详考证。

5.《金匮要略解》　清·邹汉璜（仲辰、稼江）编撰，不分卷，成书于清道光二十年（1840），系《邹氏纯懿庐集八种》丛书之一种，其稿本藏中国中医研究院图书馆。

作者只选录了《金匮要略方论》中的九种病证详加解释，即“脏腑经络先后病脉证”“痓湿暍脉证”“百合狐惑阴阳毒病证”“疟证”“痰饮咳嗽病”“消渴小便利淋病脉证并治”“水气病脉证”“惊悸吐衄下血胸满病脉证”“疮痈肠痈浸淫病脉证并治”。并以问答形式予以注解。

作者在总结吸收前人注释经验的基础上，结合自己的体会撰写此书，以此达到阐明《金匮要略方论》之旨。其特点：①强调治未病之理。如对“脏腑经络先后病脉证”中，问曰：“上工治未病何也？师曰，夫治未病者，见肝之疾，知肝传脾，当先实脾，四季脾王，不受邪，即勿补之”。高世栻评曰：“实脾专为制水，使火盛金衰，肝不受制，则肝自愈，其理甚精微。故曰：此治肝补脾之要也。②以经解经。运用经言或前贤之论，来阐述诸病证之病因，病机、症状、治则等。③每种病证之后，设立几首或十几首汤方，以备选用。并在每方之下列组成、主治、性味、归经、炮制、服法等，方便使用。

6.《金匮类补》二十二卷　清·王霖（新之）编撰。成书于清宣统元年（1909），现存《留耕堂丛抄》本，藏于苏州中医医院图书馆。

全书收《金匮要略方论》脏腑经络先后病篇、五脏风寒积聚篇、中风历节篇、痉湿暍篇等二十二篇，系统采辑了尤怡、陈念祖、张璐、程林、喻昌、柯琴、唐宗海等名家之说，对仲景原文逐条阐析并结合已见心得，详加考核校订。

7.《（增订）仲景金匮要略读本》　清·李保常（子牧）撰辑，不分卷，约成书于清末，现仅存抄本，藏于中国中医研究院图书馆。

本书为作者研习《金匮要略方论》之读本，故扉页又作《读金匮要略节录》。全书收录了《金匮要略方论》第一至第二十一篇的主要条文，个别篇章次序有些微变化，如“脏附经络先后病脉证”篇，依《医宗金鉴》之说，将“夫人禀五常，因风气而生长”条置于篇首，而将“师曰上工治未病”条置于次席。每条原文之下附一句简明扼要的注释，其注文虽简略，但多一语中的，有一定参考价值。

8.《金匮要略注解》　原书未著作者，不分卷，约成书于清末，又名《抄本金匮》，原书扉页题有“汪午桥所藏方书之一”，疑为汪氏抄辑。现存其抄本，藏于中国中医研究院图书馆。

全书收录《金匮要略方论》第一至第十九篇及第二十三至第二十五篇的主要条文和方剂，酌加注释，言词简要。未收《金匮要略方论》原书妇人妊娠、妇人产后、妇人杂病三篇。

9.《金匮玉函方集解》　原书未著作者，不分卷，约成书于清末。稿本扉页题为“金匮方”，卷端题“金匮玉函方集解”。其书未单独刊刻，被收入《方药集义阐微》丛书。现存有稿本，藏于中国中医研究院图书馆。

全书收《伤寒论》《金匮要略方论》方二百一十三首，各列方名、主治病证、方药分量及煎服法，以及历代注家方论并阐述病因病机、方药规矩、性味归经、分量轻重及加减等，使读者一览而知六经用药之法则与《金匮要略方论》辨证施治之方略。

全书以陈修园所辑时方列于前，将仲景经方及后世注家之说置于后，以便临证参照。其所引注家有赵以德、尤怡、程林、魏荔彤等。对药物性味的解释，首引《神农本草经》之论，后及缪仲醇、张璐等之说。

10.《金匮原理编》二卷　清·汪广（寅亮）编撰。成书于1911年，现存其抄本，藏于中国科学院图书馆。

作者以张仲景《伤寒论》注家甚多，喻嘉言《尚论篇》独得其秘，而《金匮要略方论》无善本，遂取己数十年研究之笔记，约于1911年整理成册，名《金匮原理编》。其书未曾刊刻，现仅存上卷，内容为：总论三因气色脉台第一；五脏三焦病脉证治第二；痉暍，阴阳毒病脉证治第三；中风历节病脉并治第四；血痹虚劳吐衄下血第五；水气病脉证并治第六。

全书先列原文，次引诸家注释之精粹，再附己见。原文顶格，为问答形式。注低二格，尝引赵以德、喻嘉言、张璐玉、程林、沈明宗、魏荔彤、尤怡等诸氏之言，汪氏间附“愚按”，则或重申其义，或补前论之未备。“拙注”为逐一阐发字句，深奥者以浅显文字解之。对原著脉与证是否相合，必详探其合否之由；证与脉或顺或逆，必穷究顺逆之端。

参考文献

[1] 何任．略论《金匮之古今及注本》中国医药学报，1991，6（5）：61－64．
[2] 薛清录．全国中医图书联合目录．北京：中医古籍出版社，1991，41－101．
[3] 裘沛然．中国医籍大辞典．上海：上海科学技术出版社，2002，89－98．

［《浙江中医学院学报》2003；27（1）：68］